Ebenroth/Boujong/Joost/Strohn
Handelsgesetzbuch

Herausgegeben von

Dr. Detlev Joost
Professor an der Universität Hamburg

Dr. Lutz Strohn
Richter am Bundesgerichtshof, Karlsruhe

Band 1
§§ 1–342 e

Ebenroth/Boujong/Joost/Strohn

Handelsgesetzbuch

Band 1
§§ 1–342 e

Begründet von

Karlheinz Boujong †
weil. Vors. Richter am Bundesgerichtshof

Dr. Dr. Carsten Thomas Ebenroth
weil. Professor an der Universität Konstanz

Dr. Detlev Joost
Professor an der Universität Hamburg

herausgegeben von

Dr. Detlev Joost
Professor an der Universität Hamburg

Dr. Lutz Strohn
Richter am Bundesgerichtshof,
Karlsruhe

Verlag C. H. Beck/Verlag Franz Vahlen
München 2008

Zitiervorschlag:
Ebenroth/Boujong/Joost/Strohn/*Bearbeiter* § ... RdNr. ...
E/B/J/S/*Bearbeiter* § ... RdNr. ...

Gesamtwerk ISBN 978 3 8006 3380 7
in 2 Bänden
Band 1 ISBN 978 3 8006 3381 4

© 2008 Verlag Franz Vahlen GmbH, Wilhelmstr. 9, 80801 München
Druck: Kösel GmbH & Co KG
Am Buchweg 1, 87452 Altusried-Krugzell
Satz: C. H. Beck'sche Buchdruckerei, Nördlingen
(Adresse wie Verlag)

Gedruckt auf säurefreiem, alterungsbeständigem Papier
(hergestellt aus chlorfrei gebleichtem Zellstoff)

Die Bearbeiter des ersten Bandes

Dr. *Winfried Boecken*, LL.M.
Professor an der Universität Konstanz

Dr. *Ulrich Ehricke*, LL.M., M.A.
Professor an der Universität zu Köln

Dr. *Markus Gehrlein*
Richter am Bundesgerichtshof, Karlsruhe

Dr. *Wulf Goette*
Vors. Richter am Bundesgerichtshof, Karlsruhe
Honorarprofessor der Universität Heidelberg

Dr. *Waltraud Hakenberg*
Kanzlerin des Gerichts für den öffentlichen Dienst der EU, Luxemburg
Honorarprofessorin an der Universität
des Saarlandes

Dr. *Hartwig Henze*
Richter am Bundesgerichtshof, a. D., Recklinghausen
Honorarprofessor der Universität Konstanz

Reinhard Hillmann
Richter am Oberlandesgericht Oldenburg

Dr. *Peter Kindler*
Professor an der Universität Augsburg

Dr. *Knut Werner Lange*
Professor an der Universität Bayreuth

Dr. *Rainer Lorz*, LL.M.
Rechtsanwalt in Stuttgart
Honorarprofessor der Universität Stuttgart

Dr. *Gottfried Löwisch*
Vors. Richter am Oberlandesgericht Düsseldorf a. D., Wuppertal

Barbara Mayen
Richterin am Bundesgerichtshof, Karlsruhe

Dr. *Markus Märtens*
Richter am Bundesfinanzhof, München

Dr. *Andreas Pentz*
Rechtsanwalt, Fachanwalt für Handels- und Gesellschaftsrecht in Mannheim

Bearbeiter

Dr. Günter Reiner
Professor an der Helmut-Schmidt-Universität Hamburg
Richter am Hanseatischen Oberlandesgericht

Dr. Bernhard Schaub
Notar in München

Dr. Lutz Strohn
Richter am Bundesgerichtshof, Karlsruhe

Dr. Klaus Weber
Rechtsanwalt in Augsburg

Dr. Lutz Weipert
Rechtsanwalt in Bremen

Dr. Johannes Wertenbruch
Professor an der Universität Marburg

Prof. Dr. Harald Wiedmann
Wirtschaftsprüfer, Rechtsanwalt, Steuerberater, Berlin
unter Mitarbeit von
Dr. Alexander Büchel, Wirtschaftsprüfer, Rechtsanwalt, Steuerberater, Berlin
Andrea Drinhausen, Wirtschaftsprüferin, Steuerberaterin, Diplom-Kauffrau, Köln
Dr. Michael Gärtner, Wirtschaftsprüfer, Berlin
Prof. Dr. Edgar Löw, Steuerberater, Diplom-Kaufmann, Frankfurt am Main
Dr. Dirk Rabenhorst, Wirtschaftsprüfer, Steuerberater, Diplom-Ökonom, Köln
Wolf Schröder, Diplom-Wirtschaftsingenieur, Bielefeld
Dr. Anne Schurbohm-Ebneth, Wirtschaftsprüferin, Steuerberaterin, Diplom-Ökonomin, Berlin

Dr. Daniel Zimmer, LL.M.
Professor an der Universität Bonn

Im einzelnen haben bearbeitet:

§§ 1–7	Dr. Peter Kindler
§§ 8–12 Anh.	Dr. Bernhard Schaub
§§ 13–13 h	Dr. Andreas Pentz
§ 14	Dr. Bernhard Schaub
§ 15	Dr. Markus Gehrlein
§ 16	Dr. Bernhard Schaub
§§ 17–25	Dr. Daniel Zimmer
§ 26, § 26 Anh.	Reinhard Hillmann
§§ 27–37	Dr. Daniel Zimmer
§ 37 a	Reinhard Hillmann
§§ 48–58	Dr. Klaus Weber
§§ 59–83	Dr. Winfried Boecken
Vor § 84	Dr. Gottfried Löwisch
Vor § 84 Anh.	Dr. Waltraud Hakenberg
§§ 84–92 c	Dr. Gottfried Löwisch
§ 92 c Anh.	Dr. Peter Kindler
§§ 93–104	Dr. Günter Reiner
§ 104 a	Dr. Lutz Strohn
§ 105	Dr. Johannes Wertenbruch
§ 105 Anh.	Dr. Knut Werner Lange
§§ 106–109	Dr. Markus Märtens
§§ 110–113	Dr. Wulf Goette
§§ 114–118	Barbara Mayen
§ 119	Dr. Wulf Goette
§§ 120–122	Dr. Ulrich Ehricke
§§ 123–130 b	Reinhard Hillmann
§§ 131–144	Dr. Rainer Lorz
§§ 145–160	Reinhard Hillmann
EWIV	Dr. Waltraud Hakenberg
§§ 161–170	Dr. Lutz Weipert
§§ 171–177 a	Dr. Lutz Strohn
§ 177 a Anh.	Dr. Hartwig Henze
§§ 230–237	Dr. Markus Gehrlein
§§ 238–342 e	Dr. Harald Wiedmann unter Mitarbeit von Dr. Alexander Büchel, Andrea Drinhausen, Dr. Michael Gärtner, Dr. Edgar Löw, Dr. Dirk Rabenhorst, Jürgen Schneider, Wolf Schröder und Dr. Anne Schurbohm-Ebneth

Vorwort

Die erste Auflage des von Ebenroth, Boujong und Joost herausgegebenen Kommentars zum Handelsgesetzbuch einschließlich des übergreifenden Transportrechts und des Bank- und Börsenrechts ist im Jahre 2001 in einer Umbruchphase erschienen. Die Arbeiten zur Schuldrechtsmodernisierung waren in vollem Gange und führten mit Wirkung zum 1.1.2002 zu einer grundlegenden Umgestaltung des allgemeinen und besonderen Schuldrechts mit Wirkung auch auf das gesamte Zivil- und Handelsrecht. Deshalb entschlossen sich Herausgeber und Verlag, im Jahre 2003 einen Aktualisierungsband folgen zu lassen. Der neue Kommentar ist am Markt gut aufgenommen worden und hat seinen festen Platz im Kreise der Erläuterungswerke gefunden. Die Einstellung der Online-Version in das Programm Beck-Online ist ebenfalls erfreulich gut angenommen worden.

Mittlerweile hat der Gesetzgeber zahlreiche Neuregelungen verabschiedet, die es erforderlich machen, das Werk auf den neuesten Stand zu bringen und dabei auch die umfangreiche Rechtsprechung und Literatur zu berücksichtigen, die in den sechseinhalb Jahren seit dem Erscheinen der ersten Auflage veröffentlicht worden ist. Erwähnt seien das Euro-Bilanzgesetz, das Transparenz- und Publizitätsgesetz, das Bilanzrechtsreformgesetz, das Bilanzkontrollgesetz, das Übernahmerichtlinie-Umsetzungsgesetz, das EHUG und das Transparenzrichtlinie-Umsetzungsgesetz.

Auch personell hat der Kommentar Veränderungen erfahren. Vorsitzender Richter am BGH Prof. Karlheinz Boujong ist nach kurzer schwerer Krankheit im Jahre 2004 verstorben. Er hatte die erste Auflage als Herausgeber und Autor ganz entscheidend mitgeprägt. Seinem Bemühen ist es zu verdanken, dass – gemeinsam mit Prof. Dr. Detlev Joost – die Lücke geschlossen werden konnte, die durch die Erkrankung von Prof. Dr. Ebenroth entstanden war. Auch an der Planung der zweiten Auflage hat Herr Prof. Boujong noch maßgeblich mitgewirkt. Herausgeber, Autoren und Verlag werden ihn in dankbarer Erinnerung behalten. Die Aufgaben von Prof. Boujong hat Richter am BGH Dr. Strohn übernommen, der dem II., für das Gesellschaftsrecht zuständigen Zivilsenat des BGH angehört. Er betreut – wie zuvor Herr Prof. Boujong – vornehmlich den ersten Band. Aus dem Kreis der Autoren sind ausgeschieden Dr. Frank Ellenbürger, Dr. Wolfram Gass, Dr. Lothar Horbach, Edda Huther, Dr. Joachim Kölschbach, Prof. Dr. Michael Kort, Ann-Kathrin Pahlke, Friederike Scheffel, Prof. Dr. Ulrich Seibert und Prof. Dr. Astrid Stadler. Ihnen sagen Herausgeber und Verlag einen herzlichen Dank für die Mitgestaltung der maßgebenden ersten Auflage. Neu in den Kreis der Autoren sind aufgenommen worden Dr. Kay Uwe Bahnsen, Dr. Katharina Boesche, Dr. Alexander Büchel, Andrea Drinhausen, Dr. Jens Thomas Füller, Bettina Heublein, Prof. Dr. Edgar Löw, Dr. Markus Märtens, Prof. Dr. Tobias Lettl, Günther Pokrant, Dr. Fabian Reuschle, Axel Rinkler, Dr. Wolfgang Schaffert, Jürgen Schneider, Wolf Schröder und Prof. Dr. Johannes Wertenbruch.

Der erste Band hat den Stand von April 2007. Danach erschienene Rechtsprechung und Literatur ist teilweise noch eingearbeitet worden.

Karlsruhe und Hamburg, im August 2007

Detlev Joost
Lutz Strohn

Aus dem Vorwort zur 1. Auflage

Die zunehmende Globalisierung der Märkte führt zu einer vermehrten Verflechtung des nationalen Handels- und Wirtschaftsrechts mit dem europäischen und internationalen Recht. In der Praxis besteht daher ein wachsendes Bedürfnis für ein Erläuterungswerk zum Handelsgesetzbuch, das in verstärktem Maße die gemeinschaftsrechtlichen und internationalrechtlichen Bezüge des deutschen Rechts einbezieht. Dies gilt um so mehr, als im Jahr 1998 das Handelsrechtsreformgesetz und das Transportrechtsreformgesetz weitreichende Novellierungen des Handelsgesetzbuches gebracht haben. Dem dient der hiermit vorgelegte zweibändige Kommentar zum Handelsgesetzbuch, der eine Stellung zwischen Kurz- und Großkommentar einnimmt. In ihm werden zugleich das Bankrecht und das Börsenrecht näher behandelt.

Das Werk orientiert sich in erster Linie an den praxisrelevanten Fragen und erörtert diese auf wissenschaftlicher Grundlage. Es setzt sich zum Ziel, unter Einbeziehung des umfangreichen gerichtlichen Entscheidungsmaterials und wesentlicher Beiträge der Wissenschaft eine fundierte Kommentierung mit eigenen Lösungsvorschlägen zu liefern. Jeder Autor trägt für die von ihm bearbeiteten Teile allein die wissenschaftliche Verantwortung. Zu einzelnen Rechtsproblemen werden daher mitunter unterschiedliche Auffassungen vertreten.

Das Buch verdankt sein Erscheinen maßgeblich der Initiative von Herrn Univ.-Prof. Dr. Dr. Carsten Thomas Ebenroth und seiner Fähigkeit, Praktiker und Wissenschaftler gleichermaßen für ein derartiges Projekt zu gewinnen und zu begeistern. Infolge einer schweren Erkrankung konnte er das Entstehen des Werkes während eines wesentlichen Zeitraums nicht mehr weiter begleiten. In Würdigung seiner Verdienste soll das Buch auch seinen Namen tragen.

Karlsruhe und Hamburg, im Februar 2001

Karlheinz Boujong
Detlev Joost

Inhaltsverzeichnis

Handelsgesetzbuch vom 10. Mai 1897 (RGBl. I S. 219)

Erstes Buch. Handelsstand (§§ 1–104)

	§§	Seite
Erster Abschnitt. Kaufleute	1–7	1
Zweiter Abschnitt. Handelsregister; Unternehmensregister	8–16	87
§ 8 Anh. Verordnung über die Einrichtung und Führung des Handelsregisters (Handelsregisterverordnung-HRV)		116
§ 12 Anh. Handelsregisteranmeldungen mit Auslandsbezug		171
Dritter Abschnitt. Handelsfirma	17–37 a	283
§ 17 Anh. Internationales Firmenrecht und europarechtliche Implikationen		292
§ 26 Anh. Art. 37 EGHGB		423
Vierter Abschnitt. (aufgehoben)		
Fünfter Abschnitt. Prokura und Handlungsvollmacht	48–58	477
Sechster Abschnitt. Handlungsgehilfen und Handlungslehrlinge	59–83	526
Siebenter Abschnitt. Handelsvertreter	84–90 c	631
Vor § 84 Anh. Die europäische Handelsvertreter-Richtlinie		637
§ 92 c Anh. Handelsvertreter- und Vertragshändlerverträge im Internationalen Privatrecht		1065
Achter Abschnitt. Handelsmakler	93–104	1082
Neunter Abschnitt. Bußgeldvorschriften	104 a	1165

Zweites Buch. Handelsgesellschaften und stille Gesellschaft (§§ 105–237)

	§§	Seite
Erstes Abschnitt. Offene Handelsgesellschaft	105–160	1167
Erster Titel. Errichtung der Gesellschaft	105–108	1167
§ 105 Anh. Das Recht der verbundenen Personenhandelsgesellschaften		1228
Zweiter Titel. Rechtsverhältnis der Gesellschafter untereinander	109–122	1260
Dritter Titel. Rechtsverhältnis der Gesellschafter zu Dritten	123–130 b	1431
Vierter Titel. Auflösung der Gesellschaft und Ausscheiden von Gesellschaftern	131–144	1500
Fünfter Titel. Liquidation der Gesellschaft	145–158	1634
Sechster Titel. Verjährung. Zeitliche Begrenzung der Haftung	159, 160	1676
§ 160 Anh. Art. 35, 36 EGHGB		1684
Die Europäische wirtschaftliche Interessenvereinigung (EWIV)		1686
Anh. 1. Verordnung (EWG) Nr. 2137/85 des Rates über die Schaffung einer Europäischen wirtschaftlichen Interessenvereinigung (EWIV)		1700
Anh. 2. Gesetz zur Ausführung der EWG-Verordnung über die Europäische wirtschaftliche Interessenvereinigung (EWIV-Ausführungsgesetz)		1709

Inhaltsverzeichnis

	§§	Seite
Zweiter Abschnitt. Kommanditgesellschaft	161–177 a	1713
§ 177 a Anh. Sondertypen der Kommanditgesellschaft		1896
A. GmbH & Co. KG		1896
B. Die Publikumsgesellschaft		1947
Dritter Abschnitt. Stille Gesellschaft	230–237	1981

Drittes Buch. Handelsbücher (§§ 238–342 a)

	§§	Seite
Erster Abschnitt. Vorschriften für alle Kaufleute	238–263	2051
Erster Unterabschnitt. Buchführung. Inventar	238–241	2051
Zweiter Unterabschnitt. Eröffnungsbilanz. Jahresabschluß	242–256	2072
Erster Titel. Allgemeine Vorschriften	242–245	2072
Zweiter Titel. Ansatzvorschriften	246–251	2084
Dritter Titel. Bewertungsvorschriften	252–256	2123
Dritter Unterabschnitt. Aufbewahrung und Vorlage	257–261	2179
Vierter Unterabschnitt. Landesrecht	263	2189
Zweiter Abschnitt. Ergänzende Vorschriften für Kapitalgesellschaften (Aktiengesellschaften, Kommanditgesellschaften auf Aktien und Gesellschaften mit beschränkter Haftung) sowie bestimmte Personenhandelsgesellschaften	264–335	2190
Erster Unterabschnitt. Jahresabschluß der Kapitalgesellschaft und Lagebericht	264–289	2190
Erster Titel. Allgemeine Vorschriften	264–265	2190
Zweiter Titel. Bilanz	266–274 a	2218
Dritter Titel. Gewinn- und Verlustrechnung	275–278	2258
Vierter Titel. Bewertungsvorschriften	279–283	2273
Fünfter Titel. Anhang	284–288	2285
Sechster Titel. Lagebericht	289	2308
Zweiter Unterabschnitt. Konzernabschluß und Konzernlagebericht	290–315	2322
Erster Titel. Anwendungsbereich	290–293	2322
Zweiter Titel. Konsolidierungskreis	294–296	2342
Dritter Titel. Inhalt und Form des Konzernabschlusses	297–299	2349
Vierter Titel. Vollkonsolidierung	300–307	2368
Fünfter Titel. Bewertungsvorschriften	308, 309	2410
Sechster Titel. Anteilmäßige Konsolidierung	310	2420
Siebenter Titel. Assoziierte Unternehmen	311, 312	2422
Achter Titel. Konzernanhang	313, 314	2434
Neunter Titel. Konzernlagebericht	315	2443
Zehnter Titel. Konzernabschluss nach internationalen Rechnungslegungsstandards	315 a	2448
Dritter Unterabschnitt. Prüfung	316–324 a	2453
Vierter Unterabschnitt. Offenlegung. Prüfung durch den Betreiber des elektronischen Bundesanzeigers	325–329	2511
Fünfter Unterabschnitt. Verordnungsermächtigung für Formblätter und andere Vorschriften	330	2528

Inhaltsverzeichnis

	§§	Seite
Sechster Unterabschnitt. Straf- und Bußgeldvorschriften. Zwangsgelder	331–335 b	2531
Dritter Abschnitt. Ergänzende Vorschriften für eingetragene Genossenschaften	336–339	2546
Vierter Abschnitt. Ergänzende Vorschriften für Unternehmen bestimmter Geschäftszweige	340–341 o	2561
Erster Unterabschnitt. Ergänzende Vorschriften für Kreditinstitute und Finanzdienstleistungsinstitute	340–340 o	2561
Erster Titel. Anwendungsbereich	340	2561
Zweiter Titel. Jahresabschluß, Lagebericht, Zwischenabschluß	340 a–340 d	2567
Dritter Teil. Bewertungsvorschriften	340 e–340 g	2589
Vierter Titel. Währungsumrechnung	340 h	2605
Fünfter Titel. Konzernabschluß, Konzernlagebericht, Konzernzwischenabschluß	340 i, 340 j	2614
Sechster Titel. Prüfung	340 k	2621
Siebenter Titel. Offenlegung	340 l	2626
Achter Titel. Straf- und Bußgeldvorschriften, Zwangsgelder	340 m–340 o	2633
Zweiter Unterabschnitt. Ergänzende Vorschriften für Versicherungsunternehmen und Pensionsfonds	341–341 o	2642
Erster Titel. Anwendungsbereich	341	2642
Zweiter Titel. Jahresabschluß, Lagebericht	341 a	2646
Dritter Titel. Bewertungsvorschriften	341 b–341 d	2650
Vierter Titel. Versicherungstechnische Rückstellungen	341 e–341 h	2666
Fünfter Titel. Konzernabschluß, Konzernlagebericht	341 i, 341 j	2690
Sechster Titel. Prüfung	341 k	2697
Siebenter Titel. Offenlegung	341 l	2702
Achter Titel. Straf- und Bußgeldvorschriften, Zwangsgelder	341 m–341 o	2705
Fünfter Abschnitt. Privates Rechnungslegungsgremium; Rechnungslegungsbeirat	342, 342 a	2714
Sechster Abschnitt. Prüfstelle für Rechnungslegung	342 b–342 e	2717
Sachverzeichnis		2725

Verzeichnis der Abkürzungen
und der abgekürzt zitierten Literatur

A	Atlantic Reporter
aA	anderer Ansicht
AAB	Allgemeine Arbeitsbedingungen; Allgemeine Auftragsbedingungen
aaO	am angegebenen Ort
ABB	Verordnung über die Allgemeinen Beförderungsbedingungen für den Straßenbahn- und Obusverkehr sowie den Linienverkehr mit Kraftfahrzeugen
ABGB	Allgemeines Bürgerliches Gesetzbuch (Österreich)
abgedr.	abgedruckt
Abh.	Abhandlungen
Abk.	Abkommen
abl.	ablehnend
ABl.	Amtsblatt
ABl.EG	Amtsblatt der Europäischen Gemeinschaften
Abs.	Absatz
Abschn.	Abschnitt
Abt.	Abteilung
abw.	abweichend
AbzG	Abzahlungsgesetz
A. C.	Appeal Cases
Acc. Rev.	The Accounting Review (Zeitschrift)
ACL	Atlantic Container Line
ACLR	IATA Air Carrier Liability Reports
AcP	Archiv für die civilistische Praxis (Zeitschrift)
ADB	Allgemeine Deutsche Binnen-Transportversicherungs-Bedingungen
ADHGB	Allgemeines Deutsches Handelsgesetzbuch von 1861
ADS	Adler/Düring/Schmaltz, Rechnungslegung und Prüfung der Unternehmen, Loseblatt, Stand 2006
ADS	Allgemeine Deutsche Seeversicherungsbedingungen
ADSp	Allgemeine Deutsche Spediteurbedingungen
ADWO	Allgemeine Deutsche Wechselordnung
aE	am Ende
AEG	Allgemeines Eisenbahngesetz
aF	alte Fassung
AFB	Allgemeine Feuerversicherungsbedingungen
AFG	Arbeitsförderungsgesetz
AfL	Arkiv for Luftrett
AfS	Arkiv for Sjørett
AG	Aktiengesellschaft; Amtsgericht; Die Aktiengesellschaft (Zeitschrift)
AGB	Allgemeine Geschäftsbedingungen
AGBG	Gesetz zur Regelung des Rechts der Allgemeinen Geschäftsbedingungen
AGBGB	Ausführungsgesetz zum BGB
AGNB	Allgemeine Beförderungsbedingungen für den gewerblichen Güternahverkehr mit Kraftfahrzeugen
AHB	Allgemeine Versicherungsbedingungen für die Haftpflichtversicherung
AiB	Arbeitsrecht im Betrieb (Zeitschrift)
AICPA ProfStandards I, II	American Institute of Certified Public Accountants (Hrsg.), Professional Standards as of June 1, 2004; Band I: U. S. Auditing Standards, Attestation Standards, 2004; Band II: Accounting and Review Services, Code of Professional Conduct, Bylaws, International Accounting, International Auditing, Consulting Services, Qualitiy Control, Peer Review, Tax Practice, Personal Financial Planning, Continuing Professional Education, 2004
AIN-APB	AICPA Accounting Interpretations

Abkürzungen

Air L.	Air Law
AIZ	Allgemeine Immobilien-Zeitung
AJP/PJA	Aktuelle juristische Praxis/Practique juridique actuelle (Zeitschrift)
AK-BGB/*Bearbeiter*	Alternativkommentar zum Bürgerlichen Gesetzbuch, hrsg. v. Wassermann 1979 ff.
AKB	Allgemeine Bedingungen für die Kraftverkehrsversicherung
AkDR	Akademie für Deutsches Recht
AktG	Aktiengesetz
ALB	Allgemeine Lagerbedingungen des Deutschen Möbeltransports
Alff	Alff, Fracht-, Lager- und Speditionsrecht, 2. Aufl. 1991
All E. R.	The All English Law Reports
allgM	allgemeine Meinung
ALR	Allgemeines Landrecht für die Preußischen Staaten von 1794; American Law Reports
Alt.	Alternative
Alter	Alter, Droit des transports, 3. Aufl. 1997
aM	anderer Meinung
Am. Bus. L. Journ.	American Business Law Journal
A. M. C.	American Maritime Cases
Am. J. Comp. L.	The American Journal of Comparative Law
Am. J. Int. L.	The American Journal of International Law
amtl. Begr.	amtliche Begründung
An. Der. Marit.	Anuario de derecho maritimo
ÄndG	Änderungsgesetz
ÄndVO	Änderungsverordnung
AnfG	Gesetz betreffend die Anfechtung von Rechtshandlungen eines Schuldners außerhalb des Konkursverfahrens
Anh.	Anhang
Anl.	Anlage
Anm.	Anmerkung
Ann. AAA	Annuaire de l' Association des auditeurs et anciens auditeurs de l'Académie de droit international de La Haye
Ann. Air Sp. L.	Annals of Air and Space Law
Ann. dir. comp.	Annuario di diritto comparato
Ann. dr. marit. aér.	Annuaire de droit maritime et aérien
Ann. fr. dr. int.	Annuaire français de droit international
AnwBl.	Anwaltsblatt (Zeitschrift)
AnzVO	Verordnung über die Vorlage von Unterlagen nach dem Gesetz über das Kreditwesen (Anzeigenverordnung)
AO	Abgabenordnung
AöR	Archiv des öffentlichen Rechts
AÖSp	Allgemeine Österreichische Spediteur-Bedingungen
AP	Arbeitsrechtliche Praxis (Entscheidungssammlung 1950 ff.)
Apathy/Iro/Koziol	Apathy/Iro/Koziol, Österreichisches Bankvertragsrecht, Bd. I, 2. Aufl. 2007; Bd. II 1993
APB	Accounting Principles Board
App.	Corte di appello
App. Div.	Appellate Division
AppG	Appellationsgericht
AR-Blattei	Arbeitsrechts-Blattei
ARB	Allgemeine Bedingungen für die Rechtsschutzversicherung
ArbG	Arbeitsgericht
ArbGG	Arbeitsgerichtsgesetz
ArbNErfG	Arbeitnehmererfindungsgesetz
ArbPlSchG	Arbeitsplatzschutzgesetz
ArbRdGgw	Das Arbeitsrecht der Gegenwart
ArbSch	Arbeitsschutz (Beilage zum Bundesarbeitsblatt)
ArbStoffVO	Verordnung über gefährliche Arbeitsstoffe
ArbStVO	*Verordnung über Arbeitsstätten*

Abkürzungen

ArbZG	Arbeitszeitgesetz
Arch.	Archiv
Arch. giur.	Archivio Giuridico „Filippo Serafini"
ArchBürgR	Archiv für Bürgerliches Recht
ArchEW	Archiv für Eisenbahnwesen
ArchLR	Archiv für Luftrecht
arg.	argumentum
ARGE	Arbeitsgemeinschaft
Art.	Artikel
AS	Amtliche Sammlung der eidgenössischen Gesetze
ASB	Accounting Standards Board
ASDA-Bull	Bulletin der Schweizerischen Vereinigung für Luft und Weltraumrecht
ASiG	Gesetz über Betriebsärzte, Sicherheitsbeamte und andere Fachkräfte für Arbeitssicherheit (Arbeitssicherheitsgesetz)
Assmann/Schneider WpHG	Assmann/Schneider, WpHG, 4. Aufl. 2006
Assmann/Schütze	Assmann/Schütze, Handbuch des Kapitalanlagerechts, 2. Aufl. 1997
ASOR	Accord relatif aux services occasionnels internationaux de voyageurs par route effectués par autocars ou par autobus
AT	allgemeiner Teil, außertariflich
ATG	Altersteilzeitgesetz
AtG	Atomgesetz
ATP	Accord relatif aux transports internationaux de denrées périssables et aux engins spéciaux à utiliser pour ces transports
AuA	Arbeit und Arbeitsrecht (Zeitschrift)
AUB	Allgemeine Unfallversicherungsbedingungen
Aufl.	Auflage
Aufs.	Aufsatz
AÜG	Arbeitnehmerüberlassungsgesetz
AuR	Arbeit und Recht (Zeitschrift)
ausdr.	ausdrücklich
ausf.	ausführlich
AusfG	Ausführungsgesetz
AusfVO	Ausführungsverordnung
Austr. Bus. L. Rev.	Australian Business Law Review
Austr. L. J.	The Australian Law Journal
Austr. YB. Int. L.	Australian Yearbook of International Law
AVAG	Gesetz zur Ausführung zwischenstaatlicher Anerkennungs- und Vollstreckungsverträge in Zivil- und Handelssachen
AVAVG	Gesetz über Arbeitsvermittlung und Arbeitslosenversicherung
AVB	Allgemeine Versicherungsbedingungen, Allgemeine Vertragsbestimmungen
AVE	Allgemeinverbindlicherklärung
AVG	Angestelltenversicherungsgesetz
AVV	Allgemeine Verwaltungsvorschrift
AW	Außenwirtschaft
AWD	Außenwirtschaftsdienst des Betriebs-Beraters (Zeitschrift)
AWG	Außenwirtschaftsgesetz
AWV	Außenwirtschaftsverordnung
Az.	Aktenzeichen
AZO	Arbeitszeitordnung
B	Bundes-
BaBiRiLiG	Gesetz zur Durchführung der Richtlinien des Rates der Europäischen Gemeinschaften über den Jahresabschluss und den Konsolidierten Abschluss von Banken und anderen Finanzinstituten (Bankenbilanzrichtlinie-Gesetz)
BABl.	Bundesarbeitsblatt
Bad., bad.	Baden, badisch
Baetge Bilanzen	Baetge/Kirsch/Thiele, Bilanzen, 8. Aufl. 2005

Abkürzungen

Baetge KonzernBil	Baetge/Kirsch/Thiele, Konzernbilanzen, 7. Aufl. 2004
Baetge/Dörner/Kleekämper/ Wollmert	Baetge/Dörner/Kleekämpfer/Wollmert, IAS-Kommentar, 2. Aufl. 2002
BAG	Bundesarbeitsgericht
BAGE	Entscheidungen des Bundesarbeitsgerichts
BaK	Bundesaufsichtsamt für das Kreditwesen
Ballwieser/*Bearbeiter*	Ballwieser (Hrsg.), US-amerikanische Rechnungslegung, 4. Aufl. 2000
Balser	Balser/Bokelmann/Piorreck/Dostmann/Kauffmann, Umwandlung, Verschmelzung, Vermögensübertragung, 1990
Bamberger/Roth/*Bearbeiter*	Bamberger/Roth, Bürgerliches Gesetzbuch, 2. Aufl. 2007 f.
Banca borsa tit. cred.	Banca borsa e titoli de credito
BankR-Hdb/*Bearbeiter*	Schimansky/Bunte/Lwowski (Hrsg.), Bankrechts-Handbuch, 3. Aufl. 2007
BAnz.	Bundesanzeiger
v. Bar	v. Bar, Internationales Privatrecht Bd. II 1991
v. Bar/Mankowski	v. Bar/Mankowski, Internationales Privatrecht, Bd. I, 2. Aufl. 2003
Basedow EurVerkPol	Europäische Verkehrspolitik, hrsg. v. Basedow, 1987
Basedow TransportV	Basedow, Der Transportvertrag, 1987
Basedow Wettbew.	Basedow, Wettbewerb auf den Verkehrsmärkten, 1989
Bassenge/Roth	Bassenge/Roth, Kommentar zum FGG/RPflG, 11. Aufl. 2007
Baumbach/*Hefermehl* WG/SchG	Baumbach/Hefermehl, Wechselgesetz und Scheckgesetz, Kommentar, 22. Aufl. 2000
Baumbach/*Hopt*	Baumbach/Hopt, Handelsgesetzbuch mit Nebengesetzen, 32. Aufl. 2006
Baumbach/Hueck AktG	Baumbach/Hueck, Aktiengesetz, 13. Aufl. 1968
Baumbach/Hueck/*Bearbeiter*	Baumbach/Hueck, GmbHG, 18. Aufl. 2006
Baumbach/Lauterbach/*Bearbeiter*	Baumbach/Lauterbach/Albers/Hartmann, Zivilprozessordnung, 65. Aufl. 2007
Baumgärtel/*Bearbeiter*	Baumgärtel (Hrsg.), Handbuch der Beweislast im Privatrecht, Kommentar, 5 Bände, 1. Aufl. 1981–1993, Band: 1 2. Aufl. 1991, Band 2: 3. Aufl. 2007
BauR	Zeitschrift für das gesamte öffentliche und private Baurecht
Baur/Stürner	Baur/Stürner, Lehrbuch des Sachenrechts, 17. Aufl. 1998
BauSpG	Gesetz über Bausparkassen
BaWe	Bundesaufsichtsamt für das Wertpapierwesen
Bay., bay.	Bayern, bayerisch
BayObLG	Bayerisches Oberstes Landesgericht
BayObLGZ	Amtliche Sammlung des Bayerischen Obersten Landgerichts in Zivilsachen
BayVBl.	Bayerische Verwaltungsblätter
BB	Betriebs-Berater (Zeitschrift)
BBankG	Gesetz über die deutsche Bundesbank
BbG	Bundesbahngesetz
BBG	Bundesbeamtengesetz
BbiG	Berufsbildungsgesetz
BBK	Betrieb und Rechnungswesen: Buchführung, Bilanz, Kostenrechnung (Zeitschrift)
BBl.	Bundesblatt
B. Bl.	Betriebswirtschaftliche Blätter (Zeitschrift)
B. C.	British Columbia
Bd. (Bde.)	Band (Bände)
BdB	Bundesverband deutscher Banken
BDSG	Bundesdatenschutzgesetz
Bearb., bearb.	Bearbeitung, Bearbeiter, bearbeitet
Beck HdR/*Bearbeiter*	Castan/Heymann/Müller/Ordelheide/Scheffler (Hrsg.), Beck'sches Handbuch der Rechnungslegung, Loseblatt, Stand 2007
BeckBilKomm/*Bearbeiter*	Budde/Clemm/Ellrott/Förschle/Hoyos (Hrsg.), Beck'scher Bilanzkommentar, *Der* Jahresabschluss nach Handels- und Steuerrecht, 6. Aufl. 2006

Abkürzungen

BeckHbGmbH/*Bearbeiter*	Müller/Hense (Hrsg.), Beck'sches Handbuch der GmbH, 3. Aufl. 2002
BeckHbPersGes/*Bearbeiter*	Müller/Hoffmann (Hrsg.), Beck'sches Handbuch der Personengesellschaften, 2. Aufl. 2002
BeckWirtRHdb/*Bearbeiter*	Pelka, Beck'sches Wirtschaftsrechts-Handbuch, 2. Aufl. 2001
BefBMö 1983	Beförderungsbedingungen für den Möbelverkehr, s. GüKUMT
Begr.	Begründung
Begr. Kropff	Textausgabe des Aktiengesetzes 1965 mit Begründungen und Berichten, 1965
Beih.	Beiheft
Beil.	Beilage
Bek.	Bekanntmachung
Bem.	Bemerkung
ber.	berichtigt
BerDtGesVR	Berichte der Deutschen Gesellschaft für Völkerrecht
Ber. Helmrich	Bericht des Abg. Helmrich u. a. zum Entwurf des Rechtsausschusses zum Bilanzrichtlinien-Gesetz, 1986
bes.	besonders
BeschFG	Gesetz über arbeitsrechtliche Vorschriften zur Beschäftigungsförderung
BeschSchuG	Gesetz zum Schutz der Beschäftigten vor sexueller Belästigung am Arbeitsplatz (Beschäftigtenschutzgesetz)
bespr.	besprochen
Bespr.-Aufs.	Besprechungsaufsatz
bestr.	bestritten
betr.	betreffend, betreffs
BetrAVG	Gesetz zur Verbesserung der betrieblichen Altersversorgung (Betriebsrentengesetz)
BetrVG	Betriebsverfassungsgesetz
BetrVGWO	Erste Verordnung zur Durchführung des Betriebsverfassungsgesetzes (Wahlordnung)
BetrVR	Betriebsverfassungsrecht
BeurkG	Beurkundungsgesetz
bez.	bezüglich
BFA	Bankenfachausschuss des IDW
BfAI	Bundesstelle für Außenhandelsinformation
BFernStrG	Bundesfernstraßengesetz
BFH	Bundesfinanzhof
BFHE	Sammlung der Entscheidungen und Gutachten des Bundesfinanzhofs
BFM	Bundesfinanzministerium
BFuP	Betriebswirtschaftliche Forschung und Praxis (Zeitschrift)
BG	Berufsgenossenschaft; (schweizerisches) Bundesgericht
BGB	Bürgerliches Gesetzbuch
BGBl.	Bundesgesetzblatt
BGE	Entscheidungen des Schweizerischen Bundesgerichts, Amtliche Sammlung
BGH	Bundesgerichtshof
BGHR	BGH-Rechtsprechung (Loseblattsammlung 1987 ff.)
BGHSt	Entscheidungen des Bundesgerichtshofs in Strafsachen
BGHWarn	Rechtsprechung des Bundesgerichtshofs in Zivilsachen – in der amtlichen Sammlung nicht enthaltene Entscheidungen (als Fortsetzung von WarnR)
BGHZ	Entscheidungen des Bundesgerichtshofs in Zivilsachen
BHO	Bundeshaushaltsordnung
BI/GF	Bankinformation und Genossenschaftsforum (Zeitschrift)
Biener	Biener, Die gesellschafts- und bilanzrechtlichen Gesetze nach Änderung durch das Bilanzrichtlinien-Gesetz, 1986
Biener/Berneke	Biener/Berneke, Bilanzrichtlinien-Gesetz (Textausgabe mit Materialien), 1986
Biener/Schatzmann	Biener/Schatzmann, Konzern-Rechnungslegung, 1983
Bil.	Bilanz

Abkürzungen

BilKoG	Bilanzkontrollgesetz
BilReG	Bilanzrechtsreformgesetz
BIMCO	The Baltic and International Maritime Conference
BinnSchG	Binnenschifffahrtsgesetz
Bitz/Schneeloch/Wittstock	Bitz/Schneeloch/Wittstock, Der Jahresabschluß, 4. Aufl. 2003
BKartA	Bundeskartellamt
Bl.	Blatt
Blaurock	Blaurock, Handbuch der Stillen Gesellschaft, 6. Aufl. 2003
Bleckmann Europarecht	Bleckmann, Europarecht – Das Recht der Europäischen Gemeinschaft, 6. Aufl. 1997
BlStSozArbR	Blätter für Steuerrecht, Sozialversicherung und Arbeitsrecht
Blümich/*Bearbeiter*	Blümich, EStG, KStG, GewStG, Loseblatt-Kommentar, 5 Bände, hrsg. von Heuermann, Stand 2007
BMF	Bundesminister der Finanzen
BMJ	Bundesminister der Justiz
BMW	Bundesminister der Wirtschaft
BOE	Bolitín Oficial del Estado
BöhmsZ	Zeitschrift für internationales Privat- und Strafrecht, begr. v. Böhm
BörsG	Börsengesetz
BörsZulVO	Verordnung über die Zulassung von Wertpapieren zur amtlichen Notierung an einer Wertpapierbörse vom 9. 9. 1998
BOKraft	Verordnung über den Betrieb von Kraftfahrunternehmen im Personenverkehr
BonnerHdR/*Bearbeiter*	Hofbauer/Kupsch, Bonner Handbuch der Rechnungslegung, 1998
Bordewin/Brandt/*Bearbeiter*	Bordewin/Brandt,(Hrsg.), Kommentar zum Einkommensteuergesetz, begr. von Hartmann/Böttcher/Nissen, Loseblatt, Stand 2007
BOSAE	Entscheidungen des Bundesoberseeamtes und der Seeämter der Bundesrepublik Deutschland
BOSS	Börsen-Order-Service-System
BOSS-CUBE	Börsen-Order-Service-System und computerunterstütztes Börsenhandels- und Entscheidungssystem
Boston Industr. Com. Rev.	Boston College Industrial and Commercial Law Review
BPersVG	Bundespersonalvertretungsgesetz
BR	Bürgerliches Recht
BR-Drucks.	Drucksachen des Deutschen Bundesrates
BRAGO	Bundesrechtsanwaltsgebührenordnung
BRAO	Bundesrechtsanwaltsordnung
BRat	Bundesrat
BRD	Bundesrepublik Deutschland
Bredow/Seiffert	Bredow/Seiffert, Incoterms 1990, 1990
B. R. H.	Belgische Rechtspraak in Handelszaaken
Brit. YB. Int. L.	The British Year Book of International Law
Brönner/Bareis	Brönner/Bareis, Die Bilanz nach Handels- und Steuerrecht, 9. Aufl. 1991
Brox	Brox, Handelsrecht, 19. Aufl. 2006
BRTV	Bundesrahmentarifvertrag
BSchG	Gesetz betreffend die privatrechtlichen Verhältnisse der Binnenschifffahrt (Binnenschifffahrtsgesetz)
BSchVG	Gesetz über den gewerblichen Binnenschifffahrtsverkehr (Binnenschiffsverkehrsgesetz)
BSG	Bundessozialgericht
BSGE	Entscheidungen des Bundessozialgerichts
BSK	Börsensachverständigenkommission
BStBl.	Bundessteuerblatt
BT	Besonderer Teil
BT-Drucks.	Drucksachen des Deutschen Bundestages
BTag	Bundestag
BuB	Bankrecht und Bankpraxis
Buchst.	Buchstabe

Abkürzungen

Budde/Forster	Budde/Forster, D-Markbilanzgesetz (DMBilG) 1990, 1991
Bülow VerbrKrG	Bülow, Verbraucherkreditgesetz, 4. Aufl. 2001
Bull. Civ.	Bulletin des arrêts de la Cour de cassation. Chambres civiles
Bull. EG	Bulletin der Europäischen Gemeinschaften
Bull. transp.	Bulletin des transports
Bumiller/Winkler	Bumiller/Winkler, Freiwillige Gerichtsbarkeit, 8. Aufl. 2006
BundesbankG	Gesetz über die Deutsche Bundesbank
Bunte	Bunte, Entscheidungssammlung zum AGB-Gesetz
BUrlG	Bundesurlaubsgesetz
Busch's Arch.	Archiv für Theorie und Praxis des Allg. Dt. Handelsrechts
Bus. L. J.	The Business Law Journal
Bus. L. Rev.	Business Law Review
Bus. Lawyer	The Business Lawyer
Busse von Colbe/Müller/Reinhard	Busse von Colbe/Müller/Reinhard (Hrsg.), Aufstellung von Konzernabschlüssen, 2. Aufl. 1989, Sonderheft 21 ZfbF
Busse von Colbe/Ordelheide	Busse von Colbe/Ordelheide, Konzernabschlüsse. Rechnungslegung für Konzerne nach betriebswirtschaftlichen und aktienrechtlichen Grundsätzen, 8. Aufl. 2006
BuW	Betrieb und Wirtschaft (Zeitschrift)
BVerfG	Bundesverfassungsgericht
BVerfGE	Entscheidungen des Bundesverfassungsgerichts
BVerwG	Bundesverwaltungsgericht
BVerwGE	Entscheidungen des Bundesverwaltungsgerichts
BWNotZ	Zeitschrift des Notariats in Baden-Württemberg
BZ	Börsen-Zeitung
bzw.	beziehungsweise
c.	chapter
C& L KonzAbschl.	C& L Deutsche Revision (Hrsg.), Konzernabschlüsse '95, 1997
C. L. J.	The Cambridge Law Journal (Zeitschrift)
ca.	circa
C. A.	Court of Appeal; Recueil de jurisprudence du Québec, Cour d'appel
CAB	Civil Aeronautics Board
C. A. B.	Civil Aeronautics Board Reports
CACIV	Convention additionelle à la Convention internationale concernant le transport des voyageurs et des bagages par chemins de fer (CIV) du 25. 2. 1961, relative à la responsabilité du chemin de fer pour la mort et les blessures de voyageurs
v. Caemmerer/Schlechtriem	v. Caemmerer/Schlechtriem, Kommentar zum Einheitlichen UN-Kaufrecht, 3. Aufl. 2000 (s. Schlechtriem/Schwenzer, 4. Aufl. 2004)
Cal.	California
Cal. Rptr.	California Reporter
Cal. W. Int. L. J.	California Western International Law Journal
Can. Bus. L. J.	The Canadian Business Law Journal
Can. YB. Int. L.	The Canadian Yearbook of International Law
Canaris Bankvertragsrecht	Canaris, Bankvertragsrecht, 1. Teil 3. Aufl. 1988, 2. Teil 4. Aufl. 1995
Canaris	Canaris, Handelsrecht, 24. Aufl. 2006
Cass.	Cour de Cassation, Corte di Cassazione
C. C.	Code Civil
c. co.	Codice di commercio
C. com.	code de commerce
CCH Avi	Commerce Clearing House – Aviation Cases
CCV	Convention internationale relative au contrat de voyage
CEMT	Conférence européenne des ministres de transport
cert.	certiorari
c & f	cost &freight
ch.	chapter
Chapt.	Chapter

Abkürzungen

Ch. D.	Chancery Division
Chr.	Chronique
c. i. c.	culpa in contrahendo
c. i. f.	cost, insurance, freight
CIM	Convention internationale concernant le transport des marchandises par chemin de fer
Cir.	Circuit
CISG	United Nations Convention on Contracts for the International Sale of Goods/Übereinkommen der Vereinten Nationen über Verträge über den internationalen Warenkauf
CITEJA	Comité international technique d'experts juridiques aériens
CIV	Convention internationale concernant le transport des voyageurs et des bagages par chemin de fer
Civ. Ct	Civil Court
Clarke	Clarke, International Carriage of Goods by Road: CMR, 4. Aufl. 2003
Claussen	Claussen, Bank- und Börsenrecht, 3. Aufl. 2003
CLNI	Convention sur la limitation de la responsabilité civile pour les dommages causés au cours du transport de marchandises dangereuses par route, rail et bateaux de navigation intérieur
Clunet	Clunet, Journal du droit international
CMI	Comité maritime international
C. M. I. Bull.	Bulletin de l'Association belge pour l'unification du droit maritime
CMLR	Common Market Law Report
CMNI	Convention relative au contrat de transport de marchandises en navigation intérieure
CMR	Convention relative au contrat de transport international de marchandises par route
Co.	Company
Cod.	Codex
Cod. civ.	Codice civile
Cód. com.	Código de commercio
Cod. nav.	Codice della navigazione
Coenenberg	Coenenberg, Jahresabschluß und Jahresabschlußanalyse, 20. Aufl. 2005
COGSA	Carriage of goods by sea act
Colum. J. Transnat. L.	Columbia Journal of Transnational Law
Com.	Tribunal de commerce
Com. L. Eur.	Commercial Laws of Europe
Comm. L. Journ.	Commercial Law Journal
Commonw. L. Bull.	Commonwealth Law Bulletin
Comp. L. YB.	Comparative Law Yearbook
Cong.	Congress
Cost.	Corte Costituzionale
COTIF	Convention relative aux transports internationaux ferroviaires
CTO	Combined Transport Operator
C. P.	Recueils de jurisprudence du Québec, Cour provinciale
Crezelius	Crezelius, Bilanzrecht, 2. Aufl. 1995
C. S.	Recueils de jurisprudence du Québec, Cour supérieure du Québec
Cty.	County
CVN	Convention relative au contrat de transport de voyageurs et de bagages en navigation intérieure
CVR	Convention relative au contrat de transport de voyageurs et de bagages par route
Czoklich	Czoklich, Einführung in das Transportrecht, Wien 1990
D.	Dalloz
Dankmeyer/Giloy/*Bearbeiter*	Dankmeyer/Giloy (Hrsg.), Einkommensteuer, Kommentar, 5 Bände, Stand 2007
DAR	Deutsches Autorecht (Zeitschrift)
DAX	*Deutscher Aktenindex*

Abkürzungen

DB	Der Betrieb (Zeitschrift)
DBW	Die Betriebswirtschaft (Zeitschrift)
D. Chr.	Dalloz Chronique
DCS	Dispositions complémentaires spéciales
DCU	Dispositions complémentaires uniformes
Dec.	December
Demming	Demming, Grundlagen der internationalen Rechnungslegung, 1997
DepotG	Depotgesetz
ders.	derselbe
dgl.	desgleichen; dergleichen
DGV	Der Güterverkehr (Zeitschrift)
DGWR	Deutsches Gemein- und Wirtschaftsrecht (Zeitschrift)
dh.	das heißt
Die AG	Die Aktiengesellschaft (Zeitschrift)
Die Bank	Die Bank (Zeitschrift)
Die BB	Die Bundesbahn (Zeitschrift)
dies.	dieselbe(n)
Dig.	Digesten
DIHT	Deutscher Industrie- und Handelstag
Dir. aereo	Il diritto aereo
Dir. comunit. scambi int.	Diritto comunitario e degli scambi internazionali
Dir. Mar.	Il diritto marittimo
Dir. prat. av.	Diritto e pratica dell'aviazione civile
DiskE	Diskussionsentwurf
Diss.	Dissertation
DJ	Deutsche Justiz (Zeitschrift)
DJT	Deutscher Juristentag
DJZ	Deutsche Juristenzeitung
DLK	Der langfristige Kredit (Zeitschrift)
D. L. R.	Dominion Law Reports
DM	Deutsche Mark
DMBilG	Gesetz über die Eröffnungsbilanz und die Kapitalneufestsetzung
D. M. F.	Le droit maritime français
DNotZ	Deutsche Notar-Zeitschrift
Doc.	Document (s)
Dok.	Dokument
Dorrestein	Dorrestein, Recht van het internationale wegvervoer, Zwolle 1977
DöD	Der öffentliche Dienst
Dörner/Menold/Pfitzer	Dörner/Menold/Pfitzer, Reform des Aktienrechts, der Rechnungslegung und Prüfung, 2. Aufl. 2003
DÖV	Die öffentliche Verwaltung (Zeitschrift)
D. P.	Dalloz périodique
DR	Deutsches Recht (Zeitschrift)
DRiZ	Deutsche Richterzeitung
DRS	Deutscher Rechnungslegungsstandard
DRSC	Deutsches Rechnungslegungs Standards Comitee
DSR	Deutscher Standardisierungsrat
DStR	Deutches Steuerrecht (Zeitschrift)
DStZ	Deutsche Steuer-Zeitung
DSWR	Datenverarbeitung, Steuer, Wirtschaft, Recht (Zeitschrift)
Dt.; dt.	deutsch
DTB	Deutsche Terminbörse
DtGesTranspR TranspR und AGGB	Deutsche Gesellschaft für Transportrecht, Transportrecht und Gesetz über Allgemeine Geschäftsbedingungen, 1987
DtGesTranspR Versicherung	Deutsche Gesellschaft für Transportrecht, Gütertransport und Versicherungen, 1990
DtZ	Deutsch-deutsche Rechts-Zeitschrift
Dubischar	Dubischar, Grundriß des gesamten Gütertransportrechts, 1987

Abkürzungen

Düringer/Hachenburg/*Bearbeiter*	Düringer/Hachenburg, Das Handelsgesetzbuch vom 10. Mai 1897, 3. Aufl. 1930–1935
DVBl.	Deutsches Verwaltungsblatt (Zeitschrift)
DVFA o. DVFA/SG	Deutsche Vereinigung für Finanzanalyse und Anlageberatung/Schmalenbach Gesellschaft
DVO	Durchführungsverordnung
DVWG	Deutsche Verkehrswirtschaftliche Gesellschaft
DVZ	Deutsche Verkehrszeitung
DZWiR	Deutsche Zeitschrift für Wirtschaftsrecht
E	Entwurf, Entscheidung (in der amtlichen Sammlung)
EAG	Einheitliches Gesetz über den Abschluss von internationalen Kaufverträgen
ebd.	ebenda
Ebenroth ErbR	Ebenroth, Erbrecht, 1992
Ebke IntDevR	Ebke, Internationales Devisenrecht, 1990
Ebke Verantwortlichkeit	Ebke, Die zivilrechtliche Verantwortlichkeit der wirtschaftsprüfenden, steuer- und rechtsberatenden Berufe im internationalen Vergleich, 1996
Ebke Wirtschaftsprüfer	Ebke, Wirtschaftsprüfer und Dritthaftung, 1983
EBLR	European Business Law Review (Jahr und Seite)
EBO	Eisenbahn-Bau- und Betriebsordnung
ECAC	European Civil Aviation Conference
ECE	United Nations Economic Commission for Europe
ecolex	ecolex (österreichische Zeitschrift)
Ed.	ecitor/edition
E-DRS	Entwurf eines Deutschen Rechnungslegungsstandards
EDV	Elektronische Datenverarbeitung
E.E.C.	European Economic Community
EFTA	European Free Trade Association
EG	Einführungsgesetz; Europäische Gemeinschaft
eG	eingetragene Genossenschaft
EGBGB	Einführungsgesetz zum Bürgerlichen Gesetzbuch
EGG	(österr.) Erwerbsgesellschaftengesetz
EGHGB	Einführungsgesetz zum Handelsgesetzbuch
EGInsO	Einführungsgesetz zur Insolvenzordnung
EGKS	Europäische Gemeinschaft für Kohle und Stahl
EGKSV	Vertrag über die Gründung der Europäischen Gemeinschaft für Kohle und Stahl
EGV	Vertrag zur Gründung der Europäischen Wirtschaftsgemeinschaft
Ehrenbergs Hdb	Ehrenbergs Handbuch des gesamten Handelsrechts mit Einschluß des Wechsel-, Scheck-, See- und Binnenschiffahrtsrechts, des Versicherungsrechts sowie des Post- und Telegraphenrechts, 1913–1928
EHS	Elektronisches Handelssystem
EHUG	Gesetz über elektronische Handelsregister und Genossenschaftsregister sowie das Unternehmensregister
EigBetrG	Eigenbetriebsgesetz
EigBetrVO	Eigenbetriebsverordnung
Einf.	Einführung
Einl.	Einleitung
Einsele	Einsele, Wertpapierrecht als Schuldrecht – Funktionsverlust von Effektenurkunden im internationalen Rechtsverkehr, 1995
Eisemann/Melis	Eisemann/Melis, Die Incoterms – Ausgabe 1980, 1982
EisenbE	Eisenbahn- und verkehrsrechtliche Entscheidungen und Abhandlungen. Zeitschrift für Eisenbahn und Verkehrsrecht, hrsg. von Eger
EK	Eigenkapital
EKG	Einheitliches Gesetz über den internationalen Kauf beweglicher Sachen
Emmerich/Habersack	Emmerich/Habersack, Konzernrecht, 8. Aufl. 2005
Endemann	Endemann, Das deutsche Handelsrecht, 4. Aufl. 1987
Endriss	Endriss/Hennies/Kluge/Raabe/Sauter, Jahresabschluß, 5. Aufl. 2002

Abkürzungen

Enge	Enge, Transportversicherung, 3. Aufl. 1996
engl.	englisch
Ensthaler/*Bearbeiter*	s. GK-HGB/*Bearbeiter*
EntgeltFZG	Gesetz über die Zahlung des Arbeitsentgelts an Feiertagen und im Krankheitsfall (Entgeltfortzahlungsgesetz)
Entsch.	Entscheidung
entspr.	entsprechend
EPS	Entwurf eines Prüfungsstandards
ER	Einheitliche Richtlinien
E. R.	English Reports
ERA	Einheitliche Richtlinien und Gebräuche für Dokumenten-Akkreditive
ErfK/*Bearbeiter*	Dieterich/Müller-Glöge/Preis/Schaub, Erfurter Kommentar zum Arbeitsrecht, 7. Aufl. 2007
Erg.	Ergebnis, Ergänzung
Erl.	Erläuterungen; Erlass
Erman/*Bearbeiter*	Erman, Handkommentar zum Bürgerlichen Gesetzbuch, 11. Aufl. 2004
Esser/Schmidt AT	Esser/Schmidt, Schuldrecht, Allgemeiner Teil, bearbeitet von Eike Schmidt, Band 1: 8. Aufl. 1995, Band 2: 8. Aufl. 2000
Esser/Weyers BT	Esser/Weyers, Schuldrecht, Besonderer Teil, bearbeitet von Weyers, Band 1: 8. Aufl. 1998, Band 2: 8. Aufl. 2000
EStG	Einkommensteuergesetz
etc.	et cetera
E. T. L.	European Transport Law
ETR	Europäisches Transportrecht (European Transport Law)
EU	Europäische Union
EuG	Gericht 1. Instanz der EG
EuGH	Europäischer Gerichtshof
EuGHE	Sammlung der Rechtsprechung des Gerichtshofs der Europäischen Gemeinschaften
EuGVÜ	Übereinkommen über die gerichtliche Zuständigkeit und die Vollstreckung gerichtlicher Entscheidungen in Zivil- und Handelssachen
EuR	Europarecht
Eur. Acc. Rev.	European Accounting Review (Zeitschrift)
Eur. L. Rev.	European Law Review
EurA	Europa-Archiv
Eurex	European Exchange
EuroEG	Euroeinführungsgesetz
Europ. J. L. Econ.	European Journal of Law and Economics (Jahr und Seite)
EuSchVÜ	Europäisches Schuldvertragsübereinkommen
EuZW	Europäische Zeitschrift für Wirtschaftsrecht
e. V.	eingetragener Verein
EvBl.	Evidenzblatt der Rechtsmittelentscheidungen
EVO	Eisenbahnverkehrsordnung
evtl.	eventuell
EVÜ	EG-Übereinkommen über das auf vertragliche Schuldverhältnisse anzuwendende Recht
EWG	Europäische Wirtschaftsgemeinschaft
EWGV	Vertrag zur Gründung der Europäischen Wirtschaftsgemeinschaft
EWiR	Entscheidungen zum Wirtschaftsrecht
EWIV	Europäische Wirtschaftliche Interessenvereinigung
EWR-Abk.	Abkommen über den europäischen Wirtschaftsraum
EWS	Europäisches Wirtschafts- und Steuerrecht (Zeitschrift)
EzA	Entscheidungssammlung zum Arbeitsrecht
EZB	Europäische Zentralbank
F.	Federal Reporter
f., ff.	folgende (Singular, Plural)
FAMA	Fachausschuß für moderne Abrechnungssysteme des Instituts der Wirtschaftsprüfer e. V.

Abkürzungen

FASB	Financial Accounting Standards Board
FASB OrigPron I, II	Financial Accounting Standards Board (Hrsg.), Original Pronouncements 1997/98 Edition, Accounting Standards as of June 1, 2004; Band I: FASB Statements of Standards, 2004; Band II: AICPA Pronouncements, FASB Interpretations, FASB Concepts Statements, FASB Technical Bulletins, 2004
FamRZ	Zeitschrift für das gesamte Familienrecht
fas	free alongside ship
F. A. Z.	Frankfurter Allgemeine Zeitung
FBL	FIATA Combined Transport Bill of Lading
FCR	Forwarders Certificate of Receipt
FCT	Forwarders Certificate of Transport
Fed. Ct.	Federal Court
Federmann	Federmann, Bilanzierung nach Handelsrecht und Steuerrecht, 11. Aufl. 2000
Fed. Reg.	Federal Register
FEE	Fédératon des Experts Comptables Européens
FeiertagsLZG	Gesetz zur Regelung der Lohnzahlung an Feiertagen
FernAbsG	Fernabsatzgesetz
FESCO	Forum of European Securities Commissions
FestG	Festgabe
FG	Fachgutachten
FGG	Gesetz über die Angelegenheiten der freiwilligen Gerichtsbarkeit
FIATA	Fédération Internationale des Associations de Transitaires et Assimilés
Fikentscher	Fikentscher, Schuldrecht, 10. Aufl. 2006
Fla.	Florida
Fla. Distr. C. A.	Florida District Court of Appeal
Fn.	Fußnote
FN	Fachnachrichten des Instituts der Wirschaftsprüfer in Deutschland e. V.
FNA	Fundstellennachweis A. Beilage zum Bundesgesetzblatt Teil I
FNB	Fundstellennachweis B. Beilage zum Bundesgestezblatt Teil II
fob	free on board
Förtsch	Förtsch, Kommentar zum BSchG, 2. Aufl. 1900
Ford. L. Rev.	Fordham Law Review
FormblattVO	Verordnung über Formblätter für die Gliederung des Jahresabschlusses von Kreditinstituten
Foro it.	Il foro italiano
Foro it. Mass.	Massimario del foro italiano
Foro pad.	Il foro padano
FPA	Free of Particular Average
FR	Finanz-Rundschau
FrankfKomm/*Bearbeiter*	Frankfurter Kommentar zum Luftverkehrsrecht, 1972 ff., Loseblatt
Frankfurt/M.	Frankfurt am Main
franz.	französisch
frc	free carrier
Fremuth/Thume	Fremuth/Thume, Frachtrecht, 1997
Frotscher/*Bearbeiter*	Frotscher (Hrsg.), Kommentar zum Einkommensteuergesetz, 5 Bände, Loseblatt, Stand 2007
Frotscher/Maas	Frotscher/Maas, Kommentar zum Körperschaftsteuer- und Umwandlungssteuergesetz, Loseblatt, Stand 2007
FS	Festschrift
F. Supp.	Federal Supplement
FWB	Frankfurter Wertpapierbörse
G	Gesetz
Ga. J. Int'L & Comp. L.	Georgia Journal of International and Comparative Law
GAAP	Generally Accepted Accounting Principles
GAAS	Generally Accepted Auditing Standards
GATT	*General Agreement on Tariffs and Trade*

Abkürzungen

GBl.	Gesetzblatt
GBl. DDR	Gesetzblatt Deutsche Demokratische Republik
GebO	Gebührenordnung
GBO	Grundbuchordnung
GE	Geldeinheiten
GedS	Gedächtnisschrift
GEFIU	Gesellschaft für Finanzwirtschaft in der Unternehmensführung e. V.
GefStoffVO	Gefahrstoffverordnung
Geigel HaftpflProz.	Geigel, Haftpflichtprozeß, 24. Aufl. 2003
gem.	gemäß
GenG	Genossenschaftsgesetz
Germ. YB. Int. L.	German Yearbook of International Law
Ges.; ges.	Gesetz; gesetzlich
GesO	Gesamtvollstreckungsordnung
GesRZ	Der Gesellschafter (österreichische Zeitschrift)
Geßler/Hefermehl/*Bearbeiter*	Geßler/Hefermehl, Aktiengesetz, Kommentar, 1973–1994 (jetzt Münchener Kommentar zum Aktiengesetz, 2. Aufl. 2000 ff.)
GewA	Gewerbe-Archiv
GewO	Gewerbeordnung
gewöhnl.	gewöhnlich
GewStG	Gewerbesteuergesetz
GF	Germinal-Franken
GFG	Gesetz über den Güterfernverkehr 1935
GFT	Tarif für den Güterfernverkehr mit Kraftfahrzeugen
GG	Grundgesetz
ggf.	gegebenenfalls
GGVS	Gefahrgutverordnung Straße
GI	Gerling Informationen für wirtschaftsprüfende, rechts- und steuerberatende Berufe (Zeitschrift)
v. Gierke/Sandrock	v. Gierke/Sandrock, Handels- und Wirtschaftsrecht I, Allgemeine Grundlagen. Der Kaufmann und sein Unternehmen, 9. Aufl. 1975
Giuliano-Lagarde	Bericht über das Übereinkommen über das auf vertragliche Schuldverhältnisse anzuwendende Recht, ABl. EG 1980 C 282/1
Giur. it.	Giurisprudenza italiana
Giur. compl. Cass. civ.	Giurisprudenza completa della Suprema Corte di Cassazione (sezioni civili)
Giust. civ.	Giustizia civile
GK	Gemeinschaftskommentar
GK-HGB/*Bearbeiter*	Ensthaler (Hrsg.), Gemeinschaftskommentar zum Handelsgesetzbuch, 7. Aufl. 2007
gl. Ans.	gleiche Ansicht
Glöckner	Glöckner in Hein/Eichhoff/Pukall/Krien, Güterkraftverkehrsrecht, Loseblatt
GmbH	Gesellschaft mit beschränkter Haftung
GmbH & Co.(KG)	Gesellschaft mit beschränkter Haftung u. Compagnie (Kommanditgesellschaft)
GmbHG	Gesetz betreffend die Gesellschaften mit beschränkter Haftung
GmbHR	GmbH-Rundschau (Zeitschrift)
GmbHRspr.	Die GmbH in der Rechtsprechung der deutschen Gerichte (Zeitschrift)
GmS-OGB	Gemeinsamer Senat der obersten Gerichtshöfe des Bundes
GNT	Tarif für den Güternahverkehr mit Kraftfahrzeugen
GoA	Geschäftsführung ohne Auftrag; Grundsätze ordnungsgemäßer Abschlussprüfung
GOB	Grundsätze ordnungsmäßiger Buchführung
GoDV	Grundsätze für ordnungsgemäße Datenverarbeitung
GoF	Grundsätze ordnungsmäßiger Unternehmensführung
Goldschmidt	Goldschmidt L., Handbuch des Handelsrechts, Teil A, B, C, Nachdruck 1973

Abkürzungen

GoU	Grundlagen und Systemstruktur von Führungsgrundsätzen für die Unternehmensleitung
GoÜ	Grundlagen und Systemstruktur von Führungsgrundsätzen für die Überwachung
griech.	griechisch
grdl.	grundlegend
grds.	grundsätzlich
Groß KapitalmarktR	Kapitalmarktrecht, 3. Aufl. 2006
Gross/Schruff	Gross/Schruff, Der Jahresabschluß nach neuem Recht, 2. Aufl. 1986
Gross/Schruff/v. Wysocki	Gross/Schruff/v. Wysocki, Der Konzernabschluß nach neuem Recht, 1987
Großfeld Bilanzrecht	Großfeld, Bilanzrecht. Jahresabschluß, Konzernabschluß, Internationale Standards, 3. Aufl. 1998
Großkomm.	Großkommentar
GroßkommAktG/*Bearbeiter*	Hopt/Wiedemann (Hrsg.), Großkommentar zum Aktiengesetz, 3. Aufl. 1970–1975, 4. Aufl. 1992 ff.
GroßkommHGB/*Bearbeiter*	Handelsgesetzbuch, Großkommentar, begr. von Staub, hrsg. von Canaris/Schilling/Ulmer, 4. Aufl. 1983 ff. (s. auch Staub/*Bearbeiter*)
GroßkommUWG/*Bearbeiter*	Jacobs/Lindacher/Teplitzky (Hrsg.), Großkommentar zum Gesetz gegen den unlauteren Wettbewerb, 1991 ff.
GrSZ	Großer Senat in Zivilsachen
Gruchot	Beiträge zur Erläuterung des Deutschen Rechts, begründet von Gruchot
Grundmann, EG-Schuldvertragsrecht	Grundmann, Europäisches Schuldvertragsrecht – das Europäische Recht der Unternehmensgeschäfte (nebst Texten und Materialien zur Rechtsangleichung), 1999
Grunewald	Grunewald, Gesellschaftsrecht, 6. Aufl. 2005
GrünhutsZ	Zeitschrift für das Privat- und öffentliche Recht der Gegenwart, begr. von Grünhut
GRUR	Gewerblicher Rechtsschutz und Urheberrecht (Zeitschrift)
GRURAusl.	Gewerblicher Rechtsschutz und Urheberrecht, Auslands- und internationaler Teil, 1952–1969
GS	Gedenkschrift; Großer Senat
GüKG	Güterkraftverkehrsgesetz
GüKUMB	Beförderungsbedingungen für den Umzugsverkehr und für die Beförderung von Hausmöbeln in besonders für die Möbelbeförderung eingerichteten Fahrzeugen im Güterfernverkehr und Güternahverkehr
GuV	Gewinn- und Verlustrechnung
GVBl.	Gesetz- und Verordnungsblatt
GVG	Gerichtsverfassungsgesetz
GVÜ	Übereinkommen über die gerichtliche Zuständigkeit und die Vollstreckung gerichtlicher Entscheidungen in Zivil- und Handelssachen
GWB	Gesetz gegen Wettbewerbsbeschränkungen
GwG	Gesetz über das Aufspüren von Gewinnen aus schweren Straftaten (Geldwäschegesetz)
hA	herrschende Ansicht
Haage	Haage, Das Abladegeschäft, 4. Aufl. 1958
Haak	Haak, The Liability of the Carrier under the CMR, Den Haag 1986
Habilschr.	Habilitationsschrift
Hachenburg/*Bearbeiter*	Hachenburg, Gesetz betreffend die Gesellschaften mit beschränkter Haftung (GmbHG), Großkommentar, 8. Aufl. 1992–1997
HAG	Heimarbeitsgesetz
Halbbd.	Halbband
Halbs.	Halbsatz
Haller	Haller, Die Grundlagen der externen Rechnungslegung in den USA, 4. Aufl. 1994

Abkürzungen

Hamb.; hamb.	Hamburg; hamburgisch
HambR	United Nations Convention on the Carriage of Goods by Sea, 1978 (Hamburger Regeln)
HambWirt	Hamburger Wirtschaft – Mitteilungen der Handelskammer Hamburg
HandelsG	Handelsgericht
Hansa	Hansa, Zentralorgan für Schiffahrt, Schiffbau, Hafen
HansOLG	Hanseatisches Oberlandesgericht
HansRGZ	Hanseatische Rechts- und Gerichtszeitschrift
HansRZ	Hanseatische Rechtszeitschrift für Handel, Schiffahrt und Versicherung, Kolonial- und Auslandsbeziehungen
Harv. L. Rev.	Harvard Law Review
HAS	Handbuch des Arbeits- und Sozialrechts, hrsg. von Weiss/Gagel
Hast. L. Journ.	The Hastings Law Journal
HausTWG	Gesetz über den Widerruf von Haustürgeschäften und ähnlichen Geschäften
HB	Handelsbilanz
HBG	Hypothekenbankgesetz
H. C.	High Court
HD	Högsta domstolen
HdAG/*Bearbeiter*	Nirk/Reuter/Bächle, Handbuch der Aktiengesellschaft, Gesellschaftsrecht, Steuerrecht, Arbeitsrecht Loseblatt, 3. Aufl. 2000 ff.
Hdb.	Handbuch
Hdb. IZVR	Handbuch des internationalen Zivilverfahrensrechts
HdbPersG/*Bearbeiter*	Westermann/Klingberg/Sigloch, Handbuch der Personengesellschaften, Loseblatt, 4. Aufl. 1994 ff.
HdJ/*Bearbeiter*	Handbuch des Jahresabschlusses in Einzeldarstellungen, hrsg. von v. Wysocki/Schulze-Osterloh, Loseblatt, Stand 2007
HdK/*Bearbeiter*	Handbuch der Konzernrechnungslegung, hrsg. von Küting/Weber, 2. Aufl. 1998
HdR/*Bearbeiter*	Handbuch der Rechnungslegung, Kommentar zur Bilanzierung und Prüfung, hrsg. von Küting/Weber, Loseblatt, Stand 2006
HdWW	Handbuch der Wirtschaftswissenschaften
Hefermehl/Köhler/Bornkamm	Hefermehl/Köhler/Bornkamm, Wettbewerbsrecht, 25. Aufl. 2007
Heinen	Heinen, Handelsbilanzen, 12. Aufl. 1986
Heinsius/Horn/Than DepotG	Heinsius/Horn/Than, Depotgesetz, Kommentar zum Gesetz über die Verwahrung und Anschaffung von Wertpapieren v. 4. 2. 1975
Helmrich	Helmrich, Bilanzrichtlinien. Gesetzestexte, Stellungnahmen, Protokolle, zusammengestellt und bearbeitet von Helmrich, 1986
Herber/Czerwenka	Herber/Czerwenka, Internationales Kaufrecht, 1991
Herber/Piper	Herber/Piper, CMR Kommentar, 1996
Herrmann/Heuer/Raupach/*Bearbeiter*	Herrmann/Heuer/Raupach, Einkommensteuer- und Körperschaftsteuergesetz, Kommentar, Loseblatt, Stand 2007
Hess.; hess	Hessen; hessisch
Heuer	Heuer, Die Haftung des Frachtführers nach dem Übereinkommen über den Beförderungsvertrag im internationalen Straßengüterverkehr (CMR), Diss. Hamburg 1975
Heymann/*Bearbeiter*	Heymann, Handelsgesetzbuch (ohne Seerecht), Kommentar, 1988–1990; 2. Aufl. 1995–1999
HEZ	Höchstrichterliche Entscheidungen (Entscheidungssammlung)
HFA	Hauptfachausschuß
HG	Handelsgericht
HGB	Handelsgesetzbuch
HGB-E	HGB-Entwurf
HGrG	Haushaltsgrundsätzegesetz
Hill/Evans	Hill/Evans, Transport Laws of the World, Bd. 1–6, 1977 ff.
Hill/Messent	Hill/Messent, CMR: Contracts for the International Carriage of Goods by Road, 2. Aufl. London 1995
hins.	hinsichtlich

Abkürzungen

HK-InsO/*Bearbeiter*	Heidelberger Kommentar zur InsO, hrsg. von Eickmann/Flessner/Irschlinger/Kirchhof/Kreft/Landfermann/Marotzke/Stephan, 4. Aufl. 2006
hL	herrschende Lehre
H. L.	House of Lords
HLB	Hamburger Lagerungsbedingungen
hM	herrschende Meinung
HM	Handelsmakler
Hofbauer/Kupsch/*Bearbeiter*	Hofbauer/Kupsch, Bonner Handbuch der Rechnungslegung, Loseblatt, Stand 2007
Hofmann	Hofmann, Handelsrecht, 11. Aufl. 2002
Hopt Form	Hopt (Hrsg.), Vertrags- und Formularbuch zum Handels-, Gesellschafts-, Bank- und Transportrecht, 2. Aufl. 2000
Hopt/Hehl GesR	Hopt/Hehl, Handels- und Gesellschaftsrecht, Band II Gesellschaftsrecht, 4. Aufl. 1996
Hopt/Mössle	Hopt/Mössle, Handels- und Gesellschaftsrecht, 2. Aufl. 1999
Hopt/Mülbert	Hopt/Mülbert, Kreditrecht, 1989
HpflG	Haftpflichtgesetz
HR	Convention internationale pour l'unification de certaines règles en matière de connaissement (Haager Regeln)
H. R.	Hoge Raad
HRRefG	Handelsrechtsreformgesetz
HRR	Höchstrichterliche Rechsprechung
Hrsg.; hrsg.	Herausgeber; herausgegeben
HRV	Handelsregisterverfügung
HS	Halbsatz
Huber Vermögensanteil	Huber, Vermögensanteil, Kapitalanteil und Gesellschaftsanteil an Personengesellschaften des Handelsrechts, 1970
Hübner	Hübner, Handelsrecht, 5. Aufl. 2004
Hueck/Windbichler	Hueck/Windbichler, Gesellschaftsrecht, 20. Aufl. 2003
Hueck/Canaris	Hueck/Canaris, Das Recht der Wertpapiere, Kommentar, 12. Aufl. 1986
Hüffer	Hüffer, Aktiengesetz, 7. Aufl. 2006
Hüffer/van Look	Hüffer/van Look, Rechtsfragen zum Bankkonto, 4. Aufl. 2000
HuRB/*Bearbeiter*	Handwörterbuch unbestimmter Rechtsbegriffe im Bilanzrecht des HGB, hrsg. von Leffson/Rückle/Großfeld, 1986
HV	Hauptversammlung
HVH	Handelsvertreter-Handbuch, hrsg. von Heinz Voß, 1969
HVR	Handelsvertreterrecht, Entscheidungen und Gutachten, hrsg. vom Forschungsverband für den Handelsvertreter- und Handelsmaklerberuf
HVuHM	Der Handelsvertreter und Handelsmakler (Zeitschrift)
HWiStR	Handwörterbuch des Wirtschafts- und Steuerstrafrechts, 1988
HWR	Kosiol/Chmielewicz/Schweitzer (Hrsg.), Handwörterbuch des Rechnungswesens, 3. Aufl. 1993
HWRev.	Coenenberg/v. Wysocki (Hrsg.), Handwörterbuch der Revision, 2. Aufl. 1991
HzA	Leinemann (Hrsg.), Handbuch zum Arbeitsrecht (begr. von Stahlhacke), Loseblatt, Stand 2007
iA	im Allgemeinen
IAPS	International Auditing Practice Statements
IAS	International Accounting Standard
IASC	International Accounting Standards Commitee
IASC U. S. GAAP	The IASC-U. S. Comparison Project: A Report on the Similarities and Differences between IASC Standards and U. S. GAAP, hrsg. von Bloomer, 1996
IASC-dt.	International Accounting Standards 1998, Deutsche Fassung, 1999
IATA	International Air Transport Association
IATA Rev.	IATA Review
IBIS	Integriertes Börsenhandels- und Informationssystem
ICAO	International Civil Aviation Organization

Abkürzungen

ICC	International Chamber of Commerce; Interstate Commerce Commission
ICC Pract. J.	ICC Practitioners Journal
I. C. J. Rep.	International Court of Justice Reports
idF (v.)	in der Fassung (vom)
IDIT	Institut de droit international des transports
idR	in der Regel
idS	in diesem Sinne
IDW	Institut der Wirtschaftsprüfer in Deutschland e. V.
IDW EPS	Entwurf eines Prüfungsstandards des IDW
IDW IAS	Institut der Wirtschaftsprüfer, Rechnungslegung nach International Accounting Standards. Praktischer Leitfaden für die Aufstellung IAS-konformer Jahres- und Konzernabschlüsse in Deutschland, 1995
IDW PH	IDW Prüfungshinweise
IDW PS	IDW Prüfungsstandards
IDW RH	Regelungshinweise des IDW
IDW RS	Stellungnahme zur Rechnungsregelung des IDW
IDW-FN	IDW-Fachnachrichten
iE	im Einzelnen
iErg.	im Ergebnis
ieS	im engeren Sinne
IFAC	International Federation of Accountants
IFAC Handbook	International Federation of Accountants, IFAC Handbook 1995, Technical Pronouncements, 1995
IFRS	International Financial Reporting Standards
IGH	Internationaler Gerichtshof
IHK	Industrie- und Handelskammer
I. L. A. Rep.	The International Law Association, Report of the ... Conference
IMF	International Monetary Fund
Incoterms	International Commercial Terms
Inf.	Die Information über Steuer und Wirtschaft (Zeitschrift)
INSA	International Shipowners' Association
insbes.	insbesondere
InsO	Insolvenzordnung
Ins-RL	Insiderhandels-Richtlinie, ABl. EG 1989 L 334/30
Int. Comp. L. Q.	The International and Comparative Law Quarterly
Int. Encycl. Comp. L.	International Encyclopedia of Comparative Law
IntGesR	Internationales Gesellschaftsrecht
Int. Lawyer	The International Lawyer
Int. Leg. M.	International Legal Materials
Int. Rev. L. Econ.	International Review of Law and Economics (Band, Seite und Jahr)
Int. Verkw.	Internationales Verkehrswesen
internat.	international
IntHK	Internationale Handelskammer
IntTranspZ	Internationale Transportzeitschrift
InVo	Insolvenz & Vollstreckung (Zeitschrift)
IOSCO	International Organisation of Securities Commissions
IPG	Gutachten zum internationalen und ausländischen Privatrecht
IPR	Internationales Privatrecht
IPRax	Praxis des Internationalen Privat- und Verfahrensrechs (Zeitschrift)
IPRG	Gesetz zur Neuregelung des Internationalen Privatrechts
IPRspr.	Makaro, Gamillscheg, Müller, Dierk, Kropholler, Die deutsche Rechtsprechung auf dem Gebiet des internationalen Privatrechts, 1952 ff.
I. R.	Informations Rapides
ISA	International Standards of Auditing
iSd.	im Sinne des
IStR	Internationales Steuerrecht (Zeitschrift)
iSv.	im Sinne von
ital.	italienisch
Ius commune	Veröffentlichungen des MPI für Europäische Rechtsgeschichte

Abkürzungen

iÜ	im Übrigen
IÜS	Internes Überwachungssystem
iVm.	in Verbindung mit
IVR	Internationales Vertragsrecht
iW	im Wesentlichen
IWFÜ	Übereinkommen über den Internationalen Währungsfonds
iwS	im weiteren Sinne
IZPR	Internationales Zivilprozessrecht
iZw.	im Zweifel
JA	Juristische Arbeitsblätter (Zeitschrift); Jahresabschluss
J. Acct'g & Pub. Pol'y	Journal of Accounting and Public Policy (Zeitschrift)
J. Acct'g Res.	Journal of Accounting Research (Zeitschrift)
jap.	japanisch
JArbSchG	Gesetz zum Schutze der arbeitenden Jugend (Jugendarbeitsschutzgesetz)
Jauernig/*Bearbeiter*	Jauernig, Bürgerliches Gesetzbuch, Kommentar, 12. Aufl. 2007
Jb.	Jahrbuch
Jb. f. SozWiss	Jahrbuch für Sozialwissenschaften
JbFAStR	Jahrbuch der Fachanwälte für Steuerrecht
JbIntR	Jahrbuch für internationales Recht = Germ. YB. Int. L.
JbItalR	Jahrbuch für italienisches Recht
Jb. Ital. Recht	Jahrbuch für italienisches Recht (Zeitschrift)
JBl.	(österr.) Juristische Blätter
JbSchiedsgerichtsb	Jahrbuch für die Praxis der Schiedsgerichtsbarkeit
J. Bus. L.	The Journal of Business Law
J. C. P.	Juris classeur périodique. La semaine juridique
J. Comp. Corp. L. & Sec. Reg.	Journal of Comparative Corporate Law and Securities Regulations (Band, Seite und Jahr)
Jesser	Jesser, Frachtführerhaftung nach der CMR – Internationaler und nationaler Straßengütertransport, Wien 1992
JfB	Jahrbuch für Betriebswirte (Zeitschrift)
JFG	Jahrbuch für Entscheidungen in Angelegenheiten der Freiwilligen Gerichtsbarkeit
J. Fin.	The Journal of Finance (Band, Seite und Jahr)
JFT	Tidskrift, utgiven av Juridiska Föreningen i Finnland
Jg.	Jahrgang
Jh.	Jahrhundert
JherJb.	Jherings Jahrbuch für die Dogmatik des bürgerlichen Rechts
JJZ	Jahrbuch Junger Zivilrechtswissenschaftler (Jahr und Seite)
JMBl.	Justizministerialblatt
J. M. M.	Journal de la Marine Marchande
J. O.	Journal officiel
JoA	Journal of Accountancy
Jonas BilR	Jonas, Die EG-Bilanzrichtlinie, Grundlagen und Anwendung in der Praxis, 1980
Jonas KonzernA	Jonas, Der Konzernabschluß, 1986
Journ. Air L.Com.	The Journal of Air Law and Commerce
Journ. Com. Mkt. Stud.	Journal of Common Market Studies
Journ. Cons. Aff.	Journal of Consumer Affairs
Journ.Mar. L.Com.	Journal of Maritime Law and Commerce
Journ. Media L. Pract.	Journal of Media Law and Practice
Journ. Pol. Econ.	Journal of Political Economy
J. Pol. Econ.	Journal of Political Economics
JR	Juristische Rundschau (Zeitschrift)
J. trib. (Bruxelles)	Journal des tribunaux (Bruxelles)
jur.	juristisch
Jur. & Økon	Juristen, früher: Juristen & Økonomen
Jur. Anv.	Jurisprudence du Port d'Anvers

Abkürzungen

Jur. Dr. unif.	Jurisprudence du droit uniforme – Uniform Law Cases
Jura	Jura (Zeitschrift)
JurA	Juristische Analysen
JurBl.	Juristische Blätter
JurBüro	Das juristische Büro (Zeitschrift)
JuS	Juristische Schulung (Zeitschrift)
JW	Juristische Wochenschrift
J. World Trade L.	Journal of World Trade Law
JZ	Juristenzeitung
KAGG	Gesetz über Kapitalanlagegesellschaften
Kap.	Kapitel
KapAEG	Gesetz zur Verbesserung der Wettbewerbsfähigkeit deutscher Konzerne an Kapitalmärkten und zur Erleichterung der Aufnahme von Gesellschafterdarlehen (Kapitalaufnahmeerleichterungsgesetz)
KapCoRiLiG	Gesetz zur Durchführung der Richtlinie des Rates der Europäischen Union zur Änderung der Bilanz- und der Konzernbilanzrichtlinie hinsichtlich ihres Anwendungsbereichs (90/605/EWG), zur Verbesserung der Offenlegung von Jahresabschlüssen und zur Änderung anderer handelsrechtlicher Bestimmungen (Kapitalgesellschaften- und Co-Richtlinie-Gesetz)
KapGes	Kapitalgesellschaft
KBO	Kai-Betriebsordnung
KE	Kommissionsentwurf
Kegel/Schurig IPR	Kegel/Schurig, Internationales Privatrecht, 9. Aufl. 2004
Keidel/Kuntze/Winkler	Keidel (Begr.)/Kuntze/Winkler, Freiwillige Gerichtsbarkeit, zum FGG, 15. Aufl. 2003
KFG	Gesetz über den Verkehr mit Kraftfahrzeugen
KfW	Kreditanstalt für Wiederaufbau
Kfz	Kraftfahrzeug
kg	Kilogramm
KG	Kommanditgesellschaft; Kammergericht
KGaA	Kommanditgesellschaft auf Aktien
KGJ	Jahrbuch für Entscheidungen des Kammergerichts
Kh.	Rechtbank van Koophandel
Kieso/Weygandt	Kieso/Weygandt, Intermediate Accounting, 12. Aufl. 2006
Kilger/Karsten Schmidt	Kilger/Karsten Schmidt, Insolvenzgesetze, 17. Aufl. 1997
Kirchhof/Söhn/Mellinghoff/ *Bearbeiter*	Kirchhof/Söhn/Mellinghoff (Hrsg.), Einkommensteuergesetz, Loseblatt-Kommentar, Stand 2007
KK/*Bearbeiter*	Zöllner (Hrsg.), Kölner Kommentar zum Aktiengesetz, 3. Aufl. 2004 ff. (soweit noch nicht erschienen 2. Aufl. 1987 ff.)
Klein/Flockermann/Kühr/ *Bearbeiter*	Klein/Flockermann/Kühr (Hrsg.), Handbuch des Einkommensteuerrechts, Stand 1999
Klunzinger	Klunzinger, Grundzüge des Handelsrechts, 13. Aufl. 2006
km	Kilometer
Knobbe-Keuk	Knobbe-Keuk, Bilanz- und Unternehmenssteuerrecht, 9. Aufl. 1993
KO	Konkursordnung
Köhler	Köhler, BGB Allgemeiner Teil, 30. Aufl. des von H. Lange begr. Werkes, 2006
Kölner Komm AktG/*Bearbeiter*	siehe KK/*Bearbeiter*
Koller	Koller, Transportrecht, 6. Aufl. 2007
Koller/Roth/Morck	Koller/Roth/Morck, Handelsgesetzbuch mit Erläuterungen, 6. Aufl. 2007
KOM	Dokument(e) der Kommission der Europäischen Gemeinschaften (Jahr und Nummer)
Komm.	Kommentar
KonBefrVO	Konzernabschlussbefreiungsverordnung

Abkürzungen

KonTraG	Gesetz zur Kontrolle und Transparenz im Unternehmensbereich
Konv.	Konvention
KonzAbschl	Konzernabschluss
KostO	Kostenordnung
Kötz/Wagner	Kötz/Wagner, Deliktsrecht, 10. Aufl. 2006
KR/*Bearbeiter*	Gemeinschaftskommentar zum Kündigungsrecht, Gesamtredaktion Etzel, 8. Aufl. 2007
Krafka/Willer	Krafka/Willer, Registerrecht, 7. Aufl. 2007 (begr. von Keidel; bis zur 5. Aufl. bearb. von Keidel/Schmatz/Stöber)
KRG	Kontrollratsgesetz
krit.	kritisch
KritJ	Kritische Justiz
Krit. Zs. ges. Rechtsw.	Kritische Zeitschrift für die gesamte Rechtswissenschaft
Kropholler EinhR	Kropholler, Internationales Einheitsrecht, 1975
Kropholler IPR	Kropholler, Internationales Privatrecht, 6. Aufl. 2006
Krumnow e al.	Krumnow/Sprißler/Bellavite-Hövermann, Rechnungslegung der Kreditinstitute, Kommentar zum deutschen Bilanzrecht unter Berücksichtigung von IAS/IFRS, 2. Aufl. 2004
KrVjschr	Kritische Vierteljahresschrift für Gesetzgebung und Rechtswissenschaft
KSchG	Kündigungsschutzgesetz
KStG	Körperschaftsteuergesetz
KTS	Zeitschrift für Konkurs-, Treuhand- und Schiedsgerichtswesen (seit 1990 Konkurs, Treuhand, Sanierung)
Kübler/Assmann	Kübler/Assmann, Gesellschaftsrecht, 6. Aufl. 2006
Kümpel	Kümpel, Bank- und Kapitalmarktrecht, 3. Aufl. 2004
Kümpel Depotgeschäft	Kümpel, Depotgeschäft, in: Bankrecht und Bankpraxis IV 8. Teil, Stand März 2000
Küstner/v. Manteuffel	Küstner/v. Manteuffel, Handbuch des gesamten Außendienstrechts, Band 1: Das Recht des Handelsvertreters, 3. Aufl. 2000, Band 2: Der Ausgleichsanspruch des Handelsvertreters, 7. Aufl. 2003, Band 3: Vertriebsrecht, 2. Aufl. 1998
Kuhlewind	Kuhlewind, Grundlagen einer Bilanzrechtstheorie in den USA, 1997
Küting/Weber	Küting/Weber, Der Konzernabschluß. Lehrbuch und Fallstudie zur Praxis der Konzernrechnungslegung, 10. Aufl. 2006
KurzKomm.	Kurzkommentar
KVO	Kraftverkehrsordnung für den Güterfernverkehr mit Kraftfahrzeugen (Beförderungsbedingungen)
KVStDV	Kapitalverkehrsteuer-Durchführungsverordnung
KWG	Kreditwesengesetz
3. KWG-Novelle	Gesetz zur Änderung des Gesetzes über das Kreditwesen und anderer Vorschriften über Kreditinstitute
4. KWG-Novelle	Viertes Gesetz zur Änderung des Gesetzes über das Kreditwesen
6. KWG-Novelle	Gesetz und Begleitgesetz zur Umsetzung von EG-Richtlinien zur Harmonisierung bank- und wertpapieraufsichtsrechtlicher Vorschriften
L	Landes-
l. Sp.	linke Spalte
Lademann/Söffing/Bearbeiter	Lademann/Söffing, Kommentar zum Einkommensteuergesetz, 1997
LadSchlG	Gesetz über den Ladenschluss
LAG	Landesarbeitsgericht
LAGE	Entscheidungen der Landesarbeitsgerichte
Lamy I	Lamy Transport „Route", Tome I Paris 1999
Lange	Lange, Handbuch des Schuldrechts, Bd. 1 Schadensersatz, 3. Aufl. 2003
Lange/Kuchinke	Lange/Kuchinke, Lehrbuch des Erbrechts, 5. Aufl. 2001
Langenfeld/Gail	Langenfeld/Gail, Handbuch der Familienunternehmen, Loseblatt, Stand 2007
Larenz/Wolf AT	Larenz/Wolf, Allgemeiner Teil des deutschen Bürgerlichen Rechts, 9. Aufl. 2004
Larenz SchR-AT	Larenz, Lehrbuch des Schuldrechts, Band I: Allg. Teil, 14. Aufl. 1987

Abkürzungen

Larenz/Canaris BT II	Larenz/Canaris, Lehrbuch des Schuldrechts, Band II: Bes. Teil, 2. Halbband 13. Aufl. 1994
LASH	Lighter Aboard Ship
L. Contemp. Probl.	Law and Contemporary Problems (Zeitschrift)
LdR/*Bearbeiter*	Busse von Colbe/Pellens (Hrsg.), Lexikon des Rechnungswesens, 4. Aufl. 1998
L. E. C.	Ley de Enjuiciamiento Civil
L. Ed.	U. S. Supreme Court Reports, Lawyers' Edition
Leffson GoB	Leffson, Die Grundsätze ordnungsmäßiger Buchführung, 7. Aufl. 1987
Leffson WPg	Leffson, Wirtschaftsprüfung, 4. Aufl. 1988
Lenz	Lenz, Straßengütertransportrecht, 1988
LFG	Lohnfortzahlungsgesetz
Lfg.	Lieferung
LG	Landgericht
Lieser	Lieser, Ergänzung der CMR durch unvereinheitlichtes deutsches Recht, Schriften zum Transportrecht, Bd. 4: 1991
lit.	litera
Lit.	Literatur
Littmann/*Bearbeiter*	Littmann/Bitz/Pust (Hrsg.), Das Einkommensteuerrecht, Kommentar, Loseblatt, Stand 2007
Lkw	Lastkraftwagen
Ll. Anv.	Lloyd Anversois
Ll. L.	Lloyd's List
Lloyd's L. Rep.	Lloyd's Law Reports
LM	Nachschlagewerk des BGH, hrsg. von Lindenmaier, Möhring u. a.
LMCLQ	Lloyd's Maritime and Commercial Law Quarterly
LöschG	Gesetz über die Auflösung und Löschung von Gesellschaften
LIFFE	London International Financial Futures Exchange
Loewe	Loewe, Erläuterungen zum Übereinkommen vom 18. Mai 1956 über den Beförderungsvertrag im internationalen Straßengüterverkehr (CMR), E. T. L. 1976, 503
Löwe/v. Westphalen/ Trinkner	Löwe/Graf v. Westphalen/Trinkner, Großkommentar zum AGB-Gesetz, 2. Aufl., Band 1: 1985, Band 2: 1983, Band 3: 1985
L. Pol. Int. Bus.	Law and Policy in International Business
LPVG	Landespersonalvertretungsgesetz
L. Q. Rev.	The Law Quarterly Review
LS	Leitsatz
LSG	Landessozialgericht
L. T.	Law Times Report
Ltd.	Limited
LuftfzRG	Gesetz über die Rechte an Luftfahrzeugen
LuftVG	Luftverkehrsgesetz
LuftVZO	Luftverkehrszulassungsordnung
LugÜ	Lugano Übereinkommen über die gerichtliche Zuständigkeit und die Vollstreckung gerichtlicher Entscheidungen in Zivil- und Handelssachen vom 16. 9. 1988
Lutter	Lutter, Europäisches Unternehmensrecht, 4. Aufl. 1996
Lutter/Hommelhoff	Lutter/Hommelhoff, GmbH-Gesetz, 16. Aufl. 2004
lux.	luxemburgisch
LW	Landeswährung
LZ	Leipziger Zeitschrift für Deutsches Recht
MA	Der Markenartikel (Zeitschrift)
M & A	Mergers and Aquisitions
m. abl. Anm.	mit ablehnender Anmerkung
m. Änd.	mit Änderung(en)
MARC	Maastricht Accounting and Auditing Research Centre
MarkenG	Markengesetz

Abkürzungen

Mar. Law	The Maritime Lawyer
Marit. Pol. Mgmt.	Maritime Policy and Management
Mass. Giur. it.	Giurisprudenza italiana, Massimario
Mat.	Materialien
Maunz/Dürig/*Bearbeiter*	Maunz/Dürig, Grundgesetz, Loseblatt-Kommentar, Stand 2007
MBl.	Ministerialblatt
McGill L. J.	McGill Law Journal
MD&A	Management's Discussion and Analysis
MDR	Monatsschrift für Deutsches Recht
mE	meines Erachtens
Medicus SchR I	Medicus, Schuldrecht I, Allg. Teil, 17. Aufl. 2006
Medicus SchR II	Medicus, Schuldrecht II, Bes. Teil, 13. Aufl. 2006
MedR	Medizinrecht (Zeitschrift)
Melchior	Melchior, Die Grundlagen des deutschen internationalen Privatrechts, 1932
Mellwig/Moxter/Ordelheide/*Bearbeiter*	Einzelabschluß und Konzernabschluß (Beiträge zum neuen Bilanzrecht), 1988 ff.
MindArbG	Gesetz über die Festsetzung von Mindestarbeitsbedingungen
Mio.	Million(en)
MitbestErgG	Gesetz zur Ergänzung des Gesetzes über die Mitbestimmung der Arbeitnehmer in den Aufsichtsräten und Vorständen der Unternehmen des Bergbaus und der Eisen und Stahl erzeugenden Industrie
MitbestG 1976	Mitbestimmungsgesetz vom 4. 5. 1976
Mitt.	Mitteilung(en)
MittBl.	Mitteilungsblatt
Mittelstein	Mittelstein, Binnenschiffahrtsrecht, Bd. 1, 2. Aufl. 1903
Mittelstein Hdb	Mittelstein, Das Recht der Binnenschiffahrt, Ehrenbergs Hdb. Bd. 7, Abt. 1, 1918
MittRhNotK	Mitteilungen der Rheinischen Notarkammer
m. krit. Anm.	mit kritischer Anmerkung
MMT	Multimodal Transport
Mod. L. Rev.	The Modern Law Review
mon.	monatlich
Mon.	Moniteur belge
MontanMitbestG	Gesetz über die Mitbestimmung der Arbeitnehmer in den Aufsichtsräten und Vorständen der Unternehmen des Bergbaus und der Eisen und Stahl erzeugenden Industrie
Mot.	Motive zum Entwurf eines BGB
Moxter Bilanzrechtsprechung	Moxter, Bilanzrechtsprechung, 5. Aufl. 1999
MP	Montrealer Protokoll
Mrd.	Milliarde(n)
MRG	Gesetz der Militärregierung
MRVO	Verordnung der Militärregierung
MT-Dok.	Dokument des multimodalen Transports
MT-Übk.	United Nations Convention on the International Multimodal Transport of Goods
MTB II	Manteltarifvertrag für Arbeiter des Bundes
MTL II	Manteltarifvertrag für Arbeiter der Länder
MTO	Multimodal Transport Operator
MTV	Manteltarifvertrag
Mugdan	Die gesamten Materialien zum Bürgerlichen Gesetzbuch für das deutsche Reich, hrsg. v. Mugdan, Band I–V, 1899
MünchHdbAG/*Bearbeiter*	s. MünchHdbGesR
MünchHdbArbR/*Bearbeiter*	Richardi/Wlotzke (Hrsg.), Münchener Handbuch zum Arbeitsrecht, Band 1–3, 2. Aufl. 2000
MünchHdbGesR I/*Bearbeiter*	Münchener Handbuch des Gesellschaftsrechts Band 1: BGB-Gesellschaft, Offene Handelsgesellschaft, Partnerschaftsgesellschaft, Partenreederei, *EWIV*, hrsg. von Gummert, Riegger und Weipert, 2. Aufl. 2004

Abkürzungen

MünchHdbGesR II/ *Bearbeiter*	Band 2: Kommanditgesellschaft, GmbH & Co. KG, Publikums-KG, Stille Gesellschaft, hrsg. von Riegger und Weipert, 2. Aufl. 2004
MünchHdbGesR III/ *Bearbeiter*	Band 3: Gesellschaft mit beschränkter Haftung, hrsg. von Priester und Mayer, 2. Aufl. 2002
MünchHdbGesR IV/ *Bearbeiter*	Band 4: Aktiengesellschaft, hrsg. von Hoffmann-Becking, 3. Aufl. 2007
MünchHdbKG/*Bearbeiter*	s. MünchHdbGesR
MünchKommAktG/ *Bearbeiter*	Münchener Kommentar zum Aktiengesetz, hrsg. v. J. Semler/B. Kropff, 2. Aufl. 2000 ff.
MünchKommBGB/ *Bearbeiter*	Rebmann/Säcker/Rixecker (Hrsg.), Münchener Kommentar zum Bürgerlichen Gesetzbuch, 4. Aufl. 2000–2005; Säcker/Rixecker (Hrsg.) 5. Aufl. 2006 ff. (soweit erschienen)
MünchKommHGB/ *Bearbeiter*	Schmidt (Hrsg.), Münchener Kommentar zum Handelsgesetzbuch, 1. Aufl. 1996–2004; 2. Aufl. 2006 ff. (soweit erschienen)
MünchKommZPO/ *Bearbeiter*	Lüke/Wax (Hrsg.), Münchener Kommentar zur Zivilprozessordnung, Band 1: 2. Aufl. 2000, Band 2: 3. Aufl. 2007, Band 3: 2. Aufl. 2001
MuSchG	Mutterschutzgesetz
m. weit. Nachw.	mit weiteren Nachweisen
m. zahlr. Nachw.	mit zahlreichen Nachweisen
m. zust. Anm.	mit zustimmender Anmerkung
N.	Note
NAA	National Association of Accountants
Nachdr.	Nachdruck
nachf.	nachfolgend
Nachw.	Nachweis
NachwG	Gesetz über den Nachweis der für ein Arbeitsverhältnis geltenden wesentlichen Bestimmungen
NASD	National Association of Securities Dealers
NASDAQ	National Association of Securities Dealers Automated Quotations
NaStraG	Gesetz zur Namensaktie und zur Erleichterung der Stimmrechtsausübung (Namensaktiengesetz – NaStraG)
NB	Neue Betriebswirtschaft (Zeitschrift)
Nbl.	Nachrichtenblatt
N. B. W.	Nieuw Burgerlijk Wetboek
N. C. J. Int. L.	North Carolina Journal of International Law and Commercial Regulation
N. D. Ill.	District Court, Northern District, Illinois
NDS	Nordiske domme i sjøfartsanliggender
Nds.; nds.	Niedersachsen, niedersächsisch
NdsRpfl.	Niedersächsische Rechtspflege (Zeitschrift)
N. E.	The North-Eastern Reporter
Ned. Jbl.	Nederlands Juristenblad
Ned. Jur.	Nederlandse Jurisprudentie
Neth. YB. Int. L.	Netherlands Yearbook of International Law
Neudr.	Neudruck
Neuhaus	Neuhaus, Die Grundbegriffe des internationalen Privatrechts, 2. Aufl. 1976
nF	neue Fassung; neue Folge
NHBG	s. Nachtragshaftungsbegrenzungsgesetz
Nickel-Lanz	Nickel-Lanz, La Convention relative au contrat de transport de merchandises par route (CMR), Diss., Lausanne 1976
Niehus/Thyll	Niehus/Thyll, Konzernabschluß nach US-GAAP, 2. Aufl. 2002
NILR	Netherlands International Law Review

Abkürzungen

NJ	Neue Justiz (Zeitschrift)
NJW	Neue Juristische Wochenschrift
NJW-RR	NJW-Rechtsprechungs-Report (Zivilrecht)
NJWE-VHR	Neue Juristische Wochenschrift, Entscheidungsdienst Versicherungs- und Haftungsrecht
no.	number; numéro
norddt.	norddeutsch
Nov.	Novelle
Noviss. dig. it.	Novissimo digesto italiano
Nr.	Nummer(n)
n. rkr.	nicht rechtskräftig
NRW	Nordrhein-Westfalen
NStZ	Neue Zeitschrift für Strafrecht
NSWLR	New South Wales Law Reports
Nuove leggi civ. comm.	Le Nuove leggi civili commentate
NVP	Nahverkehrspreisordnung
NVwZ	Neue Zeitschrift für Verwaltungsrecht
NVwZ-RR	Neue Zeitschrift für Verwaltungsrecht – Rechtsprechungs-Report
NVZ	Neue Zeitschrift für Verkehrsrecht
N. W.	North Western Reporter
NWB	Neue Wirtschaftsbriefe
Nw. U. L. Rev.	Northwestern University Law Review (Zeitschrift)
N. Y.	New York
NYSE	New York Stock Exchange
NZA	Neue Zeitschrift für Arbeits- und Sozialrecht
NZG	Neue Zeitschrift für Gesellschaftsrecht
NZS	Neue Zeitschrift für Sozialrecht
o.	oben
o. a.	oben angegeben
oÄ	oder ähnliches
ÖBA	Österreichisches Bankarchiv (Zeitschrift)
ObG	Obergericht
OECD	Organization of Economic Cooperation and Development
OEEC	Organisation für Europäische Wirtschaftliche Zusammenarbeit
öOGH	Oberster Gerichtshof (Österreich)
OGH-BrZ	Oberster Gerichtshof für die Britische Zone
OHGZ	Entscheidungen des Obersten Gerichtshofes für die Britische Zone in Zivilsachen
OHG	offene Handelsgesellschaft
oJ	ohne Jahrgang
ÖJZ	Österreichische Juristenzeitung
OLG	Oberlandesgericht
OLGE	Die Rechtsprechung der Oberlandesgerichte auf dem Gebiet des Zivilrechts
OLG-Rp.	OLG-Rechtsprechung Neue Länder
OLGRspr.	Die Rechtsprechung der Oberlandesgerichte auf dem Gebiete des Zivilrechts, hrsg. v. Mugdan und Falkmann (1. 1900 – 46. 1928; aufgegangen in HRR)
OLGZ	Entscheidungen der Oberlandesgerichte in Zivilsachen
OlSchVO	Verordnung über Orderlagerscheine
Ont.	Ontario
o. O.	ohne Ort
OR	Schweizerisches Obligationsrecht
O. R.	Official Records, Ontario Reports
ORDO	ORDO, Jahrbuch für die Ordnung von Wirtschaft und Gesellschaft
öHGB	Österreichisches Handelsgesetzbuch
öRdW	(österr.) Recht der Wirtschaft
österr.	österreichisch

Abkürzungen

Oestreicher	Oestreicher, Handels- und Steuerbilanzen, 6. Aufl. 2003
ÖstZöffR	Österreichische Zeitschrift für öffentliches Recht und Völkerrecht
OTC	over the counter (außerbörslicher Handel)
oV	ohne Verfasser
OVG	Oberverwaltungsgericht
OWiG	Gesetz über Ordnungswidrigkeiten
Oxford J. Leg. Stud.	Oxford Journal of Legal Studies
P.	Pacific Reporter
Palandt/*Bearbeiter*	Palandt, Bürgerliches Gesetzbuch, 66. Aufl. 2007
PAngV	Preisangabenverordnung
Par.	Paragraph
PartGG	Gesetz über Partnerschaftsgesellschaften
Pas.	Pasicrisie belge
Pas. lux.	Pasicrisie luxembourgeoise
PBefG	Personenbeförderungsgesetz
Pellens/Fülbier/Gassen	Pellens/Fülbier/Gassen, Internationale Rechnungslegung, 6. Aufl. 2006
PBVO	Personenbeförderungsverordnung
PersGes	Personengesellschaft
Pesce	Pesce, Il contrato di trasporto internationale di merci su strada, Padova 1984
PF	Poincaré-Franken
Pfeiffer	Pfeiffer, Handbuch der Handelsgeschäfte, 1999
Pfg.	Pfennig
Pfleger	Pfleger, Die Praxis der Bilanzpolitik, 4. Aufl. 1991
PflVersG	Gesetz über die Pflichtversicherung der Kraftfahrzeughalter (Pflichtversicherungsgesetz)
P. & I.	Protection & Indemnity
Piper	Piper, Höchstrichterliche Rechtsprechung zum Speditions- und Frachtrecht, 7. Aufl. 1994
P. L.	Public Law
Pol. YB. Int. L.	Polish Yearbook of International Law
port.	portugiesisch
Pos.	Position
PostG	Gesetz über das Postwesen
PoststruktG	Poststrukturgesetz
PostVerfG	Postverfassungsgesetz
pr.	principium
pr./preuß.	preußisch
PrABGB	Preußisches Ausführungsgesetz zum BGB
Precht/Endrigkeit	Precht/Endrigkeit, CMR, 3. Aufl. 1972
PrEnteigG	Preußisches Enteignungsgesetz
PrObTr.	Preußisches Obertribunal
PrObTrE	Entscheidungen des Preußischen Obertribunals
ProdHaftG	Gesetz über die Haftung für fehlerhafte Produkte (Produkthaftungsgesetz)
Prölss/Martin/*Bearbeiter*	Prölss/Martin, Versicherungsvertragsgesetz, 27. Aufl. 2004
Prot.	Protokolle der Reichsberatungen zum BGB
Prot. z. ADHGB	Protokolle zum ADHGB
Prot. z. pr. HGB-Entwurf	Protokolle zum preußischen HGB-Entwurf
PrüfbV	Verordnung über die Prüfung der Jahresabschlüsse und Zwischenabschlüsse der Kreditinstitute und Finanzdienstleistungsinstitute und über die Prüfung nach § 12 Abs. 1 S. 3 des Gesetzes über Kapitalanlagegesellschaften sowie darüber zu erstellende Berichte (Prüfungsberichtsverordnung)
PS	Prüfungsstandard
PublG	Gesetz über die Rechnungslegung von bestimmten Unternehmen und Konzernen (Publizitätsgesetz)
PucheltsZ	Zeitschrift für französisches Zivilrecht

Abkürzungen

Putzeys	Putzeys, Le contrat de transport routier de merchandises, Brüssel 1981
pVV	positive Vertragsverletzung
Q. B. (D.)	Queen's Bench (Division)
RA	Rechtsausschuss
Rabe	Rabe, Seehandelsrecht, (begr. von Prüssmann), 4. Aufl. 2000
RabelsZ	Zeitschrift für ausländisches und internationales Privatrecht
RAG	Reichsarbeitsgericht
RAGE	Entscheidungen des Reichsarbeitsgerichts
Raiser/Veil	Raiser/Veil, Recht der Kapitalgesellschaften, 4. Aufl. 2006
RAnz.	Reichs- und preußischer Staatsanzeiger
Rb.	Arrondissements-Rechtbank
RBerG	Rechtsberatungsgesetz
RdA	Recht der Arbeit (Zeitschrift)
RdErl.	Runderlass
RdNr.	Randnummer
RdSchr.	Rundschreiben
RdW	Recht der Wirtschaft
RE	Rechtsentscheid
Rec. des Cours.	Recueil des Cours de l'Académie de droit international de La Haye
Rec. SdN	Recueil des Traités, Société des Nations
RechKredV	Verordnung über die Rechnungslegung der Kreditinstitute
Recht	Das Recht
Recht (BMJ)	Recht
rechtsw.	rechtswidrig
RefE	Referentenentwurf
RegE	Regierungsentwurf
Regnarsen	Regnarsen, Lov om fragtaftaler ved international vejtransport (CMR), 2. Aufl. 1993 Kopenhagen
Reg. S-K	Regulation S-K
Reischauer/Kleinhans	Reischauer/Kleinhans, Kreditwesengesetz (KWG), Loseblattkommentar für die Praxis nebst sonstigen bank- und sparkassenrechtlichen Aufsichtsgesetzen sowie ergänzenden Vorschriften, Stand 2006
Reithmann/Martiny	Reithmann/Martiny, Internationales Vertragsrecht. Das IPR der Schuldverträge, 6. Aufl. 2004
Relazione	Relazione al codice civile (1942)
Rep. Foro it.	Repertorio del Foro italiano
Rep. Giur. it.	Repertorio della Giurisprudenza italiana
Rev. banq.	La Revue de la banque
Rev. Der. Banc. Burs.	Revista de Derecho Bancario y Bursátil
Rev. der. merc.	Revista de derecho mercantil
Rev. dr. com. bel.	Revue de droit commercial belge
Rev. dr. int. dr. comp.	Revue de droit international et de droit comparé
Rev. dr. int. lég. comp.	Revue de droit international et de législation comparée
Rev. dr. unif.	Revue de droit uniforme
Rev. est. marit.	Revista de estudios marítimos
Rev. fr. dr. aérien	Revue française de droit aérien
Rev. gén. air	Revue générale de l'air
Rev. hell.	Revue hellénique de droit international
Rev. int. dr. comp.	Revue internationale de droit comparé
Rev. Invest. Jurídicas	Revista de Investigaciones Jurídicas (Zeitschrift)
Rev. jur. com.	Revue de jurisprudence commerciale
Rev. Scapel	Revue de droit francais, commercial, maritime et fiscal
Rev. trim. dr. europ.	Revue trimestrielle de droit européen
Rev. trim. dr. civ.	Revue trimestrielle de droit civil
Rev. trim. dr. com.	Revue trimestrielle de droit commercial
RFH	Reichsfinanzhof
RFHE	Amtliche Sammlung der Entscheidungen des Reichsfinanzhofs

Abkürzungen

RG	Reichsgericht
RGBl.	Reichsgesetzblatt
RGRK-BGB/*Bearbeiter*	Das Bürgerliche Gesetzbuch mit besonderer Berücksichtigung der Rechtsprechung des Reichsgerichts und des Bundesgerichtshofes (Kommentar)
RGSt	Entscheidungen des Reichsgerichts in Strafsachen
RGZ	Entscheidungen des Reichsgerichts in Zivilsachen
RHaftpflG	Reichshaftpflichtgesetz
Richter-Hannes/Richter	Richter-Hannes/Richter, Möglichkeit und Notwendigkeit der Vereinheitlichung des internationalen Transportrechts, 1978
RICO-Gesetz	Racketeer Influenced and Corrupt Organizations Act
Riv. dir. aeron.	Rivista di diritto aeronautico
Riv. dir. civ.	Rivista di diritto civile
Riv. dir. com.	Rivista del diritto commerciale e del diritto generale delle obbligazioni
Riv. dir. europ.	Rivista di diritto europeo (Jahr und Seite)
Riv. dir. int.	Rivista di diritto internazionale
Riv. dir. int. priv. proc.	Rivista di diritto internazionale privato e processuale
Riv. dir. nav.	Rivista del diritto della navigazione
Riv. trim. dir. proc. civ.	Rivista trimestrale di diritto e procedura civile
RIW	Recht der internationalen Wirtschaft (Zeitschrift)
RJA-E I	Entwurf eines Handelsgesetzbuchs für das Deutsche Reich. Aufgestellt im Reichs-Justizamt, Berlin 1895
RJA-E II	Entwurf eines Handelsgesetzbuchs mit Ausschluß des Seehandelsrechts. Aufgestellt im Reichs-Justizamt. Amtliche Ausgabe, Berlin 1896
RJM	Reichsminister der Justiz
RKB	Reichs-Kraftwagen-Betriebsverband
rkr.	rechtskräftig
RKT	Reichskraftwagentarif
RMT	Rechtsgeleerd Magazijn Thémis
Rodière	Rodière, Droit des transports, 2. Aufl. 1977
Röhricht/Graf v. Westphalen/*Bearbeiter*	Röhricht/Graf v. Westphalen (Hrsg.). Kommentar zum Handelsgesetzbuch, 2. Aufl. 2002
ROHG	Reichsoberhandelsgericht, auch Entscheidungssammlung
RoRo	Roll-on/Roll-off
Roth/Altmeppen	Roth/Altmeppen, Gesetz betreffend die Gesellschaften mit beschränkter Haftung (GmbH), 5. Aufl. 2005
Roth Handels- und GesR	Roth, Handels- und Gesellschaftsrecht, Das Recht des kaufmännischen Unternehmens, 6. Aufl. 2001
Rowedder/Schmidt-Leithoff/*Bearbeiter*	Rowedder/Schmidt-Leithoff (Hrsg.), Kommentar zum GmbH-Gesetz, 4. Aufl. 2002
RPfG	Rechtspflegergesetz
Rpfleger	Der Deutsche Rechtspfleger (Zeitschrift)
Rs.	Rechtssache
RS	Rechnungslegungsstandard
Rspr.	Rechtsprechung
Ruhwedel	Ruhwedel, Der Luftbeförderungsvertrag, 3. Aufl. 1998
r. Sp.	rechte Spalte
RTDE	Revue trimestrielle de droit européen (Jahr und Seite)
RT-Drucks.	Reichstagsdrucksache
RTVorl.	Entwurf eines Handelsgesetzbuchs von 1897, Reichstags-Drucksache Nr. 632
RvglHWB	Rechtsvergleichendes Handwörterbuch für das Zivil- und Handelsrecht des In- und Auslandes
RVG	Rechtsanwaltsvergütungsgesetz
RVO	Reichsversicherungsordnung
RVR	Rundschau für Vertreterrecht (Zeitschrift)
R. W.	Rechtskundig Weekblad

Abkürzungen

RWS-Dok.	RWS-Dokumentation
RWP	Rechts- und Wirtschaftspraxis (Loseblatt-Ausgabe)
S.	Seite; siehe; section
SaBl.	Sammelblatt für Rechtsvorschriften des Bundes und der Länder
SAE	Sammlung arbeitsrechtlicher Entscheidungen
Sánchez-Gamborino	Sánchez-Gamborino, El contrato de transporte international. CMR, Madrid 1996
Savigny	Savigny, System des heutigen römischen Rechts, Bd. I–VIII, 1840–49, 2. Neudruck 1981
Scand. Stud. L.	Scandinavian Studies in Law
Schadee/Claringbould	Schadee/Claringbould, Transport, 1974 ff.
Schaps/Abraham	Schaps/Abraham, Seehandelsrecht, Erster und Zweiter Teil, 4. Aufl. 1978
SchR	Schuldrecht
Schaub/Koch/Linck	Schaub/Koch/Linck, Arbeitsrechts-Handbuch, 11. Aufl. 2005
ScheckG	Scheckgesetz
Sched.	Schedule
Scherrer	Scherrer, Konzernrechnungslegung nach HGB und IFRS, 2. Aufl. 2007
Scherrer/Heni	Scherrer/Heni, Liquidations-Rechnungslegung, 2. Aufl. 1996
SchiffBG	Gesetz über Schiffspfandbriefbanken (Schiffsbankgesetz)
SchiffRG	Gesetz über Rechte an eingetragenen Schiffen und Schiffsbauwerken (Schiffsrechtegesetz)
SchiffsregO	Schiffsregisterordnung
Schildbach	Schildbach, Der handelsrechtliche Jahresabschluß, 7. Aufl. 2004
Schlechtriem/Schwenzer/*Bearbeiter*	Schlechtriem/Schwenzer (Hrsg.), Kommentar zum Einheitlichen UN-Kaufrecht, 4. Aufl. 2004
Schlegelberger/*Bearbeiter*	Schlegelberger, Handelsgesetzbuch, 5. Aufl. 1973–1992
SchlHA	Schleswig-Holsteinische Anzeigen (NF 1. 1837 ff.)
Karsten Schmidt GesR	Karsten Schmidt, Gesellschaftsrecht, 4. Aufl. 2002
Karsten Schmidt HandelsR	Karsten Schmidt, Handelsrecht, 5. Aufl. 1999
Schmidt/*Bearbeiter*	L. Schmidt (Hrsg.), Einkommensteuergesetz, Kommentar, 26. Aufl. 2007
Schmitt/Hörtnagl/Stratz	Schmitt/Hörtnagl/Stratz, Umwandlungsgesetz, Umwandlungssteuergesetz, 4. Aufl. 2006
Schöberle/Hofmeister	Schöberle/Hofmeister, Handbuch des Körperschaftsteuerrechts, Körperschaftsteuergesetz, Loseblatt-Kommentar, Stand 2002
Schruff 7. EG-RichtL	Schruff, Einflüsse der 7. EG-Richtlinie auf die Aussagefähigkeit des Konzernabschlusses, 1984
Schruff Einfluß	Schruff (Hrsg.), Bilanzrecht unter dem Einfluß internationaler Reformzwänge, 1996
Scholz/*Bearbeiter*	Scholz, Kommentar zum GmbH-Gesetz, Band 1: 10. Aufl. 2006, Band 2 und Band 3: 9. Aufl. 2000
Schubert/Schmiedel/Krampe	Schubert/Schmiedel/Krampe, Quellen zum Handelsgesetzbuch von 1897, Band I–III, 1986–1988
Schwark	Schwark, Börsengesetz, 3. Aufl. 2004
SchwbG	Schwerbehindertengesetz
schweiz.	schweizerisch
SchweizAG	Schweizerische Aktiengesellschaft, Société anonyme suisse
Schwintowski/Schäfer	Schwintowski/Schäfer Bankrecht, 2. Aufl. 2004
SchwJZ	Schweizerische Juristen-Zeitung
S. C. R.	South Carolina Reporter
S. Cal. L. Rev.	Southern California Law Review
S. Ct.	Supreme Court Reporter
S. D.	Southern District
SDR	Special Drawing Right
S. E.	South Eastern Reporter
SEC	Securities and Exchange Commission
SeeG	Seegesetz
SeeGB	Seegesetzbuch

Abkürzungen

SeemannsG	Seemannsgesetz
SeeRÄndG	Gesetz zur Änderung des Handelsgesetzbuches und anderer Gesetze (Seerechtsänderungsgesetz)
SeeVertrO	Gesetz über das Verfahren bei der Errichtung und Verteilung eines Fonds zur Beschränkung der Haftung für Seeforderungen (Seerechtliche Verteilungsordnung)
Semler/Stengel/*Bearbeiter* UmwG	Semler/Stengel (Hrsg.), Umwandlungsgesetz, 2003
Semler Leitung und Überwachung	Semler, Leitung und Überwachung der Aktiengesellschaft, 2. Aufl 1996
Semler/v. Schenck/*Bearbeiter* ArbHdB Aufsichtsrat	J. Semler/v. Schenck (Hrsg.), Arbeitshandbuch für Aufsichtsratsmitglieder, 2. Aufl. 2004
Semler/Volhard/*Bearbeiter* ArbHdB Hauptversammlung	J. Semler/Volhard (Hrsg.), Arbeitshandbuch für die Hauptversammlung, 2. Aufl. 2003
Semler/Volhard ÜN Hdb	Semler/Volhard, Arbeitshandbuch für Unternehmensübernahmen, Band 1: 2001; Band 2: 2003
Sess.	Session
SeuffA	Seufferts Archiv für Entscheidungen der obersten Gerichte in den deutschen Staaten
SFAC	Statement of Financial Accounting Concepts
SFAS	Statement of Financial Accounting Standards
sfr	Schweizer Franken
SFS	Svensk Författningssamling
SG	Sozialgericht
SG	Schmalenbach – Gesellschaft für Betriebswirtschaft e. V.
Sgb	Die Sozialgerichtsbarkeit (Zeitschrift)
SGB	Sozialgesetzbuch
Shawcross-Beaumont	Air Law I, 4. Aufl. Loseblatt, Stand 1992, bearbeitet von P. Martin, J. D. McClean, E. de Montlaur Martin, R. D. Margo, J. M. Balfour
SHSG	Seehandelsschiffahrtsgesetz (DDR)
SHSGB	Seehandelsschiffahrtsgesetzbuch
S. I.	Statutory Instruments
SIC	Standard Interpretations Committee
SIMA	System für integrierte Marktaufsicht
SJZ	Süddeutsche Juristenzeitung
skand.	skandinavisch
Slg.	Sammlung der Rechtsprechung des Gerichtshofs der Europäischen Gemeinschaft und des Gerichts erster Instanz
S. N. C. F.	Société nationale des chemins de fer
So.	Southern Reporter
s. o.	siehe oben
So. Cal. L. Rev.	Southern California Law Review
Soergel/*Bearbeiter*	Soergel, Bürgerliches Gesetzbuch mit Einführungsgesetzen, 12. Aufl. 1987 ff., 13. Aufl. 2000 ff.
sog.	so genannt
somm.	sommaires
Sonderbeil.	Sonderbeilage
SOU	Statens offentliga utredningar
Sp.	Spalte
span.	spanisch
SPGB	Seeprivatgesetzbuch
SpkG	Sparkassengesetz
SpP	Speditions-Police
S. & S.	Schip & Schade
SSAP	Statement of Standard Accounting Practice
SSchGB	Seeschiffahrtsgesetzbuch
SSG	Seeschiffahrtsgesetz

Abkürzungen

st.	ständig
ST	Der Schweizer Treuhänder (Zeitschrift)
Stan. L. Rev.	Stanford Law Review (Band, Seite und Jahr)
StAnpG	Steueranpassungsgesetz
Stanzl	Handelsrechtliche Entscheidungen des OGH Wien
Stat.	Statutes at Large
Staub	Staub, Kommentar zum HGB, 14. Aufl. 1935
Staub/*Bearbeiter*	Handelsgesetzbuch, Großkommentar, begr. von Staub, hrsg. von Canaris/Schilling/Ulmer, 4. Aufl. 1983 ff. (s. GroßkommHGB/*Bearbeiter*)
Staudinger/*Bearbeiter*	Staudinger, Kommentar zum Bürgerlichen Gesetzbuch
Stb.	Staatsblad van het Koninkrijk der Nederlanden
StB	Der Steuerberater (Zeitschrift)
StBerG	Steuerberatungsgesetz
Stbg	Die Steuerberatung (Zeitschrift)
StbJb.	Steuerberater-Jahrbuch
StBKongrRep	Steuerberaterkongress-Report
Stein/Jonas/*Bearbeiter*	Stein/Jonas, Kommentar zur Zivilprozeßordnung, 22. Aufl. 2002 ff.
stenogr.	stenographisch
StGB	Strafgesetzbuch
Stichw.	Stichwort
StörfallVO	Störfallverordnung
StPO	Strafprozessordnung
str.	strittig
StraFo	Strafverteidigerforum (Zeitschrift)
Straube/*Bearbeiter*	Straube, Kommentar zum Handelsgesetzbuch, Band 1: 3. Aufl. 2003; Band 2: 2. Aufl. 2000
Streck	Streck, Körperschaftsteuergesetz, Kommentar, 6. Aufl. 2003
stRspr.	ständige Rechtsprechung
StTO	Stückgut-Transport-Anordnung (DDR)
StuB	Steuer- und Bilanzpraxis (Zeitschrift)
StückAG	Stückaktiengesetz
StuW	Steuer und Wirtschaft (Zeitschrift)
StV	Strafverteidiger (Zeitschrift)
StVG	Straßenverkehrsgesetz
StVZO	Straßenverkehrs-Zulassungs-Ordnung
s. u.	siehe unten
Sup. Ct.	Supreme Court
SVG	Straßenverkehrsgenossenschaft
SvJT	Svensk juristtidning
SVS/RVS	Speditions- und Rollfuhrversicherungsschein
S. W.	South Western Reporter
SZ	Entscheidungen des österreichischen Obersten Gerichtshofes in Zivilsachen
Szagunn/Haug/Ergenzinger/*Bearbeiter*	Szagunn/Haug/Ergenzinger, Gesetz über das Kreditwesen in der Fassung vom 22. Januar 1996, Kommentar, 6. Aufl. 1997
SZGerm	Zeitschrift der Savigny-Stiftung für Rechtsgeschichte, Germanische Abteilung
SZR	Sonderziehungsrecht
SZW/RSDA	Schweizerische Zeitschrift für Wirtschaftsrecht; Revue Suisse de droit des affaires (Zeitschrift)
t	Tonne
T. A. R.	Tribunale amministrativo regionale
TD	Transportdienst
tdw	tons deadweight
TEE	Trans-Europa-Express
Teichmann	Teichmann, Gestaltungsfreiheit in Gesellschaftsverträgen, 1970
teilw.	teilweise
Tex. L. Rev.	Texas Law Review

Abkürzungen

TfR	Tidsskrift for Rettsvitenskap
TG	Bundesgesetz über den Transport im öffentlichen Verkehr (Transportgesetz, Schweiz)
Theunis/*Bearbeiter*	Theunis (Hrsg.), International Carriage of Goods by Road (CMR), London 1987
Thiel/Lüdtke-Handjery	Thiel/Lüdtke-Handjery, Bilanzrecht. Handelsbilanz – Steuerbilanz, 5. Aufl. 2005
Thomas/Putzo	Thomas/Putzo, Zivilprozessordnung mit Gerichtsverfassungsgesetz und den Einführungsgesetzen, 28. Aufl. 2007
Thume/*Bearbeiter*	Thume (Hrsg.), Kommentar zur CMR, 1994
T. I. A. S.	Treaties and Other International Acts Series
Tiedtke	Tiedtke, Einkommensteuer- und Bilanzsteuerrecht, 3. Aufl. 2003
TOA	Täter-Opfer-Ausgleich
Tort & Ins. L. J.	Tort & Insurance Law Journal
TransAcc	Transnational Accounting, hrsg. von Ordelheide/KPMG, Band I und II, 2. Aufl. 2000
Transp. L. J.	Transportation Law Journal
TranspR	Transport- und Speditionsrecht (Zeitschrift)
TransPuG	Gesetz zur weiteren Reform des Aktien- und Bilanzrechts, zu Transparenz und Publizität (Transparenz- und Publizitätsgesetz)
TRG	Gesetz zur Neuregelung des Fracht-, Speditions- und Lagerrechts (Transportrechtsreformgesetz – TRG)
T. Rgesch.	Tijdschrift voor Rechtsgeschiedenis
Trib.	Tribunale
Trib. com.	Tribunal de commerc
Trib. gr. inst.	Tribunal de grande instance
Trib. civ.	Tribunal Civil
T. S.	Tribunal Supremo
TSAR	Tydskrif vir die Suid-Afrikaanse Reg/Journal of South African Law (Zeitschrift)
TUG	Transparenzrichtlinie-Umsetzungsgesetz
Tul. L. Rev.	Tulane Law Review
türk.	türkisch
TV	Tarifvertrag; Testamentsvollstrecker
TVAL	Tarifvertrag für Angehörige alliierter Dienststelle
TVG	Tarifvertragsgesetz
TVG DVO	Durchführungsverordnung zum Tarifvertragsgesetz
Tz.	Textziffer
u.	und; unten; unter
u. a.	unter anderem
uÄ	und Ähnliches
u. a. m.	und andere mehr
Überbl.	Überblick
überwM	überwiegende Meinung
UBGG	Gesetz über Unternehmensbeteiligungsgesellschaften
Übk.	Übereinkommen
UCC	Uniform Commercial Code
UCC Law Journ.	Uniform Commercial Code Law Journal
U. Chi. L. Rev.	University of Chicago Law Review
UdSSR	Union der sozialistischen Sowjetrepubliken
UFITA	Archiv für Urheber-, Film-, Funk- und Theaterrecht
UfR	Ugeskrift for Retsvæsen
ÜG	Überweisungsgesetz
Üw-RL	Überweisungs-Richtlinie, ABl. EG 1997 L 43/25
Uhlenbruck/*Bearbeiter*	Uhlenbruck (Hrsg.), Kommentar zur Insolvenzordnung, 12. Aufl. 2002
U. Ill. L. Rev.	University of Illinois Law Review
Ulmer	Ulmer, Gesellschaft bürgerlichen Rechts, 4. Aufl. 2004
Ulmer Wertpapierrecht	Eugen Ulmer, Das Recht der Wertpapiere, 1938

Abkürzungen

Ulmer/Brandner/Hensen	Ulmer/Brandner/Hensen, Kommentar zum Gesetz zur Regelung des Rechts der Allgemeinen Geschäftsbedingungen, 10. Aufl. 2006
Ulmer/Habersack	Ulmer/Habersack, Verbraucherkreditgesetz, 2. Aufl. 1995
Ulmer/Habersack/Winter GmbHG	Ulmer/Habersack/Winter, GmbHG, Großkommentar, 2005 ff.
umfangr.	umfangreich
UmwG	Umwandlungsgesetz
UmwStG	Umwandlungssteuergesetz
UMAG	Gesetz zur Unternehmensintegrität und Modernisierung des Anfechtungsrechts
UN	United Nations
UNCITRAL	United Nations Commission for International Trade Law
UNCTAD	United Nations Conference on Trade and Development
UNIDROIT	Institut International pour l'Unification du Droit Privé
UNK	Wiener UN-Übereinkommen über Verträge über den internationalen Warenkauf
UN-Kaufrecht	s. CISG
UNO	United Nations Organisation
unstr.	unstreitig
Unterabs.	Unterabsatz
UNTS	United Nations Treaty Series
unveröff.	unveröffentlicht
unzutr.	unzutreffend
Urt.	Urteil
U. S.	United States Reports
USA	United States of America
U. S. Av. Rep.	United States Aviation Reports
U. S. C.	United States Code
U. S. C. A.	United States Code Annotated
US-GAAP	United States Generally Accepted Accounting Principles
USK	Urteilssammlung für die gesetzliche Krankenversicherung
usw.	und so weiter
uU	unter Umständen
UVV	Unfallverhütungsvorschriften
UWG	Gesetz gegen den unlauteren Wettbewerb
v.	von; vom; versus
VAG	Versicherungsaufsichtsgesetz
Va. J. Int. L.	Virginia Journal of International Law
Va. J. Transnat. L.	Vanderbilt Journal of Transnational Law
Va. L. Rev.	Virginia Law Review (Band, Seite und Jahr)
VerBAV	Veröffentlichungen des Bundesaufsichtsamtes f. das Versicherungs- und Bausparwesen
VerbrKrG	Verbraucherkreditgesetz
Verf.	Verfassung; Verfasser
VglO	Vergleichsordnung
Verh.	Verhandlung(en)
Verh. DJT	Verhandlungen des Deutschen Juristentages
Verk. Mitt.	Verkehrsrechtliche Mitteilungen
VerkProspG	Verkaufsprospektgesetz
VerkProspV	Verkaufsprospektverordnung
Verk. Rdsch.	Verkehrsrechtliche Rundschau
VermBG	Gesetz zur Förderung der Vermögensbildung der Arbeitnehmer
Veröff.	Veröffentlichung
VersR	Versicherungsrecht, Juristische Rundschau für die Individualversicherung
VersVerm	Versicherungsvermittlung (Zeitschrift)
VersW	Versicherungswirtschaft
Verw.	Verwaltung
VerwA	*Verwaltungsarchiv*

Abkürzungen

VerwG	Verwaltungsgericht
VerwGH	Verwaltungsgerichtshof
Vfg.	Verfügung
VG	Verwaltungsgericht
VGH	Verwaltungsgerichtshof
vgl.	vergleiche
vH	vom (von) Hundert
VisbyR	Protocole du 23. 2. 1968 portant modification de la Convention internationale pour l'unification de certaines régles en matière de connaissement, signée à Bruxelles le 25. 8. 1924 (HR), sowie dadurch geänderte Fassung der HR
VIZ	Zeitschrift für Vermögens- und Immobilienrecht
VkBl.	Verkehrsblatt, Amtsblatt des Bundesministers für Verkehr
VO	Verordnung
VOB	Verdingungsordnung für Bauleistungen
VoBl.	Verordnungsblatt
VOBlBZ	Verordnungsblatt für die britische Zone
Vol.	Volume
Voraufl.	Vorauflage
Vorb., Vorbem.	Vorbemerkung
VorstOG	Vorstandsvergütungs-Offenlegungsgesetz
Vortisch/Bemm	Vortisch/Bemm, Binnenschiffahrtsrecht, 4. Aufl. 1991
VP	Die Versicherungspraxis
VRG	Gesetz zur Förderung von Vorruhestandsleistungen (Vorruhestandsgesetz)
VRS	Verkehrsrechts-Sammlung
VRÜ	Verfassung und Recht in Übersee
vs.	versus
VuR	Verbraucher und Recht (Jahr und Seite)
VVDStRL	Veröffentlichungen der Vereinigung der Deutschen Staatsrechtslehrer
VVaG	Versicherungsverein auf Gegenseitigkeit
VVG	Gesetz über den Versicherungsvertrag
VW	Versicherungswirtschaft (Zeitschrift)
VwGO	Verwaltungsgerichtsordnung
w.	weitere
WA	Warschauer Abkommen: Convention pour l'unification de certaines règles relatives au transport aérien international
WA 1929	ursprüngliche Fassung des WA
WA 1955	WA in der Fassung des Protocole fait à La Haye le 28. 9. 1955 et portant modification de la Convention pour l'unification de certaines règles relatives au transport aérien international signée à Varsovie le 12. 10. 1929
WA 1971	WA in der Fassung des Protocole fait à Guatemala le 8. 3. 1971 et portant modification de la Convention pour l'unification de certaines règles relatives au transport aérien international signée à Varsovie le 12. 10. 1929 amendée par le Protocole fait à La Haye le 28. 9. 1955
WarnR	Rechtsprechung des Reichsgerichts, hrsg. von Warneyer
WBl.	Wirtschaftsrechtliche Blätter
WBVR	Strupp, Wörterbuch des Völkerrechts und der Diplomatie I (1924); Strupp-Schlochauer, Wörterbuch des Völkerrechts, 2. Aufl. I (1960), II (1961), III (1962)
Weber-Grellet	Weber-Grellet, Das Steuerbilanzrecht, 1996
Wessel/Zwernemann/Kögel	Wessel/Zwernemann/Kögel, Die Firmengründung, 7. Aufl. 2001
H. P. *Westermann*, Vertragsfreiheit	H. P. Westermann, Vertragsfreiheit und Typengesetzlichkeit im Recht der Personengesellschaften, 1970
Graf v. *Westphalen*	Graf v. Westphalen (Hrsg.), Vertragsrecht und AGB-Klauselwerke, Loseblatt, Stand 2007
WG	Wechselgesetz

Abkürzungen

WGO	Die wichtigsten Gesetzgebungsakte in den Ländern Ost-, Südosteuropas und in den asiatischen Volksdemokratien
WHO	World Health Organization
WiB	Wirtschaftsrechtliche Beratung (Zeitschrift)
Widmann/Mayer	Widmann/Mayer, Umwandlungsrecht, Loseblatt-Kommentar, Stand 2007
Wiedmann	Wiedmann, Bilanzrecht, Kommentar zu den §§ 238 bis 342a HGB, 2. Aufl. 2003
Wiedemann	Wiedemann, Gesellschaftsrecht, Band 1, 1980
Winnefeld	Winnefeld, Bilanz-Handbuch. Handels- und Steuerbilanz – Rechtsformspezifisches Bilanzrecht – Bilanzielle Sonderfragen – Sonderbilanzen, 4. Aufl. 2006
WiR	Wirtschaftsrat; Wirtschaftsrecht (Zeitschrift)
wistra	Zeitschrift für Wirtschafts- und Steuerstrafrecht
WISU	Das Wirtschaftsstudium (Zeitschrift)
WKN	Wertpapierkennummer
W. L. R.	Weekly Law Reports
WLV	Wet Luchtvervoer
WM	Wertpapier-Mitteilungen, Zeitschrift für Wirtschafts- und Bankrecht (Zeitschrift)
WO	Wechselordnung
Wöhe	Wöhe, Die Handels- und Steuerbilanz, 5. Aufl. 2005
Wolf/Horn/Lindacher	M. Wolf/Horn/Lindacher, AGB-Gesetz, Kommentar, 4. Aufl. 1999
WPg	Die Wirtschaftsprüfung (Zeitschrift)
WPBHV	Berufshaftpflichtversicherungsverordnung der Wirtschaftsprüfer und vereidigten Buchprüfer
WpDl-RL	Wertpapierdienstleistungs-Richtlinie, ABl. EG 1993 L 141/27 und 1995 L 168/7
WP-Hdb.	Institut der Wirtschaftsprüfer in Deutschland e. V. (Hrsg.), Wirtschaftsprüfer-Handbuch, Band I: 12. Aufl. 2001, Band II: 11. Aufl. 1998
WpHG	Wertpapierhandelsgesetz
WPK	Wirtschaftsprüferkammer
WPK-Mitt.	Wirtschaftsprüferkammer-Mitteilungen (Zeitschrift)
WPNR	Weekblad voor Privaatrecht, Notariaat en Registratie
WPO	Wirtschaftsprüferordnung
WpPG	Wertpapierprospektgesetz
WRP	Wettbewerb in Recht und Praxis (Zeitschrift)
WTO	Word Trade Organization
WuB	Wirtschafts- und Bankrecht (Entscheidungssammlung)
WuR	Wirtschaft und Recht (Zeitschrift)
Würdinger	Würdinger, Aktienrecht und das Recht der verbundenen Unternehmen, 4. Aufl. 1981
Württ., württ.	Württemberg, württembergisch
WuSta	Wirtschaft und Statistik
Wüstemann	Wüstemann, Generally Accepted Accounting Principles, 1999
WuW	Wirtschaft und Wettbewerb (Zeitschrift)
WuW/E	Wirtschaft und Wettbewerb – Entscheidungssammlung
v. Wysocki PrüfW	v. Wysocki, Grundlagen des betriebswirtschaftlichen Prüfungswesens, 3. Aufl. 1988
v. Wysocki/Schulze-Osterloh	v. Wysocki/Schulze-Osterloh, Handbuch des Jahresabschlusses in Einzeldarstellungen, Loseblattsammlung, Stand 2007
v. Wysocki/Wohlgemuth	v. Wysocki/Wohlgemuth, Konzernrechnungslegung, 4. Aufl. 1996
WZG	Warenzeichengesetz
Yale L. J.	The Yale Law Journal
Yugoslav L.	Yugoslav Law
ZAG	Zusatzabkommen von Guadalajara (zum WA): Convention complémentaire à la Convention de Varsovie pour l'unification de certaines règles

Abkürzungen

	relatives au transport aérien international effectué par une personne autre que le transporteur contractuel conclue à Guadalajara le 18 septembre 1961
zahlr.	zahlreich
Zahn/Eberding/Ehrlich	Zahn/Eberding/Ehrlich, Zahlung und Zahlungssicherung im Außenhandel, 6. Aufl. 1986
ZAkDR	Zeitschrift der Akademie für Deutsches Recht
ZaöRV	Zeitschrift für ausländisches öffentliches Recht und Völkerrecht
zB	zum Beispiel
ZBB	Zeitschrift für Bankrecht und Bankwirtschaft
ZBernJV	Zeitschrift des Bernischen Juristenvereins
ZBlHR	Zentralblatt für Handelsrecht
ZBR	Zeitschrift für Beamtenrecht
ZdtRudtRWiss	Zeitschrift für deutsches Recht und deutsche Rechtswissenschaft
ZEV	Zeitschrift für Erbrecht und Vermögensnachfolge
ZEuP	Zeitschrift für Europäisches Privatrecht
ZfA	Zeitschrift für Arbeitsrecht
ZfB	Zeitschrift für Betriebswirtschaft
ZfbF	Schmalenbachs Zeitschrift für betriebswirtschaftliche Forschung
ZfBSch	Zeitschrift für Binnenschiffahrt und Wasserstraßen
ZfgG	Zeitschrift für das gesamte Genossenschaftswesen
ZfgKW	Zeitschrift für das gesamte Kreditwesen (Jahr und Seite)
ZfRV	Zeitschrift für Rechtsvergleichung (Österreich)
ZfV	Zeitschrift für Versicherungswesen
ZGB	Zivilgesetzbuch (jeweils mit erlassendem Staat)
ZGB DDR	Zivilgesetzbuch der Deutschen Demokratischen Republik
ZgesKredW	Zeitschrift für das gesamte Kreditwesen
ZgesStaatsW	Zeitschrift für die gesamte Staatswissenschaft
ZGR	Zeitschrift für Unternehmens- und Gesellschaftsrecht
ZHR	Zeitschrift für das gesamte Handelsrecht und Wirtschaftsrecht
Ziff.	Ziffer(n)
ZIntEisenb	Zeitschrift für den internationalen Eisenbahnverkehr
ZIP	Zeitschrift für Wirtschaftsrecht und Insolvenzpraxis
zit.	zitiert
ZivG	Zivilgericht
ZKA	Zentraler Kreditausschuss
ZLR	Zeitschrift für Luftrecht
ZLW	Zeitschrift für Luftrecht und Weltraumrechtsfragen
ZögU	Zeitschrift für öffentliche und gemeinwirtschaftliche Unternehmen
Zöller/Bearbeiter	Zöller, Zivilprozessordnung, 26. Aufl. 2007
Zöllner Wertpapierrecht	Zöllner, Wertpapierrecht, 15. Aufl. 1999
ZPO	Zivilprozessordnung
ZRG	Zeitschrift der Savigny-Stiftung für Rechtsgeschichte (germ. Abt. = germanische Abteilung; rom. Abt. = romanische Abteilung; kanon. Abt. = kanonistische Abteilung)
ZRP	Zeitschrift für Rechtspolitik
ZRvgl.	Zeitschrift für Rechtsvergleichung
ZSR	Zeitschrift für schweizerisches Recht
z. T.	zum Teil
ZTR	Zeitschrift für Tarifrecht
zusf.	zusammenfassend
zust.	zustimmend; zuständig
zutr.	zutreffend
ZVerkR	Zeitschrift für Verkehrsrecht (Österreich)
ZVerkWiss	Zeitschrift für Verkehrswissenschaft
ZVersWiss	Zeitschrift für die gesamte Versicherungs-Wissenschaft
ZVG	Gesetz über die Zwangsversteigerung und Zwangsverwaltung
ZVR	(österr.) Zeitschrift für Verkehrsrecht
ZVglRWiss.	Zeitschrift für vergleichende Rechtswissenschaft

Abkürzungen

Zweigert / Kropholler . . . . Zweigert/Kropholler, Quellen des internationalen Einheitsrechts Band 2: 1972
zZ . . . . zur Zeit
ZZP . . . . Zeitschrift für Zivilprozess

Handelsgesetzbuch

vom 10. Mai 1897 (RGBl. S. 219) zuletzt geändert durch Gesetz vom 16. Juli 2007 (BGBl. I S. 1330)
BGBl. III/FNA 4100-1

Erstes Buch. Handelsstand

Erster Abschnitt. Kaufleute

Vorbemerkungen

Schrifttum (allgemein): Ferner: *Ballerstedt,* Was ist Unternehmensrecht?, FS Duden, 1977, S. 15; *Baumann,* Strukturfragen des Handelsrechts, AcP 184 (1984), 43; *F. Bydlinski,* Handels- oder Unternehmensrecht als Sonderprivatrecht, 1990 (dazu auch JR 1990, 233); *Ficker,* Internationales Handelsrecht, in: *Schlegelberger* (Hrsg.), Rechtsvergleichendes Handwörterbuch für das Zivil- und Handelsrecht des In- und Auslandes, Bd. IV, 1933; *J. v. Gierke,* Das Handelsunternehmen, ZHR 111 (1948), 1; *Hagenguth,* Die Anknüpfung der Kaufmannseigenschaft im internationalen Privatrecht, Diss. München 1981; *Hartenstein,* Kaufmann, in: *Schlegelberger* (Hrsg.), Rechtsvergleichendes Handwörterbuch für das Zivil- und Handelsrecht des In- und Auslandes, Bd. IV, 1933; *Heck,* Weshalb besteht ein von den bürgerlichen Recht gesondertes Handelsrecht?, AcP 92 (1902), 438; *Hopt,* Das Handelsrecht im Spiegel eines Großkommentars, ZHR 149 (1985), 447; *ders.,* Handelsgesellschaften ohne Gewerbe und Gewinnerzielungsabsicht?, ZGR 1987, 145; *Kindler,* Neue Offenlegungspflichten für Zweigniederlassungen ausländischer Kapitalgesellschaften, NJW 1993, 3301 ff.; *Kort,* Zum Begriff des Kaufmanns im deutschen und französischen Handelsrecht, AcP 193 (1993), 452; *Krause,* Kaufmannsrecht und Unternehmensrecht, ZHR 105 (1938), 69; *Laband,* Das Verhältnis des Handelsrechts zum bürgerlichen Recht nach dem Entwurf eines revidierten Handelsgestzbuches, DJZ 1896, 345; *Lehmann,* Les commerçants en droit international privé, Juris Classeur 1979 Nr. 17; *M. Lehmann,* Bürgerliches Recht und Handelsrecht, 1983; *Neuner,* Handelsrecht – Handelsgesetz – Grundgesetz, ZHR 157 (1993), 243; *Preis,* Persönlicher Anwendungsbereich der Sonderprivatrechte, ZHR 158 (1994), 567; *Raisch,* Die Abgrenzung des Handelsrechts vom Bürgerlichen Recht als Kodifikationsproblem im 19. Jahrhundert, 1962; *ders.,* Geschichtliche Voraussetzungen, dogmatische Grundlagen und Sinnwandlung des Handelsrechts, 1965; *ders.,* Die rechtsdogmatische Bedeutung der Abgrenzung von Handelsrecht und bürgerlichem Recht, JuS 1967, 533; *ders.,* Bedeutung und Wandlung des Kaufmannsbegriffs in der neueren Gesetzgebung, FS Ballerstedt, 1975, S. 443; *ders.,* Zur Analogie handelsrechtlicher Normen, FS Stimpel, 1985, S. 29; *ders.,* Handelsrecht heute, JA 1990, 259, 328, 369; *ders.,* Handels- oder Unternehmensrecht als Sonderprivatrecht, ZHR 154 (1990), 567; *ders.,* Freie Berufe und Handelsrecht, FS Rittner, 1991, S. 471; *G. H. Roth,* Die kleine Erwerbsgesellschaft zwischen bürgerlichem Recht und Handelsrecht, ZHR 155 (1991), 24, 43 ff.; *Schirrmeister,* Der Kaufmannsbegriff nach geltendem und künftigem deutschen Handelsrecht, ZHR 48 (1899), 418; 49 (1899), 418; 49 (1900), 29; *K. Schmidt,* Das HGB und die Gegenwartsaufgaben des Handelsrechts, 1983; *ders.,* Vom Handelsrecht zum Unternehmens-Privatrecht?, JuS 1985, 249; *ders.,* Bemerkungen und Vorschläge zur Überarbeitung des Handelsgesetzbuchs, DB 1994, 515; *Schultze-v. Lasaulx,* Die Zukunft des Kaufmannsbegriffes in der deutschen Rechtsordnung, 1939; *Steding,* Handelsrecht – Sonderprivatrecht des Kaufmanns, WiR 1993, 247; *Treber,* Der Kaufmann als Rechtsbegriff im Handels- und Verbraucherrecht, AcP 199 (1999), 525; *van Venrooy,* Die Anknüpfung der Kaufmannseigenschaft im deutschen Internationalen Privatrecht, 1985; *Wolter,* Was ist heute Handelsrecht?, Jura 1988, 169, 172 ff.

Schrifttum zur Neuregelung des Kaufmannsbegriffs durch das HRefG 1998: *Ammon,* Gesellschaftsrechtliche und sonstige Neuerungen im Handelsrechtsreformgesetz – Ein Überblick, DStR 1998, 1474; *Bundesministerium der Justiz* (Hrsg.), Reform des Handelsrechts und Handelsregisterrechts – Empfehlungen zur Modernisierung des Kaufmannsbegriffs, zur Liberalisierung des Firmenrechts und zur Vereinfachung und Beschleunigung des Handelsregisterverfahrens, 1994 (= Beil. Nr. 148 a zum Bundesanzeiger vom 9. 8. 1994, auszugsweise abgedr. in ZIP 1994, 1407, 1898); *Busch,* Reform des Handels- und Registerrechts, Rpfleger 1998, 178; *Bülow/Artz,* Neues Handelsrecht, JuS 1998, 680; *P. Bydlinski,* Zentrale Änderungen des HGB durch das Handelsrechtsreformgesetz, ZIP 1998, 1169 (mit einer synoptischen Gegenüberstellung der alten und neuen Regelung des Kaufmannsbegriffs auf S. 1177); *Dreher,* Der neue Handelsstand, in: *Lieb* (Hrsg.), Die Reform des Handelsstandes und der Personengesellschaften, 1999, S. 1 ff.; *Heinemann,* Handelsrecht im System des Privatrechts, FS Fikentscher, 1998, S. 349; *Hensler,* Gewerbe, Kaufmann und Unternehmen, ZHR 161 (1997), 13; *Kaiser,* Reform des Kaufmannsbegriffs – Verunsicherung des Rechtsverkehrs?, JZ 1999, 495; *Kindler,* Rechtsprechungsübersicht zum Handelsrecht, JZ 2006, 176; *Kögel,* Entwurf eines Handelsrechtsreformgesetzes, BB 1997, 793; *ders.,* Der nach Art und Umfang in kaufmännischer Weise eingerichtete Geschäftsbetrieb – eine unbekannte Größe, DB 1998, 1802; *Körber,* Änderungen im Handels- und Gesellschaftsrecht durch das Handelsrechtsreformgesetz, Jura 1998, 452; *Krebs,* Reform des Handelsstandes und Revolution – Zum Referentenentwurf eines Handelsrechtsreformgesetzes, DB 1996, 2013; *Lieb,* Probleme des neuen Kaufmannsbegriffs, NJW 1999, 35; *Marotzke,* Weitestmögliche Sicherung des Fortbestands von Unternehmen?, ZEV 1997, 389; *Pfeiffer,* Vom kaufmännischen Verkehr zum Unternehmensverkehr – die Änderungen des AGB-Gesetzes durch das Handelsrechtsreformgesetz, NJW 1999, 169; *Priester,* Handelsrechtsreformgesetz – Schwerpunkte aus notarieller Sicht, DNotZ 1998, 691; *Ring,* Das neue Handelsrecht, 1999; *Saenger,* Die Reform des deutschen Handels- und Transportrechts, FS Leser, 1998, S. 199 ff.; *Schaefer,* Das Handelsrechtsreformgesetz nach

Vor § 1

dem Abschluss des parlamentarischen Verfahrens, DB 1998, 1269; *K. Schmidt,* Bemerkungen und Vorschläge zur Überarbeitung des Handelsgesetzbuchs, DB 1994, 515; *ders.,* HGB-Reform im Regierungsentwurf, ZIP 1997, 909; *ders.,* HGB-Reform und gesellschaftsrechtliche Gestaltungspraxis, DB 1998, 61; *ders.,* Das Handelsrechtsreformgesetz, NJW 1998, 2161; *ders.,* „Deklaratorische" und „konstitutive" Registereintragungen nach §§ 1 ff. HGB – Neues Handelsrecht: einfach oder kompliziert?, ZHR 163 (1999), 87; *ders.,* Fünf Jahres „neues Handelsrecht", JZ 2003, 585 ff.; *Schmidt-Jortzig,* Die Gesetzgebung zum Wirtschaftsrecht in der 13. Legislaturperiode – Eine Bilanz –, WM 1998, 1387; *Schulz,* Die Neuregelung des Kaufmannsbegriffs, JA 1998, 890; *Schmitt,* Der Entwurf eines Handelsrechtsreformgesetzes, WiB 1997, 1113; *ders.,* Die Rechtsstellung der Kleingewerbetreibenden nach dem Handelsrechtsreformgesetz, 2003; *Schön,* Die vermögensverwaltende Personenhandelsgesellschaft – ein Kind der HGB-Reform, DB 1998, 1169; *Schulz,* Die Neuregelung des Kaufmannsbegriffs, JA 1998, 890; *Siems,* Kaufmannsbegriff und Rechtsfortbildung, München 2003; *Weber/Jacob,* Zum Referentenentwurf des Handelsrechtsreformgesetzes, ZRP 1997, 152; *Winkler,* Kaufmann quo vadis?, Wien 1999.

Gesetzgebungsmaterialien zur Neuregelung des Kaufmannsbegriffs durch das HRefG 1998: Referentenentwurf HRefG, ZIP 1996, 1401; Regierungsentwurf HRefG, BR-Drucks. 340/97 vom 23. 5. 1997, bes. S. 20–34, 47–49 = ZIP 1997, 942, 943–950; Regierungsentwurf mit BR-Stellungnahme und Gegenäußerung der BReg., BT-Drucks. 13/8444 vom 29. 8. 1997 = ZIP 1997, 2025; Beschlussempfehlung des Rechtsausschusses, BT-Drucks. 13/10332 vom 1. 4. 1998 = ZIP 1998, 712.

Übersicht*

	RdNr.		RdNr.
I. Anknüpfungsmerkmale des Kaufmannsbegriffs	1–25	dd) Gewerberechtliche Firmenpublizität	54, 55
1. Rechtsform und Gewerbe als hauptsächliche Anknüpfungspunkte des Kaufmannsbegriffs	1–11	ee) Pflicht zur Aufstellung einer DM-Eröffnungsbilanz	56
		ff) Firmenfortführung nach Unternehmensrückgabe	57
a) § 1 Abs. 1: Die (scheinbare) Zentralnorm des HGB	1–5	c) Verfahrensrecht	58–70
		aa) Gerichtsverfassung	58–60
b) Kaufmannseigenschaft kraft Rechtsform des Unternehmensträgers	6	bb) Gerichtszuständigkeit kraft Parteivereinbarung im Zivilprozess	61–67
c) Kaufmannseigenschaft kraft Gewerbes	7–9	cc) Formerleichterungen für Schiedsvereinbarungen	68–70
d) Prüfungsreihenfolge	10, 11	d) Strafrecht	71–73
2. Neuordnung des Kaufmannsbegriffs durch das Handelsrechtsreformgesetz 1998	12–25	**III. Internationalprivatrechtliche Anknüpfung der Kaufmannseigenschaft**	74–131
a) Bedeutung und Tragweite der Handelsrechtsreform	12, 13	1. Problemstellung	74–77
b) Vielgestaltiger Begriff des Handelsgewerbes nach früherem Recht	14–17	2. Einheitliche Anknüpfung	78, 79
c) Schwachpunkte der früheren Systematik	18–20	3. Mittelbare Bedeutung der Kaufmannseigenschaft	80
d) Einheitlicher Begriff des Handelsgewerbes nach dem HRefG	21–25	4. Kaufmannseigenschaft als Teilfrage	81, 82
II. Die rechtliche Bedeutung der Kaufmannseigenschaft	26–73	5. Ort der gewerblichen Niederlassung	83–89
1. Grundlagen	26–28	6. Gründungsstatut – Organisationsstatut	90, 91
2. Kaufmannsrecht des HGB	29–37	7. Staatsangehörigkeit	92–94
a) Kaufmännische Grundpflichten	29–35	8. Domizil	95
aa) Registerpflicht	30	9. Normzweck der Einzelnen handelsrechtlichen Vorschriften	96, 97
bb) Firmenführung	31	10. Wirkungsstatut	98–105
cc) Angaben auf Geschäftsbriefen	32, 33	a) Bisherige Begründungsansätze	98–101
dd) Rechnungslegung	34, 35	b) Börsengesetznovelle 1989	102–105
b) Sonderprivatrecht des HGB	36, 37	11. Stellungnahme	106–114
3. Sonstiges Kaufmannsrecht	38–73	a) Deutsches Recht als Wirkungsstatut	110–113
a) Bürgerliches Recht	39–47	b) Ausländisches Recht als Wirkungsstatut	114
aa) Sittenwidrige Rechtsgeschäfte (§ 138 Abs. 1 BGB)	39	12. Kaufmannseigenschaft ausländischer Gebilde (Substitution)	115–130
bb) Anspruchsverjährung	40, 41	a) Einzelkaufmann	116–120
cc) Abzahlungsgeschäfte und Verbraucherkredit	42, 43	b) Handelsgesellschaften	121–128
dd) Allgemeine Geschäftsbedingungen	44–47	aa) Kapitalgesellschaften	122–126
b) Wirtschaftsrecht	48–57	bb) Personengesellschaften	127, 128
aa) Finanztermingeschäfte	48, 49	c) Genossenschaften	129
bb) Formerleichterungen in der Wertpapierverwahrung	50, 51	d) Versicherungsverein auf Gegenseitigkeit	130
cc) Progressive Kundenwerbung („Schneeballsystem")	52, 53	13. Anknüpfung einzelner handelsrechtlicher Vorschriften	131

---

* Die nachfolgenden Erläuterungen Vor § 1 beziehen sich allein auf den Kaufmannsbegriff. Auf eine allgemeine Einführung in das Handelsrecht wird in diesem Kommentar bewusst verzichtet (auch zu *Krebs* ZHR 2002, 353).

Vorbemerkungen

I. Anknüpfungsmerkmale des Kaufmannsbegriffs

1. Rechtsform und Gewerbe als hauptsächliche Anknüpfungspunkte des Kaufmannsbegriffs. a) § 1 Abs. 1: Die (scheinbare) Zentralnorm des HGB. Das Handelsrecht ist traditionell als Sonderrecht der Kaufleute angelegt. Der Kaufmannsbegriff ist zentraler Anknüpfungspunkt für die Anwendung des HGB und zahlreicher Sonderregelungen außerhalb dieses Gesetzes.[1] Deshalb stellt das HGB die Festlegung seines Adressatenkreises an die Spitze. Der Erste Abschnitt des Ersten Buches regelt, wer Kaufmann ist. Die dort enthaltenen Begriffsbestimmungen grenzen nach dem **subjektiven System** des deutschen Handelsrechts die hauptsächlichen Normadressaten des HGB ein. Anknüpfungspunkt ist hierbei die Person des Beteiligten, nicht die Natur des durchzuführenden Geschäfts. Einem solchen „objektiven" System folgt im Grundsatz etwa der französische Code de commerce.[2]

Ausgehend von der äußeren Anordnung des Stoffes scheint § 1 Abs. 1 die Zentralnorm für die Bestimmung der Kaufmannseigenschaft zu sein. Kaufmann ist danach, wer ein „Handelsgewerbe" betreibt. Unter einem **Handelsgewerbe** ist kraft der gesetzlichen Begriffsbestimmung des § 1 Abs. 2 **jeder Gewerbebetrieb größeren Umfangs** zu verstehen („... es sei denn, dass das Unternehmen nach Art oder Umfang einen in kaufmännischer Weise eingerichteten Geschäftsbetrieb nicht erfordert.").[3] Dieses **augenscheinliche Grundmerkmal** der Kaufmannseigenschaft ist jedoch in **der Mehrzahl der praktischen Fälle** auf dem Gebiet des Handelsrechts für die Feststellung der Kaufmannseigenschaft **entbehrlich** oder jedenfalls **nur als eines von mehreren Merkmalen** zu prüfen.

Entbehrlich ist der Betrieb eines Handelsgewerbes bei den im Wirtschaftsverkehr ganz im Vordergrund stehenden **Formkaufleuten** (Kapitalgesellschaften, eingetragene Genossenschaften; § 6 Abs. 2). Ihre Kaufmannseigenschaft besteht unabhängig vom Unternehmenszweck. Ausdrücklich ist dies für Aktiengesellschaften und Gesellschaften mbH bestimmt (§§ 3 Abs. 1 AktG; 1, 13 Abs. 3 GmbHG). Bei den **Kleingewerbetreibenden** (§ 2), für **Land- und Forstwirte** (§ 3) und beim **Fiktivkaufmann** (§ 5) ist das Handelsgewerbe gar **negatives Tatbestandsmerkmal:** Diese Vorschriften vermitteln die Kaufmannseigenschaft kraft Eintragung nur in Fällen, in denen kein Handelsgewerbe vorliegt. Denn anderenfalls würde die Kaufmannseigenschaft bereits unmittelbar aus § 1 Abs. 1 folgen.

Nur **eine von mehreren Voraussetzungen** ist der Betrieb eines **Handelsgewerbes** bei den **Personenhandelsgesellschaften** (OHG, KG). Eine Gesellschaft dieser Rechtsform kommt zwar u. a. dann in Betracht, wenn der Zweck der Gesellschaft auf den Betrieb eines Handelsgewerbes gerichtet ist (§ 105 Abs. 1, auch iVm. § 161 Abs. 1). Daneben muss aber noch ein entsprechender Gesellschaftsvertrag (§§ 705 ff. BGB iVm. §§ 105 Abs. 3, 161 Abs. 2 HGB) vorliegen. Als „Handelsgesellschaften" – vgl. die Überschrift des Zweiten Buches (§§ 105 bis 237) – besitzen OHG und KG gem. § 6 Abs. 1 die Kaufmannseigenschaft. Die Vorschrift hat für diese beiden Gesellschaftsformen insoweit keine eigenständige Bedeutung, da die Prüfung, ob ein Handelsgewerbe vorliegt, der Annahme einer OHG oder KG tatbestandlich vorausgeht.[4] Freilich kann eine OHG oder KG **aber auch außerhalb des handelsgewerblichen Bereichs** gegeben sein. Das Gesetz regelt zwei Fälle: die kleingewerbliche und die vermögensverwaltende Personenhandelsgesellschaft (§ 105 Abs. 2, auch iVm. § 161 Abs. 2).

In Anbetracht dieser **Vielfalt der Kaufmannstatbestände** und auch wegen der geringen wirtschaftlichen Bedeutung der Fälle des § 1 kann in Wirklichkeit keine Rede mehr davon sein, dass diese Vorschrift den Hauptfall der Kaufmannseigenschaft beschreibt und damit die Zentralnorm des gesamten Gesetzbuches sei. Die systematische **Spitzenstellung des Kaufmanns kraft Handelsgewerbes** ist nur historisch zu erklären.[5] Heute ist die in § 1 Abs. 1 getroffene Aussage geradezu **irreführend**.[6] In systematischer Hinsicht ist vielmehr zunächst grundsätzlich zwischen einem formellen und einem materiellen (tätigkeitsbezogenen) Kaufmannsbegriff zu trennen.[7] Dazu sogleich RdNr. 6, 7 ff. Doppelt falsch ist demgegenüber die von *Krebs* angenommene „Dreiteilung Ist-Kaufmann, Kann-Kaufmann und Kleingewerbetreibende als Grundkategorien des Handelsrechts".[8] Dabei

---

[1] Vgl. auch BT-Drucks. 13/8444 S. 20.
[2] *Bülow* RdNr. 3; näher *Kort* AcP 193 (1993), 452 ff.; *Sonnenberger*, Franz. Handels- und Wirtschaftsrecht, 2. Aufl. 1991, RdNr. II 1 ff.
[3] Vgl. *Bülow/Artz* JuS 1998, 680.
[4] *Canaris* § 3 RdNr. 45.
[5] Die Aufzählung der Handelsgeschäfte in Art. 271, 272 ADHGB hatte die Grundlage des bisherigen § 1 HGB gebildet; *Neuner* ZHR 157 (1993), 243, 257 f.; *Priester* DNotZ 1998, 691, 692; s. auch Staub/*Brüggemann* RdNr. 2.
[6] *Röhricht/Graf von Westphalen/Röhricht* Vor §§ 1–7 RdNr. 1; krit. auch MünchKommHGB/*K. Schmidt* § 1 RdNr. 10 („ungenau").
[7] *Canaris* § 3 RdNr. 42; *Koller/Roth/Morck* RdNr. 9; *Ammon* DStR 1998, 1474, 1475.
[8] *Krebs* ZHR 166 (2002), 352, 353.

wird zum einen der Formkaufmann nicht berücksichtigt (sogleich RdNr. 6). Ferner steht der Kleingewerbetreibende nicht neben dem Kann-Kaufmann, sondern ist ein Unterfall desselben, wie aus § 2 Satz 2 HGB mit aller Deutlichkeit hervorgeht (näher § 2 RdNr. 8 ff.).

6   b) **Kaufmannseigenschaft kraft Rechtsform des Unternehmensträgers.** Bei bestimmten juristischen Personen – Kapitalgesellschaften, eingetragenen Genossenschaften – verwendet das Gesetz ausschließlich einen formalen Anknüpfungspunkt: nämlich die Rechtsform des Trägers des Unternehmens (näher § 6 RdNr. 11 ff.). Auf die Art des betriebenen Unternehmens selbst kommt es für die Kaufmannseigenschaft nicht an.

7   c) **Kaufmannseigenschaft kraft Gewerbes.** In allen anderen Fällen, dh. bei natürlichen Personen, Personengesellschaften und den übrigen juristischen Personen ist ein materieller Anknüpfungspunkt, eine Eigenart des betriebenen Unternehmens, entscheidend. Dieser liegt darin begründet, dass ein **Gewerbe** betrieben wird (zum Begriff s. § 1 RdNr. 20 ff.). Damit ist der Gewerbebetrieb – die Begriffe Gewerbe und Gewerbebetrieb sind gleichbedeutend –[9] spätestens seit dem HRefG der eigentliche (verdeckte) **Grundtatbestand des materiellen Kaufmannsbegriffs.**[10] Der materielle Kaufmannsbegriff des § 1 Abs. 1 umfasst daher nicht alle Unternehmer, sondern nur solche, die ein Gewerbe betreiben. Ausgenommen sind hiervon namentlich die freien Berufe, Wissenschaft, Kunst und Sport (näher u. § 1 RdNr. 37 f.).

8   Erfordert das Gewerbe einen **Geschäftsbetrieb größeren Umfangs** (§ 1 Abs. 2), so liegt ein **Handelsgewerbe** vor; dessen Träger ist ohne weiteres kraft Gesetzes Kaufmann (§ 1 Abs. 1 – „Istkaufmann"). Bei einer Betriebsgröße unterhalb der Schwelle des § 1 Abs. 2 begründet das Gesetz für derartige **Kleingewerbetreibende** die Option, die Kaufmannseigenschaft durch konstitutive Handelsregistereintragungen zu erwerben (§ 2 S. 1 – „Kleingewerbe; Kannkaufmann"). Gleiches gilt für **Gewerbetreibende in der Land- und Forstwirtschaft** (§ 3 – „Land- und Forstwirtschaft; „Kannkaufmann"),[11] und schließlich erfasst § 5 diejenigen Unternehmensträger, deren Gewerbebetrieb[12] zu Unrecht im Handelsregister eingetragen ist. Wer ausweislich des Handelsregisters ein Gewerbe betreibt, ist gemäß § 5 **„Kaufmann kraft Eintragung".**

9   Unterstrichen wird die **grundlegende Bedeutung des Gewerbebegriffs** für das HGB noch dadurch, dass das Gesetz in zahlreichen Fällen **Kleingewerbetreibende auch bei Nichtausübung der Option** des § 2 S. 1 dem **Handelsrecht** unterwirft (§§ 84 Abs. 4, 93 Abs. 3, 383 Abs. 2, 407 Abs. 3 S. 2, 453 Abs. 2 S. 2, 467 Abs. 3 S. 2), mithin ohne den „Umweg" über den Kaufmannsbegriff.

10   d) **Prüfungsreihenfolge.** Die dargestellte **Gesamtsystematik** der Regelung des Kaufmannsbegriffs legt für die **Praxis** folgende **Prüfungsreihenfolge** nahe, wenn es für die Anwendbarkeit einer Vorschrift auf die Kaufmannseigenschaft eines Beteiligten ankommt:[13]

11   (1) Kaufmannseigenschaft kraft **Rechtsform** (Kapitalgesellschaften, eG) – hierzu § 6 RdNr. 11 ff.
(2) Kaufmannseigenschaft kraft **Registerwirkung** – hierzu § 2 RdNr. 1 ff., § 3 RdNr. 1 ff., § 5 RdNr. 1 ff.
(3) Kaufmannseigenschaft kraft (materiellen) **Handelsgewerbes** – hierzu § 1 RdNr. 9 ff.; § 105 RdNr. 12 f.
(4) Kaufmannseigenschaft kraft **Rechtsscheins** (Lehre vom Scheinkaufmann und Fälle des § 15 HGB) – hierzu § 5 RdNr. 49 ff.; Erl. zu § 15.

12   **2. Neuordnung des Kaufmannsbegriffs durch das Handelsrechtsreformgesetz 1998.**[14]
a) Bedeutung und Tragweite der Handelsrechtsreform. Die Entstehungsgeschichte einzelner Vorschriften oder Rechtsinstitute ist in diesem Praxiskommentar nur insoweit einzubeziehen, als sie für das Verständnis des geltenden Rechts von Bedeutung ist. Dies ist im Hinblick auf die Neuregelung des Kaufmannsbegriffs durch das HRefG mit Wirkung zum 1. 7. 1998 in starkem Maße der Fall. Sachgerecht auszulegen sind die neuen Vorschriften nur vor dem Hintergrund der mit dem früheren Rechtszustand verbundenen Unzuträglichkeiten und unter Beachtung der Grundanliegen des HRefG.

---

[9] *Bülow* RdNr. 35.
[10] *Koller/Roth/*Morck RdNr. 11; *Röhricht/Graf von Westphalen/*Röhricht Einl. RdNr. 90; *Henssler* ZHR 161 (1997), 13, 20 („heimlicher Zentralbegriff"); *Bülow/Artz* JuS 1998, 680 („Erste Bewertungsebene").
[11] Grundlegend BGH Urt. v. 7. 7. 1960 – VIII ZR 215/59, BGHZ 33, 321 = NJW 1961, 1204 = LM § 196 BGB Nr. 4; *v. Olshausen* ZHR 141(1977), 93, 97 ff.; *ders.* JZ 1998, 717 f.; zum gewerblichen Charakter von Land- und Forstwirtschaft s. *K. Schmidt* NJW 1998, 2161, 2163 (hM); anders noch etwa *Hofmann* NJW 1976, 1297.
[12] Zum Erfordernis des Gewerbebetriebs auch bei § 5 s. BGH Urt. v. 19. 5. 1960 – II ZR 72/59, BGHZ 32, 307, 313 f. = NJW 1960, 1664; *Canaris* § 3 RdNr. 56; *K. Schmidt* NJW 1998, 2161, 2164 (mit rechtspolitischer Kritik).
[13] Vgl. *K. Schmidt* HandelsR § 10.
[14] S. hierzu die obigen Schrifttumsangaben zu diesem Abschnitt; zur Anwendbarkeit des früheren Rechts auf vor dem 1. 7. 1998 begründete Schuldverhältnisse siehe BGH Urt. v. 2. 6. 1999 – VIII ZR 220/98, NJW 1999, 2967, 2968.

Vorbemerkungen   13–19 **Vor § 1**

Sachliche Neuerungen brachte die Reform ausschließlich für den in §§ 1 bis 3, 5 verwendeten **13**
materiellen Kaufmannsbegriff, der auf das Vorliegen eines Handelsgewerbes abstellt (soeben
RdNr. 7 ff.); der Kreis der Kaufleute kraft Rechtsform (vgl. § 6 mit Erl. und soeben RdNr. 6) blieb
unverändert.

b) Vielgestaltiger Begriff des Handelsgewerbes nach früherem Recht. Der bis zum 30. 6. **14**
1998 maßgebliche Kaufmannsbegriff der §§ 1 bis 4 aF war durch ein verwickeltes Geflecht qualitativer und quantitativer Merkmale bestimmt. Nach der Grundnorm des materiellen Kaufmannsbegriffs
war Kaufmann, wer ein „Handelsgewerbe" betrieb (§ 1 Abs. 1 HGB).[15] Gem. § 1 Abs. 2 aF lag ein
Handelsgewerbe unabhängig von einer Eintragung im Handelsregister vor, wenn eines der enumerativ aufgezählten „Grundhandelsgewerbe" betrieben wurde. Das Gewerbe musste mithin bestimmte
geschäftliche Tätigkeiten zum Gegenstand haben. Wer ein solches Grundhandelsgewerbe betrieb,
war **„Musskaufmann".**[16] Den Musskaufmann gab es in zwei Abstufungen. Sofern der Betrieb des
Grundhandelsgewerbes nicht nach Art und Umfang einen in kaufmännischer Weise eingerichteten
Geschäftsbetrieb erforderte, galten zahlreiche Regelungen des Handelsrechts nicht; der Betreffende
war **„Minderkaufmann"** (§ 4 aF). Oberhalb dieser Schwelle war man **„Vollkaufmann"** mit allen
handelsrechtlichen Rechten und Pflichten.

Die zwangsläufig lückenhafte Aufzählung der Grundhandelsgewerbe in § 1 Abs. 2 aF wurde durch **15**
die **Generalklausel in § 2 aF ergänzt,** welche allein auf den **kaufmännischen Stil der Tätigkeit**
abstellte.[17] Danach galten alle sonstigen – nicht im Katalog der Grundhandelsgewerbe des § 1 Abs. 2
aF enthaltenen – handwerklichen und gewerblichen Unternehmen als Handelsgewerbe, wenn der
Betrieb eines solchen Gewerbes nach Art und Umfang einen in kaufmännischer Weise eingerichteten
Geschäftsbetrieb erforderte und die Firma des Unternehmens in das Handelsregister eingetragen war.
Die **Eintragung,** zu der der Unternehmer nach § 2 S. 2 aF **verpflichtet** war, hatte anders als bei
den Grundhandelsgewerben nach § 1 Abs. 2 aF **konstitutive Wirkung für den Erwerb der Kaufmannseigenschaft.** Der Eingetragene war **„Sollkaufmann".**

Land- und forstwirtschaftliche Unternehmen waren kraft ausdrücklicher gesetzlicher Anord- **16**
nung (§ 3 aF) **keine Handelsgewerbe.** Sofern sie jedoch nach Art und Umfang einen in kaufmännischer Weise eingerichteten Geschäftsbetrieb erforderten, war der Unternehmer berechtigt, die
Eintragung in das Handelsregister herbeizuführen und **dadurch** die **Eigenschaft als Handelsgewerbe** zu begründen. Er war **„Kannkaufmann".**

Sollkaufleute (§ 2 aF) und Kannkaufleute (§ 3 aF) waren stets Vollkaufleute (zum Begriff soeben **17**
RdNr. 14 aE). Die – deshalb auch systematisch verfehlte – Regelung über Minderkaufleute in § 4 aF
kam auf diesen Personenkreis nie zur Anwendung, da §§ 2, 3 aF einen in kaufmännischer Weise
eingerichteten Geschäftsbetrieb zwingend voraussetzten.[18]

c) Schwachpunkte der früheren Systematik. Die Kritik an der beschriebenen Regelung **18**
setzte vor allem beim Musskaufmann. dem **Katalog** des § 1 Abs. 2 aF an. Die Abgrenzungskriterien seien zu kompliziert. Sie führten zu einer schwer überschaubaren Kasuistik und im Einzelfall **zufälligen Ergebnissen.**[19] Zudem enthalte die lückenhafte Aufzählung der Grundhandelsgewerbe nicht zu rechtfertigende Differenzierungen, und sie sei nicht mehr zeitgemäß, vor allem da
Dienstleistungsgewerbe nicht erfasst waren.[20] In der Wirklichkeit würden aber die Dienstleistungsunternehmen deutlich überwiegen. Es gebe mehr Eintragungen nach § 2 als nach § 1. Daher
habe sich das System der §§ 1, 2 praktisch ins Gegenteil verkehrt.[21] Wegen des klaren und eindeutigen Wortlauts der Aufzählung war eine Rechtsfortbildung durch Analogie aber nur in Einzelfällen möglich.[22]

Beim **Sollkaufmann** wurde die konstitutive Wirkung der Eintragung kritisiert.[23] Dadurch könne **19**
sich der Unternehmer der **Geltung des Handelsrechts** entziehen. Der Versuch, unangemessene

---

[15] Die Vorschrift blieb im Zuge der HGB-Reform 1998 im Wortlaut unverändert.
[16] Krit. zum früheren „Mischsystem", bestehend aus subjektiven und objektiven Merkmalen *P. Bydlinski* ZIP 1998, 1169, 1170.
[17] Koller/*Roth*/Morck § 1 RdNr. 2.
[18] MünchKommHGB/*Bokelmann*, 1. Aufl. 1996, § 4 aF RdNr. 2.
[19] Beanstandet wurden nicht nachvollziehbare Differenzierungen zwischen einzelnen Gewerbezweigen im Katalog des § 1 Abs. 2 aF; Beispiele: BT-Drucks. 13/8444 S. 22.
[20] *Henssler* ZHR 161 (1997), 13, 22; *Kort* AcP 193 (1993), 453, 455; *Neuner* ZHR 157 (1993), 243, 257, 285; *Weber/Jacob* ZRP 1997, 152; *Kögel* BB 1997, 793, 801; *K. Schmidt* ZIP 1997, 909, 912; *Canaris*, 22. Aufl. § 3 I 2 e; Zusammenfassung der Kritik auch in BT-Drucks. 13/8444 S. 22 f.
[21] BT-Drucks. 13/8444 S. 22.
[22] BGH Urt. v. 13. 7. 1972 – II ZR 111/70, BGHZ 59, 179, 182 f. = NJW 1972, 1660, 1661; *Neuner* ZHR 157 (1993), 243, 257, 261 f., 266, 274; *Kögel* BB 1997, 793, 801; *Canaris*, 22. Aufl. § 3 I 2 e.
[23] *Canaris*, 22. Aufl. § 3 I 2 e.

Ergebnisse zu vermeiden, habe zu „Wucherungen" des Scheinkaufmannsbegriffs geführt.[24] Wegen der Lückenhaftigkeit des Katalogs in § 1 Abs. aF und der Notwendigkeit einer Eintragung gemäß § 2 aF sind sogar Bedenken gegen die **Verfassungsmäßigkeit** dieser Vorschriften erhoben worden.[25]

20 Schließlich war auch die Sonderstellung der **Minderkaufleute** Gegenstand der Kritik, allerdings aus entgegengesetzten Gründen. Zum Teil wurde eine unangemessene Benachteiligung der Minderkaufleute angenommen, weil zahlreiche Vorschriften des HGB nicht für sie galten und ihnen durch § 4 Abs. 2 aF insbesondere die Möglichkeit der Haftungsbeschränkung durch Registerpublizität (§§ 161 Abs. 1, 171 Abs. 1) verwehrt war.[26] Von anderer Seite wurde die Sonderstellung der Minderkaufleute als nicht durchdacht angesehen und gefordert, die Kleingewerbetreibenden ganz aus dem Anwendungsbereich des HGB herauszunehmen.[27]

21 d) **Einheitlicher Begriff des Handelsgewerbes nach dem HRefG.** Der Gesetzgeber hat die Kritik aufgegriffen und ihr zT durch Neufassung der §§ 1 ff. Rechnung getragen. Muss-, Voll- und Minderkaufleute gehören der Vergangenheit an. An ihre Stelle sind Ist- und Kannkaufleute getreten. Dabei hat man – vorwiegend aus sprachästhetischen Gründen – auf die Einführung einer geschlechtsneutralen Bezeichnung („Kaufperson") ebenso verzichtet wie auf die durchgängige Verwendung der Bezeichnung „Kaufmann und Kauffrau".[28]

22 In § 1 Abs. 2 wurden der bisherige Musskaufmann (§ 1 Abs. 2 aF) und der bisherige Sollkaufmann (§ 2 aF) zusammengefasst. Nach dem neuen § 1 Abs. 2 ist Handelsgewerbe **jeder Gewerbebetrieb größeren Umfangs.** Allein die **Gewerblichkeit** und die **Betriebsgröße** machen den **Kaufmann** nach § 1 aus.[29] Der Betrieb muss einen „in kaufmännischer Weise eingerichteten Geschäftsbetrieb" erfordern. Dies ist nach der Formulierung des § 1 Abs. 2 („... es sei denn ...") zu vermuten. Damit hat der Gesetzgeber die bislang zur Abgrenzung der „Minderkaufleute" alten Rechts (§ 4 Abs. 1 aF) verwendeten Beurteilungsmerkmale übernommen.[30]

23 **Kleingewerbetreibende** sind dem Handelsrecht grundsätzlich nicht unterstellt. Ein Gewerbebetrieb, der nach Art und Umfang keinen in kaufmännischer Weise eingerichteten Geschäftsbetrieb erfordert, ist nach § 1 Abs. 2 **kein Handelsgewerbe.** Der Inhaber kann jedoch gem. § 2 durch freiwillige Eintragung in das Handelsregister ein Handelsgewerbe begründen und so die Kaufmannseigenschaft erwerben. Er unterliegt dann in vollem Umfang dem Handelsrecht. Anders als bei § 1 Abs. 2 hat folglich für Kleingewerbetreibende die Eintragung konstitutive Bedeutung für den Erwerb der Kaufmannseigenschaft. Es handelt sich hierbei um eine neue Variante des „Kannkaufmanns".[31] Der bisherige Kannkaufmann war auf den Bereich der Land- und Forstwirtschaft beschränkt (o. RdNr. 16).

24 Der neue einheitliche Begriff des Handelsgewerbes erfasst alle Gewerbetreibenden **ohne Rücksicht auf die Branche** und **unabhängig von einer Eintragung** ins Handelsregister. Sie sind gem. § 1 Abs. 1 **Istkaufleute.** Der Gesetzgeber hat die frühere Aufzählung nicht überarbeitet, sondern ganz gestrichen, um dauerhaft eine sachgerechte Abgrenzung des dem Handelsrecht unterworfenen Personenkreises zu ermöglichen. Denn auch ein heutigen Stand der wirtschaftlichen Entwicklung angepasster Katalog hätte nicht die notwendige Flexibilität besessen. Es hätte die Gefahr bestanden, dass durch die künftige Entwicklung des Wirtschaftslebens erneut Lücken im Kaufmannstatbestand auftreten.[32] Durch die nunmehr geschaffene **Generalklausel** ist die Unterscheidung zwischen Grundhandelsgewerbe, Handwerk und sonstigen Gewerben weggefallen und der moderne **Dienstleistungssektor einbezogen** worden.[33] Der Sollkaufmann (§ 2 aF) und das mit dieser Figur verbundene Kuriosum einer Buchführungspflicht für Nichtkaufleute (§ 262 aF) konnten damit entfallen.[34]

---

[24] *K. Schmidt* ZIP 1997, 909, 912 f.
[25] *Neuner* ZHR 157 (1993), 243, 286 ff.; zustimmend *Canaris*, 22. Aufl. § 3 I 2 e; kritisch *Henssler* ZHR 161 (1997), 13, 29 ff.
[26] *K. Schmidt* ZIP 1997, 909, 910.
[27] *Henssler* ZHR 161 (1997), 13, 23.
[28] Dies im Anschluss an die Empfehlungen der interministeriellen Arbeitsgruppe „Rechtssprache" (BT-Drucks. 12/1041 S. 21 ff.), BT-Drucks. 13/8444 S. 33; krit. *Heinemann*, FS Fikentscher, 1998, S. 349, 369; vgl. zur „Kauffrau" aber § 19 Abs. 1 Nr. 1 HGB.
[29] *Bülow* RdNr. 24.
[30] *Priester* DNotZ 1998, 691, 693; *Bülow/Artz* JuS 1998, 680 f.; krit. *Kögel* DB 1998, 1802 ff.
[31] BT-Drucks. 13/8444 S. 32; *K. Schmidt* NJW 1998, 2161, 2162 f.; *Kaiser* JZ 1999, 495, 496.
[32] BT-Drucks. 13/8444 S. 23.
[33] *Priester* DNotZ 1998, 691, 693.
[34] Vgl. die Neufassung von § 2 durch Art. 3 Nr. 2 HRefG, die ersatzlose Aufhebung von § 262 durch Art. 3 Nr. 40 HRefG.

Vorbemerkungen

Keine Änderung brachte die Neuregelung des Kaufmanns kraft Handelsgewerbes für die **freien** 25
Berufe. Da die Generalklausel in § 1 Abs. 2 für die Kaufmannseigenschaft weiterhin den Betrieb
eines Gewerbes voraussetzt, gilt das Handelsrecht auch in Zukunft grundsätzlich nicht für die freien
Berufe.[35] **Ausgenommen** vom Begriff des Handelsgewerbes sind schließlich **auch** die Betriebe der
Land- und Forstwirtschaft sowie deren Nebenbetriebe. Für diese gilt weiterhin der inhaltlich
unveränderte § 3.[36] Der Inhaber ist aber – ebenso wie der Kleingewerbetreibende (soeben RdNr. 23)
– „Kannkaufmann". Als solcher ist er berechtigt, freilich nicht verpflichtet, die Kaufmannseigenschaft
durch Eintragung ins Handelsregister zu erwerben. Hierfür ist allerdings – wie für den Kaufmann
kraft Handelsgewerbes (§ 1 Abs. 2) – vorausgesetzt, dass der land- bzw. forstwirtschaftliche Betrieb
nach Art und Umfang einen in kaufmännischer Weise eingerichteten Geschäftsbetrieb erfordert (§ 3
Abs. 2).

II. Die rechtliche Bedeutung der Kaufmannseigenschaft

1. Grundlagen. Der praktisch tätige Jurist geht von den Rechtsfolgen aus. Ob ein Beteiligter 26
Kaufmann ist, interessiert nicht abstrakt, sondern nur im Normzusammenhang. Vor der Erörterung
des Kaufmannsbegriffs nach dem HGB ist deshalb darauf einzugehen, in welchen Zusammenhängen
es auf die Kaufmannseigenschaft ankommt. Als Tatbestandsmerkmal findet sie sich zunächst vielfach
im **HGB** selbst (RdNr. 28 ff.). Dieser Umstand rechtfertigt – mit gewissen Abstrichen – die schlagwortartige Kennzeichnung des Handelsrechts als Sonderrecht der Kaufleute. Ferner beziehen sich
aber auch eine Reihe **sondergesetzlicher Bestimmungen** in ihrem persönlichen Anwendungsbereich auf Kaufleute iSd. HGB (RdNr. 37 ff.). Wo immer Vorschriften des deutschen Rechts auf
die Kaufmannseigenschaft der Beteiligten abstellen, beurteilt sich diese – auch im Hinblick auf
auslandsansässige Beteiligte – ausschließlich nach §§ 1 ff. HGB.[37]

Trotz der grundsätzlichen Beibehaltung des Kaufmannsbegriffs im HRefG 1998[38] dürfte der 27
Kaufmannsbegriff sich **rechtspolitisch** allerdings auf dem **Rückzug** befinden. Dies zeigt bereits
die Entwicklung des Verbraucherschutzes. Einzelne Verbaucherschutzgesetze, die nunmehr in das
BGB aufgenommen wurden, nahmen den „Kaufmann" von ihrem Anwendungsbereich (teilweise)
aus (so etwa noch § 8 AbzG, § 24 S. 1 Ziff. 1 AGBG idF von 1976[39]), und stellten hierfür auf die
„selbstständige Erwerbstätigkeit" (§ 6 Ziff. 1 HWiG), „die gewerbliche oder selbstständige berufliche
Tätigkeit" (§ 1 Abs. 1, 3 Abs. 1 Ziff. 2 VerbrKrG) oder „die gewerbliche oder berufliche Tätigkeit"
(§ 1 Abs. 1 TzWrG) ab. Diesen Weg ist auch der Gesetzgeber des HRefG 1998 verschiedentlich
gegangen, wie etwa die Neufassung der §§ 24 S. 1 Ziff. 1 AGBG, 1 Abs. 2 DepotG und 15 a Abs. 2
GewO zeigt.[40] Die **Tendenz** geht mithin dahin, nicht mehr auf einen Status („Kaufmann"), sondern
eine **Tätigkeit** („Betreiben eines Gewerbes") abzuheben, wenn es darum geht, den Anwendungsbereich von **Sonderprivatrecht** einzugrenzen. Die Schuldrechtsmodernisierung bekräftigt diese
Entwicklung. So stellt der Anwendungsbereich der verschiedenen Verbraucherschutzgesetze jetzt
einheitlich auf den **„Unternehmer"** im Sinne von § 14 Abs. 1 BGB ab (§§ 310 Abs. 1 S. 1,
312 Abs. 1 S. 1, 481 Abs. 1 S. 1, 491 Abs. 1 BGB), iE also auf die **Ausübung der gewerblichen
oder selbstständigen beruflichen Tätigkeit.**

Soweit auf **die gewerbliche Tätigkeit** abzustellen ist, kann auf die zu § 1 Abs. 2 entwickelte 28
Definition des Gewerbebegriffs zurückgegriffen werden.[41] Der vom BGB in den Verbaucherschutz-
vorschriften verwendete Begriff des Unternehmers (§ 14 Abs. 1 BGB) ist iE aber von dem handelsrechtlichen Kaufmannsbegriff zu unterscheiden. Dies folgt insbesondere aus der Zielrichtung der
Vorschriften, die auf diesen Begriff abstellen. Maßgeblich bei der Bestimmung des Unternehmer-
begriffs ist die **Verbauchersicht,** so dass der nach § 1 Abs. 2 geforderte in kaufmännischer Weise
eingerichtete Gewerbebetrieb keine Rolle spielt.[42] Entscheidend ist im Rahmen dieses Tatbestandsmerkmals lediglich der Unternehmensbegriff. Da der handelsrechtliche Kaufmannbegriff sowohl
diesen als auch das Erfordernis eines in kaufmännischer Weise eingerichteten Handelsgewerbes

---

[35] BT-Drucks. 13/8444 S. 34; *Kaiser* JZ 1999, 495, 496; sympathisierend mit der Öffnung des Handelsrechts für die freien Berufe hingegen *Neuner* ZHR 157 (1993), 243, 263 f.; noch weitergehend *K. Schmidt* NJW 1998, 2161, 2165 f. (freiberufliche Personenhandelsgesellschaft).
[36] BT-Drucks. 13/8444 S. 33.
[37] Staub/*Brüggemann* RdNr. 47; zur Beurteilung der Kaufmannseigenschaft nach dem Wirkungsstatut eingehend MünchKommBGB/*Kindler* Int. GesR RdNr. 162 ff. und hier RdNr. 106 ff.
[38] Vgl. hierzu BT-Drucks. 13/8444 S. 22 f.
[39] BGBl. I S. 3317.
[40] Vgl. Art. 2 Ziff. 1, 12 Ziff. 1 und 15 Ziff. 1 HRefG 1998, BGBl. I S. 1474.
[41] Vgl. MünchKommBGB/*Micklitz* § 14 RdNr. 12.
[42] Vgl. MünchKommBGB/*Micklitz* § 14 RdNr. 26.

einschließt, ist der Kaufmann iSd. § 1 auch stets Unternehmer iSd. § 14 Abs. 1 BGB. Dass der Unternehmerbegriff des § 14 BGB über den handelsrechtlichen Gewerbebegriff hinausgeht, zeigt die Einbeziehung der **selbstständigen beruflichen Tätigkeit**. Aus der Entstehungsgeschichte der Norm folgt, dass hierdurch auch die **freien Berufe** umfasst werden.[43] Der handelsrechtliche Gewerbebegriff schließt diese aus (u. § 1 RdNr. 16).

29   **2. Kaufmannsrecht des HGB. a) Kaufmännische Grundpflichten.** Der Erwerb der Kaufmannseigenschaft löst zum einen die **statusbezogenen allgemeinen Kaufmannspflichten** nach dem HGB aus. Sie bestehen unabhängig davon, ob der Kaufmann in privatrechtliche Beziehungen zu anderen Rechtssubjekten tritt. Diese öffentlichrechtlichen „Einsprengsel" im HGB[44] sind gesetzessystematisch nicht zu beanstanden, weil sie der Durchsetzung genuin privatrechtlicher Regelungsziele (insbes. Rechtsklarheit, Gläubigerschutz) dienen.

30   **aa) Registerpflicht.** Vielfach verlangt das HGB vom Kaufmann die **Anmeldung bestimmter Tatsachen** zum Register (§§ 13 ff., 29, 31, 33 Abs. 1, 34 Abs. 1, 53 Abs. 1 und 3, 106, 107, 108 Abs. 1, 143, 144 Abs. 2, 148 Abs. 1, 157, 162, 175), die **Zeichnung der Unterschrift** (§§ 13 Abs. 2, 35, 53 Abs. 2, 108 Abs. 2, 148 Abs. 2) oder die **Einreichung von Schriftstücken** (§§ 13 a Abs. 2, 33 Abs. 2, 325 ff.). Die Anmeldung zur Eintragung sowie die Zeichnung von Unterschriften sind in öffentlich beglaubigter Form einzureichen (§ 12 Abs. 1; s. dortige Erl.). Die Erfüllung dieser Pflichten kann (und muss) durch Ausübung von **Registerzwang** (§ 14) durchgesetzt werden.

31   **bb) Firmenführung.** Die Firma des Kaufmanns ist der **Name** („Handelsname"), unter dem er seine Geschäfte betreibt und seine Unterschrift abgibt (Einzelheiten § 17 RdNr. 1 ff.). Das Firmenordnungsrecht des HGB und der einschlägigen Sondergesetze[45] regelt die an die inhaltliche Gestaltung der Firma zu stellenden Anforderungen.[46] Diese unterscheiden sich je nach der Rechtsform des kaufmännischen Unternehmensträgers teilweise beträchtlich (vgl. ie §§ 18, 19, 30 HGB; 4 AktG; 4 GmbHG; 3 GenG; 2 Abs. 2 Nr. 1 EWIV-AusführungsG; § 3 SE-Ausführungsgesetz iVm. 4 AktG; §§ 18, 200 UmwG).

32   **cc) Angaben auf Geschäftsbriefen.** Die Geschäftsbriefpublizität soll dem Geschäftsverkehr die Möglichkeit eröffnen, sich ohne langwierige Nachforschungen **Klarheit über die rechtlichen Verhältnisse des Kaufmanns** zu verschaffen. Deshalb verpflichtet § 37 a[47] den **Einzelkaufmann** zu einer Reihe von Angaben auf allen Geschäftsbriefen, die an einen bestimmten Empfänger gerichtet werden. Anzugeben sind die Firma, die Firmenbezeichnung (§ 19 Abs. 1 Nr. 1), der Ort der Handelsniederlassung, das Registergericht und die Nummer, unter der die Firma in das Handelsregister eingetragen ist. Ohne eindeutige Kenntnisse über Sitz- und Haftungsverhältnisse ist eine **geordnete Anspruchsverfolgung** gegenüber dem Unternehmensträger unmöglich. Die Geschäftsbriefpublizität ist durch **Registerzwang** durchzusetzen (§ 37 a Abs. 4).

33   Die **gesellschaftsrechtliche Geschäftsbriefpublizität** knüpft nicht an die Kaufmannseigenschaft an, sondern folgt – wie diese (Rdnr. 6) – aus der Wahl einer bestimmten Rechtsform (vgl. §§ 125 a, 177 a HGB; 80 AktG; 35 a GmbHG; 25 a GenG).

34   **dd) Rechnungslegung.** Der **Buchführungspflicht** unterliegt „jeder Kaufmann" (§ 238 Abs. 1 S. 1). Nach § 240 hat er ein **Inventar** über sein Vermögen und seine Schulden anzulegen. Die Vorschrift des § 242 verpflichtet zur Aufstellung einer **Bilanz** und einer **Gewinn- und Verlustrechnung**; aus §§ 257 ff. folgen umfassende Aufbewahrungspflichten. Weitergehende Rechnungslegungspflichten ergeben sich aus §§ 264 ff. für Kapitalgesellschaften, §§ 336 ff. für e.Gen, §§ 340 ff. für Kreditinstitute und Finanzdienstleistungsinstitute, §§ 341 ff. für Versicherungsunternehmen. Zweck der Rechnungslegung ist Dokumentation und Gläubigerschutz durch **Selbstkontrolle des Kaufmanns**.[48]

35   Die für Kapitalgesellschaften bestehende **Rechnungslegungspublizität** (§§ 325 ff.) bezweckt die Unterrichtung Dritter, denen die wirtschaftliche Lage des Unternehmens anderenfalls verborgen bliebe. Sie ist nicht nur ein Instrument des **Gläubigerschutzes**,[49] sondern dient auch dem Interesse der Allgemeinheit an **Unternehmenstransparenz.**[50] Dies gilt gleichermaßen für die Rechnungs-

---

[43] Vgl. MünchKommBGB/*Micklitz* § 14 RdNr. 24.
[44] Vgl. Staub/*Brüggemann* Einl. RdNr. 14.
[45] AktG, GmbHG, GenG, EWIV-AusführungsG, UmwG, UnternehmensrückgabeVO.
[46] Zur Aufgabenstellung des Firmenordnungsrechts s. nur *Canaris* § 11 RdNr. 1 ff.
[47] IdF v. Art. 3 Nr. 19 HRefG; Übergangsregelung in Art. 39 EGHGB.
[48] Staub/*Hüffer* Vor § 238 RdNr. 1; Baumbach/*Hopt* Vor § 238 RdNr. 14.
[49] Zu dieser Zielrichtung Staub/*Hüffer* Vor § 238 RdNr. 2.
[50] EuGH Urt. v. 4. 12. 1997 – Rs. C-97/96, Slg. I-1997, 6843 ff. Nr. 22 = NJW 1998, 129; *Zimmer*, Internationales Gesellschaftsrecht, 1996, S. 133 f.; *Großfeld*, Bilanzrecht, 3. Aufl. 1998, RdNr. 16 (beide mit Nachw.).

legungspublizität der e.Gen (§ 339), der Kredit- und Finanzdienstleistungsinstitute (§ 340 l) sowie der Versicherungsunternehmen (§ 341 l). Die **Durchsetzung** der Rechnungslegungspflichten erfolgt präventiv und repressiv, dh. unter Androhung von **Zwangsgeld** (§§ 335, 340 o, 341 o), **Bußgeld** (§§ 334, 340 n, 341 n) und **strafrechtlichen Folgen** (§§ 331, 332, 340 m, 341 m HGB; ferner §§ 283 Abs. 1 Nr. 5 bis 8, 283 b StGB).

b) Sonderprivatrecht des HGB. Vielfach tritt die Kaufmannseigenschaft als Tatbestandsmerkmal **privatrechtlicher Vorschriften des HGB** in Erscheinung. Diese verdrängen gem. Art. 2 EGHGB die entsprechenden Bestimmungen des BGB. Das Sonderprivatrecht des HGB betrifft vor allem die allgemeine Rechtsgeschäftslehre (§§ 48 ff.), das Schuld- und Vertragsrecht (§§ 59 ff., 84 ff., 93 ff., 343 ff.), vereinzelt auch das Sachenrecht (§ 366) und das Wertpapierrecht (§§ 363 ff.). Bisweilen knüpfen diese Bestimmungen zwar äußerlich an das „Handelsgewerbe" (zB in §§ 54 Abs. 1, 59 ff., 354 Abs. 1) oder ein „Handelsgeschäft" (zB §§ 349, 350, 352) an. Zuordnungssubjekt ist jedoch in beiden Fällen wiederum der Kaufmann. Für das Handelsgewerbe folgt dies aus §§ 1 Abs. 1, 2 S. 1 (auch iVm. § 3 Abs. 2), 5; für das Handelsgeschäft ergibt sich die Maßgeblichkeit des Kaufmannsbegriffs aus § 343. Für Einzelheiten vgl. die Erl. zu den vorstehend bezeichneten Bestimmungen. Für vor dem 1. 7. 1998 begründete Schuldverhältnisse bleibt der bisherige Kaufmannsbegriff maßgeblich.[51] 36

Die **Berechtigung eines Sonderprivatrechts der Kaufleute** ist **rechtspolitisch umstritten.** Dies gilt gleichermaßen im Hinblick auf die kodifikatorische Selbstständigkeit des HGB[52] und die Berechtigung einzelner Sondernormen.[53] Der Gesetzgeber hat sich indessen erst jüngst – im Zuge der HGB-Reform von 1998 – wieder für die Beibehaltung der Zweiteilung des Privatrechts in das Bürgerliche Recht und das Handelsrecht entschieden.[54] Daran haben sich die Gerichte zu halten (Art. 20 Abs. 3 GG). Namentlich dürfte hieraus eine gewisse **Zurückhaltung** bei der Erstreckung des Anwendungsbereichs handelsrechtlicher Normen auf den **nichtkaufmännischen Verkehr** bereits de lege lata folgen.[55] Gänzlich ausgeschlossen ist eine Analogie freilich auch nach Auffassung der Urheber des HRefG nicht.[56] Dieser Aussage wird man etwa entnehmen dürfen, dass die weitgehend anerkannte Anwendung der Vorschriften über das Kontokorrent (§§ 355 ff.) unter Nichtkaufleuten („uneigentliches Kontokorrent") weiterhin statthaft ist.[57] 37

3. Sonstiges Kaufmannsrecht. Der „Kaufmann" ist nicht nur der wichtigste Anknüpfungspunkt für die Anwendung des HGB. Die Kaufmannseigenschaft ist auch Voraussetzung für die Anwendung von Sonderregelungen in anderen Gesetzen. Vielfach hat das HRefG 1998 hier freilich den Gewerbetreibenden an die Stelle des Kaufmanns gesetzt. Meist besteht der Normzweck der kaufmannsbezogenen Vorschriften außerhalb des HGB darin, Kaufleute vom Geltungsbereich bestimmter Schutzvorschriften auszunehmen,[58] so zB in § 7 HaftpflG, § 7 Abs. 2 MaBV. 38

Auch wenn § 1 Abs. 1 nur den Kaufmann „im Sinne dieses Gesetzbuchs" definiert, so ist doch im Interesse der Rechtseinheit grundsätzlich davon auszugehen, dass auch die nachstehend erörterten Vorschriften außerhalb des HGB auf den Kaufmannsbegriff der §§ 1 ff. HGB Bezug nehmen.[59]

a) Bürgerliches Recht. aa) Sittenwidrige Rechtsgeschäfte (§ 138 Abs. 1 BGB). In der Fallgruppe des wucherähnlichen Rechtsgeschäfts muss neben das objektive Merkmal des auffälligen Missverhältnisses zwischen Leistung und Gegenleistung in subjektiver Hinsicht noch eine besonders verwerfliche Gesinnung des begünstigten Vertragspartners treten. Ob und wann eine solche Gesinnung zu vermuten ist, hängt nach der Rspr. von der Person des benachteiligten Vertragspartners ab. Besitzt dieser die Kaufmannseigenschaft, so ist widerleglich zu vermuten, dass die subjektiven Sittenwidrigkeitsvoraussetzungen bei dem begünstigten Vertragspartner *nicht* gegeben sind.[60] 39

---

[51] BGH Urt. v. 2. 6. 1999 – VIII ZR 220/98, NJW 1999, 2967, 2968.
[52] Vgl. nur *Müller-Freienfels*, FS v. Caemmerer, 1978, S. 583, 615; *Kramer*, FS Ostheim, Wien 1990, S. 299, 308, 319; *Canaris* § 1 RdNr. 38 bei Fn. 20.
[53] *Neuner* ZHR 157 (1993), 243, 248 ff. (zu §§ 354 Abs. 1, 355 ff., 359, 361; 375, 378); ferner *Kindler*, Gesetzliche Zinsansprüche im Zivil- und Handelsrecht, 1996, S. 189 (zu § 353).
[54] BT-Drucks. 13/8444 S. 22 f.
[55] Vgl. BGH Urt. v. 13. 7. 1972 – II ZR 111/70, BGHZ 59, 179, 182 f. = NJW 1972, 1660; *Canaris*, 22. Aufl., § 3 I 2 e; *Henssler* ZHR 161 (1997), 13, 37; *Dreher*, Der neue Handelsstand (Schrifttum vor § 1), S. 18; grundsätzlich aA *K. Schmidt* NJW 1998, 2161, 2164 und *ders.* HandelsR § 3, § 10 V 3 c.
[56] BT-Drucks. 13/8444 S. 30.
[57] Hierzu *Canaris* § 27 RdNr. 1 ff.; *Schmidt* HandelsR § 21 II 2 b; *Neuner* ZHR 157 (1993), 243, 250; grundlegend *Raisch*, Geschichtliche Voraussetzungen, dogmatische Grundlagen und Sinnwandlung des Handelsrechts, 1965, S. 230 ff.
[58] BT-Drucks. 13/8444 S. 21.
[59] Staub/*Brüggemann* RdNr. 47.
[60] BGHZ 128, 255, 268 = NJW 1995, 1019; LG München I ZMR 1998, 437, 439.

40 **bb) Anspruchsverjährung.** Nach § 195 BGB verjähren Ansprüche in drei Jahren. Diese – durch die Schuldrechtsreform neu gefasste Regelung – gilt grundsätzlich für jegliche Ansprüche. Eine besondere Verjährungsregelung für Kaufleute enthielt aber noch § 196 Abs. 1 Nr. 1 BGB aF Hiernach verjährten die Ansprüche der Kaufleute – ebenso der Fabrikanten, Handwerker und Kunstgewerbetreibenden – für die Lieferung von Waren, Ausführung von Arbeiten und Besorgung fremder Geschäfte in zwei Jahren statt der damaligen regelmäßigen Verjährungsfrist von dreißig Jahren. Die Maßgeblichkeit des handelsrechtlichen Kaufmannsbegriffs (§§ 1 bis 6 HGB, 3 AktG, 13 Abs. 3 GmbHG, 17 Abs. 2 GenG) hat die Rspr. mehrfach anerkannt.[61] Die kurze Verjährung war nicht auf betriebszugehörige (§ 343) Geschäfte beschränkt.[62] Hinsichtlich der **Minderkaufleute alten Rechts** (§ 4 aF) war anerkannt, dass diese **ebenfalls der zweijährigen Frist unterliegen.**[63] Die verkürzte Verjährungsfrist galt nach einhelliger Auffassung im Schrifttum auch für den **Scheinkaufmann.**[64]

41 Das vor der Schuldrechtsreform geltende Verjährungsrecht beinhaltete zahlreiche Ausnahmen zu der regelmäßigen Verjährungsfrist, so dass diese letztlich die Funktion eines Auffangtatbestandes erhielt.[65] Insbesondere die in Rspr. und Lehre vorgenommene Erweiterung der Ausnahmeregel auf Ansprüche aus positiver Forderungsverletzung und culpa in contrahendo vermochte keine einheitliche Anwendung der Verjährungsfrist für die in § 196 BGB aF geregelten Ansprüche erreichen.[66] Eine einheitliche Lösung hat erst die Schuldrechtsreform herbeigeführt, indem die regelmäßige Verjährungsfrist auf drei Jahre herabgesetzt wurde. Eine **an die Kaufmannseigenschaft anknüpfende Sonderregelung** für die Verjährung **gibt es nicht mehr.**

42 **cc) Abzahlungsgeschäfte und Verbraucherkredit.** Die Schutzbestimmung des **AbzG** finden nach § 8 AbzG **keine Anwendung,** wenn der Empfänger der Ware als **Kaufmann im Handelsregister eingetragen** ist. Hierbei kommt es auf die Kaufmannseigenschaft im Zeitpunkt der Abgabe der zum Vertragsabschluss führenden Willenserklärung des Käufers an.[67] Da das AbzG nach Art. 10 des Gesetzes v. 17. 12. 1990[68] mit Wirkung ab 1. 1. 1991 in vollem Umfang durch das VerbrKrG ersetzt worden ist, erlangt die Handelsrechtsreform von 1998 für den Kaufmannsbegriff des § 8 AbzG keine Bedeutung mehr. Vgl. für Altfälle die Kommentierungen zum Abzahlungsgesetz.[69]

43 Die Anwendbarkeit der Vorschriften über den Verbraucherdarlehensvertrag setzt Unternehmereigenschaft des Darlehensgebers und Verbauchereigenschaft seitens des Darlehensnehmers voraus. Anders als das AbzG stellte das **VerbrKrG** – im Unterschied zu § 8 AbzG – **nicht mehr** auf das Vorliegen bzw. das Fehlen der **Kaufmannseigenschaft** der Beteiligten ab. Statt dessen war nach § 1 Abs. 1 VerbrKrG die jeweilige Tätigkeit im Rahmen des Abschlusses des Kreditvertrages entscheidend. Nach § 1 Abs. 1 VerbrKrG wurden solche Kredit- und Kreditvermittlungsverträge aus dem Anwendungsbereich **ausgenommen,** die im Rahmen einer ausgeübten (vgl. § 3 Abs. 1 Nr. 2 VerbrKrG) **gewerblichen oder selbstständigen beruflichen Tätigkeit** abgeschlossen werden.[70] Damit traf das Gesetz eine funktionsbezogene Festlegung seines persönlichen Anwendungsbereichs.[71] Hierauf stellt auch die Nachfolgeregelung in § 491 Abs. 1 BGB ab, wonach die konkreten Anforderungen an die Tätigkeit durch den in § 14 Abs. 1 BGB legaldefinierten **Unternehmerbegriff** beschrieben werden.

44 **dd) Allgemeine Geschäftsbedingungen.** Das **UKlaG** versagt den Verbraucherverbänden (§ 3 Abs. 1 Nr. 1 UKlaG) die **Verbandsklagebefugnis** gem. § 3 Abs. 2 UKlaG, soweit von der Verwendung und Empfehlung unzulässiger AGB nur Unternehmer betroffen werden. Die Klagebefugnis entfällt, wenn (1) AGB gegenüber einem Unternehmer verwendet werden, oder wenn (2) AGB zur ausschließlichen Verwendung zwischen Unternehmern empfohlen werden.[72] Noch vor der Schuld-

---

[61] KG Urt. v. 26. 6. 1909 – VII Zs., OLGE 22, 164; BGH Urt. v. 10. 11. 1960 – VIII ZR 167/59, NJW 1961, 453, 455; MünchKommBGB/*Grothe* 4. Aufl. § 196 aF RdNr. 2.
[62] MünchKommBGB/*Grothe* 4. Aufl. § 196 aF RdNr. 2 im Anschluss an KG vorige Fn.
[63] Staudinger/*Peters* § 196 RdNr. 12 im Anschluss an KG (Fn. 60).
[64] Vgl. ausführlich dazu 1. Auflage Vor § 1 RdNr. 41.
[65] Vgl. die Begründung der Bundesregierung zum Entwurf eines Gesetzes zur Modernisierung des Schuldrechts, abgedruckt in: *Canaris*, Schuldrechtsmodernisierung 2002, S. 608.
[66] Vgl. die Begründung der Bundesregierung zum Entwurf eines Gesetzes zur Modernisierung des Schuldrechts, abgedruckt in: *Canaris*, Schuldrechtsmodernisierung 2002, S. 609 f.
[67] Grundlegend *Heckelmann*, FS Bärmann, 1975, S. 427, 432; MünchKommBGB/*Westermann*, 2. Aufl. § 8 AbzG RdNr. 3; Soergel/*Hönn* § 8 AbzG RdNr. 2.
[68] Gesetz über Verbraucherkredite, zur Änderung der ZPO und anderer Gesetze, BGBl. I S. 2840.
[69] S. etwa Fn. 66.
[70] BT-Drucks. 13/8344 S. 21 f.
[71] MünchKommBGB/*Ulmer*, 3. Aufl. § 1 VerbrKrG RdNr. 7.
[72] Vgl. § 22 Abs. 3 Nr. 2 GWB.

rechtsmodernisierung stellte § 13 Abs. 3 iVm. Abs. 1 AGBG auf die Empfehlung und Verwendung **im kaufmännischen Verkehr** ab. Die neuere Entwicklung des Rechts der AGB zeigt einen **Wandel zum Unternehmerbegriff.**

Aufgegeben hat das AGBG schon den **Kaufmannsbegriff** bei der Bestimmung seines **persönli- 45 chen Anwendungsbereichs.** Bis zum HRefG ließ § 24 S. 1 Nr. 1 AGBG aF gegenüber Kaufleuten nur eine eingeschränkte Einbeziehungs- und Inhaltskontrolle zu, dh unter Nichtanwendung der §§ 2, 10, 11, 12 AGBG.[73] Der durch Art. 2 Nr. 1 HRefG neu gefasste § 24 S. 1 Nr. 1 AGBG erstreckte dann den **partiellen Anwendungsausschluss** auf **sämtliche „Unternehmer".** Darunter ist jede Person zu verstehen, die bei Abschluss des Vertrages in Ausübung ihrer gewerblichen oder selbstständigen beruflichen Tätigkeit handelt. In Frage kommen hier nicht nur Kaufleute iSd. §§ 1 ff. HGB, sondern zB auch nichtkaufmännische Kleingewerbetreibende, Freiberufler,[74] Wissenschaftler, Künstler, Sportler und Landwirte.[75] Problematisch ist daran freilich, dass die Vorschriften des HGB über Handelsgeschäfte (§§ 343 ff.) nach wie vor an die Kaufmannseigenschaft der Beteiligten anknüpfen.[76]

Bereits im Zuge der Umsetzung der **EG-Klauselrichtlinie** v. 5. 4. 1993[77] hatte der Gesetzgeber **46** 1996 in einem neuen § 24 a AGBG[78] die Einbeziehungs- und Inhaltskontrolle für sog. Verbraucherverträge (Art. 1 Abs. 1, Art. 2 Buchst. b, c der Richtlinie) erweitert.[79] Verbraucherverträge sind danach Verträge zwischen einem Unternehmen und einer natürlichen Person, bei der der Vertragszweck in der Privatsphäre oder im Bereich einer unselbstständigen Tätigkeit liegt. Art. 2 Nr. 2 HRefG hat § 24 a AGBG nur redaktionell der Neufassung des § 24 S. 1 Nr. 1 AGBG angepasst. Wegen der europarechtlichen Vorgaben konnte der Kaufmannsbegriff zur Abgrenzung der Verbraucherverträge keine Verwendung mehr finden.[80]

Die Aufnahme der Regelungen über AGB in das BGB zum 1. 1. 2002 führte zu keinen inhalt- **47** lichen Änderungen. Der Anwendungsbereich gem. § 24 S. 1 Nr. 1 AGBG ist durch die Aufnahme unverändert in § 310 Abs. 1 S. 1 BGB übernommen worden. Auch die Übernahme der Vorschrift des § 13 Abs. 3 AGBGB in § 3 Abs. 2 UKlaG erfolgte ohne jegliche inhaltliche Änderungen. Die Änderung im Wortlaut der Vorschrift beruht auf der Anpassung zu § 310 Abs. 1 S. 1 BGB.[81]

b) Wirtschaftsrecht. aa) Finanztermingeschäfte. Die durch das Vierte Finanzmarktför- **48** derungsgesetz eingefügten §§ 37 d ff. WpHG knüpfen die Informationspflicht bei Finanztermingeschäften an **Unternehmen,** die gewerbsmäßig oder **in einem Umfang, der einen in kaufmännischer Weise eingerichteten Gewerbebetrieb erfordert,** auftreten. Das Konzept einer Börsentermingeschäftsfähigkeit, wonach eine unterlassene Information zur Unverbindlichkeit des Geschäfts führte, besteht nicht mehr. An seine Stelle ist ein Schadensersatzanspruch gem. § 37 d Abs. 4 S. 1 WpHG getreten.[82]

Die Schutzfunktion des Spiel- und Wetteinwands (§ 762 BGB) tritt auf diesem Gebiet zurück. **49** Nach § 37 e WpHG entfällt dieser Einwand gegen Ansprüche aus Finanztermingeschäften, bei denen mindestens ein Vertragsteil gewerbsmäßig oder in kaufmännischem Umfang (vgl. § 1 Abs. 2 HGB) Finanztermingeschäfte abschließt. Die Kaufmannseigenschaft eines Beteiligten als solche bringt § 762 BGB nicht außer Anwendung.[83]

bb) Formerleichterungen in der Wertpapierverwahrung. Bestimmte Formvorschriften der **50** Wertpapierverwahrung (§§ 5 Abs. 1 S. 1 u. 3, §§ 10, 12, 13, 15 Abs. 2 u. 3 DepotG)[84] finden keine Anwendung, wenn der Verwahrer einer gesetzlichen Aufsicht untersteht und der **Hinterleger** ein **Kaufmann** ist. § 16 DepotG[85] verlangt hierfür (1) die Eintragung in das Handels- oder Genossen-

---

[73] Der Ausschluss von § 11 AGBG ist für die Praxis freilich weitgehend bedeutungslos, da Verstöße gegen die dort enthaltenen Klauselverbote ohne Wertungsmöglichkeit zugleich ein Indiz für eine unangemessene Benachteiligung iSd. – auch unter Kaufleuten anwendbaren – § 9 AGBG darstellen, so BGH Urt. v. 8. 3. 1984 – VII ZR 349/82, BGHZ 90, 273, 278 = NJW 1984, 1750; MünchKommBGB/*Kötz,* 3. Aufl. § 9 AGBGB RdNr. 18.
[74] Zu diesen beiden Berufsgruppen BT-Drucks. 13/8444 S. 47.
[75] Jauernig/*Jauernig* § 24 a AGBG RdNr. 2 (6. Aufl.).
[76] Eingehend (und krit.) hierzu *Pfeiffer* NJW 1999, 169 ff.
[77] Richtlinie Nr. 93/13/EWG des Rates über missbräuchliche Klauseln in Verbraucherverträgen, ABl. EG Nr. L 95/29 = NJW 1993, 1838.
[78] Eingefügt durch das Gesetz zur Änderung des AGB-Gesetzes und der Insolvenzordnung v. 19. 7. 1996, BGBl. I S. 1013.
[79] Dazu *Heinrichs* NJW 1996, 2190, 2191.
[80] BT-Drucks. 13/8444 S. 46 f.; näher *Pfeiffer* NJW 1999, 169, 171 f.
[81] Vgl. Begründung der Bundesregierung zum Entwurf eines Gesetzes zur Modernisierung des Schuldrechts, in: *Canaris,* Schuldrechtsmodernisierung 2002, S. 928.
[82] Zur Börsentermingeschäftsfähigkeit und Kaufmannsbegriff vgl. noch 1. Aufl. RdNr. 47 ff.
[83] *Schwark* § 37 d WpHG RdNr. 7. Anders noch das Konzept der Börsentermingeschäftsfähigkeit.
[84] Vgl. MünchKommBGB/*Hüffer* § 700 RdNr. 21.
[85] IdF v. Art. 12 Nr. 4 HRefG.

schaftsregister, (2) die Eigenschaft als öffentliches Unternehmen oder (3) bei auslandsansässigen Unternehmen das Vorliegen aller Merkmale des Kaufmannsbegriffs nach dem HGB, ausgenommen die Eintragung bei einem deutschen Handelsregister.

51 In §§ 1 Abs. 2, 15 Abs. 3, 17, 31 DepotG hat das HRefG hingegen die Anknüpfung an den Kaufmannsbegriff beseitigt.[86] Diese Bestimmungen setzen nur noch den Betrieb eines Gewerbes voraus. Damit ist bezweckt, auch nichteingetragene Kleingewerbetreibende, die nicht die Kaufmannseigenschaft besitzen (arg. § 2 S. 1), in den Anwendungsbereich des DepotG einzubeziehen. Bedeutsam ist dies etwa für den kleingewerblichen Einkaufskommissionär (§ 18 DepotG; § 383 Abs. 2 HGB).[87]

52 cc) **Progressive Kundenwerbung („Schneeballsystem")**. Das UWG stellt in § 16 Abs. 2 UWG die Verwendung bestimmter Absatzsysteme unter Strafe, die darauf abzielen, die Kunden zur Werbung immer neuer Kunden zu veranlassen. Taugliche Tatopfer sind seitdem nur Verbraucher.[88] Vor der Änderung durch die UWG-Reform 2004 stellte der Straftatbestand auf Nichtkaufleute ab. Gegenüber **Kaufleuten** ist die progressive Kundenwerbung mithin **zulässig**, allerdings lässt nur die Kaufmannseigenschaft des ersten Abnehmers die Strafbarkeit entfallen.[89]

53 Nach dem früheren § 6 c S. 2 UWG – aufgehoben durch Art. 14 HRefG – waren den Nichtkaufleuten die Minderkaufleute alten Rechts (§ 4 Abs. 1 aF) gleichgestellt. Da diese „Kleingewerbetreibenden" aber seit der Handelsrechtsreform 1998 ohnehin zu den Nichtkaufleuten zählen (§ 1 Abs. 2), werden sie bereits von § 6 c S. 1 UWG erfasst. Kleingewerbetreibende, die sich gem. § 2 S. 1 HGB für den Erwerb der Kaufmannseigenschaft entscheiden, verlieren den strafrechtlichen Schutz nach § 6 c UWG.[90]

54 dd) **Gewerberechtliche Firmenpublizität.** Die gewerberechtliche Firmenpublizität wird durch das Anbringen von Namen und Firma an der Außenseite oder am Eingang der Betriebsstätte verwirklicht (§ 15 a GewO). Normadressaten sind natürliche Personen, die ein Gewerbe betreiben (§ 15 a Abs. 1, 2 GewO) sowie Gesellschaften (§ 15 a Abs. 3 GewO). Seit der Handelsrechtsreform 1998 erfasst § 15 a Abs. 2 GewO (Anbringung der Firma) **alle Gewerbetreibenden,** für die eine Firma im Handelsregister eingetragen ist.[91]

55 Die bisherige Regelung galt für „Kaufleute, die eine Firma führen", und nahm damit den Minderkaufmann aus, da dieser nicht firmenberechtigt war (§ 4 Abs. 1 aF). Das **HRefG** hat den **Kaufmannsbegriff als Anknüpfungspunkt der gewerberechtlichen Firmenpublizität aufgegeben,** weil seit der Abschaffung der Minderkaufleute (RdNr. 21) alle Kaufleute eine Firma führen.[92]

56 ee) **Pflicht zur Aufstellung einer DM-Eröffnungsbilanz.** Buchführungspflichtige Unternehmen mit Hauptniederlassung (Sitz) im Gebiet der DDR am 1. Juli 1990 haben ein Inventar und eine Eröffnungsbilanz in DM für den 1. Juli 1990 sowie einen Anhang aufzustellen, der mit der Eröffnungsbilanz eine Einheit bildet (§ 1 Abs. 1 DMBilG). Buchführungspflichtig sind u. a. bestimmte öffentliche Unternehmen, sowie Anstalten, Stiftungen und Vereine, die ein **Handelsgewerbe** betreiben (§ 1 Abs. 2 Nr. 4, 5 DMBilG). Damit wird auf § 1 Abs. 2 HGB verwiesen. Die nach bisherigem Recht bestehenden Ausnahmen zugunsten minderkaufmännischer Betriebe (§ 4 Abs. 1 HGB aF) sind gem. Art. 25 HRefG entfallen, da Kleingewerbetreibende nach neuem Recht ohnehin keine Kaufleute kraft Handelsgewerbes sind (§ 1 Abs. 2 HGB). Hingegen unterliegen Kleingewerbetreibende, die für die Kaufmannseigenschaft optieren (§ 2 S. 1 HGB), der Aufstellungspflicht.[93]

57 ff) **Firmenfortführung nach Unternehmensrückgabe.** § 11 UnternehmensrückgabeVO[94] regelt u. a. die Rückgabe einzelkaufmännischer Unternehmen auf Grund vermögensrechtlicher Ansprüche (vgl. § 6 VermG). Nach § 11 Abs. 1 S. 1 UnternehmensrückgabeVO darf in diesem Fall die Firma des Berechtigten nur fortgeführt werden, wenn der Berechtigte nach Rückgabe ein **Handelsgewerbe iSd. § 1 HGB** betreibt, oder das Unternehmen in der Rechtsform einer OHG, KG oder Kapitalgesellschaft betrieben wird. Die Neufassung des § 11 Abs. 1 S. 1 UnternehmensrückgabeVO durch Art. 26 Nr. 1 HRefG trägt der Abschaffung des Minderkaufmanns Rechnung.

---

[86] Art. 12 Nr. 1, 2, 5, 6 HRefG.
[87] BT-Drucks. 13/8444 S. 81 f.
[88] RegE BT Drucks. 15/1487 S. 26.
[89] Köhler/*Piper* § 6 c UWG RdNr. 19.
[90] BT-Drucks. 13/8444 S. 82.
[91] Vgl. § 15 a Abs. 2 GewO idF v. Art. 15 Nr. 1 HRefG.
[92] BT-Drucks. 13/8444 S. 82.
[93] BT-Drucks. 13/8444 S. 89 f.
[94] VO v. 13. 7. 1991, BGBl. I S. 1542.

Vorbemerkungen   58–62 **Vor § 1**

c) Verfahrensrecht. aa) Gerichtsverfassung. Die für die Zuständigkeit der KfH bedeutsame 58
Abgrenzung der **Handelssachen** (§§ 93 ff. GVG) erfolgt teilweise unter Rückgriff auf die Kaufmannseigenschaft der Prozessparteien. § 95 Abs. 1 Nr. 1 GVG bezeichnet als Handelssachen u. a. solche bürgerlichen Rechtsstreitigkeiten, in denen mit der **Klage** ein Anspruch **gegen** einen eingetragenen **Kaufmann** aus einem Geschäft geltend gemacht wird, das für beide Teile ein **Handelsgeschäft** darstellt. Gleichgestellt sind Klagen gegen juristische Personen des öffentlichen Rechts, die nicht eingetragen zu werden brauchen. Wegen des prozessualen Zusammenhangs muss der Beklagte nicht nur bei der Entstehung des Anspruchs, sondern auch zum **Zeitpunkt der Klageerhebung** (§ 261 Abs. 1 ZPO) Kaufmann sein.[95] Das mit Art. 16 Nr. 1 HRefG eingefügte Erfordernis der Handelsregistereintragung soll Beweisaufnahmen darüber vermeiden, ob der nichteingetragene Beklagte materiell Kaufmann iSd. neu gefassten § 1 Abs. 1, 2 HGB ist.[96]

Der Rechtsstreit muss ein **beiderseitiges Handelsgeschäft** (vgl. §§ 343, 344 HGB) zum Gegen- 59
stand haben. Kaufmannseigenschaft und Betriebszugehörigkeit sind nach **den Verhältnissen im Zeitpunkt des Vertragsschlusses** zu beurteilen. Denn für die Zuständigkeit der KfH kommt es nach § 95 Abs. 1 Nr. 1 GVG allein darauf an, dass der Klageanspruch *gegen* einen Kaufmann gerichtet ist. Dass der Kläger selbst die Kaufmannseigenschaft besitzt, ist nicht Voraussetzung. Daher kann auch ein Nichtkaufmann aus einem beiderseitigen Handelsgeschäft vor der KfH klagen.[97] Bedeutsam ist dies für Kläger, die die Kaufmannseigenschaft zwischenzeitlich verloren haben sowie für Rechtsnachfolger eines Kaufmanns. § 95 Nr. 1 GVG erfasst **auch** Klagen gegen den **Kaufmann kraft Eintragung** (§ 5), **nicht** aber gegen den **Scheinkaufmann,** da die zuletztgenannte Figur allein dem Vertrauensschutz im rechtsgeschäftlichen Verkehr dient,[98] nicht aber das Verfahrensprivileg der KfH-Zuständigkeit eröffnen soll.[99]

Der von § 95 Abs. 1 Nr. 1 GVG herangezogene „Kaufmann im Sinne des Handelsgesetzbuches" 60
ist auch für §§ 97 Abs. 1 S. 2, 98 Abs. 1 S. 2 maßgeblich **(Verweisungen zwischen Zivilkammer und KfH),** ferner für § 109 Abs. 1 Nr. 3 GVG (Befähigung zum Handelsrichter).[100] Nicht eingetragene Kleingewerbebetreibende sowie Land- und Forstwirte sind keine Kaufleute (vgl. §§ 1 Abs. 2, 2 S. 1, auch iVm. § 3 Abs. 2 HGB). Ein Verweisungsantrag iSd. § 98 Abs. 1 S. 1 GVG kann von ihnen nicht gestellt werden. Einer Analogie zu § 98 Abs. 1 S. 2 GVG bedarf es hierfür nicht.[101]

bb) Gerichtszuständigkeit kraft Parteivereinbarung im Zivilprozess. Zuständigkeits- 61
begründende **Erfüllungsortvereinbarungen** sind ebenso wie **Gerichtsstandsvereinbarungen zwischen Kaufleuten** unter erleichterten Voraussetzungen zulässig.

Nach § 29 Abs. 2 ZPO ist der **Gerichtsstand des Erfüllungsortes kraft einer Erfüllungsorts-** 62
vereinbarung (vgl. § 269 Abs. 1 BGB und die einschlägigen Bestimmungen des uU maßgeblichen ausländischen Rechts) überhaupt nur bei bestehender Kaufmannseigenschaft im Zeitpunkt des Abschlusses der Vereinbarung möglich.[102] Die Neufassung des § 29 Abs. 2 ZPO durch Art. 18 Nr. 1 HRefG trägt dem Wegfall des Minderkaufmanns Rechnung, hat aber i. ü. sachlich keine Änderungen gebracht.[103] Soweit **Kleingewerbebetreibende** auf Grund der Neufassung von § 1 Abs. 2 HGB vom Kaufmannsbegriff ausgeschlossen sind (RdNr. 23), können sie keine zuständigkeitsbegründenden Erfüllungsortvereinbarungen abschließen. Macht ein Kleingewerbebetreibender hingegen von dem in § 2 S. 1 vorgesehenen Eintragungsrecht Gebrauch, so wird er dadurch zum Kaufmann, und zwar auch im Hinblick auf die durch § 29 Abs. 2 ZPO eröffnete prozessuale Gestaltungsfreiheit.[104] Die Kaufmannseigenschaft auslandsansässiger Parteien richtet sich nach dt. Recht (§§ 1 ff. HGB) als lex fori.[105]

---

[95] BGH Beschl. v. 1. 4. 1993 – III ZB 35/92, WM 1993, 1573; Musielak/*Wittschier* ZPO § 95 GVG RdNr. 6.
[96] BT-Drucks. 13/8444 S. 83.
[97] LG Bielefeld Urt. v. 3. 7. 1968 – 2 S 176/68, NJW 1968, 2384; Musielak/*Wittschier* ZPO § 95 GVG RdNr. 7.
[98] *Canaris,* Die Vertrauenshaftung im deutschen Privatrecht, 1971, S. 180 ff.
[99] Staub/*Brüggemann* RdNr. 56 mit etwas anderer Akzentsetzung: dem § 95 Abs. 1 Nr. 1 GVG liege keine rechtsgeschäftliche Abrede zugrunde, und das Prozessrecht verdränge als zwingendes öffentliches Recht die „scheinkaufmännischen Grundsätze".
[100] Staub/*Brüggemann* RdNr. 56.
[101] AA Musielak/*Wittschier* ZPO § 95 GVG RdNr. 6.
[102] Der spätere Wegfall der Kaufmannseigenschaft bei einer oder bei beiden Parteien schadet nicht, MünchKomm-ZPO/*Patzina* § 29 RdNr. 100.
[103] BT-Drucks. 13/8444 S. 83.
[104] BT-Drucks. 13/8444 S. 83.
[105] MünchKommBGB/*Kindler* IntGesR RdNr. 101 ff., 190; *Schack* IZVR RdNr. 439 (auch zu § 95 Abs. 1 Nr. 1 GVG); *Samtleben* NJW 1974, 1595; großzügiger Reithmann/*Martiny*/*Hausmann* RdNr. 3108, wonach dem Schutzzweck des § 38 Abs. 1 ZPO auch dann Genüge getan sein soll, wenn die ausländische Partei nach ihrem Aufenthaltsbzw. Sitzrecht Vollkaufmann ist.

63 **Erfüllungsortsvereinbarungen aus der Zeit vor Inkrafttreten der Neufassung** des § 29 Abs. 2 ZPO am 1. 7. 1998[106] werden nicht dadurch zuständigkeitsbegründend, dass der frühere Minderkaufmann oder Nichtkaufmann seine Firma ins Handelsregister eintragen lässt und so gem. § 2 S. 1 die Kaufmannseigenschaft erwirbt. Entscheidend ist in diesen Altfällen vielmehr die Eigenschaft als Vollkaufmann im Zeitpunkt des Abschlusses der Erfüllungsortsvereinbarung.[107]

64 Getrennt zu betrachten ist die prozessuale Wirkung von **Erfüllungsortsvereinbarungen nach der EuGVVO** (Art. 5 Nr. 1 der Verordnung). In diesem Zusammenhang ergeben sich keine Unterschiede bei der Beurteilung von Erfüllungsortsvereinbarungen unter Kaufleuten einerseits und unter Beteiligung mindestens eines Nichtkaufmanns andererseits.[108]

65 Weithin zulässig sind ferner **Gerichtsstandsvereinbarungen unter Kaufleuten** (§ 38 Abs. 1 ZPO). Dahinter steht die Überlegung, dass der Kaufmann hinreichend geschäftsgewandt und rechtlich erfahren ist, um die Bedeutung einer Vereinbarung über die Gerichtszuständigkeit richtig einschätzen und sie ggf. ablehnen zu können.[109] In ihrem persönlichen Anwendungsbereich erfasst die Vorschrift des § 38 Abs. 1 ZPO alle Kaufleute iSd. §§ 1 bis 3, 5, 6 HGB.[110] Prorogationsbefugt sind ferner die persönlich haftenden Gesellschafter von OHG und KG.[111] Für die Beurteilung der **Kaufmannseigenschaft** kommt es auf den **Zeitpunkt der Vereinbarung** an, nicht den der Rechtshängigkeit.[112] Denn ein späterer Verlust der Kaufmannseigenschaft beseitigt nicht die im Zeitpunkt des Abschlusses der Gerichtsstandsvereinbarung präsumptiv gegebene kaufmännische Geschäftserfahrung.[113] Die Prorogationsbefugnis besteht auch im Rahmen von Rechtsverhältnissen, die kein beiderseitiges Handelsgeschäft (vgl. §§ 343, 344 HGB) darstellen.[114] Die Kaufmannseigenschaft auslandsansässiger Parteien richtet sich wiederum nach deutschem Recht (§§ 1 ff. HGB) als lex fori.[115]

66 Auch § 38 Abs. 1 ZPO wurde durch das HRefG (Art. 18 Nr. 1) an den Wegfall des Minderkaufmanns angepasst. Hinsichtlich der Gerichtsstandsvereinbarungen mit Minderkaufleuten oder Nichtkaufleuten aus der Zeit vor dem 1. 7. 1998 gelten die Ausführungen über zuständigkeitsbegründende Erfüllungsortvereinbarungen (RdNr. 63) entsprechend.

67 Getrennt zu betrachten sind wiederum **Gerichtsstandsvereinbarungen nach der EuGVVO**. Die dort in Art. 23 enthaltenen besonderen Formanforderungen gelten indessen gleichermaßen für Kaufleute wie für Nichtkaufleute.[116]

68 **cc) Formerleichterungen für Schiedsvereinbarungen.** Nach dem bis zum 31. 12. 1997 geltenden Rechtszustand, dh. **bis zur Neuordnung des Schiedsverfahrensrechts** durch das SchiedsVfG[117] konnten **nur Vollkaufleute im Rahmen beiderseitiger Handelsgeschäfte** formlose Schiedsvereinbarungen treffen (§ 1027 aF ZPO). Diese Regelung bleibt für die Beurteilung der Wirksamkeit von Schiedsvereinbarungen aus der Zeit vor dem 1. 1. 1998 maßgebend (Art. 4 § 1 SchiedsVfG). Damit scheidet eine Heilung von Schiedsvereinbarungen, die nach altem Recht formunwirksam waren (§ 1027 Abs. 1 aF ZPO) aus, auch wenn nunmehr beide Parteien die Kaufmannseigenschaft erwerben.[118] Umgekehrt beseitigt die Neuregelung die Wirksamkeit formlos geschlossener Schiedsvereinbarungen nicht.[119] Maßgeblich ist für Schiedsvereinbarungen aus der Zeit vor dem 1. 1. 1998 der Kaufmannsbegriff des alten Rechts. Namentlich bleibt insoweit die von § 1027 ZPO aF zugrundegelegte Unterscheidung von Voll- und Minderkaufleuten von Bedeutung.[120]

---

[106] Art. 29 Abs. 4 HRefG.
[107] Musielak/*Heinrich* ZPO § 29 RdNr. 36; s. zur Maßgeblichkeit des Abschlusses der Vereinbarung für die Beurteilung der Formwirksamkeit eines Geschäfts auch BGH Urt. v. 2. 2. 1999 – KZR 51/97, NJW-RR 1999, 689 = DB 1999, 1057 (Aufhebung von § 34 GWB aF zum 1. 1. 1999).
[108] Vgl. Geimer/Schütze/*Geimer* EurZVR, 2004, Art. 5 EuGVVO RdNr. 81 ff.; Thomas/Putzo/*Hüßtege*, ZPO, Art. 5 EuGVVO RdNr. 3.
[109] Vgl. die Gesetzesbegr. in BT-Drucks. 7/268 S. 6.
[110] Thomas/*Putzo* § 38 ZPO RdNr. 9.
[111] Stein/Jonas/*Bork* § 38 ZPO RdNr. 4.
[112] BayObLG Beschl. v. 28. 9. 1978 – Allg.Reg. 37/78, BB 1978, 1685; OLG Köln Urt. v. 21. 11. 1991 – 18 U 113/91, NJW-RR 1992, 571 = VersR 1992, 1152; ferner schon *Diederichsen* BB 1974, 379.
[113] *Kornblum* ZHR 138 (1974), 478, 484 mit Fn. 48 a.
[114] *Löwe* NJW 1974, 473; Thomas/*Putzo* § 38 ZPO RdNr. 9.
[115] S. o. Fn. 103.
[116] BGH Beschl. v. 28. 3. 1996 – III ZR 95/95, NJW 1996, 1819; hierzu etwa *Reithmann/Martiny/Hausmann* RdNr. 2108 ff.; Geimer/Schütze/*Geimer* (Fn. 106) Art. 23 EuGVVO RdNr. 1 ff.; Thomas/Putzo/*Hüßtege*, ZPO, Art. 17 EuGVVO RdNr. 1 ff.
[117] Schiedsverfahrens-Neuregelungsgesetz v. 22. 12. 1997, BGBl. I S. 3224.
[118] Musielak/*Voit* Vor § 1025 ZPO RdNr. 3.
[119] BT-Drucks. 13/5274 S. 71.
[120] Musielak/*Voit* § 1027 ZPO aF RdNr. 13.

Seit der Neuordnung des Schiedsverfahrensrechts wird zwischen Schiedsvereinbarungen im **gewerblichen Bereich** (Regelfall) und Schiedsvereinbarungen unter Beteiligung von **Verbrauchern** (Ausnahme) unterschieden (§ 1031 ZPO). Für erstere ist eine **abgeschwächte Schriftform** erforderlich. Neben Schriftstücken, Fernkopien und Telegrammen sind auch andere Formen der Nachrichtenübermittlung zulässig, die einen Nachweis der Vereinbarung ermöglichen, zB per E-mail (§ 1031 Abs. 1 ZPO). Weitere Formerleichterungen ergeben sich aus § 1031 Abs. 2 bis 4 ZPO.[121] Dagegen hält die Neuregelung für Geschäfte unter Beteiligung von Verbrauchern an der strengen Schriftform fest (§ 1031 Abs. 5 ZPO). 69

Auf die **Kaufmannseigenschaft** der Beteiligten kommt es für die Einordnung in die Erste oder die zweite Formkategorie **nicht mehr an.**[122] Daraus folgt, dass – im Unterschied zum bis 31. 12. 1997 maßgeblichen Rechtszustand – auch Kleingewerbetreibende (vgl. § 1 Abs. 2 HGB) und freiberuflich Tätige nach den weniger strengen Formvorschriften (§ 1031 Abs. 1 bis 4 ZPO) Schiedsvereinbarungen treffen können. Eine dem § 1027 Abs. 2 ZPO aF entsprechende Regelung, wonach (Voll-)kaufleute Schiedsvereinbarungen auch mündlich abschließen können, sieht § 1031 ZPO in der seit 1. 1. 1998 geltenden Fassung indessen nicht vor. Maßgebend war hierfür die Überlegung, dass ein echtes Bedürfnis für die Zulassung mündlicher Schiedsvereinbarungen im kaufmännischen Verkehr nicht besteht, und auch Art. II Abs. 2 UNÜ 1958 mündlichen Schiedsvereinbarungen die Wirksamkeit versagt.[123] 70

d) Strafrecht. Die **Bankrottbestimmungen** des StGB knüpfen vielfach an die **Kaufmannseigenschaft** an. Teils geschieht dies ausdrücklich (§ 283 Abs. 1 Nr. 6 StGB), meist aber mittelbar (vgl. RdNr. 35) durch Verweisung auf die Rechnungslegungspflicht nach „Handelsrecht" (§§ 283 Abs. 1 Nr. 7, 283 b Abs. 1 Nr. 3 StGB) oder die Pflicht zur Führung von „Handelsbüchern" (§§ 283 Abs. 1 Nr. 5, 283 b Abs. 1 Nr. 2 StGB). 71

Als Normadressaten dieser Straftatbestände kommen freilich nicht alle Kaufleute iSd. §§ 1 ff. in Betracht. Hinsichtlich der **Einzelkaufleute** besteht zwar eine strafrechtliche Verantwortlichkeit der Istkaufleute (§ 1 Abs. 1), der im Handelsregister eingetragenen Kleingewerbetreibenden (§ 2 S. 1) sowie der eingetragenen Land- und Forstwirte (§ 3 Abs. 2 iVm. § 2). Für die Abgrenzung der Istkaufleute wird im Strafrecht allerdings die Vermutungsregel des § 1 Abs. 2 zur handelsgewerblichen Betriebsgröße (o. RdNr. 22; § 1 RdNr. 41 ff.) im Hinblick auf die Unschuldsvermutung kaum Geltung beanspruchen können. Zweifelhaft ist auch die strafrechtliche Haftung von Kaufleuten kraft Eintragung (§ 5), Scheinkaufleuten (hierzu § 5 RdNr. 49 ff.) und Personen, die gem. § 15 HGB als Kaufleute behandelt werden. In diesen Fällen geht es um die Anwendung von Kaufmannsrecht aus privatrechtlichen Verkehrsschutzerwägungen. 72

Hinsichtlich der als Kaufleute tätigen **Gesellschaften** (§ 6 HGB) besteht eine strafrechtliche Verantwortung nur der **Organpersonen** sowie der **vertretungsberechtigten Gesellschafter** (§ 14 Abs. 1 Nr. 1, 2 StGB). 73

III. Internationalprivatrechtliche Anknüpfung der Kaufmannseigenschaft

1. Problemstellung. Setzen handelsrechtliche Normen die **Kaufmannseigenschaft** eines Beteiligten voraus, so ist in Fällen mit Auslandsberührung (vgl. Art. 3 Abs. 1 S. 1 EGBGB) zu entscheiden, **nach welcher Rechtsordnung** diese zu beurteilen ist. Meist wird es darum gehen, aus dem Blickwinkel des deutschen Handelsrechts die Kaufmannseigenschaft eines auslandsansässigen Beteiligten festzustellen. Denkbar ist aber auch die umgekehrte Fallgestaltung: Bei kollisionsrechtlicher Maßgeblichkeit ausländischen Rechts kann die Frage auftreten, ob ein in Deutschland oder einem Drittstaat ansässiger Beteiligter als Kaufmann iSd. anwendbaren Rechtsordnung zu betrachten ist. Zu beachten dabei, dass die Ausgestaltung der Rechtsstellung von Kaufleuten in den einzelnen Rechtsordnungen stark voneinander abweicht. Zahlreiche Staaten der Erde kennen überhaupt kein eigenständiges Handelsrecht (zB Italien, die Niederlande, Schweiz, Großbritannien). 74

Für das deutsche wie das ausländische Recht gleichermaßen gilt, dass sich die Normierung eines **Sonderprivatrechts für Kaufleute aus unterschiedlichen Sachgesichtspunkten** ergibt, die teilweise in den Einzelnormen nebeneinander vertreten sind. Das deutsche Handelsrecht etwa beruht zum Teil darauf, dass an die Geschäftserfahrung von Kaufleuten erhöhte Anforderungen gestellt werden, zum Teil beruht es auf der Erwägung, dass der kaufmännische Verkehr im gesteigerten Maß 75

---

[121] Vgl. den Überblick zu den Formerleichterungen bei *Schütze*, Schiedsgericht und Schiedsverfahren, 2. Aufl. 1998, RdNr. 104.
[122] Krit. *Schütze* (Fn. 121) RdNr. 103.
[123] Vgl. die RegBegr. zum SchiedsFVG, BT-Drucks. 13/5274, abgedr. bei *Schütze* (Fn. 121) S. 202 ff., 233.

auf Flexibilität, Schnelligkeit, Einfachheit und Rechtssicherheit angewiesen sei.[124] Im Einzelnen führt dies zur Erweiterung des Spielraums der Privatautonomie, zur Erleichterung des Rechtsverkehrs durch gesteigerten Verkehrs- und Vertrauensschutz sowie durch formlosen Abschluss und rasche Abwicklung von Rechtsgeschäften und zu gesteigerten Sorgfaltspflichten und -obliegenheiten.

76 Hinzu kommen ordnungsrechtliche Zielsetzungen wie etwa bei der Registerpflichtigkeit (vgl. § 14), im Firmenrecht (vgl. § 37 Abs. 1) und auf dem Gebiet der Rechnungslegung (vgl. §§ 331 bis 335). Schon diese **Normzweckvielfalt** im Sonderrecht der Kaufleute spricht **gegen ein einheitliches Sonderkollisionsrecht** der kaufmannsbezogenen Rechtsnormen oder auch nur der „Handelsgeschäfte" (vgl. §§ 343 ff.).[125]

77 Die kaufmannsbezogenen Vorschriften unterstehen daher kollisionsrechtlich den unterschiedlichsten Statuten. Die Handelsgeschäfte gehören im IPR zum internationalen Vertragsrecht (Art. 27 ff. EGBGB), Prokura und Handlungsvollmacht unterliegen dem Vollmachtsstatut, die unselbstständigen kaufmännischen Hilfspersonen (§§ 59 ff.) unterstehen dem internationalen Arbeitsrecht (Art. 30 EGBGB), die Handelsgesellschaften bilden den Anknüpfungsgegenstand des internationalen Gesellschaftsrechts und die sogen. kaufmännischen Grundpflichten (Registeranmeldung, Firmenberechtigung, Rechnungslegung) unterstehen als Öffentliches Recht von vornherein nicht dem IPR.

78 **2. Einheitliche Anknüpfung.** Anzustreben ist freilich ein einheitlicher Anknüpfungspunkt für die in den verschiedenen sonderrechtlichen Bestimmungen enthaltene **Kaufmannseigenschaft**. Anderenfalls bestünde die Gefahr, dass die Kaufmannseigenschaft ein und derselben Person innerhalb derselben Fallprüfung einmal zu bejahen und einmal zu verneinen ist.[126]

79 Eine **einheitliche kollisionsrechtliche Betrachtung** ist auch hinsichtlich der **Rechtssubjekte** geboten, um deren Kaufmannseigenschaft es geht. Unabhängig davon, welcher Anknüpfungspunkt für die Kaufmannseigenschaft als maßgeblich erachtet wird (RdNr. 106), besteht heute weithin Einigkeit darin, dass für Gesellschaften und natürliche Personen die gleiche Regel zu gelten hat.[127] Für die Verwendung gleicher Anknüpfungspunkte spricht nicht zuletzt die Möglichkeit der Umwandlung unter Beteiligung von Einzelkaufleuten (im deutschen Recht die §§ 3 Abs. 2 Nr. 2, 124, 152 UmwG). Hier wäre es misslich, sollte der neue Rechtsträger allein auf Grund gewandelter Anknüpfungspunkte – zB nunmehr der gewerblichen Niederlassung anstatt Wirkungsstatut – die Kaufmannseigenschaft verlieren oder erwerben.

80 **3. Mittelbare Bedeutung der Kaufmannseigenschaft.** Zu beachten ist, dass sich die Kaufmannseigenschaft eines oder mehrerer Beteiligter als Tatbestandsmerkmal bisweilen oft nur mittelbar zur Prüfung stellt. In zahlreichen Vorschriften erscheint der Begriff des Kaufmanns nicht, namentlich im Vierten Buch des HGB, wo man den **Kaufmann als Partei von „Handelsgeschäften"** antrifft (vgl. §§ 347, 349, 350, 352, 354, 354a usw.). In diesen Fällen gelangt man über die Begriffsbestimmung des § 343 und die Vermutung des § 344 zur Kaufmannseigenschaft und damit zu den nachstehend behandelten Anknüpfungsfragen.[128] Das deutsche Handelsrecht kennt keine „objektiven" Handelsgeschäfte, an denen auch ein Nichtkaufmann beteiligt sein könnte.[129]

81 **4. Kaufmannseigenschaft als Teilfrage.** Nach der kollisionsrechtlichen Dogmatik handelt es sich bei der Kaufmannseigenschaft um eine **Teilfrage**. Denn die Kaufmannseigenschaft ist niemals isoliert zu prüfen, sondern stets nur im Zusammenhang mit einer anderen Rechtsfrage – der sog. Hauptfrage. Sie ist tatbestandliche Voraussetzung einer handelsrechtlichen Norm (zB § 353) und – im Gegensatz etwa zur Geschäftsfähigkeit (Art. 7) – nicht durch gesetzgeberische Entscheidung verselbstständigt.

82 In der Regel unterliegt die Teilfrage dem auf die Hauptfrage anwendbaren Recht.[130] Diese Regel würde im vorliegenden Zusammenhang etwa dann zum Kaufmannsbegriff des deutschen Rechts (§§ 1 ff.) führen, wenn deutsches Recht Wirkungsstatut ist, also wenn zB ein Schuldvertrag dem deutschen Recht unterliegt (Art. 27 ff. EGBGB) und ein Anspruch auf Fälligkeitsverzinsung gemäß § 353 in Betracht kommt. Trotz dieser klaren dogmatischen Ausgangslage ist die Anknüpfung der Kaufmannseigenschaft im deutschen IPR traditionell umstritten. Die praktische Bedeutung der

---

[124] Dazu und zum Folgenden s. nur *Canaris* § 1 RdNr. 16 ff.
[125] Ebenso *v. Bar* IPR II RdNr. 608.
[126] *Ebenroth* ZHR 149 (1985), 704, 705 f.
[127] *v. Bar* IPR II RdNr. 613; *Soergel/Kegel* Art. 12 Anh. RdNr. 15; *van Venrooy* S. 46 f.; *Staudinger/Großfeld* RdNr. 326 ff.; wohl auch schon *Fikentscher* MDR 1957, 71, 73 mit Fn. 25; anders etwa *Staub/Brüggemann* Vor § 1 HGB RdNr. 32 f.; *Heymann/Horn* HGB, 2. Aufl. 1995, Einl. III RdNr. 4: die Kaufmannseigenschaft von Gesellschaften unterliege stets dem Gesellschaftsstatut.
[128] Beispiele: LG Hamburg IPRspr. 1958/59 Nr. 22 (zu § 1027 Abs. 2 ZPO aF); *van Venrooy* S. 30 (zu § 354 HGB).
[129] Anders noch Art. 271 ADHGB; vgl. *Staub* ADHGB, 5. Aufl. 1897, Vor Art. 271 bis 273 ADHGB.
[130] *v. Hoffmann/Thorn* IPR, 8. Aufl. 2005, § 6 RdNr. 46.

Frage darf freilich nicht überschätzt werden; einschlägige Gerichtsentscheidungen sind kaum ersichtlich.

5. Ort der gewerblichen Niederlassung. Nach einer älteren Auffassung in der Literatur stellt die Kaufmannseigenschaft einen selbstständigen Anknüpfungsgegenstand dar, der stets unabhängig von dem auf die Hauptfrage anwendbaren Recht („Wirkungsstatut") nach dem Recht der Niederlassung der betroffenen Person zu beurteilen sei; dabei wird offenbar durchgängig eine **Sachnormverweisung** auf diese Rechtsordnung angenommen.[131] Auch vereinzelte Gerichtsentscheidungen weisen in diese Richtung.[132]

Dabei wird der Ort der gewerblichen Niederlassung **definiert** als der Ort, wo die berufliche **Tätigkeit** tatsächlich ausgeübt wird, wo sich die **betrieblichen Einrichtungen** befinden, wo das **Personal** arbeitet und wohin sich die **Kunden** wenden.[133] Der Niederlassungsbegriff erfordert darüber hinaus, dass der Geschäftsbetrieb auf eine **gewisse Dauer** angelegt ist, eine äußere Einrichtung (Geschäftsraum) aufweist und selbstständig geführt wird.[134]

Dieser Mittelpunkt der Unternehmung[135] als kollisionsrechtlicher Anknüpfungspunkt ist das Ergebnis zweier grundsätzlich verschiedener Ansätze. Zum Teil geht das Schrifttum von einer Beurteilung der Interessenlage aus der Sicht des durch die Geschäftsaufnahme betroffenen Staates aus.[136] Die Erhaltung der internen Ordnung, zB durch den Erlass von Berufausübungsregeln, könne nur dem Staat vorbehalten bleiben, in dem das Gewerbe ausgeübt werde. Mit diesen Berufsausübungsregeln sei die Bestimmung der Kaufmannseigenschaft untrennbar verbunden.[137] Dieser mehr von der territorialen Verknüpfung des Gewerbebetriebes mit einer bestimmten Rechtsordnung ausgehenden Argumentation steht eine eher personale Anknüpfungsbegründung gegenüber, die die gewerbliche Niederlassung als das reale Domizil des Kaufmanns bezeichnet.[138] Die Kaufmannseigenschaft ist danach eine das Persönlichkeitsrecht im weiteren Sinne betreffende Frage, die allerdings nicht durch die Staatsangehörigkeit, sondern allein durch die Rechtsordnung am Ort der gewerblichen Niederlassung geregelt wird.[139] Der natürliche Ort für die Bewertung dieses speziellen kaufmännischen Persönlichkeitsrechts sei der Ort, an dem der Gewerbetreibende seine Grundpflichten wie zB registerrechtliche Eintragung, Buchführung und Bilanz zu erbringen habe.[140]

Ergänzend wird argumentiert, durch diesen Anknüpfungsgrundsatz werde die Rechtsordnung des Staates zur Entscheidung berufen, der durch die unternehmerische Betätigung betroffen ist.[141] Das angestrebte Ziel einer Gleichbehandlung aller Gewerbetreibenden könne sach- und interessengerecht allein durch die Anknüpfung an die Niederlassung erreicht werden.[142]

Die Interessen des Kaufmanns seien durch die Vorhersehbarkeit und vermutete Kenntnis der eigenen Rechtsordnung hinreichend berücksichtigt. Diejenigen des Vertragspartners würden nicht einseitig zurückgesetzt, denn die Kaufmannseigenschaft wirke im Sinne der Begründung zusätzlicher Pflichten (Verkürzung der Rügepflicht etc.) nur zu Lasten des Kaufmanns.[143] Der Vertragspartner werde selbst nur dann als Kaufmann behandelt, wenn er nach dem von ihm vorhersehbaren Recht seiner Niederlassung als Kaufmann behandelt wird.[144]

---

[131] MünchKommBGB/*Ebenroth* IntGesR, 2. Aufl. 1990, RdNr. 51 ff., 56; Kegel/*Schurig* § 17 IV 4; *Wolff* IPR S. 149; Soergel/*Kegel* Art. 12 Anh. RdNr. 15; *Hagenguth* S. 251 ff., 314 f., 363; weiterhin *Ficker* RvglHWB IV, S. 462; *Frankenstein* II S. 408, 409; *Rabel* II S. 184; *Hübner* NJW 1980, 2606; *Reichert/Facilides* VersR 1978, 482 Fn. 13; Staub/*Brüggemann* Vor § 1 HGB RdNr. 30; *Düringer/Hachenburg/Geiler* Allg. Einl. Anm. 16; Staudinger/*Firsching* Vor Art. 12 RdNr. 219; im Ergebnis ebenso *Gierke/Sandrock* S. 63.
[132] LG Hamburg IPRspr. 1958/59 Nr. 22 (Kaufmannseigenschaft einer franz. Genossenschaft in Anwendung franz. Rechts geprüft und – entgegen § 17 Abs. 2 GenG – abgelehnt).
[133] *Hagenguth* S. 165; *Surville/Arthuys*, Droit international privé, 1895, S. 497.
[134] *Hagenguth* S. 166.
[135] Zum Begriff s. *Ficker* RvglHWB IV, S. 462.
[136] *Diena*, Trattato di diritto commerciale internazionale, Bd. I, 1900, S. 100 ff.; *Pillet*, Principes de droit international privé, 1903, S. 556 Fn. 1; *Surville/Arthuys*, Droit international privé, 1895, S. 497; *Rolin* Rev. dr. i. p. 1906, 28.
[137] *Diena* (Fn. 136) S. 100.
[138] *Ficker* RvglHWB IV, S. 462.
[139] *Ficker* RvglHWB IV, S. 462.
[140] *Ficker* RvglHWB IV, S. 462; *Frankenstein* II 1929, S. 408; *Walker* S. 138; *Düringer/Hachenburg/Geiler* Allg. Einl. Anm. 16.
[141] MünchKommBGB/*Ebenroth* IntGesR, 2. Aufl. 1990, RdNr. 53 unter Berufung auf *Ebenroth/Sura* RabelsZ 43 (1979), 315, 338 f.
[142] MünchKommBGB/*Ebenroth* IntGesR, 2. Aufl. 1990, RdNr. 53.
[143] Zu den mit der Anwendung von Handelsrecht verbundenen „Lasten" für den Betreffenden vgl. *Henssler* ZHR 161 (1997), 13, 19.
[144] MünchKommBGB/*Ebenroth* IntGesR, 2. Aufl. 1990 RdNr. 53 gegen *Hagenguth* S. 178, der Bedenken im Hinblick auf einen einseitigen Interessenschutz zugunsten des Kaufmanns äußert.

88 Die Anknüpfung an die Niederlassung ist **abzulehnen**. Soweit hierfür ordnungspolitische Überlegungen angeführt werden, so wird dabei die Bestimmung des territorialen Anwendungsbereichs der Einzelnen ordnungsrechtlichen Vorschrift mit der des persönlichen Anwendungsbereichs („Kaufmann") vermengt. Wer Kaufmann iS der Rechtsordnung ist, in deren Geltungsbereich die gewerbliche Niederlassung unterhalten wird, unterliegt zwar auf Grund der im internationalen öffentlichen Recht anerkannten Anknüpfung an diesem Ort den ordnungsrechtlichen Bestimmungen des Niederlassungsstaates. Dass diese in persönlicher Hinsicht an die Kaufmannseigenschaft anknüpfen, bedeutet aber nicht, dass die Kaufmannseigenschaft dieses Personenkreises auch in anderen Zusammenhängen nur nach dem Recht des Niederlassungsstaates beurteilt werden könnte. Gleiches gilt für die öffentlich-rechtlich eingefärbten „Grundpflichten" des Kaufmanns (Registeranmeldung, Firmenführung, Geschäftsbriefpublizität, Rechnungslegung, RdNr. 29 ff.).

89 Richtig ist zwar, dass der Niederlassungsstaat im Regelfall durch die unternehmerische Betätigung am stärksten betroffen sein wird, und darin liegt ein gewichtiges Argument für die Sitzanknüpfung im internationalen Gesellschaftsrecht.[145] Dem Sonderrecht der „Kaufleute" liegt indessen – im Unterschied zum Gesellschaftsrecht – kein einheitlicher Normzweck zugrunde;[146] die einzelnen Rechtsinstitute unterliegen daher auch ganz unterschiedlichen kollisionsrechtlichen Qualifikationen (RdNr. 77).

90 **6. Gründungsstatut – Organisationsstatut.** Nach dieser Kollisionsregel wird das kaufmännische Personalstatut nach dem Recht bestimmt, nach welchem der Kaufmann sein Unternehmen gegründet bzw. organisiert hat.[147] Dieser von der Gründungstheorie[148] geprägte Anknüpfungsgrundsatz geht davon aus, dass besondere rechtliche Fähigkeiten nur von einer nationalen Rechtsordnung verliehen werden können, die durch den Willen des Gründers bestimmt wird.[149] Eine solche rein subjektive Anknüpfung hat den Nachteil einer nur eingeschränkten Anwendbarkeit. Anders als bei Personenzusammenschlüssen gesellschaftsrechtlicher Art ist im Fall des Einzelkaufmanns der Gründungsakt selbst kaum bestimmbar. Das gilt umso mehr, wenn nach der Rechtsordnung, nach der die Gründung erfolgt, eine registerrechtliche Eintragung nicht vorgesehen ist.[150]

91 Fehlt es an einer Offenkundigkeit des Gründungsvorgangs, so bleibt nur die Anknüpfung an das Organisationsstatut,[151] dh. an die Rechtsordnung, nach der das Handelsgeschäft geführt wird. Sieht man von der Möglichkeit der registerrechtlichen Eintragung besonderer handelsrechtlicher Vollmachten ab, so stellt sich auch hier das Problem der Offenkundigkeit. Greift man dann hilfsweise auf das Recht zurück, nach dem die Geschäftsbücher geführt werden, so ergibt sich die Untauglichkeit dieser Anknüpfung nicht nur mangels Offenkundigkeit der objektiven Anknüpfungsmerkmale, sondern mangels einer Abgrenzungsmöglichkeit zu einer Anknüpfung an den Ort der Niederlassung des einzelkaufmännischen Unternehmens. Es ist nämlich kaum vorstellbar, dass ein Ausländer, der im Inland ein Geschäft betreibt, dessen Buchführung nach ausländischem Recht durchführen lässt. Damit ist die Anknüpfung eines Organisationsstatuts nichts anderes als eine Anknüpfung an den Ort der Niederlassung des Handelsgeschäfts.

92 **7. Staatsangehörigkeit.** Dieser personale Anknüpfungsgrundsatz gewährt eine einseitig optimale Rechtssicherheit, indem sie den Gewerbetreibenden im Ausland von der Ungewissheit, nach einer ausländischen Rechtsordnung als Kaufmann behandelt zu werden, befreit. Derselbe Anknüpfungsgrundsatz wird von der Kontrolltheorie für die Anknüpfung von Gesellschaften aufgegriffen.[152] Eine besondere Bedeutung kommt dieser Anknüpfung in Krisen- und Kriegszeiten zu, wenn nach **fremdenrechtlichen Bestimmungen,** zB des Trading with the Enemy Act, ein Kaufmann allein wegen seiner Staatsangehörigkeit vom Handel ausgeschlossen werden kann.[153]

93 Dogmatische Grundlage dieser im französischen IPR entwickelten Anknüpfungsmethode[154] ist eine kollisionsrechtliche Gleichbehandlung von Geschäftsfähigkeit und Kaufmannseigenschaft durch

---

[145] MünchKommBGB/*Kindler* InGesR RdNr. 402.
[146] Dass das „Handelsrecht" überwiegend das Außenverhältnis betrifft, spricht entgegen *Staudinger/Großfeld* RdNr. 329 nicht schon per se gegen eine Anknüpfung an die Niederlassung; von diesem Argument wäre ansonsten ja auch das Gesellschaftsrecht betroffen, soweit es die Außenbeziehungen der Gesellschaft und der Gesellschafter regelt.
[147] *Gierke/Sandrock* S. 64.
[148] Zur Gründungstheorie MünchKommBGB/*Kindler* IntGesR RdNr. 339 ff.
[149] *Gierke/Sandrock* S. 64.
[150] Gerade diese Problemfolge behandelt *Gierke/Sandrock* S. 64 nicht.
[151] Unklar ist bei *Gierke/Sandrock* S. 64, in welchem Verhältnis Gründungs- und Organisationsstatut zueinander stehen.
[152] Zur Kontrolltheorie MünchKommBGB/*Kindler* IntGesR RdNr. 332 ff.
[153] Hierzu RGZ 93, 182, 184; BGH NJW 1962, 1436 – Borsäure; *Kegel/Schurig* § 23 I 4 a, IV; *Kropholler* IPR § 3 II vor 1; *Großfeld* Unternehmensrecht K § 4 3.
[154] Vgl. *Weiss,* Traité théorique et pratique de droit international privé Bd. VI, 1913, S. 240; *Bartin,* Principes de droit international privé selon la loi et la jurisprudence françaises, Bd. II, 1932, S. 47; *Sonnenberger* FrHWiR, 2. Aufl. 1991, RdNr. VIII 25.

die Ausdehnung der für die Geschäftsfähigkeit im französischen Recht normierten Kollisionsregel auf die Kaufmannseigenschaft.[155]

Eine solche Zuordnung übersieht jedoch die wesentlichen Unterschiede zwischen den beiden **94** Rechtsinstituten.[156] Die kaufmännische Betätigung ist Ergebnis der freien Willensentschließung und kann jederzeit wieder aufgegeben werden.[157] Die Geschäftsfähigkeit dagegen wird unabhängig vom Willen verliehen. Die Übereinstimmung zwischen den Mitgliedern eines Gemeinwesens (Staat), deren Ausdruck die gleiche Staatsangehörigkeit ist, und die Verbindung des Gewerbetreibenden mit diesem Heimatrecht haben für den Handelsverkehr, zumal für den internationalen, nur geringe Bedeutung.[158] Sind zB aus wirtschafts- oder wettbewerbspolitischen Gründen Kaufleuten im Inland bestimmte Pflichten auferlegt, so stört es die Chancengleichheit erheblich, wenn nur der inländische Staatsangehörige zulassen muss, dass der inländische Kaufmannsbegriff auf ihn angewendet wird, während der Ausländer sich auf sein Heimatrecht berufen kann. Eine Anknüpfung an die Staatsangehörigkeit führt daher nicht zu sachgerechten Ergebnissen.[159]

8. Domizil. Vertreten wird im Schrifttum zum Teil auch eine Anknüpfung an die am Domizil (im **95** Sinne von Wohnsitz) des Kaufmanns (nicht im Sinne von domicile im anglo-amerikanischen Sinn) geltende Rechtsordnung.[160] Schwächen offenbart diese Anknüpfungsmethode durch die Unbestimmtheit des Domizilbegriffs selbst,[161] wenn man die von Staat zu Staat unterschiedlichen Definitionen berücksichtigt. Die Anknüpfung an das Domizil ist insbesondere im internationalen Steuerrecht als sog. Wohnsitzprinzip von Bedeutung. Denkbar wäre daher eine Bestimmung des Domizilbegriffs in Anlehnung an dessen steuerrechtliche Bedeutung. Domizil wäre dann zu verstehen als der Ort, an dem der Kaufmann eine **Wohnung** besitzt, die er beibehalten und mit gewisser Regelmäßigkeit benutzen wird (vgl. § 8 AO). Hilfsweise könnte man auf den **Ort des gewöhnlichen Aufenthalts** abstellen (vgl. § 9 AO). Selbst wenn man aber mit Hilfe des deutschen Steuerrechts zu einer Begriffsausfüllung gelangt, kann das die Rechtsunsicherheit im internationalen Handelsrecht nicht beseitigen. Sowohl der Wohnsitzbegriff als auch der Begriff des gewöhnlichen Aufenthalts sind nämlich nicht in dem Sinne eindeutig, dass sich mit ihrer Hilfe allein ein Ort ermitteln lässt. Denkbar ist vielmehr auch ein Doppel- oder Mehrfachwohnsitz (vgl. § 19 Abs. 1 S. 2 AO).[162] Diese Folge ist für das Steuerrecht unerheblich, weil es hier lediglich um die Definition eines hinreichenden Bezugs zu einem Staatswesen zur Begründung der Steuerpflicht geht.[163] Im Übrigen kann im internationalen Handelsrecht nicht hingenommen werden, dass auf eine natürliche Person möglicherweise mehrere Kaufmannsbegriffe anwendbar sind und der Betroffene sich den für ihn jeweils günstigeren aussuchen kann. Der Domizilbegriff erweist sich daher insgesamt als ungeeignetes Anknüpfungsmerkmal.

9. Normzweck der Einzelnen handelsrechtlichen Vorschriften. Nach *van Venrooy* bestimmt **96** der Zweck der Einzelnen handelsrechtlichen Sachnorm den Anknüpfungspunkt für die Rechtsordnung, nach der die Kaufmannseigenschaft zu beurteilen ist.[164] Demgemäß unterstellt er dem Recht am Niederlassungsort die §§ 346, 354, 355 Abs. 1, 358, 366 Abs. 1, 369 Abs. 1 S. 1 HGB; der lex causae die §§ 347 Abs. 1, 348, 349, 350, 352, 353, 362, 368 Abs. 1, 369 Abs. 1 S. 1 HGB.

Der Normzwecklehre ist nicht zu folgen. Sie formt kein einheitliches Anknüpfungskriterium für **97** die Kaufmannseigenschaft (RdNr. 78) und kann sogar dazu führen, dass innerhalb eines Falles die Kaufmannseigenschaft eines Beteiligten einmal zu bejahen und anschließend wieder zu verneinen ist.[165] *van Venrooy* verkennt, dass der Zweck der Sachnorm zwar für deren Qualifikation (und Anknüpfung) Bedeutung hat, nicht aber notwendigerweise für die kollisionsrechtliche Behandlung der dort enthaltenen Teilfrage der Kaufmannseigenschaft.

10. Wirkungsstatut. a) Bisherige Begründungsansätze. Ein Teil der Lehre trat seit jeher für **98** eine unselbstständige Anknüpfung der Kaufmannseigenschaft nach dem Wirkungsstatut ein.[166] Da-

---

[155] *Bartin* (Fn. 154).
[156] Dazu *Hagenguth* S. 97 ff.; diff. RGRK/*Wengler* S. 563, der auf die „Kompliziertheit" der Regelung abstellt.
[157] Dagegen ähnlich *Hagenguth* S. 156 f.
[158] *Hagenguth* S. 157 f.
[159] Ebenso im Ergebnis MünchKommBGB/*Birk* Art. 7 EGBGB RdNr. 44.
[160] *Despagnet*, Précis de droit international privé, 1891, S. 1194; *Meili*, Lehrbuch des internationalen Konkursrechts, 1902, S. 84.
[161] *Rabel* II S. 184 ff. definiert den Begriff „commercial domicile" als den Ort „where business is established", knüpft also nicht an Domizil, Wohnsitz oder gewöhnlichen Aufenthalt, sondern an den Ort der Niederlassung an.
[162] BdF BStBl. 1990 I S. 50; weit. Nachw. bei *Tipke/Kruse* AO, Stand März 2003, § 8 RdNr. 4.
[163] Vgl. dazu *Tipke/Kruse* (vorige Fn.) Vor §§ 8–13 RdNr. 1.
[164] *van Venrooy* S. 27 ff.
[165] *Ebenroth* ZHR 149 (1985), 704, 705 f.
[166] Vgl. zB *L. v. Bar*, Theorie und Praxis des Internationalen Privatrechts, Bd. 2, 2. Aufl., Neudruck 1966, S. 130 ff.; *Neuhaus* S. 346; *Nußbaum* S. 211; *Staub/Hüffer* § 13 b HGB aF RdNr. 15; *Kaligin* DB 1985, 1449, 1454; *Birk* ZVglRWiss.

nach ist etwa bei vertraglichen Beziehungen (vgl. §§ 343 ff. HGB) für die Kaufmannseigenschaft dieselbe Rechtsordnung maßgeblich, die nach dem Schuldstatut (Art. 27 ff. EGBGB) über das in Rede stehende Rechtsverhältnis entscheidet. Die Mehrzahl der Gerichtsentscheidungen ist dem gefolgt.[167]

99 Die Notwendigkeit und Folgerichtigkeit dieser unselbstständigen Anknüpfung wird häufig unter Hinweis darauf vertreten, dass der Kaufmannsbegriff in den verschiedenen ausländischen Rechtsordnungen uneinheitlich, teilweise sogar überhaupt nicht Verwendung findet. Das deutsche Handelsrecht könnte so leerlaufen oder andererseits auf Personen anwendbar sein, für die es nicht gelten will.[168] Man könne nicht die Geltung einer bestimmten, für ein Rechtsverhältnis berufenen Rechtsordnung begrenzen, indem man die hier verwendeten Rechtsbegriffe inhaltlich durch eine andere Rechtsordnung bestimmen lässt.[169]

100 Diesen Bedenken will *v. Bar* durch eine Mehrfachanknüpfung Rechnung tragen.[170] Danach ist bei ausländischer lex causae diese für die Bestimmung der Kaufmannseigenschaft maßgeblich. Ist deutsches Recht lex causae, so soll in einer zweistufigen Prüfung zunächst die Kaufmannseigenschaft nach dem Recht des Staates der gewerblichen Niederlassung festgestellt werden. Bei positivem Ergebnis soll die Kaufmannseigenschaft im Rahmen der deutschen lex causae unterstellt werden, und zwar auch dann, wenn der Betreffende nicht dem Kaufmannsbegriff des HGB unterliegt. Bei negativem Ergebnis soll in einem weiteren Prüfungsschritt die Kaufmannseigenschaft nach den §§ 1 ff. HGB festzustellen sein, freilich ohne auf eine konstitutive Handelsregistereintragung (§§ 2, 5 HGB) Rücksicht zu nehmen; dies folge aus dem „Zweck der Sachnormen des HGB".[171]

101 Ungereimt ist daran freilich, dass *v. Bar* bei seinem ersten Prüfungsschritt diesen Normzweck gerade missachtet, wenn er dort auf das Bestehen der Kaufmannseigenschaft nach dem Recht am Ort der gewerblichen Niederlassung abstellt und es trotz abweichender Rechtsfolgen des deutschen Wirkungsstatuts dabei belässt (näher zur Kritik an einer solchen „inkongruenten Vorschaltlösung" RdNr. 106 ff.).

102 **b) Börsengesetznovelle 1989.** Auf die Tatsache, dass es in vielen ausländischen Rechtsordnungen die Figur des Kaufmanns überhaupt nicht gibt, hatte auch der Gesetzgeber der Börsengesetznovelle 1989 abgestellt. Nach § 53 BörsG aF[172] waren Börsentermingeschäfte zwischen Kaufleuten generell verbindlich. Für diesen Personenkreis ging der Gesetzgeber davon aus, dass im Hinblick auf hier gegebene besondere Geschäftserfahrung ein Schutzbedürfnis nicht vorliege.[173] Den Kaufleuten stand weder der Differenzeinwand noch der Termineinwand zu (§ 58 BörsG aF).

103 **Termingeschäftsfähig** waren **Kaufleute mit Sitz oder Hauptniederlassung im Ausland,** für die eine Eintragung in inländische Register nicht erfolgt (§ 53 Abs. 1 S. 1 Nr. 3 BörsG). Bezweckt war damit eine „materielle Gleichstellung von Inländern und Ausländern" bezüglich der Termingeschäftsfähigkeit.[174] Die Kaufmannseigenschaft war auch im Rahmen von § 53 Abs. 1 S. 1 Nr. 3 BörsG nach den §§ 1 ff. HGB zu beurteilen, wobei eine Eintragung nicht erforderlich war. Uner-

---

79 (1980), 281; *Jayme* ZHR 142 (1978), 105, 115 ff.; *Häuselmann* WM 1994, 1693, 1695; *Hartenstein* RvglHWB IV, *Kaufmann,* S. 726; RGRK/*Wengler* S. 856 Fn. 48; Staudinger/*Großfeld* RdNr. 326; Soergel/*Lüderitz* Art. 10 Anh. RdNr. 46 in Fn. 38; GroßkommAktG/*Assmann* Einl. RdNr. 599; Ulmer/Habersack/Winter/*Behrens* Allg. Einl. RdNr. B 75; Erman/*Hohloch* Art. 7 RdNr. 11; wohl auch *Herber*/*Czerwenka* CISG, 1991, Art. 78 RdNr. 7 und Staudinger/*Magnus* Art. 78 CISG RdNr. 16 (beide zu § 352 HGB).
[167] KG IPRspr. 1966/67 Nr. 190 (die Gesellschaft sei auch deshalb Kaufmann, weil sie sich „wie eine Handelsgesellschaft deutschen Rechts nach §§ 6, 1 II Nr. 7 HGB betätigt hat"); OLG München NJW 1967, 1326, 1328 (USA; § 377 HGB); LG Bonn Urt. v. 24. 4. 1982 – 2 O 154/81, IPRax 1983, 243 (italienisches Unternehmen als Kaufmann iS von § 95 Nr. 1 GVG angesehen); OLG Düsseldorf Urt. 4. 5. 1995 – 6 U 93/94, NJW-RR 1995, 1184 (US-amerikanische „Incorporation" als Kaufmann iS der §§ 6 Abs. 1, 25 HGB behandelt); vgl. auch BGH Urt. v. 15. 7. 2004 – III ZR 315/03, NJW 2004, 3039, 3040 (rechtsvergleichend – iS von § 661 a BGB – des Geschäftsführers einer franz. S. A. R. L. nach § 14 Abs. 1 BGB beurteilt).
[168] Staudinger/*Großfeld* RdNr. 327; rechtsvergleichend *Jayme* ZHR 142 (1978), 105, 115 Fn. 57 a.
[169] *Neuhaus* S. 346; ähnlich *Schnitzer* S. 40; *L. v. Bar* (Fn. 166) S. 130 Fn. 2, meint, dass die Verwendung des Begriffs „Kaufmann" im HGB als Kurzform nur für diejenigen gewerblichen Tätigkeiten steht, die nach der Definition des HGB den Kaufmannsbegriff ausfüllen; ebenso *Reithmann/Martiny* RdNr. 259.
[170] Zum Folgenden s. *v. Bar* IPR II RdNr. 609 ff.
[171] *v. Bar* IPR II RdNr. 612 und Staub/*Brüggemann,* GroßkommHGB, 3. Aufl. 1982, Vor § 1 RdNr. 44 für den Fall, dass dem Recht der Niederlassung der Kaufmannsbegriff unbekannt ist; s. auch KG IPRspr. 1966/67 Nr. 190, S. 618, 623 (offenbar nach ergebnisloser Prüfung der Kaufmannseigenschaft anhand englischen Rechts und des Rechts von Jakarta).
[172] IdF des Gesetzes zur Änderung des Börsengesetzes vom 11. 7. 1989, BGBl. I S. 1412, zuletzt geändert durch Art. 6 HRefG, Gesetz vom 22. 6. 1998, BGBl. I S. 1474.
[173] BT-Drucks. 11/4177 S. 18 = ZIP 1989, 337; vgl. BGHZ 133, 200, 205 = NJW 1996, 2795.
[174] BT-Drucks. 11/4177 S. 19 = ZIP 1989, 337, 338.

heblich war auch, ob das ausländische Recht den Kaufmannsbegriff anders fasst oder einen solchen überhaupt nicht kennt.[175]

Zur Notwendigkeit der Einbeziehung auslandsansässiger Kaufleute in den Kreis der termingeschäftsfähigen Personen hieß es in der Regierungsbegründung zur Börsengesetznovelle 1989:[176] **104**

„Die Regelung berücksichtigt, dass ausländische Kaufleute, die als juristische Personen oder Gesellschaften keinen Sitz oder als Einzelkaufmann keine Hauptniederlassung im Inland haben, als solche hier nicht in das Register eingetragen werden können. Da es in vielen ausländischen Rechtsordnungen den Begriff des Kaufmanns nicht gibt, soll maßgeblich sein, ob es sich aus der Sicht des deutschen Rechts um eine Person oder Gesellschaft handelt, die entweder eine vollkaufmännische Tätigkeit ausübt oder als Formkaufmann iS des § 6 HGB anzusehen ist."

Diese Erwägungen treffen auch nach der Neuregelung der Materie in §§ 37 d ff. WpHG („Finanztermingeschäfte") im Jahre 2002 zu.[177] Wie bisher können sich gewerbliche Vertragspartner bei Termingeschäften nicht auf den Spieleinwand nach § 762 BGB berufen.[178] Allerdings wird dieser Personenkreis in § 37 e WpHG nicht mehr anhand des Kaufmannsbegriffs abgegrenzt, sondern anhand von dessen Merkmalen. Verbindlich sind Finanztermingeschäfte danach, wenn „mindestens ein Vertragsteil ein Unternehmen ist, das gewerbsmäßig oder in einem Umfang, der einen in kaufmännischer Weise eingerichteten Geschäftsbetrieb erfordert, Finanztermingeschäfte abschließt".[179] Dass mit den derart bezeichneten Unternehmen auch solche mit Sitz im Ausland gemeint sind, liegt darin begründet, dass eine sachliche Abweichung zu § 53 Abs. 1 S. 1 Nr. 3 BörsG aF hier nicht beabsichtigt war.[180] **105**

11. Stellungnahme. Den zuletzt wiedergegebenen Überlegungen lässt sich eine **Entscheidung des Gesetzgebers** zugunsten der Beurteilung der Kaufmannseigenschaft nach dem **Wirkungsstatut** entnehmen.[181] Für diese Lösung spricht nicht nur die Vermeidung der schon aufgeführten Schwächen der sonstigen in Literatur und Rechtsprechung vertretenen Anknüpfungsregeln (RdNr. 83 ff.). Die lex causae-Anknüpfung geht auch dem Grundproblem einer jeden Abspaltung von Teilfragen aus dem Wege: der Gefahr von Wertungswidersprüchen zwischen dem Statut der Hauptfrage und dem Statut der Teilfrage, indem diese zur Vorfrage erhoben und einer eigenständigen kollisionsrechtlichen Anknüpfung unterzogen wird. Fast zwangsläufig entstehen solche Wertungswidersprüche, lässt man die für die Hauptfrage maßgebliche Rechtsordnung – zB das Vertragsstatut – zugunsten eines selbstständig angeknüpften und hiervon verschiedenen „kaufmännischen Personalstatuts" zurücktreten, wo immer es um die Kaufmannseigenschaft eines Beteiligten geht. Die Rechtsvergleichung zeigt, dass die Kaufmannseigenschaft – wo sie überhaupt Bedeutung hat –[182] weder als *Begriff* noch hinsichtlich der *Folgen* einheitlich Verwendung findet. **106**

Nicht einleuchten will es, dass – bei getrennter Anknüpfung – gegenüber einem Vertragspartner aus einer Rechtsordnung ohne eigenständigen Kaufmannsbegriff keine Vorschrift des Handelsrechts des Wirkungsstatuts Anwendung finden könnte, obwohl der Betreffende ein Gewerbe ausübt (vgl. § 1 Abs. 2 HGB[183]). Umgekehrt ist es ungereimt, das Handelsrecht des Wirkungsstatuts auf Personen anzuwenden, die *nur* nach ihrem „kaufmännischen Personalstatut", nicht aber nach dem Wirkungsstatut als Kaufleute anzusehen sind.[184] **107**

Widersprüchlich ist es ferner, bei *doppelt* gegebener Kaufmannseigenschaft handelsrechtliche Regelungen des Wirkungsstatuts anzuwenden, die im „Kaufmannsstatut" keine Entsprechung haben. Von vornherein konsequenter ist es hier, auf den Kaufmannsbegriff eines gesonderten „Kaufmannsstatuts" keine Rücksicht zu nehmen. Paradigmatisch für Rechtsfolgendivergenzen beim Kaufmannsbegriff ist etwa das Bürgschaftsrecht: so ist nach deutschem Recht die Bürgschaft als Handelsgeschäft **108**

---

[175] Baumbach/*Hopt*, 30. Aufl. 2000, § 53 BörsG RdNr. 5; *Schäfer* ZIP 1989, 1103, 1104; *Kümpel* WM 1989, 1485, 1486; *Assmann*, FS Heinsius, 1991, S. 1, 14; *Schwennicke* WM 1997, 1265, 1267; Beispiel: OLG Düsseldorf NJW-RR 1995, 1124, 1126 = WM 1995, 808, 812; anders *Horn* ZIP 1990, 2, 15, der den dt. Kaufmannsbegriff offenbar nur dann anwenden will, wenn das ausländische Recht kein eigenständiges Handelsrecht kennt.
[176] BR-Drucks. 11/4177 S. 19 = ZIP 1989, 337, 338.
[177] Gesetz vom 21. 6. 2002, BGBl. I S. 1310, 2316 = Beilage zu NZG Heft 14/2002 (4. Finanzmarktförderungsgesetz).
[178] MünchKommBGB/*Habersack* § 762 RdNr. 19.
[179] Zur Gewerblichkeit als Hauptmerkmal des Kaufmannsbegriffs vgl. § 1 RdNr. 9 ff.
[180] Vgl. die Gesetzgebungsmaterialien in ZBB 2001, 398, 433 f. (zu §§ 37 d, 37 e WpHG); vgl. auch die Materialien zitiert bei *Fleischer* NJW 2002, 2977 in Fn. 2.
[181] Ebenso – beiläufig – schon GroßkommAktG/*Assmann* Einl. RdNr. 599 Fn. 259 („verallgemeinerungsfähig").
[182] Vgl. RdNr. 74 aE.
[183] IdF des HRefG vom 22. 6. 1998, BGBl. I S. 1474.
[184] So gehören zB nach Art. 4 Abs. 2 des japanischen HGB Teile der Urproduktion zum Handelsrecht, vgl. *Ishikawa/Leetsch*, Das japanische Handelsrecht in deutscher Übersetzung, 1988; Beispiel nach *v. Bar* IPR II RdNr. 612 Fn. 27 (das Beispiel bezieht sich auf den Kaufmannsbegriff des deutschen Rechts vor der Reform durch das HRefG 1998).

formfrei, im Übrigen besteht Formzwang (§§ 766 BGB, 350 HGB). Im spanischen Recht ist es genau umgekehrt: dort besteht der Formzwang nur im Handelsverkehr (Art. 1258 Código civil; Art. 52, 440 Código de comercio).[185]

109 Insgesamt ist es deshalb misslich, dem Handelsrecht einer bestimmten Rechtsordnung den Kaufmannsbegriff aus einer anderen Rechtsordnung „vorzuschalten".[186] Begriff *und* Rechtsfolgen der Kaufmannseigenschaft sind ein und derselben Rechtsordnung zu entnehmen. Anderenfalls würde ein einheitlicher Lebenssachverhalt durch die Unterstellung unter verschiedene Rechtsordnungen „willkürlich zerrissen", und Anpassungsprobleme wären die unvermeidliche Folge.[187] Nur die Maßgeblichkeit des Wirkungsstatuts vermeidet eine solche inkongruente Vorschaltlösung.[188]

110 **a) Deutsches Recht als Wirkungsstatut.** Hauptanliegen der unselbstständigen Anknüpfung ist es, den von §§ 1 ff. HGB umschriebenen Personenkreis („Kaufleute") gleichen rechtlichen Regelungen zu unterwerfen. Unterscheidungen anhand des Ortes der gewerblichen Niederlassung (RdNr. 83 ff.), des Gründungsstatuts (RdNr. 90 ff.), der Staatsangehörigkeit (RdNr. 92 ff.), des Domizils (RdNr. 95), der ratio der Sachnorm (RdNr. 96 ff.) ist damit eine Absage erteilt. Solche Unterscheidungen wären auch im Hinblick auf die Leitgedanken des Handelsrechts nicht einsichtig.

111 So hängt die besondere **Geschäftserfahrung** einer Person nicht von den genannten Umständen ab, sondern schon viel eher von der **Tätigkeit**, der die Person gewöhnlich nachgeht, zB dem Betrieb eines Gewerbes (vgl. § 1 HGB). Soweit mithin das Sonderrecht der Kaufleute – wie etwa § 350 HGB – durch Verzicht auf Schutznormen der besonderen Geschäftserfahrung dieses Personenkreises Rechnung trägt, liegt die Maßgeblichkeit des Kaufmannsbegriffs des HGB ohne weiteres nahe. Denn der Kaufmannsbegriff bestimmt eben jenen tendenziell nicht schutzbedürftigen – weil erfahrenen – Personenkreis.[189]

112 Für die Maßgeblichkeit der §§ 1 ff. spricht hier auch, dass es keinen Unterschied machen kann, ob die Rechtsordnung diesen Personenkreis anhand eines – näher definierten – Status („Kaufmann") oder anhand bestimmter Tätigkeiten (vgl. o. RdNr. 27) eingrenzt. Mit Recht macht *Martiny*[190] darauf aufmerksam, dass eine Sonderanknüpfung auch dann kaum in Betracht zu ziehen wäre, wenn eine Rechtsordnung bestimmte *Tätigkeiten* – ohne Verwendung des Kaufmannsbegriffs – schlicht beschreiben und besonderen Regeln unterwerfen würde.

113 Aber auch soweit unser Handelsrecht anderen Leitgedanken als der soeben behandelten Erweiterung der Privatautonomie folgt, kann es nur auf den Kaufmannsbegriff des HGB ankommen. Dies gilt für den **besonderen Verkehrs- und Vertrauensschutz** und für die **gesteigerten Sorgfaltspflichten und -obliegenheiten** (RdNr. 75) ebenso wie für die teilweise **öffentlich-rechtlich eingefärbten Kaufmannspflichten** (Registeranmeldung, Firmenführung, Rechnungslegung, RdNr. 77). Auch in diesem Zusammenhang mag die Auslandsansässigkeit eines Beteiligten oder eine sonstige Berührung mit einer ausländischen Rechtsordnung bei der Anknüpfung der Hauptfrage bedeutsam sein, nicht aber bei der Bestimmung der Kaufmannseigenschaft im Rahmen des als anwendbar bereits festgestellten deutschen Rechts. Für die Maßgeblichkeit des Kaufmannsbegriffs des HGB auch in diesem Zusammenhang spricht hier wiederum die mit der Börsengesetznovelle 1989 u. a. angestrebte „materielle Gleichstellung von Inländern und Ausländern" (RdNr. 104), die auch den §§ 37 d ff. WpHG 2002 zugrunde liegt (vgl. RdNr. 106). Denn eine Ungleichbehandlung auslandsansässiger Beteiligter ist auch vor dem Hintergrund der übrigen Handelsrechtszwecke sachlich nicht zu rechtfertigen.

114 **b) Ausländisches Recht als Wirkungsstatut.** Ist ausländisches Recht Wirkungsstatut, so verbleibt es bei dessen Maßgeblichkeit auch für die Beurteilung der Kaufmannseigenschaft eines Beteiligten.[191] Ist etwa nach österr. Recht zu prüfen, ob ein französischer Gewerbetreibender formlos wirksam ein Bürgschaftsversprechen abgeben konnte (vgl. RdNr. 108) oder Mängel der Kaufsache unverzüglich zu rügen hatte (vgl. Art. 32 Abs. 2/Art. 10 Abs. 2 EVÜ), so ist es dem österr. Recht zu

---

[185] Dazu *Fischer/Fischer,* Spanisches Handels- und Wirtschaftsrecht, 2. Aufl. 1994, S. 217; zu den historischen Gründen dieser Unterscheidung s. *Raisch,* Die Abgrenzung des Handelsrechtes vom bürgerlichen Recht als Kodifikationsproblem im 19. Jh., 1962, S. 65 f.
[186] *Reithmann/Martiny* RdNr. 259; gegen eine selbstständige Anknüpfung auch MünchKommBGB/*Birk* Art. 7 EGBGB RdNr. 44.
[187] Vgl. *v. Hoffmann/Thorn* IPR § 6 RdNr. 44.
[188] So im Ergebnis auch *Eidenmüller/Rehberg* § 5 RdNr. 13 ff.; *Foerste* ZBB 2001, 483, 486 (zu Bürgschaften iS von § 108 Abs. 1 ZPO).
[189] Staudinger/*Großfeld* RdNr. 327; ebenso G. *Fischer* DZWiR 1994, 126, 127 (Anm. zu OLG Naumburg DZWiR 1994, 123 = WM 1994, 906).
[190] Reithmann/*Martiny* RdNr. 239.
[191] Staudinger/*Großfeld* RdNr. 331.

überlassen, ob es in diesen Personen Kaufleute iS seines Handelsrechts oder einer anderen nach österr. IPR maßgeblichen Rechtsordnung sieht.[192] Hier den franz. Kaufmannsbegriff dem österr. HGB vorzuschalten, ist aus deutscher Sicht nicht veranlasst.

12. Kaufmannseigenschaft ausländischer Gebilde (Substitution). Die Prüfung der Kaufmannseigenschaft ausländischer Gebilde ist ein Fall der Substitution:[193] Die zur Entscheidung berufene Sachnorm steht fest (zB § 377 HGB), aber ein Tatbestandsmerkmal dieser Norm (die Kaufmannseigenschaft) ist in einem ausländischen Staat verwirklicht. Dann ist fraglich, ob die fremde Rechtserscheinung der an sich in Bezug genommenen inländischen substituiert werden darf, dh. an deren Stelle den Tatbestand der inländischen Sachnorm ausfüllen darf.[194] Dabei geht es nicht mehr um eine kollisionsrechtliche Prüfung (welches Recht findet Anwendung?), sondern um die zutreffende Auslegung des zur Anwendung berufenen Sachrechts. 115

a) Einzelkaufmann. Soweit die Kaufmannseigenschaft einer auslandsansässigen natürlichen Person in Rede steht, ist unmittelbar auf die Begriffsbestimmungen in §§ 1 ff. HGB abzustellen. 116

Für den wichtigsten Fall – den **Kaufmann kraft Gewerbebetriebs** (§ 1 Abs. 2 HGB) – ist mithin danach zu fragen, ob der Betreffende ein gewerbliches Unternehmen betreibt, das nach Art und Umfang einen in kaufmännischer Weise eingerichteten Geschäftsbetrieb erfordert.[195] 117

Diese Frage stellt sich auch dann, wenn die Kaufmannseigenschaft eines **Gesellschafters einer Personenhandelsgesellschaft** in Rede steht.[196] Insoweit auch auf das Gesellschaftsstatut abzustellen, wäre sachlich nicht gerechtfertigt. Denn die Kaufmannseigenschaft des Gesellschafters ist nicht für dessen gesellschaftsrechtliche Stellung bedeutsam, sondern allenfalls für Drittbeziehungen.[197] 118

Der **Kaufmann kraft Eintragung** (§§ 2 und 5 HGB) erwirbt diese Eigenschaft in der hier vorausgesetzten Fallsituation naturgemäß durch Eintragung in einem entsprechenden **ausländischen Register**. Dabei muss es sich um eine dem deutschen Handelsregister funktional vergleichbare Einrichtung handeln.[198] Unschädlich ist es, wenn das Register – anders als nach § 8 HGB – nicht von den Gerichten, sondern etwa von den Industrie- und Handelskammern geführt wird, wie zB in Italien seit 1996.[199] Kein Fall des § 5 HGB liegt vor, wenn eine Auslandsgesellschaft mit ihrer inländischen Zweigniederlassung im Handelsregister eingetragen ist.[200] Denn die Kaufmannseigenschaft eines Gebildes ist für alle in- und ausländischen Niederlassungen einheitlich zu beurteilen.[201] Eine abweichende Rechtslage im Hinblick auf die Zweigniederlassung ergibt sich nur bei ganz bestimmten, gesetzlich eng umschriebenen Einzelfragen (zB § 30 Abs. 3 HGB – Firma der Zweigniederlassung; § 50 Abs. 3 HGB – Niederlassungsprokura). 119

Zuweilen kam es nach dem bis zum 30. 6. 1998 geltenden Handelsrecht auf die Einstufung als „Minderkaufmann" (§ 4 HGB aF) an.[202] Soweit dies auch nach dem genannten Datum bedeutsam sein sollte, so sind hierfür die Merkmale des § 4 Abs. 1 HGB aF auch für ausländische Einzelunternehmen heranzuziehen. Schwierigkeiten bereitet dabei freilich, dass ausländische Rechtsordnungen vergleichbare Figuren häufig nicht kennen.[203] 120

---

[192] Ebenso *v. Bar* IPR II RdNr. 611 (mit dem gleichen Beispiel); *van Venrooy* S. 8 ff., 14.
[193] Staudinger/*Großfeld* RdNr. 332 ff.; GroßkommAktG/*Assmann* Einl. RdNr. 599 Fn. 259; *Eidenmüller/Rehberg* § 5 RdNr. 14.
[194] Allg. dazu *Kropholler* IPR § 33.
[195] Zum Sachrecht unten § 1 RdNr. 9 ff.
[196] Nach deutschem Handelsrecht sind OHG-Gesellschafter sowie persönlich haftende Gesellschafter einer KG Kaufleute, da sie die Geschäfte der Gesellschaft „betreiben", BGHZ 45, 282, 284 = NJW 1966, 1960. Kommanditisten besitzen die Kaufmannseigenschaft grds. nicht, BGHZ 45, 282, 285; zusammenfassend Baumbach/*Hopt* § 105 HGB RdNr. 19 ff.
[197] Beispiel: Anwendbarkeit von § 350 HGB auf ein Bürgschaftsversprechen des Gesellschafters, vgl. BGH NJW 1980, 1572, 1574; 1982, 569, 570.
[198] Vgl. *Schlechtriem*, FS Duden, 1977, S. 571, 580; zweifelnd *Staub/Brüggemann* Vor § 1 HGB RdNr. 40.
[199] Zum ital. Handelsregister s. *Kindler* ItHWiR, 2002, § 2 RdNr. 22 ff.
[200] So aber *Eidenmüller/Rehberg* § 5 RdNr. 15.
[201] Dass § 5 HGB für eine niederlassungsbezogene Kaufmannseigenschaft von Gesellschaften bedeutsam sein könnte, wurde im handelsrechtlichen Schrifttum bisher noch nicht einmal erörtert: vgl. hier § 5 RdNr. 1 ff.; ferner *Pentz* § 13 RdNr. 1 ff.
[202] Das HRefG (vom 22. 6. 1998, BGBl. I S. 1474) hat den Begriff des Minderkaufmanns aufgegeben, ohne dass freilich die hierfür maßgeblichen Merkmale ihre Bedeutung verloren hätten: Gewerbebetrieben, die einen in kaufmännischer Weise eingerichteten Gewerbebetrieben nicht erfordern (vgl. § 1 Abs. 2 HGB idF von 1998), steht es frei, die Kaufmannseigenschaft kraft Eintragung zu erwerben (§ 2 HGB idF von 1998). Über eine besondere Rechtsstellung verfügen diese neuen „Kann-Kaufleute" nach neuem Recht allerdings nicht.
[203] Nach *Möller* EWS 1993, 22, 23 gibt es im europäischen Umfeld allein nach griechischem Recht einen „Minderkaufmann". Ergänzend ist noch auf den „piccolo imprenditore" des italienischen Rechts hinzuweisen, *Kindler* ItHWiR, 2002, § 2 RdNr. 5.

121 **b) Handelsgesellschaften.** Handelsgesellschaften besitzen die Kaufmannseigenschaft. Dies folgt aus § 6 Abs. 1 HGB. Welche Gesellschaften zu den Handelsgesellschaften zählen, bestimmt das Gesetz an anderer Stelle.

122 **aa) Kapitalgesellschaften.** Nach §§ 3, 278 Abs. 3 AktG, 13 Abs. 3 GmbHG gelten die AG, die KGaA und die GmbH als Handelsgesellschaften. Die genannten Vorschriften bestimmen damit den Kaufmannsbegriff des § 6 Abs. 1 HGB, was die Kapitalgesellschaften angeht.

123 Ob eine *ausländische* Gesellschaft als AG, KGaA oder GmbH iS der §§ 3, 278 Abs. 3 AktG, 13 Abs. 3 GmbHG angesehen werden kann, hängt davon ab, inwieweit dieses Gebilde auf Grund seiner Struktur dem in Betracht gezogenen Gesellschaftstyp des deutschen Rechts im Wesentlichen gleicht.[204] Nach allgemeiner Meinung ist mithin wie generell bei der Substitution die **Gleichwertigkeit** der fremden Rechtserscheinung das entscheidende Kriterium.[205] Dabei kann es auch auf die Ausgestaltung des Gesellschaftsvertrages im Einzelfall ankommen.[206]

124 Einen wichtigen **Anhaltspunkt** für die Gleichwertigkeit gibt die **Bezeichnung durch das ausländische Recht,** weil sie Hinweise auf die systematische Einordnung und damit auf die Gesellschaftsverfassung liefert. Daran hat sich die Rechtsprechung immer wieder orientiert.[207] Weitere Kriterien liefert die **Vermögens- und Haftungsordnung;** ist die Einordnung als AG oder GmbH zweifelhaft, so ist zugunsten der AG zu entscheiden.[208]

125 Obwohl den §§ 3, 278 Abs. 3 AktG, 13 Abs. 3 GmbHG keine gesellschaftsrechtlichen Richtlinien der EG zugrunde liegen, wird man im **Kreise der Rechtsordnungen der EG-Mitgliedstaaten** von der „Gleichwertigkeit" der in den einzelnen **Richtlinien** angesprochenen Kapitalgesellschaftstypen des innerstaatlichen Rechts ausgehen dürfen. Demgemäß finden sich die ausländischen Entsprechungen der AG, der KGaA und der GmbH in Art. 1 der Publizitätsrichtlinie in deren aktueller Fassung.[209]

126 Die einer AG, GmbH oder KGaA gleich zu achtende ausländische Kapitalgesellschaft ist „Handelsgesellschaft" – und damit Kaufmann (§ 6 Abs. 1 HGB) – auch dann, wenn sie einen **nichtwirtschaftlichen Geschäftsbetrieb** zum Gegenstand hat. Nach *Brüggemann* soll es sich bei der nicht gewerblichen Kapitalgesellschaft indessen um eine Eigentümlichkeit des deutschen Rechts handeln, „deren Überspitzung für die kollisionsrechtliche Betrachtung besser auf den allgemeinen Typus des Idealvereins zurückgeführt zu werden verdient".[210] Zu den Grundmerkmalen der Kapital- „Handelsgesellschaft" nach deutschem Recht gehört aber gerade, dass es auf den Gegenstand des Unternehmens nicht ankommt. Alle – auch ausländische – Kapitalgesellschaften besitzen deshalb die

---

[204] RFH IPRspr. 1935–44 Nr. 34 (LS); BFH BStBl. 1992 II S. 720 m. Anm. *Knobbe-Keuck* DB 1992, 2070; BFH RIW 1993, 165; *Großfeld/Luttermann* IPRax 1993, 229; vgl. allg. *F. A. Mann* LQRev. 79 (1963), 252; *Ferid* GRUR Int. 1973, 472; Staudinger/*Großfeld* RdNr. 333; ebenso Art. 7 Abs. 1 der Zweigniederlassungsrichtlinie.

[205] Vgl. auch § 47 Abs. 3 FGG („Ähnlichkeit"), § 34 Abs. 1 SGB I („Entsprechung"); *Kropholler* IPR § 33 II 2; ähnlich *v. Bar* IPR II RdNr. 613, der im Zuge seiner Mehrfachanknüpfung (dazu RdNr. 100) danach fragt, welcher Rechtsform des deutschen Rechts die ausländische Gesellschaft „am nahesten kommt".

[206] Vgl. das BMF-Schreiben vom 19. 3. 2004 – IV B 4 – S 1301 USA-22-04, RIW 2004, 474 zur Einordnung einer nach dem Recht eines US-Bundesstaates gegründeten Limited Liability Company (LLC); Zusammenfassung auch in ZIP-aktuell 2004 Nr. 101.

[207] RGZ 117, 215, 217, 218 („Corporation" nach dem Recht des US-Bundesstaates Delaware als Entsprechung einer deutschen AG angesehen); KG IPRspr. 1966/67 Nr. 190, S. 618, 623 („Corporation Limited" als GmbH behandelt); OLG München NJW 1967, 1326, 1328 (Vollkaufmannseigenschaft einer nicht näher bezeichneten „rechtsfähigen Gesellschaft der optischen Industrie der USA" gemäß § 6 Abs. 2 HGB angenommen); BayObLGZ 1985, 272, 276 f. = IPRax 1986, 161; BayObLGZ 1986, 61, 65 = NJW 1986, 3029 = IPRax 1986, 368 (beide zur Vergleichbarkeit einer englischen private ltd. mit der GmbH); OLG Saarbrücken NJW-RR 1989, 828, 829 = IPRspr. 1988 Nr. 162 (societé anonyme aus dem franz. Rechtskreis als AG eingestuft); OLG Düsseldorf NJW-RR 1995, 1184 (US-amerikanische „Incorporation" als AG angesehen); BayObLG NJW 1999, 654, 655 (US-amerikanische „Company" als AG behandelt); in der Lit. vgl. Staudinger/*Großfeld* RdNr. 333; *Lauterbach/Beitzke* S. 94, 100 sowie die tabellarische Übersicht bei *Möller* EWS 1997, 340, 342; *dies.* GmbHR 1994, R 18 (EU-Staaten nach damaligem Stand) und GmbHR 1998, R 87 (Finnland, Norwegen, Österreich und Osteuropa); vergleichende Zusammenstellung auch in der Verfügung der OFD Koblenz vom 8. 8. 1997 (S 2701 A-St 1) RIW 1997, 1066.

[208] *Staub/Hüffer* § 13 b HGB aF RdNr. 6; Beispiel für eingehende rechtsvergleichende Prüfung: IPG 1975 Nr. 14 (Köln; niederländische B. V.).

[209] Vgl. *Kindler* NJW 1993, 3301, 3303 f. zu ausländischen Gesellschaftstypen in richtliniengebundenen Vorschriften des HGB (§§ 13 f, 13 g HGB idF von 1993); s. auch Koller/*Roth*/Morck § 13 e RdNr. 2; MünchKommHGB/*Bokelmann*, 1. Aufl., § 13 d RdNr. 9; eingehend zu den einer inländischen GmbH entsprechenden ausländischen Gesellschaften *Lutter/Hommelhoff* GmbHG, 16. Aufl. 2004, § 12 RdNr. 11; vgl. auch *Haas* DB 1997, 1501; für eine Kurzdarstellung ausländischer Kapitalgesellschaftstypen vgl. den Überblick bei *Reithmann/Hausmann* RdNr. 2292 ff., 2300 ff. (zu Belgien, England, Frankreich, Italien, den Niederlanden, Österreich, Portugal, Spanien, Polen, Russland, der Tschechischen Republik, der Slowakischen Republik, Ungarn, Liechtenstein, der Schweiz, Japan und den USA, jeweils m. Nachw.).

[210] *Staub/Brüggemann* Vor § 1 HGB RdNr. 45 unter Berufung auf *Hallstein,* Die Aktienrechte der Gegenwart, 1931, S. 73 ff.

Kaufmannseigenschaft, wenn die ausländische Rechtsordnung die jeweilige Gesellschaftsform auch für nicht gewerbliche Unternehmen eröffnet.

bb) Personengesellschaften. Die **OHG** und die **KG** sind Handelsgesellschaften iS des § 6 Abs. 1 HGB. Dies ergibt sich aus der Überschrift des Zweiten Buches des HGB. Wesensmerkmal dieser Gesellschaftsformen ist, dass sie – anders als Kapitalgesellschaften – von vornherein nur zum Betrieb eines Gewerbes oder für die Verwaltung eigenen Vermögens errichtet werden können (§§ 105 Abs. 1, 2161 Abs. 1 HGB). Dies ist bei einem Strukturvergleich mit verwandten Gesellschaftstypen des ausländischen Rechts zu berücksichtigen. Soweit danach eine offene Handelsgesellschaft oder Kommanditgesellschaft auch zu anderen Zwecken errichtet und betrieben werden kann (Art. L 210–1 Abs. 2 Code de commerce 2000[211]), so können diese Gesellschaften dem jeweils terminologisch entsprechenden Gesellschaftstyp des deutschen Rechts nicht gleichgestellt werden. Es fehlt insoweit an der „Gleichwertigkeit" (vgl. RdNr. 122). Die Kaufmannseigenschaft kann sich freilich ohne unmittelbar aus § 1 ff. HGB ergeben, dh ohne den Umweg über § 6 Abs. 1 HGB. **127**

Als Personenhandelsgesellschaft ist auch die **deutsche EWIV** einzustufen;[212] sie unterliegt subsidiär dem Recht der OHG (§ 1 EWIV-AusfG).[213] Für die **ausländische EWIV** ist darauf abzustellen, welchem Gesellschaftstyp sie nach dortigem Recht subsidiär zugeordnet ist.[214] **128**

c) Genossenschaften. Genossenschaften sind keine Handelsgesellschaften iS des § 6 Abs. 1 HGB. Sie gelten jedoch gemäß § 17 Abs. 2 GenG unmittelbar als Kaufleute. Für die Gleichwertigkeitsprüfung sind die allgemeinen Grundsätze (RdNr. 121 ff.) maßgeblich, dh. das ausländische Gebilde ist auf seine Vereinbarkeit mit den Wesensmerkmalen der Genossenschaft des deutschen Rechts hin zu überprüfen.[215] **129**

d) Versicherungsverein auf Gegenseitigkeit. Nach § 16 VAG gelten für den (großen) VVaG die Vorschriften des Ersten Buches, des ersten Abschnitts des Dritten Buches und des Vierten Buches des HGB über Kaufleute „außer den §§ 1 bis 7 HGB" entsprechend, soweit das VAG nichts anderes vorschreibt.[216] Auch für dieses Gebilde sind Maßstab der Gleichwertigkeitsprüfung die Wesensmerkmale des VVaG nach dem deutschen VAG.[217] **130**

13. Anknüpfung einzelner handelsrechtlicher Vorschriften. Es gibt kein eigenständiges „Handelskollisionsrecht" iS eines Rechtsanwendungsrechts für das HGB.[218] Statt dessen ist jeweils für die Einzelne handelsrechtliche Norm die Zuordnung zu einem kollisionsrechtlichen Statut zu prüfen (Qualifikation).[219] **131**

§ 1 [Istkaufmann]

(1) Kaufmann im Sinne dieses Gesetzbuchs ist, wer ein Handelsgewerbe betreibt.

(2) Handelsgewerbe ist jeder Gewerbebetrieb, es sei denn, daß das Unternehmen nach Art oder Umfang einen in kaufmännischer Weise eingerichteten Geschäftsbetrieb nicht erfordert.

Schrifttum: Vgl. zunächst vor § 1. Ferner: *Armbruster*, Die Erbengemeinschaft als Rechtsform zum Betrieb eines vollkaufmännischen Handelsgeschäfts, Diss. Tübingen, 1965; *F. Bauer*, Der Testamentsvollstrecker als Unternehmer, FS Dölle, 1963, S. 249; *Becker*, Kaufmannseigenschaft und Deutsche Bundesbahn, NJW 1977, 1674; *Bork*, Der Schreiner als Kaufmann, JuS 1993, 106; *Dauner-Lieb*, Unternehmen in Sondervermögen, 1998; *Rob. Fischer*, Fortführung eines Handelsgeschäfts durch eine Erbengemeinschaft?, ZHR 144 (1980), 1; *J. v. Gierke*, Das Handelsunternehmen, ZHR 111 (1948), 1; *Hohensee*, Die unternehmenstragende Erbengemeinschaft, 1994; *Hopt*, Handelsgesellschaften ohne Gewerbe und Gewinnerzielungsabsicht?, ZGR 1987, 145; *Hüffer*, Die Fortführung des Handelsgeschäfts in ungeteilter Erbengemeinschaft und das Problem des Minderjährigenschutzes, ZGR 1986, 603; *Kaempfe*, Die Partenreederei als Kaufmann, MDR 1982, 975; *Kögel*, Der nach Art und Umfang in kaufmännischer Weise eingerichtete Geschäftsbetrieb – eine

---

[211] Früher Art. 1 Abs. 2 des franz. Gesetzes Nr. 66–537 vom 24. 7. 1966 über die Handelsgesellschaften.
[212] Näher § 6 HGB RdNr. 18 f.; LG Bonn EuZW 1993, 550, 551.
[213] Gesetz vom 14. 4. 1988, BGBl. I S. 514; näher Staub/*Ulmer* Vor § 105 HGB RdNr. 38 ff.; s. auch EuGHE 1997, I-7515 = EuZW 1998, 117 zur weitgehenden Maßgeblichkeit des innerstaatlichen Rechts für die Gestaltung der Firma der EWIV.
[214] Länderüberblick bei *Müller-Guggenberger/Schotthöfer*, Die europäische wirtschaftliche Interessenvereinigung – eine Darstellung aus rechtsvergleichender Sicht, 1992.
[215] Unrichtig daher LG Hamburg IPRspr. 1958/59 Nr. 22 (Kaufmannseigenschaft im Rahmen des § 1027 Abs. 2 ZPO aF nach franz. Sitzrecht der Genossenschaft verneint); zur Abgrenzung von Kapitalgesellschaften und Genossenschaften s. IPG 1976 Nr. 18 (Hamburg).
[216] Zu den kleinen Vereinen s. § 53 VAG.
[217] Einf. K. *Schmidt* GesR § 42.
[218] Zutr. Staub/*Brüggemann* Vor § 1 HGB RdNr. 28; *Eidenmüller/Rehberg* § 5 RdNr. 12.
[219] Für Einzelheiten s. MünchKommBGB/*Kindler* IntGesR RdNr. 187 ff. betr. Handelsmündigkeit, Registeranmeldung, Zweigniederlassung, Firma, Prokura und Handlungsvollmacht, Rechnungslegung, Verfahrensrecht.

§ 1 1

unbekannte Größe, DB 1998, 1802; *Kort,* Zum Begriff des Kaufmanns im deutschen und französischen Handelsrecht, AcP 193 (1993), 451; *Kunz,* Der Minderjährige als Kaufmann, ZblJugR 1981, 490; *Landwehr,* Die Kaufmannseigenschaft der Handelsgesellschafter, JZ 1967, 198; *Lastig,* Der Gewerbetreibenden Eintragungspflicht zum Handelsregister und Beitragspflicht zur Handelskammer und Handwerkskammer, FestG Fitting, 1902/1979, S. 527; *Lieb,* Zur Kaufmannseigenschaft der Gesellschafter von KG und OHG, DB 1967, 759; *ders.,* Probleme des neuen Kaufmannsbegriffs, NJW 1999, 35; *Adolf Maier,* Zur Kaufmannseigenschaft von Software-Entwicklern, NJW 1986, 1909; *Gert Meier,* Der Lebensmittel-Einzelhändler als Vollkaufmann, DB 1977, 2315; *Michalski,* Das Gesellschafts- und Kartellrecht der berufsrechtlich gebundenen freien Berufe, 1989; *Raisch,* Freie Berufe und Handelsrecht, FS Rittner, 1991, S. 471; *Schön,* Die vermögensverwaltende Personenhandelsgesellschaft – ein Kind der HGB-Reform, DB 1998, 1169; *K. Schmidt,* Zur Kaufmannfähigkeit von Gesamthandsgemeinschaften, JZ 1973, 299; *ders.,* Zum gesellschaftsrechtlichen Status der Besitzgesellschaft bei der Betriebsaufspaltung, DB 1988, 572; *Steißlinger,* Der Gewerbebegriff im Handels- und Steuerrecht, 1989; *Taupitz,* Die Standesordnungen der freien Berufe, 1991; *Manfred Wolf,* Die Fortführung eines Handelsgeschäfts durch die Erbengemeinschaft, AcP 181 (1981), 480.

Übersicht

	RdNr.		RdNr.
I. Normzweck und Stellung im System	1–8	aa) Saisonale Schwankungen	54
1. Tatsächlich betriebenes Handelsgewerbe	1	bb) Neugründung eines Unternehmens	55
2. Fiktives Handelsgewerbe	2–4	cc) Herabsinken zum Kleingewerbe	56, 57
3. Der Kaufmann kraft Handelsgewerbes (§ 1) als Voraustatbestand zu §§ 105, 161	5–8	**III. Der Betreiber des Handelsgewerbes als Träger der Kaufmannseigenschaft**	58–94
II. Das Handelsgewerbe als gegenständlicher Anknüpfungspunkt der Kaufmannseigenschaft (Abs. 2)	9–57	1. Personenkreis	59–77
		a) Natürliche Personen	60–66
1. Begriff und Abgrenzung	9–14	aa) Grundsatz	60
a) Handelsgewerbe	9	bb) Besonderheiten bei beschränkt Geschäftsfähigen und Geschäftsunfähigen	61–66
b) Gewerbebetrieb	10		
c) Geschäftsbetrieb	11	b) Juristische Personen	67, 68
d) Unternehmen und Handelsgeschäft	12–14	c) Gesamthandsgemeinschaften	69–77
2. Uneinheitlichkeit des Gewerbebegriffs	15–19	aa) OHG/KG	70
a) Grundlagen	15	bb) EWIV	71
b) Bürgerliches Recht	16, 17	cc) Partnerschaft	72
c) Verwaltungsrecht	18	dd) GbR	73
d) Steuerrecht	19	ee) Nichtrechtsfähiger Verein	74
3. Der Gewerbebegriff des HGB	20–41	ff) Partenreederei	75
a) Selbstständigkeit	21	gg) Gütergemeinschaft	76
b) Marktausrichtung	22	hh) Erbengemeinschaft	77
c) Planmäßigkeit und Dauerhaftigkeit	23–25	2. Zurechnung	78–94
d) Gewinnerzielungsabsicht	26–30	a) Grundsatz	78
e) Erlaubtheit	31	b) Einzelfälle	79–93
f) Keine bloße Verwaltung eigenen Vermögens	32–37	aa) Stellvertreter	80
		bb) Insolvenzverwalter	81
g) Kein freier Beruf	38, 39	cc) Stille Gesellschafter	82
h) Maßgeblicher Zeitpunkt für das Vorliegen eines Gewerbebetriebs	40, 41	dd) Nutzungsberechtigte (Pacht, Franchising, Nießbrauch)	83
aa) Beginn	40	ee) Treuhänder, Strohmann	84
bb) Ende	41	ff) Organpersonen und Mitglieder rechtsfähiger Verbände	85
4. Die Erforderlichkeit eines in kaufmännischer Weise eingerichteten Geschäftsbetriebs (Abs. 2)	42–57	gg) Gesellschafter einer Personenhandelsgesellschaft	86
		hh) Ehegatten in der Gütergemeinschaft	87
a) Gesetzliche Vermutung der Kaufmannseigenschaft aller Gewerbetreibenden	42–45	ii) Testamentsvollstrecker	88–93
b) Merkmale eines kaufmännischen Geschäftsbetriebs	46	c) Zurechnung bei Betrieb verschiedener Gewerbe	94
c) Die Erforderlichkeit einer entsprechenden Einrichtung	47	**IV. Rechtsfolgen aus dem Betreiben eines Handelsgewerbes**	95–98
d) Art und Umfang des Gewerbebetriebs	48–52	1. Kaufmannseigenschaft	95, 96
aa) Grundlagen	48–51	a) Grundsatz	95
bb) Maßgebliche Umsatzschwelle	52	b) AGB-Klausel zur Kaufmannseigenschaft	96
e) Maßgeblicher Zeitpunkt für das Vorliegen eines kaufmännischen Geschäftsbetriebs	53–57	2. Bedeutung der Registereintragung	97
		3. Unbeschränkte Haftung mit dem gesamten Vermögen	98

I. Normzweck und Stellung im System

1 1. Tatsächlich betriebenes Handelsgewerbe. § 1 regelt den sog. materiellen Kaufmannsbegriff, dh. den **Kaufmann kraft Handelsgewerbes** (Vor § 1 RdNr. 1 ff., 13). In ihrem selbst festgelegten Anwendungsbereich erfasst die Vorschrift nur Personen, die nicht schon kraft Rechtsform (§ 6 mit Erl.) die Kaufmannseigenschaft besitzen. Aufgrund gesetzlicher Verweisung erfasst sie ferner diejenigen, bei denen das Gesetz das Vorliegen eines Handelsgewerbes – kraft Registerwirkung – fingiert (§ 2 S. 1, auch iVm. § 3 Abs. 2; § 5).[1] Sieht man zunächst von den genannten Fällen der tatbestandlichen Erstreckung des § 1 Abs. 1 ab (hierzu sogleich RdNr. 2 f.), so erfordert die Vorschrift für den Erwerb der Kaufmannseigenschaft, dass die fragliche Person ein Handelsgewerbe betreibt (§ 1 Abs. 1). Diese tatbestandliche Verknüpfung der Kaufmannseigenschaft mit dem Handelsgewerbe hat auch das HRefG beibehalten; § 1 Abs. 1 blieb im Zuge der Handelsrechtsreform 1998 textlich unverändert (Vor § 1 RdNr. 13 ff.). Neu ist seit 1. 7. 1998[2] nur die Begriffsbestimmung des Handelsgewerbes selbst durch § 1 Abs. 2 (Vor § 1 RdNr. 12 ff.). Das Merkmal bezieht sich seit der Reform nicht mehr auf bestimmte Wirtschaftszweige, dh. auf die Art der Geschäftstätigkeit,[3] sondern allein auf die **Betriebsgröße**. Handelsgewerbe ist jeder Gewerbebetrieb größeren Umfangs. Wenn das Gesetz dem Inhaber eines solchen Gewerbebetriebs die Kaufmannseigenschaft beilegt, dann steht dahinter die **Einschätzung,** dass er **hinreichend geschäftsgewandt und rechtlich erfahren** sein wird, um den Anforderungen des Handelsrechts (Vor § 1 RdNr. 26 ff.) zu entsprechen.[4]

2. Fiktives Handelsgewerbe. Neben der Begriffsbestimmung des Handelsgewerbes durch § 1 Abs. 2 enthält das Gesetz drei weitere Tatbestände, bei denen das Vorliegen eines Handelsgewerbes fingiert wird. Auch hier folgt die Kaufmannseigenschaft aus § 1 Abs. 1. Den wichtigsten Fall regelt § 2 Satz 1. Danach „gilt" das gewerbliche Unternehmen eines im Handelsregister mit seiner Firma eingetragenen Kleingewerbetreibenden „als Handelsgewerbe im Sinne dieses Gesetzbuchs." Hier handelt es sich um Personen, deren Betrieb die Größenmerkmale des § 1 Abs. 2 nicht erreicht (hierzu RdNr. 9 ff.). Diese Fiktion erfüllt daher den Tatbestand des § 1 Abs. 1. Durch § 2 S. 1 erreicht der Gesetzgeber, dass auch ein Gewerbe unterhalb der Schwelle des § 1 Abs. 2 rechtlich so wie ein Handelsgewerbe behandelt wird. Bei **Kleingewerbetreibenden** ersetzt sonach die Handelsregistereintragung die (fehlende) Betriebsgröße. Nicht die präsumtiv gegebene Geschäftserfahrung (soeben RdNr. 1), sondern der Willensentschluss (§ 2 S. 2) des Betriebsinhabers rechtfertigt hier die Anwendung des Handelsrechts.[5]

Ferner ergibt sich aus § 3 Abs. 2 eine Fiktion des Handelsgewerbes mit Tatbestandswirkung für § 1 Abs. 1. Nach § 3 Abs. 1 ist die **Land- und Forstwirtschaft** vom Begriff des Handelsgewerbes (§ 1 Abs. 2) ausgenommen. Abs. 2 des § 3 bestimmt indessen die Anwendbarkeit von § 2 (vgl. soeben RdNr. 2). Hieraus folgt, dass auch Unternehmen dieser Wirtschaftszweige kraft Handelsregistereintragung als Handelsgewerbe „gelten" (§ 2 S. 1 iVm. § 3 Abs. 2). Die Kaufmannseigenschaft des Unternehmensträgers folgt dann wiederum aus § 1 Abs. 1.[6] Auch hier rechtfertigt der Willensentschluss des Betriebsinhabers (§ 2 S. 2 iVm. § 3 Abs. 2) und nicht die bei ihm präsumtiv gegebene Geschäftserfahrung die Anwendung des Handelsrechts.

Und schließlich fingiert nach zutr. Auffassung[7] § 5 das Handelsgewerbe eines jeden im Handelsregister eingetragenen Gewerbetreibenden.[8] Unmittelbare Rechtsfolge des § 5 ist somit nicht die Kaufmannseigenschaft des Gewerbetreibenden,[9] sondern das Vorliegen eines Handelsgewerbes iSd. § 1 Abs. 1. Die Kaufmannseigenschaft folgt daher auch in den Fällen des § 5 aus § 1 Abs. 1. Objektive – dh. zurechnungsunabhängige – Verkehrsschutzerwägungen rechtfertigen hier die Anwendung des Handelsrechts.

3. Der Kaufmann kraft Handelsgewerbes (§ 1) als Voraustatbestand zu §§ 105, 161. Die **praktische Hauptbedeutung des § 1** liegt heute auf dem Gebiet des **Personengesellschaftsrechts,**[10] insbesondere im Hinblick auf die Gesellschafterhaftung nach § 128 (auch iVm. § 161 Abs. 2) und die Möglichkeit der Haftungsbeschränkung des Kommanditisten (§§ 161 Abs. 1, 171).

---

[1] Zur Prüfungsreihenfolge s. Vor § 1 RdNr. 10 f.
[2] Vgl. Art. 29 Abs. 4 HRefG.
[3] Vgl. die Aufzählung der sog. „Grundhandelsgewerbe" in § 1 Abs. 2 aF; ferner § 362 Abs. 1.
[4] *Kaiser* JZ 1999, 495, 497; kritisch *Treber* AcP 199 (1999), 525, 542.
[5] Vgl. auch *Lieb* NJW 1999, 35, 36 („materiellrechtsgestaltende Willenserklärung").
[6] Dass § 3 Abs. 1 auch den § 1 Abs. 1 für nicht anwendbar zu erklären scheint, beruht auf einem Versehen, s. § 3 RdNr. 5 f; ferner MünchKommHGB/*K. Schmidt* § 3 RdNr. 6.
[7] Vgl. *Canaris* § 3 RdNr. 49; *Brox* RdNr. 85 ff.; aA MünchKommHGB/*K. Schmidt* § 5 RdNr. 10; *K. Schmidt* HandelsR § 10 III 1 a; ders. ZHR 163 (1999), 87, 95 bei Fn. 35.
[8] Zum verbleibenden Anwendungsbereich des § 5 neben § 2 S. 1 vgl. § 5 RdNr. 10 ff. und *K. Schmidt* ZHR 163 (1999), 87, 90 ff. gegen *Lieb* NJW 1999, 35 f.
[9] So aber *Canaris* § 3 RdNr. 59.
[10] *K. Schmidt* NJW 1998, 2161, 2162; *Priester* DNotZ 1998, 691, 693; *Wackerbarth* ZGR 1999, 365, 397 ff.

6 Eine Personengesellschaft ist – abgesehen von den Fällen des § 105 Abs. 2 (dazu sogleich RdNr. 7, 8) – Personen*handels*gesellschaft (OHG oder KG), wenn sie ein **Handelsgewerbe** betreibt (§§ 105 Abs. 1, 161 Abs. 1). Anderenfalls liegt eine Gesellschaft bürgerlichen Rechts vor.[11] Die Prüfung, ob ein Handelsgewerbe iSd. § 1 Abs. 2 gegeben ist, geht somit der Annahme einer Personenhandelsgesellschaft tatbestandlich und logisch voraus.[12] § 1 Abs. 2 ist daher Voraustatbestand zu §§ 105 Abs. 1, 161 Abs. 1, und auch die vorgenannten Fiktionen eines Handelsgewerbes (§ 2 S. 1, auch iVm. § 3 Abs. 2; § 5; soeben RdNr. 2 ff.) entfalten dann Tatbestandswirkung unmittelbar für §§ 105 Abs. 1, 161 Abs. 1.

7 Eine Personengesellschaft ist Personen*handels*gesellschaft ferner dann, wenn sie ein **kleingewerbliches Unternehmen** betreibt und im Handelsregister eingetragen ist (§ 105 Abs. 2 S. 1 1. Alt., auch iVm. § 161 Abs. 2). Der hierfür jedenfalls erforderliche „Gewerbebetrieb" ist wiederum anhand der zu § 1 Abs. 2 geltenden Begriffsmerkmale (u. RdNr. 9 ff.) festzustellen.

8 Und schließlich lässt sich die **vermögensverwaltende Personenhandelsgesellschaft** (§ 105 Abs. 2 S. 1 2. Alt., auch iVm. § 161 Abs. 3) unter Rückgriff auf das zum Gewerbebegriff des § 1 Abs. 2 entwickelte Negativmerkmal der reinen Vermögensverwaltung (u. RdNr. 27 ff.)[13] eingrenzen.

II. Das Handelsgewerbe als gegenständlicher Anknüpfungspunkt der Kaufmannseigenschaft (Abs. 2)

9 **1. Begriff und Abgrenzung. a) Handelsgewerbe.** Der in § 1 Abs. 2 umrissene Begriff des Handelsgewerbes setzt zweierlei voraus: Erforderlich ist erstens, dass überhaupt ein **Gewerbe** betrieben wird. Zweitens ist eine bestimmte **Mindestbetriebsgröße** erforderlich, die das Gewerbe zum *Handels*gewerbe erhebt. Allein die Gewerblichkeit und die Betriebsgröße machen mithin den „Kaufmann kraft Handelsgewerbes" iSd. § 1 aus.[14] Der **Gewerbebegriff** – das erste Merkmal des Handelsgewerbes – ist **tätigkeitsbezogen.** Nach herkömmlichem Verständnis fällt hierunter jede selbstständige und berufsmäßige – aber nicht künstlerische, wissenschaftliche oder freiberufliche – Tätigkeit, die von der Absicht dauernder Gewinnerzielung getragen ist, auf dem Markt erkennbar nach außen hervortritt und nicht gesetzes- oder sittenwidrig ist.[15] Der Rechtsbegriff des **Handelsgewerbes** unterscheidet sich vom allgemeinen Gewerbebegriff (u. RdNr. 14 ff.) allein durch die in § 1 Abs. 2 bestimmte **Mindestbetriebsgröße;**[16] unterhalb dieser Schwelle ist – als Gegenstück zum Handelsgewerbe – das Kleingewerbe (§ 2) angesiedelt.

10 **b) Gewerbebetrieb.** Nach dem Sprachgebrauch des Gesetzes (§ 1 Abs. 2; auch § 2 S. 1) ist mit dem „**Gewerbebetrieb**" genau dieser soeben in RdNr. 9 angesprochene tätigkeitsbezogene Gewerbebegriff gemeint, nicht hingegen die Betriebsstätte als Bestandteil der sächlichen Mittel des Unternehmens.[17] Dies ergibt sich schon daraus, dass das in § 1 Abs. 2 normierte Erfordernis eines in kaufmännischer Weise eingerichteten Geschäftsbetriebs sich sinnvollerweise nur auf eine Tätigkeit beziehen kann.

11 **c) Geschäftsbetrieb.** Das damit erwähnte weitere Merkmal des „**Geschäftsbetriebs**" ist wiederum tätigkeitsbezogen, es meint die organisierten Abläufe in einem Unternehmen.[18]

12 **d) Unternehmen und Handelsgeschäft.** Dem Handels- und Wirtschaftsrecht liegt kein einheitlicher Begriff des Unternehmens zugrunde, obwohl das Unternehmen vielfach als Normadressat

---

[11] *K. Schmidt* GesR § 46 I 1 c.
[12] *Canaris* § 3 RdNr. 45.
[13] Vgl. hierzu BGH Urt. v. 10. 5. 1979 – VII ZR 97/78, BGHZ 74, 273 = NJW 1979, 1650 (zu § 196 BGB); ferner BFH Urt. v. 29. 10. 1998 – XI R 80/97, NJW 1999, 1207 mwN zur st. finanzgerichtlichen Rspr.
[14] *Bülow* RdNr. 14.
[15] *K. Schmidt* HandelsR § 9 IV 2 mit Fn. 4; vgl. auch die zusammenfassende Wiedergabe in den Reformvorschlägen der Bund-Länder-Arbeitsgruppe zum Handelsrecht, ZIP 1994, 1407, 1409; aus der Rspr. s. BGH Urt. v. 22. 4. 1982 – VII ZR 191/81, BGHZ 83, 382, 386 = NJW 1982, 1815, 1816; BGH Urt. v. 10. 5. 1979 – VII ZR 97/78, BGHZ 74, 273, 276 = NJW 1979, 1650; BGH Urt. v. 18. 1. 1968 – VII ZR 101/65, BGHZ 49, 258, 260 = NJW 1968, 639; BGH Urt. v. 7. 7. 1960 – VIII ZR 215/59, BGHZ 33, 321, 324 = NJW 1961, 725, 726; BGH Urt. v. 2. 12. 1958 – VIII ZR 154/57, WM 1959, 161, 164; BGH Urt. v. 18. 4. 1963 – VII ZR 37/62, NJW 1963, 1397; BGH Urt. v. 8. 7. 1968 – VII ZR 65/66, NJW 1968, 1962; jeweils m. Nachw. zur Rechtsprechung des RG unter besonderer Betonung des Gewinnerzielungsabsicht: BGH Urt. v. 10. 6. 1974 – VII ZR 44/73, BGHZ 63, 32, 33 = NJW 1974, 1462, 1463; BGH Urt. v. 28. 10. 1971 – VII ZR 15/70, BGHZ 57, 191, 199 f. = NJW 1972, 95, 98; BGH Urt. v. 12. 2. 1970 – VII ZR 168/67, BGHZ 53, 222, 223 f. = NJW 1970, 938, 939; BGH Urt. v. 2. 7. 1985 – X ZR 77/84, BGHZ 95, 155, 157 = NJW 1985, 3063.
[16] *Bülow/Artz* JuS 1998, 680.
[17] *Bülow* RdNr. 35.
[18] *Bülow* RdNr. 35.

oder gegenständliches Tatbestandsmerkmal in gesetzlichen Vorschriften in Erscheinung tritt. Einigkeit besteht heute darin, dass der Unternehmensbegriff teleologisch in den einzelnen Normzusammenhängen variiert.[19] So geht es im **Konzernrecht** (§§ 15 ff., 291 ff. AktG) darum, alle Gesellschafter einer abhängigen Gesellschaft zu erfassen, bei denen wegen ihrer unternehmerischen Betätigung außerhalb dieser Gesellschaft die Gefahr von Interessenkonflikten und damit einer Schädigung der abhängigen Gesellschaft besteht.[20] Auch die Gefahr einer einseitigen Förderung öffentlicher Aufgaben begründet die konzernrechtliche Unternehmenseigenschaft.[21] Hier, wie auch im **Kartellrecht** (§ 1 GWB),[22] im Recht der unternehmerischen **Mitbestimmung** (§ 1 Abs. 1 MitbestG 1976),[23] im **Rechnungslegungsrecht** (§ 1 Abs. 1 PublG)[24] und im **Wirtschaftsaufsichtsrecht** (§ 1 UBGG)[25] bezeichnet der Begriff „Unternehmen" die **Normadressaten** des Gesetzes.

Demgegenüber verwendet das **Handelsrecht** einen tätigkeits- oder gegenstandsbezogenen Unternehmensbegriff. **Tätigkeitsbezogen** ist etwa das in § 1 Abs. 2 als **Anknüpfungspunkt der Betriebsgröße** in Bezug genommene „Unternehmen". Gemeint ist hier nichts anderes als der ebenfalls in § 1 Abs. 2 als Tatbestandsmerkmal erscheinende „Gewerbebetrieb" (RdNr. 10).[26] Gleiches gilt für den Unternehmensbegriff der §§ 2 S. 1, 3 Abs. 2, 3, 84 Abs. 4, 93 Abs. 3, 383 Abs. 2, 407 Abs. 3, 453 Abs. 3, 467 Abs. 3. Dieser tätigkeitsbezogene Unternehmensbegriff des HGB findet seine Entsprechung im Umsatzsteuerrecht.[27]

In **gegenständlicher Hinsicht** versteht man unter dem Unternehmen im handelsrechtlichen Sinne die **betriebsfähige Wirtschaftseinheit,** die dem Unternehmer das Auftreten am Markt ermöglicht.[28] Damit ist ein Inbegriff von – materiellen wie immateriellen – Vermögensgegenständen gemeint.[29] Dient das Unternehmen in diesem gegenständlichen Sinne der Ausübung eines Handelsgewerbes (§ 1 Abs. 2), so bezeichnet das Gesetz es in §§ 22 bis 27 als „Handelsgeschäft" bzw. – in § 28 – als „Geschäft".

2. Uneinheitlichkeit des Gewerbebegriffs. a) Grundlagen. Der Begriff des Gewerbes wird in einer Reihe von Gesetzen als Tatbestandsmerkmal verwendet, ohne dass dem allerdings eine einheitliche Begriffsbestimmung zugrunde liegen würde. Wegen der ganz unterschiedlichen Normzwecke ist eine solche auch kaum zu erreichen,[30] und damit hat sich der Gesetzgeber des HRefG abgefunden.[31] Immerhin lassen sich den in anderen Normzusammenhängen verwendeten Gewerbebegriffen *Anhaltspunkte* für die Bestimmung des handelsrechtlich maßgeblichen Gewerbebegriffes entnehmen, und deshalb ist auf die dort verwendeten Begrifflichkeiten einzugehen.[32] Deuten der Gesetzeszweck des § 1 HGB – handelsrechtliche Erfassung geschäftsgewandter und rechtlich erfahrener Personen (o. RdNr. 1) –, die Verkehrsanschauung oder der allgemeine Sprachgebrauch auf eine abweichende Beurteilung hin, so geht diese vor.[33]

---

[19] Baumbach/*Hopt* Vor § 1 RdNr. 31; *K. Schmidt* HandelsR § 4 I m. umfangr. Nachw.; *Baumann* AcP 184 (1984), 45, 49.
[20] Grundlegend BGH Urt. v. 13. 10. 1977 – II ZR 123/76, BGHZ 69, 334, 337 f. = NJW 1978, 104 – VEBA/Gelsenberg; weit. Nachw. bei *Emmerich/Habersack* Aktien- und GmbH-Konzernrecht, 4. Aufl., 2005, § 15 RdNr. 10; *Hüffer* § 15 AktG RdNr. 8 ff.; s. auch *Kindler* JuS 1992, 636, 638 (zu BGH Urt. v. 29. 3. 1991 – II 135/90, BGHZ 115, 187 = NJW 1991, 3142 – Video).
[21] BGH Urt. v. 17. 3. 1997 – II ZB 3/96, BGHZ 135, 107, 113 f. = NJW 1997, 1855; krit. *Mülbert* ZHR 163 (1999), 1, 20 ff.
[22] Grundlegend BGH Urt. v. 26. 10. 1959 – KZR 2/59, BGHZ 31, 105, 108 ff. = NJW 1960, 145.
[23] Hierzu *Wiedemann* GesR I § 11 II.
[24] Hierzu *Großfeld* BilanzR, 3. Aufl. 1998, RdNr. 14.
[25] *Meixner* NJW 1998, 1896, 1898 f.
[26] *Gierke/Sandrock* I § 13 I 1 b; vgl. BT-Drucks. 13/8444 S. 24: „Nach der Neudefinition in § 1 Abs. 2 HGB-E soll auch nicht jedes Gewerbe per se Kaufmannseigenschaft begründen, sondern nur dann, wenn es nach Art und Umfang einen in kaufmännischer Weise eingerichteten Geschäftsbetrieb erfordert." Die Betriebsgröße bezieht sich demnach auf den Gewerbebetrieb; der Wortlaut des § 1 Abs. 2 nimmt freilich auf „das Unternehmen" Bezug.
[27] Vgl. § 2 Abs. 1 S. 2 UStG: „Das Unternehmen umfasst die gesamte gewerbliche oder berufliche Tätigkeit des Unternehmers."
[28] So Staub/*Hüffer* Vor § 22 RdNr. 6 in Fortführung der Begriffsbestimmung durch *Gierke* ZHR 111 (1948), 1 ff.; *Canaris* § 3 RdNr. 7; *K. Schmidt* HandelsR § 4 I 2 a in Anschluss an *Raisch*, Geschichtliche Voraussetzungen, S. 181.
[29] Vgl. Koller/*Roth*/Morck RdNr. 3, der immerhin dem Gewerbebegriff des § 196 Abs. 1 Nr. 1 BGB („Gewerbebetrieb des Schuldners") Indizwirkung für § 1 Abs. 2 beizumessen schien; ähnlich BGH Urt. v. 29. 11. 1996 – BLw 12/96, BGHZ 134, 146, 149 = NJW 1997, 665 (einheitliche Bestimmung des Begriffs der Landwirtschaft); zurückhaltend *Canaris* § 2 RdNr. 1, der die Gewerbebegriffe der GewO und des § 196 BGB „nur mit großer Vorsicht" heranziehen will.
[30] BGH Urt. v. 7. 7. 1960 – VIII ZR 215/59, BGHZ 33, 321, 327 f. = NJW 1961, 725; *Canaris* § 2 RdNr. 1.
[31] BT-Drucks. 13/8444 S. 24.
[32] Vgl. Koller/*Roth*/Morck RdNr. 3, der immerhin dem Gewerbebegriff des § 196 Abs. 1 Nr. 1 BGB („Gewerbebetrieb des Schuldners") Indizwirkung für § 1 Abs. 2 beizumessen schien; ähnlich BGH Urt. v. 29. 11. 1996 – BLw 12/96, BGHZ 134, 146, 149 = NJW 1997, 665 (einheitliche Bestimmung des Begriffs der Landwirtschaft); zurückhaltend *Canaris* § 2 RdNr. 1, der die Gewerbebegriffe der GewO und des § 196 BGB „nur mit großer Vorsicht" heranziehen will.
[33] BGH Urt. v. 7. 7. 1960 – VIII ZR 215/59, BGHZ 33, 321, 328 = NJW 1961, 725.

16 **b) Bürgerliches Recht.** Noch vor der Schuldrechtsmodernisierung beschäftigte der Gewerbebegriff die Gerichte meist als Tatbestandsmerkmal des § 196 Abs. 1 Nr. 1, Abs. 2 BGB aF. Danach unterlagen Forderungen aus Leistungen für den **Gewerbebetrieb des Schuldners** der vierjährigen Verjährung (zur Verwendung des Kaufmannsbegriffs in § 196 Abs. 1 Nr. 1 BGB aF – Gläubigerseite – s. demgegenüber vor § 1 RdNr. 39 ff.). Dem gewerblichen Schuldner wurde zugemutet, länger mit einer Inanspruchnahme durch den Gläubiger rechnen zu müssen, weil Gewerbetreibende in der Regel über die bei ihnen anfallenden Geschäftsvorgänge Buch führen.[34] Gewerbebetrieb iSd. Vorschrift ist **jeder berufsmäßige Geschäftsbetrieb,** der von der **Absicht dauernder Gewinnerzielung** beherrscht wird.[35] **Ausgenommen** sind **Freiberufler,** für die dies teilweise eigens gesetzlich bestimmt ist: vgl. für Rechtsanwälte § 2 BRAO, für Notare § 2 S. 3 BNotO, für Patentanwälte § 2 PatAnwO, für Wirtschaftsprüfer § 1 Abs. 2 WPO, für Steuerberater § 32 Abs. 2 StBerG,[36] für Ärzte § 1 Abs. 2 BundesärzteO,[37] für Zahnärzte § 1 Abs. 4 ZahnheilkundeG, für Tierärzte § 1 Abs. 2 TierärzteO, für öffentlich bestellte Vermessungsingenieure § 1 der Verordnung v. 20. 11. 1938.[38] Vgl. iü u. RdNr. 37 f. **Ausgenommen** sind ferner **Künstler**[39] sowie diejenigen, die lediglich eigenes **Vermögen verwalten.**[40] Nach BGH NJW 2000, 1940 sind Leistungen für die Praxis eines **Heilpraktikers** für einen Gewerbebetrieb iSd. § 196 Abs. 1 Nr. 1 BGB erbracht.

17 Der Gewerbebegriff des § 196 Abs. 1 Nr. 1 BGB aF knüpfte somit – wie das Handelsrecht (o. RdNr. 1) – an eine gesteigerte Geschäftserfahrung an. Lit. und Rspr. zu § 196 Abs. 1 Nr. 1 BGB aF können wegen dieser gemeinsamen Wertungsgrundlagen auch für die Konkretisierung des handelsrechtlichen Gewerbebegriffs herangezogen werden.[41]

18 **c) Verwaltungsrecht.** Das Gewerberecht erfasst jede selbstständige, erlaubte, auf Dauer ausgeübte und auf Gewinnerzielung gerichtete Tätigkeit, wiederum unter Ausschluss der freien, wissenschaftlichen und künstlerischen Berufe.[42] Der Gewerbebegriff der Gewerbeordnung bezweckt die sicherheitsrechtliche Erfassung derjenigen Tätigkeiten, deren Zulässigkeit gewerbe- bzw. handwerksrechtlichen Vorschriften unterliegt. Gemäß § 6 GewO sind bestimmte Dienstleistungen, die eine „höhere Bildung" erfordern, vom Gewerbebegriff des Verwaltungsrechts ausgenommen.[43]

19 **d) Steuerrecht.** Der in §§ 15 Abs. 1 S. 1 Nr. 1 und Abs. 2 EStG sowie in § 2 Abs. 1 S. 1 GewStG verwendete steuerrechtliche Gewerbebegriff bezweckt die Abgrenzung der gewerblichen Einkünfte. Er ist nicht ohne weiteres auf den Gewerbebegriff in anderen Rechtsgebieten zu übertragen.[44] Nach § 15 Abs. 2 EStG ist unter einem Gewerbebetrieb jede selbstständige nachhaltige Betätigung zu verstehen, die mit Gewinnabsicht unternommen wird und sich als Beteiligung am allgemeinen wirtschaftlichen Verkehr erweist. Dabei wird vorausgesetzt, dass die Betätigung weder als Ausübung von Land- oder Forstwirtschaft noch als Ausübung eines freien Berufes, noch als eine andere selbstständige Arbeit (vgl. § 18 EStG) iSd. Steuerrechts anzusehen ist.[45] Nach diesen Maßstäben stellen etwa **Wertpapiergeschäfte** auch größeren Umfangs **keine gewerbliche Betätigung** dar. Solange sich der Steuerpflichtige nicht wie ein Händler verhält (Unterhalten einer Organisation zur Durchführung von Geschäften; Ausnutzung eines Marktes unter Einsatz beruflicher Erfahrungen; Anbieten von Geschäften einer breiteren Öffentlichkeit gegenüber), liegt private Vermögensverwaltung vor.[46]

---

[34] Vgl. Staudinger/*Peters* § 196 BGB aF RdNr. 21.
[35] BGH Urt. v. 7. 7. 1960 – VIII ZR 215/59, BGHZ 33, 321, 324 = NJW 1961, 725, 726; BGH Urt. v. 18. 1. 1968 – VII ZR 101/65, BGHZ 49, 258, 260 = NJW 1968, 639; BGH Urt. v. 12. 2. 1970 – VII ZR 168/67, BGHZ 53, 222, 223 = NJW 1970, 938, 939; BGH Urt. v. 28. 10. 1971 – VII ZR 15/70, BGHZ 57, 191, 199 = NJW 1972, 95, 98; BGH Urt. v. 10. 6. 1974 – VII ZR 44/73, BGHZ 63, 32, 33 = NJW 1974, 1462, 1463; BGH Urt. v. 10. 5. 1979 – VII ZR 97/78, BGHZ 74, 273, 276 = NJW 1979, 1650; BGH Urt. v. 7. 2. 1985 – X ZR 77/84, BGHZ 95, 155, 157 = NJW 1985, 3063; MünchKommBGB/*v. Feldmann* 3. Aufl. § 196 RdNr. 10.
[36] S. zu Wirtschaftsprüfern und Steuerberatern auch BGH Urt. v. 4. 3. 1985 – AnwZ (B) 43/84, BGHZ 94, 65, 69 = NJW 1985, 1844, 1845.
[37] Vgl. auch BGH Urt. v. 24. 1. 1983 – VIII ZR 178/81, BGHZ 86, 313, 320 = NJW 1983, 1050, 1052.
[38] RGBl. I S. 40; hierzu BGH Urt. v. 20. 3. 1986 – II ZR 75/85, BGHZ 97, 243, 245 = NJW 1987, 65.
[39] RG Urt. v. 23. 12. 1910 – II 278/10, RGZ 75, 52, 53.
[40] BGH Urt. v. 10. 5. 1979 – VII ZR 97/78, BGHZ 74, 273, 277 f. = NJW 1979, 1650 f.
[41] Wie hier Koller/*Roth*/Morck RdNr. 3; zurückhaltend *Canaris* § 2 RdNr. 1 und BGH Urt. v. 16. 3. 2000 – VII ZR 324/99, NJW 2000, 1940.
[42] BVerwG Urt. v. 24. 2. 1956 – I C 245/54, BVerwGE 3, 178, 180 = NJW 1956, 1004; BVerwG Urt. v. 13. 4. 1962 – VII C 34/61, BVerwGE 14, 125 = GewArch 1962, 212; BVerwG Urt. v. 26. 6. 1964 – VII C 91/62, BVerwGE 19, 61, 62 = GewArch 1964, 255; BVerwG Urt. v. 26. 1. 1993 – 1 C 25/91, GewArch 1993, 196; 197; OLG Braunschweig Beschl. v. 6. 4. 1987 – Ss (BZ) 47/85, GewArch 1988, 123, 124.
[43] Vgl. hierzu auch BVerwG Urt. v. 1. 7. 1987 – 1 C 25/85, BVerwGE 78, 6 = NVwZ 1988, 56.
[44] BFH Urt. v. 2. 11. 1971 – VIII R 1/71, BFHE 104, 321, 323 = BStBl. 1972 II S. 360; eingehend *Steißlinger*, Der Gewerbebegriff im Handels- und Steuerrecht, 1989.
[45] Hierzu etwa L. *Schmidt*, EStG, 25. Aufl. 2006, § 15 RdNr. 8 ff.
[46] BFH Urt. v. 29. 10. 1998 – XI R 80/97, NJW 1999, 1207 (st. Rspr.).

3. Der Gewerbebegriff des HGB. Gliedert man den o. RdNr. 9 wiedergegebenen Gewerbe- 20
begriff in seine Einzelmerkmale auf, so ergeben sich die folgenden Erfordernisse:

a) Selbstständigkeit. Nach einhelliger Auffassung setzt ein Gewerbe iSv. § 1 Abs. 1 die recht- 21
liche Selbstständigkeit des Inhabers voraus. Damit scheiden insbes. alle in abhängiger Stellung
Beschäftigte (Arbeitnehmer, Beamte) aus. Sie betreiben kein Gewerbe und kommen daher – in dieser
Eigenschaft – nicht als Kaufleute in Betracht. Rechtliche Selbstständigkeit bedeutet nicht notwendigerweise wirtschaftliche Unabhängigkeit.[47] Daher kann auch der iW von einem Abnehmer abhängige Unternehmer ein Gewerbe iSd. HGB betreiben, wie dies etwa für Einfirmenvertreter (§ 92 a) der
Fall ist. Anhaltspunkte für den Begriff der Selbstständigkeit liefert § 84 Abs. 1 S. 2, Abs. 2.[48] Vgl. iÜ
die Erläuterungen zu §§ 59 ff., 84.

b) Marktausrichtung. Ein Gewerbebetrieb setzt nach hM ferner voraus, dass die Tätigkeit am 22
Markt erfolgt.[49] Dies erfordert ein nach außen erkennbares Tätigwerden. Daran fehlt es etwa bei
einer wirtschaftlichen Tätigkeit, die ganz im privaten Bereich verhaftet bleibt, zB bei Börsenspeku-
lanten.[50] Wer nur zur eigenen Bedarfsdeckung Leistungen anderer nachfragt oder Güter herstellt, ist
kein Gewerbetreibender.

c) Planmäßigkeit und Dauerhaftigkeit. Die Tätigkeit muss planmäßig betrieben werden, dh. 23
auf eine gewisse Dauer sein. Sie sollte auf eine grundsätzlich **unbestimmte Vielfalt von Geschäften** gerichtet sein.[51] Daraus folgt im Gegenschluss, dass derjenige, der nur gelegentlich eine selbstständige Tätigkeit ausübt, kein Gewerbe betreibt. Diese Wertung liegt auch dem § 406 Abs. 1 S. 2
zugrunde, wenn dort der „Gelegenheitskommissionär" ausdrücklich den § 383 bis 406 unterstellt
wird.[52]

Das Erfordernis, dass die Tätigkeit auf eine unbestimmte Vielzahl von Geschäften als Ganzes 24
ausgerichtet sein muss,[53] schließt nicht aus, dass die Tätigkeit nur auf einen **kurzen Zeitraum**
beschränkt ist (zB Betrieb einer Würstchenbude auf einem Volksfest).[54] Das **Geschäftsvolumen** ist
für die Annahme eines Gewerbes **irrelevant,** was schon aus Abs. 2 des § 1 folgt, wonach quantitative
Merkmale nur über die Einstufung als *Handels*gewerbe entscheiden.[55] Ohne Bedeutung ist auch, ob
es sich bei der Tätigkeit um die Haupteinnahmequelle des Betreffenden handelt. § 92 b macht
deutlich, dass auch im Nebenerwerb den Gewerbebegriff erfüllen kann.[56]

Entscheidend für den planmäßigen und dauerhaften Charakter der Tätigkeit ist, ob hierbei eine 25
unternehmerische Aktivität entfaltet wird.[57] Daher ist die Parzellierung und nachfolgende Veräußerung erebten Grundbesitzes nicht gewerbsmäßig.[58] Unterbrechungen der unternehmerischen
Tätigkeit sind freilich unschädlich. Daher sind auch Saisonbetriebe gewerblich.[59] Auch wird der
planmäßige und fortdauernde Verkauf von Eintrittskarten durch Sportvereine im Zweifel gewerblichen Charakter besitzen.[60]

d) Gewinnerzielungsabsicht. Schon aus § 354 folgt, dass ein Kaufmann nach dem Vorstellungs- 26
bild des Gesetzes grundsätzlich nur gegen Entgelt tätig wird. Nach herkömmlicher Auffassung, der
sich auch die **bisherige Rspr.** angeschlossen hat, ist daher eine Gewinnerzielungsabsicht für den
Gewerbebegriff konstitutiv.[61] Hierbei soll es nur auf die Absicht der Gewinnerzielung ankommen,

---

[47] Röhricht/Graf von Westphalen/*Röhricht* Vor §§ 1–7 RdNr. 13.
[48] *Canaris* § 2 RdNr. 2.
[49] MünchKommHGB/*K. Schmidt* § 1 RdNr. 28.
[50] Koller/*Roth*/Morck RdNr. 6; s. auch schon ROHG Urt. v. 18. 4. 1877 – 144/77, ROHGE 22, 303; Staub/
Brüggemann § 1 aF RdNr. 8; differenzierend *Schön* DB 1998, 1169, 1171.
[51] *Canaris* § 2 RdNr. 6.
[52] Vgl. zu dieser Wertungsparallele wiederum *Canaris* § 2 RdNr. 6.
[53] Vgl. RG Urt. v. 29. 10. 1896 – VI 167/96, RGZ 38, 18; RG Urt. v. 5. 7. 1910 – VII 252/10, RGZ 74, 150:
„fortgesetzter Zusammenhang"; zur Wiederholungsabsicht s. BGH Urt. v. 16. 10. 1986 – III ZR 92/85, NJW 1987, 184
(zu § 55 GewO).
[54] Staub/*Brüggemann* § 1 aF RdNr. 7.
[55] Vgl. *Schön* DB 1998, 1169, 1172.
[56] BGH Urt. v. 10. 5. 1979 – VII ZR 97/78, BGHZ 74, 273, 276 = NJW 1979, 1650; OLG Frankfurt Urt. v. 13. 11.
1990 – 11 U 26/90, NJW-RR 1991, 246; MünchKommHGB/*K. Schmidt* § 1 RdNr. 30.
[57] So noch MünchKommHGB/*K. Schmidt*, 1. Aufl. § 1 aF RdNr. 22. Vgl. nunmehr MünchKommHGB/*K. Schmidt*
§ 1 RdNr. 30 (Fn. 113), der dies für „undeutlich hält". Ausschlaggebend sei, dass die Tätigkeit eine Kontinuität der
Unternehmensträgerschaft entwickelt.
[58] RG Urt. v. 23. 4. 1907 – VII 261/06, RGZ 66, 48, 50 f.; MünchKommHGB/*K. Schmidt* § 1 RdNr. 30; Röh-
richt/Graf von Westphalen/*Röhricht* Vor §§ 1–7 RdNr. 17.
[59] Vgl. RG Urt. v. 12. 11. 1930 – I 208/30, RGZ 130, 233: Ein Weinkommissionär ist nur während einiger Monate
im Jahr tätig; Röhricht/Graf von Westphalen/*Röhricht* Vor §§ 1–7 RdNr. 18.
[60] MünchKommHGB/*K. Schmidt* § 1 RdNr. 30.
[61] ZB BGH Urt. v. 7. 7. 1960 – VIII ZR 215/59, BGHZ 33, 321, 324 = NJW 1961, 725; BGH Urt. v. 28. 10. 1971
– VII ZR 15/50, BGHZ 57, 191, 199 = NJW 1972, 95; BGH Urt. v. 22. 1. 1976 – VII ZR 280/75 BGHZ 66, 48, 49

nicht darauf, ob tatsächlich Gewinne gemacht werden.[62] Unzureichend ist die Absicht, lediglich Kostendeckung oder gemeinnützige Zwecke zu erreichen; in diesen Fällen liegt kein Gewerbe vor.[63] Anhand dieser Maßstäbe wird etwa bei freiberuflichen Tätigkeiten von der Rspr. angenommen, dass das Streben nach Gewinn nicht im Vordergrund steht.[64]

27 Demgegenüber ersetzt die **hL** das Merkmal der Gewinnerzielungsabsicht mit Recht durch das Erfordernis einer **entgeltlichen Tätigkeit am Markt**.[65] Hierfür spricht vor allem, dass die Gewinnerzielungsabsicht als rein unternehmensinterne Tatsache eine unterschiedliche rechtliche Behandlung im Geschäftsverkehr nicht zu rechtfertigen vermag.[66] Ferner ist namentlich auch mit Blick auf konzernabhängige Unternehmen, die oft sogar planmäßig ohne Gewinnerzielungsabsicht betrieben werden, die Herausnahme aus dem Gewerbebegriff nicht zu vertreten.[67]

28 Die **neuere Rspr.** lässt die Tendenz erkennen, dass sie von der Notwendigkeit der Gewinnerzielungsabsicht abrückt.[68] Die Ablehnung dieses Merkmals trägt dem modernen Wirtschaftsleben mit seinen zahlreichen unterschiedlichen Organisationsformen Rechnung.[69] Als Beispiel sei eine aus Baufirmen bestehende ARGE genannt.[70] Dies untermauert auch die Gesetzesbegründung zum Handelsrechtsreformgesetz, die sich, anders als zu allen weiteren Merkmalen des Gewerbebegriffs, zur Gewinnerzielungsabsicht nicht verhält.[71] Der Verzicht auf die Gewinnerzielungsabsicht trägt ferner dazu bei, Missbrauch zu vermeiden. So könnten Unternehmer zB beim Erwerb von Gegenständen versucht sein, durch die Bildung bestimmter Organisationsformen sich der ihnen obliegenden Untersuchungs- und Rügelast zu entledigen.[72]

29 Das von der Rspr. bislang aufgestellte Erfordernis einer Gewinnerzielungsabsicht (soeben RdNr. 26) hat vor allen Dingen im Hinblick auf **öffentliche Unternehmen** zu einer Reihe von Abgrenzungsproblemen geführt. Bei ihnen hat die Beschränkung des Gewerbebegriffs auf Unternehmen mit Gewinnerzielungsabsicht zur Folge, dass sämtliche staatlichen Einrichtungen, die überwiegend Leistungsaufgaben erfüllen, aus dem Anwendungsbereich des HGB herausfallen.[73] Gewerblichen Charakter sollen hingegen solche öffentlichen Unternehmen besitzen, die nach wirtschaftlichen Gesichtspunkten betrieben werden und damit laufende Überschüsse über die Kosten anstreben, selbst wenn die Gewinne letztlich zur Förderung öffentlicher oder gemeinnütziger Zwecke bestimmt sind.[74]

= NJW 1976, 514; BGH Urt. v. 22. 4. 1982 – VII ZR 191/81, BGHZ 83, 382, 386 = NJW, 1982, 1815, 1816; Staub/*Brüggemann* § 1 aF RdNr. 9; *G. H. Roth* Handels- und GesR § 4, 1; *Baumann* AcP 184 (1984), 45, 50 ff.

[62] BGH Urt. v. 2. 7. 1985 – X ZR 77/84, BGHZ 95, 155, 158 = NJW 1985, 3063.
[63] BGH Urt. v. 11. 1. 1962 – VII ZR 188/60, BGHZ 36, 273, 276 = NJW 1962, 868; Koller/*Roth*/Morck RdNr. 9.
[64] BGH Urt. v. 7. 7. 1960 – VIII ZR 215/59, BGHZ 33, 321, 325 = NJW 1961, 725; BVerfG Urt. v. 13. 2. 1964 – 1 BvL 17/61, 1 BvR 494/60, 128/61, BVerfGE 17, 232, 239 = NJW 1964, 1174 LS.
[65] *K. Schmidt* HandelsR § 9 IV 2 d; *Canaris* § 2 RdNr. 14; *Hopt* ZGR 1987, 145 ff.; Baumbach/*Hopt* § 1 aF RdNr. 2; Gierke/*Sandrock* I § 6 II 5 d; *Raisch* JuS 1967, 533, 537; Koller/*Roth*/Morck RdNr. 10; *Dreher*, Der neue Handelsstand (Schrifttum vor § 1), S. 8; krit. auch OLG München Beschl. v. 14. 9. 1987 – 19 W 2932/86, NJW 1988, 1036, 1037 („nicht geeignetes Merkmal"); OLG Hamm Beschl. v. 26. 1. 1993 – 15 W 75/93, NJW 1994, 392, 393. Wie hier BGH, Urt. v. 24. 6. 2003 – XI ZR 100/02, BGHZ 155, 240, 245 f.; OLG Dresden Urt. v. 20. 11. 2001 – 2 U 1928/01, NZG 2003, 124. A. A. wohl noch OLG Frankfurt Beschl. v. 10. 12. 2004 – 21 AR 138/04, NJOZ 2005, 2583, 2585.
[66] Koller/*Roth*/Morck RdNr. 10.
[67] Röhricht/Graf von Westphalen/*Röhricht* Vor §§ 1–7 RdNr. 24; MünchKommHGB/*K. Schmidt* § 1 RdNr. 31.
[68] BGH Urt. v. 24. 6. 2003 – XI 100/02, BGHZ 155, 240, 245 f.; OLG Dresden Urt. v. 20. 11. 2001 – 2 U 1928/01, NZG 2003, 124. Anders noch OLG Frankfurt Beschl. v. 10. 12. 2004 – 21 AR 138/04, NJOZ 2005, 2583 = ZIP 2005, 1559; OLG Düsseldorf Beschl. v. 6. 6. 2003 – 3 Wx 108/03, NJW-RR 2003, 1120, wobei die Gewinnerzielungsabsicht jeweils ohne nähere Prüfung angenommen werden konnte und es somit keiner Auseinandersetzung mit der Frage der Erforderlichkeit dieses Merkmals bedurfte.
[69] OLG Dresden Urt. v. 20. 11. 2001 – 2 U 1928/01, NZG 2003, 124, 125, hier: Dach-ARGE.
[70] Im Einzelfall kann eine Gewinnerzielungsabsicht auch bei dieser Organisationsform vorliegen, vgl. hierzu LG Bonn Beschl. v. 9. 9. 2003 – 1 O 194/03, ZIP 2003, 2160, wonach die ARGE nicht mit der Fertigstellung des Projekts endet, sondern erst mit der Erfüllung weiterer Rechte und Pflichten.
[71] BT-Drucks. 13/9444, S. 24.
[72] OLG Dresden Urt. v. 20. 11. 2001 – 2 U 1928/01, NZG 2003, 124, 125.
[73] Heymann/*Emmerich* § 1 aF RdNr. 8; umfassend *Kohler-Gehrig* Rpfleger 2000, 45 ff.; vgl. zB BGH Urt. v. 11. 1. 1962 – VII ZR 188/60, BGHZ 36, 273, 275 f. = NJW 1962, 868 (Einfuhr- und Vorratsstellen); BGH Urt. v. 22. 4. 1982 – VII ZR 191/81, BGHZ 83, 382, 387 f. = NJW 1982, 1815 (Wasser- und Bodenverbände); BGH Urt. v. 28. 2. 1991 – III ZR 49/90, LM GVG § 17 a Nr. 2 = NVwZ 1991, 606 = NJW 1991, 1688 (LS) – Abwasserbeseitigung; BGH Urt. v. 25. 4. 1991 – VII ZR 280/90, BGHZ 114, 257, 258 f. = NJW 1991, 2134; OLG Stuttgart Urt. v. 10. 11. 1998 – 10 U 113/98, NJW-RR 1999, 1557 (städtischer Schlachthof, bei dem in der Satzung die Gewinnerzielung ausgeschlossen ist; zu § 1027 Abs. 2 ZPO aF), hierzu *K. Schmidt* JuS 2000, 298; LG Berlin Urt. v. 29. 9. 1998 – 9 S 47/97, Grundeigenum 1998, 1396 (Stadtreinigungsbetrieb; § 196 BGB aF).
[74] ZB BGH Urt. v. 2. 7. 1985 – X ZR 77/84, BGHZ 95, 155, 157 = NJW 1985, 3063 – Bundesbahn; BGH Urt. v. 25. 4. 1991 (vorige Fn.); KG Urt. v. 30. 4. 1998 – 12 U 854/97, NJW-RR 1999, 638 – Kommunaler Versorgungsbetrieb (zu § 196 BGB aF); vgl. wiederum Heymann/*Emmerich* § 1 aF RdNr. 8; krit. MünchKommHGB/*K. Schmidt* § 1 RdNr. 31.

Demgegenüber ist mit der hL allein darauf abzustellen, ob ein Betrieb der öffentlichen Hand nach **30** betriebswirtschaftlichen (kaufmännischen) Gesichtspunkten geführt wird und wie ein Privatunternehmen am Geschäftsverkehr teilnimmt.[75] Sind die Voraussetzungen erfüllt, so liegt ein Gewerbe vor. Anhand dieser Maßstäbe sind etwa die **Sparkassen** im Bankgeschäft[76] wie auch im Einlagengeschäft – selbst wenn dort eine gemeinnützige Zielsetzung verfolgt wird – Gewerbetreibende.[77] Jedenfalls hinsichtlich der Ausstrahlung von Werbesendungen und im Rahmen von Beschaffungsgeschäften wird auch der **öffentlich-rechtliche Rundfunk** als Gewerbetreibender anzusehen sein.[78] Bei **öffentlichen Versorgungsunternehmen** erkennt die Rspr. zwischenzeitlich an, dass das Fehlen einer Gewinnerzielungsabsicht die Annahme eines Gewerbes nicht mehr hindert, wenn bei der Führung des Unternehmens kaufmännische Gesichtspunkte zu wahren sind.[79] Da Bahn und Post inzwischen als Aktiengesellschaften des Privatrechts organisiert sind,[80] ist die Kaufmannseigenschaft kraft Rechtsform gegeben (vgl. allgemein § 6 RdNr. 11 ff.). Die **Deutsche Bundesbank** ist ebenfalls Kaufmann. Dies folgt aus § 29 Abs. 3 BBankG. Danach sind nur die Vorschriften des HGB über die Eintragung in das Handelsregister auf die Deutsche Bundesbank nicht anzuwenden. Schließlich können auch die **Gebietskörperschaften** für ihre geschäftliche Tätigkeit dem Gewerbebegriff unterfallen. Voraussetzung ist dabei allerdings, dass die Tätigkeit nicht öffentlich-rechtlich ausgestaltet ist.[81]

e) **Erlaubtheit.** Nach früherer hM liegt ein Gewerbe nur dann vor, wenn die mit dem Inhaber **31** abgeschlossenen Geschäfte wirksam und die daraus folgenden Ansprüche klagbar sind.[82] Diese Auffassung führt freilich zu dem ungereimten Ergebnis, dass dieser Personenkreis den kaufmännischen **Grundpflichten** (Vor § 1 RdNr. 28 ff.) nicht unterworfen sein soll. Gerade die Einhaltung der kaufmännischen Grundpflichten erleichtert aber die Überwachung dieser Unternehmen und stellt die Transparenz der Inhaberverhältnisse her. Für das kaufmännische **Sonderprivatrecht** (Vor § 1 RdNr. 35 f., 37 ff.) ist die Ablehnung der Gewerbeeigenschaft – und damit die Versagung der Kaufmannseigenschaft – weithin bedeutungslos, weil die betroffenen Rechtsgeschäfte ohnehin im Regelfall bereits nach §§ 134, 138 BGB nichtig sein werden.[83] Zudem verträgt sich das Erfordernis der Erlaubtheit der geschäftlichen Tätigkeit schlecht mit § 7. Danach berühren öffentlichrechtliche Verbote oder Einschränkungen der Gewerbetätigkeit die Anwendung des HGB nicht. Diese Wertung sollte auch auf privatrechtliche Verbotsnormen übertragen werden.[84]

f) **Keine bloße Verwaltung eigenen Vermögens.** Wer lediglich eigenes Vermögen verwaltet, **32** betreibt kein Gewerbe.[85] Die Abgrenzung des Gewerbes von der Vermögensverwaltung muss nicht notwendigerweise bei den vorgenannten positiven Tatbestandsmerkmalen des Gewerbebegriffs erfolgen. Sie kann auch die Vermögensverwaltung als negatives Tatbestandsmerkmal des Gewerbebegriffs heranziehen. Dafür sprechen nicht nur die Erfahrungen auf dem Gebiet des Steuerrechts,[86] sondern vor allem § 105 Abs. 2 S. 1 in der seit 1. 7. 1998 geltenden Fassung.[87] Dort stellt das Gesetz dem Gewerbe – Handelsgewerbe und Kleingewerbe – die Vermögensverwaltung als typologisch zu trennende wirtschaftliche Betätigungsform gegenüber.

---

[75] Vgl. zB Röhricht/*Graf v. Westphalen* Vor §§ 1–7 RdNr. 30.
[76] RG Urt. v. 1. 3. 1927 – II 371/26, RGZ 116, 227, 229.
[77] Koller/*Roth*/Morck RdNr. 35; vgl. § 3 Abs. 3, § 4 Abs. 1 SparkassenG NRW idF v. 25. 1. 1995, GVBl. S. 92; s. aber BGH Urt. v. 30. 4. 1952 – II ZR 143/51, BB 1952, 480: Kein gewerblicher Charakter der Sparkasse, wenn *ausschließlich* gemeinnützige Zwecke verfolgt werden (wohl überholt, vgl. die zit. Bestimmungen des SparkassenG NRW und die Parallelvorschriften in anderen Landesgesetzen).
[78] Koller/*Roth*/Morck RdNr. 36; Heymann/*Emmerich* § 1 aF RdNr. 7; anders für die Programmausstrahlung: BVerfG Urt. v. 27. 7. 1971 – 2 BvR 1/68 und 2 BvR 702/68, BVerfGE 31, 314, 329 = NJW 1971, 1739; BGH Urt. v. 28. 10. 1971 – VII ZR 15/70, BGHZ 57, 191, 200 = NJW 1972, 95.
[79] BGH Urt. v. 25. 4. 1991 – VII ZR 280/90, BGHZ 114, 257, 258 f. = NJW 1991, 2134 f.; Koller/*Roth*/Morck RdNr. 37.
[80] Hierzu § 1 Abs. 1 DBGrG; § 1 Abs. 1 PostUmwG.
[81] BGH Urt. v. 18. 1. 1968 – VII ZR 101/65, BGHZ 49, 258, 260 = NJW 1968, 639; Koller/*Roth*/Morck RdNr. 30.
[82] Staub/*Brüggemann* § 1 aF RdNr. 17; *Gierke*/Sandrock I § 6 II 2; OLG Frankfurt Urt. v. 23. 12. 1954 – VI W 498/59, NJW 1955, 716; BayObLG Beschl. v. 16. 3. 1972 – Breg. II Z 128/71, NJW 1972, 1327.
[83] Zutr. Röhricht/Graf von Westphalen/*Röhricht* Vor §§ 1–7 RdNr. 35.
[84] MünchKommHGB/*K. Schmidt* § 1 RdNr. 29; Baumbach/*Hopt* § 1 RdNr. 21.
[85] Bei gemischten Unternehmen, in denen ein Vermögensverwalter zugleich einem Gewerbe nachgeht, ist entscheidend, welcher Tätigkeitsbereich – Vermögensverwaltung oder Gewerbe – das Gesamtbild prägt und auch quantitativ nennenswert ist, vgl. BGH Urt. v. 2. 6. 1999 – VIII ZR 220/98, NJW 1999, 2967, 2968 mit KurzKomm. *Pfeiffer* EWiR 1999, 797; ferner *K. Schmidt* JuS 2000, 192 f.
[86] ZB BFH Urt. v. 13. 12. 1995 – XI R 43/89, BStBl. II 1996, S. 232, 237 = DStR 1996, 621 = DB 1996, 964 (zu § 1 Abs. 1 GewStDV); *Schön* DB 1998, 1169, 1173 f.
[87] § 105 Abs. 2 idF v. Art. 3 Nr. 24 HRefG v. 22. 6. 1998, BGBl. I S. 1474.

33 In der Sache hat die **Neufassung von § 105 Abs. 2** die traditionell umstrittene Problematik der **Abgrenzung von Gewerbe und Vermögensverwaltung** wesentlich **entschärft.** Denn die rechtstatsächliche Bedeutung dieser Abgrenzung lag bislang nahezu ausschließlich auf dem Gebiet des Personengesellschaftsrechts, insbes. des Rechts der KG.[88] Ausweislich der Gesetzesbegründung zielt die Öffnungsklausel zugunsten nichtgewerblicher – bloß vermögensverwaltender – Betätigung namentlich auf die bisher nicht eintragungsfähigen Vermögensverwaltungsgesellschaften (Immobilienverwaltungs-, Objekt-, Besitz- und Holdinggesellschaften).[89] Die vermögensverwaltende Personengesellschaft erwirbt die Kaufmannseigenschaft erst mit der Eintragung in das Handelsregister.[90] **Bedeutsam** bleibt die **Abgrenzung** zwischen Gewerbe und Vermögensverwaltung damit nur noch für **Einzelpersonen** sowie **nicht eingetragene Personenhandelsgesellschaften.**[91]

34 Im Grundsatz besteht Einigkeit darüber, dass die Vermögensverwaltung als bloße Kapitalanlage oder Nutzung von Eigentum nicht unter den Gewerbebegriff fällt.[92] **Umstritten** sind allerdings die **Einzelmerkmale,** anhand derer die **Abgrenzung der Vermögensverwaltung vom Gewerbe** zu erfolgen hat. Meist geht es hierbei um die Nutzung von Immobilienvermögen. Eine Gesellschaft zum Zweck des Haltens und Verwaltens von Grundstücken, Rechten und beweglichen Vermögensgegenständen in gesamthänderischer Bindung betreibt nach der **Rspr.** idR keinen Gewerbebetrieb. Vielmehr soll namentlich die Errichtung von Häusern und Eigentumswohnungen zum Zwecke späterer Vermietung und Verpachtung durch den Eigentümer eine Art der Nutzung des Eigentums am Grundstück sein.[93] Eine solche Verhaltensweise sei ausschließlich auf die Kapitalanlage durch den Eigentümer ausgerichtet. Gewerblichen Charakter erhält das Unternehmen erst dann, wenn der Vermieter bzw. Verpächter die Absicht hat, sich aus der Vermietung eine auf Gewinn gerichtete, dauernde und berufsmäßige Erwerbsquelle zu verschaffen.[94] Eine solche berufsmäßige Tätigkeit soll nur dann vorliegen, wenn die Verwaltung des Bauwerks eine besonders umfangreiche, über die übliche Verwaltungsarbeit eines Hauseigentümers hinausgehende Tätigkeit darstellt. Anhand dieser Maßstäbe soll etwa der Erwerb von drei Eigentumswohnungen zur möblierten Vermietung im Rahmen eines von Dritten geführten Hotelbetriebs nicht gewerblich sein.[95] Demgegenüber wurde die Frage der Gewerblichkeit in einem Fall betr. die Verwaltung von Grundstücken mit 108 Wohnungseinheiten offengelassen.[96] Auch das Halten eines GmbH-Geschäftsanteils wird als bloße Vermögensverwaltung angesehen.[97]

35 Die von der Rspr. bisher vollzogene **Abgrenzung anhand quantitativer Maßstäbe** – die Erforderlichkeit einer besonders umfangreichen Verwaltungstätigkeit – ist jedenfalls seit der Neufassung von § 1 Abs. 2 **nicht mehr vertretbar.**[98] Spätestens seit der Neufassung des Begriffs des Handelsgewerbes durch § 1 Abs. 2 steht fest, dass der quantitative Umfang der Vermögensanlage nicht schon über den Tatbestand des Gewerbes, sondern nur über das Vorliegen eines *Handels*gewerbes entscheidet.[99] **Vorzugswürdig** ist demgegenüber der von *Schön* in neuerer Zeit im Anschluss an

---

[88] *Priester* DNotZ 1998, 691, 700 ff.; *K. Schmidt* NJW 1998, 2161, 2164 f.; *Ammon* DStR 1998, 1474, 1476; *Schön* DB 1998, 1169 ff.
[89] Vgl. BGH Urt. v. 14. 1. 1991 – II ZR 112/90, BGHZ 113, 216, 218 = NJW 1991, 922 = LM § 171 HGB Nr. 27 (Beteiligungsgesellschaft); BGH Urt. v. 19. 2. 1990 – II ZR 42/89, NJW-RR 1990, 798, 799 = LM § 705 BGB Nr. 55 = WM 1990, 586 = ZIP 1990, 505 (Besitzgesellschaft bei der Betriebsaufspaltung); BGH Urt. v. 13. 7. 2006 – VII ZR 51/05, NJW 2006, 3486 (Verpachtung eines Betriebs oder einzelner Betriebsgegenstände); OLG Hamm Beschl. v. 21. 6. 1993 – 15 W 75/93, NJW 1994, 392 (ebenfalls zur Besitzgesellschaft); *K. Schmidt* DB 1990, 95 (zur Komplementär-Personengesellschaft bei der doppelstöckigen GmbH w. Nachw. zur früheren Rspr. bei *Priester* DNotZ 1998, 691, 701 Fn. 75; BT-Drucks. 13/8444 S. 40.
[90] Vgl. Staub/*Brüggemann* § 6 aF RdNr. 8 (zur früheren sollkaufmännischen und kannkaufmännischen Personenhandelsgesellschaft).
[91] Letztere sind nur dann bereits nach §§ 1 Abs. 2, 105 zwingend dem Handelsrecht unterworfen, wenn ein (Handels-)gewerbe vorliegt, und nicht lediglich Vermögensverwaltung betrieben wird; *Schön* DB 1998, 1169, 1173.
[92] Vgl. *Schön* DB 1998, 1169, 1173.
[93] So (zu § 196 Abs. 1 Nr. 1 BGB) zB BGH Urt. v. 10. 6. 1974 – VII ZR 44/73, BGHZ 63, 32, 33 = NJW 1974, 1462; BGH Urt. v. 10. 5. 1979 – VII ZR 97/78, BGHZ 74, 273, 276 = NJW 1979, 1650; BGH Urt. v. 18. 4. 1963 – VII ZR 37/62, NJW 1963, 1397; BGH Urt. v. 8. 7. 1968 – VI ZR 65/66, NJW 1968, 1962; OLG Frankfurt Urt. v. 13. 1. 1982 – 17 U 121/81, DB 1982, 895.
[94] Vgl. wiederum BGHZ 63, 32, 33; BGHZ 74, 273, 277 (Fn. 87); ferner BGH Urt. v. 25. 9. 1967 – VII ZR 46/65, NJW 1967, 2353; BGH Urt. v. 7. 8. 1968 – VII ZR 65/66, NJW 1968, 1962; OLG München Urt. v. 19. 1. 1966 – 12 U 1763/65, NJW 1966, 1128.
[95] BGH Urt. v. 10. 5. 1979 – VII ZR 97/78, BGHZ 74, 273 = NJW 1979, 1650; ähnlich OLG Koblenz Urt. v. 4. 1. 1990 – 6 U 938/88, DB 1990, 1825 = ZIP 1990, 1268.
[96] BGH Urt. v. 11. 1. 1973 – VIII ZR 147/70, BB 1973, 499.
[97] BGH Urt. v. 5. 6. 1996 – VIII ZR 151/95, BGHZ 133, 71, 78 = NJW 1996, 2156; BGH Urt. v. 24. 1. 2006 – XI ZR 384/03, BGHZ 166, 84 = NJW 2006, 830 Ls. 8.
[98] Zust. hingegen noch Röhricht/Graf von Westphalen/*Röhricht* Vor §§ 1–7 RdNr. 21.
[99] Zutr. *Schön* DB 1998, 1169, 1171 f.; ferner Staub/*Ulmer* § 105 RdNr. 26 und *K. Schmidt* HandelsR § 9 IV 2 b Fn. 28 (zur Betriebsaufspaltung).

Wieland und *Müller-Erzbach* herausgearbeitete **Gesichtspunkt der spezifischen Risikostruktur gewerblicher Tätigkeit.**[100] Danach ist das Gewerbe durch ein spekulatives Element gekennzeichnet. Der Gewerbetreibende neigt dazu, die von ihm investierten Produktionsfaktoren – Kapital oder Arbeit – vollständig aufs Spiel zu setzen, um einen höheren Gegenwert zu erlangen. Im Gegensatz dazu geht der einfache Kapitalanleger, der sein Geld verleiht oder eine Immobilie vermietet, von vornherein ein geringeres Risiko ein. Es lässt sich meist auf die fehlende oder verminderte Nutzbarkeit des Anlagesubstrats einerseits und das Risiko des Forderungsausfalls andererseits begrenzen. Dies gilt auch für die Risiken gewinnabhängiger Kapitalbeteiligungen (stille Beteiligung, Aktie). Sie lassen im Regelfall den rechtlichen Bestand des Beteiligungsobjekts unberührt. Gerade diese niedrigere Risikoschwelle bedingt abgeschwächte Kalkulations- und Kontrollerfordernisse in der Erwerbstätigkeit, ferner eine geringere Kenntnis von rechtlichen und wirtschaftlichen Rahmenbedingungen.[101] Diese Kriterien schlagen den Bogen zum Normzweck des § 1 Abs. 2, gerade die geschäftserfahrenen und rechtlich gewandten Personen dem Handelsrecht zu unterwerfen, nicht aber diejenigen, bei denen diese Eigenschaften schwächer ausgeprägt sind (o. RdNr. 1).

Gewerblichkeit ist vor diesem Hintergrund gegeben, wenn der Inhaber des Anlagevermögens **Arbeitsleistungen** erbringt, die über die bloße Verwaltung hinausgehen und deshalb **markttypische Nachfragerisiken** auslösen. Dies gilt etwa für Grundstücksunternehmen, die zugleich die architektonische Planung und Beaufsichtigung sowie die technische Ausführung von Bauten übernehmen.[102] Gewerblich wird die Risikostruktur auch dann, wenn die verwalteten Objekte nicht mehr als festliegendes Kapital, sondern als **Gegenstand laufender Umschichtung** genutzt werden, um Wertsteigerungen zu erzielen und hieraus – spekulativ – Ersatzobjekte zu erwerben. Hier begibt sich der Vermögensinhaber – wie auch der BGH einräumt – in den „Wettbewerb auf dem Bau- und Immobilienmarkt".[103] Damit liegt ein im Verhältnis zur schlichten Vermögensverwaltung gesteigertes Geschäftsrisiko vor.[104] Unternehmen, die über die Verwaltung von Grundstücks- oder Geldvermögen hinaus Leistungen erbringen oder ihre Vermögenswerte laufend umschichten, sind mithin gewerblicher Art und unterliegen zwingend dem Handelsrecht, wenn ein kaufmännischer Geschäftsbetrieb erforderlich ist (§ 1 Abs. 2).[105] 36

Auch nach diesen Maßstäben bleiben freilich wirtschaftlich unbedeutende und nicht über den alltäglichen privaten Bereich hinausreichende Betätigungen aus dem Gewerbebegriff ausgeklammert.[106] Danach handeln etwa **Ehegatten** nicht gewerblich, die ihr **Haus** nach der von der Rspr. akzeptierten Praxis statt in Miteigentum in Form einer **GbR** halten.[107] 37

g) Kein freier Beruf. Negative Tatbestandsvoraussetzung des Gewerbebegriffs ist ferner, dass es sich bei der Tätigkeit nicht um einen freien Beruf mit vorwiegend höchstpersönlicher Leistungserbringung handeln darf.[108] Dies schließt auch wissenschaftliche, künstlerische und sportliche Betätigungen ein.[109] Für eine Reihe von freien Berufen bestimmt das **Gesetz** ausdrücklich, dass sie **kein Gewerbe** betreiben (o. RdNr. 16). Diese Klarstellung ist notwendig, da auch die freiberufliche Tätigkeit die bisher unter RdNr. 20 ff. behandelten positiven Merkmale des Gewerbebegriffs erfüllt.[110] 38

Hinsichtlich der übrigen freien Berufe ist auf die **Verkehrsanschauung** abzustellen.[111] Anhaltspunkte für eine freiberufliche Tätigkeit sind die **ausgeprägte Kreativität** und eine **höchstpersönliche Leistungserbringung,** namentlich die Erbringung von „Diensten höherer Art" (§ 627 BGB). Entscheidend ist das typische Berufsbild. In Grenzfällen soll danach unterschieden werden, ob die geistige und wissenschaftliche Leistung oder die technische kaufmännische Gestaltung des Betriebs im Vordergrund stehen.[112] Als weiteres Indiz kann auf den Marktauftritt geschlossen werden. Danach 39

---

[100] *Schön* DB 1998, 1169, 1173 unter Hinweis auf *Wieland* HandelsR Bd. I, 1921, § 10 IV 3 S. 95 und *Müller-Erzbach,* Deutsches Handelsrecht, 2./3. Aufl. 1928, Kap. 11, S. 52 f.
[101] Vgl. erneut *Schön* DB 1998, 1169, 1173; zust. wohl Koller/*Roth*/Morck RdNr. 7; anders aber noch BGH Urt. v. 10. 5. 1979 – VII ZR 97/78, BGHZ 74, 273, 278 = NJW 1979, 1650: Ein größeres unternehmerisches Risiko sei nicht nur mit einem Gewerbebetrieb, sondern vielfach auch mit einer Kapitalanlage verbunden.
[102] *Schön* DB 1998, 1169, 1173; vgl. auch BGH Urt. v. 18. 4. 1963 – VII ZR 37/62, NJW 1963, 1397.
[103] BGH Urt. v. 12. 3. 1981 – VII ZR 117/80, NJW 1981, 1665, 1666.
[104] *Schön* DB 1998, 1169, 1173 f.; zust. *Habersack* in Lieb (Hrsg.), Die Reform des Handelsstands, 1999, S. 73, 79 f.
[105] *Schön* DB 1998, 1169, 1174.
[106] Klarstellung in BT-Drucks. 13/8444 S. 41.
[107] Vgl. BGH Beschl. v. 20. 5. 1981 – V ZB 25/79, NJW 1982, 170; *K. Schmidt* NJW 1998, 2161, 2165; *Schön* DB 1998, 1169, 1174.
[108] *Canaris* § 2 RdNr. 8; zu gemischten Unternehmen vgl. Fn. 85.
[109] MünchKommHGB/*K. Schmidt* § 1 RdNr. 32.
[110] *Raisch,* FS Rittner, 1991, S. 471, 481; Koller/*Roth*/Morck RdNr. 13.
[111] BayObLG Beschl. v. 21. 3. 2002 – 3Z BR 57/02, NZG 2002, 718, 719; Röhricht/Graf von Westphalen/*Röhricht* Vor §§ 1–7 RdNr. 38; Koller/*Roth*/Morck RdNr. 13; enger *K. Schmidt* DB 1998, 61, 62.
[112] OLG Bamberg Urt. 26. 2. 2003 – 8 U 82/02, OLGR Bamberg 2003, 356, 357.

ist ein marktnahes und wettbewerbsorientiertes Verhalten für freie Berufe untypisch.[113] Freiberuflich tätig ist demnach etwa der Architekt[114] einschließlich Innen- und Gartenarchitekten, ferner Dolmetscher und Übersetzer, Ingenieure und Chemiker, Vereidigte Buchprüfer und Steuerbevollmächtigte, Privatlehrer, Erzieher, Diplompsychologen, Lotsen, Journalisten, Bildberichterstatter, freischaffende Künstler und Schriftsteller.[115] Freiberufler sind ferner etwa freischaffende beratende Volks- und Betriebswirte[116] sowie alle selbstständigen Gutachter und Sachverständige.[117] Die weitreichende – an § 18 Abs. 1 EStG ausgerichtete – Aufzählung der freien Berufe in § 1 Abs. 2 PartGG ist für die Festlegung des handelsrechtlichen Gewerbebegriffs nicht bindend.[118] Sie sollen lediglich im Schnittstellenbereich zwischen gewerblicher und freiberuflicher Tätigkeit ein Wahlrecht zwischen der OHG und der Partnerschaftsgesellschaft eröffnen und in diesem Zusammenhang klarstellen, dass jedenfalls die eingetragene Partnerschaft kein Handelsgewerbe betreibt.[119] Die Einbeziehung der freien Berufe in das Handelsrecht wird rechtspolitisch gefordert,[120] ist nach geltendem Recht aber ausgeschlossen.[121]

40   h) **Maßgeblicher Zeitpunkt für das Vorliegen eines Gewerbebetriebs. aa) Beginn.** Das Gewerbe beginnt mit der tatsächlichen Aufnahme des Geschäftsbetriebes. Dazu gehören bereits **zielgerichtete Vorbereitungsgeschäfte,** die schon im Außenverhältnis dem Ingangsetzen der gewerblichen Tätigkeit dienen, zB die Anmietung von Geschäftsräumen, die Einstellung von Personal, der Kauf von Einrichtung und Waren, die Aufnahme eines Darlehens oder Werbeaufträge.[122] Nicht ausreichend ist dagegen die bloße Planung der Aufnahme eines Geschäftsbetriebs oder die Beauftragung mit einer Marktanalyse, die erst die Entschließung ermöglichen soll, ob ein Betrieb eröffnet werden soll.[123]

41   bb) **Ende.** Die Gewerblichkeit endet erst mit der **endgültigen Einstellung** des gewerblichen Geschäftsbetriebs. Unerheblich sind der Eintritt der Geschäftsunfähigkeit oder die Eröffnung des Insolvenzverfahrens.[124] Auch eine vorübergehende Betriebsstilllegung reicht nicht.[125] Zum Geschäftsbetrieb gehören auch noch die Abwicklungsgeschäfte im Liquidationsstadium. Die Gewerblichkeit endet erst mit dem Abschluss der Liquidation. Wird das Unternehmen veräußert oder verpachtet, so endet der Geschäftsbetrieb des bisherigen Betreibers erst mit der tatsächlichen Übergabe des Betriebs an den Erwerber oder Pächter.[126] Ist die Firma im Handelsregister eingetragen, so ist der Inhaber nach der endgültigen Einstellung des Geschäftsbetriebes gemäß § 31 Abs. 2 verpflichtet, die Löschung herbeizuführen. Bis die Löschung erfolgt ist, sind Dritte durch § 15 Abs. 1, nicht jedoch durch § 5 geschützt. Denn § 5 setzt ebenfalls den Betrieb eines Gewerbes voraus (s. dort RdNr. 20).

42   4. **Die Erforderlichkeit eines in kaufmännischer Weise eingerichteten Geschäftsbetriebs (Abs. 2). a) Gesetzliche Vermutung der Kaufmannseigenschaft aller Gewerbetreibenden.** Der Abs. 1 des § 1 knüpft die Kaufmannseigenschaft an das Betreiben eines **Handelsgewerbes.** Die **Begriffsbestimmung** für das Handelsgewerbe liefert § 1 Abs. 2. Handelsgewerbe ist danach „jeder **Gewerbebetrieb".** Wer nach Maßgabe der soeben unter RdNr. 20 ff. dargestellten Kriterien ein **Gewerbe** betreibt, ist als Betreiber eines „Handelsgewerbes" (§ 1 Abs. 2) **zugleich** kraft der gesetzlichen Anordnung des § 1 Abs. 1 **Kaufmann.**[127]

---

[113] BayObLG Beschl. v. 21. 3. 2002 – 3 Z BR 57/02, NZG 2002, 718, 719.
[114] BGH Urt. v. 22. 2. 1979 – VII ZR 183/78, WM 1979, 559; Staub/*Brüggemann* § 1 aF RdNr. 18; Koller/*Roth*/Morck RdNr. 13; Röhricht/Graf von Westphalen/*Röhricht* Vor §§ 1–7 RdNr. 38.
[115] Röhricht/Graf von Westphalen/*Röhricht* Vor §§ 1–7 RdNr. 38; *Canaris* § 2 RdNr. 8.
[116] OLG Celle Beschl. v. 26. 4. 1996 – 2 Ss (Owi) 95/96, BB 1996, 2219.
[117] Röhricht/Graf von Westphalen/*Röhricht* Vor § 1–7 RdNr. 38.
[118] MünchKommBGB/*Ulmer* § 1 PartGG Nr. 16 f.; MünchKommHGB/*K. Schmidt* § 1 RdNr. 36.
[119] Koller/*Roth*/Morck RdNr. 13.
[120] Vgl. nur *K. Schmidt* DB 1998, 61, 62; *ders.* NJW 1998, 2161, 2162; *ders.* JZ 2003, 585, 589 f.; *Raisch*, FS Rittner, 1991, S. 471, 488; *Neuner* ZHR 157 (1993), 243, 264); *Treber* AcP 199 (1999), 525, 575; Gegenposition bei *Henssler* ZHR 161 (1997), 13, 24 f.
[121] BT-Drucks. 13/8444 S. 34.
[122] RG Urt. v. 13. 5. 1895, RGSt 27, 226, 227 f.; RG Urt. v. 28. 4. 1941 – II 102/40, DR 1941, 1943, 1944; BGH Urt. v. 17. 6. 1953 – II ZR 205/52, BGHZ 10, 91, 96 = NJW 1953, 1217, 1218; OLG Oldenburg Beschl. v. 12. 11. 2001 – 9 SchH 12/01, DB 2002, 423, 424; *Hofmann* N. S. 48; Heymann/*Emmerich* § 1 aF RdNr. 14; MünchKommHGB/*Schmidt* § 1 RdNr. 7; Staub/*Brüggemann* § 1 aF RdNr. 28.
[123] Staub/*Brüggemann* § 1 aF RdNr. 28.
[124] Staub/*Brüggemann* RdNr. 31; *Brox* RdNr. 41; Gierke/Sandrock § 7 II.
[125] RG Urt. v. 30. 4. 1925 – II 244/24, RGZ 110, 422, 425; RG Urt. v. 12. 11. 1930 – I 208/30, RGZ 130, 233, 235; BGH Urt. v. 19. 5. 1960 – II ZR 72/59, BGHZ 32, 307, 312 = NJW 1960, 1664, 1665; BayObLG Beschl. v. 27. 10. 1983 – 3 Z 82/83, BayObLGZ 1983, 257, 260 f.
[126] Staub/*Brüggemann* § 1 aF RdNr. 30.
[127] *BT-Drucks. 13/8444 S. 48*; *K. Schmidt* NJW 1998, 2161, 2162.

Allerdings erfolgt die Gleichstellung von Gewerbe und Handelsgewerbe nicht ohne **Einschränkung**. Nach § 1 Abs. 2 gilt ein Gewerbebetrieb dann **nicht** als **Handelsgewerbe**, wenn das Unternehmen nach Art oder Umfang **keinen** in kaufmännischer Weise eingerichteten **Geschäftsbetrieb erfordert**. Positiv ausgedrückt (o. RdNr. 1) erfasst diese Vorschrift nur Unternehmen, die nach Art **und** Umfang einen derartigen Geschäftsbetrieb erfordern. So war § 1 Abs. 2 auch noch im Referentenentwurf zum Handelsrechtsreformgesetz gefasst.[128] Die **negative Formulierung** („..., es sei denn ...") wurde schließlich gewählt, um die **Darlegungs- und Beweislast** klarzustellen. Denn im **Interesse des Rechtsverkehrs** wird vermutet, dass jeder Gewerbebetrieb ein Handelsgewerbe und sein Inhaber damit Kaufmann ist. Ein nicht eingetragener Gewerbetreibender, der sich – etwa für die Nichtanwendbarkeit der §§ 377, 378 – darauf beruft, kein Kaufmann zu sein, muss im Streitfall darlegen und beweisen, dass sein Betrieb nach Art oder Umfang keinen kaufmännischen Geschäftsbetrieb erfordert.[129] Verbleibende Zweifel gehen zu seinen Lasten. Dies trägt den Bedenken gegenüber dem Verzicht auf die konstitutive Wirkung der Eintragung[130] Rechnung. Denn die maßgeblichen Kriterien liegen in der Sphäre des betroffenen Unternehmers, so dass sie von außen kaum zuverlässig beurteilt und praktisch oft nur von dem Gewerbetreibenden bewiesen werden können.[131] Diese Regelung ist nicht deshalb verfehlt, weil in der Wirklichkeit möglicherweise die Zahl der Kleingewerbe erheblich überwiegt.[132] Denn eine gesetzliche Vermutung rechtfertigt sich nicht durch statistische Wahrscheinlichkeit.[133] Da die Vermutung des § 1 Abs. 2 ausschließlich dem Interesse des Rechtsverkehrs dient, kann sich der (nicht eingetragene) Gewerbetreibende **nicht zu seinen Gunsten** – zB als Verkäufer im Hinblick auf §§ 377, 378 – auf die Kaufmannseigenschaft berufen.[134]

Die Vermutung des § 1 Abs. 2 findet **keine Anwendung** im Verfahren vor dem **Registergericht**. Dort gilt der Amtsermittlungsgrundsatz (§ 12 FGG). Allerdings ist das Registergericht zur Einleitung eines Eintragungsverfahrens (§§ 14, 29 HGB) verpflichtet, wenn ihm konkrete Anhaltspunkte dafür vorliegen, dass ein Betrieb die Bagatellgrenze des § 1 Abs. 2 überschreitet. Dann hat es die maßgeblichen Tatsachen von Amts wegen zu ermitteln.[135]

Wie ausgeführt (Vor § 1 RdNr. 7 ff., 21 ff.), entspricht das Erfordernis der Mindestbetriebsgröße den früher im Gesetz verwendeten Kriterien zur Abgrenzung zwischen Voll- und Minderkaufleuten in § 4 Abs. 1 aF sowie zwischen Soll- und Nichtkaufleuten in § 2 aF. Daher kann auf die dazu vorliegende Rechtsprechung und Literatur zurückgegriffen werden.[136] Der Gesetzgeber hat bewusst – zur Vermeidung willkürlicher Grenzziehungen – auf die gesetzliche Festlegung von **formellen Mindestkriterien** wie zB Bilanzsumme, Betriebsvermögen, Umsatz, Gewinne oder Arbeitnehmerzahl **verzichtet**.[137] Zwar kann dies zu Abgrenzungsproblemen führen, da § 1 Abs. 2 zu einer wertenden Betrachtung zwingt und das Erfordernis eines kaufmännischen Geschäftsbetriebs im Regelfall nicht von außen erkennbar ist. Die Gefahr der Rechtsunsicherheit ist aber nicht unzumutbar groß. Denn nach der Eintragung, zu der der Gewerbetreibende gemäß § 29 verpflichtet ist, kann er sich gemäß § 5 nicht mehr darauf berufen, kein Handelsgewerbe zu betreiben. Außerdem werden durch die Eintragung auch Kleingewerbetreibende zu Kaufleuten gemäß § 2.[138]

b) Merkmale eines kaufmännischen Geschäftsbetriebs. Ein in kaufmännischer Weise eingerichteter Geschäftsbetrieb umfasst die **Einrichtungen,** die ein Kaufmann normalerweise mit Rücksicht auf die Arbeitnehmer, Kunden und Gläubiger schaffen muss, um eine **ordentliche, übersichtliche und zuverlässige Geschäftsführung** zu gewährleisten. Dazu gehören insbesondere die Führung von Handelsbüchern, Inventar- und Bilanzerrichtung, Aufbewahrung der Korrespondenz,

---

[128] ZIP 1996, 1401, 1406.
[129] Im Handelsregister eingetragene Gewerbetreibende sind Kaufleute nach § 1 Abs. 1 iVm. § 2 Satz 1 oder iVm. § 5; o. RdNr. 2 ff.
[130] ZB *Krebs* DB 1996, 2013, 2015, 2018, der allerdings die Vermutung nicht für ausreichend zur Beseitigung der Unsicherheit hält; krit. auch *Lieb* NJW 1999, 35 f.; *Dreher,* Der neue Handelsstand (Schrifttum vor § 1), S. 8 ff.
[131] BT-Drucks. 13/8444 S. 26, 48. Hierauf abstellend OLG Karlsruhe Versäumnisurteil v. 22. 3. 2002 – 14 U 148/01, NJOZ 2002, 1595, 1597.
[132] So aber *Kögel* BB 1997, 793, 801; *ders.* DB 1998, 1802.
[133] *K. Schmidt* ZIP 1997, 909, 912 Fn. 51.
[134] *Lieb* NJW 1999, 35, 36; für Anwendung des § 15 Abs. 1 hingegen BT-Drucks. 13/8444 S. 48 und wohl auch *Kaiser* JZ 1999, 495, 500 ff.
[135] BT-Drucks. 13/8444 S. 48; *Kögel* DB 1998, 1802, 1803.
[136] BT-Drucks. 13/8444 S. 24, 47 f.
[137] BT-Drucks. 13/8444 S. 25, 48 mit genauer Begründung; zustimmend *K. Schmidt* ZIP 1997, 909, 912; *Henssler* ZHR 161 (1997), 13, 48 f.; *Dreher* ZHR 163 (1999), 488; krit. *Krebs* DB 1996, 2013, 2018.
[138] BT-Drucks. 13/8444 S. 25 f; grundsätzliche Kritik hingegen bei *Kaiser* JZ 1999, 495 ff.

Firmenführung, kaufmännische Vertretung, die Beschäftigung kaufmännisch vorgebildeter Personen sowie eine Lohnbuchhaltung.[139]

47 **c) Die Erforderlichkeit einer entsprechenden Einrichtung.** Die kaufmännische Einrichtung des Geschäftsbetriebs muss nur erforderlich sein. Es kommt nach dem eindeutigen Wortlaut des Gesetzes nicht darauf an, ob sie tatsächlich vorhanden ist.[140] Denn anderenfalls könnte der Unternehmer dieses Tatbestandsmerkmal nach Belieben herbeiführen oder beseitigen.[141] Allerdings ist das **Vorhandensein** einer solchen Einrichtung ein **deutliches Anzeichen** dafür, dass sie auch **erforderlich** ist.[142] Eine Steuerbuchführung oder die regelmäßige Beauftragung eines Steuerberaters allein können diese Vermutung nicht begründen.[143] Unzulässig ist es umgekehrt, von dem Fehlen einer kaufmännischen Einrichtung auf deren Entbehrlichkeit zu schließen.[144] Sonst würde dem Gewerbetreibenden gerade wieder die Möglichkeit zur Manipulation eröffnet; Desorganisation darf nicht zur Befreiung von den kaufmännischen Grundpflichten (Vor § 1 RdNr. 28 ff.) führen.

48 **d) Art und Umfang des Gewerbebetriebs. aa) Grundlagen.** Die Notwendigkeit des kaufmännischen Geschäftsbetriebs muss sich **kumulativ** aus Art und Umfang des Gewerbebetriebs ergeben. Diese beiden Begriffe lassen sich nicht eindeutig bestimmen, sondern nur durch eine offene Zahl jeweils typischer Merkmale umschreiben.[145] Die Rechtsprechung hat verschiedene Anhaltspunkte zur Konkretisierung herausgebildet.[146]

49 Die **Art des Unternehmens** betrifft **qualitative Merkmale** des Geschäftsbetriebes.[147] Sie umfasst einerseits den Gegenstand des Unternehmens – die gewöhnlich vorkommenden Geschäfte – sowie die Betriebsweise, also die organisatorische Abwicklung der Geschäftsvorfälle.[148] Dies darf nicht dahingehend mißverstanden werden, dass mittelbar ein bestimmter Typus von „Grundhandelsgeschäften" alter Prägung (vgl. § 1 Abs. 2 aF) aufrechterhalten werden soll. Der Gesetzeszweck zielt allein darauf ab, branchenunabhängig der Komplexität, dem Risikogehalt und der Schwierigkeit bestimmter Tätigkeiten Rechnung zu tragen, die in allen Gewerbesparten anzutreffen sind.[149] Für die Art der Geschäftstätigkeit von Bedeutung sind zB die Vielfalt der Erzeugnisse, Leistungen und Geschäftsbeziehungen, die Teilnahme am Wechsel- und Scheckverkehr, die Teilnahme am Frachtverkehr, grenzüberschreitende Tätigkeiten, die Inanspruchnahme oder Gewährung von Sach- oder Personalkredit, die im Allgemeinen zur doppelten Buchführung zwingt.[150]

50 Der **Umfang des Unternehmens** bezieht sich dagegen auf **quantitative Merkmale**.[151] Die Größe des Unternehmens wird bestimmt durch das Umsatzvolumen (Anzahl und Wert der Geschäftsvorgänge), die Höhe von Anlage- und Betriebskapital, Zahl und Funktion der beschäftigten Mitarbeiter, Größe, Zahl und Organisation der Betriebsstätten/des Geschäftslokals, die überregionale Geschäftstätigkeit, den Ertrag, die Zahl der Geschäftspartner, das Inventar sowie den Umfang der Werbung.[152]

51 Aus dem Zusammenspiel beider Bewertungsebenen – Art *und* Umfang – muss sich die Erforderlichkeit eines kaufmännischen Geschäftsbetriebs ergeben. So reicht ein hoher Umsatz allein

---

[139] Denkschrift zu dem Entwurf eines Handelsgesetzbuchs (1897) S. 9 f.; BGH Urt. v. 28. 4. 1960 – II ZR 239/58, WM 1960, 935; Koller/*Roth*/Morck RdNr. 43; Brox 13. Aufl., RdNr. 55; *Gierke/Sandrock* § 8 III 1; *Hofmann* S. 15.
[140] BGH Urt. v. 28. 4. 1960 – II ZR 239/58, WM 1960, 935.
[141] *Hofmann* S. 16.
[142] BGH Urt. v. 28. 4. 1960 – II ZR 239/58, WM 1960, 935; OLG Stuttgart Beschl. v. 15. 10. 1973 – 8 W 169/73, OLGZ 1974, 132, 133; OLG Celle Beschl. v. 16. 3. 1982 – 1 W 6/82, BB 1983, 659; LG Heidelberg Beschl. v. 28. 10. 1981 – T 3/81 KfH II, BB 1982, 142; Schlegelberger/*Hildebrandt*/Steckhan § 2 aF RdNr. 7; Staub/*Brüggemann* § 2 aF RdNr. 11; Koller/*Roth*/Morck RdNr. 42.
[143] OLG Stuttgart Beschl. v. 13. 12. 1966 – 8 W 87/66, Rpfleger 1968, 154, 155; OLG Celle Beschl. v. 20. 9. 1973 – 9 Wx 5/73, MDR 1974, 235; Staub/*Brüggemann* § 2 aF RdNr. 11.
[144] Schlegelberger/*Hildebrandt*/Steckhan § 2 aF RdNr. 7; Staub/*Brüggemann* § 2 aF RdNr. 11; so noch BayObLG 2. 2. 1917 – III 6/17, Recht 1917 Nr. 899.
[145] *Gierke/Sandrock* § 8 III 3; eingehend *Kögel* DB 1998, 1802 ff.
[146] ZB BGH Urt. v. 28. 4. 1960 – II ZR 239/58, WM 1960, 935; OLG Oldenburg Beschl. v. 21. 5. 1962 – 3 Wx 7/62, BB 1963, 324; OLG Hamm Beschl. v. 24. 10. 1968 – 15 W 265/68, OLGZ 1969, 131, 132; OLG Koblenz Urt. v. 7. 4. 1988 – 5 U 10/88, BB 1988, 2408, 2409; LG Heidelberg Beschl. v. 28. 10. 1981 – T 3/81 KfH II, BB 1982, 142.
[147] Statt aller Schlegelberger/*Hildebrandt*/Steckhan § 2 aF RdNr. 3; *Treber* AcP 199 (1999), 525, 561.
[148] Schlegelberger/*Hildebrandt*/Steckhan § 2 aF RdNr. 3; Brox 13. Aufl., RdNr. 55.
[149] Henssler ZHR 161 (1997), 13, 44.
[150] BT-Drucks. 13/8444 S. 25, 48; *Gierke/Sandrock* § 8 III 3 b; krit. *Kögel* DB 1998, 1802, 1804.
[151] Schlegelberger/*Hildebrandt*/Steckhan § 2 aF RdNr. 4; eingehend *Kögel* DB 1998, 1802, 1804 ff. (mit Differenzierung nach Wirtschaftszweigen).
[152] BT-Drucks. 13/8444 S. 25, 48; OLG Düsseldorf Beschl. v. 6. 6. 2003 – 3 Wx 188/03, NJW-RR 2003, 1120, 1121; OLG Dresden Urt. 26. 4. 2001 – 7 U 301/01, NJW-RR 2002, 33, 34; Heymann/*Emmerich* § 2 aF RdNr. 9 a; *Gierke/Sandrock* § 8 III 3 b.

nicht, wenn die Art des Geschäftsbetriebs einfach ist,[153] zB weil ohne Angestellte und ohne Kredite nur mit wenigen Kunden zusammengearbeitet wird.[154] Allerdings können sehr hohe Umsätze auf die Notwendigkeit einer kaufmännischen Organisation hindeuten.[155] Denn Art und Umfang eines Geschäftsbetriebes beeinflussen sich häufig gegenseitig.[156] Andererseits müssen nicht in jedem Fall alle der oben genannten Einzelgesichtspunkte für die Notwendigkeit einer kaufmännischen Einrichtung des Geschäftsbetriebs sprechen. Entscheidend ist vielmehr das sich aus einer umfassenden Würdigung sämtlicher Umstände des Einzelfalls ergebende **Gesamtbild des Betriebes**.[157] Maßgeblich ist, ob es sich insgesamt um einen einfach gestalteten und leicht überschaubaren Betrieb handelt, für den eine kaufmännische Organisation nur eine unnötige Belastung wäre, oder ob der Betrieb nur mit Hilfe einer entsprechenden Organisation überschaubar und beherrschbar ist.[158] Letzteres liegt namentlich nahe bei einem **Mischbetrieb**, der in verschiedenen Geschäftszweigen tätig ist, zB Handel und Handwerk.[159] Ein einheitlich geführtes Unternehmen, das mehrere sachlich verschiedene Betriebszweige umfasst, ist in seiner Gesamtheit zu beurteilen.[160] Dies gilt auch für Unternehmen mit mehreren Zweiggeschäften, die eine wirtschaftliche Einheit bilden.[161]

bb) Maßgebliche Umsatzschwelle. Eine gewisse Orientierungshilfe bietet die registergerichtliche Rspr. zu §§ 2 aF und 4 aF.[162] Denn diesen Vorschriften entstammt das in § 1 Abs. 2 verwendete Abgrenzungsmerkmal (Vor § 1 RdNr. 22). Insgesamt lässt sich dem vorliegenden Fallmaterial die **Tendenz** der Praxis entnehmen, sich am **Umsatz** des Unternehmens zu orientieren. Die Umsatzschwelle, von der ab die untergerichtliche Praxis Großgewerblichkeit annahm, lag in den 60er Jahren bei etwa 100 000 bis 160 000 DM, in den 70er Jahren bei etwa 200 000 bis 250 000 DM. Gegenwärtig dürfte spätestens ab **250 000 Euro** (500 000 DM) Jahresumsatz ein handelsgewerbliches Unternehmen vorliegen.[163] 52

e) Maßgeblicher Zeitpunkt für das Vorliegen eines kaufmännischen Geschäftsbetriebs. 53
Ein Gewerbe ist nur dann Handelsgewerbe iSd § 1 Abs. 2, wenn im Zeitpunkt des Eintritts der Rechtsfolge der in Rede stehenden handelsrechtlichen Norm (Vor § 1 RdNr. 26) ein kaufmännischer Geschäftsbetrieb notwendig ist. Maßgeblich ist eine mittelfristige Betrachtung.[164]

aa) Saisonale Schwankungen. Unterliegt der Betrieb eines Unternehmens saisonal bedingt 54
starken Schwankungen, zB in Fremdenverkehrsgebieten, ist dennoch eine einheitliche Qualifikation nötig. Es genügt für § 1 Abs. 2, wenn sich aus Art und Umfang der Geschäftstätigkeit während der Saison die Erforderlichkeit einer kaufmännischen Einrichtung des Betriebs ergibt.[165]

bb) Neugründung eines Unternehmens. In der Anfangsphase eines neugegründeten Unternehmens kann eine kaufmännische Einrichtung noch entbehrlich sein, obwohl sie später – wenn sich der Betrieb wunschgemäß entwickelt – notwendig werden wird. Grundsätzlich kommt es zwar nur 55

---

[153] So schon RG Urt. v. 14. 1. 1908 – II 303/07, JW 1908, 148, 149; OLG Celle 16. 11. 1962 – 9 Wx 8/62, NJW 1963, 540; OLG Hamm Beschl. v. 24. 10. 1968 – 15 W 265/68, OLGZ 1969, 131, 133; weitere Beispiele aus der Rechtsprechung bei Heymann/*Emmerich* § 2 aF RdNr. 8 Fn. 17; *Brox* 13. Aufl., RdNr. 55.
[154] *Canaris* § 3 RdNr. 10.
[155] OLG Celle Beschl. v. 16. 3. 1982–1 W 6/82, BB 1983, 659; Heymann/*Emmerich* § 2 aF RdNr. 10.
[156] *Hofmann* S. 15.
[157] BGH Urt. v. 28. 4. 1960 – II ZR 239/58, WM 1960, 935; BGH Urt. v. 16. 11. 1965 – V ZR 89/63, WM 1966, 194, 195; BayObLG Beschl. v. 13. 11. 1984 – 3 Z 60+119/83, BayObLGZ 1984, 273, 277 = NJW 1985, 982, 983; OLG Hamm Beschl. v. 24. 10. 1968 – 15 W 265/68, OLGZ 1969, 131, 132; OLG Celle Beschl. v. 5. 7. 1982 – 1 W 11/82, BB 1983, 658; OLG Frankfurt Beschl. v. 30. 11. 1982 – 20 W 146/82, BB 1983, 335; OLG Koblenz Urt. v. 7. 4. 1988 – 5 U 10/88, BB 1988, 2408, 2409; BT-Drucks. 13/8444 S. 25, 48; OLG Dresden Urt. v. 26. 4. 2001 – 7 U 301/01, NJW-RR 2001, 33; OLG Düsseldorf Beschl. v. 6. 6. 2003 – 3 Wx 108/03, NJW-RR 2003, 1120, 1121.
[158] Heymann/*Emmerich* § 2 aF RdNr. 9; Röhricht/Graf von Westphalen/*Röhricht* § 2 aF RdNr. 15.
[159] RG Urt. v. 21. 9. 1931 – 2 D 170/31, HRR 1932, Nr. 218; KG Beschl. v. 5. 11. 1925, JW 1926, 2930; BayObLG Beschl. v. 29. 10. 1964 – 2 Z 191/64, BB 1965, 517; OLG Stuttgart Beschl. v. 13. 12. 1966 – 8 W 87/66, BB 1969, Beil. 10, 2 f.; OLG Celle Beschl. v. 15. 12. 1980 – 1 Wx 6/80, Rpfl. 1981, 114; Heymann/*Emmerich* § 2 aF RdNr. 10; zutr. *George* BB 1965, 110, 111: Gerade die Verschiedenheit der Geschäfte mache im Regelfall kaufmännische Einrichtungen erforderlich.
[160] LG Verden Beschl. v. 1. 6. 1964 – 1 T 27/64, BB 1964, 1195.
[161] KG Beschl. v. 5. 11. 1925, JW 1926, 2930; Staub/*Brüggemann* § 4 aF RdNr. 9.
[162] Akribische Zusammenstellung bei Röhricht/Graf von Westphalen/*Röhricht* § 4 aF RdNr. 4 ff.; *Kögel* DB 1998, 1802 ff.; s. auch Staub/*Brüggemann* § 4 aF RdNr. 10, 14; MünchKommHGB/*Bokelmann*, 1. Aufl. 1996, § 4 aF RdNr. 6 Fn. 13.
[163] OLG Dresden Urt. v. 26. 4. 2001 – 7 U 301/01, NJW-RR 2001, 33; Röhricht/Graf von Westphalen/*Röhricht* § 4 aF RdNr. 9; Koller/*Roth*/Morck RdNr. 44.
[164] *Roth*, Handels- und GesR, § 4, 4 c.
[165] OLG Schleswig Beschl. v. 6. 10. 1964 – 2 W 90/64, BB 1965, 517; LG Lübeck Beschl. v. 30. 6. 1964 – 8 T 2/64, BB 1964, 1192 f.; AG Wyk auf Föhr, Beschl. v. 24. 1. 1958 – HRA 91, BB 1958, 891; AG Jever Beschl. v. 17. 2. 1972 – 3 AR 175/70, BB 1975 Beilage 12, 3; Heymann/*Emmerich* § 2 aF RdNr. 12; *Roth*, Handels- und GesR, § 4, 4 c.

auf die aktuelle Situation des Betriebes an.[166] Nach der Rechtsprechung kann ausnahmsweise aber schon jetzt ein Handelsgewerbe iSd. § 1 Abs. 2 vorliegen. Die zukünftige Entwicklung darf berücksichtigt werden, „wenn das Gewerbe von Anfang an auf einen (voll-)kaufmännischen Betrieb angelegt ist und die alsbaldige Entfaltung zu einem Großbetrieb bevorsteht ..., wenn eine solche Entwicklung der Anlage des Betriebs entspricht und genügend zuverlässige Anhaltspunkte dafür gegeben sind, dass das Unternehmen eine entsprechende Ausgestaltung und Einrichtung in Kürze erfahren wird."[167]

56 **cc) Herabsinken zum Kleingewerbe.** Die Notwendigkeit eines in kaufmännischer Weise eingerichteten Geschäftsbetriebs kann infolge der geschäftlichen Entwicklung des Unternehmens auch nachträglich entfallen. Allerdings sind die Grenzen fließend. Maßgeblich ist daher eine Gesamtbetrachtung aller konkreten Umstände des Falles, einschließlich der überschaubaren Zukunftsperspektiven.[168] Ist danach kein kaufmännischer Geschäftsbetrieb mehr erforderlich, liegt kein Handelsgewerbe nach § 1 Abs. 2 vor. Ist der Betrieb nicht im Handelsregister eingetragen, greift auch keine andere Vorschrift ein, so dass die Kaufmannseigenschaft entfällt. Anders ist die Rechtslage, solange der zum Kleingewerbe herabgesunkene Betrieb noch im Handelsregister eingetragen ist (hierzu § 2 RdNr. 30 ff.; § 5 RdNr. 12 ff.).

57 Nach früherem Recht (§§ 1 bis 4 aF) war keine Eintragung von Kleingewerbetreibenden in das Handelsregister möglich. Daher wurde durch das Herabsinken die Registereintragung unzulässig und die Firma erlosch. Der Gewerbetreibende musste diese Tatsache beim Registergericht anmelden (§§ 31, 29), damit die Firma im Register gelöscht wurde. Diese Pflicht besteht nach der Neufassung der §§ 1, 2 nicht mehr. Denn § 2 nF eröffnet gerade Kleingewerbetreibenden die Möglichkeit, sich ins Handelsregister eintragen zu lassen und dadurch die Kaufmannseigenschaft zu erwerben. Diese Vorschrift ermöglicht auch dem Inhaber eines Gewerbebetriebes, der zwar früher, aber jetzt nicht mehr die Voraussetzungen des § 1 Abs. 2 erfüllt, im Register zu verbleiben (näher § 2 RdNr. 30 ff.).

III. Der Betreiber des Handelsgewerbes als Träger der Kaufmannseigenschaft

58 Nach § 1 Abs. 1 ist derjenige Kaufmann, der ein Handelsgewerbe (soeben RdNr. 41 ff.) „betreibt". Von diesem Merkmal hängt es ab, in wessen Person die Kaufmannseigenschaft besteht. Steht fest, dass ein Handelsgewerbe gegeben ist, so erfolgt die Ermittlung der Person des Kaufmanns in zwei weiteren Prüfungsschritten. Zunächst ist danach zu fragen, ob der Betreffende dem Personenkreis angehört, der abstrakt für die Kaufmannseigenschaft in Betracht kommt (RdNr. 58 ff.). Ist dies der Fall, so ist weiter zu prüfen, ob im konkreten Fall gerade ihm das in Rede stehende Handelsgewerbe zuzurechnen ist (RdNr. 77 ff.).

59 **1. Personenkreis.** Als Träger der Kaufmannseigenschaft kraft Handelsgewerbes nach § 1 Abs. 1 kommen natürliche und juristische Personen in Betracht, ferner – mit gewissen Einschränkungen – Gesamthandsgemeinschaften. Dagegen sind die körperschaftlich strukturierten Verbände des § 6 Abs. 2 unabhängig von § 1 Abs. 2 Kaufleute kraft ihrer Rechtsform, auch wenn sie kein Handelsgewerbe betreiben (§ 6 RdNr. 24 ff.).[169]

60 **a) Natürliche Personen. aa) Grundsatz.** Da jeder Mensch gemäß § 1 BGB rechtsfähig ist, kann er – unabhängig von sonstigen Kriterien – Inhaber eines Handelsgewerbes sein. Es ist daher unerheblich, ob er eine bestimmte Staatsangehörigkeit,[170] Berufsausbildung[171] oder eine öffentlich-rechtliche Gewerbeerlaubnis (§ 7) besitzt. Ebenfalls gleichgültig sind Geschlecht,[172] Familienstand[173]

---

[166] RG Urt. v. 14. 1. 1908 – II 303/07, JW 1908, 148, 149; BGH Urt. v. 17. 6. 1953 – II ZR 205/52, BGHZ 10, 91, 96 = NJW 1953, 1217, 1218; KG Beschl. v. 20. 9. 1906 – 1 Y 1076/06, KGJ 33 A 114, 116 f.; LG Köln Beschl. v. 10. 3. 1972 – 29 T 3/72, DB 1972, 1015.

[167] BGH Urt. v. 17. 6. 1953 – II ZR 205/52, BGHZ 10, 91, 96 = NJW 1953, 1217, 1218; BayObLG Beschl. v. 13. 11. 1984 – 3 Z 60 und 119/83, BayObLGZ 1984, 273, 277 = NJW 1985, 982, 983 mit Anm. *George* BB 1985, 544 f.; KG Beschl. v. 12. 1. 1923, OLGE 43, 203; LG Köln Beschl. v. 10. 3. 1972 – 29 T 3/72, DB 1972, 1015; *Hofmann* S. 34; *Roth*, Handels- und GesR, § 4, 4 c.

[168] RG Beschl. v. 11. 5. 1937 – II B 5/36, RGZ 155, 75, 82 f.; BayObLG Beschl. v. 27. 10. 1983 – 3 Z 92/83, BayObLGZ 1983, 257, 260 f.; OLG Stuttgart Beschl. v. 19. 1. 1953 – 3 W 584/52, BB 1954, 74; OLG Hamm Beschl. v. 15. 2. 1957 – 15 W 51 und 93/57, BB 1957, 448; AG Wyk auf Föhr Beschl. v. 24. 1. 1958 – HRA 91, BB 1958, 891; *Hofmann* S. 24.

[169] Koller/*Roth*/Morck RdNr. 28.

[170] Schlegelberger/*Hildebrandt*/*Steckhan* § 1 aF RdNr. 5; Staub/*Brüggemann* Vor § 1 RdNr. 19; s.a. Vor § 1 RdNr. 92 ff.

[171] *Brox* RdNr. 29, 33.

[172] Dazu genauer noch Schlegelberger/*Hildebrandt*/*Steckhan* § 1 aF RdNr. 8.

[173] Heymann/*Emmerich* § 1 aF RdNr. 16; Staub/*Brüggemann* Vor § 1 RdNr. 19, 25 ff.; *Brox* RdNr. 31.

sowie die Verfügungsbefugnis, so dass der **Insolvenzschuldner** auch nach der Eröffnung des Verfahrens Kaufmann sein kann.[174]

    bb) Besonderheiten bei beschränkt Geschäftsfähigen und Geschäftsunfähigen. Schließlich 61 kommt es für die Kaufmannseigenschaft auch nicht auf die Geschäftsfähigkeit an. Denn das Betreiben eines Handelsgewerbes setzt nicht unbedingt eine persönliche Tätigkeit voraus, so dass der gesetzliche Vertreter für den nicht (voll) Geschäftsfähigen handeln kann.[175] Daher endet die Kaufmannseigenschaft nicht mit dem Verlust der Geschäftsfähigkeit, zB durch Geisteskrankheit. Dies gilt auch, wenn noch kein gesetzlicher Vertreter bestellt ist. Denn der Inhaber kann durch fortbestehende Prokura oder Vollmachten weiterhin wirksam berechtigt und verpflichtet werden, und für diese Geschäfte muss Handelsrecht gelten.[176]

    Allerdings unterliegt der Betrieb eines Handelsgewerbes durch einen **Minderjährigen** bestimm- 62 ten gesetzlichen **Beschränkungen.** Diese betreffen zunächst die **Aufnahme des Betriebs.** Gemäß §§ 1645, 1823 BGB sollen gesetzliche Vertreter im Namen ihres Kindes bzw. Mündels ein neues Erwerbsgeschäft nicht ohne Genehmigung des Familien- bzw. Vormundschaftsgerichts beginnen. Jedoch handelt es sich hierbei nur um Ordnungsvorschriften, die die Eintragung im Handelsregister nicht hindern, sondern lediglich durch Aufsichts- und Haftungsnormen (§§ 1667, 1833, 1837 BGB) sanktioniert sind.[177] Eine Genehmigung war dagegen nach der früher allgemeinen Meinung entbehrlich, sofern dem Kind oder dem Mündel ein bereits bestehendes Handelsgeschäft unentgeltlich, zB durch Schenkung oder von Todes wegen zukam.[178] Dies ist allerdings durch eine Entscheidung des BVerfG von 1986 in Frage gestellt worden, nach der die unbeschränkte Haftung des Mjen für die von seinem gesetzlichen Vertreter in seinem Namen eingegangenen Verbindlichkeiten gegen das allgemeine Persönlichkeitsrecht verstoße.[179] Daraus wird zum Teil gefolgert, dass analog §§ 1645, 1823 BGB auch für diesen Fall eine gerichtliche Genehmigung erforderlich sei, ohne die der Mje nur beschränkt auf das ererbte Vermögen hafte.[180]

    Der Gesetzgeber des **MHbeG** hat sich in diesem Zusammenhang gegen eine Erweiterung des 63 Katalogs genehmigungsbedürftiger Geschäfte in §§ 1643, 1821, 1822 BGB entschieden, wohl aber eine **Haftungsbeschränkung** zugunsten des Mjen eingeführt. Dieser haftet nach § 1629a BGB in der seit 1. 1. 1999 geltenden Fassung – bei Ausübung einer entsprechenden Option – nur mit dem Bestand des bei Volljährigkeit vorhandenen Vermögens.[181] Zur Angabe des Geburtsdatums in der Handelsregisteranmeldung s. § 106 Abs. 2 Nr. 1 HGB, § 24 Abs. 1 HRV.

    Unstreitig erfordern der **entgeltliche Erwerb** und die **Veräußerung** eines Erwerbsgeschäfts im 64 Namen des Kindes/Mündels die **Genehmigung** des Familien- bzw. Vormundschaftsgerichts (§§ 1822 Nr. 3, 1643 Abs. 1 BGB). Die Übernahme des Erwerbsgeschäfts bleibt bis zur Genehmigung durch das Gericht schwebend unwirksam. Um den vom Gesetz bezweckten Schutz des Mjen zu gewährleisten, wird die Kaufmannseigenschaft solange nicht begründet. Das Registergericht darf erst bei Nachweis der vormundschaftsgerichtlichen Genehmigung die Eintragung vornehmen.[182] Allerdings sind die im Geschäftsbetrieb eingegangenen Verbindlichkeiten auch dann wirksam, wenn die erforderliche Genehmigung fehlt.[183]

    Der gesetzliche Vertreter unterliegt aber auch nach Beginn des Handelsgewerbes beim **laufenden** 65 **Betrieb** bestimmten **Beschränkungen,** die die Wirksamkeit der einzelnen Rechtsgeschäfte betreffen. Gemäß §§ 1821, 1822, 1643 Abs. 1 BGB bedürfen verschiedene Einzelgeschäfte im Rahmen des Gewerbebetriebs der gerichtlichen Genehmigung. Diese kann allerdings für gewisse Geschäftsarten allgemein erteilt werden (§§ 1825, 1643 Abs. 3 BGB). Diese Einschränkungen gelten **nicht** für einen **Prokuristen,** den der gesetzliche Vertreter mit Genehmigung des Gerichts bestellt hat. Ein solcher Prokurist hat damit weitergehende Befugnisse als der gesetzliche Vertreter selbst. Er unterliegt aber einer dauernden Kontrolle, da die Prokura jederzeit widerrufen werden kann. Nach hM ist es

---

[174] Staub/*Brüggemann* Vor § 1 aF RdNr. 31; *Brox* RdNr. 32; *Gierke/Sandrock* I § 7 II.
[175] Glanegger/*Ruß* E I Vor § 1 RdNr. 11.
[176] Schlegelberger/*Hildebrandt/Steckhan* § 1 aF RdNr. 11.
[177] Baumbach/*Hopt* § 1 RdNr. 33; Glanegger/*Ruß* E I Vor § 1 RdNr. 15; Schlegelberger/*Hildebrandt/Steckhan* § 1 aF RdNr. 14.
[178] BGH Urt. v. 8. 10. 1984 – II ZR 223/83, BGHZ 92, 259, 265 = NJW 1985, 136, 138; Baumbach/*Hopt* § 1 RdNr. 32.
[179] BVerfG Beschl. v. 13. 5. 1986 – 1 BvR 1542/84, BVerfGE 72, 155 = NJW 1986, 1859.
[180] *K. Schmidt* BB 1986, 1238, 1241; Heymann/*Emmerich* § 1 aF RdNr. 17; Baumbach/*Hopt* § 1 RdNr. 32; aA Soergel/*Wolf* § 2032 RdNr. 5; zu diesem Problem auch *Damrau* NJW 1985, 2237 ff.; *Hüffer* ZGR 1986, 603 ff.
[181] Einzelheiten: *Muscheler* WM 1998, 2271 ff.; *Behnke* NJW 1998, 3078 ff.; *Habersack* FamRZ 1999, 1 ff.; *Grunewald* ZIP 1999, 597 ff.
[182] Staub/*Brüggemann* Vor § 1 RdNr. 23.
[183] OLG Hamburg Urt. v. 4. 6. 1913, OLGE 30, 150 f.; Baumbach/*Hopt* § 1 RdNr. 32.

zulässig, diese Beschränkungen für den gesetzlichen Vertreter dadurch auszuschalten, dass ein vom Gericht zu diesem Zweck bestellter Pfleger dem gesetzlichen Vertreter Prokura erteilt und das Vormundschaftsgericht dies nach § 1822 Nr. 11 BGB genehmigt.[184]

66 Der über sieben Jahre alte Mje ist **beschränkt geschäftsfähig** (§§ 106 ff. BGB) und kann auch selbst handeln – entweder mit der **Einwilligung** des gesetzlichen Vertreters zu dem konkreten Rechtsgeschäft gemäß § 107 BGB oder auf Grund einer **generellen Ermächtigung** zum Betrieb eines Erwerbsgeschäfts nach § 112 BGB. Letztere bedarf zusätzlich der gerichtlichen Genehmigung und erfasst nicht die Vorbehaltsgeschäfte der §§ 1821, 1822, 1643 BGB. Wird der Mje ohne die notwendige Mitwirkung seines gesetzlichen Vertreters bzw. des Familien- oder Vormundschaftsgerichts tätig, so sind diese Geschäfte nicht wirksam. Der Mje wird nicht Kaufmann.[185]

67 **b) Juristische Personen.** Alle juristischen Personen des Privatrechts und des öffentlichen Rechts (zu letzteren RdNr. 28 f.) können ein Handelsgewerbe betreiben,[186] da ihnen die Rechtsordnung die Rechtsfähigkeit zuerkennt. Keine juristische Person und damit **nicht** fähig, ein Handelsgewerbe zu betreiben, ist der **Konzern.** Nur die Einzelnen im Konzern verbundenen (rechtsfähigen) Unternehmen können Kaufleute sein.[187] Eine **Sonderstellung** nehmen die **Vorgesellschaften** (Vor-AG, Vor-GmbH) ein. Sie sind noch keine rechtsfähigen juristischen Personen und daher nicht schon gemäß § 6 Kaufmann kraft Rechtsform. Nach hM können sie aber ein Handelsgewerbe betreiben und so gem. § 1 Abs. 1 die Kaufmannseigenschaft besitzen.[188] Freilich scheidet eine Eintragung der Vorgesellschaft selbst als Einzelkaufmann im Handelsregister aus, solange die Gründer noch ernsthaft die Eintragung der Gesellschaft betreiben.[189]

68 Von der grundsätzlichen Fähigkeit der juristischen Person, Unternehmensträger zu sein, ist die **Zulässigkeit ihrer gewerblichen Tätigkeit zu unterscheiden.** Die **Kapitalgesellschaften** sind gerade für die wirtschaftliche Tätigkeit konzipiert und unterliegen daher grundsätzlich **keinen Einschränkungen.**[190] Dies gilt nicht für die juristischen Personen des Bürgerlichen Rechts. So können **Stiftungen** allgemein nur durch staatliche Anerkennung die Rechtsfähigkeit erlangen (§ 80 BGB). Nach hM steht der Erteilung dieser Anerkennung nicht entgegen, dass der Stiftungszweck in der Hauptsache auf den Betrieb eines Unternehmens gerichtet ist.[191] Sofern der Zweck eines **Vereins** auf einen wirtschaftlichen Geschäftsbetrieb gerichtet ist, kann er ebenfalls die Rechtsfähigkeit nur durch staatliche Verleihung erlangen (§ 22 BGB). Ein nach § 21 BGB rechtsfähiger **Idealverein** darf sich nur als Nebenzweck einen wirtschaftlichen Geschäftsbetrieb angliedern **(Nebenzweckprivileg).**[192] Richtet ein Idealverein dagegen satzungswidrig seine Vereinstätigkeit auf einen wirtschaftlichen Geschäftsbetrieb, so kann ihm nach § 43 Abs. 2 BGB die Rechtsfähigkeit entzogen werden. Die Möglichkeit dieser Sanktion verhindert nicht das Bestehen der Kaufmannseigenschaft.[193] Für den **Versicherungsverein auf Gegenseitigkeit** enthält § 16 VAG eine Spezialregelung: Er ist kein Kaufmann, dennoch gelten bestimmte Vorschriften des HGB. Schließlich kann auch die Zulässigkeit einer gewerblichen Tätigkeit von **juristischen Personen des öffentlichen Rechts** beschränkt sein. So enthält vor allem das Kommunalrecht Grenzen für die unternehmerische Tätigkeit von Gemeinden.[194]

69 **c) Gesamthandsgemeinschaften.** Es ist streitig, ob neben den juristischen Personen auch Gesamthandsgemeinschaften Kaufmann sein können.[195] Der Begriff Gesamthandsgemeinschaften

---

[184] Staudinger/*Engler* § 1822 RdNr. 143; Soergel/*Damrau* § 1822 RdNr. 42; aA Staub/*Brüggemann* Vor § 1 RdNr. 22.
[185] BayObLG Beschl. v. 16. 3. 1972 – 2 Z 128/71, BayObLGZ 1972, 106, 108; Baumbach/*Hopt* § 1 aF RdNr. 17; Heymann/*Emmerich* § 1 aF RdNr. 17; Schlegelberger/*Hildebrandt*/*Steckhan* § 1 aF RdNr. 15; *Kunz* ZBlJR 1981, 490, 491.
[186] MünchKommHGB/*K. Schmidt* § 1 RdNr. 40; Schlegelberger/*Hildebrandt*/*Steckhan* § 1 aF RdNr. 5.
[187] MünchKommHGB/*K. Schmidt* § 1 RdNr. 42.
[188] BGH Urt. v. 26. 4. 2004 – II ZR 120/02, DStR 2004, 1094 = NZG 2004, 663.
[189] BayObLG Beschl. v. 23. 7. 1965 – Breg. 2 Z 7/65, BayObLGZ 1965, 294, 311 f. = NJW 1965, 2254; *K. Schmidt* JZ 1973, 299, 303 f.; MünchKommHGB/*K. Schmidt* § 1 RdNr. 40; Heymann/*Emmerich* § 1 aF RdNr. 35; Staub/*Brüggemann* § 1 aF RdNr. 28; Staub/*Hüffer* § 17 RdNr. 14; Glanegger/*Ruß* § 6 RdNr. 3; zur unechten Vorgesellschaft s. BGH Urt. v. 4. 11. 2002 – II ZR 204/00, BGHZ 152, 290 = NJW 2003, 429.
[190] MünchKommHGB/*K. Schmidt* § 1 RdNr. 41.
[191] AA Staudinger/*Rawert*, 1995, Vor §§ 80 ff. RdNr. 94; für die hM zB Palandt/*Heinrichs* Vor § 80 RdNr. 11. Weitere Nachweise zu dem Streit bei MünchKommHGB/*K. Schmidt*, 1. Aufl. 1996, § 1 aF RdNr. 32 Fn. 123 und Staudinger/*Rawert*, 1995, Vor §§ 80 ff. RdNr. 92 f.
[192] BGH Urt. v. 29. 9. 1982 – I ZR 88/80, BGHZ 85, 80, 88 ff. = NJW 1983, 569; Palandt/*Heinrichs* § 21 RdNr. 4; Staub/*Brüggemann* Vor § 1 RdNr. 20; dazu auch *Sack* ZGR 1974, 179 ff.; Heckelmann AcP 179 (1979), 1 ff.
[193] *K. Schmidt* ZGR 1975, 477, 478; Staub/*Brüggemann* Vor § 1 RdNr. 20.
[194] MünchKommHGB/*K. Schmidt* § 1 RdNr. 41; näher dazu zB *Zeiss*, Das Recht der gemeindlichen Eigenbetriebe, 4. Aufl. 1993.
[195] Bejahend mit sehr ausführlichen allgemeinen Überlegungen dazu Staub/*Brüggemann* § 1 aF RdNr. 39 ff.; dazu auch *K. Schmidt* JZ 1973, 299 ff.

umfasst allerdings sehr verschiedene Rechtserscheinungen. Daher kann nur für jede einzelne Form gesondert festgestellt werden, ob sie hinreichend verselbstständigt ist. Keine Gesamthand und daher hier nicht zu behandeln ist die stille Gesellschaft nach §§ 230 ff.[196] Denn nach außen wird ausschließlich der Geschäftsinhaber tätig (§ 230 Abs. 2). Nur er kann Kaufmann sein (u. RdNr. 75).

aa) OHG/KG. Den Personenhandelsgesellschaften ist insbesondere durch § 124 Abs. 1 (auch iVm. § 161 Abs. 2) eine eigene, von derjenigen der Gesellschafter zu trennende Rechtsstellung zugewiesen. Daher können sie unstreitig Betreiber eines Gewerbes sein. Dies wird auch durch § 6 Abs. 1 klargestellt. Zur Kaufmannseigenschaft der Gesellschafter s. RdNr. 84.

bb) EWIV. Art. 3 Abs. 2 EWIV–VO verbietet der EWIV zwar die gewerbliche Betätigung, so dass sie kein Handelsgewerbe betreiben kann. Sie gilt aber gemäß § 1 EWIV-Ausführungsgesetz als Handelsgesellschaft, so dass sie unabhängig von §§ 1 bis 3 gemäß § 6 Abs. 1 Kaufmann ist.

cc) Partnerschaft. Für die freiberufliche Partnerschaft bestimmt § 1 Abs. 1 Satz 2 PartGG, dass sie kein Handelsgewerbe ausübt. Daher kann sie unabhängig von ihrer organisatorischen Struktur nicht Kaufmann nach §§ 1 ff. sein.

dd) GbR. Nach neuerer Rspr. ist auch die Gesellschaft bürgerlichen Rechts als Außengesellschaft und Gesamthand rechtlich verselbstständigt.[197] Sobald jedoch der Zweck einer Gesellschaft auf den Betrieb eines Handelsgewerbes gerichtet ist, liegt eine OHG und keine GbR mehr vor (§ 105 Abs. 1). Dies galt vor dem Handelsrechtsreformgesetz (Vor § 1 RdNr. 21 ff.) allerdings nicht für das sog. minderkaufmännische Handelsgewerbe (§ 4 Abs. 2 aF). Daher war problematisch, ob eine GbR selbst Betreiberin eines minderkaufmännischen Gewerbes sein konnte.[198] Durch die Aufhebung des § 4 ist dieses Problem entfallen. Zudem besteht gemäß § 105 Abs. 2 nF auch für eine GbR mit einem Kleingewerbe die Möglichkeit, durch Eintragung in das Handelsregister zur OHG zu werden und sich dadurch dem Handelsrecht zu unterstellen. Nach der seit 1. 7. 1998 bestehenden Rechtslage gibt es somit nur noch zwei Möglichkeiten: Entweder ist das Unternehmen ein Handelsgewerbe, dann liegt eine OHG vor, die selbst Betreiber und damit auch Kaufmann ist. Oder das Unternehmen erfüllt nicht die Voraussetzungen eines Handelsgewerbes. Dann scheidet schon aus diesem Grund die Kaufmannseigenschaft aus, so dass sich die Frage nach dem konkreten Betreiber nicht stellt.

ee) Nichtrechtsfähiger Verein. Nach dem Wortlaut des § 54 BGB, der für den nicht eingetragenen Verein auf die Vorschriften über die Gesellschaft (§§ 705 ff. BGB) verweist, würde das zur GbR Gesagte (soeben RdNr. 73) gelten. Es ist indessen anerkannt, dass die Verweisung auf das Recht der GbR heute nicht mehr sachgerecht ist.[199] Das genaue Verhältnis zwischen Verein und Gesellschaft ist freilich weitgehend ungeklärt.[200] Daher bestehen auch unterschiedliche Ansichten darüber, ob ein nichtrechtsfähiger Verein Betreiber eines Handelsgewerbes sein kann. Zum Teil wird dies vollständig abgelehnt.[201] Da die Kaufmannseigenschaft eine Veränderung der Rechtsstellung bewirkt, könne sie nur einem Gebilde zukommen, das rechtsfähig oder wenigstens Bezugspunkt selbstständiger Rechte und Pflichten ist.[202] Die hM räumte bisher zwar ein, dass ein nichtrechtsfähiger Verein grundsätzlich nicht Träger eines (voll)kaufmännischen Betriebes sein kann, da er sich hierdurch zwangsläufig in eine OHG verwandeln würde.[203] Er könne aber – wie die GbR – Minderkaufmann sein.[204] Durch die Aufhebung des § 4 ist diese Differenzierung hinfällig geworden. Darüber hinaus wurde vereinzelt aber noch eine weitere Ausnahme angenommen: Ein nichtwirtschaftlicher Verein könne im Rahmen des vereinsrechtlichen Nebenzweckprivilegs (o. RdNr. 67) sogar ein vollkaufmännisches Gewerbe betreiben und mit diesem ins Handelsregister eingetragen werden, ohne sich in eine OHG zu verwandeln.[205]

---

[196] *K. Schmidt* HandelsR § 5 I 3 a.
[197] BGH Urt. v. 29. 1. 2001 – II ZR 331/00, BGHZ 146, 341 = NJW 2001, 1056.
[198] Dafür MünchKommHGB/*K. Schmidt*, 1. Aufl. 1996, § 1 aF RdNr. 38; Staub/*Brüggemann* § 1 aF RdNr. 45; dagegen Schlegelberger/*Hildebrandt*/*Steckhan* § 1 aF RdNr. 6; GK-HGB/*Nickel* RdNr. 11 a; Brox RdNr. 28.
[199] *Palandt*/*Heinrichs* § 54 RdNr. 1; zur geplanten Neufassung des § 54 BGB s. *Reuter* NZG 2005, 738, 745.
[200] MünchKommHGB/*K. Schmidt* § 1 aF RdNr. 46; dazu *K. Schmidt* GesR § 25 I 2; *Reiff*, Die Haftungsverfassungen nichtrechtsfähiger unternehmenstragender Verbände, 1996, S. 55 ff.
[201] Staub/*Brüggemann* Vor § 1 RdNr. 20; Schlegelberger/*Hildebrandt*/*Steckhan* § 1 aF RdNr. 6; GK-HGB/*Nickel* § 1 aF RdNr. 11 a; Brox RdNr. 28.
[202] Schlegelberger/*Hildebrandt*/*Steckhan* § 1 aF RdNr. 4.
[203] Allg. Meinung; BGH Urt. v. 29. 11. 1956 – II ZR 282/55, BGHZ 22, 240, 244 f. = NJW 1957, 218, 219; KG Beschl. v. 23. 6. 1911 – X 529/11, KGJ 41, 117, 119 ff.; BayObLG Beschl. v. 23. 7. 1965 – 2 Z 7/65, BayObLGZ 1965, 294, 310 = NJW 1965, 2254, 2257; *K. Schmidt* ZGR 1975, 477, 480, 485; MünchKommHGB/*K. Schmidt* § 1 RdNr. 46; Staub/*Brüggemann* Vor § 1 RdNr. 20.
[204] MünchKommHGB/*K. Schmidt*, 1. Aufl. 1996, § 1 aF RdNr. 39; Heymann/*Emmerich* § 1 aF RdNr. 34 (als GbR).
[205] *K. Schmidt* JZ 1973, 299, 301; *ders.* ZGR 1975, 477, 485; MünchKommHGB/*K. Schmidt* § 1 RdNr. 46; Heymann/*Emmerich* § 1 aF RdNr. 34; dagegen Staub/*Brüggemann* Vor § 1 RdNr. 20; dazu auch *K. Schmidt* AcP 182 (1982), 1 ff.

Abgesehen von diesem Sonderfall ergibt sich aber nach Abschaffung des minderkaufmännischen Gewerbes (Vor § 1 RdNr. 21 ff.) der Grundsatz, dass ein nichtrechtsfähiger Verein zur OHG wird, sobald er ein Handelsgewerbe betreibt. Tut er dies nicht, stellt sich die Frage nach der Kaufmannseigenschaft nicht. Somit kann ein nichtrechtsfähiger Verein kein Handelsgewerbe betreiben.

75 **ff) Partenreederei.** Gemäß § 489 Abs. 1 liegt eine Partenreederei vor, wenn mehrere Personen ein ihnen gemeinschaftlich zustehendes Schiff zum Erwerb durch die Seefahrt für gemeinschaftliche Rechnung verwenden. Die Partenreederei wird heute von der Literatur entgegen der bisher hM überwiegend als Gesamthand eingeordnet.[206] Mangels einer hinreichenden organisatorischen Verselbstständigung kann sie freilich nicht selbst Kaufmann sein und als solcher ins Handelsregister eingetragen werden.[207]

76 **gg) Gütergemeinschaft.** Ehegatten in Gütergemeinschaft bilden bezogen auf das Gesamtgut ebenfalls eine Gesamthand. Zu dem Gesamtgut kann auch ein Handelsgeschäft gehören.[208] Allerdings ist nach der heute ganz herrschenden Ansicht nicht die Gütergemeinschaft selbst Unternehmensträgerin.[209] Denn sie hat keine Organe, die mit Wirkung für und gegen die Gesamthand handeln können.[210] Nur die Ehegatten selbst können Betreiber des Unternehmens sein.

77 **hh) Erbengemeinschaft.**[211] Die Frage nach der Fähigkeit, als Gesamthand selbst Träger eines Unternehmens sein zu können, stellt sich schließlich auch für die Erbengemeinschaft.[212] Es ist ihr zwar verwehrt, mit den Mitteln des Nachlasses ein neues Handelsgeschäft zu begründen oder ein bestehendes zu erwerben.[213] Sie kann aber ein zum Nachlass gehörendes Handelsgeschäft bis zur Auseinandersetzung fortführen, ohne dass eine Umwandlung in eine OHG erfolgen müsste.[214] Auch durch **längere Fortführung des Unternehmens** verwandelt sich die Erbengemeinschaft **nicht** in eine **Handelsgesellschaft**.[215] Im Einzelfall kann es gerechtfertigt sein, die OHG-Regeln im Innenverhältnis entsprechend anzuwenden.[216] Umstritten ist, ob – so die hM und Rspr. – nach § 1 Abs. 1 nur die Erben Kaufleute sind,[217] oder ob auch die Erbengemeinschaft selbst die Kaufmannseigenschaft besitzen kann.[218] Für die hM spricht, dass der Erbengemeinschaft eine der OHG oder KG entsprechende Organstruktur fehlt und sie daher zur Führung eines Unternehmens wenig geeignet ist. Das Fehlen einer solchen Organisation erschwert auch die ausschließliche Zurechnung der Kauf-

---

[206] MünchKommHGB/*K. Schmidt* § 1 RdNr. 49; MünchHdbBGBGes/*Bote* § 80 RdNr. 13 ff.; *Prüßmann/Rabe* § 489 Anm. B 2, jeweils mwN.
[207] Dafür (und gegen die hM) *K. Schmidt*, Die Partenreederei als Handelsgesellschaft, 1995, S. 44 ff., 131; MünchKommHGB/*K. Schmidt* § 1 RdNr. 49; Schlegelberger/*Hildebrandt/Steckhan* § 1 aF RdNr. 5; ablehnend etwa MünchHdbBGBGes/*Bote* § 80 RdNr. 30; *Prüßmann/Rabe* § 489 Anm. B 1 b; zu diesem Problem ausführlich, auch de lege ferenda *Kaempe* MDR 1982, 975 ff.
[208] BGH Urt. v. 15. 12. 1976 – IV ZR 52/75, BB 1977, 160, 161 = NJW 1977, 433; BayObLG Beschl. v. 16. 1. 1978 – 1 Z 6/78, BayObLGZ 1978, 5, 6; BayObLG Beschl. v. 25. 7. 1991 – 3 Z 16/91, BayObLGZ 1991, 283, 284; MünchKommHGB/*K. Schmidt* § 1 RdNr. 51 mwN; Heymann/*Emmerich* § 1 aF RdNr. 2; Staub/*Brüggemann* § 1 aF RdNr. 47; Staudinger/*Thiele*, 1994, § 1416 RdNr. 16.
[209] BayObLG Beschl. v. 25. 7. 1991 – 3 Z 16/91, BayObLGZ 1991, 283, 284; MünchKommHGB/*K. Schmidt* § 1 RdNr. 51; Schlegelberger/*Hildebrandt/Steckhan* § 1 aF RdNr. 6; *K. Schmidt* HandelsR § 5 I 3 c; *Brox* RdNr. 28; anders Staub/*Brüggemann* § 1 aF RdNr. 48 mwN aus der älteren Literatur; Baumbach/*Hopt* § 1 RdNr. 48, aber ohne Begründung.
[210] MünchKommHGB/*K. Schmidt* § 1 RdNr. 51; *K. Schmidt* HandelsR § 5 I 3 c.
[211] Umfassend dazu *Hohensee*, Die unternehmenstragende Erbengemeinschaft, 1994; *K. Schmidt* NJW 1985, 2785 ff.; *Dauner-Lieb*, Unternehmen in Sondervermögen, 1998.
[212] Z. Streitstand in dieser Frage s. *Ulmer* AcP 198 (1998), 113, 124 ff.
[213] RG Beschl. v. 26. 3. 1931 – II B 5/31, RGZ 132, 138; KG Beschl. v. 26. 11. 1931 – 1 b S 753/31, JFG 9, 111 ff.; KG Beschl. v. 10. 10. 1935 – 1 Wx 432/35, JW 1935, 3642; KG Beschl. v. 6. 10. 1938 – 1 Wx 429/38, JW 1938, 3117; *Hohensee* S. 153; Staub/*Brüggemann* § 1 aF RdNr. 38; Baumbach/*Hopt* § 1 aF RdNr. 37.
[214] Zur Unzulässigkeit der Fortführung durch Erbanteilserwerber s. KG Beschl. v. 29. 9. 1998 – 1 W 4007/97, DB 1998, 2591 m. Anm. *Ann* EWiR 1999, 159.
[215] BGH Urt. v. 17. 1. 1951 – II ZR 16/50, NJW 1951, 311; BGH Urt. v. 8. 10. 1984 – II ZR 223/83, BGHZ 92, 259, 262 ff. = NJW 1985, 136, 137; KG Beschl. v. 29. 9. 1998 – 1 W 4007/97, DB 1998, 2591, 2592 m. Anm. *Ann*, EWiR 1999, 159; *K. Schmidt* NJW 1985, 2785, 2787 f.; *Strothmann* ZIP 1985, 969 ff.; *K. Schmidt* HandelsR § 5 I 3 b; MünchKommHGB/*K. Schmidt* § 1 aF RdNr. 41; Baumbach/*Hopt* § 1 aF RdNr. 22; aA *R. Fischer* ZHR 144 (1980), 1 ff., 16 f.; Staub/*Ulmer* § 105 RdNr. 57.
[216] BGH Urt. v. 21. 5. 1955 – IV ZR 7/55, BGHZ 17, 299, 302 = NJW 1955, 1227; Baumbach/*Hopt* 1 RdNr. 38; Heymann/*Emmerich* § 1 aF RdNr. 23 a mit zahlr. Nachweisen aus der Rechtsprechung.
[217] S. schon RG Beschl. v. 26. 3. 1931 – II B 5/31, RGZ 132, 138, 142: die Erben des Kaufmanns sind „Inhaber der Firma"; *Hüffer* ZGR 1986, 603, 624 f.; Baumbach/*Hopt* § 1 RdNr. 37; Koller/*Roth/Morck* RdNr. 22; Schlegelberger/*Hildebrandt/Steckhan* § 1 aF RdNr. 6; Glanegger/*Ruß* E I Vor § 1 RdNr. 17; GK-HGB/*Nickel* RdNr. 11 a, § 22 RdNr. 4; *Brox* RdNr. 28; wohl auch Heymann/*Emmerich* § 1 aF RdNr. 22, 24.
[218] *Hohensee* (Fn. 203) S. 210; *K. Schmidt* NJW 1985, 2785 f.; *Wolf* AcP 181 (1981), 480, 513; *Flume* BGB-AT I/1 § 4 II Fn. 48; *K. Schmidt* HandelsR § 5 I 3 b; Staub/*Brüggemann* § 1 aF RdNr. 51; MünchKommHGB/*K. Schmidt* § 1 RdNr. 52; Soergel/*Wolf* § 2032 RdNr. 7; allerdings unter unzutr. Berufung auf BGH Urt. v. 21. 5. 1955 – IV ZR 7/55, BGHZ 17, 299 = NJW 1955, 1227 und BGH Urt. v. 11. 4. 1957 – II ZR 182/55, BGHZ 24, 106, 112 = NJW 1957, 1026, 1027.

mannseigenschaft.[219] Die neuere Rspr. lehnt deshalb mit Recht eine Rechtsfähigkeit der Erbengemeinschaft ab, da es sich bloß um eine Personenmehrheit handelt, der ein Sondervermögen zugeordnet ist.[220] Die Anerkennung der Rechtsfähigkeit der GbR kann nicht auf die Erbengemeinschaft übertragen werden.[221] Zwar haben beide das Vorhandensein eines Sondervermögens gemeinsam. Der entscheidende Unterschied liegt aber darin, dass die Erbengemeinschaft kraft Gesetzes entsteht und auf Auseinandersetzung gerichtet ist.[222]

2. Zurechnung. a) Grundsatz. Auch wenn die Einzelheiten zum Teil umstritten sind, ist die **Grundregel** allgemein anerkannt: Betreiber des Handelsgewerbes ist **derjenige, in dessen Namen die mit dem Handelsgewerbe verbundenen Rechtsgeschäfte abgeschlossen werden,**[223] der also aus diesen Rechtsgeschäften berechtigt wird und für die Verbindlichkeiten persönlich haftet.[224] Somit ist allein maßgeblich, wem die gewerbliche Tätigkeit rechtlich zugerechnet und nicht, wer tatsächlich tätig wird.[225] Eine persönliche Tätigkeit ist nicht erforderlich, so dass der Betrieb mit Hilfspersonen oder durch einen Vertreter möglich ist.[226]

b) Einzelfälle. Kein Kaufmann ist, wer Geschäfte im fremden Namen oder als Verwalter fremden Vermögens tätigt.[227]

aa) Stellvertreter. Eine nur scheinbare Ausnahme bildet der **Handelsvertreter** (§§ 84 ff.). Er kann – als Abschlussvertreter iSd. § 84 Abs. 1 Satz 1 2. Alt. – zwar Geschäfte im Namen seines Auftraggebers abschließen, gleichzeitig betreibt er aber daneben noch ein eigenes Handelsgewerbe, nämlich seinen Agenturbetrieb, und ist daher Kaufmann.[228] Nur im fremden Namen tätig und daher keine Kaufleute sind **Angestellte,** wie zB Prokuristen und Handlungsbevollmächtigte (§§ 48 ff., 54). Dies gilt ebenfalls für den **gesetzlichen Vertreter** eines nicht voll Geschäftsfähigen. Nicht der Vertreter, sondern der **Vertretene ist Kaufmann.** Die mit dem Kaufmannsstatus verbundenen **Pflichten** (vor § 1 RdNr. 28 ff.) obliegen aber dem **gesetzlichen Vertreter.**[229] Dagegen ist der gesetzliche Vertreter **selbst Kaufmann,** wenn er das Handelsgeschäft für Rechnung des Mjen im eigenen Namen führt. Voraussetzung dafür ist ein **Treuhandvertrag** mit dem Kind, den nur ein Pfleger für das Kind schließen kann (§§ 181, 1629 Abs. 2, 1795 Abs. 2, 1909 BGB) und den das Familien- bzw. Vormundschaftsgericht genehmigen muss (§§ 1822 Nr. 3, 1915 Abs. 1 BGB).[230]

bb) Insolvenzverwalter. Auch ein **Insolvenzverwalter** wird ausschließlich als Verwalter fremden Vermögens tätig. Nach der von der Rechtsprechung vertretenen Amtstheorie[231] handelt der Insolvenzverwalter zwar im eigenen Namen, aber mit Wirkung für und gegen die Insolvenzmasse. Daher ist **nicht** der Insolvenzverwalter **Kaufmann,** sondern der Insolvenzschuldner. Letzterer behält diese Eigenschaft auch nach der Eröffnung des Insolvenzverfahrens.[232] Aber auch wenn der Insolvenzverwalter selbst nicht Kaufmann ist, sind die von ihm kraft Amtes abgeschlossenen Geschäfte Handelsgeschäfte iSd. §§ 343 ff.[233] Die Ansicht, die den Insolvenzverwalter als Vertreter ansieht, kommt zum gleichen Ergebnis.[234]

cc) Stille Gesellschafter. Kein Kaufmann ist nach der oben genannten Grundregel der **stille Gesellschafter.** Er ist zwar am Gewinn des Handelsgewerbes beteiligt, der Geschäftsinhaber handelt bei der Führung des Geschäfts aber ausschließlich im eigenen Namen (§ 230 Abs. 2).

dd) Nutzungsberechtigte (Pacht, Franchising, Nießbrauch). Für das Betreiben eines Handelsgewerbes ist unerheblich, wer Eigentümer der Betriebsmittel ist.[235] Daher sind zB der Pächter

---

[219] Vgl. MünchKommHGB/*K. Schmidt* § 1 RdNr. 52; *K. Schmidt* HandelsR § 5 I 3 c.
[220] BGH Urt. v. 11. 9. 2002 – XII ZR 187/00, NJW 2002, 3389, 3390.
[221] BGH Urt. v. 11. 9. 2002 – XII ZR 187/00, NJW 2002, 3389, 3390.
[222] So zutreffend BGH Urt. v. 11. 9. 2002 – XII ZR 187/00, NJW 2002, 3389, 3390.
[223] KG Beschl. v. 24. 11. 1938 – 1 Wx 535/38, JW 1939, 293; KG Beschl. v. 19. 7. 1965 – 1 W 1353/65, OLGZ 1965, 315, 317; Baumbach/*Hopt* RdNr. 30; Schlegelberger/*Hildebrandt/Steckhan* § 1 aF RdNr. 17.
[224] RG Urt. v. 5. 1. 1935 – 3 D 974/34, RGSt 69, 65, 68 = JW 1935, 947; *Brox* RdNr. 24.
[225] Glanegger/*Ruß* E I vor § 1 RdNr. 11; *Roth,* Handels- und GesR, § 4, 1 d.
[226] Schlegelberger/*Hildebrandt/Steckhan* § 1 aF RdNr. 18.
[227] Glanegger/*Ruß* E I vor § 1 RdNr. 11.
[228] Staub/*Brüggemann* § 1 aF RdNr. 21.
[229] Staub/*Brüggemann* Vor § 1 RdNr. 21.
[230] Baumbach/*Hopt* § 1 aF RdNr. 19; Glanegger/*Ruß* E I vor § 1 RdNr. 15.
[231] Ständige Rechtsprechung, BGH Urt. v. 27. 10. 1983 – I ARZ 334/83, BGHZ 88, 331, 334 = NJW 1984, 739 m. zahlr. Nachw.; *K. Schmidt* JuS 2005, 464.
[232] Allg. Meinung; Schlegelberger/*Hildebrandt/Steckhan* § 1 aF RdNr. 7; Staub/*Brüggemann* § 1 aF RdNr. 31; s. aber BVerwG Urt. v. 22. 10. 1998 – 7 C 38/97, NJW 1999, 1416, 1417: Insolvenzverwalter als immissionsschutzrechtlich verantwortlicher Anlagenbetreiber; dazu auch *K. Schmidt* NJW 1993, 2833 ff.
[233] Glanegger/*Ruß* E I vor § 1 RdNr. 18.
[234] MünchKommHGB/*K. Schmidt* § 1 RdNr. 62.
[235] Koller/*Roth*/Morck 1 RdNr. 17; *Brox* RdNr. 27.

eines Betriebes[236] und der Franchisenehmer[237] Betreiber des Gewerbes. Dies gilt auch für den Nießbraucher, wenn ihm mit dem Nießbrauch die verantwortliche Leitung des Unternehmens nach außen übertragen ist und es sich nicht nur um einen Nießbrauch am Ertrag des Unternehmens handelt.[238]

84   **ee) Treuhänder, Strohmänner.** Gleichgültig ist, für wessen Rechnung das Gewerbe betrieben wird. Kaufmann ist damit auch der **Treuhänder,**[239] der das Unternehmen zwar im eigenen Namen, aber für Rechnung des Treugeber betreibt. Nach Ende des Treuhandverhältnisses hat der Treuhänder gegen den Treugeber einen Anspruch auf Abnahme des Geschäfts und Befreiung von den Verbindlichkeiten. Diesen Anspruch kann er gerichtlich mit einer Übernahme- und Freistellungsklage durchsetzen.[240] Umstritten ist die Frage, ob auch der **Strohmann,** der nur zur Verschleierung der wahren Verhältnisse nach außen auftritt, Kaufmann ist. Nach hA wird auch hier allein auf den äußeren Umstand abgestellt, in wessen Namen das Geschäft nach außen betrieben wird, und daher der Strohmann als Betreiber angesehen.[241] Andere machen dagegen für diesen Fall eine Ausnahme und verneinen die Kaufmannseigenschaft des Strohmannes.[242] Er kann aber dennoch nach außen kraft Rechtsscheins oder nach § 15 Abs. 3 haften.[243]

85   **ff) Organpersonen und Mitglieder rechtsfähiger Verbände.** Wird ein Unternehmen im Namen einer **juristischen Person** geführt, so ist ausschließlich diese Betreiber, weder die Mitglieder ihrer Organe (Vorstands- und Aufsichtsratsmitglieder, Geschäftsführer einer AG, KGaA, GmbH, eG oder eines Vereins)[244] noch ihre Gesellschafter, Aktionäre, Genossen oder Vereinsmitglieder.[245] Selbst der alleinige Gesellschafter einer **Einpersonengesellschaft** ist nicht Kaufmann.[246] Allerdings werden die handelsrechtlichen Grundsätze über das kaufmännischen Bestätigungsschreibens vereinzelt auch auf das Gesellschaftsorgan übertragen, soweit dieses ähnlich wie ein Kaufmann am Rechtsverkehr teilnimmt und zu erwarten ist, dass er nach kaufmännischer Sitte verfahre.[247]

86   **gg) Gesellschafter einer Personenhandelsgesellschaft.** Schwierigkeiten bereitet die Beurteilung bei einer **OHG oder KG.** § 6 Abs. 1 stellt klar, dass die OHG/KG als Handelsgesellschaft selbst Kaufmann ist. **Streitig** ist jedoch, ob neben der Gesellschaft auch die **Gesellschafter** das Handelsgewerbe betreiben und daher auch diese nach § 1 Abs. 1 die Kaufmannseigenschaft besitzen. Hierfür wird u. a. geltend gemacht, dass im Gesellschaftsrecht zunehmend zwischen der Gesamthand und den einzelnen Mitgliedern getrennt wird.[248] Für die Beurteilung der Kaufmannseigenschaft stellt die **hM**

---

[236] Vgl. BGH Urt. v. 16. 1. 1984 – II ZR 114/83, NJW 1984, 1186 Anm. *K. Schmidt*; BayObLG Beschl. v. 16. 1. 1978 – 1 Z 6/78, BayObLGZ 1978, 5, 6; OLG Köln Beschl. v. 29. 10. 1962 – 8 Wx 100/62, NJW 1963, 541; KG Beschl. v. 10. 10. 1910, RJA 11, 36, 37 f.; LG Nürnberg-Fürth Beschl. v. 1. 3. 1976 – 4 Ak T 1591/79, BB 1976, 810; Koller/*Roth*/Morck RdNr. 18.
[237] OLG Schleswig Urt. v. 27. 8. 1986 – 4 U 27/85, NJW-RR 1987, 220, 221 f.; Koller/*Roth*/Morck RdNr. 18; Baumbach/*Hopt* § 1 RdNr. 30.
[238] BayObLG Beschl. v. 3. 7. 1973 – 2 Z 25/73, BayObLGZ 1973, 168, 171; KG Beschl. v. 19. 7. 1965 – 1 W 1353/65, OLGZ 1965, 315, 317; *Lohr*, Der Nießbrauch am Unternehmen und Unternehmensanteilen, 1989, S. 41 ff.; Baumbach/*Hopt*RdNr. 6; MünchKommHGB/*K. Schmidt* § 1 aF RdNr. 44; mwN Heymann/*Emmerich* § 1 aF RdNr. 13.
[239] RG Urt. v. 15. 6. 1920 – II 4/20, RGZ 99, 158, 159; OLG Hamm Beschl. v. 5. 2. 1963 – 15 W 395/62, DNotZ 1964, 421, 423; KG Beschl. v. 24. 11. 1938 – 1 Wx 535/38, JW 1939, 293; Koller/*Roth*/Morck RdNr. 18.
[240] BGH Urt. v. 20. 1. 1977 – II ZR 80/75, WM 1977, 363; Baumbach/*Hopt* § 1 RdNr. 30.
[241] BGH Beschl. v. 20. 12. 1984 – III ZR 45/84, WM 1985, 348; OLG Düsseldorf Urt. v. 10. 2. 1984 – 16 U 75/83, WM 1985, 346, 348; *Wassner* ZGR 1973, 427, 434 ff.; Staub/*Brüggemann* § 1 aF RdNr. 23; MünchKommHGB/ *K. Schmidt* § 1 RdNr. 54; Koller/*Roth*/Morck RdNr. 18; *Canaris* § 2 RdNr. 19.
[242] KG Beschl. v. 24. 11. 1938 – 1 Wx 535/38, JW 1939, 293; Baumbach/*Hopt* § 1 RdNr. 30; Schlegelberger/ *Hildebrandt*/Steckhan § 1 aF RdNr. 20 mit Hinweisen auf Literatur aus den 30er Jahren; Glanegger/*Ruß* E I Vor § 1 RdNr. 11; *Roth*, Handels- und GesR, § 4, 1 d.
[243] Glanegger/*Ruß* E I Vor § 1 RdNr. 11.
[244] BGH Urt. v. 13. 2. 1951 – II ZR 91/51, BGHZ 5, 133, 134 = NJW 1952, 623; BGH Urt. v. 19. 2. 1986 – VIII ZR 113/85, BGHZ 97, 127, 134 = NJW 1986, 1679, 1680; BGH Urt. v. 23. 3. 1988 – VIII ZR 175/87, BGHZ 104, 95, 98 = NJW 1988, 1908, 1909; BGH Urt. v. 8. 1. 1993 – IX ZR 259/91, BGHZ 121, 224, 228 = NJW 1993, 1126; BGH Urt. v. 29. 2. 1996 IX ZR 153/95, BGHZ 132, 119, 122 = NJW 1996, 1467, 1468; BGH Urt. v. 5. 6. 1996 – VIII ZR 151/95, BGHZ 133, 71, 78 = NJW 1996, 2156; ebenso BGH Urt. v. 15. 7. 2004 – III ZR 315/03, NJW 2004, 3039, 3040 zur fehlenden Unternehmereigenschaft (§ 14 BGB) von GmbH-Geschäftsführern; BGH Urt. v. 24. 1. 2006 – XI ZR 384/03, BGHZ 166, 84 = NJW 2006, 830 Tz. 91 („Kirch"); OLG Düsseldorf Urt. v. 29. 12. 1993 – 18 U 105/93, NJW-RR 1995, 93; LG Oldenburg Urt. v. 9. 5. 1995 – 5 O 180/94, NJW-RR 1996, 286, 287.
[245] BGH Urt. v. 13. 2. 1951 – II ZR 91/51, BGHZ 5, 133, 134 = NJW 1952, 623; BGH Urt. v. 28. 1. 1993 – IX ZR 259/91, BGHZ 121, 224, 228 = NJW 1993, 1126; BGH Urt. v. 24. 1. 2006 – XI ZR 384/03, BGHZ 166, 84 = NJW 2006, 830 Tz. 91; OLG Düsseldorf Urt. v. 29. 12. 1993 – 18 U 105/93, NJW-RR 1995, 93, 94.
[246] BGH Urt. v. 13. 2. 1951 – II ZR 91/51, BGHZ 5, 133, 134 = NJW 1952, 623; BGH Urt. v. 28. 1. 1993 – IX ZR 259/91, BGHZ 121, 224, 228 = NJW 1993, 1126; BGH Urt. v. 12. 5. 1986 – II ZR 225/85, WM 1986, 939; LG Oldenburg Urt. v. 9. 5. 1995 – 5 O 180/94, NJW-RR 1996, 286, 287; MünchKommHGB/*K. Schmidt*, 1. Aufl. 1996, § 1 aF RdNr. 53.
[247] OLG Düsseldorf Urt. v. 2. 9. 2003 – I-21 U 222/02, ZIP 2004, 1211.
[248] *Canaris* § 2 RdNr. 20; gegen die Kaufmannseigenschaft von OHG-Gesellschaftern und Komplementären einer KG *Zöllner* DB 1964, 796; *Landwehr* JZ 1967, 198; *Lieb* DB 1967, 761; *K. Schmidt* ZIP 1986, 1512; Staub/*Ulmer* § 105 RdNr. 77 ff., *der jedoch weitgehend eine Analogie befürwortet.*

in Rechtsprechung und Literatur indessen allein darauf ab, **wer** durch die für die Gesellschaft getätigten Geschäfte **verpflichtet wird.** Danach sind die **Gesellschafter einer OHG und Komplementäre einer KG** ebenfalls als Betreiber des Gewerbes anzusehen und somit Kaufleute.[249] Denn sie haften gemäß **§ 128** persönlich für die Gesellschaftsschulden. Dies gilt auch für unbeschränkt haftende Gesellschafter, die nicht an der Geschäftsführung beteiligt sind. Denn auch ein Einzelkaufmann kann die Wahrnehmung seiner Geschäfte einem Bevollmächtigten überlassen. Allerdings besteht die Kaufmannseigenschaft nicht für Privatgeschäfte des Gesellschafters. Die Abgrenzung im Einzelnen ist umstritten.[250] Ein **Kommanditist** haftet für die Verbindlichkeiten der KG nur mit seiner Einlage (§ 171) und ist von der Vertretung kraft Gesetzes ausgeschlossen (§ 170). Daher wird er überwiegend nicht als Betreibender angesehen und somit seine Kaufmannseigenschaft verneint.[251]

hh) Ehegatten in der Gütergemeinschaft. Gehört ein Handelsgeschäft zum **Gesamtgut einer Gütergemeinschaft** (§ 1416 BGB), so ist maßgeblich, wer das Geschäft tatsächlich führt. Bei gemeinschaftlicher Führung sind beide Ehegatten als Inhaber ins Handelsregister einzutragen. Sie sind nicht gezwungen, eine Gesellschaft zu errichten. Wird das Gewerbe dagegen nur von einem Ehegatten betrieben, ist allein dieser Kaufmann.[252]

ii) Testamentsvollstrecker. Besondere Schwierigkeiten ergeben sich bei **Testamentsvollstreckung** über einen Nachlass, zu dem ein Handelsgeschäft gehört. *F. Baur*[253] hat hierfür die sog. „echte Testamtentsvollstreckerlösung" vorgeschlagen. Danach wird das Unternehmen von dem Testamentsvollstrecker geführt. In das Handelsregister wird jedoch der Erbe als Inhaber mit Testamentsvollstreckervermerk eingetragen. Er haftet den Neugläubigern nur beschränkt mit dem Geschäftsvermögen.

Diese Lösung wird jedoch von der hM und der Rechtsprechung abgelehnt. Der Testamentsvollstrecker kann das Handelsgeschäft nicht mit Wirkung allein für und gegen den Nachlass führen. Wenn ein Handelsgewerbe betrieben wird, muss – außerhalb des Gesellschaftsrechts – immer eine Person vorhanden sein, die mit ihrem persönlichen Vermögen unbeschränkt haftet.[254] Ausgehend von diesem Grundsatz wurden **drei Lösungen** entwickelt, zwischen denen der Testamentsvollstrecker wählen kann, sofern der Erblasser keine Anordnung getroffen hat.[255]

Der Testamentsvollstrecker kann das Handelsgewerbe im eigenen Namen und unter persönlicher Haftung für die Schulden als **uneigennütziger Treuhänder** für Rechnung der Erben führen **(Treuhandlösung).** In diesem Fall ist der Testamentsvollstrecker Kaufmann und wird ins Handelsregister eingetragen.[256] Mehrere Testamentsvollstrecker betreiben jedenfalls bei nur vorübergehender treuhänderischer Inhaberschaft keine OHG.[257] Wählt der Testamentsvollstrecker die **Treuhandlösung,** kann er von dem Erben die **Übertragung** des zunächst diesem zugefallenen **Handels-**

---

[249] BGH Urt. v. 5. 5. 1960 – II ZR 128/58, NJW 1960, 1852, 1853; BGH Urt. 16. 2. 1961 – III ZR 71/60, BGHZ 34, 293, 296 f. = NJW 1961, 1022; BGH Urt. v. 2. 6. 1966 – VII ZR 292/64, BGHZ 45, 282, 284 = NJW 1966, 1960, 1961; BGH Urt. v. 28. 6. 1968 – I ZR 142/67, BB 1968, 1053; KG Beschl. v. 23. 6. 1911 – 1 a X 529/11, KGJ 41, 117, 122 f.; OLG Karlsruhe Urt. v. 19. 10. 1990 – 15 U 150/90, DB 1991, 903 mit Anm. *K. Schmidt* S. 904; Koller/Roth/Morck RdNr. 23; Staub/*Brüggemann* RdNr. 32; Schlegelberger/Hildebrandt/Steckhan § 1 aF RdNr. 21; Heymann/*Emmerich* § 1 aF RdNr. 15; Glanegger/*Ruß* E I Vor § 1 RdNr. 20; *Brox* RdNr. 84; *Canaris* § 2 RdNr. 20 mwN vor allem aus der älteren Literatur.

[250] Staub/*Brüggemann* § 1 aF RdNr. 33; Glanegger/*Ruß* E I Vor § 1 RdNr. 20; *Brox* RdNr. 84. ZB BGH Urt. 5. 5. 1960 – II ZR 128/58, NJW 1960, 1852 f.; BGH Urt. v. 28. 6. 1968 – I ZR 142/67, BB 1968, 1053; OLG Karlsruhe Urt. v. 19. 10. 1990 – 15 U 150/90, DB 1991, 903 mit Anm. *K. Schmidt* S. 904.

[251] BGH Urt. v. 27. 5. 1957 – VII ZR 223/56, WM 1957, 883, 884; BGH Urt. v. 2. 6. 1966 – VII ZR 292/64, BGHZ 45, 282, 285 = NJW 1966, 1960, 1961 f.; BGH Urt. v. 24. 1. 1980 – III ZR 169/78, NJW 1980, 1572, 1574; BGH Urt. v. 22. 10. 1981 – III ZR 149/80, NJW 1982, 569, 570; BGH Urt. v. 12. 2. 1986 – VIII ZR 113/85, BGHZ 97, 127, 134 = NJW 1986, 1679, 1680; KG Urt. v. 24. 2. 1999 – 4 UF 16/99, DStR 1999, 1668; Schlegelberger/*Hildebrandt*/Steckhan § 1 aF RdNr. 22; Heymann/*Emmerich* § 1 aF RdNr. 15 mwN in Fn. 42; *Canaris* § 2 RdNr. 21; *Brox* RdNr. 84; Staub/*Brüggemann* § 1 aF RdNr. 35, der die Kaufmannseigenschaft des Kommanditisten bejaht; ebenso *Ballerstedt* JuS 1963, 253, 259; OVG Münster Urt. v. 5. 7. 1961 – IV A 1597/60, BB 1962, 541 (zu § 35 GewO); hiergegen wiederum *Baumann* AcP 184 (1984), 45, 54.

[252] BayObLG Beschl. v. 16. 1. 1978 – 1 Z 6/78, BayObLGZ 1978, 5, 7; BayObLG Beschl. v. 25. 7. 1991 – 3 Z 16/91, BayObLGZ 1991, 283, 284 f.; MünchKommHGB/*K. Schmidt* § 1 aF RdNr. 51; GK-HGB/*Nickel* RdNr. 11; Staub/*Brüggemann* Vor § 1 RdNr. 26 f.; MünchKommBGB/*Kanzleiter* § 1416 RdNr. 8 mwN.

[253] *Baur*, FS Dölle I, 1963, S. 249 ff., 263 f.; ihm folgend LG Konstanz Beschl. v. 15. 12. 1989 – HT 4/89, NJW-RR 1990, 716 ff.; befürwortend auch Heymann/*Emmerich* § 1 aF RdNr. 31; *Canaris* § 9 RdNr. 37.

[254] RG Beschl. v. 26. 3. 1931 – II B 5/31, RGZ 132, 138, 144; *John* BB 1980, 757; MünchKommHGB/*K. Schmidt* § 1 aF RdNr. 49 Fn. 171; Gierke/Sandrock § 6 II 4 b β.

[255] BGH Urt. v. 18. 1. 1954 – IV ZR 10/53, BGHZ 12, 100, 102 = NJW 1954, 636; KG Beschl. v. 3. 11. 1938 – 1 Wx 498/38, JW 1939, 104; Baumbach/*Hopt* RdNr. 23; Koller/Roth/Morck RdNr. 21; Staudinger/*Reimann*, 2003, § 2205 RdNr. 92 ff.; Gierke/Sandrock § 6 II 4 b β; zahlreiche Nachweise bei Heymann/*Emmerich* § 1 aF RdNr. 28 Fn. 98; iE zustimmend auch MünchKommHGB/*K. Schmidt*, 1. Aufl. 1996, § 1 aF RdNr. 49; kritisch *John* BB 1980, 757 ff.

[256] RG Beschl. v. 26. 3. 1931 – II B 5/31, RGZ 132, 138, 142.

[257] BGH Urt. v. 16. 10. 1974 – IV ZR 3/73, NJW 1975, 54; Baumbach/*Hopt* 29. Aufl. 1995, § 1 aF RdNr. 42.

geschäfts auf sich als Treuhänder (auch klageweise) verlangen.[258] Allerdings geht das Handelsgeschäft nicht in das Eigentum des Testamentsvollstreckers über.[259] Gemäß §§ 2218, 669 f. BGB hat er gegen den Erben Anspruch auf Vorschuss und Aufwendungsersatz, zB durch Freistellung von der persönlichen Haftung.[260]

91 Alternativ kann der Testamentsvollstrecker das Handelsgeschäft im Namen der Erben fortführen (**Vollmachtlösung**). Dann ist der Erbe und nicht der Testamentsvollstrecker Kaufmann und ins Handelsregister einzutragen. Allerdings ist eine Vollmacht des Erben nötig, deren Erteilung der Testamentsvollstrecker nach § 2208 Abs. 2 BGB einklagen kann.[261] Der Erbe kann der Haftung dadurch entgehen, dass er die Erbschaft ausschlägt.[262]

92 Schließlich kann der Testamentsvollstrecker das Handelsgeschäft gemäß §§ 2217 BGB aus der Verwaltung **freigeben**. Bei irrtümlicher Freigabe hat er ein Recht auf Wiederherstellung seiner Verwaltung aus § 812 BGB.[263]

93 Die Testamentsvollstreckung bei Anteilen an einer OHG oder KG wirft zusätzliche Probleme auf und ist im Rahmen der §§ 105 ff. zu behandeln (s. § 139 RdNr. 62 ff.).

94 **c) Zurechnung bei Betrieb verschiedener Gewerbe.** Die Kaufmannseigenschaft bezieht sich nur auf das betriebene Handelsgewerbe.[264] Dieser Grundsatz ist von Bedeutung, wenn eine natürliche Person verschiedene Gewerbe nebeneinander betreibt. Handelt es sich um organisatorisch getrennte Betriebe, ist für jeden gesondert zu prüfen, ob er die Voraussetzungen eines Handelsgewerbes (RdNr. 9 ff.) erfüllt. Der Inhaber kann dann gleichzeitig Kaufmann und Nichtkaufmann sein.[265] Dagegen ist bei der einheitlichen Organisation eines Betriebs, der verschiedene gewerbliche Tätigkeiten umfasst („gemischter Gewerbebetrieb"), auch nur eine einheitliche Beurteilung der Kaufmannseigenschaft möglich. Nach der Abschaffung des Katalogs von Grundhandelsgewerben in § 1 Abs. 2 aF (Vor § 1 RdNr. 24) kommt es für das Vorliegen eines Handelsgewerbes nicht mehr auf den Inhalt der gewerblichen Tätigkeit an. Maßgeblich ist daher allein, ob der Betrieb als ganzer einen in kaufmännischer Weise eingerichteten Geschäftsbetrieb erfordert (RdNr. 41 ff.).

IV. Rechtsfolgen aus dem Betreiben eines Handelsgewerbes

95 **1. Kaufmannseigenschaft. a) Grundsatz.** Wer ein Handelsgewerbe betreibt, ist Kaufmann kraft Gesetzes (§ 1 Abs. 1 – Istkaufmann). Die Kaufmannseigenschaft besteht grundsätzlich auch im Hinblick auf kaufmannsbezogene Vorschriften außerhalb des HGB (Vor § 1 RdNr. 26 ff.). Wer kein Handelsgewerbe betreibt und dessen Unternehmen auch nicht kraft gesetzlicher Anordnung als Handelsgewerbe gilt (§§ 2, 3, 5 – o. RdNr. 2 ff.), kann sich rechtsgeschäftlich der Anwendung handelsrechtlicher Bestimmungen unterwerfen.[266] Diese kommen dann aber als Vertragsregelung zur Anwendung, dh nur in den Grenzen des zwingenden allgemeinen Bürgerlichen Rechts.[267]

96 **b) AGB-Klausel zur Kaufmannseigenschaft.** Die in **AGB** enthaltene Bestimmung, mit der ein Vertragspartner versichert, Kaufmann bzw Gewerbetreibender zu sein, **ist unwirksam**, da der in § 310 Abs. 1 BGB (früher: § 24 AGBG), §§ 1 ff. HGB umrissene Personenkreis nicht durch die Parteien festgelegt werden kann.[268] Ein Verständnis der Klausel als einseitige rechtsgeschäftliche Unterwerfung unter das Handelsrecht (soeben RdNr. 95) wäre eine unzulässige geltungserhaltende Reduktion.

97 **2. Bedeutung der Registereintragung.** Bei Vorliegen eines Handelsgewerbes besteht die Kaufmannseigenschaft des Gewerbetreibenden ohne Rücksicht auf dessen Eintragung im Handelsregister. Die Registereintragung ist zwar gem. § 29 obligatorisch (Vor § 1 RdNr. 29), aber für die Erlangung der Kaufmannseigenschaft **nicht konstitutiv**.[269] Bedeutsam wird die – anfänglich – bloß deklaratori-

---

[258] BGH Urt. v. 11. 4. 1957 – II ZR 182/55, BGHZ 24, 106, 112 = NJW 1957, 1026.
[259] KG Beschl. v. 3. 11. 1938 – 1 Wx 498/38, JW 1939, 104 f.
[260] Heymann/*Emmerich* § 1 aF RdNr. 29.
[261] BayObLG Beschl. v. 11. 6. 1969 – 1 b Z 102/68, BB 1969, 974.
[262] Krit. *Canaris* § 9 RdNr. 32.
[263] BGH Urt. v. 18. 1. 1954 – IV ZR 130/53, BGHZ 12, 100, 105 = NJW 1954, 636, 637; BGH Urt. v. 11. 4. 1957 – II ZR 182/55, BGHZ 24, 106, 109 = NJW 1957, 1026.
[264] Koller/*Roth*/Morck RdNr. 24.
[265] Koller/*Roth*/Morck RdNr. 24; Staub/*Brüggemann* § 1 aF RdNr. 25; zB RG Urt. v. 21. 1. 1930 – II 290/29, JW 1930, 829 Nr. 23; RG Urt. v. 12. 11. 1930 – I 208/30, RGZ 130, 233, 234.
[266] Häufiger Fall: rechtsgeschäftlich bestimmte Anwendbarkeit der §§ 355 ff. (uneigentliches Kontokorrent).
[267] MünchKommHGB/*K. Schmidt*, 1. Aufl. 1996, § 1 aF RdNr. 3.
[268] Zu zurückhaltend daher BGH Urt. v. 17. 5. 1982 – VII ZR 316/81, BGHZ 84, 109, 112 f. = NJW 1982, 2309: Versicherung der (Voll-)kaufmannseigenschaft könne eine überraschende Klausel iSd. § 305 c Abs. 1 BGB (früher § 3 AGBG) sein.
[269] MünchKommHGB/*K. Schmidt* § 1 RdNr. 6; Röhricht/Graf von Westphalen/*Röhricht* § 1 aF RdNr. 73.

sche Registereintragung für den Gewerbetreibenden erst dann, wenn sein Betrieb auf einen kleingewerblichen Umfang zurückfällt (o. RdNr. 55 f.). Ab diesem Zeitpunkt sichert § 2 Satz 1[270] – nach aA § 5[271] – anknüpfend an die Registereintragung den Fortbestand der Kaufmannseigenschaft. Gleiches gilt gem. § 3 Abs. 2 iVm. § 2 Satz 1 für den Fall des Wechsels in die Land- oder Forstwirtschaft.[272] Hierzu auch § 2 RdNr. 30 ff. § 5 RdNr. 12 ff.

3. Unbeschränkte Haftung mit dem gesamten Vermögen. Der Einzelkaufmann haftet für die im Rahmen seiner handelsgewerblichen Tätigkeit begründeten Verbindlichkeiten mit seinem gesamten Vermögen unter Einschluss des Privatvermögens. Rechtspolitische Vorschläge zur Schaffung eines „Einzelkaufmann m.b.H.", der für diese Verbindlichkeiten nur mit bestimmten Vermögensgegenständen haftet, konnten sich bislang nicht durchsetzen.[273] 98

§ 2 [Kleingewerbe; Kannkaufmann]

¹Ein gewerbliches Unternehmen, dessen Gewerbebetrieb nicht schon nach § 1 Abs. 2 Handelsgewerbe ist, gilt als Handelsgewerbe im Sinne dieses Gesetzbuchs, wenn die Firma des Unternehmens in das Handelsregister eingetragen ist. ²Der Unternehmer ist berechtigt, aber nicht verpflichtet, die Eintragung nach den für die Eintragung kaufmännischer Firmen geltenden Vorschriften herbeizuführen. ³Ist die Eintragung erfolgt, so findet eine Löschung der Firma auch auf Antrag des Unternehmers statt, sofern nicht die Voraussetzung des § 1 Abs. 2 eingetreten ist.

Schrifttum: Vgl. zunächst Vor § 1. Ferner: *Greitemann,* Wirtschaftliche Gegebenheiten als wesentliche Anhaltspunkte für die Reichweite von § 2 HGB, FS Möhring, 1965, S. 43; *Kögel,* Der nach Art und Umfang in kaufmännischer Weise eingerichtete Geschäftsbetrieb – eine unbekannte Größe, DB 1998, 1802; *Krauth,* Eintragung von Gewerbetreibenden in das Handelsregister, NJW 1961, 13; *Raisch,* Geschichtliche Voraussetzungen, Dogmatische Grundlagen und Sinnwandlung des Handelsrechts, 1965, S. 193 ff.; *Schmitt,* Die Rechtsstellung der Kleingewerbetreibenden nach dem Handelsrechtsreformgesetz, 2003; *Siems,* Kaufmannsbegriff und Rechtsfortbildung, 2003.

Übersicht

	RdNr.		RdNr.
I. Normzweck	1, 2	a) Ursprüngliche Unrichtigkeit des Handelsregisters	25
II. Normadressaten (Satz 1)	3–7	b) Nachträgliche Unrichtigkeit des Handelsregisters	26–33
1. Kleingewerbetreibende	3–5	aa) Grundlagen	26
a) Allgemeine Merkmale	3	bb) Wegfall der Gewerblichkeit	27
b) Kleingewerbliche Land- und Forstwirte	4	cc) Rechtsnachfolge	28
c) Rechtsnachfolger	5	dd) Aufstieg zum Handelsgewerbe	29
2. Erstreckung auf die Vermögensverwaltung	6, 7	ee) Herabsinken zum Kleingewerbe	30–32
III. Kannkaufmann (Satz 2)	8–15	ff) Widerspruch	33
1. Inhalt der Kaufmanns-Option	8	VI. Rechtsstellung der im Handelsregister eingetragenen Kleingewerbetreibenden	34–36
2. Vor- und Nachteile der Kaufmannseigenschaft	9–11	VII. Rechtsstellung der nicht im Handelsregister eingetragenen Kleingewerbetreibenden	37–45
3. Rechtsnatur der Registeranmeldung durch den Kannkaufmann	12–15	1. Fehlende Kaufmannseigenschaft	37
a) Meinungsstand	12–14	2. Ausnahmsweise Geltung von Handelsrecht kraft ausdrücklicher gesetzlicher Anordnung	38–43
b) Stellungnahme	15	a) Grundlagen	38
IV. Eintragungsverfahren	16–19	b) Schutzvorschriften für kleingewerbliche Handelsvertreter	39, 40
1. Rechtliche Behandlung der Anmeldung	16, 17	c) Schutz des Geschäftsverkehrs und der Rechtssicherheit	41, 42
2. Prüfungsumfang	18, 19	d) Handelsmakler	43
V. Löschung	20–33		
1. Löschung auf Antrag (Satz 3)	20–24		
a) Grundlagen	20–23		
b) Fortdauer der Kleingewerblichkeit	24		
2. Amtslöschung	25–33		

---

[270] *K. Schmidt* NJW 1998, 2161, 2163; *ders.* ZHR 163 (1999), 87, 90 ff.
[271] *Lieb* NJW 1999, 35, 36.
[272] *K. Schmidt* ZHR 163 (1999), 87, 90 ff.
[273] Näher *K. Schmidt* DB 2006, 1096 ff.

I. Normzweck

1 Vgl. zunächst Vor § 1 RdNr. 8 f., 21 bis 23. Die Vorschrift des § 2 **fingiert** für bestimmte Fälle das Vorliegen eines **Handelsgewerbes** (§ 1 RdNr. 2). Die Kaufmannseigenschaft des Gewerbetreibenden ergibt sich dann aus § 1 Abs. 1 iVm. § 2 S. 1. § 2 richtet sich ausschließlich an **Kleingewerbetreibende**, dh Gewerbetreibende (§ 1 RdNr. 20 ff.), deren Betrieb unterhalb der Mindestgrößenanforderungen des § 1 Abs. 2 (§ 1 RdNr. 41 ff.) angesiedelt ist. Dieser Personenkreis erhält durch § 2 die **Möglichkeit**, durch Handelsregistereintragung freiwillig die **Kaufmannseigenschaft zu erwerben** (Kaufmanns-Option).[1] Durch die Verweisung in § 3 Abs. 2 erhält § 1 zudem Bedeutung für die Land- und Forstwirtschaft.

2 Die durch Art. 3 Nr. 2 HRefG neu gefasste Vorschrift verfolgt ausweislich der Gesetzesbegründung[2] **mehrere Zwecke**. Sie soll die kleingewerblichen Einzelunternehmer den **kleingewerblichen Gesellschaften** gleichstellen, denen § 105 Abs. 2 1. Alt. (auch iVm. § 161 Abs. 2) den Erwerb der Kaufmannseigenschaft – durch Konstituierung als Personenhandelsgesellschaft – ermöglicht. Zudem soll § 2 der „**Flucht**" kleingewerblicher Unternehmer in die **Einmann-GmbH** entgegenwirken. Ferner soll die Eintragungsoption die **Unternehmenskontinuität** bei Ausscheiden aller Gesellschafter bis auf einen aus der kleingewerblichen Personenhandelsgesellschaft gewährleisten. Des Weiteren erhofft sich der Gesetzgeber, dass die Ausübung der Eintragungsoption durch eine Vielzahl von Kleingewerbetreibenden die mit § 1 Abs. 2 verbundenen **Schwierigkeiten der Abgrenzung** zwischen Kaufleuten und Nichtkaufleuten **verringert**. Dies soll sich auch in einer nennenswerten **Entlastung der Registergerichte** niederschlagen, die jetzt nur noch im Zwangsverfahren (§ 14) und im Löschungsverfahren (§ 2 S. 3)[3] die Erforderlichkeit eines kaufmännischen Geschäftsbetriebes zu prüfen haben.[4]

II. Normadressaten (Satz 1)

3 **1. Kleingewerbetreibende. a) Allgemeine Merkmale.** § 2 S. 1 richtet sich an die Betreiber kleingewerblicher Unternehmen. Dies sind Personen, die ein **Gewerbe** (§ 1 RdNr. 20 ff.) betreiben, das aber **nicht** schon gem. § 1 Abs. 2 ein **Handelsgewerbe** ist. Für § 2 kommen daher nur solche Unternehmen in Betracht, die nach Art oder Umfang einen in kaufmännischer Weise eingerichteten Geschäftsbetrieb nicht erfordern (Einzelheiten § 1 RdNr. 41 ff.). Eine weitere, unterhalb der Schwelle des § 1 Abs. 2 angesiedelte Mindestbetriebsgröße enthält § 2 S. 1 nicht. Daher werden **auch Kleinstgewerbe** ohne jede Größenanforderungen erfasst.[5]

4 **b) Kleingewerbliche Land- und Forstwirte.** Dass der Kleingewerbebetreibende auf dem Gebiet der Land- oder Forstwirtschaft tätig ist, schließt die Kaufmannsoption nach § 2 S. 1 nicht aus (näher § 3 RdNr. 33 ff.).

5 **c) Rechtsnachfolger.** Im Falle eines Inhaberwechsels lebt das Wahlrecht in der Person des Rechtsnachfolgers wieder auf, wenn er sich binnen angemessener Frist dazu entscheidet, die von seinem Vorgänger verwendete Firma nicht fortzuführen. Bei einer Fortführung der Firma ist er hingegen wie sein Rechtsvorgänger an die damit getroffene Wahl zugunsten der Kaufmannseigenschaft gebunden.[6]

6 **2. Erstreckung auf die Vermögensverwaltung.** Vermögensverwaltende Personengesellschaften können sich gem. § 105 Abs. 2 2. Alt. (auch iVm. § 161 Abs. 2) als oHG (KG) konstituieren und so gem. § 6 Abs. 1 die Kaufmannseigenschaft erwerben. Für vermögensverwaltende **Einzelpersonen** (§ 1 RdNr. 31 ff.) ist eine entsprechende Option in § 2 nicht vorgesehen.[7]

7 Dies widerspricht dem Gebot der – von § 2 u. a. bezweckten (o. RdNr. 1) – **Gleichbehandlung von Einzelunternehmern und Gesellschaften**.[8] Zwar mag für vermögensverwaltende Einzelpersonen das praktische Bedürfnis nach einem Erwerb der Kaufmannseigenschaft seltener

---

[1] BT-Drucks. 13/8444 S. 31, 49; anders der RefE, der eine solche Option noch nicht vorgesehen hatte, ZIP 1996, 1406.
[2] BT-Drucks. 13/8444 S. 31 f., 49.
[3] Vgl. *K. Schmidt* NJW 1998, 2161, 2163; *ders.* JZ 2003, 585, 587.
[4] Für eine Eintragung nach § 2 aF war die Erforderlichkeit einer kaufmännischen Einrichtung nachzuweisen, vgl. Vor § 1 RdNr. 15.
[5] Koller/*Roth*/Morck RdNr. 2.
[6] Heymann/*Emmerich* § 3 aF RdNr. 16; Staub/*Brüggemann* § 3 aF RdNr. 26 ff.; aA Röhricht/Graf von Westphalen/ *Röhricht* § 3 aF RdNr. 22; *von Olshausen* ZHR 141 (1977), 93, 118 ff.
[7] Vgl. *Schön* DB 1998, 1169.
[8] S. auch *von Olshausen* ZHR 141 (1977), 93, 96; wie hier wohl auch: *Dreher*, Der neue Handelsstand (Schrifttum vor § 1), S. 15 ff.

auftreten; der für Gesellschafter insoweit bestehende Hauptanreiz – die Haftungsbeschränkung nach §§ 161 Abs. 1, 171 – fällt für Einzelpersonen weg, da es ein einzelkaufmännisches Unternehmen mbH im deutschen Recht nicht gibt.[9] Dies rechtfertigt es aber nicht, der vermögensverwaltenden Einzelperson den Erwerb der Kaufmannseigenschaft zu verwehren. Denn es ist **nicht** ersichtlich, dass das **Handelsrecht** für vermögensverwaltende Einzelpersonen mit **größeren Lasten und Gefahren** verbunden wäre als für vermögensverwaltende Personengesellschaften. Zudem kann auch die vermögensverwaltende Einzelperson ein berechtigtes Interesse an der Inanspruchnahme handelsrechtlicher Einrichtungen, wie zB der **Firma,** haben.[10] Und man hat in diesem Zusammenhang offenbar den Fall des Absinkens der Gesellschafterzahl – in der vermögensverwaltenden Personenhandelsgesellschaft – auf einen Gesellschafter nicht bedacht. Kaum zumutbar erscheint es, dem verbleibenden Einzelunternehmer[11] die Kaufmannseigenschaft zu nehmen und ihn so etwa zur Aufgabe der bisher geführten Firma zu zwingen. Eine dem Art. 3 Abs. 1 GG entsprechende – erweiternde – Auslegung von § 2 S. 1[12] in Anlehnung an § 105 Abs. 2 2. Alt. führt daher zur **Einbeziehung vermögensverwaltender Einzelpersonen** in den **Normadressatenkreis.**

III. Kannkaufmann (Satz 2)

1. Inhalt der Kaufmanns-Option. Die Normadressaten des § 2 (soeben RdNr. 3 ff.) sind **Kannkaufleute** (Vor § 1 RdNr. 8, 23). Nach § 2 S. 2 sind sie **berechtigt,** aber – anders als der Istkaufmann (§§ 1 Abs. 2; 29) – nicht verpflichtet, die **Handelsregistereintragung herbeizuführen.** 8

2. Vor- und Nachteile der Kaufmannseigenschaft. Da die Eintragung den Erwerb der Kaufmannseigenschaft mit **allen handelsrechtlichen Rechten und Pflichten** bewirkt (nachfolgend RdNr. 34 ff.), muss sich der Kleingewerbetreibende – und nach der hier RdNr. 6 f. vertretenen Auffassung auch der Vermögensverwalter – zunächst über die möglichen Folgen seines „Einstiegs in das Handelsrecht"[13] **Klarheit verschaffen.** Dies gilt sowohl hinsichtlich der unausweichlichen kaufmännischen Grundpflichten (Vor § 1 RdNr. 28 ff.), wie hinsichtlich der sonderprivatrechtlichen Vorschriften des HGB und sonstiger Gesetze (Vor § 1 RdNr. 35 f., 37 ff.). Eine umfassende Nachteils- und Nutzenanalyse kann an dieser Stelle nicht erfolgen. Dennoch sei auf einige **Hauptgesichtspunkte** hingewiesen. 9

Zugunsten der Ausübung der Eintragungsoption nach § 2 S. 2 werden die erweiterten Gestaltungsmöglichkeiten bei der **Außendarstellung des Unternehmens** sprechen, wie sie das seit 1. 7. 1998 liberalisierte **Firmenrecht** eröffnet,[14] ferner ein gewisser **Ansehensgewinn** gegenüber nicht eingetragenen Unternehmen.[15] 10

Häufig wird indessen für Kleingewerbetreibende die Geltung des Handelsrechts in erster Linie eine **Belastung** darstellen.[16] Dies gilt vor allem in Hinblick auf die – strafbewehrten – **Buchführungspflichten** nach §§ 238 ff. (Vor § 1 RdNr. 33, 71 ff.), die darüber hinaus Anknüpfungspunkt der steuerlichen Buchführungspflichten sind (§ 140 AO). Der zugunsten des Kaufmanns eintretenden Registerpublizität nach § 15 Abs. 2 stehen die **weitreichenden Verkehrsschutzvorschriften** in § 15 Abs. 1, 3 gegenüber.[17] Ferner dürften die weitgehend dispositiven Regeln des handelsrechtlichen Schuldrechts in §§ 343 ff. kaum einen Anreiz für den Erwerb der Kaufmannseigenschaft bilden, zumal die dort behandelten Fragen meist in **AGB** zwischen den Parteien 11

---

[9] S. § 1 RdNr. 98; vgl. demgegenüber für Portugal *Driesen* EuZW 1993, 536, 537.
[10] Auf diesen Gesichtspunkt weist die RegBegr. im Hinblick auf die vermögensverwaltenden Personengesellschaften ausdrücklich hin, BT-Drucks. 13/8444 S. 40.
[11] Zum Erlöschen der Gesellschaft mit Anfall des Gesellschaftsvermögens beim verbleibenden Gesellschafter s. BGH Urt. v. 6. 5. 1993 – IX ZR 73/92, NJW 1993, 1917, 1919; BT-Drucks. 13/8444 S. 67; Koller/*Roth*/Morck § 105 RdNr. 14: Umwandlung der Gesellschaft in ein einzelkaufmännisches Unternehmen; krit. *Weimar* ZIP 1997, 1769; umfassend *W. Pfister,* Die Einmann-Personengesellschaft, 1999 (für Fortbestand der OHG in Anlehnung an die Rechtslage bei der EWIV).
[12] Zu beachten sind namentlich die Maßstäbe willkürfreier gesetzgeberischer Differenzierung nach dem Beschl. des BVerfG v. 30. 5. 1990 – 1 BvL 2/83 u. a., BVerfGE 82, 126, 146 = NJW 1990, 2246 (unterschiedliche Kündigungsfristen für Arbeiter und Angestellte; zur Bedeutung der Entscheidung für das Handelsrecht s. *Neuner* ZHR 157 (1993), 243, 286 ff.
[13] Vgl. *Bydlinski* ZIP 1998, 1169, 1173.
[14] Vgl. § 18 idF v. Art. 3 Nr. 11 HRefG v. 22. 6. 1998, BGBl. I S. 1474; BT-Drucks. 13/8444 S. 40 (zur firmenrechtlichen Attraktivität der Personenhandelsgesellschaft).
[15] Vgl. BT-Drucks. 13/8444 S. 31: Nützlichkeit einer Handelsregistereintragung für Spediteure im internationalen Geschäftsverkehr oder zur Eröffnung eines Bankkontos.
[16] Vgl. *Henssler* ZHR 161 (1997), 13, 18 f.
[17] *Henssler* ZHR 161 (1997), 13, 19.

vertraglich geregelt sein werden.[18] Und schließlich ist die Indizwirkung der Handelsregistereintragung für die **Gewerbesteuerpflicht** (§ 2 Abs. 3 GewStG) in Rechnung zu stellen.[19]

12 **3. Rechtsnatur der Registeranmeldung durch den Kannkaufmann. a) Meinungsstand.**
Die Rechtsnatur der Handelsregisteranmeldung des Kannkaufmanns (§ 2 S. 2; auch iVm. § 3 Abs. 2) wird seit jeher unterschiedlich beurteilt. Bis zum HRefG (vor § 1 RdNr. 12 ff.) hatte die Frage nur für **land- oder forstwirtschaftliche Unternehmen** iSd. § 3 Bedeutung; seither stellt sie sich wegen § 2 S. 2 **auch** im Hinblick auf **alle Kleingewerbetreibenden.**

13 Nach hA liegt eine **Verfahrenshandlung** vor, weil sich die **Rechtswirkung** der Anmeldung darin erschöpft, das **Eintragungsverfahren** in Gang zu bringen. Die sachlich angestrebte Rechtsfolge – Erwerb der Kaufmannseigenschaft – tritt nämlich nicht auf Grund der Erklärung des Gewerbetreibenden ein, sondern – anknüpfend an den Staatsakt der Eintragung – kraft Gesetzes.[20] Auch der **Wortlaut** des § 2 S. 1 führt unter den Tatbestandsmerkmalen die **Registeranmeldung** durch den Kannkaufmann **nicht** auf; die Fiktion eines Handelsgewerbes knüpft allein an die Registerlage – Eintragung des Kannkaufmanns – an.

14 Diese im Grundsätzlichen verfahrensrechtliche Einordnung der Anmeldung wird von der hA freilich nicht konsequent durchgehalten. Vielfach wird vertreten, die Anmeldung enthalte auch materiellrechtliche Elemente,[21] teilweise wird sie gar als „Willenserklärung" eingestuft. Die Registeranmeldung besitzt danach Doppelnatur (Verfahrenshandlung und materielle Erklärung).[22] Dies soll aus dem hier erforderlichen Willensentschluss des Gewerbetreibenden zur sachlichen Änderung seiner Rechtsstellung folgen. Manche Vertreter dieser Meinungsrichtung scheinen der Anmeldung sogar ausschließlich rechtsgeschäftlichen Charakter beizulegen.[23]

15 **b) Stellungnahme.** Die Anmeldung iSd. § 2 S. 2 ist **reine Verfahrenshandlung** ohne materielle Elemente.[24] Insbesondere enthält sie keine gegenüber der registerführenden Stelle abzugebende (vgl. § 130 Abs. 3 BGB) „Willenserklärung".[25] Zwar gibt es durchaus amtsempfangsbedürftige Willenserklärungen, die ihre Wirkung nur im Verein mit einem staatlichen Publizitätsakt entfalten. Dies ist etwa für die einseitigen Erklärungen im Grundstücksverkehr kennzeichnend (zB nach §§ 875 Abs. 1, 928 Abs. 1, 1168 Abs. 2, 1180 Abs. 2, 1183 S. 2 BGB).[26] Legt man die für die Abgrenzung von Verfahrenshandlungen und Rechtsgeschäften wohl herrschende **Schwerpunktlehre** zugrunde,[27] so zeigt sich indessen ein wesentlicher Unterschied zu dieser Gruppe von amtsempfangsbedürftigen Willenserklärungen. Denn die Wirkungen der Handelsregisteranmeldung liegen jedenfalls *hauptsächlich* auf verfahrensrechtlichem Gebiet; sie bringt das Eintragungsverfahren in Gang. Materiellrechtliche Folgen im Privatrecht ergeben sich – anders als etwa bei § 875 Abs. 1 BGB – erst mittelbar, nämlich dann, wenn der eingetragene Kaufmann in dieser Eigenschaft weitere Rechtshandlungen vornimmt, die sachlich dem Handelsrecht unterliegen. Zudem prüft das Registergericht mehr als bloß die wirksame Willensbetätigung durch den Kleingewerbetreibenden bzw. den land- oder forstwirtschaftlichen Unternehmer. Objektive Eintragungsvoraussetzung ist gem. § 2 darüber hinaus, dass überhaupt ein Gewerbe (§ 1 RdNr. 20 ff.) bzw. ein Betrieb der Land- oder Forstwirtschaft (§ 3 RdNr. 7 ff.) vorliegt. Dass auch der Anmelder im Falle des § 2 S. 2 letztlich ein sachliches Ergebnis anstrebt – den Erwerb der Kaufmannseigenschaft –, hindert die Einordnung als Verfahrenshandlung nicht. Denn Verfahrenshandlungen (der Beteiligten) sind nie bloß Selbstzweck. Als reine

---

[18] Vgl. nochmals *Henssler* ZHR 161 (1997), 13, 19 (zu §§ 352, 353).
[19] Vgl. *Priester* DNotZ 1998, 691, 694 m. Fn. 28; ferner BFH Urt. v. 19. 3. 1999 – I B 166/98, BFH/NV 1999, 1212 (zu § 8 Abs. 2 KStG iVm. § 238 HGB).
[20] Staub/*Brüggemann* § 3 aF RdNr. 22; Staub/*Hüffer* § 8 RdNr. 40, 43 (ausdr. für den land- oder forstwirtschaftlichen Kannkaufmann; § 3 Abs. 2 aF); Heymann/*Sonnenschein/Weitemeyer* § 12 RdNr. 3; MünchKommHGB/*Bokelmann* § 3 aF RdNr. 9; *von Olshausen* ZHR 141 (1977), 93, 103; *ders.* JZ 1998, 717, 718; Röhricht/Graf von Westphalen/*Röhricht* § 3 aF RdNr. 20; Koller/*Roth*/Morck RdNr. 3; *Canaris* § 3 RdNr. 31; *K. Schmidt* ZHR 163 (1999), 87, 92; BayObLG Beschl. v. 21. 5. 1970 – 2 Z 24/70, Rpfleger 1970, 288; BayObLG Beschl. v. 29. 7. 1992 – 3Z BR 71/92, BayObLGZ 1992, 253 = DB 1992, 1923 = GmbHR 1992, 672 (Unanwendbarkeit der §§ 119 ff., 158 ff. BGB).
[21] *Bokelmann*; *Brüggemann*; *Canaris*; Staub/*Hüffer* § 8 RdNr. 43 (aber wohl nur mit Blick auf die rechtsformbestimmende Funktion der Anmeldung im Gesellschaftsrecht).
[22] *von Olshausen* ZHR 141 (1977), 93, 103 m. Fn. 58; *ders.* JZ 1998, 717, 718; Röhricht/Graf von Westphalen/*Röhricht* § 3 aF RdNr. 20.
[23] So wohl *Lieb* NJW 1999, 35, 36: „Materiell rechtsgestaltende Erklärung, die gegenüber dem Handelsregister abzugeben ist."
[24] Ebenso *K. Schmidt* ZHR 163 (1999), 87, 92; *Treber* AcP 199 (1999), 525, 583.
[25] Staub/*Hüffer* § 8 RdNr. 43; so aber *Lieb* NJW 1999, 35, 36.
[26] Im Regelfall beschränkt sich die Mitwirkung der Behörde bei der amtsempfangsbedürftigen Willenserklärung indessen auf die bloße Entgegennahme der Erklärung, vgl. §§ 81 Abs. 2, 376, 976, 1681 Abs. 2, 1726 Abs. 2, 1750, 1945, 1600 c Abs. 2 BGB; vgl. Palandt/*Heinrichs* § 130 RdNr. 15.
[27] *Rosenberg/Schwab/Gottwald*, Zivilprozessrecht, 16. Aufl. 2004, § 63 I.1; Musielak/*Musielak*, ZPO, 4. Aufl. 2005, Einl. RdNr. 59.

Verfahrenshandlung ist die Anmeldung nach § 2 S. 2 (auch iVm. § 3 Abs. 2) insbesondere **nicht wesensverschieden von einer Anmeldung nach § 1 Abs. 2, § 29**.[28]

IV. Eintragungsverfahren

1. Rechtliche Behandlung der Anmeldung. Das Eintragungsverfahren richtet sich nach den **allgemeinen Grundsätzen** (hierzu § 8 RdNr. 133 ff.). Zur Erreichung angemessener Ergebnisse bei der rechtlichen Behandlung der Anmeldung ist ihre rechtsgeschäftliche oder auch nur rechtsgeschäftsähnliche Einordnung (vgl. o. RdNr. 14) nicht erforderlich. Die Anmeldung muss auch bei rein verfahrensrechtlicher Einordnung selbstverständlich dem Gericht **zugehen**;[29] ein Rückgriff auf den Gedanken des § 130 Abs. 1 S. 1 BGB ist hierfür nicht erforderlich.[30] Grundsätzlich sind auf die Anmeldung die Vorschriften der §§ 104 ff. BGB über die **Geschäftsfähigkeit** anzuwenden.[31] Auf die Wirksamkeit der Anmeldung ist es ohne Einfluss, wenn der Anmelder nach der Abgabe stirbt oder geschäftsunfähig wird.[32]

Unvereinbar mit der Rechtsnatur der Anmeldung als Verfahrenshandlung sind indessen die Vorschriften des BGB über die **Anfechtung der Willenserklärung**;[33] hierfür besteht indessen auch nur begrenzt ein Bedürfnis, da die Anmeldung bis zur Eintragung **frei widerruflich** ist.[34] Als Verfahrenshandlung ist die Anmeldung **bedingungsfeindlich**.[35]

2. Prüfungsumfang. Nach der seit 1. 7. 1998 geltenden Rechtslage[36] hat das Registergericht bei der Anmeldung eines Gewerbebetriebs zum Handelsregister die **Betriebsgröße nicht** mehr zu **prüfen**. Erfordert das Unternehmen einen kaufmännisch eingerichteten Betrieb, so ist auf Grundlage der §§ 1 Abs. 2, 29 einzutragen, anderenfalls auf der Grundlage des § 2.[37] Der anmeldende Gewerbetreibende ist daher entweder geborener Kaufmann nach § 1 Abs. 2 oder gekorener Kaufmann nach § 2 (auch iVm. § 3 Abs. 2).[38] Eine dritte Möglichkeit gibt es nicht.

Bei Anmeldung der Firma eines Einzelkaufmanns (oder einer Personenhandelsgesellschaft) **prüft das Gericht** in materieller Hinsicht nur das **Vorliegen eines Gewerbes** (alternativ hierzu das Vorliegen einer vermögensverwaltenden Tätigkeit iSd. § 105 Abs. 2 2. Alt – vgl. RdNr. 6 f.) und die **Zulässigkeit der Firma** (vgl. § 18 Abs. 2 S. 2), ferner die **Betreibereigenschaft** des Anmeldenden. Das Fehlen der materiellen *Handels*gewerblichkeit (§ 1 Abs. 2) wird durch ein Willenselement – die Anmeldung – ausgeglichen.

V. Löschung

1. Löschung auf Antrag (Satz 3). a) Grundlagen. Kleingewerbetreibende sind „Kannkaufleute mit Rückfahrkarte."[39] Nach § 2 S. 3 können sie beantragen, wieder im Handelsregister gelöscht zu werden. Zur Anmeldepflicht bei Einstellung des Geschäftsbetriebs s. hingegen § 31 Abs. 2.

Wie der Erwerb der Kaufmannseigenschaft soll auch der „Rückzug" aus dem Kaufmannsstatus der **freien Entscheidung** des Kleingewerbetreibenden überlassen bleiben.[40] Dadurch sollen **ungerechtfertigte Nachteile vermieden** werden. Dem Gesetzgeber erschien die Konsequenz unangemessen, dass der Kaufmann sein Gewerbe einstellen müsse, wenn er die Eintragung bereut. Wegen der Publizitätswirkungen des Handelsregisters sind umgekehrt Nachteile für die Rechtssicherheit und Verlässlichkeit im Geschäftsverkehr nicht zu befürchten.[41]

---

[28] *K. Schmidt* ZHR 163 (1999), 87, 91 ff.
[29] Vgl. allg Thomas/Putzo/*Reichold*, ZPO, 27. Aufl. 2005, Einl. III RdNr. 12.
[30] So aber Staub/*Hüffer* § 8 RdNr. 44.
[31] Heymann/*Sonnenschein/Weitemeyer* § 12 RdNr. 3.
[32] Vgl. OLG Dresden Urt. v. 20. 12. 1901, III ZS, OLGRspr. 4, 202, 203; Staub/*Hüffer* § 8 RdNr. 44.
[33] BayObLG Beschl. v. 25. 6. 1992 – 3 Z BR 30/92, GmbHR 1992, 672, 674 = DNotZ 1993, 197; idS bereits Staub/*Hüffer* § 8 RdNr. 44.
[34] Staub/*Hüffer* § 8 RdNr. 49; KG Urt. v. 10. 1. 1924, OLGRspr. 43, 205; BayObLG (Fn. 33); *von Olshausen* ZHR 141 (1977), 93, 105 m. Fn. 64, der freilich auf dem Boden der von ihm (o. Fn. 22) vertretenen materiellen Betrachtungsweise Mühe hat, diese Abweichung von § 130 Abs. 1 S. 2 (iVm. Abs. 3) BGB zu rechtfertigen.
[35] Gegen eine Anwendung der §§ 158 ff. BGB auch BayObLG (Fn. 33), GmbHR 1992, 672, 674; Staub/*Hüffer* § 8 RdNr. 44.
[36] § 2 idF v. Art. 3 Nr. 2 HRefG v. 22. 6. 1998, BGBl. I S. 1474.
[37] *Ammon* DStR 1998, 1474, 1476; Röhricht/Graf von Westphalen/*Röhricht* § 2 aF RdNr. 34.
[38] Vgl. *Schmitt* WiB 1997, 1113, 1117.
[39] So plastisch *K. Schmidt* NJW 1998, 2161, 2162 f.
[40] BT-Drucks. 13/8444 S. 49.
[41] BT-Drucks. 13/8444 S. 32 (Begründung des Regierungsentwurfs) und S. 98 (Stellungnahme der Bundesregierung zu den Bedenken des Bundesrats).

22 Die vom Bundesrat gegen die Möglichkeit der Aufgabe der Kaufmannseigenschaft vorgebrachten Bedenken – vor allem unter dem Gesichtspunkt des Verkehrsschutzes –[42] hat die Bundesregierung mit Recht verworfen.[43] Eintragung und Bekanntmachung der Löschung sorgen für ausreichende Publizität.[44]

23 Die während der Eintragung begründeten **Rechte und Pflichten** unterliegen auch **nach der Löschung** weiterhin dem **Handelsrecht**.[45] Bei fehlender Bekanntmachung der Löschung schützt § 15 Abs. 1 den Rechtsverkehr.[46]

24 b) Fortdauer der Kleingewerblichkeit. Die Löschung des Gewerbetreibenden auf Antrag setzt nach § 2 S. 3 aE voraus, dass sein Gewerbe nicht zwischenzeitlich die Betriebsgrößenschwelle des § 1 Abs. 2 überschritten hat. Mit Recht weist die Gesetzesbegründung darauf hin, dass der Gewerbetreibende, sobald er der Gruppe der Istkaufleute angehört, der Anmeldeverpflichtung nach § 29 unterliegt.[47] Eine Löschungsoption wäre damit unvereinbar, da das Registergericht sogleich einen neuen Eintragungsantrag erzwingen müsste (§§ 29, 14).

25 2. Amtslöschung. a) Ursprüngliche Unrichtigkeit des Handelsregisters. Nach § 142 Abs. 1 FGG hat das Registergericht **ursprünglich unzulässige Eintragungen** von Amts wegen zu löschen. Bedeutung hat dies im vorliegenden Zusammenhang für Fälle, in denen es von vornherein am gewerblichen Charakter des Unternehmens fehlte, oder der Anmelder nicht „Betreiber" dieses Unternehmens war (vgl. zu diesen beiden Merkmalen RdNr. 19 und eingehend § 1 RdNr. 9ff., 58ff.).

26 b) Nachträgliche Unrichtigkeit des Handelsregisters. aa) Grundlagen. Darüber hinaus ist anerkannt, dass das Registergericht auch das **unrichtig gewordene Handelsregister** zu berichtigen hat, um die „Funktionsfähigkeit des Registers als Vertrauensgrundlage" zu erhalten.[48]

27 bb) Wegfall der Gewerblichkeit. Bedeutung hat dies für den nachträglichen Wegfall der Gewerblichkeit des Unternehmens. Grundlage der Amtslöschung ist dann § 31 Abs. 2 S. 2.[49]

28 cc) Rechtsnachfolge. Problematisch ist die Rechtslage, wenn der bisherige Inhaber den Betrieb aufgibt und dieser von einem Rechtsnachfolger, der den Betrieb zB durch Veräußerung oder im Wege der Erbfolge erworben hat, weitergeführt wird. Dann stellt sich die Frage, ob dieser durch den Erwerb des Gewerbebetriebes automatisch Kaufmann geworden ist. Die Antwort ergibt sich aus dem Wortlaut des § 2 S. 1, der von der Eintragung der Firma des Unternehmens spricht. Daraus folgt, dass der Rechtsnachfolger ohne weiteres Kaufmann wird, wenn er die Firma beibehält.[50] Wird dagegen die Firma nicht fortgeführt, erwirbt der Rechtsnachfolger erst mit der Eintragung der neuen Firma die Kaufmannseigenschaft.[51]

29 dd) Aufstieg zum Handelsgewerbe. Aus § 2 S. 3 folgt im Gegenschluss, dass beim Aufstieg des kleingewerblichen Betriebs zum materiellen Handelsgewerbe iSd. § 1 Abs. 2 eine Tätigkeit des Registergerichts nicht erforderlich wird. Keinesfalls ist die auf der Grundlage einer Anmeldung nach § 2 S. 2 erfolgte Eintragung nunmehr von Amts wegen zu löschen und auf eine erneute Anmeldung nach §§ 1 Abs. 2; 29 hinzuwirken.[52] Dies folgt aus der Wesensgleichheit aller Anmeldungen, gleichviel, ob diese auf § 1, § 2 oder § 3 beruhen (o. RdNr. 15 aE).

30 ee) Herabsinken zum Kleingewerbe. Umstritten sind die umgekehrten Fälle, in denen ein ursprünglich als Handelsgewerbe betriebenes und im Handelsregister eingetragenes Unternehmen unter die Betriebsgrößenschwelle des § 1 Abs. 2 herabsinkt. Einer Auffassung zufolge soll die Firma des – nunmehrigen – Kleingewerbetreibenden von Amts wegen zu löschen sein, da es an einem Antrag nach § 2 S. 2 fehle.[53] Eine Amtslöschung könne nur dann unterbleiben, wenn man das

---

[42] BT-Drucks. 13/8444 S. 91.
[43] BT-Drucks. 13/8444 S. 98.
[44] *Bydlinski* ZIP 1998, 1169, 1173; zust. auch *Ammon* DStR 1998, 1474, 1475.
[45] *Ammon* DStR 1998, 1474, 1475.
[46] Koller/*Roth*/Morck RdNr. 5.
[47] Vgl. BT-Drucks. 13/8444 S. 32.
[48] *Lutter* NJW 1969, 1873, 1876; MünchKommHGB/*Krafka* § 8 RdNr. 15; vgl. auch RG Beschl. v. 16. 5. 1942 – II B 1/42, RGZ 169, 147, 152 (nachträgliche Unzulässigkeit der Firma); BayObLG Beschl. v. 13. 11. 1984 – BReg. 3 Z 60 u. 119/83, NJW 1985, 982; ferner Röhricht/Graf von Westphalen/*Röhricht* § 2 aF RdNr. 23.
[49] Vgl. MünchKommHGB/*Krafka* § 31 RdNr. 10.
[50] BGH Urt. v. 13. 7. 1972 – II ZR 111/70, BGHZ 59, 179, 183 = NJW 1972, 1660, 1661; BGH Urt. v. 11. 12. 1978 – II ZR 235/77, BGHZ 73, 217, 220 = NJW 1979, 1361; *Canaris* § 3 RdNr. 25.
[51] Staub/*Brüggemann* § 2 aF RdNr. 16; *Canaris* § 3 RdNr. 25; Röhricht/Graf von Westphalen/*Röhricht* § 2 aF RdNr. 17.
[52] *K. Schmidt* ZHR 163 (1999), 87, 94; Röhricht/Graf von Westphalen/*Röhricht* § 2 aF RdNr. 24.
[53] *Lieb* NJW 1999, 35, 36; BT-Drucks. 13/8444 S. 49; wohl auch S. 63 f. (zu den Personenhandelsgesellschaften).

Unterlassen eines Löschungsantrags als stillschweigenden Eintragungsantrag iSd. § 2 S. 2 werten könne,[54] oder neben dem ursprünglich nach §§ 1 Abs. 2; 29 gestellten Eintragungsantrag zugleich eine Erklärung nach § 2 S. 2 abgegeben wurde.[55] Dies soll aus der **Wesensverschiedenheit** von **Optionsausübung** nach § 2 (auch iVm. § 3 Abs. 2) und **Pflichtanmeldung** nach §§ 1 Abs. 2; 29 folgen. Letztere beinhalte regelmäßig keine freiwillige Entscheidung für den Erwerb der Kaufmannseigenschaft.[56]

Demgegenüber stellt eine andere Auffassung auf die **Wesensgleichheit aller Handelsregisteranmeldungen und -eintragungen** ab, gleichviel, ob diese auf der Grundlage von § 1, § 2 oder § 3 erfolgen (o. RdNr. 15 aE). Es liege immer eine **reine Verfahrenshandlung** vor.[57] Daraus wird hergeleitet, dass die **Anmeldung eines Handelsgewerbes** nach §§ 1 Abs. 2, 29 den **Verbleib** des zwischenzeitlich zum **Kleingewerbe** herabgesunkenen Unternehmens im Handelsregister **rechtfertige**. Die Registereintragung werde durch den Verlust der Handelsgewerblichkeit nicht unzulässig; eine Amtslöschung sei nicht veranlasst.[58] 31

Der zuletzt wiedergegebenen dogmatischen Einordnung ist zuzustimmen (vgl. schon o. RdNr. 15). Sie überzeugt auch in den Rechtsfolgen. Der **Fortbestand der Registerlage** ist gleichermaßen beim **Wechsel in das Handelsgewerbe** (o. RdNr. 29) wie beim hier behandelten **Wechsel in das Kleingewerbe** gewährleistet.[59] Dies trägt zur Justizentlastung und zum Verkehrsschutz bei (vgl. RdNr. 1). Der Eingetragene ist nach wie vor Kaufmann nach § 1 Abs. 1, nun allerdings auf Grund der Handelsgewerbe-Fiktion des § 2 S. 1. Die Gegenauffassung[60] will den – nunmehrigen – Kleingewerbetreibenden vor den Lasten des Handelsrechts schützen. Wegen der Möglichkeit einer Löschung auf Antrag nach § 2 S. 3 bedarf der Kleingewerbetreibende dieses Schutzes indessen nicht.[61] Vgl. auch § 5 RdNr. 12 ff. 32

ff) Widerspruch. Die **Amtslöschung** der Firma des – nunmehrigen – Kleingewerbetreibenden **unterbleibt** unabhängig von dem soeben RdNr. 30 ff. behandelten Meinungsstreit, wenn der Gewerbetreibende der Löschung **widerspricht**.[62] Denn der Widerspruch ist einem **Antrag auf Eintragung** nach § 2 S. 2 **gleichzuachten**.[63] 33

VI. Rechtsstellung der im Handelsregister eingetragenen Kleingewerbetreibenden

Die **Eintragung** in das Handelsregister fingiert gem. § 2 S. 1 das **Handelsgewerbe** und begründet damit über § 1 Abs. 1 die **Kaufmannseigenschaft** des Kleingewerbetreibenden (zum systematischen Verhältnis von § 1 Abs. 1 und § 2 s. § 1 RdNr. 2). Die Eintragung wirkt „konstitutiv", weil sie – über § 1 Abs. 1 – die Kaufmannseigenschaft herbeiführt.[64] Die solchermaßen erworbene Kaufmannseigenschaft besteht **ohne sachliche Einschränkungen** (Vor § 1 RdNr. 23). Dies unterscheidet den kleingewerblichen (und land- oder forstwirtschaftlichen, § 3 Abs. 2) Kaufmann des § 2 vom „Minderkaufmann" nach § 4 aF (zu dieser Figur Vor § 1 RdNr. 14, 20). 34

Eintragung und Löschung haben **keine Rückwirkung**.[65] In den Zeiträumen vor der Eintragung und nach der Löschung folgt die Kaufmannseigenschaft daher nicht aus § 2 S. 1. In Betracht kommt eine Behandlung als Kaufmann nach § 5 (in engen Grenzen, s. § 5 RdNr. 16), nach den Grundsätzen der Lehre vom Scheinkaufmann (§ 5 RdNr. 49 ff.), sowie nach der Löschung in den Grenzen des § 15 Abs. 2 S. 2 (s. dort RdNr. 19 ff.). Wenn und soweit die im Zeitraum der Handelsregistereintragung begründeten Rechte und Pflichten dem Handelsrecht unterliegen, so bewendet es dabei auch nach der Löschung.[66] 35

Das **Verbraucherinsolvenzverfahren** mit Restschuldbefreiung steht eingetragenen wie nichteingetragenen Kleingewerbetreibenden gleichermaßen offen (§ 304 Abs. 1 Satz 2 InsO). 36

---

[54] Vgl. *Schmitt* WiB 1997, 1113, 1117.
[55] So *Lieb* NJW 1999, 35, 36 m. Fn. 13.
[56] IdS namentlich *Lieb* (Fn. 55).
[57] *K. Schmidt* ZHR 163 (1999), 87, 92.
[58] *K. Schmidt* ZHR 163 (1999), 87, 91 ff., 94 f.; *ders.* NJW 1998, 2161, 2163 m. Fn. 31; zust. *Ammon* DStR 1998, 1474, 1476.
[59] *K. Schmidt* ZHR 163 (1999), 87, 94 f.; *Hohmeister* NJW 2000, 1921, 1922.
[60] *Lieb* NJW 1999, 35, 36.
[61] *K. Schmidt* NJW 1998, 2161, 2163 m. Fn. 31; *Ammon* DStR 1998, 1474, 1476.
[62] BT-Drucks. 13/8444 S. 49; *Schmitt* WiB 1997, 1113, 1117.
[63] *Ammon* DStR 1998, 1474, 1476.
[64] BT-Drucks. 13/8444 S. 32, 33, 49.
[65] *Ammon* DStR 1998, 1474, 1475.
[66] *Ammon* DStR 1998, 1474, 1475; *Röhricht/Graf von Westphalen/Röhricht* § 2 aF RdNr. 33.

VII. Rechtsstellung der nicht im Handelsregister eingetragenen Kleingewerbetreibenden

37 **1. Fehlende Kaufmannseigenschaft.** Die nicht eingetragenen Kleingewerbetreibenden sind **grundsätzlich Nichtkaufleute**.[67] Mangels *Handels*gewerblichkeit folgt die Kaufmannseigenschaft nicht schon aus dem Gesetz (§ 1 Abs. 2), mangels Eintragung folgt sie auch nicht aus einem staatlichen Hoheitsakt (arg. § 2 S. 1). In Betracht kommt freilich wiederum eine Behandlung als Kaufmann nach § 5 (in engen Grenzen, s. § 5 RdNr. 16), nach den Grundsätzen der Lehre vom Scheinkaufmann (§ 5 RdNr. 49 ff.), sowie nach der Löschung in den Grenzen des § 15 Abs. 2 S. 2 (dort RdNr. 19 ff.). Zum Verbraucherinsolvenzverfahren soeben RdNr. 36; zur analogen Anwendung von Handelsrecht Vor § 1 RdNr. 36.

38 **2. Ausnahmsweise Geltung von Handelsrecht kraft ausdrücklicher gesetzlicher Anordnung. a) Grundlagen.** Ausnahmsweise unterliegen auch nicht eingetragene Kleingewerbetreibende dem Handelsrecht (vgl. schon Vor § 1 RdNr. 9). Die für diesen Personenkreis durch das HRefG (Vor § 1 RdNr. 12 ff.) geschaffenen Sondervorschriften sollen den Wegfall des „Minderkaufmanns" (§ 4 aF; Vor § 1 RdNr. 14, 20, 23) ausgleichen.[68] Bedeutung hat dies vor allem für kleingewerbliche Handelsvertreter, Handelsmakler, Kommissionäre, Frachtführer, Spediteure und Lagerhalter. Diese Personengruppen besaßen bis zum HRefG ohne Rücksicht auf die Betriebsgröße die Kaufmannseigenschaft kraft (Grund-)Handelsgewerbes (§ 1 Abs. 2 Nr. 5 bis 7 aF); seit 1. 7. 1998 hängt die Kaufmannseigenschaft von Kleingewerbetreibenden in diesen Wirtschaftszweigen von einer Handelsregistereintragung ab (§ 2 S. 1). Die Erstreckung von Handelsrecht auf – mangels Eintragung – *nicht*kaufmännische Kleingewerbetreibende folgt unterschiedlichen Regelungszielen:

39 **b) Schutzvorschriften für kleingewerbliche Handelsvertreter.** Nach § 84 Abs. 4 finden die **§§ 84 bis 92 c** auch auf kleingewerbliche Handelsvertreter (vgl. § 1 Abs. 2) Anwendung. Die **übrigen Bestimmungen des HGB** erfassen nur solche kleingewerblichen Handelsvertreter, die kraft **Handelsregistereintragung** (§ 2 S. 1) die Kaufmannseigenschaft erworben haben.[69] Mit der Regelung des § 84 Abs. 4 trägt der Gesetzgeber der **besonderen Schutzbedürftigkeit** kleingewerblicher Handelsvertreter und den **EG-rechtlichen Vorgaben** (Vor § 84 RdNr. 1 ff.) Rechnung.[70]

40 Zwar bestimmt das HGB an keiner Stelle, dass nur ein Kaufmann dem Handelsvertreterrecht unterliegen kann. Dies erklärt sich daraus, dass bis zur HGB-Reform umgekehrt eine Tätigkeit als Handelsvertreter die Kaufmannseigenschaft gerade begründete (§ 1 Abs. 2 Nr. 7 aF). Nach der seit 1. 7. 1998 bestehenden Rechtslage verbleiben indessen Zweifel im Hinblick auf nichtkaufmännische – dh nicht eingetragene (vgl. § 2 S. 1) – Kleingewerbetreibende, da der Kaufmannsbegriff grundsätzlich den Anwendungsbereich des HGB und des außerhalb davon bestehenden Handelsrechts vorgibt. Die Maßgeblichkeit der §§ 84 ff. für diesen Personenkreis soll § 84 Abs. 4 daher klarstellen.[71]

41 **c) Schutz des Geschäftsverkehrs und der Rechtssicherheit.** Im Interesse des Geschäftsverkehrs und der Rechtssicherheit[72] bestimmt § 383 Abs. 2 S. 1 die Anwendbarkeit der §§ 383 bis 406 auch auf den **kleingewerblichen Kommissionär**, sofern dieser nicht nach § 2 in das Handelsregister eingetragen ist und damit die Kaufmannseigenschaft besitzt (§ 1 Abs. 1). Ähnliche Erstreckungsvorschriften finden sich für **kleingewerbliche Frachtführer, Spediteure und Lagerhalter** (§§ 407 Abs. 2 S. 2, 453 Abs. 3 S. 2, 467 Abs. 3 S. 2), jeweils mit Blick auf die hierfür maßgeblichen Abschnitte.[73]

42 Ferner unterliegt der soeben RdNr. 41 umrissene Personenkreis den Allgemeinen Vorschriften über Handelsgeschäfte (§§ 343 bis 372), mit Ausnahme der §§ 348 bis 350 (§§ 383 Abs. 2 S. 2, 407 Abs. 3 S. 2, 453 Abs. 3 S. 2, 467 Abs. 3 S. 2). Diese Konzeption führt freilich gerade unter dem Gesichtspunkt des Verkehrsschutzes zu Wertungswidersprüchen, etwa beim Vergleich der Rechtsstellung von Kleinkommissionären und kleingewerblichen Eigenhändlern.[74]

---

[67] Vgl. *Bydlinski* ZIP 1998, 1169, 1173: „Alles-oder-Nichts-Prinzip"; *Bülow/Artz* JuS 1998, 680, 681; *K. Schmidt* NJW 1998, 2161, 2163; *Ammon* DStR 1998, 1474, 1475.
[68] Vgl. BT-Drucks. 13/8444 S. 29; näher *K. Schmidt* NJW 1998, 2161, 2163 f.; *Bydlinski* ZIP 1998, 1169, 1174.
[69] *Bülow* RdNr. 554.
[70] BT-Drucks. 13/8444 S. 29, 62; *K. Schmidt* NJW 1998, 2161, 2163.
[71] BT-Drucks. 13/8444 S. 62.
[72] Vgl. BT-Drucks. 13/8444 S. 29.
[73] §§ 407 ff. (Frachtgeschäft); §§ 453 ff. (Speditionsgeschäft); §§ 467 ff. (Lagergeschäft).
[74] Näher *K. Schmidt* NJW 1998, 2161, 2163 f. (am Beispiel des § 366); krit. auch *Bydlinski* ZIP 1998, 1169, 1174.

d) Handelsmakler. Allein unter dem Gesichtspunkt der Regelungskontinuität ist die Behandlung 43
der **kleingewerblichen Handelsmakler** zu sehen. Dieser Personenkreis unterliegt nach § 93 Abs. 3
den §§ 93 bis 104. Damit wollte der Gesetzgeber lediglich die bisherige Rechtslage fortschreiben,
wonach Makler ohne Rücksicht auf die Größe ihres Betriebes Kaufleute waren (vgl. § 1 Abs. 2 Nr. 7
aF).[75]

§ 3 [Land- und Forstwirtschaft; Kannkaufmann]

(1) Auf den Betrieb der Land- und Forstwirtschaft finden die Vorschriften des § 1 keine Anwendung.

(2) Für ein land- oder forstwirtschaftliches Unternehmen, das nach Art und Umfang einen in kaufmännischer Weise eingerichteten Geschäftsbetrieb erfordert, gilt § 2 mit der Maßgabe, daß nach Eintragung in das Handelsregister eine Löschung der Firma nur nach den allgemeinen Vorschriften stattfindet, welche für die Löschung kaufmännischer Firmen gelten.

(3) Ist mit dem Betrieb der Land- oder Forstwirtschaft ein Unternehmen verbunden, das nur ein Nebengewerbe des land- oder forstwirtschaftlichen Unternehmens darstellt, so finden auf das im Nebengewerbe betriebene Unternehmen die Vorschriften der Absätze 1 und 2 entsprechende Anwendung.

Schrifttum: *Paul Hofmann,* Die Kaufmannseigenschaft von Land- und Forstwirten NJW 1976, 1297; *ders.,* Die Reformbedürftigkeit des neuen § 3 HGB, NJW 1976, 1830; *v. Olshausen,* Die Kaufmannseigenschaft der Land- und Forstwirte, ZHR 141 (1977), 93; *ders.,* Fragwürdige Redeweisen im Handelsrechtsreformgesetz, JZ 1998, 717; *ders.,* Aufstieg und Ausstieg eines eingetragenen Kleinbauern, die Beweislastregel des § 1 Abs. 2 HGB und die Übergangsvorschrift Art. 38 Abs. 1 EGHGB; *Raisch,* Vereinigungen zum Betrieb landwirtschaftlicher Unternehmen auch in der Rechtsform der Offenen Handelsgesellschaft oder der Kommanditgesellschaft, BB 1969, 1361; *ders.,* Bedeutung und Wandlung des Kaufmannsbegriffs in der neueren Gesetzgebung, FS Ballerstedt, 1975, S. 443.

Übersicht

	RdNr.		RdNr.
I. Normzweck	1	c) Eintragungsoption für kleingewerbliche Nebenbetriebe	25
II. Entstehungsgeschichte	2–6	V. Kannkaufmann (Abs. 2)	26–37
III. Land- und Forstwirtschaft	7–15	1. Land- oder forstwirtschaftliche Großbetriebe	27–32
1. Landwirtschaft	7–14	a) Normadressaten	27
a) Begriffsbestimmung	7	b) Eintragungsoption	28, 29
b) Bodennutzung	8–11	c) Löschung	30, 31
c) Gewinnung organischer Rohstoffe	12, 13	d) Rechtslage bei Ausübung der Eintragungsoption	32
d) Weiterverarbeitung und Weiterverkauf	14	2. Land- oder forstwirtschaftliche Kleinbetriebe	33–37
2. Forstwirtschaft	15	a) Eintragungsoption	33–36
IV. Nebengewerbliche Unternehmen (Abs. 3)	16–25	b) Löschung	37
1. Normzweck des Abs. 3	16	VI. Die Rechtsstellung der im Handelsregister eingetragenen Land- oder Forstwirte	38
2. Begriff des Nebenbetriebes	17–21		
a) Allgemeines	17		
b) Abhängigkeit vom Hauptbetrieb	18–20		
c) Organisatorische Selbstständigkeit	21		
3. Identität des Inhabers	22	VII. Die Rechtsstellung der nicht im Handelsregister eingetragenen Land- oder Forstwirte	39
4. Rechtliche Behandlung	23–25		
a) Kein Handelsgewerbe iSd. § 1 Abs. 2	23		
b) Eintragungsoption für großgewerbliche Nebenbetriebe	24		

I. Normzweck

Die Vorschrift schließt in Abs. 1 land- oder forstwirtschaftliche Gewerbebetriebe vom Kreis der 1
Istkaufleute (§ 1) aus. Sie **privilegiert** damit diesen Gewerbezweig; Angehörige der **Land- oder Forstwirtschaft** erwerben die **Kaufmannseigenschaft** nie nur kraft gesetzlicher Anordnung, sondern nach Abs. 2 stets iVm. einem hierauf gerichteten **Willensentschluss.** Sie sind **Kannkaufleute.** Unbenommen ist dem Land- oder Forstwirt selbstverständlich, sein Unternehmen in der Form einer

---

[75] BT-Drucks. 13/8444 S. 29, 63.

Kapitalgesellschaft oder Genossenschaft zu organisieren. Dann kommt diesem Verband die **Kaufmannseigenschaft** kraft Rechtsform zu (näher § 6 m. Erl.). Zum Normzweck des Abs. 3 s. RdNr. 16.

II. Entstehungsgeschichte

2   In Abkehr von der Rechtslage unter dem ADHGB – dort gab es keine Sondervorschriften für Land- oder Forstwirte[1] – entschloss sich der **HGB-Gesetzgeber von 1897** zum **vollständigen Ausschluss** dieser Gewerbezweige vom Begriff des Handelsgewerbes und damit **von der Kaufmannseigenschaft**. § 3 Abs. 1 bestimmte in seiner ursprünglichen Fassung, dass die §§ 1 und 2 auf den Betrieb der Land- oder Forstwirtschaft keine Anwendung finden.[2] Die rechtspolitische Rechtfertigung für den Ausschluss der Land- und Forstwirte vom Handelsrecht ergab sich für die Urheber des HGB aus der Natur der Sache. Sie gingen von der grundsätzlichen **Wesensverschiedenheit** von **kaufmännischer** und **land- bzw. forstwirtschaftlicher Tätigkeit** aus.[3] Allerdings konnte der Land- oder Forstwirt für seinen **branchenfremden Nebenbetrieb** unter den Voraussetzungen des § 2 – Erforderlichkeit eines in kaufmännischer Weise eingerichteten Geschäftsbetriebs – die Kaufmannseigenschaft erwerben (§ 3 Abs. 2 in der ursprünglichen Fassung).[4]

3   Indem § 3 Abs. 1 idF v. 1897 die §§ 1 und 2 für unanwendbar erklärte, gab er zugleich zu verstehen, dass der Gesetzgeber die Land- und Forstwirtschaft als **Gewerbe** betrachtete. Anderenfalls wäre es überflüssig gewesen, durch § 3 Abs. 1 die Anwendung der §§ 1 und 2 auf die Land- und Forstwirtschaft explizit auszuschließen. Wenn man die Land- und Forstwirtschaft von vornherein nicht als Gewerbe betrachtet hätte, so hätte sich die Unanwendbarkeit der §§ 1 und 2 schon aus dem Fehlen des dort tatbestandlich vorausgesetzten „Gewerbebetriebs" (§ 1 Abs. 2 aF) bzw. „gewerblichen Unternehmens" (§ 2 aF) ergeben.[5] Dass die Land- und Forstwirtschaft ein **Gewerbe** ist, entspricht noch heute der hM.[6]

4   Der **Ausschluss** vom Begriff des *Handels*gewerbes bedeutete auch den Ausschluss von den Personenhandelsgesellschaften und damit **vom Haftungsprivileg des Kommanditisten** (§§ 161 Abs. 1, 171).[7] Dieser – von den beteiligten Kreisen als solcher empfundene – **Missstand** wurde durch die Neufassung des § 3 durch das Gesetz über die Kaufmannseigenschaft von Land- und Forstwirten v. 13. 5. 1976 beendet.[8] Dieses Gesetz erstreckte die bisher nur für *nicht*land- oder forstwirtschaftliche Nebengewerbe zu einem land- oder forstwirtschaftlichen Betrieb bestehende Option für die Kaufmannseigenschaft (RdNr. 1) auf das land- oder forstwirtschaftliche Unternehmen selbst.[9] Der **Inhaber** eines land- oder forstwirtschaftlichen **Großbetriebs** war fortan **Kannkaufmann** (Vor § 1 RdNr. 16).

5   Der solchermaßen neu gefasste § 3 gab freilich seinerseits in mehrfacher Hinsicht Anlass zur Kritik. Übereinstimmend wurde u. a.[10] gerügt, § 3 Abs. 1 (und Abs. 3 für das Nebengewerbe) hätte den § 1 nicht in Bausch und Bogen, sondern nur den in Abs. 2 der Vorschrift enthaltenen Katalog der „Grundhandelsgewerbe"[11] für unanwendbar erklären dürfen.[12] Denn § 3 Abs. 2 S. 1 aF öffnete

---

[1] *Raisch,* Geschichtliche Voraussetzungen, dogmatische Grundlagen und Sinnwandlung des Handelsrechts, 1965, S. 220 f.
[2] Wortlaut bei *v. Olshausen* JZ 1998, 717 zu Fn. 6.
[3] Vgl. die Denkschrift zum HGB, Amtl. Ausgabe, 1896, S. 17: „Dass der eigentliche Landwirtschaftsbetrieb unter keinen Umständen dem Handelsrecht zu unterstellen ist, ergibt sich aus der Natur der Sache. Selbst der Großbetrieb vollzieht sich hier in Formen und unter Bedingungen, welche von denjenigen des kaufmännischen Verkehrs so wesentlich abweichen, dass die Grenze zwischen beiden Berufszweigen auch in rechtlicher Beziehung festgehalten werden muss."; hierzu MünchKommHGB/*Bokelmann,* 1. Aufl. 1996, § 3 aF RdNr. 2; krit. aus damaliger Sicht *Schirrmeister* ZHR 48 (1899), 418, 430 f.
[4] Wortlaut bei *v. Olshausen* JZ 1998, 717 Fn. 7; s. zum alten Rechtszustand auch Staub/*Brüggemann* § 3 aF RdNr. 1; *v. Olshausen* ZHR 141 (1977), 93 f.; eingehend *Raisch* (Fn. 1) S. 220 f.
[5] *v. Olshausen* JZ 1998, 717, 718; eingehend *ders.* ZHR 141 (1977), 93, 97 ff.
[6] BGH Urt. v. 7. 7. 1960 – VIII ZR 215/59, BGHZ 33, 321, 325 = LM BGB § 196 Nr. 4 = NJW 1961, 1204; *K. Schmidt* NJW 1998, 2161, 2163; *Canaris* § 3 I 3 d; umfangreiche Nachw. bei *v. Olshausen* JZ 1998, 717, 718 Fn. 9; ferner *Dreher,* Der neue Handelsstand (Schrifttum vor § 1), S. 15.
[7] Die Prüfung, ob ein Handelsgewerbe vorliegt, geht der Annahme einer Personenhandelsgesellschaft tatbestandlich voraus, Vor § 1 RdNr. 4.
[8] BGBl. I S. 1197; hierzu *Hofmann* NJW 1976, 1297; *ders.* NJW 1976, 1830; *v. Olshausen* ZHR 141 (1977), 93; ferner auch schon *Raisch* BB 1969, 1361; *ders.,* FS Ballerstedt, 1975, S. 443, 451 ff.; vgl. hierzu noch die Kommentierungen zu § 3 in der v. 1. 7. 1976 bis 30. 6. 1998 geltenden Fassung.
[9] *v. Olshausen* ZHR 141 (1977), 93, 95.
[10] Vgl. für einen Gesamtüberblick zu den (heute nur noch teilw. bedeutsamen) Kritikpunkten *v. Olshausen* JZ 1998, 717, 718.
[11] Vgl. hierzu Vor § 1 RdNr. 14, 18.
[12] *Hofmann* NJW 1976, 1830; *Canaris,* 22. Aufl. § 3 I 3 b; Staub/*Brüggemann* § 3 aF RdNr. 13; *v. Olshausen* ZHR 141 (1977), 93, 101.

mit seiner Verweisung auf § 2 S. 1 aF nur den Weg zum Handelsgewerbe. Dass der Betreiber eines Handelsgewerbes aber Kaufmann ist, folgt erst aus § 1 Abs. 1 (zum systematischen Zusammenhang der §§ 1 bis 3, 5 vgl. § 1 RdNr. 2 ff.). Da es dem Gesetzgeber aber gerade um die Begründung der Kaufmannseigenschaft von Land- oder Forstwirten ging, konnte ein Anwendungsausschluss auch des § 1 *Abs. 1* nicht beabsichtigt sein.

Leider hat man dieses Redaktionsversehen bei der Neufassung des § 3 durch das HRefG (vor § 1 RdNr. 25) nicht berichtigt. Man beschränkte sich auf Randkorrekturen in § 3 Abs. 2, der nunmehr generell für die Kaufmanns-Option auf § 2 verweist, wenn auch mit gewissen Modifikationen. Beabsichtigt war, dass sich hierdurch an dem seit 1. 7. 1976[13] bestehenden Rechtszustand nichts ändern sollte.[14] Dies ist dem Gesetzgeber nicht uneingeschränkt gelungen (vgl. RdNr. 33 ff. zur Eintragungsoption für kleingewerbliche Land- und Forstwirte).

III. Land- und Forstwirtschaft

1. Landwirtschaft. a) Begriffsbestimmung. Unter **Landwirtschaft** versteht man die **Gewinnung pflanzlicher oder tierischer Rohstoffe durch Bodennutzung,** einschließlich der **Weiterverarbeitung** und des **Weiterverkaufs**.[15] Dieser Begriffsbestimmung unterfällt etwa der Anbau von Gemüse, Obst, Hopfen, Wein,[16] Tabak, Weizen, Roggen, Hafer, Kartoffeln und Rüben, insgesamt der Acker-, Weide- und Wiesenbau.[17] Auch die **Vieh- und Pferdezucht** ist als Landwirtschaft einzuordnen, wenn das Futter der Tiere ganz überwiegend aus **Eigenerzeugnissen** besteht, was etwa der Fall ist, wenn eigene oder gepachtete Wiesen als Weideland verwendet werden.[18] In **Zweifelsfällen** können sich Anhaltspunkte für den Begriff der Landwirtschaft nach dem HGB aus der für die **Landpacht** maßgeblichen Begriffsbestimmung der Landwirtschaft in § 585 Abs. 1 S. 2 BGB[19] ergeben.[20] Eine wertende Betrachtung neuerer Erzeugungsformen hat ferner zu berücksichtigen, ob diese gerade dem für die klassische Landwirtschaft kennzeichnenden **„Betriebsrisiko eigener Art"** ausgesetzt sind, wie es sich durch die besondere Exponiertheit gegenüber den Naturkräften (Witterungsbedingungen, Schädlingsbefall usw.) ergibt.[21]

b) Bodennutzung. Eine Reihe von Tätigkeiten sind deshalb nicht der Landwirtschaft zuzuordnen, weil das Merkmal der Bodennutzung zu schwach ausgeprägt ist.[22] **Keine Landwirtschaft** betreiben deshalb etwa solche **Mast- und Zuchtbetriebe, ferner Geflügelfarmen** (Eierproduktion) und Betriebe der **Milchwirtschaft**, die – anders als der herkömmliche bäuerliche Betrieb – überwiegend mit fremdem, **zugekauftem Futter** arbeiten. Unschädlich ist der Futtermittelzukauf nur dann, wenn er sich im üblichen Rahmen hält.[23] **Ausgeschlossen** von der Landwirtschaft sind – mangels Bodennutzung – ferner die **Kleintierzucht** und alle Formen der **Fischwirtschaft** einschließlich der Fischzucht.[24] Hingegen gehört die **Imkerei** zur Landwirtschaft, ferner die *Haltung von Kleinvieh auf eigenem Boden*.[25]

Mangels Bodennutzung von der Landwirtschaft **ausgeschlossen** ist ein **Molkereibetrieb**, wenn er ausschließlich von Dritten angekaufte Produkte verarbeitet.[26]

Der **erwerbsgärtnerische Anbau von Pflanzen** ist auch dann Landwirtschaft, wenn er überwiegend in Gewächshäusern und in Behältern betrieben wird.[27] Dies folgt aus dem erweiterten Begriff der Landwirtschaft in § 585 Abs. 1 S. 2 BGB idF v. 1985 und dem landwirtschaftstypischen Betriebsrisiko der Pflanzenaufzucht unter Glas (vgl. RdNr. 7).[28]

---

[13] Vgl. nochmals das Gesetz über die Kaufmannseigenschaft von Land- und Forstwirten v. 13. 5. 1976 (Fn. 8).
[14] BT-Drucks. 13/8444 S. 34, 49; *v. Olshausen* JZ 1998, 717 und 719 bei Fn. 21.
[15] Staub/*Brüggemann* § 3 aF RdNr. 4; Heymann/*Emmerich* § 3 aF RdNr. 3; MünchKommHGB/*K. Schmidt* § 3 RdNr. 9; Röhricht/Graf von Westphalen/*Röhricht* § 3 aF RdNr. 3; Koller/*Roth*/Morck RdNr. 2.
[16] RG Urt. v. 12. 11. 1930 – I 208/30, RGZ 130, 233, 234.
[17] MünchKommHGB/*K. Schmidt* § 3 RdNr. 14.
[18] Staub/*Brüggemann* § 3 aF RdNr. 4; Heymann/*Emmerich* § 3 aF RdNr. 3.
[19] IdF d. Gesetzes zur Neuordnung des landwirtschaftlichen Pachtrechts v. 8. 11. 1985, BGBl. I S. 2065.
[20] BGH Beschl. v. 29. 11. 1996 – BLw 12/96, BGHZ 134, 146, 149 = NJW 1997, 665; Koller/*Roth*/Morck RdNr. 2.
[21] BGH (Fn. 20), BGHZ 134, 146, 150 f. unter Berufung auf BVerfG Urt. v. 16. 10. 1984 – 1 BvL 17/80, BVerfGE 67, 348 = NJW 1985, 1329 und schon BVerfG Urt. v. 11. 5. 1970 – BvL 17/67, BVerfGE 28, 227, 240 ff. = NJW 1970, 1539.
[22] Vgl. KG Beschl. v. 22. 2. 1904, RJA 4, 149; Heymann/*Emmerich* § 3 aF RdNr. 5.
[23] Röhricht/Graf von Westphalen/*Röhricht* § 3 aF RdNr. 4.
[24] Röhricht/Graf von Westphalen/*Röhricht* § 3 aF RdNr. 4.
[25] Heymann/*Emmerich* § 3 aF RdNr. 3 a; Röhricht/Graf von Westphalen/*Röhricht* § 3 aF RdNr. 4.
[26] Heymann/*Emmerich* § 3 aF RdNr. 5.
[27] BGH (Fn. 20), BGHZ 134, 146 unter Aufgabe von BGH Beschl. v. 26. 11. 1952 – V BLw 45/52, BGHZ 8, 109 = NJW 1953, 342 (zu § 1 HöfeO).
[28] BGH (Fn. 20), BGHZ 134, 146, 149, 151.

11 Auf die **Eigentumsverhältnisse** an Grund und Boden kommt es nicht an.[29] Landwirt ist daher etwa auch der Pächter oder Nießbraucher eines entsprechenden Betriebes,[30] ferner auch der Imker, obwohl die Bienenvölker den Honig häufig aus Pflanzen- und Baumblüten, die auf fremden Grund und Boden stehen, hereinbringen.[31]

12 c) **Gewinnung organischer Rohstoffe.** Das Merkmal der Gewinnung organischer (pflanzlicher oder tierischer) Rohstoffe enthält die Abgrenzung zu anderen Formen der Urproduktion.[32] **Nicht der Landwirtschaft zuzuordnen sind daher Betriebe, die dem Abbau von Bodenbestandteilen** nachgehen (zB Kiesgruben, Steinbrüche, Lehmgruben, Torfstiche). Derartige Betriebe können freilich als Nebenbetrieb zu einer Landwirtschaft in Betracht kommen.[33]

13 Die Gewinnung pflanzlicher Rohstoffe ist nicht auf die Zucht von Nutzpflanzen (Gemüsepflanzen, Obstgehölze usw.) beschränkt. Daher zählen etwa auch solche **Gärtnereien und Baumschulen** zur Landwirtschaft, die ausschließlich **Zierpflanzen** (Blumen, Sträucher, Bäume usw.) ziehen und verkaufen.[34] Dafür spricht wiederum der in neuerer Zeit vermehrt betonte Gedanke der gleichgelagerten Risikostruktur (vgl. RdNr. 7).

14 d) **Weiterverarbeitung und Weiterverkauf.** Nach allgemeiner Auffassung liegt ein landwirtschaftlicher Betrieb insoweit vor, als die dort gewonnenen Erzeugnisse **weiterverarbeitet** werden. Dies gilt etwa für die Erzeugung von Butter, Käse, Sahne (jeweils aus selbst erzeugter Milch) oder das Verfüttern von Futter aus eigenem Anbau, das eigene Schlachten und Räuchern usw.[35] Gleiches gilt hinsichtlich des Weiterverkaufs der eigenen Erzeugnisse, gleichviel ob dieser im eigenen Betrieb oder durch Beschickung örtlicher Märkte oder an einer eigenen Verkaufsstelle außerhalb des Betriebes erfolgt. Bei einer hinreichenden organisatorischen Verselbstständigung gegenüber der eigentlichen Landwirtschaft handelt es sich hierbei freilich um ein Nebengewerbe (Abs. 3).[36] Für die Beurteilung von **Gärtnereien** ist hiernach entscheidend, ob dort der eigene Anbau im Vordergrund steht oder ob sich der Betrieb überwiegend mit dem Handel pflanzlicher Erzeugnisse beschäftigt, die von Dritten angeschafft und anschließend weiterveräußert werden. Im zuletzt genannten Fall wird meist ein nicht landwirtschaftliches Gewerbe vorliegen.[37]

15 2. **Forstwirtschaft.** Hierunter fällt jede Wirtschaftstätigkeit, die auf **Holzgewinnung** und **Walderhaltung** gerichtet ist.[38] Zur Forstwirtschaft zählen etwa die Baumschulen,[39] nicht aber der gewerbsmäßige Ankauf von Wäldern zum Abholzen.[40]

IV. Nebengewerbliche Unternehmen (Abs. 3)

16 1. **Normzweck des Abs. 3.** Die Vorschrift des Abs. 3 **erstreckt** die in Abs. 1 (Ausschluss der Istkaufmannseigenschaft) und Abs. 2 (Kannkaufmann) liegenden **Privilegien auf Nebenbetriebe.** Der Land- oder Forstwirt kann daher frei entscheiden, ob er seinen Nebenbetrieb dem Handelsrecht unterstellen will. Die Kaufmanns-Option steht ihm – gegenständlich beschränkt auf den Nebenbetrieb – offen, wenn der Nebenbetrieb eine kaufmännische Organisation erfordert (§ 3 Abs. 3 iVm. Abs. 2).[41]

17 2. **Begriff des Nebenbetriebes.** a) **Allgemeines.** Die Existenz eines Nebenbetriebes setzt gedanklich voraus, dass es einen land- oder forstwirtschaftlichen Hauptbetrieb (soeben RdNr. 7 ff.) gibt. Ein Nebengewerbe zur Land- oder Forstwirtschaft liegt vor, wenn derselbe Land- oder Forst-

---

[29] Koller/*Roth*/Morck RdNr. 2; Staub/*Brüggemann* § 3 aF RdNr. 5.
[30] Röhricht/Graf von Westphalen/*Röhricht* § 3 aF RdNr. 5.
[31] Staub/*Brüggemann* § 3 aF RdNr. 5.
[32] Neben Bergbau, Fischerei und Forstwirtschaft ist die Landwirtschaft ein klassischer Zweig der Urproduktion, vgl. Vahlen's Großes Wirtschaftslexikon, 2. Aufl. 1993, Stichwort „Landwirtschaft" (H. Se).
[33] Heymann/*Emmerich* § 3 aF RdNr. 5; Röhricht/Graf von Westphalen/*Röhricht* § 3 aF RdNr. 6.
[34] BGH (Fn. 20), BGHZ 134, 146, 148 im Anschluss an BGH (Fn. 27), BGHZ 8, 109, 112; BayObLG Beschl. v. 6. 6. 1991 – BReg 3 Z 130/90, BayObLGZ 1991, 191 = NJW-RR 1991, 1382, 1385; OLG Düsseldorf Urt. v. 17. 2. 1993 – 18 U 168/92, NJW-RR 1993, 1125, 1126 f.; LG Hamburg Urt. v. 30. 7. 1991 – 311 O 142/90, ZMR 1993, 283 (Baumschule); Baumbach/*Hopt* § 3 aF RdNr. 4; aA Staub/*Brüggemann* § 3 aF RdNr. 6.
[35] Röhricht/Graf von Westphalen/*Röhricht* § 3 aF RdNr. 8; Heymann/*Emmerich* § 3 aF RdNr. 4; MünchKommHGB/*K. Schmidt* § 3 RdNr. 14; weitergehend Staub/*Brüggemann* § 3 aF RdNr. 4: die Verarbeitung zugekaufter Erzeugnisse (zB Milch) soll genügen.
[36] Röhricht/Graf von Westphalen/*Röhricht* § 3 aF RdNr. 8.
[37] BayObLGZ 1991, 191; OLG Düsseldorf NJW-RR 1993, 1125 (beide Fn. 34); Heymann/*Emmerich* § 3 aF RdNr. 6 m. Nachw. zu älterer Rspr. und Lit.
[38] Staub/*Brüggemann* § 3 aF RdNr. 7; MünchKommHGB/*K. Schmidt* § 3 RdNr. 16.
[39] Heymann/*Emmerich* § 3 aF RdNr. 7; Staub/*Brüggemann* § 3 aF RdNr. 7.
[40] MünchKommHGB/*K. Schmidt* § 3 RdNr. 17; Gierke/*Sandrock* § 9 I 2.
[41] *Canaris* § 3 I 3 e; Röhricht/Graf von Westphalen/*Röhricht* § 3 aF RdNr. 19.

wirt neben seinem Hauptunternehmen einen hiervon innerlich abhängigen, aber organisatorisch verselbstständigten weiteren Betrieb unterhält.[42]

b) Abhängigkeit vom Hauptbetrieb. Der Betrieb muss vom Hauptbetrieb in der Weise abhängig sein, dass eine **Verwertung** der Erzeugnisse des Hauptbetriebs dort erfolgt oder die Zwecke des Hauptbetriebes in anderer Weise gefördert werden.[43] Als Nebengewerbe zur Land- oder Forstwirtschaft kommen daher etwa in Betracht: Brauereien,[44] Branntweinbrennereien, die Vieh- und Geflügelzucht, im Lohnauftrag unter Maschineneinsatz Grasballen zur Silierung mit Folie umwickeln,[45] ferner – im Bereich der Forstwirtschaft – die Harz- und Pechgewinnung und ein Sägemühlenbetrieb.[46]

Auch Betriebe, die lediglich **Bodenbestandteile** auf dem Gelände des land- oder forstwirtschaftlichen Hauptbetriebes abbauen und/oder verwerten, kommen als Nebengewerbe in Betracht (Beispiele o. RdNr. 12).[47]

Die innere Abhängigkeit des Nebenbetriebes vom Hauptbetrieb ist rein funktional zu betrachten. Daher steht ein Umsatzgefälle zwischen dem land- oder forstwirtschaftlichen Hauptbetrieb und dem Nebenbetrieb (zugunsten des letzteren) einer Einordnung als Nebenbetrieb iSd. § 3 Abs. 3 nicht entgegen.[48]

c) Organisatorische Selbstständigkeit. Der Nebenbetrieb muss gegenüber dem Hauptbetrieb eine eigene unterscheidbare Wirtschaftseinheit bilden.[49] Anhaltspunkte hierfür sind das Vorhandensein einer vom Hauptbetrieb räumlich abgegrenzten Betriebsstätte, einer getrennten Buchführung und die Beschäftigung eigenen Personals.[50] Diese Merkmale werden meist für eine bloße Verkaufsstelle eines land- oder forstwirtschaftlichen Unternehmens nicht zutreffen.[51]

3. Identität des Inhabers. Dieselbe Person muss Inhaber des Haupt- und des Nebenbetriebs sein. Dies erfordert nicht, dass die Rechtsstellung des Land- oder Forstwirts hinsichtlich des Haupt- und des Nebenbetriebs identisch ist. Daher liegt ein Nebenbetrieb etwa auch dann vor, wenn der Hauptbetrieb lediglich gepachtet ist, der Nebenbetrieb hingegen im Eigentum des Inhabers steht.[52] Wird der Hauptbetrieb von einer **Personenmehrheit** betrieben, so müssen auch die Inhaber des Nebenbetriebs aus diesem Personenkreis stammen.[53]

4. Rechtliche Behandlung. a) Kein Handelsgewerbe iSd. § 1 Abs. 2. Indem Abs. 3 die entsprechende Anwendung des Abs. 1 anordnet, wirkt der dort bestimmte Ausschluss von § 1 auch hinsichtlich des Nebenbetriebs. Daraus ergibt sich, dass ein Nebenbetrieb iSd. Abs. 3 (soeben RdNr. 17 ff.), der bei isolierter Betrachtung ein Handelsgewerbe iSd. § 1 Abs. 2 darstellen würde, seinem Inhaber nicht schon kraft Gesetzes die Kaufmannseigenschaft vermittelt.[54]

b) Eintragungsoption für großgewerbliche Nebenbetriebe. Die Verweisung des Abs. 3 auf Abs. 2 bewirkt, dass für solche Nebenbetriebe, die nach Art und Umfang einen in kaufmännischer Weise eingerichteten Geschäftsbetrieb erfordern – § 3 Abs. 2 verwendet hier dasselbe Betriebsgrößenmerkmal wie § 1 Abs. 2 – die Vorschrift des § 2 anzuwenden ist.[55] Das dort eröffnete Wahlrecht zugunsten des Handelsgewerbes – und damit über § 1 Abs. 1 zugunsten der Kaufmannseigenschaft – besteht für den Nebenbetrieb unabhängig davon, ob der Land- oder Forstwirt auch den Hauptbetrieb dem Handelsrecht unterstellen darf[56] und will.[57] Die Begründung der Kaufmannseigenschaft über § 1 Abs. 1 ist nicht durch § 3 Abs. 1 ausgeschlossen, da die Bestimmung entgegen ihrem Wortlaut nur eine Anwendungssperre gegenüber § 1 *Abs. 2* darstellt (o. RdNr. 5 f.). IÜ unterliegt das Wahlrecht hinsichtlich des Nebenbetriebs denselben Voraussetzungen und Grenzen, wie sie für den Hauptbetrieb maßgeblich sind (nachfolgend RdNr. 26 ff.).

---

[42] RG (Fn. 16), RGZ 130, 233 f.; Koller/*Roth*/Morck RdNr. 5; MünchKommHGB/*K. Schmidt* § 3 RdNr. 33.
[43] Koller/*Roth*/Morck RdNr. 5.
[44] BGH Urt. v. 16. 11. 1965 – V ZR 89/63, WM 1966, 194, 195.
[45] OLG Köln Urt. v. 27. 8. 1999 – 3 U 205/98, NJW-RR 2001, 897, 898.
[46] Vgl. für umfassende Aufzählungen der (möglichen) land- oder forstwirtschaftlichen Nebengewerbe: Staub/*Brüggemann* § 3 aF RdNr. 9; MünchKommHGB/*Bokelmann* § 3 aF RdNr. 14.
[47] Heymann/*Emmerich* § 3 aF RdNr. 20; Röhricht/Graf von Westphalen/*Röhricht* § 3 aF RdNr. 10.
[48] OLG Köln Urt. v. 27. 8. 1999 – 3 U 205/98, NJW-RR 2001, 897, 898; Koller/*Roth*/Morck RdNr. 5.
[49] Röhricht/Graf von Westphalen/*Röhricht* § 3 aF RdNr. 12.
[50] Koller/*Roth*/Morck RdNr. 5; Heymann/*Emmerich* § 3 aF RdNr. 18; Staub/*Brüggemann* § 3 aF RdNr. 11.
[51] Heymann/*Emmerich* § 3 aF RdNr. 18.
[52] Heymann/*Emmerich* § 3 aF RdNr. 19.
[53] Staub/*Brüggemann* § 3 aF RdNr. 10; Heymann/*Emmerich* § 3 aF RdNr. 19.
[54] Koller/*Roth*/Morck RdNr. 6; Heymann/*Emmerich* § 3 aF RdNr. 23.
[55] Zur Erforderlichkeit eines kaufmännischen Geschäftsbetriebs vgl. § 1 RdNr. 41 ff.
[56] Dies setzt nach § 3 Abs. 2 wiederum Großgewerblichkeit voraus.
[57] Koller/*Roth*/Morck RdNr. 6.

25 **c) Eintragungsoption für kleingewerbliche Nebenbetriebe.** Für kleingewerbliche Nebenbetriebe eines Land- oder Forstwirts ergibt sich aus Abs. 3 iVm. Abs. 2 keine Eintragungsoption. Denn Abs. 2 setzt die Erforderlichkeit einer kaufmännischen Organisation voraus. Wie für kleingewerbliche Hauptbetriebe der Land- oder Forstwirtschaft (hierzu nachfolgend RdNr. 33 ff.; str.) folgt die Kaufmanns-Option für kleingewerbliche Nebenbetriebe indessen unmittelbar aus § 2.

V. Kannkaufmann (Abs. 2)

26 Ebenso wie der Kleingewerbetreibende (§ 2) ist auch der Land- oder Forstwirt **Kannkaufmann**. Er hat die Wahl, ob er sein Unternehmen dem Handelsrecht unterstellt oder nicht. Zu den Vor- und Nachteilen der Kaufmannseigenschaft vgl. § 2 RdNr. 9 ff. Das Wahlrecht folgt für land- oder forstwirtschaftliche Großbetriebe aus § 3 Abs. 2 iVm. § 2 S. 2, für Kleinbetriebe unmittelbar aus § 2 S. 2.

27 **1. Land- oder forstwirtschaftliche Großbetriebe. a) Normadressaten.** Abs. 2 enthält zunächst eine Begriffsbestimmung des land- oder forstwirtschaftlichen Großbetriebs. Danach handelt es sich hierbei um Unternehmen der Land- oder Forstwirtschaft (zum Begriff o. RdNr. 7 ff.), die nach Art und Umfang einen in kaufmännischer Weise eingerichteten Geschäftsbetrieb erfordern. Die Bestimmung knüpft damit an die Größenmerkmale des § 1 Abs. 2 an.[58] Hinsichtlich der Mindestbetriebsgröße kann daher auf die Erläuterungen unter § 1 RdNr. 41 ff. verwiesen werden. Gleiches gilt hinsichtlich der Betreiberstellung der Person, um deren Kaufmannseigenschaft es geht (§ 1 RdNr. 57 ff.).

28 **b) Eintragungsoption.** Die ferner durch Abs. 2 ausgesprochene Verweisung auf § 2 begründet zunächst für großgewerbliche Betriebe der Land- oder Forstwirtschaft die dort in S. 2 enthaltene Eintragungsoption.[59] Hinsichtlich der Rechtsnatur der Handelsregisteranmeldung durch den Kannkaufmann und hinsichtlich des Eintragungsverfahrens gelten die Erläuterungen zu § 2 RdNr. 12 ff., 16 ff. entsprechend.

29 Die Option besteht für Haupt- und Nebenbetrieb getrennt. Der Land- oder Forstwirt kann daher auch nur mit einem Nebenbetrieb Kaufmann werden, und es für den Hauptbetrieb bei der Maßgeblichkeit des Bürgerlichen Rechts bewenden lassen. Vorausgesetzt ist hierfür, dass der Nebenbetrieb für sich allein zur Kaufmannsoption berechtigt (o. RdNr. 16 ff.). Umgekehrt steht dem Land- oder Forstwirt aber auch frei, nur mit dem Hauptbetrieb Kaufmann zu werden.[60]

30 **c) Löschung.** Die Verweisung durch Abs. 2 erstreckt sich nicht auf § 2 S. 3 (Löschung auf Antrag des Kannkaufmanns; vgl. § 2 RdNr. 20 ff.). Denn § 2 findet gem. § 3 Abs. 2 mit der „Maßgabe" Anwendung, dass nach Eintragung in das Handelsregister eine Löschung der Firma nur nach den allgemeinen Vorschriften über die Löschung kaufmännischer Firmen stattfindet (vgl. § 31 Abs. 2 HGB; § 142 FGG; zu den Fällen der Amtslöschung beim Kannkaufmann s. § 2 RdNr. 25). Solange unter der eingetragenen Firma ein großgewerbliches land- oder forstwirtschaftliches Unternehmen betrieben wird, kommt eine Löschung daher nicht in Betracht. Der land- oder forstwirtschaftliche Großunternehmer ist „Kannkaufmann ohne Ausstiegsmöglichkeit."[61]

31 Die Ausübung des Wahlrechts entfaltet mithin **Bindungswirkung**, und zwar auch für den **Rechtsnachfolger**, wenn dieser die Firma fortführt.[62] Dies entspricht der Rechtslage vor dem HRefG.[63]

32 **d) Rechtslage bei Ausübung der Eintragungsoption.** Hinsichtlich der Rechtsfolgen der Ausübung der Eintragungsoption verweist § 3 Abs. 2 auf § 2 S. 1. Das eingetragene land- oder forstwirtschaftliche Unternehmen **gilt** als **Handelsgewerbe**, sein Betreiber **ist** folglich gem. § 1 Abs. 1 **Kaufmann**. Entgegen dem Wortlaut des § 3 Abs. 1 ist die Anwendung des § 1 Abs. 1 im Bereich der Land- und Forstwirtschaft nicht ausgeschlossen (o. RdNr. 5 f.).[64]

---

[58] Vgl. Koller/*Roth*/Morck RdNr. 1: „wie bei § 1 Abs. 2".
[59] Vgl. für eine genaue Analyse der Verhältnisse von § 3 Abs. 2 zu § 2 *v. Olshausen* JZ 1998, 717, 718 f.
[60] Staub/*Brüggemann* § 3 aF RdNr. 17; Röhricht/Graf von Westphalen/*Röhricht* § 3 aF RdNr. 19.
[61] *v. Olshausen* JZ 1998, 717, 719.
[62] HM, Staub/*Brüggemann* § 3 aF RdNr. 26 ff.; Baumbach/*Hopt* § 3 aF RdNr. 9; Heymann/*Emmerich* § 3 aF RdNr. 16; Koller/*Roth*/Morck RdNr. 7; aA MünchKommHGB/*K. Schmidt* § 3 aF RdNr. 28; *v. Olshausen* ZHR 141 (1977), 93, 118 ff.; Röhricht/Graf von Westphalen/*Röhricht* § 3 aF RdNr. 22 m. Nachw. in Fn. 18: Danach ist der Nachfolger an die Ausübung der Kaufmannsoption durch seinen Vorgänger nur nicht gebunden, wenn er den erworbenen Betrieb mit einem ihm bereits gehörenden (nicht eingetragenen) Betrieb zusammenlegt.
[63] Vgl. § 3 Abs. 2 S. 2 aF; MünchKommHGB/*Bokelmann*, 1. Aufl. 1996 § 3 aF RdNr. 10; Staub/*Brüggemann* § 3 aF RdNr. 24.
[64] Zu bedauern ist, dass der HRefG-Gesetzgeber nicht die Gelegenheit genutzt hat, um diesen seit langem (RdNr. 5 f.) erkannten redaktionellen Mangel des § 3 Abs. 1 zu beheben; vgl. Koller/*Roth*/Morck RdNr. 1 aE.

2. Land- oder forstwirtschaftliche Kleinbetriebe. a) Eintragungsoption. Es ist umstritten, 33
ob ein land- oder forstwirtschaftliches Unternehmen, dessen Geschäftsbetrieb keiner kaufmännischen
Einrichtung bedarf (vgl. § 3 Abs. 2), die Kaufmannseigenschaft erwerben kann. Einer Meinung
zufolge, von deren Richtigkeit auch die Verfasser des HRefG ausgingen,[65] steht den Kleinlandwirten
und Kleinforstwirten – wie nach der bis zum 30. 6. 1998 geltenden Rechtslage –[66] die Kaufmanns-
option nicht zu. Teilweise wird dies daraus gefolgert, dass es sich bei der Land- und Forstwirtschaft
nicht um ein Gewerbe handele und deshalb § 2 bei isolierter Anwendung – dh nicht auf der
Grundlage einer Verweisungsnorm – tatbestandlich nicht in Betracht komme. Auch mithilfe einer
Verweisungsnorm komme § 2 nicht zum Zuge, da die Verweisung durch § 3 Abs. 2 ausdrücklich auf
*Groß*betriebe der Land- und Forstwirtschaft beschränkt sei.[67] Teilweise wird das gleiche Ergebnis aus
dem umfassenden Geltungsanspruch (lex specialis) des § 3 für den gesamten Bereich der Land- und
Forstwirtschaft hergeleitet. § 2 könne ohne die Zuhilfenahme einer Verweisungsnorm überhaupt
nicht auf die Land- und Forstwirtschaft Anwendung finden. § 3 Abs. 2 verweise nur für Großbetriebe auf § 2; für die Kleinbetriebe käme eine Anwendung von § 2 daher mangels Verweisung
durch § 3 nicht in Betracht.[68]

Dem ist zu widersprechen. Auch dem kleingewerblichen Land- oder Forstwirt steht nach zutr. – 34
und wohl herrschender – Auffassung die Kaufmanns-Option des § 2 zu, da die Land- und Forstwirtschaft ein **Gewerbe** ist (o. RdNr. 3). Auch aus § 3 ergibt sich im Bereich der Land- und Forstwirtschaft keine Anwendungssperre für § 2.[69] Denn § 3 Abs. 1 schließt nur die Anwendung des § 1 aus.
Hätte der Gesetzgeber auch die Anwendung des § 2 (für kleingewerbliche Betriebe) ausschließen
wollen, dann hätte es nahegelegen, dies in § 3 *Abs. 1* ausdrücklich zu bestimmen. § 3 Abs. 2 handelt
nur von den land- oder forstwirtschaftlichen *Groß*betrieben. Dass der Gesetzgeber den Kleinbetrieben die Kaufmanns-Option – in Fortschreibung der früheren Rechtslage[70] – vorenthalten wollte,[71]
fand im Gesetzeswortlaut keinen hinreichenden Niederschlag.[72] Der Grund für diese Diskrepanz
dürfte in dem Umstand liegen, dass § 3 Abs. 2 in der Gesetz gewordenen Fassung sich stark an den
RefE anlehnt, der ein Wahlrecht noch nicht vorgesehen hatte und § 2 schlicht streichen wollte.[73]

Auch ist nicht ersichtlich, welcher Sachgrund den Ausschluss der Kaufmanns-Option für Klein- 35
betriebe rechtfertigen sollte.[74] Im Zweifel ist daher diejenige Auslegungsvariante vorzuziehen, die
den Betroffenen die größeren Gestaltungsmöglichkeiten einräumt.

Hinsichtlich der Voraussetzungen und Grenzen der Kaufmanns-Option für Kleinbetriebe der 36
Land- und Forstwirtschaft gelten uneingeschränkt die Erläuterungen zu § 2. Namentlich findet § 2
S. 3 mit der dort vorgesehenen Möglichkeit der Aufgabe der Kaufmannseigenschaft durch fakultative
Löschung Anwendung.[75] Der land- oder forstwirtschaftliche Kleinunternehmer ist „Kannkaufmann
mit Ausstiegsfreiheit".[76]

b) Löschung. Die Löschung des land- oder forstwirtschaftlichen Kleinbetriebs richtet sich nach 37
§ 2 S. 3 (Löschung auf Antrag – soeben RdNr. 36). Eine Amtslöschung (§ 142 FGG) kommt vor
allem dann in Betracht, wenn es dem Kleinbetrieb bereits an der Gewerblichkeit (vgl. § 2
RdNr. 20 ff.) fehlte.[77]

VI. Die Rechtsstellung der im Handelsregister eingetragenen Land- oder Forstwirte

Die Rechtsstellung der im Handelsregister eingetragenen land- oder forstwirtschaftlichen **Klein-** 38
betriebe folgt unmittelbar aus § 2 S. 1, für **Großbetriebe** ergeben sich die Rechtswirkungen des
§ 2 S. 1 auf Grund der Verweisung durch § 3 Abs. 2. Alle im Handelsregister eingetragenen land-

---

[65] BT-Drucks. 13/8444 S. 49.
[66] Vgl. § 3 Abs. 2 S. 1 aF iVm. § 2 S. 1 aF.
[67] Vgl. BT-Drucks. 13/8444 S. 49.
[68] Koller/*Roth*/Morck RdNr. 1.
[69] *K. Schmidt* NJW 1998, 2161, 2163; *Bydlinski* ZIP 1998, 1169, 1173 f.; *v. Olshausen* JZ 1998, 717, 719 („Die Anordnung des § 3 Abs. 2 HGB nF, dass § 2 HGB nF für land- und forstwirtschaftliche *Groß*unternehmen nur mit einer bestimmten „Maßgabe" (...) gilt, impliziert nicht die Aussage, für land- und forstwirtschaftliche *Klein*unternehmen solle § 2 HGB nF überhaupt nicht gelten."); *Ring*, Das neue Handelsrecht, 1999, § 2 RdNr. 46; *Bülow* RdNr. 66; *Dreher*, Der neue Handelsstand (Schrifttum vor § 1), S. 15.
[70] Vgl. § 3 Abs. 2 S. 1 aF iVm. § 2 S. 1 aF; vgl. Vor § 1 RdNr. 16.
[71] BT-Drucks. 13/8444 S. 33, 34, 49.
[72] *v. Olshausen* JZ 1998, 717, 719 m. rechtspolitischer Kritik.
[73] Vgl. ZIP 1996, 1401, 1406 und hierzu *Bydlinski* ZIP 1998, 1169, 1173 f.
[74] So mit Recht *Bülow* RdNr. 66.
[75] *Bülow* RdNr. 67; *K. Schmidt* NJW 1998, 2161, 2163 bei Fn. 32; *v. Olshausen* JZ 1998, 717, 719.
[76] *v. Olshausen* JZ 1998, 717, 719.
[77] *Bülow* RdNr. 69.

oder forstwirtschaftlichen Unternehmen sind damit – unabhängig von ihrer Betriebsgröße – Kaufleute mit allen handelsrechtlichen Rechten und Pflichten. Für Einzelheiten kann auf die Erläuterungen zu § 2 RdNr. 34 verwiesen werden.

VII. Die Rechtsstellung der nicht im Handelsregister eingetragenen Land- oder Forstwirte

39 Land- oder forstwirtschaftliche Unternehmen, die sich gegen die Ausübung der Kaufmanns-Option des § 2 S. 2 (für Großunternehmen iVm. § 3 Abs. 2) entscheiden, unterliegen im vollen Umfang dem allgemeinen Bürgerlichen Recht. Eine Behandlung als Kaufmann kommt nur nach § 5 (in engen Grenzen, s. § 5 RdNr. 16), nach den Grundsätzen der Lehre vom Scheinkaufmann (§ 5 RdNr. 49 ff.) sowie nach einer Löschung in den Grenzen des § 15 Abs. 2 S. 2 (dort RdNr. 19 ff.) in Betracht. Eine Anwendung der Sondervorschriften für nicht eingetragene Kleingewerbetreibende (§ 2 RdNr. 38 ff.) scheidet tatbestandlich aus, weil diese Normen an bestimmte Tätigkeiten anknüpfen (Handelsvertreter usw.), zu denen die Land- oder Forstwirtschaft nicht gehört.

§ 4 [Minderkaufmann]

(1) Die Vorschriften über die Firmen, die Handelsbücher und die Prokura finden keine Anwendung auf Personen, deren Gewerbebetrieb nach Art oder Umfang einen in kaufmännischer Weise eingerichteten Geschäftsbetrieb nicht erfordert.

(2) Durch eine Vereinigung zum Betrieb eines Gewerbes, auf welches die bezeichneten Vorschriften keine Anwendung finden, kann eine offene Handelsgesellschaft oder eine Kommanditgesellschaft nicht begründet werden.

(aufgehoben mit Wirkung zum 1. 7. 1998 durch Art. 3 Nr. 4 HRefG vom 22. 6. 1998, BGBl. I S. 1474).

Vgl. zum Minderkaufmann nach früherem Recht die Erläuterungen Vor § 1 RdNr. 14, 17, 20, 21 ff.

§ 5 [Kaufmann kraft Eintragung]

Ist eine Firma im Handelsregister eingetragen, so kann gegenüber demjenigen, welcher sich auf die Eintragung beruft, nicht geltend gemacht werden, daß das unter der Firma betriebene Gewerbe kein Handelsgewerbe sei.

Schrifttum: Vgl. zunächst vor § 1. Ferner: *Axer*, Abstrakte Kausalität – Ein Grundsatz des Handelsrechts?, 1986; *Bürck*, § 15 Abs. 3 HGB und die Grundsätze der Haftung von fehlerhaften und entstehenden Personengesellschaften gegenüber Dritten, AcP 171 (1971), 328; *Canaris*, Die Vertrauenshaftung im deutschen Privatrecht, 1971, S. 151, 181 ff.; *Deschler*, Handelsregisterpublizität und Verkehrsschutz, Diss. Tübingen 1977; *Ehrenberg*, Rechtssicherheit und Verkehrssicherheit mit besonderer Rücksicht auf das Handelsregister, JherJb. 47 (1905), 273; *ders.*, in Ehrenbergs Handbuch II/1, 1914; *Göppert*, Eintragungen in das Handelsregister von besonderer Eigenart, 1934; *Hohmeister*, Die Bedeutung des § 5 HGB seit der Handelsrechtsreform 1998, NJW 2000, 1921; *H. Hübner*, Zurechnung statt Fiktion einer Willenserklärung, FS Nipperdey I, 1965, S. 373; *A. Hueck*, Der Scheinkaufmann, ArchBürgR 43 (1919), 415; *U. John*, Fiktionswirkung oder Schutz typisierten Vertrauens durch das Handelsregister, ZHR 140 (1976), 236; *Limbach*, Die Lehre vom Scheinkaufmann, ZHR 134 (1970), 288; *Lindacher*, Die Scheingesellschaft im Prozess und in der Zwangsvollstreckung, ZZP 96 (1983), 486; *Nickel*, Der Scheinkaufmann, JA 1980, 566; *v. Olshausen*, Wider den Scheinkaufmann des ungeschriebenen Rechts, FS Raisch, 1995, S. 147; *Prausnitz*, Rechtsschein und Wirklichkeit im Handelsregister, ZHR 96 (1931), 10; *Schirrmeister*, Die Bedeutung des Firmeneintrages für den Erwerb der Kaufmannseigenschaft. Die formale Versteifung des Kaufmannsbegriffes durch den § 5 des Handelsgesetzbuches vom 10. Mai 1897, ZHR 49 (1900), 29; *K. Schmidt*, Gilt § 5 HGB auch im „Unrechtsverkehr"?, DB 1972, 959; *ders.*, Sein – Schein – Handelsregister, JuS 1977, 209; *M. Wolff*, Über einige Grundbegriffe des Handelsrechts, Berliner FestG für Otto von Gierke II, 1910/1969, S. 115, 138.

Übersicht

	RdNr.		RdNr.
I. Normzweck	1–4	3. Handelsrechtsreform 1998	9
II. Entstehungsgeschichte	5–9	**III. Verhältnis der Vorschrift zu § 2 Satz 1**	10–16
1. Kein Kaufmann kraft Eintragung im ADHGB	5	1. Handelsregisteranmeldung durch einen Kannkaufmann (§ 2, auch iVm. § 3 Abs. 2)	11
2. Einführung des Kaufmanns kraft Eintragung durch das HGB	6–8	2. Handelsregisteranmeldung durch einen Istkaufmann (§§ 1 Abs. 2; 29)	12–15

	RdNr.		RdNr.
3. Eintragung ohne Handelsregisteranmeldung	16	1. Entstehung der Rechtsfigur und dogmatische Einordnung	49, 50
IV. Voraussetzungen der Registerwirkung	17–26	2. Voraussetzungen	51–79
		a) Personenkreis	52–55
1. Eintragung der Firma im Handelsregister	17–19	b) Rechtsscheinstatbestand (Auftreten als Kaufmann)	56–65
2. Gewerbe	20–25	aa) Ausdrückliche Erklärung	56–58
a) Unverzichtbares Merkmal	20, 21	bb) Inanspruchnahme kaufmännischer Rechtseinrichtungen	59–61
b) Erstreckung auf die Vermögensverwaltung	22–24	cc) Nicht: großspuriges Auftreten	62
c) Betreiberstellung des Eingetragenen	25	dd) Vorhandensein eines Geschäftsbetriebs mit kaufmännischer Organisation	63–65
3. Unmaßgebliche Umstände	26	c) Veranlassung	66–69
V. Die Rechtsstellung des Kaufmanns kraft Eintragung nach § 5	27–48	d) Voraussetzungen in der Person des Dritten	70–79
1. Grundsatz	27–32	aa) Gutgläubigkeit	70–74
2. Betroffene Rechtsgebiete	33–48	bb) Vertrauensdisposition	75
a) Rechtsgeschäftlicher Verkehr	34, 35	cc) Ursachenzusammenhang	76–78
b) Prozessverkehr	36	dd) Anfechtung des Rechtsscheins?	79
c) Gesetzliche Schuldverhältnisse und sachenrechtliche Beziehungen	37–40	3. Wirkungen	80–88
d) Öffentliches Recht (einschließlich kaufmännischer Grundpflichten)	41–48	a) Grundsatz	80
		b) Verdrängung des zwingenden Zivilrechts	81–85
aa) Registergerichtliches Verfahren	42	c) Nicht (voll) geschäftsfähige Scheinkaufleute	86
bb) Firmenführung	43	d) Keine Beeinträchtigung von Drittinteressen	87
cc) Angaben auf Geschäftsbriefen	44	e) Sachliche Grenzen	88
dd) Rechnungslegung	45	VII. Der „Schein-Nichtkaufmann"	89
ee) Verwaltungsrecht	46		
ff) Steuerrecht	47		
gg) Strafrecht	48		
VI. Der Kaufmann kraft Rechtsscheins („Scheinkaufmann")	49–88		

I. Normzweck

Wie schon der Wortlaut des § 5 deutlich macht, will die Vorschrift **Streitigkeiten über das Erfordernis kaufmännischer Einrichtungen ausschließen.** Dieses Merkmal ist für die Annahme eines *Handels*gewerbes iSd. § 1 Abs. 2 konstitutiv. § 5 dient damit der **Rechtssicherheit** und dem **absoluten** – weil von einem Vertrauenstatbestand unabhängigen – **Verkehrsschutz.**[1] 1

Das Vorliegen eines **Handelsgewerbes** wird durch die Vorschrift **fingiert;** der Eingetragene ist 2 Kaufmann nach § 1 Abs. 1 iVm. § 5.[2] Über das Verhältnis zu § 1 Abs. 1 s. § 1 RdNr. 4. Gegenstandslos ist § 5 im Hinblick auf Personen, die die Kaufmannseigenschaft unabhängig vom tatsächlichen Vorliegen eines Handelsgewerbes bereits auf Grund anderer Vorschriften besitzen.[3]

Bei § 5 handelt es sich **nicht** um eine **Rechtsscheinsnorm.** Denn die Rechtsfolge der Vorschrift 3 tritt auch dann ein, wenn der andere Teil die **wahre Sachlage** – den fehlenden handelsgewerblichen Charakter des Unternehmens des Eingetragenen – **kennt.** Ferner wirkt § 5 auch **zuungunsten des Dritten.**[4] Beides ist mit den Regeln über die Rechtsscheinhaftung unvereinbar.[5] Aus diesem Grund ist § 5 auch nicht als Ausprägung der Lehre vom Scheinkaufmann einzuordnen.[6] Denn diese wirkt – als Unterfall der allgemeinen Rechtsscheinhaftung – nicht zugunsten Bösgläubiger und des Eingetragenen selbst.

Im Verhältnis zu § 5 ist die Lehre vom Scheinkaufmann (RdNr. 49 ff.) subsidiär. Sie kann sich nur 4 auf nicht im Handelsregister eingetragene Gewerbetreibende beziehen.[7]

---

[1] BGH Urt. v. 19. 5. 1960 – II ZR 72/59, BGHZ 32, 307, 314 = NJW 1960, 1674; BGH Urt. v. 6. 7. 1981 – II ZR 38/81, NJW 1982, 45; *Canaris*, Die Vertrauenshaftung im deutschen Privatrecht, 1971, S. 1 f.; *ders.* § 3 RdNr. 48 und § 6 RdNr. 9; Staub/*Hüffer* § 8 RdNr. 82.
[2] Staub/*Hüffer* § 15 RdNr. 11; Koller/*Roth*/Morck RdNr. 1; *Bülow* RdNr. 103.
[3] *Bülow* RdNr. 92; *K. Schmidt* ZHR 163 (1999), 87, 96.
[4] Krit. *P. Bydlinski* ZIP 1998, 1169, 1173.
[5] BGH Urt. v. 6. 7. 1981 – II ZR 38/81, NJW 1982, 45; *Canaris* § 3 RdNr. 51; MünchKommHGB/*K. Schmidt* § 5 RdNr. 2, 26.
[6] Koller/*Roth*/Morck RdNr. 2; *Canaris* § 6 RdNr. 9; missverständlich BGH Urt. v. 19. 5. 1960 – II ZR 72/59, BGHZ 32, 307 = NJW 1960, 1664 (LS 2).
[7] *Canaris* § 6 RdNr. 10.

II. Entstehungsgeschichte

1. Kein Kaufmann kraft Eintragung im ADHGB.[8] Unter der Geltung des **ADHGB** bestand die Kaufmannseigenschaft des Einzelunternehmers und der Personenhandelsgesellschaften stets, aber auch nur dann, wenn (objektive) Handelsgeschäfte gewerbsmäßig betrieben wurden (Art. 4, 85 Abs. 1, 150 Abs. 1; jeweils iVm. Art. 271, 272 ADHGB). Auf eine Handelsregistereintragung kam es für die Kaufmannseigenschaft nicht an.[9] Ein Gewerbetreibender, dessen Geschäfte nicht unter den Katalog der abschließend festgelegten Grundhandelsgeschäfte (Art. 271, 272 ADHGB) fielen, erwarb auch durch eine zu Unrecht erfolgte Eintragung nicht die Kaufmannseigenschaft. Im Hinblick auf diesen Personenkreis wurde die Anwendung eines Redlichkeitsschutzes erwogen, der im Ansatz der heutigen Lehre vom Scheinkaufmann (u. RdNr. 49 ff.) entspricht.[10]

2. Einführung des Kaufmanns kraft Eintragung durch das HGB. Offenbar in Anlehnung hieran, aber auch unter Berücksichtigung ausländischer Regelungen,[11] die die Registereintragung als konstitutiv für den Erwerb der Kaufmannsstellung ansahen, entschloss sich der HGB-Gesetzgeber von 1897 im Interesse der Rechtssicherheit zur Normierung einer ganz weitreichenden Registerwirkung in § 5.

In ihrer ursprünglichen Textfassung hatte die Vorschrift einen doppelten Regelungsgehalt:[12] (1) Die im Handelsregister eingetragenen Sollkaufleute und Kannkaufleute wurden auch bei fehlender Handelsgewerblichkeit[13] als Kaufleute angesehen. (2) Die im Handelsregister eingetragenen Musskaufleute wurden auch im Falle der Kleingewerblichkeit als „Vollkaufleute" angesehen.[14]

Den Angehörigen beider Personengruppen war der Einwand abgeschnitten, ihre Tätigkeit erfordere keinen in kaufmännischer Weise eingerichteten Geschäftsbetrieb, sie seien daher (1) Nichtkaufleute bzw. (2) „Minderkaufleute".

3. Handelsrechtsreform 1998. Die zweite Variante[15] ist durch Art. 3 Nr. 5 HRefG entfallen. Dies war wegen der Abschaffung des Minderkaufmanns (Vor § 1 RdNr. 21) folgerichtig.[16] Die erste Variante blieb zwar, ist aber wegen der weitreichenden Registerwirkung des durch das HRefG ebenfalls neu gefassten § 2 S. 1 in ihrem Anwendungsbereich stark eingeschränkt (sogleich RdNr. 10 ff.).

III. Verhältnis der Vorschrift zu § 2 Satz 1

§ 2 Satz 1 und § 5 sind tatbestandlich und hinsichtlich ihrer Rechtsfolgen weitgehend deckungsgleich. Nach beiden Vorschriften wird der *handels*gewerbliche Charakter des im Handelsregister eingetragenen Gewerbetreibenden fingiert. Der Unternehmensträger ist deshalb nach § 1 Abs. 1 Kaufmann. Für die Klärung des systematischen Verhältnisses der beiden Bestimmungen sind drei Fallgruppen getrennt zu betrachten.

1. Handelsregisteranmeldung durch einen Kannkaufmann (§ 2, auch iVm. § 3 Abs. 2). Für **Kleingewerbetreibende**, die auf Grund einer Anmeldung nach § 2 S. 2 im Handelsregister eingetragen sind, wird das Vorliegen eines **Handelsgewerbes** bereits **durch § 2 S. 1 fingiert**. Sie besitzen daher die Kaufmannseigenschaft nach § 1 Abs. 1 iVm. § 2 S. 1 (vgl. § 1 RdNr. 1). Gleiches gilt für **Land- oder Forstwirte** auf Grund der Verweisung durch § 3 Abs. 2 (vgl. § 1 RdNr. 3). Für § 5 verbleibt daneben kein Anwendungsgebiet. Denn Eintragungen nach § 2, die materiell unrichtig sind, weil es am handelsgewerblichen Charakter des angemeldeten Unternehmens fehlt, gibt es seit der Handelsrechtsreform 1998 nicht mehr. Die Eintragung steht jetzt im Belieben des Unternehmers.[17]

2. Handelsregisteranmeldung durch einen Istkaufmann (§§ 1 Abs. 2; 29). Umstritten ist, ob § 2 S. 1 den § 5 auch in den Fällen verdrängt, in denen ein **Handelsgewerbe** angemeldet

---

[8] Vgl. zum folgenden *Schirrmeister* ZHR 49 (1900), 29 ff.
[9] *Staub*, ADHGB, 2. Aufl. 1894, Art. 12 Anm. 5, 6 (S. 21 f.).
[10] Grundlegend *Goldschmidt*, Handbuch des Handelsrechts, 2. Aufl. 1875, S. 458 ff., 460; krit. hierzu *Schirrmeister* ZHR 49 (1900), 29, 30 m. Fn. 29; s. auch *Limbach* ZHR 134 (1970), 289, 292 m. Fn. 11.
[11] Nachw. bei *Schirrmeister* ZHR 49 (1900), 29, 32 m. Fn. 31 (zB zu Österreich).
[12] Sehr klar hierzu Schlegelberger/*Hildebrandt*/*Steckhan* § 5 aF RdNr. 2 f.
[13] Mangels Erreichen der Mindestbetriebsgröße nach § 2 S. 1 aF, auch iVm. § 3 Abs. 2 S. 1 aF, vgl. Vor § 1 RdNr. 15, 16.
[14] Zu § 4 aF vgl. Vor § 1 RdNr. 14.
[15] Es handelt sich um die Worte: „... oder dass (das Gewerbe) zu den in § 4 Abs. 1 bezeichneten Betrieben gehöre."
[16] BT-Drucks. 13/8444 S. 49.
[17] *Roth*, Handels- und GesR, § 4, 5 c.

wurde (§§ 1 Abs. 2; 29), ein solches aber von vornherein nicht bestand oder nachträglich zum Kleingewerbe herabgesunken ist. Teilweise wird hier die Anwendbarkeit von § 2 verneint, da eine Zwangsanmeldung nach § 29 nicht die für § 2 S. 2 zu verlangende materielle Willensentscheidung für den Erwerb der Kaufmannseigenschaft umfasse.[18]

Dem ist mit Blick auf die unter § 2 RdNr. 15 vertretene **Wesensgleichheit aller Handels-** 13 **registeranmeldungen** zu widersprechen. Danach besteht kein qualitativer Unterschied zwischen der Anmeldung eines Handelsgewerbes nach § 29 und der eines Kleingewerbes nach § 2. Aber auch ganz unabhängig davon ergibt sich die **Fiktion eines Handelsgewerbes** beim Herabsinken zum Kleingewerbe schon aus dem **Wortlaut des § 2 S. 1**. Denn danach begründet allein die **Eintragung des Kleingewerbetreibenden als Publizitätszustand** die Fiktion eines Handelsgewerbes. § 2 S. 1 fragt nicht danach, auf Grund welcher Art von Anmeldung es zu diesem Zustand gekommen ist (Anmeldung eines Handelsgewerbes gem. § 29 oder Anmeldung eines Kleingewerbes gem. § 2 S. 2). § 5 ist daher auch für diese Fälle seit der Neufassung des § 2 bedeutungslos.[19]

Dass die subjektive Vorstellung der am Gesetzgebungsverfahren beteiligten Organe oder einzelner 14 ihrer Mitglieder dem § 5 auch nach der Handelsrechtsreform noch Bedeutung für den Fall der nachträglichen Kleingewerblichkeit beimaß,[20] steht dieser Beurteilung nicht entgegen. Denn die hier vertretene Auffassung stützt sich auf den objektivierten Willen des Gesetzgebers, wie er sich aus dem Wortlaut des neu gefassten § 2 S. 1 und dessen Regelungszweck (§ 2 RdNr. 2) ergibt.[21]

Aus der Maßgeblichkeit des § 2 – und nicht des § 5 – folgt namentlich, dass der zum Kleingewerb- 15 betreibenden „herabgesunkene" Unternehmer zu Recht im Handelsregister steht. Eine Amtslöschung ist – anders als in den Fällen des § 5 – nicht veranlasst (§ 2 RdNr. 30 ff.).[22]

3. Eintragung ohne Handelsregisteranmeldung. § 5 bleibt – wie bisher – bedeutsam für die 16 Fälle der Eintragung von Kleingewerbetreibenden und land- oder forstwirtschaftlichen Unternehmen, ohne dass der Inhaber eine Anmeldung vorgenommen hätte,[23] zB beim Übersehen eines Widerrufs der Anmeldung durch das Registergericht. Diese Fälle werden von § 2 nicht mehr erfasst, weil dort eine Anmeldung zwingend vorausgesetzt ist.

IV. Voraussetzungen der Registerwirkung

1. Eintragung der Firma im Handelsregister. Nach dem insoweit unmissverständlichen Wort- 17 laut der Vorschrift ist zunächst erforderlich, dass der Unternehmer mit seiner Firma im Handelsregister eingetragen sein muss. Worauf die Eintragung beruht, ist unerheblich. Da § 5 keine Rechtsscheinsnorm ist (o. RdNr. 3), kommt die Vorschrift gerade **auch dann** zur Anwendung, wenn die **Eintragung** versehentlich **ohne Anmeldung** oder auf Grund der **Anmeldung eines unbefugten Dritten** erfolgt ist. Auf die Veranlassung der Eintragung durch den Eingetragenen kommt es nicht an.[24]

Ohne eigenständige Bedeutung ist das Merkmal, dass Gegenstand der Eintragung eine **Firma** 18 sein muss. Denn die Eintragung des Unternehmensinhabers erfolgt stets unter einer Firma. Sie ist der Name, unter dem der Kaufmann seine Geschäfte betreibt (§ 17 Abs. 1). Deshalb kommt es auch nicht darauf an, ob die Firmenbildung gesetzmäßig erfolgt ist.[25] Es genügt vielmehr, dass die im Handelsregister als Inhaber eingetragene Person tatsächlich das in der Eintragung bezeichnete Unternehmen betreibt.[26]

---

[18] *Lieb* NJW 1999, 35, 36; Koller/*Roth*/Morck RdNr. 1; *Roth* (Fn. 17) § 4, 5 c (S. 61); wohl auch BT-Drucks. 13/844 S. 49.
[19] *K. Schmidt* ZHR 163 (1999), 87, 91 ff.; *ders.* NJW 1998, 2161, 2163 bei Fn. 31, 2164; *ders.* ZIP 1997, 909, 914; *Ammon* DStR 1998, 1474, 1475; *Bydlinski* ZIP 1998, 1169, 1172; *Bülow* RdNr. 95 (ausdrücklich gegen *Lieb* NJW 1999, 35 f.); *Schulz* JA 1998, 890, 893; *Körber* Jura 1998, 452, 453 f.; *Siems* JuS 1998, 1176; *Hohmeister* NJW 2000, 1921, 1922.
[20] Vgl. BT-Drucks. 13/8444 S. 49.
[21] Vgl. zur nachrangigen Bedeutung der Entstehungsgeschichte einer Vorschrift für deren Verständnis etwa BGH Urt. v. 7. 7. 1960 – VIII ZR 215/59, BGHZ 33, 321, 333 = NJW 1961, 725 (Landwirtschaft als Gewerbebetrieb iSd. § 196 BGB).
[22] Vgl. schon Staub/*Hüffer* § 8 RdNr. 82 (m. Nachw.): Im Falle des § 5 sei der Eingetragene Kaufmann, aber „ohne das Recht, es zu bleiben." Wie hier auch *Hohmeister* NJW 2000, 1921, 1922.
[23] *Schmitt* WiB 1997, 1113, 1117 m. Fn. 32; *v. Olshausen* ZHR 163 (1999), 493, 496 m. Nachw.; Koller/*Roth*/Morck RdNr. 1; *Dreher*, Der neue Handelsstand (Schrifttum vor § 1), S. 1 f. in Fn. 2; hM schon vor der HRefG: MünchKommHGB/*Lieb*, 1. Aufl., § 5 aF RdNr. 7 zum Kannkaufmann nach § 3 aF; Staub/*Brüggemann* § 5 aF RdNr. 17; **aA** *Canaris* § 3 RdNR. 54.
[24] HM Staub/*Brüggemann* § 1 aF RdNr. 17; Koller/*Roth*/Morck RdNr. 6; MünchKommHGB/*Lieb*, 1. Aufl., § 5 aF RdNr. 7; Röhricht/Graf von Westphalen/*Röhricht* § 5 aF RdNr. 2; aA *Canaris* § 3 RdNr. 54 im Hinblick auf den Kannkaufmann: Die Anmeldung sei hier nicht nur förmliche Verfahrensvoraussetzung, sondern zugleich Ausübung eines materiellen Wahlrechts.
[25] MünchKommHGB/*K. Schmidt* § 5 RdNr. 18; Schlegelberger/*Hildebrand*/Steckhan § 5 aF RdNr. 8.
[26] Zur Betreiberstellung des Unternehmensinhabers vgl. § 1 RdNr. 58 ff. und hier RdNr. 25.

19 Da § 5 keinen konkreten Vertrauensschutz bezweckt (RdNr. 1), verzichtet die Vorschrift zudem auf eine Verlautbarung des Eintragungsinhalts. Auf die durch die Bekanntmachung geschaffene Möglichkeit der Kenntnisnahme vom Eintragungsinhalt kommt es daher nicht an.[27]

20 **2. Gewerbe. a) Unverzichtbares Merkmal.** § 5 schneidet den Einwand ab, dass das unter der eingetragenen Firma betriebene *Gewerbe* kein Handelsgewerbe sei. Schon aus dem Wortlaut der Vorschrift wird mithin deutlich, dass – vorbehaltlich der Ausführungen zu RdNr. 22 ff. – **nur Gewerbetreibende** als **Normadressaten** in Betracht kommen.[28] Das Betreiben eines nichtgewerblichen Unternehmens[29] genügt demgegenüber nicht, weshalb etwa versehentlich im Handelsregister eingetragene Freiberufler von § 5 nicht erfasst sind.[30] Die **Gegenauffassung,** die eine entsprechende Erstreckung des § 5 im Wege der **erweiternden Auslegung** befürwortet, beruft sich darauf, dass die Vorschrift anderenfalls wegen der Neufassung des § 2 S. 1 (vgl. o. RdNr. 10 ff.) im praktischen Ergebnis abgeschafft wäre.[31]

21 Richtig ist zwar, dass die hier vertretene Unverzichtbarkeit des Vorliegens eines Gewerbes der Einschätzung des Gesetzgebers zuwiderläuft, wonach für § 5 offenbar auch nach dem HRefG noch ein weites Anwendungsfeld verbleibt,[32] und die zutreffende objektive Auslegung des Gesetzes ergibt in der Tat, dass § 5 seit der Neufassung des § 2 S. 1 nur noch für ohne eigenes Zutun eingetragene Kleinunternehmen sowie Land- oder Forstwirte Bedeutung hat (o. RdNr. 10 ff., 16). Dennoch geht es nicht an, eine solchermaßen ihres Anwendungsgebietes beraubte Vorschrift kurzerhand im Wege der Auslegung tatbestandlich – vom Gewerbe zum Unternehmen – zu erweitern, und zwar allein auf der Grundlage rechtspolitischer Überlegungen. Ein derartiges Überdehnen des Gesetzeswortlauts – der Begriff des Unternehmens schließt das gewerbliche Unternehmen ein (o. § 1 RdNr. 20 ff.) – bedürfte einer dementsprechenden gesetzlichen Wertung an anderer Stelle.[33] Eine solche ist nicht ersichtlich. Im Gegenteil dürfte § 1 Abs. 1 S. 2 PartGG entscheidend gegen die pauschale Einbeziehung aller Unternehmen in den Tatbestand des § 5 sprechen. Aber auch schon grundsätzlich scheitert die Einbeziehung sonstiger Unternehmen in **entsprechender Anwendung** des § 5[34] jedenfalls an der **fehlenden Rechtsähnlichkeit der Problemlagen.**[35] Denn die Prüfung der Erforderlichkeit kaufmännischer Einrichtungen – wovon § 5 im Falle der Eintragung Befreiung erteilt – unterscheidet sich von der Prüfung der Unternehmenseigenschaft in wesentlichen Punkten.[36] Erst recht abzulehnen ist der noch viel weiter vom Normzweck (RdNr. 1) entfernte Vorschlag, jeden im Handelsregister eingetragenen Rechtsträger analog § 5 als Kaufmann zu behandeln.[37]

22 **b) Erstreckung auf die Vermögensverwaltung.** Denkbar ist, dass ein bloß vermögensverwaltend tätiges Einzelunternehmen nach der hier § 2 RdNr. 6 ff. vertretenen Auffassung im Handelsregister eingetragen wurde, oder ein solches – nach Herabsinken einer vermögensverwaltenden Personenhandelsgesellschaft zum einzelkaufmännischen Unternehmen (vgl. § 2 RdNr. 7) – im Handelsregister eingetragen bleibt. Ferner kann es vorkommen, dass vermögensverwaltende Personengesellschaften auf fehlerhafter Willensgrundlage als OHG oder KG in das Handelsregister eingetragen wurden. Vorstellbar ist etwa der Fall, dass der Gesellschafter einer Grundstücksgesellschaft nicht ordnungsgemäß zu einer Gesellschafterversammlung geladen wurde oder dass eine Familien-GbR die „Umwandlung" in eine OHG/KG beantragt, ohne dass für die minderjährigen Gesellschafter die nach § 1822 Nr. 3 BGB (meist iVm. § 1643 Abs. 1 BGB) erforderliche gerichtliche Genehmigung eingeholt worden ist oder ein Ergänzungspfleger (§ 1795 Abs. 1 Nr. 1 BGB) tätig geworden wäre.[38]

---

[27] MünchKommHGB/*K. Schmidt* RdNr. 26; Staub/*Brüggemann* RdNr. 1.
[28] HM, vgl. BGH Urt. v. 19. 5. 1960 – II ZR 72/59, BGHZ 32, 307, 313 f. = NJW 1960, 1664; ferner BGH Urt. v. 6. 7. 1981 – II ZR 38/81, NJW 1982, 45; BAG Urt. v. 17. 2. 1987 – III AZR 197/85, NJW 1988, 221, 222; Baumbach/*Hopt* RdNr. 3; Koller/*Roth*/Morck RdNr. 3; *Canaris* § 3 RdNr. 56; aA MünchKommHGB/*K. Schmidt* RdNr. 22; *ders.* HandelsR § 10 III 2 b; *ders.* JZ 2003, 585, 589; *Raisch* JuS 1967, 539.
[29] Zum Begriff des Unternehmens vgl. § 1 RdNr. 12 ff.
[30] Vgl. BGH Urt. v. 19. 5. 1960 – II ZR 72/59, BGHZ 32, 307, 313 = NJW 1960, 1664; Röhricht/Graf von Westphalen/*Röhricht* § 5 aF RdNr. 3.
[31] *K. Schmidt* ZHR 163 (1999), 87, 96 f.; *ders.* JZ 2003, 585, 589; bloß rechtspolitisch noch *ders.* NJW 1998, 2161, 2164 nach Fn. 56; *Bydlinski* ZIP 1998, 1169, 1172 f.; s. auch schon *Raisch* JuS 1967, 533, 539 zu Fn. 55.
[32] Vgl. BT-Drucks. 13/8444 S. 31 f.; s. auch die lapidare Feststellung auf S. 49 aaO.
[33] Vgl. *Canaris* § 3 RdNr. 56.
[34] Hierfür MünchKommHGB/*Lieb,* 1. Aufl. 1996 § 5 aF RdNr. 4; sympathisierend *K. Schmidt* ZHR 163 (1999), 87, 96 f.
[35] Zum – zusätzlich bestehenden – Erfordernis der Regelungslücke vgl. die Nachweise zum Streitstand bei MünchKommHGB/*Lieb,* 1. Aufl. 1996 § 5 aF RdNr. 4.
[36] Dies räumt auch MünchKommHGB/*Lieb,* 1. Aufl. 1996 § 5 aF RdNr. 4 ein; dieser Autor spricht sich aber iE doch für eine Analogie aus.
[37] So aber *K. Schmidt* ZHR 163 (1999), 87, 97 f.; *ders.* JZ 2003, 585, 589.
[38] Vgl. *Schön* DB 1998, 1169, 1175.

In diesen Fällen sollte § 5 die Kaufmannseigenschaft – und damit den Charakter der Gesellschaft als Personen*handels*gesellschaft – sichern. Hiergegen kann nicht eingewandt werden, dass § 5 HGB dem Wortlaut nach für das Entstehen eines kaufmännischen Unternehmens „kraft Eintragung" das Bestehen eines „Gewerbes" voraussetzt, worunter die Vermögensverwaltung nach bisheriger Anschauung gerade nicht subsumiert wurde.[39] Denn die Öffnung der Personenhandelsgesellschaften für vermögensverwaltende Unternehmen (§ 105 Abs. 2 S. 1 2. Alt.) zwingt zu einem erweiterten Verständnis des § 5.[40] § 5 hilft insoweit auch über die fehlerhafte privatautonome Willensbildung der Gesellschafter hinweg. Für den Rechtsverkehr ist es unerheblich, aus welchen Gründen die Eintragung im Handelsregister der materiellen Berechtigung entbehrt.[41]

Der entscheidende Unterschied zur soeben RdNr. 20 f. abgelehnten Erstreckung des § 5 auf sämtliche Unternehmen liegt in der gesetzgeberischen Entscheidung begründet, für die Vermögensverwaltung Unternehmensformen des Handelsrechts bereitzustellen (§ 105 Abs. 2 2. Alt.). Für (andere) nichtgewerbliche Unternehmen ergibt sich die gegenteilige gesetzliche Wertung aus § 1 Abs. 1 S. 2 PartGG.[42]

c) Betreiberstellung des Eingetragenen. Das Gesetz verlangt weiterhin die Personenidentität zwischen dem Eingetragenen und dem Gewerbetreibenden. Dies wird aus dem Wortlaut des § 5 zwar nicht unmittelbar deutlich, weil dort von der Person desjenigen, um dessen Kaufmannseigenschaft es geht, nicht die Rede ist. Die Notwendigkeit von Personenidentität ergibt sich aber daraus, dass die Vorschrift die Eintragung der Firma verlangt, die Firma aber wiederum der Name *des* Kaufmanns ist, der unter ihr sein Gewerbe betreibt (§ 17 Abs. 1).[43] Fehlt es an der Personenidentität, so kann § 15 Abs. 3 in Betracht kommen. S. zur Zurechnung auch § 1 RdNr. 58 ff.

3. Unmaßgebliche Umstände. Unerheblich ist die Gut- oder Bösgläubigkeit eines Beteiligten in Bezug auf den (fehlenden) handelsgewerblichen Charakter des Unternehmens. Dies folgt aus dem Normzweck der Vorschrift, der auf absoluten Verkehrsschutz gerichtet ist (o. RdNr. 1).[44] Unmaßgeblich ist auch, ob sich einer der Beteiligten auf die durch § 5 vermittelte Kaufmannseigenschaft beruft. Der insoweit abweichende Wortlaut des Gesetzes ist mißverständlich. Es besteht Einigkeit darüber, dass die Kaufmannseigenschaft kraft Registereintragung von Amts wegen zu beachten ist, wenn nur ihre Voraussetzungen im Prozess vorgetragen sind.[45]

V. Die Rechtsstellung des Kaufmanns kraft Eintragung nach § 5

1. Grundsatz. § 5 hat zur Folge, dass der Betrieb eines **Handelsgewerbes** durch den Eingetragenen **fingiert** wird. Die Vorschrift bringt dies dadurch zum Ausdruck, dass sie den **Einwand**, es liege **kein Handelsgewerbe** vor, **abschneidet**. Fingiert wird mithin nicht die Kaufmannseigenschaft,[46] sondern nur das diese nach § 1 Abs. 1 konstituierende Merkmal der **Handelsgewerblichkeit**.[47]

Diese Einordnung der Rechtsfolgen des § 5 erscheint schlüssiger, als der Vorschrift pauschal eine Fiktion der Kaufmannseigenschaft zu entnehmen, diese aber dann im zweiten Zugriff wieder einzuschränken, zB um den Eingetragenen vor dem Strafrecht (Vor § 1 RdNr. 71 ff.; u. RdNr. 48) in Schutz zu nehmen.[48] Stimmiger – wenn auch iE ohne Unterschied – erscheint es, schon die Fiktion der Handelsgewerblichkeit von vornherein teleologisch auf solche Rechtsbereiche zu beschränken, in denen der Normzweck des § 5 (o. RdNr. 1) vertreten ist. Einzelheiten sogleich RdNr. 33 ff.

§ 5 hat mithin zur **Folge,** dass der eingetragene Gewerbetreibende gem. § 1 Abs. 1 die **Kaufmannseigenschaft kraft – fingierter – Handelsgewerblichkeit** besitzt. Auch einem eingetrage-

---

[39] Vgl. Staub/*Brüggemann* § 5 aF RdNr. 21.
[40] Zutr. *Schön* DB 1998, 1169, 1175 r. Sp.
[41] *Schön* DB 1998, 1169, 1175 im Anschluss an *von Olshausen* ZHR 141 (1977), 93, 107 ff., 112 ff.
[42] Näher MünchKommBGB/*Ulmer* § 1 PartGG RdNr. 15 ff.
[43] Staub/*Brüggemann*, 1. Aufl. § 5 RdNr. 22; MünchKommHGB/*Lieb* 1. Aufl. 1996, § 5 aF RdNr. 10. MünchKommHGB/*K. Schmidt* RdNr. 18 lässt die Zurechnung zu einem vorhandenen Rechtsträger genügen.
[44] BGH Urt. v. 6. 7. 1981 – II ZR 38/81, NJW 1982, 45; Staub/*Brüggemann* § 5 aF RdNr. 19.
[45] Heymann/*Emmerich* § 5 aF RdNr. 7; Baumbach/*Hopt* RdNr. 4.
[46] So die herrschende Lehre, zB *Canaris* § 3 RdNr. 48 ff. („Fiktiv-Kaufmann"); ferner MünchKommHGB/*Lieb*, 1. Aufl. 1996 § 5 aF RdNr. 3; Koller/*Roth*/Morck RdNr. 2; ähnlich Baumbach/*Hopt* RdNr. 1 (unwiderlegliche Vermutung). Wie hier MünchKommHGB/*K. Schmidt* RdNr. 10.
[47] Staub/*Hüffer* § 8 RdNr. 82; MünchKommHGB/*K. Schmidt* RdNr. 9.
[48] So die hL, zB *Canaris* § 3 RdNr. 52 („Fiktiv-Kaufmann", aber „kein wirklicher Vollkaufmann"); MünchKommHGB/*K. Schmidt* RdNr. 9; Brox RdNr. 46 ff.

nen **Land- oder Forstwirt** ist der Einwand verwehrt, die Eintragung sei ohne seinen Willen erfolgt, weshalb er nicht als Kaufmann behandelt werden dürfe.[49]

30 Die Kaufmannseigenschaft wirkt **für und gegen den Eingetragenen**,[50] zB im Hinblick auf § 377. Die Kaufmannseigenschaft besteht auch für **Gesellschaften.** Eingetragene Zusammenschlüsse mehrerer Personen zum Betrieb eines Gewerbes sind OHG oder KG, nicht GbR.[51] Sie sind daher nach § 6 Abs. 1 Kaufleute. Die Gesellschafterhaftung richtet sich nach §§ 128 ff., 171 ff.

31 In **zeitlicher Hinsicht** wird über § 5 die Kaufmannseigenschaft nur für den Zeitraum begründet, in dem die **Eintragung** im Handelsregister **besteht.** Daraus folgt, dass die Kaufmannseigenschaft durch § 5 nicht im Hinblick auf Rechtsverhältnisse vermittelt wird, die bereits vor der Eintragung oder erst nach der Löschung begründet worden sind.[52]

32 Unberührt bleibt trotz der nach § 5 iVm. § 1 Abs. 1 bestehenden Kaufmannseigenschaft die Einwendung des Eingetragenen, es liege überhaupt kein Gewerbe vor bzw. ein solches werde nicht mehr betrieben (o. RdNr. 20 f.).[53] Zulässig bleiben ferner der Einwand der fehlenden Personenidentität (vgl. o. RdNr. 25) und der Einwand, die Gesellschaft, um deren Kaufmannseigenschaft es geht, bestehe nicht (mehr).[54]

33 **2. Betroffene Rechtsgebiete.** Wegen seines beschränkten Normzwecks (RdNr. 1) schafft § 5 nicht für alle Normzusammenhänge gleichermaßen die Kaufmannseigenschaft des Eingetragenen.

34 **a) Rechtsgeschäftlicher Verkehr.** Nach einhelliger Auffassung kommt die absolut verkehrsschützende Funktion der Vorschrift (o. RdNr. 1) uneingeschränkt im rechtsgeschäftlichen Verkehr zur Geltung.[55] Ein mit seiner Firma im Handelsregister eingetragener Gewerbebetrieb kann demnach unter Berufung auf fehlende Handelsgewerblichkeit (§ 1 Abs. 2) **zB** nicht geltend machen, die vereinbarte **Vertragsstrafe** sei herabzusetzen (§ 348), eine mündlich abgegebene **Bürgschaftserklärung** sei formunwirksam (§ 350), es seien keine **kaufmännischen Zinsen** geschuldet (§§ 352, 353), es habe keine **Rügeobliegenheit** nach §§ 377, 378 bestanden usw. Umgekehrt kann sich auch der Kaufmann kraft Registerwirkung zu seinem Vorteil auf die genannten Bestimmungen berufen. § 5 wirkt für und gegen ihn (RdNr. 30).

35 Wer in eine **im Handelsregister eingetragene GbR** eintritt, haftet nach §§ 128 ff. für die Gesellschaftsverbindlichkeiten.[56] Im Falle des § 25 Abs. 1 S. 1 kann sich der Erwerber nicht auf die fehlende Handelsgewerblichkeit des im Handelsregister eingetragenen Veräußerers berufen.[57]

36 **b) Prozessverkehr.** Der zu Unrecht eingetragene Gewerbetreibende kann **unter seiner Firma klagen und verklagt werden** (§ 17 Abs. 2).[58] Gleiches gilt für die im Handelsregister eingetragene GbR (§ 124 Abs. 1).[59] Der Kaufmann kraft Eintragung ist prorogationsbefugt iSd. § 38 Abs. 1 ZPO.[60]

37 **c) Gesetzliche Schuldverhältnisse und sachenrechtliche Beziehungen.** Streitig ist, ob die Kaufmannseigenschaft nach § 5 im Rahmen gesetzlich begründeter Rechtsbeziehungen wirkt, insbesondere bei unerlaubten Handlungen und im Falle der ungerechtfertigten Bereicherung. Nach zutreffender hM kommt die Vorschrift nur für solche deliktischen und bereicherungsrechtlichen Ansprüche in Betracht, die mit dem Geschäftsverkehr zusammenhängen, nicht aber schlechthin im sog. „Unrechtsverkehr".[61]

38 Die Gegenauffassung, die – weitergehend – für die Anwendbarkeit von § 5 im gesamten Privatrechtsverkehr eintritt,[62] bewegt sich damit außerhalb des begrenzten Normzwecks der Vorschrift

---

[49] *v. Olshausen* ZHR 141 (1977), 93, 107 ff.; Heymann/*Emmerich* § 5 aF RdNr. 9.
[50] *Canaris* § 3 RdNr. 51.
[51] BGH Urt. v. 6. 7. 1981 – II ZR 38/81, NJW 1982, 45; BAG Urt. v. 17. 2. 1987 – 3 AZR 197/85, NJW 1988, 222, 223; *A. Hueck* ArchBürgR 43 (1919), 415, 445; Heymann/*Emmerich* § 5 aF RdNr. 9; Koller/*Roth*/Morck RdNr. 7.
[52] Baumbach/*Hopt* RdNr. 7; Heymann/*Emmerich* § 5 aF RdNr. 10 a.
[53] BAG Urt. v. 17. 2. 1987 – 3 AZR 197/85, NJW 1988, 222; Koller/*Roth*/Morck RdNr. 7.
[54] Koller/*Roth*/Morck RdNr. 7 aE.
[55] Röhricht/Graf von Westphalen/*Röhricht* § 5 aF RdNr. 8; Heymann/*Emmerich* § 5 aF RdNr. 10; *Canaris* § 3 RdNr. 57; MünchKommHGB/*Lieb* § 5 aF RdNr. 6.
[56] BGH Urt. v. 6. 7. 1981 – II ZR 38/81, NJW 1982, 45; Röhricht/Graf von Westphalen/*Röhricht* § 5 aF RdNr. 8.
[57] BGH Urt. v. 29. 11. 1956 – II ZR 32/56, BGHZ 22, 234, 239 f. = NJW 1957, 179; Koller/*Roth*/Morck § 25 RdNr. 3.
[58] Vgl. *Schuler* NJW 1957, 1537.
[59] BGH Urt. v. 6. 7. 1981 – II ZR 38/81, NJW 1982, 45.
[60] MünchKommZPO/*Patzina* § 38 RdNr. 15.
[61] Schlegelberger/*Hildebrandt*/Steckhan § 5 aF RdNr. 9 a; Koller/*Roth*/Morck RdNr. 8; Röhricht/Graf von Westphalen/*Röhricht* § 5 aF RdNr. 9; *Canaris* § 3 RdNr. 57.
[62] Staub/*Brüggemann* § 5 aF RdNr. 20, § 6 RdNr. 12; MünchKommHGB/*K. Schmidt* RdNr. 40; ders. HandelsR § 10 III 3 b; offengelassen in BGH Urt. v. 6. 7. 1981 – II ZR 38/81, NJW 1982, 45.

(RdNr. 1, 6). § 5 wirkt nur, soweit Rechtssicherheits- und Verkehrsschutzbelange betroffen sein können.

Die **Hauptbedeutung des Meinungsstreits** liegt in der Frage, ob **§ 31 BGB** auch auf eine im 39 Handelsregister eingetragene GbR anzuwenden ist.[63] Die Anwendbarkeit der Bestimmung auf die OHG ist nämlich anerkannt.[64] Bedeutsam wird die durch § 5 vermittelte Kaufmannseigenschaft hier nur dann, wenn man entgegen der hM[65] § 31 BGB nicht ohnehin auf die BGB-Gesellschaft analog anwendet. Nur wer dies ablehnt, steht vor der Frage, ob für die im Handelsregister eingetragenen Gesellschaften des bürgerlichen Rechts wegen der durch § 5 vermittelten Kaufmannseigenschaft die zur OHG anerkannte Organhaftung analog § 31 BGB zur Anwendung gelangt. Dies ist mit der hM, wie eingangs ausgeführt, jedenfalls für gesetzliche Schuldverhältnisse mit Bezug zum Privatrechtsverkehr zu bejahen.

Ferner wirkt sich § 5 im nicht-rechtsgeschäftlichen Bereich insofern aus, als der Begriff des 40 „**Handelsgeschäfts**" iSd. §§ 343 ff. – nach freilich nicht unbestrittener Auffassung – auch bestimmte **unerlaubte Handlungen und Bereicherungsvorgänge** umfassen kann.[66] Bedeutung hat dies etwa für die Entrichtung kaufmännischer Zinsen (§§ 352, 353) auf eine Bereicherungsschuld.[67] Auch für rein sachenrechtliche Beziehungen, die von Erwerbsvorgängen im Anwendungsbereich der §§ 366, 369 Abs. 2 abhängen, kann § 5 bedeutsam werden.[68]

d) Öffentliches Recht (einschließlich kaufmännische Grundpflichten). Anders als im Falle 41 des § 2 steht der Eingetragene in den hier zu behandelnden Fällen des § 5 (o. RdNr. 16) ohne sein Zutun im Handelsregister. Dieser Umstand und der begrenzte Normzweck der Vorschrift (o. RdNr. 1, 6) rechtfertigen es, die Registerwirkung des § 5 in den nachgenannten Fällen weitgehend auszuschließen.[69] Methodisch liegt dem eine teleologische Reduktion der Fiktion eines Handelsgewerbes durch § 5 zugrunde (vgl. RdNr. 28).

aa) Registergerichtliches Verfahren. Das Registergericht hat zu jedem Zeitpunkt zu prüfen, 42 ob eine Eintragung zu Recht besteht (vgl. § 142 FGG). Kommt es dabei zu dem Ergebnis, dass die Voraussetzungen der Kaufmannseigenschaft nach §§ 1, 2, 3 oder 6 nicht vorliegen, so hat es eine bestehende Eintragung von Amts wegen zu löschen.[70] Der Eingetragene ist mithin zwar nach § 5 (iVm. § 1 Abs. 1) Kaufmann, aber ohne das Recht, Kaufmann zu bleiben.[71] Eine Verpflichtung zur Registeranmeldung (§ 29) kann aus § 5 naturgemäß nicht folgen, da die Bestimmung voraussetzt, dass eine Eintragung im Handelsregister bereits erfolgt ist.

bb) Firmenführung. Da auch der Nichtkaufmann den Verboten des Firmenrechts unterliegt,[72] 43 gilt dies gleichermaßen für den Personenkreis, dem die Kaufmannseigenschaft durch § 5 vermittelt wird. Der Kaufmann kraft Eintragung kann unter seiner Firma klagen und verklagt werden (o. RdNr. 36).

cc) Angaben auf Geschäftsbriefen. Die Geschäftsbriefpublizität nach § 37 a (hierzu auch Vor 44 § 1 RdNr. 31) ist öffentlichrechtlich zu qualifizieren. Das Registergericht kann sie daher nicht gemäß § 37 a Abs. 4 gegenüber dem ohne sein Zutun im Handelsregister Eingetragenen erzwingen. Statt dessen wird häufig eine Amtslöschung nach § 142 FGG in Betracht kommen (o. RdNr. 42).

---

[63] Abl. BGH Urt. v. 30. 6. 1966 – VII ZR 23/65, BGHZ 45, 311 = NJW 1966, 1807; krit. Röhricht/Graf von Westphalen/*Röhricht* § 5 aF RdNr. 9 m. Fn. 16: „unhaltbar".
[64] BGH Urt. v. 8. 2. 1952 – I ZR 92/51, NJW 1952, 537, 538; Baumbach/*Hopt* § 124 RdNr. 25; Staub/*Habersack* § 124 RdNr. 14.
[65] MünchKommBGB/*Ulmer* § 705 RdNr. 217 ff.; MünchKommHGB/*K. Schmidt* RdNr. 400; BGH Urt. v. 24. 2. 2003 – II ZR 385/99, BGHZ 154, 88 = NJW 2003, 1445 (Zurechnung des Verhaltens der geschäftsführenden Gesellschafter einer BGB-Außengesellschaft). Anders noch BGH Urt. v. 30. 6. 1966 – VII ZR 23/65, BGHZ 45, 311 = NJW 1966, 1807 (die Aufgabe dieser Entscheidung wird von *Ulmer* aaO RdNr. 218 erwartet).
[66] Vgl. BGH Urt. v. 11. 6. 1956 – II ZR 173/55, BB 1956, 833 (Zahlung an einen Nichtberechtigten); RG Urt. v. 20. 4. 1937 – II 233/36, RGZ 154, 334, 336 (Wettbewerbshandlungen); s. allg. Schlegelberger/*Hefermehl* § 343 RdNr. 12 ff.
[67] In diesem Sinne RG Urt. v. 2. 7. 1918 – II 63/18, RGZ 93, 227, 229; Schlegelberger/*Hefermehl* § 352 RdNr. 15; *Bülow* RdNr. 96; eingehend *Canaris*, Gesetzliche Zinsansprüche in Zivil- und Handelsrecht, 1996, S. 132 ff.; aA RG Urt. v. 23. 5. 1919 – II 376/18, RGZ 96, 53, 57; BGH Urt. v. 2. 12. 1982 – III ZR 90/81, NJW 1983, 1420, 1423; Palandt/*Sprau* Vor § 812 RdNr. 30, § 818 RdNr. 52 (o. Begr.).
[68] Eingehend Staub/*Brüggemann* § 5 aF RdNr. 20.
[69] Überzeugend *Canaris* § 12 RdNr. 8 (zur Rechnungslegung).
[70] BayObLG Beschl. v. 13. 11. 1984 – BReg. 3 Z 60/83 u. 119/83, BayObLGZ 1984, 273 = NJW 1985, 982; Heymann/*Emmerich* § 5 aF RdNr. 11; Röhricht/Graf von Westphalen/*Röhricht* § 5 aF RdNr. 18.
[71] Staub/*Hüffer* § 8 RdNr. 82 m. Nachw.
[72] Vgl. Koller/*Roth*/Morck § 37 RdNr. 2.

45   **dd) Rechnungslegung.** Der Kaufmann kraft Eintragung iSv. § 5 ist nicht rechnungslegungspflichtig iSd. §§ 238 ff. (hierzu auch Vor § 1 RdNr. 33 ff.). Er fällt daher auch nicht in den persönlichen Anwendungsbereich der Bankrottbestimmungen des StGB (hierzu Vor § 1 RdNr. 71 ff.). Neben dem begrenzten Normzweck des § 5 (o. RdNr. 1) ist hierfür vor allem die Erwägung maßgeblich, dass die in den §§ 238 ff. bestimmten Pflichten an die tatsächliche Beschaffenheit des Unternehmens – eben seinen handelsgewerblichen Charakter – anknüpfen.[73]

46   **ee) Verwaltungsrecht.** Für das gesamte Verwaltungsrecht einschließlich der dort normierten Ordnungswidrigkeitstatbestände ist die Registerwirkung des § 5 ohne Bedeutung.[74] Dies gilt im Hinblick auf die gewerberechtliche Firmenpublizität (Vor § 1 RdNr. 54 f.), wie auch für die Verpflichtung zur Zahlung der IHK-Umlage.[75]

47   **ff) Steuerrecht.** Das Steuerrecht verwendet den Kaufmannsbegriff als solchen nicht. Steuersubjekte sind bisweilen „Unternehmer" oder „Gewerbetreibende". Soweit hier einer Handelsregistereintragung Indizwirkung für die Zuordnung zu diesen Kategorien zukommen sollte,[76] so sind hiervon die Fälle des § 5 auszunehmen.[77] Gleiches gilt im Hinblick auf die Anknüpfung der Steuerpflicht an bestimmte Unternehmensformen, denen das Handelsrecht die Formkaufmannseigenschaft beimisst (vgl. § 15 EStG, § 2 Abs. 1 GewStG), sowie für Angehörige bestimmter „Grundhandelsgewerbe" nach früherem Recht (vgl. zum Kommissionär § 3 Abs. 3 UStG, zum Handelsvertreter § 24 Nr. 1 c EStG). Im Hinblick auf die zuletzt genannte Personengruppe kann § 5 schon deshalb für das Steuerrecht keine Bedeutung haben, weil die Steuerpflicht nicht an die Kaufmannseigenschaft als solche anknüpft, sondern an die Zugehörigkeit zu einem bestimmten Wirtschaftszweig.[78]

48   **gg) Strafrecht.** Schließlich kommen auch die kaufmannsbezogenen Vorschriften des StGB (Vor § 1 RdNr. 71 ff.) insoweit nicht zur Anwendung, als Kaufleute kraft Eintragung iSd. § 5 hiervon betroffen wären.[79]

VI. Der Kaufmann kraft Rechtsscheins („Scheinkaufmann")

49   **1. Entstehung der Rechtsfigur und dogmatische Einordnung.** Die von *Staub*[80] begründete Lehre vom Scheinkaufmann erstreckte die Rechtsfolgen des § 5 auf Fälle eines *außerhalb* des Handelsregisters erzeugten Rechtsscheins der Kaufmannseigenschaft. Die Vorschrift des § 5 sei – so *Staub* – nur eine Anwendung des allgemeinen Satzes: „Wer im Rechtsverkehr als Kaufmann auftritt, gilt als Kaufmann; wer sich als Vollkaufmann geriert, gilt als Vollkaufmann."[81] Ob die Person im Handelsregister oder außerhalb desselben als Kaufmann auftritt, galt mithin gleichviel.

50   Die dogmatische Verankerung der Lehre vom Scheinkaufmann bei § 5 wird heute als überholt angesehen.[82] § 5 bezweckt nach heutigem Verständnis nicht Rechtsscheinsschutz, sondern Rechtssicherheit und absoluten Verkehrsschutz (o. RdNr. 1). Nur so lässt sich die Wirkung des § 5 zugunsten des Eingetragenen selbst und zugunsten des – im Hinblick auf die fehlende Handelsgewerblichkeit – „Bösgläubigen" überzeugend erklären.[83] Die Lehre vom Scheinkaufmann hingegen wird heute

---

[73] *Canaris* § 12 RdNr. 8; Baumbach/*Hopt* § 238 RdNr. 7; Röhricht/Graf von Westphalen/*Röhricht* § 5 aF RdNr. 18; s. auch OLG Celle Beschl. v. 31. 7. 1968 – 1 Ws 37/68, NJW 1968, 2119 (hM); hiergegen Staub/*Hüffer* § 238 RdNr. 8 m. Nachw.
[74] Röhricht/Graf von Westphalen/*Röhricht* § 5 aF RdNr. 18.
[75] Röhricht/Graf von Westphalen/*Röhricht* § 5 aF RdNr. 18; unhaltbar OVG Nordrhein-Westfalen Urt. v. 23. 10. 1986 – 13 A 334/86, BB 1987, 1130.
[76] Vgl. *Priester* DNotZ 1998, 691, 694 m. Fn. 28.
[77] Staub/*Brüggemann* § 5 aF RdNr. 24; Heymann/*Emmerich* § 5 aF RdNr. 12; Röhricht/Graf von Westphalen/*Röhricht* § 5 aF RdNr. 18; vgl. schon RG Urt. v. 13. 11. 1905 – III 410/05, DJZ 1906, 263; RG Urt. v. 2. 4. 1912 – II 1106/11, JW 1912, 951 Nr. 46; RG Urt. v. 21. 9. 1931 – 2 D 170/31, HRR 1932 Nr. 218.
[78] Vgl. auch Staub/*Brüggemann* Vor § 1 aF RdNr. 59.
[79] Staub/*Brüggemann* § 5 aF RdNr. 24; Röhricht/Graf von Westphalen/*Röhricht* § 5 aF RdNr. 18; Heymann/*Emmerich* § 5 aF RdNr. 12; MünchKommHGB/*K. Schmidt* § 5 aF RdNr. 44; *Canaris* § 12 RdNr. 9; aA Staub/*Hüffer* § 238 RdNr. 8, der hier mit der strafrechtlichen Irrtumslehre helfen will.
[80] *Staub*, HGB, 6./7. Aufl., 1900, Excurs zu § 5, Anm. 1 (S. 80 ff.).
[81] Wie vorige Fn.; s. auch RG Urt. v. 27. 3. 1907 – VI 95/06, RGZ 65, 413; krit. zur Staub'schen Lehre zB *v. Olshausen*, FS Raisch, 1995, S. 147, 150 ff.
[82] Dennoch wird der „Scheinkaufmann" in der Kommentarliteratur – wie hier – traditionell nach wie vor bei (oder im Anhang zu) § 5 abgehandelt; vgl. Staub/*Brüggemann* § 5 aF Anh.; Baumbach/*Hopt* § 5 aF RdNr. 9 ff.; Heymann/*Emmerich* § 5 aF RdNr. 13 ff.; Röhricht/Graf von Westphalen/*Röhricht* § 5 Anh.; anders etwa MünchKommHGB/*Lieb*, 1. Aufl., § 15 RdNr. 82, 84 ff., der den Scheinkaufmann in die Nähe der Publizitätswirkungen des Handelsregisters nach § 15 rückt.
[83] Vgl. zu weiteren, ebenfalls überholten Ansätzen insbes. *Canaris* § 6 RdNR. 8 (zur Lehre von der „Erklärung an die Öffentlichkeit"); ferner Staub/*Brüggemann* § 5 aF Anh. RdNr. 9 ff.

in die – insbesondere durch *Canaris*[84] ausgearbeitete – **allgemeine Rechtsscheinslehre** eingeordnet.[85] Diese besagt im Kern: Wer zurechenbar einen Rechtsscheinstatbestand geschaffen hat, muss sich von gutgläubigen Dritten, die im Vertrauen hierauf disponiert haben, an dem Rechtsscheinstatbestand – nach Wahl des Dritten – festhalten lassen.[86] Bedeutsame handelsrechtliche Ausprägungen dieser Regel sind – neben der hier sogleich darzustellenden Lehre vom Scheinkaufmann – vor allem die Scheingesellschaft (§ 105 RdNr. 211 ff.), die Gewohnheitsrechtssätze zu § 15 Abs. 3 (dort RdNr. 38) und die Fälle des Rechtsscheins unbeschränkter Haftung (Firmenführung ohne den gebotenen Rechtsformzusatz[87]). Die Lehre vom Rechtsschein bezweckt **konkreten Verkehrsschutz.**

2. Voraussetzungen. Wer die Kaufmannseigenschaft zwar nicht besitzt, aber durch sein Auftreten 51 und Verhalten zurechenbar einen entsprechenden Rechtsschein bei einem darauf vertrauenden Dritten erzeugt, muss sich wie ein Kaufmann behandeln lassen.[88]

a) Personenkreis. Die Lehre vom Scheinkaufmann ist **subsidiär** zu sämtlichen **Kaufmanns-** 52 **tatbeständen des geschriebenen Rechts** (§§ 1 bis 3, 5, 6), ferner zu § 15.[89]

Für **im Handelsregister eingetragene Personen** kommt der Scheinkaufmannstatbestand daher 53 nur dann in Betracht, wenn diese nicht gewerblich handeln. Liegt hingegen gewerbliches Handeln vor, so ergibt sich die Kaufmannseigenschaft bereits aus § 2 (auch iVm. § 3 Abs. 2) oder aus § 5.[90]

Bei den **im Handelsregister nicht eingetragenen Personen** sind zwei Gruppen zu unterscheiden. 54 Diejenigen, die tatsächlich ein Handelsgewerbe betreiben, sind bereits nach § 1 Abs. 1 Kaufmann. Für sie kommt der Scheinkaufmannstatbestand daher nicht in Betracht. Als Adressaten der Lehre vom Scheinkaufmann verbleiben hier – als zweite Gruppe – Personen, die (1) überhaupt kein Gewerbe, (2) ein Kleingewerbe iSd. § 2 S. 1, oder (3) eine Land- bzw. Forstwirtschaft iSd. § 3 betreiben.

In allen Fällen kann sich der Rechtsscheinstatbestand demnach nur auf das Vorspiegeln eines 55 handelsgewerblichen Unternehmens (vgl. § 1 Abs. 1) oder – im Falle der Kleingewerblichkeit – einer Registereintragung (vgl. § 2, auch iVm. § 3 Abs. 2; § 5) stützen. Der erweckte Rechtsschein überdeckt also gerade denjenigen Mangel, an dem die wirkliche Kaufmannseigenschaft scheitert.[91]

b) Rechtsscheinstatbestand (Auftreten als Kaufmann). aa) Ausdrückliche Erklärung. Als 56 Kaufmann tritt zunächst auf, wer ausdrücklich erklärt, die Kaufmannseigenschaft zu besitzen.[92] Dabei ist nicht erforderlich, dass die Behauptung der Kaufmannseigenschaft in sich schlüssig ist. Der objektive Rechtsscheinstatbestand ist daher zB auch dann gegeben, wenn ein Architekt – der als Angehöriger eines freien Berufes kein Kaufmann sein kann (§ 1 RdNr. 38) – behauptet, Kaufmann zu sein.[93] Hier wird es freilich häufig an der Gutgläubigkeit des Rechtsscheinsgegners (u. RdNr. 71) fehlen.

Zum Auftreten als Kaufmann kraft ausdrücklicher Erklärung gehört auch der Fall, dass ein Kann- 57 kaufmann (§ 2, auch iVm. § 3 Abs. 2) als **„eingetragener Kaufmann"** auftritt (§ 19 Abs. 1 Nr. 1), ohne (bereits) im Handelsregister eingetragen zu sein.[94] Die Vorschrift des § 15 Abs. 1 führt hier nicht zur Vermutung der Kaufmannseigenschaft auch *zu Lasten* des Dritten.[95] Denn zum einen besteht für **Kannkaufleute** keine Eintragungspflicht (vgl. § 2 S. 2, auch iVm. § 3 Abs. 2), so dass insoweit § 15 Abs. 1 schon tatbestandlich – in Ermangelung einer „einzutragenden Tatsache" –

---

[84] *Canaris* (Fn. 1); *ders.* § 6.
[85] Vgl. schon BGH Urt. v. 4. 7. 1966 – VIII ZR 90/64, NJW 1966, 1915, 1916; f. *Canaris* (Fn. 1) S. 180 f.; Staub/*Brüggemann* § 5 aF Anh. RdNr. 14 ff.; Baumbach/*Hopt* § 5 RdNr. 9; Fundamentalkritik gegen diese dogmatische Einordnung hingegen bei *von Olshausen*, FS Raisch, 1995, S. 147, 153 ff.
[86] Zusammenfassend etwa *Canaris* § 6 RdNr. 68 ff.; MünchKommHGB/*K. Schmidt* § 5 Anh. RdNr. 3; Staub/*Hüffer* § 15 RdNr. 6; Staub/*Brüggemann* § 5 aF Anh. RdNr. 15; Koller/*Roth*/Morck § 15 RdNr. 36 ff.; Baumbach/*Hopt* RdNr. 9.
[87] Vgl. *Canaris* § 6 RdNr. 36 ff.; Koller/*Roth*/Morck § 15 RdNr. 50.
[88] MünchKommHGB/*K. Schmidt* § 5 RdNr. 11; Baumbach/*Hopt* § 5 RdNr. 9; Heymann/*Emmerich* § 5 aF RdNr. 15; *Canaris* § 6 RdNr. 7.
[89] *Canaris* § 6 RdNr. 9 f.
[90] *Roth* (Fn. 17) § 7, 2 a.
[91] RAG Urt. v. 4. 9. 1937 – 111/37, JW 1937, 3057 Nr. 57; Staub/*Brüggemann* § 5 aF Anh. RdNr. 21; Schlegelberger/*Hefermehl*/Steckhan § 5 aF RdNr. 12.
[92] Grundlegend *Goldschmidt*, Handbuch des Handelsrechts, 2. Aufl. 1875, S. 458 ff., der allerdings aus der Selbstbezeichnung als Kaufmann nur die Vermutung der Kaufmannseigenschaft herleitet; MünchKommHGB/*K. Schmidt* RdNr. 17; *Canaris* § 6 RdNr. 11; Schlegelberger/*Hildebrand*/Steckhan § 5 aF RdNr. 14; aA wohl nur *Limbach* ZHR 134 (1970), 289, 302.
[93] Wie hier MünchKommHGB/*K. Schmidt* § 15 RdNr. 16; aA *Canaris* § 6 RdNr. 12.
[94] Koller/*Roth*/Morck § 15 RdNr. 45, 47.
[95] Vgl. *Lieb* NJW 1999, 35, 36 nach Fn. 9.

ausscheidet. Zum anderen kommt für Gewerbebetriebe oberhalb der Schwelle des § 1 Abs. 2 eine Registerwirkung nach § 15 Abs. 1 deshalb nicht in Betracht, weil dieser Personenkreis zu den **Istkaufleuten** nach § 1 Abs. 1 gehört und schon kraft Gesetzes die Kaufmannseigenschaft besitzt.[96] Zu beachten ist nur, dass sich derartige Unternehmen nicht zum eigenen Vorteil auf die Vermutung der *Großgewerblichkeit* (§ 1 Abs. 2) berufen können (vgl. § 1 RdNr. 42 aE).

58 Wem in den **AGB** seines Vertragsgegners die **Versicherung** untergeschoben wird, Kaufmann zu sein, tritt hierdurch nicht willentlich als Kaufmann auf. Zur Unwirksamkeit einer solchen AGB-Klausel s. § 1 RdNr. 94.

59 bb) **Inanspruchnahme kaufmännischer Rechtseinrichtungen.** Den Scheinkaufmannstatbestand verwirklicht ferner, wer sich einer Rechtseinrichtung bedient, die von Rechts wegen Kaufleuten vorbehalten ist".[97] Hierher gehört etwa der Fall, dass ein nicht eingetragener Kleinunternehmer einem Angestellten **„Prokura"** erteilt. Er muss dann dessen Handeln nach den Bestimmungen der §§ 49 f. gegen sich gelten lassen.[98]

60 Gleichzuachten ist der **Gebrauch einer Firma** iSd. §§ 17 ff., zB in Geschäftsbriefen und Bestellscheinen.[99] Denn die Firma ist sogar die wichtigste Rechtseinrichtung, die der Kaufmann für seine Außendarstellung in Anspruch nimmt. Davon geht auch § 17 Abs. 1 aus. Abgrenzungsschwierigkeiten zwischen einer Firma und einer – auch Nichtkaufleuten offen stehenden – bloßen Geschäftsbezeichnung (vgl. §§ 1 Nr. 2; 5 MarkenG) sprechen nicht gegen die Tauglichkeit dieses Kriteriums.[100] Entscheidend ist nicht die firmenrechtliche Parallelwertung in der Laiensphäre, sondern ein objektiver Beurteilungsmaßstab.

61 Die **firmenrechtliche Zulässigkeit** der geführten Bezeichnung ist für den Rechtsscheinstatbestand **nicht konstitutiv**. Da auch Kaufleute in der Wirklichkeit keineswegs nur zulässige Firmen gebrauchen, kann umgekehrt nicht angenommen werden, dass der Gebrauch einer unzulässigen Firma den Rechtsschein eines Kaufmanns ausschließe. Zu §§ 105 Abs. 1, 161 Abs. 1 ist sogar anerkannt, dass die Unzulässigkeit der Firma keineswegs die Entstehung der Personenhandelsgesellschaft – und damit über § 6 Abs. 1 den Eintritt der Kaufmannseigenschaft – hindert.[101]

62 cc) **Nicht: großspuriges Auftreten.** Dagegen liegt in der Verwendung von AGB, Fax- und E-mail-Adressen, aufwändigen Briefbögen mit mehreren Geschäftskonten, in der Eintragung im Branchenverzeichnis und dergleichen noch kein kaufmännisches Auftreten. Denn ein derartiges Verhalten ist bloß *tatsächlich* kaufmannstypisch, deutet aber nicht zwingend auf eine rechtlich gegebene Kaufmannsstellung hin. Auch Kleingewerbetreibende und Freiberufler bedienen sich häufig dieser Formen der Außendarstellung ihres Unternehmens.[102]

63 dd) **Vorhandensein eines Geschäftsbetriebs mit kaufmännischer Organisation.** Das tatsächliche Vorhandensein eines Geschäftsbetriebs mit kaufmännischer Organisation ist ein Anzeichen für dessen *Erforderlichkeit* (§ 1 RdNr. 46), und begründet deshalb bei Gewerbetreibenden idR schon die **Kaufmannseigenschaft nach § 1**. Wegen ihres subsidiären Charakters tritt die Lehre vom Scheinkaufmann hier zurück.

64 **Übrig bleiben** – die wohl eher theoretischen – **Fälle**, in denen der tatsächlich vorhandene **kaufmännische Geschäftsbetrieb** erwiesenermaßen für das Unternehmen des Gewerbetreibenden **nicht erforderlich** ist. Hier muss sich der **Gewerbetreibende** am Rechtsschein der Erforderlichkeit iSd. § 1 Abs. 2 und damit am Scheinkaufmannstatbestand festhalten lassen.[103]

65 Im Hinblick auf **Nichtgewerbetreibende** (insbes. Vermögensverwalter, Freiberufler, Arbeitnehmer) muss der *doppelte* Rechtsschein der Gewerblichkeit *und* der von § 1 Abs. 2 normierten Mindestbetriebsgröße gegeben sein. Denn beides wäre für eine wirkliche Kaufmannseigenschaft nach § 1

---

[96] § 19 Abs. 1 Nr. 1 scheint den noch nicht eingetragenen Istkaufmann freilich zur Aufnahme einer inhaltlich unrichtigen Angabe in die Firma zu zwingen, hierzu (aus firmenrechtlicher Sicht) *Zimmer* ZIP 1998, 2050, 2051 f.
[97] *Canaris* § 6 RdNr. 16; ähnlich schon *ders.* (Fn. 1) S. 180; ferner *K. Schmidt* DB 1973, 703, 707; *Nickel* JA 1980, 566, 572. Für eine Einzelfallbetrachtung MünchKommHGB/*K. Schmidt* § 5 Anh. RdNr. 19.
[98] *Canaris* § 6 II RdNr. 16.
[99] HM, *Bülow* RdNr. 109; *Roth* (Fn. 17) § 7, 2 c (S. 95); *Brox* RdNr. 56; Staub/*Brüggemann* § 5 aF Anh. RdNr. 20; Röhricht/Graf von Westphalen/*Röhricht* § 5 aF Anh. RdNr. 9; OLG Frankfurt/M. Urt. v. 30. 9. 1974 – 5 W 13/74, BB 1974, 1366.
[100] So aber MünchKommHGB/*Lieb* § 15 RdNr. 89; zurückhaltend auch *Canaris* § 6 RdNr. 17; ganz krit. *v. Olshausen*, FS Raisch, 1995, S. 147, 156 f.
[101] BGH Urt. v. 29. 11. 1956 – II ZR 282/55, BGHZ 22, 240, 243 = NJW 1957, 218; BGH Urt. v. 13. 1. 1958 – II ZR 136/56, LM § 133 HGB Nr. 3 = NJW 1958, 418; Staub/*Ulmer* § 105 RdNr. 34; Koller/*Roth*/Morck § 105 RdNr. 11.
[102] Heute hM, *Canaris* § 6 RdNr. 17; Koller/*Roth*/Morck § 15 RdNr. 48; *Nickel* JA 1980, 566, 573; aA teilw. die ältere Lit., vgl. nur Staub/*Brüggemann* § 5 aF Anh. RdNr. 21.
[103] Vgl. *Canaris* § 6 RdNr. 17.

erforderlich (vgl. o. RdNr. 55). Allein das Vorhandensein einer kaufmännischen Organisation führt indessen bloß zum Betriebsgrößenmerkmal des § 1 Abs. 2. Der gewerbliche Charakter, der den Scheinkaufmannstatbestand vervollständigen würde, wird dadurch noch nicht indiziert, da vielfach auch nichtgewerbliche Tätigkeiten mit Hilfe kaufmännischer Organisationsformen ausgeführt werden. Der Anschein der Gewerblichkeit entsteht in diesen Fällen etwa dadurch, dass der Nichtgewerbetreibende unter einer Bezeichnung im Geschäftsverkehr auftritt, die auf den gewerblichen Charakter seines Unternehmens hindeutet (zB als „Kommissionär", „Frachtführer", „Spediteur" oder „Lagerhalter").[104]

c) Veranlassung. Nach allgemeinen Grundsätzen ist ferner erforderlich, dass der Scheinkauf- 66 mannstatbestand vom Betroffenen durch eigenes Verhalten **veranlasst** wurde. Dabei kommt es auf ein Verschulden nicht an.[105] Dem **steht der Fall gleich,** dass der Betroffene den von einem *anderen* erzeugten **Rechtsschein kennt und duldet.**[106] Gleichgestellt ist ebenfalls der Fall, dass der Betroffene den von einem anderen hervorgerufenen Rechtsschein zwar nicht kennt, aber bei pflichtgemäßer Sorgfalt hätte kennen und verhindern können.[107] Wer den Scheinkaufmannstatbestand **nicht veranlasst** hat, muss ihn sich **nicht zurechnen** lassen. Daher kommt zB eine analoge Anwendung des **§ 366 HGB** im Falle des Erwerbs vom Scheinkaufmann nicht in Betracht, wenn der wahre Eigentümer der veräußerten Sache den Scheinkaufmannstatbestand in der Person des Veräußerers nicht veranlasst hat.[108]

Die wichtigste **Begrenzung des Veranlassungsprinzips** ergibt sich aus dem **Schutz nicht** 67 **(voll) geschäftsfähiger Personen.** Hier ist zunächst zu prüfen, ob eine Teilgeschäftsfähigkeit gem. § 112 BGB (auch iVm. § 1903 Abs. 1 S. 2 BGB) vorliegt. In diesem Fall ist der nicht (voll) Geschäftsfähige auch zurechnungsfähig hinsichtlich eines von ihm veranlassten Rechtsscheins der Kaufmannseigenschaft. Die Rechtsscheinhaftung ist auch dann nicht ausgeschlossen, wenn das Handeln eines nicht (voll) Geschäftsfähigen den Rechtsschein der Kaufmannseigenschaft in der Person eines Dritten begründet (arg. § 165 BGB).[109]

In allen anderen Fällen schließen die Geschäftsunfähigkeit oder beschränkte Geschäftsfähigkeit in 68 der Person des Veranlassers die Zurechnung des Rechtsscheins aus.[110] Demgemäß unterliegt der nicht (voll) geschäftsfähige Scheinkaufmann weder den **Vertragsschlussregeln** des § 362 Abs. 1 noch den Grundsätzen über das **kaufmännische Bestätigungsschreiben** (hierzu § 346 RdNr. 49 ff.). Die von dem nicht (voll) Geschäftsfähigen abgegebenen Willenserklärungen sind ohnehin nichtig bzw. schwebend unwirksam (§§ 105 ff. BGB, auch iVm. § 1903 Abs. 1 S. 2 BGB). Hieran ändert die Scheinkaufmannsstellung des Erklärenden schon deshalb nichts, weil es keine handelsrechtlichen Vorschriften gibt, die in den Rechtsfolgen von §§ 105 ff. BGB abweichen würden.

Auch **im Rahmen wirksam abgeschlossener Verträge,** zB mit Einwilligung des gesetzlichen 69 Vertreters nach § 107 BGB, unterliegt der nicht (voll) geschäftsfähige Scheinkaufmann nicht der besonderen Untersuchungs- und Rügepflicht gem. § 377, ferner nicht den §§ 348 bis 350, 352, 353 usw. Zur Bürgschaftserklärung für den nicht (voll) Geschäftsfähigen bedarf der gesetzliche Vertreter – auch bei Vorliegen einer Ermächtigung gem. § 112 BGB – der gerichtlichen Genehmigung gem. § 1822 Nr. 10 BGB (§ 112 Abs. 1 S. 2 BGB). Gleiches gilt für die Erteilung von Prokura (§ 1822 Nr. 11 iVm. § 112 Abs. 1 S. 2 BGB).

d) Voraussetzungen in der Person des Dritten.[111] **aa) Gutgläubigkeit.** Anders als beim 70 Kaufmann kraft Eintragung gem. § 5 (o. RdNr. 3, 26) tritt eine Bindung an den Scheinkaufmannstatbestand nur bei Gutgläubigkeit in der Person des Dritten ein. **Bezugspunkt** der Gutgläubigkeit ist die Richtigkeit des Rechtsscheinstatbestandes, dh das Vorliegen der **Kaufmannseigenschaft** (RdNr. 55).

---

[104] *Bülow* RdNr. 110.
[105] Vgl. BGH Urt. v. 26. 9. 1962 – VIII ZR 113/61, NJW 1962, 2196, 2197 f.; Koller/*Roth*/Morck § 15 RdNr. 53.
[106] BGH Urt. v. 12. 2. 1952 – I ZR 96/51, BGHZ 5, 111, 116 = NJW 1952, 657, 658; Röhricht/Graf von Westphalen/*Röhricht* § 5 aF Anh. RdNr. 14.
[107] Vgl. BGH Urt. v. 13. 7. 1977 – VIII ZR 243/75, WM 1977, 1169, 1170; BGH Urt. v. 25. 9. 1962 – VIII ZR 113/61, NJW 1962, 2196; Röhricht/Graf von Westphalen/*Röhricht* § 5 aF Anh. RdNr. 14; Koller/*Roth*/Morck § 15 RdNr. 53.
[108] OLG Düsseldorf Urt. v. 18. 11. 1998 – 11 U 36/98, NJW-RR 1999, 615 = DB 1999, 89; ebenso im Erg. schon A. *Hueck* ArchBürgR 43 (1919), 415, 451 f.; *Bülow* AcP 186 (1986), 577, 588; aA *Canaris* § 6 RdNr. 26 mit dem Arg., dass der wahre Berechtigte bei neuem Auftreten des Scheinkaufmanns als *Eigentümer* sein Recht ohnehin nach §§ 932 ff. BGB verloren hätte.
[109] Vgl. BGH Urt. v. 1. 7. 1991 – II ZR 292/90, BGHZ 115, 78, 81 = NJW 1991, 2566, 2567 und dazu *K. Schmidt* JuS 1991, 1002 ff.; *Lutter/Gehling* JZ 1992, 155 ff.; Röhricht/Graf von Westphalen/*Röhricht* § 5 aF Anh. RdNr. 16.
[110] Koller/*Roth*/Morck § 15 RdNr. 54.
[111] Vgl. *Canaris* § 6 RdNr. 71 ff.

71 Der Dritte ist nach unstreitiger Auffassung jedenfalls dann **nicht gutgläubig,** wenn er **positive Kenntnis** von der wahren Rechtslage hat oder ihm diese **in Folge grober Fahrlässigkeit unbekannt** ist.[112] Diese Regel entspricht dem Redlichkeitsmaßstab des § 932 Abs. 2 BGB. Grob fahrlässig dürfte es hiernach im Regelfall sein, auf einen in sich unschlüssigen Scheintatbestand zu vertrauen, wie dies bei der Behauptung der Kaufmannseigenschaft etwa eines Freiberuflers (RdNr. 56) der Fall ist.[113]

72 Ob auch **leichte Fahrlässigkeit** schadet, ist **umstritten.** Ein Teil der Lehre bejaht dies in Anlehnung an §§ 173, 405 BGB (jeweils iVm. § 122 Abs. 2 BGB).[114] Der Sache nach wird jedoch auch durch diese Auffassung der Maßstab der groben Fahrlässigkeit angelegt, wenn etwa Canaris vertritt, dem Dritten schade regelmäßig nur die „Evidenz der wahren Rechtslage".[115] Das Evidenzkriterium entspricht dem Verständnis von grober Fahrlässigkeit, welches zu § 932 Abs. 2 BGB anerkannt ist. Hiernach muss der Rechtsscheingegner dasjenige unbeachtet gelassen haben, was im gegebenen Fall sich jedem aufgedrängt hätte.[116] Sachgerecht erscheint es daher, **nur grobe Fahrlässigkeit** in der Person des Dritten als **Redlichkeitshindernis** anzusehen, wobei mit der Rspr. abzuwägen ist, ob es im Einzelfall billiger ist, dem Dritten die Überprüfung der wahren Sachlage zuzumuten oder den Rechtsscheinveranlasser an der Kaufmannseigenschaft festzuhalten.[117] Da der Handelsverkehr auf schnelle Entscheidungen angewiesen ist, besteht **im Regelfall keine Nachforschungsobliegenheit** in der Person des Rechtsscheinsgegners. Der Anlass zum Misstrauen ist umso geringer, je überzeugender der Scheinkaufmannstatbestand sich darstellt.[118] In die von der Rspr. praktizierte Abwägung sind folgende Umstände einzustellen: die Bedeutung der Vereinbarung (Geschäftsumfang),[119] die – schon erwähnte – Eindeutigkeit des Rechtsscheins, der Aufwand für eine Nachforschung, die zur Verfügung stehende Zeit.[120]

73 Die **Gutgläubigkeit** des Dritten **entfällt nicht** schon dann, wenn sich die fehlende Kaufmannseigenschaft des Rechtsscheinveranlassers aus dem **Handelsregister** ergibt. Denn nicht bei jedem rechtsgeschäftlichen Kontakt besteht die Obliegenheit zur vorherigen Handelsregistereinsicht. Dies gilt jedenfalls dann, wenn ein spezifischer Rechtsschein außerhalb des Registers gesetzt wird.[121] In den Ergebnissen ist man sich hier weitgehend einig, nur die Begründung erfolgt in Rspr. und Lehre unterschiedlich. Die Rspr. hilft hier mit dem Einwand des Rechtsmissbrauchs (§ 242 BGB),[122] die herrschende Lehre arbeitet mit einer restriktiven Auslegung oder teleologischen Reduktion von § 15 Abs. 2 S. 1.[123]

74 Demnach kann etwa gutgläubig auf die Kaufmannseigenschaft eines Unternehmers vertraut werden, der die **Bezeichnung „eingetragener Kaufmann"** führt (vgl. § 19 Abs. 1 Nr. 1; o. RdNr. 57), selbst wenn sich aus dem Handelsregister die fehlende Kaufmannseigenschaft des Betreffenden ergibt.[124] Im Rahmen **ständiger Geschäftsbeziehungen** trifft den Geschäftspartner die **Pflicht,** auf eine Änderung der Rechts- und Registerlage – hier: auf den Wegfall der Kaufmannseigenschaft – **hinzuweisen.**[125] In diesen Fällen verhindert es der Rechtsscheinveranlasser geradezu, dass der andere Teil auf den Gedanken kommt, es bedürfe einer Registernachprüfung.[126] Generell gilt: Wer den Rechtsschein wider besseres Wissen selbst veranlasst hat, kann dem Geschäftsgegner

---

[112] *Canaris* § 6 RdNr. 71; Koller/*Roth*/Morck § 15 RdNr. 55; *Gierke/Sandrock* § 12 III 2 b; *K. Schmidt* HandelsR § 10 VIII 3 b.
[113] Wie hier iE *Canaris* § 6 RdNr. 11; *Nickel* JA 1980, 566, 573 m. Fn. 87; aA MünchKommHGB/*Lieb*, 1. Aufl. 1996, § 15 RdNr. 88.
[114] *Canaris* § 6 RdNr. 71; *U. Hübner*, Handelsrecht, 3. Aufl. 1992, RdNr. 24.
[115] *Canaris* § 6 RdNr. 71.
[116] Vgl. BGH Urt. v. 13. 4. 1994 – II ZR 196/93, NJW 1994, 2022, 2023 = IPRspr. 1994 Nr. 65 (Erwerb eines aus Italien eingeführten Gebrauchtwagens).
[117] Vgl. BGH Urt. v. 22. 1. 1970 – VII ZR 37/68, WM 1970, 665 = JZ 1971, 334; zust. Koller/*Roth*/Morck § 15 RdNr. 55; Röhricht/Graf von Westphalen/*Röhricht* § 5 aF Anh. RdNr. 18.
[118] Vgl. zu dieser Faustformel Staub/*Brüggemann* § 5 aF Anh. RdNr. 31.
[119] OLG Hamm Urt. v. 10. 5. 1994 – 29 U 193/93, NJW-RR 1995, 418, 419.
[120] BGH Urt. v. 22. 1. 1970 – VII ZR 37/68, WM 1970, 665 = JZ 1971, 334, 335.
[121] *Canaris* § 5 RdNr. 36; Koller/*Roth*/Morck § 15 RdNr. 24.
[122] BGH Urt. v. 8. 5. 1972 – II ZR 170/69, NJW 1972, 1418; BGH Urt. v. 28. 11. 1980 – I ZR 159/78, WM 1981, 238, 239 = ZIP 1981, 403.
[123] *Canaris* § 5 RdNr. 38; *K. Schmidt* HandelsR § 14 I 2; krit. noch MünchKommHGB/*Lieb*, 1. Aufl. 1996, § 15 RdNr. 55.
[124] Vgl. BGH Urt. v. 8. 5. 1978 – II ZR 97/77, BGHZ 71, 354, 356 = NJW 1978, 2030 (Vertrauenshaftung bei Führung einer irreführenden Firma).
[125] Röhricht/Graf von Westphalen/*Röhricht* § 5 aF Anh. RdNr. 19; Koller/*Roth*/Morck § 15 RdNr. 24.
[126] So ausdrücklich BGH Urt. v. 8. 7. 1976 – II ZR 211/74, WM 1976, 1084, 1085; ferner BGH Urt. v. 6. 10. 1977 – II ZR 4/77, WM 1977, 1405, 1407; Staub/*Brüggemann* § 5 aF Anh. RdNr. 32; krit. MünchKommHGB/*Lieb*, 1. Aufl. 1996, § 15 RdNr. 55.

keinen Sorgfaltsverstoß entgegenhalten.[127] Der gute Glauben in der Person des Geschäftsgegners ist zu vermuten.[128]

bb) Vertrauensdisposition. Der Geschäftsgegner muss im Vertrauen auf die Kaufmannseigenschaft des Rechtsscheinsveranlassers Entschließungen rechtsgeschäftlicher oder tatsächlicher Art getroffen haben.[129] Hierunter fällt etwa der **Vertragsabschluss** mit einem Scheinkaufmann **im Vertrauen auf handelsrechtliche Formerleichterungen** (zB nach § 350 HGB, § 38 Abs. 1 ZPO).[130] Ferner gehört hierher etwa der Fall des **Vertragsabschlusses im Vertrauen auf die Wirksamkeit einer AGB-Klausel** wegen der durch § 310 Abs. 1 BGB (früher § 24 S. 1 Nr. 1 AGBG) abgeschwächten Einbeziehungs- und Inhaltskontrolle des vom Geschäftsgegner verwendeten Klauselwerkes.

cc) Ursachenzusammenhang. Schließlich muss der Rechtsschein des Geschäftsgegners für die Vertrauensdisposition ursächlich geworden sein. Der Geschäftsgegner muss gerade durch sein Vertrauen in die Kaufmannseigenschaft des anderen Teils zu seiner Disposition veranlasst worden sein.[131] Das Ursächlichkeitserfordernis setzt zunächst voraus, dass der Dritte überhaupt **Kenntnis von dem Scheintatbestand** gehabt hat. Wenn der Dritte etwa nur mündlich mit einem Gewerbetreibenden kontrahiert hat, der auf seinen Briefbögen – zu Unrecht – die Bezeichnung „eingetragener Kaufmann" führt (vgl. o. RdNr. 57, 74), so fehlt es an der Ursächlichkeit des Scheintatbestands für die Vertrauensdisposition.[132] Grundsätzlich schließt das Kausalitätserfordernis auch die Haftung für vor Eintritt des Rechtsscheinstatbestandes begründete Ansprüche aus.[133]

Der **Beweis** der **Ursächlichkeit** des Rechtsscheinstatbestands für die Vertrauensdisposition obliegt nach der **Rspr.** dem **Geschäftsgegner**, doch soll der erste Anschein dafür sprechen, dass das Geschäft im Vertrauen auf den Rechtsschein zustande gekommen ist.[134] Neuere Entscheidungen deuten sogar auf eine Umkehr der Beweislast zugunsten des Dritten hin,[135] so wie dies im Schrifttum schon seit längerem vertreten wird.[136]

Wenn der Rechtsschein unter Verstoß gegen gesetzliche Vorschriften geschaffen wird, zB durch einen Nichtkaufmann, der die Bezeichnung „eingetragener Kaufmann" entgegen § 19 Abs. 1 Nr. 1 führt, so ist es überhaupt Sache des Rechtsscheinveranlassers, darzutun und im Bestreitensfalle zu beweisen, dass der Geschäftsgegner die wahren Verhältnisse kannte bzw. kennen musste oder nicht im Vertrauen auf den Rechtsschein disponiert hat.[137]

dd) Anfechtung des Rechtsscheins? Auch in den Fällen, in denen der Veranlasser die Rechtsscheinwirkungen seines Verhaltens nicht kennt, kommt eine Irrtumsanfechtung analog § 119 Abs. 1 BGB nicht in Betracht. Denn der gesetzte Rechtsschein kann nicht rückwirkend (vgl. § 142 Abs. 1 BGB) wieder vernichtet werden.[138]

---

[127] Vgl. BGH Urt. v. 9. 2. 1993 – XI ZR 84/92, BGHZ 121, 279 = NJW 1993, 1068 = LM ScheckG Art. 22 Nr. 13; *Bülow* RdNr. 119.
[128] *Canaris* § 6 RdNr. 72.
[129] *K. Schmidt* HandelsR § 10 VIII 3 b bb; Staub/*Brüggemann* § 5 aF Anh. RdNr. 34; eingehend *Canaris* (Fn. 1) S. 150 ff.
[130] Vgl. zu Gerichtsstandsvereinbarungen OLG Frankfurt/M. Urt. v. 30. 9. 1974 – 5 W 13/74, BB 1974, 1366.
[131] BGH Urt. v. 11. 3. 1955 – I ZR 82/53, BGHZ 17, 13 = NJW 1955, 985; BGH Urt. v. 4. 7. 1966 – VIII ZR 90/64, NJW 1966, 1915, 1917; Röhricht/Graf von Westphalen/*Röhricht* § 5 aF Anh. RdNr. 20; Koller/*Roth*/Morck § 15 RdNr. 57.
[132] *Canaris* § 6 RdNr. 75.
[133] BAG Urt. v. 17. 2. 1987 – III AZR 197/85, NJW 1988, 222, 223; Koller/*Roth*/Morck § 15 RdNr. 57; Röhricht/ Graf von Westphalen/*Röhricht* § 15 RdNr. 27; *Canaris* § 6 RdNr. 77.
[134] BGH Urt. v. 11. 3. 1955 – I ZR 82/53, BGHZ 17, 13, 19; BGH Urt. v. 7. 10. 1960 – VI ZR 101/59, WM 1960, 1326, 1329 f.; BGH Urt. v. 4. 7. 1966 – VIII ZR 90/64, NJW 1966, 1915, 1917; OLG Düsseldorf Urt. v. 17. 1. 1992 – 17 U 214/91, BB 1992, 2102 = DB 1992, 570.
[135] BGH Urt. v. 3. 2. 1975 – II ZR 128/73, BGHZ 64, 11, 18 f. = NJW 1975, 1166; ähnlich wohl auch schon BGH Urt. v. 25. 6. 1973 – II ZR 133/70, BGHZ 61, 59, 64 = NJW 1973, 1691 und hierzu *Canaris* NJW 1974, 455; *K. Schmidt* JZ 1974, 219.
[136] *Canaris* (Fn. 1) S. 516; *ders.* § 6 RdNr. 77; ebenso *Limbach* ZHR 134 (1970), 289, 319 f.; Staub/*Brüggemann* § 5 aF Anh. RdNr. 36 unter Berufung auf OLG Hamm Urt. v. 4. 2. 1975 – 4 U 251/74, MDR 1976, 759.
[137] Vgl. BGH Urt. v. 3. 2. 1975 – II ZR 128/73, BGHZ 64, 11, 18 f. = NJW 1975, 1166; BGH Urt. v. 1. 6. 1981 – II ZR 1/81, NJW 1981, 2569, 2570; BGH Urt. v. 15. 1. 1990 – II ZR 311/88, NJW 1990, 2678, 2679; Röhricht/Graf von Westphalen/*Röhricht* § 5 aF Anh. RdNr. 21.
[138] HM vgl. Palandt/*Heinrichs* § 173 RdNr. 13, 19 (zu Duldungs- und Anscheinsvollmacht); *Gierke/Sandrock* § 12 III 2 a; Soergel/*Leptin* § 167 RdNr. 22 (ebenfalls zur Duldungs- und Anscheinsvollmacht); Röhricht/Graf von Westphalen/*Röhricht* § 5 aF Anh. RdNr. 17; Hopt/*Mössle* RdNr. 168; aA Koller/*Roth*/Morck § 15 RdNr. 61: Wertungsgleichheit mit den Fällen fehlenden Erklärungsbewusstseins, weshalb eine Anfechtung analog § 119 Abs. 1 BGB nach den Grundsätzen des BGH-Urt. v. 7. 6. 1984 – IX ZR 66/83, BGHZ 91, 324, 329 = NJW 1984, 2279 m. Anm. *Canaris* zuzulassen sei.

80 **3. Wirkungen. a) Grundsatz.** Der **Scheinkaufmann** muss sich im privatrechtlichen Geschäftsverkehr **wie ein Kaufmann behandeln lassen.** Der Dritte wird gegenüber dem Rechtsscheinveranlasser so gestellt, als bestünde die von ihm angenommene Rechtslage tatsächlich.[139] Weil die Lehre vom Scheinkaufmann ausschließlich Verkehrsschutz bezweckt (o. RdNr. 50), kann der gutgläubige Geschäftsgegner sich auch auf die wahre Rechtslage berufen. Er hat insoweit ein **Wahlrecht.**[140] Freilich kann er aus dem Rechtsschein keine weitergehenden Rechte herleiten, als er haben würde, wenn der Rechtsschein der wahren Rechtslage entspräche.[141] Daraus folgt namentlich die **Unteilbarkeit** des Wahlrechts.[142] Der Geschäftsgegner kann sich für seinen Anspruch oder seine Verteidigung nur einheitlich auf den Scheinkaufmannstatbestand oder die in Wahrheit fehlende Kaufmannseigenschaft des Rechtsscheinveranlassers berufen. Hingegen ist es ihm verwehrt, sich aus beiden Varianten die ihm jeweils günstigen Rechtssätze herauszusuchen („Rosinenpicken"). Denn auf diese Weise würde eine Rechtslage entstehen, die ihm günstiger ist als jene, welche bei tatsächlichem Vorliegen der Kaufmannseigenschaft bestanden haben würde.[143] Wer als Kaufmann etwa seinen scheinkaufmännischen Partner an dessen Schweigen auf ein Bestätigungsschreiben (§ 346 RdNr. 49 ff.) festhält, unterliegt vollumfänglich dem Handelsrecht. Der Scheinkaufmann kann sich dann auf ihm günstige Bestimmungen des Handelsrechts – etwa §§ 352, 353; 369; 377 – berufen, der Vertragspartner kann insoweit nicht die ihm unter Umständen günstigere Rechtslage nach bürgerlichem Recht heranziehen.[144]

81 **b) Verdrängung des zwingenden Zivilrechts.** Es ist umstritten, ob und unter welchen Voraussetzungen auch zwingende Vorschriften zum Schutz von Nichtkaufleuten durch die Anwendung der Lehre vom Scheinkaufmann unanwendbar werden können. Die Frage hat vornehmlich Bedeutung für §§ 343, 766 S. 1, 780, 781 S. 1 BGB, deren Anwendbarkeit im Handelsverkehr durch §§ 348, 350 aufgehoben wird, ferner für §§ 29 Abs. 2, 38 Abs. 1 ZPO, § 37 e WpHG und – wegen § 310 Abs. 1 BGB (früher § 24 S. 1 Nr. 1 AGBG) – für §§ 305 Abs. 2 und 3, 308, 309 BGB.[145] Teilweise wurde – vor allem im älteren Schrifttum – geltend gemacht, die Wirkungen des von einer Person gesetzten Rechtsscheintatbestandes könnten keinesfalls weiter reichen als die Wirkungen einer von ihr abgegebenen rechtsgeschäftlichen Erklärung (vgl. § 1 RdNr. 93).[146] In abgeschwächter Form vertritt dies auch *Canaris*:[147] Wenn ein **Kannkaufmann** – dh ein Kleingewerbetreibender (§ 2) oder ein Land- bzw. Forstwirt (§ 3) – sich nicht zum Erwerb der Kaufmannseigenschaft entschließt, aber den **Rechtsschein** der Kaufmannseigenschaft setzt, so soll er den **Schutz des zwingenden Zivilrechts verlieren;** denn dieser Personenkreis könne sich dem Handelsrecht auch durch eine Erklärung – dh. durch die Ausübung der Kaufmanns-Option nach § 2 S. 2 (auch iVm. § 3 Abs. 2) – unterwerfen. Wer kein Kannkaufmann ist – dies gilt für sämtliche Nichtgewerbetreibende –[148] soll nicht schon durch sein bloßes Auftreten als Kaufmann den Schutz des zwingenden Zivilrechts einbüßen.

82 Die heute wohl **hM** lehnt den Rückschluss von der Reichweite der Privatautonomie auf die Reichweite der Rechtsscheinwirkungen ab. Entscheidend sei allein das **Schutzinteresse des Dritten** an der Anwendung des Handelsrechts. Dieses Interesse sei im Regelfall gerade auf die durch das Handelsrecht vorgenommene Erweiterung der Privatautonomie gerichtet.[149] Auf dieser Linie liegt auch die Rspr. des BGH, derzufolge dem Käufer, der dem Verkäufer einen gewerblichen Verwen-

---

[139] *Canaris* § 6 RdNr. 80; Koller/*Roth*/Morck § 15 RdNr. 58; vgl. auch BGH Urt. v. 18. 5. 1998 – II ZR 355/95 = NJW 1998, 2897 = ZIP 1998, 1224.
[140] *Canaris* § 6 RdNr. 81; Staub/*Brüggemann* § 5 aF Anh. RdNr. 43; Koller/*Roth*/Morck § 15 RdNr. 58; Röhricht/Graf von Westphalen/*Röhricht* § 5 aF Anh. RdNr. 22; vgl. auch BGH Urt. v. 11. 1. 1962 – VII ZR 188/60, BGHZ 36, 273, 278 = NJW 1962, 868; BGH Urt. v. 21. 12. 1970 – II ZR 258/67, BGHZ 55, 267, 273 = NJW 1971, 1268; BGH Urt. v. 20. 5. 1987 – VIII ZR 282/86, WM 1987, 1013, 1015 = NJW-RR 1987, 1318; BGH Urt. v. 5. 2. 1990 – II ZR 309/88, WM 1990, 638, 639 = NJW-RR 1990, 737.
[141] BGH Urt. v. 20. 1. 1954 – II ZR 155/52, BGHZ 12, 105 = NJW 1954, 793; BGH Urt. v. 25. 6. 1973 – II ZR 133/70, BGHZ 61, 59, 66 = NJW 1973, 1691; Heymann/*Emmerich* § 5 aF RdNr. 17; *Canaris* § 6 RdNr. 82; Röhricht/Graf von Westphalen/*Röhricht* § 5 aF Anh. RdNr. 24.
[142] Staub/*Brüggemann* § 5 aF Anh. RdNr. 44.
[143] Staub/*Brüggemann* § 5 aF Anh. RdNr. 44; Röhricht/Graf von Westphalen/*Röhricht* § 5 aF Anh. RdNr. 24; bedenklich deshalb BGH Urt. v. 1. 12. 1975 – II ZR 62/75, BGHZ 65, 309 = NJW 1976, 569 (zu § 15 Abs. 1).
[144] Staub/*Brüggemann* § 5 aF Anh. RdNr. 44; Koller/*Roth*/Morck § 15 RdNr. 58.
[145] Vgl. allg. zur Erweiterung der Privatautonomie durch das Handelsrecht *Canaris* § 1 RdNr. 33 ff.
[146] Staub/*Brüggemann* § 5 aF Anh. RdNr. 45; Schlegelberger/*Hildebrand*/Steckhan § 5 aF RdNr. 19.
[147] *Canaris* § 6 RdNr. 23.
[148] Vgl. zum handelsrechtlichen Gewerbebegriff § 1 RdNr. 20 ff.
[149] MünchKommHGB/*Lieb*, 1. Aufl. 1996, § 15 RdNr. 90; *K. Schmidt* § 10 VIII 4 a; *Nickel* JA 1980, 566, 576; *Brox* RdNr. 60; Koller/*Roth*/Morck § 15 RdNr. 59; Röhricht/Graf von Westphalen/*Röhricht* § 5 aF Anh. RdNr. 26; OLG Frankfurt/M. Urt. v. 30. 9. 1974 – 5 W 13/74, WM 1974, 1082, 1083 = BB 1974, 1366 (zu § 38 ZPO); i. Erg. Auch OLG Stuttgart Urt. 16. 12. 2004 – 13 U 100/04, MDR 2005, 518 (keine Herabsetzung der von einem Scheinkaufmann

dungszweck der Kaufsache vortäuscht, die Berufung auf die zwingenden Vorschriften über den **Verbrauchsgüterkauf** verwehrt ist.[150]

Stellungnahme. Der differenzierenden Auffassung von *Canaris* (RdNr. 81) ist zuzustimmen. Der dort zugrundegelegte Ausgangspunkt, dass der Einzelne die für ihn geschaffenen zwingenden Schutzbestimmungen weder rechtsgeschäftlich noch durch Setzung eines Rechtsscheinstatbestandes außer Kraft setzen kann, ist logisch unangreifbar. Daraus folgt, dass gegenüber scheinkaufmännischen Nichtgewerbetreibenden die erwähnten Erweiterungen der Privatautonomie (o. RdNr. 81) nicht eingreifen. Daher ist etwa die mündliche Bürgschaftserklärung durch einen solchen Scheinkaufmann gem. § 766 S. 1 iVm. § 125 BGB formunwirksam. § 350 ist nicht anwendbar. Vollständig dem Handelsrecht unterliegen hingegen die scheinkaufmännischen Kannkaufleute, weil es keinen Unterschied machen kann, ob sie sich durch Ausübung der Kaufmannsoption (§ 2 S. 2, auch iVm. § 3 Abs. 2) oder durch Verwirklichung des Scheinkaufmannstatbestandes in den Anwendungsbereich des Handelsrechts begeben. 83

Auch gegenüber **scheinkaufmännischen Nichtgewerbetreibenden** (zB Vermögensverwalter, Freiberufler, Arbeitnehmer) werden die Interessen des Geschäftsgegners sich freilich **häufig** in Gestalt der **Einrede der unzulässigen Rechtsausübung** (§ 242 BGB) verwirklichen.[151] Gerade im Hinblick auf Formmängel (vgl. § 350) kann hier auf eine umfangreiche Rspr. zurückgegriffen werden.[152] Treuwidrig ist die Berufung auf die Formnichtigkeit hiernach dann, wenn es nach den Beziehungen der Parteien und den gesamten Umständen mit Treu und Glauben unvereinbar wäre, das Rechtsgeschäft am Formmangel scheitern zu lassen.[153] Zu den anerkannten Fallgruppen gehören die arglistige Verhinderung der Einhaltung der Form,[154] besonders schwere Treupflichtverletzung und die Existenzgefährdung des auf die Formwirksamkeit vertrauenden Teils.[155] 84

Bei der hier jeweils anzustellenden Bewertung der Gesamtumstände des Falles ist im vorliegenden Zusammenhang freilich zu beachten, dass die Veranlassung des Rechtsscheins der Kaufmannseigenschaft für sich allein genommen noch nicht den Vorwurf treuwidrigen Verhaltens zu begründen vermag. Hinzutreten müssen vielmehr weitere Umstände im Umfeld des streitigen Rechtsgeschäfts, die dieses Unwerturteil tragen. Nur bei dieser Betrachtungsweise ist gewährleistet, dass nicht schon die Scheinkaufmannseigenschaft als solche – über den Umweg des § 242 BGB – das zwingende bürgerliche Recht außer Anwendung setzt, so wie dies die – die hier abgelehnte – hM[156] befürwortet. 85

c) Nicht (voll) geschäftsfähige Scheinkaufleute. Lässt man – entgegen der hier RdNr. 67 ff. vertretenen Auffassung – die Scheinkaufmannseigenschaft nicht (voll) geschäftsfähiger Personen nicht schon an der fehlenden Zurechenbarkeit des Rechtsscheins scheitern, so ist der Schutz dieses Personenkreises auf der Ebene der Wirkungen des Rechtsscheins zu bewerkstelligen. Nach nahezu einhelliger Auffassung führt in diesem Rahmen das kaufmännische Auftreten keinesfalls zu einer Haftung als Scheinkaufmann.[157] Möglich ist allenfalls eine Haftung des nicht (voll) Geschäftsfähigen nach §§ 828, 829, 826 und § 823 Abs. 2 BGB iVm. § 263 StGB.[158] 86

d) Keine Beeinträchtigung von Drittinteressen. Eine Berufung auf den Rechtsschein ist nur gegenüber dem Veranlasser möglich. Die Rechtsscheingrundsätze können nach hM nicht zu einer Beeinträchtigung der Rechtsstellung Dritter führen. Denn die Rechtsscheinhaftung betrifft nur das Verhältnis des Veranlassers zu seinem auf den Rechtsschein vertrauenden Geschäftspartner.[159] Diese Begrenzung der Wirkungen des Scheinkaufmannstatbestandes folgt bereits aus einer konsequenten 87

---

versprochenen Vertragsstrafe); *Lindacher* ZZP 96 (1983), 486, 504; Baumbach/*Hopt* § 348 RdNr. 6, § 350 RdNr. 7; vgl. auch schon OLG Hamburg Urt. v. 2. 3. 1927 – Bf I 405/26, JW 1927, 1109 m. Anm. *Reichel.*

[150] BGH Urt. v. 22. 12. 2004 – VIII ZR 91/04, NJW 2005, 1045.
[151] Vgl. BGH Urt. v. 13. 2. 1952 – II ZR 91/51, BGHZ 5, 133 = NJW 1952, 623 (Anwendung des § 348 auf Nichtkaufmann und hierdurch Berufung auf § 343 BGB versagt); BGH Urt. v. 28. 11. 1957 – VII ZR 42/57, BGHZ 26, 142, 153 = NJW 1958, 217 (zu § 766 BGB).
[152] Hierzu allg. Palandt/*Heinrichs* § 125 RdNr. 16 ff.; *Larenz/Wolf* AT § 27 RdNr. 44 ff.
[153] Palandt/*Heinrichs* § 125 RdNr. 16; grundlegend etwa *Häsemeyer,* Die gesetzliche Form der Rechtsgeschäfte, 1971; *Reinicke,* Rechtsfolgen formwidrig abgeschlossener Verträge, 1969.
[154] Vgl. Staub/*Brüggemann* § 5 aF Anh. RdNr. 45.
[155] Palandt/*Heinrichs* § 125 RdNr. 21 ff.; Erman/*Brox* § 125 RdNr. 23 ff.
[156] Vgl. o. Fn. 149.
[157] S. schon RG Urt. v. 18. 9. 1934 – II 95/34, RGZ 145, 155; *Canaris* § 6 RdNr. 70; Baumbach/*Hopt* § 5 aF RdNr. 11; Röhricht/Graf von Westphalen/*Röhricht* § 5 aF Anh. RdNr. 16, 28.
[158] Röhricht/Graf von Westphalen/*Röhricht* § 5 aF Anh. RdNr. 28.
[159] RG Urt. v. 6. 4. 1929 – I 248/28, LZ 1929, 778; OLG Düsseldorf Urt. v. 18. 11. 1998 – 11 U 36/98, NJW-RR 1999, 615 (kein gutgläubiger Erwerb vom Scheinkaufmann nach § 366 HGB); *A. Hueck* ArchBürgR 43 (1919), 415, 451 f.; *Bülow* AcP 186 (1986), 577, 588; Staub/*Brüggemann* § 5 aF Anh. RdNr. 46; Röhricht/Graf von Westphalen/ *Röhricht* § 5 aF Anh. RdNr. 29.

§ 6

Anwendung des Veranlassungsprinzips (o. RdNr. 66). Wenn ein Teil der Lehre demgegenüber ausschließlich auf die Interessen des gutgläubigen Geschäftspartners des Scheinkaufmanns abstellt,[160] so wird hier die doppelte Rechtfertigung einer jeden Rechtsscheinhaftung verkannt. Die Rechtsscheinhaftung wurzelt nicht nur im Vertrauen des Dritten, sondern auch in der Veranlassung des Rechtsscheins durch denjenigen, dem die Rechtsscheinwirkungen entgegengehalten werden. Ein Verzicht auf das Erfordernis der Rechtsscheinveranlassung dürfte gerade mit Blick auf die Fälle des § 366 sogar verfassungsrechtlich (Art. 14 GG) bedenklich sein.

88 **e) Sachliche Grenzen.** Die Haftung aus dem Scheinkaufmannstatbestand kann – wegen der verkehrsschützenden Aufgabe des Rechtsinstituts (o. RdNr. 50) – nur in solchen Normzusammenhängen in Betracht kommen, in denen die Rechtsposition des anderen Teils auf Vertrauen gerade in die Kaufmannseigenschaft beruht. Erfasst sind mithin alle vertraglichen Ansprüche, ferner nichtvertragliche Ansprüche, die aus einer geschäftlichen Beziehung erwachsen sind.[161] Ohne Bedeutung ist die Scheinkaufmannsstellung ferner im gesamten öffentlichen Recht einschließlich der kaufmännischen Grundpflichten (vgl. o. RdNr. 41 ff.).[162]

VII. Der „Schein-Nichtkaufmann"

89 Der Rechtsschein kann – umgekehrt zum Scheinkaufmann – auch auf die fehlende Kaufmannseigenschaft eines Beteiligten hindeuten. Häufig wird es vorkommen, dass ein Istkaufmann iSd. § 1 weder einen Eintragungsantrag stellt, noch die Bezeichnung „eingetragener Kaufmann" führt (§ 19 Abs. 1 Nr. 1 HGB).[163] Fraglich ist hier zB, ob sich der Geschäftspartner eines solchen Istkaufmanns auf das Nichtbestehen der Rügeobliegenheit nach § 377 berufen kann, weil er seinen Vertragspartner für einen Nichtkaufmann gehalten hat.[164] Eine solche **Berufung auf die fehlende Kaufmannseigenschaft** ist in Anwendung allgemeiner Rechtsscheingrundsätze zu bejahen,[165] nach anderer Auffassung auf Grund der negativen Registerpublizität nach § 15 Abs. 1.[166] Demgegenüber kann der Gewerbetreibende selbst sich für seine Kaufmannseigenschaft nicht auf die Vermutung des § 1 Abs. 2 berufen (§ 1 RdNr. 42 aE).

§ 6 [Handelsgesellschaften; Formkaufmann]

(1) Die in betreff der Kaufleute gegebenen Vorschriften finden auch auf die Handelsgesellschaften Anwendung.

(2) Die Rechte und Pflichten eines Vereins, dem das Gesetz ohne Rücksicht auf den Gegenstand des Unternehmens die Eigenschaft eines Kaufmanns beilegt, bleiben unberührt, auch wenn die Voraussetzungen des § 1 Abs. 2 nicht vorliegen.

Übersicht

	RdNr.		RdNr.
I. Normzweck	1	schaften (§ 105 Abs. 2, auch iVm. § 161 Abs. 2)	10
II. Die Kaufmannseigenschaft der Handelsgesellschaften (Abs. 1)	2–23	2. Sonstige Handelsgesellschaften	11–19
1. Personenhandelsgesellschaften	3–10	a) Begriff	11
a) Begriff	3	b) Abgrenzung	12–14
b) Abgrenzung	4	c) Entstehung und Erwerb der Kaufmannseigenschaft	15–19
c) Entstehung	5–7	aa) Kapitalhandelsgesellschaften	16, 17
d) Wirksamkeit gegenüber Dritten und Erwerb der Kaufmannseigenschaft	8–10	bb) Europäische Wirtschaftliche Interessenvereinigung	18, 19
aa) Handelsgewerbliche Personenhandelsgesellschaften (§§ 105 Abs. 1, 161 Abs. 1)		3. Rechtsfolge	20–23
		a) Kaufmannsrecht des HGB	21
bb) Kleingewerbliche und vermögensverwaltende Personenhandelsgesell-	9	b) Sonstiges Kaufmannsrecht	22, 23
		III. Nichthandelsgewerbliche Formkaufleute (Abs. 2)	24–26

---

[160] So *Canaris* § 6 RdNr. 26 und *ders.* (Fn. 1) S. 181 f.; ihm folgend Koller/*Roth*/Morck § 15 RdNr. 60.
[161] Röhricht/Graf von Westphalen/*Röhricht* § 5 aF Anh. RdNr. 30.
[162] Röhricht/Graf von Westphalen/*Röhricht* § 5 aF Anh. RdNr. 30.
[163] Vgl. *Lieb* NJW 1999, 35, 36 zu Fn. 10.
[164] Vgl. das Beispiel bei *Kaiser* JZ 1999, 495, 500.
[165] Koller/*Roth*/Morck § 15 RdNr. 47 aE.
[166] So BT-Drucks. 13/8444 S. 48 r. Sp.; Röhricht/Graf von Westphalen/*Röhricht* Einl. RdNr. 132; *Treber* AcP 199 (1999), 525, 564; krit. *Kaiser* JZ 1999, 495, 500 ff.

I. Normzweck

Die Vorschrift verfolgt in ihren beiden Absätzen zwei völlig unterschiedliche Regelungsanliegen. **Abs. 1** *begründet* die **Kaufmannseigenschaft aller Handelsgesellschaften**. Hierunter fallen die Handelsgesellschaften des HGB (OHG, KG) wie auch die Handelsgesellschaften kraft sondergesetzlicher Anordnung (AG, KGaA, GmbH, EWIV, SE). **Abs. 2** wendet sich an **alle Formkaufleute**. Dies sind nach der gesetzlichen Begriffsbestimmung körperschaftliche strukturierte Verbände („Vereine"), die kraft sondergesetzlicher Anordnung (jeweils iVm. § 6 Abs. 1) die Kaufmannseigenschaft ohne Rücksicht auf den Unternehmensgegenstand besitzen. Hierzu zählen zunächst wiederum AG, KGaA, GmbH, EWIV und SE. Ebenfalls Formkaufmann ist die eG, die gem. § 17 Abs. 2 GenG – ohne den Umweg über § 6 Abs. 1 HGB – unmittelbar Kaufmann ist. § 6 Abs. 2 soll für alle Formkaufleute *klarstellen,* dass die **Kaufmannseigenschaft unabhängig vom Vorliegen eines Handelsgewerbes** iSd. § 1 Abs. 2 besteht.

II. Die Kaufmannseigenschaft der Handelsgesellschaften (Abs. 1)

Handelsgesellschaften iSd. § 6 Abs. 1 sind Gesellschaften, die auf Grund besonderer Vorschriften als solche in das Handelsregister eingetragen werden.[1] Dies trifft zu für OHG, KG, AG, KGaA, GmbH, EWIV und SE.

1. Personenhandelsgesellschaften. a) Begriff. Die Vorschrift des Abs. 1 erfasst Personenhandelsgesellschaften und Kapitalhandelsgesellschaften gleichermaßen. Personenhandelsgesellschaften sind ausweislich des Zweiten Buches („Handelsgesellschaften und stille Gesellschaft") die **OHG** (§§ 105 ff.) und die **KG** (§§ 161 ff.). Ferner fallen hierunter **typengleiche Gesellschaften ausländischen Rechts** (Vor § 1 RdNr. 121 ff.). Handelsgesellschaft ist namentlich auch die **GmbH & Co. KG**. Sie ist nach hM nicht Formkaufmann, sondern Personenhandelsgesellschaft, da es nicht darauf ankommt, ob die Komplementär-GmbH selbst Formkaufmann ist.[2]

b) Abgrenzung. Nicht zu den Personenhandelsgesellschaften zählen: die GbR (§§ 705 ff. BGB), der nichtrechtsfähige Verein (§ 54 BGB), die stille Gesellschaft (§§ 230 ff.), die Partnerschaft (§ 1 PartGG), die Reederei (§ 489).[3] Hierzu § 1 RdNr. 69 ff.

c) Entstehung. § 6 Abs. 1 gilt nur für die bereits entstandene Personenhandelsgesellschaft. Erforderlich und ausreichend für das Entstehen einer solchen Gesellschaft ist der **Abschluss eines Gesellschaftsvertrages** (§ 705 BGB) zwischen mindestens zwei Gesellschaftern, wobei der **Zweck der Gesellschaft** (1) auf den Betrieb eines Handelsgewerbes,[4] (2) auf den Betrieb eines Kleingewerbes, oder (3) auf die bloße Vermögensverwaltung gerichtet ist. In den beiden zuletzt genannten Fällen hängt das Entstehen der Personenhandelsgesellschaft darüber hinaus noch davon ab, dass sie mit ihrer Firma **im Handelsregister eingetragen** ist (§ 105 Abs. 2 S. 1, auch iVm. § 161 Abs. 2); bis dahin handelt es sich bei der Gesellschaft um eine GbR.[5]

Eine Personenhandelsgesellschaft ist KG, wenn eine Haftungsbeschränkung nach § 161 Abs. 1 vereinbart ist, anderenfalls ist sie OHG.[6] Das in §§ 105 Abs. 1, 161 Abs. 1 aufgeführte Merkmal der gemeinschaftlichen Firma ist nicht Entstehungsvoraussetzung, sondern Rechtsfolge der Personenhandelsgesellschaft.[7]

Unter den vorgenannten Voraussetzungen ist die Gesellschaft als Handelsgesellschaft im Innenverhältnis entstanden, dh. im Hinblick auf die Beziehungen der Gesellschafter untereinander und die Beziehungen der Gesellschafter zur Gesellschaft (§§ 109 bis 122, 163 bis 169). Insoweit besitzt die Gesellschaft gem. § 6 Abs. 1 die Kaufmannseigenschaft.

d) Wirksamkeit gegenüber Dritten und Erwerb der Kaufmannseigenschaft. Für das Entstehen der OHG/KG im **Außenverhältnis** sind gem. § 123 (auch iVm. § 161 Abs. 2) **weitere Voraussetzungen** erforderlich. Solange es hieran fehlt, ist die Gesellschaft im Außenverhältnis als

---

[1] Denkschrift z. HGB S. 89; Heymann/*Emmerich* § 6 aF RdNr. 2.
[2] BayObLG Beschl. v. 13. 11. 1984 – BReg. 3 Z 60/83, BayObLGZ 1984, 273 = NJW 1985, 982 = JuS 1985, 416 m. Anm. *K. Schmidt; K. Schmidt* GmbHR 1984, 272, 275 ff.; MünchKommHGB/*K. Schmidt* RdNr. 18; aA *Raiser/Veil,* Recht der Kapitalgesellschaften, 4. Aufl. 2006, § 42 I 1; *Schulze-Osterloh* NJW 1983, 1281, 1284 ff.
[3] Staub/*Brüggemann* § 6 aF RdNr. 6.
[4] Zu § 1 als Voraustatbestand zu §§ 105 Abs. 1, 161 Abs. 1 s. § 1 RdNr. 6 ff.
[5] *Habersack,* Die Reform des Rechts der Personenhandelsgesellschaften, in: Lieb (Hrsg.), Die Reform des Handelsrechts, 1999, S. 69, 77; Staub/*Habersack* § 123 aF RdNr. 2 f.
[6] Baumbach/*Hopt* § 105 RdNr. 9.
[7] Staub/*Ulmer* § 105 RdNr. 36; Baumbach/*Hopt* § 105 RdNr. 6.

GbR zu behandeln.[8] Die Entstehung der OHG/KG – bzw. der Rechtsformwechsel von der GbR zur OHG/KG – im Außenverhältnis ist für die drei gesetzlich vorgesehenen Zwecke (o. RdNr. 5) unterschiedlich geregelt.

9   **aa) Handelsgewerbliche Personenhandelsgesellschaften (§§ 105 Abs. 1, 161 Abs. 1).** Ist der Zweck der Gesellschaft auf den Betrieb eines **Handelsgewerbes** gerichtet (§ 1 Abs. 2; hierzu § 1 RdNr. 9 ff.), so **entsteht** sie als OHG bzw. – im Falle einer Haftungsbeschränkung nach § 161 Abs. 1 – als KG durch **Eintragung** im Handelsregister (§ 123 Abs. 1) **oder Geschäftsbeginn** (§ 123 Abs. 2). Maßgebend ist der **frühere Zeitpunkt**.[9] Mit der Entstehung der *Handels*gesellschaft tritt die Rechtsfolge des § 6 Abs. 1 ein: Die Gesellschaft erwirbt die Kaufmannseigenschaft. Gleichgestellt ist der Rechtsformwechsel von der GbR zur OHG/KG.

10   **bb) Kleingewerbliche und vermögensverwaltende Personenhandelsgesellschaften (§ 105 Abs. 2, auch iVm. § 161 Abs. 2).** Ist der Zweck der Gesellschaft hingegen auf den Betrieb eines Kleingewerbes oder auf Vermögensverwaltung gerichtet, so wird sie OHG oder KG überhaupt nur durch insoweit **konstitutive Handelsregistereintragung** (§ 105 Abs. 2 S. 1, auch iVm. § 161 Abs. 2).[10] Diese herbeizuführen, steht im **freien Belieben der Gesellschafter** (§ 105 Abs. 2 S. 2 iVm. § 2 S. 2). Damit wäre eine Entstehung als OHG/KG im Außenverhältnis *allein* durch Geschäftsbeginn unvereinbar. Denn die Anknüpfung der Kaufmannseigenschaft an den Geschäftsbeginn würde den Gesellschaftern die Möglichkeit nehmen, sich gegen den Kaufmannsstatus ihres Unternehmens zu entscheiden. Deshalb stellt § 123 Abs. 2 die Entstehung der OHG/KG durch Geschäftsbeginn unter den Vorbehalt einer abweichenden Regelung durch § 2 oder § 105 Abs. 2. Dies führt für kleingewerbliche und vermögensverwaltende Personenhandelsgesellschaften dazu, dass die Entstehung als OHG oder KG im Innenverhältnis (§ 105 Abs. 2 S. 1, auch iVm. § 161 Abs. 2; o. RdNr. 5 ff.) mit der Entstehung im Außenverhältnis (§ 123 Abs. 1) stets zusammentrifft. Maßgeblich ist für beide Rechtswirkungen der Zeitpunkt der Handelsregistereintragung.[11] Mit der Handelsregistereintragung erwirbt die Personenhandelsgesellschaft zugleich gem. § 6 Abs. 1 die Kaufmannseigenschaft.

11   **2. Sonstige Handelsgesellschaften. a) Begriff.** Die sonstigen Handelsgesellschaften, insbes. die Kapitalhandelsgesellschaften, sind Handelsgesellschaften kraft sondergesetzlicher Anordnung. Dies rechtfertigt es, sie aus dem systematischen Blickwinkel des HGB als sonstige Handelsgesellschaften zu bezeichnen. Hierunter fallen die AG (§ 3 Abs. 1 AktG), die KGaA (§ 3 Abs. 1 iVm. § 278 Abs. 3 AktG), die GmbH (§ 13 Abs. 3 GmbHG), die EWIV (§ 1 EWIV-AusfG) und die deutsche SE (Art. 9 Abs. 1 Buchst. c ii SE-VO iVm. § 3 Abs. 1 AktG). Wegen ihrer kapitalistischen Struktur kann man für die AG, die KGaA und die GmbH auch den Überbegriff Kapitalhandelsgesellschaften verwenden.[12] Den genannten Gesellschaften sind die entsprechenden Gesellschaftstypen ausländischen Rechts gleichgestellt (Vor § 1 RdNr. 122 ff.).

12   **b) Abgrenzung.** Keine Handelsgesellschaft ist die **eG**. Sie wird nicht in das Handelsregister, sondern in das Genossenschaftsregister eingetragen (§ 10 GenG). Nach § 17 Abs. 2 GenG gelten die Genossenschaften als Kaufleute iSd. HGB. Diese Vorschrift entspricht in der Rechtsfolge dem § 6 Abs. 1 HGB und geht ihm als Spezialregelung vor.[13] Dies gilt auch für die deutsche SCE (Art. 8 Abs. 1 Buchst. c ii SCE-VO i. V. m. § 17 Abs. 2 GenG) und die LPG.[14]

13   Nicht unter die Handelsgesellschaften fällt auch der **(große) VVaG**. Ähnlich wie die eG unterliegt er aber unmittelbar dem Handelsrecht, wenngleich § 16 S. 1 VAG dies auf Teilbereiche des HGB beschränkt (Erstes Buch ohne § 1 bis 7, Erster Abschnitt des Dritten Buches, Viertes Buch). Für den kleinen VVaG findet § 16 S. 1 VAG keine Anwendung (§ 53 Abs. 1 VAG).

14   Keine Handelsgesellschaften sind schließlich die **gem. § 33 einzutragenden juristischen Personen**. Sie werden nicht als solche kraft Handelsregistereintragung, sondern nur bei Vorliegen der Kaufmannseigenschaft nach §§ 1 bis 3. Anders als bei den von § 6 Abs. 1 erfassten Handelsgesellschaften ist hier die Kaufmannseigenschaft also nicht Folge, sondern Voraussetzung der Handelsregistereintragung.[15]

---

[8] BGH Urt. v. 21. 10. 1991 – II ZR 304/90, BGHZ 116, 7, 10 = NJW 1992, 241; Staub/*Habersack* § 123 aF RdNr. 4.
[9] Staub/*Habersack* § 123 aF RdNr. 14; vgl. auch BGH Urt. v. 13. 1. 1958 – II ZR 136/56, WM 1958, 216.
[10] Vgl. BGH Urt. v. 21. 10. 1991 – II ZR 204/90, BGHZ 116, 7, 10 = NJW 1992, 241 (zu §§ 2, 3 aF).
[11] Welcher Anwendungsbereich dem § 2 im Hinblick auf Gesellschaften neben § 105 Abs. 2 in diesem Zusammenhang noch verbleibt, ist nicht erkennbar; wenig aufschlussreich hierzu BT-Drucks. 13/8444 S. 64 f.
[12] Vgl. Staub/*Brüggemann* § 6 aF RdNr. 2.
[13] Röhricht/Graf von Westphalen/*Röhricht* § 6 aF RdNr. 4; Staub/*Brüggemann* § 6 aF RdNr. 2.
[14] Zur LPG siehe BGH Urt. v. 30. 3. 2006 – III ZB 74/05, NJW-RR 2006, 1267.
[15] Vgl. Staub/*Hüffer* § 33 RdNr. 5; Koller/*Roth*/Morck § 33 RdNr. 1; aA Heymann/*Emmerich* § 6 aF RdNr. 2 a; Röhricht/Graf von Westphalen/*Röhricht* § 6 aF RdNr. 3.

c) **Entstehung und Erwerb der Kaufmannseigenschaft.** Unternehmen in der Rechtsform 15 der **AG, KGaA, GmbH** und **EWIV** sind **Formkaufleute**, weil der Unternehmensgegenstand für die Verleihung der Kaufmannseigenschaft unerheblich ist (vgl. § 3 Abs. 1 AktG, § 1 GmbHG). Entscheidend ist allein die **Rechtsform des Unternehmensträgers**.[16] Es ist nicht einmal erforderlich, dass die Gesellschaft überhaupt ein Gewerbe betreibt. Deshalb sind etwa Wirtschaftsprüfungs- oder Steuerberatungsgesellschaften in der Form der AG oder GmbH Kaufmann, obwohl die Tätigkeit der Gesellschaft wegen ihres freiberuflichen Charakters nicht dem Gewerbebegriff unterfällt (§ 1 RdNr. 37 f.)[17]

aa) **Kapitalhandelsgesellschaften.** Die Anknüpfung der Kaufmannseigenschaft an die Rechts- 16 form setzt voraus, dass die Gesellschaft bereits als solche, dh. als juristische Person, entstanden ist.[18] Bei den Kapitalhandelsgesellschaften (o. RdNr. 11) besteht die Kaufmannseigenschaft daher erst ab der für das Entstehen der juristischen Person rechtsbegründend wirkenden Handelsregistereintragung (vgl. § 41 Abs. 1 AktG, auch iVm. § 278 Abs. 3 AktG; § 11 Abs. 1 GmbHG).[19]

Hieraus folgt, dass die **Vorgesellschaft** zur AG, KGaA oder GmbH die Kaufmannseigenschaft 17 nicht schon deshalb besitzt, weil es sich hierbei nur um eine Vorstufe zu einem Gesellschaftstyp handelt, der kraft Rechtsform Kaufmann ist.[20] Zwar untersteht die Vorgesellschaft im Grundsatz dem Recht der im Entstehen begriffenen juristischen Person. Ausgenommen sind hierbei aber diejenigen Vorschriften, die bereits die Rechtsfähigkeit der Gesellschaft voraussetzen. Hierzu gehören § 3 Abs. 1 AktG (auch iVm. § 278 Abs. 3 AktG) und § 13 Abs. 3 GmbHG.[21] Zur Kaufmannseigenschaft der Vorgesellschaft *als OHG* s. § 1 RdNr. 66.

bb) **Europäische Wirtschaftliche Interessenvereinigung.** Nach Art. 1 Abs. 3 EWIV–VO 18 (ABl. EG 1985 Nr. L 199/1) steht es den Mitgliedstaaten der Gemeinschaft frei, die in einem innerstaatlichen Register eingetragenen Vereinigungen mit Rechtspersönlichkeit auszustatten oder nicht. In § 1 EWIV-AusfG[22] hat der deutsche Gesetzgeber die EWIV – subsidiär zur EWIV-VO und zum EWIV-AusfG – den für die OHG geltenden Vorschriften unterstellt. Damit wird zum Ausdruck gebracht, dass die in das inländische Handelsregister eingetragene (deutsche) EWIV nicht juristische Person ist.[23] Ebenso wie die juristischen Personen sowie die kleingewerblichen und vermögensverwaltenden Personenhandelsgesellschaften (o. RdNr. 10) **entsteht** die EWIV als solche allerdings erst mit ihrer **Eintragung im Handelsregister** (Art. 1 Abs. 1 S. 2 EWIV-VO). Eine Entstehung der EWIV durch Geschäftsbeginn (§ 123 Abs. 2 HGB) ist daher ausgeschlossen.[24]

Nach § 1 EWIV-AusfG ist die EWIV ferner **Handelsgesellschaft.** § 6 Abs. 1 HGB knüpft 19 hieran die **Kaufmannseigenschaft.** Da es für die Kaufmannseigenschaft der EWIV nicht auf den Gegenstand des Unternehmens ankommt, ist die EWIV **Formkaufmann**.[25]

3. **Rechtsfolge.** Nach § 6 Abs. 1 finden auf die Handelsgesellschaften *die in Betreff der Kaufleute* 20 *gegebenen Vorschriften* Anwendung. Kaufmannsbezogene Rechtsvorschriften finden sich im HGB und in sonstigen Gesetzen.

a) **Kaufmannsrecht des HGB.** Die Vorschrift des § 6 Abs. 1 zielt unstreitig auf das gesamte 21 Kaufmannsrecht des HGB (Vor § 1 RdNr. 28 ff.) ab.[26] Namentlich folgt aus § 6 Abs. 1, dass sämtliche von den Handelsgesellschaften vorgenommenen Geschäfte **Handelsgeschäfte iSd. § 343** sind.[27] Zwar verlangt § 343 über die – hier durch § 6 Abs. 1 vermittelte – Kaufmannseigenschaft hinaus, dass das Geschäft zum Betrieb des **Handelsgewerbes** des Kaufmanns gehört. Daraus kann aber nicht hergeleitet werden, dass die Geschäfte solcher Kaufleute, die kein Handelsgewerbe

---

[16] Staub/*Brüggemann* § 6 aF RdNr. 5; MünchKommHGB/*K. Schmidt* RdNr. 12; Koller/*Roth*/Morck RdNr. 3 (zur EWIV).
[17] *Canaris* § 3 RdNr. 41.
[18] *Hüffer* § 3 AktG RdNr. 2.
[19] *Hüffer* § 3 AktG RdNr. 2; Staub/*Brüggemann* § 6 aF RdNr. 10; Röhricht/Graf von Westphalen/*Röhricht* § 6 aF RdNr. 5; *K. Schmidt* HandelsR § 10 II 2 b.
[20] *Canaris* § 3 RdNr. 44; Staub/*Brüggemann* § 1 aF RdNr. 28; MünchKommHGB/*K. Schmidt* RdNr. 12.
[21] *Hüffer* § 3 AktG RdNr. 2.
[22] G v. 14. 4. 1988, BGBl. I S. 514.
[23] MünchKommHGB/*Bokelmann*, 1. Aufl. 1996, § 6 aF RdNr. 14. AA MünchKommHGB/*K. Schmidt* RdNr. 16, wonach die EWIV auch vor Eintragung Rechtsträgerin sein kann.
[24] Staub/*Ulmer* Vor § 105 RdNr. 38 mit Fn. 57.
[25] MünchKommHGB/*K. Schmidt* RdNr. 15.
[26] Heymann/*Emmerich* § 6 aF RdNr. 3; Staub/*Brüggemann* § 6 aF RdNr. 20.
[27] BGH Urt. v. 13. 7. 1972 – II ZR 111/70, BGHZ 59, 179, 183 f. = NJW 1972, 1660; BGH Urt. v. 22. 1. 1976 – VII ZR 280/75, BGHZ 66, 48, 49 f. = NJW 1976, 514; Heymann/*Emmerich* § 6 aF RdNr. 3; MünchKommHGB/*K. Schmidt* RdNr. 19.

betreiben, vom Anwendungsbereich der §§ 343 ff. ausgenommen wären.[28] Bedeutung hätte eine solche Einschränkung im vorliegenden Zusammenhang für kleingewerbliche und vermögensverwaltende Personenhandelsgesellschaften (§ 105 Abs. 2 S. 1, auch iVm. § 161 Abs. 2), ferner etwa für Kapitalgesellschaften und die EWIV mit nichtgewerblicher oder ideeller (karitativer) Zwecksetzung. Der Begriff des Handelsgewerbes in § 343 ist nämlich weiter zu fassen als in § 1. Er umfasst die gesamte unternehmerische Tätigkeit des Kaufmanns in Abgrenzung zu seinen Privatgeschäften.[29] Da Handelsgesellschaften keine Privatsphäre besitzen, sind ihre Geschäfte stets Handelsgeschäfte iSd. §§ 343 ff.,[30] und zwar auch im Rahmen der gesellschaftsrechtlich zulässigen Zweckrichtungen außerhalb des § 1 Abs. 2.

22 **b) Sonstiges Kaufmannsrecht.** Im Kaufmannsrecht außerhalb des HGB (Vor § 1 RdNr. 37 ff.) soll nach hM eigens zu prüfen sein, ob die jeweilige Norm Handelsgesellschaften einbezieht, wenn dort die Kaufmannseigenschaft oder das Vorliegen eines Gewerbebetriebs Tatbestandsvoraussetzung ist.[31] § 6 Abs. 1 soll insoweit nicht ohne weiteres die Einbeziehung der Handelsgesellschaften in den persönlichen Anwendungsbereich der kaufmannsbezogenen Sondervorschriften bewirken. Denn die Vorschrift ordne nur die Geltung des Handelsrechts des HGB an.[32]

23 Diese enge Auslegung der Rechtsfolge des § 6 Abs. 1 ist abzulehnen. Schon der Gesetzeswortlaut lässt nicht erkennen, dass nur die kaufmannsbezogenen Vorschriften des HGB zum Zuge kommen sollen. Zudem ist im Interesse der Rechtseinheit der Kaufmannsbegriff in der Rechtsordnung stets iSd. §§ 1 ff. zu verstehen (Vor § 1 RdNr. 38). Die Kaufleute iSd. § 6 Abs. 1 können hier schon aus Gründen der Gleichbehandlung keine Sonderstellung gegenüber den Kaufleuten nach §§ 1 ff. beanspruchen. Im Ergebnis zu Recht hat daher etwa der BGH die vierjährige Verjährungsfrist des § 196 Abs. 1 Nr. 1 iVm. Abs. 2 BGB aF auf eine GmbH angewandt, die keinen Gewerbebetrieb unterhielt. Hierbei ging das Gericht davon aus, dass Kaufmannseigenschaft und Handelsgewerbe austauschbare Begriffe sind.[33]

III. Nichthandelsgewerbliche Formkaufleute (Abs. 2)

24 Für korporative Formkaufleute („Vereine") bestimmt § 6 Abs. 2, dass deren **Rechtsstellung nicht davon abhängig** ist, ob der Formkaufmann ein **Handelsgewerbe** iSd. § 1 Abs. 2 betreibt. Die bis zur Handelsrechtsreform 1998 in § 6 Abs. 2 enthaltene Bezugnahme auf § 4 aF ist wegen der Abschaffung des Minderkaufmanns (vor § 1 RdNr. 21 ff.) entfallen.[34]

25 Die Norm betrifft AGen (§ 3 Abs. 1 AktG), KGaAen (§ 3 Abs. 1 AktG iVm. § 278 Abs. 3 AktG) und Gesellschaften mbH (§ 13 Abs. 3 GmbHG). Diese korporativ strukturierten Handelsgesellschaften besitzen gem. § 6 Abs. 1 die Kaufmannseigenschaft (soeben RdNr. 11 ff.). Ferner richtet sich § 6 Abs. 2 an die eG, die unmittelbar kraft der gesetzlichen Anordnung des § 17 Abs. 2 GenG Kaufmann ist.[35] Zur eG auch RdNr. 12.

26 Die **Vorschrift des § 6 Abs. 2** ist spätestens seit der Handelsrechtsreform 1998 **ohne erkennbaren Regelungsgehalt**. Die Normadressaten des § 6 Abs. 2 besitzen die Kaufmannseigenschaft bereits als Handelsgesellschaften nach § 6 Abs. 1 oder als eG nach § 17 Abs. 2 GenG. Wenn das Gesellschaftsrecht bestimmte Verbandstypen auch für Zwecke außerhalb des § 1 Abs. 2 zur Verfügung stellt (vgl. § 3 Abs. 1 AktG, § 1 GmbHG) und das Handelsrecht in § 6 Abs. 1 HGB und § 17 Abs. 2 GenG die Kaufmannseigenschaft an das Vorliegen eines solchen Verbandstyps knüpft, so ist es ausgeschlossen, dass ein derartiger Formkaufmann mangels Handelsgewerblichkeit (§ 1 Abs. 2) dem Handelsrecht nicht oder nur eingeschränkt unterliegt. Bestenfalls kann § 6 Abs. 2 vor diesem Hintergrund als nochmalige **Klarstellung** der uneingeschränkten Kaufmannseigenschaft von Formkaufleuten aufrechterhalten werden.[36]

---

[28] So freilich tendenziell *Raisch*, Geschichtliche Voraussetzungen, S. 219 f.
[29] Vgl. Koller/*Roth*/Morck § 343 RdNr. 4.
[30] Vgl. BGH Urt. v. 5. 5. 1960 – II ZR 128/58, NJW 1960, 1852, 1853; Staub/*Ulmer* § 105 aF RdNr. 44; Staub/*Brüggemann* § 6 aF RdNr. 21; Röhricht/Graf von Westphalen/*Röhricht* § 6 aF RdNr. 5; *Hüffer* § 3 AktG RdNr. 4.
[31] Heymann/*Emmerich* § 6 aF RdNr. 4; MünchKommHGB/*K. Schmidt* RdNr. 23, der dieser Prüfung auf Grund der Gegenüberstellung von Unternehmer (§ 14 BGB) und Verbraucher (§ 13 BGB) weniger Bedeutung beimisst; vgl. schon RG Urt. v. 12. 5. 1931 – II 294/30, RGZ 133, 7, 11.
[32] Heymann/*Emmerich* § 6 aF RdNr. 4; MünchKommHGB/*K. Schmidt* RdNr. 19; Röhricht/Graf von Westphalen/*Röhricht* § 6 aF RdNr. 7.
[33] BGH Urt. v. 18. 1. 1968 – VII ZR 101/65, BGHZ 49, 258, 263 = NJW 1968, 639; BGH Urt. v. 22. 1. 1976 – VII ZR 280/75, BGHZ 66, 48, 50 = NJW 1976, 514; Röhricht/Graf von Westphalen/*Röhricht* § 6 aF RdNr. 7.
[34] BT-Drucks. 13/8444 S. 49.
[35] BT-Drucks. 13/8444 S. 49; Koller/*Roth*/Morck RdNr. 6.
[36] Heymann/*Emmerich* § 6 aF RdNr. 5.

§ 7 [Kaufmannseigenschaft und öffentliches Recht]

Durch die Vorschriften des öffentlichen Rechtes, nach welchen die Befugnis zum Gewerbebetrieb ausgeschlossen oder von gewissen Voraussetzungen abhängig gemacht ist, wird die Anwendung der die Kaufleute betreffenden Vorschriften dieses Gesetzbuchs nicht berührt.

Schrifttum: *Winkler*, Das Verhältnis zwischen Handwerksrolle und Handelsregister – Gedanken zum Beschluß des BGH vom 9. 11. 1987 –, ZGR 1989, 107.

Übersicht

	RdNr.		RdNr.
I. Normzweck	1, 2	1. Alleinige Maßgeblichkeit der §§ 1 bis 6 für die Kaufmannseigenschaft	5–7
II. Öffentlichrechtliche Beschränkungen der Gewerbetätigkeit	3, 4	2. Keine Bereichsausnahme zu § 134 BGB	8
1. Rechtsgrundlagen	3	IV. Eingeschränkte Prüfungspflicht des Registergerichts	9
2. Nicht: privatrechtliche Beschränkungen	4		
III. Auswirkungen	5–8		

I. Normzweck

Indem § 7 die Kaufmannseigenschaft und damit die Anwendbarkeit des Handelsrechts von öffentlichrechtlichen Beschränkungen der Gewerbetätigkeit loslöst, stellt die Vorschrift die Anwendung des Handelsrechts in möglichst großem Umfang sicher.[1] Die Vorschrift bewirkt damit Rechtssicherheit und Rechtsklarheit im Hinblick auf die Anwendbarkeit des Handelsrechts.[2] **1**

Zugleich wirkt die Trennung des Handelsrechts vom Gewerberecht als Beschränkung der Prüfungskompetenz des Registergerichts.[3] Aus § 7 wird deutlich, dass den Registergerichten keine allgemeine Befugnis zur Beaufsichtigung der Kaufleute zusteht. Mittelbar folgt aus § 7, dass der handelsrechtliche Gewerbebegriff nicht die Erlaubtheit der jeweiligen Tätigkeit voraussetzt (§ 1 RdNr. 30). **2**

II. Öffentlichrechtliche Beschränkungen der Gewerbetätigkeit

1. Rechtsgrundlagen. Gewerbliche Tätigkeiten unterliegen einer Fülle von öffentlichrechtlichen Vorschriften, die die Befugnis zum Gewerbebetrieb ausschließen oder von gewissen Voraussetzungen abhängig machen können. Einschlägig sind namentlich die folgenden Gesetze: GewO, HandwO,[4] BImSchG, GaststättenG, KWG, VAG, WaffG, AbfallbeseitigungsG, Vorschriften zur gewerblichen Nebentätigkeit von Beamten, das Gesetz über die Berufsausübung im Einzelhandel, die strafrechtlichen Berufsverbote (§§ 70 ff. StGB).[5] **3**

2. Nicht: privatrechtliche Beschränkungen. Schon der Wortlaut des § 7 macht deutlich, dass es für den Erwerb der Kaufmannseigenschaft nicht darauf ankommt, ob der Betreffende mit seinem Betrieb gegen privatrechtliche Beschränkungen verstößt. Dies hat Bedeutung etwa im Hinblick auf gesetzliche oder vertragliche Wettbewerbsverbote (vgl. §§ 86 Abs. 1, 90a, 112f.). Die Durchsetzung derartiger privatrechtlicher Beschränkungen fällt nicht in den Aufgabenbereich des Registergerichts.[6] **4**

III. Auswirkungen

1. Alleinige Maßgeblichkeit der §§ 1 bis 6 für die Kaufmannseigenschaft. Die Rechtsfolge des § 7 besteht darin, dass der Erwerb und der Fortbestand der **Kaufmannseigenschaft** einer Person **unabhängig von der gewerberechtlichen Zulässigkeit** des von ihr betriebenen Unternehmens zu beurteilen ist. Prüfungsmaßstab sind allein die §§ 1 bis 6. Daher hat das Registergericht einen Gewerbetreibenden, dem für den Betrieb seines Unternehmens die erforderliche staatliche Genehmigung fehlt, grundsätzlich als Kaufmann in das Handelsregister einzutragen. Dies gilt für Einzelgewerbetreibende und Personenhandelsgesellschaften gleichermaßen.[7] Dahinter steht die Überlegung, dass **5**

---

[1] Vgl. OLG Frankfurt/M. Beschl. v. 15. 8. 1983 – 20 W 358/83, OLGZ 1983, 416 = WM 1983, 1247 = ZIP 1983, 1203.
[2] Heymann/*Emmerich* RdNr. 1; MünchKommHGB/*Krafka* RdNr. 1.
[3] *K. Schmidt* HandelsR § 9 IV 2 b dd; *Winkler* ZGR 1989, 107, 113 f.
[4] BGH Beschl. v. 9. 11. 1987 – II ZB 49/87, BGHZ 102, 209 = NJW 1988, 1087; hierzu *Winkler* ZGR 1989, 107 ff.
[5] Vgl. auch die Beispiele bei *Winkler* ZGR 1989, 107, 113 f.
[6] Vgl. zB KG Urt. v. 12. 12. 1935 – 1 Wx 497/35, JW 1936, 941, 943; Röhricht/Graf von Westphalen/*Röhricht* RdNr. 6; Heymann/*Emmerich* RdNr. 8.
[7] KG Beschl. v. 25. 8. 1958 – 1 W 667/58, NJW 1958, 1827, 1828; OLG Celle Beschl. v. 9. 9. 1971 – 9 Wx 7/71, BGB 1972, 145; OLG Braunschweig Beschl. v. 3. 5. 1977 – 2 Wx 3/77, RPfleger 1977, 363; OLG Frankfurt/M. Beschl. v. 15. 8. 1983 – 20 W 358/83, OLGZ 1983, 416, 419 = WM 1983, 1247 = ZIP 1983, 1203; OLG Hamm Beschl. v.

sich Dritte, die mit einem Kaufmann in Geschäftsverbindungen treten, uneingeschränkt auf die Anwendung des Handelsrechts verlassen können müssen.[8]

6 Deshalb ist es abzulehnen, wenn § 7 von einem Teil der Rspr. und Lit. dahin eingeschränkt wird, dass eine Handelsregistereintragung zu verweigern sei, wenn feststehe, dass der Tätigkeit ein nicht behebbares Hindernis öffentlichrechtlicher Natur entgegenstehe.[9] Hierbei geht es um Fälle, in denen auch mit einer nachträglichen Erteilung der für den Geschäftsbetrieb erforderlichen behördlichen Genehmigungen in absehbarer Zeit nicht zu rechnen ist. Diese Auffassung verkennt die beschränkte Funktion des Handelsregisters als Verzeichnis der im Geschäftsverkehr tätigen Kaufleute.[10] Gegen die Beachtlichkeit öffentlichrechtlicher Tätigkeitshindernisse sprechen ferner die sogleich zu behandelnden Vorschriften der §§ 37 Abs. 4 Nr. 5 AktG, 8 Abs. 1 Nr. 6 GmbHG, wonach ausnahmsweise die Handelsregistereintragung von der Vorlage einer staatlichen Genehmigungsurkunde abhängt.[11]

7 Bedarf der Gegenstand des Unternehmens einer AG oder einer GmbH der staatlichen Genehmigung, so ist ungeachtet der Vorschrift des § 7[12] die öffentlichrechtliche Genehmigungsurkunde beizufügen (§§ 37 Abs. 4 Nr. 5 AktG, 8 Abs. 1 Nr. 6 GmbHG).[13] In diesem Zusammenhang hat die Rspr. klargestellt, dass die Eintragung eines Gewerbetreibenden in die Handwerksrolle einer staatlichen Genehmigung iSd. §§ 37 Abs. 4 Nr. 5 AktG, 8 Abs. 1 Nr. 6 GmbHG gleichzuachten ist.[14] In all diesen Fällen entscheidet die öffentlichrechtliche Genehmigung mittelbar über den Erwerb der Kaufmannseigenschaft, da die Kaufmannseigenschaft nach § 6 Abs. 1 an die Entstehung der AG/ GmbH durch Handelsregistereintragung anknüpft (§ 6 RdNr. 16). Davon abzugrenzen ist die Nichteintragung der Zweigniederlassung einer Auslandsgesellschaft bei einem inländischen Gewerbeverbot gegen deren Geschäftsleiter.[15]

8 **2. Keine Bereichsausnahme zu § 134 BGB.** In bestimmten Fällen folgt die zivilrechtliche Nichtigkeit eines Rechtsgeschäfts aus dem Verstoß gegen öffentlichrechtliche Verbotsgesetze (§ 134 BGB).[16] Vor dieser Nichtigkeitsfolge ist der Kaufmann auch nicht durch § 7 geschützt. Denn es gibt keine kaufmannsbezogenen Rechtsvorschriften, die abweichend von § 134 BGB zur Wirksamkeit verbotswidriger Rechtsgeschäfte führen. Nur solche Vorschriften könnten sich aber gem. § 7 HGB gegenüber § 134 BGB durchsetzen.[17]

IV. Eingeschränkte Prüfungspflicht des Registergerichts

9 Da § 7 die Unabhängigkeit des Handelsregisters vom Gewerberecht bezweckt, folgt aus dieser Bestimmung zugleich eine im Zweifel enge Auslegung der Prüfungskompetenz des Registergerichts in Bezug auf öffentlichrechtliche Beschränkungen der Gewerbetätigkeit.[18] Eine Prüfungspflicht des Registergerichts besteht daher nur in den Fällen, in denen dies durch Gesetz angeordnet ist. Dies gilt für die Eintragung von Kapitalgesellschaften (o. RdNr. 7), ferner bei Kreditinstituten im Hinblick auf § 43 Abs. 1 KWG, bei der Eintragung von juristischen Personen nach § 33 und bei der Eintragung von Genossenschaften in das Genossenschaftsregister.[19] Diese Grundsätze gelten auch für Personenhandelsgesellschaften einschließlich der GmbH & Co. KG.[20] Freilich können die besonderen Vorschriften des AktG und des GmbHG (o. RdNr. 7) nicht auf diese Gesellschaften erstreckt werden.

---

21. 12. 1984 – 15 W 181/84, BB 1985, 1415; Staub/*Brüggemann* RdNr. 5 ff.; Heymann/*Emmerich* RdNr. 4; MünchKommHGB/*Krafka* RdNr. 6; Röhricht/Graf von Westphalen/*Röhricht* RdNr. 4.
[8] Heymann/*Emmerich* RdNr. 3 a.
[9] Vgl. OLG Düsseldorf Beschl. v. 24. 5. 1985 – 3 W 71/85, BB 1985, 1933; OLG Hamm Beschl. v. 21. 12. 1984 – 15 W 181/84, BB 1985, 1415; Schlegelberger/*Hildebrand*/*Steckhan* RdNr. 4; *K. Schmidt* HandelsR § 9 IV II b bb; MünchKommHGB/*Krafka* RdNr. 6.
[10] Röhricht/Graf von Westphalen/*Röhricht* RdNr. 4; Koller/*Roth*/Morck RdNr. 2 im Anschluss an BayObLG Beschl. v. 24. 2. 1978 – 1 Z 4/78, BayObLGZ 1978, 44, 46 = MDR 1978, 759; OLG Celle Beschl. v. 9. 9. 1971 – 9 Wx 7/71, BB 1972, 145.
[11] Koller/*Roth*/Morck RdNr. 2.
[12] Vgl. BayObLG Beschl. v. 7. 6. 2000 – 3 Z BR 26/00, NJW-RR 2001, 898, 899; OLG Frankfurt/M. Beschl. v. 30. 8. 1979 – 20 W 49/79, OLGZ 1979, 493 f. = WM 1980, 22 mwN.
[13] Vgl. nur *Hüffer* § 37 AktG RdNr. 13; *Roth*/Altmeppen § 8 GmbHG RdNr. 9 ff.
[14] BGH Urt. v. 9. 11. 1987 – II ZB 49/87, BGHZ 102, 209, 211 ff. = NJW 1988, 1087; hierzu *Winkler* ZGR 1989, 107 ff.
[15] BGH Urt. v. 7. 5. 2007 – II ZB 7/06, ZIP 2007, 1306. Vgl. zur Kaufmannseigenschaft der Auslandsgesellschaft Vor § 1 RdNr. 121 ff.
[16] Überblick bei Palandt/*Heinrichs* § 134 RdNr. 14 ff.
[17] HM MünchKommHGB/*Krafka* RdNr. 2; Koller/*Roth*/Morck RdNr. 1.
[18] Röhricht/Graf von Westphalen/*Röhricht* RdNr. 4; Heymann/*Emmerich* RdNr. 4 f.; Koller/*Roth*/Morck RdNr. 2.
[19] KG Beschl. v. 12. 12. 1935 – 1 Wx 497/35, JW 1936, 941, 942; KG Beschl. v. 14. 7. 1938 – 1 Wx 266/38, JW 1938, 2751; Heymann/*Emmerich* RdNr. 4; MünchKommHGB/*Krafka* RdNr. 5.
[20] BayObLG Beschl. v. 24. 2. 1978 – 1 Z 4/78, BayObLGZ 1978, 44, 47; OLG Oldenburg Beschl. v. 16. 11. 1956 – 3 Wx 62/56, NJW 1957, 349, 350 f.; OLG Celle Beschl. v. 9. 9. 1971 – 9 Wx 7/71, BB 1972, 145; OLG Braunschweig Beschl. v. 3. 5. 1977 – 2 Wx 3/77, RPfleger 1977, 363; Heymann/*Emmerich* RdNr. 7.

Zweiter Abschnitt. Handelsregister; Unternehmensregister

§ 8 Handelsregister

(1) Das Handelsregister wird von den Gerichten elektronisch geführt.

(2) Andere Datensammlungen dürfen nicht unter Verwendung oder Beifügung der Bezeichnung „Handelsregister" in den Verkehr gebracht werden.

Übersicht

	RdNr.		RdNr.
I. Grundlagen	1–8	(2) Keine Befreiung für Geschäfte mit „nahen Angehörigen"	99
1. Ursprung und Entwicklung des Handelsregisters	1–3	(3) Befreiung für Geschäfte mit Mutter- oder Tochter-Gesellschaften	100, 101
2. Überblick über die gesetzlichen Grundlagen	4–6	dd) Besonderheiten bei der GmbH & Co. KG	102–104
3. Das Gesetz über elektronische Handels- und Genossenschaftsregister sowie das Unternehmensregister (EHUG)	7, 8	ee) Weitere Fälle	105, 106
		c) Beherrschungs- und Gewinnabführungsverträge	107–110
II. Einrichtung und Führung des Handelsregisters	9–47	d) Beschränkung und Erweiterung der Prokura	111, 112
1. Sachliche Zuständigkeit	9–11	e) Fortsetzung der aufgelösten oHG/KG	113
2. Örtliche Zuständigkeit	12–18	f) Nachträgliche Veränderung von im Handelsregister eingetragenen Personalien und vergleichbare Fälle	114–116
3. Funktionelle Zuständigkeit	19–27	g) Ausländische juristische Person als Komplementär	117
4. Mitteilungs- und Mitwirkungspflichten	28–35	h) Testamentsvollstreckervermerk	118–121
a) Allgemeines	28	i) Weitere Beispiele	122–124
b) Steuerbehörden nach § 125 a Abs. 2 FGG	29	V. Das Eintragungsverfahren	125–171
c) Organe des Handelsstandes nach § 126 FGG	30, 31	1. Die Anmeldung	126
d) Notare	32–34	2. Prüfung der Anmeldung	127–144
e) Weitere Mitteilungspflichten	35	a) Formelle Prüfung	128–130
5. Die Abteilungen des Handelsregisters, Registerblätter, elektronische Registerführung	36–46	b) Materielle Prüfung	131–144
a) Abteilung A und B	36–38	aa) Grundlagen	131, 132
b) Registerblätter	39–42	bb) Gegenstand der Prüfung	133–141
c) Umfang der elektronischen Registerführung	43–46	cc) Zeitpunkt der Prüfung	142–144
6. Wettbewerbsschutz	47	3. Ausgewählte Probleme der materiellen Prüfung	145–171
III. Aufgaben des Handelsregisters	48–57	a) Errichtung der Gesellschaft	145–150
1. Publizitätsfunktion	48–50	b) Kauf einer Vorrats- bzw. Mantelgesellschaft	151–153
2. Kontrollfunktion	51–57	c) Ausländer als Geschäftsführer/Gesellschafter	154–157
IV. Eintragungsfähige/nicht eintragungsfähige Tatsachen	58–124	d) Kapitalerhöhung	158–162
1. Überblick	58–65	e) Eintragung von Hauptversammlungsbeschlüssen	163–169
2. Eintragungsfähige und anmeldepflichtige Tatsachen	66–74	aa) Nichtige Beschlüsse	163
a) Aufgrund Gesetz	66–70	bb) Anfechtbare Beschlüsse	164–169
b) Sonstige gesetzlich nicht normierte Fälle	71–74	f) Beschlüsse von GmbH-Gesellschafterversammlungen	170, 171
3. Eintragungsfähige, nicht anmeldepflichtige Tatsachen	75–78	VI. Entscheidungen des Registergerichts und ihre Anfechtung	172–187
a) Aufgrund Gesetz	75	1. Die Entscheidung des Registergerichts	172–177
b) Sonstige gesetzlich nicht normierte Fälle	76–78	a) Verfügung der Eintragung	173
4. Nicht eintragungsfähige Tatsachen	79	b) Aussetzung des Eintragungsverfahrens	174
5. Einzelfälle	80–124	c) Erlass einer Zwischenverfügung	175, 176
a) Berufsbezeichnungen	80, 81	d) Zurückweisung	177
b) Befreiung von den Beschränkungen des § 181 BGB	82–106	2. Anfechtung	178–187
aa) Überblick	82–92	a) Anfechtbarkeit	178–181
bb) Generelle/gegenständlich beschränkte Befreiung	93–96	b) Beschwerde	182–184
cc) Persönlich beschränkte Befreiung	97–101	c) Beschwerderecht	185–187
(1) Rechtsgeschäfte nur mit Dritten	97, 98	Anhang: Handelsregisterverordnung	

I. Grundlagen

1. Ursprung und Entwicklung des Handelsregisters. Erst seit dem 18. Jahrhundert sind in Deutschland amtliche, dem Handelsregister entsprechende öffentliche Register, die auch den Schutz des Publikums bezwecken, nachzuweisen. Die frühzeitige Aufzeichnung der Mitglieder des Kaufmannsstandes in **Gilderollen** diente primär inneren Zwecken der Gilde und hielt die Zugehörigkeit zur Gilde fest.[1]

Jedoch waren nicht diese vornehmlich auf die internen Verhältnisse der Gilde bezogenen Gilderollen Vorläufer des Handelsregisters in Deutschland, sondern die im 17. Jahrhundert entstandenen **Gesellschafts- und Vollmachtsregister** sowie – teilweise in Süddeutschland und der Schweiz – die vollständigen Firmenbücher, aus denen sich die Firma des Einzelkaufmanns ergab. Diese auch die Information des Rechtsvertreters bezweckenden Register waren in Verbindung mit den Verzeichnissen wechselfähiger Personen Wegbereiter der Handelsregister in Deutschland.[2]

Allgemeine Vorschriften über das Handelsregister enthielt erstmals das **ADHGB von 1861**, seit 1871 Reichsgesetz. Die Art. 12–14 ADHGB beschränkten sich auf wenige Verfahrensvorschriften. Im Übrigen galt für das Verfahrensrecht die Regelungskompetenz der Einzelstaaten.[3] So war bei jedem Handelsgericht ein öffentliches Handelsregister zu führen, Art. 12 ADHGB. Eintragungen in das Handelsregister waren in öffentlichen Blättern ohne Verzug bekanntzumachen, Art. 13, 14 ADHGB. Die Art. 12–14 ADHGB waren wiederum Vorbild für das Register des HGB, so dass auch die §§ 8 ff. eine umfassende Regelung des Registerrechts vermissen lassen.[4]

2. Überblick über die gesetzlichen Grundlagen. Die **§§ 8 bis 14, 16 HGB** betreffen die Einrichtung und Führung des Handelsregisters. Diese Verfahrensvorschriften werden durch **§§ 1 ff., 125 ff. FGG** ergänzt. Die **Handelsregisterverfügung** vom 12. 8. 1937,[5] die nicht nur bloße Verwaltungsvorschriften, sondern als Rechtsverordnung mit Gesetzeskraft formell-rechtlich verbindliche Vorschriften enthält,[6] befasst sich gleichfalls mit der Einrichtung und Führung des Handelsregisters.

Welche Tatsachen in das Handelsregister eingetragen werden sollen oder dürfen und wer jeweils die Eintragung herbeizuführen hat, ist jeweils in den **Einzelgesetzen** geregelt, zB in §§ 2, 13 ff., 25 Abs. 2, 28 Abs. 2, 29, 31–34, 53, 106–108, 125 Abs. 4, 143, 144 Abs. 2, 148, 150, 157, 162, 175 HGB, §§ 36 ff., 45, 81, 181, 184, 188, 195, 201, 210, 222, 227, 239, 263, 266, 273, 277, 289 AktG, §§ 7 ff., 39 54, 57 58, 65, 67 GmbHG, §§ 16, 125, 176, 177, 198 UmwG. Ebenfalls in Einzelvorschriften geregelt sind die Wirkungen der Handelsregistereintragungen bzw. der Nichteintragungen von Tatsachen, zB in §§ 2, 3 Abs. 2, 15, 25 Abs. 2, 28 Abs. 2 HGB.

Der 2. Abschnitt des HGB enthält insoweit nur wenige Einzelbestimmungen. Der Grund für den **Mangel an Systematik und Zusammenhang** der gesetzlichen Regelung liegt in der Entstehungsgeschichte und dem Vorbild des ADHGB.[7]

3. Das Gesetz über elektronische Handels- und Genossenschaftsregister sowie das Unternehmensregister (EHUG). Das am 1. 1. 2007 in Kraft getretene Gesetz über elektronische Handels- und Genossenschaftsregister sowie das Unternehmensregister (EHUG) bringt für das historisch gewachsene und dann etwas stehen gebliebene deutsche Handelsregistersystem eine grundlegende Modernisierung.[8] Das EHUG (vom 10. 11. 2006, BGBl. I S. 2553) setzt die 2003 novellierte **Publizitätsrichtlinie** (Richtlinie 2003/58/EG; ABl. EU Nr. L 221 S. 13) zur Änderung der Ersten gesellschaftsrechtlichen Richtlinie (68/151/EWG; ABl. EU Nr. L 65 S. 8) um sowie einen Teil der 2004 erlassenen **Transparenzrichtlinie** (Richtlinie 2004/109/EG) zur Harmonisierung der Transparenzanforderungen in Bezug auf Informationen über Emittenten, deren Wertpapiere zum Handel auf einem geregelten Markt zugelassen sind, und zur Änderung der Richtlinie 2001/34/EG.[9]

---

[1] Baumbach/*Hopt* RdNr. 1; *Rehme* in: Ehrenberg, Handbuch des gesamten Handelsrechts, Bd. I, S. 214; v. Gierke/*Sandrock*, Handels- und Wirtschaftsrecht, Bd. 1, 9. Aufl., § 11 I.; *Bokelmann* DStR 1991, 945; *Schöpe*, Rechtliche Probleme der Reorganisation des Handelsregisters in der Bundesrepublik Deutschland, Diss. Hannover 1998, S. 3 ff.
[2] Staub/*Hüffer* Vor § 8 RdNr. 4; Bokelmann DStR 1991, 945.
[3] Staub/*Hüffer* Vor § 8 RdNr. 6.
[4] Staub/*Hüffer* Vor § 8 RdNr. 6.
[5] RMBl. S. 515; zuletzt geändert durch das Gesetz über das elektronische Handelsregister und Genossenschaftsregister sowie das Unternehmensregister (EHUG) v. 10. 11. 2006, BGBl. I S. 2553; Wortlaut der HRV abgedruckt in Anhang zu § 8.
[6] *Bokelmann* DStR 1991, 945; OLG Hamm Beschl. v. 27. 6. 1967 – 15 W 257/66, OLGZ 1967, 333, 340 ff.
[7] Vgl. oben RdNr. 3, Heymann/*Sonnenschein/Weitemeyer* RdNr. 5.
[8] *Seibert/Decker* DB 2006, 2446.
[9] ABl. EU Nr. L 390 S. 38; inzwischen umgesetzt durch das Gesetz zur Umsetzung der Richtlinie 2004/109/EG des Europäischen Parlaments und des Rates vom 15. 12. 2004 zur Harmonisierung der Transparenzanforderungen in Bezug

Handelsregister 8–15 § 8

Die Reform hat drei **Schwerpunkte:** Sie führt vollständig elektronische Handelsregister ein, d. h. **8** die Handelsregister werden ab 2007 im Hinblick auf Einreichung, Führung und Abruf der Daten elektronisch geführt. Die Handelsregister bleiben in der Verantwortung der Amtsgerichte, jedoch findet eine bundesweite Vernetzung statt. Der Rechts- und Wirtschaftsverkehr kann über die zentrale Internetseite „www.handelsregister.de" kostenpflichtig Einblick nehmen. Die §§ 8 ff. werden sachlich und terminologisch modernisiert, umgegliedert und mit amtlichen Überschriften versehen.[10] Außerdem wird ein neuartiges elektronisches Unternehmensregister eingeführt (§ 8b). Schließlich bringt das EHUG die Änderung des Systems der Offenlegung von Jahresabschlüssen mit sich (vgl. vor allem § 325 HGB).[11] Das EHUG wird zu einer Beschleunigung und Entbürokratisierung der Unternehmenspublizität und zu einem erleichterten Zugriff auf Unternehmensdaten über das Internet führen. Es ist Bestandteil des „small company act" zur Entlastung mittelständischer Unternehmen von Bürokratie und zur Beschleunigung von Planungs- und Genehmigungsverfahren, auf den sich die Regierungsparteien im Koalitionsvertrag vom Oktober 2005 verständigt haben.

II. Einrichtung und Führung des Handelsregisters

1. Sachliche Zuständigkeit. § 8 ordnet die Führung des Handelsregisters durch die **Gerichte** **9** und nicht durch die Verwaltung an. Im Hinblick auf die große Bedeutung des Registers für den sicheren Ablauf des Handelsverkehrs ist diese Kompetenzzuordnung für die Registerführung sachgerecht; richtigerweise ist die Führung des Handelsregisters auch nicht den Organisationen des Handelsstandes übertragen worden.[12]

Die Registerführung zählt zu den Handelssachen nach §§ 125 ff. FGG. Sachlich zuständig sind **10** gemäß § 125 Abs. 1 FGG die **Amtsgerichte**.

Auch das Gesetz über elektronische Handels- und Genossenschaftsregister sowie Unternehmens- **11** register (EHUG) ändert an der **Zuständigkeit** für die Registerführung durch die **Amtsgerichte** nichts. Der Gesetzgeber hat damit insbesondere den Vorschlägen, die Zuständigkeit auf durch Landesrecht bestimmte Stellen, insbesondere die Industrie- und Handelskammern, zu übertragen,[13] eine Absage erteilt.

2. Örtliche Zuständigkeit. Die örtliche Zuständigkeit des Registergerichts ist eine **ausschließ-** **12** **liche,** die in den jeweils anwendbaren Gesetzen geregelt ist. Das Registergericht hat seine örtliche Zuständigkeit **von Amts wegen zu prüfen.**

Regelmäßig örtlich zuständig ist das Amtsgericht, in dessen **Bezirk** sich die (Haupt-)**Nieder-** **13** **lassung** bzw. der **Sitz** des Kaufmanns bzw. der Gesellschaft befindet.[14]

Bei der oHG und KG ist mit Sitz immer der Ort der tatsächlichen Geschäftsführung gemeint, der **14** auch dann maßgebend ist, wenn der Gesellschaftsvertrag anderes bestimmt und im Handelsregister anderes eingetragen ist.[15] Bei der AG und GmbH braucht der Ort der **Geschäftsleitung** nicht mit dem **Satzungssitz** übereinzustimmen,[16] jedoch hat die Satzung in der Regel den Ort, an dem die Gesellschaft einen Betrieb hat, oder den Ort zu bestimmen, an dem sich die Geschäftsleitung befindet oder die Verwaltung geführt wird.[17]

Seit In-Kraft-Treten des EHUG (RdNr. 7) gibt es kein Gericht der Zweigniederlassung mehr. Die **15** §§ 13 a, b, c wurden aufgehoben. Das Recht der Zweigniederlassungen ist dadurch erheblich vereinfacht: Eintragungen erfolgen künftig allein bei dem Gericht der inländischen Hauptniederlassung. Bei vernetzten elektronischen Handelsregistern ist es nicht mehr sinnvoll, dass die Eintragun-

---

auf Informationen über Emittenten, deren Wertpapiere zum Handel auf einem geregelten Markt zugelassen sind, und zur Änderung der Richtlinie 2001/34/EG (Transparenzrichtlinie-Umsetzungsgesetz – TUG – vom 5. 1. 2007, BGBl. I S. 10.
[10] Begründung zum EHUG, BT-Drucks. 16/960 S. 73.
[11] Zum EHUG *Noack* NZG 2006, 801; *Seibert/Decker* DB 2006, 2446; *Liebscher/Scharff* NJW 2006, 3745; *Meyding* BB 2006, 1009; *Leuering/Simon* NJW-Spezial 2006, 555; *Dauner-Lieb/Linke* DB 2006, 767; *Sikora/Schwab* MittBayNot 2007, 1.
[12] Baumbach/*Hopt* RdNr. 3.
[13] Vgl. Vorauflage RdNr. 9 ff.; außerdem: Entwurf des Bundesrates über ein Gesetz zur Führung des Handelsregisters, des Genossenschaftsregisters, des Partnerschaftsregisters und des Vereinsregisters durch von den Ländern bestimmte Stellen – Register-Führungsgesetz-RFüG; BT-Drucks. 16/515.
[14] §§ 29, 106, 161 Abs. 2 HGB, §§ 14, 278 Abs. 3 AktG, § 7 GmbHG, § 30 VAG.
[15] MünchKommHGB/*Krafka* § 8 RdNr. 18.
[16] *Kögel* GmbHR 1998, 1108.
[17] § 4 a Abs. 2 GmbHG; § 5 Abs. 2 AktG. Mit der geplanten Aufhebung des § 4 a Abs. 2 GmbHG gemäß dem Entwurf eines Gesetzes zur Modernisierung des GmbH-Rechts und zur Bekämpfung von Missbräuchen (MoMiG) v. 25. 5. 2007 wird die Problematik hinfällig (Gesetzentwurf der Bundesregierung, BR-Drucks. 354/07).

gen nebst den dazugehörigen Unterlagen bei den Gerichten der Zweigniederlassung geführt werden.[18]

16 **Ersatzzuständigkeiten** ergeben sich aus §§ 14, 15 ZustErgG,[19] wenn sich die Hauptniederlassung eines Einzelkaufmannes oder einer juristischen Person oder der Sitz einer Handelsgesellschaft am 8. 5. 1945 in dem Bezirk eines Gerichts befand, an dessen Sitz deutsche Gerichtsbarkeit nicht mehr ausgeübt wurde.

17 Bei **Doppelsitz** von Personenhandels- und Kapitalgesellschaften und der mehrfachen Niederlassung von Einzelkaufleuten ist jedes Amtsgericht, in dessen Bezirk sich ein Sitz befindet, örtlich zuständig.[20]

18 Im Zuge der Umstellung auf die elektronische Registerführung konzentrieren die Länder die Zuständigkeit auf weitaus weniger Amtsgerichte als bisher (vgl. § 125 Abs. 2 Satz 1 Nr. 1 FGG). So konzentriert zB Baden-Württemberg die Zuständigkeit auf die Standorte Stuttgart, Ulm, Mannheim und Freiburg. Dieser **Konzentrationsprozess** trägt der Erkenntnis Rechnung, dass die lokale Verwurzelung der Handelsregister in der elektronischen Welt bedeutungslos ist. Für den Bürger, der elektronisch einreicht oder einsieht, ist der Standort des Registers gleichgültig.[21] Eine zusätzliche Effizienzsteigerung ermöglicht die in § 125 Abs. 2 Satz 3 FGG vorgesehene Möglichkeit, die Zuständigkeit eines Amtsgerichts auch über die Landesgrenze hinaus auszudehnen. Andererseits hat es der Gesetzgeber abgelehnt, ein einheitliches zentrales Handelsregister, wie es in vielen europäischen Mitgliedstaaten eingerichtet ist, zu schaffen.[22]

19 **3. Funktionelle Zuständigkeit.** Geschäfte in Handelssachen sind grundsätzlich dem **Rechtspfleger** übertragen, § 3 Nr. 2 d RPflG. Dem Richter obliegt die Führung des Handelsregisters nur, soweit sich in § 17 Nr. 1 RPflG eine Zuweisung an ihn ausdrücklich findet.[23] Es spricht daher die Vermutung für die Zuständigkeit des Rechtspflegers.[24]

20 Im Ergebnis führt der **Rechtspfleger** die **Abteilung A** des Handelsregisters in vollem Umfang, während die **Abteilung B** zum Teil vom Rechtspfleger, **zum Teil** vom **Richter** geführt wird.[25]

21 Zu den in § 17 RPflG genannten – der Abteilung B zugewiesenen – **Aufgaben des Richters** gehören bei der AG, KGaA, GmbH, VVaG die Verfügungen:[26]

22 (1) auf erste Eintragung;[27] hinsichtlich der Eintragung von Zweigniederlassungen von ausländischen Gesellschaften siehe §§ 42, 278 Abs. 3 AktG.

23 (2) auf Eintragung von Satzungsänderungen, die nicht nur die Fassung betreffen.[28] Unter die Satzungsänderungen fallen zB die Erhöhungen und Herabsetzungen des Grund- oder Stammkapitals bei der AG, KGaA und GmbH oder die Sitzverlegung. Ausdrücklich ausgenommen sind Satzungsänderungen, die nur die Fassung betreffen; hierfür ist der Rechtspfleger zuständig;

24 (3) auf Eintragung von umwandlungsrechtlichen Maßnahmen, wie zB Verschmelzung, Spaltung und Vermögensübertragung (§§ 2 ff., 123 ff, 174 ff. UmwG);

25 (4) auf Eintragung des Bestehens, der Änderung oder Beendigung eines Unternehmensvertrages (§§ 291 ff. AktG, §§ 22, 26 EGAktG); auf Löschung im Handelsregister nach §§ 142, 144 FGG (Löschung unzulässiger Eintragungen, Löschung nichtiger Gesellschaften), § 43 Abs. 2 KWG (Löschung unzulässiger Firma „Bank"/„Sparkasse"), §§ 60 Abs. 1 Nr. 7 GmbHG, 262 Abs. 1 Nr. 6 AktG iVm. § 141a FGG (Löschung infolge Vermögenslosigkeit);[29]

26 (5) nach § 144a und 144b FGG (Feststellung eines Mangels der Satzung, Auflösung einer AG, KGaA, GmbH).

27 Aufgaben des **Urkundsbeamten** der Geschäftsstelle sind in der HVR geregelt, zB § 4 Abs. 1, §§ 27, 28 HRV.

28 **4. Mitteilungs- und Mitwirkungspflichten. a) Allgemeines.** Die Gerichte, die Beamten der Staatsanwaltschaft, der Polizei und Gemeindebehörden und die Notare haben von den zu ihrer amtlichen Kenntnis gelangenden Fällen einer unrichtigen, unvollständigen oder unterlassenen

---

[18] *Noack* NZG 2006, 801, 804.
[19] Vom 7. 8. 1952, BGBl. I S. 407.
[20] *Keidel/Schmatz/Stöber* Registerrecht RdNr. 3, *König* AG 2000, 18 zum Doppelsitz einer Kapitalgesellschaft.
[21] *Seibert/Decker* DB 2006, 2446, die für ein Register pro Bundesland plädieren.
[22] *Noack* NZG 2006, 801.
[23] *Rellermeyer* Rpfleger 1998, 505, 506.
[24] *Dallmayer/Eickmann* § 17 RPflG RdNr. 6.
[25] *Bassenge/Herbst* § 17 RPflG RdNr. 1.
[26] *Keidel/Kuntze/Winkler* § 125 FGG RdNr. 22 ff.
[27] §§ 36–40, 278 Abs. 3 AktG; §§ 7, 8, 10 GmbHG; §§ 31–33 VVaG.
[28] §§ 181, 278 Abs. 3 AktG; § 8 EGAktG; §§ 53, 59 GmbHG; § 40 VAG.
[29] *Keidel/Kuntze/Winkler* § 125 FGG RdNr. 23 ff.

Anmeldung zum Handelsregister dem Registergericht **Mitteilung zu machen,** § 125a Abs. 1 FGG.

b) Steuerbehörden nach § 125a Abs. 2 FGG. Die Steuerbehörden haben den Registergerichten Auskunft über die steuerlichen Verhältnisse von Kaufleuten oder Unternehmungen, insbesondere auf dem Gebiet der Gewerbe- und Umsatzsteuer, zu erteilen, soweit diese Auskunft zur Verhütung unrichtiger Eintragungen ins Handelsregister sowie zur Berichtigung und Vervollständigung des Handelsregisters benötigt wird, **§ 125a Abs. 2 S. 1 FGG.** Diese Auskünfte unterliegen nicht der Einsicht nach §§ 34, 125a Abs. 2 S. 2 FGG.

c) Organe des Handelsstandes nach § 126 FGG. Gemäß § 126 FGG sind die **Organe des Handelsstandes** sowie außer ihnen – soweit es sich um die Eintragung von Handwerkern handelt – die Organe **des Handwerkstandes** und – soweit es sich um die Eintragung von Land- oder Forstwirten handelt – die Organe des **land- und forstwirtschaftlichen Berufsstandes** verpflichtet, die Registergerichte bei der Verhütung unrichtiger Eintragungen, bei der Berichtigung und Vervollständigung des Handelsregisters sowie beim Einschreiten gegen unzulässigen Firmengebrauch zu unterstützen, vgl. auch § 23 HRV. Sie sind berechtigt, zu diesem Zweck Anträge bei den Registergerichten zu stellen und gegen Verfügungen der Registergerichte das Rechtsmittel der Beschwerde einzulegen.

Die Unterstützung der Registergerichte ist **Pflicht** für die Organe des Handelsstandes.[30] Die erforderliche Tätigkeit obliegt ihnen von Amts wegen und ohne Anrufung oder Ersuchen seitens des Registergerichts. Außerdem sind die Organe des Handelsstandes verpflichtet, den Registergerichten auf Ersuchen Auskunft zu erteilen und Gutachten über Fragen zu erstatten, die mit der Führung des Handelsregisters zusammenhängen.[31]

d) Notare. § 125a Abs. 1 FGG verpflichtet die Notare, selbständige Mitteilungen an das Register zu machen, insbesondere in den Fällen, in denen eine Firma eintragungspflichtig ist, jedoch eine Eintragung noch nicht durchgeführt wurde. Nur auf diese Weise kann der Zweck des Handelsregisters erfüllt werden, klare und möglichst lückenlose Verhältnisse im Handelsverkehr zu schaffen.[32] Die Unterstützungspflicht betrifft hauptsächlich Fälle, in denen ein registerpflichtiger Rechtsvorgang eingetreten, aber nicht eingetragen ist. Die Notare können sich dieser Verpflichtung gegenüber weder auf ihre Schweigepflicht nach § 18 BNotO berufen noch auf § 51 BeurkG (§ 51 Abs. 4 BeurkG).[33]

Eine weitere Pflicht zur Anzeige an das Registergericht statuiert **§ 40 Abs. 1 S. 2 GmbHG.** Wer als deutscher (nicht ausländischer[34]) Notar eine **Geschäftsanteilsabtretung** nach § 15 Abs. 3 GmbHG beurkundet hat, muss die Abtretung dem Handelsregister unverzüglich anzeigen. Die Anzeigepflicht des Notars besteht immer dann, wenn die Abtretung rechtswirksam erklärt wurde, unabhängig davon, ob die Abtretung bei der Gesellschaft angemeldet wurde oder nicht. Die Anzeigepflicht besteht auch dort, wo nur noch die statutarisch normierte Zustimmung der Gesellschafterversammlung oder die der Gesellschaft nach § 17 GmbHG fehlt oder wenn die Abtretung unter einer aufschiebenden Bedingung vereinbart wurde. Keine Anzeigepflicht besteht allerdings, wenn die Erklärung des Abtretenden oder des Abtretungsempfängers noch nicht wirksam abgegeben wurde, etwa bei vollmachtloser Vertretung oder beim Erfordernis einer vormundschaftsgerichtlichen Genehmigung oder wenn nur das Angebot zur Geschäftsanteilsabtretung, nicht jedoch die Annahme beurkundet wurde.[35]

Über die in § 40 Abs. 1 S. 2 GmbHG geforderte Anzeige hinaus hat der Notar **keine weiteren Angaben,** etwa von wem auf wen der Geschäftsanteil übertragen wurde, zu machen. Auch die Übersendung der Urkunde über die Anteilsabtretung kann vom Notar nicht verlangt werden.[36]

e) Weitere Mitteilungspflichten. Weitere Vorschriften über die Unterstützungspflicht anderer Behörden enthalten zB §§ 396, 398 AktG; § 87 Abs. 3 VVaG; § 42 S. 2 KWG.

---

[30] *Jansen* § 126 FGG RdNr. 5.
[31] *Keidel/Kuntze/Winkler* § 126 FGG RdNr. 14.
[32] *Keidel/Kuntze/Winkler* § 125a FGG RdNr. 1.
[33] *Schippel/Bracker* § 18 BNotO RdNr. 40.
[34] *Weber/Jacob* ZRP 1997, 155.
[35] *Schaub* DStR 1999, 1954 f.; mit der geplanten Aufwertung der Gesellschafterliste – insbesondere im Hinblick auf die Möglichkeit des gutgläubigen Erwerbs von Geschäftsanteilen – durch das – im Entwurf vorliegende – Gesetz zur Modernisierung des GmbH-Rechts und zur Bekämpfung von Missbräuchen (MoMiG) v. 25. 5. 2007 – vgl. Fn. 17 – wird die Rolle des Notars in diesem Zusammenhang noch gestärkt.
[36] OLG Celle Beschl. v. 18. 2. 1999 – 9 W 20/99, GmbHR 1999, 712 = DStR 1999, 1954 m. Anm. *Schaub*; *Frenz* ZNotP 1998, 183; aA *Lutter/Hommelhoff* § 40 GmbHG RdNr. 11.

36 **5. Die Abteilungen des Handelsregisters, Registerblätter, elektronische Registerführung. a) Abteilung A und B.** Nach § 3 HRV besteht das Handelsregister aus zwei Abteilungen.

37 In Abteilung A **(HRA)** werden **eingetragen:** die Einzelkaufleute, die in § 33 HGB bezeichneten juristischen Personen, die offenen Handelsgesellschaften (oHG), die Kommanditgesellschaften (KG) und die Europäischen wirtschaftlichen Interessenvereinigungen (EWiV).

38 In Abteilung B **(HRB)** werden **eingetragen:** die Aktiengesellschaften (AG), die Kommanditgesellschaften auf Aktien (KGaA), die Gesellschaften mit beschränkter Haftung (GmbH) und die Versicherungsvereine auf Gegenseitigkeit (VVaG).

39 **b) Registerblätter.** Nach § 13 Abs. 1 HRV ist jeder Einzelkaufmann, jede juristische Person sowie jede Handelsgesellschaft unter einer in derselben Abteilung fortlaufenden Nummer **(Registerblatt)** in das Register einzutragen.

40 Jede Eintragung auf dem Registerblatt ist mit einer **laufenden Nummer** zu versehen und mittels eines die **Spalten** des Registers durchschneidenden Querstrichs von der folgenden Eintragung zu trennen, § 14 Abs. 1 HRV. Mehrere gleichzeitig vorgenommene Eintragungen erhalten nur eine laufende Nummer, § 14 Abs. 2 HRV. Bei jeder Eintragung ist der Tag der Eintragung anzugeben.

41 Zu **Änderungen** von Eintragungen und Berichtigungen von Schreibversehen siehe §§ 16, 17 HRV.

42 Zur **Anlegung neuer Registerblätter** und zur Behandlung **gegenstandslos gewordener Registerblätter** siehe §§ 21, 22 HRV.

43 **c) Umfang der elektronischen Registerführung. Registerblätter,** die noch in Papierform geführt wurden, sind ab 1. 1. 2007 für die elektronische Registerführung umzuschreiben – § 51 HRV. Nach diesem Zeitpunkt neu eingerichtete Registerblätter werden unmittelbar **elektronisch** angelegt. Die das jeweilige Unternehmen betreffenden Eintragungen werden auf dem Registerblatt elektronisch vorgenommen und anschließend vom Eintragenden elektronisch signiert (§ 8 a; § 28 HRV).

44 Dem Registerblatt wird ein – ebenfalls elektronisch geführter – **Registerordner** zugeordnet, in den das Registergericht die zum Handelsregister eingereichten Dokumente zu dem Unternehmen einstellt, in die nach § 9 Abs. 1 jeder zu Informationszwecken Einsicht nehmen kann (vgl. § 9 HRV). Dies betrifft zB Gesellschafterlisten, Gesellschaftsverträge oder Hauptversammlungsprotokolle. Der Registerordner ersetzt damit den sog. Sonderband der Papierregister.[37]

45 Schriftstücke, die vor dem 1. 1. 2007 in Papierform eingereicht worden sind, können zur Ersetzung der Urschrift in ein elektronisches Dokument übertragen und in dieser Form in den Registerordner übernommen werden. Die Übernahme ist nur dann zwingend, wenn ein Antrag auf Übertragung in ein elektronisches Dokument (Art. 61 Abs. 3 EGHGB) oder auf elektronische Übermittlung (§ 9 Abs. 2) vorliegt – § 9 Abs. 2 HRV.[38]

46 Sonstige Dokumente zu einem Eintragungsvorgang, die nicht der unbeschränkten Einsicht unterliegen, werden in die sog. **Registerakten** – die dem bisherigen Hauptband entsprechen – aufgenommen. Diese Dokumente sind nur bei berechtigtem Interesse einsehbar. Wegen der vorrangig gerichtsinternen Verwendung müssen sie nicht unbedingt elektronisch geführt werden, § 8 HRV.

47 **6. Wettbewerbsschutz.** Abs. 2 bestimmt dass andere Datensammlungen nicht unter Verwendung oder Beifügung der Bezeichnung „Handelsregister" in den Verkehr gebracht werden dürfen. Auch eine Voraus- oder Hintanstellung dieses Wortes als Zusatz zur gewählten Bezeichnung und andere Wortverbindungen, die objektive Täuschungseignung aufweisen, sind untersagt, da nur so der intendierte Schutz erreichbar ist. Mit dem EHUG wurde damit ein ausdrücklicher **Wettbewerbsschutz** für die Handelsregister eingeführt. Schon wegen der mit dem amtlichen Register verbundenen staatlichen Richtigkeitsgewähr und im Hinblick auf den Glaubensschutz des § 15 (und § 11) ist eine klare Abgrenzung von privaten Datensammlungen geboten. Das staatliche Handelsregister muss unter der Vielzahl der Angebote eindeutig auffindbar sein.[39]

III. Aufgaben des Handelsregisters

48 **1. Publizitätsfunktion.** Das Handelsregister hat die Aufgabe, **wesentliche Rechtsverhältnisse** der Unternehmer und Unternehmen des Handelsstandes zu **offenbaren** und über im Handelsver-

---

[37] Seibert/Decker DB 2006, 2446, 2447.
[38] Soweit sich der Antrag allerdings auf Unterlagen der Rechnungslegung bezieht, ist hierfür nicht das Registergericht, sondern der Betreiber des Unternehmensregisters zuständig – vgl. § 8 b Abs. 4 Satz 2 HGB; Art. 61 Abs. 3 EGHGB. Diese Regelung ist Ausfluss der mit dem EHUG vorgesehenen Entlastung der Registergerichte von der Aufgabe der Entgegennahme der Jahresabschlüsse
[39] Vgl. LG Deggendorf Urt. v. 23. 2. 1998 – 1 KLs 13 Js 7690/96, WRP 2000, 659 – Deutsches Unternehmensregister Ltd. – als Irreführungsfall. Bei Vorliegen einer untersagten Handlung besteht nach § 8 UWG die Möglichkeit, Beseitigung und Unterlassung zu verlangen. Ferner besteht nach §§ 9, 12 ff. UWG – evtl. auch nach § 823 Abs. 2 BGB – ein Anspruch auf Schadensersatz.

kehr **rechtserhebliche Tatsachen Auskunft** zu **geben** (Publizitätsfunktion).[40] Publizitäts- und Transparenzfunktion sind auch die wesentlichen Ziele des EHUG (RdNr. 7 f.), das den Umfang mit publikationsfähigen Unternehmensdaten von Grund auf modernisiert hat. Der Rechts- und Wirtschaftsverkehr erhält hierdurch elektronischen Zugriff auf offen zu legende Unternehmensdaten. Die Publizitätsfunktion des Handelsregisters ist allerdings **nicht** im Sinne einer **Vollständigkeitsgewähr** zu verstehen, denn ein lückenloses Bild der die Kaufleute und Handelsgesellschaften betreffenden Tatsachen und Rechtsverhältnisse kann das Handelsregister schon deshalb nicht vermitteln, weil es sonst unübersichtlich würde und seine Funktion, rasche und verständliche Informationen für den Rechtsverkehr zu bieten, nicht erfüllen könnte.[41]

So unterbleibt regelmäßig die Kundbarmachung der Gesellschafterstellungen bei der GmbH und 49 AG, auch wenn nach § 40 Abs. 1 S. 2 GmbH die Anteilsabtretungen bei der GmbH dem Register anzuzeigen sind.[42] Bei Personengesellschaften erscheinen zwar die Personen der Komplementäre und Kommanditisten im Handelsregister, aber nicht zum Zweck der Kundbarmachung ihrer Gesellschafterstellung, sondern zum Zweck der Darlegung der Haftungs- und Vertretungsverhältnisse.[43]

Das Handelsregister dient im weit verstandenen Sinne dem **Verkehrsschutz**.[44] Hierunter fällt 50 jedenfalls der Schutz des Rechtsverkehrs, der den Gläubigerschutz einschließt.[45] Daneben dient das Handelsregister auch den Interessen des eingetragenen Kaufmanns und damit auch der Handelsgesellschaft.[46]

2. Kontrollfunktion. Das Registergericht ist berechtigt und verpflichtet, die angemeldeten 51 Tatsachen und die Rechtswirksamkeit des Angemeldeten in **formeller** und **materieller Hinsicht zu prüfen**.[47] Schon im Hinblick auf die Publizität des Handelsregisters ist es geboten, unrechtmäßige Eintragungen durch die Kontrolle des Registergerichts zu vermeiden. So ist etwa das Handelsregister berechtigt und verpflichtet zu prüfen, ob ein zur Eintragung angemeldeter Beschluss rechtmäßig zustande gekommen ist.

Es hat sich mit der sachlichen Richtigkeit einer Anmeldung auseinanderzusetzen, zB die Wirk- 52 samkeit und Eintragungsfähigkeit einer angemeldeten Prokuraerteilung zu prüfen und bei berechtigten Bedenken, den Eintragungsantrag abzulehnen.[48]

Die Prüfungsbefugnis rechtfertigt sich auch unter dem Aspekt, dass **unrichtige Eintragungen** 53 wegen der Publizität des Handelsregisters **vermieden** werden sollen. Auf das Handelsregister soll Verlass sein.[49] Auch die in §§ 125a Abs. 1, 126 FGG statuierten Mitteilungs- und Mitwirkungspflichten Dritter verdeutlichen den Willen des Gesetzgebers, für die sachliche Richtigkeit der Eintragungen zu sorgen, was ohne Kontrolle nicht möglich ist.[50] Mit den gesetzlichen Vorgaben korrespondiert die Amtspflicht des Registerrichters und Rechtspflegers, unrichtige Eintragungen vom Register fernzuhalten.[51]

Die Auffassung, die Publizitätsfunktion des Handelsregisters rechtfertige zumindest keine materiel- 54 le Prüfung im Hinblick auf die schwerwiegenden Nachteile für den Anmeldenden, der vorrangig eine zügige Eintragung erstrebe und nicht durch die Ermittlungstätigkeit des Registers behindert werden solle,[52] übersieht, dass der **Schutz des Rechtsverkehrs vorrangig** ist. Die sachliche

---

[40] BayObLG Beschl. v. 3. 7. 1973 – 2 Z BR 25/73, BayObLGZ 1973, 168, 170; BayObLG Beschl. v. 28. 3. 1977 – 3 Z BR 4/76, BayObLGZ 1977, 76, 78; BayObLG Beschl. v. 6. 7. 1978 – 1 Z BR 74/78, BayObLGZ 1978, 182, 186; *Reithmann* DNotZ 1979, 67; Koller/*Roth*/Morck RdNr. 1.
[41] BayObLG Beschl. v. 15. 2. 1971 – 2 Z BR 83/70, BayOLGZ 1971, 55, 56. BayObLG Beschl. v. 14. 7. 1980 – 1 Z BR 17/80, BayObLGZ 1980, 195, 198 = Rpfleger 1980, 428; OLG Karlsruhe Urt. v. 2. 10. 63 – 5 W 57/63, 78, GmbHR 1964, 78. Weitergehende Publikationszwecke erfüllt dagegen das **Unternehmensregister**, § 8b (s. dort).
[42] S. RdNr. 33.
[43] *Reithmann* DNotZ 1979, 67, 69.
[44] *K. Schmidt* JuS 1977, 209; *ders.* HandelsR § 13 I; MünchKommHGB/*Krafka* RdNr. 5.
[45] BGH Urt v. 19. 4. 1971 – II ZR 98/68, BGHZ 56, 97, 104 = NJW 1971, 1355.
[46] Vgl. *K. Schmidt* JuS 1977, 209, 211.
[47] HM; RG Urt. v. 24. 1. 1930 – III 75/29, RGZ 127, 153, 156; RG Urt. v. 24. 3. 1933 – II 398/32, RGZ 140, 174; RG Beschl. v. 21. 6. 1935 – II B 5/35, RGZ 148, 175, 186; BGH Beschl. v. 4. 7. 1977 – II ZB 4/77, NJW 1977, 1879, 1880; BGH Urt. v. 9. 3. 1981 – II 54/80, WM 1981, 400; BayObLG Beschl. v. 5. 3. 1981 – BReg 29/87, WM 1987, 502; BayObLG Beschl. v. 19. 6. 1973 – 2 Z BR 21/73, BayObLG DB 1973, 1340; BayObLG Beschl. v. 9. 12. 1974 – 2 Z BR 57/74, BayObLGZ 1974, 479; BayObLG Beschl. v. 5. 10. 1978 – 1 Z BR 104/78, BayObLGZ 1978, 282; BayObLG Beschl. v. 10. 12. 1981 – 1 Z BR 184/81, GmbHR 1982, 210; BayObLG Beschl. v. 5. 11. 1982 – 3 Z BR 92/82, BB 1983, 83; 1985, 545; OLG Stuttgart Beschl. v. 13. 12. 1966 – 8 W 141/66, GmbHR 1967, 232 = Die Justiz 1967, 172; OLG Hamburg Beschl. v. 4. 4. 1984 – 2 W 25/80, BB 1984, 1763; *Müller* Rpfleger 1970, 375; z. T. abweichend *Menold,* Das materielle Prüfungsrecht des Handelsregisterrichters, S. 203.
[48] MünchKommHGB/*Krafka* RdNr. 8.
[49] *Menold,* Das materielle Prüfungsrecht des Handelsregisterrichters, S. 197.
[50] *Hofmann* JA 1980, 264, 271.
[51] RG Urt. v. 24. 3. 1933 – II B 5/35, RGZ 140, 174.
[52] *Menold* (Fn. 49) S. 151, 157, 173 f.

Richtigkeit des Handelsregisters kann der Öffentlichkeit auch dann nicht gleichgültig sein, wenn die Rechtscheinhaftung eingreift.[53] Denn zum einen greift die Rechtscheinhaftung nicht immer, zum anderen ist es ein nicht hinnehmbarer Ansatzpunkt, ungeprüfte und damit möglicherweise unrichtige Eintragungen mit der Begründung zu akzeptieren, auch ohne materielle Prüfung bewirke Rechtscheinhaftung bei unrichtiger Eintragung im Ergebnis nichts anderes als eine richtige Eintragung.[54]

55 Schließlich lässt sich die materielle Prüfung als eine Art **staatliche Kontrolle** rechtfertigen, um zB die Einhaltung zwingender gesetzlicher Gründungsvorschriften von juristischen Personen zu sichern. Das Kontrollrecht bezieht sich dabei nicht nur auf eintragungspflichtige Tatsachen, wie zB Firma, Sitz, Unternehmensgegenstand, sondern auch auf nicht eintragungs- und veröffentlichungspflichtige Umstände, wie zB die Rechtswirksamkeit des Gesellschaftsvertrages bzw. der GmbH-/AG-Satzung. Die in § 38 Abs. 1 AktG angesprochene, von § 9c Abs. 1 GmbHG vorausgesetzte Pflicht des Registers, die Eintragungsvoraussetzungen bei der AG/GmbH zu prüfen, ist – auch wenn die durch HRefG vom 22. 6. 1998[55] eingefügten § 8 Abs. 3 AktG bzw. § 9c Abs. 2 GmbHG eine nur mehr abgeschwächte Prüfungskompetenz verleihen – Ausdruck des für rechtsfähige Verbände geltende Normativsystems, wonach der Verband nicht nur registriert sein, sondern bestimmte Mindestanforderungen als Voraussetzung der Eintragung erfüllen muss. Erst wenn ihr Vorliegen infolge gerichtlicher Prüfung gesichert ist, erfolgt die Eintragung, die das Entstehen der Kapitalgesellschaft und die Haftungsbegrenzung für die Gesellschafter bewirkt.[56] Dem Registergericht kommt insoweit die Stellung **einer Rechtsaufsichtsbehörde**[57] zu; ausgeübt wird öffentliche Wirtschaftskontrolle.[58] Im Bereich des Gründungsrechts der Kapitalgesellschaften ist das Registerverfahren der Freiwilligen Gerichtsbarkeit der verwaltungsmäßigen Staatsaufsicht über die Zulassung bestimmter Unternehmen zum Geschäftsbetrieb (Bank- und Versicherungswirtschaft) teilweise funktional vergleichbar.[59]

56 Das Register übt auch insoweit öffentliche Wirtschaftskontrolle aus, als es teilweise gesetzlich dazu verpflichtet ist, **unrichtige** oder unrichtig gewordene **Registereintragungen** zu **korrigieren.** Damit ist die Funktionsfähigkeit des Registers als Vertrauensgrundlage wiederhergestellt.[60] Zu denken ist etwa an die Fälle der §§ 14, 31 Abs. 2 S. 2, 37 Abs. 1, §§ 407, 408 AktG, §§ 132 ff., 140 ff. FGG.

57 Zur Prüfungspflicht und zum Prüfungsumfang des Registers im Einzelnen vgl. RdNr. 127 ff.

IV. Eintragungsfähige/nicht eintragungsfähige Tatsachen

58 **1. Überblick.** In **erster Linie** regelt das **Gesetz,** was im Einzelnen eintragungsfähig ist, indem es bestimmte Umstände für **eintragungs- und anmeldepflichtig** erklärt oder es vereinzelt dem Kaufmann die Möglichkeit gibt, die Eintragung herbeizuführen, ohne ihn hierzu aber zu verpflichten.[61] Daneben können es zum einen die Publizitätsfunktion des Handelsregisters und sein Zweck, die eingetragenen Rechtsverhältnisse im Interesse der Sicherheit des Rechtsverkehrs zutreffend wiederzugeben, **auch ohne ausdrückliche gesetzliche Vorschrift** gebieten, dass **bestimmte Tatsachen in das Handelsregister eingetragen** werden.[62]

59 Den eintragungsfähigen Tatsachen **gegenüberzustellen** sind die **nicht eintragungsfähigen** Tatsachen. Sofern gesetzlich ausdrückliche Anordnungen fehlen, ist die Abgrenzung teilweise umstritten und insbesondere im Hinblick auf die Publizitätsfunktion des Handelsregisters danach zu beurteilen, dass das Handelsregister zwar **rasche und verständliche Informationen** für den Rechtsverkehr bieten soll, andererseits sein Inhalt **nicht** im Sinne einer **Vollständigkeitsgewähr** zu verstehen ist. Es ist nicht Aufgabe des Handelsregisters, die Verhältnisse des Kaufmanns lückenlos offenzulegen,[63] mag es sich auch um Tatsachen handeln, die für Dritte im Rahmen des Rechtsverkehrs durchaus wichtig sein können. Der besonderen Publizitätsfreude einzelner Unternehmen darf das Registergericht nicht nachkommen.[64]

---

[53] *Menold* (Fn. 49) S. 136.
[54] So zutreffend MünchKommHGB/*Krafka* RdNr. 10.
[55] BGBl. I S. 1474.
[56] Scholz/*Winter* § 9c GmbHG RdNr. 4, 7; *K. Schmidt* GesR § 8 II 5 b.
[57] GroßKommAktG/*Wiedemann* § 181 AktG RdNr. 25.
[58] *Lutter* NJW 1969, 1873, 1876.
[59] Staub/*Hüffer* Vor § 8 RdNr. 3.
[60] *Lutter* NJW 1969, 1873, 1876.
[61] MünchKommHGB/*Krafka* RdNr. 26.
[62] Baumbach/*Hopt* RdNr. 5.
[63] OLG Karlsruhe Urt. v. 20. 10. 1963 – 5 W 57/63, GmbHR 1964, 78; OLG Düsseldorf Vorlagebeschl. v. 4. 9. 1991 – 3 Wx 66/91, BB 1991, 2105, 2106.
[64] *Röhricht*/Graf von *Westphalen*/*Ammon* RdNr. 22.

Auf der Grundlage dieser allgemeinen Aussage muss **im Einzelfall** stets die **Eintragungsfähig-** 60
keit geprüft werden. Die Eintragungsfähigkeit ist vom Registergericht von Amts wegen im Rahmen seiner **formellen Prüfungspflicht** zu beurteilen.[65]

Die Eintragungsfähigkeit gesetzlich nicht genannter Tatsachen[66] setzt voraus, dass die Eintragung 61 im Interesse des Rechtsverkehrs dringend geboten und unumgänglich ist. Im Hinblick auf die strenge Formalisierung des Registerrechts ist bei der Ausweitung der Eintragungsmöglichkeiten Vorsicht geboten und die **Eintragungsfähigkeit** dahingehend zu konkretisieren, dass sie sich nur **durch Auslegung gesetzlicher Vorschriften, durch Analogie oder richterliche Rechtsfortbildung** ergeben kann.[67] Eine Beschränkung auf Eintragungen mit lediglich deklaratorischer Wirkung ist aus registerrechtlicher Sicht nicht angezeigt. Soweit die Sicherheit des Rechtsverkehrs die konstitutive Eintragung in das Handelsregister unabweisbar macht, ist sie zu bejahen.[68]

Fehlt es an der **Eintragungsfähigkeit** einer Tatsache, muss die Anmeldung **zurückgewiesen** 62 werden.[69] Wird dennoch eingetragen, hat § 15 Abs. 3 keine Wirkung.[70]

Unter **eintragungsfähigen Tatsachen** sind nicht nur tatsächliche Umstände, sondern auch 63 **Rechtsverhältnisse** zu verstehen, wie sie sich aus der rechtlichen Beurteilung tatsächlicher Vorgänge ergeben.[71]

Terminologisch sind **nach herkömmlicher Sicht**[72] zu unterscheiden die **nicht eintragungs-** 64 **fähigen Tatsachen von den eintragungsfähigen Tatsachen,** die wiederum zu unterteilen sind in solche, die eintragungspflichtig und solche, die zwar eintragungsfähig, aber nicht eintragungspflichtig sind.

Diese **Unterscheidung** ist insofern **missverständlich,** als sie die Vorstellung vermittelt, das 65 Registergericht habe einen Ermessensspielraum darüber, ob es eine eintragungsfähige Tatsache, wenn diese angemeldet wird, in das Register einträgt oder nicht. Richtig ist demgegenüber, dass das Register eine angemeldete eintragungsfähige Tatsache – gleichviel ob es eine Pflicht zur Anmeldung besteht oder nicht – immer eintragen muss. In diesem Sinne sind alle eintragungsfähigen Tatsachen auch eintragungspflichtig. Richtiger ist daher **terminologisch zu differenzieren danach, ob eine eintragungsfähige Tatsache anmeldepflichtig ist oder nicht.**[73] Unter Anmeldepflicht ist die **öffentlich-rechtliche Anmeldepflicht,** nicht die privatrechtliche Pflicht zur Anmeldung (etwa die mehrerer Gesellschafter bei der Gründung einer Aktiengesellschaft) zu verstehen, die gegebenenfalls durch Festsetzung von Zwangsgeld nach § 14 sanktioniert werden kann.

2. Eintragungsfähige und anmeldepflichtige Tatsachen. a) Aufgrund Gesetz. Das HGB 66 und die einzelnen handelsrechtlichen Sondergesetze sehen in einer Vielzahl von Fällen öffentlich-rechtliche Anmeldepflichten im Hinblick auf eintragungsfähige und -pflichtige Tatsachen und Rechtsverhältnisse vor.

Als **Beispiele aus dem HGB** sind zu nennen §§ 1 Abs. 2 (Eintragung des Einzelkaufmanns), 67 13 d ff. (Eintragung von Zweigniederlassungen), 29 (Anmeldung der Firma), 33, 34 (Anmelden einer juristischen Person und jede Änderung hierzu), 53 Abs. 1, 3 (Erteilen und Erlöschen der Prokura), 106, 107 (Anmeldung der oHG mit Änderungen), 125 Abs. 4 (Abweichungen vom Grundsatz der Einzelvertretung bei der oHG), 143 (Anmeldung von Auflösung der oHG und des Ausscheidens eines Gesellschafters), 144 (Fortsetzung nach Gesellschaftsinsolvenz der oHG), 148, 50 (Anmeldung der Liquidatoren), 157 (Anmeldung des Erlöschens der oHG durch Liquidatoren), 162 (Anmeldung der KG zum Handelsregister), 175 (Erhöhung/Herabsetzung der Kommanditeinlage im Sinne der Haftsumme).

---

[65] Staub/*Hüffer* RdNr. 19, 52.
[66] Die frühere Auffassung des RG Beschl. v. 12. 6. 1914 – Rep. II. B. 1/14; RG Beschl. v. 26. 3. 1931 – II B 5/31, RGZ 132, 138, 140, dass wegen Art. 12 ADHGB nur die im Gesetz ausdrücklich bezeichneten Tatsachen in das Handelsregister einzutragen seien, wird schon seit RG Beschl. v. 30. 9. 1944 – GSE 39/1943, DNotZ 1944, 195, 196; KG Beschl. v. 6. 5. 1943 – 1 Wx 112/43 nicht mehr vertreten. Seitdem werden überwiegend auch solche Tatsachen zur Eintragung zugelassen, für deren Eintragung nach Sinn und Zweck des Handelsregisters, die eingetragenen Rechtsverhältnisse so wiederzugeben, wie sie sich nach der von den Beteiligten gewollten und der Rechtsordnung zu vereinbarenden Sachlage darstellen, ein sachliches Bedürfnis besteht; BayObLG Beschl. v. 6. 7. 1978 – 1 Z BR 74, 78, BayObLG Beschl. v. 17. 12. 1987 – 3 Z BR 127/87, BayObLGZ 1987, 449, 452; OLG Frankfurt a. M. Beschl. v. 30. 9. 1983 – 20 W 465/83; Übersicht bei MünchKommHGB/*Krafka* RdNr. 31.
[67] BGH Beschl. v. 30. 1. 1992 – II ZB 15/91, DNotZ 1993, 176, 180 m. Anm. *Lüttmann*; Heymann/*Sonnenschein*/ *Weitemeyer* RdNr. 14.
[68] BGH Beschl. v. 30. 1. 1992 – II ZB 15/91, DNotZ 1993, 176, 180; MünchKommHGB/*Krafka* RdNr. 32.
[69] BayObLG Beschl. v. 17. 12. 1987 – 3 Z BR 127/87, DNotZ 1988, 515, 516; Staub/*Hüffer* RdNr. 19.
[70] Hopt/*Mössle* RdNr. 196.
[71] Koller/*Roth*/Morck RdNr. 5; Staub/*Hüffer* RdNr. 190; Heymann/*Sonnenschein*/*Weitemeyer* RdNr. 6.
[72] Schlegelberger/Hildebrandt/*Steckhan* § 8 RdNr. 16; Staub/*Hüffer* RdNr. 19.
[73] Röhricht/Graf von Westphalen/*Ammon* RdNr. 17.

68 Als **Beispiele aus dem GmbH-Recht** sind zu nennen § 39 GmbHG (Anmeldung der Geschäftsführer), § 65 GmbHG (Anmeldung der Auflösung der Gesellschaft) sowie § 67 GmbHG (Anmeldung der Liquidatoren). Soweit unter diese Fallgruppe auch die Anmeldung der GmbH und etwaiger Satzungsänderungen einschließlich Kapitalmaßnahmen subsumiert werden,[74] wird verkannt, dass bei diesen Fallgestaltungen keine öffentlich-rechtliche Anmeldepflicht besteht, sondern es den anmeldepflichtigen Personen freisteht, ungeachtet der zivilrechtlichen Verpflichtung der Geschäftsführer zur Anmeldung im Verhältnis zu den Gesellschaftern, etwa bei der Erstanmeldung der GmbH,[75] die Anmeldung vorzunehmen oder nicht. Gleiches gilt für Satzungsänderungen.[76]

69 Bei der **Aktiengesellschaft** besteht Eintragungsfähigkeit und Anmeldepflicht kraft Gesetzes etwa bei der Sitzverlegung (§ 45 AktG), Änderungen des Vorstandes und der Vertretungsbefugnis seiner Mitglieder (§ 81 AktG) und der Anmeldung der Ausgabe von Bezugsaktien (§ 201 AktG).

70 Zu weiteren Fällen siehe RdNr. 80 ff.

71 **b) Sonstige gesetzlich nicht normierte Fälle.** Auch ohne gesetzliche Anordnung können durch **Auslegung gesetzlicher Vorschriften,** durch **Analogie** oder **richterliche Rechtsfortbildung** sowohl Eintragungsfähigkeit als auch **Anmeldepflicht** in Bezug auf bestimmte Tatsachen zu bejahen sein. Erfolgt hier die Eintragung ausnahmsweise und zu Folge eines dringenden Bedürfnisses, kann die Anmeldung und damit auch die Eintragung jedenfalls nicht stets frei disponibel sein.[77]

72 Es ist allerdings zu **differenzieren** danach, ob es sich um **Eintragungen mit deklaratorischer oder** solche mit **konstitutiver Wirkung** handelt. Lediglich bei **Eintragungen mit deklaratorischer Wirkung** – insbesondere in Bezug auf die Vertretungsbefugnis und ihre Modifikationen beim Geschäftsführer/Vorstand – besteht **Anmelde- und entsprechende Eintragungspflicht.**[78] Handelt es sich dagegen um konstitutive Eintragungen von Tatsachen, die im Wege der Rechtsfortbildung oder Analogie als eintragungsfähig anerkannt sind, wie zB die der Eintragung eines Unternehmensvertrages (Beherrschungs- und Gewinnabführungsvertrag) zwischen zwei GmbHs,[79] die auf die Analogie zu § 54 Abs. 3 GmbHG gestützt wird,[80] besteht ebenso wie für den in Bezug genommenen § 54 GmbHG betreffend Satzungsänderungen selbst keine öffentlich-rechtliche Anmeldepflicht.

73 **Anmeldepflichten bei der GmbH/AG** bestehen demzufolge **wegen der deklaratorischen Wirkung der Eintragung** zB bezüglich der Änderungen in der Person des Geschäftsführers/Vorstandes und der Beendigung der Vertretungsbefugnis eines Geschäftsführers nach § 39 GmbHG bzw. des Vorstandes nach § 81 AktG. Anzumelden ist auch das Ausscheiden von Geschäftsführern/Vorständen, gleich ob infolge Todes, Abberufung, Amtsniederlegung oder Beendigung der Bestellungszeit oder Verlust der Amtsfähigkeit, etwa infolge Eintritts der Geschäftsunfähigkeit.[81] Anzumelden ist auch der neu eintretende Geschäftsführer/Vorstand[82] und der Zeitpunkt des Amtsantritts, wenn er nicht mit der Bestellung zusammenfällt.[83] Dagegen brauchen personelle Veränderungen, die vor der Anmeldung wieder rückgängig gemacht werden – zB Wiederernennung eines Ausgeschiedenen –[84] oder Ausscheiden eines bestellten Geschäftsführers/Vorstandes – nicht angemeldet zu werden, wiewohl dies im Hinblick auf § 15 Abs. 1 zweckmäßig sein kann.[85]

74 Anzumelden und einzutragen ist ferner **jede Änderung der Vertretungsbefugnis,** zB der Übergang von der Gesamtführung zur Einzelvertretung, aber auch die Wiedereinführung der Gesamtvertretung.

75 **3. Eintragungsfähige, nicht anmeldepflichtige Tatsachen. a) Aufgrund Gesetz.** Eintragungsfähig ohne Anmeldepflicht sind kraft Gesetzes nur **wenige ausdrücklich genannte Tatsachen,** wie zB § 2 S. 2 (Eintragung des Kann-Kaufmanns), § 3 Abs. 2 (Eintragung des Kann-Kauf-

---

74 So offenbar Koller/*Roth*/Morck RdNr. 7.
75 Vgl. *Lutter*/*Hommelhoff* § 7 GmbHG RdNr. 1.
76 *Lutter*/*Hommelhoff* § 54 GmbHG RdNr. 5.
77 Für Anmeldepflicht Staub/*Hüffer* RdNr. 46; Heymann/*Sonnenschein*/*Weitemeyer* RdNr. 9.
78 MünchKommHGB/*Krafka* RdNr. 33.
79 Hierzu näher unter RdNr. 107 ff.
80 BGH Beschl. v. 24. 10. 1988 – II ZB 7/88, BGHZ 105, 324 = NJW 1989, 295.
81 BGH Urt. v. 1. 7. 1991 – II ZR 292/90, BGHZ 115, 78 = WM 1991, 1466, 1467 = JZ 1992, 152 mit Anm. *Lutter*/*Gehling*; *Roth* JZ 1990, 1030; dagegen ist die Tatsache der Geschäftsunfähigkeit selbst nicht eintragbar, vgl. unten RdNr. 79.
82 Vgl. BGH Urt. v. 1. 7. 1991 – II ZR 292/90, BGHZ 115, 78, 80 = NJW 1991, 2566.
83 HM, vgl. Hachenburg/*Mertens* § 39 GmbHG RdNr. 3; Rowedder/Schmidt-Leithoff/*Koppensteiner* § 39 GmbHG RdNr. 3; aA Meyer-Landrut/*Miller*/Niehus § 39 GmbHG RdNr. 2.
84 Dazu RG Urt. v. 14. 5. 1908 – VI. 384/07, RGZ 68, 381.
85 Rowedder/Schmidt-Leithoff/*Koppensteiner* § 39 GmbHG RdNr. 3; wohl auch Scholz/*Schneider* § 39 GmbHG RdNr. 2, aA *Lutter*/*Hommelhoff* § 39 GmbHG RdNr. 2.

manns bei land- oder forstwirtschaftlichen Unternehmen), § 25 Abs. 2 (abweichende Vereinbarung bezüglich der Haftung des Erwerbers bei Firmenfortführung) und § 28 Abs. 2 (abweichende Vereinbarung bei Eintritt in das Geschäft eines Einzelkaufmanns).

b) Sonstige gesetzlich nicht normierte Fälle. Aus den in RdNr. 58 und 71 genannten **76** Gründen kann sich durch Auslegung gesetzlicher Vorschriften, durch Analogie oder richterliche Rechtsfortbildung ergeben, dass bestimmte Tatsachen auch ohne ausdrückliche gesetzliche Normierung in das Handelsregister eingetragen werden können, gleichwohl aber in derartigen Fällen eine (öffentlich-rechtliche) Anmeldepflicht nicht besteht. Zu dieser Fallgruppe zählen vor allem die Verträge und Beschlüsse, bei denen die **Registereintragung konstitutiv** wirkt, wie zB die Erstanmeldung der GmbH/AG,[86] Beschlüsse betreffend Satzungsänderungen (soweit sie bei der AG nicht nur die Sitzverlegung nach § 45 AktG betreffen)[87] nach § 54 GmbHG bzw. § 181 AktG. Hierzu gehören auch die Anmeldung betreffend die Erhöhung oder Herabsetzung des Stammkapitals bei der GmbH[88] oder die Anmeldung von Kapitalmaßnahmen bei der AG, zB des Beschlusses über die Erhöhung oder Herabsetzung des Grundkapitals nach § 184 AktG bzw § 223 AktG. Anmeldepflichten öffentlich-rechtlicher Art bestehen hier nicht.[89]

Auch das **Umwandlungsgesetz** beinhaltet für die Verschmelzung in §§ 16, 38 UmwG, die **77** Spaltung in §§ 129, 137 UmwG, für die Vermögensübertragung in §§ 176, 180, 184, 186, 188, 189 UmwG und für den Formwechsel in §§ 198, 222, 235, 246, 254, 265, 278, 286 und 296 UmwG keine Anmeldepflicht.[90]

Das **Fehlen** einer **öffentlich-rechtlichen Anmeldepflicht** in derartigen Fällen ist deshalb **78** **hinnehmbar,** weil die Wirksamkeit der angemeldeten Tatsachen von der konstitutiven Registereintragung abhängt und deshalb ein starkes **Eigeninteresse** der Vertretungsorgane besteht, ihrer **Anmeldepflicht zu genügen** und die Eintragung möglichst rasch herbeizuführen. Hier ist das Ausbleiben der angestrebten Rechtsfolge Sanktion genug; überdies besteht auch **kein übergeordnetes öffentliches Interesse** daran, konstitutive Eintragungen zu erzwingen.[91]

4. Nicht eintragungsfähige Tatsachen. Bereits durch die Neufassung der HRV durch das **79** HRefG v. 22. 6. 1998 mit Wirkung zum 1. 1. 1999 wurde die Eintragung von Berufsbezeichnungen im Handelsregister abgeschafft. Davor durften unzulässige Berufsbezeichnungen, wie zB Diplom-Detektiv,[92] nicht in das Handelsregister eingetragen werden.[93] Umstritten war, ob Titel, für die es keine gesetzliche Grundlage gibt,[94] eintragungsfähig sind. Zumindest dann, wenn durch diese Titel die berufliche Tätigkeit verdeutlicht wird, wurde Eintragungsfähigkeit bejaht; vgl. hierzu auch RdNr. 80[95]

– Güterrechtliche Beschränkungen,[96]
– Vertretungsbefugnis einzelner Miterben einer Erbengemeinschaft,[97]
– Nacherbenvermerk,[98]
– privatrechliches Treuhandverhältnis[99] und durch einstweilige Verfügung eingesetzter Treuhänder,[100] während allerdings die Verwaltung durch die Treuhandanstalt eintragungsfähig ist,[101]

---

[86] §§ 7 ff. GmbHG, §§ 36 ff. AktG.
[87] Zur Sitzverlegung s. RdNr. 69.
[88] §§ 57, 58 GmbHG.
[89] BayObLG Beschl. v. 7. 2. 1984 – 3 Z BR 190/83, BB 1984, 804 f. für die Satzungsänderung; *Hüffer* § 36 AktG RdNr. 5; § 181 AktG RdNr. 5; § 184 AktG RdNr. 3; § 223 AktG RdNr. 3; Scholz/*Priester* § 57 GmbHG RdNr. 25; § 58 GmbHG RdNr. 59; § 54 GmbHG RdNr. 23.
[90] Vgl. nur Widmann/Mayer/*Schwarz* § 16 UmwG Tz 9.4; *Kallmeyer* § 16 UmwG RdNr. 6; wohl auch Lutter/*Bork* § 16 UmwG RdNr. 2.
[91] Kölner Kommentar zum AktG/*Zöllner* § 407 AktG RdNr. 22; Lutter/*Bork* § 316 UmwG RdNr. 4.
[92] BayObLG Beschl. v. 16. 11. 1970 – 2 Z BR 40/70, MDR 1971, 307.
[93] BayObLG Beschl. v. 16. 11. 1970 – 2 Z BR 40/70, MDR 1971, 307.
[94] KG Beschl. v. 6. 6. 1900 – 1 Y 344/00, KGJ 20 A 269 für Generaldirektor.
[95] So Scholz/*Uwe H. Schneider* § 39 GmbHG RdNr. 4, für Direktor, wenn die berufliche Tätigkeit verdeutlicht wird; vgl. auch Rowedder/Schmidt-Leithoff/*Koppensteiner* § 39 GmbHG RdNr. 4; Baumbach/Hueck/*Zöllner/Noack* § 39 GmbHG RdNr. 5; vgl. aber *Hüffer* § 81 AktG RdNr. 3: Nicht eintragungsfähig Generaldirektor/Arbeitsdirektor; KG Beschl. v. 6. 6. 1900 – 1 Y 344/00, KGJ 20 A 269 ablehnend für Titel Generaldirektor; bejahend für Präsident *Lutter/Hommelhoff* § 39 GmbHG RdNr. 3. Weitergehend allerdings – Berufsbezeichnungen nicht eintragungsfähig – Röhricht/Graf von Westphalen/*Ammon* RdNr. 24.
[96] RG Urt. v. 30. 4. 1906 – IV 506/05, JW 1906, 405.
[97] KG RJA 9, 159; 15, 51.
[98] OLG München Beschl. v. 2. 10. 1940 – W. Wx 537 u. 538/40, JFG 22, 89.
[99] OLG Hamm Beschl. v. 2. 5. 1963 – 15 W 395/62, NJW 1963, 1554.
[100] LG Hamburg Beschl. v. 25. 1. 1949 – 26 T 1/49, DNotZ 1950, 78; hierzu Bettermann NJW 1950, 213; Nehler JR 1949, 241.
[101] OLG Naumburg Beschl. v. 3. 8. 1993 – 4 W 32/93, ZIP 1993, 1500, aA LG Münster Beschl. v. 14. 5. 1992 – 22 T 2/92, Rpfleger 1992, 439.

– Gegenstand des Unternehmens einer oHG oder KG.[102] Andere handelsrechtlichen Vollmachten als die Prokura, zB Handlungsvollmacht, selbst wenn sie zur gemeinsamen Vertretung mit einem Prokuristen berechtigen.[103] Unzulässig sind auch bei Personenhandelsgesellschaften Beschränkung der Angaben zu den Gesellschaftern auf einzelne Gesellschafter unter Ausschluss anderer Gesellschafter[104] oder die Eintragung eines gemeinsamen Vertreters für mehrere Kommanditisten.[105]

– Entmündigung eines Kaufmannes,[106] die Verfügungsbeschränkungen eines Einzelkaufmannes[107] und die gesetzlichen Vertreter eines Minderjährigen.[108]

– Zeitpunkt für das Ausscheiden des Liquidators einer Personengesellschaft,[109] die bedingte Verpflichtung des Gesellschafters einer GmbH zur Einzahlung seiner Stammeinlage,[110] sowie das Entfallen der Geschäftsfähigkeit,[111] sofern diese zB nicht zur Beendigung der Geschäftsführerstellung bei der GmbH führt. Nicht eintragungsfähig sind auch die Anordnung des Einwilligungsvorbehalts im Sinne des § 1903 Abs. 1 BGB[112] und der Aufstockungsbeschluss einer GmbH, soweit er nicht in der Form einer Satzungsänderung erfolgt.[113]

– Stellvertreterzusatz des GmbH-Geschäftsführers;[114] gleiches gilt für das stellvertretende Vorstandsmitglied bei der AG nach § 94 AktG.[115] Eine Ausnahme in Bezug auf Organstellungen sehen lediglich § 43 Nr. 4 lit. b HRV und § 62 Nr. 4 lit. b HRV für die Bezeichnung des Vorstandsvorsitzenden einer AG oder SE vor.

– Ermächtigung der Gesellschafterversammlung durch gesonderten Beschluss, den Geschäftsführer von den Beschränkungen des § 181 BGB zu befreien (sog. Öffnungsklausel).[116]

80 **5. Einzelfälle. a) Berufsbezeichnungen.** Bereits seit In-Kraft-Treten des HRefG v. 22. 6. 1998 – BGBl. I S. 1474 – und der damaligen Neufassung der HRV zum 1. 1. 1999 ist weitgehend, zB für den Einzelkaufmann, die persönlich haftenden Gesellschafter der oHG/KG, die Kommanditisten sowie die Vorstände bei der AG und Geschäftsführer bei der GmbH die **Angabe des Berufs entfallen und durch die Angabe des Geburtsdatums ersetzt** worden.[117] Lediglich bei den Aufsichtsratsmitgliedern der AG ist noch nach § 37 Abs. 4 Nr. 3a AktG bzw. § 40 Abs. 1 Nr. 4 AktG der Beruf anzugeben; gleiches gilt analog § 40 Abs. 1 Nr. 4 AktG bei der Bekanntgabe neuer Aufsichtsratsmitglieder nach § 106 AktG.[118]

81 Ausnahmsweise ist lediglich die Berufsbezeichnung „Steuerberater" des Prokuristen einer Steuerberatungsgesellschaft in das Handelsregister einzutragen. Zwar sehen § 40 Nr. 4 HRV und § 43 Nr. 5 HRV für den Prokuristen die Eintragung einer Berufsbezeichnung nicht vor. Weil aber § 43 StBerG und § 18 WPO anordnen, dass im beruflichen Verkehr die Berufsbezeichnung „Steuerberater" bzw. „Wirtschaftsprüfer" geführt werden muss, steht dies der Eintragungsfähigkeit nicht entgegen.[119] Gleiches gilt für den Geschäftsführer/Vorstand einer derartigen GmbH/AG.

---

[102] Staub/*Hüffer* § 8 RdNr. 36, Röhricht/Graf von Westphalen/*Ammon* RdNr. 24.
[103] KG Beschl. v. 12. 12. 1904 – 1. Y 1192/04, KGJ 29 A 91; BayObLG Beschl. v. 22. 3. 1924 – III 19/1924, BayObLGZ 1924, 55; OLG Frankfurt Beschl. v. 18. 3. 1976 – 20 W 141/76, BB 1976, 569; OLG Karlsruhe RJA 17, 102.
[104] BGH Urt. v. 13. 5. 1953 – II ZR 157/52, BGHZ 10, 44 = NJW 1953, 1548.
[105] OLG Hamm Beschl. v. 26. 4. 1952 – 15 W 73/52, MDR 1952, 549.
[106] Heymann/*Sonnenschein/Weitemeyer* RdNr. 16.
[107] KG RJA 9, 159.
[108] OLG Dresden Sächs. OLG 32, 133.
[109] KG RJ A 12, 217.
[110] RG Urt. v. 20. 6. 1911 – II 622/10, RGZ 78, 359, Verfügungsbeschränkungen eines Einzelkaufmanns, KG RJA 9, 159.
[111] BGH Urt. v. 1. 7. 1991 – II ZR 292/90, WM 1991, 1466 f.
[112] Koller/*Roth*/Morck RdNr. 10.
[113] Str. BayObLG Beschl. v. 25. 10. 1991 – 3 Z BR 125/91, GmbHR 1992, 42 f.; Koller/*Roth*/Morck RdNr. 10.
[114] BGH GmbHR 1998, 181, Beschl. v. 10. 11. 1997 – II ZB 6/97.
[115] BGH Beschl. v. 10. 11. 1997 – II Z B 6/97, NJW 1998, 1071, 1072; BayObLG Beschl. v. 4. 3. 1997 – 3 Z BR 348/96, BayObLGZ 1997, 107, 112; GroßKommAktG/*Habersack* § 94 AktG RdNr. 15; aA – durch BGH Beschl. v. 10. 11. 1997 – II ZB 6/97 (Ergangen auf Vorlagebeschl. des BayObLG) NJW 1998, 1071, überholt – OLG Düsseldorf Beschl. v. 28. 2. 1969 – 3 W 39/69, NJW 1969, 1259; OLG Stuttgart Beschl. v. 15. 7. 1960 – 8 W 143/60, NJW 1960, 2150.
[116] OLG Frankfurt Beschl. v. 7. 10. 1993 – 20 W 175/93, BB 1993, 2113; BayObLG Beschl. v. 28. 1. 1982 – 1 Z BR 126/81, GmbHR 1982, 257; BayObLG Beschl. v. 21. 9. 1989 – 3 Z BR 5/89, GmbHR 1990, 213; *Krafka/Willer* Registerrecht RdNr. 999.
[117] Vgl. zB § 40 Ziff. 4, 5 c, § 43 Ziff. 4, 5 HRV.
[118] *Hüffer* § 106 AktG RdNr. 2.
[119] LG Augsburg Beschl. v. 23. 3. 1989 – 3 HK T 215/89, BB 1989, 1074.

b) Befreiung von den Beschränkungen des § 181 BGB. aa) Überblick. Die Befreiung des **82** GmbH-Geschäftsführers vom Verbot des Selbstkontrahierens ist eine im Handelsregister **eintragungspflichtige Tatsache.**[120]

Die heute herrschende Rechtsprechung, die sich vor allem auf EuGH 1974, 1201[121] zur **gemein- 83 schaftskonformen Auslegung des § 10 Abs. 1 Satz 2 GmbHG** stützt, ist zutreffend. Nach § 10 Abs. 1 Satz 2 GmbHG – eingefügt durch Art. 3 des Gesetzes zur Durchführung der Ersten Richtlinie des Rates der Europäischen Gemeinschaften zur Koordinierung des Gesellschaftsrechts vom 15. 8. 1969[122] – ist in das Handelsregister einzutragen, welche Vertretungsbefugnis die Geschäftsführer haben. Zwar ist nach Art. 2 Abs. 1 d S. 2 der genannten Richtlinie nur offen zu legen, „ob die zur Vertretung der Gesellschaft befugten Personen die Gesellschaft allein oder nur gemeinschaftlich vertreten können". Doch ist die sich aus § 10 Abs. 1 S. 2 GmbHG ergebende Eintragungspflicht nicht auf die Angaben beschränkt. Erforderlich ist vielmehr eine gemeinschaftskonforme Auslegung.[123]

Der BGH hat mit Beschluss vom 28. 2. 1983[124] entschieden, dass sich der Umfang der Vertre- **84** tungsbefugnis **aus dem Handelsregister** selbst ergeben müsse. Daher muss aus dem Handelsregister selbst ersichtlich und für den Rechtsverkehr verständlich sein, ob Befreiung vom Verbot des Selbstkontrahierens erteilt ist oder nicht. Es genügt nicht, dass sie durch Schlussfolgerungen[125] oder durch Bezugnahme auf die dem Registergericht eingereichten Unterlagen[126] erschlossen werden kann.

Daher kann zB bei der GmbH **nicht eingetragen** werden, dass der **Gesellschaft-Geschäfts- 85 führer** – von den Beschränkungen des § 181 BGB befreit ist, denn das Handelsregister schweigt über die Zahl der Gesellschafter der GmbH; ebenso wenig genügen bei den Registerakten befindliche Informationen über die Gesellschafter.[127]

Ebensowenig eintragungsfähig ist die Anmeldung, dass die Erlaubnis zum Selbstkontrahieren auch **86** für den Fall der Vereinigung aller Geschäftsanteile in einer Hand gelten solle.[128]

Voraussetzung für die **Befreiung** des Geschäftsführers von den Beschränkungen des § 181 BGB **87** ist, sofern nicht lediglich ad-hoc für die Vornahme eines bestimmten Rechtsgeschäfts Befreiung erteilt wird,[129] dass diese **unmittelbar in der Satzung** oder auch **auf Grund entsprechender Satzungsermächtigung durch einfachen Gesellschafterbeschluss** gestattet wird. Dies gilt auch für den alleinigen Gesellschafter-Geschäftsführer einer GmbH.[130] Fehlt eine Ermächtigung in der Satzung, ist eine Satzungsänderung erforderlich.[131] Die Tatsache, dass der – privatschriftliche – Gesellschafterbeschluss über die Befreiung des Geschäftsführers von den Beschränkungen des § 181 BGB zeitlich bereits vor der Satzungsänderung gefasst und angemeldet wurde, ist unschädlich, da ein solcher Änderungsbeschluss unter der aufschiebenden Bedingung steht, dass die ermächtigende Grundlage mit Änderung des Gesellschaftsvertrags durch Registereintragung wirksam wird.[132]

---

[120] BGH Beschl. v. 28. 2. 1983 – II ZB 8/82, BGHZ 87, 59 = NJW 1983, 1676. BayObLG Beschl. v. 29. 5. 1979 – 1 Z BR 36/79, BayObLGZ 1979, 182 = Rpfleger 1979, 310 = BB 1980, 597; BayObLG Beschl. v. 28. 1. 1982 – 1 Z BR 126/81, BB 1982, 577; 1984, 1117; OLG Köln Beschl. v. 23. 4. 1980 – 2 Wx 11/80, GmbHR 1980, 129; Scholz/*Winter* § 10 GmbHG RdNr. 13; Koller/*Roth*/Morck RdNr. 4; Baumbach/*Hopt* RdNr. 5; aA früher OLG Karlsruhe Urt. v. 2. 10. 63 – 5 W 57/63, GmbHR 1964, 78; LG Oldenburg Beschl. v. 7. 6. 1972 – 6 T (KH) 3/72, BB 1972, 769; LG Köln Beschl. v. 26. 1. 1980 – 29 T 23/79, DB 1980, 922.
[121] EuGH Urt. v. 12. 11. 1974 Rs 32/74 Slg 1974, 1201 = GmbHR 1975, 13 = BB 1974, 1500.
[122] BGBl. I S. 1146.
[123] BGH Beschl. v. 28. 2. 1983 – II ZB 8/82, BGHZ 87, 59, 61 = NJW 1983, 1617.
[124] BGH Beschl. v. 28. 2. 1983 – II ZB 8/82, BGHZ 87, 59 = GmbHR 1983, 269; Anregungen, die eine Anwendung des § 181 BGB im Gesellschaftsrecht nur noch in Bezug auf das Innenverhältnis vorsehen und daher keine Registereintragungen mehr zur Folge hätte, bei *Willer/Krafka* NZG 2006, 495.
[125] Vgl. BayObLG Beschl. v. 4. 11. 1999, 3 Z BR 321/99, NZG 2000, 138, 139; BayObLG Beschl. v. 8. 1. 1980 – 1 Z BR 85/79, GmbHR 1981, 59.
[126] Vgl. *Kirberger* Rpfleger 1976, 237 mwN; *Keidel/Schmatz/Stöber* Registerrecht RdNr 730 c.
[127] *Bühler* DNotZ 1983, 588, 593. BGH Beschl. v. 28. 2. 1983 – II ZB 8/82, BGHZ 87, 59, 63; OLG Frankfurt/Main Beschl. v. 30. 9. 1983 – 20 W 465/83, BB 1984, 238, 239.
[128] BGH Beschl. v. 8. 4. 1991 – II ZB 3/91, BB 1991, 925; OLG Düsseldorf Vorlagebeschl. v. 9. 1. 1991 – 3 Wx 340/90, GmbHR 1991, 161; AG Köln Beschl. v. 22. 2. 1991 – 42 HRB 6934, GmbHR 1991, 161; aA BayObLG Beschl. v. 21. 9. 1989 – 3 Z BR 5/89, GmbHR 1990, 213, 216.
[129] Dann keine Satzungsgrundlage erforderlich, KG Urt. v. 23. 8. 2001 – 8 U 8644/99, GmbHR 2002, 327; BayObLGZ 1980, 209; LG Wuppertal Beschl. v. 13. 4. 1989 – 12 T 3/39; MittRhNotK 1989, 275; *Krafka/Willer* Registerrecht 997; aA BayObLG Beschl. v. 2. 8. 1984 (1. ZS) BReg. 1 Z 45/84, BayObLG 1984, 209; OLG Köln v. 2. 10. 1992 – 2 Wx 33/92, NJW 1993, 1018 = GmbHR 1993, 37.
[130] BayObLG Beschl. v. 28. 1. 1982 – 1 Z BR 126/81, BayObLGZ 1982, 41; BayObLG Beschl. v. 7. 5. 1984 – 3 Z BR 163/83, DB 1984, 1517; OLG Zweibrücken Beschl. v. 30. 12. 1981 – 3 W 82/81, OLGZ 1983, 74; BayObLG Beschl. v. 14. 5. 1985 – 3 Z BR 41/85, DNotZ 1986, 170, BayObLG Beschl. v. 22. 5. 1987 – 3 Z BR 163/86, WM 1987, 982; teilweise abweichend für Einmann-GmbH Baumbach/*Hueck/Zöllner* § 35 GmbHG RdNr. 79.
[131] BGH Beschl. v. 28. 2. 1983 – II ZB 8/82, BGHZ 87, 59, 60; OLG Köln Beschl. v. 2. 10. 1992 – 2 Wx 33/92, NJW 1993, 1018; aA *Altmeppen* NJW 1995, 1182.
[132] *Krafka/Willer* Registerrecht RdNr. 999.

88 § 181 BGB gilt auch bei der **Mehrvertretung,** insbesondere bei konzerninternen Rechtsgeschäften, bei denen der Geschäftsführer für zwei Gesellschaften handelt.[133]

89 Ebenso eintragungspflichtig ist die Befreiung vom Verbot des Selbstkontrahierens für die Liquidatoren der GmbH.[134] Für die Befreiung des **Liquidators** der GmbH von den Beschränkungen des § 181 BGB gelten obige Ausführungen[135] entsprechend. Enthält die Satzung eine solche Ermächtigung zur Befreiung des Geschäftsführers, so gilt das im Zweifel auch für die Befreiung des Liquidators.[136] Hingegen setzt sich die dem Geschäftsführer in der Satzung oder durch Beschluss der Gesellschafterversammlung erteilte Befreiung von den Beschränkungen des § 181 BGB nicht einfach fort in seiner Position als Liquidator, auch wenn er gekorener Liquidator ist.[137]

90 Die Darlegungen in RdNr. 82 ff. zum GmbH-Geschäftsführer gelten in gleicher Weise für die **Vertretungsorgane anderer juristischer Personen,** zB den Vorstand der AG, der allerdings wegen § 112 AktG nur für den Fall der Mehrvertretung von den Beschränkungen des § 181 BGB durch Beschluss des Aufsichtsrates befreit werden kann. Die Befreiung des Vorstandes kann entweder statutarisch verankert oder durch Beschluss des Aufsichtsrates auf Grund einer Öffnungsklausel in der Satzung gewährt werden.

91 Nach den dargelegten Grundsätzen kann und muss auch die dem vertretungsberechtigten **Gesellschafter einer Personenhandelsgesellschaft**[138] bzw. der KGaA erteilte Befreiung vom Verbot des Selbstkontrahierens im Handelsregister eingetragen werden.[139]

92 Ebenso ist die dem **Prokuristen** erteilte Befreiung vom Verbot des Selbstkontrahierens eintragungsfähig und eintragungspflichtig.[140]

93 **bb) Generelle/gegenständlich beschränkte Befreiung.** Die **generelle Befreiung** des Geschäftsführers von den Beschränkungen des § 181 BGB ist in das Handelsregister einzutragen.[141] Anzumelden und einzutragen ist etwa: „Der Geschäftsführer ... ist befugt, die Gesellschaft bei der Vornahme von Rechtsgeschäften mit sich selbst (oder als Vertreter eines Dritten) uneingeschränkt zu vertreten."[142] Dem Sinn der Richtlinie[143] würde die Eintragung „Der Geschäftsführer ... ist von den Beschränkungen des § 181 BGB befreit" zuwiderlaufen, weil sie in der Regel nur dem inländischen Juristen etwas sagt.[144]

94 Eintragungsfähig ist auch eine **gegenständlich beschränkte Befreiung,** etwa für bestimmte Arten von Rechtsgeschäften oder umgekehrt mit Ausnahme gegenständlich bestimmter Rechtsgeschäfte,[145] zB
 – Befreiung für In-sich-Geschäfte aller Art mit Ausnahme von Verträgen über Grundstücke oder
 – Befreiung für den Abschluss von Verträgen mit einer Gegenleistung bis zu einer Höhe von EURO 50 000,–.[146]

95 Einzutragen sind dann unter **genauer Bezeichnung des Umfangs der Befreiung** alle die Befreiungen, denen Bedeutung über den Einzelfall hinaus auch für künftige Geschäfte zukommt, wobei der Umfang der Befreiung ohne Belang für die Eintragungspflicht ist.[147] Die Befürchtung, dass

---

[133] Scholz/*Schneider* § 35 GmbHG RdNr. 127 ff.; *Lutter/Hommelhoff* § 35 GmbHG RdNr. 18; aA *Bachmann* ZIP 1999, 85; differenzierend *Timm* AcP 193 (1993), 423, 449.
[134] *Lutter/Hommelhoff* § 68 GmbHG RdNr. 4.
[135] S. RdNr. 90 ff.
[136] BayObLG Besch. v. 19. 10. 1995 – 3 Z BR 218/95, GmbHR 1996, 56; LG Berlin Beschl. v. 15. 1. 1987 – 98 T 21/86, GmbHR 1987, 482; LG Bremen Beschl. v. 24. 8. 1990 – 14 T 10/90, GmbHR 1991, 67 f.; Scholz/*K. Schmidt* § 68 GmbHG RdNr. 5; aA Hachenburg/*Hohner* § 68 GmbHG RdNr. 9.
[137] OLG Düsseldorf Urt. v. 9. 12. 1988 – 16 U 52/88, ZIP 1989, 917 f.; ähnlich BayObLG Beschl. v. 24. 10. 1996 – 3 Z BR 262/96, ZIP 1996, 2110 f.; 918; *Lutter/Hommelhoff* § 68 GmbHG RdNr. 4; zT abw. Scholz/*K. Schmidt* § 68 GmbHG RdNr. 5.
[138] Hanseatisches OLG Hamburg Beschl. v. 29. 4. 1986 – 2 W 3/86, DB 1986, 1451 = BB 1986, 1255; OLG Hamm Beschl. v. 21. 2. 1983 – 15 W 87/82, BB 1983, 858; LG Augsburg Beschl. v. 2. 2. 1982 (2. KfH) 2 HKT 4535/81, Rpfleger 1983, 28; Baumbach/*Hopt* § 119 HGB RdNr. 3 C; *Binz* GmbH & Co., 10. Aufl., S. 48 ff.; aA LG Berlin Beschl. v. 16. 7. 1982 (98. KfH) 98 T 11/82, Rpfleger 1982, 427.
[139] Zuletzt BayObLG Beschl. v. 4. 11. 1999 – 3 Z BR 321/99, NZG 2000, 138.
[140] BayObLG Beschl. v. 14. 7. 1980 – 1 Z BR 17/80, BayObLGZ 1980, 186, 196, 201; OLG Hamm Beschl. v. 21. 2. 1983 – 15 W 87/82, BB 1983, 791 = MDR 1983, 673, allerdings mit der Maßgabe, dass keine Eintragungspflicht besteht; iaS auch *Keidel/Schmatz/Stöber* Registerrecht RdNr. 73.
[141] HRB Spalte 6.
[142] BayObLG Beschl. v. 29. 5. 1979 – 1 Z BR 36/79, BayObLGZ 1979, 182, 185; *Keidel/Schmatz/Stöber* Registerrecht RdNr. 734 d.
[143] Siehe oben RdNr. 83.
[144] MünchKommHGB/*Krafka* 41 RdNr. 41.
[145] OLG Düsseldorf Beschl. v. 1. 7. 1994 – 3 Wx 20/93, DB 1994, 1922 = NJW-RR 1995, 488 = DNotZ 1995, 237.
[146] *Simon* GmbHR 1999, 588, 589.
[147] Hachenburg/*Ulmer* § 10 GmbHG RdNr. 10; *Bühler* DNotZ 1983, 588, 593; Scholz/*Winter* § 10 GmbHG RdNr. 13.

bei umfangreichen, kasuistischen Befreiungstatbeständen die Aufnahmekapazität des Handelsregisters erreicht und dieses teilweise unübersichtlich werden könnte,[148] erscheint angesichts der Tatsache, dass in der Praxis die Befreiung in aller Regel in vollem Umfang und nur äußerst selten für bestimmte wenige Rechtsgeschäfte gewährt wird,[149] akademisch. Allerdings müsste in diesen seltenen Fällen eine umfassende Handelsregistereintragung erfolgen. Der Vorschlag,[150] bei umfangreichen und komplizierten Befreiungsregelungen in das Register nur eine zusammenfassende Angabe einzutragen und im Übrigen auf die Einzelheiten der gesellschaftsvertraglichen Regelung zu verweisen, hilft nicht weiter, weil sich die Vertretungsbefugnis gerade aus dem Register selbst ohne Zuhilfenahme der Registerakten ergeben muss.[151]

Nicht eintragungsfähig ist nur die **Befreiung für ein einziges konkretes Rechtsgeschäft**[152] 96 oder auch für mehrere konkrete Rechtsgeschäfte.[153]

cc) **Persönlich beschränkte Befreiung. (1) Rechtsgeschäfte nur mit Dritten.** Unbedenk- 97 lich in das Handelsregister **einzutragen** ist, dass der **Geschäftsführer nur für Rechtsgeschäfte mit Dritten** oder – negativ formuliert – für Rechtsgeschäfte aller Art, ausgenommen Rechtsgeschäfte mit sich im eigenen Namen, von den Beschränkungen des § 181 BGB **befreit** ist. Weil § 112 AktG zwingend ist, ist im Aktienrecht für den Vorstand der AG ohnehin nur die Befreiung für den Fall der Mehrvertretung zulässig.

Eine solche Befreiung bezieht sich auf alle **Rechtsgeschäfte der GmbH mit anderen natürli-** 98 **chen oder juristischen Personen,** wegen ihrer weitgehenden rechtlichen Verselbständigung auch auf Personenhandelsgesellschaften (oHG,[154] KG[155]) und auch auf Partnerschaftsgesellschaften.[156] Die Befreiung ist unabhängig davon, ob der Geschäftsführer zugleich auch Gesellschafter oder Mitglied des juristisch verselbständigten Dritten ist, denn auch bei seiner Beteiligung an der juristischen Person wird das Rechtsgeschäft mit dieser und nicht mit dem Geschäftsführer abgeschlossen. Anders ist dies nur bei der Gesellschaft bürgerlichen Rechts, an der der Geschäftsführer beteiligt ist. Hier bedarf es, weil es an der weitgehenden rechtlichen Verselbständigung der GbR fehlt, der Befreiung des Geschäftsführers auch für Rechtsgeschäfte mit sich selbst.[157]

(2) Keine Befreiung für Geschäfte mit „nahen Angehörigen". Weil Interessenkollisionen 99 auch bei Geschäften mit nahen Angehören des Geschäftsführers bestehen können, kann es angezeigt sein, den Geschäftsführer für Rechtsgeschäfte mit diesen Personen nicht von den Beschränkungen des § 181 BGB zu befreien. Dennoch ist die **Eintragung** einer derartigen Vertretungsregelung in das Handelsregister deshalb **nicht möglich,** weil der **Begriff der nahen Angehörigen** – wie in § 15 AO definiert – im Einzelfall **nicht unmittelbar** aus dem Handelsregister abzuleiten ist, insbesondere für den Rechtsverkehr nicht verständlich wird, ob der konkrete Partner des Rechtsgeschäfts unter die Befreiung fällt oder nicht. Dazu müssten weitere Urkunden, zB Heirat-, Geburtsurkunden usw. beigezogen werden.[158]

(3) Befreiung für Geschäfte mit Mutter- oder Tochter-Gesellschaften. Das Interesse der 100 GmbH-Geschäftsführer geht häufig dahin, dem Geschäftsführer In-sich-Geschäfte nur mit solchen Gesellschaften zu gestatten, an denen die GmbH selbst als Mutter- oder Tochter-Gesellschaft beteiligt ist oder die in sonstiger Weise zu demselben Konzern wie die GmbH selbst gehört. Die abstrakte Anmeldung und Eintragung der insoweit erteilten Befreiung von § 181 BGB lässt sich jedoch nicht mit der Anforderung vereinbaren, dass die Befreiungsvoraussetzungen aus dem Handelsregister unmittelbar zu ersehen sein müssen. Eine solche Eintragung ist daher generell **unzulässig.** Nur im kleinen Verbund könnte eine Eintragung dann erfolgen, wenn die entsprechenden Mutter- oder Tochter- bzw. Konzerngesellschaften namentlich bezeichnet sind.[159]

Zur besonderen Problematik, wenn **bei der Beteiligungsgesellschaft** die **Gesellschafter aus** 101 **dem Handelsregister ersichtlich** sind (zB GmbH & Co. KG, Kommanditisten einer KG) siehe RdNr. 105 f.

---
[148] MünchKommHGB/*Krafka* RdNr. 44.
[149] Zutreffend *Bühler* DNotZ 1983, 588, 593.
[150] *Kanzleiter* Rpfleger 1983, 1, 4.
[151] In diesem Sinne auch BayObLG Beschl. v. 4. 11. 1999 – 3 Z BR 321/99, NZG 2000, 138.
[152] *Bühler* DNotZ 1983, 588, 593; *Simon* GmbHR 1999, 588, 589.
[153] *Kanzleiter* Rpfleger 1984, 1, 4.
[154] § 124 HGB.
[155] § 161 Abs. 2 iVm. § 124 HGB.
[156] Vgl. § 7 PartGG iVm. § 124 HGB.
[157] *Simon* GmbHR 1999, 588, 589.
[158] Ablehnend auch *Simon* GmbHR 1999, 588, 590.
[159] *Simon* GmbHR 1999, 588, 590.

102 **dd) Besonderheiten bei der GmbH & Co. KG.** Die **Problematik des Selbstkontrahierens** stellt sich bei der GmbH & Co. KG gleichsam **auf zwei Ebenen,** einmal im Hinblick auf die GmbH als persönlich haftende Gesellschafterin und ihre Befugnis zum Selbstkontrahieren, zum anderen auf der Ebene des Geschäftsführers der GmbH und ihrer Befugnis, mit der KG Rechtsgeschäfte unter Befreiung von § 181 BGB vorzunehmen.

103 Für die **Befreiung der persönlich haftenden GmbH vom Verbot des Selbstkontrahierens** gilt: Zwar kennt § 162 Abs. 1 iVm. § 106 Abs. 2 keine der Regelung des § 8 Abs. 4 GmbHG entsprechende Bestimmung, nach der in der Anmeldung anzugeben ist, welche Befugnis die gesetzlichen Vertreter der GmbH & Co. KG haben. Auch eine dem § 10 Abs. 1. S. 3 GmbHG vergleichbare Norm über die Eintragung der Vertretungsbefugnis fehlt für die Personenhandelsgesellschaften. § 125 Abs. 4, der gemäß § 106 Abs. 2 auch für die KG gilt, begründet die Pflicht zur Anmeldung zur Eintragung im Handelsregister ua für jede Änderung der Vertretungsbefugnis der persönlich haftenden Gesellschafter. Unabhängig davon, ob auf diese Bestimmung die Eintragungsfähigkeit der Befreiung der persönlich haftenden Gesellschafterin vom Verbot des Selbstkontrahierens gestützt werden kann,[160] wird von der überwiegenden Auffassung die Eintragungsfähigkeit der Befreiung von den Beschränkungen des § 181 BGB bejaht.[161]

104 Hiervon zu unterscheiden ist die Frage, ob bei einer KG auch eingetragen werden kann, dass die **Geschäftsführer der Komplementär-GmbH für Rechtsgeschäfte mit der KG von den Beschränkungen des § 181 BGB befreit** sind. Für diese Fallgruppe besteht ein eigener Anwendungsbereich. Denn die in den üblichen Fällen im Handelsregister der Kommanditgesellschaft eingetragene Befreiung für die Komplementär-GmbH bedeutet nur, dass die Komplementärin Rechtsgeschäfte für die Kommanditgesellschaft und mit sich selbst als Vertreter eines Dritten abschließen kann (Beispiel: Die Komplementär-GmbH überträgt ein Grundstück auf die Kommanditgesellschaft). Die Befreiung des GmbH-Geschäftsführers im Handelsregister der Komplementär-GmbH bedeutet wiederum lediglich die Zulässigkeit des Selbstkontrahierens bzw. der Mehrfachvertretung im Verhältnis zu dieser GmbH (Beispiel: Der Geschäftsführer überträgt sein Grundstück auf die Komplementär-GmbH).[162] Nicht hiervon erfasst und damit eigenständig zu beurteilen ist dagegen zB der Fall, dass der Geschäftsführer der Komplementär-GmbH ein in seinem Eigentum befindliches Grundstück unmittelbar auf die KG übertragen will. Hier helfen die Befreiungen von den Beschränkungen des § 181 BGB von Seiten der Komplementär-GmbH gegenüber der Kommanditgesellschaft und von Seiten des Geschäftsführers der Komplementär-GmbH dieser gegenüber nicht weiter. Die Erwägungen, die zu der Eintragungsfähigkeit der Befreiung vom Verbot des Selbstkontrahierens der Geschäftsführer einer GmbH oder der persönlich haftenden Gesellschafter einer oHG/KG führen (vgl. oben RdNr. 83 ff.), zwingen dazu, die Eintragungsfähigkeit der Befreiung auch des Geschäftsführers der Komplementär-GmbH im Handelsregister der KG zu bejahen.[163] Bei Abschluss von Grundstücksgeschäften kommt das Legitimationsbedürfnis des § 29 GBO für den Vertreter der Gesellschaft als zusätzlicher Aspekt zum Tragen.

105 **ee) Weitere Fälle.** Will man die **Befreiung des Geschäftsführers von den Beschränkungen des § 181 BGB** nicht nur für Geschäfte mit sich selbst, sondern auch mit **Gesellschaften, an denen er beteiligt ist und/oder bei denen er Geschäftsführer ist, ausschließen,** so kann das in geeigneten Fällen dadurch erreicht werden, dass die Befreiung versagt wird für Rechtsgeschäfte mit allen Gesellschaften, bei denen der Geschäftsführer als
– persönlich haftender Gesellschafter (einer oHG, KG oder KGaA),
– Kommanditist,
– Geschäftsführer (einer GmbH) oder
– Vorstand (einer AG)
im Handelsregister eingetragen ist.

106 Gleiches gilt im **Konzernbereich** für Rechtsgeschäfte, an denen die **Obergesellschaft** entweder
– als persönlich haftender Gesellschafter (zB einer GmbH & Co. KG) oder
– als sonst aus dem Handelsregister ersichtlicher Gesellschafter (zB Kommanditist einer KG)

---

[160] Bejahend OLG Hamm Beschl. v. 21. 2. 1983 – 15 W 87/82, BB 1983, 858, 859, verneinend OLG Hamburg Beschl. v. 29. 4. 1986 – 2 W 3/86, ZIP 1986, 1186.
[161] Staub/*Habersack* § 125 RdNr. 64; Baumbach/*Hopt* § 119 RdNr. 22; Röhricht/Graf von Westphalen/*von Gerkan* § 106 RdNr. 17; zur Eintragungsfähigkeit der Befreiung eines Prokuristen der GmbH & Co. KG von den Beschränkungen des § 181 BGB BayObLG Beschl. v. 14. 7. 1980 – 1 Z BR 17/80, GmbHR 1981, 14.
[162] *Westermeier* MittBayNot 1998, 155.
[163] BayObLG Beschl. v. 4. 11. 1999 – 3 Z BR 321/99, NZG 2000, 138; BayObLG Beschl. v. 23. 2. 2000 – 3 Z BR 37/00, MittBayNot 2000, 241; verfehlt LG München I Beschl. v. 6. 2. 1997 – 17 HKT 1511/97, MittBayNot 1998, 197.

im Handelsregister eingetragen ist. Auch hier kann im Register der Obergesellschaft für derartige Rechtsgeschäfte mit Beteiligungsgesellschaften Befreiung von den Beschränkungen des § 181 BGB erteilt werden.[164] Denn in beiden genannten Fällen ist aus den beizuziehenden Registerblättern die Vertretungsbefugnis unschwer ablesbar.[165]

c) Beherrschungs- und Gewinnabführungsverträge.

§ 294 AktG regelt ausdrücklich, dass der Vorstand der **Aktiengesellschaft** das Bestehen und die Art des Unternehmensvertrages sowie den Namen des anderen Vertragsteils; beim Bestehen einer Vielzahl von Teilgewinnabführungsverträgen kann anstelle des Namens des anderen Vertragsteils und eine andere Bezeichnung eingetragen werden, die den jeweiligen Teilgewinnabführungsvertrag konkret bestimmt, zur Eintragung in das Handelsregister anzumelden hat. Hieraus lässt sich allerdings keine öffentlich-rechtliche Anmeldepflicht der Gesellschaft oder des Vorstandes herleiten. Vielmehr besteht ungeachtet der schuldrechtlichen Anmeldepflicht, die dem Vorstand gegenüber seiner Gesellschaft auf Grund § 83 Abs. 2 AktG obliegt, für den Vorstand dem Registergericht gegenüber lediglich die **Möglichkeit zur Anmeldung**.[166] Eine zwangsweise durchsetzbare öffentlich-rechtliche Pflicht zur Anmeldung besteht nicht.[167]

In gleicher Weise hat der BGH im Wege der **Rechtsfortbildung** die Eintragungsfähigkeit eines Beherrschungs- und Gewinnabführungsvertrages zwischen einer **GmbH als beherrschter** und einer GmbH[168] bzw. einer AG als herrschender **Gesellschaft**[169] in das Handelsregister anerkannt. Voraussetzung hierfür ist neben der Anmeldung ein Zustimmungsbeschluss der Gesellschafterversammlungen der beherrschten und herrschenden Gesellschaft, wobei der Zustimmungsbeschluss der herrschenden Gesellschaft mindestens der ¾-Mehrheit der bei der Beschlussfassung abgegebenen Stimmen bedarf und notariell zu beurkunden ist. Für den Beherrschungs- und Gewinnabführungsvertrag genügt Schriftform.[170] Sehr umstritten und vom BGH nicht geklärt ist die Frage, mit welcher Mehrheit der Zustimmungsbeschluss in der Gesellschafterversammlung der abhängigen GmbH gefasst werden muss. Aus der Rechtsnatur der Verträge (Organisationsverträge mit satzungsändernder oder -überlagernder Wirkung) folgt zwar, dass der Beschluss jedenfalls nach § 53 Abs. 2 S. 1 GmbHG mit einer Mehrheit von mindestens ¾ der abgegebenen Stimmen gefasst werden muss; diese unterste Grenze ist unstreitig. Fraglich ist aber, ob einer größere Mehrheit erforderlich ist, wie das im Schrifttum überwiegend angenommen wird und ob der Gesellschafter der herrschenden Gesellschaft bei der Beschlussfassung stimmberechtigt ist.[171] Der Zustimmungsbeschluss der herrschenden GmbH kann privatschriftlich gefasst werden,[172] während der bei der herrschenden AG notarieller Beurkundung bedarf.[173]

Der BGH hat die Eintragungsfähigkeit des Beherrschungs- und Gewinnabführungsvertrages aus der **entsprechenden Anwendung von § 54 Abs. 3 GmbHG** im Hinblick auf Inhalt und Wirkung des Unternehmensvertrages hergeleitet, der in den Gesellschaftszweck, die Zuständigkeitskompetenz

---

[164] In diesem Sinne auch *Simon* GmbHR 1999, 588, 589, 590.
[165] Missverständlich erscheint in diesem Zusammenhang allerdings der Beschluss des BayObLG v. 4. 11. 1999 – 3 Z BR 321/99 – NZG 2000, 138, in dem verlangt wird, dass die Anmeldung die Vertretungsbefugnis ausdrücklich offenlegen muss und es nicht genügt, dass sie durch Schlussfolgerungen oder durch Bezugnahme auf die dem Registergericht eingereichten Unterlagen erschlossen werden kann. Das BayObLG hat im genannten Beschluss die grundsätzlich zulässige Anmeldung der Befreiung des Geschäftsführers der Komplementär-GmbH bei der KG von den Beschränkungen des § 181 BGB insoweit abgelehnt, als angemeldet wurde, dass die Geschäftsführer der Komplementär-GmbH bei der KG befreit sind, falls diese bei der GmbH ebenfalls von den Beschränkungen des § 181 BGB befreit sind. Das BayObLG will eine Vertretungsregelung nur dann als ordnungsgemäß angemeldet anerkennen und die Eintragungsfähigkeit bejahen, wenn dies ohne Zuziehung anderer Registerblätter oder eingereichter Urkunden verständlich ist. Anderenfalls sei insbesondere dann, wenn der Sitz der Komplementär-GmbH nicht mehr in dem Bezirk des für die GmbH & Co. KG zuständigen Registergerichts liegt, eine rasche Klärung der Vertretungsbefugnis nicht möglich. Die Begründung der Entscheidung ist abzulehnen. Würde man den dort angegebenen Gründen folgen, wäre letztlich jeder Vertreternachweis bei der GmbH & Co. KG, bei dem immer zwei Registerblätter beigezogen werden müssten, unzulässig. Insbesondere im Hinblick auf die durch das EHUG eröffnete Möglichkeit der Online-Einsicht auch in ortsfremde Register erscheinen die vom BayObLG vorgebrachten Argumente nicht mehr tragfähig.
[166] *Emmerich/Habersack*, Aktien- und GmbH-Konzernrecht, 4. Aufl., § 294 AktG RdNr. 7.
[167] BGH Beschl. v. 28. 10. 1988 – 2 ZB 7/88, BGHZ 105, 324, 327 f. = NJW 1989, 295; *Hüffer* § 294 AktG RdNr. 2.
[168] BGH Beschl. v. 24. 10. 1988, II ZB 7/88 BGHZ 105, 324 = NJW 1989, 295 – „Supermarkt"; vgl. hierzu *Flume* DB 1989, 665; *Gäbelein* GmbHR 1989, 502 ff.
[169] BGH Beschl. v. 30. 1. 1992 – II ZB 15/91 = NJW 1992, 1452 – Siemens.
[170] Vgl. § 293 Abs. 3 AktG; BGH Beschl. v. 24. 10. 1988 – II ZB 7/88, BGHZ 105, 324 = NJW 1989, 295.
[171] Vgl. die Nachweise bei *Priester* ZGR-Sonderheft 6 S. 160 Fn. 44; Hachenburg/*Ulmer* § 53 GmbHG RdNr. 145 und Anh. RdNr. 199; *Lutter/Hommelhoff* Anh. § 13 GmbHG RdNr. 63.
[172] BGH Beschl. v. 24. 10. 1988, II ZB 7/88 BGHZ 105, 324 = NJW 1989, 295 – Supermarkt; vgl. hierzu *Flume* DB 1989, 665; *Gäbelein* GmbHR 1989, 502 ff.
[173] §§ 293 Abs. 2 iVm. 130 Abs. 1 AktG.

der Gesellschafter und ihr Gewinnbezugsrecht eingreift und – satzungsgleich – die rechtliche Struktur der sich der Beherrschung unterstellenden GmbH ändert.[174] Wie bei § 294 AktG bezieht sich die Eintragungsfähigkeit des Unternehmensvertrages allerdings nur auf die Eintragung im Handelsregister der beherrschten Gesellschaft. Dort ist die Eintragung vorzunehmen, aus der sich Abschluss, Abschlussdatum und Art des Unternehmensvertrages sowie die Tatsache der Zustimmung der Gesellschafterversammlung der beherrschten Gesellschaft und das Datum dieses Zustimmungsbeschlusses ergeben. Wegen des weitergehenden Inhalts kann auf den Unternehmensvertrag sowie die zustimmenden Beschlüsse der Gesellschafterversammlungen der beherrschten und herrschenden Gesellschaft Bezug genommen werden, die sämtlich in Abschrift der Anmeldung zum Handelsregister beizufügen sind.[175] Weil die vertragstypischen Leistungen im Unternehmensvertrag, beim Beherrschungs- und Gewinnabführungsvertrag zB die Unterstellung unter die Beherrschung und Gewinnabführung auf Seiten der abhängigen Gesellschaft, in erster Linie von der abhängigen Gesellschaft erbracht werden, erfolgt die Registereintragung nur bei ihr, während der Unternehmensvertrag bei der anderen (herrschenden) Gesellschaft nicht eingetragen wird.[176] Um den Kreis der eintragungspflichtigen Tatsachen nicht zu weit geraten zu lassen, ist der Unternehmensvertrag in Form eines **Teilgewinnabführungsvertrages** einer GmbH nicht eintragungspflichtig.[177]

110   Anders als bei der Anmeldung des Abschlusses oder einer Änderung (vgl. § 295 AktG) eines Unternehmensvertrages im Sinne der §§ 291 ff. AktG besteht bei § 298 AktG eine **Anmeldepflicht** für die **Beendigung des Unternehmensvertrages,** die auch den Grund der Beendigung und den Zeitpunkt der Beendigung zu enthalten hat.[178] Denn anders als die Eintragung des Unternehmensvertrages oder seiner Änderung hat die Eintragung seiner Beendigung nicht rechtsbegründende, sondern deklaratorische Bedeutung (weshalb § 298 AktG für die Anmeldung die Angabe des Zeitpunktes seiner Beendigung verlangt). Durch die Anmeldepflicht soll verhindert werden, dass das Handelsregister, in das der Vertrag in der Regel eingetragen worden sein muss, nach dessen Beendigung unrichtig wird.[179]

111   d) **Beschränkung und Erweiterung der Prokura.** Die dem Prokuristen nach § 49 Abs. 2 erteilte Befugnis zur Veräußerung und Belastung von Grundstücken (**„Immobiliarklausel"**) ist ebenso wie die Beschränkung der Prokura nach § 50 Abs. 3 HGB eine den Umfang der Vertretungsmacht des Prokuristen betreffende Tatsache, die trotz fehlender gesetzlicher Anordnung in das Handelsregister eingetragen werden muss und deren Anmeldung auch nach § 14 erzwungen werden kann.[180]

112   Zur **Befreiung des Prokuristen von den Beschränkungen des § 181 BGB** s. RdNr. 92.

113   e) **Fortsetzung der aufgelösten oHG/KG.** Die Abwicklungsgesellschaft einer aufgelösten oHG/KG kann entsprechend §§ 134, 137, 139, 144 im Zeitraum zwischen der Liquidation und der Vollbeendigung durch einstimmigen Fortsetzungsbeschluss ihrer Gesellschafter wieder zur werbenden Gesellschaft werden.[181] Entsprechend § 144 Abs. 2 ist die **Fortsetzung der Gesellschaft** von allen Gesellschaftern anzumelden und in das Handelsregister **einzutragen.**[182] In das Register wird eingetragen, dass die Gesellschafter die Fortsetzung der Gesellschaft beschlossen haben und die Gesellschaft als Erwerbsgesellschaft weiter betrieben wird.[183]

114   f) **Nachträgliche Veränderung von im Handelsregister eingetragenen Personalien und vergleichbare Fälle. Namensänderungen** – etwa infolge Heirat – weiter amtierender Geschäfts-

---

[174] BGH Beschl. v. 28. 10. 1988 – II ZB 7/88, BGHZ 105, 324 ff. = NJW 1989, 295.
[175] BGH Beschl. 24. 10. 1988 – II ZB 7/88, BGHZ 105, 324 = NJW 1989, 295 – Supermarkt; vgl. hierzu *Flume* DB 1989, 665; *Gäbelein* GmbHR 1989, 502 ff.
[176] Offengelassen vom BGH, vgl. *Lütmann* Anm. z. Beschl. des BGH v. 28. 10. 1988, DNotZ 1993, 182, 184; im hier vertretenen Sinne AG Erfurt Beschl. v. 20. 10. 1996 – HRB 8340, GmbHR 1997, 75; AG Duisburg Beschl. v. 18. 11. 1993 – HRB 319, DB 1993, 2522; OLG Frankfurt a. M. Beschl. v. 12. 6. 1996 – 20 W 440/94, GmbHR 1996, 859; *Emmerich/Habersack*, Aktien- und GmbH-Konzernrecht, 4. Aufl., § 294 RdNr. 4, 22; hingegen halten LG Düsseldorf Beschl. v. 8. 8. 2000 – 36 T 6/2000, RNotZ 2001, 171 und LG Bonn Beschl. v. 11. 1 2000 – 11 T 10/99, MittRhNotK 2000, 78 die Eintragung im Register der herrschenden Gesellschaft für möglich – zustimmend *Dorsemagen* RNotZ 2001, 171; für eintragungspflichtig im Register des herrschenden Unternehmens hielt das LG Bonn Beschl. v. 27. 4. 1993 – 11 T 2/93 MittBayNot 1993, 130 den Unternehmensvertrag – ablehnend hierzu zu Recht *Vetter* AG 1994, 110.
[177] BayObLG Beschl. v. 5. 2. 2003 – 3 Z BR 232/02, NZG 2003, 497 = GmbHR 2003, 534 m. Anm. *Weigl.*
[178] *Emmerich/Habersack* (Fn. 166) RdNr. 6.
[179] BGH Urt. v. 11. 11. 1991 – II ZR 287/90 BGHZ 116, 37 = NJW 1992, 505 – Stromlieferung.
[180] BayObLG Beschl. v. 15. 2. 1971 – 2 Z BR 83/70, BayObLGZ 1971, 55, 56 = NJW 1971, 810 = DNotZ 1971, 243; Staub/*Hüffer* RdNr. 32; *Keidel/Schmatz/Stöber* Registerrecht RdNr. 17 b, 73.
[181] HM; RG Urt. v. 9. 1. 1923 – VII 85/22, 167, RGZ 106, 163; BGH Urt. v. 4. 4. 1951 – 2 ZR 10/50, BGHZ 1, 324, 327; *Keidel/Schmatz/Stöber* Registerrecht RdNr. 257.
[182] Vgl. § 40 Nr. 5 Abs. 2 lit. f. bzw. § 61 Nr. 5 lit. b HRV.
[183] MünchKommHGB/*Krafka* RdNr. 51.

führer/Vorstände einschließlich der einen Namensbestandteil bildender Titel (zB Doktortitel) sind anmeldepflichtig, weil sonst die angestrebte Klarheit der Vertretungsverhältnisse nicht erreicht werden könnte.[184]

Dagegen sind **Änderungen von Wohnort** oder **nicht zum Namen gehörende Titel**, deren Eintragung zB § 43 Nr. 4 HRV über den Namen hinaus vorschreibt, nur anmelde- und eintragungsfähig, nicht eintragungspflichtig.[185] 115

Ebenso anmeldepflichtig ist – weil der nachträglichen Veränderung von im Handelsregister vermerkten Personalien vergleichbar – die Tatsache, dass eine Vor-GmbH als **persönlich haftende Gesellschafterin einer KG**[186] als GmbH in das Handelsregister eingetragen wird. Hier ist „berichtigend" anzumelden, dass der zunächst bei der Komplementär-GmbH vermerkte Zusatz „in Gründung" entfallen ist.[187] 116

g) Ausländische juristische Person als Komplementär. Nach hM[188] kann eine ausländische juristische Person (alleiniger) persönlich haftender Gesellschafter einer Kommanditgesellschaft sein. Der erschwerten Feststellbarkeit der Vertretungsberechtigung der ausländischen juristischen Person[189] wird dadurch Rechnung getragen, dass in diesem Fall nicht nur die ausländische juristische Person als Komplementärin selbst, sondern – **analog § 33** – auch ihre **vertretungsberechtigten Organe in das Handelsregister einzutragen** sind.[190] Hierbei handelt es sich um eine eintragungspflichtige Tatsache.[191] 117

h) Testamentsvollstreckervermerk. Ob die Testamentsvollstreckung im Handelsregister zu verlautbaren ist, ist **bestritten**.[192] Der Grund für die vorwiegend in der Literatur festzustellende Tendenz,[193] die Testamentsvollstreckung für eine im Handelsregister einzutragende Tatsache zu halten, liegt vor allem in der seit 1986 geänderten Rechtsprechung zur Zulässigkeit der Testamentsvollstreckung im Handels- und Gesellschaftsrecht.[194] 118

Aus der gegenwärtigen Rechtsprechung zur Testamentsvollstreckung ergeben sich dinglich wirkende Beschränkungen der Rechtsmacht etwa des Kommanditisten, die unter Umständen Einfluss auf die Wirksamkeit von Gesellschafterbeschlüssen, also handels- und gesellschaftsrechtlich Auswirkung haben. Man wird, auch wegen § 2214 BGB, der Ansicht zuneigen müssen,[195] die die **Eintragung des Testamentsvollstreckervermerkes** im Handelsregister für **zulässig** und geboten hält. 119

Steht man dagegen auf dem Standpunkt,[196] das Handelsregister habe nur die Aufgabe, die Vertretungsverhältnisse der Gesellschaft zu verlautbaren, ist es konsequent, die Eintragungsfähigkeit der Testamentsvollstreckung im Handelsregister zu verneinen.[197] 120

---

[184] Rowedder/Schmidt-Leithoff/*Koppensteiner* § 39 GmbHG RdNr. 4; Baumbach/Hueck/*Zöllner/Noack* § 39 GmbHG RdNr. 4; *Hüffer* § 81 AktG RdNr. 3; KGJ 29 A 213, OLG Hamburg RJA 9, 180, aA Scholz/*Schneider* § 39 GmbHG RdNr. 4.

[185] Baumbach/Hueck/*Zöllner/Noack* § 39 GmbHG RdNr. 4; Rowedder/Schmidt-Leithoff/*Koppensteiner* § 39 GmbHG RdNr. 4.

[186] Zur Zulässigkeit der Beteiligung einer Vor-GmbH als Komplementär in einer KG BGH Urt. v. 9. 3. 1981 – II ZR 54/80, BGHZ 80, 129 = NJW 1981, 1373.

[187] BGH Beschl. v. 12. 11. 1984 – II ZB 2/84, NJW 1985, 736; anders für Grundbucheintragung BGH Urt. v. 2. 5. 1966 – II Z R 219/63, BGH 45, 338, 348; MünchKommHGB/*Krafka* RdNr. 52; aA *Ulmer* ZGR 1981, 593, 617, der für eine Berichtigung von Amts wegen eintritt.

[188] BayObLG Beschl. v. 21. 3. 1986 – 3 Z BR 148/85, BayObLGZ 1986, 61, 72 = DB 1986, 1325; OLG Saarbrücken Beschl. v. 21. 4. 1989 – 5 W 60/88, NJW 1990, 647; *Bokelmann* BB 1972, 1426 ff.; *Schmidt-Hermesdorf* RIW 1990, 707 ff.; zu den Bedenken *Ebenroth/Eyles* DB Beilage Nr. 2/88 S. 15 ff.; *Kaligin* DB 1985, 1449; *Ebke* ZGR 1987, 245, 265 ff.; vgl. die Übersicht bei *Binz*, Die GmbH & Co. KG, § 4 RdNr. 34 ff. (S. 45 ff.).

[189] Zur Vertretungsbefugnis ausländischer juristischer Personen eingehend Anh. zu § 12 HGB.

[190] So die Grundsatzentscheidung BayObLG Beschl. v. 21. 3. 1986 – 3 Z BR 148/85, BayObLGZ 1986, 61, 72 = DB 1986, 1325; zustimmend *Schmidt-Hermesdorf* RIW 1990, 707, 713; z. T. mit anderer Begründung *Grothe*, Die ausländische Kapitalgesellschaft & Co., 1989, S. 260 ff.; vgl. auch *Bokelmann* DStR 1991, 945, 951.

[191] Vgl. auch *Binz*, Die GmbH & Co., § 4 RdNr. 38 (S. 46).

[192] Ausführlich dazu *Schaub* ZEV 1994, 71.

[193] *Ulmer* NJW 1990, 73, 82; *D. Mayer* ZIP 1990, 976, 978; *Rowedder* EWiR 1989, 991; *Weidlich* Testamentsvollstreckung und Recht der Personengesellschaften, S. 90 f.; *Baur*, FS Dölle, Bd. 1, S. 249; *Palandt/Edenhofer* Einf. v. § 2197 RdNr. 15; *Lorz*, Testamentsvollstreckung im Unternehmensrecht, S. 183; *Plank* ZEV 1998, 325.

[194] Vgl. BGH Urt. v. 14. 5. 1986 – IV a ZR 155/84, BGHZ 98, 48; BGH Beschl. v. 3. 7. 1989 – II ZB 1/89, BGHZ 108, 187; BGH Beschl. v. 10. 1. 1996 – IV ZB 21/94, ZEV 1996, 110.

[195] Schlegelberger/*K. Schmidt* § 177 RdNr. 34; Heymann/*Horn* § 177 RdNr. 14; *Reimann* in Bengel/*Reimann*, Handbuch der Testamentsvollstreckung, 3. Aufl. 2001, Kap. II, RdNr. 269 ff.

[196] So *Damrau* BWNotZ 1990, 69; *Marotzke* EWiR 1992, 981.

[197] Ebenso KG Beschl. v. 4. 7. 1995 – 1 W 5374/92, NJW-RR 1996, 227; RG Beschl. v. 26. 3. 1931 – II B 5/31, RGZ 132, 138, 141; Keidel/Schmatz/*Stöber* Registerrecht RdNr. 288 f.; *Reinke* Rpfleger 1994, 1, 5; *Nieder*, Handbuch der Testamentsgestaltung, RdNr. 704; Röhricht/Graf von Westphalen/*Ammon* RdNr. 24.

121 **Führt der Testamentsvollstrecker** ein **Einzelunternehmen fort** und kommt es wegen der Unvereinbarkeit der Haftungsgrundsätze von Handels- und Erbrecht[198] zu Alternativlösungen (Stichwort: Treuhand-/Vollmachtlösung), ist im Falle der Treuhandlösung der Testamentsvollstrecker im Handelsregister einzutragen. Er führt in diesem Falle das Handelsgeschäft im eigenen Namen unter eigener persönlicher Haftung ein. Er selbst ist als Kaufmann in das Handelsregister einzutragen, und zwar als Inhaber des Handelsgeschäfts, nicht als Testamentsvollstrecker und erläuterndem Vermerk hinsichtlich seiner Treuhänderstellung[199]

122 **i) Weitere Beispiele.** Anmelde- und eintragungspflichtig sind die Bestellung eines **Geschäftsleiters der deutschen Zweigniederlassung einer ausländischen Bank** nach § 53 Abs. 2 Nr. 1 KWG[200] und der **Hauptbevollmächtigte eines ausländischen Versicherungsunternehmens** (§ 106 Abs. 3 VAG).[201]

123 **Bedingte oder befristete Vertretungsregelungen** können unter der Voraussetzung eingetragen werden, dass der Eintritt der Bedingung oder Befristung aus dem Handelsregister folgt oder offenkundig ist. Eine aufschiebend bedingte **allgemeine Vertretungsregelung** ist grundsätzlich erst nach Eintritt der Bedingung in das Handelsregister einzutragen.[202] Eingetragen werden kann eine solche Regelung dagegen schon vor Eintritt der Bedingung dann, wenn sich der Bedingungseintritt selbst wieder aus dem Handelsregister ergibt oder wenn der Eintritt der Bedingung offenkundig sein wird. Entsprechendes gilt bei Befristungen, deren Eintritt sich aus dem Kalender ergibt und damit stets offenkundig ist. Demnach ist zB eintragungsfähig eine **generelle** Vertretungsregelung im Gesellschaftsvertrag dahingehend, dass nach dem 1. 1. 2007 jeder Geschäftsführer alleinvertretungsberechtigt ist.[203]

124 Dass eine **konkrete aufschiebend bedingte oder befristete Vertretungsregelung** vor Eintritt der Bedingung oder Befristung noch nicht in das Handelsregister eingetragen werden kann, ergibt sich schon aus dem allgemeinen Grundsatz, dass nur bereits eingetretene Umstände, nicht aber in der Zukunft liegende Veränderungen eingetragen werden können. Beispielsweise wäre nicht eintragungsfähig eine durch Gesellschafterbeschluss getroffene konkrete Vertretungsregelung, dass der neu bestellte Geschäftsführer X die Ersten drei Jahre gemeinsam mit einem weiteren Geschäftsführer die Gesellschaft vertritt, nach Ablauf dieser Zeit alleinvertretungsberechtigt ist. Dies ergibt sich schon aus dem deklaratorischen Charakter der Registereintragung.[204]

V. Das Eintragungsverfahren

125 Das Registergericht wird regelmäßig nur auf Antrag tätig. Nach § 12 ist ein solcher **Antrag (Anmeldung) elektronisch in öffentlich beglaubigter Form** einzureichen. Eintragungen und Löschungen von Amts wegen sind die Ausnahme (vgl. § 12 RdNr. 5 ff.).

126 **1. Die Anmeldung.** Die Anmeldung ist ein **Antrag** an das Registergericht, eine Eintragung vorzunehmen.[205]

127 **2. Prüfung der Anmeldung.** Anerkannt ist, dass das Registergericht die Anmeldung in formeller und materieller Hinsicht zu prüfen hat.

128 **a) Formelle Prüfung.** Die **Pflicht zur formellen Prüfung** erfolgt aus der Notwendigkeit, ein ordnungsgemäßes Verfahren einzuhalten.[206]

129 **Gegenstand der formellen Prüfungspflicht** sind namentlich
– sachliche und örtliche Zuständigkeit des Gerichts (RdNr. 9 ff., 12 ff.)[207]
– Vorliegen einer Anmeldung (soweit nicht ausnahmsweise entbehrlich)
– Ordnungsmäßigkeit der Anmeldung, dh. ob die zur Anmeldung verpflichteten oder berechtigten Personen angemeldet haben, ob die Anmeldung alle erforderlichen Angaben und Erklärungen

---

[198] Vgl. Staudinger/*Reimann* § 2205 RdNr. 90.
[199] *Lorz* (Fn. 193) S. 73; *Hägele/Winkler*, Der Testamentsvollstrecker nach bürgerlichem Handel- und Steuerrecht, RdNr. 301.
[200] BayObLG Beschl. v. 12. 7. 1973 – 2 Z BR 31/73, NJW 1973, 2162; LG Frankfurt/M. Beschl. v. 17. 7. 1978 – 3/11 T 21/78, WM 1979, 957.
[201] IdS Staub/*Hüffer* RdNr. 35; anders noch für § 106 Abs. 3 VAG aF OLG Frankfurt/M. Beschl. v. 18. 3. 1976 – 20 W 141/76, BB 1976, 569.
[202] BGH Beschl. v. 28. 2. 1983 – II ZB 8/81 (Vorlagebeschl. des OLG Hamburg), Rpfleger 1983, 254; *Bühler* DNotZ 1983, 588.
[203] Beispiel bei *Kanzleiter* Rpfleger 1984, 1, 3.
[204] *Kanzleiter* Rpfleger 1984, 1, 3; vgl. auch § 12 RdNr. 34.
[205] Zur Rechtsnatur der Anmeldung und zu ihrem Inhalt im Einzelnen §§ 12 RdNr. 26 ff., 36 ff.
[206] Röhricht/Graf von Westphalen/*Ammon* RdNr. 32; MünchKommHGB/*Krafka* RdNr. 56; Staub/*Hüffer* RdNr. 52.
[207] Staub/*Hüffer* RdNr. 52; Heymann/*Sonnenschein/Weitemeyer* RdNr. 13.

(zB nach § 8 Abs. 2 bis 4 GmbHG) enthält, ob die Vertretungsmacht eines Vertreters bei der Anmeldung nachgewiesen ist, ob die Form der Anmeldung nach § 12 und seiner Vollmacht zur Anmeldung nach § 12 Abs. 1 S. 2 gewahrt ist und schließlich, ob für den Rechtsnachfolger eines Beteiligten die Rechtsnachfolge nach § 12 Abs. 1 S. 3 dargetan ist[208]
- Eintragungsfähigkeit der angemeldeten Tatsache (hierzu näher RdNr. 58 ff.)[209]
- Vorliegen aller der Anmeldung beizufügenden Anlagen, wie zB Gesellschaftsvertrag, Liste der Gesellschafter, Liste der Mitglieder des Aufsichtsrats (§ 37 Abs. 4 Nr. 3 a AktG) behördliche Genehmigungen, Schlussbilanz des übertragenden Rechtsträgers bei der Verschmelzung/Spaltung nach § 17 (§ 125) UmwG,[210] Unternehmensverträge mit Zustimmungsbeschlüssen,[211] Nachgründungsvertrag mit Zustimmungsbeschluss, Nachgründungsbericht und Bericht der Gründungsprüfer nach § 52 Abs. 6 S. 2 AktG etc.
- Erteilung und Wirksamwerden einer etwa nötigen vormundschaftsgerichtlichen Genehmigung.[212]

130 Die **Zeichnung der Namensunterschrift** ist seit In-Kraft-Treten des EHUG (RdNr. 7) nicht mehr erforderlich. Die entsprechenden Verpflichtungen sind aufgehoben; die §§ 12, 13 d, 14, 29, 53, 108, 148; §§ 37, 81, 266 AktG, §§ 8, 39, 67 GmbHG wurden insoweit geändert. Die elektronische Registerführung könnte zwar auch eingescannte Unterschriften digital aufnehmen, doch würden in diesem Fall eine Echtheitsprüfung nicht mehr mit hinreichender Sicherheit stattfinden können. Die Online-Präsentation eingescannter Unterschriften würde auf der anderen Seite zu einem Missbrauchsrisiko führen, da die digitale Grafik für jedermann verfügbar wäre. Um nicht nur wegen der Unterschrift ein zweites Handelsregister in Papierform führen zu müssen, hat sich der Gesetzgeber entschieden, das Erfordernis der Unterschriftsprobe aufzugeben.[213] Zur Zeichnung von Unterschriften und ihre Form vor In-Kraft-Treten des EHUG s. Voraufl. § 12 RdNr. 59 ff.

131 **b) Materielle Prüfung. aa) Grundlagen.** Die **Prüfungspflicht** hat ihre Grundlage nicht in § 12 FGG,[214] sondern folgt aus der Pflicht, die **Aufnahme gesetzwidriger und unwirksamer Anmeldungen in das Handelsregister zu verhindern,** damit sie nicht mit amtlicher Hilfe öffentlich verbreitet werden.[215] Die Amtsermittlungspflicht nach § 12 FGG dient als Instrument der Prüfung und darf nicht mit deren Rechtsgrundlage gleichgesetzt werden.[216]

132 **Nur dort, wo eine Prüfungspflicht** des Registers besteht, kommt ihm **auch ein Prüfungsrecht** zu. Prüfungsrecht und Prüfungspflicht entsprechen einander. Zwischen beiden darf nicht differenziert werden, das Prüfungsrecht geht nicht weiter als die Prüfungspflicht.[217] Die rechtlich relevante Prüfungskompetenz, auf die es allein ankommt, endet dort, wo das Registergericht mehr als die erforderlichen Eintragungen prüft und hiervon die Eintragung abhängig macht. Der Umstand, dass der Notar etwa die zu beurkundenden Erklärungen der Gründungsgesellschafter der GmbH (§ 2 Abs. 1 GmbHG) bzw. der AG (§ 23 Abs. 1 AktG) auf ihre Rechtswirksamkeit zu prüfen und bestehende Zweifel zu vermerken hat (§ 17 BeurkG), ändert an der Prüfungspflicht des Registergerichts nichts.[218]

133 **bb) Gegenstand der Prüfung.** Die registerrechtliche Kontrolle umfasst **Rechtmäßigkeit und inhaltliche Richtigkeit des Eintragungsgegenstandes.** Das Gericht muss etwa prüfen, ob ein einzutragender Beschluss sachlich-rechtlich Bestand hat.[219] Da unrichtige Eintragungen zu vermeiden sind, kann in diesen Fällen der Prüfungsgegenstand nicht auf den Inhalt der Anmeldung beschränkt werden.

134 Zur Prüfung bei der Gründung der GmbH/AG siehe RdNr. 55.

135 Die **Prüfung erstreckt sich auf reine Tatsachen und auf die Wirksamkeit von Rechtshandlungen oder Rechtsverhältnissen.**[220] Dem Register braucht aber nicht die volle Überzeu-

---
[208] BGH Urt. v. 18. 2. 1991 – II ZR 104/90, BGHZ 113, 335, 351; *Keidel/Schmatz/Stöber* Registerrecht RdNr. 27 a; Heymann/*Sonnenschein/Weitemeyer* RdNr. 13.
[209] MünchKommHGB/*Krafka* RdNr. 59.
[210] Zu den Anlagen bei Verschmelzung und Spaltung s. den Überblick bei Neye/Limmer/Frenz/*Harnacke,* Handbuch der Unternehmensumwandlung, 2. Aufl. 2001, RdNr. 800, 857, 861, 1801.
[211] Vgl. § 294 Abs. 1 S. 2 AktG.
[212] Staub/*Hüffer* RdNr. 52; zur Beteiligung Minderjähriger an Gesellschaften im Lichte des Minderjährigen – Haftungsbeschränkungsgesetzes s. *Reimann* DNotZ 1999, 179.
[213] Begründung zum EHUG BT-Drucks. 16/960 S. 47.
[214] So offenbar Baumbach/*Hopt* RdNr. 7.
[215] RG Urt. v. 24. 1. 1930 – III 75/29, RGZ 127, 153, 156; *Ammon* DStR 1993, 1025, 1029.
[216] Staub/*Hüffer* RdNr. 54; Heymann/*Sonnenschein/Weitemeyer* RdNr. 15; Röhricht/Graf von Westphalen/*Ammon* RdNr. 34.
[217] MünchKommHGB/*Krafka* RdNr. 59.
[218] Scholz/*Winter* § 9 c GmbHG RdNr. 9.
[219] OLG Hamburg Beschl. v. 4. 4. 1984 – 2 W 25/80, BB 1984, 1763, 1764; BayObLG Beschl. v. 19. 9. 1991 – 3 Z BR 97/91, BayObLGZ 1991, 337 = BB 1991, 2103.
[220] Heymann/*Sonnenschein/Weitemeyer* RdNr. 16.

gung oder Gewissheit für das Vorliegen der Eintragungsvoraussetzungen verschafft werden; es genügt zunächst, dass das Gericht jede Anmeldung auf ihre **Plausibilität** untersucht,[221] dh. prüft, ob die begehrte Eintragung schlüssig dargelegt und auf Grund der Lebens- und Geschäftserfahrung des Gerichts in sich glaubwürdig ist.[222]

136 **Ausgenommen von der Plausibilitätskontrolle** sind **Genehmigungen** im Sinne von § 37 Abs. 4 Nr. 5 AktG bzw. iSd. § 8 Abs. 1 Nr. 6 GmbHG. Zwar muss – anhand des Unternehmensgegenstandes – der Registerrichter die Genehmigungsbedürftigkeit prüfen. Eine selbständige Entscheidungsbefugnis darüber oder gar über die zu erteilende Genehmigung steht im aber nicht zu. Beim Vorliegen begründeter Zweifel – aber nur dann – muss er vielmehr die Beibringung eines Negativattests der Verwaltungsbehörde verlangen.[223] Die **Entscheidung der Genehmigungsbehörde** über die Erteilung, Versagen oder Nichterforderlichkeit der Genehmigung ist dann aber für **Registerrichter bindend.**[224] Damit prüft das Gericht nur, ob die erforderlichen Genehmigungen vorliegen, nicht, ob sie auch richtig sind.[225] Besteht nach dem Ergebnis der Prüfung kein sachlich berechtigter Anlass an der Ordnungsgemäßheit der Anmeldung und dem Vorliegen der Eintragungsvoraussetzungen zu zweifeln, ist die Eintragung vorzunehmen.

137 **Umstände,** die **die sachliche Richtigkeit der angemeldeten Tatsache nicht berühren, haben bei der Prüfung außer Betracht zu bleiben.** Wird beispielsweise durch den Geschäftsführer der GmbH bzw. den Vorstand der AG Prokura erteilt und diese ordnungsgemäß angemeldet, kann das Registergericht die Vorlage eines das Innenverhältnis betreffenden Gesellschafterbeschlusses nach § 46 Ziffer 7 GmbHG bzw. – sofern die Satzung dies bei der AG vorsieht – die Zustimmung des Aufsichtsrates (vgl. § 111 Abs. 4 S. 2 AktG) nicht verlangen, da auch ohne die entsprechenden Beschlüsse die Prokura nach außen wirksam erteilt ist.[226] Die Grenze ist dort zu ziehen, wo Anhaltspunkte dafür vorliegen, dass die organschaftliche Vertretungsmacht missbraucht worden ist. Der Registerrichter muss dem nachgehen, weil die erteilte Prokura wegen Missbrauchs der Vertretungsmacht unwirksam sein kann.[227]

138 Das Registergericht ist befugt, einen **Gesellschaftsvertrag nur auf zwingende gesetzliche Anforderungen hinsichtlich seiner Wirksamkeit zu überprüfen,** nicht dagegen auf inhaltliche Klarheit. Darstellungen widersprüchlicher oder missverständlicher Bestimmungen im Gesellschaftsvertrag können vom Registerrichter daher grundsätzlich nicht verlangt werden.[228] Betreffen die Unklarheiten allerdings nicht nur das Innenverhältnis der Gesellschafter, sondern auch den Rechtsverkehr betreffende Verhältnisse, insbesondere die Vertretungsmacht der Organe oder die Kapitalbasis, zB Ausweisung des Stammkapitals in EURO, der einzelnen Stammeinlagen dagegen in DM, hat das Registergericht auf Klarstellung zu drängen. Rechtfertigung für eine solche Prüfung ist die Pflicht der vorbeugenden Rechtspflege, die Irreführung Dritter möglichst zu vermeiden.[229] Vgl. aber RdNr. 155.

139 **Ebensowenig** bezieht sich die **Prüfungskompetenz** des Registers darauf, **ob** eine **Satzungsbestimmung nur unangemessen,** nicht aber unwirksam ist, zB statutarische Abfindungsregelungen zu nicht angemessenen Ergebnissen führen.[230]

140 **Wirtschaftliche Erwägungen** darf das Register ebenso wenig anstellen; es ist ihm nicht gestattet, sich mit den wirtschaftlichen und finanziellen Unternehmensgrundlagen zu beschäftigen. Insbesondere wird nicht geprüft, ob das vereinbarte Kapital der Gesellschaft eine ausreichende wirtschaftliche Grundlage für ihre Lebensfähigkeit darstellt.[231]

---

[221] Hachenburg/*Ulmer* § 9 c GmbHG RdNr. 11; Rowedder/*Schmidt-Leithoff* § 9 c GmbHG RdNr. 12.
[222] Staub/*Hüffer* RdNr. 56.
[223] BayObLG Beschl. v. 23. 1. 1976 – 2 Z BR 58/75, BayObLGZ 1976, 12; GmbHR 1979, 224; OLG Köln Beschl. v. 12. 5. 1981 – 2 Wx 9/81, ZIP 1981, 736. Der Entwurf eines Gesetzes zur Modernisierung des GmbH-Rechts und zur Bekämpfung von Missbräuchen (MoMiG) vom 25. 5. 2007, vgl. Fn. 17, spricht sich für einen Wegfall von Genehmigungserfordernissen aus; § 8 Abs. 1 Nr. 6 GmbH soll dementsprechend aufgehoben werden.
[224] BGH Beschl. v. 9. 11. 1987 – II ZB 49/87, BGHZ 102, 209, 216 f.; Scholz/*Winter* § 8 GmbHG RdNr. 30.
[225] *Hüffer* § 38 AktG RdNr. 2.
[226] RG Urt. v. 24. 2. 1915 – Rep. V 472/14, RGZ 86, 262, 265; RG Beschl. v. 22. 12. 1931 – II B 30/31, RGZ 134, 303, 307; BGH Beschl. v. 14. 2. 1974 – 2 ZB 6/73, BGHZ 62, 166, 169.
[227] Scholz/*K. Schmidt* § 46 GmbHG RdNr. 127, 132; KölnerKommAktG/*Mertens* § 178 AktG RdNr. 75; § 82 AktG RdNr. 45; aA Baumbach/Hueck/*Zöllner* § 46 GmbHG RdNr. 36; Hachenburg/*Hüffer* § 36 GmbHG RdNr. 81; die auch bei evidentem Missbrauch wirksame Prokuraerteilung und damit zwingende Eintragung durch das Register ohne Recht auf Prüfung und Eintragungsverweigerung annehmen.
[228] OLG Köln Beschl. v. 1. 7. 1981 – 2 Wx 31/81, GmbHR 1982, 187, 188; BayObLG Beschl. v. 8. 2. 1985 – 3 Z BR 12/85, BB 1985, 545, 546; Lutter/*Bayer* in Lutter/Hommelhoff § 9 c GmbHG RdNr. 13; aA *Groß* Rpfleger 1983, 213, 216, jedenfalls überholt für Gründungsvorgänge durch Neuformulierung von § 9 c GmbHG, § 38 Abs. 3 AktG.
[229] Staub/*Hüffer* RdNr. 57; MünchKommHGB/*Krafka* RdNr. 64.
[230] MünchKommHGB/*Krafka* RdNr. 68.
[231] OLG Braunschweig OLGR 43, 294, 295; Kölner Komm AktG/*Kraft* § 38 AktG RdNr. 8; *Hüffer* § 38 AktG RdNr. 8.

Zur Kapitalaufbringung im Einzelnen siehe RdNr. 145 ff. **141**

cc) Zeitpunkt der Prüfung. Die Prüfung erfolgt anhand mit der Anmeldung vorgelegten **142**
Unterlagen, so dass das Gericht grundsätzlich nur den Sachstand zum **Zeitpunkt der Anmeldung**
berücksichtigen kann.[232] Gleichwohl müssen die Eintragungsvoraussetzungen zum Zeitpunkt der
Eintragung vorliegen.

Nach hM soll das Registergericht jedoch **bei sachlich begründeten Zweifeln** darüber, **ob** **143**
bestimmte Eintragungsvoraussetzungen in der Zeit zwischen Anmeldung und Eintragung
weggefallen sind, berechtigt sein, hierüber zusätzliche Nachweise zu fordern.[233] Da die Prüfung
dazu dient, festzustellen, ob die Voraussetzungen für die Eintragung der Gesellschaft in das Handelsregister
erfüllt sind, liegt es nahe, auch für das Vorliegen dieser Voraussetzungen den Sachstand zu
diesem Zeitpunkt als maßgebend zu erachten. Diese Feststellung darf allerdings nicht Anlass dafür
sein, von den Beteiligten ohne triftigen Grund eine ständige Aktualisierung ihrer Anmeldung zu
verlangen.[234]

Das **Verlangen nach Aktualisierung** ist in den Fällen bereits von vorneherein unberechtigt, in **144**
denen das Gesetz selbst sich mit der Erfüllung bestimmter Anforderungen im Zeitpunkt der Anmeldung
begnügt. So ist jedenfalls die freie Verfügungsmacht des Vorstandes über bereits eingeforderte
Bareinlagen im Sinne von § 36 Abs. 2 AktG nur für den Zeitpunkt der Anmeldung nachzuweisen.
Demnach ist das Handelsregister nicht berechtigt, von den Anmeldern den Nachweis zu verlangen,
dass diese Mittel auch in der Zeit danach noch unversehrt, wenigstens in Form einer wertgleichen
Deckung, vorhanden sind. Vorbelastungen des Grundkapitals durch Verwendung dieser Mittel nach
dem Zeitpunkt der Anmeldung können lediglich zu einer Unterbilanzhaftung der Gründer, nicht
aber zu einem Eintragungshindernis führen.[235] Die Ablehnung der Eintragung kommt in diesen
Fällen allenfalls dann in Betracht, wenn bereits in dem Zeitpunkt der Prüfung durch den Registerrichter
feststeht, dass diese Unterbilanzhaftung in Folge fehlender Leistungsfähigkeit der Gründer
nicht realisierbar ist.[236]

3. Ausgewählte Probleme der materiellen Prüfung. a) Errichtung der Gesellschaft. Das **145**
Gericht prüft grundsätzlich die **Gesetzmäßigkeit der Errichtung der Gesellschaft** und nur diese.
Zu prüfen sind insbesondere die formal wirksame Errichtung der Gesellschaft (§ 2 GmbHG, § 23
Abs. 1 AktG), Unterzeichnung durch sämtliche Gründer, notwendiger Mindestinhalt iSd. § 3 Abs. 1
GmbHG bzw. § 23 Abs. 3 AktG, die ordnungsgemäße Vertretung bei der Gründung (§ 2 Abs. 2
GmbHG, § 23 Abs. 1 S. 2 AktG) einschließlich der etwa erforderlichen Genehmigung des Vormundschaftsgerichts,
bei Gründung durch ausländische juristische Person deren Rechtsfähigkeit (hierzu
Anh. § 12 RdNr. 1 ff.), die Zulässigkeit des Gesellschaftszwecks und des Unternehmensgegenstandes,[237]
die ausreichende Individualisierung des Unternehmensgegenstandes, die Firma (§ 18 iVm. 4),
das Grundkapital (§ 5 GmbHG, § 6 AktG), die Übernahme des Kapitals (§ 5 Abs. 2, 3 GmbHG, § 29
AktG), die ordnungsgemäße Festsetzung von Sondervorteilen, Gründungsaufwand, Sacheinlagen und
Sachübernahmen in der Satzung.[238] Bestehen Anhaltspunkte für eine verdeckte Sachgründung, so ist
auch diesen nachzugehen und die Anmeldung gegebenenfalls zurückzuweisen.[239]

Weitergehende Prüfungspflichten ergeben sich bei Sachgründungen von GmbH's mit der **146**
Pflicht zur Vorlage eines Sachgründungsberichts[240] und weiterer Unterlagen[241] sowie bei Sachgründung
von Aktiengesellschaften bezüglich der Gründungs- und Prüfungsberichte und den Erklärungen
zu Sacheinlagen und Sachübernahmen durch die Gründungsprüfer nach § 38 Abs. 2 AktG.

---

[232] Hachenburg/*Ulmer* § 9 c GmbHG RdNr. 15; *Ihrig* GmbHR 1995, 622, 627.
[233] *Hüffer* § 38 AktG RdNr. 4; Hachenburg/*Ulmer* § 9 c GmbHG RdNr. 15.
[234] Kölner Komm AktG/*Kraft* § 38 AktG RdNr. 13. Im Übrigen ist anerkannt, dass eine Verpflichtung der Anmelder,
nachträglich eintretende Änderungen des Sachverhalts von sich aus dem Registergericht anzuzeigen – Nachmeldepflicht
– grundsätzlich nicht besteht. Etwas anderes gilt nur für Änderungen, die von der eingetragenen Gesellschaft dem
Handelsregister mitzuteilen wären, zB Änderungen in der Zusammensetzung des Vorstandes. Tatsachen, die eine
Satzungsänderung darstellen, werden die Beteiligten schon im eigenen Interesse dem Register anmelden, da die Eintragung
konstitutive Wirkung hat, hierzu *Röhricht* RdNr. 14.
[235] *Hüffer* § 38 AktG RdNr. 10; Scholz/*Winter* § 9 c GmbHG RdNr. 24; Baumbach/*Hueck*/Fastrich § 9 c GmbHG
RdNr. 8; für die GmbH ähnlich *Roth* DNotZ 1989, 3 ff.; tendenziell auch BayObLG Beschl. v. 1. 10. 1991 – 3 Z BR
110/91, DB 1991, 2536; OLG Frankfurt/M. Beschl. v. 27. 5. 1992 – 20 W 134/92, BB 1992, 1160, 1161; aA *Fleck*
GmbHR 1983, 11; OLG Hamm Beschl. v. 1. 12. 1992 – 15 W 275/92, DB 1993, 86; zur GmbH BayObLG 1998,
1225.
[236] GroßKommAktG/*Röhricht* § 38 AktG RdNr. 13 mwH.
[237] Nicht aber dessen Erreichbarkeit, LG Regensburg Urt. v. 5. 12. 1972 – KfH T 1/72, BB 1972, 853.
[238] Vgl. §§ 26, 27 AktG.
[239] GroßKommAktG/*Röhricht* § 38 AktG RdNr. 18; *Hüffer* § 38 AktG RdNr. 7.
[240] § 5 Abs. 4 S. 2 GmbHG.
[241] § 8 Abs. 1 Nr. 5 GmbHG.

147 Soweit es den Gesellschaftsvertrag und die Wirksamkeit der einzelnen Regelungen betrifft, ist die **Prüfungspflicht des Registers durch § 9 c Abs. 2 GmbHG, § 38 Abs. 3 AktG eingeschränkt.** Der Katalog der Vorschriften ist abschließend. Der Registerrichter hat die Prüfung von Satzungsbestimmungen allein auf die dort genannten Versagungsgründe zu beschränken. Andere Mängel sowie Unklarheiten oder Widersprüche des Gesellschaftsvertrages sind im Eintragungsverfahren nicht (mehr) zu berücksichtigen. Auch Satzungsbestimmungen, die zwingenden Vorschriften des Minderheiten- und Individualschutzes von Gesellschaftern entgegenstehen, wie zB §§ 48, 50 Abs. 1 und 2, 51 a, b, 61 Abs. 2, 66 Abs. 2 und 3 GmbHG, können als solche keine Eintragungssperre auslösen.[242] Auch Darstellungen widersprüchlicher oder missverständlicher Bestimmungen im Gesellschaftsvertrag können nicht durch den Registerrichter nicht verlangt werden (vgl. aber RdNr. 138).

148 Mit der eingeschränkten Prüfungskompetenz des Registers soll die zeitliche Verzögerung von Neueintragungen durch das Prüfungsverfahren verringert werden. Die neu formulieren Vorschriften dienen der **Beschleunigung des Verfahrens und Entlastung des Registergerichts.** Dabei wird die Eintragung rechtswidriger Satzungsbestandteile bewusst in Kauf genommen.[243]

149 § 9 c Abs. 2 GmbHG, § 38 Abs. 2 AktG sind **systematisch unglücklich formuliert** und aus sich selbst heraus **schlecht verständlich.**[244] **§ 9 c Abs. 2 GmbHG und § 38 Abs. 3 AktG besagen im Ergebnis,** dass die Eintragung hindernde Errichtungsmängel nur vorliegen, wenn die Satzung durch ihre Unvollständigkeit oder durch den Inhalt der getroffenen Regelungen gegen das Gesetz verstößt. Allerdings bleibt die **Unvollständigkeit unbeachtlich,** wenn sie sich auf Tatsachen oder Rechtsverhältnisse bezieht, die nicht zum notwendigen Satzungsinhalt gehören und weder eintragungspflichtig noch vom Gericht bekannt zu machen sind. Die **Gesetzwidrigkeit** einzelner Satzungsbestimmungen dagegen bleibt **unbeachtlich,** wenn sie sich auf Tatsachen oder Rechtsverhältnisse bezieht, die nicht zum notwendigen Satzungsinhalt gehören und auch weder eintragungspflichtig noch vom Gericht bekannt zu machen sind sowie darüber hinaus auch keine Vorschriften verletzt sind, die ausschließlich oder überwiegend zum Schutz der Gläubiger, der Gesellschafter oder sonst in öffentlichem Interesse gegeben sind. Dies gilt wiederum nicht, wenn die Nichtigkeit einzelner Satzungsbestimmungen Gesamtnichtigkeit der Satzung zur Folge hätte.[245]

150 Damit nimmt es das Gesetz bewusst in Kauf, dass unwirksame Regelungen im Register dokumentiert sind, und verweist auf die Möglichkeit der gerichtlichen Klärung im Streit unter den Beteiligten.[246] Ob das für diese und die Belange der Justiz besser ist als eine erfahrene Vorweg-Kontrolle, ist nach dem eher unbedachten Handeln des Gesetzgebers zu bezweifeln.[247] Im Übrigen ist zu bedenken, dass die **eingeschränkte Prüfungskompetenz** schon **bei der Satzungsänderung wieder nicht mehr gilt,** weil § 57 a GmbHG ausdrücklich nur auf § 9 c Abs. 1 GmbHG verweist. Damit sind etwa bei Satzungsänderungen bereits wieder die zwingenden Vorschriften des Minderheiten- und Individualschutzes vom Register zu prüfen.

151 b) Kauf einer Vorrats- bzw. Mantelgesellschaft. Die **Mantelgesellschaft** ist dadurch gekennzeichnet, dass sie mit einem bestimmten Unternehmensgegenstand zunächst unternehmerisch am Markt tätig geworden ist, danach aber inaktiv wurde und ihren Geschäftsbetrieb einstellte, so dass nur noch der „Mantel" übrig blieb als „leere Hülse".

152 Von einer **Vorratsgründung** und **Vorratsgesellschaft**[248] spricht man, wenn eine Kapitalgesellschaft, vornehmlich eine GmbH oder AG, bereits in der Absicht gegründet wird, eine unternehmerische, wirtschaftliche Betätigung zunächst nicht aufzunehmen, also nur in ihrer äußeren Rechtsform als leere Hülle in Erscheinung tritt und erst später idR durch einen Dritten, der mit dem Erwerb den Zeitverlust des Eintragungsvorganges vermeidet, eine unternehmerische Tätigkeit entfalten soll.[249] Die verdeckte Vorratsgründung mit Angabe eines fiktiven Gegenstandes ist dagegen als Scheinerklärung, § 117 BGB, nach wie vor unwirksam.[250]

---

[242] Vgl. Begr. RegE. BT Drucks. 13/8444 S. 78; vgl. zur Problematik *Ullrich Kristin*, Registergerichtliche Inhaltskontrolle von Gesellschaftsverträgen und Satzungsänderungsbeschlüssen, Diss. Heidelberg 2005.
[243] Begr. RegE. BT Drucks. 13/8444 S. 76 ff.
[244] Zusammenfassend *Hüffer* § 38 AktG RdNr. 11.
[245] *Hüffer* § 38 AktG RdNr. 11.
[246] Begr. RegE. BT Drucks. 13/8444 S. 77.
[247] *Lutter/Bayer* in Lutter/Hommelhoff § 9 c GmbHG RdNr. 14.
[248] Seit BGH Beschl. v. 16. 3. 1993 – II ZB 17/91, BGHZ 117, 323 ist die Gründung einer offenen Vorratsgesellschaft zulässig, so dass der Erwerb einer solchen Gesellschaft nicht Gesetzesverstoß mit der Nichtigkeitsfolge nach § 134 BGB sein kann, wie etwa noch von OLG Hamburg Urt. v. 15. 4. 1983 – 11 U 43/83, BB 1983, 1116, 1117 angenommen wurde.
[249] *Henze*, Handbuch zum GmbH-Recht, 2. Aufl. RdNr. 46.
[250] BGH Beschl. v. 16. 3. 1992 – II ZB 17/91, BGHZ 117, 323; *Lutter/Bayer* in Lutter/Hommelhoff § 3 GmbHG RdNr. 7; aA DStR 1993, 104; *Kraft* DStR 1993, 101, 104.

Ob bei der Verwendung einer Vorratsgesellschaft oder bei Erwerb eines GmbH-Mantels eine registerliche Kontrolle der Unversehrtheit des Stammkapitals stattzufinden hat, war lange umstritten, ist nunmehr aber durch zwei grundlegende Entscheidungen des BGH vom 9. 12. 2002 – II ZB 12/02[251] für Vorratsgesellschaften und vom 7. 7. 2003 II ZB 4/02[252] für Mantelgesellschaften – dahingehend entschieden, dass das Registergericht eine Präventivkontrolle bezüglich der Unversehrtheit des Stammkapitals vornimmt und hierzu eine entsprechende Anmeldeversicherung des – neuen – Geschäftsführers nach § 8 Abs. 2 GmbHG verlangen kann und muss; die Geschäftsführung hat in diesem Zusammenhang die sog. „wirtschaftliche Neugründung" offenzulegen.[253]

c) Ausländer als Geschäftsführer/Gesellschafter. Ausländer können wie Inländer **Geschäftsführer** einer GmbH sein; das Gesetz stellt keine Anforderungen an Staatsangehörigkeit, Wohnsitz oder gewöhnlichen Aufenthalt. Nach teilweise vertretener Auffassung muss allerdings der Geschäftsführer tatsächlich und jederzeit in der Lage sein, seine gesetzlichen Mindestpflichten, zB §§ 41, 43 Abs. 3, 64 GmbHG, unter ihnen namentlich die Buchführungspflicht zu erfüllen.[254] Dafür reichen nach dieser Auffassung Korrespondenz, e-mail oder Telefon nicht aus; vielmehr müssten diese Personen aufgrund einer entsprechenden Aufenthalts- oder Arbeitserlaubnis die jederzeitige Möglichkeit haben, nach Deutschland einzureisen. Dies gilt auch dann, wenn weitere, inländische Geschäftsführer bestellt sind.[255] Jedenfalls Angehörige eines Staates, der in der „Positivliste" nach Anhang II der Verordnung (EG) Nr. 539/2001[256] enthalten ist, können unter diesen Anforderungskriterien stets zu Geschäftsführern bestellt werden,[257] da sie befugt sind, für kürzere Aufenthalte ohne Weiteres in das Land einzureisen.

Im Zuge zunehmender internationaler wirtschaftlicher Verflechtungen ist diese **Auffassung,** die zudem **im Gesetz keine Stütze** findet, nicht haltbar. Zum einen können im Zeitalter moderner Kommunikationstechniken die Geschäftsführeraufgaben ohne Weiteres auch vom Ausland erledigt werden, wie umgekehrt bei Unfähigkeit eines inländischen Geschäftsführers nicht gewährleistet ist, dass dieser seinen Aufgaben nachkommt. Zum anderen würden auf diese Weise den Registergerichten (ausländer-)polizeiliche Aufgaben aufgebürdet, für die jede gesetzliche Grundlage fehlt. Schließlich sind die Inhabilitätsgründe für Geschäftsführer/Vorstand gesetzlich aufgezählt; eine analoge Anwendung dieser Verbotsnormen auf bestimmte Staatszugehörigkeiten verbietet sich. Bezeichnenderweise zählt auch der Entwurf eines Gesetzes zur Modernisierung des GmbH-Rechts und zur Bekämpfung von Missbräuchen (MoMiG) v. 25. 5. 2007, die Staatsangehörigkeit nicht zu den Ausschlussgründen für einen GmbH-Geschäftsführer.

Das **Prüfungsrecht des Registers erstreckt sich** damit nach zutreffender Auffassung[258] **nicht auf die Frage,** ob der Ausländer-Geschäftsführer etwaige ausländerrechtliche Vorschriften einhält oder ob ihm die tatsächliche Einreisemöglichkeit ins Inland offen steht.[259]

Ebenso ist nach überwiegender Meinung bei **Beteiligung von Ausländern an der Gründung der Gesellschaft** zu prüfen, ob nicht auf Grund ihres bestehenden Einflusses in der Gesellschaft ein Verstoß gegen das Verbot der Ausübung einer selbständigen Erwerbstätigkeit im Inland vorliegt.[260] Hiergegen spricht, dass die Beteiligung von Ausländern als Gründungsgesellschafter ohne Einschränkungen zulässig ist und nicht zur Nichtigkeit des Gesellschaftsvertrages führt.[261] Überdies erstreckt

---

[251] DNotZ 2003, 443 mit Anm. *Schaub*; hierzu *Schaub* NJW 2003, 2125.
[252] BGHZ 155, 318 = NJW 2003, 3198; *Peetz* GmbH 2004, 1429.
[253] Vgl. zuletzt OLG Jena Urt. v. 27. 9. 2006 – 6 W 287/06 DB 2006, 2624; für „Altfälle" vor Klärung der Streitfälle durch den BGH siehe OLG Jena BB 2004, 2206; zur insgesamt überzeugenderen Gegenauffassung vgl. insbesondere BayObLG Beschl. v. 24. 3. 1999 – 3 Z BR 295/98, DStR 1999, 1036 sowie Vorauflage RdNr. 162 f.
[254] BGH Urt. v. 23. 3. 1981 – II ZR 27/80, NJW 1981, 2125, 2126.
[255] OLG Köln Beschl. v. 30. 9. 1998 – 2 Wx 22/98, GmbHR 1999, 182, 183; OLG Hamm Beschl. v. 12. 2. 1999 – 15 W 181/9, DStR 1999, 1746; *Mankowski* EWiR 1999, 461; *Teichmann* IPRax 2000, 110.
[256] Verordnung des Rates v. 15. 3. 2001, ABl. Nr. L 81 v. 21. 3. 2001, S. 1, zuletzt geändert durch Verordnung (EG) Nr. 851/2005 v. 2. 6. 2005, ABl. Nr. L 141, S. 3; vgl. *Bohlscheid* RNotZ 2005, 505, 508; EU-Visums-Verordnung; eine aktuelle Länderliste ist über die Internetseite des Auswärtigen Amtes abrufbar.
[257] OLG Frankfurt Beschl. v. 22. 2. 2001 – 20 W 376/2000, FGPrax 2001, 124 m. Anm. *Wachter* NotBZ 2001, 233.
[258] OLG Dresden Urt. v. 5. 11. 2002 – 2 U 1433/02, NZG 2003, 628 = GmbHR 2003, 537 m. Anm. *Wachter*; OLG Frankfurt Beschl. v. 22. 2. 2001 – 20 W 376/2000, FGPrax 2001, 124; OLG Celle DB 1977, 993; OLG Düsseldorf 3. ZS, Beschl. v. 20. 7. 1977 3 W 147/77, GmbHR 1978, 110; *Michalski/Heyder* § 6 GmbHR RdNr. 29; *Wachter* ZIP 1999, 1577; *ders.* MittBayNot 1999, 534; *Schaub* DStR 1999, 1746; eingehend *Bohlscheid* RNotZ 2005, 505.
[259] *Wachter* ZIP 1999, 1577, 1581; *Rawert* EWiR 1999, 461, 462.
[260] Dazu OLG Stuttgart Beschl. v. 20. 1. 1984 – 8 W 243/83, BB 1984, 690; LG Krefeld 2. KfH Beschl. v. 30. 6. 1982 – T 1/82, Rpfleger 1982, 475; OLG Celle Beschl. v. 1. 10. 1976 – 9 Wx 5/76, DB 1977, 993; LG Hannover Beschl. v. 7. 1. 1976 – 24 T 5/75, GmbHR 1976, 111 f.; aA Kölner KommAktG/*Kraft* 38 AktG RdNr. 7; LG Ulm 1. KfH Beschl. v. 14. 1. 1982 – T 88/81–01, Rpfleger 1982, 228; offenbar auch – ohne Begründung – *Hüffer* § 38 AktG, § 2 AktG RdNr. 8; zur Frage der Rechtsfähigkeit der ausländischen juristischen Person siehe Anh. § 12 RdNr. 1 ff.
[261] Insbesondere *Wachter* ZIP 1999, 1577, 1585, mwN sowie die in Fn. 258 genannten.

sich ebenso wie bei Geschäftsführern auch das Prüfungsrecht des Registergerichts nicht auf diese Fragen.[262]

158 **d) Kapitalerhöhung.** Für das GmbH-Recht bestimmt **§ 57a GmbHG** die Prüfungspflicht des Registerrichters. Vor der Eintragung prüft das Registergericht die Ordnungsgemäßheit des Kapitalerhöhungsbeschlusses, der Anmeldung, der Übernahmeerklärung, der Versicherung nach § 57 Abs. 2 GmbHG und der beizufügenden Anlagen. Die Prüfung unterliegt keiner Einschränkung, da auf § 9c Abs. 2 GmbH nicht verwiesen wird.

159 Bei der **Kapitalerhöhung gegen Sacheinlagen** kommt der richterlichen Prüfungspflicht eine besondere Bedeutung zu.[263] Da die Vorlage eines Sacherhöhungsberichtes analog §§ 5 Abs. 4 S. 2, 8 Abs. 1 Nr. 4 GmbHG vom Gesetz nicht ausdrücklich erwähnt ist, kann das Registergericht auch nicht generell deren Vorlage verlangen.[264] Genügen ihm allerdings die Darlegungen der Geschäftsführer, Wertnachweise und andere vorgelegte Unterlagen nicht, kann die Vorlage weiterer Nachweise, insbesondere eines Sachverständigengutachtens, verlangt werden. Das Registergericht ist berechtigt auch eigene Ermittlungen (§ 12 FGG) anstellen, zB selbst einen Sachverständigen beauftragen. **Stichtag für die Bewertung** der Sacheinlagen ist – anders als bei der Sachgründung – der Tag der Anmeldung.[265]

160 Bei der **Aktiengesellschaft** hat das Registergericht bei der Eintragung der **Durchführung der Kapitalerhöhung** nach § 188 AktG **alle Voraussetzungen der korrekten Kapitalerhöhung nochmals zu prüfen,** auch wenn der Kapitalerhöhungsbeschluss nach § 184 AktG schon eingetragen wurde und die dort vorgeschriebenen Prüfungen alle ordnungsgemäß durchgeführt worden sind.[266] Dies gilt sowohl für formelle wie inhaltliche Voraussetzungen. Allerdings wird das Registergericht, wenn sich in dem neuen Verfahren kein besonderer Anlass ergibt, von seiner früheren Entscheidung nicht abweichen.[267] Insbesondere ist bei der Durchführung der Kapitalerhöhung zu prüfen, ob vollständige und wirksame Zeichnungen (§ 185 AktG) des Erhöhungsbetrages vorliegen, ob kein Verstoß gegen § 182 Abs. 4 AktG vorliegt und ob die Bareinlage endgültig zur freien Verfügung des Vorstandes erbracht ist.

161 Bei **Kapitalerhöhung gegen Sacheinlagen** prüft das Gericht auch die Voraussetzungen des § 183 Abs. 3 S. 3 AktG, also, ob der Wert der Sacheinlage nicht unwesentlich hinter dem geringsten Ausgabebetrag der dafür zu gewährenden Aktie zurückbleibt. Da § 188 Abs. 2 AktG ua auf § 36a Abs. 2 S. 3 AktG verweist, worin die zwingende Übereinstimmung des objektiven Werts der Sacheinlage auch mit einem höheren Ausgabebetrag (Agio) angeordnet wird, ist auch dieser, den höheren Ausgabebetrag erreichende Wert der Sacheinlage zu prüfen.[268]

162 Bei Sacheinlage hat das Registergericht weiter zu prüfen, ob die Voraussetzungen des § 36a Abs. 2 AktG erfüllt sind, also der **dingliche Vollzug der festgesetzten Sacheinlage** nachgewiesen wurde. Dies geschieht bei der Übertragung von beweglichen Gegenständen und Rechten durch eine entsprechende Erklärung des Vorstandes. Soweit die Übertragung formgebunden ist, muss das entsprechende Dokument vorgelegt werden. Bei der Übertragung von Grundstücken und grundstücksgleichen Rechten genügt der Nachweis, dass die Einigung bindend vollzogen und der Eintragungsantrag vom Vorstand an das Grundbuchamt gestellt ist.[269] Dagegen wird die Eintragung einer Auflassungsvormerkung als Nachweis der Durchführung der Kapitalerhöhung nicht ausreichen, weil zB die Eintragung der Auflassung im Grundbuch noch an dem fehlenden Nachweis der Grunderwerbsteuerzahlung scheitern kann.[270]

163 **e) Eintragung von Hauptversammlungsbeschlüssen. aa) Nichtige Beschlüsse.** Gemäß § 181 Abs. 3 AktG wird eine Satzungsänderung erst wirksam, wenn sie in das Handelsregister eingetragen worden ist. Ist der satzungsändernde **Beschluss nichtig,** muss das Registergericht die Eintragung verweigern, und zwar auch dann, wenn die Eintragung nach § 242 Abs. 1 AktG zur Heilung führen würde. Das gilt auch für schwebend unwirksame Hauptversammlungsbeschlüsse,[271]

---

[262] *Wachter* ZIP 1999, 1577, 1585.
[263] OLG Düsseldorf Beschl. v. 10. 1. 1996 – 3 Wx 274/95, DB 1996, 369.
[264] Rowedder/Schmidt-Leithoff/*Zimmermann* § 57a GmbHG RdNr. 7; *Lutter/Hommelhoff* § 57a GmbHG RdNr. 2; aA OLG Stuttgart Beschl. v. 19. 1. 1981 – 8 W 295/81, GmbHR 1982, 109.
[265] OLG Düsseldorf Beschl. v. 10. 1. 1996 – 3 Wx 274/95, DB 1996, 369; Scholz/*Priester* § 57a GmbHG RdNr. 11.
[266] GroßKommAktG/*Wiedemann* § 188 AktG RdNr. 67.
[267] Geßler/Hefermehl/*Bungeroth* § 188 AktG RdNr. 55.
[268] GroßKommAktG/*Wiedemann* § 188 AktG RdNr. 68; in der fehlenden Verweisung von § 183 Abs. 3 AktG handelt es sich aber um ein Redaktionsversehen des Gesetzgebers; anders *Hüffer* § 188 AktG RdNr. 21, der § 183 Abs. 3 S. 3 AktG den § 36a Abs. 2 S. 3, § 188 Abs. 2 S. 1 AktG als vorangehend betrachtet.
[269] KölnerKommAktG/*Lutter* § 188 AktG RdNr. 27; GroßKommAktG/*Wiedemann* § 188 AktG RdNr. 69.
[270] GroßKommAktG/*Wiedemann* § 188 AktG RdNr. 69 mwN.
[271] ZB §§ 179 Abs. 3, 180 AktG.

wenn die Zustimmung verweigert bzw. auf gerichtliche Zwischenverfügung hin nicht fristgemäß beigebracht wird.[272]

bb) Anfechtbare Beschlüsse. Bei nur **anfechtbaren Beschlüssen** soll der **Registerrichter** 164 nach verbreiteter Auffassung ein **Ermessen** haben, ob er einträgt, die Anmeldung zurückweist oder nach § 127 S. 1 FGG das Anmeldeverfahren bis zur rechtskräftigen Erledigung eines etwaigen Anfechtungsprozesses aussetzt;[273] zT wird auch die Auffassung vertreten, der Richter habe abzuwarten, ob eine Anfechtung erfolgt.[274] Der Registerrichter befindet sich bei seiner Entscheidung dabei in folgendem **Dilemma**: Wartet er den Lauf der Anfechtungsfrist,[275] die entsprechend dem Leitbild des § 246 Abs. 1 AktG grundsätzlich auch bei der GmbH 1 Monat beträgt,[276] ab, kann für den Anmeldenden ein nicht unerheblicher Nachteil in Folge verzögerter Eintragung entstehen, wenn später tatsächlich keine Anfechtung erhoben wird. Gleiches gilt bei erhobener Anfechtungsklage, wenn diese später abgewiesen wird. Trägt er ungeachtet des Laufs der Anfechtungsfrist oder einer erklärten Anfechtung dagegen ein, verhilft er dem anfechtbaren/bereits angefochtenen Beschluss durch Eintragung zunächst zur Wirksamkeit. Nach erfolgreicher Anfechtungsklage müsste gegebenenfalls – jedenfalls bei uns deklaratorischen Eintragungen – die Eintragung wieder gelöscht werden.

Folgende **Grundsätze** sollten **beachtet** werden: 165
Der Gesetzgeber selbst hat in einigen Vorschriften erkennbar gemacht, dass mit der **Handelsregistereintragung schwerwiegende, irreversible Folgen** verbunden sind. In diesen Fällen ist von den Anmeldenden eine sogenannte **Negativerklärung** abzugeben, dass eine Anfechtung gegen die gefassten Beschlüsse nicht erhoben wird. So hat etwa bei der Anmeldung einer Eingliederung nach **§ 319 AktG** – vgl. auch § 327 e Abs. 2 AktG für sog. Squeeze-out – der Vorstand zu erklären, dass Klage gegen die Wirksamkeit des Hauptversammlungsbeschlusses nicht oder nicht fristgerecht erhoben oder eine solche Klage rechtskräftig abgewiesen oder zurückgenommen worden ist; hierüber hat der Vorstand dem Registergericht auch nach der Anmeldung Mitteilung zu machen.[277] Ebenso sieht **§ 16 Abs. 3 UmwG** für die Verschmelzung und Spaltung[278] die entsprechende Negativerklärung des Anmelders vor, dass Klage gegen die Wirksamkeit der Verschmelzungs-/Spaltungsbeschlüsse nicht erhoben wurde. Die Negativerklärung wird ersetzt durch einen rechtskräftigen Beschluss des Prozessgerichts, dass die Erhebung der Klage der Eintragung nicht entgegensteht. Dieser Beschluss darf allerdings nur ergehen, wenn die Klage gegen die Wirksamkeit des Verschmelzungsbeschlusses unzulässig oder offensichtlich unbegründet ist oder das alsbaldige Wirksamwerden der Verschmelzung nach freier Überzeugung des Gerichts unter Berücksichtigung der Schwere der mit der Klage geltend gemachten Rechtsverletzung zur Abwendung der vom Antragsteller dargelegten wesentlichen Nachteile für die an der Verschmelzung beteiligten Rechtsträger und ihre Anteilsinhaber vorrangig erscheint.[279] Dagegen fehlt etwa beim Vollzug satzungsändernder Beschlüsse im GmbH- und Aktienrecht eine derartige Pflicht zur Abgabe einer Negativerklärung (bzw. sie ersetzender Rechtsakte). Ähnliche Erwägungen gelten in dem durch § 246 a AktG geschaffenen Freigabeverfahren. Wird gegen einen Hauptversammlungsbeschluss über eine Maßnahme der Kapitalbeschaffung, der Kapitalherabsetzung oder einen Unternehmensvertrag Klage erhoben, kann das Prozessgericht auf Antrag der Gesellschafter durch Beschluss feststellen, dass die Erhebung der Klage der Eintragung nicht entgegensteht und Mängel des Hauptversammlungsbeschlusses die Wirkung der Eintragung unberührt lassen. Ein derartiger Beschluss darf nur ergehen, wenn die Klage unzulässig oder offensichtlich unbegründet ist oder wenn das alsbaldige Wirksamwerden des Beschlusses nach freier Überzeugung des Prozessgerichts unter Berücksichtigung der Schwere der mit der Klage geltend gemachten Rechtsverletzungen zur Abwendung wesentlicher Nachteile für die Gesellschafter und ihre Aktionäre vorrangig erscheint (§ 246 a Abs. 2 AktG). Erfolgt demnach eine Handelsregistereintragung, ist sie – auch im Wege des Schadensersatzes – nicht mehr rückgängig zu machen, vgl. § 246 a Abs. 4 AktG.

Mit den zitierten Ausnahmevorschriften bringt der Gesetzgeber zum Ausdruck, dass **grund-** 166 **sätzlich ungeachtet einer laufenden Anfechtungsfrist oder einer erhobenen Anfechtungsklage das Register die Anmeldung zu vollziehen hat. Nur dort, wo der Registervollzug**

---

[272] Staub/*Hüffer* RdNr. 63; GroßKommAktG/*Wiedemann* § 181 RdNr. 24; Röhricht/Graf von Westphalen/*Ammon* RdNr. 37.
[273] MünchKommHGB/*Krafka* RdNr. 74; Hachenburg/*Ulmer* § 54 GmbHG RdNr. 48.
[274] Heymann/*Sonnenschein*/*Weitemeyer* RdNr. 16; Schlegelberger/Hildebrandt/*Steckhan* RdNr. 25.
[275] Vgl. § 246 Abs. 1 AktG.
[276] Vgl. Lutter/*Hommelhoff* Anh. § 47 GmbHG RdNr. 60 mwH.
[277] § 319 Abs. 5 AktG.
[278] IVm. § 125 S. 1 UmwG.
[279] § 16 Abs. 3 S. 2 UmwG.

unumkehrbar ist, ist der Lauf der Anfechtungsfrist bzw. der Ausgang eines Anfechtungsverfahrens abzuwarten. Daher ist es auch nicht gerechtfertigt, generell – entsprechend weit verbreiteter Praxis – gestützt auf § 127 S. 1 FGG bei erhobener Anfechtungsklage bzw. bis zur abschließenden Entscheidung des Anfechtungsprozesses das Eintragungsverfahren auszusetzen. Oftmals gibt § 127 S. 1 FGG für eine solche Aussetzung auch keine tragfähige Grundlage, denn die Entscheidung des Prozessgerichts ist nur dann vorgreiflich im Sinne dieser Bestimmung, wenn der Registerrichter eine Entscheidung über die Anmeldung nicht treffen kann, ohne gleichzeitig über die dem Prozessgericht vorliegende Frage zu entscheiden. Das ist zB der Fall, wenn eine Nichtigkeitsklage nach § 241 Nr. 3 AktG anhängig ist und über die Löschung eines eingetragenen Beschlusses nach § 144 Abs. 2 FGG durch das Registergericht befunden werden muss.[280] Die **Aussetzung des Eintragungsverfahrens** lässt sich demnach **nur dort rechtfertigen, wo ähnlich schwerwiegende Gründe, wie sie zB in § 16 Abs. 3 UmwG oder in § 246a AktG bzw. § 319 Abs. 5 AktG genannt** sind, vorliegen. Bei der Entscheidung ist außerdem besonderes Augenmerk darauf zu legen, wie leicht die Registereintragung reversibel ist.

167 Nach § 127 S. 2 FGG kann das Registergericht dem Anfechtungsberechtigten eine **Frist zur Erhebung der Anfechtungsklage setzen;** nach fruchtlosem Ablauf ist die Aussetzung beendet und das Registergericht muss dann die Rechtslage selbst prüfen.[281]

168 Nach rechtskräftiger Entscheidung über die Anfechtungsklage ist der **Registerrichter** an ein die **Anfechtungsklage stattgebendes Urteil des Prozessgerichts gebunden.** Das rechtskräftige Gestaltungsurteil hat Einfluss auf die materielle Rechtslage und verändert sie, in dem es den angegriffenen Beschluss für nichtig erklärt.[282]

169 Hat das Prozessgericht dagegen die **Anfechtungsklage abgewiesen,** ist das **Registergericht nicht gebunden.** Es hat eigenständig die Eintragungsfähigkeit der angemeldeten Beschlüsse zu prüfen, so wie wenn eine Anfechtung hiergegenüber überhaupt nicht erhoben worden wäre.[283]

170 **f) Beschlüsse von GmbH-Gesellschafterversammlungen.** Ähnlich wie Hauptversammlungsbeschlüsse unterliegen Beschlüsse der Gesellschafterversammlungen einer GmbH einer **eingeschränkten materiellen** Prüfung und Kontrolle. Bei Nichtigkeit des zu Grunde liegenden Beschlusses ist die angemeldete Tatsache nicht einzutragen. Anfechtbare Beschlüsse dagegen dürfen nicht beanstandet werden.[284] Lediglich wenn auf Grund unschlüssiger Darlegung des Antragstellers oder auf Grund des Akteninhaltes begründete Zweifel des Registers bestehen, ist der Antrag auf Eintragung zu beanstanden.

171 Häufiger Streitpunkt ist die Nachfrage des Registergerichts, ob die an der **Beschlussfassung teilnehmenden Personen** tatsächlich befugt waren, das **Stimmrecht auszuüben.** Wenn nämlich einzelne Gesellschafter nicht ordnungsgemäß zur Versammlung geladen wurden, sind die gefassten Beschlüsse analog § 241 Nr. 1 AktG nichtig. Regelmäßig allerdings hat das Registergericht davon auszugehen, dass eine Person, die von der Gesellschaft als Gesellschafter behandelt wird, ordnungsgemäß nach **§ 16 GmbHG** angemeldet ist und daher zu Recht an der Beschlussfassung teilgenommen hat. Eine Bestätigung hierfür kann sich aus der von der Geschäftsführung eingereichten aktualisierten **Gesellschafterliste** (§ 40 GmbHG) ergeben.[285] Weitere Ermittlungen durch das Registergericht sind allerdings dann veranlasst, wenn die abstimmenden Personen nicht mit denjenigen der dem Gericht vorliegenden Gesellschafterliste identisch sind. Hier lassen sich Zweifel durch die Erklärung der Geschäftsführer ausräumen, dass die an der Beschlussfassung beteiligten Personen ordnungsgemäß nach § 16 GmbHG bei der Gesellschaft angemeldet worden waren.[286] Entgegen weit verbreiteter Praxis kann das Gericht aber nicht verlangen, dass beglaubigte Abschriften/Ausfertigungen der entsprechenden Geschäftsanteilsübertragungsurkunden vorgelegt werden; die Gesellschaft ist zu deren Dokumentation und Verwahrung nämlich nicht verpflichtet.[287]

---

[280] Röhricht/Graf von Westphalen/*Ammon* RdNr. 38.
[281] OLG Zweibrücken v. 24. 10. 1989 – 3 W 27/89, Rpfleger 1990, 77; BayObLG Beschl. v. 19. 10. 1995 – 3 Z BR 218/95, DB 1995, 2517.
[282] MünchKommHGB/*Krafka* RdNr. 74.
[283] MünchKommHGB/*Krafka* RdNr. 75; Röhricht/Graf von Westphalen/*Ammon* RdNr. 38.
[284] OLG Köln Beschl. v. 17. 7. 1982 – 2 Wx 32/92, BB 1993, 318; MittRhNotK 1981, 286; BayObLG Beschl. v. 27. 3. 1972 – BReg 2 Z 60/70, DB 1972, 1015.
[285] OLG Hamm Beschl. v. 10. 7. 2001 – 15 W 81/01, NZG 2002, 340 = Rpfleger 2002, 32 = ZNotP 2002, 74.
[286] Für den Beschluss des alleinigen Gesellschafters – Geschäftsführers: OLG Jena Beschl. v. 30. 9. 2002, 6 W 460/02, Rpfleger 2003, 34; *Krafka/Willer* Registerrecht RdNr. 1028.
[287] Zutreffend MünchKommHGB/*Krafka* RdNr. 177 gegen *Müther*, Das Handelsregister in der Praxis, § 5 RdNr. 85.

VI. Entscheidungen des Registergerichts und ihre Anfechtung

1. Die Entscheidung des Registergerichts. Die Entscheidung des Registergerichts über eine Anmeldung kann lauten: 172
- Entscheidung der Eintragung, § 25 Abs. 1 HRV,
- Aussetzung des Eintragungsverfahrens, § 127 FGG,
- Erlass einer Zwischenverfügung, § 26 S. 2 HRV,
- Ablehnung der Eintragung, § 26 S. 1 HRV.

a) Verfügung der Eintragung. Ist eine eintragungsfähige Tatsache ordnungsgemäß angemeldet worden und sind keine Beanstandungen zu erheben, kann und muss das Registergericht die Eintragung nach § 25 Abs. 1 HRV verfügen. Liegen die gesetzlichen Voraussetzungen vor, hat der Anmelder ein **Recht auf unverzügliche Eintragung**.[288] 173

b) Aussetzung des Eintragungsverfahrens. Die Aussetzung ist zulässig, wenn die **Entscheidung des Registergerichts von der Beurteilung eines streitigen Rechtsverhältnisses abhängig** ist; das Registergericht kann den Beteiligten eine Frist zur Erhebung einer Zivilklage setzen, muss allerdings nach fruchtlosem Fristablauf selbst in der Sache entscheiden,[289] siehe im Übrigen RdNr. 167. 174

c) Erlass einer Zwischenverfügung. Bestehen **behebbare Eintragungshindernisse,** kann zur Behebung von Beanstandungen eine Frist gesetzt werden, wenn eine Anmeldung zur Eintragung unvollständig ist oder der Eintragung ein sonstiges Hindernis entgegensteht, § 26 S. 2 HRV. Eine Zwischenverfügung ist insbesondere auch dann angezeigt, wenn eine öffentlich-rechtliche Anmeldepflicht besteht, deren Erfüllung das Registergericht nach § 14 durchzusetzen hat, und die Anmeldung selbst behebbare Fehler aufweist. Hier ist es grundsätzlich nicht angezeigt, erst die Anmeldung zurückzuweisen und anschließend eine neue Anmeldung zu erzwingen. Vielmehr ist darauf hinzuwirken, dass der Anmeldende seinen Pflichten ordnungsgemäß nachkommt, damit die vom Gesetz vorgesehene Eintragung erfolgen kann.[290] 175

Die Zwischenverfügung ist eine der endgültigen Entscheidung vorausgehende Verfügung, mit der dem Anmeldenden anheim gegeben wird, innerhalb eines bestimmten Zeitraums ein Hindernis, das der Eintragung entgegensteht, zu beseitigen. Anders als im Grundbuchverfahren ist allerdings eine **Fristsetzung nicht Wirksamkeitsvoraussetzung** für die Verfügung.[291] 176

d) Zurückweisung. Eine Zurückweisung nach § 26 Abs. 1 HRV ist angezeigt, wenn **nicht behebbare Eintragungshindernisse** bestehen, etwa eine Tatsache nicht eintragungsfähig ist. Ist ein Eintragungsantrag seinem Inhalt nach nicht vollziehbar, muss der Eintragungsantrag ebenfalls sogleich zurückgewiesen werden.[292] 177

2. Anfechtung. a) Anfechtbarkeit. Wird auf die Anmeldung hin die **Eintragung oder die Löschung im Register vollzogen,** ist die **Entscheidung** aus Gründen der Rechtssicherheit **unanfechtbar.**[293] Diesen erhöhten Bestandsschutz genießt die Eintragung auch dann, wenn sie nur deklaratorischer Natur ist. Eine Beschwerde ist hier unzulässig.[294] 178

Eine **bloße Eintragungsentscheidung,** die nur einen inneren Vorgang bei Gericht darstellt, ist grundsätzlich ebenso wenig beschwerdefähig, es sei denn, die Entscheidung ist noch nicht vollzogen, den Beteiligten aber bekannt gegeben worden.[295] 179

Die gegen die vollzogene Eintragung/Löschung erhobene **unzulässige Beschwerde** ist in der Regel **umzudeuten** in eine Anregung an das Registergericht, ein **Amtslöschungsverfahren einzuleiten.**[296] Gegen die Ablehnung, ein Löschungsverfahren einzuleiten, ist die unbefristete Beschwerde zulässig. 180

---

[288] BGH Urt. v. 18. 2. 1991 – II ZR 104/90, BGHZ 113, 335; *Ammon* DStR 1995, 1311, 1312.
[289] OLG Zweibrücken Beschl. v. 24. 10. 1989 – 3 W 27/89, Rpfleger 1990, 77; BayObLG Beschl. v. 19. 10. 1995 – 3 Z BR 268/95, DB 1995, 2517.
[290] Staub/*Hüffer* RdNr. 85.
[291] BGH Beschl. v. 27. 2. 1980, V ZB 28/78, Rpfleger 1980, 273; BayObLG v. 17. 12. 1987 – 3 Z BR 127/87, BayObLG 1987, 449, 450; *Ammon* DStR 1993, 1025, 1029 mwN.
[292] BayObLG v. 17. 12. 1987 – 3 Z BR 127/87, BayObLGZ 1987, 449, 451 f.; OLG Hamm Beschl. v. 17. 5. 1990 – 15 W 206/90 Rpfleger 1990, 426 f. m. Anm. *Buchberger*.
[293] BGH Urt. v. 21. 3. 1988 – II Z 69/87, BGHZ 104, 61.
[294] MünchKommHGB/*Krafka* RdNr. 79.
[295] OLG Stuttgart Beschl. v. 19. 5. 1970 – 8 W 343/68, Rpfleger 1970, 283; Heymann/*Sonnenschein*/*Weitemeyer* RdNr. 21.
[296] §§ 142, 143 FGG; BayObLG Beschl. v. 19. 9. 1991 – 3 Z BR 97/91, BayObLGZ 1991, 337; BayObLG Beschl. v. 14. 1. 1993 – 3 Z BR 5/93, Rpfleger 1993, 347.

§ 8 HRV   1. Buch. 2. Abschnitt. Handelsregister; Unternehmensregister

181 **Anfechtbar** sind die **Ablehnung des Eintragungsantrages**, die **Zwischenverfügung** und die **Aussetzungsverfügung**; es sind die im Verfahren der Freiwilligen Gerichtsbarkeit gegebenen Rechtsbehelfe und Rechtmittel maßgebend.

182 b) **Beschwerde**. Gegen Entscheidungen des Rechtspflegers wie des Richters ist das Rechtsmittel der **Beschwerde** statthaft.

183 Die Beschwerde ist **nicht fristgebunden**, nur **in Ausnahmefällen** ist sie **befristet**.[297] Die Frist beträgt dann zwei Wochen.[298]

184 Die **weitere Beschwerde** ist unter den einschränkenden Voraussetzungen des § 27 FGG zulässig. Gesetzesverletzung im Sinne dieser Vorschrift ist auch der Verstoß gegen Bestimmungen der HRV, weil sie einer Rechtsverordnung gleichsteht.[299] Eine **Entscheidung des BGH** in Registersachen kommt nur auf Vorlage eines OLG unter den Voraussetzungen des § 28 Abs. 2 FGG in Betracht.

185 c) **Beschwerderecht**. Das Beschwerderecht steht **jedem** zu, **der von der Entscheidung in seinen Rechten betroffen ist**.[300] Der beurkundende **Notar** ist zwar regelmäßig ermächtigt, im Namen des Anmelders Rechtsmittel einzulegen (entweder nach § 129 FGG bei Anmeldepflicht oder bei bloßem Anmelderecht, zB § 25 Abs. 2, auf Grund vermuteter Vollmacht), hat aber kein eigenes Beschwerderecht.[301]

186 Bei **Personenhandelsgesellschaften** sind die anmeldenden Gesellschafter beschwerdeberechtigt;[302] bei Kapitalgesellschaften die Gesellschaft selbst oder bei Erstanmeldung die Vorgesellschaft,[303] die bei der GmbH durch die Geschäftsführer, bei der AG durch den Vorstand vertreten wird. Daneben ist bei der AG auch eine Beschwerdeberechtigung der Gründer zu bejahen, wenn der Vorstand nach Zurückweisung der Anmeldung den Eintragungsantrag nicht weiter verfolgt.[304]

187 In den von § 126 FGG erfassten Fällen steht auch den dort genannten Organen der Stände, insbesondere den Industrie- und Handelskammern, ein Beschwerderecht zu.

Anhang

Verordnung über die Einrichtung und Führung des Handelsregisters

(Handelsregisterverordnung – HRV)

Vom 12. August 1937 (DJ S. 1251)

Zuletzt geändert durch Art. 5 Abs. 1 und 2 G über elektronische Handelsregister und Genossenschaftsregister sowie das Unternehmensregister vom 10. 11. 2006 (BGBl. I S. 2553)

FNA 315-20

I. Einrichtung des Handelsregisters. Örtliche und sachliche Zuständigkeit

§ 1 Zuständigkeit des Amtsgerichts

Soweit nicht nach § 125 Abs. 2 des Gesetzes über die Angelegenheiten der freiwilligen Gerichtsbarkeit etwas Abweichendes geregelt ist, führt jedes Amtsgericht, in dessen Bezirk ein Landgericht seinen Sitz hat, für den Bezirk dieses Landgerichts ein Handelsregister.

§ 2 *[aufgehoben]*

---

[297] §§ 139, 140, 141 Abs. 3, 142 Abs. 3, 144, 146 Abs. 2, 148 Abs. 1 FGG.
[298] § 22 Abs. 1 FGG.
[299] Staub/*Hüffer* RdNr. 88.
[300] § 20 Abs. 1 FGG.
[301] Röhricht/Graf von Westphalen/*Ammon* RdNr. 51; dagegen Heymann/*Sonnenschein/Weitemeyer* RdNr. 25.
[302] § 108 Abs. 1, § 20 Abs. 2 FGG.
[303] BGH Beschl. v. 20. 2. 1989 – II ZB 10/88, BGHZ 107, 1, 2; BGH Urt. v. 16. 3. 1992 – II Z B 17/91, BGHZ 117, 323, 325 ff.
[304] *Hüffer* § 36 AktG RdNr. 3; Röhricht/Graf von Westphalen/*Ammon* RdNr. 51.

§ 3 [Einrichtung des Registers]

(1) Das Handelsregister besteht aus zwei Abteilungen.

(2) In die Abteilung A werden eingetragen die Einzelkaufleute, die in dem § 33 des Handelsgesetzbuchs bezeichneten juristischen Personen sowie die offenen Handelsgesellschaften, die Kommanditgesellschaften und die Europäischen wirtschaftlichen Interessenvereinigungen.

(3) In die Abteilung B werden eingetragen die Aktiengesellschaften, die SE, die Kommanditgesellschaften auf Aktien, die Gesellschaften mit beschränkter Haftung und die Versicherungsvereine auf Gegenseitigkeit.

§ 4 [Zuständigkeit des Richters, Rechtspflegers und Urkundsbeamten]

(1) ¹ Für die Erledigung der Geschäfte des Registergerichts ist der Richter zuständig. ² Soweit die Erledigung der Geschäfte nach dieser Verordnung dem Urkundsbeamten der Geschäftsstelle übertragen ist, gelten die §§ 5 bis 8 des Rechtspflegergesetzes in Bezug auf den Urkundsbeamten der Geschäftsstelle entsprechend.

(2) Die §§ 6, 7 des Gesetzes über die Angelegenheiten der freiwilligen Gerichtsbarkeit sind auf den Urkundsbeamten der Geschäftsstelle sinngemäß anzuwenden.

§§ 5, 6 *[aufgehoben]*

§ 7 Elektronische Führung des Handelsregisters

¹ Die Register einschließlich der Registerordner werden elektronisch geführt. ² § 8 a Abs. 2 des Handelsgesetzbuchs bleibt unberührt.

§ 8 Registerakten

(1) ¹ Für jedes Registerblatt (§ 13) werden Akten gebildet. ² Zu den Registerakten gehören auch die Schriften oder Dokumente über solche gerichtlichen Handlungen, die, ohne auf eine Registereintragung abzuzielen, mit den in dem Register vermerkten rechtlichen Verhältnissen in Zusammenhang stehen.

(2) ¹ Wird ein Schriftstück, das in Papierform zur Registerakte einzureichen war, zurückgegeben, so wird eine beglaubigte Abschrift zurückbehalten. ² Ist das Schriftstück in anderen Akten des Amtsgerichts enthalten, so ist eine beglaubigte Abschrift zu den Registerakten zu nehmen. ³ In den Abschriften und Übertragungen können die Teile des Schriftstückes, die für die Führung des Handelsregisters ohne Bedeutung sind, weggelassen werden, wenn hiervon Verwirrung nicht zu besorgen ist. ⁴ In Zweifelsfällen bestimmt der Richter den Umfang der Abschrift, sonst der Urkundsbeamte der Geschäftsstelle.

(3) ¹ Die Landesjustizverwaltung kann bestimmen, dass die Registerakten ab einem bestimmten Zeitpunkt elektronisch geführt werden. ² Nach diesem Zeitpunkt eingereichte Schriftstücke sind zur Ersetzung der Urschrift in ein elektronisches Dokument zu übertragen und in dieser Form zur elektronisch geführten Registerakte zu nehmen, soweit die Anordnung der Landesjustizverwaltung nichts anderes bestimmt; § 9 Abs. 3 und 4 gilt entsprechend. ³ Im Fall einer Beschwerde sind in Papierform eingereichte Schriftstücke mindestens bis zum rechtskräftigen Abschluss des Beschwerdeverfahrens aufzubewahren, wenn sie für die Durchführung des Beschwerdeverfahrens notwendig sind und das Beschwerdegericht keinen Zugriff auf die elektronisch geführte Registerakte hat. ⁴ Das Registergericht hat in diesem Fall von ausschließlich elektronisch vorliegenden Dokumenten Ausdrucke für das Beschwerdegericht zu fertigen, soweit dies zur Durchführung des Beschwerdeverfahrens notwendig ist; § 298 Abs. 2 der Zivilprozessordnung gilt entsprechend. ⁵ Die Ausdrucke sind mindestens bis zum rechtskräftigen Abschluss des Beschwerdeverfahrens aufzubewahren.

§ 9 Registerordner

(1) ¹ Die zum Handelsregister eingereichten und nach § 9 Abs. 1 des Handelsgesetzbuchs der unbeschränkten Einsicht unterliegenden Dokumente werden für jedes Register-

blatt (§ 13) in einen dafür bestimmten Registerordner aufgenommen. ²Sie sind in der zeitlichen Folge ihres Eingangs und nach der Art des jeweiligen Dokuments abrufbar zu halten. ³Die in einer Amtssprache der Europäischen Union übermittelten Übersetzungen (§ 11 des Handelsgesetzbuchs) sind den jeweiligen Ursprungsdokumenten zuzuordnen. ⁴Wird ein aktualisiertes Dokument eingereicht, ist kenntlich zu machen, dass die für eine frühere Fassung eingereichte Übersetzung nicht dem aktualisierten Stand des Dokuments entspricht.

(2) ¹Schriftstücke, die vor dem 1. Januar 2007 eingereicht worden sind, können zur Ersetzung der Urschrift in ein elektronisches Dokument übertragen und in dieser Form in den Registerordner übernommen werden. ²Sie sind in den Registerordner zu übernehmen, sobald ein Antrag auf Übertragung in ein elektronisches Dokument (Artikel 61 Abs. 3 des Einführungsgesetzes zum Handelsgesetzbuch) oder auf elektronische Übermittlung (§ 9 Abs. 2 des Handelsgesetzbuchs) vorliegt.

(3) ¹Wird ein Schriftstück, das in Papierform zum Registerordner einzureichen war, zurückgegeben, so wird es zuvor in ein elektronisches Dokument übertragen und in dieser Form in den Registerordner übernommen. ²Die Rückgabe wird im Registerordner vermerkt. ³Ist das Schriftstück in anderen Akten des Amtsgerichts enthalten, so wird eine elektronische Aufzeichnung hiervon in dem Registerordner gespeichert. ⁴Bei der Speicherung können die Teile des Schriftstückes, die für die Führung des Handelsregisters ohne Bedeutung sind, weggelassen werden, sofern hiervon Verwirrung nicht zu besorgen ist. ⁵Den Umfang der Speicherung bestimmt der Urkundsbeamte der Geschäftsstelle, in Zweifelsfällen der Richter.

(4) ¹Wird ein Schriftstück in ein elektronisches Dokument übertragen und in dieser Form in den Registerordner übernommen, ist zu vermerken, ob das Schriftstück eine Urschrift, eine einfache oder beglaubigte Abschrift, eine Ablichtung oder eine Ausfertigung ist; Durchstreichungen, Änderungen, Einschaltungen, Radierungen oder andere Mängel des Schriftstückes sollen in dem Vermerk angegeben werden. ²Ein Vermerk kann unterbleiben, soweit die in Satz 1 genannten Tatsachen aus dem elektronischen Dokument eindeutig ersichtlich sind.

(5) ¹Wiedergaben von Schriftstücken, die nach § 8a Abs. 3 oder Abs. 4 des Handelsgesetzbuchs in der bis zum Inkrafttreten des Gesetzes über elektronische Handelsregister und Genossenschaftsregister sowie das Unternehmensregister vom 10. November 2006 (BGBl. I S. 2553) am 1. Januar 2007 geltenden Fassung auf einem Bildträger oder einem anderen Datenträger gespeichert wurden, können in den Registerordner übernommen werden. ²Dabei sind im Fall der Speicherung nach § 8a Abs. 3 des Handelsgesetzbuchs in der in Satz 1 genannten Fassung auch die Angaben aus dem nach § 8a Abs. 3 Satz 2 des Handelsgesetzbuchs in der in Satz 1 genannten Fassung gefertigten Nachweis in den Registerordner zu übernehmen. ³Im Fall der Einreichung nach § 8a Abs. 4 des Handelsgesetzbuchs in der in Satz 1 genannten Fassung ist zu vermerken, dass das Dokument aufgrund des § 8a Abs. 4 des Handelsgesetzbuchs in der in Satz 1 genannten Fassung als einfache Wiedergabe auf einem Datenträger eingereicht wurde.

(6) ¹Im Fall einer Beschwerde hat das Registergericht von den im Registerordner gespeicherten Dokumenten Ausdrucke für das Beschwerdegericht zu fertigen, soweit dies zur Durchführung des Beschwerdeverfahrens notwendig ist; § 298 Abs. 2 der Zivilprozessordnung gilt entsprechend. ²Die Ausdrucke sind mindestens bis zum rechtskräftigen Abschluss des Beschwerdeverfahrens aufzubewahren.

§ 10 Einsichtnahme

(1) Die Einsicht in das Register und in die zum Register eingereichten Dokumente ist auf der Geschäftsstelle des Registergerichts während der Dienststunden zu ermöglichen.

(2) ¹Die Einsicht in das elektronische Registerblatt erfolgt über ein Datensichtgerät oder durch Einsicht in einen aktuellen oder chronologischen Ausdruck. ²Dem Einsichtnehmenden kann gestattet werden, das Registerblatt selbst auf dem Bildschirm des Datensichtgerätes aufzurufen, wenn technisch sichergestellt ist, dass der Abruf von Daten die nach § 9 Abs. 1 des Handelsgesetzbuchs zulässige Einsicht nicht überschreitet und Veränderungen *an dem Inhalt des Handelsregisters nicht vorgenommen werden können.*

Änderungen und Löschungen HRV § 8

(3) Über das Datensichtgerät ist auch der Inhalt des Registerordners einschließlich der nach § 9 Abs. 4 oder Abs. 5 Satz 2 aufgenommenen Angaben und der eingereichten Übersetzungen zugänglich zu machen.

§ 11 [aufgehoben]

II. Führung des Handelsregisters

§ 12 Form der Eintragungen

[1] Die Eintragungen sind deutlich, klar verständlich sowie in der Regel ohne Verweis auf gesetzliche Vorschriften und ohne Abkürzung herzustellen. [2] Aus dem Register darf nichts durch technische Eingriffe oder sonstige Maßnahmen entfernt werden.

§ 13 [Registerblatt]

(1) Jeder Einzelkaufmann, jede juristische Person sowie jede Handelsgesellschaft ist unter einer in derselben Abteilung fortlaufenden Nummer (Registerblatt) in das Register einzutragen.

(2) [1] Wenn ein Amtsgericht das Register für mehrere Amtsgerichtsbezirke führt, können auf Anordnung der Landesjustizverwaltung die fortlaufenden Nummern für einzelne Amtsgerichtsbezirke je gesondert geführt werden. [2] In diesem Fall sind die fortlaufenden Nummern der jeweiligen Amtsgerichtsbezirke durch den Zusatz eines Ortskennzeichens unterscheidbar zu halten. [3] Nähere Anordnungen hierüber trifft die Landesjustizverwaltung.

(3) [1] Wird die Firma geändert, so ist dies auf demselben Registerblatt einzutragen. [2] Bei einer Umwandlung ist der übernehmende, neu gegründete Rechtsträger oder Rechtsträger neuer Rechtsform stets auf ein neues Registerblatt einzutragen.

(4) Die zur Offenlegung in einer Amtssprache der Europäischen Union übermittelten Übersetzungen von Eintragungen (§ 11 des Handelsgesetzbuchs) sind dem Registerblatt und der jeweiligen Eintragung zuzuordnen.

§ 14 [Laufende Nummern, Trennung von Eintragungen]

(1) Jede Eintragung ist mit einer laufenden Nummer zu versehen und mittels eines alle Spalten des Registers durchschneidenden Querstrichs von der folgenden Eintragung zu trennen.

(2) Werden mehrere Eintragungen gleichzeitig vorgenommen, so erhalten sie nur eine laufende Nummer.

§ 15 Übersetzungen

[1] War eine frühere Eintragung in einer Amtssprache der Europäischen Union zugänglich gemacht worden (§ 11 des Handelsgesetzbuchs), so ist mit der Eintragung kenntlich zu machen, dass die Übersetzung nicht mehr dem aktuellen Stand der Registereintragung entspricht. [2] Die Kenntlichmachung ist zu entfernen, sobald eine aktualisierte Übersetzung eingereicht wird.

§ 16 [Änderungen und Löschungen]

(1) [1] Änderungen des Inhalts einer Eintragung sowie Löschungen sind unter einer neuen laufenden Nummer einzutragen. [2] Eine Eintragung, die durch eine spätere Eintragung ihre Bedeutung verloren hat, ist nach Anordnung des Richters rot zu unterstreichen. [3] Mit der Eintragung selbst ist auch der Vermerk über ihre Löschung rot zu unterstreichen.

(2) Eintragungen oder Vermerke, die rot zu unterstreichen oder rot zu durchkreuzen sind, können anstelle durch Rötung auch auf andere eindeutige Weise als gegenstandslos kenntlich gemacht werden.

(3) [1] Ein Teil einer Eintragung darf nur gerötet oder auf andere eindeutige Weise als gegenstandslos kenntlich gemacht werden, wenn die Verständlichkeit der Eintragung und

des aktuellen Ausdrucks nicht beeinträchtigt wird. ² Andernfalls ist die betroffene Eintragung insgesamt zu röten und ihr noch gültiger Teil in verständlicher Form zu wiederholen.

§ 16 a Kennzeichnung bestimmter Eintragungen

Diejenigen Eintragungen, die lediglich andere Eintragungen wiederholen, erläutern oder begründen und daher nach § 30 a Abs. 4 Satz 4 nicht in den aktuellen Ausdruck einfließen, sind grau zu hinterlegen oder es ist auf andere Weise sicherzustellen, dass diese Eintragungen nicht in den aktuellen Ausdruck übernommen werden.

§ 17 [Berichtigungen]

(1) ¹ Schreibversehen und ähnliche offenbare Unrichtigkeiten in einer Eintragung können durch den Richter oder nach Anordnung des Richters in Form einer neuen Eintragung oder auf andere eindeutige Weise berichtigt werden. ² Die Berichtigung ist als solche kenntlich zu machen.

(2) ¹ Die Berichtigung nach Absatz 1 ist den Beteiligten bekanntzugeben. ² Die öffentliche Bekanntmachung kann unterbleiben, wenn die Berichtigung einen offensichtlich unwesentlichen Punkt der Eintragung betrifft.

(3) ¹ Eine versehentlich vorgenommene Rötung oder Kenntlichmachung nach § 16 oder § 16 a ist zu löschen oder auf andere eindeutige Weise zu beseitigen. ² Die Löschung oder sonstige Beseitigung ist zu vermerken.

§ 18 [Eintragung aufgrund Entscheidung des Prozessgerichts]

¹ Erfolgt eine Eintragung auf Grund einer rechtskräftigen oder vollstreckbaren Entscheidung des Prozeßgerichts, so ist dies bei der Eintragung im Register unter Angabe des Prozessgerichts, des Datums und des Aktenzeichens der Entscheidung zu vermerken. ² Eine Aufhebung der Entscheidung ist in dieselbe Spalte des Registers einzutragen.

§ 19 [Löschung von Amts wegen]

(1) Soll eine Eintragung von Amts wegen gelöscht werden, weil sie mangels einer wesentlichen Voraussetzung unzulässig war, so erfolgt die Löschung durch Eintragung des Vermerks „Von Amts wegen gelöscht".

(2) ¹ Hat in sonstigen Fällen eine Eintragung von Amts wegen zu erfolgen, so hat sie den Hinweis auf die gesetzliche Grundlage und einen Vermerk „Von Amts wegen eingetragen" zu enthalten. ² Dies gilt nicht für die Eintragung der Vermerke über die Eröffnung, die Einstellung oder Aufhebung des Insolvenzverfahrens, die Aufhebung des Eröffnungsbeschlusses, die Anordnung der Eigenverwaltung durch den Schuldner und deren Aufhebung, die Anordnung der Zustimmungsbedürftigkeit bestimmter Rechtsgeschäfte des Schuldners nach § 277 der Insolvenzordnung sowie die sonstigen in § 32 des Handelsgesetzbuchs vorgesehenen Vermerke.

§ 19 a *[aufgehoben]*

§ 20 [Verlegung von Firmen]

¹ Wird die Hauptniederlassung eines Einzelkaufmanns, einer juristischen Person oder der Sitz einer Handelsgesellschaft oder die Zweigniederlassung eines Unternehmens mit Sitz oder Hauptniederlassung im Ausland aus dem Bezirke des Registergerichts verlegt, so ist erst bei Eingang der Nachricht von der Eintragung in das Register des neuen Registergerichts (§ 13 h Abs. 2 Satz 5 des Handelsgesetzbuchs; § 45 Abs. 2 Satz 6 des Aktiengesetzes) die Verlegung auf dem bisherigen Registerblatt in der Spalte 2 und in der Spalte „Rechtsverhältnisse" zu vermerken; § 22 ist entsprechend anzuwenden. ² Auf dem bisherigen Registerblatt ist bei der jeweiligen Eintragung auf das Registerblatt des neuen Registergerichts zu verweisen und umgekehrt.

§ 21 Umschreibung eines Registerblatts

(1) ¹ Ist das Registerblatt unübersichtlich geworden, so sind die noch gültigen Eintragungen unter einer neuen oder unter derselben Nummer auf ein neues Registerblatt umzuschreiben. ² Dabei kann auch von dem ursprünglichen Text der Eintragung abgewichen werden, soweit der Inhalt der Eintragung dadurch nicht verändert wird. ³ Auf jedem Registerblatt ist auf das andere zu verweisen, auch wenn es bei derselben Nummer verbleibt.

(2) Die Zusammenfassung und Übertragung ist den Beteiligten unter Mitteilung von dem Inhalt der neuen Eintragung und gegebenenfalls der neuen Nummer bekannt zu machen.

(3) Bestehen Zweifel über die Art oder den Umfang der Übertragung, so sind die Beteiligten vorher zu hören.

§ 22 Gegenstandslosigkeit aller Eintragungen

(1) ¹ Sämtliche Seiten des Registerblatts sind zu röten oder rot zu durchkreuzen, wenn alle Eintragungen gegenstandslos geworden sind. ² Das Registerblatt erhält einen Vermerk, der es als „geschlossen" kennzeichnet.

(2) ¹ Geschlossene Registerblätter sollen weiterhin, auch in der Form von Ausdrucken, wiedergabefähig oder lesbar bleiben. ² Die Datenträger für geschlossene Registerblätter können auch bei der für die Archivierung von Handelsregisterblättern zuständigen Stelle verfügbar gehalten werden, soweit landesrechtliche Vorschriften nicht entgegenstehen.

III. Verfahren bei Anmeldung, Eintragung und Bekanntmachung

§ 23 [Einholung des Gutachtens der Industrie- und Handelskammer]

¹ Der Richter hat dafür Sorge zu tragen, daß die gesetzlich vorgeschriebenen Eintragungen in das Register erfolgen. ² Zu diesem Zweck und zur Vermeidung unzulässiger Eintragungen kann er in zweifelhaften Fällen das Gutachten der Industrie- und Handelskammer einholen. ³ Holt er das Gutachten ein, so hat er außerdem, wenn es sich um ein handwerkliches Unternehmen handelt oder handeln kann, das Gutachten der Handwerkskammer, wenn es sich um ein land- oder forstwirtschaftliches Unternehmen handelt oder handeln kann, das Gutachten der Landwirtschaftskammer oder, wenn eine Landwirtschaftskammer nicht besteht, der nach Landesrecht zuständigen Stelle einzuholen. ⁴ Das Gutachten soll elektronisch eingeholt und übermittelt werden. ⁵ Weicht der Richter von dem Vorschlag eines Gutachtens ab, so hat er seine Entscheidung der Kammer oder der nach Landesrecht zuständigen Stelle, die das Gutachten erstattet haben, unter Angabe der Gründe mitzuteilen.

§ 24 [Inhalt der Anmeldung]

(1) Werden natürliche Personen zur Eintragung in das Handelsregister angemeldet (insbesondere als Kaufleute, Gesellschafter, Prokuristen, Vorstandsmitglieder, Mitglieder des Leitungsorgans, geschäftsführende Direktoren, Geschäftsführer, Abwickler), so ist in der Anmeldung deren Geburtsdatum anzugeben.

(2) ¹ Bei der Anmeldung ist die Lage der Geschäftsräume anzugeben. ² Die Änderung der Geschäftsanschrift ist dem Registergericht unverzüglich mitzuteilen.

(3) Absatz 2 gilt für die Anmeldung einer Zweigniederlassung und die Änderung von deren Geschäftsanschrift entsprechend.

(4) Es ist darauf hinzuwirken, daß bei den Anmeldungen auch der Unternehmensgegenstand, soweit er sich nicht aus der Firma ergibt, angegeben wird.

§ 25 [Entscheidung über die Eintragung, Bekanntmachung]

(1) ¹ Auf die Anmeldung zur Eintragung, auf Gesuche und Anträge entscheidet der Richter. ² Über die Eintragung ist unverzüglich nach Eingang der Anmeldung bei Gericht zu entscheiden. ³ Ist eine Anmeldung zur Eintragung in das Handelsregister unvollständig oder steht der Eintragung ein durch den Antragsteller behebbares Hindernis entgegen, so hat der Richter unverzüglich zu verfügen; liegt ein nach § 23 einzuholendes Gutachten bis

dahin nicht vor, so ist dies dem Antragsteller unverzüglich mitzuteilen. [4] Der Richter entscheidet auch über die erforderlichen Bekanntmachungen.

(2) Der Richter ist für die Eintragung auch dann zuständig, wenn sie vom Beschwerdegericht oder nach § 143 des Gesetzes über die Angelegenheiten der freiwilligen Gerichtsbarkeit verfügt ist.

§ 26 [Ablehnung der Eintragung, Fristsetzung]

[1] Wird eine Eintragung abgelehnt, so sind die Gründe der Ablehnung mitzuteilen. [2] Ist eine Anmeldung zur Eintragung in das Handelsregister unvollständig oder steht der Eintragung ein anderes Hindernis entgegen, so kann zur Behebung des Hindernisses eine Frist gesetzt werden.

§ 27 Vornahme der Eintragung, Wortlaut der Bekanntmachung

(1) Der Richter nimmt die Eintragung und Bekanntmachung entweder selbst vor oder er verfügt die Eintragung und die Bekanntmachung durch den Urkundsbeamten der Geschäftsstelle.

(2) [1] Nimmt der Richter die Eintragung nicht selbst vor, so hat er in der Eintragungsverfügung den genauen Wortlaut der Eintragung sowie die Eintragungsstelle im Register samt aller zur Eintragung erforderlichen Merkmale festzustellen. [2] Der Wortlaut der öffentlichen Bekanntmachung ist besonders zu verfügen, wenn er von dem der Eintragung abweicht. [3] Der Urkundsbeamte der Geschäftsstelle hat die Ausführung der Eintragungsverfügung zu veranlassen, die Eintragung zu signieren und die verfügten Bekanntmachungen herbeizuführen.

(3) [1] Die Wirksamkeit der Eintragung (§ 8a Abs. 1 des Handelsgesetzbuchs) ist in geeigneter Weise zu überprüfen. [2] Die eintragende Person soll die Eintragung auf ihre Richtigkeit und Vollständigkeit sowie ihre Abrufbarkeit aus dem Datenspeicher (§ 48) prüfen.

(4) Bei jeder Eintragung ist der Tag der Eintragung anzugeben.

§ 28 Elektronische Signatur

[1] Der Richter oder im Fall des § 27 Abs. 2 der Urkundsbeamte der Geschäftsstelle setzt der Eintragung seinen Nachnamen hinzu und signiert beides elektronisch. [2] Im Übrigen gilt § 75 der Grundbuchverfügung entsprechend.

§ 29 [Obliegenheiten des Urkundsbeamten]

(1) Der Urkundsbeamte der Geschäftsstelle ist zuständig:
1. für die Erteilung von Abschriften oder Ausdrucken oder die elektronische Übermittlung der Eintragungen und der zum Register eingereichten Schriftstücke und Dokumente; wird eine auszugsweise Abschrift, ein auszugsweiser Ausdruck oder eine auszugsweise elektronische Übermittlung beantragt, so entscheidet bei Zweifeln über den Umfang des Auszugs der Richter;
2. für die Beglaubigung und die Erteilung oder elektronische Übermittlung von Zeugnissen und Bescheinigungen nach § 9 Abs. 5 des Handelsgesetzbuchs und § 32 der Grundbuchordnung;
3. für die Eintragung der in § 32 des Handelsgesetzbuchs vorgesehenen Vermerke im Zusammenhang mit einem Insolvenzverfahren.

(2) [1] Wird die Änderung einer Entscheidung des Urkundsbeamten der Geschäftsstelle verlangt, so entscheidet, wenn dieser dem Verlangen nicht entspricht, der Richter. [2] Die Beschwerde ist erst gegen seine Entscheidung gegeben.

§ 30 [Abschriften]

(1) [1] Einfache Abschriften der in Papierform vorhandenen Registerblätter und Schriftstücke sind mit dem Vermerk: „Gefertigt am ..." abzuschließen. [2] Der Vermerk ist nicht zu unterzeichnen.

(2) ¹ Die Beglaubigung einer Abschrift geschieht durch einen unter die Abschrift zu setzenden Vermerk, der die Übereinstimmung mit der Hauptschrift bezeugt. ² Der Beglaubigungsvermerk muß Ort und Tag der Ausstellung enthalten, von dem Urkundsbeamten der Geschäftsstelle unterschrieben und mit Siegel oder Stempel versehen sein.

(3) ¹ Soll aus dem Handelsregister eine auszugsweise Abschrift erteilt werden, so sind in die Abschrift die Eintragungen aufzunehmen, die den Gegenstand betreffen, auf den sich der Auszug beziehen soll. ² In dem Beglaubigungsvermerk ist der Gegenstand anzugeben und zu bezeugen, daß weitere ihn betreffende Eintragungen in dem Register nicht enthalten sind.

(4) ¹ Werden beglaubigte Abschriften der zum Register eingereichten Schriftstücke oder der eingereichten Wiedergaben von Schriftstücken (§ 8a Abs. 4 des Handelsgesetzbuchs in der bis zum Inkrafttreten des Gesetzes über elektronische Handelsregister und Genossenschaftsregister sowie das Unternehmensregister am 1. Januar 2007 geltenden Fassung) beantragt, so ist in dem Beglaubigungsvermerk ersichtlich zu machen, ob die Hauptschrift eine Urschrift, eine Wiedergabe auf einem Bildträger oder auf anderen Datenträgern, eine einfache oder beglaubigte Abschrift, eine Ablichtung oder eine Ausfertigung ist; ist die Hauptschrift eine Wiedergabe auf einem Bildträger oder auf anderen Datenträgern, eine beglaubigte Abschrift, eine beglaubigte Ablichtung oder eine Ausfertigung, so ist der nach § 8a Abs. 3 Satz 2 des Handelsgesetzbuchs in der bis zum Inkrafttreten des Gesetzes über elektronische Handelsregister und Genossenschaftsregister sowie das Unternehmensregister am 1. Januar 2007 geltenden Fassung angefertigte schriftliche Nachweis über die inhaltliche Übereinstimmung der Wiedergabe mit der Urschrift, der Beglaubigungsvermerk oder der Ausfertigungsvermerk in die beglaubigte Abschrift aufzunehmen. ² Durchstreichungen, Änderungen, Einschaltungen, Radierungen oder andere Mängel einer von den Beteiligten eingereichten Schrift sollen in dem Vermerk angegeben werden.

(5) ¹ Die Bestätigung oder Ergänzung früher gefertigter Abschriften ist zulässig. ² Eine Ergänzung einer früher erteilten Abschrift soll unterbleiben, wenn die Ergänzung gegenüber der Erteilung einer Abschrift durch Ablichtung einen unverhältnismäßigen Arbeitsaufwand, insbesondere erhebliche oder zeitraubende Schreibarbeiten erfordern würde; andere Versagungsgründe bleiben unberührt.

§ 30a Ausdrucke

(1) ¹ Ausdrucke aus dem Registerblatt (§ 9 Abs. 4 des Handelsgesetzbuchs) sind mit der Aufschrift „Ausdruck" oder „Amtlicher Ausdruck", dem Datum der letzten Eintragung und dem Datum des Abrufs der Daten aus dem Handelsregister zu versehen. ² Sie sind nicht zu unterschreiben.

(2) ¹ Ausdrucke aus dem Registerordner sind mit der Aufschrift „Ausdruck" oder „Amtlicher Ausdruck", dem Datum der Einstellung des Dokuments in den Registerordner, dem Datum des Abrufs aus dem Registerordner und den nach § 9 Abs. 4 oder Abs. 5 Satz 2 aufgenommenen Angaben zu versehen. ² Sie sind nicht zu unterschreiben.

(3) ¹ Der amtliche Ausdruck ist darüber hinaus mit Ort und Tag der Ausstellung, dem Vermerk, dass der Ausdruck den Inhalt des Handelsregisters oder einen Inhalt des Registerordners bezeugt, sowie dem Namen des erstellenden Urkundsbeamten der Geschäftsstelle und mit einem Dienstsiegel zu versehen. ² Anstelle der Siegelung kann maschinell ein Abdruck des Dienstsiegels eingedruckt sein oder aufgedruckt werden; in beiden Fällen muss unter der Aufschrift „Amtlicher Ausdruck" der Vermerk „Dieser Ausdruck wird nicht unterschrieben und gilt als beglaubigte Abschrift." aufgedruckt sein oder werden.

(4) ¹ Ausdrucke aus dem Registerblatt werden als chronologischer oder aktueller Ausdruck erteilt. ² Der chronologische Ausdruck gibt alle Eintragungen des Registerblatts wieder. ³ Der aktuelle Ausdruck enthält den letzten Stand der Eintragungen. ⁴ Nicht in den aktuellen Ausdruck aufgenommen werden diejenigen Eintragungen, die gerötet oder auf andere Weise nach § 16 als gegenstandslos kenntlich gemacht sind, die nach § 16a gekennzeichneten Eintragungen sowie die Angaben in den Spalten § 40 (HR A) Nr. 6 Buchstabe b und § 43 (HR B) Nr. 7 Buchstabe b. ⁵ Die Art des Ausdrucks bestimmt der Antragsteller. ⁶ Soweit nicht ausdrücklich etwas anderes beantragt ist, wird ein aktueller Ausdruck erteilt. ⁷ Aktuelle Ausdrucke können statt in spaltenweiser Wiedergabe auch als fortlaufender Text erstellt werden.

(5) [1] Ausdrucke können dem Antragsteller auch elektronisch übermittelt werden. [2] Die elektronische Übermittlung amtlicher Ausdrucke erfolgt unter Verwendung einer qualifizierten elektronischen Signatur nach dem Signaturgesetz.

(6) § 30 Abs. 3 gilt entsprechend.

§ 31 [Ausfertigungen]

[1] Ausfertigungen der Bescheinigungen und Zeugnisse sind von dem Urkundsbeamten der Geschäftsstelle unter Angabe des Ortes und Tages zu unterschreiben und mit dem Gerichtssiegel oder Stempel zu versehen. [2] Bescheinigungen und Zeugnisse können auch in elektronischer Form (§ 126 a des Bürgerlichen Gesetzbuchs) übermittelt werden.

§ 32 [Veröffentlichung]

Die Veröffentlichung der Eintragung ist unverzüglich zu veranlassen.

§ 33 [Form der Bekanntmachungen]

(1) Die öffentlichen Bekanntmachungen sollen knapp gefaßt und leicht verständlich sein.

(2) In den Bekanntmachungen ist das Gericht und der Tag der Eintragung zu bezeichnen, einer Unterschrift bedarf es nicht.

(3) [1] Die Bekanntmachungen sind tunlichst nach dem anliegenden Muster abzufassen (Anlage 3). [2] Der Tag der Bekanntmachung ist durch die bekannt machende Stelle beizufügen.

§ 34 [Besondere Angaben in der Bekanntmachung]

[1] In den Bekanntmachungen sind, falls entsprechende Mitteilungen vorliegen, auch der Unternehmensgegenstand, soweit er sich nicht aus der Firma ergibt, und die Lage der Geschäftsräume anzugeben. [2] Es ist in den Bekanntmachungen darauf hinzuweisen, daß diese Angaben ohne Gewähr für die Richtigkeit erfolgen.

§ 34 a Veröffentlichungen im Amtsblatt der Europäischen Union

Die Pflichten zur Veröffentlichung im Amtsblatt der Europäischen Union und die Mitteilungspflichten gegenüber dem Amt für amtliche Veröffentlichungen der Europäischen Union nach der Verordnung (EWG) Nr. 2137/85 des Rates vom 25. Juli 1985 über die Schaffung einer Europäischen wirtschaftlichen Interessenvereinigung (EWIV) (ABl. EG Nr. L 199 S. 1) sowie der Verordnung (EG) Nr. 2157/2001 des Rates vom 8. Oktober 2001 über das Statut der Europäischen Gesellschaft (SE) (ABl. EG Nr. L 294 S. 1) bleiben unberührt.

§ 35 [Angabe des Löschungsgrundes]

[1] Wird eine Firma im Handelsregister gelöscht, weil das Unternehmen nach Art oder Umfang einen in kaufmännischer Weise eingerichteten Geschäftsbetrieb nicht erfordert, so kann auf Antrag des Inhabers in der Bekanntmachung der Grund der Löschung erwähnt werden. [2] Handelt es sich um einen Handwerker, der bereits in die Handwerksrolle eingetragen ist, so kann neben der Angabe des Grundes der Löschung in der Bekanntmachung auch auf diese Eintragung hingewiesen werden.

§ 36 [Benachrichtigungen]

[1] Der Urkundsbeamte der Geschäftsstelle unterschreibt die Benachrichtigungen. [2] In geeigneten Fällen ist darauf hinzuweisen, daß auf die Benachrichtigung verzichtet werden kann (§ 130 Abs. 2 Satz 2 des Gesetzes über die Angelegenheiten der freiwilligen Gerichtsbarkeit).

§ 37 Mitteilungen an andere Stellen

(1) [1] Das Gericht hat jede Neuanlegung und jede Änderung eines Registerblatts
1. der Industrie- und Handelskammer,

2. der Handwerkskammer, wenn es sich um ein handwerkliches Unternehmen handelt oder handeln kann, und
3. der Landwirtschaftskammer, wenn es sich um ein land- oder forstwirtschaftliches Unternehmen handelt oder handeln kann, oder, wenn eine Landwirtschaftskammer nicht besteht, der nach Landesrecht zuständigen Stelle

mitzuteilen. ²Die über Geschäftsräume und Unternehmensgegenstand gemachten Angaben sind ebenfalls mitzuteilen.

(2) Soweit in anderen Rechtsvorschriften oder durch besondere Anordnung der Landesjustizverwaltung eine Benachrichtigung weiterer Stellen vorgesehen ist, bleiben diese Vorschriften unberührt.

§ 38 [Anfragen bei anderen Registergerichten]

Gehört ein Ort oder eine Gemeinde zu den Bezirken verschiedener Registergerichte, so hat jedes Registergericht vor der Eintragung einer neuen Firma oder vor der Eintragung von Änderungen einer Firma bei den anderen beteiligten Registergerichten anzufragen, ob gegen die Eintragung im Hinblick auf § 30 des Handelsgesetzbuches Bedenken bestehen.

§ 38 a [Maschinelle Verfügungen und Benachrichtigungen]

(1) ¹Gerichtliche Verfügungen und Benachrichtigungen an Beteiligte, die maschinell erstellt werden, brauchen nicht unterschrieben zu werden. ²In diesem Fall muß anstelle der Unterschrift auf dem Schreiben der Vermerk „Dieses Schreiben ist maschinell erstellt und auch ohne Unterschrift wirksam." angebracht sein. ³Die Verfügung muß den Verfasser mit Funktionsbezeichnung erkennen lassen.

(2) ¹Die in Absatz 1 bezeichneten maschinell zu erstellenden Schreiben können, wenn die Kenntnisnahme durch den Empfänger allgemein sichergestellt ist, auch durch Bildschirmmitteilung oder in anderer Weise elektronisch übermittelt werden. ²§ 16 des Gesetzes über die Angelegenheiten der freiwilligen Gerichtsbarkeit bleibt unberührt.

(3) Für die Texte für die öffentliche Bekanntmachung der Eintragungen sowie für Mitteilungen nach § 37 und Anfragen nach § 38 gelten die Absätze 1 und 2 entsprechend.

IV. Sondervorschriften für die Abteilungen A und B

§ 39 [Trennung, Muster]

Die Abteilungen A und B werden in getrennten Registern nach den beigegebenen Mustern geführt.

Abteilung A

§ 40 Inhalt der Eintragungen in Abteilung A

In Abteilung A des Handelsregisters sind die nachfolgenden Angaben einzutragen:
1. In Spalte 1 ist die laufende Nummer der die Firma betreffenden Eintragungen einzutragen.
2. In Spalte 2 sind
   a) unter Buchstabe a die Firma;
   b) unter Buchstabe b der Ort der Niederlassung oder der Sitz sowie die Errichtung oder Aufhebung von Zweigniederlassungen, und zwar unter Angabe des Ortes einschließlich der Postleitzahl und, falls der Firma für eine Zweigniederlassung ein Zusatz beigefügt ist, unter Angabe dieses Zusatzes;
   c) unter Buchstabe c bei Europäischen wirtschaftlichen Interessenvereinigungen und bei juristischen Personen der Gegenstand des Unternehmens
   und die sich jeweils darauf beziehenden Änderungen anzugeben.
3. ¹In Spalte 3 sind
   a) unter Buchstabe a die allgemeine Regelung zur Vertretung des Rechtsträgers durch die persönlich haftenden Gesellschafter, die Geschäftsführer, die Mitglieder des Vor-

standes, bei Kreditinstituten die gerichtlich bestellten vertretungsbefugten Personen sowie die Abwickler oder Liquidatoren, und
    b) unter Buchstabe b der Einzelkaufmann, bei Handelsgesellschaften die persönlich haftenden Gesellschafter, bei Europäischen wirtschaftlichen Interessenvereinigungen die Geschäftsführer, bei juristischen Personen die Mitglieder des Vorstandes und deren Stellvertreter, bei Kreditinstituten die gerichtlich bestellten vertretungsberechtigten Personen, die Abwickler oder Liquidatoren unter der Bezeichnung als solche, bei ausländischen Versicherungsunternehmen die nach § 106 Abs. 3 des Versicherungsaufsichtsgesetzes bestellten Hauptbevollmächtigten sowie bei einer Zweigstelle eines Unternehmens mit Sitz in einem anderen Staat, die Bankgeschäfte in dem in § 1 Abs. 1 des Gesetzes über das Kreditwesen bezeichneten Umfang betreibt, die nach § 53 Abs. 2 Nr. 1 des Gesetzes über das Kreditwesen bestellten Geschäftsleiter jeweils mit Familiennamen, Vornamen, Geburtsdatum und Wohnort oder gegebenenfalls mit Firma, Rechtsform, Sitz oder Niederlassung

und die jeweils sich darauf beziehenden Änderungen anzugeben. ² Weicht die Vertretungsbefugnis der in Spalte 3 unter Buchstabe b einzutragenden Personen im Einzelfall von den Angaben in Spalte 3 unter Buchstabe a ab, so ist diese besondere Vertretungsbefugnis bei den jeweiligen Personen zu vermerken.

4. In Spalte 4 sind die die Prokura betreffenden Angaben einschließlich Familienname, Vorname, Geburtsdatum und Wohnort der Prokuristen und die sich jeweils darauf beziehenden Änderungen einzutragen.
5. In Spalte 5 sind anzugeben
    a) unter Buchstabe a die Rechtsform sowie bei juristischen Personen das Datum der Erstellung und jede Änderung der Satzung; bei der Eintragung genügt, soweit sie nicht die Änderung der einzutragenden Angaben betrifft, eine allgemeine Bezeichnung des Gegenstands der Änderung; dabei ist in der Spalte 6 unter Buchstabe b auf die beim Gericht eingereichten Urkunden sowie auf die Stelle der Akten, bei der die Urkunden sich befinden, zu verweisen;
    b) unter Buchstabe b
        aa) die besonderen Bestimmungen des Gründungsvertrages oder der Satzung über die Zeitdauer der Europäischen wirtschaftlichen Interessenvereinigung oder juristischen Person sowie alle sich hierauf beziehenden Änderungen;
        bb) die Eröffnung, Einstellung und Aufhebung des Insolvenzverfahrens sowie die Aufhebung des Eröffnungsbeschlusses; die Bestellung eines vorläufigen Insolvenzverwalters unter den Voraussetzungen des § 32 Abs. 1 Satz 2 Nr. 2 des Handelsgesetzbuchs sowie die Aufhebung einer derartigen Sicherungsmaßnahme; die Anordnung der Eigenverwaltung durch den Schuldner und deren Aufhebung sowie die Anordnung der Zustimmungsbedürftigkeit bestimmter Rechtsgeschäfte des Schuldners nach § 277 der Insolvenzordnung; die Überwachung der Erfüllung eines Insolvenzplans und die Aufhebung der Überwachung;
        cc) die Klausel über die Haftungsbefreiung eines Mitglieds der Europäischen wirtschaftlichen Interessenvereinigung für die vor seinem Beitritt entstandenen Verbindlichkeiten;
        dd) die Auflösung, Fortsetzung und die Nichtigkeit der Gesellschaft, Europäischen wirtschaftlichen Interessenvereinigung oder juristischen Person; der Schluss der Abwicklung der Europäischen wirtschaftlichen Interessenvereinigung; das Erlöschen der Firma, die Löschung einer Gesellschaft, Europäischen wirtschaftlichen Interessenvereinigung oder juristischen Person sowie Löschungen von Amts wegen;
        ee) Eintragungen nach dem Umwandlungsgesetz;
        ff) im Fall des Erwerbs eines Handelsgeschäfts bei Fortführung unter der bisherigen Firma eine von § 25 Abs. 1 des Handelsgesetzbuchs abweichende Vereinbarung;
        gg) beim Eintritt eines persönlich haftenden Gesellschafters oder eines Kommanditisten in das Geschäft eines Einzelkaufmanns eine von § 28 Abs. 1 des Handelsgesetzbuchs abweichende Vereinbarung;
    c) unter Buchstabe c Familienname, Vorname, Geburtsdatum und Wohnort oder gegebenenfalls Firma, Rechtsform, Sitz oder Niederlassung und der Betrag der Einlage

jedes Kommanditisten einer Kommanditgesellschaft sowie bei der Europäischen wirtschaftlichen Interessenvereinigung die Mitglieder mit Familiennamen, Vornamen, Geburtsdatum und Wohnort oder gegebenenfalls mit Firma, Rechtsform, Sitz oder Niederlassung
und die sich jeweils darauf beziehenden Änderungen.
6. In Spalte 6 sind unter Buchstabe a der Tag der Eintragung, unter Buchstabe b sonstige Bemerkungen einzutragen.
7. Enthält eine Eintragung die Nennung eines in ein öffentliches Register eingetragenen Rechtsträgers, so sind Art und Ort des Registers sowie die Registernummer dieses Rechtsträgers mit zu vermerken.

§ 41 [Änderung der Firma, Neueintragung, Verweisungen]

(1) ¹ Wird bei dem Eintritt eines persönlich haftenden Gesellschafters oder eines Kommanditisten in das Geschäft eines Einzelkaufmanns oder bei dem Eintritt eines Gesellschafters in eine bestehende Gesellschaft die bisherige Firma nicht fortgeführt und die neue Firma unter einer neuen Nummer auf einem anderen Registerblatt eingetragen, so ist der Eintritt in Spalte 5 des Registers bei der bisherigen und bei der neuen Firma zu vermerken. ² Dasselbe gilt von einer von § 28 Abs. 1 des Handelsgesetzbuchs abweichenden Vereinbarung.

(2) Auf jedem Registerblatt ist auf das andere in Spalte „Bemerkungen" zu verweisen.

§ 42 [Übergang eines Handelsgeschäfts, Verweisungen]

¹ Wird zum Handelsregister angemeldet, daß das Handelsgeschäft eines Einzelkaufmanns, einer juristischen Person, einer offenen Handelsgesellschaft oder einer Kommanditgesellschaft auf eine in Abteilung B eingetragene Handelsgesellschaft mit dem Recht zur Fortführung der Firma übergegangen ist, so sind die das Handelsgeschäft betreffenden Eintragungen in Abteilung A des Registers rot zu unterstreichen. ² Wird von dem Erwerber die Fortführung der Firma angemeldet, so ist bei der Eintragung in Abteilung B auf das bisherige Registerblatt in der Spalte „Bemerkungen" zu verweisen und umgekehrt.

Abteilung B

§ 43 Inhalt der Eintragungen in Abteilung B

In Abteilung B des Handelsregisters sind die nachfolgenden Angaben einzutragen:
1. In Spalte 1 ist die laufende Nummer der die Gesellschaft betreffenden Eintragung einzutragen.
2. In Spalte 2 sind
   a) unter Buchstabe a die Firma;
   b) unter Buchstabe b der Ort der Niederlassung oder der Sitz sowie die Errichtung oder Aufhebung von Zweigniederlassungen, und zwar unter Angabe des Ortes einschließlich der Postleitzahl und, falls der Firma für eine Zweigniederlassung ein Zusatz beigefügt ist, unter Angabe dieses Zusatzes;
   c) unter Buchstabe c der Gegenstand des Unternehmens
   und die sich jeweils darauf beziehenden Änderungen anzugeben.
3. In Spalte 3 sind bei Aktiengesellschaften, bei einer SE und bei Kommanditgesellschaften auf Aktien die jeweils aktuellen Beträge der Höhe des Grundkapitals, bei Investmentaktiengesellschaften mit veränderlichem Kapital die Höhe des Mindestkapitals, bei Gesellschaften mit beschränkter Haftung die Höhe des Stammkapitals und bei Versicherungsvereinen auf Gegenseitigkeit die Höhe des Gründungsfonds anzugeben.
4. ¹ In Spalte 4 sind
   a) unter Buchstabe a die allgemeine Regelung zur Vertretung des Rechtsträgers durch die Mitglieder des Vorstandes, des Leitungsorgans, die geschäftsführenden Direktoren, die persönlich haftenden Gesellschafter sowie bei Kreditinstituten die gerichtlich bestellten vertretungsbefugten Personen, die Geschäftsführer, die Abwickler oder Liquidatoren und
   b) unter Buchstabe b bei Aktiengesellschaften und Versicherungsvereinen auf Gegenseitigkeit die Mitglieder des Vorstandes und ihre Stellvertreter (bei Aktiengesell-

schaften unter besonderer Bezeichnung des Vorsitzenden), bei einer SE die Mitglieder des Leitungsorgans und ihre Stellvertreter (unter besonderer Bezeichnung ihres Vorsitzenden) oder die geschäftsführenden Direktoren, bei Kommanditgesellschaften auf Aktien die persönlich haftenden Gesellschafter, bei Kreditinstituten die gerichtlich bestellten vertretungsbefugten Personen, bei Gesellschaften mit beschränkter Haftung die Geschäftsführer und ihre Stellvertreter, ferner die Abwickler oder Liquidatoren unter der Bezeichnung als solcher, jeweils mit Familiennamen, Vornamen, Geburtsdatum und Wohnort oder gegebenenfalls mit Firma, Rechtsform, Sitz oder Niederlassung
und die jeweils sich darauf beziehenden Änderungen anzugeben. ² Weicht die Vertretungsbefugnis der in Spalte 4 unter Buchstabe b einzutragenden Personen im Einzelfall von den Angaben in Spalte 4 unter Buchstabe a ab, so ist diese besondere Vertretungsbefugnis bei den jeweiligen Personen zu vermerken. ³ Ebenfalls in Spalte 4 unter Buchstabe b sind bei ausländischen Versicherungsunternehmen die nach § 106 Abs. 3 des Versicherungsaufsichtsgesetzes bestellten Hauptbevollmächtigten, bei einer Zweigstelle eines Unternehmens mit Sitz in einem anderen Staat, die Bankgeschäfte in dem in § 1 Abs. 1 des Gesetzes über das Kreditwesen bezeichneten Umfang betreibt, die nach § 53 Abs. 2 Nr. 1 des Gesetzes über das Kreditwesen bestellten Geschäftsleiter sowie bei einer Zweigniederlassung einer Aktiengesellschaft, SE oder Gesellschaft mit beschränkter Haftung mit Sitz im Ausland die ständigen Vertreter nach § 13 e Abs. 2 Satz 4 Nr. 3 des Handelsgesetzbuchs jeweils mit Familiennamen, Vornamen, Geburtsdatum und Wohnort unter Angabe ihrer Befugnisse zu vermerken.
5. In Spalte 5 sind die die Prokura betreffenden Eintragungen einschließlich Familienname, Vorname, Geburtsdatum und Wohnort der Prokuristen sowie die jeweils sich darauf beziehenden Änderungen anzugeben.
6. In Spalte 6 sind anzugeben
   a) unter Buchstabe a die Rechtsform und der Tag der Feststellung der Satzung oder des Abschlusses des Gesellschaftsvertrages; jede Änderung der Satzung oder des Gesellschaftsvertrages; bei der Eintragung genügt, soweit nicht die Änderung die einzutragenden Angaben betrifft, eine allgemeine Bezeichnung des Gegenstands der Änderung;
   b) unter Buchstabe b neben den entsprechend für die Abteilung A in § 40 Nr. 5 Buchstabe b Doppelbuchstabe bb einzutragenden Angaben:
      aa) die besonderen Bestimmungen der Satzung oder des Gesellschaftsvertrages über die Zeitdauer der Gesellschaft oder des Versicherungsvereins auf Gegenseitigkeit;
      bb) eine Eingliederung einschließlich der Firma der Hauptgesellschaft sowie das Ende der Eingliederung, sein Grund und sein Zeitpunkt;
      cc) das Bestehen und die Art von Unternehmensverträgen einschließlich des Namens des anderen Vertragsteils, beim Bestehen einer Vielzahl von Teilgewinnabführungsverträgen alternativ anstelle des Namens des anderen Vertragsteils eine Bezeichnung, die den jeweiligen Teilgewinnabführungsvertrag konkret bestimmt, außerdem die Änderung des Unternehmensvertrages sowie seine Beendigung unter Angabe des Grundes und des Zeitpunktes;
      dd) die Auflösung, die Fortsetzung und die Nichtigkeit der Gesellschaft oder des Versicherungsvereins auf Gegenseitigkeit;
      ee) Eintragungen nach dem Umwandlungsgesetz;
      ff) das Erlöschen der Firma, die Löschung einer Aktiengesellschaft, SE, Kommanditgesellschaft auf Aktien, Gesellschaft mit beschränkter Haftung oder eines Versicherungsvereins auf Gegenseitigkeit sowie Löschungen von Amts wegen;
      gg) das Bestehen eines bedingten Kapitals unter Angabe des Beschlusses der Hauptversammlung und der Höhe des bedingten Kapitals;
      hh) das Bestehen eines genehmigten Kapitals unter Angabe des Beschlusses der Hauptversammlung, der Höhe des genehmigten Kapitals und des Zeitpunktes, bis zu dem die Ermächtigung besteht;
      ii) bei Investmentaktiengesellschaften mit veränderlichem Kapital die Bandbreite des statutarisch genehmigten Kapitals (§ 104 Satz 1 des Investmentgesetzes);
      jj) der Beschluss einer Übertragung von Aktien gegen Barabfindung (§ 327 a des Aktiengesetzes) unter Angabe des Tages des Beschlusses;

kk) der Abschluss eines Nachgründungsvertrages unter Angabe des Zeitpunktes des Vertragsschlusses und des Zustimmungsbeschlusses der Hauptversammlung sowie der oder die Vertragspartner der Gesellschaft;
ll) bei Versicherungsvereinen auf Gegenseitigkeit der Tag, an dem der Geschäftsbetrieb erlaubt worden ist
und die sich jeweils darauf beziehenden Änderungen.
7. Die Verwendung der Spalte 7 richtet sich nach den Vorschriften über die Benutzung der Spalte 6 der Abteilung A.
8. § 40 Nr. 7 gilt entsprechend.

§ 44 [Eintragungen von Urteilen über Nichtigkeitserklärungen und Verfügungen über Löschungen]

Urteile, durch die ein in das Register eingetragener Beschluß der Hauptversammlung einer Aktiengesellschaft, SE, Kommanditgesellschaft auf Aktien oder der Gesellschafterversammlung einer Gesellschaft mit beschränkter Haftung rechtskräftig für nichtig erklärt ist, sowie die nach § 144 Abs. 2 des Gesetzes über die Angelegenheiten der freiwilligen Gerichtsbarkeit verfügte Löschung eines Beschlusses sind in einem Vermerk, der den Beschluß als nichtig bezeichnet, in diejenigen Spalten des Registerblatts einzutragen, in die der Beschluß eingetragen war.

§ 45 [Löschung einer Gesellschaft wegen Nichtigkeit, Benachrichtigung über Heilung eines Mangels]

(1) Soll eine Aktiengesellschaft, eine SE, eine Kommanditgesellschaft auf Aktien oder eine Gesellschaft mit beschränkter Haftung als nichtig gelöscht werden, so ist, wenn der Mangel geheilt werden kann, in der nach § 142 Abs. 2, § 144 Abs. 1 des Gesetzes über die Angelegenheiten der freiwilligen Gerichtsbarkeit in der Fassung des § 43 Nr. 2 des Einführungsgesetzes zum Aktiengesetz ergehenden Benachrichtigung auf diese Möglichkeit ausdrücklich hinzuweisen.

(2) ¹Die Löschung erfolgt durch Eintragung eines Vermerks, der die Gesellschaft als nichtig bezeichnet. ²Gleiches gilt, wenn die Gesellschaft durch rechtskräftiges Urteil für nichtig erklärt ist.

§ 46 [Verweisung bei Firmenänderung]

Wird bei einer in Abteilung B eingetragenen Handelsgesellschaft die Änderung der Firma zum Handelsregister angemeldet, weil das Geschäft mit dem Recht zur Fortführung der Firma auf einen Einzelkaufmann, eine juristische Person oder eine Handelsgesellschaft übertragen worden ist, und wird von dem Erwerber die Fortführung der Firma angemeldet, so ist bei der Eintragung in die Spalte „Bemerkungen" auf das bisherige Registerblatt zu verweisen und umgekehrt.

IVa. Vorschriften für das elektronisch geführte Handelsregister

1. Einrichtung des elektronisch geführten Handelsregisters

§ 47 Grundsatz

(1) ¹Bei der elektronischen Führung des Handelsregisters muss gewährleistet sein, dass
1. die Grundsätze einer ordnungsgemäßen Datenverarbeitung eingehalten, insbesondere Vorkehrungen gegen einen Datenverlust getroffen sowie die erforderlichen Kopien der Datenbestände mindestens tagesaktuell gehalten und die originären Datenbestände sowie deren Kopien sicher aufbewahrt werden,
2. die vorzunehmenden Eintragungen alsbald in einen Datenspeicher aufgenommen und auf Dauer inhaltlich unverändert in lesbarer Form wiedergegeben werden können,

3. die nach der Anlage zu § 126 Abs. 1 Satz 2 Nr. 3 der Grundbuchordnung erforderlichen Maßnahmen getroffen werden.
²Die Dokumente sind in inhaltlich unveränderbarer Form zu speichern.

(2) Wird die Datenverarbeitung im Auftrag des zuständigen Amtsgerichts auf den Anlagen einer anderen staatlichen Stelle oder juristischen Person des öffentlichen oder privaten Rechts vorgenommen (§ 125 Abs. 5 des Gesetzes über die Angelegenheiten der freiwilligen Gerichtsbarkeit), so muss sichergestellt sein, dass Eintragungen in das Handelsregister und der Abruf von Daten hieraus nur erfolgen, wenn dies von dem zuständigen Gericht verfügt worden oder sonst zulässig ist.

(3) Die Verarbeitung der Registerdaten auf Anlagen, die nicht im Eigentum der anderen staatlichen Stelle oder juristischen Person des öffentlichen oder privaten Rechts stehen, ist nur zulässig, wenn gewährleistet ist, dass die Daten dem uneingeschränkten Zugriff des zuständigen Gerichts unterliegen und der Eigentümer der Anlage keinen Zugang zu den Daten hat.

§ 48 Begriff des elektronisch geführten Handelsregisters

¹Bei dem elektronisch geführten Handelsregister ist der in den dafür bestimmten Datenspeicher aufgenommene und auf Dauer unverändert in lesbarer Form wiedergabefähige Inhalt des Registerblattes (§ 13 Abs.1) das Handelsregister. ²Die Bestimmung des Datenspeichers nach Satz 1 kann durch Verfügung der nach Landesrecht zuständigen Stelle geändert werden, wenn dies dazu dient, die Erhaltung und die Abrufbarkeit der Daten sicherzustellen oder zu verbessern, und die Daten dabei nicht verändert werden.

§ 49 Anforderungen an Anlagen und Programme; Sicherung der Anlagen, Programme und Daten

(1) Hinsichtlich der Anforderungen an die für das elektronisch geführte Handelsregister verwendeten Anlagen und Programme, deren Sicherung sowie der Sicherung der Daten gelten die §§ 64 bis 66 der Grundbuchverfügung entsprechend.

(2) Das eingesetzte Datenverarbeitungssystem soll innerhalb eines jeden Landes einheitlich sein und mit den in den anderen Ländern eingesetzten Systemen verbunden werden können.

§ 50 Gestaltung des elektronisch geführten Handelsregisters

(1) ¹Der Inhalt des elektronisch geführten Handelsregisters muß auf dem Bildschirm und in Ausdrucken entsprechend den beigegebenen Mustern (Anlagen 4 und 5) sichtbar gemacht werden können. ²Der letzte Stand aller noch nicht gegenstandslos gewordenen Eintragungen (aktueller Registerinhalt) kann statt in spaltenweiser Wiedergabe auch als fortlaufender Text nach den Mustern in Anlage 6 und 7 sichtbar gemacht werden.

(2) Der Inhalt geschlossener Registerblätter, die nicht für die elektronische Registerführung umgeschrieben wurden, muss entsprechend den beigegebenen Mustern (Anlagen 1 und 2 in der bis zum Inkrafttreten des Gesetzes über elektronische Handelsregister und Genossenschaftsregister sowie das Unternehmensregister am 1. Januar 2007 geltenden Fassung dieser Verordnung) auf dem Bildschirm und in Ausdrucken sichtbar gemacht werden können, wenn nicht die letzte Eintragung in das Registerblatt vor dem 1. Januar 1997 erfolgte.

2. Anlegung des elektronisch geführten Registerblatts

§ 51 Anlegung des elektronisch geführten Registerblatts durch Umschreibung

Ein bisher in Papierform geführtes Registerblatt kann für die elektronische Führung nach den §§ 51, 52 und 54 in der bis zum Inkrafttreten des Gesetzes über elektronische Handelsregister und Genossenschaftsregister sowie das Unternehmensregister am 1. Januar 2007 geltenden Fassung dieser Verordnung umgeschrieben werden.

3. Automatisierter Abruf von Daten

§ 52 Umfang des automatisierten Datenabrufs

¹Umfang und Voraussetzungen des Abrufs im automatisierten Verfahren einschließlich des Rechts, von den abgerufenen Daten Abdrucke zu fertigen, bestimmen sich nach § 9 Abs. 1 des Handelsgesetzbuchs. ²Abdrucke stehen den Ausdrucken (§ 30a) nicht gleich.

§ 53 Protokollierung der Abrufe

(1) ¹Für die Sicherung der ordnungsgemäßen Datenverarbeitung und für die Abrechnung der Kosten des Abrufs werden alle Abrufe durch die zuständige Stelle protokolliert. ²Im Protokoll dürfen nur das Gericht, die Nummer des Registerblatts, die abrufende Person oder Stelle, ein Geschäfts-, Aktenzeichen oder eine sonstige Kennung des Abrufs, der Zeitpunkt des Abrufs sowie die für die Durchführung des Abrufs verwendeten Daten gespeichert werden.

(2) ¹Die protokollierten Daten dürfen nur für die in Absatz 1 Satz 1 genannten Zwecke verwendet werden. ²Sie sind durch geeignete Vorkehrungen gegen zweckfremde Nutzung und gegen sonstigen Missbrauch zu schützen.

(3) ¹Die nach Absatz 1 gefertigten Protokolle werden vier Jahre nach Ablauf des Kalenderjahres, in dem die Zahlung der Kosten erfolgt ist, vernichtet. ²Im Fall der Einlegung eines Rechtsbehelfs mit dem Ziel der Rückerstattung verlängert sich die Aufbewahrungsfrist jeweils um den Zeitraum von der Einlegung bis zur abschließenden Entscheidung über den Rechtsbehelf.

4. Ersatzregister und Ersatzmaßnahmen

§ 54 Ersatzregister und Ersatzmaßnahmen

(1) ¹Ist die Vornahme von Eintragungen in das elektronisch geführte Handelsregister vorübergehend nicht möglich, so können auf Anordnung der nach Landesrecht zuständigen Stelle Eintragungen ohne Vergabe einer neuen Nummer in einem Ersatzregister in Papierform vorgenommen werden, wenn hiervon Verwirrung nicht zu besorgen ist. ²Sie sollen in das elektronisch geführte Handelsregister übernommen werden, sobald dies wieder möglich ist. ³Auf die erneute Übernahme sind die Vorschriften über die Anlegung des maschinell geführten Registerblatts in der bis zum Inkrafttreten des Gesetzes über elektronische Handelsregister und Genossenschaftsregister sowie das Unternehmensregister am 1. Januar 2007 geltenden Fassung dieser Verordnung entsprechend anzuwenden.

(2) Für die Einrichtung und Führung der Ersatzregister nach Absatz 1 gelten § 17 Abs. 2 und die Bestimmungen des Abschnitts IV dieser Verordnung sowie die Bestimmungen der Abschnitte I bis III in der bis zum Inkrafttreten des Gesetzes über elektronische Handelsregister und Genossenschaftsregister sowie das Unternehmensregister am 1. Januar 2007 geltenden Fassung dieser Verordnung.

(3) ¹Können elektronische Anmeldungen und Dokumente vorübergehend nicht entgegengenommen werden, so kann die nach Landesrecht zuständige Stelle anordnen, dass Anmeldungen und Dokumente auch in Papierform zum Handelsregister eingereicht werden können. ²Die aufgrund einer Anordnung nach Satz 1 eingereichten Schriftstücke sind unverzüglich in elektronische Dokumente zu übertragen.

V. aufgehoben

Anlagen 1, 2

aufgehoben

Anlage 3

(zu § 33 Abs. 3)
Muster für Bekanntmachungen
Amtsgericht Charlottenburg – Registergericht –,
Aktenzeichen: HRB 8297
Die in ( ) gesetzten Angaben der Geschäftsanschrift und des Geschäftszweiges erfolgen ohne Gewähr:
Neueintragungen
27. 6. 2004
HRB 8297 Jahn & Schubert GmbH, Berlin (Behrenstr. 9, 10117 Berlin). Gesellschaft mit beschränkter Haftung. Gegenstand: der Betrieb einer Buchdruckerei. Stammkapital: 30 000 EUR. Allgemeine Vertretungsregelung: Ist nur ein Geschäftsführer bestellt, so vertritt er die Gesellschaft allein. Sind mehrere Geschäftsführer bestellt, so wird die Gesellschaft durch zwei Geschäftsführer oder durch einen Geschäftsführer gemeinsam mit einem Prokuristen vertreten. Geschäftsführer: Heinemann, Arthur, Berlin *18. 5. 1966, einzelvertretungsberechtigt mit der Befugnis im Namen der Gesellschaft mit sich im eigenen Namen oder als Vertreter eines Dritten Rechtsgeschäfte abzuschließen. Gesellschaftsvertrag vom 13. 1. 2004 mit Änderung vom 17. 1. 2004.
Bekannt gemacht am: 30. 6. 2004

Anlage 4

(zu § 50 Abs. 1)

Muster maschinelles Register – Abteilung A

Handelsregister des Amtsgerichts		Abteilung A		Nummer der Firma: HR A	
Nummer der Eintragung	a) Firma b) Sitz, Niederlassung, Zweigniederlassungen c) Gegenstand des Unternehmens[1]	a) Allgemeine Vertretungsregelung b) Inhaber, persönlich haftende Gesellschafter, Geschäftsführer, Vorstand, Vertretungsberechtigte und besondere Vertretungsbefugnis	Prokura	a) Rechtsform, Beginn und Satzung b) Sonstige Rechtsverhältnisse c) Kommanditisten, Mitglieder[2]	a) Tag der Eintragung b) Bemerkung
1	2	3	4	5	6

Anmerkung: Die Kopfzeile und die Spaltenüberschriften müssen beim Abruf der Registerdaten auf dem Bildschirm stets sichtbar sein.

---

[1] Die Anmeldung des Unternehmensgegenstandes ist nur bei der Europäischen wirtschaftlichen Interessenvereinigung und juristischen Personen zwingend.
[2] Mitglieder sind hier solche der Europäischen wirtschaftlichen Interessenvereinigung.

Anlage 5
(zu § 50 Abs. 1)

Muster maschinelles Register – Abteilung B

Handelsregister des Amtsgerichts			Abteilung B		Nummer der Firma: HR B	
Nummer der Eintragung	a) Firma b) Sitz, Niederlassung, Zweigniederlassungen c) Gegenstand des Unternehmens	Grund- oder Stammkapital	a) Allgemeine Vertretungsregelung b) Inhaber, persönlich haftende Gesellschafter, Geschäftsführer, Vorstand, Vertretungsberechtigte und besondere Vertretungsbefugnis	Prokura	a) Rechtsform, Beginn, Satzung oder Gesellschaftsvertrag b) Sonstige Rechtsverhältnisse	a) Tag der Eintragung b) Bemerkung
1	2	3	4	5	6	7

Anmerkung: Die Kopfzeile und die Spaltenüberschriften müssen beim Abruf der Registerdaten auf dem Bildschirm stets sichtbar sein.

Anlage 6
(zu § 50 Abs. 1)

Muster maschinelles Register Abteilung A – Wiedergabe des aktuellen Registerinhalts

Handelsregister des Amtsgerichts   **Abteilung A**   **Nummer der Firma: HR A**
Wiedergabe des aktuellen Registerinhalts

1. Anzahl der bisherigen Eintragungen:
2. a) Firma:
   b) Sitz, Niederlassung, Zweigniederlassungen:
   c) Gegenstand des Unternehmens:[3]
3. a) Allgemeine Vertretungsregelung:
   b) Inhaber, persönlich haftende Gesellschafter, Geschäftsführer, Vorstand, Vertretungsberechtigte und besondere Vertretungsbefugnis:
4. Prokura:
5. a) Rechtsform, Beginn und Satzung:
   b) Sonstige Rechtsverhältnisse:
   c) Kommanditisten, Mitglieder[4]:
6. Tag der letzten Eintragung:

Anmerkung: Die Kopfzeile und die Spaltenüberschriften müssen beim Abruf der Registerdaten auf dem Bildschirm stets sichtbar sein.

---

[3] Die Anmeldung des Unternehmensgegenstandes ist nur bei der Europäischen wirtschaftlichen Interessenvereinigung und juristischen Personen zwingend.
[4] Mitglieder sind hier solche der Europäischen wirtschaftlichen Interessenvereinigung.

Anlage 7

(zu § 50 Abs. 1)

Muster maschinelles Register Abteilung B – Wiedergabe des aktuellen Registerinhalts

Handelsregister des Amtsgerichts	Abteilung B	Nummer der Firma: HR B
Wiedergabe des aktuellen Registerinhalts		

1. Anzahl der bisherigen Eintragungen:
2. a) Firma:
   b) Sitz, Niederlassung, Zweigniederlassungen:
   c) Gegenstand des Unternehmens:
3. Grund- und Stammkapital:
4. a) Allgemeine Vertretungsregelung:
   b) Inhaber, persönlich haftende Gesellschafter, Geschäftsführer, Vorstand, Vertretungsberechtigte und besondere Vertretungsbefugnis:
5. Prokura:
6. a) Rechtsform, Beginn, Satzung oder Gesellschaftsvertrag:
   b) Sonstige Rechtsverhältnisse:
7. Tag der letzten Eintragung:

Anmerkung: Die Kopfzeile und die Spaltenüberschriften müssen beim Abruf der Registerdaten auf dem Bildschirm stets sichtbar sein.

Anlage 8

aufgehoben

§ 8a Eintragungen in das Handelsregister; Verordnungsermächtigung

(1) Eine Eintragung in das Handelsregister wird wirksam, sobald sie in den für die Handelsregistereintragungen bestimmten Datenspeicher aufgenommen ist und auf Dauer inhaltlich unverändert in lesbarer Form wiedergegeben werden kann.

(2) [1] Die Landesregierungen werden ermächtigt, durch Rechtsverordnung nähere Bestimmungen über die elektronische Führung des Handelsregisters, die elektronische Anmeldung, die elektronische Einreichung von Dokumenten sowie deren Aufbewahrung zu treffen, soweit nicht durch das Bundesministerium der Justiz nach § 125 Abs. 3 des Gesetzes über die Angelegenheiten der freiwilligen Gerichtsbarkeit entsprechende Vorschriften erlassen werden. [2] Dabei können sie auch Einzelheiten der Datenübermittlung regeln sowie die Form zu übermittelnder elektronischer Dokumente festlegen, um die Eignung für die Bearbeitung durch das Gericht sicherzustellen. [3] Die Landesregierungen können die Ermächtigung durch Rechtsverordnung auf die Landesjustizverwaltungen übertragen.

1. **Wirksamkeit der Eintragung.** § 8a wurde durch das EHUG (s. § 8 RdNr. 7) neu gefasst. Die Eintragung wird wirksam nicht schon mit der Eingabe und Speicherung der Daten, sondern erst mit dem **Zeitpunkt** ihrer **Abrufbarkeit,** Abs. 1. Die Vorschrift entspricht der auf Publizität angelegten Funktion des Handelsregisters. § 47 Abs. 1 Satz 1 HRV enthält die in § 8a Abs. 1 Satz 2 aF geregelten Details über die EDV-gestützte Registerführung.[1] Die elektronische Datei muss den Zeitpunkt der Abrufbarkeit überprüfbar machen. Als Mindestanforderungen an die technische und

---

[1] S. Vorauflage RdNr. 20 ff.

organisatorische Ausstattung sollen die Registerdaten gegen Verlust und unbefugten Zugriff außenstehender Dritter gesichert und ihre Speicher- und jederzeitige Wiedergabefähigkeit garantiert sein.

In § 8 a Abs. 1 nF wird § 8 a Abs. 2 aF – bis auf eine terminologische Änderung („gespeichert" statt „in den dafür bestimmten Datenspeicher aufgenommen") – inhaltlich unverändert übernommen. § 8 a Abs. 3 und 4 aF sind überholt und konnten aufgehoben werden. Da alle Dokumente in elektronischer Form eingereicht werden müssen (§ 12 Abs. 2) wurden Sondervorschriften hierüber und Ermächtigungen dazu entbehrlich.[2]

2. Verordnungsermächtigung. Die Landesregierungen sind ermächtigt, durch Rechtsverordnungen Bestimmungen über technische Fragen der elektronischen Registerführung zu treffen. Die Ermächtigung ist auf Vorgaben bezüglich der elektronischen Führung des Handelsregisters, der elektronischen Anmeldung und Einreichung von Dokumenten, deren Aufbewahrung sowie der Einzelheiten der Datenübermittlung und Form der zu übermittelnden Dokumente beschränkt (Abs. 2).

Die Länder haben sich auf der 73. Justizministerkonferenz 2002 auf die Einführung einheitlicher Standards verständigt.[3] Die Landesregierungen können ihre Befugnis aus Abs. 2 Satz 2 auf die Landesjustizverwaltung übertragen, Abs. 2 Satz 3. Hiervon haben die Länder, zB Bayern, Gebrauch gemacht.[4] Die Verordnungen der Bundesländer über den elektronischen Rechtsverkehr sind auf den Webseiten der Bundesnotarkammer unter http://www.bnotk.de/service/elektronischer_rechtsverkehr/elektronischens_Handelsregister.html abrufbar. Vorrang haben jedoch vom Bundesjustizministerium gemäß § 125 Abs. 3 erlassene Regelungen, Abs. 2 Satz 1.

§ 8 b Unternehmensregister

(1) Das Unternehmensregister wird vorbehaltlich einer Regelung nach § 9 a Abs. 1 vom Bundesministerium der Justiz elektronisch geführt.

(2) Über die Internetseite des Unternehmensregisters sind zugänglich:

1. Eintragungen im Handelsregister und deren Bekanntmachung und zum Handelsregister eingereichte Dokumente;
2. Eintragungen im Genossenschaftsregister und deren Bekanntmachung und zum Genossenschaftsregister eingereichte Dokumente;
3. Eintragungen im Partnerschaftsregister und deren Bekanntmachung und zum Partnerschaftsregister eingereichte Dokumente;
4. Unterlagen der Rechnungslegung nach den §§ 325 und 339 und deren Bekanntmachung;
5. gesellschaftsrechtliche Bekanntmachungen im elektronischen Bundesanzeiger;
6. im Aktionärsforum veröffentlichte Eintragungen nach § 127 a des Aktiengesetzes;
7. Veröffentlichungen von Unternehmen nach dem Wertpapierhandelsgesetz im elektronischen Bundesanzeiger, von Bietern, Gesellschaften, Vorständen und Aufsichtsräten nach dem Wertpapiererwerbs- und Übernahmegesetz im elektronischen Bundesanzeiger sowie Veröffentlichungen nach der Börsenzulassungs-Verordnung im elektronischen Bundesanzeiger;
8. Bekanntmachungen und Veröffentlichungen inländischer Kapitalanlagegesellschaften und Investmentaktiengesellschaften nach dem Investmentgesetz und dem Investmentsteuergesetz im elektronischen Bundesanzeiger;
9. Veröffentlichungen und sonstige der Öffentlichkeit zur Verfügung gestellte Informationen nach den §§ 2 b, 15 Abs. 1 und 2, § 15 a Abs. 4, § 26 Abs. 1, §§ 26 a, 29 a Abs. 2, §§ 30 e, 30 f Abs. 2, § 37 v Abs. 1 bis § 37 x Abs. 1, §§ 37 y, 37 z Abs. 4 und § 41 Abs. 4 a des Wertpapierhandelsgesetzes, sofern die Veröffentlichung nicht bereits über Nummer 4 oder Nummer 7 in das Unternehmensregister eingestellt wird;
10. Mitteilungen über kapitalmarktrechtliche Veröffentlichungen an die Bundesanstalt für Finanzdienstleistungsaufsicht, sofern die Veröffentlichung selbst nicht bereits über Nummer 7 oder Nummer 9 in das Unternehmensregister eingestellt wird;
11. Bekanntmachungen der Insolvenzgerichte nach § 9 der Insolvenzordnung, ausgenommen Verfahren nach dem Neunten Teil der Insolvenzordnung.

---

[2] RegBegr. BT-Drucks. 16/960 S. 39.
[3] RegBegr. BT-Drucks. 16/960 S. 39.
[4] Das Bayerische Staatsministerium der Justiz hat am 15. 12. 2006 – in Kraft getreten am 1. 1. 2007 – die Verordnung über den elektronischen Rechtsverkehr und elektronische Verfahren (E-Rechtsverkehrsverordnung – ERVV) erlassen.

(3) ¹ Zur Einstellung in das Unternehmensregister sind dem Unternehmensregister zu übermitteln:
1. die Daten nach Absatz 2 Nr. 4 bis 8 durch den Betreiber des elektronischen Bundesanzeigers;
2. die Daten nach Absatz 2 Nr. 9 und 10 durch den jeweils Veröffentlichungspflichtigen oder den von ihm mit der Veranlassung der Veröffentlichung beauftragten Dritten.
² Die Landesjustizverwaltungen übermitteln die Daten nach Absatz 2 Nr. 1 bis 3 und 11 zum Unternehmensregister, soweit die Übermittlung für die Eröffnung eines Zugangs zu den Originaldaten über die Internetseite des Unternehmensregisters erforderlich ist. ³ Die Bundesanstalt für Finanzdienstleistungsaufsicht überwacht die Übermittlung der Veröffentlichungen und der sonstigen der Öffentlichkeit zur Verfügung gestellten Informationen nach den §§ 2b, 15 Abs. 1 und 2, § 15a Abs. 4, § 26 Abs. 1, §§ 26a, 29a Abs. 2, §§ 30e, 30f Abs. 2, § 37v Abs. 1 bis 37x Abs. 1, §§ 37y, 37z Abs. 4 und § 41 Abs. 4a des Wertpapierhandelsgesetzes an das Unternehmensregister zur Speicherung und kann Anordnungen treffen, die zu ihrer Durchsetzung geeignet und erforderlich sind. ⁴ Die Bundesanstalt kann die gebotene Übermittlung der in Satz 3 genannten Veröffentlichungen, der Öffentlichkeit zur Verfügung gestellten Informationen und Mitteilung auf Kosten des Pflichtigen vornehmen, wenn die Übermittlungspflicht nicht, nicht richtig, nicht vollständig oder nicht in der vorgeschriebenen Weise erfüllt wird. ⁵ Für die Überwachungstätigkeit der Bundesanstalt gelten § 4 Abs. 3 Satz 1 und 3, Abs. 7, 9 und 10, § 7 und § 8 des Wertpapierhandelsgesetzes entsprechend.

(4) ¹ Die Führung des Unternehmensregisters schließt die Erteilung von Ausdrucken sowie die Beglaubigung entsprechend § 9 Abs. 3 und 4 hinsichtlich der im Unternehmensregister gespeicherten Unterlagen der Rechnungslegung im Sinn des Absatzes 2 Nr. 4 ein. ² Gleiches gilt für die elektronische Übermittlung von zum Handelsregister eingereichten Schriftstücken nach § 9 Abs. 2, soweit sich der Antrag auf Unterlagen der Rechnungslegung im Sinn des Absatzes 2 Nr. 4 bezieht; § 9 Abs. 3 gilt entsprechend.

I. Konzeption des Unternehmensregisters

1   Das EHUG (s. § 8 RdNr. 7) hat mit Wirkung zum 1. 1. 2007 ein zentrales elektronisches Unternehmensregister geschaffen. Hiermit wurden die durch Art. 3 Abs. 1 und 2 der RiLi 2003/158 EG (**EU-Publizitätsrichtlinie**) sowie Art. 21 Abs. 2 der RiLi 2004/109 EG (**EU-Transparenzrichtlinie**) gemachten Vorgaben umgesetzt. Auch die Regierungskommission Corporate Governance hatte sich in ihrem Abschlussbericht vom 10. 7. 2001[1] für ein solches einheitliches Unternehmensregister ausgesprochen.[2]

2   Mit Einführung des Unternehmensregisters wird dem Missstand abgeholfen, dass veröffentlichungspflichtige Unternehmensdaten in Deutschland bisher auf viele verschiedene Register und Datenbanken verteilt waren, zB Handelsregister, (elektronischer) Bundesanzeiger. Mit dem elektronischen Unternehmensregister wird die Zersplitterung der publizitätspflichtigen Informationen überwunden. Es ist als **Meta-Register**[3] bzw. **Sammelregister**[4] konzipiert, das sich aus den Handels-, Genossenschafts- und Partnerschaftsregistern speist, aus dem elektronischen Bundesanzeiger sowie aus der Zulieferung von Unternehmen und von Insolvenzgerichten. Insbesondere für ausländische Interessenten, die häufig nicht wissen, wo genau die jeweiligen Unternehmensdaten gespeichert sind, ist es auf diese Weise erheblich einfacher geworden, die gewünschten Daten zu identifizieren. Das Unternehmensregister schafft effiziente Publizität iS eines „One-Stopp-Shop".[5] Derart übersichtlich gestaltete Register gibt es bereits in vielen europäischen Staaten.[6] Die Hauptschwäche des Unternehmensregisters ist allerdings das Fehlen von Altdaten, da eine Datenerfassung erst seit 1. 1. 2007 erfolgt. Mit Ausnahme der Justizregistereintragungen sind Informationen aus der Zeit davor über das Unternehmensregister hier erhältlich.[7]

3   **§ 8b Abs. 2** beschreibt lediglich den **Mindestinhalt** des Unternehmensregisters, das offen ist für weitere unternehmensrelevante Daten. Es ist nicht erforderlich, dass alle Daten tatsächlich in das

---

[1] RegBegr. BT-Drucks. 14/7515 RdNr. 252.
[2] RegBegr. BT-Drucks. 16/960 S. 39.
[3] *Noack* NZG 2006, 801, 804.
[4] *Liebscher/Scharff* NJW 2006, 3745, 3749.
[5] *Noack* NZG 2006, 801, 804.
[6] Vgl. für die Schweiz www.zefix.ch und für Österreich www.jusline.at.
[7] *Beurskens* in Noack, Das elektronische Handels- und Unternehmensregister, S. 98f.; MünchKommHGB/*Krafka* RdNr. 3.

Unternehmensregister eingestellt werden, sondern es genügt, wenn diese iS eines Portals zugänglich gemacht werden.[8] Eine derartige **Portalfunktion** hat das Unternehmensregister für die Datenbestände aus den Handels-, Genossenschafts- und Partnerschaftsregistern sowie für bestimmte Bekanntmachungen nach § 9 InsO, § 8 b Abs. 3 Nr. 1–3, 11 (**sog. Indexdaten**). Durch diese Konzeption werden auch Übertragungsfehler bei der Datenübermittlung vermieden. Befürchtungen seitens der Unternehmen, auf Grund des Unternehmensregisters müssten sie zusätzliche Informationen über sich preisgeben, sind unberechtigt. Das zentrale Unternehmensregister stellt lediglich den Ort dar, an dem alle Informationen gesammelt werden, die über ein Unternehmen bereits auf Grund anderer Vorschriften veröffentlicht werden müssen.[9]

Allein die originalen Datenbestände in den entsprechenden Registern nehmen an der **Richtigkeitsgewähr** und dem **Gutglaubensschutz** nach § 15 teil. Im Ergebnis sind die Daten aus dem Handels-, Genossenschafts- oder Partnerschaftsregister damit auf mindestens zwei Wegen elektronisch zugänglich: mittelbar über das Unternehmensregister, das aber noch weitere Daten über das Unternehmen bereit hält, und unmittelbar über das entsprechende Register selbst.[10]

II. Das Unternehmensregister im Einzelnen

1. Führung. Das Unternehmensregister wird vom **Bundesministerium der Justiz** elektronisch geführt. Durch die bundeseigene Verwaltung wird sichergestellt, § 8 b Abs. 1, dass alle im Unternehmensregister nach diesem Gesetz vorgehaltenen Daten zentral an einer Stelle abrufbar zur Verfügung stehen. Die Aufgaben des Bundes werden vom Bundesministerium der Justiz wahrgenommen, da es auch Herausgeber des (elektronischen) Bundesanzeigers ist und wesentliche Inhalte des Unternehmensregisters vom elektronischen Bundesanzeiger zuzuliefern sind.[11] Durch Bezugnahme auf § 9 a Abs. 1 wird klargestellt, dass auch durch Rechtsverordnung ein Dritter mit dem Betrieb des Unternehmensregisters beauftragt werden kann (Beleihung).[12] Durch Verordnung vom 15. 12. 2006 (BGBl. I S. 3202) wurde die Führung des Unternehmensregisters auf die „Bundesanzeiger Verlagsgesellschaft mit beschränkter Haftung" mit dem Sitz in Köln übertragen.

Die **Finanzierung** des Unternehmensregisters erfolgt grundsätzlich durch die Unternehmen über gestaffelte Jahresgebühren.[13]

Durch Rechtsverordnung – Verordnung über das Unternehmensregister (**Unternehmensregisterverordnung – URV** – BGBl. 2007 I S. 217) hat das Bundesministerium der Justiz Einzelheiten der Datenübermittlung an das Unternehmensregister und dessen Aufbau geregelt.

2. Meldepflicht. Da die über das Unternehmensregister zugänglichen Daten (Portalfunktion zu den Registerdaten der Länder) und die im Unternehmensregister selbst gespeicherten Daten im Ergebnis schon aus anderen Quellen fließen bzw. dort vorhanden sind (Register, elektronischer Bundesanzeiger, Gericht) werden die Unternehmen **grundsätzlich nicht** mit **zusätzlichen Publizitätsmaßnahmen** belastet.

Die **Ausnahme** sind **kapitalmarktorientierte Unternehmen,** die zusätzliche Pflichten auferlegt bekommen (§ 8 b Abs. 3 Nr. 2; § 15 Abs. 1 Satz 1 Halbs. 2, 4, 15 a Abs. 4, 26 Abs. 1 Satz 1 Halbs 2, 26 a Abs. 1 Satz 2, 29 a Abs. 2 Satz 2, 37 v Abs. 1 Satz 2, 37 w Abs. 1 Satz 3, 37 x Abs. 1 Satz 1 WpHG). Sie müssen das Geforderte sowohl an die Behörde (BaFin) als auch an das Unternehmensregister melden.[14]

3. Zugang. Die Einsichtnahme in die über das Unternehmensregister zugänglichen Daten ist wie beim Handelsregister **jedermann** zu Informationszwecken gestattet – § 9 Abs. 7. Grundsätzlich ist der Datenabruf über das Unternehmensregister **kostenfrei** und ohne vorherige Registrierung möglich.[15] Soweit allerdings ein Abruf von Daten der Handels-, Genossenschafts- und Partnerschaftsregister erfolgt, stehen den Ländern hierfür dieselben Gebühren zu wie bei einem direkten Abruf der entsprechenden Register (vgl. § 9 RdNr. 24 f.).

Das Unternehmensregister ist ausschließlich über das **Internet** zugänglich (www.unternehmensregister.de) – § 13 URV. Dies bedeutet, dass der Zugang über die Internetseite des Unternehmens-

---

[8] RegBegr. BT-Drucks. 16/960 S. 40.
[9] *Liebscher/Scharff* NJW 2006, 3745, 3749.
[10] *Koller/Roth/*Morck RdNr. 4.
[11] RegBegr BT-Drucks. 16/960 S. 39 f.
[12] *Seibert/Decker* DB 2006, 2449.
[13] Nr. 500–502 der Anl. (Gebührenverzeichnis) zur JVK KostO; Jahresgebühr pro Jahr von 5 Euro für kleine und mittlere Unternehmen und 10 Euro für große Unternehmen entsprechend den Größenklassen nach § 326 HGB. Nur in besonderen Ausnahmefällen beträgt die Jahresgebühr 30 Euro.
[14] Kritisch zu dieser Doppellösung *Noack* NZG 2006, 801, 804.
[15] *Seibert/Decker* DB 2006, 2446, 2450.

§ 8 b 12, 13   1. Buch. 2. Abschnitt. Handelsregister; Unternehmensregister

register gewährleistet ist (vgl. § 1 URV), wodurch auch der Zugriff aus dem Ausland möglich ist.[16] Genehmigungs- oder Anmeldeerfordernisse bestehen nicht. Nutzerdaten können bei der Entgelterhebung erfasst werden, soweit sachlich notwendig, §§ 3, 11 Satz 4, 15 Abs. 1 Satz 3, Abs. 2 Satz 2 URV.

12   **4. Mindestinhalt des Unternehmensregisters.** Gemäß § 8 b Abs. 2 sind über die Internetseiten des Unternehmensregisters folgende Daten zugänglich[17]
- Nr. 1–3:
Daten des Handels-, Genossenschafts- und Partnerschaftsregisters, einschließlich der Bekanntmachungen und eingereichten Dokumenten. Insoweit kommt dem Unternehmensregister nur eine Portalfunktion zu, sodass sämtliche Daten bei den entsprechenden Registern selbst eingesehen werden können.
- Nr. 4:
Rechnungslegungsunterlagen nach § 325 einschließlich aller anderen Bestimmungen, die auf § 325 verweisen und dessen entsprechende oder sinngemäße Anwendung vorsehen (zB § 325 a). Von der Bekanntmachung sind lediglich Datum und Fundstelle im elektronischen Bundesanzeiger anzuzeigen; wegen der Portalfunktion des Unternehmensregister ist eine doppelte Speicherung nicht erforderlich.[18]
- Nr. 5:
Gesellschaftsrechtliche Bekanntmachungen im elektronischen Bundesanzeiger, insbesondere nach GmbH- und Aktienrecht, zB § 12 GmbHG, § 25 AktG. Die im elektronischen Bundesanzeiger enthalten unternehmensrechtlichen Bekanntmachungen sind über das Unternehmensregister abrufbar zu stellen.
- Nr. 6:
Im Aktionärsforum nach § 127 a AktG veröffentlichte Eintragungen sind immer auf eine bestimmte Aktiengesellschaft bezogen und können so eindeutig zugeordnet werden.[19]
- Nr. 7:
Veröffentlichungen im elektronischen Bundesanzeiger von Unternehmen nach WpHG, von Bietern, Gesellschaften, Vorständen und Aufsichtsräten nach §§ 14 Abs. 3 Nr. 2, 16 Abs. 3 Satz 3 WpÜG sowie Veröffentlichungen nach §§ 49, 51, 63, 70 Abs. 1 Satz 2 BörsZulV.
- Nr. 8:
Bekanntmachungen und Veröffentlichungen inländischer Kapitalanlagegesellschaften und Investmentaktiengesellschaften; § 37 Abs. 2, 38 Abs. 1, 43 Abs. 5, 45 Abs. 1 und 2 InvG für Kapitalanlagegesellschaften; § 99 Abs. 3, 101 Abs. 4, 103 Abs. 3, 111 Abs. 1 InvG jeweils zuzüglich iVm. §§ 5 Abs. 1 Satz 1 Nr. 3, 13 Abs. 3 InvStG.
- Nr. 9:[20]
Veröffentlichungen und sonstige der Öffentlichkeit zur Verfügung gestellte Informationen nach den §§ 2 b, 15 Abs. 1 und 2, § 15 a Abs. 4, § 26 Abs. 1, §§ 26 a, 29 a Abs. 2, §§ 30 e, 30 f Abs. 2, § 37 v Abs. 1 bis § 37 x Abs. 1, §§ 37 y, 37 z Abs. 4 und § 41 Abs. 4 a WpHG, sofern die Veröffentlichung nicht bereits über Nummer 4 oder Nummer 7 in das Unternehmensregister eingestellt wird.
- Nr. 10
Mitteilungen von Emittenten, die diese über kapitalmachtrechtliche Veröffentlichungen an die BaFin zu machen haben, soweit sie nicht bereits nach Nr. 7 und 9 Bestandteil des Unternehmensregister sind, zB § 15 a WpHG, § 9 Abs. 2 Satz 3 VkPG, § 14 WpPG.
- Nr. 11
Insolvenzrechtliche Bekanntmachungen gemäß § 9 InsO, ohne §§ 304–314 InsO.

III. Datenübermittlung

13   Um seiner Aufgabe als zentrales Informationsportal gerecht zu werden, muss **sichergestellt werden, dass die in Abs. 2 genannten Daten zum Unternehmensregister übermittelt werden.**[21]

---

[16] RegBegr BT-Drucks. 16/960 S. 40.
[17] Vgl. *Schlotter* BB 2007, 1, 5.
[18] RegBegr BT-Drucks. 16/960 S. 40.
[19] RegBegr. BT-Drucks. 16/960 S. 40; krit. *Ries* Rpfleger 2006, 234.
[20] IdF des Gesetzes zur Umsetzung der Richtlinie 2004/109/EG des Europäischen Parlamentes und des Rates vom 15. 12. 2004 zur Harmonisierung der Transparenzanforderungen in Bezug auf Informationen über Emittenten, deren Wertpapiere zum Handel auf einem geregelten Markt zugelassen sind, und zur Änderung der Richtlinie 2001/34/EG (Transparenzrichtlinie-Umsetzungsgesetz – TUG), BGBl. 2007 I S. 10.
[21] RegBegr BT-Drucks. 16/960 S. 41; vgl. § 25 f. WpHG; §§ 61, 66 BörsZulV.

§ 8b Abs. 3 Satz 1 bezieht sich auf alle Daten nach § 8b Abs. 2 Nr. 4–8; dies sind alle Daten, die im elektronischen Bundesanzeiger gespeichert sind und die dessen Betreiber zu übermitteln hat. § 8b Abs. 3 Satz 1 Nr. 2 nimmt auf die Daten nach Abs. 2 Nr. 9 und 10 Bezug, die durch den Veröffentlichungspflichtigen zu liefern sind. Der Veröffentlichungspflichtige wird regelmäßig Dritte mit der Veröffentlichung beauftragen, der dann die Übermittlung übernimmt.

Aus den Registern (vgl. § 8b Abs. 2 Nr. 1–3) werden nur die sog. **Indexdaten** (Registerart, -gericht, -nummer, Firma, Sitz, Rechtsform etc.) geliefert, die beim Unternehmensregister für die Einrichtung der Suchfunktionen benötigt werden (vgl. § 6a URV). Damit wird einer Verdoppelung der Daten vorgebeugt und außerdem sichergestellt, dass Einblick in die Register selbst genommen wird.

Einzelheiten zur Datenübermittlung und zur Löschung von Daten regelt die Unternehmensregisterverordnung (URV – BGBl. 2007 I S. 217).

IV. Ausdrucke, Herstellung elektronischer Dokumente von Bilanz- und Rechnungslegungsunterlagen

Hinsichtlich der Unterlagen der Rechnungslegung ist das Unternehmensregister „eine Akte" iSd. Art. 3 Abs. 1 der Publizitätsrichtlinie. Daher muß er nach Art. 3 Abs. 3 der Publizitätsrichtlinie gewährleistet sein, dass für Einsichtnehmende auf Antrag eine Kopie dieser Unterlagen erhältlich ist und sie gegebenenfalls auch elektronisch und beglaubigt zur Verfügung gestellt wird. Die Umsetzung dieser Anforderungen ist die Funktion des Abs. 4.[22]

Abs. 4 dient darüberhinaus dazu, die Zuständigkeit für die Übertragung von in Papierform zum Handelsregister eingereichten Rechnungsunterlagen und elektronische Dokumente auf das Unternehmensregister zu verlagern und auf diese Weise die **Registergerichte** zu entlasten.[23]

Wird ein Antrag auf elektronische Übermittlung nach § 9 Abs. 2 oder auf Offenlegung als elektronisches Dokument nach Art. 61 Abs. 3 EGHGB gestellt, der sich auf **Unterlagen der Rechnungslegung** iS des § 8b Abs. 2 Nr. 4 bezieht, übermittelt das Registergericht dem Unternehmensregister die Schriftstücke, auf die sich der Antrag bezieht. Die Schriftstücke werden elektronisch in ein elektronisches Dokument übertragen und dem Unternehmensregister unmittelbar zugänglich gemacht, § 9 URV.

§ 9 Einsichtnahme in das Handelsregister und das Unternehmensregister

(1) ¹Die Einsichtnahme in das Handelsregister sowie in die zum Handelsregister eingereichten Dokumente ist jedem zu Informationszwecken gestattet. ²Die Landesjustizverwaltungen bestimmen das elektronische Informations- und Kommunikationssystem, über das die Daten aus den Handelsregistern abrufbar sind, und sind für die Abwicklung des elektronischen Abrufverfahrens zuständig. ³Die Landesregierung kann die Zuständigkeit durch Rechtsverordnung abweichend regeln; sie kann diese Ermächtigung durch Rechtsverordnung auf die Landesjustizverwaltung übertragen. ⁴Die Länder können ein länderübergreifendes, zentrales elektronisches Informations- und Kommunikationssystem bestimmen. ⁵Sie können auch eine Übertragung der Abwicklungsaufgaben auf die zuständige Stelle eines anderen Landes sowie mit dem Betreiber des Unternehmensregisters eine Übertragung der Abwicklungsaufgaben auf das Unternehmensregister vereinbaren.

(2) Sind Dokumente nur in Papierform vorhanden, kann die elektronische Übermittlung nur für solche Schriftstücke verlangt werden, die weniger als zehn Jahre vor dem Zeitpunkt der Antragstellung zum Handelsregister eingereicht wurden.

(3) ¹Die Übereinstimmung der übermittelten Daten mit dem Inhalt des Handelsregisters und den zum Handelsregister eingereichten Dokumenten wird auf Antrag durch das Gericht beglaubigt. ²Dafür ist eine qualifizierte elektronische Signatur nach dem Signaturgesetz zu verwenden.

(4) ¹Von den Eintragungen und den eingereichten Dokumenten kann ein Ausdruck verlangt werden. ²Von den zum Handelsregister eingereichten Schriftstücken, die nur in Papierform vorliegen, kann eine Abschrift gefordert werden. ³Die Abschrift ist von der Geschäftsstelle zu beglaubigen und der Ausdruck als amtlicher Ausdruck zu fertigen, wenn nicht auf die Beglaubigung verzichtet wird.

---

[22] MünchKomm/*Krafka* RdNr. 21.
[23] Beschlussempfehlung und Bericht des Rechtsausschusses BT-Drucks. 16/2781 S. 79.

(5) Das Gericht hat auf Verlangen eine Bescheinigung darüber zu erteilen, dass bezüglich des Gegenstandes einer Eintragung weitere Eintragungen nicht vorhanden sind oder dass eine bestimmte Eintragung nicht erfolgt ist.

(6) [1] Für die Einsichtnahme in das Unternehmensregister gilt Absatz 1 Satz 1 entsprechend. [2] Anträge nach den Absätzen 2 bis 5 können auch über das Unternehmensregister an das Gericht vermittelt werden.

Übersicht

	RdNr.		RdNr.
I. Allgemeines	1, 2	d) Registerordner, Registerakten	13, 14
1. Öffentlichkeit des Handelsregisters	1	III. Beglaubigung von Kopien	15
2. Reform	2	IV. Negativattest nach Abs. 5	16
II. Einsichtsrecht	3–14	V. Auskünfte durch das Registergericht	17–20
1. Umfang	3, 4	1. Allgemeine Auskunft	17–19
2. Grenzen	5–7	2. Rechtsauskunft	20
a) Einsicht nach § 34 FGG	5, 6	VI. Rechtsbehelfe, Rechtsmittel	21
b) Auskünfte der Steuerbehörden	7	VII. Unternehmensregister	22, 23
3. Modalitäten der Einsicht	8–14	VIII. Kosten	24, 25
a) Geschäftsstelle	8		
b) Internet	9–11		
c) Altdokumente	12		

I. Allgemeines

1. Öffentlichkeit des Handelsregisters. § 9 räumt jedermann das Recht ein, Einsicht in das Handelsregister und in die hierzu eingereichten Schriftstücke zu nehmen und darüber hinaus Abschriften zu fordern. Zusammen mit der Bekanntmachung nach § 10 ist die Vorschrift die Grundlage für das **Prinzip der Öffentlichkeit des Handelsregisters**.

2. Reform. Mit dem EHUG (s. § 8 RdNr. 7) werden die durch Art. 3 Abs. 3 und 4 der RiLi 68/151 EWG idF der RiLi 2003/58/EG **(EU-Publizitätsrichtlinie)** gesetzten Vorgaben erfüllt. Soweit diesbezüglich eine Überprüfung anhand deutscher Grundrechte als möglich erscheint, ist die Registerpublizität als mit dem Grundsatz auf informationelle Selbstbestimmung aus Art. 2 Abs. 1 GG[1] vereinbar zu sehen.[2] § 9 Abs. 1 Satz 1 nF entspricht weitgehend § 9 Abs. 1 aF. Das Recht zur Einsichtnahme erstreckt sich künftig sowohl auf die elektronisch geführten Handelsregister als auch auf die bisherigen Papierregister sowie die (in Schriftform oder elektronisch) zum Handelsregister eingereichten Dokumente. § 9 Abs. 1 Sätze 2–4 regeln das elektronische Abrufverfahren. § 9 Abs. 2 macht von der Regelung in Art. 3 Abs. 3 Unterabs. 2 Satz 3 der EU-Publizitätsrichtlinie Gebrauch, nach der die Mitgliedstaaten beschließen können, dass alle oder bestimmte Kategorien der spätestens bis zum 31. 12. 2006 auf Papier eingereichten Urkunden und Angaben von dem Register nicht elektronisch erhältlich sind, wenn sie vor einem bestimmten, dem Datum der Antragstellung vorausgehenden Zeitraum, der 10 Jahre nicht unterschreiten darf, bei dem Register eingereicht wurden. Die in § 9 Abs. 3 aF vorgesehene Möglichkeit der Erteilung von Registerzeugnissen wurde aufgehoben,[3] da durch die flächendeckende elektronische Registerführung und die damit verbundene Möglichkeit einer einfachen Online-Einsichtnahme gesonderte Zeugnisse des Registergerichts über einschlägige Eintragungen entbehrlich werden.

II. Einsichtsrecht

1. Umfang. Nach Abs. 1 steht **jedermann** das Recht auf Einsicht in das Handelsregister in grundsätzlich unbegrenztem Umfang zu,[4] **ohne** dass er ein **berechtigtes Interesse** glaubhaft machen muss, wie etwa bei § 34 FGG.[5] Jeder kann zu Informationszwecken in die Eintragungen im Handelsregister sowie die zum Handelsregister eingereichten Dokumente Einsicht nehmen. Die in § 9 Abs. 1 nF enthaltene Formulierung, dass die Einsicht jedem zu Informationszwecken gestattet ist, soll verdeutlichen, dass – wie bisher (vgl. Voraufl. RdNr. 13 f.) – ein missbräuchlicher Zugriff

---

[1] BVerfGE 65, 1.
[2] *Koller/Roth/Morck* RdNr. 1.
[3] Auf Beschlussempfehlung des Rechtsausschusses des Deutschen Bundestages (BT-Drucks. 16/2781 S. 79).
[4] BGH Urt. v. 12. 7. 1989 – IV a ARZ (VZ) 9/88, BGHZ 108, 32, 36.
[5] OLG Köln Beschl. v. 20. 2. 1961 – 2 Wx 68/90, GmbHR 1991, 424; OLG Hamm Urt. v. 17. 1. 1991 – 15 W 482/90, NJW-RR 1991, 1256; OLG Karlsruhe Urt. v. 24. 7. 1990 – VA 3/90, NJW 1991, 182; Heymann/Sonnenschein/*Weitemeyer* RdNr. 3.

ausgeschlossen ist. Auch weiterhin ist es ohne Bedeutung, ob die Einsichtnahme zur Befriedigung eigener Informationszwecke oder zur Erfüllung des Informationsinteresses eines Dritten erfolgt.[6]

Die **Einsicht erstreckt sich auf das Handelsregister und die** zum Handelsregister **eingereichten Schriftstücke,** zB Anmeldungen, den Anmeldungen beigefügte Schriftstücke,[7] so zB Gesellschaftsverträge, Gesellschafterlisten, Unternehmensverträge, Jahres- und Konzernabschlüsse, Geschäftsberichte, Bankbelege zum Nachweis der Einzahlung des Stammkapitals[8] etc. Neben den Schriftstücken, die auf Grund besonderer gesetzlicher Vorschriften zum Handelsregister einzureichen sind, sind vom Einsichtsrecht auch umfasst **alle Belege und Unterlagen, die für Handelsregistereintragungen sonst erforderlich** sind, zB Erbscheine nach früheren Inhabern.[9] § 9 Abs. 1 erfasst auch Niederschriften des Registergerichts über vor ihm abgegebene Erklärungen.[10] 4

2. Grenzen. a) Einsicht nach § 34 FGG. Das Einsichtsrecht nach § 9 umfasst nicht den gesamten Akteninhalt. **Schriftstücke** sind nicht zum Handelsregister eingereicht, wenn sie auf Grund der **eigenen Tätigkeit des Registergerichts entstanden** sind. Hierzu zählen Verfügungen und sonstige Entscheidungen des Registergerichts, insbesondere Rechtsbehelfs- und Rechtsmittelverfahren sowie in Verfahren nach §§ 145, 146 FGG.[11] Ebensowenig unterliegen dem allgemeinen Einsichtsrecht **von Dritten eingeholte Gutachten,** Belegblätter, Kostenrechnungen, gutachtliche Äußerungen der Industrie- und Handelskammer und sonstiger Schriftwechsel aller Art sowie Schriftstücke aus Ordnungsstrafverfahren nach § 14.[12] 5

Diese Schriftstücke können nur unter den Voraussetzungen des § 34 FGG eingesehen werden,[13] dh. dann, wenn ein **berechtigtes Interesse an der Einsicht glaubhaft** gemacht ist. Das berechtigte Interesse ist zu bejahen, wenn ein verständiges, durch die Sachlage gerechtfertigtes Interesse verfolgt wird, das wirtschaftlicher, wissenschaftlicher oder auch tatsächlicher Art sein kann.[14] Ein berechtigtes Interesse ist auch dann zu bejahen, wenn die Erteilung der Abschrift von Einfluss auf die Rechtsposition des Antragstellers sein kann.[15] Glaubhaftmachung bedeutet, dass dem Gericht nicht die volle Überzeugung, sondern lediglich die erhebliche Wahrscheinlichkeit eines zu beweisenden Sachverhalts vermittelt werden muss.[16] Die bloße Möglichkeit, dass ein Missbrauch des Rechts zur Akteneinsicht beabsichtigt ist, macht das berechtigte Interesse, das sich sonst aus den Tatsachen ergibt, nicht unglaubhaft.[17] Zur Glaubhaftmachung kann der Antragsteller nach § 15 Abs. 2 FGG zur Versicherung an Eides statt zugelassen werden. 6

b) Auskünfte der Steuerbehörden. Die dem Registergericht von Steuerbehörden erteilten Steuerauskünfte sind von der allgemeinen Einsicht ausgeschlossen (§ 125 a Abs. 2 FGG). 7

3. Modalitäten der Einsicht. a) Geschäftsstelle. Auch nach der Novellierung verbleibt es bei der Einsichtnahme bei der **Geschäftsstelle des Registergerichts** § 10 HRV. Die Einsicht in das elektronische Registerblatt erfolgt dabei über ein Datensichtgerät oder durch Einsicht in einen aktuellen oder chronologischen Ausdruck. Gleiches gilt für die Einsicht in den Inhalt des Registerordners. 8

b) Internet. Weitaus bedeutsamer ist die Einsichtnahme über das gemeinsame zentrale Länderportal (www.handelsregister.de). Die Länder bestimmen hierbei jeweils das System und die Internetadresse, über die die Einsicht erfolgt. Bei der Organisation des elektronischen Informations- und Kommunikationssystems haben sie ein gemeinsames zentrales Länderportal eingerichtet (vgl. § 1 Abs. 1 Sätze 2–5). 9

---

[6] RegBegr. BT-Drucks. 16/960 S. 42; vgl. OLG Köln GmbHR 1991, 424; OLG Hamm CR 1991, 278; *Kollhosser* NJW 1988, 2413.
[7] Vgl. zB §§ 37 Abs. 4 AktG, 52 Abs. 6 AktG, 294 Abs. 1 AktG, § 8 Abs. 1 GmbHG, § 17 UmwG.
[8] OLG Hamm Beschl. v. 10. 1. 2006 – 15 W 47/06, DB 2006, 2399.
[9] KG Beschl. v. 24. 11. 1911 – 1 a X 988/11, KGJ 42 A 146.
[10] KG v. 4. 2. 1901, RJA 2, 70; Baumbach/*Hopt* RdNr. 1.
[11] *Barella* DB 1956, 321; Staub/*Hüffer* RdNr. 6; Heymann/*Weitemeyer/Sonnenschein* RdNr. 5.
[12] MünchKommHGB/*Krafka* RdNr. 4; Baumbach/*Hopt* RdNr. 1.
[13] Vgl. KG I. CS. Beschl. v. 4. 3. 1901, OLGRspr. 2, 396.
[14] BayObLG Beschl. v. 7. 12. 1954 – 2 Z 188/54, BayObLGZ 1954, 310, 314; BayObLG Beschl. v. 6. 11. 1959 – 1 Z 143/59, BayObLGZ 1959, 420, 424; BayObLG Beschl. v. 25. 5. 1982 – 1 Z 22/82, Rpfleger 1982, 345; BayObLG Beschl. v. 17. 9. 1984 – 1 Z 58/84, Rpfleger 1985, 28; BayObLG Beschl. v. 30. 10. 1997 – 1Z BR 166/97, BayObLGZ 1997, 315; OLG Oldenburg Beschl. v. 2. 2. 1968 – 5 Wx 5/68, Rpfleger 1968, 120; VGH Mannheim Urt. v. 24. 10. 1983 – 10 S 902/82, NJW 1984, 1911, 1912; *Barella* DB 1956, 321.
[15] KG Beschl. v. 24. 11. 1911 – 1 a X 988/11, KGJ 46 A 8, 10; BayObLG Beschl. v. 6. 11. 1959 – 1 Z 143/59, BayObLGZ 1959, 420, 424; OLG Oldenburg Beschl. v. 2. 2. 1968 – 5 W 5/68, Rpfleger 1968, 120.
[16] BGH Beschl. v. 1. 12. 1952 – IV ZB 73/52, BGHZ 8, 183, 185; BayObLG Beschl. v. 26. 5. 1992 – 1 Z BR 2/92, BayOBLGZ 1992, 162, 165 = Rpfleger 1992, 521; OLG Frankfurt Beschl. v. 7. 8. 1992 – 20 W 263/92, OLGZ 1993, 35, 38 = NJW-RR 1993, 1452.
[17] BayObLG Beschl. v. 26. 11. 1903 – 1. Zivilsenat, BayObLGZ 4, 847.

10 Mit Einführung dieses einheitlichen Zugangsportals (www.handelsregister.de) für Einsichtnahmen in das Handelsregister hat der Gesetzgeber dafür gesorgt, dass in der vernetzten und schnelllebigen Wirtschaft die Marktteilnehmer schnelle und zuverlässige Informationen über andere Unternehmen erhalten können.[18]

11 Auf europäischer Ebene besteht Online-Zugriffsmöglichkeiten auf Handelsregister in folgenden beispielhaft ausgewählten Ländern:

- Belgien www.eurodb.de
- Dänemark www.eogs.dk
- Finnland www.prh.fi
- Frankreich www.euridile.inpi.fr
- Griechenland www.acci.gr
- Großbritannien www.companieshouse.gov.uk
- Italien www.itkam.de (www.infocamere.it)
- Niederlande www.kvk.nl
- Österreich www.bmj.gv.at (www.handelsregister.at)
- Spanien www.rmc.es (www.registradores.org)

Suchmasken dürfen wegen § 14 Abs. 2 Nr. 5, 28 Abs. 1 Nr. 3 BDSG nicht eine rein personenbezogene Suchfunktion vorhalten.[19]

12 c) Altdokumente. Eine **Ausnahme** von der elektronischen Einsichtnahme und Übermittlung bestimmt § 9 Abs. 2 für sog. **Altdokumente in Papierform.** Weil die elektronische Rückerfassung der Papierdokumente einen unvertretbaren Aufwand bedeuten würde,[20] bestimmt § 9 Abs. 2, dass die elektronische Übermittlung nur für solche Schriftstücke verlangt werden kann, die weniger als 10 Jahre vor dem Zeitpunkt der Antragstellung beim Handelsregister eingereicht wurden.[21] Für ältere Papierdokumente besteht für den Interessierten das Recht zur Einsichtnahme bei Gericht; außerdem hat der Einsichtnehmende ein Recht zur Anfertigung von (Papier-) Kopien.

13 d) Registerordner, Registerakten. Dem Registerblatt wird ein ebenfalls elektronisch geführter **Registerordner** zur Seite gestellt, in dem das Registergericht die zum Handelsregister eingereichten Dokumente zu dem Unternehmen einstellt, in die jeder zu Informationszwecken Einsicht nehmen kann, vgl. § 9 HRV. Der Registerordner ersetzt damit den sog. Sonderband der Papierregister. Dokumente, die Ende 2006 noch in Papierform im Sonderband vorliegen, sind anders als die gültigen Eintragungen auf einem Registerblatt nicht zwingend in ein elektronisches Dokument zu übertragen und in dieser Form in die Registerordner zu übernehmen; die Verpflichtung besteht erst, wenn ein entsprechender Antrag auf Übertragung bzw. elektronische Übermittlung nach Art. 61 Abs. 3 EGHGB oder § 9 Abs. 2 gestellt wird, vgl. § 9 Abs. 2 HRV. Soweit sich der Antrag allerdings auf Unterlagen der Rechnungslegung bezieht, ist hierfür nicht das Registergericht, sondern der Betreiber des Unternehmensregisters zuständig, vgl. § 8 b Abs. 4 Satz 2; Art. 61 Abs. 3 EGHGB.

14 Sonstige Dokumente zu einem Eintragungsvorgang, die nicht der unbeschränkte Einsicht unterliegen, werden in die **sog. Registerakten,** die dem bisherigen Hauptband der Papierregister entsprechen, aufgenommen; wegen der vorrangig gerichtsinternen Verwendung müssen sie aber nicht unbedingt elektronisch geführt werden, § 8 HRV.

III. Beglaubigung von Kopien

15 § 9 Abs. 3 setzt Art. 3 Abs. 3 Unterabs. 4 Satz 2 der EU-Publizitätsrichtlinie um, wonach die „Richtigkeit der Kopien in elektronischer Form" nicht beglaubigt wird, es sei denn, die Beglaubigung wird vom Antragsteller ausdrücklich verlangt. Die Beglaubigung bezieht sich dabei auf die Übereinstimmung der übermittelten Daten mit dem Inhalt des Handelsregisters bzw. den zum Handelsregister eingereichten Dokumenten, nicht aber auf die inhaltliche Richtigkeit des Handelsregisters bzw. der zum Handelsregister eingereichten Dokumente selbst.[22] § 9 Abs. 3 Satz 2 verlangt die Verwendung einer **qualifizierten Signatur.**[23] Die qualifizierten Zertifikate sollen Angaben

---

[18] *Meyding/Bödeker* BB 2006, 1009 zur früheren Kritik an der Antiquiertheit des Registers; *Ries* BB 2004, 2145 einerseits und *Gernoth* BB 2004, 837 andererseits.
[19] RegBegr. BT-Drucks. 16/960 S. 42; für weitergehenden Schutz *Ries* Rpfleger 2006, 234, betr. Wohnortangabe von Organen.
[20] Vgl. RegBegr. BT-Drucks. 16/960 S. 42.
[21] Die Regelung ist von Art. 3 Abs. 3 Unterabs. 2 Satz 3 RiLi/151/EWG in der Fassung der RiLi 2003/58/EG gedeckt.
[22] RegBegr. BT-Drucks. 16/960 S. 42.
[23] *Signaturgesetz vom 16. 5. 2001, BGBl.* I S. 876, vgl. § 28 HRV.

darüber enthalten, dass der Signierende nach § 9 Abs. 3 autorisiert ist und die Signatur zum Zwecke der Beglaubigung eingesetzt hat.[24]

IV. Negativattest nach Abs. 5

Die Regelung des Abs. 5 begründet für jedermann das Recht, vom Registergericht – ohne Darlegung oder Glaubhaftmachung eines berechtigten Interesses – bescheinigt zu bekommen, dass bezüglich des Gegenstandes einer erfolgten Eintragung weitere Eintragungen nicht vorhanden sind oder dass eine bestimmte Eintragung nicht erfolgt ist **(sog. Negativattest)**. Negativatteste sind bedeutsam im Zusammenhang mit der negativen Publizität des Handelsregisters nach § 15 Abs. 1.   **16**

V. Auskünfte durch das Registergericht

1. Allgemeine Auskunft. Das Registergericht ist **nicht verpflichtet**, über den Rahmen des § 9 hinaus **allgemeine Auskünfte** über den Inhalt des Handelsregisters an Privatpersonen zu erteilen; daher besteht etwa kein Recht auf telefonische Auskunft über Registertatsachen. Die Gesuchsteller sind auf das Einsichtsrecht zu verweisen.[25]   **17**

Gegenüber Behörden und Gerichten können sich **Auskunftspflichten** (§ 161 StPO) ergeben, insbesondere im Rahmen gegenseitiger Rechts- und Amtshilfe.[26]   **18**

Mitteilungspflichten können sich zB ergeben nach § 37 HRV an die Industrie- und Handelskammern bzw. die Handwerks- oder Landwirtschaftskammern sowie auf die Zusammenstellung von Mitteilungen in Handels-, Partnerschafts-, Genossenschafts- und Vereinsregistersachen.[27]   **19**

2. Rechtsauskunft. Die **Erteilung einer Rechtsauskunft** über die Zulässigkeit einer beabsichtigten Anmeldung **steht dem Registergericht frei.** Allerdings ist es in komplexen und schwierigen Fällen in der Praxis zweckmäßig, vorab die Rechtsmeinung des Registergerichts zu erfragen. Bei den Äußerungen des Registergerichts handelt es sich um unverbindliche Rechtsmeinungen, gegen die eine Beschwerde unzulässig ist.[28] Sind die Beteiligten anderer Rechtsauffassung als das Registergericht, müssen sie so anmelden, wie sie es für richtig halten und gegen die zurückweisende gerichtliche Entscheidung vorgehen.[29]   **20**

VI. Rechtsbehelfe, Rechtsmittel

Wird die Änderung der Entscheidung des Urkundsbeamten der Geschäftsstelle angestrebt und entspricht dieser dem Verlangen nicht, entscheidet darüber der Registerrichter (§ 29 Abs. 2 HRV, § 4 Abs 2 Nr. 3 RPflG). **Gegen seine Entscheidung** findet nach § 19 FGG die **unbefristete Beschwerde** statt. Dies gilt auch, wenn der Richter nach § 29 Abs. 1 Nr. 1 HRV bei Zweifeln über den Umfang eines Auszugs selbst entschieden hat. Über die Beschwerde entscheidet das Landgericht (Kammer für Handelssachen), gegen dessen Beschluss die **weitere Beschwerde** (Rechtsbeschwerde) nach § 27 FGG zum OLG zulässig ist.   **21**

VII. Unternehmensregister

§ 9 Abs. 6 dient der Umsetzung von Art. 3 Abs. 3 Unterabs. 2 der EU-Publizitätsrichtlinie, wonach eine Stelle bestimmt ist, bei der die Dokumente der „eine(n) Akte" iS von Art. 3 Abs. 3 der EU-Publizitätsrichtlinie von „dem Register" elektronisch oder als Papierkopie abgefordert werden können. Mit der Zuweisung der Rechnungslegungsunterlagen von den Registergerichten zum elektronischen Bundesanzeiger wird die **Funktion der „eine Akte",** die die einheitliche Zugänglichkeit aller offenlegungspflichtigen Dokumente verlangt, durch das Unternehmensregister gewährleistet, das sowohl die eigentlichen Handelsregisterdaten zugänglich macht (§ 8 b Abs. 2 Nr. 1) als auch über die Unterlagen der Rechnungslegung verfügt.[30]   **22**

Für die Einsichtnahme sind alle Daten zugänglich zu machen, also diejenigen, die das Unternehmen selbst vorhält (§ 8 b Abs. 2 Nr. 4–10), wie auch diejenigen, auf die nur verwiesen wird (§ 8 b Nr. 1–3, 11). Für letztgenannte Daten hat das Unternehmensregister nur **Portalfunktion**, woraus sich die Weiterleitungsbefugnis gemäß § 9 Abs. 6 Satz 2 für die Anträge nach § 9 Abs. 2–5 erklärt.[31]   **23**

---

[24] RegBegr. BT-Drucks. 16/960 S. 42.
[25] Röhricht/Graf von Westphalen/*Ammon* RdNr. 18.
[26] Vgl. auch §§ 93, 111 AO.
[27] Anordnung über Mitteilungen in Zivilsachen (MiZi).
[28] KG v. 21. 6. 1906, Recht 1906, Spalte 1085; Nr. 2530; Heymann/*Sonnenschein/Weitemeyer* RdNr. 22.
[29] MünchKommHGB/*Krafka* RdNr. 24.
[30] § 8 Abs. 2 Nr. 4 – (Reg.Begr. BT-Drucks. 16/960 S. 42 f.).
[31] Koller/*Roth*/Morck RdNr. 12.

VIII. Kosten

24 Die Kosten für den Online-Abruf eines Registerblattes betragen einheitlich € 4,50.[32] Werden neben dem Registerblatt noch an andere Dokumente online abgerufen – zB Satzungen oder Gesellschafterlisten – fällt für jedes Dokument eine gesonderte Gebühr in Höhe von € 4,50 an.[33]

25 War das Dokument bislang in elektronischer Form nicht vorhanden, gilt der gesonderte Tatbestand GV Nr. 5007 HRegGebV: Danach fällt für die Übertragung von Schriftstücken in ein elektronisches Dokument für jede angefangene Seite eine Gebühr von € 2,00 an; die Mindestgebühr beträgt € 25,00. Hiermit ist die Gebühr für die elektronische Übermittlung jedoch bereits abgegolten.[34]

§ 9a Übertragung der Führung des Unternehmensregisters; Verordnungsermächtigung

(1) [1] Das Bundesministerium der Justiz wird ermächtigt, durch Rechtsverordnung mit Zustimmung des Bundesrates einer juristischen Person des Privatrechts die Aufgaben nach § 8b Abs. 1 zu übertragen. [2] Der Beliehene erlangt die Stellung einer Justizbehörde des Bundes. [3] Zur Erstellung von Beglaubigungen führt der Beliehene ein Dienstsiegel; nähere Einzelheiten hierzu können in der Rechtsverordnung nach Satz 1 geregelt werden. [4] Die Dauer der Beleihung ist zu befristen; sie soll fünf Jahre nicht unterschreiten; Kündigungsrechte aus wichtigem Grund sind vorzusehen. [5] Eine juristische Person des Privatrechts darf nur beliehen werden, wenn sie grundlegende Erfahrungen mit der Veröffentlichung von kapitalmarktrechtlichen Informationen und gerichtlichen Mitteilungen, insbesondere Handelsregisterdaten, hat und ihr eine ausreichende technische und finanzielle Ausstattung zur Verfügung steht, die die Gewähr für den langfristigen und sicheren Betrieb des Unternehmensregisters bietet.

(2) [1] Das Bundesministerium der Justiz wird ermächtigt, durch Rechtsverordnung mit Zustimmung des Bundesrates Einzelheiten der Datenübermittlung zwischen den Behörden der Länder und dem Unternehmensregister einschließlich Vorgaben über Datenformate zu regeln. [2] Abweichungen von den Verfahrensregelungen durch Landesrecht sind ausgeschlossen.

(3) [1] Das Bundesministerium der Justiz wird ermächtigt, durch Rechtsverordnung ohne Zustimmung des Bundesrates die technischen Einzelheiten zu Aufbau und Führung des Unternehmensregisters, Einzelheiten der Datenübermittlung einschließlich Vorgaben über Datenformate, die nicht unter Absatz 2 fallen, Löschungsfristen für die im Unternehmensregister gespeicherten Daten, Überwachungsrechte der Bundesanstalt für Finanzdienstleistungsaufsicht gegenüber dem Unternehmensregister hinsichtlich der Übermittlung, Einstellung, Verwaltung, Verarbeitung und des Abrufs kapitalmarktrechtlicher Daten einschließlich der Zusammenarbeit mit amtlich bestellten Speicherungssystemen anderer Mitgliedstaaten der Europäischen Union oder anderer Vertragsstaaten des Abkommens über den Europäischen Wirtschaftsraum im Rahmen des Aufbaus eines europaweiten Netzwerks zwischen den Speicherungssystemen, die Zulässigkeit sowie Art und Umfang von Auskunftsdienstleistungen mit den im Unternehmensregister gespeicherten Daten, die über die mit der Führung des Unternehmensregisters verbundenen Aufgaben nach diesem Gesetz hinausgehen, zu regeln. [2] Soweit Regelungen getroffen werden, die kapitalmarktrechtliche Daten berühren, ist die Rechtsverordnung nach Satz 1 im Einvernehmen mit dem Bundesministerium der Finanzen zu erlassen. [3] Die Rechtsverordnung nach Satz 1 hat dem schutzwürdigen Interesse der Unternehmen am Ausschluss einer zweckändernden Verwendung der im Register gespeicherten Daten angemessen Rechnung zu tragen.

1 **1. Reform.** Die Regelung des § 9a aF ist durch das EHUG (vgl. § 8 RdNr. 7) nach § 9 nF überführt worden, wobei konsequent nicht mehr zwischen herkömmlicher Papiereinsicht und elektronischer Online-Einsicht unterschieden wird. Die Bestimmung des bisherigen § 9a Abs. 3, wo-

---

[32] GV Nr. 400 JVKostO; zwischen Dauernutzern (€ 4,00), die eine (auf die Abrufe anzurechnende) Jahresgebühr von € 150,00 zu entrichten hatten und Gelegenheitsnutzern (€ 8,00) wird nicht mehr differenziert.
[33] GV Nr. 401 JVKostO.
[34] *Apfelbaum* DNotZ 2007, 166, 170.

nach ein Missbrauch (Datensabotage, Vireninfektion oder Einschleussung von Programmen) von der Online-Einsicht ausschließt, konnte als selbstverständlich entfallen.[1]

2. Verordnungsermächtigung. Abs. 1 Satz 1 enthält eine Verordnungsermächtigung gemäß Art. 80 Abs. 1 GG zugunsten des Bundesministerium der Justiz für die Übertragung der elektronischen Führung des Unternehmensregisters auf eine juristische Person des Privatrechts (Beleihung). Die **Verordnungsermächtigung** umfasst im Rahmen der **Vorgaben** von **Abs. 1 Sätze 2–5** Regelungen über die Auswahl des privatrechtsförmigen Betreibers des Unternehmensregisters sowie die Dauer der Beleihung. Die mit der Verordnungsermächtigung vorgegebenen inhaltlichen Bestimmungen sollen einen dem Zweck des Unternehmensregisters angemessenen, sicheren und auf Dauer angelegten Betrieb gewährleisten. Dementsprechend ist eine Mindestlaufzeit der Beauftragung des jeweiligen Unternehmens von 5 Jahren vorgesehen, um dem Unternehmen die notwendige Sicherheit hinsichtlich der für den Betrieb des Unternehmensregisters zu tätigenden Investitionen zu geben. Der Beliehene nimmt die ihm übertragenen Aufgaben als Teil der Justizverwaltung des Bundes wahr. Als Behörde ist er berechtigt, für die von ihm vorzunehmenden Beglaubigungen ein Dienstsiegel zu führen.[2]

3. Datenübermittlung. Abs. 2 enthält eine **Verordnungsermächtigung** zugunsten des **Bundesministeriums der Justiz** für eine Regelung der Einzelheiten der Datenübertragung zwischen den Behörden der Länder und dem Unternehmensregister sowie Vorgaben über Datenformate. Danach können insbesondere auch Regelungen über die Zulässigkeit sowie Art und Umfang von Auskunftsdienstleistungen (sog. Push- und Mehrwertdienste) des Betreibers des Unternehmensregisters mit den im Unternehmensregister selbst gespeicherten Daten vorgenommen werden. Die diesen Auskunftsdienstleistungen zugrunde liegenden Daten unterfallen der Richtlinie 2003/98/EG des Europäischen Parlaments und des Rates vom 17. 11. 2003 über die Weiterverwendung von Informationen des öffentlichen Sektors,[3] sodass sie in dem Maße, in dem sie von dem Betreiber des Unternehmensregister für Auskunftsdienstleistungen genutzt werden dürfen, auch interessierten Dritten für eigene Vermarktungszwecke vom Betreiber des Unternehmensregisters zur Verfügung zu stellen sind. Soweit für die Auskunftsdienstleistungen Daten der Länder, insbesondere Handelsregisterdaten, benötigt werden, besteht kein Regelungsbedarf durch Rechtsverordnung: Diese Daten sind nicht im Unternehmensregister selbst gespeichert.[4]

4. Unternehmensregister. Abs. 3 enthält eine Verordnungsermächtigung zugunsten des Bundesministeriums der Justiz zur Regelung der Einzelheiten der Führung des Unternehmensregisters, der Datenübermittlung, der Löschungsfristen, der Überwachungsrechte der BaFin sowie des Aufbaus eines Europäischen Netzwerks und Speicherungssysteme. Das Bundesministerium der Justiz hat von der Ermächtigung Gebrauch gemacht:

Verordnung über das Unternehmensregister (**Unternehmensregisterverordnung** – URV U – BGBl. 2007 I S. 217).

§ 10 Bekanntmachung der Eintragungen

[1] Das Gericht macht die Eintragungen in das Handelsregister in dem von der Landesjustizverwaltung bestimmten elektronischen Informations- und Kommunikationssystem in der zeitlichen Folge ihrer Eintragung nach Tagen geordnet bekannt; § 9 Abs. 1 Satz 4 und 5 gilt entsprechend. [2] Soweit nicht ein Gesetz etwas anderes vorschreibt, werden die Eintragungen ihrem ganzen Inhalt nach veröffentlicht.

Übersicht

	RdNr.		RdNr.
I. Allgemeines	1–6	2. Ausnahmen	9–13
1. Reform	1–4	a) Bekanntmachung bleibt hinter Eintragung zurück	9
2. Übergangszeit	5, 6	b) Bekanntmachung geht über Eintragung hinaus	10–12
II. Bekanntmachungspflicht	7–13	c) Bekanntmachung durch anderes Gericht	13
1. Grundsätzlicher Inhalt der Bekanntmachung	7, 8		

---

[1] RegBegr. BT-Drucks. 16/960 S. 43.
[2] RegBegr. BT-Drucks. 16/960 S. 43.
[3] ABl. EU Nr. L 345, S. 90.
[4] RegBegr. BT-Drucks. 16/960 S. 43.

III. Verfahren und Veröffentlichungs-organe	14–20	IV. Wirkung der Bekanntmachung und unrichtige Bekanntmachungen	21–23
1. Verfahren	14–19	V. Eintragungsmitteilungen	24–29
2. Veröffentlichungsorgane	20		

I. Allgemeines

1 **1. Reform.** In Folge der elektronischen Registerführung werden ab 1. 1. 2007 Registereintragungen nach § 10 elektronisch bekanntgemacht; sie sind dann für jedermann kostenfrei im Internet einsehbar (www.handelsregister.de). Alle Handelsregistereintragungen werden tageschronologisch über die gesetzlich vorgegebene Internetadresse bekanntgemacht. Trotz freier Abrufmöglichkeit über das Internet hält das EHUG (s. § 8 RdNr. 7) wegen der EU-Publizitätsrichtlinie[1] am **Erfordernis der Bekanntmachung** der Eintragung fest.[2] Denn die Richtlinie sieht nach wie vor die Publikation der Registerdaten in einem „Amtsblatt" vor, das aber in elektronischer Form geführt werden kann. Die Mitgliedstaaten können stattdessen auch eine zentrale elektronische Plattform einrichten, die die Informationen chronologisch zugänglich macht. Für Letzteres hat sich das EHUG entschieden.[3]

2 Die Notwendigkeit einer Bekanntmachung erfolgt für das deutsche Recht auch daraus, dass die **Publizitätswirkung** des Handelsregisters gemäß § 15 an die Bekanntmachung anknüpft und einige andere Bestimmungen zB §§ 25 Abs. 2, 26 Abs. 1, 28 Abs. 2 sowie §§ 64 Abs. 3, 73 Abs. 2 Satz 3, 225 Abs. 1 Satz 1, 226 Abs. 3 Satz 3, 320b Abs. 1 Satz 6 AktG, mit der Bekanntmachung Rechtsfolgen verbinden. Im Grunde sind Eintragungsabruf und Bekanntmachung nur zwei Seiten einer Medaille.

3 Mit der elektronischen Bekanntmachung wird gleichzeitig die bisherige **Pflichtpublikation im (Papier-)Bundesanzeiger aufgegeben**.[4] Durch die elektronische Bekanntmachung sollen die Publizität der Registereintragungen erhöht und die Kosten für die Unternehmen spürbar gesenkt werden.[5]

4 Um einer Zersplitterung von Bekanntmachungen über 16 Ländersysteme zu vermeiden, sieht § 10 Abs. 1 iVm. § 9 Abs. 1 Satz 4 vor, dass die Länder ein **einheitliches System** verwenden.[6] Es ist fraglich, ob dies den Vorgaben der Publizitätsrichtlinien („zentrale elektronische Plattform") genügt; jedenfalls ist durch Aufnahme der Bekanntmachungen in das zentrale Unternehmensregister, § 8b Abs. 2 Nr. 1, eine europarechtskonforme Lösung erreicht.[7]

5 **2. Übergangszeit.** Mit der elektronischen Bekanntmachung ab 1. 1. 2007 ist die Bekanntmachung im (Papier-)Bundesanzeiger entfallen. **Art. 61 Abs. 4 EGHGB** sieht allerdings vor, dass bis Ende 2008 Bekanntmachungen auch in Papierform erfolgen. Durch die Übergangsvorschrift wird allerdings der Zwang zur Bekanntmachung durch „mindestens ein anderes Blatt" beschränkt auf eine – und nicht wie bisher eine oder mehrere – Tageszeitungen oder ein sonstiges Blatt. Das Festhalten am Erfordernis der Bekanntmachung in Papierform ist trotz berechtigter Zweifel an der sachlichen und ökonomischen Sinnhaftigkeit dieses Verfahrens[8] als Konzession auf den Widerstand der deutschen Zeitungsverleger anzusehen. Erst ab 1. 1. 2009 entfällt der Zwang zur Bekanntmachung in Papierform gänzlich.

6 Art. 61 Abs. 4 EGHGB bestimmt, dass während der Übergangszeit zur Vereinfachung der Rechtslage für die **Wirkungen der Bekanntmachungen** – insbesondere im Hinblick auf die Publizitätswirkungen, § 15 – allein die **elektronische Bekanntmachung** maßgebend ist.

II. Bekanntmachungspflicht

7 **1. Grundsätzlicher Inhalt der Bekanntmachung.** Nach § 10 Abs. 2 Satz 2 werden grundsätzlich Eintragungen **dem ganzen Inhalt nach veröffentlicht.** Es besteht eine Pflicht zur unverzüglichen Bekanntmachung, § 32 HRV. § 33 HRV iVm. der zugehörigen Anlage 3 bestimmt zur

---

[1] Art. 3 Abs. 4 Richtlinie 2003/58/EG.
[2] *Liebscher/Scharff* NJW 2006, 3745, 3747.
[3] *Noack* NZG 2006, 801, 802.
[4] Zum Rechtszustand vor Inkrafttreten des EHUG, vgl. Voraufl. RdNr. 1, 15 f.
[5] Gemäß § 137 Abs. 1 KostO ist die Bekanntmachung im Internet pauschal mit EUR 1 zu vergüten; *Sikora/Schwab* MittBayNot 2007, 1, 9.
[6] www.handelsregisterbekanntmachungen.de als Vorläufer.
[7] *Noack* NZG 2006, 801, 803.
[8] *Seibert/Decker* DB 2006, 2446, 2448 f.; anders – Gutachten für den Zeitungsverlegerverband – *Spindler* WM 2006, 109; *Dauner-Lieb/Linke* 2006, 767.

Form dabei, dass die Bekanntmachungen **knapp** verfasst **und leicht verständlich** sein sollen. Hierauf sollte bereits bei der Eintragung geachtet werden, da die Bekanntmachungen nur in Ausnahmefällen hiervon abweichen dürfen (vgl. hierzu RdNr. 9 ff.).

Ist zB der Unternehmensgegenstand einer GmbH so gefasst, dass der Kernbereich der Geschäfts- 8 tätigkeit erkennbar wird,[9] sind **überflüssige Bestandteile** des in der Satzung festgelegten Unternehmensgegenstands **bei der Eintragung fortzulassen,** etwa die Leerformel, die Gesellschaft könne alle Geschäfte betreiben, die dem Unternehmenszweck förderlich und dienlich sind und sich an Unternehmen mit gleichen oder ähnlichen Geschäftszwecken beteiligen.[10]

2. Ausnahmen. a) Bekanntmachung bleibt hinter Eintragung zurück. Der Grundsatz, dass 9 die Bekanntmachung den vollen Wortlaut der Eintragung enthält, erfährt einmal dort eine Ausnahme, wo die **Bekanntmachung hinter der Eintragung zurückbleibt.** So ist bei Bekanntmachung der Eintragung einer KG nur die Zahl der Kommanditisten anzugeben; Vorname, Familienname, Geburtsdatum und Wohnort der Kommanditisten sowie der Betrag ihrer Einlagen, die eingetragen werden,[11] werden nicht bekanntgemacht. Ebensowenig wird der Ein- oder Austritt eines Kommanditisten oder die Erhöhung oder Herabsetzung der Kommanditeinlage bekanntgemacht, § 175 Satz 2. Gleiches gilt für durch eine Euro-Umstellung bedingte Anmeldung, Art. 41 Abs. 1 Satz 2 EGHGB. In Fällen dieser Art ist nach § 27 Abs. 2 HRV der **Wortlaut der öffentlichen Bekanntmachung besonders zu verfügen,** da er von der Eintragung abweicht.[12]

b) Bekanntmachung geht über Eintragung hinaus. Eine weitere Ausnahme gilt dort, wo die 10 **Bekanntmachung über die Eintragung hinaus geht.** So sind zusätzliche Bekanntmachungen bei Kapitalgesellschaften, insbesondere über die Kapitalgrundlagen erforderlich, und zwar zB bei der Aktiengesellschaft nach §§ 40, 190, 196, 203 Abs. 1 AktG, bei der GmbH nach §§ 10 Abs. 3, 52 Abs. 2 Satz 2 GmbHG, bei dem Versicherungsverein auf Gegenseitigkeit nach §§ 30, 40 Abs. 2 VAG bezüglich der Ausgabendeckung.[13] Gleiches gilt etwa für das Recht der Gläubiger auf Sicherheitsleistung bei umwandlungsrechtlichen Maßnahmen, zB §§ 22 Abs. 1 Satz 3, 125, 133 Abs. 1, 203 UmwG.

§ 34 HRV bestimmt bei Veröffentlichung der Eintragung von Firmen, dass auch der von ihnen 11 betriebene Geschäftszweig und die Lage der Geschäftsräume nach Straße und Hausnummer öffentlich bekanntzumachen sind. Gleiches gilt für Anschrift und Gegenstand der inländischen Zweigniederlassung einer solchen ausländischen Kapitalgesellschaft, die einer Aktiengesellschaft oder GmbH entspricht. Auch wenn diese **Angaben in das Handelsregister nicht eingetragen** werden, sind sie **öffentlich bekanntzumachen** (vgl. auch § 13 e Abs. 2 Satz 3). Auf die entsprechenden Mitteilungen hat das Registergericht nach § 24 Abs. 4 HRV hinzuwirken.

Aus der Veröffentlichung muss sich ergeben, dass es sich um die **Bekanntmachung einer** 12 **in das Register nicht eingetragenen Tatsache** handelt („als nicht eingetragen wird veröffentlicht: ...."), die ohne Gewähr für die Richtigkeit mitgeteilt wird.[14]

c) Bekanntmachung durch anderes Gericht. Die **Eröffnung des Insolvenzverfahrens** wird 13 durch das Insolvenzgericht von Amts wegen dem Registergericht mitgeteilt, §§ 31, 23 Abs. 2 InsO. Dennoch unterbleibt eine öffentliche Bekanntmachung dieser Eintragung durch das Registergericht, weil die öffentliche Bekanntmachung durch das Insolvenzgericht erfolgt.[15] Hat das Registergericht allerdings den Insolvenzvermerk dennoch veröffentlicht, muss es die Einstellung des Insolvenzverfahrens ebenfalls veröffentlichen, um die sonst fortdauernde Beeinträchtigung des zu Unrecht Betroffenen zu beseitigen.[16]

III. Verfahren und Veröffentlichungsorgane

1. Verfahren. In den Bekanntmachungen sind das **Gericht** und der **Tag der Eintragung zu** 14 **bezeichnen;** einer Unterschrift bedarf es nicht, § 33 Abs. 2 HRV.

---

[9] BGH Beschl. v. 3. 11. 1980 – II ZB 1/79, BGH BB 1981, 450; vgl. auch OLG Köln Beschl. v. 12. 5. 1981 – 2 Wx 9/81, OLGZ 1981, 428, 430.
[10] BayObLG Beschl. v. 16. 9. 1993 – 3 Z BR 121/93, EWiR § 3 GmbHG 1/94, 155 [*Bokelmann*] = DB 1993, 2225 = GmbHR 1964, 60; abweichend OLG Köln Beschl. v. 12. 5. 1981 – 2 Wx 9/81, OLGZ 1981, 428, 430 – nicht eintragungsfähige Tatsache.
[11] Vgl. § 40 Nr. 5 Abs. 2 lit. e HRV.
[12] MünchKommHGB/*Krafka* RdNr. 4.
[13] Heymann/*Sonnenschein*/*Weitemeyer* RdNr. 4; Röhricht/Graf von Westphalen/*Ammon* RdNr. 2.
[14] MünchKommHGB/*Krafka* RdNr. 6; Schlegelberger/*Hildebrandt*/*Steckhan* RdNr. 7.
[15] §§ 9, 23, 30 InsO.
[16] LG Köln Beschl. v. 9. 11. 1973 – 29 T 17/73, Rpfleger 1974, 266 zum Konkursvermerk.

Schaub

15 Falls entsprechende Mitteilungen vorliegen, woraufhin das Handelsregister gemäß § 24 Abs. 4 HRV hinzuwirken hat, sind zusätzlich in der Bekanntmachung auch der **Geschäftszweig**, soweit er sich nicht aus der Firmenbezeichnung ergibt, und die **Lage der Geschäftsräume** anzugeben, § 34 Satz 1 HRV. Es ist darauf hinzuweisen, dass diese Angaben ohne Gewähr für die Richtigkeit erfolgen, § 34 Satz 2 HRV.

16 Wird eine **Firma** im Handelsregister **gelöscht**, weil das Unternehmen nach Art oder Umfang einen in kaufmännischer Weise eingerichteten Geschäftsbetrieb nicht erfordert, ist, so kann auf Antrag des Inhabers in der Bekanntmachung der Grund der Löschung erwähnt werden, § 35 Abs. 1 HRV. Bei Handwerkern, die bereits in der Handwerksrolle eingetragen sind, kann zusätzlich auf die Eintragung hingewiesen werden, § 35 Satz 2 HRV.

17 Für die Abfassung der Bekanntmachung ist nach § 33 Abs. 3 HRV ein der Handelsregisterverfügung anliegendes **Muster** maßgebend.

18 Die **Bekanntmachung** kann **von Amts wegen** erfolgen. Zuständig ist teils der Richter, teils der Rechtspfleger (§§ 3 Nr. 2 d, 17 RpflG).

19 **Veröffentlichungen** der Eintragungen sind **unverzüglich** zu veranlassen, § 32 HRV. Im Hinblick auf die Bedeutung der Bekanntmachung für die Rechtsfolgen (vgl. RdNr. 21 ff.) ist dies auch dringend geboten. Ein Verstoß gegen das Gebot des § 32 HRV kann Amtshaftungsansprüche auslösen. Durch den Antrag eines Beteiligten, die Veröffentlichung hinauszuschieben, wären Pflichtwidrigkeit und Verschulden nicht ausgeschlossen; nur ein Ersatzanspruch des Antragstellers, aber nicht etwa geschädigter Dritter kann gemäß § 254 BGB in diesem Fall ausgeschlossen sein.[17]

20 **2. Veröffentlichungsorgane.** Zur Rechtslage **bis 31. 12. 2006** s. Voraufl. RdNr. 15 f. Zur Rechtslage **ab 1. 1. 2007** s. RdNr. 3, 5 f.

IV. Wirkung der Bekanntmachung und unrichtige Bekanntmachungen

21 Welche Wirkungen die Bekanntmachungen im Einzelnen hat, wird durch die jeweiligen materiell-rechtlichen Vorschriften geregelt, insbesondere § 15.[18] Zum Teil ist zwar Handelsregisterpublizität durch Eintragung und Bekanntmachung erforderlich, doch genügt für die Rechtswahrung die Rechtzeitigkeit der Anmeldung. So erfordert die Wirksamkeit eines Haftungsausschlusses nach § 25 Abs. 2 – entsprechend für §§ 27 Abs. 1 und 28 Abs. 2 –, dass dieser unverzüglich nach der Geschäftsübernahme angemeldet wird und Eintragung sowie Bekanntmachung in angemessener Zeit nachfolgen.[19]

22 Soweit die Bekanntmachung einer Eintragung für den Eintritt der Rechtsfolgen tatbestandlich nicht vorausgesetzt wird, ist andererseits allein der **Vollzug der Eintragung** entscheidend, so zB für die Entstehung einer Kapitalgesellschaft als juristische Person.[20]

23 Ist eine **einzutragende Tatsache unrichtig,** dh. inhaltlich abweichend von der Eintragung, **bekanntgemacht,** fehlt es grundsätzlich an einer wirksamen Bekanntmachung. Das Vertrauen des Rechtsverkehrs auf die Bekanntmachung wird allerdings durch § 15 Abs. 3 geschützt.[21]

V. Eintragungsmitteilungen

24 Jede **Eintragung** ist **dem, der sie beantragt hat, bekanntzumachen,** § 130 Abs. 2 Satz 1 FGG. Sie ist auch all denen bekanntzumachen, die sie unmittelbar betrifft, § 16 Abs. 1 FGG. Wird der Antrag von einem **Bevollmächtigten** gestellt, so ist diesem die Eintragung bekanntzumachen.[22] Hat der **Notar** den Antrag nach § 129 Satz 1 FGG gestellt, so erfolgt die Bekanntmachung an den Notar, auch wenn daneben noch ein Antragsberechtigter selbst Eintragungsantrag gestellt hat.[23] Benachrichtigung nur des Antragsberechtigten ist in diesen Fällen unwirksam. Hat der Notar den Eintragungsantrag nur als Bote dem Registergericht zugeleitet, erhält nicht er, sondern der Antragsteller die Eintragungsnachricht.[24]

25 Die Benachrichtigungen erfolgen nach § 16 Abs. 2 Satz 2, Abs. 3 FGG **durch den Urkundsbeamten,** möglichst unter Benutzung von Vordrucken, § 36 HRV.

---

[17] Staub/*Hüffer* RdNr. 9; Heymann/*Sonnenschein/Weitemeyer* RdNr. 5.
[18] BGH Urt. v. 1. 12. 1958 – II ZR 238/57, BGHZ 29, 1, 6 = NJW 1959, 241.
[19] BGHZ 29, 1, 6; OLG Hamm Beschl. v. 17. 9. 1998 – 15 W 297/98, FGPrax 1999, 67; BayObLG Beschl. v. 15. 9. 2003 – 3 ZBR 225/02; NZG 2003, 482; OLG Düsseldorf Beschl. v. 6. 6. 2003 – 3 Wx 108/13, FGPrax 2003, 233.
[20] § 41 Abs. 1 AktG, §§ 11, 13 GmbHG; Heymann/*Sonnenschein/Weitemeyer* RdNr. 9; Röhricht/Graf von Westphalen/*Ammon* RdNr. 9.
[21] MünchKommHGB/*Krafka* RdNr. 14.
[22] OLG Stuttgart Beschl. v. 15. 10. 1973 – 8 W 205/73; OLGZ 1974, 113 = NJW 1974, 705.
[23] *Keidel/Kunze/Winkler* § 130 FGG RdNr. 8; *Bumiller/Winkler* § 130 FGG RdNr. 5.
[24] *Krafka/Willer* Registerrecht RdNr. 194.

Auf die Benachrichtigung kann, worauf das Gericht in geeigneten Fällen hinweisen soll, verzichtet werden, § 130 Abs. 2 Satz 2 FGG, § 36 Satz 2 HRV. Da die Mitteilung dem Antragsteller ermöglichen soll, alsbald die Richtigkeit der Eintragung zu prüfen, die Berichtigung von Fehlern zu veranlassen und damit Schaden abzuwenden, sollte insbesondere im Hinblick auf sonst mögliche Schadensersatzansprüche nach § 839 BGB iVm. Art. 34 GG auf diesen gesetzlich möglichen **Verzicht** nicht generell gedrungen werden.[25]

§ 130 Abs. 2 FGG ist lediglich **Ordnungsvorschrift**, ihre Nichtbeachtung ohne rechtliche Folgen für die Wirksamkeit von Eintragung und öffentlicher Bekanntmachung.[26]

Dem für Kapitalverkehrssteuern zuständigen **Finanzamt** sind nach § 8 KStDV bestimmte Eintragungen bei der AG, KGaA und GmbH mitzuteilen.

Zu **weiteren Mitteilungspflichten** gegenüber der IHK und gegebenenfalls den Handwerks- oder Landwirtschaftskammern siehe § 9 RdNr. 19.

§ 11 Offenlegung in der Amtssprache eines Mitgliedstaats der Europäischen Union

(1) ¹Die zum Handelsregister einzureichenden Dokumente sowie der Inhalt einer Eintragung können zusätzlich in jeder Amtssprache eines Mitgliedstaats der Europäischen Union übermittelt werden. ²Auf die Übersetzungen ist in geeigneter Weise hinzuweisen. ³§ 9 ist entsprechend anwendbar.

(2) Im Fall der Abweichung der Originalfassung von einer eingereichten Übersetzung kann letztere einem Dritten nicht entgegengehalten werden; dieser kann sich jedoch auf die eingereichte Übersetzung berufen, es sei denn, der Eingetragene weist nach, dass dem Dritten die Originalfassung bekannt war.

1. Reform. Die Regelung ist durch das EHUG (s. § 8 RdNr. 7) **erstmals in das HGB aufgenommen** worden und ersetzt § 11 aF (Bezeichnung der Amtsblätter). § 11 aF ist durch die elektronische Bekanntmachung obsolet geworden. Da lediglich für eine Übergangszeit bis 31. 12. 2008 (vgl. § 10 RdNr. 5 f.) Bekanntmachungen noch in Papierform erfolgen, ist der Wortlaut des § 11 aF zutreffend der Übergangsvorschrift des Art. 61 EGHGB zugeordnet und in dessen Abs. 4 inkorporiert worden.

§ 11 in der seit 1. 1. 2007 geltenden Fassung dient der Umsetzung der EU-Publizitätsrichtlinie.[1] Gleichwohl setzt die Vorschrift die **Richtlinie** nicht deckungsgleich um, sondern **weicht in folgendem** ab:
– Die Vorschrift ist nicht auf Kapitalgesellschaften beschränkt, sondern gestattet die freiwillige Einreichung in Amtssprachen der EU allen Eingetragenen, dh. auch Einzelkaufleuten und Personengesellschaften;
– Während die EU-Publizitätsrichtlinie mit Blick auf Übersetzungen von „Urkunden und Angaben" spricht, bezieht sich § 11 Abs. 1 auf den „Inhalt einer Eintragung". Dies ist konsequent, weil an die Stelle der „einzureichenden Angaben" in Deutschland der vom Registerrichter verfügte Text der Registereintragung tritt, der allein rechtlich maßgebend und mit den Rechtsfolgen des § 15 verknüpft ist;
– Von der in Art. 3a Abs. 3 der EU-Publizitätsrichtlinie vorgesehenen Möglichkeit, die Einreichung auch noch in weiteren Sprachen zuzulassen, hat der Gesetzgeber keinen Gebrauch gemacht.[2]

§ 11 betrifft nur das Handels- nicht das Unternehmensregister, § 8b. Allerdings verweist § 325 Abs. 6 betreffend die Offenlegung der Unterlagen der Rechnungslegung, die nicht mehr zum Handelsregister, sondern beim Betreiber des elektronischen Bundesanzeiger einzureichen sind, auf § 11.

2. Übersetzung. Das Handelsregister wird in deutscher Sprache geführt, § 184 GVG; die zum Register einzureichenden Dokumente sind daher in deutscher Sprache als sog. Originalfassung iSv Abs. 2.[3] zu übermitteln. Abs. 1 Satz 1 gewährt die Möglichkeit, die Dokumente zusätzlich in jeder anderen Amtssprache eines Mitgliedstaates der EU zu übermitteln, sog. **Übersetzung** iSv Abs. 1 Satz 2, Abs. 2. Die Übersetzung in die Amtssprache eines Drittstaates ist von § 11 nicht zugelassen.

---

[25] Heymann/*Sonnenschein/Weitemeyer* RdNr. 10.
[26] *Keidel/Kuntze/Winkler* § 130 FGG RdNr. 8.
[1] Art. 3a RiLi 68/151 EWG idF der RiLi 2003/58/EG.
[2] RegBegr. BT-Drucks. 16/960 S. 44.
[3] *Koller/Roth/Morck* RdNr. 2.

5 Die **Übersetzungen** werden **von den Registergerichten nicht** auf ihre **Richtigkeit überprüft**; auch eine **Beglaubigung** der Übersetzungen wird **nicht** verlangt. Von letzterem wurde abgesehen, denn die Einschaltung eines beeidigten Übersetzers (§ 142 Abs. 3 ZPO) erscheint zu aufwändig. Angesichts der Regelung in Abs. 2 werden die Unternehmen im eigenen Interesse auf eine korrekte Übersetzung achten. Einer von Amts wegen zu besorgenden Sicherstellung, dass spätere Änderungen der eingereichten deutschen Urkunden eine Übersetzung erfahren, bedarf es ebenfalls nicht. Auch hier werden die Unternehmen im eigenen Interesse auf einen korrekten Gleichlaut der Übersetzung achten.[4]

6 Eine **Bekanntmachung der „Übersetzung"** erfolgt **nicht**. Wenn die EU-Publizitätsrichtlinie von „Offenlegung" spricht, meint sie den Vorgang nach Art. 3 Abs. 2 Unterabs. 1 (Hinterlegung in einer Akte oder Eintragung im Register). Eine Bekanntmachung der eingereichten Übersetzungen entsprechend Art. 3 Abs. 4 wird in Art. 3 a Abs. 2 der EU-Publizitätsrichtlinien nicht vorgeschrieben.[5]

7 Abs. 1 Satz 2 begründet die Pflicht, auf die eingereichte Übersetzung in geeigneter Form **hinzuweisen**, zB durch ein entsprechendes Flaggensymbol oder den Landesnamen in der jeweiligen Landessprache.[6] Die Register müssen dabei jedoch nicht das gesamte Angebot des Registerinhalts in übersetzter Fassung anbieten. Es genügt die Zugänglichmachung der jeweils freiwillig eingereichten Übersetzungen. War eine frühere Eintragung in einer Amtssprache der Europäischen Union zugänglich gemacht worden, so ist mit der Eintragung kenntlich zu machen, dass die Übersetzung nicht mehr dem aktuellen Stand der Registereintragung entspricht. Die Kenntlichmachung ist zu entfernen, sobald eine aktualisierte Übersetzung eingereicht wird, § 15 HRV.

8 Übersetzungen können sowohl direkt im elektronischen Handelsregister (§ 11 Abs. 1 Satz 3 iVm. § 9) als auch mittelbar über das elektronische Unternehmensregister abgerufen werden.

9 **3. Gutglaubensschutz.** Abs. 2 statuiert den Gutglaubensschutz und setzt Art. 3 a Abs. 4 der EU-Publizitätsrichtlinie um. Die Übersetzungen genießen einen **eingeschränkten Gutglaubensschutz**. Anders als bei § 15 ist allerdings Regelungsinhalt von Abs. 2 nicht der Unterschied zwischen Eintragung und Bekanntmachung, sondern zwischen eingereichter (deutscher) Originalfassung und der zusätzlich eingereichten sog. „Übersetzung" in der anderen Amtssprache.[7]

10 Grundsätzlich ist bei der Abweichung der Originalfassung von einer eingereichten Übersetzung die **deutsche Fassung maßgeblich** (Abs. 2 1. Halbsatz), und zwar auch dann, wenn der Dritte sie nicht zur Kenntnis genommen hat. Jedoch kann sich ein Dritter auf die freiwillig offengelegte – von der Originalfassung abweichende – Übersetzung berufen, ohne dass es darauf ankommt, ob der Dritte die Übersetzung bei Vornahme des Rechtsgeschäfts gekannt hat. Abs. 2 schützt das abstrakte Vertrauen. Bei Vorliegen mehrerer Übersetzungen (zB englisch und französisch) kann sich daher auf die falsche Fassung auch dann berufen, wenn die anderen Varianten zutreffende Übersetzungen sind (MünchKomm/*Krafka* RdNr. 10). Die Berufung auf die fremdsprachige Übersetzung ist nur dort ausgeschlossen, wo der Dritte die deutsche Originalfassung positiv kannte; diese Voraussetzung hat der Eingetragene darzulegen und zu beweisen (Abs. 2 2. Halbsatz). Kenntnis der Originalfassung meint Kenntnis von deren Existenz, nicht aber vom genauen Inhalt bzw. zutreffendes Verständnis. Werden mehrere inhaltlich unterschiedliche Übersetzungen eingereicht, kann sich ein Dritter auf eine Übersetzungsvariante berufen.[8]

§ 12 Anmeldungen zur Eintragung und Einreichungen

(1) [1] Anmeldungen zur Eintragung in das Handelsregister sind elektronisch in öffentlich beglaubigter Form einzureichen. [2] Die gleiche Form ist für eine Vollmacht zur Anmeldung erforderlich. [3] Rechtsnachfolger eines Beteiligten haben die Rechtsnachfolge soweit tunlich durch öffentliche Urkunden nachzuweisen.

(2) [1] Dokumente sind elektronisch einzureichen. [2] Ist eine Urschrift oder eine einfache Abschrift einzureichen oder ist für das Dokument die Schriftform bestimmt, genügt die Übermittlung einer elektronischen Aufzeichnung; ist ein notariell beurkundetes Dokument oder eine öffentlich beglaubigte Abschrift einzureichen, so ist ein mit einem einfachen elektronischen Zeugnis (§ 39 a des Beurkundungsgesetzes) versehenes Dokument zu übermitteln.

---

[4] RegBegr. BT-Drucks. 16/960 S. 45.
[5] RegBegr. BT-Drucks. 16/960 S. 45.
[6] RegBegr. BT-Drucks. 16/960 S. 45.
[7] *Koller/Roth/Morck* RdNr. 3.
[8] *Koller/Roth/Morck* RdNr. 3; *Schreiber/Decker* DB 2006, 2446, 2448.

Übersicht

	RdNr.		RdNr.
I. Reform	1	ee) Tod des Bevollmächtigten	80
II. Anmeldung zur Eintragung	2–4	ff) Widerruf der Vollmacht	81, 82
III. Eintragung von Amts wegen und auf Antrag	5–60	gg) Umwandlungsrechtliche Maßnahmen	83–89
1. Eintragung von Amts wegen	5–24	hh) Sonstige Fälle	90–94
a) Beispiele	6–22	c) Prokura, Handlungsvollmacht	95, 96
aa) Erlöschen einer eingetragenen Firma	7	d) Ausnahmen bei höchstpersönlichen Anmeldungen	97–104
bb) Insolvenzverfahren bei Einzelkaufmann	8	e) Vollmachtloser Vertreter	105
cc) Insolvenzverfahren bei AG, KGaA, GmbH	9	f) Form der Vollmacht	106–108
dd) Gerichtlich festgestellter Satzungsmangel bei AG, KGaA, GmbH	10	g) Einreichung der Anmeldung bei Gericht	109
ee) Nichteinhaltung der Verpflichtung nach § 19 Abs. 4 GmbHG	11	2. Anmeldung durch den Notar	110–120
ff) Vermögenslosigkeit der AG, KGaA, GmbH	12	a) Allgemeines	110
gg) Unzulässige Eintragungen	13–17	b) Voraussetzung	111–115
hh) Nichtige AG, KGaA, GmbH	18–21	c) Der Notar als Vertreter	116–120
ii) Gerichtlich bestellter Vorstand, Liquidator	22	3. Gesetzliche Vertreter	121–127
b) Rechtsmittel	23, 24	a) Fallgruppen	121–125
2. Eintragung auf Antrag	25	b) Nachweis der Vertretungsmacht	126, 127
3. Rechtsnatur der Anmeldung	26–35	4. Organschaftliche Vertretung	128–153
4. Inhalt der Anmeldung	36–43	a) Zulässigkeit	128
5. Form der Anmeldung	44–58	b) Übersicht	129–145
a) Allgemeines	44–46	aa) Europäische-Wirtschaftliche Interessenvereinigung, EWIV	130
b) Öffentliche Beglaubigung	47–58	bb) Aktiengesellschaft	131, 132
aa) Begriff	47–49	cc) GmbH	133–135
bb) Zuständigkeit	50–52	dd) Kommanditgesellschaft auf Aktien	136
cc) Form	53–55	ee) Kommanditgesellschaft	137
dd) Ersatzformen	56–58	ff) Offene Handelsgesellschaft	138
6. Elektronische Übermittlung	59, 60	gg) Genossenschaft	139
IV. Keine Zeichnung von Unterschriften	61–63	hh) Partnerschaft	140
V. Anmeldung durch Stellvertreter	64–153	ii) Eingetragener Verein	141
1. Bevollmächtigung	65–109	jj) BGB-Gesellschaft	142–145
a) Grundsätzliche Zulässigkeit	65–71	c) Unechte Gesamtvertretung	146–148
b) Dauer der Vollmacht, Erlöschen	72–94	d) Nachweis der Vertretungsmacht	149–153
aa) Bedingung, Befristung	73	**VI. Nachweis der Rechtsnachfolge**	154–165
bb) Erledigung	74	1. Zweck und Anwendungsbereich	154, 155
cc) Beendigung des zugrundeliegenden Rechtsverhältnisses	75, 76	2. Der urkundliche Nachweis	156–162
		a) Öffentliche Urkunde	156–158
		b) Nachweis soweit tunlich	159–162
dd) Tod und Geschäftsunfähigkeit des Vollmachtgebers	77–79	3. Vor- und Nacherbfolge	163–165
		a) Anmeldungen bei Eintritt der Vorerbfolge	163
		b) Anmeldungen bei Eintritt der Nacherbfolge	164, 165

I. Reform

Mit dem EHUG (s. § 8 RdNr. 7) wird der **Übergang zum vollelektronischen Rechtsverkehr** 1 mit dem Registergericht endgültig vollzogen. Anmeldungen zur Eintragung in das Handelsregister sind künftig zwingend elektronisch einzureichen. § 12 Satz 1 entspricht im Wesentlichen § 12 Abs. 1 aF § 12 Sätze 2 und 3 nF entsprechen § 12 Abs. 2 aF.

Da die Register **elektronisch** geführt werden, ist auch die **Zulieferung der Dokumente** auf diesem Wege zu bewerkstelligen. Anderenfalls müssten die papierschriftlichen Unterlagen von den Registergerichten digitalisiert werden, was nicht nur kostenaufwändig wäre, sondern auch eine mehrfache Transformation bedeuten würde. Das Verfahren der Einreichung der Dokumente regelt § 12 Abs. 2; die Vorschrift ordnet generell an, was bis zum 31. 12. 2006 in § 8 a Abs. 1 Satz 3 aF den Landesregierungen zur Regelung durch Rechtsverordnung freigestellt war.

Eine **Übergangsregelung** enthält Art. 61 Abs. 1 EGHGB. Danach können die Landesregierungen durch Rechtsverordnung bestimmen, dass Anmeldungen und alle oder einzelne Dokumente bis zum 31. 12. 2009 auch in Papierform zum Handelsregister eingereicht werden können. Übergangsregelungen bestehen bzw. bestanden nur noch in Niedersachsen (bis zum 31. 12. 2007, GVBl. 2006,

596), in Rheinland-Pfalz (bis zum 30. 6. 2007, GVBl. 2006, 444) und in Sachsen-Anhalt (bis zum 31. 3. 2007, GVBl. 2006, 560).

Die nach bisherigem Recht erforderlichen Zeichnungen (Unterschriftsproben) sind entfallen, s. RdNr. 61 ff.

II. Anmeldung zur Eintragung

2   Eintragungen und Löschungen im Handelsregister beruhen nahezu ausschließlich auf entsprechenden Anträgen, die § 12 als Anmeldungen bezeichnet. Der **Begriff der Anmeldung** umfasst daher grundsätzlich nur **Anträge zur Eintragung,** nicht aber die Übermittlung sonstiger Dokumente zum Register.[1]

3   Anmeldungen und Vollmachten zur Anmeldung sind elektronisch in **öffentlich beglaubigter** Form einzureichen, womit sichergestellt werden soll, dass die Erklärungen auch von den Personen stammen, die hierzu sachlich berechtigt sind.[2] Die Regelung als solche dient allerdings nur der **Echtheits- oder Identitätsprüfung.** Ob die betreffende Person auch sachlich zur Anmeldung berechtigt ist, hat das Registergericht im Rahmen seiner materiellen Prüfungspflicht (§ 8 RdNr. 131 ff.) festzustellen. Hierzu dient auch die Vorschrift des § 12 Abs. 1 Satz 3, nach der eine Rechtsnachfolge möglichst durch öffentliche Urkunden nachzuweisen ist.[3]

4   Soweit außerhalb des HGB **Verpflichtungen zur Anzeige** beim Registergericht **irreführend als Anmeldungen bezeichnet** sind, bedürfen sie **nicht der öffentlichen Beglaubigung.** So bedarf etwa die in § 107 Abs. 1 S. 2 AktG statuierte Pflicht des Vorstandes zur Anmeldung des Aufsichtsratsvorsitzenden und dessen Stellvertreters zum Handelsregister nicht der Form des § 12, vielmehr genügt Schriftform.[4] Diese Anmeldung hat lediglich deklaratorische Bedeutung; eine Eintragung im Handelsregister erfolgt ebenso wenig wie eine gerichtliche Bekanntmachung. Damit handelt es sich bei dieser Anzeigepflicht nicht um eine Anmeldung „zur Eintragung" iSd. § 12.[5]

III. Eintragungen von Amts wegen und auf Antrag

5   **1. Eintragung von Amts wegen.** Nur **vereinzelt** erfolgen Eintragungen in das Handelsregister ohne Anmeldung **von Amts wegen.**[6]

6   **a) Beispiele.** Als **Beispiele** für die Eintragungen von Amts wegen sind zu nennen:

7   **aa) Erlöschen einer eingetragenen Firma.** Das **Erlöschen einer eingetragenen Firma** ist von Amts wegen einzutragen, wenn die Anmeldung des Erlöschens durch die hierzu Verpflichteten nicht durch Festsetzung von Zwangsgeld nach § 14 herbeigeführt werden kann, § 31 Abs. 2 Satz 2. Das Register hat hier den eingetragenen Inhaber der Firma oder dessen Rechtsnachfolger zunächst von der beabsichtigten Löschung zu benachrichtigen und ihm zugleich eine angemessene – nicht weniger als drei Monate betragende – Frist zur Geltendmachung eines Widerspruchs zu bestimmen, § 141 Abs. 1 FGG.[7]

8   **bb) Insolvenzverfahren bei Einzelkaufmann.** Eröffnung des Insolvenzverfahrens über das Vermögen eines **Kaufmannes,** § 32 Abs. 1 Satz 1; das Gleiche gilt für die in § 32 Abs. 1 Satz 2 genannten Tatsachen.

9   **cc) Insolvenzverfahren bei AG, KGaA, GmbH.** Eröffnung und Ablehnung der Eröffnung des Insolvenzverfahrens bei der **Aktiengesellschaft** bzw. KGaA (§ 263 S. 2, 3, § 278 Abs. 3 AktG) und bei der GmbH (§ 65 Abs. 1 S. 2, 3 GmbHG). Hier verzichtet das Gesetz auf Anmeldung, weil das Registergericht von den Insolvenzvorgängen gemäß § 31 InsO unterrichtet wird.

10 **dd) Gerichtlich festgestellter Satzungsmangel bei AG, KGaA, GmbH.** Auflösung der Aktiengesellschaft, KGaA bzw. GmbH im Fall der **gerichtlichen Feststellung eines Mangels**

---

[1] Röhricht/Graf von Westphalen/*Ammon* RdNr. 1.
[2] Schlegelberger/*Hildebrandt*/*Steckhan* RdNr. 1.
[3] Schlegelberger/*Hildebrandt*/*Steckhan* RdNr. 2; Heymann/*Sonnenschein*/*Weitemeyer* RdNr. 1.
[4] KG Beschl. v. 23. 6. 1938 – 1 Wx 215/38, JW 1938, 2281 m. Anm. *Groschuff*; Kölner Komm AktG/*Mertens* § 107 AktG RdNr. 21; *Hüffer* § 107 AktG RdNr. 8; MünchHdb.AG/*Hoffmann-Becking* § 31 RdNr. 10; aA noch – notarielle Beglaubigung erforderlich – LG Frankfurt/Main 2. KfH Beschl. v. 5. 4. 1938 – 3/2 P 5/38, JW 1938, 1397 m. zust. Anm. *Dietrich*.
[5] *Hüffer* § 107 AktG RdNr. 8.
[6] MünchKommHGB/*Krafka* RdNr. 2.
[7] Sind die bezeichneten Personen oder deren Aufenthalt nicht bekannt, so erfolgt die Benachrichtigung nach § 141 Abs. 2 FGG.

der Satzung.[8] In diesen Fällen verzichtet das Gesetz auf Anmeldung, weil das Registergericht den auflösungsbegründenden Satzungsmangel selbst festgestellt hat.

ee) Nichteinhaltung der Verpflichtung nach § 19 Abs. 4 GmbHG. Auflösung der GmbH wegen Nichteinhaltung der Verpflichtungen nach § 19 Abs. 4 GmbHG, wonach die volle Leistung auf die Stammeinlage zu erbringen ist, wenn sich innerhalb von drei Jahren nach der Eintragung der Gesellschaft in das Handelsregister alle Geschäftsanteile in der Hand eines Gesellschafters oder daneben in der Hand der Gesellschaft vereinigen, **§ 144 b FGG.**

ff) Vermögenslosigkeit der AG, KGaA, GmbH. Eine **Aktiengesellschaft, KGaA oder GmbH, die kein Vermögen besitzt,** kann von Amts wegen gelöscht werden, **§ 141 a Abs. 1, S. 1 FGG.** Die genannten Gesellschaften sind von Amts wegen zu löschen, wenn das Insolvenzverfahren über ihr Vermögen durchgeführt worden ist und keine Anhaltspunkte dafür vorliegen, dass die Gesellschaft noch Vermögen besitzt, § 141 a Abs. 1, S. 2 FGG. Entsprechendes gilt bei der oHG und KG, bei denen kein persönlich haftender Gesellschafter eine natürliche Person ist. Eine solche Gesellschaft kann nur gelöscht werden, wenn die zur Vermögenslosigkeit geforderten Voraussetzungen sowohl bei der Gesellschaft als auch bei den persönlich haftenden Gesellschaftern vorliegen. Sind persönlich haftende Gesellschafter wiederum eine oHG oder KG und ist bei diesen wiederum ein persönlich haftender Gesellschafter eine natürliche Person, gelten diese Grundsätze allerdings nicht, § 141 a Abs. 3 FGG.

gg) Unzulässige Eintragungen. Nach **§ 142 FGG** kann das Registergericht von Amts wegen eine Eintragung im Handelsregister löschen, die bewirkt worden ist, obgleich sie in Ermangelung einer wesentlichen Voraussetzung unzulässig ist. Unzulässig im Sinne dieser Vorschrift ist nicht nur eine inhaltlich unzulässige Eintragung, sondern auch eine zwar zulässige, aber sachlich unrichtige Eintragung.[9] Dabei spielt es keine Rolle, ob die Eintragung zum Zeitpunkt ihrer Vornahme bereits unzulässig oder unrichtig war, oder ob diese Voraussetzungen erst nachträglich eingetreten sind.[10] Rechtsbegründende Eintragungen können gelöscht werden, wenn sie unter Verletzung wesentlicher Verfahrensvorschriften erfolgten, weil dann die Voraussetzung für die Rechtsänderung fehlt. Bei rechtsfeststellenden Eintragungen rechtfertigt nur die sachlich unrichtige, nicht aber die bloß verfahrensfehlerhafte Eintragung die Löschung.[11]

Ob eine zur Amtslöschung führende Unzulässigkeit der Eintragung auf dem **Mangel einer wesentlichen Eintragungsvoraussetzung** beruht, hat das Registergericht nach Lage des Falles zu entscheiden.[12] Wesentlich sind zB regelmäßig Verstöße gegen die Vorschriften über die Firma, wenn sie unzulässig gebildet ist. **Verstöße gegen Sollvorschriften** oder geringfügige Fehler **berechtigen** dagegen **nicht zur Amtslöschung.**[13]

Dagegen können **sonstige Unrichtigkeiten,** Mehrdeutigkeiten oder Missverständlichkeiten **nur auf Antrag** der Beteiligten berichtigt werden.[14]

Zuständig für die Löschung nach § 142 FGG das Registergericht. Ist bei dem LG eine Kammer für Handelssachen gebildet, so ist diese zuständig, § 143 Abs. 1, S. 2 FGG.

§ 143 FGG begründet ausnahmsweise eine erstinstanzielle, mit der des Registergerichts konkurrierende Zuständigkeit des Landgerichts zur Verfügung von Löschungen von Amts wegen im Handelsregister, §§ 142, 144 FGG.[15]

hh) Nichtige AG, KGaA, GmbH. Die Löschung nichtiger Aktiengesellschaften, Kommanditgesellschaften auf Aktien oder GmbHs erfolgt von Amts wegen, § 144 Abs. 1 FGG.

Die §§ 275, 276, 278 Abs. 3 AktG, §§ 75, 76 GmbHG sehen die Nichtigkeitserklärung einer AG, KGaA oder GmbH im Wege der **Nichtigkeitsklage** unter bestimmten Voraussetzungen vor; nach § 275 Abs. 4 AktG, § 75 Abs. 2 GmbHG ist das ergangene Urteil zum Handelsregister einzureichen und die Nichtigkeit der Gesellschaft auf Grund rechtskräftigen Urteils einzutragen. **§ 144 FGG** gestattet unter den selben Voraussetzungen, unter denen die Nichtigkeitsklage erhoben werden kann, die **Löschung** dieser Gesellschaften **von Amts wegen. Beide Verfahren können konkurrieren.**[16]

---

[8] § 263 S. 2, 3 iVm. § 262 Abs. 1 Nr. 5 AktG, § 278 Abs. 3; § 65 Abs. 1, S. 2, S. 3 GmbHG, § 144 a Abs. 4 FGG.
[9] *Jansen* § 142 FGG RdNr. 4.
[10] *Jansen* § 142 FGG RdNr. 4; *Keidel/Kuntze/Winkler* § 142 FGG RdNr. 10.
[11] OLG Düsseldorf Beschl. v. 14. 12. 1998 – 3 Wx 483/98, Rpfleger 1999, 228.
[12] *Richter* Rpfleger 1954, 501.
[13] Weitere Beispiele bei *Bumiller/Winkler* § 142 FGG RdNr. 5; *Keidel/Kuntze/Winkler* § 142 FGG RdNr. 14.
[14] BayObLG Beschl. v. 12. 3. 1984 – BReg. 3 Z 27/84, DNotZ 1985, 168.
[15] BayObLG Beschl. v. 9. 12. 1955 – 2 ZS BReg. 2 Z 1166 und 167/55, BayObLGZ 1955, 333, 339; BayObLG Beschl. v. 18. 8. 1969 – 2/ZS BReg. 2 Z 25/69, BayObLGZ 1969, 215.
[16] *Scholz/K. Schmidt* § 75 GmbHG RdNr. 29; *Jansen* § 144 FGG RdNr. 21; *Keidel/Kuntze/Winkler* § 144 FGG RdNr. 7.

§ 12   20–28   1. Buch. 2. Abschnitt. Handelsregister; Unternehmensregister

dh. Prozessgericht und Registergericht entscheiden unabhängig voneinander, solange keine verbindliche Nichtigerklärung vorliegt. Ist ein rechtskräftiges Urteil auf Nichtigerklärung ergangen, bindet dieses rechtskräftige Urteil den Registerrichter.[17] Umgekehrt darf er die Amtslöschung vornehmen, auch wenn eine Nichtigkeitsklage rechtskräftig als unbegründet abgewiesen worden ist.[18]

20 **Nichtigkeitsgründe** sind nach § 275 Abs. 1 AktG iVm. § 278 Abs. 3 AktG bzw. § 75 Abs. 1 GmbHG nur das Fehlen von Bestimmungen über die Höhe des Grund- bzw. Stammkapitals oder über den Gegenstand des Unternehmens oder die Nichtigkeit der Bestimmungen der Satzung über den Gegenstand des Unternehmens.[19] Sind Bestimmungen über die Höhe des Grundkapitals oder des Stammkapitals in einer Satzung vorhanden, aber nichtig, so kann dies nach § 144a FGG zur Auflösung der Gesellschaft führen.[20]

21 Soweit die Voraussetzungen des § 144 FGG vorliegen, enthalten sie eine abschließende Regelung, so dass eine Löschung nicht über § 142 FGG herbeigeführt werden kann. **§ 142 FGG ist durch § 144 FGG, der die spezielle Vorschrift ist, ausgeschlossen.**[21]

22 **ii) Gerichtlich bestellter Vorstand, Liquidator.** Von Amts wegen geschieht auch die Eintragung gerichtlich bestellter Vorstandsmitglieder oder Liquidatoren, **§ 34 Abs. 4.**[22]

23 **b) Rechtsmittel.** Die Amtslöschung ist **nicht** nach § 19 FGG mit der **Beschwerde anfechtbar.**[23] Eine unzulässigerweise eingereichte Beschwerde kann als Anregung zur Amtslöschung der Löschung durch das Amtsgericht (§ 142 FGG) oder durch das Landgericht (§ 143 FGG) aufgefasst werden.[24]

24 Eine **Amtslöschung der Amtslöschung** nach §§ 142, 143 FGG kann nach hM nur dann erfolgen, wenn das Löschungsverfahren an wesentlichen Verfahrensfehlern leidet und hinzukommt, dass die Löschung auch materiell zu Unrecht erfolgt ist.[25]

25 **2. Eintragung auf Antrag.** Abgesehen von den in RdNr. 5 ff. geschilderten Fällen werden Eintragungen und Löschungen regelmäßig nur auf Antrag vorgenommen. So ist zB nach § 29 jeder Kaufmann verpflichtet, Firma und Ort seiner Handelsniederlassung zur Eintragung in das Register anzumelden. Zu weiteren Anmeldpflichten siehe § 8 RdNr. 95 ff.

26 **3. Rechtsnatur der Anmeldung.** Im Einzelnen unterschiedlich beurteilt wird, welche Rechtsnatur die Anmeldung hat. Einerseits wird angenommen, die Anmeldung habe lediglich die **verfahrensrechtliche Bedeutung** eines Eintragungsantrags,[26] andererseits wird ihr eine **Doppelnatur** – in erster Linie Eintragungsantrag, aber auch Rechtsgeschäft – beigemessen.[27] Schließlich wird die Ansicht vertreten, die Anmeldung sei ein auf Herbeiführung behördlichen Handelns gerichteter **organschaftlicher Akt.**[28]

27 Schließlich wird in der Anmeldung eine „**Art Garantieerklärung**" gesehen, wonach das Registergericht darauf vertrauen können müsse, dass angemeldete Tatsachen inhaltlich richtig sind.[29]

28 Die letztgenannte Auffassung, wonach die Anmeldung eine **Art Garantieerklärung** bedeutet, findet – hierauf hat der BGH zu Recht hingewiesen – **im Gesetz keine Stütze.**[30]

---

[17] Baumbach/Hueck/*Schulze-Osterloh/Zöllner* § 75 GmbHG RdNr. 20; *Lutter/Hommelhoff* § 75 GmbHG RdNr. 7; Scholz/*K. Schmidt* § 75 GmbHG RdNr. 29.
[18] *Jansen* § 144 FGG RdNr. 21; *Keidel/Kuntze/Winkler* § 127 FGG RdNr. 23; zum Teil aA Kölner Komm AktG/*Kraft* § 75 AktG RdNr. 54.
[19] § 23 Abs. 3, Nr. 2 und 3 AktG, § 3 Abs. 1 Nr. 2 und 3 GmbHG. Dagegen führt die nachträgliche (Verwaltungs-)Sitzverlegung im Umland unter Beibehaltung des (dann unzutreffenden) statutarischen Sitzes zur Amtslöschung, vgl. BayObLG Beschl. v. 20. 2. 2002 – 3 Z BR 380/01 NZG 2002, 828; aA LG Memmingen Beschl. v. 14. 11. 2001 – 2 HT 1322/01 GmbH 2002, 492; zusammenfassend *Bandehzahdeh/Thoß* NZG 2002, 803.
[20] *Keidel/Kuntze/Winkler* § 144 FGG RdNr. 7.
[21] BayObLG Beschl. v. 18. 8. 1969 – 2 Z 25/69, BayObLGZ 1969, 215, 219; BayObLG Beschl. v. 18. 7. 1991 – 3 Z BR 133/90, GmbHR 1992, 304, 305; OLG Karlsruhe Beschl. v. 18. 12. 1985 – 11 W 86/85, OLGZ 1986, 155; Kölner Komm AktG/*Kraft* § 275 AktG RdNr. 52.
[22] Vgl. auch § 148 Abs. 2 FGG.
[23] KG Beschl. v. 17. 11. 1922, JFG 1, 261; *Jansen* § 141 FGG RdNr. 19; Scholz/*K. Schmidt* § 75 GmbHG RdNr. 27; aA Hachenburg/*Hohner* § 75 GmbHG RdNr. 48.
[24] BayObLG Beschl. v. 8. 12. 1977 – 3 Z 154/76, BayObLGZ 1977, 31 = Rpfleger 1978, 181; BayObLG Beschl. v. 25. 8. 1983 – 3 Z BR 124/83, Rpfleger 1983, 443.
[25] BayObLG Beschl. v. 17. 11. 1922 – 1a X 849/22, JFG 1, 261, 262; KG Beschl. v. 17. 1. 1935 – 1 b X 601/34, JW 1935, 1798; KG Beschl. v. 27. 6. 1904 – 1. Y 482/04, KGJ 28 A 42, 43; OLG München Beschl. v. 14. 7. 1937 – Wx 340/37, JFG 16, 71; *Jansen* § 141 FGG RdNr. 19.
[26] BayObLG Beschl. v. 21. 5. 1970 – 2 Z 24/70, Rpfleger 1970, 288.
[27] Schlegelberger/*Hildebrandt/Steckhan* RdNr. 10.
[28] Hachenburg/*Ulmer* § 7 GmbHG RdNr. 17; hiergegen zutreffend Staub/*Hüffer* § 8 RdNr. 43.
[29] BayObLG Beschl. v. 14. 4. 1982 – 3 Z BR 20/82, BayObLGZ 1982, 198, 202; BayObLG Beschl. v. 20. 6. 1974 – BReg 2 Z 2/74, DNotZ 1975, 230, 232; vgl. auch *Gustavus* GmbHR 1978, 219, 223.
[30] So BGH Beschl. v. 2. 12. 1991 – II ZB 13/91, BGHZ 116, 190, 198.

Richtigerweise ist in der Anmeldung **in erster Linie** und stets ein verfahrensrechtlicher Antrag 29
auf Eintragung in das Handelsregister, eine **verfahrensrechtliche Erklärung** iSv. § 11 FGG gegenüber dem Gericht zu sehen.[31] Die Annahme eines bloßen Eintragungsantrages schöpft die Bedeutung der Annahme jedoch nicht aus. Die Anmeldung enthält vielmehr **auch materiell-rechtliche Elemente.** Das nur verfahrensrechtliche Konzept versagt im Gründungsrecht der Kapitalgesellschaften und ist namentlich untauglich als dogmatische Basis für die Erklärungspflicht nach § 37 AktG, § 8 Abs. 2 GmbHG, für die Haftung bei falschen Angaben nach §§ 46, 48 AktG, § 9a GmbHG und für die strafrechtlichen Konsequenzen des § 399 AktG und des § 82 GmbHG.[32]

Obgleich die Anmeldung auch keine rechtsgeschäftliche Erklärung ist, da sie keine privatautonome Regelung von Rechtsverhältnissen enthält, sondern die Wirkungen der Anmeldung mit der Eintragung kraft Gesetzes eintreten,[33] ist bei der dogmatischen Differenzierung im Einzelnen dennoch anerkannt, dass **einzelne gesetzliche Vorschriften aus dem Recht der Willenserklärungen** für **entsprechend anwendbar** erklärt werden.[34] 30

Hieraus folgt, dass die Anmeldung als empfangsbedürftige Erklärung dem Gericht zugehen und 31
ihre Wirksamkeit erst mit dem **Zugang** entfaltet wird (§ 130 Abs. 1 Satz 1 BGB). Ebenso rechtfertigt sich die analoge Anwendung des **§ 130 Abs. 2 BGB.**[35] Die Vorschriften über die **Geschäftsfähigkeit** (§§ 104 ff. BGB) finden auf die Anmeldung ebenso entsprechende Anwendung[36] wie die in **§§ 164 ff. BGB** generell zugelassene Vertretung durch Bevollmächtigte, soweit nicht organisationsrechtliche Besonderheiten der Anmeldung eine persönliche Erklärung notwendig machen.[37]

Abweichungen vom Recht der Willenserklärungen ergeben sich allerdings insoweit, als die 32
Anmeldung anders als sonstige Willenserklärungen **bis zur Eintragung frei widerruflich** ist.[38] Ein Widerruf nach Eintragung kann als Löschungsantrag oder als neue Anmeldung behandelt werden, die allerdings formbedürftig wäre; gleichfalls formbedürftig ist der Widerruf (Rücknahme) des Widerrufs, weil darin eine neue Anmeldung liegt.[39]

Die **Vorschriften zum Anfechtungsrecht** (§§ 119 ff. BGB) **und zur Bedingung** (§§ 158 ff. 33
BGB) sind allerdings mit dem Charakter der Anmeldung als Verfahrenshandlung **nicht vereinbar.** Daher ist eine Anfechtung der Anmeldung nicht möglich.[40]

Die **Anfechtung** einer Anmeldung kann **in eine Rücknahme umgedeutet** werden.[41] Ebenso- 34
wenig möglich ist die Anmeldung unter einer **Bedingung oder Befristung.**[42] Daher ist die Anmeldung zukünftiger oder bedingter Tatsachen – zu unterscheiden von Anmeldungen mit nachzureichenden Anlagen, zB die Erstanmeldung der GmbH mit nachzureichendem Einzahlungsbeleg, die zulässig sind[43] – unzulässig.[44] Es kann folglich zB nicht am 1. 1. 2007 bei einem GmbH angemeldet werden, dass der Geschäftsführer A mit Ablauf des 29. 2. 2007 nicht mehr Geschäftsführer sei. Diese Anmeldung ist frühestens am 1. 3. 2007 möglich. Dort wo ein Interesse der Beteiligten an der Eintragung einer Tatsache an einem bestimmten Tag besteht, kann durch Absprache mit dem Register erreicht werden, dass die Anmeldung informell bereits vorher eingereicht wird, vom Gericht geprüft wird und am Tag der förmlichen Einreichung dann sofort eingetragen werden kann. Hierbei handelt es sich aber um keine Ausnahme von der Unzulässigkeit der Anmeldung künftiger Tatsachen, denn das Register prüft in diesem Fall nicht eine Anmeldung, sondern nur

---

[31] BayObLG Beschl. v. 5. 10. 1978 – 1 Z 104/78, BayObLGZ 1978, 282, 284; BayObLG Beschl. v. 7. 2. 1984 – 3 Z 190/83, BayObLGZ 1984, 29, 31; BayObLG Beschl. v. 22. 2. 1985 – 3 Z 16/85, BayObLGZ 1985, 82, 83; BayObLG Beschl. v. 3. 7. 1986 – 3 Z 72/86, BayObLGZ 1986, 253, 257; BayObLG Beschl. v. 16. 2. 1989 – 3 Z 171/88, BayObLGZ 1989, 34, 37; OLG Hamm Beschl. v. 29. 4. 1981 – 15 W 67/81, 423, OLGZ 1981, 419; Röhricht/Graf von Westphalen/*Ammon* RdNr. 2; *Ammon* DStR 1983, 1025, 1026.
[32] Staub/*Hüffer* § 8 RdNr. 43.
[33] Staub/*Hüffer* RdNr. 43.
[34] Heymann/*Sonnenschein*/*Weitemeyer* RdNr. 3.
[35] OLG Dresden OLGR 4, 2f.
[36] RG Beschl. v. 25. 10. 1934 – IV B 55/35, RGZ 145, 284, 286; BayObLG Beschl. v. 15. 1. 1952 – 1 ZS 221/1951, BayObLGZ 52, 17, 19 f. für den Bereich der FGG.
[37] Hierzu RdNr. 101 ff.; Staub/*Hüffer* RdNr. 44.
[38] BayObLG Beschl. v. 25. 6. 1992 – 3 Z BR 30/92, GmbHR 1992, 672; *Ammon* DStR 1993, 1025, 1026.
[39] Röhricht/Graf von Westphalen/*Ammon* RdNr. 2.
[40] Baumbach/*Hopt* RdNr. 2.
[41] BayObLG Beschl. v. 25. 6. 1992 – 3 Z BR 30/92, GmbHR 1992, 672; BayObLG Beschl. v. 9. 11. 1989 – 3 Z BR 17/89, DB 1990, 168.
[42] Heymann/*Sonnenschein*/*Weitemeyer* RdNr. 3; Staub/*Hüffer* § 8 RdNr. 44. – Für Zulässigkeit bei zeitnahen Befristungen MünchKommHGB/*Krafka* RdNr. 8a; vgl. auch *Scheel* DB 2004, 2355.
[43] *Waldner* ZNotP 2000, 188, 189 f.
[44] BayObLG Beschl. v. 25. 6. 1992 – 3 Z BR 30/92, DNotZ 1993, 197 mwN; OLG Düsseldorf Beschl. v. 15. 12. 1999 – 3 Wx 354/99, ZNotP 2000, 200 mit. Anm. *Waldner* ZNotP 2000, 188 = GmbHR 2000, 232 mit Anm. *Bärwaldt* GmbHR 2000, 421.

einen Entwurf, um die Anmeldung, die dem Entwurf entspricht, am gewünschten Tag sofort eintragen zu können.[45] Bei einer Mehrzahl von Anträgen in einer Anmeldung kann dagegen zulässigerweise im Wege des **Teilvollzugs** deren Vollzug in einer bestimmten zeitlichen Reihenfolge beantragt werden, ohne dass es sich hierbei um eine Bedingung im Sinne der §§ 158 ff. BGB handeln würde. Unzulässig ist dagegen eine echte Bedingung in der Anmeldung, zB bei einer GmbH die Anmeldung des Geschäftsführers A unter der Bedingung, dass der Geschäftsführer B sein Amt niederlegt.

35 Auf die Anmeldung findet **§ 181 BGB keine Anwendung.**[46] Daher können zB gesetzliche Vertreter eines minderjährigen Gesellschafters Anmeldungen im eigenen Namen als Mitgesellschafter und zugleich namens des Minderjährigen tätigen; die §§ 181, 1795, 1630 BGB stehen dem nicht entgegen.

36 **4. Inhalt der Anmeldung.** Das FGG regelt den Inhalt einer Anmeldeerklärung nicht.[47] Auch die **Einzelgesetze,** welche Anmeldevorschriften enthalten, sehen grundsätzlich davon ab, den Inhalt der Anmeldeerklärung festzulegen[48] und enthalten **nur ausnahmsweise** Regelungen zum Inhalt der Anmeldung, wie zB §§ 106, 107 HGB, § 37 AktG, § 8 GmbHG.

37 Es gelten somit für den gesetzlich nicht vorgeschriebenen Inhalt der Anmeldeerklärung die allgemeinen Grundsätze des Verfahrens der Freiwilligen Gerichtsbarkeit, welche für Anträge anerkannt sind. Danach braucht das Rechtsschutzbegehren zwar nicht mit der Klarheit kenntlich gemacht werden, die § 253 ZPO für eine Klage vorschreibt. Der **Antrag** muss aber **inhaltlich so bestimmt** sein, dass das Gericht zweifelsfrei erkennen kann, was der Antragsteller sachlich vom Gericht begehrt.[49]

38 Als Verfahrensantrag ist die Anmeldung allerdings **auslegungsfähig;** im Wege der Auslegung muss ihr aber die einzutragende registerfähige Tatsache zweifelsfrei zu entnehmen sein.[50]

39 Die Anmeldung ist dann inhaltlich hinreichend bestimmt, wenn sie den in das Handelsregister einzutragenden Inhalt so eindeutig enthält, dass **Zweifel seitens des Registergerichts ausgeschlossen** sind. **Nicht erforderlich** ist allerdings, dass **bestimmte Formulierungen des Gesetzes** übernommen werden.[51] Erst recht ist der Anmeldende nicht verpflichtet, seine Formulierung so abzufassen, dass sie ohne Änderung in das Handelsregister übernommen werden kann.[52] Eine Anmeldung genügt aber dann nicht den Anforderungen, wenn sie die einzutragende Veränderung in dem Rechtsverhältnis einer Gesellschaft nicht so eindeutig ausdrückt, dass das Registergericht ohne Zweifel erkennen kann, was in das Handelsregister eingetragen werden soll.[53]

40 Wird zB der **Gesellschaftsvertrag einer GmbH in einzelnen Punkten geändert,** so kann ausreichen, dass lediglich die Abänderung als solche angemeldet und auf die zusammen mit der Anmeldung eingereichten Urkunden über die Änderung Bezug genommen wird, § 54 Abs. 2 Satz 1 GmbHG. **Betrifft** die **Änderung** aber in **das Handelsregister einzutragende Tatsachen und Rechtsverhältnisse** (zB Firma, Sitz, Gegenstand, Stammkapital, Vertretungsbefugnis) sind diese **Änderungen konkret,** wenn auch nur schlagwortartig, in der Anmeldung zu bezeichnen.[54] Dies gilt auch bei einer vollständigen Änderung des Gesellschaftsvertrages.[55]

41 Für Personenhandelsgesellschaften schreiben die §§ 107, 161 Abs. 2 ausdrücklich die konkrete Anmeldung bei Änderung der Firma, des Sitzes oder des Eintritts eines neuen Gesellschafters vor. Das Vertretungsorgan einer AG oder GmbH trifft keine geringere Pflicht. Es ist nicht Aufgabe des Registergerichts, im Falle der bloßen Anmeldung einer Satzungsneufassung zu erforschen, ob die in § 39 AktG bzw. § 10 Abs 1, 2 GmbHG genannten Angaben abgeändert worden sind.[56]

---

[45] *Waldner* ZNotP 2000, 188, 189; ebenso *Staub/Hüffer* § 8 RdNr. 44.
[46] BayObLG Beschl. v. 21. 5. 1970 – 2 Z BR 24/70, DNotZ 1971, 107, 108.
[47] BayObLG Beschl. v. 22. 11. 1974 – 1 Z BR 71/74, Rpfleger 1975, 91, 92.
[48] Vgl. zB § 181 Abs. 1, S. 1 AktG, § 7 Abs. 1, 54 Abs. 1, S. 1 GmbHG.
[49] BayObLG Beschl. v. 22. 2. 1985 – 3 Z BR 16/85, BayObLGZ 1985, 82 = DB 1985, 1223; BayObLG Beschl. v. 22. 11. 1974 – 1 Z BR 71/74, Rpfleger 1975, 91, 92; *Ammon* DStR 1993, 1025, 1026.
[50] OLG Düsseldorf Beschl. v. 2. 7. 1997 – 3 Wx 94/97, Rpfleger 1998, 27, 28; *Ammon* DStR 1993, 1025, 1026.
[51] BayObLG Beschl. v. 21. 5. 1970 – 2 Z BR 24/70, DNotZ 1971, 107; BayObLG Beschl. v. 1. 12. 1977, BReg. 3 Z 127/77, DNotZ 1978, 661; zur Auslegung aus der Sicht des Registergerichts BayObLG BB 2000, 1316; Heymann/Sonnenschein/Weitemeyer RdNr. 2.
[52] OLG Düsseldorf Beschl. v. 2. 7. 1997 – 3 Wx 94/97, Rpfleger 1998, 27; *Keidel/Schmatz/Stöber* RdNr. 18 a.
[53] OLG Frankfurt Beschl. v. 23. 7. 2003 – 20 W 46/03, GmbHR 2003, 1273; BayObLG Beschl. v. 22. 2. 1985 – 3 Z BR 16/85, BayObLGZ 1985, 82, 85 = DB 1985, 1223; BayObLG Beschl. v. 1. 2. 1977 – 3 Z BR 127/77, DNotZ 1978, 661 f.
[54] OLG Frankfurt Beschl. v. 23. 7. 2003 – 202046/03, GmbHR 2003, 1273; BayObLG Beschl. v. 22. 2. 1985 – 3 Z BR 16/85, BayObLGZ 1985, 82, 86 = DB 1985, 1223; BayObLG Beschl. v. 5. 10. 1978 – 1 Z BR 104/78, BayObLGZ 1978, 282, 286.
[55] MünchKommHGB/*Krafka* RdNr. 8.
[56] BayObLG (Fn. 53).

Eine **allgemeine Bestimmung** für die Anmeldung trifft **§ 24 Abs. 2 HRV,** nach der das 42
Registergericht darauf hinzuwirken hat, dass bei Anmeldungen auch der Geschäftszweig, soweit er
sich nicht aus der Firma ergibt, und die Lage der Geschäftsräume angegeben werden.[57]

Nicht notwendig erscheint, in nachfolgende Registeranmeldungen **Negativerklärungen** wie 43
„das Geschäftslokal ist unverändert" aufzunehmen.[58]

5. Form der Anmeldung. a) Allgemeines. Anmeldungen sind nach Abs. 1 elektronisch in 44
öffentlich beglaubigter Form einzureichen. Der bis zur Eintragung mögliche freie Widerruf der
Anmeldung ist nicht formbedürftig. Wird der Widerruf aber zurückgenommen (Widerruf des
Widerrufs) besteht insoweit Formzwang, weil es sich in der Sache um eine neue und damit dem
Formzwang des § 12 unterfallende Anmeldung handelt.[59]

Nicht der Form des § 12 bedürfen Anmeldungen, die keine Eintragung nach sich ziehen, 45
andere Erklärungen gegenüber dem Gericht oder die Einreichung von Schriftstücken.[60]

Auch **irreführend** in Gesetzen außerhalb des HGB **als Anmeldung bezeichnete Verpflich-** 46
tungen zur Anzeige beim Registergericht bedürfen **nicht der öffentlichen Beglaubigung,**
s. RdNr. 4.

b) Öffentliche Beglaubigung. aa) Begriff. Die Erfordernisse der öffentlichen Beglaubigung 47
sind in **§ 129 BGB** festgelegt. Notwendig ist hiernach eine schriftlich abgefasste Erklärung und die
Beglaubigung der Unterschrift oder des Handzeichens der Erklärenden durch einen Notar. Die
Beglaubigung ist das Zeugnis des Notars, dass die im Beglaubigungsvermerk bezeichnete Person die
Unterschrift unter der Erklärung vor ihm geleistet oder anerkannt hat, **§ 40 Abs. 1 und 3
BeurkG.**[61] Beurkundet wird aber nicht die Erklärung als solche nach §§ 6 ff. BeurkG, sondern nur
die Leistung oder Anerkennung der Unterschrift.[62]

Der **Beglaubigungsvermerk** ist eine **öffentliche Urkunde nach §§ 415, 418 ZPO.**[63] Der 48
Vermerk beweist deshalb nach § 418 Abs. 1 ZPO die in ihm bezeugte Tatsache der Echtheit der
Unterschrift. Die über der beglaubigten Unterschrift befindliche Erklärung hat damit gemäß § 440
Abs. 2 ZPO ebenfalls die Vermutung der Echtheit, also der Urheberschaft des Unterzeichners, für
sich. Die **Erklärung selbst bleibt** dagegen **Privaturkunde.** Aufgrund der Echtheitsvermutung
des § 440 Abs. 2 ZPO erbringt diese Privaturkunde nach § 416 ZPO vollen Beweis, dass die
Erklärung vom Aussteller auch abgegeben worden ist, es sich bei ihr nicht nur um einen Entwurf
handelt.[64]

Keine öffentliche Beglaubigung im Sinne des § 129 BGB ist die **Beglaubigung einer** 49
Abschrift nach § 42 BeurkG, denn diese bezeugt nicht den Vollzug oder die Anerkennung einer
Unterschrift, sondern die inhaltliche Übereinstimmung der Abschrift mit der Hauptschrift.[65] **Keine
öffentliche Beglaubigung** ist ferner die **amtliche Beglaubigung durch eine Verwaltungs-
behörde nach § 65 BeurkG, § 34 VwVfG,** die für Zwecke erfolgt, für die eine öffentliche
Beglaubigung gerade nicht vorgeschrieben ist.[66]

bb) Zuständigkeit. Grundsätzlich für Beglaubigungen zuständig sind die **Notare.**[67] Die früher 50
bestehende Möglichkeit, die Anmeldung persönlich bei Gericht zu bewirken, ist seit 1. 1. 1971[68]
entfallen.

Die **Länder** können nach § 63 BeurkG die **Zuständigkeit** für die öffentliche Beglaubigung von 51
Unterschriften **anderen Personen oder Stellen** als den Notaren **durch Gesetz übertragen.**
Aufgrund dieser Ermächtigung haben für öffentliche Beglaubigung von Unterschriften für allgemein
zuständig erklärt Baden-Württemberg die Ratschreiber,[69] Hessen die Ortsgerichtsvorsteher,[70] Rhein-

---

[57] Heymann/*Sonnenschein*/*Weitemeyer* RdNr. 4.
[58] *Priester* DNotZ 1998, 691, 710.
[59] KG 1. ZS. Beschl. v. 24. 4. 1924, OLGRspr. 43, 299, 301; *Ammon* DStR 1993, 1025, 1026.
[60] KG Beschl. v. 23. 6. 1938 – 1 Wx 215/38, JW 1938, 2281 m. Anm. *Groschuff*; LG Berlin Beschl. v. 8. 3. 1938 –
408 T 1710/38, JW 1938, 1034; Baumbach/*Hopt* RdNr. 1; Staub/*Hüffer* RdNr. 2.
[61] BayObLG Beschl. v. 23. 11. 1984 – 2 Z BR 77/84, DNotZ 1985, 220, 222 mit Anm. *Winkler.*
[62] Vgl. BGH Urt. v. 4. 4. 1962 – V ZR 120/60, BGHZ 37, 79, 86; OLG Hamm Beschl. v. 14. 11. 1994 – 15 W
202/94, Rpfleger 1995, 292, 293.
[63] *Winkler* DNotZ 1985, 224.
[64] *Winkler* DNotZ 1985, 224, 227 f.
[65] Vgl. LG Aachen Beschl. v. 23. 2. 1983 – 3 T 102/82, Rpfleger 1983, 310.
[66] Vgl. § 34 Abs. 1 Satz 2 Nr. 2 VwVfG.
[67] § 129 BGB, §§ 29, 40 BeurkG, § 20 Abs. 1 Satz 1 BNotO.
[68] Neufassung des Beurkundungsgesetzes vom 28. 8. 1969, BGBl. I S. 1513.
[69] § 32 Abs. 4 S. 1 LFGG.
[70] § 17 OrtsgerichtsG vom 6. 7. 1952, GVBl. S. 124 idF Art. 1 Nr. 2 des Gesetzes zur Änderung des Ortsgerichts-
gesetzes vom 6. 7. 1952, GVBl. S. 316.

land-Pfalz die in § 1 Abs. 1 des LandesG über die Beglaubigungsbefugnis vom 21. 7. 1978[71] genannten Stellen.[72] Dem Ländervorbehalt kommt in der Praxis jedoch **kaum Bedeutung** zu.[73]

52 Allgemein zuständig für die Beglaubigung von Unterschriften im **Ausland** sind gemäß § 10 Abs. 1 Nr. 2 KonsularG ferner die Konsularbeamten. Zu Handelsregisteranmeldungen mit Auslandsbezug s. näher Anh. § 12.

53 cc) **Form.** Die Form der öffentlichen Beglaubigung einer Unterschrift ist in den **§§ 39, 40 BeurkG** geregelt.[74] Diese Vorschriften sind gemäß § 1 Abs. 2 BeurkG auch für die Beglaubigung durch andere Stellen als die Notare maßgebend.[75] Die öffentliche Beglaubigung erfordert nach § 129 Abs. 1 S. 1 BGB grundsätzlich das Vorhandensein einer schriftlich abgefassten Erklärung.[76] Im Beglaubigungsvermerk ist anzugeben, dass die Unterschrift von der im Vermerk genannten Person geleistet oder anerkannt worden ist. Ebenso ist die Person des die Unterschrift Leistenden oder Anerkennenden zu bezeichnen, § 40 Abs. 3 Satz 1 BeurkG. Der Beglaubigungsvermerk ist mit Unterschrift und Siegel des Notars, § 39 BeurkG, zu versehen. Das Fehlen eines dieser Erfordernisse hat die Unwirksamkeit des Beglaubigungsvermerks als solchen zur Folge; die Erklärung bleibt als Privaturkunde sachlich-rechtlich wirksam, taugt aber nicht als formgültige Anmeldung im Sinne des § 12.[77]

54 Der Notar muss ferner eine **Identitätsprüfung** desjenigen, dessen Unterschrift beglaubigt werden soll, vornehmen. Bei Zweifeln der Urkundsperson über die Identität ist eine Beglaubigung unzulässig, da § 40 Abs. 4 BeurkG nicht auf § 10 Abs. 2 Satz 2 BeurkG verweist.[78] § 12 bezweckt in Verbindung mit §§ 40, 41 BeurkG gerade, eindeutig Gewissheit über die Person des Anmeldenden (Vollmachtgebers) zu verschaffen. Während der Notar diese Identitätsprüfung vollzieht, hat er dagegen nicht zu prüfen, ob die als Unterschriftszeichner identifizierte Person auch sachlich antrags- und zeichnungsberechtigt ist; dies hat gegebenenfalls das Registergericht im Rahmen seiner formellen und materiellen Prüfungspflicht zu ermitteln.[79]

55 Die Einhaltung der Form ist nicht Wirksamkeitserfordernis für den Antrag, sondern Vollzugsvoraussetzung.[80]

56 dd) **Ersatzformen.** Die öffentliche Beglaubigung wird durch die **notarielle Beurkundung** ersetzt (§ 129 Abs. 2 BGB), und zwar auch dann, wenn der Notar eine von ihm selbst beglaubigte Erklärung als bevollmächtigter Vertreter durch eine Eigenurkunde berichtigt, ergänzt oder registerrechtlichen Erfordernissen anpasst.[81]

57 Auch der **gerichtlich protokollierte Vergleich** ersetzt die öffentliche Beglaubigung, **§ 127a BGB**, was unter gewissen Voraussetzungen auch für den Schiedsvergleich gilt.[82]

58 Erfolgt die Anmeldung durch eine **juristische Person des öffentlichen Rechts (§ 36)** in einer **von ihr als öffentlicher Behörde ausgestellten Urkunde,** ist ebenso wenig eine öffentliche Beglaubigung notwendig.[83]

59 6. **Elektronische Übermittlung.** Notarielle Urkunden oder öffentlich beglaubigte Abschriften sind elektronisch an das Registergericht zu übermitteln. Die Übermittlung geschieht durch **Übersendung elektronischer beglaubigter Abschriften.** In einem ersten Schritt ist daher – wie bisher – die in Papierform vorliegende Handelsregisteranmeldung vom Antragsteller zu unterzeichnen, vom Notar in Papierform mit einem Beglaubigungsvermerk zu versehen und beides zu verbinden. In einem zweiten Schritt ist die Papierurkunde in elektronische Form zu überführen. Dies geschieht durch Fertigung elektronisch beglaubigter Abschriften, wobei zu unterscheiden ist die Erstellung der elektronischen Abschrift des Originals der Papierurkunde und die Erstellung des elektronischen Zeugnisses über die Abschriftsbeglaubigung (§§ 39, 39a, 42 BeurkG). Da bei der elektronischen

---

[71] GVBl. S. 597.
[72] Vgl. die Übersicht bei *Stoltenberg* JurBüro 1989, 307.
[73] Baumbach/*Hopt* RdNr. 1; MünchKommHGB/*Krafka* RdNr. 9.
[74] Hierzu nur *Winkler* DNotZ 1971, 140, 145 ff.
[75] Vgl. für Beglaubigung durch Konsularbeamte § 10 Abs. 3 KonsularG.
[76] Zur nachträglichen Änderung oder Ergänzung der Erklärung eingehend Bauer/von Oefele/*Knothe* § 29 GBO RdNr. 130.
[77] Für das Grundbuchverfahren KEHE/*Herrmann* § 29 GBO RdNr. 96; Meikel/*Brambring* § 29 GBO RdNr. 213.
[78] Staub/*Hüffer* RdNr. 2; Röhricht/Graf von Westphalen/*Ammon* RdNr. 6.
[79] Schlegelberger/*Hildebrandt/Steckhan* RdNr. 7; MünchKommHGB/*Krafka* RdNr. 10.
[80] OLG Jena NJW-RR 2003, 100.
[81] BGH Beschl. v. 9. 7. 1980 – V ZB 6/80, BGHZ 78, 36 zu § 29 GBO mit einem verallgemeinerungsfähigen Grundsatz; Staub/*Hüffer* RdNr. 4; *Ammon* DStR 1993, 1025, 1027.
[82] *Breezke* NJW 1971, 1685, 1686; *ders.* NJW 1971, 178.
[83] BayObLG Beschl. v. 24. 6. 1975 – 2 Z BR 14/75, DB 1975, 1936; Staub/*Hüffer* RdNr. 4; Heymann/*Sonnenschein/Weitemeyer* RdNr. 6; aA Schlegelberger/*Hildebrandt/Steckhan* RdNr. 4.

Urkunde aus technischen Gründen weder die Unterschrift noch das Siegel beigefügt werden können, hat der Gesetzgeber an die Stelle der eigenhändigen Unterschrift und des Siegels funktionsgleiche elektronische Äquivalente gesetzt. Diese sind in § 39 a BeurkG geregelt.[84]

Die Einreichung elektronisch beglaubigter Abschriften zum Registergericht ist auch dort möglich, 60 wo in besonderen Fällen bestimmte **Versicherungen,** wie zB nach § 8 Abs. 2, 3 GmbHG zur Leistung der Stammeinlagen und zu Bestellungshindernissen des Geschäftsführers, dem Registergericht in tauglicher Form zugehen müssen. Zwar werden nunmehr keine Originale, sondern nur noch beglaubigte Abschriften der Handelsregisteranmeldungen eingereicht. Trotzdem ist den Formanforderungen des § 12 Abs. 1 HGB schon deshalb Genüge getan, weil auch vor dem 1. 1. 2007 unstrittig möglich war, statt des Originals eine beglaubigte Abschrift der öffentlich beglaubigten Anmeldungserklärung beim Registergericht einzureichen.[85]

IV. Keine Zeichnung von Unterschriften

Durch das EHUG (s. § 8 RdNr. 7) ist ab 1. 1. 2007 das Erfordernis, eine **Unterschriftsprobe** zu 61 hinterlegen, entfallen. Die in den einzelnen gesetzlichen Bestimmungen enthaltenen Vorschriften zur Zeichnung von Unterschriften wurden aufgehoben; vgl. auch § 8 Rdnr. 130.

Die elektronische Führung des Handelsregisters könnte zwar auch **eingescannte Unterschriften** 62 digital aufnehmen, doch würde eine **Echtheitsprüfung nicht mehr mit** hinreichender **Sicherheit** stattfinden können, da es dafür nicht nur auf den zweidimensionalen Schriftzug, sondern wesentlich auch auf den Druckpunkt ankommt. Weil die digitale Grafik für jedermann durch die Online-Präsentation der eingescannten Unterschriften verfügbar wäre, ergäbe sich ein gesteigertes Missbrauchsrisiko. Um nicht nur wegen der Unterschriftsprobe ein zweites Handelsregister in herkömmlicher Papieraktenform führen zu müssen, hat man das Erfordernis der Unterschriftszeichnung aufgegeben. Überdies steht zu erwarten, dass künftig die elektronische Signatur die eigenhändige Namensunterschrift im Geschäftsverkehr ablösen wird.[86]

Zur Rechtslage vor dem 1. 1. 2007: s. Vorauﬂ. RdNr. 59 ff. 63

V. Anmeldung durch Stellvertreter

Bei der Anmeldung durch Stellvertreter ist zwischen Anmeldung durch Bevollmächtigte, Anmel- 64 dung durch organschaftliche und gesetzliche Vertreter sowie Anmeldung durch den Notar nach § 129 FGG zu unterscheiden.

1. Bevollmächtigung. a) Grundsätzliche Zulässigkeit. Anmeldungen zum Handelsregister 65 durch Bevollmächtigte sind **grundsätzlich zulässig.** Dies folgt aus § 13 S. 2 FGG und wird von § 12 Abs. 1 S. 2 vorausgesetzt;[87] § 12 Abs. 1 S. 2 bezieht sich nur auf die Anmeldung als Verfahrenshandlung, nicht auf zusätzliche persönliche Erklärungen.[88] § 12 Abs. 1 S. 2 betrifft nicht die gesetzliche Vertretung. Bei der Anmeldung durch rechtsgeschäftliche Stellvertreter genügt grundsätzlich **jede Vollmacht,** sofern sich aus ihr ergibt, dass sie Anmeldungen zum Handelsregister der in Frage stehenden Art abdeckt. Die Vollmacht ist als Einzel- oder Generalvollmacht möglich. Eine Spezialvollmacht für die einzelne Anmeldung ist im Allgemeinen nicht erforderlich, würde aber genügen.[89]

Die Anmeldung kann auch auf Grund eins **postmortalen Vollmacht** erfolgen.[90] Reicht dem- 66 nach die Vollmacht über den Tod hinaus, kann der Bevollmächtigte nach dem Tod des Vollmachtgebers Anmeldungen zum Handelsregister vornehmen, ohne einen Erbschein vorlegen zu müssen. Der Bevollmächtigte vertritt nach dem Tod des Vollmachtgebers dessen Erben, die ihrerseits die Vollmacht jederzeit widerrufen können.[91] Widerrufen nur einzelne von mehreren Erben, behält die Vollmacht bezüglich der andere Miterben ihre Wirkung. Lediglich auf der Vollmachtsurkunde ist ein

---

[84] Zum Ganzen ausführlich *Apfelbaum/Bettendorf* RNotZ 2007, 89; *Willer/Krafka* DNotZ 2006, 886; *Gassen/Wegerhoff*, Elektronische Beglaubigung und elektronische Handelsregisteranmeldungen in der Praxis, 2007.
[85] Eingehend *Apfelbaum/Bettendorf* RNotZ 2007, 89, 92 f.
[86] RegBegr. BT-Drucks. 16/960 S. 47.
[87] Röhricht/Graf von Westphalen/*Ammon* RdNr. 10; Heymann/*Sonnenschein/Weitemeyer* RdNr. 8; *Schaub* DStR 1999, 1699 = MittBayNot 1999, 539.
[88] OLG Zweibrücken Beschl. v. 14. 6. 2000 – 30092/00, DB 2000, 1908.
[89] Staub/*Hüffer* RdNr. 5.
[90] OLG Hamburg Beschl. v. 27. 5. 1966 – 2 W 14/66, DNotZ 1967, 30; OLG Hamburg Beschl. v. 18. 6. 1974 – 2 W 53/74, MDR 1974, 1022; BayObLG Beschl. v. 25. 3. 1975 – 2 Z BR 10/75, BayObLGZ 1975, 137, 142 = DB 1975, 1162.
[91] RG Beschl. v. 28. 6. 1916 – V. B. 1/16, RGZ 88, 345, 350; RG Urt. v. 10. 1. 1923 – V 385/22, RGZ 106, 185, 187; OLG Hamburg Beschl. v. 27. 5. 1966 – 2 W 14/66, DNotZ 1967, 30, 31.

entsprechender Vermerk anzubringen; ein Anspruch auf Rückgabe der Vollmachtsurkunde besteht nicht.[92]

67 Aus dem **Wortlaut der Vollmacht** muss sich **eindeutig ergeben, dass sie auch Handelsregisteranmeldungen** der getätigten Art **erfasst**. Eine Auslegung über den Wortlaut hinaus ist unzulässig.[93] So deckt eine Vollmacht, die zur Anmeldung des Eintritts in eine Gesellschaft sowie etwaiger Veränderungen bei der Gesellschaft einschließlich der Übertragung von Kommanditanteilen ermächtigt, nicht die Anmeldung der Erhöhung der Einlagen der Vollmachtgeber.[94] Umgekehrt umfasst eine Vollmacht, die Kommanditisten einer Publikums-KG der Komplementärin für „alle erforderlichen Anmeldungen zum Handelsregister hinsichtlich dieser Kommanditgesellschaft" erteilt wurde, auch die Anmeldung der Erhöhung von Kommanditeinlagen.[95]

68 **Bevollmächtigt werden können natürliche oder juristische Personen.** Da letztere nicht selbst handlungsfähig sind, sind die Vollmachten als den gesetzlichen Vertretern (in vertretungsberechtigter Zahl) erteilt anzusehen.[96]

69 Die Erteilung der Vollmacht erfolgt nach § 167 Abs. 1 BGB durch **Erklärung gegenüber dem zu Bevollmächtigenden oder** gegenüber dem **Registergericht**.

70 Sind **mehrere Personen bevollmächtigt,** können sie, sofern nicht die Alleinvertretungsberechtigung eines von ihnen deutlich in der Vollmacht zum Ausdruck kommt, nur gemeinsam vertreten. Hierbei genügt aber, wenn sie eine Registeranmeldung auf Grund Vollmacht einzeln nacheinander unterzeichnen; eine zeitgleiche Beglaubigung ist nicht erforderlich.

71 Eine Registervollmacht kann auch **im Zuge des Abschlusses oder der Änderung eines Gesellschaftsvertrages** erteilt werden. Sie ist dann jedoch nicht materieller Satzungsinhalt, sondern bleibt individuelle Erklärung des konkret betroffenen Gesellschafters; sie bindet in diesem Fall weder nicht zustimmende Gesellschafter noch Einzelrechtsnachfolger.[97]

72 **b) Dauer der Vollmacht, Erlöschen.** Einfluss auf die Dauer der Vollmacht können folgende Fälle haben:

73 **aa) Bedingung, Befristung.** Der **Vollmachtgeber kann** bei Erteilung der Vollmacht ihre **Geltungsdauer** und ihre **Geltungsvoraussetzungen bestimmen.** Die Vollmacht kann **befristet** werden, ihre Wirksamkeit insbesondere von einem kalendermäßig bestimmten Anfangs- oder Endtermin abhängig gemacht werden. Ebenso kann sie von einer aufschiebenden oder auflösenden **Bedingung** abhängig gemacht werden.

74 **bb) Erledigung.** Die **Vollmacht** zur Vornahme bestimmter Registeranmeldungen ist **verbraucht und gegenstandslos,** wenn die entsprechenden Vertretergeschäfte abgeschlossen worden sind. Sie ist auch dann erledigt, wenn die Geschäfte nicht mehr vorgenommen werden können,[98] zB wenn die Gesellschaft, in Bezug auf die Handelsregisteranmeldungen auf Grund Vollmachten vorgenommen werden sollen, erloschen ist.

75 **cc) Beendigung des zugrundeliegenden Rechtsverhältnisses.** Nach § 168 Abs. 1 BGB erlischt die Vollmacht, wenn das ihr regelmäßig **zugrundeliegende Rechtsverhältnis** – zB Geschäftsbesorgungsvertrag – etwa durch Zeitablauf, Kündigung oder Rücktritt **endet**. Ist zB in der Errichtungsurkunde einer GmbH einem der Gründer oder einem Dritten Vollmacht zu Registeranmeldungen im Zusammenhang mit für den Registervollzug notwendigen Satzungsänderungen erteilt, endet die Vollmacht ohne weiteres, wenn die Gründungsurkunde aufgehoben wird.

76 Ist das **zugrundeliegende Rechtsgeschäft nichtig,** ergibt sich die **Nichtigkeit der Vollmacht über § 139 BGB** bei einem entsprechenden Verknüpfungswillen der Beteiligten.[99]

77 **dd) Tod und Geschäftsunfähigkeit des Vollmachtgebers.** Die **Geschäftsunfähigkeit** des **Vollmachtgebers** nach Erteilung der Vollmacht führt **grundsätzlich nicht** zum **Erlöschen** der

---

[92] RG Urt. v. 4. 4. 1938 – IV 231/37, JW 1938, 1892; BGH Urt. v. 30. 10. 1974 – IV ZR 172/73, NJW 1975, 382; BGH Urt. v. 29. 9. 1989 – V ZR 198/87, NJW 1990, 507 = BB 1989, 2356.
[93] Zur Auslegung BayObLG Beschl. v. 23. 12. 2003 3 Z BR 252/03, DB 2004, 647; KG Beschl. v. 1. 3. 2005 – 1 W 4/04, NZG 2005, 626; Begriffe nicht notwendig im rechtstechnischen Sinn zu verwenden; siehe auch *Gustavus* GmbHR 1978, 219, 220 ff.
[94] LG Berlin Beschl. v. 9. 10. 1974 KfH 98 T 16/74, Rpfleger 1975, 365 f.
[95] BayObLG Beschl. v. 25. 3. 1975 – 2 Z BR 10/75, BayObLGZ 1975, 137, 140 = DB 1975, 1162.
[96] BayObLG Beschl. v. 25. 3. 1975 – 2 Z BR 10/75, BayObLGZ 1975, 137, 140 = DB 1975, 1162; Heymann/*Sonnenschein/Weitemeyer* RdNr. 10.
[97] Zutreffend MünchKomm/*Krafka* RdNr. 16; unrichtig OLG Schleswig Beschl. v. 4. 6. 2003 – 2 W 50/03, NZG 2003, 830; *Bandehzadeh* DB 2003, 1663.
[98] MünchKommBGB/*Schramm* § 168 RdNr. 4.
[99] BGH Urt. v. 15. 10. 1987 – III ZR 235/86, BGHZ 102, 60 = NJW 1988, 697 = DNotZ 1988, 550; BGH Urt. v. 8. 11. 1984 – III ZR 132/83, NJW 1985, 730 = DNotZ 1985, 294.

Vollmacht, §§ 672, 675 BGB. Der Bevollmächtigte unterliegt nicht den Beschränkungen, die für einen Betreuer des nunmehr Geschäftsunfähigen gelten würden. Der Hinweis, dass der Vertreter sich rechtlich nicht wirksamer verhalten könne als der Vertretene im gleichen Zeitpunkt, trifft deshalb nicht zu, weil entscheidend allein ist, ob die Vollmacht seinerzeit wirksam erteilt worden ist. Daher ist der wirksam Bevollmächtigte auch nicht an die Schranken gebunden, die dem später eingesetzten gesetzlichen Vertreter gezogen sind.[100]

Durch den **Tod des Vollmachtgebers** wird das der Erteilung der **Vollmacht** zugrundeliegende Rechtsverhältnis regelmäßig **nicht beendet**, §§ 672, 675 BGB, so dass auch die erteilte Vollmacht grundsätzlich nicht erlischt (vgl. auch RdNr. 66). 78

Auch wenn der **Bevollmächtigte Alleinerbe des Vollmachtgebers** ist, ist er auf Grund der Vollmacht ohne Nachweis seines Erbrechts zu Rechtsgeschäften über den Nachlass legitimiert und damit auch zu Handelsregisteranmeldungen.[101] 79

ee) Tod des Bevollmächtigten. Der **Tod des Bevollmächtigten** führt grundsätzlich zum **Erlöschen der Vollmacht**, §§ 673, 675 BGB. Wegen des regelmäßig vorhandenen besonderen Vertrauensverhältnisses zwischen Vollmachtgeber und Bevollmächtigten entfällt im Zweifel auch der mit der Vollmacht verfolgte Zweck und die mit ihr verbundene Erlaubnis. Dann erlischt jeweils auch die Vollmacht, § 168 S. 1 BGB, wenn nichts anderes bestimmt ist. 80

ff) Widerruf der Vollmacht. **Vom Vollmachtgeber** kann auch bei Fortbestand des zugrundeliegenden Rechtsverhältnisses, § 168 S. 2 BGB, die Vollmacht grundsätzlich **widerrufen** werden, es sei denn, sie ist unwiderruflich ausgestaltet. Dann ist Widerruf nur aus wichtigem Grund möglich;[102] allerdings ist die Unwiderruflichkeit einer erteilten Generalvollmacht unwirksam.[103] 81

Liegen dem Registergericht bereits bei den Registerakten auf Grund früherer Anmeldungen öffentlich beglaubigte Registervollmachten vor, darf bei späteren auf Grund derselben Vollmacht vorgenommenen Anmeldungen der **Nachweis des Fortbestands der Vollmacht** nur verlangt werden, wenn Anhaltspunkte dafür vorliegen, dass eine der Vollmachten widerrufen wurde; lediglich die gedachte Möglichkeit des Widerrufs einer Vollmacht genügt nicht.[104] 82

gg) Umwandlungsrechtliche Maßnahmen. Sofern – insbesondere im Konzernbereich – Anmeldungen auch durch juristische Personen bzw. ihre Vertreter vorgenommen werden müssen, ist fraglich, ob durch vollzogene **Umstrukturierungsmaßnahmen nach den Vorschriften des Umwandlungsgesetzes** die von diesen juristischen Personen erteilten Vollmachten oder umgekehrt diesen erteilte Vollmachten weiter im Handelsregisterverfahren Verwendung finden werden. 83

Hierzu gilt: 84

(1) Verschmelzung. Ist **der übertragende Rechtsträger bevollmächtigt** worden, bewirkt die Eintragung der Verschmelzung in das Handelsregister des Sitzes des übernehmenden Rechtsträgers im Sinne des § 20 UmwG, dass die Vollmacht nun zur Vertretung durch den übernehmenden Rechtsträger führt. Denn für den **Übergang der Vollmacht** auf den übernehmenden Rechtsträger gilt § 168 BGB.[105]

Hat der **übertragende Rechtsträger seinerseits jemanden bevollmächtigt**, so gilt § 168 BGB ebenfalls. Trotz Übergang des der Bevollmächtigung zugrundeliegenden Rechtsverhältnisses auf den übernehmenden Rechtsträger gehen in ihrer Reichweite nicht oder kaum begrenzte Vollmachten auf den übernehmenden Rechtsträger nicht über. Dieses für die Prokura allgemeine Auffassung entsprechende Ergebnis gilt auch für allgemeine Vollmachten, da davon auszugehen ist, dass es dem Interesse des übernehmenden Rechtsträgers nicht entspricht, wenn mehr oder weniger unkontrolliert umfassende Vollmachten zu seiner Vertretung begründet werden.[106] 85

(2) Spaltung. Bei der Spaltung im Sinne des § 123 UmwG gelten **die für die Verschmelzung dargelegten Grundsätze** des Fortbestands bzw. Erlöschens der Vollmacht **entsprechend**. 86

---

[100] RG Urt. v. 10. 1. 1923 – V 385/22, RGZ 106, 185; Soergel/*Leptien* § 168 RdNr. 12; MünchKommBGB/*Schramm* § 168 RdNr. 12.
[101] LG Bremen Beschl. v. 18. 12. 1992 – 5 T 829/92, Rpfleger 1993, 235; Palandt/*Heinrichs* § 168 RdNr. 4; aA OLG Stuttgart Urt. v. 12. 5. 1948 –1 RS 49/48, NJW 1948, 627.
[102] BGH Urt. v. 12. 5. 1969 – VII ZR 15/67, BB 1969, 1063; BayObLG Beschl. v. 23. 8. 1989 – 2 Z BR 83/89, BayObLGZ 1990, 89 = MittBayNot 1989, 308.
[103] RG Urt. v. 28. 4. 1911 – Rep. II 466/10, RGZ 76, 183.
[104] BayObLG Beschl. v. 25. 3. 1975 – 2 Z BR 10/75, BayObLGZ 1975, 137, 140 = DB 1975, 162.
[105] *Lutter* § 20 UmwG RdNr. 25; *Bermel* in Goutier/Knopf/Tulloch § 20 UmwG RdNr. 21; *Kallmeyer* § 20 UmwG RdNr. 24.
[106] *Lutter* § 20 UmwG RdNr. 26.

87 Allerdings ist in Bezug auf Registervollmachten insbesondere zu beachten, dass bei Fortbestehen der Vollmacht dem Registergericht gegenüber auch **nachgewiesen** werden muss, **auf welchen der übernehmenden Rechtsträger** bei der Aufspaltung im Sinne des 123 Abs. 1 UmwG die betreffende Vollmacht übergegangen ist bzw. ob bei Abspaltung im Sinne des § 123 Abs. 2 UmwG oder bei der Ausgliederung im Sinne des § 123 Abs. 3 UmwG die Vollmacht beim übertragenden Rechtsträger verblieben oder auf den übernehmenden Rechtsträger übergegangen ist. Dieser Nachweis kann durch Vorlage einer **beglaubigten Abschrift** des **Spaltungsvertrages** bzw. Spaltungsplans geführt werden, in dem die Zuordnung der Vermögensgegenstände (zB Anteile an Unternehmen) enthalten ist oder gegebenenfalls durch Handelsregisterauszug, wenn aus dessen Eintragung sich eine hinreichend deutliche Abgrenzung der von der Spaltung erfassten Vermögensbestandteile ergibt.

88 **(3) Formwechsel.** Mit der Wirksamkeit des Formwechsels besteht der formwechselnde Rechtsträger in der in dem Umwandlungsbeschluss bestimmten Rechtsform weiter, § 202 Abs. 1 Nr. 1 UmwG. Aus diesem **Prinzip der Identität des Rechtsträgers** ergibt sich, dass **dem formwechselnden Rechtsträger erteilte Vollmachten** grundsätzlich **nicht erlöschen,** sofern sich nicht das Grundverhältnis durch einen Formwechsel ändert.[107]

89 **Vom formwechselnden Rechtsträger erteilte Vollmachten bestehen** nach dem Formwechsel ebenfalls weiter **fort.**[108]

90 **hh) Sonstige Fälle.** Eine von dem **organschaftlichen Vertreter einer juristischen Person** für diese erteilte Vollmacht erlischt nicht allein dadurch, dass der Vertreter anschließend die Vertretungsmacht verliert,[109] sondern idR. erst dadurch, dass der neue Vertreter der juristischen Person die Vollmacht widerruft.[110]

91 Entsprechendes gilt bei einem **Wechsel** eines **gesetzlichen Vermögensverwalters** – Insolvenzverwalter (§§ 56 ff. InsO), Nachlassverwalter (§ 1985 BGB), Zwangsverwalter (§ 152 ZVG) und Testamentsvollstrecker (§ 2205 BGB). Wird aber die **gesetzliche Vermögensverwaltung als solche beendet,** erlischt auch die vom Vermögensverwalter erteilte Vollmacht.[111] So hat etwa die Beendigung der Testamentsvollstreckung das Erlöschen der vom Testamentsvollstrecker erteilten Vollmacht zur Folge.[112]

92 Mit dem **Erlöschen** einer juristischen Person, dh. mit dem Verlust ihrer Rechtspersönlichkeit, endet auch die von ihr erteilte Vollmacht,[113] nicht bereits mit dem Eintritt in das Liquidationsstadium.[114]

93 Ist die juristische Person **selbst bevollmächtigt,** so endet ihre Vertretungsmacht ebenso erst mit dem Ende ihrer Rechtspersönlichkeit und nicht schon mit Eintritt der bloßen Vermögensliquidation.[115]

94 Die von einem **gesetzlichen Vertreter** einem **Dritten** erteilte Vollmacht erlischt nicht mit Beendigung der gesetzlichen Vertretungsmacht.[116] Beschränken sich Vollmacht und zugrunde liegendes Rechtsverhältnis nicht ausdrücklich auf die Zeit des Bestehens der gesetzlichen Vertretungsmacht, bleibt deshalb die Vollmacht über diesen Zeitpunkt hinaus wirksam. So besteht etwa eine vom gesetzlichen Vertreter eines Minderjährigen erteilte Vollmacht nach inzwischen eingetretener Volljährigkeit bis zum Widerruf fort.[117]

95 **c) Prokura, Handlungsvollmacht.** Zur Prokura siehe § 49 RdNrn. 8 und 13.

96 Registeranmeldungen können auch durch den Handlungsbevollmächtigten iSd. § 54 auch ohne Erteilung einer besonderen Befugnis vorgenommen werden, soweit nicht für Grundlagengeschäfte oder höchstpersönliche Anmeldungen auch ein Prokurist ausgeschlossen wäre; allerdings ist die Handlungsvollmacht dann in der Form des § 12 Abs. 1 S. 2 nachzuweisen.[118]

97 **d) Ausnahmen bei höchstpersönlichen Anmeldungen.** Sind mit der Anmeldung zusätzliche Erklärungen oder Versicherungen abzugeben, die bei Wahrheitswidrigkeit zivil- oder strafrechtliche

---

[107] *Schaub* DStR 1999, 1699, 1700 = MittBayNot 1999, 539, 541.
[108] *Kallmeyer* § 202 UmwG RdNr. 26.
[109] RGZ 107, 161, 166; Bauer/v. Oefele/*Schaub*, GBO, AT VII, RdNr. 128.
[110] LG Stuttgart: Beschl. v. 18. 12. 1981 – 2 T 495/81, der Wechsel des Vorstands eines Vereins berührt die durch den scheidenden Vorstand ausgesprochene Bevollmächtigung nicht.
[111] Soergel/*Leptien* § 168 RdNr. 14, MünchKommBGB/*Schramm* § 168 RdNr. 27.
[112] KG Beschl. v. 22. 5. 1911 – 1. X 137/11, KGJ 41 A 79; Bengel/*Reimann*, Handbuch der Testamentsvollstreckung Kap. 7 RdNr. 68.
[113] MünchKommBGB/*Schramm* § 168 RdNr. 26.
[114] Soergel/*Leptien* § 168 RdNr. 14.
[115] MünchKommBGB/*Schramm* § 168 RdNr. 14.
[116] RG Urt. v. 20. 2. 1923 – II 36/22, RGZ 107, 161, 166.
[117] KG Beschl. v. 25. 10. 1923 – 1. X 388/23, JFG 1, 313; BayObLG Beschl. v. 28. 8. 1959 – 2 Z BR 114/115/59, MDR 1960, 59; BayObLG Beschl. v. 20. 6. 1974 – 2 Z BR 2/74, BB 1974, 1089, 1090; Soergel/*Leptien* § 168 RdNr. 15.
[118] S. § 54, RdNr. 18; *Schaub* DStR 1999, 1699, 1701 = MittBayNot 1999, 539, 542; aA wohl BGH Urt. v. 14. 10. 1968 – III ZR 82/66, WM 1969, 43.

Folgen nach sich ziehen, ist höchstpersönliche, eine rechtsgeschäftliche Stellvertretung ausschließende Anmeldung erforderlich.[119]

Diese in **Sondergesetzen enthaltenen Bestimmungen** betreffen **vor allem Fälle, in denen die Anmeldung durch sämtliche Vorstandsmitglieder oder Geschäftsführer vorzunehmen ist.** Dies sind bei der GmbH die in § 78 GmbHG genannten Fälle (Erstanmeldung, § 7 GmbHG, Kapitalerhöhung, § 57 i GmbHG, Kapitalerhöhung aus Gesellschaftsmitteln, § 57 i GmbHG und § 58 Abs. 1 GmbHG, Kapitalherabsetzung). Für die AG sieht § 36 AktG die Anmeldepflicht durch alle Gründer, Mitglieder des Vorstandes und Aufsichtsrates vor. **98**

In den dort genannten Fällen ist eine **rechtsgeschäftliche Vertretung bei der Anmeldung in Abweichung von § 12 Abs. 1 S. 2 nicht zulässig.**[120] Dies folgt daraus, dass die Anmeldungen, Versicherungen bzw. Erklärungen zu enthalten haben, für deren Richtigkeit die Anmeldenden vom Gesetz in zivil- und strafrechtlicher Hinsicht persönlich verantwortlich gemacht wird.[121] Die Verantwortlichkeit betrifft die mit der Anmeldung jeweils die Leistung von Vermögenseinlagen betreffende Versicherung. Für die Kapitalaufbringung haften die Anmeldenden persönlich. **99**

Eine **rechtsgeschäftliche Vertretung scheidet auch deshalb aus, weil** zB in § 37 Abs. 1 AktG keine rechtsgeschäftliche Erklärung, sondern eine **Wissenserklärung** verlangt wird, für die eine Bevollmächtigung nicht zulässig ist.[122] **100**

Die von den Vertretern der Gegenansicht teilweise befürwortete unterschiedliche Behandlung von Anmeldungen nach § 36 AktG bzw. § 7 GmbHG einerseits, bei der nach § 12 Abs. 1 S. 2 Vertretung zulässig, und Erklärung nach § 37 Abs. 1 AktG bzw. § 8 Abs. 2 GmbHG, bei der Vertretung aus den genannten Gründen unzulässig sein soll, ist abzulehnen. Die Unterscheidung ist „überkonstruiert" und führt dazu, einen innerlich zusammengehörenden Vorgang in ungerechtfertigter und auch unnötiger Weise zu zerreißen. Auch nach der Konzeption des Gesetzes ist die Erklärung Teil der Anmeldung.[123] **101**

Auch dann, **wenn das Gesetz bei Kapitalmaßnahmen nicht die Anmeldung durch sämtliche Vertretungsorgane verlangt** (zB im Aktienrecht bei der Anmeldung über die Erhöhung des Grundkapitals und die Durchführung der Erhöhung, bei der die Anmeldung durch den Vorstand in vertretungsberechtigter Zahl und durch den Aufsichtsratsvorsitzenden zu erfolgen hat),[124] ist **im Hinblick auf die zivil- und strafrechtlichen Folgen falscher Erklärungen** eine **Bevollmächtigung ausgeschlossen.** **102**

In diesen Fällen ist auch bei an sich erlaubter unechter Gesamtvertretung (§ 78 Abs. 3 AktG) die **Mitwirkung eines Prokuristen nicht gestattet.**[125] Zwar gelten die gesetzlichen Einschränkungen der Prokura für die Mitwirkungen des Prokuristen an der gesetzlichen Vertretung der Gesellschaft nicht,[126] der Prokurist wird aber nicht gesetzlicher Vertreter.[127] Gegen die Mitwirkung des Prokuristen bei höchstpersönlichen Anmeldungen spricht letztlich, dass der Prokurist für falsche Angaben im Zusammenhang mit Handelsregisteranmeldungen nicht haftbar gemacht werden kann, da die aktienrechtliche Strafvorschrift (§ 399 AktG) eindeutig nur Vorstands- und Aufsichtsratsmitglieder, nicht aber Prokuristen als taugliche Täter nennt.[128] **103**

Umstritten ist, ob bei der Anmeldung einer **Kommanditanteilsabtretung** im Wege der Sonderrechtsnachfolge die sog. (negative) „Abfindungserklärung" höchstpersönlich ist.[129] Der BGH hält **104**

---

[119] BayObLG Beschl. v. 12. 6. 1986 – BReg. 3 Z 29/86, BB 1986, 1530, 1533; BGH Urt. v. 2. 12. 1991 – II ZB 13/91, BGHZ 116, 190, 199 f. = NJW 1992, 975 = WM 1992, 190. *Schaub* DStR 1999, 1699, 1701 = MittBayNot 1999, 539, 542.
[120] BayObLG Beschl. v. 12. 6. 1986 – BReg. 3 Z 29/86, BB 1986, 1530, 1533; BayObLG Beschl. v. 13. 11. 1986 – BReg. 3 Z 134/86, DB 1987, 215, 216, vgl. Kölner Komm AktG/*Kraft* § 36 RdNr. 25; GroßKommAktG/*Röhricht* § 36 AktG RdNr. 15; *Hüffer* § 36 AktG RdNr. 4 für das Aktienrecht; Hachenburg/*Ulmer* § 7 GmbHG RdNr. 12; Scholz/ *Winter* § 7 GmbHG RdNr. 10; Baumbach/*Hueck* § 7 GmbHG RdNr. 1; Rowedder/*Schmidt-Leithoff* § 7 GmbHG RdNr. 8; *Lutter*/*Hommelhoff* § 7 GmbHG RdNr. 1; *Gustavus* GmbHR 1978, 219, 224 f.; teilweise aA insbes. OLG Köln WM 1986, 1413 f.; *Roth*/Altmeppen § 7 GmbHG RdNr. 2.2; *Eder* GmbH-Handbuch I 84.
[121] §§ 46, 48, 399 AktG; §§ 57 Abs. 4, 43 Abs. 2, 82, 9 a GmbHG.
[122] GroßKommAktG/*Röhricht* § 36 AktG RdNr. 15.
[123] Vgl. § 37 Abs. 1 AktG: „In der Anmeldung ist zu erklären ..."; GroßKommAktG/*Röhricht* § 36 AktG RdNr. 15.
[124] §§ 184 Abs. 1, 188 Abs. 1 AktG.
[125] GroßKommAktG/*Wiedemann* § 184 AktG RdNr. 11; Geßler/*Hefermehl*/*Bungeroth* § 184 AktG RdNr. 11; MünchKommHGB/*Krafka* RdNr. 20; vgl. auch *Schippel* DNotZ 1960, 353, 373; *Geßler* DNotZ 1960, 619, 631; aA *Hüffer* § 184 AktG RdNr. 3; KK/*Lutter* § 184 AktG RdNr. 5; MünchHdbAG/*Krieger* § 56 RdNr. 46.
[126] BGH Urt. v. 31. 3. 1954 – II ZR 57/53, BGHZ 13, 60, 64.
[127] Kölner Komm AktG/*Mertens* § 78 AktG RdNr. 36.
[128] *Schenck* in Semler/Vollhard, Arbeitshandbuch für die Hauptversammlung, 2. Aufl., RdNr. III A 18.
[129] Verneinend *Waldner* Rpfleger 2002, 156; *Terbrack* Rpfleger 2003, 105; MünchKommHGB/*Krafka* RdNr. 21 a; bejahend OLG Oldenburg Beschl. v. 7. 8. 1990 – 5 W 72/90 DNotZ 1992, 186; OLG Zweibrücken MittBayNot 2000, 440 = Rpfleger 2002, 156.

zwar am Erfordernis der (negativen) Abfindungsversicherung fest, misst ihr aber lediglich als Beweismittel im Rahmen der registergerichtlichen Amtsprüfung (§ 12 FGG) Bedeutung zu.[130] Ohne gesetzliche Grundlage kraft Richterrechts entwickelt, kann die (falsche) Abfindungsversicherung auch keine strafrechtlichen Sanktionen zeitigen. Damit kann die (negative) Anmeldeversicherung auch durch Stellvertreter abgegeben werden.[131]

105 **e) Vollmachtloser Vertreter.** Einen Vertreter ohne Vollmacht oder ohne ordnungsgemäßen Vollmachtsnachweis darf das Registergericht **nicht zur Anmeldung zulassen.** Ist die Anmeldung gleichwohl erfolgt, ist entscheidend, ob sie sachlich richtig ist. Auf die sachlich richtige Eintragung hat der Verfahrensmangel keine Wirkung. Andernfalls ist das Amtslöschungsverfahren nach § 142 FGG einzuleiten.[132]

106 **f) Form der Vollmacht.** § 12 Abs. 1 S. 2 schreibt für die Vollmacht in Abweichung von der Regel des § 167 Abs. 2 BGB, wonach die Vollmacht nicht der Form bedarf, die für das Rechtsgeschäft bestimmt ist, die gleiche Form wie für die Anmeldung selbst vor, also **öffentliche Beglaubigung.** Maßgebend ist demnach § 129 BGB iVm. §§ 39, 39 a, 40 BeurkG, wobei auch eine die öffentliche Beglaubigung ersetzende Urkunde genügt (vgl. RdNr. 53 ff.).

107 Dies gilt **auch** dann, **wenn die Vollmacht in einem Gesellschaftsvertrag enthalten** ist.[133]

108 Die öffentliche Beglaubigung der Vollmacht, dient der Identitätsprüfung und dient damit dem selben **Zweck** wie die Formvorschrift für die Anmeldung selbst.[134]

109 **g) Einreichung der Anmeldung bei Gericht.** Zu unterscheiden ist zwischen der **Abgabe der Anmeldung** nebst den ihr zuzuordnenden Erklärungen und Versicherungen, die in den Fällen der §§ 37 Abs. 1 AktG und 8 Abs. 2 GmbHG zum notwendigen Inhalt der Anmeldung gehören und wegen ihrer zivil- und strafrechtlichen Sanktionsfolgen eine Stellvertretung bei der Abgabe nicht zulassen (s. RdNr. 97 ff.), **und der Einreichung der ordnungsgemäßen Anmeldung beim Registergericht.** Die **Einreichung der Anmeldung** ist als bloße Übermittlung ihrer Natur nach nicht Stellvertretung, sondern **Botentätigkeit.**[135] In der Praxis ist, da seit 1. 1. 2007 das Erfordernis der elektronischen Einreichung gilt, die Anmeldung regelmäßig durch den Notar einzureichen, der die Anmeldung beurkundet oder beglaubigt und der ohne weiteres kraft Gesetzes als ermächtigt zur Einreichung anzusehen ist.[136] Der Anmeldende selbst kann mangels technischer Mittel die Anmeldung grundsätzlich selbst nicht mehr einreichen.

110 **2. Anmeldung durch den Notar. a) Allgemeines.** Nach § 129 FGG gilt der Notar, der die zu einer Eintragung erforderliche Erklärung beurkundet oder beglaubigt hat, als ermächtigt, die Eintragung in das Handelsregister in Namen des Anmeldepflichtigen zu beantragen. § 129 S. 1 FGG stimmt mit § 15 GBO und § 25 SchiffsRegO überein.[137] Die Vorschrift gilt auch für Anträge zum Registergericht in Genossenschafts-, Vereins- und Güterrechtsangelegenheiten.[138] Die Vorschrift gilt nur für den deutschen Notar;[139] dem Notar stehen gleich der Notarvertreter (§ 39 BNotO) und der Notariatsverwalter (§§ 56 ff. BNotO).

111 **b) Voraussetzung.** Voraussetzung ist, dass der **Notar die zu der Eintragung erforderliche Erklärung beurkundet oder beglaubigt** hat. Unter der „zu der Eintragung erforderlichen Erklärung" wird überwiegend die Eintragungsgrundlage, das sind die Verträge,[140] Beschlüsse oder sonstigen Erklärungen, deren Inhalt eingetragen werden soll, verstanden, m. a. W. die materiell-rechtliche Grundlage der Eintragung.[141] Andererseits genügt allein die Beglaubigung oder Beurkundung der Anmeldung nicht, um die Wirkung des § 129 S. 1 FGG herbeizuführen.[142]

---

[130] BGH Beschl. v. 19. 9. 2005 – II ZB 11/04, ZIP 2005, 2257.
[131] Ebenso MünchKommHGB/*Krafka* RdNr. 21 a.
[132] Staub/*Hüffer* RdNr. 9.
[133] OLG Frankfurt/M. Beschl. v. 23. 3. 1973 – 20 W 209/73, BB 1973, 722; s. auch RdNr. 71.
[134] MünchKommHGB/*Krafka* RdNr. 23.
[135] GroßKommAktG/*Röhricht* § 36 AktG RdNr. 15.
[136] BayObLG Beschl. v. 12. 6. 1986 – 3 Z BR 29/86, NJW 1987, 136 f.; *Hüffer* § 36 AktG RdNr. 4, wonach die Ermächtigung nicht aus § 129 FGG folgt – so aber MünchKommHGB RdNr. 22; Hachenburg/*Ulmer* § 7 GmbHG RdNr. 12; Scholz/*Winter* § 7 GmbHG RdNr. 11 –, sondern aus der im § 53 BeurkG vorgesehenen Vollzugstätigkeit, die der Notar als Bote ausübt; *Schaub* DStR 1999, 1699, 1702 = MittBayNot 1999, 539, 544.
[137] *Jansen* § 129 FGG RdNr. 1.
[138] §§ 147, 159, 161 FGG.
[139] BayObLG Beschl. v. 27. 1. 1961 – 2 Z BR 191/60, BayObLGZ 1961, 23; BayObLG Beschl. v. 25. 3. 1969 – 2 Z 96/68, BayObLGZ 1969, 92.
[140] BayObLG Beschl. v. 1. 10. 1970 – 2 Z 36/70, BayObLGZ 1970, 235, 237.
[141] OLG Dresden 6. ZS. Beschl. v. 2. 10. 1915, OLGRspr 33, 5, 6; BayObLG Beschl. v. 1. 10. 1970 – 2 Z BR 36/70, BayObLGZ 1970, 237; LG München I Beschl. v. 30. 5. 1975 – 11 HKT 9127/75, DNotZ 1976, 682; Keidel/Kuntze/*Winkler* § 129 FGG RdNr. 2; *Schaub* DStR 1999, 1699, 1702 = MittBayNot 1999, 539, 543.
[142] Staub/*Hüffer* RdNr. 11; MünchKommHGB/*Krafka* RdNr. 24; aA *Jansen* § 129 FGG RdNr. 4.

So ist etwa der Notar, der den Gesellschaftsvertrag einer **GmbH** beurkundet hat, berechtigt, die **112** darin enthaltene abstrakte Vertretungsregelung[143] im Namen der Geschäftsführer zur Eintragung in das Handelsregister anzumelden oder die Befreiung des Geschäftsführers von den Beschränkungen des § 181 BGB.[144]

Sind die **Eintragungsgrundlagen und die Anmeldung vom Notar beurkundet oder beglaubigt** worden, ist die Vertretung für das Wirksamwerden der Anmeldung in der Regel überflüssig, weil bereits eine formgültige Anmeldung vorliegt, die nur noch vom Notar als Erklärungsbote beim Handelsregister eingereicht werden muss. Gleichwohl **kann** der **Notar** die entsprechenden Tatsachen **auch als Vertreter kraft Amtes nach § 129 FGG anmelden,** um die damit verbundenen Befugnisse zu erwerben.[145] **113**

§ 129 FGG betrifft nur die Vertretung des **Anmeldepflichtigen.**[146] Ist der Vorgang nur eintragungsfähig – zB § 25 Abs. 2 – ist § 129 FGG seinem Wortlaut nach nicht anwendbar. Gleichwohl ist mangels gegenteiliger Anhaltspunkte in der Regel von der Erfahrungstatsache auszugehen, dass der Notar in diesen Fällen rechtsgeschäftlich bevollmächtigt ist bzw. im Hinblick auf seine Standespflichten nicht ohne Vollmacht handeln wird.[147] **114**

Liegen die Voraussetzungen des § 129 S. 1 FGG vor, muss der Notar deutlich zu erkennen geben, ob er von seinem Recht nach § 129 S. 1 FGG Gebrauch macht oder er nur als Erklärungsbote tätig wird, § 53 BeurkG.[148] **115**

c) Der Notar als Vertreter. Von dem Notar, bei dem die gesetzlichen Voraussetzungen des § 129 FGG zutreffen, wird, wenn er den Eintragungsantrag stellt, ohne weiteres vermutet, dass er von den zur Anmeldung Verpflichteten zur Antragstellung ermächtigt ist. Ein **eigenes Antragsrecht** des Notars **begründet § 129 FGG** dagegen **nicht.**[149] Ein Vollmachtsnachweis etwa in der Form des § 12 Abs. 1 S. 2 ist nicht zu fordern; das Registergericht ist nicht berechtigt, einen Vollmachtsnachweis zu verlangen.[150] Die **Vertretungsmacht des Notars** beruht nicht auf rechtsgeschäftlicher Bevollmächtigung, sondern steht ihm als vermutete Vollmacht **kraft Amtes** zu.[151] **116**

Die **vermutete Vollmacht** kann eingeschränkt und das Bestehen dieser fingierten Vollmacht formlos – durch einfache Erklärung des vertretenen Beteiligten gegenüber dem Gericht – widerlegt werden.[152] **117**

Die Vollmachtsvermutung des § 129 FGG **scheidet bei höchstpersönlich vorzunehmenden Anmeldungen** (hierzu RdNr. 97 ff.) **aus,** da diese vertretungsfeindlich sind.[153] **118**

Die **Ermächtigung nach § 129 FGG umfasst das Recht,** gegen eine die Eintragung ablehnende Verfügung ohne zusätzlichen Vollmachtsnachweis im Namen des Anmeldepflichtigen Rechtsmittel **einzulegen.**[154] Zur **Zurücknahme des Antrages** oder der Beschwerde ist der Notar auf Grund von **§ 24 Abs. 3 BNotO** ohne Vollmachtsvorlage berechtigt. Die Rücknahmeerklärung muss mit Unterschrift und Amtssiegel des Notars versehen sein.[155] **119**

Der Notar **überschreitet** seine **Vertretungsmacht,** wenn sein Antrag nicht dem entspricht, was er beurkundet oder beglaubigt hat. **120**

---

[143] LG München I Beschl. v. 30. 5. 1975 – 11 HKT 9127/75, DNotZ 1976, 682.
[144] LG Weiden v. 11. 6. 1980 – 3 T 294/80 MittBayNot 1980, 174.
[145] Staub/*Hüffer* RdNr. 11, 13.
[146] BayObLG Beschl. v. 31. 1. 1978 – 1 Z BR 5/78, Rpfleger 1978, 143; KG Beschl. v. 5. 6. 1969 – 1 W 2193/69, OLGZ 1969, 501, 502 f.
[147] BayObLG Beschl. v. 7. 9. 1976 – 2 Z 16/76, BayObLGZ 1976, 230, 233; BayObLG Beschl. v. 31. 1. 1978 – 1 Z BR 5/78, Rpfleger 1978, 143; OLG Frankfurt Beschl. v. 19. 7. 1978, 20 W 406/78, DNotZ 1978, 750; Keidel/Kuntze/ Winkler § 129 FGG RdNr. 5.
[148] MünchKommHGB/*Krafka* RdNr. 25.
[149] KG Beschl. v. 15. 1. 1959 – 1 W 1830/58, NJW 1959, 1086.
[150] Keidel/Kuntze/*Winkler* § 129 FGG RdNr. 4.
[151] RG Urt. v. 31. 5. 1918 – III 73/18, 70 f., RGZ 93, 68; KG Beschl. v. 20. 10. 1958 – 1 W 1606/58, NJW 1959, 295, 296.
[152] OLG Frankfurt Beschl. v. 8. 5. 1983 – 20 W 121/83, NJW 1984, 620; Staub/*Hüffer* RdNr. 4.
[153] BayObLG Beschl. v. 12. 6. 1986 – 3 Z BR 29/86, BayObLGZ 1986, 203, 205 = NJW 1987, 136 = DB 1986, 1666 = DNotZ 1986, 692 mit abl. Anm. *Winkler* S. 696 ff.; aA Keidel/Kuntze/*Winkler* § 129 FGG, RdNr. 4; *Jansen* § 129 FGG RdNr. 6; Staub/*Hüffer* RdNr. 6; MünchKommHGB/*Krafka* RdNr. 28.
[154] BayObLG Beschl. v. 27. 9. 1957 (2. ZS), BReg. 2 Z 145/57, BayObLGZ 1957, 279, 281; BayObLG Beschl. v. 9. 6. 1959 – 2 Z BR 21/59, BayObLGZ 1959, 196 f.; BayObLG Beschl. v. 24. 4. 1986, BReg 2 Z 38/86, MittBayNot 1986, 139; BayObLG Beschl. v. 14. 10. 1966 – 2 Z BR 39/66, BayObLGZ 1966, 337, 340; Keidel/Kuntze/*Winkler* § 129 FGG RdNr. 6, 7, vgl. *Jansen* DNotZ 1964, 707.
[155] Keidel/Kuntze/*Winkler* § 129 FGG RdNr. 8.

121 **3. Gesetzliche Vertreter. a) Fallgruppen. Gesetzliche Vertreter** können Anmeldungen zum Handelsregister kraft der ihnen verliehenen Vertretungsmacht **ohne weiteres vornehmen**.[156] Sind sie selbst Gesellschafter, können sie im eigenen Namen als Mitgesellschafter und zugleich im Namen des Vertretenen anmelden; die §§ 181, 1795, 1630 BGB finden keine Anwendung.

122 **Minderjährige Kinder** werden grundsätzlich gemeinschaftlich durch ihre Eltern vertreten, § 1629 Abs. 1 BGB, es sei denn, ein Elternteil übt die elterliche Sorge allein aus, § 1629 Abs. 1 S. 3 BGB. Dies ist insbesondere der Fall, wenn der andere Ehegatte verstorben oder für tot erklärt ist, §§ 1677, 1681 BGB, das Sorgerecht gemäß §§ 1671, 1672 BGB nach Scheidung einem Elternteil vom Familiengericht übertragen worden ist oder das Sorgerecht eines Elternteils nach §§ 1673–1675 BGB ruht.

Ist der **Minderjährige nach § 112 BGB zum** selbständigen **Betrieb eines Erwerbsgeschäftes ermächtigt,** umfasst die insoweit bestehende Geschäftsfähigkeit auch spätere Anmeldungen zum Handelsregister.[157]

123 Ist ein **Vormund** (§ 1793 BGB) oder **Betreuer** (§ 1915 iVm. § 1793 BGB) bestellt, ist dieser als gesetzlicher Vertreter zu Handelsregisteranmeldungen berechtigt.[158]

124 Beim **Insolvenzverwalter** zählt zu dessen alleinigen Verwaltungs- und Verfügungsrecht grundsätzlich auch die Befugnis, Eintragungen, die das zur Masse gehörende Vermögen betreffen, zum Handelsregister anzumelden. Andererseits obliegt die Anmeldung einer Erhöhung des Stammkapitals auch nach Eröffnung eines Insolvenzverfahrens weiterhin allen Geschäftsführern.[159] Ebenso betrifft die Anmeldung der Abberufung eines früheren Geschäftsführers der GmbH grundsätzlich nur die Vertretungsverhältnisse der Gesellschaft und nicht die Insolvenzmasse.[160]

125 Im Rahmen ihrer Verwaltungsbefugnisse sind auch der **Testamentsvollstrecker und Nachlassverwalter** anmeldeberechtigt und -verpflichtet.[161]

126 **b) Nachweis der Vertretungsmacht.** Gesetzliche Vertreter **müssen** den **Nachweis** der Vertretungsmacht **erbringen**.[162] Eltern müssen im Zweifel die Geburtsurkunden vorlegen – wobei hier auch Feststellungen zu Geburtsdaten der Kinder in notariellen Urkunden in der Registerpraxis genügen – und bei Alleinvertretung durch einen Elternteil muss dieser den Nachweis für seine Alleinvertretungsberechtigung erbringen.[163] Vormund, Pfleger und Nachlasspfleger weisen sich durch Vorlage der Bestallungsurkunde,[164] der Betreuer durch seine Bestellungsurkunde (§ 169 b Abs. 2 BGB) aus. Der Insolvenzverwalter hat die Urkunde über seine Bestellung (§ 56 Abs. 2 InsO) vorzulegen, der Testamentsvollstrecker das Testamentsvollstreckerzeugnis (§ 2368 BGB).

127 Bedarf das Rechtsgeschäft nach 1643, 1821, 1822 BGB der **vormundschaftsgerichtlichen Genehmigung,** so ist auch diese samt ihrem Wirksamwerden nach § 1829 BGB[165] nachzuweisen. Bloßen Sollvorschriften (§§ 1645, 1823 BGB) kommt diese materiell-rechtliche Wirkung nicht zu, so dass insoweit der Nachweis nicht zu verlangen ist.[166]

128 **4. Organschaftliche Vertretung. a) Zulässigkeit.** Weil Handelsgesellschaften nur durch ihre Organe handeln können, ist die organschaftliche Vertretung bei der Anmeldung zum Handelsregister notwendigerweise **zulässig. Die notwendige Vertretungsbefugnis** bei einer Anmeldung **ergibt sich zwingend aus dem Gesetz.**[167] Auch bei höchstpersönlichen Anmeldungen (s. RdNr. 97 ff.) müssen, weil das Handeln der Organpersonen der Gesellschaft als ihr eigenes zuzurechnen ist, zwangsläufig die Organe als Repräsentanten der Gesellschaft anmelden.[168] Bei höchstpersönlichen

---

[156] BayObLG Beschl. v. 21. 5. 1970 – BReg. 2 Z 24/70, DNotZ 1971, 107.
[157] Soergel/*Hefermehl* § 112 FGG RdNr. 1; Heymann/*Sonnenschein*/*Weitemeyer* RdNr. 12.
[158] OLG Rostock Beschl. v. 17. 12. 2002 – 6 W 52/02, Rpfleger 2003, 444. Für den Konkursverwalter RG Beschl. v. 24. 4. 1909 – V. 61/09, RGZ 71, 38; BayObLG Beschl. v. 8. 2. 1963 (1. ZS), BReg. 1 Z 112/62, BayObLGZ 1963, 19, 23; OLG Düsseldorf Beschl. v. 20. 10. 1969 – 3 W 328/69, MDR 1970, 425.
[159] BayObLG 17. 3. 2004 3 Z BR 04/04, NZG 2004, 58 = BB 2004, 797.
[160] OLG Rostock Beschl. v. 17. 11. 2002 – 6 W 52/02, Rpfleger 2003, 444.
[161] BGH Beschl. v. 3. 7. 1989 – II ZB 1/89, NJW 1989, 3152, 3153; KG Beschl. v. 7. 3. 1991 – 1 W 3124/88, NJW-RR 1991, 835 f.; *Schaub* ZEV 1994, 71; *Zöller* MittRhNotK 1999, 121, 141 mit dem Hinweis darauf, dass bei der Testamentsvollstreckung eine zusätzliche Anmeldung auch durch die Erben im Hinblick auf die Praxis mancher Registergerichte ratsam erscheinen mag.
[162] Röhricht/Graf von Westphalen/*Ammon* RdNr. 14.
[163] Staub/*Hüffer* RdNr. 19.
[164] § 1791 BGB iVm. § 1915 BGB bzw. §§ 1915, 1985 BGB.
[165] Vgl. KG Beschl. v. 7. 2. 1907 – 1. X 52/07, KGJ 34 A 49; KG Beschl. v. 4. 7. 1907 -1 X 760/07, KGJ 34 A 89; KG Beschl. v. 21. 5. 1909 – 1 a X 342/09, KGJ 38 A 62.
[166] Staub/*Hüffer* RdNr. 19.
[167] MünchKommHGB/*Krafka* RdNr. 29.
[168] Staub/*Hüffer* RdNr. 17.

Anmeldungen könnten sich aber die anmeldepflichtigen Organe der Handelsgesellschaften nicht durch Bevollmächtigte vertreten lassen (vgl. RdNr. 102 f).

b) Übersicht.[169] Im Einzelnen gilt im Überblick für die einzelnen Handelsgesellschaften folgendes:

aa) Europäische-Wirtschaftliche Interessenvereinigung, EWIV. Die **EWIV**[170] wird durch den **Geschäftsführer,** bei mehreren grundsätzlich durch jeden Geschäftsführer einzeln, vertreten (Art. 20 Abs. 1 S. 2 EWIV VO).

bb) Aktiengesellschaft. Bei der **Aktiengesellschaft** vertritt grundsätzlich der Vorstand die Gesellschaft nach § 78 Abs. 1 AktG gerichtlich und außergerichtlich, wobei die Vertretungsbefugnis nach außen nicht beschränkt werden kann (§ 82 Abs. 1 AktG). Besteht der **Vorstand** aus mehreren Personen, so sind, wenn die Satzung oder ein auf statutarischer Ermächtigung beruhender Aufsichtsratsbeschluss nichts anderes bestimmt, sämtliche Vorstandsmitglieder nur gemeinschaftlich zur Vertretung der Gesellschaft befugt (§ 78 Abs. 2 Satz 1 AktG). Diese Personen vertreten die Aktiengesellschaft bei Registeranmeldungen.

Ist umgekehrt eine Registeranmeldung bei der Aktiengesellschaft selbst betroffen, gelten die in RdNr. 36 ff., 97 ff. dargelegten Grundsätze.

cc) GmbH. Bei der **GmbH** vertritt bei Registeranmeldungen, die die GmbH als Gesellschafterin oder Vertretungsorgan einer anderen Gesellschaft betreffen (zB Komplementär-GmbH bei der GmbH & Co. KG) der **Geschäftsführer** die Gesellschaft gerichtlich und außergerichtlich und zwar unbeschränkbar (§§ 35 Abs. 1, 37 Abs. 2 GmbHG). Mangels abweichender Satzungsbestimmungen vertreten mehrere Geschäftsführer stets gemeinschaftlich (vgl. § 35 Abs. 2 GmbHG).

Auch bei der **Vor-GmbH,** dh. im Zeitraum zwischen der Gründung der Gesellschaft und ihrer Eintragung im Handelsregister, wird die Gesellschaft durch den Geschäftsführer nach außen vertreten, ohne dass diese notwendigerweise beim Vertreterhandeln auf den Zusatz „i.Gr." hinweisen müssten.

Für Registeranmeldungen, die die GmbH selbst betreffen, gelten die in RdNr. 36 ff., 97 ff. dargestellten Grundsätze.

dd) Kommanditgesellschaft auf Aktien. Bei der **Kommanditgesellschaft auf Aktien** richtet sich die Befugnis der **persönlich haftenden Gesellschafter** zur Vertretung der Gesellschaft nach den Vorschriften des HGB über die Kommanditgesellschaft (§ 278 Abs. 2 AktG). Die Kommanditaktionäre sind nicht vertretungsberechtigt.

ee) Kommanditgesellschaft. Bei der **Kommanditgesellschaft** vertreten wegen § 170 HGB nur die **Komplementäre,** nicht die Kommanditisten. Für die Komplementäre gelten nach § 161 Abs. 2 HGB die Vertretungsregeln der OHG entsprechend.

ff) Offene Handelsgesellschaft. Die **OHG** wird gerichtlich und außergerichtlich durch die Gesellschafter vertreten, und zwar nach außen unbeschränkt (§ 126 Abs. 1, 2 HGB). Zur Vertretung der Gesellschaft ist dabei **jeder Gesellschafter** einzeln ermächtigt, wenn er nicht durch Gesellschaftsvertrag von der Vertretung ausgeschlossen ist oder der Gesellschaftsvertrag nicht bestimmt, dass alle oder mehrere Gesellschafter nur in Gemeinschaft zur Vertretung der Gesellschaft ermächtigt sein sollen (§ 125 Abs. 1, 2 HGB).

gg) Genossenschaft. Die **Genossenschaft** wird nach § 24 Abs. 1 GenG durch den **Vorstand** gerichtlich und außergerichtlich vertreten, und zwar nach außen unbeschränkbar (§ 27 Abs. 2 Satz 1 GenG).

hh) Partnerschaft. Die **Partnerschaft** wird von den Partnern organschaftlich vertreten, und zwar **im Zweifel** von **jedem Partner** in Einzelvertretungsmacht.[171] Der Ausschluss eines Partners von der Vertretung, die Anordnung einer Gesamtvertretung sowie jede Änderung der Vertretungsmacht bedarf der registerrechtlichen Eintragung.[172] Der Umfang der Vertretungsmacht ist ohne Beschränkungsmöglichkeit und umfasst alle gerichtlichen und außergerichtlichen Geschäfte und Rechtshandlungen,[173] damit auch Registeranmeldungen.

ii) Eingetragener Verein. Der **eingetragene Verein** wird nach § 26 Abs. 2 Satz 1 BGB durch den **Vorstand** vertreten. Bei einem mehrgliedrigen Vorstand bestimmt primär die Satzung

---

[169] Zur Vertretung bei ausländischen Handelsgesellschaften siehe Anhang § 12 RdNr. 1 ff.
[170] Rechtsgrundlagen sind die EG-Verordnungen vom 25. 7. 1985, ABl. EG L 199 S. 1 und EWIV-AG vom 14. 4. 1988, BGBl. I S. 514.
[171] § 7 Abs. 2 PartGG iVm. § 125 Abs. 1, 2 HGB.
[172] § 7 Abs. 3 PartGG iVm. § 125 Abs. 4 HGB.
[173] § 7 Abs. 3 PartGG iVm. § 126 HGB.

die Vertretungsbefugnis; enthält diese keine Regelung, gilt nicht der Grundsatz der Gesamtvertretung, sondern das Mehrheitsprinzip. Anders als bei der Partnerschaft und den Handelsgesellschaften kann durch Satzung mit Wirkung gegen Dritte der Umfang der Vertretungsmacht beschränkt werden.[174]

142　　**jj) BGB-Gesellschaft.** Die Gesellschaft bürgerlichen Rechts kann im Gesellschaftsrecht als **Gesamthand Zuordnungssubjekt** von Rechten und Verbindlichkeiten sein.[175] Sie kann sich als Gesellschafter an einer EWIV,[176] aber auch an einer AG oder GmbH[177] beteiligen. Auch die (Außen-)Gesellschafter bürgerlichen Rechts kann Kommanditistin einer Kommanditgesellschaft sein. In einem solchen Fall sind neben der Gesellschaft bürgerlichen Rechts als solcher auch die ihr zum Zeitpunkt ihres Beitritts zu der KG angehörenden Gesellschafter mit Namen, Geburtstag und Wohnort (entsprechend § 106 Abs. 2) zur Eintragung in das Handelsregister anzumelden; entsprechendes gilt für jeden späteren Wechsel in der Zusammensetzung der Gesellschafter der Gesellschaft bürgerlichen Rechts.[178]

143　　Praktische Bedeutung erlangt die Frage der Anmeldung durch die BGB-Gesellschaft allein bei der **Aktiengesellschaft,** weil hier die BGB-Gesellschaft als Gründerin nach § 36 Abs. 1 AktG anmeldepflichtig ist, während bei der GmbH diese Anmeldepflichten lediglich die Geschäftsführer treffen (§ 78 Abs. 1 GmbHG).

144　　Maßgebend für die Frage der **Vertretungsbefugnis** der Gesellschaft bürgerlichen Rechts ist der **Gesellschaftsvertrag** und die dort getroffene Regelung; **schweigt dieser,** gilt der **Grundsatz der Gesamtvertretung** (§§ 709, 714 BGB).

145　　Allerdings ist bei der **Anmeldung der AG durch die BGB-Gesellschaft als Gründerin** zu beachten, dass hierbei auch **höchstpersönliche Erklärungen** abzugeben sind, die zivil- und strafrechtlich sanktionsbewehrt sind. Die Anmeldung allein durch den vertretungsberechtigten Gesellschafter genügt hier deshalb nicht, weil dessen Vertretungsmacht – ungeachtet der Tatsache, dass die BGB-Gesellschaft Zuordnungssubjekt von Rechten und Pflichten sein kann – rechtsgeschäftlicher und nicht organschaftlicher Art ist.[179] Rechtsgeschäftliche Vertretung bei höchstpersönlichen Anmeldungen ist allerdings aus den in RdNr. 97 ff. genannten Gründen ausgeschlossen, so dass die **Anmeldung** in diesen Fällen **durch alle Gesellschafter** vorzunehmen ist.

146　　**c) Unechte Gesamtvertretung.** Nach ganz hM sind **Anmeldungen** zum Handelsregister auch **in unechter Gesamtvertretung zulässig.**[180] Daher genügt zB, wenn die Anmeldung durch die AG vorzunehmen ist, das Handeln eines Vorstandsmitgliedes zusammen mit einem Prokuristen,[181] entsprechend bei der GmbH das des Geschäftsführers mit dem des Prokuristen. Gleiches gilt für Personenhandelsgesellschaften, vgl. § 125 Abs. 3.

147　　Im Falle der unechten Gesamtvertretung wird die **Vertretungsmacht des Prokuristen** sachlich auf den Umfang der Vertretungsmacht des Vorstandes, Geschäftsführers oder Gesellschafters **erweitert.**[182]

148　　Unechte Gesamtvertretung ist allerdings bei **höchstpersönlichen Anmeldungen ausgeschlossen,** vgl. die Ausführungen in RdNr. 97 ff.

149　　**d) Nachweis der Vertretungsmacht.** Der Nachweis der Vertretungsmacht erfolgt durch Vorlage einer **beglaubigten Abschrift des Handelsregisters** oder durch **Notarbescheinigung nach § 21 BNotO.**

150　　Daneben kommt entsprechend dem Gedanken des § 34 GBO die **Bezugnahme auf die Registerakten** desselben Gerichts in Betracht, wenn das Register, in das eingetragen werden soll, über die Vertretungsverhältnisse bereits Auskunft gibt.[183]

151　　Für die **EWIV,** die in das Handelsregister des Sitzstaates einzutragen ist, Art. 6 EWIV–VO gelten die **gleichen Grundsätze.**

---

[174] § 26 Abs. 2 Satz 2 BGB.
[175] Zur Rechtsnatur der Gesamthand vgl. nur den Überblick von MünchKommBGB/*Ulmer* § 705 RdNr. 27 ff.
[176] Hierzu *K. Schmidt* GesR § 65 II 1. A, S. 1584, *Bach* BB 1982, 1432 ff.; *Breuninger,* Die BGB-Gesellschaft als Rechtssubjekt im Wirtschaftsverkehr, 1991, S. 76 ff.
[177] Für Beteiligung an einer GmbH BGH Beschl. v. 3. 11. 1980 – II ZB 1/79, BGHZ 78, 311, 313 f. = NJW 1981, 682. Für die Beteiligung an einer AG BGH Beschl. v. 4. 11. 1991 – II Z B 10/91, BGHZ 116, 86, 88 = NJW 1992, 499.
[178] BGHZ 148, 291, Beschl. v. 16. 7. 2001, II ZB 23/00.
[179] Vgl. MünchKommBGB/*Ulmer* § 714 RdNr. 33.
[180] RG Beschl. v. 22. 12. 1931 – II B 30/31, RGZ 134, 303, 307; KG Beschl. v. 23. 12. 1936 – 1 Wx 527/36, JW 1937, 890 m. Anm. *Groschuff;* KG v. 22. 9. 1938 – 1 Wx 427/38, HRR 1938 Nr. 1546; Kölner Komm AktG/*Mertens* § 78 RdNr. 35 ff.; Staub/*Hüffer* RdNr. 14; Heymann/*Sonnenschein/Weitemeyer* RdNr. 13.
[181] § 78 Abs. 3 AktG.
[182] Vgl. RG Beschl. v. 22. 12. 1931 – II B 30/31, RGZ 134, 303, 306; BGH Urt. v. 31. 3. 1954 – II ZR 57/53, BGHZ 13, 61, 64; BGH Beschl. v. 14. 2. 1974 – II ZR 6/73, BGHZ 62, 166, 169; Baumbach/*Hopt* § 49 RdNr. 1 c.
[183] Vgl. für das Grundbuchverfahren Bauer/von Oefele/*Schaub* § 34 GBO RdNr. 5 ff.

Fehlt es an einer **Registereintragung,** etwa bei Anmeldungen der Vor-GmbH, kann der 152 Vertreternachweis entweder durch Bezugnahme auf die bei dem selben Register bereits befindlichen Gründungsurkunden erfolgen oder durch Vorlage der beglaubigten Abschriften der notariellen Gründungsurkunden, die regelmäßig die Bestellung der Vertretungsorgane enthalten.[184]

Bei der **Gesellschaft bürgerlichen Rechts** ist der Vertreternachweis entsprechend dem Rechts- 153 gedanken des § 12 Abs. 1 S. 2 durch Vorlage **öffentlich-beglaubigter Urkunde** nachzuweisen, sofern nicht alle Gesellschafter zur Vertretung berechtigt sind. In der Regel ist der notariell beurkundete oder beglaubigte Gesellschaftsvertrag (auszugsweise) vorzulegen,[185] eine gemäß § 42 BeurkG beglaubigte Abschrift des Gesellschaftsvertrages – ohne Beglaubigung der Unterschriften – genügt nicht.[186]

VI. Nachweis der Rechtsnachfolge

1. Zweck und Anwendungsbereich. Der Rechtsnachfolger eines Beteiligten hat seine Nach- 154 folge gem. § 12 Abs. 1 S. 3 soweit tunlich durch öffentliche Urkunden nachzuweisen. Die Vorschrift dient der **Sicherstellung** und soll gewährleisten, **dass Anmeldungen zum Handelsregister von den richtigen Personen vorgenommen** werden.[187]

Der **Begriff der Rechtsnachfolge** bezeichnet jeden Vorgang, der einen Wechsel im Betei- 155 ligungsverhältnis bewirkt, gleichgültig ob es sich um **Einzelnachfolge oder Gesamtrechtsnachfolge** handelt. In der Praxis kommt für die Einzelnachfolge die Unternehmensveräußerung als Beispiel in Betracht, während die Gesamtrechtsnachfolge vorwiegend die Rechtsnachfolge von Todes wegen (Erbgang) oder umwandlungsrechtliche Maßnahmen nach dem UmwG betrifft.

2. Der urkundliche Nachweis. a) Öffentliche Urkunde. Die Rechtsnachfolge ist soweit 156 tunlich durch **öffentliche Urkunden** nachzuweisen. Öffentliche Urkunden sind **nach § 415 Abs. 1 ZPO** Urkunden, die von einer öffentlichen Behörde innerhalb der Grenzen ihrer Amtsbefugnisse oder einer mit öffentlichem Glauben versehenen Person innerhalb des ihr zugewiesenen Geschäftskreises in der vorgeschriebenen Form aufgenommen sind. Die öffentliche Urkunde kann gemäß § 371 a Abs. 2 ZPO auch in elektronischer Gestalt präsentiert werden.[188] Öffentliche Beglaubigung nur der Unterschrift genügt nicht.[189]

Die **Erbfolge** ist in der Regel durch Vorlage einer Ausfertigung des Erbscheins – beglaubigte 157 Abschrift des Erbscheins genügt nicht, weil die Ausfertigung nach § 2361 BGB eingezogen sein kann[190] – nachgewiesen werden. Ausreichend ist die Übermittlung eines beglaubigten elektronischen Dokuments, das zur Abbildung des Erbscheins hergestellt worden ist, sofern die Beglaubigungsvermerk zeitnah zur anschließenden Übermittlung zum Handelsregister erstellt wurde.[191] Insbesondere bei gesetzlicher Erbfolge ist regelmäßig die Vorlage eines Erbscheins erforderlich.[192]

Das **Registergericht** hat entsprechend den im Grundbuchrecht geltenden Grundsätzen bei 158 vorgelegtem Erbschein lediglich zu **prüfen,** ob das vorgelegte Zeugnis überhaupt die **Eigenschaft eines Erbscheins** aufweist[193] und ob der Erbschein das **Erbrecht formell und unzweideutig ausweist.** Im Übrigen hat das Register grundsätzlich die **inhaltliche Richtigkeit des Erbscheins nicht zu prüfen,** sofern sich das Erbrecht aus ihm unzweideutig, dh. klar, verständlich und vollständig ergibt.[194] Die Verantwortung für die Feststellung des Erbrechts und die Richtigkeit des Inhalts des Erbscheins trägt das Nachlassgericht. Hieraus folgt, dass es dem Registergericht verwehrt ist, die zugrundeliegende letztwillige Verfügung zu berücksichtigen oder bei offenbar inhaltlicher Unrichtigkeit abweichend vom vorliegenden Erbschein die Erbfolge selbst zu beurteilen. In diesen Fällen allerdings hat das Registergericht gegenüber dem Nachlassgericht seine Bedenken zu äußern und anzuregen, den Erbschein einzuziehen.[195]

b) Nachweis soweit tunlich. Erforderlich ist der Nachweis durch öffentliche Urkunden nur 159 soweit **tunlich.** Das ist zum einen dann **nicht** der Fall, **wenn** sich die **Rechtsnachfolge bereits aus den Registerakten** selbst oder den bei dem selben Gericht geführten Nachlassakten ergibt. Der

---

[184] Für das Grundbuchverfahren Bauer/von Oefele/*Schaub* § 32 GBO RdNr. 38.
[185] Bauer/von Oefele/*Schaub* AT VII 273.
[186] AA – unrichtig – Staub/*Hüffer* RdNr. 18.
[187] Staub/*Hüffer* RdNr. 24.
[188] RegBegr BT-Drucks. 16/960 S. 45.
[189] MünchKommHGB/*Krafka* RdNr. 39.
[190] KG I. CS. Beschl. v. 23. 3. 1903, OLGRspr 6 – unrichtig –, 479, KG Beschl. v. 27. 4. 1903, KGJ 26 A 92 ff.
[191] RegBegr. BT-Drucks. 16/960, S. 45.
[192] OLG Hamm Beschl. v. 6. 9. 1985, 15 W 211/85 Rpfleger 1986, 18; OLG Köln Beschl. v. 9. 9. 2004 – 2 Wx 22/04 NZG 2005, 37.
[193] Staudinger/*Firsching* § 2365 RdNr. 17; Bauer/von Oefele/*Schaub* § 35 GBO RdNr. 79.
[194] Bauer/von Oefele/*Schaub* § 35 GBO RdNr. 80.
[195] Bauer/von Oefele/*Schaub* § 35 GBO RdNr. 91.

Anmeldepflichtige muss dann nur auf diese **Akten Bezug** nehmen, die das Registergericht einsieht und die Nachfolge, ergibt sie sich aus den in Bezug genommenen Akten, in den Registerakten vermerkt.[196] Befindet sich bei den beigezogenen Nachlassakten ein Erbschein für Grundbuchzwecke, kommt diesem trotz des kostenrechtlichen Vermerks volle Beweiskraft zu. Der Erbschein für Grundbuchzwecke stellt einen Vollerbschein im Sinne des § 2353 BGB dar,[197] der kostenrechtliche Vermerk berührt die Gültigkeit und Wirksamkeit des Erbscheins nicht.[198]

160 Untunlich ist der **Nachweis** durch öffentliche Urkunden auch dann, wenn er zwar möglich scheint, aber **mit besonderen Schwierigkeiten verbunden** ist und deshalb eine erhebliche Verzögerung der Eintragung zu befürchten steht. Das Gericht muss sich dann mit anderen Nachweisen begnügen,[199] es kann die Beteiligten auch gem. § 15 Abs. 2 FGG zur eidesstattlichen Versicherung zulassen.[200] Schwierigkeiten des Nachweises durch öffentliche Urkunden können sich auch bei der Rechtsnachfolge in die Stellung eines BGB-Gesellschafters ergeben, da hier zusätzlich der Gesellschaftsvertrag zur Bestimmung der Nachfolge herangezogen werden muss.[201] Hier kann die Vorlage des privatschriftlichen Gesellschaftsvertrages[202] genügen oder – sofern ein solcher nicht vorliegt – die schriftliche Bestätigung des mündlichen Vertragsinhalts durch die Gesellschafter und alle Erben des verstorbenen Gesellschafters, selbst wenn diese nicht in die Gesellschaft eintreten.

161 **Beruht** die **Erbfolge auf einer Verfügung von Todes wegen, die in einer öffentlichen Urkunde enthalten** ist, genügt es zum Nachweis der Rechtsnachfolge, wenn an Stelle des Erbscheins die **Verfügung und die Niederschrift über die Eröffnung** der Verfügung – zumindest in beglaubigter Abschrift – vorgelegt werden. Insoweit enthält § 35 Abs. 1 S. 2 GBO einen verallgemeinerungsfähigen Inhalt.[203] Das Registergericht hat die im öffentlichen Testament niedergelegte letztwillige Verfügung auszulegen. Die Urkunden reichen dabei als Nachweis der Erbenstellung nur dann nicht aus, wenn bei der Auslegung der letztwilligen Verfügung Zweifel verbleiben und eine abschließende Würdigung nicht möglich ist, weil etwa Ermittlungen in tatsächlicher Hinsicht anzustellen sind.[204]

162 Bei der Anmeldung des Ausscheidens des verstorbenen Kommanditisten und des Eintritts seiner Erben in die Gesellschaft ist die Vorlage eines Erbscheins zum Nachweis einer auf privatschriftlichem Testament beruhenden Erbfolge auch dann regelmäßig erforderlich, wenn die Anmeldung durch einen Bevollmächtigten des verstorbenen Kommanditisten auf Grund einer über den Tod hinaus erteilten Generalvollmacht erfolgt.[205]

163 **3. Vor- und Nacherbfolge. a) Anmeldungen bei Eintritt der Vorerbfolge.** Ist ein Nacherbe eingesetzt, §§ 2100 ff. BGB, wird der **Vorerbe** zunächst allein Rechtsnachfolger des Erblassers und muss sein **Erbrecht** nach den oben in RdNr. 157 ff. dargelegten Grundsätzen **nachweisen**. Anmeldungen zum Handelsregister sind **durch den Vorerben allein** ohne Mitwirkung des Nacherben zu bewirken.[206] Der Nacherbe ist auch nicht – anders als im Grundbuch[207] – im Handelsregister einzutragen.[208]

164 **b) Anmeldungen bei Eintritt der Nacherbfolge.** Mit Eintritt der Nacherbfolge wird der **Nacherbe Rechtsnachfolger des Erblassers,** nicht des Vorerben.[209] Für den Nachweis der Rechtsnachfolge nach § 12 Abs. 1 S. 3 ist erforderlich, dass im Fall des Eintritts der Nacherbfolge infolge Todes des Vorerben (vgl. § 2106 Abs. 1 BGB) grundsätzlich ein die Nacherbfolge ausweisender **Erbschein** nach dem Erblasser vorgelegt werden muss, so dass die Vorlage des für den Vorerben

---

[196] KG Beschl. v. 1. 10. 1900, KGJ 20 A 289; BayObLG Beschl. v. 13. 7. 1983, 3 Z BR 122/82, Rpfleger 1983, 442; OLG Hamm Beschl. v. 12. 12. 1985 – 15 W 443/85, Rpfleger 1986, 139, 140; MünchKommHGB/*Krafka* RdNr. 39.
[197] BayObLG Beschl. v. 13. 7. 1983, 3 Z BR 122/82, Rpfleger 1983, 442.
[198] OLG Frankfurt Beschl. v. 30. 8. 1993 – 20 W 336/93, Rpfleger 1994, 67, 68; BayObLG Beschl. v. 13. 7. 1983, 3 Z BR 122/82, Rpfleger 1983, 442, 443; BayObLG Beschl. v. 29. 2. 1952 – 2 Z Nr. 245/1951, BayObLGZ 1952, 67; KG 1. ZS. Beschl. v. 14. 8. 1981 – 1 W 4446/80, Rpfleger 1981, 497.
[199] OLG Hamburg Beschl. v. 9. 12. 1965 – 2 W 182/65, NJW 1966, 986.
[200] Staub/*Hüffer* RdNr. 26; für das Grundbuchverfahren Bauer/von Oefele/*Schaub* § 35 GBO RdNr. 138.
[201] Vgl. BayObLG Beschl. v. 12. 8. 1991 – 2 Z BR 93/91, BayObLGZ 1991, 301; 1992, 252; BayObLG Beschl. v. 16. 10. 1997, 2 Z BR 94/97, ZEV 1998, 193 m. Anm. *Schaub*; Pfälz OLG Zweibrücken Beschl. v. 25. 3. 1995 – 3 W 42/95, Rpfleger 1996, 192 mit zust. Anm. *Gerken*; OLG SchlHOLG Beschl. v. 19. 12. 1991 – 2 W 55/91, 150, Rpfleger 1992, 149; Zimmermann BWNotZ 1995, 73, 81; *Jaschke* DNotZ 1992, 160.
[202] PfälzOLG Zweibrücken Beschl. v. 25. 3. 1995 – 3 W 42/95, Rpfleger 1996, 192; *Schaub* ZEV 1998, 195.
[203] Vgl. dazu auch allgemein BGH Urt. v. 7. 6. 05 – XI ZR 311/04 (OLG Berlin) NJW 2005, 2779; OLG Hamburg Beschl. v. 9. 12. 1965 – 2 W 182/65, NJW 1966, 986.
[204] KG Beschl. v. 5. 10. 2006 – 1 W 146/06, DB 2007, 733; vgl. auch Schl.-Holst. OLG Beschl. v. 19. 7. 06, 2 W 109/06 Rpfleger 2006, 643 m. Anm. *Peißinger* Rpfleger 2007, 195.
[205] KG Beschl. v. 12. 11. 02 1 W 462/01 NZG 2003, 122 = DB 2003, 876; differenzierend *Ries* Rpfleger 2005, 344, 347.
[206] Palandt/*Edenhofer* § 2112 RdNr. 6.
[207] Nacherbenvermerk nach § 51 GBO.
[208] MünchKommBGB/*Grunsky* § 2112 RdNr. 3.
[209] RG Urt. v. 9. 3. 1911 – Rep. IV 552/10, RGZ 75, 363 f.

Anhang: Handelsregisteranmeldungen mit Auslandsbezug § 12 Anh.

erteilten Erbscheins zusammen mit dem Nachweis des Eintritts der Voraussetzungen der Nacherbfolge (zB Sterbeurkunde des Vorerben) nicht genügt.[210]

Die **Anmeldungen** zum Handelsregister müssen, weil der Rechtsträger mit dem Nacherbfall **165** wechselt, **durch** den **Nacherben und** den **Vorerben oder dessen Rechtsnachfolger** vorgenommen werden, wobei wiederum die Rechtsnachfolge grundsätzlich durch öffentliche Urkunden nachzuweisen ist.[211]

Anhang

Handelsregisteranmeldungen mit Auslandsbezug

Übersicht

	RdNr.		RdNr.
A. Rechtsfähigkeit und Gesellschaftsstatut	1–41	I. Allgemeines	76
I. Vorrang von Staatsverträgen	2–4	II. § 181 BGB bei ausländischen Rechtsordnungen	77–79
II. Anknüpfungstheorien	5–38	III. Länderüberblick	80–199
1. Sitz- contra Gründungstheorie	7–18	1. Europäische Aktiengesellschaft (SE)	80–82
a) Sitztheorie	7–12	2. EWIV	83, 84
b) Gründungstheorie	13–18	3. Belgien	85–91
2. Position der Rspr.	19–24	a) Vertretungsberechtigte Organe	85–90
3. Besonderheiten innerhalb der Europäischen Union	25–38	aa) Société en nom collectif (S.N.C.)	85
a) Ausgangspunkt	25–27	bb) Société en commandite simple (S.C.S.)	86
b) Rspr. des EuGH	28–34	cc) Société anonyme (S.A.)	87, 88
c) Reaktionen deutscher Gerichte	35, 36	dd) Société privée à responsabilité limitée (S.P.R.L.)	89, 90
d) Geltung für andere Länder	37, 38	b) Nachweis der Vertretungsmacht	91
III. Reichweite des Gesellschaftsstatuts	39–41	4. Dänemark	92–96
B. Registerverfahren nach lex fori	42–44	a) Vertretungsberechtigte Organe	92–95
C. Formwahrung durch Auslandsbeurkundung – Eignung der ausländischen Urkunde im inländischen Rechtsverkehr	45–73	aa) Interessentskab (I.S.)	92
		bb) Kommanditselskab (K.S.)	93
		cc) Anpartsselskab (A.p.S.)	94
		dd) Aktieselskab (A.S.)	95
I. Eigenschaft als öffentliche oder öffentlich beglaubigte Urkunde	46–49	b) Nachweis der Vertretungsmacht	96
		5. England	97–101
		a) Vertretungsberechtigte Organe	97
II. Gleichwertigkeit der ausländischen Urkunde	50–52	aa) Partnership	97
		bb) Limited Partnership (KG)	98
III. Legalisation, Apostille, Befreiung von weiteren Förmlichkeiten	53–73	cc) Registered Company	99
		b) Nachweis der Vertretungsmacht	100, 101
1. Legalisation	54–56	6. Finnland	102–105
2. Bilaterale Verträge	57–67	a) Vertretungsberechtigte Organe	102–104
a) Belgien	58	aa) Offene Gesellschaft (avoin yhtiö)	102
b) Dänemark	59	bb) Kommanditgesellschaft (kommandiittiyhtiö)	103
c) Frankreich	60	cc) Aktiengesellschaft	104
d) Griechenland	61	b) Vertretungsnachweis	105
e) Israel	62	7. Frankreich	106–113
f) Italien	63	a) Vertretungsberechtigte Personen	106–112
g) Österreich	64	aa) Société en nom collectif (S.N.C.)	106
h) Schweiz	65	bb) Société en commandite simple (S.C.S.)	107
i) Spanien	66	cc) Société anonyme (S.A.)	108–110
j) Vereinigtes Königreich Großbritannien und Nordirland	67	dd) Société par Actions Simplifiée (S.A.S.)	111
3. Apostille	68–72	ee) Société à responsabilité limitée (S.A.R.L.)	112
4. Tabellarische Übersicht	73	b) Nachweis der Vertretungsmacht	113
D. Vorlage fremdsprachiger Urkunden beim HR	74, 75	8. Italien	114–122
E. Vertretung ausländischer Handelsgesellschaften	76–199	a) Vertretungsberechtigte Organe	114–121
		aa) Società in nome collettivo (S.N.C.)	114, 115

---

[210] BGH Beschl. v. 26. 5. 1982 – V ZB 8/81, BGHZ 84, 196 = NJW 1982, 2499 = DNotZ 1983, 315 = Rpfleger 1982, 333 hat die vorher streitige Frage – zum Streitstand BayObLG MittRhNotK 1982, 143, 144 – grundlegend entschieden.

[211] Langenbach MittRhNotK 1965, 81, 106; Staub/*Hüffer* RdNr. 28; Palandt/*Edenhofer* § 2112 RdNr. 6.

§ 12 Anh. 1. Buch. 2. Abschnitt. Handelsregister; Unternehmensregister

	RdNr.		RdNr.
bb) Società in accomandità semplice (S.A.S.)	116	15. Schweiz	159–164
cc) Società per azioni (S.p.A.)	117–119	a) Vertretungsberechtigte Organe	159–163
dd) Società a responsabilità limitata (S.R.L.)	120, 121	aa) Kollektivgesellschaft	159
		bb) KG	160
		cc) GmbH	161
b) Nachweis der Vertretungsmacht	122	dd) AG	162, 163
9. Liechtenstein	123–128	b) Nachweis der Vertretungsmacht	164
a) Vertretungsberechtigte Organe	123–127	16. Spanien	165–172
aa) Kollektivgesellschaft	123, 124	a) Vertretungsberechtigte Organe	165–171
bb) KG	125	aa) Sociedad colectiva (S.C.)	165, 166
cc) GmbH	126	bb) Sociedad en comandita (S.en C.)	167
dd) AG	127	cc) Sociedad de responsabilidad limitada (S.R.L.)	168, 169
b) Nachweis der Vertretungsmacht	128	dd) Sociedad anónima (S.A.)	170, 171
10. Niederlande	129–134	b) Nachweis der Vertretungsmacht	172
a) Vertretungsberechtigte Organe	129–133	17. Tschechische Republik/Slowakische Republik	173–178
aa) Vennootschap onder firma (V.O.F.)	129, 130	a) Vertretungsberechtigte Organe	174–177
bb) Commanditaire Vennootschap (C.V.)	131	aa) Offene Handelsgesellschaft (verejná obchidni spolecnost, v.o.s.)	174
cc) Naamloze Vennootschap (N.V.)	132	bb) Kommanditgesellschaft (komanditní: spolecnost, k.s.)	175
dd) Besloten Vennootschap (B.V.)	133	cc) Aktiengesellschaft (akciová spolecnost, a.s.)	176
b) Nachweis der Vertretungsmacht	134	dd) Gesellschaft mit beschränkter Haftung (spolecnost s rucením omezeným, s.r.o.)	177
11. Österreich	135–140		
a) Vertretungsberechtigte Organe	135–139		
aa) OHG	135		
bb) KG	136	b) Nachweis der Vertretungsmacht	178
cc) GmbH	137, 138	18. Türkei	179–184
dd) AG	139	a) Vertretungsberechtigte Organe	179–183
b) Nachweis der Vertretungsmacht	140	aa) Kollektivgesellschaft (kollektif şirket)	179
12. Polen	141–148	bb) Kommanditgesellschaft (komandit şirket)	180
a) Vertretungsberechtigte Organe	142–147	cc) Kommanditgesellschaft aA (sermayesi paylara bölünmüş komandit şirket)	181
aa) Offene Handelsgesellschaft (spólka jawna)	142	dd) Aktiengesellschaft (anonim şirket)	182
bb) Kommanditgesellschaft (spólka komandytowa)	143	ee) Gesellschaft mit beschränkter Haftung (limited şirket)	183
cc) Partnergesellschaft (spólka partnerska)	144	b) Nachweis der Vertretungsbefugnis	184
dd) KG auf Aktien (spólka komandytowo akcyjna)	145	19. Ungarn	185–190
ee) Aktiengesellschaft (spólka akcyjna/S.A.)	146	a) Vertretungsberechtigte Organe	185–189
ff) Gesellschaft mit beschränkter Haftung (spólka z organiczona odpowiedzialnóscia; Sp.z.o.o.)	147	aa) Offene Handelsgesellschaft (küzkereseti társaság, kkt.)	185
b) Nachweis der Vertretungsmacht	148	bb) Kommanditgesellschaft (betéti társaság, bt.)	186
13. Portugal	149–154	cc) Gemeinschaftsunternehmen (közüs vúllalat, kv.)	187
a) Vertretungsberechtigte Organe	149–153		
aa) Sociedade em nome colectivo (S.N.C.)	149, 150	dd) Aktiengesellschaft (részvéntyr társaság, rt.)	188
bb) Sociedade em comandita simples (S.C.S.)	151	ee) Gesellschaft mit beschränkter Haftung (korlátolt felelössegü társaság, kft.)	189
cc) Sociedade por quotas (sociedade de responsabilidade limitada)	152	b) Nachweis der Vertretungsmacht	190
dd) Sociedade anónima (S.A.)	153	20. USA	191–199
b) Nachweis der Vertretungsmacht	154	a) Vertretungsberechtigte Organe	192–195
14. Schweden	155–158	aa) General Partnership	192
a) Vertretungsberechtigte Organe	155–157	bb) Limited Partnership	193
aa) Handelsgesellschaft (handelsbolat)	155	cc) Business Corporation	194
bb) Kommanditgesellschaft (kommanditbolag)	156	dd) Business Trust	195
cc) Aktiengesellschaft	157	b) Nachweis der Vertretungsmacht	196–199
b) Nachweis der Vertretungsmacht	158		

Die nachfolgende Darstellung bezieht sich auf die Fälle, in denen eine ausländische natürliche juristische Person eine Anmeldung nach § 12 zu einem inländischen Handelsregister vornimmt. Werden Handelsregisteranmeldungen durch ausländische juristische Personen vorgenommen, ist zunächst deren Rechtsfähigkeit sowie die Frage zu klären, durch wen die ausländische juristische Person vertreten wird und wie der Vertreternachweis im Einzelnen zu führen ist. Wird die Handelsregisteranmeldung zudem vor einem ausländischen Notar beglaubigt und ist die Erklärung in einer Fremdsprache abgefasst, ist die Zulässigkeit dieses Verfahrens zu klären.

Anhang: Handelsregisteranmeldungen mit Auslandsbezug 1–5 § 12 Anh.

A. Rechtsfähigkeit und Gesellschaftsstatut

Ob eine Gesellschaft rechtsfähig ist, bestimmt sich nach der für ihre Rechtsbeziehungen maß- 1
gebenden Rechtsordnung, dem sog. **Gesellschaftsstatut**[1] oder **Personalstatut**.[2] Das Gesellschaftsstatut erstreckt sich auf sämtliche gesellschaftsrechtlichen Beziehungen der Gesellschaft – unabhängig davon, ob diese das Außen- oder das Innenverhältnis betreffen – und somit auch auf die Rechtsfähigkeit der Gesellschaft.[3]

I. Vorrang von Staatsverträgen

Auf dem Gebiet des internationalen Gesellschaftsrechts sind für die Bestimmungen des Gesell- 2
schaftsstatuts die von der BRD mit verschiedenen Staaten geschlossenen bilateralen **Handels-, Niederlassungs- und Kapitalschutzabkommen** die die gegenseitige Anerkennung von Handelsgesellschaften regeln, vorrangig. Hierdurch wird staatsvertraglich das Gesellschaftsstatut der Gesellschaft festgelegt.[4]

Praktisch bedeutsam ist die besondere Regelung der Anerkennung von Gesellschaften im deutsch- 3
amerikanischen Rechtsverkehr durch den **Freundschafts-, Handels- und Schifffahrtsvertrag zwischen der BRD und den Vereinigten Staaten von Amerika vom 29. 10. 1954,** dessen Art. 25 Abs. 5 die wechselseitige Anerkennung von Gesellschaften bereits schon sicherstellt, wenn diese gemäß den Gesetzen und den sonstigen Vorschriften des einen Vertragsteils in dessen Gebiet errichtet worden sind.[5]

Nach verbreiteter Meinung soll allerdings einer in den USA gegründeten Gesellschaft abweichend 4
von Art. 25 Abs. 2 Satz 2 des Handelsvertrages von 1954 die Anerkennung zu versagen sein, wenn die Gesellschaft keine tatsächlichen Beziehungen zu den USA hat und ihre sämtliche Geschäftstätigkeit in der BRD entfaltet. Eine solche Scheinauslandsgesellschaft (**„Pseudo-Foreign-Corporation"**) unterliegt der Sitzanknüpfung nach dem autonomen deutschen internationalen Gesellschaftsrecht. Diese Anerkennungsschranke wird aus dem völkerrechtlichen „genuine link"-Erfordernis abgeleitet.[6] Richtigerweise wird man allerdings für die Anerkennung derartiger Gesellschaften nicht zusätzlich zur Gründung noch eine tatsächliche, effektive Beziehung zum Ausland verlangen können. Daher ist zB eine nach dem Recht eines der Teilstaaten der USA wirksam gegründete Gesellschaft auch dann im Inland anzuerkennen, wenn sie im Gründungsstaat keine geschäftlichen Tätigkeiten entwickelt (Briefkastengesellschaft).[7] Jedenfalls innerhalb der Europäischen Union wird sog. Scheinauslandsgesellschaften die Anerkennung regelmäßig nicht zu versagen sein (s. RdNr. 25 ff).

II. Anknüpfungstheorien

Das EGBGB enthält keine Vorschriften zur Bestimmung des Gesellschaftsstatuts. Soweit zwi- 5
schenstaatliche Verträge zur Bestimmung des Gesellschaftsstatuts fehlen, wird – national verschieden – die Anknüpfung nach der sog. Sitztheorie oder nach der sog. Gründungstheorie[8] vorgenommen. Besonderheiten sind im Bereich der Europäischen Union auf Grund der dort gelten-

---

[1] Staudinger/*Großfeld,* 1998, IntGesR, RdNr. 16 ff.
[2] Im Sinne dieser synonymen Terminologie MünchKommBGB/*Kindler* IntGesR RdNr. 258 ff. – auch die Bezeichnung „lex societatis" und „statute de la société" sind üblich.
[3] Palandt/*Heldrich,* Art. 12 EGBGB Anh. RdNr. 6 f.; Soergel/*Lüderitz,* Art. 10 EGBGB Anh. RdNr. 7; Staudinger/ *Großfeld* IntGesR RdNr. 265 ff.; *Schotten,* Das Internationale Privatrecht in der notariellen Praxis, 1995, RdNr. 68.
[4] *Ebenroth/Bippus* DB 1988, 842; *Ulmer* IPRax 1996, 100; *Bungert* ZVglRWiss 93 (1994), 117; Soergel/*Lüderitz* Art. 10 EGBGB Anh. RdNr. 12 ff.; MünchKommBGB/*Kindler* IntGesR RdNr. 237 ff. mit Überblick; Staudinger/ *Großfeld* IntGesR RdNr. 205 ff.; *Schaub* NZG 2000, 953.
[5] BGBl. 1956 II S. 487, in Kraft seit 14. 7. 1956, BGBl. II S. 763; hierzu MünchKommBGB/*Kindler* IntGesR RdNr. 238, 241 ff.
[6] OLG Düsseldorf Urt. v. 15. 12. 1994 – 6 U 59/94, WM 1995, 808, 811 im Anschluss an *Ebenroth/Bippus* DB 1988, 842, 844; krit. *Ulmer* IPRax 1996, 203.
[7] BGH Urt. v. 29. 1. 2003 – VIII ZR 155/02, NJW 2003, 1607 = IPRax 2003, 265; vgl. auch BFH Urt. v. 29. 1. 2003 – I R 6/99, GmbHR 2003, 722; BGH Urt. v. 5. 7. 2004 – II ZR 389/02, NJW-Spezial 2004, 268 = BB 2004, 1868 m. Anm. *Mellert* = DStR 2004, 1840: eine in einem US-Bundesstaat nach dessen Vorschriften wirksam gegründete Gesellschaft ist in der Bundesrepublik Deutschland in der Rechtsform anzuerkennen in der sie gegründet wurde, und zwar unabhängig vom Ort ihres tatsächlichen Verwaltungssitzes. BGH Urt. v. 13. 10. 2004 – I ZR 245/01, NZG 2005, 44: „soweit mit dem Begriff des „genuine link" zur Anerkennung der Rechtspersönlichkeit einer US-amerikanischen Gesellschaft deren wirtschaftliche Anknüpfung an den Gründungsstaat zu fordern ist, genügt bereits eine geringe Betätigung" = BB 2004, 2595 m. Anm. *Elsing.*
[8] Zu weiteren Modifikationen der Gründungstheorie – zB Überlagerungs-, Differenzierungstheorie – s. MünchKommBGB/*Kindler* IntGesR RdNr. 287 ff.

den **Niederlassungsfreiheit** (Art. 43, 48 EG) und der sog. **Zweigniederlassungsrichtlinie**[9] zu beachten.

6   Das Gesellschaftsstatut erstreckt sich auf sämtliche gesellschaftsrechtlichen Beziehungen der Gesellschaft – unabhängig davon, ob diese das Außen- oder das Innenverhältnis betreffen – und somit auch auf die Rechtsfähigkeit der Gesellschaft.[10] Sind nach dem maßgebenden Gesellschaftsstatut die Voraussetzungen für die Rechtsfähigkeit erfüllt, nimmt das deutsche Recht dies hin; eines gesonderten Anerkennungsaktes bedarf es nicht mehr. Es gilt das **Prinzip der automatischen Anerkennung**.[11]

7   **1. Sitz- contra Gründungstheorie. a) Sitztheorie.** In der Bundesrepublik Deutschland ist – noch – die sog. Sitztheorie herrschend. Danach bestimmen sich die Rechtsverhältnisse einer Gesellschaft nach der an ihrem effektiven Verwaltungssitz geltenden Rechtsordnung (vgl. § 5 Abs. 2 AktG, § 4a Abs. 2 GmbHG).[12]

8   Der Sitztheorie liegt das zur Erreichung eines internationalen Entscheidungseinklangs entwickelte Prinzip zugrunde, dass ein Rechtsverhältnis möglichst derjenigen Rechtsordnung unterstehen soll, die an dem Ort gilt, wo es seinen Schwerpunkt, seinen Sitz hat.[13]

9   Die Sitztheorie trägt außerdem dem Schutzinteresse des am meisten betroffenen Staates Rechnung und gesteht ihm die Entscheidung darüber zu, welche Gesellschaftsformen er in seinem Hoheitsgebiet zulassen will. Damit soll die Flucht in andere ausländische Gesellschaftsformen – der berüchtigte „Delaware-Effekt" des US-amerikanischen Gesellschaftsrechts[14] – verhindert werden, die möglicherweise dazu führen würde, dass im Inland als zwingend angesehene Schutzstandards (Arbeitnehmer, insbes. Mitbestimmung; Gläubiger; Minderheitsaktionäre; Fiskalinteressen) unterlaufen werden können.[15]

10   Die Sitztheorie hat den Vorteil der Sachnähe und dient dem **Schutz des Rechtsverkehrs,** weil sie verhindert, dass pseudo foreign-companies gebildet werden können, denen im nationalen Recht nur durch Sonderanknüpfungen oder ordre-public-Regeln begegnet werden könnte.[16]

11   Andererseits ist nicht zu verkennen, dass insbes. im Zuge zunehmender Internationalisierung des Wirtschaftsverkehrs die Freizügigkeit seriöser Gesellschaften eingeschränkt wird.[17]

12   Die Sitztheorie herrscht auch in den meisten kontinental-europäischen Staaten, zB Belgien, Frankreich, Luxemburg, Portugal, Spanien, ferner in Georgien, Lettland und Rumänien.[18]

13   **b) Gründungstheorie.** Demgegenüber unterwirft die Gründungstheorie Gesellschaften der Rechtsordnung, nach der sie gegründet worden sind. Das Gesellschaftsstatut soll vom Willen der Gründer bestimmt und ihre Rechtswahl allgemein anerkannt werden.

14   Da Anknüpfungsmerkmal der **Gründungsort** ist und dieser anhand der Gründungsdokumente und der Registrierung der Gesellschaft nur unschwer festzustellen ist, lässt sich hierdurch eine – im Vergleich zur Sitztheorie – größere Rechtssicherheit und eine leichtere Feststellbarkeit des maßgebenden Gesellschaftsstatuts erreichen.[19]

---

[9] 11. Richtlinie 89/666/EWG über die Offenlegung von Zweigniederlassungen, die in einem Mitgliedstaat von Gesellschaften bestimmter Rechtsformen errichtet wurden, die dem Recht eines anderen Staates unterliegen vom 21. 12. 1989 (ABl. EG Nr. L 395/36), umgesetzt in deutsches Recht durch das Gesetz zur Durchführung der Elften gesellschaftsrechtlichen Richtlinie des Rates der europäischen Gemeinschaften und über Gebäudeversicherungsverhältnisse vom 22. 7. 1993 (BGBl. I S. 1282), in Kraft getreten nach seinem Art. 7 am 1. 11. 1993; vgl. *Habersack,* Europäisches Gesellschaftsrecht, RdNr. 117 ff.; *Hahnefeld* DStR 1993, 1596; *Kindler* NJW 1993, 3301; *Seibert* DB 1993, 1705.
[10] Palandt/*Heldrich* Anh. Art. 12 EGBGB RdNr. 6 f.; Soergel/*Lüderitz* Anh. Art. 10 EGBGB RdNr. 7; Staudinger/*Großfeld* IntGesR RdNr. 265 ff.; *Schotten,* Das Internationale Privatrecht in der notariellen Praxis, 1995, RdNr. 68.
[11] Unstrittig seit RGZ 83, 367; 92, 73, 76; Staudinger/*Großfeld* IntGesR RdNr. 167, 168.
[12] Zu den gesetzgeberischen Bestrebungen, § 5 Abs. 2 AktG und § 4a Abs. 2 GmbH, ersatzlos aufzuheben, um insbesondere im Wettbewerb der europäischen Rechtsordnungen die Attraktivität der deutschen Kapitalgesellschaft zu steigern, vgl. Entwurf zum Gesetz zur Modernisierung des GmbH-Rechts und zur Bekämpfung von Missbräuchen (MoMiG), vom 25. 5. 2007, BR-Drucks. 354/07; der vorgängige Referentenentwurf des BMJ v. 29. 5. 2006 ist abzurufen, unter www.gmbhr.de/volltext.htm.S. 33; Stellungnahme Handelsrechtsausschuss der DAV NZG 2007, 211.
[13] BGH Urt. v. 26. 9. 1966 – II ZR 56/65 NJW 1967, 36; *Reithmann/Martiny* Internationales Vertragsrecht, 6. Aufl. 2004 RdNr. 2196.
[14] *Roth* ZIP 1999, 861.
[15] OLG Hamburg Urt. v. 20. 2. 1986 – 6 U 147/85 NJW 1986, 2199; BayObLG Beschl. v. 7. 5. 1992 – 3 Z BR 14/92 BayObLGZ 1992, 113 = DNotZ 1993, 187; MünchKommBGB/*Kindler* IntGesR RdNr. 314.
[16] Staudinger/*Großfeld* IntGesR RdNr. 55; MünchKommBGB/*Kindler* IntGesR RdNr. 269; allerdings können Sonderanknüpfungen auf nationaler Ebene im Bereich der Europäischen Union nurmehr in seltenen Ausnahmefällen gerechtfertigt werden, *Kleinert/Probst* DB 2003, 2217.
[17] Krit. *Knobbe-Keuk* ZHR 154 (1990), 325.
[18] Vgl. Nachweise bei *Reithmann/Martiny* (Fn. 13) RdNr. 2198 und die Übersicht bei *Staudinger/Großfeld* IntGesR RdNr. 153 ff.
[19] *Reithmann/Martiny* (Fn. 13) RdNr. 2199 ff.

Schließlich fördert die Gründungstheorie den Fortbestand der Rechtspersönlichkeit, insbes. bei **15** der Verlegung des Verwaltungssitzes, begünstigt damit den internationalen Handelsverkehr und entspricht der stärkeren internationalen Ausrichtung der Unternehmen.[20]

Andererseits ist die Gründungstheorie dem Einwand ausgesetzt, dass die Gründer aus nicht immer **16** billigungswerten Motiven[21] ohne Bezug zu ihrem tatsächlichen Verwaltungssitz unter das regelärmste Recht flüchten, so dass es angesichts des Gefälles innerhalb der nationalen Rechtsordnungen zur Gefährdung von zB Arbeitnehmer-, Fiskal-, oder Gläubigerinteressen kommen kann („race to the bottom").

Der Gründungstheorie folgen die USA, Vereinigtes Königreich Großbritannien und Nordirland, **17** sie gilt grundsätzlich auch in den Niederlanden und der Schweiz. Auch die Russische Föderation und die neuen Nachfolgestaaten der ehemaligen Sowjetunion gehen von der Gründungstheorie aus.

Nur eingeschränkt gilt die Gründungstheorie in Italien, Japan, Estland, Litauen, Liechtenstein, **18** Slowenien und den Nachfolgestaaten des ehemaligen Jugoslawien.[22]

2. Position der Rspr. Die Rspr. des BGH und der Oberlandesgerichte – die europarechtlichen **19** Besonderheiten hier ausgeklammert (RdNr. 25 ff.) – hat seit jeher unter Verweis auf die Schutzfunktion in fester Linie die **Sitztheorie** zur Grundlage ihrer Entscheidungen über das Anknüpfungsmerkmal für das Gesellschaftsstatut gemacht.[23] Auch nach dem „Centros"-Urteil des EuGH (RdNr. 28) wurde in der Rspr. an der Sitztheorie festgehalten.[24] Der BGH hat in seiner Entscheidung vom 1. 7. 2002 die Sitztheorie nochmals ausdrücklich als Bestandteil des deutschen Rechts bestätigt.[25]

Dies bedeutet, dass eine Kapitalgesellschaft mit ausländischem Satzungssitz, die aber ihren Ver- **20** waltungssitz im Inland hat, nur dann anerkannt wird, wenn sie im Inland nochmals neu gegründet und im Handelsregister eingetragen wird.

Kommt es dagegen unter Beibehaltung des ausländischen statutarischen Sitzes nur zu einer **21** faktischen (Verwaltungs-)Sitzverlegung in das Inland, wird die ausländische Kapitalgesellschaft nicht anerkannt.[26] Fehlende Anerkennung bedeutet allerdings nicht, dass die betreffende Gesellschaft als „inexistent" oder als „rechtliches Nullum" betrachtet wird.[27] Richtigerweise ist in derartigen Fallgestaltungen von einer Rechtsformverfehlung auszugehen, dh. dass das Inlandsrecht die im Ausland gewählte Rechtsform des zugewanderten Rechtsträgers nicht anerkennt.[28]

Verlegt demnach eine ausländische Gesellschaft, die entsprechend ihres Statuts nach dem Recht **22** des Gründungsstaates als rechtsfähige Gesellschaft ähnlich einer Kapitalgesellschaft zu behandeln ist, ihren Verwaltungssitz nach Deutschland, so ist sie nach deutschem Recht jedenfalls eine rechtsfähige Personengesellschaft[29] **(sog. modifizierte Sitztheorie).**

Der modifizierten Sitztheorie,[30] die in Fällen der Divergenz von Satzungssitz und Verwaltungssitz **23** nicht mehr zur gänzlichen Versagung der im Gründungsstaat erworbenen Rechtsfähigkeit, sondern

---

[20] GroßkommAktG/*Hopt/Wiedemann/Ehricke* § 45 RdNr. 44.
[21] *Martin Wolf*, Private International Law, 2. Aufl. 1950, S. 300: „The reasons why promoters who do business in their own state prefer to subject their corporation to a different law are not always very reputable."
[22] *Staudinger/Großfeld* IntGesR RdNr. 153 ff.
[23] RGZ 77, 19, 22; 83, 367, 369 f.; 259, 33, 42, 46; BGH Urt. v. 11. 7. 1957 – II ZR 318/55; BGHZ 25, 134, 144; BGH Urt. v. 30. 1. 1970 – V ZR 139/68; 53, 181, 183; Urt. v. 21. 3. 1986 – V ZR 10/85; 97, 269, 272; E v. 30. 4. 1992 – IX ZR 233/90; 118, 151, 167; BGH Urt. v. 21. 11. 1996 – IX ZR 148/95, BGHZ 134, 116, 118; BayObLG Beschl. v. 26. 8. 1989 – 3 Z BR 78/98; DB 1998, 2318, 2319; OLG Hamburg Urt. v. 20. 2. 1986 – 6 U 147/85; NJW 1986, 2199; in einer vereinzelt gebliebenen Entscheidung (Urt. v. 23. 6. 1999 – 22 U 219/97) hat das OLG Frankfurt/M (ZIP 1999, 1710) ausnahmsweise die Gründungstheorie angewendet, weil ein tatsächlicher Verwaltungssitz nicht feststellbar war; die Entscheidung ist bereits im Ansatz verfehlt, so zutr. *Borges* GmbHR 1999, 1254.
[24] OLG Zweibrücken Beschl. v. 20. 10. 2000 – 3 W 171/00, DStR 2001, 1314; OLG München Urt. v. 22. 7. 1999 – 5 HK O 7187/99, NZG 2000, 106 = ZIP 1999, 1680; LG Potsdam Urt. v. 30. 9. 1999 – 31 O 134/98, GmbHR 2000, 92 = ZIP 1999, 2021.
[25] BGH Urt. v. 1. 7. 2002 – II ZR 380/00; BGHZ 151, 204 = NJW 2002, 3539 = NZG 2002, 1009, hierzu *Goette* DStR 2002, 1678; *Gronstedt* BB 2002, 2031; *Haag* MDR 2002, 1382; *Wilhelm* LMK 2003, 46. Zu der Entscheidung im Lichte der europäischen Niederlassungsfreiheit allerdings BGH Urt. v. 13. 3. 2003 – VII ZR 370/98; NJW 2003, 1461 = NZG 2003, 431.
[26] OLG Oldenburg Urt. v. 4. 4. 1989 – 12 U 13/89; NJW 1990, 1422; OLG Düsseldorf E v. 15. 12. 1994 – 6 O 59/94, NJW-RR 1995, 112; die grenzüberschreitende Sitzverlegung in das Ausland führt nach wie vor zum Erlöschen der Gesellschaft.
[27] So aber noch BayObLG Beschl. v. 26. 8. 1998 – 3 Z BR 78/98, NZG 1998, 936 = DNotZ 1999, 233; *Lutter*, Europäisches Unternehmensrecht, S. 44.
[28] *K. Schmidt* ZGR 1999, 20, 24; ders. GesR S. 27 f.; Nachweise in MünchKommBGB/*Kindler* IntGesR, RdNr. 26 ff., 38 ff., 72 ff., 641 ff.
[29] So BGH Urt. v. 1. 7. 2002 – II ZR 380/00, BGHZ 151, 204 = NJW 2002, 3539; zu den europarechtlichen Implikationen BGH Urt. v. 13. 3. 2003 – VII ZR 370/98 = NJW 2003, 1461 = NZG 2003, 431.
[30] Krit. daher *Heidenhain* NZG 2002, 1141, 1143: „die vom BGH fortentwickelte Sitztheorie erschlägt nicht nur die zugezogene Gesellschaft ..., sondern gibt jetzt auch deren Gesellschafter zum Abschuss frei"; krit. auch *Behrens* IPRax 2003, 193, 199.

zur Anwendung des im Niederlassungsstaat geltenden Gesellschaftsrechts führt, mit der Folge, dass das Gesellschaftsverhältnis dem inländischen deutschen Recht angepasst wird und dadurch eine entsprechende Umqualifizierung der ausländischen Kapitalgesellschaft in eine inländische GbR oder eine OHG erfolgt, folgt obergerichtlich auch die Rechtsprechung.[31]

24 Die dargestellten Grundsätze gelten sowohl für den Fall, dass Satzungs- und Verwaltungssitz bereits bei Gründung der Gesellschaft divergierten, wie für den Fall, dass die Verlegung des Verwaltungssitzes später erfolgt ist (Zuzugsfall).

25 **3. Besonderheiten innerhalb der Europäischen Union. a) Ausgangspunkt.** Die Situation innerhalb der EU ist dadurch gekennzeichnet, dass im Rahmen der Verwirklichung des Binnenmarktes die sog. **Verkehrsfreiheiten** gewährleistet sein müssen (Art. 3 Abs. 1 lit. c EG).

26 Folglich sind **Beschränkungen der freien Niederlassungen** von Gesellschaften, die nach den Rechtsvorschriften eines Mitgliedstaats gegründet worden sind und ihren satzungsmäßigen Sitz, ihre Hauptverwaltung oder ihre Hauptniederlassung innerhalb der Gemeinschaft haben, im Hoheitsgebiet eines anderen Mitgliedstaats grundsätzlich **verboten** (Art. 48 iVm. Art. 43 EG).[32]

27 Für die Verwirklichung der Niederlassungsfreiheit und der gegenseitigen Anerkennung von juristischen Personen innerhalb der EU ist allerdings bisher weitgehend die Rspr. des EuGH verantwortlich.[33]

28 **b) Rspr. des EuGH.** Ausgangspunkt der Entscheidungen des EuGH ist – ungeachtet des Streits zwischen der Gründungs- und der Sitztheorie – die Gewährleistung der Niederlassungsfreiheit für ausländische Gesellschaften. Die Grundlagen hierfür wurden in den Entscheidungen „Daily Mail",[34] „Centros",[35] „Überseering",[36] „Inspire Art Ltd."[37] und „Sevic"[38] gelegt.

29 Als **Ergebnis** dieser Rspr. lässt sich folgendes festhalten:
Der EuGH sieht es als Verstoß gegen die Niederlassungsfreiheit an, wenn einer Gesellschaft, die in einem Mitgliedstaat nach den dort geltenden Vorschriften wirksam gegründet wurde, in einem anderen Mitgliedstaat nicht anerkannt wird – und zwar in der von ihr im Herkunftsland gewählten Rechtsform (Zuzugsfall).

30 Andererseits beurteilt sich die Möglichkeit für eine Gesellschaft, ihren satzungsmäßigen Sitz oder ihren tatsächlichen Verwaltungssitz in einen anderen Mitgliedstaat zu verlegen, ohne die durch die Rechtsordnung des Gründungsstaates zuerkannte Persönlichkeit zu verlieren (Wegzugsfall), nach den nationalen Rechtsvorschriften, nach denen diese Gesellschaft gegründet worden ist.[39] Allerdings finden in diesen Fällen auch die Grundsätze der Niederlassungsfreiheit Anwendung, so dass zweifelhaft ist, ob ein Mitgliedstaat die Möglichkeit hat, einer nach seiner Rechtsordnung gegründeten Gesellschaft Beschränkungen hinsichtlich der Verlegung ihres tatsächlichen Verwaltungssitzes aus seinem Hoheitsgebiet aufzuerlegen.[40]

---

[31] Vgl. zB BayObLG Beschl. v. 20. 2. 2003 – 1 Z AR 150/02, DB 2003, 819 f.; eine Gesellschaft mit Satzungssitz in Sambia und Verwaltungssitz in Deutschland ist als inländische Personengesellschaft zu behandeln; OLG Hamburg, Urt. v. 30. 3. 2007, 11 U 231/04, DB 2007, 1245.

[32] Staudinger/*Großfeld* IntGesR RdNr. 119 ff.; MünchKommBGB/*Kindler* IntGesR RdNr. 358 ff.

[33] Vgl. allerdings Richtlinie 2005/56/EG v. 26. 10. 2005 über die Verschmelzung von Kapitalgesellschaften aus verschiedenen Mitgliedstaaten, ABl. EU Nr. L 310 S. 1 v. 25. 10. 2005; im übrigen EuGH Urt. v. 13. 12. 2005 – Rs. C-411/03, BB 2006, 11 (SEVIC Systems AG).

[34] EuGH Urt. v. 27. 9. 1988, 61987J0081 Slg. 1988, 5483.

[35] EuGH Urt. v. 9. 3. 1999 – Rs C-212/97, Slg. 1999, I 1459 = NZG 1999, 298 m. Anm. *Leible* = ZIP 1999, 438 = DNotZ 1999, 593 m. Anm. *Lange* = MittBayNot 1999, 298 m. Anm. *Görk* = NJW 1999, 2027 = MDR 1999, 752 m. Anm. *Risse* = DB 1999, 625 m. Anm. *Meilicke* = BB 1999, 809 m. Anm. *Sedemund/Hausmann* = RIW 1999, 447 m. Anm. *Cascante*.

[36] EuGH Urt. v. 30. 9. 2003 – Rs. C-167/01, Slg. 2002, I 9919 = NJW 2003, 3331 = ZIP 2003, 1885; hierzu *Ziemons* ZIP 2003, 1913; *Maul/C. Schmidt* BB 2003, 2297; *Weller* DStR 2003, 1800; auf Vorlagebeschluss des BGH v. 30. 3. 2000 – VII ZR 370/98, NZG 2000, 926; *Bous* NZG 2000, 1025; *Forsthoff* DB 2000, 1109; *Meilicke* GmbHR 2000, 693; *Kindler* RIW 2000, 649; *Roth* ZIP 2000, 1597; *Altmeppen* DStR 2000, 1061; *Bechtel* NZG 2001, 21; *Zimmer* BB 2000, 1361; *Behrens* EuZW 2000, 385; ders. IPRax 2000, 384; *Jaeger* NZG 2000, 918.

[37] EuGH (Fn. 36); hierzu *Ziemons* ZIP 2003, 1913; *Maul/C. Schmidt* BB 2003, 2297; *Weller* DStR 2003, 1800; *Schanze/Jüttner* AG 2003, 661; *Sandrock* BB 2003, 2588; *Binge/Thölke* DNotZ 2004, 21; *Wachter* GmbHR 2004, 88; ders. NotBZ 2004, 41; *Leible/Hoffmann* EuZW 2003, 677; *Drygalla* EWiR 2003, 1029; *Hirsch* NZG 2003, 1100; *Kindler* NZG 2003, 1086.

[38] EuGH Urt. v. 13. 12. 2005 – Rs. C 411/03, NJW 2006, 425; *Bayer/Schmidt* ZIP 2006, 211.

[39] EuGH (Fn. 36).

[40] Bejahend noch EuGH (Fn. 36 MS 36); die Entscheidung des EuGH in der Rechtssache de Lasteyrie du Saillant – EuGH v. 11. 3. 2004 – Rs. C-09/02 – Slg. 2004, I -409 – deutet auf die (allgemeine) Unzulässigkeit von Wegzugsbeschränkungen im Lichte der Niederlassungsfreiheit hin. Gleiches gilt für EuGH v. 13. 12. 2005 – C-411/03 – Sevic Systems AG, NJW 2006, 425 sowie die Rechtssache „Cartesio", ABl. EU C. 765, S. 17 f., dazu *Neye* EWiR 2006, 549. Zur Zulässigkeit von Hinausverschmelzungen Amtsgericht [Kantonsgericht] Amsterdam Urt. v. 29. 1. 2007 – EA 06 – 3338 166, Übersetzung v. 29. 1. 2007, DB 2007, 677. Zur Wegzugsfreiheit *Roth*, Die Wegzugsfreiheit für Gesellschaften, in Lutter (Hrsg.), Europäische Auslandsgesellschaften in Deutschland, 2005, S. 379; zur Zulässigkeit grenzüberschreiten-

Anhang: Handelsregisteranmeldungen mit Auslandsbezug   31–39 § 12 Anh.

Eine EU-ausländische Kapitalgesellschaft ist somit im Rahmen der Niederlassungsfreiheit im Falle 31
ihres **Zuzuges in das Inland** ohne weiteres als solche anzuerkennen, wenn jedenfalls gleichzeitig
der **Wegzugsstaat** die Verlegung des Verwaltungssitzes sanktionslos stellt. Letzteres ist immer dann
der Fall, wenn das ausländische Recht der Gründungstheorie folgt, da dann die Verwaltungssitzverlegung für die Frage der Rechtsfähigkeit der Gesellschaft ohne Belang ist.

Auch **EU-ausländische Briefkastengesellschaften** mit inländischem Verwaltungssitz sind damit 32
als Kapitalgesellschaften anzuerkennen, sofern der Errichtungsstaat der Gründungstheorie folgt; ist sie
dagegen nach einem Gesellschaftsrecht mit Sitztheorie gegründet, dann kann und muss der Staat des
effektiven Sitzes („Zuzugsstaat") berücksichtigen, dass die Gesellschaft möglicherweise bei Wegzug
die Rechtsfähigkeit verliert.

Damit postuliert der EuGH den weitgehenden **Vorrang der Niederlassungsfreiheit vor na-** 33
tionalen Schutzaspekten, insbes. dem Aspekt des Gläubigerschutzes oder der Verhinderung einer
missbräuchlichen Nutzung der Niederlassungsfreiheit.

Beschränkungen der Niederlassungsfreiheit sind nur in sehr engem Rahmen **gerechtfertigt.**[41] 34
Die Einzige **Grenze der Niederlassungsfreiheit,** die der EuGH anerkennt, ist die des Missbrauchs.[42] Ein **Missbrauch** liegt jedoch nur dann vor, wenn er in einem konkreten Einzelfall
nachgewiesen wird. Allerdings nimmt der EuGH nicht dazu Stellung, wann überhaupt ein Missbrauch vorliegt.[43]

c) **Reaktionen deutscher**[44] **Gerichte.** Als unmittelbarer Adressat der „Überseering"-Entschei- 35
dung hat der VII. ZS des BGH am 13. 3. 2003[45] über das Revisionsverfahren entschieden und
festgestellt, dass die vom II. Zivilsenat des BGH im Urteil vom 1. 7. 2002[46] formulierte modifizierte
Sitztheorie einen Verstoß gegen die Niederlassungsfreiheit darstellt.[47] Auch der II. ZS hat am 2. 6.
2003 die Unanwendbarkeit der Sitztheorie auf eine luxemburgische Kapitalgesellschaft festgestellt.[48]

Die obergerichtliche Rspr. folgt den Vorgaben der „Überseering"-Entscheidung für den **Bereich** 36
der Europäischen Union – und für die Mitgliedstaaten des **Europäischen Wirtschaftsraums**
(EWiR), das sind neben den Staaten der EU auch Island, Liechtenstein und Norwegen[49] – und stellt
sowohl in den Zuzugsfällen, dh. der späteren Verlegung des Verwaltungssitzes einer im europäischen
Ausland wirksam gegründeten Gesellschaft in das Inland, als auch in den Fällen eines anfänglichen
Auseinanderfallens von Satzungs- und Verwaltungssitz die Unvereinbarkeit der Sitztheorie mit der
Niederlassungsfreiheit fest.[50]

d) **Geltung für andere Länder. US-amerikanische Gesellschaften** genießen in der Frage der 37
Rechtsfähigkeit wegen der im Rahmen der Niederlassungsfreiheit vereinbarten Meistbegünstigung
die **gleichen Niederlassungsrechte wie EG-Gesellschaften.**[51] Gleiche Grundsätze sollen auch
für **Schweiz** gelten.[52]

In **Drittlandfällen** bleibt es dagegen bei der vom BGH postulierten modifizierten Sitztheorie. 38

III. Reichweite des Gesellschaftsstatuts

Die **Reichweite** des Gesellschaftsstatuts ist **umfassend:** es entscheidet insbes. über die Fähigkeit 39
der Gesellschaft, selbständig Träger von Rechten und Pflichten zu sein. Ausländische juristische
Personen werden im Inland anerkannt, wenn sie nach ihrem Gesellschaftsstatut als eigene Rechts-

---

der Verschmelzungen nunmehr §§ 122 a ff. UmwG, eingefügt durch Zweites Gesetz zur Änderung des Umwandlungsgesetzes v. 19. 4. 2007, BGBl. 2007 I S. 542.
[41] *Schanze/Jüttner* AG 2003, 661, 663.
[42] EuGH (Fn. 36) Tz. 105 und 143.
[43] Es ist davon auszugehen, dass nur ein betrügerisches oder sonst strafbares Verhalten einen Missbrauch darstellt, vgl. die Schlussanträge des Generalanwalts *Alber* vom 30. 1. 2003, DB 2003, 377 Tz. 122 f.
[44] Für Österreich: OGH Beschl. v. 15. 7. 1999 – 6 Ob 123/99 b; Beschl. v. 15. 7. 1999 – 6 Ob 124/99 z, NZG 2000, 36 ff. m. Anm. *Kieninger.*
[45] BGH Urt. v. 13. 3. 2003 – VII ZR 37/98, NJW 2003, 1461 = ZIP 2003, 718.
[46] BGH Urt. v. 1. 7. 2002 – II ZR 380/00; BGHZ 151, 204; s. Fn. 25.
[47] Vgl. *Thode* IPRax 2003, 175, 178; *Rehberg* IPRax 2003, 175, 178.
[48] BGH Urt. v. 2. 6. 2003 – II ZR 134/02, DStR 2003, 1451, 1452; ebenso BGH Urt. v. 19. 9. 2005 – II ZR 372/03, DNotZ 2006, 143, 145 m. Anm. *Thölke.*
[49] BGH Urt. v. 19. 9. 2005 – II ZR 372/03, NJW 2005, 3351 = NZG 2005, 975; *Weller* ZGR 2006, 748.
[50] OLG Naumburg Beschl. v. 6. 12. 2002 – 7 Wx 3/02, GmbHR 2003, 533; OLG Celle Beschl. v. 10. 12. 2002 – 9 W 168/01, GmbHR 2003, 532, 533; OLG Zweibrücken Beschl. v. 26. 3. 2003 – 3 W 21/03, DB 2003, 1264 f., unter Aufhebung der unrichtigen Entscheidung des LG Frankenthal Beschl. v. 6. 12. 2002 – 1 HK T 9/02, GmbHR 2003, 300 m. abl. Anm. *Leible/Hoffmann* BB 2003, 543; BayOblG Beschl. v. 19. 12. 2002 – 2 Z BR 7/02, NZG 2003, 290 = GmbHR 2003, 299 m. Anm. *Schaub* DStR 2003, 654.
[51] *Schanze/Jüttner* AG 2003, 661, 664; *dies.* AG 2003, 30, 36; *Bungert* DB 2003, 1043; *Ziemons* ZIP 2003, 1913, 1918.
[52] OLG Hamm Urt. v. 26. 5. 2006 – 30 U 166/05 BB 2006, 2487.

personen wirksam entstanden sind. Eine Anerkennung durch besonderen Rechtsakt ist im deutschen Recht seit Aufhebung des Art. 10 EGBGB aF nicht mehr bekannt.[53] Ist eine Gesellschaft daher nach ihrem ausländischen Gesellschaftsstatut rechtsfähig, ist diese **Rechtsfähigkeit** im Inland selbst dann zu beachten, wenn das inländische Recht einem entsprechenden Gebilde keine Rechtsfähigkeit zuerkennt.[54]

40 Das Gesellschaftsstatut entscheidet auch darüber, welche **Organe** eine Gesellschaft hat und welche **Befugnisse diesen Organen nach außen und innen zustehen,** dh. in welchem Umfang sie die Gesellschaft gesetzlich vertreten können. Es entscheidet etwa, ob einzelne Gesellschafter von der Vertretung ausgeschlossen sind und ob Einzel- oder Gesamtvertretung zulässig oder notwendig sind bzw. ob der gesetzliche Vertreter einer Gesellschaft zum Selbstkontrahieren berechtigt ist oder nicht.[55]

41 Die Anknüpfung an das Gesellschaftsstatut der Gesellschaft gilt nur für die organschaftliche Vertretung. Die **Vertretungsmacht** von Hilfspersonen **auf Grund besonderer Vollmacht** richtet sich dagegen nach dem **Vollmachtsstatut,** nicht nach dem Gesellschaftsstatut.[56] Allerdings ist bei Erteilung einer Vollmacht das Gesellschaftsstatut insoweit zu bestimmen, als zu prüfen ist, ob die ausländische juristische Person bei Erteilung der Vollmacht auch durch die vertretungsberechtigten Organe vertreten wurde.[57]

B. Registerverfahren nach lex fori

42 Soweit das Registerverfahren und Anmeldungen zum HR betroffen sind, bestimmt § 12 die **Form der Anmeldung und die der Vollmacht hierzu.** § 12 ist eine **Verfahrensvorschrift im Bereich des FGG.** Dies gilt einmal für die Anmeldung als Eintragungsantrag sowie die Vollmacht zur Antragstellung, trifft aber auch für den Nachweis der Rechtsnachfolge zu, weil § 12 Abs. 1 S. 3 Sondervorschrift gegenüber dem Amtsermittlungsgrundsatz des § 12 FGG ist.[58]

43 Die maßgebende Rechtsordnung ist also nicht gem. Art. 11 EGBGB zu bestimmen. Vielmehr ist für die Beurteilung der Zuständigkeit des Gerichts zum einen wie auch für das Registerverfahren insgesamt – hierzu gehört das Anmeldeverfahren – **deutsches Recht als lex fori** anzuwenden.[59] Dies gilt als allgemeiner Grundsatz.[60]

44 Damit ist die Frage, in welcher **Form HR-Anmeldungen** vorgenommen werden müssen, nach **deutschem Recht** zu beurteilen. Für das RegGer. ist es unerheblich, ob und welche Form ein in Betracht kommendes ausländisches Recht für Eintragungen in das HR oder für den Nachweis einer Rechtsnachfolge in diesem Zusammenhang fordert.[61]

C. Formwahrung durch Auslandsbeurkundung – Eignung der ausländischen Urkunde im inländischen Rechtsverkehr

45 Soweit für die Beurkundung bestimmter gesellschaftsrechtlicher Akte durch Bevollmächtigte für die Vollmacht (Genehmigung) die Form der öffentlichen Beglaubigung vorgesehen ist, etwa bei Gründung einer AG oder GmbH (§ 23 Abs. 1 AktG, § 2 Abs. 2 GmbHG), oder soweit § 12 für die

---

[53] *Eschelbach* MittRhNotK 1993, 173, 179.
[54] RG Urt. v. 3. 6. 1927 – II 346/26, RGZ 117, 215; BGH Urt. v. 17. 10. 1968 – VII ZR 23/68, BGHZ 51, 27 = NJW 1969, 181; BGH Urt. v. 5. 11. 1980 – VIII ZR 230/79, BGHZ 78, 318 = NJW 1981, 522; BGH Urt. v. 23. 3. 1979 – V ZR 81/77, NJW 1979, 692; BGH Urt. v. 13. 6. 1984 – IVa ZR 196/82, NJW 1984, 2762.
[55] BGH Beschl. v. 16. 5. 1991 – IX ZB 81/90, NJW 1992, 627; BGH Urt. v. 3. 12. 1992 – IX ZR 61/92, WM 1993, 513 = DNotZ 1994, 485; BGH Urt. v. 17. 11. 1994 – III ZR 70/93, BGHZ 128, 41; BayObLG Beschl. v. 13. 11. 1984 – 3 Z BR 60/83 und 3 Z BR 119/83, BayObLGZ 1984, 273; OLG Hamm Urt. v. 9. 1. 1984 – 8 U 161/83, RIW 1984, 653; OLG Frankfurt Urt. v. 29. 11. 1982 – 85 O 187/82, IPRax 1984, 90 IPRax 1984 Nr. 21; OLG Düsseldorf Urt. v. 8. 1. 1993 – 17 U 82/92, NJW-RR 1993, 999; LG Hamburg Urt. v. 17. 2. 1992 – 412 O 70/91, WM 1992, 1600.
[56] *Eschelbach* MittRhNotK 1993, 173, 180.
[57] Vgl. Soergel/*Lüderitz* Art. 10 EGBGB Anh. RdNr. 92.
[58] Staub/*Hüffer* § 12 RdNr. 30.
[59] Vgl. BGH Urt. v. 14. 3. 1984 – IVa ZR 87/82, NJW 1985, 52 = FamRZ 1984, 101; KG v. 23. 6. 1932 – 1 X 299/32, HRR 1933, Nr. 205; KG Beschl. v. 16. 2. 1961 – 1 W 2644/60, NJW 1961, 1584; OLG Düsseldorf Beschl. v. 12. 7. 1967 – 3 W 104/67, FamRZ 1968, 43.
[60] *Keidel/Kuntze/Winkler* FGG Einl. RdNr. 89; vgl. auch für das Grundbuchverfahren *Eickmann* Rpfleger 1983, 465, 464; *Böhringer* BWNotZ 1988, 51; Palandt/*Heldrich* Vor Art. 7 EGBGB RdNr. 16.
[61] Staub/*Hüffer* § 12 RdNr. 30.

HR-Anmeldung selbst oder die Vollmacht hierzu öffentliche Beglaubigung vorsieht, ist anerkannt, dass auch **im Ausland vorgenommene Beglaubigungen im deutschen Rechtsverkehr unter bestimmten Voraussetzungen Verwendung finden können.**

I. Eigenschaft als öffentliche oder öffentlich beglaubigte Urkunde

Zum einen muss die ausländische Urkunde den Erfordernissen einer **öffentlichen Urkunde gem. § 415 ZPO** genügen. Ist dies der Fall, dann bildet eine ausländische öffentliche Urkunde auch im Registerverfahren eine geeignete Eintragungsgrundlage.[62]

Die ausländische Urkunde muss gem. **§ 415 Abs. 1 ZPO** von einer öffentlichen Behörde innerhalb der Grenzen ihrer Amtsbefugnisse oder von einer mit öffentlichen Glauben versehenen Person innerhalb des ihr zugewiesenen Geschäftskreises in der vorgeschriebenen Form aufgenommen sein. Das Vorliegen dieses Erfordernisses ist nach dem Recht des Staates zu beurteilen, dem die die Urkunde aufnehmende Stelle angehört.[63] Für die **Prüfung** gilt folgendes:

Für die Merkmale der Errichtung der Urkunde durch eine Behörde oder eine Person öffentlichen Glaubens ergibt sich die Nachweiserleichterung aus der Regelung der Prüfung der Echtheit ausländischer Urkunden (bei inländischen öffentlichen Urkunden wird die Echtheit nach § 437 Abs. 1 ZPO – widerlegbar – vermutet). Die **Echtheit einer ausländischen öffentlichen Urkunde** ist nach **§ 438 Abs. 1 ZPO** insbes. **vom RegGer. nach pflichtgemäßem Ermessen zu beurteilen.** Die Echtheitsprüfung setzt voraus, dass sich die Urkunde als eine von einer ausländischen Behörde oder einer mit öffentlichen Glauben versehenen Person des Auslands errichtet darstellt. Behörden oder Urkundspersonen des Auslands sind solche, die von einem ausländischen Staat getragen werden; zu ihnen gehören daher auch ausländische diplomatische und konsularische Vertretungen in Deutschland, während es sich bei deutschen Vertretungen dieser Art im Ausland um deutsche Behörden handelt. Zum Beweis der Echtheit einer ausländischen amtlichen Urkunde **genügt nach § 438 Abs. 2 ZPO** die **Legalisation** durch einen Konsul oder einen Gesandten des Bundes. Wird eine legalisierte ausländische Urkunde vorgelegt, ist daher im Ergebnis ohne weitere Prüfung von der Echtheit der Urkunde auszugehen und dürfen weitere Echtheitsnachweise nicht gefordert werden.

Umgekehrt darf insbes. das RegGer. aber eine nicht legalisierte ausländische Urkunde aus diesem Grunde nicht ohne weiteres als Eintragungsgrundlage zurückweisen. Denn der **Beweis der Echtheit der Urkunde** kann auch **auf anderem Weg als durch Legalisation erbracht** werden. Die **Legalisation** ist zwar ein hinreichendes, aber **kein notwendiges Mittel des Echtheitsnachweises.**[64] Bei fehlender Legalisation ist nach pflichtgemäßem Ermessen die Echtheit der Urkunde zu prüfen und auf allgemeine Erfahrungssätze zurückzugreifen.[65] Hierbei kann man sich auf den im internationalen Rechtsverkehr allgemeinen Erfahrungssatz beziehen, dass echte ausländische öffentliche Urkunden nicht in fehlerhafter Form und nicht von einer unzuständigen Stelle aufgenommen zu werden pflegen.[66]

II. Gleichwertigkeit der ausländischen Urkunde

Neben der Erfüllung der Eigenschaft als öffentliche Urkunde ist für die Anerkennung einer ausländischen Urkunde im inländischen Rechtsverkehr noch zu fordern, dass die **ausländische Beurkundung einer entsprechenden deutschen Beurkundung gleichwertig** ist.[67] Diese Gleichwertigkeit ist gegeben, wenn die ausländische Urkundsperson nach ihrer Vorbildung und Stellung im Rechtsleben eine der Tätigkeit des deutschen Notars entsprechende Funktion ausübt und für die Errichtung der Urkunde ein Verfahrensrecht beachtet ist, das den tragenden Grundsätzen des deutschen Beurkundungsrechts entspricht.[68] Hierbei ist der Zweck entscheidend, der

---

[62] RG Urt. v. 5. 10. 1926 – II 34/26, JW 1927, 1096 m. Anm. *Meyer*; KG Beschl. v. 10. 4. 1930 – 1 X 557/29, JW 1930, 1874 mwN.
[63] BayObLG Beschl. v. 15. 1. 1926 – Reg. III Nr. 133/25, JFG 4, 274; KG Beschl. v. 21. 12. 1903 – 1 Y 1360/03, KGJ 27 A 250, 251.
[64] *Bindseil* DNotZ 1992, 275, 285; *Bülow* DNotZ 1955, 9, 41.
[65] BayObLG Beschl. v. 18. 7. 1989 – 2 Z BR 31/89, MittBayNot 1989, 273, 275; BayObLG Beschl. v. 19. 11. 1992 – 2 Z BR 100/92, Rpfleger 1993, 192; KG Beschl. v. 28. 7. 1917 – 1 X 127/17, KGJ 50 A 69, 70.
[66] KG Beschl. v. 22. 6. 1939 – 1 Wx 28/39, JFG 20, 171, 178; LG Wiesbaden Beschl. v. 30. 6. 1987 – 4 T 338/87, Rpfleger 1988, 17; *Roth* IPRax 1995, 86, 87; *Bausback* DNotZ 1996, 254, 255; für das Grundbuchverfahren s. Bauer/von Oefele/*Knothe* Teil F Kap. VI RdNr. 627; in diesem Sinne auch *Langhein* ZNotP 1999, 218, 219; *ders.* Rpfleger 1996, 45.
[67] *Roth* IPRax 1995, 86, 87; *Bausback* DNotZ 1996, 254, 255; allgemein BGH Beschl. v. 16. 2. 1981 – II ZB 8/80, BGHZ 80, 76 ff.
[68] BGH Beschl. v. 16. 2. 1981 – II ZB 8/80, BGHZ 80, 76, 78.

§ 12 Anh. 51–57   1. Buch. 2. Abschnitt. Handelsregister; Unternehmensregister

mit der vom deutschen Recht vorgeschriebenen verfahrensrechtlichen Form jeweils verfolgt wird.[69]

51 Das gesetzliche, an verschiedenen Stellen normierte (zB §§ 23 Abs. 1 AktG, 2 Abs. 2 GmbHG, 12 HGB) Erfordernis der öffentlichen Beglaubigung soll nur die Echtheit der Unterschrift und damit die Identität des Unterzeichnenden selbst sicherstellen.[70] Damit ist bei der Beglaubigung nur die Feststellung der Identität des Unterzeichnenden durch die Urkundsperson erforderlich, so dass für den Gebrauch im Inland und das Registerverfahren **an die Gleichwertigkeit der ausländischen Beglaubigung relativ geringe Anforderungen zu stellen** sind.[71] IdR ist daher auch die Beglaubigung durch einen ausländischen Notar aus dem Bereich des sog. lateinischen Notariats, etwa durch einen US-amerikanischen notary public, für ausreichend zu erachten.[72]

52 Allerdings ist bei Beglaubigungen allgemein zu bedenken, dass hier gelegentlich derselbe Begriff nicht dasselbe besagt: so gibt es zB im brasilianischen Recht **Beglaubigungsformen, die der in § 40 BeurkG vorgeschriebenen Form nicht entsprechen** und daher trotz Fungibilität der Urkundsperson die deutsche Form nicht erfüllen – zB die sog. Beglaubigung auf Grund von Ähnlichkeit, bei der die Beglaubigung mit Hilfe einer früher beim Notar hinterlegten Unterschriftsprobe vorgenommen wird.[73]

III. Legalisation, Apostille, Befreiung von weiteren Förmlichkeiten[74]

53 Eine **legalisierte ausländische öffentliche Urkunde** wird grundsätzlich **als echt anerkannt**.[75] Auch wenn das deutsche Recht keinen Legalisationszwang kennt, so empfiehlt es sich doch stets, die ausländischen öffentlichen Urkunden legalisieren zu lassen, es sei denn, staatsvertragliche Vereinbarungen sehen Befreiungen oder Erleichterungen vor.

54 **1. Legalisation.** Unter Legalisation versteht man die **Bestätigung der Echtheit der Urkunde durch das Konsulat des Staates, in dem die Urkunde verwendet werden soll.** Bei der Verwendung ausländischer öffentlicher Urkunden im Inland ist also grundsätzlich Legalisation durch das deutsche Konsulat im Errichtungsstaat erforderlich. Den **Begriff der Legalisation im engeren Sinn** bestimmen § 13 Abs. 2 KonsularG und Art. 2 des Haager Übereinkommens vom 5. 10. 1961 zur Befreiung ausländischer öffentlicher Urkunden von der Legalisation (BGBl. 1965 II S. 875) als die Bestätigung der Echtheit der Unterschrift auf der Urkunde, der Eigenschaft, in welcher der Unterzeichner der Urkunde gehandelt hat, und ggf. der Echtheit des Siegels oder Stempels, mit dem die Urkunde versehen ist, durch die diplomatischen oder konsularischen Vertreter des Landes, in dessen Hoheitsgebiet die Urkunde vorgelegt werden soll.[76]

55 **Bestehen Zweifel,** ob es sich um eine öffentliche Urkunde handelt, bestätigt der deutsche Konsul auf Antrag auch, dass der Aussteller zur Aufnahme der Urkunde zuständig war und die Urkunde in der den Gesetzen des Ausstellungsstaates entsprechenden Form aufgenommen worden ist.[77]

56 Die Legalisation erfolgt gem. § 13 Abs. 3 KonsularG durch Anbringung eines entsprechenden Vermerks auf der ausländischen Urkunde. Der **Legalisationsvermerk** selbst stellt eine deutsche öffentliche Urkunde iS des § 415 Abs. 1 ZPO dar.[78]

57 **2. Bilaterale Verträge.** Bestimmte öffentliche Urkunden verschiedener Länder bedürfen **auf Grund bilateraler Abkommen keiner Legalisation.** Je nach bilateralem Abkommen sind diese Urkunden **gänzlich von weiteren Formerfordernissen befreit oder** es ist die sog. **Apostille** als standardisierte vereinfachte Form der Echtheitsbestätigung an Stelle der Legalisation getreten. Die

---

[69] Vgl. *Bausback* DNotZ 1996, 254, 255.
[70] MünchKommHGB/*Krafka* § 12 RdNr. 9 f.; Röhricht/Graf v. Westphalen/*Ammon* § 12 RdNr. 6.
[71] Staub/*Hüffer* RdNr. 30; OLG Schleswig Beschl. v. 19. 12. 1961 – 2 W 64/61, SchlHA 1962, 173 zu § 29 GBO.
[72] Vgl. BayObLG Beschl. v. 19. 11. 1992 – 2 Z BR 100/92, IPRax 1994, 122; OLG Schleswig Beschl. v. 19. 12. 1961 – 2 W 64/61, SchlHA 1962, 173. MünchKommBGB/*Spellenberg* Art. 11 EGBGB RdNr. 48 ff.; *Roth* IPRax 1995, 86, 87; *Bausback* DNotZ 1996, 254, 255; vgl. auch OLG Zweibrücken Beschl. v. 22. 1. 1999 – 3 W 246/98, Rpfleger 1999, 326 für den kanadischen notary public.
[73] Vgl. IPG 1976, Nr. 49; *Huhn/von Schuckmann*, 3. Aufl. 1995, § 1 BeurkG RdNr. 49.
[74] Zu Apostille- und Legalisationszuständigkeiten der Botschaften und Konsulate, s. Deutsches Notarverzeichnis, 1998, Band 2, Teil 10.
[75] § 438 Abs. 2 ZPO, vgl. auch § 2 des Gesetzes betreffend Beglaubigung öffentlicher Urkunden v. 1. 5. 1978, RGBl. 1878, 89 = BGBl. III 318–1, Text abgedruckt bei *Huhn/von Schuckmann* § 1 BeurkG RdNr. 40.
[76] BayObLG Beschl. v. 15. 1. 1926 – Reg. III Nr. 133/25, JFG 4, 272, 274; KG Beschl. v. 21. 12. 1903 – 1 Y 1360/03, KGJ 27 A 250, 251; zur Legalisation vgl. allg. *Féaux de la Croix* DJ 1938, 1346 ff.; *Langhein*, Kollisionsrecht der Registerurkunden, 1994, S. 100; *ders.* Rpfleger 1996, 45, 46 f.
[77] Legalisation im weiteren Sinne; vgl. § 13 IV KonsularG.
[78] Bauer/von Oefele/*Knothe* (Fn. 66) RdNr. 625.

Anhang: Handelsregisteranmeldungen mit Auslandsbezug 58–60 § 12 Anh.

zurzeit mit den nachstehend aufgeführten Staaten bestehenden Verträge sehen folgende Befreiungsmöglichkeiten vor:

a) Belgien. Deutsch-belgisches Abkommen vom 13. 5. 1975 über die Befreiung öffentlicher **58** Urkunden von der Legalisation (BGBl. 1980 II S. 815, 1981 II S. 142), in Kraft seit 1. 5. 1981. Öffentliche Urkunden, die in einem der beiden Staaten errichtet und mit amtlichem Siegel oder Stempel versehen sind, bedürfen nach Art. 1 zum Gebrauch in dem anderen Staat keiner Legalisation, Apostille oder ähnlichen Förmlichkeit. Die Befreiung bezieht sich also auf sämtliche öffentlichen Urkunden. Ohne weiteres befreit sind nach Art. 2 die von folgenden (belgischen) Stellen errichteten Urkunden: Gericht, Staatsanwaltschaft, Urkundsbeamter der Geschäftsstelle, Gerichtsvollzieher, Verwaltungsbehörde, Notar, Diplomat oder Konsularbeamter, auch bei Sitz in einem Drittstaat, ferner Scheck- und Wechselproteste oder Proteste zu anderen handelsrechtlichen Wertpapieren, auch bei Aufnahme durch einen Postbediensteten, sowie gemäß Art. 4 u. a. Beglaubigungen von Unterschriften oder Abschriften seitens einer dieser Personen oder Behörden. Darüber hinaus bezieht sich gemäß Art. 3 die Befreiung auch auf solche Urkunden, die, auch bei Fehlen eines amtlichen Siegels oder Stempels, in einem der beiden Staaten von einer Person oder Stelle errichtet hat, die nach dem Recht dieses Staates zur Ausstellung öffentlicher Urkunden in Fällen der Art befugt ist, zu denen die vorgelegte Urkunde gehört und die die zuständige Behörde dieses Staates beglaubigt hat. Diese Beglaubigung bestätigt die Echtheit der Unterschrift, ggf. des Siegels oder Stempels, sowie die Befugnis des Ausstellers zur Errichtung öffentlicher Urkunden in Fällen der Art, zu denen die vorgelegte Urkunde gehört. Ihr kommt also die Wirkung einer Legalisation ieS zu, wobei die Beglaubigung durch eine Behörde des Errichtungsstaates statt durch einen Konsularbeamten des anderen Staates genügt. Als für die Beglaubigung zuständige belgische Behörde hat Belgien gemäß Art. 3 Abs. 3 die Legalisationsstelle des belgischen Ministeriums für auswärtige Angelegenheiten bestimmt (BGBl. 1981 II S. 193). Von deutscher Seite wird dieses Abkommen als verbindlich angesehen; in Belgien jedoch zT nicht anerkannt, weil das belgische Ratifikationsverfahren fehlerhaft gewesen sei. Vorsichtshalber sollte die Apostille eingeholt werden.[79]

b) Dänemark. Nach dem deutsch-dänischen Beglaubigungsabkommen vom 17. 6. 1936 **59** (RGBl. II S. 213) – insoweit wieder anwendbar seit 1. 9. 1952 (BGBl. 1953 II S. 186) – bedürfen Urkunden zum Gebrauch im Gebiet des jeweils anderen Staates nach Art. 1 von einer Gerichtsbehörde, einschl. der Staatsanwaltschaft, einer obersten oder höheren Verwaltungsbehörde oder einem Notar aufgenommene, ausgestellte oder beglaubigte – bei Urkunden eines Kollegialgerichts genügt die Beglaubigung durch den Vorsitzenden – und mit Siegel oder Stempel der Behörde oder dem Amtssiegel oder Amtsstempel des Notars versehene Urkunden **keiner weiteren Beglaubigung oder Legalisation.** Für von einem dänischen Gerichtsvollzieher, einem anderen gerichtlichen Hilfsbeamten, einem GBA oder einer autorisierten Hinterlegungsstelle aufgenommene, ausgestellte oder beglaubigte Urkunden genügt nach Art. 2 zum Gebrauch in Deutschland die Beglaubigung durch den zuständigen (dänischen) Richter, bei Urkunden von Kollegialgerichten durch den Vorsitzenden, bei Urkunden autorisierter Hinterlegungsstellen durch das Justizministerium, jeweils unter Beifügung von Dienstsiegel oder Dienststempel. Dänische Urkunden ziviler Behörden über Standesfälle müssen zum Gebrauch in Deutschland von der zuständigen dänischen Ortverwaltungsbehörde nebst Bescheinigung der Befugnis des Ausstellers zur Ausfertigung der Urkunde unter Beifügung von Dienstsiegel oder Dienststempel beglaubigt werden, für Urkunden über den Inhalt von Kirchenbüchern ist Beglaubigung durch das Kirchenministerium erforderlich. Vom dänischen Justizministerium, dem Polizeidirektor in Kopenhagen oder dem örtlich zuständigen Polizeimeister ausgestellte und mit Siegel oder Stempel versehende Ehefähigkeitszeugnisse werden in Deutschland ohne weitere Beglaubigung oder Legalisation anerkannt. Wechsel- und Scheckproteste bedürfen nach Art. 4 zum Gebrauch in Deutschland keiner Beglaubigung oder Legalisation, wenn sie in Dänemark von Notaren, Unternotaren oder solchen Personen, die vom Präsidenten des zuständigen Gerichts zweiter Instanz zum Notariat ermächtigt sind, aufgenommen, unterschrieben und mit dem Amtssiegel oder Amtsstempel versehen sind.

c) Frankreich. Das deutsch-französische Abkommen vom 13. 9. 1971 über die Befreiung öffent- **60** licher Urkunden von der Legalisation (BGBl. 1974 II S. 1074, 1100; 1975 II S. 353), in Kraft seit 1. 4. 1975, sieht vor, dass die in einem der beiden Vertragsstaaten aufgenommenen öffentlichen Urkunden auch in dem anderen ohne Legalisation, Apostille oder sonstige Echtheitsbescheinigung als öffentliche Urkunden verwendet werden können.[80] Öffentliche Urkunden iS von Art. 2 sind

---

[79] Vgl. *Zimmermann* in Beck'sches Notar-Handbuch, 4. Aufl. 2006, Teil H Länderliste zu RdNr. 249.
[80] Vgl. *Arnold* DNotZ 1975, 581 f.

nicht auch Urkunden von Diplomaten und Konsularbeamten. Vor allem bedürfen die in Art. 3 genannten Urkunden – anders als nach Art. 3 des deutsch-belgischen Abkommens – für ihre Befreiung auch **keiner Beglaubigung** durch eine Behörde des Errichtungsstaates. Das Abkommen geht dem Haager Übereinkommen vom 5. 10. 1961 (vgl. unten RdNr. 68 ff.), das beide Staaten ratifiziert haben, vor.[81]

61 **d) Griechenland.** Maßgebend ist das deutsch-griechische Abkommen über die gegenseitige Rechtshilfe in Angelegenheiten des bürgerlichen und Handelsrechts vom 11. 5. 1938 (RGBl. 1939 II S. 48), wieder anwendbar gem. Bekanntmachung vom 26. 6. 1952 (BGBl. 1952 II S. 634). Hiernach sind notarielle ebenso wie amtsgerichtliche Urkunden vom Legalisationszwang befreit; sie bedürfen lediglich der Beglaubigung durch den Landgerichtspräsidenten. Urkunden, die von einem LG oder einem Gericht höherer Ordnung ausgestellt oder beglaubigt sind, bedürfen weder der Zwischenbeglaubigung noch der Legalisation.

62 **e) Israel.** Deutsch-israelischer Vertrag über die gegenseitige Anerkennung und Vollstreckung gerichtlicher Entscheidungen in Zivil- und Handelssachen vom 20. 7. 1977 (BGBl. 1980 II S. 925, 1531). Entscheidungen der Gerichte des einen Staates, auf die dieser Vertrag anzuwenden ist, sind nach Art. 10 in dem anderen Staat zur Zwangsvollstreckung zuzulassen, wenn sie in dem Entscheidungsstaat vollstreckbar und in dem anderen Staat (Vollstreckungsstaat) anzuerkennen sind. Der auf Grund einer israelischen Entscheidung die Zwangsvollstreckung in Deutschland begehrende Gläubiger muss den Antrag auf Zulassung der Vollstreckung an das örtlich zuständige deutsche Landgericht richten (Art. 14). Er hat hierfür die in Art. 15 Abs. 1 genannten Unterlagen (von dem erkennenden Gericht hergestellte beglaubigte Abschrift der Entscheidung, Nachweis ihrer Rechtskraft und Vollstreckbarkeit, Nachweis der Berechtigung eines von dem in der Entscheidung benannten Gläubiger verschiedenen Antragstellers, urkundlicher Nachweis der Zustellung der Entscheidung und – bei Nichteinlassung des Beklagten auf das Verfahren – der Klage o. Ä., von einem amtlich bestellten oder vereidigten Übersetzer und einem dazu befugten Notar eines der beiden Staaten als richtig bescheinigte Übersetzung dieser Unterlagen in die oder eine Sprache des Vollstreckungsstaates) beizubringen. Diese Urkunden bedürfen gemäß Art. 15 Abs. 2 **keiner Legalisation** und – vorbehaltlich der Bescheinigung der Übersetzung – keiner ähnlichen Förmlichkeit.

63 **f) Italien.** Der deutsch-italienische Vertrag über den Verzicht auf die Legalisation von Urkunden vom 7. 6. 1969[82] sieht vor, dass die in einem Vertragsstaat aufgenommenen öffentlichen Urkunden zur Verwendung in dem anderen Vertragsstaat keiner Legalisation, Beglaubigung oder anderer der Legalisation oder Beglaubigung entsprechenden Förmlichkeiten bedürfen. Der Vertrag stimmt inhaltlich im Wesentlichen mit dem deutsch-belgischen Abkommen überein. Die in Art. 1 Abs. 2 aufgeführten Urkunden, die gemäß Art. 1 Abs. 1 bei Errichtung in einem Vertragsstaat und Vorhandensein vom amtlichen Siegel oder Stempel zum Gebrauch in dem anderen Vertragsstaat **keiner Legalisation, Beglaubigung oder anderer der Legalisation oder Beglaubigung entsprechenden Förmlichkeit** bedürfen, stimmen mit den in Art. 2 des deutsch-belgischen Abkommens genannten überein; hinzu kommen unter Nr. 3 noch von einer nach innerstaatlichem Recht zur Errichtung öffentlicher Urkunden befugten juristischen Person des öffentlichen Rechts errichtete Urkunden. Andere als die in Art. 1 Abs. 2 genannten Urkunden, die nach dem Recht eines Vertragsstaates als öffentliche Urkunden anzusehen sind, bedürfen zum Gebrauch in dem anderen Vertragsstaat keiner Legalisation, wenn sie von der nach Art. 5 bestimmten zuständigen Behörde des Vertragsstaates, in dem die Urkunde errichtet worden ist, beglaubigt sind. Als zuständig für die Beglaubigung italienischer Urkunden für den Gebrauch in Deutschland hat Italien den örtlich zuständigen Präfekten, im Aosta-Tal den Präsidenten der Region und in den Provinzen Trient und Bozen den Regierungskommissar bestimmt (BGBl. 1975 II S. 931).

64 **g) Österreich.** Nach dem deutsch-österreichischen Beglaubigungsvertrag vom 21. 6. 1923 (RGBl. 1924 II S. 61), wieder anwendbar seit 1. 1. 1952 (BGBl. II S. 436), bedürfen Urkunden zum Gebrauch im Gebiet des jeweiligen anderen Staates **keiner weiteren Beglaubigung,** u. a. die von einer Gerichts- oder Verwaltungsbehörde des einen Staates ausgestellten, mit derem Siegel oder Stempel versehenen Urkunden, ebenso wie die von Notaren mit amtlichem Siegel versehenen Urkunden.

65 **h) Schweiz.** Nach dem deutsch-schweizerischen Vertrag über die Beglaubigung öffentlicher Urkunden vom 14. 2. 1907 (RGBl. II S. 411) bedürfen gem. Art. 1 die von Gerichten des einen Staates einschließlich der Konsulargerichte aufgenommenen, ausgestellten und beglaubigten Urkun-

---

[81] *Huhn/von Schuckmann* § 1 BeurkG RdNr. 33.
[82] BGBl. 1974 II S. 1069, 1975 II S. 660; hierzu *Arnold* DNotZ 1975, 581 ff.

den, wenn sie mit dem Siegel oder Stempel des Gerichts versehen sind, zum Gebrauch in dem Gebiet des anderen Staates keiner Legalisation. Auf Urkunden des Notars erstreckt sich die Befreiung dagegen nicht.[83] Hier ist allerdings auf Grund des Haager Übereinkommens vom 5. 10. 1961 (vgl. RdNr. 68 ff.) eine Erleichterung in Form der Apostille vorgesehen.

i) Spanien. Nach dem deutsch-spanischen Vertrag über die Anerkennung und Vollstreckung von gerichtlichen Entscheidungen und Vergleichen sowie vollstreckbaren öffentlichen Urkunden in Zivil- und Handelssachen vom 14. 11. 1983 (BGBl. 1987 II S. 34) sind jedenfalls im Registerverfahren von Notaren oder Gerichten ausgestellte Urkunden nicht von der Legalisation oder weiteren Förmlichkeiten befreit. Allerdings ergibt sich hier die Erleichterung in Form der Apostille durch das Haager Übereinkommen vom 5. 10. 1961 (vgl. RdNr. 68 ff.). 66

j) Vereinigtes Königreich Großbritannien und Nordirland. Das deutsch-britische Abkommen über die gegenseitige Anerkennung und Vollstreckung von gerichtlichen Entscheidungen in Zivil- und Handelssachen vom 14. 7. 1960 (BGBl. 1961 II S. 301, 1025; 1973 II S. 306, 1667) sieht keine Befreiung der von Gerichten oder Notaren erstellten öffentlichen Urkunden von weiteren Förmlichkeiten vor. Allerdings gilt auch hier im Hinblick auf das Haager Übereinkommen vom 5. 10. 1961 die Erleichterung in Form der Apostille (vgl. RdNr. 68 ff.). 67

3. Apostille. Außer in den vorgenannten bilateralen Abkommen ist die Befreiung ausländischer Urkunden von dem Erfordernis der Legalisation auch in dem am 5. 10. 1961 zur Zeichnung aufgelegten **Haager Übereinkommen zur Befreiung ausländischer öffentlicher Urkunden von der Legalisation** vereinbart worden. Anwendbar ist das Übereinkommen nach seinem Art. 1 Abs. 1 auf öffentliche Urkunden, die in dem Hoheitsgebiet eines Vertragsstaates (Errichtungsstaat) errichtet worden sind und die in dem Hoheitsgebiet eines anderen Vertragsstaates (Vorlegungsstaat) vorgelegt werden sollen. Zu den öffentlichen Urkunden iSd. Übereinkommens werden nach Art. 1 Abs. 2 angesehen: 68

a) Urkunden eines staatlichen Gerichts oder einer Amtsperson als Organ der Rechtspflege, einschließlich der von der Staatsanwaltschaft oder einem Vertreter des öffentlichen Interesses, von einem Urkundsbeamten der Geschäftsstelle oder von einem Gerichtsvollzieher ausgestellten Urkunden;

b) Urkunden der Verwaltungsbehörden;

c) notarielle Urkunden;

d) amtliche Bescheinigungen auf Privaturkunden, wie Beglaubigungen von Unterschriften.

Diese Urkunden werden von jedem Vertragsstaat, in dessen Hoheitsgebiet sie vorgelegt werden sollen, von der Legalisation befreit. Zur Bestätigung dafür, dass die vorgelegte Urkunde echt ist, darf der Vorlegungsstaat nach Art. 3 Abs. 1 des Übereinkommens statt der Legalisation nur die **Apostille** verlangen. Die Apostille ist ein **Echtheitsvermerk,** mit dem die Urkunde, anders als die Legalisation, nicht von der diplomatischen oder konsularischen Vertretung des Vorlegungsstaates, sondern von der zuständigen Behörde des Errichtungsstaates versehen wird. Hierdurch wird eine wesentliche Vereinfachung der Echtheitsprüfung und eine Erleichterung im gegenseitigen Rechtsverkehr erreicht.[84] 69

Die für die Ausstellung der Apostille **zuständigen Behörden** werden nach Art. 6 des Übereinkommens von jedem Vertragsstaat bestimmt. Die **Form der Apostille** ist in Art. 4 des Übereinkommens festgelegt. Sie wird auf der Urkunde selbst oder auf einem mit ihr verbundenen Blatt angebracht und muss dem dem Übereinkommen als Anlage beigefügten amtlichen Muster entsprechen. Die Unterschrift auf das Siegel oder den Stempel auf der Apostille bedürfen nach Art. 5 Abs. 3 des Übereinkommens keiner Überbeglaubigung. Die Apostille weist gemäß Art. 5 Abs. 2 des Übereinkommens bei ordnungsgemäßer Ausfüllung des Musters die Echtheit der Unterschrift, die Eigenschaft, in der der Unterzeichner die Urkunde gehandelt hat, und ggf. die Echtheit des Siegels oder Stempels mit dem die Urkunde versehen ist, nach. 70

In Deutschland hat eine **mit der Apostille** der Behörde eines dem Übereinkommen beigetretenen Errichtungsstaates **versehene Urkunde die Wirkung einer legalisierten Urkunde nach § 438 Abs. 2 ZPO.**[85] 71

Für die BRD ist das Haager Übereinkommen am 13. 2. 1966 in Kraft getreten (BGBl. 1966 II S. 106). Übersicht über die www.hcch.net/e/conventions/index.html. 72

---

[83] OLG München v. 6. 11. 1936 – 8. Reg Wx Nr. 160/36, HRR 1937 Nr. 244.
[84] Bauer/von Oefele/*Knothe* (Fn. 66) RdNr. 644.
[85] *Meikel/Brambring,* GBO, § 29 RdNr. 250 für das Grundbuchverfahren.

§ 12 Anh. 73   1. Buch. 2. Abschnitt. Handelsregister; Unternehmensregister

73 **4. Tabellarische Übersicht.*** Die folgende tabellarische Darstellung ausgewählter Länder gibt darüber Übersicht, unter welchen Voraussetzungen ausländische Notarurkunden in Deutschland anerkannt werden. Soweit sich allein ein Kreuz in der Spalte „Notarbeglaubigung" befindet, so wird eine solche aus dem entsprechenden Land ohne weiteres anerkannt. Sind sowohl die Spalte „Notarbeglaubigung" als auch die Spalte „Apostille" angekreuzt, so bedarf die Notarbeglaubigung aus dem entsprechenden Land zusätzlich der Apostille zur Anerkennung. Sind die Spalte „Notarbeglaubigung" und „Legalisation" angekreuzt, so muss aus dem entsprechenden Land zur Anerkennung der Notarbeglaubigung sowohl eine solche vorliegen, als auch eine Legalisation erfolgt sein. Ist in der Zeile des Landes überhaupt kein Kreuz vorhanden, haben die deutschen Auslandsvertretungen die Legalisation dort bis auf weiteres eingestellt, da in entsprechenden Ländern die Voraussetzungen für die Legalisation nicht gegeben sind (Stand vom 1. 8. 2007). Die dortigen Konsularbeamten können jedoch im Rahmen der Amtshilfe für deutsche Behörden im Einzelfall überprüfen lassen, ob der bescheinigte Sachverhalt zutrifft und hierdurch die Entscheidung der Inlandsbehörde über den Beweiswert der Urkunde erleichtern.

Land	Notarbeglaubigung	Apostille	Legalisation
Ägypten	+		+
Äquatorialguinea			
Äthiopien	+		+
Afghanistan			
Albanien	+		+
Algerien	+		+
Anguilla	+		+
Angola	+		+
Andorra	+	+	
Antigua u. Babuda	+	+	
Argentinien	+	+	
Armenien	+	+	
Aserbaidschan			
Australien	+	+	
Bahamas	+	+	
Bahrein	+		+
Bangladesch			
Barbados	+	+	
Belarus	+	+	
Belgien[86]	+		
Belize	+	+	
Benin			
Bermuda	+		+
Bolivien	+		+
Bosnien-Herzegowina	+	+	
Botswana	+	+	
Brasilien	+		+

* Die Übersicht wurde von *Bauer/von Oefele* 2. Aufl. 2006 S. 647 entnommen.
[86] Da das deutsch-belgische Abkommen vom 13. 5. 1975 über die Befreiung öffentlicher Urkunden von der Legalisation (BGBl. 1980 II S. 815, 1981 II S. 142) in Belgien offenbar zT nicht anerkannt wird, dürfte es sich empfehlen, bei der Verwendung deutscher Urkunden in Belgien vorsichtshalber eine Apostille einzuholen. Bei dem in der *Tabelle* angegebenen umgekehrten Fall der Verwendung belgischer Urkunden in Deutschland ist keine Apostille nötig.

Anhang: Handelsregisteranmeldungen mit Auslandsbezug 73 § 12 Anh.

Land	Notarbeglaubigung	Apostille	Legalisation
Brunei Darussalam	+	+	
Bulgarien	+	+	
Burkina Faso	+		+
Burundi	+		+
Cayman Islands	+		+
Chile	+		+
VR China (vgl. auch Hongkong u. Macao)	+		+
Cook Inseln	+	+	
Costa Rica	+		+
Dänemark	+		
Dominique	+	+	
Dominikanische Rep.			
Dschibuti			
Ecuador	+	+	
Elfenbeinküste			
El Salvador	+	+	
Eritrea	+		+
Estland	+	+	
Fidschi	+	+	
Finnland	+	+	
Frankreich	+		
Gabun	+		+
Gambia			
Georgien	+		+
Ghana			
Gibraltar	+		+
Grenada	+	+	
Griechenland	+		
Guatemala	+		+
Guernsey	+		+
Guinea			
Guinea Bissau			
Guyana	+		+
Haiti			
Honduras	+	+	
Hongkong	+	+	
Indien			
Indonesien	+		+
Irak			
Iran	+		+
Irland	+	+	

Schaub

Land	Notarbeglaubigung	Apostille	Legalisation
Island	+	+	
Israel	+	+	
Italien	+		
Jamaika	+		+
Japan	+	+	
Jemen	+		+
Jersey	+		+
Jordanien	+		+
Kambodscha			
Kamerun			
Kanada	+		+
Kasachstan	+	+	
Katar	+		+
Kenia			
Kirgistan	+		+
Kolumbien	+	+	
DR Kongo			
Rep. Kongo			
Rep. Korea	+		+
VR Korea	+		+
Kroatien	+	+	
Kuba	+		+
Kuwait	+		+
Laos			
Lesotho	+	+	
Lettland	+	+	
Libanon	+		+
Liberia			
Libyen	+		+
Liechtenstein	+	+	
Litauen	+	+	
Luxemburg	+	+	
Macao	+	+	
Madagaskar	+		+
Malawi	+	+	
Malaysia	+		+
Mali	+		+
Malta	+	+	
Marokko[87]	+		
Marschallinseln	+	+	

---

[87] Für Bescheinigungen aus Personenstandsregistern gilt die Einstellung der Legalisation nicht.

Anhang: Handelsregisteranmeldungen mit Auslandsbezug

Land	Notarbeglaubigung	Apostille	Legalisation
Mauretanien	+		+
Mauritius	+	+	
Mazedonien	+	+	
Mexiko	+	+	
Moldau	+		+
Monaco	+	+	
Mongolei			
Mozambique	+		+
Myanamar			
Namibia	+	+	
Nepal			
Neuseeland	+	+	
Nicaragua	+		+
Niederlande	+	+	
Niger	+		+
Nigeria			
Niue	+	+	
Norwegen	+	+	
Österreich	+		
Oman	+		+
Ost-Timor	+		+
Pakistan			
Panama	+	+	
Papua-Neuguinea	+		+
Paraguay	+		+
Peru	+		+
Philippinen			
Polen	+	+	+
Portugal	+	+	
Ruanda			
Rumänien	+	+	
Russische Föderation	+	+	
Sambia	+		+
Samoa	+	+	
San Marino	+	+	
Saudi Arabien	+		+
Schweden	+	+	
Schweiz	+	+	
Senegal			
Serbien u. Montenegro	+	+	
Seychellen	+	+	
Sierra Leone			

Land	Notarbeglaubigung	Apostille	Legalisation
Simbabwe	+		+
Singapur	+		+
Slowakei	+	+	
Slowenien	+	+	
Somalia			
Spanien	+	+	
Sri Lanka			
St. Kitts u. Nevis	+	+	
St. Lucia	+	+	
St. Vincent u. die Grenadinen	+	+	
Sudan	+		+
Südafrika	+	+	
Surinam	+	+	
Swasiland	+	+	
Syrien	+		+
Tadschikistan			
Taiwan	+		+
Tansania	+		+
Thailand	+		+
Togo			
Tonga	+	+	
Trinidad u. Tobago	+	+	
Tschad			
Tschechische Rep.	+	+	
Türkei	+	+	
Tunesien	+		+
Turkmenistan	+		+
Uganda			
Ukraine	+		+
Ungarn	+	+	
Uruguay	+		+
Usbekistan			
Venezuela	+	+	
Verein. Arabische Emirate	+		+
Verein. Königreich von Großbritannien u. Nordirland	+	+	
Vietnam			
Verein. Staaten von Amerika	+	+	
Zentralafrikanische Rep.			
Zypern	+	+	

D. Vorlage fremdsprachiger Urkunden beim HR

Die **Vorlage fremdsprachiger,** im Ausland errichteter **Urkunden** zum HR ist **zulässig.** 74
Beherrscht jedoch das **RegGer.** die fremde Sprache nicht hinreichend, **kann** es entsprechend § 142
Abs. 3 ZPO eine **Übersetzung verlangen,** da **Gerichtssprache deutsch** ist (§ 184 GVG). Die
Richtigkeit der Übersetzung hat das RegGer. nach pflichtgemäßem Ermessen zu beurteilen.[88] Bei
verbleibendem Zweifel ist eine Bescheinigung der Richtigkeit und Vollständigkeit von einem hierzu
ermächtigten Dolmetscher zu verlangen. Auf Grund dieser Bescheinigung gilt die Übersetzung gem.
§ 2 Abs. 1 der Verordnung des Reichsministers der Justiz zur Vereinfachung des Verfahrens auf dem
Gebiet des Beurkundungsrechts vom 21. 10. 1942 (RGBl. I S. 609) als richtig und vollständig.[89]

Allerdings müssen **Gesellschaftsverträge, Satzungen** usw. **stets in deutscher Sprache einge-** 75
reicht werden, weil eine Einsichtnahme für jedermann ermöglicht werden muss.[90] Sind die Urkunden in ausländischer Sprache verfasst, ist der Anmeldung eine deutsche Übersetzung beizufügen.[91]

E. Vertretung ausländischer Handelsgesellschaften

I. Allgemeines

Das Gesellschaftsstatut bestimmt darüber, nach welcher Rechtsordnung unter anderem die Rechts- 76
fähigkeit, die Vertretungsbefugnisse und ihr Nachweis zu bestimmen sind. Nachfolgend soll unter der
Annahme, dass ausländische Rechtsordnungen maßgebend hierfür sind, im Überblick für ausgewählte Länder **Hinweise zur Vertretungsberechtigung** der ausländischen Gesellschaft **und** insbes. **des
Nachweises der Vertretungsberechtigung** im deutschen Rechtsverkehr gegeben werden.

II. § 181 BGB bei ausländischen Rechtsordnungen

Nach dem Gesellschaftsstatut zu beurteilen ist, inwieweit der organschaftliche Vertretung der 77
Gesellschaft befugt ist, gleichzeitig mit sich selbst im eigenen Namen zu kontrahieren.[92] Fragen des
Selbstkontrahierens tauchen zB dann auf, wenn mehrere ausländische Rechtsträger einen gemeinsamen Bevollmächtigten mit der Gründung einer inländischen Gesellschaft beauftragen oder wenn
zB eine ausländische AG bei einer inländischen Tochter-GmbH einen Beschluss fasst, wonach
derjenige, der die ausländische AG vertritt, auch der von den Beschränkungen des § 181 BGB
befreite Geschäftsführer der deutschen GmbH werden soll.[93]

Ausländische Rechtsordnungen kennen eine dem § 181 BGB vergleichbare Vorschrift, die ein 78
Selbstkontrahieren allein formell deshalb für unzulässig erklärt, weil auf beiden Seiten des Geschäfts
dieselbe Person auftritt, oftmals nicht. Dafür gelten Vorschriften, die den in diesen Konstellationen
regelmäßig auftretenden materiellen Interessenkonflikt regeln. Auch in Bezug auf die Rechtsfolgen
bestehen in den nationalen Rechtsordnungen Unterschiede.

Beispiele: 79
- **Frankreich.** Für die französische GmbH (société à responsabilité limitée, s. a. r. l.:) bzw. die
französische AG (société anonyme, S. A.) gilt grundsätzlich, dass im Falle einer Vereinbarung
zwischen der Gesellschaft auf der einen Seite und einem ihrer Geschäftsführer (gérants)/Vorstände
oder Gesellschafter auf der anderen Seite der Geschäftsführer der Gesellschafterversammlung einen
entsprechenden Bericht vorlegen und die Versammlung dem Geschäft zustimmen muss.[94] Liegt
die erforderliche Zustimmung bei Vertragsschluss nicht vor, lässt sich der Mangel stets durch einen
Genehmigungsbeschluss der Gesellschafterversammlung nach Vorlage des Berichts durch den
Bilanzprüfer heilen.[95]

---

[88] KG Beschl. v. 2. 7. 1936 – 1 Wx 191/36, KG JFG 14, 5 7 f.
[89] Bauer/von Oefele/*Knothe* (Fn. 66) RdNr. 623 für das Grundbuchverfahren.
[90] Keidel/Kuntze/Winkler § 9 FGG RdNr. 5.
[91] LG Düsseldorf Beschl. v. 16. 3. 1999 – 36 T 3/99, Rpfleger 1999, 334.
[92] BGH NJW 1992, 618; Palandt/*Heldrich* Anh. Art. 32 EGBGB RdNr. 30.
[93] Zur Problematik des § 181 BGB in diesem Fall s. BayObLG Beschl. v. 17. 11. 2000 – 3 Z BR 271/00, DB 2001, 87.
[94] Art. L. 223–19 Abs. 1 Code de Commerce.
[95] *Frey*, Vertretung verselbständigter Rechtsträger in Europäischen Ländern, Frankreich, 2003, S. 416; von dieser grundsätzlichen Regelung gibt es in Art. L. 223–20 und Art. L. 223–21 Code de Commerce zwei Ausnahmen.

Allerdings hat auch das Fehlen der Einwilligung bzw. Genehmigung durch die Gesellschaft auf die Wirksamkeit des Vertrages keinen Einfluss. Die fehlende Einwilligung hat nur zur Folge, dass das Vertretungsorgan der Gesellschaft gegenüber haftet.[96] Während bei der französischen Aktiengesellschaft das Ausbleiben der Zustimmung zur Anfechtbarkeit der Rechtshandlung führt, besteht bei der französischen GmbH nicht einmal die Möglichkeit, den Vertrag später anzufechten.[97]

Damit gibt es bei Auslandsberührung mit Frankreich – insbesondere auch im inländischen Registerverkehr – keine Probleme in Fällen des Selbstkontrahierens. weil entsprechende Verbote nur im Innenverhältnis beachtlich sind (s.a.r.l.) oder lediglich die Anfechtbarkeit begründen (S.A.), sodass sie wirksam sind, solange keine Anfechtung erfolgt ist.

- **Großbritannien.** Eine vollständig § 181 BGB vergleichbare Regelung kennt das englische allgemeine Zivilrecht bzw. das englische Gesellschaftsrecht nicht. Neben den in Sec. 317 des englischen Companys Act 1985 enthaltenen kapitalgesellschaftsrechtlichen Sondervorschriften[98] kennt allerdings das allgemeine equity law Beschränkungen. Hiernach kann ein In-sich-Geschäft vom Vertretenen nur dann wirksam abgeschlossen werden, wenn der Vertretene die Gefahr des Interessenkonflikts offen legt und der Vertretene dem Rechtsgeschäft zustimmt. Dieser allgemeine „Equity"-Grundsatz gilt auch im Recht der Kapitalgesellschaften.[99] Anders als im deutschen Recht hat ein Verstoß gegen diese Beschränkungen des directors jedoch nicht zur Folge, dass ein unter Verstoß hiergegen vorgenommenes Rechtsgeschäft nichtig bzw. schwebend unwirksam ist. Vielmehr sieht das englische Recht insoweit vor, dass der Abschluss eines derartigen Geschäfts wirksam ist, der Vertretene jedoch das Recht zur Anfechtung hat. Das Geschäft ist mithin wirksam, wenn auch anfechtbar (voidable).[100]

- **Italien.** Art. 1395 des italienischen Codice Civile enthält ein Verbot des In-sich-Geschäfts, das auch für die organschaftliche Vertreter juristischer Personen des Privatrechts gilt.[101] Nach Art. 1395 C.C. hat das In-sich-Geschäft jedoch nicht die Wirkung, dass der Vertrag bzw. das Rechtsgeschäft ipso iure nichtig ist, sondern hat lediglich die gerichtliche Anfechtbarkeit zur Folge. Gemäß Art. 1441 Abs. 1 C.C. kann die Nichtigerklärung eines Vertrages nur von der Partei, in deren Interesse sie vom Gesetz festgesetzt ist, beantragt werden; das ist regelmäßig die vertretene Gesellschaft. Der Klagespruch verjährt in fünf Jahren ab dem Tag des Vertragsschlusses. Bis dahin ist die entsprechende Vertretungshandlung – trotz des Verstoßes des Vertreters – wirksam.

- **Schweiz.** Das schweizerische Zivilrecht enthält keine ausdrückliche Bestimmung über das Verbot des Selbstkontrahierens. Die Frage ist auch nicht durch Gewohnheits- oder Richterrecht zwingend geregelt. Allerdings hat die schweizerische Gerichtspraxis die dispositive Norm entwickelt, dass ein Kontrahieren des Stellvertreters mit sich selbst grundsätzlich unzulässig ist und dass eine Ausnahme nur dann Platz greift, wenn keine Gefahr der Übervorteilung des Vertretenen durch den Vertreter besteht.[102] Dieselben Regeln gelten auch für die Doppelvertretung zweier Vertragsparteien durch ein und denselben Vertreter sowie die gesetzliche Vertretung juristischer Personen durch deren Organe.[103] Im Übrigen ist das Selbstkontrahieren nur zulässig, wenn das Handeln nachträglich genehmigt wird.[104] Die Gestattung oder nachträgliche Genehmigung hat dabei durch das über- oder nebengeordnete Organ zu erfolgen. Das schweizerische Bundesgericht hat erstmals in seiner Entscheidung vom 2. 5. 2001[105] Stellung zu der Frage genommen, welches Gesellschaftsorgan als über- oder nebengeordnet anzusehen ist, und zwar für den Fall, dass mehrere Verwaltungsräte einer schweizerischen Aktiengesellschaft vorhanden waren. Das Bundesgericht ist davon ausgegangen, dass jedes Verwaltungsratsmitglied mit Einzelvertretungsbefugnis zur Ertei-

---

[96] Art. L.223–19 Abs. 4 Code de Commerce.
[97] Art. L.223–90 Code de Commerce; *Frey,* Vertretung verselbstständigter Rechtsträger in Europäischen Ländern, Frankreich, 2003, S. 416.
[98] Hierzu Triebel/Hodgson/Kellenter/*Müller,* Englisches Handels- und Wirtschaftsrecht, 2. Aufl. 1995, RdNr. 733.
[99] *Dreibus,* Die Vertretung verselbstständigter Rechtsträger in europäischen Ländern. Vereinigtes Königreich von Großbritannien und Nordirland, 2000, S. 152 mit Hinweisen zur Rspr.
[100] *Dreibus,* Die Vertretung verselbstständigter Rechtsträger in europäischen Ländern. Vereinigtes Königreich von Großbritannien und Nordirland, 2000, S. 153.
[101] Cian/*Trabucci,* Commentario breve al codice civile, 6. Aufl. 2002, Art. 1395 C.C. RdNr. IV, 1.
[102] BGE 39 II 568; BGE 126 III 361; BGE 127 III 332; *Zäch,* in Berner Kommentar, Das Publikationsrecht, Band VI, Stellvertretung, Art. 33 ZGB RdNr. 80.
[103] BGE 127 III 331; *Knöchlein,* Stellvertretung und In-sich-Geschäft, 1994, S. 62.
[104] BGE 126 III, 361; BGE 127 III, 332.
[105] *BGE 127 III,* 332.

lung der Gestattung bzw. Genehmigung für ein In-sich-Geschäft eines anderen Verwaltungsratsmitglieds zuständig ist; eine Zuständigkeit des gesamten Verwaltungsrates besteht nicht.[106] Eine Besonderheit gilt allerdings bei einem Alleingesellschafter, der zugleich alleiniges Verwaltungsratsmitglied ist, da es in derartigen Konstellationen kein über- oder nebengeordnetes Organ zur Erteilung einer Gestattung des Selbstkontrahierens gibt. In diesen Fällen ist dem alleinigen Verwaltungsratsmitglied das Selbstkontrahieren (zumindest stillschweigend) gestattet.[107]

III. Länderüberblick

1. Europäische Aktiengesellschaft (SE). In den Mitgliedstaaten der **Europäischen Union** 80 sowie in den Unterzeichnerstaaten des Abkommens über den **Europäischen Wirtschaftsraum** (EWR)[108] kann eine Europäische (Aktien-) Gesellschaft (Societas Europaea – SE) nach den Regelungen der SE-VO gegründet werden.[109] Die SE ist eine Aktiengesellschaft, Akt. 1 Abs. 2 SE-VO.

Die Organisationsverfassung eröffnet Gestaltungsspielräume dahingehend, dass kraft Satzung ent- 81 weder das sogenannte **monistische System** oder aber das **dualistische System** gewählt werden kann. Bei einem dualistischen System hat bei Gesellschaften mit einem Grundkapital von mehr als 3 Millionen EUR das Leitungsorgan aus mindestens zwei Personen zu bestehen, es sei denn, die Satzung bestimmt, dass es aus einer Person bestehen soll (vgl. § 16 SEAG). Beim monistischen System leitet der Verwaltungsrat die Gesellschaft, der seinerseits einen oder mehrere geschäftsführende Direktoren bestellt, die die Geschäfte der Gesellschaft führen und die Gesellschaft gerichtlich und außergerichtlich vertreten (vgl. §§ 22, 40, 41 SEAG).

Art. 12 Abs. 1 EG-VO sieht die Eintragung der SE im Sitzstaat in ein nach dem Recht des 82 Sitzstaates bestimmtes Register vor. Eine SE mit dem Sitz im Inland wird nach § 3 SEAG gemäß den für Aktiengesellschaften geltenden Vorschriften im (deutschen) **Handelsregister** eingetragen. Je nachdem, wo in anderen Fällen innerhalb Europas die SE ihren Sitz hat, sind nach den dort geltenden nationalen Bestimmungen die Vertretungsnachweise zu führen (s. im einzelnen Länderüberblick).

2. Europäische-Wirtschaftliche Interessenvereinigung (EWIV). Die EWIV (Rechtsgrund- 83 lagen sind die EG-Verordnung vom 25. 7. 1985, ABl. EG Nr. L 199 S. 1 und das EWIV-AG vom 14. 4. 1988, BGBl. I S. 514) wird durch den **Geschäftsführer, bei mehreren** grds. durch jeden Geschäftsführer **einzeln,** vertreten (Art. 20 Abs. 1 Satz 2 EWIV-VO). Der Gründungsvertrag kann auch Gesamtvertretung durch zwei oder mehrere gemeinschaftlich handelnde Geschäftsführer vorsehen; die Beschränkung kann Dritten nur entgegengehalten werden, wenn sie ordnungsgemäß eingetragen und bekanntgemacht wurde, Art. 20 Abs. 2 EWIV-VO.

Da die EWIV in das **Handelsregister** des Sitzstaates einzutragen ist, Art. 6 EWIV-VO, kann 84 durch entsprechenden Registerauszug der Vertretungsnachweis geführt werden.

3. Belgien. a) Vertretungsberechtigte Organe. aa) Société en nom collectif (S. N. C.). 85 Bei dieser der offenen Handelsgesellschaft vergleichbaren Gesellschaft ist grds. **jeder Gesellschafter** einzeln vertretungsberechtigt (Art. 17 L. C.). **Abw. Vereinbarungen** im Gesellschaftsvertrag oder durch späteren Beschluss sind **möglich.** Beschränkungen der Vertretungsmacht wirken gutgläubigen Dritten gegenüber nur, wenn die betreffende Klausel ordnungsgemäß nach Art. 10 L. C. in den „Annexes" zum „Moniteur Belge" veröffentlicht worden ist.[110]

bb) Société en commandite simple (S. C. S.). Bei dieser der Kommanditgesellschaft ver- 86 gleichbaren Gesellschaftsform erfolgt die Vertretung durch die **persönlich haftenden Gesellschafter** (associès commanditès). Die Kommanditisten (associès commanditaires) sind von der Vertretung ausgeschlossen, Art. 22 Abs. 1 L. C. Die persönlich haftenden Gesellschafter vertreten wie bei der OHG.[111]

cc) Société anonyme (S. A.). Die S. A. wird im Rechtsverkehr mit Dritten grds. durch den 87 **Verwaltungsrat** – conseil d'administration – vertreten. Seine Mitglieder vertreten die Gesellschaft

---

[106] BGE 127 III, 332.
[107] BGE 126 III, 361.
[108] Durch den Beschluss des gemeinsamen EWR-Ausschusses Nr. 93/2002 v. 25. 6. 2002 zur Änderung des Anhangs XXII (Gesellschaftsrechts) des EWR-Abkommens ABl. EG Nr. L 266, 69 v. 3. 10. 2003, ist die SE-VO dem Anhang XXII angefügt worden.
[109] Nach der Verordnung VO 2157/2001/EG v. 8. 10. 2001, ABl. EG Nr. L 294, 1; Gesetz zur Ausführung der Verordnung (EG) Nr. 2157/2001 des Rates v. 8. 10. 2001 über das Statut der Europäischen Gesellschaft (SE), BGBl. 2004 I, S. 3675 SEAG.
[110] DNotI (Hrsg.), Notarielle Fragen des internationalen Rechtsverkehrs, 1995, Band III/1, S. 22; Reithmann/Martiny RdNr. 2303.
[111] Reithmann/Martiny (Fn. 13) RdNr. 2304.

kollektiv, jedoch kann die Satzung Einzel- oder Gesamtvertretung vorsehen, Art. 54 Abs. 2, 4 L. C.[112]

88 **Einschränkungen** der Vertretungsmacht der vertretungsberechtigten Organe können Dritten selbst dann nicht entgegen gehalten werden, wenn sie veröffentlicht worden sind, Art. 54 Abs. 3, 63 Abs. 2 L. C.[113]

89 dd) **Société privée à responsabilité limitée (S. P. R. L.).** Bei dieser der GmbH vergleichbaren Gesellschaft handeln die **Geschäftsführer** grds. mit Einzelvertretungsbefugnis (Art. 130 Abs. 2 L. C.), soweit nicht der Gesellschaftsvertrag Gesamtvertretung vorsieht.

90 **Einschränkung** der Vertretungsmacht der vertretungsberechtigten Organe durch den Gesellschaftsvertrag sind Dritten gegenüber unwirksam, Art. 130 Abs. 5 L. C.[114]

91 b) **Nachweis der Vertretungsmacht.** Beim regional zuständigen Handelsgericht (tribunal de commerce) wird ein **Handelsregister** geführt, aus dem **Auszüge** erteilt werden, die die Beschränkungen der Vertretungsmacht von Organen zuverlässig wiedergeben, soweit sie Dritten entgegengehalten werden können. Daneben ist die Veröffentlichung der Gesellschaftsverträge in den „Annexes" zum „Moniteur Belge" vorgesehen, wodurch in der Praxis der Nachweis der Vertretungsmacht geführt wird.[115]

92 4. **Dänemark. a) Vertretungsberechtigte Organe. aa) Interessentskab (I. S.).** Grds. vertritt **jeder Gesellschafter** der der offenen Handelsgesellschaft vergleichbaren Gesellschaft, es sei denn, dass sich aus dem Gesellschaftsvertrag etwas anderes ergibt.[116]

93 bb) **Kommanditselskab (K. S.).** Bei dieser der Kommanditgesellschaft vergleichbaren Gesellschaft vertreten die **persönlich haftenden Gesellschafter** entsprechend der Regelung zur OHG. Kommanditisten sind nicht zur Vertretung berechtigt.

94 cc) **Anpartsselskab (A. p. S.).** Diese der GmbH vergleichbare Gesellschaft wird durch die **Geschäftsführer** vertreten, § 24 des Gesetzes Nr. 378 vom 22. 5. 1996 über Anteilsgesellschaften.[117]

95 dd) **Aktieselskab (A. S.).** Diese der Aktiengesellschaft vergleichbare Gesellschaft wird durch ihren **Verwaltungsrat** vertreten, Abschnitt 60 A. S.

96 b) **Nachweis der Vertretungsmacht.** In Dänemark ist ein **Handelsregister** (Erhvervs-OG Selskabsstyrelen) eingerichtet, das über die Vertretungsbefugnis der Organe von Kapitalgesellschaften Auskunft gibt.[118] Bei einer OHG oder KG ist der einzige Beleg für die Vertretungsmacht einer natürlichen Person eine **Abschrift des Gesellschaftsvertrages**.[119]

97 5. **England. a) Vertretungsberechtigte Organe. aa) Partnership.** Es besteht **grds. Einzelvertretungsmacht** jedes **der Partner.** Abw. Vereinbarungen wirken Dritten gegenüber nur, wenn diesen die Beschränkungen der Vertretungsmacht des für die Gesellschaft handelnden Partners bekannt sind. Der **Umfang der Vertretungsmacht** ist auf Handlungen beschränkt, die im Rahmen des gewöhnlichen Geschäftsbetriebs der jeweiligen Gesellschaft liegen.[120]

98 bb) **Limited Partnership (Kommanditgesellschaft).** Die Gesellschaft wird durch die **persönlich haftenden Gesellschafter** (general partners) vertreten, beschränkt haftende Gesellschafter (limited partners) sind von der Vertretung der Gesellschaft ausgeschlossen (Limited Partnership Act. 1907, Sec. 6).[121]

99 cc) **Registered Company.** Insbes. die private limited liability company (Gesellschaft mit beschränkter Haftung) und die public limited liability company (Aktiengesellschaft) werden durch ein **Direktorium** (board of directors) vertreten, dem mindestens zwei Direktoren angehören müssen, die grds. gesamtvertretungsberechtigt sind. Nur wenn die Gesellschaft als privat company gegründet wurde, ist Vertretung durch einen director allein zulässig. Eine **Delegation** der Vertretungsmacht auf

---

[112] DNotI (Fn. 110) S. 27; *Kochs* in *Frank/Wachter,* Handbuch Immobilienrecht Europa, § 1 RdNr. 342 ff.
[113] *Reithmann/Martiny* (Fn. 13) RdNr. 2305.
[114] *Behrens* (Hrsg.), Die Gesellschaft mit beschränkter Haftung im internationalen und europäischen Recht, 1997, S. 390 (B 19) mit Gesetzestext, S. 404, insbes. S. 440 ff.
[115] *Reithmann/Martiny* RdNr. 2307; DNotI (Fn. 110) S. 28.
[116] DNotI (Fn. 110) S. 68, 71.
[117] Lov nr. 378 af 22. 5. 1996 om anpartsselskaber, abgedruckt bei *Behrens* (Fn. 114) S. 782 ff; vgl. auch *Ring/Olsen-Ring,* in *Süß/Wachter* Handbuch des internationalen GmbH-Rechts, 2006, S. 512 f.
[118] Vgl. Muster eines entsprechenden Handelsregisterauszugs in DNotI (Fn. 110) S. 483 f.; Adresse: Handels- und Gesellschaftsagentur, Kampmannsgade 1, DK-1780 København V.
[119] DNotI (Fn. 110) S. 71 f.
[120] *Reithmann/Martiny* RdNr. 2309.
[121] DNotI (Fn. 110) S. 106.

Anhang: Handelsregisteranmeldungen mit Auslandsbezug   100–105   § 12 Anh.

den Präsidenten (chairman of the board), auf geschäftsführende Direktoren (managing directors) oder ein committee of directors ist zulässig und wird häufig vorgenommen.[122]

b) Nachweis der Vertretungsmacht. Dem englischen Rechtskreis ist ein allgemeines **Handels-** **100** **register** im kontinental-europäischen Sinne **fremd.** Zwar müssen limited partnerships registriert werden, dies jedoch nur, um die Haftungsbeschränkung Dritten gegenüber zu demonstrieren. Angaben über die Vertretungsmacht sind im Register nicht enthalten. Da dem englischen Rechtskreis eine organschaftliche Betrachtungsweise der Vertretung fremd ist, müssen zum Nachweis der Vertretungsmacht bei partnerships die von sämtlichen Partnern ausgestellten **Vollmachten** vorgelegt werden.[123]

Bei **registered companies,** die in einem besonderen Gesellschaftsregister eingetragen sind, dessen **101** Eintragungen bekannt gemacht werden, sind die **Satzungen** als Vertretungsnachweis geeignet.[124] Anhand der Gesellschaftssatzung kann festgestellt werden, ob die für die Gesellschaft auftretenden Personen vertretungsberechtigt sind.[125] Denkbar sind daneben notarielle Vertragsbescheinigungen; insbesondere die Notare der Londoner Innenstadt haben derartige Funktionen speziell für den Rechtsverkehr mit Ländern außerhalb der Common Law-Rechtskreises.[126] Als Vertragsnachweise denkbar sind auch sog. Certificates of Incorporation (and Good Standing)[127] bzw. Vorlage eines Gründungsbescheinigung (Certificate of Incorporation) mit einer aktuellen Bescheinigung des Gesellschaftsregisters betreffend die Eintragung und die Rechtsverhältnisse der Gesellschafter.[128]

6. Finnland. a) Vertretungsberechtigte Organe. aa) Offene Gesellschaft (avoin yhtiö). 102 Diese der deutschen OHG vergleichbare Personengesellschaft, die aus mindestens zwei Gesellschaftern besteht, wird grds. durch **jeden Gesellschafter** vertreten. Die Vertretungsbefugnis kann beschränkt oder für einzelne Gesellschafter gänzlich ausgeschlossen werden. Auch ein kompletter Ausschluss der Vertretungsbefugnis aller Gesellschafter ist zulässig, da das Prinzip der Selbstorganschaft im Außenverhältnis nicht zwingend ist.[129]

bb) Kommanditgesellschaft (kommandiittiyhtiö). Die Vertretung der Gesellschaft wird von **103** den **Komplementären** wahrgenommen; bei Mehrheit von Komplementären vertritt grds. jeder einzeln, es sei denn, es ist etwas anderes beschlossen. Beschränkungen der Vertretungsmacht sind eintragungspflichtig. Sie wirken gegenüber gutgläubigen Dritten erst ab Eintragung. Ein kompletter Ausschluss der Vertretungsbefugnis aller Gesellschafter zu Gunsten eines Geschäftsführers ist zulässig, da das Prinzip der Selbstorganschaft im Außenverhältnis nicht zwingend ist. Kommanditisten sind von der Vertretung ausgeschlossen. Die Erteilung einer Prokura ist möglich.[130]

cc) Aktiengesellschaft. Ähnlich wie in Schweden sind in Finnland die Aktiengesellschaften **104** zweigeteilt in öffentliche Aktiengesellschaften (OYJ-julkinen osakeyhtiö) und private (OY-yksityinen osakeyhtiö).

Aktiengesellschaften werden durch den **Vorstand** und ggf. durch den **Geschäftsführer** vertreten. Der Vorstand wird meist durch den Vorstandsvorsitzenden allein oder durch zwei weitere Vorstandsmitglieder gemeinsam oder einem solchen zusammen mit einem Geschäftsführer vertreten. Einzelvertretungsbefugnis kann erteilt werden. Der Geschäftsführer vertritt die Aktiengesellschaft aber nur im Rahmen der üblichen Geschäftstätigkeiten, so dass er für Grundstücksgeschäfte einer gesonderten Bevollmächtigung durch Vorstandsbeschluss bedarf. Prokura kann erteilt und in das Register eingetragen werden. Allerdings ist für Grundstücksgeschäfte dem Prokuristen eine gesonderte Vollmacht zu erteilen.[131]

b) Vertretungsnachweis. Als Nachweis der Vertretung einer Gesellschaft dient das Handels- **105** register. In Ergänzung dazu kann der Notar eine Erklärung zur Vertretungsbefugnis abgeben.[132]

---

[122] *Reithmann/Martiny* RdNr. 2311; DNotI (Fn. 110) S. 102 ff. Durch den Companies Act 2006 wurde eine grundlegende Reform des englischen Kapitalgesellschaftsrechts abgeschlossen, wobei sich das Inkrafttreten des Companies Act 2006 beginnend ab 1. 1. 2007, in mehreren Schritten vollzieht, hierzu *Torwegge* GmbHR 2007, 195; *ders.* GmbHR 2007, 919. Companies Act 2006 abrufbar unter http://www.opsi.gov.uk.
[123] *Reithmann/Martiny* (Fn. 13) RdNr. 2315.
[124] Erhältlich beim English Registrar of Companies, Companies House 55–71, City Road, London E. C. 1 für England und Scottish Registrar of Companies, Exchequer Chambers 102, George Street, Edinburgh, 2 für Schottland.
[125] IE *Reithmann/Martiny* RdNr. 2315; *Klebs* BWNotZ 1995, 14; Muster hierzu in DNotI (Fn. 110) S. 487 ff.
[126] *Schaub* in *Schüppen/Schaub*, Münchener Anwaltshandbuch Aktienrecht, § 5 RdNr. 50.
[127] *Schaub* (Fn. 126) § 5 RdNr. 39.
[128] KG DB 2005, 1158 – Limited der Isle of Man; LG Berlin DB 2004; 2628 m. Anm. *Wachter* DB 2004, 2795; *Schaub* NZG 2000, 953.
[129] *Collan* in: *Hohloch/Gerhardt*, EU-Handbuch Gesellschaftsrecht, Finnland, RdNr. 67.
[130] *Collan* in: *Hohloch/Gerhardt*, EU-Handbuch Gesellschaftsrecht, Finnland, RdNr. 255 ff.
[131] *van Setten* in: *Frank/Wachter* (Fn. 112) Kap. 4 RdNr. 120 ff.; *Collan* in: *Hohloch/Gerhardt*, EU-Handbuch Gesellschaftsrecht, Finnland, RdNr. 664 ff.
[132] *van Setten* in: *Frank/Wachter* (Fn. 112) Kap. 4 RdNr. 123.

106 **7. Frankreich. a) Vertretungsberechtigte Personen. aa) Société en nom collectif (S. N. C.).** Diese der offenen Handelsgesellschaft entsprechende Gesellschaft wird durch einen oder mehrere **Geschäftsführer** (gérants) vertreten, die auch juristische Personen sein können. Grds. sind alle Gesellschafter Geschäftsführer, von mehreren Geschäftsführern hat jeder Einzelvertretungsmacht.[133]

107 **bb) Société en commandite simple (S. C. S.).** Bei dieser der Kommanditgesellschaft vergleichbaren Gesellschaft vertreten die **persönlich haftenden Gesellschafter** (associés commandités) entsprechend den Regelungen bei der S. M. C. die Gesellschaft, während die Kommanditisten (associés commanditaires) von der Vertretung ausgeschlossen sind, Art. 23, 24, 28 des Gesetzes Nr. 66/537 vom 24. 7. 1966.[134]

108 **cc) Société anonyme (S. A.).** Die Société anonyme kann in Frankreich in **zwei Organisationsformen** vorkommen, nämlich einmal als Gesellschaft mit Verwaltungsrat (conseil d'administration) und Hauptversammlung (assemblée des actionnaires) oder – vergleichbar der deutschen Aktiengesellschaft – mit Direktorium (directeure), Aufsichtsrat (conseil de surveillance) und Hauptversammlung, wobei die erstgenannte Organisationsform in der Praxis überwiegt.

109 Bei der Aktiengesellschaft mit Verwaltungsrat wird die Gesellschaft durch den **Präsidenten des Verwaltungsrates** (président-directeur général) vertreten. Sind neben diesem Generaldirektoren bestellt, haben sie die gleichen Vertretungsbefugnisse. Die daneben bestehende Vertretungsmacht des gesamten Verwaltungsrates ist praktisch unbedeutend.[135]

110 Die **Aktiengesellschaft mit Direktorium und Aufsichtsrat** wird durch den **Präsidenten des Direktoriums** vertreten, wenn dieses aus mehreren Personen besteht, sonst durch den sog. directeur général unique.

111 **dd) Société par Actions Simplifiée (S. A. S.).** Diese spezielle Gesellschaftsform des französischen Rechts, die nur für Handelsgesellschaften bzw. öffentliche Staatsunternehmen bereit steht, wird durch den **Präsidenten** gemäß Satzung vertreten.[136]

112 **ee) Société à responsabilité limitée (S. A. R. L.).** Die der GmbH entsprechende Gesellschaft wird durch ihre **Geschäftsführer** (gérants) vertreten, die grds. einzelvertretungsberechtigt sind, Art. 49 des Gesetzes Nr. 66–537 vom 24. 7. 1966 über die Handelsgesellschaften.[137]

113 **b) Nachweis der Vertretungsmacht.** In Frankreich werden **Handelsregister** durch die regional zuständigen Handelsgerichte (tribunal de commerce) geführt, deren Auszüge zum Vertretungsnachweis geeignet sind.[138]

114 **8. Italien. a) Vertretungsberechtigte Organe. aa) Società in nome collettivo (S. N. C.).** Die Gesellschaft wird durch den oder die **Geschäftsführer** (amministratore), vertreten, wobei jeder einzelvertretungsberechtigt ist, sofern nicht abw. Vereinbarungen, die im Handelsregister eingetragen werden müssen, getroffen sind (Art. 2266 iVm. 2293 C. C.).[139]

115 Der **Umfang der Vertretungsmacht** ist durch den Gesellschaftszweck begrenzt. Weitere Einschränkungen können sich aus dem Gesellschaftsvertrag ergeben, wirken gutgläubigen Dritten gegenüber aber nur, wenn sie aus dem Handelsregister ersichtlich sind.[140]

116 **bb) Società in accommandità semplice (S. A. S.).** Bei der Kommanditgesellschaft sind nur die **persönlich haftenden Gesellschafter** (soci accomandatari) vertretungsberechtigt entsprechend den Regeln zur Vertretung bei der S. N. C. Die Kommanditisten (soci accomandanti) sind nach Art. 2320 C. C. von der Vertretung ausgeschlossen.

117 **cc) Società per azioni (S. p. A.).** In Italien wurde mit Wirkung zum 1. 1. 2004 das Recht der GmbH und der AG **grundlegend umgestaltet.**

118 Bis 31. 12. 2003 galt: Die S. p. A. – eine der Aktiengesellschaft entsprechende Gesellschaft – wird entweder durch den **Geschäftsführer** (amministratore) oder den **Verwaltungsrat** (consiglio di amministrazione) vertreten (Art. 2380 C. C.). Mehrere Verwaltungsratsmitglieder vertreten grds. einzeln (Art. 2266 Abs. 2 C. C.). Abw. Vereinbarungen iS einer Gesamtvertretungsbefugnis sind

---

[133] *Reithmann/Martiny* RdNr. 2318; DNotI (Fn. 110) S. 124.
[134] DNotI (Fn. 110) S. 125.
[135] DNotI (Fn. 110) S. 132 ff.; *Reithmann/Martiny* RdNr. 2320.
[136] Eingehend *Honorat/Hirschmann* ZIP 1998, 173, insbes. 175 f. zur Vertretungsbefugnis.
[137] Loi n° 66–537 du 24 juillet 1966 sur les Sociétés commerciales, abgedr. bei *Behrends* (Fn. 114) S. 282 ff.; 263 f. (F 18 f.).
[138] DNotI (Fn. 110) S. 123 mit Muster S. 501 f.
[139] DNotI (Fn. 110) S. 206.
[140] DNotI (Fn. 110) S. 206; *Reithmann/Martiny* RdNr. 2325.

Anhang: Handelsregisteranmeldungen mit Auslandsbezug   119–123   § 12 Anh.

möglich und im Handelsregister einzutragen (Art. 2358, 2283 C. C.). Durch Satzung oder Beschluss der Hauptversammlung kann die Vertretungsbefugnis auf den Präsidenten des Verwaltungsrats, einzelne seiner Mitglieder (amministratori delegati) oder einen Verwaltungsausschuss (comitato esecutivo) übertragen werden (Art. 2381 C. C.).[141] Eventuelle **Beschränkungen** der Vertretungsmacht können aus dem Gesetz oder aus dem Gründungsvertrag folgen und müssen im Unternehmensregister eingetragen werden; sie sind aber Dritten gegenüber nicht wirksam, wenn diese nicht nachweislich absichtlich zum Schaden der Gesellschaft gehandelt haben (Art. 2384 C. C.).[142]

Ab 1. 1. 2004 gilt: Gemäß Art. 2380bis Abs. 1 C. C. steht, vorbehaltlich abweichender statutarischer Bestimmungen, die Geschäftsführung ausschließlich den **Geschäftsführern** zu, die die notwendigen Handlungen zur Erreichung des Gesellschaftszwecks vornehmen. Die Geschäftsführung kann auch Nichtgesellschaftern übertragen werden (Art. 2380bis Abs. 2 C. C.). Wird die Geschäftsführung mehreren Personen übertragen, so bilden sie einen **Verwaltungsrat** = Vorstand (Art. 2380bis, Abs. 2 C. C.). Der Verwaltungsrat wählt einen **Präsidenten,** falls dieser nicht von der Gesellschafterversammlung ernannt worden ist (Art. 2380bis letzter Abs. C. C.). Falls die Satzung oder die Gesellschafterversammlung dies gestatten, kann der Verwaltungsrat Befugnisse auf einen aus einigen Verwaltungsratsmitgliedern bestehenden **Ausschuss** (comitato esecutivo) oder ein oder mehrere Mitglieder unter Festlegung der Grenzen übertragen (Art. 2381 Abs. 2 und 3 C. C.). Art. 2381 Abs. 5 C. C. legt den Handlungsrahmen der delegierten Mitglieder fest. Die den Verwaltungsratsmitgliedern zukommende Vertretungsmacht ist allgemein, „generale" (Art. 2384 Abs. 1 C. C.). **Befugnisbeschränkungen,** die sich aus dem Gründungsvertrag oder der Ernennungsurkunde ergeben, können Dritten nicht entgegengesetzt werden, auch wenn sie bekannt gemacht worden sind, es sei denn, diese haben nachweislich absichtlich zum Schaden der Gesellschaft (Art. 2384 Abs. 2 C. C.) gehandelt. 119

dd) Società a responsabilità limitata (S. R. L.). Auch hier ist die Reform des GmbH-Rechts zum 1. 1. 2004 zu beachten. **Bis 31. 12. 2003** galt: Die Gesellschaft wird durch einen oder mehrere Gesellschafter als **Geschäftsführer** vertreten, sofern nicht ausdrücklich die Bestellung eines Nichtgesellschafters zum Geschäftsführer im Gesellschaftsvertrag für zulässig erklärt ist (Art. 2487 C. C.). Ist in der Gründungsurkunde nicht angegeben, wie mehrere Geschäftsführer vertreten, gilt der Grundsatz der **Einzelvertretungsbefugnis** (Art. 2266 Abs. 2 C. C.). Auch sonst folgt die Vertretung der GmbH im Prinzip den Vorschriften über die Aktiengesellschaft; auch Delegation und Umfang der Vertretungsbefugnis beurteilen sich nach den gleichen Grundsätzen wie bei der S. p. A. (Art. 2487 Abs. 2 iVm. Art. 2384 C. C.).[143] 120

Ab 1. 1. 2004 gilt: Vorbehaltlich einer anderslautenden Satzungsbestimmung wird die **Geschäftsführung** einem oder mehreren Gesellschaftern mittels Gesellschafterbeschluss gemäß Art. 2479 C. C. übertragen (Art. 2475 C. C.). Wird die Geschäftsführung mehreren Personen übertragen, so bilden diese grundsätzlich den **Verwaltungsrat** (consiglio di amministrazione). Die Satzung kann jedoch bei mehreren Geschäftsführern Einzel- oder Gesamtgeschäftsführung (amministrazione disgiunta o congiunta) vorsehen. Die **Geschäftsführer** vertreten die Gesellschaft (Art. 2475bis Abs. 1 C. C.). **Befugnisbeschränkungen,** die sich aus dem Gründungsvertrag oder der Ernennungsurkunde ergeben, könne Dritten nicht entgegengesetzt werden, auch wenn sie bekannt gemacht worden sind, es sei denn, diese haben nachweislich absichtlich zum Schaden der Gesellschaft (Art. 2475 bis Abs. 2 C. C.) gehandelt. 121

b) Nachweis der Vertretungsmacht. In Italien ist ein dem deutschen Handelsregister vergleichbares **Unternehmensregister** (Registro delle imprese) eingerichtet, das bei den Handelskammern unter Aufsicht eines abgeordneten Richters geführt und das öffentlich ist. Auszüge aus diesem Register werden erteilt und bieten einen umfassenden Schutz des mit einer italienischen Handelsgesellschaft verkehrenden Dritten. Eine Bekanntmachung der Eintragung auf Kapitalgesellschaften erfolgt für ganz Italien im amtlichen Anzeiger für Aktiengesellschaften und Gesellschaften mit beschränkter Haftung (Bolletino delle societá per azioni e a responsabilità limitata, B. U. S. A.).[144] 122

9. Liechtenstein. a) Vertretungsberechtigte Organe. aa) Kollektivgesellschaft. Zur Vertretung der Kollektivgesellschaft – entsprechend der OHG – ist grds. jeder **Gesellschafter** einzeln berechtigt, Art. 698 Abs. 2 Personen- und Gesellschaftsrecht (PGR) vom 20. 1. 1926. Abw. Vereinbarungen sind zulässig, wirken Dritten gegenüber aber nur, wenn sie im Öffentlichkeitsregister eingetragen sind oder der Dritte hiervon tatsächlich Kenntnis hat, Art. 699, 1000 PGR. 123

---

[141] *Reithmann/Martiny* RdNr. 2327.
[142] DNotI (Fn. 110) S. 207.
[143] DNotI (Fn. 110) S. 207; *Reithmann/Martiny* RdNr. 2331.
[144] *Reithmann/Martiny* RdNr. 2332; DNotI (Fn. 110) S. 203 f.

124 Der Umfang der Vertretungsbefugnis ist durch den Gesellschaftszweck begrenzt, Art. 698 Abs. 1 PGR. Die Vertretungsbefugnis kann auch auf einzelne Niederlassungen (Haupt- oder Zweigniederlassung) beschränkt werden, wobei die Beschränkung Dritten gegenüber wiederum nur wirksam ist bei entsprechender Publikation, Art. 699 Abs. 2 PGR. Weitergehende Vertretungsbeschränkungen sind unzulässig.[145]

125 **bb) Kommanditgesellschaft (KG).** Die Kommanditgesellschaft wird durch die **unbeschränkt haftenden Gesellschafter** vertreten nach den Regeln über die Vorschriften der Kollektivgesellschaft, Art. 740 PGR.

126 **cc) Gesellschaft mit beschränkter Haftung (GmbH).** Die GmbH wird – ähnlich wie im Schweizer Recht (dazu RdNr. 195) – grds. durch alle **Gesellschafter** gemeinsam vertreten, Art. 397 Abs. 1 PGR. Abw. Vereinbarungen in Satzung oder durch Gesellschafterbeschluss sind zulässig, wirken gutgläubigen Dritten gegenüber aber nur, wenn sie eingetragen sind.

127 **dd) Aktiengesellschaft (AG).** Die Vertretung der Aktiengesellschaft im Rechtsverkehr mit Dritten steht der Verwaltung zu. Mehrere Personen der Verwaltung bilden einen **Verwaltungsrat**, Art. 344 Abs. 1 PGR. Ob Einzel- oder Gesamtvertretung gilt, ergibt sich aus der Satzung. Fehlt es an einer diesbezüglichen Eintragung im Öffentlichkeitsregister, ist zur wirksamen Vertretung der Aktiengesellschaft die Mitwirkung von mindestens zwei Verwaltungsratsmitgliedern notwendig, Art. 188 Abs. 3 PGR. Eine Übertragung der Vertretungsbefugnis auf einzelne Mitglieder des Verwaltungsrats (Delegierte) oder auf Nichtgesellschafter (Direktoren) ist möglich und wird häufig vorgenommen, Art. 348 PGR.[146]

128 **b) Nachweis der Vertretungsmacht.** In Liechtenstein wird ein dem deutschen Handelsregister vergleichbares **Öffentlichkeitsregister** beim Registeramt in Vaduz geführt, Art. 956 PGR. Das Register ist öffentlich; amtliche Abschriften oder Registerauszüge werden erteilt, Art. 997, 998 PGR.

129 **10. Niederlande. a) Vertretungsberechtigte Organe. aa) Vennootschap onder firma (V. O. F.).** Bei dieser der offenen Handelsgesellschaft entsprechenden Gesellschaft ist **jeder Gesellschafter** einzelvertretungsberechtigt, wobei gesellschaftsvertraglich einzelne Gesellschafter von der Vertretung ausgeschlossen werden können, Art. 17 Abs. 1 WvK (Wetboek van Koophandel = Niederländisches Handelsgesetzbuch).

130 **Beschränkungen in der Vertretungsmacht** wirken Dritten gegenüber nur, wenn sie im Handelsregister eingetragen sind, Art. 29 WvK.[147]

131 **bb) Commanditaire Vennootschap (C. V.).** Bei dieser Kommanditgesellschaft sind nur die **persönlich haftenden Gesellschafter** zur Vertretung berechtigt, die Kommanditisten (vennooren bij wijze geldschieting) sind von der Vertretung ausgeschlossen; ihnen kann auch keine Vollmacht zum Handeln für die Gesellschaft erteilt werden, Art. 20 Abs. 2 WvK.[148]

132 **cc) Naamloze Vennootschap (N. V.).** Diese der Aktiengesellschaft vergleichbare Rechtsform wird im Rechtsverkehr mit Dritten durch den **Vorstand** (bestuur) vertreten, Art. 130 Abs. 1 B. W. (Burgerlijk Wetboek = Bürgerliches Gesetzbuch). Besteht der Vorstand aus mehreren Personen, gilt der Grundsatz der Einzelvertretung, wobei abw. satzungsmäßige Vereinbarungen möglich sind, Art. 240 B. W., die allerdings Dritten gegenüber nur bei Handelsregistereintragung wirken.[149] Umgekehrt können **Beschränkungen der Vertretungsmacht** durch den Gesellschaftsvertrag, die den Umfang der Befugnisse der Vorstandsmitglieder betreffen, Dritten gegenüber nicht geltend gemacht werden. Vorstand kann auch eine juristische Person sein; Prokuren und Handlungsvollmachten gibt es im niederländischen Recht nicht.[150]

133 **dd) Besloten Vennootschap (B. V.).** Die Vertretung der der GmbH entsprechenden Gesellschaft obliegt dem aus einer oder mehreren – auch juristischen – Personen bestehenden **Vorstand**. Für diesen gelten die gleichen Vertretungsregeln wie bei der Naanloze Vennootschap.

134 **b) Nachweis der Vertretungsmacht.** In den Niederlanden wird ein **Handelsregister** bei den regional zuständigen Industrie- und Handelskammern geführt. Hier können Handelsregisterauszüge angefordert werden.

---

[145] *Reithmann/Martiny* RdNr. 2401.
[146] *Reithmann/Martiny* RdNr. 2403.
[147] DNotI (Fn. 110) S. 287.
[148] *Reithmann/Martiny* RdNr. 2335.
[149] DNotI (Fn. 110) S. 287.
[150] *Behrends* (Fn. 114) S. 648 f. (NL 20 ff.) mit Gesetzestext S. 670 ff.; *Krahé* MittRhNotK 1987, 65 ff.

Anhang: Handelsregisteranmeldungen mit Auslandsbezug   135–146   § 12 Anh.

11. Österreich. a) Vertretungsberechtigte Organe. aa) Offene Handelsgesellschaft 135
(OHG). Wie im deutschen Recht vertritt jeder **Gesellschafter** grds. einzeln, wobei eine abw. Regelung, die aus dem Handelsregister zu ersehen ist, möglich ist, § 125 HGB. Dritten gegenüber kann die Vertretungsmacht nicht beschränkt werden, § 126 Abs. 2 HGB.

bb) Kommanditgesellschaft (KG). Die Kommanditisten sind von der Vertretung ausgeschlos- 136
sen, § 170 HGB. Die **persönlich haftenden Gesellschafter** handeln wie die OHG-Gesellschafter, § 161 Abs. 2 iVm. § 125 HGB.

cc) Gesellschaft mit beschränkter Haftung (GmbH). Die Gesellschaft wird durch einen oder 137
mehrere **Geschäftsführer** vertreten, wobei mehrere grds. gemeinschaftlich zur Vertretung berechtigt sind, § 18 GmbHG. Abw. Vereinbarungen sind möglich, werden gegenüber Dritten jedoch nur im Falle der Handelsregistereintragung wirksam, § 18 Abs. 3 GmbHG.

Eine **Beschränkung der Vertretungsbefugnis** wirkt gutgläubigen Dritten gegenüber nicht.[151] 138

dd) Aktiengesellschaft (AG). Die Aktiengesellschaft wird durch den **Vorstand** gerichtlich und 139
außergerichtlich vertreten, Art. 71 Abs. 1 AktG. Mehrere Vorstandsmitglieder vertreten grds. gemeinschaftlich, es sei denn, die Satzung oder der hierzu ermächtigte Aufsichtsrat treffen abw. Bestimmungen, zB Einzelvertretungsbefugnis. Möglich ist auch, dass der Vorstand einzelne Vorstandsmitglieder zur Vornahme bestimmter Rechtsgeschäfte ermächtigt, § 71 Abs. 2 AktG.

b) Nachweis der Vertretungsmacht. Der Nachweis der Vertretungsmacht kann ohne Schwie- 140
rigkeiten durch einen **Handelsregisterauszug** geführt werden, da das Handelsregister in seiner Funktion dem deutschen Register weitgehend entspricht, §§ 8 ff. HGB. Zuständig sind die erstinstanzlichen Gerichte (Landesgericht, Kreisgerichte), in Wien das Handelsgericht Wien.[152]

12. Polen. Das polnische Gesellschaftsrecht ist im Wesentlichen im Gesetzbuch der Handelsgesell- 141
schaften (HGG) vom 15. 9. 2000, in Kraft getreten am 1. 1. 2001, sowie im Gesetz über das Recht der Wirtschaftstätigkeit von Gesellschaften (WiTG) vom 19. 11. 1999 geregelt.

a) Vertretungsberechtigte Organe. aa) Offene Handelsgesellschaft (spólka jawna). So- 142
weit sich nicht aus dem Gesellschaftsvertrag etwas anderes ergibt, ist jeder Gesellschafter der oHG nach Art. 29 § 1 HGG grds. allein zur Vertretung der Gesellschaft berechtigt. Der Umfang der Vertretungsmacht kann nicht mit Wirkung gegenüber Dritten beschränkt werden (Art. 29 § 3 HGG). Jede vom Grundsatz der Einzelvertretungsmacht abweichende Regelung muss im Handelsregister eingetragen werden (Art. 26 § 1 Nr. 4, § 2 HGG).[153]

bb) Kommanditgesellschaft (spólka komandytowa). Zur Vertretung der KG sind nach 143
Art. 117, 103, 20 HGG die Komplementäre nach den für die OHG geltenden Grundsätzen berechtigt. Der Kommanditist ist zur Vertretung nur auf Grund Vollmacht oder Prokura ermächtigt (Art. 118 § 1 HGG bzw. §§ 61 ff. HGG).[154]

cc) Partnergesellschaft (spólka partnerska). In Partnergesellschaften, die von Angehörigen 144
freier Berufe gegründet werden dürfen, ist jeder Partner zur Vertretung berechtigt, es sei denn, im Gesellschaftsvertrag ist etwas anderes bestimmt. Insbes. kann ein Vorstand zur Führung und Vertretung der Partnergesellschaft berufen werden. Wie bei der OHG ist auch hier die Art der Vertretungsbefugnis in das Handelsregister einzutragen.[155]

dd) KG auf Aktien (spólka komandytowo akcyjna). Die Vertretung der KGaA steht allein 145
den Komplementären zu (Art. 137 § 1 HGG), sofern ihnen diese Befugnis nicht durch Gesellschaftsvertrag entzogen worden ist. Abweichende Vertretungsregelung in der Satzung entfalten Dritten gegenüber keine Wirkung (Art. 139 HGG).[156]

ee) Aktiengesellschaft (spólka akcyjna/S. A.). Die Aktiengesellschaft wird vom Vorstand 146
vertreten, der aus einer oder mehrerer Personen bestehen kann (Art. 368 § 1 HGG). Die Vertretung erstreckt sich auf alle gerichtlichen und außergerichtlichen Handlungen und Rechtsgeschäfte, die mit der Führung eines Handelsunternehmens verbunden sind. Ausgenommen von der Vertretungsmacht ist aber unter anderem die Veräußerung eines Fabrikgrundstücks der AG; in diesem Fall bedarf der Vorstand eines Beschlusses der Hauptversammlung (Art. 375 iVm. Art. 383 Nr. 3 bis 5 HGG). Die Vertretungsmacht kann Dritten gegenüber nicht wirksam beschränkt werden (Art. 372 § 2 HGG). Sofern die Vertretung durch einen mehrköpfigen Vorstand nicht in der Satzung geregelt ist, gilt

---
[151] *Behrends* (Fn. 114) S. 97 (A 19 ff.) mit Gesetzestext S. 115; *Reithmann/Martiny* RdNr. 2343.
[152] *Reithmann/Martiny* RdNr. 2344; Muster eines Registerauszugs in DNotI (Fn. 110) S. 507 f.
[153] *Reithmann/Martiny* RdNr. 2359; *Lacomy/Bogen* in: *Frank/Wächter* (Fn. 112) Kap. 14 RdNr. 241.
[154] *Reithmann/Martiny* RdNr. 2360.
[155] *Lacomy/Bogen* in: *Frank/Wächter* (Fn. 112) Kap. 14 RdNr. 242.
[156] *Reithmann/Martiny* RdNr. 2362.

§ 12 Anh. 147–155   1. Buch. 2. Abschnitt. Handelsregister; Unternehmensregister

Art. 371 § 1 HGG: Zur Abgabe von Willenserklärungen im Namen der AG ist die Mitwirkung zweier Vorstandsmitglieder oder eines Vorstandsmitglieds gemeinsam mit einem Prokuristen erforderlich. Abweichende Bestimmungen sind im Handelsregister einzutragen und wirken dann auch gegenüber Dritten.[157]

147   **ff) Gesellschaft mit beschränkter Haftung (spólka z organiczona odpowiedzialnóscia; Sp. z. o. o.).** Die GmbH wird nach Art. 201 § 1 HGG vom Vorstand vertreten. Dessen Vertretungsmacht kann Dritten gegenüber nicht wirksam eingeschränkt werden. Besteht der Vorstand aus mehreren Personen, gelten zur Frage der Einzel- oder Gesamtvertretung die Ausführungen zur AG.

148   **b) Nachweis der Vertretungsmacht.** Sämtliche Handelsgesellschaften sind im Handelsregister einzutragen. Ein gerichtlich beglaubigter Auszug aus dem Register genügt als Vertretungsnachweis.[158]

149   **13. Portugal. a) Vertretungsberechtigte Organe. aa) Sociedade em nome colectivo (S. N. C.).** Die Geschäftsführung und Vertretung der Gesellschaft obliegt nach Art. 192 Abs. 1 Códiogo das Sociedades Comerciais (CSC), den **Geschäftsführern** (gerantes). Deren Vertretungsbefugnis kann durch den Gesellschaftszweck oder durch Gesellschaftsvertrag begrenzt werden, Art. 192 Abs. 2 CSC.

150   Hatte der Dritte von der **Überschreitung der Befugnis** des Geschäftsführers keine Kenntnis, kann er das Rechtsgeschäft anfechten; die Eintragung des Gesellschaftszwecks im Handelsregister begründet noch keine Vermutung dieser Kenntnis, Art. 192 Abs. 4 CSC.[159]

151   **bb) Sociedade em comandita simples (S. C. S.).** Die Kommanditgesellschaft wird durch einen oder mehrere **Geschäftsführer,** die grds. nur persönlich haftende **Gesellschafter** (socios comanditados) sein können, nach den Regeln über die Vertretungsbefugnisse bei der S. N. C. vertreten. Kommanditisten (socios comanditarios) sind nur zur Vertretung berechtigt, wenn sie im Gesellschaftsvertrag hierzu ausdrücklich ermächtigt sind oder auf sie Vertretungsmacht delegiert wurde, Art. 470 CSC.[160]

152   **cc) Sociedade por quotas (sociedade de responsabilidade limitada).** Diese der GmbH entsprechende Gesellschaft wird durch einen oder mehrere **Geschäftsführer** (gerantes) vertreten. Bei mehreren Geschäftsführern steht ihnen mangels abw. Satzungsbestimmung die Vertretungsbefugnis nur gemeinsam zu, Art. 261 CSC.[161] Die Gesellschaft wird aber auch durch Geschäfte verpflichtet, die durch eine Mehrheit der Geschäftsführer abgeschlossen oder von ihr genehmigt worden ist, Art. 261 Abs. 1 CSC. Haben die Geschäftsführer die Vertretungsmacht für bestimmte Rechtsgeschäfte delegiert, sind die von den gerantes delegades geschlossenen Geschäfte für die Gesellschaft verbindlich, Art. 261 Abs. 2 CSC.

153   **dd) Sociedade anónima (S. A.).** Die der Aktiengesellschaft entsprechende Sociedade anónima wird durch den **Verwaltungsrat** (conselho de administração) gesetzlich vertreten, Art. 504 Abs. 2 CSC. Die Vertretungsmacht wird grds. durch die Mitglieder des Verwaltungsrats gemeinsam ausgeübt, es sei denn, der Gesellschaftsvertrag sieht etwas anderes vor. Die Gesellschaft wird auch durch Rechtsgeschäfte gebunden, die eine Mehrheit der Verwaltungsratsmitglieder oder ein im Gesellschaftsvertrag bestimmtes geringeres Quorum geschlossen oder genehmigt hat, Art. 408 Abs. 1 CSC. **Beschränkungen in der Vertretungsmacht** der Verwaltungsratsmitglieder durch den Gesellschaftsvertrag oder durch Beschlüsse der Aktionäre können Dritten nicht entgegengehalten werden, selbst wenn sie im Handelsregister eingetragen sind, Art. 409 Abs. 1 CSC.

154   **b) Nachweis der Vertretungsmacht.** Portugal kennt ein dem deutschen Handelsregister entsprechendes **Register.** Zuständig für die Eintragungen ist die „conservatória", in deren Bezirk die Handelsgesellschaft ihren Sitz hat. Neben dem lokalen Register wird das Zentralregister für alle Handelsgesellschaften und juristischen Personen Portugals in Lissabon geführt (Registo Nacional de Pessoas Colectivas). Das Handelsregister ist **öffentlich.** Registerauszüge werden an jedermann erteilt.[162]

155   **14. Schweden. a) Vertretungsberechtigte Organe. aa) Handelsgesellschaft (handelsbolat).** Nach Kap. 1 § 1 HBL liegt eine Handelsgesellschaft vor, wenn zwei oder mehr Personen vereinbart haben, gemeinsam ein gewerbliches Unternehmen in der Form einer Gesellschaft aus-

---

[157] *Reithmann/Martiny* RdNr. 2363.
[158] *Lacomy/Bogen* in: *Frank/Wachter* (Fn. 112) Kap. 14 RdNr. 244.
[159] *Reithmann/Martiny* RdNr. 2346.
[160] *Reithmann/Martiny* RdNr. 2347.
[161] *Behrends* (Fn. 114) S. 1197 f. (P 20 f.) mit Gesetzestext S. 1222 ff., insbes. 1442 ff.
[162] *Reithmann/Martiny* RdNr. 2350.

zuüben und diese Gesellschaft in das Gesellschaftsregister eingetragen wurde. Die Handelsgesellschaft wird von einem oder mehreren Geschäftsführern vertreten (§ 4 HBL). Grds. steht jedem geschäftsführungsbefugten Gesellschafter auch das Alleinvertretungsrecht zu (Kap. 2 § 17 HBL). Die Vertretungsmacht kann auch auf bestimmte Gesellschafter beschränkt werden. Prokura kann erteilt werden.[163]

bb) Kommanditgesellschaft (kommanditbolag). Für sie gelten grds. dieselben Vorschriften wie für die Handelsgesellschaft. Allerdings steht dem Kommanditisten grds. nicht die Befugnis zu, die Gesellschaft nach außen zu vertreten (Kap. 3 § 7 Abs. 1 HBL), es sei denn, er ist zur Vertretung bevollmächtigt oder als Prokurist bestellt. Damit sind zur Vertretung grds. die Komplementäre, bei mehreren grds. jeder einzeln, berechtigt.[164] **156**

cc) Aktiengesellschaft. Die Aktiengesellschaft tritt als – der deutschen GmbH vergleichbar – private Aktiengesellschaft (privat aktiebolag) oder als öffentliche Aktiengesellschaft bzw. Publikumsaktiengesellschaft (publikt aktiebolag) auf. Aktiengesellschaften werden durch den **Verwaltungsrat** (styrelse) vertreten. Der **Geschäftsführer** (verkställande direktör) – ein solcher muss bei öffentlichen Aktiengesellschaften ernannt werden, während bei privaten Aktiengesellschaften die Ernennung fakultativ ist – hat das Recht, die Gesellschaft in Angelegenheiten der laufenden Verwaltung zu vertreten. Der Erwerb von Grundstücken liegt regelmäßig außerhalb des Bereichs der laufenden Verwaltung, so dass der Geschäftsführer nur mit Vollmacht des Verwaltungsrates handeln kann. Der Verwaltungsrat kann im Übrigen einem Verwaltungsratmitglied, dem Geschäftsführer oder einer anderen Person Vertretungsmacht erteilen. Die Verfügung über Grundstücke bedarf allerdings stets einer besonderen Bevollmächtigung. Eine dem deutschen Recht vergleichbare Prokura gibt es im schwedischen Gesellschaftsrecht nicht.[165] **157**

b) Nachweis der Vertretungsmacht. Aktien-, Handels- und Kommanditgesellschaften sind in einem von einer zentralen Registerbehörde, dem „bolagsverket", geführten Handelsregisterverzeichnis eingetragen. Das Handelsregister (patenoch registeringsverket, abgekürzt PRV), wird für ganz Schweden zentral in Sundsvall geführt. Der Nachweis der Vertretungsbefugnis erfolgt durch Vorlage eines Handelsregisterauszugs.[166] **158**

15. Schweiz. a) Vertretungsberechtigte Organe. aa) Kollektivgesellschaft. Die der OHG entsprechende Kollektivgesellschaft wird durch jeden **Gesellschafter** einzeln vertreten. Abw. Regelungen – gemeinschaftliche Vertretung oder Vertretung eines Prokuristen mit einem Gesellschafter – ist – wenn vereinbart – aus dem Handelsregister ersichtlich, Art. 555, 563 schweizerisches Obligationenrecht (OR). Der **Umfang der Vertretungsmacht** wird durch den Gesellschaftszweck beschränkt; eine weitergehende Beschränkung hat gutgläubigen Dritten gegenüber keine Wirkung, Art. 564 OR. **159**

bb) Kommanditgesellschaft (KG). Die Gesellschaft wird durch die **persönlich haftenden Gesellschafter** entsprechend den Regeln bei der Kollektivgesellschaft vertreten, Art. 603 OR; Kommanditisten sind von der Vertretung ausgeschlossen, Art. 605 OR. **160**

cc) Gesellschaft mit beschränkter Haftung (GmbH). Die GmbH wird – im Gegensatz zu den GmbH-Rechten fast aller übrigen europäischen Staaten – grds. durch alle **Gesellschafter** gemeinschaftlich vertreten, Art. 811 Abs. 1 OR.[167] Eine abw. Regelung ist zulässig und aus dem Handelsregister zu ersehen. Die **Befugnis** der Geschäftsführer **zur Vertretung** der Geschäfte nach außen ist entsprechend den aktienrechtlichen Vorschriften auf den Rahmen solcher Handlungen **begrenzt,** der durch den Gegenstand der Gesellschaft abgesteckt ist (Art. 814 iVm. 718, 718 a OR – **Spezialitätsprinzip).** Geschäfte, die außerhalb des Gesellschaftsgegenstandes liegen, sind selbst im Verhältnis zu gutgläubigen Dritten für die Gesellschaft nicht verbindlich, da die Geschäftsführung insoweit ohne Vertretungsmacht gehandelt hat. **Innerhalb** des **Gesellschaftsgegenstandes** ist die Vertretungsbefugnis der Geschäftsführung jedoch gegenüber gutgläubigen Dritten sachlich **unbeschränkt und unbeschränkbar.**[168] **161**

dd) Aktiengesellschaft (AG). Die Aktiengesellschaft wird durch den **Verwaltungsrat** vertreten, Art. 718 Abs. 1 OR. – Mehrere Mitglieder des Verwaltungsrats vertreten grds. einzeln, jedoch kann der Verwaltungsrat die Vertretung einem oder mehreren Mitgliedern (Delegierten) oder Dritten **162**

---

[163] *Foerster* in: *Hohloch/Gerhardt,* EU-Handbuch Gesellschaftsrecht, Schweden, RdNr. 2140 ff.
[164] *Foerster* in: *Hohloch/Gerhardt,* EU-Handbuch Gesellschaftsrecht, Schweden, RdNr. 97.
[165] *Schaeferdiek* in: *Frank/Wachter* (Fn. 112) Kap. 17 RdNr. 85 f., 93 f.; *Foerster* in: *Hohloch/Gerhardt,* EU-Handbuch Gesellschaftsrecht, Schweden, RdNr. 240.
[166] *Foerster* in: *Hohloch/Gerhardt,* EU-Handbuch Gesellschaftsrecht, Schweden, RdNr. 91, 94.
[167] *Reithmann/Martiny* RdNr. 2411.
[168] *Behrends* (Fn. 114) S. 202 (CH 20) mit Gesetzestext S. 215 ff.

§ 12 Anh. 163–172 1. Buch. 2. Abschnitt. Handelsregister; Unternehmensregister

(Direktoren) übertragen, Art. 718 Abs. 2 OR. Diese Vertretungsbefugnis ist aus dem Handelsregister zu entnehmen, Art. 720 OR.

163 Die vertretungsbefugten Personen können im Namen der Gesellschaft alle Rechtshandlungen vornehmen, die der Zweck der Gesellschaft mit sich bringt, Art. 718a Abs. 1 OR; gutgläubigen Dritten gegenüber hat die **Beschränkung der Vertretungsbefugnis** durch den Gesellschaftszweck keine Wirkung. Demgegenüber wirken die Bestimmungen über die ausschließliche **Vertretung der Hauptniederlassung** oder einer **Zweigniederlassung** oder über die Gesamtvertretung der Gesellschaft auch gegen Dritte, soweit sie im Handelsregister verlautbart sind, Art. 718a Abs. 2 OR.[169]

164 b) Nachweis der Vertretungsmacht. Das **Handelsregister** wird in den einzelnen Kantonen von verschiedenen Amtsstellen geführt und ist öffentlich. Handelsregisterauszüge werden erteilt.

165 16. Spanien. a) Vertretungsberechtigte Organe. aa) Sociedad colectiva (S. C.). Bei dieser der OHG entsprechenden Gesellschaft sind alle **Gesellschafter** zur Geschäftsführung berechtigt, zur Außenvertretung bedarf es jedoch grds. ausdrücklicher Ermächtigung, Art. 28, 29 Código de comercio (C.com.). Mangels abw. Vereinbarungen im Gesellschaftsvertrag, die um Drittwirkung zu erlangen im Handelsregister eingetragen sein müssen, besteht Einzelvertretungsbefugnis.

166 Der **Umfang der Vertretungsmacht** ist durch den Gesellschaftszweck begrenzt; weitere Beschränkungen sind Dritten gegenüber unwirksam.[170]

167 bb) Sociedad en comandita (S. en C.). Die Gesellschaft wird durch die **persönlich haftenden Gesellschafter** (socios colectivos) nach den Regeln der OHG vertreten. Kommanditisten (socios comanditarios) sind von der Vertretung ausgeschlossen, Art. 148 Abs. 2 iVm. Art. 128 ff. bzw. Art. 148 Abs. 4 C.com.

168 cc) Sociedad de responsabilidad limitada (S. R. L.). Die **Vertretungsbefugnis** bei der spanischen GmbH entspricht der bei der spanischen Aktiengesellschaft.

169 Die **Überschreitung** des durch den Gesellschaftszweck begrenzten Umfangs der Vertretungsmacht kann gutgläubigen Dritten nicht entgegengehalten werden. Weitergehende **Beschränkungen** in der Vertretungsmacht durch Satzung oder Gesellschafterbeschluss sind Dritten gegenüber unwirksam, Art. 62, 63 spanisches GmbH-Gesetz vom 23. 3. 1995.[171]

170 dd) Sociedad anónima (S. A.). Die Vertretung der Sociedad anónima – entsprechend der Aktiengesellschaft – obliegt den **Verwaltern** (administradores), Art. 128 Ley de sociedades anónimas (LSA) vom 22. 12. 1989. Das Verwaltungsorgan kann gemäß Art. 123 LSA aus einem Alleinverwalter, mehreren Verwaltern mit Einzelbefugnissen oder mehreren gesamtvertretungsberechtigten Verwaltern bestehen. Ist die Verwaltung der Gesellschaft mehr als zwei Personen übertragen, bilden diesen einen Verwaltungsrat (consejo de administración, Art. 136 LSA), wobei in diesem Fall der Grundsatz der Gesamtvertretung gemäß Art. 133 Abs. 2 LSA gilt. Zulässig ist auch die Übertragung der organschaftlichen Vertretung auf einen geschäftsführenden Ausschuss (comisión ejecutiva) oder auf einzelne Mitglieder des Verwaltungsrates (consejeros delegados), sofern sie in der Satzung oder durch mehrheitlich getroffenen Verwaltungsratsbeschluss erfolgt.[172]

171 Die **Vertretungsmacht umfasst** alle Handlungen, die durch den in der Satzung festgelegten Gesellschaftszweck gedeckt sind, wobei eine Überschreitung des Gesellschaftszwecks gutgläubigen Dritten nicht entgegengehalten werden kann. Der gute Glaube wird durch die Eintragung des Gesellschaftszwecks in das Handelsregister allein noch nicht zerstört. Sonstige Beschränkungen in der Vertretungsbefugnis sind Dritten gegenüber unwirksam, selbst wenn sie im Handelsregister eingetragen sind, Art. 129 Abs. 1, 2 LSA.[173]

172 b) Nachweis der Vertretungsmacht. In Spanien besteht eine dem deutschen Handelsregister entsprechende Einrichtung. Das **Handelsregister** wird in jeder Provinzhauptstadt für die in der Provinz ansässige Gesellschaften geführt und ist **öffentlich**. Darüber hinaus wird bei der Generaldirektion für Register- und Notariatssachen ein allgemeines Gesellschaftsregister für ganz Spanien geführt (Registro Mercantil Central), das auf Anfrage Handelsregisterauszüge erteilt, die über die vertretungsberechtigten Organe spanischer Handelsgesellschaften verlässlich Auskunft geben.[174]

---

[169] *Reithmann/Martiny* RdNr. 2410.
[170] *Reithmann/Martiny* RdNr. 2352.
[171] Ley de sociedades de responsabilidad limitada, abgedruckt bei *Behrends* (Fn. 67) S. 1060 ff. mit Erl. S. 1038 f. (E 19 f.).
[172] *Reithmann/Martiny* RdNr. 2354.
[173] DNotI (Fn. 110) S. 420.
[174] *Reithmann/Martiny* RdNr. 2356; *Holzborn/Israel* NJW 2003, 3014, 3017.

17. Tschechische Republik/Slowakische Republik. Seit 1. 1. 1992 gilt das Handelsgesetz- 173
buch vom 5. 11. 1991, das sämtliche Gesellschaftsformen des Handelsrechts regelt und seit dem 1. 1.
1993 in der tschechischen und slowakischen Republik fortgilt.

a) Vertretungsberechtigte Organe. aa) Offene Handelsgesellschaft (verejná obchidní 174
spolecnost, v. o. s.). Die OHG wird grds. durch jeden Gesellschafter allein vertreten, sofern nicht
durch Gesellschaftsvertrag einige Gesellschafter von der Vertretung ausgeschlossen sind oder bestimmt
wird, dass nur alle Gesellschafter gemeinschaftlich vertreten. Gegenüber Dritten wirkt die Anordnung
der Gesamtvertretung mit Registereintragung. Beschränkungen des Umfangs der Vertretungsmacht
mit Wirkung gegenüber Dritten sind unzulässig.[175]

bb) Kommanditgesellschaft (komanditní spolecnost, k. s.). Die Komplementäre der KG 175
sind zur Geschäftsführung und Vertretung berechtigt. Soweit der Gesellschaftsvertrag nichts anderes
bestimmt, hat jeder von ihnen Einzelvertretungsmacht (§ 101 Abs. 1 HGB), im Übrigen gelten die
Vertretungsregelungen der OHG entsprechend. Die Kommanditisten sind von der Vertretung ausgeschlossen.[176]

cc) Aktiengesellschaft (akciová spolecnost, a. s.). Der Vorstand vertritt die Aktiengesellschaft 176
im Rechtsverkehr (§ 191 Abs. 1 HGB). Bei Mehrheit von Vorstandsmitgliedern gilt der Grundsatz
der Einzelvertretung, soweit die Satzung keine abweichende Bestimmung trifft (§ 191 Abs. 1 Satz 3
HGB). Die Anordnung der Gesamtvertretung wirkt gegenüber Dritten nur, wenn sie im Handelsregister eingetragen ist. Gegenüber Dritten kann die Vertretungsmacht des Vorstands nicht beschränkt
werden.[177]

dd) Gesellschaft mit beschränkter Haftung (spolecnost s rucením omezeným, s. r. o.). 177
Der oder die Geschäftsführer vertreten die GmbH im Rechtsverkehr. Grds. vertritt jeder Geschäftsführer allein. Die Vereinbarung von Gesamtvertretung wirkt gegenüber Dritten nur, wenn sie im
Handelsregister eingetragen ist. Dritten gegenüber hat die Beschränkung der Vertretungsmacht des
Geschäftsführers keine Wirkung (§ 133 Abs. 2 HGB).[178]

b) Nachweis der Vertretungsmacht. Alle tschechischen und slowakischen Handelsgesellschaf- 178
ten sind im Handelsregister, das öffentlich ist, einzutragen. Das Registergericht erteilt auf Antrag
beglaubigte Abschriften (iE §§ 27 bis 34 HGB).

18. Türkei. a) Vertretungsberechtigte Organe. aa) Kollektivgesellschaft (kollektif şir- 179
ket). Die Kollektivgesellschaft, die der deutschen OHG entspricht, wird grds. durch jeden Gesellschafter einzeln vertreten. Eine Beschränkung der Vertretungsmacht ist Dritten gegenüber nur mit
Registereintragung wirksam (Art. 176 HGB). Der Umfang der Vertretungsmacht ist grds. unbeschränkt.

bb) Kommanditgesellschaft (komandit şirket). Die Kommanditgesellschaft wird durch die 180
unbeschränkt haftenden Gesellschafter vertreten (Art 257 Abs. 1 HGB). Kommanditisten sind nicht
zur Vertretung berechtigt.

cc) Kommanditgesellschaft aA (sermayesi paylara bölünmüş komandit şirket). § 475 181
HGB verweist in Bezug auf die Kommanditgesellschaft aA auf die Regelung zur Kommanditgesellschaft, so dass die dortigen Grundsätze gelten.

dd) Aktiengesellschaft (anonim şirket). Die Aktiengesellschaft wird durch den Verwaltungsrat 182
vertreten (Art. 317 HGB), der wiederum die Vertretungsbefugnisse auf einzelne Mitglieder verteilen
kann. Mindestens ein Mitglied ist zur Vertretung nach außen zu bestimmen (Art. 319 HGB).

ee) Gesellschaft mit beschränkter Haftung (limited şirekti). Die GmbH wird grds. durch 183
die Gesellschafter gemeinschaftlich vertreten (Art. 540 HGB); diese Befugnis wird in der Regel durch
Satzung oder Beschluss auf einen oder mehrere Geschäftsführer übertragen. Der Umfang der Vertretungsmacht ist grds. unbeschränkt.[179]

b) Nachweis der Vertretungsbefugnis. Der Nachweis der Vertretungsbefugnis kann durch 184
Handelsregisterauszug geführt werden. Die Handelsregister werden bei den Handelskammern geführt
(§ 26 HGB) und sind öffentlich (Art. 11 HR-VO). Jedermann kann Einsicht in das Handelsregister
nehmen.[180]

---

[175] *Reithmann/Martiny* RdNr. 2374.
[176] *Reithmann/Martiny* RdNr. 2375.
[177] *Reithmann/Martiny* RdNr. 2376.
[178] *Reithmann/Martiny* RdNr. 2377.
[179] *Rumpf* in: *Frank/Wachter* (Fn. 112) Kap. 23 RdNr. 278; ders. GmbHR 2002, 835, 841 f.
[180] *Rumpf* in: *Frank/Wachter* (Fn. 112) Kap. 23 RdNr. 272.

§ 12 Anh. 185–196 1. Buch. 2. Abschnitt. Handelsregister; Unternehmensregister

185 **19. Ungarn. a) Vertretungsberechtigte Organe. aa) Offene Handelsgesellschaft (küzkereseti társaság, kkt.).** Die Gesellschaft wird durch jeden Gesellschafter vertreten, es sei denn, der Gesellschaftsvertrag sieht vor, dass nur einer oder mehrere Gesellschafter zur Vertretung berechtigt sind (§ 186 Gesetz über Wirtschaftsgesellschaften, GWG, vom 9. 12. 1997).

186 **bb) Kommanditgesellschaft (betéti társaság, bt.).** Die Komplementäre vertreten nach den für die OHG geltenden Grundsätzen die Kommanditgesellschaft. Kommanditisten sind von der Vertretung ausgeschlossen (§§ 101, 102 GWG).

187 **cc) Gemeinschaftsunternehmen (közüs vúllalat, kv.).** Gemeinschaftsunternehmen, das sind von juristischen Personen gegründete Wirtschaftsgesellschaften, werden im Rechtsverkehr gerichtlich und außergerichtlich durch den Direktor vertreten (§ 114 Abs. 1 GWG).

188 **dd) Aktiengesellschaft (részvénytr társaság, rt.).** Der Vorstand vertritt die AG gegenüber Dritten. Er besteht aus mindestens drei und höchstens elf Mitgliedern (§ 240 GWG). Anstelle eines Vorstands kann in der Gründungsurkunde auch einen Generaldirektor bestellt werden, der die Aufgaben des Vorstands übernimmt (§ 244 GWG). Entsprechend §§ 39, 40 GWG ist grds. jedes Vorstandsmitglied einzelvertretungsberechtigt. Die Satzung kann jedoch anderes vorsehen. Beschränkungen der Vertretungsmacht sind Dritten gegenüber unwirksam (§ 39 Abs. 1 Satz 3 GWG).[181]

189 **ee) Gesellschaft mit beschränkter Haftung (korlátolt felelösségü társaság, kft).** Der oder die Geschäftsführer vertritt die GmbH im Rechtsverkehr. Grds. ist jeder Geschäftsführer einzelvertretungsberechtigt; jedoch kann die Satzung bestimmen, dass alle Geschäftsführer zur Vertretung berechtigt sind (§ 156 GWG).[182]

190 **b) Nachweis der Vertretungsmacht.** Alle Handelsgesellschaften müssen im Firmenregister (cégjeguzék) eingetragen werden. Insoweit kann der Nachweis der Vertretungsmacht durch Auszug aus dem Firmenregister geführt werden.[183]

191 **20. USA.** Ein bundeseinheitliches Gesellschaftsrecht existiert in den USA nicht, da die Rechtssetzungsbefugnis auf diesem Gebiet den **Einzelstaaten** vorbehalten ist. Für die Partnerships ist aber nach den Vorbildern des Uniform Partnership Act (U. P. A.) von 1969 und dem Uniform Limited Partnership Act (U. L. P. A.) von 1916 in den einzelnen Bundesstaaten eine Gesetzgebung erfolgt (mit Ausnahme von Louisiana). In dem Recht der Corporations ist bei größeren Unterschieden iE durch den von der American Bar Association ausgearbeiteten Model Business Corporation Act (M. B. C. A.) in der Fassung von 1984 eine gewisse **Vereinheitlichung** erreicht worden.[184]

192 **a) Vertretungsberechtigte Organe. aa) General Partnership.** Betreiben **mindestens zwei Personen** ein auf Dauer angelegtes Erwerbsgeschäft, kann **jeder** die Gesellschaft, die in eigenem Namen Geschäfte abschließen kann (§§ 8, 19 U. P. A.), vertreten.

193 **bb) Limited Partnership.** Die Gesellschaft wird von den **persönlich haftenden Gesellschaftern** vertreten, die limited partners sind von der Vertretung ausgeschlossen.[185]

194 **cc) Business Corporation.** Die Vertretung der business corporation als wichtigste Gesellschaftsform des US-amerikanischen Gesellschaftsrechts obliegt in erster Linie dem **board of directors** als einem einheitlichen **Kollegialorgan** nach dem Prinzip der Gesamtvertretung (§ 8.01.b M. B. C. A.). Vertretungsberechtigt sind nicht die einzelnen Mitglieder des boards, sondern es bedarf grds. eines mit Mehrheit gefassten Beschlusses. Aufgrund **Mehrheitsbeschluss** des board of directors können die Vertretungsbefugnisse für bestimmte Rechtsgeschäfte auf Ausschüsse (Committees) übertragen werden. Aufgrund besonderer Vollmacht des board of directors können auch einzelne Angestellte der Gesellschaft (sog. Officers) zu Immobiliengeschäften berechtigt werden.[186]

195 **dd) Business Trust.** Der business trust wird durch einen oder mehrere **Treuhänder** (trustees) vertreten. Ähnlich einem board of directors besteht bei einem board of trustees die Möglichkeit der Delegation von Vertretungsbefugnissen auf einzelne Mitglieder. Der Umfang der Vertretungsmacht ergibt sich aus dem trust agreement.[187]

196 **b) Nachweis der Vertretungsmacht.** In den USA gibt es **weder** ein **Handelsregister** noch ein eigenes **Gesellschaftsregister**.

---

[181] *Reithmann/Martiny* RdNr. 2384.
[182] *Reithmann/Martiny* RdNr. 2385.
[183] *Gaspar/Winkler* in: *Frank/Wachter* (Fn. 112) Kap. 24 RdNr. 259.
[184] *Reithmann/Martiny* RdNr. 2414.
[185] *Reithmann/Martiny* RdNr. 2416.
[186] Zum Ganzen *Reithmann/Martiny* RdNr. 2417 ff.
[187] *Reithmann/Martiny* RdNr. 2421.

Zum Nachweis der Vertretungsbefugnis bei der Partnership ist daher eine beglaubigte Abschrift der **articles of partnership** vorzulegen. Da ein partnership agreement allerdings keiner besonderen Form bedarf, kann sicherer Vertretungsnachweis nur durch eine von allen Partnern ausgestellte **Vollmacht** geführt werden.

Bei der **business corporation** kann ein sicherer Nachweis der Vertretungsmacht nur durch Abschriften von **Beschlüssen des board of directors** oder Abschriften der **Gesellschaftssatzung** erbracht werden, aus denen die Bevollmächtigung bestimmter Personen hervorgeht. Die Abschriften müssen vom secretary der corporation beglaubigt und mit dem corporation seal versehen sein. Darüber hinaus muss der secretary noch bescheinigen, dass der im Wortlaut wiederzugebende Beschluss auf einer ordnungsgemäß einberufenen und geführten Sitzung eines board mit der erforderlichen Mehrheit gefasst wurde. Liegt eine solche Bescheinigung vor, kann die Gesellschaft Dritten, die im Vertrauen auf die Bescheinigung gehandelt haben, etwaige Fehler der Vollmachtserteilung nicht entgegenhalten.[188]

Beim **business trust** gibt das **trust agreement** Auskunft über die Vertretungsmacht.[189]

197

198

199

§ 13 Zweigniederlassungen von Unternehmen mit Sitz im Inland

(1) ¹ Die Errichtung einer Zweigniederlassung ist von einem Einzelkaufmann oder einer juristischen Person beim Gericht der Hauptniederlassung, von einer Handelsgesellschaft beim Gericht des Sitzes der Gesellschaft, unter Angabe des Ortes der Zweigniederlassung und des Zusatzes, falls der Firma der Zweigniederlassung ein solcher beigefügt wird, zur Eintragung anzumelden. ² In gleicher Weise sind spätere Änderungen der die Zweigniederlassung betreffenden einzutragenden Tatsachen anzumelden.

(2) Das zuständige Gericht trägt die Zweigniederlassung auf dem Registerblatt der Hauptniederlassung oder des Sitzes unter Angabe des Ortes der Zweigniederlassung und des Zusatzes, falls der Firma der Zweigniederlassung ein solcher beigefügt ist, ein, es sei denn, die Zweigniederlassung ist offensichtlich nicht errichtet worden.

(3) Die Absätze 1 und 2 gelten entsprechend für die Aufhebung der Zweigniederlassung.

Übersicht

	RdNr.		RdNr.
I. Allgemeines	1–19	3. Ort der Anmeldung	45
1. Regelungsgegenstand und Normzweck	1–5	4. Anmeldung bei Vorliegen eines Doppelsitzes	46
2. Normenentwicklung, Auslegungsfragen	6–13	5. Erzwingung der Anmeldung	47
a) Entwicklung der §§ 13 ff.	6–12	6. Zweigniederlassungen im Ausland	48
b) Auslegungsfragen	13	**VI. Tätigkeit des Gerichts der Hauptniederlassung/des Sitzes (§ 13 Abs. 2)**	49–52
3. Systematische Stellung, Überblick über die §§ 13 bis 13 g	14–19	**VII. Änderungen der die Zweigniederlassung betreffenden Tatsachen (§ 13 Abs. 1 S. 2)**	53–55
II. Begriff und Wesen der Zweigniederlassung	20–30		
1. Haupt- und Zweigniederlassung	20–26	**VIII. Aufhebung einer Zweigniederlassung (§ 13 Abs. 3), Verlegung und Umwandlung**	56–61
2. Firma der Zweigniederlassung	27–30	1. Aufhebung	56–59
III. Errichtung einer Zweigniederlassung (§ 13 Abs. 1)	31–37	2. Verlegung der Zweigniederlassung	60
1. Zweigniederlassung	31–36	3. Umwandlung	61
2. „Zweigniederlassung der Zweigniederlassung"	37	**IX. Bekanntmachung der Eintragungen**	62
IV. Vertretung der Zweigniederlassung	38–41	**X. Rechtliche Bedeutung der Zweigniederlassung**	63–66
V. Anmeldung der Errichtung einer Zweigniederlassung (§ 13 Abs. 1)	42–48		
1. Inhalt, Anlagen	42, 43		
2. Form der Anmeldung	44		

---

[188] *Merkt*, US-amerikanisches Gesellschaftsrecht, 1991, RdNr. 516.
[189] *Reithmann/Martiny* RdNr. 2423.

Schrifttum: *Everling,* Zur Auslegung des durch EG-Richtlinien angeglichenen nationalen Rechts, ZGR 1992, 376; *Groschuff,* Eintragungsverfahren bei Zweigniederlassungen und bei Sitzverlegung nach der zum 1. Oktober 1937 in Kraft tretenden Neuregelung, JW 1937, 2425; *Hahnefeld,* Neue Regelungen zur Offenlegung bei Zweigniederlassungen, DStR 1993, 1596; *Kindler,* Neue Offenlegungspflichten für Zweigniederlassungen ausländischer Kapitalgesellschaften, NJW 1993, 3301; *Kögel,* Firmenbildung von Zweigniederlassungen in- und ausländischer Unternehmen, RPfleger 1993, 8; *Lenz,* Eintragungsverfahren bei Zweigniederlassung und bei Sitzverlegung nach der zum 1. Oktober 1937 in Kraft tretenden Neuregelung, JW 1937, 2632; *Noack,* Das EHUG ist beschlossen – elektronische Handels- und Unternehmensregister ab 2007, NZG 2007, 801; *Plesse,* Neuregelung des Rechts der Offenlegung von Zweigniederlassungen, DStR 1993, 133; *B. Rinne,* Zweigniederlassungen ausländischer Unternehmen im deutschen Kollisions- und Sachrecht, 1998; *Seibert,* Die Umsetzung der Zweigniederlassungs-Richtlinie der EG in deutsches Recht, GmbHR 1992, 738; *ders.,* Neuordnung des Rechts der Zweigniederlassung im HGB, DB 1993, 1705; *Seibert/Decker,* Das Gesetz über elektronische Handelsregister sowie das Unternehmensregister (EHUG) – Der „Big Bang" im Recht der Unternehmenspublizität, DB 2007, 2446.

I. Allgemeines

1   **1. Regelungsgegenstand und Normzweck.** § 13 regelt die registerrechtlichen Fragen im Zusammenhang mit der Errichtung und der Aufhebung einer Zweigniederlassung (Filiale) von Unternehmen mit Sitz im Inland. Die Bestimmung ist mit Wirkung zum 1. 1. 2007 grundlegend vereinfacht worden. Die Regelungen zum Zweigniederlassungsrecht inländischer Unternehmen sind von früher vier (§§ 13 bis 13 c aF) auf eine Vorschrift verkürzt worden.

2   In **§ 13 Abs. 1 in der** *seit dem 1. 1. 2007 geltenden Fassung* (zur früheren Rechtslage s. 1. Auflage) statuiert das Gesetz für **Einzelkaufleute, juristische Personen,** die nicht Handelsgesellschaft sind, und **Handelsgesellschaften** zunächst die Verpflichtung, die Errichtung einer Zweigniederlassung unverzüglich beim Gericht der Hauptniederlassung (Einzelkaufmann, juristische Person) bzw. beim Gericht des Gesellschaftssitzes (Handelsgesellschaft) zur Eintragung in das Handelsregister des Gerichts der Zweigniederlassung anzumelden (S. 1). Entsprechendes gilt für spätere Änderungen von einzutragenden Tatsachen, die die Zweigniederlassung betreffen (S. 2). **Abs. 2** betrifft die Tätigkeit des Gerichts der Hauptniederlassung bzw. des Gesellschaftssitzes und die vorzunehmenden Eintragungen; das Gericht hat hiernach die Zweigniederlassung grundsätzlich einzutragen, nur wenn die Zweigniederlassung offensichtlich nicht errichtet worden ist, besteht diese Pflicht nicht. **Abs. 3** ordnet die entsprechende Anwendung der Abs. 1 und 2 für die Aufhebung der Zweigniederlassung an. Die Gesetzeslage ist gegenüber der bislang geltenden deutlich vereinfacht worden.

3   Auf die **Partnerschaftsgesellschaft** findet § 13 auf Grund der Verweisung in § 5 Abs. 2 PartGG entsprechende Anwendung. Für die **Genossenschaft** verbleibt es im Hinblick auf das hierfür zuständige Genossenschaftsregister bei § 14 GenG, der § 13 entsprechende Bestimmungen enthält.

4   Das in § 13 vorgeschriebene Verfahren **dient der Konzentration des registerlichen Verfahrens** beim Gericht der Hauptniederlassung bzw. des Gesellschaftssitzes. Da infolge der elektronischen Führung der Handelsregister **seit dem 1. 1. 2007** die an der Hauptniederlassung bzw. am Sitz vorhandenen Eintragungen ohne weiteres online abgerufen werden können, konnte auf die bisherige Einschaltung des Gerichts der Zweigniederlassung verzichtet werden. Durch die grundsätzliche Eintragungspflicht des Gerichts nach **Abs. 2** soll der anfallende Prüfungsaufwand reduziert werden.

5   § 13 regelt nicht das **Entstehen oder das Erlöschen einer Zweigniederlassung.** Insoweit handelt es sich um rein tatsächliche Vorgänge, die nur Auslöser für das in § 13 geregelte formelle Verfahren sind; die Bestimmung betrifft also keine materiell-rechtlichen Fragen. Den Eintragungen selbst kommt ausschließlich deklaratorische Bedeutung zu.[1]

6   **2. Normenentwicklung, Auslegungsfragen. a) Entwicklung der §§ 13 ff.** Die heute bestehende Konzentration bei dem Gericht des Sitzes wurde mit den §§ 35 bis 37 AktG 1937 erstmals für Aktiengesellschaften eingeführt und diesem Vorbild entsprechend mit Gesetz vom 10. 8. 1937 (RGBl. I S. 897) durch die §§ 13 bis 13 b aF[2] auch auf andere Kaufleute ausgedehnt. Für Aktiengesellschaften waren bis 1937 nach dem seinerzeit geltenden § 201 HGB die die Zweigniederlassungen betreffenden Eintragungen in das Handelsregister und die dazu erforderlichen Anmeldungen bei jedem Gericht, in dessen Bezirk die Aktiengesellschaft eine Zweigniederlassung errichtete oder besaß, in gleicher Weise wie bei dem Gericht des Sitzes zu bewirken. Die Anmeldung der Errichtung der Zweigniederlassung einer GmbH war bis 1993 in § 12 GmbHG geregelt (RdNr. 7).

---

[1] BayObLG Beschl. v. 11. 5. 1979 – BReg 1 Z 21/79, DB 1979, 1936; *Hüffer* AktG Anh § 45. § 13 HGB RdNr. 7.
[2] Die Begründung des Gesetzes ist in JW 1937, 1302 abgedruckt.

Durch das Gesetz zur Durchführung der Elften gesellschaftsrechtlichen Richtlinie des Rates der Europäischen Gemeinschaften[3] und über Gebäudeversicherungsverhältnisse vom 22. 7. 1993 (BGBl. I S. 1282) wurden die bis dahin in einer Vielzahl von Gesetzen verteilten Regelungen über die Publizität von Zweigniederlassungen in den §§ 13 ff. insgesamt zusammengeführt.[4] Das Gesetz trat am 1. 11. 1993 in Kraft. § 13 wurde gegenüber der ursprünglichen Fassung in Abs. 5 sprachlich geringfügig geändert, ohne dass hiermit jedoch eine sachliche Änderung verbunden gewesen wäre. Die bis dahin für Zweigniederlassungen von Aktiengesellschaften geltenden §§ 42 bis 44 AktG, mit denen die Vorschriften des AktG 1937 im Wesentlichen übernommen und die in der Folgezeit mit dem Gesetz zur Durchführung der Ersten Richtlinie des Rates der Europäischen Gemeinschaften zur Koordinierung des Gesellschaftsrechts vom 15. 8. 1969 (BGBl. I S. 1146) geringfügig sprachlich geändert worden waren, wurden durch dieses Gesetz aufgehoben, ebenso die Bestimmung in § 12 GmbHG. Entsprechende Bestimmungen fanden sich seither in §§ 13 bis 13 f.

§§ 13 a, 13 b in der bis zum 31. 12. 2006 geltenden Fassung entsprachen inhaltlich weitgehend den 1993 aufgehobenen § 42 AktG aF und § 12 GmbHG aF. § 13 c in der bis zum 31. 12. 2006 geltenden Fassung entsprach bis auf geringfügige sprachliche Abweichungen in Abs. 2 und 4 bis zu seiner Änderung durch das Handelsrechtsreformgesetz vom 22. 6. 1998 (BGBl. I S. 1474) den Bestimmungen in 13 a aF und § 43 aF AktG. Durch dieses Gesetz wurde der bis dahin geltende Abs. 2 aufgehoben worden. § 13 d entspricht dem früheren § 13 b aF, durch das Handelsrechtsreformgesetz wurde hier lediglich noch ein Redaktionsversehen in der amtlichen Überschrift korrigiert. § 13 e enthält gegenüber der früheren Rechtslage vor allem gesteigerte Anforderungen zur Sicherstellung einer weitergehenden Publizität. Änderungen finden sich hinsichtlich des Kreises der zur Anmeldung verpflichteten Personen (§ 13 e Abs. 2 S. 1), der Anmeldung der Anschrift und des Gegenstandes der Zweigniederlassung (§ 13 e Abs. 2 S. 3), der einzelnen Angaben zur Registereintragung der Hauptniederlassung und ihrer Rechtsform, der Vertreter der Zweigniederlassung sowie der Satzung bzw. des Gesellschaftsvertrages (§ 13 e Abs. 2 S. 4), der Eintragungen zur Änderungen der vertretungsberechtigten Personen und ihrer Befugnisse (§ 13 e Abs. 3), der Anmeldungen bei Insolvenzen (§ 13 e Abs. 4) sowie der Optionsmöglichkeit zugunsten eines von mehreren Handelsregistern (§ 13 e Abs. 5). § 13 f ist in Abs. 2 und S. 3 und Abs. 4 durch das Handelsrechtsreformgesetz der allgemeinen Änderung (Wegfall der Berufsangabe) angepasst worden (dort RdNr. 3). Ergänzt werden die Bestimmungen durch § 325 a, wonach Zweigniederlassungen ausländischer Kapitalgesellschaften zwar nicht selbst Rechnung zu legen haben, die Unterlagen zur Rechnungslegung der ausländischen Hauptniederlassung aber ebenfalls bei dem für die Zweigniederlassung zuständigen Handelsregister im Inland offenzulegen sind (zu der dort genannten Möglichkeit, bei mehreren inländischen Zweigniederlassungen die Offenlegung auf ein Handelsregister zu beschränken, s. bei § 13 e).

Eine weitere Änderung haben die §§ 13 ff. durch Art. 4 Nr. 1 bis 4 des Gesetzes zur Namensaktie und zur Erleichterung der Stimmrechtsausübung (Namensaktiengesetz – NaStraG) vom 18. 1. 2001 (BGBl. I S. 123) erfahren. Durch Art. 4 Nr. 1 NaStraG wurde § 13 ein neuer Abs. 6 angefügt, der als zentrale Bestimmung die Bekanntmachung von Eintragungen im Handelsregister des Gerichts der Zweigniederlassung betraf. Mit Art. 4 Nr. 2 und 3 NaStraG wurden als Folgeänderungen § 13 a Abs. 4 aufgehoben und Abs. 5 aF zum neuen Abs. 4, in § 13 b wurde Abs. 4 aufgehoben. Durch Art. 4 Nr. 4 NaStraG wurde entsprechend § 13 c Abs. 2 S. 3 neu gefasst. Die Änderungen traten am 25. 1. 2001 in Kraft.

Die bislang letzten Änderungen haben die §§ 13 ff. durch das **Gesetz über elektronische Handelsregister und Genossenschaftsregister sowie das Unternehmensregister – EHUG –** vom 10. 11. 2006 (BGBl. I S. 2553) erfahren.[5] Durch dieses Gesetz ist das Recht der Zweigniederlassung mit Blick auf die Einführung elektronischer Handelsregister in § 13 **grundlegend vereinfacht** und die Bestimmungen der **§§ 13 a bis 13 c aufgehoben** worden.[6] Die führenden Eintragun-

---

[3] Richtlinie vom 22. 12. 1989 (89/666/EWG) ABl. EG Nr. L 395/36 v. 30. 12. 1989 (Zweigniederlassungsrichtlinie), auch abgedruckt bei *Lutter*, Europäisches Unternehmensrecht, ZGR-Sonderheft Nr. 1, 4. Aufl. 1996, S. 269 ff.; *Habersack*, Europäisches GesR, 1999, RdNr. 134.

[4] Zu den Motiven der Zusammenführung und der hieran geübten Kritik s. *Seibert* GmbHR 1992, 738; *Kindler* NJW 1993, 3301; s. auch *Hahnefeld* DStR 1993, 1596.

[5] Die Änderungen erfolgten in Umsetzung der Verpflichtungen aus der Richtlinie 2003/58/EG des Europäischen Parlaments und des Rates zur Änderung der Richtlinie 68/151/EWG in Bezug auf die Offenlegungspflichten von Gesellschaften bestimmter Rechtsformen (ABl. EU Nr. L 221) und der Richtlinie 2004/109/EG des Europäischen Parlaments und des Rates zur Harmonisierung der Transparenzanforderungen in Bezug auf Informationen über Emittenten, deren Wertpapiere zum Handel auf einem geregelten Markt zugelassen sind, und zur Änderung der Richtlinie 2001/34/EG (ABl. EU Nr. L 290).

[6] Eingehend hierzu *Noack* NZG 2006, 801 ff.; *Seibert/Decker* DB 2006, 2446 ff.

gen sind seither nur noch bei dem Gericht der Hauptniederlassung bzw. des Sitzes vorzunehmen, da die Daten elektronisch zentral abgerufen werden können. Für die Aufhebung der Zweigniederlassung gelten nach § 13 Abs. 3 die Bestimmungen in § 13 Abs. 1, 2 entsprechend. Seit dem 1. 1. 2007 gibt es für inländische Zweigniederlassungen inländischer Unternehmen **kein Gericht der Zweigniederlassung** mehr. Die dortigen Registerblätter werden nach Art. 61 Abs. 6 EGHGB zu diesem Zeitpunkt geschlossen und mit einem auf die Eintragungen beim Gericht der Hauptniederlassung/ des Sitzes hinweisenden Vermerk versehen; auf dem Registerblatt beim Gericht der Hauptniederlassung/des Sitzes werden zum 1. 1. 2007 die Verweise auf die Eintragungen beim Gericht der Zweigniederlassung gelöscht. Die Regelungen der **§§ 13 d bis 13 f** sind im EHUG inhaltlich im Wesentlichen unverändert geblieben und nur angepasst worden. Änderungen finden sich insoweit, als in § 13 d Abs. 1 und 3 das Wort „Zeichnungen" gestrichen worden ist, in § 13 f Abs. 2 S. 2 eine Anpassung vorgenommen worden und 13 f Abs. 2 S. 3 neu gefasst, Abs. 4 aufgehoben worden ist und Abs. 5 bis 8 entsprechend neu nummeriert worden sind. Weiter ist § 13 f Abs. 6 angepasst worden. § 13 g ist in Abs. 2 S. 2 Abs. 3 angepasst worden, Abs. 4 gestrichen, die Abs. 5 bis 7 in der Nummerierung und Abs. 6 angepasst.

11   Eine **weitere Änderung** ist **vorgesehen im RegE des Gesetzes zur Modernisierung des GmbH-Rechts und zur Bekämpfung von Missbräuchen (MoMiG)**, Stand Mai 2007; nach dem Entwurf sind Ergänzungen zur Angabe der Geschäftsanschrift der Zweigniederlassung beabsichtigt.

12   Die **Überschriften der §§ 13 ff.** sind **amtlich.**

13   **b) Auslegungsfragen.** Hinsichtlich der Auslegung des § 13 und §§ 13 d bis 13 g ist zu berücksichtigen, dass die Bestimmungen der §§ 13 d bis 13 g zum Teil die Vorgaben der Elften gesellschaftsrechtlichen Richtlinie des Rates der Europäischen Gemeinschaften[7] umsetzen. Diese Regelungen sind deshalb nach den für das angeglichene Recht geltenden speziellen Grundsätzen auszulegen, die von den deutschen Auslegungsmethoden teilweise abweichen,[8] und im Übrigen europarechtsfreundlich auszulegen.

14   **3. Systematische Stellung, Überblick über die §§ 13 bis 13 g.** Systematisch teilen sich die Vorschriften über die Zweigniederlassungen in zwei Bereiche auf:

15   **§ 13 in der seit dem 1. 1. 2007 geltenden Fassung** regelt für alle **Zweigniederlassung inländischer Unternehmen** das registergerichtliche Verfahren.

16   Die Bestimmungen über die Zweigniederlassungen **ausländischer Unternehmen** finden sich in §§ 13 d bis 13 g. Das Gesetz unterscheidet dort zwischen der Ausgangsvorschrift des § 13 d, gemeinsamen Vorschriften für die ausländische Aktiengesellschaft und die ausländische Gesellschaft mit beschränkter Haftung in § 13 e sowie jeweils ergänzenden Bestimmungen in §§ 13 f und 13 g. Die Vorschriften gelten für alle Unternehmen mit Sitz im Ausland, unabhängig davon, ob es sich um ein der EU angehörendes Land handelt oder nicht.

17   Bei den Bestimmungen über die Zweigniederlassungen inländischer und ausländischer Unternehmen handelt es sich um **jeweils geschlossene Regelungskomplexe,** die einander nicht ergänzen.[9] Für Unternehmen mit Sitz oder Hauptniederlassung im Ausland flankiert werden die §§ 13 d ff. durch **§ 15 Abs. 4,** wonach für den Geschäftsverkehr mit einer in das Handelsregister eingetragenen Zweigniederlassung eines ausländischen Unternehmens im Sinne des § 15 die Eintragung und Bekanntmachung durch das Gericht der Zweigniederlassung entscheidend ist (wegen der Einzelheiten s. dort).

18   **Sondervorschriften** für Zweigniederlassungen von Unternehmen mit Sitz außerhalb des seinerzeitigen Währungsgebietes finden sich in § 2 D-Markbilanzgesetz vom 21. 8. 1949 (WiGBl. 1949 S. 279, zul. geändert mit Gesetz vom 19. 12. 1985, BGBl. I S. 2355) sowie in §§ 14 ff. Zuständigkeitsergänzungsgesetz vom 7. 8. 1952 (BGBl. I S. 407). Zu Sonderbestimmungen im Zusammenhang mit Zweigniederlassungen der Kreditinstitute s. § 24 a KWG, zu Versicherungsunternehmen §§ 106, 110 a VAG, zu berufsrechtlichen Bestimmungen im Zusammenhang mit der Partnerschaftsgesellschaft, auf die § 13 auf Grund von § 5 Abs. 2 PartGG ebenfalls anwendbar ist, s. die Nachw. bei RdNr. 3.

19   Die besonderen Bestimmungen zur Zweigniederlassung in **§§ 33 Abs. 3, 34 Abs. 2** gelten nur für solche juristischen Personen, deren Eintragung nicht durch andere Vorschriften gewährleistet ist

---

[7] S. Fn. 3 und 5.
[8] Zur Auslegung angeglichenen Rechts s. etwa *Everling* ZGR 1992, 376 ff.; *Lutter* JZ 1992, 593 ff.; *Habersack*, Europäisches GesR RdNr. 34 ff.
[9] *Seibert* DB 1993, 1705.

und die Vollkaufmann kraft Gesetzes nach § 6 Abs. 2 sind;[10] auf die AG, die KGaA, die GmbH, den VVaG und die Genossenschaft finden sie sonach keine Anwendung. Wegen der Einzelheiten s. dort.

II. Begriff und Wesen der Zweigniederlassung

1. Haupt- und Zweigniederlassung. Das Gesetz verwendet die Begriffe Niederlassung, Haupt- 20 niederlassung und Zweigniederlassung, ohne diese näher zu definieren. Soweit sich der Begriff der Niederlassung findet (§§ 29; 31 Abs. 1; 50 Abs. 3; 126 Abs. 3), ist nach dem jeweiligen Normzweck zu bestimmen, ob hierunter die Hauptniederlassung, die Zweigniederlassung oder beide gemeint sind. Beim **Einzelkaufmann** bildet der räumliche Mittelpunkt des Unternehmens, der durch den auf Dauer angelegten Ort der Geschäftsleitung bestimmt wird, die Hauptniederlassung;[11] betreibt der Kaufmann mehrere Unternehmen, kann er mehrere Hauptniederlassungen unterhalten. Bei **Handelsgesellschaften,** zu denen neben der OHG und der KG (§§ 105, 161 Abs. 2) die Europäische Wirtschaftliche Interessenvereinigung (vgl. § 1 EWIV-AusfG),[12] die Aktiengesellschaft (§ 3 AktG) und die GmbH (§ 13 Abs. 3 GmbHG) zählen, tritt an die Stelle der Hauptniederlassung der Sitz der Gesellschaft,[13] der bei Personenhandelsgesellschaften grundsätzlich durch den Gesellschaftsvertrag (§ 106 Abs. 2 Nr. 2, weicht dieser vom Ort der Hauptverwaltung ab, ist letzterer maßgebend[14]) bzw. bei der AG und der GmbH durch die Satzung (§§ 5, 23 Abs. 3 Nr. 1 AktG; §§ 3 Abs. 1 Nr. 1, 4a GmbHG) bestimmt wird. Die Frage des Unterhaltens mehrerer Unternehmen und damit die der Möglichkeit mehrerer Hauptsitze stellt sich bei Handelsgesellschaften nicht. Anders als der Einzelkaufmann können sie nicht Träger mehrerer Unternehmen sein[15] (zum Doppelsitz vgl. bei RdNr. 46). Zu beachten ist bei den Personenhandelsgesellschaften allerdings, dass Änderungen des Gesellschaftsvertrags zu ihrer Wirksamkeit nicht der Eintragung im Handelsregister bedürfen; da der Gesellschaftsvertrag deshalb auch außerhalb des Handelsregisters geändert werden kann und außerdem bei der Personengesellschaft auf den tatsächlichen Sitz abzustellen ist,[16] kann für die Bestimmung des Gesellschaftssitzes nicht verlässlich auf ihn abgestellt werden.[17] Weicht bei der AG oder der GmbH der in der Satzung als Sitz angegebene Ort von dem tatsächlichen Ort der Hauptniederlassung ab, ist der satzungsmäßige Sitz maßgeblich;[18] dies ergibt sich aus dem Sinn und Zweck des § 13.[19]

Auf die **Partnerschaftsgesellschaft** findet § 13 gem. § 5 Abs. 2 PartGG entsprechende Anwen- 21 dung. Eine direkte Anwendung der Bestimmungen ist ausgeschlossen, weil die Partnerschaftsgesellschaft weder Kaufmann noch Handelsgesellschaft ist. In diesem Zusammenhang sind verschiedentlich berufsrechtliche Sondervorschriften zu beachten.[20] Eine **Gesellschaft bürgerlichen Rechts** oder ein **Verein** kann keine Zweigniederlassung im Sinne des HGB unterhalten.

Unter der **Zweigniederlassung** (je nach Branche teilweise auch Filiale, Zweigstelle, Geschäfts- 22 stelle, Kommandite genannt) ist grundsätzlich ein räumlich getrennter Teil des Unternehmens eines *Kaufmanns oder einer Handelsgesellschaft* zu verstehen (zur Partnerschaftsgesellschaft s. soeben RdNr. 3), von dem aus dauerhaft selbständig Geschäfte abgeschlossen werden und der die hierfür erforderliche Organisation in sachlicher und personeller Hinsicht aufweist.[21] Für Zweigniederlassun-

---

[10] Staub/*Hüffer* § 33 RdNr. 1; Koller/*Roth*/Morck § 34 RdNr. 1; Heymann/*Sonnenschein*/*Weitemeyer* § 33 RdNr. 1.
[11] MünchKommHGB/*Krafka* § 13 RdNr. 6; Staub/*Hüffer* Vor § 13 RdNr. 7.
[12] Gesetz zur Ausführung der EWG-VO über die Europäische Wirtschaftliche Interessenvereinigung (EWIVAG) vom 14. 4. 1988, BGBl. I S. 514.
[13] Staub/*Hüffer* Vor § 13 aF RdNr. 3, 22 f.; Koller/*Roth*/Morck RdNr. 5.
[14] Str., vgl. einerseits BGH Urt. v. 27. 5. 1957 – II ZR 317/55, WM 1957, 999, 1000; BGH Beschl. v. 9. 1. 1969 – IX ZB 567/66 LM § 106 Nr. 1 = BB 1969, 329; KG Beschl. v. 29. 11. 1910 – XI ZS OLGR 22, 2; KG Beschl. v. 16. 6. 1922 – ZS 1 a OLGR 42, 214; KG Beschl. v. 22. 10. 1996 – 1 AR 30/96, NJW-RR 1997, 868 mit Anm. *Jasper* WiB 1997, 923; Baumbach/*Hopt* § 106 RdNr. 8; Schlegelberger/*Geßler* § 106 RdNr. 2; Röhricht/Graf v. Westphalen/*v. Gerkan* § 106 RdNr. 9; Staub/*Hüffer* Vor § 13 RdNr. 22, jew. mwN, andererseits LG Köln Beschl. v. 21. 6. 1950 – 24 T 2/50, NJW 1950, 871; *Grasmann,* System des internationalen Gesellschaftsrechts, 1970, Anm. 1168 ff.; *Wieland* Handelsrecht, 1921, S. 171 f.; Staub/*Ulmer* § 106 RdNr. 20.
[15] Staub/*Hüffer* § 17 RdNr. 28; *K. Schmidt* HandelsR § 12 II 2 c.
[16] Staub/*Hüffer* vor § 13 aF RdNr. 22 ff.
[17] Staub/*Hüffer* Vor § 13 aF RdNr. 22 ff.
[18] Staub/*Hüffer* Vor § 13 aF RdNr. 23; Koller/*Roth*/Morck RdNr. 5; aA Kölner Komm AktG/*Kraft* § 42 aF RdNr. 16 mwN.
[19] RdNr. 25 f.; dort auch zu den hiermit verbundenen Folgerungen hinsichtlich der Bedeutung der organisatorischen Nachordnung der Zweigniederlassung.
[20] Hierzu *Henssler* PartGG § 5 RdNr. 23 ff.
[21] S. nur Staub/*Hüffer* Vor § 13 RdNr. 9 ff., 22 ff.; Heymann/*Sonnenschein*/*Weitemeyer* RdNr. 4 ff. Zu der (zu verneinenden) Frage, ob auf Grund der Elften gesellschaftsrechtlichen Richtlinie eine Modifikation dieses handelsrechtlichen Zweigniederlassungsbegriffs veranlasst ist, vgl. nur *Seibert* GmbHR 1992, 738 Fn. 5; *Kindler* NJW 1993, 3301, 3302 f.; krit. zur Voraussetzung der Eigenschaft Kaufmann bzw. Handelsgesellschaft *B. Rinne* S. 29.

gen einer *Kapitalgesellschaft* ist der Gesichtspunkt der Leitungsabhängigkeit wegen des dort statutarisch bestimmten Sitzes ohne Bedeutung (RdNr. 25 f). Systematisch stellt die Zweigniederlassung eine Zwischenform zwischen einem eigenständigen Unternehmen und einer einfachen Betriebsabteilung dar;[22] es handelt sich bei ihr um einen weiteren Mittelpunkt der geschäftlichen Tätigkeit des Unternehmensträgers, von dem aus wesentliche Geschäfte selbständig erledigt werden.[23] Trotz ihrer Verselbständigung handelt es sich bei der Zweigniederlassung nicht um ein eigenes Unternehmen oder gar um einen selbständigen Rechtsträger. Die Zweigniederlassung verfügt über keine eigene Rechtspersönlichkeit[24] und bleibt in jedem Falle Teil des (Gesamt-)Unternehmens des jeweiligen Unternehmensträgers (i. e. bei RdNr. 63 ff.). Ihr kommt keine rechtliche, sondern nur eine gewisse tatsächliche Selbständigkeit zu. Aus diesem Grunde liegt auch bei wirtschaftlicher Abhängigkeit eines Unternehmens keine Zweigniederlassung vor, wenn der in Frage kommende unternehmerische Bereich über einen eigenständigen Rechtsträger (GbR, OHG, KG, AG, KGaA, GmbH) verfügt; hier fehlt es an der Zugehörigkeit zum Unternehmen des gleichen Unternehmensträgers, und zwar selbst dann, wenn dieser maßgeblich an dem jeweiligen Rechtsträger beteiligt sein sollte.[25]

23 Eine streng begriffliche **Abgrenzung der Zweigniederlassung** ist nicht möglich,[26] sie lässt sich nur deskriptiv umschreiben. Entscheidend ist dabei auf den Zweck der Zweigniederlassungsbestimmungen abzustellen, dem Rechtsverkehr die Möglichkeit einzuräumen, sich über die verkehrswichtigen Rechtsverhältnisse einer unternehmerischen Niederlassung, von der aus in größerem Umfang Geschäfte betrieben werden, anhand des Handelsregisters Klarheit zu verschaffen. Maßgeblich ist die Zweigniederlassung durch die folgenden Merkmale charakterisiert:

24 Die Zweigniederlassung muss zunächst **räumlich von der Hauptniederlassung getrennt,** darf mit dieser also nicht räumlich identisch belegen sein. Dies schließt allerdings nicht aus, dass die Zweigniederlassung sich in der gleichen Gemeinde oder dem gleichen Handelsregisterbezirk befindet.[27] Die frühere Pflicht, in diesem Falle nach § 13 Abs. 4 HRV ein gesondertes Registerblatt zu verwenden, was nach § 8 Abs. 2 HRV zugleich das Anlegen eines besonderen Aktenbandes zur Folge hatte, ist durch die Neuregelung des § 13 entbehrlich geworden und entfallen.

25 Der Zweigniederlassung muss darüber hinaus eine **gewisse Selbständigkeit** in sachlicher und personeller Hinsicht zukommen. Eine gewisse Selbständigkeit **in sachlicher Hinsicht** setzt neben dem auf eine gewisse Dauer nach außen angelegten selbständigen Auftreten im Rechtsverkehr voraus, dass die Zweigniederlassung auch bei Wegfall der Hauptniederlassung als eigenes Unternehmen weitergeführt werden kann.[28] Erforderlich ist eine Ausstattung mit Betriebsmitteln und damit die interne Zuweisung eines gesonderten Teils des Geschäftsvermögens, was zugleich das Erfordernis einer gesonderten (nicht notwendigerweise bei der Zweigniederlassung geführten[29]) Buchführung rechtfertigt.[30] Es darf sich sonach bei dem betreffenden Unternehmensteil nicht nur um eine schlichte Betriebsabteilung handeln, die sich etwa auf die Herstellung ohne Verkauf, auf Lager-, Versand- oder Empfangstätigkeiten beschränkt. Ebenso wenig fallen Ladengeschäfte und andere Verkaufsstellen ohne eigenen Einkauf, Messestände oder reine Agenturen unter den Begriff der Zweigniederlassung.[31] Hier fehlt es jeweils an der erforderlichen Selbständigkeit und dem eigenständigen Auftreten im Rechtsverkehr. Die für das Vorliegen einer Zweigniederlassung erforderliche gewisse Selbständigkeit **in personeller Hinsicht** bedeutet, dass die Zweigniederlassung über einen Leiter ver-

---

[22] *K. Schmidt* HandelsR § 4 III 2 a.
[23] MünchKommHGB/*Krafka* RdNr. 8.
[24] Zumindest missverständlich daher BGH Urt. v. 8. 10. 1998 – IV ZR 220/96, NJW 1998, 1322.
[25] Staub/*Hüffer* Vor § 13 RdNr. 14.
[26] *K. Schmidt* HandelsR § 4 III 2 a.
[27] KG Beschl. v. 27. 9. 1928 – 1 b X 382/28, JW 1929, 671; Röhricht/Graf v. Westphalen/*Ammon* RdNr. 6; MünchKommHGB/*Krafka* RdNr. 10; Staub/*Hüffer* Vor § 13 RdNr. 11; Heymann/*Sonnenschein/Weitemeyer* RdNr. 10; zu Besonderheiten bei Steuerberatungsgesellschaften s. LG Frankenthal Beschl. v. 1. 2. 1990 – 1 (HK) T 1/90, DB 1990, 826.
[28] BayObLG Beschl. v. 11. 5. 1979 – BReg 1 Z 21/79, DB 1979, 1936; Staub/*Hüffer* Vor § 13 RdNr. 13; Heymann/*Sonnenschein/Weitemeyer* RdNr. 11; die gleichen oder gleichartigen Geschäfte wie die Hauptniederlassung muss die Zweigniederlassung betreiben, *B. Rinne* S. 30 f. mwN.
[29] BayObLG Beschl. v. 11. 5. 1979 – BReg 1 Z 21/79, DB 1979, 1936; Röhricht/Graf v. Westphalen/*Ammon* RdNr. 4.
[30] HM, KG Beschl. v. 3. 10. 1904 – 1. ZS, OLGR 11, 375; KG Beschl. v. 18. 2. 1926 – 1. ZS X 23/26, OLGR 45, 97; BayObLG Beschl. v. 11. 5. 1979 – 1 Z 21/79, WM 1979, 1200; Röhricht/Graf v. Westphalen/*Ammon* § 13 RdNr. 5; *Hüffer* AktG Anh § 45. § 13 HGB RdNr. 5; Staub/*Hüffer* Vor § 13 RdNr. 15; Hachenburg/*Ulmer* GmbHG § 12 aF RdNr. 5; abw. LG Mainz Beschl. v. 26. 7. 1968 – H T 5/67, MDR 1969, 148; *B. Rinne* S. 35 f; Kölner Komm AktG/*Kraft* § 42 RdNr. 6.
[31] Staub/*Hüffer* Vor § 13 RdNr. 13 mit weiteren Beispielen; auf den Einzelfall bei Ladengeschäften und anderen nicht unbedeutenden Verkaufsstellen ohne eigenen Einkauf abstellend Rowedder/*Schmidt-Leithoff* GmbHG § 12 RdNr. 8.

fügen muss, der die mit der Niederlassung verbundenen Geschäfte selbständig abschließen kann, wobei eine im Innenverhältnis gegenüber der Oberleitung der Gesellschaft bestehende Weisungsgebundenheit unschädlich ist.[32] Das Bestehen einer derartigen Gebundenheit widerspiegelt im Gegenteil die gegenüber der Hauptniederlassung bestehende Zuordnung. Die Selbständigkeit der Zweigniederlassung in personeller Hinsicht bedeutet nicht, dass die Zweigniederlassung einer GmbH oder Aktiengesellschaft über einen eigenständigen, von demjenigen der Gesellschaft zu unterscheidenden Geschäftsführer bzw. Vorstand verfügen könnte;[33] da die Zweigniederlassung nur einen Teil des Unternehmens der Aktiengesellschaft darstellt und selbst kein Rechtsträger ist, ist die Einrichtung eines derartigen Organs von vornherein ausgeschlossen.

Die grundsätzlich erforderliche Nachordnung der Zweigniederlassung im Verhältnis zur Hauptniederlassung schließt es nicht aus, dass ihr wirtschaftlich eine größere Bedeutung als der Hauptniederlassung zukommt. Da bei der GmbH und der Aktiengesellschaft der Ort des Sitzes stets demjenigen der Hauptniederlassung entspricht und ein Unternehmen nur über eine Hauptniederlassung verfügen kann (zur Frage der Zulässigkeit eines Doppelsitzes und der hieraus abzuleitenden Folgerungen s. die Nachweise bei RdNr. 46), handelt es sich bei **sämtlichen Niederlassungen einer Aktiengesellschaft oder GmbH außerhalb ihres satzungsmäßigen Sitzes** um **Zweigniederlassungen** im Sinne des § 13.[34] Dies rechtfertigt sich aus der mit diesen Bestimmungen bezweckten Konzentration der registerrechtlichen Anmeldungen bei dem Gericht des Ortes, der in dem Gesellschaftsvertrag bzw. der Satzung als Sitz benannt ist, und zwar unabhängig davon, ob die Bestimmung des Sitzes im Hinblick auf zwischenzeitliche Veränderungen überhaupt noch wirksam ist.[35] Bei **Personenhandelsgesellschaften** (OHG, KG) ist demgegenüber auf den tatsächlichen Hauptsitz abzustellen.[36]

2. Firma der Zweigniederlassung. Die Frage der Firmierung ist im Gesetz für die Zweigniederlassung nicht ausdrücklich geregelt. Sie war bis zum 31. 12. 2006 einschließlich in § 13 Abs. 3 S. 3 angesprochen. Heute finden sich noch Bestimmungen in §§ 30 Abs. 3, 50 Abs. 3, 126 Abs. 3. Während die ältere Praxis deshalb unter dem Aspekt der Firmenwahrheit davon ausging, die Firma der Hauptniederlassung und der Zweigniederlassung müssten grundsätzlich identisch sein, die Firma der Zweigniederlassung dürfe lediglich um einen auf die Filiale hindeutenden Firmenzusatz ergänzt werden, geht die heute herrschende Meinung davon aus, dass für die Zweigniederlassung eine **besondere Firma** gebildet werden darf, solange der Zusammenhang mit dem tatsächlichen Rechtsträger noch deutlich zum Ausdruck kommt.[37] Dem ist zuzustimmen. § 50 Abs. 3 lässt deutlich erkennen, dass der Gesetzgeber für die Firma der Zweigniederlassung davon ausgegangen ist, dass diese sich auch im Firmenkern von der Firma der Hauptniederlassung bzw. der Gesellschaft unterscheiden kann. Von dieser Vorgabe abzuweichen, besteht kein Anlass, solange dem Erfordernis der Firmenwahrheit genüge getan und damit ausgeschlossen ist, dass der Rechtsverkehr die Zweigniederlassung für ein eigenständiges oder ein einem anderen Rechtsträger zugeordnetes Unternehmen hält. Die Firma der Zweigniederlassung kann deshalb entweder mit derjenigen des Rechtsträgers identisch sein, mit dieser einen einheitlichen Firmenkern haben oder bei eigenständigem Firmenkern durch einen Zusatz auf die Zugehörigkeit zu ihm hinweisen. Erforderlich ist jedoch dann, wenn eine Gesellschaft mit beschränkter Haftung oder eine Aktiengesellschaft der Rechtsträger ist, ein besonderer **Rechtsformhinweis** nach § 4 Abs. 1 AktG, § 4 GmbHG.

Weiter ist zu beachten, dass die von der Hauptfirma abweichende Firma der Zweigniederlassung in die **Satzung** bzw. den **Gesellschaftsvertrag** der Handelsgesellschaft aufgenommen werden muss.[38]

---

[32] Kölner Komm AktG/*Kraft* § 42 aF RdNr. 3 ff.; Staub/*Hüffer* Vor § 13 RdNr. 14; Koller/*Roth*/Morck RdNr. 6; Heymann/*Sonnenschein*/Weitemeyer RdNr. 9.
[33] RG Urt. v. 11. 2. 1913 – IV 134/13, RGSt 47, 41; KG Beschl. v. 10. 12. 1920 – 1 a X 738/20, KGJ 53 A 97; GroßKomm AktG/*Barz* § 42 Anm. 5.
[34] Ähnlich Staub/*Hüffer* Vor § 13 RdNr. 24; Hachenburg/*Ulmer* GmbHG § 12 aF RdNr. 8; für eine lediglich analoge Anwendung der Regelungen über die Zweigniederlassung demgegenüber Kölner Komm AktG/*Kraft* § 42 aF RdNr. 17.
[35] Zur nachträglichen Nichtigkeit einer wegen Veränderung der maßgeblichen Verhältnisse nur noch fiktiven Sitzbestimmung vgl. *Hüffer* AktG § 5 RdNr. 11; Baumbach/*Hueck*/Fastrich GmbHG § 4 a RdNr. 9; einschränkend *Ulmer* in Ulmer GmbHG § 4 a RdNr. 29 ff.; aA Rowedder/*Schmidt-Leithoff* GmbHG § 12 RdNr. 21, jew. mwN.
[36] Staub/*Hüffer* Vor § 13 RdNr. 22 ff.
[37] BayObLG 19. 3. 1992 – 3 Z BR 15/92, BB 1992, 944; BayObLG Beschl. v. 31. 5. 1990 – B Reg 3 Z 38/90, BB 1990, 1364; *Hüffer* AktG § 4 RdNr. 20; Staub/*Hüffer* § 17 RdNr. 32 f.; Kölner Komm AktG/*Kraft* § 42 aF RdNr. 22; Baumbach/*Hopt* RdNr. 7; Heymann/*Emmerich* § 17 RdNr. 29; MünchKommHGB/*Krafka* § 13 RdNr. 22; Rowedder/*Schmidt-Leithoff* GmbHG § 12 RdNr. 21; *K. Schmidt* HandelsR § 12 II 3; für die originäre Firma enger GroßKomm AktG/*Brändel* § 4 RdNr. 65: Gleichheit des Firmenkerns erforderlich, zulässig nur ein die Zweigniederlassung unterscheidender Zusatz.
[38] BayObLG Beschl. v. 19. 3. 1992 – 3 Z BR 15/92, BB 1992, 944; MünchHdB AG/*Wiesner* § 7 RdNr. 10; *Hüffer* AktG § 23 RdNr. 20; MünchKommAktG/*Pentz* § 23 RdNr. 65.

Die Gegenauffassung,[39] nach der die Aufnahme einer abweichenden Firma der Zweigniederlassung in den Gesellschaftsvertrag bzw. die Satzung selbst dann nicht erforderlich sein soll, wenn diese vom Firmenkern der Gesellschaft abweicht, da die Bestimmung des Namens einer organisatorischen und betrieblichen Untergliederung noch im Zuständigkeitsbereich der Geschäftsführung liegen soll, überzeugt nicht. Sie übersieht, dass die Firma der Zweigniederlassung für ihren Geschäftskreis „die Firma" der Gesellschaft bildet und die Formulierung der Firma in den Zuständigkeitsbereich desjenigen Organs fällt, das für den Inhalt des Gesellschaftsvertrags bzw. der Satzung zuständig ist. Dies gilt auch dann, wenn der Firma der Gesellschaft für die Zweigniederlassung gem. § 30 Abs. 3 ein Zusatz beigefügt werden muss, um Verwechselungen mit bereits eingetragenen Firmen zu vermeiden (hierzu unten RdNr. 30). Keiner Änderung des Gesellschaftsvertrags bzw. der Satzung bedarf es demgegenüber, wenn die Zweigniederlassung die Gesellschaftsfirma führt und lediglich durch einen Zusatz wie etwa „Zweigniederlassung Mannheim" auf ihre Eigenschaft als Zweigniederlassung hingewiesen wird.[40]

29 Bedeutung erlangt die Zulässigkeit einer besonderen Firma der Zweigniederlassung vor allem in den Fällen der **Fortführung der Firma bei Erwerb eines Handelsgeschäfts nach § 22**.[41] Hier ermöglicht die Zulässigkeit einer abweichenden Firmierung der Zweigniederlassung die Fortführung der übernommenen Firma als Zweigniederlassungsfirma, wobei allerdings auch insoweit die allgemein an die Zulässigkeit der Zweigniederlassungsfirma geknüpften Anforderungen (RdNr. 27) eingehalten werden müssen. Wird also beispielsweise ein bislang unter der Firma „Karl Schmid" in Mannheim betriebenes Unternehmen von der X-Gesellschaft erworben und soll diese Firma bei Vorliegen der übrigen Voraussetzungen einer Zweigniederlassung fortgeführt werden, so kann die Firma etwa lauten: „Karl Schmid, Zweigniederlassung der X-Gesellschaft", „Karl Schmid, Zweigniederlassung Mannheim der X-Gesellschaft" oder „Karl Schmid, Zweigniederlassung der X-Gesellschaft in Mannheim"; zulässig wäre aber auch: „Karl Schmid, Inhaber X-Gesellschaft". Auf den früheren Unternehmensträger hindeutende, irreführende Rechtsformzusätze (EK, OHG, KG, AG, GmbH) sind zu streichen.

30 Zu beachten ist bei der Wahl der Zweigniederlassungsfirma die **Unterscheidbarkeit im Sinne des § 30 Abs. 3**, wonach dann, wenn an dem Orte oder der Gemeinde, wo eine Zweigniederlassung errichtet wird, bereits eine gleiche eingetragene Firma besteht, der Firma für die Zweigniederlassung ein der Vorschrift des § 30 Abs. 2 entsprechender Zusatz beigefügt werden muss. Dies wird dann akut, wenn für die Zweigniederlassung die Firma der Hauptniederlassung übernommen werden soll und diese mit einer bereits vorhandenen älteren Firma kollidiert. In diesen Fällen muss in die Firma der Zweigniederlassung ein unterscheidungskräftiger Zusatz aufgenommen werden, wobei die Bezeichnung „Zweigniederlassung" allein zur Unterscheidung nicht genügt.[42] Zu der deshalb ggf. notwendigen Änderung des Gesellschaftsvertrags bzw. der Satzung in diesen Fällen s. RdNr. 28.

III. Errichtung einer Zweigniederlassung (§ 13 Abs. 1)

31 **1. Zweigniederlassung.** Die Errichtung einer Zweigniederlassung ist ein **rein tatsächlicher Vorgang**. Der nach § 13 erforderlichen Eintragung kommt ausschließlich deklaratorische Wirkung zu.[43] Über die Errichtung der Zweigniederlassung entscheidet die innerhalb der Gesellschaft zuständige Stelle. Eine Entscheidung hierüber verlangt das Gesetz nicht, auch wenn die Errichtung als Akt der Geschäftsführung[44] regelmäßig hierauf zurückgehen wird (zur Errichtung einer „Zweigniederlassung der Zweigniederlassung" s. RdNr. 37).

32 Bei der Frage, inwieweit die Geschäftsführung einer Handelsgesellschaft – beim Einzelkaufmann stellt sich diese Frage vorbehaltlich besonderer vertraglicher Absprachen mit Dritten (etwa einem stillen Gesellschafter) nicht – einer **gesellschaftsvertraglichen bzw. satzungsmäßigen Ermäch-**

---

[39] Baumbach/*Hueck* AktG § 42 aF RdNr. 9; GroßKomm AktG/*Barz* § 42 aF Anm. 7; v. *Godin/Wilhelmi* AktG § 42 aF Anm. 4; Kölner Komm AktG/*Kraft* § 4 RdNr. 11; Rowedder/*Schmidt-Leithoff* GmbHG § 12 RdNr. 25; Lutter/ *Hommelhoff* GmbHG § 12 RdNr. 3; *Dirksen-Volkers* BB 1993, 598.
[40] LG Nürnberg-Fürth Beschl. v. 4. 1. 1984 – 4 HK I 4764/83, BB 1984, 1066.
[41] S. hierzu insbes. RG Beschl. v. 30. 3. 1926 – II B 8/26, RGZ 113, 213, 216 ff.; *Hüffer* AktG § 4 RdNr. 21; ders. in GroßKomm HGB § 22 RdNr. 53; MünchKommHGB/*Krafka* § 13 RdNr. 24; Kölner Komm AktG/*Kraft* § 42 aF RdNr. 12.
[42] Einzelheiten bei Staub/*Hüffer* § 30 RdNr. 22.
[43] BayObLG Beschl. v. 11. 5. 1979 – BReg 1 Z 21/79, DB 1979, 1936; Kölner Komm AktG/*Kraft* § 42 aF RdNr. 11; *Hüffer* AktG Anh. § 45. § 13 HGB RdNr. 7.
[44] BayObLG Beschl. v. 19. 3. 1992 – 3 Z BR 15/92, BayObLGZ 1992, 59, 60 = NJW-RR 1992, 1062; *Hüffer* AktG Anh. § 45. § 13 HGB RdNr. 7; Kölner Komm AktG/*Kraft* § 42 aF RdNr. 10; v. *Godin/Wilhelmi* AktG § 42 aF Anm. 3.

tigung im Innenverhältnis bedarf (zur Einordnung der Errichtung selbst als tatsächlicher Akt s. soeben oben), ist zu unterscheiden:

Bei den **Personenhandelsgesellschaften und der GmbH** stellt die Errichtung einer Zweig- 33 niederlassung vorbehaltlich einer eindeutigen gesellschaftsvertraglichen bzw. satzungsmäßigen Ermächtigung ein außergewöhnliches Geschäft dar mit der Folge, dass es intern eines Beschlusses der Gesellschafterversammlung bedarf.

Bei der **Aktiengesellschaft** benötigt der Vorstand zur Errichtung einer Zweigniederlassung 34 demgegenüber wegen der in § 76 AktG ausschließlich ihm zugewiesenen Leitung der Gesellschaft keiner solchen Ermächtigung.[45] Der Aufsichtsrat kann allerdings die Errichtung nach § 111 Abs. 4 AktG von seiner Zustimmung abhängig machen,[46] was im Außenverhältnis aber an der insoweit bestehenden Alleinzuständigkeit des Vorstands nichts ändert. Aus diesem Grunde, aber auch deshalb, weil die Errichtung der Zweigniederlassung einen rein tatsächlichen Akt darstellt und Zweigniederlassungen kraft Gesetzes zur Eintragung in das Handelsregister anzumelden sind, darf der Registerrichter die Eintragung der Zweigniederlassung auch nicht vom Nachweis der Zustimmung des Aufsichtsrats abhängig machen, selbst wenn er um das Vorliegen eines intern bestehenden Zustimmungsvorbehalts weiß.[47] Entsprechendes gilt, wenn die Satzung die Errichtung einer Zweigniederlassung verbietet, was zulässig ist,[48] praktisch aber nicht vorkommt. Soll die Firma der Zweigniederlassung derjenigen der Aktiengesellschaft entsprechen, liegt die Kompetenz der Firmengebung beim Vorstand; soll sie hiervon abweichen, bedarf es einer Satzungsänderung (str., s. RdNr. 28).

Die **Zweigniederlassung ist errichtet und damit existent,** wenn die für ihr Bestehen erfor- 35 derlichen organisatorischen Maßnahmen getroffen sind. Es muss also ein Geschäftslokal vorliegen, das zum Betrieb erforderliche Personal vorhanden sein, und es müssen die nötigen sachlichen Betriebsmittel existieren. Die Eröffnung des Betriebes nach außen ist nicht vorausgesetzt;[49] die Aufnahme einer nach außen gerichteten Tätigkeit muss jedoch beabsichtigt sein. Ab diesem Errichtungszeitpunkt besteht die nach § 14 erzwingbare (RdNr. 47) Eintragungspflicht gem. § 13 Abs. 1 S. 1.

Beschränkungen hinsichtlich der **Zahl von errichtbaren Zweigniederlassungen** kennt das 36 Gesetz nicht. Der Gesellschaftsvertrag oder die Satzung kann jedoch eine bestimmte Höchstzahl bestimmen. Wird gegen eine derartige Bestimmung verstoßen, ändert dies aber nichts an der Tatsache des Bestehens der Zweigniederlassungen und der hiermit verbundenen Anmeldepflichten; die im öffentlichen Interesse statuierten Pflichten nach § 13 Abs. 1 S. 1 stehen nicht zur Disposition der Gesellschaft.

2. „Zweigniederlassung der Zweigniederlassung". Die Zweigniederlassung kann ihrerseits 37 Zweigniederlassungen errichten. Eine entsprechende Bevollmächtigung des Leiters einer Zweigniederlassung (RdNr. 25) ist ohne weiteres zulässig. Anmeldepflichtig nach § 13 Abs. 1 bleibt jedoch in jedem Falle der Rechtsträger des Unternehmens (RdNr. 22), bei dem Einzelunternehmen also der Inhaber, bei der Aktiengesellschaft bzw. der GmbH die Gesellschaft, handelnd durch Mitglieder des Vorstands bzw. der Geschäftsführung in vertretungsberechtigter Zahl, und auch die Anmeldung muss in diesem Falle beim Handelsregister der Hauptniederlassung/des Gesellschaftssitzes erfolgen. Eine entsprechende Anwendung der Bestimmungen auf den Leiter der Zweigniederlassung kommt nicht in Betracht.[50] Registerrechtlich werden derartige „Zweigniederlassungen der Zweigniederlassung" sonach wie gewöhnliche Zweigniederlassungen behandelt.

IV. Vertretung der Zweigniederlassung

Da die Zweigniederlassung kein eigenständiger Rechtsträger und auch kein eigenständiges Zuord- 38 nungssubjekt ist, gibt es keine Vertretung der Zweigniederlassung als solcher. Vertretungsberechtigt

---

[45] *Hüffer* AktG Anh. § 45. § 13 HGB RdNr. 7; s. auch schon ROHG 12. 5. 1877 – Rep. 381/77, ROHG 22, 277, 283.
[46] *Pentz* in Fleischer, Handbuch des Vorstandsrechts, 2006, § 16 RdNr. 116; *Hüffer* AktG Anh. § 45. § 13 HGB RdNr. 7; Kölner Komm AktG/*Kraft* § 42 aF RdNr. 10.
[47] Zur GmbH s. Hachenburg/*Ulmer* GmbHG § 12 aF RdNr. 11.
[48] ROHG 12. 5. 1877 – Rep. 381/77, ROHG 22, 277, 283.
[49] *Hüffer* AktG Anh. § 45. § 13 HGB RdNr. 7; Staub/*Hüffer* Vor § 13 RdNr. 16; s. auch Hachenburg/*Ulmer* GmbHG § 12 aF RdNr. 10; Rowedder/*Schmidt-Leithoff* GmbHG § 12 RdNr. 18; abw. wohl Kölner Komm AktG/*Kraft* § 42 aF RdNr. 11 (Vorliegen der allgemeinen Voraussetzungen und Aufnahme des Geschäftsbetriebes), wohl auch Baumbach/*Hopt* HGB § 13 d RdNr. 5 (entsteht mit Geschäftsaufnahme); unklar *Vogel* GmbHG § 12 aF Anm. 3 (Zweigniederlassung entsteht „bereits" mit Eröffnung); aA Scholz/*Winter* GmbHG § 12 RdNr. 13: Betriebseröffnung erforderlich.
[50] Zutr. *Köbler* BB 1969, 845, 846; Staub/*Hüffer* Vor § 13 RdNr. 17; aA Staub/*Würdinger* 3. Aufl., § 13 Anm. 9.

ist vielmehr der Inhaber des Unternehmens (der Kaufmann) bzw. das Vertretungsorgan des jeweiligen Rechtsträgers (geschäftsführende Gesellschafter bei OHG und KG, Vorstand bei der Aktiengesellschaft, Geschäftsführer bei der GmbH). Die **Vertretungsmacht der geschäftsführenden Gesellschafter** kann gem. § 126 Abs. 3 beschränkt werden; insoweit gelten die Ausführungen zum Prokuristen (RdNr. 39) entsprechend. Die **Vertretungsmacht des Vorstands oder der Geschäftsführer** kann nicht – auch nicht in der Satzung – mit Wirkung gegenüber Dritten auf bestimmte Niederlassungen beschränkt werden.[51] Nur intern können Beschränkungen festgelegt werden, etwa dahin, dass sich ein Mitglied um bestimmte Zweigniederlassungen kümmern soll. Auf die Wirksamkeit von Rechtsgeschäften nach außen ist eine solche Bestimmung aber ohne Einfluss, das jeweilige Mitglied scheidet in diesem Falle auch nicht etwa aus der Gesamtverantwortung aus.

39 Hiervon abweichend kann die Vertretungsbefugnis eines **Prokuristen** auch Dritten gegenüber auf den Betrieb einer Zweigniederlassung beschränkt werden (sog. Niederlassungs- oder Filialprokura). Die Zulässigkeit einer derartigen Beschränkung ist in § 50 Abs. 3 ausdrücklich bestimmt. Voraussetzung einer wirksamen Beschränkung in diesem Sinne ist jedoch, dass die Zweigniederlassung, auf die sich die Vertretungsmacht beschränkt, unter einer abweichenden Firma geführt wird, § 50 Abs. 3 S. 1 (zur Firma der Zweigniederlassung s. RdNr. 27 ff.). Werden die Niederlassungen nicht unter verschiedenen Firmen geführt, ist die Beschränkung der Prokura unwirksam; die Prokura umfasst nach hM dann alle Niederlassungen.[52] Die Niederlassungsprokura ist mit einem Hinweis auf die Beschränkung der Prokura auf die Zweigniederlassung einzutragen.[53] Nach früherem Recht war im Handelsregister bei dem Gericht der Hauptniederlassung bzw. des Sitzes die Beschränkung zu vermerken,[54] bei dem Gericht der Zweigniederlassung aber kein Hinweis aufzunehmen.

40 Die **Handlungsvollmacht** nach § 54 kann ebenfalls auf den Bereich einer Zweigniederlassung beschränkt werden, und zwar abweichend von der Rechtslage zur Prokura unabhängig von ihrer Firmierung. Die Handlungsvollmacht wird nicht in das Handelsregister eingetragen. Ein Dritter braucht sich Beschränkungen der Handlungsvollmacht nicht entgegenhalten zu lassen, wenn er sie nicht kannte und auch nicht kennen musste (§ 54 Abs. 3).

41 Eine **Sondervorschrift** für die Leitung von Zweigniederlassungen von **Wirtschaftsprüfungsgesellschaften** findet sich in § 47 Abs. 2 WPO, wonach eine derartige Zweigniederlassung von wenigstens einem am Ort der Zweigniederlassung ansässigen Wirtschaftsprüfer geleitet werden muss. Das Registergericht muss die Einhaltung dieser Verpflichtung nicht überprüfen; es handelt sich hierbei nur um eine berufsständische Pflicht.

V. Anmeldung der Errichtung einer Zweigniederlassung (§ 13 Abs. 1)

42 **1. Inhalt, Anlagen.** § 13 Abs. 1 S. 1 statuiert die Verpflichtung, die Errichtung einer Zweigniederlassung anzumelden. Die Bestimmung ist zwingend und steht nicht zur Disposition des jeweiligen Rechtsträgers; sie kann deshalb auch nicht im Gesellschaftsvertrag oder der Satzung abbedungen werden. Auch das Überschreiten der nach dem Gesellschaftsvertrag/der Satzung höchstzulässigen Zahl von Zweigniederlassungen ändert nichts an der Anmeldepflicht (RdNr. 36). Die **Anmeldepflicht** entsteht mit der Errichtung der Zweigniederlassung. Errichtet ist die Zweigniederlassung, sobald die für ihr Entstehen erforderlichen organisatorischen Maßnahmen getroffen sind, die Aufnahme des Betriebs nach außen ist nicht erforderlich (str., s. RdNr. 35). Adressat der Verpflichtung zur Anmeldung ist nach § 13 Abs. 1 S. 1 der jeweilige Rechtsträger, also der Einzelkaufmann, die juristische Person oder die Handelsgesellschaft. Handeln für den betreffenden Rechtsträger, wie dies bei der juristischen Person bzw. der Handelsgesellschaft der Fall ist, seine **Vertretungsorgane,** genügt ihr Handeln **in vertretungsberechtigter Zahl.** Auch **unechte Gesamtvertretung** (Vorstandsmitglied oder Geschäftsführer mit einem Prokuristen) ist ohne weiteres möglich.[55] Auch die Anmeldung durch **Prokuristen oder sonstige Bevollmächtigte** ist zulässig, wobei allerdings die **Form**vorschrift **des § 12 Abs. 1 S. 2** (elektronische öffentliche Beglaubigung der Vollmacht) zu beachten ist.[56]

---

[51] KGJ 12, 30, 34.
[52] Staub/*Joost* § 50 RdNr. 16; Schlegelberger/*Schröder* § 50 RdNr. 12; Heymann/*Sonnenschein/Weitemeyer* § 50 RdNr. 18; abw. Koller/*Roth*/Morck § 50 RdNr. 5.
[53] Zur Eintragung nach früherem Recht beim Gericht der Zweigniederlassung BGH Beschl. v. 21. 3. 1988 – II ZB 69/87, BGHZ 104, 61, 53 ff. = NJW 1988, 1840; BayObLG Beschl. v. 9. 6. 1988 – BReg 3 Z 173/87, AG 1989, 100.
[54] Staub/*Joost* § 53 RdNr. 21.
[55] Zur AG: *Hüffer* AktG Anh. § 45. § 13a HGB aF RdNr. 2; Heymann/*Sonnenschein/Weitemeyer* RdNr. 7; MünchKommHGB/*Krafka* § 13a aF RdNr. 5; zur GmbH: Heymann/*Sonnenschein/Weitemeyer* § 13b aF RdNr. 4; MünchKommHGB/*Krafka* § 13b aF RdNr. 2.
[56] Früher zur Aktiengesellschaft str., vgl. 1. Aufl. § 13a RdNr. 5 mwN.

Inhaltlich ist die Anmeldung auf die Mitteilung der Errichtung der Zweigniederlassung gerichtet, 43 wozu auch die Angabe ihrer Firma und ihres Ortes gehört.[57] Weitere Angaben muss die Anmeldung nicht enthalten. Eine Verpflichtung, das Gericht der Zweigniederlassung zu benennen, bestand auch nach dem bis zum 1. 1. 2007 geltenden Recht nicht.[58]

2. Form der Anmeldung. Die Anmeldung bedarf nach **§ 12 Abs. 1** der **elektronischen** 44 **öffentlichen Beglaubigung.** Wegen der Einzelheiten s. dort. Die bis 1970 mögliche Form der Anmeldung „persönlich bei dem Gerichte" ist nicht mehr zulässig. Zulässig ist auch eine Beglaubigung der Anmeldung durch die auf der Grundlage des § 63 BeurkG in Baden-Württemberg, Hessen und Rheinland-Pfalz eingerichteten Stellen.[59] Das **bis zum 31. 12. 2006** geltende Erfordernis der öffentlichen Beglaubigung von beizufügenden Satzungen bzw. Gesellschafterlisten vgl. § 13 a Abs. 2 Satz 2, § 13 b Abs. 2 Satz 2 ist **seit dem 1. 1. 2007** entfallen.

3. Ort der Anmeldung. Örtlich zuständig für die Entgegennahme der Anmeldung ist das 45 Gericht der Hauptniederlassung bzw. – bei Handelsgesellschaften (RdNr. 16, 20) – des Gesellschaftssitzes, § 13 Abs. 1 S. 1. Die Zuständigkeit dieses Gerichts ist im Hinblick auf die mit der Bestimmung bezweckte Konzentration eine **ausschließliche**. Wird die Anmeldung bei einem anderen Gericht eingereicht, ist sie zurückzuweisen.

4. Anmeldung bei Vorliegen eines Doppelsitzes. Hat eine Gesellschaft ausnahmsweise einen 46 Doppelsitz,[60] muss die Errichtung einer Zweigniederlassung vom zuständigen Organ **bei den Gerichten der beiden Sitze** zur Eintragung in das Handelsregister angemeldet werden. Beide Sitze sind gleichrangig und begründen getrennt für sich eine eigene Registerzuständigkeit.[61] Jedes Gericht hat ein eigenständiges Prüfungsrecht.[62] Diese Doppelzuständigkeit kann dazu führen, dass eine Sitzgericht die Eintragung der Zweigniederlassung im Rahmen seines Prüfungsrechts (RdNr. 49, s. auch RdNr. 51, 55) für unzulässig hält, das andere Gericht jedoch von ihrer Zulässigkeit ausgeht; in der Praxis ist es üblich, dass die Gerichte in diesem Falle Kontakt miteinander aufnehmen. Bis zum 31. 12. 2006 einschließlich entschied über die Eintragung der Zweigniederlassung auch in diesem Fall das Gericht der Zweigniederlassung (näher 1. Aufl. RdNr. 51 ff.). Es konnte die Zweigniederlassung auch dann eintragen, wenn es nur von einem Sitzgericht die Anmeldung zur Eintragung erhielt, während das andere Sitzgericht die Anmeldung nicht weitergab, weil es die Voraussetzungen nicht für gegeben hielt. Für eine Konzentration des Verfahrens nach § 4 FGG auf das Sitzgericht, das zuerst tätig geworden ist,[63] war deshalb für den Fall der Zweigniederlassungseintragung kein Raum.[64] **Seit dem 1. 1. 2007** gibt es keine Entscheidung des Gerichts der Zweigniederlassung mehr, sodass die Gefahr kollidierender Entscheidungen bestehen kann, auch wenn sie wegen § 13 Abs. 2 nF wohl praktisch kaum eine Bedeutung haben wird. Für diese neue Situation erscheint es **abweichend von der bisherigen Rechtslage** geboten, entsprechend § 4 FGG dasjenige Gericht als zur Entscheidung berufen anzusehen, das zuerst in dieser Sache tätig geworden ist. Bei Streit oder Ungewissheit in diesem Zusammenhang ist entsprechend § 5 FGG zu verfahren.

5. Erzwingung der Anmeldung. Die Anmeldung der Errichtung einer Zweigniederlassung 47 kann nach § 14 von dem Registergericht durch Zwangsgeld erzwungen werden. Zuständig ist im Hinblick auf die mit der Bestimmung des § 13 Abs. 1 S. 1 bezweckte Konzentration auch insoweit ausschließlich das Gericht der Hauptniederlassung/des Sitzes.[65]

6. Zweigniederlassungen im Ausland. Die Pflicht nach § 13 Abs. 1 S. 1 gilt nur für die 48 Errichtung einer im Inland belegenen Zweigniederlassung eines deutschen Kaufmanns bzw. einer

---

[57] *Hüffer* AktG Anh. § 45. § 13 HGB aF RdNr. 8; Kölner Komm AktG/*Kraft* § 42 aF RdNr. 27.
[58] Zutr. *Hüffer* AktG Anh. § 45. § 13 HGB aF RdNr. 8; abw. *Eckardt* in Geßler/Hefermehl/Eckardt/Kropff AktG § 42 aF RdNr. 26; Kölner Komm AktG/*Kraft* § 42 aF RdNr. 27.
[59] Im einzelnen Keidel/Kuntze/*Winkler* FGG Teil B § 63 BeurkG RdNr. 1.
[60] Zur Frage der Zulässigkeit von Doppelsitzen vgl. statt anderer *Hüffer* AktG § 5 RdNr. 10; MünchKommAktG/*Heider* § 5 RdNr. 44 ff.; Rowedder/*Schmidt-Leithoff* GmbHG § 4a RdNr. 15; *Ulmer* in Ulmer GmbHG § 4a RdNr. 32 ff.
[61] BayObLG Beschl. v. 29. 3. 1985 – 3 Z 22/85, BayObLGZ 1985, 111 = AG 1986, 48, 49; KG Beschl. v. 4. 6. 1991 – 1 W 5/91, OLGZ 1975, 62, 65; OLG Hamm Beschl. v. 29. 6. 1964 – 14 W 15/64, RPfleger 1965, 120; BayObLG Beschl. v. 23. 3. 1962 – 2 Z 170/62, BayObLGZ 1962, 107, 112 = NJW 1962, 1014; OLG Stuttgart Beschl. v. 27. 1. 1953 – 1 W 191/52, NJW 1953, 748; *Balser* DB 1972, 2049; *Eppig* Anm. zu KG DNotZ 1957, 330.
[62] BayObLG Beschl. v. 29. 3. 1985 – 3 Z 22/85, BayObLGZ 1985, 111 = AG 1986, 48, 49; *Geßler* Anm. zu AG Heidelberg SJZ 1949, 342.
[63] So für Maßnahmen nach § 145 FGG: KG Beschl. v. 4. 6. 1991 – 1 W 5/91, AG 1992, 29; zust. MünchKommAktG/*Heider* § 5 RdNr. 57 mwN; abl. *Werner* AG 1990, 1, 4; krit. auch Röhricht/Graf v. Westphalen/*Ammon* RdNr. 3.
[64] Für eine Bestimmung des zuständigen Gerichts entsprechend § 5 FGG GroßKomm AktG/*Brändel* § 14 RdNr. 17; zust. Röhricht/Graf v. Westphalen/*Ammon* RdNr. 3; ähnlich auch MünchKommAktG/*Heider* § 5 RdNr. 57.
[65] RG Beschl. v. 19. 1. 1939 – 1 Wx 162/39, DR 1939, 1453.

deutschen juristischen Person oder Handelsgesellschaft (zur entspr. Anwendung des § 13 auf die Partnerschaftsgesellschaft s. bei RdNr. 3, 18). Sie gilt nicht, wenn ein deutscher Rechtsträger dieser Rechtsformen im Ausland eine Zweigniederlassung errichtet. Insoweit sind nur die im betreffenden Ausland geltenden Vorschriften über die Registerpublizität zu beachten, die Eintragung der ausländischen Zweigniederlassung eines deutschen Kaufmanns, einer deutschen juristischen Person oder einer deutschen Handelsgesellschaft wäre unzulässig.[66] Anmeldungen, die das am Ort der Zweigniederlassung geltende ausländische Recht erfordert, sind an die zuständigen Stellen des ausländischen Staates zu richten. Das deutsche Handelsregister gibt sonach nur über die deutschen Zweigniederlassungen deutscher Unternehmen, nicht über ihre Zweigniederlassungen im Ausland Auskunft. Zu Zweigniederlassungen ausländischer Rechtsträger, die in Deutschland belegen sind, s. §§ 13 d ff.

VI. Tätigkeit des Gerichts der Hauptniederlassung/des Sitzes (§ 13 Abs. 2)

49 Nach dem seit dem 1. 1. 2007 geltenden Recht ist die **Rechtslage gegenüber dem früheren Recht** (hierzu 1. Aufl. RdNr. 50) **deutlich vereinfacht.** Das Gericht der Hauptniederlassung/des Sitzes trägt heute die Zweigniederlassung auf dem Registerblatt der Hauptniederlassung/des Sitzes unter Angabe des Ortes der Zweigniederlassung und eines etwaigen Firmenzusatzes (RdNr. 27 ff.) ein, es sei denn, dass die Zweigniederlassung offensichtlich nicht errichtet worden ist. Das Verfahren ist damit bei diesem Gericht insgesamt konzentriert, zu einer Eintragung beim Gericht der Zweigniederlassung kommt es nicht mehr. Die ausschließliche Zuständigkeit des Gerichts der Hauptniederlassung/des Sitzes gilt auch für **Eintragungen bzw. Löschungen, die von Amts wegen** vorzunehmen sind (zur früheren Rechtslage s. 1. Aufl. § 13 c RdNr. 34).

50 Für die Eintragung der Zweigniederlassung war im Regierungsentwurf des EHUG (RdNr. 10) noch eine Überprüfung der Errichtung der Zweigniederlassung und der Zulässigkeit der Firmierung vorgesehen sowie die Mitteilung an das Gericht der Zweigniederlassung, das die Eintragungen des Gerichtes der Hauptniederlassung/des Sitzes dann übernehmen und bekannt machen sollte. Der Rechtsausschuss hat diese Regelung nicht übernommen.[67] Auf die Eintragung beim Gericht der Zweigniederlassung wird seit dem 1. 1. 2007 aus Vereinfachungsgründen und zur Verringerung des bürokratischen Aufwands gänzlich verzichtet. Die **Führung der Zweigniederlassung** erfolgt seither **nur noch beim Gericht der Hauptniederlassung/des Sitzes.** Über die Eintragungen dort können sich Interessenten über ihr Einsichtnahmerecht unterrichten.

51 Auf eine **Prüfung der tatsächlichen Errichtung der Zweigniederlassung** wird nach neuem Recht im Wesentlichen verzichtet. Nach heutiger Rechtslage ist die Eintragung der Zweigniederlassung nur dann nicht vorzunehmen, wenn diese **offensichtlich nicht errichtet** ist. Hinter dieser Vorschrift steht das Anliegen, die Prüfungspflicht des Registergerichts und damit den dort anfallenden Bürokratieaufwand zu reduzieren, sowie die Überlegung, dass es dem Gericht der Hauptniederlassung/des Sitzes im Regelfall ohnehin nicht ohne weiteres möglich sei, anhand der örtlichen Verhältnisse eine Überprüfung vorzunehmen. Diese Erwägungen sowie die Formulierung des Gesetzes („es sei denn") sprechen dafür, dass das Registergericht die Eintragung grundsätzlich vorzunehmen hat, sofern es keine besseren Erkenntnisse hinsichtlich des Bestehens der Zweigniederlassung besitzt, als sich aus der Anmeldung ergeben. In diesem Sinne ist die Bestimmung so zu verstehen, dass das Gericht nicht sehenden Auges etwas Unrichtiges eintragen muss, aber keine nähere Prüfung der Richtigkeit der Angaben vorzunehmen hat. Dieses Verständnis ergibt sich daraus, dass nach dem bis zum 31. 12. 2006 geltenden Recht die Errichtung der Zweigniederlassung durch das Gericht der Zweigniederlassung zu prüfen war (§ 13 Abs. 3 S. 1 aF, hierzu 1. Aufl. RdNr. 50 ff.). Dass diese Überprüfung heute dem Gericht der Hauptniederlassung/des Sitzes überantwortet werden soll, ist dem Gesetz nicht zu entnehmen. Eine wirkliche Prüfung der Frage, ob die Zweigniederlassung tatsächlich besteht, ist mit der Eintragung sonach heute nicht mehr verbunden. Rechtfertigen lässt sich dies immerhin mit der Erwägung, dass die Anmeldung einer tatsächlich nicht existierenden Zweigniederlassung wohl nur selten vorkommen wird.

52 Abweichend vom früheren Recht (§ 13 Abs. 3 S. 1 aF, hierzu 1. Aufl. RdNr. 50, 52 f.) findet auch **keine firmenrechtliche Prüfung nach § 30** statt. Diese früher dem Gericht der Zweigniederlassung überantwortete Aufgabe ist ersatzlos entfallen, da nach den Auskünften der Registergerichten Verstöße in diesem Zusammenhang äußerst selten waren. Der mit dieser Prüfung verbundene Aufwand wurde daher als entbehrlich angesehen. Die Möglichkeit des Inhabers einer älteren Firma,

---

[66] LG Köln Beschl. v. 19. 1. 1979 – 29 T 1/79, DB 1979, 984; Baumbach/*Hopt* RdNr. 10; *Hahnefeld* DStR 1993, 1596.
[67] S. BT-Drucks. 16/2781 S. 152 f.

Ansprüche nach § 37 Abs. 2, §§ 5, 15 MarkenG, §§ 12, 1004 BGB (näher hierzu bei § 37) geltend zu machen, bleiben hiervon unberührt.

VII. Änderungen der die Zweigniederlassung betreffenden Tatsachen (§ 13 Abs. 1 S. 2)

Nach § 13 Abs. 1 S. 2 sind spätere Änderungen der die Zweigniederlassung betreffenden einzutragenden Tatsachen in gleicher Weise wie die Errichtung anzumelden. Die betreffende Tatsache ist bei dem **Gericht** der Hauptniederlassung/des Sitzes vom Rechtsträger anzumelden. Dieses Gericht ist ausschließlich zuständig. Betrifft die **Anmeldung** der Änderung die Zweigniederlassung einer juristischen Person bzw. eine Handelsgesellschaft, ist ein Handeln der Vertretungsorgane in vertretungsberechtigter Zahl ausreichend; zulässig ist die unechte Gesamtvertretung oder die Anmeldung durch Bevollmächtigte, wobei im letzteren Falle die Form nach § 12 Abs. 1 S. 2 zu beachten ist. Zur **Form** der Anmeldung nach § 12 Abs. 1 S. 1 s. bei RdNr. 44. 53

Beispiele derartiger Änderungen sind etwa die Änderung der für die Zweigniederlassung geführten Firma (RdNr. 27), die Erteilung oder das Erlöschen einer nach § 50 Abs. 3 auf die Zweigniederlassung beschränkten Prokura (RdNr. 39) oder die Verlegung der Zweigniederlassung (RdNr. 60). 54

Fraglich ist, ob für die Änderung von einzutragenden Tatsachen auch der in § 13 Abs. 1 S. 1, Abs. 2 für die Eintragung der Zweigniederlassung selbst geregelte Grundsatz gilt, wonach die Errichtung der Zweigniederlassung einzutragen ist, sofern das Gericht nicht sehenden Auges eine unrichtige Eintragung vornehmen würde (RdNr. 51). Dies ist im Grundsatz zu verneinen. Auf die Änderung der die Zweigniederlassung betreffenden einzutragenden Tatsachen ist hier die der Bestimmung zugrunde liegende Erwägung, die Überprüfung werde dem Gericht nicht ohne weiteres möglich sein (RdNr. 51), nicht einschlägig. Über die Richtigkeit der angemeldeten Tatsachen hat sich das Gericht der Hauptniederlassung/des Sitzes deshalb im Rahmen des § 12 FGG ggf. zu vergewissern. Abweichendes ist jedoch hinsichtlich der Verlegung der Zweigniederlassung anzunehmen. Wegen der Vergleichbarkeit dieser Situation mit der in § 13 Abs. 1 S. 1 geregelten Errichtung einer Zweigniederlassung ist in diesem Falle eine entsprechende Anwendung von § 13 Abs. 2 angezeigt und die Verlegung einzutragen, sofern es nicht offensichtlich ist, dass die Zweigniederlassung tatsächlich nicht verlegt worden ist. 55

VIII. Aufhebung einer Zweigniederlassung (§ 13 Abs. 3), Verlegung und Umwandlung

1. Aufhebung. Die Aufhebung einer Zweigniederlassung ist ebenso wie ihre Errichtung ein rein tatsächlicher Vorgang und von der Eintragung im Handelsregister selbst völlig unabhängig. Aufgehoben ist die Zweigniederlassung, wenn ihr Geschäftsbetrieb nicht nur vorübergehend eingestellt ist oder ein für ihr Vorliegen erforderliches Merkmal nicht nur vorübergehend entfällt.[68] Insoweit gelten die Bemerkungen bei RdNr. 31 spiegelbildlich. 56

Nach § 13 Abs. 3 gelten für die Aufhebung einer Zweigniederlassung die Vorschriften über die Errichtung sinngemäß: Die Tatsache der Aufhebung ist bei dem **Gericht** der Hauptniederlassung/des Sitzes vom Rechtsträger anzumelden, das hierfür ausschließlich zuständig ist. Auch hier ist bei der **Anmeldung** der Aufhebung einer Zweigniederlassung bei juristischen Personen bzw. Handelsgesellschaften ein Handeln der Vertretungsorgane in vertretungsberechtigter Zahl ausreichend, zulässig ist die unechte Gesamtvertretung oder die Anmeldung durch Bevollmächtigte, wobei im letzteren Falle die Form nach § 12 Abs. 1 S. 2 HGB zu beachten ist. Dieses Gericht trägt die Aufhebung ein, es sei denn, die Zweigniederlassung ist offensichtlich nicht aufgehoben. Die **Eintragung** der Aufhebung erfolgt beim Einzelkaufmann und bei Personenhandelsgesellschaften nach § 40 Nr. 2 lit. b HRV in Abteilung A Spalte 2, bei Kapitalgesellschaften gem. § 43 Nr. 2 lit. b HRV in Abteilung B Spalte 2. 57

Die Eintragung der Aufhebung im Handelsregister nach § 13 Abs. 3 iVm. Abs. 1 hat lediglich deklaratorische **Bedeutung**. Ihr kann jedoch eigenständige materielle Bedeutung insoweit zukommen, als die Auflösung nach § 15 Abs. 1 einem Dritten so lange nicht entgegengehalten werden konnte, wie dies nicht im Handelsregister eingetragen und entsprechend bekannt gemacht ist, es sei denn, dass die Tatsache diesem bekannt ist. 58

---

[68] Staub/*Hüffer* Vor § 13 aF RdNr. 16.

59 Die Anmeldung der Aufhebung der Zweigniederlassung kann ebenso wie diejenige der Errichtung nach § 14 durch Zwangsgeld erzwungen werden. Ausschließlich zuständig ist auch insoweit das Gericht der Hauptniederlassung/des Sitzes.

60 **2. Verlegung der Zweigniederlassung.** Eine Zweigniederlassung kann nicht nur aufgehoben, sondern auch verlegt werden. Die Verlegung stellt einen tatsächlichen Vorgang dar und liegt vor, wenn die Zweigniederlassung umzieht, also unter Wahrung ihrer Identität den Ort ihrer Tätigkeit wechselt.[69] Die Beibehaltung auch des Kundenkreises ist nicht erforderlich.[70] Sie kann zwar ein Anhaltspunkt für das Vorliegen eines schlichten Ortswechsels sein. Ihr Fehlen lässt jedoch umgekehrt keinen Rückschluss darauf zu, dass es sich bei dem betreffenden Vorgang um ein Schließen der bisherigen und die Eröffnung einer neuen Zweigniederlassung handelt. Gegen die Berücksichtigung dieses Aspekts als ausschlaggebendes Kriterium spricht schon, dass ein bestimmter Kundenkreis kein für das Vorliegen einer Zweigniederlassung erforderliches Merkmal darstellt (RdNr. 35) und aus seinem Fehlen deshalb auch kein gegenteiliger Rückschluss gezogen werden kann. Registerrechtlich ist die Verlegung einer Zweigniederlassung nicht als Aufhebung und Neuerrichtung nach § 13 oder etwa entsprechend § 45 AktG oder § 13 h zu behandeln, sondern nach § 13 Abs. 1 bei dem Sitzgericht anzumelden.[71] Dass § 45 AktG und § 13 h nur die Verlegung des Sitzes bzw. der Hauptniederlassung erwähnen, steht dem nicht entgegen.[72] Verfahrensrechtlich hat das Gericht der Hauptniederlassung/des Sitzes den Vorgang als Änderung einzutragen.

61 **3. Umwandlung.** Ändert sich im Zusammenhang mit einer Verschmelzung, Spaltung oder Vermögensübertragung nach dem Umwandlungsgesetz der Rechtsträger des Unternehmens, dem die Zweigniederlassung zugeordnet ist, führt dies nicht zum Erlöschen der Zweigniederlassung.[73] Aus diesem Grunde finden auch die Bestimmungen des § 13 keine Anwendung. Die Änderung des Rechtsträgers kann aber wegen der Zuständigkeit des Gerichts der Hauptniederlassung/des Sitzes zu einer Änderung hinsichtlich des zuständigen Gerichts führen.

IX. Bekanntmachung der Eintragungen

62 Die Bekanntmachung der Eintragungen beim Gericht der Zweigniederlassung war nach altem Recht gem. § 13 Abs. 6 auf bestimmte Gegenstände beschränkt (1. Aufl. RdNr. 59). Da nach dem seit dem 1. 1. 2007 geltenden Recht das Gericht der Zweigniederlassung weggefallen ist (RdNr. 10), bedurfte es keiner gesonderten Bestimmung über diese Eintragungen mehr. Die Bekanntmachung der Eintragungen im Handelsregister bestimmt sich nur noch nach § 10. Wegen der Einzelheiten s. dort.

X. Rechtliche Bedeutung der Zweigniederlassung

63 Die Zweigniederlassung ist **kein eigenständiges Rechtssubjekt** und damit kein tauglicher Rechtsträger. Insbesondere handelt es sich bei ihr nicht um eine eigenständige juristische Person. Als **Teil des (Gesamt-)Unternehmens** des Inhabers des Unternehmens im handelsrechtlichen Sinne (des Unternehmensträgers), also des Kaufmanns bzw. der juristischen Person oder der Handelsgesellschaft, ist sie dem jeweiligen Unternehmensträger zugeordnet und stellt lediglich einen Teil seines Vermögens dar. Nur der Unternehmensträger, nicht etwa die Zweigniederlassung selbst, ist Träger der mit dem Unternehmen verbundenen Rechte und Pflichten.[74] Demgemäß stehen die der Zweigniederlassung zugeordneten Vermögensgegenstände im Eigentum des jeweiligen Unternehmensträgers, eine gesonderte Rechnungslegung über sie ist grundsätzlich nicht erforderlich; allerdings gelten

---

[69] OLG Stuttgart Beschl. v. 31. 7. 1963 – 8 W 91/63, NJW 1964, 112.
[70] Missverständlich insoweit *Eckardt* in Geßler/Hefermehl/Eckardt/Kropff AktG § 42 aF RdNr. 44; *Wessel* BB 1963, 1152 f.
[71] Heute wohl hM, vgl. *Hüffer* AktG Anh. § 45. § 13 c aF RdNr. 8; Heymann/*Sonnenschein/Weitemeyer* § 13 h aF RdNr. 10; MünchKommHGB/*Krafka* § 13 h aF RdNr. 11; Koller/*Roth*/Morck § 13 h aF RdNr. 3; Röhricht/Graf v. Westphalen/*Ammon* § 13 c aF RdNr. 12 f.; Rowedder/*Schmidt-Leithoff* GmbHG § 12 aF RdNr. 48 zur GmbH; zum alten Recht bereits Staub/*Hüffer* § 13 a aF RdNr. 9; abw. OLG Stuttgart Beschl. v. 31. 7. 1963 – 8 W 91/63, NJW 1964, 112; Baumbach/*Hopt* § 13 h aF RdNr. 1; *Eckardt* in Geßler/Hefermehl/Eckardt/Kropff AktG § 42 aF RdNr. 45; Kölner Komm AktG/*Kraft* § 42 aF RdNr. 42.
[72] Ausführlich hierzu OLG Stuttgart (Fn. 34); Staub/*Hüffer* § 13 a aF RdNr. 9; anders die ältere Literatur, vgl. die Nachweise bei OLG Stuttgart Beschl. v. 31. 7. 1963 – 8 W 91/63, NJW 1964, 112 mit zust. Anm. *Wessel*.
[73] *Hüffer* AktG Anh. § 45. § 13 c HGB aF RdNr. 8; Röhricht/Graf v. Westphalen/*Ammon* RdNr. 14; aA zum alten Recht Staub/*Würdinger* 3. Aufl., § 13a aF Anm. 2; *Wendel* DB 1959 Beilage Nr. 1 (Heft 6) unter E.
[74] BGH Urt. v. 24. 11. 1951 – II ZR 26/51, BGHZ 4, 62, 65 = NJW 1952, 182; RG Beschl. v. 1. 11. 1905 – V 287/05, RGZ 62, 7, 10; RG Urt. v. 2. 6. 1923 – V 755/22, RGZ 107, 44, 45 f.; OGH Urt. v. 23. 6. 1949 – I ZS 1/49, OGHZ 2, 143, 145 = NJW 1949, 621; OGH Urt. v. 14. 7. 1949 – I ZS 5/49, OGHZ 2, 222 = NJW 1949, 712; *Hüffer* AktG Anh. § 45. § 13 HGB aF RdNr. 6.

teilweise Sondervorschriften, wie etwa § 2 Abs. 1 D-MarkbilanzG und § 53 Abs. 2 Nr. 2 KWG, die eine gesonderte Rechnungslegung erforderlich machen. Da derselbe Unternehmensträger nicht sein eigener Gläubiger oder Schuldner sein kann, sind auch Verträge zwischen der Hauptniederlassung und einer Zweigniederlassung oder zwischen verschiedenen Zweigniederlassungen desselben Unternehmensträgers ausgeschlossen, ebenso wenig können in diesem Verhältnis Prozesse geführt werden. Für Verbindlichkeiten, die von einer Zweigniederlassung aus begründet werden, haftet der Unternehmensträger als Rechtsträger mit seinem gesamten Vermögen, nicht etwa nur mit dem Vermögen der Zweigniederlassung.

Als Teil des Unternehmens ist die Zweigniederlassung mangels eigener Rechtsfähigkeit **nicht** **64** **selbst parteifähig** im Sinne des § 50 ZPO,[75] Partei ist allein der Unternehmensträger. Führt der Unternehmensträger für die Zweigniederlassung eine eigene Firma (RdNr. 27 ff.), kann er jedoch unter dieser verklagt werden,[76] da die Firma der Zweigniederlassung den Namen des Rechtsträgers darstellt, unter dem er in dem betreffenden Geschäftskreis tätig wird. Soweit die Klage keinen Zusammenhang mit der Zweigniederlassung aufweist, ist die Parteibezeichnung auf die Firma der Hauptniederlassung durch das Gericht von Amts wegen abzuändern; der Unternehmensträger als Prozesspartei selbst ist auch in diesem Falle hinreichend bezeichnet im Sinne des § 253 Abs. 2 Nr. 1 ZPO. Auch die **Zustellungen** können an die Adresse der Zweigniederlassung erfolgen (§§ 183, 184 ZPO).[77] Unter der Voraussetzung, dass die Klage auf den Geschäftsbetrieb der Zweigniederlassung Bezug hat, ist die besondere örtliche **Zuständigkeit nach § 21 ZPO** begründet;[78] für die internationale Zuständigkeit nach der Verordnung über die gerichtliche Zuständigkeit und die Anerkennung und Vollstreckung von Entscheidungen in Zivil- und Handelssachen enthält **Art. 5 Nr. 5 EuGVO** (früher und noch heute im Verhältnis zu Dänemark: Art. 5 Nr. 5 des Übereinkommens über die gerichtliche Zuständigkeit und die Vollstreckung gerichtlicher Entscheidungen in Zivil- und Handelssachen – EuGVÜ) eine entsprechende Bestimmung. Für das **Mahnverfahren** ist zu berücksichtigen, dass für den Mahnantrag gem. § 689 Abs. 2 ZPO das Amtsgericht ausschließlich zuständig ist, bei dem der Unternehmensträger als Antragsteller seinen allgemeinen Gerichtsstand hat (§ 17 ZPO); der besondere Gerichtsstand der Niederlassung nach § 21 Abs. 1 ZPO begründet als reiner Passivgerichtsstand insoweit keine örtliche Zuständigkeit.[79] Über das Vermögen der Zweigniederlassung als solcher kann kein eigenständiges Insolvenzverfahren eröffnet werden,[80] Verfahrensbeteiligter kann nur der Unternehmensträger selbst sein (§ 11 InsO). Ein über sein Vermögen eröffnetes Insolvenzverfahren erstreckt sich jedoch ohne weiteres auch auf das der Zweigniederlassung zugeordnete Vermögen.

Mangels Rechtsfähigkeit ist die Zweigniederlassung als solche nicht grundbuchfähig. Davon zu **65** unterscheiden ist die zu bejahende Frage, ob der Unternehmensträger im **Grundbuch** unter der Firma der Zweigniederlassung eingetragen werden kann, wenn das betreffende Grundstück bzw. das betreffende Grundstücksrecht dem Vermögen der Zweigniederlassung zugewiesen ist.[81] § 15 GBVfg steht dem nicht entgegen; dem Zweck dieser Bestimmung, die Erreichbarkeit des Eigentümers sicherzustellen, wird auch in dieser Form Genüge getan. Wird die Firma der Zweigniederlassung im Grundbuch eingetragen, ersetzt die Angabe des Ortes der Zweigniederlassung die Bezeichnung des Gesellschaftssitzes.[82] Etwaige Umschreibungen zwischen der Firma des Unternehmensträgers und derjenigen der Zweigniederlassung stellen nur Grundbuchberichtigungen dar, da sich der Rechtsträger (der Eigentümer) nicht ändert.[83]

Bezüglich des Leiters einer Zweigniederlassung finden die **haftungsrechtlichen Zurechnungs-** **66** **normen** der §§ 30, 31 BGB entsprechende Anwendung, wenn sich seine Stellung aus der Satzung

---

[75] BGH Urt. v. 24. 11. 1951 – II ZR 26/51, BGHZ 4, 62, 65 = NJW 1952, 182; OGH Urt. v. 23. 6. 1949 – I ZS 1/49, OGHZ 2, 143, 145 = NJW 1949, 621; Staub/*Hüffer* Vor § 13 RdNr. 20.
[76] BGH Urt. v. 24. 11. 1951 – II ZR 26/51, BGHZ 4, 62, 65 = NJW 1952, 182.
[77] BGH Urt. v. 24. 11. 1951 – II ZR 26/51, BGHZ 4, 62, 65 = NJW 1952, 182; RG Urt. v. 3. 12. 1924 – I 668/23, RGZ 109, 265, 266 ff.; MünchKommZPO/*Wenzel* § 184 RdNr. 2.
[78] BGH Urt. v. 10. 7. 1975 – II ZR 56/74, NJW 1975, 2142.
[79] BGH Beschl. v. 13. 1. 1998 – X ARZ 1298/97, NJW 1998, 1322; BGH Beschl. v. 7. 10. 1977 – I AZR 494/77, NJW 1978, 321; *Hartmann* in Baumbach/Lauterbach ZPO § 689 RdNr. 3; MünchKommZPO/*Holch* § 689 RdNr. 12; anders *Büchel* NJW 1979, 945, 946.
[80] Zur entsprechenden Rechtslage nach der Konkursordnung s. RG Urt. v. 1. 2. 1882 – Rep. 49/82, RGSt. 5, 407; Staub/*Hüffer* Vor § 13 RdNr. 20.
[81] KG Beschl. v. 25. 2. 1937 – 1 Wx 726/36, JW 1937, 1743; KG Beschl. v. 15. 3. 1906 – 1 Y 239/06, KGJ 32 A 199; *Hüffer* AktG Anh. § 45. § 13 HGB RdNr. 6; Staub/*Hüffer* Vor § 13 RdNr. 21; Hachenburg/*Ulmer* GmbHG § 4 RdNr. 73; strenger noch RG Beschl. v. 1. 11. 1905 – V 287/05, RGZ 62, 19: Eintragung muss auf die Firma der Hauptniederlassung lauten; aA Kölner Komm AktG/*Kraft* § 4 RdNr. 14: Eintragung auf Firma der Hauptniederlassung.
[82] LG Bonn Beschl. v. 14. 5. 1969 – 4 T 116/69, DNotZ 1970, 663 ff. = NJW 1970, 570; *Woite* NJW 1970, 548.
[83] KG Beschl. v. 25. 2. 1937 – 1 Wx 726/36, JW 1937, 1743 f.; Baumbach/*Hopt* RdNr. 4.

§ 13 d

der betreffenden Gesellschaft ergibt.[84] Eine Exculpation wie im Rahmen des § 831 BGB ist sonach nicht möglich. Gleiches gilt jedoch auch dann, wenn der Leiter für den Bereich der Zweigniederlassung eine einem Vorstand oder Geschäftsführer vergleichbare Selbständigkeit und Verantwortlichkeit für seinen Bereich besitzt;[85] ob die Errichtung einer Zweigniederlassung in der Satzung vorgesehen ist, ist insoweit ohne Bedeutung.[86]

§§ 13 a–13 c *(aufgehoben)*
§ 13 d Sitz oder Hauptniederlassung im Ausland

(1) Befindet sich die Hauptniederlassung eines Einzelkaufmanns oder einer juristischen Person oder der Sitz einer Handelsgesellschaft im Ausland, so haben alle eine inländische Zweigniederlassung betreffenden Anmeldungen, Einreichungen und Eintragungen bei dem Gericht zu erfolgen, in dessen Bezirk die Zweigniederlassung besteht.

(2) Die Eintragung der Errichtung der Zweigniederlassung hat auch den Ort der Zweigniederlassung zu enthalten; ist der Firma der Zweigniederlassung ein Zusatz beigefügt, so ist auch dieser einzutragen.

(3) Im übrigen gelten für die Anmeldungen, Einreichungen, Eintragungen und Bekanntmachungen, die die Zweigniederlassung eines Einzelkaufmanns, einer Handelsgesellschaft oder einer juristischen Person mit Ausnahme von Aktiengesellschaften, Kommanditgesellschaften auf Aktien und Gesellschaften mit beschränkter Haftung betreffen, die Vorschriften für Hauptniederlassungen oder Niederlassungen am Sitz der Gesellschaft sinngemäß, soweit nicht das ausländische Recht Abweichungen nötig macht.

Schrifttum: *Altmeppen* Parteifähigkeit, Sitztheorie und „Centros", DStR 2000, 1061; *Balser/Pichura* Zweigniederlassungen ausländischer Kapitalgesellschaften in Deutschland, 1958; *Behrens*, Identitätswahrende Sitzverlegung einer Kapitalgesellschaft von Luxemburg in die Bundesrepublik Deutschland, RIW 1986, 590; *ders.*, Niederlassungsfreiheit und internationales Gesellschaftsrecht, RabelsZ 52 (1988), 498; *Beitzke*, Anerkennung und Sitzverlegung von Gesellschaften und juristischen Personen im EWG-Bereich, ZHR 127 (1965), 1; *Bokelmann*, Das Recht der Firmen und Geschäftsbezeichnungen, 3. Aufl. 1986; *ders.*, Die Gründung von Zweigniederlassungen ausländischer Gesellschaften in Deutschland und das deutsche Firmenrecht unter besonderer Berücksichtigung des EWG-Vertrages, DB 1990, 1021; *ders.*, Zur Entwicklung des Deutschen Firmenrechts unter den Aspekten des EG-Vertrages, ZGR 1994, 325; *Borges*, Die Sitztheorie in der Centros-Ära: Vermeintliche Probleme und unvermeidliche Änderungen, RIW 2000, 167; *Bumeder*, Die inländische Zweigniederlassung ausländischer Unternehmen im deutschen Register- und Kollisionsrecht, 1971; *Ebenroth/Eyles*, Die Beteiligung ausländischer Gesellschaften an einer inländischen Kommanditgesellschaft, DB 1988, Beilage 2; *Ebenroth/Bippus*, Die Sitztheorie als Theorie effektiver Verknüpfungen der Gesellschaft, JZ 1988, 677; *Ebenroth/Bippus*, Die staatsvertragliche Anerkennung ausländischer Gesellschaften in Abkehr von der Sitztheorie, DB 1988, 842; *Ebert/Levedag* Die zugezogene „private company limited by shares (Ltd.) nach dem Recht von England und Wales als Rechtsformalternative für inländische und ausländische Investoren in Deutschland, GmbHR 2003, 1337; *Ebke*, Das Centros-Urteil des EuGH und seine Relevanz für das deutsche Internationale Gesellschaftsrecht, JZ 1999, 656; *Eidenmüller*, Geschäftsleiter- und Gesellschafterhaftung bei europäischen Auslandsgesellschaften mit tatsächlichem Inlandssitz, NJW 2005, 1618; *Goette*, Zu den Folgen der Anerkennung ausländischer Gesellschaften mit tatsächlichem Sitz im Inland für die Haftung ihrer Gesellschafter und Organe, ZIP 2006, 541; *Hahnefeld*, Neue Regelungen zur Offenlegung bei Zweigniederlassungen, DStR 1993, 596; *Janberg*, Zweigniederlassungen ausländischer Firmen, BB 1951, 653; *Kieninger*, Niederlassungsfreiheit als Rechtswahlfreiheit, ZGR 1999, 724; *Kindler*, Niederlassungsfreiheit für Scheinauslandsgesellschaften? Die „Centros"-Entscheidung des EuGH und das internationale Privatrecht, NJW 1999, 1993; *ders.* Das Centros-Urteil des Europäischen Gerichtshofs – Eine Analyse aus dem Blickwinkel des Europäischen Gemeinschaftsrechts, des Gesellschaftsrechts und des internationalen Privatrechts, in: Gesellschaftsrechtliche Vereinigung (Hrsg.), Gesellschaftsrecht in der Diskussion 1999, 2000, S. 88; *Kögel*, Firmenbildung von Zweigniederlassungen in- und ausländischer Unternehmen, RPfleger 1993, 8; *Koppensteiner*, Centros und die Folgen, in: Gesellschaftsrechtliche Vereinigung (Hrsg.), Bd. 2, Gesellschaftsrecht in der Diskussion, S. 151; *Lehmann*, Registerrechtliche Anmeldepflicht für EU-Auslandsgesellschaften- ein zahnloser Tieger?, NZG 2005, 580; *Lenz*, Das Gesetz über die Eintragung von Handelsniederlassungen und das Verfahren in Handelsregistersachen vom 10. 8. 1937, RGBl. S. 897, DJ 1937, 1305; *Lutter* (Hrsg.), Die Gründung einer Tochtergesellschaft im Ausland, 3. Aufl. 1995, ZGR-Sonderheft Nr. 3; *Merkt*, Das Centros-Urteil des Europäischen Gerichtshofs – Konsequenzen für den nationalen Gesetzgeber, in: Gesellschaftsrechtliche Vereinigung (Hrsg.), Bd. 2, Gesellschaftsrecht in der Diskussion, S. 112; *Möller*, Europäisches Firmenrecht im Vergleich, EWS 1993, 22; *Piorrek*, Eintragungsfähigkeit von Geschäftsleitern und Hauptbevollmächtigten in das Handelsregister?, BB 1975, 948; *Plesse*, Neuregelung des Rechts der Offenlegung von Zweigniederlassungen, DStR 1993, 133; *B. Rinne*, Zweigniederlassungen ausländischer Unternehmen im deutschen Kollisions- und Sachrecht, 1998; *G. H. Roth*, Gründungstheorie: Ist der Damm gebrochen?, ZIP 1999, 861; *W. H. Roth*, „Centros": Viel Lärm um nichts?, ZGR 2000, 311; *Sandrock*, Centros: ein Etappensieg für die Überlagerungstheorie, BB 1999, 1337; *Schilling*, Zweigniederlassung und Tochtergesellschaft im

---

[84] *Hüffer* AktG Anh. § 45. § 13 HGB aF RdNr. 6; Kölner Komm AktG/*Kraft* § 42 aF RdNr. 21.
[85] Zutr. *Hüffer* AktG Anh § 45. § 13 HGB RdNr. 6 mit Hinweis auf BGH Urt. v. 6. 12. 1983 – VI ZR 60/82, NJW 1984, 921, 922 (zur Sparkasse); s. auch BGH Urt. v. 12. 7. 1977 – VI ZR 159/75, NJW 1977, 2259, 2260; kritisch MünchKommBGB/*Reuter* 30 RdNr. 2.
[86] Abw. wohl GroßKomm AktG/*Barz* § 42 aF Anm. 5.

deutschen Niederlassungsrecht, RIW 1954, 37; *Seibert*, Die Umsetzung der Zweigniederlassungsrichtlinie der EG in deutsches Recht, GmbHR 1992, 738; *ders.*, Neuordnung des Rechts der Zweigniederlassung im HGB, DB 1993, 1705; *Sonnenberger/Großerichter*, Konfliktlinien zwischen internationalem Gesellschaftsrecht und Niederlassungsfreiheit, RIW 1999, 721; *Ulmer*, Schutzinstrumente gegen die Gefahren aus der Geschäftstätigkeit inländischer Zweigniederlassungen von Kapitalgesellschaften mit fiktivem Auslandssitz, JZ 1999, 662; *Wachter*, Errichtung, Publizität, Haftung und Insolvenz ausländischer Kapitalgesellschaften nach „Inspire Art", GmbHR 2003, 1254; *ders.* Notwendigkeit eines Zweigniederlassungszusatzes bei inländischer Zweigniederlassung einer englischen plc?, BB 2005, 1289; *ders*, Persönliche Haftungsrisiken bei englischen private limited companies mit inländischem Verwaltungssitz, DStR 2005, 1817; *Weller*, Europäische Rechtsformwahlfreiheit und Gesellschafterhaftung, 2004; *ders.*, Niederlassungsfreiheit via völkerrechtlicher Assoziierungsabkommen, ZGR 2006, 748; *Werlauff*, Ausländische Gesellschaft für inländische Aktivität – „Centros" aus dänischer Sicht, ZIP 1999, 867; *Zimmer*, Mysterium „Centros", ZHR 164 (2000), 23.

Übersicht

	RdNr.		RdNr.
I. Allgemeines	1–6	a) Anwendbares Verfahrensrecht	16
1. Regelungsgegenstand und Normzweck	1–3	b) Anmeldung	17
2. Normentwicklung, Auslegungsfragen	4, 5	c) Eintragungsverfahren	18
3. Systematische Stellung	6	IV. Verweisung auf das Heimatrecht	19
II. Inländische Zweigniederlassung ausländischer Unternehmen (§ 13 d Abs. 1)	7–14	V. Rechtliche Bedeutung der inländischen Zweigniederlassung, Scheinauslandsgesellschaften	20–27
1. Zweigniederlassung	7–9	1. Rechtliche Bedeutung der inländischen Zweigniederlassung	20–23
2. Einzelkaufmann, juristische Person und Handelsgesellschaft mit Hauptniederlassung/Sitz im Ausland	10–13	2. Scheinauslandsgesellschaften	24–27
3. Sitz im Ausland	14	VI. Ausländische Zweigniederlassung inländischer Einzelkaufleute, juristischer Personen und Handelsgesellschaften	28
III. Verfahren	15–18		
1. Gerichtliche Zuständigkeit	15		
2. Verfahren	16–18		

I. Allgemeines

1. Regelungsgegenstand und Normzweck. § 13 d regelt registerrechtliche Fragen von *inländi-* **1** *schen* Zweigniederlassungen *ausländischer* Unternehmen. Unter dieser verkürzenden Umschreibung sind solche Unternehmen zu verstehen, die ihre Hauptniederlassung (Einzelkaufmann) bzw. ihren Sitz (Handelsgesellschaft) im Ausland haben (näher bei RdNr. 14). Danach, ob sich die Hauptniederlassung oder der Sitz im EG-Ausland oder einem Drittstaat befindet, unterscheidet das Gesetz nicht. § 13 d **Abs. 1** bestimmt in Abweichung zur Rechtslage bei Zweigniederlassungen inländischer Unternehmen (vgl. § 13 Abs. 1) die Zuständigkeit des Gerichts der Zweigniederlassung für Anmeldungen, Zeichnungen, Einreichungen und Eintragungen, die die inländische Zweigniederlassung betreffen. § 13 d **Abs. 2** betrifft den Inhalt der Eintragung und schreibt entsprechend der in § 13 Abs. 3 S. 3 enthaltenen Regelung die Verlautbarung des Ortes der Zweigniederlassung sowie eines etwaigen Firmenzusatzes vor. § 13 d **Abs. 3** verweist ergänzend auf das Heimatrecht des ausländischen Unternehmens, nimmt jedoch im Hinblick auf die Sonderbestimmung in §§ 13 e bis 13 g die Aktiengesellschaft, die KGaA und die GmbH von dieser Verweisung aus.

§ 13 d dient dem **Zweck**, als Ausgangsvorschrift für inländische Zweigniederlassungen auslän- **2** discher Unternehmen die Publizität der Rechtsverhältnisse des ausländischen Unternehmens sicherzustellen. Die Vorschrift soll gewährleisten, dass dem Rechtsverkehr die notwendigen Informationen über das ausländische Unternehmen zur Verfügung stehen, da es hinsichtlich dieses Unternehmens selbst an einer Eintragung in einem deutschen Handelsregister fehlt.[1] Dieser Zweck wird dadurch erreicht, dass die Zweigniederlassung eines ausländischen Unternehmens registerrechtlich deutschem Recht unterstellt wird und abweichend von der Behandlung von Zweigniederlassungen inländischer Unternehmen eine allgemeine Zuständigkeit des Gerichts der Zweigniederlassung vorgesehen ist. Mit der Anordnung, dass alle die im Inland gelegene Zweigniederlassung betreffenden Anmeldungen, Zeichnungen, Einreichungen und Eintragungen bei dem Gericht der Zweigniederlassung zu erfolgen haben, stellt das Gesetz die ausländische Zweigniederlassung im Ergebnis einer inländischen Hauptniederlassung gleich. Hierdurch wird sichergestellt, dass unabhängig davon, ob das ausländische Recht ein dem deutschen Recht vergleichbares Handelsregisterverfahren kennt, zumindest die Rechtsverhältnisse der inländischen Zweigniederlassung nach deutschen Maßstäben verlautbart wer-

---

[1] *Hüffer* AktG Anh. § 45. § 13 d HGB RdNr. 1; Heymann/*Sonnenschein/Weitemeyer* RdNr. 1; Baumbach/*Hopt* RdNr. 2.

den. Konstitutive Wirkung kommt der Eintragung auch hier nicht zu, sie hat lediglich deklaratorische Bedeutung.[2]

3 Durch das Handelsrechtsreformgesetz vom 22. 6. 1998 (BGBl. I S. 1474) ist die amtliche Überschrift des § 13 d dahin geändert worden, dass es statt „Sitz der Hauptniederlassung" seither richtig „Sitz oder Hauptniederlassung" heißt. Da Sitz und Hauptniederlassung gleichbedeutend sind und die unterschiedlichen Bezeichnungen sich lediglich auf den jeweiligen Rechtsträger (Einzelkaufmann, juristische Person oder Handelsgesellschaft) beziehen, lag insoweit ein Redaktionsversehen vor,[3] das nunmehr beseitigt ist.

4 **2. Normentwicklung, Auslegungsfragen.** § 13 d geht in seiner heutigen Fassung auf das Gesetz zur Durchführung der Elften gesellschaftsrechtlichen Richtlinie des Rates der Europäischen Gemeinschaften[4] und über Gebäudeversicherungsverhältnisse vom 22. 7. 1993 (BGBl. I S. 1282) zurück. Die Vorschrift stimmt weitgehend mit der durch Art. 1 Nr. 1 des Gesetzes über die Eintragung von Handelsniederlassungen und das Verfahren in Handelsregistersachen vom 10. 8. 1937 (RGBl. I S. 897) eingefügten Bestimmung des § 13 b aF überein. Lediglich § 13 d Abs. 3 hat insoweit eine Änderung erfahren, als dort bestimmte Rechtsträger ausgenommen sind. Diese Abweichung gegenüber dem alten Recht erklärt sich aus der geänderten Konzeption des Gesetzes, das die einschlägigen Bestimmungen nunmehr in gesonderten Vorschriften (§§ 13 e bis 13 g) enthält (§ 13 RdNr. 6, 7). Für das Aktienrecht enthielt § 44 AktG aF eine § 13 b aF verdrängende Sonderregelung, die dieser Regelung jedoch im Wesentlichen entsprach und ihrerseits auf § 37 AktG 1937 bzw. § 201 Abs. 5 AktG aF zurückging; für das GmbH-Recht fehlte es an einer vergleichbaren Sonderbestimmung. Durch das **Gesetz über elektronische Handelsregister und Genossenschaftsregister sowie das Unternehmensregister (EHUG)** vom 10. 11. 2006 (BGBl. I S. 2553) ist in Abs. 1 und 3 jeweils das Wort „Zeichnungen" gestrichen worden. Nach dem **RegE des Gesetzes zur Modernisierung des GmbH-Rechts** und zur Bekämpfung von Missbräuchen (MoMiG), Stand Mai 2007, soll in Abs. 2 auch die Eintragung der inländischen Geschäftsanschrift vorgesehen werden, Abs. 3 soll sich künftig auf „Bekanntmachungen und Änderungen einzutragender Tatsachen" erstrecken.

5 § 13 d Abs. 1 enthält keine Umsetzung der Elften gesellschaftsrechtlichen Richtlinie[5] des Rates der Europäischen Gemeinschaften.[6] Die Bestimmung unterliegt deshalb insoweit auch nicht den für das angeglichene Recht geltenden speziellen Grundsätzen. Da sie andererseits in unmittelbarem Zusammenhang mit § 13 e steht und diese Vorschrift der Umsetzung der Richtlinie dient, sind die in § 13 d verwendeten Begriffe, auf die in § 13 e rekurriert wird, jedoch richtlinienkonform in gleicher Weise zu bestimmen (RdNr. 8). § 13 d Abs. 2 entspricht dem früheren § 13 b Abs. 2, der bereits den von Art. 2 Abs. 1 lit. d und Art 8 lit. g der Richtlinie aufgestellten Anforderungen genügte.[7]

6 **3. Systematische Stellung.** Bei § 13 d handelt es um die allgemeine Vorschrift für das Recht aller inländischen Zweigniederlassungen ausländischer Unternehmen. § 13 d bildet die Ausgangsvorschrift, an die sich die speziell für Zweigniederlassungen ausländischer Kapitalgesellschaften geltende Bestimmung des § 13 e anschließt. Die Besonderheiten im Recht inländischer Zweigniederlassungen ausländischer Aktiengesellschaften werden weiter durch § 13 f, diejenigen ausländischer GmbH durch § 13 g ausgestaltet. § 13 d gilt sowohl für die erste als auch letzte als auch für die hierzwischen liegenden, die sog. laufenden Anmeldungen.[8] § 13 und die §§ 13 d bis 13 g bilden jeweils geschlossene Regelungskomplexe, die sich nicht ergänzen, sondern nebeneinander stehen.[9] Ihrem Charakter nach handelt es sich bei den Regelungen der § 13 d ff. nicht um Kollisionsregelungen, sondern um **fremdenrechtliche Sachnormen**.[10]

---

[2] S. nur KG Beschl. v. 18. 11. 2003 – 1 W 444/02, NZG 2004, 49, 50; OLG München Beschl. v. 2. 5. 2006 – 13 Wx 009/06, DB 2006, 1148.
[3] Vgl. *Hüffer* AktG Anh. § 45. § 13 d HGB RdNr. 2.
[4] Richtlinie vom 22. 12. 1989 (89/666/EWG) ABl. EG Nr. L 395/36 v. 30. 12. 1989 (Zweigniederlassungsrichtlinie), auch abgedruckt bei *Lutter*, Europäisches Unternehmensrecht, 4. Aufl. 1996, S. 269 ff.; *Habersack*, Europäisches GesR RdNr. 134; mit Blick auf die geltenden Sanktionen eine ordnungsgemäße Umgehung der Richtlinie bezweifeld *Wachter*, in Süß/Wachter, Handbuch des internationalen GmbH-Rechts, 2006, § 2 RdNr. 33 ff. mwN.
[5] Zur Richtlinie vgl. Fn. 4.
[6] Vgl. hierzu *Kindler* NJW 1993, 3301, 3303.
[7] BT-Drucks. 12/3908 S. 15; zu dem deshalb für die richtlinienkonforme Auslegung zugrundezulegenden Zeitpunkt, dem Beginn der Umsetzungsfrist, s. BGH Urt. v. 5. 2. 1998 – 1 ZR 211/98, BGHZ 138, 55 = NJW 1998, 2208, 2211 sowie *Sack* WRP 1998, 241, 242 (jeweils zu § 1 UWG); *Everling* ZGR 1992, 376 ff., 383 ff.; *Lutter* JZ 1992, 593 ff., 604 f.
[8] Heymann/*Sonnenschein*/Weitemeyer RdNr. 1.
[9] *Seibert* DB 1993, 1705; s. auch bei § 13 RdNr. 12.
[10] *B. Rinne* S. 54 f.; Koller/*Roth*/Morck RdNr. 2.

II. Inländische Zweigniederlassung ausländischer Unternehmen (§ 13 d Abs. 1)

1. Zweigniederlassung. § 13 d Abs. 1 setzt das Bestehen einer **im Inland belegenen Zweig-** 7
niederlassung eines Einzelkaufmanns, einer juristischen Person oder einer Handelsgesellschaft mit Hauptniederlassung/Sitz im Ausland voraus.[11] Auf die Staatsangehörigkeit des Einzelkaufmanns kommt es nicht an; auch die in Deutschland belegene Zweigniederlassung eines deutschen Kaufmanns, der seine Hauptniederlassung im Ausland betreibt und eine Zweigniederlassung dieses Unternehmens in Deutschland errichtet hat, fällt unter § 13 d.[12]

Der Begriff der **Zweigniederlassung** kann nach deutschem Recht bestimmt werden, da dieser 8
inhaltlich mit dem Zweigniederlassungsbegriff der Elften gesellschaftsrechtlichen Richtlinie des Rates der europäischen Gemeinschaften (RdNr. 4) übereinstimmt (i. e. § 13 e RdNr. 7). Verlangt wird sonach ein räumlich getrennter Teil des Unternehmens der Gesellschaft, von dem aus dauerhaft selbständig Geschäfte abgeschlossen werden und der die hierfür erforderliche Organisation in sachlicher und personeller Hinsicht aufweist. Die für das Vorliegen einer Zweigniederlassung grundsätzlich erforderliche Nachordnung im Sinne der Leitungsabhängigkeit wird bei Zweigniederlassungen von Kapitalgesellschaften anders als bei Niederlassungen von Einzelkaufleuten oder Personenhandelsgesellschaften nicht vorausgesetzt (§ 13 RdNr. 20 ff.). Bei Gesellschaften, die trotz ihres im Inland belegenen effektiven Verwaltungssitzes als ausländische Gesellschaften anzuerkennen sind (RdNr. 14), kann deshalb auch die Hauptniederlassung eine Zweigniederlassung im Rechtssinne darstellen. Die Eröffnung des Betriebes nach außen ist nicht vorausgesetzt, die Tätigkeit muss jedoch beabsichtigt sein (str., vgl. § 13 RdNr. 35).

Die **Errichtung** der Zweigniederlassung stellt einen rein tatsächlichen Vorgang dar. Sie ist bereits 9
existent, wenn das Geschäftslokal, das zum Betrieb erforderliche Personal und die erforderlichen Betriebsmittel vorhanden sind. Unternehmen mit einem eigenständigen inländischen Rechtsträger (Einzelkaufmann, Personengesellschaft, juristische Person) können keine Zweigniederlassung einer ausländischen Gesellschaft sein, und zwar auch dann nicht, wenn diese an dem betreffenden Rechtsträger maßgeblich beteiligt sein sollte. Es fehlt an der erforderlichen Zugehörigkeit zum Unternehmen des gleichen Unternehmensträgers (§ 13 RdNr. 22, 53).

2. Einzelkaufmann, juristische Person und Handelsgesellschaft mit Hauptniederlas- 10
sung/Sitz im Ausland. § 13 d betrifft die Zweigniederlassungen eines ausländischen Einzelkaufmanns, einer juristischen Person oder einer Handelsgesellschaft. Der Begriff der (Einzel-)**Kaufmanns** ist nach deutschem Recht (§§ 1 ff.) zu bestimmen.[13] Auf die Staatsangehörigkeit kommt es insoweit nicht an. Maßgeblich ist vielmehr darauf abzustellen, ob der Kaufmann im Ausland einen nach Art und Umfang in kaufmännischer Art und Weise eingerichteten Gewerbebetrieb betreibt bzw. als Kaufmann im ausländischen Register eingetragen ist. Hinsichtlich der Handelsregistereintragung kommt es auf ein im betreffenden Ausland vergleichbares Register an;[14] zu beachten ist dabei, dass auch in den Mitgliedstaaten der EG die Register teilweise unterschiedlich ausgestaltet sind und auch nicht alle von Gerichten geführt werden.[15]

Zu den **juristischen Person**en im Sinne des § 13 d zählen, wie sich aus der Unterscheidung des 11
Gesetzes zwischen den beiden Rechtsträgern ergibt, ebenso wie in § 13 (§ 13 RdNr. 1) nur solche, die nicht Handelsgesellschaft sind. Notwendig ist insoweit also eine negative Abgrenzung.

Ob es sich bei der betreffenden ausländischen Gesellschaft um eine den deutschen **Handelsgesell-** 12
schaften (OHG, KG, Aktiengesellschaft, KGaA, GmbH) vergleichbare Gesellschaftsform handelt, ist grundsätzlich im Wege der *Substitution*[16] zu ermitteln. Entsprechendes gilt auf Grund der Verweisung in § 5 Abs. 2 PartGG für Gesellschaften, die mit der deutschen **Partnerschaftsgesellschaft** vergleichbar sind.[17] Auf das Vorhandensein einer § 3 AktG, § 13 Abs. 3 GmbHG oder § 5 Abs. 2 PartGG entsprechenden Bestimmung im ausländischen Recht kommt es für die Vergleichbarkeitsprüfung nicht an.[18] Notwendig ist, dass die ausländische Gesellschaft die wesentlichen Merkmale einer deutschen Handelsgesellschaft aufweist; für Aktiengesellschaften und GmbH kommen außer-

---

[11] Zu den Vorteilen von Zweigniederlassungen gegenüber organisatorisch verselbständigten Tochterunternehmen s. B. *Rinne* S. 39 ff.
[12] Vgl. auch MünchKommHGB/*Krafka* RdNr. 3.
[13] Hierzu MünchKommBGB/*Kindler* IntGesR RdNr. 172 ff.
[14] Koller/*Roth*/Morck RdNr. 5 a.
[15] Für Mitgliedstaaten kann teilweise auf die in EuZW 1992, 528 veröffentlichte Liste des Deutschen Industrie- und Handelstages mit den jeweiligen Registrierungsstellen zurückgegriffen werden; näher hierzu MünchKommHGB/*Krafka* RdNr. 6 f. mwN.
[16] Zur Substitution allgemein statt anderer MünchKommBGB/*Kindler* IntGesR RdNr. 171 ff. mwN.
[17] Insoweit kommen u. a. die französische société civile professionelle, die englische partnership, die österreichische Erwerbsgesellschaft und die spanische despacho colectivo in Betracht, vgl. hierzu *Henssler* PartGG § 5 RdNr. 21 mwN.
[18] *Hüffer* AktG Anh § 45. § 13 d HGB RdNr. 2.

dem noch besondere zusätzliche Anforderungen hinzu. Zu diesen Gesellschaften und zur Prüfung der Vergleichbarkeit der ausländischen Gesellschaftsform mit einer deutschen Aktiengesellschaft bzw. GmbH im Einzelnen s. die Bemerkungen bei §§ 13 e bis 13 g. Von Bedeutung ist die zutreffende Einordnung der ausländischen Gesellschaft insbesondere für die Anwendbarkeit der §§ 13 f, 13 g.

13 Die Anwendbarkeit des § 13 d auf die **Europäische Wirtschaftliche Interessenvereinigung** kann nicht aus dem Ausführungsgesetz vom 14. 4. 1988 (BGBl. I S. 514) gefolgert werden; denn dieses Gesetz gilt nur für *inländische* Europäische Wirtschaftliche Interessenvereinigungen, die von § 13 d gerade nicht erfasst werden. Da die Einordnung nach Art. 1 Abs. 2 der Verordnung vom 27. 7. 1985[19] den Mitgliedsstaaten überlassen ist, muss im Rahmen der Vergleichbarkeitsprüfung darauf abgestellt werden, welchem Gesellschaftstyp die Europäische Wirtschaftliche Interessenvereinigung in dem betreffenden Mitgliedstaat zugeordnet ist.[20]

14 **3. Sitz im Ausland.** Der Einzelkaufmann, die juristische Person bzw. die Handelsgesellschaft muss die Hauptniederlassung/den Sitz im Ausland haben. Der Sitz der juristischen Person bzw. einer Handelsgesellschaft lässt sich regelmäßig ihrer Satzung bzw. dem Gesellschaftsvertrag entnehmen; zu beachten sind bei der Personenhandelsgesellschaft aber Besonderheiten (§ 13 RdNr. 20). Stimmt der satzungsmäßige Sitz einer juristischen Person bzw. einer Handelsgesellschaft mit dem effektiven Verwaltungssitz nicht überein, ist im **Grundsatz** nach der **Sitztheorie** auf den letzteren abzustellen (kollisionsrechtlicher Sitzbegriff).[21] Im Ausland befindet sich der hiernach zu bestimmende Sitz der Gesellschaft dann, wenn er außerhalb des Geltungsbereichs des Grundgesetzes liegt, also in einem fremden Hoheitsgebiet. Befindet sich der effektive Verwaltungssitz dagegen im Inland, handelt es sich ungeachtet ihres abweichenden satzungsmäßigen Sitzes um eine deutsche Gesellschaft, deren Charakter je nach dem zu bestimmen ist, ob sie ein Handelsgewerbe im Sinne des § 1 betreibt oder nicht. Ist dies der Fall, handelt es sich um eine OHG, sonst um eine Gesellschaft bürgerlichen Rechts. Um eine juristische Person kann es sich wegen der fehlenden (konstitutiven) inländischen Registereintragung der Gesellschaft selbst auch dann nicht handeln, wenn im Handelsregister am effektiven Verwaltungssitz eine Zweigniederlassung eingetragen ist. **Ausnahmen** von der Maßgeblichkeit des effektiven Verwaltungssitzes können sich aus zwei Aspekten ergeben. Zum einen aus **zweiseitigen Staatsverträgen,** die die Bundesrepublik Deutschland zur Anerkennung einer in einem anderen Staat gegründeten Gesellschaft auch dann zwingen, wenn sich der effektive Verwaltungssitz im Inland befindet.[22] Zum anderen kann sich nach der – allerdings angreifbaren[23] – Rechtsprechung des EuGH[24] aus der nach Art. 43 und 48 EGV garantierten **Niederlassungsfreiheit für Gesellschaften aus der EU/dem EWR** die Pflicht ergeben, sie zumindest hinsichtlich ihrer Rechts- und Parteifähigkeit sowie hinsichtlich der Gesellschafter- und auch der Geschäftsführerhaftung anzuerkennen.[25] In den genannten Fällen ist die ausländische Gesellschaft also auch dann als solche anzuerkennen, wenn sich ihr effektiver Verwaltungssitz im Inland befindet.

III. Verfahren

15 **1. Gerichtliche Zuständigkeit.** Nach § 13 d Abs. 1 haben alle die inländische Zweigniederlassung betreffenden Anmeldungen, Einreichungen und Eintragungen bei dem Gericht zu erfolgen, in dessen Bezirk die Zweigniederlassung besteht. Aus dieser primär die *örtliche Zuständigkeit* betreffen-

---

[19] ABl.EG. Nr. L 199 S. 1, abgedruckt etwa bei *Lutter,* Europäisches Unternehmensrecht, 4. Aufl. 1996, S. 751 ff.; *Habersack,* Europ. GesR, RdNr. 391.
[20] Hierzu nur MünchKommBGB/*Kindler* IntGesR RdNr. 184 mwN.
[21] HM, vgl. nur MünchKommBGB/*Kindler* IntGesR RdNr. 296 ff., 400 ff. mwN; nach Art. 1 Nr. 2, 5 Nr. 1 des Entwurfs eines Gesetzes zur Modernisierung des GmbH-Rechts und zur Bekämpfung von Missbräuchen (MoMiG) soll es deutschen GmbHs und AGs gestattet werden, ihren effektiven Verwaltungssitz im Ausland zu haben.
[22] Statt anderer MünchKommBGB/*Kindler* IntGesR RdNr. 313, 406. Auf dieser Grundlage hat der BGH Urt. v. 5. 7. 2004 – II ZR 389/02, NJW-RR 2004, 1618 = NZG 2004, 1001 eine Delaware-Gesellschaft unter Hinweis auf den Freundschafts-, Handels- und Schifffahrtsvertrag zwischen der Bundesrepublik Deutschland und den Vereinigten Staaten von Amerika vom 29. 10. 1954 (BGBl. 1956 II S. 487) zumindest für den Fall anerkannt, dass die Gesellschaft auch in den USA geschäftliche Aktivitäten entfaltet; im Verhältnis zur Schweiz großzügiger OLG Hamm Urt. v. 26. 5. 2006 – 30 U 166/05, BB 2006, 2487, 2488 f. mit Anm. *Wachter.*
[23] Näher MünchKommBGB/*Kindler* IntGesR RdNr. 106, 109, 112 ff. mwN zum Streitstand.
[24] EuGH Urt. v. 9. 3. 1999 – Rs C-212/97, NJW 1999, 2027 – Centros; EuGH Urt. v. 5. 11. 2002 Rs C-208/00, NJW 2002, 3614 – Überseering, ergangen auf den Vorlagebeschluss des BGH Beschl. v. 30. 3. 2000 – VII ZR 370/98, NZG 2000, 926, das nachfolgende Urteil BGH Urt. v. 13. 3. 2003 – VII ZR 370/98 ist abgedruckt in BGHZ 154, 185 = NJW 2003, 1461; EuGH Urt. v. 30. 9. 2003 – Rs C-167/01, NJW 2003, 3331 – Inspire Art.
[25] MünchKommBGB/*Kindler* RdNr. 124 ff., 127; für die Praxis ist von der Maßgeblichkeit der EuGH-Rechtsprechung auszugehen, nachdem sich der II. und VII. Senat des BGH dieser Rechtsprechung angeschlossen haben, s. BGH Urt. v. 13. 3. 2003 – VII ZR 370/98, BGHZ 154, 185 = NJW 2003, 1461; zust. BGH Urt. v. 5. 7. 2004 – II ZR 389/02, NJW-RR 2004, 1618 = NZG 2004, 1001; BGH Urt. v. 19. 9. 2005 – II ZR 372/03, NJW 2005, 3351 = NZG 2005, 974; eingehend zur Anerkennung von Gesellschaften aus EWR/EFTA-Staaten *Weller* ZGM 2006, 748 ff.

den Bestimmung ergibt sich zugleich die *internationale Zuständigkeit* des deutschen Gerichts.[26] Bestehen mehrere Zweigniederlassungen einer ausländischen Gesellschaft, ist, wie § 13 e Abs. 5 bestätigt, jedes der Gerichte international und örtlich für die in seinem Bezirk gelegene Zweigniederlassung zuständig. Nach § 13 e Abs. 3 besteht jedoch die Möglichkeit, für das Einreichen der erforderlichen Satzungen/Gesellschaftsverträge und deren Änderungen (§ 13 f Abs. 2, 5, § 13 g Abs. 2, 5) ein Hauptregister zu wählen. Entsprechendes gilt nach § 325 a Abs. 1 S. 2 für die einzureichenden Unterlagen der Rechnungslegung.

2. Verfahren. a) Anwendbares Verfahrensrecht. Das registerrechtliche Verfahren unterliegt **16** insgesamt deutschem Recht **(lex fori)**.[27] Die **Gerichtssprache** ist deutsch, § 184 GVG.

b) Anmeldung. Die in § 13 d vorausgesetzte **Anmeldepflicht** entsteht, sobald die Zweignieder- **17** lassung errichtet ist, wofür es auf die Aufnahme des Geschäftsbetriebs nach außen nicht ankommt (RdNr. 8).[28] Sie trifft bei ausländischen einzelkaufmännischen Unternehmen den Einzelkaufmann als den Rechtsträger, bei ausländischen juristischen Personen deren Vertretungsorgan. Für die ausländische Aktiengesellschaft und die ausländische GmbH ist die Anmeldepflicht in personeller Hinsicht durch § 13 e Abs. 2 S. 1 besonders geregelt. Anmeldepflichtig sind diejenigen Personen, die bei der ausländischen Aktiengesellschaft bzw. GmbH ihrer Funktion nach dem Vorstand bzw. den Geschäftsführern einer deutschen Aktiengesellschaft/GmbH entsprechen. Abweichend vom bisherigen Recht verlangt § 13 e Abs. 2 S. 1 nicht mehr die Anmeldung durch alle Mitglieder dieses Organs, es genügt wie bei der deutschen Gesellschaft (§ 13 RdNr. 42) ein Handeln der nach dem Heimatrecht der ausländischen Gesellschaft zu ihrer Vertretung erforderlichen Organmitglieder. Zur umstrittenen Anmeldepflicht des Zweigniederlassungsleiters s. bei § 13 e RdNr. 34. Die **Anmeldung** ist nach § 184 GVG in deutscher Sprache abzufassen und muss den Anforderungen des § 12 entsprechen; nach § 11 Abs. 1 können die einzureichenden Dokumente *zusätzlich* in jeder Amtssprache eines Mitgliedstaats der Europäischen Union übermittelt werden. Beizufügen sind ihr die nach § 13 e Abs. 2, 5 erforderlichen Nachweise und Unterlagen. Zu den Einzelheiten der Anmeldung wird auf die Bemerkungen zu § 13 e bis 13 g verwiesen.

c) Eintragungsverfahren. Nach Eingang der Anmeldung der Zweigniederlassung prüft das **18** Gericht die Anmeldung in formeller und materieller Hinsicht.[29] Die **Überprüfung** entspricht bis auf die Feststellungen zum tatsächlichen Vorhandensein einer Zweigniederlassung derjenigen bei einer inländischen Hauptniederlassung; die Einschränkungen, die für die Überprüfung einer inländischen Zweigniederlassung bestehen, gelten insoweit nicht.[30] Insbesondere ist die Zulässigkeit der Firma nach ausländischem Recht und ihre Vereinbarkeit mit bereits eingetragenen Firmen nach § 30 im Handelsregister der Zweigniederlassung zu überprüfen; ebenso die Wirksamkeit der Gründung nach ausländischem Recht, wobei das Registergericht an die ausländische Entscheidung nicht gebunden ist.[31] Eine in fremder Sprache gehaltene Firma ist grundsätzlich zu übernehmen; nicht eintragungsfähig ist jedoch eine in fremden Buchstaben gehaltene Firma.[32] Die **Eintragung** hat nach § 13 d Abs. 2 auch den Ort der Zweigniederlassung sowie einen etwa vorhandenen Zusatz der Zweigniederlassungsfirma zu enthalten. Die **Bekanntmachung** des Gerichts der Zweigniederlassung richtet sich nach § 10.

IV. Verweisung auf das Heimatrecht

Soweit § 13 d Abs. 1 und 2 keine Regelungen enthält, verweist Abs. 3 auf das Heimatrecht des **19** ausländischen Rechtsträgers, nimmt jedoch anders als das alte Recht von dieser Verweisung die Aktiengesellschaft, die KGaA, die GmbH ausdrücklich aus. Diese Herausnahme erklärt sich aus dem Konzept der §§ 13 d ff., das in §§ 13 e ff. für die Kapitalgesellschaften besondere, die Grundbestimmung des § 13 d ergänzende Vorschriften und eigenständige Verweisungen vorsieht.[33] Soweit sich bei der Anwendung dieser Bestimmungen jedoch Lücken ergeben sollten, können diese durch das Heimatrecht der ausländischen Gesellschaften geschlossen werden.[34] Für die ausländischen Personenhandelsgesellschaften oder Einzelkaufleute bleibt es demgegenüber bei der Anwendung des

---

[26] Staub/*Hüffer* § 13 b aF RdNr. 17 f.; s. auch Keidel/Kuntze/Winkler/*Schmidt* FGG Einl. RdNr. 84.
[27] Staub/*Hüffer* § 13 b aF RdNr. 18; Heymann/*Sonnenschein*/*Weitemeyer* RdNr. 5.
[28] Abweichend Baumbach/*Hopt* RdNr. 5.
[29] *Hüffer* AktG Anh. § 45. § 13 d RdNr. 5; Röhricht/v. Westphalen/*Ammon* RdNr. 12.
[30] *Hüffer* AktG Anh. § 45. § 13 d HGB RdNr. 5.
[31] Röhricht/v. Westphalen/*Ammon* RdNr. 12.
[32] Röhricht/v. Westphalen/*Ammon* RdNr. 12.
[33] Vgl. BT-Drucks 12/3908 S. 15.
[34] Für das Aktienrecht *Hüffer* AktG Anh. § 45. § 13 d HGB RdNr. 6; MünchKommAktG/*Pentz* Anh. § 45. § 13 d RdNr. 15.

Heimatrechts. Wer also etwa die Anmeldung zu unterzeichnen hat, richtet sich hier ausschließlich nach dem ausländischem Recht und ist nicht etwa in Analogie zu §§ 13 e ff. zu bestimmen.

V. Rechtliche Bedeutung der inländischen Zweigniederlassung, Scheinauslandsgesellschaften

20   **1. Rechtliche Bedeutung der inländischen Zweigniederlassung.** Auch für die Zweigniederlassung eines Einzelkaufmanns, einer juristischen Person oder Handelsgesellschaft mit Hauptniederlassung/Sitz im Ausland[35] gilt, dass sie nur ein **Teil des (Gesamt-)Unternehmens ihres Rechtsträgers** ist. Eine eigene Rechtspersönlichkeit kommt ihr sonach nicht zu. Aus diesem Grunde ist auch im Prinzip hinsichtlich der materiellrechtlichen Rechtsverhältnisse auf diejenigen des Rechtsträgers abzustellen. Maßgeblich ist sonach beim Einzelkaufmann auf das **Personalstatut**, bei Gesellschaften auf das **Gesellschaftsstatut** abzustellen. Das Gesellschaftsstatut wiederum richtet sich grundsätzlich nach dem effektiven Verwaltungssitz der Gesellschaft; Ausnahmen können sich aus zweiseitigen Staatsverträgen oder der Rechtsprechung des EuGH zur Niederlassungsfreiheit ergeben (RdNr. 14).

21   Das Gesellschaftsstatut entscheidet über die Frage der **Rechtsfähigkeit** der Gesellschaft,[36] im Grundsatz auch über die Reichweite der **Vertretungsbefugnisse** der Gesellschaftsorgane. Eine Abweichung kommt allerdings unter dem Aspekt des Verkehrsschutzes in Betracht; nimmt die Gesellschaft am deutschen Rechtsverkehr teil und kannte der Geschäftspartner die Einschränkung der Vertretungsmacht nicht und musste er hierum auch nicht wissen, braucht er sich die Beschränkung nicht entgegenhalten zu lassen, Art. 12 S. 1 EGBGB gilt entsprechend.[37] Für die Erteilung von **Prokura** oder **Handlungsvollmacht** gilt nicht das Gesellschaftsstatut, sondern das Vollmachtstatut,[38] also deutsches Recht; die Vertretungsmacht der hiervon betroffenen Personen bestimmt sich nach den §§ 48 ff. Über das **Recht der inneren Organisation** der Gesellschaft, einschließlich der Grundlagenänderung, der Anforderungen an ein bestimmtes Haftungskapital, der Anteilsübertragung u. ä. entscheidet das Gesellschaftsstatut. Gleiches gilt im Grundsatz auch für die Frage der Zulässigkeit der geführten **Firma;** eine Einschränkung erfährt dies jedoch insoweit, als der deutsche Grundsatz der Firmenwahrheit einzuhalten ist und für den Zusatz der Zweigniederlassungsfirma deutsches Recht gilt (RdNr. 18).[39] Deutsches Recht gilt auf Grund ihres öffentlich-rechtlichen Charakters auch für die Frage der **Buchführungs- und Rechnungslegungspflicht** der Zweigniederlassung hinsichtlich der ihr zuzurechnenden Geschäftsvorgänge und Vermögensgegenstände.[40] Welches Recht auf von der Zweigniederlassung im Inland abgeschlossene **Verträge** anwendbar ist, bestimmt sich nach Art. 27 ff. EGBGB.[41] Soweit die Zweigniederlassung einen Betrieb im Sinne der §§ 1, 4 BetrVG darstellt, ist auch das deutsche **Betriebsverfassungsrecht** anwendbar, Mitbestimmungsrechte auf Unternehmensebene sind jedoch auf die im Inland gelegenen Betriebe beschränkt.[42] Das unternehmerische **Mitbestimmungsrecht** der Arbeitnehmer findet auf die ausländische Gesellschaft zumindest im Grundsatz keine Anwendung; für Gesellschaften, die ihren effektiven Verwaltungssitz im Inland haben und auf Grund von zweiseitigen Staatsverträgen bzw. der Rechtsprechung des EuGH gleichwohl als ausländische Gesellschaften anzuerkennen sind, kann sich Abweichendes ergeben.[43]

22   Für die Frage des **Prozessrechts** bedeutet die fehlende Rechtsfähigkeit der Zweigniederlassung, dass nicht sie, sondern der Rechtsträger, zu dessen Unternehmen sie gehört, Prozesspartei ist, selbst wenn er im Prozess mit einer abweichenden Zweigniederlassungsfirma bezeichnet wird.[44] Tritt der ausländische Rechtsträger im Prozess als Kläger auf, hat er dem Beklagten auf sein Verlangen

---

[35] Zur Rechtsstellung der Zweigniederlassung s. § 13 RdNr. 67 ff.
[36] MünchKommBGB/*Kindler* IntGesR RdNr. 540.
[37] MünchKommBGB/*Kindler* IntGesR RdNr. 542 mwN; abw. GroßKommAktG/*Barz* 3. Aufl., § 44 aF Anm. 2.
[38] Staub/*Hüffer* § 13 b aF RdNr. 15; s. auch *v. Bar* IPR II RdNr. 592 Fn. 873, 608; MünchKommBGB/*Kindler* RdNr. 560 f. zu Anscheins- und Duldungsvollmacht sowie der Vertretung ohne Vertretungsmacht.
[39] Staub/*Hüffer* § 13 b aF RdNr. 14; ein die Zugehörigkeit zur ausländischen Gesellschaft erläuternder Zusatz ist nicht aufzunehmen, LG Frankfurt/Main Beschl. v. 15. 2. 2005 – 3 – 16 T 42/04, BB 2005, 1297; *Wachter* BB 2005, 1289 ff.; *ders.* in Süß/Wachter, Handbuch des internationalen GmbH-Rechts, § 2 RdNr. 161, zum Einfluss des Europarechts in diesem Zusammenhang; *ders.* bei RdNr. 144 f.; *Rehberg* in Eidenmüller, Ausländische Kapitalgesellschaften im deutschen Recht, 2004, § 5 RdNr. 68 ff.; aA *Ebert/Levedag* GmbHR 2003, 1337, 1338; Baumbach/*Hopt* RdNr. 4; Keidel/*Krafka*/*Winkler* Registerrecht RdNr. 272.
[40] Staub/*Hüffer* § 13 b aF RdNr. 15; MünchKommBGB/*Kindler* IntGesR RdNr. 206; *v. Bar* IPR II RdNr. 608.
[41] Zum anwendbaren Recht bei fehlender Rechtswahl s. MünchKommBGB/*Martiny* Art. 28 EGBGB RdNr. 51 ff.
[42] *Fitting* BetrVG § 1 RdNr. 6, 12 ff. mwN.
[43] Eingehend MünchKommBGB/*Kindler* IntGesR RdNr. 565 ff.
[44] Staub/*Hüffer* § 13 b aF RdNr. 16 mwN.

Sicherheit gem. §§ 110 ff. ZPO zu leisten; sofern der Rechtsträger allerdings seinen Sitz in einem Mitgliedstaat der EG hat oder Gegenseitigkeit verbürgt ist, entfällt diese Verpflichtung.[45] Für Passivprozesse sind die besonderen **Gerichtsstände** der §§ 21, 23 ZPO zu beachten, die Zustellung kann am Ort der Zweigniederlassung erfolgen.[46] Im Anwendungsbereich des Übereinkommens über die gerichtliche Zuständigkeit und die Vollstreckung gerichtlicher Entscheidungen in Zivil- und Handelssachen tritt **Art. 5 Nr. 5 EuGVO** (früher und noch heute im Verhältnis zu Dänemark: Art. 5 Nr. 5 EuGVÜ) an die Stelle des § 21 ZPO.

Nach deutschem Recht gibt es grundsätzlich **keine allgemeinen fremdenrechtlichen Genehmigungsvorbehalte** bezüglich der Geschäftstätigkeit ausländischer Unternehmen im Inland; auch das ausländische Unternehmen unterliegt aber auch im Falle des Betreibens über eine Zweigniederlassung der allgemeinen **Anzeigepflicht nach § 14 GewO**, wenn es im Inland den Betrieb einer Zweigniederlassung anfängt. Wird der Rechtsfähigkeit der ausländischen juristischen Person im Inland nicht anerkannt, kann der Betrieb des Gewerbes nach **§ 15 Abs. 2 S. 2 GewO** untersagt werden. **Besondere Vorschriften** für die inländischen Zweigniederlassungen ausländischer Unternehmen finden sich zum Versicherungsrecht in §§ **105 ff., 110 a ff. VAG**, zum Kreditwesenrecht in §§ **32, 53, 53 b, 53 c KWG** und zum Investmentrecht in §§ **12 ff. InvG**. 23

2. Scheinauslandsgesellschaften. Insbesondere im Zusammenhang mit der Verwendung von Gesellschaften in der Rechtsform der Limited (Ltd.), die im Vereinigten Königreich nur ihren statutarischen Sitz haben, ihre geschäftliche Tätigkeit aber ausschließlich im Inland entfalten und hier ihren effektiven Verwaltungssitz haben (so gen. Scheinauslandsgesellschaften), stellt sich eine Vielzahl von Einzelfragen, die hier nur kursorisch angesprochen werden können: 24

Hinsichtlich der **Anerkennung** der Scheinauslandsgesellschaften ist auf der Grundlage der Sitztheorie auf den effektiven Verwaltungssitz abzustellen. Befindet sich dieser im Ausland, handelt es sich grundsätzlich um eine ausländische Gesellschaft.[47] Liegt der effektive Verwaltungssitz dagegen im Inland, handelt es sich um eine deutsche Gesellschaft, sofern sich nicht aus Staatsverträgen oder der Rechtsprechung des EuGH Abweichendes ergibt (s. bereits RdNr. 14). (Schein-)Ausländische juristische Personen, die nicht unter einen der Ausnahmebereiche fallen, sind daher mangels inländischer konstitutiver Handelsregistereintragung (die Eintragung einer inländischen Zweigniederlassung ist insoweit ohne Belang) als inländische Personengesellschaften einzuordnen und je nach Betrieb eines Handelsgewerbes (§ 1) OHG oder Gesellschaft bürgerlichen Rechts bzw. Einzelkaufmann;[48] nach inländischem Recht richten sich deshalb auch die Haftungsverhältnisse bzw. ihr Insolvenzrecht. 25

Ist die Gesellschaft trotz ihres inländischen effektiven Verwaltungssitzes **als ausländische anzuerkennen** (hierzu bei RdNr. 14), richtet sich das Recht der **Kapitalaufbringung** und **-erhaltung** nach dem Gesellschaftsstatut.[49] Gleiches gilt für die Haftung des Geschäftsführers für rechtsgeschäftliche Verbindlichkeiten, insbesondere ist das deutsche Recht der Vorgesellschaft (§ 11 Abs. 2 GmbHG, § 41 Abs. 1 S. 2 AktG) nicht anwendbar.[50] Für das Recht des **Kapitalersatzes** ist dies streitig; teilweise wird es auch dem Insolvenzstatut zugeordnet.[51] Das anwendbare Recht für Ansprüche aus **unerlaubter Handlung** gem. § 823 ff. BGB, einschließlich der Haftung wegen Verletzung eines Schutzgesetzes oder sittenwidriger Schädigung richtet sich nach dem Deliktsstatut des Art. 40 EGBGB. Die **Existenzvernichtungshaftung** müsste an sich, dem gesellschaftsrechtsspezifischen Begründungsansatz des BGH folgend,[52] dem Gesellschaftsstatut unterfallen; es sprechen jedoch gute Gründe dafür, sie dem Insolvenzstatut zu unterstellen.[53] **Insolvenzrecht**lich ist **im Verhältnis zu EU-Mitgliedsstaaten (außer** im Verhältnis zu **Dänemark)** die EuInsVO maßgeblich. Für die 26

---

[45] EuGH Urt. v. 1. 7. 1993 – Rs C-20/92, NJW 1993, 2431.
[46] BGH Urt. v. 24. 11. 1951, BGHZ 4, 62, 65 = NJW 1952, 182; s. auch bei § 13 RdNr. 68.
[47] Nach Art. 1 Nr. 2, 5 Nr. 1 des Entwurfs eines Gesetzes zur Modernisierung des GmbH-Rechts und zur Bekämpfung von Missbräuchen (MoMiG) soll es deutschen GmbHs und AGs jedoch gestattet sein, ihren effektiven Verwaltungssitz im Ausland zu haben und gleichwohl als inländische Gesellschaft anerkannt zu bleiben.
[48] Eine Einordnung als Vorgesellschaft oder fehlerhafte Gesellschaft scheidet aus, vgl. MünchKommBGB/*Kindler* IntGesR RdNr. 467.
[49] MünchKommBGB/*Kindler* IntGesR RdNr. 591 f.
[50] BGH Urt. v. 14. 3. 2005 – II ZR 5/03, NJW 2005, 1648 = NZG 2005, 508 für die Limited; BGH Urt. v. 19. 9. 2005 – II ZR 372/03, NJW 2005, 3351 = NZG 2005, 974 für Gesellschaften aus EWR-Staaten; hierzu auch *Goette* ZIP 2006, 541, 542; *Eidenmüller*, NJW 2005, 1618; *Lehmann*, NZG 2005, 580; *Paefgen* GmbHR 2005, 957; *Wachter* DStR 2005, 1817.
[51] MünchKommBGB/*Kindler* IntGesR RdNr. 708 ff. mwN.
[52] Vgl. BGH Urt. v. 17. 9. 2001 – II ZR 178/99, NJW 2001, 3622; BGH Urt. v. 25. 2. 2002 – II ZR 196/00, NJW 2002, 1803; BGH Urt. v. 24. 6. 2002 – II ZR 300/00, BGHZ 151, 181, 186 ff. = NJW 2002, 3024; BGH Urt. v. 13. 12. 2004 – II ZR 206/02, NJW-RR 2005, 335 = NZG 2005, 177; zum aktuellen Diskussionsstand s. statt anderer *Habersack* in Emmerich/Habersack, Aktien- und GmbH-Konzernrecht Anh. § 318 Rn. 33 ff. mwN.
[53] Eingehend *Weller* S. 223 ff.; MünchKommBGB/*Kindler* IntGesR RdNr. 617.

§ 13 e 1. Buch. 2. Abschnitt. Handelsregister; Unternehmensregister

Eröffnung des Verfahrens zuständig ist nach Art. 3 Abs. 1 EuInsVO das Gericht des Staates, in dem der Schuldner den Mittelpunkt seiner Interessen hat (center of main interest – COMI); für juristische Personen und Gesellschaften spricht insoweit eine Vermutung für den Satzungssitz. Partikularverfahren können nach Art. 3 Abs. 2 S. 1 iVm. Art. 27 ff. EuInsVO in Staaten eröffnet werden, in denen der Schuldner eine Niederlassung hat. Insolvenzstatut ist gem. Art. 4 Abs. 1 EuInsVO das Recht des Eröffnungsstaates.[54] **Im Verhältnis zu Drittstaaten und Dänemark** sind die §§ 335 ff. InsO einschlägig. **Insolvenzantragsrecht und -pflicht** und die **Haftung der Organe wegen Masseschmälerung** im Vorfeld der Insolvenz richten sich nach dem Insolvenzstatut, ebenso die Haftung der Organe **wegen Insolvenzverschleppung**,[55] sodass auch die geschäftsführenden Organe von Scheinauslandsgesellschaften bei Pflichtverletzungen in diesem Zusammenhang haften können.

27 Führt die Löschung der Gesellschaft an ihrem satzungsmäßigen Sitz zum **Wegfall ihrer Existenz** als ausländische Gesellschaft, ist in einem ersten Schritt zunächst zu prüfen, ob nunmehr unter den beteiligten Gesellschaftern eine inländische Gesellschaft in der Rechtsform der OHG oder GbR (RdNr. 25) besteht bzw. ob ein Einzelunternehmen vorliegt. Bei Vorliegen einer Gesellschaft bestimmt sich die **Gesellschafterhaftung** gemäß/entsprechend § 128.[56] Die **Haftung der Gesellschaft** als dem Träger des betriebenen Unternehmens richtet sich nach den Grundsätzen des unternehmensbezogenen Rechtsgeschäfts.[57] Liegt ein **Einzelunternehmen** vor, haftet der Einzelunternehmer persönlich und unbeschränkt als Unternehmensträger. Ist **kein inländischer Rechtsträger** (Gesellschaft oder Einzelunternehmer) festzustellen, haften die im Inland als Vertreter Handelnden nach deutschem Recht entsprechend § 179 BGB als **Vertreter ohne Vertretungsmacht** (Handeln für eine nicht existierende Person).[58]

VI. Ausländische Zweigniederlassung inländischer Einzelkaufleute, juristischer Personen und Handelsgesellschaften

28 Das Recht ausländischer Zweigniederlassungen eines deutschen Einzelkaufmanns, einer deutschen juristischen Person oder Handelsgesellschaft wird durch §§ 13 d ff. nicht geregelt. Auch § 13 enthält hierzu keine Bestimmungen. Die rechtliche Behandlung derartiger Niederlassungen richtet sich vielmehr nach dem Recht des Staates, in dem sich die Zweigniederlassung befindet. Aufgrund der Umsetzung der Elften gesellschaftsrechtlichen Richtlinie des Rates der Europäischen Gemeinschaften (RdNr. 5) finden sich jedoch den §§ 13 e ff. entsprechende Bestimmungen auch in den Mitgliedstaaten.[59]

§ 13 e Zweigniederlassungen von Kapitalgesellschaften mit Sitz im Ausland

(1) Für Zweigniederlassungen von Aktiengesellschaften und Gesellschaften mit beschränkter Haftung mit Sitz im Ausland gelten ergänzend zu § 13 d die folgenden Vorschriften.

(2) ¹Die Errichtung einer Zweigniederlassung einer Aktiengesellschaft ist durch den Vorstand, die Errichtung einer Zweigniederlassung einer Gesellschaft mit beschränkter Haftung ist durch die Geschäftsführer zur Eintragung in das Handelsregister anzumelden. ²Bei der Anmeldung ist das Bestehen der Gesellschaft als solcher und, wenn der Gegenstand des Unternehmens oder die Zulassung zum Gewerbebetrieb im Inland der staatlichen Genehmigung bedarf, auch diese nachzuweisen. ³Die Anmeldung hat auch die Anschrift und den Gegenstand der Zweigniederlassung zu enthalten. ⁴In der Anmeldung sind ferner anzugeben

---

[54] Wegen der Einzelheiten statt anderer MünchKommBGB/*Kindler* IntInsR RdNr. 24 ff. mwN.
[55] MünchKommBGB/*Kindler* IntGesR RdNr. 625 f., 634 ff. mwN.
[56] Für die OHG ergibt sich die Haftung unmittelbar aus § 128 HGB; zur Haftung der Gesellschafter einer GbR entsprechend § 128 HGB s. statt anderer nur MünchKommBGB/*Ulmer* § 714 RdNr. 35 ff. mwN.
[57] Nach diesen Grundsätzen will der mit einem „Unternehmen" Kontrahierende im Zweifel mit dem Unternehmensträger in Vertragsbeziehungen treten bzw. ein „für das Unternehmen" Handelnder im Zweifel für den Unternehmensträger auftreten, näher zu diesem Grundsatz *K. Schmidt* HandelsR § 5 III mwN.; s. auch BGH Urt. v. 18. 1. 1996 – II ZR 121/95, NJW 1996, 1053.
[58] So auch BGH Urt. v. 5. 2. 2007 II ZR 84/05, BB 2007, 955; allgemein hierzu MünchKommBGB/*Schramm* § 179 RdNr. 11 mwN.
[59] *Kindler* NJW 1993, 3301, 3306.

1. das Register, bei dem die Gesellschaft geführt wird, und die Nummer des Registereintrags, sofern das Recht des Staates, in dem die Gesellschaft ihren Sitz hat, eine Registereintragung vorsieht;
2. die Rechtsform der Gesellschaft;
3. die Personen, die befugt sind, als ständige Vertreter für die Tätigkeit der Zweigniederlassung die Gesellschaft gerichtlich und außergerichtlich zu vertreten, unter Angabe ihrer Befugnisse;
4. wenn die Gesellschaft nicht dem Recht eines Mitgliedstaates der Europäischen Gemeinschaften oder eines anderen Vertragsstaates des Abkommens über den Europäischen Wirtschaftsraum unterliegt, das Recht des Staates, dem die Gesellschaft unterliegt.

(3) Die in Absatz 2 Satz 4 Nr. 3 genannten Personen haben jede Änderung dieser Personen oder der Vertretungsbefugnis einer dieser Personen zur Eintragung in das Handelsregister anzumelden.

(4) Die in Absatz 2 Satz 4 Nr. 3 genannten Personen oder, wenn solche nicht angemeldet sind, die gesetzlichen Vertreter der Gesellschaft haben die Eröffnung oder die Ablehnung der Eröffnung eines Insolvenzverfahrens oder ähnlichen Verfahrens über das Vermögen der Gesellschaft zur Eintragung in das Handelsregister anzumelden.

(5) [1] Errichtet eine Gesellschaft mehrere Zweigniederlassungen im Inland, so brauchen die Satzung oder der Gesellschaftsvertrag sowie deren Änderungen nach Wahl der Gesellschaft nur zum Handelsregister einer dieser Zweigniederlassungen eingereicht zu werden. [2] In diesem Fall haben die nach Absatz 2 Satz 1 Anmeldepflichtigen zur Eintragung in den Handelsregistern der übrigen Zweigniederlassungen anzumelden, welches Register die Gesellschaft gewählt hat und unter welcher Nummer die Zweigniederlassung eingetragen ist.

Schrifttum: *Hahnefeld*, Neue Regelungen zur Offenlegung bei Zweigniederlassungen, DStR 1993, 596; *Heidinger*, Der „ständige Vertreter" der Zweigniederlassung einer ausländischen Kapitalgesellschaft, MittBayNot. 1998, 72; *Herchen*, Checkliste zur Eintragung einer Zweigniederlassung einer englischen private company limited by shares im Handelsregister, RIW 2005, 529; *Kögel*, Die deutsche Zweigniederlassung einer GmbH – überreguliert?, GmbHR 2006, 237; *Krause*, Handelsregistereintragung der inländischen Zweigniederlassung einer ausländischen Gesellschaft, RPfleger 1999, 263; *Maul*, Probleme im Rahmen von grenzüberschreitenden Unternehmensverbindungen, NZG 1999, 741; *Plesse*, Neuregelung des Rechts der Offenlegung von Zweigniederlassungen, DStR 1993, 133; *W. H. Roth*, „Centros": Viel Lärm um nichts?, ZGR 2000, 311; *Saame*, Die Zweigniederlassung eines ausländischen Unternehmens in Deutschland, 1994; *J. Schmidt*, Innovation durch „Innoventif"? – Die EuGH-Entscheidung „innoventif" und die Eintragung der Zweigniederlassung einer englischen Limited ins deutsche Handelsregister, NZG 2006, 899; *Seibert*, Neuordnung des Rechts der Zweigniederlassung im HGB, DB 1993, 1705 ff.

Übersicht

	RdNr.		RdNr.
I. Allgemeines	1–6	bb) Genehmigung (§ 13 e Abs. 2 S. 2, 2. Hs.)	24
1. Regelungsgegenstand und Normzweck	1	b) Angaben	25–32
2. Normentwicklung, Auslegungsfragen	2–4	aa) Errichtung, Anschrift und Gegenstand der Zweigniederlassung (§ 13 e Abs. 2 S. 1, 3)	26
3. Systematische Stellung, Übergangsrecht	5, 6	bb) Weitere Angaben (§ 13 e Abs. 2 S. 4)	27–32
II. Zweigniederlassung einer Aktiengesellschaft/GmbH mit Sitz im Ausland (§ 13 e Abs. 1)	7–16	– Registerangaben (§ 13 e Abs. 2 S. 4 Nr. 1)	28
1. Zweigniederlassung	7	– Rechtsform der Gesellschaft (§ 13 e Abs. 2 S. 4 Nr. 2)	29
2. Ausländische Aktiengesellschaft/GmbH	8–15	– Ständige Vertreter, Vertretungsmacht (§ 13 e Abs. 2 S. 4 Nr. 3)	30
a) Allgemeines	8–11	– Heimatrecht der Gesellschaft (§ 13 e Abs. 2 S. 4 Nr. 4)	31, 32
b) Vergleichbare Aktiengesellschaften	12, 13	**IV. Weitere Anmeldungen (§ 13 e Abs. 3, 4)**	33–36
c) Vergleichbare GmbH	14, 15	1. Änderungen bei den ständigen Vertretern oder ihrer Vertretungsmacht (§ 13 e Abs. 3)	33, 34
3. Sitz im Ausland	16	2. Anmeldung eines Insolvenzverfahrens (§ 13 e Abs. 4)	35, 36
III. (Erst-)Anmeldung (§ 13 e Abs. 2)	17–32	**V. Optionsmöglichkeit bei mehreren Zweigniederlassungen (§ 13 e Abs. 5)**	37–41
1. Anmeldung durch den Vorstand/die Geschäftsführer (§ 13 e Abs. 2 S. 1)	17, 18		
2. Anmeldung durch sonstige Personen	19, 20		
3. Inhalt der Anmeldung (§ 13 e Abs. 2 S. 2 bis 4)	21–32		
a) Zu erbringende Nachweise	22–24		
aa) Bestehen der Gesellschaft (§ 13 e Abs. 2 S. 2, 1. Hs.)	23		

§ 13 e 1–4 1. Buch. 2. Abschnitt. Handelsregister; Unternehmensregister

	RdNr.		RdNr.
1. Optionsmöglichkeit (§ 13 e Abs. 5 S. 1)	37	4. Übergangsrecht	41
2. Anmeldepflicht (§ 13 e Abs. 5 S. 2)	38, 39	**VI. Erzwingung der Anmeldungen**	42
3. Amtshilfe gegenüber anderen Registergerichten	40		

I. Allgemeines

1 1. Regelungsgegenstand und Normzweck. § 13 e schließt an die für alle Zweigniederlassungen ausländischer Unternehmen geltende Bestimmung des § 13 d an und enthält, wie § 13 e **Abs. 1** klarstellt, *ergänzende Vorschriften* für die Zweigniederlassung einer ausländischen Kapitalgesellschaft, sofern es sich bei dieser um eine Aktiengesellschaft oder eine GmbH handelt. Dass sich die Vorschrift auch auf die dort selbst nicht unmittelbar erwähnte KGaA bezieht, ergibt sich aus § 13 f Abs. 7[1] sowie aus Art. 34 EGHGB. Die amtliche Überschrift der Bestimmung ist insofern zu weit gefasst, als der dort verwendete Begriff der Kapitalgesellschaft nach deutschem Recht auch die mit der Bestimmung nicht geregelte bergrechtliche Gewerkschaft umfasst.[2] § 13 e **Abs. 2** statuiert die Anmeldeverpflichtung des Vorstands der ausländischen Aktiengesellschaft bzw. der Geschäftsführer einer ausländischen GmbH und schreibt für die Anmeldung besondere Angaben und Nachweise vor. § 13 e **Abs. 3** trifft Bestimmungen über die bereits in § 13 e Abs. 2 S. 4 Nr. 3 angesprochenen ständigen Vertreter für die Tätigkeit der Zweigniederlassung und bestimmt, dass jede diese Personen oder ihre Vertretungsmacht betreffende Änderung zur Eintragung in das Handelsregister anzumelden ist. Nach § 13 e **Abs. 4** müssen Entscheidungen über ausländische Insolvenzverfahren über das Vermögen der Gesellschaft zur Eintragung in das Handelsregister angemeldet werden. § 13 e **Abs. 5** enthält für den Fall des Bestehens mehrerer Zweigniederlassungen eine (auf die Einreichung der Satzung bzw. ihrer Änderungen beschränkte) besondere Optionsmöglichkeit zugunsten eines der im Inland betroffenen Handelsregister.

2 2. Normentwicklung, Auslegungsfragen. § 13 e ist durch das Gesetz zur Durchführung der Elften gesellschaftsrechtlichen Richtlinie des Rates der Europäischen Gemeinschaften[3] und über Gebäudeversicherungsverhältnisse vom 22. 7. 1993 (BGBl. I S. 1282) eingefügt worden. Gegenüber der bis dahin für das Aktienrecht geltenden Vorschrift des § 44 AktG aF und der auch für das GmbH-Recht geltenden Bestimmung des § 13 b aF enthält § 13 e eine Vielzahl von Neuerungen, insbesondere die neuen Bestimmungen über die anmeldepflichtigen Personen nach Abs. 2 S. 1, die Angabe der Anschrift und des Gegenstandes der Zweigniederlassung nach Abs. 2 S. 3, die weiteren Angaben nach Abs. 2 S. 4, die die ständigen Vertreter und ihre Vertretungsbefugnis betreffenden Bestimmungen nach Abs. 2 S. 4 Nr. 3, Abs. 3, die das Insolvenzverfahren betreffende Vorschrift in Abs. 4 und die Optionsmöglichkeit nach Abs. 5. Eine Änderung der Bestimmung in § 13 e Abs. 4 ist durch Art. 40 EGInsO erfolgt. Mit Wirkung vom 1. 1. 1999 sind die Worte „eines Konkurs-, Vergleichs- oder ähnlichen Verfahrens" ersetzt worden durch „eines Insolvenzverfahrens oder ähnlichen Verfahrens".

3 Der **RegE Regierungsentwurf eines Gesetzes zur Modernisierung des GmbH-Rechts** und zur Bekämpfung von Missbräuchen (MoMiG), Stand Mai 2007, sieht für Abs. 2 die Streichung der Pflicht zur Vorlage der Genehmigung vor und die Aufnahme einer inländischen Geschäftsanschrift; neu eingefügt werden soll dort die Möglichkeit der Eintragung einer empfangsberechtigten Person mit inländischer Anschrift, deren Empfangsberechtigung Dritten gegenüber bis zu ihrer Löschung als fortbestehend gelten soll, sofern diese nicht um den Wegfall der Empfangsberechtigung wissen. Im neuen S. 5 Nr. 4 soll die Angabe „Gemeinschaften" durch die Angabe „Union" ersetzt werden. Für Abs. 3 soll bei der Verweisung eine Folgeänderung an die Einfügung des neuen S. 4 erfolgen und die entsprechende Anwendung von § 76 Abs. 3 S. 2 AktG und § 6 Abs. 2 S. 2 GmbHG (Inhabilität) eingeführt werden. Für einen neuen Abs. 3 a ist eine Zustellungsregelung vorgesehen und für Abs. 4 eine Folgeänderung bei der Verweisung auf Abs. 2.

4 Für die Auslegung des § 13 e ist zu beachten, dass die Bestimmung mit Ausnahme von Abs. 2 S. 1 die Umsetzung der Elften gesellschaftsrechtlichen Richtlinie des Rates der Europäischen Gemeinschaften (RdNr. 2) darstellt und die Vorschrift demgemäß insoweit nach den für das angeglichene Recht geltenden Grundsätzen auszulegen ist, die von deutschen Auslegungsmethoden teilweise abweichen (§ 13 RdNr. 13).

---

[1] Vgl. zum Recht vor dem 1. 1. 2007 *Kindler* NJW 1993, 3301, 3303; zumindest unklar die Begründung zum Regierungsentwurf BT-Drucks. 12/3908 S. 15.
[2] *Heymann/Sonnenschein/Weitemeyer* RdNr. 3.
[3] Richtlinie vom 22. 12. 1989 (89/66/EWG) ABl. EG Nr. L 395/36 v. 30. 12. 1989 (Zweigniederlassungsrichtlinie), auch abgedruckt bei *Lutter*, Europäisches Unternehmensrecht, 4. Aufl. 1996, S. 269 ff.; *Habersack*, Europäisches GesR, RdNr. 134.

3. Systematische Stellung, Übergangsrecht. § 13 e knüpft an die für Zweigniederlassungen 5 aller ausländischen Unternehmen geltende Grundbestimmung des § 13 d an und enthält für eine Untergruppe dieser Unternehmen, die ausländischen Kapitalgesellschaften in der Rechtsform der Aktiengesellschaft und der GmbH, eine nähere Ausgestaltung des für diese Gesellschaften geltenden deutschen Registerrechts. Im Anschluss an diese erste, noch für beide Gesellschaftstypen geltende Unterteilung enthält das Gesetz mit § 13 e für die ausländische Aktiengesellschaft und mit § 13 f für die ausländische GmbH jeweils eine weitere eigenständige Ergänzung. Zum Verhältnis zu § 13 s. bei § 13 d RdNr. 6.

Übergangsvorschriften zu § 13 e enthält Art. 34 EGHGB. Nach Art. 34 Abs. 1 EGHGB 6 mussten die gesetzlichen Vertreter der ausländischen Kapitalgesellschaft dann, wenn die Zweigniederlassung vor dem 1. 11. 1993 eingetragen worden war, bis zum 1. 5. 1994 die in § 13 e Abs. 2 S. 4 vorgeschriebenen Angaben zur Eintragung in das Handelsregister anmelden. Sofern die Anschrift und der Gegenstand der Zweigniederlassung noch nicht angemeldet waren, mussten diese Angaben ebenfalls innerhalb dieser Frist angemeldet werden. Bestanden am 1. 11. 1993 mehrere Zweigniederlassungen einer ausländischen Kapitalgesellschaft oder wurden neben einer oder mehreren bereits bestehenden Zweigniederlassungen weitere errichtet, war nach Art. 34 Abs. 2 EGHGB die Vorschrift des § 13 e Abs. 5 sinngemäß anzuwenden.

II. Zweigniederlassung einer Aktiengesellschaft/GmbH mit Sitz im Ausland (§ 13 e Abs. 1)

1. Zweigniederlassung. § 13 e definiert den Begriff der Zweigniederlassung nicht. Aus der 7 Bezugnahme des § 13 e Abs. 1 auf § 13 d ergibt sich jedoch, dass das Gesetz den Begriff ersichtlich in der gleichen Weise wie dort verstehen will. Da § 13 e eine Umsetzung der Elften gesellschaftsrechtlichen Richtlinie des Rates der Europäischen Gemeinschaften (RdNr. 2) darstellt und deshalb eigenständig nach den hierfür geltenden Grundsätzen auszulegen ist, kann nicht ohne weiteres auf den deutschen Zweigniederlassungsbegriff zurückgegriffen werden. Aus der Bezugnahme ergibt sich vielmehr für § 13 d Abs. 1, dass diese Bestimmung im Lichte des § 13 e auszulegen ist. Eine vom deutschen Recht abweichende Bestimmung des Begriffs der Zweigniederlassung ist gleichwohl nicht veranlasst (vgl. bereits § 13 d RdNr. 8). Die Kommission hat in früheren Vorbereitungshandlungen zur Definition der Zweigniederlassung auf das Urteil des EuGH vom 22. 11. 1978[4] Bezug genommen, in dem die (ausländische) Zweigniederlassung als ein „Mittelpunkt geschäftlicher Tätigkeit" definiert wurde, „der auf Dauer als Außenstelle eines Stammhauses hervortritt, eine Geschäftsführung hat und sachlich so ausgestattet ist, dass er in der Weise Geschäfte mit Dritten betreiben kann, dass diese, obgleich sie wissen, dass möglicherweise ein Rechtsverhältnis mit dem im Ausland ansässigen Stammhaus begründet wird, sich nicht unmittelbar an dieses zu wenden brauchen, sondern Geschäfte an dem Mittelpunkt geschäftlicher Tätigkeit abschließen können, der dessen Außenstelle ist". Diese Auslegung entspricht dem deutschen Verständnis des Zweigniederlassungsbegriffs (§ 13 RdNr. 20 ff., § 13 d RdNr. 8), so dass für §§ 13 d, 13 e hierauf zurückgegriffen werden kann.[5]

2. Ausländische Aktiengesellschaft/GmbH. a) Allgemeines. § 13 e setzt voraus, dass es sich 8 bei dem **Rechtsträger** der inländischen Zweigniederlassung um **eine ausländische Aktiengesellschaft oder GmbH** handelt. Ob die ausländische Gesellschaft der Rechtsform nach eine Aktiengesellschaft oder GmbH ist, ist im Wege der *Substitution* zu ermitteln. Für die Aktiengesellschaft ist im Hinblick auf den europarechtlichen Hintergrund der Bestimmung Maßstab hierfür nicht allein die Vergleichbarkeit der ausländischen Gesellschaft mit einer deutschen Aktiengesellschaft.[6] Entsprechend der Verweisung in Art. 1 der Zweigniederlassungsrichtlinie (s. Fn. 3) ist auch zu prüfen, ob die ausländische Gesellschaft einer der in der Publizitätsrichtlinie[7] aufgelisteten ausländischen Aktiengesellschaften gleichgeachtet werden kann.[8] Auch auf die in der Kapitalrichtlinie[9] in diesem Zusammenhang genannten ausländischen Aktiengesellschaften muss insoweit abgestellt werden. Für die GmbH ist nach Art. 1 der Zweigniederlassungsrichtlinie (s. Fn. 3) ebenfalls auf die Publizitätsricht-

---

[4] EuGH Slg. 1978, 2183, 2193 Nr. 12 – Somafer SA = RIW 1979, 56, 58; s. aber auch *W. H. Roth* ZGR 2000, 311, 316 f.
[5] *Seibert* GmbHR 1992, 738 Fn. 5 mit Hinweis auf die Entstehungsgeschichte der Richtlinie; *Kindler* NJW 1993, 3301, 3302 f.
[6] Hierzu auch BT-Drucks. 12/3908 S. 15; *Kindler* NJW 1993, 3301, 3303.
[7] Publizitätsrichtlinie 68/151/EWG vom 9. 3. 1968, abgedruckt bei *Lutter*, Europäisches Unternehmsrecht, ZGR-Sonderheft Nr. 1, 4. Aufl. 1996, S. 104 ff. und *Habersack*, Europäisches GesR RdNr. 133.
[8] *Kindler* NJW 1993, 3301, 3303; Koller/*Roth*/Morck RdNr. 2.
[9] Richtlinie 77/91/EWG vom 13. 12. 1976 ABl. EGEG Nr. L 26 S. 1 v. 31. 1. 1977, auch abgedruckt bei *Lutter*, Europäisches Unternehmensrecht, 4. Aufl. 1996, S. 114 ff.; *Habersack*, Europäisches GesR RdNr. 206.

linie abzustellen; heranzuziehen sind aber auch die in der Zwölften Richtlinie (Einpersonengesellschaftsrichtlinie)[10] genannten ausländischen GmbH. Die betreffende ausländische Gesellschaft muss mithin nach ihrem Heimatrecht (RdNr. 31) die wesentlichen Merkmale dieser Gesellschaften aufweisen. Eine völlige Übereinstimmung ist nicht verlangt.

9 Zu den wesentlichen Merkmalen der bezeichneten **Aktiengesellschaften** gehören insbesondere die körperschaftliche Organisation, eine eigene Rechtspersönlichkeit der Gesellschaft[11] und das in Aktien (Beteiligungsquoten) zerlegte Grundkapital. Als nicht wesentlich sind hingegen anzusehen die Festsetzung eines festen Grundkapitals, die Aufbringung eines Mindestkapitals, die Ausgabe von Aktienurkunden oder das Vorhandensein von Aktien mit einem bestimmten Nennwert. Auch die Organisation der Gesellschaft, insbesondere die Trennung zwischen Aufsichtsrat und Vorstand, muss nicht dem deutschen Recht entsprechen; der in Frage kommende Rechtsträger kann auch, wie dies insbesondere im angelsächsischen und angloamerikanischen Raum üblich ist, aber u. a. in Frankreich möglich ist, über ein einheitliches Organ (board) verfügen. Eine auf das Gesellschaftsvermögen beschränkte Haftung gegenüber Gläubigern wird man ebenfalls nicht als wesentliches Merkmal der Aktiengesellschaft ansehen können;[12] eine persönliche Haftung von Aktionären bestimmter Aktiengesellschaften (Notars- bzw. Rechtsanwaltsgesellschaften) existiert beispielsweise in Frankreich oder Israel.

10 Für die **GmbH** ist in negativer Hinsicht zunächst darauf abzustellen, dass es sich bei der betreffenden Gesellschaft nicht um eine Aktiengesellschaft oder eine Personengesellschaft handeln darf.[13] Zu den wesentlichen, die GmbH kennzeichnenden Merkmalen im Übrigen ist auf den Charakter der Gesellschaft als Kapitalgesellschaft sowie darauf abzustellen, ob die Gesellschaftsform typischerweise einen eher kleineren Gesellschafterkreis aufweist, ob die Fungibilität der Gesellschaftsanteile im Vergleich zu Aktien eingeschränkt ist und ob die Kontrollvorschriften die Gründung und die bestehende Gesellschaft betreffend im Vergleich zu den aktienrechtlichen Bestimmungen schwächer ausgebildet sind.[14]

11 Ob sich mit der herrschenden Meinung eine **Regelvermutung** dahin aufstellen lässt, dass bei Vorliegen einer ausländischen Kapitalgesellschaft im Zweifel von einer Aktiengesellschaft und nicht von einer GmbH auszugehen ist, erscheint fraglich.[15] Dass es sich bei der Aktiengesellschaft um die Grundform der Kapitalgesellschaft handelt, lässt sich für diese Auffassung nicht anführen,[16] denn dieser Aspekt ist für sich genommen nichts sagend und kann keine Vermutung rechtfertigen. Immerhin lässt sich für diese Auffassung jedoch der Umstand heranziehen, dass in ausländischen Rechtsordnungen die Aktiengesellschaft deutlich stärker verbreitet als die GmbH[17] und in manchen Staaten die Rechtsform der GmbH nicht bekannt ist. In jedem Falle entbindet jedoch auch diese Regel nicht von der eingehenden Überprüfung der Gesellschaft hinsichtlich der für die Gleichstellung wesentlichen Merkmale. Gegebenenfalls muss sich das Gericht deshalb auch darüber informieren, welche Kapitalgesellschaften es in dem betreffenden ausländischen Staat überhaupt gibt.

12 **b) Vergleichbare Aktiengesellschaften.** Mit der deutschen Aktiengesellschaft ohne weiteres vergleichbar sind die Aktiengesellschaften **Österreich**s (AG) und der **Schweiz** (AG, SA). Weiter sind der deutschen Aktiengesellschaft vergleichbare Gesellschaften in Art. 1 der 2. Richtlinie des Rates vom 13. 12. 1976[18] aufgeführt. Es handelt sich um folgende Gesellschaften:
Belgien: de naamloze vennootschap/la société anonyme
Dänemark: aktieselskab
Frankreich: la société anonyme
Irland: the public company limited by shares und the public company limited by guarantee and having a share capital
Italien: la societá per azioni
Luxemburg: la société anonyme (SA)
Niederlande: de naamloze vennotschap

---

[10] Richtlinie 89/667/EWG vom 22. 12. 1989, ABl. EG Nr. L 395/40, geändert durch Beitrittsvertrag vom 24. 6. 1994, ABl. Nr. C 241/196, Beschluss vom 1. 1. 1995 ABl. Nr. L 1/144, auch abgedruckt bei *Lutter*, Europäisches Unternehmensrecht, 4. Aufl. 1996, S. 274 ff.; *Habersack*, Europäisches GesR RdNr. 338.
[11] Abw. wohl Kölner Komm AktG/*Kraft* § 44 aF RdNr. 18.
[12] AA Kölner Komm AktG/*Kraft* § 44 aF RdNr. 15.
[13] Hachenburg/*Ulmer* GmbHG § 12 aF RdNr. 33; Rowedder/*Schmidt-Leithoff* GmbHG § 12 aF RdNr. 41.
[14] Vgl. hierzu Hachenburg/*Ulmer* GmbHG § 12 aF RdNr. 33.
[15] Hierfür *Hüffer* AktG Anh. § 45.§ 13 e RdNr. 2; Staub/*Hüffer* § 13 b HGB aF RdNr. 6; Hachenburg/*Ulmer* GmbHG § 12 RdNr. 33; *Balser/Pichura* S. 21; zweifelnd Kölner Komm AktG/*Kraft* § 44 aF RdNr. 18.
[16] Kölner Komm AktG/*Kronstein* 1. Aufl., § 44 RdNr. 8; s. auch Hachenburg/*Ulmer* GmbHG § 12 aF RdNr. 33.
[17] Hachenburg/*Ulmer* GmbHG § 12 aF RdNr. 33.
[18] (77/191/EWG) ABl. EG Nr. L 26/1 v. 13. 12. 1976 (Kapitalrichtlinie), mit der zwischenzeitlichen Ergänzung auch abgedruckt bei *Lutter*, Europäisches Unternehmensrecht, 4. Aufl. 1996, S. 114 ff.; *Habersack*, Europäisches GesR RdNr. 206.

Vereinigtes Königreich: the public company limited by shares und the public company limited by guarantee and having a share capital
Griechenland: anonimi etairia
Spanien: la soeciedad anónima (SA)
Portugal: sociedade a responsabilidade limitada
Finnland: osakeyhtiö/aktiebolag
Schweden: aktiebolag

Zu **weiteren Aktiengesellschaften ausländischen Rechts,** einschließlich der Beitrittsländer, die ihrer Struktur nach einer deutschen Aktiengesellschaft gleichgestellt werden können, zählen etwa noch (nicht abschließend):
Brasilien: Sociedade anonima (SA)
Estland: aktsiaselts (AS)
Japan: Kabushiki-gaisha
Korea: chusik-hoesa
Kroatien: Dionicko drustvo (d.d.)
Lettland: akciju sabiedrība (AS)
Litauen: akcine bendrove (AB)
Mexiko: Sociedad Anónima (SA) und Sociedad Anónima de Capital Variable (S. A. de C. V.).
Norwegen: Aksjeselskap
Panama: Sociedad anonima
Polen: Spólka akcyjna (S. A.)
Russland: Otkrytoje akzionernoje obschtschestwo (OAO – Offene Aktiengesellschaft); zakrytoe aktsionrnoe obshestvo (ZAO – geschlossene Aktiengesellschaft)
Slovenien: akciová spoloçnost' (a. s. bzw. akc. Spol.)
Slowakei: Akciová spoloçnost' (a. s.)
Tschechische Republik: Akciova spolecnost (a.s.)
Türkei: Anonim şirket
USA: Public Corporation (inc., corp.)
Venezuela: compania anonima

c) Vergleichbare GmbH. Mit der deutschen GmbH ohne weiteres vergleichbar sind die Ges.mbH **Österreichs** und die GmbH der **Schweiz.** Weiter sind der deutschen GmbH nach Art. 1 der Zweigniederlassungsrichtlinie (s. Fn. 3) die in der 1. Richtlinie (Publizitätsrichtlinie) aufgeführten Gesellschaften gleichzustellen, darüber hinaus aber auch die in der 12. Richtlinie (Einpersonengesellschaftsrichtlinie)[19] genannten ausländischen GmbH. Es handelt sich um folgende Gesellschaften:[20]
Belgien: Société privée à reponsabilité limitée/Besloten vennootschap met beperkte aansprakelijkheid
Dänemark: Anpartsselskaber ApS
Finnland: Osakeyhtio
Frankreich: Société à responsabilité limitée (SARL)
Griechenland: Etairia periorismenis efthynis
Irland: Private Company limited by shares or by guarantee
Italien: Società a responsbilità limitata (SRL)
Luxemburg: Société a responsabilité limitée
Niederlande: Besloten Vennootschap met beperkte aansprakelijkheid (BV)
Portugal: Sociedade por quotas/Sociedade por quotas de resoponsbilidade limitada
Spanien: Sociedat de responsabilidad limitada
Vereinigtes Königreich: Private company limited by shares or by guarantee (Ltd.)

Zu **weiteren GmbH ausländischen Rechts,** einschließlich der Beitrittsländer, die ihrer Struktur nach einer deutschen GmbH gleichgestellt werden können, zählen etwa noch (nicht abschließend):
Albanien: Shoqeri Pergjegjesi te Kufizuar (ShPK)
Andorra: Societat Limitada (SL)
Argentinien: Sociedad de Responsabilidad Limitada

---

[19] Richtlinie vom 22. 12. 1989 (89/667/EWG), ABl. EG Nr. L 395/36, geändert durch Beitrittsvertrag vom 24. 6. 1994, ABl. Nr. C 241/196, Beschluss vom 1. 1. 1995 ABl. Nr. L 1/144, auch abgedruckt bei *Lutter,* Europäisches Unternehmensrecht, 4. Aufl. 1996, S. 274 ff.; *Habersack,* Europäisches GesR RdNr. 338.
[20] Zum Folgenden vgl. insbesondere *Behrens* (Hrsg.), Die GmbH-Rechte in den EG-Staaten, 2. Aufl. 1997; *Süß/ Wachter,* Handbuch des internationalen GmbH-Rechts, 2006; *Rowedder/Schmidt-Leithoff* GmbHG § 12 aF RdNr. 52; *Lutter/Bayer* in Lutter/Hommelhoff GmbHG § 12 aF RdNr. 11; *Lutter* (Hrsg.), Gründung einer Tochterunternehmung im Ausland, 3. Aufl. 1994; *ders.,* FS GmbHG, 1992, S. 49 ff.; MünchKommHGB/*Krafka* RdNr. 4.

Belarus: Obscsetvah s. Organnicennoj Otvetsvennostju (OOO)
Bosnien Herzegovina: Drustva sa Ogranicenom Odgovornoscu (DOO)
Brasilien: Sociedade por Quotas de Responsabilidade Limitada, seit 2003: Sociedade Limitada
Bulgarien: Drouzhestvo Organichena Otvogornost (OOD bzw. EOOD)
Estland: Osaühing (OÜ)
Island: Einkahlutafélag (Ehf)
Japan: Yûgen-gaisha (durch das Gesellschaftsgesetz mit Wirkung zum 1. 5. 2006 abgeschafft und in die Tokurei-Yûgen-gaisha – „außerordentliche GmbH" – überführt)
Korea: Gesellschaft mit beschränkter Haftung
Kroatien: Drustvo s ogranicenom odgovornoscu (DOO)
Lettland: Sabiedrība ar ierobežotu atbildību (SIA)
Litauen: Uždaroji akcine bendrove (UAB)
Malta: Limited Liability Company (LTD)
Mazedonien: Drustvo so Ogranicena Odgovornost (DOO)
Mexiko: Sociedad de Responsabilidad Limitada (S. de R. L.)
Moldavien: Societate cu Raspundere Limitata (SRL)
Polen: Spólka z organiczona odpowiedzialnoscia (Sp.z o.o.)
Rumänien: Societate cu Raspundere Limitata (SRL)
Russland: Obschtschestvo s ogranitschennoj otvetstvennostju (OOO)
San Marino: Società a Resposabilitata Limità (SrL)
Serbien: Drustvo sa Ogranicenom Odgovornoscu (DOO)
Slowakei: Spoločnost' s ručenim obmedzenym s. r.o.
Slowenien: Druzba z omenjo odovornostjo
Tschechische Republik: Spolecnost's Rucenim Obmedzeným (spol. s. r.o.)
Tschechische Republik: spolecnost s rucením omezeným (sr. o. oder s. r. o.)
Türkei: Limited Şirket
Ungarn: korlátolt felefössegü társaság
Ukraine: Tovarystvo s Obmeshenoju Vidpovidal'nistju (TOO)
USA: Limited Liability Company (LLC)
Zypern: Etairia Periorismenis Evthinis (EPE)

16 **3. Sitz im Ausland.** Die Aktiengesellschaft oder GmbH, zu deren Unternehmen die Zweigniederlassung gehört, muss ihren Sitz im Ausland haben. Dies ist dann der Fall, wenn sich der Sitz außerhalb des Geltungsbereichs des Grundgesetzes, also in einem fremden Hoheitsgebiet befindet. Weicht der satzungsmäßige Sitz von dem effektiven Verwaltungssitz der Gesellschaft ab, ist auf letzteren abzustellen, sofern sich nicht aus Staatsverträgen oder der Rechtsprechung des EuGH Abweichendes ergibt (§ 13 d RdNr. 14). Auch eine nach deutschem Recht gegründete Gesellschaft, die ihren effektiven Verwaltungssitz im Ausland hat, kann deshalb eine ausländische Gesellschaft sein, wohl aber kaum einmal eine der deutschen Aktiengesellschaft oder GmbH vergleichbare Kapitalgesellschaft. Der Ort des effektiven Verwaltungssitzes ist allerdings nicht nur für die Frage von Belang, ob es sich um eine ausländische Gesellschaft handelt; da sich das Gesellschaftsstatut ebenfalls nach dem effektiven Verwaltungssitz der Gesellschaft bestimmt, ist er auch für die Frage des anwendbaren Rechts und damit für die Vergleichbarkeit der ausländischen Gesellschaftsform mit einer deutschen Aktiengesellschaft/GmbH (RdNr. 8 ff.) von Bedeutung.

III. (Erst-)Anmeldung (§ 13 e Abs. 2)

17 **1. Anmeldung durch den Vorstand/die Geschäftsführer (§ 13 e Abs. 2 S. 1).** Die Errichtung einer inländischen Zweigniederlassung einer ausländischen Aktiengesellschaft ist nach § 13 e Abs. 2 S. 1 durch den **Vorstand,** die einer GmbH durch die **Geschäftsführer** der Gesellschaft zur Eintragung in das Handelsregister anzumelden. Wer zu dem Vorstand/den Geschäftsführern der Gesellschaft in diesem Sinne gehört, bestimmt sich danach, welches Organ die dem Vorstand einer deutschen Aktiengesellschaft/den Geschäftsführern einer deutschen GmbH obliegende Funktion bei der ausländischen Gesellschaft wahrnimmt. In diesem Zusammenhang ist auch zu prüfen, ob sämtliche Mitglieder des betreffenden Organs mit der Vertretung der Gesellschaft betraut sind oder ob – was nach einigen Rechtsordnungen vorgesehen werden kann – diese Funktion nur einzelnen Organmitgliedern zukommt. Nur die zur Vertretung der Gesellschaft berufenen Organmitglieder können dem Vorstand einer deutschen Aktiengesellschaft/den Geschäftsführern einer deutschen GmbH gleichgeachtet werden.

18 Abweichend von der früheren Rechtslage zum Aktienrecht (§ 44 Abs. 1 S. 1 AktG aF) sieht das Gesetz heute nicht vor, dass die Anmeldung der Errichtung einer inländischen Zweigniederlassung unabhängig von den Vertretungsvorschriften bei der ausländischen Kapitalgesellschaft durch alle Vorstandsmitglieder erfolgen muss. § 13 e Abs. 2 S. 1 schreibt vielmehr die Anmeldung „durch den Vorstand" bzw. „durch die Geschäftsführer" vor, verlangt also ein Handeln von **Vorstandsmitgliedern** bzw. **Geschäftsführern in vertretungsberechtigter Zahl.**[21] Die hiermit erfolgte Gleichstellung mit der für eine inländische Aktiengesellschaft/GmbH geltenden Rechtslage (§ 13 a Abs. 2 S. 1) ist bewusst erfolgt. Dem Gesetzgeber erschien es sachlich nicht gerechtfertigt, an der unterschiedlichen Behandlung der Gesellschaften festzuhalten.[22]

2. Anmeldung durch sonstige Personen. Im Hinblick auf die Neufassung des § 13 e Abs. 2 S. 1 ist auch die Anmeldung durch **Prokuristen** oder sonstige **Bevollmächtigte** als zulässig anzusehen, sofern diese Personen nach dem Heimatrecht der ausländischen Aktiengesellschaft/ GmbH vergleichbare Handlungen vornehmen können.[23] Für eine abweichende Behandlung der ausländischen Gesellschaften gegenüber den deutschen (vgl. § 13 RdNr. 42) besteht kein sachlich gerechtfertigter Grund. Zu den einzuhaltenden **Form**vorschriften s. bei § 13 RdNr. 44.

Unzulässig wäre demgegenüber die Anmeldung der Errichtung der Zweigniederlassung durch einen **ständigen Vertreter** im Sinne des § 13 Abs. 2 S. 4 Nr. 3, sofern sich seine Vertretungsmacht nur auf die Tätigkeit der Zweigniederlassung beschränkt.[24] Unberührt bleibt allerdings die Möglichkeit, einen solchen Vertreter für die Anmeldung besonders zu bevollmächtigen (RdNr. 19).

3. Inhalt der Anmeldung (§ 13 e Abs. 2 S. 2 bis 4). Nach § 13 e Abs. 2 S. 2 bis 4 muss die Anmeldung neben der Angabe der Errichtung einer Zweigniederlassung einen bestimmten Inhalt aufweisen. Insoweit lässt sich zwischen den zu erbringenden Nachweisen (RdNr. 22 ff.) und den vorzunehmenden Angaben (RdNr. 25 ff.) unterscheiden.

a) Zu erbringende Nachweise. Mit der Anmeldung der Errichtung einer inländischen Zweigniederlassung müssen folgende Nachweise erbracht werden:

aa) Bestehen der Gesellschaft (§ 13 e Abs. 2 S. 2, 1. Hs.). Nach § 13 e Abs. 2 S. 2 ist der Nachweis zu erbringen, dass die Gesellschaft „als solche" besteht. Dieser Nachweis bezieht sich auf zweierlei. Zum einen ist die **Existenz** der Gesellschaft nachzuweisen, dass sie also nach dem an ihrem Sitz geltenden Recht ordnungsgemäß errichtet worden ist und nach wie vor besteht. Zum anderen ist ihre **Rechtsform** nachzuweisen. Die ausländische Gesellschaft muss mithin den Nachweis führen, dass es sich bei ihr um eine Gesellschaft handelt, die nach den hierfür maßgeblichen Gesichtspunkten (oben RdNr. 8 ff.) als Aktiengesellschaft bzw. als GmbH anzusehen ist.[25] Wie der Nachweis der Existenz der Gesellschaft zu führen ist, bestimmt sich nach ihrem Heimatrecht.[26] Ob der Nachweis geführt ist, richtet sich nach deutschem Recht und ist durch das Gericht der Zweigniederlassung von Amts wegen zu prüfen.[27] Soweit nach dem ausländischen Recht ein Handelsregister geführt wird, kann der Nachweis durch Vorlage eines Registerauszugs erfolgen.[28] Existieren im Heimatstaat der Gesellschaft derartige Einrichtungen nicht oder werden dort vergleichbare Bescheinigungen nicht ausgestellt, kann der Nachweis auch in anderer Weise, etwa Konsularsbescheinigung, Bescheinigung eines ausländischen Notars, Gründungsurkunde u. ä. erbracht werden.[29]

bb) Genehmigung (§ 13 e Abs. 2 S. 2, 2. Hs.). Sofern der Gegenstand des Unternehmens oder die Zulassung zum Gewerbebetrieb im Inland, also am Ort der Zweigniederlassung (nicht nach dem Heimatrecht der Gesellschaft), einer staatlichen Genehmigung bedarf, ist diese bei der Anmeldung nachzuweisen, § 13 e Abs. 2 S. 2, 2. Hs. Unter dem Gegenstand des Unternehmens wäre dem Wortlaut nach, da die Zweigniederlassung als Teil des Unternehmens der Gesellschaft über keinen eigenen Unternehmensgegenstand verfügt, derjenige der ausländischen Gesellschaft zu verstehen.[30]

---

[21] Heymann/*Sonnenschein*/*Weitemeyer* RdNr. 6; Baumbach/*Hopt* RdNr. 2; *Hüffer* AktG Anh. § 45. § 13 e HGB RdNr. 3.
[22] BT-Drucks. 12/3908 S. 15; hierzu auch *Kindler* NJW 1993, 3301, 3305; *Seibert* DB 1993, 1705.
[23] Röhricht/v. Westphalen/*Ammon* RdNr. 5; *Hüffer* AktG Anh. § 45. § 13 e HGB RdNr. 3.
[24] Röhricht/v. Westphalen/*Ammon* RdNr. 5; *Hüffer* AktG Anh. § 45. § 13 e HGB RdNr. 3.
[25] *Hüffer* AktG Anh. § 45. § 13 e HGB RdNr. 4.
[26] Heymann/*Sonnenschein*/*Weitemeyer* RdNr. 8; *Hüffer* AktG Anh. § 45. § 13 e HGB RdNr. 4.
[27] Staub/*Hüffer* § 9 HGB RdNr. 25.
[28] Heymann/*Sonnenschein*/*Weitemeyer* RdNr. 8; *Hüffer* AktG Anh. § 45. § 13 e HGB RdNr. 4; zum Nachweis der Existenz einer Limited vgl. nur *Wachter* in Süß/Wachter, Handbuch aus internationalen GmbH-Rechts, 2006, § 2 RdNr. 54 ff. mwN.
[29] Staub/*Hüffer* § 9 RdNr. 25; *ders.* AktG Anh § 45. § 13 e HGB RdNr. 4; Heymann/*Sonnenschein*/*Weitemeyer* RdNr. 8; speziell zur Eintragung der Zweigniederlassung einer Limited s. OLG Düsseldorf Beschl. v. 21. 2. 2006 – I 3 Wx 210/05, NZG 2006, 317; LG Wiesbaden Beschl. v. 8. 6. 2005 – 12 T 5/05, GmbHR 2005, 1134; eingehend *Wachter* DB 2004, 2795, 2799 ff. mwN.
[30] Hierauf wurde in der 1. Aufl. RdNr. 69 abgestellt.

Aufgrund des Zwecks der Offenlegungsbestimmungen und mit Blick auf die Niederlassungsfreiheit geht die hM jedoch davon aus, dass es in diesem Zusammenhang nur auf die Tätigkeit im Rahmen der Zweigniederlassung verfolgten tatsächlichen Tätigkeit ankommt, nicht aber auf die Genehmigungsbedürftigkeit des Unternehmensgegenstands überhaupt.[31] Zur Genehmigungsbedürftigkeit im Zusammenhang mit dem Unternehmensgegenstand ist hier im Übrigen auf die Kommentierungen zu § 37 Abs. 4 Nr. 5 AktG, § 8 Abs. 1 Nr. 6 GmbHG zu verweisen. Der auch im früheren Aktienrecht (§ 44 Abs. 2 S. 1 AktG aF) enthaltenen Bestimmung über die Zulassung zum Gewerbebetrieb im Inland kommt seit der Aufhebung der §§ 12, 12a GewO,[32] wonach ausländische juristische Personen für den Betrieb eines Gewerbes im Inland der Genehmigung bedurften, kaum praktische Bedeutung zu.[33] Im Zusammenhang mit der erforderlichen Erlaubnis ist etwa an die devisenrechtlichen Beschränkungen nach § 23 Abs. 2 Nr. 2 AWG zu denken, die nach § 53 Abs. 2 Nr. 2 KWG für jede Zweigstelle eines ausländischen Unternehmens erforderliche Erlaubnis zur Aufnahme der Geschäftstätigkeit im Bereich der Bankgeschäfte oder die nach §§ 105 ff. VAG für Versicherungsunternehmen mit Sitz in einem Drittstaat.

25 b) **Angaben.** Inhaltlich muss die Anmeldung folgende Angaben aufweisen:

26 aa) **Errichtung, Anschrift und Gegenstand der Zweigniederlassung (§ 13 e Abs. 2 S. 1, 3).** Zunächst muss die Anmeldung die Erklärung über die erfolgte **Errichtung** der Zweigniederlassung enthalten, § 13 e Abs. 2 S. 1. Zu dem insoweit maßgeblichen Zeitpunkt vgl. § 13 d RdNr. 9. Weiter sind nach § 13 e Abs. 2 S. 2 die **Anschrift** und der Gegenstand der Zweigniederlassung anzugeben. Unter der Angabe der Anschrift ist die Bezeichnung der Lage (genaue Adresse) der Geschäftsräume zu verstehen, die Angabe eines Postfaches genügt nicht.[34] Die Angabe des **Gegenstandes** der Zweigniederlassung setzt die Angabe des Schwerpunktes der geschäftlichen Tätigkeit der Zweigniederlassung voraus.[35] Da er die konkrete Tätigkeit der Zweigniederlassung betrifft, muss er nicht in allen Punkten mit dem Unternehmensgegenstand der ausländischen Kapitalgesellschaft übereinstimmen, sondern kann sich auf einen Ausschnitt dieses Bereichs beschränken.[36] Ob der Bereich der Geschäftstätigkeit vom Unternehmensgegenstand gedeckt ist, ist nicht zu überprüfen.[37] Die Anschrift und der Gegenstand der Zweigniederlassung werden, wie §§ 13 d Abs. 2, 13 f Abs. 3 zeigen, nicht in das Handelsregister eingetragen, sondern lediglich zu den Registerakten genommen. Da beide Angaben nach § 34 HRV in der Bekanntmachung offengelegt werden müssen, ist ihre Eintragung in das Handelsregister entbehrlich.[38]

27 bb) **Weitere Angaben (§ 13 e Abs. 2 S. 4).** Die in der Anmeldung weiter zu machenden Angaben ergeben sich aus § 13 e Abs. 2 S. 4. Es handelt sich um folgende Gegenstände:

28 – **Registerangaben** (§ 13 e Abs. 2 S. 4 Nr. 1): Angabe des Registers, bei dem die ausländische Gesellschaft geführt wird, einschließlich der Registernummer. Existiert ein derartiges Register im Heimatstaat der Gesellschaft nicht, entfällt diese Angabe; es ist dann lediglich klarstellend auf das Fehlen eines derartigen Registers hinzuweisen.

29 – **Rechtsform** der Gesellschaft (§ 13 e Abs. 2 S. 4 Nr. 2): Unter der Angabe der Rechtsform der ausländischen Gesellschaft ist ihre Bezeichnung nach dem Recht und der Sprache ihres Heimatstaates zu verstehen. Zu dem hiervon zu unterscheidenden Nachweis über das Bestehen der Gesellschaft nach § 13 e Abs. 2 S. 2 s. bei RdNr. 68.

---

[31] OLG Frankfurt/Main Beschl. v. 29. 12. 2005 – 20 W 315/05, ZIP 2006, 333, 334 f.; OLG Thüringen Beschl. v. 22. 4. 1999 – 6 W 209/99, GmbHR 1999, 822; LG Regensburg Beschl. v. 6. 11. 1996 – 2 HK T 557/96, GmbHR 1997, 72; MünchHommHGB/*Krafka* RdNr. 6; *Hüffer* AktG Anh. § 45. § 13 e HGB RdNr. 5.

[32] Gesetz zur Änderung des III. Titels der GewO und anderer gewerberechtlicher Vorschriften v. 25. 7. 1984, BGBl. I S. 1008; zu den Motiven für die Abschaffung dieser Bestimmungen vgl. *Marks* in Landmann/Rohmer GewO zu §§ 12, 12 a.

[33] *Hüffer* AktG Anh. § 45. § 13 e HGB RdNr. 5; Heymann/*Sonnenschein/Weitemeyer* RdNr. 9; ob die Eintragung der Zweigniederlassung bei EU-Gesellschaften von der Vorlage einer Genehmigung abhängig gemacht werden darf, ist zweifelhaft und dürfte zu verneinen sein, vgl. *Wachter* aaO. (Fn. 27) § 2 RdNr. 169 mwN.

[34] *Hüffer* AktG Anh. § 45. § 13 e HGB RdNr. 6 mit Hinweis auf § 24 HRV.

[35] *Hüffer* AktG Anh. § 45. § 13 e HGB RdNr. 6.

[36] OLG Düsseldorf Beschl. v. 21. 2. 2006 – I 3 Wx 210/05, NZG 2006, 317, 318; OLG Frankfurt/Main Beschl. v. 29. 12. 2005 – 20 W 315/05, ZIP 2006, 333, 334; OLG Thüringen Beschl. v. 22. 4. 1999 – 6 W 209/99, OLG-NL 1999, 137 = GmbHR 1999, 822; *Herchen* RIW 2005, 529, 531; *Klose-Mokroß* DStR 2005, 971, 974 F.; *Mankowski* EWiR 2006, 145, 146; *J. Schmidt* NZG 2006, 899 f.; *Wachter*, GmbHR 2005, 1131, 1132; ders. EWiR 2005, 499, 500; ders. EWiR 2006, 345, 346; ders., ZNotP 2005, 122 (136); ders. GmbHR 2005, 99, 100.

[37] OLG Düsseldorf Beschl. v. 21. 2. 2006 – I 3 Wx 210/05, NZG 2006, 317, 318; OLG Hamm Beschl. v. 28. 6. 2005 – 15 W 159/05, NJW-RR 2005, 1626 = GmbHR 2005, 1130 mit Anm. *Wachter*; OLG Thüringen Beschl. v. 9. 9. 2005 – 6 W 320/05 (unveröffentlicht); krit. hierzu *Kögel* GmbHR 2006, 237 ff.

[38] Vgl. BT-Drucks. 12/3908 S. 16.

– **Ständige Vertreter, Vertretungsmacht** (§ 13 e Abs. 2 S. 4 Nr. 3). Die Angabe der ständigen 30
Vertreter und ihrer Vertretungsmacht betrifft nur solche Vertreter der Gesellschaft, die ständig, also auf eine gewisse Zeit und nicht nur vorübergehend bzw. für einmalige Handlungen zur Vertretung der Zweigniederlassung bevollmächtigt sind. Die Bestimmung erfasst nur gewillkürte Vertreter, nicht die gesetzlichen.[39] Die Vertretungsbefugnis dieser Vertreter muss sich auf die gerichtliche und außergerichtliche Vertretung der ausländischen Gesellschaft erstrecken.[40] Das Erfordernis, solche Vertreter anzugeben, bedeutet nicht, dass diese auch notwendigerweise zu bestellen wären; die Bestimmung **gilt nur, soweit derartige Vertreter vorhanden** sind.[41] Die Angabe der Befugnisse des Bevollmächtigten erfordert die Offenlegung der Bevollmächtigung einschließlich der Angabe ihrer Ausgestaltung im Einzelnen (Allein- bzw. Gesamtvertretungsmacht)[42] in genereller Umschreibung.[43] Ihrem Anwendungsbereich nach erstreckt sich die Bestimmung vor allem auf Prokuristen, deren Prokura auf die Zweigniederlassung beschränkt ist, ohne dass dies jedoch mit einer inhaltlichen Änderung der nach §§ 53, 50 Abs. 3 S. 1 bestehenden Anmeldepflichten verbunden wäre.[44] Weiter werden durch die Bestimmung Generalbevollmächtigte sowie Handlungsbevollmächtigte im Sinne des § 54 erfasst, sofern diesen Personen eine ständige Prozessführungsbefugnis und eine generelle Vertretungsmacht eingeräumt worden ist.[45] Abweichend von den allgemeinen Grundsätzen kann es über § 13 e Abs. 2 S. 4 Nr. 3 sonach auch zur Eintragung einer sonst nicht eintragungsfähigen General- oder Handlungsvollmacht kommen; in der Sicherstellung auch derartiger Eintragungen liegt der Sinn und Zweck der Bestimmung.[46]

– **Heimatrecht** der Gesellschaft (§ 13 e Abs. 2 S. 4 Nr. 4). Die Angabe des Heimatrechts der 31
Gesellschaft ist nur erforderlich, wenn die Gesellschaft nicht dem Recht eines anderen EG-Staates oder – seit dem 1. 1. 1994 – eines anderen Vertragsstaates des Abkommens über den Europäischen Wirtschaftsraum (EWR) unterliegt.

Gesellschaften, die aus anderen als aus diesen Staaten kommen, müssen das Recht ihres Staates 32
angeben. Welches Recht dies ist, kann sich aus dem Sitzrecht, aber auch, wenn der betreffende Staat der Gründungstheorie folgt, aus einem anderen Recht ergeben.[47] Anzugeben sind die hiernach zu bestimmenden, für die Gesellschaft maßgeblichen Rechtsvorschriften, und zwar in der Weise, dass dem Registergericht die Prüfung ermöglicht wird, ob die Gesellschaft als solche besteht und welcher Rechtsform sie entspricht.[48]

IV. Weitere Anmeldungen (§ 13 e Abs. 3, 4)

1. Änderungen bei den ständigen Vertretern oder ihrer Vertretungsmacht (§ 13 e 33
Abs. 3). Nach § 13 e Abs. 3 müssen die in § 13 e Abs. 2 S. 4 Nr. 3 genannten Personen jede Änderung dieser Personen oder der Vertretungsbefugnis einer dieser Personen zur Eintragung in das Handelsregister anmelden. Die Vorschrift steht in Zusammenhang mit der Eintragungspflicht nach § 13 e Abs. 2 S. 4 Nr. 3 und soll, nachdem die Verweisung in § 13 f Abs. 6, § 13 g Abs. 6 auf § 81 Abs. 1 AktG bzw. § 39 Abs. 1 GmbHG nur die Änderungen in den Personen des Vorstands bzw. der Geschäftsführer und ihrer Vertretungsbefugnis betrifft, verhindern, dass das Handelsregister durch zwischenzeitliche Veränderungen unrichtig wird, was ohne eine eigenständige Anmeldepflicht hinsichtlich der ständigen Vertreter nicht gewährleistet wäre.

Die Verpflichtung nach § 13 e Abs. 3 lässt die Anmeldepflicht nach § 53 Abs. 3 über das Erlöschen 34
der Prokura unberührt,[49] geht jedoch über diese Bestimmung insoweit hinaus, als sie dem bisherigen Recht unbekannte eigene Pflicht zu Lasten des von der Eintragung selbst betroffenen Prokuristen statuiert.[50] Im Übrigen gewährleistet die Bestimmung, dass auch Änderungen in Bezug

---

[39] *Heidinger* MittBayNot. 1998, 72, 73; *Seibert* GmbHR 1992, 740; Röhricht/v. Westphalen/*Ammon* RdNr. 11.
[40] Heymann/*Sonnenschein*/*Weitemeyer* RdNr. 13.
[41] RegBegr. BT-Drucks. 12/3908 S. 16; *Kindler* NJW 1993, 3301, 3305; *Heidinger* MittBayNot. 1998, 72, 73 f.; *Seibert* GmbHR 1992, 728, 740; *Hüffer* AktG Anh. § 45 § 13 e RdNr. 7.
[42] MünchKommHGB/*Krafka* RdNr. 9; RegBegr. BT-Drucks. 12/3908 S. 16.
[43] *Hüffer* AktG Anh. § 45. § 13 e HGB RdNr. 7.
[44] RegBegr. BT-Drucks. 12/3908 S. 16; einschr. MünchKommHGB/*Krafka* RdNr. 9 mwN.
[45] *Heidinger* MittBayNot. 1998, 72, 73; *Plesse* DStR 1993, 133, 134; *Hahnefeld* DStR 1993, 596, 597; MünchKommHGB/*Krafka* RdNr. 9.
[46] Heymann/*Sonnenschein*/*Weitemeyer* RdNr. 13; RegBegr. BT-Drucks. 12/3908 S. 16.
[47] *Hüffer* AktG Anh. § 45. § 13 HGB RdNr. 7.
[48] Heymann/*Sonnenschein*/*Weitemeyer* RdNr. 14.
[49] RegBegr. BT-Drucks. 12/3908 S. 16.
[50] Zutr. Heymann/*Sonnenschein*/*Weitemeyer* RdNr. 21; anders *Heidinger* MittBayNot. 1998, 72, 74.

auf Generalbevollmächtigte und Handlungsbevollmächtigte (vgl. RdNr. 30) zur Eintragung angemeldet werden.[51] Durch § 13 e Abs. 3 verpflichtet werden nur die (noch) vorhandenen und vertretungsberechtigten ständigen Vertreter. Hieraus ergibt sich einerseits, dass auch der erstmals bestellte ständige Vertreter, um dessen Eintragung es geht, zur Anmeldung verpflichtet ist. Andererseits kann das Erlöschen der Vertretungsmacht deshalb durch den hiervon selbst betroffenen ehemaligen Vertreter nicht angemeldet werden. Entfällt die Vertretungsmacht des letzten ständigen Vertreters, ist diese Tatsache von den gesetzlichen Vertretern der Gesellschaft nach §§ 13 d Abs. 1, 3[52] anzumelden. Diese Anmeldepflicht der gesetzlichen Vertreter erschien dem Gesetzgeber derart selbstverständlich, dass von einer ausdrücklichen Bestimmung abgesehen wurde,[53] und rechtfertigt sich aus der Überlegung, dass die Anmeldung von der Gesellschaft selbst geschuldet wird.

35 **2. Anmeldung eines Insolvenzverfahrens (§ 13 e Abs. 4).** Nach § 13 e Abs. 4 müssen alle angemeldeten ständigen Vertreter oder, wenn solche nicht vorhanden sind, die gesetzlichen Vertreter der Gesellschaft, die Eröffnung oder die Ablehnung eines Insolvenzverfahrens oder ähnlicher Verfahren über das Vermögen der Gesellschaft zur Eintragung in das Handelsregister anmelden. Hierdurch soll sichergestellt werden, dass das für die Zweigniederlassung zuständige deutsche Registergericht Kenntnis von dem betreffenden Vorgang erlangt und ihn entsprechend vermerken kann, was im Hinblick auf das für die registerliche Behandlung eines derartigen Verfahrens maßgebliche ausländische Recht ohne die Statuierung einer eigenständigen Verpflichtung nicht gewährleistet wäre.[54]

36 Zur Anmeldung verpflichtet sind die ständigen Vertreter der Gesellschaft im Sinne des § 13 e Abs. 2 S. 4 Nr. 3, wenn diese angemeldet sind. Sind keine ständigen Vertreter angemeldet, sei es, weil keine vorhanden sind, sei es, weil sie zwar vorhanden, aber (noch) nicht angemeldet sind, muss die Anmeldung durch die gesetzlichen Vertreter der Gesellschaft erfolgen. Im Übrigen genügt die Anmeldung der Eröffnung eines Insolvenzverfahrens über das Vermögen der ausländischen Aktiengesellschaft oder GmbH allein durch den Vorstand bzw. die Geschäftsführer selbst dann, wenn ständige Vertreter angemeldet sind, und befreit diese zugleich von der ihnen obliegenden Anmeldepflicht; denn das Gesetz will mit § 13 e Abs. 4 nur die Anmeldung von Insolvenzverfahren bei dem Gericht der Zweigniederlassung sicherstellen und diesem Zweck wird auch durch eine solche Anmeldung genügt.[55]

V. Optionsmöglichkeit bei mehreren Zweigniederlassungen (§ 13 Abs. 5)

37 **1. Optionsmöglichkeit (§ 13 e Abs. 5 S. 1).** Errichtet die ausländische Aktiengesellschaft/ GmbH mehrere Zweigniederlassungen im Inland, brauchen gemäß § 13 e Abs. 5 S. 1 die Satzung sowie deren Änderungen nach Wahl der Gesellschaft nur zum Handelsregister einer dieser Zweigniederlassungen eingereicht werden. Die Vorschrift ist in Verbindung mit den die Hinterlegung der Satzung und ihrer Änderungen betreffenden Bestimmungen in § 13 f Abs. 1, 2 S. 1, 5, § 13 g Abs. 1, 2 S. 1, 5 zu lesen und enthält damit lediglich eine **Optionsmöglichkeit zugunsten eines von mehreren Handelsregistern**. Sie statuiert selbst nicht die Verpflichtung zur Einreichung dieser Unterlagen, sondern baut auf der in §§ 13 f, 13 g geregelten Verpflichtung auf (§ 13 f RdNr. 7 ff., § 13 g RdNr. 6 ff.). Die Optionsmöglichkeit zugunsten eines Handelsregisters (Hauptregister) soll für ausländische Gesellschaften, die ohne diese Bestimmung nach § 13 f Abs. 1, 2 S. 1, 5, § 13 g Abs. 1, 2 S. 1, 5 bei dem Handelsregister einer jeden Zweigniederlassung eine Satzung und die jeweiligen Änderungen einreichen müssten, eine Verfahrenserleichterung schaffen.[56] Ob die Gesellschaft von der Optionsmöglichkeit Gebrauch macht, steht in ihrem Belieben; es besteht keine Verpflichtung, das Wahlrecht auszuüben. Eine vergleichbare Regelung enthält das Gesetz für die Einreichung von Unterlagen der Rechnungslegung in § 325 a Abs. 1 S. 2, der hinsichtlich des hierfür maßgeblichen Hauptregisters auf § 13 e Abs. 5 verweist.

38 **2. Anmeldepflicht (§ 13 e Abs. 5 S. 2).** Hat die Aktiengesellschaft/GmbH mit Sitz im Ausland ihr Optionsrecht ausgeübt und ein Handelsregister zum Hauptregister bestimmt, müssen gem. § 13 e Abs. 5 S. 2 die nach Abs. 2 S. 1 anmeldepflichtigen (Vorstand bzw. Geschäftsführer in vertretungsberechtigter Zahl, RdNr. 18) zur Eintragung in den Handelsregistern der übrigen Zweigniederlassungen anmelden, welches Register die Gesellschaft gewählt hat und unter welcher Nummer die Zweigniederlassung dort eingetragen ist. Gegenüber dem Hauptregister sieht das Gesetz keine

---

[51] RegBegr. BT-Drucks. 12/3908 S. 16.
[52] Abweichend RegBegr. BT-Drucks. 12/3908 S. 16 und Heymann/*Sonnenschein/Weitemeyer* RdNr. 21, nach denen die Anmeldepflicht nach § 13 e Abs. 3 HGB auf die gesetzlichen Vertreter übergehen soll.
[53] RegBegr. BT-Drucks. 12/3908 S. 16.
[54] RegBegr. BT-Drucks. 12/3908 S. 16.
[55] *Hüffer* AktG Anh. § 45. § 13 e HGB RdNr. 9.
[56] RegBegr. BT-Drucks. 12/3908 S. 16.

besondere Mitteilungspflicht vor, was sich daraus erklärt, dass es von der Option nicht näher betroffen ist, sondern dort alle Unterlagen vollständig eingesehen werden können. Ein Hinweis gegenüber dem Hauptregister auf die Ausübung der Option ist gleichwohl unbedenklich. Erfasst werden von der Ausübung des Optionsrechts nur die Einreichung der Satzung und ihrer Änderungen; im Übrigen bleiben die Anmeldepflichten, die bei der Existenz mehrerer Zweigniederlassungen gegenüber jedem Gericht der Zweigniederlassung bestehen (§ 13 d RdNr. 15), unberührt.

Dem Gesetz ist nicht zu entnehmen, bis zu welchem **Zeitpunkt** von dem Optionsrecht nach § 13 e Abs. 5 Gebrauch gemacht werden kann. Die Bestimmung selbst erfasst dem Wortlaut von Satz 1 nach nur die gleichzeitige Errichtung mehrerer Zweigniederlassungen. Da § 13 e Abs. 5 S. 2 jedoch die Mitteilung der Nummer, unter der die Zweigniederlassung im Hauptregister geführt wird, verlangt und damit bereits die Eintragung dieser Zweigniederlassung voraussetzt und auch die Übergangsbestimmung in Art. 34 Abs. 2 EGHGB (RdNr. 1, 6) zeigt, dass die Ausübung des Wahlrechts bei bereits bestehenden Zweigniederlassungen zumindest nicht ausgeschlossen ist, ist davon auszugehen, dass das Optionsrecht nicht sofort ausgeübt werden muss. Ein Hauptregister kann deshalb auch noch im Nachhinein, nach Eintragung der Zweigniederlassungen bestimmt werden.[57]   **39**

3. Amtshilfe gegenüber anderen Registergerichten. Benötigen andere Registergerichte im Zusammenhang mit den bei ihnen vorzunehmenden Anmeldungen die Satzung der Gesellschaft, können sie im Wege der Amtshilfe eine Ablichtung hiervon bei dem von der Gesellschaft gewählten Hauptregister anfordern. Einer eigenständigen Verfahrensregelung für die Überlassung der Satzung oder Ablichtungen hiervon bedurfte es im Hinblick auf diese Möglichkeit nicht.[58]   **40**

4. Übergangsrecht. Nach Art. 34 Abs. 2 EGHGB ist § 13 e Abs. 5 sinngemäß anzuwenden, wenn eine Aktiengesellschaft/GmbH mit Sitz im Ausland am 1. 11. 1993 bereits mehrere inländische Zweigniederlassungen hatte oder wenn sie neben einer oder mehrerer bereits bestehenden inländischen Zweigniederlassungen weitere inländische Zweigniederlassungen errichtet. Sie kann sonach unabhängig von dem Zeitpunkt der Errichtung der weiteren Zweigniederlassung eines der zuständigen Handelsregister zum Hauptregister bestimmen.   **41**

VI. Erzwingung der Anmeldungen

Werden die Pflichten nach § 13 e gegenüber dem Registergericht nicht erfüllt, wird insbesondere die erforderliche Anmeldung nicht vorgenommen, besteht für das Gericht die Möglichkeit, gem. § 14 ein Zwangsgeldverfahren nach §§ 132 ff. FGG einzuleiten. Das Zwangsgeld kann gegen sämtliche Vorstandsmitglieder/Geschäftsführer, also nicht nur gegen diejenigen, die sich im Inland aufhalten, festgesetzt werden. Soweit hierzu verbreitet die Auffassung vertreten wird, eine solche Festsetzung sei nur gegenüber solchen Vorstandsmitgliedern zulässig, die sich im Inland aufhalten, ist dies abzulehnen. Die hiermit verbundene Frage der Erfolgsaussichten eines solchen Verfahrens hat nichts mit der Frage der Zulässigkeit eines solchen Vorgehens zu tun.[59] Gegen die besonderen Vertreter nach § 13 e Abs. 2 S. 4 Nr. 3 ist die Zwangsgeldfestsetzung nur insoweit zulässig, als diese Personen zur Anmeldung nach § 13 e Abs. 3, 4 verpflichtet sind.[60]   **42**

§ 13 f Zweigniederlassungen von Aktiengesellschaften mit Sitz im Ausland

(1) Für Zweigniederlassungen von Aktiengesellschaften mit Sitz im Ausland gelten ergänzend die folgenden Vorschriften.

(2) ¹Der Anmeldung ist die Satzung in öffentlich beglaubigter Abschrift und, sofern die Satzung nicht in deutscher Sprache erstellt ist, eine beglaubigte Übersetzung in deutscher Sprache beizufügen. ²Die Vorschriften des § 37 Abs. 3 des Aktiengesetzes finden Anwendung. ³Soweit nicht das ausländische Recht eine Abweichung nötig macht, sind in die Anmeldung die in § 23 Abs. 3 und 4 sowie den §§ 24 und 25 Satz 2 des Aktiengesetzes vorgesehenen Bestimmungen und Bestimmungen der Satzung über die Zusammensetzung des Vorstandes aufzunehmen; erfolgt die Anmeldung in den ersten zwei Jahren nach

---

[57] Abw. *Hüffer* AktG Anh. § 45. § 13 e HGB RdNr. 10.
[58] RegBegr. BT-Drucks. 12/3908 S. 16 f.
[59] Zutr. *Hüffer* AktG Anh. § 45. § 13 e HGB RdNr. 11; Staub/*Hüffer* § 13 b aF HGB RdNr. 22; Röhricht/v. Westphalen/*Ammon* RdNr. 14; s. auch *Maul* NZG 1999, 741, 745. AA die hM, vgl. etwa BayObLG Beschl. v. 10. 7. 1907 – III 46/1907, BayObLGZ 1908, 340, 343; *Jansen* FGG § 132 RdNr. 49; *Keidel/Kuntze/Winkler* FGG § 132 RdNr. 17.
[60] *Hüffer* AktG Anh. § 45. § 13 e HGB RdNr. 11.

der Eintragung der Gesellschaft in das Handelsregister ihres Sitzes, sind auch die Angaben über Festsetzungen nach den §§ 26 und 27 des Aktiengesetzes und der Ausgabebetrag der Aktien sowie Name und Wohnort der Gründer aufzunehmen. [4] Der Anmeldung ist die für den Sitz der Gesellschaft ergangene gerichtliche Bekanntmachung beizufügen.

(3) Die Eintragung der Errichtung der Zweigniederlassung hat auch die Angaben nach § 39 des Aktiengesetzes sowie die in § 13 e Abs. 2 Satz 4 vorgeschriebenen Angaben zu enthalten.

(4) [1] Änderungen der Satzung der ausländischen Gesellschaft sind durch den Vorstand zur Eintragung in das Handelsregister anzumelden. [2] Für die Anmeldung gelten die Vorschriften des § 181 Abs. 1 und 2 des Aktiengesetzes sinngemäß, soweit nicht das ausländische Recht Abweichungen nötig macht.

(5) Im übrigen gelten die Vorschriften der § 81 Abs. 1 und 2, § 263 Satz 1, § 266 Abs. 1 und 2, § 273 Abs. 1 Satz 1 des Aktiengesetzes sinngemäß, soweit nicht das ausländische Recht Abweichungen nötig macht.

(6) Für die Aufhebung einer Zweigniederlassung gelten die Vorschriften über ihre Errichtung sinngemäß.

(7) Die Vorschriften über Zweigniederlassungen von Aktiengesellschaften mit Sitz im Ausland gelten sinngemäß für Zweigniederlassungen von Kommanditgesellschaften auf Aktien mit Sitz im Ausland, soweit sich aus den Vorschriften der §§ 278 bis 290 des Aktiengesetzes oder aus dem Fehlen eines Vorstands nichts anderes ergibt.

Schrifttum: s. die Nachweise bei § 13 d und § 13 e.

Übersicht

	RdNr.		RdNr.
I. Allgemeines............................	1–4	b) Besondere Bestimmungen (§ 13 f Abs. 3)............................	16
1. Regelungsgegenstand und Normzweck.....	1, 2	3. Bekanntmachung......................	17, 18
2. Normentwicklung.......................	3	4. Wirkung der Eintragung und der Bekanntmachung....................	19
3. Systematische Stellung...................	4	III. Weitere Anmeldungen.................	20–29
II. Verfahren bei der Erstanmeldung von Zweigniederlassungen einer Aktiengesellschaft mit Sitz im Ausland (§ 13 f Abs. 2 bis 4)...................................	5–19	1. Satzungsänderung (§ 13 f Abs. 4)..........	20–24
		2. Sonstige Anmeldungen (§ 13 f Abs. 5)......	25–29
1. Anmeldung (§ 13 f Abs. 2)................	5–13	IV. Aufhebung der Zweigniederlassung (§ 13 f Abs. 6)............................	30, 31
a) Allgemeine Bestimmungen..............	6		
b) Ergänzende Bestimmungen nach § 13 f Abs. 2.................................	7–13	V. Ausländische Kommanditgesellschaft auf Aktien (§ 13 f Abs. 7).................	32
2. Eintragung (§ 13 f Abs. 3)................	14–16		
a) Allgemeine Bestimmungen..............	15		

I. Allgemeines

1 **1. Regelungsgegenstand und Normzweck.** § 13 f enthält in Ergänzung zu der Grundbestimmung des § 13 d und der ersten, sowohl ausländische Aktiengesellschaften als auch ausländische GmbH betreffende Konkretisierung durch § 13 e gleichsam in zweiter Stufe registerrechtliche Sonderbestimmungen zu inländischen Zweigniederlassungen ausländischer Aktiengesellschaften. Dies wird in **Abs. 1** ausdrücklich klargestellt. **Abs. 2** trifft für die Anmeldung ergänzende Bestimmungen, die die Satzung und verschiedene, in entsprechender Weise auch für inländische Gesellschaften geltende Angaben betreffen. In **Abs. 3** verlangt das Gesetz für die Eintragung der Errichtung der Zweigniederlassung auch die Angaben nach § 39 AktG und § 13 e Abs. 2 S. 4. **Abs. 4 und 5** betreffen die laufenden Eintragungen für die Satzungsänderung, die Änderungen des Vorstands und seiner Vertretungsbefugnisse sowie die Auflösung und Abwicklung der Gesellschaft. **Abs. 6** erklärt für die Aufhebung der Zweigniederlassung die Vorschriften über ihre Errichtung für sinngemäß anwendbar. Nach **Abs. 7** sind die für die Zweigniederlassungen ausländischer Aktiengesellschaften geltenden Bestimmungen für Zweigniederlassungen ausländischer KGaA sinngemäß anzuwenden, soweit sich nicht aus den §§ 278 bis 290 AktG oder dem Fehlen eines Vorstands anderes ergibt.

2 Die Bestimmung **bezweckt** die Sicherstellung einer möglichst umfangreichen Auskunft über die Rechtsverhältnisse der ausländischen Gesellschaft, da diese als solche selbst nicht im deutschen Handelsregister eingetragen ist (vgl. bereits § 13 d RdNr. 2). Vorschriften die **Zweigniederlassung auslän-**

discher AG betreffend im AktG sind in § 80 Abs. 4 AktG enthalten; sie betreffen die notwendigen Angaben auf Geschäftsbriefen, die von Zweigniederlassungen solcher Gesellschaften verwendet werden.

2. Normentwicklung. § 13 f ist durch das Änderungsgesetz von 1993 (§ 13 RdNr. 7) in das 3 HGB eingefügt worden. Die Vorschrift hat teilweise die Bestimmungen des § 44 AktG aF übernommen, teilweise beruht sie auf der Umsetzung der Elften gesellschaftsrechtlichen Richtlinie des Rates der Europäischen Gemeinschaften.[1] Durch das Handelsrechtsreformgesetz vom 22. 6. 1998 (BGBl. I S. 1474) wurden in Abs. 2 S. 3 und in Abs. 4 die Worte „mit Ausnahme des Berufs der Gründer" gestrichen; die Änderung ist erforderlich geworden, nachdem im Gesetz allgemein nicht mehr der Beruf bzw. der Stand, sondern stattdessen das Geburtsdatum als Identifikationsmerkmal natürlicher Personen verwendet wird.[2] Zur Auslegung angeglichenen Rechts und der erforderlichen richtlinienkonformen Auslegung s. § 13 e RdNr. 4. Durch das **Gesetz über elektronische Handelsregister und Genossenschaftsregister sowie das Unternehmensregister – EHUG –** vom 10. 11. 2006 (BGBl. I S. 2553) ist in Abs. 2 S. 2 die Verweisung auf § 37 AktG angepasst und S. 3 neu gefasst, Abs. 4 aufgehoben, die folgenden Absätze neu nummeriert und die Verweisungen im heutigen Abs. 5 angepasst worden. Der **RegE Regierungsentwurf eines Gesetzes zur Modernisierung des GmbH-Rechts** und zur Bekämpfung von Missbräuchen (MoMiG), Stand Mai 2007, sieht nur redaktionelle Anpassungen im Rahmen der Verweisungen vor.

3. Systematische Stellung. § 13 f knüpft an die für Zweigniederlassungen aller ausländischen 4 Unternehmen geltende Grundbestimmung des § 13 d sowie die für ausländische Aktiengesellschaften und GmbH geltende (erste) Konkretisierung in § 13 e an und stellt eine ausschließlich für Zweigniederlassungen ausländischer Aktiengesellschaften geltende weitere (zweite) Konkretisierung des für die Zweigniederlassungen dieser Gesellschaften geltenden Registerrechts dar. Die Bestimmung ist sonach im Zusammenhang mit den §§ 13 d, 13 e zu lesen.

II. Verfahren bei der Erstanmeldung von Zweigniederlassungen einer Aktiengesellschaft mit Sitz im Ausland (§ 13 f Abs. 2 bis 4)

1. Anmeldung (§ 13 f Abs. 2). § 13 f Abs. 2 betrifft die Anmeldung der Errichtung der Zweig- 5 niederlassung einer ausländischen Aktiengesellschaft. Im Zusammenhang mit dieser Anmeldung ist zu unterscheiden zwischen den allgemeinen Bestimmungen zur Anmeldung und den in § 13 f Abs. 2 statuierten zusätzlichen Anforderungen:

a) Allgemeine Bestimmungen. Für die Anmeldung der Errichtung von Zweigniederlassungen 6 ausländischer Aktiengesellschaften (hierzu bei § 13 e RdNr. 12) gelten zunächst die allgemeinen Bestimmungen nach §§ 13 d, 13 e. Anzumelden sind sonach die Tatsache der Errichtung einer Zweigniederlassung, ihre Anschrift und ihr Gegenstand, das Heimatregister der ausländischen Aktiengesellschaft mit Registernummer, ihre Rechtsform, die Personen ihrer ständigen Vertreter und – sofern es sich nicht um eine Gesellschaft aus einem EG-Mitgliedstaat handelt – das einschlägige Heimatrecht. Sind mehrere Zweigniederlassungen vorhanden, müssen die Anmeldungen bei allen Gerichten der Zweigniederlassungen erfolgen, sofern die Gesellschaft nicht von dem Optionsrecht nach § 13 e Abs. 5 Gebrauch gemacht hat oder dieses Recht nicht jetzt ausübt (§§ 13 d, 13 e Abs. 5). Die Anmeldung hat durch den Vorstand zu erfolgen und muss verschiedene Zusatzangaben enthalten (§ 13 e Abs. 2).

b) Ergänzende Bestimmungen nach § 13 f Abs. 2. In Ergänzung zu den Bestimmungen nach 7 §§ 13 d, 13 e schreibt § 13 f Abs. 2 S. 1 vor, der Anmeldung eine **öffentlich beglaubigte Abschrift der Satzung** beizufügen, und zwar in ihrer aktuellen Fassung.[3] Ist die Satzung nicht in deutscher Sprache erstellt, muss der Anmeldung weiter eine durch einen gerichtlich oder behördlich bestellten und vereidigten Übersetzer[4] **beglaubigte deutsche Übersetzung** der Satzung beigefügt werden. Hierdurch soll die Prüfung für das inländische Registergericht erleichtert und dem Grundsatz des § 8 FGG iVm. § 184 GVG, wonach die Gerichtssprache deutsch ist, Genüge getan werden.[5] Die Bestimmung entspricht § 44 Abs. 1 S. 2 AktG aF und ist durch Art. 2 Abs. 2 lit. b, Art. 8 lit. e der Richtlinie (RdNr. 3) gedeckt.

---
[1] Richtlinie 89/66/EWG vom 22. 12. 1989 ABl. EG Nr. 1 L 395/36 v. 30. 12. 1989 (Zweigniederlassungsrichtlinie), auch abgedruckt bei *Lutter*, Europäisches Unternehmensrecht, 4. Aufl. 1996, S. 269 ff.; *Habersack*, Europäisches GesR, RdNr. 134.
[2] BT-Drucks. 13/8444 S. 52 iVm. S. 84 ff.
[3] Heymann/*Sonnenschein/Weitemeyer* RdNr. 4.
[4] Röhricht/v. Westphalen/*Ammon* RdNr. 6; Heymann/*Sonnenschein/Weitemeyer* RdNr. 4.
[5] RegBegr. BT-Drucks. 12/3908 S. 17.

§ 13 f 8–11   1. Buch. 2. Abschnitt. Handelsregister; Unternehmensregister

8   Nach § 13 f Abs. 2 S. 2 findet die Vorschrift des § 37 Abs. 3 AktG Anwendung. In der Anmeldung ist deshalb die **Vertretungsbefugnis der Vorstandsmitglieder** der ausländischen Aktiengesellschaft anzugeben.[6] Dies gilt auch dann, wenn der Vorstand nur aus einer Person besteht. Die Vertretungsbefugnis der Vorstandsmitglieder ist in abstrakter Formulierung (Gesamtvertretung, Einzelvertretung, unechte Gesamtvertretung) zu bezeichnen.[7] Die Angabe kann grundsätzlich für alle Vorstandsmitglieder gemeinsam erfolgen, nur bei unterschiedlicher Ausgestaltung der Vertretungsmacht sind gesonderte Angaben unter Namensnennung erforderlich. Besteht beispielsweise grundsätzlich Gesamtvertretung und ist nur ein Vorstandsmitglied berechtigt, die Gesellschaft allein zu vertreten, genügt der Hinweis auf die bestehende Gesamtvertretung unter gesonderter Benennung des zur Alleinvertretung berechtigten Mitglieds und der Hinweis auf die insoweit abweichende Vertretungsmacht. Besitzen bei einem dreiköpfigen Vorstand alle Vorstandsmitglieder unterschiedliche Vertretungsmacht (A vertritt die Gesellschaft allein, B nur mit C oder einem Prokuristen, C nur gemeinsam mit B), müssen alle Vorstandsmitglieder unter gesonderter Angabe ihres Namens und ihrer jeweiligen Vertretungsmacht aufgeführt werden. Sofern das ausländische Recht eine § 181 BGB entsprechende Bestimmung zum **Selbstkontrahierungsverbot** kennt und ein Vorstandsmitglied von den hiernach bestehenden Beschränkungen befreit ist, ist auch dies anzugeben.[8] Auf die **Straffreiheitserklärung** nach § 37 Abs. 2 AktG verweist § 13 f Abs. 2 nicht. Nachdem der BGH jedoch für den Parallelfall der ausländischen GmbH entschieden hat, dass im Sinne von § 8 Abs. 3 GmbHG inhabile Personen als Geschäftsführungsorgane einer ausländischen Gesellschaft ihre Geschäfte im Inland auch nicht mithilfe einer inländischen Zweigniederlassung betreiben dürften und das Registergericht bei positiver Kenntnis von der Inhabilität die Eintragung der Zweigniederlassung abzulehnen hat (BGH Beschl. v. 7. 5. 2007 – II ZB 7/06, NJW 2007, 2328 ff. zur **Scheinauslandsgesellschaft** in der Rechtsform der Limited, hierzu auch bei § 13 g RdNr. 8), ist für die ausländische Aktiengesellschaft von einer entsprechenden Rechtslage auszugehen. Für eine unterschiedliche Behandlung der Gestaltungen im Hinblick auf § 37 Abs. 2 AktG besteht kein Anlass.

9   § 13 f Abs. 2 S. 3 schreibt die **Aufnahme verschiedener Satzungsbestimmungen** in die Anmeldung vor, soweit nicht das ausländische Recht eine Abweichung nötig macht. In die Anmeldung aufzunehmen sind hiernach die in **§ 23 Abs. 3, 4 AktG** vorgeschriebenen Satzungsbestimmungen sowie die Bestimmungen nach **§§ 24, 25 Satz 2 AktG.** Es handelt sich um die Angaben
– zur Firma und dem Sitz der Gesellschaft (§ 23 Abs. 3 Nr. 1 AktG),
– zum Unternehmensgegenstand (§ 23 Abs. 3 Nr. 2 AktG),
– zur Höhe des Grundkapitals (§ 23 Abs. 3 Nr. 3 AktG),
– zur Zerlegung des Grundkapitals entweder in Nennbetragsaktien oder in Stückaktien – bei Nennbetragsaktien müssen die Nennbeträge und die Zahl der Aktien jeden Nennbetrags, bei Stückaktien deren Zahl angegeben werden –, außerdem – wenn verschiedene Gattungen bestehen – die Gattung der Aktien und die Zahl der Aktien jeder Gattung (§ 23 Abs. 3 Nr. 4 AktG),
– zur Art der Aktien – Inhaber- oder Namensaktien – (§ 23 Abs. 3 Nr. 5 AktG),
– zur Zahl der Vorstandsmitglieder bzw. zu den für ihre Zahl maßgeblichen Regeln (§ 23 Abs. 3 Nr. 6 AktG),
– zu den Bekanntmachungen der Gesellschaft (§ 23 Abs. 4 AktG),
– zur Umwandlung von Aktien (§ 24 AktG) und
– zu den zusätzlichen Gesellschaftsblättern bzw. elektronischen Informationsmedien (§ 25 S. 2 AktG).

10   Außerdem sind Bestimmungen der Satzung zur **Zusammensetzung des Vorstands** anzugeben (§ 13 f Abs. 2 S. 3).

11   Erfolgt die Anmeldung **in den ersten zwei Jahren nach der Eintragung der Gesellschaft** in das Handelsregister ihres Sitzes, müssen nach § 13 f Abs. 2 S. 3 in die Anmeldung **zusätzlich** auch **Angaben** zu den Festsetzungen über Sondervorteile und Gründungsaufwand gem. **§ 26 AktG** und über Sacheinlagen und Sachübernahmen gem. **§ 27 AktG,** zum Ausgabebetrag der Aktien im Sinne des **§ 9 AktG** aufgenommen werden. Weiter sind der **Name und Wohnort** – dh. die Gemeinde, nicht die genaue Adresse[9] – **der Gründer**[10] aufzunehmen.

---

[6] Hierzu MünchKommAktG/*Pentz* § 37 RdNr. 58 ff.
[7] BayObLG Beschl. v. 4. 2. 1974 – 2 Z 75/73, BayObLGZ 1974, 49, 51 ff. = DNotZ 1975, 117; OLG Frankfurt/Main Beschl. v. 29. 1. 1970 – 6 W 11/70, OLGZ 1970, 404, 405 = AG 1970, 148; MünchKommHGB/*Krafka* RdNr. 2.
[8] MünchKommHGB/*Krafka* § 13 f RdNr. 2; s. hierzu auch MünchKommAktG/*Pentz* § 37 RdNr. 58 ff.
[9] MünchKommAktG/*Pentz* § 40 RdNr. 23.
[10] Zum Begriff des Gründers MünchKommAktG/*Pentz* § 28 RdNr. 4 ff.

Die Aufnahme dieser ergänzenden Angaben steht nach § 13 f Abs. 2 S. 3 unter dem **Vorbehalt** 12 **zugunsten des ausländischen Rechts**. Dies bedeutet allerdings nicht, dass von den deutschen Erfordernissen nur dann abgewichen werden darf, wenn die ausländische Gesellschaft die jeweilige Anforderung nicht erfüllen kann. Es genügt, dass die Gesellschaft den Anforderungen zwar durch eine nach ihrem Heimatrecht mögliche (fakultative) Änderung ihrer Satzungsgrundlage oder Organisationsstruktur genügen könnte, von dieser Möglichkeit aber keinen Gebrauch gemacht hat. Aus § 13 f Abs. 2 S. 3 folgt mithin kein Anpassungszwang.[11] Durch § 13 f Abs. 2 S. 3 wurde die Bestimmung des § 44 Abs. 2 S. AktG aF in das HGB übertragen, was durch Art. 2 Abs. 2 lit. b der Richtlinie (RdNr. 3) gedeckt war.[12]

Gemäß § 13 f Abs. 2 **S. 4** muss der Anmeldung schließlich die für den Sitz der Gesellschaft 13 ergangene **gerichtliche Bekanntmachung** beigefügt werden. Gemeint ist hiermit die Bekanntmachung des ausländischen Sitzgerichts,[13] sofern eine solche erfolgt ist. Wurde nach dem ausländischen Recht keine gerichtliche Bekanntmachung vorgenommen, soll es nach der Begründung zum Regierungsentwurf[14] genügen, wenn eine vergleichbare öffentliche Bekanntmachung beigefügt wird. Dem ist insoweit zuzustimmen, als es um die freiwillige Beifügung einer solchen Bekanntmachung geht. Die Verpflichtung zur Beifügung einer solchen Unterlage lässt sich aus dem Gesetzeswortlaut nicht ableiten.[15] Mit der Bestimmung wurde § 44 Abs. 2 S. 3 AktG aF ohne inhaltliche Änderung in das HGB übertragen.

2. Eintragung (§ 13 f Abs. 3). § 13 f Abs. 3 enthält besondere zusätzliche Vorschriften zum 14 Inhalt der Eintragung im Handelsregister der Zweigniederlassung. Mit dieser Regelung wurden die besonderen aktienrechtlichen Eintragungserfordernisse übertragen sowie die von Art. 2 Abs. 1 lit. c, d, e zweiter Spiegelstrich und Art. 8 Lit. c, d, f, h geforderten Offenlegungserfordernisse der Richtlinie (RdNr. 3) in deutsches Recht umgesetzt.[16] Im Einzelnen ist im Hinblick auf die Eintragung zwischen den allgemeinen und den in § 13 f Abs. 3 geregelten besonderen Bestimmungen zu unterscheiden:

a) Allgemeine Bestimmungen. Für das Verfahren über die Eintragung der Errichtung einer 15 Zweigniederlassung gelten zunächst die allgemeinen Bestimmungen. Das Gericht hat im Zusammenhang mit der Eintragung der Errichtung der Zweigniederlassung zunächst die Anmeldung der Errichtung der Zweigniederlassung und die Existenz der ausländischen Aktiengesellschaft, die Zulässigkeit der Firmierung und das Vorliegen etwa erforderlicher Genehmigungen zu prüfen (vgl. bei § 13 e RdNr. 24, aber auch RdNr. 3). Einzutragen sind nach § 13 d Abs. 2 der Ort der Zweigniederlassung und die Firma der Zweigniederlassung, sofern ihr ein Zusatz beigefügt ist.

b) Besondere Bestimmungen (§ 13 f Abs. 3). Besondere zusätzliche Bestimmungen für die 16 Eintragung der Zweigniederlassung einer ausländischen Aktiengesellschaft enthält § 13 f Abs. 3, wonach die Eintragung auch die Angaben nach § 39 AktG sowie die in § 13 e Abs. 2 S. 4 vorgeschriebenen Angaben enthalten muss. Über die Verweisung auf **§ 39 AktG** sind die Firma der Gesellschaft (also nicht, wie schon nach § 13 d Abs. 2, die Firma der Zweigniederlassung), der Sitz der Gesellschaft, ihr Unternehmensgegenstand, die Höhe des Grundkapitals, der Tag der Satzungsfeststellung und die Vorstandsmitglieder einschließlich ihrer Vertretungsbefugnis anzugeben; sofern die Satzung Bestimmungen über die Dauer der Gesellschaft oder über genehmigtes Kapital enthält, sind auch diese Angaben einzutragen. Über die Verweisung auf die nach **§ 13 e Abs. 2 S. 4** in die Anmeldung aufzunehmenden Angaben sind darüber hinaus einzutragen die Angaben zur Registereintragung der Gesellschaft, zu ihrer Rechtsform, zu ihren ständigen Vertretern und ggf. auch die Angaben zu dem auf die Gesellschaft anwendbaren Recht.

3. Bekanntmachung. Für die Bekanntmachung gilt die allgemeine Bestimmung des **§ 10**. 17 Bekanntzumachen sind sonach die beim Gericht der Zweigniederlassung vorgenommenen Eintragungen. Das Gericht macht seine Eintragung dem ganzen Inhalt nach in dem hiernach bestimmten Informations- und Kommunikationsmedium bekannt. Eine Bekanntmachung in den Gesellschaftsblättern im Sinne von § 25 S. 2 AktG erfolgt demgegenüber nicht;[17] für eine solche Veröffentlichung fehlt es an einer gesetzlichen Grundlage.

---

[11] *Hüffer* AktG Anh. § 45. § 13 f HGB RdNr. 3; MünchKommHGB/*Krafka* § 13 f RdNr. 4; s. auch *Bumeder*, Die inländische Zweigniederlassung ausländischer Unternehmen, 1971, S. 59 ff.
[12] RegBegr. BT-Drucks. 12/3908 S. 17.
[13] *Hüffer* AktG Anh. § 45. § 13 f HGB RdNr. 4.
[14] RegBegr. BT-Drucks. 12/3908 S. 17.
[15] Zutr. Heymann/*Sonnenschein*/*Weitemeyer* RdNr. 7.
[16] RegBegr. BT-Drucks. 12/3908 S. 17.
[17] *Hüffer* AktG Anh. § 45. § 13 f HGB RdNr. 5; abw. zum alten Recht *Eckardt* in Geßler/Hefermehl/Eckardt/Kropff AktG § 44 aF RdNr. 39; Kölner Komm AktG/*Kraft* § 44 aF RdNr. 43.

18 Die bis zum 31. 12. 2006 einschließlich vorgeschriebenen zusätzlichen Bekanntmachungen der Angaben nach § 40 Abs. 1 Nr. 1, 2 und 3 AktG sind auf Grund der Streichung des früheren Abs. 4 durch das EHUG entfallen, nachdem durch dieses Gesetz auch § 40 AktG selbst aufgehoben worden ist (hierzu bereits RdNr. 3).

19 **4. Wirkung der Eintragung und der Bekanntmachung.** Eintragung und Bekanntmachung haben nur deklaratorische Bedeutung. Die ausländische Aktiengesellschaft wird durch die Eintragung der Errichtung ihrer Zweigniederlassung auch nicht etwa deutschem Recht unterworfen;[18] die Eintragung ändert am Gesellschaftsstatut der ausländischen Aktiengesellschaft nichts.

III. Weitere Anmeldungen

20 **1. Satzungsänderung (§ 13 f Abs. 4).** Satzungsänderungen sind nach § 13 f Abs. 4 (bis zum 31. 12. 2006 einschließlich: Abs. 5, vgl. RdNr. 3) **S. 1** durch den Vorstand der ausländischen Aktiengesellschaft zur Eintragung in das Handelsregister anzumelden.[19] Die Bestimmung statuiert eine **eigenständige Anmeldungspflicht** und ist erforderlich, weil § 181 AktG auf ausländische Aktiengesellschaften nicht unmittelbar angewendet werden kann. Die Anmeldung erfolgt durch **Vorstandsmitglieder in vertretungsberechtigter Zahl** (vgl. bei § 13 e RdNr. 17 ff.). Die Wirksamkeit der Satzungsänderung selbst richtet sich nach dem auf die Rechtsverhältnisse der ausländischen Aktiengesellschaft anwendbaren ausländischen Recht; die Eintragung bei dem deutschen Handelsregister hat deshalb nur deklaratorische Bedeutung. § 13 f Abs. 4 geht auf Art. 8 lit. e und Art. 2 Abs. 2 lit. b der Richtlinie (RdNr. 4) zurück; von der Möglichkeit, die Offenlegungspflichten bei Aktiengesellschaften mit Sitz innerhalb und außerhalb der EG unterschiedlich zu gestalten, hat der Gesetzgeber bewusst keinen Gebrauch gemacht.[20]

21 Mit der Verweisung in § 13 f Abs. 4 S. 2 auf § 181 Abs. 1 und 2 AktG, die unter dem Vorbehalt steht, dass ausländisches Recht nicht Abweichungen nötig macht (hierzu unten RdNr. 24), hat der Gesetzgeber den ihm durch die Richtlinie (RdNr. 4) belassenen Spielraum hinsichtlich des Nachweises der Satzungsänderung genutzt.[21] Die **Verweisung auf § 181 Abs. 1 AktG** bedeutet, dass der Anmeldung der vollständige Wortlaut der Satzung beizufügen ist und dieser mit einer Bescheinigung eines Notars versehen sein muss, dass die geänderten Bestimmungen der Satzung mit dem Beschluss über die Satzungsänderung und die unveränderten Bestimmungen mit dem zuletzt zum Handelsregister eingereichten vollständigen Wortlaut der Satzung übereinstimmen; ggf. ist der Satzungsänderung auch eine Genehmigungsurkunde beizufügen.[22]

22 Eine **Übersetzung** verlangt das Gesetz anders als in § 13 f Abs. 2 S. 1 nicht. Bei Unterlagen, die nicht in deutscher Sprache erstellt sind, ergibt sich die Notwendigkeit, sie in öffentlich beglaubigter Übersetzung vorzulegen, jedoch daraus, dass nach § 8 FGG iVm. § 184 GVG im registergerichtlichen Verfahren die Gerichtssprache deutsch ist. Da der Gesetzgeber mit der ausdrücklichen Bestimmung in § 13 f Abs. 2 S. 1 diesem Erfordernis genügen wollte (RdNr. 7), kann hier im Hinblick auf die insoweit vergleichbare Situation nichts anderes gelten.

23 Soweit die Änderung nicht **Angaben nach § 39 AktG** betrifft, genügt bei der Eintragung die Bezugnahme auf die beim Gericht eingereichten Urkunden, § 13 f Abs. 4 S. 2 iVm. **§ 181 Abs. 2 AktG**. Von einer Verweisung auf § 181 Abs. 3 AktG (Wirksamkeit der Satzungsänderung erst mit Eintragung in das Handelsregister) hat der Gesetzgeber abgesehen, da sich die Wirksamkeit der Satzungsänderung nach dem jeweiligen ausländischen Recht bestimmt.

24 Die Verweisung in § 13 f Abs. 4 S. 2 auf 181 Abs. 1, 2 AktG steht unter dem **Vorbehalt des ausländischen Rechts.** Von den deutschen Erfordernissen kann die Gesellschaft mithin abweichen, wenn ihr Heimatrecht entsprechende Bestimmungen nicht enthält; auch hier besteht kein Anpassungszwang (vgl. auch oben bei RdNr. 12).

25 **2. Sonstige Anmeldungen (§ 13 f Abs. 5).** ach § 13 f Abs. 5 (bis zum 31. 12. 2006 einschließlich: Abs. 6, vgl. RdNr. 3) gelten die Vorschriften der § 81 Abs. 1 und 2, § 263 S. 1, § 266 Abs. 1 und 2 und § 273 Abs. 1 S. 1 AktG sinngemäß, soweit nicht das ausländische Recht Abweichungen nötig macht.

---

[18] *Hüffer* AktG Anh. § 45. § 13 f HGB RdNr. 5.
[19] Die Anmeldepflicht bei Satzungsänderungen war nach altem Recht streitig, vgl. Kölner Komm AktG/*Kraft* § 44 aF RdNr. 46 (bejahend), *Eckardt* in Geßler/Hefermehl/Eckardt/Kropff AktG § 44 aF RdNr. 43 (verneinend).
[20] RegBegr. BT-Drucks. 12/3908 S. 17.
[21] RegBegr. BT-Drucks. 12/3908 S. 17.
[22] Röhricht/v. Westphalen/*Ammon* RdNr. 12.

Die Verweisung auf § 81 Abs. 1 und 2 AktG betrifft die Änderungen des **Vorstand**s, seiner 26 persönlichen Verhältnisse und seiner Vertretungsbefugnis; auf eine Verweisung auf die Straffreiheitserklärung (§ 81 Abs. 3 AktG) wurde wie bei § 13 f Abs. 2 S. 2 verzichtet. Der Anmeldung sind die Urkunden über die Änderung in Urschrift oder öffentlich beglaubigter Abschrift für das Gericht der Zweigniederlassung beizufügen. Für die Anmeldung ist die **Form** des § 12 zu beachten.

Die Verweisungen auf § 263 S. 1, § 266 Abs. 1 und 2 und § 273 Abs. 1 S. 1 AktG betreffen die 27 **Auflösung und Abwicklung** der Gesellschaft. In sinngemäßer Anwendung des § 263 S. 1 AktG hat der Vorstand sonach die Auflösung der ausländischen Aktiengesellschaft zur Eintragung bei dem Handelsregister der Zweigniederlassung anzumelden. Entsprechend 266 Abs. 1 und 2 AktG sind die ersten Abwickler einschließlich ihrer Vertretungsbefugnis vom Vorstand zur Eintragung in das Handelsregister anzumelden, es sind die Urkunden über die Bestellung oder Abberufung sowie über die Vertretungsbefugnis in Urschrift oder öffentlich beglaubigter Abschrift (mit Übersetzungen, RdNr. 7, 22) für das Gericht der Zweigniederlassung beizufügen. Für die Anmeldung ist die **Form** des § 12 zu beachten. Nach Beendigung der Abwicklung und nach der Schlussrechnungslegung haben die Abwickler entsprechend **§ 273 Abs. 1 S. 1 AktG** den Schluss der Abwicklung zur Eintragung in das Handelsregister der Zweigniederlassung anzumelden.

§ 13 f Abs. 5 steht unter dem **Vorbehalt zugunsten ausländischen Rechts.** Von den deutschen 28 Erfordernissen kann die Gesellschaft mithin abweichen, wenn ihr Heimatrecht entsprechende Bestimmungen nicht enthält; auch hier besteht kein Anpassungszwang (vgl. auch bei RdNr. 21, 24).

Die Verweisung auf § 81 Abs. 1 und 2 AktG erfolgte in Umsetzung der Art. 2 Abs. 1 lit. e, erster 29 Spiegelstrich und Art. 8 lit. h erster Spiegelstrich der Richtlinie (RdNr. 4). Mit der Verweisung auf die § 263 S. 1, § 266 Abs. 1 und 2, § 273 Abs. 1 S. 1 AktG wurden Art. 2 Abs. 1 lit. f erster Spiegelstrich und Art. 8 lit. i erster Spiegelstrich in deutsches Recht übertragen.[23]

IV. Aufhebung der Zweigniederlassung (§ 13 f Abs. 6)

§ 13 f Abs. 6 (bis zum 31. 12. 2006 einschließlich: Abs. 7, vgl. RdNr. 3) erklärt für die Aufhebung 30 der Zweigniederlassung die für ihre Errichtung geltenden Vorschriften für entsprechend anwendbar, erfasst also nicht nur die Bestimmungen des § 13 f, sondern auch die allgemeinen Vorschriften in §§ 13 d, 13 e. Die Aufhebung der Zweigniederlassung ist als tatsächlicher Vorgang bei dem Gericht der Zweigniederlassung anzumelden. Hat die Gesellschaft von dem Optionsrecht des § 13 e Abs. 5 Gebrauch gemacht und handelt es sich bei der aufgehobenen Zweigniederlassung um diejenige, deren Handelsregister als Hauptregister gewählt wurde, kann dieses nach der dortigen Löschung der Zweigniederlassung seiner Funktion künftig nicht mehr gerecht werden. Die ausländische Aktiengesellschaft muss deshalb entweder ein neues Hauptregister nach § 13 e Abs. 5 bestimmen und unter Angabe der Handelsregisternummer bei den übrigen Handelsregistern anmelden (§ 13 e RdNr. 37 ff.) oder es müssen die Satzung und deren zwischenzeitliche Änderungen nunmehr bei allen Handelsregistern eingereicht werden. In jedem Falle sind die auf das bisherige Hauptregister hinweisenden Eintragungen bei den übrigen Registern durch Rötung zu löschen.

Durch § 13 f Abs. 6 wurden Art. 2 Abs. 1 lit. h und Art. 8 lit. k der Richtlinie (RdNr. 4) umge- 31 setzt.[24]

V. Ausländische Kommanditgesellschaft auf Aktien (§ 13 f Abs. 7)

Nach § 13 f Abs. 7 (bis zum 31. 12. 2006 einschließlich: Abs. 8, vgl. RdNr. 3) sind die Vorschrif- 32 ten über die Zweigniederlassungen von Aktiengesellschaften mit Sitz im Ausland sinngemäß auch für Zweigniederlassungen von Kommanditgesellschaften auf Aktien mit Sitz im Ausland anwendbar, soweit sich aus den Vorschriften der §§ 278 bis 290 AktG oder aus dem Fehlen eines Vorstands nichts anderes ergibt. Die Bestimmung soll die Anwendung der Vorschriften auf die Kommanditgesellschaft auf Aktien sicherstellen, nachdem § 278 Abs. 3 AktG wegen der Übertragung der bisherigen §§ 42 bis 44 AktG aF in das HGB die Bestimmungen zu den Zweigniederlassungen ausländischer Aktiengesellschaften nicht mehr erfasst.[25] Die Verweisung ist allerdings insoweit schief, als die §§ 278 bis 290 AktG ohnehin nicht für Aktiengesellschaften mit Sitz im Ausland gelten können, sondern diese nur den Bestimmungen des ausländischen Rechts unterliegen.[26] Es können deshalb nur solche Vorschriften des ausländischen Rechts gemeint sein, die den §§ 278 bis 290 AktG inhaltlich entspre-

---

[23] RegBegr. BT-Drucks. 12/3908 S. 17 f.
[24] RegBegr. BT-Drucks. 12/3908 S. 18.
[25] RegBegr. BT-Drucks. 12/3908 S. 18.
[26] *Hüffer* AktG Anh. § 45. § 13 f HGB RdNr. 8.

chen.[27] Inhaltlich will die Bestimmung vor allem ausdrücken, dass hinsichtlich der Anmeldungspflicht, der Eintragung und der Bekanntmachung die persönlich haftenden Gesellschafter an die Stelle des Vorstands treten.[28] Im Übrigen bezieht sich die Verweisung nicht nur auf die Vorschriften des § 13 f Abs. 1 bis 6, sondern auch auf die allgemeinen Bestimmungen der §§ 13 d, 13 e.[29]

§ 13 g Zweigniederlassungen von Gesellschaften mit beschränkter Haftung mit Sitz im Ausland

(1) Für Zweigniederlassungen von Gesellschaften mit beschränkter Haftung mit Sitz im Ausland gelten ergänzend die folgenden Vorschriften.

(2) ¹Der Anmeldung ist der Gesellschaftsvertrag in öffentlich beglaubigter Abschrift und, sofern der Gesellschaftsvertrag nicht in deutscher Sprache erstellt ist, eine beglaubigte Übersetzung in deutscher Sprache beizufügen. ²Die Vorschriften des § 8 Abs. 1 Nr. 2 und Abs. 4 des Gesetzes betreffend die Gesellschaften mit beschränkter Haftung sind anzuwenden. ³Wird die Errichtung der Zweigniederlassung in den ersten zwei Jahren nach der Eintragung der Gesellschaft in das Handelsregister ihres Sitzes angemeldet, so sind in die Anmeldung auch die nach § 5 Abs. 4 des Gesetzes betreffend die Gesellschaften mit beschränkter Haftung getroffenen Festsetzungen aufzunehmen, soweit nicht das ausländische Recht Abweichungen nötig macht.

(3) Die Eintragung der Errichtung der Zweigniederlassung hat auch die Angaben nach § 10 des Gesetzes betreffend die Gesellschaften mit beschränkter Haftung sowie die in § 13 e Abs. 2 Satz 4 vorgeschriebenen Angaben zu enthalten.

(4) ¹Änderungen des Gesellschaftsvertrages der ausländischen Gesellschaft sind durch die Geschäftsführer zur Eintragung in das Handelsregister anzumelden. ²Für die Anmeldung gelten die Vorschriften des § 54 Abs. 1 und 2 des Gesetzes betreffend die Gesellschaften mit beschränkter Haftung sinngemäß, soweit nicht das ausländische Recht Abweichungen nötig macht.

(5) Im übrigen gelten die Vorschriften der § 39 Abs. 1 und 2, § 65 Abs. 1 Satz 1, § 67 Abs. 1 und 2, § 74 Abs. 1 Satz 1 des Gesetzes betreffend die Gesellschaften mit beschränkter Haftung sinngemäß, soweit nicht das ausländische Recht Abweichungen nötig macht.

(6) Für die Aufhebung einer Zweigniederlassung gelten die Vorschriften über ihre Errichtung sinngemäß.

Schrifttum: s. die Nachweise bei § 13 d und § 13 e.

Übersicht

	RdNr.		RdNr.
I. Allgemeines	1–4	a) Allgemeine Bestimmungen	11
1. Regelungsgegenstand und Normzweck	1, 2	b) Besondere Bestimmungen (§ 13 g Abs. 3)	12
2. Normentwicklung	3	3. Bekanntmachung	13, 14
3. Systematische Stellung	4	4. Wirkung der Eintragung und der Bekanntmachung	15
II. Verfahren bei der Erstanmeldung von Zweigniederlassungen einer GmbH mit Sitz im Ausland (§ 13 g Abs. 2 und 3)	5–15	III. Weitere Anmeldungen	16–25
1. Anmeldung (§ 13 g Abs. 2)	5–9	1. Satzungsänderung (§ 13 g Abs. 4)	16–20
a) Allgemeine Bestimmungen	6	2. Sonstige Anmeldungen (§ 13 g Abs. 5)	21–25
b) Ergänzende Bestimmungen nach § 13 g Abs. 2	7–9	IV. Aufhebung der Zweigniederlassung (§ 13 g Abs. 6)	26, 27
2. Eintragung (§ 13 g Abs. 3)	10–12		

I. Allgemeines

1. Regelungsgegenstand und Normzweck. § 13 g enthält in Ergänzung zu der Grundbestimmung des § 13 d und der ersten, sowohl ausländische AG als auch ausländische GmbH betreffenden

---
[27] Zutr. *Hüffer* AktG Anh. § 45. § 13 f HGB RdNr. 8.
[28] Heymann/*Sonnenschein*/Weitemeyer RdNr. 17.
[29] Baumbach/*Hopt* RdNr. 1; Heymann/*Sonnenschein*/Weitemeyer RdNr. 17; *Hüffer* AktG Anh. § 45. § 13 f HGB RdNr. 8.

Konkretisierung durch § 13 e in gleichsam zweiter Stufe registerrechtliche Sonderbestimmungen zu inländischen Zweigniederlassungen *ausländischer GmbH,* was in **Abs. 1** ausdrücklich klargestellt wird. **Abs. 2** trifft für die Anmeldung ergänzende Bestimmungen, die die Satzung und verschiedene, in entsprechender Weise auch für inländische Gesellschaften geltende Angaben betreffen. In **Abs. 3** verlangt das Gesetz für die Eintragung der Errichtung der Zweigniederlassung auch die Angaben nach 10 Abs. 1 und 2 GmbHG und § 13 e Abs. 2 S. 4. **Abs. 4 und 5** betreffen die laufenden Eintragungen für die Satzungsänderung, die Änderungen in den Personen der Geschäftsführer und ihrer Vertretungsbefugnisse sowie die Auflösung und Abwicklung der Gesellschaft. **Abs. 6** erklärt für die Aufhebung der Zweigniederlassung die Vorschriften über ihre Errichtung für sinngemäß anwendbar.

Die Bestimmung **bezweckt** die Sicherstellung einer möglichst umfangreiche Auskunft über die 2 Rechtsverhältnisse der ausländischen GmbH, da diese als solche selbst nicht im deutschen Handelsregister eingetragen ist (vgl. bereits § 13 d RdNr. 2). Vorschriften die **Zweigniederlassung ausländischer GmbH** betreffend im GmbHG sind in **§ 35 a Abs. 4 GmbHG** enthalten; sie betreffen die notwendigen Angaben auf Geschäftsbriefen, die von Zweigniederlassungen solcher Gesellschaften verwendet werden.

2. Normentwicklung. § 13 g ist durch das Änderungsgesetz von 1993 (§ 13 RdNr. 7) in das 3 HGB eingefügt worden. Die Vorschrift ist im Wesentlichen dem aktienrechtlichen Regelungsmodell des § 13 f nachgebildet[1] und beruht teilweise auf der Umsetzung der Elften gesellschaftsrechtlichen Richtlinie des Rates der Europäischen Gemeinschaften.[2] Durch das **Gesetz über elektronische Handelsregister und Genossenschaftsregister sowie das Unternehmensregister – EHUG –** vom 10. 11. 2006 (BGBl I 2553) ist die Verweisung in Abs. 2 S. 2 eingeschränkt, Abs. 4 aufgehoben, die Folgeabsätze neu nummeriert und es sind die Angaben in Abs. 5 angepasst worden. Zur Auslegung angeglichenen Rechts bzw. zur richtlinienkonformen Auslegung s. § 13 e RdNr. 4. Der **RegE Regierungsentwurf eines Gesetzes zur Modernisierung des GmbH-Rechts** und zur Bekämpfung von Missbräuchen (MoMiG), Stand Mai 2007, sieht nur redaktionelle Anpassungen im Rahmen der Verweisungen vor.

3. Systematische Stellung. § 13 g knüpft an die für inländische Zweigniederlassungen aller 4 ausländischen Unternehmen geltende Grundbestimmung des § 13 d sowie die für ausländische Aktiengesellschaften und GmbH geltende (erste) Konkretisierung in § 13 e an und stellt eine ausschließlich für Zweigniederlassungen ausländischer GmbH geltende weitere (zweite) Konkretisierung des für die Zweigniederlassungen dieser Gesellschaften geltenden Registerrechts dar. Die Bestimmung ist sonach im Zusammenhang mit den §§ 13 d, 13 e zu lesen.

II. Verfahren bei der Erstanmeldung von Zweigniederlassungen einer GmbH mit Sitz im Ausland (§ 13 g Abs. 2 und 3)

1. Anmeldung (§ 13 g Abs. 2). § 13 g Abs. 2 betrifft die Anmeldung der Errichtung der 5 Zweigniederlassung einer ausländischen GmbH. Im Zusammenhang mit dieser Anmeldung ist zu unterscheiden zwischen den allgemeinen Bestimmungen zur Anmeldung und den in § 13 g Abs. 2 statuierten zusätzlichen Anforderungen:

a) Allgemeine Bestimmungen. Für die Anmeldung der Errichtung von Zweigniederlassungen 6 ausländischer GmbH (zum Begriff s. § 13 e RdNr. 7 ff.) gelten zunächst die allgemeinen Bestimmungen nach §§ 13 d, 13 e. Anzumelden sind sonach die Tatsache der Errichtung einer Zweigniederlassung, ihre Anschrift und ihr Gegenstand, das Heimatregister der ausländischen GmbH mit Registernummer, ihre Rechtsform, die Personen ihrer ständigen Vertreter und – sofern es sich nicht um eine Gesellschaft aus einem EU-Mitgliedstaat handelt – das einschlägige Heimatrecht. Alle Anmeldungen haben bei dem Gericht der Zweigniederlassung zu erfolgen, sofern die Gesellschaft nicht von dem Optionsrecht nach § 13 e Abs. 5 Gebrauch gemacht hat oder dieses Recht nicht jetzt ausübt (§§ 13 d, 13 e Abs. 5). Die Anmeldung hat durch die Geschäftsführer in vertretungsberechtigter Zahl zu erfolgen und muss verschiedene Zusatzangaben enthalten (§ 13 e Abs. 2).

b) Ergänzende Bestimmungen nach § 13 g Abs. 2. In Ergänzung zu den Bestimmungen 7 nach §§ 13 d, 13 e bestimmt § 13 g Abs. 2 S. 1, dass der Anmeldung eine **öffentlich beglaubigte Abschrift der Satzung** beizufügen ist, und zwar in ihrer aktuellen Fassung. Ist die Satzung nicht in deutscher Sprache erstellt, muss der Anmeldung weiter eine durch einen gerichtlich oder behördlich

---

[1] RegBegr. BT-Drucks. 12/3908 S. 18.
[2] Richtlinie 89/66/EWG vom 22. 12. 1989 ABl. EG Nr. 1 L 395/36 v. 30. 12. 1989 (Zweigniederlassungsrichtlinie), auch abgedruckt bei *Lutter,* Europäisches Unternehmensrecht, 4. Aufl. 1996, S. 269 ff.; *Habersack,* Europäisches GesR, RdNr. 134.

§ 13 h 8, 9

bestellten und vereidigten Übersetzer[3] **beglaubigte deutsche Übersetzung** der Satzung beigefügt werden. Hierdurch soll die Prüfung für das inländische Registergericht erleichtert und dem Grundsatz der § 8 FGG iVm. § 184 GVG, wonach die Gerichtssprache deutsch ist, Genüge getan werden.[4] Die Bestimmung ist durch Art. 4 und Art. 9 Abs. 2 der Richtlinie (RdNr. 3) gedeckt.

8 Nach § 13 g Abs. 2 S. 2 finden die Vorschriften des § 8 Abs. 1 Nr. 2, Abs. 4 GmbHG Anwendung. In der Anmeldung ist deshalb die **Legitimation der Geschäftsführer** der ausländischen GmbH anzugeben, sofern diese nicht in der Satzung bestellt worden sind; unter Legitimation in diesem Sinne ist der zugrundeliegende Gesellschafterbeschluss oder die entsprechende Bestimmung der hierzu berechtigten Person in Schriftform bzw. das im ausländischen Recht entsprechende Bestellungsinstrument zu verstehen. Anzugeben ist außerdem die **Vertretungsbefugnis** der Geschäftsführer in abstrakter Formulierung (Gesamtvertretung, Einzelvertretung, unechte Gesamtvertretung).[5] Die Angabe kann grundsätzlich für alle Geschäftsführer gemeinsam erfolgen, nur bei unterschiedlicher Ausgestaltung der Vertretungsmacht sind eine gesonderte Angaben unter Namensnennung erforderlich. Besteht beispielsweise grundsätzlich Gesamtvertretung und ist nur ein Geschäftsführer berechtigt, die Gesellschaft allein zu vertreten, genügt der Hinweis auf die bestehende Gesamtvertretung unter gesonderter Benennung des zur Alleinvertretung berechtigten Mitglieds und der Hinweis auf die insoweit abweichende Vertretungsmacht. Besitzen bei Vorhandensein von drei Geschäftsführern alle unterschiedliche Vertretungsmacht haben (A vertritt die Gesellschaft allein, B nur mit C oder einem Prokuristen, C nur gemeinsam mit B), müssen alle unter gesonderter Angabe ihres Namens und ihrer jeweiligen Vertretungsmacht aufgeführt werden. Sofern das ausländische Recht eine § 181 BGB entsprechende Bestimmung kennt und ein Geschäftsführer von den hiernach bestehenden Beschränkungen befreit ist, ist auch dies anzugeben.[6] Für die Anmeldung ist die **Form** des § 12 zu beachten; abweichend von der Rechtslage bei der Satzung (RdNr. 7) genügt hier die ausländische öffentliche Beglaubigung.[7] Anders als von der früheren Rechtsprechung teilweise gefordert,[8] ist die Abgabe der sog. **Straffreiheitserklärung** nach § 8 Abs. 3 GmbHG bei der Anmeldung ausdrücklich **nicht erforderlich**, weil § 13 g Abs. 2 S. 2 auf diese Bestimmung nicht verweist; durch diese insoweit beschränkte Verweisung sollte für die Praxis Rechtsklarheit geschaffen werden.[9] Aus dieser eingeschränkten Verweisung folgt nach der Rechtsprechung des BGH jedoch nicht, dass Personen, die nicht Geschäftsführer einer deutschen GmbH sein könnten, gleichwohl im Inland als Geschäftsführungsorgane einer ausländischen Gesellschaft mithilfe einer inländischen Zweigniederlassung ihre Geschäfte betreiben dürften und das Registergericht trotz positiver Kenntnis hiervon die Eintragung der Zweigniederlassung vorzunehmen hätte. Ist dem Registergericht bekannt, dass das Geschäftsführungsorgan inhabil im Sinne von § 8 Abs. 3 GmbHG ist, hat es hiernach vielmehr die Eintragung der Zweigniederlassung der ausländischen Gesellschaft in das Handelsregister zu verweigern; die Niederlassungsfreiheit steht dem nicht entgegen (BGH Beschl. v. 7. 5. 2007 – II ZB 7/06, NJW 2007, 2328 ff. zur **Scheinauslandsgesellschaft** in der Rechtsform der Limited und deutschem Gewerbeverbot gegen den director der Gesellschaft; mit Blick auf die mit den Zweigniederlassungsvorschriften bezweckte Publizität – § 13 d RdNr. 2 – und den nur deklaratorischen Charakter der Eintragung nicht ganz zweifelsfrei).

9 Erfolgt die Anmeldung der Errichtung der Zweigniederlassung **in den ersten zwei Jahre nach der Eintragung der Gesellschaft** in das Handelsregister ihres Sitzes, ist nach § 13 g Abs. 2 S. 3 die **Aufnahme bestimmter Satzungsbestimmungen** in die Anmeldung notwendig, soweit nicht das ausländische Recht eine Abweichung nötig macht. Liegen diese Voraussetzungen vor, müssen in die Anmeldung die in § 5 Abs. 4 S. 1 GmbHG genannten **Angaben zu den Sacheinlagen,** aufgenommen werden, also der Gegenstand der Sacheinlage und der Betrag der Stammeinlage, auf die sich die Sacheinlage bezieht. Vorbild war insoweit die aktienrechtliche Regelung in § 13 f Abs. 2 S. 3, von dem für das GmbH-Recht sachlich abzuweichen der Gesetzgeber keinen Anlass gesehen hat.[10] Die Bestimmung soll sicherstellen, dass das Registergericht von den insoweit angesprochenen Rechtsverhältnissen Kenntnis erhält.[11] Der in § 13 g Abs. 2 S. 3 enthaltene **Vorbehalt zugunsten des**

---

[3] Röhricht/Graf v. Westphalen/*Ammon* RdNr. 6 iVm. § 13 f RdNr. 6; Heymann/*Sonnenschein*/*Weitemeyer* RdNr. 3 iVm. § 13 f RdNr. 4.
[4] Vgl. RegBegr. BT-Drucks. 12/3908 S. 17 zur aktienrechtlichen Parallelbestimmung in § 13 f Abs. 2 S. 1.
[5] MünchKommHGB/*Krafka* RdNr. 2; s. hierzu auch statt anderer Rowedder/*Schmidt-Leithoff* GmbHG § 8 RdNr. 28 mwN.
[6] MünchKommHGB/*Krafka* RdNr. 2.
[7] Röhricht/Graf v. Westphalen/*Ammon* RdNr. 7; Staub/*Hüffer* § 12 RdNr. 31 mwN.
[8] BayObLG Beschl. v. 18. 9. 1986 – BReg 3 Z 96/86, WM 1986, 1557 ff.; OLG Düsseldorf Beschl. v. 8. 5. 1992 – 3 Wx 469/91, DB 1992, 1469.
[9] RegBegr. BT-Drucks. 12/3908 S. 18.
[10] RegBegr. BT-Drucks. 12/3908 S. 18.
[11] RegBegr. BT-Drucks. 12/3908 S. 18.

ausländischen Rechts bedeutet nicht, dass die Angaben zu den Sacheinlagen nur dann entbehrlich sind, wenn die ausländische Gesellschaft die jeweilige Anforderung nicht erfüllen kann. Es genügt vielmehr, dass die Gesellschaft den Anforderungen zwar durch eine nach ihrem Heimatrecht mögliche (fakultative) Änderung ihrer Satzungsgrundlage oder Organisationsstruktur genügen könnte, sie von dieser Möglichkeit aber keinen Gebrauch gemacht hat. Aus § 13 g Abs. 2 S. 3 folgt mithin kein Anpassungszwang.

2. Eintragung (§ 13 g Abs. 3). § 13 g Abs. 3 enthält besondere zusätzliche Vorschriften zum Inhalt der Eintragung im Handelsregister der Zweigniederlassung. Mit dieser Regelung wurden die besonderen GmbH-rechtlichen Eintragungserfordernisse in das HGB übertragen sowie die von Art. 2 Abs. 1 lit. c, d, e zweiter Spiegelstrich und Art. 8 lit. c, d, f, h geforderten Offenlegungserfordernisse der Richtlinie (RdNr. 3) in deutsches Recht umgesetzt.[12] Im Einzelnen ist im Hinblick auf die Eintragung zwischen den allgemeinen und den in § 13 g Abs. 3 geregelten besonderen Bestimmungen zu unterscheiden:

a) Allgemeine Bestimmungen. Für das Verfahren über die Eintragung der Errichtung der Zweigniederlassung einer ausländischen GmbH gelten zunächst die allgemeinen Bestimmungen. Das Gericht hat im Zusammenhang mit der Eintragung sonach zunächst die Anmeldung der Errichtung und die Existenz der ausländischen GmbH, die Zulässigkeit der Firmierung und das Vorliegen etwa erforderlicher Genehmigungen zu prüfen (vgl. bei § 13 d RdNr. 18). Einzutragen sind nach § 13 d Abs. 2 der Ort der Zweigniederlassung und die Firma der Zweigniederlassung, sofern ihr ein Zusatz beigefügt ist.

b) Besondere Bestimmungen (§ 13 g Abs. 3). Besondere zusätzliche Bestimmungen für die Eintragung der Zweigniederlassung einer ausländischen GmbH enthält § 13 g Abs. 3, wonach die Eintragung auch die Angaben nach § 10 GmbHG sowie die in § 13 e Abs. 2 S. 4 vorgeschriebenen Angaben enthalten muss. Über die Verweisung auf **§ 10 Abs. 1 GmbHG** sind die **Firma** der Gesellschaft (also nicht, wie schon nach § 13 d Abs. 2, die Firma der Zweigniederlassung), der **Sitz** der Gesellschaft, ihr Unternehmensgegenstand, die **Höhe des Stammkapitals,** der **Tag des Abschlusses des Gesellschaftsvertrags** (der Errichtung der Gesellschaft) und die Personen der **Geschäftsführer einschließlich ihrer Vertretungsbefugnis** anzugeben. Aus der Verweisung auf **§ 10 Abs. 2 GmbHG** folgt, dass eine etwaige Satzungsbestimmung über die **Dauer der Gesellschaft** ebenfalls in die Eintragung aufzunehmen ist. Weiter sind die in **§ 13 e Abs. 2 S. 4** aufgeführten **Angaben zur Registereintragung** der Gesellschaft, ihrer **Rechtsform,** ihrer **ständigen Vertreter** für die Tätigkeit der Zweigniederlassung und ggf. auch die Angaben zu dem auf die Gesellschaft **anwendbaren Recht** einzutragen (hierzu bei § 13 e RdNr. 27 ff.).

3. Bekanntmachung. Hinsichtlich der vorzunehmenden Bekanntmachung gilt die allgemeine Bestimmung der § 10. Bekanntzumachen sind sonach die beim Gericht der Zweigniederlassung vorgenommenen Eintragungen. Das Gericht macht seine Eintragung dem ganzen Inhalt nach in dem hiernach bestimmten Informations- und Kommunikationsmedium bekannt. In den – sofern solche überhaupt vorgesehen sind – sonstigen Veröffentlichungsblättern der GmbH erfolgt die Bekanntmachung nicht.

Die bis zum 31. 12. 2006 einschließlich vorgeschriebenen zusätzlichen Bekanntmachungen der Angaben nach § 10 Abs. 3 GmbHG aF sind auf Grund der Streichung des früheren Abs. 4 entfallen, nachdem § 13 Abs. 3 GmbHG gestrichen worden ist.

4. Wirkung der Eintragung und der Bekanntmachung. Eintragung und Bekanntmachung haben nur deklaratorische Bedeutung. Die ausländische GmbH wird durch die Eintragung der Errichtung ihrer Zweigniederlassung auch nicht deutschem Recht unterworfen; die Eintragung ändert am Gesellschaftsstatut der ausländischen GmbH nichts.

III. Weitere Anmeldungen

1. Satzungsänderung (§ 13 g Abs. 4). Satzungsänderungen sind nach § 13 g Abs. 4 (bis zum 31. 12. 2006 einschließlich: Abs. 5) S. 1 durch die Geschäftsführer der ausländischen GmbH zur Eintragung in das Handelsregister anzumelden. Für die Anmeldung gelten die Vorschriften in § 54 Abs. 1 und 2 GmbHG sinngemäß, soweit nicht das ausländische Recht Abweichungen nötig macht. Die Bestimmung begründet eine **eigenständige Anmeldungspflicht** und ist erforderlich, weil die Regelungen in § 54 Abs. 1 und 2 GmbHG auf ausländische GmbH nicht unmittelbar angewendet werden können. Die Anmeldung erfolgt durch **Geschäftsführer** der ausländischen Gesellschaft **in**

---

[12] RegBegr. BT-Drucks. 12/3908 S. 18.

vertretungsberechtigter Zahl (vgl. bei § 13 e RdNr. 17). Die Wirksamkeit der Satzungsänderung selbst richtet sich nach dem auf die Rechtsverhältnisse der ausländischen GmbHG anwendbaren ausländischen Recht; die Eintragung bei dem deutschen Handelsregister hat deshalb nur deklaratorische Bedeutung. Die Bestimmung geht auf Art. 8 lit. e der Richtlinie (RdNr. 3) zurück.

17 Die **Verweisung auf § 54 Abs. 1 GmbHG** bedeutet, dass der Anmeldung der vollständige Wortlaut der Satzung beizufügen ist und dieser mit einer Bescheinigung eines Notars versehen sein muss, wonach die geänderten Bestimmungen der Satzung mit dem Beschluss über die Satzungsänderung und die unveränderten Bestimmungen mit dem zuletzt zum Handelsregister eingereichten vollständigen Wortlaut der Satzung übereinstimmen.

18 Aus der **Verweisung auf § 54 Abs. 2 S. 1 GmbHG** folgt, dass für die Eintragung in das Register der Zweigniederlassung grundsätzlich die Bezugnahme auf die beim Gericht eingereichten Urkunden über die Satzungsänderungen genügt. Eine **Ausnahme** gilt dann, wenn sich die Änderung auf die in § 10 Abs. 1 und 2 GmbHG genannten Angaben beziehen. Sofern die Änderung die Firma, den Sitz der Gesellschaft, den Unternehmensgegenstand, die Höhe des Stammkapitals, die Personen der Geschäftsführer oder ihre Vertretungsbefugnis sowie eine etwaige Dauer der Gesellschaft betrifft, sind diese Angaben deshalb wie sonst einzutragen.

19 Eine **Übersetzung** verlangt das Gesetz anders als in § 13 g Abs. 2 S. 1 nicht. Bei Unterlagen, die nicht in deutscher Sprache erstellt sind, ergibt sich die Notwendigkeit, sie in öffentlich beglaubigter Übersetzung vorzulegen, jedoch daraus, dass nach § 8 FGG iVm. § 184 GVG im registergerichtlichen Verfahren die Gerichtssprache deutsch ist. Da der Gesetzgeber mit der ausdrücklichen Bestimmung in § 13 g Abs. 2 S. 1 diesem Erfordernis genügen wollte (RdNr. 7), kann hier im Hinblick auf die insoweit vergleichbare Situation nichts anderes gelten.[13]

20 Die Verweisung in § 13 g Abs. 5 S. 2 auf § 54 Abs. 1 und 2 GmbHG steht unter dem **Vorbehalt des ausländischen Rechts**. Von den deutschen Erfordernissen kann die Gesellschaft abweichen, wenn ihr Heimatrecht entsprechende Bestimmungen nicht enthält; hier besteht ebenfalls kein Anpassungszwang (vgl. auch oben bei RdNr. 9).

21 **2. Sonstige Anmeldungen (§ 13 g Abs. 5).** Nach § 13 g Abs. 5 (bis zum 31. 12. 2006 einschließlich: Abs. 6) gelten die Vorschriften der § 39 Abs. 1 und 2, § 65 Abs. 1 S. 1, § 67 Abs. 1 und 2 und § 74 Abs. 1 S. 1 GmbHG sinngemäß, soweit nicht das ausländische Recht Abweichungen nötig macht.

22 Die Verweisung auf § 39 Abs. 1 und 2 GmbHG betrifft die **Änderungen in den Personen der Geschäftsführer und ihrer Vertretungsbefugnis;** auf die Straffreiheitserklärung (§ 39 Abs. 3 GmbHG) wurde wie bei § 13 g Abs. 2 S. 2 verzichtet. Der Anmeldung sind die **Urkunden** über die Änderung in Urschrift oder öffentlich beglaubigter Abschrift für das Gericht der Zweigniederlassung beizufügen. Für die Anmeldung ist die **Form** des § 12 zu beachten.

23 Die Verweisungen auf § 65 Abs. 1 S. 1, § 67 Abs. 1 und 2 und § 74 Abs. 1 S. 1 GmbHG betreffen die **Auflösung und Abwicklung** der Gesellschaft. In sinngemäßer Anwendung des § 65 Abs. 1 S. 1 GmbHG haben die Liquidatoren sonach die Auflösung der ausländischen GmbH zur Eintragung bei dem Handelsregister der Zweigniederlassung anzumelden. Entsprechend § 67 Abs. 1 und 2 GmbHG sind die ersten Liquidatoren einschließlich ihrer Vertretungsbefugnis von den Geschäftsführern zur Eintragung in das Handelsregister anzumelden, es sind die Urkunden über die Bestellung oder Abberufung sowie über die Vertretungsbefugnis in Urschrift oder öffentlich beglaubigter Abschrift (mit Übersetzungen, RdNr. 7) für das Gericht der Zweigniederlassung beizufügen. Für die Anmeldung ist die **Form** des § 12 zu beachten. Entsprechend § 74 Abs. 1 S. 1 AktG haben die Liquidatoren nach Beendigung der Abwicklung und nach der Schlussrechnungslegung den Schluss der Abwicklung zur Eintragung in das Handelsregister der Zweigniederlassung anzumelden.

24 § 13 g Abs. 6 steht unter dem **Vorbehalt zugunsten ausländischen Rechts.** Von den deutschen Erfordernissen kann die Gesellschaft mithin abweichen, wenn ihr Heimatrecht entsprechende Bestimmungen nicht enthält; auch hier besteht kein Anpassungszwang (vgl. auch oben bei RdNr. 9, 20).

25 Die Verweisung auf § 39 Abs. 1 und 2 GmbHG erfolgte in Umsetzung der Art. 2 Abs. 1 lit. e, erster Spiegelstrich und Art. 8 lit. h erster Spiegelstrich der Richtlinie (RdNr. 3). Mit der Verweisung auf § 65 Abs. 1 S. 1, § 67 Abs. 1 und 2, § 74 Abs. 1 S. 1 GmbHG wurden Art. 2 Abs. 1 lit. f erster Spiegelstrich und Art. 8 lit. i erster Spiegelstrich in deutsches Recht übertragen.[14]

---

[13] Abw. Röhricht/Graf v. Westphalen/*Ammon* RdNr. 9.
[14] RegBegr. BT-Drucks. 12/3908 S. 17 f.

IV. Aufhebung der Zweigniederlassung (§ 13 g Abs. 6)

§ 13 g Abs. 6 (bis zum 31. 12. 2006 einschließlich: Abs. 7) erklärt für die Aufhebung der Zweigniederlassung die für ihre Errichtung geltenden Vorschriften für entsprechend anwendbar, erfasst also nicht nur die Bestimmungen des § 13 g, sondern auch die allgemeinen Vorschriften in §§ 13 d, 13 e. Die Aufhebung der Zweigniederlassung ist als tatsächlicher Vorgang bei dem Gericht der Zweigniederlassung anzumelden. Hat die Gesellschaft von dem **Optionsrecht** des § 13 e Abs. 5 Gebrauch gemacht und handelt es sich bei der aufgehobenen Zweigniederlassung um diejenige, deren Handelsregister als Hauptregister gewählt wurde, kann dieses nach der dortigen Löschung der Zweigniederlassung seiner Funktion künftig nicht mehr gerecht werden. Die ausländische GmbH muss deshalb entweder ein neues Hauptregister nach § 13 e Abs. 5 bestimmen und unter Angabe der Handelsregisternummer bei den übrigen Handelsregistern anmelden (§ 13 e RdNr. 37) oder es müssen die Satzung und deren zwischenzeitliche Änderungen nunmehr bei allen Handelsregistern eingereicht werden. In jedem Falle sind die auf das bisherige Hauptregister hinweisenden Eintragungen bei den übrigen Registern zu löschen. 26

Durch § 13 g Abs. 6 wurden Art. 2 Abs. 1 lit. h und Art. 8 lit. k der Richtlinie (RdNr. 3) umgesetzt.[15] 27

§ 13 h Verlegung des Sitzes einer Hauptniederlassung im Inland

(1) Wird die Hauptniederlassung eines Einzelkaufmanns oder einer juristischen Person oder der Sitz einer Handelsgesellschaft im Inland verlegt, so ist die Verlegung beim Gericht der bisherigen Hauptniederlassung oder des bisherigen Sitzes anzumelden.

(2) ¹Wird die Hauptniederlassung oder der Sitz aus dem Bezirk des Gerichts der bisherigen Hauptniederlassung oder des bisherigen Sitzes verlegt, so hat dieses unverzüglich von Amts wegen die Verlegung dem Gericht der neuen Hauptniederlassung oder des neuen Sitzes mitzuteilen. ²Der Mitteilung sind die Eintragungen für die bisherige Hauptniederlassung oder den bisherigen Sitz sowie die bei dem bisher zuständigen Gericht aufbewahrten Urkunden beizufügen. ³Das Gericht der neuen Hauptniederlassung oder des neuen Sitzes hat zu prüfen, ob die Hauptniederlassung oder der Sitz ordnungsgemäß verlegt und § 30 beachtet ist. ⁴Ist dies der Fall, so hat es die Verlegung einzutragen und dabei die ihm mitgeteilten Eintragungen ohne weitere Nachprüfung in sein Handelsregister zu übernehmen. ⁵Die Eintragung ist dem Gericht der bisherigen Hauptniederlassung oder des bisherigen Sitzes mitzuteilen. ⁶Dieses hat die erforderlichen Eintragungen von Amts wegen vorzunehmen.

(3) ¹Wird die Hauptniederlassung oder der Sitz an einen anderen Ort innerhalb des Bezirks des Gerichts der bisherigen Hauptniederlassung oder des bisherigen Sitzes verlegt, so hat das Gericht zu prüfen, ob die Hauptniederlassung oder der Sitz ordnungsgemäß verlegt und § 30 beachtet ist. ²Ist dies der Fall, so hat es die Verlegung einzutragen.

Schrifttum: *Balser,* Der Doppelsitz von Kapitalgesellschaften, DB 1972, 2049; *Behrens,* Die Umstrukturierung von Unternehmen durch Sitzverlegung oder Fusion über die Grenze im Licht der Niederlassungsfreiheit im Europäischen Binnenmarkt (Art. 52 und 58 EWGV), ZGR 1994, 1; *Beitzke,* Anerkennung und Sitzverlegung von Gesellschaften und juristischen Personen im internationalen Privatrecht, 1965; *ders.,* Anerkennung und Sitzverlegung von Gesellschaften und juristischen Personen im EWG-Bereich, ZHR 127 (1965), 1; *Bokelmann,* Das Recht der Firmen und Geschäftsbezeichnungen, 3. Aufl. 1986; *Groschuff,* Eintragungsverfahren bei Zweigniederlassung und bei Sitzverlegung nach der zum 1. Oktober 1937 in Kraft tretenden Neuregelung, JW 1937, 2425; *J. Hoffmann,* Neue Möglichkeiten zur identitätswahrenden Sitzverlegung in Europa?, ZHR 164 (2000) 43; *Jungher,* Sitzverlegung einer Offenen Handelsgesellschaft nach England und einer Partnership nach Deutschland, Diss. Bonn 1972; *Karl,* Zur Sitzverlegung deutscher juristischer Personen des privaten Rechts nach dem 8. Mai 1945, AcP 159 (1960/61), 293; *Katschinski,* Die Begründung eines Doppelsitzes bei Verschmelzung, ZIP 1997, 620; *König,* Doppelsitz einer Kapitalgesellschaft – Gesetzliches Verbot oder zulässiges Mittel der Gestaltung einer Fusion?, AG 2000, 18; *Lenz,* Das Gesetz über die Eintragung von Handelsniederlassungen und das Verfahren in Handelsregistersachen vom 10. 8. 1937, DJ 1937, 1305; *Leible/Hoffmann* „Überseering" und das (vermeintliche) Ende der Sitztheorie, RIW 2002, 825; *Notthoff,* Die Zulässigkeit der Eintragung eines Doppelsitzes bei Kapitalgesellschaften, WiB 1996, 773; *Springer,* Der Doppelsitz der Aktiengesellschaft, NJW 1949, 651; *Süss,* Sitzverlegung juristischer Personen vom Inland ins Ausland und umgekehrt, FS Lewald, 1953, S. 603; *Ulmer,* Rechtsfolgen nachträglicher Diskrepanz zwischen Satzungssitz und tatsächlichem Sitz der GmbH, FS Raiser, 2005, S. 439; *Wessel,* Der Sitz der GmbH, BB 1984, 1057; *ders./Zwernemann,* Die Firmengründung, 6. Aufl. 1994.

---

[15] RegBegr. BT-Drucks. 12/3908 S. 18.

Übersicht

	RdNr.		RdNr.
I. Allgemeines	1–6	bb) Löschung der Eintragungen	24, 25
1. Regelungsgegenstand und Normzweck	1–3	c) Negatives Prüfungsergebnis	26
2. Normentwicklung	4	d) Bedeutung der Löschung	27
3. Systematische Stellung	5, 6	5. Tätigkeit des neuen Sitzgerichts (§ 13 h Abs. 2 S. 3 bis 5)	28–33
II. Verlegung der Hauptniederlassung/ des Sitzes im Inland in den Bezirk eines anderen Gerichts (§ 13 h Abs. 1, 2)	7–33	a) Formelles und materielles Prüfungsrecht	28
		b) Positives Prüfungsergebnis (§ 13 h Abs. 2 S. 4)	29–32
1. Einzelkaufmann, juristische Person und Handelsgesellschaften	7–11	c) Negatives Prüfungsergebnis	33
2. Verlegung der Hauptniederlassung/des Sitzes	12–14	**III. Verlegung der Hauptniederlassung/ des Sitzes innerhalb des selben Gerichtsbezirks im Inland (§ 13 h Abs. 3)**	34, 35
a) Allgemeines	12	**IV. Exkurs: Errichtung eines Doppelsitzes**	36–38
b) Verlegung der Hauptniederlassung eines Einzelkaufmanns/einer Personenhandelsgesellschaft und der ihr gleichgestellten Gesellschaftsformen	13	**V. Zwangsmittel**	39, 40
		VI. Sitzverlegung mit Auslandsbezug	41–55
c) Verlegung des Sitzes einer GmbH und eines VVaG	14	1. Sitzverlegung aus dem Inland in das Ausland	42–49
3. Anmeldung	15–17	a) Einzelkaufmann	42
4. Tätigkeit des Gerichts der bisherigen Hauptniederlassung/des bisherigen Sitzes (§ 13 h Abs. 2 S. 1, 2 und 6)	18–27	b) Personengesellschaft	43
		c) EWIV	44
		d) Kapitalgesellschaft	45
a) Prüfung der Anmeldung in formeller Hinsicht	18–21	2. Verlegung der Hauptniederlassung/des Sitzes aus dem Ausland in das Inland	50–52
b) Positives Prüfungsergebnis	22–25	a) Einzelkaufmann	50
aa) Mitteilung an das Gericht der neuen Hauptniederlassung/des neuen Sitzes	22, 23	b) Gesellschaft	51, 52
		3. Europarechtliche Bestrebungen	53–55

I. Allgemeines

1 **1. Regelungsgegenstand und Normzweck.** § 13 h betrifft das registergerichtliche Verfahren bei der Verlegung der Hauptniederlassung eines Einzelkaufmanns und einer juristischen Person sowie des Sitzes einer Handelsgesellschaft *im Inland* (zur Verlegung mit Auslandsbezug s. RdNr. 41 ff.). Dies wird in § 13 h **Abs. 1** S. 1 klargestellt. § 13 h Abs. 1 S. 2 bestimmt das Gericht der bisherigen Hauptniederlassung bzw. des Gesellschaftssitzes als das für die Anmeldung zuständige Gericht. § 13 h **Abs. 2** S. 1, 2 und 6 betreffen die Tätigkeit des Gerichts der bisherigen Hauptniederlassung bzw. des bisherigen Sitzes, S. 3 bis 5 die Tätigkeit des Gerichts der neuen Hauptniederlassung bzw. des neuen Sitzes, wobei insoweit jeweils vorausgesetzt wird, dass die Verlegung *in einen neuen Gerichtsbezirk* erfolgt und deshalb das zuständige Gericht wechselt. Der Fall, dass die Hauptniederlassung bzw. der Sitz *innerhalb des gleichen Gerichtsbezirks* verlegt wird und es demzufolge zu keinem Wechsel des zuständigen Gerichts kommt, ist in § 13 h **Abs. 3** geregelt.

2 § 13 h enthält keine vollständige Regelung der mit einer Sitzverlegung verbundenen Fragen, sondern befasst sich ausschließlich mit der registerrechtlichen Behandlung dieses Vorgangs. Die Frage, wie die Sitzverlegung selbst vorzunehmen ist, richtet sich nach dem für die jeweils erfassten Rechtsträger maßgeblichen Recht. Ergänzt wird § 13 h durch die Vorschriften der HRV, dort insbesondere § 20 HRV.

3 Der **Zweck** der Bestimmungen in § 13 h Abs. 1 und 2 liegt darin, das einzuhaltende Verfahren zu regeln und die Zusammenarbeit der beteiligten Registergerichte aufeinander abzustimmen; durch die Zuweisung der Prüfungskompetenz allein an das Gericht der neuen Hauptniederlassung bzw. des neuen Sitzes sollen die früher bei der Sitzverlegung aufgetretenen Schwierigkeiten vermieden werden.[1] § 13 h Abs. 3 dient der Klarstellung.

4 **2. Normentwicklung.** § 13 h entspricht wortlautgemäß § 13 c aF. Die Regelung selbst ist durch das Gesetz über die Eintragung von Handelsniederlassungen und das Verfahren in Handelsregistersachen vom 10. 8. 1937 (RGBl. I S. 897) eingefügt und 1965 durch § 31 EGAktG (BGBl. I S. 1185) geändert worden. Aufgrund der Einfügung der §§ 13 a bis 13 g durch das Gesetz zur Durchführung der Elften gesellschaftsrechtlichen Richtlinie des Rates der Europäischen Gemeinschaften[2] und über

---

[1] Vgl. hierzu *Groschuff* JW 1937, 2425, 2429.
[2] Richtlinie 89/666/EWG vom 22. 12. 1989 ABl. EG Nr. L 395/36 v. 30. 12. 1989 (Zweigniederlassungsrichtlinie), auch abgedruckt bei *Lutter*, Europäisches Unternehmensrecht, ZGR-Sonderheft Nr. 1, 4. Aufl. 1996, S. 269 ff.; *Habersack*, Europäisches GesR, RdNr. 134.

Verlegung des Sitzes einer Hauptniederlassung im Inland 5–13 § 13 h

Gebäudeversicherungsverhältnisse vom 22. 7. 1993 (BGBl. I S. 1282) ist § 13 c aF nunmehr zu § 13 h geworden (zur Streichung der §§ 13 a–13 c s. § 13 RdNr. 10).

3. Systematische Stellung. § 13 h betrifft das registergerichtliche Verfahren bei der Verlegung 5 der Hauptniederlassung eines Einzelkaufmanns und einer juristischen Person sowie des Sitzes einer Handelsgesellschaft im Inland, ausgenommen die Aktiengesellschaft und die Kommanditgesellschaft auf Aktien; für diese beiden Gesellschaftsformen gilt ausschließlich die Sonderregelung in § 45 AktG (RdNr. 11). Gegenüber der allgemeinen Vorschrift des § 31 ist § 13 h vorrangig.

Mit den für die Zweigniederlassungen geltenden Bestimmungen in §§ 13 bis 13 g hat die Vor- 6 schrift des § 13 h nichts zu tun; die Verlegung einer Zweigniederlassung ist ausschließlich nach § 13 c (vgl. dort RdNr. 32) zu behandeln. Die Verlegung der Hauptniederlassung bzw. des Sitzes mit Auslandsbezug ist ebenfalls nicht in § 13 h geregelt (vgl. hierzu bei RdNr. 41 ff.).

II. Verlegung der Hauptniederlassung/des Sitzes im Inland in den Bezirk eines anderen Gerichts (§ 13 h Abs. 1, 2)

1. Einzelkaufmann, juristische Person und Handelsgesellschaften. § 13 h findet auf die 7 Verlegung der Hauptniederlassung eines Einzelkaufmanns oder einer juristischen Person sowie auf die Verlegung des Sitzes einer Handelsgesellschaft Anwendung.

Der Begriff des **(Einzel-)Kaufmanns** ist in § 1 geregelt; wegen der Einzelheiten s. deshalb dort. 8 Unter juristischen Personen sind nur diejenigen juristischen Personen zu verstehen, die nicht Handelsgesellschaft sind, etwa der VVaG. Zu den **Handelsgesellschaften** in diesem Sinne zählen die OHG (§ 105 Abs. 1 sowie die Überschrift des Zweiten Teils des HGB), die KG (§ 161 Abs. 2 sowie die Überschrift des Zweiten Teils des HGB) und die GmbH (§ 13 Abs. 3 GmbHG).

Die **Europäische Wirtschaftliche Interessenvereinigung** gilt nach § 1 EWIV-AusfG[3] als 9 Handelsgesellschaft. Für die Sitzverlegung im Inland gilt deshalb § 13 h. Die Sitzverlegung in ein anderes Land der EG richtet sich Art. 13, 14 EWIV-VO.

Auf die **Partnerschaftsgesellschaft,** die keine Handelsgesellschaft ist, findet § 13 h auf Grund 10 der Verweisung in § 5 Abs. 2 PartGG entsprechende Anwendung.

Keine Anwendung (auch keine entsprechende) findet § 13 h auf den **Verein.**[4] Ebenso wenig ist 11 § 13 h auf die **Aktiengesellschaft** und die **Kommanditgesellschaft auf Aktien** anwendbar; zwar handelt es sich bei beiden Gesellschaftsformen gem. § 3 Abs. 1 AktG, §§ 278 Abs. 3, 3 Abs. 1 AktG um Handelsgesellschaften, die Sitzverlegung dieser Gesellschaften bestimmt sich jedoch ausschließlich nach der Sonderbestimmung in § 45 AktG. Auch auf die **Societas Europaea (SE)** ist § 13 h nicht anwendbar; für sie gilt wie für die Aktiengesellschaft über Art. 9 Abs. 1 lit. c ii) ausschließlich § 45 AktG.

2. Verlegung der Hauptniederlassung/des Sitzes. a) Allgemeines. Die Hauptniederlassung 12 eines Einzelkaufmanns und der Sitz einer Personenhandelsgesellschaft bzw. den ihnen gleichgestellten Gesellschaftsformen (RdNr. 13) entsprechen dem Ort, von dem aus die Geschäfte dauerhaft geleitet werden, an dem also die tatsächliche Geschäftsführung stattfindet. Dies gilt im letzteren Falle auch dann, wenn der Gesellschaftsvertrag den Sitz der Gesellschaft ausdrücklich abweichend bestimmt.[5] Abweichendes gilt bei der GmbH und dem Versicherungsverein auf Gegenseitigkeit. Hier ist der Sitz in der Satzung zu verlautbaren, weshalb die Verlegung des Gesellschaftssitzes eine Satzungsänderung und damit die Registereintragung voraussetzen (§ 54 Abs. 3 GmbHG, § 40 VAG). Hinsichtlich der Verlegung einer Hauptniederlassung oder des Sitzes ist deshalb zwischen der Rechtsform der einzelnen Rechtsträger zu unterscheiden:

b) Verlegung der Hauptniederlassung eines Einzelkaufmanns/einer Personenhandels- 13 **gesellschaft und der ihr gleichgestellten Gesellschaftsformen.** Die Verlegung der Hauptniederlassung eines Einzelkaufmanns/des Sitzes einer OHG, KG, Europäischen Wirtschaftlichen Interessenvereinigung oder Partnerschaftsgesellschaft (RdNr. 9 f.) können als rein tatsächliche Vorgänge wirksam vollzogen werden, ohne dass ihre Wirksamkeit von der Eintragung in das Handelsregister abhängig wäre. Ist der Sitz tatsächlich bereits verlegt worden, kommt der nachfolgenden Registereintragung

---

[3] Gesetz zur Ausführung der EWG-Verordnung über die Europäische Wirtschaftliche Interessenvereinigung v. 14. 4. 1988, BGBl. I S. 514.
[4] OLG Oldenburg Beschl. v. 11. 6. 1992 – 5 AR 12/92, NJW-RR 1992, 1533.
[5] HM, vgl. BGH Urt. v. 27. 5. 1957 – II ZR 317/55, WM 1957, 999, 1000; BGH Beschl. v. 1. 9. 1969 – IX ZB 567/66, LM § 106 Nr. 1 = BB 1969, 329; KG Urt. v. 17. 4. 1909 – V. ZS, OLGR 22, 2; KG Beschl. v. 16. 6. 1922 – ZS 1 a, OLGR 42, 214; KG Beschl. v. 14. 4. 1955 – 1 W. UmwG 926/55, WM 1955, 892; KG Beschl. v. 22. 10. 1996 – 1 AR 30/96, NJW-RR 1997, 868; Baumbach/*Hopt* § 106 RdNr. 8; Staub/*Hüffer* Vor § 13 RdNr. 22; aA *Grassmann,* System des internationalen Gesellschaftsrechts, 1970, RdNr. 1168 ff.; *John,* Die organisierte Rechtsperson, 1977, S. 146; *Wieland* HandelsR S. 171 f.; Staub/*Ulmer* § 106 RdNr. 20.

deshalb nur deklaratorische Bedeutung zu. Da es allein auf die tatsächlichen Vorgänge ankommt, gilt dies auch dann, wenn die Verlegung des Sitzes von der Geschäftsführungsbefugnis der geschäftsführenden Gesellschafter nicht gedeckt ist.[6] Es verbleibt bei dem (ggf. gesellschaftsvertragswidrigen) neuen Gesellschaftssitz, bis die Rückverlegung des Sitzes innergesellschaftlich durchgesetzt ist; das Handelsregister verlautbart in diesen Fällen nur die Sitzverlegung, nicht aber eine Änderung des Gesellschaftsvertrags.[7]

14 **c) Verlegung des Sitzes einer GmbH und eines VVaG.** Bei der GmbH und dem Versicherungsverein auf Gegenseitigkeit kann eine Verlegung des Sitzes wegen der notwendigen Satzungsänderung und der für die Wirksamkeit dieser Änderung vorausgesetzten Registereintragung nach § 54 Abs. 3 GmbHG, § 40 VAG außerhalb des Registers nicht stattfinden. Die Handelsregistereintragung hat hier deshalb stets konstitutiven Charakter. Eine Verlegung des tatsächlichen Gesellschaftssitzes an einen von der Satzung nicht mehr gedeckten Ort hat die Nichtigkeit der entsprechenden Satzungsbestimmung zur Folge und kann zur Löschung der Gesellschaft von Amts wegen führen.[8] Die gerichtliche Zuständigkeit richtet sich jedoch auch bei Nichtigkeit der Satzungsbestimmung nach der bisherigen Satzungsregelung.[9]

15 **3. Anmeldung.** Die Anmeldung der Verlegung der Hauptniederlassung bzw. des Sitzes hat gem. § 13 h Abs. 1 **bei dem Gericht der bisherigen Hauptniederlassung bzw. des bisherigen Sitzes** zu erfolgen. Auch soweit – beim Einzelkaufmann und den Personenhandelsgesellschaften sowie der Partnerschaftsgesellschaft und der EWIV (RdNr. 9, 10) – die Hauptniederlassung bzw. der Sitz bereits verlegt worden ist (RdNr. 13), bleibt es bei der Zuständigkeit des Gerichts der dann ehemaligen Hauptniederlassung bzw. des dann ehemaligen Sitzes. Es handelt sich um eine **ausschließliche Zuständigkeit**. Die Anmeldung bei dem Gericht der neuen Hauptniederlassung bzw. des neuen Sitzes wäre zurückzuweisen.

16 Der **Form** nach bedarf die Anmeldung der öffentlichen Beglaubigung nach **§ 12**. Wegen der Einzelheiten s. dort.

17 **Zuständig** für die Anmeldung sind bei einzelkaufmännischen Unternehmen der **Einzelkaufmann** als dessen Rechtsträger gem. § 31 Abs. 1, bei **juristischen Personen,** die keine Handelsgesellschaften im Sinne des § 13 h Abs. 1 sind, der Vorstand in vertretungsberechtigter Zahl gem. § 34 Abs. 3, bei der **OHG** und der **KG,** einer **Partnerschaftsgesellschaft** sämtliche Gesellschafter[10] gem. §§ 107, 108 Abs. 1, § 161 Abs. 2; § 4 PartGG. Bei der **Europäischen Wirtschaftlichen Interessenvereinigung** erfolgt die Anmeldung gem. § 2 Abs. 3 Nr. 2, § 3 EWiV-AusfG[11] durch die Geschäftsführer in vertretungsberechtigter Zahl. Gleiches gilt nach §§ 78, 54 GmbHG für die **GmbH.** Die **Stellvertretung** ist zulässig, ebenso die unechte Gesamtvertretung.

18 **4. Tätigkeit des Gerichts der bisherigen Hauptniederlassung/des bisherigen Sitzes (§ 13 h Abs. 2 S. 1, 2 und 6). a) Prüfung der Anmeldung in formeller Hinsicht.** Das Gericht der bisherigen Hauptniederlassung bzw. des bisherigen Sitzes nimmt die Anmeldung der Verlegung entgegen und prüft sie auf ihre **formelle Ordnungsmäßigkeit**.[12] Materielle Prüfungen nimmt das Gericht der bisherigen Hauptniederlassung bzw. des bisherigen Sitzes nicht vor. Es prüft also insbesondere nicht die Rechtswirksamkeit eines zugrundeliegenden Beschlusses o. ä.; diese Prüfungen hat allein das Gericht der neuen Hauptniederlassung bzw. des neuen Sitzes vorzunehmen (hierzu unten RdNr. 28 ff.).

19 Durch das Gericht der bisherigen Hauptniederlassung/des bisherigen Sitzes ist zunächst zu prüfen, ob die Anmeldung in öffentlich beglaubigter **Form** nach § 12 eingereicht und hierbei die jeweiligen **Vertretungsverhältnisse** (RdNr. 17) gewahrt wurden. Erfolgt die Anmeldung durch Organe, ist

---

[6] MünchKommHGB/*Krafka* § 13 RdNr. 2; Staub/*Hüffer* § 13 c aF RdNr. 2; Koller/*Roth*/Morck RdNr. 1; anders Lenz DJ 1937, 1305; Schlegelberger/*Hildebrand*/Steckhan § 13 c aF RdNr. 4; nicht eindeutig Heymann/*Sonnenschein*/Weitemeyer RdNr. 3.
[7] AG Koblenz Beschl. v. 1. 9. 1966 – 5 HRA 901, BB 1967, 430; Staub/*Hüffer* § 13 g RdNr. 2.
[8] Wessel BB 1984, 1059; *Roth* in Roth/Altmeppen GmbH § 4 a Rn. 11; *Lutter*/Hommelhoff GmbH § 4 a RdNr. 16; abw. BayObLG Beschl. v. 8. 3. 1982 – BReg 1 Z 71/81, DB 1982, 894; OLG Frankfurt/Main Beschl. v. 23. 3. 1979 – 20 W 831/78, BB 1979, 1739; Scholz/*K. Schmidt* GmbHG § 75 RdNr. 26; Rowedder/*Schmidt-Leithoff* GmbHG § 4 a RdNr. 21 mwN; differenzierend Ulmer/*Ulmer* GmbHG § 4 a RdNr. 30 f.
[9] BayObLG Beschl. v. 11. 8. 1999 – 4 Z AR 23/99, NJW-RR 2000, 349.
[10] Auch wenn – vgl. hierzu oben RdNr. 13 – die geschäftsführenden Gesellschafter eigenmächtig den Sitz verlegt haben, AG Koblenz Beschl. v. 1. 9. 1966 – 5 HRA 901, BB 1967, 430; Staub/*Hüffer* § 13 c aF RdNr. 4.
[11] Gesetz zur Ausführung der EWG-Verordnung über die Europäische Wirtschaftliche Interessenvereinigung v. 14. 4. 1988, BGBl. I S. 514.
[12] OLG Frankfurt Beschl. v. 30. 4. 2002 – 20 W 137/02, NZG 2002, 1119 = NJW-RR 2002, 1395; OLG Köln Beschl. v. 22. 7. 2004 – 2 Wx 23/04, NZG 2005, 87; OLG Köln Beschl. v. 7. 11. 1974 – 2 W 111/74, RPfleger 1975, 251 f.; LG Düsseldorf Beschl. v. 5. 5. 1966 – 19 T 2/66, BB 1966, 1036; Röhricht/v. Westphalen/*Ammon* RdNr. 4; Baumbach/*Hopt* RdNr. 2; MünchKommHGB/*Krafka* RdNr. 4; Staub/*Hüffer* § 13 c aF RdNr. 5.

deshalb zu überprüfen, ob sie in vertretungsberechtigter Zahl gehandelt haben. Entsprechendes gilt im Falle der unechten Gesamtvertretung (Geschäftsführer und Prokurist). Bei der Anmeldung durch Bevollmächtigte ist § 12 Abs. 2 (öffentlich beglaubigte Vollmacht) zu beachten.

Sofern die Sitzverlegung eine Satzungsänderung voraussetzt (RdNr. 12, 14) hat das Registergericht weiter zu prüfen, ob eine **vollständige Satzung** mit der ggf. erforderlichen Notarsbescheinigung (für die GmbH s. § 54 Abs. 2 S. 2 GmbHG) und ggf. die Zustimmungserklärungen von Gesellschaftern, deren Zustimmung zur Wirksamkeit der Satzungsänderung erforderlich ist, vorgelegt worden ist. 20

Die frühere Notwendigkeit, bei **Zweigniederlassungen** zu überprüfen, ob so viele Stücke eingereicht worden sind, wie Zweigniederlassungen bestehen, ist mit der Änderung des § 13 entfallen. 21

b) Positives Prüfungsergebnis. aa) Mitteilung an das Gericht der neuen Hauptniederlassung/des neuen Sitzes. Ergeben sich aus der formellen Überprüfung des Gerichts des bisherigen Sitzes keine Beanstandungen, hat es nach § 13 h Abs. 2 S. 1 „die Verlegung dem Gericht der neuen Hauptniederlassung oder des neuen Sitzes mitzuteilen". Diese Formulierung des Gesetzes ist insoweit schief, als das Gesetz auch Gesellschaften erfasst, bei denen die Wirksamkeit der Sitzverlegung von der Registereintragung (s. oben RdNr. 12, 14) abhängt; denn in diesen Fällen kann wegen der noch ausstehenden Eintragung keine Verlegung, sondern nur der Beschluss über die Sitzverlegung mitgeteilt werden. 22

Die **Mitteilung** an das Gericht der neuen Hauptniederlassung/des neuen Sitzes nach § 13 h Abs. 2 S. 1 hat unverzüglich (dh. ohne schuldhaftes Zögern) und von Amts wegen zu erfolgen, bedarf also keines besonderen Antrags. Der Mitteilung beizufügen sind nach § 13 h Abs. 2 S. 2 die **Eintragungen** für die bisherige Hauptniederlassung bzw. den bisherigen Sitz (beglaubigte Abschrift des Registerblatts, einschließlich der Rötungen) sowie die bei dem Sitzgericht aufbewahrten Urkunden (**Handelsregisterakten**) im Original.[13] Das Registerblatt verbleibt bei dem Gericht der bisherigen Hauptniederlassung/des bisherigen Sitzes. 23

bb) Löschung der Eintragungen. Sobald das Gericht der neuen Hauptniederlassung bzw. des neuen Sitzes die Verlegung eingetragen und dies dem Gericht der bisherigen Hauptniederlassung bzw. des bisherigen Sitzes gem. § 13 h Abs. 2 S. 5 mitgeteilt hat (RdNr. 31), hat dieses Gericht nach § 13 h Abs. 2 S. 6 die erforderlichen Eintragungen von Amts wegen vorzunehmen. Die Eintragung darf also nicht etwa schon nach der Mitteilung an das Gericht der neuen Hauptniederlassung/des neuen Sitzes (RdNr. 23) erfolgen. 24

Bei der in § 13 h Abs. 2 S. 6 angesprochenen erforderlichen Eintragungen handelt es sich gem. § 20 HRV um die **Löschung** der bisherigen Eintragungen bei dem bisher zuständigen Registergericht. Die Löschung erfolgt nach § 20 HRV dadurch, dass die Verlegung auf dem bisherigen Registerblatt in der Spalte 2 und in der Spalte „Rechtsverhältnisse" unter Rötung der dortigen Eintragungen zu vermerken ist; in der Spalte „Bemerkungen" ist auf das Registerblatt des neuen Sitzgerichts zu verweisen (und dort umgekehrt, vgl. RdNr. 29). Die Eintragung (die Löschung) ist durch das Gericht der bisherigen Hauptniederlassung/des bisherigen Sitzes durch **Bekanntmachung gem. § 10** zu veröffentlichen (zur Bekanntmachung durch das Gericht der neuen Hauptniederlassung/des neuen Sitzes vgl. RdNr. 32). 25

c) Negatives Prüfungsergebnis. Ergeben sich aus der formellen Überprüfung des Gerichts des bisherigen Sitzes Beanstandungen, hat das Gericht durch **Zwischenverfügung** gem. § 26 S. 2 HRV unter Fristsetzung zunächst Gelegenheit zur Korrektur zu geben. Kommen die Anmelder dem nicht nach, hat es die Anmeldung zurückzuweisen.[14] 26

d) Bedeutung der Löschung. Die Eintragung der Verlegung der Hauptniederlassung bzw. des Sitzes hat bei dem Einzelkaufmann und den Personenhandelsgesellschaften nur deklaratorische Bedeutung (RdNr. 13). Setzt die Wirksamkeit der Sitzverlegung dagegen die Eintragung in das Handelsregister voraus (konstitutive Eintragungen, zu diesen Fällen s. RdNr. 12, 14), kommt es insoweit allein auf die Eintragung bei dem Gericht des neuen Sitzes an (RdNr. 31). 27

5. Tätigkeit des neuen Sitzgerichts (§ 13 h Abs. 2 S. 3 bis 5). a) Formelles und materielles Prüfungsrecht. Das Gericht der neuen Hauptniederlassung/des neuen Sitzes hat nach § 13 h Abs. 2 S. 3 zu prüfen, ob die Verlegung der Hauptniederlassung/des Sitzes ordnungsgemäß erfolgt und § 30 beachtet ist. Die Überprüfung der Ordnungsmäßigkeit des Beschlusses erstreckt sich auf alle formellen und materiellen Voraussetzungen, beispielsweise also auch auf die Frage, ob besondere Anforderungen (etwa § 4 a Abs. 2 GmbHG – Gesellschaftssitz grundsätzlich nur am Ort des Betriebs, der Geschäftsleitung oder der Verwaltung) eingehalten worden sind. Bei der Prüfung im Zusammenhang mit § 30 ist zu untersuchen, ob sich die Firma des betreffenden Rechtsträgers von allen am Ort 28

---

[13] Staub/*Hüffer* § 13 c aF RdNr. 5.
[14] OLG Frankfurt/Main Beschl. v. 30. 4. 2002 – 20 W 137/02, NZG 2002, 1119, 1120.

des neuen Sitzgerichts bestehenden und eingetragenen Firmen deutlich unterscheidet. Auf die Verwechslungsfähigkeit mit Firmen außerhalb seines Registerbezirks erstreckt sich die Prüfungskompetenz des Gerichts demgegenüber nicht. Ebenso wenig darf das Gericht der neuen Hauptniederlassung/des neuen Sitzes sonstige Überprüfungen vornehmen.[15] Werden mit der Verlegung des Gesellschaftssitzes gleichzeitig weitere Änderungen der Satzung oder des Gesellschaftsvertrags angemeldet (**verbundene Anmeldungen**), ist das Gericht der neuen Hauptniederlassung/des neuen Sitzes auch insoweit zur abschließenden formellen und materiellen Prüfung berufen. Um Verzögerungen bei der Eintragung der Sitzverlegung zu vermeiden, findet keine Aufspaltung in der gerichtlichen Zuständigkeit hinsichtlich der einzelnen Anmeldungsgegenstände statt.[16] Über Anmeldungen, die vor der Sitzverlegung erfolgt sind, muss dagegen noch das Gericht des bisherigen Sitzes entscheiden.

29 b) **Positives Prüfungsergebnis (§ 13 h Abs. 2 S. 4).** Führt die Prüfung des Gerichts der neuen Hauptniederlassung/des neuen Sitzes zu keinen Beanstandungen, hat es die Sitzverlegung einzutragen und die ihm vom Gericht der bisherigen Hauptniederlassung/des bisherigen Sitzes mitgeteilten Eintragungen einschließlich der Löschungen gem. § 13 h Abs. 2 S. 4 ohne weitere Nachprüfungen in sein Handelsregister zu übernehmen. Das Gericht der neuen Hauptniederlassung/des neuen Sitzes darf die Eintragung der Verlegung und die Übernahme der Eintragungen nicht deshalb ablehnen, weil es Bedenken gegen die zu übernehmenden Eintragungen hat; nach der Eintragung kann es wegen der übernommenen Eintragungen jedoch ein Verfahren nach **§§ 142, 144, 144 a FGG** einleiten.[17] Bei der Eintragung der übernommenen Angaben ist gem. **§ 20 HRV** auf das Registerblatt des bisherigen Sitzgerichts hinzuweisen (zur entsprechenden Eintragung bei dem Gericht der bisherigen Hauptniederlassung/des bisherigen Sitzes s. RdNr. 25).

30 Hat die Gesellschaft **Zweigniederlassungen,** war bis zum 1. 1. 2007 die Sitzverlegung nach § 13 c aF auch in den dortigen Handelsregistern einzutragen. Durch das **Gesetz über elektronische Handelsregister und Genossenschaftsregister sowie das Unternehmensregister – EHUG –** vom 10. 11. 2006 (BGBl I 2553) und die damit verbundene Konzentration beim Gericht der Hauptniederlassung/des Sitzes nach § 13 nF ist dies weggefallen.

31 **Nach der Eintragung** hat das Gericht der neuen Hauptniederlassung/des neuen Sitzes gem. **§ 13 h Abs. 2 S. 5** dem Gericht der bisherigen Hauptniederlassung/des bisherigen Sitzes eine entsprechende **Mitteilung** hierüber zu machen; dieses Gericht nimmt dann die nach § 13 h Abs. 2 S. 6 notwendige Eintragung (Löschung) vor (RdNr. 25, 27). Eine von der Handelsregistereintragung abhängige Sitzverlegung wird aber bereits mit der Eintragung beim Gericht des neuen Sitzes wirksam (RdNr. 27).

32 Die Eintragung des Gerichts der neuen Hauptniederlassung/des neuen Sitzes ist durch **Bekanntmachung nach § 10** zu veröffentlichen.

33 c) **Negatives Prüfungsergebnis.** Fraglich ist die in § 13 h nicht geregelte Behandlung des Eintragungsantrags, wenn die Prüfung negativ ausgeht, weil das Gericht der neuen Hauptniederlassung/des neuen Sitzes feststellt, dass die Verlegung des Sitzes nicht ordnungsgemäß vorgenommen worden ist oder die Firma der Gesellschaft gegen § 30 verstößt. Soweit nur ein Verstoß gegen § 30 vorliegt, hat das Gericht hierauf aufmerksam zu machen und Gelegenheit zu geben, die Firma entsprechend zu ändern. Eine Rückgabe der Anmeldung zu diesem Zweck an des bisherige Sitzgericht erscheint im Hinblick auf § 13 h Abs. 2 S. 3 und darauf, dass das Gericht des neuen Sitzes für die weitere Prüfung die größere Kompetenz hat, nicht angezeigt,[18] zumal das Gericht des bisherigen Sitzes an eine solche Rechtsauffassung nicht gebunden wäre und damit eine „Patt"-Situation zu Lasten der Anmelder drohen würde, die mit der Intention des § 13 h unvereinbar wäre. Beide Erwägungen, die größere Sachnähe des Gerichts der neuen Hauptniederlassung oder des neuen Sitzes und eine drohende „Patt"-Situation bei divergierender Beurteilung, sprechen aber auch in den übrigen Fällen dafür, diesem Gericht bei Beanstandungen selbst die Entscheidungskompetenz zuzuweisen und von einem Zurückreichen der Anmeldung an das Gericht der bisherigen Hauptniederlassung oder des

---

[15] LG Nürnberg-Fürth Beschl. v. 4. 2. 1999 – 4 HK T 6641/98, MittBayNot. 1999, 398.
[16] OLG Frankfurt/Main Beschl. v. 30. 7. 1991 – 20 W 237/91, Rpfleger 1991, 508; OLG Hamm Beschl. v. 25. 3. 1991 – 15 Sbd. 4/91, NJW-RR 1991, 1001; OLG Zweibrücken Beschl. v. 15. 10. 1991 – 2 AR 41/91, GmbHR 1992, 678; *Buchberger* Rpfleger 1990, 513 f. (Anm. zu LG Mannheim Rpfleger 1990, 301); *Ziegler* Rpfleger 1991, 485; Heymann/*Sonnenschein/Weitemeyer* RdNr. 5; MünchKommHGB/*Krafka* RdNr. 8; aA LG Mannheim Beschl. v. 18. 12. 1989 – 23 T 8/89, RPfleger 1990, 301; teilweise abw. auch KG Beschl. v. 22. 10. 1997 – 1 AR 30/96, BB 1997, 173, 174; zur vergleichbaren Rechtslage im Aktienrecht auch *Hüffer* AktG § 45 RdNr. 3; Kölner Komm AktG/*Kraft* RdNr. 12 und GroßKomm AktG/*Barz* 3. Aufl., Anm. 7, die eine Aufspaltung der Anmeldung für zulässig halten und die Entscheidung hierüber in das pflichtgemäße Ermessen des Registergerichts stellen.
[17] KG Beschl. v. 11. 10. 1912 – 1 a X 946/12, KGJ 44 A 152, 153; OLG Oldenburg Beschl. v. 14. 12. 1976 – 5 Wx 67/76, BB 1977, 12 f.; Staub/*Hüffer* § 13 c aF RdNr. 6; Heymann/*Sonnenschein/Weitemeyer* RdNr. 5; MünchKommHGB/*Krafka* RdNr. 6.
[18] Staub/*Hüffer* § 13 c aF RdNr. 6.

bisherigen Sitzes zur Ablehnung des Eintragungsantrags abzusehen.[19] Eine Aufspaltung der Entscheidungskompetenz des Gerichts der neuen Hauptniederlassung oder des neuen Sitzes dahin, dass es nur für positive, nicht aber für negative Entscheidungen zuständig ist, wäre nicht überzeugend, zumal eine Bindung des Gerichts der neuen Hauptniederlassung oder des neuen Sitzes an eine Entscheidung des dem Gericht der bisherigen Hauptniederlassung oder des bisherigen Sitzes übergeordneten Landgerichts auch verfahrensrechtlich systemwidrig wäre. Nach rechtskräftiger Ablehnung der Eintragung werden die Akten an das bisherige Sitzgericht zurückgereicht.

III. Verlegung der Hauptniederlassung/des Sitzes innerhalb des selben Gerichtsbezirks im Inland (§ 13 h Abs. 3)

Soll die Hauptniederlassung bzw. der Sitz innerhalb des selben Gerichtsbezirks verlegt werden, gelten zunächst die allgemeinen verfahrensrechtlichen und sonstigen Voraussetzungen der Verlegung (RdNr. 15 ff.). Ein Wechsel in der Zuständigkeit des Registergerichts findet naturgemäß nicht statt. Das Gericht hat die Anmeldung sowohl in formeller als auch materieller Hinsicht zu überprüfen, einschließlich der Frage, ob die Anforderungen des § 30 gewahrt sind. Bejaht es beides, trägt es die Sitzverlegung gem. **§ 13 h Abs. 3 S. 2** ein. Bei Beanstandungen ist nach § 26 S. 2 HRV zu verfahren (RdNr. 26).

Die Eintragung der Verlegung der Hauptniederlassung/des Sitzes ist wie alle sonstigen Eintragungen des Gerichts durch **Bekanntmachung nach § 10** zu veröffentlichen.

IV. Exkurs: Errichtung eines Doppelsitzes

Ein sog. Doppelsitz liegt vor, wenn eine Gesellschaft ihrem Gesellschaftsvertrag bzw. ihrer Satzung nach zwei Sitze hat. Die Frage der **Zulässigkeit** eines solchen Doppelsitzes wurde vor 1945 ganz überwiegend verneint, wobei insoweit überwiegend auf Probleme bei der registergerichtlichen Behandlung und darauf abgestellt wurde, dass dem Gesetz implizit zu entnehmen sei, dass jede Gesellschaft nur einen Sitz haben könne.[20] Nach 1945 änderte sich dies unter dem Eindruck der nachkriegsbedingten Besonderheiten, die die Zulassung von Doppelsitzen notwendig machten.[21] Gesetzlich findet sich die Anerkennung des Doppelsitzes in § 62 WBG, § 2 der 35. und § 1 der 43 DVO zum UmstG. Die heute herrschende Meinung geht dahin, den Doppelsitz bei Gesellschaften im Grundsatz als unzulässig anzusehen und Ausnahmen hiervon nur dann zuzulassen, wenn hierfür ein besonderes Bedürfnis besteht.[22] Letzteres ist etwa dann der Fall, wenn für die Gesellschaft bei Nichtzulassung des Doppelsitzes ein nicht unerheblicher Schaden droht, insbesondere ihre Existenz gefährdet ist. Dem ist zuzustimmen. Die Regierungsbegründung zu § 5 AktG 1965,[23] die sich mit dieser Frage ausdrücklich befasst, zeigt, dass der Gesetzgeber im Grundsatz von der Unzulässigkeit eines Doppelsitzes ausgegangen ist und Ausnahmen hiervon nur für besondere Fälle zulassen wollte; auch wenn die Materialien bei der Gesetzesauslegung nicht binden, ergibt sich hieraus doch gleichwohl, dass im Gesetzeswortlaut, der bei allen Handelsgesellschaften von einem Sitz ausgeht, grundsätzlich auch in diesem engen Sinne zu verstehen ist. Darüber hinaus sprechen die mit einem

---

[19] Zust. LG Leipzig Beschl. v. 15. 3. 2004 – O 3 HK T 4403/03, NZG 2004, 629 f.; *Ehricke* in Großkomm Rn 32; wie hier wohl auch MünchKommHGB/*Krafka* RdNr. 6; zur vergleichbaren Lage im Aktienrecht abw. *Hüffer* AktG § 45 RdNr. 5: Der Vorgang sei an das Gericht des bisherigen Sitzes zurückzureichen, das die Anmeldung zurückzuweisen habe.
[20] Verneinend RG Urt. v. 27. 10. 1904 – 242/04, JW 1905, 25; BayObLG Beschl. v. 16. 5. 1914 Reg III 36/1914, BayObLGZ 1915, 343, 347; OLG Hamburg Beschl. v. 12. 7. 1897 – 1. Sen., SeuffA 54 Nr. 36; OLG Nürnberg Urt. v. 9. 11. 1926 – L 162/26, JW 1927, 1708, 1709 sowie die einhellige Auffassung zu den Handelsgesellschaften, insbes. zur Aktiengesellschaft, statt anderer: Staub/*Pinner* 14. Aufl. 1932 ff., § 182 Anm. 17; *Düringer*/*Hachenburg* § 182 Anm. 43; *Ritter* AktG, 2. Aufl. 1939, § 5 Anm. 4; Schlegelberger/*Quassowski*, AktG, 3. Aufl. 1937, § 5 Anm. 2; bejahend dagegen zum Vereinsrecht Staudinger/*Riezler*, 11. Aufl. 1954, § 24 RdNr. 5 mwN.
[21] Ausführlich hierzu etwa *König* AG 2000, 18 ff.; MünchKommHGB/*Krafka* § 13 RdNr. 33; MünchKommAktG/*Heider* § 5 RdNr. 44 ff.; aus damaliger Zeit statt anderer s. *Springer* NJW 1949, 561 ff. mwN auch zu dem in diesem Zusammenhang von *Geßler* erstellten Rechtsgutachten.
[22] Vgl. etwa BayObLG Beschl. v. 23. 3. 1962 – BReg 2 Z 170/61, BayObLGZ 1962, 107, 111 = NJW 1962, 1014; BayObLG Beschl. v. 29. 3. 1985 – 3 Z 22/85, AG 1986, 48, 50; KG Beschl. v. 20. 2. 1973 – 1 W 522/72, OLGZ 1973, 272, 273 = NJW 1973, 1201; LG Hamburg Beschl. v. 1. 2. 1973 – 4 T 5/72, DB 1973, 2237; LG Köln Beschl. v. 31. 10. 1949 – 22 T 12/49, NJW 1950, 352; LG Köln Beschl. v. 21. 6. 1950 – 24 T 2/50, NJW 1950, 871; AG Bremen Beschl. v. 1. 6. 1976 – 38 AR 105/74, DB 1976, 1810; au.ch mit Unterschieden im Einzelnen *Balser* DB 1972, 2049; in Röhricht/v. Westphalen/*Ammon* § 13 RdNr. 3; MünchKommHGB/*Krafka* § 13 RdNr. 34; Staub/*Hüffer* Vor § 13 RdNr. 25 f.; MünchKommAktG/*Heider* § 5 RdNr. 46 f.; Ulmer/*Ulmer* GmbHG § 4 a RdNr. 32 ff.; Rowedder/*Schmidt-Leithoff* GmbHG § 4 a RdNr. 15; großzügiger *Katschinski* ZIP 1997, 620, 678 f.; *König* AG 2000, 18, 22 ff. (berechtigtes Interesse genügt).
[23] Abgedruckt bei *Kropff*, AktG und EGAktG mit Begr. des RegE, Bericht des Rechtsausschusses des Deutschen Bundestags, S. 20 f.

Doppelsitz verbundenen praktischen Probleme bei der Handhabung des registergerichtlichen Verfahrens (RdNr. 37) dafür, Doppelsitze nur in Ausnahmefällen zuzulassen.

37 Das bei der Errichtung eines Doppelsitzes zu beachtende **Verfahren** ist in § 13 h, der sich nur mit der Verlegung einer Hauptniederlassung bzw. eines Sitzes befasst, nicht geregelt. Soll ein Doppelsitz errichtet werden, ist dies sowohl bei dem Gericht des ersten Sitzes als auch bei dem Gericht des zweiten Sitzes anzumelden.[24] Beide Gerichte entscheiden selbständig und unabhängig voneinander über die Eintragung,[25] stimmen sich aber zweckmäßiger Weise vorher ab.[26] In Spalte 2 des Registerblatts sind jeweils beide Sitzorte einzutragen. Die Eintragungen sind dem jeweils anderen Gericht mitzuteilen (RdNr. 31).[27]

38 Hinsichtlich des **Verfahrens bei weiteren Eintragungen** ist zu berücksichtigen, dass „Registergericht" im Rechtssinne *beide* Registergerichte sind. Konstitutive Eintragungen (RdNr. 12, 14) werden deshalb erst wirksam, wenn sie in *beiden* Registern eingetragen sind. Auch soweit es auf den Zeitpunkt der Anmeldung ankommt (etwa bei § 209 Abs. 1 AktG), ist auf den Eingang der letzten Anmeldung abzustellen.[28] Entsprechendes gilt hinsichtlich der Publizitätswirkungen der Eintragung und Bekanntmachung nach § 15 Abs. 2; auch hier ist auf die letzte Registereintragung bzw. die letzte Bekanntmachung abzustellen. Die Eintragung bei mehreren Sitzen hat kostenrechtlich keine Herabsetzung des Geschäftswerts zur Folge, es fallen bei jeder Eintragung die vollen Gebühren an.[29]

V. Zwangsmittel

39 Die Anmeldung der Verlegung der Hauptniederlassung bzw. des Sitzes kann gegenüber einem **Einzelkaufmann** oder den **Personenhandelsgesellschaften** sowie den ihnen gleichgestellten Gesellschaftsformen (RdNr. 7 ff.) nach **§ 14** durch die Festsetzung von Zwangsgeld durchgesetzt werden.

40 Gegenüber einer **GmbH** kommt die Festsetzung eines Zwangsgeldes zur Erzwingung der Anmeldung demgegenüber wegen § 79 Abs. 2 GmbHG nicht in Betracht. Zulässig ist es aber, nach § 14 Zwangsgelder festzusetzen, um bei einer bereits erfolgten Anmeldung das Einreichen der erforderlichen Unterlagen (RdNr. 20) zu erzwingen. Entsprechendes gilt für den **VVaG**.[30]

VI. Sitzverlegung mit Auslandsbezug

41 § 13 h regelt nur das registerrechtliche Verfahren bei der Verlegung der Hauptniederlassung/des Sitzes im Inland. Fragen einer Verlegung mit Auslandsbezug werden weder durch diese Bestimmung noch an anderer Stelle im HGB geregelt. Hinsichtlich der rechtlichen Behandlung der hiermit verbundenen Fragen ist zwischen der Verlegung des Sitzes aus dem Inland in das Ausland (RdNr. 42 ff.) und umgekehrt aus dem Ausland in das Inland (RdNr. 50 ff.) zu unterscheiden, wobei in diesem Rahmen wiederum zwischen den jeweils betroffenen Rechtsträgern zu trennen ist:

42 **1. Sitzverlegung aus dem Inland in das Ausland. a) Einzelkaufmann.** Die Verlegung der Hauptniederlassung eines deutschen Einzelkaufmanns in das Ausland stellt zunächst einen rein tatsächlichen Akt dar, dessen Wirksamkeit deshalb vom Registerrecht unberührt bleibt. Die Anwendung von § 13 h scheidet aus, weil die Bestimmung zwei deutsche Registergerichte voraussetzt. Registerrechtlich liegt vielmehr ein Erlöschen der inländischen Firma vor, das gem. § 31 Abs. 2 S. 1 anzumelden ist.[31] Sofern die inländische Niederlassung als Zweigniederlassung fortgeführt werden soll, findet § 13 d Anwendung. Die Anmeldung des Erlöschens der inländischen Firma kann grundsätzlich nach § 14 erzwungen werden. Hat dieses Vorgehen keinen Erfolg, kann das Registergericht das Erlöschen nach § 31 Abs. 2 S. 2 aber auch von Amts wegen eintragen. Für im Inland bestehende Zweigniederlassungen gilt § 13 d.

43 **b) Personengesellschaft.** Die Verlegung des **tatsächlichen Verwaltungssitzes** einer deutschen OHG oder KG sowie der Partnerschaftsgesellschaft in das Ausland führt auf der Grundlage der gegenüber der Gründungstheorie vorzugswürdigen[32] Sitztheorie zur Auflösung der Gesellschaft,

---

[24] *Balser* DB 1972, 2049, 2050.
[25] AG Bremen Beschl. v. 1. 6. 1976 – 38 AR 105/74, DB 1976, 1810.
[26] *Balser* DB 1972, 2049, 2050.
[27] Zu den weiteren Einzelheiten vgl. *Balser* DB 1972, 2049, 2050.
[28] Staub/*Hüffer* Vor § 13 RdNr. 28; MünchKommHGB/*Krafka* § 13 RdNr. 36.
[29] OLG Hamm Beschl. v. 29. 6. 1964 – 14 W 25/64, RPfleger 1965, 120; MünchKommHGB/*Krafka* § 13 RdNr. 36.
[30] Staub/*Hüffer* § 13 c aF RdNr. 4.
[31] Röhricht/v. Westphalen/*Ammon* RdNr. 13; Staub/*Hüffer* § 13 c aF RdNr. 8; Koller/*Roth*/Morck RdNr. 4.
[32] Statt anderer MünchKommBGB/*Kindler* IntGesR RdNr. 339 ff. mit umfangreichen Nachweisen; s. hierzu auch bei § 13 d RdNr. 14.

wenn der Zuzugsstaat ebenfalls der Sitztheorie folgt; die Gesellschaft ist in Deutschland abzuwickeln und im Zuzugsstaat neu zu gründen. Eine **Änderung der gesellschaftsvertraglichen Sitzbestimmung** durch die Gesellschafter allein, also ohne dass der tatsächliche Verwaltungssitz bereits verlegt wird oder schon verlegt worden ist, stellt keinen Auflösungsbeschluss der Gesellschafter dar; für einen solchen Beschlussinhalt muss vielmehr der Wille hinzukommen, die werbende Tätigkeit einzustellen.[33]

c) **EWIV.** Die Verlegung des Sitzes einer Europäischen Wirtschaftlichen Interessenvereinigung von einem Mitgliedstaat in einen anderen ist nach Art. 14 der EWIV–Verordnung[34] möglich;[35] für die Verlegung des Sitzes von Deutschland in ein Drittland außerhalb der EG gelten die Grundsätze für die inländischen Personenhandelsgesellschaften (RdNr. 43) entsprechend.

d) **Kapitalgesellschaft.** Bei den Kapitalgesellschaften (GmbH, AG, KGaA) ist danach zu unterscheiden, ob der Zuzugsstaat der Sitz- oder der Gründungstheorie folgt oder ob Einflüsse auf Grund der EuGH-Rechtsprechung zu berücksichtigen sind:

aa) **Verlegung des Verwaltungssitzes.** Die Verlegung des tatsächlichen Verwaltungssitzes aus dem Inland in das Ausland führt nach der (vorzugswürdigen[36]) Sitztheorie zu einer Änderung des Gesellschaftsstatuts, sofern der **Zuzugsstaat der Sitztheorie folgt.**[37] Welcher Charakter der Gesellschaft im Zuzugsstaat zukommt und ob die Gesellschaft dort anerkannt wird, ist nach dem Recht des Zuzugsstaats zu beantworten; zur Anerkennung als Kapitalgesellschaft wird regelmäßig die Neugründung der Gesellschaft notwendig sein. Im Inland ist die Gesellschaft aufgelöst und abzuwickeln, ohne dass dies durch eine Satzungsbestimmung oder einen entgegenstehenden Willen der Gesellschafter zu verhindern wäre.[38] Dies gilt auch dann, wenn der Sitz innerhalb der EU bzw. des EWR verlegt wird, weil es nach der Rechtsprechung des EuGH den Mitgliedstaaten offen steht, an der Verwaltungssitzanknüpfung und an dem sachlichrechtlichen Erfordernis eines Verwaltungssitzes in dem betreffenden Mitgliedstaat festzuhalten.[39] Auf **europäischer Ebene** bestehen Bestrebungen, die Sitzverlegung von Gesellschaften innerhalb der Gemeinschaft zu ermöglichen (hierzu unten RdNr. 53 ff.).

Folgt der Zuzugsstaat der Gründungstheorie, ergibt sich für den Fall der Verlegung des Verwaltungssitzes aus der dann bestehenden Rückverweisung nach Art. 4 Abs. 1 S. 1 EGBGB weiterhin die Anerkennung der Gesellschaft. Auch ein der Verlegung des Verwaltungssitzes zugrunde liegender Gesellschafterbeschluss kann deshalb in diesem Falle entgegen der verbreiteten abweichenden Auffassung nicht als nichtig angesehen werden.[40]

Sofern ein Mitgliedstaat aus der EU bzw. dem EWR auf Grund der **EuGH-Rechtsprechung** (§ 13 d RdNr. 14) zur Gründungsanknüpfung übergegangen ist, ist eine Rückverweisung entsprechend der Rechtslage bei der Verlegung des effektiven Verwaltungssitzes in einen der Gründungstheorie folgenden Zuzugsstaat anzunehmen.[41]

bb) **Verlegung des Satzungssitzes.** Die Verlegung des Satzungssitzes aus dem Inland in das Ausland allein führt nach der Sitztheorie noch nicht zur Änderung des Gesellschaftsstatuts. Gleichwohl ist sie unzulässig, da eine deutschem Recht unterliegende Gesellschaft einen inländischen Satzungssitz haben muss, um die Einflussmöglichkeit der deutschen Gerichte und Behörden zu gewährleisten. Welche Rechtsfolgen hieraus für einen **Beschluss** zu ziehen sind, durch den die Satzung entsprechend geändert werden soll, ist umstritten. Nach wohl noch herrschender Meinung soll sich aus der Unzulässigkeit der Sitzverlegung ins Ausland ergeben, dass der Beschluss als Auflösungsbeschluss im Sinne der § 60 Abs. 1 Nr. 2 GmbHG, § 262 Abs. 1 Nr. 2 AktG anzusehen sei,

---

[33] Zu der vergleichbaren (streitigen) Rechtslage bei den Kapitalgesellschaften s. RdNr. 49.
[34] Verordnung (EWG) Nr. 2137/85 über die Schaffung einer Europäischen Wirtschaftlichen Interessenvereinigung vom 25. 7. 1995, ABl. EG. Nr. L 199/1 abgedruckt bei *Lutter*, Europäisches Unternehmensrecht, ZGR-Sonderheft Nr. 1, 4. Aufl. 1996, S. 751 ff.; *Habersack*, Europäisches GesR, RdNr. 391.
[35] Wegen der Einzelheiten s. *Ganske* DB 1985, Beilage 20, S. 5.
[36] Nachweise in Fn. 32.
[37] Im Einzelnen MünchKommBGB/*Kindler* IntGesR RdNr. 497 ff. mwN. Nach dem RefE des Gesetzes zur Modernisierung des GmbH-Rechts und zur Bekämpfung von Missbräuchen (MoMiG), Stand Mai 2006, soll es der GmbH und der AG jedoch künftig ermöglicht werden, bei inländischem Satzungssitz einen ausländischen Verwaltungssitz zu haben.
[38] Vgl. hierzu insbes. BGH Urt. v. 11. 7. 1957 – II ZR 318/55, BGHZ 25, 134, 144 = NJW 1957, 1433; BayObLG 7. 5. 1992 – 3 Z BR 14/92, BayObLGZ 1992, 113 = NJW-RR 1993, 43; OLG Hamm Beschl. v. 30. 4. 1997 – 15 W 91/97, ZIP 1997, 1696, 1697 mit Anm. *Neye*; MünchKommBGB/*Kindler* IntGesR RdNr. 503 ff. mwN.
[39] Vgl. hierzu EuGH Urt. v. 5. 11. 2002 – Rs C 208/00, NJW 2002, 3614, 3615 – Überseering unter RdNr. 70; *Leible/Hoffmann* RIW 2002, 925, 932; MünchKommBGB/*Kindler* IntGesR RdNr. 498; mwN.
[40] Wegen der Einzelheiten s. MünchKommBGB/*Kindler* IntGesR RdNr. 501, 504, 508 mwN; zur Möglichkeit des Registergerichts, die Gesellschaft entsprechend § 144 a FGG zur Rückgängigmachung der Verlegung des Verwaltungssitzes zu zwingen, s. *Ulmer*, FS Raiser, 2005, S. 439, 448, 449 f. gegen BayObLG Beschl. v. 20. 2. 2002 – 3 Z BR 380/01, NZG 2002, 828.
[41] Näher MünchKommBGB/*Kindler* IntGesR RdNr. 500 mwN.

der zur Abwicklung der Gesellschaft führe.[42] Dieser Meinung ist mit der im Vordringen befindlichen neueren Auffassung nicht zu folgen. Gegen sie spricht, dass die Gesellschafter gerade keine Auflösung der Gesellschaft, sondern vielmehr ihren Fortbestand, wenn auch mit einem Sitz im Ausland, erreichen wollen. Da beides zusammen nicht möglich ist, ist der Beschluss wegen Perplexität unbeachtlich bzw. nach § 241 Nr. 3 AktG nichtig,[43] die Anmeldung der Sitzverlegung ist zurückzuweisen und nicht etwa die Auflösung der Gesellschaft einzutragen.[44] Für eine Umdeutung des Beschlusses in einen Auflösungsbeschluss fehlt es an den hierfür notwendigen subjektiven Voraussetzungen (§ 140 BGB), da die Gesellschafter gerade keine Auflösung der Gesellschaft beabsichtigen. Wenn die Gesellschafter nach der fehlgeschlagenen Sitzverlegung tatsächlich die Liquidation der Gesellschaft und die Neugründung einer anderen Gesellschaft im Ausland beabsichtigen, steht es ihnen offen, einen ausdrücklichen Auflösungsbeschluss zu fassen.[45] Auf eine gleichwohl erfolgte Eintragung der Sitzverlegung ins Ausland ist nach § 144 a FGG zu reagieren.[46]

50   **2. Verlegung der Hauptniederlassung/des Sitzes aus dem Ausland in das Inland.**
a) Einzelkaufmann. Verlegt ein Einzelkaufmann seine Hauptniederlassung aus einem ausländischen Staat in das Inland, ist dies nach § 29 anzumelden; wegen der Einzelheiten s. dort. Ob es sich bei dem Betreffenden um einen Kaufmann handelt, ist ungeachtet seiner Staatsangehörigkeit nach §§ 1 ff. zu bestimmen.[47]

51   **b) Gesellschaft.** Die Verlegung des **tatsächlichen Verwaltungssitzes** einer ausländischen Gesellschaft (Personenhandelsgesellschaft oder Kapitalgesellschaft) in das Inland führt auf der Grundlage der Sitztheorie (RdNr. 43) im **Grundsatz** zu einer Änderung des Gesellschaftsstatuts, und zwar unabhängig davon, ob der Wegzugsstaat der Gründungs- oder der Sitztheorie folgt. Die Gesellschaft wird als inländische Gesellschaft angesehen, sie ist nicht etwa nichtig oder als nicht existente Rechtsperson anzusehen.[48] Auch ihre Einordnung als fehlerhafte Gesellschaft[49] oder als Vorgesellschaft[50] überzeugt nicht. Nach zutreffender Auffassung ist vielmehr darauf abzustellen, welchem Gesellschaftstypus sich die im Inland tätige Gesellschaft nach deutschem Recht zuordnen lässt.[51] In Betracht kommt insoweit je nach konkreter Ausgestaltung die Einordnung als rechtsfähiger Verein, OHG oder Gesellschaft bürgerlichen Rechts, mangels Eintragung im Handelsregister aber nicht als juristische Person; die Haftung der Gesellschafter richtet sich nach den für diese Rechtsformen geltenden Grundsätzen. Um das mit der Sitzverlegung angestrebte wirtschaftliche Ziel zu erreichen, bleibt allein die Möglichkeit, das handelsrechtliche Unternehmen der ausländischen Gesellschaft (im Wege der Sacheinlage) in eine neu zu gründende deutsche Gesellschaft einzubringen.[52] Die Anpassung an die deutsche Gesellschaftsstruktur genügt selbst dann nicht, wenn der Wegzugstaat die Gesellschaft trotz ihres Wegzugs fortbestehen lässt und das ausländische Recht mit dem deutschen übereinstimmt.[53] **Ausnahmen** vom Grundsatz der Maßgeblichkeit des tatsächlichen Verwaltungssitzes können sich jedoch aus **zweiseitigen Staatsverträgen** und aus der **Rechtsprechung des EuGH zur Niederlassungsfreiheit** ergeben (§ 13 d RdNr. 14). Liegt ein solcher Ausnahmefall vor, ist die Gesellschaft als ausländische anzuerkennen und ihre inländische

---

[42] RG Urt. v. 29. 6. 1923 – II 552/22, RGZ 107, 94, 97; BGH Urt. v. 11. 7. 1957 – II ZR 318/55, BGHZ 25, 134, 144 = NJW 1957, 1433; BayObLG Beschl. v. 7. 5. 1992 – 3 Z BR 14/92, BayObLGZ 1992, 113, 116 = NJW-RR 1993, 43; OLG Hamm Beschl. v. 30. 4. 1997 – 15 W 91/97, NJW-RR 1998, 615; OLG Düsseldorf Beschl. v. 1. 2. 2001 NZG 2001, 562 mit Anm. *Schwarz* NZG 2001, 613; GroßKomm AktG/*Brändel* § 5 RdNr. 28.
[43] Gegen die Einordnung als Auflösungsbeschluss insb. auch *Hüffer* AktG § 45 RdNr. 2, § 5 RdNr. 12; *ders.* in GroßKomm HGB § 13 c aF RdNr. 10; Röhricht/v. Westphalen/*Ammon* RdNr. 15; MünchKommBGB/*Kindler* IntGesR RdNr. 510; MünchKommHGB/*Krafka* § 13 h RdNr. 15; MünchKommAktG/*Heider* § 5 RdNr. 65; KölnKommAktG/*Kraft* § 45 RdNr. 35; Beitzke ZHR 127 (1965), 1, 24; *Knobbe-Keuk* ZHR 154 (1990), 325, 353; Baumbach/*Hueck*/Fastrich GmbHG § 4 a RdNr. 18; *Lutter/Bayer* in Lutter/Hommelhoff GmbHG § 4 a RdNr. 24; Rowedder/*Schmidt-Leithoff* GmbHG § 4 a RdNr. 18; *Hoffmnn* in Süß/Wachter, Handbuch des internationalen GmbH-Rechts, § 4 RdNr. 6.
[44] Staub/*Hüffer* § 13 c aF RdNr. 10.
[45] Staub/*Hüffer* § 13 c aF RdNr. 10.
[46] Staudinger/*Großfeld* IntGesR RdNr. 654; MünchKommBGB/*Kindler* IntGesR RdNr. 510.
[47] Eingehend MünchKommBGB/*Kindler* IntGesR RdNr. 162 ff., 172 ff.
[48] Vgl. die Formulierung bei AG Aurich IPRspr. 1968/69 Nr. 14.
[49] *Kegel*, Internationales Privatrecht, § 17 II 1.
[50] Vgl. hierzu *Beitzke* in Lauterbach (Hrsg.), Vorschläge und Gutachten zur Reform des deutschen internationalen Personen- und Sachenrechts, 1972, S. 94, 116; *Grasmann*, System des Internationalen Gesellschaftsrechts, 1970, RdNr. 983.
[51] S. nur MünchKommBGB/*Kindler* IntGesR RdNr. 464 ff.
[52] BGH Urt. v. 21. 3. 1986 – V ZR 10/85, BGHZ 97, 269, 272 = NJW 1986, 2194 = EWiR 1986, 2194 (*Großfeld*); OLG Nürnberg Urt. v. 7. 6. 1984 – 8 U 111/84, WM 1985, 259; OLG München Urt. v. 6. 5. 1986 – 5 U 2562/85, NJW 1986, 2197 = EWiR 1986, 1105 (*Ebenroth*); OLG Zweibrücken Beschl. v. 26. 6. 1990 –3W 43/90, NJW 1990, 3092 = EWiR 1990, 947 (*Bokelmann*); Staub/*Hüffer* § 13 c aF RdNr. 10.
[53] MünchKommHGB/*Krafka* § 13 h RdNr. 43 mwN.

Niederlassung als Zweigniederlassung anzusehen, selbst wenn es sich bei ihr tatsächlich um die Hauptniederlassung handelt; als Missbrauch ist eine solche Verfahrensweise im Regelfall nicht anzusehen.[54] Es kann in einer solchen Gestaltung jedoch Anlass zur **Prüfung** bestehen, **ob** es sich bei der **ausländischen Gesellschaft wirklich** um **eine solche** handelt. Denn nach teilweise vertretener Auffassung soll die Niederlassungsfreiheit wegen fehlender Mobilitätskomponente dann nicht eingreifen, wenn der effektive Verwaltungssitz bereits im Zeitpunkt der Gesellschaftsgründung im Inland belegen war.[55] Auch kann der *Wegzugs*staat die Auflösung der Gesellschaft für den Fall der Verlegung des tatsächlichen Verwaltungssitzes vorsehen.[56]

Wird allein der **gesellschaftsvertragliche bzw. satzungsmäßige Sitz** der ausländischen Gesellschaft geändert, ohne dass der tatsächliche Sitz bereits in das Inland verlegt wird bzw. verlegt worden ist, richtet sich die rechtliche Behandlung dieses Vorgangs ausschließlich nach dem für die Gesellschaft geltenden ausländischen Recht.[57] Als ausländische Gesellschaft mit inländischem Satzungssitz kann die Gesellschaft im deutschen Handelsregister nicht eingetragen werden.[58] Bei einer (nachfolgenden oder gleichzeitigen) Verlegung des effektiven Verwaltungssitzes gelten die Ausführungen hierzu bei RdNr. 51. Zu europarechtlichen Bestrebungen s. bei RdNr. 53 ff. 52

3. Europarechtliche Bestrebungen. Zur **Sitzverlegung innerhalb der Europäischen Gemeinschaften** hat die Kommission 1997 einen „**Vorschlag für eine Vierzehnte Richtlinie** des Europäischen Parlaments und des Rates über die Verlegung des Sitzes einer Gesellschaft in einen anderen Mitgliedstaat mit Wechsel des für die Gesellschaft maßgebenden Rechts"[59] vorgelegt. Der Vorschlag sieht für in einem Mitgliedstaat ansässige Gesellschaften die Möglichkeit der Sitzverlegung in einen anderen Mitgliedstaat vor und stellt hierfür besondere Voraussetzungen auf: 53

Zunächst muss es sich um eine Gesellschaft handeln, die noch nicht aufgelöst und gegen die auch noch kein Verfahren wegen Zahlungsunfähigkeit oder -einstellung o. ä. eingeleitet worden ist (Art. 16). Für die Sitzverlegung selbst hat das Leitungs- oder Verwaltungsorgan der Gesellschaft zunächst einen Verlegungsplan sowie einen Bericht über die rechtlichen und wirtschaftlichen Aspekte und die Auswirkungen der Verlegung zu erstellen; beides kann für die Dauer von mindestens einem Monat von den Gesellschaftern, Gläubigern und Arbeitnehmervertretern am Sitz der Gesellschaft eingesehen werden (Art. 4, 5). Zwei Monate nach der Bekanntmachung des Verlegungsplans kann die Sitzverlegung von der Hauptversammlung beschlossen werden. Der Beschluss bedarf grundsätzlich einer Mehrheit von mindestens zwei Dritteln der abgegebenen Stimmen, sofern das bisher anwendbare Recht hierfür keine größere Mehrheit vorsieht; die Mitgliedstaaten können auch eine kleinere Mehrheit vorsehen, wenn mindestens die Hälfte des gezeichneten Kapitals vertreten ist (Art. 6). Besondere Schutzvorschriften zugunsten der widersprechenden Minderheit können von den einzelnen Mitgliedstaaten ebenfalls vorgesehen werden; Gläubiger und sonstige Forderungsinhaber sind berechtigt, Sicherheit für bereits begründete Ansprüche zu verlangen, für Verbindlichkeiten der Gesellschaft gegenüber öffentlichen Einrichtungen können die Mitgliedstaaten entsprechende Bestimmungen vorsehen (Art. 6, 7). Verfahrensrechtlich erteilen das Gericht oder die sonst zuständigen Behörden des bisherigen Sitzstaates eine Bestätigung über die Erfüllung der erforderlichen Handlungen und Formalitäten; diese Bestätigung ist Voraussetzung für die Eintragung der Sitzverlegung im neuen Sitzstaat. Mit der Eintragung am neuen Sitz wird die Sitzverlegung wirksam, wobei sowohl die Eintragung am neuen Sitz als auch die nachfolgende Löschung am bisherigen Sitz bekannt zu machen sind (Art. 9 bis 11). Solange die Bekanntmachung nicht erfolgt ist, können sich Dritte weiterhin auf den alten Sitz berufen (Art. 12). Die wirksame Verlegung des Gesellschaftssitzes in einen anderen Mitgliedstaat auf der Grundlage dieses Vorschlags soll die Rechtspersönlichkeit der Gesellschaft unberührt lassen. Mit Wirksamwerden der Sitzverlegung durch die Eintragung am neuen Sitz wird sich jedoch das auf die Gesellschaft anwendbare Recht ändern. Ab diesem Zeitpunkt unterliegt sie dem Recht des Zuzugsstaates wie jede andere Gesellschaft dieses Staates. Sie muss deshalb ihre Satzung dem dort geltenden Recht anpassen.[60] Eine Entscheidung für oder gegen die in Deutschland herrschende Sitztheorie (RdNr. 43) ist hiermit nicht verbunden; die in den einzelnen Mitgliedstaaten geltenden Anknüpfungskriterien für das Gesellschaftsstatut sollen durch die vor- 54

---

[54] *Leible/Hoffmann* EuZW 2003, 677, 679 f.; *Wachter* GmbHR 2004, 88, 93.
[55] Str., näher MünchKommBGB/*Kindler* IntGesR RdNr. 407.
[56] MünchKommBGB/*Kindler* IntGesR RdNr. 512.
[57] Wegen der weiteren Einzelheiten s. MünchKommBGB/*Kindler* IntGesR RdNr. 404.
[58] Statt aller Staudinger/*Großfeld* IntGesR RdNr. 608 ff. mwN.
[59] Abgedruckt etwa in ZIP 1997, 1721; s. hierzu auch die Beiträge von *Di Marco* ZGR 1999, 3 ff.; *Neye* ZGR 1999, 13 ff.; *Karsten Schmidt* ZGR 1999, 20 ff.; *Priester* ZGR 1999, 36 ff.; *Heinze* ZGR 1999, 54 ff.; *Hügel* ZGR 1999, 71 ff.; eingehend zum Entwurf *J. Hoffmann* ZHR 164 (2000) 43 ff.
[60] Vgl. VII. 1, 3 der Begründung des Vorschlags, ZIP 1997, 1721, 1722 f.

geschlagene Richtlinie unberührt bleiben.[61] Der Richtlinienvorschlag ist bislang noch nicht umgesetzt worden.

55 In Verfolgung ihres Aktionsplans vom 21. 5. 2003 hat die Kommission am 26. 2. 2004 ein **Konsultationspapier** zu einer Vierzehnten gesellschaftsrechtlichen Richtlinie über die grenzüberschreitende Verlegung des *Satzungssitzes* von Kapitalgesellschaften veröffentlicht.[62] Zusammengefasst soll nach den dort umrissenen Überlegungen der Satzungssitz einer Kapitalgesellschaft in der EU grenzüberschreitend verlegt werden können, wobei für Gesellschaften, die einer reglementierten Tätigkeit nachgehen, eine Sonderregelung vorbehalten bleiben soll. Jeder Mitgliedstaat soll das Recht einer seiner Rechtsordnung unterliegenden Gesellschaft anerkennen, durch satzungsändernden Hauptversammlungsbeschluss ihren Satzungssitz in einen anderen Mitgliedstaat zu verlegen und ihre Rechtspersönlichkeit im Herkunftsstaat zugunsten einer Rechtspersönlichkeit im Aufnahmemitgliedstaat nach dem dortigen Recht aufzugeben. Der Hauptversammlungsbeschluss soll in geeigneter Weise bekannt gemacht werden und vorbehaltlich der Eintragung der Gesellschaft im Aufnahmemitgliedstaat die für die Anpassung an die neue Rechtsform notwendigen Satzungsänderungen vorsehen. Der Aufnahmemitgliedstaat soll als sachliche Voraussetzung für den Erwerb der Rechtspersönlichkeit und die Eintragung verlangen können, dass der Satzungssitz der Gesellschaft mit ihrem tatsächlichen Sitz übereinstimmt, wobei sich der Hauptversammlungsbeschluss dann auch auf die Verlegung des tatsächlichen Sitzes soll erstrecken müssen. Der Aufnahmemitgliedstaat soll zur Anerkennung der zuziehenden Gesellschaft verpflichtet sein und kein neues Gründungsverfahren verlangen dürfen. In der neuen Richtlinie sollen die Rechtmäßigkeitskontrolle der Hauptversammlungsbeschlüsse durch den Herkunftsmitgliedstaat und die dem Aufnahmemitgliedstaat obliegende Kontrolle in inhaltlicher, formaler und verfahrensrechtlicher Hinsicht koordiniert werden und die Eintragung im Aufnahmemitgliedstaat soll mit dem Verlust der Rechtspersönlichkeit und der Löschung der Eintragung im Register des Herkunftsmitgliedstaats verbunden werden. Die Sitzverlegung soll sowohl im Register des Herkunftsstaats als auch im Register des Aufnahmestaats vermerkt werden. Zu einer Auflösung der Gesellschaft soll die Sitzverlegung nicht führen dürfen und auch die Vermögenszuordnung soll unangetastet bleiben. Der Herkunftsmitgliedstaat soll insbesondere den Minderheitsaktionären und den Gläubigern unter Beachtung des Verhältnismäßigkeitsprinzips besonderen Schutz gewähren können. Die Sitzverlegung soll steuerneutral erfolgen und die Mitbestimmung der Arbeitnehmer soll sich nach dem Herkunftsstaat bestimmen. Die Überlegungen sind bei der Konsultation auf eine grundsätzlich positive Resonanz gestoßen, der Zeitpunkt der Umsetzung der vorgenannten Überlegungen steht jedoch noch nicht fest.

§ 14 [Festsetzung von Zwangsgeld]

¹ Wer seiner Pflicht zur Anmeldung oder zur Einreichung von Dokumenten zum Handelsregister nicht nachkommt, ist hierzu von dem Registergericht durch Festsetzung von Zwangsgeld anzuhalten. ² Das einzelne Zwangsgeld darf den Betrag von fünftausend Euro nicht übersteigen.

Übersicht

	RdNr.		RdNr.
I. Regelungszweck	1–5	1. Natürliche Personen als Anmeldepflichtige	20–25
II. Registerzwang	6–16	2. Juristische Personen und Personenverbände als Anmeldepflichtige	26, 27
1. Anwendungsbereich	6–9		
2. Grenzen des Registerzwangs	10–16	V. Das Verfahren	28–39
a) Gesetzlicher Ausschluss	10, 11	1. Anlass zum Einschreiten	29, 30
b) Keine Anmeldepflicht	12, 13	2. Notwendiger Inhalt der Verfügung	31, 32
c) Keine Verknüpfung	14, 15	3. Einspruch	33–36
d) Sonstige Fälle	16	4. Beschwerde	37
III. Registerzwang und Amtslöschungsverfahren	17–19	5. Erledigung der Anmeldepflicht	38
IV. Die dem Registerzwang unterworfenen Personen	20–27	6. Zwangsvollstreckung	39

I. Regelungszweck

1 Durch § 14 wird das Registergericht ermächtigt und verpflichtet, die Erfüllung von **Anmelde- und Einreichungspflichten zwangsweise durchzusetzen.** § 14 soll die Übereinstimmung der

---

[61] Vgl. VII. 2 der Begründung, ZIP 1997, 1721, 1723.
[62] http://ec.europa.eu/internal_market/company/seat-transfer/2004-consult_de.htm.

Festsetzung von Zwangsgeld 2–9 § 14

wirklichen Sach- und Rechtslage mit dem Inhalt des Handelsregisters sicherstellen.[1] Der Registerzwang will dabei nicht die Säumnis als solche bestrafen, sondern die Erfüllung gesetzlich vorgeschriebener Verbindlichkeiten öffentlich-rechtlicher Natur durchsetzen. Die Festsetzung von Zwangsgeld stellt sich als Beugemittel dar.[2] Entsprechend spricht die Vorschrift von der Festsetzung von Zwangsgeld, nicht von Ordnungsstrafe.[3]

Soweit im Fall von § 36 **(Unternehmen öffentlicher Körperschaften)** nach freiwilliger Eintragung ergänzende Eintragungspflichten bestehen, ist § 14 auf die öffentliche Hand **nicht anwendbar** und ein Zwangsverfahren unzulässig.[4]   2

Ist der erstrebte **Zweck erreicht,** kommt eine Beitreibung des Zwangsgeldes nicht mehr in Betracht. Ist etwa Zwangsgeld festgesetzt worden, um die Anmeldung des Erlöschens einer Firma durchzusetzen und meldet der Verpflichtete an, bevor das Zwangsgeld bezahlt oder beigetrieben ist, muss die Festsetzung wieder aufgehoben werden.[5]   3

§ 14 enthält die **allgemeine handelsrechtliche Grundlage für den Registerzwang.** Daneben enthalten etwa § 78 BGB; § 37 (Ordnungsgeld); § 37 a Abs. 4, § 125 a Abs. 2, §§ 177 a, 335, 340 o; §§ 407 und 408 AktG; § 28 Abs. 4 EGAktG; § 79 Abs. 1 GmbHG; § 160 GenG; § 43 Abs. 2 S. 2 KWG, § 316 UmwG, § 21 PublG; § 16 VAG und § 12 EWIV-AusführungsG Bestimmungen über die Festsetzung von Zwangsgeld. Die Vorschriften zum Registerzwang sind keiner ausdehnenden Auslegung fähig.[6]   4

§ 14 wird durch die **Verfahrensvorschriften** der §§ 132 ff. FGG ergänzt. Dort sind auch weitere materiell-rechtliche Vorschriften aus dem Handels- und Gesellschaftsrecht aufgeführt, die Grundlage eines Registerzwangs sein können.   5

II. Registerzwang

1. Anwendungsbereich. § 14 setzt eine Pflicht zur Anmeldung oder zur Einreichung von Dokumenten zum Handelsregister voraus; hierbei muss es sich um eine **öffentlich-rechtliche Pflicht** handeln, so dass umgekehrt die bloße Verpflichtung aus einem etwa bestehenden Organverhältnis, bestimmte Anmeldungen vorzunehmen (zB Anmeldung der Gesellschaft, Anmeldung der Satzungsänderung) allein die Festsetzung von Zwangsgeld nicht rechtfertigt.[7]   6

Eine mit Zwangsgeld erzwingbare **Verpflichtung zur Anmeldung** besteht beispielsweise in folgenden **Fällen:**   7
§§ 13 Abs. 1, § 13 d– h, §§ 29, 31, 33, 34, 53, 106, 107, 108, § 125 Abs. 4, §§ 143, 144, 148, 150, 157, § 161 Abs. 2, § 162; §§ 42, 43, 44, 81, 94, 201, 227, 229, 239, 248, 249, 263, 266, 273, 275, 278, 283 Nr. 1, § 289 Abs. 6, § 298, § 327 Abs. 3 AktG; §§ 39, 65, 67, 78 GmbHG, §§ 14, 16, 28, § 51 Abs. 5, § 78 Abs. 2, § 79 Abs. 2, § 84, § 85 Abs. 2, §§ 89, 96, § 157 GenG; §§ 52, 73, 78, 96, 114, 118, 125, 140, 146, 148, 160, UmwG; §§ 30–32, 34, 40, 45, 47, 49 VAG.

Die Anmeldepflicht kann auch **ohne ausdrückliches** Gebot bestehen. Sind Tatsachen ausnahmsweise ohne gesetzliche Festlegung eintragungsfähig und eintragungs- (d.h. anmelde-)pflichtig, unterliegt die Anmeldeverpflichtung dem Registerzwang. Dies gilt auch für Änderungen in den Personalien der Gesellschafter nach §§ 106 Abs. 2, 107.[8]   8

Verpflichtungen zur Einreichung von Dokumenten bestehen zum Beispiel in folgenden gesetzlich bestimmten Fällen: 9
§ 34 Abs. 3, § 99 Abs. 4, §§ 106, 130 Abs. 5, § 145 Abs. 4, S. 3, §§ 248, 249, 250 Abs. 3, § 251 Abs. 3, § 253 Abs. 2, § 254 Abs. 2, § 255 Abs. 3, § 275 Abs. 4, § 278 Abs. 3 iVm. § 283 Nr. 1, AktG; §§ 40, 52, 75 GmbHG; §§ 33, 89 GenG; §§ 86, 148 Abs. 2, §§ 199, 223 UmwG; §§ 35, 36, 47 VAG.[9]

---

[1] Röhricht/Graf von Westphalen/*Ammon* RdNr. 1.
[2] RG Beschl. v. 22. 5. 1880 – I. 13/80, RGZ 2, 223, 224; KG Beschl. v. 19. 10. 1905 – 1. Y. 1014/05, KGJ 31 A 201, 203; KG Beschl. v. 15. 1. 1909 – 1 a. Y. 927/08, KGJ 37 A 182, 183; Staub/*Hüffer* RdNr. 1.
[3] So aber die frühere Fassung, geändert durch Art. 125 Nr. 1 EGStGB v. 2. 3. 1974, BGBl. I S. 469.
[4] MünchKommHGB/*Krafka* RdNr. 1.
[5] BayObLG Beschl. v. 10. 6. 1955 – 2 Z BR 44/55, BayObLGZ 1955, 124, 130; LG Waldshut Beschl. v. 14. 12. 1961 – 1 T 108/61, BB 1962, 386; *Ammon* DStR 1993, 1025, 1031.
[6] BayObLG Beschl. v. 14. 6. 1967 – 2 Z BR 20/67, BayObLGZ 1967, 240, 243; BayObLG Beschl. v. 4. 7. 1985 – 3 Z BR 43/85, NJW 1986, 140 = Rpfleger 1985, 404.
[7] Vgl. für die Aktiengesellschaft nur *Hüffer* § 36 AktG RdNr. 5; § 181 RdNr. 5.
[8] Heymann/*Sonnenschein/Weitemeyer* RdNr. 2; Koller/*Roth*/Morck RdNr. 2; Staub/*Hüffer* RdNr. 2; Röhricht/Graf von Westphalen/*Ammon* RdNr. 5; aA – weil nicht eintragungsfähige, nicht anmeldepflichtige Tatsache, KG Beschl. v. 9. 2. 1905 – 1. Y. 7/05; KGJ 29 A 213; OLG Hamburg Beschl. v. 6. 4. 1908, KGJ 36 A 263 = RJA 9, 180.
[9] Vgl. die Aufstellung bei *Keidel/Kuntze/Winkler* § 132 FGG RdNr. 4 bis 6.

10 **2. Grenzen des Registerzwangs. a) Gesetzlicher Ausschluss.** In bestimmten Fällen schließt das Gesetz die Erzwingung einer Anmeldung ausdrücklich aus, zB § 79 Abs. 2 GmbHG, § 407 Abs. 2 S. 1 AktG, § 316 Abs. 2 UmwG, § 175 S. 3, weil durch **anderweitige Sanktionen** die unmittelbare Durchsetzung der Anmeldepflicht entbehrlich erscheint. Dies gilt insbesondere für die Fälle, in denen erst durch die Eintragung die begehrte Rechtsfolge eintritt, zB das Entstehen der juristischen Person unter Ausschluss der persönlichen Gesellschafterhaftung.[10]

11 Ob eine **Eintragung deklaratorisch oder konstitutiv** wirkt, ist **kein tragfähiges Abgrenzungskriterium** für den Registerzwang. Allerdings wird häufig bei einer konstitutiv wirkenden Eintragung der Gesetzgeber auf den Registerzwang verzichten, weil er hier die mittelbare Sanktion, nämlich Ausbleiben der gewünschten Rechtsfolge, für ausreichend erachtet.

12 **b) Keine Anmeldepflicht.** Besteht für eintragungsfähige Tatsachen **keine Anmeldepflicht**, (§ 8 RdNr. 75 ff.) kann Registerzwang nicht ausgeübt werden.[11] Das Gleiche gilt, wenn das Registergericht irrtümlich einen anmeldepflichtigen Tatbestand annimmt.[12]

13 Wird eine eintragungsfähige, jedoch nicht anmeldepflichtige Tatsache dennoch zum Handelsregister angemeldet, fehlen hierbei allerdings etwa Dokumente nach § 8 Abs. 1 GmbHG oder § 37 Abs. 4 AktG, die der Anmeldung beizufügen sind, so ist die unvollständige Anmeldung fehlerhaft und zurückzuweisen, sofern der Mangel nicht auf eine Zwischenverfügung des Registergerichts hin behoben wird.[13] Ist trotz **unvollständiger Anmeldung** die Gesellschaft dennoch eingetragen worden, kann ihre Beibringung durch Registerzwang nach § 14 erreicht werden, weil der vor der Eintragung gegebene mittelbare Zwang (oben RdNr. 11) nunmehr entfallen ist.[14]

14 **c) Keine Verknüpfung.** Besteht eine öffentlich-rechtliche Anmeldepflicht und liegt eine **ordnungsgemäße Anmeldung** vor, muss das Registergericht **unverzüglich eintragen**. Es darf die Eintragung nicht von der Erfüllung anderer Pflichten abhängig machen und im Eintragungsverfahren nicht im Ergebnis Registerzwang ausüben.[15]

15 **Beispiele:** Scheidet aus einer GmbH & Co. KG die Komplementär-GmbH aus und tritt an ihre Stelle eine natürliche Person, kann die Eintragung des Gesellschafterwechsels nicht unter Hinweis darauf verweigert werden, dass nunmehr der Firmenbestandteil „GmbH" täuscht. Vielmehr ist der Gesellschafterwechsel einzutragen und danach gegen den unzulässigen Firmengebrauch nach § 37, § 140 FGG vorzugehen oder das Amtslöschungsverfahren nach § 142 FGG einzuleiten.[16]

16 **d) Sonstige Fälle.** Im Fall des **§ 127 S. 2 FGG** (Aussetzung des Registerverfahrens mit Fristsetzung zur Klageerhebung) darf die Klageerhebung nicht erzwungen werden. **Aufsichtsratsmitglieder** können nicht auf Grund des § 111 Abs. 3 AktG zur Berufung einer Hauptversammlung angehalten werden.[17] Ein **Sonderprüfer** kann nicht entsprechend § 45 AktG zur Einreichung seines Berichts an das Registergericht gezwungen werden.[18] Wird eine **unzulässige Firma** angemeldet, so darf das Gericht nicht die Anmeldung einer ordnungsgemäßen Firma erzwingen, sondern hat zunächst den Eintragungsantrag abzulehnen.[19] Ein Gewerbetreibender darf nicht durch Registerzwang zur **Auskunftserteilung** an die Industrie- und Handelskammer über Art und Umfang seines Geschäftsbetriebes angehalten werden.[20]

III. Registerzwang und Amtslöschungsverfahren

17 Eine Eintragung in das Handelsregister kann auf Antrag und unter den Voraussetzungen der §§ 142 ff. FGG von Amts wegen gelöscht werden. Es versteht sich, dass eine nach **§ 14 erzwingbare Anmeldung in einem von Amts wegen durchgeführten** Verfahren **nicht in Betracht** kommt. Zweifelhaft ist nur das Verhältnis der beiden Verfahren zueinander, dh. ob das Registergericht eine

---

[10] BGH Urt. v. 4. 3. 1996 – II ZR 123/94, ZIP 1996, 590 m. Anm. *K. Schmidt* ZIP 1996, 539; im Übrigen s. § 8 RdNr. 73 ff.
[11] BGH Urt. v. 24. 10. 1988 – II ZB 7/88, DB 1988, 2623, 2626; Heymann/*Sonnenschein*/*Weitemeyer* RdNr. 3.
[12] KG Beschl. v. 27. 12. 1912 – 1 a. X. 1257/12, KGJ 44 A 149; OLG Dresden Beschl. v. 7. 2. 1933 – 6. ZS 16/33, JW 1933, 1036.
[13] Staub/*Hüffer* RdNr. 8.
[14] KG Beschl. v. 23. 6. 1911 – 1 a.X. 6558/11, KGJ 41 A 123, 130; Röhricht/Graf von Westphalen/*Ammon* RdNr. 8.
[15] MünchKommHGB/*Krafka* RdNr. 6.
[16] BayObLGZ Beschl. v. 3. 3. 1988, 3 Z BR 184/87, 51, 54 = WM 1988, 710, 711; s. auch unten zum Verhältnis Amtslöschungsverfahren/Registerzwang RdNr. 17 ff.
[17] BayObLG Beschl. v. 25. 4. 1968 – 2 Z BR 56/67, BayObLGZ 1968, 118.
[18] BayObLG Beschl. v. 4. 7. 1985 – 3 Z BR 43/85, NJW 1986, 140 = Rpfleger 1985, 404.
[19] BayObLG Beschl. v. 3. 10. 1972 – 2 Z BR 50/72, BayObLGZ 1972, 310, 313 = NJW 1973, 37 = DNotZ 1973, 118.
[20] BayObLG v. 13. 10. 1967 – I Z BR 68/67, BayObLGZ 1967, 385.

Anmeldung nach § 14 erzwingen darf, obgleich es die gebotene Löschung von Amts wegen vornehmen kann.[21] Mit **Ausnahme** von **§ 31 Abs. 2 S. 2**, der das Nebeneinander beider Maßnahmen anordnet, nämlich zunächst § 14, bei Erfolglosigkeit Amtslöschung nach § 141 FGG, **fehlen gesetzliche Regeln** für das Verhältnis beider Verfahren.

Nach einer **Auffassung** ist der **Registerzwang neben der Amtslöschung unzulässig oder nur subsidiär** anwendbar;[22] nach **anderer Auffassung** bestehen **beide Rechtsinstitute nebeneinander,** wobei dem Registerzwang der Vorzug zu geben ist;[23] schließlich soll aus Gründen der Praktikabilität der Amtslöschung der Vorzug zu geben sein.[24] 18

Da die Einleitung des Löschungsverfahrens im pflichtgemäßen Ermessen des Gerichts steht und voraussetzt, dass das Bestehen bleiben der Eintragung entweder die Schädigung Berechtigter zur Folge haben oder dem öffentlichen Interesse widersprechen würde, sind häufig schon die Voraussetzungen für eine Amtslöschung nicht gegeben, obwohl Registerzwang möglich ist.[25] Damit ist die **Streitfrage praktisch** in einer Vielzahl von Fällen bereits **entschärft**. Der Hinweis, dass der Amtslöschung deshalb der Vorzug zu geben sei, weil das Gericht die erforderlichen Maßnahmen hier selbst ergreifen könne und damit Registerzwang ausscheide,[26] verkennt, dass das Amtslöschungsverfahren nach Ablauf und Instanzenweg ebenso aufwändig ist, wie ein Registerzwangsverfahren.[27] Im Ergebnis wird daher im Zuge der Verhältnismäßigkeitsprüfung oftmals dem im Vergleich zum Amtslöschungsverfahren weniger einschneidenden Mittel des **Registerzwangs** der **Vorzug** gegeben sein, wofür § 31 Abs. 2 S. 2 gesetzliches Leitbild ist. 19

IV. Die dem Registerzwang unterworfenen Personen

1. Natürliche Personen als Anmeldepflichtige. Dem Registerzwang ist unterworfen, wer zur Anmeldung (oder Einreichung von Dokumenten) verpflichtet ist. Die Person des Verpflichteten ergibt sich aus dem Gesetz. So ist zB nach § 53 Abs. 1 S. 1 der Inhaber des Handelsgeschäftes zur Anmeldung der Prokura verpflichtet, nicht der, dem die Prokura erteilt wurde.[28] Nach § 108 Abs. 1 sind alle Gesellschafter der oHG, nicht die Gesellschaft selbst, verpflichtet, die in §§ 106, 107 bezeichneten Anmeldungen vorzunehmen. Gemäß § 157 Abs. 1 sind alle Liquidatoren verpflichtet, nach Beendigung der Liquidation das Erlöschen der Firma anzumelden. 20

Wenn von **mehreren Anmeldepflichtigen** nur ein Teil seiner Pflicht nicht nachgekommen ist, darf das Zwangsgeld nur gegen die Säumigen, nicht auch gegen die übrigen Anmeldepflichtigen festgesetzt werden.[29] 21

Hat der zur Anmeldung Verpflichtete einen **Verfahrensbevollmächtigten** bestellt, bleibt gleichwohl er Adressat des Zwangsgeldes,[30] denn seine Pflicht wird nicht dadurch aufgehoben, dass ein anderer für ihn handeln könnte.[31] 22

Gegen sonstige Bevollmächtigte (**Prokuristen**) ist Registerzwang ebenfalls nicht zulässig. 23

Die **Erben** des Gesellschafters einer oHG/KG haben das Ausscheiden(Tod) des Gesellschafters anzumelden, unabhängig davon, ob sie selbst nachfolge- oder eintrittsberechtigt sind.[32] 24

Wird über das Vermögen des Anmeldepflichtigen das Insolvenzverfahren eröffnet, gehen Befugnisse und Pflichten zur Anmeldung nach § 80 InsO auf den **Insolvenzverwalter** über, der folglich allein Adressat eines Zwangsgeldes sein kann.[33] 25

2. Juristische Personen und Personenverbände als Anmeldepflichtige. Soweit bei der **GmbH und AG** eine zwangsgeldbewehrte Pflicht zur Anmeldung besteht, legt das Gesetz diese **Pflicht** nicht der juristischen Person selbst auf, sondern den im Einzelnen bezeichneten Organ- 26

---

[21] Staub/*Hüffer* RdNr. 10.
[22] Staub/*Hüffer* RdNr. 10 unter Hinweis auf OLG Jena RJA 12, 46 f.; KG KGBl. 1903, 102 f.; OLG Hamm JMBlNRW 1953, 185.
[23] Baumbach/*Hopt* RdNr. 1.
[24] Schlegelberger/Hildebrandt/*Steckhan* RdNr. 4.
[25] Hierauf weist Röhricht/Graf von Westphalen/*Ammon* RdNr. 11 zutreffend hin.
[26] Staub/*Hüffer* RdNr. 10.
[27] Röhricht/Graf von Westphalen/*Ammon* RdNr. 11.
[28] BayObLG Beschl. v. 22. 5. 1914 – 1. ZS., OLGR 29, 301.
[29] BayObLG Beschl. v. 4. 4. 1978 – 1 Z BR 15/78, MittBayNot 1978, 115.
[30] BayObLG Beschl. v. 10. 7. 1907, KGJ 35 A, 354, 356.
[31] Staub/*Hüffer* RdNr. 13.
[32] BayObLG v. 22. 12. 1992 – III Z BR 170/92, DB 1993, 474.
[33] BGH Urt. v. 24. 11. 1980 – II ZR 265/79, NJW 1981, 822 f. für den Konkursverwalter. Röhricht/Graf von Westphalen/*Ammon* RdNr. 12; differenzierend OLG Rostock Beschl. v. 17. 12. 2002 – 6 W 52/02 Rpfleger 2003, 444; OLG Köln Beschl. v. 11. 7. 2001 – 2 Wx 13/01, NJW-RR 2001, 1417 = Rpfleger 2001, 552; MünchKommHGB/*Krafka* RdNr. 8.

mitgliedern.[34] Adressaten des Zwangsgeldes sind damit die Geschäftsführer bzw. Mitglieder des Vorstandes, nicht die Gesellschaft.[35]

27   Hiervon zu unterscheiden ist der Fall, dass eine GmbH oder AG Gesellschafterin einer **Personenhandelsgesellschaft** wird bzw. in dieser die Funktion eines Liquidators übernimmt. Die Anmeldepflicht und damit die Frage des möglichen Adressaten einer Zwangsgeldfestsetzung richtet sich hier nach dem Recht der Personengesellschaft; hierzu sehen §§ 108, 161 Abs. 2 vor, dass die Anmeldung von den Gesellschaftern bewirkt wird. Anmeldepflichtig sind demnach die GmbH oder AG selbst, nicht ihre Vertretungsorgane oder Mitglieder.[36] Gleichwohl ist – insofern fallen Anmeldepflichtiger und Adressat des Zwangsgeldes auseinander – nicht die juristische Person, sondern sind nur die nach der jeweiligen rechtlichen Ordnung der Gesellschaft zum Handeln berufenen Organe Adressaten des Zwangsgeldes. Die Festsetzung des Zwangsgeldes gegen die Organmitglieder ist notwendig, weil die Durchsetzung der gegenüber dem Gericht bestehenden Anmeldepflicht bei Festsetzung des Zwangsgeldes gegen die Gesellschaft davon abhinge, welche rechtlichen und tatsächlichen Weisungsmöglichkeiten gegenüber den Vertretungsorganen bestehen (vgl. namentlich die Weisungsfreiheit des Vorstandes nach § 76 AktG).[37]

V. Das Verfahren

28   Das Verfahren der Zwangsgeldfestsetzung gem. § 14 ist in **§§ 132 bis 139 FGG** geregelt.

29   **1. Anlass zum Einschreiten.** Sobald das Registergericht **glaubhaft Kenntnis** von einem Sachverhalt erhält, der das Einschreiten nach § 14 rechtfertigt, muss es tätig werden. Eine Besonderheit enthält § 35 BGB, nach dessen S. 2 und 3 das Registergericht nur auf Antrag der dort genannten Personen bzw. Institutionen einschreitet.[38]

30   Dem Registergericht ist in der Frage der Verfahrenseröffnung **kein Ermessen** eingeräumt.[39] Für die Verfahrenseröffnung genügt glaubhafte Kenntnis vom Sachverhalt, unabhängig woher diese rührt. Der volle Nachweis des wirklichen Sachverhalts ist erst im Einspruchsverfahren gefordert.[40]

31   **2. Notwendiger Inhalt der Verfügung.** Eingeleitet wird das Verfahren durch eine Verfügung des Registergerichts. Dabei ist die zu erfüllende **Verpflichtung** möglichst **genau zu bezeichnen**.[41] Weiter ist eine angemessene **Frist** zu setzen und mit der **Aufforderung** zu verbinden, innerhalb der Frist entweder der Verfügung nachzukommen, oder mittels Einspruchs die Weigerung zu rechtfertigen. Schließlich ist für den Fall, dass weder die Verpflichtung erfüllt, noch Einspruch eingelegt oder der Einspruch verworfen wird, ein **Zwangsgeld anzudrohen,** und zwar **ziffernmäßig bestimmt;** die Bezeichnung des Rahmens genügt nicht.[42] Die Höhe des Zwangsgeldes darf 5000 € nicht übersteigen, S. 2. Der Beteiligte muss auf die **Möglichkeit hingewiesen** werden, sein Verhalten durch **Einspruch** zu rechtfertigen.[43]

32   **Fehlt es an Aufforderung, Androhung und Fristsetzung,** ist das ganze weitere **Verfahren nichtig** und die Zwangsgeldfestsetzung nach § 133 FGG nicht mehr möglich.[44]

33   **3. Einspruch.** Innerhalb der gesetzten Frist kann der Beteiligte Einspruch einlegen mit dem Ziel, die durch die Verfügung beanstandete Unterlassung zu rechtfertigen. Beschwerde ist unzulässig,[45] weil der Beteiligte sonst den Instanzenweg vor der Sachentscheidung beschreiten könnte.[46] **Einspruchsberechtigt** sind die natürlichen Personen, an die sich die Einleitungsverfügung richtet. Die Unterzeichnung der Einspruchsschrift mit der Firma statt dem bürgerlichen Namen des beteiligten Kaufmanns schadet nicht;[47] die Unterzeichnung mit der Firma einer oHG rechtfertigt regelmäßig die Annahme, dass der Einspruch von den Gesellschaftern eingelegt worden ist.[48]

---

[34] Vgl. zB § 78 GmbHG, 4, § 407 Abs. 1 AktG; BayObLG Beschl. v. 26. 1. 2000 – 3 Z BR 410/99, NJW-RR 2000, 771 = ZIP 2000, 668 m. Anm. *Luttermann* EWiR § 21 PublG 1/2000, 545.
[35] Heymann/*Sonnenschein*/*Weitemeyer* RdNr. 4; MünchKommHGB/*Krafka* RdNr. 8 a.
[36] Staub/*Hüffer* RdNr. 16.
[37] Staub/*Hüffer* RdNr. 17.
[38] Keidel/*Kuntze*/*Winkler* § 132 FGG RdNr. 14.
[39] LG Limburg Beschl. v. 1. 3. 1962 – 2 T 215/61, BB 1963, 32 f.
[40] BayObLG Beschl. v. 13. 10. 1978 – 1 Z BR 111/78, BayObLGZ 1978, 319, 322; *Ammon* DStR 1993, 1025, 1030 ff.
[41] BayObLG Beschl. v. 24. 11. 1967 – 2 Z BR 83/67, BayObLGZ 1967, 458, 463.
[42] KG Beschl. v. 6. 4. 1905 – 1. ZS, OLGRspr. 12, 410, 412; KG Beschl. v. 5. 11. 1908 – 1 a. X. 826/08, KGJ 37 A 177, 179; OLG Karlsruhe Beschl. v. 17. 8. 1917, OLGRspr. 36, 193.
[43] KG Beschl. v. 30. 6. 1902 – 1. ZS, OLGRspr. 5, 274.
[44] KGJ 37 A 177, 179; MünchKommHGB/*Krafka* RdNr. 9.
[45] KG Beschl. v. 5. 11. 1908 – 1 a. X. 826/08, § 132 Abs. 2 FGG.
[46] KG Beschl. v. 22. 4. 1901 – 1. Y. 241/01, KGJ 22 A 8, 11; LG Mannheim Beschl. v. 4. 8. 1954 – 1. KfHS 9 T 1/54, Rpfleger 1955, 132 m. Anm. *Keidel* S. 134.
[47] KG Beschl. v. 16. 11. 1905 – 1. Y. 1137/05, KGJ 31 A 206, 213.
[48] MünchKommHGB/*Krafka* RdNr. 10.

Hält das **Gericht** den **Einspruch** für **begründet,** hebt es die Verfügung auf, (§ 135 Abs. 1 FGG) andernfalls verwirft es den Einspruch und setzt das angedrohte Zwangsgeld fest. Wenn es die Umstände rechtfertigen, kann das Gericht das Zwangsgeld auch niedriger festsetzen oder ganz davon absehen (§ 135 Abs. 2 FGG). Gleichzeitig hat das Gericht eine erneute Androhungsverfügung zu erlassen (§ 135 Abs. 3 FGG). 34

Auch bei **verspätetem Einspruch** hat das Gericht die Möglichkeit, die Androhungsverfügung nach § 18 Abs. 1 FGG aufzuheben, wenn es vor Festsetzung des Zwangsgeldes zu einer anderen Beurteilung kommt.[49] 35

Wird **kein Einspruch** eingelegt und die Verfügung auch nicht befolgt, setzt das Gericht gem. § 133 Abs. 1 FGG das Zwangsgeld in der angedrohten Höhe fest und erlässt gleichzeitig eine erneute Androhungsverfügung. Wenn gegen die erneute Verfügung Einspruch eingelegt und dieser für begründet erachtet wird, kann das Gericht auch das früher festgesetzte Zwangsgeld aufheben oder herabsetzen (§ 136 FGG). 36

4. Beschwerde. Gegen die Festsetzung des Zwangsgeldes und gegen die Verwerfung des Einspruchs kann der Betroffene **sofortige Beschwerde** einlegen (§ 139 Abs. 1 FGG). Ist das Zwangsgeld nach § 133 FGG (Versäumung der Einspruchsfrist) festgesetzt worden, kann die Beschwerde nicht darauf gestützt werden, dass die Verfügung, durch die das Zwangsgeld angedroht worden ist, nicht gerechtfertigt gewesen sei (§ 139 Abs. 2 FGG). Denn der Beteiligte hätte Mängel der Einleitungsverfügung im Einspruchsverfahren geltend machen müssen.[50] 37

5. Erledigung der Anmeldepflicht. Die **Erfüllung der Verpflichtung** oder ihr Erlöschen aus einem sonstigen Grund ist **bis zum Erlass der Entscheidung** durch das Beschwerdegericht **zu berücksichtigen.** Wird die Verpflichtung erst nach Erlass des landgerichtlichen Beschlusses, der die Zwangsgeldfestsetzung bestätigt, erfüllt, kann diese neue Tatsache vom Rechtsbeschwerdegericht nicht mehr berücksichtigt werden. Hier muss das Registergericht die Zwangsgeldfestsetzung wegen veränderter Umstände aufheben (§ 18 FGG). Wird Zwangsgeld festgesetzt, sind dem Betroffenen zugleich die Kosten des Verfahrens aufzuerlegen.(§ 138 FGG.) 38

6. Zwangsvollstreckung. Die Vollstreckung des rechtskräftig festgesetzten Zwangsgeldes richtet sich nach der Justizbeitreibungsordnung.[51] **Vollstreckungsbehörde** ist das Gericht, dass die Festsetzung des Zwangsgeldes angeordnet hat; **Einziehungsbehörde** ist die Gerichtskasse. Die Vollstreckung fällt in den Zuständigkeitsbereich des Rechtspflegers (§ 31 Abs. 3 RPflG). 39

§ 15 [Publizität des Handelsregisters]

(1) Solange eine in das Handelsregister einzutragende Tatsache nicht eingetragen und bekanntgemacht ist, kann sie von demjenigen, in dessen Angelegenheiten sie einzutragen war, einem Dritten nicht entgegengesetzt werden, es sei denn, daß sie diesem bekannt war.

(2) [1] Ist die Tatsache eingetragen und bekanntgemacht worden, so muß ein Dritter sie gegen sich gelten lassen. [2] Dies gilt nicht bei Rechtshandlungen, die innerhalb von fünfzehn Tagen nach der Bekanntmachung vorgenommen werden, sofern der Dritte beweist, daß er die Tatsache weder kannte noch kennen mußte.

(3) Ist eine einzutragende Tatsache unrichtig bekanntgemacht, so kann sich ein Dritter demjenigen gegenüber, in dessen Angelegenheiten die Tatsache einzutragen war, auf die bekanntgemachte Tatsache berufen, es sei denn, daß er die Unrichtigkeit kannte.

(4) Für den Geschäftsverkehr mit einer in das Handelsregister eingetragenen Zweigniederlassung eines Unternehmens mit Sitz oder Hauptniederlassung im Ausland ist im Sinne dieser Vorschriften die Eintragung und Bekanntmachung durch das Gericht der Zweigniederlassung entscheidend.

Schrifttum: *Altmeppen,* Disponibilität des Rechtsscheins, 1993; *Canaris,* Vertrauenshaftung im deutschen Privatrecht, 1971; *Hager,* Das Handelsregister, Jura 1992, 57; *A. Hueck,* Gilt § 15 Abs. 1 HGB auch beim Erlöschen und bei der Änderung nicht eingetragener aber eintragungspflichtiger Rechtsverhältnisse?, AcP 118 (1920), 350; *John,* Fiktionswirkung oder Schutz typisierten Vertrauens durch das Handelsregister, ZHR 140 (1976), 236; *Mossler,* Die Rechtscheinhaftung im Handelsrecht, Diss. Münster 1974; *v. Olshausen* Rechtsschein und „Rosinentheorie" oder Vom guten und vom schlechten Tropfen, AcP 1989 (1989), 223; *Schilken,* Abstrakter und konkreter Vertrauensschutz im Rahmen

---

[49] Staub/*Hüffer* RdNr. 23.
[50] KG Beschl. v. 8. 7. 1901 – 1. ZS, OLGRspr. 5, 275; LG Landau Beschl. v. 24. 2. 1970 – 1 T 168/69, Rpfleger 1970, 244; Staub/*Hüffer* RdNr. 24.
[51] IdF v. 26. 7. 1957, BGBl. I S. 8361, geändert durch Gesetz v. 17. 12. 1990, BGBl. I S. 2847.

§ 15 1, 2   1. Buch. 2. Abschnitt. Handelsregister; Unternehmensregister

des § 15 HGB, AcP 187 (1987), 1; *K. Schmidt*, Sein-Schein-Handelsregister JuS 1977, 209; *ders.*, Ein Lehrstück zu § 15 Abs. 1 HGB – BGH, NJW 1991, 2566, JuS 1991, 1002; *ders.*, Handelsregisterpublizität und Kommanditistenhaftung ZIP 2002, 413; *H. Westermann*, Die Grundlagen des Gutglaubensschutzes JuS 1963, 1.

Übersicht

	RdNr.		RdNr.
I. Regelungskonzept der Vorschrift	1–3	2. Der Normalfall des § 15 Abs. 2 S. 1	17, 18
1. Gesetzliche Entwicklung	1	a) Voraussetzungen	17
2. Normzweck	2	b) Rechtsfolgen	18
3. Geltungsbereich	3	3. Schonfrist (§ 15 Abs. 2 S. 2)	19–21
II. Vertrauensschutz bei fehlender Eintragung und Bekanntmachung – Negative Publizität (§ 15 Abs. 1)	4–15	a) Berechnung	19
		b) Beweislast	20
		c) Rechtsfolgen	21
1. Negative Publizität	4, 5	4. Vertrauensschutz trotz richtiger Eintragung	22, 23
a) Begriffsmerkmale	4	a) Rechtsschein unbeschränkter Haftung	22
b) Anwendungsbereich	5	b) Ständige Geschäftsbeziehung	23
2. Vertrauenstatbestand	6–12	**IV. Vertrauensschutz bei unrichtiger Bekanntgabe – Positive Publizität (§ 15 Abs. 3)**	24–38
a) Eintragungspflichtige Tatsache	6		
b) Keine Eintragung und Bekanntmachung	7, 8	1. Erweiterung des Registerschutzes	24
aa) Kumulative Merkmale?	7	2. Vertrauenstatbestand	25–36
bb) Fehlende Voreintragung	8	a) Eintragungspflichtige Tatsache	25
c) Angelegenheiten des durch die Eintragung Begünstigten	9	b) Unrichtigkeit	26–30
		aa) Unrichtigkeit der Bekanntmachung	26
d) Redlichkeit des Dritten	10–12	bb) Unrichtigkeit von Eintragung und Bekanntmachung	27–29
aa) „Dritter"	10		
bb) Unkenntnis	11	cc) Bloße Unrichtigkeit der Eintragung	30
cc) Gesetzliche Vermutungen	12	c) Angelegenheiten des Betroffenen: Zurechnung	31–33
3. Rechtsfolge	13–15		
a) Einwendungsausschluss	13	d) Mangelnde Geschäftsfähigkeit	34
b) Wahlrecht des Dritten	14, 15	e) Gutgläubigkeit des Dritten	35
aa) Grundsatz	14	f) Maßgebender Zeitpunkt	36
bb) Rosinentheorie	15	3. Rechtsfolge	37, 38
III. Rechtswirkungen richtiger Eintragung und Bekanntmachung (§ 15 Abs. 2)	16–23	a) Anwendung des § 15 Abs. 3	37
		b) Anwendung der Ergänzungssätze	38
1. Regelungszusammenhang zwischen § 15 Abs. 1 und 2	16	**V. Zweigniederlassung**	39

I. Regelungskonzept der Vorschrift

1   **1. Gesetzliche Entwicklung.** Ausgangspunkt der heutigen Regelung bildeten zahlreiche, durch einen gemeinsamen Gesetzeszweck geprägte Einzelbestimmungen des ADHGB. Diese Vorschriften befassten sich zum einen nur mit Rechtstatsachen, die – wie der Widerruf einer Prokura – eine Verpflichtung des Betroffenen ausschließen (enthaftende Tatbestände). Zum anderen statuierten sie eine Beweislastverteilung, wonach der Kaufmann entweder die Eintragung und Bekanntmachung der enthaftenden Umstände oder die Kenntnis des Dritten zu beweisen hatte. Die Verfasser des HGB **verschmolzen die Einzelnormen** zu einem einheitlichen, nicht mehr nur auf Enthaftung beschränkten Tatbestand.[1] Die aktuelle Fassung des § 15 basiert auf dem Gesetz zur Durchführung der Ersten Richtlinie des Rates der Europäischen Gemeinschaften zur Koordinierung des Gesellschaftsrechts vom 15. 8. 1969,[2] mit dem Art. 3 Abs. 5 und 6 der Publizitätsrichtlinie vom 9. 3. 1968[3] umgesetzt und über Kapitalgesellschaften hinaus auch auf Handelsgesellschaften sowie Kaufleute erstreckt wurde. Dadurch wurde § 15 Abs. 2 modifiziert, § 15 Abs. 3 neu geschaffen und der bisherige Absatz 3 unter Absatz 4 fortgeführt.

2   **2. Normzweck.** Die Bestimmung baut auf dem öffentlichen Glauben des Handelsregisters auf,[4] dessen Eintragungen als Informationsquelle für den Rechtsverkehr teils vertrauensschützende, teils vertrauenszerstörende Wirkung entfalten.[5] Die Offenlegung der Unternehmensverhältnisse durch das Register **(Publizität)**[6] begründet oder beseitigt Vertrauen. § 15 Abs. 2 setzt den Kaufmann in den Stand, den Rechtsverkehr mittels des Handelsregisters über wichtige Tatsachen zu unterrichten, und

---

[1] Staub/*Hüffer* RdNr. 2 f.; Heymann/*Sonnenschein/Weitemeyer* RdNr. 2.
[2] BGBl. I S. 1146 mit Regierungsbegründung in BT-Drucks V/3862 S. 9, 10 f.
[3] ABl. EG vom 14. 3. 1968 Nr. L 65, 8.
[4] Baumbach/*Hopt* RdNr. 1.
[5] Capelle/*Canaris* § 5; Koller/*Roth*/Morck RdNr. 2; Röhricht/Graf v. Westphalen/*Ammon* RdNr. 1.
[6] Staub/*Hüffer* RdNr. 7.

schneidet vertrauensbeschränkend nach Ablauf einer Karenzfrist den Einwand fehlender Kenntnis ab. Das Vertrauen Dritter in das Schweigen des Handelsregisters, nämlich in das Fehlen einer vorgeschriebenen Eintragung und Bekanntmachung **(negative Publizität)**, wird demgegenüber durch § 15 Abs. 1 prämiiert.[7] Vertrauensschutz eröffnet außerdem § 15 Abs. 3, indem sich der Rechtsverkehr auf den durch die unrichtige Bekanntgabe einer eingetragenen Tatsache erweckten Anschein einer bestimmten Rechtslage verlassen darf **(positive Publizität)**;[8] diese Erleichterung gilt erst recht, wenn neben der Bekanntmachung auch die Eintragung unrichtig ist oder gänzlich fehlt.[9] In ihrem Zusammenwirken bieten § 15 Abs. 1 und 3 einen nahezu lückenlosen Schutz gegen unrichtige Eintragungen bzw. Bekanntmachungen.[10] Schließlich wird durch § 15 Abs. 4 im Geschäftsverkehr mit einer Zweigniederlassung die Eintragung und Bekanntmachung durch das Gericht der Zweigniederlassung für ausschlaggebend erklärt. Da eine GbR nicht in das Handelsregister eingetragen werden kann und sich der Rechtsverkehr dann nicht über die Vertretungsverhältnisse zu vergewissern vermag, kann eine GbR nicht zum Verwalter von **Wohnungseigentum** bestellt werden.[11] Zu den Sonderfragen des Scheinkaufmanns wird auf § 5 RdNr. 49 auf die Scheingesellschaft auf § 105 RdNr. 21 ff. verwiesen.

3. Geltungsbereich. Die Regelung des § 15 gewährt als Rechtsscheintatbestand nur Schutz, 3 wenn ein Dritter zumindest abstrakt im Vertrauen auf die Richtigkeit der verlautbarten Rechtsverhältnisse gehandelt haben kann (abstrakte oder potentielle Kausalität).[12] Darum beschränkt sich der Schutzbereich auf Ansprüche, die mit der Teilnahme des Unternehmensträgers am **Geschäftsverkehr** in Verbindung stehen.[13] Dem Geschäftsverkehr ist nicht nur das rechtsgeschäftliche Handeln, also der Abschluss von Verträgen, einschließlich Ansprüchen aus Verschulden bei Vertragsschluss und Positiver Vertragsverletzung, sondern auch der Prozessverkehr nebst Vollstreckungsmaßnahmen zuzurechnen.[14] Ferner werden Ansprüche aus Geschäftsführung ohne Auftrag, Ungerechtfertigter Bereicherung und Delikt (Betrug bei Vertragsschluss) erfasst, die mit dem Geschäftsverkehr zusammenhängen.[15] Ein Anspruch auf Leistungskondiktion wegen Überzahlung bei laufender Rechnung[16] oder Rückabwicklung eines dem Handelsgewerbe zugehörigen Vertrages[17] entspringt ebenso wie der auf einem Wettbewerbsverstoß beruhende deliktische Anspruch[18] dem Geschäftsverkehr. Lediglich der „reine Unrechtsverkehr" wie die Verletzung eines Dritten bei einem Verkehrsunfall scheidet aus;[19] anwendbar bleibt indes § 15 bei der Schädigung eines mitfahrenden Geschäftspartners.[20] Für Steuerschulden[21] und IHK-Beiträge,[22] die auf gesetzlicher Grundlage fußen, gilt § 15 nicht.

II. Vertrauensschutz bei fehlender Eintragung und Bekanntmachung – Negative Publizität (§ 15 Abs. 1)

1. Negative Publizität. a) Begriffsmerkmale. Das Vertrauen in die Richtigkeit einer Ein- 4 tragung und Bekanntmachung wird nicht durch § 15 Abs. 1 geschützt.[23] Die negative Publizität eröffnet nur insoweit Vertrauensschutz, als das Register eine vorgeschriebene Eintragung nicht enthält oder das Eingetragene nicht bekanntgemacht ist.[24] Damit beschränkt sich der Vertrauensschutz auf das **Schweigen** des Handelsregisters: Ein gutgläubiger Dritter kann sich lediglich darauf berufen, dass das ursprünglich richtige Register nicht durch später vorgefallene, aber verschwiegene Tatsachen unrichtig geworden ist, dass also eine Tatsache, deren Eintragung versäumt wurde, als nicht eingetreten gilt. Mit anderen Worten wird der Dritte, der auf den Fortbestand der registerrechtlich

---

[7] Heymann/*Sonnenschein*/*Weitemeyer* RdNr. 3; Staub/*Hüffer* RdNr. 10.
[8] Staub/*Hüffer* RdNr. 10.
[9] Regierungsbegründung BT-Drucks V/3862 S. 11; Heymann/*Sonnenschein*/*Weitemeyer* RdNr. 3; Röhricht/Graf v. Westphalen/*Ammon* RdNr. 2.
[10] Vgl. MünchKommHGB/*Lieb* (Voraufl.) RdNr. 5.
[11] BGH R/W 2006, 2189 f. Tz 12.
[12] BGH, Urt. v. 9. 10. 2003 – VII ZR 122/01, NJW-RR 2004. 120; MünchKommHGB/*Krebs* RdNr. 22; Koller/Roth/Morck RdNr. 4.
[13] Staub/*Hüffer* RdNr. 13; Röhricht/Graf v. Westphalen/*Ammon* RdNr. 3; Koller/*Roth*/Morck RdNr. 4.
[14] BGH Urt. v. 9. 8. 1978 – VIII ZR 146/77, NJW 1979, 42; Heymann/*Sonnenschein*/*Weitemeyer* RdNr. 4; Baumbach/*Hopt* RdNr. 8.
[15] Staub/*Hüffer* RdNr. 13; Baumbach/*Hopt* RdNr. 8; MünchKommHGB/*Krebs* RdNr. 23.
[16] Baumbach/*Hopt* RdNr. 8.
[17] Staub/*Hüffer* RdNr. 13.
[18] OLG Stuttgart Urt. v. 12. 9. 1986 – 2 U 58/86, WRP 1987, 200 f.; Heymann/*Sonnenschein*/*Weitemeyer* RdNr. 4.
[19] RGZ 93, 238; Staub/*Hüffer* RdNr. 13.
[20] Heymann/*Sonnenschein*/*Weitemeyer* RdNr. 4; großzügiger MünchKommHGB/*Krebs* RdNr. 23.
[21] BFH Urt. v. 13. 4. 1978 – V 94/74, NJW 1978, 1944; Röhricht/Graf v. Westphalen/*Ammon* RdNr. 3.
[22] VG Aachen Urt. v. 19. 3. 2004 – 7 K 480/04, NJW 2005, 169.
[23] Heymann/*Sonnenschein*/*Weitemeyer* RdNr. 5; Koller/*Roth*/Morck RdNr. 5.
[24] Staub/*Hüffer* RdNr. 10.

verlautbarten Rechtslage vertraut, vor den Folgen nicht eingetragener und nicht bekannt gemachter richtiger Tatsachen geschützt.[25]

5 **b) Anwendungsbereich.** Dabei sind zwei Konstellationen zu unterscheiden: Die erste Gestaltung schließt sich an die wirksame Eintragung bestimmter Rechtsakte an. Wird die Aufhebung dieser Rechtsakte – Widerruf einer Prokura (§ 53 Abs. 3), Ausscheiden eines Gesellschafters (§ 143 Abs. 2) – nicht im Handelsregister verlautbart, kann ein gutgläubiger Dritter den Fortbestand des früheren Rechtszustands – Wirksamkeit der Vertretung (§ 49) Haftung für Gesellschaftsschulden (§ 128) – für sich reklamieren.[26] Die zweite Variante betrifft gesetzliche Regelagen, von denen nur durch eine Eintragung abgewichen werden kann. Ist zwischen den Gesellschaftern einer OHG Gesamtvertretung vereinbart, die Abrede aber nicht eingetragen, verbleibt es gegenüber Gutgläubigen bei der gesetzlichen Vertretungsregel des § 125 Abs. 1.[27] **Anfänglich unrichtige Eintragungen** können nicht unter dem Etikett der Nichteintragung des Richtigen (Eintragung von Nichtgesellschaftern = Nichteintragung des wahren Gesellschafterbestands) dem Regelungsbereich des § 15 Abs. 1 einverleibt werden.[28]

6 **2. Vertrauenstatbestand. a) Eintragungspflichtige Tatsache.** Mit „einzutragenden" sind eintragungspflichtige Tatsachen gemeint, nämlich solche, für die das Gesetz, insbesondere das Handels- und Gesellschaftsrecht, eine **Pflicht zur Anmeldung** aufstellt.[29] Dadurch sollen die möglichen Rechtsscheintatbestände begrenzt werden. Praktisch bedeutsame eintragungspflichtige Tatsachen stellen das Erlöschen der Prokura (§ 53 Abs. 3), das Ausscheiden eines Gesellschafters (§ 143) sowie die Entlassung eines Vorstandsmitglieds und der Entzug der Vertretungsmacht (§ 81 AktG) dar. Mit der Pflicht (§ 298 AktG), die Beendigung eines Unternehmensvertrages anzumelden, korrespondiert in § 303 AktG eine spezielle, § 15 verdrängende Gläubigerschutzbestimmung, nach deren Inhalt selbst positive Kenntnis der Gläubiger von der Vertragsbeendigung unschädlich ist.[30] Ebenso sehen §§ 174, 175 für die Erhöhung oder Herabsetzung der Haftsumme eines Kommanditisten eine Sonderregelung vor. Eine Ausdehnung der Anmelde- und damit Eintragungspflicht kraft richterlicher Rechtsfortbildung ist zu beachten; hier greift § 15 Abs. 1 aber erst ab dem Zeitpunkt ein, zu dem der Rechtsverkehr auf die Eintragungspflicht vertrauen durfte.[31] Die Vertretungsmacht eines geschäftsunfähig gewordenen Geschäftsführers bleibt entgegen § 6 Abs. 2 S. 1 GmbHG im Verhältnis zu Gutgläubigen kraft § 15 Abs. 1 erhalten, wenn die Löschung der Organstellung nicht im Register eingetragen wurde. Jedoch findet das Vertrauen Dritter in die Geschäftsfähigkeit keinen Schutz, weil es sich dabei nicht um eine einzutragende Tatsache handelt. Hier kann allenfalls eine Haftung der GmbH nach allgemeinen Rechtsscheingrundsätzen zum Tragen kommen.[32] Die Bestimmung erstreckt sich sowohl auf Eintragungen deklaratorischer Bedeutung als auch **konstitutiver** Wirkung. Da bei konstitutiven Akten die Rechtsänderung erst mit der Eintragung Gültigkeit erlangt,[33] gewinnt § 15 Abs. 1 nur während der Zeitspanne ab der Eintragung bis zur Bekanntmachung Relevanz.[34] Nach ausdrücklicher Regelung des § 32 Abs. 2 gilt § 15 Abs. 1 nicht für den Insolvenzvermerk, weil die Gewährung von Vertrauensschutz mit dem Verfahrenszweck nicht zu vereinbaren wäre.[35] Lediglich **eintragungsfähige,** aber nicht anmeldepflichtige Tatsachen werden nicht erfasst.[36] In diesen Konstellationen, wo die Beteiligten, etwa zur Frage des Haftungsausschlusses (§§ 25 Abs. 2, 28 Abs. 2), eigenständige rechtliche Gestaltungen treffen können, genießen die spezielleren Regelungen Vorrang.[37] Hier sind freilich die allgemeinen Grundsätze der Rechtsscheinhaftung zu berücksichtigen.[38]

---

[25] Heymann/Sonnenschein/Weitemeyer RdNr. 5.
[26] Staub/Hüffer RdNr. 15.
[27] Staub/Hüffer RdNr. 15.
[28] RGZ 142, 98, 105 entgegen RGZ 125, 128; Koller/Roth/Morck RdNr. 5; Baumbach/Hopt RdNr. 4; Staub/Hüffer RdNr. 15.
[29] Vgl. die Nachweise bei Koller/Roth/Morck § 8 RdNr. 6.
[30] BGH Urt. v. 11. 11. 1991 – II ZR 287/90, BGHZ 116, 37, 44 = NJW 1992, 505 f.
[31] BGHZ 116, 37, 44 = NJW 1992, 505 f. (Fn. 26); Koller/Roth/Morck RdNr. 6.
[32] BGH Urt. v. 1. 7. 1991 – II ZR 292/90, BGHZ 115, 78, 81 = NJW 1991, 2566 f. = JZ 1992, 152 mit Anm. Lutter/Gehling; K. Schmidt JuS 1991, 1002; Heymann/Sonnenschein/Weitemeyer RdNr. 6; Röhricht/Graf v. Westphalen/Ammon RdNr. 7.
[33] BGH Urt. v. 20. 5. 1987 – VIII ZR 282/86, NJW-RR 1987, 1318 f.
[34] Staub/Hüffer RdNr. 18; Koller/Roth/Morck RdNr. 6; Röhricht/Graf v. Westphalen/Ammon RdNr. 8; Heymann/Sonnenschein/Weitemeyer RdNr. 6; MünchKommHGB/Krebs RdNr. 34.
[35] Staub/Hüffer RdNr. 16 zum früheren Rechtszustand.
[36] Röhricht/Graf v. Westphalen/Ammon RdNr. 6; MünchKommHGB/Krebs RdNr. 27; Staub/Hüffer RdNr. 16; aA Müssigbrodt BB 1982, 338, 341.
[37] BGH Urt. v. 21. 12. 1970 – II ZR 252/67, BGHZ 55, 267, 273 = NJW 1971, 1268; BAG, Urt. v. 17. 2. 1987 – 3 AZR 197/85, NJW 1988, 222 f.; K. Schmidt HandelsR § 14 II 2 a; MünchKommHGB/Krebs RdNr. 27; Staub/Hüffer RdNr. 16.
[38] Röhricht/Graf v. Westphalen/Ammon RdNr. 4.

b) Keine Eintragung und Bekanntmachung. aa) Kumulative Merkmale? Nach dem Wortlaut des § 15 Abs. 1 darf die Tatsache nicht eingetragen **und** nicht bekanntgemacht sein. Da der Rechtsverkehr nur auf die Bekanntmachung achten kann, wird ein Geschäftspartner bereits geschützt, wenn die Tatsache zwar eingetragen, aber die **Bekanntmachung unterlassen** wurde.[39] Ausschlaggebend ist, ob die Bekanntmachung im Zeitpunkt des anspruchsbegründenden Vorgangs, etwa dem Vertragsschluss, vollzogen war.[40] Demgegenüber scheidet ein Vertrauensschutz aus, wenn eine bloß deklaratorisch wirkende Eintragung versäumt wurde, die Rechtsänderung aber von dem Registergericht ordnungsgemäß bekanntgemacht wurde.[41] Keine Rolle spielt, ob das Unterlassen von Eintragung und Bekanntmachung dem betroffenen Kaufmann vorwerfbar ist. Selbst wenn die verzögerte Eintragung und Bekanntmachung auf einer Nachlässigkeit des – möglicherweise nach Art. 34 GG, § 839 BGB haftbaren – Registergerichts beruht, genießen Dritte den Vertrauensschutz des § 15 Abs. 1. Hiergegen kann der Kaufmann Vorsorge treffen, indem er seine Geschäftspartner rechtzeitig unterrichtet.[42]

bb) Fehlende Voreintragung. Kontrovers diskutiert wird, ob sich ein Dritter auf die fehlende Eintragung und Bekanntmachung einer Tatsache stützen kann, wenn die korrespondierende Voreintragung fehlt. Als Beispiele sind der Widerruf einer ordnungsgemäß erteilten, aber nicht eingetragenen Prokura wie auch das Ausscheiden eines zuvor im Handelsregister nicht verzeichneten OHG-Gesellschafters zu nennen.[43] Gegen einen Vertrauensschutz wird eingewandt, dass bei fehlender Voreintragung durch das Versäumnis der Folgeeintragung kein falscher Rechtsschein geschaffen wird.[44] Indes knüpft der Vertrauensschutz nach dem Wortlaut des § 15 Abs. 1 an das **Schweigen** des Handelsregisters und nicht an das Erfordernis einer Voreintragung an. Deswegen lehnt die hM, zumal der Dritte von der nicht eingetragenen Rechtslage auf anderem Wege erfahren haben kann, zu Recht das Erfordernis einer Voreintragung ab.[45] § 15 Abs. 1 greift auch ein, wenn es an einer eingetragenen Firma fehlt, etwa eine Prokura von einem nicht eingetragenen Kaufmann widerrufen wird oder ein Gesellschafter aus einer nicht eingetragenen OHG ausscheidet.[46] Ist weder ein eintragungspflichtiges Handelsgewerbe noch dessen Geschäftsübergang eingetragen, kann ein Schuldner gegenüber dem Altinhaber aufrechnen.[47] Der Veräußerer eines Handelsgewerbes haftet für nach der Übertragung, aber vor der Eintragung von dem Erwerber begründete Verbindlichkeiten.[48] Umgekehrt hat der Pächter für eine von dem Verpächter nach Geschäftsübergabe, aber vor Eintragung des Geschäfts und der Verpachtung geschaffene Schuld einzustehen.[49] Nur **ausnahmsweise** erscheint § 15 Abs. 1 im Wege teleologischer Reduktion unanwendbar, wenn der Kaufmann zu beweisen vermag, dass von der voreintragungspflichtigen Tatsache im Außenverhältnis niemand erfahren hat.[50]

c) Angelegenheiten des durch die Eintragung Begünstigten. Der Vertrauensschutz wirkt zu Lasten desjenigen, in dessen Angelegenheiten die Tatsache einzutragen war. Das ist der Kaufmann, der durch die Eintragung einen **Rechtsvorteil** erlangt hätte.[51] Erfasst werden der Unternehmensträger, sei es ein Einzelkaufmann, eine juristische Person oder Handelsgesellschaft, wie auch sein Rechtsnachfolger.[52] Angelegenheiten eines Gesellschafters können von der Eintragung ebenfalls berührt sein (§§ 15 Abs. 1, 128). Nicht erforderlich ist, dass das Unterlassen von Eintragung und

---

[39] Röhricht/Graf v. Westphalen/*Ammon* RdNr. 12; Heymann/*Sonnenschein/Weitemeyer* RdNr. 8; Koller/*Roth*/Morck RdNr. 8.
[40] Koller/*Roth*/Morck RdNr. 8.
[41] Heymann/*Sonnenschein/Weitemeyer* RdNr. 8.
[42] Röhricht/Graf v. Westphalen/*Ammon* RdNr. 12a; Heymann/*Sonnenschein/Weitemeyer* RdNr. 8; *K. Schmidt* JuS 1977, 209, 214; *H. Westermann* JuS 1963, 1, 6f.; Staub/*Hüffer* RdNr. 22; einschränkend *Mossler* S. 52 ff.
[43] Staub/*Hüffer* RdNr. 19; Koller/*Roth*/Morck RdNr. 9.
[44] *A. Hueck* AcP 118 (1920), 350; *Canaris* Vertrauenshaftung S. 152; *John* ZHR 140 (1976), 236; *Schilken* AcP 187 (1987), 1, 8; Staub/*Hüffer* RdNr. 20.
[45] BGHZ 116, 37, 44f. = NJW 1992, 505 (Fn. 26), BGHZ 55, 267, 272f. = NJW 1971, 1268 (Fn. 35); BGH WM 1983, 651f.; BGH BB 1965, 968; Heymann/*Sonnenschein/Weitemeyer* RdNr. 9; MünchKommHGB/*Krebs* RdNr. 36; Röhricht/Graf v. Westphalen/*Ammon* RdNr. 14.
[46] Koller/*Roth*/Morck RdNr. 9; aA OLG Oldenburg Beschl. v. 20. 3. 1987 – 5 W 9/87, BB 1987, 1622; Heymann/*Sonnenschein/Weitemeyer* RdNr. 10.
[47] OLG Stuttgart Urt. v. 31. 1. 1973 – 13 U 80/72, NJW 1973, 806; Baumbach/*Hopt* RdNr. 11.
[48] MünchKommHGB/*Krebs* RdNr. 57.
[49] *OLG Frankfurt* Urt. v. 28. 6. 1972 – 17 U 136/70, OLGZ 1973, 20, 22; Baumbach/*Hopt* RdNr. 11; aA MünchKommHGB/*Krebs* RdNr. 57.
[50] Capelle/*Canaris* § 5 I 2c; *Hager* Jura 1992, 57, 60; *K. Schmidt* HandelsR § 14 II 2b; *John* ZHR 140 (1976), 236, 241 ff.; Heymann/*Sonnenschein/Weitemeyer* RdNr. 9; Koller/*Roth*/Morck RdNr. 9; Röhricht/Graf v. Westphalen/*Ammon* RdNr. 14.
[51] Koller/*Roth*/Morck RdNr. 7; Heymann/*Sonnenschein/Weitemeyer* RdNr. 7.
[52] BGHZ 55, 272f. = NJW 1971, 1228 (Fn. 33); Staub/*Hüffer* RdNr. 28f.; Röhricht/Graf v. Westphalen/*Ammon* RdNr. 10.

Bekanntmachung seitens des Betroffenen veranlasst wurde oder ihm sonst zugerechnet werden kann. Im Rahmen des § 15 Abs. 1 herrscht anstelle des Veranlassungsgrundsatzes vielmehr das **reine Rechtsscheinprinzip**.[53] Darum gilt die Regelung des § 15 Abs. 1 auch zum Nachteil nicht voll geschäftsfähiger Personen.[54]

10   **d) Redlichkeit des Dritten. aa) „Dritter".** Als Dritter ist jede Person anzusehen, die von der Eintragung **nicht selbst tangiert** und weder Gesellschafter noch Organmitglied der von der Eintragung betroffenen Gesellschaft ist.[55] Der Gesellschafter soll freilich als Dritter zu behandeln sein, wenn er seiner Korporation wie ein außenstehender Geschäftspartner (Darlehensgeber) gegenübertritt.[56]

11   **bb) Unkenntnis.** Fehlende Gutgläubigkeit des Dritten ist nur anzunehmen, wenn er über die einzutragende Tatsache im Sinne **positiver Kenntnis** unterrichtet ist. Kennenmüssen oder grob fahrlässige Unkenntnis reichen mangels einer Nachforschungspflicht nicht.[57] Unschädlich ist ein Wissen von Umständen, die – wie der Tod eines Gesellschafters – die Schlussfolgerung auf die Tatsache einer Auflösung der Gesellschaft zulassen (§ 131 Nr. 4), aber wegen der Möglichkeit einer anderen gesellschaftsvertraglichen Gestaltung nicht gebieten.[58] Kenntnisse eines Vertreters sind dem Unternehmensträger zuzurechnen.[59] In Übereinstimmung mit der Nichteintragung und Nichtbekanntmachung ist **maßgebender Zeitpunkt** der Unkenntnis der Moment, in dem der Vorgang – etwa ein Vertragsschluss – geschieht, aus dem Rechte hergeleitet werden. Werden Eintragung, Bekanntmachung und Kenntnisnahme danach während der Zwischenzeit, bevor die Tatsache dem Dritten „entgegengesetzt" wird, verwirklicht, so bleiben diese Umstände entgegen dem Wortlaut des § 15 Abs. 1 bedeutungslos.[60]

12   **cc) Gesetzliche Vermutungen.** Für die Gutgläubigkeit des Dritten streitet eine **widerlegbare** Vermutung, weil dem Eintragungspflichtigen nach der Fassung des § 15 Abs. 1 der Beweis des Gegenteils offen steht.[61] Im Unterschied zu den allgemeinen Grundsätzen der Rechtsscheinhaftung setzt § 15 Abs. 1 nicht voraus, dass sich der Dritte über den bisherigen Inhalt des Handelsregisters Gewissheit verschafft hat und sein rechtsgeschäftliches Handeln auf den daraus gewonnenen Einblicken beruht. Das Gesetz begnügt sich mit der Möglichkeit, dass der Dritte im Vertrauen auf den Fortbestand der bisherigen Rechtslage gehandelt haben kann.[62] Unter dieser Prämisse werden Kenntnis und Kausalität vielmehr **unwiderlegbar** vermutet.[63] Damit ist dem Eintragungspflichtigen ein Gegenbeweis verschlossen. Folglich kann der aus einer OHG ohne entsprechende Registerverlautbarung ausgetretene Gesellschafter einem Gläubiger nicht entgegenhalten, die Zusammensetzung der OHG sei ihm unbekannt und daher für seine Entschließung bedeutungslos gewesen.[64] Allerdings greift § 15 Abs. 1 HGB nur ein, wenn die Möglichkeit bestand, dass sich der Dritte bei seinem geschäftlichen Handeln auf den unrichtigen Eintragungsstand jedenfalls verlassen haben konnte. Wird eine Forderung von dem Gläubiger als Geschäftsführer einer GmbH durch Insichgeschäft an die Gesellschaft abgetreten und ist die dem Geschäftsführer erteilte Befreiung vom Verbot des Selbst-

---

[53] *H. Westermann* JuS 1963, 1, 6 f.; *Canaris* Vertrauenshaftung S. 472; Staub/*Hüffer* RdNr. 21; anders MünchKommHGB/*Krebs* RdNr. 39, wonach die Vorschrift ohne Unterschied im Ergebnis als abstrakte Verkehrsschutzregel einstufen ist.

[54] BGHZ 115, 78, 80 = NJW 1991, 2566 (Fn. 28); *K. Schmidt* JuS 1977, 209, 214; ders. JuS 1991, 1002 f.; Capelle/*Canaris* § 5 I 2 g; Baumbach/*Hopt* RdNr. 6; Staub/*Hüffer* RdNr. 22; Heymann/*Sonnenschein/Weitemeyer* RdNr. 14; MünchKommHGB/*Krebs* RdNr. 41; aA *Canaris* Vertrauenshaftung S. 166, 452; *Behnke* NJW 1998, 3078, 3081; *Hager* Jura 1992, 57, 60.

[55] RGZ 140 f., 314; 120, 363, 369; Koller/*Roth*/Morck RdNr. 12; Röhricht/Graf v. Westphalen/*Ammon* RdNr. 15; Staub/*Hüffer* RdNr. 31.

[56] RGZ 81, 17, 21; Heymann/*Sonnenschein/Weitemeyer* RdNr. 11; Staub/*Hüffer* RdNr. 31; zutreffend die Gegenauffassung *Hager* Jura 1992, 61; Röhricht/Graf v. Westphalen/*Ammon* RdNr. 15; Koller/*Roth*/Morck RdNr. 12.

[57] RGZ 70, 272 f.; MünchKommHGB/*Krebs* RdNr. 46; Röhricht/Graf v. Westphalen/*Ammon* RdNr. 16; Baumbach/*Hopt* RdNr. 7; Staub/*Hüffer* RdNr. 31.

[58] RGZ 144, 199, 204; MünchKommHGB/*Krebs* RdNr. 46; Heymann/*Sonnenschein/Weitemeyer* RdNr. 10; Baumbach/*Hopt* RdNr. 7.

[59] OLG Frankfurt Urt. v. 1. 7. 1975 – 5 U 119/74, DB 1976, 93; OLG Hamburg Urt. v. 11. 11. 1971 – 6 U 90/71, MDR 1972, 238; MünchKommHGB/*Krebs* RdNr. 46; Staub/*Hüffer* RdNr. 23.

[60] Baumbach/*Hopt* RdNr. 10; Heymann/*Sonnenschein/Weitemeyer* RdNr. 12; Koller/*Roth*/Morck RdNr. 12.

[61] *John* AcP 176 (1976), 236, 240; Staub/*Hüffer* RdNr. 23; Koller/*Roth*/Morck RdNr. 12; Heymann/*Sonnenschein/Weitemeyer* RdNr. 10.

[62] BGH Urt. v. 9. 10. 2003 – VII ZR 122/01, NJW-RR 2004, 120; MünchKommHGB/*Krebs* RdNr. 45; Koller/*Roth*/Morck RdNr. 13.

[63] BGH Urt. v. 1. 12. 1975 – II ZR 62/75, BGHZ 65, 309, 311 = NJW 1976, 569; *Hager* Jura 1992, 61; *v. Olshausen* AcP 189 (1989), 223, 239; MünchKommHGB/*Krebs* RdNr. 45; Staub/*Hüffer* RdNr. 24 f.; Koller/*Roth*/Morck RdNr. 13.

[64] RGZ 128, 172, 181; Staub/*Hüffer* RdNr. 24; Röhricht/Graf v. Westphalen/*Ammon* RdNr. 17; MünchKommHGB/*Krebs* RdNr. 45; aA Capelle/*Canaris* § 5 I 2 f.; *Canaris* Vertrauenshaftung S. 516.

kontrahierens nicht in das Handelsregister eingetragen worden, kann sich der Schuldner nicht auf § 15 Abs. 1 HGB berufen, weil er als Außenstehender nicht in der Lage war, sein Verhalten auf die Eintragung einzurichten.[65]

3. Rechtsfolge. a) Einwendungsausschluss. Der Eintragungspflichtige kann die verschwiege- 13 ne Tatsache nach § 15 Abs. 1 dem Dritten nicht entgegenhalten. Damit wird dem Eintragungspflichtigen, der sich auf die wahre, nur fehlerhaft verlautbarte Rechtslage beruft, ein Einwendungsausschluss auferlegt.[66] Der Dritte kann nicht entsprechend etwaiger Fehlvorstellungen umfassenden Vertrauensschutz reklamieren: Die Rechtslage wird lediglich so beurteilt, wie wenn die **registermäßig verschwiegene Tatsache nicht eingetreten** wäre.[67] Eine widerrufene Prokura gilt als weiter wirksam. Eine beendete OHG wird nicht als fortbestehend fingiert, aber die Haftung der Gesellschafter bleibt, wenn einer für die OHG auftritt, über §§ 15 Abs. 1, 128 erhalten. Führt eine eingetragene OHG nur noch ein Kleingewerbe, findet § 5 Anwendung, betreibt sie gar kein Gewerbe mehr, gilt sie nach § 15 Abs. 1 weiter als OHG.[68] Am Schutz des § 15 Abs. 1 können auch Unbeteiligte reflexartig partizipieren, wenn der Dritte dank § 15 Abs. 1 erworbene Rechte auf sie weiterüberträgt.[69] Andererseits hat der außenstehende wahre Berechtigte einen Eigentumsverlust hinzunehmen, wenn ein Dritter von einem früheren, weiter eingetragenen Kaufmann kraft §§ 366, 15 Abs. 1 gutgläubig Eigentum erlangt.[70]

b) Wahlrecht des Dritten. aa) Grundsatz. Die Regelung des § 15 Abs. 1 wirkt nur zum 14 Vorteil des Dritten, aber nicht des Anmeldepflichtigen. Der Dritte – und nicht der Anmeldepflichtige – hat die Wahl, ob er sich auf die aus § 15 Abs. 1 folgende oder die wirkliche Rechtslage beruft.[71] Auf den durch § 15 Abs. 1 vermittelten Schutz kann also verzichtet werden. Bei Kündigung eines Darlehens durch einen abgelösten Prokuristen oder Erklärung des Rücktritts seitens eines ehemaligen Gesellschafters wird der Dritte im eigenen Interesse der wahren Rechtslage den Vorzug geben.[72] Schweigt das Handelsregister über mehrere, dem Dritten teils günstige, teils ungünstige Tatsachen, so kann er sich bezüglich der ungünstigen Tatsachen auf § 15 Abs. 1, hinsichtlich der günstigen indes auf die wahre Rechtslage stützen.[73]

bb) Rosinentheorie. Kontrovers wird freilich unter dem Begriff „Rosinentheorie" diskutiert, ob 15 sich der Dritte für verschiedene Tatbestandsmerkmale einer einheitlichen Anspruchsgrundlage einmal das Fehlen einer Eintragung, zum anderen aber die wahre Rechtslage zu eigen machen kann. Dem Streit liegt folgende vom BGH entschiedene Sache zugrunde: Einer von zwei gesamtvertretungsberechtigten Komplementären scheidet aus einer KG aus, ohne dass dies registermäßig verlautbart wird. Sodann schließt der verbliebene nunmehr allein vertretungsberechtigte Gesellschafter einen Vertrag mit dem Dritten. Gegen die Haftung des ausgeschiedenen Komplementärs wird im Schrifttum eingewandt, wenn der Dritte hinsichtlich der Gesellschafterstellung auf den Registerinhalt poche, müsse er zugleich das außerdem im Register verlautbarte, nicht erfüllte Erfordernis der Gesamtvertretung gegen sich gelten lassen. Werde dem Dritten gestattet, **einzelne Merkmale selektiv** herauszugreifen, stehe er günstiger, als es dem Registerinhalt entspreche.[74] Demgegenüber hat der BGH den ausgeschiedenen Gesellschafter haftbar gemacht, weil nach dem Wortlaut des § 15 Abs. 1 der Registerinhalt, der Schutzwirkung allein zugunsten des Dritten entfaltet, nicht in seiner Gesamtheit zu würdigen ist.[75] Der Ansicht des BGH ist trotz gewisser Wertungswidersprüche **zuzustimmen,** weil der durch § 15 Abs. 1 eröffnete Vertrauensschutz eine tatsächliche Einsichtnahme des Dritten nicht voraussetzt und deshalb dem Dritten, der sich teils durch das Handelsregister, teils über andere Quellen unterrichtet, die Berufung auf ein einzelnes Merkmal nicht abgeschnitten werden darf.[76] Ferner ist im

---

[65] BGH Urt. v. 9. 10. 2003 – VII ZR 122/01, NJW-RR 2004, 120.
[66] Staub/*Hüffer* RdNr. 26; MünchKommHGB/*Krebs* RdNr. 49.
[67] Staub/*Hüffer* RdNr. 26.
[68] Koller/*Roth*/Morck RdNr. 14; aA § 5 RdNr. 11.
[69] Koller/*Roth*/Morck RdNr. 14; Röhricht/Graf v. Westphalen/*Ammon* RdNr. 19.
[70] Staub/*Hüffer* RdNr. 30.
[71] BGHZ 115, 78, 81 ff. = NJW 1991, 2566 (Fn. 28); BGHZ 65, 309, 310 = NJW 1975, 569 (Fn. 61); 55, 273 = NJW 1971, 1268 (Fn. 35); MünchKommHGB/*Krebs* RdNr. 53; *v. Olshausen* AcP 189 (1989), 223, 240; Heymann/Sonnenschein/Weitemeyer RdNr. 13; Koller/*Roth*/Morck RdNr. 15.
[72] Staub/*Hüffer* RdNr. 26.
[73] Koller/*Roth*/Morck RdNr. 16; Röhricht/Graf v. Westphalen/*Ammon* RdNr. 21.
[74] *John* ZHR 140 (1976), 236, 254; Capelle/*Canaris* § 5 I 3 c; *Schilken* AcP 187 (1987), 1 ff.; *Tiedtke* DB 1979, 245; *Altmeppen* S. 164 ff.; Bokelmann NJW 1983, 2690.
[75] BGHZ 65, 309 f. = NJW 1976, 569; ihm folgend: Heymann/Sonnenschein/Weitemeyer RdNr. 13; Röhricht/Graf v. Westphalen/*Ammon* RdNr. 21; MünchKommHGB/*Krebs* RdNr. 54; Koller/*Roth*/Morck RdNr. 16; *Hager* Jura 1992, 57, 63; Staub/*Hüffer* RdNr. 27; Baumbach/*Hopt* RdNr. 6; *K. Schmidt* HandelsR § 14 II 2 c; *ders.* JuS 1991, 1002; *Kreutz* Jura 1982, 626, 637.
[76] Koller/*Roth*/Morck RdNr. 16; *v. Olshausen* AcP 189 (1989), 223, 240 f.

Konflikt zwischen der akzessorischen Gesellschafterhaftung und auf eine Haftungsbegrenzung hinauslaufenden vertraglichen Gestaltungen der Haftung der Vorrang zu geben.[77]

III. Rechtswirkungen richtiger Eintragung und Bekanntmachung (§ 15 Abs. 2)

16 **1. Regelungszusammenhang zwischen § 15 Abs. 1 und 2.** Bis zur Eintragung und Bekanntgabe einer eintragungspflichtigen Tatsache wird ein gutgläubiger Dritter geschützt (§ 15 Abs. 1). Infolge Eintragung und Bekanntgabe entfällt dieser Schutz (§ 15 Abs. 2 S. 1). Der Dritte muss, sofern nicht währen der Übergangsfrist von fünfzehn Tagen ausnahmsweise § 15 Abs. 2 S. 2 eingreift, den Inhalt der zutreffend eingetragenen Tatsache auch im Fall der Unkenntnis gegen sich gelten lassen. Der Kaufmann kann sich durch die Offenlegung seiner Unternehmensverhältnisse eine **günstige Rechtswirkung zunutze** machen: Der Unternehmensträger wird nämlich in den Stand gesetzt, sich gegenüber Dritten auf die verlautbare wirkliche Rechtslage stützen zu können.[78]

17 **2. Der Normalfall des § 15 Abs. 2 S. 1. a) Voraussetzungen.** Ebenso wie § 15 Abs. 1 betrifft § 15 Abs. 2 nur **eintragungspflichtige** Tatsachen[79] wie die Vertretung einer GmbH;[80] bloß eintragungsfähige Tatsachen, für die §§ 25 Abs. 2, 28 Abs. 2 keine § 15 Abs. 2 S. 2 entsprechende Schonfrist vorsehen, werden nicht erfasst (vgl. oben RdNr. 5).[81] Ferner muss es sich um eine **richtige** Tatsache handeln; unrichtige oder unzulässige Eintragungen brauchen Dritte nicht gegen sich gelten zu lassen.[82] Neben richtigen Tatsachen sind auch Löschungen in den Anwendungsbereich einbezogen.[83] An den zuvor durch § 15 Abs. 1 gewährten Schutz anknüpfend verlangt § 15 Abs. 2 S. 1, dass die Tatsache eingetragen **und** bekanntgemacht wurde. Der Vertrauensschutz des § 15 Abs. 1 endet, wenn Eintragung und Bekanntmachung zum Zeitpunkt des Vorgangs, aus dem der Dritte Rechte herleitet, abgeschlossen war (vgl. RdNr. 6).[84]

18 **b) Rechtsfolgen.** § 15 Abs. 2 S. 1 entfaltet im Interesse des Kaufmannes vertrauenszerstörende Wirkung, weil der Dritte, ob Kauf-, Privatmann oder Verbraucher,[85] die eingetragene und bekanntgemachte Tatsache gegen sich gelten lassen muss. Dabei spielt es keine Rolle, ob der Dritte die Tatsache gekannt hat und ob sie auf seine Entschließung kausalen Einfluss ausgeübt hat.[86] Freilich steht dem Dritten der Gegenbeweis offen, dass eine deklaratorische Eintragung unrichtig ist.[87] Eintragung und Bekanntmachung einer Prokura nach Maßgabe des § 15 Abs. 2 S. 1 ersetzen die **Kenntnis des Erklärungsempfängers** von der Bevollmächtigung, so dass der Empfänger die Kündigung durch einen eingetragenen Prokuristen nicht zurückweisen kann (§ 174 BGB).[88] Es unterliegt der Entscheidungsfreiheit des Anmeldepflichtigen, ob er den Schutz des § 15 Abs. 2 S. 1 wahrnimmt. Jedoch kann § 15 Abs. 2 S. 1 nicht durch AGB des Dritten abbedungen werden.[89]

19 **3. Schonfrist (§ 15 Abs. 2 S. 2). a) Berechnung.** Die Vorschrift erweitert den durch § 15 Abs. 1 gewährten Vertrauensschutz ab dem Zeitpunkt der Bekanntmachung für innerhalb einer Frist von fünfzehn Tagen vorgenommene Rechtshandlungen, sofern der Dritte die Tatsache weder kannte noch kennen musste. Der **Fristbeginn** setzt mit dem Ablauf des Tages ein, an dem das letzte Veröffentlichungsblatt erschienen ist (§ 10 Abs. 2).

20 **b) Beweislast.** Dem Dritten wird durch § 15 Abs. 2 S. 2 der Beweis aufgebürdet, dass er die Tatsache weder kannte noch kennen musste (vgl. § 122 Abs. 2 BGB). Über den Nachweis der Unkenntnis hinaus hat der Dritte Tatsachen darzulegen und zu beweisen, die den Vorwurf der

---

[77] Staub/*Hüffer* RdNr. 27.
[78] Koller/*Roth*/Morck RdNr. 17; Staub/*Hüffer* RdNr. 32; MünchKommHGB/*Krebs* RdNr. 62.
[79] HM vgl. nur Koller/*Roth*/Morck § 8 RdNr. 19; aA MünchKommHGB/*Krebs* RdNr. 65.
[80] BGH Urt. v. 10. 7. 2001 – VI ZR 206/00, NJW 2001, 3183.
[81] Staub/*Hüffer* RdNr. 33; Koller/*Roth*/Morck RdNr. 19; Baumbach/*Hopt* RdNr. 13.
[82] Baumbach/*Hopt* RdNr. 13; MünchKommHGB/*Krebs* RdNr. 66; Röhricht/Graf v. Westphalen/*Ammon* RdNr. 24.
[83] Röhricht/Graf v. Westphalen/*Ammon* RdNr. 24.
[84] RGZ 102, 197, 199; MünchKommHGB/*Krebs* RdNr. 66; Staub/*Hüffer* RdNr. 34; Heymann/*Sonnenschein/Weitemeyer* RdNr. 16.
[85] MünchKommHGB/*Krebs* RdNr. 67.
[86] Staub/*Hüffer* RdNr. 35; Röhricht/Graf v. Westphalen/*Ammon* RdNr. 25; Heymann/*Sonnenschein/Weitemeyer* RdNr. 17.
[87] Staub/*Hüffer* RdNr. 35.
[88] BAG Urt. v. 11. 7. 1991 – 2 AZR 107/91, DB 1992, 895; Koller/*Roth*/Morck RdNr. 18; Röhricht/Graf v. Westphalen/*Ammon* RdNr. 24.
[89] Koller/*Roth*/Morck RdNr. 20; Röhricht/Graf v. Westphalen/*Ammon* RdNr. 25; aA MünchKommHGB/*Krebs* RdNr. 69.

Fahrlässigkeit ausräumen.[90] Dabei unterliegt der Dritte einem strengen Haftungsmaßstab, der für Private § 276 BGB, für Kaufleute § 347 zu entnehmen ist. Ein ordentlicher Kaufmann handelt grundsätzlich fahrlässig, wenn er sich über ordnungsgemäß bekanntgemachte Eintragungen im Handelsregister nicht unterrichtet.[91] Ihm wird eine **weitreichende Informationsobliegenheit** über die Verhältnisse anderer Kaufleute aufgebürdet. Danach kann sich ein Kaufmann auf unverschuldete Unkenntnis nur in Extremfällen berufen, wenn er sich im Ausland aufhält, seine Niederlassung in einem wegen Schneefall abgeschnittenen Bergdorf gelegen ist oder das Veröffentlichungsblatt verspätet ausgeliefert wird.[92] Zwar wird bezweifelt, ob dieser strenge Sorgfaltsmaßstab ohne Abstriche auf Privatleute übertragen werden kann, und deshalb angenommen, bei Nichtkaufleuten die Informationspflicht von ihrer beruflichen Stellung und der Art des Geschäfts abhängig zu machen.[93] Dieser Differenzierung ist aber schon mit Rücksicht auf den Wortlaut des hier umgesetzten Art. 3 Abs. 5 S. 2 der Publizitätsrichtlinie 68/151 EWG (vgl. RdNr. 1) zu widersprechen, wonach alle Dritte einheitlich zu behandeln sind.[94] Im Übrigen erscheint die Einräumung einer Schonfrist dem Eintragungspflichtigen nur zumutbar, wenn damit wirkliche Informationspflichten des Geschäftsverkehrs einher gehen.

c) Rechtsfolgen. Im Fall des Nachweises unverschuldeter Unkenntnis braucht der Dritte die eingetragene und bekanntgemachte Tatsache während der Schonfrist nicht gegen sich gelten zu lassen. Gegenüber dem Dritten ist die Rechtslage maßgeblich, die **vor der Eintragung** bestanden hat. Er kann sich auf den Fortbestand einer gelöschten Prokura und die Haftung eines bereits ausgeschiedenen Gesellschafters berufen. Die Rechtsfolge wirkt auch zum Nachteil einer nicht voll geschäftsfähigen Person. Der Dritte kann auf den Schutz des § 15 Abs. 2 S. 2 verzichten.

4. Vertrauensschutz trotz richtiger Eintragung. a) Rechtsschein unbeschränkter Haftung. Ausnahmsweise kann ein Rechtsscheintatbestand, der einer richtigen Eintragung und Bekanntmachung widerspricht, im Verhältnis zum Registerinhalt Vorrang genießen. Dies ist anzunehmen, wenn ein besonderer Vertrauenstatbestand geschaffen wurde, dem gegenüber sich die Berufung auf die Registereintragung als Rechtsmissbrauch (§ 242 BGB) darstellt.[95] Der Firmierung (vgl. § 4 Abs. 2 GmbHG) wohnt nach der Konzeption des Gesetzgebers eine auch im Blick auf die Haftungsverhältnisse zusätzliche **eigene Publizitätsfunktion** inne,[96] die § 15 Abs. 2 vorgeht.[97] Das durch einen Verstoß gegen § 4 Abs. 2 erweckte Vertrauen in die unbeschränkte Haftung des Firmeninhabers wird nicht dadurch beseitigt, dass eine beschränkte Haftung aus dem Handelsregister hervorgeht. Wird abweichend vom Handelsregister eine Firma geführt, welche die Haftungsbegrenzung (GmbH) nicht erkennen lässt, so haftet der für das Unternehmen Auftretende unbeschränkt.[98] Auch die Verwendung alter, auf unbeschränkte Haftung deutender Briefköpfe kann eine Rechtsscheinhaftung auslösen.[99]

b) Ständige Geschäftsbeziehung. Die Partner einer festen Geschäftsverbindung sind verpflichtet, einander über eine Änderung der Rechts- oder Registerlage zu unterrichten. Wandelt einer der Partner sein vorher einzelkaufmännisches Unternehmen in eine GmbH um, so kann er trotz ordnungsgemäßer Eintragung und Bekanntmachung die Haftungsbeschränkung **ohne speziellen Hinweis** seinem Geschäftsgegner nicht entgegenhalten.[100]

---

[90] Heymann/*Sonnenschein*/*Weitemeyer* RdNr. 19; Koller/*Roth*/Morck RdNr. 22; Staub/*Hüffer* RdNr. 37; MünchKommHGB/*Krebs* RdNr. 74.
[91] BGH Urt. v. 8. 7. 1976 – II ZR 211/74, BB 1976, 1479 f.; BGH Urt. v. 8. 5. 1972 – II ZR 170/69, NJW 1972, 1418 f.; Heymann/*Sonnenschein*/*Weitemeyer* RdNr. 19; Staub/*Hüffer* RdNr. 37; Koller/*Roth*/Morck RdNr. 22; aA Capelle/*Canaris* § 5 II 1 b, der eine Informationspflicht nur bei Geschäften größerer Tragweite und erstmaligem Geschäftskontakt befürwortet.
[92] Koller/*Roth*/Morck RdNr. 22; MünchKommHGB/*Krebs* RdNr. 70; Staub/*Hüffer* RdNr. 37.
[93] Staub/*Hüffer* RdNr. 37; Röhricht/Graf v. Westphalen/*Ammon* RdNr. 27.
[94] HL: Heymann/*Sonnenschein*/*Weitemeyer* RdNr. 19; MünchKommHGB/*Krebs* RdNr. 72; Koller/*Roth*/Morck RdNr. 22.
[95] BGH NJW 1972, 1418 f. (Fn. 87); BGH, Urt. v. 28. 11. 1980 – I ZR 159/78, WM 1981, 239; Baumbach/*Hopt* RdNr. 15; Koller/*Roth*/Morck RdNr. 24.
[96] *K. Schmidt* HandelsR § 12 I 1 c; MünchKommHGB/*Krebs* RdNr. 78.
[97] Staub/*Hüffer* RdNr. 39; Baumbach/*Hopt* RdNr. 15.
[98] BGH Urt. v. 15. 1. 1990 – II ZR 311/88, NJW 1990, 2678 f.; BGH Urt. v. 1. 6. 1981 – II ZR 1/81, NJW 1981, 2569; LG Wuppertal Urt. v. 20. 4. 2001 – 1 O 256/00, NJW-RR 2002, 178; Heymann/*Sonnenschein*/*Weitemeyer* RdNr. 21; Röhricht/Graf v. Westphalen/*Ammon* RdNr. 30; Koller/*Roth*/Morck RdNr. 24; Baumbach/*Hopt* RdNr. 15.
[99] Koller/*Roth*/Morck RdNr. 24.
[100] BGH WM 1981, 238 (Fn. 91); BGH NJW 1972, 1418 (Fn. 87); Baumbach/*Hopt* RdNr. 15; Heymann/*Sonnenschein*/*Weitemeyer* RdNr. 21; Röhricht/Graf v. Westphalen/*Ammon* RdNr. 31; aA MünchKommHGB/*Krebs* RdNr. 55.

IV. Vertrauensschutz bei unrichtiger Bekanntgabe – Positive Publizität (§ 15 Abs. 3)

24 **1. Erweiterung des Registerschutzes.** Bis zum Jahre 1969 begnügte sich das Gesetz mit dem restriktiven Vertrauensschutz der negativen Publizität (§ 15 Abs. 1), der nur eingreift, wenn das ursprünglich richtige Handelsregister durch nachträglich eingetretene, aber verschwiegene Tatsachen unrichtig geworden ist. **Positive Publizität,** nämlich ein Vertrauensschutz in die **ursprüngliche Richtigkeit** einer Eintragung oder Bekanntmachung, war gesetzlich nicht verwirklicht. Zur Überbrückung dieser Lücke behalf man sich mit folgenden beiden gewohnheitsrechtlich anerkannten **Ergänzungssätzen:** (1) Wer durch eine unrichtige Anmeldung eine unrichtige Eintragung im Handelsregister **veranlasst,** ist an diese Eintragung gegenüber gutgläubigen Dritten gebunden.[101] (2) Wer eine unrichtige Eintragung im Handelsregister zwar nicht veranlasst hat, es aber **schuldhaft versäumt,** für ihre Beseitigung Sorge zu tragen, ist an diese Eintragung gegenüber gutgläubigen Dritten gebunden.[102] Diese Regeln sind durch die Publizitätsrichtlinie vom 9. 3. 1969 (vgl. RdNr. 1) im Anwendungsbereich des neu eingeführten § 15 Abs. 3 verdrängt worden, aber, soweit der Tatbestand zu eng gefasst ist, weiterhin zu berücksichtigen.[103]

25 **2. Vertrauenstatbestand. a) Eintragungspflichtige Tatsache.** Mit einzutragenden sind ebenso wie bei § 15 Abs. 1 (vgl. RdNr. 6) eintragungspflichtige[104] Tatsachen gemeint.[105] Natürlich ist eine unrichtige Tatsache nie als eintragungspflichtig einzustufen; daher reicht es, wenn es sich um eine **abstrakt eintragungspflichtige** Tatsache handelt, die, ihre Richtigkeit unterstellt, eintragungspflichtig wäre.[106] Für lediglich eintragungsfähige Tatsachen gilt die Regelung nicht;[107] hier ist der Rückgriff auf die gewohnheitsrechtlichen Ergänzungssätze (vgl. RdNr. 24) eröffnet.[108] Ganz auszuscheiden sind nicht eintragungsfähige Tatsachen, auf denen registerrechtlicher Vertrauensschutz schlechthin nicht aufbauen kann.

26 **b) Unrichtigkeit. aa) Unrichtigkeit der Bekanntmachung.** Grundfall der Schutzvorschrift bildet nach dem Wortlaut des § 15 Abs. 3 eine richtige Eintragung, an die sich eine unrichtige Bekanntmachung anschließt. Ausgehend von der Publizitätsrichtlinie (vgl. RdNr. 1) soll Vertrauensschutz verwirklicht werden, wenn zwischen der zutreffenden Eintragung und der unrichtigen Bekanntmachung eine Diskrepanz herrscht.[109] Die unrichtige Bekanntmachung bildet die **zentrale Grundlage** für die Gewährung von Vertrauensschutz.[110] Unrichtig ist eine Tatsache, die der wahren Sach- und Rechtslage widerspricht.[111] Eine unrichtige Bekanntmachung in einem von mehreren Publikationsorganen genügt, weil dem Verkehr ein Vergleich der Blätter nebst einer Prüfung nicht zugemutet werden kann. Wem die fehlerhafte Veröffentlichung anzulasten ist, spielt für den Schutztatbestand keine Rolle.[112]

27 **bb) Unrichtigkeit von Eintragung und Bekanntmachung.** Zwar wurde die Möglichkeit einer Unrichtigkeit von Eintragung und Bekanntmachung nicht in den Regelungsbereich der Publizitätsrichtlinie (vgl. RdNr. 1) aufgenommen. Nach dem Willen des innerstaatlichen Gesetzgebers soll indes Vertrauensschutz nicht nur bei einer Divergenz zwischen richtiger Eintragung und falscher Bekanntmachung zum Zuge kommen. Vielmehr will § 15 Abs. 3 auch in den praktisch bedeutsamen Fallgestaltungen Vertrauensschutz bieten, in denen sowohl die Eintragung als auch die Bekanntmachung unrichtig sind, sich der Fehler der Eintragung also in der Bekanntmachung perpetuiert.[113] In diesen

---

[101] RGZ 164, 115, 121; 145, 155, 158; 142, 98, 104 f.; ROHGE 24, 318, 320; Capelle/*Canaris* § 6 I; Staub/*Hüffer* RdNr. 41; MünchKommHGB/*Krebs* RdNr. 101.
[102] RGZ 131, 12, 14 ff.; ROHGE 23, 280 ff.; Röhricht/Graf v. Westphalen/*Ammon* RdNr. 32; Baumbach/*Hopt* RdNr. 17; Koller/*Roth*/Morck RdNr. 25.
[103] Staub/*Hüffer* RdNr. 59; Koller/*Roth*/Morck RdNr. 25; Röhricht/Graf v. Westphalen/*Ammon* RdNr. 33.
[104] Vgl. Koller/*Roth*/Morck § 8 RdNr. 7.
[105] Heymann/*Sonnenschein*/Weitemeyer RdNr. 23; Röhricht/Graf v. Westphalen/*Ammon* RdNr. 35.
[106] MünchKommHGB/*Krebs* RdNr. 86; Röhricht/Graf v. Westphalen/*Ammon* RdNr. 35; Koller/*Roth*/Morck RdNr. 27; Heymann/*Sonnenschein*/Weitemeyer RdNr. 23.
[107] Heymann/*Sonnenschein*/Weitemeyer RdNr. 23; Staub/*Hüffer* RdNr. 50; v. Gierke/*Sandrock* § 11 III 3 c; *Schilken* AcP 187 (1987), 1, 12 f.; K. Schmidt HandelsR § 14 III 2 a; dagegen für Analogie MünchKommHGB/*Krebs* RdNr. 87.
[108] Koller/*Roth*/Morck RdNr. 24.
[109] Regierungsbegründung BT-Drucks. V/3862 S. 10; Röhricht/Graf v. Westphalen/*Ammon* RdNr. 37; Baumbach/*Hopt* RdNr. 18; Koller/*Roth*/Morck RdNr. 28.
[110] Heymann/*Sonnenschein*/Weitemeyer RdNr. 24.
[111] Heymann/*Sonnenschein*/Weitemeyer RdNr. 24; Röhricht/Graf v. Westphalen/*Ammon* RdNr. 36.
[112] Heymann/*Sonnenschein*/Weitemeyer RdNr. 24; Röhricht/Graf v. Westphalen/*Ammon* RdNr. 36.
[113] Regierungsbegründung BT-Drucks V/3862 S. 11; v. Gierke/*Sandrock* § 11 III 3 b; MünchKommHGB/*Krebs* RdNr. 64; K. Schmidt HandelsR § 14 III 2 c; Staub/*Hüffer* RdNr. 50; *Hager* Jura 1992, 57, 64; Koller/*Roth*/Morck RdNr. 28; Heymann/*Sonnenschein*/Weitemeyer RdNr. 24; Röhricht/Graf v. Westphalen/*Ammon* RdNr. 37; Baumbach/*Hopt* RdNr. 18; aA *Beuthien* NJW 1970, 2283.

Konstellationen ist der Dritte besonders schutzwürdig, weil er seinen Irrtum nicht einmal mittels Einblicknahme in das Handelsregister vermeiden kann.

Darüber hinaus findet die Regelung Anwendung, wenn die Eintragung und die Bekanntmachung **falsch** sind, aber an **unterschiedlichen Fehlern** leiden. Es ist nämlich bedeutungslos, ob die unrichtige Bekanntmachung als Grundtatbestand des Vertrauensschutzes auf eine richtige oder wie auch immer geartete fehlerhafte Eintragung zurückgeht.[114] 28

Schließlich erfasst § 15 Abs. 3 die Fallgruppe, in der es an einer **Eintragung gänzlich fehlt,** aber die **Bekanntmachung unrichtig** ist, weil die Tatsache nicht oder anders besteht. Nach Sinn und Zweck der Regelung greift auch hier Vertrauensschutz ein.[115] 29

cc) Bloße Unrichtigkeit der Eintragung. Wird ein Tatsache unrichtig eingetragen, aber **zutreffend bekannt** gegeben, ist für § 15 Abs. 3 **kein Raum**, stellt doch die Bestimmung auf die Bekanntmachung und nicht die Eintragung ab. Die vereinzelt erwogene analoge Anwendung[116] ist abzulehnen, weil eine richtige Bekanntmachung jedem gegensätzlichen Vertrauen die Grundlage entzieht. Wird Vertrauen in die unrichtige Eintragung gesetzt, sind die gewohnheitsrechtlichen Ergänzungssätze (vgl. RdNr. 24) fruchtbar zu machen.[117] Bei unrichtiger Eintragung und **fehlender Bekanntmachung** scheidet gleichfalls eine Analogie aus; vielmehr sind auch hier die Ergänzungssätze (vgl. RdNr. 24) heranzuziehen.[118] 30

c) Angelegenheiten des Betroffenen: Zurechnung. Aus der Eintragung kann der Dritte nach dem Gesetzeswortlaut nur im Verhältnis zu einem Kaufmann Vertrauensschutz begehren, in dessen Angelegenheiten die Tatsache einzutragen war. Zwar ist Unrichtiges in niemandes Angelegenheit einzutragen. Darum handelt es sich um den Unternehmensträger, der von der Eintragung als eigener Angelegenheit betroffen wäre, wenn die Tatsache zuträfe.[119] Das Tatbestandsmerkmal, wessen Angelegenheiten durch die Eintragung berührt sind, wird ferner zur Beurteilung der Frage herangezogen, ob der durch § 15 Abs. 3 gewährte Vertrauensschutz nur im Falle einer zurechenbaren Veranlassung der unrichtigen Bekanntmachung durch den Betroffenen eingreift oder weitergehend das allein auf die Unrichtigkeit abstellende **reine Rechtsscheinprinzip** gilt. Dabei ist nicht nur an bloße Fehler zu denken, indem etwa die von dem Kaufmann A angemeldete Prokura versehentlich bei dem Kaufmann B eingetragen wird. Daneben kann nicht ausgeschlossen werden, dass etwa eine finanzstarke Person mit Hilfe einer Manipulation der Eintragungsunterlagen als Gesellschafter einer vermögenslosen OHG eingetragen wird. Im Ergebnis geht es also um die Problematik, ob § 15 Abs. 3 auch zum **Nachteil völlig Unbeteiligter** wirkt. 31

Eine Mindermeinung bevorzugt eine wörtliche Auslegung der Vorschrift im Sinne einer reinen Rechtsscheinhaftung und unterwirft auch einen bis dahin völlig Unbeteiligten dem durch die unrichtige Bekanntmachung erzeugten Rechtsschein. Die unabsehbare Haftung unbeteiligter Personen soll in Regressansprüchen, insbesondere Amtshaftungsansprüchen, gegen die Verantwortlichen einen Ausgleich finden.[120] Eine vermittelnde Ansicht befürwortet die reine Rechtsscheinhaftung nur gegenüber solchen unbeteiligten Personen, für die infolge ihrer Kaufmannseigenschaft bereits registerrechtliche Angelegenheiten und damit zugleich solche im Sinne des § 15 Abs. 3 bestehen. Danach beschränkt sich die Rechtsscheinwirkung auf Kaufleute, Handelsgesellschaften und deren Mitglieder.[121] 32

Zu folgen ist der von der hM befürworteten einschränkenden Interpretation, derzufolge § 15 Abs. 3 nur zur Anwendung gelangt, wenn die Bekanntmachung von dem Betroffenen oder einer Person, deren Verhalten ihm zurechenbar ist, **veranlasst** wurde. Als Veranlassung genügt bereits eine **richtige Anmeldung,** die eine falsche Bekanntmachung auslöst. Die Veranlassung betrifft also nur 33

---

[114] Staub/*Hüffer* RdNr. 50; MünchKommHGB/*Krebs* RdNr. 88; Koller/*Roth*/Morck RdNr. 28; Heymann/*Sonnenschein*/Weitemeyer RdNr. 28; Röhricht/Graf v. Westphalen/*Ammon* RdNr. 38.
[115] Regierungsbegründung BT-Drucks. V/3862 S. 11; Heymann/*Sonnenschein*/Weitemeyer RdNr. 27; MünchKommHGB/*Krebs* RdNr. 88.
[116] *Bürck* AcP 171 (1971), 328, 338 f.; *Sandberger* JA 1973, 215, 219; Koller/Roth/*Morck* RdNr. 28; Baumbach/*Hopt* RdNr. 18.
[117] Regierungsbegründung BT-Drucks. V/3862 S. 11; Staub/*Hüffer* RdNr. 51; Heymann/*Sonnenschein*/Weitemeyer RdNr. 29; MünchKommHGB/*Krebs* RdNr. 89; Röhricht/Graf v. Westphalen/*Ammon* RdNr. 39; *K. Schmidt* HandelsR § 14 III 2 b; *v. Gierke*/Sandrock § 11 III 4 b; *Schilken* AcP 187 (1987), 1, 13; *Hager* Jura 1992, 57, 64.
[118] Heymann/*Sonnenschein*/Weitemeyer RdNr. 30; Röhricht/Graf v. Westphalen/*Ammon* RdNr. 39.
[119] Staub/*Hüffer* RdNr. 58; Heymann/*Sonnenschein*/Weitemeyer RdNr. 31.
[120] MünchKommHGB/*Krebs* RdNr. 84 f.; v. Gierke/*Sandrock* § 11 III 3 c; *Hofmann* C V 3 c bb; *ders.* JA 1980, 264, 270.
[121] Schlegelberger/*Hildebrandt*/Steckhan RdNr. 26 ff.; *Steckhan* NJW 1971, 1594, 1595 f.; *ders.* DNotZ 1971, 211, 224 ff.; *K. Schmidt* HandelsR § 14 III 2 d.

den Eintragungsvorgang, nicht dessen Richtigkeit.[122] Die hM beruft sich zu Recht darauf, dass es für eine Haftung Unbeteiligter keinen vernünftigen Grund gibt,[123] zumal die Durchsetzung von Amtshaftungsansprüchen im Regresswege häufig Schwierigkeiten aufwirft.[124] Die vermittelnde Auffassung überzeugt nicht, weil sie Kaufleute mit einer unzumutbaren Prüfungslast belegt.[125] Vielmehr ist das Tatbestandsmerkmal „in dessen Angelegenheiten" dahin zu verstehen, dass die unrichtige Bekanntmachung von dem Betroffenen veranlasst wurde.[126]

34 **d) Mangelnde Geschäftsfähigkeit.** Uneinigkeit herrscht, ob der Rechtsscheinhaftung des § 15 Abs. 3 auch Minderjährige oder sonst in der Geschäftsfähigkeit beschränkte Personen unterliegen. Vielfach wird ein Minderjährigenschutz wegen der vorrangigen Verkehrsinteressen abgelehnt.[127] Da im Unterschied zu § 15 Abs. 1 (vgl. RdNr. 9) die Regelung des § 15 Abs. 3 auf dem Veranlassungsprinzip basiert, ist mit der überwiegenden Lehre dem **Minderjährigenschutz der Vorzug** zu geben.[128] Nicht zu überzeugen vermag der Hinweis, von der Rechtsscheinhaftung seien ohnehin nur Minderjährige betroffen, die mit der Zustimmung ihres gesetzlichen Vertreters am Handelsverkehr teilnehmen und darum dessen Risiken hinnehmen müssten.[129] Vielmehr ist der gegenteiligen Wertung des Gesetzgebers (§§ 112 Abs. 1 S. 2, 1643, 1822 Nr. 11 BGB) zu folgen, der die Erteilung einer Prokura durch einen Minderjährigen an die Genehmigung des Vormundschaftsgerichts koppelt. Der gesetzgeberische Wille kann nicht mit Hilfe von Rechtsscheintatbeständen übergangen werden. Keinen Zweifeln sollte begegnen, dass von der Haftung aus § 15 Abs. 3 **Geschäftsunfähige** freigestellt sind.[130] Erscheint ein Minderjähriger wegen fehlerhafter Bekanntgabe seines Geburtsdatums als volljährig, kann er sich wegen Vorrang des Minderjährigenschutzes nach Eintritt der Volljährigkeit auf die Haftungsbeschränkung des § 1629a Abs. 1 Satz 2 BGB berufen.[131]

35 **e) Gutgläubigkeit des Dritten.** Nur positive Kenntnis der **wahren Rechtslage** (nicht allein der Unrichtigkeit der Bekanntmachung) schadet dem Dritten, selbst grob fahrlässige Unkenntnis bleibt außer Betracht.[132] Die widerlegbar vermutete Gutgläubigkeit des Dritten kann der Betroffene gegenbeweislich entkräften. Unbeachtlich ist, ob der Dritte die Bekanntmachung gelesen und sein Verhalten darauf eingestellt hat. Diese unwiderlegbare Vertrauensvermutung stellt eine gewichtige Erleichterung im Vergleich zu den Ergänzungssätzen (vgl. RdNr. 24) dar.[133]

36 **f) Maßgebender Zeitpunkt.** Die unrichtige Bekanntmachung und die Gutgläubigkeit des Dritten müssen in dem Zeitpunkt zusammenfallen, in dem sich der für die Rechte des Dritten bedeutsame Vorgang ereignet.[134] Der Vertrauensschutz setzt mit der unrichtigen Bekanntmachung ein. Dies ist abweichend von § 10 Abs. 2 bereits der Zeitpunkt, in dem **das Erste** die unrichtige Bekanntmachung ausweisende **Blatt** erscheint. Die Karenzfrist des § 15 Abs. 2 S. 2 ist nicht entsprechend anzuwenden, weil andernfalls der Verkehrsschutz verkürzt würde.[135] Der Vertrauensschutz kann durch eine berichtigte Bekanntmachung aufgehoben werden. Die Berichtigung ist erst vollzogen, sobald das letzte Veröffentlichungsorgan erschienen ist. Überdies kann der Vertrauensschutz über den direkt anwendbaren § 15 Abs. 2 S. 2 eine Verlängerung erfahren.[136]

37 **3. Rechtsfolgen. a) Anwendung des § 15 Abs. 3.** Die Regelung verleiht dem Dritten die Rechtsmacht, sich gegenüber dem Betroffenen auf die bekanntgemachte Tatsache zu berufen. Im Verhältnis zu dem Dritten stellt sich die Rechtslage dann so dar, wie wenn die falsche Bekannt-

---

[122] MünchKommHGB/*Lieb* (Voraufl.) RdNr. 68 ff., 74; *Canaris* Vertrauenshaftung S. 162 ff.; *Schilken* AcP 187 (1987), 1, 17 ff.; Capelle/*Canaris* § 5 III 2 f.; Heymann/*Sonnenschein/Weitemeyer* RdNr. 34 f.; Staub/*Hüffer* RdNr. 44, 48; Koller/*Roth*/Morck RdNr. 29; Röhricht/Graf v. Westphalen/*Ammon* RdNr. 42; Baumbach/*Hopt* RdNr. 19.
[123] Staub/*Hüffer* RdNr. 48.
[124] MünchKommHGB/*Lieb* (Voraufl.) RdNr. 70.
[125] MünchKommHGB/*Lieb* (Voraufl.) RdNr. 71; Staub/*Hüffer* RdNr. 48.
[126] Baumbach/*Hopt* RdNr. 19; Staub/*Hüffer* RdNr. 48; Heymann/*Sonnenschein/Weitemeyer* RdNr. 35; MünchKommHGB/*Lieb* (Voraufl.) RdNr. 74; Röhricht/Graf v. Westphalen/*Ammon* RdNr. 42.
[127] *K. Schmidt* HandelsR § 14 III 3 b; *ders.* JuS 1977, 209, 216 f.; Staub/*Hüffer* RdNr. 55; MünchKommHGB/*Krebs* RdNr. 92 f.; Heymann/*Sonnenschein/Weitemeyer* RdNr. 37; Röhricht/Graf v. Westphalen/*Ammon* RdNr. 43.
[128] *Canaris* Vertrauenshaftung S. 166; Capelle/*Canaris* § 5 III 2 g; Koller/*Roth*/Morck RdNr. 30; Baumbach/*Hopt* RdNr. 19; v. Gierke/*Sandrock* § 11 III 3 c.
[129] Heymann/*Sonnenschein/Weitemeyer* RdNr. 37; Röhricht/Graf v. Westphalen/*Ammon* RdNr. 43.
[130] So auch Röhricht/Graf v. Westphalen/*Ammon* RdNr. 43.
[131] *Christmann* ZEV 2000, 45, 47.
[132] Baumbach/*Hopt* RdNr. 20; Koller/*Roth*/Morck RdNr. 31.
[133] Staub/*Hüffer* RdNr. 56; Koller/*Roth*/Morck RdNr. 32; Baumbach/*Hopt* RdNr. 21; Röhricht/Graf v. Westphalen/*Ammon* RdNr. 40; aA Capelle/*Canaris* § 5 III 2 d.
[134] Röhricht/Graf v. Westphalen/*Ammon* RdNr. 41; Heymann/*Sonnenschein/Weitemeyer* RdNr. 33.
[135] Staub/*Hüffer* RdNr. 52; Heymann/*Sonnenschein/Weitemeyer* RdNr. 41; Röhricht/Graf v. Westphalen/*Ammon* RdNr. 41.
[136] Staub/*Hüffer* RdNr. 52; Heymann/*Sonnenschein/Weitemeyer* RdNr. 33.

machung richtig wäre.[137] Sofern es ihm günstiger erscheint, kann der Dritte freilich die wirkliche Rechtslage gegen sich gelten lassen; dem Eintragungspflichtigen selbst kommt hingegen § 15 Abs. 3 nicht zustatten.[138]

b) Anwendung der Ergänzungssätze. Für die gewohnheitsrechtlichen Ergänzungssätze (vgl. RdNr. 24) ist nur Raum, falls eine unrichtige Eintragung mit einer richtigen Bekanntmachung oder eine unrichtige Eintragung mit einer fehlenden Bekanntmachung einhergeht oder die Eintragung lediglich eintragungsfähige Tatsachen zum Gegenstand hat. Die Rechtsscheinhaftung setzt enger und abweichend von § 15 Abs. 3 voraus, dass der Dritte von dem Rechtsschein Kenntnis erlangt und sein Verhalten im Vertrauen auf die Richtigkeit (kausal) darauf eingerichtet hat. 38

V. Zweigniederlassung

Aufgrund der geänderten Gesetzesfassung gilt Abs. 4 nur noch für Unternehmen, die ihre Hauptniederlassung oder ihren Sitz im Ausland unterhalten. Insoweit erklärt § 15 Abs. 4 für den **Geschäftsverkehr mit der Filiale** die Eintragungen und Bekanntmachungen durch das (deutsche) Gericht der Zweigniederlassung für verbindlich.[139] Der Vorrang für Eintragungen am Sitz der Zweigniederlassung ersetzt sich auf die eintragungspflichtigen Textsachen. Tritt an die Stelle einer Einzelvertretungsbefugnis der Geschäftsführer einer GmbH Gesamtvertretung, so kann dies Dritten im Geschäftsverkehr mit der Zweigniederlassung erst entgegengehalten werden, wenn die Änderung im Zweigregister eingetragen und die Eintragung bekanntgemacht wurde.[140] Daneben können zeitliche Unterschiede auftreten, wenn die Gerichte am Sitz der Hauptniederlassung und am Sitz der Zweigniederlassung Eintragungen und Bekanntmachungen in zeitlichem Abstand vollziehen. Auch insoweit sind Eintragungen und Bekanntmachungen durch das Gericht der Zweigniederlassung vorrangig.[141] 39

§ 16 [Entscheidung des Prozeßgerichts]

(1) ¹Ist durch eine rechtskräftige oder vollstreckbare Entscheidung des Prozeßgerichts die Verpflichtung zur Mitwirkung bei einer Anmeldung zum Handelsregister oder ein Rechtsverhältnis, bezüglich dessen eine Eintragung zu erfolgen hat, gegen einen von mehreren bei der Vornahme der Anmeldung Beteiligten festgestellt, so genügt zur Eintragung die Anmeldung der übrigen Beteiligten. ²Wird die Entscheidung, auf Grund deren die Eintragung erfolgt ist, aufgehoben, so ist dies auf Antrag eines der Beteiligten in das Handelsregister einzutragen.

(2) Ist durch eine rechtskräftige oder vollstreckbare Entscheidung des Prozeßgerichts die Vornahme einer Eintragung für unzulässig erklärt, so darf die Eintragung nicht gegen den Widerspruch desjenigen erfolgen, welcher die Entscheidung erwirkt hat.

Übersicht

	RdNr.		RdNr.
I. Überblick	1–8	IV. Prüfung durch das Registergericht	17, 18
1. Regelungszweck	1, 2	V. Eintragung	19
2. Bindung des Registergerichts an Entscheidungen des Prozessgerichts	3–8	VI. Aufhebung der Entscheidung des Prozessgerichts (§ 16 Abs. 1 S. 2)	20–25
II. Die Ersetzung der Anmeldung (§ 16 Abs. 1)	9–14	VII. Vorbeugender Rechtsschutz im Registerverfahren (§ 16 Abs. 2)	26–34
1. Mehrere Beteiligte	9, 10	1. Anwendungsbereich	26
2. Entscheidung des Prozessgerichts	11–13	2. Voraussetzungen	27–33
3. Inhalt der Entscheidung	14	a) Entscheidung des Prozessgerichts	27, 28
III. Anmeldung durch die übrigen Beteiligten	15, 16	b) Widerspruch	29
		c) Rechtsfolgen	30–33
		3. Aufhebung der Prozessentscheidung	34

---

[137] Heymann/*Sonnenschein*/*Weitemeyer* RdNr. 36; Röhricht/Graf v. Westphalen/*Ammon* RdNr. 44.
[138] BGH Urt. v. 5. 2. 1990 – II ZR 309/88 WM 1990, 638; MünchKommHGB/*Krebs* RdNr. 96.
[139] MünchKommHGB/*Krebs* RdNr. 99; Baumbach/*Hopt* RdNr. 24; Koller/*Roth*/Morck RdNr. 35.
[140] Staub/*Hüffer* RdNr. 64.
[141] MünchKommmHGB/*Krebs* RdNr. 100; Staub/*Hüffer* RdNr. 63; Heymann/*Sonnenschein*/*Weitemeyer* RdNr. 39; Koller/*Roth*/Morck RdNr. 35.

I. Überblick

1 1. Regelungszweck. Handelsregistereintragungen werden regelmäßig auf Antrag, nur ausnahmsweise von Amts wegen vorgenommen (§ 12 RdNr. 5 ff.). § 16 befasst sich in dessen Absatz 1 mit der besonderen Frage, was zur Eintragung genügt, wenn die erforderliche **Anmeldung eines Beteiligten fehlt,** etwa die Anmeldung eines Gesellschafters der neu errichteten oHG (§ 108 Abs. 1). § 16 Abs. 1 regelt also den Ersatz einer Eintragungsvoraussetzung durch eine Entscheidung des Streitgerichts.[1] § 16 Abs. 2 dagegen gibt Antwort auf die Frage, wann der **Widerspruch eines Beteiligten** die **Eintragung** in das Register **verhindern** kann.

§ 16 Abs. 1 handelt von der **Ersetzung einer Willenserklärung durch gerichtliche Entscheidung,** gehört also zu § 894 ZPO.[2] § 894 ZPO erfasst auch Anmeldungen zum Handelsregister, dh. das rechtskräftige Urteil auf Abgabe einer bestimmten Anmeldeerklärung ersetzt die Anmeldung selbst.[3] Da die engen Grenzen des § 894 ZPO nicht befriedigten und insbesondere die Anwendung der Vorschrift auf nur vorläufig vollstreckbare Entscheidungen ganz überwiegend abgelehnt wurde, soll § 16 Abs. 1 den **Anwendungsbereich von § 894 ZPO erweitern,** und zwar in mehrfachem Sinne. Zunächst ist nicht erforderlich, dass ein Urteil im Sinne des § 894 ZPO vorliegt; § 16 Abs. 1 lässt vielmehr auch Feststellungs- und Gestaltungsentscheidungen genügen. Ferner lässt die Bestimmung zu, dass die Eintragung auf Grund eines vorläufig vollstreckbaren Urteils[4] vorgenommen wird; schließlich sind auch andere Entscheidungen als Anmeldungsersatz ausreichend, namentlich die einstweilige Verfügung.[5] § 16 Abs. 1 ist vollstreckungsrechtliche Bestimmung im weiteren Sinn.[6]

2 Demgegenüber geht es bei **§ 16 Abs. 2** in der Sache um **vorbeugenden Rechtsschutz** im Registerverfahren.[7] Nach dieser Vorschrift darf die Eintragung in das Handelsregister nicht erfolgen, wenn das Prozessgericht durch eine rechtskräftige oder vollstreckbare Entscheidung die Vornahme der Eintragung für unzulässig erklärt und zusätzlich derjenige widerspricht, der die Entscheidung erwirkt hat. Ausschlaggebend ist demnach nicht die Entscheidung des Prozessgerichts. Denn selbst wenn diese in Rechtskraft erwächst, braucht sich das Register nicht an sie zu halten, wenn es an einem Widerspruch des Begünstigten fehlt.[8] Die Entscheidung des Prozessgerichts ist nur von Bedeutung, wenn der obsiegende Kläger Widerspruch erklärt. Das Registergericht muss dann den Widerspruch beachten und darf nicht eintragen.[9] § 16 Abs. 2 will den Widersprechenden vor einer solchen Eintragung in das Registergericht schützen, die die Rechte des Widersprechenden gefährden kann.[10]

3 2. Bindung des Registergerichts an Entscheidungen des Prozessgerichts. § 16 führt **nicht** zu einer durchgängigen **Bindung des Registergerichts an die streitentscheidende Gerichtsbarkeit.** Vielmehr hat über ihren begrenzten Regelungsbereich hinaus die Vorschrift keine allgemeine Bedeutung für die Frage, inwieweit das Registergericht an Entscheidungen des Prozessgerichts gebunden ist.[11] Gänzlich ohne Bedeutung ist § 16 für den – umgekehrten – Fall der Bindung des Prozessgerichts an Entscheidungen des Registergerichts. Die durch die konstitutiv wirkende Registereintragung entstandenen Rechtslage hat das Prozessgericht hinzunehmen; ansonsten besteht keine Bindung, so dass trotz Eintragung das Prozessgericht die Rechtslage abweichend beurteilen kann.

4 Grundsätzlich entscheidet das Registergericht selbständig und ohne Verzögerung über die Voraussetzungen der Eintragung. Selbständige Entscheidung bedeutet, dass das Registergericht grundsätzlich nicht an die Entscheidungen des Prozessgerichts gebunden ist. Dieses Prinzip gilt jedoch nicht ausnahmslos, sondern wird in drei Bereichen **durchbrochen,** in denen **rechtskräftige Entscheidungen des Prozessgerichts das Registergericht binden.**[12] Hierzu gehören ohne Rücksicht auf die persönlichen Grenzen der Rechtskraft die **Gestaltungsurteile,** wobei namentlich an die gesellschaftsrechtlichen Gestaltungsklagen zu denken ist,[13] die Urteile auf Abgabe einer Willenserklärung

---

[1] Staub/*Hüffer* RdNr. 2.
[2] *Baur* ZGR 1972, 421, 423; Düringer/Hachenburg/*Hoeniger* RdNr. 1; Ergänzung der prozessrechtlichen Normen über die Zwangsvollstreckung mit besonderer Beziehung auf das Handelsregister.
[3] Baumbach/Lauterbach/Albers/Hartmann § 894 ZPO RdNr. 6; *Thomas*/*Putzo* § 894 ZPO RdNr. 5.
[4] §§ 708 ff. ZPO.
[5] §§ 935 ff. ZPO.
[6] Staub/*Hüffer* RdNr. 2.
[7] *Baur* ZGR 1972, 421, 424; Koller/*Roth*/Morck RdNr. 9.
[8] *Baur* ZGR 1972, 421, 423; MünchKommHGB/*Krafka* RdNr. 11.
[9] Staub/*Hüffer* RdNr. 26.
[10] MünchKommHGB/*Krafka* RdNr. 11.
[11] Röhricht/Graf von Westphalen/*Ammon* RdNr. 2; MünchKommHGB/*Krafka* RdNr. 1 a; vgl. BayObLG Beschl. v. 27. 3. 2000 – 3 ZBR 331/99, NJW 2000, 1647.
[12] Im einzelnen Staub/*Hüffer* RdNr. 5 ff.
[13] §§ 117, 127, 133, 140; § 275 AktG sowie die Regelung der Anfechtungsklage in §§ 241 ff. AktG.

nach § 894 ZPO und innerhalb der persönlichen Grenzen der Rechtskraft Leistungs- und Feststellungsurteile.[14]

Auch aus § 127 FGG lässt sich keine weitere Bindungswirkung der Entscheidungen des Prozessgerichts auf die des Registergerichts herleiten. § 127 FGG mit der Befugnis des Registergerichts, eine Verfügung, die von der Beurteilung eines streitigen Rechtsverhältnisses abhängt, auszusetzen, bis über das Verhältnis im Wege des Rechtsstreits entschieden ist, soll zwar einen Entscheidungsgleichklang ermöglichen und im Interesse der Verfahrensökonomie eine zweite Beweiserhebung überflüssig machen oder jedenfalls einschränken.[15] Dem Gebot der Entscheidungsharmonie würde es zwar am besten entsprechen, wenn das Registergericht an die rechtskräftige Entscheidung des Prozessgerichts gebunden wäre.[16] Eine derartige über die allgemeinen Grundsätze hinausgehende Bindung lässt sich aber aus § 127 FGG nicht herleiten, da im Übrigen das Gebot gleichförmiger Entscheidung durch das Gebot sachrichtiger Entscheidung begrenzt wird. Zweck des § 127 FGG ist es also nur, vom Gebot, ohne Verzögerung zu entscheiden, eine Ausnahme zu machen. Recht und Pflicht zur selbständiger Entscheidung werden dadurch nicht berührt.[17]

Während es nach § 127 FGG im **pflichtgemäßem Ermessen des Registergerichts** steht, die Eintragungsverfügung bis zur Rechtskraft des Urteils auszusetzen, **engt § 16 Abs. 1** dieses Ermessen deshalb **ein**, weil bereits die vorläufige Vollstreckbarkeit oder der Erlass einer einstweiligen Verfügung für die Eintragung genügt. Die Bindungswirkung wird, soweit sie nach allgemeinen Grundsätzen von der rechtskräftigen Entscheidung ausgeht, auf den Zeitpunkt der vorläufigen Vollstreckbarkeit oder des Verfügungserlasses vorverlegt. Das Register muss also die vorläufige Entscheidung als in der Sache richtig behandeln, soweit es auch an das rechtskräftige Urteil gebunden wäre. Es muss selbst dann, wenn es die ergangene Entscheidung für unzutreffend hält, die Eintragung verfügen, wobei es außerhalb der prozessualen Bindungswirkung selbständig zu entscheiden hat.[18]

Zu einer Einschränkung des Ermessensspielraums nach § 127 FGG führt auch § 16 Abs. 2. Weil die Eintragung unter den Voraussetzungen dieser Vorschrift nicht erfolgen darf, bleibt dem Register nur die Wahl zwischen der Zurückweisung der Anmeldung und der Aussetzung der Verfügung. *Hüffer*[19] weist zurecht darauf hin, dass die Rechtsschutzwirkung vorläufiger, typischerweise einstweiliger Entscheidungen jedoch nicht weiterreichen kann, als die des endgültigen, also rechtskräftigen Urteils. Daraus folgt, dass die Eintragung nicht gemäß § 16 Abs. 2 unzulässig, sondern nach § 127 FGG von der pflichtgemäßen Ermessungsentscheidung des Registergerichts abhängig ist, soweit es durch eine rechtskräftige Entscheidung des Prozessgerichts nicht gebunden wäre.

§ 16 führt daher nur zu einer **zeitlichen Vorverlegung der begrenzten Rechtskraftwirkung**, besagt aber nichts darüber, inwieweit das Registergericht an die Entscheidung des Prozessgerichts gebunden ist. Dies ist nach allgemeinen Grundsätzen (RdNr. 3) zu beurteilen.

II. Die Ersetzung der Anmeldung (§ 16 Abs. 1)

1. Mehrere Beteiligte. § 16 Abs. 1 setzt zunächst mehrere Beteiligte an einer Anmeldung oder einem einzutragenden Rechtsverhältnis voraus.[20] Dies ist u. a. für die Gesellschafter einer Handelsgesellschaft bedeutsam, von denen die Anmeldungen gemeinsam eingereicht werden müssen und die von einem einzutragenden Rechtsverhältnis betroffen sein können. Mit der Verpflichtung zur Mitwirkung bei einer Anmeldung im Sinne von Abs. 1 ist die **privatrechtliche Mitwirkungspflicht zwischen den Beteiligten** gemeint, nicht dagegen die gemäß § 14 erzwingbare Verpflichtung gegenüber dem Registergericht. Mitwirkungspflichten bei einer Anmeldung zum Handelsregister treffen sämtliche Gesellschafter oder Liquidatoren, zB in den Fällen der §§ 108, 125 Abs. 4, 143, 144 Abs. 2, 148, 157, 175.[21]

---

[14] Bei diesen ist damit eine Bindungswirkung ausgeschlossen, soweit im Registerverfahren auch andere Personen als die Prozessparteien beteiligt sind; BayObLG Beschl. v. 29. 7. 1969 – 1 b ZBR 35/69, BayObLGZ 1969, 184, 186; *Baur* ZGR 1972, 421 f.
[15] *Jansen* § 127 FGG RdNr. 5.
[16] Staub/*Hüffer* RdNr. 7.
[17] Staub/*Hüffer* RdNr. 7.
[18] Staub/*Hüffer* RdNr. 8; der auf den Ausnahmefall hinweist, in dem dem Registergericht Tatsachen bekannt werden, die eine andere rechtliche Beurteilung tragen und die das Prozessgericht bei seiner – vorläufigen – Entscheidung noch nicht berücksichtigen konnte. In diesen Fällen ist das Interesse an der Richtigkeit des Registerinhalts höher zu bewerten als das Interesse an der baldigen Eintragung.
[19] Staub/*Hüffer* RdNr. 10.
[20] Heymann/*Sonnenschein/Weitemeyer* RdNr. 2; Koller/*Roth*/Morck RdNr. 2; zur weitgehenden Unanwendbarkeit des § 16 Abs. 1 im Gründungsrecht der GmbH/AG s. Staub/*Hüffer* RdNr. 16.
[21] MünchKommHGB/*Krafka* RdNr. 3.

10 Negativ ist damit klargestellt, dass § 16 **unanwendbar** ist, **wenn alle Beteiligten die Eintragung verweigern;** die Vorschrift greift auch nicht ein, **wenn zur Anmeldung nur ein einzelner Beteiligter genügt.**[22] In solchen Fällen kann nur durch das Registergericht mit Zwangsgeldfestsetzung gemäß § 14 vorgegangen werden, falls Anmeldepflicht besteht, oder – sofern ein materiellrechtlicher Anspruch Dritter auf die Anmeldung besteht – mit rechtskräftigem Urteil nach § 894 ZPO vollstreckt werden. Während bezüglich der Anmeldung § 894 ZPO eingreift, ist wegen der Zeichnung der Unterschrift oder der Beifügung von Unterlagen nach § 888 ZPO zu verfahren.[23]

11 **2. Entscheidung des Prozessgerichts.** Erforderlich ist entweder ein **rechtskräftiges oder** auch **sonstige vollstreckbare Entscheidung des Prozessgerichts.** Darunter fallen vorläufig vollstreckbare Urteile[24] und einstweilige Verfügungen,[25] die eine Mitwirkungspflicht des Beklagten oder ein einzutragendes Rechtsverhältnis feststellen, wobei Feststellung iSd. § 256 ZPO sonst ganz allgemein zu verstehen ist. Somit fallen darunter zB auch Entscheidungen, durch die die Vertretungsmacht nach § 127 entzogen wird, oder Leistungsurteile, die auf ein Unterlassen von Vertretungsmaßnahmen für eine Gesellschaft lauten und auf einer in der Satzung enthaltene Abberufungsmöglichkeit ohne gerichtliches Verfahren beruhen, weil dadurch notwendigerweise das Erlöschen der Vertretungsmacht festgestellt ist.[26]

12 Damit wird dem Grundsatz der **Verfahrensökonomie** Rechnung getragen, weil eine sonst erforderliche Klage auf Mitwirkung bei der Anmeldung entbehrlich wird.[27]

13 Indem § 16 Abs. 1 eine vollstreckbare Entscheidung des Prozessgerichts fordert, kommen **Entscheidungen anderer Gerichte,** etwa im Verfahren der Freiwilligen Gerichtsbarkeit, nicht in Betracht. Ebensowenig genügen vollstreckbare Urkunden oder Prozessvergleiche.[28] Auch ein **Schiedsspruch,** der nach § 1040 ZPO unter den Parteien die Wirkung eines rechtskräftigen gerichtlichen Urteils hat, ist keine geeignete Grundlage, weil die Rechtskraft eines Schiedsspruchs durch Parteivereinbarung beseitigt werden kann.[29] Doch kann ein Schiedsspruch dann als Grundlage für Eintragungen im Handelsregister dienen, wenn er rechtskräftig für vollstreckbar erklärt worden ist.[30]

14 **3. Inhalt der Entscheidung.** Die Entscheidung des Prozessgerichts muss gegen einen von mehreren bei Vornahme der Anmeldung Beteiligten entweder **ausdrücklich** die **Verpflichtung zur Mitwirkung** bei einer bestimmten Anmeldung feststellen, **oder** es muss gegen den gleichen Adressaten ein **Rechtsverhältnis,** bezüglich dessen eine Eintragung zu erfolgen hat, **festgestellt** werden. Die erforderliche Feststellung kann auch in einem Leistungs- oder Gestaltungsurteil enthalten sein, sofern sich aus der Entscheidung ergibt, dass das Prozessgericht die Mitwirkungspflicht oder den Bestand eines eintragungspflichtigen Rechtsverhältnisses bejaht.[31]

III. Anmeldung durch die übrigen Beteiligten

15 Die Rechtsfolge des § 16 Abs. 1 S. 1 besteht darin, dass **zur Eintragung die Anmeldung der übrigen Beteiligten genügt.** Das heißt zunächst negativ, dass das Prozessgericht die Eintragung weder anordnen noch darum ersuchen kann.[32] Positiv folgt daraus, dass alle Beteiligten außer dem Verurteilten die Anmeldung vornehmen müssen. Einem Dritten, der bei der Anmeldung zum Register nach diesen Vorschriften nicht mitwirken muss, kommt § 16 Abs. 1 S. 1 nicht zugute. So können die Gesellschafter der GmbH, die ein gegen nach § 78 GmbHG zur Anmeldung verpflichteten Geschäftsführer obsiegendes Urteil erstritten haben, nicht selbst die Anmeldung vornehmen.[33]

16 Die Anmeldung muss im Übrigen den für sie geltenden Vorschriften, insbesondere den **Formerfordernissen des § 12** genügen.

---

[22] Staub/*Hüffer* RdNr. 11; Röhricht/Graf von Westphalen/*Ammon* RdNr. 7.
[23] Staub/*Hüffer* RdNr. 11; HK/*Russ* RdNr. 2; teilweise abweichend Röhricht/Graf von Westphalen/*Ammon*: Für die Einreichung von Schriftstücken ist Vollstreckung nach § 883 ZPO zu betreiben, wenn die Entscheidung auf Herausgabe der Schriftstücke lautet.
[24] §§ 708, 709 ZPO.
[25] §§ 935, 940 ZPO.
[26] Röhricht/Graf von Westphalen/*Ammon* RdNr. 9.
[27] Staub/*Hüffer* RdNr. 13, 17.
[28] KG Beschl. v. 21. 3. 1907 – 1. X. 160/07, KGJ 34 A 121, 122; Heymann/*Sonnenschein/Weitemeyer* RdNr. 3.
[29] OLG Bremen Urt. v. 14. 12. 1956 – 1 U 36/55, NJW 1957, 1035; BayObLG Beschl. v. 24. 2. 1984 – 3 Z BR 197/83, WM 1984, 809, 810.
[30] § 1042 ZPO, BayObLG Beschl. v. 24. 2. 1984 – 3 Z BR 197/83, WM 1984, 809, 810; MünchKommHGB/*Krafka* RdNr. 4.
[31] MünchKommHGB/*Krafka* RdNr. 5; Staub/*Hüffer* RdNr. 13.
[32] KG Beschl. v. 28. 1. 1884, KGJ 4, 36, 38; KG Beschl. v. 21. 3. 1907 – 1. X. 160/07, KGJ 34 A 121; KG Beschl. v. 26. 2. 1931 – 1 b X 833/30, JW 1931, 2992 m. Anm. *Cohn*.
[33] Staub/*Hüffer* RdNr. 18.

IV. Prüfung durch das Registergericht

Da § 16 Abs. 1 S. 1 nur die Anmeldung eines von mehreren Beteiligten durch die Entscheidung 17 des Prozessgerichts ersetzt, hat das Register **alle übrigen Eintragungsvoraussetzungen in formeller und materieller Hinsicht zu prüfen.** Es muss eigenverantwortlich feststellen, ob es sich um eine eintragungsfähige Tatsache handelt, ob die Anmeldung der übrigen Beteiligten formgerecht erfolgt ist und ob im Fall der einstweiligen Verfügung für die Vollziehung die Monatsfrist der §§ 929, 936 ZPO noch nicht abgelaufen ist.[34]

Dagegen darf das Registergericht, soweit es an die **Entscheidung des Prozessgerichts** gebunden 18 ist, **nicht prüfen,** ob dessen Entscheidung inhaltlich richtig ist und im Wege der einstweiligen Verfügung ergehen durfte.[35]

V. Eintragung

Erfolgt die Eintragung auf Grund einer rechtskräftigen oder vorläufig vollstreckbaren Entschei- 19 dung des Prozessgerichts, ist dies **im Handelsregister zu vermerken** (§ 18 S. 1 HRV). Hierdurch wird die beschränkte Prüfung durch das Registergericht kundbar gemacht.[36]

VI. Aufhebung der Entscheidung des Prozessgerichts (§ 16 Abs. 1 S. 2)

In Konsequenz der Tatsache, dass § 16 Abs. 1 S. 1 den Entscheidungen des Prozessgerichts, die 20 grundsätzlich erst nach Rechtskraft Wirkung entfalten, schon mit Eintritt der vorläufigen Vollstreckbarkeit (§§ 7 und 8 ff. ZPO) und dem Erlass einer einstweiligen Verfügung (§§ 935 ff. ZPO). Wirkung zukommen lässt, muss dem Fall Rechnung getragen werden, dass mit der **Aufhebung der Entscheidung** die **Eintragungsgrundlage wegfällt.** Für diesen Fall sieht § 16 Abs. 1 S. 2 vor, dass auf Antrag eines Beteiligten die **Aufhebung in das Register einzutragen ist.**

§ 16 Abs. 1 S. 2 fordert die Aufhebung der Entscheidung. Auf die Urteilsfassung kommt es nicht 21 an. Die Voraussetzung ist auch erfüllt, wenn die Feststellung des § 16 Abs. 1 S. 1 durch Abänderung der Entscheidung zur Hauptsache beseitigt ist. **Rechtskraft** der aufhebenden oder abändernden Entscheidung ist **nicht erforderlich.**[37]

Weil es auf die Entscheidung so ankommt, wie sie den Grund der Eintragung abgegeben hat, und 22 dafür eine vollstreckbare Entscheidung genügt, aber auch erforderlich ist, ist der Vermerk nach § 16 Abs. 1 S. 2 auch dann einzutragen, wenn die Entscheidung zur Hauptsache zwar noch fortbesteht, ihre vorläufige Vollstreckbarkeit nach § 717 Abs. 1 Fall 2 ZPO aber aufgehoben wurde.[38] Der Aufhebung der Entscheidung gleichzusetzen ist die **Abänderung der Entscheidung** in dem Titel, der die Grundlage der Eintragung gebildet hat.[39]

§ 16 Abs. 1 S. 2 ist **nur** anwendbar, **wenn die Entscheidung die Eintragungsgrundlage** 23 **abgegeben hat.** Das ist nicht der Fall, wenn der Beklagte dem Urteilsspruch folgend die Anmeldung zusammen mit den übrigen Beteiligten vorgenommen hat.[40]

Der Vermerk des § 16 Abs. 1 S. 2 wird nur auf **Antrag** eingetragen, dh. nicht auf Ersuchen des 24 Prozessgerichts. Der Antrag bedarf der **Form des § 12.**[41]

Sind die Voraussetzungen erfüllt, vermerkt das Registergericht die Aufhebung der Entscheidung nach 25 **§ 18 S. 2 HRV** (s. Anh. § 8) in der Spalte der Eintragung. Der Vermerk bedeutet nicht die Löschung der Eintragung und hat deshalb auch nicht deren Rechtsfolgen. Der Rechtsverkehr soll lediglich darauf hingewiesen werden, dass möglicherweise eine spätere Löschung, entweder auf Anmeldung oder von Amts wegen, bei Rechtskraft der aufhebenden Prozessentscheidung in Betracht kommt.[42] Bei seiner Entscheidung hat das Registergericht nicht die sachliche Richtigkeit der aufhebenden Entscheidung des Prozessgerichts zu prüfen.[43]

---

[34] KG Beschl. v. 15. 10. 1908 (1 a. X. 784/08), KGJ 37 A 142; KG Beschl. v. 4. 2. 1921 (1 a. X. 62/21), KGJ 53 A 91, Koller/*Roth*/Morck RdNr. 6.
[35] KG Beschl. v. 4. 2. 1921 (1 a. X. 62/21), KGJ 53 A 91; KG Beschl. v. 26. 2. 1931 – 1 b X 833/30, JW 1931, 2992 m. Anm. *Cohn*; Staub/*Hüffer* RdNr. 19.
[36] MünchKommHGB/*Krafka* RdNr. 8.
[37] Staub/*Hüffer* RdNr. 21.
[38] Röhricht/Graf von Westphalen/*Ammon* RdNr. 13; Heymann/*Sonnenschein*/*Weitemeyer* RdNr. 8.
[39] Röhricht/Graf von Westphalen/*Ammon* RdNr. 13.
[40] Staub/*Hüffer* RdNr. 21.
[41] Koller/*Roth*/Morck RdNr. 8.
[42] Röhricht/Graf von Westphalen/*Ammon* RdNr. 14; Koller/*Roth*/Morck RdNr. 8.
[43] Staub/*Hüffer* RdNr. 22.

VII. Vorbeugender Rechtsschutz im Registerverfahren (§ 16 Abs. 2)

26 **1. Anwendungsbereich.** Die Regelung des § 16 Abs. 2 betrifft den Fall, dass die Vornahme einer **Eintragung durch Entscheidung des Prozessgerichts für unzulässig erklärt** wird. Sie geht insoweit über Absatz 1 hinaus, als auch ein Dritter, der bei der Anmeldung oder einem Rechtsverhältnis nicht beteiligt ist, die Entscheidung herbeigeführt haben kann.[44]

27 **2. Voraussetzungen. a) Entscheidung des Prozessgerichts.** § 16 Abs. 2 verlangt eine **rechtskräftige oder vollstreckbare Entscheidung des Prozessgerichts,** hierzu RdNr. 11 ff., mit der die Vornahme einer Eintragung in das Handelsregister für unzulässig erklärt wird. Materielle Grundlage einer solchen Entscheidung ist ein entsprechender Anspruch, zB nach § 37 Abs. 2 (unzulässiger Firmengebrauch), oder nach § 112 (Verstoß gegen ein Wettbewerbsverbot).[45]

28 Der **Tenor der Entscheidung** muss auf Unzulässigkeit der Eintragung lauten; eine Feststellung über ein nichtbestehendes Rechtsverhältnis reicht nicht aus.[46]

29 **b) Widerspruch.** Der obsiegende Kläger muss der Eintragung widersprechen. Bei dem Widerspruch handelt es sich um eine **verfahrensrechtliche Erklärung,** für die **keine Form** vorgeschrieben ist. Der Widerspruch kann deshalb auch konkludent durch Einreichung der Entscheidung beim Register erklärt werden.[47]

30 **c) Rechtsfolgen.** Liegen die Voraussetzungen vor, darf das Registergericht die **Eintragung nicht vornehmen.** Obwohl dies im Wortlaut des § 16 Abs. 2 nicht zum Ausdruck kommt, ist das Registergericht dabei nicht schlechthin an die Entscheidung des Prozessgerichts gebunden, sondern nur in den Grenzen, die sich aus den allgemeinen Grundsätzen zum Verhältnis Freiwillige Gerichtsbarkeit/Prozessgericht und Bindungswirkung der Entscheidung des Prozessgerichts auf die des Registergerichts ergeben (s. o. RdNr. 3 ff.).

31 Für die **Praxis** von Bedeutung ist hier in erster Linie die Bindung an ein Gestaltungsurteil, das zB eine erfolgreiche Anfechtungsklage gegen einen Hauptversammlungsbeschluss zum Gegenstand hat.[48] Zu beachten ist ferner die allgemeine Rechtskraftwirkung innerhalb ihrer persönlichen Grenzen. Soweit danach die Bindungswirkung reicht, hat das Registergericht die Rechtmäßigkeit der Entscheidung nicht zu prüfen; es darf auch dann nicht eintragen, wenn es die Prozessentscheidung für sachlich unzutreffend hält.[49]

32 Ist nach den allgemeinen Grundsätzen eine Bindungswirkung des Registers an die Entscheidung des Prozessgerichts nicht gegeben, darf das Registergericht dagegen die Eintragung in **eigener Entscheidungskompetenz** vornehmen oder bei nur vorläufig vollstreckbaren Entscheidungen das Verfahren nach § 127 FGG aussetzen.[50]

33 Ist die **Eintragung bereits vor Einlegung des Widerspruchs erfolgt,** bleibt es dabei. Der Widersprechende kann nicht Löschung der Eintragung verlagen.[51] Hat das Registergericht dagegen die Eintragung unter Verstoß gegen § 16 Abs. 2 vorgenommen, insbesondere nach Einlegung des Widerspruchs, hat der Widersprechende zwar kein Beschwerderecht gegen die Eintragung selbst, aber gegen die Nichtbeachtung seines Widerspruchs mit dem Ziel, die Einleitung eines Löschungsverfahrens zu erzwingen.[52]

34 **3. Aufhebung der Prozessentscheidung.** Wird die Entscheidung des Prozessgerichts, die auf Unzulässigkeit der Eintragung erkannt hat, aufgehoben, ist das **Registergericht** hieran **nicht gebunden,** weil nur die Rechtsbeziehung zwischen den Beteiligten und einem Dritten betroffen ist.[53] Das Registergericht kann etwa die Eintragung ablehnen, wenn es dem aufgehobenen Urteil in der Sache folgt.[54] Der obsiegende Beklagte kann aus dem klageabweisenden Urteil keinen Anspruch auf Eintragung herleiten, da § 16 Abs. 1 S. 2 im Rahmen des § 16 Abs. 2 nicht gilt.[55]

---

[44] Heymann/*Sonnenschein*/*Weitemeyer* RdNr. 10.
[45] Röhricht/Graf von Westphalen/*Ammon* RdNr. 15.
[46] Anders als bei § 16 Abs. 1, vgl. BayObLG Beschl. v. 31. 10. 1908 – 1. Z BR III. 88/1908, BayObLGZ 1909, 566; Heymann/*Sonnenschein*/*Weitemeyer* RdNr. 11.
[47] Staub/*Hüffer* RdNr. 26.
[48] LG Heilbronn Urt. v. 8. 9. 1971 – 1. KfH O 125/71, AG 1971, 372.
[49] Röhricht/Graf von Westphalen/*Ammon* RdNr. 17; Staub/*Hüffer* RdNr. 27.
[50] Staub/*Hüffer* RdNr. 27; Röhricht/Graf von Westphalen/*Ammon* RdNr. 17.
[51] Schlegelberger/Hildebrandt/*Steckhan* RdNr. 5; Koller/*Roth*/*Morck* RdNr. 9.
[52] Heymann/*Sonnenschein*/*Weitemeyer* RdNr. 12; Staub/*Hüffer* RdNr. 28; Röhricht/Graf von Westphalen/*Ammon* RdNr. 17; aA GroßKommAktG/*Wiedemann* § 181 AktG RdNr. 31: Amtslöschungsverfahren nach §§ 142, 143 FGG.
[53] MünchKommHGB/ *Krafka* RdNr. 16.
[54] Heymann/*Sonnenschein*/*Weitemeyer* RdNr. 13; Staub/*Hüffer* RdNr. 29.
[55] Röhricht/Graf von Westphalen/*Ammon* RdNr. 18.

Dritter Abschnitt. Handelsfirma

§ 17 [Begriff]

(1) **Die Firma eines Kaufmanns ist der Name, unter dem er seine Geschäfte betreibt und die Unterschrift abgibt.**

(2) **Ein Kaufmann kann unter seiner Firma klagen und verklagt werden.**

Schrifttum: *Ammon*, Gesellschaftsrechtliche und sonstige Neuerungen im Handelsrechtsreformgesetz – Ein Überblick, DStR 1998, 1474; *Bokelmann*, Die Neuregelungen im Firmenrecht nach dem Regierungsentwurf des Handelsrechtsreformgesetzes, GmbHR 1998, 57; *ders.*, Ausgewählte Fragen des Firmenrechts, Rpfleger 1973, 44; *ders.*, Das Recht der Firmen und Geschäftsbezeichnungen, 5. Aufl. 2000; *Fezer*, Liberalisierung und Europäisierung des Firmenrechts, ZHR 161 (1997), 52; *Heinrich*, Firmenwahrheit und Firmenbeständigkeit, 1982; *Hüffer*, Anm. zu OLG Karlsruhe Beschl. v. 18. 12. 1990 – 4 W 99/88, EWiR § 37 HGB 1/91, 475; *Kindler*, Die Entwicklung des Handelsrechts seit 1998, JZ 2006, 176; *Kögel*, Entwurf eines Handelsrechtsreformgesetzes, BB 1997, 793; *Krebs*, Reform oder Revolution? – Zum Referentenentwurf eines Handelsrechtsreformgesetzes, DB 1996, 2013; *Lieb*, Probleme des neuen Kaufmannsbegriffs, NJW 1999, 35; *Müller-Gugenberger*, EWIV – Die neue europäische Gesellschaftsform, NJW 1989, 1449; *W.-H. Roth*, Das neue Firmenrecht, in: Die Reform des Handelsstandes und der Personengesellschaften, 1999, S. 31; *K. Schmidt*, Das Handelsrechtsreformgesetz, NJW 1998, 2161; *K. Schmidt*, „Deklaratorische" und „konstitutive" Registereintragung nach §§ 1 ff. HGB – Neues Handelsrecht: einfach oder kompliziert? ZHR 163 (1999) 87; *K. Schmidt*, HGB-Reform im Regierungsentwurf, ZIP 1997, 909; *Schmitt*, Der Entwurf eines Handelsrechtsreformgesetzes, WiB 1997, 1113; *Schulte/Warnke*, Vier Jahre nach der HGB-Reform – Das neue Firmenrecht der GmbH im Handelsregisterverfahren, GmbHR 2002, 626; *Selbherr/Manz*, Kommentar zur europäischen wirtschaftlichen Interessenvereinigung (EWIV), 1995; *Wamser*, Die Firmenmehrheit, 1997; *Weber*, Das Prinzip der Firmenwahrheit im HGB und die Bekämpfung irreführender Firmen nach dem UWG, 1984; *Zimmer*, Der nicht eingetragene Kaufmann: ein „eingetragener Kaufmann" im Sinne des § 19 Abs. 1 Nr. 1 HGB? ZIP 1998, 2050.

Übersicht

	RdNr.		RdNr.
I. Begriff der Firma	1, 2	VI. Rechtsnatur der Firma	11
II. Überblick über die gesetzlichen Regelungen	3	VII. Die Firma einer Zweigniederlassung	12, 13
III. Zwecke und Grundsätze des Firmenrechts	4–7	VIII. Entstehung und Erlöschen der Firma	14–17
IV. Firmenfähige Unternehmensträger	8	IX. Die Firma in Rechtsverkehr und Rechtsstreit	18–24
V. Geschäftsbezeichnungen	9, 10		

I. Begriff der Firma

„Die Firma eines Kaufmanns ist der Name, unter dem er seine Geschäfte betreibt und die Unterschrift abgibt." Mit dieser in Abs. 1 gegebenen **Legaldefinition** ist dreierlei gesagt:[1] Die Firma ist ein Name; nur Kaufleute können eine Firma haben; die Firma ist der Name, unter dem der Kaufmann Geschäfte abschließt und zeichnet. 1

Mit der Kennzeichnung der Firma als Name macht das Gesetz deutlich, dass der rechtliche Firmenbegriff nicht mit dem der Umgangssprache übereinstimmt: Wird dort die ‚Firma' häufig mit dem Unternehmen gleichgesetzt, so ist die Firma im Rechtssinn (nur) eine namensmäßige Bezeichnung. Die Firma ist der Name, unter dem der Kaufmann „seine Geschäfte betreibt und die Unterschrift abgibt". Wird in dieser Weise gehandelt – wird etwa unter einer Firma ein Vertrag geschlossen –, so wird (die übrigen Wirksamkeitsvoraussetzungen wie beispielsweise die Einhaltung von Vertretungsregeln vorausgesetzt) im Zweifel der **jeweilige Träger des Unternehmens** hieraus **berechtigt und verpflichtet**.[2] Dies gilt auch, wenn die Person des Unternehmensträgers dem anderen Teil nicht bekannt ist: Bestellt der unter der Firma ‚Bücherwurm e. K.' zeichnende Buchhändler Berthold Buch bei dem unter der Firma ‚VV Bücher & mehr e. Kfm.' handelnden Verleger 2

---

[1] Vgl. auch Staub/*Hüffer* RdNr. 1.
[2] Vgl. zur Auslegung von Willenserklärungen bei unternehmensbezogenem Handeln, insbesondere beim Handeln unter einer Firma, BGH Urt. v. 18. 3. 1974 – II ZR 169/72, BGHZ 62, 216, 221 = NJW 1974, 1191; BGH Urt. v. 3. 2. 1975 – II ZR 128/73, BGHZ 64, 11, 14 f. = NJW 1975, 1166; BGH Urt. v. 8. 10. 1984 – II ZR 223/83, BGHZ 92, 259, 268. Zum Ganzen auch *K. Schmidt* HandelsR § 5 III; *Canaris*, HandelsR § 10 RdNr. 2 f.; eingehend MünchKommHGB/*Heidinger* RdNr. 45–53.

Viktor Veit eine Büchersendung, so werden bei Annahme der Bestellung im Zweifel die Herren Buch und Veit in Person berechtigt und verpflichtet; sie werden bei unternehmensbezogenem Handeln selbst dann Vertragspartner, wenn sie von der Existenz der jeweils anderen natürlichen Person noch nie gehört haben. Die Firma ermöglicht also eine Zuordnung von Rechten und Pflichten; diese werden dem jeweiligen Träger des Unternehmens zugerechnet. Dies gilt auch, wenn die Firma unzutreffend gebildet oder gebraucht wurde: Hat Berthold Buch im Vorgriff auf einen in naher Zukunft erwarteten Eintritt eines Kompagnons in sein Geschäft unzutreffend bereits unter ‚Bücherwurm OHG' gehandelt, so wird gleichwohl er als Träger des Unternehmens, das unter dem Firmenkern ‚Bücherwurm' handelt, berechtigt und verpflichtet. Das Gesagte gilt auch, soweit eine Personenhandelsgesellschaft (OHG, KG) oder ein Formkaufmann (AG, KGaA, GmbH, eG, EWIV,[3] für den VVaG vgl. §§ 16, 53 VAG) Träger des Unternehmens ist. Hier besteht gegenüber dem Fall des Einzelkaufmanns die Besonderheit, dass die Firma der *einzige Name* des betreffenden Rechtsträgers ist; dementsprechend können diese Unternehmensträger nur unter der Firma, nicht – wie ein Einzelkaufmann – auch unter einem bürgerlichen Namen aktiv werden. Keine Firma iSd. § 17 hat die Partnerschaft; für ihren *Namen* verweist § 2 Abs. 2 PartGG auf wichtige Bestimmungen des Firmenrechts (vgl. RdNr. 8).

II. Überblick über die gesetzlichen Regelungen

3   Das Firmenrecht des HGB ist dreigeteilt: Die §§ 17 bis 24 enthalten Bestimmungen zur Zulässigkeit der **Firmenbildung und -fortführung.** Im Mittelpunkt stehen die Regeln des § 18, die für alle Kaufleute einheitliche Maßstäbe zur Firmenbildung postulieren; sie werden ergänzt durch Vorschriften, die – je nach der Rechtsform des Unternehmensträgers spezifische – Rechtsformzusätze fordern (§ 19 sowie §§ 4, 279 AktG, § 4 GmbHG, § 3 GenG, Art. 11 Abs. 1 SE-VO, § 2 Abs. 2 Nr. 1 EWIV-AusfG; für den VVaG vgl. § 18 Abs. 2 S. 2 VAG, für die Partnerschaft § 2 Abs. 1 S. 1 PartGG). Die §§ 25 bis 28, der zweite Block bilden, haben Fragen der **Haftung** bei Unternehmensübertragungen, bei der Fortführung eines Handelsgeschäfts durch Erben und beim Eintritt von Gesellschaftern in ein Handelsgeschäft zum Gegenstand. Einen dritten Block bilden die §§ 29 bis 37, die in teilweiser inhaltlicher Anknüpfung an die Regelungen der §§ 17 bis 24 in erster Linie **Fragen des Firmenregisterrechts und des Firmenschutzes** zum Gegenstand haben. In Ergänzung hierzu unterwirft der mit der Handelsrechtsreform 1998 eingeführte § 37 a Einzelkaufleute einer Pflicht, auf allen Geschäftsbriefen ihre Firma, den Rechtsformzusatz, den Ort ihrer Handelsniederlassung, das Registergericht und die Nummer der Registereintragung anzugeben. Entsprechende Pflichten gelten für Personenhandelsgesellschaften (§§ 125 a, 177 a), Kapitalgesellschaften (§ 35 a GmbHG, § 80 AktG), eingetragene Genossenschaften (§ 25 a GenG) und juristische Personen i. S. d. § 33 (§ 33 Abs. 4). Das internationale Firmenrecht hat keine gesetzliche Regelung erfahren; eine Erläuterung der hier zu beachtenden Grundsätze findet sich im Anhang zu § 17.

III. Zwecke und Grundsätze des Firmenrechts

4   Das Recht des kaufmännischen Handelsnamens ist mit dem Handelsrechtsreformgesetz 1998 grundlegend modernisiert und liberalisiert worden.[4] Die neuen Vorschriften, die Gewerbetreibenden bei der Wahl einer Firma „eine bisher unbekannte Wahlfreiheit" gewähren,[5] sollen einen wichtigen Beitrag zur **Deregulierung und** zur **Entbürokratisierung** leisten. Zugleich verfolgt die Neuregelung das Ziel, Wettbewerbsnachteile auszuräumen, die aus den bisher geltenden strengen Firmierungsvorschriften für deutsche Unternehmen im internationalen Wettbewerb resultieren konnten.[6]

5   Die Neuregelung „entschärfte" das zuvor sehr restriktive Firmenbildungsrecht der §§ 18 und 19;[7] zugleich vereinheitlichte sie die für Einzelkaufleute, Handelsgesellschaften und Erwerbs- und Wirtschaftsgenossenschaften bestehenden Rahmenbedingungen. Für all diese Rechtsformen besteht seither die Möglichkeit zur Wahl zwischen Personen-, Sach- und Phantasiefirmen. Die im Wesentlichen

---

[3] Vgl. hierzu LG Bonn Beschl. v. 16. 4. 1993 – 11 T 1/93, NJW-RR 1994, 298 und EuGH Urt. v. 18. 12. 1997 – Rs. C-402/96 (EITO), Slg. 1997 I-7515; zum Rechtszustand nach der Handelsrechtsreform 1998 § 18 RdNr. 15; vgl. ferner *K. Schmidt* NJW 1998, 2161, 2166; *Selbherr/Manz* § 1 D-AusfG RdNr. 6.
[4] Vgl. hierzu und zum folgenden die Begründung zum Gesetzentwurf der Bundesregierung, BT-Drucks. 13/8444, BR-Drucks. 340/97 S. 4; aus dem Schrifttum: *Krebs* DB 1996, 2013, 2016; *K. Schmidt* ZIP 1997, 909, 914; *Kögel* BB 1997, 793, 794; *Schmitt* WiB 1997, 1113, 1117; *Bokelmann* GmbHR 1998, 57; *W.-H. Roth* in: Die Reform des Handelsstandes..., S. 31 ff.
[5] *K. Schmidt* ZIP 1997, 909, 914.
[6] Begründung zum Gesetzentwurf der Bundesregierung, BT-Drucks. 13/8444, BR-Drucks. 340/97 S. 4.
[7] Begründung zum Gesetzentwurf der Bundesregierung, BT-Drucks. 13/8444, BR-Drucks. 340/97 S. 5.

auf das 19. Jahrhundert zurückgehende Reglementierung (Personenfirmen für Einzelkaufleute und Personenhandelsgesellschaften, „in der Regel" Sachfirmen für die AG, KGaA und die e. G., Wahlfreiheit zwischen beiden Formen für die GmbH) ist damit zugunsten einer **Gleichbehandlung der verschiedenen Unternehmensträger** aufgegeben worden. Mit der zusätzlich eingeräumten Möglichkeit zur Bildung von Phantasiefirmen wird das Ziel verfolgt, Einzelkaufleuten, Handelsgesellschaften und Genossenschaften die Bildung von aussagekräftigen und werbewirksamen Firmen zu ermöglichen;[8] die Firma muss nur „zur Kennzeichnung des Kaufmanns geeignet sein und Unterscheidungskraft besitzen" (§ 18 Abs. 1; vgl. Erläuterungen hierzu). In Richtung auf eine Liberalisierung und Deregulierung wirkt auch die in § 18 Abs. 1 S. 2 enthaltene Regelung: Im Verfahren vor dem Registergericht wird die Eignung einer Firma zur Irreführung nur berücksichtigt, „wenn sie ersichtlich ist". Nicht jede, sondern nur eine ‚ersichtliche' Irreführungseignung rechtfertigt hiernach die Versagung der Eintragung einer Firma durch das Registergericht.

Verfolgt die Regelung von 1998 mit den bis hier angesprochenen Bestimmungen erklärtermaßen das Ziel einer Erleichterung der Bildung von aussagekräftigen und werbewirksamen Firmen, so wurden andererseits die Anforderungen an **Publizität und Transparenz** bei der Firmenbildung und -benutzung erhöht: Eine neu in das Gesetz aufgenommene Verpflichtung (auch) von Einzelkaufleuten und Personengesellschaften zur Aufnahme eines Rechtsformzusatzes in die Firma dient Informationsinteressen des Rechtsverkehrs und dem Transparenzgebot (§ 19; vgl. Erläuterungen hierzu). Zudem begründet das Gesetz Pflichten zur Angabe von Firma, Rechtsformbezeichnung, Ort der Handelsniederlassung bzw. des Sitzes, Registergericht und Nummer des Handelsregistereintrags auf Geschäftsbriefen, die ein Kaufmann bzw. eine OHG oder KG an einen bestimmten Empfänger richtet (§§ 33 Abs. 4, 37 a, 125 a, 177 a; vgl. Erläuterungen hierzu). 6

Das Firmenrecht wird von fünf Grundsätzen beherrscht. Freilich haben – mit der angesprochenen Tendenz zur Liberalisierung und Vereinheitlichung des Firmenbildungsrechts – die Gewichte zwischen den Prinzipien sich verlagert. An dieser Stelle folgt keine eingehende Abhandlung zu den **Grundsätzen des Firmenrechts.** Vielmehr wird, soweit dies möglich ist, auf die Erläuterungen zu den Normen verwiesen, in denen die Firmenrechtsprinzipien Ausdruck finden. An erster Stelle der firmenrechtlichen Prinzipien wird regelmäßig der **Grundsatz der Firmenwahrheit** behandelt.[9] Nach § 18 Abs. 2 S. 1 darf die Firma keine „Angaben enthalten, die geeignet sind, über geschäftliche Verhältnisse, die für die angesprochenen Verkehrskreise wesentlich sind, irrezuführen". Auch die in § 19 sowie in §§ 4, 279 AktG, § 4 GmbHG, § 3 GenG, § 2 Abs. 2 Nr. 1 EWIV-AusfG statuierte Pflicht zu einer Hinzufügung zutreffender Rechtsformzusätze kann dem Bemühen des Gesetzgebers um eine Aufklärung des Rechtsverkehrs über die tatsächlichen Verhältnisse und damit in einem weiten Sinne dem Grundsatz der Firmenwahrheit zugerechnet werden. Entsprechendes gilt – mit Bezug auf das Stadium der Firmenführung – für die in §§ 33 Abs. 4, 37 a, 125 a, 177 a sowie in § 35 a GmbHG, § 80 AktG, § 25 a GenG enthaltenen Bestimmungen über die auf Geschäftsbriefen obligatorischen Angaben. Wegen Einzelheiten ist auf die Erläuterungen zu den genannten Vorschriften des HGB zu verweisen. Der **Grundsatz der Firmenkontinuität** oder Firmenbeständigkeit besagt, dass der Firmenkern einer korrekt gebildeten Firma beibehalten werden darf, wenn die für die Firmenbildung maßgeblichen Verhältnisse (Beispiel: der in der Firma enthaltene bürgerliche Name eines Einzelkaufmanns) sich geändert haben.[10] Mit der durch die Handelsrechtsreform 1998 eingetretenen Liberalisierung des Firmenbildungsrechts ist das Bedürfnis für einen besonderen Grundsatz der Firmenkontinuität zurückgegangen; mitunter kann sich die Erlaubtheit einer bestimmten Firmierung nun bereits aus der Zulässigkeit der Bildung einer entsprechenden Firma als neuer Firma ergeben, muss also nicht mehr aus einem besonderen Grundsatz der Firmenkontinuität hergeleitet werden.[11] Gleichwohl bleiben die §§ 21 bis 24, die den Grundsatz der Firmenkontinuität zum Ausdruck bringen, bedeutsam; wegen Einzelheiten wird auf die Erläuterungen zu diesen Vorschriften ver- 7

---

[8] Begründung zum Gesetzentwurf der Bundesregierung, BT-Drucks. 13/8444, BR-Drucks. 340/97 S. 5; krit. hierzu *Kögel* BB 1997, 793, 796: bei der Zulassung von Phantasiefirmen übersehe der Gesetzgeber die unterschiedlichen Funktionen von Marke und Firma und ignoriere das wettbewerbs- und markenrechtliche Spannungsfeld.

[9] Vgl. hierzu *Kögel* BB 1997, 793, 797 ff.; *Irmgard Heinrich,* Firmenwahrheit und Firmenbeständigkeit, 1982; *Stefan Weber,* Das Prinzip der Firmenwahrheit im HGB und die Bekämpfung irreführender Firmen nach dem UWG, S. 101; *K. Schmidt* HandelsR § 12 III 1; Staub/*Hüffer* vor § 17 RdNr. 1 f.; Röhricht/Graf von Westphalen/*Ammon* RdNr. 20; Koller/*Roth*/Morck RdNr. 13; MünchKommHGB/*Heidinger* vor § 17 RdNr. 22; HK-HGB/*Ruß* RdNr. 12. Vgl. auch Baumbach/*Hopt* RdNr. 7.

[10] Vgl. zum Grundsatz der Firmenkontinuität und zu seinem Verhältnis zum Prinzip der Firmenwahrheit *Kögel* BB 1997, 793, 800; *Irmgard Heinrich* (Fn. 8); *K. Schmidt* HandelsR § 12 III 2; Staub/*Hüffer* Vor § 17 RdNr. 1 f.; Röhricht/Graf von Westphalen/*Ammon* RdNr. 23; MünchKommHGB/*Heidinger* vor § 17 RdNr. 29 ff.; vgl. auch Erläuterungen zu §§ 21 bis 24.

[11] Vgl. hierzu *Kögel* BB 1997, 793, 800.

wiesen. Der **Grundsatz der Firmenunterscheidbarkeit**[12] kommt in § 30 zum Ausdruck: Jede Firma muss sich von allen an demselben Ort oder in derselben Gemeinde bereits bestehenden und in das Handelsregister oder in das Genossenschaftsregister eingetragenen Firmen deutlich unterscheiden. Das Prinzip, das den Rechtsverkehr vor Verwirrung und Verwechslungen schützen will, hat wegen seiner örtlich limitierten Reichweite nur begrenzte Wirkung. Die Regeln des HGB werden aber flankiert von namens- und markenrechtlichen Normen (§ 12 BGB; §§ 5, 15 MarkenG), die mit überörtlicher Wirkung Firmenschutz zu vermitteln vermögen (vgl. Erläuterungen zu § 30). Der **Grundsatz der Firmenöffentlichkeit**[13] findet zB in §§ 29, 31, 33 f. und 106 f. Ausdruck: Kaufleute haben (u. a.) ihre Firma und ggf. Änderungen derselben zur Eintragung in das Handelsregister anzumelden (vgl. Erläuterungen zu den genannten Vorschriften). Der **Grundsatz der Firmeneinheit** besagt, dass für ein Unternehmen nur eine Firma geführt werden darf. Wie der Grundsatz der Firmenwahrheit dient auch das Prinzip der Firmeneinheit dem Interesse des Rechtsverkehrs an eindeutigen und klaren Verhältnissen: Die Firma soll eine eindeutige Bestimmung des Rechtsträgers des Unternehmens ermöglichen, dem Rechte und Pflichten zugeordnet werden (vgl. oben RdNr. 2). Bei Handelsgesellschaften ist der Grundsatz der Firmeneinheit zwingend vorgegeben; da die Firma der einzige Name der Gesellschaft ist, ist zur Individualisierung die Rückführung auf eine Firma erforderlich.[14] Bei juristischen Personen iSd. § 33 – etwa Sparkassen – kann sich demgegenüber aus Vorschriften des öffentlichen Rechts eine Pflicht zur Führung mehrerer Firmen ergeben.[15] Einzelkaufleute können, sofern sie mehrere Unternehmen betreiben, für jedes dieser Unternehmen eine eigene Firma bilden.[16] Nach einer im Schrifttum verbreiteten Auffassung soll sogar eine Pflicht zur Führung mehrerer Firmen bei Betreiben mehrerer selbständiger Unternehmen (oder „Betriebe") bestehen.[17] Dem kann nicht gefolgt werden. Das Interesse des Rechtsverkehrs geht dahin, beim Handeln unter einer Firma *den Träger des Unternehmens* individualisieren zu können. Diese Zuordnung ist Dritten auch möglich, wenn ein Einzelkaufmann unter derselben Firma weitere Unternehmen betreibt.[18]

IV. Firmenfähige Unternehmensträger

8   Die Firma ist der Handelsname des Kaufmanns; nur **Kaufleute** im Sinne der §§ 1 ff. können eine Firma haben. Dies sind neben **Einzelkaufleuten**[19] die **OHG, KG, EWIV,**[20] AG, KGaA, SE, GmbH und eG (vgl. auch RdNr. 14). Für einen VVaG, der nicht zu den „kleineren Vereinen" iSd. § 53 VAG zu zählen ist, gelten die Vorschriften über die Firmenbildung und -führung entsprechend (§ 16 VAG). Wegen der Firmenbildung bei sonstigen juristischen Personen und Gebietskörperschaften, die ein Handelsgewerbe betreiben, wird auf die Erläuterungen zu § 33 verwiesen; das früher für Gebietskörperschaften in § 36 begründete Privileg ist mit der Handelsrechtsreform 1998 entfallen. Die Partnerschaft hat, da gesetzessystematisch nicht den Kaufleuten zugeordnet, keine Firma, aber einen Namen (§ 2 Abs. 1 PartGG), für den die wichtigsten Bestimmungen des Firmenrechts gelten: § 2 Abs. 2 PartGG verweist auf die §§ 18 Abs. 2, 21, 22 Abs. 1, 23, 24, 30, 31 Abs. 2, 32 und 37. Die Gesellschaft bürgerlichen Rechts und die nicht nach außen in Erscheinung tretende stille Gesellschaft sind nicht firmenfähig. Zweifelhaft kann die Firmenfähigkeit der Vorgesellschaft erscheinen, dh. die Firmenfähigkeit bei Gründung einer Kapitalgesellschaft im Stadium zwischen formgültigem Abschluss des Gesellschaftsvertrages (resp. Feststellung der Satzung) und Eintragung in das Handelsregister. Die Vorgesellschaft wird heute weithin als Gesellschaftsform sui generis betrachtet, für die bereits das Recht der betreffenden Kapitalgesellschaft gilt, soweit dieses nicht die Eintragung in das

---

[12] Vgl. hierzu Staub/*Hüffer* Vor § 17 RdNr. 11; Röhricht/Graf von Westphalen/*Ammon* RdNr. 22; Koller/*Roth*/Morck RdNr. 16; MünchKommHGB/*Heidinger* vor § 17 RdNr. 26 und – eingehend – die Erläuterungen zu § 30.
[13] Vgl. hierzu Staub/*Hüffer* vor § 17 RdNr. 11; Röhricht/Graf von Westphalen/*Ammon* RdNr. 24; MünchKommHGB/*Heidinger* vor § 17 RdNr. 33.
[14] Vgl. BGH Beschl. v. 21. 9. 1976 – II ZB 4/74, BGHZ 57, 166, 169 = NJW 1976, 2163; Staub/*Hüffer* RdNr. 28 ff.; Baumbach/*Hopt* RdNr. 9; Koller/*Roth*/Morck RdNr. 15; GK-HGB/*Nickel* RdNr. 11. Zur rechtspolitischen Diskussion in neuerer Zeit *Wamser*, Die Firmenmehrheit, 1997.
[15] I. d. S. BayOLG Beschl. v. 21. 3. 2001 – 3 Z BR 355/00, NJW-RR 2001, 1688: Fortführung unterschiedlicher Firmen nach Vereinigung mehrerer Sparkassen; zustimmend *Kindler* JZ 2005, 176, 179.
[16] Vgl. BGH Urt. v. 7. 1. 1960 – II ZR 228/59, BGHZ 31, 397, 399; Staub/*Hüffer* RdNr. 26 ff.
[17] In diesem Sinne Heymann/*Emmerich* RdNr. 24; ähnlich *K. Schmidt* HandelsR § 12 II 2 a.
[18] Im Ergebnis wie hier (Wahlrecht bei den Einzelkaufleuten) Staub/*Hüffer* RdNr. 26; Baumbach/*Hopt* RdNr. 5.
[19] Vgl. zur Firmenfähigkeit von Kaufleuten iSd. § 1 Abs. 2 vor Eintragung in das Handelsregister die Erl. zu § 19 RdNr. 7; eingehend hierzu *Zimmer* ZIP 1998, 2050 bis 2052; vgl. auch *K. Schmidt* ZHR 163 (1999) 87, 98 (Fn. 52).
[20] Vgl. zur Kaufmannseigenschaft der EWIV § 1 EWIV-AusfG und hierzu LG Bonn Beschl. v. 16. 3. 1993 – 11 T 1/93, NJW-RR 1994, 298 und die Erl. § 18 RdNr. 15; Koller/*Roth*/Morck § 6 RdNr. 3; Selbherr/*Manz* § 1 D-AusfG RdNr. 6; *Müller-Gugenberger* NJW 1989, 1449, 1453; zur Firmenbildung bei der EWIV vor und nach der Handelsrechtsreform vgl. § 18 RdNr. 1 f., 15.

Handelsregister voraussetzt.[21] Es erscheint daher inkonsequent, wenn bei der Frage der Firmenfähigkeit die überwiegende Ansicht auf Grundsätze des Personengesellschaftsrechts abstellt und der Vorgesellschaft die Firmenfähigkeit nur bei Betreiben eines („großgewerblichen") Handelsgewerbes zubilligen möchte.[22] Allerdings hat die Frage nach der mit der Handelsrechtsreform erfolgten Ausdehnung der von § 1 Abs. 2 erfassten Gewerbe an Brisanz verloren. Nach hier vertretener Auffassung setzt die Fähigkeit zur Führung einer Firma – wie die Parallelfälle des Einzelkaufmanns und der OHG/KG vor Eintragung beweisen – nicht die Eintragung in das Handelsregister voraus. Dies wird in der Sache auch von der soeben angeführten hM anerkannt, die annimmt, die Vorgesellschaft, die kein Handelsgewerbe betreibe, dürfe die Firma wenn nicht als solche, so doch schon, mit einem stets erforderlichen klarstellenden Hinweis wie „in Gründung" versehen,[23] als Namen verwenden.[24] Vgl. zu den für den Einzelkaufmann vor Eintragung aus § 19 Abs. 1 Nr. 1 resultierenden Problemen die Erörterung bei § 19 RdNr. 7, zur Firmenführung bei Unternehmensfortführung durch eine ungeteilte Erbengemeinschaft § 22 RdNr. 19 f.

V. Geschäftsbezeichnungen

Wer nicht firmenfähig ist (natürliche Personen ohne Kaufmannseigenschaft; Gesellschaften bürgerlichen Rechts), kann doch unter einer Geschäftsbezeichnung handeln: Wer ohne Eintragung in das Handelsregister einen Blumenhandel betreibt, der nach Art und Umfang einen kaufmännisch eingerichteten Geschäftsbetrieb nicht erfordert, kann gleichwohl unter der Bezeichnung ‚Flora' aktiv werden; dies gilt auch bei einem Zusammenwirken mehrerer im Rahmen einer Gesellschaft bürgerlichen Rechts. Vor der Handelsrechtsreform 1998 wurde aber vielfach die Unzulässigkeit einer Verwendung ‚firmenähnlicher' Geschäftsbezeichnungen angenommen: **Nichtkaufleute** dürften nicht durch Verwendung firmenähnlicher Geschäftsbezeichnungen den Eindruck eines kaufmännischen Gewerbes und damit der Kaufmannseigenschaft erwecken.[25] So wurden in der Vergangenheit mitunter bei Einzelpersonen Hinzufügungen eines ‚Inhaber'-Zusatzes zu einer Geschäftsbezeichnung,[26] bei Gesellschaften Zusätze wie ‚& Co.'[27] als firmenähnlich und damit bei Nichtkaufleuten bzw. Gesellschaften bürgerlichen Rechts unzulässig angesehen. Diese Aussagen dürften auf Grund der Neuregelungen des Firmenrechts obsolet sein: Alle Kaufleute – auch Einzelkaufleute und Personenhandelsgesellschaften – sind nun zur Hinzufügung eines Rechtsformzusatzes verpflichtet. Eine ohne einen solchen Rechtsformzusatz gebrauchte Geschäftsbezeichnung erweckt daher nicht in unzulässiger Weise den Eindruck einer ‚Firma'.[28] Eine andere Bewertung ist allein bei einer *inhaltlich* irreführenden Geschäftsbezeichnung möglich (Beispiel: Bezeichnung eines nicht eintragungspflichtigen (vgl. § 2 S. 2) auch nicht eingetragenen Kleingewerbebetriebes als ‚Fabrik').[29] Unter den Voraussetzungen von 12 BGB, §§ 5, 15 MarkenG genießen Geschäftsbezeichnungen namens- bzw. markenrechtlichen Schutz. Im Übrigen können sich aus dem Berufsrecht Grenzen für die Bildung von Geschäftsbezeichnungen ergeben. (Bsp.: Unzulässigkeit einer werbenden Phantasiebezeichnung „pro Videntia" für eine Rechtsanwaltssozietät).[30]

Auch **Kaufleute** dürfen – neben ihrer Firma – Geschäftsbezeichnungen benutzen. Hierunter sollten nach der Handelsrechtsreform 1998 nur noch Bezeichnungen verstanden werden, die nicht Bestandteil einer existierenden Firma sind; angesichts der nun gegebenen Zulässigkeit von Sach-, Phantasie- und Mischfirmen (auch) für Einzelkaufleute und Personenhandelsgesellschaften besteht

---

[21] BGH Urt. v. 12. 7. 1956 – II ZR 218/54, BGHZ 21, 242, 246 = NJW 1956, 1435, BGH Urt. v. 2. 5. 1966 – II ZR 219/63, BGHZ 45, 338, 347 = NJW 1966, 1311, BGH Urt. v. 24. 10. 1968 – II ZR 216/66, BGHZ 51, 30, 32 = NJW 1969, 509; aus neuerer Zeit BGH 28. 11. 1997 – V ZR 178/96, DB 1998, 302: aktive Parteifähigkeit im Zivilprozess; vgl. außerdem *Ulmer/Habersack/Winter* § 11 GmbHG RdNr. 10 f. mit eingehenden Nachweisen.
[22] In diesem Sinne zB Staub/*Hüffer* RdNr. 14; Röhricht/Graf von Westphalen/*Ammon* RdNr. 25; MünchKommHGB/*Heidinger* RdNr. 10; Scholz/K. *Schmidt* § 11 RdNr. 30; ebenso offenbar BGH Urt. v. 29. 10. 1992 – I ZR 264/90, BGHZ 120, 103, 106 (Columbus). Wie hier Rowedder/*Rittner/Schmidt-Leithoff* § 4 RdNr. 70.
[23] Vgl. BGH Beschl. v. 12. 11. 1984 – II ZB 2/84, NJW 1985, 736, 737.
[24] Vgl. BGH Urt. v. 29. 10. 1992 – I ZR 264/90, BGHZ 120, 103, 107 sowie die in Fn. 22 für die hM genannten Autoren.
[25] Vgl. beispielsweise OLG Zweibrücken Beschl. v. 25. 10. 1989 – 3 W 53/89 = BB 1990, 1153; OLG Frankfurt aM Beschl. v. 13. 9. 1994 – 20 W 342/74; gegen ein ‚Verbot firmenähnlicher Geschäftsbezeichnungen' schon vor der Handelsrechtsnovelle 1998 *K. Schmidt* DB 1987, 1181 und 1674.
[26] *Hüffer* EWiR § 37 HGB 1/91, 475 für Unzulässigkeit der Geschäftsbezeichnung ‚Fahrschule Meridian Inh. Albert G.'; dagegen in der bei *Hüffer* aaO besprochenen und abgedruckten Entscheidung das OLG Karlsruhe: Beschl. v. 28. 12. 1990 – 4 W 99/88, DB 1991, 272 („Fahrschule Merkur") = EWiR § 37 HGB 1/91, 475.
[27] Begründung zum Gesetzentwurf der Bundesregierung, BT-Drucks. 13/8444, BR-Drucks. 340/97 S. 54 f.; *Bokelmann* Rpfleger 1973, 44, 51; Staub/*Hüffer* § 37 RdNr. 10; MünchKommHGB/*Lieb/Krebs* § 37 RdNr. 9.
[28] Vgl. *Bokelmann* GmbHR 1998, 57, 58; MünchKommHGB/*Heidinger* RdNr. 17.
[29] Vgl. hierzu *K. Schmidt* HandelsR § 12 I 2 b bb.
[30] Hierzu OLG Nürnberg Urt. v. 4. 5. 1999 – 3 U 4374/98, EWiR § 9 BORA 1/99.

kein Bedürfnis dafür, auf einen Tätigkeitsbereich hinweisende oder zur Unterscheidung eingefügte Teile der Firma noch unter den Begriff der Geschäftsbezeichnung zu fassen.[31] Wegen Ihrer Werbewirksamkeit ist die Verwendung schlagwortartiger, auf den Tätigkeitsbereich hinweisender Geschäftsbezeichnungen ('Gasthaus zum Löwen'; 'Cash and Carry-Möbelfundgrube') verbreitet. Wie bei einer Verwendung durch Nichtkaufleute kann derartigen Bezeichnungen – ob sie Geschäftsbezeichnungen sind oder zur Firma gehören – auch bei Kaufleuten namens- (§ 12 BGB) und markenrechtlicher Schutz (§§ 5, 15 MarkenG) zukommen. Soweit Kaufleute zum Handeln unter ihrer Firma verpflichtet sind, insbesondere bei geschäftlicher Korrespondenz (§§ 37 a, 125 a, 177 a sowie § 35 a GmbHG, § 80 AktG, § 25 a GenG), reicht ein Handeln unter einer Geschäftsbezeichnung nicht aus.

VI. Rechtsnatur der Firma

11 Der Träger eines kaufmännischen Unternehmens hat an der Firma ein absolutes subjektives Recht.[32] Über die Herkunft des Rechts ist damit noch nichts gesagt: Ist es persönlichkeits- oder vermögensrechtlicher Natur,[33] oder vereinigt es beide Charaktere in sich? Die heute hM geht mit Recht von einer **Doppelnatur** aus:[34] Die Namensfunktion der Firma begründet ein **persönlichkeitsrechtliches Element,** ihr potentieller wirtschaftlicher Wert eine **vermögensrechtliche Prägung.** Die These von der Doppelnatur wird durch die Rechtsprechung zur Verwertung der Firma in der Insolvenz des Kaufmanns bestätigt: Der BGH nimmt an, dass die Firma als vermögenswertes Recht in die Insolvenzmasse fällt; eine Veräußerung ist aber nach der bisherigen Rechtsprechung[35] bei Personenfirmen von Einzelkaufleuten von der Zustimmung des Namensträgers abhängig.[36]

VII. Die Firma einer Zweigniederlassung

12 Das Firmenrecht der Zweigniederlassungen (vgl. zum Begriff die Erläuterungen zu § 13) ist im Gesetz nur fragmentarisch geregelt. Besteht an dem Ort oder in der Gemeinde, wo eine Zweigniederlassung errichtet wird, bereits „eine gleiche eingetragene Firma", so muss der Firma für die Zweigniederlassung ein unterscheidungskräftiger Zusatz beigefügt werden (§ 30 Abs. 3). Bei der Anmeldung einer Zweigniederlassung zum Handelsregister hat das Gericht zu prüfen, ob § 30 beachtet ist (§ 13 Abs. 3 Satz 1). Die Beschränkung einer Prokura auf den Betrieb einer von mehreren Niederlassungen ist Dritten gegenüber nur wirksam, wenn die Niederlassungen unter verschiedenen Firmen betrieben werden; eine Verschiedenheit der Firmen in diesem Sinne wird auch dadurch begründet, dass für eine Zweigniederlassung der Firma der Hauptniederlassung ein Zusatz beigefügt wird, der sie als Firma der Zweigniederlassung bezeichnet (§ 50 Abs. 3).

13 Den vorstehend wiedergegebenen Normen können drei Grundsätze entnommen werden:
(1) Eine Zweigniederlassung darf unter der Firma der Hauptniederlassung betrieben werden.[37] Ein anderes gilt nur in den Fällen des § 30 Abs. 1, dh. bei Bestehen verwechslungsfähiger Firmen an demselben Ort oder in derselben Gemeinde. Kommt einer verwechslungsfähigen Firma an demselben Ort bzw. in derselben Gemeinde Priorität zu (vgl. hierzu Erläuterungen zu § 30), so bleiben dem Kaufmann, der die Zweigniederlassung errichten will, die unter (2) und (3) genannten Möglichkeiten zur Bildung einer unterscheidungskräftigen Firma.

(2) In jedem Fall – ob verwechslungsfähige Firmen am Ort bzw. in der Gemeinde der Zweigniederlassung bestehen oder nicht – darf der Firma der Zweigniederlassung, wenn sie mit derjenigen der Hauptniederlassung übereinstimmt, ein Zusatz beigefügt werden, der sie „als Firma der Zweigniederlassung bezeichnet" (§ 50 Abs. 3 Satz 1). Die Zweigniederlassung kann also unter ‚DS-Bank AG, Zweigniederlassung Köln' firmieren. Kommt es dem Kaufmann nicht auf die Rechtsfolge des § 50 Abs. 3 an, so kann er auch andere unterscheidende Zusätze wählen, zB solche, die auf ein

---

[31] Anders nach früherem Recht, unter dem Etablissementsbezeichnungen innerhalb der Firma nur als Zusatz zum bürgerlichen Namen des Einzelkaufmanns bzw. eines persönlich haftenden Gesellschafters begriffen wurden; zu diesen ‚unselbständigen Geschäftsbezeichnungen' Staub/*Hüffer* RdNr. 25.
[32] Staub/*Hüffer* RdNr. 5.
[33] Hierzu *Fezer* ZHR 161 (1997), 52 ff.
[34] Vgl. Staub/*Hüffer* RdNr. 7; Heymann/*Emmerich* RdNr. 6; Koller/*Roth*/Morck RdNr. 3.
[35] Vgl. zu der Frage, ob die mit der Handelsrechtsreform 1998 eröffnete Möglichkeit zur Bildung von anderen als Personenfirmen eine andere Beurteilung rechtfertigt, die Erläuterungen bei § 22 RdNr. 43 ff.
[36] BGH Urt. v. 26. 2. 1960 – I ZR 159/58, BGHZ 32, 103, 109 bis 111 = NJW 1960, 1008; entsprechend bei Personenhandelsgesellschaften: OLG Düsseldorf Beschl. v. 23. 12. 1981 – 3 WS 243/81, NJW 1982, 1712; OLG Koblenz Beschl. v. 17. 10. 1991 – 6 U 982/91, NJW 1992, 2101.
[37] Schlegelberger/*Hildebrandt*/Steckhan § 13 RdNr. 6; Staub/*Hüffer* RdNr. 30; MünchKommHGB/*Heidinger* vor § 17 RdNr. 40.

besonderes Tätigkeitsfeld der Zweigniederlassung verweisen („Z-Möbelwerke GmbH, Vertriebsstelle Augsburg').

(3) Die Niederlassungen dürfen auch „unter verschiedenen Firmen betrieben werden" (§ 50 Abs. 3 Satz 1). Freilich schränkt die hM die Möglichkeit der Firmenbildung bei der Zweigniederlassung mit Recht ein: Die Filialfirma muss, wenn sie von derjenigen der Hauptniederlassung abweicht, diese in einer Weise enthalten, die den Zusammenhang zwischen beiden Niederlassungen zum Ausdruck bringt.[38] Die Firma der Zweigniederlassung kann beispielsweise lauten: ‚Franz Krause, Möbelfabrik, Zweigniederlassung von Lesser & Co. KG, Berlin'.[39]

VIII. Entstehung und Erlöschen der Firma

Bei Einzelkaufleuten, deren Gewerbebetrieb nach Art und Umfang einen in kaufmännischer Weise eingerichteten Geschäftsbetrieb erfordert (§ 1 Abs. 2), entsteht die Firma durch ihren **tatsächlichen Gebrauch;** einer Eintragung im Handelsregister bedarf es für die Begründung der Kaufmannseigenschaft und damit für die Firmenfähigkeit nicht. Wird vor Eintragung keine Firma verwendet, so entsteht das Firmenrecht mit Eintragung der Firma in das Handelsregister. Nur das zuletzt Gesagte gilt in den Fällen des § 2 und des § 3 Abs. 2: Erfordert das Unternehmen nach Art oder Umfang keinen in kaufmännischer Weise eingerichteten Geschäftsbetrieb oder ist sein Gegenstand der Betrieb der Land- oder Forstwirtschaft, so wird der Unternehmensträger erst mit **Eintragung in das Handelsregister** Kaufmann und somit firmenfähig; bei Kleingewerbebetreibenden entsteht also nur und erst mit Eintragung der Firma in das Handelsregister das Firmenrecht. Für Personenhandelsgesellschaften gelten die vorstehenden Ausführungen entsprechend: Bei Bestehen eines Gewerbebetriebs, der nach Art und Umfang einen in kaufmännischer Weise eingerichteten Geschäftsbetrieb erfordert, entsteht die Firma mit ihrem tatsächlichen Gebrauch, hilfsweise mit ihrer Eintragung in das Handelsregister. Wird ein Kleingewerbe im Sinne des § 2 betrieben, so ist allein der Handelsregistereintrag für die Entstehung des Firmenrechts maßgebend. AG, KGaA, GmbH und eG erlangen erst mit ihrer Eintragung in das Handels- bzw. Genossenschaftsregister die Kaufmannseigenschaft; nach hM sind sie, wenn nicht zuvor ein Handelsgewerbe betrieben wird, erst von diesem Zeitpunkt an firmenfähig.[40] Nach hier vertretener Auffassung ist aber bereits die Vorgesellschaft – als eine Vorform der späteren juristischen Person – stets als firmenfähig einzustufen (vgl. oben RdNr. 8). Bereits mit dem Gebrauch einer Firma durch die Vorgesellschaft entsteht daher das Firmenrecht, hilfsweise – bei Fehlen eines vorherigen Gebrauchs – mit Eintragung der Gesellschaft in das Handelsregister.

Bei **Einzelkaufleuten** führt eine **endgültige Aufgabe des Gewerbebetriebs** zum **Entfallen der Kaufmannseigenschaft** und zum **Erlöschen der Firma.**[41] Das Erlöschen ist gemäß § 31 Abs. 2 zur Eintragung in das Handelsregister anzumelden. Geht die Geschäftstätigkeit nach Art oder Umfang in der Weise zurück, dass ein kaufmännisch eingerichteter Geschäftsbetrieb fortan nicht mehr erforderlich ist, so führt dies beim eingetragenen Kaufmann nicht zum Verlust der Kaufmannseigenschaft (vgl. § 2 S. 1) und mithin nicht zum Erlöschen der Firma;[42] anders als vor der Handelsrechtsreform 1998 haben Kleingewerbebetreibende nun die Wahl zwischen der Rechtsstellung eines Kaufmanns und der eines Nichtkaufmanns (vgl. im Einzelnen die Erläuterungen zu § 2). Der eingetragene Gewerbetreibende behält die Kaufmannseigenschaft (vgl. § 2 S. 1), solange nicht die Löschung aus dem Handelsregister auf Antrag erfolgt ist (vgl. § 2 S. 2 f.). Die Anmeldung zum Handelsregister ersetzt insoweit das Erfordernis eines kaufmännischen Gewerbebetriebs nach § 1 Abs. 2, auch wenn ihr zuvor nur deklaratorische Wirkung zukam. Gemäß §§ 2 S. 1, 3 Abs. 2, 105 Abs. 2 S. 1 ist die Eintragung auch des eigentlichen Nicht-Kaufmanns möglich, sofern ein Gewerbe betrieben wird; auf die Voraussetzung des § 1 Abs. 2 kommt es nicht an. Damit ist die Eintragung nach hier vertretener Auffassung auch dann, wenn sie nicht auf der Grundlage des § 2 S. 2 (bzw. iVm. § 3 Abs. 2 oder §§ 105 Abs. 2 S. 1, 161 Abs. 2) erfolgte, nach Herabsinken des Geschäftsbetriebs nicht „an sich" unzulässig und nur auf Antrag wieder zulässig, sondern sie behält ihre Wirkung, solange

---

[38] Vgl. RG Beschl. v. 30. 3. 1926 – II B 8/26, RGZ 113, 213, 217; RG Urt. v. 24. 9. 1926 – II 558/25, RGZ 114, 318, 320; BayObLG Beschl. v. 19. 3. 1992, BayObLGZ 1992, 59 = NJW-RR 1992, 1062; Staub/*Hüffer* RdNr. 33; Heymann/*Emmerich* RdNr. 29; für weitergehende Gestaltungsfreiheit Schlegelberger/*Hildebrandt*/*Steckhan* § 13 RdNr. 7.

[39] Abwandlung eines Beispiels bei MünchKommHGB/*Heidinger* vor § 17 RdNr. 42 (abgeleitete Firma nach Übernahme eines Handelsgeschäfts).

[40] Staub/*Hüffer* RdNr. 15; Röhricht/Graf von Westphalen/*Ammon* RdNr. 25. Vgl. auch OLG München Urt. v. 25. 1. 1990 – 29 U 5621/89, BB 1990, 1351.

[41] Staub/*Hüffer* RdNr. 16; Röhricht/Graf von Westphalen/*Ammon* RdNr. 29; Heymann/*Emmerich* RdNr. 18.

[42] So – auf der Grundlage des § 5 HGB – schon zum Rechtszustand vor der Handelsrechtsreform 1998: Staub/*Hüffer* RdNr. 16; vgl. auch *Emmerich* RdNr. 22. Zum Rechtszustand nach der Reform auch § 21 RdNr. 9.

nicht ein Löschungsantrag gestellt ist.[43] Insofern kommt es entgegen der Begründung zum HRefG nicht darauf an, ob der von Amts wegen vorzunehmenden Löschung widersprochen wird, umso die deklaratorische in eine konstitutive Eintragung umzuwandeln.[44] Ebensowenig ist der Umweg notwendig, in dem fehlenden Löschungsantrag eine konkludente Ausübung des Wahlrechts zu sehen[45] oder zu hinterfragen, ob der gestellte Eintragungsantrag hilfsweise auch auf § 2 gestützt wurde.[46] Der mit Eintragung nach §§ 2, 3 Abs. 2 oder 105 Abs. 2 S. 1 geschaffene Publizitätszustand hat gegenüber einer Eintragung nach § 1 keine andere Qualität. Die Frage, auf Grund welcher Vorschrift die Eintragung vorgenommen wurde, erlangt nur Bedeutung, wenn die Löschung nach § 2 S. 2f. begehrt wird.[47] Letztendlich gilt das Gesagte aber selbst dann, wenn dieses Verständnis nicht geteilt wird, da zumindest kraft der Vorschrift des § 5 das Gewerbe als Handelsgewerbe zu behandeln ist.[48] Bei einem nicht eingetragenen Kaufmann hat das Absinken auf ein Kleingewerbe dagegen den Verlust der Kaufmannseigenschaft zur Folge (vgl. § 2); in Konsequenz dessen erlischt die Firma.[49]

16 Bei den **Personenhandelsgesellschaften** führt eine Aufgabe des Gewerbebetriebes nicht zum Erlöschen der Firma. Für OHG und KG enthält § 131 (für die KG iVm. § 161 Abs. 2) einen numerus clausus der Auflösungsgründe. Die Aufgabe des Gewerbes zählt nicht zu diesen Gründen; allerdings kann ein Beschluss über die Einstellung des Betriebes einen Auflösungsbeschluss (§ 131 Abs. 1 Nr. 2) beinhalten: Während der Auflösungsphase ist die Firma mit einem Liquidationsvermerk zu führen.[50] Bei einem Absinken des von einer Personenhandelsgesellschaft betriebenen Gewerbes zu einem Kleingewerbe gilt das für Einzelkaufleute Gesagte entsprechend: Die Gesellschaft bleibt OHG bzw. KG – und damit firmenfähig –, solange sie in das Handelsregister eingetragen ist. Nur bei einer nicht eingetragenen Handelsgesellschaft kraft Gewerbebetriebs führt das Absinken zum Kleingewerbe zur Umwandlung in eine GbR und zum Erlöschen der durch Gebrauch entstandenen (RdNr. 14) Firma.[51] Sofern keine Täuschung des Rechtsverkehrs zu besorgen ist, kann die GbR die Firma – ohne OHG/KG-Zusatz – als Gesellschaftsnamen weiterführen.[52]

17 Auch bei AG, KGaA, SE, GmbH, eG und EWIV führt die Aufgabe des Gewerbebetriebs nicht zum Erlöschen der Firma. Diese Rechtsträger sind als **Formkaufleute** unabhängig vom Betreiben eines Gewerbes firmenfähig.[53] Entsprechendes gilt für den ‚großen' VVaG.[54] Auch ein Absinken des Gewerbebetriebs zu einem Kleingewerbe ist für die Firmenfähigkeit der genannten Rechtsformen ohne Bedeutung. Erst die Abwicklung bzw. Liquidation führt zum Erlöschen der Firma. Während der Abwicklungs- bzw. Liquidationsphase ist die Firma mit einem entsprechenden Zusatz zu führen.

IX. Die Firma in Rechtsverkehr und Rechtsstreit

18 Aufgrund der §§ 37a, 125a, 177a und der §§ 35a GmbHG, 80 AktG, 25a GenG sind Einzelkaufleute, Personenhandelsgesellschaften, Kapitalgesellschaften und eingetragene Genossenschaften verpflichtet, auf **Geschäftsbriefen,** die an einen bestimmten Empfänger gerichtet sind, die Firma mit Rechtsformbezeichnung, den Ort der Handelsniederlassung oder des Sitzes, das Registergericht und die Nummer des Handelsregistereintrags anzugeben; wegen Einzelheiten wird auf die Erläuterungen zu den genannten HGB-Vorschriften verwiesen.

19 Gewerbetreibende, die eine **offene Verkaufsstelle** führen, eine **Gaststätte** betreiben oder eine sonstige **offene Betriebsstätte** haben, sind zur Anbringung ihrer Firma an der Außenseite oder am

---

[43] Wie hier § 2 RdNr. 32 *(Kindler)*; ebenso *K. Schmidt* ZHR 163 (1999), 87, 90 f.; *ders.* NJW 1998, 2161, 2163 (insb. auch Fn. 31); *Ammon* DStR 1998, 1474, 1476; vgl. auch *Roth,* Handels- und GesR, § 4, 36. AA zB *Lieb* NJW 1999, 35, 36.
[44] So die Begründung zum Gesetzentwurf der Bundesregierung, BT-Drucks. 13/8444, BR-Drucks. 340/97 S. 49. Wie hier *K. Schmidt* ZHR 163 (1999), 87, 94.
[45] So *Schmitt* WiB 1997, 1113, 1116, der damit freilich dasselbe Ergebnis erzielt.
[46] Vgl. *Lieb* NJW 1999, 35, 36 Fn. 13.
[47] Wie hier und ausf. zum Ganzen *K. Schmidt* ZHR 163 (1999), 87, 90 ff.
[48] Wie hier *Roth,* Handels- und GesR, § 4, 3 b; vgl. ferner *K. Schmidt* HandelsR § 10 III 1; *dens.* ZHR 163 (1999), 87, 91; Staub/*Hüffer* § 15 RdNr. 11, der allerdings die materiell-rechtliche Wirkung des § 5 gegenüber dem Registergericht verneint, ebenda § 22 RdNr. 19. Dies ist nach dem neuen Recht anders zu beurteilen, wenn die Eintragung nur auf Grund unzureichenden Geschäftsumfangs in Rede steht, da das Registergericht nur noch die Löschung (§ 2 S. 3), nicht jedoch die Eintragung (§ 2 S. 2) verweigern darf und damit § 5 auch gegenüber dem Registergericht die materiellen Voraussetzungen einer Eintragung begründen kann; Heymann/*Emmerich* § 5 RdNr. 1; insgesamt str., aA offenbar zB *Lieb* NJW 1999, 35, 36: § 5 überbrücke nur den Zeitraum bis zur Löschung bzw. Antragstellung.
[49] Wie hier MünchKommHGB/*Heidinger* RdNr. 25.
[50] Vgl. zu Einzelheiten MünchKommHGB/*Heidinger* RdNr. 27.
[51] MünchKommHGB/*Heidinger* RdNr. 33; vgl. für weitere Fälle (u. a. Freiberufler-Gesellschaft) ebd. RdNr. 31 f.
[52] Vgl. Staub/*Hüffer* RdNr. 17.
[53] Vgl. §§ 3 Abs. 1, 278 Abs. 3 AktG, § 13 Abs. 3 GmbHG, 17 Abs. 2 GenG, § 1 EWIV-AusfG.
[54] Vgl. §§ 16, 53 VAG.

Eingang der Verkaufsstelle, der Gaststätte bzw. sonstigen offenen Betriebsstätte verpflichtet (§ 15 a GewO). Die Firma ist **im Geschäftsverkehr** so zu führen, wie sie in das Handelsregister eingetragen ist. Abkürzungen sind bei der Führung ausnahmsweise zulässig, soweit die Bedeutung der Abkürzung allgemein bekannt ist; für die gesellschaftsrechtlichen Rechtsformzusätze OHG, KG, GmbH, AG, KGaA kann dies angenommen werden.[55] Dagegen sind großzügigere Abweichungen von der eingetragenen Firma (beispielsweise Kurzfassungen des Firmenkerns oder schlagwortartige Zusammenfassungen) zulässig, wenn die Verwendung außerhalb des rechtsgeschäftlichen Verkehrs – beispielsweise in der Werbung – erfolgt; die Abgrenzung kann im Einzelnen schwierig sein.[56] Zudem wird man Abkürzungen und Zusammenfassungen aus Gründen der Praktikabilität bei mündlichen Verhandlungen zulassen müssen, soweit nicht § 15 a GewO weitergehende Anforderungen begründet.[57]

Wird die Firma im rechtsgeschäftlichen Verkehr verwendet, so hat dies die eingangs (RdNr. 2) beschriebene Wirkung: Aus den unter der Firma getätigten unternehmensbezogenen Rechtsgeschäften wird im Zweifel der **jeweilige Träger des Unternehmens berechtigt und verpflichtet.**[58] Dies gilt auch, wenn die Person des Unternehmensträgers dem anderen Teil nicht bekannt ist; die Zurechnung erfolgt zudem unabhängig davon, ob die Firma mit einem zutreffenden Rechtsformzusatz verwendet wurde (Beispiel: Bezeichnung als OHG statt als e. K.; vgl. RdNr. 2).

Nur bei Einzelkaufleuten – die neben der Firma einen bürgerlichen Namen haben – stellt sich das Problem der **Zuordnung** eines Geschäfts **zur Unternehmens- oder Privatsphäre**. Die Frage kann im Zusammenhang der Anwendbarkeit der §§ 343 ff. (Handelsgeschäfte) Bedeutung erlangen; ferner kann die Zugehörigkeit von Forderungen und Verbindlichkeiten zum Unternehmen bei dessen Übertragung, Vererbung oder beim Eintritt eines Gesellschafters wichtig werden (vgl. §§ 25 bis 28 und Erläuterungen hierzu). Ein Handeln unter einer Firma ist regelmäßig in dem Sinne auszulegen, dass der *jeweilige Träger des Unternehmens* – berechtigt und verpflichtet sein soll. Ein Handeln unter dem bürgerlichen Namen begründet regelmäßig die Zuordnung zur privaten Sphäre.[59]

Ein Kaufmann kann, wie Abs. 2 ausdrücklich hervorhebt, „unter seiner Firma **klagen und verklagt werden**". Die Vorschrift, die eigenständige Bedeutung nur bei Einzelkaufleuten hat (Handelsgesellschaften und Formkaufleute können ohnehin nur unter ihrer Firma klagen und verklagt werden),[60] begründet ein Wahlrecht: einem Einzelkaufmann steht es frei, unter seinem bürgerlichen Namen oder unter seiner Firma Klage zu erheben. Das zuerst genannte Vorgehen ist stets zulässig, das zuletzt genannte (Klageerhebung unter der Firma) nur, wenn der Rechtsstreit den Geschäftsverkehr des Unternehmens (RdNr. 21) zum Gegenstand hat. Entsprechendes gilt in umgekehrter Richtung: Ein Einzelkaufmann kann stets unter seinem bürgerlichen Namen verklagt werden; sofern der Rechtsstreit unternehmensbezogen ist, kann er statt dessen auch mit seiner Firma bezeichnet werden. Für den Kläger, der die bürgerliche Identität des Einzelkaufmanns nicht kennt, bedeutet dies eine Erleichterung; vor allen im Urkunden- und Wechselprozess hat die Vorschrift Bedeutung, da sie den bei firmenmäßiger Wechselzeichnung mit urkundlichen Beweismitteln (vgl. § 592 Satz 1 ZPO) mitunter schwer zu führenden Nachweis der Identität des Unternehmensträgers entbehrlich macht.[61] In den genannten Erleichterungen erschöpft sich die im Erkenntnisverfahren bestehende Wirkung des Abs. 2; die Vorschrift führt im Fall des Wechsels des Unternehmensträgers nicht ‚automatisch' zu einem Parteiwechsel.[62]

Abs. 2 gilt auch im Verfahren der **Zwangsvollstreckung.** Es reicht aus, wenn Gläubiger und/oder Schuldner in Titel oder Klausel mit ihrer Firma bezeichnet werden. Der Titel wirkt nicht für und gegen den jeweiligen Träger des Unternehmens (vgl. schon – im Zusammenhang des Erkenntnisverfahrens – RdNr. 22). Vielmehr ist Vollstreckungsgläubiger bzw. -schuldner grundsätzlich – wenn nicht im Prozess mit Zustimmung des Gegners ein Parteiwechsel nach § 265 ZPO erfolgt ist –, wer bei Rechtshängigkeit Träger des Unternehmens war.[63]

---

[55] Vgl. auch Staub/*Hüffer* RdNr. 35.
[56] Vgl. hierzu eingehend MünchKommHGB/*Krebs* § 37 RdNr. 16 ff.
[57] Vgl. MünchKommHGB/*Krebs* § 37 RdNr. 20.
[58] *Vgl. nur* BGH Urt. v. 18. 3. 1974 – II ZR 167/72, BGHZ 62, 216, 219 = NJW 1974, 1191; BGH Urt. v. 3. 2. 1975 – II ZR 128/73, BGHZ 64, 11, 14 = NJW 1975, 1166; BGH Urt. v. 8. 10. 1984 – II ZR 223/83, BGHZ 92, 259, 268. Vgl. zum Ganzen auch *K. Schmidt* HandelsR § 5 III.
[59] Hierzu und zu Grenzen, die sich beispielsweise im Registerrecht ergeben: Staub/*Hüffer* RdNr. 38–40.
[60] Vgl. auch § 124 Abs. 1 (für die KG iVm. § 161 Abs. 2) und die Erläuterungen hierzu.
[61] Vgl. im Einzelnen Staub/*Hüffer* RdNr. 46.
[62] Einhellige Meinung; vgl. nur Staub/*Hüffer* RdNr. 50; Heymann/*Emmerich* RdNr. 33.
[63] Einzelheiten bei Staub/*Hüffer* RdNr. 55; MüncheKommHGB/*Heidinger* RdNr. 54.

§ 17 Anh. 1
1. Buch. 3. Abschnitt. Handelsfirma

24 Als verfahrensrechtliche Regelung zählt § 17 Abs. 2 zur *lex fori* des angerufenen Gerichts. Vor einem **deutschen Gericht** kann deshalb auch ein Ausländer unter seiner Firma klagen und verklagt werden.[64]

Anhang nach § 17
Internationales Firmenrecht und europarechtliche Implikationen

Schrifttum: *von Bar*, Internationales Privatrecht, Band II, 1991; *Bayer*, Die EuGH-Entscheidung „Inspire Art" und die deutsche GmbH im Wettbewerb der Rechtsordnungen, BB 2003, 2357; *Bokelmann*, Zur Entwicklung des deutschen Firmenrechts unter den Aspekten des EG-Vertrages, ZGR 1994, 325; *Borges*, Gläubigerschutz bei ausländischen Gesellschaften mit inländischem Sitz, ZIP 2004, 733; *Eidenmüller* (Hrsg.), Ausländische Kapitalgesellschaften im deutschen Recht, 2004; *Eidenmüller/Rehm*, Niederlassungsfreiheit versus Schutz des inländischen Rechtsverkehrs, ZGR 2004, 159; *Grabitz/Hilf*, Kommentar zur Europäischen Union: Vertrag über die europäische Union, Vertrag zur Gründung der europäischen Gemeinschaft, Loseblatt, 1984 ff.; *Geyrhalter/Gänßler*, Perspektiven nach „Überseering" – wie geht es weiter?, NZG 2003, 409; *von der Groeben/Thiesing/Ehlermann*, Kommentar zum EU-/EG-Vertrag, 5 Bde., 6. Aufl.; *Grothe*, Die „ausländische Kapitalgesellschaft & Co.", 1989; *Haidinger*, Die „ausländische Kapitalgesellschaft & Co. KG", 1989; Handbuch des EU-Wirtschaftsrechts, herausgegeben von Dauses, Loseblatt, 1993 ff.; *Hirsch/Britain*, Artfully Inspired – Werden deutsche Gesellschaften englisch?, NZG 2003, 1100; *Ishikawa/Leetsch*, Das japanische Handelsrecht in deutscher Übersetzung, 1988; *Leible/Hoffmann*, Wie inspiriert ist „Inspire Art"?, EuZW 2003, 677; *Kögel*, Firmenbildung von Zweigniederlassungen in- und ausländischer Unternehmen, Rpfleger 1993, 8; *Kronke*, Schweizerische AG & Co. KG – Jüngste Variante der „ausländischen Kapitalgesellschaft & Co.", Anmerkung zu OLG Saarbrücken Beschl. v. 21. 4. 1989 – 5 W 60/88, RIW 1990, 799; *Mankowski*, Anm. zu OLG Düsseldorf Urt. v. 4. 5. 1995 – 6 U 93/94, EWiR § 25 HGB 1/96, 29; *Möller*, Europäisches Firmenrecht im Vergleich, EWS 1993, 22; *Möller*, Neues zum europäischen Firmenrecht im Vergleich, EWS 1997, 340; *Müller*, Zur Führung des Firmenzusatzes „Deutsch", GRUR 1971, 141; *W.-H. Roth*, Das neue Firmenrecht, in: Die Reform des Handelsstandes und der Personengesellschaften, 1999, S. 31; *K. Schmidt*, Publizität durch Firmen und Angaben auf Geschäftsbriefen, in Lutter (Hrsg.), Europäische Auslandsgesellschaften in Deutschland (2005), 15; *Spahlinger/Wegen*, Internationales Gesellschaftsrecht in der Praxis, 2005; *Spickhoff*, Der ordre public im internationalen Privatrecht 1989; *Wachter*, Auswirkungen des EuGH-Urteils in Sachen Inspire Art Ltd. auf die Beratungspraxis und Gesetzgebung, GmbHR 2004, 88; *Zimmer*, Internationales Gesellschaftsrecht: Das Kollisionsrecht der Gesellschaften und sein Verhältnis zum internationalen Kapitalmarktrecht und zum internationalen Unternehmensrecht, 1996.

Übersicht

	RdNr.		RdNr.
I. Gegenstand und Rechtsquellen	1–3	3. Einzelfragen	18–30
II. Zulässige Firmenbildung bei Auslandsberührung	4–30	a) Firma einer inländischen Tochtergesellschaft	18–26
1. Anknüpfung	4–7	aa) Personenfirma	19–21
a) Grundregel	4	bb) Geographische Zusätze	22, 23
b) Tochtergesellschaften, Zweigniederlassungen	5–7	cc) Rechtsformzusätze	24–26
2. Deutsche Firmenrechtsgrundsätze, ordre public und Gemeinschaftsrecht	8–17	α) Rechtsformzusätze der ausländischen Mutter	24
a) Ordre public	9, 10	β) Hinweis auf ausländische Herkunft?	25
b) Europäisches Gemeinschaftsrecht	11–17	γ) Hinweis auf Haftungsbeschränkung (§ 19 Abs. 2)	26
aa) Niederlassungsfreiheit, Art. 43, 48 EG	12	b) Firma einer inländischen Zweigniederlassung	27–30
bb) Zweigniederlassungsrichtlinie	13	aa) Firma der Hauptniederlassung	28, 29
cc) Folgerungen	14–16	bb) Abweichende Firma	30
dd) Verhältnis zu Drittstaaten	17		

I. Gegenstand und Rechtsquellen

1 Aufgabe des deutschen Internationalen Firmenrechts ist es, bei Sachverhalten mit Auslandsberührung (vgl. Art. 3 Abs. 1 EGBGB) diejenige nationale Rechtsordnung zu bezeichnen, die für einen Rechtsanwender in Deutschland zur Beurteilung von firmenrechtlichen Fragestellungen maßgeblich ist. Als Kollisionsrecht versteht es sich damit als ein Teilgebiet vor allem des Internationalen Privatrechts, in Teilbereichen aber auch des Internationalen Öffentlichen Rechts, soweit schon die zugrundeliegenden sachrechtlichen Fragenkreise ihrer Natur nach zum öffentlichen Recht zählen (zB § 29).[1]

---
[64] OLG Hamburg Urt. v. 24. 9. 1901, OLGE 3, 274; eingehende Darstellung der Anerkennungsproblematik bei *Zimmer* ZHR 168 (2004), 355 ff.
[1] Vgl. zur Abgrenzung *v. Bar* IPR II RdNr. 608 mwN; *Frankenstein* IPR II S. 410. Zur Systematik des Internationalen Firmenrechts auch *W.-H. Roth*, Das neue Firmenrecht, in: Die Reform des Handelsstandes und der Personengesellschaften, S. 48, 63 f.

Internationales Firmenrecht und europarechtliche Implikationen 2–5 § 17 Anh.

In der Sache geht es um den räumlichen Anwendungsbereich der §§ 17 ff. in Abgrenzung zu funktional vergleichbaren Regelungen ausländischer Rechtsordnungen. Eingeschlossen sind in den hier verwandten Begriff sind deshalb auch diejenigen Bestimmungen, die nach ihrem sachlichen Regelungsgehalt im Dritten Abschnitt eigentlich systemfremd sind, wie insbesondere die dem Gläubigerschutz dienenden §§ 25 ff. oder § 17 Abs. 2 als verfahrensrechtliche Norm des deutschen Prozessrechts.

Eine **gesetzliche Kodifizierung** des Internationalen Firmenrechts **fehlt** bisher.[2] Art. 10 EGBGB, der für den Namen der natürlichen Person das Recht des Heimatstaates beruft, lässt sich auf Grund seiner systematischen Stellung auf juristische Personen und Handelsgesellschaften allenfalls analog anwenden.[3] Rechtliche Regelungen finden sich demgegenüber zum internationalen Schutz der Firma in der mehrfach revidierten Pariser Verbandsübereinkunft von 1883. Darüber hinaus beruht das deutsche Internationale Firmenrecht auf **Rechtsfortbildungen**, die Rechtsprechung und Lehre seit Beginn des 20. Jahrhunderts entwickelt haben, und denen heute zumindest in Teilbereichen wohl der Rang von Gewohnheitsrecht zukommt. Ergänzend dazu gelten die allgemeinen Regeln des Internationalen Privatrechts, insbesondere die Art. 3 ff. EGBGB. 2

Die Darstellung von Einzelfragen des Internationalen Firmenrechts erfolgt in dieser Kommentierung z. T. im jeweiligen Sachzusammenhang der Erläuterungen zu §§ 18 ff.; zur grundsätzlichen Zulässigkeit von Firmenbildungen in Fällen mit Auslandsberührung siehe aber sogleich RdNr. 4 ff. 3

II. Zulässige Firmenbildung bei Auslandsberührung

1. Anknüpfung. a) Grundregel. Der Name, unter dem ein Gewerbetreibender im Rechtsverkehr zulässigerweise auftritt, bemisst sich nach dessen Personal- bzw. Gesellschaftsstatut **(Firmenstatut)**.[4] Eine abweichende Auffassung, die auf Grund einer ordnungsrechtlichen Qualifikation für eine gebietsbezogene Anknüpfung der Firmenberechtigung eintritt,[5] kommt oft zu gleichen Ergebnissen. Die Berechtigung zur Firmenführung soll dieser abweichenden Auffassung zufolge dem Recht der Niederlassung unterliegen.[6] Das Gesagte gilt auch für Geschäftsbezeichnungen und die sonstigen Kennzeichen (Schlagwörter) des Unternehmens.[7] Die §§ 17 ff. gelten damit unmittelbar für solche Kaufleute, die ihre Niederlassung im Inland haben; für Handelsgesellschaften ist das Gesellschaftsstatut maßgebend. Die hiernach anzuwendende Rechtsordnung entscheidet als umfassendes Statut des Handelsnamens nicht nur über die zulässige Firma selbst (zB die Zulässigkeit von Phantasiebezeichnungen), sondern auch über ihre Abgrenzung zu den Geschäftsbezeichnungen, etwaige persönliche Beschränkungen in der Firmenführungsbefugnis und die Notwendigkeit von Zusätzen, etwa bezüglich der Rechtsform. Dagegen lässt sich die Frage nach dem Bestehen eines Ausschließlichkeitsrechts an der jeweiligen Firma auf Grund der Territorialität der gewerblichen Kennzeichnungsrechte nur nach dem Recht des Schutzlandes beantworten. 4

b) Tochtergesellschaften, Zweigniederlassungen. Aus der Maßgeblichkeit des Personalstatuts folgt, dass inländische **Tochtergesellschaften** ausländischer Unternehmen auf Grund ihrer rechtlichen Selbständigkeit bezüglich ihrer Firmenbildung ebenfalls den inländischen Rechtsvorschriften unterliegen.[8] Je nach der Rechtsform der inländischen Tochter gelten für diese also die §§ 17 ff.; § 4 GmbHG, § 4 AktG oder § 3 GenG als unmittelbar berufenes Recht.[9] Im umgekehrten Fall der 5

---

[2] Vgl. aber den im Deutschen Rat für IPR erarbeiteten Vorschlag einer Regelung des Internationalen Gesellschaftsrechts, der auch das Internationale Firmenrecht in Bezug nimmt (abgedruckt in RIW 2006, Beilage 1 zu Heft 4/2006 ff.).
[3] So in der Tat Palandt/*Heldrich* Art. 10 EGBGB RdNr. 5 in Anlehnung an OLG Köln Urt. v. 15. 8. 1990 U 196/90, DtZ 1991, 27, 28 (für politische Partei); Erman/*Hohloch* Art. 10 EGBGB RdNr. 3.
[4] Vgl. BGH Urt. v. 24. 7. 1957 – I ZR 21/57 – Carl Zeiss, LM BGB § 12 Nr. 18 Bl. 3 = JZ 1958, 241, 242; BGH Urt. v. 2. 4. 1971 – I ZR 41/70, NJW 1971, 1522, 1523; RG Urt. v. 3. 7. 1907 – II 346/26, RGZ 117, 215, 218; BayObLG Beschl. v. 21. 3. 1986 – BReg. 3 Z 148/85, BayObLGZ 1986, 61, 64 = NJW 1986, 3029; OLG Hamburg Urt. v. 29. 10. 1958 – 5 U 25/58, IPRspr. 1958/59 Nr. 43; OLG Hamm Urt. v. 5. 2. 1991 – 4 U 217/90, IPRspr. 1991 Nr. 155; für grundsätzliche Maßgeblichkeit des Gesellschaftsstatuts aus neuerer Zeit auch *Bayer*, BGB 2003, 2357, 2364; *Eidenmüller/Rehm* ZGR 2004, 159, 183; *Leible/Hoffmann* EuZW 2003, 677, 680; *K. Schmidt* in Lutter (Hrsg.), Europäische Auslandsgesellschaften in Deutschland, S. 15, 27; MünchKommHGB/*Heidinger* vor § 17 RdNr. 66; Staudinger/*Großfeld* IntGesR, 1998, RdNr. 319; Koller/*Roth*/Morck § 17 RdNr. 26; *v. Bar* (Fn. 1) RdNr. 615. Ebenso der Regelungsvorschlag des Deutschen Rates für IPR (Fn. 2).
[5] MünchKommBGB/*Kindler* IntGesR RdNr. 212.
[6] Eine Abweichung zur hM ergibt sich aber, soweit Gesellschaften ausländischen Rechts mit Inlandssitz anzuerkennen sind. Insoweit soll sich die Firmenberechtigung nach dem (inländischen) Sitz-, nicht nach dem Gesellschaftsstatut bildenden Gründungsrecht richten; zum Ganzen MünchKommBGB/*Kindler* IntGesR RdNr. 213, 306 ff.
[7] *v. Bar* (Fn. 1) RdNr. 615.
[8] LG Gießen Beschl. v. 20. 2. 1990 – 6 T 1/90, GmbHR 1990, 352; LG Limburg/Lahn Beschl. v. 15. 9. 2005 – 6 T 2/05, GmbHR 2006, 261; MünchKommHGB/*Heidinger* vor § 17 RdNr. 87.
[9] Vgl. für die GmbH *Bokelmann* GmbHR 1994, 358.

ausländischen Tochter eines inländischen Unternehmens beurteilt sich deren Firma nach den im jeweiligen Land maßgeblichen Vorschriften.

6 Die Behandlung der inländischen **Zweigniederlassungen** ausländischer Unternehmen bereitet demgegenüber seit jeher besondere Probleme. Das liegt im Wesentlichen an deren Rechtsnatur. Als teilweise verselbständigte oder zumindest verselbständigungs*fähige* Zentren rechtsgeschäftlicher Aktivität[10] stehen sie zwar den rechtlich selbständigen Unternehmensträgern nahe, haben jedoch im Unterschied zu diesen keine eigene Rechtspersönlichkeit.[11] Trotz ihrer tatsächlichen Etablierung im Inland nehmen sie deshalb grundsätzlich an dem ausländischen Personal- oder Gesellschaftsstatut teil.[12] Abweichend davon ist aber nach herrschender Ansicht immerhin ihre **Firma** nach dem Recht am **Ort der Zweigniederlassung** zu bilden.[13] Dies lässt sich vor allem damit begründen, dass der Verkehr ein berechtigtes Interesse daran hat, ausländische Unternehmen, die für ein bestimmtes Gebiet Zweigniederlassungen errichten, im Hinblick auf die Chancengleichheit im Wettbewerb nicht durch die Anwendung ihres – uU großzügigen – Heimatrechts zu bevorzugen. Dafür spricht ferner, dass Zweigniederlassungen ausländischer Unternehmen auch registerrechtlich wie inländische Unternehmen behandelt werden[14] (vgl. § 13 d; ähnlich Art. 935 Abs. 3 schweiz. OR). Da schließlich ein besonders enger funktionaler Zusammenhang des Firmenrechts mit den sonstigen Gegenständen des Unternehmens- und Gesellschaftsrechts nicht besteht,[15] kann das Interesse an einem einheitlichen Personalstatut des kaufmännischen Unternehmens hinter dem vorgenannten Verkehrsinteresse zurücktreten.

7 Das Gesagte schließt nicht aus, dass bei Beurteilung der Zulässigkeit einer Zweigniederlassungsfirma dem Firmenrecht des Gesellschaftsstatuts Bedeutung zukommt: Zum einen ist nach *deutschem* Firmenrecht die Firma der Zweigniederlassung so zu bilden, dass ein Zusammenhang mit der Hauptniederlassung erkennbar ist (hierzu § 17 RdNr. 13). Zum anderen ist aus den Bestimmungen des *europäischen Gemeinschaftsrechts* über die Niederlassungsfreiheit zu folgern, dass eine nach dem Recht eines EG- bzw. EWR-Staates wirksam gegründete Gesellschaft unter Verwendung der Firma ihrer Hauptniederlassung im Inland eine Zweigniederlassung errichten darf (hierzu unten RdNr. 12 ff.). Zur registerrechtlichen Behandlung der Zweigniederlassung siehe die Erläuterungen zu §§ 13 d–13 g.

8 **2. Deutsche Firmenrechtsgrundsätze, ordre public und Gemeinschaftsrecht.** Die nach ausländischem Recht zulässig gebildete Firma darf im Grundsatz auch im Inland geführt werden. Neben dem einfachen grenzüberschreitenden Geschäftsverkehr vom Heimatstaat aus kann die ausländische Firma insbesondere zur Namensgebung für eine inländische Tochter oder Niederlassung dienen, die den ausländischen Namen übernehmen soll. Problematisch könnte dies sein, soweit das ausländische Recht in seinen Anforderungen an Wahrheit, Klarheit und Unterscheidbarkeit der Firma hinter dem deutschen zurückbleibt.[16] Soweit ausländische Unternehmen im Inland unter ihrem Heimatrecht auftreten, könnte dies zu einer ungewollten Diskriminierung von Inländern führen. Umgekehrt könnten deutsche Unternehmer geneigt sein, das inländische Recht durch Gründungen im Ausland zu umgehen.[17] Am bedenklichsten kann erscheinen, dass der deutsche Rechtsverkehr, der sich auf die Wahrheit der im Inland geführten Firmen verlässt, getäuscht werden könnte, sofern der ausländische Hintergrund nicht ohne weiteres erkennbar oder zumindest die hinter den Rechtsformzusätzen stehende ausländische Regelung nicht bekannt ist.

9 **a) Ordre public.** Die Rechtsprechung hat deshalb in Einzelfällen die deutschen Firmenrechtsgrundsätze unter Berufung auf den inländischen *ordre public* auch gegenüber ausländischen Firmenbildungen durchgesetzt.[18] Unzulässig ist danach vor allem ein solcher Firmengebrauch, der nicht den

---

[10] *Mankowski* EWiR § 25 HGB 1/96, 29, 30.
[11] Staudinger/*Großfeld* IntGesR RdNr. 976.
[12] RG Urt. v. 27. 5. 1910 – Rep. II 485/09, RGZ 73, 366, 368; Staub/*Hüffer* § 13 b RdNr. 13 ff.; Staudinger/*Großfeld* IntGesR RdNr. 977.
[13] *Ebenroth* JZ 1988, 18, 20; Staudinger/*Großfeld* IntGesR RdNr. 319; MünchKommBGB/*Kindler* RdNr. 226 f.; Erman/*Hohloch* RdNr. 3; Baumbach/*Hopt* § 13 d RdNr. 4; *v. Bar* (Fn. 1) RdNr. 615; wohl auch *Rehberg* in *Eidenmüller*, § 5 RdNr. 31, 43; vgl. auch MünchKommHGB/*Heidinger* vor § 17 RdNr. 96; Staub/*Hüffer* RdNr. 14; Koller/*Roth*/Morck § 17 RdNr. 26.
[14] Staub/*Hüffer* § 13 b RdNr. 19.
[15] So die Argumentation für ein einheitliches Personalstatut bei Staudinger/*Großfeld* IntGesR RdNr. 66; vgl. auch *Zimmer*, Internationales GesellschaftsR, S. 214 f. mwN, 233.
[16] Vgl. zu vergleichenden Betrachtungen *Möller* S. 24; *Bokelmann* DB 1990, 1021 f.
[17] Diese unter dem Gesichtspunkt des Firmenrechts ohnehin nicht hoch zu veranschlagende Gefahr dürfte freilich mit der durch die Handelsrechtsreform 1998 eingetretenen Liberalisierung des deutschen Firmenbildungsrechts weitgehend ausgeräumt sein. Vgl. zum vorherigen Rechtszustand *Möller* EWS 1993, 22.
[18] Vor allem BayObLG (Fn. 4) S. 64; vgl. auch LG Hagen Beschl. v. 22. 8. 1973 – 11 HT 1/73, NJW 1973, 2162 = IPRspr. 1973 Nr. 22; Koller/*Roth*/Morck § 17 Rdnr. 26; MünchKommBGB/*Kindler* RdNr. 230 ff. mwN; Staudinger/*Großfeld* IntGesR RdNr. 320.

inländischen Anforderungen an Wahrheit und Klarheit der Firmenbildung entspricht und deshalb **zur Täuschung** über die Art oder den Umfang des Geschäfts oder die Verhältnisse des Geschäftsinhabers **geeignet** ist. Der hier verletzte Grundsatz der Firmenwahrheit findet sich heute zumindest ansatzweise in den EU-Staaten[19] und entspricht damit gewissermaßen einem europäischen Standard. Dies lässt es gerechtfertigt erscheinen, jenen Grundsatz zu den „wesentlichen" im Sinne des Art. 6 EGBGB zu zählen.[20] Unzulässig ist auch der Gebrauch einer Firma, die von einem ausländischen Staat nach entschädigungsloser Enteignung des früheren Namensträgers an ein staatliches Unternehmen verliehen wurde, das nun auch im Inland unter diesem Namen auftritt.[21]

Kritik ist an der Rechtsprechung zur *ordre public*-Widrigkeit ausländischer Firmenbildungen allerdings deshalb zu üben, weil die deutschen Firmenrechtsgrundsätze in vielen Fällen ausländischer Beteiligung nicht erst unter Rückgriff auf Art. 6 EGBGB, sondern unmittelbar zur Anwendung gelangen.[22] Dies gilt namentlich für die Fälle inländischer Tochtergesellschaften oder Zweigniederlassungen ausländischer Unternehmen (oben RdNr. 5 f.). Nicht die ausländische Firma ist es, die im Inland täuscht, sondern es ist allein die Firma der inländischen Niederlassung oder Tochter, bei deren Bildung nur auf den ausländischen Namen der Mutter oder Hauptniederlassung zurückgegriffen wurde. Mit einer Nichtanwendung ausländischen Firmenrechts iSd. Art. 6 EGBGB hat dies nichts zu tun. 10

b) Europäisches Gemeinschaftsrecht. Vorsicht ist bei der Zurückdrängung ausländischer Firmenbildungen im Inland darüber hinaus deshalb geboten, weil eine solche Restriktion mit den Grundfreiheiten des EG-Vertrages unvereinbar sein könnte (vgl. hierzu auch § 18 RdNr. 39). 11

aa) Niederlassungsfreiheit, Art. 43, 48 EG. Für das Firmenrecht von Bedeutung ist dabei vor allem die durch **Art. 43 EG** gewährleistete Niederlassungsfreiheit, die nicht nur Diskriminierungen von natürlichen Personen und Gesellschaften (Art. 48 EG) verbietet, sondern auch alle sonstigen unterschiedslos wirkenden Maßnahmen, die geeignet sind, „die Ausübung der durch den EWG-Vertrag garantierten grundlegenden Freiheiten durch die Gemeinschaftsangehörigen [...] zu behindern oder weniger attraktiv zu machen".[23] Legt man diese Interpretation zugrunde, umfasst die Freiheit der Niederlassung jedenfalls auch das Recht, eine im europäischen Ausland zulässige Firma auch im Inland – etwa zur Bildung der Firma einer Niederlassung – zu gebrauchen.[24] Beschränkungen dieses Rechts sind nur insofern gerechtfertigt, als sie zur Wahrung zwingender Interessen des Allgemeinwohls geeignet, erforderlich und angemessen sind (sog. Vier-Elemente-Test des EuGH).[25] Daneben kommt eine Einschränkung der Niederlassungsfreiheit nur in Betracht, wenn das Recht der Niederlassung im Einzelfall missbraucht wird.[26] Ob und inwieweit die §§ 18 Abs. 2, 30 mit diesen Anforderungen im Grundsatz zu vereinbaren sind, ist bislang nicht abschließend geklärt.[27] Die Bedeutung der Niederlassungsfreiheit ist in jedem Fall auch bei der Auslegung und Konkretisierung der Firmengrundsätze zu berücksichtigen.[28] Die im Gründungsstaat zulässig gebildete Firma einer nach dem Recht eines EU- oder EWR-Staates gegründeten Gesellschaft könnte hiernach allenfalls dann als täuschend und verwechslungsfähig gelten, wenn das nationale Regelungsinteresse am Schutz des deutschen Rechtsverkehrs das gemeinschaftsrechtliche Interesse an freier und unbehinderter Niederlassung überwiegt und sich insbesondere keine milderen Mittel finden lassen, um eine Gefährdung des Rechtsverkehrs (etwa durch klarstellenden Zusatz) zu beseitigen. 12

---

[19] Vgl. *Möller* EWS 1993, 24 f. (für die Gemeinschaft in der vor der letzten Erweiterung bestehenden Zusammensetzung).
[20] Vgl. hierzu *Kropholler* IPR, § 36 III 2 b; MünchKommBGB/*Sonnenberger* Art. 6 EGBGB RdNr. 68 f.
[21] BGH Urt. v. 24. 7. 1957 – I ZR 21/57 (Fn. 4) – Carl Zeiss; dazu *Spickhoff*, Der ordre public im internationalen Privatrecht, 158 f.; *Braga* MDR 1958, 155 f.
[22] Richtig deshalb der Leitsatz der Redaktion zu BayObLG Beschl. v. 10. 3. 1978 – BReg. 1 Z 27/78, AG 1978, 349 = BB 1979, 802 (nur Ls. des Senats); unnötig dagegen der Hinweis auf den *ordre public* in BayObLG (Fn. 4) S. 64; konstruktiv zu weit auch *Bokelmann* GmbHR 1994, 359.
[23] EuGH Urt. v. 31. 3. 1993 – Rs. C 19/92 (Kraus), Slg. 1993, 1663, 1697; ferner EuGH Urt. v. 20. 5. 1992 – Rs. C 106/91 – Claus Ramrath/Ministre de la Justice, Slg. 1992, 3351, 3384 = NJW 1992, 2407; EuGH Urt. v. 7. 5. 1991 – Rs. C 340/89 – Vlassopoulu/Land Baden Württemberg, Slg. 1991, 2357, 2383 = NJW 1991, 2073; vgl. aus neuerer Zeit EuGH Urt. v. 9. 3. 1999 – Rs. C 212/97 – Centros, Slg. 1999, I-1459.
[24] Eingehend *Bokelmann* DB 1990, 1025; vgl. auch *Lutter/Bayer* in Lutter/Hommelhoff § 4 GmbHG RdNr. 46; *W.-H. Roth*, Handbuch des EG-Wirtschaftsrechts, E. I RdNr. 84.
[25] Hierzu u. a. EuGH Urt. v. 30. 9. 2003 – Rs. 167/01 (Inspire Art), Slg. 2003 I-10155 RdNr. 133; grundlegend EuGH Urt. v. 28. 4. 1977 – Rs. 71/76 – Thieffry, Slg. 1977, 765 = NJW 1977, 1582.
[26] EuGH Urt. v. 30. 9. 2003 – Rs. 167/01 – Inspire Art, Slg. 2003 I-10155, Leitsatz 2; s. zum Einzelfallbezug des Missbrauchseinwandes auch *Schön*, FS Wiedemann, 2002, S. 1271; *Fleischer* JZ 2003, 865, 873.
[27] Die Vereinbarkeit wird bejaht für die Vorschrift des § 9 Abs. 1, 3 östUWG, der ein Verbot der Benutzung von Namen, Firmen oder besonderen Unternehmensbezeichnungen bei Verwechslungsgefahr mit befugtermaßen geführten Namen, Firmen oder Unternehmenskennzeichen begründet: EuGH 11. 5. 1999 – Rs. C-255/97 – Pfeiffer Großhandel GmbH/Löwa Warenhandel GmbH, EuZW 1999, 439.
[28] *Bokelmann* DB 1990, 1027; MünchKommHGB/*Heidinger* vor § 17 RdNr. 76 ff.

13 bb) Zweigniederlassungsrichtlinie. Die Elfte gesellschaftsrechtliche Richtlinie, die die Publizität von Zweigniederlassungen solcher Gesellschaften regelt, die nach dem Recht eines anderen Mitgliedstaates gegründet sind,[29] enthält keine speziellen Anforderungen für die Firmenbildung.[30] Allerdings können von der Richtlinie mittelbare Wirkungen auf das Firmenrecht ausgehen. So steht die Elfte Richtlinie in der Auslegung, die sie durch das *Inspire Art*-Urteil des EuGH erfahren hat, mitgliedstaatlichen Vorschriften entgegen, die eine weitergehende *Offenlegung* fordern als in der Richtlinie vorgesehen. Insbesondere ist hiernach eine Bestimmung (in casu: des niederländischen Rechts) mit der Richtlinie unvereinbar, die die Offenlegung des Umstandes verlangt, dass es sich um eine „formal ausländische Gesellschaft" – d. h. um eine tatsächlich im Inland domizilierende Gesellschaft ausländischer Rechtsform – handele.[31] Eine Zulässigkeit besonderer Bezeichnungsanforderungen des Zweigniederlassungsstaates könnte vor diesem Hintergrund allenfalls in Betracht kommen, wenn diese (abweichend vom Ansatz des niederländischen Rechts im Gesetz über formal ausländische Gesellschaften) als Bestandteil der *Firmenbildung* der Zweigniederlassung konstruiert würde, da die Elfte gesellschaftsrechtliche Richtlinie in ihrem Art. 2 Abs. 1 die Offenlegung nicht nur der Firma und Rechtsform der Haupt-, sondern auch diejenige einer abweichenden Zweigniederlassung vorschreibt. Im Ergebnis dürfte aber auch dieser Weg zu einer Statuierung besonderer Anforderungen im Staat der Zweigniederlassung verbaut sein, da das Erfordernis einer besonderen Kennzeichnung ausländischer Gesellschaften deren Möglichkeiten zur Niederlassung im Inland beschränkt und damit wiederum den Rechtfertigungsanforderungen der Artt. 43, 48 EG unterfiele.

14 cc) Folgerungen. Gute Gründe sprechen nach dem Gesagten für die Annahme, dass das deutsche Recht von Einzelkaufleuten und Handelsgesellschaften, deren Firma nach dem Recht eines anderen EU- oder EWR-Staates korrekt gebildet wurde, grundsätzlich keine abweichende oder zusätzliche Bezeichnung verlangen darf. Dies gilt nicht nur für den Fall des grenzüberschreitenden Handelns, etwa der grenzüberschreitenden Korrespondenz eines solchen Kaufmanns bzw. einer solchen Gesellschaft vom Ausland aus, sondern auch für den Fall des Handelns durch eine inländische Niederlassung. Eine Rechtfertigung besonderer Transparenzanforderungen etwa unter dem Gesichtspunkt des Verkehrsschutzes (zu den Voraussetzungen einer Rechtfertigung schon oben RdNr. 12) dürfte regelmäßig ausscheiden. Die Rechtsprechung des Gerichtshofes kann in dem Sinne verstanden werden, dass der Schutz des inländischen Rechtsverkehrs keine besonderen, auf Zweigniederlassungen bezogenen Schutzvorkehrungen zulässt, wenn die gleiche Gefahr in dem Fall hinzunehmen ist, in dem sie von der ausländischen Hauptniederlassung als solcher ausgeht.[32] Auf das Firmenrecht übertragen bedeutet dies: Darf eine nach dem Recht eines anderen Mitgliedstaates gegründete und dort domizilierende Gesellschaft im Inland unter ihrer Ursprungsfirma uneingeschränkt aktiv werden, so gilt dies auch im Fall der Einschaltung einer inländischen Zweigniederlassung.[33]

15 Entsprechend ist Versuchen eine Absage zu erteilen, Firmen von nach dem Recht eines anderen Mitgliedstaates gegründeten Gesellschaften *inhaltlich* am deutschen Recht – etwa an den in § 18 niedergelegten Anforderungen an Kennzeichnungseignung und Unterscheidungskraft – zu messen.[34] Dies ist auch anzunehmen, wenn die Gesellschaft tatsächlich vom Inland aus verwaltet wird.[35] Zwar ist einzuräumen, dass einer im Gründungsstaat zulässig gebildeten Firma in Deutschland die Kennzeichnungseignung fehlen kann (Beispiel: „Handel B. V." niederländischen Rechts);[36] auch ist denkbar, dass die zulässig gebildete Auslandsfirma im Inland Fehlvorstellungen hervorruft (Beispiel:

---

[29] Elfte Richtlinie 89/666/EWG des Rates vom 21. 12. 1989 über die Offenlegung von Zweigniederlassungen, die in einem Mitgliedstaat von Gesellschaften bestimmter Rechtsform errichtet werden, die dem Recht eines anderen Staates unterliegen, ABl. EG Nr. L 395 v. 30. 12. 1989, S. 36 ff.

[30] Vgl. *K. Schmidt* in Lutter (Hrsg.), Europäische Auslandsgesellschaften in Deutschland, S. 15, 26 ff. Zum Inhalt der Richtlinie s. die Erläuterungen zu § 13 e.

[31] EuGH Urt. v. 30. 9. 2003 – Rs. 167/01 – Inspire Art, Slg. 2003 I-10155, RdNr. 65.

[32] Vgl. EuGH Urt. v. 9. 3. 1999, Rs. C 212/97 – Centros, Slg. 1999, I-1459, RdNr. 35: Die dänische Verweigerung der Eintragung einer Zweigniederlassung sei „nicht geeignet, das mit ihm verfolgte Ziel des Gläubigerschutzes zu erreichen, da die Zweigniederlassung in Dänemark eingetragen worden wäre, wenn die Gesellschaft eine Geschäftstätigkeit im Vereinigten Königreich ausgeübt hätte, obwohl die dänischen Gläubiger in diesem Fall ebenso gefährdet gewesen wären."

[33] Ähnlich *K. Schmidt* in Lutter (Hrsg.), Europäische Auslandsgesellschaften in Deutschland, S. 43: „Die Überlegung ist schon bekannt: Eine mittels inländischer Zweigniederlassung operierende ausländische Gesellschaft darf nicht stärker behindert werden als eine Auslandsgesellschaft, die direkt von ihrem ausländischen Satzungssitz operiert.".

[34] Offener für eine solche Überprüfung anhand der Maßstäbe des deutschen Rechts LG Limburg/Lahn Beschl. v. 15. 9. 2005 – 6 T 2/05, GmbHR 2006, 261; *K. Schmidt* (Fn. 33), S. 29–32, der eine Rechtfertigung der Einschränkung des Niederlassungsrechts offenbar in weitergehendem Maße als hier vertreten für zulässig hält. Zum Problem auch *Wachter* GmbHR 2003, 1254; *Hirsch/Britain* NZG 2003, 1100, 1102; *Geyrhalter/Gänßler* NZG 2003, 409, 412; *Borges* ZIP 2004, 733, 736.

[35] Anders *Rehberg* in Eidenmüller § 5 RdNr. 41.

[36] Beispiel nach *K. Schmidt* (Fn. 33), S. 30.

die nach dem – großzügigeren – Firmenrecht des Gründungsstaates zulässige Bezeichnung eines bloßen Handelsunternehmens als „Fabrik").[37] Derartige Gefahren für den inländischen Rechtsverkehr (wenn man sie denn als solche ansieht) gehen aber auch von Gesellschaften aus, die ihre in zulässiger Weise gebildete Firma vom Gründungsstaat aus – etwa im Wege der Korrespondenz – gebrauchen. Sie vermögen daher vom hier eingenommenen Standpunkt aus (hierzu RdNr. 14) eine Niederlassungsbeschränkung nicht zu rechtfertigen, wenn die Gesellschaft im Inland eine Zweigniederlassung errichtet. Auch der Ansatz, an eine Zweigniederlassung gestellte inländische Anforderungen in Anlehnung an die zum freien Warenverkehr entwickelte Differenzierung als bloße „Niederlassungsmodalitäten" einzuordnen und so dem Wirkbereich der Niederlassungsfreiheit zu entziehen,[38] vermag nicht zu überzeugen. Die Verweigerung der Möglichkeit, von einer Niederlassung aus unter der Ursprungsfirma aktiv zu werden, erscheint als eine solch intensive Einschränkung der Betätigungsmöglichkeit, dass die Etablierung einer Zweigniederlassung als solche betroffen ist.[39]

Eine Rechtfertigung von Einschränkungen des Firmengebrauchs erscheint nach den strengen **16** Grundsätzen der EuGH-Rechtsprechung nicht schon dann möglich, wenn Prinzipien des Firmenrechts in abstrakter Weise betroffen sind; vielmehr muss eine *konkrete Gefährdung von Interessen* zu besorgen sein, die im Rahmen des Vier-Elemente-Tests des EuGH als Allgemeininteresse anzusehen sind (vgl. schon oben RdNr. 12). Als eine solche konkrete Gefährdung kann in Betracht kommen, dass eine nach dem Gesellschaftsstatut zum Firmenkern zählende Bezeichnung im Inland *als Rechtsformzusatz* (etwa: „AG") *missverstanden* wird. Auch kann nach hier vertretener Auffassung die Gefahr einer Verwechslung mit einer bestimmten am gleichen Ort bereits bestehenden Firma (zum materiellen Recht: § 30) eine Beschränkung des Firmengebrauchs rechtfertigen.[40]

dd) Verhältnis zu Drittstaaten. Noch nicht hinreichend geklärt ist die Frage, ob der durch den **17** Einfluss des Gemeinschaftsrechts veränderte Maßstab in der Beurteilung ausländischer Firmen auch auf die Behandlung von Auslandsfällen im **Verhältnis zu Nicht-EU-Staaten** (sowie ggf. auf reine Inlandsfälle[41]) auszudehnen ist. *Bokelmann* hat das bejaht mit der Begründung, es könne „nur eine wahre Firma" und nicht verschiedene Grade der Wahrheit geben.[42] Das ist so zwar richtig. Die Argumentation verkennt jedoch, dass im Verhältnis zum EU-Ausland bestimmte Täuschungsgefahren mit Rücksicht auf die Grundfreiheiten lediglich *hingenommen* werden, ohne dass diese Firmen „wahr" oder „unterscheidbar" würden. Es besteht kein Grund, dieses Privileg auch Ausländern aus Drittstaaten zugutekommen zu lassen. Im Verhältnis zu Nicht-EU-Staaten kann es deshalb im Ergebnis bei den von der Rechtspraxis herausgearbeiteten Grundsätzen verbleiben. Zu berücksichtigen ist aber (auch hier), dass die Anwendungspraxis zum deutschen Firmenrecht im Gefolge der Handelsrechtsform von 1998 beträchtlich liberaler geworden ist (hierzu die Erläuterungen zu § 18).

3. Einzelfragen. a) Firma einer inländischen Tochtergesellschaft. Die Fähigkeit auslän- **18** discher Gesellschaften zur Beteiligung an inländischen Gesellschaften ist in früheren Jahren Gegenstand einer eingehenden Diskussion gewesen. Unstreitig war eine solche Beteiligung jedenfalls möglich, wenn es sich bei der inländischen Gesellschaft um eine Kapitalgesellschaft handelte.[43] Auch bezüglich inländischer Personengesellschaften wird die Frage heute ganz überwiegend – zumindest für den Bereich der EG[44] und vorbehaltlich einer von dem Gesellschaftsstatut der Muttergesellschaft möglicherweise geforderten „besonderen Beteiligungsfähigkeit" – bejaht.[45] Auf Einzelheiten ist hier nicht einzugehen.

---

[37] Beispiel nach *K. Schmidt* (Fn. 33), S. 31.
[38] Vgl. für einen solchen Ansatz *Rehberg* in Eidenmüller § 5 RdNr. 45.
[39] Vgl. für die Möglichkeit des Fortgebrauchs des eigenen Namens als wichtigen Bestandteil der Freizügigkeit natürlicher Personen die Schlussanträge von Generalanwalt *Jacobs* in der Rs. C-96/04 v. 30. 6. 2005 Standesamt Stadt Niebüll.
[40] Ebenso *K. Schmidt* (Fn. 33), S. 32.
[41] Dazu *Bokelmann* ZGR 1994, 349 ff.
[42] *Bokelmann* ZGR 1994, 352.
[43] Staudinger/*Großfeld* IntGesR RdNr. 309; MünchKommBGB/*Kindler* RdNr. 549.
[44] BayObLG Beschl. v. 21. 3. 1986 – 3 Z 148/85, BayObLG Z 1986, 61 = NJW 1986, 3029; *Grothe*, Die „ausländische Kapitalgesellschaft & Co.", Diss. Osnabrück 1989, S. 316; *Haidinger*, Die „ausländische Kapitalgesellschaft & Co. KG", Diss. Freiburg 1989, S. 175 f.; *Zimmer*, Internationales Gesellschaftsrecht, S. 213.
[45] OLG Saarbrücken Beschl. v. 21. 4. 1989 – 5 W 60/88 (für eine Aktiengesellschaft schweizerischen Rechts), IPRax 1990, 324 = DB 1989, 1076 f. = JZ 1989, 904 mit zust. Anm. *Kronke* RIW 1990, 799 ff.; BFH Beschl. v. 17. 10. 1973 – II B 42/73, BStBl. 1974 II 57; *Hesselmann/Tillmann*, Handbuch der GmbH 139 ff.; Staub/*Hüffer* § 19 RdNr. 79; Heymann/*Emmerich* § 19 RdNr. 31; aA vor allem Staudinger/*Großfeld* IntGesR RdNr. 544 f.; MünchKommBGB/*Kindler* RdNr. 552; *Ebenroth/Eyles* DB 1988 Beilage 2, 16 ff.

19 **aa) Personenfirma.** Soweit danach eine Beteiligung ausländischer Gesellschaften zulässig ist, gelten für die Firma der inländischen Tochter je nach deren Rechtsform jedenfalls die §§ 18, 19; § 4 GmbHG, § 4 AktG oder § 3 GenG[46] (vgl. oben RdNr. 5). Die Firma kann also grundsätzlich als Personen-, Sach- oder Phantasiefirma gebildet werden.

20 Wird für die Tochtergesellschaft eine Personenfirma gebildet, so ist die ausländische Firma nach der Handelsrechtsreform 1998 nicht mehr notwendigerweise vollständig zu übernehmen.[47] Besondere Anforderungen ergeben sich aus dem Gebot der Firmenklarheit und -wahrheit. Fremde **Schriftzeichen** sind in die lateinische Schrift zu übertragen, wenn sie sich nicht zur Eintragung eignen (vgl. § 12 HRV) oder sonst für den Verkehr völlig unverständlich sind und so die individualisierende Funktion der Firma schlechterdings nicht erfüllen könnten. Umgekehrt werden allerdings **fremdsprachige Ausdrücke,** auch wenn sie hierzulande unverständlich sind, wörtlich übernommen,[48] denn die Übersetzung der Firma würde ihr bereits den Charakter der Personenfirma nehmen.

21 Unerheblich ist im Übrigen, ob die ausländische Firma in diesen Fällen auch mit dem deutschen Recht vollständig zu vereinbaren wäre. Eine Grenze bildet die Täuschungsgefahr im Einzelfall. Dass die so gebildete Firma gerade als Personenfirma erkennbar ist, wird auch von der Rechtsprechung seit langem nicht mehr gefordert.[49] Wird anstelle eines bisher nur gepachteten Betriebes ein Unternehmen unter rechtlich selbständigem Träger gegründet, darf dessen Firma nicht den Eindruck einer (berechtigten) Firmenfortführung nach § 22 erwecken, wenn dadurch der Verkehr über die tatsächlichen Verhältnisse der Geschäftsinhaber getäuscht werden könnte.[50]

22 **bb) Geographische Zusätze.** An die Zulässigkeit von **geographischen Zusätzen** und hier insbesondere von **Nationalitätsangaben** hat die ältere Rechtsprechung für reine Inlandssachverhalte überwiegend sehr strenge Anforderungen gestellt. Zu den Einzelheiten siehe § 18 RdNr. 55. Ergänzend dazu war aber anerkannt, dass die Firmierung als „Deutsche ..." etc. zulässig sei, wenn dadurch lediglich eine inländische Tochter oder Zweigniederlassung von einem ausländischen Unternehmen abgegrenzt werden sollte (zB „Deutsche Shell AG").[51] Die früher geltende Regel, wonach als „deutsch" nur firmieren dürfe, wer selbst Deutscher sei,[52] galt schon vor der Handelsrechtsreform von 1998 als überholt. Aufgrund der zunehmenden Internationalisierung der Wirtschaftsverflechtungen deutet der Verkehr den Zusatz „deutsch" heute nicht mehr darauf, dass damit auf eine deutsche Trägerschaft oder auf ein für den deutschen Wirtschaftsraum besonders wichtiges oder prägendes Unternehmen hingewiesen wird.[53] Ist der Zweck der nationalen Abgrenzung offen ersichtlich, ist die Firma mangels Täuschungsgefahr nicht zu beanstanden. Etwas anderes könnte allerdings gelten, wenn durch den Zusatz der Eindruck entsteht, es handle sich um eine 100%ige Tochter des ausländischen Unternehmens, während in Wahrheit dieses Unternehmen nur zur Hälfte an der inländischen Gesellschaft beteiligt ist.[54] Getäuscht wird hier (uU) zwar nicht über die Bedeutung des Unternehmens für den fraglichen Wirtschaftsraum, jedoch allgemein über die Verhältnisse der Gesellschafter; Unzulässigkeit der Firma ist aber nur anzunehmen, wenn die Eigenschaft als 100%ige Tochtergesellschaft für die angesprochenen Verkehrskreise wesentlich ist (§ 18 Abs. 2 S. 1), wovon nicht ohne weiteres auszugehen ist. Zulässig ist der Zusatz „deutsch" etc., wenn er erkennbar die Funktion erfüllt, ein Unternehmen, das in vermehrtem Umfang auch auf ausländischen Märkten auftritt, von seinen bekannten ausländischen Konkurrenten zu unterscheiden bzw. auf die besondere Herkunft seiner Produkte hinzuweisen.[55] Umgekehrt darf sich ein Unternehmen auch im Inland „deutsch" nennen, um sich von ausländischen Mitbewerbern abzugrenzen.[56]

---

[46] Vgl. Staub/*Hüffer* § 19 RdNr. 83; MünchKommHGB/*Heidinger* vor § 17 RdNr. 87.
[47] Zur Begründung § 18 RdNr. 33; vgl. auch MünchKommHGB/*Heidinger* vor § 17 RdNr. 90.
[48] Für die Zweigniederlassung differenzierend *Kögel* Rpfleger 1993, 10.
[49] Vgl. BayObLG Beschl. v. 19. 7. 1973 – BReg. 2 Z 32/93, NJW 1973, 1886 f. – „Mesirca" unter Aufgabe von BayObLG Beschl. v. 9. 8. 1972 – BReg. 2 Z 41/72, BayObLGZ 1972, 277, 282 = NJW 1972, 2185 – Celdis; LG Wuppertal Beschl. v. 20. 2. 1972 – 12 T 8/72, BB 1973, 722 – Rebeta; Ulmer/Habersack/Winter/*Heinrich* § 4 RdNr. 17; *Latinak* NJW 1973, S. 1215 ff.
[50] In diesem Sinne BayObLG (Fn. 4) S. 349 f. für Zweigniederlassung einer britischen Aktiengesellschaft; Staudinger/*Großfeld* IntGesR RdNr. 321.
[51] So bereits BGH Urt. v. 13. 11. 1981 – I ZR 2/80, WM 1982, 560 f. = GRUR 1982, 239 in einem obiter dictum; eingehend *Ebert* WRP 1960, 96; *Müller* GRUR 1971, 142; Baumbach/*Hopt* § 18 RdNr. 25; Heymann/*Emmerich* § 18 RdNr. 47; *Wiedemann* S. 831.
[52] Schlegelberger/Hildebrandt/*Steckhan* § 18 RdNr. 13 mwN zur früheren Rechtsprechung; dagegen schon *Müller* GRuR 1971, 141, 142 f.
[53] Anders Staudinger/*Großfeld* IntGesR RdNr. 321.
[54] AG Iserlohn Beschl. v. 12. 1. 1971 – 8 AR 331/70 – Germany BB 1971 Beilage 9 Nr. II. 3.
[55] *Ebert* WRP 1960, 96; Heymann/*Emmerich* § 18 RdNr. 47; *Müller* GRUR 1971, 141, 142.
[56] *Müller* GRUR 1971, 142, 142.

Ist ein geographischer Zusatz in einer nach dem Recht eines EU- oder EWR-Staates gebildeten **23**
Firma nach dessen Bestimmungen zulässig, darf ein aus dieser Firma gebildeter Name einer inländischen Tochtergesellschaft nicht schon deshalb abgelehnt werden, weil nach hiesiger Rechtsauffassung das fragliche Unternehmen in dem bezeichneten Gebiet eine führende Stellung innehaben müsste.[57] Zwar ist § 18 Abs. 2 hier unmittelbar und nicht erst unter Rückgriff auf Art. 6 EGBGB anwendbar (vgl. RdNr. 10). Nach der Handelsrechtsreform 1998 wird man schon bei Fehlen einer Auslandsbeziehung nicht an dem Erfordernis einer besonderen Bedeutung des Unternehmens in dem bezeichneten Gebiet festhalten können (§ 18 RdNr. 57). Handelt es sich um die Firma einer Tochtergesellschaft eines Unternehmens mit Sitz in einem anderen EU- oder EWR-Staat, so sind bei der Auslegung des unbestimmten Rechtsbegriffs der Täuschungsgefahr die durch den EG-Vertrag gewährleistete Niederlassungsfreiheit sowie die Freiheit des Waren- bzw. Dienstleistungsverkehrs zu berücksichtigen (vgl. dazu RdNr. 12, 14 ff.). Unzulässig erscheint danach allenfalls die Angabe eines Gebietes, zu dem das Unternehmen keinen realen Bezug hat.[58] Wurde allerdings die namengebende Firma ganz bewusst im Ausland begründet, um die deutschen Rechtsvorschriften zu umgehen, ist zu erwägen, ob nach den Regeln der kollisionsrechtlichen *fraus legis*[59] die Zulässigkeit bereits der ausländischen Firma nach inländischem Recht beurteilt werden sollte.[60] Ein Konflikt mit Artt. 43, 48 EG ist nach der Rechtsprechung des Gerichtshofes nicht anzunehmen, wenn ein Missbrauch der Nichterlassungsfreiheit im Einzelfall anzunehmen ist.[61]

cc) Rechtsformzusätze. Hinsichtlich der Behandlung der **Rechtsformzusätze** für die im **24**
Inland gegründete Tochtergesellschaft ist wie folgt zu unterscheiden:

α) Rechtsformzusätze der ausländischen Mutter. Ist die Beteiligung einer ausländischen Gesellschaft an einer inländischen Tochter zulässig (dazu oben RdNr. 18), stellt sich regelmäßig die Frage, ob die **Rechtsformzusätze der ausländischen Mutter** in eine bei der deutschen Tochter gebildete Personenfirma zu übernehmen sind. Maßgeblich dafür ist die Rechtsform des deutschen Unternehmens. Handelt es sich hierbei um eine *Kapitalgesellschaft*, sind die ausländischen Rechtsformzusätze in aller Regel fortzulassen,[62] da eine Verdopplung der Zusätze Unklarheiten über die tatsächliche Rechtsform hervorrufen könnte (zB „Limited GmbH"), die aus Gründen der Firmenklarheit zu vermeiden sind. Da die inländische Tochter darüber hinaus ohnehin nur beschränkt haftet und bezüglich des Kapitals die deutschen Rechtsvorschriften maßgeblich sind, besteht an der Kenntnis der Rechtsform der ausländischen Mutter auch kein nennenswertes Interesse. Handelt es sich bei der deutschen Tochter dagegen um eine *Personengesellschaft*, ist es für den Verkehr wichtig, die innere Haftungsstruktur der Gesellschaft durchschauen zu können. Schon aus diesem Grunde ist der ausländische Rechtsformzusatz somit zu übernehmen, wenn es sich bei der ausländischen Mutter um die Einzige persönlich haftende Gesellschafterin der Personengesellschaft handelt[63] (vgl. für diese Fälle zudem RdNr. 26). Ausreichend erscheint es dann allerdings, wenn dieser Zusatz so geführt wird, wie er auch im Heimatstaat der Muttergesellschaft gebräuchlich ist. Übliche Abkürzungen wie Ltd. (englischen Rechts) oder S. A. (französischen Rechts) können deshalb auch in der Firma einer inländischen Tochter beibehalten werden.

β) Hinweis auf ausländische Herkunft? Ist der ausländische Rechtsformzusatz mit einem **25**
inländischen begrifflich identisch, kann neben der Angabe der Rechtsform bei Gesellschaften aus Drittstaaten auch ein Hinweis auf die **ausländische Herkunft** der Namensgeberin erforderlich erscheinen. Am deutlichsten ist es dabei zweifellos, wenn bereits in der Firma der betreffende Herkunftsstaat konkret bezeichnet wird („Gesellschaft schweizerischen Rechts & Co."). Die Gefahr der Täuschung ist aber auch schon dann gebannt, wenn der weitere Zusatz ganz allgemein auf „Gesellschaft ausländischen Rechts" lautet. Zwar ist in diesem Fall der Blick ins Handelsregister

---

[57] So aber noch BayObLG (Fn. 4) – Landshuter Druckhaus Ltd. & Co. KG; dagegen etwa *Bokelmann* ZGR 1994, 334 f.
[58] BayObLG Beschl. v. 16. 7. 1992 – 3 Z BR 55/92, BayObLGZ 1992, 234, 236 = BB 1993, 458. Vgl. zur Auslegung des § 18 Abs. 2 bei Fällen ohne Auslandsbeziehung auch § 18 RdNr. 53 ff.
[59] Vgl. dazu zB *Kropholler* IPR § 23 mwN.
[60] Zu erwägen ist auch eine teleologische Auslegung der firmenrechtlichen Kollisionsregel mit der Folge, dass hier ausnahmsweise nicht an das Personalstatut der Muttergesellschaft anzuknüpfen wäre; vgl. zu diesem Vorgehen *Kropholler* IPR § 23 II 3.
[61] Zuletzt EuGH Urt. v. 30. 9. 2003 – Rs. C 167/01 – Inspire Art, Slg. 1993, I-10155 Ls. 2 und RdNr. 136–139; zum Einzelfallbezug des Missbrauchs *Schön*, FS Wiedemann, S. 1271, 1288 und *Fleischer* JZ 2003, 865, 873.
[62] Vgl. OLG Düsseldorf Beschl. v. 11. 7. 1956 – 3 W 169/56, DNotZ 1956, 611, 612 f.; KG Beschl. v. 28. 7. 1958 – 1 W 1193/58, DNotZ 1958, 552; LG Wuppertal Beschl. v. 20. 2. 1972 – 1 T 8/72, BB 1973, 722; MünchKommHGB/*Heidinger* vor § 17 RdNr. 88; zT anders, aber veraltet *Wellmann* GmbHR 1972, 193, 194.
[63] Vgl. *Bokelmann* RdNr. 370, 385; Staub/*Hüffer* § 19 RdNr. 85, der auch auf die erleichterte Identifizierung der persönlich haftenden Gesellschafterin im Ausland verweist; Heymann/*Emmerich* § 19 RdNr. 32.

unumgänglich. Etwaige Nachforschungen sind aber auch bei der konkreteren Bezeichnung notwendig, sofern – wie in aller Regel – mit der Angabe des Staates nicht zugleich auch die einschlägigen Rechtsvorschriften bekannt sind.[64] Eine unzumutbare Belastung des Verkehrs ist durch diese allgemeinere Fassung somit nicht zu besorgen. Ist im Übrigen der ausländische Zusatz im Inland in seiner üblichen Form unbekannt, ist der Verkehr bereits hierdurch hinreichend gewarnt, so dass ein weiterer Hinweis auf die Ausländereigenschaft als solche entbehrlich erscheint. Etwas anderes kann sich im Einzelfall allerdings daraus ergeben, dass der Zusatz etwa in Verbindung mit einem ausländischen Sach- oder Phantasiebegriff als solcher gar nicht zu erkennen ist, weil zB der fremde Firmenkern selbst bereits Abkürzungen enthält oder weil der Rechtsformzusatz an einer in Deutschland unüblichen Stelle steht. Als Beispiel hierfür kann die *vorangestellte* Rechtsformbezeichnung EPE des griechischen Rechts angeführt werden. Gerade im Hinblick auf Gesellschaften aus EU- oder EWR-Staaten wird man aber mit Rücksicht auf Artt. 43, 48 EG keine zusätzlichen Bezeichnungen fordern dürfen.[65] Demgegenüber erscheint bei Gesellschaften aus Drittstaaten bei derartigen in Deutschland unüblichen Gestaltungen die Forderung nach einem zusätzlichen Hinweis zulässig. Auch in diesen Fällen wird aber der allgemeine Zusatz „Gesellschaft ausländischen Rechts" zur Vermeidung von Täuschungen idR ausreichen.[66]

26 γ) **Hinweis auf Haftungsbeschränkung (§ 19 Abs. 2).** Ist die inländische Tochtergesellschaft eine KG oder OHG, bei der keine natürliche Person persönlich haftet, ist die **Haftungsbeschränkung** gemäß § 19 Abs. 2 kenntlich zu machen. Die Schwierigkeit bei der Beteiligung ausländischer Kapitalgesellschaften besteht allerdings darin, dass sich eine prägnante Abkürzung, die in etwa der rein inländischen „GmbH & Co. KG" entsprechen könnte, bisher nicht etabliert hat.[67] Als ausreichend wird man Bezeichnungen wie „... Ltd & Co. KG" bzw. „ EPE ... & Co. KG" ansehen müssen, da sie immerhin auf die Möglichkeit hinweisen, dass die Haftungsstruktur von derjenigen einer Kommanditgesellschaft mit wenigstens einer unbeschränkt haftenden natürlichen Person als Gesellschafter abweicht (vgl. auch § 19 RdNr. 21).

27 **b) Firma einer inländischen Zweigniederlassung.** Für die Bildung der Firma einer inländischen Zweigniederlassung eines ausländischen Unternehmens gelten zunächst diejenigen Grundsätze, die auch für reine Inlandssachverhalte maßgeblich sind. Die Zweigniederlassung kann also entweder die Firma der Hauptniederlassung übernehmen und sich von dieser ggf. durch einen Zusatz unterscheiden, oder sie kann eine bereits im Kern abweichende, selbständige Firma führen, wobei allerdings die Zugehörigkeit zur Hauptniederlassung in irgendeiner Form zum Ausdruck gebracht werden muss (vgl. auch § 17 RdNr. 13). In beiden Fällen unterliegt die Firma der Niederlassung jedoch den Anforderungen des deutschen Rechts als dem Firmenstatut, dh insbesondere den §§ 18 Abs. 2, 30.

28 **aa) Firma der Hauptniederlassung.** Wird die **Firma der Hauptniederlassung** beibehalten, ist diese grundsätzlich vollständig zu übernehmen, dh. einschließlich der im Ausland üblichen Rechtsformzusätze.[68] Beschränkungen ergeben sich auch hier aus den Geboten der Firmenklarheit und -wahrheit sowie der Unterscheidbarkeit von einer im Inland bereits geführten Firma (§ 30 Abs. 3). Fremde Schriftzeichen und Zahlen sind in die hierzulande übliche Form zu übertragen. Fremdsprachige Ausdrücke und insbesondere fremde Rechtsformzusätze sind jedoch in der Originalsprache zu belassen; denn durch eine Übersetzung würde der Zusammenhang mit der Firma der Hauptniederlassung zerstört, der durch einen Zusatz umständlich wieder herzustellen wäre. Zwar ist der Umgang mit fremdländischen Namen und Begriffen zuweilen schwierig. Doch wäre auch mit einer Übertragung wenigstens der Sachbestandteile ins Deutsche nichts gewonnen, soweit hier dennoch der vollständige ausländische Name nun in dem Zusatz „Zweigniederlassung der..." geführt werden müsste. Hinsichtlich der Zulässigkeit von geographischen Zusätzen gilt das in RdNr. 22 f. Gesagte entsprechend.

29 Ist nach dem ausländischen Recht die Führung eines **Rechtsformzusatzes** für die Hauptniederlassung entbehrlich oder ist ein solcher Zusatz im Inland unbekannt oder als solcher gar nicht zu erkennen, so ist der Zweigniederlassungsfirma ein Zusatz beizufügen, der auf die ausländische Gesellschaft hinweist. Dies gilt vom hier eingenommenen Standpunkt (vgl. schon oben RdNr. 14 ff.) nicht für Gesellschaften, die dem Recht von EU- oder EWR-Staaten unterliegen.[69] Einer konkreten

---

[64] Vgl. Staub/*Hüffer* § 19 RdNr. 86.
[65] Wie hier MünchKommHGB/*Heidinger* vor § 17 RdNr. 98 mwN. Anders (in Zweifelsfällen Herkunftshinweis erforderlich) *Spahlinger/Wegen*, Internationales Gesellschaftsrecht in der Praxis, RdNr. 556.
[66] Etwas anders wohl *Kögel* Rpfleger 1999, 9 f.
[67] Siehe auch OLG Hamm Beschl. v. 6. 4. 1987 – 15 W 194/85, DB 1987, 1245.
[68] LG Flensburg Beschl. v. 20. 9. 1968, zitiert bei *Wittmann* BB 1969 Beilage 10, S. 15; *Kögel* Rpfleger 1999, 9.
[69] Im Grundsatz übereinstimmend MünchKommHGB/*Heidinger* vor § 17 RdNr. 98.

Angabe des Herkunftsstaates bedarf es in Deutschland im Allgemeinen nicht; andernfalls wäre die Vorschrift des § 13 e Abs. 2 Satz 4 Nr. 4 nicht verständlich.[70]

bb) Abweichende Firma. Wird für die Zweigniederlassung eine **von dem Namen der Hauptniederlassung abweichende Firma** gewählt, unterliegt diese allein dem deutschen Firmenrecht. Unzulässig wäre es deshalb, eine nur im Ausland zulässige Firma, die nicht zugleich auch die Firma der Hauptniederlassung ist, in die Firma der deutschen Filiale als deren Kern einzuführen. Anwendbar sind nur die Vorschriften über den zulässigen Firmenkern, also insbesondere über die Zulässigkeit von Personen-, Sach- bzw. Phantasiefirmen (vgl. im Einzelnen § 18 RdNr. 3 ff.). Die inländischen Rechtsformzusätze sind dagegen nicht in die Firma der Zweigniederlassung aufzunehmen; ihre Rechtsform bleibt diejenige der ausländischen Gesellschaft. Der Hinweis auf diese Rechtsform erfolgt dann auch nicht in Form eines selbständigen Zusatzes, sondern er ergibt sich aus einem Zusatz, mit dem der Bezug zu der (ausländischen) Hauptniederlassung kenntlich gemacht wird (vgl. § 17 RdNr. 13); eine so gebildete Zweigniederlassungsfirma kann zB lauten: „Weingroßhandel Sokrates, Zweigniederlassung der E. P. E. Sokrates".

§ 18 [Firmenbildung]

(1) Die Firma muß zur Kennzeichnung des Kaufmanns geeignet sein und Unterscheidungskraft besitzen.

(2) ¹Die Firma darf keine Angaben enthalten, die geeignet sind, über geschäftliche Verhältnisse, die für die angesprochenen Verkehrskreise wesentlich sind, irrezuführen. ²Im Verfahren vor dem Registergericht wird die Eignung zur Irreführung nur berücksichtigt, wenn sie ersichtlich ist.

Schrifttum: *Ammon*, Die Sachfirma der Kapitalgesellschaft, DStR 1994, 325; *Bokelmann*, Die Neuregelungen im Firmenrecht nach dem Regierungsentwurf des Handelsrechtsreformgesetzes, GmbHR 1998, 57 ff.; *Bokelmann*, Anmerkung zu LG Köln Beschl. v. 4. 6. 1976 – 29 T 12/76, Rpfleger 1977, 62; *Bülow*, Zwei Aspekte im neuen Handelsrecht – Unterscheidungskraft und Firmenunterscheidbarkeit – Lagerhalterpfandrecht, DB 1999, 269 ff.; *Büttner*, Die Irreführungsquote im Wandel – Folgen eines sich ändernden Normverständnisses, GRUR 1996, 533 ff.; DIHT-Firmenfibel 1983 (Die firmenrechtlichen Leitsätze); DIHT-Firmenfibel 1992 (Firmierungsgrundsätze für Vollkaufleute); *Emmerich*, Das Recht des unlauteren Wettbewerbs, 5. Aufl. 1998; *Fezer*, Liberalisierung und Europäisierung des Firmenrechts, ZHR 161 (1997), 52 ff.; *Fritze*, Namensfunktion nicht aussprechbarer Buchstabenfolgen als besondere Geschäftsbezeichnungen nach § 61 UWG, GRUR 1993, 538 ff.; *v. Gamm*, Entwicklungen und neuere Rechtsprechung im Kennzeichnungsrecht, WM 1985, 849 ff.; *Hauschka/von Saalfeld*, Die europäische wirtschaftliche Interessenvereinigung (EWIV) als Kooperationsinstrument für die Angehörigen der freien Berufe, DStR 1991, 1083 ff.; *Hefermehl*, Entwicklungen im Recht des unlauteren Wettbewerbs, FS Robert Fischer, 1979, S. 197 ff.; *Heidinger*, Der Name des Nichtgesellschafters in der Personenfirma, DB 2005, 815 ff.; *Heinrich*, Firmenwahrheit und Firmenbeständigkeit, 1982; *Hillmann*, Das Rechtsinstitut des Honorarprofessors – Zugleich ein Beitrag zur Typologie der Bezeichnung „Professor", VerwArch 1988, 369 ff.; *Hönn*, Akademische Grade, Amts-, Dienst- und Berufsbezeichnungen sowie Titel (Namensattribute) in firmen- und wettbewerbsrechtlicher Hinsicht, ZHR 153 (1989), 386 ff.; *Kögel*, Der Grundsatz der Firmenwahrheit – noch zeitgemäß?, BB 1993, 1741 ff.; *ders.*, Entwurf eines Handelsrechtsreformgesetzes, BB 1997, 793 ff.; *Kögel*, Neues Firmenrecht und alte Zöpfe: Die Auswirkungen der HGB-Reform, BB 1998, 1645 ff.; *Köhler*, Das Rücktrittsrecht nach § 13 a UWG, JZ 1989, 262 ff.; *Krebs*, Reform oder Revolution? – Zum Referentenentwurf eines Handelsrechtsreformgesetzes, DB 1996, 2013 ff.; *Lutter/Welp*, Das neue Firmenrecht der Kapitalgesellschaften, ZIP 1999, 1073 ff.; *Möller*, Probleme der Individualisierung und Verwechslungsfähigkeit von Sachfirmen, BB 1993, 808 ff.; *Müller-Gugenberger*, Die Firma der europäischen wirtschaftlichen Interessenvereinigung (EWIV), BB 1989, 1922 ff.; *Niederleithinger*, Die vernachlässigte Einheit der Rechtsordnung im Wettbewerbsrecht, GRUR Int 1996, 467 ff.; *v. Olenhusen*, Das „Institut" im Wettbewerbs-, Firmen-, Standes-, Namens- und Markenrecht, WRP 1996, 1079 ff.; *Scheibe*, Der Grundsatz der Firmenwahrheit, JuS 1997, 414 ff.; *K. Schmidt*, Das Handelsrechtsreformgesetz, NJW 1998, 2161 ff.; *Schmitt*, Der Entwurf eines Handelsrechtsreformgesetzes, WiB 1997, 1113 ff.; *Schricker*, Hundert Jahre Gesetz gegen den unlauteren Wettbewerb – Licht und Schatten, GRUR Int 1996, 473 ff.; *ders.*, Möglichkeiten zur Verbesserung des Schutzes der Verbraucher und der funktionsfähigen Wettbewerbs im Recht des unlauteren Wettbewerbs, ZHR 139 (1975), 208 ff.; *v. Rechenberg*, Die EWIV–Ihr Sein und Werden, ZHR 1992, 299 ff.; *Veelken*, Nationales Lauterkeitsrecht und Europäisches Gemeinschaftsrecht, ZVglRWiss 92 (1993), 241 ff.; *Weber/Jacob*, Zum Referentenentwurf des Handelsrechtsreformgesetzes, ZRP 1997, 152 ff.; *Wellmann*, Die Sachfirma der GmbH; Eine kritische Stellungnahme zu § 4 des Referentenentwurfs eines GmbH-Gesetzes, BB 1970, 153 ff.; *Wellmann*, Firmenrecht als Namensrecht des Kaufmanns, DNotZ 1954, 117 ff.; *Wolff*, Zur Reform des § 18 Abs. 2 HGB, DZWir 1997, 397 ff.

Übersicht

	RdNr.		RdNr.
I. Normzweck, Systematik und Anwendungsbereich des § 18	1, 2	2. Personenfirmen	6–14
		a) Abwandlung des Namens	10
II. Allgemeine Anforderungen an die Firmenbildung	3–34	b) Benutzung der Namen anderer Personen als des Einzelkaufmanns bzw. eines Gesellschafters	11, 12
1. Grundsätzliches	3–5	c) Phantasie-Personenfirmen?	13, 14

---

[70] *Kögel* Rpfleger 1999, 8, 10.

	RdNr.		RdNr.
3. Sachfirmen	15–26	a) Auslegung der neuen Vorschrift	35, 36
4. Phantasiefirmen	27–30	b) Verhältnis zum Wettbewerbsrecht	37, 38
5. Mischfirmen	31	c) Europarechtliche Einflüsse im Firmenrecht	39
6. Bildung einer OHG- oder KG-Firma aus der Firma einer beteiligten Handelsgesellschaft oder eines beteiligten Einzelkaufmanns	32–34	d) Beurteilung von Einzelfällen	40–68
		aa) Vorgehensweise	40–44
		bb) Beispiele	45–68
a) Firmenbildung bei Beteiligung einer Handelsgesellschaft als persönlich haftende Gesellschafterin	32, 33	α) Angaben betreffend die Art, Größe oder Bedeutung des Unternehmens	45–52
b) Bildung einer OHG- oder KG-Firma aus der Firma eines beteiligten Einzelkaufmanns	34	β) Geographische Angaben	53–60
		γ) Akademische Grade und andere Qualifikationsbezeichnungen	61–65
		δ) Weitere Beispiele	66–68
III. Unzulässigkeit irreführender Angaben	35–72	2. Verfahrensbezogene Regelung (Abs. 2 Satz 2)	69–72
1. Materiellrechtliche Beurteilung (Abs. 1 Satz 1)	35–68		

I. Normzweck, Systematik und Anwendungsbereich des § 18

1 Die Vorschrift statuiert grundlegende gesetzliche Anforderungen für die Bildung einer Firma. Bei § 18 Abs. 1 in der vor der Handelsrechtsreform 1998 geltenden Fassung bestand Einigkeit, dass die Norm die Firmenbildung nur für Einzelkaufleute regelte.[1] Auch für § 18 nF geht die Gesetzesbegründung von einem solch limitierten Anwendungsbereich des Abs. 1 aus.[2] Für eine derartige Bescheidung besteht aber kein Anlass. § 18 Abs. 1 fordert, dass die Firma zur *Kennzeichnung des Kaufmanns geeignet* ist und *Unterscheidungskraft* besitzt. Wortlaut und Systematik der §§ 18 und 19 legen es nahe, unter ‚Kaufmann' hier nicht nur den Einzelkaufmann, sondern alle Kaufleute (vgl. § 6 Abs. 1 und 2) unter Einschluss der Personenhandelsgesellschaften OHG, KG und der Formkaufleute AG, KGaA, SE, GmbH, eG und EWIV zu verstehen. Der Wortlaut erlaubt diese Interpretation, und die Systematik der §§ 18 f., §§ 4, 279 AktG, § 4 GmbHG und § 3 GenG hat sich grundlegend gewandelt: Während früher das Firmenbildungsrecht der Einzelkaufleute in § 18, das der Personenhandelsgesellschaften in § 19 und dasjenige der Formkaufleute AG, KGaA, GmbH und eG in §§ 4, 279 AktG, § 4 GmbHG und § 3 GenG geregelt war, ist das neue Recht durch eine funktionale Aufgliederung gekennzeichnet. § 18 enthält mit den Erfordernissen der Kennzeichnungseignung, der Unterscheidungskraft und (in Abs. 2) des Fehlens einer Irreführungseignung Anforderungen, die unabhängig von der Rechtsform des Unternehmensträgers stets an die Firmenbildung zu stellen sind; § 19 sowie §§ 4, 279 AktG, Art. 11 Abs. 1 SE-VO, § 4 GmbHG, § 3 GenG und § 2 Abs. 2 Nr. 1 EWIV-AusfG begründen demgegenüber nunmehr nur noch die – nun für alle Kaufleute unter Einschluss der Einzelkaufleute geltende, aber nach Rechtsformen unterschiedlich ausgestaltete – Pflicht, einen Rechtsformzusatz (und ggf. einen eine Haftungsbeschränkung kennzeichnenden Zusatz, § 19 Abs. 2) aufzunehmen. Die Systematik des Firmenbildungsrechts (s. § 17 RdNr. 3). kann folglich dahingehend beschrieben werden, dass § 18 im Verein mit § 30 (Grundsatz der Firmenunterscheidbarkeit) (s. § 17 RdNr. 7). den **‚Allgemeinen Teil' des Firmenbildungsrechts,** dh. Vorschriften beinhaltet, die unabhängig von der Rechtsform grundlegende Anforderungen für die Bildung einer Firma statuieren. § 19 und § 4 AktG, Art. 11 Abs. 1 SE-VO, § 4 GmbHG und § 3 GenG gehören demgegenüber zum ‚Besonderen Teil' des Firmenbildungsrechts: Sie enthalten nach der Rechtsform des Unternehmensträgers differenzierende besondere Anforderungen. Die firmenrechtlichen Vorschriften des HRefG 1998 sind am 1. 7. 1998 in Kraft getreten. Die Anforderungen der Abs. 1 und 2 gelten daher für alle Firmen, die von diesem Tag an neu gebildet werden. Sie beanspruchen darüber hinaus auch für Altfirmen grundsätzlich Geltung. Firmen, die vor dem 1. 7. 1998 in das Handelsregister eingetragen waren, durften bis zum 31. 3. 2003 unverändert weitergeführt werden, soweit sie nach den zuvor geltenden Vorschriften geführt werden durften (Art. 38 Abs. 1 EGHGB; vgl. hierzu auch § 19 RdNr. 5).

2 Auch bei der Änderung einer bestehenden Firma sind die Grundsätze des § 18 zu beachten.[3] Die Firmenänderung ist Firmenbildung und muss den Erfordernissen der Kennzeichnungseignung, der

---

[1] Vgl. nur Staub/*Hüffer* RdNr. 3.
[2] Begründung zum Gesetzentwurf der Bundesregierung, BT-Drucks. 13/8444, BR-Drucks. 340/97, 52 (zu Nr. 11 – § 18 HGB). Vgl. aber auch ebendort ‚zu Abs. 1': Über § 6 finde § 18 Abs. 1 bei Personenhandelsgesellschaften ‚mittelbar' Anwendung. Im Grundsatz wie hier zB Baumbach/*Hopt* RdNr. 2; MünchKommHGB/*Heidinger* RdNr. 3; Koller/*Roth*/Morck RdNr. 2; Röhrich/von Westphalen/*Ammon* RdNr. 2.
[3] MünchKommHGB/*Heidinger* RdNr. 5.

Unterscheidungskraft und des Fehlens einer Täuschungseignung genügen. Nimmt also ein bislang unter seinem bürgerlichen Namen firmierender Einzelkaufmann einen Zusatz in die Firma auf, möchte er einen solchen streichen oder gar von der durch die Handelsrechtsreform 1998 eröffneten Möglichkeit der Bildung einer Sach- oder Phantasiefirma Gebrauch machen, so gelten für die Änderungen der Firma die folgenden Ausführungen zur Firmenbildung. Besonderheiten bestehen in den Fällen der **Firmenfortführung:** §§ 21, 22 und 24 erlauben in gewissen Fällen (Änderung des bürgerlichen Namens des Geschäftsinhabers bzw. eines Gesellschafters, Erwerb des Handelsgeschäfts, Wechsel von Gesellschaftern) die Fortführung einer bestehenden Firma; im Fall des Erwerbs des Handelsgeschäfts ist die Aufnahme eines das Nachfolgeverhältnis andeutenden Zusatzes zulässig, aber nicht erforderlich (§ 22 Abs. 1). In gewissen Grenzen erlauben die genannten Normen ein Abgehen von den Anforderungen des § 18: Wechselt beispielsweise der Inhaber des Handelsgeschäfts, so ist die Firma bei unveränderter Fortführung zur Täuschung über die Person des Unternehmensträgers geeignet (vgl. zur zulässigen Gestaltung einer Personenfirma sogleich RdNr. 6 ff.). Das Gesetz, das hier den Grundsatz der Firmenkontinuität anerkennt (hierzu § 17 RdNr. 7), nimmt diese Gefahr in Kauf. Die Firmenkontinuität findet aber nur in den Grenzen der §§ 21, 22 und 24 rechtlichen Schutz. So erlaubt § 22 die Fortführung trotz eines Wechsels des Inhabers, nicht aber eine Firmenfortführung bei Veränderung anderer für die Firmenbildung wesentlicher Umstände: Verändert der Erwerber eines Handelsgeschäfts den Tätigkeitsbereich des Unternehmens in grundlegender Weise und wird hierdurch die Firma, die allein (Sachfirma) oder u. a. (gemischte Firma) den Gegenstand des Unternehmens bezeichnete, inhaltlich unrichtig, so kann hieraus die Unzulässigkeit der Firmenfortführung nach § 18 Abs. 2 folgen.[4]

II. Allgemeine Anforderungen an die Firmenbildung

1. Grundsätzliches. § 18 Abs. 1 verlangt, dass die Firma zur **Kennzeichnung des Kaufmanns geeignet** ist und **Unterscheidungskraft** besitzt. Hiermit werden Anforderungen bezeichnet, die bisher nicht explizit, aber implizit im Gesetz angelegt waren. Soweit das vor der Handelsrechtsreform geltende Recht die Firmenbildung aus dem Personennamen des Unternehmensträgers vorschrieb oder zuließ, ging es von der grundsätzlich bestehenden Unterscheidungskraft und einer damit einhergehenden Kennzeichnungseignung einer derartigen Bezeichnung aus. Soweit demgegenüber die Bildung einer Sachfirma zulässig (§ 4 Abs. 1 Satz 1 GmbHG aF) oder grundsätzlich vorgeschrieben (§§ 4 Abs. 1 Satz 1, 279 Abs. 1 Satz 1 AktG aF) war, wurde das Erfordernis einer unterscheidungskräftigen Ausgestaltung der Firma zwar nicht im Gesetz ausgesprochen, aber doch allgemein anerkannt.[5] § 18 nF stellt also keine neuen, zusätzlichen Anforderungen an die Firmenbildung, sondern beinhaltet – nach der grundlegenden Liberalisierung (hierzu § 17 RdNr. 4 f.) des Firmenbildungsrechts – den gemeinsamen Nenner der bei der Bildung einer Firma nunmehr zu beachtenden Erfordernisse.[6]

Mit den Erfordernissen der Unterscheidungskraft und der damit einhergehenden[7] Kennzeichnungseignung stellt das Gesetz auf Kriterien ab, die im **Markenrecht** zentrale Bedeutung haben. Bei der Anwendung des Abs. 2 können daher die für die Schutzfähigkeit von Unternehmenskennzeichen im Markenrecht entwickelten Grundsätze in Bezug genommen werden.[8] Unternehmenskennzeichen sind Zeichen, die im geschäftlichen Verkehr als Name, als Firma oder als besondere Bezeichnung eines Geschäftsbetriebs oder eines Unternehmens benutzt werden (§ 5 Abs. 2 S. 1 MarkenG). Sie werden, wenn ihnen Unterscheidungskraft zukommt, als geschäftliche Bezeichnungen geschützt (vgl. §§ 5 Abs. 1, 15 Abs. 3 MarkenG). Unterscheidungskraft setzt eine zur Unterscheidung des Unternehmens von anderen ausreichende Eigenart voraus; diese Eigenart ist gegeben, wenn die Bezeichnung vom Verkehr als individualisierender Herkunftshinweis aufgefasst wird.[9] Von dieser abstrakten Unterscheidungskraft, an die die Rechtsprechung keine hohen Anfor-

---

[4] Vgl. auch BGH Urt. v. 10. 11. 1969 – II ZR 273/67, BGHZ 53, 65, 67 ff. (zur Fortführung einer Firma mit Doktortitel und ‚& Co.'-Zusatz); ferner BGH Beschl. v. 27. 9. 1965 – II ZB 5/65, BGHZ 44, 286 und BGH Beschl. v. 28. 3. 1977 – II ZB 8/76, BGHZ 68, 271; aus dem Schrifttum *K. Schmidt* HandelsR § 12 III 1 b, bb; Staub/*Hüffer* RdNr. 5.
[5] Vgl. Geßler/Hefermehl/*Eckardt* § 4 RdNr. 10, 32; KK/*Kraft* § 4 RdNr. 6, 10.
[6] Vgl. auch die Begründung zum Gesetzentwurf der Bundesregierung, BT-Drucks. 13/8444, BR-Drucks. 340/97, S. 36 f. und 52.
[7] Stärkere Differenzierung bei MünchKommHGB/*Heidinger* RdNr. 9: Die Kennzeichnungseignung umschreibe die Namensfunktion, die Unterscheidungskraft ziele auf Individualisierung.
[8] Zur grundsätzlichen Übereinstimmung der Kriterien *von Gamm* WM 1985, 849, 853.
[9] BGH Urt. v. 27. 9. 1995 – I ZR 199/93, NJW-RR 1996, 230 = GRUR 1996, 68, 69 – COTTON LINE; vgl. auch *Fezer* Markenrecht § 15 MarkenG RdNr. 40; Ingerl/Rohnke MarkenG § 5 RdNr. 36.

derungen stellt,[10] ist die konkrete Unterscheidbarkeit im Einzelfall zu sondern: Auch einer abstrakt unterscheidungsfähigen Bezeichnung wie einem Familiennamen (RdNr. 6 f.) ist die Eintragung in das Handelsregister zu versagen, wenn sie sich von den an demselben Ort oder in derselben Gemeinde bestehenden und in das Handelsregister oder in das Genossenschaftsregister eingetragenen Firmen nicht deutlich unterscheidet (§ 30 Abs. 1). Der Gesichtspunkt der Unterscheidungskraft und der damit einhergehenden Kennzeichnungseignung ist im Folgenden im Zusammenhang der einzelnen Gestaltungsformen (Personenfirma; Sachfirma; Phantasiefirma, Mischfirma) jeweils gesondert anzusprechen.

5   Auch mit der Neufassung des in Abs. 2 enthaltenen **Irreführungsverbots** verfolgt der Gesetzgeber das Ziel der Liberalisierung und Deregulierung des Firmenrechts. Die Vorschrift untersagt zwar in allgemeinerer Form als die ihrem Wortlaut nach auf Zusätze bei der Firma von Einzelkaufleuten bezogene Vorschrift des § 18 Abs. 2 aF nun „Angaben", die „geeignet sind, über geschäftliche Verhältnisse, die für die angesprochenen Verkehrskreise wesentlich sind, irrezuführen". Der Gesetzesbegründung ist aber zu entnehmen, dass das Irreführungsverbot des Abs. 2 Satz 1 in Zukunft weniger streng gehandhabt werden soll als in der Vergangenheit: Die Begründung konstatiert „Schwierigkeiten der Praxis", die aus einer „differenzierten und zum Teil in unübersichtliche Kasuistik mündenden Rechtsprechung der Obergerichte" resultierten, welche die Vorschrift „äußerst restriktiv, zum Teil für die betroffenen Verkehrskreise unverständlich streng" ausgelegt hätten.[11] Der Praxis der Registergerichte werde vorgeworfen, dass „die Irreführungsprüfung bei Zugrundelegung teilweiser minimaler Irreführungsquoten (zB 10%) und einer abstrakt-schematischen Beurteilung anhand überholter Rechtsprechungsnachweise ohne Berücksichtigung der konkreten Verwendung dazu führe, dass die Eintragung einer Firma in das Handelsregister schon wegen einer nur entfernt liegenden Irreführungsgefahr zurückgewiesen werde".[12] Die Einzelerläuterung zu Abs. 2 ergänzt, dass durch die Neufassung die Anforderungen an die ‚Firmenwahrheit' dort gesenkt würden, wo sie als unangemessen streng angesehen würden.[13] Diese Veränderung in der Beurteilung der Irreführungseignung – die als solche im Wortlaut des Abs. 2 Satz 1 nicht zum Ausdruck kommt – wird durch die Verfahrensbestimmung des Abs. 2 Satz 2 flankiert: Im Verfahren vor dem Registergericht wird die Eignung zur Irreführung nur berücksichtigt, wenn sie ‚ersichtlich' ist (hierzu unten RdNr. 69 ff.).

6   **2. Personenfirmen.** Die Bildung einer Personenfirma steht nach der Handelsrechtsreform 1998 nicht nur Einzelkaufleuten, Personengesellschaften und Gesellschaften mit beschränkter Haftung, sondern auch Aktiengesellschaften und Kommanditgesellschaften auf Aktien ohne Einschränkung frei (vgl. §§ 4 und 279 AktG nF). Nach zuvor geltendem Recht hatten Einzelkaufleute ihren Familiennamen mit mindestens einem Vornamen als Firma zu führen. Bei Personenhandelsgesellschaften genügte die Nennung des Familiennamens (wenigstens) eines persönlich haftenden Gesellschafters (§ 19 Abs. 4 aF), bei der GmbH – soweit nicht von der Möglichkeit der Bildung einer Sachfirma Gebrauch gemacht wurde – diejenige des Familiennamens (wenigstens) eines Gesellschafters (§ 4 Abs. 1 Satz 1 GmbHG aF). Unter der Geltung des neuen Rechts reicht bei den hier behandelten Unternehmensträgern die Angabe der **Familiennamens** aus. Die Beifügung eines Vornamens ist nicht erforderlich.[14] Dies kann aus § 18 Abs. 1 gefolgert werden, der – für alle erfassten Rechtsformen übereinstimmend – nur fordert, dass die Firma „zur Kennzeichnung des Kaufmanns geeignet" ist und „Unterscheidungskraft" besitzt. Das Anliegen des früheren § 18 Abs. 1, die Identität des Trägers eines kaufmännischen Unternehmens möglichst zweifelsfrei aus der Firma hervorgehen zu lassen, wird, wie die Zulassung von Sach- oder Personenfirmen zeigt, mit der Neuregelung nicht mehr verfolgt. Wer Aufschluss über die Person des Unternehmensträgers bzw. – bei Handelsgesellschaften – über diejenige von Gesellschaftern wünscht, ist auf die Möglichkeit zur Einsicht in das Handelsregister verwiesen. Die Wirksamkeit der Registerpublizität wird durch § 37 a gefördert, der Kaufleute bei der Geschäftskorrespondenz zur Angabe u. a. von Registergericht und Nummer des Registereintrags verpflichtet.

7   Das Gesagte gilt für alle Familiennamen, auch für sog. **Allerweltsnamen** wie Meier oder Müller; auch hier ist die Beifügung eines Vornamens oder individualisierender Zusätze grundsätzlich – soweit nicht iSd. § 30 eine Verwechslungsgefahr mit bestimmten bereits eingetragenen Firmen besteht

---

[10] Beispiele aus der neueren Rechtsprechung, in denen die Unterscheidungskraft bejaht wurde: NetCom (BGH Urt. v. 21. 11. 1996 – I ZR 149/94, NJW 1997, 1928); ImmoData (BGH Urt. v. 26. 6. 1997 – I ZR 56/95, NJW-RR 1997, 1402). Vgl. auch *Ingerl/Rohnke* MarkenG § 5 RdNr. 36, ferner *Fezer* MarkenR § 15 MarkenG RdNr. 40.
[11] Begründung zum Gesetzentwurf der Bundesregierung, BT-Drucks. 13/8444, BR-Drucks. 340/97 S. 36.
[12] Begründung zum Gesetzentwurf der Bundesregierung, BT-Drucks. 13/8444, BR-Drucks. 340/97 S. 36.
[13] Begründung zum Gesetzentwurf der Bundesregierung, BT-Drucks. 13/8444, BR-Drucks. 340/97 S. 52.
[14] Vgl. zu möglichen Gestaltungen auch *K. Schmidt* HandelsR § 12 III 1 b.

(hierzu RdNr. 4) – nicht erforderlich.[15] Wenn ein Teil des Schrifttums für das Markenrecht die Position einnimmt, Allerweltsnamen komme keine Unterscheidungskraft zu,[16] so ist dem jedenfalls im Firmenrecht nicht zu folgen: Es ist nicht anzunehmen, dass der auf Liberalisierung und Deregulierung bedachte Gesetzgeber der Handelsrechtsreform 1998 die vor der Reform für Personenhandelsgesellschaften bestehende Möglichkeit der Firmenbildung aus dem Familiennamen eines Gesellschafters beschränken wollte. Es ist auch nicht bekannt geworden, dass diese Gestaltungsmöglichkeit in der mehr als einhundertjährigen Praxis zu § 19 Abs. 1 und 2 aF zu nennenswerten Schwierigkeiten geführt hätte; im Problemfall der konkreten Verwechslungsgefahr greift § 30 Abs. 1 ein. Gegen eine Sonderbehandlung von ‚Allerweltsnamen' spricht auch, dass sie zu einer schwer zu begründenden Diskriminierung von Trägern solcher Namen führen und im Grenzbereich (wann ist ein ‚Allerweltsname' gegeben?) zu erheblicher Rechtsunsicherheit führen würde.[17]

Ist die **Beifügung eines Vornamens** nach dem Gesagten nicht von § 18 Abs. 1 gefordert, so kann sie gleichwohl – bei sämtlichen Rechtsformen – ein geeignetes Mittel **zur Herstellung einer deutlichen Unterscheidbarkeit** von anderen Firmen **im Sinne des § 30** sein. Auch bei völliger Übereinstimmung der Familiennamen mehrerer Gewerbetreibender reicht die Zufügung eines Vornamens *bei einem von ihnen* für eine Unterscheidbarkeit iSv § 30 Abs. 1 aus.[18] **8**

§ 18 lässt offen, ob eine Firma auch unter Nutzung eines abgewandelten, fremden oder erfundenen Personennamens gebildet werden kann. Die Kriterien des § 18 Abs. 1 – Kennzeichnungseignung und Unterscheidungskraft – lassen eine solche Firmierung nicht unzulässig erscheinen; ein veränderter, fremder oder erfundener Name ist prinzipiell in nicht geringerem Maße als der wirkliche Familienname eines Kaufmanns bzw. Gesellschafters zur Kennzeichnung und Unterscheidung des Unternehmens geeignet. Grenzen für die Verwendung abgewandelter, fremder oder erfundener Namen ergeben sich aber aus § 18 Abs. 2. **9**

a) Abwandlung des Namens. Die Praxis zu § 18 Abs. 1 aF ging davon aus, dass als Firma der bürgerliche Name des Kaufmanns genau in der Fassung zu verwenden sei, in der er im Personenstandsregister erscheine. Ein Doppelname musste in der Firma vollständig wiedergegeben werden.[19] Adelsbezeichnungen durften nicht gekürzt oder weggelassen werden;[20] fremdsprachige Namen durften nicht in die deutsche Sprache übersetzt werden.[21] Für eine solch rigide Haltung besteht nach der Handelsrechtsreform 1998 kein Anlass mehr: Eine Firma ist unter der Neuregelung stets zulässig, wenn sie nur Kennzeichnungseignung und Unterscheidungskraft besitzt und nicht zur Irreführung geeignet ist. Abwandlungen in der Wiedergabe eines Namens (Auflösung von Umlauten; Weglassen eines Adelsprädikats; Nennung nur eines Elements eines Doppelnamens) werden bei Anwendung dieser Kriterien **grundsätzlich** als **zulässig** erscheinen.[22] Eine andere Beurteilung ist angezeigt, wenn die Wiedergabe des Namens in veränderter Form die Gefahr einer Verwechslung mit anderen Trägern des Namens begründet, ferner bei einer so starken Abweichung, dass der in der Firma verwendete Name nicht mehr auf den Familiennamen des Kaufmanns bzw. Gesellschafters zurückgeführt werden kann, sondern als Phantasie-Personenname erscheint (hierzu unten RdNr. 13). **10**

b) Benutzung der Namen anderer Personen als des Einzelkaufmanns bzw. eines Gesellschafters. § 18 Abs. 1 aF gestattete Einzelkaufleuten nur die Führung ihres eigenen bürgerlichen Namens als Firma. Bei Personenhandelsgesellschaften durften die Namen anderer Personen als der persönlich haftenden Gesellschafter nicht in die Firma aufgenommen werden (§ 19 Abs. 4 aF), bei Gesellschaften mit beschränkter Haftung galt entsprechendes für die Namen von Nichtgesellschaftern (§ 4 Abs. 1 Satz 2 GmbHG aF). Seit der Handelsrechtsreform 1998 stellt sich die Frage nach der Zulässigkeit der Benutzung von Namen anderer – tatsächlich existierender – Personen als des Einzelkaufmanns oder (bei Personenhandelsgesellschaften: persönlich haftenden) Gesellschafters in einem anderen Licht: Eine Bestimmung der in § 18 Abs. 1, 19 Abs. 4 aF gegebenen Art kennt die Neuregelung nicht. Zur Kennzeichnung eines Unternehmens sind fremde Namen in grundsätzlich **11**

---

[15] Wie hier MünchKommHGB/*Heidinger* RdNr. 31 mwN; im Zusammenhang des Schutzes nach §§ 5, 15 MarkenG *Ingerl/Rohnke* MarkenG § 5 RdNr. 37. Anderer Ansicht Koller/*Roth*/Morck RdNr. 4.
[16] In diesem Sinne *Fezer* MarkenR § 15 MarkenG RdNr. 40; zweifelnd BGH Urt. v. 2. 3. 1979 – I ZR 46/77, GRUR 1979, 642, 643 – Billich, wo die Frage nicht entscheidungserheblich war.
[17] Ebenso für den Bereich des Markenrechts *Ingerl/Rohnke* MarkenG § 5 RdNr. 37.
[18] Vgl. § 30 Abs. 2, wo bei Einzelkaufleuten nur im Falle der Identität von Vor- und Familiennamen ein weiterer unterscheidender Zusatz gefordert wird; ferner OLG Hamburg Beschl. v. 9. 6. 1905 – I. Civilsenat, OLGZ 11, 20; OLGE 11, 20; vgl. auch BayObLG Beschl. v. 21. 10. 1920 – III 54/29 DJZ 1921, 439; Staub/*Hüffer* § 30 RdNr. 16.
[19] Vgl. KG Beschl. v. 2. 2. 1904 – 1. J 28/04, KGJ 27 A 64 f.; Staub/*Hüffer* RdNr. 9.
[20] KG Beschl. v. 14. 8. 1930 – 1 b X 484/30, JW 1931, 472.
[21] Staub/*Hüffer* RdNr. 9.
[22] MünchKommHGB/*Heidinger* RdNr. 32.

gleicher Weise geeignet wie der bürgerliche Name des Einzelkaufmanns oder eines (persönlich haftenden) Gesellschafters. Auch kommt einem fremden Namen in prinzipiell nicht geringerem Maße Unterscheidungskraft zu als demjenigen des Unternehmensträgers. Entscheidender Gesichtspunkt für die Beurteilung der Zulässigkeit ist die Frage nach der Irreführungseignung einer Firmierung unter fremdem Namen. Die Angabe des Namens einer existierenden Person (zu dem hiervon zu unterscheidenden Fall der Wahl eines Phantasienamens unten RdNr. 13 f.), die nicht mit dem Einzelkaufmann, persönlich haftenden Gesellschafter einer Personengesellschaft bzw. einem Gesellschafter einer Kapitalgesellschaft identisch ist, kann die Gefahr einer Irreführung begründen: Wer bei ‚Max Meier Elektrowaren eingetragener Kaufmann' einen Kühlschrank bestellt, mag sich – falls er sich überhaupt Gedanken hierzu macht – einen Vertragspartner mit dem bürgerlichen Namen Max Meier vorstellen. Für die Zulässigkeit der Firmierung nach § 18 Abs. 2 ist entscheidend, ob es sich bei der Bezeichnung des Elektrogerätehandels mit dem Namen Max Meier durch eine Person anderen Namens um eine Angabe handelt, die geeignet ist, „über geschäftliche Verhältnisse, *die für die angesprochenen Verkehrskreise wesentlich sind,* irrezuführen". Für die grundsätzliche Zulässigkeit der Firmierung unter fremdem Namen könnte angeführt werden, dass das neue Recht mit der Zulassung von Sach- und Phantasiebezeichnungen auf die früher bei Einzelkaufleuten im Vordergrund stehende Identifizierung des Unternehmensträgers bewusst verzichtet: Wenn es möglich ist, den Elektrohandel unter der Firma ‚Firlefanz eingetragener Kaufmann'[23] zu betreiben, warum soll dann nicht auch die Nennung eines unternehmensfremden Personennamens erlaubt sein? Für die Zulässigkeit einer derartigen Firmierung könnte also ins Feld geführt werden, mit der Zulassung von Sach- und Phantasiefirmen habe der Gesetzgeber entschieden, dass die Identität des Unternehmensträgers kein für die angesprochenen Verkehrskreise ‚wesentlicher Umstand' sei und das Verkehrsinteresse an einer Erkennbarkeit der Haftungsstruktur bereits durch den obligatorischen Rechtsformzusatz nach § 19 gewahrt sei.[24] Gleichwohl sprechen gewichtige Gründe gegen die Zulassung einer Firmierung unter fremdem Namen. Da in den hier angesprochenen Fällen die Firma aus dem bürgerlichen Namen einer *existierenden natürlichen Person* gebildet wird, werden potentielle Lieferanten und Kunden häufig davon ausgehen, dass Namensträger und Unternehmensträger übereinstimmen. Bedient sich beispielsweise der Betreiber eines Sportartikelgeschäfts des bürgerlichen Namens eines örtlichen Fußballspielers, so liegt für die angesprochenen Verkehrskreise die Annahme nahe, der Träger des bürgerlichen Namens lenke die Geschicke des Unternehmens und stehe für seine Verbindlichkeiten ein. Die Rechtsordnung hat ein dahingehendes Vertrauen in der Vergangenheit nach Kräften gefördert: Die Namen anderer Personen als des Einzelkaufmanns, von persönlich haftenden Gesellschaftern bzw. (bei der GmbH) von Gesellschaftern durften – wie dargelegt – nicht in die Firma aufgenommen werden. Erweckte jemand in zurechenbarer Weise den Rechtsschein, persönlich haftender Gesellschafter einer Personenhandelsgesellschaft zu sein, so musste er für deren Verbindlichkeiten mit seinem Privatvermögen unbeschränkt einstehen.[25] Es ist nicht anzunehmen, dass diese Grundsätze mit der Handelsrechtsreform 1998 hinfällig geworden sein sollen. Den Gesetzesmaterialien ist nicht zu entnehmen, dass das durch die Neufassung aufgeworfene Problem der Nennung einer unternehmensfremden Person oder eines Kommanditisten in der Firma bedacht wurde. Vielmehr kann der Regierungsbegründung entnommen werden, dass die Entwurfsverfasser neben Sach- und Phantasiefirmen als weitere Alternative für die Firmenbildung nur den „bürgerlichen Namen des Kaufmanns" vor Augen hatten.[26] Für die Zukunft ist daher vom hier eingenommenen Standpunkt aus davon auszugehen, dass die **Namen bestimmter anderer existierender Personen** als des Kaufmanns/der Kauffrau bzw. Personenhandelsgesellschaften und bei Kapitalgesellschaften der Gesellschafter grundsätzlich **nicht den Kern einer Personenfirma bilden dürfen.**[27] Die Nennung

---

[23] Beispiel für eine Personenfirma nach *Kögel* BB 1997, 793, 795.
[24] IdS die Argumentation bei MünchKommHGB/*Heidinger* RdNr. 168 f. (mit dem zusätzlichen Hinweis, dass die Firmen auch auf Grund der §§ 22 und 24 nicht stets verlässlich Auskunft über die Personen der Haftenden gebe).
[25] BGH Urt. v. 11. 3. 1955 – I ZR 82/53, BGHZ 17, 13, 16 f. = NJW 1955, 985; BGH Urt. v. 18. 3. 1974 – II ZR 167/72, BGHZ 62, 216, 222 f. = NJW 1974, 1191; vgl. auch BGH Urt. v. 8. 5. 1972 – II ZR 170/69, WM 1972, 822.
[26] Vgl. die Begründung zum Gesetzentwurf der Bundesregierung, BT-Drucks. 13/8444, BR-Drucks. 340/97 S. 52: „Die Neufassung von § 18 Abs. 1 HGB-E verlangt dagegen noch, dass die Firma Kennzeichnungsfähigkeit und Unterscheidungskraft besitzen ..., dh. also vor allem die Namenfunktion im geschäftlichen Verkehr erfüllen muss. Dafür kommen – neben dem bürgerlichen Namen des Kaufmanns – grundsätzlich auch Sachbezeichnungen oder Phantasieangaben in Betracht".
[27] Im Grundsatz wie hier LG Frankfurt/O. Beschl. v. 16. 5. 2002 – 32 T 3/02, GmbHR 2002, 966; vgl. ferner zB LG Wiesbaden Beschl. v. 7. 4. 2004 – 12 T 3/04, NZG 2004, 829 (für eine GmbH); LG Limburg/Lahn Beschl. v. 15. 9. 2005 – 6 T 2/05, GmbHR 2006, 261 (sogar für die inländische Zweigniederlassung einer Limited Company englischen Rechts; vgl. hierzu ab § 17 Anh. RdNr. 12 ff.). In diesem Sinne auch *Bokelmann* GmbHR 1998, 57, 59; ähnlich Koller/*Roth*/Morck RdNr. 15; differenzierend Röhricht/Graf von Westphalen/*Ammon* RdNr. 32–34; großzügiger MünchKommHGB/*Heidinger* RdNr. 168 f.; nach Rechtsformen differenzierend Lutter/*Welp* ZIP 1999, 1073, 1081.

eines Personennamens in einem Zusatz („X&Y KG zur Verwertung des A'schen Patents') erscheint demgegenüber in den bisher gegebenen Grenzen zulässig.[28]

Die Benutzung eines im dargelegten Sinne fremden Namens erscheint grundsätzlich auch dann **12** irreführend, wenn der **Träger des Namens** seiner Nennung in der Firma **zustimmt**. Eine Einwilligung des Berechtigten führt zwar zum Ausschluss seiner anderenfalls nach bürgerlichem Recht bestehenden Ansprüche; im Fall seiner Zustimmung fehlt es an einem unbefugten Gebrauch des Namens iSd. § 12 S. 1 BGB. Die firmenrechtliche Beurteilung ist hiervon unabhängig: Auch eine mit Zustimmung des (im dargelegten Sinn) unternehmensfremden Namensträgers gebildete Personenfirma kann falsche Erwartungen bezüglich der personellen Verhältnisse wecken. Zu den im Rahmen des § 18 Abs. 2 S. 1 relevanten Verhältnisse sollte nicht allein die Frage nach dem Bestehen persönlicher Haftung gerechnet werden,[29] sondern überhaupt diejenige eines Engagements des Namensträgers als Gesellschafter. Über die „harte" Information hinsichtlich des Bestehens einer persönlichen Haftung hinaus kann auch die „weichere" Information über das Bestehen eines Engagements des Namensträgers als Gesellschafter für die angesprochenen Verkehrskreise bedeutsam sein. Daher scheint es bis auf weiteres – insbesondere bis zum Nachweis eines Wandels der Verkehrsanschauung – zulässig, für die Aufnahme des bürgerlichen Namens einer existierenden natürlichen Person in eine Gesellschaftsfirma *grundsätzlich* die Beteiligung des Namensträgers als Gesellschafter zu fordern. Mit Wegfall der früher in § 19 Abs. 4 HGB angeordneten Beschränkung auf persönlich haftende Gesellschafter kann dabei die Nennung eines *Kommanditisten* zulässig erscheinen.[30] Bei einer Kapitalgesellschaft könnte die Zulässigkeit einer Nennung eines die Geschicke der Personenvereinigung steuernden Geschäftsführers, der nicht Gesellschafter ist, in Betracht gezogen werden.[31]

c) Phantasie-Personenfirmen? Mit dem bisher Gesagten ist für die Beurteilung von Phantasie- **13** Personenfirmen nichts entschieden. Darf die Farbenhändlerin Rosamunde Pech-Schwarz unter dem werbewirksameren Namen Rosa Rot aktiv werden? Einer solchen Firmenbildung sind Kennzeichnungseignung und Unterscheidungskraft nicht abzusprechen. Auch hier hängt die Entscheidung davon ab, ob die Bezeichnung zur Irreführung über geschäftliche Verhältnisse geeignet ist, die für die angesprochenen Verkehrskreise wesentlich sind. Die Fallkonstellation liegt anders als die zuvor behandelte der Nennung einer existierenden Person. Hier wird der Rechtsverkehr nicht über die Zugehörigkeit einer bestimmten Person zum Kreis der Gesellschafter bzw. – beim Einzelkaufmann – über die Identität des Unternehmensträgers mit einem bestimmten Namensträger getäuscht. Die Bildung einer Phantasie-Personenfirma (Rosa Rot eingetragene Kauffrau) begegnet daher geringeren Bedenken als diejenige einer Firma mit dem Namen einer bestimmten, existierenden Person, die nicht mit dem Unternehmensträger identisch ist bzw. nicht zu den Gesellschaftern zählt. Eine derartige Gestaltung ist grundsätzlich – soweit nicht andere, eine Irrtumserregung begünstigende Umstände wie die unzutreffende Verwendung eines Doktortitels (hierzu RdNr. 61 f.) hinzutreten – als zulässig zu betrachten.[32]

Unter dem Gesichtspunkt der Irreführungseignung erscheint es schließlich unbedenklich, wenn **14** Namen längst verstorbener Persönlichkeiten aus Geschichte („Bismarck-Buchhandlung'); Kultur („Kaffeehaus Goethe') oder Mythologie („Prometheus-Reisen') verwendet werden.[33]

3. Sachfirmen. Die Handelsrechtsreform 1998 begründet für alle erfassten Rechtsformen die **15** Möglichkeit der Bildung einer Sachfirma.[34] Auch Einzelkaufleute und Personenhandelsgesellschaften erhalten damit das Recht, die Firma „dem Gegenstand des Unternehmens zu entnehmen" (§§ 4 Abs. 1 Satz 1, 279 Abs. 1 Satz 1 AktG aF) oder – wie GmbHG und GenG früher formulierten, ohne damit einen Unterschied in der Sache zu begründen – zu „entlehnen" (§ 4 Abs. 1 Satz 2 GmbHG

---

[28] Vgl. hierzu Staub/*Hüffer* § 19 RdNr. 17.
[29] In diesem Sinne *Heidinger* DB 2005, 815 ff. (insbesondere 818) – mit der Konsequenz, dass angesichts der Offenbarung der Haftungsstruktur durch den von § 19 geforderten Rechtsformzusatz auch die Namen gesellschaftsfremder Personen in die Firma aufgenommen werden können sollen. Vgl. zum Problem auch LG Frankfurt/O. Beschl. v. 16. 5. 2002 – 32 T 3/02, GmbHR 2002, 966 m. Anm. *Möller*; LG Augsburg Beschl. v. 17. 10. 2002 – 3 HKT 2719/02; LG Wiesbaden Beschl. v. 7. 4. 2004 – 12 T 3/04, NZG 2004, 829.
[30] Hierfür OLG Saarbrücken Beschl. v. 25. 2. 2006 – 5 W 42/06 – 14, ZIP 2006, 1772; aus dem Schrifttum *Körber* Jura 2998, 452, 455; *Scheibe* BB 1997, 1489, 1493.
[31] Vgl. LG Frankfurt/O. Beschl. v. 16. 5. 2002 – 32 T 3/02, GmbHR 2002, 966 m. Anm. *Möller*.
[32] Die in der Vorauflage vertretene abweichende Auffassung wird aufgegeben. Wie hier Koller/*Roth*/Morck RdNr. 112; MünchKommHGB/*Heidinger* RdNr. 170; vgl. auch LG Landshut Beschl. v. 15. 3. 2000 – 2 HK T 133/00, MittBayNot 2000, 333 („Frischhut Immobilien GmbH").
[33] Röhricht/Graf von Westphalen/*Ammon* RdNr. 32; MünchKommHGB/*Heidinger* RdNr. 170.
[34] So ausdrücklich die Begründung zum Gesetzentwurf der Bundesregierung, BT-Drucks. 13/8444, BR-Drucks. 340/97 S. 52.

aF, § 3 Abs. 1 Satz 1 GenG aF). Dies gilt auch für die EWIV, für die die Zulässigkeit der Bildung einer Sachfirma früher umstritten war.[35]

16 Für Kapitalgesellschaften war unter der Geltung der §§ 4, 279 AktG aF, 4 GmbHG aF anerkannt, dass für die Bildung einer Sachfirma der Unternehmensgegenstand maßgebend sei, „wie er sich aus dem in das Handelsregister eingetragenen Gesellschaftsvertrag" ergebe.[36] Nach der Handelsrechtsreform stellt sich die rechtliche Ausgangslage anders dar: Das Gesetz eröffnet auch für Einzelkaufleute und Personenhandelsgesellschaften, also für Rechtsformen, die eine im Handelsregister zu publizierende Satzungsbestimmung über einen ‚Unternehmensgegenstand' typischerweise nicht kennen,[37] die Möglichkeit zur Bildung einer Sachfirma. Jedenfalls für diese Rechtsformen kommt eine Ableitung der Firma aus einem im Handelsregister niedergelegten ‚Unternehmensgegenstand' nicht in Betracht. Da der Gesetzgeber mit dem Handelsrechtsreformgesetz die Möglichkeit der Firmenbildung für alle erfassten Rechtsformen vereinheitlichen und liberalisieren wollte, sollte für die Zukunft auch bei Formkaufleuten nicht mehr die Übereinstimmung von Firma und satzungsmäßigem Unternehmensgegenstand gefordert werden. Für den Rechtsverkehr – auf dessen Belange es in § 18 nF ankommt – ist diese Übereinstimmung ohnehin nicht wichtig: Für ihn ist von Interesse, ob die Firma die **tatsächlichen Verhältnisse** zutreffend wiedergibt. Für die Zulässigkeit der Bildung einer Sachfirma kann es demnach nur (noch) darauf ankommen, ob die Firma – wie unter § 4 AktG aF, § 4 GmbHG aF und § 3 GenG aF zusätzlich gefordert – die *tatsächlichen Verhältnisse* richtig wiedergibt (hierzu unten RdNr. 19 ff., 24 ff.).[38]

17 Die überwiegende Meinung zu §§ 4, 279 AktG aF, § 4 GmbHG aF, § 3 GenG aF ging davon aus, dass eine Sachfirma den Gegenstand des Unternehmens im Wesentlichen erkennen lassen müsse.[39] In der Praxis wurden Bezeichnungen wie ‚Parkota GmbH' als Abkürzung für Parfümerie, Kosmetika, Toilettenartikel[40] und ‚Bauhelf GmbH' für eine Baumaschinenhandlung[41] für unzulässig gehalten. Eine Gegenauffassung wollte nicht auf eine Erkennbarkeit für Dritte (objektive Sicht), sondern darauf abstellen, ob die Firma aus Sicht der damit Bezeichneten (subjektive Sicht) mit dem Unternehmensgegenstand in Verbindung gebracht werden konnte.[42] Diese Kontroverse ist auf Grund der Handelsrechtsreform 1998 hinfällig. Ein objektiver oder subjektiver Zusammenhang zwischen Firma und Unternehmensgegenstand kann, wie die Zulassung von Phantasiebezeichnungen zeigt, nicht gefordert werden.[43] Grenzen für die Zulässigkeit von Sachfirmen ergeben sich allein aus den in § 18 nF genannten Kriterien: Die Firma muss Unterscheidungskraft haben und darf keine Angaben enthalten, die zur Irreführung über verkehrswesentliche geschäftliche Verhältnisse geeignet sind.

18 Mit der Unterscheidungskraft und der damit einhergehenden Kennzeichnungseignung knüpft § 18 an Kriterien an, die schon vor der Handelsrechtsreform 1998 für die Bildung von Sachfirmen maßgebend waren und darüber hinaus im Markenrecht eine zentrale Rolle spielen (vgl. RdNr. 4). Eine Sachfirma muss „hinreichend unterscheidungskräftig" sein, um „Namensfunktion für das betroffene Unternehmen zu erfüllen".[44] Die registergerichtliche Praxis zu § 4 AktG aF und § 4 GmbHG aF ließ eine bloße Branchen- oder Sachbezeichnung (‚Transportbeton, Heimtextilien') als

---

[35] Zusammenfassend zum Streitstand EuGH Urt. v. 18. 12. 1997 – Rs. C-402/96 (EITO), Slg. 1997 I-7515, der die Ausformung dem innerstaatlichen Recht unterstellt sieht und der EWIV–VO (EWG Nr. 2137/85) zu Recht keinen Zwang zur Sachfirmenzulässigkeit entnimmt (aA *Hauschka/von Saalfeld* DStR 1991, 1083, 1085). Nach neuem Recht ist der Streit um die Zulässigkeit von Sachfirmen obsolet – so auch *Kögel* BB 1998, 1645. Nachw. zum alten Rechtszustand: OLG Frankfurt Beschl. v. 9. 12. 1996 – 20 W 308/95, EuZW 1997, 285, 286; Beschl. v. 18. 5. 1993 – 20 W 228/91, DM 1993, 1192 (zwingend Personenfirma); wahlweise Personen- oder Sachfirma: LG Bonn Beschl. v. 16. 3. 1993 – 11 T 1/93, NJW-RR 1994, 298; AG München Beschl. v. 13. 12. 1989 – 11 AR 4138/89, BB 1990, 160, 161; *Müller-Gugenberger* BB 1989, 1922 ff.; *v. Rechenberg* ZGR 1992, 299, 302 ff.
[36] In der Sache ebenso *Ammon* DStR 1994, 325, 326; *Hüffer* § 4 RdNr. 11; *Scholz/Emmerich* § 4 RdNr. 16.
[37] Vgl. § 40 HRV; vgl. auch KG Beschl. v. 3. 5. 1934 – 1 b X 121/34, JW 1934, 1730.
[38] Im Grundsatz wie hier MünchKommHGB/*Heidinger* zu § 17 RdNr. 57 f. Ähnlich Koller/Roth/Morck RdNr. 12 d: „(lockerer) Zusammenhang" mit der angegebenen Branche; Röhricht/Graf von Westphalen/*Ammon* RdNr. 21 (tatsächliche Verhältnisse, nicht „Unternehmensgegenstand" maßgebend). Anders noch nach der Handelsrechtsreform von 2998 *Bokelmann* GmbHR 1998, 57, 59.
[39] Vgl. noch Hachenburg/*Heinrich* § 4 RdNr. 16; KK/*Kraft* § 4 RdNr. 16.
[40] OLG Köln vom 1. 10. 1948 – 2 W 124/48, zit. nach Wellmann DNotZ 1954, 117, 124.
[41] OLG Neustadt Beschl. v. 15. 10. 1962 – 3 W 91/62, NJW 1962, 2208 (Leitsatz).
[42] Vgl. aus der älteren Entscheidungspraxis des Kammergerichts: KG Beschl. v. 29. 1. 1925 – 1 X 35/25, OLGR 44, 221 = JW 1925, 639 (‚Aeriola' für einen Hersteller von Rundfunkgeräten); KG Beschl. v. 2. 8. 1926 – 1 X 473/26, JW 1927, 130 (‚Kosmoppharm' für kosmetische und pharmazeutische Erzeugnisse); einschränkend KG Beschl. v. 28. 7. 1958 – 1 W 1193/58, NJW 1958, 1830 (‚Multiton': objektiver Sinnzusammenhang mit dem Gegenstand erforderlich); aus dem Schrifttum *Wellmann* DNotZ 1959, 534, 536 und BB 1970, 153.
[43] Vgl. auch MünchKommHGB/*Heidinger* vor § 17 RdNr. 59, der auf den „fließend(en)" Übergang zur Phantasiefirma hinweist; ferner BayObLG NJW-RR 2000, 111 – meditec.
[44] Begründung zum Gesetzentwurf der Bundesregierung, BT-Drucks. 13/8444, BR-Drucks. 340/97 S. 37.

Kern einer Sachfirma regelmäßig nicht ausreichen.[45] Im Zusammenhang des § 16 Abs. 1 UWG aF bzw. des § 5 Abs. 2 MarkenG ist die **Unterscheidungskraft** beispielsweise bei folgenden Bezeichnungen **verneint** worden: ‚Getränke-Industrie' (BGH Urt. v. 13. 3. 1956 – I ZR 49/54, GRUR 1957, 426); ‚Management-Seminare' (BGH Urt. v. 31. 10. 1975 – I ZR 89/74, GRUR 1976, 254, 255); ‚Video-Rent' (BGH Urt. v. 12. 6. 1986 – I ZR 70/84, NJW 1987, 438 = GRUR 1988, 319); ‚Leasing-Partner' (BGH Urt. v. 7. 3. 1991 – I ZR 148/89, NJW-RR 1991, 1190 = GRUR 1991, 556); ‚COTTON LINE' (BGH Urt. v. 27. 9. 1995 – I ZR 199/93 NJW-RR 1996, 230 = GRUR 1996, 68). Dieser Beurteilung ist auch bei der Anwendung des § 18 Abs. 1 HGB nF zu folgen. Die nun ausdrücklich geforderte Eignung einer Firma zur Kennzeichnung des Kaufmanns kommt einer bloßen Branchen- oder Sachbezeichnung nicht zu.[46] Ein anderes kann ausnahmsweise gelten, wenn die Bezeichnung Verkehrsgeltung erlangt hat, dh bundesweit oder in einem abgegrenzten Wirtschaftsraum (zB in einer Stadt oder in einer Wirtschaftsregion) als Herkunftshinweis verstanden wird.[47] Ist keine Verkehrsgeltung gegeben, so ist bei der Firmenbildung eine Branchen- oder Sachbezeichnung daher um individualisierende – nicht täuschende – Bestandteile zu erweitern (Beispiel: ‚DAS BAD GmbH ... alles aus einer Hand').[48]

Einzelne Branchenbezeichnungen unterliegen einem besonderen gesetzlichen Schutz. Die Begriffe **Bank, Bankier** sowie Bezeichnungen, in denen diese Worte enthalten sind, dürfen gem. § 39 Abs. 1 KWG in der Firma, als Zusatz zur Firma, zur Bezeichnung des Geschäftszwecks oder zu Werbezwecken grundsätzlich nur führen
1. Kreditinstitute, die eine Erlaubnis nach § 32 KWG besitzen, sowie Zweigniederlassungen von Unternehmen nach § 53b Abs. 1 Satz 1 oder Abs. 7 KWG mit Sitz in einem anderen Staat des Europäischen Wirtschaftsraums;
2. andere Unternehmen, die bei Inkrafttreten des KWG eine solche Bezeichnung nach den zuvor geltenden Bestimmungen geführt haben.

Die Bezeichnung **Volksbank** oder eine Bezeichnung, in der dieses Wort enthalten ist, dürfen nur Kreditinstitute aufnehmen, die in der Rechtsform einer eingetragenen Genossenschaft betrieben werden und einem Prüfungsverband angehören (§ 39 Abs. 2 KWG). Die Bezeichnung **Sparkasse** oder eine Bezeichnung, in der dieser Begriff enthalten ist, dürfen nach § 40 Abs. 1 KWG in der Firma, als Zusatz zur Firma, zur Bezeichnung des Geschäftszwecks oder zu Werbezwecken nur führen
1. öffentlich-rechtliche Sparkassen, die eine Erlaubnis nach § 32 KWG besitzen;
2. andere Unternehmen, die bei Inkrafttreten des KWG eine solche Bezeichnung nach den zuvor geltenden Vorschriften befugt geführt haben;
3. Unternehmen, die durch Umwandlung der in Nr. 2 bezeichneten Unternehmen neu gegründet werden, solange sie auf Grund ihrer Satzung besondere Merkmale, insbesondere eine am Gemeinwohl orientierte Aufgabenstellung und eine Beschränkung der wesentlichen Geschäftstätigkeit auf den Wirtschaftsraum, in dem das Unternehmen seinen Sitz hat, in dem Umfang wie vor der Umwandlung aufweisen.

Umstritten ist, ob § 40 KWG eine unzulässige Beschränkung der Niederlassungsfreiheit (Artt. 43 ff. EG) sowie der Kapital- und Zahlungsverkehrsfreiheit (Artt. 56 ff. EG) begründet, indem der Beteiligung ausländischer Investoren Schranken gesetzt werden. Die EU-Kommission hat ein gegen die Bundesrepublik Deutschland gerichtetes Vertragsverletzungsverfahren eingestellt, nachdem die Bundesregierung die Beachtung des Gemeinschaftsrechts bei der Anwendung des nationalen Rechts zugesagt hat.[49]

Die Führung der Bezeichnung **Bausparkasse** ist Kreditinstituten iSd. § 1 des Gesetzes über Bausparkassen vorbehalten; die Bezeichnung **Spar- und Darlehenskasse** dürfen nur eingetragene Genossenschaften führen, die einem Prüfungsverband angehören (§ 40 Abs. 2 KWG).

---

[45] Vgl. OLG Hamm Beschl. v. 7. 7. 1961 – 15 W 42/61, NJW 1961, 2018 – Transportbeton GmbH; OLG Hamm Beschl. v. 14. 9. 1977 – 15 W 250/77, OLGZ 1978, 38 = DNotZ 1978, 112 – Industrie- und Baubedarf GmbH; BayObLG Beschl. v. 13. 12. 1977 – BReg. 3 Z 156/76, Rpfleger 1978, 127 (‚Heimtextilien GmbH').
[46] BayObLG Beschl. v. 1. 7. 2003 – 3 Z BR 122/03, NJW-RR 2003, 1544 – Profi-Handwerker-GmbH; Münch-KommHGB/*Heidinger* RdNr. 26.
[47] Vgl. für das Warenzeichen- bzw. Markenrecht BGH Urt. v. 3. 7. 1956 – I ZR 137/54, BGHZ 21, 183 – Funkberater; BGH Urt. v. 7. 3. 1979, I ZR 45/77, BGHZ 74, 1, 6 f. – RBT; vgl. auch BGH Urt. v. 2. 2. 1989, I ZR 183/86, NJW-RR 1989, 808 = GRUR 1989, 449, 450 f. – MARITIM. Aus dem Schrifttum: *Fezer* MarkenR § 15 MarkenG RdNr. 44 ff.; *Ingerl/Rohnke* § 5 MarkenG RdNr. 27 ff.
[48] Vgl. BayObLG Beschl. v. 13. 6. 1997 – 3 Z BR 61/97, DB 1997, 2600.
[49] Vgl. Pressemitteilung der EU-Kommission vom 6. 12. 2006, IP/06/1692. Die Bundesregierung hatte signalisiert, die Fortführung der Bezeichnung durch privatisierte Sparkassen zu gestatten; vgl. FAZ v. 9. 10. 2006, S. 13.

20 Die §§ 39 und 40 KWG haben keine Geltung für Unternehmen, die die Worte Bank, Bankier oder Sparkasse in einem Zusammenhang führen, der den Anschein eines Betreibens von Bankgeschäften ausschließt („Datenbank, Spielbank"). Kreditinstitute mit Sitz im Ausland dürfen bei ihrer Tätigkeit im Inland die in § 39 Abs. 2 und in § 40 KWG genannten Bezeichnungen in der Firma, als Zusatz zur Firma, zur Bezeichnung des Geschäftszwecks oder zu Werbezwecken führen, wenn sie zur Führung dieser Bezeichnung in ihrem Sitzstaat berechtigt sind und sie die Bezeichnung um einen auf ihrem Sitzstaat hinweisenden Zusatz ergänzen (§ 41 KWG). In Zweifelsfällen entscheidet die Bundesanstalt für Finanzdienstleistungsaufsicht (BaFin). Die Anstalt hat ihre Entscheidungen dem Registergericht mitzuteilen (§ 42 KWG). Führt ein Unternehmen eine Firma oder einen Zusatz zur Firma, deren Gebrauch nach §§ 39 bis 41 KWG unzulässig ist, so hat das Registergericht die Firma oder den Zusatz zur Firma von Amts wegen zu löschen. Eine Neueintragung in das Handels- oder Genossenschaftsregister darf, soweit nach § 32 das Betreiben von Bankgeschäften oder das Erbringen von Finanzdienstleistungen einer Erlaubnis bedarf, nur vorgenommen werden, wenn dem Registergericht die Erlaubnis nachgewiesen ist (§ 43 Abs. 1 KWG).

21 Die Bezeichnungen **Kapitalanlagegesellschaft, Investmentfonds oder Investmentgesellschaft** sowie Bezeichnungen, in der diese Begriffe allein oder in Zusammensetzungen mit anderen Worten vorkommen, dürfen in der Firma, als Zusatz zur Firma oder zur Firma und zu Geschäfts- und Werbezwecken nur von Kapitalanlagegesellschaften, von ausländischen Investmentgesellschaften, Verwaltungsgesellschaften und Vertriebsgesellschaften im Sinne des Investmentgesetzes geführt werden. Die Bezeichnung „Investmentfonds" darf unter bestimmten Voraussetzungen auch von sonstigen Vertriebsgesellschaften geführt werden (§ 3 Abs. 1 InvG).[50] Für Zuständigkeits- und Verfahrensfragen gelten die §§ 42 und 43 des KWG entsprechend (§ 3 Abs. 4 InvG).

22 **Investmentgesellschaften mit Sitz in einem anderen Mitgliedstaat der EU** oder in einem **anderen Vertragsstaat des EWR** dürfen für die Ausübung ihrer Tätigkeit im Inland dieselben allgemeinen Bezeichnungen verwenden, die sie in ihrem Sitzstaat führen (§ 3 Abs. 3 S. 1 InvG). Gem. § 3 Abs. 3 S. 2 InvG soll die BaFin einen erläuternden Zusatz vorschreiben können, wenn die „Gefahr einer Verwechslung" besteht. Die Vereinbarkeit dieser Bestimmung mit den vom EG-Vertrag gewährten Grundfreiheiten (allg. Anh. § 17 RdNr. 12 ff.) ist ungeklärt.

23 Bundesrechtliche Beschränkungen bestehen auch für die Verwendung der Bezeichnungen **Steuerberatungsgesellschaft** (§§ 43 Abs. 1, 53 Abs. 1, 161 StBerG) und **Wirtschaftsprüfungsgesellschaft** (§§ 27, 31, 133 WPO). Durch Landesrecht ist die Befugnis zur Führung von Berufsbezeichnungen wie **Architekt** und **Ingenieur** geregelt (eingehende Nachweise zu den landesgesetzlichen Vorschriften finden sich in DIHT, Neues Kaufmanns- und Firmenrecht, 1998, S. 32–34).

24 Als allgemeine Grenze für die Zulässigkeit der Bildung einer Sachfirma gilt das in § 18 Abs. 2 Satz 1 statuierte Verbot der Bildung irreführender Firmen. Eine Sachfirma darf über Art und Umfang des Geschäfts nicht täuschen. Wie bereits zuvor für den Bereich der Kapitalgesellschaften anerkannt, ist auch unter § 18 nF eine Übereinstimmung der **tatsächlichen Aktivität** des Unternehmens mit dem in der Sachfirma in Bezug genommenen Tätigkeitsbereich zu fordern.[51] Ein Tätigwerden in diesem Bereich muss bei der Bildung der Firma mindestens beabsichtigt sein.[52] Eine Ausnahme hiervon ist bei der Firma einer Komplementär-GmbH zu machen: Bei einer allein als persönlich haftende Gesellschafterin einer OHG oder KG fungierenden GmbH ist eine Orientierung am Unternehmensgegenstand der Personengesellschaft zulässig; es ist also nicht erforderlich – freilich zulässig[53] –, die rein verwaltende Tätigkeit der GmbH beispielsweise mit dem Zusatz ‚Verwaltungs'-Gesellschaft zum Ausdruck zu bringen.[54] Wegen Einzelheiten zur Bildung einer Firma aus derjenigen einer Komplementärgesellschaft wird auf RdNr. 32 ff. verwiesen.

25 Eine langandauernde Inaktivität auf dem bezeichneten Tätigkeitsfeld kann mit Blick auf die Eignung der Sachfirma zur Irreführung der angesprochenen Verkehrskreise eine Firmenänderung erforderlich machen. Angesichts der Notwendigkeit einer flexiblen Anpassung unternehmerischer Aktivitäten an veränderte wirtschaftliche Bedingungen wird man hier aber keine kleinlichen Maßstä-

---

[50] Vgl. auch BayObLG Beschl. v. 3. 2. 1999 – 3 Z BR 297/98, DB 1999, 738: Nicht ausreichend ist die Bezeichnung „Investment Consult", um den Anschein eines auf die Anlage von Geldvermögen gerichteten Geschäftsbetriebs auszuschließen.
[51] So schon zu § 4 GmbHG aF: BayObLG Beschl. v. 23. 2. 1989 – BReg. 3 Z 136/88, GmbHR 1989, 291, 292; zu § 18 Abs. 2 HGB nF BayObLG Beschl. v. 1. 7. 2003 – 3 Z BR 122/03, NJW-RR 2003, 1544, 1545 („Profi-Handwerker-GmbH").
[52] *Ammon* DStR 1994, 325, 326.
[53] Vgl. BGH Beschl. v. 16. 3. 1981 – II ZB 9/80, BGHZ 80, 353, 356 = NJW 1981, 2746.
[54] Vgl. OLG Köln Beschl. v. 16. 10. 1978 – 2 Wx 63/78, GmbHR 1979, 90.

be anlegen dürfen.⁵⁵ Zumindest in Fällen, in denen Fehlvorstellungen der beteiligten Verkehrskreise nur auf einer Wandlung der Verkehrsanschauung beruhen, wird man daher die Zulässigkeit der Firmenfortführung anzunehmen haben.⁵⁶ Darüber hinaus wird nach der mit der Handelsrechtsreform 1998 erfolgten Liberalisierung des Firmenrechts auch bei einer tatsächlichen Veränderung des Tätigkeitsbereiches des Unternehmens und bei einem hiermit einhergehenden Unwahr-Werden der Sachfirma nicht ohne weiteres von der Unzulässigkeit der Firmenfortführung auszugehen sein. Mit der Entscheidung des Gesetzgebers, bei einer Veränderung der für den Rechtsverkehr oft wichtigeren Frage der Person des Unternehmensträgers bzw. der Zusammensetzung des Gesellschafterkreises bei Personengesellschaften dem Grundsatz der Firmenbeständigkeit Vorrang einzuräumen (§§ 22 und 24), stünde es in Widerspruch, wenn jede zu einer Unwahrheit der Firma führende Veränderung im Tätigkeitsbereich des Unternehmens die Unzulässigkeit der Firmenfortführung nach sich zöge. Eine **Notwendigkeit zur Firmenanpassung** ist in Übereinstimmung mit den Kriterien des § 18 Abs. 2 nur anzunehmen, wenn nach der Veränderung der Unternehmensaktivitäten die Sachfirma geeignet ist, über solche geschäftlichen Verhältnisse irrezuführen, die *für die angesprochenen Verkehrskreise* besonders wichtig erscheinen können.⁵⁷ Dies ist zB zu bejahen, wenn eine ‚Beamten-Einkauf eGmbH' sich dem allgemeinen Publikum öffnet;⁵⁸ denn die mit der Firma suggerierte Beschränkung des Kreises der Einkaufsberechtigten kann beim Publikum die Fehlvorstellung von einem privilegierten Einkauf zu günstigen Bedingungen auslösen. Anders kann zB ein Fall zu beurteilen sein, in dem der Geschäftsbetrieb einer ‚Meier & Co. Schreibmaschinenhandel OHG' sich vollständig auf den Vertrieb von Personalcomputern nebst Druckern verlagert hat: Das Unternehmen betreibt hier ein der angegebenen Branche verwandtes Geschäft, das infolge der technischen Entwicklung weitgehend an die Stelle des ursprünglich betriebenen getreten ist.

Zulässig ist auch die Zusammenfassung mehrerer tatsächlich ausgeübter Tätigkeiten unter einem Oberbegriff,⁵⁹ ferner die Firmierung unter einem von mehreren tatsächlich ausgeübten Tätigkeitsbereichen.⁶⁰ **26**

4. Phantasiefirmen. Durch Einräumung des Rechts zur Bildung einer Phantasiefirma eröffnet das Handelsrechtsreformgesetz zusätzliche Möglichkeiten zur Schaffung werbewirksamer Firmen: Die Gesetzesbegründung führt für diese Erweiterung des § 18 Abs. 1 an, die Unterscheidungskraft von Phantasiefirmen könne größer sein als die der eher beschreibenden und in demselben Wirtschaftszweig häufig ähnlichen Sachfirmen.⁶¹ Auch Phantasiefirmen müssen den allgemeinen Voraussetzungen des § 18 genügen: Sie müssen Kennzeichnungseignung und Unterscheidungskraft besitzen und dürfen keine Angaben enthalten, die zur Irreführung über die angesprochenen Verkehrskreise wesentliche geschäftliche Verhältnisse geeignet sind (hierzu schon oben RdNr. 3 ff. und 15 ff.). Ob das Recht zur Bildung einer Phantasiefirma auch einer Rechtsanwalts-AG zusteht, kann zweifelhaft erscheinen: Die Wertung des § 59k BRAO, der eine solche Firmierung für die Rechtsanwalts-GmbH ausschließt, könnte dem entgegenstehen.⁶² **27**

Eine Grenze für die Bildung von Phantasiefirmen ergibt sich aus dem **Erfordernis der Eintragbarkeit:** Wie zuvor ist auch nach der Handelsrechtsreform 1998 nur eine (zumindest u. a.) aus lateinischen Buchstaben gebildete Firma zulässig.⁶³ Nicht von Abs. 1 gefordert ist die Aussprechbarkeit der Phantasiebezeichnung als Wort.⁶⁴ Wenn die Rspr. zu § 16 UWG aF unaussprechbare Buchstabenfolgen bei fehlender Verkehrsgeltung (hierzu auch RdNr. 18) grundsätzlich als nicht unterscheidungskräftig einordnete,⁶⁵ so hatte dies seine Grundlage in dem damals geltenden § 4 **28**

---

⁵⁵ Vgl. auch *Ammon* DStR 1994, 325, 326: Zuordnung zu einem bestimmten Bereich des Wirtschaftslebens reicht aus.
⁵⁶ Vgl. auch OLG Celle Beschl. v. 7. 12. 1951 – 2 W 495/51, BB 1952, 125; aA zu § 18 aF Staub/*Hüffer* RdNr. 32.
⁵⁷ Ähnlich schon zu § 18 aF Hachenburg/*Heinrich* GmbHG § 4 RdNr. 30.
⁵⁸ OLG Zweibrücken Beschl. v. 17. 8. 1971 – 3 W 88/71, OLGZ 1972, 391; vgl. auch schon KG Beschl. v. 7. 7. 1932 – 1 b X 293/32, JW 1932, 2622 f.
⁵⁹ So schon zu § 4 AktG *Hüffer* § 4 RdNr. 11; zu § 4 GmbHG aF Hachenburg/*Heinrich* § 4 RdNr. 9.
⁶⁰ So schon zu § 4 AktG *Hüffer* § 4 RdNr. 11.
⁶¹ Begründung zum Gesetzentwurf der Bundesregierung, BT-Drucks. 13/8444, BR-Drucks. 340/97 S. 37, ähnlich *Bülow* DB 1999, 269, 270.
⁶² Großzügiger BayObLG v. 27. 3. 2000 – 3 ZBR 331/99, NJW 2000, 1647; ablehnend OLG Nürnberg v. 10. 6. 2003 – 3 U 588/03, NJW 2003, 2245 – Pro-Videntia AG. Vgl. auch – für die zusätzliche Aufnahme einer Phantasiebezeichnung in die Firma einer Rechtsanwalts-Partnergesellschaft – BGH Urt. v. 11. 3. 2004 – ZR 62/01, NJW 2004, 1651 – artax.
⁶³ MünchKommHGB/*Heidinger* vor § 17 RdNr. 62 und § 18 RdNR. 14.
⁶⁴ Anderer Ansicht OLG Celle Beschl. v. 19. 11. 1998 – 9 W 150/98, DB 1999, 40: Unzulässigkeit der Firma „AAA AAA AAA AB ins Lifesex-TV.de GmbH"; ebenso *Lutter/Welp* ZIP 1999, 1073, 1078; *Canaris* HandelsR § 10 RdNr. 16; für Aussprechbarkeit als Voraussetzung der Firmenbildung auch OLG Braunschweig OLGR 2001, 31 = WRP 2001, 288; differenzierend MünchKommHGB/*Heidinger* RdNr. 17 f.; der Buchstabenkombinationen grundsätzlich Kennzeichnungseignung zuerkennend, freilich in Fällen wie dem vorstehend wiedergegebenen an Rechtsmissbrauch denkt.
⁶⁵ Exemplarisch: BGH Urt. v. 7. 3. 1979, I ZR 45/77, BGHZ 74, 1, 6 f. – RBT; in jüngster Zeit noch OLG Celle 6. 7. 2006, 9W 61/06, DB 2006, 1950 – AKDV.

Abs. 2 Nr. 1 WZG, der eine Eintragung bloßer Buchstabenfolgen als Warenzeichen grundsätzlich ausschloss.[66] Nach der Anerkennung solcher **Buchstabenkombinationen** (zB ‚UHQ') als markenfähig (§ 3 Abs. 1 MarkenG) kann an ihrer grundsätzlich bestehenden Unterscheidungskraft für den Bereich des Markenrechts kein Zweifel bestehen.[67] Wer die Übertragbarkeit dieses Ergebnisses auf das Firmenrecht in Frage stellt (ablehnend OLG Celle 6. 7. 2006, 9W 61/06, DB 2006, 1950 ‚AKDV'), müsste angesichts der grundsätzlichen Übereinstimmung der in beiden Bereichen bestehenden Kriterien (hierzu RdNr. 4) gute Gründe dafür haben. Aus unterschiedlichen Funktionen des Marken- und des Firmenrechts können, nachdem auch Unternehmenskennzeichen den Schutz des MarkenG genießen (§§ 5, 15 MarkenG), solche Gründe wohl nicht hergeleitet werden. Auch spricht nichts dafür, Unterscheidungskraft erst bei der Kombination von wenigstens drei Buchstaben anzunehmen;[68] Eine aus zwei Lettern bestehende Verbindung ist uU einprägsamer als eine solche aus vielen Buchstaben.[69] Ferner ist nicht ersichtlich, dass erst die Kombination unterschiedlicher Buchstaben Unterscheidungskraft hervorbrächte.[70] Auch eine **Kombination aus Buchstaben und Ziffern** (zB ‚3 M')[71] wird man grundsätzlich für zulässig halten können, bei einer alleinigen Nennung von Ziffern oder Zahlen (‚1&1 AG')[71] können Zweifel bestehen.[72] Nach § 3 MarkenG können als Marke „alle Zeichen" geschützt werden, dh. neben Wörtern (unter Einschluss von Personennamen) „Abbildungen, Buchstaben, Zahlen, Hörzeichen, dreidimensionale Gestaltungen einschließlich der Form einer Ware oder ihrer Verpackung sowie sonstige Aufmachungen einschließlich Farben und Farbzusammenstellungen". Der Kreis der für die Firmenbildung zur Verfügung stehenden Zeichen ist nach dem Gesagten enger.

29 Mit den Erfordernissen der Unterscheidungskraft und der (damit einhergehenden) Kennzeichnungseignung stellt das Gesetz auf Kriterien ab, die schon vor der Handelsrechtsreform für die Bildung von Sachfirmen maßgebend waren[73] und darüber hinaus im Markenrecht eine zentrale Rolle spielen.[74] Eine Phantasiefirma muss hinreichend unterscheidungskräftig sein, um Namensfunktion für die betroffenen Unternehmen zu entfalten.[75] Im Zusammenhang der Bildung von Phantasiefirmen kann im Ausgangspunkt auf Entscheidungspraxis und Schrifttum zum Markenrecht und zu den früheren § 24 WZG und § 16 UWG verwiesen werden.[76] Die für die Annahme der Unterscheidungskraft erforderliche Eigenart der Bezeichnung (hierzu oben RdNr. 4) ist bei reinen Phantasiebezeichnungen in der Regel gegeben.[77] Der BGH ist vom Bestehen der Unterscheidungskraft beispielsweise bei den Bezeichnungen *Condux* (Urt. v. 5. 6. 1959 – I ZR 63/58, GRUR 1959, 484) und *Netcom* (Urt. v. 21. 11. 1996 – I ZR 149/94, GRUR 1997, 468) ausgegangen, das Bundespatentgericht hat sie für die Buchstabenkombination *UHQ* angenommen (BPatG Mitt. 1997, 70, 71; vgl. zur Unterscheidungskraft von Buchstabenkombinationen – auch zu ‚UHQ' – RdNr. 28).

30 **Keine Unterscheidungskraft** kommt dagegen im Firmen- wie im Markenrecht regelmäßig Bezeichnungen zu, die sich auf eine auf die betreffenden Waren oder Dienstleistungen bezogene **Sach- oder Beschaffenheitsangabe** beschränken; sie wirken weder produkt- noch unternehmensidentifizierend. So ist der Bundesgerichtshof bei der Bezeichnung *COTTON LINE* im Zusammenhang des § 5 Abs. 2 MarkenG sowohl im Hinblick auf die einzelnen Bestandteile als auch in Bezug auf ihre Kombination vom Fehlen der Unterscheidungskraft ausgegangen.[78] Freilich kann die Kombination für sich genommen nicht unterscheidungskräftiger Bestandteile Unterscheidungskraft begründen. Ebenso kann eine verfremdende Schreibweise einem an sich nicht individualisierenden Wortzeichen Unter-

---

[66] Hierzu BGH Beschl. v. 9. 11. 1995 – I ZB 29/93, GRUR 1996, 202 – UHQ.
[67] Mitt. BPatG 1997, 70, 71 – UHQ II; *Ingerl/Rohnke* MarkenG § 15 RdNr. 56 und – näher – § 14 RdNr. 364; vgl. auch *Fritze* GRUR 1993, 538.
[68] So das OLG Frankfurt a. M. in einem unveröffentlichten Beschl. v. 27. 5. 1998 – 20 W 209/87.
[69] Wie hier *Möller* BB 1993, 808, 809. Zweifelnd MünchKommHGB/*Heidinger*, der eine eindeutige Zulässigkeit nur bei zusätzlicher Nennung des Zeichens („R+V Versicherung") für gegeben hält.
[70] Anderer Auffassung für die Firma ‚A. A. A. A. A. A.-GmbH': OLG Frankfurt/M., Beschl. v. 28. 2. 2002 – 20W 531/01, NJW 2002, 2400.
[71] Weitere Beispiele bei Röhricht/Graf von Westphalen/*Ammon* RdNr. 14.
[72] Insofern aA – für Zulässigkeit einer Ziffernkombination – *Lutter/Welp* ZIP 1999, 1073, 1079; *Canaris* HandelsR § 10 RdNr. 17; wie hier *Kögel* BB 1998, 1645, 1646.
[73] Vgl. Geßler/Hefermehl/*Eckardt* § 4 RdNr. 10; KK/*Kraft* § 4 RdNr. 10 ff.
[74] Vgl. RdNr. 4, 18.
[75] Vgl. Begründung zum Gesetzentwurf der Bundesregierung, BT-Drucks. 13/8444, BR-Drucks. 340/97, 37.
[76] Vgl. zur grundsätzlichen Übereinstimmung der Kriterien *von Gamm* WM 1985, 849, 853.
[77] Noch weitergehend *Ingerl/Rohnke* MarkenG § 5 RdNr. 38: Sämtlichen Phantasiebezeichnungen komme Kennzeichnungskraft zu.
[78] BGH Urt. v. 27. 9. 1995 – 1 ZR 199/93, NJW-RR 1996, 230 = GRUR 1996, 68; vgl. ferner aus dem Bereich des Markenrechts: BPatG Beschl. v. 6. 2. 1996 – 24 W (pat) 274/94, GRUR 1996, 489: ‚Hautactiv' für ein Mittel der Körper- und Schönheitspflege; BPatG Beschl. v. 17. 12. 1996 – 27 W (pat) 165/95, GRUR 1997, 467: ‚Ultimate' für Waren der Klassen 18 (Leder usw.), 20 (Möbel usw.), 22 (Seile, Bindfäden usw.) und 25 (Bekleidungsstücke usw.).

scheidungskraft beilegen. Wegen Einzelheiten zur Unterscheidungskraft von Waren- und Dienstleistungsmarken nach § 8 Abs. 2 Nr. 1 MarkenG wird auf die einschlägige Literatur verwiesen, darunter *Fezer* Markenrecht, § 8 MarkenG RdNr. 22 ff.; *Ingerl/Rohnke* MarkenG § 8 RdNr. 15 ff. Keine Unterscheidungskraft kommt zudem dem Schriftbild der Firma (zB Groß/Kleinbuchstaben einzelner Bestandteile oder der gesamten Firma) zu.[79] Uneinheitlich wird die Zulässigkeit der Verwendung des **@-Zeichens** bei der Firmenbildung beurteilt. Mehrere Obergerichte haben das Zeichen als für die Firmenbildung nicht verwendbar eingeordnet.[80] Einzelne Landgerichte haben dem Zeichen dagegen in neueren Entscheidungen die Eintragungsfähigkeit zugesprochen.[81]

5. Mischfirmen. Die Zulässigkeit einer Mischfirma – dh. der Kombination von Personen-, Sach- und/oder Phantasieelementen bei der Firmenbildung – ist nach den in RdNr. 3–30 behandelten Kriterien zu beurteilen: Die Firma muss Kennzeichnungseignung und Unterscheidungskraft aufweisen und sie darf keine Angaben enthalten, die zur Irreführung über für die angesprochenen Verkehrskreise wesentliche Tatsachen geeignet sind. Die Mischfirma ist in ihrer Gesamtheit an diesen Kriterien zu messen. Nicht erforderlich ist, dass die einzelnen Bestandteile für sich genommen Kennzeichnungseignung und Unterscheidungskraft aufweisen; vielmehr kann namentlich bei aus Gattungsbegriffen gebildeten Sachfirmen Unterscheidungskraft durch individualisierende Bestandteile gewonnen werden (,Kaffeehandel Uhlenhorst e. K.'; ,Eurasia Import-Export GmbH').[82] Bei der Beurteilung der Irreführungseignung ersichtlicher Phantasiezusätze (Beispiel: ,meditec' als zusatz zu einzelkaufmännischem Namen) ist kein kleinlicher Maßstab anzulegen.[83]

6. Bildung einer OHG- oder KG-Firma aus der Firma einer beteiligten Handelsgesellschaft oder eines beteiligten Einzelkaufmanns. a) Firmenbildung bei Beteiligung einer Handelsgesellschaft als persönlich haftende Gesellschafterin. Die Firma einer OHG oder KG darf – als Personenfirma – grundsätzlich mit derjenigen einer als persönlich haftende Gesellschafterin beteiligten Handelsgesellschaft übereinstimmen, wenn beide Gesellschaften Sitz und Handelsregistereintragung an unterschiedlichen Orten haben (vgl. § 30 Abs. 1). Auch bei Eintragung an demselben Ort und in derselben Gemeinde darf die Firma der OHG aus derjenigen der beteiligten Gesellschaft abgeleitet werden, wenn die eine oder die andere Firma durch einen Zusatz unterscheidungskräftig gemacht wird. Unterschiede in der Rechtsformbezeichnung reichen nicht aus, um Unterscheidbarkeit der Firmen zu begründen: Eine OHG-Firma wird nicht allein dadurch von der namengebenden Komplementärgesellschaft unterscheidbar, dass deren Firma bei der Bildung der OHG-Firma der Zusatz „& Co. OHG" angehängt wird (zur Frage der Erforderlichkeit der Wiedergabe solcher Rechtsformzusätze der Komplementärgesellschaft sogleich RdNr. 33, ferner § 19 RdNr. 15 ff.). Nach bis zur Handelsrechtsreform 1998 geltendem Recht war nicht nur die – firmenrechtlich unproblematische – Einfügung eines unterscheidungskräftigen Zusatzes bei der Gesellschaft möglich, an der die Beteiligung bestand. Der BGH hat es vielmehr auch zugelassen, in die Firma der namengebenden Komplementärgesellschaft einen Zusatz (wie ,Verwaltungs-', ,Betriebs-' oder ,Geschäftsführungs-'Gesellschaft) aufzunehmen und diesen bei der aus dieser Firma abzuleitenden OHG- bzw. KG-Firma entfallen zu lassen.[84] Voraussetzung war freilich, dass „die wesentlichen und unterscheidungskräftigen Teile der Firma" der Komplementärgesellschaft auch in der Firma der Personenhandelsgesellschaft enthalten waren.[85] Nach der Handelsrechtsreform 1998 ist neben der Unterscheidbarkeit iSd. § 30 nur noch zu fordern, dass **jede Firma für sich die Anforderungen des § 18 erfüllt;** (Teil-)Identität der Firma ist nicht mehr gefordert, aber – wenn Unterscheidbarkeit gegeben ist – zulässig.[86] Zu beachten ist das Irreführungsverbot des Abs. 2: Die in der Firma einer Komplementärgesellschaft enthaltenen Angaben dürfen, wenn sie in die Firma der OHG oder KG aufgenommen werden, (auch) in Bezug auf diese Gesellschaft nicht zur Irreführung über die für die angesprochenen Verkehrskreise wesentlichen Verhältnisse geeignet sein.[87] So darf eine

---

[79] KG, Beschl. v. 23. 5. 2000 – 1 W 247/00 NJW-RR 2001, 173.
[80] OLG Braunschweig Beschl. v. 27. 11. 2000 – 2 W 270/00, OLGR 2001, 31, 32 = WRP 2001, 288 (,met@box'); BayObLG Beschl. v. 4. 4. 2001 – 3 Z BR 84/01, BayObLGZ 2001, 83 = NJW 2001, 2337.
[81] LG Cottbus Beschl. v. 2. 8. 2001 – 11 T 1/00, CR 2002, 134; LG Berlin Beschl. v. 13. 1. 2004 – 102 T 122/03, NJW-RR 2004, 835.
[82] Vgl. MünchKommHGB/*Heidinger* vor § 17 RdNr. 63.
[83] Zu den Beurteilungsmaßstäben BayObLG Beschl. v. 17. 5. 1999 – 3 Z BR 90/99, NJW-RR 2000, 111 f.
[84] Vgl. BGH Beschl. v. 16. 3. 1981 – II ZB 9/80, BGHZ 80, 353, 355 f. = NJW 1981, 2746; vgl. auch OLG Celle Beschl. v. 16. 6. 1976 – 9 Wx 4/76, OLGZ 1977, 59 = NJW 1976, 2021.
[85] BGH (vorige Note).
[86] Instruktiv hierzu OLG Oldenburg Beschl. v. 16. 2. 2001 – 5 W 1/01, BB 2001, 1373: Die Firma der Komplementär-GmbH darf bei der GmbH & Co. oHG in abgewandelter Form verwendet werden.
[87] Vgl. BayObLG Beschl. v. 3. 10. 1972 – BReg. 2 Z 50/72, BayObLGZ 1972, 310 = NJW 1973, 371; BayObLG Beschl. v. 27. 7. 1990 – BReg. 3 Z 86/90, GmbHR 1990, 464 (Leitsatz); Staub/*Hüffer* § 19 RdNr. 52.

in der Firma der Komplementärgesellschaft enthaltene verkehrswesentliche Angabe zum Tätigkeitsfeld nur in die Firma der Personengesellschaft aufgenommen werden, wenn sie auch hier zutrifft.

33 Die Frage, ob auch **Rechtsformbezeichnungen einer namengebenden Komplementärgesellschaft** in die Firma der OHG oder KG aufzunehmen sind, stellt sich nach der Handelsrechtsreform 1998 in einem neuen Licht. Nach § 19 Abs. 1 und 2 aF war diese Wiedergabe grundsätzlich erforderlich: Die Rechtsformbezeichnung war als Teil des Namens des Gesellschafters in die Gesellschaftsfirma aufzunehmen.[88] Mit der durch die Reform eröffneten Möglichkeit der freien Firmenwahl (hierzu § 17 RdNr. 5) entfällt die Notwendigkeit der Bildung der Gesellschaftsfirma aus der Firma eines Gesellschafters. Daher erscheint es auch zulässig, die Gesellschaftsfirma aus einem Teil des Namens eines Gesellschafters zu bilden;[89] zulässig ist hiernach grundsätzlich die Bildung einer OHG- oder KG-Firma aus dem Kern der Firma der Komplementärgesellschaft: Eine OHG darf die Firma „Albrecht OHG" führen, wenn namengebender Gesellschafter eine „Albrecht GmbH", eine „Albrecht KG", eine „Albrecht OHG" oder eine natürliche Person mit dem Familiennamen Albrecht ist. Freilich ist den zuvor behandelten Anforderungen des § 30 zur Unterscheidbarkeit der Firmen Rechnung zu tragen (hierzu RdNr. 32). Zudem sind die Erfordernisse des § 19 Abs. 2 zu beachten: In einer OHG oder KG, **bei der keine natürliche Person persönlich haftet,** muss die Firma eine Bezeichnung enthalten, welche die Haftungsbeschränkung kennzeichnet. Verbreitet ist die Firmierung als GmbH & Co. OHG bzw. -KG (hierzu näher § 19 RdNr. 15 ff.). Bei Aufnahme der Rechtsformbezeichnung einer Komplementärgesellschaft in die Firma einer OHG oder KG stellt sich die Frage nach der Reihenfolge und der näheren Ausgestaltung der Gesellschaftszusätze. Üblich, aber nicht zwingend ist die Nennung des Rechtsformzusatzes der Komplementärgesellschaft vor demjenigen der Gesellschaft, an der die Beteiligung besteht („A GmbH & Co."). Wenn aus der Gestaltung deutlich wird, in welchem Verhältnis die Gesellschaften zueinander stehen, ist auch die Voranstellung der Rechtsformbezeichnung der Personengesellschaft zulässig.[90] So hat der Bundesgerichtshof – noch zu § 19 aF – keine Einwände gegen die Firma „Kommanditgesellschaft Union-Bau Altona GmbH & Co." vorgebracht.[91] An einer solchen Eindeutigkeit bezüglich der Verhältnisse der Gesellschaften fehlt es regelmäßig, wenn die Rechtsformbezeichnung der Personengesellschaft nicht am Ende oder an der Spitze der Firma steht, sondern dem GmbH-Zusatz unmittelbar vorangestellt wird: Bei Firmen wie „X-KG GmbH & Co." oder „B & Co. KG-GmbH & Co." wird nicht genügend deutlich, welche Rechtsform die unter dieser Bezeichnung auftretende Gesellschaft hat.[92] Aus gleichem Grund erscheint es auch nach der Handelsrechtsreform 1998 unzulässig, Gesellschaftszusätze unmittelbar aufeinander folgen zu lassen: Bei der Firma „X GmbH KG" wird wie bei der Firma „X KG GmbH" die Rechtsform der damit bezeichneten Gesellschaft nicht hinreichend deutlich.[93] Im Fall der Beteiligung einer GmbH als Komplementärin an einer OHG oder KG ist die Eindeutigkeit durch einen zwischen die Gesellschaftsbezeichnungen gesetzten Zusatz herzustellen: Bezeichnungen wie „X GmbH und Co. OHG" oder „Y GmbH & Cie. KG" stellen, da sie verbreitet und bekannt sind, die erforderliche Klarheit her. Wegen Einzelheiten zu dem bei der ‚Kapitalgesellschaft & Co.' ggf. erforderlichen Hinweis auf das Vorliegen einer Haftungsbeschränkung wird auf § 19 RdNr. 15 ff., für die Firmenbildung bei Beteiligung einer Gesellschaft ausländischen Rechts wird auf den Anhang zu § 17 RdNr. 20 ff., 27 ff. und auf § 19 RdNr. 21 verwiesen.

34 **b) Bildung einer OHG- oder KG-Firma aus der Firma eines beteiligten Einzelkaufmanns.** Das zur Verwendung der Firma einer beteiligten Handelsgesellschaft Gesagte gilt im Grundsatz auch für die Firmenbildung bei der Beteiligung eines Einzelkaufmanns an einer OHG oder KG. Auch in diesem Fall kann eine Personen-, Sach-, Phantasie- oder Mischfirma gewählt werden. Bei der Bildung einer Personenfirma bestehen aber – anders als bei Beteiligung einer Handelsgesellschaft – **zwei Gestaltungsmöglichkeiten:** Der Einzelkaufmann kann nicht nur seine **Firma** in die OHG- bzw. KG-Firma einbringen, sondern mit seiner Firma möglicherweise nicht identischen **bürgerlichen Namen.** Der vor der Handelsrechtsreform 1998 bestehende Streit, ob die Gesellschaftsfirma auch aus einer abgeleiteten, nicht mit dem bürgerlichen Namen des Kaufmanns

---

[88] BGH Beschl. v. 14. 7. 1966 – II ZB 4/66, BGHZ 46, 7, 10 = NJW 1966, 1813; BGH Urt. v. 18. 3. 1974 – II ZR 167/72, BGHZ 62, 216, 226; Staub/*Hüffer* § 19 RdNr. 65.
[89] Ausführlich zu den Gestaltungsmöglichkeiten MünchKommHGB/*Heidinger* RdNr. 98–105.
[90] Anderer Ansicht zum Rechtszustand vor der Handelsrechtsreform 1998 Staub/*Hüffer* § 19 RdNr. 69.
[91] BGH Beschl. v. 28. 3. 1977 – II ZB 8/76, BGHZ 68, 271 ff. (auch zu der Frage der Firmenfortführung nach Ausscheiden des Komplementärs). Gegen Zulässigkeit dieser Gestaltung nach § 19 Abs. 2 nF MünchKommHGB/*Heidinger* § 19 RdNr. 23.
[92] Vgl. zum Beispiel BayObLG Beschl. v. 3. 11. 1977 – BReg. 3 Z 97/76, BayObLGZ 1977, 267 = NJW 1978, 766 (Leitsatz); LG Köln Beschl. v. 4. 6. 1976 – 29 T 12/76, Rpfleger 1977, 62 mit Anm. *Bokelmann.*
[93] Vgl. OLG Hamm Beschl. v. 22. 7. 1966 – 15 W 151/66, NJW 1966, 2172; OLG Oldenburg Beschl. v. 23. 10. 1996 – 5 W 165/96, Rpfleger 1997, 263; mit weiteren Beispielen Heymann/*Emmerich* § 19 RdNr. 28.

übereinstimmenden Firma gebildet werden darf,[94] hat mit der Reform seine Bedeutung verloren: Da die Firma einer Personenhandelsgesellschaft nunmehr nicht mehr notwendigerweise den Namen wenigstens eines persönlich haftenden Gesellschafters enthalten muss, kommt es auf die der Diskussion zugrundeliegende Frage, ob ‚Name' in diesem Sinn auch eine abgeleitete Firma sein könne, nicht mehr an. Zu beachten sind aber weiterhin die Anforderungen des Abs. 2 und des § 30.[95]

III. Unzulässigkeit irreführender Angaben

1. Materiellrechtliche Beurteilung (Abs. 2 Satz 1). a) Auslegung der neuen Vorschrift. 35
Nach Abs. 2 Satz 1 darf eine Firma keine Angaben enthalten, die geeignet sind, über geschäftliche Verhältnisse, die für **die angesprochenen Verkehrskreise wesentlich** sind, irrezuführen. Mit der Errichtung dieser ‚Wesentlichkeitsschwelle' sucht der Reformgesetzgeber von 1998 einer im Schrifttum verbreiteten Kritik an Formulierung und Anwendungspraxis des § 18 Abs. 2 aF abzuhelfen und die Anliegen der Liberalisierung und Deregulierung des Firmenrechts voranzubringen.[96] Im Schrifttum war immer wieder vorgebracht worden, die gerichtliche Praxis zur Täuschungseignung sei zu streng;[97] auch gehe von ihr wenig Rechtssicherheit aus.[98] Der Reformgesetzgeber hat sich diese Kritik ausdrücklich zu eigen gemacht. Mit der Neufassung des § 18 Abs. 2 wird das Ziel verfolgt, das Irreführungsverbot – das im Grundsatz beibehalten wird – zu „entschärfen". Die an eine Firmenbildung zu stellenden Anforderungen sollen „herabgesenkt werden, um den Prüfungsaufwand der Registergerichte im Eintragungsverfahren und damit auch den Beratungsaufwand bei den Industrie- und Handelskammern auf das notwendige Maß zurückzuschrauben" (Begründung zum Gesetzentwurf der Bundesregierung, BT-Drucks. 13/8444, BR-Drucks. 340/97 S. 38).

Damit die Gestaltungsmöglichkeiten bei der Firmenbildung nicht „über Gebühr eingeschränkt" 36
werden, sollen künftig nur solche Angaben als zur Irreführung geeignet beanstandet werden können, die geschäftliche Verhältnisse betreffen, welche „für die angesprochenen Verkehrskreise wesentlich" sind (Begründung zum Gesetzentwurf der Bundesregierung, BT-Drucks. 13/8444, BR-Drucks. 340/97 S. 53). Mit der Neuformulierung soll sichergestellt werden, dass nicht auch solche Angaben als zur Irreführung geeignet angesehen werden und damit einer Eintragung entgegenstehen, die nur von geringer wettbewerblicher Relevanz sind oder für die angesprochenen Verkehrskreise nur eine nebensächliche Bedeutung haben. Maßstab soll nicht (mehr) das Verständnis eines „nicht unerheblichen Teils" des Verkehrs sein; vielmehr soll es „– objektiviert – auf die **Sicht des durchschnittlichen Angehörigen des betroffenen Personenkreises bei verständiger Würdigung** ankommen" (Begründung zum Gesetzentwurf der Bundesregierung, BT-Drucks. 13/8444, BR-Drucks. 340/97 S. 53).

b) Verhältnis zum Wettbewerbsrecht. Die ältere Anwendungspraxis zum UWG ging von einer 37
Irreführungseignung schon dann aus, wenn die Gefahr einer Irreführung eines nicht unwesentlichen Teils der Verkehrskreise bestand.[99] Der BGH hat aber schon vor der UWG-Reform von 2004 seine Rechtsprechung dahingehend modifiziert, dass es bei der Beurteilung der Irreführungseignung auch auf die Relevanz einer für sich genommen täuschenden Angabe für die angesprochenen Verkehrskreise ankommt.[100] Zudem hat er vermehrt das Leitbild eines druchschnittlich informierten und verständigen, situationsadäquat aufmerksamen Verbrauchers herangezogen.[101]

Der Handelsrechtsreformgesetzgeber von 1998 verknüpfte mit der Einfügung der ‚Wesentlich- 38
keitsschwelle' in § 18 Abs. 2 die Vorstellung, dass diese – im Sinne eines „Signals des Gesetzgebers" – auch auf die Handhabung des § 3 UWG aF „ausstrahlen" werde (Begründung zum Gesetzentwurf der Bundesregierung, BT-Drucks. 13/8444, BR-Drucks. 340/97 S. 53). In der Zwischenzeit ist auch das UWG einer – jedenfalls u. a. – auf eine Liberalisierung gerichteten Reform unterzogen worden.[102] Jedenfalls nach dieser Gesetzreform ist anzunehmen, dass die *materiellen* Beurteilungsmaßstäbe in HGB und UWG im Einklang stehen. Dies gilt unbeschadet der verfahrensrechtliuchen Erleichterung des § 18 Abs. 2 S. 2 HGB, der zufolge im *registergerichtlichen* Verfahren nur eine *ersichtliche* Irreführungseignung zu berücksichtigen ist (hierzu RdNr. 69 ff.).

---

[94] Hierzu noch Hachenburg/*Heinrich* § 4 RdNr. 41.
[95] Vgl. auch MünchKommHGB/*Heidinger* RdNr. 17.
[96] Begründung zum Gesetzentwurf der Bundesregierung, BT-Drucks. 13/8444, BR-Drucks. 340/97 S. 36 und 53.
[97] *Bokelmann* GmbHR 1998 57, 60; *Fezer* ZHR 161 (1997), 52, 57; *Wolff* DZWir 1997, 397, 398; vgl. auch *Scheibe* JuS 1997, 414, 415.
[98] *Kögel* BB 1993, 1741, 1742.
[99] Vgl. zB BGH Urt. v. 6. 4. 1979 – I ZR 35/77, GRUR 1979, 716, 717 – Kontinent-Möbel.
[100] Vgl. BGH Urt. v. 29. 5. 1991 – I ZR 204/89, NJW-RR 1991, 1512 = GRUR 1991, 852, 855 f. – Aquavit.
[101] Vgl. beispielhaft BGH Beschl. v. 20. 10. 1999 – I ZR 167/97, GRuR 2000, 619 – Orientierungsmuster.
[102] S. das neue Gesetz gegen den unlauteren Wettbewerb v. 3. 7. 2004, BGBl. I S. 1414; Begründung zum Gesetzentwurf der Bundesregierung, BT-Drucks. 15/1487 S. 1 ff.

39 c) Europarechtliche Einflüsse im Firmenrecht. Europarechtliche Implikationen können unter gewissen Voraussetzungen auch im Firmenrecht Wirkung entfalten. Vom Recht der Handelsfirma kann eine Beeinträchtigung von Grundfreiheiten des EG-Vertrages ausgehen: Art. 43 und 48 EG gewährleisten – als unmittelbar anwendbares Gemeinschaftsrecht[103] – die Freiheit der Niederlassung (auch) in der Form von Zweigniederlassungen oder von Tochtergesellschaften.[104] Die Vorschriften begründen nicht nur ein Diskriminierungs-, sondern auch ein allgemeines Beschränkungsverbot.[105] Gute Gründe sprechen daher für die Annahme, dass restriktive Bestimmungen nationalen Firmenrechts, die der Eintragung einer inländischen Zweigniederlassung oder Tochtergesellschaft eines Unternehmens aus einem anderen Mitgliedstaat entgegenstehen, vor Art. 43 und 48 EG einer besonderen Rechtfertigung bedürfen. Sie sind nur zulässig, soweit sie durch ‚zwingende Erfordernisse' – beispielsweise der Lauterkeit des Handelsverkehrs oder des Verbraucherschutzes – gerechtfertigt sind.[106] Nationales Firmenrecht darf der Etablierung einer Zweigniederlassung oder einer Tochtergesellschaft aus einem anderen Mitgliedstaat nur soweit entgegenstehen, als es dem Vier-Elemente-Test des EuGH genügt oder einen Missbrauch der Niederlassungsfreiheit im Einzelfall verhindert (s. schon Anh. § 17 RdNr. 12). § 18 Abs. 2 bietet mit der ‚Wesentlichkeitsschwelle' und den Ausführungen der Gesetzesbegründung zu ihrer Interpretation (hierzu RdNr. 36) Mittel für eine europarechtskonforme Auslegung des Irreführungsverbots. Bei der im Folgenden zu behandelnden Anwendung der Neuregelung auf einzelne Fallgruppen darf die Verbindlichkeit des europarechtlichen Beschränkungsverbots nicht aus den Augen verloren werden.

40 d) Beurteilung von Einzelfällen. aa) Vorgehensweise. Auch nach der Handelsrechtsreform 1998 ist für die Beurteilung der Irreführungseignung die **Verkehrsauffassung** maßgebend.[107] Das Gericht hat zu ermitteln, wie die Allgemeinheit oder, falls engere Verkehrskreise betroffen sind, diese die in der Firma enthaltenen Angaben verstehen. Nur der Maßstab hat sich mit der Reform geändert: Für die Annahme einer Irreführungseignung kommt es nun darauf an, ob die Angaben zur Irreführung über solche geschäftlichen Verhältnisse geeignet sind, die für die angesprochenen Verkehrskreise *wesentlich* sind. Die Gefahr einer Irreführung eines nicht unerheblichen Teils des angesprochenen Verkehrs reicht für die Annahme einer Irreführungseignung nicht mehr aus. Vielmehr ist bei der Beurteilung der Eignung auf die Auffassung eines „durchschnittlichen Angehörigen des betroffenen Personenkreises" bei „verständiger Würdigung" abzuheben (Begründung zum Gesetzentwurf der Bundesregierung, BT-Drucks. 13/8444, BR-Drucks. 340/97 S. 53; vgl. auch schon RdNr. 36). Im Verfahren vor dem Registergericht ist die Eignung zur Irreführung nur zu berücksichtigen, wenn sie „ersichtlich" ist (Satz 2; vgl. zu dieser verfahrensbezogenen Einschränkung unten 69 ff.).

41 Im Eintragungsverfahren hat das Gericht die Verkehrsauffassung von Amts wegen zu ermitteln (§ 12 FGG). Bis zur Handelsrechtsreform 1998 war bei Neueintragungen und Firmenänderungen „in der Regel" ein Gutachten der Industrie- und Handelskammer zur Zulässigkeit der Firmenbildung einzuholen (§ 23 Satz 2 HRV aF). Auf Anregung des Bundesrates ist diese Vorschrift dahingehend geändert worden, dass nur „in zweifelhaften Fällen" ein Gutachten der Industrie- und Handelskammern erforderlich ist. In anderen Fällen dürfen Richter und Rechtspfleger aus eigener Sachkunde entscheiden. Nach der Stellungnahme des Bundesrates soll ein zweifelhafter Fall – und damit eine Pflicht zur Einholung eines Gutachtens – immer dann gegeben sein, wenn die zur Eintragung berufenen Gerichtspersonen in Abweichung von bisherigen Gepflogenheiten eine Eintragung vornehmen wollen oder eine zu beurteilende Frage erstmals an das Registergericht herangetragen wird (Stellungnahme des Bundesrates, BT-Drucks. 13/8444 S. 95). Dem kann nicht gefolgt werden: Die Abweichung von bisherigen Gepflogenheiten – insbesondere die Beurteilung einer nach altem Recht nicht eintragungsfähigen Firma als eintragungsfähig – muss nicht notwendigerweise einen Zweifelsfall begründen. Da sich mit der Handelsrechtsreform 1998 der Beurteilungsmaßstab erheblich geändert hat, kann aus der schlichten Abweichung von der bisherigen Praxis nicht auf

---

[103] EuGH Urt. v. 21. 6. 1974 – Rs. 2/74, Slg. 1974, 631, 652 = NJW 1975, 513 – Reyners/Belgien; Urt. v. 28. 1. 1986 – Rs. 270/83, Slg. 1986, 273, 304 = NJW 1987, 569 – Kommission/Frankreich; Urt. v. 27. 9. 1988, Rs. 81/87, Slg. 1988, 5483, 5510 = NJW 1989, 2186 – Daily Mail.
[104] Vgl. zur ‚sekundären Niederlassungsfreiheit' durch Errichtung einer Zweigniederlassung EuGH 9. 3. 1999 – Rs. C 212/97 – Centros, Slg. 1999, I-1459 ff.; in der Form der Beteiligung an Gesellschaften: *Grothe*, Die ausländische Kapitalgesellschaft 309; *von der Groeben/Troberg/Tiedje* Art. 43 EG RdNr. 33 f. und Art. 294 EG RdNr. 5 f.
[105] Vgl. EuGH Urt. v. 12. 7. 1984, Rs. 107/83, Slg. 1984, 2971, 2989 f. = NJW 1985, 1275 – Klopp; Urt. v. 30. 4. 1986 – Rs. 96/85, Slg. 1986, 1475, 1482 – Ärzte/Zahnärzte; zur Reichweite des Beschränkungsverbots *von der Groeben/Troberg/Tiedje* Art. 43 EG RdNr. 87-III.
[106] Vgl. *Wolff* DZWir 1997, 397, 400; zur Rechtsprechung des EuGH schon Anh. § 17 RdNr. 14.
[107] So bereits zu § 18 Abs. 2 aF Staub/*Hüffer* RdNr. 29 mwN.

einen Zweifelsfall geschlossen werden; vielmehr kann, was nach altem Recht unzulässig erschien, nun eindeutig zulässig sein.

Mit der Verpflichtung, „in zweifelhaften Fällen" ein Gutachten der Industrie- und Handelskammer einzuholen, ist nur eine „Mindestbeteiligungspflicht" festgelegt worden (vgl. Stellungnahme des Bundesrates, BT-Drucks. 13/8444 S. 95). Richtern und Rechtspflegern steht eine weitergehende Beteiligung der Industrie- und Handelskammer frei (vgl. § 12 FGG); auch erlaubt die Regelung „sachgerechte Absprachen zwischen den Registergerichten und den Industrie- und Handelskammern, in welchen Fällen zwingend eine Beteiligung erfolgen soll" (Stellungnahme des Bundesrates, BT-Drucks. 13/8444 S. 95). Den Industrie- und Handelskammern ihrerseits stehen bei der Erstellung des Gutachtens zwei Verfahrensweisen zur Verfügung: Sie können sich zum einen auf Erfahrungswerte betreffend die Verkehrsauffassung stützen, zum anderen können sie in den betroffenen Verkehrskreisen eine empirische Erhebung zum Begriffsverständnis durchführen. In der Vergangenheit ist wegen des mit einer Umfrage verbundenen Aufwandes häufig der zuerst genannte Weg beschritten worden (vgl. *Kögel* BB 1993, 1741, 1742). Seit der Handelsreform 1998 ist zu beachten, dass der für die Ermittlung der Verkehrsauffassung relevante **Maßstab** sich erheblich **gewandelt** hat: Da nun auf einen **anderen Ausschnitt aus dem angesprochenen Personenkreis (durchschnittlicher Angehöriger)** abzustellen und zudem der wertende Gesichtspunkt der **verständigen Würdigung** einzubeziehen ist, verbietet sich eine schematische Heranziehung der unter § 18 aF ermittelten Verkehrsauffassung zu einzelnen Begriffen. Ob die Praxis aus diesem Grund vermehrt das Umfrageverfahren wählt, ist auch nicht eindeutig zu beantworten. In zahlreichen Fällen wird es nach hiesigem Dafürhalten auch ohne eine Umfrage möglich sein, zu eindeutigen Ergebnissen zu gelangen (vgl. zur Beurteilung einzelner Fallgestaltungen unten RdNr. 45 ff.).

Unter der Geltung von § 18 Abs. 2 aF war die Auffassung verbreitet, der Richter dürfe aus eigener Sachkunde grundsätzlich nur im Sinne einer Bejahung der Irreführungseignung von einem Kammergutachten abweichen;[108] er dürfe also nicht in Abweichung von einem Gutachten die Täuschungseignung verneinen. Für eine derart restriktive Bemessung der richterlichen Entscheidungsbefugnis besteht nach der Handelsrechtsreform 1998 kein Anlass mehr: Ihr lag der – mit der Reform entfallene – Gesichtspunkt zugrunde, dass eine Täuschungseignung unter der Geltung des § 18 Abs. 2 aF schon bei einer Gefahr der Irreführung eines nicht unbeachtlichen Teils der maßgeblichen Verkehrskreise anzunehmen war.[109] Ein Richter ist nunmehr wie in anderen Verfahren des FGG und der ZPO nicht in einem rechtlichen Sinne an den Inhalt von Kammergutachten gebunden; Gutachten der Industrie- und Handelskammern werden bei der Ermittlung der Täuschungseignung aber voraussichtlich weiterhin eine wichtige Rolle spielen.

Die Frage der Täuschungseignung ist grundsätzlich für die **Firma in ihrer Gesamtheit** zu beantworten. Dies schließt nicht aus, eine Irreführungsgefahr auf der Grundlage einzelner Firmenbestandteile zu bejahen, wenn diese besonders auffällig sind und in ihrer Bedeutung nicht durch entsprechend auffällige korrigierende Angaben richtiggestellt werden. Die Bezeichnung ‚TRADE Gesellschaft für die Herstellung von Halbleitererzeugnissen mbH' kann durch die schlagwortartige Heraustellung des Begriffs ‚TRADE' den – möglicherweise unzutreffenden – Eindruck des Bestehens eines Handelsunternehmens erwecken, der durch die nachfolgende nüchterne Beschreibung des Unternehmensgegenstandes nicht in entsprechend auffälliger Weise beseitigt wird.[110] Im Übrigen muss die Firma zu jeder Zeit ihres Gebrauchs – nicht nur bei ihrer Begründung oder Änderung – der wahren Sachlage entsprechen. Führt eine nachträgliche Veränderung der tatsächlichen Umstände (Beispiel: Veränderung des Betätigungsfeldes des Unternehmens) zur Entstehung einer Irreführungsgefahr, so kann dies die Unzulässigkeit der Firma zur Folge haben (vgl. schon RdNr. 25); ein anderes gilt in den Fällen der §§ 21 bis 24 (vgl. die Erläuterungen hierzu).

bb) Beispiele. α) Angaben betreffend die Art, Größe oder Bedeutung des Unternehmens. Eine Angabe kann zur Irreführung über Art, Größe oder Bedeutung des Unternehmens geeignet sein. Die Anwendungspraxis zu § 18 Abs. 2 aF hat für eine Vielzahl von Begriffen angenommen, dass ihre Verwendung bei einem nicht unerheblichen Teil der angesprochenen Verkehrskreise qualifizierte Vorstellungen betreffend das Unternehmen auslöse. Nach der mit der Handelsrechtsreform 1998 erfolgten Neubestimmung der Entscheidungskriterien (vgl. RdNr. 35 f., 40 f.) ist in vielen Fällen eine Neubewertung erforderlich. Bei den im Folgenden gegebenen Lösungs-

---

[108] Staub/*Hüffer* RdNr. 30.
[109] Vgl. Staub/*Hüffer* RdNr. 30.
[110] Vgl. zu einem weiteren Beispiel OLG Hamm Beschl. v. 1. 1. 1974 – 15 W 150/73, OLGZ 1974, 139 = DB 1974, 868: ‚LÜ-HO-BAU L. Holz- und Baumaterialien-Handlung A. Kom. Ges.' als täuschungsgeeignet beurteilt, da der Zusatz ‚Bau-' auf ein bauausführendes Unternehmen deute; hierzu auch Staub/*Hüffer* RdNr. 31.

vorschlägen ist jeweils der Blickwinkel des allgemeinen Publikums zugrundegelegt; sind im Einzelfall engere Verkehrskreise angesprochen, so kann sich eine andere Beurteilung ergeben.

46 **Center, Centrale, Zentrale, Zentrum.** Die ältere Anwendungspraxis zu § 18 nahm an, die Begriffe Center, Centrale, Zentrale oder Zentrum bezeichneten Unternehmen, die gegenüber dem Durchschnitt ihrer Wettbewerber eine deutlich herausgehobene Stellung innehätten; leitende Gesichtspunkte sollten hierbei die Breite des Sortiments, die Finanzkraft, der Umsatz des Unternehmens sowie seine geographische Lage sein.[111] Schon unter § 18 Abs. 2 aF hat sich aber eine Relativierung dieser Position ergeben. Der BGH hat in einer Entscheidung vom 26. 6. 1986 ausgeführt, der Begriff ‚Center' habe in der Umgangssprache den Charakter eines „üblichen Modewortes" angenommen. Im Regelfall könne nicht mehr von einer qualifizierten Begriffsbedeutung ausgegangen werden; vielmehr sei allenfalls für den jeweiligen Einzelfall festzustellen, ob bei einer konkreten Begriffskombination mit damit angesprochene Bedeutungswandel noch nicht eingetreten ist.[112] Ist damit schon für den Rechtszustand vor der Handelsrechtsreform 1998 bei dem Begriff ‚Center' von einem **Bedeutungswandel** auszugehen, so wird bei Auslegung der nun maßgebenden – großzügigeren – Kriterien ein qualifiziertes Begriffsverständnis erst recht nicht mehr anzunehmen sein. Angesichts der Verbreitung von Bezeichnungen wie Fitness-Center, Küchen-Centrale oder Wasch-Center für Unternehmen, die nicht notwendigerweise durch zentrale Lage, überdurchschnittliche Bedeutung oder ein besonders breites Sortiment herausstechen, wird man aus dem nun maßgeblichen Blickwinkel des *durchschnittlichen Angehörigen* des angesprochenen Verkehrskreises bei *verständiger Würdigung* auch eine ‚Restbedeutung' etwa des Inhalts, die Zentrale halte (immerhin) ein „breit gefächertes umfassendes Sortiment bzw. eine entsprechende Dienstleistungspalette" bereit,[113] regelmäßig nicht mehr anzunehmen haben.[114] Dies schließt es nicht aus, in krass gelagerten Einzelfällen eine Irreführungseignung zu konstatieren. So wird unter der Bezeichnung ‚Kfz-Teile-Center' nicht firmieren dürfen, wer tatsächlich nur Ersatz- und Zubehörteile für ein einziges Kfz-Fabrikat führt.

47 **Fabrik, Fabrikation, Industrie, Werk.** Mit den Begriffen Fabrik, Fabrikation, Industrie, Werk verbindet das allgemeine Publikum die Vorstellung von einem Betrieb der industriellen Herstellung, Bearbeitung oder Verarbeitung.[115] Daran ist festzuhalten. Nach herkömmlichem Begriffsverständnis sollen für die Zulässigkeit einer Verwendung der einzelnen Begriffe zusätzlich abgestufte Voraussetzungen bestehen:[116] Die höchsten Anforderungen seien an Unternehmen zu stellen, die unter der Bezeichnung ‚Werk' oder ‚Werke' firmieren; hier sei grundsätzlich – unter dem Vorbehalt einer abweichenden Begriffsbedeutung in einzelnen Branchen (Beispiel: Sägewerk) – das Vorhandensein eines bzw. mehrerer Betriebe der Großindustrie zu fordern. Die Bezeichnung ‚Fabrik' dürfe nur gewählt werden, wenn das Unternehmen nach Ausdehnung der Betriebsräume, Organisation, Fertigung, Produktionsumfang und Arbeiterzahl eine deutliche Steigerung gegenüber einem bloßen Fabrikationsbetrieb aufweise. Schon unter § 18 Abs. 2 aF ist aber die Verbindlichkeit dieser zusätzlichen Anforderungen zweifelhaft geworden. So ist in jüngerer Zeit geltend gemacht worden, der Verkehr verbinde mit der Bezeichnung ‚Fabrik' nicht mehr die Vorstellung von einem – verglichen mit dem schlichten Fabrikationsbetrieb – großen Unternehmen. Nach der Handelsrechtsreform 1998 erscheint fraglich, ob über das Merkmal der industriellen – nicht handwerksmäßigen – Herstellung, Bearbeitung oder Verarbeitung hinaus noch weitere Anforderungen an die Verwendung der genannten Begriffe gestellt werden sollten. Hiergegen kann angeführt werden, dass Größe und Zuschnitt eines Fabrikationsbetriebes für das *allgemeine Publikum* oft nicht von erheblicher Bedeutung sind. Eine übertreibende Angabe wird für den Verkehr also häufig keine im Sinne des § 18 Abs. 2 HGB nF ‚wesentlichen' geschäftlichen Verhältnisse betreffen.[117] Dies schließt es nicht aus, in krassen Fällen eine relevante Irreführungseignung anzunehmen (Beispiel: Bezeichnung „Werke" bei Bestehen nur eines kleineren Produktionsbetriebes). Im Übrigen ist, wie eingangs angedeutet, als Mindestanforderung an dem Erfordernis eines Betriebes der industriellen Herstellung, Bearbeitung oder Verarbeitung festzuhalten. Damit ist eine Verwendung der hier behandelten Begriffe insbesondere für Unternehmen ausgeschlossen, die lediglich Handel betreiben.[118] Die Unterscheidung zwischen

---

[111] Vgl. – exemplarisch – BGH Urt. v. 3. 12. 1976 – I ZR 151/751, DB 1977, 1046 – Datenzentrale; OLG Nürnberg Urt. v. 19. 10. 1965 – 3 O 130/64, BB 1966, 1243 – Waschmaschinen-Zentrale; ferner OLG Koblenz Urt. v. 27. 7. 1989 – 6 U 778/89, GRUR 1989, 933 – Bildungszentrum.
[112] BGH Urt. v. 26. 6. 1986 – I ZR 103/84, NJW 1987, 63 f. – Küchen-Center.
[113] So noch die Firmenfibel 1992 des DIHT.
[114] Wie hier MünchKommHGB/*Heidinger* RdNr. 182.
[115] Baumbach/*Hopt* RdNr. 29; vgl. auch die DIHT-Firmenfibel 1992, S. 19.
[116] Vgl. zum folgenden Staub/*Hüffer* RdNr. 56.
[117] Wie hier MünchKommHGB/*Heidinger* RdNr. 132.
[118] So auch MünchKommHGB/*Heidinger* RdNr. 132.

Fabrikations- und reinen Handelsbetrieben erscheint für das allgemeine Publikum wichtig, weil mit Fabrikverkäufen oft besondere Vorteile für Käufer verbunden sind.

Fachgeschäft, Spezialgeschäft. Der älteren Anwendungspraxis zu § 18 Abs. 2 aF zufolge erweckten die Begriffe Fachgeschäft und Spezialgeschäft den Eindruck einer auf Spezialisierung gegründeten gesteigerten Leistungsfähigkeit des Unternehmens; bei Handelsunternehmen wurde ein Ausdruck der gesteigerten Leistungsfähigkeit in einem überdurchschnittlich reichhaltigen Warensortiment und in einer besonders fachkundigen Beratung gefordert.[119] Schon unter der Vorschrift des § 18 Abs. 2 aF – nach der die Gefahr einer Irreführung eines nicht unbeträchtlichen Teiles (etwa 10 bis 15%) der angesprochenen Verkehrskreise für ein Eingreifen des Irreführungsverbots ausreichen sollte – wurde die Berechtigung dieser Anforderungen indes angezweifelt.[120] Unter dem neuen Recht, das auf die verständige Würdigung eines durchschnittlichen Angehörigen der angesprochenen Verkehrskreise abstellt, dürfte nach hiesigem Dafürhalten ein überdurchschnittlich breites Sortiment nicht mehr gefordert werden.[121] Auch Geschäfte, die ein durchschnittlich (oder gar unterdurchschnittlich) breites Warensortiment führen, können auf Grund der Qualität sowohl der angebotenen Produkte als auch der fachlichen Beratung als (im Einzelfall sogar herausragende) Fach- oder Spezialgeschäfte gelten. An zwei Erfordernissen wird man aber festhalten müssen: Die Bezeichnung als Fach- oder Spezialgeschäft weist auf eine Spezialisierung hin. Ein Geschäft ohne derartige Spezialisierung – etwa ein größeres Warenhaus – darf sich mithin nicht als Fach- oder Spezialgeschäft bezeichnen. Zudem ist am Erfordernis einer – durch Ausbildung und Schulung des Personals gewährleisteten – spezialisierten fachlichen Beratung der Kundschaft festzuhalten; hierdurch unterscheiden sich Fach- oder Spezialgeschäfte beispielsweise von beratungsarmen Discountmärkten, wie sie u. a. im Bereich der Unterhaltungselektronik verbreitet sind.

Haus. An den Begriff Haus (Beispiele: Autohaus; Möbelhaus) knüpfte die Anwendungspraxis zu § 18 Abs. 2 aF in früherer Zeit hohe Anforderungen: Während einzelne Entscheidungen zunächst eine „überdurchschnittliche Bedeutung" forderten,[122] sollten nach späteren Entscheidungen immerhin noch Kriterien wie die Breite des Sortiments, die Größe der Verkaufsräume oder die fachliche Qualifikation des Personals über die Zulässigkeit der Firmierung als ‚Haus' entscheiden.[123] Noch unter § 18 Abs. 2 aF hat indessen die Auffassung Anhänger gewonnen, dass der Begriff in der Praxis durch breite Verwendung verwässert worden sei und der Verkehr keine besonderen Vorstellungen mehr mit ihm verbinde.[124] Der Deutsche Industrie- und Handelstag hat den Begriff dementsprechend nicht mehr in die Firmenfibel 1992 aufgenommen. Unter dem großzügigeren Maßstab des § 18 Abs. 2 nF wird man nicht zu einem anderen Ergebnis kommen können. Eine abweichende Beurteilung erscheint möglich, wenn – beispielsweise durch die Kombination mit einem geographischen Zusatz (‚Möbelhaus Südniedersachsen') – eine besondere Bedeutung des Unternehmens suggeriert wird oder wenn von einem ‚Haus' schwerlich die Rede sein kann (Verkaufsbuden, Eckkioske, wohnzimmergroße Ladenlokale ohne Lagerräume).[125]

Institut, Akademie. Der Begriff Institut ist mehrdeutig.[126] Er kann den Eindruck der wissenschaftlichen Betätigung einer Einrichtung erwecken; im Einzelfall kann er auch die Vorstellung von einer öffentlichen Trägerschaft auslösen.[127] Keine der beiden Bedeutungen ist zwingend mit dem Ausdruck verbunden; die rechtliche Beurteilung erfordert eine Ermittlung der Gesamtwirkung der Firma (so schon Staub/*Hüffer* RdNr. 46). Mitunter ergibt sich aus weiteren Firmenbestandteilen, dass eine private nichtwissenschaftliche Betätigung Gegenstand des Unternehmens ist. So sind Bezeichnungen wie Eheanbahnungs-, Schönheits- und Bestattungsinstitut unter § 18 aF grundsätzlich nicht beanstandet worden. In anderen Fällen kann die Bezeichnung Institut als Hinweis auf eine besonderen wissenschaftlichen Ansprüchen gerecht werdende Betätigung (Forschung, Analyse, Therapie) verstanden werden. Ob ein Angehöriger der angesprochenen Verkehrskreise eine Angabe bei ver-

---

[119] OLG Nürnberg Urt. v. 10. 7. 1958 – 3 U 11/58, BB 1959, 251; vgl. auch OLG Stuttgart Urt. v. 15. 6. 1973 – 2 U 23/73, BB 1974, 196 – Küchenspezialgeschäft; Staub/*Hüffer* RdNr. 57 mwN.
[120] Vgl. MünchKommHGB/*Bokelmann* 1. Aufl. RdNr. 98.
[121] Ähnlich MünchKommHGB/*Heidinger* RdNr. 134.
[122] Vgl. KG Beschl. v. 2. 7. 1936 – 1 Wx 214/36, JW 1936, 2660, 2661 – Uhrenhaus Präzision.
[123] Vgl. noch BayObLG Beschl. v. 1. 2. 1990 – BReg. 3 Z 157/89, NJW-RR 1990, 671 – Bürohaus A . . .; vgl. auch die *Leitsätze des DIHT* in BB 1969, 418.
[124] Staub/*Hüffer* RdNr. 65 für Geschäfte zur Deckung des alltäglichen Bedarfs mit Gegenständen des breiten Konsums; wie hier auch MünchKommHGB/*Heidinger* RdNr. 163.
[125] Beispiele nach Staub/*Hüffer* RdNr. 65.
[126] Hierzu eingehend *von Olenhusen* WRP 1996, 1079 ff.
[127] Vgl. aus neuerer Zeit OLG Düsseldorf DB 2004, 1720: die Bezeichnung „Dolmetscher-Institut e. K." sei zur Irreführung geeignet, da sich aus ihr die gewerbliche Natur des Unternehmens nicht ergebe. Vgl. auch OLG Frankfurt/M. NJW-RR 2002. 459; MünchKommHGB/*Heidinger* RdNr. 122 mwN.

ständiger Würdigung in dieser Weise deuten wird, ist im Einzelfall zu ermitteln.[128] Die Bezeichnung als Institut wird bei gleichzeitiger Angabe einer die Anwendung wissenschaftlicher Methoden voraussetzenden Tätigkeit beim Publikum die Vorstellung auslösen, dass tatsächlich nach solchen Methoden gearbeitet wird. Nur wenn dies der Fall ist, erscheint die Firmierung als Institut hier zulässig. So darf sich als Meinungsforschungsinstitut nur bezeichnen, wer in einer Weise Meinungsforschung betreibt, die sozialwissenschaftlichen Anforderungen genügt. Bei Beachtung dieser Anforderungen ist Unternehmen der Privatwirtschaft die Verwendung der Bezeichnung Institut nicht (mehr) grundsätzlich versagt. Angesichts der Verbreitung privatwirtschaftlicher ‚Institute' ist ein Verkehrsverständnis des Inhalts, der Begriff stehe für eine öffentliche oder öffentlich beaufsichtigte Einrichtung, nicht anzunehmen.[129] Wird die Firma vorschriftsmäßig geführt, so ergibt sich aus der nach der Handelsrechtsreform auch für Einzelkaufleute und Personengesellschaften obligatorischen Angabe der Rechtsform die privatrechtliche Qualifikation des Unternehmensträgers. Eine von einem faktischen Schutz der Bezeichnung Institut ausgehende Privilegierung staatlicher Forschungseinrichtungen erschiene mit Blick auf deren zunehmendes Auftreten am Markt für private wissenschaftliche Dienstleistungen auch aus wettbewerbsrechtlichem Blickwinkel fragwürdig.[130]

51 Für die Bezeichnung Akademie gilt ähnliches. Der Begriff weist auf eine Lehreinrichtung mit akademisch geschultem Lehrpersonal hin.[131] Angesichts der Verbreitung privatrechtlich organisierter und privatwirtschaftlich tätiger ‚Akademien' (Beispiel: „Deutsche Anwalt-Akademie GmbH") erscheint es nicht angezeigt, für die Bezeichnung grundsätzlich strengere Maßstäbe anzulegen als für den Begriff Institut.[132] Der gewerbliche Charakter einer Lehranstalt spricht mithin nicht gegen die Zulässigkeit ihrer Bezeichnung als Akademie.[133]

52 Sind die Begriffe Institut und Akademie mithin auch Unternehmen der Privatwirtschaft in den vorbezeichneten Grenzen zugänglich, so dürfen sie doch nicht den Eindruck des Bestehens einer öffentlichen oder unter öffentlicher Aufsicht stehenden Einrichtung erwecken. Dieser Eindruck kann sich im Einzelfall aus der Bezugnahme auf Gebietskörperschaften (‚Nordrhein-Westfälisches Institut für Erwachsenenfortbildung GmbH'; ‚Landesakademie Hessen e. K.') oder aus Wortverbindungen ergeben, die eine Verbindung zu öffentlichen Einrichtungen nahelegen (etwa die mehrdeutige Abkürzung ‚Univ.-'; vgl. zu Fällen einer Erweckung eines amtlichen Eindrucks unten RdNr. 67). In solchen Fällen mag der Schluss auf das Bestehen einer staatlichen oder staatlich überwachten Einrichtung so nahe liegen, dass auch die nach § 19 nF, §§ 4, 279 AktG nF, § 4 GmbHG nF in jedem Fall erforderliche Hinzufügung des Rechtsformzusatzes nicht zur Ausräumung einer Irreführungsgefahr ausreicht.[134] Dagegen erscheint es unangemessen, in Gemeinden mit Universitäten oder anderen wissenschaftlichen Einrichtungen strengere Maßstäbe als an anderen Orten anzulegen.[135]

53 **β) Geographische Angaben.** Geographische Angaben wie die Vor- oder Nachstellung eines Städtenamens oder einer Gebietsbezeichnung wurden in der älteren Anwendungspraxis zu § 18 Abs. 2 aF grundsätzlich nur unter der Voraussetzung als zulässig angesehen, dass dem betreffenden Unternehmen innerhalb des genannten Gebietes eine besondere Bedeutung zukam.[136] In der Praxis ist jedoch seit geraumer Zeit ein Bedeutungswandel zu verzeichnen. Mehr und mehr ist – schon

---

[128] Vgl. OLG Stuttgart Beschl. v. 20. 5. 1960 – 8 W 38/60, BB 1961, 500 – Deutsches Lehrmittel-Institut; OLG Hamm Beschl. v. 20. 10. 1964 – 15 W 229/64, BB 1965, 520 – Institut für kraftfahrtechnische Datenverarbeitung; DIHT-Firmenfibel 1992 S. 21; Staub/*Hüffer* RdNr. 46; Heymann/*Emmerich* RdNr. 34; Röhricht/Graf von Westphalen/*Ammon* RdNr. 51.

[129] Anders im Ausgangspunkt noch BayObLG Beschl. v. 19. 4. 1966 – BReg. 2 Z 11/66, BB 1968, 313; OLG Düsseldorf Urt. v. 25. 7. 1975 – 2 U 104/74, WRP 1976, 317. Vgl. auch Staub/*Hüffer* RdNr. 46 und Röhricht/Graf von Westphalen/*Ammon* RdNr. 51, die – unter § 18 aF – ausführen, der gewerbliche Charakter eines ‚Instituts' müsse sich aus der Gesamtfirma unzweideutig ergeben.

[130] Enger MünchKommHGB/*Heidinger* RdNr. 122: „Institut" sei nach allgemeiner Auffassung ein Begriff des deutschen Hochschulrechts.

[131] Weniger weitgehend die DIHT-Firmenfibel 1992, S. 18: „Fachlich geschultes Personal".

[132] So aber Staub/*Hüffer* RdNr. 49 (mit der seinerzeit sicher zutreffenden Begründung, der Begriff sei zur Bezeichnung gewerblicher Unternehmen nicht eingebürgert); Röhricht/Graf von Westphalen/*Ammon* RdNr. 51; Münch-KommHGB/*Heidinger* RdNr. 122.

[133] Vgl. auch Röhricht/Graf von Westphalen/*Ammon* RdNr. 50: „Die allgemeine Verkehrsauffassung verlangt aber nicht mehr, dass es sich um eine Fortbildungsstätte handelt, bei der die berufliche Förderung des Besuchers nur Selbstzweck, nicht aber Mittel der Gewinnerzielung ist." Anders noch OLG Bremen Beschl. v. 8. 9. 1971 – 2 W 82/71, NJW 1972, 164.

[134] Vgl. OLG Frankfurt a. M. Beschl. v. 27. 4. 2001 – 20 W 84/01, NJW-RR 2001, 459: „Kardiologisches Institut Main-Taunus, Prof. R. & Partner"; ferner OLG Düsseldorf Beschl. v. 16. 4. 2004 – I – 3 Wx 107/04, DB 2004, 1720 zu der Bezeichnung „Dolmetscher-Institut e. K.".

[135] **AA** offenbar (unter § 18 aF) AG Mainz Beschl. v. 9. 7. 1969 – 14 AR 82/69, BB 1969 Beil. 10 S. 8; ebenso Staub/*Hüffer* RdNr. 48.

[136] Vgl. schon die firmenrechtlichen Leitsätze des DIHT in BB 1967, 1100.

unter § 18 Abs. 2 aF – nur darauf abgestellt worden, ob (in einem weiten Sinn) ein realer Bezug zu dem angegebenen Gebiet besteht. Im Einzelnen gilt das Folgende.

Ortsangaben, Gebiets- und Länderbezeichnungen. Bei Aufnahme von Ortsangaben sowie 54 Gebiets- oder Länderbezeichnungen in die Firma (Bestattungsinstitut Sachsenhausen; Meierei Ostholstein) ist auch unter § 18 Abs. 2 nF im Grundsatz das Bestehen eines realen Bezuges zu dem bezeichneten Ort bzw. Gebiet zu fordern. Die Nennung eines Städtenamens oder einer Region impliziert regelmäßig, dass das so bezeichnete Unternehmen seinen Sitz in dem betreffenden Gebiet habe; trifft dies nicht zu, so ist die Firma in der Regel zur Irreführung geeignet.[137] Bei der Beurteilung dürfen – jedenfalls unter § 18 Abs. 2 nF – keine kleinlichen Maßstäbe angelegt werden: Versteht der Rechtsverkehr unter der Bezeichnung einer Großstadt nicht deren Stadtgebiet im Sinne der politischen Grenzen, sondern ihren Wirtschaftsraum, so ist ein Sitz in einer diesem Raum zugehörenden Gemeinde als ausreichend zu erachten.[138] Auch bei der Verlegung des Verwaltungssitzes eines Unternehmens aus dem Gebiet einer in der Firma genannten Gemeinde in einen angrenzenden Ort ist die Firma nicht notwendigerweise zu ändern.[139] Im Übrigen ist zu beachten, dass eine Orts- oder Gebietsangabe nicht in allen Fällen im Sinne eines Hinweises auf den Sitz des Unternehmens verstanden wird. Statt dessen kann sie eine Bezugnahme auf die Herkunft angebotener Waren beinhalten: Die für ein Stuttgarter Einzelhandelsgeschäft verwendete Firma „Schwarzwald-Bauern-Spezialitäten H-GmbH" wird das allgemeine Publikum bei verständiger Würdigung nicht im Sinne eines Hinweises auf den Sitz des Unternehmens verstehen.[140] Dies gilt erst recht, soweit geographische Herkunftsbezeichnungen durch Änderung der Verkehrsauffassung zu Gattungsbezeichnungen geworden sind: Eine Firma, die die Bezeichnung „Dresdner Christstollen" enthält, wird, da diese Begriff nicht mehr im Sinne eines Herkunftshinweises verstanden wird,[141] auch nicht als Bezugnahme auf einen Unternehmenssitz zu verstehen sein. Für den rechtlichen Schutz geographischer Herkunftsangaben ist im Übrigen auf §§ 126 ff. MarkenG und das einschlägige Schrifttum hierzu zu verweisen.

Ob eine Orts-, Gebiets- oder Länderangabe darüber hinaus als Hinweis auf eine besondere 55 Bedeutung des Unternehmens innerhalb des betreffenden Wirtschaftsraums zu verstehen und eine entsprechende Firmierung daher bei Fehlen einer solchen Bedeutung unzulässig sei, war schon unter § 18 Abs. 2 aF zweifelhaft. Während die ältere Anwendungspraxis häufig zur Erforderlichkeit einer besonderen Bedeutung kam,[142] zeigte die Beurteilung in Rechtsprechung und Schrifttum in jüngerer Zeit Unsicherheit. Teile der Literatur wollten in der Regel eine wirtschaftliche Betätigung in dem betreffenden Gebiet ausreichen lassen, hielten also eine führende Stellung oder besondere Bedeutung des Unternehmens grundsätzlich nicht für erforderlich.[143] Andere meinten, eine Orts- oder Gebietsangabe impliziere bei einer Verwendung in attributiver Form (‚Münchener Bank AG') die Bedeutung einer Sonderstellung.

Bei Anlegung des großzügigeren Maßstabes des § 18 Abs. 2 nF (Maßgeblichkeit der Sicht nicht 56 mehr eines nicht unerheblichen Teils der angesprochenen Verkehrskreise, sondern ihrer ‚durchschnittlichen Angehörigen'; Hinzutreten des Kriteriums der ‚verständigen Würdigung') erscheint folgende Bewertung angemessen: Wer eine geographische Angabe in seine Firma aufnimmt, behauptet damit regelmäßig eine wirtschaftliche Betätigung in dem betreffenden Gebiet. Eine solche Aktivität muss bei Neugründungen nicht notwendigerweise schon gegeben sein; das Unternehmen muss aber nach Zuschnitt und Ausstattung zu einer entsprechenden Tätigkeit imstande sein.[144]

---

[137] So schon zu § 18 Abs. 2 aF: Heymann/*Emmerich* RdNr. 45; zu § 18 Abs. 2 nF Röhricht/Graf von Westphalen/ *Ammon* RdNr. 68. Vgl. auch MünchKommHGB/*Heidinger* RdNr. 143: zu fordern sei, dass zu dem geographischen Begriff „überhaupt ein im weitesten Sinne realer Bezug" bestehe.
[138] Vgl. zu einem Fall dieser Art OLG Zweibrücken Beschl. v. 19. 1. 1990 – 3 W 119/90, NJW-RR 1991, 1509.
[139] Vgl. schon OLG Stuttgart Beschl. v. 29. 6. 1973 – 8 W 14/73, OLGZ 1973, 410, 412; anders Heymann/*Emmerich* RdNr. 45.
[140] Vgl. hierzu BGH Beschl. v. 1. 3. 1982 – II ZB 9/81, NJW 1982, 2446.
[141] Vgl. BGH Urt. v. 12. 1988 – I ZR 160/86, BGHZ 106, 101 = NJW 1989, 1804 – Dresdner Stollen I; BGH Urt. v. 1. 2. 1990 – I ZR 108/88, NJW-RR 1990, 744 – Dresdner Stollen II.
[142] Exemplarisch: BayObLG Beschl. v. 9. 9. 1958 – BReg. 2 Z 116/58, NJW 1959, 47 – Deutsche Gesellschaft für Außenwerbung; ähnlich noch OLG München Urt. v. 13. 7. 1989 – 29 U 6324/88, NJW-RR 1990, 300 – Deutsche Kreditkarte; eingehende Nachweise bei Staub/*Hüffer* RdNr. 58 f.
[143] Vgl. auch Heymann/*Emmerich* RdNr. 45. Vgl. im Ü-brigen BGH Urt. v. 19. 10. 1989 – 1 ZR 193/87, NJW-RR 1990, 228 – Treuhand Bad S.-GmbH Steuerberatungsgesellschaft; BayObLG Beschl. v. 1. 2. 1990 – BReg. 3 Z 57/89, NJW-RR 1990, 671 – Bürohaus A. . . .
[144] In diesem Sinne BGH Urt. v. 29. 10. 1969 – I ZR 63/68, BGHZ 53, 339, 343 = NJW 1970, 1364 (für die Bezeichnung „Euro-Spirituosen"); BGH Urt. v. 13. 11. 1981 – I ZR 2/80, DB 1982, 691 – Allgemeine Deutsche Steuerberatungsgesellschaft; Röhricht/Graf von Westphalen/*Ammon* RdNr. 71. Noch großzügiger MünchKommHGB/ *Heidinger* RdNr. 112: Es müsse nur ein im weitesten Sinne realer Bezug zu dem Gebiet bestehen.

,Norddeutscher Versicherungskontor e. K.' darf sein Unternehmen also nicht nennen, wer von vornherein nur zur Bedienung einer einzigen Gemeinde imstande ist. Je größer das in Bezug genommene Gebiet ist, umso weiter steigen die Anforderungen an Zuschnitt und Ausstattung des Unternehmens. Im Übrigen ist bei den Anforderungen in Abhängigkeit vom Wirtschaftszweig zu differenzieren: Ein Versandhandelsunternehmen kann mit geringerem Aufwand das gesamte Bundesgebiet bedienen als beispielsweise ein mit Außendienstmitarbeitern arbeitendes Vertriebsunternehmen.

57   Eine über das Gesagte hinausgehende generalisierende Aussage des Inhalts, geographische Angaben implizierten die Behauptung einer in dem Gebiet bestehenden Spitzenstellung oder besonderen Bedeutung, ist nach hier vertretener Auffassung unter § 18 Abs. 2 nF nicht möglich. In besonders gelagerten Fällen kann eine verständige Würdigung der in der Firma enthaltenen Angaben aber eine Interpretation im Sinne des Bestehens einer Spitzenposition oder Alleinstellung nahelegen. Diese Bewertung kommt beispielsweise bei Verwendung eines bestimmten Artikels vor der geographischen Angabe in Betracht: Die Firma ‚Das Blankeneser Blumenhaus e. K.' kann im Sinne der Behauptung einer Alleinstellung oder besonderen Bedeutung verstanden werden.

58   Das Gesagte gilt auch, soweit Orts- oder Gebietsangaben zur Kennzeichnung von **Zweigniederlassungen** oder **Tochtergesellschaften** verwendet werden. In Rechtsprechung und Schrifttum zu § 18 Abs. 2 aF fand sich die Aussage, die Bezeichnung als ‚deutsch' sei ausnahmsweise auch zur Kennzeichnung der inländischen Tochtergesellschaft eines ausländischen Unternehmens zulässig („Deutsche Fiat").[145] Auf der Grundlage des hier eingenommenen Standpunktes besteht kein Anlass zur Herausbildung einer Sonderregel für derartige Fälle. Die Bezeichnung als ‚deutsch' impliziert bei Fehlen besonderer Umstände nicht die Behauptung einer Sonderstellung auf dem deutschen Markt. Voraussetzung für die Zulässigkeit des Gebrauchs ist aber grundsätzlich, dass das Unternehmen nach Ausstattung und Zuschnitt zur Bedienung des deutschen Marktes imstande ist. Ist dies bei der inländischen Tochtergesellschaft eines ausländischen Unternehmens der Fall, so erscheint die Angabe ‚deutsch' in der Firma zulässig. Entsprechendes gilt für die Angabe kleinerer Gebiete in der Firma von Niederlassungen oder Tochtergesellschaften. Eine andere Beurteilung ist angezeigt, soweit die Angabe auf Grund der besonderen Umstände des Falles – etwa infolge einer durch Kombination mit anderen Firmenbestandteilen eintretenden Erweckung des Anscheins einer besonderen Marktstellung – eine Irreführungsgefahr im Sinne des § 18 Abs. 2 HGB nF begründet. Unzulässig ist die Verwendung des Attributs ‚deutsch' oder einer anderen auf eine Gebietskörperschaft hinweisenden Bezeichnung auch, wenn ausnahmsweise – insbesondere durch Verknüpfung mit weiteren Firmenbestandteilen – der unzutreffende Eindruck einer staatlichen oder staatsnahen Einrichtung erweckt wird (hierzu auch unten RdNr. 67). Andererseits können Gebietsbezeichnungen auch bei Fehlen eines auf eine wirtschaftliche Betätigung im Gesamtgebiet gerichteten Zuschnitts zulässig sein, wenn sie nach den Umständen des Falles nicht in diesem Sinne zu verstehen sind. Als Beispiele können neben der eingangs in Bezug genommenen Firma „Schwarzwald-Bauern-Spezialitäten H-GmbH" die Bezeichnungen „Sparkasse Bodensee",[146] „Bodensee-Sanatorium" als Hinweis auf die „klimatische Lage" einer Heilstätte[147] sowie „Franz Richter, Autobusreisen Deutschland" für ein Busreiseunternehmen mit örtlicher Bedeutung, das Reisen in das gesamte Bundesgebiet unternimmt,[148] genannt werden.

59   **International, Europäisch, Inter, Euro.** Das zu Orts-, Gebiets- und Länderangaben Gesagte gilt im Grundsatz auch für die Bezeichnungen International und Europäisch. Solche Bezeichnungen werden im Allgemeinen nicht (mehr) in dem Sinn verstanden, dass das so firmierende Unternehmen in dem betreffenden Gebiet oder auf einem solchen Markt eine herausgehobene Position habe. Vielmehr vermitteln derartige Angaben häufig nur den Eindruck eines nach Zuschnitt und Ausstattung den Anforderungen des betreffenden Marktes entsprechenden und auf diesem Markt auch tatsächlich aktiven Unternehmens.[149] Sie können aber auch – vom Kontext abhängig – eine Aussage (nur) in Bezug auf die von dem Unternehmen offerierten Waren oder Dienstleistungen enthalten: Firmiert ein Spirituosenhändler unter ‚Spirit Europäische Spirituosen e. K.', so liegt bei verständiger

---

[145] Vgl. BayObLG Beschl. v. 9. 9. 1958 – BReg. 2 Z 116/58, NJW 1959, 47; ferner Staub/*Hüffer* RdNr. 61.
[146] OLG Stuttgart Beschl. v. 3. 7. 2003 – 8 W 425/02, Rpfleger 2004, 226.
[147] BayObLG Beschl. v. 31. 1. 1978 – BReg. 3 Z 15/77, BB 1978, 1335.
[148] Beispiel nach MünchKommHGB/*Heidinger* RdNr. 149. Vgl. allerdings aus neuerer Zeit OLG Frankfurt a. M. Beschl. v. 10. 1. 2005 – 20 W 106/04, DB 2005, 1732, wo Unzulässigkeit der Firma „Hessen-Nassauische Grundbesitz Aktiengesellschaft" für ein in Wiesbaden ansässiges Unternehmen angenommen wurde.
[149] So für den Zusatz ‚Euro' bereits BGH vom 29. 10. 1969 – I ZR 63/68, BGHZ 53, 339, 343 = NJW 1970, 1364 („Euro-Spirituosen"); vgl. auch BGH Urt. v. 16. 1. 1997 – I ZR 225/94, NJW 1997, 2817 („Euromint"); BayObLG Beschl. v. 2. 4. 1965 – BReg. 2 Z 1/65, BB 1966, 1246 („Auto Vermietung ... international"); OLG Stuttgart Beschl. v. 28. 11. 1968 – 2 W 32/68, GRUR 1970, 36, 37 – INTERBAU – Interessengesellschaft für rationelles Bauen mbH"; LG Darmstadt Beschl. v. 21. 12. 1998 – 22 T 10/98 GmbHR 1999, 482. Vgl. auch (zu § 18 aF) Heymann/*Emmerich* RdNr. 48.

Würdigung kein Rückschluss auf das geographische Betätigungsfeld und den Zuschnitt des Unternehmens nahe, sondern ein solcher auf die Herkunft der angebotenen Erzeugnisse aus verschiedenen europäischen Staaten.[150] Ebenso kann es sich bei dem Firmenbestandteil ‚international' verhalten: Die Firma ‚Helene Ruch Internationale Mode e. K.' deutet nicht auf eine grenzüberschreitende Absatztätigkeit, sondern auf die internationale Herkunft der angebotenen Ware hin. Ein solches auf die Provenienz des Angebotes bezogenes Verständnis liegt insbesondere in den Fällen nahe, in denen die Zusätze ‚europäisch' oder ‚international' als Attribut der auf bestimmte Waren oder Dienstleistungen bezogenen Gegenstandsbezeichnung einer Sachfirma erscheinen (weiteres Beispiel: ‚Bücherwurm europäische Bücher e. K.'). Bezieht das Attribut sich dagegen auf das Unternehmen, so liegt ein Verständnis als Aussage betreffend dessen Zuschnitt und Betätigungsraum näher (Beispiel: ‚Bücherwurm Europäischer Versandbuchhandel e. K.').

Ob die Abkürzungen ‚Inter' (zB in der Wortkombination Interhandel, Intermedia) und ‚Euro' (‚Euromarkt') den Begriffen ‚international' und ‚europäisch' gleichzustellen sind, kann zweifelhaft erscheinen. Die Meinungen zu § 18 aF waren in Bezug auf die Beurteilung solcher Bezeichnungen gespalten.[151] Nach hiesigem Dafürhalten wird man angesichts der beschriebenen Mehrdeutigkeit der Bezeichnungen und der durch ihre Weiterverbreitung eingetretenen Verwässerung ihres Bedeutungsgehaltes nicht ohne Feststellungen im Einzelfall annehmen können, dass die Bezeichnungen ‚Inter' und ‚Euro' besondere Assoziationen bezüglich Art und Zuschnitt des Unternehmens resp. Provenienz des Angebots auslösen.[152]

γ) **Akademische Grade und andere Qualifikationsbezeichnungen.** Bei der Verwendung akademischer Grade in einer Personenfirma hat die Rechtsprechung in der Vergangenheit verhältnismäßig strenge Maßstäbe angelegt.[153] Auch nach der mit der Handelsrechtsreform 1998 verbundenen Veränderung der firmenrechtlichen Prüfkriterien besteht kein Anlass, von dieser Praxis in grundlegender Weise abzuweichen; ob ein Gewerbetreibender einen akademischen oder andersartigen berufsqualifizierenden Abschluss in einem für seinen Berufszweig maßgebenden Ausbildungsfach innehat, ist nicht nur für einen ‚nicht unerheblichen Teil', sondern auch für einen ‚durchschnittlichen Angehörigen' der angesprochenen Verkehrskreise ‚bei verständiger Würdigung' (Kriterium des § 18 Abs. 2 nF) wesentlich.[154] Im Einzelnen ist daher weiterhin von Folgendem auszugehen.

Ein **Doktortitel** darf in die Personenfirma aufgenommen werden. Entsprechendes gilt – obgleich es sich hierbei nach deutschem Rechtsverständnis nicht um einen Titel, sondern um eine Berufs- oder Amtsbezeichnung handelt[155] – für die Bezeichnung **Professor**.[156] Voraussetzung für die Zulässigkeit der Firmenbildung ist, dass die die Bezeichnung führende natürliche Person zum Kreise derjenigen Personen zählt, deren bürgerlicher Name in der Firma genannt werden darf (hierzu schon oben RdNr. 11) und dass die Führung berechtigt erfolgt. Die Angabe der die Bezeichnung verleihenden Fakultät (Dr. iur., Prof. Ing.) ist zulässig, aber grundsätzlich nicht erforderlich. Sie ist vonnöten, wenn der Rechtsverkehr anderenfalls aus der Art der Geschäftstätigkeit fälschlich auf die Zugehörigkeit zu einer bestimmten Fakultät schließt. Wer ein pharmazeutisches Unternehmen führt, darf einen philologischen Professoren- oder Doktortitel nicht ohne Fakultätsbezeichnung in die Firma aufnehmen.[157] Unbedenklich ist die Führung eines Doktortitels oder eine Professorenbezeichnung ohne Fakultätsangabe dagegen, wenn die Unternehmenstätigkeit eine akademische Qualifikation nicht voraussetzt: Ein Rundfunkgerätehändler darf einen ihm zustehenden medizinischen Doktor-Titel ohne Angabe der Fakultät in die Firma aufnehmen.[158] Das bisher Gesagte gilt im Grundsatz auch für andere akademische Grade (Beispiele: Dipl.-Ing.; M. A.).

---

[150] Vgl. aber zu einer abweichenden Würdigung des Firmenbestandteils „Euro-Spirituosen" durch den BGH das Urt. v. 29. 10. 1969, aaO (vorige Note), S. 343: Eindruck eines „nach Größe und Marktstellung den Verhältnissen des europäischen Marktes entsprechenden Unternehmens"; für grundsätzliche Unbedenklichkeit der Bezeichnung „European" nach dem HRefG 1998 OLG Hamm Beschl. v. 26. 7. 1999 – 15 W 51/99, OLGR 1999, 343 = DB 1999, 2002; vgl. auch LG Darmstadt GmbHR 1999, 482 und LG Stuttgart BB 2000, 1213.
[151] Für eine Gleichstellung mit den Langformen ‚international' bzw. ‚europäisch' BGH Urt. v. 16. 1. 1997 – I ZR 225/94, NJW 1997, 2817, 2818 – Euromint; vgl. auch Heymann/*Emmerich* RdNr. 48.
[152] Ähnlich OLG Hamm Beschl. v. 26. 7. 1999 – 15 W 51/99, OLGR 1999, 343 = DB 1999, 2002: nach HRefG 1998 grundsätzliche Unbedenklichkeit der Bezeichnung „Euro".
[153] Zusammenfassung bei Staub/*Hüffer* RdNr. 39 bis 41; Heymann/*Emmerich* RdNr. 29 bis 31; Röhricht/Graf von Westphalen/*Ammon* RdNr. 41 bis 47.
[154] Ebenso MünchKommHGB/*Heidinger* RdNr. 108.
[155] Vgl. *Hillmann* VerwArch 1988, 370 ff.; *Hönn* ZHR 153 (1989), 386, 390 f.
[156] Vgl. zur Führung eines Professorentitels BGH Urt. v. 9. 4. 1992 – I ZR 240/90, BGHZ 118, 53 = NJW 1992, 2358 (zu § 3 UWG).
[157] OLG München Beschl. v. 30. 11. 1938 – 8 Wx 408/38, JFG 18, 371: Prof. Dr. phil. führte Handel mit medizinisch-kosmetischen Präparaten unter Angabe des Professoren- und des Dr.-Titels ohne Fakultätszusatz.
[158] BGH Urt. v. 13. 4. 1959 – II ZR 39/58, LM § 18 Nr. 1.

63 Akademische Grade sowie Dienst- oder Amtsbezeichnungen sind in der Firma **so wiederzugeben, wie sie verliehen worden sind.** Wer den Grad ‚Dipl.-Ing. (FH)' verliehen bekommen hat (vgl. § 18 HRG), darf bei der Firmenbildung nicht auf den auf einen Fachhochschulabschluss hinweisenden Klammerzusatz verzichten. Bei ausländischen akademischen Graden kommt das Erfordernis der **Nostrifikation** hinzu: Die Führung eines ausländischen akademischen Grades im Inland setzt die Genehmigung des zuständigen Kultusministeriums voraus.[159] Die Genehmigung wird nur erteilt, wenn die Verleihung des Grades durch eine mit entsprechenden deutschen Hochschulen vergleichbare Bildungseinrichtung erfolgt ist.[160] Sie wird ggf. zur Führung in der Form des Ursprungslandes, nicht in einer deutschen Übersetzung erteilt; gleiches gilt für Abkürzungen. Zudem ist die Angabe der verleihenden Institution erforderlich.[161]

64 Die **Fortführung einer mit einem akademischen Grad gebildeten Firma** ist zulässig, wenn der Fortführende bzw. ein Gesellschafter, dessen Name für die Bildung einer Personenfirma herangezogen werden könnte (hierzu oben RdNr. 11), zur Führung einer entsprechenden Bezeichnung berechtigt ist. In diesem Fall wird der Rechtsverkehr nicht über die Beteiligung eines mit einem entsprechenden Grad versehenen Akademikers getäuscht. Eine Übereinstimmung der verleihenden Fakultäten ist nur zu fordern, wenn es für den Rechtsverkehr auf diese ankommt: Führt ein Doktor der Rechte den zuvor von einem promovierten Mediziner betriebenen Rundfunkgerätehandel fort, so ist entsprechend dem oben Gesagten die Fakultätsangabe entbehrlich; in diesem Fall darf mangels einer wesentlichen Bedeutung für den Rechtsverkehr auch eine in der Firma enthaltene Bezeichnung (‚Dr. med.') fortgeführt werden. Die Fortführung einer Doktorfirma durch einen Nichtpromovierten ist zulässig, wenn die Gefahr einer Irreführung durch einen Nachfolgezusatz ausgeräumt wird.[162] Für Einzelheiten des Rechts der Firmenfortführung ist auf die Erläuterungen zu §§ 21 bis 24 zu verweisen.

65 Bei **Berufsbezeichnungen** ist zu unterscheiden: Soweit derartige Bezeichnungen gesetzlich geschützt sind (zB Arzt, Steuerberater, Wirtschaftsprüfer), dürfen sie in einer Firma nur von Personen geführt werden, die die gesetzlichen Voraussetzungen erfüllen. Da geschützte Berufsbezeichnungen vornehmlich im Recht der freien Berufe bestehen, für deren originäre Betätigung wegen Fehlens der Gewerbeeigenschaft eine Firmenbildung nicht in Betracht kommt (Ausnahme: Bei der AG oder GmbH, wo eine gewerbliche Betätigung nicht vorausgesetzt wird), tritt die Frage in erster Linie bei Abwandlungen der Berufsbezeichnung auf (Beispiel: ‚Analyticon ärztliches Labor GmbH'). Angelehnte Bezeichnungen, die als solche nicht geschützt sind, können wegen einer – im Einzelfall festzustellenden – Irreführungseignung in den Anwendungsbereich des § 18 Abs. 2 nF fallen (Beispiele: Industrieanwalt, technischer Anwalt, Steueranwalt, Geschäftsanwalt, Handelsanwalt, Praxisanwalt).[163] Berufsbezeichnungen, die nicht gesetzlich geschützt sind, sind grundsätzlich frei zugänglich.[164] Auch ihre Verwendung kann freilich, wenn sie im Einzelfall den unzutreffenden Eindruck einer besonderen, für die ausgeübte Tätigkeit bedeutsamen Qualifikation hervorrufen, zur Irreführung im Sinne des § 18 Abs. 2 nF geeignet sein (vgl. – unter § 18 Abs. 2 aF – Staub/*Hüffer* RdNr. 41). Für die insofern maßgebenden Kriterien ist auf die Ausführungen in RdNr. 40 ff. zu verweisen.

66 **δ) Weitere Beispiele.** Im Zusammenhang der vorstehend behandelten Beispiele ist deutlich geworden, dass die mit der Handelsrechtsreform 1998 eingetretene Maßstabsveränderung die firmenrechtliche Beurteilung je nach Fallgestaltung in unterschiedlichem Maße beeinflusst. Dies wird auch für andere Gestaltungen anzunehmen sein. Unter § 18 Abs. 2 aF wurde angenommen, in der Firma offen (etwa durch die Angabe eines Gründungsjahres) oder verdeckt (etwa durch die Bezeichnung ‚preußisch') enthaltene Aussagen über das **Alter des Unternehmens** seien im Fall ihres Nichtzutreffens zur Irreführung geeignet.[165] Dieser rechtlichen Beurteilung wird man auch nach der Handelsrechtsreform folgen können, freilich mit der durch § 18 Abs. 2 nF geforderten Einschrän-

---

[159] Vgl. §§ 2 und 3 des als Landesrecht fortgeltenden Gesetzes über die Führung akademischer Grade vom 7. 6. 1939, RGBl. I S. 985; zum Ganzen Hönn ZHR 153 (1989), 386, 392 f.
[160] Vgl. BVerwG Beschl. v. 18. 6. 1987 – 7 B 121/87, NVwZ 1988, 365 (zu einem von der ‚Pacific Western University' verliehenen Titel eines ‚Doctor of Philosophy in Economics'); BVerwG Beschl. v. 3. 12. 1987 – 1 B 135/86, NVwZ 1988, 366 (zu einem von einer Universität in Guatemala verliehenen Grad eines ‚Profesor Extraordinario de Ginecologia').
[161] Eingehend hierzu *Hönn* ZHR 153 (1989), 386, 393 mwN.
[162] BGH Urt. v. 2. 10. 1997 – I ZR 105/95, NJW 1998, 1150. Vgl. Zum Ganzen auch MünchKommHGB/*Heidinger* RdNr. 112.
[163] Vgl. zur Beurteilung dieser Bezeichnungen unter § 3 UWG aF schon RG Urt. v. 19. 11. 1929 – II 142/29, HRR 1930, 323; zur Würdigung nach § 18 Abs. 2 aF Staub/*Hüffer* RdNr. 40.
[164] Vgl. *Hönn* ZHR 153 (1989), 386, 392.
[165] Vgl. Staub/*Hüffer* RdNr. 52.

kung, dass die irreführende Angabe sich auf geschäftliche Verhältnisse beziehen muss, die für die angesprochenen Verkehrskreise wesentlich sind. Dies wird man bei der Angabe des Alters eines Herstellers von Traditionsprodukten wie zB Sekt oder Porzellan anzunehmen haben. Hier ist wegen der durch die Altersangabe ausgelösten Erwartungen des Publikums sogar zu fordern, dass auch die Herstellung des Produktes durch das Unternehmen auf den fraglichen Zeitraum zurückgeht und ohne nennenswerte Unterbrechung bis zur Gegenwart fortgeführt worden ist.[166] Als ‚Sektkellerei E. Gründel seit 1873' darf ein Unternehmen also nicht firmieren, wenn im angegebenen Jahr lediglich eine Weinhandlung eröffnet und die Schaumweinproduktion erst später aufgenommen worden ist. In Branchen, bei denen das Publikum dem Alter des Unternehmens keine Bedeutung beimißt, wird dagegen auch bei fehlerhaften Altersangaben keine Eignung zur Irreführung über *wesentliche geschäftliche Verhältnisse* angenommen werden können. Zweifeln begegnet unter diesem Gesichtspunkt eine von 2005 datierende Entscheidung des OLG Frankfurt a. M., die bei einem neu gegründeten Unternehmen die Unzulässigkeit der Firma „Hessen-Nassauische Grundbesitz AG" mit der Begründung annahm, der Rechtsverkehr erwarte bei dieser Bezeichnung ein Traditionsunternehmen.[167]

Die Firma darf keine Angaben enthalten, die unzutreffend das Bestehen besonderer **Beziehungen zum Staat oder zu anderen öffentlichen Einrichtungen** suggerieren. Der Rechtsverkehr begegnet staatlichen Stellen und Unternehmen der öffentlichen Hand oft mit größerem Vertrauen als privatwirtschaftlichen Unternehmungen. Der amtliche Charakter einer Einrichtung kann daher auch in Zeiten der Privatisierung und der Deregulierung noch ein für das Publikum ‚wesentliches Verhältnis' darstellen, die diesbezügliche Irrtumseignung einer Firma mithin unter § 18 Abs. 2 nF fallen. Wie unter § 18 Abs. 2 aF ist daher auch künftig davon auszugehen, dass als ‚Amtliches Reisebüro' nur firmieren darf, wer mit offizieller Genehmigung amtliche Aufgaben wahrnimmt.[168] Ein Verlagshaus darf sich bei Fehlen besonderer Beziehungen zu der örtlichen Universität nicht ‚Universitätsverlag' nennen.[169] Eine andere Beurteilung ist angezeigt, wo die Bezeichnung als Hinweis auf eine räumliche Nähe oder auf die Zusammenstellung des Sortiments verstanden werden kann: Gegen die Wahl der Bezeichnung ‚Universitäts-Café' durch einen privaten Gastronomen ist nichts einzuwenden, und auch die Angabe ‚Universitäts-Buchhandlung' wird vom Publikum möglicherweise nicht im Sinne einer organisatorischen Beziehung zur örtlichen Hochschule verstanden.[170] Die bloße Nennung der Namen von Gebietskörperschaften (zB Gemeinde- oder Ländernamen) in der Firma führt regelmäßig nicht zur Erweckung des Anscheins einer amtlichen Betätigung. Ein anderes kann aus dem Zusammenspiel mit weiteren mehrdeutigen Bezeichnungen wie zB Institut folgen (vgl. hierzu RdNr. 50 – Stichwort Institut; allgemein zur Beurteilung geographischer Zusätze RdNr. 53 ff.).

Die Verwendung des Begriffs **gemeinnützig** unterliegt Beschränkungen. Nach der abgabenrechtlichen Legaldefinition des § 52 Abs. 1 AO setzt Gemeinnützigkeit voraus, dass die Allgemeinheit auf materiellem, geistigem oder sittlichem Gebiet selbstlos gefördert werden soll. Eine Förderung der Allgemeinheit ist nicht gegeben, wenn der Kreis der Personen, dem die Förderung zugute kommt, fest abgeschlossen ist. Bei Vorliegen der genannten Voraussetzungen sind gem. § 52 Abs. 2 AO bestimmte Betätigungen als gemeinnützig anzuerkennen, zB die Förderung von Wissenschaft und Forschung, Bildung und Erziehung, Kunst und Kultur, der Religion, der Völkerverständigung, der Entwicklungshilfe, des Umwelt-, Landschafts- und Denkmalschutzes und des Heimatgedankens (Nr. 1; vgl. zu weiteren anerkannten Zwecken Nr. 2 bis 4). Die Firma darf einen Hinweis auf die Gemeinnützigkeit (etwa: ‚gemeinnützige GmbH') nur unter der Voraussetzung enthalten, dass diese im Sinne der §§ 51 ff. AO nachgewiesen ist.[171] Die Bezeichnungen **„Partnerschaft"** und **„und Partner"** sind grundsätzlich Partnerschaften nach dem PartGG vorbehalten.[172] Gesellschaften, die

---

[166] Vgl. OLG München Urt. v. 2. 2. 1989 – 6 U 2997/84, GRUR 1989, 620 (zu § 3 UWG); zur registerrechtlichen Beurteilung dieses Falles: BayObLG Beschl. v. 3. 4. 1985 BReg. 3 Z 233/84, MDR 1985, 677. Vgl. ferner bereits BGH Urt. v. 31. 5. 1960 – I ZR 16/59, NJW 1960, 1856; BGH Urt. v. 11. 7. 1980 – I ZR 105/78, GRUR 1981, 69 (Übernahme einer jüngeren Filialkette durch ein Unternehmen der Juwelier- und Uhrmacherbranche, das die Bezeichnung „seit 1863" in der Firma führte).
[167] OLG Frankfurt a. M. Beschl. v. 10. 1. 2005 – 20 W 106/04, DB 2005, 1732.
[168] Vgl. Leitsatz des DIHT BB 1966, 475; Staub/*Hüffer* RdNr. 44; MünchKommHGB/*Heidinger* RdNr. 117.
[169] Vgl. OLG Oldenburg Beschl. v. 5. 10. 1972 – 5 Wx 41/72, BB 1975, Beil. 12 S. 18 – Universitätsverlag Osnabrück.
[170] Für Zulässigkeit daher Staub/*Hüffer* RdNr. 45.
[171] Vgl. MünchKommHGB/*Heidinger* RdNr. 139 (unter Verweis auf unveröffentlichten Beschl. des OLG Celle vom 10. 3. 1987 – 1 W 8/87).
[172] Hierzu BGH Beschl. v. 21. 4. 1997 – II ZB 14/96 NJW 1997, 1854; zur Vereinbarkeit mit der Regelung mit dem GG und Europarecht KG NJW-RR 2004, 976 = GmbHR 2004, 1024.

eine solche Bezeichnung bei Inkrafttreten dieses Gesetzes geführt haben, ohne Partnerschaften zu sein, dürfen die Bezeichnung seit Ablauf einer zweijährigen Übergangsfrist nur weiterführen, wenn sie einen Hinweis auf ihre Rechtsform hinzufügen (§ 11 PartGG).[173] Nach einem aus dem Jahr 2005 datierenden Beschluss des OLG Frankfurt/M. soll aber bei einem überwiegendem Interesse der Gesellschaft der Zusatz „& Partner" ausnahmsweise auch bei einer nach Inkrafttreten des Gesetzes gebildeten Form zulässig sein.[174] Auch andere Angaben, die auf eine Rechtsform hinweisen, können irreführen. So ist die Bezeichnung einer in der Rechtsform der GbR geführten Freiberufler-Sozietät als **„Gesellschaft bürgerlichen Rechts mit beschränkter Haftung"** oder als **„GbRmbH"** unzulässig, da sie den Eindruck eines gesetzlich normierten Gesellschaftstyps vermittelt, bei dem die Haftungsbeschränkung gesetzliche Folge des gewählten Gesellschaftstyps ist.[175] Ebenso unzulässig ist die Firmierung eines Einzelkaufmanns als **„Company e. K."**, da sie den unzutreffenden Eindruck des Bestehens eines Gesellschaftsverhältnisses vermittelt.[176]

69 2. Verfahrensbezogene Regelung (Abs. 2 Satz 2). Im Verfahren vor dem Registergericht wird die **Eignung zur Irreführung** nur berücksichtigt, wenn sie **ersichtlich** ist. Mit dieser in Abs. 2 Satz 2 angeordneten Einschränkung wird das mit dem Handelsrechtsreformgesetz 1998 verfolgte Ziel der Deregulierung des Firmenrechts (hierzu § 17 RdNr. 4) im registergerichtlichen Verfahren realisiert. Nach der Gesetzesbegründung soll eine Entlastung der Gerichte und eine Beschleunigung des Eintragungsverfahrens dadurch erreicht werden, dass im Registerverfahren bei der Prüfung der Irreführungseignung nur ein „Grobraster" angelegt wird. Im registergerichtlichen Verfahren solle nur verhindert werden, dass ersichtlich irreführende Firmenbestandteile zur Eintragung gelangen, dh solche, bei denen die Täuschungseignung nicht allzu fern liege und ohne umfangreiche Beweisaufnahme bejaht werden könne. Eine weitergehende Prüfung könne zivil- und wettbewerbsrechtlichen Streitverfahren vorbehalten bleiben (Begründung zum Gesetzentwurf der Bundesregierung, BT-Drucks. 13/8444, BR-Drucks. 340/97 S. 54). Die neue Vorschrift hat im Schrifttum ein geteiltes Echo gefunden. Ihr ist entgegengehalten worden, mit dem Erfordernis der Ersichtlichkeit werde eine Selbstverständlichkeit zum Ausdruck gebracht;[177] ein Registergericht könne eine Firma nicht beanstanden, wenn ihm das mit ihr zusammenhängende „Problem" nicht ersichtlich sei.[178] Dieser Einwand verkennt aber, dass Abs. 2 Satz 2 nicht auf die Ersichtlichkeit des „Problems", sondern auf die der Irreführungseignung abstellt. Nicht jeder Zweifel an der Zulässigkeit der Firmenbildung gibt also Anlass, eine Eintragung abzulehnen. Vielmehr ist die Eintragung nach der Gesetzesbegründung nur zu versagen, wenn die Täuschungseignung ohne umfangreiche Beweisaufnahme zu *bejahen* ist. Von anderer Seite ist moniert worden, mit der Verfahrensregelung des Satzes 2 werde die effektive Durchsetzung des schon in materieller Hinsicht liberalisierten Firmenbildungsrechts gefährdet.[179] Der Begriff der Firmenwahrheit werde, da die ohne weiteres ersichtliche Irreführungseignung eine seltene Ausnahme darstelle, zum „leeren Schlagwort degradiert".[180] Mit Befürwortern der neuen Regelung[181] kann aber auf die Praxis des Markenrechts verwiesen werden, wo im Eintragungsverfahren eine entsprechend eingeschränkte Prüfungskompetenz besteht: Im markenrechtlichen Eintragungsverfahren führt die – materiellrechtlich stets beachtliche, § 8 Abs. 2 Nr. 4 MarkenG – Eignung zur Täuschung nur dann zur Zurückweisung der Anmeldung, wenn sie „ersichtlich ist" (§ 37 Abs. 3 MarkenG; ähnlich zuvor § 4 Abs. 2 Nr. 4 2. Fall WZG). Diese Einschränkung des Maßstabs hat nicht zu einer oberflächlichen Prüfungspraxis geführt (ebenso *Fezer* ZHR 161 [1997], 52, 63). Die Gesetzesbegründung zu Abs. 2 Satz 2 weist ausdrücklich auf die Parallele zum markenrechtlichen Eintragungsverfahren hin. Bei der Konkretisierung der im Firmeneintragungsverfahren bestehenden Prüfungsanforderungen kann nach allem auf die im Markenrecht bestehende Praxis Bezug genommen werden.

---

[173] Zur Zulässigkeit der Weiterführung des Zusatzes „und Partner" durch eine Altgesellschaft auch nach Umwandlung (OHG in GmbH) OLG Frankfurt a. M. Beschl. v. 19. 2. 1999 – 20 W 72/99, DB 1999, 733. Vgl. zum Verlust des Bestandschutzes bei sonstiger Firmenänderung OLG Stuttgart NJW-RR 2000, 1128. Zu weiteren Gestaltungsmöglichkeiten OLG Schleswig FGPrax 2003, 37; BayObLGZ 1998, 226 = NJW 1999, 297; eingehend MünchKommHGB/*Heidinger* RdNR. 175.
[174] OLG Frankfurt/M. Beschl. v. 3. 8. 2005 – 20 W 111/05, DB 2006, 553 f.
[175] BayObLG Beschl. v. 24. 9. 1998 – 3 Z BR 58/98, DB 1998, 2319; vgl. auch LG München I Urt. v. 14. 5. 1998 – 17 HKO 2282/98, DB 1998, 1322; zur Haftung in der GbR grundlegend BGH Urt. v. 27. 9. 1999 – II ZR 371/98, NJW 1999, 3483.
[176] AG Augsburg Beschl. v. 28. 11. 2000, 6 c AR 371/00, Rpfleger 2001, 187.
[177] *Weber/Jacob* ZRP 1997, 152, 154.
[178] *Wolff* DZWiR 1997, 397, 401.
[179] *Krebs* DB 1996, 2013, 2017.
[180] *Kögel* BB 1997, 793, 800.
[181] Vgl. namentlich *Fezer* ZHR 161 (1997), 52, 62 f.; vgl. auch *Bokelmann* GmbHR 1998, 57, 62 f. und *Schmitt* WiB 1997, 1113, 1120.

Der Maßstab der „ersichtlichen" Irreführungseignung ist, wie Abs. 2 Satz 2 hervorhebt, nur „im **70** Verfahren vor dem Registergericht" maßgebend. Hiermit sind drei Fälle in Bezug genommen: Abs. 2 Satz 2 gilt, wie auch der unmittelbare Zusammenhang mit den die Firmenbildung betreffenden Regelungen nahelegt, im Verfahren der Eintragung von Firmen. Ein „Verfahren vor dem Registergericht" ist weiterhin das Firmenmissbrauchsverfahren nach § 37 Abs. 1; auch hier fordert, wie der Regierungsbegründung zu entnehmen ist, Abs. 2 Satz 2 Anwendung. Gleiches gilt schließlich für das Amtslöschungsverfahren nach § 142 FGG.[182] Im Verfahren der streitigen Gerichtsbarkeit ist Abs. 2 Satz 2 nach Wortlaut und Sinn ausgeschlossen: Macht ein durch den Firmengebrauch in seinen Rechten Verletzter den Unterlassungsanspruch nach § 37 Abs. 2 oder ein Wettbewerber einen solchen nach § 3 UWG geltend, so ist daher ohne verfahrensbezogene Einschränkung die Eignung des Firmengebrauchs zur Irreführung zu ermitteln.[183]

Bei der Konkretisierung der registergerichtlichen Prüfererfordernisse kann, wie bereits dargelegt, die **71** zum Markenrecht entwickelte Auslegung des Merkmals der Ersichtlichkeit herangezogen werden. Ersichtlich ist danach, was für die prüfende Behörde aus den Anmeldeakten unter zusätzlicher Berücksichtigung eigenen Wissens, des bestehenden Prüfungs- und Recherchematerials und etwaiger Auskünfte üblicher Informationsquellen ohne weiteres erkennbar ist.[184] Bei leicht nachweisbaren Umständen[185] kann die Prüfbehörde den Nachweis der Richtigkeit verlangen und im Fall der Nichtbeibringung die Anmeldung zurückweisen. Im Übrigen kann die Behörde von Amts wegen eingehende Nachforschungen anstellen, wenn Anhaltspunkte für das Vorliegen einer Irreführungseignung bestehen.[186] Nach der Begründung zu Abs. 2 Satz 2 soll ein Streit über die richtige Auslegung des Merkmals der „Ersichtlichkeit" in der Beschwerdeinstanz ausgeschlossen sein: Hat das Registergericht auf Grund zu weitgehender Ermittlungen eine Irreführungseignung festgestellt, so ist diese damit auch im Zeitpunkt der Entscheidung bzw. der Letzten mündlichen Verhandlung noch „ersichtlich".[187]

Aus dem Gesagten ergibt sich, dass eine „ersichtliche Eignung zur Irreführung" vornehmlich bei **72** solchen Firmengestaltungen in Betracht kommt, die eindeutig unzutreffende Tatsachenbehauptungen enthalten. Beispiele: Bei der Bildung einer **Doktorfirma** durch eine nicht zur Führung eines Doktortitels befugte Person ist eine ersichtliche Eignung zur Irreführung anzunehmen. Das Registergericht kann den Nachweis der Berechtigung zur Führung des Titels fordern und im Fall der Nichtbeibringung die Eintragung ablehnen. Entsprechendes gilt bei der Angabe anderer berufsqualifizierender Bezeichnungen in der Firma (vgl. zur materiellrechtlichen Beurteilung RdNr. 61 ff.). In der Firma enthaltene Angaben über das **Alter des Unternehmens,** die bei Traditionsprodukten wie Sekt oder Porzellan eine Irreführung über für den Verkehr wesentliche Verhältnisse begründen können (hierzu RdNr. 66), sind im Fall ihrer Unwahrheit ersichtlich zur Irreführung geeignet; das Registergericht kann Nachweise zum Alter des Unternehmens fordern und im Fall der Nichtbeibringung die Eintragung ablehnen. Bezeichnungen, die den **Eindruck amtlicher Betätigung** hervorrufen (‚Polizeiverlag'; ‚Univ.-Institut'), sind im Fall des Nichtzutreffens ersichtlich zur Irreführung geeignet (zur materiellrechtlichen Beurteilung RdNr. 67). Dagegen ist eine ersichtliche Eignung zur Irreführung nur unter gesteigerten Voraussetzungen anzunehmen, wenn die Firma Tatsachenangaben enthält, deren Zutreffen nur auf Grund umfangreicherer Ermittlungen verifiziert oder falsifiziert werden kann. So hat das BPatG bei der Eintragung eines für die Ware ‚Gin' beantragten Warenzeichens in der darin enthaltenen Bezeichnung ‚FINEST' eine qualitative Spitzengruppenwerbung erblickt und zugleich eine ersichtliche Täuschungsgefahr verneint, da keine konkreten Anhaltspunkte für eine Verwendung des Zeichens für solche Produkte bestanden, die nicht der durch das Wort ‚FINEST' hervorgerufenen Verbrauchererwartung entspräche. Das Gericht führte aus, die Überprüfung allgemeiner Qualitätsangaben der gegebenen Art überschreite den im Eintragungsverfahren gesetzten Rahmen.[188] Ähnliches gilt, wenn die Feststellung von Verkehrserwartungen eingehendere Ermittlungen erfordert. Kann die für einen ‚durchschnittlichen Angehörigen' der angesprochenen Verkehrskreise bei verständiger Wür-

---

[182] Vgl. Begründung zum Gesetzentwurf der Bundesregierung, BT-Drucks. 13/8444, BR-Drucks. 340/97 S. 54; ferner *Schmitt* WiB 1997, 1113, 1120.
[183] Vgl. die Begründung zum Gesetzentwurf der Bundesregierung, BT-Drucks. 13/8444, BR-Drucks. 340/97 S. 54; ferner *Schmitt* WiB 1997, 1113, 1120.
[184] DPA BlPMZ 1957, 126 – ‚Schwarzwald'; ebenso *Fezer* Markenrecht § 37 MarkenG RdNr. 23; *Schmitt* WiB 1997, 1113, 1120; *Kögel* BB 1998, 1645, 1649. Enger BayObLG Z 1999, 114 = NJW-RR 2000, 111 sowie MünchKommHGB/*Heidinger* RdNr. 54: Irreführung müsste sich dem Registerrichter ohne Erhebung von Beweisen aufdrängen; vgl. auch OLG Stuttgart FGPrax 2004, 40 und *Wachter* GmbHR 2004, 88, 98.
[185] Beispiel nach *Fezer* aaO: Der Gewinn von Auszeichnungen.
[186] *Fezer* aaO und *Kögel* aaO.
[187] Begründung zum Gesetzentwurf der Bundesregierung, BT-Drucks. 13/8444, BR-Drucks. 340/97 S. 54; *K. Schmidt* NJW 1998, 2161, 2167.
[188] BPatG Beschl. v. 5. 2. 1980 – 26 W (pat) 149/77, BPatGE 22, 240 = GRUR 1980, 923, 924 f.

digung gegebene Bedeutung einer Angabe nicht anhand der Akten, eigenen Wissens, des bestehenden Prüfungs- und Recherchematerials und etwaiger Auskünfte üblicher Informationsquellen ermittelt werden (vgl. RdNr. 71), so ist eine ersichtliche Eignung zur Irreführung nur in Ausnahmefällen anzunehmen. Wie eng der Bereich dieser Ausnahmen im Markenrecht zu fassen ist, wird an einer Entscheidung des BPatG vom 20. 3. 1996 deutlich: Das DPA hatte im Eintragungsverfahren nach dem MarkenG die ersichtliche Eignung der Ortsbezeichnung „*Schloss Wachenheim*" zur Täuschung über das Vorliegen eines aus Weinen einer bestimmten Lage hergestellten Sektes zu beurteilen. Eine wenige Jahre zuvor in einem anderen Verfahren eingeholte Meinungsumfrage hatte ergeben, dass die besondere Wertschätzung für Schaumweine mit einer ‚Schloss'-Bezeichnung sich aus der Herkunft der Grundweine aus einer Lage ableite (BPatG Beschl. v. 7. 11. 1990 – 26 W (pat) 288/87, GRUR 1992, 170 – ‚*Schloss Caestrich*'). Unter Berufung auf diese Erhebung wies das DPA den Antrag auf Eintragung der Marke ‚*Schloss Wachenheim*' für einen aus Grundweinen verschiedener Herkunft hergestellten Sekt zurück. Auf die hiergegen eingelegte Beschwerde der Anmelderin hob das BPatG die Beschlüsse des DPA auf. Das Gericht hatte zwar keine grundsätzlichen Bedenken, im markenrechtlichen Eintragungsverfahren die Täuschungseignung von ‚Schloss'-Bezeichnungen für Schaumweine auf der Grundlage des in Bezug genommenen Gutachtens zu beurteilen. Für die Annahme einer „ersichtlichen" Täuschungseignung reiche dies aber nicht aus. Auch wenn nach Lage der Akten und bei Heranziehung des vorhandenen Recherchematerials der Schluss auf das Bestehen einer Täuschungsgefahr nahelag, hätte die Feststellung einer „ersichtlichen" Täuschungseignung nach der Entscheidung des Gerichts die zusätzliche Prüfung erfordert, ob im Einzelfall besondere Umstände vorlagen, die die Ersichtlichkeit der Eignung zur Täuschung ausschlossen. Solche besonderen Umstände sah das Gericht im zu beurteilenden Fall gegeben: Gegen die Ersichtlichkeit der Täuschungsgefahr spreche die jahrzehntelange, von der Weinkontrolle nicht beanstandete Benutzung der Bezeichnung ‚*Schloss Wachenheim*' und der große Absatz der unter diesem Namen verkauften Sekte; angesichts dieser Umstände hielt es der Senat auch bei Inrechnungstellung des Ergebnisses der Umfrage nicht für ersichtlich, dass ein für die Bejahung der Täuschungsgefahr beachtlicher Teil der angesprochenen Verkehrskreise in der Bezeichnung eine Herkunftsangabe in Form eines Lagenamens sehe.[189] Im Übrigen ist wegen der für die Feststellung einer Irreführungseignung maßgebenden Verfahrensbestimmungen – insbesondere § 23 Satz 2 HRV – auf RdNr. 41 ff. zu verweisen.

§ 19 [Rechtsformbezeichnung der Firma bei Einzelkaufleuten, einer OHG oder KG]

(1) Die Firma muß, auch wenn sie nach den §§ 21, 22, 24 oder nach anderen gesetzlichen Vorschriften fortgeführt wird, enthalten:
1. **bei Einzelkaufleuten die Bezeichnung „eingetragener Kaufmann", „eingetragene Kauffrau" oder eine allgemein verständliche Abkürzung dieser Bezeichnung, insbesondere „e. K.", „e. Kfm." oder „e. Kfr.";**
2. **bei einer offenen Handelsgesellschaft die Bezeichnung „offene Handelsgesellschaft" oder eine allgemein verständliche Abkürzung dieser Bezeichnung;**
3. **bei einer Kommanditgesellschaft die Bezeichnung „Kommanditgesellschaft" oder eine allgemein verständliche Abkürzung dieser Bezeichnung.**

(2) Wenn in einer offenen Handelsgesellschaft oder Kommanditgesellschaft keine natürliche Person persönlich haftet, muß die Firma, auch wenn sie nach den §§ 21, 22, 24 oder nach anderen gesetzlichen Vorschriften fortgeführt wird, eine Bezeichnung enthalten, welche die Haftungsbeschränkung kennzeichnet.

Schrifttum: *Bokelmann,* Die Neuregelungen im Firmenrecht nach dem Regierungsentwurf des Handelsrechtsreformgesetzes, GmbHR 1998, 57 ff.; *Grothe,* Die „ausländische Kapitalgesellschaft & Co.", 1989; *Grunewald,* Haftungsbeschränkungs- und Kündigungsmöglichkeiten für volljährig gewordene Personengesellschafter, ZIP 1999, 597 ff.; *Habersack,* Das neue Gesetz zur Beschränkung der Haftung Minderjähriger, FamRZ 1999, 1; *Kögler,* Neues Firmenrecht und alte Zöpfe: Die Auswirkungen der HGB-Reform, BB 1998, 1645; *Kronke,* Schweizerische AG & Co. KG – Jüngste Variante der „ausländischen Kapitalgesellschaft & Co.", Anmerkung zu OLG Saarbrücken Beschl. v. 21. 4. 1989 – 5 W 60/88, RIW 1990, 799; *Michalski,* Anm. zu OLG Frankfurt a. M. Beschl. v. 20. 5. 1996 – 20 W 121/96, WuB II C § 4 GmbHG 1.96; *K. Schmidt,* HGB-Reform und gesellschaftsrechtliche Gestaltungspraxis, DB 1998, 61 ff.; *Schmitt,* Der Entwurf eines Handelsrechtsreformgesetzes, WiB 1997, 1113; *Wessel,* Anm. zu BGH Beschl. v. 21. 11. 1984 – II ZB 2/84, BB 1985, 882; *Zimmer,* Internationales Gesellschaftsrecht: Das Kollisionsrecht der Gesellschaften und sein Verhältnis zum internationalen Kapitalmarktrecht und zum internationalen Unternehmensrecht, 1996; *ders.,* Der nicht eingetragene Kaufmann: ein „eingetragener Kaufmann" im Sinne des § 19 Abs. 1 Nr. 1 HGB? ZIP 1998, 2050.

---

[189] BPatG Beschl. v. 20. 3. 1996 – 26 W (pat) 224/94, GRUR 1996, 885.

Übersicht

	RdNr.		RdNr.
I. Normzweck, Systematik und Anwendungsbereich	1–5	IV. Rechtsformbezeichnung bei Kommanditgesellschaften (Abs. 1 Nr. 3)	13, 14
II. Rechtsformbezeichnung bei Einzelkaufleuten (Abs. 1 Nr. 1)	6, 7	V. Kennzeichnung der Haftungsbeschränkung bei Fehlen persönlich haftender natürlicher Personen (Abs. 2)	15–21
III. Rechtsformbezeichnung bei offenen Handelsgesellschaften (Abs. 1 Nr. 2)	8–12		

I. Normzweck, Systematik und Anwendungsbereich

Während § 18 allgemeine Anforderungen statuiert, die unabhängig von der Rechtsform des Unternehmensträgers bei der Firmenbildung zu beachten sind, begründen § 19 sowie §§ 4, 279 AktG, § 4 GmbHG, § 3 GenG und § 2 Abs. 2 Nr. 1 EWIV-AusfG nach Rechtsformen im Einzelnen unterschiedlich ausgestaltete Pflichten zur **Aufnahme einer Rechtsformbezeichnung** in die Firma (vgl. zur Systematik schon § 17 RdNr. 3 und § 18 RdNr. 1). Während das Firmenbildungsrecht mit der Handelsrechtsreform 1998 im Kern liberalisiert wurde (hierzu § 17 RdNr. 4), hat der Gesetzgeber die an die Offenbarung der Rechtsform und damit der Haftungsverhältnisse gestellten Anforderungen teilweise verschärft: Nach § 19 Abs. 1 sind nun auch Einzelkaufleute und Personenhandelsgesellschaften zur Angabe ihrer Rechtsform in der Firma verpflichtet.[1] Entsprechende Regelungen gelten – in Übereinstimmung mit dem vor der Handelsrechtsreform bestehenden Rechtszustand – für die AG, die KGaA, die GmbH, die eG, die SE und die EWIV (§§ 4, 279 Abs. 1 AktG, § 4 GmbHG, § 3 GenG, Art. 11 Abs. 1 SE-VO, § 2 Abs. 2 Nr. 1 EWIV-AusfG). Besondere Bezeichnungsvorschriften sind in weiteren Bundesgesetzen enthalten, so in § 16 VAG für den großen VVaG (kleinere Vereine sind gem. § 53 VAG ausgenommen) und in § 59k BRAO für die Rechtsanwalts-GmbH.[2] Der *Name* einer Partnerschaft hat gem. § 2 Abs. 1 PartGG neben dem Namen mindestens eines Partners und den Berufsbezeichnungen aller vertretener Berufe den Zusatz „und Partner" oder „Partnerschaft" zu enthalten (zur Unzulässigkeit der Verwendung dieser Bezeichnungen durch andere vgl. § 18 RdNr. 68). Zur entsprechenden Anwendung des § 19 bei der Firmenführung durch eine ungeteilte Erbengemeinschaft vgl. § 22 RdNr. 20. 1

Die Regelungen des § 19 tragen dem Interesse des Rechtsverkehrs an der **Ersichtlichkeit der Kaufmannseigenschaft und der Gesellschafts- und Haftungsverhältnisse** bei Personengesellschaften Rechnung.[3] Der verpflichtende Hinweis auf die Kaufmannseigenschaft dient der klaren Grenzziehung zwischen Firmen von Einzelkaufleuten und Personenhandelsgesellschaften einerseits und Geschäfts- oder Etablissementsbezeichnungen von Kleingewerbetreibenden und Gesellschaften bürgerlichen Rechts andererseits (hierzu § 17 RdNr. 9). Das Bedürfnis für eine solche Grenzziehung ist mit der Handelsrechtsreform 1998 noch gewachsen, da nunmehr auch Einzelkaufleuten und Personenhandelsgesellschaften die Bildung von Sach- und Phantasiefirmen erlaubt ist, dh. von Firmen, deren Erscheinungsbild mit demjenigen der Geschäfts- und Etablissementsbezeichnungen von Kleingewerbetreibenden und Gesellschaften bürgerlichen Rechts übereinstimmen kann. 2

Das Transparenzkonzept des § 19 nF wird ergänzt durch Pflichten zu Angaben auf **Geschäftsbriefen, die an einen bestimmten Empfänger gerichtet sind:** Nach § 37a sind Einzelkaufleute, nach § 125a Personenhandelsgesellschaften und nach § 33 Abs. 4 die dort bezeichneten juristischen Personen verpflichtet, auf solchen Geschäftsbriefen die Firma mit Rechtsformbezeichnung, den Ort der Handelsniederlassung bzw. des Sitzes sowie Gericht und Nummer der Handelsregistereintragung anzugeben. Vor der Handelsrechtsreform sah das HGB entsprechende Offenlegungspflichten nur für Personenhandelsgesellschaften vor, bei denen kein persönlich haftender Gesellschafter eine natürliche Person war (§ 125a aF). 3

§ 19 Abs. 1 bezieht sich auf **Einzelkaufleute und Personenhandelsgesellschaften** (OHG und KG). Für den Sonderfall der Personenhandelsgesellschaft, bei der keine natürliche Person persönlich haftet, enthält Abs. 2 ergänzende Regelungen (hierzu RdNr. 15 ff.). Beide Absätze fordern Anwendung auch im Fall der **Fortführung** einer Firma: Wird eine bestehende Firma durch einen Unternehmensträger anderer Rechtsform fortgeführt, so ist die nun zutreffende Rechtsformbezeichnung 4

---

[1] Zu den Gründen vgl. Begründung zum Gesetzentwurf der Bundesregierung, BT-Drucks. 13/8444, BR-Drucks. 340/97 S. 54.
[2] Vgl. hierzu auch BayObLG Beschl. v. 24.9.1998 – 3 Z BR 53/96, NJW 1999, 297. Vgl. auch neuestens BayObLG Beschl. v. 27.2000 – 3 Z BR 331/99: Die Zulässigkeit der Firma einer Rechtsanwalts-AG beurteilt sich nach § 4 AktG, nicht analog § 59 K BRAO.
[3] Begründung zum Gesetzentwurf der Bundesregierung BT-Drucks. 13/8444, BR-Drucks. 340/97 S. 54.

und ggf. ein Hinweis auf das Bestehen einer Haftungsbeschränkung iSd. Abs. 2 in die Firma aufzunehmen; wegen der Einzelheiten wird auf die Erläuterungen zu §§ 21, 22 und 24 verwiesen (vgl. insbesondere § 22 RdNr. 58 f. und § 24 RdNr. 16).

5   Die neuen Regelungen sind **am 1. 7. 1998 in Kraft** getreten. Firmen, die vor diesem Tag in das Handelsregister eingetragen waren, durften während eines Übergangszeitraums bis zum 31. 3. 2003 unverändert fortgeführt werden, wenn die Firmierung vor der Handelsrechtsreform zulässig war (Art. 38 Abs. 1 EGHGB). Für die Eintragung in das Handelsregister enthält Art. 38 Abs. 2 EGHGB eine weitergehende Erleichterung: Änderungen der Firma eines Einzelkaufmanns oder einer Personenhandelsgesellschaft, die ausschließlich die Aufnahme der Rechtsformbezeichnung nach § 19 Abs. 1 nF zum Gegenstand haben, bedürfen (überhaupt) nicht der Eintragung in das Handelsregister. Die Bestimmung macht aber deutlich („ausschließlich"), dass bei Anmeldung einer auch andere Firmenbestandteile betreffenden Änderung die Firma vollständig, also unter Einschluss der zutreffenden Rechtsformbezeichnung, zur Eintragung anzumelden ist.

II. Rechtsformbezeichnung bei Einzelkaufleuten (Abs. 1 Nr. 1)

6   Bei Einzelkaufleuten muss die Firma die Bezeichnung **„eingetragener Kaufmann", „eingetragene Kauffrau" oder eine allgemein verständliche Abkürzung** dieser Bezeichnungen enthalten. Eine zutreffende geschlechtsbezogene Angabe ist hierbei, da für die mit dem Rechtsformzusatz anzuzeigenden Haftungsverhältnisse unbedeutend, nicht zu fordern.[4] Da Rechtsformsätze für Einzelkaufleute bis zur Handelsrechtsreform 1998 nicht geläufig waren, gab es für sie bei Inkrafttreten der neuen Regelung keine allgemein bekannten Abkürzungen. Der Gesetzgeber hielt es für sinnvoll, hier – anders als bei den Handelsgesellschaften – zulässige Abkürzungen im Gesetz vorzusehen. Das Gesetz erkennt als „allgemein verständlich" die Abkürzungen „e. K.", „e. Kfm." und „e. Kfr." an. Diese Aufzählung ist, wie Abs. 1 Nr. 1 hervorhebt („insbesondere"), nicht abschließend. Der Gesetzgeber wollte der Herausbildung anderer Abkürzungen nicht im Wege stehen. Nach der Begründung sollen auch Mischformen aus abgekürzten und ausgeschriebenen Bestandteilen (e. Kaufmann; eingetragener Kfm.) zulässig sein. Auch eine Abkürzung in anderer, verständlicher Weise (Beispiele: „eingetr." für eingetragen; „Kaufm." für Kaufmann; „Kffr." für Kauffrau) wird man für zulässig halten dürfen.

7   Das Gesetz enthält keine Bestimmung zur Firmenführung eines **Kaufmanns vor Eintragung.** Vor der Handelsrechtsreform 1998 bestand Einigkeit darüber, dass Gewerbetreibende iSd. § 1 Abs. 2 schon vor Eintragung ihrer Firma in das Handelsregister firmenfähig seien.[5] Den Materialien zum HRefG kann nicht entnommen werden, dass der Gesetzgeber dies ändern wollte. Auch nach der Handelsrechtsreform 1998 ist daher von der Firmenfähigkeit der Kaufleute iSd. § 1 Abs. 2 – zu denen nach der Neufassung dieser Vorschrift nicht mehr nur die Betreiber eines Grundhandelsgewerbes, sondern alle Gewerbetreibenden zählen, deren Unternehmen nach Art oder Umfang einen in kaufmännischer Weise eingerichteten Geschäftsbetrieb erfordert – auszugehen.[6] Eine Anwendung der Bestimmung des Abs. 1 Nr. 1 begegnet bei Kaufleuten, die vor ihrer Eintragung in das Handelsregister eine Firma annehmen und führen, Bedenken: Die Bezeichnung von nicht eingetragenen als „eingetragene" Kaufleute würde den Rechtsverkehr in die Irre führen. Da die Anwendung des Abs. 1 Nr. 1 nicht im Plan des Gesetzgebers liegt – der Fall der Firmenführung vor Eintragung ist bei der Schaffung der Vorschrift offenbar nicht berücksichtigt worden[7] – und die dem Wortlaut der Vorschrift nach gebotene Anwendung in Widerspruch mit dem grundlegenden Prinzip der Firmenwahrheit (vgl. hierzu § 17 RdNr. 7 mwN) stünde, ist die teleologische Reduktion der Norm geboten: Abs. 1 Nr. 1 ist bei der Firmenführung (noch) nicht eingetragener Kaufleute **nicht anzuwenden.**[8] Machen Einzelkaufleute iSd. § 1 Abs. 2 vor ihrer Eintragung in das Handelsregister von ihrem Recht zur Firmenführung Gebrauch, so müssen sie in geeigneter Weise auf ihre Kaufmannseigenschaft hinweisen; diese Verpflichtung folgt aus der ohne einen entsprechenden Hinweis bestehenden Eignung der Firma zur Irreführung über wesentliche Verhältnisse. Zur **Kenntlichmachung des Kaufmannsstatus** erscheinen im Kontext der Firmenführung gegebene Hinweise wie

---

[4] Vgl. Koller/*Roth*/Morck RdNr. 2, wo allerdings – gleichheitswidrig – einerseits Kauffrauen die Firmierung als „eingetragener Kaufmann" zugebilligt, männlichen Kaufleuten dagegen die Firmierung als „eingetragene KAuffra" versagt wird.
[5] Vgl. BGH Urt. v. 9. 6. 1953 – I ZR 97/51, BGHZ 10, 196, 204; Staub/*Hüffer* § 17 RdNr. 11.
[6] Vgl. hierzu *Zimmer* ZIP 1998, 2050 bis 2052.
[7] Die im Übrigen sehr detaillierten Ausführungen der Regierungsbegründung zu § 19 nehmen diesen Fall nicht in Bezug; vgl. Begründung zum Gesetzentwurf der Bundesregierung BT-Drucks. 13/8444, BR-Drucks. 340/97 S. 54–56.
[8] Vgl. *Zimmer* ZIP 1998, 2050 f., Koller/*Roth*/Morck RdNr. 2. Hiergegen K. *Schmidt* ZHR 163 (1999) 87, 98; MünchKommHGB/*Heidinger* RdNr. 11; Röhricht/Graf von Westphalen/*Ammon* RdNR. 36.

„Einzelkaufmann" bzw. „Einzelkauffrau" oder „Kaufmann" bzw. „Kauffrau" ausreichend.[9] Demgegenüber reicht ein Hinweis auf eine bereits erfolgte Anmeldung zum Handelsregister nicht, da auch Kleingewerbetreibende, die nach § 2 erst mit ihrer Eintragung die Kaufmannseigenschaft erlangen, zur Anmeldung befugt sind. Auch ein Hinweis wie „in Gründung" oder „i.G." gibt keinen eindeutigen Aufschluss über die Kaufmannseigenschaft.[10]

III. Rechtsformbezeichnung bei offenen Handelsgesellschaften (Abs. 1 Nr. 2)

Die Bildung der Firma einer OHG unterliegt den Bestimmungen des § 18. Wegen der zulässigen **8** Gestaltungen wird auf die Ausführungen zu § 18 verwiesen. Dies gilt im Besonderen für die Zulässigkeit der Aufnahme von Namen natürlicher Personen in die Firma (§ 18 RdNr. 6 ff.) und für die Firmenbildung unter Verwendung der Firma eines an der OHG beteiligten Einzelkaufmanns bzw. einer an der OHG beteiligten Handelsgesellschaft (§ 18 RdNr. 32 ff.). Bei einer OHG, bei der keine natürliche Person persönlich haftet, ist zudem Abs. 2 zu beachten (hierzu unten RdNr. 15 ff.).

Bei einer OHG muss die Firma, auch wenn sie nach §§ 21, 22, 24 oder nach anderen Vorschriften **9** fortgeführt wird, die Bezeichnung **„offene Handelsgesellschaft"** oder eine allgemein verständliche Abkürzung dieser Bezeichnung enthalten (Abs. 1 Nr. 2). Da die Abkürzungen **OHG** und **oHG** für die offene Handelsgesellschaft eingebürgert sind, hat der Reformgesetzgeber – anders als in Abs. 1 Nr. 1 für die Einzelkaufleute – darauf verzichtet, Beispiele hierfür vorzugeben. Ob neben OHG und oHG auch die Bezeichnungen OH oder oH als allgemein verständlich anzusehen sind – die Gesetzesbegründung geht hiervon aus[11] – kann sehr zweifelhaft erscheinen.[12] Im Schrifttum zu § 19 aF wurde die Frage bis zuletzt verneint.[13]

Mit der zwingenden Vorgabe, die konkrete Rechtsform zu bezeichnen, weicht § 19 nF deutlich **10** von dem vor der Handelsrechtsreform geltenden Rechtszustand ab. Nach dem bis 1998 geltenden Recht reichte ein „das Vorhandensein einer Gesellschaft andeutender Zusatz" zu dem – seinerzeit im Firmenkern geforderten – Namen wenigstens eines Gesellschafters aus. Nach altem Recht waren mehrdeutige Bezeichnungen wie „A und Co.", „B & Cie." oder auch „A und B", die auf eine OHG, eine KG oder möglicherweise auch auf eine Gesellschaft bürgerlichen Rechts hinweisen konnten, ausreichend. Die nun zwingend vorgeschriebene Rechtsformbezeichnung ist neben einer solchen auf das Vorhandensein einer Gesellschaft hinweisenden Bezeichnung („A & Co. OHG", „B Söhne OHG"), aber auch ohne eine solche Angabe zulässig (A OHG). Die vor der Handelsrechtsreform bestehende Streitfrage, ob es ggf. eines Hinweises auf das Vorhandensein weiterer, in der Firma nicht genannter Gesellschafter (etwa „A, B & Co.") bedürfe,[14] ist nach Einführung des Grundsatzes der freien Firmenwahl (§ 17 RdNr. 5) hinfällig. Der früher bei Personenhandelsgesellschaften gebräuchliche Zusatz „und Partner" ist seit dem 1. 7. 1995 Partnerschaftsgesellschaften vorbehalten.[15] Für Gesellschaften anderer Rechtsform, die einen solchen Zusatz zum genannten Zeitpunkt geführt haben, gelten die Übergangsvorschriften des § 11 Satz 2 und 3 PartGG (hierzu § 18 RdNr. 68).

Mit der zwingenden Rechtsformbezeichnung wird das anderenfalls durch die mit der Zulassung **11** von Sach- und Phantasiefirmen noch verstärkte Problem der mangelnden Unterscheidbarkeit zwischen Firmen von Handelsgesellschaften und Geschäftsbezeichnungen von Gesellschaften bürgerlichen Rechts gelöst (vgl. RdNr. 2). Zugleich wird der Streit um die Zulässigkeit einer Bildung ‚firmenähnlicher' Geschäftsbezeichnungen („A und B", „A & Co.") bei Gesellschaften bürgerlichen Rechts obsolet (vgl. schon § 17 RdNr. 9).

Firmenfähig ist jede OHG (§ 17 RdNr. 8). Auch vor Eintragung in das Handelsregister kann eine **12** Gesellschaft, die ein Handelsgewerbe iSd. § 1 Abs. 2 betreibt, eine Firma führen. Anders als beim Einzelkaufmann (hierzu soeben RdNr. 7) bedarf es bei der OHG, da die Bezeichnung „offene Handelsgesellschaft" keine Bezugnahme auf eine „Eintragung" enthält, keiner Sonderregel für die Firmenführung vor Eintragung. Wegen der zulässigen Gestaltungen bei der **Bildung einer OHG-Firma** wird auf § 18 RdNr. 3 ff., wegen der Möglichkeit der Verwendung der Firma eines betei-

---

[9] Ähnlich Koller/*Roth*/Morck RdNr. 2.
[10] Vgl. zum Ganzen *Zimmer* ZIP 1998, 2050 bis 2052.
[11] Begründung zum Gesetzentwurf der Bundesregierung, BT-Drucks. 13/8444, BR-Drucks. 340/97 S. 56.
[12] In diesem Sinne auch *Bokelmann* GmbHR 1998, 57, 59; Röhricht/Graf von Westphalen/*Ammon* RdNr. 37.
[13] Staub/*Hüffer* RdNr. 22; Heymann/*Emmerich* RdNr. 11; OLG Hamm Beschl. v. 29. 1. 1965 – 15 W 431/64, NJW 1965, 763.
[14] Meinungsstand zu § 19 aF bei Staub/*Hüffer* RdNr. 23.
[15] Vgl. §§ 2, 11 PartGG; vgl. hierzu auch BGH Beschl. v. 21. 4. 1997 – II ZB 14/96, BGHZ 135, 257 = NJW 1997, 1854 sowie hierzu schon BayObLG Beschl. v. 2. 8. 1996 – 3 Z BR 73/96, BayObLGZ 1996, 176 = NJW 1996, 3016. Für Zulässigkeit der Aufnahme des Zusatzes in die Firma einer neu gegründeten GmbH noch OLG Frankfurt a. M. Beschl. v. 20. 5. 1996 – 20 W 121/96, NJW 1996, 2237; hierzu krit. *Michalski* WuB II C § 4 GmbHG 1.96.

ligten Einzelkaufmanns oder einer beteiligten Handelsgesellschaft insbesondere auf § 18 RdNr. 32 ff. verwiesen. Bei einer OHG, bei der keine natürliche Person persönlich haftet, ist zudem Abs. 2 zu beachten (hierzu RdNr. 15 ff.).

IV. Rechtsformbezeichnung bei Kommanditgesellschaften (Abs. 1 Nr. 3)

13 Bei der Bildung der Firma einer KG sind – wie bei derjenigen der Firma einer OHG (RdNr. 8 ff.) – die Bestimmungen des § 18 zu beachten; wegen der zulässigen Gestaltungen wird auf die Erläuterungen hierzu verwiesen. Dies gilt im Besonderen für die Zulässigkeit der Aufnahme von Namen natürlicher Personen in die Firma (§ 18 RdNr. 6 ff.) und für die Firmenbildung unter Verwendung der Firma eines an der KG als persönlich haftender Gesellschafter beteiligten Einzelkaufmanns bzw. einer an der KG in dieser Weise beteiligten Handelsgesellschaft (§ 18 RdNr. 32 ff.). Bei einer KG, bei der keine natürliche Person persönlich haftet, ist zudem Abs. 2 zu beachten (hierzu unten RdNr. 15 ff.).

14 Nach Abs. 1 Nr. 3 muss die Firma einer KG, auch wenn sie nach §§ 21, 22, 24 oder nach anderen gesetzlichen Vorschriften fortgeführt wird, die Bezeichnung **„Kommanditgesellschaft"** oder eine allgemein verständliche Abkürzung dieser Bezeichnung enthalten. Ein „das Vorhandensein einer Gesellschaft andeutender Zusatz" (§ 19 Abs. 2 aF) wie „& Co." reicht also wie bei der OHG nach der Handelsrechtsreform 1998 nicht mehr aus, um das Gesellschaftsverhältnis zu kennzeichnen; freilich darf eine solche Bezeichnung weiterhin in die Firma aufgenommen werden. Als allgemein verständliche Abkürzung für Kommanditgesellschaften kann, wie die Begründung zum Gesetzentwurf der Bundesregierung hervorhebt, die Buchstabenkombination **KG** gelten (BT-Drucks. 13/8444, BR-Drucks. 340/97, S. 56). Das Gesetz ließe auch eine andere Abkürzung zu, wenn sie allgemein verständlich wäre – hier kommen aber allenfalls Gestaltungen wie ‚Kommanditges.' in Betracht, die den Bestandteil ‚Kommandit' ungekürzt wiedergeben. Eine Abkürzung dieses Wortbestandteils (etwa: ‚Komm.-Ges.') könnte mehr Verwirrung als Klarheit stiften. Im Übrigen ist auf die Ausführungen zur OHG zu verweisen (RdNr. 9 bis 12).

V. Kennzeichnung der Haftungsbeschränkung bei Fehlen persönlich haftender natürlicher Personen (Abs. 2)

15 Auch bei einer OHG oder KG, bei der keine natürliche Person als persönlich haftender Gesellschafter beteiligt ist, richtet sich die Firmenbildung im Ausgangspunkt nach den Regeln des § 18. Auch hier kommen eine Personen-, eine Sach-, eine Phantasie- oder eine Mischfirma in Betracht. Möglich ist die Bildung einer OHG- oder KG-Firma unter vollständiger oder teilweiser Verwendung der Firma einer als persönlich haftende Gesellschafterin beteiligten Handelsgesellschaft. Wegen der Zulässigkeit und Grenzen einer solchen Firmenbildung – unter Einschluss der Frage nach zulässigen Formen der Wiedergabe der Rechtsformbezeichnung einer Komplementärgesellschaft in der OHG- bzw. KG-Firma – wird auf die Erläuterungen zu § 18 (dort RdNr. 32 ff.) verwiesen.

16 § 19 Abs. 2 fordert bei einer OHG oder KG, bei der keine natürliche Person persönlich haftet, die Aufnahme einer **die Haftungsbeschränkung kennzeichnenden Bezeichnung** in die Firma. Für die KGaA hat der Gesetzgeber mit dem HRefG 1998 eine entsprechende Bestimmung in § 279 Abs. 2 AktG geschaffen.[16] Die Vorschrift entspricht, wie die Begründung zum Gesetzentwurf der Bundesregierung hervorhebt, im Wesentlichen der vor der Handelsrechtsreform 1998 geltenden Bestimmung des § 19 Abs. 5 aF. Da sie lediglich eine „klarstellende Neuformulierung" dieser Norm darstellt, kann im Wesentlichen auf die zum alten Recht ergangene Rechtsprechung verwiesen werden.[17] Gleichwohl ist nicht zu übersehen, dass der neuen Regelung eine größere eigenständige Bedeutung zukommt als § 19 Abs. 5 aF: In ihrem wichtigsten Anwendungsfall, der Firmenbildung bei der GmbH & Co. KG, ergab sich die Notwendigkeit der Aufnahme des GmbH-Zusatzes in die Firma der KG regelmäßig bereits aus § 19 Abs. 2 aF. War die GmbH einziger Komplementär der KG, so musste ihre Firma in der KG-Firma grundsätzlich[18] vollständig – unter Einschluss der Rechtsformbezeichnung – wiederkehren.[19] Demgegenüber kann die Firma einer OHG oder KG nach der Handelsrechtsreform 1998 frei gebildet werden: Sie kann ganz unabhängig von den Namen bzw. Firmen von Komplementären gebildet werden;[20] zulässig ist grundsätzlich, wenn dem Erfordernis der

---

[16] Vgl. zur früher umstrittenen Zulässigkeit der Beteiligung einer GmbH als einzige Komplementärin an einer KG BGH Beschl. v. 24. 2. 1997 – II ZB 11/96, BGHZ 134, 392 = NJW 1997, 1923.
[17] So die Begründung zum Gesetzentwurf der Bundesregierung, BT-Drucks. 13/8444, BT-Drucks. 340/97 S. 56.
[18] Vgl. zu Ausnahmen, etwa für einen in der GmbH-Firma enthaltenen ‚Verwaltungs'-Zusatz, § 18 RdNr 32.
[19] BGH Beschl. v. 14. 7. 1966 – II ZB 4/66, BGHZ 46, 7, 10 = NJW 1966, 1813; BGH Urt. v. 18. 3. 1974 – II ZR 167/72, BGHZ 62, 216, 226; Staub/*Hüffer* RdNr. 65; teilweise **aA** Hachenburg/*Heinrich* § 4 RdNr. 125.
[20] Vgl. *K. Schmidt* DB 1998, 61, 63; Kögel BB 1998, 1645, 1646 f.

Firmenunterscheidbarkeit (§ 30 Abs. 1) Rechnung getragen ist, auch die Verwendung der Firma einer Komplementärgesellschaft ohne deren Rechtsformbezeichnung in der Firma einer OHG bzw. KG (§ 18 RdNr. 33). In beiden Fällen – die OHG bzw. KG-Firma wird unabhängig von der Firma der Komplementärgesellschaft oder unter Verwendung nur des Firmenkerns dieser Gesellschaft gebildet – folgt die Pflicht zur Aufnahme einer die Haftungsbeschränkung kennzeichnenden Bezeichnung bei Fehlen persönlich haftender natürlicher Personen allein aus § 19 Abs. 2 nF. Nicht im Anwendungsbereich des Abs. 2 sind Personenhandelsgesellschaften, bei denen lediglich **Minderjährige als persönlich haftende Gesellschafter** beteiligt sind.[21] Zwar sprechen gute Gründe für die Annahme, dass die mit dem Gesetz zur Beschränkung der Haftung Minderjähriger mit Wirkung vom 1. 1. 1999 neugeschaffene Vorschrift des § 1629 a Abs. 1 BGB unter gewissen Voraussetzungen[22] auch im Hinblick auf die persönliche Haftung eines minderjährigen OHG- bzw. KG-Gesellschafters für Gesellschaftsverbindlichkeiten Anwendung findet. Eine hieraus resultierende Beschränkung der Haftung vermag jedoch nichts daran zu ändern, dass der beteiligte Minderjährige – als natürliche Person – iSd. § 19 Abs. 2 „persönlich" haftet. Dass das Gesetz unter „persönlicher Haftung" nicht „unbeschränkte und unbeschränkbare Haftung" versteht,[23] zeigt Abs. 2: die Vorschrift fordert Anwendung, wenn keine natürliche Person „persönlich haftet", sondern ausschließlich andere Rechtsträger (vgl. zu § 1629 a BGB weiterhin § 27 RdNr. 43).

Auch wenn § 19 Abs. 2 nF nach dem Gesagten im Grundsatz gleiche Anforderungen an die Firmenbildung stellt wie § 19 Abs. 5 aF, so ist sein Anwendungsbereich anders gefasst als der der vor der Handelsrechtsreform geltenden Norm. § 19 Abs. 5 aF forderte den die Haftungsbeschränkung kennzeichnenden Hinweis in Fällen, in denen keine natürliche Person Gesellschafter der OHG bzw. KG war. Eine Ausnahme galt nach § 19 Abs. 5 Satz 2 aF für Gesellschaften, bei denen zu den persönlich haftenden Gesellschaftern „eine andere offene Handelsgesellschaft oder Kommanditgesellschaft gehört, bei der ein persönlich haftender Gesellschafter eine natürliche Person ist." Waren diese Personenhandelsgesellschaften von der Verpflichtung zur Aufnahme eines Zusatzes nach Abs. 5 Satz 1 ausgenommen, so war die Rechtslage bei der ‚**mehrstöckigen' GmbH & Co. OHG oder -KG** umstritten: War auf der von Abs. 5 Satz 2 aF adressierten zweiten Ebene wiederum wenigstens eine Personenhandelsgesellschaft, aber keine natürliche Person als persönlich haftender Gesellschafter beteiligt, so stellte sich die Frage, ob das Vorhandensein persönlich haftender Gesellschafter auf der dritten oder einer weiteren Beteiligungsstufe der Anwendung des Abs. 5 Satz 1 aF entgegenstand, also den Hinweis auf die Haftungsbeschränkung entbehrlich machte. Das Kammergericht nahm – dem Wortlaut des Abs. 5 Satz 2 aF entsprechend – keine Ausnahme von der Pflicht zur Aufnahme des Hinweises an,[24] das BayObLG entschied unter Berufung auf den Zweck der Vorschrift im gegenteiligen Sinn.[25] Der Bundesgesetzgeber hat die Streitfrage iSd. zuletzt genannten Auffassung entschieden: § 19 Abs. 2 nF fordert eine die Haftungsbeschränkung kennzeichnende Bezeichnung nur, wenn „in einer offenen Handelsgesellschaft oder Kommanditgesellschaft keine natürliche Person persönlich haftet". Die Begründung zum Gesetzentwurf der Bundesregierung stellt klar, dass die zur persönlichen Haftung für die Verbindlichkeit der OHG bzw. KG führende Beteiligung einer natürlichen Person auf irgendeiner Stufe den Hinweis auf Abs. 2 entbehrlich macht.[26] Die für die Neuregelung angeführten Gründe – bei Beteiligung einer persönlich haftenden natürlichen Person auf irgendeiner Stufe fehle ein überwiegendes Interesse des Geschäftsverkehrs an einer Aufklärung über die Haftungsverhältnisse[27] – erscheinen nur begrenzt überzeugungskräftig: Bei einer mehr- oder gar vielstöckigen GmbH & Co. OHG oder -KG kann sich die Suche nach der persönlich haftenden natürlichen Person außerordentlich schwierig gestalten.[28]

Als Bezeichnung, die iSd. Abs. 2 die Haftungsbeschränkungen kennzeichnet, ist die Abkürzung ‚**GmbH & Co.**' erlaubt und verbreitet.[29] Bei Verwendung dieser Abkürzung hat die Firma, die nach der Handelsrechtsreform 1998 auch einen Hinweis auf die Rechtsform der von ihr bezeichneten Personenhandelsgesellschaft beinhalten muss (Abs. 1 Nr. 2 und 3), im ganzen die Bezeichnung ‚GmbH & Co. OHG' bzw. ‚GmbH und Co. KG' oder einen gleichbedeutenden Hinweis zu

---

[21] Für Anwendung des Abs. 2 in diesen Fällen *Habersack* FamRZ 1999, 1, 3.
[22] Vgl. im Einzelnen *Habersack* FamRZ 1999, 1, 2 f.; *Grunewald* ZIP 1999, 597 ff.
[23] So aber *Habersack* FamRZ 1999, 1, 3 (re. Sp.).
[24] KG Beschl. v. 5. 7. 1988 – 1 W 1485/87, NJW-RR 1989, 33.
[25] BayObLG Beschl. v. 8. 9. 1994 – 3 Z BR 118/94, BayObLGZ 1994, 252 = NJW-RR 1995, 172.
[26] Ebenso MünchKommHGB/*Heidinger* RdNr. 25; Koller/*Roth*/Morck RdNr. 5.
[27] Begründung zum Gesetzentwurf der Bundesregierung, BT-Drucks. 13/8444, BR-Drucks. 340/97 S. 56.
[28] Vgl. zu dem vor der Handelsrechtsreform 1998 bestehenden Rechtszustand *Schmitt* WiB 1997, 1113, 1128 Fn. 36, der darauf hinweist, dass eine entsprechende Klarstellung in anderen Normen wie §§ 129 a, 130 HGB fehlt.
[29] Vgl. BGH Urt. v. 18. 3. 1974 – II ZR 167/72, BGHZ 62, 217, 225 f.; vgl. zu ähnlichen, gleichfalls zulässigen Gestaltungen (‚GmbH & Comp.'; ‚GmbH & Cie.').

enthalten.³⁰ Einer solchen Firma kommt nach der Reform ein geringerer Informationsgehalt zu als zuvor: War auf Grund der von § 19 Abs. 1 und 2 aF geforderten Firmenidentität (hierzu RdNr. 16) grundsätzlich der Schluss von einer ‚GmbH & Co.'-Firma auf das Bestehen einer gleichnamigen Komplementär-GmbH erlaubt,³¹ so kann sich hinter einer ‚GmbH & Co.'-Firma heute eine Komplementärgesellschaft ganz anderen Namens verbergen.³² Der Hinweis ‚& Co.' oder eine gleichbedeutende Formulierung (‚& Cie.'; ‚und Comp.') ist erforderlich, da bei seinem Fehlen (Beispiel: ‚X GmbH Elektronik KG') nicht hinreichend deutlich wird, welche Gesellschaft an welcher beteiligt ist (vgl. hierzu § 18 RdNr. 33). Aus gleichem Grund ist es unzulässig, die Bezeichnungen der verschiedenen Gesellschaftsformen unmittelbar aufeinander folgen zu lassen (Beispiel: ‚Y KG GmbH & Co.') (vgl. hierzu § 18 RdNr. 33). Dagegen erscheint es nicht ausgeschlossen, die Rechtsformbezeichnung der bezeichneten Gesellschaft an die Spitze der Firma zu stellen, wenn für den Rechtsverkehr erkennbar wird, dass es sich um die Firma dieser Gesellschaft handelt; eine solche Erkennbarkeit wird regelmäßig gegeben sein, wenn die vorangestellte Rechtsformbezeichnung der Personenhandelsgesellschaft in ausgeschriebener, der Hinweis auf die Haftungsbeschränkung in abgekürzter Form wiedergegeben wird.³³ So hat der BGH die Firma „Kommanditgesellschaft Union-Bau Altona GmbH & Co." im Grundsatz nicht beanstandet.³⁴

19 Kein hinreichender Hinweis auf die Haftungsbeschränkung ist nach der Rechtsprechung gegeben, wenn neben der Bezeichnung ‚GmbH & Co.' weitere ‚& Co.'-, ‚& Com.', ‚& Sohn'-Zusätze in die Firma aufgenommen werden (Beispiele: „H. M. & Sohn GmbH & Co.";³⁵ „K. & Co. GmbH & Co. KG").³⁶ Ein solcher weiterer Zusatz kann im Sinne der Existenz mindestens eines weiteren persönlich haftenden Gesellschafters neben der GmbH verstanden werden und somit die auf eine Haftungsbeschränkung deutende Bezeichnung (‚GmbH & Co.') entwerten.³⁷

20 Zweifelhaft kann die Zulässigkeit von bisher **unüblichen Schöpfungen wie ‚Kommanditgesellschaft mit beschränkter Haftung'**³⁸ oder ‚beschränkt haftende Kommanditgesellschaft'³⁹ erscheinen. Gegen die Eignung solcher Gestaltungen zur Kennzeichnung der Haftungsbeschränkung sollte nicht eingewandt werden, dass sie in der Vergangenheit nicht gebräuchlich waren; dieses Argument würde jeglicher Neuerung entgegenstehen. Für die Zulassung könnte sprechen, dass Anlass und Funktion des eingebürgerten ‚GmbH & Co.'-Zusatzes mit dem HRefG 1998 in Frage gestellt worden sind: Bei Beteiligung einer X-GmbH als einziger persönlich haftender Gesellschafterin an einer KG folgte die Firmierung als ‚X-GmbH & Co. KG' schon aus der Forderung des § 19 Abs. 2 aF, die Firma der Komplementär-Gesellschaft unter Einschluss des Rechtsformzusatzes in der KG-Firma erscheinen zu lassen (vgl. RdNr. 16). Mit der durch die Reform eröffneten Möglichkeit der freien Firmenwahl entfällt diese Notwendigkeit; zugleich ist die Informationsfunktion einer GmbH & Co. Firma – vor der Handelsrechtsreform wies sie grundsätzlich auf das Bestehen einer *gleichnamigen* Komplementär-GmbH hin – nicht mehr gewährleistet. Bei der Zulassung neuer Gestaltungen ist gleichwohl Vorsicht geboten: Eine Bezeichnung sollte als tauglicher Hinweis auf die Haftungsbeschränkung iSd. Abs. 2 nur dann Anerkennung finden, wenn sie zur Kennzeichnung der Haftungssituation in gleicher oder ähnlicher Weise geeignet ist wie der in der Praxis durchgesetzte GmbH & Co.-Zusatz. Dies kann im Hinblick auf Bezeichnungen wie ‚Kommanditgesellschaft mit beschränkter Haftung' oder ‚OHG mbH' zweifelhaft erscheinen, da der Rechtsverkehr bei solchen

---

³⁰ Vgl. *Bokelmann* GmbHR 1998, 57, 58 f.; MünchKommHGB/*Heidinger* RdNr. 18 ff.
³¹ Freilich war auch dieser Schluss nicht zwingend, denn die Personenhandelsgesellschaft durfte die einmal gebildete Firma nach § 21 auch im Fall einer Veränderung der Firma der Komplementär-Gesellschaft fortführen; zudem konnten die Gesellschaften sich bei den Zusätzen unterscheiden, vgl. § 18 RdNr. 32.
³² Vgl. *K. Schmidt* DB 1998, 61, 63; *Kögel* BB 1998, 1645, 1646 f.
³³ Vgl. § 18 RdNr. 33; aA Baumbach/*Hopt* RdNr. 34.
³⁴ BGH Beschl. v. 28. 3. 1977 – II ZB 8/76, BGHZ 68, 271; vgl. zu dieser, auch Fragen der Firmenfortführung nach Ausscheiden der Komplementär-GmbH betreffenden Entscheidung schon § 18 RdNr. 34. Vgl. aber auch OLG Oldenburg Beschl. v. 23. 10. 1996 – 5 W 165/96, Rpfleger 1997, 263: Unzulässigkeit der Voranstellung des KG-Zusatzes bei einer Kommanditgesellschaft.
³⁵ BGH Beschl. v. 12. 11. 1984 – II ZB 2/84, NJW 1985, 736; kritisch *Wessel* BB 1985, 882.
³⁶ BGH Beschl. v. 13. 10. 1980 – II ZB 4/80, NJW 1981, 342; **aA** OLG Frankfurt a. M. Beschl. v. 10. 4. 1980 – 20 W 722/79, OLGZ 1980, 302 = BB 1980, 960.
³⁷ Vgl. im Ganzen kritisch *Wessel* BB 1985, 882 f.
³⁸ Für Unzulässigkeit unter § 19 Abs. 5 aF: OLG Köln Beschluss vom 30. 9. 1977 – 2 Wx 112/76, Rpfleger 1978, 21, 22; ebenso für ein ‚OHG mbH': OLG Hamm Beschl. v. 6. 4. 1987 – 15 W 194/85, NJW 1987, 2383 (Leitsatz) = DB 1987, 1245; unzulässig für die Bezeichnung GbRmbH und für die ausgeschriebene Bezeichnung „Gesellschaft bürgerlichen Rechts mit beschränkter Haftung" bei eine Sozietät von Freiberuflern: BayObLG Beschl. v. 24. 9. 1998 – 3 Z BR 58/98, NJW 1999, 297. Zum Ganzen auch MünchKommHGB/*Heidinger* RdNr. 18 ff.
³⁹ Für die Zulässigkeit der Firma „beschränkt haftende OHG": OLG Hamm Beschl. v. 6. 4. 1987 – 15 W 194/85, DB 1987, 1245, 1246; insoweit nicht in NJW 1987, 2383 abgedruckt. Ebenso offenbar für den Fall, dass die Bezeichnung ausgeschrieben verwendet wird, *Kögel* BB 1998, 1645, 1646 f.

Gestaltungen bisher Anlass hatte, vom Vorliegen einer GmbH auszugehen.[40] Geringeren Bedenken begegnet die Bezeichnung „beschränkt haftende Kommanditgesellschaft";[41] gegen sie könnte freilich eingewandt werden, dass sie – unzutreffend – auf eine Beschränkung bei der Haftung der KG, nicht bei ihren Gesellschaftern hindeutet.

§ 19 Abs. 2 beansprucht nicht nur in Fällen der ‚GmbH & Co.' Geltung; die Norm fordert einen die Haftungsbeschränkung kennzeichnenden Hinweis in allen Fällen, in denen in einer OHG oder KG keine natürliche Person persönlich haftet. Hiermit sind auch die der bisher behandelten Fallgestaltung **verwandten Konstellationen** erfasst, in denen andere Formen von Kapitalgesellschaften die Funktion von Komplementären in offenen Handelsgesellschaften oder Kommanditgesellschaften übernehmen, soweit nicht daneben eine persönliche Haftung von natürlichen Personen besteht. Der praktisch wichtigste Anwendungsfall ist der der Beteiligung einer AG deutschen Rechts an einer OHG oder KG. Hier kann der die Haftungsbeschränkung kennzeichnende Zusatz **‚AG & Co.'** (iVm. der Rechtsformbezeichnung der OHG bzw. KG) lauten.[42] Entsprechendes gilt für die seltenen Fälle einer Komplementärbeteiligung eines eingetragenen Vereins (**‚e. V. & Co. OHG'**) oder einer Stiftung (**‚Stiftung & Co. KG'**) an einer OHG oder KG.[43] Daneben haben Beteiligungen von **ausländischen Kapitalgesellschaften an deutschen Personenhandelsgesellschaften**[44] in einzelnen Fällen die Praxis beschäftigt.[45] Für die Möglichkeit einer Herausbildung anderer die Haftungssituation kennzeichnender Bezeichnungen ist auf die Ausführungen zur GmbH & Co. (RdNr. 20) zu verweisen. Wird die Firma nach dem gleichen Muster gebildet, wie es in Deutschland für die ‚GmbH & Co.' verbreitet ist, so wird dies regelmäßig als Hinweis auf die Haftungsbeschränkung ausreichen. Zwar ist der rechtliche Bedeutungsgehalt von Bezeichnungen wie ‚corporation', ‚société anonyme' oder ‚società a responsabilità limitata' in Deutschland nicht in gleicher Weise bekannt wie derjenige der Bezeichnungen GmbH oder AG. Eine Gestaltung als ‚X Corporation & Co. KG' oder ‚Y société anonyme & Co. OHG' kann aber zum einen wegen der Verwendung des von der GmbH & Co. geläufigen ‚& Co.-Zusatzes', zum anderen wegen der Kombination mit einer Gesellschaftsbezeichnung fremden Rechts einen Warneffekt auslösen, der dem bei der ‚GmbH & Co.' gleichkommt.[46] Auch wenn keine Gesellschaftsbezeichnung verwendet wird, die in mehreren Rechtsordnungen verbreitet ist (etwa die in Frankreich und Belgien bekannte société anonyme), wird ein konkretisierender Zusatz (beispielsweise der der Rechtsformbezeichnung nachgestellte Klammerzusatz ‚Aktiengesellschaft französischen Rechts') jedenfalls bei Komplementär-Gesellschaften aus anderen Staaten der EG oder des EWR nicht mehr gefordert werden können (hierzu Anhang zu § 17, RdNr. 25 f. mit Nachweisen zum Meinungsstand). Entsprechendes gilt bei der Beteiligung einer Gesellschaft aus einem anderen EU/EWR-Staat, die die gleiche deutschsprachige Bezeichnung trägt wie eine Gesellschaftsform des deutschen Rechts. Weitergehende Anforderungen – etwa die Angabe des Satzungssitzes des Registrierungslandes, der Registrierungsnummer oder gar des haftenden Kapitals – wird man unter der Geltung des § 19 Abs. 2 nF auch im Hinblick auf Gesellschaften aus Drittstaaten nicht stellen können; denn die Vorschrift erfordert keine Aufklärung über die Identität des Komplementärs (anders nach § 19 Abs. 1 und 2 aF), sondern nur eine Bezeichnung, die „die Haftungsbeschränkung kennzeichnet". Als eine solche wird für Fälle einer Beteiligung von Auslandsgesellschaften anstelle der Bezeichnung „& Co. KG" auch die Bezeichnung „beschränkt haftende KG" bzw. „haftungsbeschränkte KG" zur Diskussion gestellt.[47] Wegen Einzelheiten des **Internationalen Firmenrechts** wird im Übrigen auf den **Anhang zu § 17** verwiesen.

§ 20 *(aufgehoben durch EGAktG vom 30. 1. 1937, RGBl. I S. 166)*

---

[40] Vgl. auch § 18 RdNr. 68 (zur Unzulässigkeit der Verwendung von Bezeichnungen wie „Gesellschaft des bürgerlichen Rechts mit beschränkter Haftung" oder „Gesellschaft bürgerlichen Rechts (mit beschränkter Gesellschafterhaftung)" durch eine Rechtsanwaltssozietät.
[41] Vgl. Wessel/Zwernemann/*Kögel* RdNr. 325.
[42] Staub/*Hüffer* RdNr. 75 f.; Heymann/*Emmerich* RdNr. 29; MünchKommHGB/*Heidinger* RdNr. 26.
[43] Vgl. Staub/*Hüffer* RdNr. 77; Heymann/*Emmerich* RdNr. 29; MünchKommHGB/*Heidinger* RdNr. 26.
[44] Vgl. zur umstrittenen, von deutschen Gerichten aber weitgehend angenommenen Zulässigkeit und zur internationalprivatrechtlichen Behandlung einer solchen ‚Typenvermischung über die Grenze' Anh. nach § 17 RdNr. 18 und – eingehender – *Grothe*, S. 199 ff.; MünchKommBGB/*Kindler* IntGesR RdNr. 548 ff.; Zimmer IntGesR, S. 207 ff.
[45] Vgl. OLG Saarbrücken Beschl. v. 21. 4. 1989 – 5 W 60/88, NJW 1990, 647 (auch mit Erwägungen zur Firmenbildung). Vgl. zur Zulässigkeit einer ‚ausländischen Kapitalgesellschaft & Co.' ferner BayObLG Beschl. v. 18. 7. 1985, BReg. 3 Z 62/85, DB 1985, 2670; BayObLG Beschl. v. 21. 3. 1986, BReg. 3 Z 148/85, BayObLGZ 1986, 61 = NJW 1986, 3029; BayObLG Beschl. v. 18. 9. 1986 – BReg. 3 Z 96/86, DB 1986, 2530 (sämtlich zur Beteiligung einer Limited Company englischen Rechts an einer KG).
[46] Ähnlich auch Staub/*Hüffer* RdNr. 86; MünchKommHGB/*Heidinger* RdNr. 31.
[47] Hierfür Röhricht/Graf von Westphalen/*Ammon* RdNr. 68.

§ 21 [Fortführung bei Namensänderung]

Wird ohne eine Änderung der Person der in der Firma enthaltene Name des Geschäftsinhabers oder eines Gesellschafters geändert, so kann die bisherige Firma fortgeführt werden.

§ 200 UmwG. Firma oder Name des Rechtsträgers.

(1) [1] *Der Rechtsträger neuer Rechtsform darf seine bisher geführte Firma beibehalten, soweit sich aus diesem Buch nichts anderes ergibt.* [2] *Zusätzliche Bezeichnungen, die auf die Rechtsform der formwechselnden Gesellschaft hinweisen, dürfen auch dann nicht verwendet werden, wenn der Rechtsträger die bisher geführte Firma beibehält.*

(2) Auf eine nach dem Formwechsel beibehaltene Firma ist § 19 des Handelsgesetzbuchs, § 4 des Gesetzes betreffend die Gesellschaften mit beschränkter Haftung, §§ 4, 279 des Aktiengesetzes oder § 3 des Genossenschaftsgesetzes entsprechend anzuwenden.

(3) War an dem formwechselnden Rechtsträger eine natürliche Person beteiligt, deren Beteiligung an dem Rechtsträger neuer Rechtsform entfällt, so darf der Name dieses Anteilsinhabers nur dann in der beibehaltenen bisherigen oder in der neu gebildeten Firma verwendet werden, wenn der betroffene Anteilsinhaber oder dessen Erben ausdrücklich in die Verwendung des Namens einwilligen.

(4) [1] *Ist formwechselnder Rechtsträger oder Rechtsträger neuer Rechtsform eine Partnerschaftsgesellschaft, gelten für die Beibehaltung oder Bildung der Firma oder des Namens die Absätze 1 und 3 entsprechend.* [2] *Eine Firma darf als Name einer Partnerschaftsgesellschaft nur unter den Voraussetzungen des § 2 Abs. 1 des Partnerschaftsgesellschaftsgesetzes beibehalten werden.* [3] *§ 1 Abs. 3 und § 11 des Partnerschaftsgesellschaftsgesetzes sind entsprechend anzuwenden.*

(5) Durch den Formwechsel in eine Gesellschaft des bürgerlichen Rechts erlischt die Firma der formwechselnden Gesellschaft.

Schrifttum: *Lindacher*, Firmenbeständigkeit und Firmenwahrheit, BB 1977, 1676; *Neye*, Die Änderungen im Umwandlungsrecht nach den handels- und gesellschaftlichen Reformgesetzen in der 13. Legislaturperiode, DB 1998, 1649; *Raschauer*, Namensrecht, 1978; *Schrom*, Die abgeleitete Firma (§§ 21–24 HGB), DB 1964, Beilage 15, Heft 34.

Übersicht

	RdNr.		RdNr.
I. Normzweck	1, 2	3. Differenzierung bzgl. Eintragung	10
II. Anwendungsbereich und Hauptanwendungsfälle	3–5	4. Vorgesellschaft	11–13
		IV. Rechtsfolge	14, 15
III. Tatbestandliche Voraussetzungen	6–13	1. Wahlrecht	14
1. Erwerb eines neuen Namens ohne Änderung des Unternehmensträgers	6	2. Namensrechtliche Auswirkungen	15
2. Firmenkontinuität	7–9	V. Parallelen im neuen Umwandlungsrecht	16–18
a) Aufgabe des Gewerbes	8		
b) Herabsinken des Geschäftsbetriebs	9		

I. Normzweck

1 Die Bestimmung hat den Zweck, bei einer Änderung eines in der Firma enthaltenen Namens des Geschäftsinhabers oder eines Gesellschafters die Fortnutzung der Firma zu ermöglichen: der ideelle und materielle **Firmenwert** soll nicht unnötigerweise durch einen gesetzlichen Zwang zur Neufirmierung zerschlagen werden.[1] Im Blickfeld des historischen Gesetzgebers stand dabei insbesondere der Fall der Namensänderung durch Eheschließung (§ 1355 BGB).[2] Mit der Einfügung des § 21, der weder im Vorläufer des HGB, dem ADHGB, noch im Regierungsentwurf zum HGB vorgesehen war, wurde ein bis dahin bestehendes rechtspolitisches Defizit gegenüber §§ 22, 24 (vgl. aber auch: Artt. 22, 38 EGHGB) beseitigt, da kein Grund dafür besteht, beim Wechsel des Unternehmensträgers die Fortführung der bisherigen Firma zu gestatten, sie aber bei bloßer Änderung des namengebenden Inhaber- bzw. Gesellschafternamens nicht zuzulassen.[3]

2 Folgerichtig bewertet das Gesetz das durch die Namensänderung eintretende Informationsdefizit[4] des Rechtsverkehrs betreffend den tatsächlichen Namen eines Unternehmensträgers so gering, dass es

---

[1] Staub/*Hüffer* RdNr. 1.
[2] Bericht der XVIII Kommission über den Entwurf eines Handelsgesetzbuchs sowie den Entwurf eines EinfG zu demselben, S. 17 = *Schubert/Schmiedel/Krampe* II/2 S. 1254 ff., 1268.
[3] Röhricht/Graf von Westphalen/*Ammon* RdNr. 1; Straube/*Schuhmacher* RdNr. 1.
[4] *Lindacher* BB 1977, 1676, 1681 MünchKommHGB/*Heidinger* RdNr. 1.

hinter dem Interesse der Firmenwerterhaltung zurücktritt. § 21 enthält danach zugunsten des Inhabers eine **Ausprägung des Grundsatzes der Firmenkontinuität** gegenüber dem durch das HRefG vom 28. 6. 1998 (BGBl I, S. 1474) ohnehin zurückgestuften[5] Gebot der Firmenwahrheit[6] und ist Ausdruck der grundsätzlichen Unabhängigkeit der Firma vom Namenswechsel des Inhabers/ Gesellschafters. Anders als im Falle der §§ 22, 24 liegt hierin wegen der gleich bleibenden Unternehmensträgerschaft **keine völlige Durchbrechung,** sondern lediglich eine Zurückdrängung des Wahrheits"grundsatzes.[7] Die von § 17 geforderte Bezeichnung des Unternehmensträgers wird allein durch die fehlende Namenidentität, nicht jedoch durch tatsächliche Verschiedenheit der Rechtsträger belastet. Diese Zurückdrängung ist gerechtfertigt, da die Beeinträchtigung der Identifizierungsfunktion der Firma nur marginaler Natur ist und die Erfordernisse der Unterscheidungskraft (§ 18 Abs. 1) und der Offenbarung der Haftungsverhältnisse (§ 19) nicht berührt werden.[8] Insofern lässt sich hier allein von einer unechten abgeleiteten Firma sprechen, da sie nicht von einem anderen Rechtsvorgänger (wie in den Fällen der §§ 22 und 24), sondern vom ursprünglich anderslautenden eigenen Namen abgeleitet wird.[9]

II. Anwendungsbereich und Hauptanwendungsfälle

Der Anwendungsbereich erstreckt sich auf **alle Personenfirmen.**[10] Mit der Neufassung der 3 §§ 18, 19 und der firmenrechtlichen Vorschriften im Kapitalgesellschafts- (§ 4 GmbHG, §§ 4, 279 AktG) und Genossenschaftsrecht (§ 3 GenG) durch das HRefG[11] steht allen Firmenführungsberechtigten (namentlich: e. K., OHG, KG, EWIV,[12] AG, KGaA, GmbH, eG) bei ausreichender Individualisierungs- und Unterscheidungskraft (§ 18 Abs. 1) und innerhalb der Grenzen der Firmenwahrheit (§ 18 Abs. 2) bei Hinzufügung eines entsprechenden Rechtsformzusatzes (§ 19 bzw. § 4 GmbHG, §§ 4, 279 AktG, § 3 GenG) das Recht der personenbezogenen Firmierung zu.[13] Dementsprechend kommt es für die Anwendbarkeit des § 21 darauf an, ob beim Firmengebungsakt das Wahlrecht dahingehend ausgeübt wurde, dass eine in diesem Sinne zulässige Personenfirma geführt wird. Zudem ordnen die §§ 16, 53 VAG,[14] 2 Abs. 2 PartGG eine **entsprechende Anwendung** auf den **VVaG** und die **Partnerschaftsgesellschaft** an, obwohl letztere selbst nur einen Namen (Name mindestens eines Partners unter Zusatz „und Partner" oder „Partnerschaft" und Berufsbezeichnungen aller Partner) und keine Firma führt, § 2 Abs. 1 PartGG. Freilich scheidet für Sach- oder Phantasiefirmen eine Anwendung des § 21 von vornherein aus und ist auf Grund der Unabhängigkeit vom Namenswechsel des Inhabers oder Gesellschafters überflüssig.

Neben dem vom Gesetzgeber besonders anvisierten Sachverhalt der Eheschließung (§ 1355 BGB, 4 vgl. RdNr. 1) erfasst die Regelung auch die Fälle der Namensänderung durch Adoption oder deren Aufhebung (§§ 1757, 1759 BGB), durch Namensbestimmung seitens der Eltern (§ 1617 BGB), Wiederannahme des früheren Namens der verwitwete oder geschiedene Ehegatten oder Annahme eines neuen Namens nach dem Gesetz über die Änderung von Familiennamen und Vornamen vom 5. 1. 1938 (RGBl. I S. 9 = BGBl. III S. 401–1).[15]

Als Namengeber kommt neben einer natürlichen Person auch eine **andere Handelsgesellschaft** 5 in Betracht; die Änderung ihrer Firma ist (auch wenn es sich bei *dieser* um eine Sach- oder Phantasiefirma handelt) Namensänderung im Sinne von § 21.[16] Relevanz erlangt dies insbesondere

---

[5] Vgl. hierzu näher § 17 RdNr. 7; Begründung zum Gesetzentwurf der Bundesregierung, BT-Drucks. 13/8444, BR-Drucks. 340/97 S. 36 f.; *Jung* ZIP 1998, 677, 678; *Kögel* BB 1998, 1646, 1647.
[6] Staub/*Hüffer* RdNr. 1; Röhricht/Graf von Westphalen/*Ammon* RdNr. 1.
[7] Vgl. auch *Canaris* HandelsR § 11 RdNr. 22 ff.; Koller/*Roth*/Morck RdNr. 1; aA *Schrom* DB 1964, Beilage Nr. 15 (34); Schlegelberger/*Hildebrandt*/Steckhan RdNr. 1.
[8] Vgl. *Lindacher* BB 1977, 1676, 1677.
[9] *Bokelmann,* Das Recht der Firmen und Geschäftsbeziehungen, RdNr. 649; Wessel/Zwernemann/*Kögel*, Die Firmengründung, RdNr. 525.
[10] Staub/*Hüffer* RdNr. 2.
[11] HRefG v. 28. 6. 1998, BGBl. I S. 1474.
[12] Näher § 17 RdNr. 8; zur Firmenbildung bei der EWIV § 18 RdNr. 1 f., 15.
[13] Begründung zum Gesetzentwurf der Bundesregierung, BT-Drucks. 13/8444, BR-Drucks. 340/97 S. 73 f., für AG und KGaA, S. 74 f., für GmbH, S. 80; *Bokelmann* GmbHR 1998, 57, 59; *Kögel* BB 1998, 1645; *K. Schmidt* NJW 1998, 2161, 2167 f.; *ders.* ZIP 1997, 909, 915; allg. Röhricht/Graf von Westphalen/*Ammon* RdNr. 4.
[14] Zu beachten ist, dass für kleinere VVaG gemäß § 53 Abs. 1 VAG das Erste Buch des HGB keine entsprechende Anwendung findet – vgl. § 17 RdNr. 8.
[15] Baumbach/*Hopt* RdNr. 2; GK-HGB/*Nickel* RdNr. 3. Zur Namensänderung im Einzelnen *Raschauer* Namensrecht S. 176 ff.
[16] Staub/*Hüffer* RdNr. 6; Röhricht/Graf von Westphalen/*Ammon* RdNr. 4; MünchKommHGB/*Heidinger* RdNr. 6; HK-HGB/*Ruß* § 21 RdNr. 1.

§ 21 6–9 1. Buch. 3. Abschnitt. Handelsfirma

für die GmbH & Co. KG.[17] Auch kann sich eine Partnerschaftsgesellschaft an einer juristischen Person[18] oder einer Personenhandelsgesellschaft[19] (nicht hingegen an einer anderen Partnerschaft, § 1 Abs. 1 S. 3 PartGG), bei Beachtung etwaiger standesrechtlicher Regelungen, beteiligen. In den sehr engen Grenzen des Art. 3 Abs. 2 lit. b, e iVm. 1 Abs. 2 VO (EWG) Nr. 2137/85 gilt entsprechendes für die EWIV (auch diese kann sich nicht an einer anderen EWIV beteiligen, Art. 3 Abs. 2 lit. e).[20]

III. Tatbestandliche Voraussetzungen

6   **1. Erwerb eines neuen Namens ohne Änderung des Unternehmensträgers.** § 21 findet nach dem eindeutigen Wortlaut („ohne eine Änderung der Person") nur Anwendung, wenn zwar der Name, nicht aber der Unternehmensträger wechselt. § 21 erfordert also **Personenidentität**.[21] Für Veränderungen im Bereich der Unternehmensträgerschaft oder im Gesellschafterbestand gelten die Regelungen der §§ 22, 24.

7   **2. Firmenkontinuität.** Die Regelung eröffnet nur die Möglichkeit der Firmenfortführung („bisherige Firma"), womit zwingend das **Bestehen einer zulässigen Firma** zum Zeitpunkt der Namensänderung vorausgesetzt wird.[22] Nur die entstandene und im Augenblick der Namensänderung noch bestehende Firma kann im Sinne des § 21 fortgeführt werden.

8   **a) Aufgabe des Gewerbes.** Daraus resultiert für den **Einzelkaufmann,** dass mit der dauerhaften Aufgabe des Unternehmens eine Firmenfortführung ausscheidet, da kein Handelsgewerbe im Sinne des § 1 Abs. 1 betrieben wird (aus diesem Grund hilft auch § 5 nicht weiter – näher dort **RdNr. 20 f., 32**) und mithin die zur Firmenführung notwendige Kaufmannseigenschaft (vgl. auch nachfolgend RdNr. 10) entfällt, so dass die Firma erlischt.[23] Es wird allenfalls noch eine Geschäftsbezeichnung geführt, auf die § 21 auch nach der Handelsrechtsreform 1998 keine Anwendung findet.[24] Dagegen führt allein die Aufgabe des Gewerbebetriebes einer Personenhandelsgesellschaft nicht zur Auflösung der Gesellschaft (arg. e §§ 131, 156 f.) und damit nicht zum Erlöschen der Firma. Gleichfalls ist die Firmenfähigkeit der **Formkaufleute** – namentlich: AG (§ 3 AktG), KGaA (§ 278 Abs. 3 AktG), GmbH (§ 13 Abs. 3 GmbHG), eG (§ 17 Abs. 2 GenG) und EWIV (§ 1 EWIV-AusfG)[25] – vom Betreiben eines Handelsgewerbes unabhängig (vgl. § 6 – näher dort **RdNr. 11 ff., 24 ff.**); entsprechendes gilt für den **VVaG** (arg. e §§ 16, 47 VAG).[26]

9   **b) Herabsinken des Geschäftsbetriebs.** Unter Geltung der alten Rechtslage wurde beim **Einzelkaufmann** wie auch bei den **Personenhandelsgesellschaften** bei einem Herabsinken des Geschäftsbetriebes auf ein kleingewerbliches Niveau auf Grund des § 4 aF die Unanwendbarkeit des Firmenrechts angenommen, womit das Recht zur Firmenfortführung verloren war, obwohl die Firma zufolge § 5 erst mit der Löschungseintragung im Handelsregister erlischt.[27] Indes kann mit Wegfall des § 4 aF die Verringerung des Geschäftsbetriebs zum Kleingewerbe nur noch für den **nicht eingetragenen,** aber wegen § 1 Abs. 2, § 29 eintragungspflichtigen Einzelkaufmann bzw. für die entsprechenden Fälle der §§ 105 Abs. 2 S. 1, 161 Abs. 2 Bedeutung erlangen. Denn nur vor Eintragung hat dies zur Konsequenz, dass die einstmals durch den tatsächlichen Gebrauch erlangte Firma mit Verlust der Kaufmannseigenschaft erlischt.[28] Der eingetragene Gewerbetreibende, das eingetragene land- oder forstwirtschaftliche Unternehmen oder auch die eingetragene Personenhandelsgesellschaft behält dagegen die Kaufmannseigenschaft (vgl. §§ 2 S. 1, 3 Abs. 2, 105 Abs. 2

---

[17] Heymann/*Emmerich* RdNr. 1.
[18] *Seibert* DB 1994, 2381, 2383.
[19] MünchKommHGB/*Bokelmann* 1 Aufl., § 8 RdNr. 25.
[20] Näher *Selbherr/Manz* Art. 3 EG-VO RdNr. 24 ff., 38.
[21] Straube/*Schuhmacher* RdNr. 2.
[22] RG Urt. v. 9. 11. 1910 – 437/09 I, JW 1911, 105 Nr. 38; *Schrom* DB 1964, Beilage Nr. 14 (34); Staub/*Hüffer* RdNr. 3; Heymann/*Emmerich* RdNr. 2; Röhricht/Graf von Westphalen/*Ammon* RdNr. 6.
[23] Näher § 17 RdNr. 8; Staub/*Hüffer* § 17 RdNr. 16; Röhricht/Graf von Westphalen/*Ammon* § 17 RdNr. 29.
[24] Wie hier zur alten Rechtslage Heymann/*Emmerich* RdNr. 2; Röhricht/Graf von Westphalen/*Ammon* RdNr. 6; aA OLG Celle Urt. v. 28. 9. 1989 – 1 W 25/89, BB 1990, 302 m. abl. Anm. *Frey.*
[25] LG Bonn Beschl. v. 16. 3. 1993 – 11 T 1/93, EuZW 1993, 550, 551; *K. Schmidt* NJW 1998, 2161, 2166; *ders.* HandelsR § 10 III 3 b; *Selbherr/Manz* § 1 D-AusfG RdNr. 6. Vgl. zur Firmenbildung bei der EWIV § 18 RdNr. 1 f., 15.
[26] Näher § 17 RdNr. 15; Staub/*Hüffer* § 17 RdNr. 17; Röhricht/Graf von Westphalen/*Ammon* § 17 RdNr. 29. Werden mit einer neueren Lehre auch Personenhandelsgesellschaften als Formkaufleute angesehen (in diesem Sinne *K. Schmidt* ZHR 163 (1999), 87, 89 f.; *ders.* NJW 1998, 2166; *ders.* DB 1998, 61 f.; *ders.* (Fn. 25) § 10 III 3 a), so folgt hieraus der Fortbestand der Firmenfähigkeit.
[27] Vgl. nur Staub/*Hüffer* § 17 RdNr. 16.
[28] Näher § 17 RdNr. 15; *K. Schmidt* ZHR 163 (1999), 87, 90 ff.; *ders.* NJW 1998, 2161 (insb. auch Fn. 31) und 2164; MünchKommHGB/*K. Schmidt* § 2 RdNr. 4, § 3 RdNr. 13 f. (Ergänzungsband); *Ammon* DStR 1998, 1476; wohl auch *Schulz* JA 1998, 890, 893.

S. 1, 161 Abs. 2, 5), solange nicht die Löschung aus dem Handelsregister auf Antrag erfolgt ist (vgl. §§ 2 S. 2 f., 3 Abs. 2, 105 Abs. 2 S. 2) (näher § 2 RdNr. 30 ff.). Die Anmeldung zum Handelsregister ersetzt insoweit das Erfordernis eines kaufmännischen Gewerbebetriebs nach § 1 Abs. 2, auch wenn ihr zuvor nur deklaratorische Wirkung zukam (vgl. zur Begründung § 17 RdNr. 15). Dementsprechend bleibt auch bei Herabsinken des Geschäftsbetriebs auf ein kleingewerbliches Niveau die Kaufmannseigenschaft und demzufolge das Firmenrecht erhalten, so dass die Firma gemäß § 21 weitergeführt werden kann. Für die **AG, KGaA, GmbH, EWIV, eG** und den **VVaG** hat ein Absinken des Geschäftsbetriebs zu einem Kleinbetrieb aus dem unter RdNr. 8 ausgeführten Grund keine Bedeutung.[29] Die ohnedies kein Handelsgewerbe betreibende **Partnerschaftsgesellschaft** (vgl. § 1 Abs. 1 S. 2 PartGG), auf die § 21 allein wegen der gesetzlichen Verweisung des § 2 Abs. 2 PartGG entsprechende Anwendung findet, wird von dieser Problematik nicht betroffen.

3. Differenzierung bzgl. Eintragung. Wie bereits vor der Handelsrechtsreform 1998 ist die Eintragung in das Handelsregister für die Anwendbarkeit des § 21 soweit nicht erforderlich, wie ihr für die Kaufmannseigenschaft und damit Firmenfähigkeit nur **deklaratorische Bedeutung**[30] zukommt:[31] Die Firma entsteht bereits durch ihren tatsächlichen Gebrauch, aber spätestens mit Eintragung. Dies gilt gleichfalls, wie den Vorschriften der §§ 105 Abs. 2 S. 1, 161 Abs. 2 entnommen werden kann, für die Firma von Personenhandelsgesellschaften (OHG, KG), sofern ein Gewerbebetrieb besteht, der nach Art und Umfang einen in kaufmännischer Weise eingerichteten Geschäftsbetrieb erfordert.[32] Eine Abweichung davon kann weder dem Wortlaut noch dem Sinn und Zweck des § 21 entnommen werden. Folgerichtig ist die **Eintragung** einer durch tatsächliche Führung zulässig gebildeten Firma, die den früheren Namen des Inhabers/Gesellschafters enthält, auch noch möglich, **nachdem der Name sich geändert hat.**[33] Ein **anderes** gilt in den Fällen der §§ 2 S. 1 und 3 Abs. 2, in denen der Eintragung für die Kaufmannseigenschaft **konstitutive Wirkung** zukommt, also die Firma erst und nur mit Eintragung entsteht (vgl. § 17 iVm. § 1 Abs. 1, 2 S. 1).[34] Auch eine kleingewerbliche oder vermögensverwaltende Gesellschaft erwirbt nach den §§ 105 Abs. 2 S. 1, 161 Abs. 2 die Kaufmannseigenschaft und damit Firmenfähigkeit durch konstitutive Eintragung, so dass erst mit der Eintragung eine fortführungsfähige Firma entsteht. Auf diese kann § 21, der eine bestehende Firma voraussetzt (vgl. RdNr. 7), daher nicht vor der Eintragung Anwendung finden.[35]

4. Vorgesellschaft. Ist eine Vorgesellschaft – Vor-GmbH, Vor-AG oder Vor-Genossenschaft – (dazu § 17 RdNr. 8). Gesellschafterin einer anderen Gesellschaft, so kann letztere grundsätzlich ihre Firma der Firma (oder – falls der Vorgesellschaft die Firmenfähigkeit abgesprochen wird – dem Namen) der Vorgesellschaft entlehnen. In der Praxis betrifft dies vorwiegend den Fall der **GmbH i. G. & Co. KG**, bei dem die Vor-GmbH mit dem Zusatz i. G. als Komplementärin der KG unter ihrer Firma (oder ihrem Namen) in das Handelsregister eingetragen werden kann.[36] Insoweit findet § 21 bei Namensänderung der Vorgesellschaft auf die mögliche Firmierung der entlehnenden Gesellschaft Anwendung (vgl. auch RdNr. 5). Wird die Gründung der GmbH (AG, eG) **mit Eintragung** abgeschlossen, so endet die Vorgesellschaft liquidationslos und alle Rechte und Pflichten treffen die neu entstandene Gesellschaft,[37] womit auch das Namens- und **Firmenrecht übergeht.**[38] Zugleich zieht die Eintragung eine Namensänderung der namengebenden Gesellschafterin nach sich, da der Gründungszusatz infolge der firmenrechtlichen Vorschriften entfallen muss, selbst wenn die Namen

---

[29] So bereits zum alten Rechtszustand Staub/*Hüffer* RdNr. 17.
[30] Zur neuen Rechtslage die Begründung zum Gesetzentwurf der Bundesregierung, BT-Drucks. 13/8444, BR-Drucks. 340/97, S. 32 f., 49; *Schaefer* DB 1998, 1269, 1271; *Schmitt* WiB 1997, 1113; *Gustavus* GmbHR 1998, 17, 19; o. *Verf.*, Neue Firmen braucht das Land, DRiZ 1997, 100.
[31] Wie hier auf der Grundlage des vor dem HRefG bestehenden Rechtszustandes *Schrom* DB 1964, Beilage Nr. 14 (34); Staub/*Hüffer* RdNr. 3; Röhricht/Graf von Westphalen/*Ammon* RdNr. 7; *Straube*/*Schuhmacher* RdNr. 2; aA KG Berlin Beschl. v. 19. 7. 1906, RJA 8, 38; Schlegelberger/*Hildebrandt*/*Steckhan* RdNr. 1.
[32] Vgl. zur ähnl. Problematik unter der früheren Rechtslage Staub/*Hüffer* RdNr. 4; Röhricht/Graf von Westphalen/ *Ammon* RdNr. 7.
[33] Baumbach/*Hopt* RdNr. 1.
[34] Näher § 17 RdNr. 14; Begründung zum Gesetzentwurf der Bundesregierung, BT-Drucks. 13/8444, BR-Drucks. 340/97, S. 32 f., 49; *Schaefer* DB 1998, 1269, 1271; *Schmitt* WiB 1997, 1113, 1116; *Kögel* BB 1997, 793, 802; *Gustavus* GmbHR 1998, 17, 19; MünchKommHGB/*K. Schmidt* § 2 RdNr. 3, § 3 RdNr. 15 (Ergänzungsband); aA offenbar *Urban* SteuerStud 1998, 250, 256.
[35] Wie hier zum alten Rechtszustand Röhricht/Graf von Westphalen/*Ammon* RdNr. 7; Staub/*Hüffer* RdNr. 3.
[36] Staub/*Hüffer* § 19 RdNr. 34 und 71; Röhricht/Graf von Westphalen/*Ammon* RdNr. 8.
[37] Grundl. BGH Urt. v. 9. 3. 1981 – II ZR 54/80, BGHZ 80, 129, 137 = NJW 1981, 1373, 1375; BGH Urt. v. 16. 3. 1992 – II ZB 17/91, BGHZ 117, 323, 327 = NJW 1992, 1824; BGH Urt. v. 29. 10. 1992 – I ZR 264/90, BGHZ 120, 103, 107 = NJW 1993, 459, 460, wo insb. auf das Namensrecht Bezug genommen wird; seither allgM zur Vor-GmbH; für die Vor-AG *Hüffer* AktG § 4 RdNr. 4 und § 41 RdNr. 16.
[38] Staub/*Hüffer* § 17 RdNr. 15; Röhricht/Graf von Westphalen/*Ammon* RdNr. 8.

im Übrigen übereinstimmen. § 21 kommt in diesem Fall nicht zur Anwendung: Auch in der Firma der entlehnenden Gesellschaft (im Regelfall der KG) muss der Zusatz „i. G." im Zusammenhang der Firma der Komplementärgesellschaft entfallen.[39]

12 **Ändert sich der Name** des namengebenden Gesellschafters der Vorgesellschaft **vor Eintragung** der GmbH (AG, eG), so findet § 21 nach den oben dargelegten Grundsätzen (vgl. insbesondere RdNr. 10) auf die Vorgesellschaft selbst Anwendung.[40] Mit Aufnahme eines Gewerbes im Sinne von § 1 Abs. 2 wird der Name tatsächlich geführt, womit die Firma (spätestens jedoch mit Eintragung der Vorgesellschaft) entstanden ist und gemäß § 21 trotz Namensänderung fortgeführt werden darf. Unter Geltung der alten Rechtslage war jedoch **problematisch, ob** die **GmbH** unter einer nach § 21 fortgeführten Firma **eingetragen werden konnte,** oder ob zuvor eine Satzungsänderung vorzunehmen war. Die Eintragungsfähigkeit wurde teilweise bereits entgegen § 4 Abs. 1 S. 2 GmbHG aF – der zum Entstehungszeitpunkt der Firma (Eintragung!) nur für die Firmenführung mit einem aktuellen Gesellschafternamen zuließ – mit Hinweis darauf, dass es für die Firmenführung nicht auf die Entstehung als juristische Person ankomme,[41] oder weil der Firmengebungsakt vom Zeitpunkt der bewirkenden Erklärung nicht losgelöst werden könne und es ausreiche, wenn zu diesem Zeitpunkt der Gesellschafter den Namen trug,[42] bejaht. Mit der Neufassung des § 4 GmbHG sind die strengen Anforderungen des § 4 GmbHG aF einem obligatorischen Hinweis auf die beschränkte Haftung gewichen. Es kommt nicht darauf an, dass der Name des namengebenden Gesellschafters noch zum Zeitpunkt der Eintragung mit der Firma übereinstimmt. Die zulässige Firma der Vorgesellschaft kann mit den Modifikationen des § 19 Abs. 2 und des § 4 GmbHG fortgeführt werden, sofern sie nicht geeignet ist, den Rechtsverkehr irrezuführen (§ 18 Abs. 2).[43] Zu beachten ist, dass die Namensänderung des namengebenden Gesellschafters **nach Eintragung** wiederum ein typischer Fall des § 21 ist (vgl. RdNr. 3).[44]

13 Folglich hat § 21 **Bedeutung bezüglich der Vorgesellschaft als solcher und der bereits eingetragenen Gesellschaft,** nicht jedoch für die Nachfolge der GmbH in die Rechtsstellung der Vorgesellschaft. Das Gesagte gilt für die **Vor-AG** und die **Vor-Genossenschaft entsprechend.**

IV. Rechtsfolge

14 **1. Wahlrecht.** § 21 erlaubt die Fortführung der bisherigen Firma („kann ... fortgeführt werden"), zwingt aber nicht dazu: Die vom Gesetz getroffene Wertung zugunsten des Grundsatzes der Firmenbeständigkeit steht zur **Disposition des Firmeninhabers,** der eine andere Bewertung vornehmen kann und dem damit das Wahlrecht zusteht, entweder neu zu firmieren oder die bisherige Firma fortzuführen.[45]

15 **2. Namensrechtliche Auswirkung.** § 21 hat **allein firmenrechtlichen,** nicht jedoch namensrechtlichen **Gehalt.** Folge dessen ist, dass § 21 kein Recht zur Firmenfortführung gegenüber nach Namensrecht besser berechtigten Dritten gibt.[46] Der Schutz des Namensrechts hat grundsätzlich Vorrang vor den Interessen des Unternehmensträgers.[47] Insoweit steht § 21 unter dem Vorbehalt, dass die Firma als solche grundsätzlich geführt werden darf. Da § 21 keinesfalls zur Firmenfortführung zwingt, eine andere Firmierung also möglich bleibt, ist dem Unternehmensträger die Zurückstufung seines Interesses gegenüber dem des besser Berechtigten zuzumuten.[48]

V. Parallelen im neuen Umwandlungsrecht

16 Eine dem Telos von § 21 vergleichbare und infolge der Neufassung der Regelungen über die Handelsfirma durch das HRefG entsprechend angepasste Vorschrift hält das UmwG mit § 200 bereit.[49]

---

[39] Vgl. Staub/*Hüffer* § 19 RdNr. 72; MünchKommHGB/*Heidinger* RdNr. 12; Röhricht/Graf von Westphalen/*Ammon* RdNr. 8.
[40] Staub/*Hüffer* RdNr. 4; MünchKommHGB/*Heidinger* RdNr. 16.
[41] Staub/*Hüffer* RdNr. 4.
[42] LG Berlin Beschl. v. 24. 9. 1923 – 46 T 242/23, JW 1924, 1120.
[43] Zum Problem erfundener oder unternehmensfremder Personennamen § 18 RdNr. 11, 13 ff.; *Bokelmann* GmbHR 1998, 57, 59; *Kögel* BB 1997, 793, 796; ders. BB 1998, 1645, 1647 f.
[44] Vgl. nur *Schrom* DB 1964, Beilage Nr. 15 (34); Staub/*Hüffer* RdNr. 2.
[45] Röhricht/Graf von Westphalen/*Ammon* RdNr. 2; HK-HGB/*Ruß* § 21 RdNr. 1.
[46] Heymann/*Emmerich* RdNr. 4; vgl. zudem Nachweise in Fn. 50 f.; aA Straube/*Schuhmacher* RdNr. 4.
[47] GK-HGB/*Nickel* RdNr. 5; vgl. auch *Ritter* RdNr. 2.
[48] Schlegelberger/*Hildebrandt/Steckhan* RdNr. 2; Röhricht/Graf von Westphalen/*Ammon* RdNr. 5; *Schrom* DB 1964, Beilage Nr. 15 (34).
[49] Vgl. dazu die Begründung zum Gesetzentwurf der Bundesregierung, BT-Drucks. 13/8444, BR-Drucks. 340/97 S. 10 und 73.

Danach wird auch im Fall eines **Formwechsels** des Rechtsträgers auf Grund seiner wirtschaftlichen und rechtlichen Kontinuität[50] grundsätzlich der Firmenbeibehaltung gegenüber dem Gebot der Firmenwahrheit der Vorzug eingeräumt, § 200 Abs. 1 S. 1 UmwG. Dies entspricht dem Umstand, dass allein das Rechtskleid, nicht die Identität des Rechtsträgers geändert wird;[51] wegen der hiervon zu unterscheidenden Fälle einer Umwandlung durch Verschmelzung wird auf die Erläuterung zu § 22 (dort RdNr. 82 ff.) verwiesen. Ebenso wie § 21 eröffnet § 200 Abs. 1 S. 1 UmwG nur das **Recht, nicht** die **Pflicht** zur Firmenfortführung („darf ... beibehalten"); eine Neufirmierung nach den allgemeinen Grundsätzen bleibt stets möglich.[52]

Zwecks Liberalisierung des Firmenrechts sind mit dem HRefG die erheblichen Relativierungen **17** des in § 200 Abs. 1 UmwG festgelegten Grundsatzes durch die Regelungen des § 200 Abs. 1 S. 2 iVm. § 18 Abs. 1 S. 2, 3 UmwG aF und § 200 Abs. 2, 3 UmwG aF, die vor allem die Möglichkeiten der Firmenbildung bei Personenhandelsgesellschaften einschränkten, aufgehoben worden. An ihre Stelle ist ein Verweis auf die die **Rechtsformzusätze** anordnenden Vorschriften der § 19 HGB, § 4 GmbHG, §§ 4, 279 AktG, § 3 GenG getreten. Damit in Zusammenhang steht die Anordnung des § 200 Abs. 1 S. 2 UmwG, der einen Zusatz mit Hinweis auf die ehemalige Rechtsform verbietet: Da „der Formwechsel keine Nachfolge im allgemeinen Sinne des Wortes" begründet, gibt der Gesetzgeber wegen „Einfachheit und Klarheit" der Regelung (in Abweichung zu § 24 – dort RdNr. 15) dem allgemeinen Verbot den Vorzug.[53]

Beibehalten wurde demgegenüber das Erfordernis der Zustimmung eines namengebenden Anteils- **18** inhabers zur Firmenfortführung, dessen Beteiligung an dem Rechtsträger neuer Rechtsform entfällt, § 200 Abs. 3 UmwG (§ 200 Abs. 4 UmwG aF). Zudem wird auch künftig der **Firmenunfähigkeit der GbR** durch § 200 Abs. 5 UmwG Rechnung getragen:[54] Durch den Formwechsel in eine Gesellschaft bürgerlichen Rechts erlischt die Firma der formwechselnden Gesellschaft. Überdies wurde durch Gesetz vom 22. 7. 1998 (BGBl. I S. 1978) ein neuer Abs. 4 für den Fall eingefügt, dass der formwechselnde Rechtsträger oder Rechtsträger neuer Rechtsform eine **Partnerschaftsgesellschaft** ist.

§ 22 [Fortführung der Firma bei Übernahme des Handelsgeschäfts]

(1) Wer ein bestehendes Handelsgeschäft unter Lebenden oder von Todes wegen erwirbt, darf für das Geschäft die bisherige Firma, auch wenn sie den Namen des bisherigen Geschäftsinhabers enthält, mit oder ohne Beifügung eines das Nachfolgeverhältnis andeutenden Zusatzes fortführen, wenn der bisherige Geschäftsinhaber oder dessen Erben in die Fortführung der Firma ausdrücklich willigen.

(2) Wird ein Handelsgeschäft auf Grund eines Nießbrauchs, eines Pachtvertrags oder eines ähnlichen Verhältnisses übernommen, so finden diese Vorschriften entsprechende Anwendung.

§ 18 UmwG. *Firma oder Name des übernehmenden Rechtsträgers*

(1) Der übernehmende Rechtsträger darf die Firma eines der übertragenden Rechtsträger, dessen Handelsgeschäft er durch die Verschmelzung erwirbt, mit oder ohne Beifügung eines das Nachfolgeverhältnis andeutenden Zusatzes fortführen.

(2) Ist an einem der übertragenden Rechtsträger eine natürliche Person beteiligt, die an dem übernehmenden Rechtsträger nicht beteiligt wird, so darf der übernehmende Rechtsträger den Namen dieses Anteilsinhabers nur dann in der nach Absatz 1 fortgeführten oder in der neu gebildeten Firma verwenden, wenn der betroffene Anteilsinhaber oder dessen Erben ausdrücklich in die Verwendung einwilligen.

(3) [1] Ist eine Partnerschaftsgesellschaft an der Verschmelzung beteiligt, gelten für die Fortführung der Firma oder des Namens die Absätze 1 und 2 entsprechend. [2] Eine Firma darf als Name einer Partnerschaftsgesellschaft nur unter den Voraussetzungen des § 2 Abs. 1 des Partnerschaftsgesellschafts-

---

[50] Dazu §§ 190 f. UmwG; Begründung zum Gesetzentwurf der Bundesregierung, BT-Drucks. 12/6699 S. 143.
[51] *Beater* GRUR 2000, 119, 123; Kallmeyer/*Meister/Klöcker* UmwG, § 200 RdNr. 20.
[52] Kallmeyer/*Meister/Klöcker* § 200 RdNr. 5, 11, 14 ff., 18 ff.
[53] Begründung zum Gesetzentwurf der Bundesregierung, BT-Drucks. 12/6699 S. 143; Kallmeyer/*Meister/Klöcker* UmwG § 200 RdNr. 6, 22, 25 (dort jeweils bezogen auf den wortgleichen § 200 Abs. 1 S. 3 UmwG aF).
[54] Zu den Änderungen im Umwandlungsrecht *Neye* DB 1998, 1649 (zu § 200 UmwG 1653 f.).

§ 22

gesetzes fortgeführt werden. ³ § 1 Abs. 3 und § 11 des Partnerschaftsgesellschaftsgesetzes sind entsprechend anzuwenden.

§ 125 UmwG. Anzuwendende Vorschriften

¹ *Auf die Spaltung sind die Vorschriften des Ersten bis Neunten Abschnitts des Zweiten Buches mit Ausnahme des § 9 Abs. 2, bei Abspaltung und Ausgliederung mit Ausnahme des § 18 sowie bei Ausgliederung mit Ausnahme des § 14 Abs. 2 und der §§ 15, 29 bis 34, 54, 68 und 71 entsprechend anzuwenden, soweit sich aus diesem Buch nichts anderes ergibt.* ² *Eine Prüfung im Sinne der §§ 9 bis 12 findet bei Ausgliederung nicht statt.* ³ *An die Stelle der übertragenden Rechtsträger tritt der übertragende Rechtsträger, an die Stelle des übernehmenden oder neuen Rechtsträgers treten gegebenenfalls die übernehmenden oder neuen Rechtsträger.*

Schrifttum: *Barnert,* Die Personalfirma in der Insolvenz, KTS 2003, 523; *Benner,* Der neue Streit um die Verwertung der Firma in der Insolvenz, Rpfleger 2002, 342; *Bokelmann,* Die Firma im Konkursverfahren, KTS 1982, 27; *ders.,* Die Veräußerung einer Zweigniederlassung mit abgeleiteter Firma, GmbHR 1978, 265; *ders.,* Nochmals: Zur Veräußerung einer Zweigniederlassung mit abgeleiteter Firma, GmbHR 1982, 153; *Buchwald,* Der Betrieb eines Handelsgewerbes in Erben- oder Gütergemeinschaft, BB 1962, 1405; *Forkel,* Die Übertragbarkeit der Firma, FS Heinz Paulick, 1973, S. 101; *Götting,* Persönlichkeitsrechte als Vermögensrechte, 1996; *Heidinger,* Die wirtschaftliche Neugründung – Grenzen der analogen Anwendung des Gründungsrechts, ZGR 2005, 101; *Herchen,* Die Befugnis des Insolvenzverwalters zur Änderung der Firma, ZInsO 2004, 1112; *Kern,* Verwertung der Personalfirma im Insolvenzverfahren, BB 1999, 1717; *Köhler,* Namensrecht und Firmenrecht, FS Fikentscher, 1998, S. 494; *Kuchinke,* Die Firma in der Erbfolge, ZIP 1987, 681; *Lindacher,* Firmenbeständigkeit und Firmenwahrheit, BB 1977, 1676; *Riegger,* Die Veräußerung der Firma durch den Konkursverwalter, BB 1983, 786; *W.-H. Roth,* Das neue Firmenrecht, in: Die Reform des Handelsstandes und der Personengesellschaften, 1999, S. 31; *Steinbeck,* Die Verwertbarkeit der Firma und der Marke in der Insolvenz, NZG 1999, 133; *Strohm,* Die Gestattung der Firmenfortführung, in Gewerblicher Rechtsschutz – Urheberrecht – Wirtschaftsrecht, Mitarbeiterfestschrift für Eugen Ulmer, 1973, S. 333; *Weßling,* Der Einwilligungsvorbehalt für eine Firmenfortführung bei Ausscheiden des namensgebenden Gesellschafters, GmbHR 2004, 487; *Zunft,* Fortführung der Firma bei Veräußerung des Handelsgeschäfts des Gemeinschuldners, NJW 1960, 1843.

Übersicht

	RdNr.		RdNr.
I. Normzweck	1, 2	f) Rechtsstellung des Veräußerers bei Überschreitung der durch die Einwilligung gezogenen Grenzen des Firmengebrauchs	40, 41
II. Anwendungsbereich der Vorschrift	3–5	4. Die Verwertung von Unternehmen und Firma durch den Insolvenzverwalter	42–48
III. Die Voraussetzungen einer Fortführung der bisherigen Firma durch den Erwerber des Handelsgeschäfts (Abs. 1)	6–50	a) Meinungsstand zum bisherigen Recht	42
1. Der Erwerb eines Handelsgeschäfts	6–20	b) Die Verwertungsbefugnis nach geltendem Recht	43–48
a) Bestehendes Handelsgeschäft	6–10	5. Die Veräußerung von Unternehmen und Firma durch den Testamentsvollstrecker	49, 50
b) Erwerb des Handelsgeschäfts in seiner Gesamtheit	11–15	IV. Die Voraussetzungen der Firmenfortführung in Fällen der zeitweisen Übernahme des Handelsgeschäfts (Abs. 2)	51–54
c) Die Art und Weise des Erwerbs	16–20	1. Zeitweiliger Wechsel des Unternehmensinhabers	51–53
aa) Erwerb unter Lebenden	17	2. Entsprechende Geltung der in Abs. 1 genannten Voraussetzungen	54
bb) Erwerb von Todes wegen	18	V. Die Verwendung der bisherigen Firma durch den Übernehmer	55–73
cc) Exkurs: Der Betrieb des Unternehmens durch die Erbengemeinschaft	19, 20	1. Der Grundsatz: Befugnis zur Fortführung der unveränderten Firma	55–57
2. Die rechtmäßige Führung der Firma durch ihren bisherigen Inhaber	21–25	2. Zulässige Änderungen der fortzuführenden Firma	58–70
a) Tatsächliche Firmenführung	21	a) Änderung oder Beifügung des Rechtsformzusatzes	58, 59
b) Rechtmäßigkeit der bisherigen Firmenführung	22	b) Die Beifügung eines Nachfolgezusatzes	60–64
c) Notwendige Handelsregistereintragung?	23–25	aa) Grundsatz	60–62
3. Die Einwilligung des bisherigen Geschäftsinhabers oder seiner Erben	26–41	bb) Pflicht zur Führung des Nachfolgezusatzes?	63
a) „Ausdrücklichkeit" der Einwilligung	26–28	cc) Zeitpunkt der Beifügung und Änderung des Nachfolgezusatzes	64
b) Zeitlicher Zusammenhang zwischen Einwilligung und Übertragung des Handelsgeschäfts	29	c) Änderungen unwesentlicher Natur	65
c) Bedingung, Befristung und „Widerruf" der Einwilligung	30, 31	d) Wesentliche Änderungen zwecks Vermeidung einer Täuschung des Rechtsverkehrs	66, 67
d) Der Einwilligungsberechtigte	32–38		
aa) Die Firma des Einzelkaufmanns	32, 33		
bb) Die Gesellschaftsfirma	34–38		
α) Kapitalgesellschaftsfirmen	34		
β) Personengesellschaftsfirmen	35–37		
γ) Zustimmung der namensgebenden Gesellschafter?	38		
e) Umfang der Einwilligung	39		

	RdNr.		RdNr.
e) Wesentliche Änderungen, die den Interessen des Inhabers dienen	68	3. Firmenfortführung durch Kapitalgesellschaften	77
f) Fortführung als Zweigniederlassungsfirma; Vereinigung der fortzuführenden Firma mit der Firma des Übernehmers	69, 70	**VII. Die weitere Firmierung des Veräußerers**	78–81
3. Keine Pflicht zur Firmenfortführung	71, 72	**VIII. Die Firmenfortführung bei Verschmelzung und Spaltung nach dem UmwG**	82–87
4. Erlöschen des Firmenfortführungsrechts	73		
VI. Einzelfälle der Firmenfortführung	74–77	1. Verschmelzung	82–85
1. Firmenfortführung durch den Einzelkaufmann	74, 75	2. Spaltung	86, 87
2. Firmenfortführung durch Personengesellschaften	76		

I. Normzweck

§ 22 trägt dem Umstand Rechnung, dass eine Firma, unter der in der Vergangenheit ein Handelsgeschäft geführt wurde, in aller Regel sowohl einen ideellen als auch einen materiellen Wert verkörpert. Zweck der Regelung ist es, den Parteien bei Veräußerung (Abs. 1) oder zeitweiliger Überlassung (Abs. 2) eines Handelsgeschäfts die Möglichkeit zu eröffnen, diesen **Firmenwert für die Zukunft zu sichern**.[1] Dem Übernehmer des Handelsgeschäfts gestattet das Gesetz daher die Fortführung der bisherigen Firma, falls eine entsprechende Einwilligung des ursprünglichen Inhabers vorliegt. Die Regelung wird damit vor allem den privaten Interessen beider Parteien gerecht, denn der Übernehmer des Handelsgeschäfts wird häufig beabsichtigen, den mit der Firma verknüpften good will des Unternehmens weiterzunutzen, während dem ursprünglichen Inhaber typischerweise daran gelegen ist, den Firmenwert im Rahmen des Veräußerungs- bzw. Überlassungsgeschäfts wirtschaftlich zu liquidieren.

Die ausdrückliche gesetzliche Anerkennung der Befugnis zur Firmenfortführung ist erforderlich, weil die Überlassung der Firma einerseits dem der Vorschrift des § 23 zugrundeliegenden Verbot der Firmen-(leer-)übertragung widerspricht[2] und die Fortführung der Firma andererseits häufig – so vor allem bei Übertragung von Namensfirmen – gegen den das Firmenrecht des HGB bestimmenden Grundsatz der Firmenwahrheit[3] verstößt.[4] Ebenso wie in den Vorschriften der §§ 21, 24 und der Artt. 22, 38 EGHGB anerkennt das Gesetz damit in § 22 das **Prinzip der Firmenbeständigkeit** und gibt diesem in den Fällen eines endgültigen (Abs. 1) oder zeitweiligen (Abs. 2) Wechsels des Geschäftsinhabers grundsätzlich den Vorrang. Nach hM enthält § 22 mit dieser Entscheidung zugunsten der Firmenbeständigkeit eine **Ausnahmeregelung vom Grundsatz der Firmenwahrheit**;[5] gleichwohl ist nicht zu verkennen, dass das Prinzip der Firmenwahrheit seine Gültigkeit auch im Regelungsbereich dieser Vorschrift nicht vollends einbüßt[6] und die Zulässigkeit der Firmenfortführung insbesondere durch das in § 18 Abs. 2 S. 1 normierte allgemeine Täuschungsverbot begrenzt wird[7] (vgl. näher RdNr. 58, 63, 66).

II. Anwendungsbereich der Vorschrift

Die Vorschrift des § 22 gilt nicht nur für die Firma der Einzelkaufleute, vielmehr erstreckt sich ihr Anwendungsbereich auf **sämtliche Firmen**. Während dies für die Firma der OHG und der KG aus § 6 Abs. 1 folgt, ist zum Nachweis dessen für die Firma der AG, der KGaA und der GmbH auf die §§ 4, 279 AktG, § 4 GmbHG, für die Firma des VVaG und der eG auf § 16 VAG und § 3 Abs. 1 S. 1 GenG zu verweisen. Mit Blick auf den **Namen der Partnerschaftsgesellschaft** gilt es zu berücksichtigen, dass § 2 Abs. 2 PartGG lediglich § 22 Abs. 1 für entsprechend anwendbar erklärt. Die fehlende Verweisung auf § 22 Abs. 2 beruht auf der gesetzgeberischen Erwägung, es bestehe

---

[1] RG Urt. v. 17. 11. 1936 – II 104/36, RGZ 152, 365, 368; BGH Urt. v. 5. 5. 1977 – II ZR 237/73, BB 1977, 1015; Staub/*Hüffer* RdNr. 1; Schlegelberger/*Hildebrandt*/*Steckhan* RdNr. 1; Heymann/*Emmerich* RdNr. 1.
[2] Vgl. dazu Staub/*Hüffer* RdNr. 1.
[3] Vgl. zu diesem Prinzip § 17 RdNr. 7.
[4] Heymann/*Emmerich* RdNr. 1 a; Baumbach/*Hopt* RdNr. 1.
[5] RG Urt. v. 17. 11. 1936 – II 104/36, RGZ 152, 365, 368; BGH Urt. v. 20. 4. 1972 – II ZR 17/70, BGHZ 58, 322, 324 = NJW 1972, 1419; Staub/*Hüffer* RdNr. 2; Schlegelberger/*Hildebrandt*/*Steckhan* RdNr. 1; aA *K. Schmidt* HandelsR § 12 III 2 a, der die Firmenbeständigkeit als gesetzliches Prinzip wertet, das durch die Firmenwahrheit lediglich begrenzt wird.
[6] RG Urt. v. 6. 10. 1931 – II 516/30, RGZ 133, 318, 325; BGH Beschl. v. 12. 7. 1965 – II ZB 12/64, BGHZ 44, 116, 120 (zu § 24); BGH Beschl. v. 27. 9. 1965 – II ZB 5/65, BGHZ 44, 286, 287; Staub/*Hüffer* RdNr. 2; Heymann/*Emmerich* RdNr. 1 a; *Lindacher* BB 1977, 1676.
[7] Heymann/*Emmerich* RdNr. 1 a; Röhricht/Graf von Westphalen/*Ammon* RdNr. 1; Koller/*Roth*/Morck RdNr. 1.

kein Bedürfnis, „die Nutzungsüberlassung von Partnerschaften auch namensrechtlich zu fördern".[8] Diese Annahme ist im Schrifttum zu Recht auf Kritik gestoßen.[9]

4 § 22 ist auch anzuwenden, wenn eine **öffentliche Körperschaft** ihr unter einer Firma betriebenes Handelsgeschäft iSd. Abs. 1 veräußert oder einem anderen zur zeitweiligen Nutzung iSd. Abs. 2 überlässt.[10] Zur Begründung dieser bereits unter Geltung des § 36 aF allgemein anerkannten These lässt sich nunmehr auch die Aufhebung dieser Vorschrift durch das HRefG vom 22. 6. 1998 anführen, denn der Gesetzgeber bezweckte mit der Streichung des § 36 aF die Beseitigung des Sonderrechts für Unternehmen der öffentlichen Hand.[11] Für die Art und Weise der Firmenfortführung können sich in diesen Fällen allerdings Besonderheiten ergeben, falls die ursprüngliche Firma die Nähe des Handelsgeschäfts zu der öffentlichen Körperschaft zum Ausdruck bringt und dem Übernehmer des Handelsgeschäfts eine vergleichbare Verbindung fehlt (vgl. RdNr. 67).

5 Für **Verschmelzungs-** und **Spaltungsvorgänge** sehen die Vorschriften der **§§ 18, 125 UmwG** eine spezialgesetzliche und damit vorrangige Regelung der Firmenfortführung vor, die im Wesentlichen auf den gleichen gesetzgeberischen Zweckvorstellungen wie die Vorschrift des § 22 beruht[12] (vgl. näher unten RdNr. 88). Unanwendbar ist § 22 daneben im Fall der **formwechselnden Umwandlung,** weil dieser Vorgang nicht zu dem von § 22 geforderten Austausch des bisherigen Unternehmensträgers, sondern lediglich zur Änderung seiner Rechtsform führt.[13] Die Zulässigkeit der Firmenfortführung richtet sich in diesem Zusammenhang nach der Vorschrift des **§ 200 UmwG** (vgl. näher § 21 RdNr. 16 ff.).

III. Die Voraussetzungen einer Fortführung der bisherigen Firma durch den Erwerber des Handelsgeschäfts (Abs. 1)

6 **1. Der Erwerb eines Handelsgeschäfts. a) Bestehendes Handelsgeschäft.** Die Fortführung einer in den Rechtsverkehr eingeführten Firma nach § 22 Abs. 1 steht zunächst unter der Zulässigkeitsvoraussetzung, dass der Fortführende das bislang unter dieser Firma betriebene Handelsgeschäft erwirbt. Bis zum Inkrafttreten des HRefG vom 22. 6. 1998 subsumierte die hM dabei dem **Begriff des Handelsgeschäfts** jedes in vollkaufmännischer Weise betriebene Unternehmen.[14] Die daraus folgende Unanwendbarkeit des § 22 im Falle des Erwerbs eines sog. minderkaufmännischen Unternehmens wurde mit der Erwägung begründet, dass § 4 Abs. 1 aF dem sog. Minderkaufmann die Führung einer Firma verwehrte und sich deshalb die durch § 22 geregelte Frage der Firmenfortführung bei Veräußerung seines Unternehmens nicht stellen konnte.[15] Nachdem das HRefG vom 22. 6. 1998 den Kaufmannsbegriff des HGB durch die Änderung von § 1 Abs. 2, § 2 und § 3 Abs. 2 wesentlich reformiert und die den sog. Minderkaufmann betreffende Vorschrift des § 4 aF aufgehoben hat, kann an der genannten Definition nur noch eingeschränkt festgehalten werden. Nach geltender Rechtslage ist als Handelsgeschäft iSd. § 22 vielmehr jedes von einem Kaufmann iSd. § 1 Abs. 1 und § 6 betriebene Unternehmen anzusehen, ohne dass es darauf ankommt, ob sich die Kaufmannseigenschaft des bisherigen Unternehmensträgers aus § 1 Abs. 2, aus § 6 in Verbindung mit der jeweiligen Spezialnorm oder aus § 2 S. 1, § 3 Abs. 2, § 105 Abs. 2 S. 1 in Verbindung mit einer entsprechenden Handelsregistereintragung ergibt.

7 § 22 Abs. 1 fordert weiter, dass das Handelsgeschäft im Zeitpunkt seines Erwerbs **Bestand** hat. Mit diesem Tatbestandsmerkmal betont das Gesetz das in § 23 normierte Verbot der Firmenleerübertragung, denn schon aus diesem ergibt sich, dass der Erwerb eines infolge endgültiger Betriebseinstellung **bereits aufgelösten Handelsgeschäfts**[16] – trotz entsprechender Einwilligung des Veräußerers – ebenso wenig zur Firmenfortführung berechtigen kann wie der Erwerb eines mangels vorausgegangener Betriebstätigkeit **noch gar nicht entstandenen Handelsgeschäfts.**[17] An einem bestehenden Handelsgeschäft iSd. § 22 Abs. 1 mangelt es ferner, wenn das **Handelsgeschäft nur**

---

[8] Begr. zum Gesetzentwurf der Bundesregierung zum PartGG, BT-Drucks. 12/6152 S. 12 li. Sp.
[9] Vgl. näher *Michalski/Römermann* PartGG § 2 RdNr. 41 f.; *Meilicke*/von Westphalen PartGG § 2 RdNr. 21.
[10] BayObLG Beschl. v. 17. 6. 1922, OLGR 42, 210; Baumbach/*Hopt* RdNr. 1.
[11] Begr. zum Gesetzentwurf der Bundesregierung, BT-Drucks. 13/8444, BR-Drucks. 340/97 S. 57 li. Sp.
[12] MünchKommHGB/*Heidinger* RdNr. 3.
[13] Koller/*Roth*/Morck RdNr. 4.
[14] Vgl. nur RG Urt. v. 17. 11. 1936 – II 104/36, RGZ 152, 365, 368; BayObLG Beschl. v. 27. 10. 1988 – BReg. 3 Z 117/88, NJW-RR 1989, 421, 422; Schlegelberger/*Hildebrandt*/Steckhan RdNr. 4; Staub/*Hüffer* RdNr. 4; vgl. aber auch K. *Schmidt* HandelsR § 12 III 2.b.
[15] Vgl. nur Schlegelberger/*Hildebrandt*/Steckhan RdNr. 4; Staub/*Hüffer* RdNr. 4.
[16] RG Urt. v. 30. 4. 1925 – II 244/24, RGZ 110, 422, 424; BayObLG Beschl. v. 27. 10. 1983 – BReg. 3 Z 92/83, BayObLGZ 1983, 257; Schlegelberger/*Hildebrandt*/Steckhan RdNr. 4.
[17] Schlegelberger/*Hildebrandt*/Steckhan RdNr. 4.

zum Schein gegründet wurde;[18] dabei ergibt sich die Unzulässigkeit der Firmenfortführung zugleich aus dem Umstand, dass infolge der Scheingründung ohnehin nur eine Scheinfirma entstehen konnte, an deren Fortbestand keine Partei des Erwerbsgeschäfts schutzwürdige Interessen geltend machen kann.

8 Hat der bisherige Inhaber dagegen vor Abschluss des Veräußerungsgeschäfts den **Betrieb seines Unternehmens lediglich vorübergehend eingestellt,** steht dieser Umstand der Annahme eines bestehenden Handelsgeschäfts nicht zwingend entgegen.[19] Dies ergibt sich daraus, dass § 22 Abs. 1 mit der Forderung nach dem Bestand des erworbenen Unternehmens lediglich die Leerübertragung von Firmen verhindern will,[20] die indes nicht zu befürchten ist, solange der Erwerber das Unternehmen trotz der Betriebsunterbrechung in der ursprünglichen Form reaktivieren kann. Diese Möglichkeit der Reaktivierung, die häufig auch als **Betriebsfähigkeit** des Unternehmens bezeichnet wird,[21] muss allerdings nach objektiven Kriterien feststehen; sie fehlt insbesondere dann, wenn die bisherige Betriebsorganisation, der ehemalige Kundenstamm oder die ursprünglichen Beziehungen des Unternehmens zu Produzenten, Zwischenhändlern und anderen Zulieferern infolge der vorübergehenden Betriebseinstellung unwiederbringlich verloren sind.[22]

9 Praktische Bedeutung entwickelt die Frage nach der Betriebsfähigkeit des erworbenen Unternehmens auch in Fällen, in denen das Unternehmen im Rahmen seiner **Liquidation** oder während eines **Insolvenzverfahrens** nach der InsO veräußert wird. Schon aus dem unter RdNr. 8 genannten Gesichtspunkt folgt, dass in diesem Zusammenhang eine Fortführung der ursprünglichen Firma keineswegs von vornherein ausgeschlossen ist. Ihre Zulässigkeit hängt vielmehr ebenso davon ab, dass das ursprüngliche Unternehmen trotz der liquidations- oder insolvenzbedingten Betriebsunterbrechung in seiner ursprünglichen Form reaktiviert und damit als ein iSd. § 22 Abs. 1 bestehendes Handelsgeschäft eingeordnet werden kann.[23] Läßt sich dies nach den genannten Kriterien bejahen, ist daher eine Firmenfortführung gem. § 22 Abs. 1 selbst bei Verlust des gesamten Betriebsvermögens[24] und sogar in Fällen einer der Beendigung des Insolvenzverfahrens erst nachfolgenden Veräußerung des Unternehmens[25] möglich.

10 Der **Erwerb sämtlicher Geschäftsanteile einer Kapitalgesellschaft** führt nicht zu einem Austausch des bisherigen Unternehmensträgers und stellt aus diesem Grunde keinen Erwerb eines bestehenden Handelsgeschäfts iSd. § 22 Abs. 1 dar,[26] sondern unterliegt den Bestimmungen des § 24 (vgl. dort RdNr. 3). Wenn auch die wirtschaftlichen Folgen des Erwerbs sämtlicher Aktien einer AG oder sämtlicher Geschäftsanteile einer GmbH denen eines Unternehmenskaufes ähneln,[27] so bleibt im Rahmen eines derartigen Erwerbsvorgangs gleichwohl die Gesellschaft Inhaberin ihres Unternehmens.[28] Sie kann ihre bisherige Firma deshalb – selbstverständlich – beibehalten, ohne dass es einer Beachtung der tatbestandlichen Voraussetzungen des § 22 Abs. 1 bedarf. Bedeutung gewinnt dieser Umstand vor allem in den Fällen des sog. **Mantelkaufs,** dh. bei Erwerb sämtlicher Geschäftsanteile einer Kapitalgesellschaft, die entweder wegen ihrer Eintragung im Handelsregister als juristische Person fortbesteht, obgleich sie ihren Unternehmensbetrieb infolge Vermögenslosigkeit eingestellt hat, oder deren satzungsmäßiger Unternehmensgegenstand von Anfang an lediglich auf die Verwaltung und Erhaltung des Gesellschaftsvermögens gerichtet war.[29] Denn der nach heute ganz

---

[18] RG Urt. v. 18. 3. 1927 – II 414/26, JW 1927, 1674; Heymann/*Emmerich* RdNr. 3; Staub/*Hüffer* RdNr. 5.
[19] AllgM, RG Urt. v. 30. 4. 1925 – II 244/24, RGZ 110, 422, 424; RG Urt. v. 7. 1. 1943 – II 97/42, RGZ 170, 265, 274; BGH Urt. v. 19. 5. 1960 – II ZR 72/59, BGHZ 32, 307, 312; OLG Karlsruhe Urt. v. 9. 5. 1995 – 8 U 26/95, NJW-RR 1995, 1310 ff.; Staub/*Hüffer* RdNr. 5; Schlegelberger/*Hildebrandt/Steckhan* RdNr. 4; Heymann/*Emmerich* RdNr. 4; GK/*Nickel* RdNr. 3; Röhricht/Graf von Westphalen/*Ammon* RdNr. 7.
[20] Schlegelberger/*Hildebrandt/Steckhan* RdNr. 4.
[21] Staub/*Hüffer* RdNr. 5; Koller/*Roth*/Morck RdNr. 3.
[22] RG Urt. v. 30. 4. 1925 – II 244/24, RGZ 110, 422, 424; RG Urt. v. 27. 10. 1933 – II 177/33, Warneyer 1933 Nr. 197, S. 419; RG Urt. v. 7. 1. 1943 – II 97/42, RGZ 170, 265, 274; BGH Urt. v. 19. 5. 1960 – II ZR 72/59, BGHZ 32, 307, 312; BGH Urt. v. 26. 5. 1972 – I ZR 44/71, NJW 1972, 2123; BGH Urt. v. 4. 11. 1991 – II ZR 85/91, NJW 1992, 911; Staub/*Hüffer* RdNr. 5; Heymann/*Emmerich* RdNr. 4; Koller/*Roth*/Morck RdNr. 3.
[23] Vgl. – z. T. zum früheren Konkursverfahren – RG Urt. v. 30. 4. 1925 – II 244/24, RGZ 110, 422, 424; BGH Urt. v. 26. 5. 1972 – I ZR 44/71, NJW 1972, 2123; BGH Urt. v. 4. 11. 1991 – II ZR 85/91, NJW 1992, 911; KG Beschl. v. 1. 12. 1938 – 1 Wx 600/38, JW 1939, 163; OLG Karlsruhe Urt. v. 9. 5. 1995 – 8 U 26/95, NJW-RR 1995, 1310 ff.; LG Hamburg Beschl. v. 18. 2. 1952 – 26 T 6/52, GmbHR 1952, 93; Staub/*Hüffer* RdNr. 6 f.; Schlegelberger/*Hildebrandt/Steckhan* RdNr. 4; Baumbach/*Hopt* RdNr. 3; Koller/*Roth*/Morck RdNr. 3.
[24] Staub/*Hüffer* RdNr. 5.
[25] Vgl. zum früheren Konkursverfahren KG Beschl. v. 6. 9. 1928 – 1 b X 501/28, JW 1929, 1059 m. Anm. *Saenger*; Staub/*Hüffer* RdNr. 7.
[26] Staub/*Hüffer* RdNr. 14; Koller/*Roth*/Morck RdNr. 4; MünchKommHGB/*Heidinger* RdNR. 10.
[27] MünchKommHGB/*Heidinger* RdNr. 22.
[28] Staub/*Hüffer* RdNr. 14.
[29] Zu der Entstehung des sog. Gesellschaftsmantels, seinem Erwerb und seiner Verwendung vgl. *Hüffer* AktG § 23 RdNr. 25 ff.; *Lutter/Bayer* in Lutter/Hommelhoff GmbHG § 3 RdNr. 7 f.; *K. Schmidt* GesR § 4 III.

überwiegender Auffassung[30] zulässige Erwerb eines in dieser Weise entstandenen Kapitalgesellschaftsmantels erlaubt dem Erwerber die Verwendung des Mantels für eigene wirtschaftliche Zwecke, soweit die jeweiligen Gründungsvorschriften des Kapitalgesellschaftsrechts – die in diesem Zusammenhang nach hM in bestimmtem, im Einzelnen allerdings umstrittenen Umfang analoge Geltung beanspruchen[31] – beachtet werden.[32] Diese Verwendungsmöglichkeit erstreckt sich auf die Gesellschaftsfirma, da diese trotz der u. U. endgültigen Betriebseinstellung oder der schon anfänglich fehlenden Betriebsaufnahme bis zur Löschung der Kapitalgesellschaft im Handelsregister fortbesteht.[33] Selbst wenn der Erwerber also mit dem Mantelkauf vornehmlich bezweckt, eine in den Rechtsverkehr eingeführte, traditionsreiche Firma zukünftig für eigene wirtschaftliche Zwecke zu nutzen, ist ihm dies – in den genannten Grenzen – unter Rücksicht auf die tatbestandlichen Voraussetzungen des § 22 möglich. Insbesondere auf die Betriebsfähigkeit des Unternehmens (vgl. RdNr. 8), das die Gesellschaft, deren Geschäftsanteile erworben werden, ggf. ursprünglich betrieb, kommt es daher in diesem Zusammenhang nicht an. Beim Ausscheiden eines Gesellschafters, dessen Name in der Firma enthalten ist, ist aber § 24 Abs. 2 zu beachten: Zur Fortführung der Firma bedarf es der Zustimmung dieses Gesellschafters (vgl. § 24 RdNr. 3 ff. zur Anwendbarkeit der Vorschrift auf Kapitalgesellschaften). Beim gleichzeitigen Wechsel aller Mitglieder einer **Personenhandelsgesellschaft** kommt nach hier vertretener Auffassung nur § 24 zur Anwendung; § 22 ist aber bei der Übertragung sämtlicher Geschäftsanteile auf einen Nichtgesellschafter anwendbar (zum Ganzen § 24 RdNr. 21 f.).

11   **b) Erwerb des Handelsgeschäfts in seiner Gesamtheit.** Da eine Firma gem. § 23 nicht ohne das Handelsgeschäft, für das sie geführt wird, veräußert werden kann, kommt eine Firmenfortführung nach § 22 Abs. 1 nur in Betracht, wenn das Handelsgeschäft in eben jenem Umfang auf den Erwerber übergeht, in dem es bislang von seinem ursprünglichen Inhaber unter dieser Firma betrieben wurde. Entscheidend ist dabei, dass der Erwerber im Rahmen der Unternehmensveräußerung objektiv die Möglichkeit erlangt, in Fortsetzung der geschäftlichen Tradition seines Vorgängers dessen unternehmerische Leistung nunmehr selbst zu erbringen[34] und das Geschäft im Großen und Ganzen unverändert weiterzuführen.[35] Für die Zulässigkeit der Firmenfortführung nach § 22 Abs. 1 fordert die allgemeine Meinung somit – wenn auch sprachlich verkürzend – zu Recht den Erwerb des bisherigen **Handelsgeschäfts im Ganzen**.[36]

12   Aus dem genannten Gesichtspunkt ergeben sich zwei für die Anwendung des § 22 Abs. 1 praktisch bedeutsame Schlussfolgerungen: Während einerseits eine Firmenfortführung nach dieser Vorschrift grundsätzlich ausgeschlossen ist, sofern **lediglich einzelne Bestandteile des Unternehmens** auf den Erwerber übergehen[37] (vgl. dazu aber noch RdNr. 13 ff.), bedarf es andererseits keiner Übertragung solcher **Vermögenswerte, die zum Betrieb des Handelsgewerbes nicht erforderlich sind.**[38] In die letztgenannte Gruppe gehören beispielsweise Geschäftsanteile des bisherigen Inhabers an anderen Unternehmungen oder Vermögenswerte, mit denen der bisherige Inhaber ein weiteres, organisatorisch eigenständiges Handelsgeschäft unter einer anderen Firma betreibt,[39] auch an Patente des Veräußerers, die mit dem Betrieb des erworbenen Handelsgeschäfts in keinem Zusammenhang stehen, ist in diesem Zusammenhang zu denken. Zum Fortbetrieb des Handelsgeschäfts in aller Regel ebenso wenig erforderlich sind schließlich die durch den ursprünglichen Inhaber im Betrieb seines Unternehmens begründeten **Verbindlichkeiten und Forderungen;** werden diese von dem Erwerbsgeschäft ausgeschlossen, ist dieser Umstand – wie sich auch aus der

---

[30] Vgl. nur – jeweils mwN – *Hüffer* AktG § 23 RdNr. 27; *Lutter/Bayer* in Lutter/Hommelhoff GmbHG § 3 RdNr. 8; *K. Schmidt* GesR § 4 III. 3 a; aA OLG Hamburg Urt. v. 15. 4. 1983 – 11 U 43/83, GmbHR 1983, 219, 220 f.
[31] Zum Streitstand betreffend die im Einzelnen zu stellenden Anforderungen vgl. zusammenfassend *K. Schmidt* GesR § 4 III. 3. d; *Hüffer* AktG § 23 RdNr. 27 a.
[32] Der BGH spricht in neuerer Zeit von einer wirtschaftlichen Neugründung; s. BGH 9. 12. 2002 – I ZB 12/02; BGHZ 153, 158, 160 ff.; NJW 2003, 892; s. a. schon BGH Beschl. v. 16. 3. 1992 – II ZB 17/91, BGHZ 117, 323, 330 = NJW 1992, 1824, 1825 f.; hierzu *Heidinger*, ZGR 2005, 101 ff.; *Hüffer* AktG § 23 RdNr. 27; *K. Schmidt* GesR § 4 III. 3. d.
[33] Staub/*Hüffer* RdNr. 6.
[34] Staub/*Hüffer* RdNr. 8; Röhricht/Graf von Westphalen/*Ammon* RdNr. 11; *Hommelhoff* JR 1978, 69.
[35] RG Urt. v. 25. 4. 1906 – I 507/05, RGZ 63, 226, 229; BGH Urt. v. 26. 5. 1972 – I ZR 44/71, NJW 1972, 2123; BGH Urt. v. 5. 5. 1977 – II ZR 237/73, BB 1977, 1015, 1016; BGH Urt. v. 22. 11. 1990 – I ZR 14/89, NJW 1991, 1353, 1354; Baumbach/*Hopt* RdNr. 4; Röhricht/Graf von Westphalen/*Ammon* RdNr. 11; Heymann/*Emmerich* RdNr. 6.
[36] BGH Urt. v. 22. 11. 1990 – I ZR 14/89, NJW 1991, 1353, 1354; Schlegelberger/*Hildebrandt/Steckhan* RdNr. 11; Staub/*Hüffer* RdNr. 8; Heymann/*Emmerich* RdNr. 7; Baumbach/*Hopt* RdNr. 4; Röhricht/Graf von Westphalen/*Ammon* RdNr. 11 (Überschrift zu d.).
[37] Schlegelberger/*Hildebrandt/Steckhan* RdNr. 11; Baumbach/*Hopt* RdNr. 4.
[38] Schlegelberger/*Hildebrandt/Steckhan* RdNr. 11; Staub/*Hüffer* RdNr. 10; HK-HGB/*Ruß* RdNr. 6.
[39] Staub/*Hüffer* RdNr. 11; Schlegelberger/*Hildebrandt/Steckhan* RdNr. 11.

Existenz der für diese Fälle geltenden Regelung des § 25 ergibt – für die Anwendbarkeit des § 22 Abs. 1 somit unschädlich.[40]

Besonderheiten gelten, falls das Erwerbsgeschäft sich zwar nicht auf sämtliche Teile des veräußerten Unternehmens erstreckt, aber die bei dem bisherigen Inhaber **verbleibenden Unternehmensteile für das Gesamtunternehmen von lediglich untergeordneter Bedeutung** sind, denn nach allgemeiner Meinung ist auch in solchen Konstellationen eine Firmenfortführung gem. § 22 Abs. 1 möglich.[41] Zur Begründung dessen ist anzuführen, dass das Gesetz, indem es für die Zulässigkeit der Firmenfortführung sowohl in § 22 als auch in § 23 den Erwerb des Handelsgeschäfts fordert, vornehmlich der Gefahr einer Irreführung des Geschäftsverkehrs entgegentreten will.[42] Diese Gefahr bestünde, wenn der Erwerber nicht einmal die Möglichkeit erlangte, unter der bisherigen Firma zukünftig das – aus dem Blickwinkel des Geschäftsverkehrs – im Wesentlichen identische Unternehmen fortzubetreiben. Eine derartige Unterbrechung der Kontinuität des Handelsgeschäfts ist dagegen nicht zu befürchten, solange zumindest der **bisherige Unternehmenskern**, also jedenfalls diejenigen Geschäftsbereiche, mit denen der ursprüngliche Inhaber in der Vergangenheit am Markt aufgetreten ist, auf den Erwerber übergehen.[43] Denn die fehlende Veräußerung einzelner Unternehmensteile, die nach diesem Kriterium für das Gesamtunternehmen von untergeordneter Bedeutung sind, vermag den Geschäftsverkehr in seiner Erwartung, die überkommene Geschäftstradition werde durch den Erwerber fortgeführt oder könne jedenfalls von ihm fortgeführt werden, nicht zu enttäuschen und steht deshalb der Anwendbarkeit des § 22 Abs. 1 nicht entgegen.[44] Im Umkehrschluss folgt daraus zugleich, dass der **Erwerb eines von mehreren gleichartigen Geschäftszweigen** nicht zur Firmenfortführung gem. § 22 Abs. 1 berechtigen kann.[45]

13

Stehen der dem bisherigen Inhaber verbleibende und der veräußerte Unternehmensteil zueinander im Verhältnis von **Haupt- und Zweigniederlassung**, kommt es für die Zulässigkeit der Firmenfortführung dagegen nicht auf die unter RdNr. 13 dargestellten Kriterien an. Mit Blick auf die organisatorische Selbständigkeit beider Niederlassungen sowie auf ihre räumliche und personelle Trennung ist vielmehr seit langem allgemein anerkannt, dass sowohl die Zweig- als auch die Hauptniederlassung Unternehmensteile bilden, die als eigenständige Handelsgeschäfte im Sinne des § 22 Abs. 1 einzuordnen sind[46] und deshalb getrennt voneinander mit dem Recht zur Firmenfortführung veräußert werden können.[47]

14

Der BGH hat darüber hinausgehend für den Fall der **Liquidation des Unternehmens** angenommen, dass „im Interesse einer wirtschaftlich sinnvollen Verwertung der vorhandenen Vermögenswerte" an die Feststellung des von § 22 geforderten Erwerbs des Handelsgeschäfts in seiner Gesamtheit keine zu strengen Anforderungen zu stellen sind.[48] Vor diesem Hintergrund sei es nicht zu beanstanden, wenn der Erwerber dem Veräußerer im Rahmen einer schuldrechtlich wirkenden Vereinbarung vorübergehend die Weiternutzung seiner ursprünglichen Firma gestatte, um diesem die Liquidation der nicht veräußerten Unternehmensteile zu ermöglichen. Diese Rechtsprechung, die auch im Schrifttum Anhänger gefunden hat,[49] erscheint nicht unbedenklich, denn sie führt im Ergebnis zu einer – wenn auch nur befristet wirkenden – Firmenvervielfältigung, die sich in der Praxis regelmäßig innerhalb derselben Branche vollziehen wird. Auch wenn der BGH das durchaus billigenswerte Ziel verfolgt, den Beteiligten im Rahmen der Unternehmensliquidation ein wirtschaftlich zweckmäßiges Vorgehen zu ermöglichen, sollte deshalb auf dieses Mittel lediglich in Ausnahmefällen zurückgegriffen werden. Die Annahme eines solchen Ausnahmefalls ist dabei aus den genannten Gründen jedenfalls davon abhängig zu machen, dass die Gefahr einer Irreführung des

15

---

[40] RG Urt. v. 27. 10. 1933 – II 177/33, Warneyer 1933 Nr. 197, S. 419; Schlegelberger/Hildebrandt/Steckhan RdNr. 11; Staub/Hüffer RdNr. 9; Heymann/Emmerich RdNr. 6.
[41] BGH Urt. v. 17. 4. 1957 – IV ZR 2/57, WM 1957, 1152, 1153 f.; BGH Urt. v. 5. 5. 1977 – II ZR 237/73, BB 1977, 1015, 1016; Schlegelberger/Hildebrandt/Steckhan RdNr. 11; Röhricht/Graf von Westphalen/Ammon RdNr. 12.
[42] BGH Urt. v. 5. 5. 1977 – II ZR 237/73, BB 1977, 1015, 1016.
[43] RG Urt. v. 11. 5. 1942 – II 13/42, RGZ 169, 133, 136; BGH Urt. v. 17. 4. 1957 – IV ZR 2/57, WM 1957, 1152, 1154; BGH Urt. v. 5. 5. 1977 – II ZR 237/73, BB 1977, 1015, 1016; Staub/Hüffer RdNr. 8; Heymann/Emmerich RdNr. 6; Koller/Roth/Morck RdNr. 2.
[44] BGH Urt. v. 5. 5. 1977 – II ZR 237/73, BB 1977, 1015, 1016.
[45] RG Urt. v. 11. 5. 1942 – II 13/42, RGZ 169, 133, 139; OLG Hamburg Urt. v. 9. 3. 1989 – 3 U 106/87, BB 1989, 1145, 1146; Heymann/Emmerich RdNr. 7; Röhricht/Graf von Westphalen/Ammon RdNr. 12.
[46] Adler ZHR 85 (1921), 93, 127.
[47] RG Urt. v. 11. 5. 1942 – II 13/42, RGZ 169, 133, 139; BGH Urt. v. 17. 4. 1957 – IV ZR II/57, WM 1957, 1152, 1154; Schlegelberger/Hildebrandt/Steckhan RdNr. 11; Staub/Hüffer RdNr. 11; Heymann/Emmerich RdNr. 7; Koller/Roth/Morck RdNr. 2; Röhricht/Graf von Westphalen/Ammon RdNr. 13; HK-HGB/Ruß RdNr. 6; GK/Nickel RdNr. 3.
[48] BGH Urt. v. 22. 11. 1990 – I ZR 14/89, NJW 1991, 1353, 1354.
[49] Heymann/Emmerich RdNr. 7; Röhricht/Graf von Westphalen/Ammon RdNr. 13; Baumbach/Hopt RdNr. 3.

Rechtsverkehrs durch die zwischen Erwerber und Veräußerer getroffene Vereinbarung vor allem in zeitlicher Hinsicht minimiert wird und die Firmenvervielfältigung mit Blick auf das widerstreitende wirtschaftliche Interesse des Veräußerers nach den Umständen des konkreten Einzelfalls als (noch) hinnehmbar erscheint.

16 c) Die Art und Weise des Erwerbs. Wie dem Wortlaut des § 22 Abs. 1 unmittelbar zu entnehmen ist, kann sich der für die Anwendung dieser Norm vorauszusetzende Erwerb des Handelsgeschäfts sowohl unter Lebenden als auch von Todes wegen vollziehen. Stets erforderlich für eine Firmenfortführung nach § 22 Abs. 1 ist der **endgültige Übergang** des Handelsgeschäfts, der allerdings auch in treuhänderischer Form denkbar ist.[50] Zu den – von § 22 Abs. 2 erfassten – Fällen der lediglich vorübergehenden Gebrauchsüberlassung des Handelsgeschäfts vgl. RdNr. 51 ff.

17 aa) Erwerb unter Lebenden. In der Praxis hat der Erwerb eines Handelsgeschäfts unter Lebenden seine Grundlage häufig in einem **Unternehmenskaufvertrag** oder in einem **Gesellschaftsvertrag**, der den bisherigen Inhaber im Rahmen einer Sachgründung zur Einbringung des Unternehmens verpflichtet. Dem Typus des schuldrechtlich zur Übertragung des Unternehmens verpflichtenden Rechtsgeschäfts kommt allerdings im Rahmen des § 22 Abs. 1, 1. Alt. keine entscheidende Bedeutung zu;[51] erforderlich ist allein, dass die Erfüllung dieses Rechtsgeschäfts dem Erwerber des Unternehmens die Möglichkeit verschafft, den Unternehmensbetrieb des ursprünglichen Inhabers zukünftig selbst fortzusetzen. Aus diesem Grunde kann der Verpflichtungsgrund zur Übertragung des Handelsgeschäfts auch in einem **Tausch-** oder in einem **Schenkungsvertrag** liegen, wobei der Abschluss des letzteren insbesondere dann praktische Bedeutung erlangt, wenn der bisherige Inhaber des Unternehmens die Vorwegnahme einer Erbfolge beabsichtigt.[52] Als weitere, nicht nur theoretisch bedeutsame Grundlage des Erwerbs eines Handelsgeschäfts unter Lebenden kommt schließlich der **Vertrag über die Auseinandersetzung der Miterbengemeinschaft** in Betracht.[53]

18 bb) Erwerb von Todes wegen. Nicht nur aus § 22, sondern insbesondere aus § 27 geht hervor, dass der Gesetzgeber das von einer natürlichen Person betriebene Handelsgeschäft in seiner auch immaterielle Vermögenswerte umfassenden Gesamtheit als vererbliches Vermögen iSd. § 1922 Abs. 1 BGB wertet. Konsequent ist es deshalb, auch demjenigen, der ein Handelsgeschäft von Todes wegen erwirbt, eine Fortführung der bisherigen Firma nach Abs. 1, 2. Alt. zu ermöglichen. Als Erwerbstatbestände kommen dabei sowohl die **gesetzliche** als auch die **gewillkürte Erbfolge** in Betracht.[54] Ein Erwerb von Todes wegen liegt dagegen nicht in der Erfüllung eines **Vermächtnisses**, denn dieses verpflichtet den oder die Erben nur schuldrechtlich zur Übertragung des Handelsgeschäfts auf den Vermächtnisnehmer, seine Erfüllung vollzieht sich daher als Rechtsgeschäft unter Lebenden.[55]

19 cc) Exkurs: Der Betrieb des Unternehmens durch die Erbengemeinschaft. Erwerben mehrere Erben von Todes wegen das Handelsgeschäft einer natürlichen Person, so kann es von diesen gemeinsam in ihrer Zusammenfassung als ungeteilte Erbengemeinschaft fortbetrieben werden.[56] Nach ständiger Rechtsprechung unterliegt diese Befugnis **keiner sachlichen oder zeitlichen Beschränkung**, die Miterben sind danach also in der Lage, das Unternehmen des Erblassers auf unbefristete Zeit und nicht nur mit dem Ziel der Auseinandersetzung weiterzubetreiben.[57] Im Schrifttum wird demgegenüber darauf hingewiesen, dass die durch das Gesetz auf ihre Auseinandersetzung angelegte Erbengemeinschaft eine zum dauernden Betrieb eines Unternehmens **wenig geeignete Rechtsform** darstelle;[58] diesem Einwand ist insbesondere mit Blick auf die innere Organisation der Erbengemeinschaft und die auf Seiten der Miterben entstehenden Haftungsrisiken

---

[50] RG Urt. v. 15. 6. 1920 – II 4/20, RGZ 99, 158, 159 f.
[51] Schlegelberger/*Hildebrandt*/*Steckhan* RdNr. 6.
[52] Röhricht/Graf von Westphalen/*Ammon* RdNr. 9.
[53] MünchKommHGB/*Heidinger* RdNr. 19.
[54] Röhricht/Graf von Westphalen/*Ammon* RdNr. 10.
[55] Staub/*Hüffer* RdNr. 13.
[56] Dies gilt dagegen nicht beim Erwerb unter Lebenden, etwa bei einer in Vorwegnahme der Nacherbfolge erfolgenden Schenkung seitens der Vorerben (KG Beschl. v. 29. 9. 1998 – 1 W 4007/97, DB 1998, 2591) oder beim Kauf eines nachlassfremden oder Gründung eines neuen Unternehmens durch die Erbengemeinschaft, vgl. KG Beschl. v. 26. 11. 1931 – I b X 753/31, JFG 9, 111 = HRR 1932, Nr. 749; Staub/*Hüffer* Vor § 22 RdNr. 71; MünchKommHGB/ *Heidinger* RdNr. 23; *Buchwald* BB 1962, 1405, 1406.
[57] RG Beschl. v. 26. 3. 1931 – II B 5/31, RGZ 132, 138, 142; BGH Urt. v. 17. 1. 1951 – II ZR 16/50, NJW 1951, 311, 312; BGH Urt. v. 21. 5. 1955 – IV ZR 7/55, BGHZ 17, 299, 302; BGH Urt. v. 10. 2. 1960 – V ZR 39/58, BGHZ 32, 26 = NJW 1960, 949; BGH Urt. v. 10. 10. 1984 – II ZR 223/83, BGHZ 92, 259, 262 = NJW 1985, 136; zur Verfassungswidrigkeit der letztgenannten Entscheidung vgl. den Beschl. des BVerfG vom 13. 5. 1986 – 1 BvR 1542/84, BVerfGE 72, 155 = NJW 1986, 1859, der allerdings nicht die – vorliegend relevante – Annahme des BGH betrifft, die Erbengemeinschaft könne auch Erwerb des Handelsgeschäfts von Todes wegen ohne zeitliche Beschränkung Trägerin des Unternehmens sein. S. auch MünchKommHGB/*Heidinger* RdNr. 23.
[58] Vgl. etwa eingehend *Rob. Fischer* ZHR 144 (1980), 1, 8 ff.

zuzustimmen.[59] Andererseits rechtfertigt dieser Umstand nicht die Annahme, dass sich die Erbengemeinschaft notwendig – nämlich kraft stillschweigenden Vertragsabschlusses zwischen den Miterben – in eine OHG umwandelt, sobald die Miterben sich gegen die Auseinandersetzung und für den Fortbetrieb des Unternehmens auf unbestimmte Zeit entscheiden.[60] Denn solange es an der Feststellung eines dahingehenden übereinstimmenden Willens der Miterben fehlt, läuft diese These auf eine bloße Fiktion hinaus.[61] Abzulehnen ist deshalb auch die im Schrifttum gelegentlich vertretene Auffassung, nach der ein schlüssiger Abschluss eines Gesellschaftsvertrages jedenfalls dann vorliegt, wenn die Miterben das Unternehmen einverständlich über die Dreimonatsfrist des § 27 Abs. 2 hinaus fortführen.[62]

20 Zusammenfassend bleibt festzuhalten: Der dauernde Fortbetrieb des von Todes wegen erworbenen Unternehmens durch die Erbengemeinschaft ist zwar gesetzlich zulässig, praktisch aber wenig ratsam. Entscheiden die Miterben sich gleichwohl für diese Vorgehensweise – und damit gegen die empfehlenswerte Einbringung des Unternehmens in eine von ihnen neugegründete Handelsgesellschaft[63] –, so haben sie mit Blick auf ihre Firma insbesondere die sich aus § 31 ergebenden handelsregisterrechtlichen **Anmeldepflichten** zu beachten. Die Miterben sind deshalb als neue Inhaber der Firma in das Handelsregister einzutragen, wenn sie die ursprüngliche Firma des Erblassers fortführen.[64] Nehmen die Erben dagegen eine neue Firma an, gilt für deren Bildung § 18 Abs. 1. Auch nach der Änderung dieser Norm durch das HRefG vom 22. 6. 1998 ist dabei davon auszugehen, dass sämtliche Namen der Miterben in die neugebildete Firma aufgenommen werden können. Unter Rückgriff auf den Rechtsgedanken des § 19 ist aber nunmehr zwingend zu verlangen, dass das Bestehen der Erbengemeinschaft stets durch einen entsprechenden Firmenzusatz offengelegt wird.[65] Zur Haftung der Erben vgl. § 27 RdNr. 39 ff.

21 **2. Die rechtmäßige Führung der Firma durch ihren bisherigen Inhaber. a) Tatsächliche Firmenführung.** Nach § 22 Abs. 1 darf der Erwerber des Handelsgeschäfts allein die „bisherige" Firma des Veräußerers fortführen. Da das Gesetz mit dieser Formulierung die durch den Veräußerer bis zur Übertragung des Handelsgeschäfts tatsächlich geführte Firma meint (vgl. noch RdNr. 55 ff.), kommt eine Fortnutzung **früherer Firmen** des bisherigen Unternehmensträgers nicht in Betracht.[66] Daneben ist die Fortführung der „bisherigen" Firma schon begrifflich ausgeschlossen, wenn der Veräußerer in der Vergangenheit gar nicht in der Lage war, eine Firma zu führen; seine **Firmenfähigkeit** (vgl. dazu im Einzelnen § 17 RdNr. 8) ist also Voraussetzung der Anwendbarkeit des § 22.[67] Bedeutung erlangt dies vor allem für Gewerbetreibende, deren Unternehmen nach Art oder Umfang einen in kaufmännischer Weise eingerichteten Geschäftsbetrieb iSd. § 1 Abs. 2 nicht erfordert, sowie für Inhaber land- oder forstwirtschaftlicher Unternehmen iSd. § 3 Abs. 2: Da diesen Personen bis zu ihrer Eintragung in das Handelsregister die Annahme und der Gebrauch einer Firma verwehrt bleibt (vgl. § 17 RdNr. 8 und 14), ist eine Firmenfortführung nach § 22 bei Veräußerung ihres Unternehmens ausgeschlossen, falls es an dieser Handelsregistereintragung fehlt.[68] Selbst wenn der Erwerber eines solchen Unternehmens umgehend seine Eintragung in das Handelsregister herbeiführt, hat er daher für die Zukunft unter Beachtung der §§ 18 f. eine neue Firma anzunehmen.

22 **b) Rechtmäßigkeit der bisherigen Firmenführung.** Allgemein anerkannt ist darüber hinaus, dass die bisherige Firma grundsätzlich nicht gem. § 22 fortgeführt werden kann, wenn bereits ihr **früherer Gebrauch durch den Veräußerer oder dessen Vorgänger unzulässig** war.[69] Dahinter

---

[59] So auch Staub/*Hüffer* Vor § 22 RdNr. 73; *K. Schmidt* HandelsR § 5 I 3 b; *ders.* NJW 1985, 2785, 2786; *Buchwald* BB 1962, 1405, 1406.
[60] BGH Urt. v. 17. 1. 1951 – II ZR 16/50, NJW 1951, 311, 312; Staub/*Hüffer* Vor § 22 RdNr. 73.
[61] BGH Urt. 8. 10. 1984 – II ZR 223/83, BGHZ 92, 259, 265 f. = NJW 1985, 136; auch diese Aussage ist durch den Beschluss des BVerfG vom 13. 5. 1986 (Fn. 57) nicht betroffen.
[62] *Rob. Fischer* ZHR 144 (1980), 1, 12 ff.; ähnlich bereits *Lion* LZ 1925, Sp. 842, 846; *Legers* JW 1926, 552.
[63] *K. Schmidt* HandelsR § 5 I 3 b.
[64] KG Beschl. v. 2. 4. 1902, OLGR 4, 454, 455 f.; MünchKommHGB/*Heidinger* RdNr. 23; Staub/*Hüffer* Vor § 22 RdNr. 71.
[65] Vgl. *K. Schmidt* NJW 1998, 2161, 2168, der annimmt, hinter § 19 verberge sich in dieser Hinsicht eine ungeschriebene Generalklausel.
[66] Heymann/*Emmerich* RdNr. 9; Röhricht/Graf von Westphalen/*Ammon* RdNr. 14.
[67] Staub/*Hüffer* RdNr. 15; Röhricht/Graf von Westphalen/*Ammon* RdNr. 15; Koller/*Roth*/Morck RdNr. 5; vgl. auch OLG Karlsruhe Beschl. v. 5. 12. 97 – 11 Wx 83/97, BB 1998, 558, 559, wonach der Name einer Gesellschaft bürgerlichen Rechts (hier: „. . . & Partner") durch eine GmbH nach § 22 nicht fortgeführt werden darf.
[68] Vgl. (zum parallelen Problem beim Erwerb des Unternehmens eines nichteingetragenen Gewerbetreibenden iSd. §§ 2, 3 Abs. 2 HGB aF) BayObLG Beschl. v. 27. 10. 1988 – BReg 3 Z 117/88, BayObLGZ 1988, 344 = NJW-RR 1989, 421, 422; OLG Zweibrücken Beschl. v. 4. 12. 1987 – 3 W 112/87, NJW-RR 1988, 998; Staub/*Hüffer* RdNr. 17.
[69] BGH Beschl. v. 25. 6. 1959 – II ZB 6/59, BGHZ 30, 288, 291 f. (zu § 24); Staub/*Hüffer* RdNr. 16; Baumbach/ *Hopt* RdNr. 7; HK/*Ruß* RdNr. 7.

steht der Gedanke, dass die bloße Übertragung des Unternehmens auf den Erwerber die bestehende Unzulässigkeit der Firma in aller Regel nicht zu beseitigen vermag.[70] Im Grundsatz hat die fortzuführende Firma daher stets insbesondere den Anforderungen der §§ 18, 19 (beachte aber die Übergangsvorschriften des HRefG vom 22. 6. 1998 in Art. 38 EGHGB; hierzu § 18 RdNr. 2 und § 19 RdNr. 5) zu entsprechen;[71] falls es sich bei der fortzuführenden Firma um eine solche handelt, die bereits der Veräußerer von seinem Vorgänger abgeleitet hatte, müssen zudem schon während seines Unternehmenserwerbs die Voraussetzungen des § 22 vorgelegen haben.[72] Fehlt es danach an der Zulässigkeit der bisherigen Firmenführung, nützt dem Erwerber weder sein **guter Glaube** an das Firmenrecht des Veräußerers[73] noch der Umstand, dass der Veräußerer die unzulässige Firma bereits über einen langen Zeitraum geführt hatte;[74] § 22 bleibt vielmehr wegen der objektiv bestehenden Unzulässigkeit der fortzuführenden Firma unanwendbar. Eine Ausnahme davon hat die Rechtsprechung allerdings mit Blick auf solche Firmenzusätze erwogen, die wegen ihrer sachlichen Unrichtigkeit den Firmengebrauch des Veräußerers in der Vergangenheit zwar unzulässig machten, die aber nunmehr in der Person des Erwerbers zutreffen.[75]

23 c) **Notwendige Handelsregistereintragung?** Die fehlende Eintragung der fortzuführenden Firma in das Handelsregister lässt nicht notwendig auf die Unzulässigkeit der bisherigen Firmenführung schließen. Die Fortführung der Firma nach § 22 bleibt daher grundsätzlich auch dann möglich, wenn der bisherige Inhaber ihre Eintragung unter Verletzung seiner aus § 29 erwachsenden Pflichten nicht veranlasst hat.[76] Voraussetzung dafür ist allerdings stets, dass der bisherige Inhaber auch ohne Handelsregistereintragung **Firmenfähigkeit** besaß;[77] bei dem veräußerten Handelsgeschäft darf es sich also weder um einen Kleingewerbebetrieb iSd. § 2 iVm. § 1 Abs. 2 noch um ein land- oder forstwirtschaftliches Unternehmen iSd. § 3 Abs. 2 handeln, anderenfalls greifen wegen der materiellrechtlichen Wirkung der Eintragung die unter RdNr. 21 dargestellten Grundsätze. Ergibt sich demgegenüber die Kaufmannseigenschaft des Veräußerers schon aus § 1 Abs. 2, so ist der die Firma fortführende Erwerber des Handelsgeschäfts gem. § 29 nunmehr seinerseits verpflichtet, die bislang unterbliebene Handelsregistereintragung herbeizuführen; dem (nichteingetragenen) Veräußerer obliegt die Mitwirkung an diesem Verfahren.[78]

24 Im umgekehrten Fall der **materiellrechtlich zu Unrecht bestehenden Handelsregistereintragung** ist die – endgültige – Firmenfortführung nach allgemeiner Meinung wegen des materiell rechtswidrigen Gebrauchs der Firma in der Vergangenheit unzulässig.[79] Dieser Umstand, der nach bisheriger Rechtslage insbesondere unrechtmäßig eingetragene sog. Minderkaufleute betraf,[80] entfaltet seit Aufhebung des § 4 aF durch das HRefG vom 22. 6. 1998 in der Praxis allenfalls noch für solche Veräußerer Bedeutung, die trotz fortbestehender Registereintragung kein Handelsgewerbe iSd. § 1 Abs. 2 (mehr) betreiben. Zwar kann nach hier vertretener Auffassung das **Herabsinken auf ein Kleingewerbe** nicht zur materiellrechtlichen Unzulässigkeit der Eintragung führen; vielmehr bleibt die Eintragung – solange der Löschungsantrag nicht gestellt ist – zulässig (vgl. ausführlich § 17 RdNr. 15, ferner § 21 RdNr. 9), **so dass ein Fall der materiellrechtlich zu Unrecht bestehenden Handelsregistereintragung tatsächlich gar nicht vorliegt**.[81] Lehnt man diese Auffassung indes mit der – auch in den Gesetzesmaterialien anklingenden[82] – Begründung ab, dass der Fort-

---

[70] Staub/*Hüffer* RdNr. 16; Koller/*Roth*/Morck RdNr. 5; HK-HGB/*Ruß* RdNr. 7.
[71] Staub/*Hüffer* RdNr. 16; Heymann/*Emmerich* RdNr. 10; Koller/*Roth*/Morck RdNr. 5.
[72] RG Urt. v. 8. 5. 1889 – Rep. I 90/89, RGZ 25. 1, 4 f.; Staub/*Hüffer* RdNr. 16.
[73] RG Urt. v. 8. 5. 1889 – Rep. I 90/89, RGZ 25, 1, 4 f.; Staub/*Hüffer* RdNr. 16; MünchKommHGB/*Heidinger* RdNr. 27; Heymann/*Emmerich* RdNr. 10; Röhricht/Graf von Westphalen/*Ammon* RdNr. 7.
[74] BGH Beschl. v. 25. 6. 1959 – II ZB 5/59, BGHZ 30, 288, 293 f. (zu § 24); BGH Beschl. v. 7. 5. 1979 – II ZB 3/79, BB 1980, 69 f.; OLG Frankfurt a. M. Beschl. v. 31. 3. 1980 – 20 W 176/79, DB 1980, 1210 f.; Staub/*Hüffer* RdNr. 16.
[75] BGH Beschl. v. 12. 11. 1984 – II ZB 2/84, NJW 1985, 736, 737 = WM 1985, 165; OLG Hamm Vorlagebeschluss vom 20. 7. 1973 – 15 W 63/72, DB 1973, 2034, 2035; für diese Ausnahme eintretend Heymann/*Emmerich* RdNr. 10; Baumbach/*Hopt* RdNr. 14; Röhricht/Graf von Westphalen/*Ammon* RdNr. 17.
[76] RG Urt. v. 12. 12. 1906 – Rep. I 216/06, RGZ 65, 14, 15; BayObLG Beschl. v. 6. 7. 1978 – BReg. 1 Z 74/78, BayObLGZ 1978, 182, 184; BayObLG Beschl. v. 27. 10. 1988 – BReg 3 Z 117/88, BayObLGZ 1988, 344 = NJW-RR 1989, 421; Staub/*Hüffer* RdNr. 17; Schlegelberger/*Hildebrandt*/Steckhan RdNr. 12; Heymann/*Emmerich* RdNr. 9; Baumbach/*Hopt* RdNr. 7; Koller/*Roth*/Morck RdNr. 5.
[77] Staub/*Hüffer* RdNr. 17.
[78] RG Urt. v. 12. 12. 1906 – Rep. I 216/06, RGZ 65, 14, 15; BayObLG Beschl. v. 6. 7. 1978 – BReg. 1 Z 74/78, BayObLGZ 1978, 182; Schlegelberger/*Hildebrandt*/Steckhan RdNr. 12; Staub/*Hüffer* RdNr. 17.
[79] Vgl. Schlegelberger/*Hildebrandt*/Steckhan RdNr. 12; Staub/*Hüffer* RdNr. 19; Heymann/*Emmerich* RdNr. 9.
[80] Vgl. dazu MünchKommHGB/*Heidinger* RdNr. 30; Staub/*Hüffer* RdNr. 19.
[81] K. Schmidt ZHR 163 (1999), 87, 90 ff; ders. NJW 1998, 2161, 2163 (insbes. Fn. 31) und 2164; *Ammon* DStR 1998, 1474, 1476.
[82] Vgl. Begr. zum Gesetzentwurf der Bundesregierung, BT-Drucks. 13/8444, BR-Drucks. 340/97 S. 64 li. Sp.

bestand der Eintragung nicht zwingend von dem Willen des Inhabers iSd. § 2 S. 2 getragen wird,[83] könnte – wie schon nach bisheriger Rechtslage – die Befugnis des Registergerichts angenommen werden, die im Rahmen der Firmenfortführung gem. § 31 erforderliche Anmeldung des Inhaberwechsels zurückzuweisen, die zu Unrecht bestehende Handelsregistereintragung des Veräußerers gem. § 142 FGG zu löschen und jederzeit gegen den Firmengebrauch des Erwerbers gem. § 37 Abs. 1 vorzugehen.[84] Denn auf der Grundlage dieser Auffassung blieben solche Veräußerer zwar nach § 5 im Verhältnis zu Dritten weiterhin Kaufleute, jedoch können sie sich als Eingetragene auf diese Vorschrift im Verhältnis zum Registergericht nach herrschender Ansicht nicht berufen (vgl. hiergegen aber § 17 RdNr. 15 und § 21 RdNr. 9 mwN). Bei dieser Betrachtungsweise wäre das Registergericht aber jedenfalls als verpflichtet anzusehen, dem Veräußerer im Rahmen des Löschungsverfahrens Gelegenheit zu geben, sich über seine Willensbildung iSd. § 2 S. 2 zu äußern;[85] der nunmehr kleingewerbetreibende Veräußerer kann also stets dafür sorgen, dass der Erwerb von Handelsgeschäft und Firma gelingt.

Wurde vor Veräußerung des Handelsgeschäfts die fortzuführende Firma im Handelsregister 25 gelöscht, richtet sich die Zulässigkeit der Firmenführung wiederum nach den in RdNr. 23 dargelegten Gesichtspunkten. Dabei gilt es allerdings zwischen dem registerrechtlichen Vorgang der Löschung und dem materiellrechtlichen Vorgang des Erlöschens der Firma zu differenzieren.[86] Für **Einzelgewerbetreibende** und **Personengesellschaften** in der Rolle des Veräußerers ergibt sich deshalb folgendes Bild: Besaß der Veräußerer unabhängig von seiner Handelsregistereintragung Firmenfähigkeit (vgl. RdNr. 23), steht die dem Erwerb des Unternehmens vorausgehende Löschung der Firma ihrer Fortführung nicht entgegen, denn die registerrechtliche Löschung ist in diesen Fällen für den materiellrechtlichen Bestand der Firma unbeachtlich.[87] Handelte es sich dagegen bei dem veräußerten Handelsgeschäft um einen Kleingewerbebetrieb iSd. § 2 iVm. § 1 Abs. 2 oder um ein land- oder forstwirtschaftliches Unternehmen iSd. § 3 Abs. 2, so hat die – gleichgültig, ob berechtigt oder unberechtigt erfolgende[88] – Löschung der Firma im Handelsregister zugleich das materiellrechtliche Erlöschen der Firma zur Folge; eine anschließende Firmenfortführung nach § 22 ist daher ausgeschlossen. Mit Blick auf die **Kapitalgesellschaften** in der Position des Veräußerers gilt es zu berücksichtigen, dass diese ihre Firma behalten, solange sie existieren, und dass es für ihre Firmenfähigkeit auf den Umfang oder die Art ihres Unternehmens wegen ihrer Stellung als sog. Formkaufleute nicht ankommt. Da die Existenz der Kapitalgesellschaften jedoch nach zutreffender Ansicht durch ihre Löschung im Handelsregister nicht tangiert wird, solange es an der gleichzeitigen Beendigung ihrer Liquidation oder Abwicklung fehlt,[89] steht die Löschung der Kapitalgesellschaft im Handelsregister für sich allein genommen der Fortführung ihrer Firma nicht zwingend entgegen.[90]

**3. Die Einwilligung des bisherigen Geschäftsinhabers oder seiner Erben. 26
a) „Ausdrücklichkeit" der Einwilligung.** Weitere Voraussetzung für die Anwendbarkeit des § 22 Abs. 1 ist, dass der bisherige Geschäftsinhaber oder dessen Erben in die Firmenfortführung „ausdrücklich willigen". Diese auf Art. 22 ADHGB zurückgehende Gesetzesformulierung[91] lässt sich nur schwer in die moderne, insbesondere an der Terminologie des (jüngeren) BGB orientierte Einwilligungsdogmatik einordnen und scheint deshalb auf den ersten Blick Auslegungsprobleme aufzuwerfen. Allgemein anerkannt ist hingegen, dass die Ausdrücklichkeit der Einwilligung nicht von der Wahl bestimmter Erklärungsformen abhängt, sondern lediglich eine **eindeutige** und **unmissverständliche** Erklärung voraussetzt, die deshalb sogar in konkludenter Weise abgegeben werden kann.[92] Weil Handelsgeschäfte aber auch ohne das Recht zur Firmenfortführung veräußert werden können, lässt sich die Übertragung des Handelsgeschäfts allein nicht als derartige konkludente

---

[83] IdS *Lieb* NJW 1999, 35, 36; vgl. auch *Roth,* Handels- u. Gesellschaftsrecht, § 4, 3 b (RdNr. 112).
[84] Vgl. Koller/*Roth*/Morck RdNr. 5 sowie zur früheren Rechtslage Staub/*Hüffer* RdNr. 19.
[85] Die Begr. zum Gesetzentwurf der Bundesregierung, BT-Drucks. 13/8444, BR-Drucks. 340/97 S. 49 li. Sp., 64 li. Sp. spricht von der „Möglichkeit, einer Amtslöschung zu widersprechen". Daraus wird man wohl folgern müssen, dass den Betroffenen stets auch die entsprechende Gelegenheit zur Wahrnehmung dieser Möglichkeit zu gewähren ist.
[86] Staub/*Hüffer* RdNr. 18.
[87] Staub/*Hüffer* RdNr. 18; Röhricht/Graf von Westphalen/*Ammon* RdNr. 18.
[88] Staub/*Hüffer* RdNr. 18.
[89] Vgl. – jeweils mit umfangreichen wN – Scholz/K. Schmidt GmbHG § 74 RdNr. 13 f.; Lutter/Hommelhoff GmbHG § 74 RdNr. 17; Baumbach/Hueck/Schulze-Osterloh GmbHG § 60 RdNr. 59; aA *Hüffer* AktG § 262 RdNr. 4; Hachenburg/*Ulmer* GmbHG § 60 RdNr. 18.
[90] Röhricht/Graf von Westphalen/*Ammon* RdNr. 18.
[91] Vgl. Denkschrift zum Entwurf eines Handelsgesetzbuchs und eines Einführungsgesetzes (RTVorl.) S. 35 = *Schubert/Schmiedel/Krampe* II/2 S. 978.
[92] Schlegelberger/Hildebrandt/*Steckhan* RdNr. 12; Staub/*Hüffer* RdNr. 25; Heymann/*Emmerich* RdNr. 11; Baumbach/*Hopt* RdNr. 9; Koller/*Roth*/Morck RdNr. 7; Röhricht/Graf von Westphalen/*Ammon* RdNr. 20.

Erklärung deuten;[93] gleiches gilt für die bloße Duldung der tatsächlichen Firmenfortführung des Erwerbers.[94] Unterstützt dagegen der bisherige Inhaber den zur Fortführung der Firma entschlossenen Erwerber bei der gem. § 31 Abs. 1 erforderlichen An"meldung des Inhaberwechsels zur Eintragung in das Handelsregister, indem er diese Anmeldung (mit-)unterzeichnet, kommt darin der Wille zur Einwilligung in die Firmenfortführung in hinreichender Form zum Ausdruck.[95] Denn aus dem Inhalt dieser Anmeldung ergibt sich in diesem Fall zwingend – und daher für den bisherigen Inhaber erkennbar –, dass der Erwerber die ursprüngliche Firma fortzuführen beabsichtigt.

27 Trotz des Gesetzeswortlauts wird die Einwilligung iSd. § 22 allgemein nicht als einseitige Willenserklärung des bisherigen Inhabers,[96] sondern als zweiseitiges Rechtsgeschäft aufgefasst.[97] Seiner **Rechtsnatur** nach ist dieses Rechtsgeschäft mit der zutreffenden hM als dinglich wirkender Übertragungsvertrag gem. §§ 398, 413 BGB zu werten, der das Firmenrecht des bisherigen Inhabers auf den Erwerber übergehen lässt.[98] Überwunden ist damit die frühere gegenteilige Rechtsprechung des RG, das angenommen hatte, die Einwilligung enthalte lediglich obligatorische Nutzungsüberlassung der Firma an den Erwerber, die mit der Verpflichtung des Veräußerers verbunden sei, den eigenen Firmengebrauch zukünftig zu unterlassen.[99]

28 Der dinglich wirkende Übertragungsvertrag iSd. §§ 398, 413 BGB ist von seinem **kausalen Grundgeschäft** – dh. der den bisherigen Inhaber schuldrechtlich zur Übertragung der Firma verpflichtenden Abrede – zu unterscheiden.[100] Letztere Abrede wird praktisch häufig Bestandteil desjenigen obligatorischen Vertrages sein, der den bisherigen Inhaber zur Überlassung des Handelsgeschäfts verpflichtet; zwingend erforderlich ist die Verbindung dieser beiden Geschäfte allerdings nicht.[101] Neben den dinglichen Übertragungsvertrag kann schließlich eine weitere vertragliche Abrede treten, denn soweit die Firma aus dem Namen des bisherigen Inhabers gebildet worden war, muss dieser dem Erwerber vertraglich auch den Gebrauch seines Namens gestatten (zur Rechtsnatur dieser Abrede vgl. § 23 RdNr. 6 mwN).

29 **b) Zeitlicher Zusammenhang zwischen Einwilligung und Übertragung des Handelsgeschäfts.** Die Frage, welches zeitliche Verhältnis zwischen Einwilligungsvertrag und Übertragung des Handelsgeschäfts bestehen muss, um dem Erwerber die Firmenfortführung zu ermöglichen, wird durch die Vorschrift des § 22 nicht ausdrücklich beantwortet. Dass in dieser Hinsicht allerdings Beschränkungen bestehen, ergibt sich bereits aus § 23, denn andernfalls liefe das dort statuierte Verbot, die Firma ohne Handelsgeschäft zu übertragen, weitgehend leer (vgl. näher § 23 RdNr. 17). Vor diesem Hintergrund erscheint es nahe liegend, zur Optimierung des durch § 23 bezweckten Schutzes stets die Gleichzeitigkeit von Einwilligung und Veräußerung zu fordern; dies entspräche einer in der älteren Rechtsprechung häufig anklingenden Forderung.[102] Im Schrifttum ist demgegenüber zu Recht angemerkt worden, dass diese Formulierung Genauigkeit nur vorspiegele, weil sich der Veräußerungsvorgang tatsächlich über einen längeren Zeitraum erstreckt, der mit dem Abschluss des Verpflichtungsvertrages beginnt, während der Einzelnen Übertragungshandlungen fortdauert und frühestens mit der Einweisung in Fabrikationstechnik, Kundenkreis usw. endet.[103] Überzeugend erscheint es deshalb, mit der neueren Auffassung für die Rechtzeitigkeit der Einwilligung lediglich

---

[93] Vgl. BGH Urt. v. 27. 4. 1994 – VIII ZR 34/93, NJW 1994, 2025, 2026; Staub/*Hüffer* RdNr. 25; Heymann/*Emmerich* RdNr. 11; Koller/*Roth*/Morck RdNr. 7; HK/*Ruß* RdNr. 8; *Heinrich*, Firmenwahrheit und Firmenbeständigkeit, RdNr. 147.
[94] KG Entsch. v. 4. 1. 1905, RJA 5, 185, 186 ff.; OLG Düsseldorf Entsch. v. 27. 11. 35 – 2 U 187/35, HRR 1936 Nr. 407; OLG Hamm Urt. v. 29. 8. 1983 – 8 U 280/82, ZIP 1983, 1198, 1201; Schlegelberger/*Hildebrandt*/Steckhan RdNr. 12; Staub/*Hüffer* RdNr. 26; Heymann/*Emmerich* RdNr. 11.
[95] BGH Beschl. v. 28. 3. 1977 – II ZB 8/76, BGHZ 68, 271, 276 = NJW 1977, 1291 (zu § 24); Staub/*Hüffer* RdNr. 25.
[96] Ob das Reichsgericht die Einwilligung als einseitiges Rechtsgeschäft gewertet hatte, ist heute mit Blick auf seinen Beschluss vom 29. 5. 1923 – II B 1/23, RGZ 107, 31, 33 streitig; dies bejahend Schlegelberger/*Hildebrandt*/Steckhan RdNr. 12; aA mit überzeugender Begründung Staub/*Hüffer* RdNr. 24 (in der dortigen Fn. 24).
[97] BGH Urt. v. 27. 4. 1994 – VIII ZR 34/93, NJW 1994, 2025, 2026; Staub/*Hüffer* RdNr. 24; Heymann/*Emmerich* RdNr. 9; Koller/*Roth*/Morck RdNr. 6; Röhricht/Graf von Westphalen/*Ammon* RdNr. 9; vgl. dazu auch (unter besonderer Berücksichtigung der durch das HRefG vom 22. 6. 1998 eingeführten Neuregelungen) *W.-H. Roth*, in: Die Reform des Handelsstandes, S. 31, 61.
[98] Staub/*Hüffer* RdNr. 24; MünchKommHGB/*Heidinger* RdNr. 31; Heymann/*Emmerich* RdNr. 11; Baumbach/*Hopt* RdNr. 9; Koller/*Roth*/Morck RdNr. 6; Röhricht/Graf von Westphalen/*Ammon* RdNr. 19; *Adler* ZHR 85 (1921), 93, 120 ff.; *Forkel*, FS Paulick, S. 101 ff.; *Strohm*, FS E. Ulmer, S. 333, 336; *Köhler* DStR 1996, 510, 511.
[99] RG Urt. v. 4. 4. 1883 – Rep. I 143/83, RGZ 9, 104, 106; RG Beschl. v. 29. 5. 1923 – II B 1/23, RGZ 107, 31, 33; vgl. auch OLG Nürnberg Urt. v. 21. 9. 1965 – 3 U 152/64, BB 1966, 1121.
[100] Röhricht/Graf von Westphalen/*Ammon* RdNr. 19; Staub/*Hüffer* RdNr. 30.
[101] Röhricht/Graf von Westphalen/*Ammon* RdNr. 19.
[102] KG Beschl. v. 5. 12. 1982, KGJ 12, 22; KG Beschl. v. 9. 10. 1893, KGJ 13, 28, 30; KG Beschl. v. 16. 4. 1894 – I Y 119/94, KGJ 15, 9, 12.
[103] Staub/*Hüffer* RdNr. 26.

ihren **unmittelbaren zeitlichen Zusammenhang mit dem Übertragungsvorgang** zu verlangen.[104] Bei der Bemessung dieser Zeitspanne gilt es wiederum die Herleitung dieser Forderung aus § 23 zu beachten: Mit Rücksicht auf den Zweck dieser Norm ist es erforderlich, dass die Einwilligung in dem Zeitraum zwischen Abschluss des Kausalvertrages und Anmeldung des Inhaberwechsels zur Eintragung in das Handelsregister (§ 31) abgegeben wurde.[105]

c) Bedingung, Befristung und „Widerruf" der Einwilligung. Veräußerer und Erwerber 30 können den dinglich wirkenden Einwilligungsvertrag bedingt oder befristet (§§ 158 ff. BGB) schließen. Dieser Grundsatz ist für die **auflösende Bedingung** und die Vereinbarung eines **Endtermins** ganz allgemein anerkannt,[106] entgegen einer in der Literatur geäußerten Ansicht[107] entfaltet er aber auch bei Vereinbarung einer **aufschiebenden Bedingung** oder eines **Anfangstermins** Bedeutung.[108] Für die zuletzt genannten Abreden gilt es indes sorgfältig zu prüfen, ob sie den erforderlichen zeitlichen Zusammenhang zwischen dem Übertragungsvorgang und der Einwilligung zerstören, denn in diesem Fall steht der Firmenrechtsübertragung das Verbot des § 23 entgegen (vgl. RdNr. 29). Weil letzteres in der Praxis häufig zu bejahen sein wird, führt die hier vertretene Auffassung nur selten zu anderen Ergebnissen als die Gegenmeinung. Vgl. zum Problem der Bedingung und Befristung der Einwilligung auch § 23 RdNr. 14.

Ob dem Veräußerer im Einzelfall das Recht zusteht, den **Einwilligungsvertrag zu „widerru-** 31 **fen"** oder seine Wirkungen nachträglich in ähnlicher Weise zu beseitigen, wird vor allem für Fälle diskutiert, in denen der Erwerber die ursprüngliche Firma des Veräußerers im Rahmen seines nachfolgenden Unternehmensbetriebs in Verruf bringt. Im Schrifttum ist diese Frage in neuerer Zeit – mit unterschiedlichen dogmatischen Begründungen – häufig jedenfalls für solche Konstellationen bejaht worden, in denen die Firma, der der Erwerber „Schande macht", den Namen des Veräußerers enthält.[109] Doch auch wenn diese These offensichtlich auf dem billigenswerten Anliegen beruht, dem Veräußerer in derartigen Fällen geeignete Schutzinstrumente an die Hand zu geben, ist sie im Ergebnis **abzulehnen.** Zum einen fehlt es an einer geeigneten gesetzlichen Grundlage für derartige Widerrufskonstruktionen,[110] zum anderen steht dieser Auffassung die rechtliche Einordnung des Einwilligungsvertrages als dinglich wirkendes, das Firmenrecht als übertragendes Rechtsgeschäft entgegen (vgl. RdNr. 27).[111] Zwar lässt sich gegen das zuletzt genannte Argument einwenden, dass der Erwerber die den Namen des Veräußerers beinhaltende Firma nach deren Übertragung ohnehin nur gebrauchen darf, wenn ihm dies der Veräußerer (zusätzlich) auch schuldrechtlich gestattet (vgl. § 23 RdNr. 6). Doch aus diesem, sich insbesondere aus der persönlichkeitsrechtlichen Struktur des Namensrechts ergebenden Umstand kann – soweit es an einer dahingehenden ausdrücklichen Abrede der Parteien fehlt – nicht sogleich auf die Berechtigung des Veräußerers geschlossen werden, seine zu dieser vertraglichen Gestattung führende Willenserklärung bei mangelndem Wohlverhalten des Erwerbers nach Belieben zu beseitigen. In Einzelfällen, in denen die Beeinträchtigung des Namensrechts eine derartige Intensität erreicht, dass dem Veräußerer Zuwarten unzumutbar erscheint, ist der schuldrechtliche Gestattungsvertrag gem. §§ 157, 242 BGB dahingehend auszulegen, dass der Veräußerer dem Erwerber den Firmengebrauch untersagen kann, solange dieser die Firma in „schandbarer" oder „entehrender" Weise nutzt.[112] Dem bisherigen Inhaber, der eine Diskreditierung seines Namens befürchtet, aber gleichwohl den wirtschaftlichen Wert der Firma bei der Veräußerung seines Handelsgeschäfts zu liquidieren beabsichtigt, ist daher zu raten, den Erwerber im Rahmen des obligatorischen Veräußerungsvertrages zur Führung eines Nachfolgezusatzes zu verpflichten (vgl. RdNr. 63 aE) oder den dinglichen Einwilligungsvertrag unter einer dieser Problematik gerecht werdenden und dem Erwerber erkennbaren auflösenden Bedingung (RdNr. 30) zu schließen.

---

[104] Schlegelberger/*Hildebrandt*/*Steckhan* RdNr. 13; Heymann/*Emmerich* RdNr. 11 a; Koller/*Roth*/Morck, RdNr. 8; Röhricht/Graf von Westphalen/*Ammon* RdNr. 21; HK-HGB/*Ruß* RdNr. 8.
[105] Staub/*Hüffer* RdNr. 26.
[106] OLG Düsseldorf Urt. v. 27. 11. 35 – 2 U 187/35, HRR 1936 Nr. 407; Heymann/*Emmerich* RdNr. 13; Koller/*Roth*/Morck RdNr. 10; Röhricht/Graf von Westphalen/*Ammon* RdNr. 22.
[107] Staub/*Hüffer* RdNr. 27; Röhricht/Graf von Westphalen/*Ammon* RdNr. 22.
[108] Wie hier Koller/*Roth*/Morck RdNr. 10; anders MünchKommHGB/*Heidinger* RdNr. 34.
[109] Für die Widerruflichkeit eintretend Schlegelberger/*Hildebrandt*/*Steckhan* RdNr. 14; Heymann/*Emmerich* RdNr. 13a; ein „Rückrufrecht" nimmt Forkel, FS Paulick, S. 101, 114 an. Anders Götting, Persönlichkeitsrechte als Vermögensrechte, S. 121 f.; vgl. auch OLG Hamburg Beschl. v. 14. 1. 1921 – Bf V 357/20, HansRZ 1921, Sp. 272, 275 m. Anm. *Lehr* Sp. 629.
[110] Der Versuch einer normativen Herleitung wird von den Autoren der Gegenmeinung nur vereinzelt unternommen; soweit dies geschieht, wird § 242 BGB herangezogen, vgl. Heymann/*Emmerich* RdNr. 13a, dortige Fn. 16 am Anfang; Röhricht/Graf von Westphalen/*Ammon* RdNr. 22.
[111] Vgl. auch Röhricht/Graf von Westphalen/*Ammon* RdNr. 22 und Strohm, FS E. Ulmer, S. 333, 342.
[112] Köhler, FS Fikentscher 1998, S. 494, 506 ff.; *W.-H. Roth,* in: Die Reform des Handelsstandes, S. 31, 62.

32 **d) Der Einwilligungsberechtigte. aa) Die Firma des Einzelkaufmanns.** Die Fortführung einer einzelkaufmännischen Firma bedarf – wie dem Wortlaut des § 22 unmittelbar zu entnehmen ist – der Einwilligung des Einzelkaufmanns, denn nur dieser ist als **bisheriger Inhaber** iSd. Vorschrift anzusehen.[113] Umstritten ist, ob dies auch dann gilt, wenn sich der Erwerb seines Handelsgeschäfts **von Todes wegen** vollzieht, ob also auch den Erben der Fortbetrieb des Unternehmens unter der bisherigen Firma nur mit Einwilligung des Erblassers möglich ist.[114] Für die Verneinung dieser Frage spricht, dass § 22 den Erben offenbar sogar die Befugnis einräumt, das geerbte Handelsgeschäft mitsamt Firma zu veräußern; erst recht – so ließe sich argumentieren – muss ihnen deshalb beim eigenen Fortbetrieb des Unternehmens die Führung der bisherigen Firma gestattet sein. Diese Erwägung übersieht indessen den zwischen dem Erwerb von Todes wegen und einer möglichen nachfolgenden Veräußerung durch die Erben (hierzu RdNr. 33) bestehenden Unterschied. Ebensowenig wie bei Veräußerung des Unternehmens unter Lebenden steht im Falle eines Erwerbs von Todes wegen fest, dass der bisherige Inhaber – hier: der Erblasser – mit der Fortführung der ursprünglichen Firma durch den oder die Erwerber – hier: den oder die Erben – einverstanden ist. Schon aus diesem Grunde ist die Vorschrift des § 22 wortlautgetreu dahingehend zu interpretieren, dass die Firmenfortführung auch beim Erwerb von Todes wegen die Einwilligung des Erblassers voraussetzt. Nach zutreffender Ansicht ist allerdings in diesen Fällen **mutmaßlich von der Existenz dieser Einwilligung auszugehen,** solange der Erblasser seinen entgegenstehenden Willen nicht eindeutig kundgetan hat.[115] Im Rahmen der Konkretisierung dieser Einwilligung (vgl. dazu noch RdNr. 39) sind dem Erblasser keine starren Grenzen gesetzt, er kann daher zB bestimmen, dass allein die Erben die Firma fortführen dürfen, so dass das Firmenrecht bei Weiterveräußerung des Unternehmens erlischt.[116] Die gegenteilige Ansicht, die die Erforderlichkeit einer Einwilligung nach § 22 in der vorliegenden Konstellation verneint, erzielt ein praktisch vergleichbares Ergebnis mit dem Hinweis, dass es dem Erblasser möglich sei, eine Bestimmung über die Art und Weise der Firmenfortführung oder die Pflicht zur Firmenänderung durch eine Auflage gem. § 1940 BGB zu treffen.[117]

33 Vor diesem Hintergrund wird schließlich deutlich, welche Bedeutung die in § 22 vorgesehene **„Einwilligung der Erben"** hat: Sie ist erforderlich, wenn die Erben ihrerseits das erworbene Handelsgeschäfts mit dem Recht zur Firmenfortführung zu veräußern beabsichtigen.[118] Dies folgt zwar ohnehin aus dem Umstand, dass die Erben mit dem Erwerb des Handelsgeschäfts selbst zu „Inhabern" iSd. § 22 geworden sind; die Vorschrift stellt jedoch in diesem Zusammenhang klar, dass die Erben – im Rahmen der ihnen durch die Einwilligung des Erblassers gewährten Befugnisse – über die Firma verfügen dürfen.[119] Die ausdrückliche gesetzliche Anerkennung dieser Befugnis kann nicht zuletzt praktische Bedeutung erlangen, wenn die Firma den Namen des Erblassers enthält und dessen Familienangehörige mit der Veräußerung des Handelsgeschäfts unter Gestattung der Firmenfortführung nicht einverstanden sind.

34 **bb) Die Gesellschaftsfirma. α) Kapitalgesellschaftsfirmen.** Veräußert eine Kapitalgesellschaft ihr Handelsgeschäft, liegt die Befugnis zur Einwilligung in die Firmenfortführung bei dem **zu ihrer Vertretung berechtigten Gesellschaftsorgan;**[120] im Falle der AG ist somit der Vorstand, für die GmbH sind der oder die Geschäftsführer zum Abschluss des **dinglich wirkenden Einwilligungsvertrages** iSd. §§ 398, 413 BGB berufen. Die Außenwirksamkeit dieses Vertrages bedarf nicht der Zustimmung der Haupt- bzw. Gesellschafterversammlung, denn die Vertretungsmacht dieser Organe ist Dritten gegenüber grundsätzlich weder beschränkt noch beschränkbar (§§ 37 Abs. 2 GmbHG, 82 Abs. 1 AktG). Etwas anderes gilt für den **obligatorischen Vertrag,** durch den sich die Kapitalgesellschaft zur Übertragung des Handelsgeschäfts und der Firma verpflichtet. Soweit dieser – wie in den in Rede stehenden Fällen häufig zu erwarten – eine Verpflichtung zur Veräußerung des gesamten Gesellschaftsvermögens begründet, liegt sein Abschluss gem. § 179 a

---

[113] Staub/*Hüffer* RdNr. 28; Koller/*Roth*/Morck RdNr. 9; HK-HGB/*Ruß* RdNr. 8.
[114] Bejahend: Röhricht/Graf von Westphalen/*Ammon* RdNr. 24; *Kuchinke* ZIP 1987, 681, 683 (mit umfangreichen wN beider Ansichten); verneinend: Schlegelberger/*Hildebrandt*/Steckhan RdNr. 15; Baumbach/*Hopt* RdNr. 8.
[115] Röhricht/Graf von Westphalen/*Ammon* RdNr. 24; vgl. auch *Kuchinke* ZIP 1987, 681, 686, der zu Recht darauf hinweist, dass die Annahme einer konkludenten Einwilligung auch in diesen Fällen (vgl. zum Grundsatz bereits oben, RdNr. 26) Schwierigkeiten bereitet, wenn sich der Erblasser um die Erbfolge gar nicht gekümmert hat und deshalb eine auslegungsfähige Erklärung fehle. § 22 sei deshalb einschränkend zu interpretieren und eine mutmaßliche Einwilligung als ausreichend zu erachten.
[116] Röhricht/Graf von Westphalen/*Ammon* RdNr. 24; *Kuchinke* ZIP 1987, 681, 683.
[117] Baumbach/*Hopt* RdNr. 8.
[118] *Kuchinke* ZIP 1987, 681, 683.
[119] Staub/*Hüffer* RdNr. 28.
[120] Schlegelberger/*Hildebrandt*/Steckhan RdNr. 15; Staub/*Hüffer* RdNr. 30; Röhricht/Graf von Westphalen/*Ammon* RdNr. 27; Heymann/*Emmerich* RdNr. 12; Koller/*Roth*/Morck RdNr. 9.

Abs. 1 AktG nur dann innerhalb der **Vertretungsmacht des Vorstands einer AG**, wenn die Hauptversammlung dem Inhalt des Vertrages vor oder nach seinem Abschluss (§§ 183, 184 BGB) mit satzungsändernder Mehrheit nach § 179 AktG zustimmt.[121] Fehlt es daran, erlangt der obligatorische Vertrag auch im Verhältnis zum Erwerber des Handelsgeschäfts keine Wirksamkeit.[122] Sämtliche dinglichen Verfügungen, die zum Zwecke der Erfüllung dieses (unwirksamen) obligatorischen Geschäfts geschlossen wurden, sind daher nach den §§ 812 ff. BGB rückgängig zu machen,[123] dies gilt auch für die durch den Vertrag gem. §§ 398, 413 BGB bewirkte Übertragung des Firmenrechts. Für die **Vertretungsmacht der Geschäftsführer einer GmbH** lässt sich dagegen dieselbe Einschränkung jedenfalls auf der Grundlage des geltenden GmbHG nicht begründen, weil darin eine dem § 179 a AktG vergleichbare Vorschrift fehlt. Zum Schutz der GmbH-Gesellschafter erscheint allerdings eine entsprechende Anwendung des § 179 a AktG geboten,[124] zumal weder die Besonderheiten des GmbH-Rechts noch die Interessen der Beteiligten eine vom Aktienrecht abweichende Behandlung erfordern.

β) Personengesellschaftsfirmen. Besonders umstritten ist die Frage nach der Einwilligungsberechtigung für Fälle, in denen eine Personengesellschaft ihr Handelsgeschäft mit dem Recht der Firmenfortführung veräußert. Vor allem die **ältere Rechtsprechung**[125] hatte zunächst unter allgemeiner Zustimmung der Literatur[126] angenommen, dass sämtliche Gesellschafter – und damit nicht nur die zur Vertretung der Gesellschaft berufenen – ihre Einwilligung erteilen müssen, um dem Erwerber die Firmenfortführung zu ermöglichen. Dieser These ist in neuerer Zeit zu Recht entgegengehalten worden, sie führe angesichts der in den §§ 126, 161 Abs. 2 getroffenen Regelung über die Vertretungsmacht in den Personengesellschaften zu „auffälligen Ergebnissen";[127] vorgeschlagen wird daher, **die für die Kapitalgesellschaften entwickelten Regeln** unter Rückgriff auf § 179 a AktG für die Personengesellschaften entsprechend anzuwenden.[128]

Zweifel an diesem Lösungsvorschlag lassen sich einerseits vor allem mit Blick auf die Strukturunterschiede zwischen den Kapital- und den Personengesellschaften erheben. Andererseits gilt es zu berücksichtigen, dass die zuerst genannte ältere Ansicht zumindest einer den Widerspruch zu den §§ 126, 161 Abs. 2 erklärenden Begründung bedürfte, die jedoch in den Stellungnahmen vieler ihrer Vertreter bislang fehlt. Im Ergebnis kann allerdings dahinstehen, ob sich eine solche Begründung – wie bisweilen ausgeführt wird[129] – aus der Annahme ergibt, die Einwilligung nach § 22 stelle im Recht der Personengesellschaften ein sog. **Grundlagengeschäft** dar, das stets außerhalb der Vertretungsmacht der zur Vertretung berufenen Gesellschafter liegt. Denn entscheidend gegen die These von der Einwilligungsberechtigung sämtlicher Gesellschafter spricht, dass sie die Wirksamkeit dinglich wirkender Rechtsgeschäfte im Außenverhältnis zum Erwerber von der Beachtung gesellschaftsinterner Entscheidungskompetenzen abhängig macht und damit dem allgemeinen Interesse an der **Sicherheit des Rechtsverkehrs** zuwiderläuft.[130] Gerade dieses Ergebnis vermeidet der Rückgriff auf § 179 a AktG, weil sich der Anwendungsbereich dieser Norm auf das kausale Verpflichtungsgeschäft beschränkt (vgl. RdNr. 34). Die neuere Ansicht verdient aus diesen Gründen den Vorzug; ihr hat sich nunmehr offenbar auch der **BGH** angeschlossen, der in einer jüngeren Entscheidung – ohne dabei allerdings konkret auf die Einwilligungsberechtigung iSd. § 22 abzustellen – ausführt, der Abschluss dinglich wirkender Rechtsgeschäfte sei im Rahmen der Unternehmensveräußerung einer KG durch die Vertretungsmacht ihrer zur Vertretung berufenen Gesellschafter gedeckt.[131]

---

[121] Grundlegend Staub/*Hüffer* RdNr. 30, der darüber hinausgehend in „rechtsähnlicher Anwendung" des § 361 AktG aF (i. e. die Vorgängernorm des heutigen § 179 a AktG) iVm. § 23 den Grundsatz ableitet, dass es für das Verpflichtungsgeschäft in den vorliegenden Konstellationen stets – auch wenn keine Veräußerung des Unternehmens erfolgt – einer Einwilligung der Hauptversammlung bedarf. Insoweit zurückhaltender Heymann/*Emmerich* RdNr. 12; Röhricht/Graf von Westphalen/*Ammon* RdNr. 27; Baumbach/*Hopt* RdNr. 9.
[122] *Hüffer* AktG § 179 a RdNr. 5, 13; Geßler/Hefermehl/Eckardt/*Kropff* AktG § 361 RdNr. 29.
[123] *Hüffer* AktG § 179 a RdNr. 14; Geßler/Hefermehl/Eckardt/*Kropff* AktG § 361 RdNr. 41.
[124] Ebenso (z. T. unter Bezugnahme auf § 361 AktG aF als Vorgängernorm des § 179 a AktG) Rowedder/*Zimmermann* GmbHG § 53 RdNr. 17; Hachenburg/*Ulmer* GmbHG § 53 RdNr. 164; Heymann/*Emmerich* RdNr. 12.
[125] RG Urt. v. 14. 9. 1938 – II 17/38, RGZ 158, 226, 230 f.; BGH Urt. v. 8. 2. 1952 – I ZR 92/51, NJW 1952, 537, 538.
[126] Schlegelberger/Hildebrandt/*Steckhan* RdNr. 15; aus neuerer Zeit ebenso Heymann/*Emmerich* RdNr. 12; Koller/Roth/Morck RdNr. 9; HK-HGB/*Ruß* RdNr. 8.
[127] Staub/*Hüffer* RdNr. 29.
[128] Grundlegend Staub/*Hüffer* RdNr. 31; ihm folgend *Hopt* RdNr. 9; Röhricht/Graf von Westphalen/*Ammon* RdNr. 25.
[129] Koller/Roth/Morck RdNr. 9; vgl. auch BGH Urt. v. 8. 2. 1952 – I ZR 92/51, NJW 1952, 537, 538.
[130] Vgl. auch BGH Urt. v. 8. 7. 1991 – II ZR 246/90, NJW 1991, 2564, 2565.
[131] BGH Urt. v. 8. 7. 1991 – II ZR 246/90, NJW 1991, 2564, 2565. Das Gericht lässt aber ausdrücklich offen, ob § 361 AktG aF (§ 179 a AktG nF) auf das obligatorische Geschäft im Recht der Personengesellschaften entsprechende Anwendung findet. Wie hier auch MünchKommHGB/*Heidinger* RdNr. 37.

37 Eine **Ausnahme** von dem unter RdNr. 36 Ausgeführten ist jedoch anzuerkennen, soweit die Unternehmensveräußerung im **Liquidationsstadium der Personengesellschaft** erfolgt: Mit Blick auf die gem. § 149 S. 2 beschränkte Vertretungsmacht der Liquidatoren ist für die Zulässigkeit der Firmenfortführung in dieser Konstellation die Zustimmung sämtlicher Gesellschafter zu fordern.[132]

38 γ) **Zustimmung des namensgebenden Gesellschafters.** Ob es neben der Einwilligung der vertretungsberechtigten Gesellschafter (vgl. RdNr. 35 f.) oder des vertretungsberechtigten Gesellschaftsorgans (vgl. RdNr. 34) auch der Zustimmung desjenigen Gesellschafters bedarf, dessen Namen die fortzuführende Firma enthält, wurde bislang für das vor Inkafttreten des HRefG v. 22. 6. 1998 geltende Firmenrecht überwiegend differenzierend beurteilt: Ein derartiges Einwilligungserfordernis sollte mit Blick auf die gesetzliche Wertung des § 24 Abs. 2 zwar regelmäßig für die Personengesellschaften zu fordern, wegen des nach herrschender Ansicht beschränkten Anwendungsbereichs dieser Norm für die Kapitalgesellschaften hingegen grundsätzlich abzulehnen sein.[133] Nach nunmehr geltendem Recht erscheint diese Differenzierung wenig überzeugend, da die Einführung der Wahlfreiheit zwischen Personen- und Sachfirma für sämtliche Handelsgesellschaften nahelegt, den Anwendungsbereich des § 24 Abs. 2 wortlautgemäß auch auf Kapitalgesellschaften zu erstrecken (vgl. dazu im Einzelnen § 24 RdNr. 3 ff.). Es ist daher mit Rücksicht auf die durch § 24 Abs. 2 getroffene gesetzliche Wertung für die **Personen- und Kapitalgesellschaften einheitlich** anzunehmen, dass sich der namensgebende Gesellschafter in aller Regel nur für die Dauer seiner Mitgliedschaft mit dem Gebrauch seines Namens durch die Gesellschaft einverstanden erklärt hat.[134] Der von den vertretungsberechtigten Gesellschaftern geschlossene, das Firmenrecht übertragende Einwilligungsvertrag ist deshalb – auch insoweit entgegen der Konstruktion der bislang hM[135] – zwar ohne Zustimmung dieses Gesellschafters wirksam, das **Recht zum Gebrauch** der übertragenen Firma entsteht zugunsten des Erwerbers jedoch nur im Fall der (zusätzlichen) Gestattung des namensgebenden Gesellschafters (vgl. oben RdNr. 28, § 23 RdNr. 6).

39 e) **Umfang der Einwilligung.** Der Inhalt des Einwilligungsvertrages ist gesetzlich nicht typisiert, die Parteien können den Umfang der Einwilligung vielmehr im Einzelnen selbst festlegen.[136] Probleme können sich ergeben, wenn eine derartige inhaltliche Abrede fehlt. Rechtsprechung und Schrifttum haben für diese Konstellation **Auslegungsgrundsätze** entwickelt, aus denen sich im Einzelnen folgendes ergibt: Der Erwerber ist grundsätzlich als berechtigt anzusehen, das erworbene Handelsgeschäft mitsamt der **ursprünglichen Firma auf einen Dritten weiterzuübertragen;**[137] seinen entgegenstehenden Willen hat der Veräußerer also bereits im Zeitpunkt der Übertragung des Firmenrechts zu bilden und gegebenenfalls zu äußern. Solange eine anderweitige Abrede fehlt, ist es dem Erwerber ferner gestattet, unter der übernommenen Firma **Zweigniederlassungen zu gründen,** die er nach zutreffender hM jedoch nicht mitsamt Firma auf Dritte übertragen darf, falls eine dahingehende Gestattung des Veräußerers fehlt.[138] Letzteres folgt aus dem Umstand, dass der Veräußerer typischerweise mit der **Vervielfältigung** der ursprünglichen Firma, die mit der Veräußerung der Zweigniederlassung zwingend einhergeht, einverstanden ist.[139] Der Erwerber hat sich also der ausdrücklichen Gestattung des Veräußerers zu versichern, wenn er ein derartiges Vorgehen beabsichtigt.

40 f) **Rechtsstellung des Veräußerers bei Überschreitung der durch die Einwilligung gezogenen Grenzen des Firmengebrauchs.** Verletzt der Erwerber Beschränkungen, die ihm nach dem Inhalt des dinglichen Einwilligungsvertrages für die Art und Weise seiner Firmenfortführung auferlegt sind, kann der Veräußerer bei dem Registergericht anregen, gegen den Erwerber ein **Firmenmissbrauchsverfahren** gem. § 37 Abs. 1 durchzuführen; dieses kann sich auch gegen einen Dritten

---

[132] Staub/*Hüffer* RdNr. 32; Baumbach/*Hopt* RdNr. 10; Koller/*Roth*/Morck RdNr. 9; im Ergebnis verdient daher auch RG Urt. v. 14. 9. 1938 – II 17/38, RGZ 158, 226, 230 f. Zustimmung.
[133] Staub/*Hüffer* RdNr. 33; Röhricht/Graf von Westphalen/*Ammon* RdNr. 26.
[134] Wie hier – entgegen der früheren Rechtslage – MünchKommHGB/*Heidinger* RdNr. 38.
[135] Für die „Unwirksamkeit" dieses Geschäfts – im Recht der Personengesellschaften – Staub/*Hüffer* RdNr. 33; Röhricht/Graf von Westphalen/*Ammon* RdNr. 26.
[136] Staub/*Hüffer* RdNr. 39; Heymann/*Emmerich* RdNr. 14; Koller/*Roth*/Morck RdNr. 16; Röhricht/Graf von Westphalen/*Ammon* RdNr. 28; *Köhler,* FS Fikentscher, S. 495, 502 f.
[137] Staub/*Hüffer* RdNr. 39; Heymann/*Emmerich* RdNr. 14; Koller/*Roth*/Morck RdNr. 11; Röhricht/Graf von Westphalen/*Ammon* RdNr. 28; *Köhler,* FS Fikentscher, S. 495, 502 f.
[138] RG Urt. v. 16. 11. 1907 – Rep. I 44/07, RGZ 67, 94, 95; RG Beschl. v. 16. 5. 1922 – II B 1/22, RGZ 104, 341, 343; BGH Urt. v. 13. 10. 1980 – II ZR 116/79, WM 1980, 1360 = DB 1980, 2434; Staub/*Hüffer* RdNr. 40; Heymann/*Emmerich* RdNr. 14; Koller/*Roth*/Morck RdNr. 11; Röhricht/Graf von Westphalen/*Ammon* RdNr. 28; aA OLG Frankfurt aM Urt. v. 16. 5. 1978 – 5 U 65/78, MDR 1980, 316, 317; *Bokelmann* GmbHR 1978, 265, 266; 1982, 153, 154.
[139] Staub/*Hüffer* RdNr. 40.

richten, falls der Erwerber diesem die Firma unter Verstoß gegen ein im Rahmen der Einwilligung vereinbartes Veräußerungsverbot weiterübertragen hat.[140]

Ansprüche auf Unterlassung des unzulässigen Firmengebrauchs sind gegenüber dem Erwerber **41** aus dem Einwilligungsvertrag und, falls die Firma aus dem Namen des Veräußerers gebildet worden war, aus § 12 BGB, § 37 Abs. 2 S. 1 herzuleiten;[141] gegenüber Dritten stehen dem Veräußerer nur die letztgenannten Ansprüche zu.[142] Im Falle der Übertragung einer Sachfirma kann eine Unterlassungsklage auf § 37 Abs. 2 S. 1 dagegen nur gestützt werden, soweit der unbefugte Firmengebrauch – ausnahmsweise – gegen berechtigte wirtschaftliche Interessen des Veräußerers verstößt.[143]

4. Die Verwertung von Unternehmen und Firma durch den Insolvenzverwalter. 42 a) Meinungsstand zum bisherigen Recht. Unter Geltung der früheren Konkursordnung, an deren Stelle seit ihrem vollständigen (vgl. Art. 110 EGInsO) Inkrafttreten am 1. 1. 1999 die InsO[144] getreten ist, war der BGH – im Gegensatz zum RG[145] – unter überwiegender Zustimmung des Schrifttums[146] davon ausgegangen, dass die Firma des Gemeinschuldners Bestandteil der Konkursmasse wird.[147] Gleichwohl hatte das Gericht den Konkursverwalter nicht als befugt angesehen, bei Veräußerung eines **einzelkaufmännischen Handelsgeschäfts** gem. § 22 in die Firmenfortführung einzuwilligen.[148] Hintergrund dessen war die Annahme, dass die namensrechtlichen Interessen des Gemeinschuldners den vermögensrechtlichen Belangen der Konkursgläubiger vorgehen, weil der Gemeinschuldner als Einzelkaufmann gem. § 18 Abs. 1 aF gesetzlich zur Firmierung mit seinem bürgerlich-rechtlichen Namen gezwungen war.[149] Damit hatte das Gericht nach herrschender Meinung zugleich eine Entscheidung für die Firmen der **Personengesellschaften** getroffen: Zu ihrer Verwertung gem. § 22 wurde der Konkursverwalter überwiegend ebenso wenig als befugt angesehen, da diese Firmen gem. § 19 Abs. 1 und 2 aF gleichfalls den bürgerlich-rechtlichen Namen eines bzw. mehrerer Gesellschafter enthalten mussten.[150] Auch im Fall des Konkurses verblieb die Einwilligungsberechtigung somit bei dem namensgebenden Einzelkaufmann oder Gesellschafter, der seine Zustimmung zur Firmenführung durch den Erwerber beliebig verweigern konnte. Für die Verwertung der Firma einer **Kapitalgesellschaft** sollten diese Grundsätze dagegen keine Anwendung finden, da Kapitalgesellschaften auch nach früherer Rechtslage nicht zur Bildung von Personenfirmen verpflichtet waren und der namensgebende Gesellschafter deshalb als weniger schutzwürdig angesehen wurde.[151] Daraus wurde nicht nur hergeleitet, dass die Kapitalgesellschaft grundsätzlich auch ohne Zustimmung ihres namensgebenden Gesellschafters nach dessen Ausscheiden zur Beibehaltung ihrer Firma berechtigt blieb (vgl. dazu mwN § 24 RdNr. 3 ff.), sondern vielfach auch gefolgert, dass der Konkursverwalter dem Unternehmenserwerber die Firmenfortführung im Grundsatz ohne Zustimmung des namensgebenden Gesellschafters gestatten konnte.[152]

b) Die Verwertungsbefugnis nach geltendem Recht. Nach dem Inkrafttreten der neuen **43** InsO und der Änderungen des Firmenrechts durch das HRefG kann an den unter RdNr. 42 dargestellten Grundsätzen nicht mehr festgehalten werden. Zwar ist mangels sachlicher Unterschiede zur früheren Rechtslage weiterhin davon auszugehen, dass die Firma des Schuldners mit Eröffnung des Insolvenzverfahrens zum Bestandteil der Insolvenzmasse (§§ 35, 36 InsO) wird;[153] ihre **Verwer-**

---

[140] Vgl. näher Staub/*Hüffer* RdNr. 41.
[141] Staub/*Hüffer* RdNr. 41; Heymann/*Emmerich* RdNr. 14.
[142] BGH Urt. v. 13. 10. 1980 – II ZR 116/79, WM 1980, 1360 = DB 1980, 2434.
[143] Staub/*Hüffer* RdNr. 41; enger wohl Koller/*Roth*/Morck RdNr. 16.
[144] InsO vom 5. 10. 1994, BGBl. I S. 2866, zuletzt geändert durch das Gesetz zur Änderung der Haftungsbeschränkung in der Binnenschifffahrt v. 25. 8. 1998, BGBl. I S. 2489.
[145] RG Urt. v. 4. 4. 1883 – Rep. I. 143/83, RGZ 9, 104, 106; RG Urt. v. 21. 5. 1904 – Rep. I 85/04, RGZ 58, 166, 169; RG Urt. v. 14. 9. 1938 – II 17/38, RGZ 158, 226, 231.
[146] Vgl. etwa Staub/*Hüffer* RdNr. 34 (mit Nachw. auch zur Gegenauffassung); *Bokelmann* KTS 1982, 27, 31 ff.; *K. Schmidt*/*Schulz* ZIP 1982, 1015, 1019; *Riegger* BB 1983, 786.
[147] BGH Urt. v. 27. 9. 1982 – II ZR 51/82, BGHZ 85, 221, 223 = NJW 1983, 755; undeutlich noch BGH Urt. v. 26. 2. 1960 – I ZR 159/58, BGHZ 32, 103, 105 f. und 110 f.
[148] BGH Urt. v. 26. 2. 1960 – I ZR 159/58, BGHZ 32, 103, 111.
[149] BGH Urt. v. 26. 2. 1960 – I ZR 159/58, BGHZ 32, 103, 109 f. u. 111 f.; bestätigt durch BGH Urt. v. 14. 12. 1989 – I ZR 17/88, BGHZ 109, 364, 367 = NJW 1990, 1605.
[150] OLG Koblenz Beschl. v. 17. 10. 1991 – 6 U 982/91, NJW 1992, 2101, 2102; Staub/*Hüffer* RdNr. 37; Heymann/*Emmerich* § 17 RdNr. 40; *Riegger* BB 1983, 786, 787; aA insbesondere *Bokelmann*, Das Recht der Firmen und Geschäftsbezeichnungen, RdNr. 673 ff.
[151] BGH Urt. v. 27. 9. 1982 – II ZR 51/82, BGHZ 85, 221, 224 = NJW 1983, 755.
[152] BGH Urt. v. 27. 9. 1982 – II ZR 51/82, BGHZ 85, 221, 224 = NJW 1983, 755; BGH Urt. v. 14. 12. 1989 – I ZR 17/88, BGHZ 109, 364, 367 = NJW 1990, 1605; vgl. auch BGH Urt. v. 20. 4. 1972 – II ZR 17/70, BGHZ 58, 322, 323 ff. = NJW 1972, 1419; zustimmend Staub/*Hüffer* RdNr. 37; nur iE ebenso Röhricht/Graf von Westphalen/*Ammon* RdNr. 32 f.
[153] So auch Koller/*Roth*/Morck RdNr. 13; *Obermüller*, Insolvenzrecht in der Bankpraxis, RdNr. 1244; *Steinbeck* NZG 1999, 133, 134; *Kern* BB 1999, 1717, 1718.

tung ist dem Insolvenzverwalter indes grundsätzlich auch gegen den Willen des namensgebenden Einzelkaufmanns oder Gesellschafters möglich.[154]

44 **Zur Begründung dessen** kann allerdings **nicht** darauf verwiesen werden, dass mit der Einführung der Wahlfreiheit zwischen Personen- und Sachfirmen sowohl für den Einzelkaufmann als auch für sämtliche Handelsgesellschaften das die bislang hM tragende Unterscheidungskriterium verlorengangen ist.[155] Denn diese Änderung der Rechtslage hat gerade zur Folge, dass sich der Schluss von der freiwilligen Wahl der Personenfirma auf den Verlust sämtlicher personenrechtlicher Bezüge des Namensgebers zu der Firma nicht länger halten lässt, da andernfalls die Vorschrift des § 24 Abs. 2 weitestgehend leerliefe (vgl. ausführlich § 24 RdNr. 4 ff.). Konsequenterweise müsste auf der Grundlage der bisher hM deshalb sogar gefolgert werden, dass es in Insolvenzfällen zur Firmenfortführung nunmehr stets der Zustimmung des Namensgebers bedarf,[156] was letztlich einen durch den Gesetzgeber kaum gewollten Rückschritt in der Diskussion um die Verwertungsbefugnis des Insolvenzverwalters darstellen würde.[157]

45 **Entscheidend für die hier vertretene Auffassung** ist, dass die alleinige Anknüpfung an die Wahlfreiheit bei der Firmenbildung schon nach alter Rechtslage wenig Überzeugungskraft besaß, weil die Frage nach der Einwilligungsbefugnis – wie von einer im Vordringen befindlichen Meinung schon zur früheren Rechtslage vertreten – unter **stärkerer Berücksichtigung der Interessen der Insolvenzgläubiger** beantwortet werden muss.[158] Denn zu Recht wurde darauf hingewiesen, dass die Interessen **des Einzelkaufmanns,** der seinen Namen zu gewerblichen Zwecken einsetzt, hinter die berechtigten Belange der durch ihn geschädigten Insolvenzgläubiger zurücktreten müsse. Für die neue Rechtslage beansprucht dies unverändert Geltung, weil das in der InsO geregelte Insolvenzverfahren weiterhin dem Schutz der Insolvenzgläubiger dient, denen ein erheblicher, in der Firma verkörperter Vermögenswert vorenthalten werden könnte, wenn es stets auf die Einwilligung des Namensgebers ankäme.[159] Vom Insolvenzschuldner wird deshalb im Rahmen dieser Lösung nichts Unbilliges verlangt;[160] dies gilt nach neuer Rechtslage umso mehr, als er im Rahmen einer etwa nachfolgenden Unternehmensneugründung nicht mehr zur Verwendung seines bürgerlichen Namens gezwungen ist, sondern auch als Einzelkaufmann eine Sachfirma bilden kann. Zumindest in eingeschränkter Weise bleibt ihm sogar die Firmierung mit seinem bürgerlichen Namen möglich, falls er diesem einen unterscheidungskräftigen Zusatz (§ 30) hinzufügt oder das Unternehmen an einem anderen Ort oder in einer anderen Gemeinde iSd § 30 gründet.[161]

46 Für die aus dem Namen eines Gesellschafters gebildete **Firma der Personen- und der Kapitalgesellschaften** kann mit Blick auf das berechtigte Interesse der Insolvenzgläubiger an der Verfügbarkeit sämtlicher Vermögenswerte der in Insolvenz befindlichen Gesellschaft nichts anderes gelten. Zwar verliert der Namensgeber – wie sich nicht zuletzt an der Wertung des § 24 Abs. 2 zeigt – durch die Verwendung seines Namens bei der Firmenbildung nicht sämtliche personenrechtliche Bezüge zu seinem Namen, so dass sich die Erforderlichkeit seiner Einwilligung durchaus **auch** (vgl. noch RdNr. 38) bei Veräußerung der Firma im Insolvenzverfahren begründen ließe. Andererseits muss dieser Gesellschafter sich entgegenhalten lassen, seinen Namen zur Förderung seiner wirtschaftlichen Interessen im Handelsverkehr eingesetzt und damit zum „Kristallisationspunkt des Firmenwerts"[162] gemacht zu haben. Selbst unter Berücksichtigung seiner berechtigten Belange erscheint es deshalb

---

[154] Wie hier *Steinbeck* NZG 1999, 133, 136 f.; *Herchen* ZInsO 2004, 1112 f.; MünchKommHGB/*Heidinger* RdNr. 81; aA *Wertenbruch* ZIP 2002, 1931, 1939 und *Benner* Rpfleger 2002, 342, 349.
[155] So aber wohl Röhricht/Graf von Westphalen/*Ammon* RdNr. 33, wo allerdings auf der Basis dieser These konsequent angenommen wird, § 24 Abs. 2 verliere auch für Personengesellschaften seine Bedeutung weitgehend (vgl. Röhricht/Graf von Westphalen/*Ammon* § 24 RdNr. 18); ausdrücklich in diesem Sinne *Steinbeck* NZG 1999, 133, 136 ff.; *W.-H. Roth,* in: Die Reform des Handelsstandes, S. 31, 50; *Uhlenbruck* ZIP 2000, 401, 402 f.; *K. Schmidt* HandelsR § 12 I 3 c.
[156] So etwa *Kern* BB 1999, 1717, 1719 f.
[157] Der Gesetzgeber hat durch die Einfügung der Wörter „auch wenn sie den Namen des bisherigen Geschäftsinhabers enthält" in § 22 Abs. 1 gerade klarstellen wollen, dass auch nach der Neukonzeption des Firmenrechts eine Fortführung der aus dem Namen des bisherigen Inhabers oder eines Gesellschafters gebildetenen Firma möglich bleibt, vgl. BT-Drucks. 13/8444, BR-Drucks. 340/97 S. 56 re. Sp.
[158] *Bokelmann* KTS 1982, 27, 53 ff; Röhricht/Graf von Westphalen/*Ammon* RdNr. 33; Schlegelberger/*Hildebrandt/Steckhan* § 17 RdNr. 13; *Bernhardt* NJW 1962, 2194; *Kuhn* WM 1960, 958; *Zunft* NJW 1960, 1843 ff.; vgl. auch *Köhler,* FS Fikentscher, S. 494, 508 ff.
[159] Zustimmend Staub/*Hüffer* RdNr. 36.
[160] Der BGH hatte demgegenüber in seinem Urt. v. 26. 2. 1960 (I ZR 195/58, BGHZ 32, 104, 112) zur Begründung des Einwilligungserfordernisses darauf abgestellt, dem Gemeinschuldner müsse eine Unternehmensneugründung ermöglicht werden.
[161] Vgl. etwa *Bokelmann* KTS 1982, 27, 59 f.; *Zunft* NJW 1960, 1843, 1844.
[162] Staub/*Hüffer* RdNr. 36.

nicht unbillig, den Insolvenzgläubigern den Zugriff auf diesen Vermögenswert zu ermöglichen und den Insolvenzverwalter daher als ermächtigt anzusehen, diese Gesellschaftsfirma ohne Zustimmung des Namensgebers zusammen mit dem Unternehmen zu veräußern.[163]

Für **bereits abgeleitete Namensfirmen** – gleichgültig ob sie von einem Einzelkaufmann oder einer Gesellschaft in der Rolle des Insolvenzschuldners geführt werden – beanspruchen diese Ausführungen entsprechende Geltung; im Interesse der Insolvenzgläubiger kann der Insolvenzverwalter solche Firmen deshalb ebenfalls grundsätzlich ohne Zustimmung des Namensgebers veräußern. **Ausnahmen** sind allerdings anzuerkennen, wenn der Insolvenzschuldner selbst im Hinblick auf die Vereinbarung mit seinem Vorgänger nicht in der Lage gewesen wäre, diese Firma einem Dritten zu übertragen.[164] Grundlage dieser Einschränkung ist indes nicht die Berücksichtigung der persönlichkeitsrechtlichen Interessen des Namensgebers (die nicht einmal zwingend tangiert sein müssen, so kann der Vorgänger zB selbst eine abgeleitete Personenfirma geführt haben), sondern die Beachtung der durch den Insolvenzschuldner und seinen Vorgänger gezogenen Grenzen des dinglichen Firmenrechtserwerbs (vgl. RdNr. 39). 47

Der Insolvenzverwalter muss die Firma nicht stets nach § 22 Abs. 1 verwerten, ihm steht zB auch die Befugnis zu, das Handelsgeschäft mit dem Recht zur Firmenfortführung gem. § 22 Abs. 2 an eine **Auffanggesellschaft zu verpachten**.[165] Dabei bedarf er entsprechend den vorstehenden Ausführungen nicht der Zustimmung des Namensgebers. 48

5. Die Veräußerung von Unternehmen und Firma durch den Testamentsvollstrecker. 49
Der Erblasser kann als bisheriger Inhaber einen Testamentsvollstrecker dazu bestimmen, das im Nachlass befindliche Unternehmen fortzuführen. Dabei ergibt sich jedoch die Schwierigkeit, dass der Testamentsvollstrecker gem. §§ 2206, 2207 BGB Verbindlichkeiten grundsätzlich nur für den Nachlass eingehen und die Erben somit mit ihrem privaten Vermögen nicht verpflichten kann.[166] Weil sich der Testamentsvollstrecker durch eine Amtshandlung auch nicht etwa selbst verpflichtet,[167] die Haftung des Geschäftsinhabers aber **gesetzlich unbeschränkbar** ist,[168] wird der **Testamentsvollstrecker als solcher zu Recht als zur Fortführung des Unternehmens grundsätzlich ungeeignet** angesehen.[169] Gleichwohl ist es bei Anordnung der Testamentsvollstreckung nach überwiegender Meinung möglich, dem Willen des Erblassers im Ergebnis Geltung zu verschaffen; in konstruktiver Hinsicht werden dabei – neben der Umwandlung des Unternehmens durch Übertragung des Geschäftsvermögens auf eine GmbH[170] – herkömmlich zwei Gestaltungsarten aufgezeigt:[171] Zum einen können die Erben dem Testamentsvollstrecker die Vollmacht erteilen, sie im Rahmen seiner Unternehmensführung auch persönlich zu verpflichten (sog. **Vollmachtlösung**);[172] zum anderen ist es den Erben möglich, den Testamentsvollstrecker als Treuhänder einzusetzen, der das Unternehmen im eigenen Namen und mit persönlicher Haftung, aber für Rechnung der Erben fortführt (sog. **Treuhandlösung**).[173] Im zuletzt genannten Fall wird der Testamentsvollstrecker zum Inhaber des Handelsgeschäfts, der als solcher in das Handelsregister einzutragen ist; einer Verlautbarung des Treuhandverhältnisses bedarf es dabei nicht.[174]

Entscheidende Bedeutung entfaltet die Ausgestaltung dieses Rechtsverhältnisses zwischen den Erben und dem Testamentsvollstrecker im Hinblick auf die Frage der **Einwilligungsbefugnis iSd. § 22**: Denn nur bei der Vollmachtlösung bleiben die Erben Inhaber des Unternehmens, so dass es auch allein in diesem Fall ihrer Einwilligung in die Firmenfortführung bedarf.[175] Wurde dagegen die Treuhandlösung gewählt, ist das Unternehmen samt Firma auf den Testamentsvollstrecker überge- 50

---

[163] Röhricht/Graf von Westphalen/*Ammon* RdNr. 33; *Bokelmann,* Das Recht der Firmen und Geschäftsbezeichnungen, RdNr. 673 ff.; *ders.* KTS 1982, 27, 53 ff.; *Kuhn* WM 1960, 958; *Zunft* NJW 1960, 1843 ff.; mit Blick auf die Kapitalgesellschaftsfirmen entspricht dies freilich der schon bislang hM, vgl. mwN oben RdNr. 42 aE.
[164] Zutreffend insoweit daher Staub/*Hüffer* RdNr. 37.
[165] Vgl. zum früheren Konkursverfahren OLG Hamm Beschl. v. 6. 1. 1998 – 15 W 407/97, NJW-RR 1998, 611 = DB 1998, 1178.
[166] Staub/*Hüffer* Vor § 22 RdNr. 74.
[167] Staub/*Hüffer* Vor § 22 RdNr. 74.
[168] RG Beschl. v. 26. 3. 1931 – II B 5/31, RGZ 132, 138, 144; BGH Urt. v. 16. 10. 1974 – IV ZR 3/73, NJW 1975, 54; Schlegelberger/*Hildebrandt*/*Steckhan* RdNr. 8.
[169] Schlegelberger/*Hildebrandt*/*Steckhan* RdNr. 8.
[170] Staub/*Hüffer* Vor § 22 RdNr. 74.
[171] Vgl. näher Schlegelberger/*Hildebrandt*/*Steckhan* RdNr. 8; Staub/*Hüffer* Vor § 22 RdNr. 75; *John* BB 1980, 757.
[172] BayObLG Beschl. v. 11. 6. 1969 – BReg 1 b Z 102/68, BB 1969, 974.
[173] BGH Urt. v. 16. 10. 1974 – IV ZR 3/73, NJW 1975, 54 f.; KG Beschl. v. 3. 11. 1938 – 1 Wx 498/38, JFG 18, 276.
[174] OLG Hamm Beschl. v. 5. 2. 1963 – 15 W 395/62, NJW 1963, 1554.
[175] Staub/*Hüffer* RdNr. 38; Koller/*Roth*/Morck RdNr. 14; Röhricht/Graf von Westphalen/*Ammon* RdNr. 29; HK-HGB/*Ruß* RdNr. 8.

gangen, dieser ist damit zur Abgabe der Einwilligungserklärung im Sinne des § 22 berufen.[176] Die Abgabe der Einwilligungserklärung durch den Testamentsvollstrecker kann in diesem Fall zwar gegen den Inhalt des zwischen dem Testamentsvollstrecker und den Erben bestehenden Treuhandvertrages verstoßen, die dingliche Wirkung dieser Erklärung bleibt davon aber unberührt.[177]

IV. Die Voraussetzungen der Firmenfortführung in Fällen der zeitweisen Übernahme des Handelsgeschäfts (Abs. 2)

51 **1. Zeitweiliger Wechsel des Unternehmensinhabers.** § 22 Abs. 2 ermöglicht die Firmenfortführung in Fällen, in denen das Unternehmen nur zeitweilig, insbesondere auf Grund eines **Nießbrauchs** oder eines **Unternehmenspachtvertrages** zur Nutzung auf den Vertragspartner übergeht. Für die Anwendbarkeit der Norm kommt es entscheidend auf das Erfordernis der „Übernahme" an; ebenso wie in den Fällen des Abs. 1 bedarf es daher stets eines **Wechsels des Unternehmensträgers,** der sich allerdings nach Abs. 2 in lediglich vorübergehender Form vollziehen kann. Daraus ist zu folgern, dass ein „Nießbrauch" im Sinne der Vorschrift nicht vorliegt, sofern der Übernehmer – wie etwa in den Fällen des sog. **Ertragsnießbrauchs** – vertraglich von der Einflussnahme auf die Geschäftsführung ausgeschlossen ist.[178] Als Beispiel für ein **„ähnliches Verhältnis"** iSd. Abs. 2 nennt die Gesetzesbegründung das „eheliche Güterrecht",[179] das dem Ehemann nach früherer Rechtslage ein Nutznießungs- und Verwaltungsrecht an dem Vermögen seiner Ehefrau gewährte.[180] Heute ist in dieser Hinsicht vor allem an das zwischen dem treuhänderisch handelnden Testamentsvollstrecker und den Erben bestehende Rechtsverhältnis (vgl. RdNr. 49)[181] und an den Nutzungspfandvertrag[182] zu denken.

52 Auch der nur zeitweilige Übergang des Handelsgeschäfts lässt den Übernehmer zum **neuen Geschäftsinhaber** werden, der als solcher nach Löschung des bisherigen Inhabers in das Handelsregister einzutragen ist.[183] Wird das Rechtsverhältnis zwischen Übernehmer und bisherigem Inhaber durch Zeitablauf, Kündigung usw. beendet, erfolgt die Rückabwicklung dieser **Handelsregistereintragung,** an der beide Vertragsparteien durch die Abgabe der notwendigen Anmeldungen mitzuwirken haben.[184] Der Übernehmer ist also im Handelsregister zu löschen und der ursprüngliche Inhaber wieder als neuer Inhaber des Unternehmens einzutragen.[185] Stets zu beachten gilt, dass Abs. 2 dem Übernehmer unter Berücksichtigung der tatbestandlichen Voraussetzungen **nur die Möglichkeit zur Firmenfortführung** eröffnet. Eine entsprechende Verpflichtung kann von den Parteien also allenfalls vertraglich und nur in einer für das Registergericht unverbindlichen Weise begründet werden (vgl. noch RdNr. 71 f.).[186] **Wählt der Pächter eine neue Firma,** so darf auch der ursprüngliche Unternehmensinhaber diese Firma nach Beendigung des Pachtvertrages fortführen, weil die Rückgabe des Handelsgeschäfts bei Vertragsende in dieser Konstellation gleichermaßen eine Übernahme iSd. Abs. 2 darstellt, die auf Grund eines Pachtvertrages erfolgt.[187]

53 Überlässt eine **Handelsgesellschaft** ihr Unternehmen vorübergehend einem Übernehmer mit dem Recht zur Firmenfortführung, so muss sie zur Vermeidung ihrer Auflösung oder Verwandlung in eine GbR zumindest für die Dauer der Unternehmensüberlassung eine neue Firma annehmen;[188] sie kann dann – wie sich für die Personenhandelsgesellschaften nunmehr aus § 105 Abs. 2 S. 1 ergibt – als lediglich vermögensverwaltende Gesellschaft fortbestehen. Handelsgesellschaften haben ihre

---

[176] Staub/*Hüffer* RdNr. 38; Koller/*Roth*/Morck RdNr. 14; Röhricht/Graf von Westphalen/*Ammon* RdNr. 29; HK-HGB/*Ruß* RdNr. 8.
[177] Staub/*Hüffer* RdNr. 38.
[178] BayObLG Beschl. v. 3. 7. 1973 – BReg. 2 Z 25/73, BB 1973, 956; Heymann/*Emmerich* RdNr. 33; Baumbach/*Hopt* RdNr. 25.
[179] Denkschrift zum Entwurf eines Handelsgesetzbuchs und eines Einführungsgesetzes (RTVorl.) S. 36 = Schubert/Schmiedel/*Krampe* II/2 S. 978.
[180] Vgl. mwN Staub/*Hüffer* RdNr. 80. Das RG (Urt. v. 29. 9. 1904 – Rep. IV 116/04, RGZ 59, 25, 32) sah § 22 Abs. 2 gleichwohl nicht als auf das Nutzungsrecht des Ehemanns bezogen an; zustimmend Schlegelberger/Hildebrandt/*Steckhan* RdNr. 9.
[181] Staub/*Hüffer* RdNr. 80.
[182] Schlegelberger/*Hildebrand*/Steckhan RdNr. 9; Baumbach/*Hopt* RdNr. 25.
[183] Röhricht/Graf von Westphalen/*Ammon* RdNr. 65.
[184] KG Beschl. v. 26. 11. 1909 – 1 a X 916/09, KGJ 39 A 107, A 110; Schlegelberger/*Hildebrandt*/Steckhan RdNr. 10.
[185] Röhricht/Graf von Westphalen/*Ammon* RdNr. 65.
[186] KG Entsch. v. 26. 11. 1909, RJA 10, 205, 207; KG Beschl. v. 30. 4. 1928 – 1 b X 327/28, JFG 5, 212, 215; OLG Rostock Beschl. v. 16. 2. 1921, OLGR 41, 193, 194; Staub/*Hüffer* RdNr. 81; Röhricht/Graf von Westphalen/*Ammon* RdNr. 63; Heymann/*Emmerich* RdNr. 35.
[187] RG Urt. v. 6. 10. 1931 – II 516/30, RGZ 133, 318, 322 f.; Staub/*Hüffer* RdNr. 80.
[188] OLG Stuttgart Beschl. v. 24. 11. 1982 – 8 W 284/82, BB 1983, 1688; Heymann/*Emmerich* RdNr. 37; Röhricht/Graf von Westphalen/*Ammon* RdNr. 64.

bisherige Firma aufzugeben, wenn sie selbst **als Pächterin** eines Unternehmens auftreten und dieses mit der ursprünglichen Firma fortzuführen beabsichtigen, denn ihnen ist die Führung zweier Firmen grundsätzlich verwehrt.[189] Möglich bleibt allerdings eine Vereinigung beider Firmen; darüber hinaus kann die Handelsgesellschaft das zeitweilig übernommene Unternehmen unter der bisherigen Firma mit einem entsprechenden Zusatz als Zweigniederlassung führen[190] (vgl. noch RdNr. 69 f.).

2. Entsprechende Geltung der in Abs. 1 genannten Voraussetzungen. Die Zulässigkeit der 54 Firmenfortführung bei zeitweiliger Übernahme des Handelsgeschäfts steht unter den weiteren in Abs. 1 genannten Voraussetzungen. Das bedeutet insbesondere, dass eine **Übernahme des Handelsgeschäfts in seiner Gesamtheit** (vgl. RdNr. 6 ff.) erforderlich ist – und damit zB die Pacht einzelner Fertigungsmaschinen oder Betriebsgrundstücke zur Firmenfortführung nicht berechtigen kann –, dass der ursprüngliche Inhaber die **fortzuführende Firma in der Vergangenheit berechtigterweise geführt**[191] haben muss[192] (vgl. RdNr. 21 ff.) und dass es seiner **Einwilligung** in die Firmenfortführung bedarf[193] (vgl. RdNr. 26 ff.). Behält eine GmbH als Verpächterin ihre ursprüngliche Firma bei, fehlt es an einer derartigen Einwilligung.[194]

V. Die Verwendung der bisherigen Firma durch den Übernehmer

1. Der Grundsatz: Befugnis zur Fortführung der unveränderten Firma. Unter den ge- 55 nannten Voraussetzungen ermöglicht es § 22 dem Erwerber oder sonstigen Übernehmer eines Handelsgeschäfts, die „bisherige Firma" für dieses Geschäft fortzuführen. Die ältere Rechtsprechung wandte den Wortlaut der Norm überwiegend streng an und entnahm der Vorschrift des § 22 deshalb im Grundsatz lediglich die **Ermächtigung zur Fortführung der ursprünglichen Firma in ihrer unveränderten Form;** Ausnahmen galten danach allein für Änderungen unwesentlicher Art und für die Beifügung der schon durch den Gesetzeswortlaut zugelassenen Nachfolgezusätze.[195] Ihre Rechtfertigung fand diese Auffassung im Normzweck des § 22, denn eine grundlegende Änderung der fortgeführten Firma muss die äußerliche Unternehmenskontinuität geradezu verdecken und damit eine Weiternutzung des Firmenwerts, die dem Übernehmer durch die Vorschrift ermöglicht werden soll, verhindern.[196]

Andererseits hatte schon das Reichsgericht in jüngeren Entscheidungen anerkannt, dass bei der 56 Beurteilung der Gleichheit zweier Firmen „ein die **Verkehrsauffassung außer acht lassender Formalismus zu vermeiden** ist".[197] Weil es einer solchen Beurteilung auch zur Beantwortung der Frage bedarf, ob die fortzuführende Firma der bisherigen entspricht, konnte es danach bei der Anwendung des § 22 auf eine buchstabengetreue Übernahme der Firma nicht ankommen.[198] Der BGH ist dieser Auffassung unter allgemeiner Zustimmung des Schrifttums[199] zu Recht gefolgt[200] und hat den Leitsatz aufgestellt, es dürfe im Rechtsverkehr nicht zu Zweifeln an der Identität von bisheriger und fortgeführter Firma kommen.[201] Abgesehen von den unter RdNr. 58 ff. aufgeführten Fällen, in denen eine Änderung der Firma mit Blick auf den **notwendigen Ausgleich des durch**

---

[189] OLG Stuttgart Beschl. v. 24. 11. 1982 – 8 W 284/82, BB 1983, 1688; Heymann/*Emmerich* RdNr. 37; Röhricht/Graf von Westphalen/*Ammon* RdNr. 64. Vgl. zum Grundsatz der Firmeneinheit auch § 17 RdNr. 7.
[190] BayObLG Beschl. v. 15. 10. 1970 – BReg 2 Z 14/70, BayObLGZ 1970, 243, 246 ff.; OLG Stuttgart Beschl. v. 24. 11. 1982 – 8 W 284/82, BB 1983, 1688; Heymann/*Emmerich* RdNr. 37; Röhricht/Graf von Westphalen/*Ammon* RdNr. 64.
[191] Nicht möglich ist dem Pächter also die Firmierung mit dem Namen eines Verpächters, der selbst niemals Inhaber des Handelsgeschäfts war, vgl. OLG Köln Beschl. v. 29. 10. 1962 – 8 Wx 100/62, NJW 1963, 541, 542. Vgl. zur Unzulässigkeit der Bildung einer Personenfirma aus dem Namen einer unternehmensfremden Person auch § 18 RdNr. 11 f.
[192] Staub/*Hüffer* RdNr. 81; Heymann/*Emmerich* RdNr. 34.
[193] Vgl. nur Staub/*Hüffer* RdNr. 81.
[194] BayObLG Beschl. v. 10. 3. 1978 – BReg. I Z 27/78, BayObLGZ 1978, 62, 64 f. = DB 1978, 1271; Staub/Hüffer RdNr. 81; Röhricht/Graf von Westphalen/*Ammon* RdNr. 63; Baumbach/*Hopt* RdNr. 25; Heymann/*Emmerich* RdNr. 34.
[195] RG Beschl. v. 24. 6. 1919 – II B 1/19, RGZ 96, 195, 197; RG Beschl. v. 16. 5. 1922 – II B 1/22, RGZ 104, 341, 342; RG Urt. v. 6. 10. 1931 – II 515/30, RGZ 133, 318, 325; RG Urt. v. 17. 11. 1936 – II 104/36, RGZ 152, 365, 367; KG Beschl. v. 7. 2. 1929 – 1 b X 885/28, JW 1929, 2155; OLG München Beschl. v. 13. 11. 1936 – 8 Wx 261/36, HRR 1937 Nr. 458; OLG Hamm Beschl. v. 26. 1. 1960 – 15 W 527/59, BB 1960, 959.
[196] Vgl. Staub/*Hüffer* RdNr. 44.
[197] RG Urt. v. 30. 4. 1926 – II 437/25, RGZ 113, 306, 309; RG Urt. v. 20. 10. 1934 – I 264/33, RGZ 145, 274, 279; RG Urt. v. 2. 12. 1939 – II 60/39, RGZ 162, 121, 123.
[198] Vgl. Schlegelberger/*Hildebrandt/Steckhan* RdNr. 18.
[199] Schlegelberger/*Hildebrandt/Steckhan* RdNr. 18; Staub/*Hüffer* RdNr. 48; Röhricht/Graf von Westphalen/*Ammon* RdNr. 39; Koller/*Roth*/Morck RdNr. 17; GK/*Nickel* RdNr. 7, 9; HK/-HGB*Ruß* RdNr. 12.
[200] BGH Urt. v. 2. 4. 1959 – II ZR 163/58, NJW 1959, 1081.
[201] BGH Beschl. v. 12. 7. 1965 – II ZB 12/64, BGHZ 44, 116.

§ 22 geschützten Grundsatzes der Firmenkontinuität und des das Firmenrecht des HGB gleichermaßen bestimmenden Prinzips der Firmenwahrheit[202] ausnahmsweise als zulässig oder sogar erforderlich erachtet wird, ist dem Übernehmer somit das Hinzufügen von Firmenzusätzen regelmäßig ebenso verwehrt wie das Weglassen einzelner Firmenbestandteile. Dies gilt vor diesem Hintergrund selbst dann, wenn der bisherige Firmeninhaber einer Änderung der Firma zugestimmt hat.[203]

57   Das HRefG vom 22. 6. 1998 hat den Grundsatz der unveränderten Firmenfortführung dahingehend eingeschränkt, dass nunmehr jede Firma (auch) im Falle ihrer Fortführung einen **Hinweis auf die Rechtsform oder – im Falle der Einzelkaufleute – auf die Kaufmannseigenschaft des Inhabers enthalten** muss (vgl. etwa § 19 Abs. 1, § 4 GmbHG, §§ 4, 279 AktG, § 3 Abs. 1 S. 1 GenG, § 18 Abs. 2 S. 2 VAG). Nach früherer Rechtslage hatte demgegenüber ein entsprechendes Erfordernis nur in Einzelbereichen – so vor allem wegen § 4 Abs. 2 GmbHG aF, § 4 Abs. 1 S. 2 AktG aF bei Fortführung einer Firma durch eine GmbH oder AG – bestanden. Praktische Bedeutung gewinnt diese Neuerung im Anwendungsbereich des § 22 nicht nur, soweit der Übernehmer eine andere Rechtsform als der bisherige Inhaber aufweist, sondern in Fällen gleich bleibender Rechtsform auch dann, wenn der bisherige Inhaber seine Firma entsprechend den früheren Anforderungen aus §§ 18, 19 aF ohne Rechtsformzusatz gebildet hatte. Denn in beiden Konstellationen ist eine Fortführung der „bisherigen", dh. gänzlich unveränderten Firma nunmehr schon wegen der genannten vorrangigen Spezialregelungen ausgeschlossen.[204]

58   **2. Zulässige Änderungen der fortzuführenden Firma. a) Änderung oder Beifügung des Rechtsformzusatzes.** Der Umstand, dass die fortzuführende Firma einen Zusatz enthält, der die Rechtsform des Übernehmers zukünftig unrichtig wiedergäbe, schließt eine Firmenfortführung nach § 22 nicht aus. Dem Übernehmer bieten sich vielmehr in Fällen des **unzutreffenden Rechtsformzusatzes** (dem gleichgestellt wird im Folgenden der auf die Kaufmannseigenschaft der Einzelkaufleute hinweisende Zusatz iSd. § 19 Abs. 1 Nr. 1, zB „e. K.") zwei Möglichkeiten zur Verwendung der bisherigen Firma, die dem Prinzip der Firmenwahrheit gerecht werden, ohne zugleich den Grundsatz der unveränderten Firmenfortführung zu verletzen:[205] Erstens ist es dem Erwerber möglich, die übernommene Firma beizubehalten und den unzutreffenden Rechtsformzusatz **durch die Beifügung eines Nachfolgezusatzes** (vgl. dazu näher RdNr. 60 ff.) **zu berichtigen;**[206] denkbar ist deshalb etwa die Firma „SysCom GmbH Inhaberin Anna Lercher e. K.". Zum zweiten darf der Erwerber den unzutreffenden Rechtsformzusatz – weil dieser das Klangbild der Firma (vgl. dazu auch RdNr. 65) nicht entscheidend prägt[207] – unter Beibehaltung der Firma im Übrigen **durch den zutreffenden Rechtsformzusatz ersetzen.** Bei Übernahme der Firma „SysCom GmbH" durch eine offene Handelsgesellschaft könnte daher „SysCom OHG" firmiert werden. **Nicht möglich** ist es dem Übernehmer dagegen, die bisherige Firma ohne Streichung des unzutreffenden Rechtsformzusatzes durch die **bloße Beifügung des in seiner Person gültigen Zusatzes** zu erweitern, da dies zu einer Verdoppelung des Rechtsformzusatzes führte (Beispiel: „GmbH e. K."), die wiederum eine unerträgliche Täuschungseignung der Firma mit sich brächte.[208] Etwas anderes gilt in dieser Konstellation nur, wenn die in der Person des Übernehmers nunmehr gültige Rechtsform dem Rechtsverkehr durch einen Nachfolgezusatz – der auch ohne Namensnennung denkbar ist – **ausdrücklich und unmissverständlich** mitgeteilt wird („Peter Lercher e. K. Nachf. GmbH", vgl. RdNr. 60 aE; zur Zulässigkeit eines Nachfolgezusatzes in anderen Fällen § 21 RdNr. 17 und § 24 RdNr. 15).

---

[202] Vgl. BGH Beschl. v. 27. 9. 1965 – II ZB 5/65, BGHZ 44, 286, 287.
[203] Koller/*Roth*/Morck RdNr. 17.
[204] Vgl. in einzelnen MünchKommHGB/*Heidinger* RdNr. 43, 60 ff. AA für die Dauer des in Art. 38 Abs. 1 EGHGB genannten Zeitraums GK/*Nickel* § 19 RdNr. 3, der das „Weiterführen" iSd. Art. 38 Abs. 1 EGHGB ohne Begründung u. a. auf den Fall der Firmenfortführung iSd. § 22 erstreckt. Diese These begegnet mit Blick auf den Telos dieser Übergangsvorschrift Bedenken, denn es sind keine Gesichtspunkte dafür erkennbar, dass der Schutz des Art. 38 Abs. 1 EGHGB auch auf den Erwerber der Firma ausgedehnt werden müsste.
[205] Vgl. zum folgenden RG Beschl. v. 16. 5. 1922 – II B 1/22, RGZ 104, 341 ff.; BGH Urt. v. 2. 4. 1959 – II ZR 163/58, NJW 1959, 1081; BGH Beschl. v. 14. 7. 1966 – II ZB 4/66, BGHZ 46, 7, 12; Staub/*Hüffer* RdNr. 62 ff.; Heymann/*Emmerich* RdNr. 27, 31; *Bokelmann*, Das Recht der Firmen und Geschäftsbezeichnungen, RdNr. 712 ff.; *Wiedemann* ZGR 1975, 354, 357.
[206] OLG Hamm Beschl. v. 8. 7. 1999 – 15 W 102/99, DB 1999, 1946 (zu § 24). Dies darf allerdings nicht zur bloßen Verdoppelung des Rechtsformzusatzes führen, vgl. zutreffend *Bachmann* EWiR § 24 HGB 1/2000, 87, 88, sowie die in Fn. 210 genannten.
[207] RG Beschl. v. 16. 5. 1922 – II B 1/22, RGZ 104, 341, 342; BGH Beschl. v. 14. 7. 1966 – II ZB 4/66, BGHZ 46, 7, 12.
[208] *Bokelmann*, Das Recht der Firmen und Geschäftsbezeichnungen, RdNr. 713; vgl. auch BGH Beschl. v. 13. 10. 1980 – II ZB 4/80, NJW 1981, 342.

Fortführung der Firma bei Übernahme des Handelsgeschäfts 59–61 § 22

Enthält die fortzuführende Firma keinen Rechtsformzusatz, weil sie nach den Anforderungen der §§ 18, 19 aF gebildet und gem. Art. 38 Abs. 1 EGHGB zunächst zulässigerweise beibehalten wurde (hierzu § 19 RdNr. 5), entsteht nach neuer Rechtslage die zwingende Verpflichtung des Übernehmers, der Firma seinen Rechtsformzusatz beizufügen (vgl. insbes. § 19 Abs. 1).[209] Besondere Probleme ergeben sich nach der nunmehr geltenden Rechtslage, falls eine nach § 19 Abs. 1 aF **ohne den bestimmenden Gesellschaftszusatz „OHG" oder „KG" in zulässiger Weise gebildete Firma einer Personenhandelsgesellschaft** durch einen Einzelkaufmann fortgeführt werden soll: Denn während der Erwerber jedenfalls berechtigt ist, entsprechend dem unter RdNr. 58 Ausgeführten einen **klarstellenden Nachfolgezusatz** zu verwenden und deshalb zB die Firmen „Anna Lercher & Co. Inhaber S. Gärtner e. K." oder „A. Lercher & T. Rosenschild Inhaber S. Gärtner e. K." zu führen, stellt sich die Frage, ob er auch unter **bloßer Beifügung eines Rechtsformzusatzes** als „A. Lercher & T. Rosenschild e. K." firmieren kann. Diese Frage ist trotz des auf das Bestehen einer Gesellschaft deutenden Firmenkerns zu bejahen,[210] weil der Zusatz „e. K." die Rechtsform des Unternehmensinhabers klarstellt und daher in hinreichender Weise einer Irreführung des Rechtsverkehrs entgegenwirkt (vgl. näher RdNr. 75).

59

b) Die Beifügung eines Nachfolgezusatzes. aa) Grundsatz. Wie sich bereits unmittelbar aus dem Wortlaut des § 22 Abs. 1 ergibt, ist der Erwerber **berechtigt,** grundsätzlich aber **nicht verpflichtet**[211] (vgl. zu den Ausnahmen RdNr. 63), der bisherigen Firma einen das Nachfolgeverhältnis andeutenden Zusatz beizufügen. Mögliche Nachfolgezusätze definiert das Gesetz nicht; nach allgemeiner Ansicht können sie etwa „Nachfolger", „vormals", „Erben", „Inhaber" usw. lauten. Die Zusätze dürfen in verkehrsüblicher Weise abgekürzt werden;[212] die Reihenfolge der bisherigen Firma und des Zusatzes ist frei wählbar. Zulässig ist somit zB die Firmierung „Peter Lercher e.Kfm. Nachf. Waltraud Gärtner e.Kfr.", „W. Gärtner e. K. vormals Peter Lercher e.Kfm."; „FARBENdepot e.Kfr. vorm. Peter Lercher e.Kfm."; „SysCom GmbH Inhaberin Waltraud Gärtner e. K." (enger § 200 Abs. 1 S. 2 UmwG für die von dieser Vorschrift erfassten Fälle: Unzulässigkeit mehrerer Rechtsformzusätze; vgl. § 21 RdNr. 17). Soweit sprachliche Gründe dem nicht entgegenstehen,[213] **kann im Rahmen des Nachfolgezusatzes auf die namentliche Benennung des Übernehmers verzichtet werden** („Peter Lercher e. K. Nachf."). Dabei ist allerdings stets der zutreffende Rechtsformzusatz (vgl. RdNr. 58 f.) zu führen; unterscheidet sich also die Rechtsform des bisherigen Inhabers von der des Erwerbers, müsste zB „Peter Lercher e. K. Nachf. GmbH" firmiert werden. Da der Rechtsformzusatz keine prägende Bedeutung für die ursprüngliche Firma besitzt (vgl. RdNr. 58, 65), kommt auch eine gleichzeitige Streichung des nunmehr unzutreffenden Rechtsformzusatzes in Betracht („Peter Lercher Nachf. GmbH").

60

Ob die Erbengemeinschaft durch **die bloße Verwendung des Nachfolgezusatzes „Erben"** („Peter Lercher e. K. Erben") der ihr obliegenden Pflicht zur Offenlegung ihrer Unternehmensinhaberschaft (vgl. RdNr. 20 aE) nachkommen kann, erscheint zweifelhaft. Zu berücksichtigen ist einerseits, dass die Erben keineswegs zur Fortführung des Unternehmens in ihrer Zusammenfassung als Erbengemeinschaft gezwungen sind, sondern zB auch auf die Rechtsform der OHG zurückgreifen können (vgl. dazu im einzelnen RdNr. 19). Im letztgenannten Fall hätte die durch die Erben gebildete offene Handelsgesellschaft in ihrer Firma zwar notwendig einen auf eine OHG hindeutenden Zusatz zu führen (§ 19 Abs. 1 Nr. 2), so dass sich argumentieren ließe, auch bei Fehlen eines den Nachfolgezusatz „Erben" erweiternden Rechtsformzusatzes sei der Bestand einer Erbengemeinschaft stets hinreichend erkennbar und ein besonderer Rechtsformzusatz deshalb nicht erforderlich. Andererseits ist zu beachten, dass der Gesetzgeber mit der Novellierung des § 19 darauf zielte, den Unternehmensinhaber stets zur Offenlegung seiner Gesellschafts- und Haftungsverhältnisse gegenüber dem Rechtsverkehr zu verpflichten.[214] Vor diesem Hintergrund ist den Erbengemeinschaften – auch wenn sie in § 19 keine Erwähnung finden – zumindest in der Praxis zu empfehlen, nicht nur

61

---

[209] Str., vgl. Nachw. in Fn. 206.
[210] Ebenso Röhricht/Graf von Westphalen/*Ammon* RdNr. 50; MünchKommHGB/*Heidinger* RdNr. 66; zweifelnd GK/*Nickel* Rdnr. 15; vgl. auch Bokelmann, Das Recht der Firmen und Geschäftsbezeichnungen, Rdnr. 730 ff.
[211] Die rechtspolitische Kritik, die wegen des Fehlens einer gesetzlichen Pflicht zur Führung eines Inhaber- oder Nachfolgezusatzes vielfach bereits an der Vorschrift des § 22 aF geäußert worden war (vgl. etwa Canaris HandelsR 22. Aufl. § 11 I 2 b), hat auch den Gesetzgeber des HRefG vom 22. 6. 1998 nicht zu einer Änderung der bestehenden Rechtslage veranlasst.
[212] Staub/*Hüffer* RdNr. 46.
[213] So etwa bei Verwendung der Zusätze „Inhaberin" und „Inhaber", die ohne Beifügung eines Namens keinen Sinn ergeben.
[214] Für alleinige Zulässigkeit des Zusatzes „e. K." – analog § 19 Abs. 1 Nr. 1 – MünchKommHGB/*Heidinger* RdNr. 23. Vgl. auch Begr. zum Gesetzentwurf der Bundesregierung, BT-Drucks. 13/8444, BR-Drucks. 340/97 S. 54 ff.

den Zusatz „Erben" in die Firma aufzunehmen, sondern gleichzeitig ausdrücklich auf ihre Rechtsform hinzuweisen (denkbar sind zB die Firmen „Peter Lercher e. K. Erben eingetragene Erbengemeinschaft"; „Erben Peter Lercher eingetr. Erbengemeinschaft"). **Verzichtet die Erbengemeinschaft auf die Beifügung eines Nachfolgezusatzes** – was nach dem unter RdNr. 58 Ausgeführten auch ihr möglich sein muss –, so hat sie den Rechtsformzusatz des Erblassers zu streichen und seiner Firma einen auf ihre Rechtsform hinweisenden Zusatz beizufügen („Peter Lercher eingetragene Erbengemeinschaft").

62 Auch in den in **Abs. 2 genannten Fällen der vorübergehenden Übernahme des Handelsgeschäfts** steht es dem Übernehmer offen, die bisherige Firma durch einen Nachfolgezusatz (zB „Pächter", „Inhaber") zu ergänzen.[215] Für die Bildung dieses Zusatzes gelten die unter RdNr. 60 dargestellten Grundsätze entsprechend.

63 bb) **Pflicht zur Führung des Nachfolgezusatzes?** Ausnahmsweise kann eine **Pflicht zur Beifügung eines Nachfolgezusatzes** bestehen, wenn die Fortführung der unveränderten Firma zur Irreführung des Rechtsverkehrs iSd. § 18 Abs. 2 S. 1 geeignet ist.[216] Von einer derartigen Eignung ist nicht nur in den bereits genannten Fällen des unzutreffenden Rechtsformzusatzes (vgl. RdNr. 58 f.) auszugehen, sondern bei entsprechender Bedeutung für das betriebene Geschäft auch dann, wenn die bisherige Firma einen **akademischen Grad** enthält, den der Übernehmer nicht besitzt.[217] Soll die bisherige Firma im letztgenannten Fall unveränderter Bestandteil der fortzuführenden Firma werden, ist deshalb zB „Dr. Peter Lercher e. K. Inhaber S. Gärtner e.Kfm." zu firmieren.[218] Eine weitere Gestaltungsmöglichkeit ergibt sich daraus, dass § 22 in dieser Konstellation einer Streichung des Titels nicht entgegensteht;[219] der Erwerber wäre daher ebenso befugt, die Firma „Peter Lercher e. K." zu führen. Die Verpflichtung zur Beifügung und Beibehaltung eines Nachfolgezusatzes kann sich daneben aus dem **Inhalt des zwischen dem Erwerber und dem Veräußerer geschlossenen Vertrages** ergeben.[220]

64 cc) **Zeitpunkt der Beifügung und Änderung des Nachfolgezusatzes.** Steht die Führung des Nachfolgezusatzes mangels besonderer Verpflichtung im Belieben des Übernehmers, so kann dieser den Zusatz der Firma sowohl unmittelbar nach Übernahme des Handelsgeschäfts als auch erst im späteren Verlauf seiner Unternehmensführung beifügen.[221] Er kann auf die Führung des Zusatzes aber auch dauernd verzichten oder einen bereits beigefügten Nachfolgezusatz wieder aufgeben.[222] Zu berücksichtigen ist im Rahmen solcher Änderungen jedoch stets, dass die Firma weiterhin die Rechtsform des Übernehmers in zutreffender Weise wiedergeben muss (vgl. RdNr. 58) und dass der Nachfolgezusatz einen **Firmenbestandteil** darstellt, so dass die Annahme, Änderung oder Aufgabe des Nachfolgezusatzes stets der Eintragung in das Handelsregister bedarf.[223] **Enthält die fortzuführende Firma bereits einen Nachfolgezusatz,** ist dieser im Interesse der Firmenwahrheit durch den Übernehmer entweder zu streichen oder so zu ergänzen, dass die Firma den tatsächlichen Gegebenheiten entspricht („Anna Lercher e.Kfr. Inhaber S. Gärtner e.Kfm. jetzt Th. Rosenschild e. K.").[224]

65 c) **Änderungen unwesentlicher Natur.** Der Übernehmer darf die Firma nach allgemeiner Ansicht ferner in **unwesentlich geänderter Weise** fortführen, solange die Änderung das sich dem **Auge und dem Ohr einprägende Klangbild** der Firma unberührt lässt (vgl. mN schon RdNr. 58); den Maßstab dieser Beurteilung bildet die Verkehrsanschauung. Mit Rücksicht auf diesen Grundsatz haben Rechtsprechung und Literatur eine umfangreiche Kasuistik entwickelt: Zulässig –

---

[215] LG Münster Beschl. v. 25. 1. 1971 – 7 b T 2/71, NJW 1971, 1089; LG Nürnberg-Fürth Beschl. v. 1. 3. 1976 – 4 HK T 1591/76, BB 1976, 810; Baumbach/*Hopt* RdNr. 25; GK/*Nickel* RdNr. 8.
[216] Staub/*Hüffer* RdNr. 45; Röhricht/Graf von Westphalen/*Ammon* RdNr. 42.
[217] BGH Urt. v. 10. 11. 1969 – II ZR 273/67, BGHZ 53, 65, 67 = NJW 1970, 704; BGH Urt. v. 24. 10. 1991 – I ZR 271/89, NJW-RR 1992, 368; KG Beschl. v. 12. 11. 1964 – 1 W 1851/64, NJW 1965, 254, 255; OLG Frankfurt Beschl. v. 15. 3. 1977 – 20 W 114/77, OLGZ 1977, 299 = DB 1977, 1253; Baumbach/*Hopt* RdNr. 15; Koller/*Roth*/Morck RdNr. 17; weitergehend (ohne Rücksicht auf die Relevanz für die Branche) wohl *Bokelmann*, Das Recht der Firmen und Geschäftsbezeichnungen, RdNr. 701. Vgl. zur Zulässigkeit der Verwendung akademischer Grade bei der Firmenneubildung die Erläuterung zu § 18.
[218] Vgl. BGH Urt. v. 10. 11. 1969 – II ZR 273/67, BGHZ 53, 65, 68 = NJW 1970, 704; BGH Urt. v. 2. 10. 1997 – I ZR 105/95, NJW 1998, 1150, 1151.
[219] BGH Urt. v. 2. 10. 1997 – I ZR 105/95, NJW 1998, 1150, 1151. Zum Ganzen auch MünchKommHGB/*Heidinger* RdNr. 53.
[220] Staub/*Hüffer* RdNr. 45.
[221] KG Beschl. v. 5. 2. 1931 – 1 b X 673/30, JW 1931, 2993; Staub/*Hüffer* RdNr. 45.
[222] KG Beschl. v. 20. 5. 1921 – 1 a X 346/21, KGJ 53 A 95 f.; Staub/*Hüffer* RdNr. 45; Heymann/*Emmerich* RdNr. 22.
[223] Staub/*Hüffer* RdNr. 46.
[224] OLG Hamm Beschl. v. 6. 9. 1985 – 15 W 211/85, OLGZ 1986, 21, 25; Heymann/*Emmerich* RdNr. 21.

weil **unwesentlich** – sind danach die Anpassung veralteter oder die Eindeutschung fremdsprachiger Schreibweisen[225] („Fotohandlung" statt „Photohandlung"; „Frisörbedarf" statt „Friseurbedarf"), die Umstellung von Groß- auf Kleinschreibung und umgekehrt,[226] das Weglassen von bislang in der fortzuführenden Firma enthaltenen Initialen[227] sowie das Beifügen oder Weglassen eines Zusatzes, der auf das Gründungsjahr des Unternehmens hinweist.[228] Daneben darf ein Rechtsformzusatz, der bislang in abgekürzter Weise geführt wurde, ausgeschrieben werden, weil auch die Rechtsformzusätze nach zutreffender hM für das Klangbild der Firma keine prägende Bedeutung haben (vgl. RdNr. 58).[229] Gleiches gilt deshalb für den umgekehrten Fall der Abkürzung eines bislang ausgeschriebenen Rechtsformzusatzes. Eine **wesentliche** – und nach § 22 daher grundsätzlich (zu den Ausnahmen vgl. RdNr. 66 ff.) unzulässige – Änderung liegt dagegen vor, wenn einzelne in der Firma geführte Vor- oder Familiennamen gestrichen[230] oder bislang ausgeschriebene Namen nunmehr abgekürzt (resp. bisher abgekürzte Namen jetzt ausgeschrieben) werden.[231] Wesentlich ist die Firmenänderung ferner, wenn der Übernehmer aus den Einzelsilben zweier bislang in der Firma enthaltener ausgeschriebener Namen eine schlagwortartige Abkürzung bildet; nicht möglich ist deshalb die Fortführung der Firma „E. M. & Co. GmbH" als „Eumuco Aktiengesellschaft".[232]

d) Wesentliche Änderungen zwecks Vermeidung einer Täuschung des Rechtsverkehrs. 66 Im Zuge ihrer Liberalisierung (vgl. RdNr. 56) hat die Rechtsprechung unter allgemeiner Zustimmung des Schrifttums daneben ausnahmsweise auch **wesentliche Änderungen** der fortzuführenden Firma zugelassen, die **notwendig oder zumindest wünschenswert erscheinen, um eine Täuschung des Rechtsverkehrs zu vermeiden.**[233] Erfüllt ist diese Voraussetzung zB im Fall der Verlegung des in der Firma genannten oder zumindest zum Ausdruck kommenden Unternehmenssitzes, bei Veränderung des Geschäftsumfanges, bei Aufgabe oder Aufnahme eines Geschäftszweiges oder in Zusammenhang mit dem Wegfall einer in der Firma genannten Qualifikation des Geschäftsinhabers.[234] Für die Zulässigkeit solcher wesentlichen Firmenänderungen kommt es – entgegen einer in ihrer Bedeutung unklaren Formulierung des BGH – nicht darauf an, dass die Veränderung sich erst „nach dem Übergang des Geschäfts"[235] ergibt; gleichzubehandeln sind vielmehr Fälle, in denen die Veränderung schon im Zuge der Unternehmensübernahme eintritt.[236] Stets überschritten ist die Grenze zulässiger wesentlicher Firmenänderungen dagegen, wenn die fortzuführende Firma nicht mehr als die bisherige Firma erkennbar ist: **Zulässig ist also allein die „Auflockerung", nicht aber die Preisgabe der Firmenidentität.**[237] Den Maßstab dieser Beurteilung bilden wiederum die Anschauungen des Rechtsverkehrs.

Auch in Bezug auf die Zulässigkeit wesentlicher Firmenänderungen haben Rechtsprechung und 67 Literatur eine umfangreiche **Kasuistik** entwickelt: Enthält die Firma Hinweise auf den **Gegenstand, Umfang oder Sitz des Unternehmens,** kann sie im Interesse des Rechtsverkehrs den im Rahmen der Übernahme entstehenden neuen Verhältnissen angepasst werden;[238] aus § 18 Abs. 2 S. 1 kann sich sogar eine entsprechende **Änderungspflicht** ergeben.[239] Als – unter Geltung des § 19 aF – zulässig erachtet wurde deshalb zB die Fortführung der (abgeleiteten) Firma „Andre B. Kalkwerk Walhallastraße" als „Andre B. Kalk- und Portlandzementwerk Regensburg-Walhalla-

---

[225] Staub/*Hüffer* RdNr. 50.
[226] OLG Celle Beschl. v. 16. 6. 1976 – 9 Wx 4/76, OLGZ 1977, 59, 64.
[227] RG Urt. v. 30. 4. 1926 – II 437/25, RGZ 113, 306, 309: Die Firma „Aluminolwerk C. Sch." darf als „Aluminolwerk Sch." fortgeführt werden; Staub/*Hüffer* RdNr. 50.
[228] KG Beschl. v. 7. 2. 1929 – 1 b X 885/28, JW 1929, 2155 (mwN); Heymann/*Emmerich* RdNr. 21; Röhricht/Graf von Westphalen/*Ammon* RdNr. 41.
[229] Staub/*Hüffer* RdNr. 58.
[230] Vgl. OLG Hamm Beschl. v. 29. 1. 1965 – 15 W 386/64, NJW 1965, 764, wonach die Firma „Ida R." nicht als „R. KG" fortgeführt werden darf. Zustimmend Staub/*Hüffer* RdNr. 50; Heymann/*Emmerich* RdNr. 26. Anders für den Fall der nachträglichen Änderung einer abgeleiteten GmbH-Firma LG Berlin Beschl. v. 24. 3. 1993 – 98 T 80/92, NJW-RR 1994, 609.
[231] Schlegelberger/*Hildebrandt/Steckhan* RdNr. 18.
[232] RG Urt. v. 20. 10. 1934 – I 264/33, RGZ 145, 274, 278 ff.; zustimmend Schlegelberger/*Hildebrandt/Steckhan* RdNr. 18 aE.
[233] BGH Beschl. v. 12. 7. 1965 – II ZB 12/64, BGHZ 44, 116, 120 („Frankona"); KG Beschl. v. 5. 6. 1941 – 1 Wx 157/41, DR 1941, 1942 m. Anm. *Groschuff*; OLG Hamm Beschl. v. 26. 1. 1960 – 15 W 527/59, BB 1960, 959; AG Regensburg Beschl. v. 2. 11. 1955 – HRA V/242, DNotZ 1956, 501; Staub/*Hüffer* RdNr. 54.
[234] Vgl. BGH Beschl. v. 12. 7. 1965 – II ZB 12/64, BGHZ 44, 116, 119 („Frankona"); Staub/*Hüffer* RdNr. 54.
[235] BGH Beschl. v. 12. 7. 1965 – II ZB 12/64, BGHZ 44, 116, 119 („Frankona").
[236] Vgl. näher Staub/*Hüffer* RdNr. 54, der zu Recht darauf hinweist, dass für eine Differenzierung kein tragfähiger Grund existiere.
[237] Staub/*Hüffer* RdNr. 55.
[238] AG Regensburg Beschl. v. 2. 11. 1955 – HRA V/242, DNotZ 1956, 501; Staub/*Hüffer* RdNr. 56; Röhricht/Graf von Westphalen/*Ammon* RdNr. 40; Heymann/*Emmerich* RdNr. 20.
[239] Vgl. zu § 18 Abs. 2 aF Heymann/*Emmerich* RdNr. 20; Röhricht/Graf von Westphalen/*Ammon* RdNr. 40.

straße"²⁴⁰ und die Fortführung der Firma „... Polstermöbel- und Matratzenfabrik" als „... Polstermöbelfabrik", da die Herstellung von Matratzen nach der Übernahme des Handelsgeschäfts aufgegeben worden war.²⁴¹ In der Firma enthaltene **akademische Titel** darf ein nicht promovierter Übernehmer bei entsprechender Branchenbedeutung lediglich unter Beifügung eines klarstellenden Nachfolgezusatzes fortführen (vgl. näher RdNr. 63); will der Übernehmer diesen Zusatz vermeiden, ist dagegen – um eine Täuschung des Rechtsverkehrs auszuschließen – die Streichung des Titels erforderlich, die als wesentliche Firmenänderung ebenfalls als zulässig erachtet wird.²⁴² An eine Firmenänderung im Interesse des Rechtsverkehrs ist ferner zu denken, wenn die fortzuführende Firma eine besondere Verbindung **des Handelsgeschäfts zu einer amtlichen Stelle oder öffentlich-rechtlichen Körperschaft** zum Ausdruck bringt, die dem Übernehmer im Gegensatz zum bisherigen Inhaber fehlt. In der Praxis wird eine derartige Firmenänderung allerdings häufig als unzulässig zu werten sein, weil sie zu einer verbotenen Aufhebung der Firmenidentität führte (vgl. RdNr. 66 aE).²⁴³ Die Fortführung der Firma ist hier in der Regel nur möglich, wenn ihr ein Nachfolgezusatz beigefügt wird, der geeignet ist, die tatsächlichen Verhältnisse nach den Umständen des konkreten Einzelfalls klarzustellen und eine Irreführung der Allgemeinheit in hinreichender Weise zu vermeiden.²⁴⁴ Ein **auf „-ag" oder „-AG" endendes Firmenschlagwort** birgt Täuschungsgefahren, sofern die Übernehmerin des Handelsgeschäfts keine Aktiengesellschaft ist. Unter Beibehaltung dieses Schlagworts darf die bisherige Firma in solchen Fällen deshalb nur fortgeführt werden, wenn ihr ein klarstellender Nachfolgezusatz beigefügt wird.²⁴⁵ Ob zur Zulässigkeit der Fortführung solcher Firmen auch die bloße – dh. unter Beibehaltung der Firma im Übrigen erfolgende – Streichung des Schlagworts ausreicht, hängt im Einzelfall davon ab, dass die darin liegende wesentliche Firmenänderung nicht zur unerlaubten Aufhebung der Firmenidentität (vgl. RdNr. 66 aE) führt.²⁴⁶

68   e) **Wesentliche Änderungen, die den Interessen des Inhabers dienen.** Eine dritte Kategorie zulässiger Firmenänderungen hat der BGH schließlich in seiner sog. „Frankona"-Entscheidung vom 12. 7. 1965 anerkannt: Trotz des Fehlens eines Allgemeininteresses (vgl. RdNr. 66) sind danach ausnahmsweise auch solche wesentlichen Firmenänderungen zulässig, an denen (nur) **der Inhaber wegen nachträglicher Änderung der tatsächlichen Umstände bei objektiver Betrachtung ein sachlich gerechtfertigtes Interesse hat,** sofern die Firmenänderung den Grundsätzen der Firmenbildung entspricht und keine Zweifel an der Identität von zunächst übernommener und dann geänderter Firma aufkommen.²⁴⁷ Diese durch die frühere Rechtsprechung durchgängig abgelehnte Auffassung²⁴⁸ hat im Anschluss an diese Entscheidung sowohl bei den Instanzgerichten als auch im Schrifttum – mit Blick auf schützenswerte Interessen der Inhaber abgeleiteter Firmen zu Recht – allgemeine Zustimmung gefunden.²⁴⁹ Zutreffend betont wird allerdings, dass der BGH zur Begründung eines „gerechtfertigten Interesses" allein auf **nachträgliche Veränderungen** der tatsächlichen Umstände abstellt (vgl. demgegenüber für die Fälle wesentlicher Firmenänderungen im Allgemeininteresse RdNr. 66).²⁵⁰ Denn die in dieser Rechtsprechung liegende Ausnahme vom Prinzip der unveränderten Firmenfortführung erscheint allenfalls insoweit gerechtfertigt, als sie den Inhaber der abgeleiteten Firma davor schützt, die übernommene Firma wegen nachträglicher Veränderung der äußeren Umstände **aufgeben** zu müssen; eine darüber hinausgehende Ermächti-

---

²⁴⁰ AG Regensburg Beschl. v. 2. 11. 1955 – HRA V/242, DNotZ 1956, 501. Zur (behördlich angeordneten) Sitzänderung vgl. KG Beschl. v. 5. 6. 1941 – 1 Wx 157/41, DR 1941, 1942 m. Anm. *Groschuff*.
²⁴¹ OLG Hamm Beschl. v. 18. 11. 1966 – 15 W 303/66, OLGZ 1967, 94.
²⁴² BGH Urt. v. 2. 10. 1997 – I ZR 105/95, NJW 1998, 1150, 1151 = DB 1998, 512, 513; Staub/*Hüffer* RdNr. 56; Heymann/*Emmerich* RdNr. 21; Röhricht/Graf von Westphalen/*Ammon* RdNr. 40; Baumbach/*Hopt* RdNr. 15; Koller/*Roth*/Morck RdNr. 17.
²⁴³ Großzügiger MünchKommHGB/*Heidinger* RdNr. 54.
²⁴⁴ AA Schlegelberger/*Hildebrandt*/Steckhan RdNr. 21, die unter Berufung auf die durch das BayObLG in seinem Beschl. v. 17. 6. 1922, OLGR 42, 210, geltend gemachten Bedenken die Fortführung einer derartigen Firma durch einen „privaten Inhaber" als „allgemein unzulässig" ansehen. Wie hier auf den Einzelfall abstellend dagegen Staub/*Hüffer* RdNr. 56.
²⁴⁵ Staub/*Hüffer* RdNr. 56.
²⁴⁶ Zutreffend Staub/*Hüffer* RdNr. 56, der eine Streichung des Schlagworts „wegen seiner prägenden Kraft" ablehnt.
²⁴⁷ BGH Urt. v. 12. 7. 1965 – II ZB 12/64, BGHZ 44, 116, 120.
²⁴⁸ Vgl. etwa KG Beschl. v. 7. 2. 1929 – 1 b X 885/28, JW 1929, 2155; BGH Beschl. v. 25. 6. 1959 – II ZB 5/59, BGHZ 30, 288, 292 f. (zu § 24); zur historischen Entwicklung der Rechtsprechung vgl. m. umfangr. Nachw. *Wessel* BB 1965, 1422 f.; *dens.* BB 1964, 1354 f.
²⁴⁹ BayObLG Beschl. v. 8. 5. 1981 – BReg 1 Z 40/81, MDR 1981, 849; OLG Hamm Beschl. v. 18. 11. 1966 – 15 W 303/66, OLGZ 1967, 94, 95; LG München I Beschl. v. 5. 7. 1990 – 17 HKT 11 396/90, NJW-RR 1990, 1373; LG Berlin Beschl. v. 29. 3. 1993 – 98 T 80/92, NJW-RR 1994, 609; Staub/*Hüffer* RdNr. 57; Heymann/*Emmerich* RdNr. 20; Röhricht/Graf von Westphalen/*Ammon* RdNr. 41.
²⁵⁰ Vgl. Staub/*Hüffer* RdNr. 57.

gung zur Vornahme wesentlicher, aber durch die Interessen der Allgemeinheit nicht gedeckter Firmenänderungen (vgl. RdNr. 66 f.) im Zeitpunkt der Firmenübernahme erscheint dagegen nicht notwendig.[251]

f) Fortführung als Zweigniederlassungsfirma; Vereinigung der fortzuführenden Firma mit der Firma des Übernehmers. Weil sowohl Einzelkaufleuten als auch Handelsgesellschaften die gleichzeitige Führung mehrerer Firmen grundsätzlich[252] verwehrt ist, scheinen diese Kaufleute, falls sie die mit dem Handelsgeschäft übernommene Firma fortzuführen beabsichtigen, gem. § 22 zur Aufgabe ihrer eigenen, in der Vergangenheit möglicherweise wirtschaftlich erfolgreich geführten Firma gezwungen. Fortgeführt werden darf gem. § 22 allein die „bisherige", also bislang durch den Veräußerer bzw. durch den Verpächter usw. für das übernommene Handelsgeschäft geführte Firma.[253] Dogmatisch einwandfrei lässt sich dieses Dilemma nur auflösen, wenn der Übernehmer das übernomme Handelsgeschäft zukünftig als **Zweigniederlassung** betreibt,[254] denn die Firma der Zweigniederlassung darf von der des Hauptgeschäfts abweichen, solange lediglich der Zusammenhang zwischen beiden Niederlassungen hinreichend deutlichen Ausdruck findet.[255] Deshalb könnte zB Anna Lercher für ihr Hauptgeschäft in Bremen die Firma „Anna Lercher e.Kfr." und für die (erworbene) Zweigniederlassung in Hamburg die Firma „Siegfried Gärtner e.K. Nachf. Anna Lercher e.Kfr. in Bremen" führen.[256] 69

Mit Rücksicht auf die wirtschaftlichen Bedürfnisse des Übernehmers geht die Rechtsprechung indes noch einen Schritt weiter: Seit langem anerkennt sie dessen Befugnis, die fortzuführende Firma der eigenen Firma hinzuzufügen und damit beide Firmen **zu einer neuen Firma zu vereinigen.**[257] Zugelassen wurde daher – auf der Grundlage des § 19 aF – zB die Vereinigung der beiden Firmen „Friedrich B." und „Aug. D." zu „Stralsunder und Richtenberger Kornbranntweinbrennereien vormals Friedrich B. zu Stralsund und Aug. D. zu Richtenberg, Ernst W."[258] Das Schrifttum hat zwar häufig auf die dogmatische Fragwürdigkeit dieser Rechtsprechung hingewiesen, ist ihr aber im Ergebnis beigetreten.[259] Das überzeugt insbesondere mit Blick auf den Normzweck des § 22, denn dem Übernehmer wird im Rahmen dieser Lösung die **Werterhaltung beider Firmen** ermöglicht. Andererseits muss die Firmenvereinigung in Konsequenz dessen als Sonderfall der Firmenfortführung gewertet werden, so dass der Übernehmer die sich u. U. aus § 25 ergebenden wirtschaftlichen Nachteile der Firmenfortführung zu tragen hat.[260] **Werden der bisherige und der erworbene Unternehmensteil nachträglich wieder getrennt,** kann der erworbene Teil nicht mehr mitsamt der für diesen (früher) geführten Einzelfirma veräußert werden, da diese durch die zwischenzeitliche Firmenvereinigung bereits erloschen ist.[261] 70

3. Keine Pflicht zur Firmenfortführung. Wie sich bereits aus dem Wortlaut der Vorschrift („darf") ergibt, begründet § 22 in den Fällen der Veräußerung oder zeitweiligen Überlassung eines Handelsgeschäfts **keine Pflicht** zur Fortführung der bisherigen Firma.[262] Soweit sich eine solche Verpflichtung nicht aus einer besonderen schuldrechtlichen Abrede der Vertragsparteien ergibt (vgl. dazu RdNr. 72), kann der Übernehmer das Handelsgeschäft also zukünftig auch unter einer neuen Firma betreiben, die er allerdings nach den Anforderungen der §§ 18, 19 zu bilden hat.[263] Die erworbene Firma erlischt in diesem Fall;[264] auf sie kann der Erwerber auch später nicht mehr 71

---

[251] Staub/*Hüffer* RdNr. 57.
[252] Ausnahme: Einzelkaufleute können unter verschiedenen Firmen organisatorisch getrennte Unternehmen betreiben, vgl. dazu mwN § 17 RdNr. 7.
[253] BGH Beschl. v. 21. 9. 1976 – II ZB 4/74, BGHZ 67, 166.
[254] Staub/*Hüffer* RdNr. 53; Röhricht/Graf von Westphalen/*Ammon* RdNr. 46; vgl. auch *Heinrich*, Firmenwahrheit und Firmenbeständigkeit, RdNr. 163.
[255] Vgl. § 17 RdNr. 12; ferner Staub/*Hüffer* RdNr. 53; Röhricht/Graf von Westphalen/*Ammon* RdNr. 46.
[256] Vgl. RG Beschl. v. 30. 3. 1926 – II B 8/26, RGZ 113, 213, 218; Staub/*Hüffer* RdNr. 53.
[257] RG Urt. v. 17. 11. 1936 – II 104/36, RGZ 152, 365, 368; KG Beschl. v. 17. 2. 1938 – 1 Wx 674/37, JFG 17, 159; OLG Frankfurt Beschl. v. 13. 2. 1970 – 6 W 521/69, OLGZ 1971, 50; anders dagegen RG Urt. v. 30. 11. 1938 – II 39/38, RGZ 159, 211, 220 (Firmenvereinigung kein Anwendungsfall der §§ 22, 25).
[258] KG Beschl. v. 19. 10. 1917 – 1 a X 630/17, KGJ 51, A 115 (teilweise abgedruckt auch in RJA 15, 218).
[259] Staub/*Hüffer* RdNr. 51 f.; Heymann/*Emmerich* RdNr. 25; Baumbach/*Hopt* RdNr. 19; Röhricht/Graf von Westphalen/*Ammon* RdNr. 45; einschränkend auch Schlegelberger/*Hildebrandt/Steckhan* RdNr. 23: „bei erheblicher Bedeutung der Einzelfirmen".
[260] Vgl. § 25 RdNr. 54 ff.; Staub/*Hüffer* RdNr. 52; aA RG Urt. v. 30. 11. 1938 – II 39/38, RGZ 159, 211, 220.
[261] HM, vgl. Heymann/*Emmerich* RdNr. 25; Röhricht/Graf von Westphalen/*Ammon* RdNr. 45; iE auch Staub/*Hüffer* RdNr. 52; aA OLG Frankfurt Beschl. v. 13. 2. 1970 – 6 W 521/69, OLGZ 1971, 50, 52 f.; Baumbach/*Hopt* RdNr. 19.
[262] BayObLG Beschl. v. 19. 12. 1989 – BReg 3 Z 102/89, BayObLGZ 1989, 474, 479 = NJW-RR 1990, 868, 869; Staub/*Hüffer* RdNr. 42; Röhricht/Graf von Westphalen/*Ammon* RdNr. 2.
[263] Schlegelberger/*Hildebrandt/Steckhan* RdNr. 17; Staub/*Hüffer* RdNr. 42; Heymann/*Emmerich* RdNr. 15.
[264] LG Nürnberg-Fürth Beschl. v. 1. 3. 1976 – 4 HK T 1591/76, BB 1976, 810; Schlegelberger/*Hildebrandt/Steckhan* RdNr. 17; Heymann/*Emmerich* RdNr. 15.

zurückgreifen.²⁶⁵ Dem Erwerber bleibt es aber unbenommen, die ursprüngliche Firma zunächst fortzuführen und später eine neue Firma anzunehmen.²⁶⁶

72 Haben die Parteien im Rahmen der Vereinbarung über die Veräußerung oder die zeitweise Nutzungsüberlassung des Handelsgeschäfts eine **schuldrechtliche Verpflichtung des Übernehmers zur Fortführung der Firma** begründet – was ihnen gem. § 305 BGB möglich ist²⁶⁷ –, so ist diese nur im Zivilprozess zwischen den Parteien, nicht aber durch das Registergericht gem. § 37 Abs. 1 durchsetzbar.²⁶⁸

73 **4. Erlöschen des Firmenfortführungsrechts.** Obwohl der Übergang des Firmenfortführungsrechts nicht dadurch bedingt ist, dass der Übernehmer den Willen zum Fortbetrieb des Handelsgeschäfts besitzt,²⁶⁹ erlischt dieses Recht, falls der Übernehmer die **Aufnahme des Unternehmensbetriebs unterlässt**, das Handelsgeschäft umgehend weiterveräußert oder es einem Dritten zur Nutzung überlässt.²⁷⁰ Auch eine unmittelbar nach der Übernahme erfolgende **grundlegende Umgestaltung** des Unternehmens führt zum Erlöschen des Firmenfortführungsrechts, weil nachfolgend – entgegen § 22 – nicht mehr das „bestehende" Handelsgeschäft fortbetrieben und deshalb das Prinzip der Firmenkontinuität verletzt werden würde.²⁷¹ Erlaubt sind dem Übernehmer hingegen alle Maßnahmen, die – ohne die Firmenkontinuität zu beeinträchtigen – lediglich zu einer **allmählichen Veränderung** des Unternehmens führen, insbesondere die Aufnahme neuer oder die Aufgabe einzelner übernommener Geschäftszweige.²⁷²

VI. Einzelfälle der Firmenfortführung

74 **1. Firmenfortführung durch den Einzelkaufmann.** Der Einzelkaufmann ist nicht berechtigt, in seiner Firma die **Rechtsformzusätze der Kapital- oder der Personengesellschaften** (zB „Aktiengesellschaft", „GmbH", „OHG", „KG") zu führen, weil hiervon die Gefahr einer Irreführung des Rechtsverkehrs ausgehe. Beabsichtigt er die Fortführung einer Firma, die einen derartigen Rechtsformzusatz enthält, ist deshalb entweder die **Streichung** dieses Zusatzes oder die **Beifügung eines klarstellenden Nachfolgezusatzes** erforderlich (vgl. mit Nachw. und Beispielen RdNr. 58). Daran vermag auch die Neufassung des § 19 Abs. 1 Nr. 1 durch das HRefG vom 22. 6. 1998 nichts zu ändern. Denn die sich aus dieser Vorschrift nunmehr ergebende Verpflichtung zur Führung eines auf die Kaufmannseigenschaft des Einzelkaufmanns hinweisenden Zusatzes hätte ohne die Streichung des unzutreffenden Rechtsformzusatzes oder die Beifügung eines klarstellenden Nachfolgevermerks die bloße Verdoppelung des Rechtsformzusatzes zur Folge, die die Täuschungseignung der Firma noch verstärken würde (vgl. auch RdNr. 58). Entscheidet sich der Einzelkaufmann für die Streichung des unzutreffenden Rechtsformzusatzes in der fortzuführenden Firma, sind sämtliche Rechtsformzusätze zu tilgen, im Falle der Fortführung der Firma einer **GmbH & Co. KG** also neben dem Rechtsformzusatz der KG auch der Zusatz der Komplementärin.²⁷³

75 Bedeutung entfaltet die Neufassung des § 19 Abs. 1 dagegen für die Fortführung von Personengesellschaftsfirmen, die (wegen § 19 aF iVm. Art. 38 Abs. 1 EGHGB in zulässiger Weise) lediglich sog. **unbestimmte Gesellschaftszusätze** enthalten (zB „& Co.", „und Söhne") oder die ausschließlich aus den **Namen der Gesellschafter** gebildet sind („Lercher & Gärtner"). Nach früherer, dh. vor Inkrafttreten des HRefG vom 22. 6. 1998 geltender Rechtslage war nämlich umstritten, ob der Einzelkaufmann derartige Firmen ohne klarstellenden Nachfolgezusatz fortzuführen berechtigt war.²⁷⁴ Die wohl herrschende Meinung²⁷⁵ verneinte dies mit der Begründung, zur Vermeidung einer

---

²⁶⁵ OLG Celle Beschl. v. 6. 3. 1974 – 9 Wx 4/74, OLGZ 1974, 343, 345 = BB 1974, 387, 388; BayObLG Beschl. v. 27. 4. 1971 – BReg 2 Z 43/71, BayObLGZ 1971, 163, 165; BayObLG Beschl. v. 19. 12. 1989 – BReg 3 Z 102/89, BayObLGZ 1989, 474, 479 = NJW-RR 1990, 868, 869; Heymann/*Emmerich* RdNr. 15.
²⁶⁶ Staub/*Hüffer* RdNr. 42; *Bokelmann*, Das Recht der Firmen und Geschäftsbezeichnungen, RdNr. 680.
²⁶⁷ KG Beschl. v. 19. 7. 1969 – 1 W 1353/65, OLGZ 1965, 315, 318; Heymann/*Emmerich* RdNr. 15.
²⁶⁸ KG Beschl. v. 30. 4. 1928 – I b X 237/28, JFG 5, 212, 214; OLG Rostock Beschl. v. 16. 2. 1921, OLGR 41, 193 f.; Schlegelberger/*Hildebrandt*/*Steckhan* 17; Staub/*Hüffer* RdNr. 42.
²⁶⁹ BGH Urt. v. 26. 5. 1972 – I ZR 44/71, NJW 1972, 2123; Heymann/*Emmerich* RdNr. 17.
²⁷⁰ BayObLG Beschl. v. 27. 4. 1971 – BReg 2 Z 43/71, BayObLGZ 1971, 163, 165; OLG Hamm Beschl. v. 2. 5. 1977 – 15 W 10/77, OLGZ 1977, 438, 441 f.; Heymann/*Emmerich* RdNr. 17.
²⁷¹ Weniger weitgehend MünchKommHGB/*Heidinger* RdNr. 12.
²⁷² Heymann/*Emmerich* RdNr. 17.
²⁷³ BGH Beschl. v. 27. 9. 1965 – II ZB 5/65, BGHZ 44, 286, 288; BGH Beschl. v. 28. 3. 1977 – II ZB 8/76, BGHZ 68, 271, 273 = NJW 1977, 1291; Staub/*Hüffer* RdNr. 62; Heymann/*Emmerich* RdNr. 29.
²⁷⁴ Vgl. die umfassende Darstellung von *Bokelmann*, Das Recht der Firmen und Geschäftsbezeichnungen, RdNr. 721 ff.
²⁷⁵ BGH Beschl. v. 12. 11. 1984 – II ZB 2/84, NJW 1985, 736, 737; Heymann/*Emmerich* RdNr. 28; Röhricht/Graf von Westphalen/*Ammon* RdNr. 49; aA für die Streichung der unbestimmten Gesellschaftszusätze Staub/*Hüffer*

Irreführung des Rechtsverkehrs werde dann entweder die Streichung des unbestimmten Gesellschaftszusatzes oder die Verkürzung der Firma auf einen einzelnen Namen erforderlich; beide Wege seien indes nicht gangbar, da die Streichung des unbestimmten Gesellschaftszusatzes – der nach überwiegender Ansicht am Klangbild der Firma teilnimmt – die Firmenidentität in verbotener Weise (vgl. RdNr. 66 aE) ebenso aufhebe wie die Reduzierung der Firma um einzelne Namen. Dieser Auffassung ist nach jetzt geltender Rechtslage nicht mehr zu folgen. Auch bei Fehlen eines Nachfolgezusatzes stellt der nun **gem. § 19 Abs. 1 Nr. 1 erforderliche Rechtsformhinweis** in hinreichender Weise klar, dass trotz des auf das Bestehen einer Gesellschaft deutenden Firmenkerns ein Einzelkaufmann Träger des Unternehmens ist. Dies gilt umso mehr, als der Reformgesetzgeber mit der Einführung der generellen Pflicht zur Führung von Rechtsformzusätzen gerade darauf abzielt, dem Rechtsverkehr die Möglichkeit einer zuverlässigen Information über die Haftungsverhältnisse der Unternehmensträger zu verschaffen.[276] Die bloße Erweiterung der mit einem unbestimmten Gesellschaftszusatz oder aus den Namen der Gesellschafter gebildeten Firma durch einen der in § 19 Abs. 1 Nr. 1 genannten Zusätze muss deshalb als ausreichend erachtet werden, dem Einzelkaufmann die Fortführung dieser Personengesellschaftsfirmen zu ermöglichen (bestr., vgl. mN auch RdNr. 57, 59 sowie Fn. 212). Zulässig sind somit zB die einzelkaufmännischen Firmen „Lercher & Gärtner e. K." und „Peter Lercher und Söhne e.Kfr.".[277] Darüber hinaus kann, da jetzt auch der Einzelkaufmann zur Annahme einer **Sachfirma** befugt ist (vgl. § 18 RdNr. 15), nicht mehr bezweifelt werden, dass dieser die Sachfirma einer Kapitalgesellschaft fortführen darf, ohne gegen das Täuschungsverbot zu verstoßen.[278]

2. Firmenfortführung durch Personengesellschaften. Personengesellschaften ist die Führung 76 unzutreffender Rechtsformzusätze mit Blick auf § 18 Abs. 2 ebenso verwehrt wie Einzelkaufleuten. Zusätze wie „e. K.", „GmbH", „AG" – bzw., wie von § 4 AktG aF gefordert, „Aktiengesellschaft" – sind somit in der fortzuführenden Firma entweder zu streichen oder durch einen Nachfolgezusatz zu berichtigen (vgl. RdNr. 58). **In jedem Fall ist der fortzuführenden Firma** nach der Neufassung des § 19 Abs. 1 Nr. 2 und Nr. 3 ein **Zusatz beizufügen, der die Gesellschaftsform der Übernehmerin ausdrücklich offenlegt.** Mit der Einführung dieser auch die Personengesellschaften bindenden Verpflichtung hat sich auch die früher umstrittene Frage erledigt, ob eine KG-Firma durch eine OHG unverändert, dh. ohne Streichung des unzutreffenden KG-Zusatzes oder Beifügung eines klarstellenden Nachfolgezusatzes, fortgeführt werden kann;[279] Dem steht nunmehr zwingend § 19 Abs. 1 Nr. 2 entgegen, denn die bloße Beifügung eines OHG-Zusatzes an den bestehenden KG-Zusatz ist nicht möglich, weil dadurch eine irreführende Verdoppelung des Rechtsformzusatzes entstünde (vgl. noch RdNr. 58). Im umgekehrten Fall der Fortführung einer OHG-Firma durch eine KG gilt – auf der Grundlage des § 19 Abs. 1 Nr. 3 – entsprechendes.

3. Firmenfortführung durch Kapitalgesellschaften. Weil auch Kapitalgesellschaften zur Füh- 77 rung von Rechtsformzusätzen in ihrer Firma verpflichtet sind und diese Pflicht sich gem. § 4 GmbHG, § 4 AktG ausdrücklich auf den Fall der Firmenfortführung nach § 22 erstreckt, kommt die Fortführung der gänzlich unveränderten Firma allenfalls in Betracht, wenn der bisherige Unternehmensträger und die übernehmende Kapitalgesellschaft in der gleichen Rechtsform organisiert sind. In anderen Fällen muss der fortzuführenden Firma dagegen zwingend der für die übernehmende Kapitalgesellschaft gesetzlich vorgesehene Rechtsformzusatz beigefügt werden.[280] Enthält die fortzuführende Firma bereits einen – nun unzutreffenden – Rechtsformzusatz, so ist dieser entweder zu streichen oder durch einen Nachfolgezusatz zu berichtigen.[281]

VII. Die weitere Firmierung des Veräußerers

Einzelkaufleute, die ihr Handelsgeschäft mit dem Recht zur Fortführung ihrer Personenfirma 78 veräußert haben, bleiben auch dann, wenn der Erwerber von diesem Recht Gebrauch macht, zur

---

RdNr. 67 ff., der allerdings eine Streichung einzelner Namen aus der Gesellschaftsfirma ebenso ablehnt, vgl. aaO RdNr. 70 f.
[276] Vgl. Begr. zum Gesetzentwurf der Bundesregierung, BT-Drucks. 13/8444, BR-Drucks. 340/97 S. 54 li. Sp.
[277] Wie hier MünchKommHGB/*Heidinger* RdNr. 66.
[278] So auch schon die hM zur früheren Rechtslage, vgl. etwa BGH Beschl. v. 28. 3. 1977 – II ZB 8/76, BGHZ 68, 271, 273 = NJW 1977, 1291 (zum Parallelproblem bei Fortführung einer Sachfirma durch eine KG); Staub/*Hüffer* RdNr. 60 (mit umfangreichen Nachw. zur Gegenauffassung); Baumbach/*Hopt* RdNr. 15.
[279] Ablehnend freilich bereits die hM zur früheren Rechtslage, vgl. BGH Beschl. v. 9. 12. 1976 – II ZB 6/76, BGHZ 68, 12, 15 = NJW 1977, 383 (zu § 24); *Wiedemann* ZGR 1975, 354, 358 f.; aA OLG Düsseldorf Beschl. v. 9. 8. 1952 – 3 W 206/52, NJW 1953, 831.
[280] Staub/*Hüffer* RdNr. 66; *Roth*/*Altmeppen* GmbHG § 4 RdNr. 40; Hachenburg/*Heinrich* GmbHG § 4 RdNr. 75.
[281] Staub/*Hüffer* RdNr. 66; Hachenburg/*Heinrich* GmbHG § 4 RdNr. 75.

Gründung und zum Betrieb eines neuen Handelsgeschäfts unter ihrem bürgerlichen Namen befugt. Allerdings haben sie bei Firmierung mit ihrem Namen das in § 30 normierte Gebot der Firmenunterscheidbarkeit zu berücksichtigen, so dass sie in der Praxis häufig zur Führung eines unterscheidenden Zusatzes (vgl. § 30 RdNr. 23) verpflichtet sein werden.[282] Bei Vorliegen der tatbestandlichen Voraussetzungen des § 30 werden sie von dieser Pflicht auch dann nicht frei, wenn der Erwerber die veräußerte Firma mit einem Nachfolgezusatz führt, denn anderenfalls könnte der Rechtsverkehr zu der irrigen Annahme verleitet werden, das unter dem Nachfolgezusatz geführte Handelsgeschäft sei lediglich eine (veräußerte) Zweigniederlassung, während das unter der neuen Firma geführte Unternehmen das ursprüngliche ältere darstelle.[283]

79 Veräußert eine **offene Handelsgesellschaft** ihr Handelsgeschäft mitsamt dem Recht zur Firmenfortführung, so ist sie **grundsätzlich** zur Annahme einer neuen Firma verpflichtet, wenn noch ungeteiltes Gesellschaftsvermögen vorhanden ist und der Erwerber sein Firmenfortführungsrecht – sei es auch unter Verwendung eines Nachfolgezusatzes – gebraucht.[284] Die Anforderungen des § 30 an die neue Firma sind jedoch erfüllt, falls die überlassende OHG die veräußerte Firma mit dem Zusatz „i. L." oder „in Liquidation" führt.[285] Für **Kommanditgesellschaften** beanspruchen diese Grundsätze entsprechende Geltung. Zu der – durch den BGH bejahten – Frage, ob der veräußernden Gesellschaft im Rahmen einer obligatorischen Abrede durch den Erwerber zudem **ausnahmsweise** erlaubt werden kann, die veräußerte Firma zum Zwecke der Abwicklung unverändert fortzuführen, vgl. bereits RdNr. 15.

80 Bei Übertragung ihres Handelsgeschäfts unter Einschluss des Rechts zur Firmenfortführung bestehen **Kapitalgesellschaften** – was sich für die AG aus § 179 a Abs. 3 AktG ergibt – selbst dann als werbende Gesellschaften fort, wenn darin zugleich eine Veräußerung des ganzen Gesellschaftsvermögens liegt.[286] Die veräußernde Gesellschaft kann deshalb zB mit der im Rahmen der Unternehmensveräußerung erzielten Gegenleistung einen anderweitigen Geschäftsbetrieb beginnen, sie ist jedoch in diesem Fall zur Annahme einer neuen Firma gezwungen.[287] Den Gesellschaftern steht es aber ebenso offen, im Zusammenhang mit der Übertragung des Handelsgeschäfts die Auflösung der Gesellschaft zu beschließen;[288] im Abwicklungsstadium ist die Gesellschaft nach der Rechtsprechung des BGH sogar zur Fortführung der übertragenen Firma befugt, sofern eine entsprechende obligatorische Gestaltung des Firmenerwerbers vorliegt (vgl. näher RdNr. 15).

81 Zur weiteren Firmierung von Handelsgesellschaften, die ihr Handelsgeschäft mit dem Recht der Firmenfortführung einem anderen zur **zeitweiligen Nutzung iSd. § 22 Abs. 2** überlassen, vgl. RdNr. 52 f.

VIII. Die Firmenfortführung bei Verschmelzung und Spaltung nach dem UmwG

82 **1. Verschmelzung.** Nach § 2 UmwG können ein oder mehrere Rechtsträger unter Auflösung, aber ohne Abwicklung verschmolzen werden, indem sie ihr Vermögen als Ganzes entweder auf einen anderen bestehenden Rechtsträger (sog. **Aufnahme**, § 2 Nr. 1 UmwG) oder auf einen neuen, von ihnen dadurch gegründeten Rechtsträger (sog. **Neugründung**, § 2 Nr. 2 UmwG) gegen Gewährung von Anteilen oder Mitgliedschaften des übernehmenden oder neuen Rechtsträgers übertragen. Weil im Rahmen dieser Vorgänge, an denen nur die in § 3 UmwG genannten Rechtsträger beteiligt sein können, mindestens ein Rechtsträger aufgelöst wird, stellt sich auch in diesem Zusammenhang die Frage nach der Zulässigkeit einer Firmenfortführung. Das UmwG v. 28. 10. 1994 enthält eine umfassende Regelung dieses Problemkreises in seinem § 18 und gibt damit die Zurückhaltung auf, durch die die frühere Verschmelzungsrecht in firmenrechtlicher Hinsicht geprägt war.[289] Die Vorschrift hat durch das **HRefG** v. 22. 6. 1998 eine Anpassung an die neuen Firmenbildungsregeln der §§ 18, 19 erfahren[290] (vgl. RdNr. 84); durch Gesetz vom 22. 7.

---

[282] OLG Hamm Beschl. v. 22. 8. 1983 – 15 W 195/83, Rpfleger 1984, 21; Baumbach/*Hopt* RdNr. 22; Röhricht/Graf von Westphalen/*Ammon* RdNr. 59.
[283] RG Urt. v. 30. 9. 1943 – II 58/30, DR 1944, 249, 250.
[284] KG Beschl. v. 17. 9. 1936 – 1 Wx 402/36, JW 1936, 3129, 3130; KG Beschl. v. 30. 4. 1936 – 1 Wx 120/36, JW 1936, 2658, 2660; Baumbach/*Hopt* RdNr. 23; Röhricht/Graf von Westphalen/*Ammon* RdNr. 60.
[285] KG Beschl. v. 17. 9. 1936 – 1 Wx 402/36, JW 1936, 3129, 3130; KG Beschl. v. 30. 4. 1936 – 1 Wx 120/36, JW 1936, 2658, 2660; Baumbach/*Hopt* RdNr. 23; Röhricht/Graf von Westphalen/*Ammon* RdNr. 60.
[286] Zum Aktienrecht vgl. *Hüffer* AktG § 179 a RdNr. 20; zum Recht der GmbH vgl. Rowedder/*Zimmermann* GmbHG § 53 RdNr. 17.
[287] Staub/*Hüffer* Anh. § 22 RdNr. 8; Rowedder/*Schmidt-Leithoff*/*Zimmermann* GmbHG § 53 RdNr. 17; Hachenburg/*Ulmer* GmbHG § 53 RdNr. 98.
[288] Zum Aktienrecht vgl. *Hüffer* AktG § 179 a RdNr. 20.
[289] Vgl. Staub/*Hüffer* Anh. § 22 RdNr. 2 ff.
[290] Vgl. Begr. zum Gesetzentwurf der Bundesregierung, BT-Drucks. 13/8444, BR-Drucks. 340/97 S. 73 li. Sp.

1998 (BGBl. I S. 1878) wurde schließlich im Wege der Beifügung eines neuen Abs. 3 eine Regelung geschaffen, die die Namens- und Firmenfortführung besonderen Voraussetzungen unterwirft, wenn die Verschmelzung unter Beteiligung einer **Partnerschaftsgesellschaft** stattfindet. Wegen der firmenrechtlichen Regelungen, die das Umwandlungsgesetz für die Fälle einer von den hier behandelten Tatbeständen der Verschmelzung zu unterscheidenden lediglich formwechselnden Umwandlung eines Rechtsträgers enthält, wird auf die Erläuterungen zu § 21 (dort RdNr. 16 ff.) verwiesen.

§ 18 UmwG beruht auf dem **Regelungsgedanken,** der auch der Vorschrift des § 22 zugrunde **83** liegt (vgl. RdNr. 1): Den beteiligten Rechtsträgern soll auch im Rahmen eines Verschmelzungsvorgangs iSd. § 2 UmwG die Möglichkeit eröffnet werden, den Wert der Firma wenigstens eines der übertragenden Rechtsträger im Rahmen des Verschmelzungsvorgangs zu erhalten.[291] Nicht verwundern kann deshalb, dass die Zulässigkeit der Firmenfortführung in diesem Zusammenhang gleichermaßen von den bereits in § 22 genannten **Tatbestandsvoraussetzungen** abhängig gemacht wird; auch in den Fällen der Verschmelzung erfordert die Zulässigkeit der Firmenfortführung daher gem. § 18 Abs. 1 UmwG insbesondere den Übergang des unter der fortzuführenden Firma bislang betriebenen Handelsgeschäfts (vgl. RdNr. 6 ff.) und die rechtmäßige Firmenführung in der Vergangenheit (vgl. RdNr. 21 ff.). Anders als nach § 22 bedarf es dagegen nach § 18 Abs. 1 UmwG **keiner Einwilligung des übertragenden Rechtsträgers** in die Firmenfortführung durch den übernehmenden Rechtsträger. Den Grund für diesen Verzicht bildet der Umstand, dass der übertragende Rechtsträger mit der Verschmelzung aufgelöst wird und daher sinnvollerweise kein Interesse geltend machen kann, das der Fortnutzung seiner Firma entgegensteht.[292] Dies gilt freilich nicht in solchen Fällen, in denen **die fortzuführende Firma den Namen einer natürlichen Person enthält,** die zwar an dem übertragenden, aber nicht mehr an dem übernehmenden Rechtsträger beteiligt ist. Zum Schutz des Namensrechts dieser Person enthält § 18 Abs. 2 UmwG deshalb einen Einwilligungsvorbehalt, der dem des § 22 sprachlich deutlich nachempfunden ist. Diese Parallele stellt einerseits zwar klar, dass sämtliche zum Einwilligungserfordernis des § 22 entwickelten Grundsätze bei der Anwendung des § 18 UmwG entsprechende Geltung beanspruchen[293] (vgl. deshalb zum Merkmal der „Ausdrücklichkeit", zum Erfordernis des zeitlichen Zusammenhangs, zur Beifügung von Bedingungen oder Befristungen usw. die Ausführungen in RdNr. 26 ff.); unter gesetzgebungstechnischen Gesichtspunkten erscheint der Rückgriff auf diese Formulierung andererseits wenig glücklich, da sie nicht im Lichte der am BGB orientierten modernen Einwilligungsdogmatik gedeutet werden darf (vgl. näher RdNr. 26).

Die ursprüngliche Fassung des § 18 Abs. 1 UmwG hatte **Personengesellschaften** gem. S. 2 **84** allein die Fortführung solcher Firmen erlaubt, die den Namen einer natürlichen Person enthielten, und ihnen damit die **Fortführung von Sachfirmen** verwehrt. Diese Lösung entsprach zwar den früheren Regeln über die originäre Firmenbildung dieser Gesellschaften, die gem. §§ 18, 19 aF zur Annahme von Personenfirmen verpflichtet waren; gleichzeitig stand § 18 Abs. 1 S. 2 UmwG jedoch in deutlichem Widerspruch zu der in Rechtsprechung und Schrifttum wohl überwiegend vertretenen Ansicht, die die Personengesellschaften zumindest im Rahmen des § 22 als zur Fortführung von Sachfirmen befugt ansah.[294] Jedenfalls nachdem das **HRefG** vom 22. 6. 1998 durch die Änderung der §§ 18, 19 auch den Personengesellschaften die Verwendung originärer Sachfirmen gestattete, ließ sich daher an § 18 Abs. 1 S. 2 UmwG nicht länger festhalten; die Vorschrift wurde deshalb gleichzeitig mit Einführung der neuen Firmenbildungsvorschriften durch Art. 4 des HRefG v. 22. 6. 1998 aufgehoben.[295] Entsprechendes gilt für das früher in S. 3 vorgesehene Verbot der Fortführung von Personenfirmen durch eine eingetragene Genossenschaft.

Für die **Art und Weise** einer Firmenfortführung nach § 18 UmwG beanspruchen die Aus- **85** führungen in RdNr. 55 ff. – auch in Ansehung der Grundsätze über die nach § 18 Abs. 1 UmwG ebenfalls zulässige Beifügung von **Nachfolgezusätzen** – entsprechende Geltung. Die Firma darf deshalb grundsätzlich allein in der Form fortgeführt werden, in der sie bislang durch den übertragenden Rechtsträger gebraucht worden war. Ausnahmen gelten auf Grund der Änderungen des **HRefG** nunmehr vor allem mit Blick auf die Pflicht zur Offenlegung der Rechtsform, denn

---

[291] Vgl. Begr. zum Gesetzentwurf der Bundesregierung zum UmwBerG, BT-Drucks. 12/6699, BR-Drucks. 75/94 S. 90 f.; Lutter/*Bork* UmwG § 18 RdNr. 2.
[292] Vgl. Begr. zum Gesetzentwurf der Bundesregierung zum UmwBerG, BT-Drucks. 12/6699, BR-Drucks. 75/94 S. 90 f.
[293] Vgl. Lutter/*Bork* UmwG § 18 RdNr. 5.
[294] Vgl. mwN Staub/*Hüffer* RdNr. 60; Röhricht/Graf von Westphalen/*Ammon* RdNr. 37.
[295] Vgl. Begr. zum Gesetzentwurf der Bundesregierung, BT-Drucks. 13/8444, BR-Drucks. 340/97 S. 73 li. Sp.

insbesondere die Vorschriften der § 19 Abs. 1, §§ 4, 279 Abs. 1 AktG, § 4 GmbHG, § 3 GenG verlangen – wie die dort jeweils gewählte Formulierung „... oder nach anderen gesetzlichen Vorschriften" klarstellt – von dem übernehmenden Rechtsträger jetzt die **Beifügung des in seiner Person zutreffenden Rechtsformzusatzes.** Wer mit Blick auf § 22 die Befugnis des Übernehmers bejaht, die übernommene Firma mit dessen bisher geführter Firma **zu einer neuen Firma zu vereinigen,** wird angesichts der pragmatischen Begründung, auf die sich diese Auffassung allein stützen lässt (vgl. RdNr. 70), eine anderweitige Entscheidung im Rahmen des § 18 UmwG kaum treffen können. Für die Zulässigkeit der Firmenvereinigung nach § 18 UmwG lässt sich zudem anführen, dass diese Sonderform der Firmenfortführung schon auf der Grundlage des früheren Verschmelzungsrechts allgemeine Anerkennung gefunden hatte und der Gesetzgeber mit der Einführung der firmenrechtlichen Regel des § 18 UmwG keine Erschwerung der Firmenfortführung beabsichtigte.[296]

86 **2. Spaltung.** § 123 UmwG sieht als mögliche Arten der Spaltung vor, dass der übertragende Rechtsträger (a.) sein Vermögen unter Auflösung ohne Abwicklung **aufspaltet,** (b.) von seinem Vermögen einen Teil oder mehrere Teile **abspaltet** oder (c.) aus seinem Vermögen einen Teil oder mehrere Teile **ausgliedert.** Dabei ist jede Spaltungsart wiederum als sog. **Aufnahme,** dh. als Übertragung der Vermögensteile auf bestehende Rechtsträger, oder als sog. **Neugründung,** dh. als Übertragung der Vermögensteile auf neu gegründete Rechtsträger, denkbar. Weil der übertragende Rechtsträger bei Abspaltungs- und Ausgliederungsvorgängen fortbesteht, schließt § 125 S. 1 UmwG die Anwendung des § 18 UmwG in diesen Fällen aus;[297] eine Firmenfortführung iSd. § 18 UmwG kommt daher gem. § 125 S. 1 UmwG **lediglich bei Aufspaltung** des übertragenden Rechtsträgers gem. § 123 Abs. 1 UmwG in Betracht.

87 Die Verweisung des § 125 S. 1 UmwG ist zur **Vermeidung von Firmenvervielfältigungen** dahingehend zu interpretieren, dass eine Firmenfortführung auch nach den Vorschriften der §§ 125, 18 UmwG allenfalls dann als zulässig erachtet werden kann, wenn der übernehmende Rechtsträger das Handelsgeschäft des übertragenden Rechtsträgers erwirbt. Für diese Deutung spricht nicht nur das entsprechende Schutzbedürfnis des Rechtsverkehrs, sondern auch der Wortlaut des § 18 UmwG, der in bewusster Anlehnung an § 22[298] nicht lediglich auf die Existenz eines Verschmelzungs- oder (iVm. § 125 UmwG) eines Spaltungsvorgangs, sondern zusätzlich auf den dadurch vermittelten Erwerb des Handelsgeschäfts abstellt. Bei Aufspaltung ist eine Firmenfortführung daher nach zutreffender, wenngleich nicht unbestrittener Ansicht[299] genauso wie in den Fällen des § 22 nur dann möglich, wenn das **Handelsgeschäft in seiner Gesamtheit** von dem übertragenden auf einen übernehmenden Rechtsträger übergeht. Ob ein solcher Übergang im konkreten Einzelfall vorliegt, ist unter Rückgriff auf die in RdNr. 11 ff. genannten Kriterien zu ermitteln, die wegen der bewussten Anlehnung des § 18 UmwG an den Wortlaut und den Inhalt des § 22 entsprechende Anwendung finden. Die hier vertretene Lösung führt zwar – was nicht verkannt wird – praktisch auch für die Aufspaltungsfälle (für die § 125 UmwG mit Blick auf § 18 UmwG keine Ausnahme von der Generalverweisung auf das Zweite Buch des UmwG macht) häufig zur Unzulässigkeit der Firmenfortführung, dies ist aber mit Rücksicht auf das Schutzbedürfnis des Rechtsverkehrs hinzunehmen.[300]

§ 23 [Veräußerungsverbot]

Die Firma kann nicht ohne das Handelsgeschäft, für welches sie geführt wird, veräußert werden.

Schrifttum: Siehe bei § 22; darüber hinaus: *Adler,* Beiträge zum Firmenrecht, ZHR 85 (1921), 93; *Beater,* Mantelkauf und Firmenfortführung – Zugleich ein Beitrag zur Teleologie des § 23 HGB – GRUR 2000, 119; *Bußmann,* Name, Firma, Marke, 1937; *v. Gierke,* Firmenuntergang und Firmenverlegung, ZHR 112 (1949), 1; *Köhler,* Die kommerzielle Verwertung der Firma durch Verkauf und Lizenzvergabe, DStR 1996, 510; *Krüger-Nieland,* FS Robert Fischer 1979, S. 339 ff.; *Schricker,* FS von Gamm, 1990, S. 289.

---

[296] Vgl. auch Lutter/*Bork* UmwG § 18 RdNr. 9.
[297] Vgl. Begr. zum Gesetzentwurf des Bundesregierung zum UmwBerG, BT-Drucks. 12/6699, BR-Drucks. 75/94 S. 117; kritisch *Mayer* DB 1995, 861, 863.
[298] Vgl. Begr. zum Gesetzentwurf des Bundesregierung zum UmwBerG, BT-Drucks. 12/6699, BR-Drucks. 75/94 S. 90 f.
[299] Wie hier iE Lutter/*Teichmann* UmwG § 125 RdNr. 6; aA *Kögel* GmbHR 1996, 168, 172 f. Zum Ganzen auch MünchKommHGB/*Heidinger* RdNr. 94.
[300] AA *Kögel* GmbHR 1996, 168, 172.

Übersicht

	RdNr.		RdNr.
I. Normzweck	1, 2	4. Umgehungen	15–18
II. Tatbestandliche Voraussetzungen	3–18	a) Scheingründung	16
1. Veräußerung der Firma	3–11	b) Scheinübertragung	17
a) Besonderheiten bei Personenfirmen	5	c) Mantelverwendung	18
b) Firmenlizenzen und vergleichbare Rechtsgeschäfte	6–11	**III. Rechtsfolge**	19–21
aa) Grundsatz	6–10	1. Verpflichtungs- und Vollzugsgeschäft	19
bb) Ausnahmen	11	2. Haftungsfolgen	20
2. Ohne das Handelsgeschäft	12, 13	3. Maßnahmen des Registergerichts	21
3. Enger zeitlicher Zusammenhang	14		

I. Normzweck

Die Bestimmung des § 23 trägt der funktionellen Abhängigkeit der Firma vom Handelsgeschäft **1** gemäß § 17 zum **Schutze des Wirtschaftsverkehrs** Rechnung[1] und beinhaltet eine Ausprägung des Grundsatzes der **Firmenwahrheit**. Der Rechtsverkehr versteht die Firma über ihre eigentliche Identifizierungsfunktion (dazu § 17 RdNr. 2) hinaus als Bezeichnung des Unternehmens selbst, womit die Trennung von Firma und ursprünglich benanntem Unternehmen zur Irreführung des Wirtschaftsverkehrs geeignet ist.[2] Der durch § 23 **ausdrücklich** (klarstellend) **normierte** Rechtssatz des **Verbots der Leerübertragung,** welcher induktiv bereits aus den §§ 22, 24 gewonnen werden kann, soll die von einer ohne wirtschaftliche Unterlage übertragenen Firma ausgehende Täuschungsgefahr unterbinden und die Herkunftsfunktion der Firma erhalten. Die Fortführung einer nicht den §§ 18, 19 entsprechenden Firma wird somit grundsätzlich durch die Publikumsschutzvorschrift des § 23 auf die in den §§ 22, 24 geregelten Fälle beschränkt.[3]

Damit bringt § 23 ebenso wie die §§ 21, 22 und 24 (vgl. auch Artt. 22, 38 EGHGB) zum **2** Ausdruck, dass das Gesetz ein Interesse an der Firmenwerterhaltung nur anerkennt, wenn Firmen- und **Handelsgeschäftskontinuität** simultan aufrechterhalten bleiben.[4] Ein zulässiges Auseinanderfallen von Firma und Handelsgeschäft sieht das HGB nicht vor, die Firma ist zum Schutz der Herkunftsfunktion **akzessorisch** zum Handelsgeschäft: sie „klebt"[5] an ihm und ist als solche kein Verkehrsobjekt. Dies gilt ungeachtet der in umgekehrter Richtung verlaufenden Entwicklungen im Markenrecht (vgl. zunächst § 8 WZG und seine Ersetzung durch § 27 MarkenG),[6] denn der Gesetzgeber hat trotz Reformierung durch das HRefG vom 28. 6. 1998 (BGBl. I S. 1474) an der Vorschrift des § 23 festgehalten und damit die bereits in diesem Zusammenhang ergangene höchstrichterliche Rechtsprechung[7] bestätigt. Gemäß § 16 VAG,[8] § 2 Abs. 2 PartGG ist § 23 auf den **VVaG** und die **Partnerschaftsgesellschaft entsprechend** anzuwenden.

II. Tatbestandliche Voraussetzungen

1. Veräußerung der Firma. Dem Gesetzeswortlaut des § 23 sowie den Regelungen der §§ 22, **3** 24–28 ist zu entnehmen, dass eine **bestehende Firma** übertragbar, indes zwischen Veräußerung

---

[1] BGH Urt. v. 17. 4. 1957 – IV ZR 2/57, BB 1957, 943; BGH Urt. v. 26. 5. 1972 – I ZR 44/71, NJW 1972, 2123; BGH Urt. v. 5. 5. 1977 – II ZR 237/75, BB 1977, 1015 f. = JR 1978, 67 m. Anm. *Hommelhoff; K. Schmidt* HandelsR § 12 II 1; *Forkel,* FS Paulick, 1973, S. 101, 103; Staub/*Hüffer* RdNr. 1; *v. Gierke* ZHR 112 (1949), 1, 6 f.

[2] *Forkel* (Fn. 1) S. 101, 103; *Strohm,* FS E. Ulmer, 1973, S. 333, 335 f.; Staub/*Hüffer* RdNr. 1; Heymann/*Emmerich* RdNr. 1; Röhricht/Graf von Westphalen/*Ammon* RdNr. 1; Koller/*Roth*/Morck RdNr. 1.

[3] Dazu § 22 RdNr. 2; BGH Urt. v. 17. 4. 1957 – IV ZR 2/57, BB 1957, 943; BGH Urt. v. 26. 5. 1972 – I ZR 44/71, NJW 1972, 2123; BGH Urt. v. 5. 5. 1977 – II ZR 237/75, BB 1977, 1015 f. = JR 1978, 67 m. Anm. *Hommelhoff, Forkel* (Fn. 1) S. 101, 103; Schlegelberger/*Hildebrandt*/Steckhan RdNr. 1; Staub/*Hüffer* RdNr. 1; Baumbach/*Hopt* RdNr. 1; Heymann/*Emmerich* RdNr. 1; GK-HGB/*Nickel* RdNr. 1.

[4] BGH Urt. v. 11. 7. 1955 – II ZR 96/54, GRUR 1957, 44, 45; BGH Urt. v. 26. 5. 1972 – I ZR 44/71, NJW 1972, 2123; *Adler* ZHR 85 (1921), 93, 126; *Strohm* (Fn. 2) S. 340; Staub/*Hüffer* RdNr. 1; Röhricht/Graf von Westphalen/*Ammon* RdNr. 1; Koller/*Roth*/Morck RdNr. 1.

[5] *Scheibe* BB 1997, 1489, 1491.

[6] Gesetz v. 23. 4. 1992 – BGBl. I S. 938. Dazu *Fezer* MarkenR § 27 MarkenG RdNr. 2 ff. und § 3 MarkenG RdNr. 52 ff.

[7] BGH Urt. v. 21. 4. 1994 – I ZR 22/92, WM 1994, 1449, 1450 = BGH LM UWG § 16 Nr. 148 (11/1994) m. Anm. *Bokelmann*; BGH Urt. v. 13. 10. 1994 – I ZR 99/92, WM 1995, 43, 46; vgl. auch Heymann/*Emmerich* RdNr. 1; Röhricht/Graf von Westphalen/*Ammon* RdNr. 2; GK/*Nickel* RdNr. 1; *Köhler* DStR 1996, 510, 511.

[8] Zu beachten ist jedoch, dass für kleinere VVaG gemäß § 53 Abs. 1 VAG das Erste Buch des HGB keine entsprechende Anwendung findet.

der Firma und Veräußerung des Handelsgeschäfts zu unterscheiden ist.[9] So liegt die Übertragung der Firma nicht bereits in der Veräußerung des Handelsgeschäfts, sondert erfordert eine **eigenständige Rechtshandlung.** Gleichwohl besteht insoweit nur ein **einseitiges Abhängigkeitsverhältnis,** da die Firma nur mit dem Handelsgeschäft, dieses aber ohne die Firma veräußert werden kann.[10]

4 § 23 hat die „Veräußerung" des Firmenrechts zum Gegenstand, womit nicht die bloße Gestattung der Firmennutzung,[11] sondern – wie bei der Einwilligung im Rahmen des § 22 – ein **dinglicher Vertrag** im Sinne der §§ 398, 413 BGB gemeint ist.[12] Über diesen **derivativen Erwerb** der Firma erhält der Nachfolger das Firmenrecht in seinem **bisherigen Bestand,** mit allen rechtlichen Vorzügen und Schwächen, die es beim Veräußerer hatte.[13] Dies ist vor allem mit Blick auf die Priorität bedeutsam (vgl. etwa § 30 HGB, § 15 iVm. § 5 MarkenG oder § 12 BGB) (wie Fn. 13).

5 a) **Besonderheiten bei Personenfirmen.** Enthält die veräußerte Firma den bürgerlichen Namen des oder eines Veräußerers, ist von der Firma das **Namensrecht** des Veräußerers zu unterscheiden, § 12 BGB. Dieses wird nicht von der Verfügung gemäß §§ 398 ff. BGB erfasst. Einer solchen Annahme steht die persönlichkeitsrechtliche Natur und damit die Nichtübertragbarkeit des Namensrechts entgegen.[14] Statt dessen wird hier regelmäßig von einem **Benutzungsrecht** im Wege einer vertraglichen Gestattung des Namensgebrauchs auszugehen sein,[15] die zumeist konkludent in der Einigung zur Übertragung der Firma liegen wird, da die erstrebte Rechtsfolge der „Firmenverschaffung" die namensrechtliche Zulässigkeit voraussetzt. Hierbei ist die namensrechtliche Gestattung nicht mit der firmenrechtlichen Gestattung – dem dinglichen Vertrag gemäß §§ 398, 413 BGB (vgl. RdNr. 4) – im Sinne des § 22 zu verwechseln. Von besonderem Interesse ist das namensrechtliche Benutzungsrecht, wenn der Nachfolger den benutzten Namen kompromittiert:[16] Der Veräußerer dessen Name in der Firma enthalten ist, kann u. U. sein Namensrecht aus § 12 BGB geltend machen und Unterlassung des Firmengebrauchs verlangen, solange der Erwerber die Firma in „schandbarer" oder „entehrender" Weise gebraucht, da bei Auslegung des Vertrages nach §§ 157, 242 BGB dies nicht gedeckt wird (näher § 22 RdNr. 31).[17]

6 b) **Firmenlizenzen und vergleichbare Rechtsgeschäfte. aa) Grundsatz.** Der enge Wortlaut des § 23 wirft das Problem auf, inwieweit Vertragsgestaltungen möglich sind, die, ohne das Recht an der Firma selbst zu übertragen, mit Wirkung zwischen den Parteien eine Ausübungsberechtigung begründen, sogenannte Firmenlizenz. Unabhängig von der Frage, ob eine **Firmenlizenz mit dinglicher Wirkung** rechtlich überhaupt möglich ist,[18] verbietet § 23 seinem Sinn und Zweck nach jedenfalls jede dinglich wirkende Aufspaltung von Firma und Unternehmen[19] und schränkt die wirtschaftliche Fungibilität der Firma erheblich ein.

7 Indessen wird die Zulässigkeit einer nur **schuldrechtlich wirkenden,** die Benutzung der Firma gestattenden **Lizenz** uneinheitlich beurteilt. Stößt sie in der handelsrechtlich geprägten Rechtspre-

---

[9] *Adler* (Fn. 4) S. 118 und 128; *Forkel* (Fn. 1) S. 101, 102.
[10] Näher *Forkel* (Fn. 1) S. 101, 103; *Roth,* Handels- und GesellschaftsR, § 23, 3; vgl. auch OLG Hamburg Urt. v. 26. 2. 1998 – 3 U 209/97, NJW-RR 1998, 986, 988; OLG Nürnberg Urt. v. 21. 9. 1965 – 3 U 152/64, BB 1966, 1121. Vgl. auch unten RdNr. 9 ff.
[11] So jedoch RG Urt. v. 4. 4. 1883 – I ZR 143/83, RGZ 9, 104, 106; RG Urt. v. 29. 5. 1923 – II ZR II B 1/23, RGZ 107, 31, 33; wohl auch OLG Nürnberg (Fn. 10).
[12] Dazu § 22 RdNr. 26 ff. Ganz hL vgl. *Strohm* (Fn. 2) S. 336; *Forkel* (Fn. 1) S. 101 ff., 110; *Köhler,* FS Fikentscher, 1998, S. 494, 499; *ders.* DStR 1996, 510, 511; *Canaris* HandelsR § 10 RdNr. 30; Staub/*Hüffer* RdNr. 3; Heymann/*Emmerich* RdNr. 4; Röhricht/Graf von Westphalen/*Ammon* RdNr. 5.
[13] *Adler* (Fn. 4) S. 119 f.; *Forkel* (Fn. 1) S. 101, 105 f.; *Strohm* (Fn. 2) S. 336; Bedenken äußert *Köhler* DStR 1996, 510, 512.
[14] Dazu BGH Urt. v. 23. 9. 1992 – I ZR 251/90, BGHZ 119, 237, 240 = NJW 1993, 918, 919; Palandt/*Heinrichs* § 12 RdNr. 14 mwN; vgl. auch *Köhler* (Fn. 12) S. 494, 495 ff.; *ders.* DStR 1996, 510, 511.
[15] *Forkel* (Fn. 1) S. 101, 113 f.; *Köhler* (Fn. 12) S. 494, 498, 500, der bereits eine Duldungspflicht als Nebenpflicht des Kaufvertrages oder sonstigen Vertrages annimmt; *W.-H. Roth,* in: Die Reform des Handelsstandes, S. 31, 61; Staub/*Hüffer* § 22 RdNr. 24; MünchKommHGB/*Heidinger* RdNr. 12.
[16] *Canaris* HandelsR § 10 RdNr. 38; *Forkel* (Fn. 1) S. 101, 114; *Köhler* (Fn. 12) S. 494, 498, 506 f.; *Krüger-Nieland,* FS Fischer, 1979, S. 339, 348; vgl. auch BGH Urt. v. 26. 2. 1960 – I ZR 159/58, BGHZ 32, 103, 111.
[17] *Canaris* HandelsR § 10 RdNr. 38; *Köhler* (Fn. 12) S. 494, 498, 506 ff. (diese beiden auch zu weiteren Fallkonstellationen); *Krüger-Nieland* (Fn. 16) S. 339, 348; *W.-H. Roth,* in: Die Reform des Handelsstandes, S. 31, 62; zu weitgehend die Annahme eines Widerrufs- oder Rückrufrechts – dazu § 22 RdNr. 31. AA *Götting,* Persönlichkeitsrechte als Vermögensrechte, S. 121 f.
[18] Näher *Forkel* (Fn. 1) S. 101, 113 f.; *Schricker,* FS v. Gamm, 1973, S. 289, 295 ff. Für das MarkenG und das frühere WZG *Fezer* (Fn. 6) § 30 MarkenG RdNr. 6 ff.
[19] Im Erg. ebenso *Canaris* HandelsR § 11 RdNr. 15; MünchKommHGB/*Heidinger* RdNr. 15; Staub/*Hüffer* RdNr. 4; Heymann/*Emmerich* RdNr. 3; Röhricht/Graf von Westphalen/*Ammon* RdNr. 6; Koller/*Roth*/Morck RdNr. 2; *K. Schmidt* (Fn. 1) § 12 II 1 a; wohl auch *Schricker* (Fn. 18) S. 289, 300 f.

chung und Literatur wohl überwiegend auf Ablehnung,[20] wird sie teilweise, gestützt durch weite Teile der wettbewerbsrechtlichen Literatur, in Übertragung von Rechtsgedanken aus dem Markenrecht für zulässig erachtet.[21]

Für ihre **Zulässigkeit** wird vorgetragen, dass der Schutzzweck des § 23 nicht berührt werde, da mit der geschäftlichen Beziehung zwischen Lizenzgeber und Lizenznehmer keine Aufspaltung im Sinne von § 23 und daher kein „Firmenhandel" vorliege.[22] Ferner zeige die Anerkennung schuldrechtlich wirkender Lizenzen bei anderen Immaterialgüterrechten, insbesondere der Zulassung der Markenlizenz bereits entgegen dem früheren § 8 WZG (seinerzeit h.M. zum WZG, nunmehr ausdrücklich normiert durch § 30 MarkenG),[23] dass der formale Bindungsgrundsatz ein überflüssiges Mittel zum Schutz vor Irreführungen bilde, der zudem wegen der Möglichkeit des Mantelkaufes leerliefe.[24] **8**

Diese Argumentation vermag zumindest dann nicht zu überzeugen, wenn es um eine Verwendung der Firma als eigene geht **(Firmenverdoppelung oder -aufspaltung)**. Mit der Gegenmeinung ist die **Zulässigkeit** so verstandener schuldrechtlicher Firmenlizenzen im Wege der erweiternden Auslegung des § 23 **zu verneinen.** Die zu unterbindende Täuschungseignung ist von der dogmatischen Konstruktion des „Firmenverschaffungsvorganges" unabhängig.[25] § 23 bindet die Firma an das dazugehörige Handelsgeschäft (einseitige Akzessorität); die Nutzung der Firma durch einen anderen als den ursprünglichen Firmeninhaber soll auf die engen Fälle der §§ 22, 24 beschränkt sein (vgl. RdNr. 1 f.).[26] Dieser Publikumsschutz steht nicht zur Disposition des Firmeninhabers. Insoweit verfängt auch nicht die auf eine Parallele zu anderen Immaterialgüterrechten gestützte Gedankenführung, da die teleologische Auslegung des § 23 vom übrigen Immaterialgüterrecht unabhängig ist und ihr vorgeht. Insbesondere die Heranziehung des Markenrechts hat an Argumentationskraft verloren, da der Gesetzgeber hier die Akzessorität und damit das Verbot der Leerübertragung unter erheblicher Abschwächung der Herkunftsfunktion[27] aufgehoben hat (vgl. §§ 27, 30 MarkenG), ohne in § 23 eine entsprechende Regelung zu treffen.[28] Ebenso behält die Identifizierungsfunktion der Firma gemäß § 17 ihre elementare Bedeutung; ein Unternehmen kann mehrere Marken, aber nur eine Firma haben.[29] Der Sachverhalt liegt anders als beim Mantelkauf, weil der Wirtschaftsverkehr vor einer Änderung oder Aufgabe des Unternehmensgegenstandes desselben Unternehmens niemals geschützt ist (vgl. auch RdNr. 18). Daher ist grundsätzlich an einer erweiternden Auslegung und **Unterbindung von dogmatischen Umgehungskonstruktionen** festzuhalten: Firmenaufspaltung oder -verdoppelung sind in jeder Form grundsätzlich[30] unzulässig. **9**

Anders zu beurteilen ist die Frage, ob im Wege der schuldrechtlichen Gebrauchsgestattung einem Dritten die Möglichkeit der Verwendung der Firmenkennzeichnung zu bestimmten Zwecken gestattet werden kann.[31] Kein Firmenhandel, sondern eine **Art der legitimen wirtschaftlichen Verwertung** des in der Firma verkörperten Wertes ist daher der (relative) Verzicht auf die Geltendmachung des sich aus dem Ausschließlichkeitsrecht ergebenden Unterlassungsansprüchen gegenüber dem Gestattungsempfänger, so dass dieser die (Firmen)Kennzeichen nicht zur Firmierung wohl aber – vorbehaltlich anderer gesetzlicher Schranken – zu anderen Zwecken, wie beispielsweise im Rahmen der Werbung, verwenden kann. Beispiel: XL-GmbH gestattet der K-AG die Verwendung der Marke XL. **10**

---

[20] KG Urt. v. 3. 12. 1907 – XI ZS, OLGR 16, 80 f.; beiläufig auch RG Urt. v. 8. 6. 1903 – 121/03 I, JW 1903, 293 Nr. 16; BGH Urt. v. 11. 7. 1955 – II ZR 96/54, GRUR 1957, 44, 45; BGH Urt. v. 26. 2. 1960 – I ZR 159/58, BGHZ 32, 103, 105; OLG Hamburg (Fn. 10). Für die Literatur Staub/*Hüffer* RdNr. 4; Heymann/*Emmerich* RdNr. 3; Koller/*Roth*/Morck RdNr. 2; *K. Schmidt* (Fn. 1) § 12 II 1 a; Strohm (Fn. 2) S. 343; unklar Röhricht/Graf von Westphalen/*Ammon* RdNr. 6.
[21] *Canaris* HandelsR § 10 RdNr. 43 *Köhler* DStR 1996, 510, 513 ff.; *Schricker* (Fn. 18) S. 289 ff. mwN insb. in Fn. 7; *Bußmann*, Name, Firma, Marke, S. 119 f.
[22] So *Canaris* HandelsR § 10 RdNr. 43 und § 11 RdNr. 15; vgl. auch *Schricker* (Fn. 18) S. 289, 299; *Köhler* DStR 1996, 510, 514.
[23] Nähere Darstellung und weitergehende Nachw. bei *Fezer* (Fn. 6) § 30 MarkenG RdNr. 6 und 10.
[24] Zum Ganzen ausf. *Schricker* (Fn. 18) S. 289 ff. Zum Mantelkauf auch RdNr. 18.
[25] Treffend Staub/*Hüffer* RdNr. 4; vgl. auch BGH Urt. v. 11. 7. 1955 – II ZR 96/54, GRUR 1957, 44, 45.
[26] Heymann/*Emmerich* RdNr. 3; Staub/*Hüffer* RdNr. 4; *K. Schmidt* (Fn. 1) § 12 II 1; wohl auch Straube/*Schuhmacher* RdNr. 2.
[27] Näher *Fezer* (Fn. 6) Einl. MarkenG RdNr. 30 ff. m. zahlreichen w. Nachw.
[28] Vgl. dazu RdNr. 2; *K. Schmidt* (Fn. 1) § 12 II 1 a; Koller/*Roth*/Morck RdNr. 1; *Beater* GRUR 2000, 119, 122 f., 124.
[29] *Beater* GRUR 2000, 119, 124 mwN; Staub/*Hüffer* § 17 RdNr. 28 f.
[30] Dazu BGH Urt. v. 22. 11. 1990 – I ZR 14/89, NJW 1991, 1353, 1354; vgl. für Besonderheiten RdNr. 10 f.
[31] Vgl. auch BGH Urt. v. 17. 9. 1969 – I ZR 131/67, GRUR 1970, 528, 531; BGH Urt. v. 21. 3. 1985 – I ZR 190/82, WM 1985, 1242, 1243 f.; BGH Urt. v. 2. 3. 1989 – I ZR 7/87, NJW-RR 1989, 1126, 1127 f.; unklar BGH Urt. v. 18. 3. 1993 – I ZR 178/91, NJW 1993, 2236, 2237; Koller/*Roth*/Morck RdNr. 1.

11 bb) Ausnahmen. Die angeführten Bedenken treten zurück, wenn auch der Geschäftsbetrieb auf den Lizenznehmer übertragen wird und der Lizenzgeber sich verpflichtet, auf den Gebrauch der Firma für die Dauer der Gestattung zu verzichten, da damit die Gefahr der Täuschung durch Firmenverdoppelung ausgeschlossen wird.[32] In diesem Fall liegt in der schuldrechtlichen Konstruktion keine Umgehung des § 23. Der BGH hat zudem die nur mit schuldrechtlicher Wirkung vereinbarte **„doppelte Firmenführung"**[33] für eine begrenzte Zeit **zu Abwicklungszwecken** – ohne weitere werbende Tätigkeit – für möglich erachtet, wenn die Ernsthaftigkeit des Liquidationsbeschlusses zweifelsfrei feststeht.[34] Eine Verallgemeinerung dieser Aussage scheidet jedoch auf Grund der besonderen Umstände des Falles aus. Innerhalb dieser Sachverhalte entsteht das Recht zur Führung der Firma **originär** und nicht durch Ableitung aus dem alten Bestand. Kommt es auf die Priorität des Firmenrechts an, besteht jedoch in Analogie zu **§ 986 Abs. 1 BGB** die Möglichkeit, dass der Lizenznehmer sich im Wege der Einrede auf das prioritätsältere Recht des Lizenzgebers beruft.[35]

12 2. Ohne das Handelsgeschäft.[36] Da § 23 das sich aus den §§ 22, 24 bereits induktiv ergebende Verbot der Leerübertragung ausspricht, ergibt sich im Umkehrschluss, dass an die Unternehmensübertragung die sich **aus § 22 ergebenden tatbestandlichen Anforderungen** zu stellen sind.[37] Mithin ist die Übertragung eines bloßen Unternehmensteils oder Geschäftszweigs ungenügend; statt dessen ist die Übertragung des Unternehmens in der Weise zu fordern, dass die mit dem Firmenrecht verbundene Geschäftstradition grundsätzlich vom Erwerber fortgeführt werden könnte.[38] Zu beachten ist allerdings, dass im Insolvenz- wie im Liquidationsfall im Interesse einer wirtschaftlich sinnvollen Verwertung der verbliebenen Vermögenswerte keine zu strengen Maßstäbe bei der Beurteilung des Erfordernisses des Betriebsüberganges anzulegen sind, sofern das Unternehmen an sich noch betriebsfähig ist.[39] Zu den Einzelheiten vgl. § 22 RdNr. 9, 15, 42 ff.

13 Dagegen ist für den in § 23 vorausgesetzten Betriebsübergang weder die tatsächliche noch allein die beabsichtigte künftige Unternehmensfortführung des Erwerbers erforderlich.[40] Für den **Übertragungstatbestand** im Sinne von § 23 ist allein der Wille der Vertragspartner bedeutsam, die Firma verbunden mit dem Handelsbetrieb zu veräußern. Ob der Erwerber den Betrieb überhaupt oder in seiner bisherigen Form fortführt, ist unerheblich: ein entsprechendes Erfordernis würde zudem zu unnötiger Rechtsunsicherheit führen.[41] Das Gesagte ergibt sich auch daraus, dass in der Regel nur das Recht zur Firmenfortführung erworben, aber keine Pflicht hierzu begründet wird. Etwaige vertragliche Verpflichtungen gegenüber dem Veräußerer haben für den Übertragungstatbestand grundsätzlich keine Bedeutung.[42] Zur Übertragbarkeit einer **Zweigniederlassung** mit der Firma die grundsätzlich mit § 23 vereinbar ist[43] vgl. § 22 RdNr. 14.

14 3. Enger zeitlicher Zusammenhang. Um den Normzweck zu erreichen, muss die Übertragung von Handelsgeschäft und Firma in unmittelbarem zeitlichen Zusammenhang erfolgen.[44] Damit ist es regelmäßig unvereinbar, wenn die Firmenübertragung unter einer **aufschiebenden Bedingung** vorgenommen oder an einen in weiterer Entfernung liegenden **Anfangstermin** geknüpft wird.[45] Anders zu beurteilen ist die aufschiebende Bedingung, die sowohl die Firmen- als

---

[32] BGH Urt. v. 21. 3. 1985 – I ZR 190/82, WM 1985, 1242, 1243 f.; Heymann/*Emmerich* RdNr. 3; Röhricht/Graf von Westphalen/*Ammon* RdNr. 6.
[33] Röhricht/Graf von Westphalen/*Ammon* RdNr. 6.
[34] BGH Urt. v. 22. 11. 1990 – I ZR 14/89, NJW 1991, 1353, 1354 f. Hierzu auch § 22 RdNr. 15.
[35] BGH Urt. v. 18. 3. 1993 – I ZR 178/91, BGHZ 122, 71 = NJW 1993, 2236; BGH Urt. v. 21. 4. 1994 – I ZR 22/92, NJW 1994, 2765; OLG Hamburg (Fn. 10); *Köhler* (Fn. 12) S. 494, 502; *ders.* DStR 1996, 510, 513; *Schricker* (Fn. 18) S. 289, 300; Röhricht/Graf von Westphalen/*Ammon* RdNr. 6; aA OLG München Urt. v. 19. 3. 1987 – 6 U 2745/86, WRP 1987, 570, 571.
[36] Zum Begriff des Handelsgeschäfts § 22 RdNr. 6.
[37] Staub/*Hüffer* RdNr. 7; Heymann/*Emmerich* RdNr. 6; Röhricht/Graf von Westphalen/*Ammon* RdNr. 3.
[38] BGH Urt. v. 22. 11. 1990 – I ZR 14/89, NJW 1991, 1353, 1354; BGH Urt. v. 26. 5. 1972 – I ZR 44/71, NJW 1972, 2123; OLG Hamburg (Fn. 10); OLG Frankfurt Urt. v. 16. 5. 1978 – 5 U 65/78, DB 1980, 250 (nicht vollständig abgedruckt).
[39] BGH Urt. v. 22. 11. 1990 – I ZR 14/89, NJW 1991, 1353, 1354; BGH Urt. v. 26. 5. 1972 – I ZR 44/71, NJW 1972, 2123; Staub/*Hüffer* § 22 RdNr. 6.
[40] BGH Urt. v. 26. 5. 1972 – I ZR 44/71, NJW 1972, 2123; Staub/*Hüffer* RdNr. 7; Schlegelberger/*Hildebrandt/Steckhan* RdNr. 2; Röhricht/Graf von Westphalen/*Ammon* RdNr. 4; Straube/*Schuhmacher* RdNr. 2.
[41] BGH Urt. v. 26. 5. 1972 – I ZR 44/71, NJW 1972, 2123 f.
[42] Vgl. dazu auch *Schrom* DB 1964, Beilage Nr. 15 (34).
[43] BGH Urt. v. 17. 4. 1957 – IV ZR 2/57, WM 1957, 1152; BGH Urt. v. 13. 10. 1980 – II ZR 116/79, WM 1980, 1360, 1361.
[44] BGH Urt. v. 22. 11. 1990 – I ZR 14/89, NJW 1991, 1353, 1354; *Köhler* (Fn. 12) S. 494, 505; Staub/*Hüffer* RdNr. 7; Röhricht/Graf von Westphalen/*Ammon* RdNr. 3 und 5.
[45] Vgl. § 22 RdNr. 29; ferner Staub/*Hüffer* RdNr. 5; Röhricht/Graf von Westphalen/*Ammon* RdNr. 5.

auch die Geschäftsübertragung erfasst. Solange Firma und Geschäftsbetrieb im Zeitpunkt des Bedingungseintritts noch bestehen, begegnet diese keinen Bedenken. Desgleichen ist die Vereinbarung einer **auflösenden Bedingung,** einer **Befristung** oder eines **Widerrufsvorbehalts** grundsätzlich möglich; wegen Einzelheiten wird auf § 22 RdNr. 30 f. verwiesen.

4. Umgehungen. Zum Verständnis des Veräußerungsbegriffes und zur Umgehung im Wege der 15 Firmenlizenz bereits oben RdNr. 6 ff., insb. 9.

a) Scheingründung. Voraussetzung für die Übertragung der Firma ist das Bestehen einer Firma 16 (vgl. bereits RdNr. 3). Daher liegt kein Fall des § 23 vor, wenn ein Unternehmen nur zum Schein gegründet, ein Gewerbe also überhaupt nicht betrieben wurde. Eine Firma ist in diesem Fall nicht entstanden. Dies gilt auch bei erfolgter Handelsregister"eintragung, denn § 5 findet bei Fehlen eines „Gewerbes" keine Anwendung. Da eine nicht bestehende Firma nicht übertragen zu werden vermag, kann der vermeintliche Firmenerwerber kein Firmenrecht erhalten. Auf § 23 kommt es somit nicht an.[46]

b) Scheinübertragung. Keine zusammenhängende Übertragung von Unternehmen und Firma 17 und damit ein Verstoß gegen § 23 liegt vor, wenn die Veräußerung des (tatsächlich betriebenen) Unternehmens nur zum Schein erfolgt, um die Übertragung der Firma zu ermöglichen, da der Unternehmensveräußerungsvertrag gemäß § 117 BGB nichtig ist. Hier ist auch die beabsichtigte Firmenveräußerung gemäß § 23 iVm. § 134 BGB nichtig.[47]

c) Mantelverwendung. Läßt man die **Mantelgründung** mit anschließender Mantelverwertung 18 und den **Mantelkauf** grundsätzlich zu,[48] so liegt darin zwar eine tatsächliche, nicht jedoch eine rechtliche Umgehung des Verbots der Leerübertragung.[49] Unerheblich ist, ob die Gesellschaft ihren Geschäftsbetrieb eingestellt hat, ob sie über genügend Vermögen verfügt, um ihrem satzungsmäßigen Unternehmensgegenstand nachgehen zu können oder ob sie auf Vorrat gegründet wurde und noch keine Geschäftstätigkeit ausgeübt hat **(Vorrats-GmbH)**.[50] Die Kapitalgesellschaft als juristische Person besteht bis zu ihrer Löschung im Handelsregister unabhängig von ihrem tatsächlichen Geschäftsbetrieb. Dieser Mantel ohne „stofflichen Kern" kann daher zum geschäftlichen Neuanfang unter Verwendung der eingetragenen Gesellschaft genutzt werden, sei es durch die ursprünglichen Gesellschafter, sei es durch Erwerber des Mantels. Da die Gesellschaft in ihrem (Rest-)Bestand im Ganzen übergeht, bleibt beim Veräußerer nichts zurück; eine Täuschung des Wirtschaftsverkehrs ist daher nicht zu besorgen.[51] Dieser Vorgang ist daher von § 23 nicht untersagt – vgl. zur firmenrechtlichen Beurteilung auch § 22 RdNr. 10.

III. Rechtsfolge

1. Verpflichtungs- und Vollzugsgeschäft. § 23 richtet sich gegen die Leerübertragung der 19 Firma und ist damit gesetzliches Verbot im Sinne von **§ 134 BGB.** Die gegen § 23 verstoßende Firmenübertragung (Vollzugsgeschäft) ist daher nichtig.[52] Da die Firma ohne das Handelsgeschäft zu keiner Zeit übertragen werden kann, ist das hierauf bezogene zugrundeliegende Verpflichtungsgeschäft auf eine anfänglich objektiv unmögliche Leistung gerichtet und folglich gemäß **§ 306 BGB** ebenfalls nichtig.[53] Ob der Verpflichtungsvertrag in seiner Gesamtheit nichtig ist, richtet sich nach **§ 139 BGB.**[54] Folgerichtig kann eine auf die selbständige Übertragung der Firma gerichtete **Klage**

---

[46] Staub/*Hüffer* RdNr. 8; Straube/*Schuhmacher* RdNr. 2; Röhricht/Graf von Westphalen/*Ammon* RdNr. 7; vgl. auch MünchKommHGB/*Heidinger* RdNr. 5.
[47] Staub/*Hüffer* RdNr. 8; Heymann/*Emmerich* RdNr. 3; Straube/*Schuhmacher* RdNr. 2; Röhricht/Graf von Westphalen/*Ammon* RdNr. 7; MünchKommHGB/*Heidinger* RdNr. 5.
[48] Hierzu schon § 22 RdNr. 10; BGH 9. 12. 2002 – II ZB 12/02, BGHZ 153, 158, 160 ff. = NJW 2003, 892; ferner BGH Urt. v. 16. 3. 1992 – II ZB 17/91, BGHZ 117, 323, 330 = NJW 1992, 1824, 1825; K. *Schmidt* GesellschaftsR § 4 III; *Brandes* WM 1995, 641; *Priester* DB 1983, 2291 ff.
[49] Vgl. auch Staub/*Hüffer* Vor § 22 RdNr. 58; Koller/*Roth*/Morck RdNr. 2; Röhricht/Graf von Westphalen/*Ammon* RdNr. 8; HK/*Ruß* RdNr. 2; *Köhler* DStR 1996, 510, 511; differenzierend *Beater* GRUR 2000, 119, 125 f.: abl., wenn GmbH unternehmerisch tätig war, aber nicht mehr über ein Handelsgeschäft verfügt und die GmbH trotz Einstellung der Geschäftstätigkeit noch good will verfügt.
[50] Hierzu *Brandes* WM 1995, 641; *Priester* DB 1983, 2291 ff.
[51] Ebenso MünchKommHGB/Heidinger RdNr. 2; Kritisch *Beater* GRUR 2000, 119, 125 f.
[52] RG Urt. v. 25. 4. 1906 – I ZR I 507/05, RGZ 63, 226, 228; Staub/*Hüffer* RdNr. 9; Schlegelberger/*Hildebrandt*/Steckhan RdNr. 2; Heymann/*Emmerich* RdNr. 2; HK/*Ruß* RdNr. 1 (allgM).
[53] NF Urt. v. 13. 6. 1996 – VI 659/92, StB 1997, 115, 117; Staub/*Hüffer* RdNr. 9.
[54] BGH Urt. v. 5. 5. 1977 – II ZR 237/75, BB 1997, 1015 = JR 1978, 67 m. zust. Anm. *Hommelhoff*; NF (Fn. 53); so auch für Verkauf eines Unternehmensteils Staub/*Hüffer* RdNr. 9; Röhricht/Graf von Westphalen/*Ammon* RdNr. 9; ähnl. für § 879 ABGB Straube/*Schuhmacher* RdNr. 3.

§ 24

keinen Erfolg haben, sofern nicht das Unternehmen schon vor Klageerhebung von dem bisherigen Inhaber auf den Kläger übertragen worden ist.[55]

20 **2. Haftungsfolgen.** Die Nichtigkeit des Übertragungsakts führt dazu, dass die Firma dem vermeintlichen Erwerber materiell-rechtlich nicht zusteht. Schließt der vermeintliche Erwerber unter der ihm nicht zustehenden Firma Rechtsgeschäfte, so treffen die Folgen nach den allgemeinen Zurechnungsregeln (§ 17 RdNr. 2) grundsätzlich den wahren Firmeninhaber. Freilich setzt die wirksame Verpflichtung des Firmeninhabers prinzipiell voraus, dass der für ihn Handelnde Vertretungsmacht hatte, woran es bei dem vermeintlichen Erwerber regelmäßig fehlen wird. Eine Haftung des vermeintlichen Veräußerers kann aber auf Rechtsscheingrundsätze gestützt werden, wenn er in zurechenbarer Weise den Anschein veranlasst hat, selbst aus den vom Erwerber geschlossenen Geschäften verpflichtet zu werden. In anders gelagerten Fällen kommt eine Haftung des vermeintlichen Erwerbers aus Rechtsscheingrundsätzen in Betracht: Ruft der Erwerber durch sein Verhalten in zurechenbarer Weise den Anschein hervor, selbst durch die unter der Firma geschlossenen Geschäfte berechtigt und verpflichtet zu werden, so begründet dies seine Haftung.[56] Ist der Inhaberwechsel in das Handelsregister eingetragen worden, so kommt eine Haftung nach **allgemeinen Rechtscheingrundsätzen** in Betracht. Dagegen scheidet eine Anwendung des § 15 Abs. 3 und des § 25 nach hier vertretener Auffassung grundsätzlich aus (str.; vgl. zum Ganzen § 25 RdNr. 31 ff.).

21 **3. Maßnahmen des Registergerichts.** Gebraucht der vermeintliche Erwerber die zufolge § 23 iVm. § 134 BGB nicht übergegangene Firma, liegt darin ein Firmenmissbrauch im Sinne von § 37 Abs. 1.[57] Das Registergericht kann nach Maßgabe des § 140 FGG den Firmengebrauch untersagen. Ist der vermeintliche Inhaberwechsel in das Handelsregister eingetragen worden, kommt auch das Verfahren der Amtslöschung nach §§ 142 f. FGG in Betracht (dazu § 37 RdNr. 15).

§ 24 [Fortführung bei Änderungen im Gesellschafterbestand]

(1) Wird jemand in ein bestehendes Handelsgeschäft als Gesellschafter aufgenommen oder tritt in einer neuer Gesellschafter in eine Handelsgesellschaft ein oder scheidet aus einer solchen ein Gesellschafter aus, so kann ungeachtet dieser Veränderung die bisherige Firma fortgeführt werden, auch wenn sie den Namen des bisherigen Geschäftsinhabers oder Namen von Gesellschaftern enthält.

(2) Bei dem Ausscheiden eines Gesellschafters, dessen Name in der Firma enthalten ist, bedarf es zur Fortführung der Firma der ausdrücklichen Einwilligung des Gesellschafters oder seiner Erben.

Schrifttum: Siehe bei § 22; darüber hinaus: *Felsner*, Fortführung der Firma bei Ausscheiden des namensgebenden Gesellschafters nach dem Handelsrechtsreformgesetz, NJW 1998, 3255; *Hüffer*, Das Namensrecht des ausscheidenden Gesellschafters als Grenze zulässiger Firmenfortführung, ZGR 1986, 137; *Klunzinger*, Firmenrechtliche Grenzen bei der GmbH & Co. KG, DB 1973, 1881; *Schrom*, Die abgeleitete Firma (§§ 21–24 HGB), DB 1964, Beilage 15, Heft 34; *Sommer*, Umwandlung einer GbR in eine Partnerschaftsgesellschaft, NJW 1998, 3549; *Steinbeck*, Die Verwertbarkeit der Firma und der Marke in der Insolvenz, NZG 1999, 133; *Wessel*, Die engen Grenzen der Fortführung der abgeleiteten Firma, BB 1964, 1365.

Übersicht

	RdNr.		RdNr.
I. Normzweck	1, 2	5. Art und Weise der Firmenfortführung	14–17
II. Anwendungsbereich	3–9	a) Grundsatz	14
III. Allgemeine tatbestandliche Voraussetzungen	10–17	b) Nachfolgezusatz	15
		c) Einzelprobleme	16, 17
1. Bestehendes Handelsgeschäft und Firmenkontinuität	10	IV. Anwendungsfälle des § 24 Abs. 1	18–22
		1. Aufnahme eines Gesellschafters in ein bestehendes Handelsgeschäft	18
2. Eintragung	11	2. Aufnahme und Ausscheiden eines Gesellschafters einer Handelsgesellschaft	19–22
3. Grundsatz der Einwilligungsfreiheit	12		
4. Fortführungsrecht und -wille	13	a) Grundfälle	19, 20

---

[55] RG Urt. v. 25. 4. 1906 – I ZR I 507/05, RGZ 63, 226, 228 f.; Staub/*Hüffer* RdNr. 9; Heymann/*Emmerich* RdNr. 4; Röhricht/Graf von Westphalen/*Ammon* RdNr. 9.
[56] Vgl. auch Staub/*Hüffer* RdNr. 10; weitergehend Heymann/*Emmerich* RdNr. 5: Der vermeintliche Erwerber solle schon nach allgemeinen Zurechnungsgrundsätzen berechtigt und verpflichtet sein, wenn er unter einer ihm nicht zustehenden Firma abschließe.
[57] Staub/*Hüffer* RdNr. 10; Heymann/*Emmerich* RdNr. 5; Koller/*Roth*/Morck RdNr. 4.

	RdNr.		RdNr.
b) Besondere Fallgestaltungen	21, 22	b) Besondere Konstellationen	27
V. Einwilligungserfordernis des § 24 Abs. 2	23–32	3. Einwilligung	28–30
		a) Zustimmungsberechtigter	28
1. Rechtsnatur und Begriff der Einwilligung	23, 24	b) Ausdrücklichkeit, Form, Zeitpunkt	29
2. Tatbestandliche Voraussetzungen des Einwilligungserfordernisses	25–27	c) Tragweite der Erklärung	30
		4. Rechtsfolgen	31, 32
a) Grundsätze	25, 26		

I. Normzweck

Abs. 1 liegt wie den §§ 21, 22 der Gedanke der **Firmenwerterhaltung** für die Zukunft zugrunde (vgl. § 21 RdNr. 1 f., § 22 RdNr. 1).[1] Sowohl der Übergang vom Einzel- zum Gesellschaftsunternehmen und umgekehrt als auch Veränderungen im Gesellschafterbestand sollen bei ansonsten bestehender Unternehmenskontinuität nicht durch gesetzlichen Zwang zur Neufirmierung unnötigerweise den bisher geschaffenen, in der Firma verkörperten Eigenwert der geschäftlichen Leistung oder des Unternehmens („good will"), den ideellen und materiellen Firmenwert zunichte machen.[2] Abs. 1 enthält danach zugunsten der Inhaber eine Durchbrechung des – durch das HRefG vom 28. 6. 1998 (BGBl. I S. 1474) ohnehin zurückgestuften[3] – Gebots der Firmenwahrheit[4] durch den **Grundsatz der Firmenkontinuität.**[5] Wie bei § 22 – und im Unterschied zu § 21 (dort RdNr. 2) – ist die nach § 24 fortgeführte eine abgeleitete Firma.[6] Durch die mit dem HRefG eingefügte Ergänzung (Abs. 1, letzter Teilsatz) wird nunmehr ausdrücklich klargestellt, dass die Firma selbst dann fortgeführt werden kann, wenn sie den Namen des ausscheidenden oder ausgeschiedenen Geschäftsinhabers oder Gesellschafters enthält.[7]

Abs. 2 dient als Ausgleich gegenüber dem wirtschaftlichen Fortführungsinteresse der Gesellschaft dem **Schutz des ausscheidenden namengebenden Gesellschafters:** Ist keine abweichende vertragliche Regelung getroffen, so ist im Zweifel anzunehmen, dass das Interesse des namengebenden Gesellschafters betreffend die Weiterverwendung seines Namens Vorrang vor dem auf die Firmenfortführung gerichteten Interesse der Gesellschaft hat.[8] Aufseiten des ausscheidenden Gesellschafters kann nämlich durchaus ein berechtigtes und durchsetzungswürdiges Interesse bestehen, nicht mehr mit der Gesellschaft in Verbindung gebracht zu werden,[9] etwa weil deren Verwendung den Vorstellungen des Namengebenden widerspricht[10] oder weil bei einer späteren Firmengründung die Firmenwahl nicht beschränkt sein soll.[11] Dies hat sich auch nicht durch den Wegfall des Zwangs zur Personenfirma geändert,[12] weil sich das Interesse am eigenen Familiennamen grds. auch künftig als vorrangig gegenüber dem Gesellschaftsinteresse erweist. Dem Firmenstifter (Namengeber) steht daher grundsätzlich das Recht zu, seinen Namen bei Ausscheiden wieder „mitzunehmen".[13] Die Einbringung des Namens ist nach der gesetzlichen Wertung im Zweifel nur für die Dauer der Mitgliedschaft erfolgt und erfordert deshalb für die weitere Nutzung die ausdrückliche Einwilligung des im Namens- und damit im Persönlichkeitsrecht betroffenen ausscheidenden Gesellschafters oder

---

[1] *Wessel* DB 1964, 1365; *Bokelmann,* Das Recht der Firmen und Geschäftsbezeichnungen, RdNr. 685; Staub/*Hüffer* RdNr. 1; Baumbach/*Hopt* RdNr. 1.
[2] Staub/*Hüffer* RdNr. 1; Heymann/*Emmerich* RdNr. 1; Schlegelberger/*Hildebrandt*/Steckhan RdNr. 2.
[3] Vgl. hierzu näher § 18 RdNr. 5 und 35 f.; Begründung zum Gesetzentwurf der Bundesregierung, BT-Drucks. 13/8444, BR-Drucks. 340/97 S. 36 f.; *Jung* ZIP 1998, 677, 678; *Kögel* BB 1998, 1645, 1647; vgl. auch *K. Schmidt* NJW 1998, 2161, 2167.
[4] Staub/*Hüffer* RdNr. 1; Röhricht/Graf von Westphalen/*Ammon* RdNr. 1; MünchKommHGB/*Heidinger* RdNr. 1.
[5] *Canaris* HandelsR § 11 RdNr. 20; *Roth,* Handels- und GesellschaftsR, § 23, 3; *Lindacher* BB 1977, 1676, 1677, 1678; *Schrom* DB 1964, Beilage Nr. 15 (34); Straube/*Schuhmacher* § 24 RdNr. 1.
[6] *Bokelmann* (Fn. 1) RdNr. 685.
[7] Begründung zum Gesetzentwurf der Bundesregierung, BT-Drucks. 13/8444, BR-Drucks. 340/97 S. 57; vgl. *W.-H. Roth,* in: Die Reform des Handelsstandes, S. 31, 57 f.
[8] BGH Urt. v. 9. 1. 1989 – II ZR 142/88, NJW 1989, 1798, 1799; BGH Urt. v. 9. 7. 1984 – II ZR 231/83, BGHZ 92, 79, 82 = WM 1984, 1425 f.; BayObLG Beschl. v. 26. 11. 1997 – 3 Z BR 279/97, NJW 1998, 1158, 1159; OLG München Urt. v. 16. 9. 1999 – 6 U 6228/98, DB 1999, 2353, 2354; Koller/*Roth*/Morck RdNr. 1; GK/*Nickel* RdNr. 17; Straube/*Schuhmacher* RdNr. 1; *Bokelmann* (Fn. 1) RdNr. 685; *Köhler,* FS Fikentscher, 1998, S. 494, 498 Fn. 8; *Hüffer* ZGR 1986, 137, 143; wohl auch *K. Schmidt* HandelsR § 12 I 3 c (vgl. aber sub a); aA *W.-H. Roth,* in: Die Reform des Handelsstandes, S. 31, 58. Für Streichung des Abs. 2 MünchKommHGB/*Heidinger* RdNr. 5.
[9] Vgl. auch *Hüffer* ZGR 1986, 137, 143, 145; Straube/*Schuhmacher* RdNr. 6; Röhricht/Graf von Westphalen/*Ammon* RdNr. 16.
[10] BGH Urt. v. 26. 2. 1960 – I ZR 159/58, BGHZ 32, 103, 111 = NJW 1960, 1008, 1010; Staub/*Hüffer* RdNr. 13.
[11] BGH Urt. v. 9. 1. 1989 – II ZR 142/88, NJW 1989, 1798, 1799; BGH Urt. v. 20. 4. 1972 – II ZR 17/70, BGHZ 58, 322, 325 f. = NJW 1972, 1419, 1420; Staub/*Hüffer* RdNr. 13, vgl auch *Köhler* (Fn. 8) S. 494, 513.
[12] So aber *W.-H. Roth,* in: Die Reform des Handelsstandes, S. 31, 58.
[13] BGH Urt. v. 9. 1. 1989 – II ZR 142/88, NJW 1989, 1798, 1799.

II. Anwendungsbereich

3 Infolge gesetzlicher Anordnung findet § 24 insgesamt entsprechende Anwendung auf die **Partnerschaftsgesellschaft** (§ 2 Abs. 2 1. Halbsatz PartGG).[15] Im Hinblick auf unternehmerisch tätige Gesellschaften bürgerlichen Rechts wird z. T. die analoge Anwendung der Vorschriften befürwortet.[16] Bei Umwandlung einer GbR in eine Partnerschaftsgesellschaft gilt Abs. 2 (§ 2 Abs. 2 2. Halbsatz PartGG).[17] Dagegen fällt mangels besonderer Anordnung weder die stG noch der Ein- und Austritt stiller Gesellschafter in den Anwendungsbereich der Norm: die stG ist als rein schuldrechtliche Innenbeziehung keine Handelsgesellschaft[18] und der Ein- oder Austritt stiller Gesellschafter ist firmenrechtlich ohne Bedeutung, da nur der Inhaber im Handelsgewerbe betreibt und im Rechtsverkehr auftritt (§ 230).[19] Einigkeit besteht auch darüber, dass § 24 das **Handelsgeschäft des Einzelkaufmanns** und alle **Personenhandelsgesellschaften** erfasst;[20] nach wohl überwiegender Ansicht soll dies auch für die GmbH & Co. KG gelten.[21] **Umstritten** ist die Behandlung von **Kapitalgesellschaften,** obwohl diese ebenfalls Handelsgesellschaften im Wortsinn des § 24 sind (§ 13 Abs. 3 GmbHG, § 3 AktG). Unter Hinweis auf das Wesen der juristischen Person, deren Identität vom Wechsel ihrer Mitglieder nicht berührt werde, wird bei diesen überwiegend bereits Abs. 1 nicht angewendet.[22] Wegen der bei Kapitalgesellschaften schon vor der Handelsrechtsreform 1998 möglichen Wahl zwischen Personen- und Sachfirmen (vgl. § 4 Abs. 1 AktG aF, § 4 Abs. 1 GmbHG aF) lehnt die vorherrschende Auffassung in Rechtsprechung und Literatur auch die Anwendung von Abs. 2 ab, zumal es den Gesellschaftern frei stehe, gesellschaftsvertraglich etwas anderes zu vereinbaren.[23]

4 Die überwiegende Ansicht, der zufolge § 24 bei Kapitalgesellschaften keine Anwendung finde, vermag nicht zu überzeugen. Auch bei den Personenhandelsgesellschaften sind nach modernem dogmatischen Verständnis nicht die Gesellschafter als einzelne Rechtssubjekte Inhaber des Unternehmens; vielmehr ist dies hier die als Gesamthand strukturierte Wirkungseinheit oder Gruppe auf der Basis des Gesellschaftsvertrages.[24] Für die Personenhandelsgesellschaften hat der Gesetzgeber die rechtliche Verselbständigung mit dem HRefG vom 22. 6. 1998 bestätigt: Nach § 131 Abs. 1 nF führen der Tod oder die Kündigung eines Gesellschafters grundsätzlich nicht mehr zur Auflösung der Gesellschaft. Dass § 24 nicht für die Kapitalgesellschaften, wohl aber für die Personengesellschaften

---

[14] RG Urt. v. 14. 9. 1938 – II 17/38, RGZ 158, 226, 232; Staub/*Hüffer* RdNr. 13; Heymann/*Emmerich* RdNr. 11.
[15] Hierzu auch BGH NJW 2002, 619; ferner LG Essen RNotZ 2003, 267.
[16] In diesem Sinne OLG Nürnberg NZG 1999, 441; dagegen *Möller* DNotZ 2000, 840.
[17] Zur Reichweite der Verweisung vgl. BayObLG (Fn. 8); OLG Karlsruhe Urt. v. 29. 4. 1999 – 11 Wx 44/98, NJW 1999, 2284; OLG München (Fn. 8).
[18] Vgl. bereits die Überschrift vom 2. Buch; Staub/*Zutt* § 230 RdNr. 7; Röhricht/von Westphalen § 6 RdNr. 2; Röhricht/Graf von Westphalen/*v. Gerkan* § 230 RdNr. 6; Heymann/*Horn* § 230 RdNr. 3.
[19] Staub/*Hüffer* RdNr. 2; Heymann/*Emmerich* RdNr. 2, 10; GK/*Nickel* RdNr. 2.
[20] Staub/*Hüffer* RdNr. 2; Baumbach/*Hopt* RdNr. 1; Heymann/*Emmerich* RdNr. 2; Röhricht/Graf von Westphalen/*Ammon* RdNr. 4; Koller/*Roth*/Morck RdNr. 1; Schlegelberger/*Hildebrandt*/Steckhan RdNr. 1; GK/*Nickel* RdNr. 2.
[21] BGH Beschl. v. 28. 3. 1977 – II ZB 8/76, BGHZ 68, 271, 272 f. = NJW 1977, 1291, 1292; Heymann/*Emmerich* RdNr. 4; anders offenbar BGH Urt. v. 14. 12. 1989 – I ZR 17/88, BGHZ 109, 364, 368 = ZIP 1990, 388, 390 f.; OLG Hamm Urt. v. 25. 6. 1981 – 5 U 46/81, NJW 1982, 586, 587; OLG Düsseldorf Urt. v. 20. 7. 1978 – 2 U 154/77, NJW 1980, 1284 f. jeweils für Abs. 2.
[22] Staub/*Hüffer* RdNr. 2; Heymann/*Emmerich* RdNr. 2; Röhricht/Graf von Westphalen/*Ammon* RdNr. 4; Koller/*Roth*/Morck RdNr. 1; Schlegelberger/*Hildebrandt*/Steckhan RdNr. 1; aA *Schrom* DB 1964, Beilage Nr. 15 (34); jetzt auch GK/*Nickel* RdNr. 2; offenbar auch OLG Hamm Urt. v. 8. 7. 1999 – 15 W 102/99, DB 1999, 1946: „Gemäß § 24 Abs. 1 HGB nF kann – wie in der alten Fassung dieser Vorschrift – im [. . .] Falle des Ausscheidens eines Gesellschafters aus einer *Handelsgesellschaft* die bisherige Firma fortgeführt werden." (Hervorhebung vom Verfasser.)
[23] Vgl. BGH Urt. v. 24. 10. 1991 – I ZR 271/89, WM 1992, 504, 506; BGH Urt. v. 14. 12. 1989 – I ZR 17/88, BGHZ 109, 364, 368; BGH Urt. v. 27. 9. 1982 – II ZR 51/82, BGHZ 85, 221, 224 f. = NJW 1983, 755 f.; BGH Urt. v. 20. 4. 1972 – II ZR 17/70, BGHZ 58, 323, 326 f. = NJW 1419, 1420; BGH Urt. v. 20. 3. 1997 – 4 W 3/97, GmbHR 1997, 1064, 1065; OLG Köln Beschl. v. 16. 11. 1987 – 2 Wx 45/87, WM 1988, 83; OLG Hamm (Fn. 17); OLG Düsseldorf (Fn. 17); OLG Frankfurt Urt. v. 16. 5. 1978 – 5 U 65/78, DB 1980, 250 (nicht vollständig abgedruckt); Staub/*Hüffer* RdNr. 2, 15; *ders.* ZGR 1986, 137, 148 f.; Baumbach/*Hopt* RdNr. 2; Heymann/*Emmerich* RdNr. 2; Röhricht/Graf von Westphalen/*Ammon* RdNr. 4, 11, 18; Schlegelberger/*Hildebrandt*/Steckhan RdNr. 1; Koller/*Roth*/Morck RdNr. 8; HK/*Ruß* RdNr. 5 f.; *Schrom* DB 1964, Beilage Nr. 15 (34); *Roth* (Fn. 5); *K. Schmidt* HandelsR § 12 III 2 b cc; aA OLG Hamburg Urt. v. 7. 11. 1907 – III ZS, OLGR 16, 83 (für die GmbH); Straube/*Schuhmacher* RdNr. 11; jetzt auch GK/*Nickel* RdNr. 2.
[24] Grundl. *Flume* ZHR 136 (1972), 177, 184 ff., 191, 193 ff.; *ders.*, BGB AT Bd. 1, § 5. Vgl. ferner BGH Urt. v. 10. 2. 1992 – II ZR 54/91, BGHZ 117, 168, 175 ff. = NJW 1992, 1615, 1616 f.; BGH Beschl. v. 4. 11. 1991 – II ZB 19/91, BGHZ 116, 86, 88 ff. = NJW 1992, 499, 500; Staub/*Hüffer* RdNr. 7; Staub/*Ulmer* § 105 Rn. 41 f.; *K. Schmidt* GesR § 8 III m. zahlr. N. in Fn. 80 (Gegenansicht) und 81 (wie hier und wohl hM).

notwendig ist, um die Firmenfortführung trotz teilweisen Inhaberwechsel zu ermöglichen,[25] kann nach alledem nicht überzeugen.[26] Die Identität des Unternehmensträgers wird bei diesen von Änderungen im Mitgliederbestand ebenso wenig berührt.[27] Abs. 1 hat, solange die OHG oder KG als solche bestehen bleibt, auch für diese nur noch klarstellende Bedeutung,[28] weil nach der gesetzlichen Wertung die Rechtfertigung zur Firmenfortführung, mit Ausnahme des in Abs. 2 abweichend geregelten Falles, bereits in den gesellschaftsrechtlichen Vorgängen liegt (vgl. auch RdNr. 12). Infolgedessen **fehlt** es **an dem behaupteten Unterschied** zwischen der juristischen Person und Personenhandelsgesellschaft, der die Differenzierung tragen könnte. Dass Abs. 1 in seiner klarstellenden Funktion nicht auch die juristischen Personen erfassen will, ist nicht erkennbar und stünde zudem im Widerspruch zur Anwendung des § 21 auf juristische Personen. Denn ansonsten müsste bei konsequenter Betrachtung gegenüber dem hier in Frage stehenden schwerer wiegenden Fall des Ausscheidens eines Gesellschafters aus der juristischen Person eine Anwendung des § 21 erst recht abgelehnt werden. Dies wird jedoch, soweit ersichtlich, zu Recht nicht vertreten (vgl. auch § 21 RdNr. 3).

Vielfach wird das eine Differenzierung tragende Argument in der Möglichkeit zur Bildung einer **5**
Sachfirma erkannt:[29] nur der Namensüberlassungszwang des § 19 aF rechtfertige den Schutz des ausscheidenden Gesellschafters nach Abs. 2 bei den Personenhandelsgesellschaften. Mit Blick auf die durch das HRefG vom 28. 6. 1998 (BGBl. I S. 1474) eingeführte **Firmenwahlfreiheit** (anders §§ 59 k Abs. 1 BRAO, 52 k Abs. 1 PatAnwO) wird deshalb sogar angenommen, dass Abs. 2 auch für die Personenhandelsgesellschaften seine Bedeutung weitgehend verliere,[30] ja insgesamt gegenstandslos werde.[31] Indes verfängt weder dieses Argument noch der gezogene Schlussfolgerung. Geht das Gesetz im Zweifel davon aus, dass der Name nur für die Dauer der Mitgliedschaft eingebracht wird und beim Ausscheiden des Namengebers die Einwilligung zur Weiterführung der Firma erforderlich ist (Abs. 2, vgl. RdNr. 2), dann kann bei fehlender vertraglicher Regelung nicht einzig auf Grund der gesetzlich eingeräumten Firmenwahlfreiheit diese Vermutung umgekehrt werden.[32] Das Gesetz erblickt allein in der **Wahl einer Personenfirma** noch **nicht** die **zeitlich unbegrenzte namensrechtliche Gestattung** und knüpft diese Wertung auch nicht an die Frage der Wahlfreiheit.[33] Auch innerhalb des Abs. 1 ergibt sich der gesetzliche Verzicht auf eine ausdrückliche Einwilligung nur aus dem Umstand, dass die gesellschaftsrechtlichen Vorgänge diese implizieren (vgl. auch RdNr. 4, 12). Aus der Perspektive des Gesetzes ist es vielmehr Sache der (anderen) Gesellschafter und nicht des Namengebenden, eine davon abweichende Regelung zu vereinbaren, denn auch die juristische Person ist zur Annahme der Firma auf die Einbringung durch den Namengeber angewiesen.[34] Ebenso erschiene es befremdlich, hinsichtlich der Rechtsanwaltsgesellschaft (§§ 59 c ff. BRAO) und der Patentanwaltsgesellschaft (§§ 52 c ff. PatAnwO) mit Blick auf den hier vorhandenen Zwang, den Namen eines Gesellschafters in die Firma aufzunehmen, dann doch wieder eine Ausnahme machen zu müssen, soweit keine Sozietät fortgeführt wird (§§ 59 c Abs. 1 BRAO, 52 k Abs. 1 PatAnwO).

Desgleichen kann zur Begründung auch nicht (mehr) darauf verwiesen werden, dass der namen- **6**
gebende Gesellschafter nur in einer Personenhandelsgesellschaft von der Zurückerlangung seines uneingeschränkten Namensrechts bei Ausscheiden ausgehen darf.[35] Zwar konnte dafür beim alten

---

[25] So HK/*Ruß* RdNr. 1, 5 f.; auch noch Schlegelberger/*Hildebrandt*/*Steckhan* RdNr. 1; wohl auch BGHZ 58, 323 (Fn. 19); Heymann/*Emmerich* RdNr. 5.
[26] Staub/*Hüffer* RdNr. 7; Röhricht/Graf von Westphalen/*Ammon* RdNr. 18; *Felsner* NJW 1998, 3255, 3256; *Kern* BB 1999, 1717, 1719; *Steinbeck* NZG 1999, 133, 137 f.
[27] Staub/*Hüffer* RdNr. 7; Straube/*Schuhmacher* RdNr. 11; Röhricht/Graf von Westphalen/*Ammon* RdNr. 11; vgl. auch *Kern* BB 1999, 1717, 1719; *Steinbeck* NZG 1999, 133, 137 f.
[28] *Weßling* GmbHR 2004, 487 (zu Abs. 2).
[29] BGH (Fn. 19); verschiedene OLGe (Fn. 19); Staub/*Hüffer* RdNr. 15 (zu Abs. 2); Röhricht/Graf von Westphalen/ *Ammon* RdNr. 4, 11, 18.
[30] Röhricht/Graf von Westphalen/*Ammon* RdNr. 18; *Steinbeck* NZG 1999, 133, 138; vgl. auch Koller/*Roth*/*Morck* RdNr. 8; *K. Schmidt* HandelsR § 12 I 3 c; wohl auch *W. H. Roth*, in: Die Reform des Handelsstandes, S. 31, 50; dagegen HK/*Ruß* RdNr. 6.
[31] *Felsner* NJW 1998, 3255, 3257, der diese weitgehende Konsequenz jedoch als vom Gesetzgeber nicht beabsichtigt ansieht.
[32] Wie hier Straube/*Schuhmacher* RdNr. 4; jetzt auch GK/*Nickel* RdNr. 2 iVm. § 22 RdNr. 24 a.
[33] Ähnl. Straube/*Schuhmacher* RdNr. 4; vgl. auch HK-HGB/*Ruß* RdNr. 6, der annimmt, dass das Argument der Wahlfreiheit nicht mehr greift, gleichwohl aber die Einbeziehung der Kapitalgesellschaften ablehnt.
[34] Dies verkennt *Steinbeck* NZG 1999, 133, 138, wenn sie zwar einräumt, dass keine Gründe ersichtlich sind, warum dem ausscheidenden Gesellschafter einer OHG mehr Rechte zustehen sollten als einer GmbH, dann jedoch die Personenhandelsgesellschaften auf Grund des neuen Firmenwahlrechts nunmehr auch aus dem Anwendungsbereich des § 24 Abs. 2 herausnehmen will und dem Namengeber ein Zustimmungsrecht nur bei vertraglichen Vorbehalt zugestehen will. Vielmehr zeigt die Beibehaltung des § 24 Abs. 2, bei firmenrechtlicher Gleichstellung beider Gesellschaftsformen statt dessen, dass beide erfasst werden.
[35] So auch *Felsner* NJW 1998, 3255, 3256.

Rechtszustand auf die differierenden **gesetzlichen Leitbilder bei** Personenhandelsgesellschaften und Kapitalgesellschaften Bezug genommen werden:[36] nur bei Personenhandelsgesellschaften führte das Ausscheiden eines Gesellschafters grundsätzlich zur Auflösung der Gesellschaft (§ 131 Ziff. 4–6 aF). Doch hat der Gesetzgeber mit der Handelsrechtsreform 1998 das gesetzliche Leitbild der Personenhandelsgesellschaft der bereits üblichen Kautelarpraxis angepasst und der Unternehmenskontinuität trotz Ausscheidens den Vorrang eingeräumt (§ 131 nF; vgl. ebenso die Klarstellung von § 24 Abs. 1 nF).[37] Gleichermaßen ist der auf das Leitbild bezogene Hinweis nicht aussagekräftig, dass bei der Personenhandelsgesellschaft der Name des Gesellschafters in der Firma Haftung bedeute, bei Kapitalgesellschaften jedoch nicht.[38] Einerseits kann die Firma nicht auf diese Funktion reduziert werden (vgl. § 17 RdNr. 11); andererseits zeigt die KGaA,[39] dass auch bei Kapitalgesellschaften die Personenfirma den oder den persönlich haftenden Gesellschafter ausweisen kann.

7 Die Beibehaltung des § 24 bei geringfügiger Angleichung an die sonstigen Änderungen im Firmenrecht – obwohl im Schrifttum auf etwaige Konsequenzen hingewiesen wurde[40] – lässt erkennen, dass der Gesetzgeber weiterhin ein Bedürfnis für die Klarstellung des Abs. 1 und die Zweifelsregelung des Abs. 2 sieht. Ein auch nach der Liberalisierung des HRefG 1998 bestehender eigenständiger Anwendungsbereich wird der Vorschrift im Hinblick auf die Möglichkeiten der Führung einer iSv. § 18 Abs. 2 HGB irreführenden Firma, ferner im Zusammenhang des § 30 in Hinsicht auf den Vorteil der Prioritätswahrung einer schon bestehenden Firma zugesprochen.[41] Mögen Einschränkungen des Anwendungsbereichs auch sinnvoll erscheinen, bedürfte es hierfür jedenfalls nach der neuen Rechtslage einer gesetzlichen Korrektur.[42] Folglich ist § 24 *auch* **auf juristische Personen, die Handelsgesellschaften sind oder in entsprechender Anwendung dem Firmenrecht des HGB unterliegen, anwendbar,** namentlich auf die GmbH[43] (§§ 4, 13 Abs. 3 GmbHG), die AG (§§ 3, 4 AktG), die KGaA (§§ 3, 279 AktG) und den VVaG (§§ 16, 53 VAG).[44] Gleichwohl gilt es mit Blick auf § 22 zu beachten, dass sich in der **Insolvenz der Gesellschaft** die Sach- und Beurteilungslage[45] auf Grund der zu berücksichtigen Gläubigerinteressen entscheidend verschiebt und deshalb die persönlichkeitsrechtlichen Elemente hinter die vermögensrechtlichen Verwertungsrechte zurücktreten – vgl. § 22 RdNr. 42 ff.

8 Gemäß Art. 2 VO (EWG) Nr. 2137/85 iVm. § 1 EWIV-AusfG gilt für eine in Deutschland ansässige **EWIV** das Recht der OHG, soweit die VO nichts abweichendes anordnet. Art. 30 iVm. 5 VO (EWG) Nr. 2137/85 sieht vor, dass die Vereinigung „unter den im Gründungsvertrag vorgesehenen oder in einem einstimmigen Beschluss der betreffenden Mitglieder festgelegten Bedingungen zwischen den verbleibenden Mitgliedern fort[-besteht], es sei denn, dass der Gründungsvertrag etwas anderes bestimmt". Da gemäß Art. 5 lit. d VO (EWG) Nr. 2137/85 der Gründungsvertrag die Firma enthalten muss, kann zweifelhaft erscheinen, ob es zur Firmenfortführung gemäß § 24 Abs. 2 der Einwilligung des ausscheidenden namengebenden Gesellschafters bedarf. Berücksichtigt man indessen den fragmentarischen Charakter der VO, die neben Art. 5 lit. d keine Bestimmungen zum Firmenrecht enthält, die Regelung desselben vielmehr den nationalen Rechten überantwortet, so erscheint die Anwendung des § 24 Abs. 2 zulässig und geboten: Art. 30 der VO enthält mit Bezug auf das Firmenrecht keine abschließende Regelung. Gegenüber einer Anwendung des § 24 Abs. 1 bestehen, da dieser inhaltlich mit Art. 30 der VO harmoniert, ohnehin keine Bedenken.

9 Auch bei der firmenfähigen (vgl. § 17 RdNr. 8) **Vorgesellschaft** (Vor-GmbH, Vor-AG) kann § 24 Abs. 1 und 2 nach hiesigem Dafürhalten Anwendung finden. Es besteht kein Grund dafür, diese anders als die aus ihr entstehende Kapitalgesellschaft zu behandeln. Infolge der Neufassung des § 4 GmbHG, der nicht mehr die Gesellschafterstellung des namengebenden Gesellschafters zum Zeitpunkt der Eintragung für die Zulässigkeit einer Personenfirma voraussetzt, kann die Vor-GmbH selbst bei Ausscheiden dieses Gesellschafters vor Eintragung unter der bisherigen Personenfirma eingetragen

---

[36] So zur früheren Rechtslage *Canaris* HandelsR 22. Aufl. § 10 III 2 a.
[37] Begründung zum Gesetzentwurf der Bundesregierung, BT-Drucks. 13/8444, BR-Drucks. 340/97 S. 41 f., 65 f. (für § 24 S. 56 f.).
[38] OLG Frankfurt (Fn. 19).
[39] Vgl. zur Firmierung der KGaA unter der Geltung des § 279 AktG aF Geßler/Hefermehl/Eckardt/Kropff/*Semler* § 279 RdNr. 2.
[40] Vgl. etwa *Kögel* BB 1997, 793, 800; *ders.* zeigt sich in BB 1998, 1645 zu Recht überrascht über die unzureichende Thematisierung der Problematik der abgeleiteten Firmen.
[41] Hierzu MünchKommHGB/*Heidinger* RdNr. 7.
[42] In diese Richtung ebenfalls *Felsner* NJW 1998, 3255, 3257; *Kern* BB 1999, 1717, 1719.
[43] So auch OLG Hamburg (Fn. 19); für alle Kapitalgesellschaften: Straube/*Schuhmacher* RdNr. 11; GK/*Nickel* RdNr. 2; allein anknüpfend an die Einstufung als Handelsgesellschaft jetzt wohl auch OLG Hamm (Fn. 18).
[44] Wie hier *Kern* BB 1999, 1717, 1719. Zu beachten ist, dass für kleinere VVaG gemäß § 53 Abs. 1 VAG das Erste Buch des HGB keine entsprechende Anwendung findet – vgl. § 17 RdNr. 8.
[45] Vgl. auch *Uhlenbruck* ZIP 2000, 401, 403.

werden, soweit diese nach § 24 weiterhin den Namen des Ausgeschiedenen enthalten darf und eine darüberhinausgehende Täuschung und Irreführung (§ 18 Abs. 2) nicht zu besorgen ist (vgl. § 21 RdNr. 11 ff.).[46] Darüber hinaus ist in der Rspr. § 24 analog auf die unternehmerisch tätige BGB-Gesellschaft angewendet worden.[47]

III. Allgemeine tatbestandliche Voraussetzungen

1. Bestehendes Handelsgeschäft und Firmenkontinuität. § 24 betrifft wie die §§ 21, 22 nur die Möglichkeit der Firmenfortführung („bisherige Firma"), womit das **ununterbrochene Bestehen eines Handelsgeschäfts und einer dafür zulässigen Firma** zum Zeitpunkt der gesellschaftsrechtlich bedeutsamen Veränderungen vorausgesetzt wird (vgl. näher §§ 21 RdNr. 7 ff.; 22 RdNr. 6 ff.).[48] Nur die entstandene und noch bestehende Firma kann im Sinne des § 24 fortgeführt werden. Da § 24 im Kontext des § 23 (vgl. dort RdNr. 1, 12) zu lesen ist, muss hier wie auch bei § 22 (vgl. dort RdNr. 7 ff.) das **Geschäft im Wesentlichen** erhalten bleiben, so dass die überkommene Unternehmenstradition grundsätzlich weitergeführt werden kann.[49] Daher scheidet die Anwendung von § 24 aus, wenn dem ausscheidenden Gesellschafter der Hauptteil des Unternehmens übertragen[50] oder mit den Veränderungen im Gesellschafterbestand auch der Gegenstand des Unternehmens so wesentlich verändert wird, dass die fortgesetzte Firma nicht mehr das bisherige Handelsgeschäft bezeichnet.[51]

2. Eintragung. Für die Anwendbarkeit des § 24 kommt es, wie in den Fällen der §§ 21 (dort RdNr. 10), 22 (dort RdNr. 21, 23), nur dann auf die Eintragung der Firma in das Handelsregister an, wenn ihr konstitutive Wirkung zukommt: in den Fällen der §§ 2 S. 1, 3 Abs. 2, 105 Abs. 2 S. 1 (ggf. iVm. 161 Abs. 2) kann § 24, der die bestehende Firma voraussetzt (vgl. RdNr. 10), vor Eintragung keine Anwendung finden.[52] Dass § 24 davon abweichen will, kann weder dem Wortlaut noch dem Sinn und Zweck der Vorschrift entnommen werden. Es ist aber zu beachten, dass eine vor Inkrafttreten der Neuerungen des HRefG 1998 eingetragene Firma nach neuer Rechtslage nicht unzulässigerweise in das Handelsregister aufgenommen worden ist, wenn nun ein in kaufmännischer Weise eingerichteter Gewerbebetrieb (§ 1 Abs. 2) nicht mehr erforderlich ist (str.; Einzelheiten: § 17 RdNr. 15; § 21 RdNr. 9). Im Ausgangspunkt anders zu beurteilen sind Fälle, in denen es an einem Gewerbebetrieb völlig fehlt. Hier gewährleistet selbst eine Eintragung in das Handelsregister nicht die materielle Existenz der Firma, da auch § 5 das Vorliegen eines „Gewerbes" voraussetzt. Nur bei den Kaufleuten kraft Rechtsform (§ 17 RdNr. 2, 8, 14) ist das Bestehen eines Gewerbebetriebs nicht Voraussetzung der Firmenfähigkeit.

3. Grundsatz der Einwilligungsfreiheit. Bereits aus einem Umkehrschluss zu Abs. 2 ergibt sich, dass eine Einwilligung **in den Fällen des Abs. 1 regelmäßig nicht erforderlich** ist.[53] Nach der gesetzlichen Wertung implizieren die gesellschaftsrechtlichen Vorgänge bei Weiterführung der bisherigen Firma, dass die sich aus dem Persönlichkeitsrecht ergebenden Interessen (vgl. RdNr. 2) nicht im Widerstreit zur Firmenfortführung stehen, die für Abs. 2 typische Kollisionslage nicht entsteht.[54] Solange der Namengeber an der Unternehmung beteiligt bleibt, wird sein Interesse regelmäßig gleicherweise auf die Erhaltung des in der Firma verkörperten Eigenwertes (vgl. RdNr. 1) gerichtet sein. Gleichwohl steht es zu seiner Disposition, im Innenverhältnis von der gesetzlichen Wertung vertraglich abzuweichen und anderes, allerdings ohne registerrechtliche Bedeutung, zu vereinbaren.[55] Das Registergericht darf deshalb einen **Einwilligungsnachweis nur im Falle des Abs. 2** fordern, wenn sich die Einwilligung nicht bereits aus den Umständen

---

[46] Zum Problem erfundener oder unternehmensfremder Personennamen vgl. auch *Bokelmann* GmbHR 1998, 57, 59; *Kögel* BB 1997, 793, 796; *dens.* BB 1998, 1645, 1647 f.; *Lutter/Welp* ZIP 1999, 1073, 1081.
[47] OLG Nürnberg Urt. v. 4. 2. 1999 – 8 U 3465/98, BB 1999, 652 = NZG 1999, 441 mit weiterführenden Hinweisen der Schriftleitung.
[48] Staub/*Hüffer* RdNr. 3 f.; Koller/*Roth*/Morck RdNr. 2; Röhricht/*Graf von Westphalen*/*Ammon* RdNr. 5 f.; Heymann/*Emmerich* RdNr. 1.
[49] BGH Urt. v. 17. 4. 1957 – IV ZR 2/57, WM 1957, 1152, 1153 ff.; BGH Urt. v. 5. 5. 1977 – II ZR 237/75, BB 1977, 1015 f. = JR 1978, 67 m. Anm. *Hommelhoff*; Staub/*Hüffer* RdNr. 3; Heymann/*Emmerich* RdNr. 1; GK/*Nickel* RdNr. 1; Koller/*Roth*/Morck RdNr. 2; Straube/*Schuhmacher* RdNr. 2.
[50] BGH (Fn. 43); Heymann/*Emmerich* RdNr. 1.
[51] Staub/*Hüffer* RdNr. 3.
[52] Wie hier zum alten Rechtszustand Röhricht/Graf von Westphalen/*Ammon* RdNr. 6; Staub/*Hüffer* RdNr. 4.
[53] Im Erg. ebenso BayObLG (Fn. 8); Staub/*Hüffer* RdNr. 5; Baumbach/*Hopt* RdNr. 2; Röhricht/Graf von Westphalen/*Ammon* RdNr. 7; Heymann/*Emmerich* RdNr. 7.
[54] Ähnl. Heymann/*Emmerich* RdNr. 7.
[55] Grundl. RG Urt. v. 21. 9. 1907 – I 502/06, RGZ 66, 320; vgl. auch Rechtsprechungsnachweise in Fn. 19; Baumbach/*Hopt* RdNr. 2; Heymann/*Emmerich* RdNr. 7.

ergibt.⁵⁶ Zum Fall der Neugründung einer Gesellschaft durch Aufnahme in ein bestehendes Handelsgeschäft (Abs. 1, 1. Fall) nachfolgend RdNr. 18.

13 **4. Fortführungsrecht und -wille.** § 24 Abs. 1 eröffnet – ebenso wie die §§ 21, 22 – **nur** das **Recht, nicht** die **Pflicht** zur Fortführung der Firma. Es bleibt unbenommen, statt dessen eine neue Firma anzunehmen. Üben die Beteiligten ihr Wahlrecht dahingehend aus, gelten die allgemeinen gesetzlichen Anforderungen, wobei registerrechtlich eine bloße Änderung der bisherigen Firma und kein Erlöschen im Sinne des § 31 Abs. 2 S. 1 vorliegt. Das Registergericht hat die Änderung auf dem bisherigen Registerblatt unter Rötung der früheren Eintragung zu vermerken.⁵⁷ Die ausreichende Bekundung des **Fortführungswillens** liegt bereits **im weiteren Gebrauch der bisherigen Firma.** Bei Neugründung einer Personenhandelsgesellschaft (Abs. 1, 1. Fall) muss die Anmeldung der Gesellschaft nach §§ 106 Abs. 2 Ziff. 2, 162 Abs. 1, bei Eintritt (Abs. 1, 2. Fall) eines Gesellschafters in eine solche nach §§ 107, 162 Abs. 1, bei Ausscheiden (Abs. 1, 3. Fall) nach § 143 Abs. 2 iVm. Abs. 1, 162 Abs. 1 eine Erklärung zur Firmenfortführung enthalten, sofern aus der Anmeldung nicht bereits auf eine konkludente Erklärung geschlossen werden kann⁵⁸ – vgl. auch § 22 RdNr. 26. Bei Änderung der Firma ergibt sich die Anmeldepflicht aus § 31 Abs. 1. Als Spezialregelungen für die Kapitalgesellschaften, VVaG, Partnerschaftsgesellschaft und EWIV sind zu berücksichtigen: § 54 iVm. § 3 GmbHG, § 181 iVm. § 23 Abs. 3, 4 (bei KGaA iVm. § 278 Abs. 3) AktG, § 40 VAG, § 4 Abs. 1 PartGG, § 2 Abs. 3 EWIV-AusfG. Wird von der Möglichkeit einer **schuldrechtlichen Verpflichtung** zur Fortführung der Firma Gebrauch gemacht, ist diese für das Registergericht ohne Bedeutung; die Durchsetzung obliegt alleine dem Berechtigten⁵⁹ – vgl. bereits § 22 RdNr. 72.

14 **5. Art und Weise der Firmenfortführung. a) Grundsatz.** Soll die bisherige Firma nach § 24 beibehalten werden, ist sie grundsätzlich **im Wesentlichen unverändert** fortzuführen.⁶⁰ Dies gilt entsprechend – obwohl § 2 Abs. 2 PartGG ausdrücklich nur auf Abs. 2 verweist – auch für die Geschäftsbezeichnung der GbR bei einer Umwandlung in eine Partnerschaftsgesellschaft.⁶¹ Wesentliche Änderungen sind ausnahmsweise von § 24 gedeckt, wenn sie im Allgemeininteresse notwendig oder doch wünschenswert oder infolge eines sachlichen Anliegens des Firmeninhabers gerechtfertigt erscheinen; wegen der Einzelheiten ist auf die Erläuterungen zu § 22 zu verweisen (dort RdNr. 66–68). Zu beachten ist, dass auch § 24 unter dem **Vorbehalt des Gebots der Firmenwahrheit nach § 18 Abs. 2** steht: Weder die Beibehaltung der unveränderten bisherigen, noch die abgeänderte Firma darf zu einer nicht mehr hinnehmbaren Irreführungsgefahr führen.⁶²

15 **b) Nachfolgezusatz.** Obwohl § 24 – anders als § 22 – die Möglichkeit eines Nachfolgezusatzes nicht ausdrücklich einräumt, ist dieser **grundsätzlich zulässig,** u. U. sogar zur Vermeidung einer Täuschung geboten (vgl. auch § 22 RdNr. 63).⁶³ Da ein Nachfolgevermerk (zu den verschiedenen Formen § 22 RdNr. 60) allerdings eine echte Rechtsnachfolge suggeriert, wird teilweise angenommen, dass der Zusatz im Fall des bloßen Eintritts oder Ausscheidens von Gesellschaftern irreführend und deshalb unzulässig sei, da kein Wechsel des Unternehmensträgers vorliege (vgl. dazu RdNr. 4; anders freilich für den Fälle unter RdNr. 21).⁶⁴ Für diese Sichtweise ließe sich die Wertung des § 200 Abs. 1 S. 2 UmwG und die ihr zugrundeliegende Gesetzesbegründung anführen (dazu § 21

---

⁵⁶ Staub/*Hüffer* RdNr. 5; Baumbach/*Hopt* RdNr. 2.
⁵⁷ OLG Hamm Beschl. 2. 5. 1977 – 15 W 10/77, OLGZ 1977, 438, 442 f.; z. T. abw. LG Bad Kreuznach Beschl. v. 16. 10. 1969 – 5 T 2/69, MDR 1970, 145; Heymann/*Emmerich* RdNr. 8; Röhricht/Graf von Westphalen/*Ammon* RdNr. 8.
⁵⁸ So für den Fall des Ausscheidens auch Röhricht/Graf von Westphalen/*Ammon* RdNr. 7.
⁵⁹ KG Beschl. v. 4. 1. 1906 – 1 J 1360/05, KGJ 31 A 152; Staub/*Hüffer* RdNr. 23; Schlegelberger/*Hildebrandt*/Steckhan RdNr. 10.
⁶⁰ Statt vieler BGH Beschl. v. 12. 7. 1965 – II ZB 12/64, BGHZ 44, 116 = NJW 1960, 1915; BGH Beschl. v. 27. 9. 1965 – I ZB 5/65, NJW 1965, 2248; *Klunzinger* DB 1973, 1881 ff.; *Schrom* DB 1964, Beilage Nr. 15 (34); Staub/*Hüffer* RdNr. 23.
⁶¹ Michalski/*Römermann* PartGG § 2 RdNr. 47; in der Tendenz auch BayObLG (Fn. 8) (obiter dictum); aA *Meilicke*/von Westphalen/Hoffmann/Lenz PartGG § 2 RdNr. 38.
⁶² Neben Nachw. in Fn. 54 vgl. schon BGH Urt. v. 9. 6. 1953 – I ZR 97/51, BGHZ 10, 196, 201; BGH Urt. v. 10. 11. 1969 – II ZR 273/67, BGHZ 53, 65 = NJW 1970, 704; BGH Beschl. v. 3. 3. 1977 – II ZB 8/76, BGHZ 68, 266, 273 = NJW 1977, 1291, 1292; neuerdings wieder BGH Urt. v. 24. 10. 1991 – I ZR 271/89, WM 1992, 504, 506; NF Urt. v. 13. 6. 1996 – VI 659/92, StB 1997, 115, 116; LG Hagen Beschl. v. 1. 7. 1996 – 21 T 4/96, GmbHR 1996, 854; LG München Beschl. v. 5. 7. 1990 – 17 HKT 11396/90, NJW-RR 1990, 1373 f.
⁶³ KG Beschl. v. 23. 1. 1893, KGJ 13, 31; Baumbach/*Hopt* RdNr. 3; Schlegelberger/*Hildebrandt*/Steckhan RdNr. 9; Heymann/*Emmerich* RdNr. 9; diff. Staub/*Hüffer* RdNr. 24.
⁶⁴ Staub/*Hüffer* RdNr. 24; aA Schlegelberger/*Hildebrandt*/Steckhan RdNr. 9, wobei – wie *Hüffer* zu Recht anmerkt –, das dort zitierte BGH Urt. v. 10. 11. 1969 – II ZR 273/67, BGHZ 53, 65 = NJW 1970, 704, worin gerade der *Nachfolgevermerk* als mögliche Klarstellung angeführt wird, zu § 22 Abs. 1 erging.

RdNr. 17). Bereits unter Geltung des alten Rechtszustandes wurde diese Differenzierung im Hinblick auf die Belange der Praxis angezweifelt.[65] Nach der Handelsrechtsreform 1998 ist nicht anzunehmen, dass in diesen Fällen die „Wesentlichkeitsschwelle"[66] des § 18 Abs. 2 überschritten ist; ein dem § 200 Abs. 1 S. 2 UmwG vergleichbares Verbot wurde trotz Novellierung desselben und § 24 nicht eingefügt. Damit erscheint die Fortführung einer „Doktorfirma" nach Ausscheiden des promovierten Namensgebers bei Zufügung eines Nachfolgevermerks zulässig.[67]

c) Einzelprobleme.[68] Ob die Gesellschaftsgründung durch Eintritt in ein bestehendes Handelsgeschäft (Abs. 1, 1. Fall) einen spezifischen Rechtsformzusatz erforderlich macht oder nicht,[69] ist durch § 19 nF (§ 4 GmbHG, §§ 4, 279 AktG, § 3 GenG, § 18 Abs. 2 S. 2 VAG, § 1 Abs. 1 PartGG, Art. 5 lit. a, d VO (EWG) Nr. 2137/85) geklärt: Nach dem vorrangigen **Gebot eines die Rechtsform klarstellenden Zusatzes**[70] muss die aktuelle spezifische Rechtsform immer in der Firma enthalten sein; unbestimmte Hinweise und Zusätze sind nicht mehr ausreichend.[71] Entschärft sind damit die Fragestellungen, inwieweit ein spezifischer Gesellschaftszusatz zutreffen muss bzw. unzutreffend gewordene weitergeführt werden können: jedenfalls der tatsächlich zutreffende ist erkennbar zu führen. Infolgedessen sind täuschungsgeeignete spezifische Rechtsformzusätze zu streichen (vgl. zur Befugnis der Führung sog. Unspezifischer Gesellschaftszusätze (zB „& Co.") § 22 RdNr. 75).[72] In jedem Fall muss die **zutreffende spezifische Rechtsform** auch in den Fällen der Firmenfortführung **unzweifelhaft erkennbar** sein.[73] Dagegen ist für die Firmenfortführung beispielsweise unerheblich, ob ein in einem unspezifischen Gesellschafterzusatz enthaltenes **Verwandtschaftsverhältnis** (& Söhne, Gebrüder, Geschwister usw.) weiter zutrifft.[74] Mit Einräumung der allgemeinen Firmenwahlfreiheit zwischen Personen-, Sach- und Phantasiefirmen durch das HRefG kann es zudem nicht mehr fraglich sein, dass auch jede **Firmenart** von einem wahlberechtigten zulässigerweise fortgeführt werden kann,[75] solange die Firma an sich zulässig ist (vgl. RdNr. 14). Dies hat der Gesetzgeber mit der Aufhebung der § 18 Abs. 1 S. 2, 3, § 200 Abs. 1 S. 2 UmwG aF, welche die Beschränkungen der § 19 HGB aF, § 3 GenG aF auch im Fall der Umwandlung durchsetzten, nochmals unterstrichen.[76]

Fallgruppen: Entsteht durch Ausscheiden des (einzigen) Kommanditisten eine oHG,[77] durch Eintritt eines solchen eine KG,[78] oder bleibt nach Austritt eines Gesellschafters nur ein Einzelkaufmann übrig, so muss gemäß § 19 Abs. 1 nF immer der tatsächlich zutreffende spezifische Rechtsformzusatz geführt werden. In Fällen, in denen keine natürliche Person persönlich haftet, muss gemäß § 19 Abs. 2 die Firma zusätzlich eine Bezeichnung enthalten, welche die Haftungsbeschränkung kennzeichnet. Wegen Einzelheiten wird auf die Erläuterung zu § 19 verwiesen.

IV. Anwendungsfälle des § 24 Abs. 1

1. Aufnahme eines Gesellschafters in ein bestehendes Handelsgeschäft. Der Tatbestand des Abs. 1, 1. Fall beinhaltet **im Kern** die **Sachgründung** einer Gesellschaft, so dass wegen des Übergangs vom Einzelunternehmen zur Personen- oder Kapitalgesellschaft (vgl. RdNr. 3) ein Wechsel des Unternehmensträgers vorliegt, der systematisch eher dem § 22 Abs. 1 zuzuordnen

---

[65] MünchKommHGB/*Bokelmann*, 1. Aufl., RdNr. 17.
[66] Begründung zum Gesetzentwurf der Bundesregierung, BT-Drucks. 13/8444, BR-Drucks. 340/97 S. 53.
[67] Dagegen Staub/*Hüffer* RdNr. 23.
[68] Vgl. auch Staub/*Hüffer* RdNr. 25 ff.; MünchKommHGB/*Heidinger* RdNr. 10 ff.
[69] Gegen zwingenden Rechtsformzusatz bei alter Rechtslage BGH Urt. v. 18. 3. 1974 – II ZR 167/72, BGHZ 62, 216, 224 = JZ 1975, 323, 325; BGH Beschl. v. 9. 12. 1976 – II ZB 6/76, BGHZ 68, 12, 15 f. = NJW 1977, 383 f.; Staub/*Hüffer* RdNr. 25; Baumbach/*Hopt* RdNr. 5; Heymann/*Emmerich* RdNr. 3; aA *Wiedemann*, Besprechung der Entscheidung BGHZ 62, 216, ZGR 1975, 354, 358 f.; *Lindacher* BB 1977, 1676, 1680 f.; GK/*Nickel* RdNr. 3; zweifelnd auch Röhricht/Graf von Westphalen/*Ammon* RdNr. 10 iVm. § 22 RdNr. 51; Bokelmann (Fn. 1) RdNr. 745 ff., insbesondere 750 m. zahlr. N.
[70] Zum alten Rechtszustand *Canaris* (Fn. 32) § 11 I 2 d; *K. Schmidt*, HandelsR, 4. Aufl., § 12 III 2 b bb; *Roth* (Fn. 5).
[71] *Kögel* BB 1998, 1645, 1647.
[72] MünchKommHGB/*Heidinger* RdNR. 24; vgl. ferner bereits *Lindacher* BB 1977, 1676, 1677 ff.; Staub/*Hüffer* RdNr. 26 ff.; GK/*Nickel* RdNr. 8.
[73] Vgl. *Bachmann* EWiR 2000, 87, 88.
[74] Staub/*Hüffer* RdNr. 26.
[75] Vgl. für die Problemfälle des Sachfirmenbestandteils nach früherer Rechtslage BGH Urt. v. 5. 5. 1977 – VII ZR 289/74, BGHZ 68, 273 f. = NJW 1977, 1291, 1292; BayObLG Urt. v. 21. 6. 1977 – 3 Z 80/76, BB 1977, 1370 f.; GK/*Nickel* RdNr. 14; Staub/*Hüffer* RdNr. 27.
[76] Dazu Begründung zum Gesetzentwurf der Bundesregierung, BT-Drucks. 13/8444, BR-Drucks. 340/97 S. 73.
[77] Vgl. zur alten Rechtslage BGH Beschl. v. 9. 12. 1976 – II ZB 6/76, BGHZ 68, 12, 13 = NJW 1977, 383 f.; OLG Hamm Urt. v. 12. 5. 1976, OLGZ 1977, 168 = NJW 1977, 168 u. 648.
[78] Vgl. zur alten Rechtslage OLG Hamm Beschl. v. 16. 10. 1964 – 15 W 126/64, NJW 1965, 256; OLG Frankfurt a. M. Beschl. v. 12. 7. 1979 – 20 W 627/78, NJW 1980, 129; *Lindacher* BB 1977, 1676, 1680.

wäre.[79] Entgegen § 22 Abs. 1 sieht § 24 Abs. 1 in Konsequenz des herbeigeführten gesellschaftsrechtlichen Vorgangs von dem Einwilligungserfordernis ab (RdNr. 12), zumal spätestens in der Anmeldung der Gesellschaft die konkludente Einwilligungserklärung zu sehen wäre (RdNr. 13).[80] Unerheblich ist, welchen **Status** (RdNr. 20) der namengebende bisherige Einzelkaufmann durch die Gründung der Gesellschaft erhält, namentlich ob er bei einer OHG oder KG unbeschränkt persönliche Haftung übernimmt, in die Kommanditistenrolle zurücktritt[81] oder Gesellschafter einer so gegründeten Kapitalgesellschaft wird. Zum Rechtsformzusatz RdNr. 16.

19 **2. Aufnahme und Ausscheiden eines Gesellschafters einer Handelsgesellschaft. a) Grundfälle.** Bereits unter RdNr. 4 wurde ausgeführt, dass sowohl die in den Anwendungsbereich einbezogenen Kapitalgesellschaften und der VVaG als auch die als Gesamthand strukturierte Wirkungseinheit oder Gruppe Unternehmensträger sind und deshalb von Veränderungen im Gesellschafterbestand nicht berührt werden, soweit die Gesellschaft als solche erhalten bleibt. Bei diesem Ausgangspunkt hat **Abs. 1** in den Fällen, in denen die Gesellschaft erhalten bleibt, nur **klarstellende Bedeutung.** Die Berechtigung zur Firmenfortführung ergibt sich (bereits) daraus, dass die rechtliche Identität des Unternehmensträgers nicht verändert wird.[82] Die mit dem HRefG 1998 eingefügte Ergänzung, dass die Firma auch dann nicht fortgeführt werden kann, wenn die Firma den Namen des ausscheidenden oder ausgeschiedenen Geschäftsinhabers oder Gesellschafters enthält, beinhaltet gleichfalls eine Klarstellung (RdNr. 1).[83]

20 Neben dem Eintritt (Abs. 1, 2. Fall) erfasst die Norm nach ihrem Zweck die Übertragung des Gesellschaftsanteils unter Lebenden, den Übergang eines Gesellschafteranteils von Todes wegen, einen Wechsel der Gesellschafterstellung innerhalb der Gesellschaft (Statusänderung) sowie alle **vergleichbaren Konstellationen.**[84] Daher kann die Gesellschaft sowohl beim Ausscheiden des namengebenden Komplementärs als auch bei seinem Wechsel in die Kommanditistenrolle die Firma weiterführen.[85] Der Grund des Ausscheidens ist für die Anwendbarkeit des § 24 ohne Bedeutung.[86] Handelt es sich um den namengebenden Gesellschafter, ist Abs. 2 (RdNr. 23 ff.) zu beachten.

21 **b) Besondere Fallgestaltungen.** Fraglich ist für den Fall des **gleichzeitigen Wechsels aller Mitglieder einer Personenhandelsgesellschaft,** ob darin ein Unternehmenserwerb im Sinne des § 22 Abs. 1 durch Anteilsübertragung zu sehen ist und damit eine Einwilligung aller bisherigen Gesellschafter erforderlich wird[87] oder ob ein Anwendungsfall des § 24 Abs. 1 vorliegt. Da § 24 auf Gesellschaftsfirmen zugeschnitten ist und auch hier die rechtliche Identität der Gesellschaft und damit des Unternehmensträgers solange nicht berührt wird, wie diese besteht bleibt, ist § 24 anzuwenden, der nur unter der Voraussetzung des Abs. 2 eine Einwilligung erfordert.[88] Entsprechendes gilt für den Fall der Übertragung **sämtlicher Geschäftsanteile einer Kapitalgesellschaft** (hierzu § 22 RdNr. 10).

22 Erwirbt ein bisheriger Gesellschafter oder ein Dritter **sämtliche Gesellschaftsanteile** einer Personenhandelsgesellschaft, so endet die Gesellschaft. Wegen des damit eintretenden Wechsels des Unternehmensträgers liegt die Einordnung unter § 22 Abs. 1 nahe.[89] Gleichwohl wendet der BGH[90] in Fällen einer Vereinigung aller Anteile bei einem der bisherigen Gesellschafter § 24 Abs. 2 an.

---

[79] Pisko, in: Ehrenberg Hdb. des Handelsrechts, Bd. II 1, S. 304; Staub/*Hüffer* RdNr. 6; *K. Schmidt* HandelsR § 12 III 2 b cc; Koller/*Roth*/Morck RdNr. 3; Schlegelberger/*Hildebrandt*/*Steckhan* RdNr. 3; Röhricht/Graf von Westphalen/*Ammon* RdNr. 3, 10 a.
[80] Staub/*Hüffer* RdNr. 6.
[81] OLG Celle Urt. v. 26. 2. 1959 – 9 Wx 8/58, BB 1959, 899; Staub/*Hüffer* RdNr. 6, 28 ff.; Straube/*Schuhmacher* RdNr. 3; Heymann/*Emmerich* RdNr. 3; GK/*Nickel* RdNr. 3 f.; Koller/*Roth*/Morck RdNr. 3; Röhricht/Graf von Westphalen/*Ammon* RdNr. 10 a.
[82] Vgl. Nachw. in RdNr. 4; insb. Staub/*Hüffer* RdNr. 7, 14, 15.
[83] Begründung zum Gesetzentwurf der Bundesregierung, BT-Drucks. 13/8444, BR-Drucks. 340/97 S. 57.
[84] Straube/*Schuhmacher* RdNr. 3, 5; Staub/*Hüffer* RdNr. 9, 11; Heymann/*Emmerich* RdNr. 5; Baumbach/*Hopt* RdNr. 10; Röhricht/Graf von Westphalen/*Ammon* RdNr. 12.
[85] Zur Statusänderung im altem Rechtszustand OLG Köln (Fn. 19); OLG Celle Urt. v. 26. 2. 1959 – 9 Wx 8/58, BB 1959, 899; Staub/*Hüffer* RdNr. 11; Koller/*Roth*/Morck RdNr. 3.
[86] Jeweils nur aus Sicht der Personenhandelsgesellschaft Heymann/*Emmerich* RdNr. 6; Röhricht/Graf von Westphalen/*Ammon* RdNr. 14.
[87] So Hommelhoff JR 1978, 69 in einer Anmerkung zu BGH Urt. v. 5. 5. 1977 – II ZR 237/75, BB 1977, 1015 f. = JR 1978, 67, wo die Frage offen gelassen wird.
[88] BGH Beschl. v. 12. 7. 1965 – II ZB 12/64, BGHZ 44, 116 = NJW 1965, 1915; Staub/*Hüffer* RdNr. 8; Straube/*Schuhmacher* RdNr. 4; GK/*Nickel* RdNr. 10; Heymann/*Emmerich* RdNr. 5; Koller/*Roth*/Morck RdNr. 4; Röhricht/Graf von Westphalen/*Ammon* RdNr. 13.
[89] Für § 22 Abs. 1 ausdr. MünchKommHGB/*Heidinger* RdNr. 12; Röhricht/Graf von Westphalen/*Ammon* RdNr. 13; in der Tendenz auch Staub/*Hüffer* RdNr. 10; *ders.* ZGR 1986, 137, 141; Heymann/*Emmerich* RdNr. 5.
[90] BGH Urt. v. 9. 1. 1989 – II ZR 142/88, NJW 1989, 1798, 1799; vgl. auch BGH Urt. v. 9. 7. 1984 – II ZR 231/83, BGHZ 92, 79, 82 = NJW 1985, 59 f. (Nachw. zu Bespr. Fn. 99).

Hierfür kann angeführt werden, dass die nur auf namensrechtliche Gesichtspunkte abstellende Ausnahmeregelung des § 24 Abs. 2 als die sachnähere Lösung erscheint: § 22 Abs. 1 stellt dem weichenden Inhaber die Entscheidung über die Firmenübertragung in Fällen frei, in denen der Erwerber an dem Unternehmen und damit auch an dem Firmenwert bislang keinen Anteil gehabt hat. Im Gegensatz dazu trifft § 24 eine Abwägung der widerstreitenden Interessen des ausscheidenden und der verbleibenden Gesellschafter, die schon bisher an dem Vermögen des Unternehmens und damit auch an dem in der Firma verkörperten Wert beteiligt waren (vgl. RdNr. 2). Diese „Beteiligungsinteressen" liegen im Fall der Anwachsung nicht anders. Folgerichtig lässt sich der hinter dieser **Differenzierung** stehende Gedankengang dahingehend verallgemeinern, dass bei Anwachsung auf den **letztverbleibenden ‚Gesellschafter'** § 24 Anwendung findet und nur im Fall der Übertragung sämtlicher Gesellschaftsanteile auf **einen Dritten** § 22 zur Anwendung kommt.[91]

V. Einwilligungserfordernis des § 24 Abs. 2

1. Rechtsnatur und Begriff der Einwilligung. Wie bei §§ 22, 23 (dort RdNr. 5) ist zwischen dem Namensrecht des Namengebers und dem Firmenrecht als solchem zu unterscheiden. Die Einwilligung nach Abs. 2 ist aber nicht darauf gerichtet, eine Befugnis von dem Namensrecht des Gesellschafters zu trennen und auf die Gesellschaft zu übertragen. Inhalt dieser **rechtsgeschäftlichen Zustimmung** ist es allein, der Gesellschaft die Beibehaltung der Firma trotz des in ihr enthaltenen persönlichkeitsrechtlichen Namenselements des scheidenden Mitglieds zu ermöglichen: Nicht die Begründung des Firmenrechts, welches die Gesellschaft bereits mit Gebrauch bzw. Eintragung originär erworben hat, sondern nur eine begleitende schuldrechtliche Gestattung der Namensverwendung ist Gegenstand der Erklärung.[92]

Der **Begriff** „Einwilligung" ist nicht im Sinne von § 183 BGB, also als vorherige Zustimmung,[93] zu verstehen. Die auf § 22 ADHGB zurückgehende Formulierung lässt sich nur schwer in die Einwilligungsdogmatik des (jüngeren) BGB einordnen (vgl. bereits § 22 RdNr. 26). Der in den Vorschriften der §§ 21, 22, 24 zum Ausdruck kommende Grundsatz der Firmenkontinuität gewährleistet, dass die bisherige Firma erhalten und ihre Fortführung trotz Einschränkung der Firmenwahrheit ermöglicht wird. Der Ausschluss einer nachträglichen Gestattungsmöglichkeit würde eine zu enge und unpraktikable Grenze ziehen. Dementsprechend ist die Bezeichnung „Einwilligung" hier als **Zustimmung**[94] zu verstehen, so dass **auch eine spätere Zustimmung** möglich bleibt.[95]

2. Tatbestandliche Voraussetzungen des Einwilligungserfordernisses. a) Grundsätze. Die Einwilligung nach Abs. 2 ist nur erforderlich, wenn der zur Bezeichnung der Persönlichkeit dienende Name des ausscheidenden Gesellschafters Firmenbestandteil ist: Der Ausscheidende muss m. a. W. **Firmenstifter** gewesen sein.[96] Das Zustimmungserfordernis erlangt nur für Personen- oder Mischfirmen Bedeutung,[97] die den Gesellschafternamen einer natürlichen Person oder den Namen einer **anderen Gesellschaft**[98] beinhaltet. Dabei gilt es allerdings zu beachten, dass in diesem Sinne auch dann eine Personenfirma bzw. gemischte Firma vorliegt, wenn eine Gesellschaft als Firmenstifterin die von ihr geführte Phantasie- oder Sachfirma eingebracht hat.

Da der Name des Ausscheidenden auch der Name der Gesellschaft ist (§ 17) und das Unternehmen unter dieser Firma möglicherweise Marktgeltung erworben hat, kann eine rein zufällige oder aus einem Verwandtschaftsverhältnis herrührende **Namensübereinstimmung** zur Begründung eines Einwilligungserfordernisses im Allgemeinen **nicht ausreichen** (Beispiel: Onkel des gleichnamigen jetzt ausscheidenden Gesellschafters war namengebend).[99] Auch eine im Falle des Todes des Firmenstifters durch erbrechtliche Rechtsnachfolge erworbene Verfügungsmacht, über die Weiterverwendung des Namens zu befinden, macht den **Erben** nicht selbst zum Namengeber; vielmehr erlischt seine Berechtigung mit der Zustimmung oder Versagung der Firmenfortführung – eine

---

[91] Im Erg. ebenso wohl Koller/*Roth*/Morck RdNr. 4 f.; ähnl. HK/*Ruß* RdNr. 3.
[92] BayObLG (Fn. 8); Staub/*Hüffer* RdNr. 12; Heymann/*Emmerich* RdNr. 11; Koller/*Roth*/Morck RdNr. 10; Röhricht/Graf von Westphalen/*Ammon* RdNr. 15; aA *Canaris* HandelsR § 10 RdNr. 30: dingliche Übertragung des Firmenrechts; vgl. zu diesem auch *Köhler* (Fn. 8) S. 494, 496 f.
[93] So wohl BayObLG (Fn. 8) S. 1160; OLG Koblenz Beschl. v. 17. 10. 1991 – 6 U 982/91, NJW 1992, 2102, 2102.
[94] So wohl auch Heymann/*Emmerich* RdNr. 11; Schlegelberger/*Hildebrandt/Steckhan* RdNr. 6.
[95] So die wohl hM: Heymann/*Emmerich* RdNr. 11; Schlegelberger/*Hildebrandt/Steckhan* RdNr. 6.
[96] BGH Urt. v. 9. 1. 1989 – II ZR 142/88, NJW 1989, 1798, 1799; BGH Urt. v. 16. 2. 1987 – II ZR 285/86, BGHZ 100, 75, 78 = NJW 1987, 2081; Schlegelberger/*Hildebrandt/Steckhan* RdNr. 6; Staub/*Hüffer* RdNr. 16; Heymann/*Emmerich* RdNr. 12; Koller/*Roth*/Morck RdNr. 9; Röhricht/Graf von Westphalen/*Ammon* RdNr. 19; Straube/*Schuhmacher* RdNr. 7; HK-HGB/*Ruß* RdNr. 5.
[97] *Kögel* BB 1998, 1645, 1648.
[98] Staub/*Hüffer* RdNr. 16; vgl. für die GmbH 10 a.
[99] Wie Fn. 96.

nochmalige Zustimmung bei einem späteren Ausscheiden des oder der gleichnamigen Erben ist daher grundsätzlich nicht erforderlich[100] (vgl. aber RdNr. 27): eine über Generationen hinweg andauernde Vernichtbarkeit der abgeleiteten Firma, weil der Name der Gesellschaft zur Disposition derjenigen Gesellschafter stünde, die den Familiennamen führen, widerspräche den hinter der gesetzlichen Wertung der §§ 21, 22, 24 stehenden Interessen der Gesellschaft und der Allgemeinheit.[101] Dagegen ist es für die Anwendung des Abs. 2 gleichgültig, aus welchem Grund der Gesellschafter ausscheidet (vgl. bereits RdNr. 20)[102] oder ob die Firma aus dem Vor- und Zunamen oder nur aus dem Familiennamen gebildet wurde.[103]

27   **b) Besondere Konstellationen.** Der BGH hat auch denjenigen als Firmenstifter angesehen, der als gleichnamiger Erbe des Firmengründers eine von diesem zulässigerweise **abgeleitete Firma,** die dessen Familiennamen enthielt, **in** eine mit einem Dritten **neu gegründete Gesellschaft eingebracht** hatte. Durch die Identität der Familiennamen erschien es dem BGH von der Interessenlage her gerechtfertigt, auch ihm den Schutz des Abs. 2 angedeihen zu lassen.[104] Zu dieser viel besprochenen[105] Entscheidung hat der BGH in späteren Urteilen klargestellt, dass es sich um einen nur von der besonderen Ausgangs- und Interessenlage her gerechtfertigten Ausnahmefall handele, der „nicht als Aufgabe der herkömmlichen Auslegung [...] mißdeutet werden darf".[106] Lautet eine Firma „Louis B.'s Söhne", so ist nach einer Entscheidung des RG in der Firma nur der Name des Vaters, nicht der **Söhne** enthalten, auch wenn diese die Gesellschaft und die Firma gegründet haben;[107] gründen dagegen die **Gebrüder** (Geschwister) Z. eine zweigliedrigen Handelsgesellschaft unter der Firma „Gebrüder Z.", so ist der Name der beteiligten Brüder in die Firma aufgenommen worden, so dass zur Fortführung der Firma jeder ausscheidende Bruder seine Einwilligung erteilen muss.[108]

28   **3. Einwilligung. a) Zustimmungsberechtigter.** Bereits aus den Tatbestandsvoraussetzungen (RdNr. 25) ergibt sich, dass die Verfügungsmacht, über die Weiterverwendung des Namens zu befinden, in erster Linie dem **ausscheidenden namengebenden Gesellschafter** zusteht; ist dieser **minderjährig,** obliegt die Entscheidung dem gesetzlichen Vertreter.[109] Scheidet eine namengebende **Personenhandelsgesellschaft** als Gesellschafterin aus, genügt die Einwilligung ihres vertretungsberechtigten Gesellschafters bzw. ihrer Gesellschafter in vertretungsberechtigter Zahl;[110] für eine als Gesellschafterin ausscheidende **Partnerschaftsgesellschaft** gilt gemäß § 7 Abs. 3 PartGG entsprechendes (zur Beteiligungsfähigkeit der Partnerschaft § 21 RdNr. 5). Für eine ausscheidende namengebende **Kapitalgesellschaft** ist die Einwilligung ihrer Geschäftsführer bzw. Vorstandsmitglieder in vertretungsberechtigter Zahl erforderlich.[111] Entsprechendes gilt gemäß Art. 20 VO (EWG) Nr. 2137/85 für die **EWIV**.[112] Führt eine ausscheidende namengebende Gesellschafterin **selbst** eine von ihrem Gesellschafter eingebrachte **Personenfirma,** so wird man nach dem Grundgedanken des Abs. 2 auch dessen Zustimmung fordern müssen.[113] Verstirbt der namengebende Gesellschafter und fehlte es bis zu seinem Ableben an einer eindeutigen Erklärung, so geht das Recht auf die Erben über: Danach ist die Einwilligung aller **Miterben** oder soweit Nacherbschaft angeordnet ist, die Einwilligung des oder der **Vorerben** erforderlich;[114] § 2113 Abs. 2 BGB gilt nicht.[115] Dies gilt

---

[100] BGH Urt. v. 9. 1. 1989 – II ZR 142/88, NJW 1989, 1798, 1800; BGH Urt. v. 16. 2. 1987 – II ZR 285/86, BGHZ 100, 75, 79 = NJW 1987, 2081 f.; Koller/*Roth*/Morck RdNr. 9; Baumbach/*Hopt* RdNr. 11; Röhricht/Graf von Westphalen/*Ammon* RdNr. 19; Heymann/*Emmerich* RdNr. 12 a.
[101] BGH Urt. v. 9. 1. 1989 – II ZR 142/88, NJW 1989, 1799 f.; BGH Urt. v. 16. 2. 1987 – II ZR 285/86, BGHZ 100, 75, 81 = NJW 1987, 2081; Röhricht/Graf von Westphalen/*Ammon* RdNr. 19.
[102] Staub/*Hüffer* RdNr. 17; Straube/*Schuhmacher* RdNr. 8.
[103] BayObLG (Fn. 8); Staub/*Hüffer* RdNr. 16; Röhricht/Graf von Westphalen/*Ammon* RdNr. 19.
[104] BGH Urt. v. 9. 7. 1984 – II ZR 231/83, BGHZ 92, 79 = NJW 1985, 59.
[105] Etwa *Hüffer* ZGR 1986, 137; *Schlüter* JZ 1986, 151 f.; *K. Schmidt* HandelsR § 12 III 2 b cc; *Schulz* JA 1985, 102.
[106] BGH Urt. v. 9. 1. 1989 – II ZR 142/88, NJW 1989, 1798, 1799 f.; BGH Urt. v. 16. 2. 1987 – II ZR 285/86, BGHZ 100, 75, 80 f. = NJW 1987, 2081 f.
[107] RG Beschl. v. 21. 12. 1937 – II A 106/37, RGZ 156, 363, 366; Staub/*Hüffer* RdNr. 16; Baumbach/*Hopt* RdNr. 11; Heymann/*Emmerich* RdNr. 13; Koller/*Roth*/Morck RdNr. 9; zweifelnd Röhricht/Graf von Westphalen/*Ammon* RdNr. 28 Fn. 41.
[108] RG Urt. v. 23. 3. 1907 – I 377/06, RGZ 65, 379, 382; RG Urt. v. 9. 5. 1908 – 353/97 I, JW 1908, 461, 462 Nr. 33; Röhricht/Graf von Westphalen/*Ammon* RdNr. 27; Straube/*Schuhmacher* RdNr. 7; HK-HGB/*Ruß* RdNr. 5.
[109] Röhricht/Graf von Westphalen/*Ammon* RdNr. 22; Staub/*Hüffer* RdNr. 19.
[110] Staub/*Hüffer* RdNr. 20; Röhricht/Graf von Westphalen/*Ammon* RdNr. 23.
[111] Staub/*Hüffer* RdNr. 20; Röhricht/Graf von Westphalen/*Ammon* RdNr. 23.
[112] Näher zu dieser Vorschrift *Selbherr/Manz* Art. 20 EG-VO.
[113] GK/*Nickel* RdNr. 18; nur für die Personenhandelsgesellschaften Staub/*Hüffer* RdNr. 20; aA für die GmbH 8. 1987 – 66 O 78/87, BB 1987, 2045 f.; MünchKommHGB/*Heidinger* RdNr. 14; Heymann/*Emmerich* RdNr. 10 a.
[114] Staub/*Hüffer* RdNr. 19; Röhricht/Graf von Westphalen/*Ammon* RdNr. 22; Heymann/*Emmerich* RdNr. 14; *v. Bruch* DJZ 1911, 927 f. (für Vorerben).
[115] Staub/*Hüffer* RdNr. 19; *v. Bruch* DJZ 1911, 927 f. Fn. 13.

selbstverständlich auch dann, wenn die Erben nicht den gleichen Namen wie der Erblasser haben.[116] Die Entscheidung über das Namensrecht hat **höchstpersönlichen Charakter,** so dass Testamentsvollstrecker oder Nachlassverwalter diese nicht an Stelle der Erben erteilen können.[117] Zur Insolvenzproblematik § 22 RdNr. 42 ff.

b) Ausdrücklichkeit, Form, Zeitpunkt. Abs. 2 fordert ebenso wie § 22 Abs. 1 eine „ausdrückliche" Einwilligung, ohne eine bestimmte Erklärungsform oder bestimmte Worte vorzusehen.[118] Hier wie dort ist dies nur im Sinne des Erfordernisses einer **eindeutigen Zustimmung** zu verstehen, so dass die konkludente Erteilung der Einwilligung möglich ist und beispielsweise in der Mitunterzeichnung der Handelsregisteranmeldung nach § 143 Abs. 2 liegen kann[119] – vgl. zum Ganzen § 22 RdNr. 26. Dagegen bedeutet die Erklärung, mit dem Fortbestand der Gesellschaft einverstanden zu sein, keine eindeutige Einwilligung zur Firmenfortführung,[120] da das Unternehmen durchaus ohne die bisherige Firma fortgeführt werden kann, zumal nach neuer Gesetzeslage auch das Ausscheiden aus einer Personenhandelsgesellschaft grundsätzlich nicht mehr zur Auflösung führt (§ 131 nF). Ebenfalls nicht ausreichend ist die bloße **Duldung** der Firmenfortführung durch die ausgeschiedenen Erben des verstorbenen Firmenstifters.[121] Die Einwilligung kann aber bereits **im Gesellschaftsvertrag,** davon losgelöst durch (einseitige) Erklärung vor oder nach (vgl. RdNr. 24) dem Ausscheiden gegenüber der Gesellschaft oder auch durch **letztwillige Verfügung** erklärt werden. Bei vorheriger Erklärung bedarf es beim Ausscheiden selbst keiner erneuten Bewilligung der Fortführung.[122]

c) Tragweite der Erklärung. Für die Auslegung der Reichweite und des Umfangs der Einwilligungserklärung wird auf das zu § 22 Gesagte Bezug genommen (dort RdNr. 39). Die Führung eines fremden Namens in der Firma der Gesellschaft ist als Eingriff in das Namensrecht seines Trägers (§ 12 BGB) von diesem nur deshalb und soweit hinzunehmen, wie er oder sein Rechtsvorgängers es gestattet hat.[123] Die Zustimmung kann **befristet, bedingt** oder **sonst inhaltlich eingeschränkt** werden[124] und ist **im Zweifel endgültig,** damit unwiderruflich, es sei denn, der Name wird rechtsmissbräuchlich verwandt.[125] Ist die Zustimmung nicht erkennbar ohne Einschränkungen erteilt worden, kann in ihr auch nicht die Einräumung eines Rechts, über den Namen künftig uneingeschränkt *als eigenen* verfügen zu können, gesehen werden.[126] Insofern gilt der Erfahrungssatz, dass die Zustimmung zur Fortführung der Firma im Zweifelsfall die Ermächtigung einschließt, die Firma auch für bestehende oder neu errichtete **Zweigniederlassungen** zu gebrauchen, nicht aber die Erlaubnis, eine Zweigniederlassung mit der abgeleiteten Firma als selbständiges Geschäft an einen neuen Rechtsträger weiterzuveräußern **(Firmenvervielfältigung)**[127] oder den Namen des Ausgeschiedenen zur Bildung einer **neuen Firma** zu verwenden.[128] Andererseits ist grundsätzlich anzunehmen, dass die **Weiterveräußerung** des Unternehmens mit dem Recht der Firmenfortführung (§ 22) von der Zustimmung nach Abs. 2 getragen ist, da es Sache des Ausscheidenden ist, die Einwilligung auf bestimmte Dritte zu beschränken.[129] Ebenso liegt in der vor Bestehen des PartGG erteilten Einwilligung zur Fortführung einer **Sozietätsbezeichnung** einer Anwalts-GbR auch die

---

[116] Straube/*Schuhmacher* RdNr. 10.
[117] Staub/*Hüffer* RdNr. 19; GK/*Nickel* RdNr. 17; Koller/*Roth*/Morck RdNr. 10; Röhricht/Graf von Westphalen/*Ammon* RdNr. 22.
[118] BayObLG (Fn. 8); OLG München (Fn. 8); Staub/*Hüffer* RdNr. 18.
[119] BGH Beschl. v. 28. 3. 1977 – II ZB 8/76, BGHZ 68, 271, 276 = NJW 1977, 1291, 1292; Staub/*Hüffer* RdNr. 18; Koller/*Roth*/Morck RdNr. 16; Röhricht/Graf von Westphalen/*Ammon* RdNr. 21.
[120] MünchKommHGB/*Heidinger* RdNr. 18; vgl. schon vor der Handelsrechtsreform 1998 Staub/*Hüffer* RdNr. 18; Röhricht/Graf von Westphalen/*Ammon* RdNr. 21.
[121] Vgl. auch *Canaris* HandelsR § 10 RdNr. 32.
[122] RG Urt. v. 14. 9. 1938 – II 17/38, RGZ 158, 226, 232; BayObLG (Fn. 8); Heymann/*Emmerich* RdNr. 11; Röhricht/Graf von Westphalen/*Ammon* RdNr. 15.
[123] BGH Urt. v. 13. 10. 1980 – II ZR 116/79, WM 1980, 1360, 1361.
[124] BGH Urt. v. 17. 4. 1957 – IV ZR 2/57, WM 1957, 1152, 1153 ff.; BGH Urt. v. 20. 4. 1972 – II ZR 17/70, BGHZ 58, 322, 326 = NJW 1972, 1419, 1420 (GmbH); BayObLG (Fn. 8) S. 1160; Heymann/*Emmerich* RdNr. 15; GK/*Nickel* RdNr. 17.
[125] Im Erg. ebenso BGH Urt. v. 16. 2. 1987 – II ZR 285/86, BGHZ 100, 75, 79 f. = NJW 1987, 2081 f.; BayObLG (Fn. 8); OLG München (Fn. 8); *Canaris* HandelsR § 10 RdNr. 38; aA offenbar OLG Koblenz (Fn. 88).
[126] BGH (Fn. 117); OLG Hamm Urt. v. 19. 9. 1990 – 4 U 103/90, BB 1991, 86, 87.
[127] RG Urt. v. 16. 11. 1907 – I 44/07, RGZ 67, 94 f. (zu § 22); RG Beschl. v. 16. 5. 1922 – II B 1/22; RGZ 104, 341, 343 (zu § 22); BGH (Fn. 117); OLG Hamm (Fn. 120); Staub/*Hüffer* RdNr. 21; Baumbach/*Hopt* RdNr. 12; Röhricht/Graf von Westphalen/*Ammon* RdNr. 24; *Bokelmann* GmbHR 1978, 265 f. und 1982, 153 f.; *K. Schmidt* HandelsR § 12 II 3 c; andere Interpretation der Urteile bei Koller/*Roth*/Morck RdNr. 10.
[128] BayObLG (Fn. 8); OLG Hamm (Fn. 120).
[129] BayObLG (Fn. 8); Staub/*Hüffer* RdNr. 21.

§ 25   1. Buch. 3. Abschnitt. Handelsfirma

Zustimmung zur Fortführung als Partnerschaftsgesellschaftsname, wenn die Gesellschafter sich zur Annahme dieser Rechtsform entschließen.[130]

31   **4. Rechtsfolgen.** Nur mit Zustimmung ist die Fortführung der bisherigen Firma – soweit keine weitergehende Täuschung des Rechtsverkehrs zu erwarten ist (vgl. RdNr. 14) – zulässig, bei ihrer **Versagung oder** ihrem **Fehlen unzulässig.** Dagegen führt weder das Fehlen[131] noch die Versagung der Zustimmung zum materiell-rechtlichen Erlöschen der Firma, da nicht das Firmenrecht als solches dem ausscheidenden Gesellschafter zusteht, sondern nur der in der Firma enthaltene Name.[132] Es fehlt daher lediglich an der nach Abs. 2 erforderlichen schuldrechtlichen Gestattung (RdNr. 23). Abs. 2 ist dementsprechend so zu lesen, dass es „zur **zulässigen** Fortführung der Firma" der Zustimmung (RdNr. 24) des Zustimmungsberechtigten bedarf.

32   Der Zustimmungsberechtigte kann grundsätzlich ohne Angaben von Gründen von seinem **Verweigerungsrecht** Gebrauch machen. Die Verweigerung ist auch nicht schon deshalb **rechtsmissbräuchlich oder sittenwidrig,** weil sie auf einem unfreiwilligen Ausscheiden durch Ausschluss (insb. § 140 HGB, §§ 21, 27, 28 GmbHG, § 64 AktG) beruht.[133] Der zurückbleibende Einzelkaufmann bzw. die verbleibende Handelsgesellschaft hat bei fehlender Zustimmung eine neue, originäre Firma unter Beachtung der **Firmenneubildungsvorschriften** zu wählen, wobei **Bestandteile der früheren Firma** verwandt werden können, soweit diese nicht den Namen des Ausgeschiedenen enthalten.[134] Insbesondere ist es unzulässig, im Wege eines **„Vormals"-Zusatzes** o. ä. die den Namen des Ausgeschiedenen enthaltende alte Firma in die neue Firma aufzunehmen, da es auch hierfür an der erforderlichen Zustimmung fehlt.[135] Wird von der Firma trotz ihrer Unzulässigkeit Gebrauch gemacht, hat das Registergericht nach Maßgabe des § 37 Abs. 1 einzuschreiten;[136] der Namensträger kann gemäß § 37 Abs. 2 auf Unterlassung klagen.[137]

§ 25 [Haftung des Erwerbers bei Firmenfortführung]

(1) ¹Wer ein unter Lebenden erworbenes Handelsgeschäft unter der bisherigen Firma mit oder ohne Beifügung eines das Nachfolgeverhältnis andeutenden Zusatzes fortführt, haftet für alle im Betriebe des Geschäfts begründeten Verbindlichkeiten des früheren Inhabers. ²Die in dem Betriebe begründeten Forderungen gelten den Schuldnern gegenüber als auf den Erwerber übergegangen, falls der bisherige Inhaber oder seine Erben in die Fortführung der Firma gewilligt haben.

(2) Eine abweichende Vereinbarung ist einem Dritten gegenüber nur wirksam, wenn sie in das Handelsregister eingetragen und bekanntgemacht oder von dem Erwerber oder dem Veräußerer dem Dritten mitgeteilt worden ist.

(3) Wird die Firma nicht fortgeführt, so haftet der Erwerber eines Handelsgeschäfts für die früheren Geschäftsverbindlichkeiten nur, wenn ein besonderer Verpflichtungsgrund vorliegt, insbesondere wenn die Übernahme der Verbindlichkeiten in handelsüblicher Weise von dem Erwerber bekanntgemacht worden ist.

Schrifttum: *Beuthien,* Zu zwei Mißdeutungen des § 25 HGB, NJW 1993, 1737; *Binz/Rauser,* Betriebliche Altersversorgung bei Betriebsaufspaltung, BB 1980, 897; *Blomeyer,* Anmerkung zu BAG Urt. v. 24. 3. 1977 – 3 AZR 649/76, AP BGB § 613 a Nr. 6; *Bork,* Zur Enthaftung der Besitzgesellschaft bei der Betriebsaufspaltung analog § 26 HGB, ZIP 1989, 1369; *Börner,* § 25 I HGB: Vertragsübertragung kraft Gesetzes, FS Möhring, 1975, S. 37; *Bracker,* Haftung aus Firmenfortführung. Was ist denn nun der Sinn des § 25 HGB? Anm. zu OLG München Urt. v. 15. 5. 1996 – 7 U 6260/95, BB 1997, 114; *Brockmeier,* Die Haftung bei Geschäftsübernahme mit Firmenfortführung, insbesondere beim Rückerwerb des Verpächters vom Pächter und bei tatsächlicher und unmittelbarer Aufeinanderfolge von Pächtern, 1990; *Canaris,* Rechts-

---
[130] BayObLG (Fn. 8) S. 1159 f.; sich anschließend und auf die Nutzung als Domain-Adresse erweiternd OLG München (Fn. 8); ferner MünchKommHGB/*Heidinger* RdNr. 19; *Ring* EWiR 1999, 1153, 1154; *Römermann* NZG 1999, 121, 122 f.; *Sommer* NJW 1998, 3549 f.; vgl. dazu auch Begründung zum Partnerschaftsgesellschaftsgesetz, BR-Drucks. 516/93 S. 27.
[131] Anders BayObLG (Fn. 8) S. 1160.
[132] MünchKommHGB/*Heidinger* RdNr. 21.
[133] Röhricht/Graf von Westphalen/*Ammon* RdNr. 25; vgl. auch BGH (Fn. 10) S. 112 f.
[134] KG Beschl. v. 26. 2. 1915 – 1 a X 128/15, RJA 14, 174, 175 = KGJ 48 A 122; Schlegelberger/*Hildebrandt/Steckhan* RdNr. 7; Staub/*Hüffer* RdNr. 22; Röhricht/Graf von Westphalen/*Ammon* RdNr. 25.
[135] OLG Hamburg (Fn. 19); KG Beschl. v. 17. 12. 1894 – I Y 493/94, KGJ 14, 243, 245; KG Beschl. v. 21. 2. 1929 – 1 b X 998/28, JW 1929, 2156 Nr. 3; Staub/*Hüffer* RdNr. 22; Schlegelberger/*Hildebrandt/Steckhan* RdNr. 7; Heymann/*Emmerich* RdNr. 16; Röhricht/Graf von Westphalen/*Ammon* RdNr. 25; GK/*Nickel* RdNr. 20.
[136] KG Beschl. v. 26. 2. 1915 – 1 a X 128/15, RJA 14, 174, 175 = KGJ 48 A 122; Schlegelberger/*Hildebrandt/Steckhan* RdNr. 7.
[137] Staub/*Hüffer* RdNr. 22; Röhricht/Graf von Westphalen/*Ammon* RdNr. 26; Koller/*Roth/Morck* RdNr. 11.

politische Konsequenzen der Abschaffung von § 419 BGB für § 25 HGB, ZIP 1989, 1161; *ders.*, Unternehmenskontinuität als Haftungs- und Enthaftungsgrund vom Rahmen von § 25 HGB?, FS Frotz, 1993, S. 11; *ders.*, Vertrauenshaftung im deutschen Privatrecht, 1971; *Commandeur*, Betriebs-, Firmen- und Vermögensübernahme – Eine Gesamtdarstellung der haftungsrechtlichen Probleme bei Einzelrechtsnachfolge, 1990; *Demharter*, Anmerkung zu OLG Düsseldorf Urt. v. 12. 7. 1990 – 6 U 264/89, EWiR § 25 HGB 1/91; *Deschler*, Handelsregisterpublizität und Verkehrsschutz, Diss. Tübingen 1977; *Dorner*, Die Haftung im Steuerrecht. Grundlagen im Überblick, StB 1997, 470; *Emmerich*, Anmerkung zu BGH Urt. v. 4. 11. 1991 – II ZR 85/91, WUB IV D § 25 HGB 3.92; *Gerlach*, Die Haftungsanordnung der §§ 25, 28, 130 HGB, 1976; *Gotthardt*, Haftung für Massenschulden bei Übernahme eines Handelsgeschäfts aus der Konkursmasse? BB 1987, 1896; *Hausmann*, Die Bedeutung der Rechtsnachfolgeanordnung „gelten als" in § 25 I S. 1 HGB: ein Beitrag zum Verhältnis von Fiktion, Vermutung und Rechtsschein, 1991; *Hausmann*, Die Rechtsfolgen einer Fortführung von Handelsgeschäft und Firma für die im Betriebe begründeten Forderungen – § 25 I S. 2 HGB, JR 1994, 133; *Heckelmann*, Die Grundlage der Haftung aus Firmenfortführung nach § 25 I S. 1 HGB, FS Bartholomeyczik 1973, S. 129; *Henckel*, Haftung für Verbindlichkeiten eines insolventen Unternehmens wegen Betriebsübergangs, FS Heinsius, 1991, S. 261; *Huber*, Die Schuldenhaftung beim Unternehmenserwerb und das Prinzip der Privatautonomie, FS Raisch, 1995, S. 85; *A. Hueck*, Schuldenhaftung bei Verbung eines Handelsgeschäfts, ZHR 108 (1941), 1; *Hüffer*, Anm. zu BGH Urt. v. 1. 12. 1986 – II ZR 303/85, WuB IV D § 25 HGB 11987; *Jaeger*, Konkursordnung. Großkommentar, 9. Aufl. 1997; *Kindler*, Die Entwicklung des Handelsrechts seit 1998, JZ 2006, 176; *Koziol*, Welchen Schulden tritt der Übernehmer eines Vermögens, Unternehmens oder Handelsgeschäfts bei?, JBl. 1987, 550; *Krejci*, Ist zur Vertragsübernahme bei Unternehmensveräußerung Dreiparteieneinigung erforderlich?, ÖJZ 1975, 449; *Lieb*, „Haftungsklarheit für den Mittelstand?" Offene (Übergangs-)Fragen nach Erlaß des Nachhaftungsbegrenzungsgesetzes (NHBG), GmbHR 1994, 657; *Lieb*, Anm. zu BAG Urt. v. 23. 1. 1990 – 3 AZR 171/88, EzA HGB § 28 Nr. 1; *Lieb*, Zu den Grundgedanken der §§ 25 HGB, FS Börner, 1992, S. 747; *Lieb*, Anm. zu BGH Urt. v. 20. 1. 1992 – II ZR 115/91, JZ 1992, 1028, 1029; *Morisse*, Der Rechtsgrund für die Haftung des Erwerbers bei der Übernahme eines Handelsgeschäfts unter Lebenden, Diss. Köln 1969; *Müller-Feldhammer*, Die Erwerberhaftung bei rechtsgeschäftlicher Unternehmensübertragung, 2001; *Muschalle*, Die Haftung bei Fortführung eines Handelsgeschäfts, 1995; *Nickel*, Rechtsschein der Fortführung von Handelsgeschäft und/oder Firma, NJW 1981, 102 f.; *Ott*, Übernahme des Geschäfts einer BGB-Gesellschaft, Anm. zu BGH Urt. v. 17. 9. 1991 – XI ZR 256/90, WuB IV D § 25 HGB 1.92; *Reichold*, § 26 HGB – Verjährungs- oder Enthaftungsnorm? Zur „Nachhaftung" des Betriebsveräußerers für Betriebsrenten, ZIP 1988, S. 551; *Reuter*, Anm. zu BAG, Urt. v. 13. 3. 1975 – 4 AZR 446/74 = BB 1975, 1113, AP BGB § 242 Ruhegehalt Nr. 167; *Säcker*, Die handelsrechtliche Haftung für Altschulden bei Übertragung von Handelsgeschäften, ZGR 1973, 261; *Säcker/Joost*, Auswirkungen eines Betriebsübergangs auf Ruhestandsverhältnisse. Zur Auslegung des § 613 a BGB, DB 1978, 1030, 1078; *Scherer*, Haftung bei Firmenfortführung, DB 1996, 2321; *K. Schmidt*, Unternehmensfortführung ohne Firmenfortführung – ein Streitfall zu § 25 I HGB – Anm. zu BGH Urt. v. 5. 11. 1996 – 7 U 35/96, JuS 1997, 1069; *ders.*, Neues zur Haftung bei der Schein-KG und zur Kommanditistenhaftung bei Sanierungsgründen, JZ 1974, 219; *ders.*, Keine Haftung trotz Fortführung von Unternehmen und Geschäftsbezeichnungen, Anm. zu OLG Köln Urt. v. 8. 12. 1992 – 3 U 118/92, MDR 1994, 133 f.; *ders.*, Haftungskontinuität als unternehmensrechtliches Prinzip, ZHR 145 (1981), 2; *ders.*, Was wird aus der Haftung nach § 419 BGB?, ZIP 1989, 1025; *ders.*, Organverantwortlichkeit und Sanierung im Insolvenzrecht der Unternehmen, ZIP 1980, 328; *ders.*, § 25 Abs. 1 S. 2 (§ 28 Abs. 1 Satz 2) HGB zwischen relativem Schuldnerschutz und Legalzession, AcP 198 (1998), 516; *ders.*, Anm. zu BGH Urt. v. 25. 4. 1996 – I ZR 58/94, JuS 1997, 565 f.; *ders.*, Anm. zu BGH Urt. v. 16. 1. 1984 – II ZR 114/83, NJW 1984, 1187; *ders.*, Unternehmenskontinuität und Erwerberhaftung nach § 25 I HGB, ZGR 1992, 621; *ders.*, Übergang von Vertragsverhältnissen nach §§ 25, 28 HGB?, FS Medicus, 1999, S. 555; *Schricker*, Probleme der Schuldenhaftung bei Übernahme eines Handelsgeschäfts, ZGR 1972, 121; *Tipke/Kruse*, Abgabenordnung. Finanzgerichtsordnung. Kommentar zur AO und FGO; *Waskönig*, Rechtsgrund und Tragweite der §§ 25, 28 HGB, 1979; *Wernecke*, Die Haftung für geschäftliche Verbindlichkeiten nach §§ 25 HGB, JA 2001, 509; *Wilhelm*, Die Haftung bei Fortführung eines Handelsgeschäfts ohne Übernahmevertrag mit dem Vorgänger, NJW 1986, 1797 f.; *Wilhelm*, Anm. zu BGH Urt. v. 20. 1. 1992 – II ZR 115/91, WuB IV D § 25 HGB 2.92; *Wilhelm*, Anm. zu OLG Köln Urt. v. 8. 12. 1992 – 3 U 118/92, WuB IV D § 25 HGB 1.94.

Übersicht

	RdNr.		RdNr.
I. Normzweck	1–21	cc) Umwandlungstatbestände	36
1. Ratio legis	2, 3	dd) Einbringung in eine Kapitalgesellschaft	37, 38
2. Rechtspolitische Einschätzung	4–7	ee) Übertragung des Geschäfts einer Personenhandelsgesellschaft auf eine ganz oder teilweise personenidentische andere Personenhandelsgesellschaft	39
3. Rechtsgrund	8–21		
a) Rechtsprechung	8, 9		
b) Rechtslehre	10–14		
c) Stellungnahme	15–21		
II. Voraussetzungen der Haftung nach § 25 Abs. 1 S. 1	22–57	ff) Betriebsaufspaltung	40
		gg) Insolvenztatbestände	41–43
		hh) Zwischenzeitliche Einstellung	44, 45
1. Handelsgeschäft	22–25	3. Fortführung des Geschäfts	46
2. Unternehmensübertragung	26–45	4. Firmenfortführung	47–57
a) Allgemeine Voraussetzungen	26–30	a) Firma	47
aa) Vertragliche Grundlage der Unternehmensübertragung	26–28	b) Fortführung der Firma	48–50
		c) Firmenkontinuität	51–57
bb) Gegenstand der Unternehmensübertragung	29, 30	**III. Rechtsfolgen des § 25 Abs. 1 S. 1**	58–68
b) Sonderfälle	31	1. Konsequenzen der Haftung	58–62
c) Problemfälle	32–45	2. Umfang der Haftung	63–66
aa) Rechtsunwirksames Erwerbsgeschäft	32–34	a) Bestehen zum Zeitpunkt des Inhaberwechsels	64
bb) Erwerb durch Anwachsung	35		

§ 25 1-3   1. Buch. 3. Abschnitt. Handelsfirma

	RdNr.		RdNr.
b) Geschäftsverbindlichkeit	65, 66	a) Vereinbarung	81, 82
3. Prozessuales	67, 68	b) Kundmachung	83–85
		c) Auf andere Art erlangte Kenntnis	86, 87
IV. Die Regelung des § 25 Abs. 1 S. 2	69–80	2. Prozessuales	88, 89
1. Voraussetzungen	69		
2. Rechtsfolgen	70–79	VI. § 25 Abs. 3	90–102
a) Rechtsfolge im engeren Sinne	70–74	1. Die handelsübliche Bekanntmachung	90–92
b) Umfang	75–77	2. Besondere Verpflichtungsgründe	93–102
c) Anwendbarkeit des Zessionsrechts	78, 79	a) § 613 a BGB	93
3. Prozessuales	80	b) § 75 AO	94, 95
V. Abweichende Vereinbarungen	81–89	c) Die aufgehobene Vorschrift des § 419 BGB	96, 97
1. Voraussetzungen von § 25 Abs. 2	81–87	d) Rechtsscheinhaftung	98–102

I. Normzweck

1 Sinn und Zweck der durch § 25 getroffenen Regelung sind Gegenstand einer anhaltenden Diskussion in Rechtsprechung und Literatur. Wegen der praktischen Relevanz der umstrittenen Problematik[1] – hängen doch eine restriktive oder eine ausdehnende Auslegung und Anwendung der Norm von der jeweiligen Einschätzung ihrer Ziele ab – sollen die unterschiedlichen Positionen im Folgenden kurz dargestellt und diskutiert werden. Zunächst ist zwischen dem Normzweck selbst, der rechtspolitischen Einschätzung der Norm und dem Rechtsgrund der Haftung zu differenzieren.

2 **1. Ratio legis.** Bemerkenswert ist zunächst, dass der zentrale Streitpunkt gar nicht der Normzweck, sondern vielmehr der Rechtsgrund der Haftung nach § 25 Abs. 1 S. 1 ist.[2] Ganz überwiegend wird nämlich der Schutz von **Haftungserwartungen des Verkehrs** als Normzweck von § 25 angesehen.[3] Das steht auch mit den Gesetzesmaterialien in Einklang, denen zu dieser Frage folgendes zu entnehmen ist: „Im Verkehr wird vielfach die Firma ohne Rücksicht auf die Person ihres Inhabers als Eigenthümerin des Handlungsvermögens, als Trägerin der durch den Handelsbetrieb begründeten Rechte und Pflichten angesehen. Diese Anschauung ist allerdings rechtlich nicht zutreffend; nichtsdestoweniger erscheint es gerechtfertigt, der Verkehrsauffassung, nach welcher der jeweilige Inhaber der Firma als der Verpflichtete und Berechtigte angesehen wird, in Bezug auf die Frage des Überganges der Geschäftsschulden und Geschäftsforderungen entgegenzukommen. Denn der Erwerber eines Geschäfts, der die Firma, wenngleich nur mit einem Zusatze, fortführt, erklärt dadurch seine Absicht, in die Geschäftsbeziehungen des früheren Geschäftsinhabers soweit als möglich einzutreten."[4] Diese Ausführungen werden zwar zu Recht als verwirrend und widersprüchlich bezeichnet,[5] insbesondere weil verschiedene Aspekte, das allgemeine Fehlverständnis des Firmenbegriffs, die Haftung des jeweiligen Firmeninhabers und eine Absichtserklärung des Erwerbers ohne nachvollziehbaren inneren Zusammenhang nebeneinander stehen. Dem Passus ist aber jedenfalls zu entnehmen, dass es dem Gesetzgeber um den Schutz des Rechtsverkehrs ging, wie die hM auch annimmt.[6]

3 Eine Sonderstellung innerhalb der Normzweckdiskussion nimmt *Karsten Schmidt* ein, der als Aufgabe von § 25 die Sicherstellung der Haftungskontinuität im Fall der Einzelnachfolge in Unternehmen ansieht.[7] *K. Schmidt* stützt seine Auffassung auf eine seines Erachtens falsche Verwendung des Firmenbegriffs in der zitierten Gesetzesbegründung. Ihm zufolge ist mit „Firma" eigentlich „Unternehmen" gemeint.[8] Deshalb soll § 25 zum einen dem (de lege lata unzutreffenden) Verständnis des Unternehmens als selbständige Rechtsperson entgegenkommen und des Weiteren die fehlende Rechtsfähigkeit des Unternehmens kompensieren.[9] Bereits der Rückgriff auf die Gesetzesmaterialien erscheint aber fragwürdig. Selbst wenn „Firma" durch „Unternehmen" ersetzt würde, sollte

---
[1] So auch Staub/*Hüffer* RdNr. 3; **aA** MünchKommHGB/*Lieb* RdNr. 8.
[2] So auch Staub/*Hüffer* RdNr. 20.
[3] *Canaris* HandelsR § 7 RdNr. 18; Staub/*Hüffer* RdNr. 27; *Lieb*, FS Börner, 1992, S. 747, 751; *Schricker* ZGR 1972, 121, 151; *Säcker* ZGR 1973, 261, 277 f.; *Koziol* JBl. 1967, 550, 559; *Krejci* ÖJZ 1975, 449, 458. Vgl. aus neuerer Zeit *Müller-Feldmann*, Die Erwerberhaftung bei rechtsgeschäftlicher Unternehmensübertragung, S. 513: abstrakt wirkender Verkehrsschutz bei gleichzeitiger Verhinderung widersprüchlichen Verhaltens des Erwerbers.
[4] Denkschrift zum Entwurf eines Handelsgesetzbuchs und eines Einführungsgesetzes (RTVorl.), S. 36 = *Schubert/Schmiedel/Krampe* Bd. II 2, S. 979.
[5] Statt vieler: *Schricker* ZGR 1972, 121, 128; *K. Schmidt* ZHR 145 (1981), 2, 15.
[6] S. o. Fn. 3.
[7] *K. Schmidt* ZHR 145 (1981), 2, 17; *ders.* HandelsR § 8 I 3; *ders.* JuS 1985, 256 f.; *ders.* ZGR 1992, 621, 622 f.; *ders.* MDR 1994, 134; *ders.* JuS 1997, 1069, 1070 ff.; zustimmend *Bracker* BB 1997, 114.
[8] *K. Schmidt* ZHR 145 (1981), 2, 15 f.
[9] *K. Schmidt* ZHR 145 (1981), 2, 18.

nicht dem Missverständnis hinsichtlich der Rechtsträgerschaft des Unternehmens selbst, sondern nur der Erwartung, dass der jeweilige Inhaber Berechtigter und Verpflichteter ist, entgegengekommen werden. Dem Ansatz steht außerdem die Regelung des § 25 selbst entgegen. So kann die Verwirklichung von Haftungskontinuität als unternehmensrechtliches Prinzip nicht von dem Willen der Parteien abhängen, was jedoch auf Grund der freien Abdingbarkeit der Haftung nach § 25 Abs. 2 der Fall wäre.[10] Auch die Rechtsfolge von § 25, persönliche Haftung des Erwerbers, passt nicht zu dem Kontinuitätsgedanken, für dessen Verwirklichung eine Haftung mit dem übernommenen Vermögen ausreichen würde.[11] De lege lata kann der Kontinuitätslehre K. Schmidts daher nicht zugestimmt werden.

2. Rechtspolitische Einschätzung. Dem Ansatz K. Schmidts steht die rechtspolitische Einschätzung von Canaris diametral entgegen, der § 25 als verfehlte Norm ohne jeden Gerechtigkeitsgehalt ansieht.[12] Canaris begründet seine Position damit, dass § 25 zu widersinnigen Ergebnissen führe, wie etwa zu einer rein zufälligen Besserstellung der Altgläubiger und zu Haftungsfallen des Erwerbers.[13] Dem wurde verschiedentlich entgegengetreten. So hält Hüffer § 25 für notwendig, um die Ungewissheit des Rechtsverkehrs im Fall des Unternehmensübergangs zu beseitigen.[14] Dritte gingen zurecht davon aus, dass sie sich wegen ihrer Forderungen an den neuen Inhaber halten bzw. schuldbefreiend an ihn leisten könnten. Lieb zufolge muss den Gläubigern die Zugriffsmöglichkeit auf Substanz und Ertrag des Unternehmens erhalten werden.[15] § 25 entspreche außerdem dem Umstand, dass die meisten Rechtsbeziehungen ohnehin mit dem Erwerber fortgesetzt würden.[16] Andere meinen, dass eine Bindung der Verbindlichkeiten an das Unternehmen dem regelmäßigen Interesse aller Beteiligten entspreche.[17]

Canaris' kategorischer Ablehnung von § 25 kann nicht gefolgt werden. Die Norm findet vielmehr tatsächlich ihre Rechtfertigung in den regelmäßigen Interessen aller Beteiligten. Das dürfte hinsichtlich des Interesses des beteiligten Rechtsverkehrs an einer Mithaftung des Erwerbers unstreitig sein. Was den Erwerber anbelangt, meint Canaris allerdings, dass dieser in der Regel kein Interesse daran habe, den Gläubigern des Veräußerers gegenüber eine eigene Haftung zu übernehmen.[18] Dem kann aber entgegengehalten werden, dass der Erwerber die Firma doch in der Regel fortführt, um sich den good will des Unternehmens zunutze zu machen und um die bestehenden Geschäftsbeziehungen fortzusetzen. Er wird daher auch ein Interesse daran haben, den Veräußerer möglichst umfassend zu ersetzen und der Kundschaft gegenüber als die allein verantwortliche Person auftreten zu können. In diese Richtung weisen auch die Gesetzesmaterialien, wenn sie aus der Firmenfortführung die Absicht des Erwerbers ableiten, möglichst umfassend in die Geschäftsbeziehungen des früheren Geschäftsinhabers einzutreten.

Der Veräußerer ist demgegenüber daran interessiert, nach der Veräußerung möglichst keine unternehmensbezogenen Verbindlichkeiten mehr erfüllen zu müssen. Diesem Anliegen kommt § 25 zwar nicht vollends nach, weil der Erwerber nur zusätzlich haften soll, es ist aber nahe liegend, dass sich Gläubiger im Fall der Beibehaltung der Geschäftsbeziehungen vorrangig an den Erwerber als neuen Unternehmensinhaber wenden werden.

Wie Canaris hält allerdings auch Schricker sowohl den Veräußerer als auch den Erwerber für regelmäßig an einem Haftungsausschluss interessiert. Der Erwerber wolle ein unwägbares Haftungsrisiko vermeiden und der Veräußerer wolle einen möglichst hohen Kaufpreis erzielen.[19] Bei einem ordnungsgemäß geführten Unternehmen dürfte der Umfang der offenen Verbindlichkeiten jedoch anhand der Buchführung zu ermitteln sein. Ermittlungen über die Passiva und Aktiva sind ohnehin zur adäquaten Einschätzung des Werts des Unternehmens notwendig. Ein unübersehbares Haftungsrisiko wird folglich nicht die Regel, sondern vielmehr die Ausnahme sein. Dem steht auch Canaris' Untersuchung der BGH-Rechtsprechung nicht entgegen. Danach lag zwar in acht von zehn Fällen der vorausgegangenen 20 Jahre eine Bonitätsschwäche des übernommenen Unternehmens vor,[20] die Rechtsprechung beschäftigt sich jedoch in der Regel mit den pathologischen Fällen, die nicht ohne

---

[10] Canaris HandelsR § 7 RdNr. 14; Staub/Hüffer RdNr. 17.
[11] Canaris HandelsR § 7 RdNr. 14.
[12] Canaris, FS Frotz, 1993, S. 11, 42 in neuerer Zeit dezidiert Kindler JZ 2006, 176, 179 f.
[13] Canaris HandelsR § 7 RdNr. 16.
[14] Staub/Hüffer RdNr. 27.
[15] Lieb, FS Börner, 1992, S. 750.
[16] Lieb, FS Börner, 1992, S. 750 f.
[17] Krejci ÖJZ 1975, 449, 458 f.
[18] Canaris, FS Frotz, 1993, S. 18.
[19] Schricker ZGR 1972, 121, 145 f.
[20] Canaris, FS Frotz, 1993, S. 15.

weiteres als Normalfall der Gesetzesanwendung angesehen werden können. *Schrickers* Interessenanalyse ist ferner entgegenzuhalten, dass für den Veräußerer durchaus ein pauschaler Abzug vom Kaufpreis günstiger sein kann, als die Verbindlichkeiten selbst aus einem höheren Veräußerungserlös zu tilgen.

Ob die Interessenlage in den von *Canaris* behandelten Fällen, in denen die Altgläubigerforderungen schon bei Unternehmensübergang nicht mehr werthaltig waren, anders zu beurteilen ist, kann die Erwägungen zu der regelmäßigen Interessenlage nicht beeinflussen, da doch grundsätzlich von der Übertragung gesunder Unternehmen auszugehen ist. Auf diese Frage soll andernorts eingegangen werden (s. u. RdNr. 43).

8   **3. Rechtsgrund. a) Rechtsprechung.** In der Rechtsprechung wurde zunächst die sogenannte **Erklärungstheorie** vertreten, der zufolge die Fortführung des Geschäfts unter der bisherigen Firma eine haftungsbegründende Erklärung an die Öffentlichkeit darstellt, für die bisherigen Geschäftsschulden haften zu wollen.[21] Diese Rechtsprechung des Reichsgerichts hat der BGH in BGHZ 18, 248, 250 f. um den Aspekt des **Rechtsscheins** erweitert. Danach hat die oben genannte Erklärung eine Rechtsscheinwirkung, deren gesetzlicher Ausdruck § 25 sein soll. Ob die Rechtsprechung seitdem überwiegend der Erklärungs- oder der Rechtsscheinstheorie gefolgt ist, wird unterschiedlich gesehen.[22] Eine genaue Einordnung der Rechtsprechung fällt insofern schwer, als sich spätere Entscheidungen zwar in der Regel auf BGHZ 18, 248 berufen, aber nur den Passus des Reichsgerichts zum Erklärungscharakter der Geschäfts- und Firmenfortführung zitieren.[23] Kennzeichnend ist, dass in diesen Entscheidungen nicht eigentlich mit dem Rechtsgrund argumentiert wird. Anders liegt es allerdings bei den Entscheidungen, die von einem Verständnis von § 25 als Rechtsscheinstatbestand ausgehen.[24] Hier wird die Rechtsgrundproblematik zumindest teilweise für die Argumentation fruchtbar gemacht.[25]

9   Angesichts dieses Befundes scheint zweifelhaft, ob die Rechtsprechung überhaupt strikt der Erklärungs- oder der Rechtsscheinstheorie zugeordnet werden muss. Berücksichtigt man, dass es in BGHZ 18, 248 vor allem darum ging, den rechtsgeschäftlichen Charakter der sogenannten Erklärung begründet zu verneinen,[26] so kann von einer wenn auch modifizierenden Beibehaltung der reichsgerichtlichen Rechtsprechung ausgegangen werden. Bereits dem Reichsgericht erschien der rechtsgeschäftliche Charakter der umstrittenen Erklärung problematisch. Trotz der Qualifikation der Firmenfortführung als Erklärung schloss es eine Anfechtbarkeit derselben mit Rücksicht auf das übliche Verständnis der Erklärung im Geschäftsverkehr aus.[27] Diese Begründung kann kaum überzeugen, weil das Verständnis des Geschäftsverkehr zwar für die Auslegung eines möglicherweise rechtsgeschäftlichen Verhaltens, nicht jedoch für dessen Anfechtbarkeit als Erklärung maßgeblich sein kann. Auch das Reichsgericht spricht allerdings bereits in diesem Zusammenhang davon, dass die Erklärung redlichen Geschäftspartnern gegenüber unabhängig von Willensmängeln gelten soll.[28] Damit führt es selbst ein Element der Vertrauenshaftung ein, das in einer späteren Entscheidung wiederkehrt, derzufolge § 25 zugrundeliegt, dass derjenige, der als Firmeninhaber auftritt, „sich, soweit es zum Schutze des redlichen Verkehrs gerechtfertigt ist, auch als solcher behandeln lassen muss".[29] Der BGH hat in BGHZ 18, 248 diese Gedanken aufgegriffen und fortentwickelt. Es spricht also einiges dafür, im Rahmen der Nachkriegsrechtsprechung nicht nach Erklärungs- und Rechtsscheinstheorie zu differenzieren, sondern vielmehr von einer **Verbindung beider Ansätze** in dem Sinne auszugehen, dass § 25 die Verbindlichkeit eines Verhaltens anordnet, das den Anschein einer Haftungsbereitschaft begründet.

Kombiniert wird dieser Ansatz häufig mit dem Gedanken der **Vermögensübernahme**.[30] Danach tritt die Haftung als notwendige Folge der Unternehmensübernahme ein, weil der Erwerber des

---

[21] RG Urt. v. 11. 10. 1935 – II 112/35, RGZ 149, 25, 28; RG Urt. v. 2. 7. 1918 – II 63/18, RGZ 93, 227, 228 f.; RG Urt. v. 13. 10. 1933 – II 110/33, RGZ 142, 98, 104; RG Urt. v. 8. 6. 1940 – II 149/39, RGZ 164, 115, 121.
[22] Interpretation iSd. Erklärungstheorie bei Staub/*Hüffer* RdNr. 5; MünchKommHGB/*Lieb* RdNr. 8; iSd. Rechtsscheinstheorie *Schricker* ZGR 1972, 221 131 f.; *Nickel* NJW 1981, 102.
[23] BGH Urt. v. 24. 9. 1962 – VIII ZR 18/62, BGHZ 38, 44, 47; BGH Urt. v. 16. 9. 1981 – VIII ZR 111/80, NJW 1982, 557, 578; BGH Urt. v. 15. 5. 1990 – X ZR 82/88, NJW-RR 1990, 1251, 1253; BayObLG Beschl. v. 17. 12. 1987 – BReg 3 Z 127/87, NJW-RR 1988, 869, 870.
[24] BGH Urt. v. 1. 10. 1958 – II ZR 238/57, BGHZ 29, 1, 3 ff. = NJW 1959, 241; BGH Urt. v. 8. 12. 1959 – VIII ZR 134/58, BGHZ 31, 321, 328 = NJW 1960, 621; OLG Bremen Urt. v. 3. 8. 1988 – 3 U 111/87, NJW-RR 1989, 423, 424.
[25] BGH Urt. v. 1. 10. 1958 – II ZR 238/57, BGHZ 29, 1, 4 f. = NJW 1959, 241; BGH Urt. v. 8. 12. 1959 – ZR 134/58, BGHZ 31, 321, 328 = NJW 1960, 621.
[26] BGH Urt. v. 13. 10. 1955 – II ZR 44/54, BGHZ 18, 248, 250.
[27] RG Urt. v. 13. 10. 1933 – II 110/33, RGZ 142, 98, 104.
[28] RG Urt. v. 13. 10. 1933 – II 110/33, RGZ 142, 98, 104.
[29] RG Urt. v. 13. 2. 1934 – II 254/33, RGZ 143, 368, 371.
[30] RG Urt. v. 13. 10. 1933 – II 110/33, RGZ 142, 98, 106; Urt. v. 15. 12. 1931 – III 10/31, RGZ 135, 104, 108; BGH Urt. v. 24. 9. 1962 – VIII ZR 18/62, BGHZ 38, 44, 47.

Vermögens für die Schulden aufkommen soll.[31] Dieser Gedanke wird allerdings weniger als Rechtsgrund der Haftung denn als Rechtfertigung derselben eingeführt.

b) Rechtslehre. In der Literatur sind alle drei Aspekte aufgegriffen worden. Vertreter des Erklärungsgedankens gehen von einem rechtsgeschäftlichen Schuldübernahmeangebot an die Altgläubiger aus und verstehen § 25 als zwingende Auslegungsregel zur gesetzlichen Stabilisierung eines typischen sozialen Verhaltens.[32]

Anhänger einer Rechtsscheinhaftung meinen überwiegend, dass der Fortbestand der Firma den Anschein unveränderter Unternehmensinhaberschaft begründet und ein dahingehendes Vertrauen des Rechtsverkehrs rechtfertigt.[33] *Muschalle* zufolge soll die Firmenfortführung den Anschein einer internen kumulativen Schuldübernahme begründen,[34] ein Gedanke, der dem von der Rechtsprechung entwickelten Anschein einer Haftungsbereitschaft nahesteht.

Im Rahmen der sogenannten Haftungsfondstheorie wird mit Rücksicht auf die Zusammengehörigkeit von Aktiva und Passiva die Übernahme des Geschäftsvermögens als Rechtsgrund angesehen.[35]

Eine Kombination mehrerer Aspekte hat *Schricker* mit seiner Theorie vom zweigliedrigen Haftungstatbestand versucht. Danach liegt § 25 ein kombiniertes Vermögensübernahme- und Verkehrsschutzprinzip zugrunde.[36] Die Vermögensübernahme soll die Haftung des Erwerbers rechtfertigen, die im Interesse des Rechtsverkehrs wegen der Geschäfts- und Firmenfortführung eintritt.

Ein Teil der Literatur hat schließlich andere Gesichtspunkte zur Grundlage neuer Lösungsvorschläge gemacht. So hält etwa *Börner* die Befriedigungsmöglichkeit der Altschuldner des Unternehmens nach § 25 Abs. 1 S. 2 für den eigentlichen Kern von § 25 und versteht die Haftungsanordnung nur als notwendiges Pendant des „Forderungsübergangs" im Rahmen einer umfassenden Vertragsübertragung.[37] Andere meinen, dass § 25 eine im Regelfall intern vereinbarte Schuldübernahme seitens des Erwerbers generell auf das Außenverhältnis erstrecke.[38] Dieser Ansatz ist von *Lieb* wiederaufgenommen worden, der von einer kraft Gesetzes eintretenden Außenwirkung einer vereinbarten Haftungskontinuität spricht.[39]

c) Stellungnahme. Die klassische Erklärungstheorie kann nicht überzeugen. Die Firmenfortführung ist als Verhalten zu vieldeutig, um als haftungsbegründende Erklärung ausgelegt zu werden.[40] Der Erwerber bringt lediglich zum Ausdruck, dass er an die Geschäftstätigkeit unter Leitung des bisherigen Inhabers anknüpfen und die Geschäftsverbindungen möglichst aufrechterhalten möchte. Ob damit auch eine Übernahme der Altverbindlichkeiten verbunden sein soll, kann vor allem aus der Firmenfortführung nicht entnommen werden.

Auch die unter dem Begriff Rechtsscheintheorie entwickelten Ansätze stellen keine befriedigende Lösung dar. Dem Teil der Rechtslehre, der auf den Anschein unveränderter Inhaberschaft abstellt, kann entgegengehalten werden, dass die Haftung aus § 25 auch eingreifen soll, wenn die Firma mit einem Nachfolgezusatz fortgeführt wird. Ein Vertrauen auf die unveränderte Inhaberschaft kann der Regelung folglich nicht zugrundeliegen.[41]

Dieser Vorhalt kann allerdings die Rechtsprechung insofern nicht treffen, als sie von dem Rechtsschein der Bereitschaft des Erwerbers, sämtliche Verbindlichkeiten zu übernehmen, ausgeht.[42] Dasselbe gilt für *Muschalles* Ansatz. Problematisch sind jedoch die weiteren typischen Elemente einer Rechtsscheinhaftung, wie etwa die Kenntnis des Vertrauenstatbestandes und ein entsprechendes Vertrauen, ein auf dieses Vertrauen gestütztes rechtsgeschäftliches Verhalten und das Erfordernis guten Glaubens.[43] Selbst wenn man mit *Muschalle* die Kenntnis einer unveränderten Firma mit der Begründung ausreichen lässt, dass die Gläubiger bei Firmenkontinuität jedenfalls auf die Haftung des jeweiligen Inhabers vertrauen, bleibt das Erfordernis einer auf dieses Vertrauen gestützten Disposition.[44] Insoweit

---

[31] RG Urt. v. 13. 10. 1933 – II 110/33, RGZ 142, 98, 106.
[32] *Säcker* ZGR 1973, 261, 275.
[33] Schlegelberger/*Hildebrandt*/*Steckhan* RdNr. 1 a.
[34] *Muschalle* S. 92 ff.
[35] *Morisse* S. 32 ff.; *Heckelmann*, FS Bartholomeyczik, 1973, S. 129, 147, allerdings beschränkt auf das Geschäftsvermögen; *Koziol* (JBl. 1967, 550, 558 f.) vertritt diese Ansicht entgegen verschiedenen Zitaten in der Literatur nicht.
[36] *Schricker* ZGR 1972, 121, 151.
[37] *Börner*, FS Möhring, 1975, S. 37, 48, 50.
[38] *Heckelmann*, FS Bartholomeyczik, 1973, S. 143; *Lieb*, FS Börner, 1992, S. 751.
[39] MünchKommHGB/*Lieb* RdNr. 9; zustimmend auch *Canaris*, FS Frotz, 1993, S. 20.
[40] So auch Staub/*Hüffer* RdNr. 13; *Koziol* JBl. 1967, 558; MünchKommHGB/*Lieb* RdNr. 8.
[41] Staub/*Hüffer* RdNr. 14.
[42] BGH Urt. v. 29. 11. 1956 – II ZR 32/56, BGHZ 22, 234, 239.
[43] *Canaris* Vertrauenshaftung S. 184.
[44] Daran hält auch die Rechtsprechung fest, selbst wenn teilweise überaus geringe Anforderungen an die vertrauensinduzierte Disposition gestellt werden. BGH Urt. v. 25. 6. 1973 – II ZR 133/70, BGHZ 61, 59, 64.

kann auch nicht darauf verwiesen werden, dass es auch Fälle von Vertrauenshaftung, wie etwa § 15 Abs. 1, gibt, bei denen auf den Nachweis des aktuellen Vertrauens und des Kausalzusammenhangs verzichtet wird. Die Konstellation ist insofern nicht vergleichbar, als der Geschäftspartner in dem genannten Fall, wenn auch ohne Einsicht in das Handelsregister, von der Kaufmannseigenschaft des anderen oder vom Vorliegen etwa einer Prokura ausgegangen ist. Damit hatte der Geschäftspartner zumindest hinsichtlich der eingetragenen Tatsachen eine bestimmte, für sein Handeln kausale Vorstellung, die eine Einsicht ins Handelsregister nur hätte stützen können. Eine Betätigung[45] des Vertrauens oder eine Vertrauensreaktion[46] sind in diesem Fall erfolgt. Anders bei § 25, wenn sich der Geschäftspartner des Inhaberwechsels nicht bewusst ist, oder wenn er trotz Kenntnis desselben nach wie vor den Veräußerer für seinen einzigen Schuldner hält. Der BGH meint zwar, dieses Problem mit Hinweis darauf, dass der Rechtsscheinsgedanke bei der Haftung aus § 25 „eine weitergehende Bedeutung gewinnen und Rechte auch für denjenigen begründen [kann], der sich auf diesen Rechtsschein verlässt, ohne durch sein Vertrauen zu bestimmten Entschließungen veranlasst worden zu sein," ausräumen zu können.[47] § 25 setzt nach seinem Tatbestand jedoch nicht einmal voraus, dass sich der Geschäftspartner auf die scheinbare Schuldübernahmebereitschaft des Erwerbers verlässt. Der Rechtsscheinsgedanke passt folglich nicht zu der Haftungsanordnung nach § 25 und kann damit nicht als deren Rechtsgrund angesehen werden.

18 Der Haftungsfondstheorie wird zu Recht entgegengehalten, dass sie mit Tatbestand und Rechtsfolge von § 25 nicht in Einklang zu bringen ist. § 25 knüpft an die Unternehmens- und Firmenfortführung und gerade nicht an die Übernahme des Vermögens an. In der Übernahme den Rechtsgrund der Haftung zu sehen, kann daher nicht überzeugen.[48] Auch die Rechtsfolge, die persönliche Haftung – also gerade keine Beschränkung auf das übernommene Vermögen – sowie die abweichend von § 419 BGB eingeräumte Abdingbarkeit der Haftung sprechen gegen eine zentrale Bedeutung der Vermögensübernahme.[49]

19 Die genannten Argumente sind auch *Schricker* entgegenzuhalten. Auch seine Theorie kann nicht erklären, warum derjenige, der das Unternehmen nur pachtet, also das Vermögen nicht übernimmt, nach § 25 haften soll.

20 *Börners* Ansatz ist zu entgegnen, dass § 25 weder den fingierten Forderungsübergang noch die Haftung auf vertragliche Ansprüche beschränkt, worauf das Konzept einer Vertragsübernahme jedoch hinausliefe.[50] Außerdem kann im Hinblick auf die Gesetzesmaterialien die These nicht überzeugen, dass der Forderungsübergang als Kernstück von § 25 die Haftung lediglich als notwendige Nebenfolge nach sich ziehe.[51]

21 Die Konstruktion einer ins Außenverhältnis erstreckten Schuldübernahme schließlich hat zunächst den auch von ihren Kritikern[52] eingeräumten Vorteil, dass sie mit Hilfe der regelmäßigen internen Schuldübernahme die Haftung des Erwerbers rechtfertigen kann. Außerdem erscheint bei diesem Ansatz, der an ähnliche Überlegungen im 19. Jahrhundert anknüpfen kann,[53] die Abdingbarkeit der Haftung ohne weiteres nachvollziehbar. Gegen diese Lösung wird allerdings eingewandt, dass unklar bleibe, warum die Möglichkeit interner Schuldübernahme von Gesetzes wegen zu einem externen Schuldbeitritt werden soll,[54] bzw. dass der Übergang vom Innen- zum Außenverhältnis misslungen sei.[55] Dieser Einwand kann jedoch nicht durchgreifen, weil insoweit der Schutz des Rechtsverkehrs eine maßgebliche Rolle spielt. Geht man nämlich, wie eingangs erörtert (s. o. RdNr. 5 f.), davon aus, dass nicht nur die Gläubiger, sondern auch der Veräußerer und der Erwerber typischerweise an einer Mithaftung des Erwerbers interessiert sind, ergibt sich in Anlehnung an *Krejci* folgender Zusammenhang: Erwerber und Veräußerer müssten ihre interne Schuldübernahme dem Rechtsverkehr zur Kenntnis bringen, um dessen Ungewissheit über die Haftungssituation entgegenzuwirken.[56] An dieser Stelle greift nun der Gesetzgeber ein, um einerseits umfangreichen Informationsaufwand zu ersparen und andererseits die Ungewissheit zu beheben. Weil eine **interne Schuldübernahme** zumindest im Fall der Firmenfortführung **im regelmäßigen Interesse der Parteien** des Über-

---

[45] *Canaris* Vertrauenshaftung S. 184.
[46] *Schricker* ZGR 1972, 121, 138.
[47] BGH Urt. v. 29. 11. 1956 – II ZR 32/56, BGHZ 22, 234, 239.
[48] *K. Schmidt* ZHR 145 (1981), 2, 10 f.; Staub/*Hüffer* RdNr. 15.
[49] *K. Schmidt* ZHR 145 (1981), 2, 10 f.; Staub/*Hüffer* RdNr. 15.
[50] *K. Schmidt* ZHR 145 (1981), 2, 11; Staub/*Hüffer* RdNr. 16.
[51] *K. Schmidt* ZHR 145 (1981), 2, 11; Staub/*Hüffer* RdNr. 16.
[52] *K. Schmidt* ZHR 145 (1981), 2, 12; Staub/*Hüffer* RdNr. 16.
[53] *Gerlach* S. 7.
[54] *K. Schmidt* ZHR 145 (1981), 2, 12.
[55] Staub/*Hüffer* RdNr. 16.
[56] *Krejci* ÖJZ 1975, 458.

nahmevertrags liegt, wird die Realisierung der Schuldübernahme im Außenverhältnis durch den Gesetzgeber erleichtert.[57] Der Übergang vom Innen- zum Außenverhältnis findet seinen Grund folglich darin, dass die interne Vereinbarung typischerweise keine Außenwirkung erlangen kann, diese auf Grund der Bedürfnisse des kaufmännischen Verkehrs aber regelmäßig haben müsste. Als Rechtsgrund der Haftung ist damit die Erstreckung einer typischerweise vereinbarten internen Schuldübernahme auf das Außenverhältnis anzusehen.

II. Voraussetzungen der Haftung nach § 25 Abs. 1 S. 1

§ 25 Abs. 1 S. 1 setzt voraus, dass ein Handelsgeschäft von einem noch lebenden Inhaber 22 erworben und unter der bisherigen Firma fortgeführt wird.

1. Handelsgeschäft. Wie bei § 22 ist unter Handelsgeschäft das Unternehmen als betriebsfähige Wirtschaftseinheit zu verstehen (§ 22 RdNr. 6 ff.). Das Unternehmen muss zum Zeitpunkt der Übertragung noch bestanden haben, darf also nicht vorher endgültig aufgelöst worden sein.[58] Wegen des Tatbestandsmerkmals Firmenfortführung setzt § 25 des Weiteren das Vorliegen eines kaufmännischen Unternehmens voraus. Unter § 25 fallen folglich nur in firmenfähiger Rechtsform betriebene Handelsgeschäfte (hierzu § 17 RdNr. 8 und 14).

Vor der Handelsrechtsreform 1998 war umstritten, ob § 25 analog auf nicht eingetragene Kauf- 23 leute iSv. § 2 aF, auf Minderkaufleute oder gar auf Nichtgewerbetreibende (iSd. überkommenen handelsrechtlichen Gewerbebegriffs) angewendet werden könne.[59] Die Rechtsprechung und ein Teil der Lehre lehnten das ab und wandten § 25 lediglich über § 5 auf eingetragene Minderkaufleute sowie auf eingetragene Gewerbe an, die nicht unter die Handelsgewerbe fielen.[60] In der Literatur wurde demgegenüber vermehrt eine analoge Anwendung befürwortet, allerdings in unterschiedlichem Umfang.[61] Mit der Neuregelung des Kaufmannsbegriffs durch das HRefG 1998 ist das Problem weitgehend entfallen. Gewerbetreibende, deren Unternehmen nicht unter die Ausnahme des § 1 Abs. 2, 2. Halbs. (Kleingewerbe) fällt, sind nun unabhängig vom Betreiben eines ‚Grundhandelsgewerbes' (iSd. § 1 Abs. 2 aF) Kaufleute; damit steht für nach altem Recht als ‚Sollkaufleute' iSd. § 2 aF geltenden Gewerbetreibenden nun unabhängig von ihrer Handelsregistereintragung die direkte Anwendbarkeit des § 25 fest. Zugleich ist die Rechtsfigur der ‚Minderkaufleute' entfallen. Bei Kleingewerbetreibenden ist nun zu differenzieren: Im Fall ihrer Eintragung sind sie nach § 2 Satz 1 Kaufleute und damit im Anwendungsbereich des § 2. Nur bei nicht eingetragenen Kleingewerbetreibenden (§ 2) und nicht eingetragenen Betreibern land- oder forstwirtschaftlicher Unternehmen (§ 3 Abs. 2), ferner bei völligem Fehlen eines ‚Gewerbebetriebes' – etwa bei der Übertragung des Unternehmens eines Freiberuflers – kann eine analoge Anwendung des § 25 noch in Betracht gezogen werden.

Die besseren Gründe sprechen in den zuletzt genannten Fällen **gegen eine analoge Anwendung** 24 des § 25. Zwar ist die Interessenlage der Beteiligten (Veräußerer, Erwerber, Gläubiger) im Ausgangspunkt derjenigen bei Übertragung eines kaufmännischen Unternehmens vergleichbar. Der Gesetzgeber hat aber mit der Handelsrechtsreform 1998 bewusst die Zwischenform des Minderkaufmanns abgeschafft und eine klare Zuordnung der Kleingewerbetreibenden zur Sphäre der Kaufleute (im Fall ihrer Eintragung) bzw. zur Sphäre der Nichtkaufleute (bei fehlender Eintragung) vorgenommen (§ 2); entsprechendes gilt für Betreiber land- oder forstwirtschaftlicher Unternehmen (§ 3 Abs. 2). Angesichts dieser Eindeutigkeit ist § 25 als abschließende Regelung zu verstehen: Bei Nichtkaufleuten kann die Vorschrift – mangels Fortführung einer ‚Firma' – nicht zur Anwendung gelangen; dies gilt auch, soweit es gar – wie im Beispielsfall des Freiberuflers – an einem ‚gewerblichen' Unternehmen iSd. Handelsrechts fehlt. In all diesen Fällen ist für die Annahme einer Regelungslücke

---

[57] *Krejci* ÖJZ 1975, 458; *Heckelmann*, FS Bartholomeyczik, 1973, S. 143.
[58] Staub/*Hüffer* RdNr. 35; MünchKommHGB/*Lieb* RdNr. 41; dazu näher RdNr. 44 f.
[59] In dem zuletzt genannten Sinne *K. Schmidt* ZHR 145 (1981), 2, 21 ff.; für die Anwendung auf Mitunternehmer-BGB-Gesellschaften JZ 1974, 219, 220; zustimmend *Ott* WuB IV D § 25 HGB 1.92.
[60] RG Urt. v. 8. 6. 1903 – Rep I. 490/02, RGZ 55, 83, 85; BGH Urt. v. 29. 11. 1956 – II ZR 32/56, BGHZ 22, 234, 240; BGH Urt. v. 16. 9. 1981 – VIII ZR 111/80, NJW 1982, 577; BGH, Urt. v. 17. 9. 1991 – XI ZR 256/90, NJW 1992, 112, 113; OLG Frankfurt Urt. v. 28. 6. 1972 – 17 U 136/70, OLGZ 1973, 20, 22; OLG Zweibrücken Urt. v. 4. 12. 1987 – 3 W 112/87, NJW-RR 1988, 998; OLG Koblenz Urt. v. 7. 4. 1988 – 5 U 10/88, NJW-RR 1989, 420; LG Darmstadt Beschl. v. 14. 1. 1964 – 12 T 3/63, BB 1964, 1196; *Commandeur* S. 122 ff.; *Wilhelm* NJW 1986, 1797, 1798.
[61] Vgl. neben *K. Schmidt* (Anwendung auch auf Nichtgewerbetreibende, Nachw. in Fn. 62) Staub/*Hüffer* RdNr. 84–86 (für analoge Anwendung bei minder- und sollkaufmännischen Unternehmen, soweit zur Unternehmensfortführung die Fortführung von Namen oder Geschäftsbezeichnungen hinzutritt; zustimmend Baumbach/*Hopt* RdNr. 2); MünchKommHGB/*Lieb* RdNr. 30 (für analoge Anwendung bei Eintragungsfähigkeit des Erwerbers); Heymann/*Emmerich* RdNr. 10 a.

kein Raum.[62] Dass die Vorschrift in Fällen der hier behandelten Art nicht ‚passt', zeigt zudem Abs. 2:[63] Diese Bestimmung trägt dem Interesse des Erwerbers an einer mit Drittwirkung versehenen vertraglichen Abbedingung der Haftung Rechnung; eine solche mit dem Veräußerer getroffene Abrede bedarf, wenn sie nicht jedem betroffenen Gläubiger mitgeteilt wird, zu ihrer Außenwirksamkeit der Eintragung in das Handelsregister. Die hier angesprochenen, nicht in das Handelsregister eingetragenen Nichtkaufleute der Haftung analog § 25 Abs. 1 auszusetzen, schiene unangemessen, da ihnen die Möglichkeit fehlt, durch registerliche Eintragung einer entsprechenden, mit dem Veräußerer getroffenen Vereinbarung die Übernehmerhaftung auszuschließen. Hiergegen sollte nicht eingewandt werden, dass Kleingewerbetreibenden und Betreibern land- oder forstwirtschaftlicher Unternehmen immerhin die Möglichkeit offensteht, ihre Firma zur Eintragung anzumelden und damit auch die Außenwirkung der Beschränkungsabrede sicherzustellen.[64] Der Gesetzgeber räumt ihnen das Wahlrecht ein, den Kaufmannsstatus entweder vollständig oder gar nicht anzunehmen. Diese Wahlfreiheit wäre entwertet, wenn Kleingewerbetreibende auch im Fall ihrer Entscheidung gegen den Kaufmannsstatus auf Grund analoger Anwendung handelsrechtlicher Regelungen ein Teil der für sie ungünstigen Folgen des Kaufmannsstatus träfe.

25 Das Handelsgeschäft muss bisher unter einer Firma betrieben worden sein. Auf die Vereinbarkeit der Firmenführung mit den §§ 18ff., dem Namens- und dem Wettbewerbsrecht kommt es nicht an.[65] Auch bei unberechtigter Firmenführung ist § 25 anwendbar.[66] Die Firma braucht bei Unternehmen iSd. § 1 Abs. 2 nicht eingetragen zu sein.[67]

26 **2. Unternehmensübertragung. a) Allgemeine Voraussetzungen. aa) Vertragliche Grundlage der Unternehmensübertragung.** § 25 setzt einen **Erwerb** des Handelsgeschäfts unter Lebenden voraus. Auf den Rechtsgrund des Erwerbs kommt es nicht an. Es muss vielmehr lediglich ein zumindest vorübergehender vollständiger Inhaberwechsel stattgefunden haben. Der Erwerb kann neben dem Regelfall des Kaufvertrages u. a. auch auf Schenkung,[68] Vergleich,[69] offenem Treuhandvertrag,[70] Auseinandersetzungsvertrag[71] oder Erfüllung von Vermächtnissen[72] beruhen. Der – nicht unumstrittenen (RdNr. 32) – Rechtsprechung zufolge ist kein derivater rechtsgeschäftlicher Erwerbstatbestand erforderlich: Der maßgebliche Verkehr gehe von Unternehmenfortführung schon dann aus, wenn ein **Betrieb** von einem neuen Inhaber **in seinem wesentlichen Bestand unverändert weitergeführt** werde, der Tätigkeitsbereich, die innere Organisation und die Räumlichkeiten ebenso wie die Kunden- und Lieferantenbeziehungen jedenfalls im Kern beibehalten und/oder Teile des Personals übernommen werden.[73]

Der hM zufolge kommen u. a. **Nießbrauch** und **Pacht** in Betracht.[74] Hierfür sprechen die Interessen der Beteiligten. Verpächter und Pächter sind regelmäßig an einer Schuldübernahme interessiert und dem Rechtsverkehr liegt an einer eindeutigen Haftungslage. Nach § 25 soll ferner der Verpächter haften, an den das Unternehmen zurückfällt und der es selbst weiterführt.[75] Das ist zwar

---

[62] So schon vor der Handelsrechtsreform 1998 BGH Urt. v. 17. 9. 1991 – XI ZR 256/90, NJW 1992, 112, 113 (für die Fortführung des Unternehmens einer Gesellschaft bürgerlichen Rechts durch eine KG); aus neuerer Zeit OLG Köln ZIP 2001, 975.
[63] *Huber*, FS Raisch, 1995, 85, 104f.; MünchKommHGB/*Lieb* RdNr. 29f.
[64] In diesem Sinne MünchKommHGB/*Lieb* RdNr. 29f. mit der Folgerung, dass eine analoge Anwendung der Vorschrift bei einem *eintragungsfähigen Erwerber* in Betracht komme.
[65] BGH Urt. v. 29. 11. 1956 – II ZR 32/56, BGHZ 22, 234, 237; OLG Düsseldorf Urt. v. 12. 7. 1990 – 6 U 264/89, GmbHR 1991, 315, 316 = EWiR § 25 HGB 1/91 mit Anm. *Demharter*; Baumbach/*Hopt* RdNr. 9; Heymann/*Emmerich* RdNr. 22a; *Commandeur* S. 132.
[66] RG Urt. v. 30. 4. 1926 – II 437/25, RGZ 113, 306, 308.
[67] Vgl. zum Rechtszustand vor der Handelsrechtsreform 1998 BGH Urt. v. 13. 10. 1955 – II ZR 44/54, BHGZ 18, 248, 250; OLG Frankfurt Urt. v. 28. 6. 1972 – 17 U 136/70, OLGZ 1973, 20, 22; OLG Frankfurt Urt. v. 22. 11. 1979 – 5 U 36/79, NJW 1980, 1397, 1398; BGH Urt. v. 16. 9. 1981 – VIII ZR 111/80, NJW 1982, 577; RG Urt. v. 8. 6. 1903 – Rep I 490/02, RGZ 55, 83, 85.
[68] BGH Urt. v. 1. 12. 1986 – II ZR 303/85, NJW 1987, 1633 = WuB IV D § 25 HGB 11987 mit Anm. *Hüffer*; OLG Oldenburg Urt. v. 26. 6. 1985 – 3 U 277/89, WM 1985, 1415, 1417.
[69] RG, Urt. v. 11. 10. 1935 – II 112/35, RGZ 149, 25, 28.
[70] BGH Urt. v. 29. 3. 1982 – II ZR 166/81, NJW 1982, 1647, 1648; demgegenüber nicht bei verdeckter Treuhand, OLG Stuttgart Urt. v. 10. 6. 1987 – 3 U 300/86, BB 1987, 2184, 2185; **aA** *Henckel*, FS Heinsius, 1991, S. 261, 274ff.
[71] RG Urt. v. 20. 4. 1937 – II ZR 166/81, RGZ 154, 334, 337.
[72] Staub/*Hüffer* RdNr. 38.
[73] BGH Urt. v. 28. 11. 2005 – II ZR 355/03, DB 2006, 444, 445 mwN zur Rspr. Vgl. zur hier vertretenen Auffassung, die den Abschluss eines Übernahmeangebotes fordert, unten RdNr. 32.
[74] BGH Urt. v. 29. 3. 1982 – II ZR 166/81, NJW 1982, 1647; BGH Urt. v. 16. 1. 1984 – II ZR 114/83, NJW 1984, 1186, 1187; OLG Frankfurt Urt. v. 28. 6. 1972 – 17 U 136/70, OLGZ 1973, 20, 23; *Brockmeier* S. 119ff.; *Deschler* S. 137ff.; Staub/*Hüffer* RdNr. 81; Baumbach/*Hopt* RdNr. 4; Heymann/*Emmerich* RdNr. 13; **aA** *Schricker* ZGR 1972, 121, 153 f. Fn 128; *Binz/Rauser* BB 1980, 897, 898 f.
[75] RG Urt. v. 6. 10. 1931 – II 516/30, RGZ 133, 318, 323 f.; *Brockmeier* S. 127 ff.; *Deschler* S. 139 f.; *K. Schmidt* NJW 1984, 1187; Staub/*Hüffer* RdNr. 82; Heymann/*Emmerich* RdNr. 13; **aA** Düringer/Hachenburg/*Hoeniger* Anm. 37.

insofern problematisch, als im Fall einfacher Kündigung seitens des Pächters ein vertraglicher Rahmen für die Vereinbarung eines Haftungsausschlusses nach § 25 Abs. 2 fehlt. Der Verpächter kann den Haftungsausschluss aber vorsorglich bei Abschluss des Pachtvertrages vereinbaren,[76] so dass ihm die Haftung aus § 25 zugemutet werden kann.

Bei einer **Weiterverpachtung** ohne zwischenzeitliche Unternehmensführung durch den Verpächter schließlich soll unmittelbar der zweite Pächter als Nachfolger des bisherigen haften.[77] Fraglich ist hier, ob § 25 auch Anwendung finden kann, wenn zwischen dem bisherigen und dem neuen Inhaber keine vertraglichen Beziehungen bestehen. Der BGH befürwortet dies unter Hinweis auf die grundsätzlich untergeordnete Bedeutung des Übernahmevertrages.[78] Die Lehre folgt dem überwiegend, wenn auch mit unterschiedlicher Begründung.[79]

Für die Anwendbarkeit von § 25 spricht, dass zumindest im Regelfall sowohl der bisherige Pächter als auch der die Firma fortführende neue Pächter an einer Schuldübernahme durch den Pächter interessiert sind.[80] Der neue Pächter will sich die von seinem Vorgänger aufgebauten und gepflegten Geschäftsverbindungen zunutze machen. Die § 25 zugrundeliegende typische Interessenlage ist damit gegeben. Problematisch ist demgegenüber, dass der BGH die Abdingbarkeit der Haftung für den neuen Pächter erheblich einschränkt, indem er eine Vereinbarung mit dem bisherigen Pächter verlangt.[81] An einer solchen Abrede, die losgelöst von jeglicher vertraglicher Beziehung getroffen werden müsste, wird der bisherige Pächter in der Regel kein Interesse haben. Der Zweitpächter wäre daher auf eine den Haftungsschluss ermöglichende Vereinbarung zwischen dem Verpächter und dem Erstpächter angewiesen.[82] Solche eher komplexen Absprachen dürften jedoch nur in Ausnahmefällen vorliegen. Einen Ausgleich könnte der Zweitpächter nur über die Vereinbarung eines geringeren Pachtzinses erlangen.[83] Insofern ist aber zweifelhaft, ob er sich bereits im Rahmen der Vertragsverhandlungen der Belastung durch Verbindlichkeiten bewusst ist, die ein ihm in der Regel unbekannter Erstpächter begründet hat. Zum Schutz des Zweitpächters soll daher, wie ein großer Teil der Rechtslehre vorschlägt, ausnahmsweise ein einseitiger Haftungsausschluss ausreichen, der dann den formalen Anforderungen des § 25 Abs. 2 genügen muss.[84]

bb) Gegenstand der Unternehmensübertragung. Der Geschäftserwerb muss sich nicht auf alle Unternehmensbestandteile beziehen, es reicht vielmehr die Übertragung der Teile aus, die den **Kern des Unternehmens** ausmachen.[85] Aus der Sicht des Rechtsverkehrs muss sich der Sachverhalt als Weiterführung des Unternehmens in seinem wesentlichen Bestand darstellen.[86] Es müssen daher die Teile übertragen werden, die den nach außen in Erscheinung tretenden Tätigkeitsbereich bestimmen.[87] Ausreichend ist etwa die Übernahme der Betriebsräume und eines Teils des Personals, die Beibehaltung der alten Adresse und die Tätigung der gleichen Geschäfte.[88] Werden einzelne Vermögensbestandteile oder Betätigungsfelder nicht übernommen, bleibt § 25 anwendbar, solange die Betriebsfortführung in der für den Rechtsverkehr erkennbaren Eigenart nicht gefährdet ist.[89] Ist

---

[76] RG Urt. v. 6. 10. 1931 – II 516/30, RGZ 133, 318, 323 f.; *Brockmeier* S. 138 ff.; MünchKommHGB/*Lieb* RdNr. 47; *Muschalle* S. 190.
[77] BGH Urt. v. 16. 1. 1984 – II ZR 114/83, NJW 1984, 1186, 1187; *Brockmeier* S. 149 ff.; *K. Schmidt* NJW 1984, 1187; *Wilhelm* NJW 1986, 1797 f.; kritisch Heymann/*Emmerich* RdNr. 13, 18 f.; *Huber*, FS Raisch, 1995, S. 98 f.
[78] BGH Urt. v. 16. 1. 1984 – II ZR 114/83, NJW 1984, 1186, 1187; zweifelnd OLG Hamm Urt. v. 5. 1. 1996 – 7 U 35/96, NJW-RR 1997, 733, 734, das diese Frage aber nicht entscheiden musste; Anm. *K. Schmidt* JuS 1997, 1069 ff.
[79] *Wilhelm* NJW 1986, 1797, 1798; *K. Schmidt* NJW 1984, 1187; MünchKommHGB/*Lieb* RdNr. 48; *Muschalle* S. 192 f.; wohl zustimmend auch *Huber*, FS Raisch, 1995, S. 99.
[80] Ähnlich *Muschalle* S. 192 f.
[81] BGH Urt. v. 16. 1. 1984 – II ZR 114/83, NJW 1984, 1186, 1187; zustimmend *Brockmeier* S. 156 ff.
[82] Zu derartigen Absprachen vgl. *Brockmeier* S. 159 f.
[83] Vgl. dazu *Brockmeier* S. 162 f., die diese Möglichkeit allerdings für ausreichend hält.
[84] *Wilhelm* NJW 1986, 1797, 1798; *Muschalle* S. 195 f.; MünchKommHGB/*Lieb* RdNr. 48; *Canaris*, FS Frotz, 1993, S. 11, 31; wohl auch *Huber*, FS Raisch, 1995, S. 99.
[85] RG Urt. v. 11. 5. 1942 – II 13/42, RGZ 169, 133, 136; BGH Urt. v. 4. 11. 1991 – II ZR 85/91, NJW 1992, 911 = WUB IV D § 25 HGB 3.92 mit Anm. *Emmerich*; OLG München Urt. v. 15. 5. 1996 – 7 U 6260/95, BB 1996, 1682, 1683; Anm. *Bracker* BB 1997, 114; BGH Urt. v. 13. 10. 1955 – II ZR 44/54, BGHZ 18, 248, 250; BGH Urt. v. 29. 3. 1982 – II ZR 166/81, NJW 1982, 1647 f.
[86] BGH Urt. v. 28. 11. 2005 – II ZR 355/03, DB 2006, 444, 445; OLG München Urt. v. 15. 5. 1996 – 7 U 6260/95, BB 1996, 1682, 1683; Anm. *Bracker* BB 1997, 114; BGH Urt. v. 4. 11. 1991 – II ZR 85/91, NJW 1992, 911 = WUB IV D § 25 HGB 3.92 mit Anm. *Emmerich*; OLG des Landes Sachsen-Anhalt Urt. v. 18. 11. 1997 – 9 U 260/96, OLG Rp Naumburg 1998, 389.
[87] RG Urt. v. 11. 5. 1942 – II 13/42, RGZ 169, 133, 136; OLG Düsseldorf Urt. v. 22. 1. 1998 – 10 U 30/97, NJW-RR 1998, 965.
[88] BGH Urt. v. 28. 11. 2005 – II ZR 355/03, DB 2006, 444, 445; OLG München Urt. v. 15. 5. 1996 – 7 U 6260/95, BB 1996, 1682, 1683 Anm. *Bracker* BB 1997, 114; wie bei Gaststätten zufolge allerdings grundsätzlich die Übernahme der Gaststätteninventars notwendig sein (Urt. v. 22. 1. 1998 – 10 U 30/97, NJW-RR 1998, 965).
[89] RG Urt. v. 11. 5. 1942 – II 13/42, RGZ 169, 133, 136; BGH Urt. v. 4. 11. 1991 – II ZR 85/91, NJW 1992, 911 = WUB IV D § 25 HGB 3.92 mit Anm. *Emmerich*; OLG Nürnberg Urt. v. 18. 3. 1969 – 3 II 165/67, BB 1970, 1193.

diese Voraussetzung gegeben, kann der Wert der übertragenen Teile unter dem Wert der beim Veräußerer verbleibenden Teile liegen.[90] Schließlich kann sogar das bisherige Geschäft mit den verbleibenden Teilen bestehen bleiben, wenn sich dennoch für den Rechtsverkehr die Fortführung des übernommenen Teils als Weiterführung des ursprünglichen Unternehmens darstellt.[91]

30 Festzuhalten ist allerdings, dass eine Übertragung des Unternehmenskerns in dem genannten Sinne Mindestvoraussetzung ist. Dem Reichsgericht, das den Rechtsschein eines ungeteilten Erwerbs ausreichen lassen will,[92] kann demgegenüber nicht gefolgt werden. Der Tatbestand des § 25 muss tatsächlich vorliegen, um die Haftung auslösen zu können.[93] Ein nur scheinbares Vorliegen der tatbestandlichen Voraussetzungen kann allenfalls eine Rechtsscheinhaftung nach den allgemeinen Grundsätzen auslösen (s. u. RdNr. 98 ff.).

31 **b) Sonderfälle.** § 25 ist auch auf die Übertragung von **Zweigniederlassungen** anwendbar, betrifft dann aber nur die in der jeweiligen Niederlassung begründeten Verbindlichkeiten.[94] Wird ein Handelsgeschäft nicht vollständig übertragen, so greift § 25 ein, wenn zumindest der Unternehmenskern von dem Inhaberwechsel betroffen ist. Nach der Rechtsprechung sind darunter die Unternehmensteile zu verstehen, die den Tätigkeitsbereich bestimmen.[95] Mit Rücksicht auf die Interessen des Erwerbers sollte allerdings die Übertragung des Unternehmens als betriebsfähiger Wirtschaftseinheit in jedem Fall gewährleistet sein.[96] Beim Erwerb eines von mehreren Unternehmen kann § 25 nur die Verbindlichkeiten des jeweils veräußerten Unternehmens betreffen.[97]

32 **c) Problemfälle. aa) Rechtsunwirksames Erwerbsgeschäft.** Umstritten ist, ob § 25 auch im Fall rechtsunwirksamen Erwerbs, dh. bei unwirksamem Verpflichtungs- oder Erfüllungsgeschäft angewandt werden kann. Die Rechtsprechung, die sogar jeglichen Vertrag für erlässlich hält, befürwortet eine solche Anwendung.[98] Dem hat sich die Lehre zunächst fast einhellig mit der Einschränkung angeschlossen, dass auf einen – wenn auch unwirksamen – Vertrag zwischen Erwerber und Veräußerer nicht verzichtet werden könne.[99] Auch die Anwendung im Fall unwirksamen Erwerbs ist jedoch zunehmend auf Kritik gestoßen.[100] *Lieb* hält § 25 für unanwendbar.[101] Eine Haftung könne sich lediglich aus § 15 Abs. 3 oder aus allgemeinen Rechtsscheinsgrundsätzen ergeben. Ebenso sei im Fall der Rückabwicklung infolge von Leistungsstörungen zu entscheiden.[102]

Die Rechtsprechung begründet die Anwendbarkeit von § 25 u. a. damit, dass § 25 an die bloße Tatsache der Geschäftsfortführung anknüpfe; der Übernahmevertrag und die Übertragung selbst seien demgegenüber unbedeutend.[103] Das ist jedoch insofern problematisch, als die Haftung aus § 25 nach dem hier vertretenen Ansatz auf der Annahme einer regelmäßigen internen Schuldübernahme basiert. Von dem genannten Regelfall kann aber nur ausgegangen werden, wenn Veräußerer und Erwerber zumindest die Übernahme des Unternehmens durch den Erwerber vereinbart haben.[104] Jedenfalls der Abschluss eines solchen Übernahmevertrages ist daher entgegen der Rechtsprechung als unverzichtbare Voraussetzung der Haftung aus § 25 anzusehen.

33 Auch bei nur unwirksamen Übernahmeverträgen erscheint die Anwendung von § 25 zweifelhaft. § 25 verlangt die Fortführung eines erworbenen Handelsgeschäfts und geht damit von einem endgültigen Inhaberwechsel aus. Ein solcher ist im Fall der Rückabwicklung nicht gegeben. Viel-

---

[90] RG Urt. v. 11. 5. 1942 – II 13/42, RGZ 169, 133, 137.
[91] OLG Hamm Urt. v. 17. 9. 1998 – 15 W 297/98, ZIP 1998, 2092, 2093.
[92] RG Urt. v. 11. 5. 1942 – II 13/42, RGZ 169, 133, 138.
[93] OLG Dresden Urt. v. 25. 2. 1997 – 2 U 2655/96, ZAP EN – Nr. 514/97.
[94] RG Urt. v. 11. 5. 1942 – II 13/42, RGZ 169, 133, 139; BGH, Urt. v. 14. 3. 1963 – II ZR 159/61, WM 1963, 747, 748; MünchKommHGB/*Lieb* RdNr. 37; Staub/*Hüffer* RdNr. 42.
[95] BGH Urt. v. 4. 11. 1991 – II ZR 85/91, NJW 1992, 911 f. = WUB IV D § 25 HGB 3.92 mit Anm. *Emmerich*; BGH Urt. v. 29. 3. 1982 – II ZR 69/81, NJW 1982, 1647, 1648; OLG Bremen Urt. v. 3. 8. 1988 – 3 U 111/87, NJW-RR 1989, 423; OLG Stuttgart Urt. v. 13. 12. 1988 – 12 U 359/87, NJW-RR 1989, 424, 425.
[96] Ebenso MünchKommHGB/*Lieb* RdNr. 38.
[97] RG Urt. v. 3. 2. 1927 – I 307/26, RGZ 116, 281, 284.
[98] RG Urt. v. 11. 10. 1935 – II 112/35, RGZ 129, 25, 28; RG Urt. v. 2. 7. 1918 – II 63/18, RGZ 93, 227, 228 ff.; BGH Urt. v. 13. 10. 1955 – II ZR 44/54, BHGZ 18, 248, 251 f.; BGH Urt. v. 29. 11. 1956 – II ZR 32/56, BGHZ 22, 234, 239; BGH Urt. v. 8. 12. 1959 – ZR 134/58, BGHZ 31, 321, 328 = NJW 1960, 621; OLG Frankfurt Urt. v. 20. 11. 1979 – 5 U 36/79, NJW 1980, 1397, 1398; OLG Nürnberg Urt. v. 18. 3. 1969 – 3 II 165/67, BB 1970, 1193.
[99] Staub/*Hüffer* RdNr. 38; GK-HGB/*Nickel* RdNr. 6.
[100] *Canaris* Vertrauenshaftung S. 186 f.; Schlegelberger/*Hildebrandt*/*Steckhan* RdNr. 6; MünchKommHGB/*Lieb* RdNr. 50; Heymann/*Emmerich* RdNr. 19; Straube/*Schuhmacher* RdNr. 6; *Heckelmann*, FS Bartholomeyczik, 1973 S. 129, 145 ff.
[101] MünchKommHGB/*Lieb* RdNr. 50; vgl. auch Schlegelberger/*Hildebrandt*/*Steckhan* RdNr. 6.
[102] MünchKommHGB/*Lieb* RdNr. 51 ff., 55.
[103] BGH Urt. v. 13. 10. 1955 – II ZR 44/54, BHGZ 18, 248, 251.
[104] *Vgl.* auch OLG Dresden NZG 2000, 32; mit gegenteiliger Tendenz OLG Düsseldorf NJW-RR 2000, 332.

mehr lag nur der Anschein eines endgültigen Erwerbs vor.[105] Selbst die Rechtsprechung spricht lediglich von dem Eindruck einer vermeintlichen Geschäftsübernahme.[106] Die **Interessenlage** bei einer Rückabwicklung **spricht** ebenfalls **gegen die Anwendung** von § 25 und zwar unabhängig davon, ob die Rückabwicklung wegen unwirksamen Übernahmevertrages oder infolge von Leistungsstörungen erfolgt. So entfällt das Interesse des Erwerbers, als allein verantwortlicher Geschäftspartner des übernommenen Kundenstamms aufzutreten. Verbleibt das Unternehmen nicht beim Erwerber, kann er außerdem zur Tilgung der Altverbindlichkeiten nicht auf das übernommene Vermögen zurückzugreifen. Damit fehlt eine materielle Rechtfertigung der Erwerberhaftung.[107] Auch der Veräußerer ist an einem gänzlichen Ausscheiden aus dem Geschäftsbetrieb, den er infolge der Rückabwicklung zumindest vorübergehend weiterführen wird, nicht interessiert. Allein dem Rechtsverkehr ist an einer Gleichbehandlung wirksamer und unwirksamer Übernahmeverträge gelegen. Dieses Interesse kann aber mit Rücksicht auf die besonderen Belastungen des Erwerbers im Fall der Rückabwicklung – er trägt das Insolvenzrisiko hinsichtlich der Gegenleistung und bei Tilgung der Altverbindlichkeiten auch hinsichtlich seiner Regressansprüche – nur geschützt werden, wenn im Vertrauen auf den Anschein endgültigen Erwerbs disponiert worden ist.[108] Es kommt folglich im Fall der Rückabwicklung nur eine Rechtsscheinhaftung des Erwerbers in Frage.

Fraglich ist, an welche Voraussetzungen diese Haftung zu knüpfen ist. *Lieb* hält bei Eintragung oder Bekanntmachung des Inhaberwechsels § 15 Abs. 3 für einschlägig.[109] Dem ist entgegenzuhalten, dass der Erwerber bis zur Rückabwicklung tatsächlich Inhaber des Unternehmens war,[110] das Register also nicht falsch war. Es kommt damit nur eine Haftung nach allgemeinen Rechtsscheinsgrundsätzen in Betracht. Insoweit kann dem Altgläubiger auch der Nachweis einer vertrauensbedingten Disposition nicht abgenommen werden. Dem wohl in Anlehnung an § 15 Abs. 3 entwickelten Vorschlag von *Hildebrandt/Steckhan* steht entgegen, dass anders als bei § 15 Abs. 3 die Forderung bereits vor Entstehung des Rechtsscheinstatbestandes begründet wurde.[111] Es fehlt an der die Vermutung stützenden typischen Tatsachengrundlage. **34**

bb) Erwerb durch Anwachsung. Scheiden aus einer Personengesellschaft sämtliche Gesellschafter bis auf einen aus und übernimmt dieser alle Gesellschaftsanteile, stellt sich die Frage, ob § 25 auf diesen Erwerbsvorgang angewandt werden kann. Um bei dem verbleibenden Gesellschafter die Verjährungsprivilegierung nach § 159 aF zu vermeiden, wollten das Reichsgericht und mit ihm ein Teil der Rechtslehre § 25 in diesen Fällen anwenden.[112] Das ist insofern problematisch, als derjenige, der sämtliche Gesellschaftsanteile erwirbt, Gesamtrechtsnachfolger der OHG oder der KG wird.[113] Gehen jedoch Aktiva und Passiva ohnehin auf den verbleibenden Gesellschafter über, haben Veräußerer und Erwerber keinen Anlass zu einer internen Schuldübernahmevereinbarung, wie sie der Haftung aus § 25 zugrundeliegt.[114] § 25 kann folglich die Fälle der Anwachsung – und auch alle übrigen Fälle von Universalsukzession[115] – nicht erfassen. Dem kann auch nicht entgegengehalten werden, dass die Haftung nach § 25 zum Ausschluss der Rechtsfolge des § 159 notwendig sei.[116] § 159 kann nämlich gar nicht zugunsten des verbleibenden Gesellschafters eingreifen. Zum einen betrifft § 159 nur die Haftung als Gesellschafter, der verbleibende Gesellschafter bzw. Einzelkaufmann haftet jedoch auch als Rechtsnachfolger und nicht nur in seiner Funktion als Gesellschafter.[117] Des Weiteren muss § 159 jedenfalls teleologisch dahingehend reduziert werden, dass Gesellschaftern, die sich im Ergebnis gar nicht von der Gesellschaft getrennt haben, das von der Norm vermittelte Privileg nicht zuteil wird.[118] In den Fällen der Anwachsung **scheidet** die **Anwendung** von § 25 daher **aus**.[119] **35**

---

[105] MünchKommHGB/*Lieb* RdNr. 50.
[106] OLG Nürnberg Urt. v. 18. 3. 1969 – 3 U 165/67, BB 1970, 1193.
[107] So auch MünchKommHGB/*Lieb* RdNr. 50.
[108] Vgl. MünchKommHGB/*Lieb* RdNr. 50.
[109] MünchKommHGB/*Lieb* RdNr. 51.
[110] *K. Schmidt* HandelsR § 8 II 1 b; dies wird von der Gegenauffassung nicht berücksichtigt: Hierzu MünchKommHGB/*Heidinger* § 23 RdNr. 18 mwN.
[111] Vgl. auch MünchKommHGB/*Lieb* RdNr. 52; Schlegelberger/*Hildebrandt/Steckhan* RdNr. 6.
[112] RG Urt. v. 25. 11. 1933 – I 144/33, RGZ 142, 300, 302; Schlegelberger/*Hildebrandt/Steckhan* RdNr. 5.
[113] BGH Urt. v. 10. 5. 1978 – VIII 32/77, BGHZ 71, 296, 300; BGH, Beschl. v. 24. 11. 78 – V ZB 24/78, WM 1979, 249; BAG Urt. v. 24. 3. 1998 – 9 AZR 57/97, ZIP 1998, 1973, 1974.
[114] Ähnlich *Heckelmann*, FS Bartholomeyczik, 1973, S. 144; zum Rechtsgrund der Haftung vgl. RdNr. 21, 6 f.
[115] Dazu eingehend Staub/*Hüffer* RdNr. 73.
[116] So für § 159 aF RG Urt. v. 13. 10. 1933 – II 110/33, RGZ 142, 300, 302; Schlegelberger/*Hildebrandt/Steckhan* RdNr. 5.
[117] *K. Schmidt* ZHR 145 (1981), 2, 5; Staub/*Hüffer* RdNr. 74.
[118] *Heckelmann*, FS Bartholomeyczik, 1973, S. 144.
[119] Ebenso auch *Waskönig* S. 143.

36 **cc) Umwandlungstatbestände.** Auch bei der Umwandlung durch **Verschmelzung** oder **Vermögensübertragung** genügt der Erwerbsvorgang nicht den Anforderungen des § 25. Wiederum geht das Vermögen nicht infolge rechtsgeschäftlicher Übertragung, sondern im Wege der Gesamtrechtsnachfolge von Gesetzes wegen über. Das ergibt sich im Fall der Verschmelzung aus § 20 Abs. 1 Nr. 1 UmwG, im Fall der Vermögensübertragung aus § 176 Abs. 3 S. 1 UmwG. Beteiligt sich ein Einzelkaufmann gemäß § 124 Abs. 1 UmwG an einer Ausgliederung, richtet sich die Haftung für Altschulden nach § 133 Abs. 1 S. 2 UmwG. Die §§ 25 und 28 sollen davon nicht berührt werden, kommen aber mangels rechtsgeschäftlicher Übertragung ohnehin nicht in Betracht.[120] Bei der formwechselnden Umwandlung (§§ 190 ff. UmwG) folgt die Unanwendbarkeit des § 25 aus der fortbestehenden Identität des Unternehmensträgers. Vgl. zu den verschiedenen Formen der Umwandlung und zur Zulässigkeit der Firmenfortführung nach §§ 18, 125 und 200 UmwG die Erl. zu § 21 RdNr. 16 ff. und § 22 RdNr. 82 ff.

37 **dd) Einbringung in eine Kapitalgesellschaft.** Wird ein **Unternehmen als Sacheinlage** bei der Gründung einer Kapitalgesellschaft oder bei einer Kapitalerhöhung gegen Sacheinlage eingebracht, ist die Anwendbarkeit von § 25 unter mehreren Gesichtspunkten problematisch. Dass bei der Einbringung im Rahmen der Gründung die GmbH oder die AG Gesamtrechtsnachfolgerinnen ihrer jeweiligen Vorform sind, steht der Anwendung von § 25 allerdings nicht entgegen, weil der erforderliche rechtsgeschäftliche Übertragungsakt bereits in der Leistung des Unternehmens als Sacheinlage an die Vorgesellschaft besteht. Eine auf Grund von § 25 der Vorgesellschaft gegenüber begründete Verbindlichkeit würde später im Wege der Universalsukzession auf die endgültige Gesellschaft übergehen.[121]

38 Überwiegend wird denn auch die **Anwendung** von § 25 befürwortet.[122] Das erscheint jedoch insofern **fragwürdig,** als sich der Altunternehmer nicht endgültig von dem Handelsgeschäft trennt.[123] Es fehlt folglich an der § 25 zugrundeliegenden typischen Interessenlage. Der aufnehmenden Gesellschaft liegt nicht daran, an die Stelle des bisherigen Inhabers zu treten, sie will sich vielmehr in der Regel die durch ihn vermittelte personelle Kontinuität zunutze machen (vgl. § 28 RdNr. 6). Anders als bei § 25 indiziert bereits die personelle Kontinuität und nicht erst die Firmenfortführung das typische Interesse der Parteien des Übernahmevertrages an einem Schuldbeitritt durch die aufnehmende Gesellschaft. Es ist daher nicht angebracht, die Haftung der aufnehmenden Gesellschaft generell an die Voraussetzung der Firmenfortführung zu knüpfen. Eine von der Firmenfortführung abhängige Haftung würde ferner dazu führen, dass die Gesellschaft wegen der Unzulässigkeit der Firmenmehrheit nur haften würde, wenn sie eine zuvor bestehende eigene Firma aufgibt.[124] Die Einschränkung der Haftung der Gesellschaft durch die enge Voraussetzung der Firmenfortführung widerspricht deutlich der durch die personelle Kontinuität vermittelten Interessenlage. Eine Anwendung von § 25 auf die Einbringung von Unternehmen als Sacheinlage in eine Kapitalgesellschaft kommt damit nicht in Betracht; zur Anwendbarkeit des § 28 vgl. dort RdNr. 26 f.

39 **ee) Übertragung des Geschäfts einer Personenhandelsgesellschaft auf eine ganz oder teilweise personenidentische andere Personenhandelsgesellschaft.** Umstritten ist die Anwendung von § 25 auch in dem Fall, dass eine aus A, B und C bestehende Personenhandelsgesellschaft das von ihr betriebene Geschäft auf eine ebenfalls von A, B und C oder nunmehr von A, B und D gehaltene andere Handelsgesellschaft überträgt. Auch hier wird die Anwendung von § 25 teilweise befürwortet.[125] Dagegen spricht aber wie bei der Einbringung in eine Kapitalgesellschaft, dass zumindest teilweise eine personelle Kontinuität besteht, eine generelle Verknüpfung der Haftung mit dem Erfordernis der Firmenfortführung daher nicht angebracht scheint.[126] Ein anderes ergibt sich auch nicht im Hinblick auf den Einwand *Waskönigs*, dass das typische Interesse der Gesellschafter im Fall der Neugründung auf eine Abspaltung der Außenbeziehungen gehe.[127] Schließlich kann ebenso gut eine neue Organisation der Gesellschaft Anlass für eine Neugründung sein, was insbesondere bei einem Austausch der Gesellschafter naheliegt. Eine Anwendung von § 25 wäre auch im Ergebnis insofern fragwürdig, als unklar bleiben müsste, warum die Gesellschaft im Fall nur teilweiser

---

[120] Vgl. OLG Frankfurt/M. BEschl. v. 23. 6. 2005 – 20 W 272/05, DB 2005, 2519 f.; MünchKommHGB/*Lieb* RdNr. 25.
[121] Vgl. Staub/*Hüffer* RdNr. 79 f.
[122] RG Urt. v. 13. 2. 1934 – II 254/33, RGZ 143, 368, 371, 372 f.; Baumbach/*Hopt* RdNr. 2, 4, § 28 RdNr. 2; Schlegelberger/*Hildebrandt*/*Steckhan* RdNr. 5; *Commandeur* S. 178.
[123] Ebenso MünchKommHGB/*Lieb* RdNr. 20.
[124] Ebenso Staub/*Hüffer* RdNr. 89.
[125] BGH Urt. v. 14. 3. 1963 – II ZR 159/61, WM 1963, 664, 665; *Waskönig* S. 144 f.
[126] Ähnlich mit Rücksicht auf die Abgrenzung zu § 28 auch *Gerlach* S. 61.
[127] *Waskönig* S. 141 ff.

Personenidentität bei der Übertragung nur eines Anteils ohne weiteres haften soll, während die Haftung bei einer Übertragung des Unternehmens von der Firmenfortführung abhängen soll.[128] Die **personelle Kontinuität** und nicht die Firmenfortführung prägt damit die Interessenlage. § 25 passt demzufolge nicht; zur Anwendbarkeit des § 28 vgl. dort RdNr. 25.

ff) Betriebsaufspaltung. Eine ähnliche Problematik tritt im Fall der Betriebsaufspaltung auf, 40 wenn an der Betriebsgesellschaft, die das Unternehmen von der ehemaligen Inhaberin, der nunmehrigen Besitzgesellschaft, übertragen bekommt, die Besitzgesellschaft oder ihre Gesellschafter beteiligt sind. Auch hier ist für die Interessenlage die personelle Identität maßgeblich, so dass entgegen der bisher überwiegenden Meinung[129] eine Anwendung von § 25 ausscheiden muss.[130]

gg) Insolvenztatbestände. Wird das Handelsgeschäft im Rahmen eines Insolvenzverfahrens 41 übertragen, ist nach allgemeiner, wenn auch unterschiedlich begründeter Ansicht **§ 25 nicht anwendbar**.[131] Eine Haftung des Erwerbers widerspräche grundlegenden Prinzipien des Insolvenzrechts, indem sie zu einer Umgehung der von der Insolvenzordnung vorgesehenen gleichmäßigen Befriedigung aller Gläubiger führte.[132] Die Befriedigung der Unternehmensgläubiger durch den Erwerber ginge zu Lasten der übrigen Gläubiger, weil der Erwerber die Belastung durch die Altverbindlichkeiten von dem Kaufpreis abzöge und den übrigen Gläubigern infolgedessen nur die um die Altverbindlichkeiten verringerte Masse zur Verfügung stünde.[133] Vgl. zur Zulässigkeit der Veräußerung der Firma durch den Insolvenzverwalter § 22 RdNr. 42 ff.

Anders verhält es sich, wenn ein zahlungsunfähiges und insolventes Unternehmen außerhalb eines 42 Insolvenzverfahrens veräußert wird. Hier tritt die Haftung nach § 25 Abs. 1 S. 1 unabhängig davon ein, ob das übernommene und fortgeführte Unternehmen noch einen zur Befriedigung seiner Gläubiger ausreichenden Wert verkörpert.[134] Ebenso zu beurteilen ist ein Erwerb vom Insolvenzverwalter, soweit nicht unmittelbar im Anschluss an die Sequestration das Insolvenzverfahren eröffnet wird.[135] Unter dieser Voraussetzung wird § 25 überwiegend für **anwendbar** gehalten.[136] Dafür spricht, dass der Sequester grundsätzlich nicht befugt ist, das Schuldnervermögen zu veräußern, um Barmittel zur gleichmäßigen Verteilung an Gläubiger zu erhalten.[137]

§ 25 soll nach überwiegender Ansicht ebenfalls eingreifen, wenn das Insolvenzverfahren mangels 43 Masse eingestellt wird.[138] *Canaris* schlägt demgegenüber in folgenden Fällen eine teleologische Reduktion von § 25 vor: Zum einen, wenn das Unternehmen bei der Veräußerung insolvenzreif war und der Erlös zur Befriedigung der Gläubiger verwandt wurde,[139] des Weiteren, wenn das Vermögen bereits zum Zeitpunkt der Veräußerung für eine erfolgreiche Zwangsvollstreckung nicht ausgereicht hätte.[140] Unabhängig davon, dass die praktische Umsetzung dieser einschränkenden Anwendung von § 25 problematisch erscheint,[141] ist sie auch nicht mit dem hier vertretenen Rechtsgrund der Haftung zu vereinbaren. Der Gesetzgeber hat die regelmäßige interne Schuldübernahme auf das Außenverhältnis erstreckt, um zum einen dem Erwerber und dem Veräußerer Informationsaufwand zu ersparen, zum anderen aber auch, um die Ungewissheit des Rechtsverkehrs über die Haftungslage zu

---

[128] Staub/*Hüffer* RdNr. 92.
[129] BAG Urt. v. 24. 3. 1987 – 3 AZR 384/85, AP HGB § 26 Nr. 1 = DB 1988, 123, 124; BGH Urt. v. 29. 3. 1982 – II ZR 166/81, NJW 1982, 1647; *Bork* ZIP 1989, 1369; *Reichold* ZIP 1988, 551, 554.
[130] Ebenso MünchKommHGB/*Lieb* RdNr. 26; im Ergebnis ähnlich *Binz/Rauser* BB 1980, 897, 898 f., die § 25 allerdings bereits bei nur auf Pachtverträgen beruhender Übernahme ablehnen.
[131] BGH Urt. v. 4. 11. 1991 – II ZR 85/91, NJW 1992, 911 = WUB IV D § 25 HGB 3.92 mit Anm. *Emmerich*; RG Urt. v. 21. 5. 1904 – Rep I 85/04, RGZ 58, 166; BAG Urt. v. 29. 4. 1966 – 3 AZ 208/65, AP BGB § 419 Nr. 7; BAG Urt. v. 17. 12. 1981 – 10 Sa 1381/80, AP BGB § 613 a Nr. 85; *K. Schmidt* ZIP 1980, 328, 337.
[132] Zustimmend Baumbach/*Hopt* RdNr. 4; *Gotthardt* BB 1987, 1896, 1897, der § 25 allerdings auf Masseverbindlichkeiten anwenden will, weil die Masseverbindlichkeiten nach dem Willen des Gesetzgebers eigentlich gar nicht einbezogen seien. Dem kann in Hinblick darauf, dass auch die Befriedigung der Masseverbindlichkeiten von dem Umfang der Masse abhängen und lediglich eine vorrangige Befriedigung eingeräumt wird, nicht zugestimmt werden.
[133] So unter Geltung der Konkursverordnung *Jaeger/Henckel* KO § 1 RdNr. 16.
[134] BGH Versäumnisurt. v. 28. 11. 2005 – II ZR 355/03, DB 2006, 444 f.; hierzu *Lettl* WM 2006, 2336.
[135] BGH Urt. v. 11. 4. 1988 – II ZR 313/87, BGHZ 104, 151, 157 = NJW 1988, 1912, 1913 f.; krit. zur grundsätzlichen Anwendbarkeit von § 25 auf den Erwerb vom Sequester: BFH Urt. v. 23. 7. 1998 – VII R 143/97, ZIP 1998, 1845, 1846 in einem insoweit nicht entscheidungserheblichen Fall, weil sich das Konkursverfahren unmittelbar an den Erwerb vom Sequester anschloss.
[136] BGH Urt. v. 11. 4. 1988 – II ZR 313/87, BGHZ 104, 151, 154 ff.; BAG Urt. v. 17. 12. 1981 – 10 Sa 1381/80, AP § 613 a Nr. 85; BAG Urt. v. 21. 2. 1990 – 5 AZR 160/89, DB 1990, 1416; OLG Bremen Urt. v. 3. 8. 1988 – 3 U 111/87, NJW-RR 1989, 423; **aA** LG Mönchengladbach Urt. v. 20. 11. 1986 – 8 O 52/84, NJW 1987, 2091.
[137] Vgl. BGH Urt. v. 11. 4. 1988 – II ZR 313/87, BGHZ 104, 151, 155.
[138] BGH Urt. v. 4. 11. 1991 – II ZR 85/91, NJW 1992, 911 = WUB IV D § 25 HGB 3.92 mit Anm. *Emmerich*; Heymann/*Emmerich* RdNr. 12.
[139] *Canaris*, FS Frotz, 1993, S. 31.
[140] *Canaris*, FS Frotz, 1993, S. 29.
[141] Vgl. dazu MünchKommHGB/*Lieb* RdNr. 34.

beheben (s. o. RdNr. 21). Auch in den von *Canaris* gebildeten Fällen ist die Haftungssituation auf Grund der Firmenfortführung ungewiss. Anders als bei der Veräußerung gesunder Unternehmen ist der Erwerber hier allerdings regelmäßig nicht an einer Schuldübernahme interessiert. Die Regelung des § 25 bedarf aber auch in diesem Sonderfall keiner teleologischen Reduktion, weil die Parteien des Übernahmevertrages von dem gesetzlich vorgesehenen Haftungsausschluss Gebrauch machen können. Dem kann auch nicht entgegengehalten werden, dass der Haftungsausschluss in der Praxis häufig vergessen wird. In den von *Canaris* angeführten Fällen ist dem Erwerber die wirtschaftliche Lage des Unternehmens regelmäßig bewusst, die Übernahme soll teilweise gerade zum Zweck der Sanierung erfolgen. Ist aber von einer starken Belastung des Unternehmens mit Verbindlichkeiten auszugehen, ist dem Erwerber durchaus zuzumuten, sich über eine mögliche Haftung sowie über deren Abdingbarkeit zu informieren.

44 **hh) Zwischenzeitliche Einstellung.** Umstritten ist die Anwendbarkeit von § 25, wenn der bisherige Inhaber den Betrieb des Unternehmens eingestellt hat, bevor es von dem Erwerber fortgeführt wird. Die überwiegende Rechtsprechung will § 25 auch in diesem Fall anwenden, soweit Wiederaufnahme und Fortführung auf der Grundlage des bisherigen Betriebs noch möglich sind.[142] Das richtet sich danach, ob die wesentlichen Grundlagen des Handelsgeschäfts, vor allem die innere Organisation und die Geschäftsbeziehungen zu den Kunden und Lieferanten noch in einem ausreichenden Maße intakt sind.[143] Liegen diese Voraussetzungen vor, schadet auch die Stilllegung während eines Insolvenzverfahrens nicht,[144] soweit das Verfahren im Ergebnis nicht durchgeführt und das Unternehmen unabhängig hiervon erworben wird.[145]

45 Teile der Lehre lehnen die Anwendung von § 25 ab, weil es an der Fortführung eines erworbenen Geschäfts fehle, wenn der Betrieb erst nach zwischenzeitlicher Einstellung oder sogar nach Löschung des bisherigen Unternehmensträgers wiederaufgenommen wird.[146] Damit wird aber dem Tatbestandsmerkmal des unter Lebenden erworbenen Handelsgeschäfts zu große Bedeutung beigemessen. Schließlich kann das Unternehmen auch, während es stillgelegt ist, von dem bisherigen Inhaber übertragen werden, und selbst wenn der alte Unternehmensträger aufgelöst sein sollte, kommt ein Erwerb von den mit der Abwicklung befassten Personen in Betracht. Sollte infolge der Auflösung des alten Unternehmensträgers ein Haftungsausschluss nicht zustandekommen können, muss dies der Anwendung von § 25 nicht entgegenstehen. In diesem Fall sollte vielmehr eine einseitige Erklärung zugelassen werden.[147]

46 **3. Fortführung des Geschäfts.** § 25 setzt voraus, dass das erworbene Geschäft fortgeführt wird. Dazu muss eine **nach außen in Erscheinung tretende Betätigung** vorliegen, die den Willen des Erwerbers ausdrückt, dass das alte Geschäft das auf ihn als neuen Inhaber übergegangene Handelsgeschäft sei.[148] Dafür spricht etwa die Vornahme von Handlungen, die in der Regel dem Geschäftsinhaber obliegen,[149] die Entfaltung der gleichen Geschäftstätigkeit, die Übernahme von im Rechtsverkehr für das Unternehmen auftretenden Mitarbeitern, vergleichbare Werbekampagnen, der Gebrauch desselben Fuhrparks sowie die Nutzung derselben Geschäftsräume.[150]

Wird das Unternehmen sofort in eine Gesellschaft eingebracht oder ausschließlich zur baldigen Einbringung in eine Gesellschaft erworben, fehlt es an der Geschäftsfortführung.[151] Dasselbe gilt bei alsbaldiger Liquidierung, Weiterveräußerung oder Weiterverpachtung.[152] Auch die Fortführung in verdeckter Treuhand durch den alten Inhaber kann nicht als Geschäftsfortführung durch den Erwerber angesehen werden.[153] Die Eigenständigkeit des als betriebsfähige Wirtschaftseinheit

---

[142] BGH Urt. v. 4. 11. 1991 – II ZR 85/91, NJW 1992, 911 = WUB IV D § 25 HGB 3.92 mit Anm. *Emmerich*; OLG Oldenburg Urt. v. 26. 6. 1985 – 3 U 277/84, WM 1985, 1415, 1417; BGH Urt. v. 1. 12. 1986 – II ZR 303/85, NJW 1987, 1633 = WuB IV D § 25 HGB 11987 mit Anm. *Hüffer*; OLG Düsseldorf Urt. v. 12. 7. 1990 – 6 U 264/89, GmbHR 1991, 315 = EWiR § 25 HGB 1/91 mit Anm. *Demharter*; OLG München Urt. v. 15. 5. 1996 – 7 U 6260/95, BB 1996, 1682, 1683; Anm. *Bracker* BB 1997, 114; OLG Bremen Urt. v. 3. 8. 1988 – 3 U 111/87, NJW-RR 1989, 423.
[143] BGH Urt. v. 4. 11. 1991 – II ZR 85/91, NJW 1992, 911 = WUB IV D § 25 HGB 3.92 mit Anm. *Emmerich*; OLG München Urt. v. 15. 5. 1996 – 7 U 6260/95, BB 1996, 1682, 1683; Anm. *Bracker* BB 1997, 114.
[144] BGH NJW Urt. v. 4. 11. 1991 – II ZR 85/91, 1992, 911.
[145] Zur Anwendbarkeit von § 25 im Rahmen des Insolvenzverfahrens vgl. oben RdNr. 41 ff.
[146] MünchKommHGB/*Lieb* RdNr. 41; *Scherer* DB 1996, 2321, 2325.
[147] So auch *Canaris*, FS Frotz, 1993, S. 11, 29.
[148] RG Urt. v. 13. 2. 1934 – II 254/33, RGZ 143, 368 f.
[149] RG Urt. v. 13. 2. 1934 – II 254/33, RGZ 143, 368, 371; RG Urt. v. 11. 5. 1942 – II 13/42, RGZ 169, 133, 140.
[150] BGH Urt. v. 10. 10. 1985 – IX ZR 153/84, NJW 1986, 581 f.; OLG Bremen Urt. v. 3. 8. 1988 – 3 U 111/87, NJW-RR 1989, 423; OLG Stuttgart Urt. v. 13. 12. 1988 – 12 U 359/87, NJW-RR 1989, 424, 425; RG Urt. v. 11. 5. 1942 – II 13/42, RGZ 169, 133, 137; *Commandeur* S. 139.
[151] RG Urt. v. 13. 2. 1934 – II 254/33, RGZ 143, 368, 371; RG Urt. v. 11. 5. 1942 – II 13/42, RGZ 169, 133, 140.
[152] MünchKommHGB/*Lieb* RdNr. 59.
[153] BGH Urt. v. 29. 3. 1982 – II ZR 166/81, NJW 1982, 1647 f.

erworbenen Unternehmens muss im Rahmen der Fortführung desselben nicht aufrechterhalten werden, solange der Betrieb des Geschäfts aus der Sicht des Rechtsverkehrs als Fortführung des alten Geschäfts anzusehen ist. Unter dieser Voraussetzung ist *Lieb* zuzustimmen, der § 25 auch im Fall der Eingliederung des erworbenen Geschäfts in ein Unternehmen des Erwerbers anwenden will.[154]

4. Firmenfortführung. a) Firma. § 25 setzt die Fortführung der Firma als Handelsname des 47 Kaufmanns oder als Name der das Unternehmen tragenden Gesellschaft voraus. Die Weiterverwendung nur einer **Geschäftsbezeichnung** reicht grundsätzlich nicht aus.[155] An dieser engen Auslegung von § 25 ist entgegen einzelner Stimmen in der Lehre festzuhalten.[156] In § 25 wurde bewusst die Firma als Anknüpfungspunkt der Haftung gewählt. Die Firma, die beim Einzelkaufmann herkömmlich in der Regel zumindest seinen Familiennamen enthielt (vgl. § 18 RdNr. 6), weist nämlich auf den Geschäftsinhaber hin, während die Geschäftsbezeichnung auf das Unternehmen selbst hinweist.[157] Von einer internen Schuldübernahmevereinbarung zwischen Veräußerer und Erwerber kann aber grundsätzlich nur ausgegangen werden, wenn der Erwerber nach außen erkennbar an die Tätigkeit des bisherigen Inhabers anknüpft, also eine gerade auf diesen hinweisende Bezeichnung des Unternehmens fortführt. Die Fortführung einer Etablissementbezeichnung kann daher nur in Ausnahmefällen zur Anwendung von § 25 führen. Das ist etwa der Fall, wenn die Bezeichnung objektiv die Individualisierung des Inhabers ermöglicht.[158] Entspricht die Etablissementsbezeichnung dem Firmenkern, soll die Fortführung der Bezeichnung für § 25 ausreichen (Änderung von „A – GmbH" in „A" im Fall einer Gaststätte).[159] Genügen soll die Fortführung der Geschäftsbezeichnung schließlich auch, wenn der Eindruck einer Firma hervorgerufen wurde, wozu allerdings die registerliche Anmeldung und Eintragung notwendig sein sollen.[160] Für die Anwendung des § 25 ist es unschädlich, wenn die Führung der Firma durch den Veräußerer und/oder ihre Fortführung durch den Erwerber unzulässig ist.[161] Das Unternehmen muss nur unter einem Namen geführt werden, der grundsätzlich als Firma eines Kaufmanns in Betracht kommt.[162] Zweifelhaft erscheint, ob § 25 stets ausscheiden muss, wenn kein Rechtsformzusatz nach § 19 geführt wird.[163]

b) Fortführen der Firma. Ob die Firma iSd. § 25 fortgeführt wird, richtet sich nach dem 48 Auftreten des Erwerbers am Markt.[164] Es ist nicht die Erklärung gegenüber dem Registergericht maßgeblich, sondern welche Bezeichnung der Unternehmer für sein Auftreten am Markt gewählt hat und firmenmäßig führt.[165] Entscheidend ist, dass der Rechtsverkehr dem Verhalten des Erwerbers entnehmen muss, es handle sich um die von ihm gewählte Firma.[166]

Die Verwendung der alten Firma muss ferner von einer gewissen Intensität sein. Die nur kurz- 49 fristige Belassung des Firmenschildes oder die einstweilige Weiterbenutzung von mit der Firma bedruckten Formularen oder Verpackungsmaterialien während einer Übergangszeit reicht dazu nicht aus.[167] Die alte Firma muss vielmehr über einen nennenswerten Zeitraum mit Wissen und Dulden der Geschäftsführung beispielsweise auf den Briefbögen verwandt werden.[168]

---

[154] MünchKommHGB/*Lieb* RdNr. 60.
[155] RG Urt. v. 20. 10. 1934 – I 264/33, RGZ 145, 274, 279 f.; BGH Urt. 29. 4. 1964 – VIII ZR 2/63, DB 1964, 1297; Brandenburg. OLG Urt. v. 27. 5. 1998 – 7 U 132/97, MDR 1998, 1299, 1300; aus neuerer Zeit LG Bonn Urt. v. 16. 9. 2005 – 150 193/05, NJW-RR 2005, 1559.
[156] *K. Schmidt* JuS 1997, 1069 ff.; für eine analoge Anwendung von § 25 bei Minderkaufleuten und nicht eingetragenen Kaufleuten iSv. § 2 aF Staub/*Hüffer* RdNr. 86.
[157] Brandenburg. OLG Urt. v. 27. 5. 98 – 7 U 132/97, MDR 1998, 1299, 1300; OLG Düsseldorf Urt. v. 22. 1. 1998 – 10 U 30/97, NJW-RR 1998, 965 im Fall einer Gaststättenbezeichnung „Laterna"; ebenfalls zur Bezeichnung einer Gaststätte LAG Köln Urt. v. 17. 12. 1997 – 2 Sa 226/97.
[158] OLG Düsseldorf Urt. v. 22. 1. 1998 – 10 U 30/97, NJW-RR 1998, 965.
[159] OLG Düsseldorf Urt. v. 12. 7. 1990 – 6 U 264/89, GmbHR 1991, 315, 316 = EWiR § 25 HGB 1/91 mit Anm. *Demharter.*
[160] OLG Hamm Urt. v. 5. 11. 1996 – 7 U 35/96, NJW-RR 1997, 733, 734; krit. zu dieser Entscheidung *K. Schmidt* JuS 1997, 1069 ff.
[161] Zu möglichen Konstellationen vgl. Staub/*Hüffer* RdNr. 46.
[162] BGH Urt. v. 29. 11. 1956 – II ZR 32/56, BGHZ 22, 234, 237.
[163] IdS LG Bonn Urt. v. 16. 9. 2005 – 15 O 193/05, NJW-RR 2005, 1559.
[164] OLG Frankfurt Urt. v. 20. 11. 1979 – 5 U 36/79, NJW 1980, 1397, 1398; OLG Oldenburg Urt. v. 26. 6. 1985 – 3 U 277/84, WM 1985, 1415, 1417.
[165] OLG Saarbrücken Urt. v. 17. 12. 1963 – 2 U 180/62, BB 1964, 1195, 1196; BGH Urt. v. 1. 12. 1986 – II ZR 303/85, NJW 1987, 1633 = WuB IV D § 25 HGB 11987 mit Anm. *Hüffer.*
[166] RG Urt. v. 13. 2. 1934 – II 254/33, RGZ 143, 368, 371.
[167] RG Urt. v. 28. 2. 1910 – Rep. VI. 147/09, RGZ 73, 71, 72; BGH Urt. 1. 12. 1986 – II ZR 303/85, NJW 1987, 1633 = WuB IV D § 25 HGB 11987 mit Anm. *Hüffer*; OLG Köln Urt. v. 8. 12. 1992 – 3 U 118/92, MDR 1994, 133 mit abl. Amn. *K. Schmidt* = WuB IV D § 25 HGB 1.94 mit Anm. *Wilhelm;* MünchKommHGB/*Lieb* RdNr. 62.
[168] OLG Hamm Urt. v. 5. 11. 1996 – 7 U 35/96, NJW-RR 1997, 733, 734; Anm. *K. Schmidt* JuS 1997, 1069 ff.

50 Auf welche Art die Übernahme der Firma zustandekommt, ist unerheblich. Die Firma kann übertragen oder durch Satzungsänderung angenommen werden,[169] es kann die alte Firma gelöscht und eine neue eingetragen werden.[170] Die Einwilligung des Veräußerers in die Firmenfortführung ist für die Erwerberhaftung nicht erforderlich.[171] Die alte Firma kann, wie auch verbleibende Unternehmensteile (vgl. RdNr. 29), weiter benutzt werden.[172] Allerdings muss mit der Firma des übernommenen Unternehmensteils die alte Firma iSv. § 25 fortgeführt werden.[173]

51 **c) Firmenkontinuität.** Eine Fortführung der alten Firma ist bei unveränderter Weiterbenutzung unproblematisch gegeben. Aber auch **Veränderungen der Firma** stehen der Kontinuität nicht unbedingt entgegen. Insoweit gilt zunächst, dass nach § 22 zulässige Änderungen jedenfalls der Firmenfortführung nicht entgegenstehen.[174] Demnach sind etwa Änderungen der Schreibweise unerheblich.[175]

52 Darüber hinaus können sogar nach § 22 unzulässige Änderungen der hM zufolge von § 25 erfasst werden.[176] Dem ist zuzustimmen, weil die unterschiedlichen Zwecke der Vorschriften eine eigenständige Auslegung rechtfertigen.[177] Andererseits steht es der Haftung nach § 25 nicht entgegen, wenn die bisherige Firma in unzulässiger Weise gebildet worden war.[178] Während § 22 dem neuen Inhaber die Erhaltung des Firmenwerts ermöglichen soll,[179] geht es bei § 25 um die Verbindung einer nach außen dokumentierten Unternehmenskontinuität mit der Kontinuität der Haftung.[180] Maßgeblich im Rahmen von § 25 ist daher, ob der Rechtsverkehr, und zwar der im konkreten Fall betroffene Rechtsverkehr,[181] die neue mit der alten Firma identifiziert.[182] Dem BGH zufolge ist entscheidend, ob der prägende Teil der alten in der neuen Firma beibehalten wird und deswegen die mit dem Unternehmen in geschäftlichem Kontakt stehenden Verkehrskreise die neue Firma mit der alten identifizieren.[183] Davon ist auszugehen, wenn sich der Kern der alten und der neuen Firma nach ihrem Klangbild gleichen.[184] Firmenkern in diesem Sinne ist bei einer Personenfirma regelmäßig der Familienname.[185] Ein Weglassen des Vornamens ist demzufolge unschädlich.[186] Der Vorname kann sogar durch anderslautende Initialen ersetzt werden, weil Initialen als farblos anzusehen sind.[187] Auch ein Austausch von neben einem Familiennamen verwendeten Bezeichnungen – etwa Branchenbezeichnungen – ist grundsätzlich nicht geeignet, die Haftung nach § 25 auszuschließen. So löst der Rechtsprechung des BGH zufolge die Fortführung eines unter der Bezeichnung „Kfz-Küpper, Internationale Transporte, Handel mit Kfz-Teilen und Zubehör aller Art" firmierenden einzelkaufmännischen Unternehmens als „Kfz-Küpper Transport und Logistik GmbH" die Haftung nach Abs. 1 S. 1 aus.[188] Andererseits reicht es wegen der prägenden Rolle des Familiennamens nach der Rechtsprechung nicht aus, wenn lediglich ein Firmenzusatz übernommen wird, der Familienname demgegenüber entfällt.[189] Auch die wesentli-

---

[169] BGH Urt. v. 29. 3. 1982 – II ZR 166/81, WM 1982, 555.
[170] Staub/*Hüffer* RdNr. 45.
[171] Staub/*Hüffer* RdNr. 46.
[172] OLG Hamm Urt. v. 17. 9. 1998 – 15 W 297/98, ZIP 1998, 2092, 2093.
[173] OLG Hamm Urt. v. 17. 9. 1998 – 15 W 297/98, ZIP 1998, 2092, 2093.
[174] Staub/*Hüffer* RdNr. 47; MünchKommHGB/*Lieb* RdNr. 65.
[175] Ausführlicher zu nach § 22 zulässigen Veränderungen Staub/*Hüffer* § 22 RdNr. 50 f.
[176] LG Berlin Urt. v. 3. 8. 1993 – 98 T 51/93, ZIP 1993, 1478; Staub/*Hüffer* RdNr. 47; MünchKommHGB/*Lieb* RdNr. 65; **aA** *Wessel* BB 1989, 1625, 1626; iE ähnlich *Scherer* DB 1996, 2321, 2325, die eine sehr enge Auslegung des Tatbestandsmerkmals Firmenfortführung und damit aber eine Aufgabe der ständigen BGH-Rechtsprechung fordert.
[177] Staub/*Hüffer* RdNr. 47.
[178] BGH Urt. v. 12. 2. 2001 – II ZR 148/99, BGHZ 146, 374 ff. = NJW 2001, 1352: Nach früheren, bis zur Handelsrechtsreform von 1998 geltenden Recht unzulässig nur aus Initialen und nicht aus ausgeschriebenen Personennamen gebildete Firma eines einzelkaufmännischen Unternehmens.
[179] Staub/*Hüffer* § 22 RdNr. 1.
[180] LG Berlin Urt. v. 3. 8. 1993 – 98 T 51/93, ZIP 1993, 1478.
[181] RG Urt. v. 20. 10. 1934 – I 264/33, RGZ 145, 274, 279 f.
[182] BGH Urt. v. 4. 11. 1991 – II ZR 85/91, NJW 1992, 911, 912 = WUB IV D § 25 HGB 3/92 mit Anm. *Emmerich*.
[183] BGH Urt. v. 12. 2. 2001 – II ZR 148/99, BGHZ 146, 374 ff. = NJW 2001, 1352; BGH Urt. v. 15. 3. 2004. II ZR 324/01, NJW-RR 2004, 1173 = DB 2004, 1204, 1205. Vgl. auch BGH Versäumnisurt. v. 28. 11. 2005 – II ZR 355/03, DB 2006, 444 f.
[184] BGH Urt. v. 16. 9. 1981 – VIII ZR 111/80, NJW 1982, 557, 558; BFH Urt. v. 21. 1. 1986 – VII R 179/83, BB 1986, 866.
[185] BGH Urt. v. 16. 9. 1981 – VIII ZR 111/80, NJW 1982, 557, 558; OLG Köln Urt. v. 8. 12. 1992 – 3 U 118/92, MDR 1994, 133 mit abl. Anm. *K. Schmidt* = WuB IV D § 25 HGB 1.94 mit Anm. *Wilhelm*.
[186] BGH Urt. v. 10. 10. 1985 – IX ZR 153/84, BGH NJW 1986, 581, 582; OLG Bremen Urt. v. 3. 8. 1988 – 3 U 111/87, NJW-RR 1989, 423, 424; OLG Saarbrücken Beschl. v. 14. 1. 1964 – 12 T 3/63, BB 1964, 1195, 1196.
[187] OLG Bremen Urt. v. 3. 8. 1988, NJW-RR 1989, 423 f. „Hans Christian M-GmbH – „D. C. M Innenausbau GmbH".
[188] BGH Urt. v. 15. 3. 2004 – II ZR 324/01; NJW-EE 2004, 1173 = DB 2004, 1204 f.
[189] OLG Stuttgart Urt. v. 29. 9. 1967 – 2 U 51/67, BB 1969 Beil. 10, 16 („X (Phantasiewort) Fotographische Geräte Karl Meier" – „X Fotographische Geräte GmbH & Co. KG"); OLG Köln Urt. v. 8. 12. 1992 – 3 U 118/92, MDR 1994, 133 („Kurier Team X-Stadt, Eigenname" – „Kurier Team X-Stadt") mit abl. Amn. *K. Schmidt* = WuB IV D § 25

che Kürzung bisher prägender Firmenbestandteile kann die Haftung ausschließen (Wechsel von „Revisions- und Treuhandgesellschaft mbH G, M. und Partner, Wirtschaftsprüfungsgesellschaft, Steuerberatungsgesellschaft" zu „GMP GmbH Steuerberatungsgesellschaft Treuhandgesellschaft").[190]

Auch wenn der Erwerber mehrere Änderungen vornimmt, kann § 25 zu Anwendung kommen, solange der Firmenkern erhalten bleibt.[191] Für die Identifizierung der alten mit der neuen Firma kann es schließlich auch auf die aussagekräftigen oder ungewöhnlichen Bestandteile der Firma ankommen.[192] **53**

Der Firmenkontinuität steht es nach der Rechtsprechung auch nicht entgegen, wenn die **Gesellschaftsform** durch den Erwerber erstmals angegeben oder deren bisherige Angabe weggelassen wird, weil der Zusatz an dem den Firmenkern kennzeichnenden Klangbild nicht teilnimmt.[193] Entsprechend schadet die Anfügung eines **Nachfolgezusatzes** nicht. Dem BGH zufolge soll allerdings keine Firmenkontinuität vorliegen, wenn der Familienname des Veräußerers lediglich als Zusatz geführt wird: Änderung von „Bankhaus E & Co" in „Bankhaus F & Co, vormals E".[194] Dem ist entgegen einiger Stimmen in der Literatur zuzustimmen, weil sich der alte und der neue Firmenkern nicht gleichen und für den Rechtsverkehr das prägende Klangbild der Familienname zusammen mit der Geschäftsbezeichnung Bankhaus ist.[195] **54**

Die entscheidende Bedeutung des **Familiennamens** als Firmenkern von Personenfirmen wird auch deutlich, wenn den Geschäftszweig kennzeichnende Zusätze hinzugefügt oder weggelassen werden. Wird in diesen Fällen der Familienname beibehalten, geht die Rechtsprechung bei der Beifügung einer Tätigkeitsbezeichnung jedenfalls dann von einer Firmenfortführung aus, wenn das Unternehmen auch schon vorher nach der Verkehrsauffassung mit der genannten Tätigkeit befasst war.[196] Der Beifügung des Geschäftszweigs soll dann gegenüber dem maßgeblichen Familiennamen nur untergeordnete Bedeutung zukommen.[197] So wurde Firmenkontinuität etwa in folgenden Fällen angenommen: „X (Vorname) v. A." – „v. A.-GmbH & Co. Gaststättenbetriebs- und Vertriebs KG";[198] „Hans Christian M-GmbH & Co. KG" – „D. C. M Innenausbau GmbH";[199] „M-GmbH" – „M Textilhandelsgesellschaft mbH".[200] Ähnlich wird bei einer Änderung der Tätigkeitsbezeichnung entschieden. Das OLG Düsseldorf bejaht die Firmenfortführung bei einer Änderung von „Franz K. Maschinenfabrik GmbH & CoKG" in „Franz K. Agrartechnik" mit der Begründung, dass nur eine dem Unternehmens ohnehin charakteristische Spezialisierung konkretisiert werde.[201] **55**

Entsprechend wird teilweise auch das **Weglassen einer Geschäftszweigbezeichnung** für unschädlich erachtet, wie etwa bei „EWG-Versandschlachterei Josef B, G" – „Josef B – GmbH".[202] Das OLG Frankfurt hat demgegenüber Firmenfortführung in folgendem Fall abgelehnt: „A K Baumaschinen Export Import" – „K-Baumaschinen-GmbH", weil der Zusatz „Export Import" wesentlich zur Individualisierung beitrage.[203] Es stützt sich auf eine Entscheidung des Reichsgerichts, der zufolge bereits das Weglassen des Zusatzes „& Sohn" der Firmenkontinuität entgegenstand.[204] Die Entscheidung stellt aber auf Kriterien ab, die in dieser Form von der ständigen Rechtsprechung des BGH nicht mehr berücksichtigt werden. Das Reichsgericht differenzierte nämlich im Geiste der **56**

HGB 1.94 mit Anm. *Wilhelm*; BAG Urt. v. 26. 5. 1955 – 2 AZR 38/54, NJW 1955, 1413 f. = AP BGB § 613 Nr. 1 („I. Werk O., Ing. W. Sch." – „I Werk O. GmbH"); anders allerdings LG Stuttgart Beschl. v. 22. 7. 1988 – 4 KfH T 11/88, in einer unveröffentlichten Entscheidung, in dem es die Firmenfortführung bejaht bei „Top-Fit Sport-Fitness-Center A. B." – „Top-Fit Sport-Fitness-Center C. D."
[190] OLG Köln Urt. v. 5. 10. 2006 – 8 U 27/06, DB 2007, 165.
[191] OLG Saarbrücken Beschl. v. 14. 1. 1964 – 12 T 3/63, BB 1964, „Autohaus A. R. Berggarage" – „Berggarage R. Nachfolger A. S.".
[192] LG Berlin Urt. v. 3. 8. 1993 – 98 T 51/93, ZIP 1993, 1478, 1479, das Firmenähnlichkeit bei „Zentrie Internationale Möbelhandelsgesellschaft mbH" – „Zentrie Handels- und Service GmbH" bejaht.
[193] BGH Urt v. 29. 3. 1982 – II ZR 166/81, NJW 1982, 1647, 1648; BGH Urt. v. 16. 5. 1983 – VIII ZR 34/82, NJW 1983, 2448, 2449; BGH Urt. v. 10. 10. 1985 – IX ZR 153/84, NJW 1986, 581, 582; BGH Urt. v. 4. 11. 1991 – II ZR 85/91, NJW 1992, 911, 912 = WUB IV D § 25 HGB 3.92 mit Anm. *Emmerich*; BGH Urt. v. 13. 10. 1955 – II ZR 44/54, BGHZ 18, 249, 250; OLG Düsseldorf Urt. v. 12. 7. 1990 – 6 U 264/89, GmbHR 1991, 315, 316 = EWiR § 25 HGB 1/91 mit Anm. *Demharter*.
[194] BGH Urt. v. 6. 11. 1963 – IV ZR 32/63, WM 1964, 296, 297.
[195] Kritisch Staub/*Hüffer* RdNr. 49; MünchKommHGB/*Lieb* RdNr. 65.
[196] BGH Urt. v. 16. 9. 1981 – VIII ZR 111/80, NJW 1982, 577, 578; OLG Bremen Urt. v. 3. 8. 1988 – 3 U 111/87, NJW-RR 1989, 423, 424.
[197] BGH Urt. v. 16. 9. 1981 – VIII ZR 111/80, NJW 1982, 577, 578.
[198] BGH Urt. v. 16. 9. 1981 – VIII ZR 111/80, NJW 1982, 577, 578.
[199] OLG Bremen Urt. v. 3. 8. 1988 – 3 U 111/87, NJW-RR 1989, 423, 424.
[200] OLG Stuttgart Urt. v. 13. 12. 1988 – 12 U 359/87, NJW-RR 1989, 424.
[201] OLG Hamm Urt. v. 17. 9. 1998 – 15 W 297/98, ZIP 1998, 2092, 2094.
[202] BGH Urt. v. 16. 5. 1983 – VIII ZR 34/82, NJW 1983, 2448.
[203] OLG Frankfurt Urt. v. 22. 11. 1979 – 5 U 36/79, NJW 1980, 1397, 1398.
[204] RG Urt. v. 6. 10. 1931 – II 516/30, RGZ 133, 318, 326.

Erklärungstheorie unter anderem danach, ob der Erwerber die Firma willkürlich oder unwillkürlich geändert hat.[205] Eine auf Grund gesetzlicher Anordnung etwa nach § 19 aF unwillkürliche Änderung sollte unschädlich sein, wohingegen eine willkürliche Änderung den Willen des Erwerbers erkennen lasse, nicht in die Rechtsverhältnisse des Veräußerers eintreten zu wollen. In diesem Fall war konsequenterweise auf dem Boden der Erklärungstheorie eine Haftung wegen Firmenfortführung ausgeschlossen. Nachdem die Rechtsprechung mittlerweile § 25 nicht mehr ausschließlich auf die Erklärungstheorie stützt, sondern vielmehr überwiegend den Rechtsscheingedanken heranzieht (s. o. RdNr. 9), muss diese Argumentation des Reichsgerichts als überholt angesehen werden. Das Reichsgericht hielt des Weiteren den Zusatz „& Sohn" für wesentlich genauer als einen Gesellschaftsformzusatz.[206] Diese Einschätzung könnte insofern noch als gültig angesehen werden, als der BGH eine Firmenfortführung bei „F-Fleisch GmbH" – „F & Sohn GmbH" verneint hat.[207] Die beiden Fälle sind jedoch nicht vergleichbar. Neben dem Vor- und Familiennamen des Veräußerers spielt der Zusatz & Sohn eine untergeordnete Rolle. Die Weglassung des Zusatzes lässt zwar einen Inhaberwechsel vermuten, die Firma wirkt jedoch im Wesentlichen unverändert. Wird demgegenüber der Zusatz „Fleisch" durch „Sohn" ersetzt, entsteht der Eindruck, als ob sich F, diesmal zusammen mit seinem Sohn, neben dem Fleischhandel noch mit einem anderen Geschäftsgegenstand befasse. Auch das Klangbild der neuen Firma weicht von dem der alten Firma ab.

57 Der Geschäftszweigbezeichnung hat schließlich jüngst das OLG München eine größere Bedeutung beigemessen, indem es sowohl den Familiennamen als auch die Bezeichnung „Personalservice" als Firmenkern angesehen hat.[208] Dies sprach jedoch gerade für die Firmenkontinuität, weil die Übernahme der beiden Firmenkernteile die Veränderung des Zusatzes „Nürnberg" in „München Niederlassung Nürnberg" in den Hintergrund drängte.

III. Rechtsfolgen des § 25 Abs. 1 S. 1

58 **1. Konsequenzen der Haftung.** § 25 Abs. 1 S. 1 sieht die Haftung für alle im Betrieb des Geschäfts begründeten Verbindlichkeiten vor. Dem Wortlaut der Vorschrift zufolge führt die Übernahme eines Handelsgeschäfts demnach zu einem **gesetzlichen Schuldbeitritt**. Die Verpflichtung des Veräußerers wird von dieser kumulativen Schuldübernahme zunächst nicht berührt. Seine Enthaftung ist gemäß § 26 erst nach Ablauf von fünf Jahren möglich.

59 Eine im Vordringen befindliche Meinung in der Rechtslehre sieht demgegenüber eine **Vertragsüberleitung** als Rechtsfolge von § 25 Abs. 1 S. 1 an. Danach soll der Erwerber in die Rechtsstellung des Veräußerers eintreten, der allerdings weiterhin neben dem Erwerber für die Verbindlichkeit haftet.[209] Diese Auffassung wird auf verschiedene Argumente gestützt. Für K. Schmidt und die von ihm vertretene Lehre von der Unternehmenskontinuität steht die möglichst umfassende Kompensation der Nichtrechtsfähigkeit des Unternehmens im Vordergrund.[210] § 25 dient jedoch nach der hier vertretenen Auffassung nicht dieser Kompensation, so dass damit eine Vertragsüberleitung nicht begründet werden kann. Andere stützen sich auf Praktikabilitätserwägungen, insbesondere bei der Behandlung von Dauerschuldverhältnissen.[211] Das Schuldverhältnis müsse als komplexes Gefüge von nicht nur Haupt-, sondern gerade auch Sekundärrechten und -pflichten verstanden werden.[212] Insoweit ist zwar richtig, dass die Fortführung von Dauerschuldverhältnissen erleichtert würde, übersehen wird dabei aber, dass der Veräußerer und der Erwerber nicht regelmäßig an einem Vertragsübergang interessiert sein müssen. Ihnen kann vielmehr auch an einem Verbleib einzelner Schuldverhältnisse beim Veräußerer gelegen sein, etwa weil er die aus dem Schuldverhältnis entstandenen Forderungen säumigen Schuldnern gegenüber durchsetzen soll.[213]

60 Für einen Vertragsübergang soll weiter die Parallele zu den §§ 571, 613a BGB und §§ 69, 151 Abs. 2 VVG sprechen.[214] Diese Vorschriften betreffen jedoch singuläre Konstellationen und sind

---

[205] RG Urt. v. 6. 10. 1931 – II 516/30, RGZ 133, 318, 325 f.
[206] RG Urt. v. 6. 10. 1931 – II 516/30, RGZ 133, 318, 326.
[207] BGH Urt. v. 1. 12. 1986 – II ZR 303/85, NJW 1987, 1633 = WuB IV D § 25 HGB 11987 mit Anm. *Hüffer*.
[208] OLG München Urt. v. 15. 5. 1996 – 7 U 6260/95, BB 1996, 1682, 1683; Anm. *Bracker* BB 1997, 114.
[209] *K. Schmidt* HandelsR § 8 I 4 und 6 (für „echten Forderungsübergang" bei fortbestehender Haftung des Altunternehmers); MünchKommHGB/*Lieb* RdNr. 83ff.; *Börner*, FS Möhring, 1975, S. 45ff.; *Esser/Schmidt* AT § 37 IV 1, S. 265 f.; *Waskönig* S. 118ff., der ebenso wie *Krejci* (ÖJZ 1975, 449, 459) die Vertragsübernahme zwar an die Zustimmung des Veräußerers zur Firmenfortführung knüpft, für eine konkludente Zustimmung jedoch Duldung der Firmenfortführung durch vorsätzliches Nichteinschreiten ausreichen lässt (S. 136f.).
[210] *K. Schmidt* HandelsR § 8 I 4 c.
[211] MünchKommHGB/*Lieb* RdNr. 83 und – eingehend – 89 a–89 k; *Börner*, FS Möhring, 1975, S. 45.
[212] *Waskönig* S. 119.
[213] *Beuthien* NJW 1993, 1737, 1738.
[214] MünchKommHGB/*Lieb* RdNr. 83; *Börner*, FS Möhring, 1975, S. 46 f.; *Esser/Schmidt* AT § 37 IV 1, 265 f.

nicht als Ausdruck eines Prinzips der Vertragskontinuität zu verstehen.[215] Auch fehlt es an der Vergleichbarkeit mit § 25:[216] die genannten Normen ordnen mit Rücksicht auf eine besondere Interessenlage, etwa den Sozialschutz oder das Sachinteresse, den Übergang eines speziellen Rechtsverhältnisses an, während bei § 25 sämtliche Rechtsverhältnisse übergehen würden. Der Vertragsübergang wird schließlich mit der Einführung der Enthaftungslösung durch den Gesetzgeber begründet: der Dritte gehe ohne die Vertragsüberleitung nach Ablauf von fünf Jahren möglicherweise seines Vertragspartners verlustig.[217] Diese Argumentation erscheint aber im Hinblick auf die tatsächliche Interessenlage des Dritten insofern fragwürdig, als der Dritte immerhin fünf Jahre Zeit hat, sich auf den Verlust des Vertragspartners einzustellen und Vorkehrungen zu treffen, wogegen er im Fall des Vertragsübergangs völlig unerwartet mit einem neuen Vertragspartner konfrontiert würde. Ob dieser Angriff auf die Vertragsfreiheit verfassungswidrig ist,[218] kann dahinstehen. Jedenfalls besteht insbesondere bei echten Kreditverträgen sowie bei betrieblich begründeten Gesellschaftsverhältnissen oder Vereinsmitgliedschaften ein schutzwürdiges Interesse des oder der Dritten daran, dass ihnen nicht ein fremder Vertragspartner aufgedrängt wird.[219] Dem kann auch nicht durch Verweis auf die Kündigungsmöglichkeit oder auf ein an § 613a BGB orientiertes Widerspruchsrecht genügt werden.[220] Der Dritte darf nicht durch einen aufgedrängten Vertragspartnerwechsel zu einer für ihn zB wegen Mietverlusten nachteiligen Maßnahme gezwungen werden.

61 Auch zugunsten des Erwerbers ist eine Vertragsüberleitung nicht notwendig. Selbst wenn er kein eigenes Kündigungsrecht hat, kann er, falls er sein mangelndes Interesse an dem Dauerschuldverhältnis bei Vertragsschluss bereits kennt, die Verbindlichkeit nach § 25 Abs. 2 von der Haftung ausnehmen.[221] Will er sich erst nach Vertragsschluss von der fraglichen Verbindlichkeit lösen, kann er auf Grund nachwirkender vertraglicher Treuepflicht aus § 242 BGB iVm. § 894 Abs. 1 ZPO vom Veräußerer die Kündigung durch diesen verlangen.[222] Es ist folglich mit der herrschenden Meinung daran festzuhalten, dass § 25 Abs. 1 S. 1 lediglich zu einem **Schuldbeitritt** führt.[223] Ein Austausch des Vertragspartners kann folglich nur mit Hilfe eines Vertrages herbeigeführt werden. Für den Abschluss eines solchen Vertrages ist im Rahmen von Dauerschuldverhältnissen notwendig, aber auch ausreichend, dass der Dritte das Schuldverhältnis mit dem Erwerber fortführt, indem er mit ihm die wechselseitigen Pflichten abwickelt,[224] und dass sich aus dem Verhalten des Veräußerers zumindest konkludent eine Billigung der neuen Abwicklung des Schuldverhältnisses ergibt.[225] Die Erlaubnis zur Übernahme eines gemieteten oder gepachteten Gegenstandes reicht dafür nicht aus; vielmehr ist ein über die Einräumung des Besitzes an dem Betrieb hinausgehendes Verhalten notwendig.

62 Der Erwerber haftet für die Geschäftsverbindlichkeiten mit seinem gesamten Vermögen.[226] Es besteht folglich weder eine summenmäßige noch eine gegenständliche Beschränkung der Haftung.[227] Mit der Übernahme wird der Erwerber Träger einer eigenen Schuld, die grundsätzlich den gleichen Inhalt und die gleiche Beschaffenheit wie die Schuld des Veräußerers hat.[228] Eine begonnene Verjährung läuft daher zugunsten beider Schuldner.[229] Da der Veräußerer und der Erwerber als Gesamtschuldner haften, richtet sich die Haftung nach §§ 421 ff. BGB.[230] Veränderungen der Verbindlichkeiten, die nach Geschäftsübergang in der Person nur eines Gesamtschuldners entstehen, haben daher grundsätzlich keine Auswirkungen auf die Schuld des anderen, soweit sich nicht aus §§ 422 bis 424 BGB etwas anderes ergibt. Eine Stundung dem Veräußerer gegenüber führt zu keinem Fälligkeitsaufschub für den Erwerber, wenn sie nicht vor Geschäftsübergang vereinbart wurde.[231] Eine Unter-

---

[215] Staub/*Hüffer* RdNr. 95; Straube/*Schuhmacher* RdNr. 28.
[216] Staub/*Hüffer* RdNr. 95.
[217] MünchKommHGB/*Lieb* RdNr. 84.
[218] Canaris, FS Frotz, 1993, S. 35.
[219] Beuthien NJW 1993, 1737, 1738; Canaris, FS Frotz, 1993, S. 35.
[220] So aber MünchKommHGB/*Lieb* RdNr. 85.
[221] Beuthien NJW 1993, 1737, 1740.
[222] Beuthien NJW 1993, 1737, 1740.
[223] Commandeur S. 151; Heymann/*Emmerich* RdNr. 25 b; 42; Baumbach/*Hopt* RdNr. 10; GK-HGB/*Nickel* RdNr. 20.
[224] Commandeur S. 154; Canaris, FS Frotz, 1993, S. 37.
[225] Commandeur S. 154.
[226] BGH Urt. v. 29. 6. 1955 – IV ZR 50/55, BB 1955, 652.
[227] Staub/*Hüffer* RdNr. 51.
[228] RG Urt. v. 15. 12. 1931 – III 10/31, RGZ 135, 104, 107; OLG Hamm Urt. V. 18. 1. 1994 – 4 U 125/93, NJW-RR 1995, 608, 609.
[229] RG Urt. v. 15. 12. 1931 – III 10/31, RGZ 135, 104, 107.
[230] RG Urt. v. 15. 12. 1931 – III 10/31, RGZ 135, 104, 107.
[231] Staub/*Hüffer* RdNr. 52.

brechung der Verjährung nach Geschäftsübergang wirkt nur für denjenigen, in dessen Person sie eintritt.[232] Ein Schuldanerkenntnisvertrag zwischen dem Gläubiger und dem Erwerber berührt die Haftung des Veräußerers nicht.[233] Eine vor dem Geschäftsübergang erklärte Aufrechnung des Veräußerers dem Gläubiger gegenüber wirkt demgegenüber für den Erwerber schuldbefreiend. Nach Geschäftsübergang ergibt sich das aus § 422 Abs. 1 S. 2 BGB. Das Innenverhältnis der beiden Schuldner richtet sich nach den zwischen ihnen getroffenen Vereinbarungen, bzw. nach § 426 BGB.

63   **2. Umfang der Haftung.** Die Haftung umfasst alle im Betrieb begründeten Verbindlichkeiten. Die Verbindlichkeit muss folglich zum Zeitpunkt des Inhaberwechsels bereits begründet gewesen und als Geschäftsverbindlichkeit zu qualifizieren sein.

64   **a) Bestehen zum Zeitpunkt des Inhaberwechsels.** Eine Altverbindlichkeit liegt vor, wenn der Rechtsgrund der Verpflichtung im Zeitpunkt der Geschäftsübernahme bereits entstanden ist. Maßgeblich ist dafür grundsätzlich der Zeitpunkt des Vertragsschlusses.[234] Die Verbindlichkeit muss noch nicht fällig, sie kann bedingt oder betagt sein.[235] Werden Ansprüche allerdings erst durch Handlungen eines Vertragspartners, etwa durch Benutzungshandlungen bei Lizenzverträgen oder Vertragsverletzungen nach Beendigung von Mietverhältnissen begründet, kommt es auf den Zeitpunkt der Vornahme dieser Handlungen an.[236] Problematisch ist ferner die Behandlung von **Dauerschuldverhältnissen**. Auch insoweit ist zwar der Zeitpunkt des Vertragsschlusses maßgeblich, so dass auch nach Geschäftsübergang fällig werdende Forderungen als Altverbindlichkeiten anzusehen sind.[237] Teile der Lehre wollen jedoch diejenigen Verbindlichkeiten aus der Haftung herausnehmen, bei denen der Erwerber keinen Anspruch auf die Gegenleistung hat.[238] Ob der BGH dieser Auffassung in einem obiter dictum zugestimmt hat, ist insofern zweifelhaft, als er in der Entscheidung unter Hinweis auf eine Literaturstelle lediglich feststellt, dass eine entsprechende restriktive Anwendung vertreten wird, aber keine Bewertung vornimmt.[239] Eine entsprechende Beschränkung der Haftung mag zwar aus Billigkeitsgründen angemessen erscheinen, ist aber in mehreren Hinsichten problematisch. So spielt die Entgegennahme der Gegenleistung für die Haftung aus § 25, dessen Wortlaut diesbezüglich keinen Anhaltspunkt bietet, keine Rolle.[240] Auch die Bedürfnisse der Rechtssicherheit stehen entgegen.[241] Der Gläubiger sollte darauf vertrauen können, dass er sich bei einem Inhaberwechsel grundsätzlich an den Erwerber halten kann.[242]

65   **b) Geschäftsverbindlichkeit.** Als Geschäftsverbindlichkeit sind alle Verbindlichkeiten anzusehen, die nicht aus privaten Beziehungen des Veräußerers resultieren, sondern mit dem Betrieb des Geschäfts derart in innerem Zusammenhang stehen, dass sie als seine natürliche Folge erscheinen.[243] Ob eine Privat- oder eine Geschäftsverbindlichkeit vorliegt, richtet sich nach den §§ 343, 344.[244]

66   Der Rechtsgrund der Verbindlichkeit ist unerheblich, der Anspruch kann sich etwa auch aus Bereicherung,[245] unerlaubter Handlung[246] oder aus einem Wettbewerbsverbot[247] ergeben.[248] Als Altverbindlichkeiten wurden etwa qualifiziert ein strafbewehrter Unterlassungsanspruch,[249] Verpflichtungen auf Grund von Kartellverträgen oder Vertriebsbindungen,[250] Ansprüche auf Nutzungsentschädigung nach § 557 BGB,[251] Verpflichtungen aus Wechseln bzw. Wechselprozes-

---

[232] RG Urt. v. 15. 12. 1931 – III 10/31, RGZ 135, 107.
[233] Hans. OLG, Urt. v. 4. 1. 1933 – VIII 365/32, HansOLGZ 1934 B 63.
[234] Zu der entsprechenden Frage bei § 128 RG Urt. v. 24. 11. 1914 Rep. III. 273/14, RGZ 86, 60, 61; RG Urt. v. 14. 2. 1933 – II 284/32, RGZ 140, 10, 12; BAG Urt. v. 21. 7. 1977 – 3 AZR 189/76; NJW 1978, 391; BAG Urt. v. 3. 5. 1983 – 3 AZR 1263/79, NJW 1983, 2283; Staub/*Hüffer* RdNr. 57; Schlegelberger/*K. Schmidt* § 128 RdNr. 51.
[235] BGH Urt. v. 15. 5. 1990 – X ZR 82/88, NJW-RR 1990, 1251, 1253.
[236] BGH Urt. v. 15. 5. 1990 – X ZR 82/88, NJW-RR 1990, 1251, 1253; BGH Urt. v. 25. 4. 2001 – XII ZR 43/99, NJW 2001, 2251; 2253.
[237] BGH Urt. v. 15. 5. 1990 – X ZR 82/88, NJW-RR 1990, 1251, 1253; *Lieb* GmbHR 1994, 657, 660.
[238] Staub/*Hüffer* RdNr. 57; Heymann/*Emmerich* RdNr. 32; GK-HGB/*Nickel* RdNr. 18 a.
[239] BGH Urt. v. 15. 5. 1990 – X ZR 82/88, NJW-RR 1990, 1251, 1253.
[240] *Commandeur* S. 153.
[241] *Beuthien* NJW 1993, 1737, 1739.
[242] LG Stuttgart Urt. v. 22. 12. 1995 – 5 KfH S 1/95, NJW-RR 1996, 1378, 1379 in einer in ihrer Tragweite etwas unklaren Entscheidung.
[243] RG Urt. v. 21. 2. 1911 – II 187/10, RGZ 76, 7, 10; RG Urt. v. 20. 4. 1937 – II 233/26, RGZ 154, 334, 336.
[244] RG Urt. v. 20. 4. 1937 – II 233/26, RGZ 154, 334, 336; BGH Urt. v. 29. 1. 1979 – II ZR 123/73, BB 1979, 1117.
[245] RG Urt. v. 2. 7. 1918 – II 63/18, RGZ 93, 227, 229.
[246] RG Urt. v. 12. 1. 1886 – III 241/85, RGZ 15, 51, 54.
[247] RG Urt. v. 1. 7. 1919 – II 562/14, RGZ 96, 171, 173.
[248] Baumbach/*Hopt* RdNr. 11; GK-HGB/*Nickel* RdNr. 18.
[249] OLG Hamm Urt. v. 18. 1. 1994 – 4 U 125/93, NJW-RR 1995, 608, 609; BGH Urt. v. 25. 4. 1996 – I ZR 58/94, NJW 1996, 2866, 2867; Anm. *K. Schmidt* JuS 1997, 565 f.
[250] RG Urt. v. 21. 2. 1911 – II 187/10, RGZ 76, 7, 10 f.
[251] BGH Urt. v. 16. 9. 1981 – VIII ZR 111/80, NJW 1982, 577, 578.

sen,[252] Schadensersatzansprüche wegen Nichterfüllung,[253] Abfindungsansprüche eines ausgeschiedenen Gesellschafters[254] sowie Verbindlichkeiten aus der Errichtung oder Übernahme des Handelsgeschäfts,[255] nicht jedoch vor Geschäftsgründung begründete Privatverbindlichkeiten.[256] Erfasst werden ferner Verbindlichkeiten aus in dem Handelsgeschäft begründeten Arbeitsverhältnissen.[257] § 25 wird insoweit nicht, wie teilweise angenommen wird, von § 613a BGB verdrängt.[258] Ein Nachteil aus der zusätzlichen Anwendung von § 25 könnte allenfalls dem Veräußerer daraus entstehen, dass er nach § 25 Abs. 1 S. 1 nicht aus dem Vertragsverhältnis ausscheidet. Diese Abweichung von der Rechtsfolge des § 613a BGB widerspricht aber keineswegs seinem Ziel, die Arbeitsverhältnisse zum Schutz der Arbeitnehmer zu erhalten.[259] Die beiden sowohl in ihren Voraussetzungen als auch in ihren Rechtsfolgen unterschiedlichen Normen können daher unproblematisch nebeneinander angewandt werden. Verbindlichkeiten aus Ruhestandsverhältnissen fallen ebenfalls unter § 25 Abs. 1, werden allerdings nicht gleichzeitig von § 613a BGB erfasst (vgl. dazu RdNr. 93).

3. Prozessuales. Der Gläubiger muss das Vorliegen der Voraussetzungen des § 25 Abs. 1 S. 1, Unternehmensübergang und -fortführung, Firmenfortführung und die ihm gegenüber vor Geschäftsübergang im Betrieb begründete Verbindlichkeit beweisen.

Hat der Gläubiger bereits gegen den Veräußerer Klage erhoben, kommt eine Parteiänderung nicht in Frage, weil der Veräußerer Schuldner bleibt. Ein gegen den Veräußerer ergangenes Urteil entfaltet keine Rechtskraftwirkung gegenüber dem Erwerber; Erwerber und Veräußerer sind lediglich Gesamtschuldner und damit nicht notwendige Streitgenossen.[260] Der Gläubiger kann jedoch unter den Voraussetzungen der §§ 729 Abs. 2, 727 ZPO die vollstreckbare Ausfertigung eines gegen den Veräußerer ergangenen Urteils verlangen. Zum Nachweis von Inhaberwechsel und Firmenfortführung reicht gemäß § 9 Abs. 2 die Vorlage des Handelsregisterauszugs aus.[261] Nach Ablehnung der Klauselerteilung ist unter den Voraussetzungen des § 731 ZPO die Klage auf Erteilung der Vollstreckungsklausel statthaft.

IV. Die Regelung des § 25 Abs. 1 S. 2

1. Voraussetzungen. § 25 Abs. 1 S. 2 fordert zusätzlich zu den für die Erwerberhaftung notwendigen Voraussetzungen nach S. 1 die Einwilligung des bisherigen Inhabers oder seiner Erben in die Firmenfortführung. Ob eine wirksame Einwilligung vorliegt, richtet sich nach den Vorschriften des bürgerlichen Rechts. Ausreichend ist eine konkludente Einwilligung.[262] Die Einwilligung kann auch in zeitlichem Abstand zur Übertragung des Unternehmens erteilt werden. Der bei § 22 geforderte zeitliche Zusammenhang, der einer separaten Veräußerung der Firma vorbeugen soll (§ 22 RdNr. 29), ist mit Rücksicht auf den bei § 25 ohnehin notwendigen Unternehmensübergang nicht erforderlich.[263]

2. Rechtsfolgen. a) Rechtsfolge im engeren Sinne. § 25 Abs. 1 S. 2 sieht als Rechtsfolge vor, dass die im Betrieb begründeten Forderungen den Schuldnern gegenüber als auf den Erwerber übergegangen gelten. Umstritten ist, wie dieses „als übergegangen gelten" dogmatisch gefasst werden kann. Teilweise wird § 25 Abs. 1 S. 2 als gesetzlicher Rechtsscheinstatbestand verstanden, andere sprechen von einer Vermutung, die sie teils für widerleglich,[264] teils für unwiderleglich halten.[265] Auch als Fiktion einer rechtsgeschäftlichen Forderungsabtretung wird die Vorschrift verstanden.[266] *K. Schmidt* schließlich nimmt an, dass es sich um einen „echten Rechtsübergang" handele.[267] Die

---

[252] RG Urt. v. 12. 1. 1934 – II 231/33, RGZ 143, 154, 155 f.
[253] BGH Urt. v. 22. 11. 1971 – II ZR 166/69, NJW 1972, 1466, 1467.
[254] RG Urt. v. 20. 4. 1937 – II ZR 166/81, RGZ 154, 334, 336.
[255] RG Urt. v. 4. 6. 1930 – V 429/29, RGZ 129, 186, 188; BGH, Urt. v. 30. 6. 1954 – II ZR 82/53, BB 1954, 700.
[256] BGH Urt. v. 29. 1. 1979 – II ZR 123/73, BB 1979, 1117.
[257] Vgl. (für § 28) BAG Urt. v. 23. 1. 1990 – 3 AZR 171/88, EzA § 28 HGB Nr. 1 mit abl. Anm. *Lieb*; ferner Staub/*Hüffer* RdNr. 56; Schlegelberger/Hildebrandt/Steckhan RdNr. 11; Säcker/Joost DB 1978, 1030, 1079.
[258] So allerdings MünchKommHGB/*Lieb* RdNr. 93.
[259] Zum Zweck der Norm BAG, Urt. v. 24. 3. 1977 – 3 AZR 649/76, AP BGB § 613a Nr. 6; *Binz/Rauser* BB 1980, 897, 989.
[260] Staub/*Hüffer* RdNr. 58.
[261] Staub/*Hüffer* RdNr. 59.
[262] Staub/*Hüffer* RdNr. 65.
[263] Staub/*Hüffer* RdNr. 65.
[264] Heymann/*Emmerich* RdNr. 36 a, 40.
[265] *Hausmann* S. 154 ff.; Schlegelberger/Hildebrandt/Steckhan RdNr. 14.
[266] Staub/*Hüffer* RdNr. 69; GK-HGB/*Nickel* RdNr. 21.
[267] *K. Schmidt* AcP 198 (1998), 516, 528.

Rechtsprechung hat die Frage für § 25 bislang offen gelassen.[268] Der BGH hat für die Vorschrift des § 28 entschieden, dass bei Mietverhältnissen ein Vertragsübergang auf die neugegründete Personengesellschaft die Mitwirkung des Vermieters erfordere.[269]

71 Relevant ist die dogmatische Einordnung im Hinblick auf die Einziehungsbefugnis des Veräußerers. Versteht man § 25 Abs. 1 S. 2 als unwiderlegliche Vermutung, kann der Veräußerer – soweit nicht die Voraussetzungen von § 25 Abs. 2 erfüllt sind – die Forderung nicht mehr erfolgreich geltend machen, wenn sich der Schuldner auf § 25 Abs. 1 S. 2 beruft.[270] Zu demselben Ergebnis kommt der BGH, der den Veräußerer mit dem Vorbringen einer fehlenden Abtretung nur durchdringen lässt, wenn der Verbleib der Forderung bei ihm unverzüglich nach Geschäftsübernahme den Anforderungen von § 25 Abs. 2 entsprechend kundgemacht wurde.[271] Folglich kann – soweit die Voraussetzungen von § 25 Abs. 2 nicht vorliegen – nur der Erwerber die Forderung geltend machen, auch wenn er im Innenverhältnis dazu gar nicht berechtigt ist.

72 Ein Auseinanderfallen von Innen- und Außenverhältnis drohte allerdings nicht, wenn mit *K. Schmidt* von einem „echten Rechtsübergang" ausgegangen wird.[272] Diese Auslegung geht aber eindeutig über den Wortlaut der Vorschrift, insbesondere über den umstrittenen Passus „den Schuldnern gegenüber" hinaus. *K. Schmidt* ist zwar der Auffassung, dass damit nur den Schuldnern gegenüber bestehende Forderungen gemeint seien. Das erscheint aber insofern fragwürdig, als zu einer derartigen Aussage kein Anlass besteht: Forderungen bestehen stets gegenüber den Schuldnern. *K. Schmidt* kann sich ferner auch nicht auf die genannte Entscheidung des BGH stützen. Der BGH geht ausdrücklich davon aus, dass das Innenverhältnis von dem durch § 25 Abs. 1 S. 2 konstituierten Außenverhältnis abweichen kann.[273] Er schränkt lediglich die Möglichkeiten des Veräußerers ein, eine abweichende interne Vereinbarung dem Schuldner gegenüber erfolgreich geltend zu machen.

73 Bei dieser Ausgangslage ist die Einziehung der Forderung für den Veräußerer deutlich erschwert,[274] selbst wenn man von einer vertraglichen Einziehungsverpflichtung des Erwerbers ausgeht.[275] Diese bietet nämlich keine Gewähr dafür, dass der Erwerber die Forderung tatsächlich einzieht. Möglicherweise ist er sich der Verpflichtung gar nicht bewusst oder er ist über die Forderung, die ihm nicht abgetreten wurde, überhaupt nicht informiert. Darüber hinaus hat der Erwerber aus eigenem Interesse keinen Anlass, sich um die Forderung des Veräußerers zu kümmern. Der Veräußerer wird daher in der Regel den Erwerber – um einem Verlust der Forderung etwa durch Verjährung vorzubeugen – zur Einziehung anhalten müssen. Problematisch ist ferner, dass der von der noch herrschenden Meinung angenommene Gläubigerwechsel zumindest überwiegend auf das Verhältnis Gläubiger – Schuldner beschränkt wird.[276] In der Insolvenz und in der Zwangsvollstreckung bleibt die Forderung dem Vermögen des Veräußerers zugeordnet.[277] Auch diese Aufspaltung wird zu Recht kritisiert.[278] Darüber hinaus ist der Schuldner nicht in einem Maße schutzwürdig, das es rechtfertigen würde, dem Veräußerer seine Einziehungsbefugnis weitgehend zu entziehen. § 25 Abs. 1 S. 2 schützt den Schuldner im Fall der Zahlung an einen tatsächlich nichtberechtigten Erwerber, § 407 Abs. 1 BGB schützt ihn bei Zahlung an einen tatsächlich nichtberechtigten Veräußerer.[279] Wird er von einem der beiden in Anspruch genommen und besteht Unklarheit über die Forderungszuständigkeit, kann er gegebenenfalls von der Möglichkeit der Hinterlegung nach § 372 S. 2 BGB Gebrauch machen oder im Prozess dem anderen Teil nach § 72 ZPO mit der Wirkung des § 75 ZPO den Streit verkünden. Das ist ihm auch möglich, wenn er bereits an den einen geleistet hat und sich nunmehr der Klage des anderen ausgesetzt sieht.

---

[268] BGH Urt. v. 20. 1. 1992 – II ZR 115/91, NJW-RR 1992, 866, 867 = WM 1992, 736, 738 = JZ 1992, 1028 mit Anm. *Lieb* 1029 = WuB IV D § 25 HGB 2.92 mit zustimmender Anm. *Wilhelm*. Das wäre zwar bei einer in der älteren Literatur (*Gierke/Sandrock* Bd. I § 16 I 3 b bb) vorgeschlagenen Auslegung als Legalzession anders, diese Auffassung wird aber in der Regel mißverstanden. Es handelt sich eher um eine unglückliche Verwendung des Begriffs Legalzession als um eine besonders weite Auslegung. Die Wirkungen einer Legalzession soll § 25 Abs. 1 S. 2 nämlich auch nach dieser Meinung nicht haben.
[269] BGH Urt. v. 25. 4. 2001 – XII ZR 43/99, NJW 2001, 2251, 2252; hierzu § 28 RdNr. 29.
[270] *Hausmann* JR 1994, 134, 136 f.
[271] BGH Urt. v. 20. 1. 1992 – II ZR 115/91, NJW-RR 1992, 866, 867 = WM 1992, 736, 738 = JZ 1992, 1028 mit Anm. *Lieb* 1029 = WuB IV D § 25 HGB 2.92 mit zustimmender Anm. *Wilhelm*.
[272] *K. Schmidt* AcP 198 (1998) 528.
[273] BGH Urt. v. 20. 1. 1992 – II ZR 115/91, NJW-RR 1992, 866, 867 = WM 1992, 736, 738 = JZ 1992, 1028 mit Anm. *Lieb* 1029 = WuB IV D § 25 HGB 2.92 mit zustimmender Anm. *Wilhelm*.
[274] So auch *Lieb* JZ 1992, 1029, 1030; vgl. auch *Canaris* HandelsR § 7 RdNr. 76.
[275] So *Hausmann* JR 1994, 134, 137.
[276] Staub/*Hüffer* RdNr. 68; anders wohl *Hausmann* JR 1994, 134, 138.
[277] Staub/*Hüffer* RdNr. 68.
[278] *Lieb* JZ 1992, 1029 f.; *Canaris* HandelsR § 7 RdNr. 76.
[279] *Lieb* JZ 1992, 1029, 1030.

Aus den genannten Gründen erscheint eine Auslegung von § 25 Abs. 1 S. 2 vorzugswürdig, die **74** einen umfangreichen Eingriff in die Einziehungsbefugnis des Veräußerers vermeidet. Das OLG München hat insoweit in einem beinahe zeitgleich mit der genannten BGH-Entscheidung ergangenen Urteil einen überzeugenden Weg beschritten.[280] Danach soll zwar ebenfalls nur eine § 25 Abs. 2 entsprechend erlangte Kenntnis von der fehlenden Abtretung zur Widerlegung der „gesetzlichen Vermutung" ausreichen, eine Kundmachung iSv. § 25 Abs. 2 muss aber bei § 25 Abs. 1 S. 2 nicht unmittelbar nach Geschäftsübernahme, sondern erst vor der Leistung durch den Schuldner erfolgen.[281] Hat der Schuldner noch nicht an den Erwerber geleistet, kann der Veräußerer durch eine **eindeutige Mitteilung über den Verbleib der Forderung** bei ihm die **Rechtsfolge** des § 25 Abs. 1 S. 2 **außer Kraft setzen**. Für die Tragweite von § 25 Abs. 1 S. 2 kommt es folglich entscheidend darauf an, ob die Kundmachung einer abweichenden Vereinbarung bis zur Leistung durch den Schuldner möglich ist. Der BGH hält eine unverzügliche Kundmachung wie im Rahmen des Haftungsausschlusses für notwendig, weil das Gesetz insoweit nicht zwischen S. 1 und S. 2 unterscheide und eine im Interesse der Verkehrssicherheit geschaffene eindeutige Regelung des Gesetzes unterlaufen werde, wenn dem Schuldner auch noch später abweichende Vereinbarungen entgegengehalten werden könnten.[282] Diese Argumentation ist in mehrerlei Hinsicht fragwürdig. Zum einen war zur Frage der Unverzüglichkeit gar keine Unterscheidung möglich, weil das Gesetz das Erfordernis der Unverzüglichkeit überhaupt nicht enthält.[283] Eine eindeutige gesetzliche Regelung kann daher nicht unterlaufen werden. Auch die Bedürfnisse der durch die Vermutung geschützten Schuldner machen eine unverzügliche Mitteilung nicht notwendig. Anders als bei der Haftung für die Altverbindlichkeiten nach S. 1, die dem Rechtsverkehr die Sicherheit einer eindeutigen Haftungslage als Grundlage weiterer Dispositionen geben soll, soll S. 2 den Schuldner allein davor schützen, an einen Nichtberechtigten zu leisten.[284] Dieses Schutzes bedarf der Schuldner aber nicht mehr, wenn er vor der Begleichung der Forderung von dem Veräußerer oder dem Erwerber erfährt oder aus dem Handelsregister entnehmen kann, dass die Forderung bei dem Veräußerer verblieben ist.[285] Für den Schuldner reicht die Kenntnis zum Zeitpunkt der Zahlung aus.[286] Mit dem OLG München und einem Teil der Literatur ist § 25 Abs. 1 S. 2 folglich als **Vermutung** zu verstehen, die unter den Voraussetzungen des § 25 Abs. 2 **widerlegt** werden kann, **soweit die abweichende Vereinbarung** vor der Leistung des Schuldners **kundgemacht** wird.

b) Umfang. Von § 25 Abs. 1 S. 2 werden nur im Betrieb begründete Forderungen erfasst. **75** Insoweit kann auf die Erläuterungen zu den Geschäftsverbindlichkeiten im Rahmen von S. 1 verwiesen werden (RdNr. 65 f.). Für die Abgrenzung sind ebenfalls die §§ 343, 344 maßgeblich.[287]

Die Forderungen müssen ferner übertragbar sein. Nach §§ 399, 400, 613, 717 BGB nicht abtretbare Forderungen werden folglich nicht von § 25 Abs. 1 S. 2 erfasst.[288]

Schließlich müssen die Forderungen formfrei übertragen werden können.[289] Durch Buch- oder Briefhypothek gesicherte Forderungen kommen nicht in Betracht.[290]

Die Vermutung der Forderungsabtretung gilt nur dem Schuldner gegenüber, so dass der Veräußerer im Verhältnis zum Erwerber Gläubiger bleibt. Gläubiger des Veräußerers können daher auf die Forderung zugreifen,[291] im Fall der Eröffnung eines Insolvenzverfahrens über das Vermögen des Veräußerers gehört die Forderung zur Masse. Nimmt der Erwerber die Leistung des Schuldners an, kann der Veräußerer das Erlangte nach § 816 Abs. 2 herausverlangen. Umstritten ist, ob der Erwerber die Leistung verlangen darf. Die überwiegende Meinung[292] bejaht dies unter anderem mit der Begründung, dass der Gesetzgeber mit § 25 Abs. 1 S. 2 nicht nur den Schuldner, sondern auch den **76**

---

[280] OLG München Urt. v. 8. 1. 1992 – 27 U 473/91, DB 1992, 518.
[281] OLG München Urt. v. 8. 1. 1992 – 27 U 473/91, DB 1992, 518, 519.
[282] BGH Urt. v. 20. 1. 1992 – II ZR 115/91, NJW-RR 1992, 866, 867 = WM 1992, 736, 738 = JZ 1992, 1028 mit Anm. *Lieb* 1029 = WuB IV D § 25 HGB 2.92 mit zust. Anm. *Wilhelm*.
[283] *Lieb* JZ 1992, 1029, 1030.
[284] OLG München Urt. v. 8. 1. 1992 – 27 U 473/91, DB 1992, 518, 519.
[285] OLG München Urt. v. 8. 1. 1992 – 27 U 473/91, DB 1992, 518, 519.
[286] *Lieb* JZ 1992, 1029, 1031.
[287] RG Urt. v. 14. 1. 1910 – Rep II 227/09, RGZ 72, 434, 436.
[288] Staub/*Hüffer* RdNr. 67; Baumbach/*Hopt* RdNr. 23.
[289] Staub/*Hüffer* RdNr. 67; Schlegelberger/*Hildebrandt*/*Steckhan* RdNr. 16.
[290] Staub/*Hüffer* RdNr. 67; vgl. auch Schlegelberger/*Hildebrandt*/*Steckhan* RdNr. 16.
[291] Staub/*Hüffer* RdNr. 68; das Verbot zur Entgegennahme der Leistung nach § 829 Abs. 1 S. 2 ZPO muss auch dem Erwerber gegenüber ergehen.
[292] BGH Urt. v. 20. 1. 1992 – II ZR 115/91, NJW-RR 1992, 866, 867 = WM 1992, 736, 738 = JZ 1992, 1028 mit Anm. *Lieb* 1029 = WuB IV D § 25 HGB 2.92 mit zustimmender Anm. *Wilhelm*; Hausmann JR 1994, 133, 134, 138; Staub/*Hüffer* RdNr. 70; Schlegelberger/*Hildebrandt*/*Steckhan* RdNr. 13; wohl auch Heymann/*Emmerich* RdNr. 36 a; differenzierend Baumbach/*Hopt* RdNr. 26 f.

Erwerber vor Rechtsgefährdungen schützen wollte.[293] Außerdem müsse dem Erwerber ein dahingehendes Recht eingeräumt werden, um die starke Einschränkung der Einziehungsbefugnis des Veräußerers auszugleichen. Nach dem hier vertretenen Ansatz entfällt jedoch diese Notwendigkeit. Auch mit Rücksicht auf die Bedürfnisse des Erwerbers ist es ausreichend, § 25 Abs. 1 S. 2 als eine nach allgemeinen Grundsätzen widerlegliche gesetzliche Vermutung zugunsten des Erwerbers zu verstehen.[294] Macht der Erwerber die Forderung geltend, greifen §§ 265, 727 ZPO ein.[295]

77 Streitig ist ferner, ob der Schuldner auch dann schuldbefreiend an den Erwerber leisten kann, wenn er weiß, dass die Forderung nicht an den Erwerber abgetreten wurde. Die Rechtsprechung und ein Teil der Literatur befürworten dies mit der Konsequenz, dass die befreiende Wirkung nur im Fall von § 25 Abs. 2 entfällt.[296] Andere halten demgegenüber den Schuldner nicht für schutzwürdig.[297] Zugunsten der Rechtssicherheit sollte aber die schuldbefreiende Wirkung auch bei Kenntnis des Schuldners von der fehlenden Abtretung eintreten. Dafür spricht ferner, dass § 25 Abs. 1 S. 2 als Vermutung die Gutgläubigkeit des Schuldners gerade nicht voraussetzt. In Missbrauchsfällen sollten die von der Rechtsprechung[298] zum Missbrauch unbeschränkter Vertretungsmacht aus §§ 138, 826 BGB entwickelten Grundsätze Anwendung finden.[299]

78 **c) Anwendbarkeit des Zessionsrechts.** Die §§ 401 ff. BGB sind analog anwendbar, soweit sie nicht dem für § 25 Abs. 1 S. 2 zentralen Erfordernis der Unternehmens- und Firmenfortführung widersprechen.[300] Danach ist § 410 BGB nicht anzuwenden, während die §§ 401, 404, 406 bis 408 BGB eingreifen können. § 409 BGB kann nur bei einer Anzeige der Abtretung durch den Veräußerer vor der Eintragung des Inhaberwechsels ins Handelsregister Bedeutung erlangen.[301]

79 In Hinblick auf § 407 BGB, der grundsätzlich nur bei fehlender Kenntnis von der Unternehmens- und Firmenfortführung Anwendung finden kann, ist ferner das Verhältnis zu § 15 Abs. 2 problematisch. Nach wohl überwiegender Meinung soll § 407 BGB eingreifen, wenn der Inhaberwechsel eingetragen und bekanntgemacht wurde und die 15 tägige Karenzzeit verstrichen ist.[302] Dem wird entgegengehalten, dass sich aus dem Inhaberwechsel noch nicht ergibt, dass auch die Forderungen übergegangen sind.[303] § 407 Abs. 1 BGB soll aber nur bei Kenntnis der Abtretung nicht eingreifen. Würde man die Kenntnis des Inhaberwechsels für den Ausschluss von § 407 Abs. 1 BGB ausreichen lassen, würde § 25 Abs. 1 S. 2 dazu führen, dass der Schuldner nicht nur an den Erwerber leisten kann, sondern nach Ablauf der Karenzzeit auch muss. Es widerspricht aber dem Schutzzweck der Norm, den Schuldner vor der Leistung an einen Nichtberechtigten zu schützen, wenn er auf Grund der Norm möglicherweise gerade gezwungen wird, an einen Nichtberechtigten zu leisten. Der Schuldner kann daher nur dann nicht schuldbefreiend nach § 407 Abs. 1 BGB an den Veräußerer leisten, wenn er die Abtretung und nicht nur den Inhaberwechsel kennt.

80 **3. Prozessuales.** Der Schuldner muss die Voraussetzungen des § 25 Abs. 1 S. 2 beweisen können, wenn er mit befreiender Wirkung an den Erwerber leisten will. Insoweit reicht der Nachweis der Eintragung des Erwerbers unter Beibehaltung der Firma im Handelsregister aus, weil das Registergericht vor der Eintragung wegen § 22 prüft, ob die Einwilligung erteilt wurde.[304] Dasselbe gilt für den Erwerber, der die Forderung gegenüber dem Schuldner geltend macht. Der Veräußerer muss in diesem Fall das Vorliegen einer von § 25 Abs. 1 S. 2 abweichenden Vereinbarung und deren Kundmachung beweisen.

V. Abweichende Vereinbarungen

81 **1. Voraussetzungen von § 25 Abs. 2. a) Vereinbarung.** Gemäß § 25 Abs. 2 können die Rechtsfolgen von § 25 Abs. 1 ganz oder teilweise durch abweichende Vereinbarungen außer Kraft gesetzt werden. Dazu ist grundsätzlich eine entsprechende Vereinbarung zwischen dem alten und

---

[293] *Hausmann* JR 1994, 133, 134.
[294] *Lieb* JZ 1992, 1029, 1030; anders neuerdings K. *Schmidt* HandelsR § 8 I 4 b. aa. (echter Forderungsübergang).
[295] Staub/*Hüffer* RdNr. 70.
[296] RG Urt. v. 19. 9. 1903 – 142/03 I., JW 1903, 401; Staub/*Hüffer* RdNr. 69.
[297] Heymann/*Emmerich* RdNr. 41 a.
[298] Grundlegend BGH Urt. v. 25. 3. 1968 – II ZR 202/64, BGHZ 50, 112, 114.
[299] Staub/*Hüffer* RdNr. 69; vgl. auch unten RdNr. 86.
[300] Staub/*Hüffer* RdNr. 70; GK-HGB/*Nickel* RdNr. 24.
[301] Staub/*Hüffer* RdNr. 69.
[302] Staub/*Hüffer* RdNr. 71; GK-HGB/*Nickel* RdNr. 24; Heymann/*Emmerich* RdNr. 40.
[303] *Lieb* JZ 1992, 1029, 1031; Schlegelberger/*Hildebrandt/Steckhan* RdNr. 14.
[304] RG Urt. v. 30. 10. 1907 – Rep I. 604/06, RGZ 66, 417; Staub/*Hüffer* RdNr. 69.

dem neuen Inhaber notwendig.[305] Nur bei unmittelbarer Weiterverpachtung (Doppelpächterfall) reicht ausnahmsweise eine einseitige Erklärung seitens des Zweitpächters aus (RdNr. 28). Die Vereinbarung kann durch selbständigen Vertrag oder im Rahmen des der Unternehmensübertragung zugrundeliegenden Rechtsgeschäfts getroffen werden, muss aber spätestens bei der dinglichen Übertragung vorliegen.[306] Fehlt es am Tatbestand des § 25 Abs. 1 – etwa weil keine Fortführung des Handelsgeschäfts durch einen anderen Unternehmensträger, sondern ein Verschmelzungsvorgang vorliegt – so kommt die Eintragung eines Haftungsausschlusses nach § 25 Abs. 2 nicht in Betracht.[307]

Inhaltlich muss die Vereinbarung hinreichend bestimmt sein, also zweifelsfrei erkennen lassen, dass **82** die Haftung des Erwerbers ausgeschlossen wird, bzw. dass die Forderungen bei dem bisherigen Inhaber verbleiben sollen. Diesen Anforderungen ist genügt, wenn die Haftung bei interner Erfüllungsübernahme nur im Außenverhältnis ausgeschlossen wird.[308] Nicht ausreichend ist demgegenüber eine auf das Innenverhältnis beschränkte Verpflichtung des Veräußerers zur Schuldentilgung und zur Freistellung des Erwerbers.[309] Es kann auch nur bezüglich einzelner Verbindlichkeiten oder Forderungen eine abweichende Regelung getroffen werden,[310] die dann die betroffenen Rechtsverhältnisse hinreichend bestimmt erkennen lassen muss. Dem kann etwa durch ein Dritten zugängliches Verzeichnis der betroffenen Forderungen genügt werden.[311] Die Haftung kann auf einen in Prozent angegebenen Teil der Forderung beschränkt werden.[312] Die Angabe eines globalen Höchstbetrages reicht demgegenüber nicht aus.[313] Unschädlich soll es sein, wenn die Vereinbarung unwirksam und die Eintragung falsch ist.[314]

b) Kundmachung. Die Vereinbarung muss entweder in das Handelsregister **eingetragen und** **83** **bekanntgemacht oder** aber durch den bisherigen oder den neuen Inhaber **dem Dritten mitgeteilt** werden. Insoweit wirkt die Mitteilung der Vorgesellschaft für die entstandene juristische Person. Die Anmeldung zum Handelsregister muss gemeinsam erfolgen.[315] Zuständig für die Eintragung ist das Gericht der Hauptniederlassung, bei einer Zweigniederlassung das dortige Gericht (vgl. § 15 Abs. 4).[316] Die Eintragung ist schon dann als zulässig anzusehen, wenn eine Haftung des Erwerbers ernsthaft in Betracht zu ziehen ist.[317] Die Eintragung erfolgt gem. § 40 Nr. 5 lit. a HRV grundsätzlich in Abteilung A des Handelsregisters. Das OLG Düsseldorf hat in einem besonders gelagerten Fall, in dem ein zuvor nicht im Handelsregister eingetragener Krankenhausbetrieb veräußert wurde, die Eintragung bei der erwerbenden GmbH in Abteilung B des Handelsregisters zugelassen.[318]

Soll die Haftung des Erwerbers ausgeschlossen oder beschränkt werden, müssen Mitteilung und **84** Anmeldung unverzüglich nach Geschäftsübernahme erfolgen.[319] Das gilt unabhängig davon, ob sich der Rechtsverkehr bereits eine Vorstellung von den haftenden Personen machen konnte.[320] Die Mitteilung ist als eine rechtsgeschäftsähnliche Handlung anzusehen, auf die etwa die Vorschriften zur Geschäftsfähigkeit, zur Anfechtung und zum Zugang analog angewandt werden können.[321] Auch die Mitteilung durch einen Vertreter ist möglich. Das zusätzliche Erfordernis der Unverzüglichkeit dient dazu, dem Rechtsverkehr möglichst bald Klarheit über die Schuldnerstellung des Erwerbers zu

---

[305] *Huber*, FS Raisch, 1995, S. 99; *Commandeur* S. 168; *A. Hueck* ZHR 108 (1941), 1, 5 f.; Heymann/*Emmerich* RdNr. 44; Staub/*Hüffer* RdNr. 96.
[306] *A. Hueck* ZHR 145 (1981), 1, 2, 5; Staub/*Hüffer* RdNr. 96.
[307] Vgl. OLG Frankfurt/M., Beschl. v. 23. 6. 2005 – 20 W 272/05, DB 2005, 2519 f.
[308] Staub/*Hüffer* RdNr. 96; MünchKommHGB/*Lieb* RdNr. 114.
[309] BGH Urt. v. 8. 5. 1989 – II ZR 237/88, DB 1989, 1719.
[310] **AA** *Roth*, Handels- und GesR, § 25 I a.
[311] RG Urt. v. 12. 10. 1901 – 219/1901 I, JW 1901, 802 f.
[312] Staub/*Hüffer* RdNr. 96.
[313] RG Urt. v. 21. 7. 1936 – II 63/36; RGZ 152, 75, 78 f.
[314] MünchKommHGB/*Lieb* RdNr. 120.
[315] HM; vgl. Staub/*Hüffer* RdNr. 98; Heymann/*Emmerich* RdNr. 51; MünchKommHGB/*Lieb* RdNr. 116.
[316] Staub/*Hüffer* RdNr. 98.
[317] Vgl. OLG Hamm NJW-RR 1999, 396; OLG Frankfurt DB 2001, 1552; MünchKommHGB/*Lieb* RdNr. 114 a.
[318] OLG Düsseldorf Beschl. v. 25. 2. 2005 – 3 Wx 108/03, EWiR 2003, 823 m. zust. Anm. *Terbrack*; ebenso *Kindler* JZ 2006, 176, 180.
[319] RG Urt v. 27. 10. 1908 – 613/07, Recht 1908, 3890; BGH Urt. v. 1. 10. 1958 – II ZR 238/57, BGHZ 29, 1 = NJW 1959, 241; BGH Urt. v. 16. 1. 1984 – II ZR 114/83, NJW 1984, 1186, 1187; OLG Frankfurt Beschl. v. 1. 6. 1977 – 20 W 231/77, OLGZ 1978, 30, 31 f.; BayObLG Beschl. v. 19. 6. 1984 – BReg. 3 Z 143/84, DB 1984, 1672; BayObLG Rpfleger 2003, 370; vgl. auch OLG Düsseldorf Beschl. v. 25. 2. 2003 EWiR 2003, 823. Staub/*Hüffer* RdNr. 100; Baumbach/*Hopt* RdNr. 15; Heymann/*Emmerich* RdNr. 47; MünchKommHGB/*Lieb* RdNr. 115; **anders** *Deschler* S. 91 ff.
[320] BGH Urt. v. 1. 10. 1958 – II ZR 238/57, BGHZ 29, 1, 5 = NJW 1959, 241.
[321] Staub/*Hüffer* RdNr. 99.

verschaffen. Eine verspätete Anmeldung kann im Hinblick auf die Wirkungslosigkeit des Ausschlusses zurückgewiesen werden.[322] Das Risiko einer Verzögerung trifft verschuldensunabhängig den Erwerber.[323] Eintragung und Bekanntmachung müssen in angemessenem Abstand auf die Anmeldung folgen.[324] Ob insoweit starre Fristen gelten, hat der BGH offen gelassen.[325] Sechs bis zehn Wochen wurden vom RG nicht mehr als angemessen angesehen.[326] Dem OLG Hamm zufolge soll auch eine Kundmachung nach fünf Monaten noch Wirkungen entfalten können.[327] Im Rahmen der Angemessenheit des verstrichenen Zeitraums trägt es auch dem Verfahrensablauf, zB Verzögerungen der Eintragung und Bekanntmachung durch eine ablehnende registergerichtliche Entscheidung, Rechnung. Diese Rücksicht auf den Erwerber ist zu befürworten, weil der Erwerber andernfalls ablehnenden Entscheidungen des Registergerichts rechtlos gegenüberstünde.[328]

85 Die wohl noch herrschende Meinung hält auch bei § 25 Abs. 1 S. 2 eine unverzügliche Kundmachung des Verbleibs der Forderungen beim Veräußerer für notwendig.[329] Zum Schutz des Schuldners reicht es jedoch aus, wenn er unmittelbar vor der Leistung von der abweichenden Regelung erfährt oder erfahren kann. Der Verbleib der Forderungen beim bisherigen Inhaber kann daher zeitlich unbegrenzt kundgetan werden, betrifft aber nur Forderungen, die zum Zeitpunkt der Kundmachung noch nicht beglichen sind.

86 **c) Auf andere Art erlangte Kenntnis.** Wenn Dritte auf andere als die in § 25 Abs. 2 vorgesehene Art von der Vereinbarung Kenntnis erlangt haben, müssen sie sich der hM zufolge die Vereinbarung nicht entgegenhalten lassen.[330] Eine andere Auslegung lässt der eindeutige Wortlaut von § 25 Abs. 2 nicht zu.[331] § 25 Abs. 2 ist als lex specialis abschließend.[332] Gegen treuwidriges Verhalten des Erwerbers und/oder des Dritten kann der Veräußerer entsprechend den zum Missbrauch der Vertretungsmacht entwickelten Grundsätzen geschützt werden.[333] Der Dritte kann sich daher auf § 25 Abs. 1 S. 2 nicht berufen, wenn der Erwerber bewusst zum Nachteil des Veräußerers gehandelt hat und dies dem Dritten bekannt oder in schuldhafter Weise unbekannt geblieben ist.[334]

87 Problematisch ist ferner das Verhältnis von § 25 Abs. 2 zu § 15. Insoweit soll jedenfalls § 15 Abs. 1 nicht anwendbar sein.[335] Streitig ist, ob dem Dritten die Regelung des § 15 Abs. 2 S. 2 zugute kommen kann.[336] Dem steht aber entgegen, dass § 15 Abs. 1 bis 3 nur bei eintragungspflichtigen Tatsachen eingreifen und daher die nur eintragungsfähige abweichende Vereinbarung nicht erfassen.[337]

88 **2. Prozessuales.** Bei einem Haftungsausschluss muss der Erwerber den Abschluss einer entsprechenden Vereinbarung sowie deren Kundmachung darlegen und beweisen. Den Verbleib der Forderung beim Veräußerer muss dieser gegenüber dem Schuldner bzw. der Schuldner gegenüber dem Erwerber beweisen (vgl. dazu RdNr. 80).

89 Ist bereits eine vollstreckbare Ausfertigung eines gegen den Schuldner oder den Erwerber gerichteten Urteils erteilt worden, kann die abweichende Vereinbarung im Wege der Erinnerung (§ 732 ZPO) oder der Klauselgegenklage (§ 768 ZPO) geltend gemacht werden.[338]

---

[322] Staub/*Hüffer* RdNr. 98.
[323] RG Urt. v. 25. 11. 1930 – III 38/30, RGZ 131, 12; BayObLG Beschl. v. 19. 6. 1984 – BReg. 3 Z 143/84, DB 1984, 1672; OLG Hamm Urt. v. 17. 9. 1998 – 15 W 297/98, ZIP 1998, 2092, 2094. Staub/*Hüffer* RdNr. 100; Baumbach/*Hopt* RdNr. 15; MünchKommHGB/*Lieb* RdNr. 115; Heymann/*Emmerich* RdNr. 47.
[324] BGH Urt. v. 1. 10. 1958 – II ZR 238/57, BGHZ 29, 1, 5 = NJW 1959, 241.
[325] BayObLG Beschl. v. 19. 6. 1984 – BReg. 3 Z 143/84, DB 1984, 1672.
[326] RG Urt. v. 4. 1. 1911 – Rep I. 461/09, RGZ 75, 140.
[327] OLG Hamm Urt. v. 17. 9. 1998 – 15 W 297/98, ZIP 1998, 2092, 2094.
[328] so auch OLG Hamm Urt. v. 17. 9. 1998 – 15 W 297/98, ZIP 1998, 2092, 2094 f.
[329] Vgl. Staub/*Hüffer* RdNr. 100; Heymann/*Emmerich* RdNr. 47; wie hier MünchKommHGB/*Lieb* RdNr. 115 mwN.
[330] BGH Urt. v. 1. 10. 1958 – II ZR 238/57, BGHZ 29, 1, 4 = NJW 1959, 241; RG Urt. v. 19. 9. 1903 – 142/03 I., JW 1903, 401; Schlegelberger/Hildebrandt/Steckhan RdNr. 18; aA *Gerlach* S. 25 ff.; *Gotthardt* BB 1987, 1896, 1901; nur in Bezug auf § 25 Abs. 1 S. 2 aA *K. Schmidt* HandelsR § 8 II 2 d.
[331] Staub/*Hüffer* RdNr. 101.
[332] Baumbach/*Hopt* RdNr. 13.
[333] Staub/*Hüffer* RdNr. 101.
[334] Vgl. zum Missbrauch der Vertretungsmacht BGH Urt. v. 25. 3. 1968 – II ZR 208/64, BGHZ 50, 112, 114.
[335] RG Urt. v. 19. 9. 1903 – 142/03 I., JW 1903, 401 f.; RG Urt. v. 4. 1. 1911 – Rep I. 461/09, RGZ 75, 139; *Deschler* S. 103 f.; Staub/*Hüffer* RdNr. 102; Schlegelberger/Hildebrandt/Steckhan RdNr. 20; *Commandeur* S. 169; Baumbach/*Hopt* RdNr. 13 f.
[336] Hierfür offenbar MünchKommHGB/*Lieb* RdNr. 117.
[337] Heymann/*Emmerich* RdNr. 53; Staub/*Hüffer* RdNr. 102 und § 15 RdNr. 33.
[338] Staub/*Hüffer* RdNr. 103.

VI. § 25 Abs. 3

1. Die handelsübliche Bekanntmachung. Die handelsübliche Bekanntmachung als Grundlage 90
der Erwerberhaftung hat wegen der umfassenden Regelung in § 25 Abs. 1 nur noch geringe
Bedeutung.[339] Nur wenn der Erwerber trotz Firmenänderung die Haftung übernommen hat und
dieser Übernahme Außenwirkung verleihen will, muss er auf die handelsübliche Bekanntmachung
zurückgreifen, die beispielsweise in der Anmeldung zum **Handelsregister**, in **Zeitungsanzeigen**,
in **Rundschreiben** an die betreffenden Gläubiger oder in der **Veröffentlichung einer Übernahmebilanz**, die die übernommenen Verbindlichkeiten aufführt, bestehen kann.[340] Zu beachten
ist, dass die Bekanntmachung zu einer ihr entsprechenden Haftung des Erwerbers auch dann führt,
wenn sie nicht mit den internen Vereinbarungen übereinstimmt.[341]

§ 25 Abs. 3 verdeutlicht darüber hinaus, dass § 25 Abs. 1 nicht als abschließende Regelung zu 91
verstehen ist.[342] Als andere Vorschriften, aus denen sich gegebenfalls eine Haftung des Erwerbers
ergeben kann, kommen nach Streichung des § 419 BGB noch § 613a BGB und § 75 AO in
Betracht. Als weiterer Verpflichtungsgrund kann ferner die allgemeine Rechtsscheinhaftung eingreifen (RdNr. 98).

Ergibt sich die Haftung nicht aus Abs. 1, sondern nach Abs. 3 aus einem besonderem Verpflich- 92
tungsgrund, muss der Gläubiger gegen den Erwerber einen selbständigen Titel erwirken, soweit nicht
§ 729 Abs. 1 ZPO eingreift.[343]

2. Besondere Verpflichtungsgründe. a) § 613a BGB. Auch § 613a BGB ist neben § 25 93
Abs. 1 S. 1 anwendbar, ohne diesen zu verdrängen.[344] Erfasst wird nicht nur die Unternehmensveräußerung, sondern mit Rücksicht auf die damit verbundene Veränderung der Haftungsverhältnisse auch die Einbringung in eine AG oder in eine GmbH.[345] Der Erwerber tritt in die
bestehenden Arbeitsverhältnisse ein, während der Veräußerer aus dem Vertrag ausscheidet und
lediglich unter den engen Voraussetzungen des § 613a Abs. 2 S. 1 für Altverbindlichkeiten haftet,
die binnen eines Jahres nach dem Betriebsübergang fällig werden. Zu beachten ist, dass § 613a
BGB der hM zufolge Verbindlichkeiten aus Ruhestandsverhältnissen und nicht arbeitsrechtlichen
Dauerschuldverhältnissen nicht erfasst.[346] Insoweit bleibt allein die Haftung des Erwerbers nach
§ 25 Abs. 1 S. 1.

b) § 75 AO. Die §§ 25 und 28 haben eine steuerrechtliche Parallelnorm in § 75 Abs. 1 AO 1977, 94
der folgendermaßen lautet:

„Wird ein Unternehmen oder ein in der Gliederung eines Unternehmens gesondert geführter
Betrieb im ganzen übereignet, so haftet der Erwerber für Steuern, bei denen sich die Steuerpflicht
auf den Betrieb des Unternehmens gründet, und für Steuerabzugsbeträge, vorausgesetzt, dass die
Steuern seit dem Beginn des letzten, vor der Übereignung liegenden Kalenderjahres entstanden
sind und bis zum Ablauf von einem Jahr nach Anmeldung des Betriebes durch den Erwerber
festgesetzt oder angemeldet werden. Die Haftung beschränkt sich auf den Bestand des übernommenen Vermögens. Den Steuern stehen die Ansprüche auf Erstattung von Steuervergütungen
gleich."

Eine Übereignung im Sinne dieser Vorschrift liegt vor, wenn der Betriebsübernehmer bei wirt- 95
schaftlicher Betrachtungsweise eine inhaberänliche Herrschaftsstellung erlangt.[347]

Bemerkenswert ist, dass die Haftung auf das übernommene Vermögen beschränkt wird. § 75 AO
ist gleichermaßen in den Fällen des § 25 und des § 28 anwendbar.[348]

---

[339] MünchKommHGB/*Lieb* RdNr. 124.
[340] Heymann/*Emmerich* RdNr. 56.
[341] RG Urt. v. 1. 3. 1897 – Rep IV 389/96, RGZ 38, 173, 176 f.; Staub/*Hüffer* RdNr. 105; Heymann/*Emmerich* RdNr. 57.
[342] MünchKommHGB/*Lieb* RdNr. 125.
[343] Staub/*Hüffer* RdNr. 59.
[344] S. o. RdNr. 66; BAG Urt. v. 23. 1. 1990 – 3 AZR 171/88, EzA HGB § 28 Nr. 1 mit abl. Anm. *Lieb*; Staub/*Hüffer* RdNr. 56; Schlegelberger/Hildebrandt/*Steckhan* RdNr. 11; Erman/*Edenfeld* § 613a RdNr. 68; MünchKommBGB/*Müller-Glöge* § 613a RdNr. 171 ff.; **aA** MünchKommHGB/*Lieb* RdNr. 93, 127 f.
[345] Staub/*Hüffer* RdNr. 112.
[346] BAG Urt. v. 24. 3. 1977 – 3 AZR 649/76, AP BGB § 613a Nr. 6 mit Anm. *Blomeyer*; *Reichold* ZIP 1988, 551 f.; **aA** *Säcker/Joost* DB 1978, 1030, 1078; *Reuter* Anm. zu AP BGB § 242 Ruhegehalt Nr. 167.
[347] BFH Urt. v. 20. 7. 1967 – V 240/64, BStBl. 1967 III S. 684; Urt. v. 16. 3. 1982 – VII R 105/79, WM 1982, 912, 914; Tipppke/*Kruse* Abgabenordnung § 75 RdNr. 24.
[348] Vgl zur Haftung des Betriebsübernehmers im Steuerrecht: *Dorner* StB 1997, 470 ff.; zum Ausschluss der Haftung nach § 75 Abs. 2 AO vgl. BFH Urt. v. 23. 7. 1998 – VII R 143/97, ZIP 1998, 1845 ff.

96 **c) Die aufgehobene Vorschrift des § 419 BGB.** § 419 BGB, der durch Art. 33 Ziff. 16 iVm. Art. 110 Abs. 1 des EGInsO mit Wirkung vom 1. 1. 1999 aufgehoben wurde,[349] kann nur noch für vor diesem Zeitpunkt erfolgte Unternehmensübergänge relevant werden.

97 Die Norm ist neben § 25 anwendbar, weil beide Vorschriften unterschiedliche Anwendungsbereiche haben und § 25 deshalb nicht als verdrängende lex specialis fungiert.[350] Bedeutung kann § 419 BGB neben § 25 erlangen, wenn die Haftung aus § 25 Abs. 1 S. 1 wirksam ausgeschlossen wurde. Nach § 419 Abs. 2 und 3 BGB haftet der Erwerber dann dennoch mit dem übernommenen Vermögen, so dass erfolgreich nur die Haftung mit dem unternehmensfremden Privatvermögen ausgeschlossen werden kann.[351] § 419 BGB greift allerdings nur ein, wenn das Handelsgeschäft das gesamte Vermögen des Veräußerers ausmacht und der Erwerber davon Kenntnis hatte.[352]

98 **d) Rechtsscheinhaftung.** Aufgrund der allgemeinen Rechtsscheinhaftung können die Rechtsfolgen des § 25 Abs. 1 eintreten, wenn einzelne, tatsächlich fehlende Voraussetzungen von § 25 Abs. 1 nur dem Anschein nach vorliegen oder wenn eine abweichende Vereinbarung nach § 25 Abs. 2 getroffen wurde.[353] Zu beachten ist, dass im Hinblick auf das nur dem Anschein nach gegebene Tatbestandsmerkmal sämtliche Voraussetzungen der Rechtsscheinhaftung vorliegen müssen.[354] Der zurechenbar verursachte Anschein muss dem Dritten bekannt sein und er muss im Vertrauen auf den nur vermeintlich gegebenen Tatbestand disponiert haben.[355] Keinesfalls reicht allein der Anschein des Vorliegens des fraglichen Tatbestandsmerkmals aus.[356] Gegenstand des Rechtsscheins können die Kaufmannseigenschaft, die Fortführung der Firma, die Unternehmensfortführung und die Einwilligung in die Firmenfortführung sein.

99 Im Rahmen des **Rechtsscheins der Kaufmannseigenschaft** ist – wie *Lieb* zu Recht darlegt – zu beachten, dass der durch die Führung einer Firma verursachte Anschein der Kaufmannseigenschaft die Frage nach der Berechtigung von Nichtkaufleuten zur Führung der betreffenden Bezeichnung aufwirft.[357] Nach der Handelsrechtsreform 1998 kann nicht mehr vom Bestehen eines Verbotes der Führung ‚firmenähnlicher' Geschäftsbezeichnungen (zB „& Co."; „und Söhne") durch Nichtkaufleute ausgegangen werden: Die Abgrenzung der kaufmännischen von der nichtkaufmännischen Sphäre wird heute durch die Verpflichtung aller Kaufleute zur Aufnahme von Rechtsformbezeichnungen in die Firma gewährleistet (hierzu näher § 17 RdNr. 9). Der Rechtsschein der Kaufmannseigenschaft kann aber durch Angaben über die Art des betriebenen Geschäfts hervorgerufen werden. So deutet die in einer Geschäftsbezeichnung aufgenommene Tätigkeit „Groß- und Einzelhandel" auf das Betreiben eines Gewerbes in mehr als kleingewerblichem Umfang hin.

100 Im Hinblick auf den **Anschein der Unternehmensfortführung** ist zu beachten, dass zur Begründung dieses Rechtsscheins in der Regel über die reine Firmenfortführung hinausgehende Tatsachen erforderlich sind. So kann sich im Fall der Fortführung der Firma der Anschein der Unternehmensfortführung ergeben, wenn etwa tatsächlich einzelne Betriebsmittel erworben und genutzt werden, die aber nicht den Kern des Unternehmens ausmachen. Dass die Fortführung der Firma in diesem Fall wegen § 23 unzulässig wäre, steht dem durch die Nutzung der Firma verursachten Rechtsschein nicht entgegen, weil es für § 25 nicht auf die Zulässigkeit der Firmenführung ankommt (RdNr. 47). Der Anschein einer Unternehmensfortführung kann des Weiteren in Betracht kommen, wenn bei der Wiederaufnahme der Tätigkeit eines endgültig stillgelegten Geschäfts der Eindruck erweckt wird, es handele sich um die Fortführung des ursprünglichen.[358] Denkbar ist ferner, dass das vermeintlich fortgeführte Geschäft tatsächlich in anderer Hand weiterbesteht.[359]

101 Die Anwendung von § 25 Abs. 1 auf Grund eines **Rechtsscheins** der **Firmenfortführung** dürfte die Ausnahme sein, weil sich bereits die Fage, ob die Firma fortgeführt wird, nach dem im

---

[349] BGBl. 1994 I S. 2911, 2925, 2952 f.; zu unterschiedlichen Einschätzungen der Bedeutung dieser Gesetzesaufhebung vgl. *K. Schmidt* ZIP 1989, 1025 ff. einerseits und *Canaris* ZIP 1989, 1161 ff. andererseits.
[350] BGH Urt. v. 10. 4. 1958 – VII ZR 94/57, BGHZ 27, 257, 262.
[351] MünchKommHGB/*Lieb* RdNr. 126.
[352] Vgl. BGH Urt. v. 18. 12. 1970 – IV ZR 1028/68, BGHZ 55, 105, 107 = NJW 1971, 505; BGH Urt. v. 19. 2. 1976 – III ZR 75/74, NJW 1976, 1398, 1400; MünchKommBGB/*Möschel*, 3. Aufl., § 419 RdNr. 9.
[353] Staub/*Hüffer* RdNr. 115; MünchKommHGB/*Lieb* RdNr. 68.
[354] Vgl. BayObLG Urt. v. 17. 12. 1987 – BReg. 3 Z 127/87, NJW-RR 1988, 868, 870; Staub/*Hüffer* RdNr. 116; MünchKommHGB/*Lieb* RdNr. 74; Baumbach/*Hopt* RdNr. 6.
[355] Zu den Voraussetzungen der Rechtsscheinhaftung *K. Schmidt* HandelsR § 5 IV („Vertrauenshaftung"); MünchKommHGB/*Lieb* § 15 RdNr. 82 ff.
[356] So aber das stark kritisierte Urteil des OLG Frankfurt (Urt. v. 22. 11. 1979 – 5 U 36/79, NJW 1980, 1397, 1398).
[357] MünchKommHGB/*Lieb* RdNr. 73.
[358] *Commandeur*/*Kleinebrink* RdNr. 1030.
[359] *Commandeur*/*Kleinebrink* RdNr. 1031.

Rechtsverkehr hervorgerufenen Eindruck richtet.[360] Der Anschein der Firmenfortführung kann jedoch bei der vermeintlichen Fortführung eines endgültig stillgelegten Geschäfts oder bei einem Fortbestand der alten Firma in Betracht kommen.[361]

Eine Anwendung des § 15 Abs. 1 kommt im Fall fehlender Eintragung des Inhaberwechsels zu Lasten des Veräußerers in Betracht: Der Veräußerer haftet unter den Voraussetzungen dieser Vorschrift für vom Erwerber begründete Verbindlichkeiten.[362] Ist der Erwerber zu Unrecht eingetragen worden, weil er das Geschäft tatsächlich zu keinem Zeitpunkt übernommen hat, kann Abs. 3 zur Anwendung kommen. Auf diese Norm kann eine Haftung des Erwerbers jedoch nicht gestützt werden, wenn der Erwerb lediglich unwirksam war.[363] In diesem Fall ist der Erwerber nämlich tatsächlich zumindest zwischenzeitlich als Inhaber des Geschäfts aufgetreten, das Register also nicht falsch gewesen. In Betracht kommt insoweit nur eine Haftung nach allgemeinen Rechtsscheingrundsätzen (s. o. RdNr. 34).

Eine abweichende Vereinbarung nach § 25 Abs. 2 kann zwar trotz Eintragung und Bekanntmachung mit Hilfe von Rechtsscheingrundsätzen grundsätzlich überwunden werden; es ist dazu aber eine über den Tatbestand des § 25 Abs. 1 hinausgehende Vertrauenslage notwendig.[364]

§ 26 [Verjährung gegen den früheren Inhaber; Fristen]

(1) [1] Ist der Erwerber des Handelsgeschäfts auf Grund der Fortführung der Firma oder auf Grund der in § 25 Abs. 3 bezeichneten Kundmachung für die früheren Geschäftsverbindlichkeiten haftbar, so haftet der frühere Geschäftsinhaber für diese Verbindlichkeiten nur, wenn sie vor Ablauf von fünf Jahren fällig und daraus Ansprüche gegen ihn in einer in § 197 Abs. 1 Nr. 3 bis 5 des Bürgerlichen Gesetzbuchs bezeichneten Art festgestellt sind oder eine gerichtliche oder behördliche Vollstreckungshandlung vorgenommen oder beantragt wird; bei öffentlich-rechtlichen Verbindlichkeiten genügt der Erlass eines Verwaltungsakts. [2] Die Frist beginnt im Falle des § 25 Abs. 1 mit dem Ende des Tages, an dem der neue Inhaber der Firma in das Handelsregister des Gerichts der Hauptniederlassung eingetragen wird, im Falle des § 25 Abs. 3 mit dem Ende des Tages, an dem die Übernahme kundgemacht wird. [3] Die für die Verjährung geltenden §§ 204, 206, 210, 211 und 212 Abs. 2 und 3 des Bürgerlichen Gesetzbuches sind entsprechend anzuwenden.

(2) Einer Feststellung in einer in § 197 Abs. 1 Nr. 3 bis 5 des Bürgerlichen Gesetzbuchs bezeichneten Art bedarf es nicht, soweit der frühere Geschäftsinhaber den Anspruch schriftlich anerkannt hat.

Schrifttum: *Canaris,* Die Enthaftungsregelung der §§ 26, 28 Abs. 3 HGB auf dem Prüfstand der Verfassung, FS Odersky, 1996, S. 753; *Kollbach,* Die Neuregelung der Nachhaftung ausgeschiedener persönlich haftender Gesellschafter, GmbHR 1994, 164; *Lieb,* Zum Entwurf eines Nachhaftungsbegrenzungsgesetzes, GmbHR 1992, 561; *Lieb,* Haftungsklarheit für den Mittelstand?, GmbHR 1994, 657; *Maier/Reimer,* Nachhaftungsbegrenzung und neues Verjährungsrecht, DB 2002, 1818; *Reichold,* Das neue Nachhaftungsbegrenzungsgesetz, NJW 1994, 1617; *Reichold,* Haftung für Versorgungsverbindlichkeiten nach Firmenfortführung, RdA 2005, 110; *K. Schmidt,* Gläubigerschutz bei Umstrukturierungen, ZGR 1993, 366; *ders.,* Das neue Nachhaftungsbegrenzungsrecht, ZIP 1994, 243; *K. Schmidt/Schneider,* Haftungserhaltende Gläubigerstrategien beim Ausscheiden von Gesellschaftern bei Unternehmensübertragung, Umwandlung und Auflösung, BB 2003, 1961; *Seibert,* Nachhaftungsbegrenzungsgesetz – Haftungsklarheit für den Mittelstand, DB 1994, 461; *Steinbeck,* Das Nachhaftungsbegrenzungsgesetz, WM 1996, 2041; *Ulmer/Timmann,* Die Enthaftung ausgeschiedener Gesellschafter, ZIP 1992, 1.

Übersicht

	RdNr.		RdNr.
I. Normzweck	1, 2	2. Ausschlussfrist	10, 11
II. Entstehungsgeschichte des Nachhaftungsbegrenzungsgesetzes	3, 4	a) Dauer, Beginn und Ende	10
		b) Hemmung, Neubeginn	11
		3. Feststellung des Anspruchs	12–15
III. Anwendungsbereich	5–7	4. Anerkenntnis (Abs. 2)	16, 17
IV. Enthaftungstatbestand	8–19	5. Rechtsfolgen	18, 19
1. Gegenstand der Enthaftung	8, 9	V. Dispositives Recht	20

---

[360] Vgl. *Commandeur/Kleinebrink* RdNr. 140 ff.
[361] *Commandeur/Kleinebrink* RdNr. 1042 ff.
[362] BGH Urt. v. 4. 7. 1966 – VIII ZR 90/64, NJW 1966, 1915, 1916; MünchKommHGB/*Lieb* RdNr. 78.
[363] **Anders** MünchKommHGB/*Lieb* RdNr. 51 ff.
[364] *K. Schmidt* ZHR 145 (1981), 2, 26; Staub/*Hüffer* RdNr. 117.

I. Normzweck

1 Die Vorschrift regelt die zeitliche Begrenzung der persönlichen Haftung des früheren Geschäftsinhabers (des Veräusserers) für die vor der Übernahme des Handelsgeschäfts begründeten Geschäftsverbindlichkeiten. Dieser haftet gesamtschuldnerisch neben dem Erwerber des Handelsgeschäfts (§ 25 Abs. 1 Satz 1) weiterhin für die vor der Übernahme begründeten **Altverbindlichkeiten**. § 26 begrenzt wie die den ausscheidenden Gesellschafter betreffende Parallelvorschrift des § 160 die Nachhaftung des Veräusserers mittels eines **Haftungsausschlusses** nach Ablauf von fünf Jahren; er haftet nach Fristablauf unter den in Abs. 1 Satz 1 genannten Voraussetzungen nicht mehr für Altverbindlichkeiten. Abs. 1 Satz 2 regelt mit der Eintragung des neuen Inhabers in das Handelsregister (§ 31 Abs. 1) bzw. der in § 25 Abs. 3 bezeichneten Kundmachung der Übernahme der Verbindlichkeiten (vgl. § 25 RdNr. 90 ff.) die Zeitpunkte, mit denen der Lauf der Ausschlussfrist von fünf Jahren beginnt. Abs. 1 Satz 3 verweist wegen der Hemmung oder des Neubeginns der Ausschlussfrist auf bestimmte Vorschriften des allgemeinen Verjährungsrechts; nach Abs. 2 ist eine Feststellung des Anspruchs gegen den früheren Geschäftsinhaber entbehrlich, wenn er den Anspruch schriftlich anerkennt.

2 Die mit § 26 verfolgten Zwecke entsprechen denen der §§ 28 Abs. 3 (der frühere Geschäftsinhaber wird Kommanditist) und 160 (der persönlich haftende Gesellschafter scheidet aus oder wird Kommanditist). Die Vorschrift will mit der Ausschlussfrist von fünf Jahren einen angemessenen Ausgleich zwischen den Interessen der Gläubiger an einer Haftung des bisherigen Geschäftsinhabers für bereits früher begründete Verbindlichkeiten und den Interessen des früheren Geschäftsinhabers an einer zeitlichen Begrenzung dieser Haftung bewirken. Sie bezweckt weiterhin die Förderung der Attraktivität mittelständischer Unternehmen, deren Gesellschafter eine persönliche Haftung übernehmen, indem sie die Haftungsrisiken des Einzelkaufmanns bei Veräusserung oder Umwandlung eines Handelsgeschäfts zeitlich begrenzt.[1]

II. Entstehungsgeschichte des Nachhaftungsbegrenzungsgesetzes

3 Die heutige Fassung der Vorschrift beruht auf dem Nachhaftungsbegrenzungsgesetz **(NachhBG)** vom 18. 3. 1994;[2] das Schuldrechtsmodernisierungsgesetz hat sie an die Neuregelung des Verjährungsrechts des Bürgerlichen Gesetzbuchs angepasst. In seiner früheren bis zum 26. 3. 1994 geltenden Fassung enthielt § 26 eine Sonderverjährung von fünf Jahren (wie §§ 159, 160 aF und § 159 nF). Insbesondere bei Dauerschuldverhältnissen, bei denen fortlaufend neue Einzelforderungen fällig werden (einzelne Raten, Miet- oder Pachtzins, Arbeitslohn, Ruhegeld, Entgelte für Energielieferungen), konnte diese Regelung jedoch zu einer unangemessen langen und dem Normzweck nicht entsprechenden Nachhaftung führen, weil die Sonderverjährung an die Fälligkeit der einzelnen Teilleistungen anknüpft. Die Rechtsprechung hatte deshalb zu § 159 aF im Wege der Rechtsfortbildung unabhängig vom Institut der Sonderverjährung Regeln zur Enthaftung ausscheidender Gesellschafter in Form der **Kündigungs- und Enthaftungslösung** entwickelt (vgl. § 160 RdNr. 3). Zu § 26 fehlt es jedoch an Rechtsprechung des Bundesgerichtshofs zu einer Enthaftungslösung; die arbeitsgerichtliche Rechtsprechung[3] hat es stets abgelehnt, die Rechtsprechung des Bundesgerichtshofs zu § 159 aF über die beschränkte Nachhaftung ausscheidender Gesellschafter auf Fälle der Firmenfortführung zu übertragen.

4 Das Nachhaftungsbegrenzungsgesetz hat wegen der im Hinblick auf § 160 nF ähnlich gelagerten Sach- und Interessenlage die **Enthaftungslösung** auch für § 26 übernommen, und zwar nicht nur beschränkt auf Verbindlichkeiten aus Dauerschuldverhältnissen, sondern uneingeschränkt für alle Verbindlichkeiten.[4] Der Gesetzgeber hat mit dieser Neufassung eine umfassende und abschliessende Regelung des Problems der Nachhaftungsbegrenzung vorgenommen; die Rechtsprechung hat deshalb die zu § 159 aF entwickelte sogenannte **Kündigungstheorie** für das neue Recht aufgegeben.[5]

---

[1] Beschlussempfehlung und Bericht des Rechtsausschusses des Bundestags, BT-Drucks. 12/6569 S. 11; Begründung des Regierungsentwurfs, BT-Drucks. 12/1868 S. 7 ff.
[2] Gesetz zur zeitlichen Begrenzung der Nachhaftung von Gesellschaftern (NachhBG) vom 18. 3. 1994, BGBl. I S. 560, in Kraft getreten am 26. 3. 1994.
[3] BAG Urt. v. 24. 3. 1988 – 9 AZR 57/97, BAGE 88, 229 ff. = ZIP 1998, 1973 ff.; Urt. v. 23. 3. 2004 – 3 AZR 151/03, ZIP 2004, 1227 ff.
[4] Begründung des Regierungsentwurfs, BT-Drucks. 12/1868 S. 8, 9.
[5] BGH Urt. v. 27. 9. 1999 – II ZR 356/98, BGHZ 142, 324, 330 f. = NJW 2000, 208, 210.

III. Anwendungsbereich

§ 26 betrifft auf Grund der Bezugnahme auf § 25 Abs. 1 und 3 nur die dort geregelten Tatbestän- 5
de der Fortführung eines Handelsgeschäfts unter der bisherigen Firma bzw. der Bekanntmachung der
Übernahme der Verbindlichkeiten, sofern die Firma nicht fortgeführt wird. Der Erwerber muss auf
Grund dieser Bestimmungen mit dem übernommenen Unternehmensvermögen für die im Betriebe
des Geschäfts begründeten Verbindlichkeiten des früheren Inhabers haften; nur dann greift § 26 zu
Gunsten des Veräusserers ein. Dieses Erfordernis rechtfertigt sich aus der Gleichstellung des früheren
Geschäftsinhabers mit einem ausgeschiedenen Gesellschafter (§ 160). Haftet der Erwerber den
Gläubigern nicht oder lediglich aus einem anderen Rechtsgrund (etwa einem Schuldbeitritt), so ist
§ 26 nicht anzuwenden, die Verjährung der Verbindlichkeiten des früheren Geschäftsinhabers richtet
sich nach den allgemeinen Bestimmungen, eine Enthaftung nach Ablauf von fünf Jahren scheidet
aus.[6] Wenn der Erwerber den Gläubigern allerdings nicht nur nach § 25, sondern – inhaltlich
übereinstimmend – zugleich kraft Schuldübernahme haftet, kommt dem Veräusserer die Haftungsbegrenzung zugute.[7]

Vergleichbare Regelungen enthalten § 28 Abs. 3 für den Kommanditist gewordenen früheren 6
Geschäftsinhaber, § 160 für den aus einer Personenhandelsgesellschaft ausgeschiedenen persönlich
haftenden Gesellschafter, § 736 Abs. 2 für den ausgeschiedenen Gesellschafter bürgerlichen Rechts
sowie § 45 UmwG für den Fall der Verschmelzung einer Personenhandelsgesellschaft auf eine
Kapitalgesellschaft. Der Gesetzgeber sieht die Interessenlagen der Gläubiger einerseits und der ausgeschiedenen Gesellschafter bzw. früheren Geschäftsinhaber andererseits in allen diesen Fällen als
weitgehend gleich an; eine einheitliche Anwendung und Auslegung der Regeln zur zeitlichen
Begrenzung der Nachhaftung ist deshalb geboten.[8]

Speziellere Regelungen gehen § 26 vor. Das gilt insbesondere für **§ 613 a BGB,** der für den Fall 7
des Betriebsübergangs eine über § 26 hinausgehende Enthaftung des früheren Betriebsinhabers
vorsieht.[9] Das hat zur Folge, dass bei einem Betriebsübergang – von den in § 613a Abs. 2 BGB
genannten Ansprüchen abgesehen – die sofortige Enthaftung des Veräußerers eintritt. Soweit arbeitsrechtliche Ansprüche nicht von § 613a BGB erfasst werden (zB Ansprüche aus Ruhestandsverhältnissen), gilt jedoch § 26.

IV. Enthaftungstatbestand

1. Gegenstand der Enthaftung. Gegenstand der Enthaftung sind die Geschäftsverbindlich- 8
keiten des Veräußerers. Die Art der Geschäftsverbindlichkeit ist unerheblich; die Enthaftungsregelung
gilt für alle Geschäftsverbindlichkeiten aus Vertrag, Gesetz oder Delikt; zwischen Ansprüchen aus
Dauerschuldverhältnissen und solchen aus Schuldverhältnissen mit hinausgeschobener Fälligkeit wird
nicht unterschieden.[10]

Die Enthaftung wirkt für Geschäftsverbindlichkeiten, die vor der Übernahme des Handelsgeschäfts 9
oder der Kundmachung gemäß § 25 Abs. 3 entstanden sind **(Altverbindlichkeiten).** Altverbindlichkeiten sind alle Schuldverpflichtungen, deren Rechtsgrundlage bis zu diesem Zeitpunkt gelegt
worden ist, auch wenn die einzelnen Verpflichtungen erst später fällig werden (vgl. im Einzelnen und
zur Abgrenzung von den Neuverbindlichkeiten § 128 RdNr. 46 ff.). Für **Neuverbindlichkeiten**
des Erwerbers haftet der frühere Geschäftsinhaber nicht.

2. Ausschlussfrist. a) Dauer, Beginn und Ende. Die Frist für die Enthaftung beträgt fünf 10
Jahre. Sie beginnt nach Abs. 1 Satz 2 mit dem Ende des Tages der Eintragung des neuen Inhabers der
Firma in das Handelsregister (§ 25 Abs. 1) bzw. der handelsüblichen Kundmachung der Übernahme
der Verbindlichkeiten (§ 25 Abs. 3). Die Eintragung muss im Handelsregister der Hauptniederlassung
erfolgen, es sei denn, eine Zweigniederlassung wird selbständig veräußert; dann ist der Inhaberwechsel im Handelsregister der betreffenden Zweigniederlassung einzutragen.[11] Auf die Bekanntmachung der Eintragung oder die Kenntnis des Gläubigers von der Geschäftsübernahme kommt es
für den Beginn der Fünfjahresfrist nicht an.[12] Wird, was selten vorkommt, die Firma nicht fort-

---

[6] Heymann/*Emmerich* RdNr. 8. Baumbach/*Hopt* RdNr. 4; Röhricht/Graf von Westphalen/*Ammon* RdNr. 10.
[7] BGH Urt. v. 26. 11. 1964 – VII ZR 75/63, BGHZ 42, 381, 383 ff. = NJW 1965, 439, 440; Staub/*Hüffer* RdNr. 5; Heymann/*Emmerich* RdNr. 9.
[8] Baumbach/*Hopt* RdNr. 1.
[9] MünchKommHGB/*Lieb* RdNr. 7 f.; Baumbach/*Hopt* RdNr. 3; Röhricht/Graf von Westphalen/*Ammon* RdNr. 22.
[10] Begründung des Regierungsentwurfs, BT-Drucks. 12/1868 S. 8.
[11] Baumbach/*Hopt* RdNr. 9; Heymann/*Emmerich* RdNr. 13.
[12] AllgM, vgl. Heymann/*Emmerich* RdNr. 14.

geführt, übernimmt der Erwerber aber gleichwohl die Verbindlichkeiten (§ 25 Abs. 3), so ist der Tag der Kundmachung für den Fristbeginn entscheidend; diese kann mittels Anmeldung zum Handelsregister, durch Zeitungsanzeigen oder Rundschreiben an die Gläubiger erfolgen.

11   **b) Hemmung, Neubeginn.** Abs. 1 Satz 3 erklärt einzelne Bestimmungen des Verjährungsrechts des Bürgerlichen Gesetzbuchs für entsprechend anwendbar. Der Lauf der fünfjährigen Ausschlussfrist kann danach insbesondere durch Rechtsverfolgungsmaßnahmen (§ 204 Abs. 1 BGB), weiter infolge höherer Gewalt (§ 206 BGB), bei fehlender voller Geschäftsfähigkeit (§ 210 BGB) sowie in Nachlassfällen (§ 211 BGB) gehemmt sein. Verwiesen wird weiter auf § 212 Abs. 2 und 3 BGB, der für die dort aufgeführten Tatbestände den rückwirkenden Wegfall des erneuten Beginns der Verjährung bei einer Vollstreckungshandlung regelt.

12   **3. Feststellung des Anspruchs.** Der Gläubiger kann den Eintritt der Enthaftung des früheren Geschäftsinhabers dadurch abwenden, dass er den Anspruch vor Fristablauf feststellen lässt, Vollstreckungsmaßnahmen vornimmt oder beantragt bzw. – bei öffentlich-rechtlichen Forderungen – durch Verwaltungsakt geltend macht (Abs. 1 Satz 1). Das setzt voraus, dass der Anspruch vor Ablauf der Fünfjahresfrist **fällig** wird. Die Fälligkeit bestimmt sich in erster Linie nach den vertraglichen Vereinbarungen mit dem Gläubiger, ansonsten nach den gesetzlichen Fälligkeitsregeln, in den verbleibenden Fällen nach § 271 BGB. Der Gläubiger muss berechtigt sein, die Erfüllung der Forderung innerhalb der Fünfjahresfrist zu verlangen.[13] Die Forderung kann, wenn sie nur innerhalb der Frist fällig wird, auch schon vor Eintritt der Fälligkeit im Wege der Feststellungsklage (§ 256 ZPO) oder der Klage auf zukünftige Leistung (§§ 257 ff. ZPO) gerichtlich geltend gemacht werden; das hat Bedeutung insbesondere in den Fällen, in denen die Forderung erst kurz vor Fristablauf fällig wird.[14] Wird die Forderung jedoch erst nach Ablauf der Fünfjahresfrist fällig, so hilft die rechtzeitige gerichtliche Geltendmachung nicht; der Eintritt der Enthaftung kann dadurch nicht abgewendet werden (vgl. § 160 RdNr. 11).

13   Die gerichtliche Geltendmachung insbesondere durch die Erhebung der Klage, die Zustellung eines Mahnbescheids oder die Anmeldung im Insolvenzverfahren führt zunächst nur zu einer Hemmung der Frist des § 160 (Abs. 1 Satz 3). Die Enthaftung ist erst dann ausgeschlossen, wenn der Anspruch entsprechend § 197 Abs. 1 Nr. 3 bis 5 BGB in einer rechtskräftigen Entscheidung (Urteil, Vollstreckungsbescheid), in einem vollstreckbaren Vergleich oder in einer vollstreckbaren Urkunde (§ 794 Abs. 1 Nr. 1, 5 ZPO), weiter im Insolvenzverfahren rechtskräftig festgestellt ist.

14   Neben der Feststellung des Anspruchs wird die Enthaftung durch die Vornahme oder Beantragung einer gerichtlichen oder behördlichen **Vollstreckungsmaßnahme** gehindert. Diese durch das Schuldrechtsmodernisierungsgesetz in § 160 eingefügte Alternative nimmt auf § 212 Abs. 1 BGB Bezug und hat zur Folge, dass die Fünfjahresfrist neu beginnt. Wird der Antrag zurückgewiesen oder die Vollstreckungsmaßnahme aufgehoben, so fällt der erneute Beginn der Verjährung rückwirkend weg, § 212 Abs. 2, 3 BGB.

15   Bei **öffentlich-rechtlichen Verbindlichkeiten,** die während der Fünfjahresfrist fällig werden, genügt zur Vermeidung der Enthaftungswirkung die Geltendmachung durch Verwaltungsakt. Vorbild waren die Bestimmungen der §§ 53 VwVfG, 52 SGB X. Dem Gläubiger bleibt es unbenommen, statt dessen den Anspruch gerichtlich geltend zu machen. Dauer, Beginn und Ende der Frist bestimmen sich auch bei Abwendung der Enthaftung durch Verwaltungsakt wie sonst nach § 160 und den dort in Bezug genommenen Vorschriften.[15]

16   **4. Anerkenntnis (Abs. 2).** Eine Feststellung im Sinne der §§ 197 Abs. 1 Nr. 3 bis 5 BGB ist nicht erforderlich, soweit der frühere Geschäftsinhaber den Anspruch schriftlich anerkannt hat. Der Funktion nach ist das Anerkenntnis des Abs. 2 ähnlich wie dasjenige des § 212 Abs. 1 Nr. 1 BGB eine tatsächliche Handlung. Es genügt deshalb eine einseitige Erklärung des früheren Geschäftsinhabers; einer Annahme durch den Gläubiger bedarf es nicht.[16] Ein Schuldanerkenntnis gemäß § 780 BGB wird nicht verlangt. Ein innerhalb der Fünfjahresfrist unter Bezugnahme auf diese Frist abgegebenes Anerkenntnis ist im Zweifel nur als Erklärung im Sinne des § 160 Abs. 2 auszulegen und besitzt keine weitergehende rechtsgeschäftliche Bedeutung.[17] Das Anerkenntnis dient dazu, dem früheren Geschäftsinhaber den Einwand der Enthaftung zu nehmen und dem Gläubiger den Fortbestand seiner Ansprüche aus den §§ 128, 171 f, 176 zu sichern.[18]

---

[13] MünchKommHGB/*Lieb* RdNr. 6; Baumbach/*Hopt* RdNr. 6; Heymann/*Emmerich* RdNr. 16.
[14] Röhricht/Graf von Westphalen/*Ammon* RdNr. 25.
[15] Baumbach/*Hopt* RdNr. 7.
[16] MünchKommHGB/*K. Schmidt* § 160 RdNr. 37; Staub/*Habersack* § 160 RdNr. 32; Baumbach/*Hopt* RdNr. 11; § 160 RdNr. 6.
[17] Baumbach/*Hopt* RdNr. 11.
[18] Heymann/*Emmerich* RdNr. 20 f.; Staub/*Habersack* § 160 RdNr. 32.

Das Anerkenntnis muss aus Gründen der Rechtssicherheit in **Schriftform** (§ 126 BGB) erteilt 17
werden; ein formloses Anerkenntnis hat mangels Verweisung auf § 212 Abs. 1 Nr. 1 BGB grundsätzlich keine Wirkung hinsichtlich des Eintritts der Enthaftung. Es muss spätestens vor dem Ablauf der Fünfjahresfrist erklärt werden, kann aber auch schon vor dem Ausscheiden abgegeben werden. Ein nach Fristablauf erfolgtes Anerkenntnis kann als deklaratorisches Schuldanerkenntnis anzusehen sein und den Enthaftungseinwand ausschliessen.[19]

5. Rechtsfolgen. Mit Ablauf der Fünfjahresfrist erlischt die persönliche Haftung des früheren 18
Geschäftsinhabers für Altverbindlichkeiten, wenn nicht der Gläubiger die Enthaftung rechtzeitig durch Maßnahmen gemäß § 26 Abs. 1 Satz 1 abgewendet hat; dem Veräusserer steht nunmehr eine rechtsvernichtende Einwendung zu. Die Enthaftung erfasst alle vor Fristablauf fällig gewordenen Ansprüche, die nicht rechtskräftig und vollstreckbar festgestellt sind, weiter die schon begründeten, aber bei Fristablauf noch nicht fällig gewordenen Ansprüche. Angesichts der Entscheidung des Gesetzgebers für eine endgültige Enthaftung kann von diesem Grundsatz bei Ansprüchen etwa aus vertraglicher oder deliktischer Haftung, die typischerweise erst nach Jahren und ausserhalb der Fünfjahresfrist entstehen und fällig werden und deren rechtzeitige Feststellung deshalb ausgeschlossen ist, keine Ausnahme gemacht werden.[20] Auch bei Ansprüchen, die innerhalb der Fünfjahresfrist nicht fällig werden können, tritt die Enthaftung nicht schon mit der Eintragung des Ausscheidens ein, sondern erst mit dem Fristablauf;[21] das ist deshalb geboten, weil der frühere Geschäftsinhaber nicht vor jeder Vorverlegung der Fälligkeit geschützt ist. Auf eine für die Geschäftsverbindlichkeit geltende kürzere Verjährungsfrist, die schon vor dem Ende der Ausschlussfrist des § 160 abgelaufen ist, kann sich der frühere Geschäftsinhaber stets berufen.[22]

Hat der Gläubiger rechtzeitig eine Feststellung des Anspruchs herbeigeführt, so tritt die Enthaftung 19
nicht ein; rechtskräftig festgestellte Ansprüche verjähren nach § 197 Abs. 1 Nr. 3 BGB in dreissig Jahren.[23] Das gilt ebenso, wenn die Geschäftsverbindlichkeit bereits vor der Geschäftsübernahme tituliert worden ist.[24]

V. Dispositives Recht

Die in § 26 getroffenen Regelungen sind nach zutreffender Auffassung nicht zwingend.[25] Soll die 20
Nachhaftung über § 26 hinaus beschränkt oder ausgeschlossen werden, ist eine Vereinbarung zwischen dem Gläubiger und dem früheren Geschäftsinhaber erforderlich; durch Vereinbarungen zwischen Veräusserer und Erwerber kann dies nicht bewirkt werden. Auch die Verlängerung der Frist zur Feststellung des Anspruchs unterliegt der Disposition von Gläubiger und früherem Geschäftsinhaber. Die Einhaltung der Schriftform ist anders als beim Anerkenntnis nach Abs. 2 nicht erforderlich.[26]

Anhang zu § 26: Einführungsgesetz zum Handelsgesetzbuch

Siebenter Abschnitt. Übergangsvorschriften zum Nachhaftungsbegrenzungsgesetz

Art. 37 EGHGB [Übergangsvorschriften zu § 26 und § 28 Abs. 3 HGB]

(1) ¹Die §§ 26 und 28 Abs. 3 des Handelsgesetzbuches in der ab dem 26. März 1994 geltenden Fassung sind auf vor diesem Datum entstandene Verbindlichkeiten anzuwenden, wenn

1. nach dem 26. März 1994 der neue Inhaber oder die Gesellschaft eingetragen wird oder die Kundmachung der Übernahme stattfindet und

---

[19] Heymann/*Emmerich* RdNr. 21; MünchKommHGB/*K. Schmidt* § 160 RdNr. 39.
[20] Röhricht/Graf von Westphalen/*von Gerkan* § 160 RdNr. 11; MünchKommHGB/*K. Schmidt* § 160 RdNr. 25.
[21] MünchKommHGB/*K. Schmidt* § 160 RdNr. 31; Röhricht/Graf von Westphalen/*von Gerkan* § 160 RdNr. 11; aA Staub/*Habersack* § 160 RdNr. 17.
[22] MünchKommHGB/*Lieb* RdNr. 14; Baumbach/*Hopt* RdNr. 10; Röhricht/Graf von Westphalen/*Ammon* RdNr. 23; Heymann/*Emmerich* RdNr. 25.
[23] MünchKommHGB/*Lieb* RdNr. 15; Baumbach/*Hopt* RdNr. 3.
[24] MünchKommHGB/*Lieb* RdNr. 15; Baumbach/*Hopt* RdNr. 8; aA Heymann/*Emmerich* RdNr. 10.
[25] MünchKommHGB/*Lieb* RdNr. 12 f.; Baumbach/*Hopt* RdNr. 12; Röhricht/Graf von Westphalen/*Ammon* RdNr. 21; Heymann/*Emmerich* RdNr. 22.
[26] Baumbach/*Hopt* RdNr. 12.

§ 26 Anh. 1–5   1. Buch. 3. Abschnitt. Handelsfirma

2. die Verbindlichkeiten nicht später als vier Jahre nach der Eintragung oder der Kundmachung fällig werden.
² Auf später fällig werdende Verbindlichkeiten im Sinne des Satzes 1 ist das bisher geltende Recht mit der Maßgabe anwendbar, daß die Verjährungsfrist ein Jahr beträgt.

(2) ¹ Abweichend von Absatz 1 gilt § 28 Abs. 3 des Handelsgesetzbuches auch für Verbindlichkeiten im Sinne des Absatzes 1 Satz 2, wenn diese aus fortbestehenden Arbeitsverhältnissen entstanden sind. ² Dies gilt auch dann, wenn die Gesellschaft bereits vor dem 26. März 1994 ins Handelsregister eingetragen wurde, mit der Maßgabe, daß der 26. März 1994 als Tag der Eintragung gilt.

(3) ¹ Die Enthaftung nach Absatz 2 gilt nicht für Ansprüche auf Arbeitsentgelt, für die der Arbeitnehmer bei Zahlungsunfähigkeit der Gesellschaft keinen Anspruch auf Insolvenzgeld hat. ² Insoweit bleibt es bei dem bisher anwendbaren Recht.

1   Die Neufassungen der §§ 26, 28 Abs. 3 gelten unmittelbar nur dann, wenn die für die Begrenzung der Nachhaftung maßgeblichen Tatsachen, nämlich die Eintragung des neuen Inhabers (§ 25 Abs. 1) bzw. der Gesellschaft (§ 28 Abs. 3) oder die Kundmachung der Übernahme der Geschäftsverbindlichkeiten in handelsüblicher Weise (§ 25 Abs. 3) zeitlich nach dem Inkrafttreten des Nachhaftungsbegrenzungsgesetzes am 26. 3. 1994 liegen und wenn weiterhin die Geschäftsverbindlichkeit nach diesem Zeitpunkt entstanden ist. Die Übergangsvorschrift des Art. 37 Abs. 1 EGHGB, die Art. 35 EGHGB nachgebildet ist (s. Anhang zu § 160), trifft Regelungen für vor dem Inkrafttreten des Nachhaftungsbegrenzungsgesetzes entstandene **Altverbindlichkeiten;** Besonderheiten gelten dabei für Ansprüche aus Arbeitsverhältnissen (Art. 37 Abs. 2 und 3 EGHGB). Im Einzelnen gilt Folgendes:

2   Das frühere Recht (§ 26 aF) ist auf Altverbindlichkeiten anzuwenden, wenn die Eintragung der Übernahme des Handelsgeschäfts (§ 25 Abs. 1) bzw. der Einbringung des Handelsgeschäfts in eine Personenhandelsgesellschaft (§ 28) oder die Kundmachung der Übernahme der Geschäftsverbindlichkeiten (§ 25 Abs. 3) zeitlich vor dem Inkrafttreten des Nachhaftungsbegrenzungsgesetzes liegen. Es kommt in diesem Fall grundsätzlich nicht zu einer Enthaftung, es gilt lediglich die fünfjährige Sonderverjährung, die bei Dauerschuldverhältnissen zu einer Endloshaftung führen kann.

3   Die Neufassung von § 26 ist auf Altverbindlichkeiten dann anzuwenden, wenn die Eintragung oder die Kundmachung nach dem 26. 3. 1994 stattfinden und die Verbindlichkeit nicht später als vier Jahre nach dem Zeitpunkt von Eintragung oder Kundmachung fällig wird. In diesem Fall tritt Enthaftung ein. Wird die Verbindlichkeit allerdings erst später als vier Jahre nach der Eintragung oder der Kundmachung fällig, so gilt bisheriges Recht, die Frist der Sonderverjährung verkürzt sich auf ein Jahr. Eine Enthaftung tritt nicht ein; der Verweis auf „das bisher geltende Recht" ist im Hinblick darauf, dass es zu § 26 aF an einer Enthaftungsrechtsprechung des Bundesgerichtshofs fehlt und das Bundesarbeitsgericht[1] eine Enthaftungslösung für den Fall der Firmenfortführung abgelehnt hat, dahingehend zu verstehen, dass es bei der Sonderverjährung des § 26 aF verbleibt und die von der Rechtsprechung des Bundesgerichtshofs zu § 159 aF entwickelten Enthaftungsgrundsätze nicht auf diesen Fall erstreckt werden.[2]

4   Die Regelungen in **Art. 37 Abs. 2, 3 EGHGB** sind Art. 36 EGHGB nachgebildet (vgl. Anhang zu § 160 RdNr. 4, 5). Die Nachhaftung des früheren Geschäftsinhabers aus fortbestehenden Arbeitsverhältnissen, zu denen in erster Linie Lohn- und Ruhegeldansprüche zählen, unterliegt auch dann dem neuen Recht, wenn die Gesellschaft vor dem 26. 3. 1994 in das Handelsregister eingetragen wurde. In diesem Fall gilt für den Wechsel in der Rechtsstellung als am 26. 3. 1994 in das Handelsregister eingetragen. Auf Altverbindlichkeiten aus Arbeitsverhältnissen ist damit neues Recht anzuwenden. Trotz des Wortlauts des Art. 37 Abs. 2 EGHGB, der nur auf § 28 Abs. 3 Bezug nimmt, ist die Bestimmung entsprechend auf die Tatbestände des § 26 anzuwenden.[3]

5   Durch Art. 37 Abs. 3 EGHGB wird die vorhergehende Sonderregelung für Ansprüche auf Arbeitsentgelt wieder eingeschränkt, sofern der Arbeitnehmer bei Zahlungsunfähigkeit der Gesellschaft **keinen Anspruch auf Insolvenzgeld** (§§ 183 ff. SGB III) hat. In diesem Fall gelten wiederum die Regelungen des Art. 37 Abs. 1 EGHGB. Auf andere Ansprüche aus Arbeitsverhältnissen wie etwa Ruhegeld ist Art. 37 Abs. 3 EGHGB nicht anzuwenden.

---

[1] BAG Urt. v. 24. 3. 1998 – 9 AZR 57/97, BAGE 88, 229 ff. = ZIP 1998, 1973 ff.; Urt. v. 23. 3. 2004 – 3 AZR 151/03, ZIP 2004, 1227 ff.
[2] Kritisch MünchKommHGB/*Lieb* § 26 RdNr. 25 ff.; Röhricht/Graf von Westphalen/*Ammon* § 26 RdNr. 6 f.
[3] MünchKommHGB/*Lieb*, 1. Aufl. 1996, § 26 RdNr. 39.

§ 27 [Haftung des Erben bei Geschäftsfortführung]

(1) Wird ein zu einem Nachlasse gehörendes Handelsgeschäft von dem Erben fortgeführt, so finden auf die Haftung des Erben für die früheren Geschäftsverbindlichkeiten die Vorschriften des § 25 entsprechende Anwendung.

(2) ¹Die unbeschränkte Haftung nach § 25 Abs. 1 tritt nicht ein, wenn die Fortführung des Geschäfts vor dem Ablaufe von drei Monaten nach dem Zeitpunkt, in welchem der Erbe von dem Anfalle der Erbschaft Kenntnis erlangt hat, eingestellt wird. ²Auf den Lauf der Frist finden die für die Verjährung geltenden Vorschriften des § 210 des Bürgerlichen Gesetzbuchs entsprechende Anwendung. ³Ist bei dem Ablaufe der drei Monate das Recht zur Ausschlagung der Erbschaft noch nicht verloren, so endigt die Frist nicht vor dem Ablaufe der Ausschlagungsfrist.

Schrifttum: *Bartholomeyczik*, Die Haftung des Erben für die neuen Geschäftsverbindlichkeiten, DGWR 1938, 321; *Baur*, Der Testamentsvollstrecker als Unternehmer, FS Dölle, Bd. I, 1963, S. 249; *Behnke,* Das neue Minderjährigenhaftungsbeschränkungsgesetz, NJW 1998, 3078; *Bolte,* Der § 27 des neuen Handelsgesetzbuches, ZHR 51 (1902), 413; *Dauner-Lieb*, Unternehmen in Sondervermögen, 1998; *Ernst*, Haftung des Erben für neue Geschäftsverbindlichkeiten, 1994; *Friedrich*, Die Haftung des endgültigen Erben und des „Zwischenerben" bei Fortführung eines einzelkaufmännischen Unternehmens, 1990; *Grunewald*, Haftungsbeschränkungs- und Kündigungsmöglichkeiten für volljährig gewordene Personengesellschafter, ZIP 1999, 597; *Habersack,* Das neue Gesetz zur Beschränkung der Haftung Minderjähriger, FamRZ 1999, 1; *Hildebrandt*, Die handelsrechtliche Erbenhaftung, DFG 1938, 48; *Hohensee,* Die unternehmenstragende Erbengemeinschaft, 1994; *A. Hueck*, Schuldenhaftung bei Vererbung eines Handelsgeschäfts, ZHR 108 (1941), 1; *Hüffer*, Die Fortführung des Handelsgeschäfts in ungeteilter Erbengemeinschaft und das Problem des Minderjährigenschutzes – Überlegungen zu den Entscheidungen BGHZ 92, 259 und BVerfG WM 1986, 828, ZGR 1986, 603; *Laum/Dylla-Krebs,* Der Minderjährige mit beschränkter Haftung?, FS Vieregge, 1995, S. 513; *Lieb,* Zu den Grundgedanken der §§ 25 ff. HGB, FS Börner, 1992, S. 747; *Marotzke*, Haftungsverhältnisse und Probleme der Nachlaßverwaltung bei der Beerbung des einzigen Komplementärs durch einen Kommanditisten – Bemerkungen zum Urteil BGHZ 113, 132, ZHR 156 (1992), 17; *Muscheler*, Die Haftungsordnung der Testamentsvollstreckung, Tübingen 1994; *Nolte,* Zur Frage der Zulässigkeit der Testamentsvollstreckung nach Handelsrecht, FS Nipperdey, Bd. I, 1965, S. 667; *Reuter,* Die handelsrechtliche Erbenhaftung (§ 27 HGB), ZHR 135 (1971), 511; *W.-H. Roth,* Das neue Firmenrecht, in: Die Reform des Handelsstandes und der Personengesellschaften, 1999, S. 31; *K. Schmidt,* Handelsrechtliche Erbenhaftung als Bestandteil des Unternehmensrechts, ZHR 157 (1993), 600; *Strothmann*, Einzelkaufmännisches Unternehmen und Erbenmehrheit im Spannungsfeld von Handels-, Gesellschafts-, Familien- und Erbrecht, ZIP 1985, 969; *Werther*, Der Ausschluß der handelsrechtlichen Erbenhaftung nach Fortführung des ererbten Handelsgeschäfts unter bisheriger Firma, Diss. Köln 1968.

Übersicht

	RdNr.		RdNr.
I. Bedeutung des § 27	1–6	1. Einstellung des Handelsgeschäfts innerhalb der Dreimonatsfrist, § 27 Abs. 2	23–31
1. Anwendungsbereich	1	a) Einstellungsfrist	24–26
2. Normzweck	2–6	aa) Verlängerung der Frist gem. § 27 Abs. 2 S. 2 iVm. § 210 BGB	25
II. Haftungsvoraussetzungen	7–16	bb) Verlängerung der Frist gem. § 27 Abs. 2 S. 3	26
1. Voraussetzungen des § 27 Abs. 1	7–12	b) Möglichkeiten der Einstellung	27–31
a) Erbenstellung	7–9	2. Erklärung des Ausschlusses gem. § 25 Abs. 2	32–35
b) Fortführung des Handelsgeschäfts durch den Erben	10–12	3. Haftungsbeschränkungsmöglichkeiten bei Nachlaßerbenschulden	36–38
aa) Allgemeines	10	**V. Besonderheiten der Haftung bei Unternehmensfortführung durch eine Erbengemeinschaft**	39–41
bb) Fortführung durch Vertreter	11, 12	1. Fortführung vor Ablauf der Dreimonatsfrist des § 27 Abs. 2	40
2. Erfordernis der Firmenfortführung	13–15	2. Endgültige Fortführung	41
3. Besondere Verpflichtungsgründe (§ 27 iVm. § 25 Abs. 3)	16	**VI. Besonderheiten bei Beteiligung Minderjähriger**	42, 43
III. Rechtsfolgen	17–22		
1. Unbeschränkte Haftung	17		
2. Haftung für „frühere Geschäftsverbindlichkeiten" iSv. Abs. 1	18–22		
IV. Ausschluss der Haftung	23–38		

I. Bedeutung des § 27

1. Anwendungsbereich. Mit der Einführung der gesetzlichen Regelung der Haftung des rechtsgeschäftlichen Übernehmers eines Handelsgeschäfts in § 25 wurde in § 27 Abs. 1 die entsprechende Anwendung dieser Vorschrift für den Fall der Fortführung eines einzelkaufmännischen Unternehmens durch den Erben angeordnet. § 27 begründet eine eigenständige handelsrechtliche Erbenhaftung für vom Erblasser herrührende Geschäftsverbindlichkeiten, die neben die bürgerlichrechtliche

Erbenhaftung tritt. Vor Einführung des § 27 fehlte es an einer entsprechenden Bestimmung; auch in der Literatur fand eine eingehende Beschäftigung mit den Rechtsfolgen des Übergangs eines Handelsgeschäfts im Wege der Erbfolge nicht statt.[1] § 27 ist nur bei Vererbung eines **einzelkaufmännischen Unternehmens** anwendbar, nicht bei der Vererbung von Geschäftsanteilen einer Personen- oder Kapitalgesellschaft[2] (für Personengesellschaften gelten die Regelungen der §§ 139, 161, 177). § 27 betrifft ferner nur die **Schuldenhaftung.** Für den Forderungsübergang gilt die allgemeine Vorschrift des § 1922 BGB.[3] Eine analoge Anwendung kommt bei dem Tod eines Gesellschafters einer zweigliedrigen Gesellschaft in Betracht, wenn der andere Gesellschafter Erbe ist und durch die Erbschaft alleiniger Gesellschafter wird.[4]

2   **2. Normzweck.** Das Gesetz schreibt für die Haftung des Erben die „entsprechende Anwendung" der Vorschriften des § 25 vor. Den Gesetzesmaterialien zufolge sollen für § 27 dieselben „Erwägungen" gelten wie für § 25.[5] § 27 wird daher vielfach als gesetzgeberische Parallele zu § 25 angesehen, die dem Schutz der Haftungserwartungen der beteiligten Verkehrskreise – Haftung des jeweiligen Firmeninhabers für die Geschäftsschulden – dienen soll.[6] Doch selbst wenn man § 25 als Vorschrift zum Schutz der Haftungserwartungen des Handelsverkehrs verstehen würde (vgl. hierzu § 25 RdNr. 1 ff.), so wäre § 27 bei Verfolgung dieses Zwecks überflüssig. Denn anders als beim rechtsgeschäftlichen Erwerb eines Handelsgeschäfts bestehen an dem Verbleib der Geschäftsverbindlichkeiten des Erblassers beim Erben keinerlei Zweifel, da der Übergang der vom Erblasser begründeten Schulden auf den Erben bereits aus den §§ 1922, 1967 BGB ergibt.

3   Die Vorschrift dient der eindeutigen Regelung der für Geschäftsgläubiger wichtigen Frage, ob die Haftung sich nach Erbrecht oder dem insoweit strengeren Handelsrecht richtet.[7] Nach den §§ 1922, 1967 BGB haftet der Erbe unbeschränkt, aber beschränkbar auf den Nachlass: durch Nachlassverwaltung, ein Nachlassinsolvenzverfahren und gegebenenfalls über die Einreden der §§ 1989 ff. BGB. Durch § 27 wird die Möglichkeit der Beschränkung der Erbenhaftung für Geschäftsverbindlichkeiten auf den Nachlass grundsätzlich ausgeschlossen. Betreibt ein Erbe das Handelsgeschäft länger als 3 Monate unter der alten Firma, so kann der Handelsverkehr von der persönlichen Haftung ausgehen und unterliegt nicht den Unsicherheiten einer – jederzeit möglichen – Haftungsbeschränkung auf den Nachlass. Worin der konkrete **Zweck** dieser Einschränkung der erbrechtlichen Haftungsbeschränkungsmöglichkeiten liegt, wird nicht einheitlich beurteilt.

4   Teilweise wird der Normzweck in der Begründung eines **einheitlichen Haftungsstatus für Alt- und Neuschulden** gesehen.[8] Dieser Ansicht nach stellen die §§ 130, 27 eine konzeptionelle Einheit dar. Beiden liege der dem geltenden Recht immanente Grundsatz der persönlichen Unternehmerhaftung zugrunde, wonach jeder persönlich haftende Inhaber eines Unternehmens für alle Geschäftsverbindlichkeiten gleich hafte. Sofern man in der Regelung des § 27 Abs. 2 die Möglichkeit des Erben sieht, die handelsrechtliche Haftung nachträglich zu beseitigen und nicht aufzuschieben,[9] wäre ein solcher Grundsatz durchaus mit dem geltenden Recht vereinbar, da eine einheitliche Haftung nach dem neuen Haftungsstatus begründet würde. Weder im Gesetzestext noch in den Materialien finden sich aber Hinweise für das Bestehen eines derartigen Haftungsprinzips. Und es erscheint zweifelhaft, ob § 27 mit § 130 vergleichbar ist: zwar darf von demjenigen, welcher als persönlich haftender Gesellschafter in eine Gesellschaft eintritt, erwartet werden, dass er die haftungsrechtlichen Konsequenzen kennt bzw. sich darüber erkundigt. Bei der Fortführung eines Handelsgeschäfts durch den Erben wird dieser sich hingegen häufig gar nicht der Gefahr einer Haftung für Altschulden bewusst sein.

5   Ebensowenig überzeugt es, wenn der Zweck der Vorschrift z. T. in der **Gleichstellung des Erben mit dem Erwerber** eines Handelsgeschäfts, welcher nach § 25 haftet, gesehen wird,[10] da nach dem oben Gesagten durchaus gute Gründe für eine Privilegierung des Erben sprechen.

---

[1] Vgl. allgemein zur Entstehungsgeschichte Bolte ZHR 51 (1902), 413, 414 ff.; MünchKommHGB/*Lieb* RdNr. 2.
[2] Ebenso MünchKommHGB/*Lieb* RdNr. 13; Staub/*Hüffer* RdNr. 5; K. Schmidt HandelsR § 8 IV 2. a.
[3] Denkschrift zum Entwurf eines Handelsgesetzbuchs und eines Einführungsgesetzes (RTVorl.), S. 38 = *Schubert/Schmiedel/Krampe* II/2 S. 980.
[4] BGH Urt. v. 10. 12. 1990 – II ZR 256/89, BGHZ 113, 132 = NJW 1991, 844; ausführlich *Marotzke* ZHR 156 (1992), 17, 21 ff.; vgl. auch *K. Schmidt* GesellschaftsR § 11 V. 3. a, § 44 II 2.
[5] Denkschrift zum Entwurf eines Handelsgesetzbuchs und eines Einführungsgesetzes (RTVorl.), S. 36 = *Schubert/Schmiedel/Krampe* II/2 S. 979.
[6] BGH Urt. v. 10. 2. 1960 – V ZR 39/58, BGHZ 32, 60, 62 = NJW 1960, 959, 960; Schlegelberger/Hildebrandt/Steckhan RdNr. 1; *Canaris* HandelsR § 7 RdNr. 101.
[7] Vgl. Staub/*Hüffer* RdNr. 4.
[8] *K. Schmidt* HandelsR § 8 IV. 1. c.
[9] *K. Schmidt* ZHR 157 (1993), 600, 607 ff.
[10] *Friedrich* S. 83, 90; GK/*Nickel* RdNr. 6.

Am nächstliegenden erscheint es, den Zweck der Vorschrift **in der zeitlichen Begrenzung der** 6
Möglichkeiten der erbrechtlichen Haftungsbeschränkung zum Schutze der Nachlass-, insbesondere der Geschäftsgläubiger zu sehen, da das Erbrecht insoweit den spezifischen Anforderungen des Handelsrechts nicht genügt.[11] Der durch § 1978 BGB vorgesehene Schutz der Nachlassgläubiger vor einer Nachlassschmälerung durch den Erben zwischen Erbfall und Eintritt einer Haftungsbeschränkung ist im Falle der Fortführung eines Handelsgeschäfts weitgehend wirkungslos. Auch der Erbe eines Handelsgeschäfts ist hiernach zwar verpflichtet, dieses wie ein ordnungsgemäß handelnder Treuhänder zu verwalten. Da ihm hierbei jedoch ein gewisser unternehmerischer Ermessensspielraum einzuräumen ist, wird man nur selten eine ordentliche Geschäftsführung verneinen können (dazu auch RdNr. 21). Dies hat zur Folge, dass der Erbe nur ausnahmsweise gem. § 1978 Abs. 1 BGB haften wird und Aufwendungen zur Befriedigung von Neugläubigern meist gem. § 1978 Abs. 3 BGB ersetzen verlangen kann. Die somit bestehende Gefahr der Nachlassschmälerung wird erst durch die sachliche und zeitliche Reduktion der Haftungsbeschränkungsmöglichkeiten nach § 27 minimiert.

II. Haftungsvoraussetzungen

1. Voraussetzungen des § 27 Abs. 1. a) Erbenstellung. Die Anwendbarkeit des § 27 setzt 7
voraus, dass ein zum Nachlass gehörendes Handelsgeschäft von dem Erben fortgeführt wird.

Wer Erbe ist, richtet sich nach den allgemeinen bürgerlichrechtlichen Vorschriften. Der Grund für 8
die Berufung zum Erben (Gesetz, Testament, Erbvertrag) ist ohne Bedeutung. Erben sind sowohl die Erbengemeinschaft (s. RdNr. 39 ff.) als auch der Vor- und der Nacherbe. Führen Vor- und Nacherbe ein zum Nachlass gehörendes Handelsgeschäft unter der bisherigen Firma fort, haftet der Nacherbe auch für die vom Vorerben begründeten Geschäftsverbindlichkeiten nach § 27[12] (dazu RdNr. 20). Bei rechtzeitiger (§ 1944 BGB) und formgültiger (§ 1945 BGB) Ausschlagung der Erbschaft ist § 27 nicht anwendbar, da der Anfall der Erbschaft als nicht erfolgt gilt und somit der Ausschlagende von Anfang an Nichterbe war. Für die bis zur Ausschlagung geführten Geschäfte gilt die Regelung des § 1959 BGB.

Der **Vermächtnisnehmer** ist nicht Erbe. Mit dem Erbfall erhält er lediglich einen schuldrecht- 9
lichen Anspruch gegen den oder die Erben auf Übereignung des ihm zugedachten Gegenstandes. Da somit ein rechtsgeschäftlicher Erwerb unter Lebenden vorliegt, findet § 25 Abs. 1 unmittelbar Anwendung.[13]

b) Fortführung des Handelsgeschäfts durch den Erben. aa) Allgemeines. Das bestehen- 10
de Handelsgeschäft muss von dem bzw. den Erben fortgeführt werden. Fortführung bedeutet wie bei § 25 Abs. 1 die weithin unveränderte Fortsetzung des bisherigen Geschäftsbetriebes.[14] Nach bislang hM ist die Fortführung des Handelsgeschäfts von einer Willensentscheidung des Erben abhängig. Der Erbe soll hiernach nicht gem. § 27 Abs. 1 iVm. § 25 haften, wenn er das Handelsgeschäft nach dem Erbfall nicht fortführt.[15] Dem wird jedoch zu Recht entgegengehalten, dass der Erbe nicht unmittelbar mit dem Erbfall die Fortführung beenden kann.[16] Der Erbe wird mit dem willensunabhängigen Anfall der Erbschaft Inhaber eines bestehenden Unternehmens. Bis der Erbe sich für die Einstellung nach § 27 Abs. 2 oder die endgültige Fortführung entschieden hat, ist sein Wille daher gar nicht erheblich. Fortführung bezeichnet folglich den tatsächlichen Vorgang.[17]

bb) Fortführung durch Vertreter. Der Erbe muss das Handelsgeschäft nicht persönlich fort- 11
führen, sondern kann sich hierzu grundsätzlich eines **Vertreters** bedienen.[18] Voraussetzung ist jedoch, dass der gesetzliche oder bevollmächtigte Vertreter im Namen des oder der Erben auftritt.[19]

---

[11] Ausführlich hierzu *Reuter* ZHR 135 (1971), 511 ff.; MünchKommHGB/*Lieb* RdNr. 5 ff.; *ders.*, FS Börner, 1992, S. 747, 760. Zur Lückenhaftigkeit des gesetzlichen Systems eingehend *Dauner-Lieb*, Unternehmen in Sondervermögen, 1998.
[12] BGH Urt. v. 2. 10. 1960 – V ZR 39/58, BGHZ 32, 60, 66 = NJW 1960, 959, 962; MünchKommHGB/*Lieb* RdNr. 16; Staub/*Hüffer* RdNr. 9, 17.
[13] AllgM, zB MünchKommHGB/*Lieb* RdNr. 30; Staub/*Hüffer* RdNr. 42.
[14] *Hildebrandt* DFG 1938, 48, 49; MünchKommHGB/*Lieb* RdNr. 18.
[15] ZB Baumbach/*Hopt* RdNr. 1; Heymann/*Emmerich* RdNr. 8.
[16] *K. Schmidt* ZHR 157 (1993), 600, 609; MünchKommHGB/*Lieb* RdNr. 18.
[17] MünchKommHGB/*Lieb* RdNr. 18, 63; *K. Schmidt* ZHR 157 (1993), 600, 609.
[18] RG Urt. v. 26. 3. 1931 – II B 5/31, RGZ 132, 138, 144; BGH Urt. v. 9. 1959 – II ZR 294/59, BGHZ 30, 391, 395 = DB 1959, 1192; BGH Urt. v. 27. 3. 1961 – II ZR 294/59, BGHZ 35, 13, 19 = NJW 1961, 1304, 1306; MünchKommHGB/*Lieb* RdNr. 19; Staub/*Hüffer* RdNr. 7; Röhricht/Graf von Westphalen/*Ammon* RdNr. 12.
[19] Staub/*Hüffer* RdNr. 27.

Nachlassverwalter,[20] Nachlassinsolvenzverwalter[21] und Nachlasspfleger[22] werden kraft Amtes tätig.[23] In diesen Fällen liegt daher keine Geschäftsfortführung durch den Erben iSd. § 27 Abs. 1 vor.

12 Die Fortführung eines Handelsgeschäfts durch einen Testamentsvollstrecker wirft Probleme auf. Grundsätzlich kann der Erblasser gem. § 2197 BGB durch letztwillige Verfügung die **Testamentsvollstreckung** anordnen. Der Testamentsvollstrecker kann nach Maßgabe der §§ 2206 ff. BGB allerdings nur den Nachlass, nicht auch den Erben persönlich verpflichten. Im Ergebnis würde dies zu einem einzelkaufmännischen Handelsgeschäft mit beschränkter Haftung führen. Da in diesem Fall die §§ 27 Abs. 1, 25 nicht greifen, wären die Nachlassgläubiger dem Risiko einer durch schlechte Verwaltung geschmälerten Haftungsgrundlage ausgesetzt. Nach hM ist die Fortführung eines Handelsgeschäfts nach Maßgabe der §§ 2206 ff. BGB daher unzulässig.[24] Um eine Testamentsvollstreckung dennoch zu ermöglichen, werden zwei Wege vorgeschlagen:[25] Der Testamentsvollstrecker kann zum einen das Handelsgeschäft als **Treuhänder** für Rechnung des Erben führen, so dass der Testamentsvollstrecker persönlich für Geschäftsverbindlichkeiten nach § 25 haftet. Nach der sog. **Vollmachtlösung** kann er das Handelsgeschäft als Bevollmächtigter des oder der Erben in deren Namen führen, so dass diesen die Geschäftstätigkeit des Testamentsvollstreckers zugerechnet wird und § 27 Anwendung findet.[26]

13 **2. Erfordernis der Firmenfortführung.** Die hL versteht § 27 Abs. 1 als **Rechtsgrundverweisung** und betrachtet daher die Fortführung der Firma durch den Erben als Haftungsvoraussetzung. Der Erbe kann demnach durch Änderung der Firma der unbeschränkten Haftung des § 27 Abs. 1 entgehen und unterfällt dann nur noch der auf den Nachlass beschränkbaren erbrechtlichen Haftung. Nach anderer Ansicht stellt § 27 Abs. 1 nur eine Rechtsfolgenverweisung dar. Sieht man den Sinn der Vorschrift in der Koordinierung der beschränkbaren erbrechtlichen und der unbeschränkbaren handelsrechtlichen Haftung des Erben zum Schutze der Geschäftsgläubiger, so spricht sicherlich vieles dafür, den Erben nach Ablauf der dreimonatigen Überlegungsfrist des § 27 Abs. 2 auch bei Fortführung des Handelsgeschäfts unter veränderter Firma unbeschränkt haften zu lassen.[27] Dennoch wird man nach geltendem Recht an dem Erfordernis der **Firmenfortführung** festhalten müssen, da der Gesetzgeber sich bei der Regelung der §§ 25, 27 – anders als bei § 28 – für dieses Kontinuitätskriterium entschieden hat: eine unbeschränkbare Haftung auf Grund der bloßen Fortführung eines Handelsgeschäfts gibt es nach geltendem Recht nicht.[28] Auch die Gesetzesbegründung, in der ausdrücklich von den „an die Fortführung des Geschäfts und der Firma"[29] geknüpften gesetzlichen Wirkungen die Rede ist, spricht gegen ein derartiges Verständnis.

14 Zu der Frage, welche Anforderungen an die Veränderung der Firma zur Vermeidung der Haftung zu stellen sind, gilt das Gleiche wie bei § 25 (dazu § 25 RdNr. 47 ff.). Aufgrund der Neufassung des § 18, wonach Einzelkaufleute eine Sach-, Phantasie- oder Mischfirma führen dürfen, ist jetzt auch bei **Namenidentität** von Erblasser und Erbe ein großer Spielraum für die Wahl einer neuen Firma gegeben.[30]

15 Folgt man der hM und versteht § 27 als Rechtsgrundverweisung, so schließt sich die Frage an, ob der Erbe die neue Firma **unverzüglich** wählen muss[31] oder ob ihm auch insoweit die **dreimonatige Überlegungsfrist** des § 27 Abs. 2 zusteht.[32] Auch wenn in § 27 Abs. 2 von der Einstellung des

---

[20] RG Urt. v. 26. 3. 1931 – II B 5/31, RGZ 132, 138, 144; Schlegelberger/Hildebrandt/*Steckhan* RdNr. 4; Staub/*Hüffer* RdNr. 8.
[21] So vor Inkrafttreten der InsO für den Nachlasskonkursverwalter BGH Urt. v. 27. 3. 1961 – II ZR 294/59, BGHZ 35, 13, 17 f. = NJW 1961, 1304, 1305; Baumbach/*Hopt* RdNr. 3; Staub/*Hüffer* RdNr. 8.
[22] Staub/*Hüffer* RdNr. 8; MünchKommHGB/*Lieb* RdNr. 20 mit Hinweis, dass zudem abwickelnde Tätigkeit der genannten Amtspersonen als Einstellung zu werten sei; aA Baumbach/*Hopt* RdNr. 3.
[23] AA Ehrenberg/*Pisko* Bd. II, S. 257 Fn. 31.
[24] RG Urt. v. 26. 3. 1931 – II B 5/31, RGZ 132, 138; BGH Urt. v. 18. 1. 1954 – IV ZR 130/53, BGHZ 12, 100, 102; BGH Urt. v. 27. 3. 1961 – II ZR 294/59, BGHZ 35, 13, 17 f. = NJW 1961, 1304; Staub/*Hüffer* Vor § 22 RdNr. 74; aA *Canaris* HandelsR § 9 RdNr. 36; vgl. auch *Muscheler* S. 389 ff.
[25] Vgl. zum folgenden Staub/*Hüffer* Vor § 22 RdNr. 75; MünchKommHGB/*Lieb* RdNr. 24 f.; *Muscheler* S. 295 ff., S. 342 ff.
[26] RG Urt. v. 26. 3. 1931 – II B 5/31, RGZ 132, 138, 144; BGH Urt. v. 27. 3. 1961 – II ZR 294/59, BGHZ 35, 13, 16 = NJW 1961, 1304.
[27] MünchKommHGB/*Lieb* RdNr. 32; zu den Unterschieden zwischen beiden Sachverhalten *Reuter* ZHR 135 (1971), 511, 516 ff.
[28] Ebenso Staub/*Hüffer* RdNr. 11.
[29] Denkschrift zum Entwurf eines Handelsgesetzbuchs und eines Einführungsgesetzes (RTVorl.), S. 38 = *Schubert/Schmiedel/Krampe* II/2 S. 980.
[30] Ebenso *W.-H. Roth*, in: Die Reform des Handelsstandes und der Personengesellschaften, 1999, S. 31, 49 ff. Zur Problematik vor Inkrafttreten des HRefG 1998 Staub/*Hüffer* RdNr. 17.
[31] Baumbach/*Hopt* RdNr. 5; Staub/*Hüffer* RdNr. 26; Heymann/*Emmerich* RdNr. 10; *Werther* S. 51 f.
[32] MünchKommHGB/*Lieb* RdNr. 35; *A. Hueck* ZHR 108 (1941), 16; *Canaris* HandelsR § 7 RdNr. 110.

Geschäftsbetriebes die Rede ist, würde es doch dem Regelungsgehalt dieser Vorschrift – Einräumung einer Überlegungsfrist – widersprechen, wenn nicht auch bezüglich der Firmenfortführung die Frist des § 27 Abs. 2 gelten würde. Andernfalls müsste der Erbe sich sofort entscheiden, ob er das Unternehmen um den Preis seiner unbeschränkbaren Haftung mit der bestehenden Firma oder aber unter Verzicht auf den mit einer eingeführten Firma möglicherweise verbundenen Mehrwert unter anderer Bezeichnung fortführen möchte. Der Tatbestand der Fristbestimmung des § 27 Abs. 2 ist daher wie der des § 25 Abs. 1 im Sinne einer Fortführung des Geschäfts *unter der bisherigen Firma* zu verstehen, damit „dem Erben ausreichende Zeit" zur Verfügung steht, „um sich über die endgültige Fortführung der Firma schlüssig zu machen."[33] Bei Veränderung der Firma nach Ablauf der Frist trifft den Erben unstreitig die Haftung des § 27.

3. Besondere Verpflichtungsgründe (§ 27 iVm. § 25 Abs. 3). Versteht man § 27 als Rechts- 16 grundverweisung, so ist § 25 trotz rechtzeitiger Veränderung der Firma entsprechend anwendbar, sofern ein besonderer Verpflichtungsgrund iSd. § 25 Abs. 3 vorliegt (zu den besonderen Verpflichtungsgründen vgl. § 25 RdNr. 90 ff.).

III. Rechtsfolgen

1. Unbeschränkte Haftung. Liegen die Haftungsvoraussetzungen vor und hat der Erbe die 17 Haftung nicht wirksam ausgeschlossen (hierzu RdNr. 23 ff.), so trifft ihn die unbeschränkte und im Gegensatz zur bürgerlichrechtlichen Erbenhaftung auch unbeschränkbare Haftung der §§ 27, 25. Der Erbe hat keine Möglichkeit mehr, die Haftung wegen einer früheren Geschäftsverbindlichkeit auf den Nachlass zu begrenzen. Ihm stehen nach § 2016 Abs. 1 BGB weder die Einreden der §§ 2014, 2015 BGB (Dreimonats-, Aufgebotseinrede) zu, noch kann er sich bei begründeter Klage eines Nachlassgläubigers wegen einer früheren Geschäftsverbindlichkeit die beschränkte Erbenhaftung im Urteil vorbehalten lassen (§ 780 ZPO).

2. Haftung für „frühere Geschäftsverbindlichkeiten" iSv. Abs. 1. Die Haftung nach § 27 18 bezieht sich nur auf die früheren Geschäftsverbindlichkeiten. Für **Privatverbindlichkeiten** des Erblassers haftet der Erbe nach den erbrechtlichen Vorschriften des BGB, so dass er insoweit die Haftung auf den Nachlass – nicht auf das Handelsgeschäft – beschränken kann. Zur Abgrenzung von Geschäfts- und Privatverbindlichkeiten kann auf das zu § 25 Abs. 1 Gesagte verwiesen werden (§ 25 RdNr. 65 f.).

Unter **früheren** Geschäftsverbindlichkeiten iSd. § 27 Abs. 1 sind zunächst die Verbindlichkeiten 19 zu verstehen, die der Erblasser zu Lebzeiten bei der Führung des Geschäfts begründet hat. Soweit es sich um derartige – nach der zivilrechtlichen Einteilung der Nachlassverbindlichkeiten als **Erblasserschulden** zu bezeichnende – Verbindlichkeiten handelt, stimmt der Begriff der früheren Geschäftsverbindlichkeiten mit dem in § 25 Abs. 1 S. 1 verwendeten Begriff der „im Betriebe des Geschäfts begründeten Verbindlichkeiten des früheren Inhabers", vollständig überein.[34] Vgl. daher insoweit § 25 RdNr. 64.

Darüberhinaus unterfallen auch solche Verbindlichkeiten dem Begriff der „früheren Geschäfts- 20 verbindlichkeiten", die in der Zeit zwischen Erbfall und Aufnahme der Geschäftsfortführung durch den endgültigen Erben von dazu berechtigten Dritten begründet werden.[35] Dies betrifft vor allem die Fälle der zwischenzeitlichen Geschäftsfortführung durch den ausschlagenden Erben oder den Vorerben.[36] Während im Zivilrecht die Nachlasshaftung für derartige **Nachlassverwaltungsschulden**[37] nach hM nur dann neben die Eigenhaftung des vorläufigen Erben oder des Vorerben tritt, sofern diese Verbindlichkeiten im Rahmen ordnungsgemäßer Verwaltung eingegangen worden sind, gilt diese Einschränkung für die Haftung nach § 27 Abs. 1 nicht.[38] Auf die Nichtordnungsmäßigkeit der Verwaltung durch einen Vorerben oder einen ausschlagenden Erben kann der endgültige Erbe sich daher nur berufen, wenn die Voraussetzungen des § 27 Abs. 1 in seiner Person nicht vorliegen (etwa,

---

[33] Denkschrift zum Entwurf eines Handelsgesetzbuchs und eines Einführungsgesetzes (RTVorl.), S. 38 = *Schubert/Schmiedel/Krampe* II/2 S. 980.
[34] Vgl. MünchKommHGB/*Lieb* RdNr. 38 ff.; MünchKommBGB/*Siegmann* § 1967 RdNr. 40.
[35] BGH Urt. v. 10. 2. 1960 – V ZR 39/58, BGHZ 32, 60, 66 = NJW 1960, 959, 962; MünchKommHGB/*Lieb* RdNr. 40; Staub/*Hüffer* RdNr. 16 f.; MünchKommBGB/*Siegmann* § 1967 RdNr. 41; *Friedrich* S. 126; aA: Düringer/Hachenburg/*Hoeniger* RdNr. 3; Schlegelberger/Hildebrandt/*Steckhan* RdNr. 3.
[36] *Friedrich* S. 126.
[37] Vgl. die Einteilung bei *Lange/Kuchinke* Erbrecht § 47 IV.; nach aA ist auch diese Gruppe von Schulden zu den Erbfallkosten zu zählen, so *Brox* Erbrecht RdNr. 657; Palandt/*Edenhofer* RdNr. 9.
[38] BGH Urt. v. 10. 2. 1960 – V ZR 39/58, BGHZ 32, 60, 66 = NJW 1960, 959, 962; Staub/*Hüffer* RdNr. 17; Baumbach/*Hopt* RdNr. 5; unklar MünchKommHGB/*Lieb* RdNr. 41, da nicht deutlich ist, ob von Nachlasserbenschulden oder Nachlassverwaltungskosten die Rede ist.

weil die ursprüngliche Firma nicht fortgeführt wird, vgl. RdNr. 13) oder ein Ausschluss der handelsrechtlichen Haftung nach § 27 Abs. 2 besteht (vgl. RdNr. 23 ff.); im zuletzt genannten Fall beginnt die Einstellungsfrist nach § 27 Abs. 2 für ihn neu zu laufen.[39]

21 Verbindlichkeiten, die der Erbe in der dreimonatigen Schwebezeit selbst neu eingegangen ist, unterfallen nicht dem Begriff der „früheren Geschäftsverbindlichkeiten" und damit nicht der handelsrechtlichen Erbenhaftung nach § 27. Sie stellen aber Nachlasserbenschulden dar. Als **Nachlasserbenschulden** bezeichnet man alle Verbindlichkeiten, die sowohl Eigenverbindlichkeiten des Erben sind, für die er mit seinem sonstigen Vermögen haftet, als auch Nachlassverbindlichkeiten, die den Nachlass erfassen. Da somit ohnehin der Nachlass und das Eigenvermögen des Erben haften, besteht für eine extensive Auslegung des in § 27 verwendeten Begriffs der früheren Geschäftsverbindlichkeiten kein Bedürfnis; vgl. zu den Sonderfällen eines Auseinanderfallens von Nachlass und Eigenvermögen wegen Ausschlagung oder Nacherbfolge RdNr. 20. Nur in Fällen, in denen die Begründung der Geschäftsschulden nicht einer ordnungsgemäßen Verwaltung entspricht und diese daher nach hL keine Nachlassverbindlichkeiten iSd. § 1967 BGB sind, bleibt den Gläubigern der Zugriff auf den Nachlass verwehrt. Die Ordnungsmäßigkeit der Verwaltung dürfte wegen des unternehmerischen Ermessensspielraums des Erben nur selten zu verneinen sein.[40]

22 Auch **Erbfallschulden** gehören nicht zu den „früheren Geschäftsverbindlichkeiten".[41] Erbfallschulden iSd. § 1967 Abs. 2 BGB sind die Verbindlichkeiten, die erst mit dem Erbfall in der Person des Erben als Träger des Nachlasses entstehen.[42] Zu dieser Gruppe gehören Ansprüche aus Pflichtteilsrechten, Vermächtnissen, Auflagen und Erbersatzansprüchen. Erbfallschulden sind zwar Nachlassverbindlichkeiten und nicht Eigenschulden des Erben. Sie ergeben sich jedoch nicht aus dem Betriebe des Geschäfts, sondern aus privaten Beziehungen des Erblassers und sind damit keine Geschäftsverbindlichkeiten. Für sie gilt die unbeschränkbare handelsrechtliche Haftung nach § 27 daher nicht.

IV. Ausschluss der Haftung

23 **1. Einstellung des Handelsgeschäfts innerhalb der Dreimonatsfrist, § 27 Abs. 2.** Gem. § 27 Abs. 2 tritt die unbeschränkte Haftung des § 25 Abs. 1 nicht ein, wenn der Erbe die Geschäftsfortführung vor dem Ablauf von drei Monaten, nachdem er von der Erbschaft Kenntnis erlangt hat, einstellt.

24 **a) Einstellungsfrist.** Der Gesetzgeber hat dem Erben eines Unternehmens grundsätzlich eine dreimonatige Bedenkzeit eingeräumt, innerhalb derer er sich für oder gegen die Fortführung des Unternehmens entscheiden kann (vgl. oben RdNr. 30). Während die Frist läuft, stehen dem Erben die Einreden der §§ 2014, 2015 BGB zu. Ferner kann er sich gem. § 780 ZPO die Einrede der beschränkten Haftung im Urteil vorbehalten lassen. Maßgeblich für den **Fristbeginn** ist die Kenntnis des Erben vom Anfall der Erbschaft, § 27 Abs. 2 S. 1. Die Frist beginnt somit gem. § 187 Abs. 1 BGB an dem auf die Kenntniserlangung folgenden Tag.

25 **aa) Verlängerung der Frist gem. § 27 Abs. 2 S. 2 iVm. § 210 BGB.** Zum Schutz des nicht voll geschäftsfähigen oder geschäftsunfähigen Erben, welcher keinen gesetzlichen Vertreter hat, gilt die Ablaufhemmung des § 210 BGB entsprechend, § 27 Abs. 2 S. 2. Für den nicht voll geschäftsfähigen ohne gesetzlichen Vertreter beginnt die Frist somit erst mit Eintritt der Geschäftsfähigkeit bzw. mit Eintritt einer wirksamen Vertretung. Die in § 210 BGB vorgesehene Frist von sechs Monaten wird durch die Dreimonatsfrist des § 27 Abs. 2 S. 1 ersetzt. Vgl. daneben zu den durch das Gesetz zur Beschränkung der Haftung Minderjähriger mit Wirkung vom 1. 1. 1999 eingeführten Bestimmungen der §§ 723 Abs. 1 S. 3 Nr. 2, 1629 a BGB unter RdNr. 43.

26 **bb) Verlängerung der Frist gem. § 27 Abs. 2 S. 3.** Gem. § 27 Abs. 2 S. 3 überschreitet die Einstellungsfrist ferner dann die Zeitspanne von drei Monaten, wenn die **Ausschlagungsfrist** nach § 1944 BGB noch nicht abgelaufen ist. Dies ist zum einen der Fall, wenn der Erblasser seinen letzten Wohnsitz im Ausland hatte oder der Erbe sich bei Fristbeginn im Ausland aufhielt, da dann gem. § 1944 Abs. 3 BGB die Ausschlagungsfrist sechs Monate beträgt. Aber auch wenn die Ausschla-

---

[39] Staub/*Hüffer* RdNr. 9; *Friedrich* S. 95.
[40] Hierzu mit weiterführenden Überlegungen und Nachweisen MünchKommHGB/*Lieb* RdNr. 41; *Reuter* ZHR 135 (1971), 511, 520 ff.
[41] Ebenso MünchKommHGB/*Lieb* RdNr. 39; *Friedrich* S. 123 ff.; wohl auch Staub/*Hüffer* RdNr. 17, der zwar davon spricht, die handelsrechtliche Erbenhaftung könne sich auch auf Erbfallschulden erstrecken, jedoch auch die Nachlassverwaltungsschulden zu den Erbfallkosten zählt und mE lediglich diese als frühere Geschäftsverbindlichkeiten anerkennt; aA Heymann/*Emmerich* RdNr. 14 a.
[42] *Leipold* ErbR RdNr. 702.

gungsfrist – wie dies gem. § 1944 Abs. 1 BGB die Regel ist – nur sechs Wochen beträgt, kann die Einstellungsfrist vor der Ausschlagungsfrist enden, da für den Beginn der Einstellungsfrist bereits die Kenntnis des Erben von dem Anfall der Erbschaft ausreicht. Hingegen beginnt die Ausschlagungsfrist gem. § 1944 Abs. 2 BGB erst, wenn der Erbe zudem von dem Berufungsgrund Kenntnis erlangt hat.[43] In der Praxis dürften Fälle der Fristverlängerung nach § 27 Abs. 2 S. 3 jedoch rar sein.

b) Möglichkeiten der Einstellung. Unbestritten ist, dass jedenfalls die **Auflösung** des zunächst vom Erben fortgeführten Handelsgeschäfts als „Einstellung" iSd. § 27 Abs. 2 zu verstehen ist. Der Erbe trennt sich hierdurch endgültig von dem Unternehmen und dem in ihm verkörperten wirtschaftlichen Wert. Für die Einhaltung der Frist des § 27 Abs. 2 ist die **Beendigung der werbenden Tätigkeit** maßgeblich.[44] Auch wenn erst mit Beendigung der Abwicklung von einem Erlöschen der Gesellschaft gesprochen werden kann,[45] würde der Zweck des § 27 Abs. 2 – dem Erben eine Bedenkzeit einzuräumen – ausgehöhlt, wenn auch die Abwicklungstätigkeit innerhalb dieser Frist beendet sein müsste, da hierdurch dem Erben kaum Zeit bliebe, sich über die endgültige Fortführung der Firma schlüssig zu werden.[46] Auch wäre dem Erben, der sich für die Einstellung durch Auflösung entschließt, der Ausschluss der Haftung nach § 27 meist praktisch unmöglich, da die Abwicklung in der Regel nicht innerhalb von drei Monaten möglich ist. 27

Nach hM rechtfertigt nur die vollständige Auflösung des Unternehmens es, dem Vertrauen der Geschäftsgläubiger auf den Eintritt der unbeschränkten handelsrechtlichen Haftung die Grundlage zu entziehen, nicht aber die Übertragung des Handelsgeschäfts auf eine dritte – natürliche oder juristische – Person.[47] 28

Der Wortlaut des § 27 Abs. 2 ist insofern nicht eindeutig. Zwar verlangt das Gesetz ausdrücklich eine „Einstellung" der Fortführung des Geschäfts, was für die hM zu sprechen scheint, da der Zweck einer Veräußerung oder Verpachtung gerade in der Weiterführung des Geschäfts liegt. Im Kontext des Abs. 1 kann man die Vorschrift jedoch auch dahingehend verstehen, dass die Fortführung des Handelsgeschäfts durch den Erben einzustellen ist,[48] was bei der Veräußerung an einen Dritten zweifellos der Fall ist (zur Verpachtung RdNr. 31). 29

Auch der Schutz der Nachlass-, insbesondere der Geschäftsgläubiger vor einer Nachlassschmälerung durch den Erben ist zumindest dann ausreichend gewährleistet, wenn im Falle einer entgeltlichen Veräußerung eine vollständige Lösung des Erben vom Handelsgeschäft stattfindet. Durch die Veräußerung des Unternehmens wird eine Vermögensvermengung verhindert und der Kaufpreis, den der Erbe für das Unternehmen erhält, geht gem. § 2019 in den Nachlass über. Selbst wenn man den Zweck des § 27 in der Gleichstellung des Erben, der ein ererbtes Handelsgeschäft fortführt, mit jedem anderen Geschäftsübernehmer sieht, widerspricht es dem nicht, dem Erben diese Möglichkeit der Haftungsbeschränkung einzuräumen. Denn der Erwerber eines Handelsgeschäfts haftet zwar unbeschränkt und ohne die Möglichkeit, sich von dieser Haftung zu befreien, wenn er das übernommene Geschäft unter der bisherigen Firma fortführt. Die Bedenkzeit des § 27 Abs. 2 wird dem Erben jedoch eingeräumt, weil er – im Gegensatz zum Erwerber – meist überraschend vor die Frage gestellt wird, ob er das Unternehmen mit allen, für ihn zu diesem Zeitpunkt nicht überschaubaren, bestehenden Verbindlichkeiten übernehmen will. Erst nach dem Ablauf dieser Frist ist eine Gleichbehandlung von Erben und Erwerbern gerechtfertigt. Vor dem Ablauf der Bedenkzeit müssen ihm alle Möglichkeiten der Geschäftseinstellung, bei denen er sich vollständig von dem Unternehmen löst und die dem Schutzzweck des § 27 nicht zuwiderlaufen, zustehen. Die Veräußerung erfüllt diese Anforderungen und reicht demnach richtigerweise für § 27 Abs. 2 aus. 30

Die **Verpachtung** stellt nach hier vertretener Auffassung keine Einstellung iSd. § 27 Abs. 2 dar.[49] Zwar stellt der Erbe persönlich die Fortführung des Geschäfts ein; er löst sich jedoch nur unvollständig von dem ererbten Unternehmen. Zudem würde eine Gleichstellung dem Schutzzweck des § 27 zuwiderlaufen, da der Pachterlös nicht dem Wert des Unternehmens entspricht und Gläubiger nur eingeschränkt auf das verpachtete Handelsgeschäft zurückgreifen könnten. Aus den gleichen 31

---

[43] Zum Berufungsgrund Palandt/*Edenhofer* § 1944 RdNr. 4.
[44] Staub/*Hüffer* RdNr. 27; *Werther* S. 76 ff.; aA RGRK-HGB/*Gadow* Anm. 11.
[45] *Werther* S. 75.
[46] So aber Denkschrift zum Entwurf eines Handelsgesetzbuchs und eines Einführungsgesetzes (RTVorl.), S. 38 = Schubert/Schmiedel/Krampe II/2 S. 980.
[47] RG Urt. v. 2. 12. 1903 – Rep. I 293/03, RGZ 56, 196, 199; Staub/*Hüffer* RdNr. 29; Baumbach/*Hopt* RdNr. 5; Heymann/*Emmerich* RdNr. 20; *A. Hueck* ZHR 108 (1941), 1, 20; *Werther* S. 60.
[48] So die Gegenansicht: *K. Schmidt* HandelsR § 8 IV. 3. b; MünchKommHGB/*Lieb* RdNr. 52; *Canaris* HandelsR § 7 RdNr. 108.
[49] Ebenso MünchKommHGB/*Lieb* RdNr. 53; Heymann/*Emmerich* RdNr. 20; Röhricht/Graf von Westphalen/*Ammon* RdNr. 31 f. mwN; aA Koller/*Roth*/Morck RdNr. 9.

Gründen ist auch die Einbringung des Handelsgeschäfts in eine zu diesem Zwecke gegründete oder bereits bestehende Gesellschaft keine Einstellung iSd. § 27 Abs. 2.[50]

32 **2. Erklärung des Ausschlusses gem. § 25 Abs. 2.** Streitig ist, ob neben dem Haftungsausschluss gem. § 27 Abs. 2 eine Haftungsbeschränkung auf Grund analoger Anwendung des § 25 Abs. 2 zulässig ist. Nach § 25 Abs. 2 kann der Erwerber eines Handelsgeschäfts durch Vereinbarung mit dem Veräußerer und Eintragung in das Handelsregister die Übernahme der Haftung für frühere Geschäftsverbindlichkeiten wirksam ausschließen.

33 Eine heute nicht mehr vertretene Ansicht knüpfte an das Merkmal der „Vereinbarung" an. Sofern auch im Erbfall auf eine Vereinbarung zurückgegriffen werden könne, sollte eine analoge Anwendung des § 25 Abs. 2 zulässig sein.[51] Eine derartige Vereinbarung sah man im Erbvertrag und teilweise im Testament. Nur wenn der Erblasser den Erben durch Testament oder Erbvertrag dazu ermächtigt habe, könne dieser trotz Firmenfortführung die unbeschränkte Haftung ausschließen. Diese Ansicht führte jedoch zu einer nicht zu rechtfertigenden Ungleichbehandlung von gesetzlichen und gewillkürten Erben.

34 Nach bislang vorherrschender Auffassung soll § 25 Abs. 2 auch ohne Vorliegen einer Vereinbarung iS dieser Vorschrift anwendbar sein.[52] § 27 verweise auf den gesamten § 25 und somit auch auf dessen Abs. 2. Zudem dürfe der Erbe eines Unternehmens nicht schlechter gestellt werden als ein Erwerber und dürfe daher nicht lediglich vor die Wahl zwischen persönlicher Haftung oder Zerschlagung des Handelsgeschäfts gestellt werden.

35 Dieser Ansicht kann aus mehreren Gründen nicht gefolgt werden.[53] Die Verweisung des § 27 kann ebenso gut als Verweisung auf die Abs. 1 und 3 des § 25 verstanden werden, da nur diese Absätze Bestimmungen über die Haftung für frühere Geschäftsverbindlichkeiten treffen.[54] Auch die Gesetzesmaterialien enthalten keinen Hinweis für einen Verweis auf § 25 Abs. 2. Vor allem aber würde eine Anwendung des § 25 Abs. 2 die Regelung des § 27 Abs. 2 praktisch bedeutungslos werden lassen und den Zweck des § 27 konterkarieren. Dieser dient dem Schutz des Geschäftsgläubigers vor einer – zeitlich unbegrenzt möglichen – Haftungsbegrenzung nach den §§ 1975 ff. BGB. Bei analoger Anwendung des § 25 Abs. 2 könnte der Erbe durch einseitige Entscheidung trotz Fortführung des Unternehmens unter der alten Firma die handelsrechtliche Haftung ausschließen und zu jeder Zeit die erbrechtliche Haftung auf den, möglicherweise kaum noch vorhandenen, Nachlass beschränken. Gläubigerinteressen könnten hierdurch anders als in den Fällen des § 25, wo der Zugriff auf den Veräußerer möglich bleibt (§ 25 RdNr. 58 ff.), bloßgestellt werden. Näherliegend als eine Interpretation des § 27 iS eines Verweises (auch) auf § 25 Abs. 2 ist daher eine großzügige Auslegung des § 27 Abs. 2, wonach auch eine Veräußerung des Handelsgeschäfts als Einstellung iSd. § 27 Abs. 2 zu werten ist (vgl. RdNr. 29 f.). Auch bei diesem Verständnis der Norm ist der Erbe nicht gezwungen das Handelsgeschäft aufzulösen, will er der Haftung nach § 27 Abs. 1 entgehen.[55]

36 **3. Haftungsbeschränkungsmöglichkeiten bei Nachlasserbenschulden.** Nachlasserbenschulden stellen keine „früheren Geschäftsverbindlichkeiten" iSd. § 27 Abs. 1 dar (dazu RdNr. 21). Die Gläubiger von Ansprüchen aus Verbindlichkeiten, die der Erbe während der Schwebezeit bei der Fortführung des Handelsgeschäfts eingegangen ist, sind daher von einem Haftungsausschluss nach § 27 Abs. 2 nicht betroffen. Um der unbeschränkten Haftung zu entgehen, hat der Erbe die Möglichkeit, eine Haftungsbeschränkung auf den Nachlass mit den Gläubigern zu vereinbaren.[56] Die Vereinbarung kann ausdrücklich oder stillschweigend getroffen werden. Es genügt, „wenn der Vertrag erkennbar ohne jede Bezugnahme auf die Person des Erben [...] geschlossen worden ist".[57] Da eine unbeschränkbare Haftung des Erben für während der Schwebezeit eingegangene Geschäftsverbindlichkeiten nach dem Gedanken des § 27 Abs. 2 nicht geboten ist[58] und auch der Erbe eines Gesellschaftsanteils nach § 139 Abs. 4 die Möglichkeit der Haftungsbeschränkung hat, liegt nach einer in der Literatur vertretenen Ansicht eine planwid-

---

[50] Ebenso MünchKommHGB/*Lieb* RdNr. 54 f.; aA *K. Schmidt* HandelsR § 8 IV 3. b.
[51] *Baumbach* (7. Aufl.) Anm. 2 C.; RGRK-HGB/*Gadow* Anm. 6; Düringer/Hachenburg/*Hoeniger* Anm. 6.
[52] KG DR 1940, 2007; *Friedrich* S. 90 f.; *A. Hueck* ZHR 108 (1941), 1, 6 ff.; *Nolte*, FS Nipperdey, 1965, S. 667, 675 ff. (684); Staub/*Hüffer* RdNr. 22; Baumbach/*Hopt* RdNr. 3; Staudinger/*Marotzke* § 1967 RdNr. 59.
[53] So auch MünchKommHGB/*Lieb* RdNr. 50; *Reuter* ZHR 135 (1971), 511, 524.
[54] So Schlegelberger/Hildebrandt/*Steckhan* RdNr. 14.
[55] Ebenso *K. Schmidt* ZHR 157 (1993), 600, 615.
[56] AllgM, zB RG Urt. v. 21. 1. 1935 – IV 311/34, RGZ 146, 343, 346; BGH Urt. v. 25. 3. 1968 – II ZR 99/65, WM 1968, 798 = BB 1968, 969, 970; MünchKommHGB/*Lieb* RdNr. 60; Heymann/*Emmerich* RdNr. 15.
[57] BGH Urt. v. 25. 3. 1968 – II ZR 99/65, WM 1968, 798 = BB 1968, 969, 970.
[58] *Hüffer* ZGR 1986, 603, 636.

rige Regelungslücke vor, welche durch eine analoge Anwendung des § 139 Abs. 4 geschlossen werden soll.[59]

Gegen eine analoge Anwendung des § 139 Abs. 4 wird vorgebracht, dass die Gläubiger des Erben eines Gesellschaftsanteils – im Gegensatz zu den Gläubigern des Erben eines Einzelkaufmanns – durch die unbeschränkte und unmittelbare Haftung der übrigen Gesellschafter geschützt seien.[60] Für eine Analogie fehle es daher an der Vergleichbarkeit der Sachverhaltsgestaltungen. **37**

Bei der Entscheidung der Streitfrage ist zu bedenken, dass den Interessen des oder der Erben eines einzelkaufmännischen Handelsgeschäfts bereits durch die – von der Rechtsprechung großzügig gehandhabte – Möglichkeit einer rechtsgeschäftlichen Haftungsbeschränkung auf den Nachlass (RdNr. 36) ausreichend Rechnung getragen wird; es bedarf daher zum Schutz des Erben bei während der Schwebezeit geschlossenen Geschäften nicht der Analogie zu § 139. **38**

V. Besonderheiten der Haftung bei Unternehmensfortführung durch eine Erbengemeinschaft

Sind mehrere Erben vorhanden, so können sie das Handelsgeschäft als OHG oder ohne zeitliche Begrenzung in ungeteilter Erbengemeinschaft fortführen[61] (vgl. § 22 RdNr. 19 f.). Haben die Erben eine Handelsgesellschaft gegründet, so haften sie für die früheren Geschäftsschulden, die Gesellschaftsschulden geworden sind, unbeschränkt und gesamtschuldnerisch nach § 128 HGB. Problematischer ist die Fortführung des Handelsgeschäfts durch eine ungeteilte Erbengemeinschaft. **39**

1. Fortführung vor Ablauf der Dreimonatsfrist des § 27 Abs. 2. Nach Ansicht des BGH liegt eine Geschäftsfortführung durch die Erbengemeinschaft nur dann vor, wenn das Handelsgeschäft von den Erben gemeinschaftlich fortgeführt wird.[62] Bei der Geschäftsfortführung durch einen oder einzelne Miterben sollen die übrigen Miterben nur dann nach § 27 haften, wenn sie der Fortführung zugestimmt haben. Nach anderer, mE zutreffender, Ansicht tritt die Fortführung des Handelsgeschäfts durch die Erbengemeinschaft mit dem Erbfall zunächst automatisch ein (vgl. bereits RdNr. 10).[63] Da auf der einen Seite der BGH bereits eine stillschweigende Zustimmung – die zB in der Duldung der Geschäftsfortführung durch den Miterben liegen kann – genügen lässt und auf der anderen Seite ein einzelner Erbe wegen der Beschränkungen nach § 2038 BGB (ohne Zustimmung der übrigen Miterben) nicht uneingeschränkt führen kann, dürften beide Ansichten in der Praxis nur selten zu unterschiedlichen Ergebnissen führen. **40**

Die Frist des § 27 Abs. 2 läuft für alle Erben einheitlich. Sie bestimmt sich also nach dem Erben, für den die Frist am längsten läuft.[64]

2. Endgültige Fortführung. Zur Fortführung des Handelsgeschäfts in ungeteilter Erbengemeinschaft über den Zeitraum des Abs. 2 hinaus bedarf es der Zustimmung aller Miterben.[65] Will ein einzelner Erbe die Fortführung des Unternehmens einstellen, so muss er die Auseinandersetzung bzw. die in diesem Fall häufig günstigere Teilauseinandersetzung[66] bewirken. Eine einseitige Kündigung gem. §§ 723 BGB, 132 HGB, wie sie bei einer Personengesellschaft möglich ist, ist nicht zulässig. **41**

VI. Besonderheiten bei Beteiligung Minderjähriger

Schwierigkeiten ergaben sich bisher bei der Fortführung eines Handelsgeschäfts durch einen minderjährigen Erben. Während nach § 1643 Abs. 1 iVm. § 1822 Abs. 2 BGB für den Abschluss eines Gesellschaftsvertrages die Genehmigung des Familiengerichts erforderlich ist, ist dies für die Fortführung in ungeteilter Erbengemeinschaft nicht notwendig. Entsprechendes gilt für die Fortführung eines Handelsgeschäfts durch einen minderjährigen Alleinerben und für die Fortführung nach einem kraft Erbrechts eintretenden Erwerb einer Gesellschaftsbeteiligung. Die gesetzlichen **42**

---

[59] MünchKommHGB/*Lieb* RdNr. 60; *Hohensee* S. 241; vgl. auch *K. Schmidt* ZHR 157 (1992), 600, 607 ff.
[60] *Erman/Schlüter* § 1967 RdNr. 12; *Bartholomeyczik* DGWR 1938, 321; *Ernst* S. 61.
[61] BGH Urt. v. 21. 5. 1955 – IV ZR 7/55, BGHZ 17, 299, 301; Staub/*Hüffer* Vor § 22 RdNr. 71 ff.; *ders.* ZGR 1986, 603, 605 ff.; grundlegend *Strothmann* ZIP 1985, 969, 970 ff. Anders wenn Vorerben das Geschäft im Wege vorweggenommener Nacherbfolge an Nacherben veräußern: KG Beschl. v. 29. 9. 1998 – 1 W 4007/97, DB 1998, 2591.
[62] BGH Urt. v. 24. 9. 1959 – II ZR 46/59, BGHZ 30, 391, 395 = NJW 1959, 2114; BGH Urt. v. 2. 10. 1960 – V ZR 39/58, BGHZ 32, 60, 67 = NJW 1960, 959, 962.
[63] *K. Schmidt* ZHR 157 (1993), 600, 609 f.; MünchKommHGB/*Lieb* RdNr. 62 ff.; Röhricht/Graf von Westphalen/*Ammon* RdNr. 36.
[64] Staub/*Hüffer* RdNr. 40; aA Düringer/Hachenburg/*Hoeniger*, 3. Aufl., RdNr. 11; *Kretzschmar* ZBlFG 17, 1, 5.
[65] MünchKommHGB/*Lieb* RdNr. 66.
[66] Im Einzelnen hierzu MünchKommBGB/*Heldrich* § 2042 RdNr. 14 ff.

Vertreter des Minderjährigen können diesen bei unternehmensbezogenen Geschäften vertreten und grundsätzlich auch über die Haftung mit dem ererbten Vermögen hinaus verpflichten. Das BVerfG hat aber § 1629 Abs. 1 iVm. § 1643 Abs. 1 BGB als mit dem allgemeinen Persönlichkeitsrecht aus Art. 2 Abs. 1 iVm. Art. 1 Abs. 1 GG unvereinbar angesehen und insoweit für nichtig erklärt, als Eltern bei der Fortführung eines zum Nachlass gehörenden Handelsgeschäfts ohne eine Genehmigung des Familiengerichts als gesetzliche Vertreter ihrer Kinder Verbindlichkeiten begründen können, die über den Umfang des ererbten Vermögens hinausgehen.[67] Das BVerfG forderte den Gesetzgeber auf, tätig zu werden und entweder die Fortführung eines Handelsgeschäfts durch Minderjährige von einer familiengerichtlichen Genehmigung abhängig zu machen oder eine Haftungsbeschränkung auf das ererbte Vermögen festzulegen.[68]

43 Mit Einführung des § 1629a BGB durch das am 1. 1. 1999 in Kraft getretene Minderjährigenhaftungsbeschränkungsgesetz (MHbeG)[69] ist der Gesetzgeber dieser Aufforderung nachgekommen.[70] Nach § 1629a Abs. 1 S. 1, 1. HS. BGB beschränkt sich die Haftung des Kindes für Verbindlichkeiten, die seine gesetzlichen Vertreter durch Rechtsgeschäft oder eine sonstige Handlung mit Wirkung ihm gegenüber begründet haben oder die auf Grund eines während der Minderjährigkeit erfolgten Erwerbs von Todes wegen entstanden sind, auf den Bestand des bei Eintritt der Volljährigkeit vorhandenen Vermögens. Der Minderjährige kann hiernach seine Haftung nicht allein im Hinblick auf nach dem Erbanfall begründete, sondern auch in Bezug auf Nachlassverbindlichkeiten auf den Bestand seines bei Eintritt der Volljährigkeit vorhandenen Vermögens beschränken. Er bekommt also zB hinsichtlich von durch den Erblasser begründeten unternehmensbezogenen Verbindlichkeiten nach dem Recht zur Ausschlagung bzw. zur Beantragung der Nachlassverwaltung oder der Eröffnung eines Nachlassinsolvenzverfahrens mit Eintritt der Volljährigkeit eine „zweite Chance", den Nachlassverbindlichkeiten zu entgehen.[71] Zu beachten ist ferner § 723 Abs. 1 S. 3 Nr. 2 BGB. Diese gleichfalls durch das MHbeG eingeführte Vorschrift erklärt den Eintritt der Volljährigkeit zu einem wichtigen Grund, der dem volljährig Gewordenen das Recht zur Kündigung einer bestehenden Gesellschaft gibt. Die Bestimmung soll der Gesetzesbegründung zufolge auf das Recht der OHG ausstrahlen, dh. auch im Rahmen des § 133 HGB Wirkung entfalten.[72] Der volljährig Gewordene kann die Kündigung nur binnen drei Monaten von dem Zeitpunkt an erklären, zu dem er von seiner Gesellschafterstellung Kenntnis hatte oder haben musste (§ 723 Abs. 1 S. 4 BGB nF). Das Kündigungsrecht besteht nicht, wenn der Gesellschafter bezüglich des Gegenstandes der Gesellschaft zum selbständigen Betrieb eines Erwerbsgeschäfts gem. § 112 BGB ermächtigt war oder der Zweck der Gesellschaft allein der Befriedigung seiner persönlichen Bedürfnisse diente (§ 723 Abs. 1 S. 5 BGB nF).

§ 28 [Eintritt in das Geschäft eines Einzelkaufmanns]

(1) ¹Tritt jemand als persönlich haftender Gesellschafter oder als Kommanditist in das Geschäft eines Einzelkaufmanns ein, so haftet die Gesellschaft, auch wenn sie die frühere Firma nicht fortführt, für alle im Betriebe des Geschäfts entstandenen Verbindlichkeiten des früheren Geschäftsinhabers. ²Die in dem Betriebe begründeten Forderungen gelten den Schuldnern gegenüber als auf die Gesellschaft übergegangen.

(2) Eine abweichende Vereinbarung ist einem Dritten gegenüber nur wirksam, wenn sie in das Handelsregister eingetragen und bekanntgemacht oder von einem Gesellschafter dem Dritten mitgeteilt worden ist.

(3) ¹Wird der frühere Geschäftsinhaber Kommanditist und haftet die Gesellschaft für die im Betrieb seines Geschäfts entstandenen Verbindlichkeiten, so ist für die Begrenzung seiner Haftung § 26 entsprechend mit der Maßgabe anzuwenden, daß die in § 26 Abs. 1 bestimmte Frist mit dem Ende des Tages beginnt, an dem die Gesellschaft in das Handels-

---

[67] BVerfG Beschl. v. 13. 5. 1986 – 1 BvR 1542/84, BVerfGE 72, 155 = NJW 1986, 1859; angegriffenes Urteil: BGH Urt. v. 8. 10. 1984 – II ZR 223/83, BGHZ 92, 259 = NJW 1985, 136.
[68] Zu den verschiedenen Lösungsvorschlägen in der Literatur *Laum/Dylla-Krebs*, FS Vieregge, 1995, S. 514 ff.
[69] Gesetz zur Beschränkung der Haftung Minderjähriger v. 25. 8. 1998, BGBl. I 1998, S. 2487; Gesetzesentwurf der Bundesregierung: BR-Drucks. 520/98; BT-Drucks. 13/5624.
[70] Zu den Neuregelungen durch das MHbeG: *Behnke* NJW 1998, 3078 ff.; *Habersack* FamRZ 1999, 1 ff.; *Grunewald* ZIP 1999, 597 ff.
[71] Zustimmend *Behnke* NJW 1998, 3078, 3079; kritisch *Habersack* FamRZ 1999, 1, 5; vgl. auch schon die Kritik von *Hüffer* ZGR 1986, 603, 650 f.
[72] Begründung zum Gesetzesentwurf der Bundesregierung, BT-Drucks. 13/5624 S. 10.

register eingetragen wird. ²Dies gilt auch, wenn er in der Gesellschaft oder einem ihr als Gesellschafter angehörenden Unternehmen geschäftsführend tätig wird. ³Seine Haftung als Kommanditist bleibt unberührt.

Schrifttum: *Canaris,* Rechtspolitische Konsequenzen der Abschaffung von § 419 BGB für § 25 HGB, ZIP 1989, 1161; *ders.,* Vertrauenshaftung im deutschen Privatrecht, 1971; *Fischer,* Anm. zu BGH Urt. v. 7. 1. 1960 – II ZR 228/59, LM § 28 HGB Nr. 3; *Gerlach,* Die Haftungsanordnung der §§ 25, 28, 130 HGB, 1976; *Honsell/Harrer,* Die Haftung für Altschulden nach §§ 28, 130 HGB bei arglistiger Täuschung, ZIP 1983, 259; *Lieb,* Anm. zu BAG Urt. v. 23. 1. 1990 – 3 AZR 171/88, EzA Nr. 1; *Lieb,* Die Haftung für Altschulden bei „Eintritt" eines Gesellschafters in ein nicht- oder minderkaufmännisches Einzelunternehmen, FS H. Westermann, 1974, S. 309; *Lindacher,* Akzessorische Gesellschafterhaftung bei Gesellschaftsschulden nach § 28 HGB, NJG 2002, 113; *Möschel,* Das Außenverhältnis der fehlerhaften Gesellschaft, FS Hefermehl, 1972, S. 171; *Säcker,* Die handelsrechtliche Haftung für Altschulden bei Übertragung und Vererbung von Handelsgeschäften, ZGR 1973, 261; *K. Schmidt,* Haftungskontinuität als unternehmensrechtliches Prinzip, ZHR 145 (1981), 2; *ders.,* Was wird aus der Haftung nach § 419 BGB?, ZIP 1989, 1025; *K. Schmidt,* Analoge Anwendung von § 28 HGB auf die Sachgründung freiberuflicher und gewerbetreibender BGB-Gesellschaften?, BB 2004, 785; *Schricker,* Probleme der Schuldenhaftung bei Übernahme eines Handelsgeschäfts, ZGR 1972, 121; *Vetter,* Altschuldenhaftung auf fehlerhafter Vertragsgrundlage, 1995; *Waskönig,* Rechtsgrund und Tragweite der §§ 25, 28 HGB, 1979; *Wiesner,* Die Lehre von der fehlerhaften Gesellschaft, 1988.

Übersicht

	RdNr.		RdNr.
I. Normzweck	1–12	sche andere Personenhandelsgesellschaft	25
1. Ratio legis	2, 3	dd) Einbringung in eine Kapitalgesellschaft	26, 27
2. Rechtspolitische Einschätzung	4–6	4. Einbringung und Fortführung des Geschäfts	28
3. Rechtsgrund	7–12	**III. Rechtsfolgen**	29–33
a) Rechtsprechung	7	1. Konsequenzen der Haftung	29, 30
b) Rechtslehre	8, 9	2. Umfang der Haftung	31
c) Stellungnahme	10–12	3. Prozessuale Fragen	32, 33
II. Voraussetzungen der Haftung	13–28	**IV. Die Regelung des § 28 Abs. 1 S. 2**	34, 35
1. Geschäft	14	**V. Abweichende Vereinbarungen (Abs. 2)**	36–39
2. Einzelkaufmann	15–17	**VI. Konkurrenzen**	40, 41
3. Entstehung einer Gesellschaft	18–28	1. § 613 a BGB	40
a) Allgemeine Voraussetzungen	18–21	2. § 75 AO	41
b) Problemfälle	22–27	**VII. Enthaftung (Abs. 3)**	42
aa) Auflösbare fehlerhafte Gesellschaft	22, 23		
bb) Einbringung in eine bestehende Personenhandelsgesellschaft	24		
cc) Übertragung des Geschäfts einer Personenhandelsgesellschaft auf eine ganz oder teilweise personenidenti-			

I. Normzweck

Wie bei § 25 sind auch bei § 28 Sinn und Zweck der Norm umstritten. Die Differenzierung zwischen Normzweck, rechtspolitischer Einschätzung und Rechtsgrund der Regelung zeigt allerdings, dass anders als bei § 25 gerade auch die ratio legis im engeren Sinne kontrovers diskutiert wird. **1**

1. Ratio legis. Bei der Diskussion über die ratio legis des § 28 stehen sich zwei Lager gegenüber. Teils wird § 28 als Parallelvorschrift zu § 25 verstanden und auf die entsprechenden Erwägungen zum Normzweck zurückgegriffen, teils wird § 28 als selbständige Norm angesehen, deren ratio legis unabhängig von § 25 zu bestimmen sei. Der Gesetzgeber hat sich bei einer eigenständigen Begründung des § 28 enthalten und in der einschlägigen Passage der Materialien nur die folgenden Aspekte aneinandergereiht: Im Hinblick sowohl auf die Haftung des in eine bestehende Gesellschaft eintretenden Gesellschafters nach § 130 als auch auf § 25 sei eine grundsätzlich verschiedene Behandlung nicht gerechtfertigt und deshalb eine entsprechende Vorschrift für den Fall, dass erst durch den Eintritt des neuen Teilhabers eine Gesellschaft entstehe, unverzichtbar.[1] Zur Begründung einer von der Firmenfortführung unabhängigen Haftung heißt es: „Wenn der frühere Geschäftsinhaber selbst das Geschäft als Theilhaber weiterbetreibt, so wird selbst bei Annahme einer neuen Firma die Absicht der Parteien kaum jemals auf eine Trennung der alten und der neuen Geschäftsschulden und Forderungen mit Wirkung nach außen gerichtet sein." Die Berichtigung der Verbindlichkeiten durch die Gesellschaft dürfen die Gläubiger des bisherigen Einzelkaufmanns als das „Naturgemäße" **2**

---

[1] Denkschrift zum Entwurf eines Handelsgesetzbuchs und eines Einführungsgesetzes (RTVorl.), S. 36 = *Schubert/Schmiedel/Krampe* II/2, S. 98.

voraussetzen.² Diese Aspekte sind in der Diskussion mit unterschiedlichen Schwerpunkten aufgegriffen worden. Zu Recht wird allerdings ganz überwiegend wie bei § 25 der **Schutz des Rechtsverkehrs** als Ziel der Norm angesehen, seien es nun konkrete Haftungserwartungen³ oder das Interesse an einem sicheren Handelsverkehr, wie etwa an der Vorhersehbarkeit der Haftungslage⁴ und der haftenden Personen.⁵

3   Eine Sonderstellung nimmt wiederum *K. Schmidt* mit der bereits im Rahmen von § 25 erörterten Lehre von der Haftungskontinuität ein.⁶ Auch bei § 28 bezieht *K. Schmidt* sich auf die Materialien. Seines Erachtens konnte der Gesetzgeber die Berichtigung der Verbindlichkeiten durch die Gesellschaft nur als das „Naturgemäße" ansehen, weil er wie bei § 25 der Verkehrsauffassung habe entgegenkommen wollen, dass „die Firma" – nach *K. Schmidt* soll damit das Unternehmen gemeint sein (vgl. § 25 RdNr. 3) – Träger der durch den Handelsbetrieb begründeten Rechte und Pflichten sei.⁷ Dem ist zunächst entgegenzuhalten, dass bereits § 25 nicht als Kompensation der fehlenden rechtlichen Selbständigkeit des Unternehmens konzipiert ist (vgl. § 25 RdNr. 3). Ferner geht der Gesetzgeber den Materialien zufolge bei § 28 nicht von der Fehlvorstellung des Rechtsverkehrs hinsichtlich der rechtlichen Selbständigkeit der Firma aus, sondern bezieht sich ausdrücklich auf den Willen des bisherigen Einzelkaufmanns und der eintretenden Person bzw. Personen. Im Übrigen passen nach der hier vertretenen Auffassung wie schon bei § 25 die Rechtsfolge, eine nicht auf das Unternehmensvermögen begrenzte Haftung, und die Abdingbarkeit derselben nicht zu einem Prinzip der Haftungskontinuität (vgl. § 25 RdNr. 3).

4   **2. Rechtspolitische Einschätzung.** Auch § 28 ist starken Einwänden insbesondere von *Canaris* ausgesetzt, der der Norm jeglichen „fassbaren Sinn" abspricht.⁸ Ähnlich äußert sich *Fischer*, dem zufolge ein die Regelung rechtfertigender vernünftiger Sachgrund fehle.⁹

5   *Lieb* hält demgegenüber gerade § 28 für unerlässlich, weil er die Norm mit der folgenden Begründung als elementare Gläubigerschutzvorschrift versteht.¹⁰ Ohne § 28 könnten die Altgläubiger nicht unmittelbar auf das Gesellschaftsvermögen zugreifen und wären bei einer Vollstreckung in den Gesellschaftsanteil des ehemaligen Einzelkaufmanns wegen § 733 BGB einer vorrangigen Befriedigung der Neugläubiger ausgesetzt. Ob dieser Aspekt allein zur Rechtfertigung von § 28 ausreicht, ist jedoch im Hinblick auf die Nachschusspflicht der Gesellschafter nach § 735 BGB fraglich. Gemäß § 733 Abs. 2 BGB sind nach Berichtigung der Gesellschaftsschulden die Einlagen zurückzuerstatten. Bei Sachen ist deren Wert zum Zeitpunkt der Einbringung maßgeblich. Der bisherige Inhaber muss folglich den Gegenwert des von ihm eingebrachten Unternehmens erhalten. Damit können die Altgläubiger auf einen Betrag zugreifen, der dem Wert dessen entspricht, was ihnen vor der Einbringung zur Verfügung stand. Reicht das nach Befriedigung der Neugläubiger verbleibende Gesellschaftsvermögen zur Erstattung der Einlagen nicht aus, sind die Gesellschafter nach § 735 BGB nachschusspflichtig, so dass zumindest die Aufbringung einer Vollstreckungsmasse, die dem Wert des eingebrachten Vermögens entspricht, gewährleistet ist. Die Situation ist damit der des § 25 insofern vergleichbar, als in beiden Fällen ein Geldbetrag an die Stelle des Unternehmens tritt. Die Vollstreckung gestaltet sich zwar wegen der gesamthänderischen Bindung des Vollstreckungsgegenstands schwieriger als bei § 25. Es handelt sich jedoch nur um eine Erschwerung des Zugriffs auf diesen Gegenstand und nicht um eine Verschlechterung der Situation der Altgläubiger.¹¹

6   Dass § 28 allerdings aus anderen Gründen durchaus seine Berechtigung hat, zeigt eine **Analyse der beteiligten Interessen,** auf die auch die Gesetzesmaterialien Bezug nehmen (s. o. RdNr. 2). Der Rechtsverkehr und speziell die Gläubiger sind ohne weiteres an einer zusätzlichen Haftung der Gesellschaft interessiert. Ebenso ist für den bisherigen Inhaber die Haftung der Gesellschaft günstiger. Auch der neue Träger des Unternehmens wird regelmäßig nicht an einer Zäsur interessiert sein. Bleibt der bisherige Inhaber an der Geschäftsführung beteiligt und besteht dadurch eine personelle

---

² Denkschrift zum Entwurf eines Handelsgesetzbuchs und eines Einführungsgesetzes (RTVorl.), S. 36 = *Schubert/Schmiedel/Krampe* II/2, S. 98.
³ RG Urt. v. 8. 6. 1940 – II 149/39, RGZ 164, 115, 120; BGH Urt. v. 6. 7. 1966 – VIII ZR 92/64, NJW 1966, 1917, 1918; Staub/*Hüffer* RdNr. 28; GK-HGB/*Nickel* RdNr. 2.
⁴ Heymann/*Emmerich* RdNr. 8; *Honsell/Harrer* ZIP 1983, 259, 263.
⁵ *Säcker* ZGR 1973, 261, 280.
⁶ § 25 RdNr. 3; zust. Baumbach/*Hopt* RdNr. 1.
⁷ *K. Schmidt* ZHR 145 (1981), 2, 18.
⁸ *Canaris*, Vertrauenshaftung im deutschen Privatrecht, 1971, S. 187. Ähnlich in neuer Zeit *Kindler* JZ 2006, 176, 179 f.
⁹ *Fischer* LM Nr. 3.
¹⁰ *Lieb*, FS Westermann, 1974, S. 313; MünchKommHGB/*Lieb* RdNr. 3.
¹¹ Vgl. GK-HGB/*Nickel* RdNr. 2; Heymann/*Emmerich* RdNr. 8.

Kontinuität, wird die Gesellschaft die durch den bisherigen Inhaber geknüpften Beziehungen fortsetzen wollen. Dem würde eine Trennung von Alt- und Neuverbindlichkeiten entgegenwirken. Aber auch wenn der bisherige Inhaber lediglich wirtschaftlich an dem Unternehmen beteiligt bleibt, ist die Gesellschaft an der Übernahme der Altverbindlichkeiten interessiert, weil andernfalls ihr eigener Fortbestand gefährdet wäre. Werden die Altgläubiger nämlich auf das Privatvermögen des ehemaligen Einzelkaufmanns verwiesen, droht im Rahmen der Zwangsvollstreckung in dessen Gesellschaftsanteil wegen §§ 857, 859 ZPO und § 135 HGB die Zerschlagung der Gesellschaft.[12] Dieser Aspekt wird auch von *Möschel* hervorgehoben, der § 28 zur Gewährleistung des Bestandsschutzes der neu gegründeten oder aufnehmenden Gesellschaft für notwendig hält.[13] Die Regelung des § 28 entspricht damit typischen Interessen der Beteiligten. Ihr können also weder völlige Sinnlosigkeit noch fehlender Gerechtigkeitsgehalt vorgeworfen werden.

3. Rechtsgrund. a) Rechtsprechung. In der Rechtsprechung werden verschiedene Ansätze **7** zum Rechtsgrund der Haftung vertreten. Das Reichsgericht hatte zunächst den Gedanken des Haftungsfonds in den Vordergrund gestellt.[14] Später begründete es unter Bezugnahme auf die Gesetzesmaterialien die Haftung zusätzlich damit, dass die Berichtigung bereits entstandener Verbindlichkeiten durch die Gesellschaft als das Naturgemäße anzusehen sei.[15] Der BGH führte die Rechtsprechung des Reichsgerichts auch bei § 28 nicht ohne weiteres fort, hielt sich aber anders als bei § 25 mit der Heranziehung des Rechtsscheingedankens zurück.[16] Statt dessen hob er die Parallele zu § 130 hervor. Seines Erachtens darf es für die Haftung des Gesellschafters keinen Unterschied machen, ob der Gesellschafter in eine bestehende Gesellschaft eintritt, oder ob sie erst durch seinen Eintritt entsteht.[17] Als weiteren Grund der Haftung führt er an, dass weder der Kaufpreis noch das nunmehr gesamthänderisch gebundene Vermögen des ehemaligen Einzelkaufmanns als Befriedigungsobjekt zur Verfügung stünden.[18] § 28 müsse den Altgläubigern erst den Zugriff auf diesen Vermögenswert ermöglichen.

b) Rechtslehre. In der Literatur finden sich zum einen die im Rahmen von § 25 entwickelten **8** Ansätze wieder. So stützen etwa *Hildebrandt/Steckhan* die Haftung auf den Rechtsscheingedanken.[19] Durch das Verbleiben des bisherigen Alleininhabers in dem Unternehmen werde der Eindruck erweckt, dass sich in dem Unternehmen nichts geändert habe. Andere halten den Gedanken des Haftungsfonds für maßgeblich.[20] *Schricker* zufolge liegt wie bei § 25 ein kombiniertes Vermögensübernahme- und Verkehrsschutzprinzip der Haftung zugrunde, die äußerlich durch die personelle Kontinuität indiziert werde.[21]

Auch die in der Gesetzesbegründung angesprochene Parallele zu § 130 wird aufgegriffen und § 28 **9** als ein Fall antizipierter Gesellschafterhaftung verstanden.[22] Schließlich wird § 28 für notwendig gehalten, um den Altgläubigern den Zugriff auf das Vermögen des ehemaligen Einzelkaufmanns zu ermöglichen.[23]

c) Stellungnahme. Was die von der Rechtslehre bereits zum Normzweck des § 25 vertretenen **10** Ansätze betrifft, kann im Wesentlichen auf die dortigen Ausführungen Bezug genommen werden (§ 25 RdNr. 15 f., 18 ff). Im Hinblick auf die Rechtsscheintheorie sei ergänzend darauf hingewiesen, dass das bei § 28 fehlende Erfordernis einer Firmenfortführung nicht ohne weiteres durch eine personelle Kontinuität ersetzt werden kann. Das Verbleiben des bisherigen Einzelkaufmanns im Unternehmen kann Träger eines Rechtsscheins überhaupt nur sein, wenn es nach außen in Erscheinung tritt. § 28 setzt aber nicht voraus, dass der bisherige Inhaber nach wie vor Kontakt zur Kundschaft pflegt. Er kann sich auch aus dem täglichen Geschäft zurückziehen und als Teilhaber für das Publikum nicht weiter präsent sein.[24]

Fraglich ist ferner, ob der Rechtsgrund der Haftung in der Vergleichbarkeit der § 28 und § 130 **11** zugrundeliegenden Situation bestehen kann, wie es die Gesetzesmaterialien nahelegen. Angreifbar erscheint der Ansatz mit Rücksicht darauf, dass sich die Regelung des § 28 nicht an § 130, sondern

---

[12] Vgl. zu diesem Gesichtspunkt *Möschel*, FS Hefermehl, 1972, S. 182; *Lieb*, FS Westermann, 1974, S. 321.
[13] *Möschel*, FS Hefermehl, 1972, S. 181 f.
[14] RG Urt. v. 13. 10. 1933 – II 110/33, RGZ 142, 98, 106; RG Urt. v. 8. 6. 1940 – II 149/39, RGZ 164, 115, 120.
[15] RG Urt. v. 8. 6. 1940 – II 149/39, RGZ 164, 115, 120.
[16] BGH Urt. v. 14. 6. 1961 – VIII ZR 73/60, NJW 1961, 1765, 1766.
[17] BGH Urt. v. 6. 7. 1966 – VIII ZR 92/64, NJW 1966, 1617, 1618.
[18] BGH Urt. v. 6. 7. 1966 – VIII ZR 92/64, NJW 1966, 1617, 1619.
[19] Schlegelberger/*Hildebrandt/Steckhan* RdNr. 1 a.
[20] Baumbach/*Hopt* RdNr. 1.
[21] *Schricker* ZGR 1972, 121, 151.
[22] *Säcker* ZGR 1973, 261, 280.
[23] *Lieb*, s. RdNr. 5.
[24] Ähnlich *Lieb*, FS Westermann, 1974, S. 320.

vielmehr eindeutig an § 25 orientiert.[25] So wird die Haftung der Gesellschaft und nicht des Eintretenden konstituiert und die Haftung ist anders als bei § 130 abdingbar. Diese Abweichungen können nicht als zufällig angesehen werden, sondern gehen auf einen deutlichen Unterschied zwischen § 130 und § 28 zurück: den bei § 28 notwendigen Rechtsträgerwechsel.[26] Von einem solchen Rechtsträgerwechsel geht nämlich wie § 25 auch § 28 aus, obwohl weder die OHG noch die KG eine juristische Person darstellt. Den §§ 124 Abs. 1, 161 Abs. 2 zufolge können aber auch solche Gesellschaften unter ihrer Firma Rechte erwerben und Verbindlichkeiten eingehen. An diese rechtliche Verselbständigung knüpft § 28 an, indem er die Haftung der Gesellschaft anordnet. Zuordnungssubjekt der Verbindlichkeiten soll der neue Träger des Unternehmens sein. Das ist die Gesellschaft, die infolge der Einbringung des Unternehmens das Geschäft betreibt. Folglich muss anders als bei § 130 die Haftung der Gesellschaft und nicht nur des Eintretenden begründet werden. Durch den Rechtsträgerwechsel werden ferner Belange der Privatautonomie betroffen, die eine Abdingbarkeit der Haftung rechtfertigen können. So kann einer Gesellschaft, die vor allem an dem materiellen Bestand und weniger an dem good will des Unternehmens interessiert ist, bei dessen Übernahme durchaus unter Inkaufnahme des Risikos der Zerschlagung an einer Entlastung von den Altverbindlichkeiten gelegen sein. Solche Erwägungen sind typisch gerade für die durch § 28 geregelte Situation und können demgegenüber beim Eintritt eines Gesellschafters nach § 130 keine Rolle spielen. Die Parallele zu § 130 kann folglich als Rechtsgrund der Haftung der Gesellschaft nach § 28 nicht überzeugen.

12 Berücksichtigt man die im Rahmen der rechtspolitischen Einschätzung erarbeitete Interessenlage der Beteiligten, kommt als Rechtsgrund der Haftung wie bei § 25 die Notwendigkeit der Erstreckung einer typischerweise intern vereinbarten Schuldübernahme ins Außenverhältnis in Betracht. Sowohl der bisherige Inhaber als auch die aufnehmende Gesellschaft sind in der Regel auf Grund der personellen Kontinuität an einer Schuldübernahme durch die Gesellschaft interessiert.[27] Der bisherige Inhaber muss nicht allein haften, und die Gesellschaft kann sich die personelle Kontinuität zunutze machen oder zumindest eine Zerschlagung im Rahmen der Zwangsvollstreckung in den Anteil des bisherigen Inhabers vermeiden.[28] Die Vereinbarung einer Schuldübernahme kann daher als Regelfall angesehen werden.[29] Dieser Vereinbarung muss mit Rücksicht auf die Bedürfnisse des Rechtsverkehrs von Gesetzes wegen Außenwirkung verliehen werden, um der Ungewissheit über die Haftungssituation entgegenzuwirken (vgl. dazu im Einzelnen § 25 RdNr. 21). Damit ist wie bei § 25 die Notwendigkeit, einer **typischerweise vereinbarten internen Schuldübernahme Außenwirkung zu verleihen,** als Rechtsgrund der Haftung anzusehen.

II. Voraussetzungen der Haftung

13 § 28 setzt voraus, dass jemand als persönlich haftender Gesellschafter oder als Kommanditist in das Geschäft eines Einzelkaufmanns eintritt. Der bisherige Inhaber muss also ein Handelsgeschäft betrieben haben.

14 **1. Geschäft.** Als Handelsgeschäft ist wie bei § 25 das Unternehmen als betriebsfähige Wirtschaftseinheit anzusehen (§ 25 RdNr. 22). Das Unternehmen muss zum Zeitpunkt der Einbringung noch bestanden haben.[30] Das Geschäft darf daher nicht vorher endgültig aufgelöst worden sein.[31] Eine nur vorübergehende Stilllegung steht der Anwendung von § 28 nicht entgegen.[32] Auch eine Mantelverwertung kann zur Anwendung des § 28 führen.[33]

15 **2. Einzelkaufmann.** Der Begriff des Einzelkaufmann iSv. § 28 erfasst nicht nur natürliche Personen. Es kann vielmehr auch eine juristische Person „Einzelkaufmann" iSv. § 28 sein, wenn sie ein Handelsgeschäft betreibt.[34] Auch die Erbengemeinschaft und der als Treuhänder fungierende Testamentsvollstrecker kommen als Einzelkaufleute in diesem Sinne in Betracht.[35] Nach hier ver-

---

[25] Ebenso *Vetter* S. 288.
[26] IE ähnlich Staub/*Hüffer* § 25 RdNr. 91.
[27] Vgl. zu dieser typischen Interessenlage auch *Vetter* S. 287 f.
[28] S. o. RdNr. 6; ähnlich *Vetter* S. 286.
[29] *Honsell/Harrer* ZIP 1983, 259, 263.
[30] Staub/*Hüffer* RdNr. 9; MünchKommHGB/*Lieb* RdNr. 14; Heymann/*Emmerich* RdNr. 19.
[31] BGH Urt. v. 30. 6. 1955 – I ZR 186/53, WM 1955, 1315, 1316; KG Urt. v. 21. 5. 1910 – VII. ZG, OLGE 21, 375, 376.
[32] BGH Urt. v. 14. 6. 1961 – VIII ZR 73/60, NJW 1961, 1765, 1766; BGH Urt. v. 30. 6. 1955 – I ZR 186/53, WM 1955, 1315, 1316. Zu den Kriterien für eine nur vorübergehende Stilllegung vgl. § 25 RdNr. 44 f.
[33] BGH WM 1955, 1315, 1316; NJW 1961, 1765, 1766; Staub/*Hüffer* RdNr. 9; MünchKommHGB/*Lieb* Fn. 27.
[34] Staub/*Hüffer* RdNr. 11; MünchKommHGB/*Lieb* RdNr. 19; aA Düringer/Hachenburg/*Hoeniger* RdNr. 3.
[35] Staub/*Hüffer* RdNr. 11.

tretener Auffassung werden auch die gesellschaftlichen Gesamthandsgemeinschaften erfasst (s. u. RdNr. 22 ff.). § 28 greift daher ein, wenn eine Gesamthandsgemeinschaft mit ihren Mitgliedern oder mit Dritten eine (weitere) OHG oder KG gründet und in diese das bisher von ihr geführte Geschäft einbringt.

Umstritten ist die Anwendung von § 28, wenn das bisher betriebene Unternehmen **kein Handelsgewerbe** darstellte. Der BGH lehnt eine Anwendung von § 28 in diesem Fall grundsätzlich ab.[36] Dem ist entgegen Stimmen in der Literatur[37] zu folgen, falls auch die Gesellschaft kein Handelsgewerbe betreibt und daher wiederum nur eine GbR sein kann. Selbst wenn die Beteiligten typischerweise an einer Erfüllungsübernahme interessiert sein sollten und mit der Lehre von der Teilrechtsfähigkeit der GbR deren selbständige Verpflichtungsfähigkeit angenommen wird, steht einer Anwendung von § 28 entgegen, dass die Gesellschaft einen Haftungsausschluss nicht registerlich machen kann.[38] Dem kann auch nicht entgegengehalten werden, dass der Haftungsausschluss bei § 28 ohnehin deplaziert und deshalb zu vernachlässigen sei.[39] Nach dem hier vertretenen Ansatz liegt § 28 die Vorstellung zugrunde, dass die Beteiligten des Einbringungsvorgangs in der Regel eine Erfüllungsübernahme bezwecken, und dass ihnen mit § 28 deren Vereinbarung im Außenverhältnis abgenommen werden soll. Mit dieser Anknüpfung an den Parteiwillen ist aber unverzichtbar die Möglichkeit eines unkomplizierten Ausschlusses der Haftung verbunden. Besteht diese Möglichkeit wie in der umstrittenen Konstellation nicht, kommt auch eine Anwendung von § 28 nicht in Betracht. Auch wenn die GbR zu einem späteren Zeitpunkt zur Handelsgesellschaft wird, kann mit Rücksicht auf die Verkehrssicherheit nichts anderes gelten.[40] **16**

Zu befürworten ist eine analoge Anwendung demgegenüber, wenn die aufnehmende Gesellschaft bereits eingetragen ist bzw. im Rahmen der Einbringung eingetragen wird. In diesen Fällen ist sowohl die bei § 28 vorausgesetzte Interessenlage gegeben als auch ein Haftungsausschluss auf dem von § 28 Abs. 2 vorgesehenen Wege möglich. **17**

3. Entstehung einer Gesellschaft. a) Allgemeine Voraussetzungen. § 28 setzt voraus, dass durch den Eintritt einer oder mehrerer Personen in das bestehende Unternehmen eine OHG oder eine KG entsteht. Seinem Wortlaut nach werden von § 28 daher weder Einbringungsvorgänge in bestehende Personenhandelsgesellschaften noch solche in Kapitalgesellschaften erfasst. Teilweise wird insoweit aber eine analoge Anwendung vorgeschlagen.[41] **18**

An die Person des oder der Eintretenden und an die Funktion, die sie und der bisherige Träger des Unternehmens in der neuen Gesellschaft spielen, werden demgegenüber keine besonderen Anforderungen gestellt. Auch eine GmbH kommt als Eintretender in Betracht.[42] **19**

Erforderlich ist aber, dass überhaupt eine Gesellschaft entstanden ist. Ist das nicht der Fall – etwa weil kein wirksamer Vertrag zustande gekommen ist oder gravierende Nichtigkeitsgründe der Entstehung entgegenstehen[43] – greift § 28 nicht ein.[44] Die Haftung einer nur vermeintlich entstandenen Gesellschaft nach § 28 kann auch nicht auf Rechtsscheingrundsätze gestützt werden. Mangels wirksamer Gesellschaftsgründung ist kein Gesamthandsvermögen entstanden, das als Haftungsobjekt in Betracht kommen könnte.[45] Dieses Manko kann auch nicht mit Hilfe der Rechtsscheinhaftung ausgeglichen werden. **20**

Die hM lässt allerdings die vermeintlichen Gesellschafter wegen des Rechtsscheins der wirksamen Gesellschaftsgründung nach § 28 in Verbindung mit den allgemeinen Rechtsscheingrundsätzen haften, wenn die Gesellschaft eingetragen, bekanntgemacht und in Vollzug gesetzt wurde.[46] Dies ist jedoch insofern problematisch, als eine Haftung des Eintretenden über § 128 nur möglich ist, wenn **21**

---

[36] BGH Urt. v. 7. 1. 1960 – II ZR 228/59, BGHZ 31, 397, 400; BGH Urt. v. 18. 1. 2000 – XI ZR 71/99, BGHZ 143, 314, 318 f. = DB 2000, 564, 565; vgl. aus neuerer Zeit BGH Urt. v. 22. 1. 2004 – IX ZR 65/01, 157, 361 = NJW 2004, 836 (für Rechtsanwaltssozietät); hierzu *K. Schmidt* BB 2004, 785 ff.
[37] MünchKommHGB/*Lieb* RdNr. 9; *K. Schmidt* ZHR 145 (1981), 2, 22 ff.; *ders.* HandelsR § 8 III 1 a bb.
[38] Vgl. zur entsprechenden Argumentation zu § 25 dort RdNr. 24.
[39] MünchKommHGB/*Lieb* RdNr. 11.
[40] BGH (Fn. 36) 401; aA Heymann/*Emmerich* RdNr. 14.
[41] Vgl. zu dieser umstrittenen Frage RdNr. 24 ff.
[42] MünchKommHGB/*Lieb* RdNr. 20.
[43] Anders bei Anwendbarkeit der Lehre von der fehlerhaften Gesellschaft: Vgl. hierzu BGH Urt. v. 30. 4. 1955 – II ZR 202/53, NJW 1955, 1067, 1069; *Wiesner*, Die Lehre von der fehlerhaften Gesellschaft, 1980 mwN.
[44] RG Urt. v. 13. 10. 1933 – II 110/33, RGZ 142, 98, 107 f.; BGH Urt. v. 14. 6. 1961 – VIII ZR 73/60, NJW 1961, 1765; BGH Urt. v. 6. 11. 1963 – IV ZR 32/63, WM 1964, 296; MünchKommHGB/*Lieb* RdNr. 24; in diesem Punkt unklar Staub/*Hüffer* RdNr. 12.
[45] MünchKommHGB/*Lieb* RdNr. 24; *Vetter* S. 277 f.
[46] RG Urt. v. 13. 10. 1933 – II 110/33, RGZ 142, 98, 107 f.; BGH Urt. v. 14. 6. 1961 – VIII ZR 73/60, NJW 1961, 1765; BGH Urt. v. 6. 11. 1963 – IV ZR 32/63, WM 1964, 296; Baumbach/*Hopt* RdNr. 3; Schlegelberger/*Hildebrandt/Steckhan* RdNr. 6.

die Altverbindlichkeiten auf Grund von § 28 auf die Gesellschaft übergegangen sind. Das ist hier aber gerade nicht der Fall. Auch eine Haftung der vermeintlichen Gesellschafter scheidet damit aus. Die Altgläubiger müssen sich an das Vermögen des ehemaligen Einzelkaufmanns halten.

22   **b) Problemfälle. aa) Auflösbare fehlerhafte Gesellschaft.** Der hM zufolge ist § 28 auf eine Gesellschaft, die nach der Lehre von der fehlerhaften Gesellschaft nur mit Wirkung für die Zukunft aufgelöst werden kann,[47] uneingeschränkt anwendbar.[48] Der Rückgriff auf die Grundsätze zur fehlerhaften Gesellschaft ist jedoch nicht ohne weiteres möglich, weil diese Lehre mit Rücksicht auf die Neugläubiger entwickelt wurde und folglich die § 28 zugrundeliegende Problematik nicht unmittelbar erfasst.[49] Die Frage muss vielmehr speziell für die durch § 28 geregelte Situation entschieden werden. Nach dem hier vertretenen Ansatz kommt es darauf an, ob eine interne Schuldübernahme als Regelfall anzusehen ist, wenn die Gesellschaft in Vollzug gesetzt und nach der Lehre der fehlerhaften Gesellschaft wirksam entstanden ist. Dem bisherigen Einzelkaufmann ist in jedem Fall an einer Schuldübernahme gelegen. Tritt er auch weiterhin nach außen für das Unternehmen auf, ist die Gesellschaft an der Kontinuität der Geschäftsbeziehungen und damit auch an einer Haftung interessiert. Hält er sich demgegenüber im Hintergrund, ist das Interesse der Gesellschaft insofern fraglich, als das in diesem Fall normalerweise maßgebliche Bestandsinteresse mit Rücksicht auf die Auflösbarkeit der Gesellschaft entfallen könnte. Die Gesellschaft bleibt jedoch auch in dieser Konstellation wegen der andernfalls drohenden Zerschlagung im Rahmen der Zwangsvollstreckung an der Haftung interessiert, weil sie nur so den Zeitpunkt ihrer Auflösung selbst bestimmen kann. Damit ist die dem Normzweck von § 28 zugrundeliegende Interessenlage gegeben und § 28 auf die auflösbare fehlerhafte Gesellschaft anwendbar.

23   Die Haftung der fehlerhaften Gesellschaft nach § 28 führt entgegen einigen Stimmen in der Literatur über § 128 zur Haftung ihrer Gesellschafter.[50] Da die fehlerhafte Gesellschaft bis zu ihrer Auflösung Bestand hat, müssen die Gesellschafter nach den allgemeinen Vorschriften für die seit der Gründung entstandenen Verbindlichkeiten, zu denen wegen § 28 auch die Altverbindlichkeiten gehören, einstehen.

24   **bb) Einbringung in eine bestehende Personenhandelsgesellschaft.** Umstritten ist die Anwendbarkeit von § 28, wenn das Handelsgeschäft in eine bereits bestehende Gesellschaft eingebracht wird.[51] Eine unmittelbare Anwendung scheidet aus, weil § 28 die Entstehung einer Personenhandelsgesellschaft durch Beitritt eines Dritten voraussetzt. Die umstrittene Konstellation kann jedoch über eine Analogie erfasst werden. Anhaltspunkte dafür, dass der Gesetzgeber bewusst keine diesbezügliche Regelung getroffen hat, fehlen. Auch die §§ 130, 173 erfassen die Problematik nicht, weil sie lediglich die Haftung des Eintretenden anordnen, es bei § 28 demgegenüber um die Haftung der aufnehmenden Gesellschaft geht. Neben der planwidrigen Regelungslücke ist auch die Interessenidentität gegeben. Der bisherige Inhaber ist an einer Mithaftung der Gesellschaft interessiert und der aufnehmenden Gesellschaft ist entweder auf Grund einer nach außen erkennbaren personellen Kontinuität oder zumindest auf Grund ihres Bestandsinteresses an einer Schuldübernahme gelegen.[52]

25   **cc) Übertragung des Geschäfts einer Personenhandelsgesellschaft auf eine ganz oder teilweise personenidentische andere Personenhandelsgesellschaft.** Auch insofern kommt lediglich eine analoge Anwendung von § 28 in Betracht. Die erforderliche Regelungslücke liegt vor, weil eine entsprechende Regelung fehlt und insbesondere auch § 25 die Konstellation nicht erfasst (§ 25 RdNr. 39). Auch die Interessenidentität ist gegeben. Wie bei der Einbringung in eine bestehende Personenhandelsgesellschaft sind sowohl die bisherigen Gesellschafter als auch die aufnehmende Gesellschaft an einer Schuldübernahme interessiert (s. o. RdNr. 24). Das Interesse der aufnehmenden Gesellschaft dürfte sich in der Regel aus der personellen Kontinuität ergeben (vgl. schon RdNr. 12).

---

[47] RG Urt. v. 13. 11. 1940 – II 44/40, RGZ 165, 193, 201 ff.; BGH Urt. v. 24. 11. 1951 – II ZR 18/51, BGHZ 3, 285, 287 ff.
[48] BGH Urt. v. 22. 11. 1971 – II ZR 166/69, NJW 1972, 1466, 1467; Staub/*Hüffer* RdNr. 12; GK-HGB/*Nickel* RdNr. 8; Baumbach/*Hopt* RdNr. 3; Schlegelberger/*Hildebrandt*/*Steckhan* RdNr. 6.
[49] MünchKommHGB/*Lieb* RdNr. 25; vgl. auch *Canaris* HandelsR § 7 RdNr. 89 f.
[50] Dagegen MünchKommHGB/*Lieb* RdNr. 26; Heymann/*Emmerich* RdNr. 18; *Honsell*/*Harrer* ZIP 1983, 259; *Vetter* S. 295 ff., 301.
[51] Dafür *Gerlach* S. 60; MünchKommHGB/*Lieb* RdNr. 6; Staub/*Hüffer* RdNr. 30 und § 25 RdNr. 91 ff.; dagegen: *Canaris* HandelsR § 7 RdNr. 98; *Commandeur* S. 178; *Honsell*/*Harrer* ZIP 1983, 259, 263; Baumbach/*Hopt* RdNr. 2; Heymann/*Emmerich* RdNr. 9. Offen gelassen vom BGH Urt. v. 22. 1. 2004 – IX ZR 65/01, BGHZ 157, 361, 368 = NJW 2004, 836.
[52] Zur Interessenlage vgl. oben RdNr. 6.

dd) Einbringung in eine Kapitalgesellschaft. Ob die Einbringung eines Unternehmens im 26 Rahmen der Gründung einer Kapitalgesellschaft oder bei einer Kapitalerhöhung gegen Sacheinlage zur Haftung der aufnehmenden Gesellschaft nach § 28 führen kann, ist umstritten. Der BGH hat die Frage in jüngster Zeit verneint.[53] Einer unmittelbaren Anwendung von § 28 steht jedenfalls entgegen, dass § 28 auf Einbringungsvorgänge in Personenhandelsgesellschaften beschränkt ist. Teilweise wird jedoch eine analoge Anwendung befürwortet.[54] Fraglich ist insoweit, ob die erforderliche Interessenidentität besteht. Bleibt der Altunternehmer an der Geschäftsführung des eingebrachten Unternehmens beteiligt, ist dies mit Rücksicht auf die manifeste personelle Kontinuität zu bejahen. Ein Interesse der Gesellschaft an der Schuldübernahme ist ebenfalls gegeben, wenn sie die Firma des aufgenommenen Geschäfts fortführt.[55]

Tritt der Altunternehmer jedoch nicht weiterhin nach außen erkennbar für das Unternehmen auf, 27 kann sich das typische Interesse der aufnehmenden Personenhandelsgesellschaft nur aus einem Bestandsinteresse ergeben. Die Kapitalgesellschaft ist jedoch im Fall der Vollstreckung in den Geschäftsanteil des ehemaligen Einzelkaufmanns nicht in ihrem Bestand gefährdet. Der frei übertragbare Anteil kann nach §§ 844, 857 Abs. 5 ZPO durch Veräußerung verwertet werden.[56] In diesem Fall ist auch der Rechtsverkehr nicht schutzwürdig. Es besteht mangels manifester personeller Kontinuität oder Firmenfortführung kein besonderer Anlass, von einer Unternehmenskontinuität auszugehen. Ferner ist die Vollstreckung in den Geschäftsanteil des Schuldners unproblematisch im Wege der Verwertung durch Veräußerung möglich. § 28 ist folglich nur analog anwendbar, wenn der bisherige Einzelkaufmann nach außen erkennbar an der Geschäftsführung beteiligt bleibt, oder wenn die aufnehmende Gesellschaft die Firma fortführt.

4. Einbringung und Fortführung des Geschäfts. Das Unternehmen muss in die Gesell- 28 schaft eingebracht und durch sie fortgeführt werden.[57] Die Einbringung kann auch auf Grund eines Nutzungs-, insbes. Pachtvertrages oder anlässlich einer Betriebsaufspaltung erfolgen.[58] In letzterem Fall sind allerdings die §§ 124f. und 133f. UmwG zu beachten.[59] Die **Fortführung** des Geschäfts, die § 28 anders als § 25 nicht explizit fordert, wird einhellig für **notwendig** erachtet.[60] Teilweise wird darüber hinaus verlangt, dass das Geschäft im Wesentlichen unverändert fortgeführt wird.[61] Dem kann jedoch mit Rücksicht auf den Rechtsgrund der Haftung nach § 28 nicht zugestimmt werden: Die Haftung basiert gerade nicht auf dem Rechtsschein der Unternehmenskontinuität, sondern auf dem typischen Interesse der Beteiligten an einem Schuldbeitritt seitens der Gesellschaft (s. o. RdNr. 6, 12). Auch im Fall einer Umgestaltung des Unternehmens besteht ein dahingehendes Interesse nicht nur bei den Altgläubigern und bei dem bisherigen Einzelkaufmann, sondern auch bei der Gesellschaft. Schließlich droht eine Zerschlagung im Rahmen einer Zwangsvollstreckung unabhängig von einer etwaigen Umgestaltung des Unternehmens. § 28 muss folglich auch bei Fortführung des Unternehmens in veränderter Form zur Anwendung gelangen.[62]

III. Rechtsfolgen

1. Konsequenzen der Haftung. § 28 Abs. 1 ordnet die Haftung der Gesellschaft für alle im 29 Betrieb des bisherigen einzelkaufmännischen Unternehmens entstandenen Verbindlichkeiten an. Die Haftung des bisherigen Einzelkaufmanns bleibt zunächst bestehen, so dass es sich wie bei § 25 um einen gesetzlichen Schuldbeitritt handelt (vgl. § 25 RdNr. 58 ff.). Vertragspartner bleibt der bisherige „Einzelkaufmann". Der auch bei § 28 vorgeschlagenen Auslegung als Vertragsüberleitungsnorm[63] kann aus den im Rahmen von § 25 angeführten Gründen nicht zugestimmt werden (vgl. § 25 RdNr. 60 f.). Der BGH hat sich jedenfalls im Zusammenhang von Mietverhältnissen gegen eine Vertragsüberleitungswirkung ausgesprochen: Die durch Eintritt eines Gesellschafters in den Betrieb

---

[53] BGH Urt. v. 18. 1. 2000 – XI ZR 71/99, NJW 2000, 1193. Vgl. zur Anwendbarkeit von § 25 dort RdNr. 37 f.
[54] MünchKommHGB/*Lieb* RdNr. 21; Staub/*Hüffer* RdNr. 30 (für richterliche Rechtsfortbildung); hiergegen ausdrücklich BGH (vorige Fn.).
[55] Vgl. zur Bedeutung der Firmenfortführung für die Interessenlage des aufnehmenden Rechtsträgers § 25 RdNr. 5.
[56] Vgl. bez. GmbH *K. Schmidt* GesR § 35 II 2.
[57] KG Urt. v. 21. 5. 1910 – VII. ZG, OLGE 21, 375, 376; Baumbach/*Hopt* RdNr. 4; Heymann/*Emmerich* RdNr. 19.
[58] MünchKommHGB/*Lieb* RdNr. 18 mN zur Gegenmeinung; ferner Heymann/*Emmerich* RdNr. 22; Staub/*Hüffer* RdNr. 14; vgl. auch § 25 RdNr. 26 f., 40.
[59] MünchKommHGB/*Lieb* RdNr. 18.
[60] MünchKommHGB/*Lieb* RdNr. 17 mwN.
[61] LG Hamburg Urt. v. 15. 6. 1971 – 80 O 64/71, MDR 1971, 929 f.; Heymann/*Emmerich* RdNr. 19, 21; Schlegelberger/*Hildebrandt*/*Steckhan* RdNr. 2.
[62] Ebenso MünchKommHGB/*Lieb* RdNr. 17; Baumbach/*Hopt* RdNr. 4.
[63] MünchKommHGB/*Lieb* RdNr. 29.

eines Einzelkaufmanns entstehende Gesellschaft könne ohne Zustimmung des Vermieters nicht in das vom bisherigen Einzelkaufmann begründete Mietverhältnis eintreten.[64]

30 Die Gesellschaft und der bisherige Einzelkaufmann haften gesamtschuldnerisch. Aus § 28 ergibt sich nicht die persönliche Haftung der Gesellschafter.[65] Es kommt jedoch der hM zufolge eine akzessorische Haftung über §§ 128, 171 f. in Betracht.[66] Dem steht nicht entgegen, dass § 128 nur Verbindlichkeiten betrifft, die nach Eintritt in die Gesellschaft bzw. nach ihrer Gründung entstanden sind.[67] Die durch § 28 angeordnete Haftung betrifft zwar vor diesem Zeitpunkt entstandene Verbindlichkeiten, entsteht aber selbst erst, nachdem der Eintretende bereits Gesellschafter geworden ist. Damit ist den Anforderungen von § 128 genügt.[68] § 28 geht ferner von der Forthaftung des bisherigen Einzelkaufmanns aus. Diese Haftung kann lediglich unter den Voraussetzungen des § 28 Abs. 3 entfallen. Andere Normen wie etwa § 613a Abs. 2 S. 1 BGB führen demgegenüber nicht zu einer Freistellung.[69]

31 **2. Umfang der Haftung.** Wie bei § 25 betrifft die Haftung nur die im Betrieb begründeten Verbindlichkeiten. Zum Zeitpunkt der Einbringung des Unternehmens in die Gesellschaft müssen die Verbindlichkeiten bereits begründet und ferner als Geschäftsverbindlichkeiten anzusehen sein. Insoweit kann auf die Ausführungen unter § 25 RdNr. 65 f. verwiesen werden.

32 **3. Prozessuale Fragen.** Auf das Gesellschaftsvermögen kann gemäß § 124 Abs. 2 nur auf Grund eines gegen die Gesellschaft gerichteten vollstreckbaren Schuldtitels zugegriffen werden. Ist eine Forderung vor der Einbringung gegen den bisherigen Inhaber rechtskräftig festgestellt, kann der Gläubiger der hL zufolge analog § 729 Abs. 2 ZPO eine vollstreckbare Ausfertigung gegen die OHG oder KG verlangen.[70] Für diese Analogie spricht, dass die Gesellschaft in dem fraglichen Bereich auf Grund von § 124 Abs. 2 wie ein selbständiger Rechtsträger behandelt wird und insofern eine dem Inhaberwechsel nach § 25 vergleichbare Situation vorliegt.

33 Über die Analogie zu § 729 Abs. 2 ZPO wird teilweise ferner die Erteilung einer vollstreckbaren Ausfertigung gegen die persönlich haftenden Gesellschafter für möglich gehalten.[71] Dagegen spricht aber, dass die Gleichstellung mit § 25 gerade auf der partiellen Verselbständigung der Gesellschaft beruht, die Gesellschafter also demgegenüber in den Hintergrund treten. Außerdem ist für die Vollstreckung gegen die Einzelnen, lediglich über §§ 128, 171 f. haftenden Mitglieder der Gesellschaft gemäß § 129 Abs. 4 ein separater Schuldtitel erforderlich.[72] Auch wenn sich die Haftung der Gesellschaft aus § 28 ergibt, besteht kein Anlass, von diesem Grundsatz abzuweichen.

IV. Die Regelung des § 28 Abs. 1 S. 2

34 Liegen die Voraussetzungen von § 28 Abs. 1 S. 1 vor, dürfen Schuldner davon ausgehen, dass die im Betrieb begründeten Forderungen auf die Gesellschaft übergegangen sind. Es handelt sich insoweit um eine Vermutung, die unter den Voraussetzungen des § 28 Abs. 2 widerlegt werden kann. Im Wesentlichen kann auf die Ausführungen zu § 25 Abs. 1 S. 2 (RdNr. 69 ff.) verwiesen werden. Eine Einwilligung in die bei § 28 ohnehin nicht notwendige Firmenfortführung muss selbstverständlich nicht vorliegen.

35 Wird die Gesellschaft während eines laufenden Prozesses, in dem der bisherige Inhaber gemäß § 265 Abs. 2 ZPO Partei bleibt, gegründet, wirkt die Rechtskraft über § 325 Abs. 1 ZPO auch gegenüber der Gesellschaft.[73]

---

[64] BGH Urt. v. 25. 4. 2001 – XII ZR 43/99, NJW 2001, 2251, 2252.
[65] Insoweit unklar *Fischer* LM Nr. 3; *Säcker* ZGR 1973, 261, 281.
[66] So auch die hM: BGH Urt. v. 6. 7. 1966 – VIII ZR 92/64, NJW 1966, 1917, 1918; BGH Urt. v. 22. 11. 1971 – II ZR 166/69, NJW 1972, 1467; Baumbach/*Hopt* RdNr. 5; Heymann/*Emmerich* RdNr. 31; Staub/*Hüffer* RdNr. 22; Honsell/*Harrer* ZIP 1983, 259, 263; aA *Möschel*, FS Hefermehl, 1972, S. 180 ff.; *Lieb*, FS Westermann, 1974, S. 311, der mittlerweile allerdings auch der hM folgt: MünchKommHGB/*Lieb* RdNr. 30. Vgl. zu dem Streit unten RdNr. 30.
[67] *Honsell/Harrer*, die demgegenüber § 130 nur eine klarstellende Funktion beimessen und § 128 als Haftungsanordnung ohne zeitliche Beschränkung verstehen, ist entgegenzuhalten, dass die §§ 123–129 von einem festen Gesellschafterstamm ausgehen. Außerdem trifft § 130 deutlich eine Haftungsanordnung und regelt nicht lediglich, dass auch der Eintretende § 128 unterfällt.
[68] Ähnlich *Waskönig* S. 149.
[69] So allerdings MünchKommHGB/*Lieb* RdNr. 31. Vgl. zu dieser Frage § 25 RdNr. 66.
[70] Staub/*Hüffer* RdNr. 21; Baumbach/*Hopt* RdNr. 5; Heymann/*Emmerich* RdNr. 24; offengelassen durch BGH Urt. v. 5. 3. 1974 – VI ZR 240/73, Rpfleger 1974, 260.
[71] Baumbach/*Hopt* RdNr. 5; Stein/Jonas/*Münzberg* § 729 RdNr. 8.
[72] MünchKommHGB/*Lieb* RdNr. 33; Staub/*Hüffer* RdNr. 23.
[73] Staub/*Hüffer* RdNr. 26.

V. Abweichende Vereinbarungen (Abs. 2)

Gemäß § 28 Abs. 2 sind abweichende Vereinbarungen Dritten gegenüber nur wirksam, wenn sie **36** **im Handelsregister eingetragen und bekanntgemacht oder** von einem Gesellschafter **dem Dritten mitgeteilt** wurden. Die Berechtigung dieser Abdingbarkeit der Haftung ist in jüngster Zeit zunehmend in Frage gestellt worden. Teilweise wird eine teleologische Reduktion der Vorschrift „auf Null" vorgeschlagen.[74] Nur so könne dem durch § 28 Abs. 1 S. 1 bezweckten, dringend erforderlichen Gläubigerschutz ausreichend Rechnung getragen werden.[75] Das gelte insbesondere für den Bereich der übertragenden Selbstsanierung.[76]

Dem kann aber mit Rücksicht auf den Rechtsgrund der Haftung nicht zugestimmt werden. Dient § 28 nämlich dazu, einer typischerweise intern vereinbarten Schuldübernahme Außenwirkung zu verleihen, und knüpft § 28 folglich an den Parteiwillen an, versteht sich die Abdingbarkeit der Regelung sich von selbst. Liegt der vom Gesetzgeber als typisch angesehene Fall nicht vor, müssen die Parteien die Möglichkeit haben, ihren abweichenden Vereinbarungen Geltung zu verleihen. Dem steht auch kein dringliches Schutzbedürfnis der Gläubiger entgegen. Wie bereits festgestellt, führt die gesamthänderische Bindung des Vermögens des ehemaligen Einzelkaufmanns nicht zu einer Verschlechterung der Situation der Gläubiger, sondern lediglich zu einer Erschwerung des Zugriffs auf die Vollstreckungsmasse (s. o. RdNr. 5). Von dem durch §§ 25 und 28 anerkannten Vorrang vertraglicher Vereinbarungen kann daher keine Ausnahme gemacht werden.[77]

Hinsichtlich der Voraussetzungen und der Folgen abweichender Vereinbarungen kann im Wesent- **37** lichen auf die Ausführungen zu § 25 Abs. 2 (RdNr. 81 ff.) verwiesen werden. Besonderheiten bestehen in zweierlei Hinsicht.

Zum einen ist fraglich und umstritten, ob auch lediglich die persönliche Haftung der Gesell- **38** schafter abbedungen werden kann.[78] Dafür spricht, dass der Ausschluss nur der Gesellschafterhaftung gegenüber dem Ausschluss der Haftung der Gesellschaft ein Weniger darstellt: der Ausschluss der Gesellschaftshaftung zieht auf Grund der Akzessorietät der Gesellschafterhaftung den Wegfall derselben notwendig nach sich.[79] Die Möglichkeit einer hinsichtlich der haftenden „Personen" partiellen Abbedingung entspricht auch den Interessen der Beteiligten. Die Gesellschafter können einer Gefährdung ihres eigenen Vermögens vorbeugen und müssen nicht gleichzeitig die Bonität der Gesellschaft durch einen umfassenden Haftungsausschluss schädigen. Den Gläubigern bleibt das Gesellschaftsvermögen als Haftungsmasse erhalten.[80] Der Ausschluss kann daher auch auf die Gesellschafterhaftung beschränkt werden.

Umstritten ist des Weiteren, ob eine Mitteilung des Haftungsausschlusses vor Gründung der **39** Gesellschaft ausreicht.[81] Dagegen spricht zunächst, dass § 28 Abs. 2 die Mitteilung durch einen Gesellschafter verlangt, vor der Gründung aber nur Gründungsmitglieder tätig werden können.[82] Darüber hinaus stehen die Bedürfnisse der Rechtssicherheit entgegen, denen durch die vorgeschriebenen Formen der Kundmachung gerade genügt werden soll. Für die Gläubiger würde nämlich unklar bleiben, ob ein geplanter Haftungsausschluss auch wirklich umgesetzt wurde.[83]

VI. Konkurrenzen

1. § 613a BGB. § 613a BGB greift auch ein, wenn ein Unternehmen in eine neu gegründete **40** OHG oder KG eingebracht wird.[84] Die durch § 613a BGB angeordnete Vertragsüberleitung steht selbständig neben der durch § 28 konstituierten Haftung. Betroffen sind von § 613a BGB allerdings

---

[74] MünchKommHGB/*Lieb* RdNr. 36.
[75] MünchKommHGB/*Lieb* RdNr. 35.
[76] Vgl. hierzu schon *K. Schmidt* ZIP 1989, 1025, 1028; *ders.* HandelsR § 8 I 5 b; in neuerer Zeit dezidiert kritisch MünchKommHGB/*Lieb* RdNr. 35.
[77] Im Ergebnis ähnlich Staub/*Hüffer* RdNr. 31; *Canaris* ZIP 1989, 1161, 1163 ff., 1167; ausführlich auch *Vetter* S. 282 ff., 285.
[78] Dafür OLG Celle Urt. v. 8. 5. 1980 – 1 Wx 1/80, OLGZ 1981, 1 f.; *Hadding* JuS 1968, 173, 174; Heymann/ *Emmerich* RdNr. 31; MünchKommHGB/*Lieb* RdNr. 37; dagegen *K. Schmidt* HandelsR § 8 III 3 b; zweifelnd Staub/ *Hüffer* RdNr. 31.
[79] Vgl. Heymann/*Emmerich* RdNr. 31; MünchKommHGB/*Lieb* RdNr 37; dagegen *Lindacher*, NZG 2002, 113, 114.
[80] OLG Celle Urt. v. 8. 5. 1980 – 1 Wx 1/80, OLGZ 1981, 1, 2.
[81] Dafür Baumbach/*Hopt* RdNr. 6; *K. Schmidt* HandelsR § 8 III 3 a; dagegen RG Urt. v. 7. 6. 1921 – II 512/20, RGZ 102, 243, 245; Heymann/*Emmerich* RdNr. 35; MünchKommHGB/*Lieb* RdNr. 38.
[82] Heymann/*Emmerich* RdNr. 35.
[83] MünchKommHGB/*Lieb* RdNr. 38; RG Urt. v. 7. 6. 1921 – II 512/20, RGZ 102, 243, 245.
[84] BAG Urt. v. 23. 1. 1990 – 3 AZR 171/88, EzA Nr. 1 m. Anm. *Lieb*.

nur Arbeits- und nicht Ruhestandsverhältnisse (vgl. § 25 RdNr. 93). § 28 wird durch § 613 a BGB, insbesondere durch Abs. 2 S. 1 nicht verdrängt.[85]

41 **2. § 75 AO.** Zu der steuerrechtlichen Parallelnorm zu §§ 25 und 28 in § 75 Abs. 1 AO 1977 vgl. § 25 RdNr. 94 f.

VII. Enthaftung (Abs. 3)

42 § 28 enthielt vor dem Nachhaftungsbegrenzungsgesetz (NachhBG) keine Regelung zur Haftungsbegrenzung. Mit der Verweisung auf § 26 erstreckt § 28 die **Nachhaftungsbegrenzung** seit 26. März 1994 auch auf Fälle, in denen ein bisher als Einzelkaufmann Tätiger eine KG gründet, indem er jemanden als persönlich haftenden Gesellschafter aufnimmt und selbst unter Einbringung seines Geschäfts Kommanditist wird. Diese Konstellation ähnelt derjenigen, in der ein bisher persönlich haftender Gesellschafter in die Kommanditistenstellung zurücktritt (s. ausführlich § 160 Abs. 3). Für die Alt-Verbindlichkeiten haftet nach § 28 HGB die neu entstehende Gesellschaft (und damit auch der neue phG). Satz 3 stellt klar, dass die Enthaftung nur die persönliche Haftung als Geschäftsinhaber betrifft, nicht aber die Haftung als Kommanditist (s. §§ 171 bis 176). Tritt der ehemalige Einzelkaufmann zunächst in die Stellung des phG und wechselt er erst anschließend in die Kommanditistenstellung, so gilt nicht § 28 Abs. 3, sondern § 160 Abs. 3.

§ 29 [Anmeldung der Firma]

Jeder Kaufmann ist verpflichtet, seine Firma und den Ort seiner Handelsniederlassung bei dem Gericht, in dessen Bezirke sich die Niederlassung befindet, zur Eintragung in das Handelsregister anzumelden.

Schrifttum: *Giehl,* Auswirkungen des Handelsrechtsreformgesetzes auf die notarielle Praxis, MittBayNot 1998, 293; *Gustavus,* Das Handelsrechtsreformgesetz – Auswirkungen für die notarielle Praxis, NotBZ 1998, 121; *H. Schmidt,* „... unter Angabe der Firma ..." – Hinweise zur Anwendung des Handelsrechtsreformgesetzes, ZNotP 1998, 483.

Übersicht

	RdNr.		RdNr.
I. Normzweck	1, 2	III. Inhalt der Anmeldung	7
II. Normadressat und Voraussetzungen der Anmeldepflicht	3–6	IV. Zuständigkeit und Prüfungspflicht des Registergerichts	8–11

I. Normzweck

1 § 29 statuiert eine Pflicht jedes Kaufmanns zur **Anmeldung** seiner Firma und des Ortes seiner Hauptniederlassung zur Eintragung in das Handelsregister. Anmeldung und Eintragung dienen der Offenlegung der verkehrswesentlichen Merkmale des kaufmännischen Unternehmens. Eine daneben bestehende Verpflichtung zur Zeichnung der Namensunterschrift beim Gericht ist im Rahmen der Umstellung auf die elektronische Führung des Handelsregisters entfallen.[1] Die Pflicht besteht, wie sich aus § 14 ergibt, im Allgemeininteresse.[2]

2 § 29 stellt **kein Schutzgesetz** iSv. § 823 Abs. 2 BGB dar.[3] Ein deliktischer Schadensersatzanspruch kann bei einer Verletzung der Anmeldepflicht daher nur unter den Voraussetzungen der §§ 823 Abs. 1, 826 BGB bestehen.[4]

II. Normadressat und Voraussetzungen der Anmeldepflicht

3 Die Anmeldepflicht trifft jeden **Kaufmann.** Hiermit sind zunächst die Einzelkaufleute des § 1 Abs. 2 in Bezug genommen: Zur Anmeldung ist verpflichtet, wer einen Gewerbebetrieb innehat. Eine Ausnahme gilt, wenn das Unternehmen einen in kaufmännischer Weise eingerichteten Ge-

---

[85] BAG Urt. v. 23. 1. 1990 – 3 AZR 171/88, EzA Nr. 1 m. Anm. *Lieb;* aA MünchKommHGB/*Lieb* RdNr. 39; vgl. zu diesem Streit § 25 RdNr. 66.
[1] Art. 1 des EHUG vom 10. 11. 2006, BGBl. I 2553; vgl. hierzu die Begründung des Regierungsentwurfs BT-Drucks. 16/960 S. 47.
[2] AllgM, vgl. nur Staub/*Hüffer* RdNr. 1; MünchKommHGB/*Krafka* RdNr. 3; Heymann/*Emmerich* RdNr. 2; Koller/Roth/*Morck* RdNr. 1.
[3] RG Urt. v. 4. 2. 1910 – Reg. III 146/09, RGZ 72, 408, 411; Staub/*Hüffer* RdNr. 1; MünchKommHGB/*Krafka* RdNr. 3; Heymann/*Emmerich* RdNr. 2.
[4] Staub/*Hüffer* RdNr. 1.

schäftsbetrieb nicht erfordert; in diesem Fall ist der Unternehmer berechtigt, aber nicht verpflichtet, die Eintragung „nach den für die Eintragung kaufmännischer Firmen geltenden Vorschriften" – und damit auch mit dem von § 29 geforderten Inhalt – herbeizuführen (§ 2 Satz 2). Das zuletzt Gesagte gilt für Inhaber land- oder forstwirtschaftlicher Unternehmen selbst im Fall, dass das Unternehmen einen in kaufmännischer Weise eingerichteten Geschäftsbetrieb erfordert (§ 3 Abs. 1 und 2).

Teile des Schrifttums nahmen vor der Handelsrechtsreform 1998 eine Anmeldepflicht auch in **4** Fällen an, in denen ein Grundhandelsgewerbe betrieben wurde, das auf einen vollkaufmännischen Umfang angelegt war, ohne einen solchen bereits erreicht zu haben.[5] Nach der Neufassung des § 1 durch das HRefG 1998 wäre in Konsequenz dieser Auffassung eine Verpflichtung zur Anmeldung und Zeichnung außer in den Fällen des § 3 (Unternehmen der Land- oder Forstwirtschaft) stets anzunehmen, wenn ein Unternehmen so angelegt ist, dass es ein Zukunft voraussichtlich einen in kaufmännischer Weise eingerichteten Geschäftsbetrieb erfordern wird. Dem ist nicht zu folgen. Werden der ordnungsrechtliche Gehalt des § 29 und die drohende Zwangsgeldsanktion nach § 14 in Betracht gezogen, so verbietet sich nach hiesigem Dafürhalten eine Ausdehnung des Anwendungsbereichs der Vorschrift. Der Sache nach würde es sich um eine Analogie handeln: Der Wortlaut des § 29 verpflichtet eindeutig nur Kaufleute, und zu diesen sind die Gewerbetreibenden des § 2 vor ihrer Eintragung nicht zu zählen. Da der Gesetzgeber in § 2 keine Verpflichtung zur Anmeldung, sondern ein Wahlrecht anordnet, ist von einer abschließenden Regelung und damit bereits vom Fehlen einer Regelungslücke auszugehen: Bis zu dem – bei der praktischen Subsumtion freilich nicht leicht zu bestimmenden[6] – Zeitpunkt, in dem ein in kaufmännischer Weise eingerichteter Geschäftsbetrieb erforderlich wird, ist der Unternehmer zur Anmeldung berechtigt, aber nicht verpflichtet.

§ 29 gilt für die **erstmalige Anmeldung** (für Änderungen vgl. § 31) der Hauptniederlassung eines **5** Einzelkaufmanns bzw. einer Einzelkauffrau. Für die OHG enthalten §§ 106, 108, für die KG außerdem § 162 und für die EWIV § 2 EWIV-AusfG besondere Regelungen. Für GmbH, AG, KGaA, Genossenschaft und den VVaG gelten rechtsformspezifische Sonderregeln in §§ 7 ff. GmbHG, 36 ff. AktG, 10 ff. GenG und § 30 Abs. 1 VAG. Juristische Personen, deren Eintragung in das Handelsregister mit Rücksicht auf den Gegenstand oder die Art und den Umfang des Gewerbebetriebes zu erfolgen hat, unterliegen gem. §§ 33 f. Anmelde- und Zeichnungspflichten (vgl. die Erläuterungen hierzu); dies gilt nach der mit dem HRefG erfolgten Streichung des § 36 auch für Unternehmen der öffentlichen Hand. Für Zweigniederlassungen enthalten §§ 13 ff. besondere Bestimmungen.

Die Anmeldepflicht trifft den Kaufmann, dh. den **Betreiber des Unternehmens.** Betreiber idS **6** kann auch sein, wer nicht Eigentümer bzw. Inhaber der in dem Unternehmen zusammengefassten Sachen und Rechte ist, sondern diese zB als Unternehmenspächter oder -nießbraucher nutzt.[7] In Fällen der Gebrauchsüberlassung kann daneben der Eigentümer bzw. (zB bei Unterverpachtung) der Überlassende zur Änderungsanmeldung nach § 31 verpflichtet sein.[8]

III. Inhalt der Anmeldung

§ 29 begründet eine Pflicht zur Anmeldung der Firma und des Ortes der Handelsniederlassung; **7** hierunter ist die Hauptniederlassung zu verstehen.[9] Die Anmeldung hat der Form des § 12 zu genügen. Ergänzend fordert § 40 Nr. 3 HRV die Angabe von Vor- und Familiennamen, Geburtsdatum und Wohnort des Kaufmanns. Gem. § 24 Abs. 2 HRV ist bei der Anmeldung die Lage der Geschäftsräume anzugeben. Gem. Abs. 4 der Vorschrift hat das Registergericht zudem darauf hinzuwirken, dass bei den Anmeldungen auch der Geschäftszweig angegeben wird, soweit er sich nicht aus der Firma ergibt. Diese Angaben sind zwar nicht einzutragen, aber nach Maßgabe des § 34 HRV in der Bekanntmachung wiederzugeben.

IV. Zuständigkeit und Prüfungspflicht des Registergerichts

Die sachliche **Zuständigkeit** für das Eintragungsverfahren liegt bei den Amtsgerichten (§ 8; § 125 **8** FGG), die funktionelle Zuständigkeit bei den Rechtspflegern (§ 3 Nr. 2 RpflG). Die örtliche

---

[5] Heymann/Emmerich RdNr. 3; vgl. auch KG Beschl. v. 12. 1. 1923 – ZS. 1a, OLGE 43, 203 (zur Eintragungsfähigkeit eines solchen Gewerbebetriebes). Wie hier dagegen MünchKommHGB/Krafka RdNr. 4: Formelle Anforderungen der Norm richten sich nur an solche kleingewerbliche Unternehmen, die die Eintragung „anstreben".
[6] Dies ist den Vertretern der Gegenauffassung (vorige Fn.) zuzugeben.
[7] Vgl. OLG München Beschl. v. 19. 5. 1936 – Reg. Wx 43/36, JFG 14, 93, 94; OLG Köln Beschl. v. 29. 10. 1962 – 8 Wx 100/62, NJW 1963, 541.
[8] Staub/Hüffer RdNr. 3.
[9] Staub/Hüffer RdNr. 4; MünchKommHGB/Krafka RdNr. 8; Koller/Roth/Morck RdNr. 2 („Verwaltungssitz").

§ 30

Zuständigkeit folgt aus § 29. Die Anmeldung hat bei dem Gericht zu erfolgen, in dessen Bezirk sich die Niederlassung befindet; gemeint ist die Hauptniederlassung.[10]

9 Das **Gericht prüft** die Anmeldung **in formeller und materieller Hinsicht**.[11] Im Mittelpunkt der materiellen Prüfung steht neben der Firmenfähigkeit des Antragstellers (hierzu § 17 RdNr. 8 und 14) die Zulässigkeit der Firmenbildung. Diese richtet sich bei der Erstanmeldung nach den Bestimmungen der §§ 18, 19 und 30 (vgl. Erläuterungen hierzu); eine die Unzulässigkeit der Firmenbildung begründende Eignung zur Irreführung (§ 18 Abs. 2 Satz 1) ist aber im Verfahren vor dem Registergericht nur zu berücksichtigen, wenn sie „ersichtlich" ist (§ 18 Abs. 2 Satz 2).[12] Ist bei Anlegung dieses Maßstabes von einer unzulässigen Firmenbildung auszugehen, so weist das Gericht den Eintragungsantrag zurück.

10 Die Anmeldung einer in unzulässiger Weise gebildeten Firma kann Anlass für die Einleitung eines **Firmenmissbrauchsverfahrens** nach § 37 Abs. 1 sein: In der Anmeldung ist ein Gebrauch der Firma zu erblicken.[13] Übt das Registergericht das ihm zustehende Ermessen[14] im Sinne der Einleitung eines Firmenmissbrauchsverfahrens aus, so wird es das Eintragungsverfahren aussetzen, bis über die Zulässigkeit der Firmenführung im Missbrauchsverfahren entschieden ist.[15]

11 Wer seiner Pflicht zur Anmeldung nicht nachkommt, ist durch **Festsetzung von Zwangsgeld** hierzu anzuhalten (§ 14). Andere Mittel zur Durchsetzung der Pflicht aus § 29 stehen dem Gericht nicht zu.[16]

§ 30 [Unterscheidbarkeit]

(1) Jede neue Firma muß sich von allen an demselben Ort oder in derselben Gemeinde bereits bestehenden und in das Handelsregister oder in das Genossenschaftsregister eingetragenen Firmen deutlich unterscheiden.

(2) Hat ein Kaufmann mit einem bereits eingetragenen Kaufmanne die gleichen Vornamen und den gleichen Familiennamen und will auch er sich dieser Namen als seiner Firma bedienen, so muß er der Firma einen Zusatz beifügen, durch den sie sich von der bereits eingetragenen Firma deutlich unterscheidet.

(3) Besteht an dem Orte oder in der Gemeinde, wo eine Zweigniederlassung errichtet wird, bereits eine gleiche eingetragene Firma, so muß der Firma für die Zweigniederlassung ein der Vorschrift des Absatzes 2 entsprechender Zusatz beigefügt werden.

(4) Durch die Landesregierungen kann bestimmt werden, daß benachbarte Orte oder Gemeinden als ein Ort oder als eine Gemeinde im Sinne dieser Vorschriften anzusehen sind.

Schrifttum: *Bokelmann*, Das Recht der Firmen und Geschäftsbezeichnungen, 5. Aufl. 2000; *Bülow*, Zwei Aspekte im neuen Handelsrecht: Unterscheidungskraft und Firmenunterscheidbarkeit – Lagerhalterpfandrecht, DB 1999, 269; *Knaak*, Firma und Firmenschutz – eine rechtstatsächliche Untersuchung zur Praxis des Kennzeichnungsrechts, Köln 1986; *Kögel*, Die deutliche Unterscheidbarkeit von Firmennamen, Rpfleger 1998, 317; *K. Schmidt*, Die freiberufliche Partnerschaft. Zum neuen Gesetz zur Schaffung von Partnerschaftsgesellschaften, NJW 1995, 1.

Übersicht

	RdNr.		RdNr.
A. Normzweck	1, 2	I. Räumliche Beschränkung des Erfordernisses der Unterscheidbarkeit	3–6
B. Unterscheidbarkeit der Firmen (Abs. 1)	3–23	1. Begriff von Ort und Gemeinde	5

---

[10] Staub/*Hüffer* RdNr. 7; MünchKommHGB/*Krafka* RdNr. 14; vgl. auch schon RdNr. 7.
[11] Vgl. zB RG Urt. v. 24. 1. 1930 – III 75/29, RGZ 127, 153, 155 (zu einer Amtspflichtverletzung bei Eintragung einer Prokura); ferner Staub/*Hüffer* RdNr. 8 und § 8 RdNr. 52 ff.; MünchKomm HGB/*Krafka* RdNr. 15.
[12] Vgl. – auch zur Verfahrensweise – eingehend § 18 RdNr. 40 ff.; und 69 ff; ferner MünchKommHGB/*Krafka* mit dem zutreffenden Hinweis, dass eine nähere Prüfung nur bei Bestehen konkreter Anhaltspunkte für die Unrichtigkeit der Anmeldung zu fordern ist.
[13] § 37 RdNr. 3; ferner RG Urt. v. 11. 1. 1888 – Rep. I 329/87, RGZ 22, 58, 59 f.; BayObLG Beschl. v. 28. 4. 1988 – BReg. 3 Z 10/88, BayObLGZ 1988, 128, 129 = NJW-RR 1989, 100; Staub/*Hüffer* § 37 RdNr. 12; Schlegelberger/ Hildebrandt/Steckhan RdNr. 5; HK-HGB/*Ruß* RdNr. 3.
[14] Hierzu mit Nachweisen zum Streitstand § 37 RdNr. 11 ff.
[15] BayObLG Beschl. v. 28. 4. 1988 – BReg. 3 Z 10/88, BayObLGZ 1988, 128, 129 = NJW-RR 1988, 100; MünchKommHGB/*Krafka* RdNr. 16.
[16] KG Beschl. v. 24. 9. 1908, RJA 9 (1908), 244, 246 f. = OLGR 19, 309, 310 und KG Beschl. v. 27. 5. 1921, OLGR 41, 195; aus dem Schrifttum Staub/*Hüffer* RdNr. 8 und § 12 RdNr. 20; MünchKommHGB/*Krafka* RdNr. 17; Heymann/*Emmerich* RdNr. 11; Koller/Roth/Morck RdNr. 5.

	RdNr.		RdNr.
2. Nachträgliche Änderung der Grenzen von Ort und Gemeinde	6	3. Deutliche Unterscheidbarkeit bei Sachfirmen	21
II. Betroffene Firmen	7–14	4. Einzelfälle	22, 23
1. Allgemeines	7, 8	a) Vorliegen der deutlichen Unterscheidbarkeit	22
2. Die neue Firma	9, 10	b) Keine deutliche Unterscheidbarkeit	23
3. Die bestehende und eingetragene Firma	11–14	**C. Gleichnamigkeit von Kaufleuten (Abs. 2)**	24
a) Bestand einer Firma	12		
b) Eingetragene Firma	13	**D. Firmenunterscheidbarkeit bei Zweigniederlassungen (Abs. 3)**	25
c) Die unzulässige ältere Firma	14		
III. Deutliche Unterscheidbarkeit	15–23	**E. Bildung von Firmenbezirken (Abs. 4)**	26
1. Allgemeines	15–19		
a) Begriff	16		
b) Beurteilungshorizont	17	**F. Durchsetzung des Grundsatzes der Firmenausschließlichkeit**	27
c) Erscheinungsbild der Firma	18, 19		
2. Deutliche Unterscheidbarkeit bei Personenfirmen	20		

A. Normzweck

§ 30 Abs. 1 schreibt den Grundsatz der Firmenausschließlichkeit bzw. -unterscheidbarkeit im HGB fest. Nach dieser firmenordnungsrechtlichen Vorschrift[1] muss sich jede neue Firma von allen anderen am selben Ort oder in der derselben Gemeinde bestehenden und eingetragenen Firmen deutlich unterscheiden, um eingetragen werden zu können.[2] Dadurch soll das Entstehen von identischen oder nicht unterscheidbaren Firmen innerhalb derselben Gemeinde oder desselben Ortes verhindert werden, denn dem Rechtsverkehr soll es ermöglicht werden, das Unternehmen durch die Firma zu identifizieren.[3] Die Vorschrift hat gegenüber § 18 Abs. 1 eine komplementäre Funktion: Nach der zuletzt genannten Bestimmung muss eine Firma zur Kennzeichnung des Kaufmanns geeignet sein und Unterscheidungskraft besitzen. Damit werden abstrakte Anforderungen beschrieben, die in Bezug auf die Firma – bei ihrer isolierten Betrachtung – gegeben sein müssen. Auch wenn die Firma für sich genommen diese Voraussetzungen und die weiteren der §§ 18 f. erfüllt, steht ihre Zulässigkeit nicht fest. Vielmehr fordert § 30 darüber hinaus die **konkrete Unterscheidbarkeit** der Firma „von allen an demselben Ort oder in derselben Gemeinde bereits bestehenden und in das Handelsregister oder in das Genossenschaftsregister eingetragenen Firmen". Auch einer abstrakt iSd. § 18 Abs. 1 unterscheidungskräftigen Firma kann es – wie das Beispiel der Identität zweier Firmen zeigt – an der von § 30 Abs. 1 geforderten konkreten Unterscheidbarkeit von einer bestimmten anderen Firma mangeln.[4]

Der primäre Zweck des Grundsatzes der Firmenausschließlichkeit besteht im **Schutz des Rechtsverkehrs** vor verwechslungsfähigen Firmen[5] und nicht im Schutz des älteren Firmeninhabers, obwohl dieser ebenfalls regelmäßig ein Interesse an der deutlichen Unterscheidbarkeit der Firmen haben wird.[6] Der Grundsatz der Firmenausschließlichkeit steht somit im öffentlichen Interesse[7] und ist **zwingendes Recht**.[8] Aus diesem Grund ist eine § 30 entgegenstehende Vereinbarung zwischen dem Inhaber der älteren Firma und dem der neuen Firma über die Zulässigkeit der Firmierung für den Registerrichter unbeachtlich. Die neue Firma wird durch eine solche Vereinbarung nicht registerrechtlich rechtmäßig. Eine derartige Vereinbarung kann aber zum Verlust von zivilrechtlichen Ansprüchen des Inhabers der älteren Firma führen. Auch die Absätze 2 und 3 des § 30 dienen der Firmenunterscheidbarkeit: Absatz 2 legt fest, dass bei gleichnamigen Kaufleuten ein unterscheidungsfähiger Zusatz in die neue Firma aufgenommen werden muss. Gleiches gilt gem. Abs. 3 bei der

---

[1] Staub/*Hüffer* RdNr. 1; Schlegelberger/*Hildebrandt*/*Steckhan* RdNr. 1; *Canaris* HandelsR § 11 RdNr. 28.
[2] *Knaak*, Firma und Firmenschutz, 4. Teil A II 1 e.
[3] Vgl. auch KG Beschl. v. 8. 2. 1991 – 1 W 3211/90, OLGZ 1991, 396, 398; *K. Schmidt* HandelsR § 12 III 3 a.
[4] Vgl. zum Verhältnis der Vorschriften nach der Handelsrechtsreform 1998 auch *Bülow* DB 1999, 269, 270.
[5] BGH Beschl. v. 14. 7. 1966 – II ZB 4/66, BGHZ 46, 7, 11 = NJW 1966, 1813, 1815; RG Urt. v. 14. 3. 1911 – II 557/10, RGZ 75, 370, 372; RG Urt. v. 17. 1. 1922 – II 344/21, RGZ 103, 388, 392; OLG Frankfurt a. M. Beschl. v. 16. 7. 1980 – 20 W 315/80, OLGZ 1981, 8, 9; KG Beschl. v. 8. 2. 1991 – 1 W 3211/90, OLGZ 1991, 396, 402; Heymann/*Emmerich* RdNr. 1a; Staub/*Hüffer* RdNr. 1; MünchKommHGB/*Heidinger* RdNr. 1; Koller/Roth/Morck RdNr. 1; *Canaris* HandelsR § 11 RdNr. 28; *K. Schmidt* HandelsR § 12 III 3 a.
[6] Staub/*Hüffer* RdNr. 1; *K. Schmidt* HandelsR § 12 III 3 a.
[7] Baumbach/*Hopt* RdNr. 1; Heymann/*Emmerich* RdNr. 1a; Staub/*Hüffer* RdNr. 1; MünchKommHGB/*Heidinger* RdNr. 1; Röhricht/Graf von Westphalen/*Ammon* RdNr. 1; *K. Schmidt* HandelsR § 12 III 3 a.
[8] BGH (Fn. 5); so auch schon das Reichsgericht zu Art. 20 ADHGB, Urt. v. 17. 6. 1892 – II 110/92, RGZ 29, 66, 71 f.; OLG Frankfurt a. M. (Fn. 5); Staub/*Hüffer* RdNr. 1; Baumbach/*Hopt* RdNr. 1; Heymann/*Emmerich* RdNr. 1a; *Canaris* HandelsR § 11 RdNr. 28.

Errichtung einer Zweigniederlassung, wenn an dem Ort oder der Gemeinde bereits eine Firma eingetragen ist und die Firma der Zweigniederlassung sich von dieser eingetragenen Firma nicht deutlich unterscheidet.

B. Unterscheidbarkeit der Firmen (Abs. 1)

I. Räumliche Beschränkung des Erfordernisses der Unterscheidbarkeit

3   Das Erfordernis der Firmenausschließlichkeit ist nach dem Wortlaut des Abs. 1 auf Firmen in derselben Gemeinde oder an demselben Ort beschränkt. Diese Beschränkung mag unsachgemäß erscheinen, da der Wettbewerb nicht an Gemeinde- bzw. Ortsgrenzen Halt macht und viele Unternehmen nicht ausschließlich lokal tätig ist.[9] Bei der Beurteilung dieser räumlichen Beschränkung müssen aber Sinn und Zweck des § 30 beachtet werden. Durch die Firma soll der Unternehmensträger identifiziert werden. Dies geschieht meist nicht durch eine isolierte Betrachtung der Firma; in der Regel stellt auch der Sitz des Unternehmens ein erhebliches Unterscheidungsmerkmal dar.[10] Nur wenn dieses Merkmal entfällt, weil die Standorte der Unternehmen am gleichen Ort oder in derselben Gemeinde liegen, bleibt als Unterscheidungskriterium allein die Firma. Nur in diesen Fällen kommt der Unterscheidbarkeit der Firmen bei der Identifizierung der Unternehmen also zentrale Bedeutung zu. Zudem wäre der Registerrichter nicht in der Lage, alle im Bundesgebiet bestehenden Firmen auf eine mögliche Verwechslungsgefahr mit der neuen Firma zu untersuchen.[11]

4   Ein Unternehmen, dessen wettbewerbliche oder rechtliche Position durch die Firmierung eines an anderem Ort niedergelassenen Gewerbetreibenden betroffen ist, kann unter gewissen Voraussetzungen Unterlassungs-, Beseitigungs- und gegebenenfalls Schadensersatzansprüche aus §§ 12, 823 Abs. 1, 826 BGB und §§ 5, 15 MarkenG geltend machen. Diese Anspruchsgrundlagen sind im Unterschied zur firmenordnungsrechtlichen Norm des § 30 nicht in ihrer räumlichen Reichweite beschränkt.[12]

5   **1. Begriff von Ort und Gemeinde.** Nach § 30 Abs. 1 erstreckt sich der Grundsatz der Firmenausschließlichkeit auf Firmen desselben Ortes oder derselben Gemeinde. Dabei bestimmt sich das Gebiet des Ortes nach der Verkehrsauffassung.[13] Die Gemeinde im Sinne von § 30 hingegen entspricht der politischen Gemeinde nach dem Kommunalrecht.[14] Es kann daher sein, dass das Gebiet einer Gemeinde mehrere Orte enthält, wie auch umgekehrt, dass ein Ort sich nach der Verkehrsauffassung über mehrere Gemeinden erstreckt. In diesen Fällen umfasst der Geltungsbereich der Firmenausschließlichkeit jeweils den weiteren Bereich.[15]

6   **2. Nachträgliche Änderung der Grenzen von Ort und Gemeinde.** Das Gesetz enthält keine Bestimmung für den Fall, dass eine Änderung der Verkehrsauffassung über das Gebiet eines Ortes oder Veränderungen der Grenzen einer Gemeinde, zB durch Eingemeindung oder Gebietsreformen, das Bestehen identischer Firmen an demselben Ort bzw. in derselben Gemeinde zur Folge haben. Nach heute wohl allgM haben solche nachträglichen Veränderungen keine Auswirkung auf die Zulässigkeit der Firma.[16]

II. Betroffene Firmen

7   **1. Allgemeines.** Der Grundsatz der Firmenausschließlichkeit gilt entsprechend dem Wortlaut von § 30 Abs. 1 für alle Firmen, dh. also für die Firmen der Einzelkaufleute, der Personenhandelsgesellschaften, der Kapitalgesellschaften, der eingetragenen Genossenschaften und Versicherungsvereine auf Gegenseitigkeit.[17] Umstritten ist jedoch die Frage, ob der Registerrichter bei Feststellung der Unterscheidbarkeit der neuen Firma die Prüfung auch auf die Namen der in das **Vereinsregister**

---

[9] Vgl. aus neuerer Zeit *Kögel* Rpfleger 1998, 317, 318 f; ferner *Knaak*, Firma und Firmenschutz, 4. Teil A II 1 e; *K. Schmidt* HandelsR § 12 III 3 a.
[10] Staub/*Hüffer* RdNr. 2; Wessel/Zwernemann/*Kögel* RdNr. 75.
[11] Vgl. Wessel/Zwernemann/*Kögel* RdNr. 82; Heymann/*Emmerich* RdNr. 3; Schlegelberger/*Hildebrandt*/Steckhan RdNr. 1.
[12] Vgl. Staub/*Hüffer* RdNr. 3; Baumbach/*Hopt* § 17 RdNr. 26 ff.; *K. Schmidt* HandelsR § 7 IV 1 ff.
[13] KG Beschl. v. 12. 11. 1888, KGJ 8, 11, 12; Ehrenberg/*Pisko* Bd. II 1 § 44; Heymann/*Emmerich* RdNr. 3; Staub/*Hüffer* RdNr. 5; Röhricht/Graf von Westphalen/*Ammon* RdNr. 3.
[14] Vgl. OLG Frankfurt Fn. 5 sowie das in der vorangehenden Fn. genannten Schrifttum.
[15] Staub/*Hüffer* RdNr. 5; Ehrenberg/*Pisko* Bd. II 1 § 44.
[16] Staub/*Hüffer* RdNr. 6; Heymann/*Emmerich* RdNr. 4; HK-HGB/*Ruß* RdNr. 5.
[17] Vgl. Staub/*Hüffer* RdNr. 7; Heymann/*Emmerich* RdNr. 6; HK-HGB/*Ruß* RdNr. 2.

eingetragenen Vereine ausdehnen muss. Dies wird zum Teil unter Hinweis auf den von § 30 bezweckten Schutz der Allgemeinheit vor Verwechslungen gefordert.[18] Überzeugender erscheint die Gegenauffassung.[19] Für das Verhältnis zu gewerbetreibenden Vereinen gilt § 30 ohnedies (vgl. § 33 Abs. 1); im Verhältnis zu nichtgewerblichen Vereinen ist eine Verwechslungsgefahr im Regelfall nicht anzunehmen.[20]

Der Schutz der Allgemeinheit macht es aber erforderlich, bei der Prüfung der Unterscheidbarkeit **8** der neuen Firma auch die in das Partnerschaftsregister eingetragenen **Partnerschaftsnamen** mit einzubeziehen.[21] Hier ist die Möglichkeit eines Bestehens verwechslungsfähiger Firmen bzw. Namen nicht von der Hand zu weisen.

2. Die neue Firma. Eine Firma ist im Verhältnis zu anderen eingetragenen und bestehenden **9** Firmen desselben Ortes oder derselben Gemeinde neu, wenn sie nicht bzw. nicht in der beantragten Form in das Handels- oder Genossenschaftsregister eingetragen ist.[22] Es kommt also bei der Beurteilung einzig auf den **Zeitpunkt der Eintragung** in das entsprechende Register an und nicht auf die Entstehung der Firma.[23] So ist die Firma einer neu errichteten Zweigniederlassung neu, obwohl die Firma der Hauptniederlassung für einen anderen Ort oder eine andere Gemeinde bereits eingetragen ist. Entsprechendes gilt bei Verlegung des Unternehmenssitzes.[24] Bei unterscheidungserheblichen Veränderungen der Firma entsteht die neue Firma im Sinne von § 30.[25]

Auf den Zeitpunkt der Eintragung in das Handels- bzw. Genossenschaftsregister ist auch dann **10** abzustellen, wenn der Registerrichter pflichtwidrig nicht nach der Reihenfolge der Anmeldungen eine Firma eingetragen hat.[26] In einem solchen Fall können aber Ansprüche wegen Amtspflichtverletzung bestehen.[27] Unter den Voraussetzungen des § 12 BGB und der §§ 5, 15 MarkenG kann der besser Berechtigte gegen den Eingetragenen vorgehen.[28]

3. Die bestehende und eingetragene Firma. § 30 Abs. 1 verlangt, dass die neue Firma sich **11** von allen an demselben Ort oder in derselben Gemeinde bestehenden und eingetragenen Firmen unterscheidet. Somit besteht das Erfordernis der Unterscheidbarkeit nur gegenüber Firmen bzw. Partnerschaftsnamen, die zum einen bestehen und zum anderen auch eingetragen sind.[29] Liegt eine dieser Voraussetzungen nicht vor, so ist eine Unterscheidbarkeit der neuen Firma zu dieser nicht erforderlich.[30]

a) Bestand einer Firma. Eine Firma besteht nur dann, wenn unter ihrer Bezeichnung ein **12** Handelsgewerbe betrieben bzw. – bei Formkaufleuten[31] – eine gleichgestellte Tätigkeit ausgeübt wird.[32] Somit entfällt die Firma, wenn der Geschäftsbetrieb eingestellt wird oder eine solche Tätigkeit noch nie betrieben wurde. Für den Namen einer Partnerschaft gilt entsprechendes, wenn unter dieser Bezeichnung kein freier Beruf ausgeübt wird. Steht dies zweifelsfrei fest, so kann der Registerrichter eine neue Firma eintragen, auch wenn die alte Firma bzw. der Partnerschaftsname noch im Register eingetragen ist.[33]

b) Eingetragene Firma. Die neue Firma muss sich nur gegenüber bestehenden Firmen und **13** Partnerschaftsnamen unterscheiden, die auch in eines der für den Ort bzw. die Gemeinde zuständigen Register (Handels-, Genossenschafts-, Partnerschaftsregister) eingetragen sind. Damit wird zum einen erreicht, dass die vom Registerrichter heranzuziehenden Vergleichsfirmen und Partnerschaftsnamen genau bestimmt werden können,[34] zum anderen wird zweifelsfrei durch den Zeitpunkt der Eintragung festgelegt, welche Firma im Sinne von § 30 die jüngere ist.

---

[18] OLG Stuttgart Beschl. v. 21. 9. 1921, OLGRspr. 42, 211 f.; Heymann/*Emmerich* RdNr. 6.
[19] Staub/*Hüffer* RdNr. 7 in Anschluss an *Reichert/Dannecker/Kühr* Hdb. des Vereins- und Verbandsrechts, RdNr. 179. Ebenso Röhricht/Graf von Westphalen/*Ammon* RdNr. 6; Baumbach/*Hopt* RdNr. 3.
[20] Ebenso Baumbach/*Hopt* RdNr. 3.
[21] Für den umgekehrten Fall der Unterscheidung der Partnerschaft gem. § 2 PartGG iVm. § 30 *K. Schmidt* NJW 1995, 1, 5.
[22] KG Beschl. v. 19. 6. 1906, RJA 8 (1907), 38.
[23] KG Beschl. v. 19. 6. 1906, RJA 8 (1907), 38; Röhricht/Graf von Westphalen/*Ammon* RdNr. 8.
[24] RG Urt. v. 31. 8. 1941 – II 26/43, RGZ 171, 321, 323.
[25] Heymann/*Emmerich* RdNr. 10; Staub/*Hüffer* RdNr. 9; vgl. auch MünchKommHGB/*Heidinger* RdNr. 18; Schlegelberger/Hildebrandt/Steckhan RdNr. 3.
[26] KG Beschl. v. 22. 2. 1923, OLGRspr. 43, 281.
[27] Heymann/*Emmerich* RdNr. 9; Staub/*Hüffer* RdNr. 12.
[28] Staub/*Hüffer* RdNr. 12.
[29] KG Beschl. v. 19. 10. 1917 – 1 a X 630/17, KGJ 51, 115, 119.
[30] Heymann/*Emmerich* RdNr. 7; Schlegelberger/Hildebrandt/Steckhan RdNr. 4.
[31] Vgl. §§ 3 AktG, 13 Abs. 3 GmbHG, 17 Abs. 2 GenG.
[32] Staub/*Hüffer* RdNr. 10.
[33] RG Urt. v. 17. 6. 1892 – II 110/92, RGZ 29, 64, 66 f.; KG Beschl. v. 8. 12. 1932 – 1 b X 835/32, JW 1933, 1030.
[34] Staub/*Hüffer* RdNr. 12.

14 **c) Die unzulässige ältere Firma.** Umstritten ist, ob der Bestand und die Eintragung der älteren Firma ausreicht, um als Vergleichsfirma im Sinne des § 30 wirken zu können, oder ob darüber hinaus die Firma nach §§ 17 ff. auch zulässig sein muss.[35] Nach einer älteren, auf einer Entscheidung des Reichsoberhandelsgerichts[36] beruhenden Meinung muss die ältere Firma nach den §§ 17 ff. zulässig sein, um im Sinne von § 30 zu bestehen. Sei dies nicht der Fall, so bedürfe es auch nicht der Unterscheidbarkeit der neuen von der alten Firma.[37] Richtigerweise darf es aber **auf die Zulässigkeit der eingetragenen und bestehenden Firma nicht ankommen.** Dies folgt aus dem Zweck des § 30, wonach der Rechtsverkehr vor Verwechslungen geschützt werden soll. Verwechslungen können naturgemäß auch von unzulässig geführten Firmen hervorgerufen werden. Demzufolge ist vor der Eintragung der neuen Firma die Löschung der alten Firma notwendig.[38] Löschung der alten und Eintragung der neuen Firma können zeitlich zusammenfallen, da auch in diesem Fall eine Verwechslung ausgeschlossen ist.[39] Gleiches muss im Verhältnis zu einem älteren Partnerschaftsnamen gelten.

III. Deutliche Unterscheidbarkeit

15 **1. Allgemeines.** Nach § 30 muss sich die neue Firma von allen an demselben Ort oder in derselben Gemeinde bestehenden und in das entsprechende Register eingetragenen Firmen deutlich unterscheiden. Kriterien für die Beurteilung, wann eine solche deutliche Unterscheidbarkeit gegeben ist und auf welchen Beurteilungshorizont dabei abzustellen ist, nennt das Gesetz nicht. Demzufolge war und ist es Rechtsprechung und Lehre überlassen, den abstrakten Begriff der deutlichen Unterscheidbarkeit mit Leben zu füllen.[40]

16 **a) Begriff.** Zwei Firmen unterscheiden sich dann deutlich voneinander, wenn keine **Verwechslungsgefahr** besteht.[41] Eine Verwechslungsgefahr ist über den Fall der Irreführung über die Identität eines Unternehmens mit einem anderen hinaus auch anzunehmen, wenn durch die Firmierung der Eindruck des Bestehens organisatorischer oder geschäftlicher Beziehungen erweckt wird („erweiterte' Irreführungsgefahr).[42] Ob im Einzelfall eine Verwechslungsgefahr zwischen zwei Firmen gegeben ist, bleibt der tatrichterlichen Würdigung überlassen.[43] Gemeinhin fehlt es an der deutlichen Unterscheidbarkeit im Sinne von § 30, wenn sich die Firmen nur durch ihre Gesellschaftszusätze,[44] Nachfolgezusätze, Ordinalzahlen oder andere farblose Zusätze[45] unterscheiden.[46] Gesellschaftszusätze bewirken auch dann keine Unterscheidbarkeit im Sinne von § 30, wenn sie in der einen Firma in ausgeschriebener und in der anderen Firma in abgekürzter Form verwendet werden.[47]

17 **b) Beurteilungshorizont.** Entgegen der früheren Rechtsprechung des Reichsgerichts,[48] wonach die Unterscheidbarkeit nach der Auffassung von im Handelsverkehr tätigen Kreisen zu beurteilen sein sollte, geht heute die allgM davon aus, dass die Unterscheidbarkeit nach der Auffassung des allgemeinen Rechtsverkehrs zu beurteilen ist.[49] Nur dieser Beurteilungshorizont wird dem Schutzzweck von § 30 gerecht.

---

[35] Eingehend hierzu Staub/*Hüffer* RdNr. 11.
[36] ROHG Urt. v. 22. 6. 1872 – Rep 248/72, ROHG 6, 246, 248.
[37] So auch Staub/*Würdinger*, 3. Aufl. 1970, Anm. 4; Schlegelberger/Hildebrandt/Steckhan RdNr. 4.
[38] Staub/*Hüffer* RdNr. 11; vgl. auch HK-HGB/*Ruß* RdNr. 2.
[39] Heymann/*Emmerich* RdNr. 7 a.
[40] Zur Entwicklung und den unterschiedlichen Meinungen vgl. insbesondere Staub/*Hüffer* RdNr. 13 ff.
[41] LG Hamburg Beschl. v. 18. 2. 1952 – 26 T 34/51, BB 1952, 477; Staub/*Hüffer* RdNr. 13; Heymann/*Emmerich* RdNr. 14; HK-HGB/*Ruß* RdNr. 2.
[42] Wie hier Koller/*Roth*/Morck RdNr. 5; Röhricht/Graf von Westphalen/*Ammon* RdNr. 13.
[43] BGH Urt. v. 1. 6. 1979 – I ZR 48/77, WM 1979, 922, 923; RG Urt. v. 17. 9. 1920 – II 90/20, RGZ 100, 45.
[44] BGH Beschl. v. 14. 7. 1966 – II ZB 4/66, BGHZ 46, 7, 12 = NJW 1966, 1813, 1815; BayObLG Beschl. v. 14. 10. 1966 – BReg. 2 Z 39/66, BayObLGZ 1966, 337, 343 = BB 1966, 1235 = WM 1967, 28. 9. 1979 – BReg. 2 Z 58/79, BayObLGZ 1979, 316, 318 = NJW 1980, 129 (LS); OLG Hamburg Beschl. v. 6. 6. 1910, KJG 41, 267; OLG Hamm Beschl. v. 22. 7. 1966 – 15 W 151/66, NJW 1966, 2172; OLG Frankfurt Beschl. v. 3. 4. 1973 – 20 W 64/72, BB 1973, 676, 677.
[45] RG Urt. v. 17. 6. 1892 – II 110/92, RGZ 29, 66, 68; BayObLG Beschl. v. 27. 5. 1927 – Reg. III Nr. 49/27, BayObLGZ 26, 291 = JW 1927, 2434; KG Beschl. v. 8. 2. 1991 – 1 W 3211/90, OLGZ 1991, 396, 402.
[46] Heymann/*Emmerich* RdNr. 17; Staub/*Hüffer* RdNr. 17.
[47] BGH Beschl. v. 14. 7. 1966 – II ZB 4/66, BGHZ 46, 7, 13 = NJW 1966, 1813, 1816; BayObLG Beschl. v. 14. 10. 1966 – BReg. 2 Z 39/66, BayObLGZ 1966, 337 = BB 1966, 1235.
[48] RG Urt. v. 7. 12. 1887 – Rep. I. 294/87, RGZ 20, 71, 72; ebenso KG Beschl. v. 26. 4. 1918 – 1 a X 242/18, KJG 51, 120, 121; Beschl. v. 29. 4. 1926 – 1 X 243/26, JW 1926, 2001.
[49] BGH Beschl. v. 14. 7. 1966 – II ZB 4/66, BGHZ 46, 7, 12 = NJW 1966, 1813, 1815; RG Urt. v. 31. 8. 1943 – II 26/43, RGZ 171, 321, 323; OLG Hamm Beschl. v. 22. 7. 1966 – 15 W 151/66, NJW 1966, 2172; KG Beschl. v. 8. 2. 1991 – 1 W 3211/90, OLGZ 1991, 396, 402; LG Hamburg Beschl. v. 18. 2. 1952 – 26 T 34/51, BB 1952, 477; Kögel Rpfleger 1998, 317, 319; Heymann/*Emmerich* RdNr. 14; Staub/*Hüffer* RdNr. 15.

c) Erscheinungsbild der Firma. Da die Firma im Geschäftsverkehr in einer anderen Form als der im Register eingetragenen oder angemeldeten Weise verwendet wird, stellt sich die Frage, welches dieser Erscheinungsbilder der Firma für die Beurteilung der Verwechslungsgefahr herangezogen werden muss. Ursprünglich stellte das Reichsgericht bei der Beurteilung der Unterscheidbarkeit der Firmen auf das Erscheinungsbild der Firma im Handelsregister ab, da der Kaufmann nur zur Führung dieser Firma berechtigt sei.[50] Diese Rechtsprechung wandelte sich aber mit der Auffassung über den Beurteilungshorizont, ohne die Beurteilung nach dem Eintragungs- bzw. Anmeldungswortlaut aufzugeben. Der Umstand, dass die Unterscheidbarkeit der Firma nach dem Horizont des allgemeinen Publikums zu beurteilen ist, verlange es, dass bei der Prüfung auch die „schlagwortartigen und das **Gesamtbild der Firma** bestimmenden Bestandteile" berücksichtigt werden, denn der allgemeine Verkehr, der durch § 30 gerade geschützt werden solle, werde hierdurch wesentlich beeinflusst.[51] Einen ähnlichen Standpunkt nimmt der BGH[52] ein, indem er auf das Klangbild der Firma abstellt, „wie es sich in Auge und Ohr einprägt", und stößt damit in der Literatur überwiegend auf Zustimmung.[53]

Die Prüfung der Unterscheidbarkeit der Firmen muss somit zweistufig erfolgen. Auf einer ersten Stufe sind die Eintragungs- bzw. Anmeldungswortlaute der Firmen auf ihre deutliche Unterscheidbarkeit hin zu überprüfen. Ist diese schon nicht gegeben, so darf die Firma nicht eingetragen werden. Liegt jedoch eine solche Unterscheidbarkeit vor, ist weiterhin entsprechend der neueren Rechtsprechung und Lehre zu prüfen, ob auch eine deutliche Unterscheidbarkeit der Firmen, so wie sie sich gegenüber dem allgemeinem Publikum darstellen, gegeben ist. Nur unter dieser Voraussetzung darf die neue Firma eingetragen werden.[54]

2. Deutliche Unterscheidbarkeit bei Personenfirmen. Dem Erfordernis der deutlichen Unterscheidbarkeit entsprechen zwei Personenfirmen, die sich durch den in der Firma enthaltenen Namen unterscheiden.[55] Bei Übereinstimmung der in der Firma enthaltenen Familiennamen kann durch Zufügen unterschiedlicher **Vornamen** bzw. durch Zufügen überhaupt eines Vornamens die deutliche Unterscheidbarkeit der Firmen bewirkt werden.[56] Diese kann auch durch Nennung mehrerer Vornamen hergestellt werden.[57] Keine deutliche Unterscheidbarkeit wird hingegen durch das Abkürzen identischer oder verwechslungsfähiger Vornamen (zB Joh. für Johann und Johannes) erreicht.[58] Dabei ist zu beachten, dass eine Übereinstimmung der Namen schon gegeben ist, wenn die Namen nach dem Klangbild nicht unterschieden werden können,[59] so zB bei: Meier – Maier – Meyer oder Jäger – Jaeger. Weiterhin unterscheiden sich Personenfirmen deutlich voneinander, wenn in wenigstens einer Firma der **Geschäftsgegenstand** angegeben ist und die Unternehmen auch unterschiedliche Tätigkeitsbereiche haben,[60] wie zB „Stefan Meier Computerhandel e. K." und „Stefan Meier Gebrauchtwagen e. K." oder die Firmen „Stefan Meier e. K." und „Stefan Meier Computerhandel e. K.", wenn der zuerst genannte Namensträger nicht gleichfalls mit Computern handelt.

3. Deutliche Unterscheidbarkeit bei Sachfirmen. Für das Vorliegen der deutlichen Unterscheidbarkeit zwischen Sachfirmen werden im Allgemeinen **höhere Anforderungen** gestellt als bei Personenfirmen.[61] Dies hat seinen Grund darin, dass bei Sachfirmen mehr Möglichkeiten zur Wahl eines unterscheidungskräftigen Wortlauts bestehen und ähnliche Sachfirmen leichter zu Verwechslungen führen.[62] Da bei identischen oder ähnlichen Tätigkeitsbereichen der Unternehmen die Verwechslungsgefahr besonders stark ist, werden in einem solchen Fall ganz besondere Anforderun-

---

[50] RG Urt. v. 7. 12. 1887 – I 294/87, RGZ 20, 71, 73; RG Urt. v. 31. 8. 1943 – 2 26/43, RGZ 171, 321, 323; ebenso KG Beschl. v. 29. 4. 1926 – 1 X 243/26, JW 1926, 2001.
[51] RG Urt. v. 31. 8. 1943 – II 26/43, RGZ 171, 321, 323 f.
[52] BGH Beschl. v. 14. 7. 1966 – II ZB 4/66, BGHZ 46, 7, 12 = NJW 1966, 1813, 1815; ähnlich KG Beschl. v. 8. 2. 1991 – 1 W 3211/90, OLGZ 1991, 396, 401, wobei aber grundsätzlich vom Eintragungs- bzw. Anmeldungswortlaut auszugehen ist.
[53] Staub/*Hüffer* RdNr. 15; Heymann/*Emmerich* RdNr. 14; HK-HGB/*Ruß* RdNr. 2. Kritisch *Kögel* Rpfleger 1998, 317, 319 f.
[54] Ebenso Staub/*Hüffer* RdNr. 15.
[55] BGH Urt. v. 18. 3. 1993 – I ZR 178/91, NJW 1993, 2236; KG Beschl. v. 9. 10. 1895, ZHR 46, 471.
[56] BayObLG Beschl. v. 21. 1. 1920 – ZS III 54, 20, BayObLGZ 20, 355 = DJZ 1921, 439.
[57] OLG Hamburg Beschl. v. 9. 6. 1905, OLGR 11, 20; *Bokelmann*, Das Recht der Firmen und Geschäftsbezeichnungen, RdNr. 74.
[58] Vgl. auch *Bokelmann*, Das Recht der Firmen und Geschäftsbezeichnungen, RdNr. 74; ferner *Kögel* Rpfleger 1998, 317, 321 (für Unterscheidbarkeit der Firmen „D. Mayer GmbH" und „Mayer GmbH").
[59] OLG Dresden Beschl. v. 11. 7. 1895, ZHR 46 1897, 471; OLG Hamburg Beschl. v. 6. 6. 1910, KGJ 41, 267; *Bokelmann*, Das Recht der Firmen und Geschäftsbezeichnungen, RdNr. 74.
[60] OLG München Urt. v. 30. 12. 1914 – I. ZS L 802/14, LZ 1915, 570; KG Beschl. v. 26. 4. 1918 – 1 a X 242/18, KGJ 51, 120; Beschl. v. 29. 4. 1926 – 1 X 243/26, JW 1926, 200.
[61] KG Beschl. v. 8. 2. 1991 – 1 W 3211/90, OLGZ 1991, 396, 401.
[62] BGH Urt. v. 1. 6. 1979 – I ZR 48/77, WM 1979, 922, 923; Heymann/*Emmerich* RdNr. 19.

gen an die deutliche Unterscheidbarkeit gestellt.⁶³ Die durch § 30 Abs. 1 geforderte deutliche Unterscheidbarkeit ist nicht gegeben, wenn die Firmen in Wortbild und Wortklang ähnlich sind. Sollte aber im Einzelfall der Wortsinn der Firma sehr unterschiedlich und somit unterscheidungskräftig sein, kann dies eine deutliche Unterscheidbarkeit begründen.⁶⁴

22 **4. Einzelfälle. a) Vorliegen der deutlichen Unterscheidbarkeit.** Die deutliche Unterscheidbarkeit wurde zwischen der Firma „Gebrüder M.", unter der ein Bankgeschäft betrieben wurde, und der Firma „Gebrüder M. Konfektionshaus",⁶⁵ zwischen den Firmen „Jacob Levy" und „Jacob Levy Lederwaren"⁶⁶ sowie zwischen den Firmen „Gebrüder L." und „Gebrüder L. Blusen und Kleider"⁶⁷ angenommen, da diese Firmen sich jeweils durch den aufgenommenen Handelszweig unterschieden. Eine deutliche Unterscheidbarkeit auf Grund des absolut unterschiedlichen Wortsinns, bei sonst ähnlichen Wortbild und -klang wurde bei den Firmen „Bank für Getreidewirtschaft" und „Bank für Gemeinwirtschaft"⁶⁸ angenommen. Auch die Firmen „Western Store Inhaber X. Y." und „Western Store Handelsgesellschaft m. b. H." unterscheiden sich nach Ansicht des OLG München⁶⁹ deutlich voneinander. Dies wurde damit begründet, dass die eine Firma aus dem Vor- und Familiennamen als Firmenkern und der Gattungsbezeichnung „Western Store" bestehe und die andere sich von diesem Firmenkern durch den Hinweis auf eine juristische Person ausreichend unterscheide. Mit einer ähnlichen Begründung wurde die deutliche Unterscheidbarkeit zwischen den Firmen „Volksbank Homburg eG" und „Volksbank Saar-West eG" angenommen.⁷⁰ Deutliche Unterscheidbarkeit auf Grund einer Verschiedenheit der Vornamen wurde bei den Firmen „Hermann H" und „Johann Herm. H" angenommen.⁷¹

23 **b) Keine deutliche Unterscheidbarkeit.** Wegen der identischen Aussprache wurde die deutliche Unterscheidbarkeit zwischen den Firmen „Herz & Co" und „Hertz & Co Kommandit-Ges." verneint.⁷² Die deutliche Unterscheidbarkeit wurde weiterhin verneint bei den Firmen „A & Co GmbH" und „A & Co GmbH Kommanditgesellschaft";⁷³ „TECHNOLOGICA Vertriebsgesellschaft für technische Erzeugnisse mit beschränkter Haftung" und „TECHNOLOGICA Vertriebsgesellschaft für technische Erzeugnisse mit beschränkter Haftung & Co. Kommanditgesellschaft";⁷⁴ „Ostd. Brennstoffvertrieb GmbH" und „Ostd. Betriebsstoffgesellschaft m. b. H.";⁷⁵ „Brillen Be. Augenoptikermeister Ha. GmbH" und „Brillen Be. Augenoptikermeister Lü. GmbH";⁷⁶ „RME Radio-Marine-Electronic GmbH" und „marine electronic gmbh";⁷⁷ „Vereinigte Beinwarenfabriken GmbH" und „Beinwarenfabrik GmbH";⁷⁸ „Hausbau Ulm GmbH & Co Wohnungsbaugesellschaft KG", „Hausbau Ulm, Gesellschaft mit beschränkter Haftung" und „HSB Hausbau GmbH";⁷⁹ „‚CHEMPHAR' Chemischpharmazeutische Handelsgesellschaft mbH" und „Chemopppharm GmbH";⁸⁰ „Nitrola, Bayrische Nitro-Lack und Farben, GmbH" und „Nitrolack GmbH".⁸¹ Vgl. zum besonderen Problem der Firmenbildung bei einer GmbH & Co. KG die Erläuterungen bei § 18 RdNr. 32 f.

C. Gleichnamigkeit von Kaufleuten (Abs. 2)

24 Die Regelung des Abs. 2 basiert auf dem Gedanken, dass es einem Einzelkaufmann nicht verwehrt werden kann, die Firma aus seinem bürgerlichen Namen zu bilden.⁸² Da es bei einer

---

⁶³ Vgl. BayObLG Beschl. v. 27. 5. 1927 – Reg. III Nr. 49/27, BayObLGZ 26, 291 = JW 1927, 2434; KG Beschl. v. 8. 2. 1991 – 1 W 3211/90, OLGZ 1991, 396, 401; Heymann/*Emmerich* RdNr. 17 a.
⁶⁴ Staub/*Hüffer* RdNr. 16, 19; vgl. auch LG Hamburg Beschl. v. 18. 2. 1952 – 26 T 34/51, BB 1952, 447: „Bank für Getreidewirtschaft" und „Bank für Gemeinwirtschaft".
⁶⁵ OLG München v. 30. 12. 1914 – L 802/14, LZ 1915, 570.
⁶⁶ KG Beschl. v. 26. 4. 1918 – 1 a X 242/18, KGJ 51, 120.
⁶⁷ KG Beschl. v. 29. 4. 1926 – 1 X 243/26, JW 1926, 2001.
⁶⁸ LG Hamburg Beschl. v. 18. 2. 1952 – 26 T 34/51, BB 1952, 477.
⁶⁹ OLG München Urt. v. 2. 4. 1970 – 6 U 2986/69, BB 1971, Beilage 9, S. 19.
⁷⁰ BGH Urt. v. 2. 7. 1992 – I ZR 250/90, GRUR 1992, 865.
⁷¹ OLG Hamburg Urt. v. 9. 6. 1905 – I ZS, OLGRspr. 11, 20.
⁷² OLG Hamburg Beschl. v. 6. 6. 1910, KGJ 41, 267.
⁷³ OLG Hamm Beschl. v. 22. 7. 1966 – 15 W 151/66, NJW 1966, 2172.
⁷⁴ OLG Frankfurt Beschl. v. 3. 4. 1973 – 20 W 64/72, BB 1973, 676.
⁷⁵ RG Urt. v. 17. 9. 1920 – II 90/20, RGZ 100, 45.
⁷⁶ OLG Frankfurt Beschl. v. 16. 7. 1980 – 20 W 315/80, OLGZ 1981, 8.
⁷⁷ KG Beschl. v. 8. 2. 1991 – 1 W 3211/90, OLGZ 1991, 396.
⁷⁸ RG Urt. v. 2. 7. 1920 – II 99/20, JW 1922, 1200.
⁷⁹ BGH Urt. v. 1. 6. 1979 – I ZR 48/77, WM 1979, 922.
⁸⁰ RG Urt. v. 31. 8. 1943 – II 26/43, RGZ 171, 321.
⁸¹ BayObLG Beschl. v. 27. 5. 1927 – Reg III Nr. 49/27, BayObLGZ 26, 291 = JW 1927, 2434.
⁸² RG Urt. v. 7. 1. 1943 – II 97/42, RGZ 170, 265, 270; Heymann/*Emmerich* RdNr. 22.

solchen Bildung der Firma zu Konflikten mit gleichnamigen Kaufleuten kommen kann, hat der Gesetzgeber bestimmt, dass dem Erfordernis der Firmenausschließlichkeit durch **Beifügung eines** die deutliche Unterscheidbarkeit herstellenden **Zusatzes** in die neue Firma Rechnung zu tragen ist. Solche Zusätze können ein (zusätzlicher) Vorname, eine Sachbezeichnung aus der Tätigkeit des Unternehmens oder eine Phantasiebezeichnung sein.[83] Ungeeignet sind dagegen idR Ortsbezeichnungen, da diese im Anwendungsbereich des § 30 (räumlich beschränkte Wirkung!) meist keine Individualisierung erlauben.[84] Zur Aufnahme eines bestimmten Zusatzes kann der Kaufmann nicht gezwungen werden.[85] Somit ist er auch nicht verpflichtet, einen anderen oder zusätzlichen Vornamen in die Firma aufzunehmen.[86] Ob der Zusatz firmenrechtlich zulässig ist, richtet sich nach § 18; ob er die Unterscheidbarkeit der Firmen begründet, bestimmt sich nach dem zu Abs. 1 Gesagten. § 30 Abs. 2 ist entsprechend anzuwenden, wenn bei den Firmen von Handelsgesellschaften oder im Verhältnis zu Namen von Partnerschaftsgesellschaften eine Kollision durch Gleichnamigkeit auftritt.[87]

D. Firmenunterscheidbarkeit bei Zweigniederlassungen (Abs. 3)

Nach § 30 Abs. 3 muss der Firma der Zweigniederlassung ein Zusatz beigefügt werden, wenn sie sich ansonsten nicht deutlich von den an demselben Ort oder in derselben Gemeinde bereits eingetragenen und bestehenden Firmen unterscheiden würde. Die Regelung beruht noch auf der älteren Rechtsansicht, dass die Firma der Zweigniederlassung mit derjenigen der Hauptniederlassung übereinstimmen müsse. Nach heute allgM dürfen die Firmen von Zweig- und Hauptniederlassung unterschiedlich sein, soweit die Zugehörigkeit der Zweig- zur Hauptniederlassung erkennbar ist.[88] Die Firma der Zweigniederlassung kann also von vornherein so gebildet werden, dass keine Verwechslungsgefahr bezüglich einer älteren Firma entsteht. Daneben kann die deutliche Unterscheidbarkeit, wie in § 30 Abs. 3 zum Ausdruck kommt, durch die Aufnahme eines entsprechenden Zusatzes bewirkt werden.

E. Bildung von Firmenbezirken (Abs. 4)

Durch § 30 Abs. 4 werden die Landesregierungen ermächtigt, den räumlichen Geltungsbereich des Grundsatzes der Firmenausschließlichkeit auf mehrere Orte oder Gemeinden auszudehnen. Solche Firmenbezirke, die nicht mit den gemeinschaftlichen Registerbezirken verwechselt werden dürfen, sind mit der Handelsregisterverfügung vom 12. 8. 1937[89] geschaffen worden (Anlage 5 der Handelsregisterverfügung).

F. Durchsetzung des Grundsatzes der Firmenausschließlichkeit

Die Durchsetzung des Grundsatzes der Firmenausschließlichkeit ist Aufgabe der Registergerichte. Die Anmeldung einer mit § 30 unvereinbaren Firma ist zurückzuweisen.[90] Gegen einen unzulässigen Firmengebrauch hat das Registergericht im Wege des Ordnungsgeldverfahrens einzuschreiten (§§ 132, 140 FGG, § 37 Abs. 1). Eingetragene unzulässige Firmen können nach erfolglosem Ordnungsgeldverfahren gem. § 142 FGG von Amts wegen aus dem Register gelöscht werden. Neben dieser hoheitlichen Durchsetzung des Grundsatzes der Firmenausschließlichkeit kann jeder, der durch den unbefugten Gebrauch einer Firma in seinen Rechten verletzt wird, gem. § 37 Abs. 2 Unterlassung des Firmengebrauchs verlangen (vgl. im Einzelnen die Erläuterungen zu § 37).

---

[83] Heymann/*Emmerich* RdNr. 22.
[84] Vgl. Staub/*Hüffer* RdNr. 21.
[85] BGH Urt. v. 6. 6. 1954 – I ZR 167/52, GRUR 1955, 42, 44; OLG Köln Urt. v. 29. 4. 1983 – 6 U 201/82, NJW 1984, 1358, 1360.
[86] Staub/*Hüffer* RdNr. 21.
[87] Vgl. Staub/*Hüffer* RdNr. 21; GK-HGB/*Nickel* RdNr. 7.
[88] Vgl. § 17 RdNr. 13; ferner RG Beschl. v. 30. 3. 1926 – II B 8/26, RGZ 113, 213, 217; BayObLG Beschl. v. 19. 3. 1992 – 3Z BR 15/92, BayObLGZ 1992, 59 = NJW-RR 1992, 1062.
[89] DJ 1937, 1251; abgedruckt auch bei Schlegelberger/*Hildebrandt*/*Steckhan* RdNr. 4.
[90] Vgl. § 29 RdNr. 13; RG Urt. v. 14. 3. 1911 – Rep II 557/10, RGZ 75, 370, 371 f.

§ 31 [Änderung der Firma; Erlöschen]

(1) Eine Änderung der Firma oder ihrer Inhaber sowie die Verlegung der Niederlassung an einen anderen Ort ist nach den Vorschriften des § 29 zur Eintragung in das Handelsregister anzumelden.

(2) ¹Das gleiche gilt, wenn die Firma erlischt. ²Kann die Anmeldung des Erlöschens einer eingetragenen Firma durch die hierzu Verpflichteten nicht auf dem in § 14 bezeichneten Wege herbeigeführt werden, so hat das Gericht das Erlöschen von Amts wegen einzutragen.

Übersicht

	RdNr.		RdNr.
I. Normzweck und Anwendungsbereich..	1	a) Erlöschen der Firma eines Einzelkaufmanns und der Personenhandelsgesellschaften	10–12
II. Firmenänderung (Abs. 1, 1. Var.)	2–5	b) Erlöschen der Firma einer Kapitalgesellschaft	13, 14
1. Begriff und Voraussetzungen	2–4	2. Zur Anmeldung verpflichtete Personen	15
2. Zur Anmeldung verpflichtete Personen	5	VI. Verfahren	16, 17
III. Wechsel des Inhabers (Abs. 1, 2. Var.)	6, 7	1. Inhalt der Anmeldung	16
1. Begriff und Voraussetzungen	6	2. Durchsetzung	17
2. Zur Anmeldung verpflichtete Personen	7	VII. Amtslöschung (Abs. 2 Satz 2)	18
IV. Verlegung der Niederlassung (Abs. 1, 3. Var.)	8	VIII. Löschung gem. § 141 a FGG	19
V. Erlöschen der Firma (Abs. 2 Satz 1)	9–15		
1. Begriff und Voraussetzungen	9		

I. Normzweck und Anwendungsbereich

1 Damit der Rechtsverkehr durch das Handelsregister geschützt werden kann, ist es erforderlich, dass Veränderungen der eingetragenen Tatsachen sich im Handelsregister widerspiegeln.[1] § 31 bestimmt daher ergänzend zu § 29 – dessen Regelung sich auf die Erstanmeldung bezieht –, dass nachträgliche Veränderungen bei der Firma oder ihren Inhabern, die Verlegung der Niederlassung sowie das Erlöschen der Firma zur Eintragung in das Handelsregister anzumelden sind. Die Regelungen des § 31 gelten für Einzelkaufleute und Handelsgesellschaften (vgl. § 6 Abs. 1 für Personenhandelsgesellschaften, § 3 iVm. Abs. 1 AktG bzw. § 13 Abs. 3 GmbHG für die AG und die GmbH). Zusätzlich sind bei Änderung und Erlöschen der Firmen von Handelsgesellschaften zahlreiche Sonderregelungen zu beachten (vgl. §§ 34, 107, 143, 161 Abs. 2; §§ 181, 273 AktG und §§ 54, 74 GmbHG (vgl. unten RdNr. 5)). Die Regelung des § 31 erstreckt sich nur auf rechtmäßig eingetragene Firmen. Firmen, die wegen Fehlens wesentlicher Zulässigkeitsvoraussetzungen von vornherein unzulässig waren oder dies zu einem späteren Zeitpunkt wurden, sind von Amts wegen nach § 142 FGG zu löschen.[2]

II. Firmenänderung (Abs. 1, 1. Var.)

2 **1. Begriff und Voraussetzungen.** Der Begriff der Firmenänderung umfasst drei unterschiedliche Konstellationen der Veränderung des Handelsnamens. Die in der Praxis häufigste Fallgestaltung ist die Veränderung der Firma bei gleich bleibender Identität des Inhabers des Handelsgeschäfts.[3] Weiterhin umfasst der Begriff der Firmenänderung auch Veränderungen der Firma, die durch die Aufnahme eines Gesellschafters in das Unternehmen eines Einzelkaufmanns erfolgen[4] oder durch das Ausscheiden eines Gesellschafters aus einer zweigliedrigen Personenhandelsgesellschaft bedingt sind.[5] Diese Veränderungen werden nicht als Erlöschen der alten Firma und Begründung einer neuen angesehen, obgleich der Vorgang immer mit einer Veränderung in der Inhaberschaft verbunden ist.

---

[1] KG Beschl. v. 12. 11. 1964 – 1 W 1851/64, OLGZ 1965, 124, 127 = NJW 1965, 254; OLG Hamm Beschl. v. 2. 5. 1977 – 15 W 10/77, OLGZ 1977, 438, 439 = BB 1977, 967; OLG Hamm Beschl. v. 21. 6. 1993 – 15 W 75/93, NJW 1994, 392, 393 = DB 1993, 1816.
[2] Staub/*Hüffer* RdNr. 3 und 29; MünchKommHGB/*Krafka* RdNr. 5; Heymann/*Emmerich* RdNr. 8; Schlegelberger/Hildebrandt/Steckhan RdNr. 1; Koller/*Roth*/Morck RdNr. 2.
[3] Vgl. auch Staub/*Hüffer* RdNr. 3; Heymann/*Emmerich* RdNr. 3; HK-HGB/*Ruß* RdNr. 2.
[4] OLG Hamm Beschl. v. 2. 5. 1977 – 15 W 10/77, OLGZ 1977, 438, 442 = BB 1977, 967, 968 f.; OLG Stuttgart Beschl. v. 2. 7. 1979 – 8 W 392/78, OLGZ 1979, 385, 386; Heymann/*Emmerich* RdNr. 4a; Röhricht/Graf von Westphalen/*Ammon* RdNr. 3.
[5] BayObLG Beschl. v. 10. 8. 1978 – BReg. 1 Z 88/78, DB 1978, 2407; Staub/*Hüffer* RdNr. 9; HK-HGB/*Ruß* RdNr. 2.

Eine hiervon abweichende Würdigung des Vorgangs würde die Kontinuität des Unternehmens und die fortdauernde Beteiligung wenigstens einer Person vernachlässigen.[6]

Eine Firmenänderung ist auch dann gegeben, wenn die Firma bei zulässiger **Firmenfortführung** 3 gem. §§ 22, 24 zunächst unverändert fortgeführt wird und dann durch den Erwerber als neuen Verfügungsberechtigten verändert wird, denn die Identität des Inhabers bleibt über die Veränderung des Handelsnamens hinaus erhalten.[7] Hingegen liegt keine Firmenfortführung, sondern ein Erlöschen der Firma vor, wenn der Unternehmensinhaber nicht berechtigt ist, die Firma fortzuführen, oder wenn er von dem Recht der Firmenfortführung von Anfang an keinen Gebrauch macht.[8]

Anzumelden ist jede Änderung der Firma, auch die Streichung oder das Hinzufügen eines 4 Firmenbestandteiles.[9] Dabei ist es unerheblich, ob es sich bei der geänderten Firma um eine ursprüngliche oder um eine abgeleitete Firma handelt.[10] Der Grund der Änderung der Firma ist unerheblich.[11] So kann die Änderung freiwillig erfolgen oder durch eine Verurteilung auf Grund von § 12 BGB, §§ 15, 5 MarkenG oder § 37 Abs. 2 HGB zwingend notwendig sein.[12]

2. Zur Anmeldung verpflichtete Personen. Grundsätzlich ist der **Inhaber des Handels-** 5 **geschäfts** zur Anmeldung der Firmenänderung verpflichtet.[13] Bei **Personenhandelsgesellschaften** hat die Anmeldung gem. §§ 107, 108 Abs. 1, 161 Abs. 2 durch sämtliche Gesellschafter zu erfolgen. Da die Firma der **AG** gem. § 23 Abs. 3 Nr. 1 AktG ein notwendiger Bestandteil der Satzung ist, ist die Firmenänderung nur durch eine Satzungsänderung möglich. Diese Satzungsänderung ist gem. § 181 Abs. 1 AktG durch den Vorstand der AG zur Eintragung in das Handelsregister anzumelden. Ebenso ist zur Änderung der Firma einer **GmbH** eine Änderung des Gesellschaftsvertrages notwendig, so dass die Änderung der Firma gem. §§ 54 Abs. 1, 78 GmbHG durch den Geschäftsführer zu erfolgen hat. In der Insolvenz ist auf Grund der Massezugehörigkeit der Firma die Anmeldung der Firmenänderung von dem Insolvenzverwalter vorzunehmen.[14]

III. Wechsel des Inhabers (Abs. 1, 2. Var.)

1. Begriff und Voraussetzungen. § 31 Abs. 1, 2. Var. betrifft die Fälle der Änderung des 6 Inhabers auf Grund von Rechtsgeschäft oder von Todes wegen, ohne dass gleichzeitig eine Firmenänderung erfolgt. So erfasst § 31 die Fälle des Erwerbs eines Handelsgeschäfts nach § 22.[15] Die Fälle eines Wechsels der Gesellschafter bei Fortführung der Firma (§ 24) sind in den §§ 107, 108, 143, für die OHG bzw. (über § 161 Abs. 2) für die KG[16] und in § 40 GmbH für die GmbH geregelt. Ein Inhaberwechsel liegt immer dann vor, wenn der neue Inhaber das Unternehmen im eigenen Namen weiterführt.[17] Dies kann neben dem Fall des Kaufes auch auf Grund von Pacht,[18] wegen Eintritts eines Gesellschafters in das Handelsgeschäft eines Einzelkaufmanns oder Ausscheidens eines Gesellschafters aus einer zweigliedrigen Personengesellschaft ohne Liquidation[19] gegeben sein.

2. Zur Anmeldung verpflichtete Personen. Bei einem Wechsel des Inhabers auf Grund eines 7 Geschäfts unter Lebenden muss die Anmeldung zur Eintragung in das Handelsregister sowohl durch den neuen als auch durch den alten Inhaber erfolgen.[20] Kommt es auf Grund eines Erbfalls zu einer

---

[6] Staub/*Hüffer* RdNr. 9.
[7] BayObLG Beschl. v. 27. 4. 1971 – BReg. 2 Z 43/71, BayObLGZ 1971, 163, 165 = NJW 1971, 1616; BayObLG Beschl. v. 10. 8. 1978 – BReg. 1 Z 88/78, DB 1978, 2407; OLG Hamm Beschl. v. 2. 5. 1977 – 15 W 10/77, OLGZ 1977, 438, 442 = BB 1977, 967, 968; Staub/*Hüffer* RdNr. 5; Heymann/*Emmerich* RdNr. 4 a.
[8] BayObLG Beschl. v. 27. 4. 1971 – BReg. 2 Z 43/71, BayObLGZ 1971, 163, 165; BayObLG Beschl. v. 10. 8. 1978 – BReg. 1 Z 88/78, DB 1978, 2407; OLG Hamm Beschl. v. 2. 5. 1977 – 15 W 10/77, OLGZ 1977, 438, 441= BB 1977, 967, 968; Staub/*Hüffer* RdNr. 5.
[9] Vgl. auch Staub/*Hüffer* RdNr. 3.
[10] Heymann/*Emmerich* RdNr. 3; Schlegelberger/*Hildebrandt*/*Steckhan* RdNr 2.
[11] GK-HGB/*Nickel* RdNr. 2.
[12] Heymann/*Emmerich* RdNr. 4.
[13] Heymann/*Emmerich* RdNr. 4; Staub/*Hüffer* RdNr. 6; Schlegelberger/*Hildebrandt*/*Steckhan* RdNr. 3; Baumbach/*Hopt* RdNr. 4.
[14] Vgl. Staub/*Hüffer* RdNr. 6; Heymann/*Emmerich* RdNr. 4.
[15] BayObLG Beschl. v. 19. 12. 1989 – BReg. 3 Z 102/89, BayObLGZ 1989, 474, 477 = NJW-RR 1990, 868; Staub/*Hüffer* RdNr. 12; MünchKommHGB/*Krafka* RdNr. 8; Heymann/*Emmerich* RdNr. 6; Röhricht/*Graf von Westphalen*/*Ammon* RdNr. 8.
[16] Heymann/*Emmerich* RdNr. 6 in Fn. 12.
[17] Schlegelberger/*Hildebrandt*/*Steckhan* RdNr. 5.
[18] KG Beschl. v. 26. 11. 1909 – 1 a X 916/09, KGJ 39 (1910), A 107, A 109; LG Nürnberg-Fürth Beschl. v. 1. 3. 1976 – 4 HK T 1591/76, BB 1976, 810.
[19] KG Beschl. v. 12. 11. 1964 – 1 W 1851/64, OLGZ 1965, 124, 126 = NJW 1965, 254.
[20] KG Beschl. v. 26. 11. 1909 – 1 a X 916/09, KGJ 39 (1910), A 107, A 110; KG Beschl. v. 1. 2. 1923 – 1 X 20/23, OLGE 1923, 202 = DtNotZ 1925, 16 Nr. 4a; Beschl. v. 19. 4. 1934 – 1 b X 159/34, HRR 1934 Nr. 1041; Staub/*Hüffer* RdNr. 13; Heymann/*Emmerich* RdNr. 6; HK-HGB/*Ruß* RdNr. 3; Baumbach/*Hopt* RdNr. 5. Vgl. auch § 29 RdNr. 6.

Änderung, so sind grundsätzlich der Erbe bzw. die Erben gemeinschaftlich zur Anmeldung verpflichtet.[21] Im Falle der Nacherbfolge sind Vor- und Nacherben verpflichtet.[22] Wenn bei Testamentsvollstreckung die „Treuhandlösung" gewählt wird (vgl. § 27 RdNr. 12), ist die Anmeldung durch den Testamentsvollstrecker notwendig, da dieser dann als Inhaber des Geschäfts und somit auch der Firma nach außen auftritt.[23] Wird die „Vollmachtlösung" gewählt (§ 27 RdNr. 12), müssen der oder die Erben die Änderung der Inhaberschaft beim Handelsregister anmelden. Sie können sich dabei durch den Testamentsvollstrecker vertreten lassen. In beiden Fällen ist erforderlich, dass der Testamentsvollstrecker seine Rechtsstellung offenlegt.[24]

IV. Verlegung der Niederlassung (Abs. 1, 3. Var.)

8   Gemäß Abs. 1, 3. Var. ist auch die Verlegung der Niederlassung an einen anderen Ort zur Eintragung in das Handelsregister anzumelden. Bei Verlegung der Hauptniederlassung eines Einzelkaufmanns oder einer juristischen Person oder des Sitzes einer Handelsgesellschaft im Inland ist die vorrangige Sondervorschrift des § 13h zu beachten. Die registerrechtliche Behandlung der Verlegung einer Zweigniederlassung[25] im Inland ist umstritten: Zum Teil wird die entsprechende Anwendung des § 13h befürwortet,[26] zum Teil eine Anmeldepflicht nach § 31 Abs. 1 angenommen.[27] Dem zuletzt Gesagten ist, da es an einer Regelungslücke offensichtlich fehlt,[28] zu folgen.

V. Erlöschen der Firma (Abs. 2 Satz 1)

9   **1. Begriff und Voraussetzungen.** § 31 Abs. 2 S. 1 begründet die Pflicht, das Erlöschen der Firma zur Eintragung in das Handelsregister anzumelden. Die Wirkung einer solchen Eintragung des Erlöschens der Firma kann konstitutiv oder deklaratorisch sein; sie ist von dem Grund des Erlöschens abhängig.[29]

10 **a) Erlöschen der Firma eines Einzelkaufmanns und der Personenhandelsgesellschaften.** Da mit der **endgültigen Aufgabe des Handelsgewerbes** der Einzelkaufmann und die Personenhandelsgesellschaft ihre Firmenfähigkeit verlieren (§ 17 RdNr. 15), erlischt auch die Firma. Dabei gehört die Abwicklung bzw. die Liquidation des Unternehmens noch zu dessen Betrieb, so dass erst nach vollständiger Beendigung die Firma mit dem Unternehmen erlischt.[30] Die Eintragung des Erlöschens der Firma in das Handelsregister hat in diesem Fall nur deklaratorische Bedeutung.[31] Anders in den Fällen des § 2 S. 3: Wird ein kleingewerbliches Unternehmen betrieben, so findet die Löschung auch auf Antrag des Kaufmanns statt; die Löschung ist in diesen Fällen konstitutiv (vgl. auch § 17 RdNr. 15). Bei dem Erlöschen der Firma einer Personenhandelsgesellschaft mit der Beendigung der Liquidation wird § 31 Abs. 2 S. 1 durch die **Sondervorschrift** § 157 Abs. 1 (für die KG iVm. § 161 Abs. 2) verdrängt. Erfolgt die Auflösung der Personengesellschaft ohne Liquidation und kommt es daraufhin zum Erlöschen der Firma, so ist das Erlöschen nach § 31 Abs. 2 S. 1 zur Eintragung in das Handelsregister anzumelden.

11 Von einer **nur vorübergehenden, den Bestand der Firma nicht beeinträchtigenden Einstellung** des Geschäftsbetriebs ist dann auszugehen, wenn Maßnahmen getroffen worden sind, die es ermöglichen, den Geschäftsbetrieb jederzeit wieder aufzunehmen.[32] Der bloße Wille des Inhabers, das vorübergehend ruhende Unternehmen in der Zukunft wieder als kaufmännisches Unternehmen zu betreiben, ohne derartige Maßnahmen getroffen zu haben, hindert das Erlöschen der Firma hingegen nicht.[33]

12 Neben der Abwicklung bzw. Liquidation des Unternehmens kann das Handelsgeschäft auch durch **Veräußerung** endgültig aufgegeben werden. In diesem Fall kommt es zum Erlöschen der Firma,

---

[21] Staub/*Hüffer* RdNr. 13; HK-HGB/*Ruß* RdNr. 3; Baumbach/*Hopt* RdNr. 5.
[22] KG Beschl. v. 19. 4. 1934 – 1 b X 159/34, HRR 1934 Nr. 1041; Staub/*Hüffer* RdNr. 13; MünchKommHGB/*Krafka* RdNr. 12; Heymann/*Emmerich* RdNr. 6; HK-HGB/*Ruß* RdNr. 3.
[23] Staub/*Hüffer* RdNr. 13; HK/*Ruß* RdNr. 3; vgl. *K. Schmidt* HandelsR § 5 I 1 d bb.
[24] Vgl. zum Ganzen Staub/*Hüffer* RdNr. 13; ferner *K. Schmidt* HandelsR § 5 I 1 d bb.
[25] Zur Rechtsnatur einer solchen Verlegung vgl. Baumbach/*Hopt* § 13 h RdNr. 1.
[26] Vgl. auch zum früheren Rechtszustand Schlegelberger/*Hildebrandt/Steckhan* § 13 c RdNr. 10.
[27] Vgl. Staub/*Hüffer* § 13 a RdNr. 10.
[28] Staub/*Hüffer* (Fn. 27).
[29] Staub/*Hüffer* RdNr. 19.
[30] BayObLG Beschl. v. 17. 5. 1978 – BReg. 1 Z 43/78, BayObLGZ 1978, 121/126; BayObLG Beschl. v. 18. 11. 1982 – BReg. 3 Z 32/82, DB 1983, 170; Staub/*Hüffer* RdNr. 15, 20.
[31] Staub/*Hüffer* RdNr. 19.
[32] RG Urt. v. 7. 1. 1943 – II 97/42, RGZ 170, 265, 274 f; Staub/*Hüffer* RdNr. 15.
[33] KG Beschl. v. 1. 12. 1938 – 1 Wx 600/38, JW 1939, 163; Staub/*Hüffer* RdNr. 15.

wenn der Erwerber nicht zur Weiterführung der Firma ermächtigt wurde oder von diesem Recht von Anfang an keinen Gebrauch gemacht hat, denn für das Weiterbestehen der Firma ist neben der Berechtigung auch der tatsächliche Gebrauch der Firma notwendig.[34]

b) Erlöschen der Firma einer Kapitalgesellschaft. Nach allgemeiner Meinung stellt § 273 AktG eine Sonderregelung für das Erlöschen der Firma einer **Aktiengesellschaft** gegenüber § 31 Abs. 2, S. 1 dar.[35] Zwar ist nach § 273 Abs. 1 AktG nicht das Erlöschen der Firma von den Abwicklern anzumelden, sondern der Schluss der Abwicklung; trägt das Registergericht auf Grund dieser Anmeldung den Schluss der Abwicklung und das Erlöschen der AG in das Handelsregister ein, so erlischt aber auch die Firma.[36]

Seit 1993 enthält das GmbHG mit § 74 Abs. 1 GmbHG eine vergleichbare Vorschrift, so dass auch bezüglich des Erlöschens der Firma einer **GmbH** § 31 Abs. 2 S. 1 zurücktritt.[37] Nach § 74 Abs. 1 GmbHG haben die Liquidatoren wie bei § 273 AktG nur den Schluss der Liquidation zur Eintragung anzumelden, wobei wiederum auf Grund dieser Anmeldung die Gesellschaft durch das Registergericht aus dem Handelsregister zu löschen ist. Mit der Löschung der Gesellschaft erlischt wie bei der AG auch die Firma.[38] Über die Rechtsnatur der Eintragung der Löschung der Gesellschaft (konstitutive oder deklaratorische Wirkung) besteht bei diesen Rechtsformen keine Einigkeit.[39]

2. Zur Anmeldung verpflichtete Personen. Grundsätzlich trifft den bisherigen Inhaber die Pflicht, das Erlöschen der Firma zur Eintragung in das Handelsregister anzumelden.[40] Dies ist im Fall der rechtsgeschäftlichen Übertragung des Handelsgeschäfts ohne Berechtigung zur Fortführung der Firma nach § 22 der bisherige Geschäftsinhaber.[41] Stellt der Pächter das Handelsgeschäft endgültig ein, so ist dieser und nicht der Verpächter zur Anmeldung des Erlöschens verpflichtet.[42] In den Fällen des Erlöschens der Firma durch Abwicklung der AG gem. § 273 AktG und durch Liquidation der GmbH gem. § 74 GmbHG ist die Anmeldung von den Abwicklern bzw. Liquidatoren vorzunehmen. Das Gleiche gilt gem. §§ 157 Abs. 1, 161 Abs. 2 im Fall der Liquidation einer Personenhandelsgesellschaft. Erlischt die Firma der Personenhandelsgesellschaft auf andere Weise, so sind entsprechend §§ 107, 108 Abs. 1, 161 Abs. 2 alle Gesellschafter gemeinschaftlich zur Anmeldung verpflichtet.[43] Bei Bestehen eines Insolvenzverfahrens muss die Anmeldung durch den Insolvenzverwalter erfolgen.[44]

VI. Verfahren

1. Inhalt der Anmeldung. Die nach § 31 anzumeldenden Veränderungen sind entsprechend § 29 zur Eintragung in das Handelsregister anzumelden. Dabei ist ausreichend, wenn aus dem Inhalt der Anmeldung der neue Sachverhalt zweifelsfrei hervortritt.[45] Ebenso wie bei der Neuanmeldung hat das Registergericht die Änderungen auf ihre Richtigkeit und ihre Vereinbarkeit mit dem Firmenordnungsrecht zu überprüfen.[46]

2. Durchsetzung. Die Anmeldung der Veränderungen zur Eintragung in das Handelsregister kann gem. § 14 iVm. §§ 132 bis 140 FGG durch das Registergericht im Wege des Zwangsgeldverfahrens erzwungen werden. Dabei ist das Registergericht gem. § 132 FGG verpflichtet, das Verfahren durchzuführen, wenn es von der Sachlage glaubhaft Kenntnis erhält.

---

[34] BayObLG Beschl. v. 27. 4. 1971 – BReg. 2 Z 43/71, BayObLGZ 1971, 163, 165; OLG Hamm Beschl. v. 2. 5. 1977 – 15 W 10/77, OLGZ 1977, 438, 441 = BB 1977, 967, 968; BayObLG Beschl. v. 10. 8. 1978 – BReg. 1 Z 88/78, DB 1978, 2407; Staub/*Hüffer* RdNr. 16, 21.
[35] Staub/*Hüffer* RdNr. 26; Heymann/*Emmerich* RdNr. 7; Schlegelberger/Hildebrandt/Steckhan RdNr. 8; Baumbach/Hopt RdNr. 6; Koller/*Roth*/Morck RdNr. 5.
[36] Staub/*Hüffer* RdNr. 26.
[37] Baumbach/Hopt RdNr. 2.
[38] Vgl. *Lutter/Kleindiek* in Lutter/Hommelhoff GmbHG § 74 RdNr. 1, 10.
[39] Zum Streitstand: *Hüffer* AktG § 273 RdNr. 7.
[40] Staub/*Hüffer* RdNr. 18; Heymann/*Emmerich* RdNr. 10; Schlegelberger/Hildebrandt/Steckhan RdNr. 12; Koller/*Roth*/Morck RdNr. 5; HK-HGB/*Ruß* RdNr. 5; Baumbach/Hopt RdNr. 8; abweichend MünchKommHGB/*Krafka* RdNr. 12: Anmeldepflicht des alten und des neuen Inhabers.
[41] KG Beschl. v. 19. 7. 1965 – 1 W 1353/65, OLGZ 1965, 315, 319; BayObLG Beschl. v. 27. 4. 1971 – BReg. 2 Z 43/71, BayObLGZ 1971, 163, 165; OLG Hamm Beschl. v. 2. 5. 1977 – 15 W 10/77, OLGZ 1977, 438, 441 f. = BB 1977, 967, 968; Staub/*Hüffer* RdNr. 18; Heymann/*Emmerich* RdNr. 10; Koller/*Roth*/Morck RdNr. 5.
[42] Staub/*Hüffer* RdNr. 18; Heymann/*Emmerich* RdNr. 10.
[43] Staub/*Hüffer* RdNr. 24.
[44] Staub/*Hüffer* RdNr. 24; Heymann/*Emmerich* RdNr. 11; HK-HGB/*Ruß* RdNr. 5; Koller/*Roth*/Morck RdNr. 5.
[45] KG Beschl. v. 12. 11. 1964 – 1 W 1851/64, OLGZ 1965, 124, 126 = NJW 1965, 254; Heymann/*Emmerich* RdNr. 12.
[46] Vgl. hierzu § 29 RdNr. 12 ff.; Staub/*Hüffer* RdNr. 7.

VII. Amtslöschung (Abs. 2 Satz 2)

18 Wie § 31 Abs. 2 S. 2 ausdrücklich klarstellt, darf das Registergericht nur dann das Erlöschen der Firma von Amts wegen in das Handelsregister eintragen, wenn die Anmeldung nicht nach § 14 herbeigeführt werden kann.[47] Dies ist insbesondere dann der Fall, wenn kein Anmeldepflichtiger vorhanden ist, die Identität oder der Aufenthaltsort des Anmeldepflichtigen unbekannt ist, ferner bei seiner Vermögenslosigkeit.[48] Kommt das Registergericht zu der Erkenntnis, dass die Voraussetzungen von § 31 Abs. 2 S. 2 vorliegen, so ist das Amtslöschungsverfahren nach § 141 FGG durchzuführen.

VIII. Löschung gem. § 141 a FGG

19 Das Gesetz über die Auflösung und Löschung von Gesellschaften und Genossenschaften vom 9. 10. 1934,[49] welches Regelungen über die Auflösung von vermögenslosen Gesellschaften enthielt, ist durch Art. 2 Nr. 9 des Einführungsgesetzes zur Insolvenzordnung vom 18. 10. 1994 (BGBl. I S. 2911) aufgehoben worden. Die Löschung vermögensloser Gesellschaften – insbesondere auch nach Durchführung eines Insolvenzverfahrens – ist nunmehr in einem mit Art. 23 desselben Gesetzes neu geschaffenen § 141 a FGG geregelt.

§ 32 [Insolvenzverfahren]

(1) ¹ Wird über das Vermögen eines Kaufmanns das Insolvenzverfahren eröffnet, so ist dies von Amts wegen in das Handelsregister einzutragen. ² Das gleiche gilt für
1. die Aufhebung des Eröffnungsbeschlusses,
2. die Bestellung eines vorläufigen Insolvenzverwalters, wenn zusätzlich dem Schuldner ein allgemeines Verfügungsverbot auferlegt oder angeordnet wird, daß Verfügungen des Schuldners nur mit Zustimmung des vorläufigen Insolvenzverwalters wirksam sind, und die Aufhebung einer derartigen Sicherungsmaßnahme,
3. die Anordnung der Eigenverwaltung durch den Schuldner und deren Aufhebung sowie die Anordnung der Zustimmungsbedürftigkeit bestimmter Rechtsgeschäfte des Schuldners,
4. die Einstellung und die Aufhebung des Verfahrens und
5. die Überwachung der Erfüllung eines Insolvenzplans und die Aufhebung der Überwachung.

(2) ¹ Die Eintragungen werden nicht bekanntgemacht. ² Die Vorschriften des § 15 sind nicht anzuwenden.

I. Normzweck

1 Die Eröffnung eines Insolvenzverfahrens über das Vermögen eines Kaufmanns bewirkt einschneidende Veränderungen für dessen Rechtsstellung. So verliert der Kaufmann gem. § 80 Abs. 1 InsO die Verwaltungs- und Verfügungsberechtigung über das zur Insolvenzmasse gehörende Vermögen. Daneben führt die Eröffnung des Insolvenzverfahrens gem. §§ 131 Nr. 3, 161 Abs. 2; § 262 Nr. 3 AktG; § 60 Abs. 1 Nr. 4 GmbHG zur Auflösung der Handelsgesellschaften. Weiterhin wirkt sich die veränderte Rechtsstellung auch auf die Führung des Handelsregisters aus, so zB bei der Anmeldungsberechtigung. Aus diesem Grund und um die Veränderungen für den Verkehr sichtbar zu machen, verlangt das Gesetz in § 32 die Eintragung der Eröffnung des Insolvenzverfahrens und anderer wichtiger Maßnahmen des Insolvenzgerichts.

II. Anwendungsbereich

2 Die Regelung des § 32 erstreckt sich auf Einzelkaufleute, nach § 6 Abs. 1 auf die Personenhandelsgesellschaften und gem. § 13 Abs. 3 GmbHG bzw. § 3 AktG grundsätzlich auch auf die GmbH, die AG und die KGaA. Über die Verweisung in § 34 Abs. 5 werden auch andere juristische Personen erfasst, und über § 2 PartGG ist § 32 entsprechend beim Insolvenzverfahren über das

---

[47] BayObLG Beschl. v. 10. 3. 1978 – BReg. 3 Z 39/77, BayObLGZ 1978, 54, 62.
[48] Staub/*Hüffer* RdNr. 28.
[49] RGBl. I S. 914, zuletzt geändert durch Art. 9 des Gesetzes vom 19. 12. 1985 (BGBl. 1 S. 2355).

Vermögen der Partnerschaft anzuwenden. Sondervorschriften wie zB § 263 AktG, § 102 GenG, § 45 VAG sind zu beachten.

III. Einzutragende Beschlüsse (Abs. 1)

Nach Abs. 1 S. 1 ist die **Eröffnung des Insolvenzverfahrens und nach Abs. 1 S. 2 Nr. 1, 4 die Aufhebung des Eröffnungsbeschlusses sowie die Einstellung und Aufhebung des Verfahrens** in das Handelsregister einzutragen. Weiterhin ist, obwohl nicht explizit im Gesetz aufgeführt, die **Wiederaufnahme des Insolvenzverfahrens** entsprechend der Eröffnung in das Handelsregister einzutragen.[1] Auch die gem. § 21 Abs. 2 Nr. 1 InsO mögliche Bestellung eines **vorläufigen Insolvenzverwalters** unterliegt der Eintragungspflicht, dies allerdings nur unter der zusätzlichen Voraussetzung, dass dem Schuldner ein allgemeines Verfügungsverbot auferlegt oder angeordnet wird, dass Verfügungen des Schuldners nur mit Zustimmung des vorläufigen Insolvenzverfahrens wirksam sind (Abs. 1 S. 2 Nr. 2, 1. Halbsatz); gleiches gilt für die Aufhebung einer derartigen Sicherungsmaßnahme (Abs. 1 S. 2 Nr. 2, 2. Halbsatz). Einzutragen sind schließlich die **Überwachung der Erfüllung eines Insolvenzplans** (vgl. § 260 InsO) und ihre Aufhebung (Abs. 1 S. 2 Nr. 5), die Anordnung der Eigenverwaltung durch den Schuldner (vgl. § 270 InsO) und ihre Aufhebung sowie die Anordnung der Zustimmungsbedürftigkeit bestimmter Rechtsgeschäfte des Schuldners (Abs. 1 S. 2 Nr. 3).

IV. Keine öffentliche Bekanntmachung (Abs. 2 S. 1)

Nach Abs. 2 S. 1 bedarf es entgegen dem Veröffentlichungsgrundsatz des § 10 keiner Bekanntmachung der Eintragungen durch das Registergericht. Der Grund für diese Abweichung liegt darin, dass die Bekanntmachung der Beschlüsse gem. § 9 InsO schon durch das Insolvenzgericht erfolgt ist.[2] Veröffentlicht das Registergericht jedoch entgegen § 32 den Eröffnungsbeschluss, so ist es verpflichtet, auch die Aufhebung bekanntzumachen.[3]

V. Keine Anwendung von § 15 (Abs. 2 S. 2)

Nach Abs. 2 S. 2 findet § 15 in Bezug auf die nach § 32 eingetragenen Tatsachen keine Anwendung. Der Grund dafür liegt in der fehlenden Bekanntmachung durch das Registergericht[4] gem. Abs. 2 S. 1 (soeben RdNr. 4), so dass für einen Gutglaubensschutz nach § 15 kein Raum ist. Die Wirkungen der Eröffnung eines Insolvenzverfahrens werden durch §§ 80 ff. InsO abschließend geregelt.[5]

VI. Verfahren

Das Registergericht muss die Eintragungen nach Abs. 1 von Amts wegen vornehmen. Eine Anmeldung ist nicht erforderlich; die Eintragung in das Handelsregister erfolgt auf der Grundlage einer Mitteilung des Insolvenzgerichts über die bezeichneten Vorgänge.

§ 33 [Juristische Person]

(1) Eine juristische Person, deren Eintragung in das Handelsregister mit Rücksicht auf den Gegenstand oder auf die Art und den Umfang ihres Gewerbebetriebes zu erfolgen hat, ist von sämtlichen Mitgliedern des Vorstandes zur Eintragung anzumelden.

(2) ¹Der Anmeldung sind die Satzung der juristischen Person und die Urkunden über die Bestellung des Vorstandes in Urschrift oder in öffentlich beglaubigter Abschrift beizufügen; ferner ist anzugeben, welche Vertretungsmacht die Vorstandsmitglieder haben. ²Bei der Eintragung sind die Firma und der Sitz der juristischen Person, der Gegenstand des Unternehmens, die Mitglieder des Vorstandes und ihre Vertretungsmacht anzugeben.

---

[1] Vgl. auf der Grundlage von § 32 aF Staub/*Hüffer* RdNr. 2; Heymann/*Emmerich* RdNr. 1.
[2] Vgl. Staub/*Hüffer* RdNr. 6; MünchKommHGB/*KRafka* RdNr. 9; Heymann/*Emmerich* RdNr. 1.
[3] LG Köln Beschl. v. 9. 11. 1973 – 29 T 17/73, Rpfleger 1974, 266; Staub/*Hüffer* RdNr. 6; MünchKommHGB/*Lieb* RdNr. 4.
[4] Heymann/*Emmerich* RdNr. 3; Baumbach/*Hopt* RdNr. 3.
[5] Entsprechend für die früheren §§ 6 ff. KO und §§ 56 ff. VerglO: Staub/*Hüffer* RdNr. 7; Röhricht/*Graf von Westphalen/Ammon* RdNr. 7; Heymann/*Emmerich* RdNr. 3.

³ **Besondere Bestimmungen der Satzung über die Zeitdauer des Unternehmens sind gleichfalls einzutragen.**

(3) Die Errichtung einer Zweigniederlassung ist durch den Vorstand anzumelden.

(4) Für juristische Personen im Sinne von Absatz 1 gilt die Bestimmung des § 37a entsprechend.

Schrifttum: *Boos,* Handelsregistereintragunspflicht für kommende Eigenbetriebe und eigenbetriebsähnliche Einrichtungen, DB 2000, 1061; *Deike,* Zur handelsrechtlichen Eintragunspflicht von Kaufleuten in der Rechtsform des öffentlichen Rechts, NotBZ 1998, 175; *Großfeld/Strotmann,* Ausländische juristische Person aus Nicht-EG-Staat als Komplementär einer KG, IPRax 1990, 298; *Hüffer,* Anm. zum Beschluß des BayObLG vom 21. 3. 1986, BReg. II Z 148/84, WuB II. N. §§ 161 ff. HGB 1.86; *W.-H. Roth,* Zum Firmenrecht der juristischen Personen i. S. des § 33 HGB, FS Lutter, 2000, 651; *Wünsch,* Gedanken zur Kaufmannseigenschaft juristischer Personen, FS Kralik, 1986, S. 611.

Übersicht

	RdNr.		RdNr.
I. Normzweck und Anwendungsbereich..	1	2. Urkunden über die Bestellung des Vorstandes...................................	6
II. Voraussetzungen der Anmeldepflicht (Abs. 1)	2–4	3. Firma der juristischen Person	7
1. Juristische Person............................	2	4. Sitz der juristischen Person	8
2. Erforderlichkeit der Anmeldung auf Grund des Gegenstandes und auf Grund der Art und des Umfangs des Gewerbebetriebs	3	5. Gegenstand des Unternehmens.............	9
		6. Mitglieder des Vorstandes...................	10
3. Zur Anmeldung verpflichtete Personen.....	4	7. Angabe besonderer Bestimmungen der Satzung (Abs. 2 Satz 3)	11
III. Inhalt und Anlagen der Anmeldung (Abs. 2)	5–11	IV. Zweigniederlassung (Abs. 3)............	12
1. Satzung	5	V. Verfahren...................................	13
		VI. Wirkung der Eintragung	14

I. Normzweck und Anwendungsbereich

1   Regelungszweck des § 33 ist es, eine vollständige Auskunft des Handelsregisters über alle Rechtsträger zu bewirken, die ein Handelsgewerbe betreiben.[1] Aus diesem Grund werden ergänzend zu dem Handelsregisterrecht des Einzelkaufmanns und der Handelsgesellschaften alle diejenigen juristischen Personen mit einer Anmeldepflicht belegt, die ein Handelsgewerbe betreiben und deren Eintragung nicht bereits durch andere Vorschriften gesichert ist.[2] Keine Anwendung findet § 33 somit auf die AG, die KGaA, die GmbH und auf den VVaG. Auch die Erwerbs- und Wirtschaftsgenossenschaft wird von § 33 nicht erfasst, da diese gem. §§ 10 ff. GenG in das Genossenschafts- und nicht in das Handelsregister einzutragen ist.[3] § 33 findet beim **Idealverein (§ 21 BGB) mit wirtschaftlicher Nebenbetätigung,**[4] beim **wirtschaftlichen Verein** (§ 22 BGB), bei der Stiftung (§§ 80 ff. BGB) sowie bei **juristischen Personen des öffentlichen Rechts** iSd. § 89 BGB Anwendung, wenn von diesen ein Handelsgewerbe betrieben wird.[5] Nach Streichung des § 36 durch das HRefG 1998 unterliegen auch Unternehmen von Gebietskörperschaften, soweit sie nicht eine der oben genannten Rechtsformen aufweisen, der Anmeldepflicht nach § 33. Die erfassten juristischen Personen werden im Hinblick auf das Handelsregisterrecht dem Einzelkaufmann gleichgestellt und speziellen Anmeldungsformalitäten unterworfen.[6] Weiterhin werden auch ausländische juristische Personen, die in Deutschland ein Handelsgewerbe betreiben, von der Regelung des § 33 erfasst.[7] Dagegen findet § 33 keine Anwendung, wenn eine ausländische juristische Person, etwa eine Kapitalgesellschaft, lediglich eine (Komplementär-)Beteiligung an einer Personengesellschaft deutschen Rechts innehat (zur Zulässigkeit einer solchen Typenvermischung schon Anhang nach § 17

---

[1] Staub/*Hüffer* RdNr. 1; Heymann/*Emmerich* RdNr. 1; *Wünsch,* FS Kralik, 1986, S. 609.
[2] Vgl. Staub/*Hüffer* RdNr. 1; Heymann/*Emmerich* RdNr. 1; Schlegelberger/*Hildebrandt/Steckhan* RdNr. 2; HK-HGB/*Ruß* RdNr. 1; GK-HGB/*Nickel* RdNr. 1; Koller/*Roth*/Morck RdNr. 1.
[3] Vgl. MünchKommHGB/*Lieb* RdNr. 3 mit weiteren Ausführungen zum Anwendungsbereich der Vorschrift, ferner Staub/*Hüffer* RdNr. 1; Heymann/*Emmerich* RdNr. 2; Schlegelberger/*Hildebrandt/Steckhan* RdNr. 2.
[4] OLG Kiel Urt. v. 15. 6. 1920 – 2. ZS, OLGRspr. 41, 189, 190; vgl. KG Beschl. v. 1. 2. 1906 – I ZS, OLGRspr. 12, 413, 414 f.; Soergel/*Hadding* §§ 21, 22 RdNr. 34.
[5] Vgl. Heymann/*Emmerich* RdNr. 3; MünchKommHGB/*Lieb* RdNr. 2; Röhricht/Graf von Westphalen/*Ammon* RdNr. 2; GK-HGB/*Nickel* RdNr. 1.
[6] Staub/*Hüffer* RdNr. 1; HK-HGB/*Ruß* RdNr. 1; *Wünsch,* FS Kralik, 1986, S. 609.
[7] BayObLG Beschl. v. 21. 3. 1986 – BReg. 3 Z 148/85, BayObLGZ 1968, 61, 72 = DB 1986, 1325, 1328; Heymann/*Emmerich* RdNr. 3; Schlegelberger/*Hildebrandt/Steckhan* RdNr. 2; Staub/*Hüffer* RdNr. 3; Röhricht/Graf von Westphalen/*Ammon* RdNr. 2.

RdNr. 18 sowie § 19 RdNr. 21); für die in Rechtsprechung und Schrifttum vereinzelt geforderte[8] Analogie zu § 33 Abs. 2 fehlt es angesichts der klaren und abschließenden Regelung in § 106 (für die KG: iVm. § 161 Abs. 2) an einer Regelungslücke.[9] Soweit im Einzelfall in der Übernahme der Gesellschafterstellung die Errichtung einer inländischen Zweigniederlassung zu erblicken ist, besteht eine Anmeldepflicht nach §§ 13 d ff. HGB.[10]

II. Voraussetzungen der Anmeldepflicht (Abs. 1)

1. Juristische Person. Die Anmeldepflicht nach § 33 betrifft nur juristische Personen. Darunter ist nach ganz hM eine zweckgebundene Organisation zu verstehen, der von der Rechtsordnung Rechtsfähigkeit verliehen wurde.[11] Eine **ausländische juristische Person** wird von § 33 erfasst, wenn sie in Deutschland rechtsfähig ist. Dies ist der Fall, wenn die juristische Person nach ihrem Personalstatut wirksam entstanden ist.[12] Unerheblich ist, ob es in Deutschland die gleiche oder eine vergleichbare Art dieser juristischen Person gibt.[13] Für die juristischen Personen, die ein Kleingewerbe (§ 2) oder ein Gewerbe der Land- oder Forstwirtschaft (§ 3) betreiben, besteht keine Pflicht zur Anmeldung nach § 33;[14] soweit derartige juristische Personen durch Anmeldung ihr Kaufmannseigenschaft herbeiführen, gelten für diese und weitere Anmeldungen die §§ 33 Abs. 2, 34 und 35 entsprechend.[15]

2. Erforderlichkeit der Anmeldung auf Grund des Gegenstandes und auf Grund der Art und des Umfangs des Gewerbebetriebs. Die Bezugnahme auf den „Gegenstand des Gewerbebetriebes" geht auf die Fassung des § 1 HGB vor Ergehen des HrefG 1998 zurück und hat mit der Streichung der in § 1 Abs. 2 aF enthaltenen Liste der Grundhandelsgeschäfte ihren Sinn verloren.[16] Die Verpflichtung, die juristische Person zur Eintragung in das Handelsregister anzumelden, besteht mit Rücksicht auf Art und Umfang des Gewerbebetriebs, wenn ein **Handelsgewerbe** iSd. § 1 Abs. 2 betrieben wird.[17] Die juristischen Personen im Sinne von § 33 werden somit den Einzelkaufleuten im Handelsregisterrecht gleichgestellt.[18] Zur Behandlung von juristischen Personen i. S. d. § 33 die ein kleingewerbliches oder ein Unternehmen der Land- oder Forstwirtschaft betreiben s. soeben RdNr. 2.

3. Zur Anmeldung verpflichtete Personen. Nach § 33 Abs. 1 sind sämtliche Mitglieder des Vorstandes verpflichtet, die Anmeldung der juristischen Person vorzunehmen. Diese Verpflichtung erstreckt sich auf jedes ordnungsgemäß gewählte Mitglied des Vorstandes[19] und kann nicht durch die Satzung der juristischen Person modifiziert werden.[20] Beschränkungen in der Person eines Vorstandsmitglieds, wie zB bezüglich der Vertretungsbefugnis, beeinflussen diese Verpflichtung nicht.[21] Mitglieder eines anderen Organs der juristischen Person, etwa eines Aufsichtsrates, sind weder berechtigt noch verpflichtet, bei der Anmeldung mitzuwirken.[22] Bei der Anmeldung erfüllen die Vorstandsmitglieder eine ihnen **persönlich** obliegende Verpflichtung.[23] Aus diesem Grund ist bei fehlender Anmeldung das Zwangsgeldverfahren nach § 14 HGB iVm. §§ 132 ff. FGG gegen das säumige Vorstandsmitglied zu richten und nicht gegen den Vorstand als Organ der juristischen Person oder gar gegen die juristische Person als solche.[24]

---

[8] BayObLG Beschl. v. 21. 3. 1986 – BReg. III Z 148/85, BayObLGZ 1986, 61, 72 = WM 1986, 968; *Hüffer* WuB II. N. §§ 161 ff. HGB 1.86.
[9] MünchKommHGB/*Krafka* RdNr. 7. Im Ergebnis wie hier auch *Großfeld/Strotmann* IPRax 1990, 298, 300.
[10] Vgl. MünchKommHGB/*Krafka* RdNr. 7.
[11] MünchKommBGB/*Reuter* Vor § 21 RdNr. 2; Soergel/*Hadding* Vor § 21 RdNr. 6; Erman/*Westermann* Vor § 21 RdNr. 2.
[12] Vgl. *Zimmer* ZHR 168 (2004), 355 ff.
[13] Heymann/*Emmerich* RdNr. 3.
[14] Vgl. zum Rechtszustand vor der Handelsrechtsreform 1998 *Wünsch*, FS Kralik, 1986, S. 611 f.; Staub/*Hüffer* RdNr. 5, § 36 RdNr. 11.
[15] *W.-H. Roth*, FS Lutter, 2000, 651, 653.
[16] S. mit Recht *W.-H. Roth*, FS Lutter, 2000, S. 651, 653.
[17] Vgl. zum Rechtszustand unter §§ 1 ff. aF Staub/*Hüffer* RdNr. 5.
[18] Staub/*Hüffer* RdNr. 1; HK-HGB/*Ruß* RdNr. 1; *Wünsch*, FS Kralik, 1986, S. 609.
[19] OLG Dresden Beschl. v. 26. 6. 1910 – 6 Reg 123/10, Annalen des Königl. Sächs. OLG zu Dresden 31, 463.
[20] KG Beschl. v. 24. 6. 1901, RJA 2 (1901), 183; OLG Dresden Beschl. v. 25. 5. 1912 – VI. ZS, OLGRspr. 27, 304, 305; bezüglich des Vereinsregisters: KG Beschl. v. 20. 6. 1907, RJA 9 (1908), 47, 49 f.
[21] OLG Dresden Beschl. v. 26. 6. 1910 – 6 Reg 123/10, Annalen des Königl. Sächs. OLG zu Dresden 31, 463.
[22] RG Urt. v. 19. 4. 1910 – 400/09 II, JW 1910, 617 Nr. 9.
[23] KG Beschl. v. 6. 4. 1905 – I ZS, OLGRspr. 12, 410, 412; Staub/*Hüffer* RdNr. 7; Entscheidungen bezüglich der Eintragung in das Vereinsregister: KG Beschl. v. 4. 3. 1901 – 1 Y 178/01, KGJ 21, A 271, A 272; Beschl. v. 20. 6. 1907, RJA 9 (1908), 47, 49.
[24] KG Beschl. v. 5. 10. 1903 – 1 Y 1022/03, KGJ 26, A 232, A 233; Beschl. v. 6. 4. 1905 – I ZS, OLGRspr. 12, 410, 411; Staub/*Hüffer* RdNr. 7; Heymann/*Emmerich* RdNr. 5.

III. Inhalt und Anlagen der Anmeldung (Abs. 2)

§ 33 Abs. 1 bestimmt nur, dass die juristische Person zur Eintragung in das Handelsregister anzumelden ist. Der Inhalt der Anmeldung sowie die beizufügenden Unterlagen bestimmen sich nach § 33 Abs. 2. Ergänzend findet § 29 Anwendung.[25]

5 **1. Satzung.** Nach Abs. 2 ist die Satzung der juristischen Person in Urschrift oder beglaubigter Abschrift (auch beglaubigte Fotokopie[26]) der Anmeldung beizufügen. Einer Beifügung bedarf es nur dann nicht, wenn die juristische Person keine Satzung hat.[27] Dies kommt in erster Linie im Hinblick auf Gesellschaften ausländischen Rechts in Betracht.

6 **2. Urkunden über die Bestellung des Vorstandes.** Weiterhin müssen der Anmeldung die Urkunden, aus denen sich die Bestellung des Vorstandes ergibt, in Urschrift oder beglaubigter Abschrift beigefügt werden. Ebenso ist es erforderlich, die Urkunden einzureichen, aus denen sich die **Rechtsfähigkeit** der juristischen Person ergibt.[28] Dies können unter anderem die Verleihungsurkunde gem. § 22 BGB, die Stiftungsgenehmigung nach § 80 BGB oder ein Auszug aus dem Vereinsregister sein.

7 **3. Firma der juristischen Person.** Nach Abs. 2 S. 2 ist bei der Eintragung der juristischen Person deren Firma anzugeben. Auf eine Regelung, wie die Firma zu bilden ist, wurde angesichts der Vielfalt der Firmenbildung bei juristischen Personen im Sinne von § 33 bewusst verzichtet.[29] Einigkeit besteht dahingehend, dass die §§ 18 Abs. 2 und 30 entsprechend auf diese Firmen anzuwenden sind.[30] Im Hinblick auf die Reform des Firmenrechts, die in §§ 18 f. die grundsätzliche Wahlfreiheit zwischen Personen-, Sach- und Phantasiefirmen gebracht hat, wird man auch im Rahmen des § 33 eine Auswahl unter diesen Möglichkeiten zuzulassen haben.[31] Weiterhin darf die juristische Person bei Erwerb eines Handelsgeschäfts die bisherige Firma nach § 22 als abgeleitete Firma fortführen.[32] Dagegen wird man nicht die Aufnahme eines Rechtsformzusatzes – und insbesondere nicht die des Zusatzes „eingetragener Kaufmann" bzw. einer gleichbedeutenden Bezeichnung – fordern können.[33] Zwar ist zuzugeben, dass der Reformgesetzgeber der Handelsrechtsreform von 1998 durch die obligatorische Aufnahme von Rechtsformzusätzen firmenrechtliche Transparenz bezüglich der Rechtsnatur kaufmännischer Rechtsträger herstellen wollte. Für die hier betrachteten juristischen Personen fehlt es aber an einer gesetzlichen Anordnung, und die Aufnahme eines auf einen „eingetragenen Kaufmann" hinweisenden Zusatzes würde dem Transparenzziel gerade widersprechen, da dieser Zusatz die Vorstellung vom Bestehen einer vollhaftenden natürlichen Person – eines „Einzelkaufmanns" erweckt.[34]

8 **4. Sitz der juristischen Person.** Bei der Eintragung ist auch der Sitz der juristischen Person anzugeben. Dies bezieht sich zunächst auf den satzungsmäßigen Sitz,[35] welcher sich regelmäßig aus der einzureichenden Satzung ergibt. Fallen satzungsmäßiger Sitz und Ort der Handelsniederlassung auseinander, so muss dieser ebenfalls dem Gericht mitgeteilt werden, da sich dies auf die örtliche Zuständigkeit des Registergerichts auswirkt.[36]

---

[25] OLG Dresden Beschl. v. 25. 4. 1912 – VI ZS, OLGRspr. 27, 304, 305; KG Beschl. v. 14. 11. 1912 – 1a ZS, OLGRspr. 27, 306.
[26] BGH Beschl. v. 2. 11. 1961 – II ZR 98/61, BGHZ 36, 62 = NJW 61, 2307; BGH Beschl. v. 27. 5. 1974 – VII ZB 5/74, NJW 1974, 1383, 1384.
[27] Denkschrift zum Entwurf eines Handelsgesetzbuches und eines Einführungsgesetzes, S. 42 f. = *Schubert/Schmiedel/Krampe* II/2 S. 983.
[28] Staub/*Hüffer* RdNr. 12.
[29] Denkschrift (Fn. 27), S. 42 f. = *Schubert/Schmiedel/Krampe* II/2 S. 983.
[30] Vgl. zu § 18 Abs. 2 aF: *Wünsch*, FS Kralik, 1986, S. 612; Heymann/*Emmerich* RdNr. 8; Schlegelberger/*Hildebrandt/Steckhan* RdNr. 4; bezüglich § 18 Abs. 2: BayObLG Beschl. v. 21. 3. 1986 – BReg. 3 Z 148/85, BayObLGZ 1968, 61 = DB 1986, 1325; Staub/*Hüffer* RdNr. 10; Röhricht/Graf von Westphalen/*Ammon* RdNr. 6; HK-HGB/*Ruß* RdNr. 2; bezüglich § 30: Denkschrift S. 43; OLG Dresden Beschl. v. 25. 1912 – VI ZS, OLGRspr. 27, 304, 305.
[31] Ähnlich schon zum Rechtszustand vor der Reform *Wünsch*, FS Kralik, 1986, S. 612; Staub/*Hüffer* RdNr. 10; Heymann/*Emmerich* RdNr. 8; Röhricht/Graf von Westphalen/*Ammon* RdNr. 6. Zum heutigen Rechtszustand MünchKommHGB/*Krafka* RdNr. 12: Anwendbarkeit der §§ 17, 18; eingehend *W.-H. Roth*, FS Lutter, 2000, S. 651, 655 ff.
[32] *Wünsch*, FS Kralik, 1986, S. 612 f; Staub/*Hüffer* RdNr. 10; Heymann/*Emmerich* RdNr. 8; Schlegelberger/*Hildebrandt/Steckhan* RdNr. 4; HK-HGB/*Ruß* RdNr. 2.
[33] So auch *W.-H. Roth*, FS Lutter, 2000, S. 651, 657 ff. mit der Begründung, das Anliegen der Offenlegung des Kaufmannstatuts fordere die Aufnahme des Zusatzes.
[34] Wie hier MünchKommHGB/*Krafka* RdNr. 12.
[35] Staub/*Hüffer* RdNr. 11; MünchKommHGB/*Krafka* RdNr. 13; Heymann/*Emmerich* RdNr. 10.
[36] Staub/*Hüffer* RdNr. 11 iVm. 8. Abweichend Heymann/*Emmerich* RdNr. 10 und Röhricht/Graf von Westphalen/*Ammon* RdNr. 8 für ausländische juristische Personen: Angabe allein des tatsächlichen Verwaltungssitzes.

5. Gegenstand des Unternehmens. Unter dem Gegenstand des Unternehmens ist der Tätigkeitsbereich der juristischen Person zu verstehen, der die Verpflichtung zur Anmeldung in das Handelsregister begründet.[37] In Anlehnung an § 23 Abs. 3 Nr. 2 AktG und die Auslegung von § 3 Abs. 1 Nr. 2 GmbHG[38] ist eine möglichst genaue, das Tätigkeitsfeld individualisierende Bezeichnung des Gegenstandes zu fordern.[39] Allgemeine Bezeichnungen wie „Handelsgeschäft" o. ä. genügen hierfür nicht.[40]

6. Mitglieder des Vorstandes. Die Mitglieder des Vorstandes und ihre Stellvertreter sind anzumelden; Einzelheiten ergeben sich aus § 40 HRV.

7. Angabe besonderer Bestimmungen der Satzung (Abs. 2 Satz 3). Sind in der Satzung besondere Bestimmungen über die Vertretung der juristischen Person, wie zB Gesamt- oder Einzelvertretungsbefugnis,[41] oder über die Zeitdauer des Unternehmens enthalten, so sind diese ebenfalls bei der Anmeldung zur Eintragung in das Handelsregister anzugeben.

IV. Zweigniederlassung (Abs. 3)

Im Unterschied zur Anmeldung der juristischen Person nach Abs. 1 kann die Anmeldung der Zweigniederlassung durch den Vorstand als Vertretungsorgan erfolgen. Bei der Anmeldung der Zweigniederlassung müssen daher nur diejenigen Vorstandsmitglieder mitwirken, die nach der Satzung notwendig sind, um die juristische Person wirksam zu vertreten.[42] Unechte Gesamtvertretung ist bei der Anmeldung möglich, wenn in der Satzung diese Vertretungsform vorgesehen ist.[43] Das Verfahren der Anmeldung der Zweigniederlassung ist in §§ 13 ff. geregelt.

V. Verfahren

Nach der Anmeldung der juristischen Person nach Abs. 1 (Anmeldung bei der Hauptniederlassung) hat das Registergericht den Sachverhalt in formeller und materieller Hinsicht zu prüfen.[44] Insbesondere ist anhand der eingereichten Urkunden zu prüfen, ob der Vorstand ordnungsgemäß bestellt worden ist[45] und ob eine juristische Person besteht. Werden keine Mängel festgestellt, so ist die juristische Person in das Handelsregister einzutragen und die Eintragung gem. § 10 bekanntzumachen. Die örtliche Zuständigkeit des Gerichts richtet sich nach dem Ort der Handelsniederlassung.[46]

VI. Wirkung der Eintragung

Mit der Eintragung in das Handelsregister wird die juristische Person nach § 5 Kaufmann und bleibt dies, solange sie das eingetragene Geschäft betreibt.[47] Da die anzumeldenden Vorgänge einzutragende Tatsachen iSd. § 15 sind, kommt zudem eine Anwendung dieser Bestimmung in Betracht.[48]

§ 34 [Anmeldung und Eintragung von Änderungen]

(1) Jede Änderung der nach § 33 Abs. 2 Satz 2 und 3 einzutragenden Tatsachen oder der Satzung, die Auflösung der juristischen Person, falls sie nicht die Folge der Eröffnung des Insolvenzverfahrens ist, sowie die Personen der Liquidatoren, ihre Vertretungsmacht, jeder Wechsel der Liquidatoren und jede Änderung ihrer Vertretungsmacht sind zur Eintragung in das Handelsregister anzumelden.

---

[37] Staub/*Hüffer* RdNr. 11; *Wünsch*, FS Kralik, 1986, S. 613.
[38] Vgl. zur Auslegung *Lutter/Bayer* in Lutter/Hommelhoff § 3 RdNR. 6.
[39] Staub/*Hüffer* RdNr. 11; Heymann/*Emmerich* RdNr. 10; Schlegelberger/*Hildebrandt/Steckhan* RdNr. 5; *Wünsch*, FS Kralik, 1986, S. 613.
[40] Heymann/*Emmerich* RdNr. 10; Schlegelberger/*Hildebrandt/Steckhan* RdNr. 5; *Wünsch*, FS Kralik, 1986, S. 613.
[41] *Wünsch*, FS Kralik, 1986, S. 613 f.
[42] Vgl. KG Beschl. v. 23. 12. 1936 – 1 Wx 527/36, JW 1937, 890; Staub/*Hüffer* RdNr. 16; Heymann/*Emmerich* RdNr. 11; HK-HGB/*Ruß* RdNr. 3.
[43] Vgl. KG Beschl. v. 23. 12. 1936 – 1 Wx 527/36, JW 1937, 890; Staub/*Hüffer* RdNr. 16; Schlegelberger/*Hildebrandt/Steckhan* RdNr. 8.
[44] Staub/*Hüffer* RdNr. 13.
[45] OLG Dresden Beschl. v. 9. 6. 1903 – VI ZS, OLGRspr. 8, 254 und 382.
[46] OLG Dresden Beschl. v. 25. 4. 1912 – VI ZS, OLGRspr. 27, 304, 305; KG Beschl. v. 14. 11. 1912 – 1 a ZS, OLGRspr. 27, 306, 307; Staub/*Hüffer* RdNr. 8; Heymann/*Emmerich* RdNr. 7.
[47] Staub/*Hüffer* RdNr. 15.
[48] Vgl. Staub/*Hüffer* RdNr. 15; MünchKommHGB/*Krafka* RdNr. 17; Schlegelberger/*Hildebrandt/Steckhan* RdNr. 6.

(2) Bei der Eintragung einer Änderung der Satzung genügt, soweit nicht die Änderung die in § 33 Abs. 2 Satz 2 und 3 bezeichneten Angaben betrifft, die Bezugnahme auf die bei dem Gericht eingereichten Urkunden über die Änderung.

(3) Die Anmeldung hat durch den Vorstand oder, sofern die Eintragung erst nach der Anmeldung der ersten Liquidatoren geschehen soll, durch die Liquidatoren zu erfolgen.

(4) Die Eintragung gerichtlich bestellter Vorstandsmitglieder oder Liquidatoren geschieht von Amts wegen.

(5) Im Falle des Insolvenzverfahrens finden die Vorschriften des § 32 Anwendung.

I. Normzweck und Anwendungsbereich

1   § 34 begründet – ähnlich wie § 31 im Verhältnis zu § 29 – eine Anmeldepflicht bei Veränderungen der nach § 33 einzutragenden Tatsachen. Hiermit soll erreicht werden, dass das Handelsregister immer über den aktuellen Stand der wesentlichen Rechtsverhältnisse Auskunft gibt.[1] **Anwendung** findet § 34 auf alle **juristischen Personen,** die **nach § 33** zur Eintragung in das Handelsregister anzumelden sind. Des Weiteren ist § 34 grundsätzlich über § 16 VAG auch auf den **VVaG** anzuwenden, da nur für die Fälle der Satzungsänderung (§ 40 VAG) und der Auflösung (§§ 45 ff. VAG) Sonderregelungen vorhanden sind.[2]

II. Anmeldung von Änderungen nach Abs. 1

2   Nach Abs. 1 ist jede Änderung hinsichtlich der nach § 33 Abs. 2 Sätze 2 und 3 einzutragenden Tatsachen, jede Änderung der Satzung und die Auflösung der juristischen Person, die nicht Folge der Eröffnung des Insolvenzverfahrens ist, zur Eintragung in das Handelsregister anzumelden. Bei Auflösung der juristischen Person bedarf es weiterhin der Anmeldung der Liquidatoren und der besonderen Bestimmungen bezüglich deren Vertretungsbefugnisse. Mit dem ERJuKoG (BGBl. 2001 I S. 3422) ist in Abs. 1 eine Klarstellung in dem Sinne erfolgt, dass dies auch bei einem Wechsel der Liquidatoren und einer Änderung ihrer Vertretungsmacht gilt.

3   **1. Änderung von nach § 33 Abs. 2 Sätze 2 und 3 einzutragenden Tatsachen.** Erfolgt nach Eintragung der juristischen Person eine Änderung der **Firma,** des **Sitzes,** des **Gegenstandes,** eine **Veränderung bei den Vorstandsmitgliedern** oder der nach § 33 Abs. 2 S. 3 einzutragenden besonderen **Bestimmungen bezüglich der Vertretungsmacht** des Vorstandes **oder der Zeitdauer** des Unternehmens, so sind diese Veränderungen gem. Abs. 1 zur Eintragung in das Handelsregister anzumelden. In Anlehnung an § 33 Abs. 2 S. 1 ist bei der Anmeldung der Änderung die Beifügung der Änderungsbeschlüsse in Urschrift oder beglaubigter Abschrift zu fordern.[3]

4   **2. Änderung der Satzung.** Neben der Anmeldung der Änderung der nach § 33 Abs. 2 Satz 2 und 3 einzutragenden Tatsachen fordert § 34 Abs. 1 weiterhin die Anmeldung von Änderungen der Satzung der juristischen Person. Diese Pflicht beschränkt sich nicht auf die Fälle einer Änderung eintragungspflichtiger Tatsachen, sondern erstreckt sich im Hinblick auf die allgemeinen Zwecke des Handelsregisters, die Verpflichtung nach § 33 Abs. 2 S. 1 zur Einreichung der Satzung beim Registergericht und das Einsichtsrecht nach § 9 Abs. 1 auf **jede Änderung** in der Satzung.[4] Der Anmeldung der Änderung ist der Änderungsbeschluss in Urschrift oder beglaubigter Abschrift beizufügen. Bezüglich der Satzungsänderung des VVaG besteht mit § 40 VAG eine Sonderregelung.

5   **3. Anmeldung der Auflösung der juristischen Person.** Weiterhin ist die Auflösung der juristischen Person zur Eintragung anzumelden. Bei der Anmeldung der **Liquidatoren** sind ebenso wie bei den Vorstandsmitgliedern Namen, Wohnort und Beruf anzugeben.[5] Ferner sind besondere Bestimmungen über die Vertretungsmacht der Liquidatoren anzumelden. Erfolgt die Auflösung infolge der Eröffnung eines **Insolvenzverfahrens,** so sind entsprechend der Verweisung in Abs. 5 die Vorschriften des § 32 anzuwenden. Wenn auch im Gesetz nicht explizit geregelt, so ist auch ein **Erlöschen der Firma ohne Erlöschen der juristischen Person** in das Handelsregister einzutra-

---

[1] Staub/*Hüffer* RdNr. 1; Heymann/*Emmerich* RdNr. 1.
[2] Staub/*Hüffer* RdNr. 1; MünchKommHGB/*Krafka* RdNr. 1.
[3] Staub/*Hüffer* RdNr. 2; vgl. zur Form des § 33 Abs. 2 S. 1 die Erläuterungen zu § 33 RdNr. 5.
[4] Staub/*Hüffer* RdNr. 3.
[5] Vgl. Staub/*Hüffer* RdNr. 4.

gen.⁶ Dies ergibt sich aus der firmenrechtlichen Gleichstellung der juristischen Person mit den Einzelkaufleuten und der daraus resultierenden ergänzenden Anwendung von § 31 Abs. 2 S. 1.⁷ Zu den Einzelheiten betreffend das Erlöschen der Firma vgl. Erläuterungen zu § 31. Mit der Eintragung des Erlöschens der Firma endet auch die handelsrechtliche Relevanz der juristischen Person. Spätere Veränderungen sind daher nicht in das Handelsregister einzutragen.⁸

III. Eintragung einer Änderung der Satzung nach Abs. 2

Abs. 2 trägt dem Umstand Rechnung, dass nach Abs. 1 jede Änderung der Satzung – also auch eine Änderung einer an sich nicht eintragungspflichtigen Satzungsbestimmung – zur Eintragung in das Handelsregister angemeldet werden muss, obwohl die Satzung bei der Erstanmeldung nur beizufügen ist und ihr Inhalt somit nicht eingetragen wird. Nach Abs. 2 bedarf es für die Eintragung der Änderung einer nicht unter § 33 Abs. 2 bezeichneten Satzungsangabe nur eines Hinweises im Handelsregister, der auf den eingereichten Änderungsbeschluss Bezug nimmt.⁹

IV. Anmeldepflichtiger (Abs. 3)

Die Anmeldung der Änderungen hat gem. Abs. 3 grundsätzlich durch den **Vorstand als Organ** der juristischen Person nach den Vertretungsbestimmungen der Satzung zu erfolgen. Eine Anmeldung durch sämtliche Mitglieder des Vorstandes ist hier (anders als bei der Erstanmeldung) nicht erforderlich.¹⁰ Bei einem Wechsel der Vorstandsmitglieder darf neben den verbleibenden Mitgliedern nur das eintretende und nicht das ausscheidende Mitglied mitwirken.¹¹ Bei Liquidation der juristischen Person sind die ersten Liquidatoren noch durch den Vorstand anzumelden. Alle anderen Anmeldungen, die nach derjenigen der ersten Liquidatoren erfolgen sollen, sind gem. Abs. 3 von den Liquidatoren vorzunehmen.

V. Verfahren

Nach der Anmeldung der Änderungen hat das Registergericht auf der Grundlage der eingereichten Unterlagen die Änderungen in formeller und materieller Hinsicht auf ihre Wirksamkeit zu prüfen.¹² Insbesondere ist anhand der eingereichten Urkunden zu prüfen, ob ein neues Vorstandsmitglied ordnungsgemäß bestellt worden ist.¹³ Werden keine Mängel festgestellt, so sind die Änderungen – mit Ausnahme der Satzungsänderungen im Sinne von Abs. 2 – in das Handelsregister einzutragen und die Eintragung gem. § 10 bekanntzumachen. Die Anmeldung der Änderungen kann im Wege des Zwangsgeldverfahrens nach § 14 iVm. §§ 132 ff. FGG durch das Registergericht erzwungen werden.¹⁴

VI. Eintragung von Amts wegen (Abs. 4 und 5)

Bei der **gerichtlichen Bestellung von Vorstandsmitgliedern und Liquidatoren** sind diese gem. Abs. 4 von Amts wegen in das Handelsregister einzutragen; ein Vorstand, der die Anmeldung vornehmen könnte, fehlt in diesen Fällen.¹⁵ Von Amts wegen sind weiterhin durch das Gericht festgelegte besondere Bestimmungen über die Vertretungsbefugnis der gerichtlich bestellten Vorstandsmitglieder oder Liquidatoren einzutragen.¹⁶ Aufgrund der Verweisung des Abs. 5 auf die Regelungen des § 32 werden ferner die dort aufgeführten Maßnahmen des Insolvenzgerichts, insbesondere die Eröffnung, Einstellung und Aufhebung eines **Insolvenzverfahrens** sowie die

---

⁶ Staub/*Hüffer* RdNr. 5; MünchKommHGB/*Krafka* RdNr. 5; Schlegelberger/*Hildebrandt/Steckhan* RdNr. 2; Heymann/*Emmerich* RdNr. 3; HK-HGB/*Ruß* RdNr. 1.
⁷ OLG Dresden Beschl. v. 25. 5. 1912 – VI ZS, OLGRspr. 27, 304, 305; Staub/*Hüffer* RdNr. 5; MünchKommHGB/*Krafka* RdNr. 5; Schlegelberger/*Hildebrandt/Steckhan* RdNr. 2.
⁸ KG Beschl. v. 20. 1. 1936 – 1 Wx 693/35, JW 1936, 1542; Staub/*Hüffer* RdNr. 5; MünchKommHGB/*Krafka* RdNr. 5; Schlegelberger/*Hildebrandt/Steckhan* RdNr. 2; Heymann/*Emmerich* RdNr. 3.
⁹ Staub/*Hüffer* RdNr. 7; Schlegelberger/*Hildebrandt/Steckhan* RdNr. 5; Röhricht/Graf von Westphalen/*Ammon* RdNr. 3.
¹⁰ Staub/*Hüffer* RdNr. 6; MünchKommHGB/*Lieb* RdNr. 3; Schlegelberger/*Hildebrandt/Steckhan* RdNr. 4; Heymann/*Emmerich* RdNr. 4; GK-HGB/*Nickel* RdNr. 4; Baumbach/*Hopt* RdNr. 3.
¹¹ Staub/*Hüffer* RdNr. 6; MünchKommHGB/*Krafka* RdNr. 3.
¹² Vgl. Staub/*Hüffer* RdNr. 7.
¹³ OLG Dresden Beschl. v. 9. 6. 1903 – VI ZS, OLGRspr. 8, 254 und 382.
¹⁴ Schlegelberger/*Hildebrandt/Steckhan* RdNr. 5.
¹⁵ Staub/*Hüffer* RdNr. 8; Vgl. auch §§ 29, 48 Abs. 1 BGB, aus denen sich die gerichtliche Bestellung ergeben kann.
¹⁶ Staub/*Hüffer* RdNr. 8.

§ 37   1. Buch. 3. Abschnitt. Handelsfirma

Aufhebung des Eröffnungsbeschlusses von Amts wegen eingetragen. Zu den Einzelheiten vgl. Erläuterungen zu § 31. Infolge der firmenrechtlichen Gleichstellung der juristischen Person mit den Einzelkaufleuten findet § 31 Abs. 2 S. 2 entsprechende Anwendung, so dass das Erlöschen der Firma von Amts wegen in das Handelsregister eingetragen werden muss, wenn keine Anmeldung durch die Verpflichteten bewirkt werden kann.[17]

VII. Wirkungen von Eintragung und Bekanntmachung

10 Grundsätzlich entfaltet die Eintragung der Änderungen in das Handelsregister nur deklaratorische Wirkung.[18] Eine Änderung der Satzung des **VVaG** wirkt aber gem. § 40 Abs. 3 VAG erst, wenn die Änderung in das Handelsregister eingetragen ist. Hinsichtlich der Eintragung und Bekanntmachung der eintragungspflichtigen Tatsachen findet § 15 Anwendung.[19] Zu den Einzelheiten vgl. die Erläuterungen zu § 15.

§ 35 (aufgehoben durch EHUG vom 10. 11. 2006, BGBl. I 2553)

§ 36 (aufgehoben durch HRetG vom 22. 6. 1998, BGBl. I 1474)

§ 37 [Unzulässiger Firmengebrauch]

(1) Wer eine nach den Vorschriften dieses Abschnitts ihm nicht zustehende Firma gebraucht, ist von dem Registergerichte zur Unterlassung des Gebrauchs der Firma durch Festsetzung von Ordnungsgeld anzuhalten.

(2) ¹Wer in seinen Rechten dadurch verletzt wird, daß ein anderer eine Firma unbefugt gebraucht, kann von diesem die Unterlassung des Gebrauchs der Firma verlangen. ²Ein nach sonstigen Vorschriften begründeter Anspruch auf Schadensersatz bleibt unberührt.

Schrifttum: *Fezer*, Markenrecht, 3. Aufl. 2001; *v. Gamm*, Entwicklungen und neuere Rechtsprechung im Kennzeichnungsrecht, WM 1985, 849; *Ingerl/Rohnke*, Markengesetz: Gesetz über den Schutz von Marken und sonstigen Kennzeichen, 2 Aufl. 2003; *Jansen*, Anmerkung zu BGH Beschl. v. 14. 7. 1966 – II ZB 4/66, NJW 1966, 1813.

Übersicht

	RdNr.		RdNr.
I. Normzweck	1, 2	1. Allgemeines	18
II. Gemeinsame Voraussetzung von Abs. 1 und Abs. 2: Unbefugter Gebrauch	3–9	2. Rechtsverletzung	19–23
		a) Begriff und Bedeutung	19
1. Gebrauch	3–5	b) Eigenes Recht des Klägers	20
		c) Rechtswidrigkeit	21
2. Unzulässigkeit des Gebrauchs	6, 7	d) Kein Verschuldenserfordernis	22
3. Kein subjektives Tatbestandsmerkmal	8	e) Verjährung und Verwirkung	23
4. Kein Dispositionsrecht der Parteien	9	3. Anwendungsbeispiele	24–28
III. Das Firmenmissbrauchsverfahren (Abs. 1)	10–17	a) Firmen-, Namens- und Immaterialgüterrechte	24–26
1. Ermessensentscheidung	11–13	b) Verletzung des Rechts am eingerichteten und ausgeübten Gewerbebetrieb	27
2. Rechtsfolge/Inhalt der Verfügung des Registergerichts	14	c) Rechtlich geschützte Interessen wirtschaftlicher Art	28
3. Verfahren	15–17	4. Klageantrag und Vollstreckung	29, 30
a) Allgemeines	15, 16	V. Schadensersatzansprüche (Abs. 2 Satz 2)	31
b) Verfahren bei eingetragener Firma	17		
IV. Der privatrechtliche Unterlassungsanspruch (Abs. 2 Satz 1)	18–30		

---

[17] Schlegelberger/*Hildebrandt*/Steckhan RdNr. 7; Heymann/*Emmerich* RdNr. 6; Baumbach/*Hopt* RdNr. 4; Koller/*Roth*/Morck RdNr. 4.
[18] Staub/*Hüffer* RdNr. 9.
[19] Staub/*Hüffer* RdNr. 9; GK-HGB/*Nickel* RdNr. 8; Heymann/*Emmerich* RdNr. 5; Schlegelberger/*Hildebrandt*/Steckhan RdNr. 5.

I. Normzweck

§ 37 hat den Schutz des Firmenrechts zum Gegenstand. In Abs. 1 ist das sogenannte registerrechtliche Firmenmissbrauchsverfahren, in Abs. 2 der privatrechtliche Unterlassungsanspruch geregelt. Wie sich aus dem Wortlaut von Abs. 1 ergibt, ist der Zweck des Firmenmissbrauchsverfahrens die Unterbindung des Gebrauchs einer unzulässigen Firma. Die Vorschrift besteht im öffentlichen Interesse und hat ordnungsrechtlichen Charakter;[1] sie ermächtigt das Registergericht, denjenigen, der eine unzulässige Firma gebraucht, durch Ordnungsgeld zur Unterlassung des Gebrauchs anzuhalten. Dabei ist umstritten, ob das Registergericht nach Kenntniserlangung verpflichtet ist, einzuschreiten, oder ob es einen Ermessensspielraum hat (RdNr. 11 ff.). Auch Abs. 2 dient vorrangig dem **Interesse der Allgemeinheit**.[2] Entscheidend für die Anwendung von Abs. 2 ist, dass ein unbefugter Gebrauch einer Firma vorliegt und dadurch ein anderer in seinen Rechten verletzt wird. Hingegen ist nicht erforderlich, dass gerade das Firmenrecht eines anderen verletzt werden kann.[3] Da der unbefugte Gebrauch einer Firma auch das Firmenrecht eines anderen verletzen kann, schützt § 37 Abs. 2 in diesem Fall auch das private Interesse des Firmeninhabers.[4] Der eigentliche materielle Schutz der Firmen wird durch § 12 BGB und §§ 15 iVm. 5 MarkenG gewährt; hierfür wird auf die einschlägigen Kommentierungen verwiesen.[5] 1

§ 37 findet auf **alle Firmen** Anwendung, **die in unzulässiger Weise geführt werden.**[6] Anwendbar ist § 37 daher auf die Firmen, die im HGB geregelt sind, dh. auf die Firmen von Einzelkaufleuten und von Personenhandelsgesellschaften sowie auf Firmen, die auf Grund von Verweisungen dem Firmenrecht des HGB unterliegen. Dies sind insbesondere die Firma der AG gem. § 3 AktG iVm. § 6, die Firma der GmbH gem. § 13 Abs. 3 GmbHG iVm. § 6, die Firma der eingetragenen Genossenschaft gem. § 17 Abs. 2 GenG und die Firma des VVaG gem. § 16 VAG. Gem. § 2 Abs. 2 PartGG ist § 37 auch entsprechend auf den Namen der Partnerschaft anzuwenden. § 37 ist nach ganz hM auch dann anzuwenden, wenn eine nicht zur Firmenführung berechtigte Person (ein Nichtkaufmann) oder Vereinigung (etwa eine GbR) eine Firma gebraucht.[7] Dem ist, da die Informationsfunktion des Firmenrechts auch (und gerade) bei einer „Firmen"-Führung durch Nichtkaufleute gefährdet werden kann, zu folgen. Hiervon zu unterscheiden ist die Frage nach der Zulässigkeit einer Führung bloß „firmenähnlicher" Geschäftsbezeichnungen durch Nichtkaufleute (zB die Führung der Bezeichnung „& Co." durch eine GbR). Zumindest nach der Handelsrechtsreform 1998 kann nicht mehr von der generellen Unzulässigkeit der Verwendung „firmenähnlicher" Geschäftsbezeichnungen ausgegangen werden (vgl. § 17 RdNr. 9). § 37 kann aber zur Anwendung kommen, wenn Nichtkaufleute durch die Angabe von allgemein anerkannten Rechtsformbezeichnungen oder auch unzulässigen Mischformen („GbRmbH") eine Geschäftsbezeichnung wie eine Firma gebrauchen.[8] 2

II. Gemeinsame Voraussetzung von Abs. 1 und Abs. 2: Unbefugter Gebrauch

1. Gebrauch. Der Gebrauch einer Firma im Sinne von § 37 liegt in jeder Handlung, die unmittelbar auf den Betrieb des Geschäfts Bezug hat und den Willen des Geschäftsinhabers bekundet, die verwendete Bezeichnung als eigene Firma auf Dauer zu benutzen.[9] Bei der Beurteilung, ob eine 3

---

[1] Staub/*Hüffer* RdNr. 1; Röhricht/Graf von Westphalen/*Ammon* RdNr. 1; ferner MünchKommHGB/*Krebs* RdNr. 1; Koller/*Roth*/Morck RdNr. 1; HK-HGB/*Ruß* RdNr. 1; Schlegelberger/Hildebrandt/*Steckhan* RdNr. 1.
[2] Vgl. BGH Urt. v. 10. 11. 1969 – II ZR 273/67, BGHZ 53, 65, 70; vgl. auch OLG Hamm Urt. v. 29. 8. 1983 – 8 U 280/82, GRUR 1983, 679, 682 = ZIP 1983, 1198, wo der Doppelcharakter des Abs. 2 betont wird; Staub/*Hüffer* RdNr. 1; MünchKommHGB/*Krebs* RdNr. 2; Röhricht/Graf von Westphalen/*Ammon* RdNr. 2; Koller/*Roth*/Morck RdNr. 1; HK-HGB/*Ruß* RdNr. 1; Schlegelberger/Hildebrandt/*Steckhan* RdNr. 1; v. Gamm WM 1985, 849, 852; Canaris HandelsR § 11 RdNr. 42; K. Schmidt HandelsR § 7 IV 1.
[3] v. Gamm WM 1985, 849, 852; K. Schmidt HandelsR § 7 IV 1.
[4] OLG Hamm Urt. v. 29. 8. 1983 – 8 U 280/82, ZIP 1983, 1198, 1202; vgl. auch Staub/*Hüffer* RdNr. 2; Heymann/*Emmerich* RdNr. 2; Canaris HandelsR § 11 RdNr. 45; K. Schmidt HandelsR § 7 IV 1.
[5] Zu § 12 BGB u. a.: MünchKommBGB/*Schwerdtner*; Soergel/*Heinrich*; Staudinger/*Habermann*. Zu §§ 5, 15 MarkenG u. a.: Ströbele/*Hacker*, MarkenG; Fezer, Markenrecht; Ingerl/*Rohnke*, MarkenG.
[6] Vgl. Staub/*Hüffer* RdNr. 3; Heymann/*Emmerich* RdNr. 3.
[7] KG Beschl. v. 17. 11. 1911 – 1 a X 1047/11, KGJ 42, 161 f. (hinsichtlich eines Minderkaufmanns); OLG Hamm Beschl. v. 11. 8. 1989 – 15 W 504/88, BB 1990, 1154; vgl. Heymann/*Emmerich* RdNr. 3; Staub/*Hüffer* RdNr. 3; Röhricht/Graf von Westphalen/*Ammon* RdNr. 13; Koller/*Roth*/Morck RdNr. 2; dagegen MünchKommHGB/*Krebs* RdNr. 6 f. mwN.
[8] Zur Anwendbarkeit des § 37 bei einer Freiberufler-„GbRmbH" BayObLG Beschl. v. 24. 9. 1998 – 3 Z BR 58/98, DB 1998, 2319; hierzu auch § 18 RdNr. 68.
[9] BGH Urt. v. 8. 4. 1991 – II ZR 259/90, NJW 1991, 2023, 2024; vgl. auch schon RG Urt. v. 29. 11. 1881 – Rep. II. 397/81, RGZ 5, 110, 111 f.; RG Urt. v. 19. 10. 1895 – Rep. I. 190/95, RGZ 36, 17; RG Urt. v. 20. 6. 1903 – Rep. I. 135/03, RGZ 55, 121, 123; KG Beschl. v. 31. 10. 1913 – 1 a X 1146/13, KGJ 45, 168, 169; KG v. 22. 10. 1931 – 1 b X 670/31, HRR 1932 Nr. 252; OLG Düsseldorf Beschl. v. 21. 4. 1970 – 3 W 23/70, DB 1970, 923, 924; OLG

solche Willenskundgebung des Geschäftsinhabers vorliegt, ist die Verkehrsanschauung heranzuziehen.[10] Daher liegt grundsätzlich ein firmenmäßiger Gebrauch einer bestimmten Bezeichnung vor, wenn im Geschäftsverkehr eine Individualisierung des Geschäftsinhabers angebracht ist und daher erwartet wird. Ein Firmengebrauch im Sinne von § 37 liegt insbesondere in der Anmeldung zur Eintragung der Firma in das Handelsregister,[11] in der Eintragung der Firma in ein Adressverzeichnis[12] oder in das Telefonbuch,[13] in der Verwendung der Firma in Zeitungsbekanntmachungen oder Inseraten,[14] auf Preislisten,[15] Empfehlungskarten,[16] Briefumschlägen,[17] Lieferscheinen und Rechnungen, Tüten[18] oder anderen Verpackungsmaterial mit dem Aufdruck der Firma,[19] in der Bezeichnung der Geschäftsräume mit der Firma[20] (vgl. hierzu auch § 15 a GewO) sowie im Abschluss von Verträgen unter Verwendung der Bezeichnung.[21] Vgl. zu Pflichtangaben auf Geschäftsbriefen §§ 37 a und 125 a, ferner § 7 Abs. 4 PartGG, Art. 25 EWIV-VO, § 35 a GmbHG, § 80 AktG, § 25 a GenG, § 156 Abs. 2 VAG und schließlich – für nicht eingetragene Gewerbetreibende und ausländische juristische Personen – § 15 b GewO.

4 Mit Blick auf die insbesondere in der **Werbung** verbreitete Praxis, Firmenabkürzungen, Schlagworte, Geschäftsbezeichnungen und andere Unternehmenskennzeichen zu verwenden, stellt sich die Frage, ob hierin ebenfalls ein firmenmäßiger Gebrauch im Sinne von § 37 zu sehen ist. Die Benutzung von derartigen Kennzeichen ist nach der Rechtsprechung dann nicht als firmenmäßiger Gebrauch einzustufen und somit zulässig, wenn zweifelsfrei nicht die Individualisierung des Unternehmensinhabers bezweckt, dies vom Rechtsverkehr an dieser Stelle auch nicht erwartet wird und das verwendete Unternehmenskennzeichen nicht den Eindruck einer verkürzten oder unvollständigen Firma erweckt.[22] Soll hingegen in eindeutiger Weise auf den Unternehmensinhaber hingewiesen werden oder wird dies bei der konkreten Art der Werbung vom Publikum erwartet, so muss die Firma verwendet werden,[23] und zwar so, wie sie im Handelsregister eingetragen ist.[24]

5 Da § 37 auf Unterlassung des Firmengebrauchs gerichtet ist, reicht nach der Rechtsprechung eine einmalige Verwendung ohne Anhaltspunkte für eine Wiederholungsgefahr nicht aus, um das Tatbestandsmerkmal „Gebrauch" zu erfüllen.[25] Etwas anderes kann sich ergeben, wenn konkrete Anhaltspunkte die Gefahr einer Wiederholung nahelegen.[26] Ein Gebrauch kann auch in einem pflichtwidrigen Unterlassen liegen.[27]

Celle Urt. v. 7. 7. 1971 – 13 U 121/71, OLGZ 172, 220, 221 f.; im Ergebnis ebenso KG Beschl. v. 7. 10. 1926 – 1 X 599/26, JW 1926, 2930.
[10] BGH Urt. v. 8. 4. 1991 – II ZR 259/90, NJW 1991, 2023, 2024; BayObLG Beschl. v. 12. 8. 1960 – BReg. 2 Z 78/60, BayObLGZ 1960, 345, 351 = BB 1960, 996; in Ergebnis ebenso KG Beschl. v. 7. 10. 1926 – 1 X 599/26, JW 1926, 2930.
[11] RG Urt. v. 11. 1. 1888 – Rep. I. 329/87, RGZ 22, 58, 59 f.; BayObLG Beschl. v. 28. 4. 1988 – BReg. 3 Z 10/88, NJW-RR 1989, 100; KG Beschl. v. 1. 2. 1903 – I ZS, OLGRspr. 6, 338, 339; vgl. KG Beschl. v. 26. 2. 1915 – 1 a X 128/15, KGJ 48, 122, 124 = RJA 14 (1915), 174, 175; Staub/*Hüffer* RdNr. 12; MünchKommHGB/*Krebs* RdNr. 19; Röhricht/Graf von Westphalen/*Ammon* RdNr. 5; Koller/*Roth*/Morck RdNr. 4; Heymann/*Emmerich* RdNr. 7; Schlegelberger/*Hildebrandt*/Steckhan RdNr. 5; HK-HGB/*Ruß* RdNr. 3.
[12] OLG Hamburg Urt. v. 7. 11. 1907 – III ZS, OLGRspr. 16, 83.
[13] BayObLG Beschl. v. 12. 8. 1960 – BReg. 2 Z 78/60, BayObLGZ 1960, 345, 352 = BB 1960, 996; KG Beschl. v. 7. 10. 1926 – 1 X 599/26, JW 1926, 2930; **aA** OLG Hamburg vom 23. 6. 1909, LZ 1910, 90.
[14] KG Beschl. v. 17. 11. 1911 – 1 a X 1047/11, KGJ 42, 161, 162; OLG Oldenburg i. O. Beschl. v. 25. 2. 1964 – 5 Wx 57/63, BB 1964, 573; vgl. aber OLG Celle Urt. v. 4. 11. 1998 – 13 U 144/98, GmbHR 1999, 127 = GmbHR 1999, 1034: kein Verstoß gegen § 3 UWG bei Nennung der Unternehmensbezeichnung ohne Rechtsform im Inserat.
[15] KG v. 22. 10. 1931 – 1 b X 670/31, HRR 1932 Nr. 252.
[16] RG Urt. v. 29. 11. 1881 – Rep. II. 397/81, RGZ 5, 110, 111 f.
[17] KG Beschl. v. 17. 11. 1911 – 1 a X 1047/11, KGJ 42, 161, 162; KG v. 18. 5. 1928 – 1 b X 349/28, HRR 1929 Nr. 21; KG Beschl. v. 18. 5. 1928 – 1 b X 349/28, Recht 1928 Nr. 2272.
[18] OLG München Beschl. v. 1. 12. 1937 – Wr 373/37, JFG 16, 361, 362 f.
[19] Vgl. KG Beschl. v. 31. 10. 1913 – 1 a X 1146/13, KGJ 45, 168, 169 f.; KG Beschl. v. 19. 5. 1916 – 1 a X 306/16, KGJ 49, 104, 107; Staub/*Hüffer* RdNr. 13.
[20] ROHG Urt. v. 17. 9. 1874 – Sen. III Rep. 546/74, ROHGE 14, 184, 187; RG Urt. v. 19. 10. 1895 – Rep. I. 190/95, RGZ 36, 13, 14.
[21] OLG Celle Urt. v. 7. 7. 1971 – 13 U 121/71, OLGZ 172, 220, 221 f. = BB 1971, 1298 f; Staub/*Hüffer* RdNr. 13; Heymann/*Emmerich* RdNr. 7.
[22] Vgl. BGH Urt. v. 8. 4. 1991 – II ZR 259/90, NJW 1991, 2023, 2024; vgl. auch OLG Stuttgart Urt. v. 26. 4. 1991 – 2 U 19/91, BB 1991, 93; OLG Celle Urt. v. 7. 7. 1971 – 13 U 121/71, OLGZ 1972, 220, 221; weitere Nachweise zur Rechtsprechung bei MünchKommHGB/*Krebs* RdNr. 16 ff.
[23] BGH Urt. v. 8. 4. 1991 – II ZR 259/90, NJW 1991, 2023, 2024.
[24] Staub/*Hüffer* RdNr. 15. Vgl. zum Meinungsstand – mit eingehenden Nachweisen – MünchKommHGB/*Krebs* RdNr. 15 ff.; ferner Röhricht/Graf von Westphalen/*Ammon* RdNr. 7.
[25] Vgl. BayObLG Beschl. v. 6. 2. 1992 – 3 ZBR 201/91, BB 1992, 943; OLG Hamburg v. 25. 9. 1907, Recht 1907, Sp 1330 Nr. 3361; KG v. 18. 5. 1928 – 1 b X 349/28, HRR 1929 Nr. 21.
[26] Vgl. OLG Hamburg v. 25. 9. 1907, Recht 1907 Nr. 3361; Staub/*Hüffer* RdNr. 11; MünchKommHGB/*Krebs* RdNr. 12, der die Wiederholungsgefahr als eigenständiges Tatbestandsmerkmal ansieht.
[27] AG Elsfleth Beschl. v. 19. 4. 1967 – HRA 313, BB 1968, 310; Staub/*Hüffer* RdNr. 11.

2. Unzulässigkeit des Gebrauchs. Nach dem Wortlaut ist ein Firmengebrauch dann als 6 unzulässig anzusehen, wenn die Firma gegen Vorschriften des Dritten Abschnittes des Handelsgesetzbuchs verstößt. Dieser Wortlaut ist aber zu eng gefasst.[28] Eine Firma ist dann im Sinne von § 37 als unzulässig anzusehen, wenn sie **gegen eine firmenrechtliche Norm des HGB oder eines anderen Gesetzes verstößt.**[29] Firmenrechtliche Vorschriften enthalten insbesondere §§ 17 bis 19, 21 bis 24, 30 HGB; §§ 4, 279 AktG; § 4 GmbHG; § 3 GenG, § 18 Abs. 2 VAG; § 2 PartGG sowie §§ 39 ff. KWG, § 7 KAGG und §§ 18, 200 UmwG.[30] Dabei ist gleichgültig, ob die Firma von Anfang an gegen eine firmenrechtliche Norm verstoßen hat, oder erst später auf Grund einer Veränderung der tatsächlichen Verhältnisse nicht mehr im Einklang mit dem Firmenrecht steht.[31] Umstritten ist der Fall eines Unzulässigwerdens der Firmierung infolge eines Wandels der Verkehrsanschauung. Gute Gründe sprechen gegen die Annahme, dass das Gericht hier im Regelfall einzuschreiten habe: Im Fall des nicht weniger bedeutsamen Unrichtigwerdens der Firma auf Grund eines Inhaberwechsels ordnet das Gesetz die Zulässigkeit der Firmenfortführung an (§ 22). Andererseits ginge es aber zu weit, für die hier interessierenden Fälle ausnahmslos einen Bestandsschutz zu postulieren;[32] denn im Fall des Bedeutungswandels eines Begriffes kann in Einzelfällen eine ganz erhebliche Gefahr der Irreführung des Verkehrs entstehen. Richtig erscheint es daher, den Konflikt im Wege einer Interessenabwägung aufzulösen: Abzuwägen sind das Verkehrsinteresse und das Bestandsinteresse des Inhabers, welchen angesichts der in § 22 getroffenen Wertung erhebliches Gewicht zukommt;[33] allenfalls ausnahmsweise kommt demgegenüber ein Bestandsschutz bei von Anfang an unzulässigen Firmen in Betracht.[34]

Eine nach den geschilderten Kriterien unzulässig gebildete Firma wird auch durch ihre 7 Eintragung in das Handelsregister nicht zulässig. Der Registereintrag kann aber als Vergleichsmaßstab Bedeutung erlangen: Das Prinzip der Firmeneinheit besagt, dass ein Kaufmann grundsätzlich nur eine Firma führen darf (vgl. § 17 RdNr. 7). Hieraus folgt, dass ein unzulässiger Gebrauch einer Firma auch dann vorliegt, wenn eine Firma **anders gebraucht** wird, **als sie im Handelsregister eingetragen** ist. Dies gilt auch dann, wenn die verwendete Firma bei einer Neueintragung an sich nicht zu beanstanden wäre. Hingegen fällt der Gebrauch einer nach den firmenrechtlichen Vorschriften korrekt gebildeten Firma, die noch nicht in das Handelsregister eingetragen ist, nicht in den Anwendungsbereich von § 37. In einem solchen Fall ist der Kaufmann nicht zur Unterlassung, sondern gem. § 14 zur Anmeldung seiner Firma zum Handelsregister anzuhalten. Kein unzulässiger Gebrauch im Sinne von § 37 liegt ferner vor, wenn die Firma lediglich gegen § 12 BGB, § 15 MarkenG oder gegen eine schuldrechtliche Vereinbarung verstößt.

3. Kein subjektives Tatbestandsmerkmal. Ein Verschulden des Firmenverwenders beim Ge- 8 brauch der Firma ist weder bei Abs. 1 noch bei Abs. 2 Tatbestandsvoraussetzung; ob ein unzulässiger Gebrauch vorliegt, ist allein anhand objektiver Tatsachen zu beurteilen. Die Festsetzung eines Ordnungsgeldes setzt hingegen die schuldhafte Zuwiderhandlung gegen ein nach Abs. 1 ausgesprochenes Verbot voraus (vgl. unten RdNr. 16).

4. Kein Dispositionsrecht der Parteien. Da § 37 öffentlichen Interessen dient (vgl. oben 9 RdNr. 1), kann die Unzulässigkeit eines Gebrauchs nicht durch Rechtsgeschäft oder durch einseitige Handlung – etwa durch eine Zustimmung – abgewendet werden. Jedoch führt eine Gestattung regelmäßig dazu, dass der Gestattende sich nicht auf eine Verletzung seiner Rechte durch den

---

[28] Ebenso Staub/*Hüffer* RdNr. 5; MünchKommHGB/*Krebs* RdNr. 23; Röhricht/Graf von Westphalen/*Ammon* RdNr. 8.
[29] BayObLG Beschl. v. 12. 8. 1960 – BReg. 2 Z 78/60, BayObLGZ 1960, 345, 348 f.; BayObLG Urt. v. 23. 2. 1989 – BReg. 3 Z 136/88, BayObLGZ 1989, 44, 50 = NJW-RR 1989, 867, 869; OLG Düsseldorf Beschl. v. 21. 4. 1970 – 3 W 23/70, DB 1970, 923 f.; Staub/*Hüffer* RdNr. 5; Heymann/*Emmerich* RdNr. 10; HK-HGB/*Ruß* RdNr. 5; aA für Abs. 2 Baumbach/*Hopt* RdNr. 10 (auch Verstöße gegen namens-, marken- und wettbewerbsrechtliche Vorschriften).
[30] Vgl. zuletzt Röhricht/Graf von Westphalen/*Ammon* RdNr. 8 mwN.
[31] MünchKommHGB/*Krebs* RdNr. 25; Röhricht/Graf von Westphalen/*Ammon* RdNr. 8; Heymann/*Emmerich* § 18 RdNr. 18 mwN.
[32] Hierzu neigen MünchKommHGB *Lieb/Krebs* RdNr. 29.
[33] Ähnlich Röhricht/Graf von Westphalen/*Ammon* RdNr. 10; vgl. auch Staub/*Hüffer* RdNr. 19.
[34] Vgl. BGH Urt. v. 4. 3. 1993 – I ZR 65/91, NJW-RR 1993, 1129 (zu § 37 Abs. 2); vgl. auch BGH Beschl. v. 25. 6. 1959 – II ZB 6/59, BGHZ 30, 288, 293; BGH Beschl. v. 12. 7. 1965 – II ZB 12/64, BGHZ 44, 116, 118. Für die Berücksichtigungsfähigkeit von Besitzstandsinteressen in diesem Zusammenhang MünchKommHGB/*Krebs* RdNr. 31; dagegen Staub/*Hüffer* RdNr. 19.

unzulässigen Gebrauch der Firma berufen kann.³⁵ Die Anwendung von § 37 Abs. 2 ist in diesem Fall ausgeschlossen. Ein Verfahren nach Abs. 1 bleibt davon unberührt. Ebensowenig kann der Tatbestand des Firmenmissbrauchs durch Vertrag erweitert werden. Anspruchsgrundlage ist in diesem Fall nicht § 37 Abs. 2, sondern der Vertrag.

III. Das Firmenmissbrauchsverfahren (Abs. 1)

10 Nach Abs. 1 ist derjenige, der eine ihm nicht zustehende Firma gebraucht, von dem Registergericht zur Unterlassung des Gebrauchs der Firma durch Festsetzung von Ordnungsgeld anzuhalten. Dabei hat das Gericht gem. § 140 FGG nach §§ 132–139 FGG zu verfahren.

11 **1. Ermessensentscheidung.** Nach hM soll das Registergericht bei der Entscheidung, ob es das Firmenmissbrauchsverfahren einleitet, einen Ermessensspielraum haben. Damit soll der Schutz des Besitzstandes alt eingeführter, wertvoller Firmen erreicht werden. Von der Einleitung eines Firmenmissbrauchsverfahrens soll dann abgesehen werden können, wenn der Verstoß gegen firmenrechtliche Vorschriften im Vergleich zu den Nachteilen, die den Verwender bei Untersagung des Firmengebrauchs träfen, als gering anzusehen ist. Das Registergericht soll somit bei der Prüfung, ob das Firmenmissbrauchsverfahren durchzuführen ist, das öffentliche Interesse an einem ausschließlich rechtmäßigen Gebrauch der Firma mit dem Interesse des Verwenders an dem weiteren Gebrauch abwägen.³⁶ Nach einem verwandten Konzept kann auf die Einleitung eines Firmenmissbrauchsverfahrens nach pflichtgemäßen Ermessen verzichtet werden, wenn durch den unzulässigen Firmengebrauch das öffentliche Interesse nur am Rande betroffen ist.³⁷ Die Entscheidung des Registergerichts soll nach beiden Ansätzen nur dahingehend überprüfbar sein, ob ein Ermessensfehler vorliegt.³⁸

12 Eine im Vordringen befindliche Ansicht versteht § 37 Abs. 1 dagegen als gebundene Norm.³⁹ Hierfür kann der Wortlaut der Norm angeführt werden: Nach Abs. 1 „ist" der Firmenverwender zur Unterlassung anzuhalten. Auch aus dem Wortlaut der §§ 132 bis 139 iVm. 140 FGG ergeben sich keine Anhaltspunkte für ein Ermessen. Nach dieser Ansicht unterliegt die Entscheidung über eine Verfahrenseinleitung im vollen Umfang der gerichtlichen Überprüfung. Eine Prüfung, inwieweit ein öffentliches Interesse an der Untersagung des unzulässigen Gebrauchs besteht, ist hiernach überflüssig, da der Gesetzgeber ein solches mit § 37 Abs. 1 bereits festgeschrieben hat.⁴⁰

13 Der hM ist zu folgen. Der Wortlaut des § 37 Abs. 1 legt zwar eine Deutung im Sinne einer gebundenen Entscheidung nahe. Zu berücksichtigen ist aber auch – insbesondere im Fall des Unzulässigwerdens einer Firmierung infolge eines begrifflichen Bedeutungswandels – das Interesse des Inhabers an der Fortführung einer Firma (vgl. oben RdNr. 6). Ein Bestandsschutzinteresse des Inhabers einer in zulässiger Weise gebildeten Firma wird vom Gesetz grundsätzlich anerkannt (§ 22). Die systematische Betrachtung legt es also nahe, § 37 Abs. 1 nicht im Sinne einer gebundenen Entscheidung zu verstehen (vgl. zu den bei der Ermessensentscheidung zu beachtenden Kriterien auch RdNr. 11).

14 **2. Rechtsfolge/Inhalt der Verfügung des Registergerichts.** Nach § 37 Abs. 1 und § 140 FGG hat das Registergericht den Firmenverwender unter Androhung eines Ordnungsgeldes zur Unterlassung des unzulässigen Firmengebrauchs anzuhalten. Einen anderen Inhalt darf die Verfügung nicht enthalten. So darf das Registergericht nicht die Löschung verfügen oder dem Firmenverwender eine bestimmte Firma bzw. bestimmte Änderungen vorschreiben. Die Bildung der Firma innerhalb

---

³⁵ Staub/*Hüffer* RdNr. 27; HK-HGB/*Ruß* RdNr. 5.
³⁶ KG v. 18. 5. 1928 – 1 b X 349/28, HRR 1929 Nr. 21; KG Beschl. v. 21. 1. 1937 – 1 Wr 714/36, JFG 15, 54, 57; KG Beschl. v. 12. 11. 1964 – 1 W 1851/64, OLGZ 1965, 124, 130 f. = NJW 1965, 254, 255 f.; OLG Zweibrücken Beschl. v. 17. 8. 1971 – 3. ZS 3 W 88/71, OLGZ 1972, 391, 395; OLG Köln Beschl. v. 7. 9. 1977 – 2 Wx 9/77, BB 1977, 1671, 1672; LG Göttingen Beschl. v. 15. 9. 1958 – 1 T 122/58, BB 1959, 899; *Bassenge*, Tatsachenermittlung, Rechtsprüfung und Ermessensausübung in der registergerichtlichen Verfahren nach §§ 132 bis 144 FGG, in Rechtspfl. 1974, 173, 175; Baumbach/*Hopt* RdNr. 6; *Bokelmann* RdNr. 832, 840 ff.; *Jansen* NJW 1966, 1813, 1815; HK-HGB/*Ruß* RdNr. 4.
³⁷ BayObLG Urt. v. 23. 2. 1989 – BReg. 3 Z 136/88, BayObLGZ 1989, 44, 50 = NJW-RR 1989, 867, 869; KG Beschl. v. 12. 6. 1908 – 1 a X 401/08, KGJ 36 A 127, 129 ff.: Heymann/*Emmerich* RdNr. 15.
³⁸ OLG Zweibrücken Beschl. v. 17. 8. 1971 – 3 ZS 3 W 88/71, OLGZ 1972, 391, 395; Baumbach/*Hopt* RdNr. 6.
³⁹ Staub/*Hüffer* RdNr. 18 f.; MünchKommHGB/*Krebs* RdNr. 34; Röhricht/Graf von Westphalen/*Ammon* RdNr. 15.
⁴⁰ Staub/*Hüffer* RdNr. 18.

des rechtlich zulässigen Rahmens ist Sache des Kaufmanns bzw. der Gesellschaft.[41] Die Unterlassungsverfügung darf sich nur gegen die gesamte Firma richten. Die Untersagung der Verwendung einzelner Firmenbestandteile durch das Registergericht ist nicht zulässig. Das Registergericht kann dem Firmenverwender aber Hinweise geben, mit welchen Änderungen eine gesetzeskonforme Firma zu bilden ist.[42]

3. Verfahren. a) Allgemeines. Das Verfahren nach § 37 Abs. 1 iVm. § 140 FGG ist ein Amtsverfahren. Dritte haben weder ein Antrags- noch ein Beschwerderecht. Anträge auf die Durchführung eines Firmenmissbrauchsverfahrens sind daher als Anregung zu verstehen. Gem. § 126 FGG sind die Organe des Handels- und des Handwerksstandes sowie die Organe des land- und forstwirtschaftlichen Berufsstandes verpflichtet, das Registergericht beim Einschreiten gegen einen unzulässigen Firmengebrauch zu unterstützen; sie sind berechtigt, zu diesem Zweck Anträge bei den Registergerichten zu stellen und gegen Verfügungen der Registergerichte das Rechtsmittel der Beschwerde einzulegen. Für das Verhältnis des **Eintragungsverfahrens** zum Firmenmissbrauchsverfahren vgl. § 29 RdNr. 14.

Gem. § 132 iVm. 140 Nr. 1 FGG hat das Registergericht gegenüber dem Beteiligten unter **Androhung eines Ordnungsgeldes** das **Verbot** auszusprechen, weiterhin **die Firma zu gebrauchen,** oder aber binnen einer bestimmten Frist den Gebrauch der Firma mittels Einspruch gegen die Verfügung zu rechtfertigen. Wird gegen das Verbot kein Einspruch erhoben oder der Einspruch rechtskräftig verworfen und erfolgt nach Bekanntgabe des Verbots eine Zuwiderhandlung, so hat das Registergericht gem. § 140 Nr. 2 FGG das **Ordnungsgeld festzusetzen.** Obwohl der unzulässige Gebrauch einer Firma im Sinne von § 37 unabhängig von einem Verschulden ist, muss zur Festsetzung eines Ordnungsgeldes die Zuwiderhandlung schuldhaft erfolgt sein.[43] Das Registergericht hat das Vorliegen eines unzulässigen Firmengebrauchs nach Bekanntgabe der Unterlassungsverfügung von Amts wegen zu prüfen.

b) Verfahren bei eingetragener Firma. Da die Eintragung einer unzulässigen Firma in das Handelsregister keine Heilung des Mangels bewirkt,[44] findet das **Firmenmissbrauchsverfahren** auch bei eingetragenen unzulässigen Firmen Anwendung. Das Gericht darf dem Firmeninhaber im Rahmen des Firmenmissbrauchsverfahrens jedoch nicht aufgeben, die Firma zur Löschung anzumelden[45] (vgl. oben RdNr. 14). Eine Löschung der Firma kann vielmehr gem. § 142 FGG von Amts wegen erfolgen. In welchem Verhältnis das Firmenmissbrauchsverfahren und das **Amtslöschungsverfahren** zueinander stehen, ist im Gesetz nicht geklärt. Das Registergericht hat daher ein Ermessen, welches der beiden Verfahren eingeleitet werden soll. Nach dem Grundsatz der Verhältnismäßigkeit ist regelmäßig zunächst das weniger belastende Verfahren zu wählen, dh. das Firmenmissbrauchsverfahren. Wird so verfahren und meldet der Firmenverwender die Änderungen der Firma zur Eintragung an, was zur Zulässigkeit Firma führt, so ist für ein Amtslöschungsverfahren kein Raum mehr. Umgekehrt kommt die Durchführung eines Missbrauchsverfahrens nach einem Amtslöschungsverfahren nur dann in Betracht, wenn die Firma außerhalb des Registers weiterhin unzulässigerweise geführt wird. Bei der Durchführung des Amtslöschungsverfahren sind die Spezialregelungen des § 144 a FGG für die Auflösung einer AG, KGaA oder GmbH wegen Mangels der Satzung und des § 43 Abs. 2 Satz 1 KWG bei Verstoß gegen die Bezeichnungsvorschriften der §§ 39 bis 41 KWG[46] zu beachten.

IV. Der privatrechtliche Unterlassungsanspruch (Abs. 2 Satz 1)

1. Allgemeines. Wie bereits gezeigt, ist das Tatbestandsmerkmal „unbefugter Gebrauch einer Firma" in Abs. 2 gleichbedeutend mit dem Tatbestandsmerkmal „Gebrauch einer ihm nicht

---

[41] BGH Urt. v. 29. 9. 1965 – I b ZR 88/63, BB 1965, 1202; KG Beschl. v. 8. 8. 1955 – 1 W 2250/55, NJW 1955, 1926, 1927 f.; KG Beschl. v. 1. 2. 1903 – 1 ZS, OLGRspr. 6, 338, 339; KG Beschl. v. 2. 3. 1903, 1 ZS, OLGRspr. 6, 340, 341; vgl. KG Beschl. v. 15. 1. 1909 – 1 a X 927/08, KGJ 37, 182, 184 f.; ferner KG Beschl. v. 26. 2. 1915 – 1 a X 128/15, KGJ 48, 122, 124 = RJA 14 (1915), 174, 175.
[42] Vgl. *Jansen* FGG § 140 RdNr. 17.
[43] KG Beschl. v. 23. 4. 1925 – 1 ZS X 215/25, OLGRspr. 44, 181 f.; OLG Frankfurt Beschl. v. 24. 3. 1980 – 20 W 147/80, BB 1980, 960; *Jansen* FGG § 140 RdNr. 18; vgl. auch BVerfG NJW 1981, 2457 (zu § 890 Abs. 1 ZPO); Staub/*Hüffer* RdNr. 2; MünchKommHGB/*Krebs* RdNr. 33; Röhricht/*Graf von Westphalen/Ammon* RdNr. 20; Schlegelberger/*Hildebrandt/Steckhan* RdNr. 8; Heymann/*Emmerich* RdNr. 20.
[44] Staub/*Hüffer* § 37 RdNr. 6.
[45] Vgl. KG Beschl. v. 15. 1. 1909 – 1 a X 927/08, KGJ 37, 182, 185; KG Beschl. v. 1. 2. 1903 – 1 ZS, OLGRspr. 6, 338, 339; KG Beschl. v. 26. 2. 1915, RJA 14 (1915), 174, 175.
[46] Vgl. BayObLG Beschl. v. 2. 3. 1983 – BReg. 3 Z 17/83, BB 1983, 1494 f.; *Bokelmann* RdNr. 864, 273.

zustehenden Firma" des Abs. 1.⁴⁷ Zu den Einzelheiten vergleiche daher oben **RdNr. 3 ff.** Zusätzlich enthält der Tatbestand von Abs. 2 das Erfordernis einer Verletzung von Rechten des Klägers.

19 **2. Rechtsverletzung. a) Begriff und Bedeutung.** Für das Tatbestandsmerkmal der Rechtsverletzung verlangte das Reichsgericht⁴⁸ die Verletzung eines absoluten Rechts des Klägers. Nach heute allgM⁴⁹ ist dagegen eine **unmittelbare Verletzung rechtlicher Interessen wirtschaftlicher Art** des Klägers ausreichend. Diese Ansicht hat sich zu Recht durchgesetzt. Zum einen hätte § 37 Abs. 2 neben den sonstigen Unterlassungsansprüchen zB aus §§ 5, 15 MarkenG, §§ 12, 1004 BGB kaum eine praktische Bedeutung. Zum anderen soll durch Abs. 2 die Privatinitiative für die Durchsetzung öffentlicher Interessen mobilisiert werden (vgl. RdNr. 1). Dieser Zweck würde weitgehend verfehlt, wenn § 37 Abs. 2 nur eingriffe, soweit der Kläger ohnehin die Verletzung eines absoluten Rechts geltend machen könnte.⁵⁰

20 **b) Eigenes Recht des Klägers.** Die geltendgemachte Rechtsverletzung muss ein eigenes Recht des Klägers betreffen.⁵¹ In Betracht kommt zB eine Beeinträchtigung des **Firmen-, Namens- oder Markenrechts** des Klägers; vgl. zu Einzelheiten nachfolgend RdNr. 24 ff. Da **rechtsfähige Verbände** iSd. § 8 Abs. 3 Nr. 2 UWG mit eigenen Rechten ausgestattet sind, können auch sie Ansprüche aus § 37 Abs. 2 geltend machen. Nicht in eigenen Rechten betroffen ist in der Regel das Mitglied einer Personenvereinigung, deren Rechte durch unzulässigen Firmengebrauch verletzt sind; der Gesellschafter der betroffenen Gesellschaft kann deren Ansprüche daher (mit Ausnahme der Fälle einer zulässigen ‚actio pro socio') nicht im eigenen Namen geltend machen.⁵²

21 **c) Rechtswidrigkeit.** Ein Verstoß gegen firmenrechtliche Normen (vgl. RdNr. 6) indiziert die Rechtswidrigkeit. Auch durch die Verletzung absoluter Rechte bzw. durch die Verletzung gegenüber jedermann rechtlich geschützter, wirtschaftlicher Interessen wird die Rechtswidrigkeit indiziert. Hat der Kläger dem Verwender den Gebrauch der Firma vertraglich oder einseitig gestattet, so kann der Verwender dem Kläger dies entgegenhalten. In diesem Fall liegt eine die Rechtswidrigkeit ausschließende Einwilligung vor. Diese Einwilligung ist trotz des öffentlichen Interesses an der Durchsetzung des Firmenrechts wirksam.⁵³ Wenn das Gesetz die Privatinitiative mobilisieren will, um die Einhaltung des Firmenrechts durchzusetzen, so muss auch der in der Einwilligung liegende Verzicht auf die Klagemöglichkeit zulässig sein. Der Kläger kann in diesem Fall keine Rechtsverletzung geltend machen, so dass die Klage abzuweisen ist. Ungeachtet einer Gestattung bleibt der Firmengebrauch unbefugt. Das Registergericht wird daher durch die Gestattung nicht daran gehindert, das Firmenmissbrauchsverfahren durchzuführen. Dies gilt auch, wenn das Registergericht durch denjenigen, der seine Zustimmung erteilt hat, die nach §§ 132 Abs. 1, 140 FGG erforderlich Kenntnis erlangt.⁵⁴

22 **d) Kein Verschuldenserfordernis.** Der Unterlassungsanspruch ist nicht an subjektive Tatbestandsmerkmale geknüpft.

23 **e) Verjährung und Verwirkung.** Der Unterlassungsanspruch verjährt gem. § 195 BGB in dreißig Jahren. Dabei wird durch jede Wiederholung des unbefugten Gebrauchs eine neue Frist in Gang gesetzt.⁵⁵ Bei Dauerhandlungen beginnt die Verjährungsfrist erst mit Ende der Handlung zu laufen. Größere praktische Bedeutung könnte dem Rechtsinstitut der Verwirkung zukommen, wenn

---

⁴⁷ Ganz hM. Vgl. nur Staub/*Hüffer* RdNr. 26; MünchKommHGB/*Krebs* RdNr. 41; Röhricht/Graf von Westphalen/*Ammon* RdNr. 29; aA Baumbach/*Hopt* RdNr. 10: Abs. 2 erfasse auch Verstöße gegen namens-, marken- und wettbewerbsrechtliche Vorschriften.
⁴⁸ Vgl. RG Urt. v. 2. 3. 1881 – Rep. I. 506/81, RGZ 3, 164, 166; RG Urt. v. 26. 11. 1901 – II Nr. 263/1901, JW 1902, 27; RG Urt. v. 29. 1. 1913 – I JW 1913, 435 f.; RG Urt. v. 11. 6. 1926 – II 327/25, RGZ 114, 90, 94; RG Beschl. v. 21. 4. 1931 – II B 7/31, RGZ 132, 311, 316.
⁴⁹ BGH Urt. v. 10. 11. 1969 – II ZR 273/67, BGHZ 53, 65, 70 = NJW 1970, 704, 705; BGH Urt. v. 1. 6. 1979 – I ZR 48/77, WM 1979, 922, 923; BGH Urt. v. 8. 4. 1991 – II ZR 259/90, NJW 1991, 2023; OLG Hamburg Urt. v. 15. 3. 1973 – 3 U 17/73, BB 1973, 1456; Staub/*Hüffer* RdNr. 28 f.; MünchKommHGB/*Krebs* RdNr. 46 f.; Röhricht/Graf von Westphalen/*Ammon* RdNr. 30; Baumbach/*Hopt* RdNr. 11; Koller/*Roth*/Morck RdNr. 9; Heymann/*Emmerich* RdNr. 23; Schlegelberger/*Hildebrandt*/Steckhan RdNr. 6.
⁵⁰ Vgl. Staub/*Hüffer* RdNr. 28 f.
⁵¹ Staub/*Hüffer* RdNr. 30.
⁵² Vgl. zum Vorstehenden und zu weiteren Einzelfragen Staub/*Hüffer* RdNr. 30; MünchKommHGB/*Krebs* RdNr. 49; Röhricht/Graf von Westphalen/*Ammon* RdNr. 30 f.
⁵³ Ebenso Staub/*Hüffer* RdNr. 31; MünchKommHGB/*Krebs* RdNr. 50; Röhricht/Graf von Westphalen/*Ammon* RdNr. 32; Heymann/*Emmerich* RdNr. 23 a.
⁵⁴ Ebenso Staub/*Hüffer* RdNr. 31.
⁵⁵ Vgl. RG Urt. v. 21. 6. 1901 – Rep. II. 150/01, RGZ 49, 20 ff.; Staub/*Hüffer* RdNr. 33; MünchKommHGB/*Krebs* RdNr. 52.

der Kläger trotz Kenntnis nicht gegen den unbefugten Gebrauch der Firma eingeschritten ist und der Verwender einen wertvollen, schutzwürdigen Besitzstand erworben hat.[56] Im Zusammenhang des § 37 Abs. 2 ist die Anwendbarkeit des Verwirkungsgrundsatzes jedoch umstritten.[57] Eine Verwirkung ist nach hiesigem Dafürhalten jedenfalls dann ausgeschlossen, wenn schützenswerte Interessen von Dritten oder der Allgemeinheit betroffen sind.[58]

3. Anwendungsbeispiele. a) Firmen-, Namens- und Immaterialgüterrechte. Die Verletzung des subjektiven **Firmenrechts** des Klägers ist eine Rechtsverletzung im Sinne von § 37 Abs. 2. Der unzulässige Firmengebrauch stellt zugleich eine Rechtsverletzung dar, wenn die Firma in der Weise verwendet wird, dass sie sich nicht deutlich von der älteren Firma des Klägers unterscheidet (§ 30). Zu den Einzelheiten der Unterscheidbarkeit vergleiche Erläuterungen zu § 30. Da das Erfordernis der Unterscheidbarkeit nach § 30 räumlich beschränkt ist, hat auch der Unterlassungsanspruch eine räumlich beschränkte Tragweite, wenn die Rechtsverletzung sich allein aus § 30 ergibt. Die Verletzung von §§ 5, 15 MarkenG, bei der keine räumliche Beschränkung besteht, hat im Rahmen von § 37 keine eigenständige Bedeutung, da § 15 Abs. 4 MarkenG einen eigenen Unterlassungsanspruch gibt.

Der Kläger kann sich darauf berufen, dass der Beklagte den bürgerlichen **Namen** des Klägers unbefugt als Firma verwendet.[59] Allerdings unterliegt der Namensschutz eigenen, hier nicht näher zu bezeichnenden Grenzen.[60] Im Übrigen ist zu beachten, dass unter den Voraussetzungen des § 12 S. 2 BGB ein eigener Unterlassungsanspruch besteht.

Eine Rechtsverletzung im Sinne von § 37 Abs. 2 ist auch dann gegeben, wenn durch die Verwendung einer Firma **Patent-, Marken- oder sonstige Kennzeichenrechte** des Klägers verletzt werden. So wurde das Patentrecht eines Klägers dadurch verletzt, dass der Beklagte die Firma „Einzige Fabrik nikotinfreier Tabake, Patent, Dr. R. Kißling & Co." führte, obwohl für den Kläger ebenfalls ein Verfahren zum Entzug des Nikotins patentiert worden war.[61] Dabei ist wiederum zu beachten, dass auf der Grundlage von §§ 14, 15 Markengesetz und § 139 PatG selbständige Unterlassungsansprüche bestehen können.

b) Verletzung des Rechts am eingerichteten und ausgeübten Gewerbebetrieb. Die Verletzung des Rechts am eingerichteten und ausgeübten Gewerbebetrieb wurde vom Reichsgericht ebenfalls als Rechtsverletzung im Sinne von § 37 Abs. 2 angesehen.[62] Da nach heute allgM eine unmittelbare Verletzung rechtlicher Interessen wirtschaftlicher Art für die Annahme der Rechtsverletzung ausreicht und nicht mehr wie nach Ansicht des Reichsgerichts eine Verletzung absoluter Rechte vorliegen muss (vgl. RdNr. 19), ist heute ein Zurückgreifen auf eine Verletzung des in Begründung und Begrenzung nicht unumstrittenen Rechts am eingerichteten und ausgeübten Gewerbebetrieb überflüssig.[63]

c) Rechtlich geschützte Interessen wirtschaftlicher Art. Nach heute allgM ist für eine Rechtsverletzung im Sinne von § 37 Abs. 1 eine unmittelbare Verletzung rechtlicher Interessen wirtschaftlicher Art ausreichend (vgl. RdNr. 19). Eine Verletzung von lediglich ideellen Interessen ist nicht ausreichend. Ein wirtschaftliches Interesse ist gegeben, wenn der Kläger durch den unbefugten Firmengebrauch materiell betroffen ist. Dies wird von der Rechtsprechung schon dann angenommen, wenn Kläger und Beklagter **Konkurrenten** sind;[64] vgl. zur Berechtigung von Verbänden iSd. § 8 Abs. 3 Nr. 2 UWG bereits RdNr. 20. Des Weiteren muss dieses wirtschaftliche Interesse in irgendeiner Weise durch die Rechtsordnung geschützt werden, sei es auch in einem anderen Zusammenhang, um als rechtliches Interesse verstanden werden zu können.[65] Ob eine unmittelbare Verletzung vorliegt, ist Tatfrage. Ausreichend ist ein betriebsbezogener Eingriff

---

[56] Staub/*Hüffer* RdNr. 33; Heymann/*Emmerich* RdNr. 23 a.
[57] Dafür Staub/*Hüffer* RdNr. 33; Heymann/*Emmerich* RdNr. 23a; MünchKommHGB/*Krebs* RdNr. 51; dagegen Röhricht/Graf von Westphalen/*Ammon* RdNr. 33 und Koller/*Roth*/Morck RdNr. 12; offengelassen von BGH Urt. v. 4. 3. 1993 – I ZR 65/91, DB 1993, 1276, 1277.
[58] In der Tendenz ebenso BGH Urt. v. 4. 3. 1993 – I ZR 65/91, DB 1993, 1276, 1277 f.; vgl. auch: BGH Urt. v. 7. 7. 1965 – Ib ZR 9/64, GRUR 1966, 267, 271; BGH Urt. v. 15. 10. 1976 – I ZR 23/75, WM 1977, 24, 26; HK-HGB/*Ruß* RdNr. 5.
[59] RG Urt. v. 12. 12. 1903 – Rep. I. 313/03, RGZ 56, 187, 190; vgl. RG Beschl. v. 21. 12. 1937 – II A 106/37, RGZ 156, 363, 366.
[60] OLG Jena, Urt. v. 30. 6. 1999 – 2 U 1856/98, GRUR 2000, 435 „Wartburg".
[61] RG Urt. v. 2. 3. 1881 – Rep. I. 506/81, RGZ 3, 164, 167.
[62] Vgl. RG Urt. v. 7. 12. 1909 – 509/09, JW 1910, 120, 122; RG Beschl. v. 21. 4. 1931 – II B 7/31, RGZ 132, 311, 314 f.
[63] Ebenso Staub/*Hüffer* RdNr. 37; MünchKommHGB/*Krebs* RdNr. 48.
[64] BGH Urt. v. 8. 4. 1991 – II ZR 259/90, NJW 1991, 2023; OLG Hamm Urt. v. 24. 11. 1988 – 4 U 193/88, NJW-RR 1989, 549.
[65] Staub/*Hüffer* RdNr. 38.

§ 37 a
1. Buch. 3. Abschnitt. Handelsfirma

im Sinne des deliktischen Unternehmensschutzes, ferner der Fall, dass der durch den unbefugten Firmengebrauch erlangte Wettbewerbsvorteil zwangsläufig zu Lasten des klagenden Konkurrenten geht.[66]

29   **4. Klageantrag und Vollstreckung.** Der Anspruch aus Abs. 2 ist auf Unterlassung des unbefugten Firmengebrauchs gerichtet. Da auch die **Eintragung im Handelsregister** einen Gebrauch der Firma darstellt, kann bei einer eingetragenen Firma der Klageantrag unmittelbar auf Anmeldung zur Löschung der Firma gerichtet sein.[67] Die Erklärungsfiktion des § 894 ZPO gilt auch gegenüber dem Registergericht.[68] Eine einstweilige Verfügung ist hier auf Grund des endgültigen Charakters der Löschung nicht möglich. Im Fall der bevorstehenden Eintragung ist der Klageantrag auf Unterlassung der Anmeldung zur Eintragung in das Handelsregister zu stellen. Die Vollstreckung erfolgt in diesem Fall nach § 890 ZPO. Hier kann auch eine einstweilige Verfügung erwirkt werden. Auf der Grundlage eines solchen Urteils bzw. einer solchen Verfügung kann der Kläger gegen die Eintragung der Firma nach § 16 Abs. 2 mit der Wirkung widersprechen, dass die Eintragung nicht erfolgen darf.

30   Gegen einen **unbefugten Firmengebrauch außerhalb des Handelsregisters** ist der Klageantrag auf Unterlassung zu richten. Die Erwirkung einer einstweiligen Verfügung ist möglich. Die Vollstreckung erfolgt nach § 890 ZPO. Erfolgt der unbefugte Firmengebrauch sowohl durch eine Eintragung in das Handelsregister als auch durch sonstige Verwendung, so ist es zulässig und ratsam, den Löschungs- und Unterlassungsantrag in einer Klage zu verbinden.[69] Der Unterlassungsanspruch kann sich immer nur gegen die Firma im ganzen richten.

V. Schadensersatzansprüche (Abs. 2 Satz 2)

31   Abs. 2 Satz 2 begründet keinen Schadensersatzanspruch, sondern stellt lediglich klar, dass ein Schadensersatz aus anderen Anspruchsgrundlagen unabhängig von § 37 bestehen kann. In Betracht kommen Ansprüche aus §§ 823 Abs. 1, 826 BGB und aus § 15 Abs. 5 MarkenG.

§ 37 a [Angaben auf Geschäftsbriefen]

(1) Auf allen Geschäftsbriefen des Kaufmanns gleichviel welcher Form, die an einen bestimmten Empfänger gerichtet werden, müssen seine Firma, die Bezeichnung nach § 19 Abs. 1 Nr. 1, der Ort seiner Handelsniederlassung, das Registergericht und die Nummer, unter der die Firma in das Handelsregister eingetragen ist, angegeben werden.

(2) Der Angaben nach Absatz 1 bedarf es nicht bei Mitteilungen oder Berichten, die im Rahmen einer bestehenden Geschäftsverbindung ergehen und für die üblicherweise Vordrucke verwendet werden, in denen lediglich die im Einzelfall erforderlichen besonderen Angaben eingefügt zu werden brauchen.

(3) [1] Bestellscheine gelten als Geschäftsbriefe im Sinne des Absatzes 1. [2] Absatz 2 ist auf sie nicht anzuwenden.

(4) [1] Wer seiner Pflicht nach Absatz 1 nicht nachkommt, ist hierzu von dem Registergericht durch Festsetzung von Zwangsgeld anzuhalten. [2] § 14 Satz 2 gilt entsprechend.

Übersicht

	RdNr.		RdNr.
I. Normzweck	1	V. Vordrucke und Bestellscheine	9, 10
II. Entstehungsgeschichte	2	VI. Zwangsgeld	11
III. Anwendungsbereich und Angabepflichten	3, 4	VII. Zivilrechtliche Folgen fehlerhafter oder falscher Angaben	12
IV. Geschäftsbriefe	5–8		

---

[66] Staub/*Hüffer* RdNr. 38.
[67] RG Urt. v. 2. 2. 1881 – Rep. I. 879/80, RGZ 3, 120; vgl. RG Urt. v. 2. 3. 1881 – Rep. I. 506/81, RGZ 3, 164, 168; RG Urt. v. 11. 1. 1888 – Rep. I. 329/87, RGZ 22, 58, 60; RG Urt. v. 22. 4. 1896 – Rep. VI 57/96, RGZ 37; 58. Staub/*Hüffer* RdNr. 3; wohl auch Heymann/*Emmerich* RdNr. 26; kritisch MünchKommHGB/*Krebs* RdNr. 54.
[68] BayObLG Beschl. v. 17. 8. 1983 – 3 Z 64/83, Rpfleger 1983, 480, 481 (Wirkung der Löschung einer Auflassungsvormerkung gegenüber dem Grundbuchamt); allgemein Baumbach/Lauterbach/*Hartmann* § 894 RdNr. 3.
[69] Staub/*Hüffer* RdNr. 40.

I. Normzweck

Die Vorschrift dient dem Schutz des Rechtsverkehrs und überträgt die bereits nach bisherigem Recht für AG, GmbH und Personengesellschaften, bei denen kein Gesellschafter oder allenfalls ein Kommanditist eine natürliche Person ist (§§ 80 AktG, 35 a GmbHG, 125 a, 177 a HGB), bestehenden Angabepflichten auf den Einzelkaufmann. Damit soll verhindert werden, dass im Geschäftsverkehr Missverständnisse über die Stellung des Einzelkaufmanns auftauchen, die durch die seit dem Inkrafttreten des Handelsrechtsreformgesetzes zulässigen Sach- und Phantasiefirmen (§§ 17, 18) entstehen können.[1] Gewerbetreibende, für die keine Firma im Handelsregister eingetragen ist, sind nach § 15 b Gewerbeordnung verpflichtet, auf ihren Geschäftsbriefen ihren Familiennamen mit mindestens einem ausgeschriebenen Vornamen anzugeben.

II. Entstehungsgeschichte

Die Vorschrift ist ebenso wie die für die gesetzestypische OHG geltende Bestimmung des § 125 a Abs. 1 Satz 1 durch das Handelsrechtsreformgesetz vom 22. 6. 1998 (BGBl. I S. 1474) neu in das HGB aufgenommen worden. Die mit ihr einhergehende Ausweitung und Verschärfung der Regelung der Pflichtangaben auf Geschäftsbriefen flankiert die den Unternehmen ebenfalls durch das Handelsrechtsreformgesetz eingeräumte größere Wahlfreiheit bei der Firmenbildung.[2]

III. Anwendungsbereich und Angabepflichten

Die Vorschrift erfasst in Abs. 1 alle Einzelkaufleute im Sinne der §§ 1, 2 und 3 Abs. 2. Anzugeben ist die nach den §§ 17, 18 gebildete Firma, die auch in einem Sach- oder Phantasienamen bestehen kann, ohne dass der Einzelkaufmann in Person genannt werden müsste;[3] die Angabe von Familien- und Vornamen ist entbehrlich. Erforderlich ist weiter die Bezeichnung als **„eingetragener Kaufmann"** oder **„eingetragene Kauffrau"** bzw. die Verwendung einer der in § 19 Abs. 1 Nr. 1 für zulässig erklärten **Abkürzungen** dieser Bezeichnungen. Solange der Zusatz über die Kaufmannseigenschaft noch nicht allgemein bekannt ist, wird es im Interesse der Klarheit und Verständlichkeit erforderlich sein, diesen entweder bei der Angabe der Firma oder als zusätzliche Angabe auf dem Geschäftsbrief auszuschreiben.[4] Schließlich sind der Firmensitz, das Registergericht und die Handelsregisternummer mitzuteilen.

Der – noch – **nicht eingetragene Einzelkaufmann**, der ein Handelsgewerbe im Sinne des § 1 Abs. 2 betreibt, ist im Hinblick auf den auch hier bestehenden Informationsbedarf des Geschäftsverkehrs ebenfalls verpflichtet, auf seinen Geschäftsbriefen die nach § 37 a notwendigen Angaben zu machen. Er kann eine Firma führen und muss deshalb diese Firma und einen Rechtsformzusatz entsprechend § 19 Abs. 1 Nr. 1 angeben, der auf seine Eigenschaft als Einzelkaufmann hinweist.[5] Die Mitteilung von Registergericht und Registernummer ist in diesem Fall naturgemäß nicht erforderlich. Auf die Geschäftsbriefe **inländischer Zweigniederlassungen** ausländischer Einzelkaufleute ist § 37 a analog anzuwenden.[6]

IV. Geschäftsbriefe

Der Begriff des Geschäftsbriefs ist nach allgemeiner Meinung[7] weit auszulegen. Er geht über den des Handelsbriefs im Sinne der §§ 238 Abs. 2, 257 Abs. 1 Nr. 3 hinaus. Erfasst werden alle **rechtsgeschäftlich erheblichen Mitteilungen** der Gesellschaft, die nach außen gerichtet sind. Zum Außenverhältnis gehören auch der Schriftverkehr im Rahmen von Drittbeziehungen zu den Gesellschaftern wie mit verbundenen Unternehmen, schließlich Schreiben an Arbeitnehmer. Ausgenommen sind der Schriftverkehr mit oder zwischen Niederlassungen und mit Gesellschaftern, soweit er das mitgliedschaftliche Rechtsverhältnis betrifft.

---

[1] MünchKommHGB/*Krebs* RdNr. 2; Röhricht/Graf von Westphalen/*Ammon* RdNr. 2.
[2] Vgl. die Begründung des Regierungsentwurfs, BT-Drucks. 13/8444 S. 61.
[3] *K. Schmidt* NJW 1988, 2162, 2168.
[4] Vgl. die Begründung des Regierungsentwurfs, BT-Drucks. 13/8444 S. 61.
[5] MünchKommHGB/*Krebs* RdNr. 4, 9; Röhricht/Graf v. Westphalen/*Ammon* RdNr. 4 ff.; Baumbach/*Hopt* RdNr. 2, 3.
[6] MünchKommHGB/*Krebs* RdNr. 4; Röhricht/Graf v. Westphalen/*Ammon* RdNr. 8; vgl. §§ 80 Abs. 4 AktG, 35 a Abs. 4 GmbHG.
[7] *Schaffland* BB 1980, 1501 f.; *Kreplin* BB 1969, 1112, 1113; Baumbach/*Hopt* RdNr. 4.

6 Die **äußere Form** des Geschäftsbriefs ist unerheblich. Neben Briefen kommen Postkarten, Fernschreiben oder Telekopien in Betracht. Vom Normzweck erfasst werden auch unverkörpert auf dem Bildschirm ankommende Mitteilungen wie bei BTX und E-mail, wenn sie vom Empfänger ausgedruckt werden können.[8]

7 Die Mitteilung muss einen **geschäftsbezogenen Inhalt** besitzen. Unerheblich ist hingegen, ob der Geschäftsbrief die Geschäftsbeziehung erst anbahnt oder ob er im Rahmen einer schon bestehenden Geschäftsbeziehung gewechselt wird. Adressiert sein muss er an einen bestimmten Empfänger. Richtet er sich wie häufig bei **Werbeschriften** an einen unbestimmten Personenkreis, so entfällt die Angabepflicht. Allerdings fallen derartige Werbeschriften dann unter den Tatbestand des § 37 a, wenn sie an einen bestimmten Empfänger gerichtet sind.

8 **Geschäftsbriefe** sind danach Angebots- und Annahmeschreiben, Auftragsbestätigungen, Rechnungen, Quittungen, Mängelrügen und Kündigungserklärungen, nicht aber an einen unbestimmten Personenkreis gerichtete Werbeschriften und Postwurfsendungen.[9]

V. Vordrucke und Bestellscheine

9 Die Abs. 2 und 3, die mit § 35 a Abs. 2 und 3 GmbHG wortgleich sind, enthalten Sonderregelungen für Vordrucke und Bestellscheine. Mitteilungen oder Berichte, die bloße Informationen, aber keine rechtsgeschäftlichen Erklärungen enthalten, die im Rahmen einer laufenden Geschäftsbeziehung ergehen und für die üblicherweise **Vordrucke** verwendet werden, in denen lediglich die im Einzelfall erforderlichen besonderen Angaben eingefügt zu werden brauchen, sind von der Angabepflicht nach Abs. 1 befreit. Eine ständige oder auf Dauer angelegte Geschäftsbeziehung ist nicht Voraussetzung; erforderlich ist aber, dass dem Empfänger des Vordrucks die Angaben nach Abs. 1 schon einmal mitgeteilt worden sind.[10]

10 **Bestellscheine** gelten nach Abs. 3 nicht als Vordrucke, sondern als Geschäftsbriefe. Die Befreiung von der Angabepflicht ist auf sie trotz ihrer regelmäßig anzutreffenden Ausgestaltung als Vordrucke nicht anzuwenden.

VI. Zwangsgeld

11 Zur Durchsetzung der Angabepflichten hat das Registergericht Zwangsgelder festzusetzen. Für das Zwangsgeldverfahren verweist Abs. 4 auf die Bestimmungen des § 14. Adressat des Zwangsgeldverfahrens ist der Einzelkaufmann.

VII. Zivilrechtliche Folgen fehlerhafter oder falscher Angaben

12 § 37 a ist Ordnungs-, nicht Formvorschrift. Die Einhaltung der Form ist deshalb nicht Wirksamkeitsvoraussetzung für die rechtsgeschäftliche Erklärung. Ein Verstoß kann aber ein Anfechtungsrecht nach § 119 Abs. 2 BGB auslösen, Schadensersatzansprüche aus Verschulden bei Vertragsverhandlungen (§§ 280, 311 Abs. 2 BGB) begründen oder zur Rechtsscheinhaftung nach § 15 führen. § 37 a ist kein Schutzgesetz im Sinne des § 823 Abs. 2 BGB.[11] Der Verstoß gegen Angabepflichten allein ist ohne Hinzukommen besonderer Umstände nicht wettbewerbswidrig gemäß § 1 UWG;[12] eine durch die Nichtbeachtung entstehende allgemeine Kostenersparnis bedeutet keinen im Rahmen des § 1 UWG beachtlichen Wettbewerbsvorteil.[13]

Vierter Abschnitt. Handelsbücher

§§ 38–47 b *(aufgehoben)*

---

[8] MünchKommHGB/*Krebs* RdNr. 5; Staub/*Habersack* § 125 a RdNr. 9; MünchKommHGB/*K. Schmidt* § 125 a RdNr. 5; *Schmittmann/Ahrens* DB 2002, 1038 ff.; aA *Mutter* GmbHR 2001, 336 ff.
[9] Vgl. im einzelnen MünchKommHGB/*Krebs* RdNr. 5; Heymann/*Emmerich* § 125 a RdNr. 5; Baumbach/*Hopt* § 125 a RdNr. 2; *Schaffland* (Fn. 7); *Kreplin* (Fn. 7).
[10] MünchKommHGB/*Krebs* RdNr. 10; Staub/*Habersack* § 125 a RdNr. 14.
[11] MünchKommHGB/*Krebs* RdNr. 12; Baumbach/*Hopt* RdNr. 8; aA Röhricht/Graf v. Westphalen/*Ammon* RdNr. 23.
[12] KG Beschl. v. 26. 2. 1991 – 5 U 466/91, DB 1991, 1510.
[13] LG Berlin Urt. v. 16. 2. 1990 – 102 O 24/90, WM 1991, 1615, 1616.

Fünfter Abschnitt. Prokura und Handlungsvollmacht

Vorbemerkungen

Schrifttum: *Bärwaldt,* Mitwirkung des Prokuristen bei der Handelsregisteranmeldung der ihm erteilten Prokura, NJW 1997, 1404; *Bärwaldt/Hadding,* Die Bindung des Prokuristen an die Mitwirkung des Prinzipals, NJW 1998, 1103; *Beck,* Die Richtigkeit der Firmenzeichnung zur Aufbewahrung bei Gericht, BB 1962, 1265; *Beuthien/Müller,* Gemischte Gesamtvertretung und unechte Gesamtprokura, DB 1995, 461; *Grüter,* Prokura der GmbH & Co. KG und Aufsichtsrat der Komplementär-GmbH, BB 1979, 243; *Honsell,* Die Besonderheiten der handelsrechtlichen Stellvertretung, JA 1984, 17; *Hofmann/Fladung/van Ghemen,* Der Prokurist, 8. Aufl. 2007; *Joost,* Die Vertretungsmacht des Prokuristen für Anmeldungen zum Handelsregister, ZIP 1992, 463; *Köhl,* Der Prokurist in der unechten Gesamtvertretung, NZG 2005, 197; *Köhler,* Fortbestand betrieblicher Vollmachten bei Betriebsübergang?, BB 1979, 912; *Krebs,* Ungeschriebene Prinzipien der handelsrechtlichen Stellvertretung als Schranken der Rechtsfortbildung – speziell für Gesamtvertretungsmacht und Generalvollmacht, ZHR 159 (1995), 635; *Spitzbarth/Preuß,* Vollmachten im Unternehmen, 4. Aufl. 2000; *Vedder,* Missbrauch der Vertretungsmacht, 2007.

I. Systematik des handelsrechtlichen Vertretungsrechts

Die Vorschriften des BGB über die Stellvertretung (§§ 164 bis 181 BGB) gelten auch für alle **1** Rechtsgeschäfte im kaufmännischen Verkehr.[1] Das HGB beschränkt sich auf teils ergänzende, teils modifizierende Regelungen für die rechtsgeschäftliche Vertretung des Kaufmanns; die handelsrechtlichen Vollmachten dienen dabei einem verstärkten Schutz des Rechtsverkehrs, größerer Rechtsklarheit und höherer Beweglichkeit.[2]

Mit der **Prokura** (§§ 48 bis 53) und der **Handlungsvollmacht** (§§ 54 bis 58) sind die **2** wichtigsten Formen der handelsrechtlichen Vollmachten im fünften Abschnitt geregelt. Vereinzelt finden sich aber auch Vorschriften über den Umfang handelsrechtlicher Vollmachten und über den Gutglaubensschutz außerhalb des fünften Abschnittes des HGB. § 75 g enthält für den **Vermittlungsgehilfen,** der außerhalb des Betriebes des Inhabers für diesen Geschäfte vermittelt, Regelungen zu einer entsprechenden Anwendung des § 55 Abs. 4; § 75 h enthält eine spezielle Vorschrift über den Gutglaubensschutz bei der Vertretung durch Vermittlungsgehilfen. §§ 91 und 91a enthalten Sondervorschriften für die Vollmachten des **Handelsvertreters.** Nach § 97 wird zu Ungunsten des **Handelsmaklers** geregelt, dass dieser nicht als bevollmächtigt gilt, Zahlungen oder andere Leistungen entgegenzunehmen. §§ 43 ff. VVG enthalten Sonderregelungen für Versicherungsvertreter. Nach § 106 Abs. 3 VAG ist für ausländische Versicherungsunternehmen mit Tätigkeit in Deutschland eine Niederlassung zu errichten und für diese Niederlassung ein Hauptbevollmächtigter zu bestellen.[3] Dieser Hauptbevollmächtigte vertritt die Niederlassung nach außen und ist zur Eintragung in das Handelsregister anzumelden. Nach § 53 Abs. 2 KWG sind für ausländische Banken mit einer Zweigstelle in Deutschland mindestens zwei natürliche Personen als Geschäftsleiter zu bestellen und zum Handelsregister anzumelden.[4] Keine Regelung im HGB hat schließlich die in der Praxis verbreitete **Generalvollmacht** (s. RdNr. 4 ff.) gefunden.

II. Terminologie des Vertretungsrechts im HGB

Die Terminologie des HGB entspricht nicht der des BGB. Im HGB wird der Vertreter als zur **3** Vertretung „ermächtigt" bezeichnet (§§ 49 Abs. 1; 54 Abs. 1, 55 Abs. 4, 56). Im BGB bedeutet „Ermächtigung" das Handeln im eigenen Namen mit Einverständnis des wirklichen Berechtigten (§§ 182 ff. BGB). „Ermächtigung" im Sinne des HGB bedeutet aber nichts anderes als die Bevollmächtigung.[5]

---

[1] Staub/*Joost* RdNr. 5; Koller/*Roth*/Morck RdNr. 1.
[2] Staub/*Joost* RdNr. 44; Koller/*Roth*/Morck RdNr. 1.
[3] *Spitzbarth/Preuß* S. 127 f.
[4] *Spitzbarth/Preuß* S. 128.
[5] Staub/*Joost* RdNr. 6.

III. Generalvollmacht

4 1. Rechtstatsachen. Die **Generalvollmacht** ist im Wirtschaftsleben insbesondere bei Banken und großen Industrieunternehmen weit verbreitet; im hierarchischen Innenverhältnis ist der **Generalbevollmächtigte** in der Regel auf einer Ebene über den Prokuristen angesiedelt.[6]

5 2. Zulässigkeit, dogmatische Einordnung und Abgrenzung von anderen Rechtsinstituten. Die **Generalvollmacht** ist nicht zu verwechseln mit der **Generalhandlungsvollmacht**, die als spezielle Form der Handlungsvollmacht den Regeln der §§ 54ff. folgt.[7] Sie entspricht auch nicht einer **Prokura**. Eine über den gesetzlichen Umfang der Prokura hinausgehende, umfassende und als „**Generalvollmacht**" bezeichnete Form der Vollmacht ist **vom Grundsatz her in der höchstrichterlichen Rechtsprechung seit langem anerkannt.**[8] Ferner ist die Generalvollmacht in § 5 Abs. 3 Nr. 2 BetrVG, § 22 Abs. 2 Nr. 2 ArbGG, § 16 Abs. 4 Nr. 4 SGG sowie § 29 Abs. 1 Nr. 4 und § 30 Abs. 1 Nr. 4 OWiG erwähnt.[9] Für die GmbH lehnt die Rechtsprechung die Zulässigkeit einer Generalvollmacht allerdings ab, da es sich dabei um eine unzulässige Übertragung der Geschäftsführerverantwortung handele, und deutet diese Generalvollmacht in eine Generalhandlungsvollmacht um;[10] ein Teil der Literatur folgt dieser Auffassung.[11] Bei der Aktiengesellschaft wird die Generalvollmacht hingegen allgemein als zulässig angesehen.[12] Die unterschiedliche Betrachtungsweise bezüglich der GmbH einerseits und der AG andererseits kann nicht überzeugen. Wenn im Rahmen der rechtsgeschäftlichen Gestaltungsfreiheit die Generalvollmacht grundsätzlich zugelassen wird, gibt es keinen Grund für Unterschiede zwischen den einzelnen Handelsgesellschaften.[13] Unzulässig wäre nur eine Generalvollmacht, die sich auch auf den unentziehbaren Kernbereich der Geschäftsführerkompetenzen erstreckt (zB § 64 Abs. 1 Satz 1 GmbHG). In diesem Fall folgt die Unzulässigkeit der rechtlichen Gestaltung jedoch nicht aus einer Unzulässigkeit der Generalvollmacht, sondern aus der Unzulässigkeit der Ersetzung der Organstellung durch ein Nichtorgan.

6 Daraus folgt, dass es sich bei der **Generalvollmacht** um eine eigene, von der Rechtspraxis entwickelte und der Rechtsprechung **anerkannte, über Prokura und Handlungsvollmacht hinausgehende Vollmachtsform** handelt. Rechtsgrundlage für die Generalvollmacht sind §§ 164 ff. BGB.[14]

7 3. Erteilung der Generalvollmacht. Nach § 167 ist die Erteilung der Generalvollmacht grundsätzlich formfrei.[15] Aus Beweisgründen empfiehlt sich jedoch stets die Schriftform. Im Hinblick auf § 12 Abs. 2 dürfte in der Regel die öffentliche Beglaubigung erforderlich sein; soll sich die Generalvollmacht auch auf Grundstücksgeschäfte erstrecken, so ist die notarielle Beurkundung erforderlich.[16] Eine **Eintragung** der Generalvollmacht in das Handelsregister ist mangels gesetzlicher Bestimmung und wegen der strengen Formalisierung des Registerrechts nicht möglich.[17] Nicht zuletzt aus diesem Grund empfiehlt es sich, die Erteilung der Generalvollmacht mit der Erteilung einer Prokura zu verbinden.[18] Die Generalvollmacht können nur organschaftliche Vertreter (Vorstand, Geschäftsführer), nicht zB Prokuristen erteilen.[19] Die nach manchen Gesellschaftsverträgen für die Erteilung der Generalvollmacht erforderliche Zustimmung der Gesellschafterversammlung oder Hauptversammlung gilt nur für das Innenverhältnis.[20]

---

[6] MünchKommHGB/*Krebs* RdNr. 92; Baumbach/*Hopt* RdNr. 2; *Spitzbarth/Preuß* S. 108.
[7] Zur Generalhandlungsvollmacht vgl. § 54 RdNr. 11; für die Differenzierung zwischen Generalbevollmächtigtem und Generalhandlungsbevollmächtigtem: Staub/*Joost* RdNr. 47 zu § 49; Baumbach/*Hopt* RdNr. 2; Koller/*Roth*/Morck RdNr. 2; *Lettl* § 6 RdNr. 80; *Spitzbarth/Preuß* S. 106; für die Gleichsetzung von (interner) Generalvollmacht und Generalhandlungsvollmacht: MünchKommHGB/*Krebs* RdNr. 84 ff.
[8] BGH Urt. v. 22. 1. 1962 – II ZR 11/61, BGHZ 36, 292, 295 = NJW 1962, 738, 739; BGH Urt. v. 18. 7. 2002 – III ZR 124/01, NZG 2002, 813, 814.
[9] Vgl. dazu auch *Spitzbarth/Preuß* S. 107.
[10] BGH Urt. v. 12. 12. 1960 – II ZR 255/59, BGHZ 34, 27, 31 = NJW 1961, 506, 507; BGH Urt. v. 18. 10. 1976 – II ZR 9/75, NJW 1977, 199, 200; BGH Urt. v. 18. 7. 2002 – III ZR 124/01, NZG 2002, 813, 814.
[11] Röhricht/Graf von Westphalen/*Wagner* § 49 RdNr. 23; Hachenburg/*Schilling* § 35 RdNr. 7.
[12] RG Urt. v. 4. 7. 1928, HRR 1929, Nr. 25; vgl. auch *Spitzbarth/Preuß* S. 117.
[13] Staub/*Joost* § 49 RdNr. 48; im Ergebnis ebenso *Spitzbarth/Preuß* S. 116.
[14] *Spitzbarth/Preuß* S. 112 ff.; Baumbach/*Hopt* RdNr. 2; Koller/*Roth*/Morck RdNr. 2.
[15] MünchKommHGB/*Krebs* RdNr. 94; Staub/*Joost* § 49 RdNr. 49.
[16] *Spitzbarth/Preuß* S. 112.
[17] Staub/*Joost* § 49 RdNr. 50; MünchKommHGB/*Krebs* § 53 RdNr. 4; Keidel/Krafka/*Willer* RdNr. 104; *Spitzbarth/Preuß* S. 112; aA Koller/*Roth*/Morck RdNr. 2.
[18] *Spitzbarth/Preuß* S. 112.
[19] *Spitzbarth/Preuß* S. 114.
[20] *Spitzbarth/Preuß* S. 114.

4. Umfang der Generalvollmacht. Das Gesetz enthält keine Regelung zum Umfang einer 8 Generalvollmacht. Ihr Umfang ergibt sich aus dem durch Auslegung festzustellenden Inhalt der Vollmachtserklärung.[21] Eine vollinhaltliche Übertragung der organschaftlichen Vertretungsbefugnis ist nicht möglich,[22] wohl aber eine über den zulässigen Umfang der Prokura hinausgehende Übertragung der Vollmacht für bestimmte Grundlagengeschäfte (vgl. § 49 RdNr. 11 ff.) wie zB die Anmeldung zum Handelsregister nach § 12 Abs. 2,[23] die Entscheidung über die Abwicklung (Liquidation), die Veräußerung des Handelsgeschäfts oder die vollständige Änderung des Unternehmensgegenstandes.

IV. Internationales Privatrecht

Das deutsche IPR enthält **keine gesetzliche Bestimmung** über die Anknüpfung von Vollmacht 9 und Vertretungsmacht im Allgemeinen und für die handelsrechtlichen Vollmachten im Besonderen (vgl. Art. 3 ff. EGBGB); staatsvertragliche Regelungen existieren nicht.[24] Nach hM erfolgt die **Anknüpfung** auch hinsichtlich der handelsrechtlichen Vollmachten (Prokura; Handlungsvollmacht) unabhängig von dem auf das abzuschließende Geschäft anzuwendenden Recht und unabhängig von dem im Innenverhältnis zwischen Bevollmächtigtem und Vollmachtgeber anzuwendenden Recht nach dem Recht des Landes, in dem die Wirkungen der Vollmacht eintreten sollen (**Wirkungsstatut**).[25] Da ausländischen Vertragspartnern die nationalen gesetzlichen Regelungen meist unbekannt sind, erscheint jede andere Anknüpfung (insbes. zB Anknüpfung an den Unternehmenssitz) wenig sinnvoll. **Rechtswahlvereinbarungen** zwischen Vertreter und Geschäftspartner sind zwar zulässig, aber unüblich.[26]

Für die Fragen der Vollmacht der Bevollmächtigten ausländischer Unternehmen, die in Deutsch- 10 land Rechtshandlungen vornehmen, gilt daher in aller Regel deutsches Recht. Da Prokura und Handlungsvollmacht entsprechende Rechtsinstitute den wichtigsten ausländischen Rechtsordnungen fremd sind,[27] ist die Frage der Vollmacht dieser Personen nach §§ 164 ff. BGB zu prüfen. Soweit ausländische Gesellschaften mit einer Niederlassung in Deutschland ein Handelsgewerbe betreiben (zB eine englische **Limited**), kann diese einen Prokuristen bestellen.[28]

§ 48 [Erteilung der Prokura; Gesamtprokura]

(1) Die Prokura kann nur von dem Inhaber des Handelsgeschäfts oder seinem gesetzlichen Vertreter und nur mittels ausdrücklicher Erklärung erteilt werden.

(2) Die Erteilung kann an mehrere Personen gemeinschaftlich erfolgen (Gesamtprokura).

Übersicht

	RdNr.		RdNr.
I. Normzweck	1, 2	2. Prokuraerteilung durch Vertreter des Inhabers	8–12
II. Rechtstatsachen	3	a) Gesetzliche Vertreter natürlicher Personen	8
III. Prokurafähige Unternehmen	4–6	b) Nachlasspfleger, Nachlassverwalter	9
1. Handelsgeschäft	4, 5	c) Vertretungsberechtigte Gesellschafter	10
2. Sonderfälle der Prokurafähigkeit	6	d) Organschaftliche Vertreter juristischer Personen	11
IV. Erteilungsberechtigte Personen	7–14	e) Rechtsgeschäftliche Vertreter	12
1. Grundsatz	7		

---

[21] Spitzbarth/Preuß S. 110 f.
[22] BGH Urt. v. 22. 1. 1962 – II ZR 11/61, BGHZ 36, 292, 295 = NJW 1962, 738, 739; Spitzbarth/Preuß S. 115.
[23] Staub/Joost § 49 RdNr. 48.
[24] MünchKommHGB/Krebs RdNr. 108.
[25] RG Urt. v. 14. 10. 1931 – I 10/31, RGZ 134, 67, 69; BGH Teilurt. v. 9. 12. 1964 – VIII ZR 304/62, BGHZ 43, 21, 26 = NJW 1965, 487, 488; BGH Urt. v. 16. 4. 1975 – I ZR 40/73, BGHZ 64, 183, 191 f. = NJW 1975, 1220, 1222; BGH Urt. v. 26. 4. 1990 – VII ZR 218/89, NJW 1990, 3088; MünchKommHGB/Krebs RdNr. 109 f.; Hofmann/Fladung/van Ghemen Nr. 3.1.2.; aA Baumbach/Hopt RdNr. 13 und Staub/Joost RdNr. 54 (jeweils Sitzstatut).
[26] MünchKommHGB/Krebs RdNr. 111; Staub/Joost RdNr. 53.
[27] Zu Frankreich, Großbritannien und USA vgl. Spitzbarth, Vollmachten im modernen Management, 2. Aufl. 1989, S. 133 ff.
[28] Hofmann/Fladung/van Ghemen Nr. 3.1.2.

	RdNr.		RdNr.
3. Testamentsvollstrecker	13	1. Rechtspraxis	29
4. Insolvenzverwalter	14	2. Rechtsnatur des Innenverhältnisses	30, 31
V. Person des Prokuristen	15–22	3. Zusammenhang zwischen Innenverhältnis und Prokura	32
1. Grundsatz	15		
2. Personenverschiedenheit zum Inhaber	16–22	4. Sonderfall: Prokura auf Grund gesellschaftsrechtlicher Regelung	33
a) Inhaber, gesetzliche Vertreter, Testamentsvollstrecker, Insolvenzverwalter	16	IX. Wirkung der Prokura im Außenverhältnis	34, 35
b) Gesellschafter ohne Vertretungsmacht	17	1. Umfang der Vertretungsmacht	34
c) Einzelvertretungsberechtigte Gesellschafter und einzelvertretungsberechtigte organschaftliche Vertreter	18	2. Persönliche Verantwortlichkeit des Prokuristen im Außenverhältnis	35
d) Nicht vertretungsberechtigte oder beschränkt vertretungsberechtigte Gesellschafter und beschränkt vertretungsberechtigte organschaftliche Vertreter	19, 20	X. Beendigung der Prokura	36
		XI. Gesamtprokura (Abs. 2)	37–57
e) Aufsichtsräte	21	1. Gestaltungsmöglichkeiten	37–49
f) Miterben	22	a) Gesamtprokura	38–40
VI. Erteilung der Prokura	23–26	b) Gemischte Gesamtvertretung	41–49
1. Willenserklärung, Form	23, 24	2. Umfang der Vertretungsmacht	50–52
2. Handelsregistereintrag	25	a) Echte Gesamtprokura	51
3. Interne Zustimmungserfordernisse	26	b) Gemischte Gesamtvertretung	52
VII. Rechtsmängel der Prokuraerteilung	27, 28	3. Ausübung von Gesamtprokura und Gesamtvertretung	53–57
1. Grundsatz	27	a) Aktive Vollmachtsausübung	54, 55
2. Verkehrsschutz	28	b) Passive Vollmachtsausübung	56
VIII. Wirkung der Prokura im Innenverhältnis	29–33	c) Einzelvertretung durch Gesamtprokuristen	57

I. Normzweck

1 Die Prokura ist eine rechtsgeschäftliche Vollmacht. Ihr Umfang ist gesetzlich festgelegt (§ 49). Dieser Umfang kann im Außenverhältnis durch Rechtsgeschäft nur in Ausnahmefällen beschränkt werden (vgl. § 50). Der Inhaber ist nur in dem Ob der Prokuraerteilung frei, nicht aber in der Festlegung der Wirkungen gegenüber Dritten. **Absatz 1** regelt, für welche Unternehmen Prokura erteilt werden kann (**prokurafähige Unternehmen**), wer in einem Unternehmen zur Erteilung der Prokura befugt ist (**erteilungsberechtigte Personen**) und in welcher Form die Prokuraerteilung vorgenommen werden muss. **Absatz 2** eröffnet die Möglichkeit, die Prokura mehreren Personen gemeinschaftlich zu erteilen (**Gesamtprokura**); damit kann den Gefahren vorgebeugt werden, die sich aus fehlerhafter Ausübung oder vorsätzlichem Missbrauch der Einzelprokura ergeben.[1]

2 Die gesetzliche Regelung ist sehr knapp. Nicht im Gesetz geregelt ist die Frage, welche rechtlichen Anforderungen an die **Person des Prokuristen** zu stellen sind. Auch die **Rechtsfolgen von Mängeln der Prokuraerteilung** und die Rechtsstellung des Prokuristen im **Innenverhältnis** sind nicht normiert. Der Wortlaut des Absatz 2 deckt auch nur die gemeinschaftliche Vertretung durch mehrere Prokuristen (echte Gesamtprokura), nicht aber die gemeinschaftliche Vertretung durch einen Prokuristen zusammen mit anderen vertretungsberechtigten Personen (unechte Gesamtprokura; s. RdNr. 37 ff.).

II. Rechtstatsachen

3 Die durch Art. 41 f. ADHGB eingeführte Prokura war ursprünglich nicht nur im Außen-, sondern auch im Innenverhältnis als umfassende rechtsgeschäftliche Bevollmächtigung konzipiert. Der Prokurist war ursprünglich als „alter ego" des Inhabers berufen, an dessen Stelle das Unternehmen zu führen.[2] Dieses Bild hat sich erheblich gewandelt. Die die Prokura betreffenden Vorschriften des HGB sind zwar seit dessen Inkrafttreten unverändert geblieben, die Position des Prokuristen im Geschäftsleben hat sich aber stark verändert. Schon im Außenverhältnis schwächte sich die Stellung des Prokuristen durch die extensive Zulassung der Gesamtvertretung ab.[3] Die übliche Gestaltung des

---

[1] MünchKommHGB/*Krebs* RdNr. 71; Koller/*Roth*/Morck RdNr. 12.
[2] MünchKommHGB/*Krebs* RdNr. 2 f.; *Spitzbarth*/Preuß S. 57.
[3] *MünchKommHGB*/*Krebs* RdNr. 3.

Innenverhältnisses zwischen dem Unternehmen einerseits und dem bei diesem Unternehmen angestellten Prokuristen andererseits entfernte den Prokuristen noch weiter vom ursprünglichen Idealbild des Gesetzgebers.[4] Insbesondere in Großunternehmen finden sich enge Zuständigkeitsregelungen und Mitwirkungserfordernisse innerhalb der Hierarchie. Der Prokurist wird so zu einem nachgeordneten Entscheidungsträger weit unterhalb der Vorstands- oder Geschäftsführerebene. Bisweilen dient die Prokura dort weniger praktischen Erfordernissen der Außenvertretung als der bloßen unternehmensinternen Hervorhebung von Führungskräften im nachgeordneten Bereich gegenüber ihren Mitarbeitern.

III. Prokurafähige Unternehmen

1. Handelsgeschäft. Nur **Handelsgeschäfte** sind **prokurafähig**. Der Begriff ist identisch mit dem Begriff des Handelsgewerbes nach § 1 Abs. 1.[5] Nach § 1 Abs. 2 ist darunter jeder Gewerbebetrieb zu verstehen, der nach Art und Umfang einen in kaufmännischer Weise eingerichteten Geschäftsbetrieb erfordert. Nach § 2 gilt ein gewerbliches Unternehmen, dessen Betrieb nicht schon nach § 1 Abs. 2 Handelsgewerbe ist, als Handelsgewerbe und damit als Handelsgeschäft im Sinne des § 48, wenn die Firma des Unternehmens in das Handelsregister eingetragen ist.[6] Unter § 1 Abs. 2 und § 2 fallen **Einzelkaufleute, OHG, KG** und **EWIV** (§ 1 EWIV-AusführungsG). Die **Eintragung im Handelsregister** ist bei den Handelsgewerben nach § 1 Abs. 2 nicht Voraussetzung für die Prokuraerteilung,[7] wohl aber bei den Handelsgewerben nach § 2.[8] Prokurafähig sind auch alle Kaufleute kraft Eintragung (§ 5)[9] und alle Formkaufleute im Sinne des § 6 Abs. 2 (**Aktiengesellschaft** nach § 3 AktG; **Kommanditgesellschaft auf Aktien** nach §§ 278, 3 AktG; **GmbH** nach § 13 GmbHG; **Versicherungsverein auf Gegenseitigkeit** nach §§ 16, 48 ff. VAG; **Genossenschaft** nach § 42 GenG).[10]

Im Hinblick auf die Aufhebung des § 36 aF durch Art. 3 Nr. 18 Handelsrechtsreformgesetz vom 22. 6. 1998 (BGBl. I S. 1474) kann von **Unternehmen der öffentlichen Hand** Prokura nur erteilt werden, soweit diese **nach allgemeinen Grundsätzen** als Handelsgewerbe ohnehin **prokurafähig** sind. **Partnerschaftsgesellschaften, Gesellschaften des bürgerlichen Rechts** und **Vereine** haben **keine** Prokurafähigkeit.[11] Zu **ausländischen Gesellschaften** s. Vor § 48 RdNr. 10.

2. Sonderfälle der Prokurafähigkeit. Die Prokurafähigkeit der **Vorgesellschaft** ist strittig. Die hM bejaht zurecht die Prokurafähigkeit, soweit die Vorgesellschaft ein vollkaufmännisches Gewerbe betreibt.[12] Für AG und GmbH wird die Prokurafähigkeit der **Liquidationsgesellschaft** heute allgemein bejaht.[13] Gleiches muss auch für die Liquidationsgesellschaften anderer grundsätzlich prokurafähiger juristischer Personen und Personengesellschaften[14] gelten. Dem ist zuzustimmen, da die Prokuraerteilung erforderlich sein kann, um auch im Liquidationsstadium die Handlungsfähigkeit größerer Unternehmenseinheiten zu erhalten. Eine Prokuraerteilung durch eine **Miterbengemeinschaft** ist jedenfalls in der Form möglich, dass die Miterben gemeinsam die Prokura hinsichtlich des von den Miterben geführten Handelsgeschäftes erteilen können.[15] Bei **beschränkt Geschäftsfähigen** als Inhabern bedarf die Prokuraerteilung der vorherigen Einwilligung des gesetzlichen Vertreters, der seinerseits der Zustimmung des Vormundschaftsgerichtes bedarf (§ 1822 Nr. 11 BGB; s.

---

[4] *Spitzbarth/Preuß* S. 65.
[5] MünchKommHGB/*Krebs* RdNr. 5.
[6] Koller/Roth/Morck RdNr. 2; MünchKommHGB/*Krebs* RdNr. 5.
[7] Koller/Roth/Morck RdNr. 2; MünchKommHGB/*Krebs* RdNr. 7; *Hofmann/Fladung/van Ghemen* Nr. 2.2.1; so auch nach früherer Rechtslage zum Istkaufmann Staub/*Joost* RdNr. 5.
[8] Koller/Roth/Morck RdNr. 2; *Hofmann/Fladung/van Ghemen*, Nr. 2.2.1; so auch zur früheren Rechtslage Staub/*Joost* RdNr. 5.
[9] MünchKommHGB/*Krebs* RdNr. 5; Staub/*Joost* RdNr. 6.
[10] MünchKommHGB/*Krebs* RdNr. 5; Baumbach/*Hopt* RdNr. 1; Koller/Roth/Morck RdNr. 2; *Hofmann/Fladung/van Ghemen*, Nr. 2.2.3.
[11] MünchKommHGB/*Krebs* RdNr. 6; *Spitzbarth/Preuß* RdNr. 122.
[12] Koller/Roth/Morck RdNr. 2; Scholz/*Schmidt* GmbHG § 11 RdNr. 65; zum früheren Recht Staub/*Joost* RdNr. 10; aA MünchKommHGB/*Krebs* RdNr. 7, Röhricht/Graf von Westphalen/*Wagner* RdNr. 5 und wohl auch *Hofmann/Fladung/van Ghemen* Nr. 2.2.3 zu Unrecht unter Berufung auf die Vorauflage.
[13] MünchKommHGB/*Krebs* RdNr. 10; Staub/*Joost* RdNr. 11 f.; Baumbach/*Hopt* RdNr. 1; Röhricht/Graf von Westphalen/*Wagner* RdNr. 7; Koller/Roth/Morck RdNr. 2; *K. Schmidt* HandelsR § 16 III 2 a.
[14] MünchKommHGB/*Krebs* RdNr. 10; Koller/Roth/Morck RdNr. 2; Staub/*Joost* RdNr. 13; *K. Schmidt* HandelsR § 16 III 2 a; aA noch RG Urt. v. 21. 10. 1909 – VI 477/08, RGZ 72, 119, 122 f.
[15] BGH Urt. v. 24. 9. 1959 – II ZR 46/59, BGHZ 30, 391, 396 ff. = NJW 1959, 2114, 2116; OLG Stuttgart Urt. v. 9. 10. 1975 – 7 U 77/75, WM 1976, 700, 702; Staub/*Joost* RdNr. 7; Koller/Roth/Morck RdNr. 2; MünchKommHGB/*Krebs* RdNr. 18; Röhricht/Graf von Westphalen/*Wagner* RdNr. 6; Baumbach/*Hopt* RdNr. 1.

§ 48 7–11   1. Buch. 5. Abschnitt. Prokura und Handlungsvollmacht

RdNr. 8).[16] Die Meinung, nach der Apotheken und **Gesellschaften von Freiberuflern** keine Prokura erteilen können,[17] ist abzulehnen. Die berufsrechtlichen Beschränkungen (zB aus § 7 Abs. 1 ApothekenG) lassen die handelsrechtlichen Befugnisse unberührt.[18] So kann der Prokurist einer Rechtsanwalts-GmbH, der selbst nicht Rechtsanwalt ist, zwar keinen Rechtsrat erteilen, wohl aber zB Hilfskräfte einstellen oder Räume anmieten.

IV. Erteilungsberechtigte Personen

7   **1. Grundsatz.** Zur Erteilung der Prokura ist **grundsätzlich der Inhaber des Handelsgeschäfts** berufen. Bei **natürlichen Personen** ist dies in erster Linie der **Inhaber** selbst oder unter bestimmten Voraussetzungen sein **gesetzlicher Vertreter.** Der in der Geschäftsfähigkeit beschränkte – zB minderjährige – Inhaber kann selbst keine Prokura erteilen (§ 112 Abs. 1 Satz 2 BGB), selbst wenn er zur Führung eines Handelsgewerbes ermächtigt worden sein sollte.[19] Bei **juristischen Personen** erteilt der gesetzliche Vertreter die Prokura.

8   **2. Prokuraerteilung durch Vertreter des Inhabers. a) Gesetzliche Vertreter natürlicher Personen.** Eine differenzierte Betrachtung hat hinsichtlich der gesetzlichen Vertreter natürlicher Personen zu erfolgen. Die **Eltern des minderjährigen Inhabers** sind zur Erteilung der Prokura berechtigt, bedürfen aber hierzu der Genehmigung des Vormundschaftsgerichts (§§ 1643 Abs. 1, 1822 Nr. 11 BGB); Gleiches gilt für den **Vormund** des minderjährigen Inhabers (§ 1822 Nr. 11 BGB) und den **Betreuer** eines volljährigen Inhabers (§§ 1908 i, 1822 Nr. 11 BGB).[20] Die vormundschaftsgerichtliche Genehmigung muss vor der Erteilung der Prokura erfolgen (§ 1831 BGB) und kann nicht nachgeholt werden.[21] Eine ohne vormundschaftsgerichtliche Genehmigung erfolgte Erteilung der Prokura ist unwirksam und kann durch die Eintragung in das Handelsregister nicht geheilt werden;[22] der Schutz der Minderjährigen und Betreuten verhindert Gutglaubensschutz. Der von Eltern, Vormund oder Betreuer wirksam bestellte Prokurist unterliegt jedoch seinerseits nicht den Beschränkungen, denen Eltern, Vormund oder Betreuer selbst unterliegen; der Schutz des gutgläubigen Rechtsverkehrs hat insoweit Vorrang.[23]

9   **b) Nachlasspfleger, Nachlassverwalter.** Nachlasspfleger (§ 1960 BGB) und Nachlassverwalter (§ 1975 BGB) sind als gesetzliche Vertreter der Erben zur Prokuraerteilung befugt.[24]

10   **c) Vertretungsberechtigte Gesellschafter.** Die vertretungsberechtigten Gesellschafter der **OHG** erteilen die Prokura mit Wirkung für die OHG, die vertretungsberechtigten Gesellschafter einer KG mit Wirkung für die **KG.** Intern bedarf es hier aber der Zustimmung aller geschäftsführenden Gesellschafter (§§ 116 Abs. 3 Satz 1, 161 Abs. 2 HGB).[25] Dieses interne Zustimmungserfordernis ist aber auch bei Personengesellschaften nach außen ohne Bedeutung.[26] Ist persönlich haftender Gesellschafter eine GmbH, so können die gesetzlichen Vertreter (Organe) der GmbH (s. RdNr. 11) mit Wirkung für die KG (GmbH & Co. KG) Prokura erteilen.[27]

11   **d) Organschaftliche Vertreter juristischer Personen.** Die organschaftlichen Vertreter (**Vorstände** und Geschäftsführer) juristischer Personen (AG, KGaA, GmbH, VVaG, Genossenschaft) können die Prokura erteilen. Zu beachten sind aber intern die besonderen gesellschaftsrechtlichen Vorschriften. Nach § 46 Nr. 7 GmbHG unterliegt die Bestellung von Prokuristen bei der **GmbH** der Bestimmung durch die Gesellschafter. Die Gesellschafter beschließen jedoch insoweit nur intern; nach außen ist die von dem Geschäftsführer oder von den Geschäftsführern erteilte Prokura auch

---

[16] MünchKommHGB/*Krebs* RdNr. 20; Baumbach/*Hopt* RdNr. 1.
[17] OLG Celle Beschl. v. 30. 8. 1988 – 1 W 20/88, NJW-RR 1989, 483; OLG München Beschl. v. 5. 9. 2005, NJW 2005, 3730; Koller/*Roth*/Morck RdNr. 2 aE; Staub/*Joost* RdNr. 8.
[18] MünchKommHGB/*Krebs* RdNr. 14.
[19] Hofmann/Fladung/van Ghemen Nr. 2.2.2.
[20] Röhricht/Graf von Westphalen/*Wagner* RdNr. 12 f.; Baumbach/*Hopt* RdNr. 1; *Hofmann/Fladung/van Ghemen* Nr. 2.2.2.
[21] Koller/*Roth*/Morck RdNr. 3; Palandt/*Diederichsen* § 1831 RdNr. 1 f.; *Hofmann/Fladung/van Ghemen* Nr. 2.2.2.
[22] RG Urt. v. 24. 1. 1930 – III 75/29, RGZ 127, 153, 158 f.; Röhricht/Graf von Westphalen/*Wagner* RdNr. 13; Koller/*Roth*/Morck RdNr. 3; Staub/*Joost* RdNr. 53; *Spitzbarth*/Preuß S. 67.
[23] RG Urt. v. 10. 1. 1923 – V 385/22, RGZ 106, 185, 186; Baumbach/*Hopt* RdNr. 1; Koller/*Roth*/Morck RdNr. 3; Schlegelberger/*Schröder* § 49 RdNr. 4.
[24] MünchKommHGB/*Krebs* RdNr. 23; Staub/*Joost* RdNr. 22; Baumbach/*Hopt* RdNr. 1; Röhricht/Graf von Westphalen/*Wagner* RdNr. 9; Koller/*Roth*/Morck RdNr. 3; *Spitzbarth*/Preuß S. 70.
[25] MünchKommHGB/*Krebs* RdNr. 48.
[26] RG Urt. v. 22. 12. 1931 – II B 30/31, RGZ 134, 303, 305; MünchKommHGB/*Krebs* RdNr. 48; Röhricht/Graf von Westphalen/*Wagner* RdNr. 14.
[27] MünchKommHGB/*Krebs* RdNr. 25.

dann wirksam, wenn intern ein wirksamer Gesellschafterbeschluss fehlt.[28] Gleiches gilt, wenn in der Gesellschaftssatzung im Hinblick auf § 37 Abs. 2 GmbHG eine Zustimmung des Aufsichtsrates für die Erteilung der Prokura vorgesehen ist.[29] Die Frage der internen Zustimmung ist auch vom Registergericht bei der Eintragung nicht zu prüfen.[30] Die gesellschaftsinterne Befugnis zur Bestellung der Prokuristen kann auch insgesamt auf den oder die Geschäftsführer delegiert werden. Bei **Aktiengesellschaften** erteilt der Vorstand die Prokura; durch Satzung oder Aufsichtsratsbeschluss kann dem Aufsichtsrat ein internes Zustimmungsrecht bei der Bestellung eingeräumt werden (§§ 111 Abs. 4, 78 Abs. 1 und 2 AktG).[31] Wird die Prokura unter Nichtbeachtung einer solchen Satzungsbestimmung erteilt, ist sie gleichwohl wirksam.[32] Als gesetzliche Vertreter in diesem Sinne können neben Vorständen und Geschäftsführern auch die **Liquidatoren** Prokura erteilen.[33]

e) **Rechtsgeschäftliche Vertreter.** Rechtsgeschäftliche Vertreter wie zB Prokuristen oder Generalbevollmächtigte (s. Vor § 48 RdNr. 4 ff., 8) können keine Prokura erteilen.[34]

3. **Testamentsvollstrecker.** Der Testamentsvollstrecker kann hinsichtlich eines zum Nachlass gehörenden prokurafähigen Unternehmens Prokura erteilen;[35] dies ergibt sich aus der Aufgabenstellung des Testamentsvollstreckers, den Nachlass zu verwalten (§ 2105 BGB), so dass dahinstehen kann, ob der Testamentsvollstrecker als Vertreter der Erben angesehen werden kann oder nicht.[36]

4. **Insolvenzverwalter.** Der Insolvenzverwalter kann Prokura erteilen.[37] Er kann nach § 80 InsO das zur Insolvenzmasse gehörende Vermögen verwalten und über es verfügen. Die Handlungsmöglichkeiten des Insolvenzverwalters würden in unangemessener Weise beschränkt, wollte man ihm verwehren, für ein zur Insolvenzmasse gehörendes Unternehmen einen Prokuristen zu bestellen. Gerade wenn der Insolvenzverwalter die Sanierung oder die Veräußerung eines zur Insolvenzmasse gehörenden Unternehmens als Ganzes beabsichtigt, muss er hinsichtlich dieses Unternehmens auch personalpolitisch handlungsfähig und flexibel bleiben. Vor Inkrafttreten der InsO war strittig, inwieweit der Konkursverwalter Prokura erteilen konnte. Schon die frühere Meinung, nach der eine entsprechende Befugnis des Konkursverwalters verneint wurde,[38] war mit der überwiegenden Auffassung in der Literatur abzulehnen.[39]

V. Person des Prokuristen

1. **Grundsatz.** Prokurist muss stets eine **natürliche Person** sein; juristische Personen können nicht zu Prokuristen bestellt werden.[40] Die Bestellung eines **Geschäftsunfähigen** ist wegen § 105 BGB unzulässig.[41] Im Hinblick auf Sinn und Zweck der Prokura erscheint es auch unzulässig, einen **beschränkt Geschäftsfähigen** zum Prokuristen zu bestellen.[42] Dem Schutz des gutgläubigen Rechtsverkehrs wird in beiden Fällen durch die Rechtsscheinhaftung Rechnung getragen.

---

[28] BGH Beschl. v. 14. 2. 1974 – II ZB 6/73, BGHZ 62, 166, 168 f. = NJW 1974, 1194; BGH Urt. v. 13. 6. 1984 – VIII ZR 125/83, BGHZ 91, 334, 336 f. = NJW 1984, 2085; OLG Düsseldorf Beschl. v. 25. 2. 1998 – 3 Wx 27/98, DB 1998, 1026; Staub/*Joost* RdNr. 60; MünchKommHGB/*Krebs* RdNr. 48; Röhricht/Graf von Westphalen/*Wagner* RdNr. 16; Baumbach/*Hopt* RdNr. 4; Hofmann/Fladung/van Ghemen Nr. 2.2.3; *Spitzbarth/Preuß* S. 125.
[29] OLG Düsseldorf Beschl. v. 25. 2. 1998 – 3 Wx 27/98, DB 1998, 1026.
[30] BGH Urt. v. 14. 2. 1974 – II ZB 6/73, BGHZ 62, 166, 169 = NJW 1974, 1194; OLG Düsseldorf Beschl. v. 25. 2. 1998 – 3 Wx 27/98, DB 1998, 1026.
[31] MünchKommHGB/*Krebs* RdNr. 49; Röhricht/Graf von Westphalen/*Wagner* RdNr. 15; Hofmann/Fladung/van Ghemen Nr. 2.3.3.
[32] MünchKommHGB/*Krebs* RdNr. 48; Röhricht/Graf von Westphalen/*Wagner* RdNr. 15.
[33] MünchKommHGB/*Krebs* RdNr. 22; *Spitzbarth/Preuß* S. 69 f.
[34] MünchKommHGB/*Krebs* RdNr. 15; Staub/*Joost* RdNr. 56; Baumbach/*Hopt* RdNr. 1; Koller/*Roth*/Morck RdNr. 3; *Canaris* § 12 RdNr. 3; *K. Schmidt* HandelsR § 16 III 2 d.
[35] Staub/*Joost* RdNr. 21; Baumbach/*Hopt* RdNr. 1; Röhricht/Graf von Westphalen/*Wagner* RdNr. 9; Hofmann/Fladung/van Ghemen Nr. 2.2.4; so wohl auch *Spitzbarth/Preuß* S. 70.
[36] Vgl. MünchKommHGB/*Krebs* RdNr. 23, Röhricht/Graf von Westphalen/*Wagner* RdNr. 11 und Koller/*Roth*/Morck RdNr. 3.
[37] MünchKommHGB/*Krebs* RdNr. 17; Baumbach/*Hopt* RdNr. 1; Koller/*Roth*/Morck RdNr. 3; *K. Schmidt* HandelsR § 16 III 2 d; *Spitzbarth/Preuß* S. 69.
[38] BGH Urt. v. 4. 12. 1957 – V ZR 251/56, WM 1958, 430, 431.
[39] Schon früher bejahten die Befugnis des Konkursverwalters zur Prokuraerteilung MünchKommHGB/*Lieb/Krebs* 1. Aufl. 1995, RdNr. 17, Staub/*Joost* RdNr. 17; Röhricht/Graf von Westphalen/*Wagner* 1. Aufl. 1998, RdNr. 10 und Koller/*Roth*/Morck 1. Aufl. RdNr. 3.
[40] MünchKommHGB/*Krebs* RdNr. 26; Staub/*Joost* RdNr. 26 und RdNr. 28 f.; Röhricht/Graf von Westphalen/*Wagner* RdNr. 20; Baumbach/*Hopt* RdNr. 1; Koller/*Roth*/Morck RdNr. 4; Hofmann/Fladung/van Ghemen Nr. 2.1.4; *K. Schmidt* HandelsR § 16 III 2 b.
[41] MünchKommHGB/*Krebs* RdNr. 28; Staub/*Joost* RdNr. 26; Röhricht/Graf von Westphalen/*Wagner* RdNr. 21; Hofmann/Fladung/van Ghemen Nr. 2.1.2; aA Koller/*Roth*/Morck RdNr. 5.
[42] AA die hM: MünchKommHGB/*Krebs* RdNr. 28; Staub/*Joost* RdNr. 27; Röhricht/Graf von Westphalen/*Wagner* RdNr. 21; Koller/*Roth*/Morck RdNr. 5; Hofmann/Fladung/van Ghemen Nr. 2.1.2.

16 **2. Personenverschiedenheit zum Inhaber. a) Inhaber, gesetzliche Vertreter, Testamentsvollstrecker, Insolvenzverwalter.** Der Prokurist muss vom Inhaber personenverschieden sein.[43] Ist der **Inhaber** eine **natürliche Person**, so kann diese **niemals zugleich Prokurist** sein. Die **gesetzlichen Vertreter natürlicher Personen (Eltern, Vormund, Betreuer)**[44] können keine Prokuristen sein, da die Prokura dann entweder die der gesetzlichen Vertretung immanenten Schranken umgehen würde oder aber funktionslos wäre. Es besteht auch kein Wertungswiderspruch zwischen den umfassenden Vertretungsbefugnissen eines Prokuristen, der von einem Betreuer bestellt wurde und der selbst nicht den für einen Betreuer geltenden Beschränkungen unterliegt, und der Tatsache, dass der Betreuer sich nicht dadurch, dass er selbst zum Prokuristen bestellt wird, von diesen Beschränkungen befreien kann. Der Zwang für den Betreuer, zur Gewinnung umfassender Vertretungsmacht eine weitere, von im selbst verschiedene Person zum Prokuristen als Vertreter zu bestellen, unterwirft diese der Kontrolle des Betreuers und erscheint deshalb im Interesse des Schutzes des Betreuten durchaus sinnvoll. Die Schwerfälligkeit der gesetzlichen Betreuung bei Gewerbevermögen könnte nur *de lege ferenda* durch eine Änderung der betreuungsrechtlichen Vorschriften behoben werden. *De lege lata* muss der Inhaber rechtzeitig eine umfassende rechtsgeschäftliche Vollmacht (Generalvollmacht und Prokura) erteilen, wenn er eine Betreuerbestellung mit ihren Beschränkungen vermeiden will. **Testamentsvollstrecker** und **Insolvenzverwalter** können nicht zugleich Prokuristen sein, da dann die diesen Funktionen eigenen Beschränkungen umgangen würden.[45]

17 **b) Gesellschafter ohne Vertretungsmacht. Gesellschafter einer Kapitalgesellschaft,** die nicht zugleich organschaftliche Vertreter dieser Kapitalgesellschaft sind, können stets Prokuristen dieser Kapitalgesellschaft sein, da insoweit Personenverschiedenheit vorliegt.[46] Einem **Kommanditisten**[47] oder einem **Stillen Gesellschafter**[48] kann ebenso Prokura für die Gesellschaft erteilt werden, an der er beteiligt ist.

18 **c) Einzelvertretungsberechtigte Gesellschafter und einzelvertretungsberechtigte organschaftliche Vertreter.** Ein einzelvertretungsberechtigter Gesellschafter einer Personengesellschaft kann als organschaftlicher Vertreter **kein Prokurist** dieser Gesellschaft sein.[49] Auch einzelvertretungsberechtigte organschaftliche Verteter juristischer Personen können **nicht Prokuristen** sein.[50] Im Hinblick auf die Personenverschiedenheit kann aber nach hM der **Geschäftsführer einer Komplementär-GmbH** zum Prokuristen der GmbH & Co. KG bestellt werden.[51] Entgegen der in der Vorauflage vertretenen Auffassung ist dem nicht zu folgen. Die Prokura wäre in diesem Fall funktionslos, da der einzelvertretungsberechtigte Geschäftsführer der Komplementär-GmbH die Kommanditgesellschaft ohnehin umfassend vertreten kann (vgl. auch RdNr. 10 aE).[52] Die Bestellung des **Prokuristen der Komplementär-GmbH** zum **Prokuristen der Kommanditgesellschaft** wird allgemein als unproblematisch angesehen.[53]

19 **d) Nicht vertretungsberechtigte oder beschränkt vertretungsberechtigte Gesellschafter und beschränkt vertretungsberechtigte organschaftliche Vertreter.** Personen, die zwar organschaftliche Vertreter sein könnten, aber **in der konkreten Ausgestaltung von der gesetzlichen Vertretung ausgeschlossen** sind, können zu Prokuristen bestellt werden, so zB ein **von der Vertretung ausgeschlossener persönlich haftender Gesellschafter** einer OHG.[54]

---

[43] MünchKommHGB/*Krebs* RdNr. 29; Staub/*Joost* RdNr. 30; Röhricht/Graf von Westphalen/*Wagner* RdNr. 22; Koller/*Roth*/Morck RdNr. 6; *Spitzbarth*/*Preuß* S. 71.

[44] MünchKommHGB/*Krebs* RdNr. 36; Staub/*Joost* RdNr. 31; aA für die gesetzliche Vertretung natürlicher Personen Röhricht/Graf von Westphalen/*Wagner* RdNr. 25 und *Hofmann*/*Fladung*/*van Ghemen* Nr. 2.1.5 und Nr. 2.2.2 sowie 3.3.4.

[45] MünchKommHGB/*Krebs* RdNr. 35; Koller/*Roth*/Morck RdNr. 6; Röhricht/Graf von Westphalen/*Wagner* RdNr. 29 und 30; im Ergebnis ebenso zur früheren Rechtslage beim Konkursverwalter Staub/*Joost* RdNr. 39; aA Staub/*Joost* RdNr. 36 zum Testamentsvollstrecker.

[46] Staub/*Joost* RdNr. 41; *K. Schmidt* HandelsR § 16 III 2 c.

[47] Vgl. auch § 164 RdNr. 21; BGH Urt. v. 27. 6. 1955 – II ZR 232/54, BGHZ 17, 392, 394 = NJW 1955, 1394, 1395; MünchKommHGB/*Krebs* RdNr. 32; Staub/*Joost* RdNr. 43; Röhricht/Graf von Westphalen/*Wagner* RdNr. 23; Baumbach/*Hopt* RdNr. 2.

[48] Staub/*Joost* RdNr. 44; Röhricht/Graf von Westphalen/*Wagner* RdNr. 23; Baumbach/*Hopt* RdNr. 2.

[49] MünchKommHGB/*Krebs* RdNr. 32; Staub/*Joost* RdNr. 42.

[50] Baumbach/*Hopt* RdNr. 2; *K. Schmidt* HandelsR § 16 III 2 c; *Hofmann*/*Fladung*/*van Ghemen* Nr. 2.1.4; MünchKommHGB/*Krebs* RdNr. 32.

[51] BayObLG Beschl. v. 20. 1. 1970 – 2 Z 68/69, WM 1970, 333 f.; BayObLG Beschl. v. 14. 7. 1980 – 1 Z 17/80, DB 1980, 2232 f. = BB 1980, 1487; aA MünchKommHGB/*Krebs* RdNr. 34; Staub/*Joost* RdNr. 48.

[52] MünchKommHGB/*Krebs* RdNr. 34.

[53] MünchKommHGB/*Krebs* RdNr. 32; Staub/*Joost* RdNr. 49.

[54] BGH Urt. v. 24. 9. 1959 – II ZR 46/59, BGHZ 30, 391, 397 = NJW 1959, 2114, 2116; Baumbach/*Hopt* RdNr. 2; MünchKommHGB/*Krebs* RdNr. 32; Röhricht/Graf von Westphalen/*Wagner* RdNr. 24; aA Staub/*Joost* RdNr. 43, *Hofmann*/*Fladung*/*van Ghemen* Nr. 2.1.4; *Spitzbarth*/*Preuß* S. 61; *K. Schmidt* HandelsR § 16 III 2 c.

Nach hL sollen aber **gesamtvertretungsberechtigte Gesellschafter einer Personengesellschaft** und **organschaftliche Vertreter mit Gesamtvertretungsmacht** keine Prokura erlangen können, da dies funktionswidrig sei.[55] Diese Auffassung erscheint jedoch wenig überzeugend, da es durchaus dem Gesellschafterwillen entsprechen kann, dass zwar die umfassende organschaftliche Vertretungsmacht nur mit der Beschränkung durch die Gesamtvertretung wahrgenommen werden darf, die dahinter zurückbleibende Vertretungsmacht des Prokuristen aber ohne Beschränkung durch eine Gesamtvertretungsregelung wahrgenommen werden soll; wenn die Erteilung der Prokura an einen von der Geschäftsführung und Vertretung ausgeschlossenen Gesellschafter einer OHG möglich ist, muss auch die Erteilung der Prokura an einen in seiner Vertretungsmacht nur beschränkten Mitgesellschafter möglich sein.

e) **Aufsichtsräte.** Aufsichtsräte können nach § 105 Abs. 1 AktG nicht zugleich Prokuristen sein.[56] Bei der GmbH ist nach § 52 Abs. 1 diese Regelung dispositiv.

f) **Miterben.** Miterben haben hinsichtlich der Erbengemeinschaft keine Organstellung, da die Erbengenmeinschaft nur zur gesamten Hand handeln kann; sie können daher entgegen der hM[57] hinsichtlich der anderen Miterben bezüglich eines zur Erbmasse gehörenden Handelsgewerbes Prokura erhalten.[58]

VI. Erteilung der Prokura

1. Willenserklärung, Form. Die Erteilung erfolgt durch eine **einseitige empfangsbedürftige Willenserklärung,** die nach hM keiner Annahme bedarf.[59] Die Erklärung kann gegenüber dem – künftigen – Prokuristen,[60] gegenüber einem Dritten[61] oder der Öffentlichkeit[62] erfolgen; nach hM liegt bereits in dem Eintragungsantrag zum Handelsregister die Erklärung an die Öffentlichkeit.[63] Zweckmäßig und daher in der Praxis die Regel ist allein die Erklärung gegenüber dem – künftigen – Prokuristen.

Die Willenserklärung muss zwar **ausdrücklich** erfolgen, ist aber **nicht formbedürftig,**[64] wobei sich allerdings allein schon aus Beweisgründen die Schriftform empfiehlt. Die Verwendung des Wortes „Prokura" oder des Wortes „Prokurist" ist nicht erforderlich.[65] Es muss indes eindeutig der Wille erkennbar sein, Prokura erteilen zu wollen (zB durch die Verwendung des Kürzels „ppa."). Das Erfordernis der ausdrücklichen Erklärung schließt aber eine „Duldungsprokura" oder eine „Anscheinsprokura" entsprechend der Duldungsvollmacht oder der Anscheinsvollmacht aus;[66] möglich ist allerdings bei Bestehen eines entsprechenden Rechtsscheines eine Haftung des Vertretenen kraft Duldung oder kraft zurechenbaren Anscheins im Umfang einer Prokura.[67] Bedingungen und Befristungen der Prokura sind im Hinblick auf § 50 Abs. 1 unwirksam.[68]

2. Handelsregistereintrag. Die Erteilung der Prokura ist im Handelsregister einzutragen (§ 53 Abs. 1). Die Wirksamkeit der Erteilung hängt aber nicht von der Eintragung ab.[69]

---

[55] MünchKommHGB/*Krebs* RdNr. 32; Staub/*Joost* RdNr. 43 und 46; *Spitzbarth/Preuß* S. 72; aA Koller/*Roth*/Morck RdNr. 6; Röhricht/Graf von Westphalen/*Wagner* RdNr. 24; *K. Schmidt* HandelsR § 16 III 2 c; offen Baumbach/*Hopt* RdNr. 2.
[56] MünchKommHGB/*Krebs* RdNr. 39; Staub/*Joost* RdNr. 47; *Spitzbarth/Preuß* S. 128 ff.
[57] BGH Urt. v. 24. 9. 1959 – II ZR 46/59, BGHZ 30, 391, 397 f. = NJW 1959, 2114, 2116; BGH Urt. v. 10. 2. 1960 – V ZR 39/58, BGHZ 32, 60, 67 = NJW 1960, 959, 962; MünchKommHGB/*Krebs* RdNr. 33.
[58] Staub/*Joost* RdNr. 34; Koller/*Roth*/Morck RdNr. 6; *K. Schmidt* HandelsR § 16 III 2 c; Hofmann/Fladung/van Ghemen Nr. 2.1.5; *Reinicke* MDR 1960, 28 f.
[59] MünchKommHGB/*Krebs* RdNr. 43; Baumbach/*Hopt* RdNr. 3; Koller/*Roth*/Morck RdNr. 8.
[60] MünchKommHGB/*Krebs* RdNr. 44 f.; Baumbach/*Hopt* RdNr. 3; Röhricht/Graf von Westphalen/*Wagner* RdNr. 35; Koller/*Roth*/Morck RdNr. 8.
[61] MünchKommHGB/*Krebs* RdNr. 45; Baumbach/*Hopt* RdNr. 3; Röhricht/Graf von Westphalen/*Wagner* RdNr. 35; Koller/*Roth*/Morck RdNr. 8.
[62] MünchKommHGB/*Krebs* RdNr. 45; Baumbach/*Hopt* RdNr. 3; Koller/*Roth*/Morck RdNr. 8; kritisch hinsichtlich der Erklärung gegenüber der Öffentlichkeit Staub/*Joost* RdNr. 63.
[63] RG Urt. v. 22. 9. 1931 – VII 506/30, RGZ 133, 229, 232; MünchKommHGB/*Krebs* RdNr. 45; Röhricht/Graf von Westphalen/*Wagner* RdNr. 36; aA Staub/*Joost* RdNr. 63.
[64] MünchKommHGB/*Krebs* RdNr. 46; Staub/*Joost* RdNr. 64; Röhricht/Graf von Westphalen/*Wagner* RdNr. 31 und 37; Koller/*Roth*/Morck RdNr. 7; *K. Schmidt* HandelsR § 16 III 2 e.
[65] Vgl. BGH Urt. v. 18. 1. 1956 – V ZR 84/54, WM 1956, 727, 728; MünchKommHGB/*Krebs* RdNr. 46; Koller/*Roth*/Morck RdNr. 7.
[66] MünchKommHGB/*Krebs* RdNr. 46 und 54; Röhricht/Graf von Westphalen/*Wagner* RdNr. 32; Koller/*Roth*/Morck RdNr. 26 f.; *K. Schmidt* HandelsR § 16 III 2 e.
[67] Röhricht/Graf von Westphalen/*Wagner* RdNr. 33; Koller/*Roth*/Morck RdNr. 26 f.
[68] MünchKommHGB/*Krebs* RdNr. 42; Röhricht/Graf von Westphalen/*Wagner* RdNr. 34.
[69] Staub/*Joost* RdNr. 67; MünchKommHGB/*Krebs* RdNr. 52; s. auch § 53 RdNr. 1 ff.

26 **3. Interne Zustimmungserfordernisse.** Zur Frage der internen Zustimmungserfordernisse s. RdNr. 10 f.

VII. Rechtsmängel der Prokuraerteilung

27 **1. Grundsatz.** Eine Prokura wird **nicht rechtswirksam** erteilt, wenn sie nicht für ein prokurafähiges Unternehmen (s. RdNr. 4 ff.), nicht durch eine erteilungsberechtigte Person (s. RdNr. 7 ff.) oder einer nicht prokurafähigen Person (s. RdNr. 15 ff.) erteilt wird.[70] Unzulässige Bedingungen und Befristungen der Prokura führen zur Unwirksamkeit der jeweiligen Bedingung oder Befristung, nicht aber zur Unwirksamkeit der Prokura selbst.[71] Eine unwirksame Prokura kann nicht, auch nicht durch die Eintragung in das Handelsregister, geheilt werden.[72] Die Prokuraerteilung kann mit Rückwirkung gemäß §§ 119 ff., 142 ff. BGB angefochten werden.[73] Eine nicht wirksam erteilte Prokura kann in eine Generalvollmacht, eine Handlungsvollmacht (§ 54) oder eine einfache Vollmacht umgedeutet (§ 140 BGB) werden (vgl. auch § 49 RdNr. 21).[74]

28 **2. Verkehrsschutz.** Bei einer eingetragenen, aber unwirksamen Prokura wird der gutgläubige Rechtsverkehr durch § 15 Abs. 3 geschützt; gleiches gilt im Falle der Anfechtung oder der Umdeutung, solange die Prokura noch eingetragen ist.[75] Bei Erlöschen der Prokura schützt § 15 Abs. 1.[76] Duldungs- oder Anscheinsprokura analog der Duldungs- oder Anscheinsvollmacht sind im Hinblick auf die Formenstrenge des Rechts der Prokura abzulehnen.[77] Allerdings gelten die allgemeinen Grundsätze der Duldungs- oder Anscheinsvollmacht auch im kaufmännischen Verkehr.

VIII. Wirkung der Prokura im Innenverhältnis

29 **1. Rechtspraxis.** In der Rechtspraxis entsprechen die Befugnisse des Prokuristen im **Innenverhältnis** in den seltensten Fällen dem weiten Umfang der Befugnisse im **Außenverhältnis** nach § 49. Beschränkungen im Innenverhältnis lassen sowohl die Wirksamkeit der Bestellung der Prokura als auch deren Umfang im Außenverhältnis unberührt (vgl. auch § 49 RdNr. 21).

30 **2. Rechtsnatur des Innenverhältnisses.** Das **der Prokura zugrunde liegende Rechtsverhältnis** ist in der Regel ein **arbeitsrechtlicher Anstellungsvertrag;** der Prokurist ist Handlungsgehilfe gemäß §§ 59 ff.[78] Für die Regelung der Rechtsverhältnisse zwischen Prokurist und Unternehmen kommen aber auch gesellschaftsrechtliche Regelungen oder ein freier Dienstvertrag nach §§ 611 ff. BGB in Betracht.[79] Auch ein unentgeltlicher Auftrag (zB bei Familienangehörigen) ist möglich.[80] Allein aus Gründen der Rechtssicherheit empfiehlt es sich, die Rechte und Pflichten im Innenverhältnis im Einzelnen zu regeln. Unter steuerlichen Gesichtspunkten kommt in der Regel nur ein arbeitsrechtliches Anstellungsverhältnis in Betracht, da ansonsten der Arbeitnehmerfreibetrag verloren geht.

31 Ist das zugrunde liegende Rechtsverhältnis ein arbeitsrechtlicher **Anstellungsvertrag,** so gelten für den Prokuristen die allgemeinen **arbeitsrechtlichen Regelungen.**[81] Prokuristen sind nicht zwingend leitende Angestellte, sondern nur, wenn die Prokura auch im Verhältnis zum Arbeitgeber nicht unbedeutend ist (§ 5 Abs. 3 Satz 2 Nr. 2 BetrVG). Diese Regelung trägt dem praktischen Bedeutungsschwund der Prokura Rechnung.[82] Nur wenn der Prokurist tatsächlich auch als leitender Angestellter anzusehen ist, ist sein Sozialschutz eingeschränkt (§ 5 Abs. 2 Satz 2 Nr. 2, 3 BetrVG). Soweit er zusätzlich intern zur selbständigen Einstellung und Entlassung von Arbeitnehmern befugt ist, sind § 14 Abs. 2, § 9 Abs. 1 Satz 2 KSchG zu beachten. Nachvertragliche Wettbewerbsverbote sind nur gegen Entschädigung verbindlich (§ 74 Abs. 2).[83]

---

[70] MünchKommHGB/*Krebs* RdNr. 51.
[71] MünchKommHGB/*Krebs* RdNr. 51.
[72] RGZ 127, 153, 159; MünchKommHGB/*Krebs* RdNr. 52; Staub/*Joost* RdNr. 68.
[73] Baumbach/*Hopt* RdNr. 1; *Hofmann/Fladung/van Ghemen* Nr. 2.6.1 aE.
[74] RG Urt. v. 21. 10. 1909 – VI 477/08, RGZ 72, 119, 123; MünchKommHGB/*Krebs* RdNr. 54; Staub/*Joost* RdNr. 69; Koller/*Roth*/Morck RdNr. 11; Baumbach/*Hopt* RdNr. 1.
[75] MünchKommHGB/*Krebs* RdNr. 53; Staub/*Joost* RdNr. 68; Baumbach/*Hopt* RdNr. 1; *Hofmann/Fladung/van Ghemen* Nr. 2.6.2.
[76] MünchKommHGB/*Krebs* RdNr. 53.
[77] MünchKommHGB/*Krebs* RdNr. 53.
[78] MünchKommHGB/*Krebs* RdNr. 57.
[79] MünchKommHGB/*Krebs* RdNr. 57.
[80] MünchKommHGB/*Krebs* RdNr. 57.
[81] MünchKommHGB/*Krebs* RdNr. 58.
[82] Zur Entstehungsgeschichte *Spitzbarth/Preuß* S. 102 f.
[83] OLG Karlsruhe Urt. v. 30. 9. 1986 – 8 U 127/86, OLGZ 1987, 211, 213 ff.; MünchKommHGB/*Krebs* RdNr. 58.

3. Zusammenhang zwischen Innenverhältnis und Prokura. Die Entziehung der Prokura 32
nach § 52 Abs. 1 lässt das Innenverhältnis unberührt. Die Beendigung eines arbeitsrechtlichen
Anstellungvertrages muss stets nach den allgemeinen Regeln erfolgen. Gleiches gilt für eine
Minderung des Gehalts aus Anlass des Entzuges der Prokura.[84] Umgekehrt folgt aus § 52 Abs. 1,
dass aus dem Anstellungsvertrag **kein Anspruch auf Erteilung, Nichtentziehung oder Wiedererteilung** einer Prokura besteht.[85] Auch in den Fällen des § 45 WPO, wonach Angestellte von
Wirtschaftsprüfungsgesellschaften die Rechtsstellung von Prokuristen erhalten sollen, besteht kein
Rechtsanspruch, da es sich insoweit nur um eine Sollvorschrift handelt.[86] Allerdings steht dem
Arbeitnehmer bei Nichterteilung oder Entzug einer im Arbeitsvertrag vereinbarten Prokura ein
Recht zur fristlosen Kündigung zu, wenn ihn die Nichterteilung oder der Entzug unzumutbar
diskriminieren.[87] In diesem Fall kommen Schadenersatzansprüche nach § 628 Abs. 2 BGB in
Betracht.[88] Es empfiehlt sich, Gestaltungsspielräume bei der Formulierung des Arbeitsvertrages
dahingehend auszunutzen, dass der jederzeitigen Widerrufbarkeit der Prokura Rechnung getragen
wird.

4. Sonderfall: Prokura auf Grund gesellschaftsrechtlicher Regelung. Anders als die arbeits- 33
vertragliche Regelung ist nach hM eine entsprechende gesellschaftsrechtliche Regelung grundsätzlich
geeignet, einen Anspruch auf Erteilung einer Prokura zu begründen.[89] Dies ergibt sich daraus, dass in
diesem Falle der Anspruch nicht ein Anspruch eines Dritten gegen die Gesellschaft, sondern ein
innergesellschaftlicher Anspruch eines Mitgesellschafters ist (s. § 52 RdNr. 4).

IX. Wirkung der Prokura im Außenverhältnis

1. Umfang der Vertretungsmacht. Der Umfang der Vertretungsmacht des Prokuristen als 34
Vertreter des Inhabers im Außenverhältnis ergibt sich aus § 49 (im Einzelnen s. dort). Nach
dieser Vorschrift werden seine rechtsgeschäftlichen Handlungen dem Inhaber zugerechnet. Im **Prozess** ist der Prokurist als rechtsgeschäftlicher Vertreter des Inhabers **Zeuge** und nicht **Partei**.[90] Der
Gutglaubensschutz ist in § 50 geregelt.

2. Persönliche Verantwortlichkeit des Prokuristen im Außenverhältnis. Der Prokurist 35
haftet **zivilrechtlich** für persönliches **deliktisches Verhalten** nach § 823 Abs. 1 und 2 sowie § 826
BGB;[91] **Vertraglich** haftet der Prokurist nur im Rahmen des § 179 BGB bei Überschreitung der
Vertretungsmacht nach § 49; ausnahmsweise kann sich eine vertragliche Haftung des Prokuristen
auch dann ergeben, wenn er besonderes persönliches Vertrauen in seine Person und seine Sorgfalt
weckt (§ 311 Abs. 3 S. 2 BGB) oder wenn er ein besonderes persönliches Eigeninteresse besitzt (Fall
des § 311 Abs. 3 S. 1 BGB).[92] **Strafrechtlich** und nach **Ordnungswidrigkeitenrecht** haftet der
Prokurist nicht wie ein Organ generell, sondern nur dann für sein Unternehmen, wenn er entweder
beauftragt ist, den Betrieb ganz oder zum Teil zu leiten, oder ausdrücklich beauftragt ist, in eigener
Verantwortung Aufgaben wahrzunehmen, die dem Inhaber des Betriebes obliegen (vgl. § 14 Abs. 2
StGB und § 130 Abs. 2 Nr. 3 OWiG).[93] Die **steuerrechtlichen Pflichten** nach §§ 34, 35, 69 AO
treffen den Prokuristen nur, wenn er intern die entsprechenden Kompetenzen hat oder seine
internen Pflichten überschreitet.[94]

---

[84] MünchKommHGB/*Krebs* RdNr. 61.
[85] RG Urt. v. 26. 5. 1880 – I 807/80, RGZ 2, 30, 34; RG Urt. v. 19. 11. 1890 – I 279/90, RGZ 27, 35, 37 ff.; BGH Urt. v. 27. 6. 1955 – II 2 ZR 232/54, BGHZ 17, 392, 394 = NJW 1955, 1394, 1395; MünchKommHGB/*Krebs* RdNr. 59; Staub/*Joost* RdNr. 75 f.; Hofmann/Fladung/van Ghemen Nr. 2.3.
[86] Hofmann/Fladung/van Ghemen Nr. 2.3.
[87] MünchKommHGB/*Krebs* RdNr. 63; Staub/*Joost* RdNr. 80 f.; offengelassen BAG Urt. v. 26. 8. 1986 – 3 AZR 94/85, NJW 1987, 862 f.
[88] BAG Urt. v. 26. 8. 1986 – 3 AZR 94/85, NJW 1987, 862, 863; aA Staub/*Joost* RdNr. 87.
[89] Vgl. § 164 RdNr. 21; BGH Urt. v. 27. 6. 1955 – II ZR 232/54, BGHZ 17, 392, 394 ff. = NJW 1955, 1394, 1395; MünchKommHGB/*Krebs* RdNr. 60 mwN; Hofmann/Fladung/van Ghemen Nr. 2.3.
[90] RG Urt. v. 9. 7. 1921 – V 156/21, RGZ 102, 328, 331; MünchKommHGB/*Krebs* RdNr. 65.
[91] BGH Urt. v. 27. 9. 1965 – VII ZR 210/63, DB 1966, 336 f.; vgl. auch BGH Urt. v. 19. 9. 1989 – VI ZR 349/88, *BGHZ* 108, 305 ff. = NZA 1990, 100; MünchKommHGB/*Krebs* RdNr. 67.
[92] BGH Urt. v. 19. 12. 1977 – II ZR 164/76, BGHZ 70, 337 = NJW 1978, 1374; BGH Urt. v. 27. 10. 1982 – VIII ZR 187/81, NJW 1983, 676; BGH Urt. v. 23. 2. 1983 – VIII ZR 325/81, BGHZ 87, 27, 33 f. = NJW 1983, 1607; BGH Urt. v. 25. 1. 1984 – VIII ZR 227/82, NJW 1984, 2284; BGH Urt. v. 23. 10. 1985 – VIII ZR 210/84, NJW 1986, 586, 587; BGH Urt. v. 3. 10. 1989 – XI ZR 157/88, NJW 1990, 389, 390; MünchKommHGB/*Krebs* RdNr. 68 sowie Vor § 48 RdNr. 97 ff. und 101 ff.
[93] MünchKommHGB/*Krebs* RdNr. 66.
[94] BFH Urt. v. 19. 7. 1984 – V R 70/79, DB 1984, 2546; MünchKommHGB/*Krebs* RdNr. 66.

X. Beendigung der Prokura

36 Zur **Beendigung der Prokura** s. § 52.

XI. Gesamtprokura (Abs. 2)

37 **1. Gestaltungsmöglichkeiten.** Die **echte Gesamtprokura** oder **Gesamtprokura** im engeren Sinne (RdNr. 38 ff.) ist von der bisweilen als unechte Gesamtprokura oder gemischten Gesamtprokura genannten **gemischten Gesamtvertretung** (RdNr. 41 ff.) zu unterscheiden.

38 **a) Gesamtprokura.** Regelungsgegenstand ist nach dem Wortlaut des Absatz 2 allein die gemeinschaftliche Vertretung durch zwei oder mehr Prokuristen im Sinne des Absatz 1; diese Konstellation wird üblicherweise als **echte Gesamtprokura** bezeichnet.[95] Soweit man – wie im Folgenden noch auszuführen sein wird (s. RdNr. 41 ff.) – bei der gemischten Gesamtvertretung auf die Verwendung des Begriffes „Gesamtprokura" verzichtet, genügt es auch, die „echte" Gesamtprokura schlicht als **Gesamtprokura** zu bezeichnen. Innerhalb der (echten) Gesamtprokura sind wiederum mehrere Gestaltungsmöglichkeiten denkbar.

39 **aa)** Bei der **allseitigen (echten) Gesamtprokura** vertreten alle bestellten Prokuristen den Inhaber gemeinsam.[96] Diese Form ist schwerfällig und unüblich, wenn mehr als zwei Prokuristen bestellt sind. Im letzteren Fall empfiehlt sich eine **(echte) Gesamtprokura in der Form der Gruppenprokura,** bei der jeder Prokurist nur jeweils mit einem oder mehreren bestimmten oder beliebigen Prokuristen handeln kann.[97] Es ist auch möglich, neben den gesamtvertretungsberechtigten Prokuristen im selben Unternehmen auch einzelvertretungsberechtigte Prokuristen zu bestellen.[98]

40 **bb)** Unter der **halbseitigen (echten) Gesamtprokura** wird der Fall verstanden, dass von zB zwei Prokuristen der eine nur Gesamtvertretungsmacht, der andere aber Einzelprokura hat. So kann es innerhalb eines Unternehmens neben Einzelprokuristen auch Prokuristen geben, die jeweils nur mit einem bestimmten oder beliebigen Einzelprokuristen zusammen, aber nicht alleine handeln dürfen. Die hM bejaht die Zulässigkeit dieser halbseitigen Gesamtprokura.[99] Dem ist zu folgen, auch wenn ein praktisches Bedürfnis für diese Konstruktion nur für die passive Vertretungsmacht besteht.[100] Sinnvoller erscheint es gleichwohl, in einem Unternehmen nur Einzelprokuren und beidseitige Gesamtprokuren zu erteilen.

41 **b) Gemischte Gesamtvertretung.** Als **gemischte Gesamtvertretung, unechte Gesamtvertretung, gemischte Gesamtprokura** oder **unechte Gesamtprokura** bezeichnet man – mit nicht ganz einheitlicher Terminologie – die vom Wortlaut des Abs. 2 nicht mehr gedeckte Gesamtvertretung zwischen einerseits einem oder mehreren Prokuristen und andererseits Vertretern, deren Vertretungsmacht auf einer anderen Rechtsgrundlage als der Prokura beruht (idR organschaftliche Vertreter).[101] Der **hier** verwendete Begriff der **gemischten Gesamtvertretung** erscheint dabei vorzugswürdig; da es sich genau genommen um keinen in Abs. 2 geregelten Fall, sondern um Vertretung teilweise durch andere Personen als Prokuristen handelt, sollten die Ausdrücke gemischte Gesamtprokura oder unechte Gesamtprokura insoweit vermieden werden.[102]

42 Die kaufmännische Praxis hat dabei eine Fülle von Gestaltungsformen hervorgebracht, deren Anerkennung weniger auf überzeugenden rechtlichen Konstruktionen als auf den praktischen Bedürfnissen des Handelsverkehrs beruht.[103] Die gemischte Gesamtvertretung kennt dabei wie die

---

[95] MünchKommHGB/*Krebs* RdNr. 72; Staub/*Joost* RdNr. 99; *Bärwaldt/Hadding* NJW 1998, 1103; *Spitzbarth/Preuß* S. 85.
[96] MünchKommHGB/*Krebs* RdNr. 72; Staub/*Joost* RdNr. 100; Koller/*Roth*/Morck RdNr. 13; *K. Schmidt* HandelsR § 16 III 3 c cc aaa; *Hofmann/Fladung/van Ghemen* Nr. 4.1.1.1; *Bärwaldt/Hadding* NJW 1998, 1103.
[97] MünchKommHGB/*Krebs* RdNr. 72; Röhricht/Graf von Westphalen/*Wagner* RdNr. 47; *Hofmann/Fladung/van Ghemen* Nr. 4.1.1.1.
[98] *Hofmann/Fladung/van Ghemen* Nr. 4.1.1.1.
[99] BGH Beschl. v. 14. 2. 1974 – II ZB 6/73, BGHZ 62, 166, 170 ff. = NJW 1974, 1194; Staub/*Joost* RdNr. 101; Röhricht/Graf von Westphalen/*Wagner* RdNr. 47; Koller/*Roth*/Morck RdNr. 13; Baumbach/*Hopt* RdNr. 6; *K. Schmidt* HandelsR § 16 III 3 c cc bbb; *Bärwaldt/Hadding* NJW 1998, 1103; aA MünchKommHGB/*Krebs* RdNr. 73 ff.
[100] Zu den möglichen Gründen s. *Spitzbarth/Preuß* S. 85 sowie Staub/*Joost* RdNr. 101.
[101] Vgl. zB MünchKommHGB/*Krebs* RdNr. 76; Staub/*Joost* RdNr. 102; Koller/*Roth*/Morck RdNr. 18; Baumbach/*Hopt* RdNr. 6; *K. Schmidt* HandelsR § 16 III 3 c cc ccc; *Canaris* § 12 RdNr. 24; *Beuthien/Müller* DB 1995, 461; *Spitzbarth/Preuß* S. 86 f.; *Köhl* S. 157; *Bärwaldt/Hadding* NJW 1998, 1103 will hier den Begriff „gebundene Prokura" einführen.
[102] So auch Staub/*Joost* RdNr. 102 und zB in der jüngeren Rechtsprechung BayObLG Beschl. v. 23. 9. 1997 – 3 Z BR 329/97, NJW 1998, 1161; wohl auch Baumbach/*Hopt* § 49 RdNr. 3.
[103] Staub/*Joost* RdNr. 102.

Erteilung der Prokura; Gesamtprokura 43–46 § 48

Gesamtprokura zwei Gestaltungsformen. Zum einen kann sowohl der Gesamtprokurist an die Mitwirkung eines organschaftlichen Vertreters als auch dieser organschaftliche Vertreter an die Mitwirkung dieses Gesamtprokuristen gebunden werden (**allseitige gemischte Gesamtvertretung**); zum anderen kann der Prokurist an die Mitwirkung eines organschaftlichen Vertreters gebunden werden, während dieser organschaftliche Vertreter einzelvertretungsberechtigt ist, oder der organschaftliche Vertreter kann an die Zustimmung eines Prokuristen gebunden werden, während dieser Prokurist einzelvertretungsberechtigt ist (**halbseitige gemischte Gesamtvertretung**).

aa) **Allseitige gemischte Gesamtvertretung** bedeutet, dass ein **organschaftlicher Vertreter** 43 **nur zusammen mit einem Prokuristen** und umgekehrt handeln kann. §§ 125 Abs. 3 Satz 1 HGB, 78 Abs. 3 AktG und § 25 Abs. 2 GenG sehen zwar ausdrücklich nur die Möglichkeit der **Bindung eines nur gesamtvertretungsberechtigten organschaftlichen Vertreters (Vorstand; Geschäftsführer; vertretungsberechtigter geschäftsführender Gesellschafter) an die Mitwirkung eines Prokuristen** vor.[104] Diese Möglichkeit besteht auch bei der **GmbH**, obwohl es im Gesetz nicht ausdrücklich geregelt ist.[105] Aus §§ 125 Abs. 3 Satz 1 HGB, 78 Abs. 3 AktG und 25 Abs. 2 GenG wird jedoch weiter gefolgert, dass ein Prokurist **umgekehrt** auch an die Mitwirkung eines gesetzlichen Vertreters (Vorstand; Geschäftsführer) gebunden werden kann.[106] Gleiches gilt auch für die GmbH.

Die genannte Gestaltung gemäß §§ 125 Abs. 3 Satz 1 HGB, 78 Abs. 3 AktG und 25 Abs. 2 GenG 44 sowie die entsprechende Regelung bei der GmbH sind allerdings nur dann möglich, wenn der gesamtvertretungsberechtigte organschaftlichen Vertreter nicht nur mit einem Prokuristen, sondern zugleich alternativ auch mit einem anderen gesamtvertretungsberechtigten organschaftlichen Vertreter handeln kann.[107] Auch eine **allseitig gemischte Gesamtvertretung mit dem einzigen organschaftlichen Vertreter** (zB dem Alleingeschäftsführer einer GmbH) ist daher **unzulässig.** Der oder die Geschäftsführer müssen – sei es allein oder gemeinschaftlich – jedenfalls auch stets ohne die Mitwirkung eines Prokuristen handlungsfähig sein.

Diese Grundsätze gelten auch für die GmbH & Co. KG. Die Bindung des Prokuristen an die 45 Mitwirkung der GmbH als persönlich haftende Gesellschafterin (Komplementärin) der KG ist möglich. Für die Komplementär-GmbH handeln deren organschaftliche Vertreter.[108] Eine Bindung des Prokuristen an die Mitwirkung der namentlich bereits benannten Geschäftsführer der Komplementär-GmbH ist allerdings nicht möglich.[109]

bb) Die halbseitige **gemischte Gesamtvertretung** ist in zwei Formen möglich. Zum einen kann 46 ein Prokurist an die Zustimmung eines im Übrigen auch einzelvertretungsberechtigten organschaftlichen Vertreters gebunden werden, während der Prokurist selbst nicht einzelvertretungsberechtigt ist.[110] Im Hinblick auf die passive Vertretungsmacht erscheint diese Konstruktion auch sinnvoll.[111]

---

[104] Staub/*Joost* RdNr. 106; *Beuthien/Müller* DB 1995, 461.
[105] BGH Urt. v. 31. 3. 1954 – II ZR 57/53, BGHZ 13, 61, 63 ff. = NJW 1954, 1158; BGH Beschl. v. 14. 2. 1974 – II ZB 6/73, BGHZ 62, 166, 170 = NJW 1974, 1194; BGH Beschl. v. 6. 11. 1986 – V ZB 8/86, BGHZ 99, 76, 77 ff. = NJW 1987, 841; BayObLG Beschl. v. 19. 6. 1963 – 2 Z 21/73, NJW 1973, 2068; Staub/*Joost* RdNr. 107; Koller/*Roth*/Morck RdNr. 19; *K. Schmidt* HandelsR § 16 III 3 c c ccc; *Hofmann/Fladung/van Ghemen* Nr. 4.1.1.4; *Beuthien/Müller* DB 1995, 461; *Köhl* S. 197 und 199.
[106] BGH Beschl. v. 14. 2. 1974 – II ZB 6/73, BGHZ 62, 166, 170 ff. = NJW 1974, 1194, wo allerdings nicht klargestellt wird, dass sich die zitierten Vorschriften eigentlich nur auf den Fall beziehen, dass der gesetzliche Vertreter an die Zustimmung des Prokuristen gebunden ist und nicht umgekehrt; BGH Beschl. v. 6. 11. 1986 – V ZB 8/86, BGHZ 99, 76, 78 = NJW 1987, 841; MünchKommHGB/*Krebs* RdNr. 83 ff.; Staub/*Joost* RdNr. 106; Röhricht/Graf von Westphalen/*Wagner* RdNr. 49; Koller/*Roth*/Morck RdNr. 19; *K. Schmidt* HandelsR § 16 III 3 c cc ccc; *Canaris* § 12 RdNr. 24 f.; *Hofmann/Fladung/van Ghemen* Nr. 4.1.1.1; *Bärwaldt/Hadding* NJW 1998, 1103, 1104; aA *Beuthien/Müller* DB 1995, 461, 462 ff.
[107] BGH Urt. v. 6. 2. 1958 – II ZR 210/56, BGHZ 26, 330, 332 f. = NJW 1958, 668; BGH Beschl. v. 6. 11. 1986 – V ZB 8/86, BGHZ 99, 76, 78 = NJW 1987, 841; Staub/*Joost* RdNr. 111; *K. Schmidt* HandelsR § 16 III 3 c cc ccc.
[108] BayObLG Beschl. v. 20. 1. 1970 – 2 Z 68/69, WM 1970, 333; BayObLG Beschl. v. 3. 8. 1994 – 3 Z BR 174/94, DNotZ 1995, 228, 229; *Grüter* BB 1979, 243, 245; Staub/*Joost* RdNr. 108.
[109] BayObLG Beschl. v. 20. 1. 1970 – 2 Z 68/69, WM 1970, 333 f.; BayObLG Beschl. v. 3. 8. 1994 – 3 Z BR 174/94, DNotZ 1995, 228, 229; OLG Frankfurt Beschl. v. 16. 11. 2000 – 20 W 242/00, NJW-RR 2001, 178; Staub/*Joost* RdNr. 108; Koller/*Roth*/Morck RdNr. 21.
[110] BGH Beschl. v. 14. 2. 1974 – II ZB 6/73, BGHZ 62, 166, 170 ff. = NJW 1974, 1194; BGH Beschl. v. 6. 11. 1986 V ZB 8/86, BGHZ 99, 76, 78 ff. = NJW 1987, 841; BayObLG Beschl. v. 20. 1. 1970 – 2 Z 68/69, WM 1970, 333, BayObLG Beschl. v. 15. 2. 1971 – 2 Z 83/70, BayObLGZ 71, 55 ff. = NJW 1971, 810, 811; Staub/*Joost* RdNr. 111; Koller/*Roth*/Morck RdNr. 19.; *Hofmann/Fladung/van Ghemen* Nr. 4.1.1.4; *K. Schmidt* HandelsR § 16 III 3 c cc ddd; wohl auch Baumbach/*Hopt* 30 RdNr. 6; MünchKommHGB/*Krebs* RdNr. 83 ff. sieht nur die allseitige gemischte Gesamtvertretung zwischen einem Gesamtprokuristen und einem gesetzlichen Gesamtvertreter, nicht aber die halbseitige gemischte Gesamtvertretung zwischen einem Einzelprokuristen und einem einzelvertretungsberechtigten Vorstand oder Geschäftsführer als zulässig an.
[111] *Canaris* § 12 RdNr. 28.

Zum anderen kann ein organschaftlicher Vertreter an die Zustimmung eines im Übrigen auch einzelvertretungsberechtigten Prokuristen gebunden werden, während der organschaftliche Vertreter nicht einzelvertretungsberechtigt, sondern im Übrigen nur zusammen mit anderen organschaftlichen Vertretern vertretungsberechtigt ist; unzulässig ist allerdings die halbseitige gemischte Gesamtvertretung dergestalt, dass ein organschaftlicher Vertreter nur im Zusammenwirken mit einem Prokuristen und nicht alternativ auch mit einem anderen gesamtvertretungsberechtigten organschaftlichen Vertreter handeln kann (s. RdNr. 44).

47 cc) Allseitige oder **halbseitige gemischte Gesamtvertretung mit einem von der Vertretung ausgeschlossenen Gesellschafter** (§ 125 Abs. 1 oder § 170) ist nicht möglich, da Gesamtvertretung immer voraussetzt, dass beide Gesamtvertreter Vertretungsmacht besitzen.[112]

48 dd) Unzulässig ist die **gemischte Gesamtvertretung zwischen dem Inhaber (oder dem einzigen vertretungsberechtigten Organ oder allen gesamtvertretungsberechtigten Organen einer Gesellschaft zusammen) und einem Prokuristen,** selbst wenn nur der Prokurist an die Zustimmung des Inhabers und nicht der Inhaber an die Zustimmung des Prokuristen gebunden ist.[113] Für eine solche Regelung gibt es unter keinem Gesichtspunkt ein praktisches Bedürfnis; sie widerspräche auch dem Sinn und Zweck der Prokura, da der Prokurist nicht mehr als „alter ego" des Inhabers handeln kann, wenn er für jede einzelne Vertretungshandlung der Zustimmung des Inhabers bedarf.

49 ee) Unzulässig ist die **Bindung des Prokuristen an die Zustimmung eines Handlungsbevollmächtigten oder eines anderen rechtsgeschäftlichen Vertreters.**[114] Anders als zB in § 125 Abs. 3 Satz 1 HGB oder § 78 Abs. 3 AktG ist die Beteiligung des Vertreters mit geringerer Vertretungsmacht an der Vertretung durch einen Vertreter mit umfangreicherer Vertretungsmacht für diesen Fall nicht geregelt. Somit würde in dem gesetzlich nicht geregelten Fall eine Bindung des Prokuristen an die Zustimmung eines Handlungsbevollmächtigten den Umfang der Prokura beschränken, was gegen § 50 Abs. 1 verstieße. Dieses Argument gilt auch für andere rechtsgeschäftliche Vertreter, selbst wenn deren Vertretungsmacht den Umfang der Prokura erreicht oder möglicherweise sogar übertrifft (zB bei Generalbevollmächtigten). In letzteren Fällen besteht hinsichtlich des Umfanges der Vertretung mangels Eintragung kein Verkehrsschutz, so dass für Dritte stets ungewiss bliebe, ob nun die erteilte Prokura in unzulässiger Art und Weise beschränkt ist oder nicht. Selbstverständlich wäre es aber möglich – wenn auch unüblich –, einen Prokuristen ausschließlich im Innenverhältnis an die Zustimmung eines Handlungsbevollmächtigten zu binden.[115]

50 **2. Umfang der Vertretungsmacht bei (echter) Gesamtprokura und gemischter Gesamtvertretung.** Insoweit ist zwischen den verschiedenen Möglichkeiten gemeinschaftlicher Vertretung zu differenzieren.

51 **a) Echte Gesamtprokura.** Für den Umfang der Vertretungsmacht bei der (echten) Gesamtprokura bestehen keine Besonderheiten; der Umfang richtet sich nach § 49.[116]

52 **b) Gemischte Gesamtvertretung.** Differenziert ist der Umfang der Vertretungsmacht bei der gemischten Gesamtvertretung zu sehen. Soweit der Prokurist bei halbseitig gemischter Gesamtvertretung an die Mitwirkung des gesetzlichen Vertreters gebunden ist, verbleibt es bei § 49.[117] Soweit der gesetzliche Vertreter an die Mitwirkung des Prokuristen gebunden ist, richtet sich der Umfang der Vertretungsmacht bei halbseitig gemischter Gesamtvertretung nach dem Umfang der Vertretungsmacht des gesetzlichen Vertreters.[118] Dies gilt lediglich dann nicht, wenn es um die Anmeldung der

---

[112] Staub/*Joost* RdNr. 112; Röhricht/Graf von Westphalen/*Wagner* RdNr. 81 ff.; *Lettl* § 6 RdNr. 37.
[113] BayObLG Beschl. v. 23. 9. 1997 – 3 Z BR 329/97, NJW 1998, 1161, OLG Frankfurt Vorlagebeschl. v. 4. 4. 1973 – 20 W 920/72, NJW 1973, 1152; MünchKommHGB/*Krebs* RdNr. 80; *Hofmann/Fladung/van Ghemen* Nr. 4.1.1.4; aA OLG Hamm Beschl. v. 1. 3. 1971 – 15 W 607/70, NJW 1971, 1369, 1370; Staub/*Joost* RdNr. 104; Koller/*Roth*/Morck RdNr. 20; *K. Schmidt* HandelsR § 16 III 3 c cc ccc; *Lettl* § 6 RdNr. 37; *Bärwaldt/Hadding* NJW 1998, 1103, 1104 f.
[114] BGH Urt. v. 30. 12. 1963 – VII ZR 211/62, WM 1964, 151 = BB 1964, 151; MünchKommHGB/*Krebs* RdNr. 81 ff.; Staub/*Joost* RdNr. 113 und 115; Koller/*Roth*/Morck RdNr. 21; Baumbach/*Hopt* RdNr. 7; *K. Schmidt* HandelsR § 16 3 c cc eee; *Hofmann/Fladung/van Ghemen* Nr. 4.1.1.1.
[115] *Hofmann/Fladung/van Ghemen* Nr. 4.1.1.1.
[116] Staub/*Joost* RdNr. 117.
[117] BGH Beschl. v. 14. 2. 1974 – II ZB 6/73, BGHZ 62, 116, 170 = NJW 1974, 1194; BGH Beschl. v. 6. 11. 1986 – V ZB 8/86, BGHZ 99, 76, 78 ff. = NJW 1987, 841; Staub/*Joost* RdNr. 119; Koller/*Roth*/Morck RdNr. 19; Baumbach/*Hopt* § 49 RdNr. 3; *Bärwaldt* NJW 1997, 1404; unklar und wohl ablehnend MünchKommHGB/*Krebs* RdNr. 89 ff., der diese Konstruktion ohnehin für bedenklich hält.
[118] RG Beschl. v. 22. 12. 1931 – II B 30/31, RGZ 134, 303, 305 ff.; BGH Urt. v. 31. 3. 1954 – II ZR 57/53, BGHZ 13, 61, 64 f. = NJW 1954, 1158; BGH Beschl. v. 14. 2. 1974 – II ZB 6/73, BGHZ 62, 166, 170 = NJW 1974, 1194; BGH Beschl. v. 6. 11. 1986 – V ZB 8/86, BGHZ 99, 76, 81 = NJW 1987, 841; Staub/*Joost* RdNr. 119; Koller/*Roth*/Morck RdNr. 19; *Beuthien/Müller* DB 1995, 461; *Bärwaldt* NJW 1997, 1404, 1405; aA MünchKommHGB/*Krebs* RdNr. 91 ff.

eigenen Prokura des Prokuristen in einer gemischten Gesamtvertretung geht (vgl. § 53 RdNr. 5).[119] Bestehen in diesen Fällen die Mitwirkungserfordernisse hinsichtlich derselben beiden Personen wechselseitig (allseitig gemischte Gesamtvertretung), kann hinsichtlich des Umfanges der Vertretungsmacht insgesamt von organschaftlicher Vertretungsmacht ausgegangen werden.

3. Ausübung von Gesamtprokura und Gesamtvertretung. Insoweit ist zwischen **aktiver** und **passiver** Vollmachtsausübung zu unterscheiden. 53

a) Aktive Vollmachtsausübung. Üblicherweise wird – insbesondere im schriftlichen Verkehr – die aktive Vollmachtsausübung durch die zusammen vertretungsberechtigten Personen zur gleichen Zeit und am gleichen Ort erfolgen. Zulässig ist aber auch das zeitliche und örtliche Auseinanderfallen der jeweiligen Erklärungen.[120] Lediglich bei Auflassung eines Grundstückes ist gleichzeitiges Handeln erforderlich.[121] Ein Gesamtvertreter kann aber wie stets auch in diesem Fall der Erklärung eines anderen Gesamtvertreters nachträglich – auch stillschweigend – zustimmen.[122] Möglich ist ferner die nachträgliche Genehmigung.[123] Bis zur Genehmigung kann der ohne Mitwirkung des anderen Gesamtvertreters handelnde Gesamtvertreter seine Erklärung widerrufen.[124] Möglich ist ferner, dass ein gesamtvertretungsberechtigter Prokurist auf Grund einer Vollmacht, die keine Prokura ist (zB Handlungsvollmacht nach §§ 54 ff.), alleine handelt (s. RdNr. 57). 54

Gesamtvertreter können nach § 125 Abs. 2 Satz 2, Abs. 3 HGB und § 71 Abs. 2 und 3 AktG bei der gemischten Gesamtvertretung einzelnen unter diesen für bestimmte Geschäfte oder für bestimmte Arten von Geschäften eine **Ermächtigung** erteilen. Für die GmbH gilt – auch ohne ausdrückliche gesetzliche Regelung – das Gleiche.[125] In entsprechender Heranziehung des Rechtsgedankens dieser Vorschriften gilt dies auch für die übrigen Fälle der Gesamtvertretung (Gesamtprokura und gemischte Gesamtvertretung).[126] Eine allgemeine Bevollmächtigung eines der Gesamtvertreter durch den oder die anderen Gesamtvertreter ist indes nicht zulässig.[127] Es würde sich dabei sonst um einen Fall einer Untervollmacht handeln. Die Untervollmacht kann aber nicht weitergehen als die Hauptvollmacht.[128] Deshalb kann durch die Erteilung einer Untervollmacht auch nicht aus einer gewollten Gesamtvollmacht eine Einzelvollmacht werden. Überdies würde dies dem Verkehrsschutz widersprechen. 55

b) Passive Vollmachtsausübung. Hinsichtlich der passiven Vollmachtsausübung gilt bei allen Formen der Gesamtprokura und der Gesamtvertretung passive Alleinvertretungsmacht jedes an einer Gesamtprokura oder sonstigen Gesamtvertretung beteiligten Gesamtvertreters.[129] Entsprechend werden Kenntnis und Kennenmüssen bereits eines Gesamtvertreters dem Inhaber zugerechnet (§ 166 BGB).[130] Die passive Vertretungsmacht kann den Inhaber auch aktiv binden, wenn nach allgemeinen Vorschriften und Grundsätzen – zB beim kaufmännischen Bestätigungsschreiben – das Schweigen auf eine Erklärung Rechtsfolgen auslöst.[131] 56

c) Einzelvertretung durch Gesamtprokuristen. In der Geschäftspraxis besteht häufig die Notwendigkeit, dass Gesamtprokuristen Geschäfte minderer Bedeutung auch ohne Beteiligung eines anderen (Gesamt-)Prokuristen abschließen können. So ist zB denkbar, dass in einem Unternehmen nur Verträge in einer Größenordnung über 50 000 Euro von je zwei Gesamtpro- 57

---

[119] BayObLG Beschl. v. 19. 6. 1973 – 2 Z 21/73, NJW 1973, 2068 f.; aA *Bärwaldt* NJW 1997, 1404, 1405 f. und die Vorauflage.
[120] MünchKommHGB/*Krebs* RdNr. 97; Staub/*Joost* RdNr. 122; Baumbach/*Hopt* RdNr. 5; *Hofmann/Fladung/van Ghemen* Nr. 4.1.2.1; *Spitzbarth/Preuß* S. 82.
[121] *Hofmann/Fladung/van Ghemen* Nr. 4.1.2.1.
[122] RG Urt. v. 10. 3. 1911 – II 424/10, RGZ 75, 419, 421 ff.; OLG München Urt. v. 28. 10. 1971 – 1 U 1391/71, BB 1972, 113, 114; MünchKommHGB/*Krebs* RdNr. 97; Staub/*Joost* RdNr. 123; Baumbach/*Hopt* RdNr. 5; *Hofmann/Fladung/van Ghemen* Nr. 4.1.2.3.
[123] Staub/*Joost* RdNr. 124.
[124] BGH Urt. v. 14. 6. 1976 – III ZR 105/74, WM 1976, 1053, 1054; MünchKommHGB/*Krebs* RdNr. 97; Staub/*Joost* RdNr. 125; *Hofmann/Fladung/van Ghemen* Nr. 4.1.2.3.
[125] *Hofmann/Fladung/van Ghemen* Nr. 4.1.2.4.
[126] BGH Urt. v. 12. 12. 1960 – II ZR 255/59, BGHZ 34, 27, 31 = NJW 1961, 506; BGH Urt. v. 6. 3. 1975 – II ZR 80/73, BGHZ 64, 72, 75 = NJW 1975, 1117; BGH Urt. v. 25. 11. 1985 – II ZR 115/85, NJW-RR 1986, 778; MünchKommHGB/*Krebs* RdNr. 98; Baumbach/*Hopt* RdNr. 5.
[127] BGH Urt. v. 6. 3. 1975 – II ZR 80/73, BGHZ 64, 72, 75 = NJW 1975, 1117; ebenso wohl auch Staub/*Joost* RdNr. 128; MünchKommHGB/*Krebs* RdNr. 98 und wohl auch *Hofmann/Fladung/van Ghemen* Nr. 4.1.2.4.
[128] Palandt/*Heinrichs* § 167 RdNr. 12.
[129] BGH Urt. v. 14. 2. 1974 – II ZB 6/73, BGHZ 62, 166, 173 = NJW 1974, 1194; MünchKommHGB/*Krebs* RdNr. 101; Staub/*Joost* RdNr. 130; Baumbach/*Hopt* RdNr. 5; *Hofmann/Fladung/van Ghemen* 4.1.3.1.
[130] BGH Beschl. v. 14. 2. 1974 – II ZB 6/73, BGHZ 62, 166, 173 = NJW 1974, 1194; MünchKommHGB/*Krebs* RdNr. 104; Staub/*Joost* RdNr. 134; Baumbach/*Hopt* RdNr. 5; *Hofmann/Fladung/van Ghemen* Nr. 4.1.3.1.
[131] OLG München Urt. v. 28. 10. 1971 – 1 U 1391/71, BB 1972, 113, 114; MünchKommHGB/*Krebs* RdNr. 102; Staub/*Joost* RdNr. 132.

§ 49 1–3 1. Buch. 5. Abschnitt. Prokura und Handlungsvollmacht

kuristen abgeschlossen werden müssen, darunter aber jeder alleine handeln können soll. In diesem Fall kann jedem (Gesamt-)Prokuristen zusätzlich Handlungsvollmacht in Alleinvertretung erteilt werden, Geschäfte bis zu einer Größenordnung von 50 000 Euro abzuschließen. Gesamtprokura und Einzelhandlungsvollmacht in ein und der selben Person schließen sich nicht aus (s. § 54 RdNr. 4).

§ 49 [Umfang der Prokura]

(1) **Die Prokura ermächtigt zu allen Arten von gerichtlichen und außergerichtlichen Geschäften und Rechtshandlungen, die der Betrieb eines Handelsgewerbes mit sich bringt.**

(2) **Zur Veräußerung und Belastung von Grundstücken ist der Prokurist nur ermächtigt, wenn ihm diese Befugnis besonders erteilt ist.**

Übersicht

	RdNr.		RdNr.
I. Normzweck; Rechtstatsachen	1	4. Einzelbevollmächtigung für Grundlagengeschäfte	14
II. Geltungsbereich	2	5. Grundstücksgeschäfte	15–18
III. Von der Prokura umfasste Geschäfte	3–8	a) Veräußerung	16
1. Grundsatz	3	b) Belastung	17
2. Ausnahmen	4	c) Erteilung der besonderen Befugnis nach Abs. 2	18
3. Art der umfassten Rechtshandlungen	5–8	6. Insichgeschäft	19
a) Materielles Recht	6		
b) Prozessrecht	7, 8	V. Rechtsgeschäftliche Beschränkungen der Prokura	20, 21
IV. Von der Prokura nicht umfasste Geschäfte	9–19	1. Außenverhältnis	20
1. Privatgeschäfte	9	2. Innenverhältnis	21
2. Beschränkungen kraft Gesetzes	10	VI. Missbrauch der Vertretungsmacht	22
3. Grundlagengeschäfte	11–13		

I. Normzweck; Rechtstatsachen

1 Im Interesse der Sicherheit des Handelsverkehrs legt die Vorschrift den bewusst sehr weiten Umfang der Prokura fest.[1] Die Rechtswirklichkeit hat sich durch interne Beschränkungen von diesem Ideal weitgehend entfernt. § 49 bildet mit § 50 Abs. 1, wonach Beschränkungen der Prokura Dritten gegenüber unwirksam sind, eine Einheit.

II. Geltungsbereich

2 Die Vorschrift gilt **sowohl für die Einzelprokura als auch für die Gesamtprokura.**[2] „Ermächtigt" im Sinne des Absatz 1 bedeutet „bevollmächtigt".[3]

III. Von der Prokura umfasste Geschäfte

3 **1. Grundsatz.** Die Prokura umfasst grundsätzlich **alle Geschäfte**, die zum **Betrieb eines Handelsgewerbes** gehören. „Mit sich bringt" im Sinne des Absatzes 1 bedeutet dabei „mit sich bringen kann".[4] Von der Prokura umfasst sind damit nicht nur die laufenden Geschäfte, sondern auch ungewöhnliche Geschäfte.[5] Ebenso sind auch branchenfremde Geschäfte von der Prokura gedeckt.[6] Es genügt, dass ein Geschäft in irgendeiner Weise einem beliebigen Handelsgewerbe zugeordnet werden könnte. Der Prokurist kann zB Personal anstellen, Handlungsvollmacht erteilen,[7] Kredite aufnehmen, Wechsel- oder Scheckerklärungen abgeben, Dauerschuldverhältnisse eingehen oder

---

[1] MünchKommHGB/*Krebs* RdNr. 1.
[2] MünchKommHGB/*Krebs* RdNr. 11.
[3] MünchKommHGB/*Krebs* RdNr. 12.
[4] MünchKommHGB/*Krebs* RdNr. 22.
[5] BGH Urt. v. 10. 6. 1974 – VII ZR 44/73, BGHZ 63, 32, 35 = NJW 1974, 1462; MünchKommHGB/*Krebs* RdNr. 22; Koller/*Roth*/Morck RdNr. 2.
[6] MünchKommHGB/*Krebs* RdNr. 15; Koller/*Roth*/Morck RdNr. 2; *Canaris* § 12 RdNr. 15.
[7] Schlegelberger/*Schröder* § 52 RdNr. 14; *Hofmann*/Fladung/van Ghemen Nr. 3.4.

beenden, Verbindlichkeiten übernehmen, Vergleiche schließen, **Schenkungen** machen, **neue Produktionszweige** eröffnen oder **Niederlassungen gründen,**[8] soweit nicht ein Grundlagengeschäft vorliegt (vgl. RdNr. 4 und 11 ff.). Von der Prokura umfasst sind auch die **Gründung einer Tochtergesellschaft,**[9] der **Erwerb eines weiteren Handelsgeschäftes** und der **Erwerb einer Beteiligung;**[10] gedeckt ist ferner die **Aufnahme eines Stillen Gesellschafters,**[11] denn auch insoweit handelt es sich nur um ein schuldrechtliches Geschäft, das der Betrieb eines Handelsgewerbes mit sich bringt. Die Prokura bei einer Komplementär-GmbH umfasst auch die **Vertretung der Komplementär-GmbH in dieser Eigenschaft;** der Prokurist der Komplementär-GmbH kann somit für die KG handeln.[12]

2. Ausnahmen. Von der Prokura nicht umfasst sind **Privatgeschäfte**[13] (s. RdNr. 9) des **4** Inhabers, Geschäfte, bei denen **kraft Gesetzes** die Vertretung nicht möglich ist (s. RdNr. 10), und die sogenannten **Grundlagengeschäfte** (s. im Einzelnen RdNr. 11 ff.). Dabei ist entscheidend, ob es sich bei dem jeweiligen Geschäft um ein Grundlagengeschäft für dasjenige Handelsgewerbe oder diejenige Handelsgesellschaft handelt, für die die Prokura erteilt ist; so sind Grundlagengeschäfte einer KG für den Prokuristen einer Komplementär-GmbH nur dann von einer Prokura nicht gedeckte Grundlagengeschäfte, wenn diese zugleich auch für die Komplementär-GmbH Grundlagengeschäfte sind.[14] Ferner sind **Grundstücksgeschäfte** (s. RdNr. 15 ff.) und **Insichgeschäfte** (s. RdNr. 19) grundsätzlich **nicht** von der Prokura gedeckt.

3. Art der umfassten Rechtshandlungen. Die Vollmacht erstreckt sich **auf alle Arten von** **5** **gerichtlichen und außergerichtlichen Rechtshandlungen.**

a) Materielles Recht. Die Prokura umfasst **Rechtshandlungen und Geschäfte** auf allen **6** Rechtsgebieten des bürgerlichen Rechts, des Handels- und Gesellschaftsrechts und des öffentlichen Rechts. Nicht umfasst sind Rechtshandlungen, die ein sogenanntes Grundlagengeschäft umfassen (s. RdNr. 11 ff.).[15] Vertretungshandlungen im Rahmen der Binnenorganisation des Unternehmens sind damit grundsätzlich auch von der Prokura abgedeckt.[16] Umfasst sind auch Handlungen im Bereich des öffentlichen Rechts und des Strafrechts, nicht aber Strafanträge gegen den eigenen Geschäftsführer oder Inhaber.[17]

b) Prozessrecht. Der Prokurist hat ferner **Vertretungsmacht für alle Gerichtsbarkeiten** und **7** alle Verfahrensarten.[18] Der Prokurist kann allerdings nicht als Partei einvernommen werden.[19] Zustellungen werden wirksam an den Prokuristen vorgenommen (§ 171 ZPO). Die gerichtliche Vertretungsmacht umfasst allerdings nur solche Streit- und Verfahrensgegenstände, die auch außergerichtlich von der Prokura umfasst sind. Für Klagen gegen den eigenen Geschäftsführer oder Inhaber hat der Prokurist schon allein deshalb keine Vertretungsmacht, weil dies zu einem In-Sich-Prozess führen würde, der gegen das Zwei-Parteien-Prinzip verstieße (s. RdNr. 13).

Vertretungsmacht des Prokuristen besteht auch **in Verfahren der freiwilligen Gerichtsbarkeit** **8** einschließlich des Handelsregisterverfahrens, so zB bei Verfahrenshandlungen im Bereich des Handelsregisters im Rahmen eines Beteiligungserwerbs, wenn der Prokurist in Vertretung des Inhabers in dessen Eigenschaft als Gesellschafter einer anderen Gesellschaft handelt.[20] **Verfahrenshandlungen, die sich auf Grundlagengeschäfte** (s. RdNr. 11 ff.) beziehen, wie zB die **Anmeldung** des eigenen Unternehmens **zum Handelsregister,** kann der Prokurist aber nicht vorneh-

---

[8] Röhricht/Graf von Westphalen/*Wagner* RdNr. 4; Baumbach/*Hopt* RdNr. 1; Schlegelberger/*Schröder* RdNr. 6; Hofmann/Fladung/van Ghemen Nr. 3.4; *Spitzbarth/Preuß* S. 75; aA *K. Schmidt* HandelsR § 16 III 3 a.
[9] Röhricht/Graf von Westphalen/*Wagner* RdNr. 4; *Spitzbarth/Preuß* S. 75.
[10] MünchKommHGB/*Krebs* RdNr. 32; Staub/*Joost* RdNr. 20, 25; Schlegelberger/*Schröder* RdNr. 6.
[11] RG Urt. v. 8. 1. 1937 – II 122/36, RGZ 153, 371, 373 f.; *Spitzbarth/Preuß* S. 77; aA MünchKommHGB/*Krebs* RdNr. 33; Staub/*Joost* RdNr. 24; Schlegelberger/*Schröder* RdNr. 6.
[12] OLG Hamm Beschl. v. 3. 7. 1967 – 15 W 283/67, NJW 1967, 2163.
[13] Zu Beispielen s. Hofmann/Fladung/van Ghemen Nr. 3.1.1.
[14] BGH Beschl. v. 2. 12. 1991 – II ZB 13/91, BGHZ 116, 190 = NJW 1992, 975; OLG Hamm Beschl. v. 3. 7. 1967 – 15 W 283/67, NJW 1967, 2163; aA MünchKommHGB/*Krebs* RdNr. 31; *Joost* ZIP 1992, 463, 465.
[15] MünchKommHGB/*Krebs* RdNr. 16 ff.; Baumbach/*Hopt* RdNr. 2; Koller/*Roth*/Morck RdNr. 2.
[16] MünchKommHGB/*Krebs* RdNr. 19.
[17] MünchKommHGB/*Krebs* RdNr. 19 f.; aA wohl Schönke/Schröder/*Sternberg-Lieben* RdNr. 14 zu § 77, der nur Organe als strafantragsbefugt ansieht.
[18] MünchKommHGB/*Krebs* RdNr. 20; Baumbach/*Hopt* RdNr. 1; Röhricht/Graf von Westphalen/*Wagner* RdNr. 8; Koller/*Roth*/Morck RdNr. 4; *K. Schmidt* HandelsR § 16 III 3 a.
[19] MünchKommHGB/*Krebs* RdNr. 51; Staub/*Joost* RdNr. 41; Hofmann/Fladung/van Ghemen Nr. 3.6.2.
[20] BGH Beschl. v. 2. 12. 1991 – II ZB 13/91, BGHZ 116, 190, 193 = NJW 1992, 975; Koller/*Roth*/Morck RdNr. 4; Baumbach/*Hopt* RdNr. 2; *K. Schmidt* HandelsR § 16 III 3 a; aA BayObLG Beschl. v. 14. 7. 1980 – 1 Z 17/80, DB 1980, 2232 = BB 1980, 1487; *Bärwaldt* NJW 1997, 1404.

men;²¹ Gleiches gilt für die Anmeldung einer Kapitalerhöhung oder einer Kapitalherabsetzung bei Kapitalgesellschaften.²² In diesen Fällen bedürfte der Prokurist einer besonderen Vollmacht in der Form des § 12 Abs. 2.

IV. Von der Prokura nicht umfasste Geschäfte

9 **1. Privatgeschäfte.** Privatgeschäfte sind nicht von der Prokura umfasst. Dabei ist die Vermutung des § 344 zu beachten.²³

10 **2. Beschränkungen kraft Gesetzes.** Eine Reihe von Geschäften kann bereits kraft Gesetzes nur vom Inhaber oder von den Organen vorgenommen werden. Ob es sich dabei um ein Grundlagengeschäft im Sinne der herrschenden Terminologie handelt, kann dahin stehen (zu den Grundlagengeschäften im Einzelnen s. RdNr. 11 ff.). Zu den Beschränkungen kraft Gesetzes gehört bei allen Kaufleuten (Einzelkaufleuten, Personenhandelsgesellschaften und Kapitalgesellschaften) die **Unterzeichnung des Jahresabschlusses** (§ 245).²⁴ Bei Aktiengesellschaften gehören hierzu ferner der Gründungsbericht (§ 32 Abs. 1 AktG) und der Insolvenzantrag (§ 92 Abs. 2 AktG).²⁵ Auch die **Erteilung einer Prokura** ist nicht von der Prokura umfasst.²⁶ Überdies gilt für Prokuristen das Verbot des § 181 BGB (s. RdNr. 19).

11 **3. Grundlagengeschäfte.** Grundlagengeschäfte fallen grundsätzlich **nicht unter die Prokura**, da sie nicht der Betrieb eines Handelsgewerbes „mit sich bringt".²⁷

12 Im Einzelnen ist streitig, was als Grundlagengeschäft anzusehen ist. Teilweise sieht die Literatur in dem Katalog des § 119 Abs. 1 AktG zugleich einen Katalog der Grundlagengeschäfte im Sinne des Vertretungsrechts.²⁸ Diese Analogie ist indes problematisch, da der gesetzgeberische Zweck des § 119 Abs. 1 AktG ein anderer ist.

13 Nach hM werden als Grundlagengeschäfte angesehen zB Entscheidungen, die – mit Ausnahme der Aufnahme eines Stillen Gesellschafters (s. RdNr. 3) – den **Kreis der Gesellschafter verändern**,²⁹ Entscheidungen über die **Abwicklung (Liquidation) oder die Veräußerung des Handelsgeschäfts**,³⁰ die vollständige **Änderung des Unternehmensgegenstandes**,³¹ soweit nur einzelne branchenfremde Geschäfte vorgenommen werden (s. RdNr. 3), die **Sitzverlegung**,³² der **Antrag auf Eröffnung des Insolvenzverfahrens**,³³ soweit dies nicht bereits kraft Gesetzes den Organen vorbehalten ist, Entscheidungen über eine **Änderung der Rechtsform** oder der **Firma**.³⁴ Soweit bei Handelsgesellschaften nicht ohnehin die Zustimmung, Mitwirkung oder Entscheidung anderer gesellschaftsrechtlicher Organe erforderlich wäre, kann der Prokurist im Falle der genannten Grundlagengeschäfte schon aus vertretungsrechtlichen Gründen keine **Handelsregisteranmeldung** vornehmen (s. RdNr. 8). Ein Prokurist kann daher auch nicht seine eigene Prokura oder die Prokura eines anderen Prokuristen anmelden (s. § 53 RdNr. 5). Eine Vertretung einer GmbH durch ihren Prokuristen gegen den Alleingeschäftsführer scheidet schon wegen des Verstoßes gegen das Zweiparteienprinzip im Zivilprozess aus.³⁵ Die in Vollzug einer einmal getroffenen Grundlagenentschei-

---

²¹ BGH Beschl. v. 2. 12. 1991 – II ZB 13/91, BGHZ 116, 190, 193 = NJW 1992; 975; MünchKommHGB/*Krebs* RdNr. 35; Baumbach/*Hopt* RdNr. 1 f.; Koller/*Roth*/Morck RdNr. 4.1; Schlegelberger/*Schröder* RdNr. 7; *K. Schmidt* HandelsR § 16 III 3 a; *Hofmann/Fladung/van Ghemen* Nr. 3.4 und 3.3.1; *Bärwaldt* NJW 1997, 1404.
²² *Spitzbarth/Preuß* S. 76.
²³ Schlegelberger/*Schröder* RdNr. 6.
²⁴ MünchKommHGB/*Krebs* RdNr. 50; Koller/*Roth*/Morck RdNr. 5; Baumbach/*Hopt* RdNr. 2.
²⁵ MünchKommHGB/*Krebs* RdNr. 50; § 78 GmbHG und § 36 AktG fallen nicht darunter, da diese Bestimmungen nach ihrer Formulierung nur die innerorganschaftliche Gesamtverantwortung regeln und nicht die Vertretung ausschließen, OLG Köln Beschl. v. 1. 10. 1986 – 2 Wx 53/86, NJW 1987, 135.
²⁶ Koller/*Roth*/Morck RdNr. 5; Baumbach/*Hopt* RdNr. 2; *Hofmann/Fladung/van Ghemen* Nr. 3.4.
²⁷ MünchKommHGB/*Krebs* RdNr. 23 ff.; *Bärwaldt* NJW 1997, 1404.
²⁸ MünchKommHGB/*Krebs* RdNr. 24.
²⁹ MünchKommHGB/*Krebs* RdNr. 25; Röhricht/Graf von Westphalen/*Wagner* RdNr. 5; Baumbach/*Hopt* RdNr. 2; Schlegelberger/*Schröder* RdNr. 6.
³⁰ BGH Urt. v. 28. 6. 1965 – III ZR 10/64, BB 1965, 1373, 1374; BGH Urt. v. 9. 1. 1995 – II ZR 24/94, NJW 1995, 596; MünchKommHGB/*Krebs* RdNr. 30; Staub/*Joost* RdNr. 22; Röhricht/Graf von Westphalen/*Wagner* RdNr. 5; Baumbach/*Hopt* RdNr. 2; Schlegelberger/*Schröder* RdNr. 6; *K. Schmidt* HandelsR § 16 III 3 a; *Hofmann/Fladung/van Ghemen* Nr. 3.1.1; *Spitzbarth/Preuß* S. 77.
³¹ MünchKommHGB/*Lieb/Krebs* RdNr. 26; Staub/*Joost* RdNr. 18; Röhricht/Graf von Westphalen/*Wagner* RdNr. 5; *Canaris* § 12 RdNr. 15; *K. Schmidt* HandelsR § 16 III 3 a; *Spitzbarth/Preuß* S. 77.
³² MünchKommHGB/*Krebs* RdNr. 27; Staub/*Joost* RdNr. 19; *K. Schmidt* HandelsR § 16 III 3 a; aA Schlegelberger/*Schröder* RdNr. 6.
³³ MünchKommHGB/*Krebs* RdNr. 25.
³⁴ MünchKommHGB*Lieb/Krebs* RdNr. 25 und 28; Schlegelberger/*Schröder* RdNr. 6; *Hofmann/Fladung/van Ghemen* Nr. 3.4.
³⁵ OLG Frankfurt Beschl. v. 11. 7. 1996 – 24 U 235/95, NJW 1997, 31.

dung weiterer Geschäfte sind jedoch dann wieder von der Prokura gedeckt; ist zB die Entscheidung gefallen, das Handelsgewerbe zu liquidieren, umfasst die Prokura die Geschäfte zur Umsetzung dieser Liquidation wie zB den Abschluss eines Sozialplanes.[36]

4. Einzelbevollmächtigung für Grundlagengeschäfte. Für sämtliche Grundlagengeschäfte ist selbstverständlich Einzelbevollmächtigung außerhalb der Prokura möglich;[37] solche Einzelvollmachten können nicht ins Handelsregister eingetragen werden. **14**

5. Grundstücksgeschäfte. Grundstücksgeschäfte sind nur dann von der Prokura umfasst, wenn dem Prokuristen diese Befugnis nach **Absatz 2** besonders erteilt ist. Die Beschränkung der Prokura nach Absatz 2 umfasst **Veräußerung** und **Belastung**. **Erwerb** und **Entlastung** (zB die Löschung von Grundpfandrechten) sind von der Prokura in dem Umfang nach Absatz 1 umfasst.[38] **15**

a) Veräußerung. Unter Veräußerung von Grundstücken ist im Hinblick auf die vergleichbare Interessenlage auch die **Veräußerung von grundstücksgleichen Rechten (Erbbaurecht; Wohnungseigentum; Wohnungserbbaurecht)** zu verstehen.[39] **Bruchteile von Grundstücken** sind Grundstücke im Sinne dieser Vorschrift.[40] Die Veräußerung sonstiger dinglicher Rechte fällt nicht unter Absatz 2, soweit sich das betreffende Geschäft nicht ausnahmsweise als Belastung im Sinne eben dieser Vorschrift darstellt.[41] Auf eingetragene Seeschiffe und eingetragene Luftfahrzeuge ist Absatz 2 nicht anwendbar.[42] Die Vorschrift ist auch nicht anwendbar auf die Veräußerung von Anteilen einer Gesellschaft, die Eigentümerin eines Grundstücks ist.[43] **Veräußerung** bezeichnet zunächst das dingliche Rechtsgeschäft, gilt entgegen dem ungenauen Wortlaut aber analog auch für das diesbezügliche **obligatorische Geschäft**.[44] Die Vorschrift gilt auch für die Einräumung eines Miteigentumsanteiles sowie für die Einbringung des Grundstücks in eine Gesellschaft.[45] **16**

b) Belastung. Belastung im Sinne des Absatz 2 sind die Bestellung einer Hypothek, einer Grundschuld, einer Reallast, eines Nießbrauchs, einer Dienstbarkeit, einer entsprechenden Vormerkung, eines Vorkaufsrechts oder eines Erbbaurechts einschließlich der hierauf gerichteten Verpflichtungsverträge.[46] Die Übertragung einer Eigentümergrundschuld unter deren Umwandlung in eine Fremdgrundschuld ist als Belastung anzusehen, nicht aber die bloße Bestellung einer Eigentümergrundschuld ohne Übertragung.[47] Die Bestellung einer Restkaufpreishypothek ist keine Belastung im Sinne des Absatzes 2, da der Kauf selbst unter Absatz 1 fällt und die Belastung insoweit wirtschaftlich hinter dem Erwerb zurücktritt.[48] Mietverträge, Pachtverträge und andere auf Nutzung gerichtete schuldrechtliche Verträge fallen nicht unter Absatz 2.[49] **17**

c) Erteilung der besonderen Befugnis nach Abs. 2. Die Erteilung der besonderen Befugnis stellt eine Erweiterung der Prokura dar, deren – deklaratorische – Eintragung in das Handelsregister erforderlich ist.[50] Nach hM kann die besondere Befugnis auch entweder nur für Veräußerungen oder nur für Belastungen erteilt werden.[51] Der Wortlaut spricht indes gegen die hM („Veräußerung und Belastung", nicht „Veräußerung oder Belastung"); überdies ist für eine weitere Aufspaltung kein praktisches Bedürfnis erkennbar. Die Erteilung der besonderen Befugnis ist auch dann erforderlich, **18**

---

[36] MünchKommHGB/*Krebs* RdNr. 30; Staub/*Joost* RdNr. 22.
[37] MünchKommHGB/*Krebs* RdNr. 61 f.
[38] Röhricht/Graf von Westphalen/*Wagner* RdNr. 14; Baumbach/*Hopt* 30. RdNr. 4; *Hofmann/Fladung/van Ghemen* Nr. 3.3.2.2.
[39] MünchKommHGB/*Krebs* RdNr. 38; Staub/*Joost* RdNr. 30; *Hofmann/Fladung/van Ghemen* Nr. 3.3.2.2.
[40] MünchKommHGB/*Krebs* RdNr. 41; *Hofmann/Fladung/van Ghemen* Nr. 3.3.2.2.
[41] BayObLG Beschl. v. 14. 4. 1982 – 3 Z 20/82, WM 1982, 647, 649; MünchKommHGB/*Krebs* RdNr. 39; *Hofmann/Fladung/van Ghemen* Nr. 3.3.2.2.
[42] LG Braunschweig Beschl. v. 23. 7. 1986 – 8 T 427/86, NJW-RR 1987, 23 f.; MünchKommHGB/*Krebs* RdNr. 40; Röhricht/Graf von Westphalen/*Wagner* RdNr. 20; Staub/*Joost* RdNr. 30.
[43] MünchKommHGB/*Krebs* RdNr. 41.
[44] MünchKommHGB/*Krebs* RdNr. 43; Röhricht/Graf von Westphalen/*Wagner* RdNr. 16; Koller/*Roth*/Morck RdNr. 7; Baumbach/*Hopt* RdNr. 4; *Hofmann/Fladung/van Ghemen* Nr. 3.3.2.2.
[45] MünchKommHGB/*Krebs* RdNr. 44; Staub/*Joost* RdNr. 30.
[46] MünchKommHGB/*Krebs* RdNr. 45; Staub/*Joost* RdNr. 33; Röhricht/Graf von Westphalen/*Wagner* RdNr. 17.
[47] MünchKommHGB/*Krebs* RdNr. 47; Staub/*Joost* RdNr. 34; Röhricht/Graf von Westphalen/*Wagner* RdNr. 18 und 20; aA *Hofmann/Fladung/van Ghemen* Nr. 3.3.2.2.
[48] Baumbach/*Hopt* RdNr. 4; *K. Schmidt* HandelsR § 16 III 3 b; *Hofmann/Fladung/van Ghemen* Nr. 3.3.2.2; *Spitzbarth/Preuß* S. 86.
[49] BGH Urt. 10. 6. 1974 – VII ZR 44/73, BGHZ 63, 32, 35 = NJW 1974, 1462; Staub/*Joost* RdNr. 32; Baumbach/*Hopt* RdNr. 4; Koller/*Roth*Morck RdNr. 7; Schlegelberger/*Schröder* RdNr. 14; *Hofmann/Fladung/van Ghemen* Nr. 3.3.2.2; kritisch MünchKommHGB/*Krebs* RdNr. 46.
[50] BayObLG Beschl. v. 15. 2. 1971 – 2 Z 83/70, NJW 1971, 810 f.; BayObLG Beschl. v. 14. 7. 1980 – 1 Z 17/80, DB 1980 2232, 2233 = BB 1980, 1487; MünchKommHGB/*Krebs* RdNr. 56; Koller/*Roth*/Morck RdNr. 8; Staub/*Joost* RdNr. 35.
[51] Staub/*Joost* RdNr. 37; aA MünchKommHGB/*Krebs* RdNr. 58.

§ 50   1. Buch. 5. Abschnitt. Prokura und Handlungsvollmacht

wenn die Prokura in einem Unternehmen erteilt wird, das sich ausschließlich mit dem Grundstückshandel befasst; es macht keinen Unterschied, ob die Grundstücke zum Umlaufvermögen oder zum Anlagevermögen gehören.[52]

19   **6. Insichgeschäfte.** Insichgeschäfte sind von der Prokura grundsätzlich nicht gedeckt (§ 181 BGB), soweit sie nicht ausschließlich in der Erfüllung einer Verbindlichkeit bestehen.[53] Eine Befreiung von diesem Verbot kann für den Einzelfall erteilt werden.[54] Eine generelle Befreiung ist möglich, bedarf aber der Eintragung in das Handelsregister.[55] Der Prokurist kann aber einen Handlungsbevollmächtigten bestellen und mit diesem dann ein Geschäft im eigenen Namen abschließen; dieses Geschäft ist wirksam, soweit die Beteiligten nicht unter Umgehung des § 181 BGB zur Schädigung des Inhabers kollusiv zusammenwirken.[56]

V. Rechtsgeschäftliche Beschränkungen der Prokura

20   **1. Außenverhältnis. Beschränkungen** der Prokura im Außenverhältnis, also gegenüber Dritten, sind **unwirksam** (vgl. § 50 Abs. 1).

21   **2. Innenverhältnis. Beschränkungen** der Prokura im Innenverhältnis lassen den **Umfang** der Prokura **im Außenverhältnis unberührt** (vgl. § 50 RdNr. 4). Beschränkungen im Innenverhältnis können sich aus Anstellungsvertrag, Erklärungen bei der Prokuraerteilung, Arbeitsplatzbeschreibung oder ähnlichen Erklärungen ergeben.[57] Verstöße gegen Beschränkungen im Innenverhältnis haben nur in den Missbrauchsfällen (s. § 50 RdNr. 8 ff.) Auswirkung auf das Außenverhältnis. Dem Inhaber bleiben ansonsten bei Verstößen nur die Maßnahmen aus dem Arbeitsvertrag.

VI. Missbrauch der Vertretungsmacht

22   Zum Missbrauch der Vertretungsmacht s. § 50 RdNr. 8 ff.

§ 50 [Beschränkung des Umfanges]

(1) Eine Beschränkung des Umfanges der Prokura ist Dritten gegenüber unwirksam.

(2) Dies gilt insbesondere von der Beschränkung, daß die Prokura nur für gewisse Geschäfte oder gewisse Arten von Geschäften oder nur unter gewissen Umständen oder für eine gewisse Zeit oder an einzelnen Orten ausgeübt werden soll.

(3) ¹Eine Beschränkung der Prokura auf den Betrieb einer von mehreren Niederlassungen des Geschäftsinhabers ist Dritten gegenüber nur wirksam, wenn die Niederlassungen unter verschiedenen Firmen betrieben werden. ²Eine Verschiedenheit der Firmen im Sinne dieser Vorschrift wird auch dadurch begründet, daß für eine Zweigniederlassung der Firma ein Zusatz beigefügt wird, der sie als Firma der Zweigniederlassung bezeichnet.

Übersicht

	RdNr.		RdNr.
I. Normzweck	1	III. Niederlassungsprokura	5–7
II. Grundsatz der Unbeschränktheit der Prokura	2–4	1. Begriff der Niederlassung	5
		2. Niederlassungsprokura	6
1. Rechtsgeschäftliche Beschränkungen im Außenverhältnis	2	3. Handeln des Niederlassungsprokuristen	7
2. Beschränkungen kraft Gesetzes	3	IV. Missbrauch der Prokura	8–14
3. Rechtsgeschäftliche Beschränkungen im Innenverhältnis	4	1. Missbrauch im Innenverhältnis	8–13
		a) Folgen im Innenverhältnis	9
		b) Folgen im Außenverhältnis	10–13
		2. Missbrauch im Außenverhältnis	14

---

[52] Staub/*Joost* RdNr. 36; Röhricht/Graf von Westphalen/*Wagner* RdNr. 15; *Spitzbarth,* Vollmachten im modernen Management, 2. Aufl. 1989, S. 84 f.; aA OLG Hamm Beschl. v. 3. 7. 1967 – 15 W 283/67, NJW 1967, 2163.
[53] BGH Beschl. v. 27. 2. 1980 – V ZB 15/79, NJW 1980, 1577; MünchKommHGB/*Krebs* RdNr. 54; Koller/*Roth*/Morck RdNr. 5; Schlegelberger/*Schröder* RdNr. 10; *Hofmann*/*Fladung*/*van Ghemen* Nr. 3.3.3; *Spitzbarth*/*Preuß* S. 76.
[54] MünchKommHGB/*Krebs* RdNr. 61; Koller/*Roth*/Morck RdNr. 5; Schlegelberger/*Schröder* RdNr. 10; *Hofmann*/*Fladung*/*van Ghemen* Nr. 3.3.3; *Spitzbarth*/*Preuß* S. 76.
[55] BayObLG Beschl. v. 14. 7. 1980 – 1 Z 17/80, DB 1980, 2232 = BB 1980, 1487; OLG Hamm Beschl. v. 21. 2. 1983 – 15 W 87/82, DB 1983, 982; MünchKommHGB/*Krebs* RdNr. 61; *Spitzbarth*/*Preuß* S. 76; Koller/*Roth*/Morck RdNr. 5.
[56] RG Urt. v. 27. 9. 1924 – V 367/23, RGZ 108, 405 ff.; *Hofmann*/*Fladung*/*van Ghemen* Nr. 3.3.3.
[57] Schlegelberger/*Schröder* RdNr. 7.

Beschränkung des Umfanges 1–5 § 50

I. Normzweck

§ 49 und § 50 Abs. 1 bilden eine Einheit. § 50 Abs. 1 erklärt den Umfang der Prokura gemäß § 49 Dritten gegenüber für absolut bindend. Absatz 2 enthält eine überflüssige Klarstellung.[1] Absatz 3 lässt – als Ausnahme von Absatz 1 und 2 – die Beschränkung der Prokura auf eine oder mehrere Niederlassungen zu.

II. Grundsatz der Unbeschränktheit der Prokura (Abs. 1 und 2)

1. Rechtsgeschäftliche Beschränkungen im Außenverhältnis. Die Vorschrift bezieht sich nur auf rechtsgeschäftliche Beschränkungen, die im Außenverhältnis Wirkung entfalten sollen.[2] Danach sind keine Beschränkungen des Umfangs der Prokura nach § 49 möglich. Die Aufzählung von Dritten gegenüber unwirksamen Beschränkungen in Abs. 2 ist nicht abschließend.[3] Auch Beschränkungen durch individuelle Vereinbarung mit dem Geschäftspartner sind ausgeschlossen.[4] Die jeweiligen Beschränkungen der Prokura im Außenverhältnis sind unwirksam. Die Prokura als solche bleibt – ohne die unzulässige Beschränkung – wirksam; Absatz 1 geht § 139 BGB als lex specialis vor.[5] Allerdings ist die Frage des Missbrauchs der Vertretungsmacht besonders sorgfältig zu prüfen (s. RdNr. 8 ff.), wenn gegen eine nach Absatz 1 unwirksame Beschränkung verstoßen wurde.

2. Beschränkungen kraft Gesetzes. Beschränkungen der Prokura kraft Gesetzes, bezüglich der Grundlagengeschäfte, nach § 49 Abs. 2, in den Fällen der Gesamtprokura und hinsichtlich von Insichgeschäften (§ 181 BGB) bleiben durch Absatz 1 und 2 unberührt (vgl. § 49 RdNr. 9 ff.).[6] Gleichfalls unberührt bleiben die Einschränkungen der Prokura in den Fällen des Missbrauchs der Vertretungsmacht durch den Prokuristen (vgl. RdNr. 8 ff.).

3. Rechtsgeschäftliche Beschränkungen im Innenverhältnis. In der heutigen Rechtspraxis ist die überschießende Außenmacht die Regel. Rechtsgeschäftliche Beschränkungen der Prokura im Innenverhältnis bleiben durch Absatz 1 und 2 unberührt.[7] Sie verpflichten den Prokuristen, von seiner Prokura nur in einer ganz bestimmten Art und Weise Gebrauch zu machen.[8] Ein Verstoß des Prokuristen gegen diese Beschränkungen kann Ansprüche des Inhabers aus § 280 Abs. 1 BGB begründen oder zur – ggf. fristlosen Kündigung – berechtigen.[9] Zu den Rechtsfolgen im Außenverhältnis bei Missachtung von Beschränkungen im Innenverhältnis s. RdNr. 8 ff.

III. Niederlassungsprokura (Abs. 3)

1. Begriff der Niederlassung. Der Begriff der Niederlassung im Sinne des Absatzes 3 ist von der **Betriebsstätte** einerseits und von einem **anderen Unternehmen** desselben Inhabers andererseits abzugrenzen.[10] Im Unterschied zu einem anderen Unternehmen ist die Niederlassung von der Hauptniederlassung organisatorisch abhängig.[11] Bei verschiedenen Unternehmen desselben Einzelkaufmanns oder derselben Personengesellschaft können ohnehin Prokuren unter Beschränkung auf jeweils eines dieser Unternehmen erteilt werden;[12] bei Kapitalgesellschaften ist hingegen davon auszugehen, dass es sich stets um **ein** Unternehmen handelt.[13] Anders als die Betriebsstätte muss die Niederlassung von der Hauptniederlassung räumlich getrennt sein und als Niederlassung im Rechtsverkehr selbständig auftreten.[14] Zusätzlich fordert Absatz 3 Satz 1, dass die Niederlassung oder die Niederlassungen unter verschiedenen Firmen betrieben werden. Nach Absatz 3 Satz 2 wird

---

[1] MünchKommHGB/*Krebs* RdNr. 2; *K. Schmidt* DB 1994, 515, 521.
[2] MünchKommHGB/*Krebs* RdNr. 3; Koller/*Roth*/Morck RdNr. 2; *Hofmann/Fladung/van Ghemen* Nr. 3.5.1; vgl. auch § 50 RdNr. 20.
[3] Röhricht/Graf von Westphalen/*Wagner* RdNr. 7 ff.
[4] MünchKommHGB/*Krebs* RdNr. 5 und 6; Röhricht/Graf von Westphalen/*Wagner* RdNr. 5; Überlegungen, in engem Rahmen Ausnahmen zuzulassen (zB Ausschluss der Rechte aus § 626 BGB bei kurzzeitiger Abwesenheit des Inhabers; vgl. BAG Urt. v. 9. 10. 1975 – 2 AZR 332/74, WM 1976, 598, 599), sind abzulehnen.
[5] Wie hier im Ergebnis MünchKommHGB/*Krebs* RdNr. 6; aA Koller/*Roth*/Morck RdNr. 5.
[6] Koller/*Roth*/Morck RdNr. 6; Röhricht/Graf von Westphalen/*Wagner* RdNr. 6.
[7] Schlegelberger/*Schröder* RdNr. 7; *K. Schmidt* HandelsR § 16 III 3 c aa; vgl. auch § 49 RdNr. 21.
[8] Koller/*Roth*/Morck RdNr. 4.
[9] Koller/*Roth*/Morck RdNr. 4.
[10] MünchKommHGB/*Krebs* RdNr. 9.
[11] MünchKommHGB/ *Krebs* RdNr. 9; Staub/*Joost* RdNr. 14.
[12] Baumbach/*Hopt* RdNr. 3; Schlegelberger/*Schröder* RdNr. 19; *Hofmann/Fladung/van Ghemen* Nr. 4.3.4.
[13] *Hofmann/Fladung/van Ghemen* Nr. 4.3.4.
[14] MünchKommHGB/*Krebs* RdNr. 9.

die Verschiedenheit der Firmen auch dadurch begründet, dass der (Haupt-)Firma ein Zusatz beigefügt wird, der sie als Firma der Zweigniederlassung bezeichnet.

6   **2. Niederlassungsprokura.** Die Niederlassungsprokura kann für eine, mehrere oder alle Zweigniederlassungen erteilt werden.[15] Die Niederlassungsprokura kann auch auf den Sitz oder die Hauptniederlassung beschränkt sein.[16] Wenn mehrere Zweigniederlassungen dieselbe von dem Sitz oder der Hauptniederlassung verschiedene Firma haben, kann für einzelne dieser unter derselben Firma auftretenden Zweigniederlassungen allerdings keine gesonderte Prokura erteilt werden.[17] Die Niederlassungsprokura ist seit dem 1. 1. 2007 (EHUG vom 10. 11. 2006, BGBl. I S. 2553) nur mehr im Handelsregister des Sitzes oder der Hauptniederlassung einzutragen (§ 13 Abs. 1 S. 2). Um klar zu stellen, dass es sich nur um eine Niederlassungsprokura handelt, ist ausdrücklich zu vermerken, auf welche Niederlassung(en) sich diese Prokura beschränkt. Die Beschränkung der Prokura auf den Sitz oder die Hauptniederlassung bedarf ebenfalls eines entsprechenden Zusatzes.[18] Auch die Anmeldung einer Prokura für eine Zweigniederlassung hat beim Registergericht des Sitzes oder der Hauptniederlassung zu erfolgen (§ 13 Abs. 1 S. 2). Die früher vorgesehene Mitteilung an das Registergericht der Zweigniederlassung (§ 13c Abs. 2 HGB aF) wurde durch das EHUG vom 10. 11. 2006 (BGBl. I S. 2553) mit Wirkung zum 1. 1. 2007 abgeschafft; beim Gericht der Zweigniederlassung wird die Zweigniederlassung nicht mehr in das Handelsregister eingetragen. Die bei der Zweigniederlassung bestehenden Registerblätter wurden zum 1. 1. 2007 geschlossen und mit einem auf die Eintragungen beim Gericht des Sitzes oder der Hauptniederlassung hinweisenden Vermerk versehen; auf dem Registerblatt des Gerichts des Sitzes oder der Hauptniederlassung wurden mit Wirkung vom 1. 1. 2007 die Hinweise auf die Eintragungen beim Gericht der Zweigniederlassung gelöscht (Art. 61 Abs. 6 EGHGB).

7   **3. Handeln des Niederlassungsprokuristen.** Der Niederlassungsprokurist kann nur unter der Firma der Niederlassung handeln.[19] Im Übrigen bleibt es aber bei dem Grundsatz der §§ 49 und 50, dass Vertretungsmacht für alle Geschäfte besteht, die der Betrieb irgendeines Handelsgewerbes mit sich bringt.[20] Allerdings beschränkt sich die Niederlassungsprokura auf Geschäfte, die nach außen über die Niederlassung abgewickelt werden.[21] Für wirksame Geschäfte des Niederlassungsprokuristen haftet der Inhaber nicht nur mit dem Betriebsvermögen der Niederlassung, sondern mit seinem gesamten Vermögen.[22]

IV. Missbrauch der Prokura

8   **1. Missbrauch im Innenverhältnis.** Das Auseinanderfallen von dem durch die Prokura vermittelten **rechtlichen Können** und dem auf dem Innenverhältnis beruhenden **rechtlichen Dürfen** wirft die Frage der Rechtsfolgen eines Missbrauchs des rechtlichen Könnens gegenüber dem rechtlichen Dürfen auf.

9   **a) Folgen im Innenverhältnis.** Im Innenverhältnis löst der Missbrauch der Prokura Schadenersatzansprüche des Inhabers gegen den Prokuristen aus.[23] Der Missbrauch kann ferner ein Grund zur – ggf. fristlosen – Kündigung sein.

10   **b) Folgen im Außenverhältnis.** Im Außenverhältnis ist das Geschäft auch bei **Missbrauch der Prokura** grundsätzlich wirksam. Im Hinblick auf die Formenstrenge der Prokura gelten insoweit die allgemeinen Grundsätze zum Missbrauch der Vertretungsmacht für den Missbrauch der Prokura nur sehr eingeschränkt.[24]

---

[15] MünchKommHGB/*Krebs* RdNr. 8; Koller/*Roth*/Morck RdNr. 8; Schlegelberger/*Schröder* RdNr. 11; *Hofmann/Fladung/van Ghemen* Nr. 4.3.1.
[16] BayObLG Beschl. v. 15. 12. 1921, OLGE 42, 212; KG Beschl. v. 25. 2. 1937 – 1 Wx 726/36, JW 1937, 1743, 1744; MünchKommHGB/*Krebs* RdNr. 8; Koller/*Roth*/Morck RdNr. 8; Schlegelberger/*Schröder* RdNr. 11; *Hofmann/Fladung/van Ghemen* Nr. 4.3.1.
[17] KG Beschl. v. 13. 3. 1924, OLGE 43, 282, 283; MünchKommHGB/*Krebs* RdNr. 11.
[18] Koller/*Roth*/Morck RdNr. 8 zur früheren Rechtslage.
[19] MünchKommHGB/*Krebs* RdNr. 13; Koller/*Roth*/Morck RdNr. 9; aA Staub/*Joost* RdNr. 23; *Hofmann/Fladung/van Ghemen* Nr. 4.3.1.
[20] MünchKommHGB/*Krebs* RdNr. 13.
[21] BGH Beschl. v. 21. 3. 1988 – II ZB 69/87, BGHZ 104, 61, 63 = NJW 1988; 1840; MünchKommHGB/*Krebs* RdNr. 13; Schlegelberger/*Schröder* RdNr. 14; aA wohl *Hofmann/Fladung/van Ghemen* Nr. 4.3.2; der weitergehenden Auffassung, wonach er auch nur für solche Geschäfte Vollmacht besitzt, die für Rechnung der Niederlassung abgewickelt werden, kann nicht gefolgt werden, da dies nach außen nicht zwingend erkennbar sein muss.
[22] Koller/*Roth*/Morck RdNr. 9; Schlegelberger/*Schröder* RdNr. 15; *Hofmann/Fladung/van Ghemen* Nr. 4.3.2.
[23] *Hofmann/Fladung/van Ghemen* Nr. 3.5.3; vgl. auch RdNr. 4.
[24] Koller/*Roth*/Morck RdNr. 14; Baumbach/*Hopt* RdNr. 5; *Hofmann* S. 98; kritisch MünchKommHGB/*Krebs* Vor § 48 RdNr. 67 ff.; aA *Vedder* S. 97.

Unstreitig wird ein Missbrauchsfall bejaht, wenn Prokurist und Dritter vorsätzlich zusammen- 11
wirken (Kollusion).[25] Wirkt der Prokurist mit dem Geschäftspartner zu seinem Vorteil oder zum
Vorteil einer ihm nahe stehenden Person und zum Nachteil des Vertretenen zusammen und der
Geschäftspartner hat Kenntnis von dem treuwidrigen Verhalten des Prokuristen, dann ist das Geschäft
nach § 138 BGB nichtig.

Alle weiteren Fälle sind im Einzelnen streitig. Ein zur Unwirksamkeit des Rechtsgeschäfts führen- 12
der Missbrauch der Prokura wird von Rechtsprechung und h. M. bejaht, wenn auf Seiten des
Vertretenen der **Prokurist bewusst zum Nachteil des Vertretenen** handelt[26] und auf Seiten des
Dritten mindestens grobe Fahrlässigkeit vorliegt.[27] Der Rechtsprechung ist zu folgen. Jede weitere
Aufweichung der handelsrechtlichen Formenstrenge würde dazu führen, dem Rechtsverkehr zu
Lasten der Rechtssicherheit unzumutbare Nachforschungs- und Erkundigungspflichten aufzubürden.

Im Falle eines Missbrauches der Prokura nach den **oben genannten Grundsätzen** kann sich 13
der Dritte nicht auf die Vertretungsmacht des Vertreters berufen; der Vertretene braucht das Geschäft
nicht gegen sich gelten zu lassen.[28] Die Rechtsprechung geht hinsichtlich der Rechtsfolgen von einer
Lösung nach §§ 242, 254 BGB aus, wenn dem Vertretenen zumindest auch Fahrlässigkeit zur Last
fällt. Die nachteiligen Folgen des als rechtsmissbräuchlich qualifizierten Geschäfts seien in analoger
Anwendung des § 254 BGB anteilig auf den Vertretenen und auf den Dritten zu verteilen.[29] Diese
Auffassung ist abzulehnen. § 254 BGB passt für Schadenersatzansprüche, nicht aber auf Erfüllungsansprüche. Das Vertretergeschäft kann nur entweder wirksam oder unwirksam sein.[30]

2. Missbrauch im Außenverhältnis. Überschreitet der Prokurist die im Außenverhältnis beste- 14
hende Vertretungsmacht, verkauft er zB ohne Vollmacht nach § 49 Abs. 2 ein Grundstück, so gelten
unmittelbar §§ 177 bis 179 BGB.[31] Lehnt der Geschäftsherr die Genehmigung des betreffenden
Geschäftes ab, so haftet der Prokurist nach § 179 persönlich. Der Vertragspartner kann von dem
Prokuristen Schadensersatz oder Erfüllung verlangen.

§ 51 [Zeichnung des Prokuristen]

Der Prokurist hat in der Weise zu zeichnen, daß er der Firma seinen Namen mit einem die Prokura andeutenden Zusatze beifügt.

I. Normzweck

Als Ordnungsvorschrift dient die Bestimmung der Rechtsklarheit und der Erleichterung des 1
Rechtsverkehrs.[1]

---

[25] Staub/*Joost* RdNr. 42; Baumbach/*Hopt* RdNr. 5; Schlegelberger/*Schröder* RdNr. 8; Koller/*Roth*/Morck RdNr. 11; Spitzbarth/*Preuß* S. 98; *Vedder* S. 36 und 92.

[26] BGH Urt. v. 25. 3. 1968 – II ZR 208/64, BGHZ 50, 112, 114 = WM 1968, 651; BGH Urt. v. 3. 10. 1989 – XI ZR 154/88 = NJW 1990, 384, 385; die in der Literatur bisweilen als Beleg dafür, dass die Rechtsprechung keinen Vorsatz fordert, zitierten Entscheidungen BGH Urt. v. 18. 5. 1988 – IVa ZR 59/87, NJW 1988, 3012, 3013, BGH Urt. v. 13. 11. 1995 – II ZR 113/94, NJW 1996, 589 ff. und BGH Urt. v. 19. 6. 2006 – II ZR 337/05, DStR 2006, 1515 ff. sind nicht einschlägig, da sie keinen Fall einer Prokura betreffen; MünchKommHGB/*Krebs* Vor § 48 RdNr. 69 ff.; Koller/*Roth*/Morck RdNr. 14; Röhricht/Graf von Westphalen/*Wagner* Vor § 48 RdNr. 55; *Canaris* § 12 RdNr. 37; Vorsatz fordert ausdrücklich auch *Vedder* S. 38 ff. und 92 ff.; aA Staub/*Joost* RdNr. 45; *K. Schmidt* HandelsR § 16 III 4 b bb.

[27] BGH Urt. v. 3. 10. 1989 – XI ZR 154/88, NJW 1990, 384, 385; im Ergebnis wohl ebenso BGH Urt. v. 19. 4. 1994 – XI ZR 18/93, NJW 1994, 2082, 2083 (notwendig ist eine massive Verdachtsmomente voraussetzende objektive Evidenz des Missbrauchs); BGH Urt. v. 29. 6. 1988 – II ZR 211/87, NJW 1988, 2241, 2243 (dem Dritten muss sich die Mißachtung des Innenverhältnisses durch den Vertreter aufdrängen); Baumbach/*Hopt* RdNr. 5; Koller/*Roth*/Morck RdNr. 14; *Canaris* § 12 RdNr. 36; Spitzbarth/*Preuß* S. 100 f.; aA noch BGH Urt. v. 25. 3. 1968 – II ZR 208/64, BGHZ 50, 112, 114 = WM 1968, 651 (einfache Fahrlässigkeit ausreichend, wobei es in dieser Entscheidung auf diese Frage letztlich wohl nicht ankam); Schlegelberger/*Schröder* RdNr. 9; *K. Schmidt* HandelsR § 16 III 4 b bb ccc will allein auf die Evidenz des Missbrauchs abstellen.; MünchKommHGB/*Krebs* Vor § 48 RdNr. 69 ff. setzt zurecht Evidenz und grobe Fahrlässigkeit gleich; ähnlich Röhricht/Graf von Westphalen/*Wagner* RdNr. 53 f.; unklar Staub/*Joost* RdNr. 47 f.; Hofmann/Fladung/*van Ghemen* Nr. 3.5.3 fordern mit beachtlichen Gründen Vorsatz seitens des Dritten; nach *Vedder* S. 57 ff., 87 f. soll sich der Dritte bei unerheblichen Interessenvertretungen des Prokuristen, verspäteter Mitteilung der Kenntnis vom Vollmachtmissbrauch ohne Zeitablauf nicht auf fehlendes eigenes Verschulden berufen können.

[28] BGH Urt. v. 3. 10. 1989 – XI ZR 154/88 = NJW 1990, 384, 385; Koller/*Roth*/Morck RdNr. 13 und 14.

[29] BGH Urt. v. 25. 3. 1968 – II ZR 208/64, BGHZ 50, 112, 114 = WM 1986, 651; ebenso Röhricht/Graf von Westphalen/*Wagner* RdNr. 59.

[30] *K. Schmidt* HandelsR § 16 III 4 b aa, der eine Analogie zu § 177 BGB befürwortet; ebenso MünchKommHGB/*Krebs* Vor § 48 RdNr. 73, Staub/*Joost* RdNr. 51 ff.; Koller/*Roth*/Morck RdNr. 13; Baumbach/*Hopt* RdNr. 6; wohl auch *Canaris* § 12 RdNr. 42 und *Vedder* S. 147 ff., der eine Lösung über die Anfechtbarkeit sucht (S. 149 aaO).

[31] Hofmann/Fladung/*van Ghemen* Nr. 3.5.3.

[1] MünchKommHGB/*Krebs* RdNr. 1; Baumbach/*Hopt* 30. RdNr. 1; Koller/*Roth*/Morck RdNr. 1.

II. Zeichnungsweise

2 Die Zeichnung hat drei Komponenten, die **Firma**, den **Namen** und einen die **Prokura andeutenden Zusatz**.

3 **1. Firma.** Die Firma muss vollständig angegeben werden.[2] Zur Firma gehört bei Firmen mit beschränktem Haftungskapital (GmbH, GmbH & Co. KG, AG) ein die Haftungsbeschränkung andeutender Rechtsformzusatz.[3] In den Fällen der Niederlassungsprokura ist die Niederlassungsfirma anzugeben (vgl. § 50 Abs. 3).[4] Ferner bedarf es ggf. eines Liquidations- oder Insolvenzhinweises.[5]

4 Die Firma muss **nicht eigenhändig** gezeichnet werden.[6] Der Wortlaut fordert dies nicht. Insbesondere im Hinblick auf die damalige Änderung des § 53 Abs. 2 (ganz aufgehoben mit Wirkung vom 1. 1. 2007; vgl. § 53 RdNr. 1) durch das Handelsrechtsreformgesetz vom 22. 6. 1998 (BGBl. I S. 1474) wäre es überdies lebensfremd, bei der Zeichnung im rechtsgeschäftlichen Verkehr die eigenhändige Zeichnung der Firma zu verlangen, während vor dem Handelsregister die Angabe der Firma ausreichen sollte. Inzwischen wurde die Zeichnungspflicht vor dem Handelsregister ganz aufgehoben. Bei der Zeichnung im geschäftlichen Verkehr genügt eine Wiedergabe der Firma zB durch Vordruck, Stempelabdruck[7] oder Farbband-, Tinten- oder Laserdruck.

5 **2. Name.** Der Name muss handschriftlich gezeichnet werden. Unter Namen ist dabei der Familienname zu verstehen.[8] Überflüssig aber unschädlich ist es, wenn der Prokurist Vorname(n) und Titel (zB „Dr.") hinzufügt.

6 **3. Prokurazusatz.** Der die **Prokura andeutende Zusatz** kann zB „in Prokura", „per Prokura" oder klein geschrieben „per prokura", „als Prokurist", „pp." oder – üblicherweise – **„ppa."** lauten.[9] Innerhalb eines Unternehmens empfiehlt sich stets eine einheitliche Handhabung. Vor dem Hintergrund der damaligen Neufassung des § 53 Abs. 2 (ganz aufgehoben mit Wirkung vom 1. 1. 2007; vgl. RdNr. 4 und § 53 RdNr. 1) durch das Handelsrechtsreformgesetz vom 22. 6. 1998 (BGBl. I S. 1474) konnte aber bereits bisher auch hinsichtlich des die Prokura andeutenden Zusatzes keine handschriftliche Zeichnung mehr verlangt werden. Die handschriftliche Zeichnung des die Prokura andeutenden Zusatzes ist aber noch weit verbreitet und unschädlich. Ein Hinweis auf die Gesamtprokura erfolgt bei der Zeichnung nicht;[10] ein Hinweis auf die Gesamtprokura ergibt sich aber bereits daraus, dass Gesamtprokuristen in der Regel gemeinsam nebeneinander zeichnen (s. § 48 RdNr. 54).

7 **4. Geltungsbereich.** Die Vorschrift gilt bei **allen schriftlichen Erklärungen** des Prokuristen.[11]

III. Rechtsfolgen eines Verstoßes gegen die vorgeschriebene Zeichnungsweise

8 Da § 51 bloße **Ordnungsvorschrift** ist, führt ihre Nichtbeachtung nicht zur Nichtigkeit der Erklärung.[12] Ob das Geschäft für den Vertretenen wirkt, richtet sich bei Nichtbeachtung der Vorschrift nach § 164 BGB.[13] Es kommt darauf an, ob die Vertretung für den Dritten erkennbar ist.[14] Hält der Prokurist allerdings die Vorgaben des § 51 nicht ein, besteht im Hinblick auf das Prinzip der Offenkundigkeit im Recht der Stellvertretung die Gefahr, dass der Prokurist nach § 164 Abs. 2 BGB selbst Vertragspartner wird und auch haftet.[15]

---

[2] MünchKommHGB/*Krebs* RdNr. 3; *Beck* BB 1962, 1265 f.
[3] MünchKommHGB/*Krebs* RdNr. 3.
[4] MünchKommHGB/*Krebs* RdNr. 3; Schlegelberger/*Schröder* RdNr. 2; Röhricht/Graf von Westphalen/*Wagner* RdNr. 6.
[5] So MünchKommHGB/*Krebs* RdNr. 4.
[6] Koller/*Roth*/Morck RdNr. 1; MünchKommHGB/*Krebs* RdNr. 3; *Spitzbarth/Preuß* S. 74.
[7] Koller/*Roth*/Morck RdNr. 1.
[8] BGH Beschl. v. 28. 10. 1965 – I a ZB 11/65, NJW 1966, 1077; MünchKommHGB/*Krebs* RdNr. 4; Koller/*Roth*/Morck RdNr. 1.
[9] Vgl. MünchKommHGB/*Krebs* RdNr. 6.
[10] MünchKomm HGB/*Krebs* RdNr. 5.
[11] MünchKommHGB/*Krebs* RdNr. 1.
[12] RG Urt. v. 21. 12. 1901 – I 385/01, RGZ 50, 51, 60; BGH Beschl. v. 28. 10. 1965 – I a ZB 11/65, NJW 1966, 1077; BGH Urt. v. 3. 2. 1975 – II ZR 128/73, BGHZ 64, 11, 14 ff. = NJW 1975, 1166; MünchKommHGB/*Krebs* RdNr. 2; Baumbach/*Hopt* RdNr. 1; Koller/*Roth*/Morck RdNr. 2.
[13] MünchKommHGB/*Krebs* RdNr. 2; Koller/*Roth*/Morck RdNr. 2.
[14] Beispielsfälle RG Urt. v. 21. 12. 1901 – I 385/01, RGZ 50, 51, 60; BGH Beschl. v. 28. 10. 1965 – I a ZB 11/65, NJW 1966, 1077 und BGH Urt. v. 3. 2. 1975 – II ZR 128/73, BGHZ 64, 11, 14 ff. = NJW 1975, 1166; vgl. auch MünchKommHGB/*Krebs* RdNr. 2.
[15] Koller/*Roth*/Morck RdNr. 2.

§ 52 [Widerruflichkeit; Unübertragbarkeit; Tod des Inhabers]

(1) Die Prokura ist ohne Rücksicht auf das der Erteilung zugrunde liegende Rechtsverhältnis jederzeit widerruflich, unbeschadet des Anspruchs auf die vertragsmäßige Vergütung.
(2) Die Prokura ist nicht übertragbar.
(3) Die Prokura erlischt nicht durch den Tod des Inhabers des Handelsgeschäfts.

Überblick

	RdNr.		RdNr.
I. Normzweck	1	1. Keine abschließende Regelung in § 52	14
II. Widerruf der Prokura	2–11	2. Erlöschen des der Prokura zugrunde liegenden Rechtsverhältnisses	15
1. Grundsatz	2	3. Erlöschensgründe auf Seiten des Inhabers	16–21
2. Widerruf unabhängig von den Regelungen des Innenverhältnisses	3–5	a) Beendigung des Handelsgewerbes; Erwerb durch den Prokuristen	16
a) Ausnahme	4	b) Insolvenz	17
b) Wirkung auf das Innenverhältnis	5	c) Grundlegende Änderungen des Handelsgewerbes	18–21
3. Widerrufsbefugnis	6	4. Erlöschensgründe auf Seiten des Prokuristen	22–27
4. Form	7	a) Tod	22
5. Empfangsbedürftige Willenserklärung	8	b) Geschäftsunfähigkeit	23
6. Inhalt des Widerrufs	9	c) Erlöschen einer als Gesamtprokura erteilten Prokura	24
7. Rechtsfolgen des Widerrufs	10, 11	d) Insolvenz	25
a) Erlöschen der Prokura	10	e) Niederlegung	26
b) Rechtsfolgen im Innenverhältnis	11	f) Ernennung zum alleinvertretungsberechtigten Geschäftsführer	27
III. Unübertragbarkeit der Prokura	12	VI. Eintragung ins Handelsregister	28
IV. Fortbestand der Prokura beim Tod des Inhabers	13		
V. Weitere Erlöschensgründe für die Prokura	14–27		

I. Normzweck

Die jederzeitige Widerrufbarkeit der Prokura nach Absatz 1 ist Korrektiv zur Unbeschränktheit der Vertretungsmacht. Sie ist auch Ausdruck des besonderen Vertrauensverhältnisses zwischen Inhaber und Prokuristen; eine Störung des Vertrauensverhältnisses muss der Inhaber nicht eigens begründen, um die Prokura zu lösen.[1] Absatz 2 betont den höchstpersönlichen Charakter der Prokura. Absatz 3 sichert die Kontinuität der Geschäfte im Falle des Todes des Inhabers. **1**

II. Widerruf der Prokura

1. Grundsatz. Der Widerruf bedarf weder eines objektiven noch eines subjektiven Grundes oder eines wie immer gearteten Fehlverhaltens des Prokuristen.[2] Der Widerruf kann zu jedem Zeitpunkt erfolgen. **2**

2. Widerruf unabhängig von den Regelungen des Innenverhältnisses. Der Widerruf kann völlig unabhängig von den Regelungen des Innenverhältnisses erfolgen.[3] Umgekehrt ist aber die Prokura durchaus abhängig vom Bestand des Innenverhältnisses (s. RdNr. 15). **3**

a) Ausnahme. Eine – scheinbare – Ausnahme wird allerdings in dem seltenen Fall bejaht, in dem einem geschäftsführungsberechtigten Kommanditisten in einem Gesellschaftsvertrag mit Rücksicht auf seine Geschäftsführungsaufgabe Prokura erteilt wird.[4] Teilweise wird diese im Gesellschaftsrecht begründete Ausnahme auch für nicht geschäftsführungsberechtigte Kommanditisten bejaht.[5] Der im Außenverhältnis auch in diesen Fällen grundsätzlich unbeschränkt mögliche Widerruf der Prokura ist **4**

---
[1] MünchKommHGB/*Krebs* RdNr. 1.
[2] OLG Düsseldorf Beschl. v. 25. 2. 1998 – 3 Wx 27/98, NJW-RR 1999, 107; MünchKommHGB/*Krebs* RdNr. 2; Koller/*Roth*/Morck RdNr. 1.
[3] MünchKommHGB/*Krebs* RdNr. 2.
[4] Vgl. § 170 RdNr. 5 ff.; BGH Urt. v. 27. 6. 1955 – II ZR 232/54, BGHZ 17, 392, 394 f. = NJW 1955, 1394; Staub/*Joost* RdNr. 5; Schlegelberger/*Schröder* RdNr. 12; *K. Schmidt* HandelsR § 16 III 5 b; *Hofmann/Fladung/van Ghemen* Nr. 5.1.1; für diesen Fall zustimmend *Weipert* EWiR 1986, 79 f.; kritisch MünchKommHGB/*Krebs* RdNr. 3 ff.
[5] OLG Celle Teilurt. v. 7. 8. 1985 – 9 U 236/84, EWiR 1986, 79; aA *Hofmann/Fladung/van Ghemen* Nr. 5.1.1; *Weipert* EWiR 1986, 79, 80.

im Innenverhältnis nur bei Vorliegen eines wichtigen Grundes zulässig.[6] Allerdings geht die hM auch ohne Vorliegen eines wichtigen Grundes im Falle eines Widerrufs von einem Erlöschen der Prokura im Außenverhältnis aus; lediglich im Innenverhältnis besteht ein Anspruch auf Wiedererteilung.

5 **b) Wirkung auf das Innenverhältnis.** Der Widerruf lässt das zugrundeliegende Rechtsverhältnis grundsätzlich unberührt. Im Einzelfall bleibt es **Auslegungsfrage,** ob in einem Widerruf zugleich die Kündigung des zugrundeliegenden Rechtsverhältnisses zu sehen ist; die Frage, ob diese Kündigung wirksam ist, richtet sich allein nach diesem zugrundeliegenden Rechtsverhältnis.[7]

6 **3. Widerrufsbefugnis.** Zum Widerruf befugt ist stets derjenige, der im Augenblick des Widerrufs eine Prokura erteilen könnte (vgl. § 48 RdNr. 7 ff.).[8] Im Falle von Vormundschaft oder Betreuung gilt das Erfordernis der vormundschaftsgerichtlichen Genehmigung nach § 1822 Nr. 11 BGB aber nur für die Erteilung der Prokura, nicht jedoch für den Widerruf.[9] Der Geschäftsführer einer GmbH bedarf zum Widerruf nicht der Zustimmung der Gesellschafter, da auch § 46 Nr. 7 GmbHG nur für die Bestellung des Prokuristen gilt.[10] Bei mehreren geschäftsführungsbefugten Gesellschaftern einer OHG kann der Widerruf durch jeden einzelnen von ihnen erfolgen (§ 116 Abs. 3 Satz 2). Soweit bei Personenhandelsgesellschaften und GmbHs interne Geschäftsführungsbefugnisse und organschaftliche Vertretungsmacht divergieren, ist allein die Vertretungsmacht entscheidend.[11] Jeder im Innenverhältnis nach § 116 Abs. 3 widerrufsberechtigte Gesellschafter hat aber einen Rechtsanspruch auf Widerruf gegenüber dem oder den vertretungsberechtigten Gesellschaftern.[12] Bei widersprechenden Erklärungen einzelvertretungsberechtigter Vertreter ist die Prokura widerrufen.[13] Bei Miterbengemeinschaften kann jeder Miterbe als Mitinhaber für sich persönlich die Prokura widerrufen.[14] Der Widerruf muss nicht durch die Person erfolgen, die die Prokura im konkreten Fall erteilt hat.[15]

7 **4. Form.** Das Gesetz enthält keine Bestimmungen über die Form des Widerrufs. Somit ist die Vorschrift über die Erteilung der Prokura entsprechend heranzuziehen; nach § 48 Abs. 1 analog erfordert der Widerruf der Prokura aus Gründen der Rechtssicherheit damit eine zwar nicht formbedürftige, aber **ausdrückliche Erklärung.**[16] Die Kündigung des im Innenverhältnis geschlossenen Anstellungsvertrages stellt – anders als dessen Beendigung (s. RdNr. 15), für sich allein genommen noch keinen Widerruf der Prokura dar.[17] Als Widerruf ist die bloße Anmeldung des Erlöschens der Prokura beim Handelsregister anzusehen; in diesem Fall wird der Widerruf erst mit der Veröffentlichung wirksam.[18]

8 **5. Empfangsbedürftige Willenserklärung.** Der Widerruf der Prokura ist eine einseitige empfangsbedürftige Willenserklärung; nach § 168 Satz 3 BGB iVm. § 167 Abs. 1 BGB kann die Erklärung sowohl gegenüber dem Dritten als auch gegenüber dem Prokuristen selbst erfolgen.[19] Der Widerruf kann auch durch Erklärung gegenüber der Öffentlichkeit erfolgen.[20] Dritte, die vom Widerruf noch keine Kenntnis erhalten haben, bleiben durch § 15 Abs. 1 geschützt, bis die Veröffentlichung erfolgt.[21]

9 **6. Inhalt des Widerrufs.** Der Widerruf darf **weder bedingt noch befristet** werden.[22] Eine **Beschränkung des Widerrufs** ist nur insoweit zulässig, als der verbleibende Teil der Prokura wiederum eine nach den allgemeinen Regeln der §§ 48, 49 und 50 zulässige Prokura ist. So kann die

---

[6] BGH Urt. v. 27. 6. 1955 – II ZR 232/54, BGHZ 17, 392, 396 = NJW 1955, 1394; Staub/*Joost* RdNr. 6; *Hofmann*/*Fladung*/*van Ghemen* Nr. 5.1.1.
[7] MünchKommHGB/*Krebs* RdNr. 19.
[8] MünchKommHGB/*Krebs* RdNr. 8; Koller/*Roth*/Morck RdNr. 3; *Hofmann*/*Fladung*/*van Ghemen* Nr. 5.1.2.
[9] MünchKommHGB/*Krebs* RdNr. 8; Staub/*Joost* RdNr. 7; Koller/*Roth*/Morck RdNr. 3; Schlegelberger/*Schröder* RdNr. 4; *Hofmann*/*Fladung*/*van Ghemen* Nr. 5.1.2.
[10] Schlegelberger/*Schröder* RdNr. 4; Röhricht/Graf von Westphalen/*Wagner* RdNr. 11.
[11] RG Urt. v. 8. 1. 1940 – II 151/39, RGZ 163, 35, 38; MünchKommHGB/*Krebs* RdNr. 11; Schlegelberger/*Schröder* RdNr. 4; *Hofmann*/*Fladung*/*van Ghemen* Nr. 5.1.2.
[12] MünchKommHGB/*Krebs* RdNr. 11; Schlegelberger/*Schröder* RdNr. 4.
[13] MünchKommHGB/*Krebs* RdNr. 12; Staub/*Joost* RdNr. 12.
[14] BGH Urt. v. 24. 9. 1959 – II ZR 46/59, BGHZ 30, 391, 397 f. = NJW 1959, 2114; Staub/*Joost* RdNr. 8; Schlegelberger/*Schröder* RdNr. 4; Koller/*Roth*/Morck RdNr. 3; differenzierend MünchKommHGB/*Krebs* RdNr. 10.
[15] MünchKommHGB/*Krebs* RdNr. 8; Röhricht/Graf von Westphalen/*Wagner* RdNr. 7.
[16] MünchKommHGB/*Krebs* RdNr. 13; Staub/*Joost* RdNr. 13; Koller/*Roth*/Morck RdNr. 2; im Ergebnis ebenso Röhricht/Graf von Westphalen/*Wagner* RdNr. 12.
[17] MünchKommHGB/*Krebs* RdNr. 13.
[18] Spitzbarth/*Preuß* S. 90.
[19] MünchKommHGB/*Krebs* RdNr. 14; Koller/*Roth*/Morck RdNr. 2.
[20] MünchKommHGB/*Krebs* RdNr. 14; Koller/*Roth*/Morck RdNr. 2.
[21] MünchKommHGB/*Krebs* RdNr. 14; Koller/*Roth*/Morck RdNr. 4.
[22] MünchKommHGB/*Krebs* RdNr. 15; Koller/*Roth*/Morck RdNr. 2; Staub/*Joost* RdNr. 15.

besondere Befugnis nach § 49 Abs. 2 gesondert unter Aufrechterhaltung der Prokura im Übrigen widerrufen werden.[23] Eine Einzelprokura kann in eine Gesamtprokura umgewandelt werden.[24] Eine Prokura für mehrere Niederlassungen oder für die Hauptniederlassung und eine Niederlassung gemäß § 50 Abs. 3 kann auf die Hauptniederlassung oder eine Zweigniederlassung begrenzt werden, sofern es sich von vorneherein um eine Prokura nach § 50 Abs. 3 gehandelt hat.[25] Aus Gründen des Schutzes des Rechtsverkehrs – über § 15 Abs. 1 hinaus – und unter Berücksichtigung des Rechtsgedankens des § 50 Abs. 2 führt eine unzulässige Bedingung, Befristung oder Beschränkung des Widerrufs einer Prokura nicht zur Unwirksamkeit des Widerrufs, sondern zur Unwirksamkeit der jeweiligen Bedingung, Befristung oder Beschränkung.[26]

7. Rechtsfolgen des Widerrufs. a) Erlöschen der Prokura. Mit Zugang des Widerrufs oder 10 ab dem Zeitpunkt der Möglichkeit der Kenntnisnahme von einem öffentlich erklärten Widerruf erlischt die Prokura.[27] Solange es an einer Bekanntmachung fehlt, bleibt der gutgläubige Rechtsverkehr nach § 15 Abs. 1 geschützt.[28] Beim Widerruf einer als Gesamtprokura erteilten Prokura bleiben die übrigen Prokuren dieser Gesamtprokura grundsätzlich bestehen; konnte indes eine verbleibende Gesamtprokura nur zusammen mit der widerrufenen (Gesamt-)prokura ausgeübt werden, so erlischt auch diese nicht widerrufene verbleibende Gesamtprokura.[29]

b) Rechtsfolgen im Innenverhältnis. Der Widerruf lässt das zugrunde liegende Rechtsverhält- 11 nis grundsätzlich unberührt (vgl. RdNr. 5).

III. Unübertragbarkeit der Prokura (Abs. 2)

Absatz 2 ist in einem weiten Sinne zu verstehen. Auch die Erteilung einer Untervollmacht mit 12 dem Umfang der Prokura ist als unzulässig anzusehen.[30] Absatz 2 schließt auch die Vererblichkeit aus.[31]

IV. Fortbestand der Prokura beim Tod des Inhabers (Abs. 3)

Absatz 3 ist im Interesse des Verkehrsschutzes als zwingendes Recht anzusehen.[32] Die Vorschrift 13 schließt auch den Widerruf der Prokura durch Verfügung auf den Todesfall aus.[33] Selbstverständlich können die Erben die Prokura jederzeit widerrufen.

V. Weitere Erlöschensgründe für die Prokura

1. Keine abschließende Regelung in § 52. § 52 enthält keine generelle Regelung für das 14 Erlöschen der Prokura. Absatz 1 regelt nur den Sonderfall des **Widerrufs** (s. RdNr. 2 ff.). Absatz 3 schließt das Erlöschen für den Fall des Todes des Inhabers aus (s. RdNr. 13). Weitere Erlöschensgründe ergeben sich aus allgemeinen Grundsätzen und anderweitigen Regelungen. Bei diesen anderweitigen Erlöschensgründen ist neben der Beendigung des der Prokura zugrundeliegenden Rechtsverhältnisses zwischen Gründen auf Seiten des Inhabers und Gründen auf Seiten des Prokuristen zu unterscheiden.

2. Erlöschen des der Prokura zugrundeliegenden Rechtsverhältnisses. Das Erlöschen des 15 der Prokura zugrundeliegenden Rechtsverhältnisses – durch einvernehmliche Vertragsaufhebung oder durch Kündigung einer Seite – führt häufig bereits deshalb zum Erlöschen der Prokura, weil in der zur Beendigung dieses Rechtsverhältnisses führenden Erklärung des Inhabers (Angebot oder Annahme einer einvernehmlichen Vertragsaufhebung durch den Inhaber oder Kündigung durch den Inhaber) **konkludent** oder ausdrücklich zugleich der Widerruf der Prokura zu sehen ist. Ergibt die Auslegung jedoch keinen solchen konkludenten Widerruf, bleibt die Prokura **bis zum Wirksam-**

---

[23] MünchKommHGB/*Krebs* RdNr. 15; Koller/*Roth*/Morck RdNr. 1; Schlegelberger/*Schröder* RdNr. 6.
[24] *Hofmann*/Fladung/van Ghemen Nr. 5.1.1.
[25] MünchKommHGB/*Krebs* RdNr. 15 bei Fn. 58; Koller/*Roth*/Morck RdNr. 1; *Hofmann*/Fladung/van Ghemen Nr. 5.1.1.
[26] MünchKommHGB/*Krebs* RdNr. 15.
[27] MünchKommHGB/*Krebs* RdNr. 16; Koller/*Roth*/Morck RdNr. 4.
[28] Koller/*Roth*/Morck RdNr. 4.
[29] MünchKommHGB/*Krebs* RdNr. 16; Schlegelberger/*Schröder* RdNr. 7; *Spitzbarth*/Preuß S. 90 f.; aA Koller/*Roth*/Morck RdNr. 4, der sich für ein Fortbestehen der verbleibenden Gesamtprokura mit allein passiver Vertretungsmacht ausspricht; eine solche Konstruktion entspräche aber nicht mehr dem gesetzlichen Leitbild einer Prokura.
[30] MünchKommHGB/*Krebs* RdNr. 21.
[31] Koller/*Roth*/Morck RdNr. 5.
[32] MünchKommHGB/*Krebs* RdNr. 22 f.
[33] KG JW 1927, 2433; MünchKommHGB/*Krebs* RdNr. 23; aA Schlegelberger/*Schröder* RdNr. 8.

werden der Kündigung nach Ablauf der Kündigungsfrist **oder bis zum vereinbarten Beendigungszeitpunkt** bestehen. Unabhängig davon führt aber das endgültige Erlöschen des der Prokura zugrundeliegenden Vertragsverhältnisses nach § 168 Satz 1 BGB zum Erlöschen der Prokura,[34] sofern zwischen den Beteiligten nicht ausdrücklich etwas anderes vereinbart ist. Gleichwohl empfiehlt sich idR ein ausdrücklicher Widerruf, um zum einen Unklarheiten zu vermeiden und zum anderen ein Abwarten bis zum Ablauf einer etwaigen Kündigungsfrist zu umgehen.[35] Im Falle einer wirksamen Anfechtung des der Prokura zugrundeliegenden Rechtsverhältnisses erlischt die Prokura ebenfalls rückwirkend.[36] Die Regeln des faktischen Arbeitsverhältnisses sind auf die Prokura nicht anzuwenden, der gutgläubige Rechtsverkehr wird durch die Grundsätze der Rechtsscheinvollmacht und durch § 15 geschützt.[37]

16 **3. Erlöschensgründe auf Seiten des Inhabers. a) Beendigung des Handelsgewerbes; Erwerb durch den Prokuristen.** Bei endgültiger Beendigung des Handelsgewerbes erlischt die Prokura.[38] Dies gilt insbesondere auch dann, wenn – bei Fortführung des Gewerbes – die Voraussetzungen des § 1 Abs. 2 nicht mehr gegeben sind. Bleibt allerdings die Firma eingetragen, ist der Inhaber nach § 5 weiter als Kaufmann zu behandeln, so dass die Prokura jedenfalls aus diesem Grund nicht erlischt.[39] Ferner erlischt die Prokura bei Erwerb des Unternehmens durch den Prokuristen.[40]

17 **b) Insolvenz.** Mit der Eröffnung des Insolvenzverfahrens erlischt die Prokura kraft der ausdrücklichen Bestimmung des § 117 Abs. 1 InsO.[41] Bei Gefahr im Verzug bleibt der Prokurist handlungsfähig, bis der Insolvenzverwalter anderweitig Fürsorge treffen kann (§ 117 Abs. 2 iVm. § 115 Abs. 2 InsO). Bei Fortführung kann der Insolvenzverwalter den Prokuristen wiederbestellen.

18 **c) Grundlegende Änderungen des Handelsgewerbes.** Bei allen anderen grundlegenden Änderungen, die nicht zu einer vollständigen Beendigung des Handelsgewerbes führen, ist – entgegen der teilweise überwiegenden Meinung – im Interesse des Rechtsverkehrs und der Kontinuität des Unternehmens von einem **Fortbestehen der Prokuren** auszugehen. Ein Nachteil für den jeweiligen Inhaber entsteht hierdurch nicht, da er die Prokura jederzeit widerrufen kann. Im Einzelnen ist auf folgende Fälle hinzuweisen:

19 **aa)** Bei Beginn der **Liquidation** erlischt die Prokura noch nicht, sondern wird auf den Liquidationszweck beschränkt.[42] Auch ein **Inhaberwechsel** oder eine **Testamentsvollstreckung** führen entgegen der hM nicht zum Erlöschen der Prokura.[43] Zwar gilt § 613 a BGB in der Tat nur für das Innenverhältnis.[44] Ein Bedürfnis für ein Fortbestehen ergibt sich aber bereits aus dem Recht der Prokura selbst. Absatz 3 stellt bereits klar, dass bei einem der wichtigsten Fälle des Inhaberwechsels keine Beendigung der Prokura eintritt. Überdies ist im Falle eines Inhaberwechsels nach § 22 Abs. 1 bei Mitveräußerung der Firma – was die Regel sein dürfte – für den Rechtsverkehr ohne Einsichtnahme in das Handelsregister überhaupt nicht erkennbar, dass wesentliche Änderungen in dem Unternehmen eingetreten sind. Die Kontinuität entspricht auch dem Rechtsgedanken des § 25. Für den Fall der Testamentsvollstreckung ist überdies nicht einsichtig, warum im Falle des Todes ohne Anordnung einer Testamentsvollstreckung die Prokura fortbestehen soll, während sie bei Anordnung

---

[34] MünchKommHGB/*Krebs* RdNr. 37; Staub/*Joost* RdNr. 29; *Spitzbarth/Preuß* S. 91.
[35] MünchKommHGB/*Krebs* RdNr. 37; Staub/*Joost* RdNr. 29.
[36] Staub/*Joost* RdNr. 30; Koller/*Roth*/Morck RdNr. 7; aA MünchKommHGB/*Krebs* RdNr. 36; die dort zitierte Entscheidung BGH Urt. v. 1. 7. 1991 – II ZR 292/90, ZIP 1991, 1002ff. kann die Auffassung nicht stützen, die Prokura würde mit dem Anstellungsverhältnis ex nunc erlöschen.
[37] Staub/*Joost* RdNr. 30.
[38] MünchKommHGB/*Krebs* RdNr. 27.
[39] MünchKommHGB/*Krebs* RdNr. 28; Koller/*Roth*/Morck RdNr. 9.
[40] *K. Schmidt* HandelsR § 16 III 5 c.
[41] MünchKommHGB/*Krebs* RdNr. 30; Baumbach/*Hopt* RdNr. 5; Koller/*Roth*/Morck RdNr. 9; *K. Schmidt* HandelsR § 16 III 5 c; *Spitzbarth/Preuß* S. 92; *Hofmann/Fladung/van Ghemen* Nr. 5.2.2.2; vgl. auch § 48 RdNr. 14; zur früheren Rechtslage nach der KO BGH Urt. v. 4. 12. 1957 – V ZR 251/56, WM 1958, 430, 431; aA noch die 1. Aufl. 2001.
[42] MünchKommHGB/*Krebs* RdNr. 29; Staub/*Joost* RdNr. 49; Schlegelberger/*Schröder* RdNr. 18; aA noch RG Urt. v. 21. 10. 1909 – VI 477/08, RGZ 72, 119, 123 für Personenhandelsgesellschaften.
[43] Schlegelberger/*Schröder* RdNr. 19; *Spitzbarth*, Vollmachten im modernen Management, 2. Aufl. 1989, S. 93; für den Testamentsvollstrecker (soweit dieser nicht im eigenen Namen handelt) auch MünchKommHGB/*Krebs* RdNr. 32 und Staub/*Joost* RdNr. 49; aA für den Wechsel des Inhabers BayObLG Beschl. v. 16. 12. 1970 – 2 Z 58/70, BayObLGE 1970, 317 = BB 1971, 238, 239 (in dem entschiedenen Fall wurde die Aufnahme eines Kommanditisten als Inhaberwechsel angesehen); MünchKommHGB/*Krebs* RdNr. 31 f.; Koller/*Roth*/Morck RdNr. 9, der sogar die Verpachtung als Inhaberwechsel ansieht; Staub/*Joost* RdNr. 55 f.; *Spitzbarth/Preuß* S. 92.
[44] BayObLG Beschl. v. 16. 12. 1970 – 2 Z 58/70, BayObLGE 1970, 317 = BB 1971, 238, 239; MünchKommHGB/*Krebs* RdNr. 31; Koller/*Roth*/Morck RdNr. 9.

einer Testamentsvollstreckung erlischt. Dem neuen Inhaber oder dem Testamentsvollstrecker steht es jederzeit frei, die Prokura zu widerrufen.

bb) Bei Eintritt der **Geschäftsunfähigkeit** des Inhabers erlischt die Prokura im Interesse des Schutzes des Rechtsverkehrs und der ungestörten Weiterführung der Geschäfte nicht.[45]

cc) Ein Wechsel in der **Rechtsform des Inhabers**, ein **Gesellschafterwechsel** oder ein **Wechsel in der Person eines gesetzlichen Vertreters des Inhabers** haben ebenfalls keinen Einfluss auf den Fortbestand der Prokura.[46] Strittig ist allerdings, ob die Prokura bei Eintritt eines Gesellschafters in ein einzelkaufmännisches Unternehmen erlischt. Entgegen der hM[47] ist auch in diesem Fall der Fortbestand der Prokura zu bejahen.[48] Der Fall ist nicht anders zu behandeln als die Übertragung eines Unternehmens als Ganzes (s. RdNr. 19) oder ein Gesellschafterwechsel in einer bestehenden Gesellschaft.

4. Erlöschensgründe auf Seiten des Prokuristen. a) Tod. Der Tod des Prokuristen führt zwingend zum Erlöschen der Prokura.[49] Im Hinblick auf das besondere Vertrauensverhältnis zwischen Inhaber und Prokuristen greift die Fiktion der §§ 168 Satz 1, 673 Satz 2 BGB nicht.

b) Geschäftsunfähigkeit. Eintritt der Geschäftsunfähigkeit führt ebenfalls zum Erlöschen der Prokura.[50] Entgegen der hL[51] führt auch der Eintritt einer Beschränkung der Geschäftsfähigkeit zum Erlöschen (vgl. § 48 RdNr. 15). Der gutgläubige Rechtsverkehr bleibt durch § 15 geschützt.

c) Erlöschen einer als Gesamtprokura erteilten Prokura. Bei dem Erlöschen einer als Gesamtprokura erteilten Prokura bleiben die übrigen Prokuren dieser Gesamtprokura grundsätzlich bestehen; kann indes eine verbleibende (Gesamt-)prokura nur zusammen mit der erloschenen (Gesamt-)prokura ausgeübt werden, so erlischt auch diese nicht erloschene Prokura.[52]

d) Insolvenz. Insolvenz des Prokuristen berührt den Bestand der Prokura nicht.[53] In diesem Fall wird der Inhaber allerdings in aller Regel widerrufen.

e) Niederlegung. Eine einseitige Niederlegung der Prokura ist nicht möglich; hierfür besteht auch kein Bedürfnis, da die Prokura allein nur Rechtsmacht im Außenverhältnis verleiht.[54]

f) Ernennung zum alleinvertretungsberechtigten Geschäftsführer. Die Ernennung eines Prokuristen zum alleinvertretungsberechtigten Geschäftsführer führt wie der Erwerb des Unternehmens selbst (s. RdNr. 16) zum Erlöschen der Prokura.[55] Bei der Bestellung des Prokuristen zum Aufsichtsrat erlischt die Prokura ebenfalls.[56]

VI. Eintragung ins Handelsregister

Das Erlöschen der Prokura ist in das Handelsregister einzutragen (§ 53 Abs. 3; s. § 53 RdNr. 8).

---

§ 53 [Anmeldung der Erteilung und des Erlöschens; Zeichnung des Prokuristen]

(1) ¹Die Erteilung der Prokura ist von dem Inhaber des Handelsgeschäfts zur Eintragung in das Handelsregister anzumelden. ²Ist die Prokura als Gesamtprokura erteilt, so muß auch dies zur Eintragung angemeldet werden.

(2) Das Erlöschen der Prokura ist in gleicher Weise wie die Erteilung zur Eintragung anzumelden.

---

[45] MünchKommHGB/*Krebs* RdNr. 36.
[46] MünchKommHGB/*Krebs* RdNr. 33 ff.; Koller/*Roth*/Morck RdNr. 9; Schlegelberger/*Schröder* RdNr. 21; für die Umwandlung OLG Köln Beschl. v. 6. 5. 1996 – 2 Wx 9/96, DNotZ 1996, 700, 701.
[47] KG JW 1927, 2433; BayObLG Beschl. v. 16. 12. 1970 – 2 Z 58/70, BayObLGE 1970, 317, 318 f. = BB 1971, 328, 329; MünchKommHGB/*Krebs* RdNr. 35; Koller/*Roth*/Morck RdNr. 9; Staub/*Joost* RdNr. 57; *Hofmann/Fladung/van Ghemen* Nr. 5.2.2.1.
[48] Schlegelberger/*Schröder* RdNr. 19.
[49] MünchKommHGB/*Krebs* RdNr. 38; Koller/*Roth*/Morck RdNr. 8.
[50] MünchKommHGB/*Krebs* RdNr. 39; Staub/*Joost* RdNr. 43; aA Koller/*Roth*/Morck RdNr. 8.
[51] Koller/*Roth*/Morck RdNr. 8; Staub/*Joost* RdNr. 39; Koller/*Roth*/Morck RdNr. 8.
[52] MünchKommHGB/*Krebs* RdNr. 42; Staub/*Joost* RdNr. 46; Schlegelberger/*Schröder* RdNr. 24; aA hinsichtlich der Passivvertretung *Hofmann/Fladung/van Ghemen* Nr. 5.2.3.
[53] Koller/*Roth*/Morck RdNr. 8; MünchKommHGB/*Krebs* RdNr. 40; *Hofmann/Fladung/van Ghemen* Nr. 5.2.3; Staub/*Joost* RdNr. 53 f. zum Konkurs.
[54] *Hofmann/Fladung/van Ghemen* Nr. 5.2.3; kritisch MünchKommHGB/*Krebs* RdNr. 43; aA Koller/*Roth*/Morck RdNr. 8; Staub/*Joost* RdNr. 45.
[55] LG Bremen Beschl. v. 9. 6. 1998 – 13 T 14/98, NJW-RR 1998, 1332 f.
[56] *K. Schmidt* HandelsR § 16 III 5 d.

I. Entstehungsgeschichte, Normzweck

1   Die Eintragungspflicht besteht im Interesse der Information und des Schutzes des Rechtsverkehrs.[1] Die Vorschrift regelt als Tatbestandsvoraussetzung für die Gutglaubensvorschrift des § 15, dass es sich bei der Prokura um eine einzutragende Tatsache im Sinne der Absätze 1 und 3 von § 15 handelt.[2] Der frühere Abs. 2 (Zeichnung des Prokuristen) wurde durch das EHUG vom 10. 11. 2006 (BGBl. I S. 2553) gestrichen; der frühere Abs. 3 wurde Abs. 2. Das Erfordernis, eine Unterschriftsprobe des Prokuristen zu hinterlegen (früherer Abs. 2), wurde aufgegeben, da im elektronischen Handelsregister eine Echtheitsprüfung nicht mehr mit hinreichender Sicherheit stattfinden kann. Die Online-Präsentation eingescannter Unterschriften brächte zudem ein erhebliches Missbrauchsrisiko.[3]

II. Fälle der Anmeldepflicht

2   **1. Erteilung der Prokura (Absatz 1). a) Anmeldung jeder Art von Prokura.** Jede Art der Prokura ist zur Eintragung anzumelden; dies gilt für Einzelprokura, Niederlassungsprokura (vgl. § 50 RdNr. 6) sowie nach Satz 2 auch für echte Gesamtprokura (vgl. § 48 RdNr. 38 ff.) und gemischte Gesamtvertretung (vgl. § 48 RdNr. 41 ff.).[4] Voraussetzung der Eintragung ist aber die vorherige Eintragung des Inhabers.[5] Generalvollmachten sind nicht einzutragen (s. Vor § 48 RdNr. 7).[6]

3   **b) Eintragungspflichtige Tatsachen.** Eintragungspflichtige Tatsachen sind die Tatsache der **Erteilung der Prokura selbst** und die **Person des Prokuristen,** nicht aber Einzelheiten des zugrundeliegenden Rechtsverhältnisses.[7] Alle Besonderheiten der Prokura müssen angemeldet werden. Dazu gehört die Tatsache, die Art und die betroffenen Personen bei der **Gesamtprokura** und – auch hinsichtlich der gesetzlich nicht ausdrücklich zugelassenen Formen – der **gemischten Gesamtvertretung.**[8] Bei der **Niederlassungsprokura** sind die Niederlassungen anzugeben, für die die Prokura gilt.[9] Eintragungsfähig und -pflichtig ist ferner die Befugnis zur **Veräußerung und Belastung von Grundstücken** nach § 49 Abs. 2,[10] jedenfalls eintragungsfähig ist die **Befreiung vom Verbot des Selbstkontrahierens** nach § 181 BGB.[11] Ferner bedürfen auch **Namensänderungen** des Prokuristen der Eintragung.[12] Bei **Neuerteilung** einer Prokura besteht die Anmeldepflicht auch dann, wenn die ursprünglich erteilte Prokura noch eingetragen und nicht gelöscht worden ist.[13] **Änderungen** hinsichtlich der Besonderheiten oder der Art der Prokura sind wie eine (Neu-)Erteilung der Prokura zu behandeln und in gleicher Weise einzutragen (zB die Umwandlung von zwei Einzelprokuren in eine Gesamtprokura, die Erweiterung gemäß § 49 Abs. 2 oder der Widerruf einer erweiterten Vertretungsbefugnis nach § 49 Abs. 2).[14]

4   **c) Zeitpunkt.** Die Anmeldungspflicht wird durch die wirksame Erteilung der Prokura begründet; ab diesem Zeitpunkt ist daher anzumelden. Wird die Prokura durch Anmeldung zum

---

[1] MünchKommHGB/*Krebs* RdNr. 1.
[2] MünchKommHGB/*Krebs* RdNr. 1; Koller/*Roth*/Morck RdNr. 1.
[3] Vgl. BT-Drucks. 16/960.
[4] BGH Beschl. v. 14. 2. 1974 – II ZB 6/73, BGHZ 62, 166, 173 = NJW 1974, 1194; MünchKommHGB/*Krebs* RdNr. 3; Koller/*Roth*/Morck RdNr. 2.
[5] MünchKommHGB/*Krebs* RdNr. 3; das Sonderproblem, ob nicht eingetragene Unternehmen der öffentlichen Hand wirksam Prokura bestellen können und ob deren Prokuren einzutragen sind, besteht nach der Aufhebung des § 36 aF durch das Handelsrechtsreformgesetz vom 22. 6. 1998 (BGBl. S. 1474) nicht mehr, vgl. dazu MünchKommHGB/*Krebs* RdNr. 3.
[6] MünchKommHGB/*Krebs* RdNr. 4; aA Koller/*Roth*/Morck RdNr. 2.
[7] MünchKommHGB/*Krebs* RdNr. 3.
[8] BGH Beschl. v. 14. 2. 1974 – II ZB 6/73, BGHZ 62, 166, 173 = NJW 1974, 1194; BayObLG NJW 1971, 810, 811; OLG Düsseldorf Beschl. v. 6. 5. 1994 – 3 Wx 302/94, WM 1994, 1443; MünchKommHGB/*Krebs* RdNr. 5; Röhricht/Graf von Westphalen/*Wagner* RdNr. 4; Koller/*Roth*/Morck RdNr. 2; *Hofmann/Fladung/van Ghemen* Nr. 2.5.3.
[9] BGH Beschl. v. 21. 3. 1988 – II ZB 69/87, BGHZ 104, 61 ff. = NJW 1988, 1840; MünchKommHGB/*Krebs* RdNr. 5.
[10] BayObLG Beschl. v. 15. 2. 1971 – 2 Z 83/70, NJW 1971, 810, 811; MünchKommHGB/*Krebs* RdNr. 5; Röhricht/Graf von Westphalen/*Wagner* RdNr. 6; Koller/*Roth*/Morck RdNr. 2; *Hofmann/Fladung/van Ghemen* Nr. 2.5.3.
[11] BayObLG Beschl. v. 14. 7. 1980 – 1 Z 17/80, DB 1980, 2232, 2233 = BB 1980, 1487; MünchKommHGB/*Krebs* RdNr. 5; Röhricht/Graf von Westphalen/*Wagner* RdNr. 6; Koller/*Roth*/Morck RdNr. 2; nur für Eintragungsfähigkeit OLG Hamm Beschl. v. 21. 3. 1983 – 15 W 87/82, DB 1983, 982, und *Hofmann/Fladung/van Ghemen* Nr. 2.5.3.
[12] MünchKommHGB/*Krebs* RdNr. 15; aA Staub/*Joost* RdNr. 12.
[13] Koller/*Roth*/Morck RdNr. 2.
[14] Koller/*Roth*/Morck RdNr. 2.

Handelsregister erteilt, dann genügt Gleichzeitigkeit.[15] Eine gemischte Gesamtvertretung ist bereits eintragungsfähig, wenn erst der gesetzliche Vertreter, noch nicht aber der weitere Gesamtprokurist bestellt ist.[16]

d) Anmeldepflichtige Personen. Anmeldepflichtige Person ist nach Absatz 1 Satz 1 der Inhaber, bei nicht geschäftsfähigen natürlichen und bei juristischen Personen der gesetzliche Vertreter (Geschäftsführer, Vorstand).[17] Gesamtvertretungsberechtigte gesetzliche Vertreter müssen die Anmeldung gemeinsam vornehmen.[18] Widersprechende Anmeldungen verschiedener einzelvertretungsberechtigter gesetzlicher Vertreter führen zur Nichteintragung.[19] Ein Prokurist oder erst recht der betroffene Prokurist selbst können nicht anmelden, da es sich insoweit um ein Grundlagengeschäft handelt, das von der Vertretungsmacht des Prokuristen nicht umfasst ist;[20] eine besondere rechtsgeschäftliche Bevollmächtigung des Prokuristen nach § 12 Abs. 2 ist möglich.[21] Im Falle der gemischten Gesamtvertretung (s. § 48 RdNr. 41 ff.) ist die Anmeldung durch einen Geschäftsführer in Verbindung mit einem Prokuristen möglich, soweit es sich nicht um die Person gerade dieses Prokuristen handelt.[22]

e) Zuständigkeit. Die Anmeldung ist beim **Gericht der Hauptniederlassung,** bei Handelsgesellschaften beim **Gericht des Sitzes** vorzunehmen. Dies gilt wegen § 13 Abs. 1 Satz 2 auch für die Niederlassungsprokura (vgl. § 50 RdNr. 6). Die früher vorgesehene Mitteilung der Niederlassungsprokura an das Gericht der Hauptniederlassung oder das Gericht des Sitzes wurde durch das EHUG vom 10. 11. 2006 (BGBl. I S. 2553) mit Wirkung vom 1. 1. 2007 angeschafft. Das **Registergericht prüft** die Zulässigkeit und Ordnungsgemäßheit der Anmeldung ohne materielle Prüfung.[23] Besondere formelle Wirksamkeitsvoraussetzungen sind zu prüfen, zB die Genehmigung nach § 1822 Nr. 11 BGB,[24] nicht aber die Beachtung interner Bestimmungen über die Geschäftsführung oder die Beachtung des § 116 Abs. 3 oder des § 46 Nr. 7 GmbHG.[25]

f) Umfang des Eintrags. Eingetragen werden alle **eintragungspflichtigen Tatsachen** (Name des Prokuristen, Besonderheiten der Prokura wie zB die Befugnis für Veräußerung und Belastung von Grundstücken, Gesamtprokura, Niederlassungsprokura, gemischte Gesamtvertretung und Befreiung vom Verbot des Selbstkontrahierens).[26] Wird eine erloschene, aber im Handelsregister noch nicht gelöschte Prokura wieder erteilt, ist es nicht erforderlich, diese im Handelsregister zu löschen und dann wieder einzutragen; vielmehr genügt es, verkürzt das Fortbestehen der Prokura einzutragen.[27]

2. Erlöschen der Prokura (Abs. 2). Die Erlöschensgründe ergeben sich aus § 52 und den Anmerkungen hierzu. Das Erlöschen ist für sich selbst genommen eine einzutragende Tatsache, so dass insbesondere im Hinblick auf § 15 Abs. 1 eine Anmeldung und Eintragung des Erlöschens auch dann zu erfolgen hat, wenn ursprünglich fehlerhaft eine Eintragung der Erteilung der Prokura unterblieben ist.[28] Wird ein Umstand eingetragen, der eo ipso auch zum Erlöschen der Prokura führt (zB bei Erlöschen der Firma oder wenn der bisherige Prokurist Inhaber desselben Unternehmens oder Geschäftsführer derselben Gesellschaft wird), dann bedarf es keiner gesonderten Anmeldung

---

[15] BGH Urt. v. 18. 1. 1956 – V ZR 84/54, WM 1956, 727 = DB 1956, 521; MünchKommHGB/*Krebs* RdNr. 6.
[16] BGH Beschl. v. 14. 2. 1974 – II ZB 6/73, BGHZ 62, 166, 173 f. = NJW 1974, 1194.
[17] MünchKommHGB/*Krebs* RdNr. 7; Röhricht/Graf von Westphalen/*Wagner* RdNr. 7 und 9; Koller/*Roth*/Morck RdNr. 3; *Hofmann/Fladung/van Ghemen* Nr. 2.5.2.
[18] Vgl. BGH Beschl. v. 2. 12. 1991 – II ZB 13/91, BGHZ 116, 190, 197 = NJW 1992, 975.
[19] OLG Hamm Beschl. v. 12. 3. 1957 – 15 W 1/57, BB 1957, 448; differenzierend MünchKommHGB/*Krebs* RdNr. 17.
[20] Vgl. § 49 RdNr. 13; BayObLG Beschl. v. 19. 6. 1973 – 2 Z 21/73, NJW 1973, 2068; MünchKommHGB/*Krebs* RdNr. 7 und 9.
[21] MünchKommHGB/*Krebs* RdNr. 9; Koller/*Roth*/Morck RdNr. 3; *Hofmann/Fladung/van Ghemen* Nr. 2.5.2.
[22] BayObLG Beschl. v. 19. 6. 1973 – 2 Z 21/73, NJW 1973, 2068; Koller/*Roth*Morck RdNr. 3; aA Münch/KommHGB/*Krebs* RdNr. 10 sowie noch die 1. Aufl.; *Hofmann/Fladung/van Ghemen* Nr. 2.5.2 sehen im Rahmen der gemischten Gesamtvertretung die eigene Anmeldung als zulässig an.
[23] BayObLG Beschl. v. 19. 6. 1973 – 2 Z 21/72, NJW 1973, 2068, 2069; OLG Frankfurt Vorlagebeschl. v. 4. 4. 1973 – 20 W 920/72, NJW 1973, 1152 = DB 1973, 1234; MünchKommHGB/*Krebs* RdNr. 12; Staub/*Joost* RdNr. 18 ff.; Röhricht/Graf von Westphalen/*Wagner* RdNr. 10; *Hofmann/Fladung/van Ghemen* Nr. 2.5.2; differenzierend Koller/*Roth*/Morck RdNr. 5 und § 8 RdNr. 23.
[24] MünchKommHGB/*Krebs* RdNr. 12; Röhricht/Graf von Westphalen/*Wagner* RdNr. 10.
[25] RG Beschl. v. 22. 12. 1931 – II B 30/31, RGZ 134, 303, 307; *Hofmann/Fladung/van Ghemen* Nr. 2.5.3.
[26] MünchKommHGB/*Krebs* RdNr. 13.
[27] BayObLG Beschl. v. 16. 12. 1970 – 2 Z 58/70, BayObLGE 1970, 317, 319 = BB 1971, 238, 239; MünchKommHGB/*Krebs* RdNr. 13.
[28] MünchKommHGB/*Krebs* RdNr. 14.

§ 54

und Eintragung des Erlöschens der Prokura;[29] erfolgen in diesen Fällen gleichwohl Anmeldung und Eintragung, so erscheint dies unschädlich.

3. Verstöße gegen die Anmeldepflicht. Verstöße gegen die Anmeldepflicht bleiben für die Wirksamkeit der Erteilung, der Änderung oder des Widerrufs der Prokura ohne Folgen.[30] Der Rechtsverkehr wird durch § 15 geschützt. Umgekehrt kann die Eintragung auch Mängel der Erteilung oder des Widerrufs nicht heilen;[31] dabei ist allerdings zu berücksichtigen, dass in der Anmeldung zum Handelsregister materiell eine Erteilung oder ein Widerruf liegen können. Die Anmeldung kann nach § 14 erzwungen werden.

§ 54 [Handlungsvollmacht]

(1) Ist jemand ohne Erteilung der Prokura zum Betrieb eines Handelsgewerbes oder zur Vornahme einer bestimmten zu einem Handelsgewerbe gehörigen Art von Geschäften oder zur Vornahme einzelner zu einem Handelsgewerbe gehöriger Geschäfte ermächtigt, so erstreckt sich die Vollmacht (Handlungsvollmacht) auf alle Geschäfte und Rechtshandlungen, die der Betrieb eines derartigen Handelsgewerbes oder die Vornahme derartiger Geschäfte gewöhnlich mit sich bringt.

(2) Zur Veräußerung oder Belastung von Grundstücken, zur Eingehung von Wechselverbindlichkeiten, zur Aufnahme von Darlehen und zur Prozeßführung ist der Handlungsbevollmächtigte nur ermächtigt, wenn ihm eine solche Befugnis besonders erteilt ist.

(3) Sonstige Beschränkungen der Handlungsvollmacht braucht ein Dritter nur dann gegen sich gelten zu lassen, wenn er sie kannte oder kennen mußte.

Übersicht

	RdNr.		RdNr.
I. Normzweck	1	1. Gesamthandlungsvollmacht	19–21
II. Voraussetzungen der Handlungsvollmacht nach Abs. 1	2–6	a) Echte Gesamthandlungsvollmacht	20
1. Vertretener	2, 3	b) Gemischte Gesamtvertretung	21
2. Vertreter	4, 5	2. Niederlassungshandlungsvollmacht	22
3. Erteilung	6	VI. Gutglaubensschutz (Abs. 3)	23–27
III. Innenverhältnis	7	1. Grundsatz	23
IV. Umfang der Handlungsvollmacht	8–18	2. Gegenstand des Gutglaubensschutzes	24
1. Systematik des § 54	8	3. Arten der Beschränkungen	25
2. Vorrang der rechtsgeschäftlichen Erklärung	9	4. Voraussetzung des Gutglaubensschutzes	26
3. Gesetzliche Typen der Handlungsvollmacht	10–15	5. Rechtsfolgen	27
a) Generalhandlungsvollmacht	11	VII. Erlöschen der Handlungsvollmacht	28–33
b) Arthandlungsvollmacht	12	1. Grundsatz	28
c) Spezialhandlungsvollmacht	13	2. Erlöschen des zugrundeliegenden Rechtsverhältnisses	29
d) Einzelfälle	14, 15	3. Erlöschensgründe aufseiten des Inhabers	30–32
4. Besondere Geschäfte nach Abs. 2	16–18	a) Widerruf durch den Inhaber	30
a) Systematische Einordnung des Abs. 2	16	b) Beendigung des Handelsgewerbes	31
b) Einzelfragen	17	c) Grundlegende Änderungen des Handelsgewerbes	32
c) Gutglaubensschutz in den Fällen des Abs. 2	18	4. Erlöschensgründe auf Seiten des Handlungsbevollmächtigten	33
V. Gesamthandlungsvollmacht; Niederlassungshandlungsvollmacht	19–22		

I. Normzweck

Die Vorschrift dient dem Schutz des Rechtsverkehrs. Tritt für den Inhaber eines Handelsgewerbes ein von diesem Bevollmächtigter auf, so muss der Inhaber kraft der Gutglaubensvorschrift des Absatzes 3 diese Vollmacht in einem vermuteten typisierten Umfang gegen sich gelten

---

[29] OLG Karlsruhe Beschl. v. 1. 4. 1969 – 3 W 108/68, NJW 1969, 1724; MünchKommHGB/*Krebs* RdNr. 14.
[30] RG Beschl. v. 22. 12. 1931 – II B 30/31, RGZ 134, 303, 307; MünchKommHGB/*Krebs* RdNr. 1; Koller/*Roth*/Morck RdNr. 1.
[31] RG Beschl. v. 22. 12. 1931 – II B 30/31, RGZ 134, 303, 307; BGH Urt. v. 18. 1. 1956 – V ZR 84/54, WM 1956, 727, 728; MünchKommHGB/*Krebs* RdNr. 1.

lassen.¹ Durch die Handlungsvollmacht werden in der Regel alle nach außen handelnden Personen eines Unternehmens erfasst, die nicht Prokuristen sind oder Organstellung haben. § 55 (Abschlussvertreter) und § 56 (Angestellte in Laden oder Warenlager) regeln Sonderfälle der Handlungsvollmacht.² Die **praktische Bedeutung** des § 54 ist im Hinblick auf den Vorrang der rechtsgeschäftlichen Erklärung und der Möglichkeiten der Auslegung dieser rechtsgeschäftlichen Erklärung nur sehr **gering**.³

II. Voraussetzungen der Handlungsvollmacht nach Abs. 1

1. Vertretener. Vertretener bei Erteilung einer Handlungsvollmacht kann jeder **Inhaber eines Handelsgewerbes** in Sinne des § 1 Abs. 2 und § 2 sein;⁴ dazu gehört auch die öffentliche Hand als Inhaberin eines Handelsgewerbes.⁵ Handlungsvollmacht kann auch für alle Formkaufleute gemäß § 6 bestehen.⁶ In § 42 Abs. 2 GenG ist die Erteilung der Handlungsvollmacht ausdrücklich vorgesehen. Vorgesellschaften juristischer Personen können Handlungsvollmacht erteilen, wenn sie ein vollkaufmännisches Gewerbe gemäß § 1 Abs. 2 betreiben.⁷ Strittig ist, inwieweit § 54 auch auf **nichtkaufmännische Unternehmen** anwendbar ist, die Leistungen am Markt anbieten.⁸ Die **Analogie** ist **abzulehnen**. Der Wortlaut des § 54, der sich nur auf Handelsgewerbe bezieht, ist insoweit eindeutig; überdies besteht im Hinblick auf die Rechtsinstitute der Duldungs- und Anscheinsvollmacht keine Regelungslücke. Auch die Änderung des §§ 1 und 4 durch das Handelsrechtsreformgesetz vom 22. 6. 1998 gebietet keine andere Bewertung. Eine von einem Nichtkaufmann erteilte Handlungsvollmacht kann indes im Wege der Auslegung als BGB-Vollmacht mit dem Umfang einer Handlungsvollmacht angesehen werden.

Erteilungsberechtigte Personen sind der Inhaber, organschaftliche Vertreter, vertretungsberechtigte Gesellschafter und Prokuristen. Insolvenzverwalter,⁹ Liquidatoren, Nachlassverwalter, Testamentsvollstrecker und Betreuer können ebenfalls Handlungsvollmacht erteilen, soweit ein Handelsgewerbe betrieben wird.¹⁰ Mit bestimmten Einschränkungen können auch Handlungsbevollmächtigte selbst Handlungsvollmacht erteilen (s. § 58 RdNr. 4 f.).

2. Vertreter. Entgegen der wohl hM¹¹ muss der Handlungsbevollmächtigte eine **natürliche Person** sein.¹² Dafür sprechen systematische Stellung und Sinn und Zweck der Vorschrift. Entgegen der hM muss der Handlungsbevollmächtigte nicht nur beschränkt, sondern **unbeschränkt geschäftsfähig** sein; die für die Notwendigkeit der vollen Geschäftsfähigkeit des Prokuristen sprechenden Gründe gelten hier entsprechend (s. § 48 RdNr. 15).¹³ Der **Handlungsbevollmächtigte** muss vom Inhaber **personenverschieden** sein.¹⁴ **Organe** können damit grundsätzlich **keine Handlungsbevollmächtigten** sein. Von der Vertretung ausgeschlossene Organmitglieder,¹⁵ durch Gesamtvertretungsregelungen gebundene Organmitglieder¹⁶ und Miterben¹⁷ können aber Handlungsbevollmächtigte sein. Prokuristen können zugleich Handlungsbevollmächtigte sein, wenn die Handlungsvollmacht weiter reicht oder andere Geschäfte umfasst als die Prokura oder nicht den sich aus einer Gesamtprokura ergebenden Beschränkungen unterliegt (zB wenn der Gesamtprokurist für Geschäfte bis zu einer bestimmten Größenordnung

---

¹ Koller/*Roth*/Morck RdNr. 2; K. *Schmidt* HandelsR § 16 IV 4; *Lettl* § 6 RdNr. 69; *Spitzbarth*/*Preuß* S. 42; vgl. auch RdNr. 8; gegen eine Vermutung wohl MünchKommHGB/*Krebs* RdNr. 2.
² Staub/*Joost* § 55 RdNr. 5 und § 56 RdNr. 5; MünchKommHGB/*Krebs* § 55 RdNr. 1 und § 56 RdNr. 2; für § 55 auch Koller/*Roth*/Morck § 55 RdNr. 1 und 2 und Schlegelberger/*Schröder* § 55 RdNr. 1.
³ *Canaris* § 13 RdNr. 1 ff.
⁴ MünchKommHGB/*Krebs* RdNr. 7; Koller/*Roth*/Morck RdNr. 3; Baumbach/*Hopt* RdNr. 4.
⁵ Koller/*Roth*/Morck RdNr. 3.
⁶ Staub/*Joost* RdNr. 11; Baumbach/*Hopt* RdNr. 6.
⁷ MünchKommHGB/*Krebs* RdNr. 7.
⁸ Für die Anwendung MünchKommHGB/*Krebs* RdNr. 8; Koller/*Roth*/Morck RdNr. 4; K. *Schmidt* HandelsR § 16 IV 2 a aa; *Spitzbarth*/*Preuß* S. 37 f.; dagegen Staub/*Joost* RdNr. 12; Röhricht/Graf von Westphalen/*Wagner* RdNr. 7; Baumbach/*Hopt* RdNr. 6.
⁹ Koller/*Roth*/Morck RdNr. 3; Baumbach/*Hopt* RdNr. 6; MünchKommHGB/*Krebs* RdNr. 8; Staub/*Joost* RdNr. 13 und Schlegelberger/*Schröder* RdNr. 2 jeweils ebenso für den Konkursverwalter nach früherer Rechtslage.
¹⁰ MünchKommHGB/*Krebs* RdNr. 8; Röhricht/Graf von Westphalen/*Wagner* RdNr. 8; Koller/*Roth*/Morck RdNr. 3; Baumbach/*Hopt* RdNr. 6.
¹¹ Röhricht/Graf von Westphalen/*Wagner* RdNr. 12; Koller/*Roth*/Morck RdNr. 5; Baumbach/*Hopt* RdNr. 7; K. *Schmidt* HandelsR § 16 IV 1 a; differenzierend Staub/*Joost* RdNr. 15 und *Spitzbarth*/*Preuß* S. 40 f.
¹² MünchKommHGB/*Krebs* RdNr. 11.
¹³ AA MünchKommHGB/*Krebs* RdNr. 9.
¹⁴ MünchKommHGB/*Krebs* RdNr. 9; Koller/*Roth*/Morck RdNr. 5.
¹⁵ Koller/*Roth*/Morck RdNr. 5; s. zu derselben Frage bei der Prokura § 48 RdNr. 19.
¹⁶ Koller/*Roth*/Morck RdNr. 5; s. zu derselben Frage bei der Prokura § 48 RdNr. 20.
¹⁷ So auch bei der Prokura § 48 RdNr. 22; hier wohl ebenso MünchKommHGB/*Krebs* RdNr. 9.

Einzelhandlungsvollmacht hat – vgl. § 48 RdNr. 57 – oder wenn der Niederlassungsprokurist Handlungsvollmacht für das Gesamtunternehmen hat).[18] Testamentsvollstrecker, Betreuer und Insolvenzverwalter können nicht zugleich Handlungsbevollmächtigte sein (so zur Prokura § 48 RdNr. 16).

5   Entgegen der hM[19] ist nicht Voraussetzung, dass der Handlungsbevollmächtigte „von innen heraus" für das Unternehmen handelt und damit Arbeitnehmer im Unternehmen ist (idR Handlungsgehilfe nach § 59).[20] Die hM findet keine Stütze im Wortlaut des § 54. Zudem verstieße diese Auslegung gegen den Gedanken des Verkehrsschutzes.

6   **3. Erteilung.** Die Erteilung der Handlungsvollmacht kann durch formlose Erklärung erfolgen.[21] Konkludente Erteilung ist möglich.[22] Die Erteilung ist gegenüber dem Handlungsbevollmächtigten, gegenüber Dritten oder öffentlich möglich.[23] Die Zuweisung einer bestimmten Stelle im Betrieb, die in der Regel mit bestimmten Funktionen verbunden ist, kann als Erteilung einer entsprechenden Handlungsvollmacht angesehen werden.[24] Die Handlungsvollmacht wird nicht ins Handelsregister eingetragen.[25] Die Erteilung kann durch den Inhaber, einen Prokuristen[26] oder bei entsprechender Vollmacht durch einen anderen Handlungsbevollmächtigten (so genannte Untervollmacht; vgl. § 58 RdNr. 4 f.) erfolgen.

III. Innenverhältnis

7   Die Handlungsvollmacht ist von dem ihr zugrunde liegenden Innenverhältnis zu trennen.[27] Der Handlungsbevollmächtigte ist im Innenverhältnis idR als Handlungsgehilfe nach § 59 anzusehen. Die Unterscheidung zwischen Innenverhältnis und den Beschränkungen im Innenverhältnis einerseits und Außenverhältnis andererseits hat jedoch bei weitem nicht die Bedeutung wie bei der Prokura (s. § 48 RdNr. 29 ff.).[28] Anders als die Prokura kann die Handlungsvollmacht auch im Außenverhältnis mit beliebigen Beschränkungen erteilt werden; ein Bedürfnis für weitergehende Beschränkungen im Innenverhältnis besteht daher in weitaus geringerem Umfang als bei der Prokura. Vielmehr wird im Einzelfall durch sorgfältige Auslegung festzustellen sein, ob überhaupt eine Beschränkung nur im Innenverhältnis gewollt war oder ob es sich nicht vielmehr um eine Beschränkung der Handlungsvollmacht nach außen handelt (s. RdNr. 9 ff.).

IV. Umfang der Handlungsvollmacht

8   **1. Systematik des § 54.** Der **Wortlaut** des § 54 Abs. 1, 2 und 3 ist hinsichtlich des Umfanges der Handlungsvollmacht **mißverständlich.**[29] Im Gegensatz zur Prokura gibt es für die Handlungsvollmacht **keinen gesetzlich festgelegten Umfang.**[30] Bei der Handlungsvollmacht handelt es sich um eine Vollmacht, deren **Umfang vom Inhaber** festgelegt wird; nur bei Fehlen einer solchen Festlegung wird der Umfang vom Gesetz bestimmt.[31] § 54 regelt in Absatz 1 eine widerlegbare Vermutung für einen bestimmten typisierten Umfang der erteilten Handlungsvollmacht, in Absatz 2 Ausnahmen von dieser Vermutung und in Absatz 3 den generellen Vertrauenstatbestand.[32]

---

[18] Röhricht/Graf von Westphalen/*Wagner* RdNr. 13; Baumbach/*Hopt* RdNr. 7; Koller/*Roth*/Morck RdNr. 5; Schlegelberger/*Schröder* § 49 RdNr. 3 und § 54 RdNr. 2; *Hofmann/Fladung/van Ghemen* Nr. 4.1.4 (in Nr. 4.1.2.4 wird dogmatisch wenig überzeugend auch eine stillschweigende Gestattung einer Einzelvertretung als zulässig angesehen).
[19] MünchKommHGB *Krebs* RdNr. 10; Baumbach/*Hopt* RdNr. 1; *K. Schmidt* § 16 IV 1 a; *Lettl* § 6 RdNr. 73; wohl auch Koller/*Roth*/Morck RdNr. 1.
[20] Staub/*Joost* RdNrn. 9 f.; Schlegelberger/*Schröder* RdNr. 4; wohl auch BGB Urt. v. 18. 7. 2002 – III ZR 124/01, NZG 2002, 813, 814 ff.
[21] Baumbach/*Hopt* RdNr. 8; Koller/*Roth*/Morck RdNr. 6; *Spitzbarth*/*Preuß* S. 36.
[22] Röhricht/Graf von Westphalen/*Wagner* RdNr. 15; Schlegelberger/*Schröder* RdNr. 6; *Spitzbarth*/*Preuß* S. 36.
[23] BGH Urt. v. 25. 2. 1982 – VII ZR 268/81, NJW 1982, 1389, 1390; Baumbach/*Hopt* RdNr. 8; Koller/*Roth*/Morck RdNr. 6.
[24] Koller/*Roth*/Morck RdNr. 6.
[25] Baumbach/*Hopt* RdNr. 8.
[26] MünchKommHGB/*Krebs* RdNr. 47; Röhricht/Graf von Westphalen/*Wagner* RdNr. 10.
[27] MünchKommHGB/*Krebs* RdNr. 66; Staub/*Joost* RdNr. 97.
[28] Vgl. auch MünchKommHGB/*Krebs* RdNr. 66.
[29] Staub/*Joost* RdNr. 30; MünchKommHGB/*Krebs* RdNr. 6 nennt den Wortlaut problematisch.
[30] Staub/*Joost* RdNr. 30; Baumbach/*Hopt* RdNr. 9; Koller/*Roth*/Morck RdNr. 8.
[31] Staub/*Joost* RdNr. 31; Röhricht/Graf von Westphalen/*Wagner* RdNr. 21; Koller/*Roth*/Morck RdNr. 8; *K. Schmidt* HandelsR § 16 IV 2 a ee.
[32] Röhricht/Graf von Westphalen/*Wagner* RdNr. 36; Staub/*Joost* RdNr. 32; *K. Schmidt* HandelsR § 16 IV 2 a ee.

2. Vorrang der rechtsgeschäftlichen Erklärung. Für den Umfang der Vollmacht kommt es in erster Linie auf die rechtsgeschäftliche Erklärung an; erst in zweiter Linie ist auf die gesetzliche Regelung des § 54 zurückzugreifen.[33] Bei der **Prüfung im Einzelfall** ist daher zunächst zu untersuchen, welcher Umfang der Vertretungsmacht entsprechend den allgemeinen Auslegungsregeln gewollt war. Dabei ist zu beachten, dass vom Inhaber gewollte Beschränkungen möglicherweise doch nur das Innen-, nicht aber das Außenverhältnis betreffen sollen.[34] Soweit die Auslegung der erteilten Vollmacht nun ergibt, dass eine der in Absatz 1 geregelten typisierten Formen vorliegt, so ist auf die gesetzliche Vermutung zurückzugreifen. Der Rechtsverkehr soll vor untypischen Gestaltungen der typischen Erscheinungsform von Vollmachten geschützt werden.

3. Gesetzliche Typen der Handlungsvollmacht. Absatz 1 unterscheidet drei typisierte Varianten der Handlungsvollmacht mit einem jeweils vermuteten Umfang, nämlich die **Generalhandlungsvollmacht** („... zum Betrieb eines Handelsgewerbes ..."), die **Arthandlungsvollmacht** („... zur Vornahme einer bestimmten zu einem Handelsgewerbe gehörigen Art von Geschäften ...") und die **Spezialhandlungsvollmacht** („... zur Vornahme einzelner zu einem Handelsgewerbe gehöriger Geschäfte ..."). Unterfall der Arthandlungsvollmacht ist die Vollmacht nach § 56;[35] die Vollmacht des Abschlussvertreters nach § 55 kann sowohl Generalhandlungsvollmacht als auch Arthandlungsvollmacht als auch Spezialhandlungsvollmacht sein (s. im Einzelnen bei § 55).

a) Generalhandlungsvollmacht. Die Generalhandlungsvollmacht ermächtigt zu allen Geschäften und Rechtshandlungen, die der Betrieb eines **derartigen Handelsgewerbes gewöhnlich mit sich bringt**. Maßgeblich ist die **Branchenüblichkeit**, nicht indes, welche Geschäfte gerade im Unternehmen des Inhabers üblicherweise getätigt werden.[36] Die **Generalhandlungsvollmacht** ist abzugrenzen von der **Generalvollmacht**, die über die Generalhandlungsvollmacht hinausgeht (vgl. Vor § 48 RdNr. 4 ff.).[37]

b) Arthandlungsvollmacht. Die Arthandlungsvollmacht erstreckt sich auf alle Geschäfte und Rechtshandlungen, die die Vornahme derartiger Geschäfte gewöhnlich mit sich bringt; sie ermächtigt somit nur zur Vornahme einer bestimmten zu einem Handelsgewerbe gehörenden Art von Geschäften. Die Art dieser Geschäfte bestimmt der Kaufmann. Kriterien sind die Größe des Unternehmens, die Rechtsnatur der Geschäfte, ihre Größenordnung, Zeit und Ort.[38] Aus der Zuweisung bestimmter Aufgaben im Organisationsbereich eines Unternehmens folgt idR eine Ermächtigung zur Vornahme solcher Geschäfte, die nach der Verkehrsanschauung mit einer solchen Stellung verbunden sind.[39] Bei der Arthandlungsvollmacht ist durch Auslegung der rechtsgeschäftlichen Erklärung zu ermitteln, für welche Arten von Geschäften die Vollmacht gewollt ist; die Klassifizierung kann zB nach Bereichen (Einkauf, Verkauf, Bankverkehr, Personal) oder dem finanziellen Rahmen (zB bis 100 000 Euro) erfolgen.[40] Soweit die Auslegung dann keine weiteren Einschränkungen ergibt, gilt für den Umfang dieser Vollmacht die gesetzliche Regelung.

c) Spezialhandlungsvollmacht. Auch die Spezialhandlungsvollmacht erstreckt sich nur auf Geschäfte und Rechtshandlungen, die die Vornahme derartiger Geschäfte gewöhnlich mit sich bringt. Sie ermächtigt von vorneherein nur zur Vornahme einzelner zum Handelsgewerbe gehörender Geschäfte, deren Anzahl indes vorher nicht bestimmt sein muss.[41] Welche Geschäfte dies sind, ist nach den üblichen Auslegungsregeln zu ermitteln; soweit die Auslegung dann keine weiteren Einschränkungen ergibt, gilt für den Umfang der Vollmacht die gesetzliche Regelung.

d) Einzelfälle. In folgenden Einzelfällen wurde das Geschäft als von der Handlungsvollmacht **umfasst** angesehen: Angaben über die Reparaturzeit durch die Beschäftigten von Reparaturannahmestellen;[42] Gestaltung von Vertragsklauseln durch einen cif-Agenten;[43] Annahme von Zahlungen durch Kassenangestellte;[44] Scheckzahlungen;[45] Errichtung weiterer Konten durch einen Handlungs-

---

[33] Staub/*Joost* RdNr. 31; Koller/*Roth*/Morck RdNr. 8.
[34] Staub/*Joost* RdNr. 41.
[35] MünchKommHGB/*Krebs* RdNr. 2 zu § 56; s. ferner im Einzelnen bei § 56.
[36] Staub/*Joost* RdNr. 46; Baumbach/*Hopt* RdNr. 10.
[37] Koller/*Roth*Morck RdNr. 9.
[38] RG Urt. v. 27. 6. 1902 – II 115/02, RGZ 52, 89, 90; BGH Urt. v. 8. 5. 1978 – II ZR 209/76, WM 1978, 1047 = DB 1978, 2118, 2119; Staub/*Joost* RdNr. 48; Koller/*Roth*/Morck RdNr. 9.
[39] Koller/*Roth*/Morck RdNr. 9; *Canaris* § 13 RdNr. 18.
[40] Staub/*Joost* RdNr. 34.
[41] Koller/*Roth*/Morck RdNr. 9.
[42] BGH Urt. v. 25. 2. 1982 – VII ZR 268/81, NJW 1982, 1389 f.
[43] HansOLG Hamburg Urt. v. 16. 1. 1953 – 1 U 335/52, DB 1953, 169.
[44] RG Urt. v. 17. 12. 1927 – V 415/27, RGZ 119, 272, 278.
[45] BGH Urt. v. 4. 3. 1976 – II ZR 12/75, WM 1976, 769.

bevollmächtigten mit einer Vollmacht für den Bankverkehr;⁴⁶ Abgabe eines abstrakten Schuldanerkenntnisses durch einen Baubetreuer.⁴⁷

15 In folgenden Einzelfällen wurde das Geschäft **nicht mehr** als von der Handlungsvollmacht **umfasst** angesehen: Ausstellung deckungsloser Schecks mit Garantieerklärungen der Bank durch Bankangestellte;⁴⁸ Abschluss eines Automatenaufstellvertrages im Rahmen eines Gaststättengewerbes;⁴⁹ Vertragsstrafenversprechen.⁵⁰ Nicht von einer Handlungsvollmacht gedeckt sind auch alle diejenigen Geschäfte, die nicht von einer Prokura umfasst sein können (s. § 49 RdNr. 9 ff.), so zB die Anmeldung zum Handelsregister.⁵¹

16 **4. Besondere Geschäfte nach Abs. 2. a) Systematische Einordnung des Abs. 2.** Die gesetzlich typisierten Vollmachten nach Absatz 1 (Generalhandlungsvollmacht, Arthandlungsvollmacht, Spezialhandlungsvollmacht) gelten nach Absatz 2 nicht für Veräußerung und Belastung von Grundstücken, Eingehung von Wechselverbindlichkeiten, Darlehensaufnahmen und Prozessführung. Wenn also die Auslegung ergibt, dass einer der in Absatz 1 geregelten Typen vorliegt, diese Auslegung aber keine weiteren Erkenntnisse ergibt, dann sind die in Absatz 2 genannten Geschäfte nicht von der Handlungsvollmacht umfasst. Ob eine Befugnis zur Vornahme solcher Geschäfte erteilt ist, folgt aus der Auslegung der Vollmachtserklärung.

17 **b) Einzelfragen.** Die Beschränkung der Handlungsvollmacht hinsichtlich der Veräußerung und der Belastung von Grundstücken entspricht § 49 Abs. 2. Die entsprechenden Verpflichtungsgeschäfte unterfallen ebenfalls der Beschränkung.⁵² Die Beschränkung hinsichtlich der Wechselverbindlichkeiten betrifft Wechselausstellung, Akzept, Indossament und Wechselbürgschaft nebst den zugrundeliegenden schuldrechtlichen Verpflichtungen;⁵³ für den Scheckverkehr gilt die gesetzliche Beschränkung nicht.⁵⁴ Die besondere Befugnis zur Eingehung von Wechselverbindlichkeiten kann auch durch längere stillschweigende Duldung oder Übertragung der Generalhandlungsvollmacht „für alle Rechtshandlungen ohne jede Ausnahme" erteilt werden.⁵⁵ Die Befugnis zur Darlehensaufnahme ist in der Regel in der zeitweisen Überlassung der gesamten Geschäftsführung zu sehen.⁵⁶ Scheckziehung im Rahmen der Kreditlinie ist keine Darlehensaufnahme.⁵⁷ Prozessführung umfasst alle Prozesshandlungen sowie das schiedsgerichtliche Verfahren.⁵⁸ Der außergerichtliche Vergleich ist auch bei Anhängigkeit eines Rechtsstreites keine Prozesshandlung.⁵⁹ Der Bereich der freiwilligen Gerichtsbarkeit stellt mangels eines kontradiktorischen Verfahrens allerdings keine Prozessführung dar;⁶⁰ Registeranmeldungen können daher auch ohne Erteilung einer besonderen Befugnis von Handlungsbevollmächtigten vorgenommen werden,⁶¹ soweit nicht für Grundlagengeschäfte auch ein Prokurist ausgeschlossen wäre (s. § 49 RdNr. 8 und 11). Auch eine Mitwirkung im patentgerichtlichen Verfahren ist ohne Erteilung einer besonderen Befugnis möglich.⁶²

18 **c) Gutglaubensschutz in den Fällen des Abs. 2.** Der Gutglaubensschutz nach Absatz 3 (s. RdNr. 23 ff.) gilt nicht für die Fälle des Absatz 2. Einen Schutz des guten Glaubens an einen über Absatz 2 hinausgehenden Umfang der Handlungsvollmacht gibt es nicht; es kann jedoch eine Duldungs- oder Anscheinsvollmacht für die in Absatz 2 bezeichneten Bereiche bestehen.⁶³

---

⁴⁶ BGH Urt. v. 23. 2. 1961 – II ZR 165/59, WM 1961, 321, 322.
⁴⁷ OLG München Urt. v. 30. 5. 1983 – 28 U 4234/82, NJW 1984, 63, 64.
⁴⁸ BGH Urt. v. 30. 12. 1963 – VII ZR 168/63, WM 1964, 224, 225.
⁴⁹ OLG Celle Urt. v. 17. 12. 1982 – 2 U 120/82, BB 1983, 1495.
⁵⁰ OLG Düsseldorf Urt. v. 24. 11. 1987 – U (Kart) 10/87, DB 1988, 1063.
⁵¹ BGH Urt. v. 14. 10. 1968 – III ZR 82/66, WM 1969, 43.
⁵² Röhricht/Graf von Westphalen/*Wagner* RdNr. 31; Koller/Roth/Morck RdNr. 12.
⁵³ MünchKommHGB/*Krebs* RdNr. 38; Staub/*Joost* RdNr. 65; Röhricht/Graf von Westphalen/*Wagner* RdNr. 32.
⁵⁴ MünchKommHGB/*Krebs* RdNr. 38; Staub/*Joost* RdNr. 65.
⁵⁵ RG Urt. v. 1. 4. 1911 – I 60/10, RGZ 76, 202, 203; MünchKommHGB/*Krebs* RdNr. 38: Hierzu kann auch die zeitweilige Überlassung der gesamten Geschäftsführung ausreichen, vgl. BGH Urt. v. 14. 10. 1968 – III ZR 82/66, WM 1969, 43; aA insoweit MünchKommHGB/*Krebs* RdNr. 38.
⁵⁶ BGH Urt. v. 14. 10. 1968 – III ZR 82/66, WM 1969, 43; aA wohl MünchKommHGB/*Krebs* RdNr. 39 Fn. 107.
⁵⁷ BGH Urt. v. 20. 1. 1969 – II ZR 225/66, NJW 1969, 694, 695; Staub/*Joost* RdNr. 66; wohl ebenso MünchKommHGB/*Krebs* RdNr. 39.
⁵⁸ MünchKommHGB/*Krebs* RdNr. 40; Staub/*Joost* RdNr. 67 f.
⁵⁹ Staub/*Joost* RdNr. 68.
⁶⁰ MünchKommHGB/*Krebs* RdNr. 40; Staub/*Joost* RdNr. 67 f.
⁶¹ Staub/*Joost* RdNr. 68.
⁶² BPatG Beschl. v. 14. 12. 1976 – 5 W(pat) 34/76, BPatGE 19, 156, 157; BPatG Beschl. v. 7. 3. 1989 – 18 W(pat) 1/87, GRUR 1989, 664; Staub/*Joost* RdNr. 67; MünchKommHGB/*Krebs* RdNr. 40 Fn 110.
⁶³ BGH Urt. v. 24. 9. 1969 – VIII ZR 49/68, WM 1969, 1301, 1302; Staub/*Joost* RdNr. 58.

V. Gesamthandlungsvollmacht; Niederlassungshandlungsvollmacht

1. Gesamthandlungsvollmacht. Die gesetzlich nicht geregelte Gesamthandlungsvollmacht wird als zulässig angesehen.[64] Die bei der Prokura geltenden Grundsätze gelten hier entsprechend (s. § 48 RdNr. 37 ff.). Die praktische Bedeutung dieser Gestaltung ist indes denkbar gering. Die Vermutung des § 54 wird in der Regel dahin gehen, dass es sich um Einzelvollmachten handelt. Zum Schutze des Geschäftspartners bedarf es nicht es Umweges über die Gesamtvertretung.[65]

a) Echte Gesamthandlungsvollmacht. Bei der echten Gesamthandlungsvollmacht vertreten zwei oder mehrere Gesamthandlungsbevollmächtigte gemeinsam.[66] Bei der **allseitigen echten Gesamthandlungsvollmacht** vertreten alle Gesamthandlungsbevollmächtigten den Inhaber gemeinsam; sind mehr als zwei Gesamthandlungsbevollmächtigte bestellt, empfiehlt sich daher eine **echte Gruppengesamthandlungsvollmacht,** bei der jeder Gesamthandlungsbevollmächtigte nur jeweils mit einem oder mehreren bestimmten oder beliebigen Gesamthandlungsbevollmächtigten handeln kann. Auch ist es möglich, neben Gesamthandlungsbevollmächtigten im selben Unternehmen auch einzelvertretungsberechtigte Handlungsbevollmächtigte zu bestellen. Bei der **halbseitigen echten Gesamthandlungsvollmacht** ist der Gesamthandlungsbevollmächtigte an die Mitwirkung eines Einzelhandlungsbevollmächtigten gebunden, der aber seinerseits alleine handeln kann und nicht an die Mitwirkung des betreffenden Gesamthandlungsbevollmächtigten gebunden ist; diese Konstruktion wird zutreffend als zulässig angesehen,[67] obwohl ein praktisches Bedürfnis hierfür – außer in den Fällen der Passivvertretung – kaum erkennbar ist. Derselben Person kann gleichzeitig Einzelhandlungsvollmacht und Gesamthandlungsvollmacht mit jeweils unterschiedlichem Umfang erteilt werden, zB Einzelarthandlungsvollmacht und Gesamtgeneralhandlungsvollmacht.[68]

b) Gemischte Gesamtvertretung. Möglich ist ferner die gemischte Gesamtvertretung zwischen Handlungsbevollmächtigten und organschaftlichen Vertretern oder Prokuristen;[69] Gesamtprokurist und organschaftlicher Gesamtvertreter dürfen jedoch nicht einseitig an die Mitwirkung eines Gesamthandlungsbevollmächtigten gebunden werden,[70] so dass nur eine halbseitig gemischte Gesamtvertretung zu Lasten des Gesamthandlungsbevollmächtigten möglich ist. Der Umfang der Vertretungsmacht in der halbseitig gemischten Gesamtvertretung des an die Mitwirkung eines organschaftlichen Vertreters oder eines Prokuristen gebundenen Gesamthandlungsbevollmächtigten richtet sich nach der Handlungsvollmacht.[71]

2. Niederlassungshandlungsvollmacht. Eine gesetzlich nicht geregelte Niederlassungshandlungsvollmacht wird als zulässig angesehen. Der Inhaber kann die Handlungsvollmacht auf den Betrieb einer oder mehrerer Niederlassungen beschränken; es ist dafür nicht erforderlich, dass die Niederlassung unter einer eigenen Firma betrieben wird.[72]

VI. Gutglaubensschutz (Abs. 3)

1. Grundsatz. Absatz 3 schützt das Vertrauen des Rechtsverkehrs dahingehend, dass eine Handlungsvollmacht den sich aus Absatz 1 und 2 ergebenden typisierten Umfang hat.[73] Die Handlungsvollmacht gelangt grundsätzlich nur in dem nach der Vollmachtserteilung vorgesehenen, individuell bestimmbaren Umfang zur Entstehung. Bleibt diese Handlungsvollmacht hinter dem typisierten Umfang der Handlungsvollmacht zurück, greift Absatz 3 ein.

2. Gegenstand des Gutglaubensschutzes. Es wird nur der gute Glaube in den Vollmachtsumfang der jeweiligen gesetzlichen Typen der Handlungsvollmacht geschützt (also in dem gesetzlich

---

[64] BGH Urt. v. 30. 12. 1963 – VII ZR 211/62, WM 1964, 151; Staub/*Joost* RdNr. 36; MünchKommHGB/*Krebs* RdNr. 21 ff.; Koller/*Roth*/Morck RdNr. 10; Baumbach/*Hopt* RdNr. 2; Schlegelberger/*Schröder* RdNr. 5.
[65] Ähnlich *Canaris* § 13 RdNr. 10.
[66] MünchKommHGB/*Krebs* RdNr. 23; Staub/*Joost* RdNr. 37; Koller/*Roth*/Morck RdNr. 10.
[67] Staub/*Joost* RdNr. 37; Koller/*Roth*/Morck RdNr. 10; aA MünchKommHGB/*Krebs* RdNr. 23.
[68] BGH Urt. v. 11. 7. 1957 – II ZR 75/76, WM 1957, 1055, 1056; HansOLG Hamburg Urt. v. 5. 5. 1961 – 1 U 92/60, MDR 1961, 855, 856; Staub/*Joost* RdNr. 37.
[69] BGH Urt. v. 23. 2. 1961 – II ZR 165/59, WM 1961, 321, 322; BGH Urt. v. 30. 12. 1963 – VII ZR 211/62, WM 1964, 151; MünchKommHGB/*Krebs* RdNr. 23; Staub/*Joost* RdNr. 38; Koller/*Roth*/Morck RdNr. 10.
[70] BGH Urt. v. 23. 2. 1961 – II ZR 165/59, WM 1961, 321, 322; BGH Urt. v. 30. 12. 1963 – VII ZR 211/62, WM 1964, 151; MünchKommHGB/*Krebs* RdNr. 23; Koller/*Roth*/Morck RdNr. 10; wohl auch Staub/*Joost* RdNr. 39; s. auch § 48 RdNr. 49.
[71] Staub/*Joost* RdNr. 39; Koller/*Roth*/Morck RdNr. 10.
[72] Staub/*Joost* RdNr. 40.
[73] Staub/*Joost* RdNr. 70 f.; Koller/*Roth*/Morck RdNr. 14; *Canaris* § 13 RdNr. 13 spricht von einer Rechtsscheinhaftung kraft verkehrsmäßig typisierter Erklärungsbedeutung.

typisierten Umfang einer Generalhandlungsvollmacht, einer Arthandlungsvollmacht oder einer Spezialhandlungsvollmacht, jeweils unter den Beschränkungen des Absatzes 2), nicht der gute Glaube in das Vorliegen einer möglichst umfänglichen Handlungsvollmacht (zB Generalhandlungsvollmacht);[74] ein Dritter wird also nach Absatz 3 nicht geschützt, selbst wenn er ohne Fahrlässigkeit das im konkreten Fall nicht gegebene Vorliegen eines bestimmten gesetzlichen Typs der Handlungsvollmacht annimmt.[75] In diesen Fällen können aber die allgemeinen Grundsätze zu Anscheinsvollmacht und Duldungsvollmacht herangezogen werden.[76] Absatz 3 greift ferner nicht, wenn eine Handlungsvollmacht überhaupt nicht oder nicht wirksam erteilt wurde.[77] Nur bei Vermittlungsgehilfen ohne Vertretungsmacht und Handelsvertretern ohne Vertretungsmacht wird nach § 75 h und §§ 91 Abs. 2, 91 a Abs. 1 auch der gute Glaube an eine nicht bestehende Vertretungsmacht geschützt (s. § 91 RdNr. 1). Es ist daher in den anderen Fällen im Einzelfall zu prüfen, welcher in Absatz 1 gesetzlich geregelte Typ einer Handlungsvollmacht auf Grund der Vollmachtserteilung durch den Inhaber vom Grundsatz her gewollt war; hinsichtlich der Beschränkungen gegenüber dem Umfang dieses vom Grundsatz her gewollten Typs gilt dann Absatz 3.[78]

25   **3. Arten der Beschränkungen.** Eine denkbare Beschränkung gemäß Absatz 3 liegt vor, wenn der Inhaber bei einer Generalhandlungsvollmacht oder bei einer Arthandlungsvollmacht gezielt einzelne Geschäfte von der Handlungsvollmacht ausnimmt oder wenn er den Katalog des Absatz 2 rechtsgeschäftlich um weitere Arten von Geschäften, zB die Abgabe von Bürgschaftserklärungen, erweitert. Mögliche Beschränkungen sind ferner die Anordnung einer Gesamthandlungsvollmacht[79] oder die Beschränkung der Vollmacht auf eine Niederlassung.[80]

26   **4. Voraussetzung des Gutglaubensschutzes.** Voraussetzung des Gutglaubensschutzes ist das Fehlen der positiven Kenntnis oder der fahrlässigen Unkenntnis von der Beschränkung. Kennenmüssen im Sinne des Absatzes 3 ist einfache Fahrlässigkeit nach § 122 Abs. 2 Satz 2 BGB.[81] „Kennenmüssen" bezieht sich dabei auf die Beschränkung selbst und nicht auf die Umstände, aus denen auf die Beschränkung hätte geschlossen werden können.[82] Für Kaufleute gilt § 347 Abs. 1.[83] Eigene Nachforschungen können in der Regel nicht gefordert werden.[84] Die Missachtung eines Hinweises auf einem Bestellschein oder eines sichtbaren Aushanges in einem Geschäftslokal, an welche Personen zu bezahlen ist, begründet Fahrlässigkeit.[85] Ein Aushang, der die zur Quittierung befugten Angestellten nennt, ist ungeeignet, auf das Fehlen sonstiger Befugnisse dieser Angestellten hinzuweisen, und begründet daher keine Fahrlässigkeit auf der Seite des Vertragspartners.[86] Das Studium ausgehängter AGB kann grundsätzlich nicht verlangt werden.[87] Die Tatsache, dass ein Vertrag in einer Reihe gleichartiger Verträge mit dem Vorstand geschlossen wurde, zwingt den Vertragspartner nicht zu dem Schluss, dass ein Mitarbeiter zum Abschluss der anderen Verträge keine Vertretungsmacht habe.[88] Fahrlässigkeit ist gegeben, wenn die Beschränkung nach außen verlautbart wurde.[89]

27   **5. Rechtsfolgen.** Der Dritte hat nach Absatz 3 ein Wahlrecht, sich entweder auf das Nichtbestehen der Beschränkung zu berufen oder wegen Fehlens der Vertretungsmacht die Unwirksamkeit des Geschäfts geltend zu machen und nach §§ 178 und 179 BGB vorzugehen.[90]

VII. Erlöschen der Handlungsvollmacht

28   **1. Grundsatz.** Das Gesetz enthält keine eigene Erlöschensvorschrift. Es gelten die allgemeinen Grundsätze.

---

[74] Staub/*Joost* RdNr. 72; Röhricht/Graf von Westphalen/*Wagner* RdNr. 38; *Spitzbarth/Preuß* S. 41; *K. Schmidt* HandelsR § 16 IV 4 b; *Canaris* § 13 RdNr. 5 f.
[75] Staub/*Joost* RdNr. 72; Koller/*Roth*/Morck RdNr. 15.
[76] Staub/*Joost* RdNr. 72.
[77] Staub/*Joost* RdNr. 72; *Canaris* § 13 RdNr. 4.
[78] Schlegelberger/*Schröder* RdNr. 29 f.; Koller/*Roth*/Morck RdNr. 15.
[79] Staub/*Joost* RdNr. 71; aA MünchKommHGB/*Krebs* RdNr. 22 und 42.
[80] MünchKommHGB/*Krebs* RdNr. 42.
[81] MünchKommHGB/*Krebs* RdNr. 43; Staub/*Joost* RdNr. 74; *Canaris* § 13 RdNr. 27.
[82] BGH Urt. v. 2. 12. 2003 – XI ZR 53/02, NJW-RR 2004, 632; MünchKommHGB/*Krebs* RdNr. 43.
[83] MünchKommHGB/*Krebs* RdNr. 43; Staub/*Joost* RdNr. 74.
[84] MünchKommHGB/*Krebs* RdNr. 43; Staub/*Joost* RdNr. 75; Koller/*Roth*/Morck RdNr. 16.
[85] BGH Urt. v. 25. 2. 1982 – VII ZR 268/81, NJW 1982, 1389 f.; OLG Düsseldorf Urt. v. 8. 7. 1992 – 19 U 5/82, DB 1992, 2080, 2081; MünchKommHGB/*Krebs* RdNr. 44; Staub/*Joost* RdNr. 76.
[86] RG Urt. v. 20. 10. 1927 – IV 218/27, RGZ 118, 234, 240; MünchKommHGB/*Krebs* RdNr. 44; Staub/*Joost* RdNr. 76.
[87] MünchKommHGB/*Krebs* RdNr. 44.
[88] BGH Urt. v. 19. 3. 2002 – X ZR 157/99, NJW-RR 2002, 967, 968; MünchKommHGB/*Krebs* RdNr. 44.
[89] BGH Urt. v. 19. 3. 2002 – X ZR 157/99, NJW-RR 2002, 967, 968.
[90] Staub/*Joost* RdNr. 77; Koller/*Roth*/Morck RdNr. 17; aA wohl MünchKommHGB/*Krebs* RdNr. 45.

2. Erlöschen des zugrundeliegenden Rechtsverhältnisses. Das Erlöschen des der Handlungsvollmacht zugrundeliegenden Rechtsverhältnisses – durch einvernehmliche Vertragsaufhebung oder durch Kündigung einer Seite – führt häufig bereits deshalb zum Erlöschen der Handlungsvollmacht, weil die zur Beendigung dieses Rechtsverhältnisses führende Erklärung des Inhabers so auszulegen ist, dass darin zugleich ein Widerruf der Handlungsvollmacht gesehen werden kann (vgl. zur entsprechenden Rechtslage bei der Prokura § 52 RdNr. 15). Unabhängig davon führt aber das Erlöschen des der Handlungsvollmacht zugrunde liegenden Rechtsverhältnisses nach § 168 Satz 1 BGB zum Erlöschen der Handlungsvollmacht.[91] Anfechtung des der Handlungsvollmacht zugrundeliegenden Rechtsverhältnisses führt zum Erlöschen der Handlungsvollmacht ex tunc (s. § 52 RdNr. 15); der Rechtsverkehr wird nach den Grundsätzen der Rechtsscheinvollmacht geschützt. 29

3. Erlöschensgründe auf Seiten des Inhabers. a) Widerruf durch den Inhaber. Eine § 52 Abs. 1 entsprechende Regelung fehlt für die Handlungsvollmacht. Es gilt daher § 168 Satz 2 BGB, wonach die Handlungsvollmacht grundsätzlich frei widerruflich ist, sofern nicht vertraglich eine anderweitige Vereinbarung getroffen wurde;[92] ein einseitiger Widerrufsverzicht genügt aber nicht für den Ausschluss der freien Widerruflichkeit.[93] An den Ausschluss des freien Widerrufsrechts durch Vertrag sind aber strenge Anforderungen zu stellen;[94] unberührt bleibt auf jeden Fall das Recht zum Widerruf aus wichtigem Grund.[95] 30

b) Beendigung des Handelsgewerbes. Mit endgültiger Beendigung des Handelsgewerbes erlischt auch die Handlungsvollmacht.[96] Gleiches gilt für den Fall, dass bei Fortführung des Gewerbes die Voraussetzungen des § 1 Abs. 2 nicht mehr gegeben sind (vgl. bei der Prokura § 52 RdNr. 16); bleibt allerdings die Firma weiter eingetragen, ist der Inhaber nach § 5 weiter als Kaufmann zu behandeln, so dass die Prokura jedenfalls aus diesem Grund nicht erlischt. Ferner endet die Handlungsvollmacht mit Eintritt der Insolvenz des Inhabers (vgl. zur entsprechenden Rechtslage bei der Prokura § 52 RdNr. 17).[97] 31

c) Grundlegende Änderungen des Handelsgewerbes. Bei allen anderen grundlegenden Änderungen, die nicht zu einer Beendigung des Handelsgewerbes führen, ist im Interesse des Rechtsverkehrs und der Kontinuität des Unternehmens von einem **Fortbestehen der Handlungsvollmachten** auszugehen (vgl. zur entsprechenden Rechtslage bei der Prokura § 52 RdNr. 18 ff.). In entsprechender Heranziehung des § 52 Abs. 3 führt der **Tod des Inhabers** – wenn nichts anderes vereinbart ist – **nicht** zum Erlöschen der Handlungsvollmacht.[98] Auch **Beginn der Liquidation** vor der endgültigen Beendigung,[99] **Inhaberwechsel**,[100] Testamentsvollstreckung, Wechsel der Rechtsform des Inhabers, Gesellschafterwechsel, Wechsel in der Person des Gesetzlichen Vertreters und **Eintritt der Geschäftsunfähigkeit des Inhabers** (vgl. zur entsprechenden Rechtslage bei der Prokura § 52 RdNr. 19 ff.) führen **nicht** zum Erlöschen etwaiger Handlungsvollmachten. 32

4. Erlöschensgründe auf Seiten des Handlungsbevollmächtigten. Tod,[101] Eintritt der Geschäftsunfähigkeit[102] und der **beschränkten Geschäftsfähigkeit**[103] führen zum Erlöschen der Handlungsvollmacht. **Insolvenz** des Handlungsbevollmächtigten berührt die Handlungsvollmacht **nicht**;[104] der Inhaber wird die Handlungsvollmacht in einem solchen Fall aber regelmäßig widerru- 33

---

[91] MünchKommHGB/*Krebs* RdNr. 54 f.; Staub/*Joost* RdNr. 83; Koller/*Roth*/Morck RdNr. 18; zur entsprechenden Rechtslage bei der Prokura vgl. § 52 RdNr. 15.
[92] MünchKommHGB/*Krebs* RdNr. 55; Staub/*Joost* RdNr. 84; *Spitzbarth*/*Preuß* S. 62.
[93] RG Urt. v. 13. 12. 1924 – V 665/23, RGZ 109, 331, 333.
[94] BGH Urt. v. 13. 5. 1971 – VII ZR 310/69, WM 1971, 956 f.; Staub/*Joost* RdNr. 84.
[95] BGH Urt. v. 12. 5. 1969 – VII ZR 15/67, WM 1969, 1009; Staub/*Joost* RdNr. 84.
[96] RG Urt. v. 21. 10. 1909 – VI 477/08, RGZ 72, 119, 123; MünchKommHGB/*Krebs* RdNr. 61; Staub/*Joost* RdNr. 89; Röhricht/Graf von Westphalen/*Wagner* RdNr. 51; *Spitzbarth*/Preuß S. 63.
[97] Koller/RothMorck RdNr. 18; Staub/*Joost* RdNr. 82; MünchKommHGB/*Krebs* RdNr. 62; Röhricht/Graf von Westphalen/*Wagner* RdNr. 50; *Spitzbarth*/*Preuß* S. 63; aA noch die 1. Aufl.
[98] MünchKommHGB/*Krebs* RdNr. 61; Staub/*Joost* RdNr. 87; Röhricht/Graf von Westphalen/*Wagner* RdNr. 49; ebenso unter Berufung auf § 672 BGB *Spitzbarth*/*Preuß* S. 63.
[99] MünchKommHGB/*Krebs* RdNr. 61; Staub/*Joost* RdNr. 89; Röhricht/Graf von Westphalen/*Wagner* RdNr. 50.
[100] Zur entsprechenden Rechtslage bei der Prokura vgl. § 52 RdNr. 19; MünchKommHGB/*Krebs* RdNr. 55; *Honsell* JA 1984, 17, 21; *Spitzbarth*/*Preuß* S. 63 f.; aA Staub/*Joost* RdNr. 91; Röhricht/Graf von Westphalen/*Wagner* RdNr. 51; *Köhler* BB 1979, 912, 914 f. Die Gegenmeinung räumt indes ein, dass in dem Belassen des Handlungsbevollmächtigten in seinem bisherigen Wirkungskreis eine Neuerteilung, eine Duldungsvollmacht oder eine Anscheinsvollmacht liegen kann.
[101] Vgl. zur entsprechenden Rechtslage bei der Prokura § 52 RdNr. 22; MünchKommHGB/*Krebs* RdNr. 63; Röhricht/Graf von Westphalen/*Wagner* RdNr. 52.
[102] Vgl. zur entsprechenden Rechtslage bei der Prokura § 52 RdNr. 23; MünchKommHGB/*Krebs* RdNr. 63; Röhricht/Graf von Westphalen/*Wagner* RdNr. 52.
[103] Vgl. zur entsprechenden Rechtslage bei der Prokura § 52 RdNr. 23; aA die wohl hM zur Prokura; vgl. insoweit zB MünchKommHGB/*Krebs* § 52 RdNr. 39.
[104] Vgl. zur entsprechenden Rechtslage bei der Prokura § 52 RdNr. 25.

fen. Eine **Niederlegung** der Handlungsvollmacht durch den Handlungsbevollmächtigten ist **nicht** möglich (vgl. zur entsprechenden Rechtslage bei der Prokura § 52 RdNr. 26).

§ 55 [Abschlußvertreter]

(1) Die Vorschriften des § 54 finden auch Anwendung auf Handlungsbevollmächtigte, die Handelsvertreter sind oder die als Handlungsgehilfen damit betraut sind, außerhalb des Betriebes des Prinzipals Geschäfte in dessen Namen abzuschließen.

(2) Die ihnen erteilte Vollmacht zum Abschluß von Geschäften bevollmächtigt sie nicht, abgeschlossene Verträge zu ändern, insbesondere Zahlungsfristen zu gewähren.

(3) Zur Annahme von Zahlungen sind sie nur berechtigt, wenn sie dazu bevollmächtigt sind.

(4) Sie gelten als ermächtigt, die Anzeige von Mängeln einer Ware, die Erklärung, daß eine Ware zur Verfügung gestellt werde, sowie ähnliche Erklärungen, durch die ein Dritter seine Rechte aus mangelhafter Leistung geltend macht oder sie vorbehält, entgegenzunehmen; sie können die dem Unternehmer (Prinzipal) zustehenden Rechte auf Sicherung des Beweises geltend machen.

Übersicht

	RdNr.		RdNr.
I. Entstehungsgeschichte, Normzweck ...	1	IV. Umfang der Abschlussvollmacht	10–16
II. Abschlussvollmacht als Sonderfall der Handlungsvollmacht	2–8	1. Vorrang der rechtsgeschäftlichen Erklärung	10
1. Systematik des § 55	2	2. Gesetzliche Beschränkungen der Vollmacht nach § 55	11, 12
2. Vertretener	3	a) Änderung abgeschlossener Verträge......	11
3. Vertreter...........................	4–7	b) Annahme von Zahlungen...............	12
a) Beschränkung auf den Außendienst......	5	3. Erweiterung des Umfangs der Abschlussvollmacht nach Absatz 4	13–16
b) Handelsvertreter	6	a) Grundsatz...........................	13
c) Handlungsgehilfen	7	b) Umfang.............................	14
4. Erteilung der Vollmacht................	8	c) Ermächtigung zur Entgegennahme	15
III. Das Innenverhältnis	9	d) Arten der von Absatz 4 umfassten Erklärungen................................	16
		V. Gutglaubensschutz.....................	17

I. Entstehungsgeschichte, Normzweck

1   Die Vorschrift ist eine Spezialvorschrift zur Konkretisierung von § 54 für Handlungsbevollmächtigte im Außendienst.[1] Die Vorschrift stellt einen Ausgleich zwischen dem Schutzbedürfnis des Kaufmanns und dem Vertrauensschutz des Rechtsverkehrs dar.[2] Seine heutige Fassung erhielt § 55 durch das Gesetz zur Änderung des Handelsgesetzbuches vom 6. 8. 1953 (BGBl. I S. 771), durch das die schon seinerzeit überholte Unterscheidung zwischen Stadtreisenden und Fernreisenden aufgehoben wurde. Im Hinblick auf den Vorrang der rechtsgeschäftlichen Erklärung und insbesondere den Vorrang deren Auslegung ist die praktische Bedeutung des § 55 gering. Abs. 4 gilt nach § 75 g auch für den Vermittlungsgehilfen ohne Vertretungsmacht.

II. Abschlussvollmacht als Sonderfall der Handlungsvollmacht

2   **1. Systematik des § 55.** Die Vollmacht nach § 55 ist eine echte Handlungsvollmacht nach § 54.[3] Der Umfang der Vertretungsmacht wird auch in den in Absatz 1 genannten Fällen in erster Linie durch den Inhaber festgelegt.[4] Dieser bestimmt auch in den Fällen des § 55, ob eine Generalhandlungsvollmacht, eine Arthandlungsvollmacht oder eine Spezialhandlungsvollmacht vorliegen soll.[5] In erster Linie kommt es auch hier auf den Inhalt der rechtsgeschäftlichen Erklärung der Vollmacht an.[6] Dann greift die Vermutung des § 54. Absatz 2 bis 4 enthalten zusätzlich Sonderregelungen zu § 54 hinsichtlich des

---

[1] MünchKommHGB/*Krebs* RdNr. 1; Staub/*Joost* RdNr. 7; Schlegelberger/*Schröder* RdNr. 1.
[2] Staub/*Joost* RdNr. 7.
[3] Staub/*Joost* RdNr. 25; Röhricht/Graf von Westphalen/*Wagner* RdNr. 12.
[4] Koller/*Roth*/Morck RdNr. 6; Röhricht/Graf von Westphalen/*Wagner* RdNr. 12.
[5] Staub/*Joost* RdNr. 25.
[6] Koller/Roth/Morck RdNr. 6; vgl. § 54 RdNr. 9.

Umfanges der Vollmacht.⁷ Dabei enthalten Absatz 2 und 3 Sonderregelungen zu den Ausnahmen in § 54 Abs. 2 hinsichtlich des vermuteten typisierten Umfanges der Handlungsvollmacht;⁸ Absatz 4 enthält ähnlich wie § 54 Abs. 1 eine widerlegliche Vermutung für den Fall, dass die Auslegung der rechtsgeschäftlichen Vollmachtserteilung nichts anderes ergibt.⁹ Ferner gilt auch für § 55 die Gutgläubensvorschrift des § 54 Abs. 3. Für Versicherungsvertreter sind die §§ 43 ff. VVG zu beachten.

2. Vertretener. Vertretener bei Erteilung einer Vollmacht nach § 55 kann wie bei Erteilung einer Handlungsvollmacht nach § 54 im Allgemeinen jeder Inhaber eines Handelsgewerbes im Sinne der § 1 Abs. 2 und § 2 sein.¹⁰ Kraft ausdrücklicher gesetzlicher Regelung in § 91 Abs. 1 kann Vertretener auch ein nichtkaufmännischer Unternehmer sein, soweit die Vollmacht einem Handelsvertreter erteilt wurde. Für Handlungsgehilfen fehlt eine § 91 Abs. 1 entsprechende Bestimmung. Eine analoge Anwendung des § 91 Abs. 1 auf Handlungsgehilfen ist entgegen der überwiegenden Meinung¹¹ abzulehnen.¹² Zum einen ist § 91 Abs. 1 als Ausnahmevorschrift eng auszulegen. Zum anderen fehlt nach der umfassenden Neuregelung des Kaufmannsbegriffes durch das Handelsrechtsreformgesetz vom 22. 6. 1998 (BGBl. I S. 1474) hierfür ein praktisches Bedürfnis. 3

3. Vertreter. Die Vorschrift erfasst diejenigen Vertreter, die **Mitarbeiter im Außendienst** sind.¹³ 4

a) Beschränkung auf den Außendienst. Nach dem Wortlaut des § 55 Abs. 1 sind dies **Handelsvertreter** und **Handlungsgehilfen,** die bevollmächtigt sein müssen, **außerhalb des Betriebs des Prinzipals Geschäfte in dessen Namen abzuschließen.** Ohne diese Vollmacht gilt für Handelsvertreter nur §§ 91 Abs. 2, 91a und für Handlungsgehilfen nur § 75 h.¹⁴ Die Einschränkung „außerhalb des Betriebs" gilt über den Wortlaut des Absatz 1 hinaus auch für Handelsvertreter, da diese nach dem traditionellen Bild des HGB stets außerhalb der Geschäftsräume tätig werden.¹⁵ „Außerhalb des Betriebs" im Sinne des Abs. 1 bedeutet **außerhalb der Geschäftsräume.**¹⁶ Auf die Entfernung von den Geschäftsräumen kommt es nicht an.¹⁷ Zu den Geschäftsräumen zählen auch die Geschäftsräume einer Zweigniederlassung. 5

b) Handelsvertreter. Der Handelsvertreter nach § 84 Abs. 1 Satz 1 ist im Gegensatz zum Makler (§ 93) ständig mit der Vertretung befasst. Im Gegensatz zum Eigenhändler, Kommissionär (§ 383) oder Kommissionsagenten handelt er im Namen des von ihm vertretenen Unternehmens; auf letztere Personengruppen ist daher § 55 auch nicht analog anwendbar.¹⁸ 6

c) Handlungsgehilfen. Handlungsgehilfen nach § 59 sind insbesondere auch diejenigen Personen, die nur deshalb nicht zu den Handelsvertretern zählen, weil sie unselbständig sind (§ 84 Abs. 2).¹⁹ Ob es Mitarbeiter im Außendienst gibt, die nicht entweder Handelsvertreter oder Handlungsgehilfen sind, erscheint zweifelhaft;²⁰ für diese wäre § 55 jedenfalls analog anzuwenden, wenn sie ähnlich wie die in Absatz 1 genannten Personengruppen im Rechtsverkehr auftreten.²¹ Für **Versicherungsvertreter** gelten die abschließenden Regelungen der §§ 43, 45 bis 47 VVG.²² 7

4. Erteilung der Vollmacht. Für die Erteilung der Vollmacht gelten dieselben Grundsätze wie für die Erteilung einer Handlungsvollmacht nach § 54 (vgl. § 54 RdNr. 6) im Allgemeinen. 8

III. Das Innenverhältnis

Zum Innenverhältnis gelten dieselben Grundsätze wie für das Innenverhältnis bei einer Handlungsvollmacht nach § 54 im Allgemeinen (vgl. § 54 RdNr 7). 9

---

⁷ Staub/*Joost* RdNr. 25.
⁸ Röhricht/Graf von Westphalen/*Wagner* RdNr. 12 aE; *Canaris* § 13 RdNr. 34; vgl. § 54 RdNr. 9 und 10.
⁹ Staub/*Joost* RdNr. 41.
¹⁰ MünchKommHGB/*Krebs* RdNr. 8; vgl. § 54 RdNr. 2.
¹¹ MünchKommHGB/*Krebs* RdNr. 8; Staub/*Joost* RdNr. 15; Koller/*Roth*/Morck RdNr. 3.
¹² Röhricht/Graf von Westphalen/*Wagner* RdNr. 7; Baumbach/*Hopt* RdNr. 2; so wie hier auch allgemein zum Anwendungsbereich des § 54 dort RdNr. 3.
¹³ MünchKommHGB/*Krebs* RdNr. 4; Staub/*Joost* RdNr. 8.
¹⁴ Schlegelberger/*Schröder* RdNr. 4 und 13.
¹⁵ MünchKommHGB/*Krebs* RdNr. 11; Staub/*Joost* RdNr. 16; Koller/*Roth*/Morck RdNr. 4; aA Schlegelberger/*Schröder* RdNr. 4.
¹⁶ MünchKommHGB/*Krebs* RdNr. 12 f.; Staub/*Joost* RdNr. 17 f.
¹⁷ MünchKommHGB/*Krebs* RdNr. 12.
¹⁸ MünchKommHGB/*Krebs* RdNr. 5; Staub/*Joost* RdNr. 12.
¹⁹ MünchKommHGB/*Krebs* RdNr. 7; Staub/*Joost* RdNr. 14.
²⁰ So aber wohl MünchKommHGB/*Krebs* RdNr. 4.
²¹ MünchKommHGB/*Krebs* RdNr. 4.
²² MünchKommHGB/*Krebs* RdNr. 6; ebenso wohl auch *Spitzbarth*/Preuß S. 52 ff.; aA Staub/*Joost* RdNr. 13, der von einer subsidiären Geltung des § 55 ausgeht.

IV. Umfang der Abschlussvollmacht

10 **1. Vorrang der rechtsgeschäftlichen Erklärung.** Zur **Systematik** der Abschlussvollmacht nach § 55 wird oben auf RdNr. 2 verwiesen; wie bei der Handlungsvollmacht nach § 54 im Allgemeinen kommt es hinsichtlich des Umfanges der Abschlussvollmacht in erster Linie auf die **rechtsgeschäftliche Erklärung** an.[23]

11 **2. Gesetzliche Beschränkungen der Vollmacht nach § 55. a) Änderung abgeschlossener Verträge.** Die Änderung abgeschlossener Verträge, insbesondere die **Einräumung von Zahlungsfristen** fällt nach **Absatz 2** nicht unter den typisierten gesetzlichen Umfang der Abschlussvollmacht. Für Versicherungsvertreter gelten die Sonderregelungen des § 45 VVG. Die Auslegung der Vollmachtserteilung kann aber zu dem Ergebnis führen, dass auch für die in Absatz 2 genannten Rechtshandlungen Vollmacht erteilt wurde.[24] Absatz 2 fügt sich damit trotz des etwas anderen Wortlautes in die Systematik des § 54 Abs. 2 ein. **Vertragsänderung** ist jede ein- oder mehrseitige Rechtshandlung, die Auswirkungen auf Bestand und Pflichteninhalt des geschlossenen Vertrages hat.[25] Dazu gehören die Aufhebung des Vertrages sowie alle Änderungen bezüglich Preis, Leistungsgegenstand, Fälligkeit, Zahlungsbedingungen einschließlich der in Absatz 2 ausdrücklich genannten Zahlungsfristen und Sicherheiten sowie Annahme an Erfüllung statt oder erfüllungshalber, Anfechtung, Kündigung, Rücktritt oder Wandlung.[26] Rechtshandlungen, die nur der Durchführung und Abwicklung eines Vertrages dienen und neue Rechte begründen, Bestand und bestehenden Inhalt aber unberührt lassen, fallen nicht unter Absatz 2, so zB Mängelanzeigen (§§ 377, 378) und Mahnungen.[27]

12 **b) Annahme von Zahlungen.** Auch die Annahme von Zahlungen fällt nach **Absatz 3** nicht unter den typisierten gesetzlichen Umfang der Abschlussvollmacht. Hierzu bedarf es einer gesonderten Bevollmächtigung. Wie § 54 Abs. 2 ist Absatz 3 die dispositive gesetzliche Umfangsbestimmung einer vertraglichen Handlungsvollmacht.[28] Unter **Zahlung** ist in erster Linie die Übereignung von Bargeld zu verstehen.[29] Nach hM fallen auch die Aushändigung von Barschecks und andere im Wirtschaftsverkehr der Barzahlung gleichstehende Zahlungsweisen (Kreditkarte, Scheckkarte) unter die Regelung.[30] Ist in einem formularmäßigen Kaufvertrag vereinbart, dass der Käufer einen Betrag anzahlt und der Restbetrag auf ein Konto des Kaufmanns überwiesen werden soll, so hat der Abschlussvertreter auch dann keine Inkassovollmacht, wenn er in reinen Bargeschäften die Zahlung entgegennehmen darf.[31] Absatz 3 lässt § 370 BGB unberührt, wonach der Überbringer einer Quittung als ermächtigt gilt, die Leistung zu empfangen, sofern nicht die dem Leistenden bekannten Umstände der Annahme einer solchen Ermächtigung entgegenstehen.[32] Für Versicherungsagenten gilt § 43 Nr. 4 VVG. Der **gute Glaube** an eine über die gesetzlichen Grenzen des Absatzes 3 hinausgehende Bevollmächtigung ist grundsätzlich nicht geschützt; in Betracht kommt allerdings eine über die Grenzen des Absatzes 3 hinausgehende Duldungs- oder Anscheinsvollmacht.

13 **3. Erweiterung des Umfangs der Abschlussvollmacht nach Absatz 4. a) Grundsatz.** Absatz 4 enthält für die **Entgegennahme von Mängelanzeigen und die Geltendmachung von Beweissicherungsrechten für den Unternehmer** eine Erweiterung des gesetzlich typisierten Umfangs der Abschlussvollmacht als besondere Form der Handlungsvollmacht; somit enthält Absatz 4 wie Absatz 1 eine widerlegliche Vermutung für den Fall, dass die Auslegung der rechtsgeschäftlichen Vollmachtserteilung nichts anderes ergibt.[33]

14 **b) Umfang.** Die Vollmacht nach Absatz 4 umfasst **alle Geschäfte des Unternehmens** mit Dritten und nicht nur solche, an denen der Abschlussbevollmächtigte selbst beteiligt war.[34]

---

[23] Vgl. § 54 RdNr. 9; vgl. auch Röhricht/Graf von Westphalen/*Wagner* RdNr. 12.
[24] MünchKommHGB/*Krebs* RdNr. 16; Staub/*Joost* RdNr. 28; Koller/*Roth*/Morck RdNr. 7; Röhricht/Graf von Westphalen/*Wagner* RdNr. 17.
[25] MünchKommHGB/*Krebs* RdNr. 18; Staub/*Joost* RdNr. 29.
[26] MünchKommHGB/*Krebs* RdNr. 18; Staub/*Joost* RdNr. 29 ff.; Röhricht/Graf von Westphalen/*Wagner* RdNr. 15.
[27] Röhricht/Graf von Westphalen/*Wagner* RdNr. 16; MünchKommHGB/*Krebs* RdNr. 19.
[28] MünchKommHGB/*Krebs* RdNr. 21.
[29] MünchKommHGB/*Krebs* RdNr. 22; Staub/*Joost* RdNr. 35; Koller/*Roth*/Morck RdNr. 8.
[30] BGH Urt. v. 14. 4. 1976 – VIII ZR 283/74, WM 1976, 715, 716; MünchKommHGB/*Krebs* RdNr. 22; Staub/*Joost* RdNr. 35; Koller/*Roth*/Morck RdNr. 8.
[31] BGH Urt. v. 14. 4. 1976 – VIII ZR 283/74, WM 1976, 715, 716; Staub/*Joost* RdNr. 34; aA wohl MünchKommHGB/*Krebs* RdNr. 23.
[32] Koller/*Roth*/Morck RdNr. 8; Röhricht/Graf von Westphalen/*Wagner* RdNr. 19; im Ergebnis ebenso MünchKommHGB/*Krebs* RdNr. 23 und Staub/*Joost* RdNr. 36.
[33] S. RdNr. 10; Staub/*Joost* RdNr. 41; aA MünchKommHGB/*Krebs* RdNr. 24.
[34] MünchKommHGB/*Krebs* RdNr. 26; Staub/*Joost* RdNr. 47; Koller/*Roth*/Morck RdNr. 10.

c) Ermächtigung zur Entgegennahme. Die Vorschrift beinhaltet zunächst nur eine reine 15
Passivvollmacht.[35] Eigene Erklärungen sind hiervon nur im Rahmen der Beweissicherungsrechte nach dem letzten Halbsatz gedeckt (s. RdNr. 16). Eine weitergehende Vollmacht kann sich aus der konkreten Vollmachtserteilung oder aus § 54 ergeben.[36]

d) Arten der von Absatz 4 umfassten Erklärungen. Von Absatz 4 Halbsatz 1 umfasste Erklä- 16
rungen sind nach dem Wortlaut die **Mängelanzeige** (§§ 377, 391)[37] und die **Erklärung, dass eine Ware zur Verfügung gestellt werde.** Unklar ist, wie weit die Vollmacht hinsichtlich der Erklärung, dass eine Ware zur Verfügung gestellt werde, gehen solle; vom Wortlaut jedenfalls nicht gedeckt ist die Entgegennahme der Ware selbst.[38] Ferner umfasst Absatz 4 **ähnliche Erklärungen, durch die ein Dritter seine Rechte aus mangelhafter Leistung geltend macht oder sie vorbehält.** Diese „ähnlichen Erklärungen" müssen sich stets auf Leistungen des Inhabers an Dritte beziehen, während Leistungen Dritter an den Inhaber nicht darunter fallen.[39] Hierunter fällt die Entgegennahme von Erklärungen Dritter bezüglich der Geltendmachung von Nachbesserung, Nachlieferung, Wandelung und Minderung.[40] Ferner sind „ähnliche Erklärungen" Mahnungen, Fristsetzungen, Androhungen, Rücktritt, Ablehnung (zB §§ 281, 323 BGB), Anfechtung, Kündigung sowie Ausübung von Zurückbehaltungs- und Leistungsverweigerungsrechten, soweit diese auf Mängeln der Leistung beruhen.[41] Die in **Absatz 4 Halbsatz 2** genannten Beweissicherungsrechte umfassen sowohl gerichtliche als auch außergerichtliche Rechtshandlungen; insbesondere fallen hierunter Beweissicherungsverfahren nach §§ 485 ff. ZPO und die Einholung von Sachverständigengutachten.[42]

V. Gutglaubensschutz

Für den Gutglaubensschutz gilt § 54 Abs. 3. Bei Vermittlungsgehilfen ohne Vertretungsmacht 17
wird auch der gute Glaube an eine Vertretungsmacht im Umfang des § 75 h geschützt. Ergänzend sind §§ 91 Abs. 2 sowie 91 a und §§ 43 ff. VVG zu beachten.

§ 56 [Angestellte in Laden oder Warenlager]

Wer in einem Laden oder in einem offenen Warenlager angestellt ist, gilt als ermächtigt zu Verkäufen und Empfangnahmen, die in einem derartigen Laden oder Warenlager gewöhnlich geschehen.

Übersicht

	RdNr.		RdNr.
I. Normzweck	1	III. Umfang der Vollmacht	8–13
II. § 56 als Sonderfall der Handlungsvollmacht	2–7	1. Ort der Vollmachtsausübung	8
1. Systematik des § 56	2	2. Art der Geschäfte	9–13
2. Vertretener	3	a) Verkäufe	10, 11
3. Vertreter	4–7	b) Empfangnahme	12
a) Anstellung	5	c) „Gewöhnlich"	13
b) Laden oder offenes Warenlager	6	IV. Gutglaubensschutz	14–16
c) Andere Räume	7		

I. Normzweck

Die Vorschrift dient dem Schutz des Rechtsverkehrs.[1] Die Beschäftigung einer Person in einem 1
Laden oder in einem offenen Warenlager ist in besonderer Weise geeignet, beim Publikum den Eindruck zu erwecken, dass diese Person bevollmächtigt sei.[2]

---

[35] MünchKommHGB/*Krebs* RdNr. 27; Staub/*Joost* RdNr. 45.
[36] MünchKommHGB/*Krebs* RdNr. 27.
[37] Zu §§ 377, 378 BGB aF s. BGH Urt. v. 30. 1. 1985 – VIII ZR 238/83, NJW 1985, 1333, 1335; MünchKommHGB/*Krebs* RdNr. 31.
[38] MünchKommHGB/*Krebs* RdNr. 32; Staub/*Joost* RdNr. 49; aA Schlegelberger/*Schröder* RdNr. 10; Koller/*Roth*/Morck RdNr. 10.
[39] MünchKommHGB/*Krebs* RdNr. 29; Staub/*Joost* RdNr. 50.
[40] MünchKommHGB/*Krebs* RdNr. 31; Staub/*Joost* RdNr. 51.
[41] MünchKommHGB/*Krebs* RdNr. 31; Staub/*Joost* RdNr. 51.
[42] MünchKommHGB/*Krebs* RdNr. 35; Staub/*Joost* RdNr. 53 ff.
[1] MünchKommHGB/*Krebs* RdNr. 1; Staub/*Joost* RdNr. 1; Koller/*Roth*/Morck RdNr. 1.
[2] Staub/*Joost* RdNr. 1.

II. § 56 als Sonderfall der Handlungsvollmacht

2 1. Systematik des § 56. Systematik und dogmatische Einordnung der Vorschrift sind überaus strittig.[3] Für die praktische Rechtsanwendung spielt dieser Streit aber keine Rolle. Die Vorschrift ordnet sich nach der hier vertretenen Auffassung in das System der Handlungsvollmacht nach §§ 54 ff. ein;[4] es handelt sich um einen speziell geregelten Fall einer Arthandlungsvollmacht nach § 54 Abs. 1.[5] Auch für Angestellte in einem Laden oder in einem offenen Warenlager bestimmt in erster Linie die rechtsgeschäftlich erteilte Vollmacht des Inhabers den Umfang der Bevollmächtigung.[6] § 56 enthält eine widerlegliche[7] Vermutung hinsichtlich des Umfanges der Vollmacht für den Fall, dass die Auslegung der rechtsgeschäftlichen Vollmachtserteilung nichts anderes ergibt.[8] § 56 geht aber insoweit über § 54 und § 55 hinaus, als bei Vorliegen eines Anstellungsverhältnisses auch die Erteilung der Vollmacht selbst – mit dem in der Vorschrift geregelten typisierten – Umfang vermutet wird.[9] Der gute Glaube ist nach § 54 Abs. 3 geschützt.[10]

3 2. Vertretener. Vertretener bei der Vollmacht nach § 56 kann wie bei der Handlungsvollmacht nach § 54 jeder Inhaber eines Handelsgewerbes im Sinne der § 1 Abs. 2 und § 2 sein.[11] Für eine analoge Anwendung auf Nichtkaufleute gibt es entgegen der hM im Hinblick auf die Neufassung der §§ 1 und 4 durch das Handelsrechtsreformgesetz vom 22. 6. 1998 kein Bedürfnis; insoweit greifen die Vorschriften über die Duldungs- und die Anscheinsvollmacht.[12]

4 3. Vertreter. Vertreter kann jede **geschäftsfähige** Person sein. Nach hM genügt auch die beschränkte Geschäftsfähigkeit;[13] dies ist aus denselben Gründen wie bei Handlungsvollmacht und Prokura abzulehnen.[14] Der Vertreter muss ferner in einem **Laden** oder **offenen Warenlager** vom Inhaber **angestellt** sein.

5 a) Anstellung. Für die Frage der Anstellung kommt es auf das Innenverhältnis und dessen Wirksamkeit nicht an.[15] Entscheidend ist nur, ob der Vertreter **mit Wissen und Wollen des Inhabers in die Verkaufstätigkeit eingeschaltet** ist.[16] Die Anstellung muss sich dabei zumindest auch auf die Tätigkeit in einem Laden oder offenen Warenlager beziehen. Beschäftigung ohne jeden Bezug zur Verkaufstätigkeit (zB Putzkolonne) oder ohne jeden Bezug zum Laden oder zum offenen Warenlager reicht nicht aus.[17] Auf Entgeltlichkeit des Anstellungsverhältnisses kommt es nicht an,[18] ebenso wenig auf die Dauer.[19] Familienangehörige fallen unter die Vorschrift.[20] Unerheblich ist ferner der Funktionsbereich der angestellten Personen; § 56 gilt daher auch für leitende Angestellte und für Personen, deren Hauptaufgabenkreis nicht in der Verkaufstätigkeit besteht.[21]

6 b) Laden oder offenes Warenlager. Der Begriff Laden oder offenes Warenlager wird heute im funktionellen Sinne verstanden; es muss sich um eine Örtlichkeit handeln, die für den Verkauf von Waren bestimmt ist.[22] Die Verkaufsörtlichkeit muss weder fest noch dauerhaft noch besonders

---

[3] Vgl. zum Meinungsstand Staub/*Joost* RdNr. 4; *Canaris* § 14 RdNr. 2 ff.; MünchKommHGB/*Krebs* RdNr. 3 ff. und K. *Schmidt* HandelsR § 16 V 2, jeweils mwN.
[4] MünchKommHGB/*Krebs* RdNr. 2; Staub/*Joost* RdNr. 5 ff. und RdNr. 26.
[5] MünchKommHGB/*Krebs* RdNr. 2.
[6] So auch § 54 RdNr. 9 und § 55 RdNr. 10; Staub/*Joost* RdNr. 26.
[7] *Canaris* § 14 RdNr. 6; aA zur Widerleglichkeit Röhricht/*Graf von Westphalen*/*Wagner* RdNr. 1.
[8] Vgl. auch § 55 RdNr. 2; Staub/*Joost* RdNr. 26; aA *Kohte* JR 1990, 61, 63.
[9] MünchKommHGB/*Krebs* RdNr. 2; Staub/*Joost* RdNr. 27.
[10] MünchKommHGB/*Krebs* RdNr. 34; *Canaris* § 14 RdNr. 6.
[11] MünchKommHGB/*Krebs* RdNr. 8; Staub/*Joost* RdNr. 8; Schlegelberger/*Schröder* RdNr. 2; Röhricht/*Graf von Westphalen*/*Wagner* RdNr. 4; K. *Schmidt* HandelsR § 16 V 3 a; vgl. § 54 RdNr. 2 f.
[12] Gegen eine Analogie: Staub/*Joost* RdNr. 8; Röhricht/*Graf von Westphalen*/*Wagner* RdNr. 4; für eine Analogie: MünchKommHGB/*Krebs* RdNr. 8; Koller/*Roth*/*Morck* RdNr. 3; K. *Schmidt* HandelsR § 16 V 3 a und wohl auch Schlegelberger/*Schröder* RdNr. 2.
[13] MünchKommHGB/*Krebs* RdNr. 12; Staub/*Joost* RdNr. 10.
[14] Vgl. § 48 RdNr. 15 und § 54 RdNr. 4; aA u. a. MünchKommHGB/*Krebs* § 48 RdNr. 28.
[15] MünchKommHGB/*Krebs* RdNr. 13; Staub/*Joost* RdNr. 11 f.
[16] RG Urt. v. 23. 1. 1924 – I 207/23, RGZ 108, 48, 49 f.; BGH Urt. v. 24. 9. 1975 – VIII ZR 74/74, NJW 1975, 2191; MünchKommHGB/*Krebs* RdNr. 16; Staub/*Joost* RdNr. 11 und 14; Koller/*Roth*/*Morck* RdNr. 4; K. *Schmidt* HandelsR § 16 V 3 d.
[17] RG Urt. v. 23. 1. 1924 – I 207/23, RGZ 108, 48, 49 f.; Koller/*Roth*/*Morck* RdNr. 4.
[18] Staub/*Joost* RdNr. 12.
[19] RG Urt. v. 23. 1. 1924 – I 207/23, RGZ 108, 48, 49 f.; MünchKommHGB/*Krebs* RdNr. 17; Staub/*Joost* RdNr. 15.
[20] MünchKommHGB/*Krebs* RdNr. 16; Staub/*Joost* RdNr. 12.
[21] BGH Urt. v. 24. 9. 1975 – VIII ZR 74/74, NJW 1975, 2191; OLG Karlsruhe Urt. v. 7. 5. 1980 – 13 U 217/79, MDR 1980, 849 f.; Staub/*Joost* RdNr. 13.
[22] RG Urt. v. 20. 10. 1908 – II 289/08, RGZ 69, 307, 308; MünchKommHGB/*Krebs* RdNr. 14; Staub/*Joost* RdNr. 17 ff.

eingerichtet oder ausgestattet sein.²³ Von dem Begriff **erfasst** sind auch ein Kiosk,²⁴ zu Verkäufen genutzte Messestände,²⁵ zum Verkauf der ausgestellten Möbel bestimmte Musterzimmer,²⁶ Großmärkte, Großhandelunternehmen mit angegliedertem Einzelhandel²⁷ sowie Verkaufsräume von Kraftfahrzeughändlern.²⁸ Auf die Häufigkeit von Verkäufen kommt es nicht an.²⁹ **Nicht erfasst** sind reine Lagerräume oder Lagerhallen ohne Verkaufstätigkeit,³⁰ Büroräume³¹ und Produktionsstätten.³²

c) Andere Räume. Im Hinblick auf den eng gefassten Wortlaut des § 56 ist eine **entsprechende Anwendung** der Vorschrift auf Personal in anderen Räumen **nicht** möglich; so fallen Kassenangestellte eines Versicherungsunternehmens nicht unter die Vorschrift.³³

III. Umfang der Vollmacht

1. Ort der Vollmachtsausübung. Entsprechend dem Sinnzusammenhang der Vorschrift („... Verkäufen und Empfangnahmen, die in einem derartigen Laden oder Warenlager gewöhnlich geschehen.") umfasst die Vollmacht nach wohl einhelliger Meinung³⁴ jedenfalls Geschäfte, bei denen sich zumindest der Bevollmächtigte im Laden aufhält. Mit dem Wortlaut des § 56 ist es nicht mehr vereinbar, darunter auch Geschäfte zu subsumieren, die im Laden nur angebahnt und dann außerhalb geschlossen werden;³⁵ der Rechtsverkehr ist in diesen Fällen durch § 54 sowie die Grundsätze von Duldungs- und Anscheinsvollmacht ausreichend geschützt. Nach wohl herrschender Meinung ist es aber nicht erforderlich, dass sich auch der Geschäftspartner im Laden oder im offenen Warenlager aufhält; § 56 ist daher anwendbar, wenn die angestellte Person vom Laden aus telefonisch oder mittels anderer Möglichkeiten der Telekommunikation (Fax; E-Mail) Geschäftsabschlüsse tätigt.³⁶ Diese Meinung ist nicht unproblematisch, da durch die technischen Möglichkeiten der Rufumleitung und der Beantwortung von E-mails von einem anderen Ort aus der Bezug zum Laden verloren geht. Der Geschäftspartner kann in diesen Fällen nicht erkennen, wo der Vertreter handelt. Vorzugswürdig ist eine Lösung dieser Fälle über § 54.

2. Art der Geschäfte. § 56 umfasst nur **Verkäufe** und **Empfangnahmen,** die in einem **derartigen** Laden oder Warenlager **gewöhnlich** geschehen.

a) Verkäufe. Verkäufe sind **Kaufverträge** im Sinne des § 433 BGB³⁷ **und die auf die Erfüllung des schuldrechtlichen Kaufvertrages gerichteten dinglichen Verträge**.³⁸ Ferner sind alle **Nebenabreden** (zB **Ratenzahlungsvereinbarungen**)³⁹ und im Rahmen der Branchenüblichkeit auch Verträge umfasst, die mit den Umsatzgeschäften in einem engen wirtschaftlichen Zusammenhang stehen, wie zB **Inzahlungnahme,**⁴⁰ Vermittlungsverträge über Gebrauchtwagen bei gleichzeitigem Kauf eines Neuwagens⁴¹ sowie der **Umtausch** im Rahmen der üblichen Rückgabe der

---

[23] RG Urt. v. 20. 10. 1908 – II 289/08, RGZ 69, 307, 308 f.; MünchKommHGB/*Krebs* RdNr. 14.
[24] *K. Schmidt* HandelsR § 16 V 3 b.
[25] RG Urt. v. 20. 10. 1908 – II 289/08, RGZ 69, 307, 308 f.; MünchKommHGB/*Krebs* RdNr. 14; Staub/*Joost* RdNr. 19; Koller/*Roth*/Morck RdNr. 5.
[26] MünchKommHGB/*Krebs* RdNr. 15; Staub/*Joost* RdNr. 19.
[27] BGH Urt. v. 24. 9. 1975 – VIII ZR 74/74, NJW 1975, 2191; MünchKommHGB/*Krebs* RdNr. 15.
[28] MünchKommHGB/*Krebs* RdNr. 15; Staub/*Joost* RdNr. 19.
[29] Röhricht/Graf von Westphalen/*Wagner* RdNr. 6.
[30] MünchKommHGB/*Krebs* RdNr. 15.
[31] KG Urt. v. 5. 2. 1924 – 14 U 11732/23, JW 1924 Sp. 1181; MünchKommHGB/*Krebs* RdNr. 15; Röhricht/Graf von Westphalen/*Wagner* RdNr. 7; Staub/*Joost* RdNr. 19; Koller/*Roth*/Morck RdNr. 5.
[32] KG Urt. v. 5. 2. 1924 – 14 U 11732/23, JW 1924 Sp. 1181; MünchKommHGB/*Krebs* RdNr. 15; Staub/*Joost* RdNr. 19; Koller/*Roth*/Morck RdNr. 5.
[33] MünchKommHGB/*Krebs* RdNr. 15; Staub/*Joost* RdNr. 21; aA LG Berlin Urt. v. 16. 2. 1951 – 25 S 442/50, VersR 1951, 170, 171.
[34] RG Urt. v. 23. 1. 1924 – I 207/23, RGZ 108, 48, 49; vgl. auch BGH Urt. v. 5. 3. 1968 – 1 StR 17/68, NJW 1968, 1147 = BB 1968, 1099, 1100; MünchKommHGB/*Krebs* RdNr. 20 ff.; Staub/*Joost* RdNr. 24; Koller/*Roth*/Morck RdNr. 7.
[35] Staub/*Joost* RdNr. 24; aA die wohl hM RG Urt. v. 23. 1. 1924 – I 207/23, RGZ 108, 48, 49; MünchKommHGB/*Krebs* RdNr. 20; Röhricht/Graf von Westphalen/*Wagner* RdNr. 13; Koller/*Roth*/Morck RdNr. 7; *K. Schmidt* HandelsR § 16 V 3 c.
[36] Staub/*Joost* RdNr. 25; Koller/*Roth*/Morck RdNr. 7; *K. Schmidt* HandelsR § 16 V 3 c; im Ergebnis ebenso, aber in der Begründung offen MünchKommHGB/*Krebs* RdNr. 23.
[37] MünchKommHGB/*Krebs* RdNr. 24; Staub/*Joost* RdNr. 30; Koller/*Roth*/Morck RdNr. 8.
[38] BGH Urt. v. 4. 5. 1988 – VIII ZR 196/87, NJW 1988, 2109 f.; MünchKommHGB/*Krebs* RdNr. 26; Staub/*Joost* RdNr. 31; Koller/*Roth*/Morck RdNr. 8.
[39] OLG Karlsruhe Urt. v. 7. 5. 1980 – 13 U 217/79, MDR 1980, 849, 850; MünchKommHGB/*Krebs* RdNr. 24; Staub/*Joost* RdNr. 30.
[40] MünchKommHGB/*Krebs* RdNr. 26.
[41] MünchKommHGB/*Krebs* RdNr. 26; Staub/*Joost* RdNr. 30.

Ware außerhalb der Geltendmachung von Gewährleistungsrechten.[42] Die Entgegennahme von Mängelanzeigen fällt noch unter die Vollmacht nach § 56.[43] Nicht von § 56 erfasst ist die **Rückabwicklung** eines Kaufvertrages durch oder auf Grund von Anfechtung, Wandelung oder Rücktritt.[44] Im Hinblick auf den Wortlaut des § 56 ist bei der Anwendung der Vorschrift auf **kaufähnliche Verträge** Zurückhaltung geboten. Der **Vertrieb von Standardsoftware** kann noch unter § 56 subsumiert werden.[45]

11   Werklieferungsverträge,[46] Werkverträge,[47] Leasingverträge,[48] Versicherungsverträge[49] und ähnliche Geschäfte fallen **nicht** mehr **unter § 56. Keine Anwendung** findet § 56 nach einhelliger Auffassung auf den Ankauf von Waren.[50] Der Rechtsverkehr ist in diesen Fällen jeweils durch § 54 oder durch Duldungs- und Anscheinsvollmacht geschützt.

12   **b) Empfangnahme.** Empfangnahme ist jede Entgegennahme von Sachen oder Erklärungen im Zusammenhang mit im Lager oder offenen Warenlager vorgenommenen Geschäften, insbesondere die Zahlung des **Kaufpreises**.[51]

13   **c) „Gewöhnlich".** Bei der Frage, was in einem **derartigen** Laden oder Warenlager gewöhnlich ist, richtet sich nach dem Typ des Ladens oder des Warenlagers in der konkreten Branche.[52] Als gewöhnlich können angesehen werden zB die Gewährung von 15% Rabatt[53] und Zusicherung von Eigenschaften bei einem Gebrauchtwagen.[54]

IV. Gutglaubensschutz

14   Soweit bei Angestellten keine Vollmacht erteilt wurde oder die rechtsgeschäftlich erteilte Vollmacht hinter dem nach § 56 gesetzlich vermuteten Umfang zurückbleibt, gilt die **Gutglaubensvorschrift des § 54 Abs. 3**.[55] Einen geringeren als den nach § 56 vermuteten Umfang einer Vollmacht muss der Geschäftspartner nur gegen sich gelten lassen, wenn er diesen Umstand **kannte oder kennen musste**.

15   Hinsichtlich des **Kennenmüssens** schadet **jede Fahrlässigkeit**.[56] An Kunden dürfen keine zu hohen Anforderungen gestellt werden, insbesondere besteht keine Erkundigungspflicht.[57] Hinweisschilder können den guten Glauben zerstören, wobei es aber auf die Art ihrer Anbringung und auf die Umstände des Einzelfalles ankommt.[58] Preisaufdrucke auf den Waren lassen für sich allein noch nicht erkennen, dass die im Laden angestellten Personen nicht bevollmächtigt sind, eine abweichende Preisgestaltung vorzunehmen; etwas anderes gilt, wenn individuelle Preisgestaltung völlig branchenunüblich ist.[59]

16   Der gutgläubige Dritte hat auch in den Fällen des § 56 die Wahl, ob er die Gutgläubigkeit oder ob er die Unwirksamkeit des Geschäfts geltend machen will.[60]

---

[42] Staub/*Joost* RdNr. 32; Röhricht/Graf von Westphalen/*Wagner* RdNr. 16; Koller/*Roth*/Morck RdNr. 8; wohl auch *Kohte* JR 1990, 61, 63; aA Heymann/*Sonnenschein*/*Weitemeyer* RdNr. 10 und wohl auch MünchKommHGB/*Krebs* RdNr. 26.
[43] Staub/*Joost* RdNr. 38.
[44] MünchKommHGB/*Krebs* RdNr. 26; Staub/*Joost* RdNr. 32; Koller/*Roth*/Morck RdNr. 8.
[45] BGH Urt. v. 4. 11. 1987 – VIII ZR 314/86, BGHZ 102, 135 ff. = NJW 1988, 406; MünchKommHGB/*Krebs* RdNr. 24.
[46] Staub/*Joost* RdNr. 34; offen bei BGH Urt. v. 4. 5. 1988 – VIII ZR 196/87, NJW 1988, 2109; aA MünchKommHGB/*Krebs* RdNr. 24 und *K. Schmidt* HandelsR § 16 V 3 e.
[47] Staub/*Joost* RdNr. 34; offen bei BGH Urt. v. 4. 5. 1988 – VIII ZR 196/87, NJW 1988, 2109 und MünchKommHGB/*Krebs* RdNr. 27; aA Baumbach/*Hopt* RdNr. 4 und *K. Schmidt* HandelsR § 16 V 3 e.
[48] Offen bei MünchKommHGB/*Krebs* RdNr. 27; aA *Kohte* JR 1990, 61, 62 und *K. Schmidt* HandelsR § 16 V 3 e.
[49] AA LG Berlin Urt. v. 16. 2. 1951 – 25 S 442/50, VersR 1951, 170, 171.
[50] BGH Urt. v. 4. 5. 1988 – VIII ZR 196/87, NJW 1988, 2109, 2110; MünchKommHGB/*Krebs* RdNr. 28; Staub/*Joost* RdNr. 33; Baumbach/*Hopt* RdNr. 4; Koller/*Roth*/Morck RdNr. 8.
[51] MünchKommHGB/*Krebs* RdNr. 29; Staub/*Joost* RdNr. 35 f.
[52] MünchKommHGB/*Krebs* RdNr. 30; Staub/*Joost* RdNr. 40; Koller/*Roth*/Morck RdNr. 10.
[53] OLG Karlsruhe Urt. v. 7. 5. 1980 – 13 U 217/79, MDR 1980, 849, 850; MünchKommHGB/*Krebs* RdNr. 31; Staub/*Joost* RdNr. 41; Röhricht/Graf von Westphalen/*Wagner* RdNr. 14.
[54] MünchKommHGB/*Krebs* RdNr. 31; Staub/*Joost* RdNr. 41.
[55] MünchKommHGB/*Krebs* RdNr. 34; Koller/*Roth*/Morck RdNr. 11; für entsprechende Anwendung von § 54 Abs. 3 und § 173 BGB Staub/*Joost* RdNr. 44; ähnlich *K. Schmidt* HandelsR § 16 V 3 f; ebenso ohne Nennung des § 54 Abs. 3 BGH Urt. v. 29. 1. 1975 – VIII ZR 101/73, NJW 1975, 642, 643.
[56] MünchKommHGB/*Krebs* RdNr. 35; Staub/*Joost* RdNr. 44; Röhricht/Graf von Westphalen/*Wagner* RdNr. 21; aA *K. Schmidt* HandelsR § 16 IV 2 a ee aE und V 3 f.
[57] MünchKommHGB/*Krebs* RdNr. 35; Staub/*Joost* RdNr. 44.
[58] OLG Karlsruhe Urt. v. 7. 5. 1980 – 13 U 217/79, MDR 1980, 849, 859; MünchKommHGB/*Krebs* RdNr. 35; Staub/*Joost* RdNr. 45; Röhricht/Graf von Westphalen/*Wagner* RdNr. 22.
[59] Staub/*Joost* RdNr. 45.
[60] Vgl. § 54 RdNr. 27; Staub/*Joost* RdNr. 46; aA *K. Schmidt* HandelsR § 16 V 3 h.

§ 57 [Zeichnung des Handlungsbevollmächtigten]

Der Handlungsbevollmächtigte hat sich bei der Zeichnung jedes eine Prokura andeutenden Zusatzes zu enthalten; er hat mit einem das Vollmachtsverhältnis ausdrückenden Zusatze zu zeichnen.

I. Normzweck

Wie die Parallelvorschrift des § 51 dient die Ordnungsvorschrift des § 57 der Rechtsklarheit und der Leichtigkeit des Rechtsverkehrs.[1] Ferner soll die Vorschrift Verwechslungen mit der Prokura vermeiden.[2]   1

II. Zeichnungsweise

§ 51 ist insoweit entsprechend heranzuziehen. Die **Firma** muss vollständig einschließlich etwaiger Haftungsbeschränkungen angegeben werden.[3] Die Firma kann durch einen Vordruck, einen Stempelabdruck oder einen Farbband-, Tinten oder Laserdruck wiedergegeben werden.[4]   2

Für den **das Vollmachtsverhältnis ausdrückenden Zusatz** kommen mehrere Möglichkeiten in Betracht, zB „i. V." „i. A.", „in Vertretung", „in Vollmacht", „in Handlungsvollmacht" oder „im Auftrag";[5] frühere zulässige ältere Formen wie zB „per", „pro", „für" oder „AA" (aus Auftrag) sind in der Rechtspraxis inzwischen verdrängt.[6] Die Zeichnung mit „per" oder „pro" erscheint im Hinblick auf die Verwechslungsgefahr mit „ppa." unzweckmäßig.[7] Innerhalb eines Unternehmens empfiehlt sich eine einheitliche Festlegung der Zeichnungsweise.[8] Der das Vollmachtsverhältnis ausdrückende **Zusatz** muss **nicht handschriftlich** gezeichnet werden.[9] Die Art der Handlungsvollmacht (Generalhandlungsvollmacht, Arthandlungsvollmacht oder Spezialhandlungsvollmacht) muss nicht angegeben werden.[10]   3

Die **Verwechslung mit der Prokura** muss **ausgeschlossen** sein (s. RdNr. 3); insbesondere darf nicht durch eine unleserliche Schreibweise der Eindruck erweckt werden, es handele sich um eine Prokura.[11] Die Vorschrift gilt bei **allen schriftlichen Erklärungen** des Handlungsbevollmächtigten.[12]   4

III. Rechtsfolgen eines Verstoßes gegen die vorgeschriebene Zeichnungsweise

Da § 57 bloße **Ordnungsvorschrift** ist, führt ihre Nichtbeachtung nicht zur Nichtigkeit der Erklärung.[13] Ob die Erklärung des Vertreters gegen den Vertretenen wirkt, richtet sich bei Nichtbeachtung des § 57 allein nach § 164 Abs. 1 BGB.[14] Wird die Vollmacht nicht erkennbar, wird der Handelnde selbst Vertragspartner.[15] Soweit der Inhaber weiß und duldet, dass ein Handlungsbevollmächtigter mit einem die Prokura andeutenden Zusatz unterzeichnet oder der Inhaber dies wissen und verhindern könnte, entsteht keine Duldungs- oder Anscheinsprokura, da es an einer ausdrücklichen Erklärung im Sinne des § 48 Abs. 1 fehlt.[16] Aus den allgemeinen Grundsätzen zu der Duldungs- und Anscheinsvollmacht folgt jedoch, dass in diesen Fällen eine Duldungs- oder Anscheinsvollmacht mit dem Umfang einer Prokura entstehen kann.[17]   5

---

[1] S. § 51 RdNr. 1; Staub/*Joost* RdNr. 1.
[2] Staub/*Joost* RdNr. 1; Koller/*Roth*/Morck RdNr. 1.
[3] S. § 51 RdNr. 3; Staub/*Joost* RdNr. 4.
[4] S. § 51 RdNr. 4; Staub/*Joost* RdNr. 3.
[5] MünchKommHGB/*Krebs* RdNr. 4; Staub/*Joost* RdNr. 4; Koller/*Roth*/Morck RdNr. 2.
[6] MünchKommHGB/*Krebs* RdNr. 4.
[7] *Spitzbarth*/*Preuß* S. 41; s. a. RdNr. 4.
[8] *Spitzbarth*/*Preuß* S. 41.
[9] Ebenso § 51 RdNr. 8 hinsichtlich der Prokura im Hinblick auf die Neufassung des § 53 Abs. 2 durch das Handelsrechtsreformgesetz vom 22. 6. 1998 (BGBl. I S. 1474); hiervon geht wohl auch schon zur bisherigen Rechtslage Staub/*Joost* RdNr. 7 aus.
[10] Staub/*Joost* RdNr. 4.
[11] Staub/*Joost* RdNr. 7.
[12] Staub/*Joost* RdNr. 2; Koller/*Roth*/Morck RdNr. 2.
[13] So zur Prokura § 51 RdNr. 8; MünchKommHGB/*Krebs* RdNr. 1; Staub/*Joost* RdNr. 8; Röhricht/Graf von Westphalen/*Wagner* RdNr. 2; Koller/*Roth*/Morck RdNr. 3; *Spitzbarth*/*Preuß* S. 38.
[14] So zur Prokura RdNr. § 51 RdNr. 8; Staub/*Joost* RdNr. 8.
[15] Staub/*Joost* RdNr. 9; Koller/*Roth*/Morck RdNr. 3.
[16] MünchKommHGB/*Krebs* RdNr. 2 und § 43 RdNr. 53; Staub/*Joost* RdNr. 10.
[17] Staub/*Joost* RdNr. 10; MünchKommHGB/*Krebs* RdNr. 2.

§ 58 [Unübertragbarkeit der Handlungsvollmacht]

Der Handlungsbevollmächtigte kann ohne Zustimmung des Inhabers des Handelsgeschäfts seine Handlungsvollmacht auf einen anderen nicht übertragen.

I. Normzweck

1 Die Abweichung vom Wortlaut der entsprechenden, die Prokura betreffenden Bestimmung des § 52 Abs. 2 ist irreführend.[1] Nach hM regelt die Vorschrift nur den Fall der Zustimmung zu einer Ersatzbevollmächtigung (s. RdNr. 3). In diesem Fall könnte aber die Zustimmung des Inhabers auch dahingehend ausgelegt werden, dass die bisher erteilte Handlungsvollmacht durch den Inhaber widerrufen und einer anderen Person eine neue Handlungsvollmacht mit identischem Umfang erteilt wird. Auch ohne die Vorschrift des § 58 wäre auf diesem Wege eine Ersatzbevollmächtigung möglich. Wenn man mit der Mindermeinung auch die Unterbevollmächtigung durch den Handlungsbevollmächtigten im Umfang der eigenen Vollmacht als von der Vorschrift erfasst ansieht, enthält die Vorschrift eigentlich nur eine überflüssige Klarstellung.[2] Die **Vorschrift** und der dogmatische Streit über deren Auslegung[3] sind damit **ohne jede praktische Relevanz**.

II. Inhalt der Regelung

2 Einigkeit besteht dahingehend, dass mit Übertragung der Vollmacht **keine Abtretung** der Vollmacht durch den Bevollmächtigten gemeint ist, da die Vollmacht als solche kein abtretungsfähiges subjektives Recht ist.[4] Die Vorschrift will auch nicht die Entziehung der Handlungsvollmacht und die Bestellung eines Dritten zum Handlungsbevollmächtigten durch den Inhaber regeln.[5]

3 Die Vorschrift regelt vielmehr den Fall der **Ersatzbevollmächtigung.** Der bisherige Handlungsbevollmächtigte räumt in diesem Fall einem anderen eine Handlungsvollmacht mit identischem Umfang ein und verzichtet sodann auf seine eigene Handlungsvollmacht.[6] Diese Ersatzbevollmächtigung kann wirksam nur mit Zustimmung des Inhabers vorgenommen werden. Die Zustimmung können der Inhaber, dessen gesetzliche Vertreter sowie ein Prokurist erteilen.[7]

III. Untervollmacht

4 Vom Wortlaut des § 58 nicht umfasst ist die **zulässige** Erteilung einer Untervollmacht.[8] Bei der Untervollmacht bleibt anders als bei der Ersatzbevollmächtigung die Handlungsvollmacht des die Untervollmacht erteilenden Handlungsbevollmächtigten bestehen.

5 Eine Untervollmacht, die weiter geht als die Handlungsvollmacht selbst, kann vom Handlungsbevollmächtigten nicht erteilt werden.[9] Im Übrigen richtet sich die Frage, inwieweit eine Untervollmacht erteilt werden kann, nach den allgemeinen, für die Handlungsvollmacht geltenden Grundsätzen.[10] Es kommt darauf an, ob die Erteilung von Untervollmachten gemäß § 54 Abs. 1 zu den Rechtshandlungen gehört, die der Betrieb eines derartigen Handelsgewerbes (im Falle der Generalhandlungsvollmacht) oder die Vornahme bestimmter Geschäfte (im Falle der Arthandlungsvollmacht oder der Spezialhandlungsvollmacht) gewöhnlich mit sich bringt.[11] Gerade in Großunternehmen besteht ein Bedürfnis, organisatorische Entscheidungen mit Außenwirkung auch unterhalb der Ebene der Prokuristen zu treffen. Entscheidend sind die Umstände des Einzelfalles. Bei Untervollmachten **mit begrenztem Umfang** kommt es maßgeblich darauf an, ob der Kaufmann ein

---

[1] Staub/*Joost* RdNr. 1; MünchKommHGB/*Krebs* RdNr. 1 f.
[2] MünchKommHGB/*Krebs* RdNr. 5.
[3] Vgl. zum Meinungsstand MünchKommHGB/*Krebs* RdNr. 2 ff. und Staub/*Joost* RdNr. 1 ff., jeweils mwN.
[4] MünchKommHGB/*Krebs* RdNr. 4; Staub/*Joost* RdNr. 2; Koller/*Roth*/Morck RdNr. 2.
[5] Röhricht/Graf von Westphalen/*Wagner* RdNr. 2; Koller/*Roth*/Morck RdNr. 3; Baumbach/*Hopt* RdNr. 1.
[6] Staub/*Joost* RdNr. 4; Röhricht/Graf von Westphalen/*Wagner* RdNr. 1; Koller/*Roth*/Morck RdNr. 2; Schlegelberger/*Schröder* RdNr. 1; aA wohl MünchKommHGB/*Krebs* RdNr. 4.
[7] Staub/*Joost* RdNr. 5; Röhricht/Graf von Westphalen/*Wagner* RdNr. 3.
[8] Staub/*Joost* RdNr. 6; Röhricht/Graf von Westphalen/*Wagner* RdNr. 4; Koller/*Roth*/Morck RdNr. 3; Schlegelberger/*Schröder* RdNr. 1; aA MünchKommHGB/*Krebs* RdNr. 6 ff.
[9] MünchKommHGB/*Krebs* RdNr. 8; Staub/*Joost* RdNr. 9; Röhricht/Graf von Westphalen/*Wagner* RdNr. 6; Baumbach/*Hopt* RdNr. 2; Koller/*Roth*/Morck RdNr. 3; Schlegelberger/*Schröder* RdNr. 3.
[10] Staub/*Joost* RdNr. 7; Koller/*Roth*/Morck RdNr. 3.
[11] OLG München Urt. v. 30. 3. 1984 – 23 U 5834/83 = WM 1984, 834, 835; Staub/*Joost* RdNr. 8; Koller/*Roth*/Morck RdNr. 3.

schutzwürdiges Interesse daran hat, durch den von ihm bestellten Handlungsbevollmächtigten und nicht durch eine dritte Person vertreten zu werden.[12] Die Übertragung des **gesamten Umfanges** einer Handlungsvollmacht an einen Unterbevollmächtigten ist zwar möglich, aber unüblich und deshalb von der gewöhnlichen Handlungsvollmacht in der Regel nicht gedeckt.[13]

---

[12] OLG München Urt. v. 30. 3. 1984 – 23 U 5834/83 = WM 1984, 834, 835; Staub/*Joost* RdNr. 8.
[13] Staub/*Joost* RdNr. 6 und RdNr. 8; so wohl auch Koller/*Roth*/Morck RdNr. 3.

Sechster Abschnitt. Handlungsgehilfen und Handlungslehrlinge

§ 59 [Ortsübliche Dienstleistung und Vergütung]

[1] Wer in einem Handelsgewerbe zur Leistung kaufmännischer Dienste gegen Entgelt angestellt ist (Handlungsgehilfe), hat, soweit nicht besondere Vereinbarungen über die Art und den Umfang seiner Dienstleistungen oder über die ihm zukommende Vergütung getroffen sind, die dem Ortsgebrauch entsprechenden Dienste zu leisten sowie die dem Ortsgebrauch entsprechende Vergütung zu beanspruchen. [2] In Ermangelung eines Ortsgebrauchs gelten die den Umständen nach angemessenen Leistungen als vereinbart.

Schrifttum: *Bauer/Diller/Lorenzen*, Das neue Gesetz zur „Scheinselbständigkeit", NZA 1999, 169; *Boecken*, Probleme der Entgeltfortzahlung im Krankheitsfall, NZA 1999, 673; *Brill*, Die Abgrenzung der Arbeiter und Angestellten, DB 1981, 316; *Fahrtmann*, Gleichbehandlung aller Arbeitnehmer. Gedanken zum Begriff des Arbeiters und des Angestellten im Arbeitsrecht, FS Marie-Luise Hilger und Hermann Stumpf, 1983, S. 177; *Feiler*, Die arbeitsrechtliche Stellung des Handlungsgehilfen unter besonderer Berücksichtigung der Gesetzesnovellen von 1969, 1982; *Hilger*, Zum „Arbeitnehmer-Begriff", RdA 1989, 1; *Hromadka*, Arbeitnehmerähnliche Personen, NZA 1997, 1249; *Ramrath*, Entwicklung des Rechts der Handlungsgehilfen von den Kodifikationen bis zum Entwurf eines Arbeitsvertragsgesetzes, FS Otto Sandrock, 1995, S. 255; *Wagner*, Die Besonderheiten beim Arbeitsverhältnis des Handlungsgehilfen, 1993; *Wagner*, Neues Verjährungsrecht in der zivilrechtlichen Beratungspraxis, ZIP 2005, 558; *Wank*, Arbeitnehmer und Selbständige, 1988; *Zimmermann*, Die juristische Person als Handlungsgehilfe, FS Wiese, 1998, S. 657.

Übersicht

	RdNr.		RdNr.
I. Normzweck	1–7	3. Leistung kaufmännischer Dienste	27–30
II. Begriff des Handlungsgehilfen	8–33	4. Entgeltlichkeit der Dienstleistung	31–33
1. Anstellung einer Person	9–17	III. Dienstleistungspflicht und Vergütungsanspruch des Handlungsgehilfen	34–38
2. Anstellung in einem Handelsgewerbe	18–26		

I. Normzweck

1 Die Regelung des § 59 enthält eine **gesetzliche Begriffsbestimmung des Handlungsgehilfen** (s. RdNr. 8 ff.) und legt vorbehaltlich des Vorliegens besonderer Vereinbarungen den Inhalt seiner **Dienstleistungspflicht** sowie seines **Anspruchs auf Vergütung** fest (s. RdNr. 34 ff.). Seiner Zielsetzung nach sollte § 59 zu einer leichteren Verständlichkeit des Gesetzes beitragen sowie der von Seiten der Handlungsgehilfen erwünschten schärferen Abgrenzung des Berufsstandes Rechnung tragen.[1]

2 § 59 und der hier enthaltenen Legaldefinition kommt insoweit eine die Verständlichkeit und Anwendung des Gesetzes erleichternde Funktion zu, als die im Sechsten Abschnitt des Handelsgesetzbuches enthaltenen **arbeitsrechtlichen Regelungen** neben der Person des Prinzipals – Arbeitgebers – an die Person des Handlungsgehilfen anknüpfen, die Einordnung eines Arbeitnehmers als Handlungsgehilfe mithin die unmittelbare Anwendung dieser Bestimmungen eröffnet.[2] Hierbei handelt es sich zum Teil um Regelungen, die in weitgehender wörtlicher und inhaltlicher Übereinstimmung mit allgemeinen Vorschriften des bürgerlich-rechtlichen Dienstvertragsrecht bestimmte arbeitsrechtliche Fragen für den Berufsstand der Handlungsgehilfen noch einmal besonders normieren. Hingewiesen sei auf § 62 betreffend die Fürsorgepflicht des Arbeitgebers. Darüber hinaus enthalten die §§ 59 ff. Bestimmungen, die im allgemeinen Dienstvertragsrecht kein gesetzlich geregeltes Pendant finden oder eine von den allgemeinen Vorschriften abweichende Regelung enthalten. Letzteres trifft etwa auf § 64 zu, der die Frage der Gehaltszahlung im Vergleich mit § 614 BGB in verschiedener Hinsicht anders bestimmt. Im Handelsgesetzbuch, aber nicht allgemein dienstvertragsrechtlich geregelt sind zB die Bestimmungen über die Unterlassung von Wettbewerb, und zwar sowohl die §§ 60, 61, die das während des Dienstverhältnisses bestehende Wettbewerbsverbot normieren, wie auch die §§ 74 ff. betreffend die Anforderungen an die wirksame Vereinbarung eines vertraglichen Wettbewerbsverbots für die Zeit nach der Beendigung des Dienstverhältnisses.

---

[1] S. Denkschrift zum Entwurf eines Handelsgesetzbuchs und eines Einführungsgesetzes, in: Die gesamten Materialien zu den Reichs-Justizgesetzen, hrsg. v. C. Hahn, fortg. B. Mugdan, Bd. 6, 1897, 234.
[2] Zur historischen Entwicklung des Rechts der Handlungsgehilfen s. *Ramrath*, FS Sandrock, 1995, S. 255 ff., 260 ff.

Die Funktion des § 59, über eine Legaldefinition die Anwendung der Regelungen des Sechsten 3
Abschnitts zu erleichtern und damit gewissermaßen als „Schlüsselnorm" den Zugang zu spezifischen
arbeitsrechtlichen Bestimmungen für den Berufsstand der Handlungsgehilfen zu eröffnen, **hat heute
in wesentlicher Hinsicht ihre Bedeutung verloren.** Das hängt einmal mit der **zunehmenden
Angleichung und Vereinheitlichung** des für unterschiedliche Arten von Arbeitnehmern in verschiedenen Gesetzen geregelten Arbeitnehmerschutzrechts zusammen. So hat etwa die Neukodifizierung des Rechts der Entgeltfortzahlung im Krankheitsfalle im Entgeltfortzahlungsgesetz vom 26. 5.
1994,³ deren Ziel unter anderem in der Beseitigung der bis dahin im Bereich der Entgeltfortzahlung
bei Krankheit vorzufindenden Rechtszersplitterung bestand,⁴ die Aufhebung der in § 63 speziell für
Handlungsgehilfen normierten Regelung der Entgeltfortzahlung zur Folge gehabt.⁵ Dasselbe gilt für
die Vorschriften der §§ 70 bis 72, die Regelungen zur außerordentlichen Kündigung des Dienstverhältnisses eines Handlungsgehilfen enthielten und – mit Blick auf die Anwendbarkeit der allgemeinen dienstvertraglichen Bestimmung des § 626 BGB – durch Art. 5 Abs. 2 Ziff. 2 des Arbeitsrechtsbereinigungsgesetzes vom 14. 8. 1969 (BGBl. I S. 1106) aufgehoben worden sind.⁶

Ein weiterer Grund für den hier angesprochenen Bedeutungsverlust liegt darin, dass die Rechts- 4
entwicklung zu einer Ausdehnung von ursprünglich allein für den Berufsstand der Handlungsgehilfen
geltenden Rechtsnormen **im Wege ihrer entsprechenden Anwendung** auf andere Arbeitnehmer
– solche außerhalb des kaufmännischen Bereichs – geführt hat. Das gilt in erster Linie für die in den
§§ 74 ff. enthaltenen Bestimmungen über die Zulässigkeit eines nachvertraglichen Wettbewerbsverbots.⁷ Bezogen auf andere Regelungen – etwa §§ 60, 61 über das gesetzliche Wettbewerbsverbot
während des Dienstverhältnisses – bestehen unterschiedliche Auffassungen darüber, ob diese analog
auch auf nichtkaufmännische Arbeitnehmer anzuwenden sind oder die in diesen Vorschriften niedergelegten Grundsätze kraft der aus § 242 BGB abzuleitenden arbeitnehmerseitigen Treuepflicht
allgemein für jedes Arbeitsverhältnis Geltung erheischen (s. § 60 RdNr. 1).

Schließlich sind als Gründe für den Bedeutungsverlust des § 59 und der hier niedergelegten 5
Begriffsbestimmung als gewissermaßen „Zugangsvoraussetzung" für die Anwendbarkeit spezifisch für
den Berufsstand der Handlungsgehilfen geltender arbeitsrechtlicher Regelungen hervorzuheben, dass
die Bestimmung § 75 Abs. 3 nach der Rspr. des BAG **verfassungswidrig und damit nicht mehr
anzuwenden ist,** und dass bestimmte Vorschriften **in den neuen Bundesländern keine Anwendung finden,** insoweit also allein und unabhängig von der Berufsstandszugehörigkeit das allgemeine
Dienstvertragsrecht des Bürgerlichen Gesetzbuches zum Zuge kommt. Im Einzelnen handelt es sich
neben der vorerwähnten verfassungswidrigen Bestimmung um die Regelungen der §§ 62 Abs. 2 bis
4, 64, 82 a und 83, deren Anwendung in den neuen Bundesländern gemäß Anl. I, Kap. VIII, Sachg.
A, Abschn. III Nr. 2 des Einigungsvertrages ausgeschlossen ist. Die Nichterstreckung dieser Regelungen auf den Bereich der neuen Bundesländer steht mit dem in Art. 30 Abs. 1 Ziff. 1 des
Einigungsvertrages enthaltenen Auftrag an den gesamtdeutschen Gesetzgeber zur Kodifizierung eines
Arbeitsvertragsrechts im Zusammenhang. An dieser rechtlichen Situation hat sich auch nichts durch
das **Handelsrechtsreformgesetz vom 22. 6. 1998** (BGBl. I S. 1474) geändert. Wie aus der
Begründung zu dem Entwurf dieses Gesetzes hervorgeht, soll die Beseitigung der aus der Unanwendbarkeit dieser Regelungen resultierenden Rechtszersplitterung einer Kodifikation des Arbeitsvertragsrechts vorbehalten bleiben.⁸

Trotz des aus vor allem den vorerwähnten Gründen zu konstatierenden Bedeutungsverlusts von 6
§ 59 und der hier niedergelegten Begriffsbestimmung des Handlungsgehilfen kann dieser Regelung
wie auch den weiteren arbeitsrechtlichen Vorschriften des Sechsten Abschnitts des Handelsgesetzbuches **nicht jede rechtliche Relevanz abgesprochen werden.** Abgesehen davon, dass die hier in
Frage stehenden Bestimmungen durchaus noch spezifisches, von dem allgemeinen Arbeitsvertragsrecht abweichendes Recht für den Berufsstand der Handlungsgehilfen enthalten – siehe etwa die
Regelung des § 64 –, handelt es sich um einen normativ geregelten Ausschnitt des Arbeitsrechts,
genauer des Arbeitnehmerschutzrechts. Dieses gelangt bei Vorliegen der einschlägigen Voraussetzungen und dh., eben vor allem – als Grundbedingung – eines Dienst- bzw. Arbeitsverhältnisses mit
einem Handlungsgehilfen zur unmittelbaren, allgemeine Regelungen des Arbeitsrechts als leges

---

³ Eingeführt durch Art. 53 des Pflegeversicherungsgesetzes, BGBl. 1994 I S. 1014.
⁴ S. *Boecken* NZA 1999, 673 ff.
⁵ Aufgehoben durch Art. 59 Pflegeversicherungsgesetz (Fn. 3) S. 1069; S. zur Gehaltsfortzahlung bei unverschuldetem Unglück nach § 63 *Ramrath*, FS Sandrock, 1995, S. 255, 263 f.
⁶ S. zum Recht der außerordentlichen Kündigung nach §§ 70 bis 72 *Ramrath*, FS Sandrock, 1995, S. 255, 265 ff.
⁷ S. § 74 RdNr. 7; zu einem Überblick über die Regelungen des nachvertraglichen Wettbewerbsverbots s. *Ramrath*, FS Sandrock, 1995, S. 255, 269 ff.
⁸ S. BR-Drucks. 340/97 S. 45.

speciales verdrängenden Anwendung. § 59 liefert hierfür nach wie vor den „Schlüssel" durch die Legaldefinition des Handlungsgehilfen.

7   Der Sechste Abschnitt enthält in den §§ 59 ff. allerdings nur einen, in seinem Umfang immer geringer gewordenen Ausschnitt von für den Handlungsgehilfen geltenden Arbeitnehmerschutzregelungen.[9] **Darüber hinaus gelten** ohne Einschränkung die Bestimmungen des allgemeinen Arbeitsvertrags- und Arbeitnehmerschutzrechts, die Regelungen des Arbeitsschutzrechts wie auch des kollektiven Arbeitsrechts.

II. Begriff des Handlungsgehilfen

8   Gemäß § 59 Satz 1 ist der Handlungsgehilfe eine Person, die in einem Handelsgewerbe zur Leistung kaufmännischer Dienste gegen Entgelt angestellt ist. Für den Begriff des Handlungsgehilfen[10] sind danach von Gesetzes wegen **vier Kriterien maßgebend:** Erstens die Anstellung einer Person (s. folgend RdNr. 9 ff.), zweitens muss die Anstellung in einem Handelsgewerbe erfolgen (s. dazu RdNr. 18 ff.), drittens muss die angestellte Person kaufmännische Dienste leisten (s. RdNr. 27 ff.) und viertens muss die Erbringung der Dienstleistung entgeltlich sein (s. dazu RdNr. 31 ff.).

9   **1. Anstellung einer Person.** Mit dem Begriffsmerkmal, dass eine Person in einem Handelsgewerbe zur Leistung kaufmännischer Dienste **„angestellt"** sein muss, verbindet sich die **Arbeitnehmereigenschaft des Handlungsgehilfen.**[11] Handlungsgehilfe kann danach nur jemand sein, der unselbständig – eben als Arbeitnehmer – tätig ist.[12]

10 Ob eine Person als Arbeitnehmer tätig ist, beurteilt sich nach den insoweit maßgebenden allgemeinen arbeitsrechtlichen Grundsätzen. Nach der zugrunde zu legenden, wenn auch nicht unumstrittenen Rspr. des BAG[13] ist Arbeitnehmer derjenige, der seine Arbeitsleistung in **persönlicher Abhängigkeit**[14] gegenüber dem zur Dienstleistung Berechtigten – dem Arbeitgeber – erbringt.[15] Die persönliche Abhängigkeit gelangt darin zum Ausdruck, dass der Mitarbeiter seiner Dienstleistungspflicht im Rahmen einer fremdbestimmten Arbeitsorganisation nachkommt. Ob das der Fall ist, ist anhand der Regelung des § 84 Abs. 1 Satz 2 zu bestimmen, die zwar ihrem unmittelbaren Anwendungsbereich nach nur für die Abgrenzung zwischen Handlungsgehilfen und Handelsvertretern gilt, in der jedoch eine allgemeine gesetzliche Wertung zum Ausdruck gelangt, die bei der Prüfung des Vorliegens der Arbeitnehmereigenschaft zu beachten ist.[16] Unter Orientierung an den in § 84 Abs. 1 Satz 2 genannten (Selbständigkeits-)Kriterien zeigt sich die erforderliche Eingliederung in eine fremde Arbeitsorganisation insbesondere darin, dass ein Beschäftigter hinsichtlich Zeit, Dauer und Ort der Ausführung der versprochenen Dienste **einem umfassenden Weisungsrecht des Dienstberechtigten** unterliegt.[17]

11 Für die Beurteilung des Vorliegens der Arbeitnehmereigenschaft ist es irrelevant, wie die Parteien das Vertragsverhältnis bezeichnen.[18] Maßgebend ist die **objektive Einordnung der Vertragsbeziehung,** wobei der wirkliche Wille den ausdrücklich getroffenen Vereinbarungen und der praktischen Durchführung des Vertrages zu entnehmen ist.[19] Besteht insofern eine Inkongruenz, so ist die tatsächliche Durchführung maßgebend.[20] Von Bedeutung sind damit letztlich die Umstände des Einzelfalles, wobei auch negativ abgrenzend darauf abzustellen ist, ob es an der Tragung eines Unternehmerrisikos fehlt.[21]

---

[9] *Ramrath,* FS Sandrock, 1995, S. 255, 261 spricht davon, dass das Handlungsgehilfenrecht zu einem Torso gemacht worden ist.
[10] S. näher *Wagner,* Die Besonderheiten beim Arbeitsverhältnis des Handlungsgehilfen, S. 21 ff.; *Feiler,* Die arbeitsrechtliche Stellung des Handlungsgehilfen, S. 1 ff.
[11] S. nur *Wagner* (Fn. 10) S. 21 f.; Heymann/*Henssler* RdNr. 2; Baumbach/*Hopt* RdNr. 25.
[12] *Koller*/*Roth*/*Morck* RdNr. 2.
[13] Kritisch etwa ErfK/*Preis* § 611 BGB RdNr. 60 ff. mit ausführlichen Nachweisen zur Diskussion und Stellungnahme; grundsätzlich zustimmend *Hromadka* NZA 1997, 569 ff.
[14] Irrelevant ist die wirtschaftliche Abhängigkeit, s. BAG Urt. v. 19. 6. 1963 – 5 AZR 314/62, DB 1963, 1920.
[15] S. nur BAG Urt. v. 26. 7. 1995 – 5 AZR 22/94, NZA 1996, 477, 478; Urt. v. 29. 1. 1992 – 7 ABR 25/91, NZA 1992, 835, 835; kritisch zum Begriff der persönlichen Abhängigkeit *Hilger* RdA 1989, 1, 2 f.
[16] S. BAG Urt. v. 26. 7. 1995 (Fn. 15) S. 478.
[17] S. BAG Urt. v. 26. 7. 1995 (Fn. 15) S. 478.
[18] BAG Urt. v. 26. 7. 1995 (Fn. 15) S. 479.
[19] BAG Urt. v. 26. 7. 1995 (Fn. 15) S. 479.
[20] BAG Urt. v. 26. 7. 1995 (Fn. 15) S. 479; zur Parallelität des Arbeitnehmerbegriffs mit dem sozialversicherungsrechtlichen Begriff des Beschäftigten s. GK-SGB VI/*Boecken* Vor §§ 1 bis 8 RdNr. 16 ff.
[21] S. BAG Urt. v. 13. 8. 1980 – 4 AZR 592/78, BAGE 34, 111 = AP BGB § 611 Nr. 37 Abhängigkeit zum Kriterium des *Unternehmerrisikos;* dazu auch *Wank,* Arbeitnehmer und Selbständige, S. 122 ff.

Mit dem Erfordernis der Arbeitnehmereigenschaft als (einem) konstituierenden Merkmal für den 12
Begriff des Handlungsgehilfen können verschiedene **andere Personen, die Dienstleistungen**
erbringen, nicht als Handlungsgehilfen eingeordnet werden.

Hierzu gehören zunächst die **sog. arbeitnehmerähnlichen Personen,** die von den Arbeitneh- 13
mern durch den Grad der persönlichen Abhängigkeit unterschieden werden.[22] Arbeitnehmerähnliche Personen sind wegen ihrer fehlenden Eingliederung in eine betriebliche Organisation und im Wesentlichen freier Zeitbestimmung nicht im gleichen Maße persönlich abhängig wie Arbeitnehmer. Der Status der „Arbeitnehmerähnlichkeit" beruht – das folgt aus der in § 12a Abs. 1 Nr. 1 TVG enthaltenen Begriffsbestimmung – auf der an die Stelle persönlicher Abhängigkeit tretenden wirtschaftlichen Abhängigkeit sowie der einem Arbeitnehmer vergleichbaren sozialen Schutzbedürftigkeit.[23]

Keine Handlungsgehilfen iSd. §§ 59 ff. sind des Weiteren die **sog. freien Mitarbeiter,** die auf der 14
Grundlage eines Dienstvertrages Dienste in persönlicher Unabhängigkeit – etwa als Lehrer, Rechtsanwalt oder Arzt – leisten. Die erforderliche Abgrenzung ist auch hier nach dem Grad der persönlichen Abhängigkeit vorzunehmen. Die in § 7 Abs. 4 SGB IV genannte Vermutungsregelung für scheinselbständige Arbeitnehmer ist durch das Zweite Gesetz für moderne Dienstleistungen am Arbeitsmarkt vom 23. 12. 2002 (BGBl. I S. 4621) mit Wirkung vom 1. 1. 2003 weggefallen und durch eine neue Regelung ersetzt worden, nach der für Personen, die von der Bundesagentur für Arbeit einen Existenzgründungszuschuss gemäß § 421l SGB III erhalten, widerlegbar vermutet wird, dass diese selbständig tätig sind. Diese Vermutungsregelung ist jedoch auf den Bereich der Sozialversicherung begrenzt und von daher irrelevant.[24]

Von den Handlungsgehilfen abzugrenzen sind des Weiteren die **selbständigen Handelsvertreter** 15
iSd. §§ 84 ff. Unmittelbar anwendbarer Abgrenzungsmaßstab ist insoweit § 84 Abs. 1 Satz 2, wonach selbständig ist, wer im Wesentlichen frei seine Tätigkeit gestalten und seine Arbeitszeit bestimmen kann (s. § 84). Damit ist hier positiv formuliert, was im Rahmen der Bestimmung des Arbeitnehmerbegriffs in seiner Umkehrung als Abgrenzungskriterien herangezogen wird. Für die Abgrenzung zwischen Handlungsgehilfen und Handelsvertretern stellt das BAG auf materielle und formelle Merkmale ab, die mehr oder weniger zwingende, unmittelbare Anzeichen der Selbständigkeit oder Unselbständigkeit enthalten.[25] Zu den vorrangig maßgebenden materiellen Merkmalen gehören die Weisungsfreiheit, die Freiheit im Einsatz der Arbeitskraft, das eigene Unternehmen und das eigene Unternehmerrisiko.[26] Zu den formalen Merkmalen gehören wesentlich diejenigen Umstände, die sich aus der äußeren Form des Vertrages herleiten lassen wie etwa die steuerliche und sozialversicherungsrechtliche Behandlung.[27]

Organe einer juristischen Person – etwa Vorstandsmitglieder einer Aktiengesellschaft oder der 16
Geschäftsführer einer GmbH – sind keine Handlungsgehilfen. Bei diesen Personen handelt es sich nicht um Arbeitnehmer im arbeitsrechtlichen Sinne,[28] was allerdings nicht ausschließt, dass arbeitsrechtliche Regelungen entsprechende Anwendung finden können.[29] Auch eine juristische Person selbst kann nicht Arbeitnehmer und damit nicht Handlungsgehilfe sein.[30]

Eine Anstellung iSd. § 59 Satz 1 ist auch dann gegeben, wenn es sich um ein **fehlerhaftes** 17
Arbeitsverhältnis handelt. Der Begriff der Anstellung knüpft nicht an den Abschluss eines wirksamen Arbeitsvertrages an, sondern daran, dass die Erbringung der Dienstleistung erfolgt und das auf eine bestimmte Art und Weise, nämlich in persönlicher Abhängigkeit.

2. Anstellung in einem Handelsgewerbe. Der Begriff des Handlungsgehilfen setzt weiter 18
voraus, dass die Anstellung **in einem Handelsgewerbe** erfolgt. Für die Bestimmung dessen, was unter einem Handelsgewerbe iSd. § 59 Satz 1 zu verstehen ist, sind die Regelungen der §§ 1 ff. maßgebend.

---

[22] S. BGH Urt. v. 4. 11. 1998 – VIII ZB 12/98, NJW 1999, 218, 220; BAG Urt. v. 25. 7. 1996 – 5 AZB 5/96, NJW 1996, 3293, 3294. Hierzu näher *Hromadka* NZA 1997, 1249 ff.
[23] S. BGH (Fn. 22) S. 220.
[24] Im Grundsatz zutreffend *Bauer/Diller/Lorenzen* NZA 1999, 169, 174 f. zur durch das Gesetz zu Korrekturen in der Sozialversicherung und zur Sicherung der Arbeitnehmerrechte vom 19. 12. 1998 (BGBl. I S. 3843) eingeführten Vermutungsregelung.
[25] S. BAG Urt. v. 21. 1. 1966 – 3 AZR 183/65, BAGE 18, 87 = AP HGB § 92 Nr. 2.
[26] S. BAG (Fn. 25); s. auch BGH Urt. v. 11. 3. 1982 – I ZR 27/80, NJW 1982, 1757, 1758.
[27] S. BAG (Fn. 25).
[28] S. BGH Urt. v. 29. 1. 1981 – II ZR 92/80, BGHZ 79, 291, 292 f. = NJW 1981, 1270, 1270 f.; Urt. v. 16. 12. 1953 – II ZR 41/53, BGHZ 12, 1, 9 = NJW 1954, 505, 507.
[29] S. BGH Urt. v. 29. 1. 1981 (Fn. 28) S. 292 f.
[30] Ausführlich dazu *Zimmermann*, FS Wiese, 1998, S. 657, insbesondere S. 651 ff.

19 Insoweit ist zunächst § 1 Abs. 1 von Bedeutung, wonach ein Kaufmann iSd. Handelsgesetzbuches derjenige ist, der ein Handelsgewerbe betreibt.[31] Daraus folgt notwendig, dass der **Arbeitgeber eines Handlungsgehilfen iSv. § 59 Satz 1 ein Kaufmann** sein muss.

20 Der **Begriff des Handelsgewerbes** ist in § 1 Abs. 2 grundlegend bestimmt. Danach ist ein Handelsgewerbe jeder Gewerbebetrieb, wenn nicht das Unternehmen nach Art oder Umfang einen in kaufmännischer Weise eingerichteten Geschäftsbetrieb nicht erfordert. Mit dieser Definition des Handelsgewerbes werden grundsätzlich – dh., mit Ausnahme der Kleingewerbetreibenden – alle Gewerbebetriebe ohne Rücksicht auf die Branche erfasst.[32] Insoweit ist jeder Gewerbetreibende Kaufmann, und zwar kraft Gesetzes,[33] der Eintragung kommt nur deklaratorische Bedeutung zu.

21 Unter dem gesetzlich nicht definierten **Begriff des Gewerbebetriebs** iSv. § 1 Abs. 2 ist eine Tätigkeit zu verstehen, die selbständig, auf Dauer angelegt und planmäßig betrieben wird, auf dem Markt erkennbar nach außen hervortritt und nicht gesetzes- oder sittenwidrig ist.[34] Die Rspr. des BGH spricht kürzer und unter Betonung der Gewinnerzielungsabsicht von einem berufsmäßigen Geschäftsbetrieb, der von der Absicht dauernder Gewinnerzielung beherrscht wird,[35] wobei es auf eine tatsächliche Gewinnerzielung nicht ankommt.[36] In einem solchen Betrieb angestellte Arbeitnehmer sind – das folgt aus §§ 1 Abs. 1 iVm. 59 – Handlungsgehilfen, sofern sie auch die sonstigen Voraussetzungen des Begriffs des Handlungsgehilfen erfüllen, insbesondere kaufmännische Dienste leisten (s. dazu RdNr. 27 ff.).

22 Ausgenommen sind Arbeitnehmer, deren Arbeitgeber einer **freiberuflichen Tätigkeit** nachgehen. Die Ausübung eines Freien Berufs – etwa als Arzt, Rechtsanwalt, Apotheker oder Architekt – stellt kein Gewerbe iSd. Handelsgesetzbuches dar,[37] kann mithin auch kein Handelsgewerbe sein.

23 Die nach § 1 Abs. 2 aus dem Begriff des Handelsgewerbes ausgeklammerten **kleinen Gewerbebetriebe** – die Beweislast für das Eingreifen dieser Ausnahme liegt bei den Kleingewerbetreibenden, wie die gesetzliche Formulierung deutlich macht[38] – können den Status eines Handelsgewerbes nach § 2 durch Eintragung in das Handelsregister erlangen. Die Eintragung wirkt konstitutiv.[39] Danach erlangen Arbeitnehmer eines die Option der Eintragung wählenden Kleingewerbetreibenden – vorbehaltlich des Vorliegens auch der weiteren Voraussetzungen – die Stellung eines Handlungsgehilfen iSd. § 59 Satz 1 im Zeitpunkt der Eintragung.

24 Arbeitnehmer eines **Betriebs der Land- und Forstwirtschaft** sind unabhängig von der Art ihrer Tätigkeit keine Handlungsgehilfen im Hinblick darauf, dass diese Betriebe nach § 3 Abs. 1 grundsätzlich aus dem Anwendungsbereich des Handelsrechts ausgeschlossen sind.[40] Anderes gilt jedoch für den Fall, dass ein land- und/oder forstwirtschaftlicher Unternehmer von der über § 3 Abs. 2 unter bestimmten Voraussetzungen[41] eröffneten Eintragungsoption nach § 2 Gebrauch macht (s. näher § 2 RdNr. 1 ff.). Arbeitnehmer, die auch die übrigen Voraussetzungen des nach § 59 Satz 1 maßgebenden Handlungsgehilfenbegriffs erfüllen, sind dann Handlungsgehilfen, die §§ 59 ff. anwendbar. Entsprechendes gilt für Arbeitnehmer eines im Nebengewerbe eines land- oder forstwirtschaftlichen Unternehmens betriebenen Unternehmens, wenn die Eintragung nach Maßgabe der §§ 3 Abs. 2 iVm. 2 erfolgt.

25 Die Regelung des § 5 betreffend den **Kaufmann kraft Eintragung** – hierbei handelt es sich um eine Fiktion[42] – gilt auch für Arbeitnehmer. Das bedeutet, dass sich ein Arbeitnehmer, der die übrigen Voraussetzungen des § 59 Satz 1 erfüllt, auf das Vorliegen des Betriebs eines Handelsgewerbes auch dann berufen kann, wenn ein Gewerbebetrieb nach dem Zeitpunkt der Eintragung auf den Status eines Kleingewerbebetriebs iSv. § 1 Abs. 2 absinkt. Dieser Betrieb gilt weiter als Handels-

---

[31] Näher zum Begriff des Kaufmanns s. Vor § 1 RdNr. 1 ff. und § 1 RdNr. 1 ff.
[32] S. die Begründung zum Handelsrechtsreformgesetz, BR-Drucks. 340/97 S. 20.
[33] S. die Begründung zum Handelsrechtsreformgesetz, BR-Drucks. 340/97 S. 23.
[34] S. die Begründung zum Handelsrechtsreformgesetz, BR-Drucks. 340/97 S. 24.
[35] S. BGH Urt. v. 10. 5. 1979 – VII ZR 97/78, BGHZ 74, 273, 276 = NJW 1979, 1650; schon zuvor Urt. v. 7. 7. 1960 – VIII ZR 215/59, BGHZ 33, 321, 324 = NJW 1961, 725, 726 und Urt. v. 22. 4. 1982 – VII ZR 191/81, BGHZ 83, 382, 386 = NJW 1982, 1815, 1816.
[36] BGH Urt. v. 2. 7. 1985 – X ZR 77/84, BGHZ 95, 155, 158 f. = NJW 1985, 3063, 3063; näher zum Begriff die Kommentierung zu § 1.
[37] S. BGH Urt. v. 7. 7. 1960 (Fn. 35) S. 324 f.; Begründung zum Handelsrechtsreformgesetz, BR-Drucks. 340/97 S. 33.
[38] S. auch Begründung zum Entwurf des Handelsrechtsreformgesetzes, BR-Drucks. 340/97 S. 48.
[39] S. Begründung zum Entwurf des Handelsrechtsreformgesetzes, BR-Drucks. 340/97 S. 49.
[40] Zur Kritik an dieser Ausklammerung s. die Ausführungen in der Begründung zum Entwurf des Handelsrechtsreformgesetzes, BR-Drucks. 340/97 S. 33 f.
[41] Wenn es sich um ein Unternehmen handelt, das nach Art und Umfang einen in kaufmännischer Weise eingerichteten Geschäftsbetrieb erfordert.
[42] S. etwa Koller/Roth/Morck § 5 RdNr. 2.

gewerbe, womit die Eigenschaft als Handlungsgehilfe iSv. § 59 Satz 1 jedenfalls nicht an dem Erfordernis eines Handelsgewerbes scheitert.

Über § 6 Abs. 1 finden die in Betreff der Kaufleute gegebenen Vorschriften auch auf **Handelsgesellschaften** Anwendung. Daraus folgt, dass die für Kaufleute iSv. § 1 Abs. 1 unter anderem geltenden Regelungen der §§ 59 ff. nicht nur für Personenhandelsgesellschaften von Bedeutung sind, sondern auch für Kapitalgesellschaften, die ein Handelsgewerbe betreiben. Im Übrigen finden die §§ 59 ff. auch auf den Formkaufmann iSd. § 6 Abs. 2 Anwendung, das sind Gesellschaften, denen kraft Gesetzes ohne Rücksicht auf den Gegenstand der Unternehmung die Kaufmannseigenschaft zukommt, so etwa die GmbH nach § 13 Abs. 3 GmbHG oder die Aktiengesellschaft nach § 3 AktG. Arbeitnehmer solcher Gesellschaften sind Handlungsgehilfen, sofern sie auch die weiteren Voraussetzungen des § 59 Satz 1 erfüllen.[43] 26

3. Leistung kaufmännischer Dienste. Der Begriff des Handlungsgehilfen setzt gemäß § 59 Satz 1 als weiteres Merkmal voraus, dass der in einem Handelsgewerbe tätige Arbeitnehmer zur **Leistung kaufmännischer Dienste** angestellt ist. Der Begriff der kaufmännischen Dienste ist gesetzlich nicht weiter festgelegt.[44] 27

Nach der Rspr. sind **kaufmännische Tätigkeiten** solche Tätigkeiten, die sich unmittelbar mit dem **Warenumsatz** befassen, wie auch Tätigkeiten, die notwendig und üblich sind, um den Warenumsatz erfolgreich und sachgerecht zu gestalten,[45] wobei die Tätigkeit eine gedankliche, geistige Arbeit sein muss, sie darf sich nicht in einer bloß mechanischen, mit der Hand geleisteten Tätigkeit erschöpfen.[46] Mit dieser Begriffsbestimmung werden an die Leistung kaufmännischer Dienste in zweifacher Richtung Anforderungen gestellt bzw. insoweit Abgrenzungen vorgenommen: Der **Inhalt der Dienstleistung** muss seiner Art nach von kaufmännischer Qualität sein – was mit dem Erfordernis des unmittelbaren oder mittelbaren Bezuges der Dienstleistung auf den Warenumsatz zum Ausdruck gebracht wird. Darüber hinaus muss es sich um eine **Angestelltentätigkeit** handeln – der Handlungsgehilfe wird heute vornehmlich als kaufmännischer Angestellter bezeichnet[47] –, womit eine Abgrenzung zur Tätigkeit gewerblicher Arbeitnehmer – Arbeiter – erforderlich ist, die mit dem Kriterium der gedanklichen, geistigen Tätigkeit anstelle einer bloß mechanischen, mit der Hand erbrachten Arbeitsleistung vorgenommen werden soll.[48] 28

Für die danach erforderliche **Abgrenzung zwischen Angestellten- und Arbeitertätigkeit** kommt nach der Rspr. des BAG der Verkehrsanschauung entscheidendes Gewicht zu,[49] wobei nach Ansicht des BAG in der tarifvertraglichen Einordnung einer Tätigkeit ein wesentliches Anzeichen für die Wertung nach der Verkehrsanschauung zu sehen ist.[50] Allerdings kann auch durch Tarifvertrag eine nach der Verkehrsanschauung als Arbeitertätigkeit einzuordnende Tätigkeit nicht zu einer Angestelltentätigkeit erklärt werden und umgekehrt.[51] Als Ausdruck der Verkehrsauffassung konnte bis 31. 12. 2004 auch auf den in § 133 Abs. 2 SGB VI aF für den Bereich der gesetzlichen Rentenversicherung niedergelegten Katalog von Angestelltentätigkeiten zurückgegriffen werden. Durch das Gesetz zur Organisationsreform in der gesetzlichen Rentenversicherung vom 9. 12. 2004 (BGBl. I S. 3242) wurden die §§ 126 ff. SGB VI aF und damit die bisherige Zuständigkeitsabgrenzung nach Arbeitern und Angestellten ab 1. 1. 2005 ersetzt. Der Abschnitt „Organisation" des Dritten Kapitels (§§ 125 ff. SGB VI) ist völlig neu gefasst worden. Keine arbeitsrechtliche Bedeutung kommt auch der nach wie vor geltenden Verordnung zur Bestimmung von Berufsgruppen der Angestelltenversicherung vom 8. 3. 1924 (RGBl. I S. 274, ber. S. 410) mehr zu.[52] Nach Ansicht des BAG soll der Berufsgruppenverordnung arbeitsrechtlich nur Bedeutung zukommen, soweit diese – wie etwa in § 6 Abs. 2 BetrVG – in Bezug genommen wird.[53] § 6 BetrVG ist jedoch mit Wirkung vom 28. 7. 2001 durch Art. 1 Ziff. 6 des Gesetzes zur Reform des Betriebsverfassungsgesetzes vom 23. 7. 2001 29

---

[43] S. BAG Urt. v. 12. 12. 1956 – 2 AZR 11/56, BAGE 3, 321 = AP HGB § 59 Nr. 4.
[44] S. auch *Wagner* (Fn. 10) S. 29.
[45] So die Begriffsbestimmung des BAG Urt. v. 6. 12. 1972 – 4 AZR 56/72, AP HGB § 59 Nr. 23; s. auch LAG Düsseldorf Urt. v. 6. 11. 1959 – 4 Sa 448/59, AP HGB § 59 Nr. 15; LAG Schleswig-Holstein Urt. v. 23. 7. 1963 – 3 Sa 104/63, AP HGB § 59 Nr. 22; allgemeiner BAG (Fn. 43): solche Dienste, zu deren Erledigung ein gewisses Maß kaufmännischer Kenntnisse und Erfahrungen, mindestens der kaufmännischen Übung gehört.
[46] S. nur BAG Urt. v. 30. 9. 1954 – 2 AZR 65/53, BAGE 1, 92 = AP HGB § 59 Nr. 1; Urt. v. 26. 1. 1956 – 2 AZR 197/54, AP HGB § 59 Nr. 3; Urt. v. 29. 11. 1958 – 2 AZR 245/58, BAGE 7, 86 = AP HGB § 59 Nr. 12.
[47] S. nur *Wagner* (Fn. 10) S. 20.
[48] Kritisch hierzu *Fahrtmann*, FS Hilger/Stumpf, 1983, S. 177, 183 ff.; zur Abgrenzung s. auch *Brill* DB 1981, 316 ff.
[49] S. etwa BAG Urt. v. 30. 9. 1954 (Fn. 46); Urt. v. 29. 11. 1958 (Fn. 46).
[50] S. BAG Urt. v. 29. 11. 1958 (Fn. 46).
[51] S. BAG Urt. v. 29. 11. 1958 (Fn. 46).
[52] Die Berufsgruppenverordnung ist auf Grundlage des § 3 Abs. 3 des früheren Angestelltenversicherungsgesetzes ergangen, das durch Art. 83 Ziff. 1 Rentenreformgesetz 1992 aufgehoben worden ist.
[53] S. BAG Urt. v. 29. 11. 1958 (Fn. 46).

aufgehoben worden (BGBl. I S. 1852). Bei gemischten Tätigkeiten ist für die Zuordnung als Arbeiter- oder Angestelltentätigkeit darauf abzustellen, welche Tätigkeitsart – die gedanklich/geistige oder die mechanische – der Gesamttätigkeit das Gepräge gibt.[54]

30 Für die Frage, ob eine Angestelltentätigkeit als Leistung kaufmännischer Dienste – sprich als eine unmittelbar oder mittelbar auf Warenumsatz gerichtete Tätigkeit – zu beurteilen ist, kommt es nicht in erster Linie auf die Vorbildung eines Arbeitnehmers, seine frühere Tätigkeit oder auch die Bezeichnung im Vertrag an.[55] **Entscheidend ist die tatsächlich ausgeübte Tätigkeit** – das macht § 83 deutlich[56] – und deren Qualifikation unter Anknüpfung an die Verkehrsauffassung.[57] Der Warenverkauf alleine reicht nicht aus, wenn es sich lediglich um einfache Tätigkeiten handelt wie zB die Beladung eines Fahrzeugs mit Waren, das Fahren des Kraftfahrzeuges sowie das Bringen der Waren aus dem Fahrzeug zu den Kunden.[58] Als kaufmännische Dienste iSd. § 59 Satz 1 werden in der Rspr. etwa Tätigkeiten angesehen wie die Entgegennahme von Bestellungen, die Werbung für den Verkauf von Waren, das Ausstellen von Rechnungen und das Kassieren von Rechnungsbeträgen, die Durchführung von Abrechnungen im Betrieb, die Bearbeitung von Steuer- und Rechtsfragen oder auch die Tätigkeit einer Kassiererin in einem Selbstbedienungsladen.[59]

31 **4. Entgeltlichkeit der Dienstleistung.** Der Begriff des Handlungsgehilfen setzt schließlich voraus, dass die Leistung kaufmännischer Dienste **„gegen Entgelt"** erfolgt. Das Merkmal der Entgeltlichkeit, dem wegen der per definitionem erforderlichen Arbeitnehmereigenschaft des Handlungsgehilfen und dem damit vorausgesetzten Arbeitsverhältnis nach Maßgabe des § 611 Abs. 1 BGB eine eigenständige Bedeutung letztlich nicht zukommt,[60] sollte vor allem zur Abgrenzung des Handlungsgehilfen von dem in § 82a legaldefinierten Volontär (s. § 82a RdNr. 1) dienen.[61] Mit der Gegenstandslosigkeit dieser Vorschrift (s. § 82a RdNr. 2) hat das Kriterium der Entgeltlichkeit diese Funktion verloren.

32 Der Begriff des Entgelts wird weder in den §§ 59 ff. noch in anderen Bestimmungen des Handelsgesetzbuches näher präzisiert. In Anlehnung an den für das Sozialversicherungsrecht bedeutsamen und **in § 14 Abs. 1 SGB IV definierten Begriff des Arbeitsentgelts** sind unter Entgelt iSd. § 59 Satz 1 alle laufenden oder einmaligen Einnahmen aus dem Arbeitsverhältnis, gleichgültig, ob ein Rechtsanspruch auf die Einnahmen besteht, unter welcher Bezeichnung oder in welcher Form sie geleistet werden und ob sie unmittelbar aus dem Arbeitsverhältnis oder im Zusammenhang mit diesem erzielt werden. Zum Begriff des Entgelts gehören danach neben der periodisch (monatlich, § 64) gezahlten Vergütung, die auf einzelvertraglicher Vereinbarung, Tarifvertrag oder – wegen § 77 Abs. 3 BetrVG selten – Betriebsvereinbarung beruhen kann, vor allem auch erfolgsbezogene Vergütungen wie Provisionen[62] und Gewinn- und Umsatzbeteiligungen[63] sowie freiwillige Leistungen wie Gratifikationen.[64]

33 Fehlt es an einer Vereinbarung über die Entgeltlichkeit der Dienstleistung, **so ist § 612 Abs. 1 BGB anzuwenden,** der durch § 59 Satz 1 nicht verdrängt wird.[65] Eine Vergütung gilt als stillschweigend vereinbart, wenn die Dienstleistung den Umständen nach nur gegen eine Vergütung zu erwarten ist. Den Nachweis dafür hat der zur Dienstleistung Verpflichtete zu führen.[66]

III. Dienstleistungspflicht und Vergütungsanspruch des Handlungsgehilfen

34 Im **Rechtsfolgenteil** bestimmt § 59 Satz 1, dass der Handlungsgehilfe – soweit nicht besondere Vereinbarungen über die Art und den Umfang seiner Dienstleistungen oder über die ihm zukommende Vergütung getroffen sind – die dem Ortsgebrauch entsprechenden Dienste zu leisten sowie die dem Ortsgebrauch entsprechende Vergütung zu beanspruchen hat. In Ergänzung hierzu gelten nach § 59 Satz 2 in Ermangelung eines Ortsgebrauchs die den Umständen nach angemessenen Leistungen als vereinbart. Damit enthält § 59 Satz 1 iVm. Satz 2 eine **Regelung zur Bestimmung**

---

[54] BAG Urt. vom 30. 9. 1954 (Fn. 46); Urt. v. 26. 1. 1956 (Fn. 46).
[55] S. BAG Urt. v. 26. 1. 1956 (Fn. 46).
[56] Zutreffend *Wagner* (Fn. 10) S. 28.
[57] S. etwa BAG Urt. v. 26. 1. 1956 (Fn. 46).
[58] BAG Urt. v. 11. 11. 1954 – 2 AZR 70/53, AP HGB § 59 Nr. 2.
[59] S. BAG Urt. v. 30. 9. 1954 (Fn. 46); BAG Urt. v. 30. 9. 1954 (Fn. 43); LAG Düsseldorf (Fn. 45); BAG Urt. v. 6. 12. 1972 (Fn. 45).
[60] Zutreffend *Wagner* (Fn. 10) S. 23 mwN.
[61] S. *Wagner* (Fn. 10) S. 23.
[62] S. § 65; zum Begriff der Provision s. MünchArbR/*Kreßel* § 68 RdNr. 1 ff.
[63] S. MünchArbR/*Kreßel* § 68 RdNr. 86 ff.
[64] Zum Begriff des Entgelts iSv. § 59 Satz 1 s. ausführlich Baumbach/*Hopt* RdNr. 58 ff. und MünchKommHGB/ v. Hoyningen-Huene § 269 ff.
[65] Zutreffend *Wagner* (Fn. 10) S. 43.
[66] S. Palandt/*Weidenkaff* § 612 RdNr. 6.

der **Arbeitspflicht des Handlungsgehilfen und der Vergütungspflicht des Arbeitgebers,** deren jeweiliger Inhalt in abgestufter Reihenfolge nach Maßgabe einer Vereinbarung, bei deren Fehlen des Ortsgebrauchs sowie in Ermangelung desselben am Maßstab der Angemessenheit der Leistung zu bestimmen ist.[67]

Primär maßgebend für Art und Umfang der Dienstleistungs- und Vergütungspflicht sind – das 35 entspricht dem Grundsatz und Vorrang der Gestaltungsfreiheit auch für das Arbeitsverhältnis des Handlungsgehilfen mit seinem Arbeitgeber – **getroffene Vereinbarungen.** Hierunter sind nicht nur einzelvertragliche Vereinbarungen zwischen Arbeitgeber und Handlungsgehilfen zu verstehen, sondern auch kollektiv-, vor allem tarifvertragliche Vereinbarungen. Bezogen auf die Bestimmung der Dienstleistungspflicht stellt deren vertragliche Präzisierung die Grenze des arbeitgeberseitigen Weisungsrechts dar.[68] Soweit die Vergütung tarifvertraglich bestimmt ist, handelt es sich nicht um eine abschließende Festlegung. Gemäß § 4 Abs. 3 TVG können als günstigere Regelung übertarifliche Zulagen gezahlt werden.

Haben die Vertragsparteien eine Vereinbarung über die Dienstleistungspflicht und/oder die Ver- 36 gütungspflicht nicht getroffen, so ist zur Konkretisierung der jeweiligen Pflicht bzw. des jeweiligen Anspruchs auf den **Ortsgebrauch** abzustellen. Bezogen auf die Vergütungspflicht ist die Anknüpfung an den Ortsgebrauch der Regelung des § 612 Abs. 2 BGB vergleichbar, die deshalb durch § 59 Satz 1 verdrängt wird.[69] Ihrem Inhalt nach stimmt allerdings die dem Ortsgebrauch entsprechende Vergütung iSv. § 59 Satz 1 mit dem **Begriff der üblichen Vergütung iSd. § 612 Abs. 2 BGB** überein.[70] Danach ist die Vergütung als üblich anzusehen, die in gleichen oder nahe stehenden Handelsgewerben für entsprechende Tätigkeiten bezogen auf den Ort der Tätigkeit unter Einbeziehung der persönlichen Verhältnisse des Berechtigten geleistet wird.[71] Soweit Tarifverträge bestehen und ihrem räumlichen Geltungsbereich nach einschlägig sind, ist die danach maßgebende Vergütung als übliche Vergütung anzusehen, wenn nicht auf Grund besonderer Umstände eine Abweichung der üblichen Vergütung vom tarifvertraglichen Lohn festgestellt werden kann.[72]

Der Inhalt der dem Ortsgebrauch entsprechenden Dienste ist **nach Maßgabe der örtlichen** 37 **Verkehrssitte** zu bestimmen, womit Art und Umfang der Dienstleistung letztlich nach §§ 157, 242 BGB festzulegen und zu begrenzen sind.[73] Abzustellen ist auf die im Verkehr der beteiligten Kreise am Ort erfolgende tatsächliche Übung. Hiernach sind Hauptleistungs- und Nebenpflichten des Handlungsgehilfen zu bestimmen.

Kann ein Ortsgebrauch nicht festgestellt werden, so gelten **die den Umständen nach angemes-** 38 **senen Leistungen** als vereinbart (§ 59 Satz 2). Für den Inhalt der jeweiligen Pflichtstellungen ist damit auf der letzten Stufe auf die Umstände des Einzelfalles abzustellen und unter Berücksichtigung derselben eine der Billigkeit entsprechende Leistungsbestimmung vorzunehmen. Das Recht zur Bestimmung steht nach § 316 BGB im Zweifel demjenigen zu, der die Gegenleistung zu fordern hat. Diese Bestimmung unterliegt nach § 315 Abs. 3 BGB der gerichtlichen Überprüfung.

§ 60 [Gesetzliches Wettbewerbsverbot]

(1) Der Handlungsgehilfe darf ohne Einwilligung des Prinzipals weder ein Handelsgewerbe betreiben noch in dem Handelszweige des Prinzipals für eigene oder fremde Rechnung Geschäfte machen.

(2) Die Einwilligung zum Betrieb eines Handelsgewerbes gilt als erteilt, wenn dem Prinzipal bei der Anstellung des Gehilfen bekannt ist, daß er das Gewerbe betreibt, und der Prinzipal die Aufgabe des Betriebs nicht ausdrücklich vereinbart.

Schrifttum: *Armbrüster,* Grundlagen und Reichweite von Wettbewerbsverboten im Personengesellschaftsrecht, ZIP 1997, 261; *Braun,* Arbeitsrechtliche Rahmenbedingungen der Nebenbeschäftigung, AuR 2004, 47; *Buchner,* Das Wettbewerbsverbot während der Dauer des Arbeitsverhältnisses, AR-Blattei SD 1830.2 „Wettbewerbsverbot II" (2006); *D. Gaul,* Die Kennzeichnung des unerlaubten Wettbewerbs bei arbeitsrechtlichen Wettbewerbsbeschränkungen, BB 1984, 346; *ders.,* Der erfolgreiche Schutz von Betriebs- und Geschäftsgeheimnissen, 1994; *Glöckner,* Nebentätigkeitsverbote im Individualarbeitsrecht, 1993; *Grunsky,* Wettbewerbsverbote für Arbeitnehmer, 2. Aufl. 1987; *Hartmann,*

---

[67] S. auch *Wagner* (Fn. 10) S. 35.
[68] S. auch *Wagner* (Fn. 10) S. 35.
[69] Zutreffend Heymann/*Henssler* RdNr. 103.
[70] S. ErfK/*Schaub* RdNr. 5.
[71] S. ErfK/*Preis* § 612 BGB RdNr. 37.
[72] S. BAG Urt. v. 21. 1. 1998 – 5 AZR 50/97, BAGE 87, 349, 352 = NJW 1998, 2694, 2695.
[73] S. *Wagner* (Fn. 10) S. 37.

Boecken

Praktische Aspekte der Nebentätigkeit aus Sicht des Arbeitgebers, BuW 2003, 566; *Heinze,* Einstweiliger Rechtsschutz im arbeitsgerichtlichen Verfahren, RdA 1986, 273; *Hohn,* Wettbewerbsverbot mit Arbeitnehmern und Handelsvertretern, DB 1971, 94; *Hoß,* Das nachvertragliche Wettbewerbsverbot während des Kündigungsschutzprozesses und im Aufhebungsvertrag, DB 1987, 1818; *Hunold,* Rechtsprechung zur Nebentätigkeit des Arbeitnehmers, NZA-RR 2002, 505; *Kempen/Kreuder,* Nebentätigkeit und arbeitsrechtliches Wettbewerbsverbot bei verkürzter Arbeitszeit, AuR 1994, 218; *Korinth,* Wettbewerbsverbote: Handlungsmöglichkeiten bei Streit über die Wirksamkeit einer Kündigung, ArbRB 2004, 29; *Kunz,* Betriebs- und Geschäftsgeheimnisse und Wettbewerbsverbot während der Dauer und nach Beendigung des Anstellungsverhältnisses, DB 1983, 2482; *Malzahn,* Kapazitätsorientierte variable Arbeitszeiten und Arbeitnehmergrundrechte, AuR 1985, 137; *Menkens,* „Beurlaubung" des Handlungsgehilfen im Fall der Vorbereitung zur Errichtung eines eigenen Handelsgewerbes, DB 1970, 1592; *von der Osten,* Das Wettbewerbsverbot von Gesellschaftern und Gesellschafter-Geschäftsführern in der GmbH, GmbHR 1989, 450; *Roehsler/Borrmann,* Wettbewerbsbeschränkungen für Arbeitnehmer und Handelsvertreter, 1988; *Schmiedl,* Mitarbeiterabwerbung durch Kollegen während des laufenden Arbeitsverhältnisses, BB 2003, 1120; *Wagner,* Die Besonderheiten beim Arbeitsverhältnis des Handlungsgehilfen, 1993; *Wank,* Nebentätigkeit, 1995; *Weisemann/Schrader,* Wettbewerbsverbote während der Dauer und nach Beendigung eines Arbeitsverhältnisses, DB 1984, Beil. 4, 9.

Übersicht

	RdNr.		RdNr.
I. Normzweck	1–4	1. Betrieb eines Handelsgewerbes	18–23
II. Anwendungsbereich	5–15	2. Geschäfte für eigene oder fremde Rechnung	24–28
1. Persönlicher Geltungsbereich	6–9		
2. Zeitlicher Geltungsbereich	10–14	IV. Einwilligung des Arbeitgebers	29–35
3. Räumlicher Geltungsbereich	15	1. Rechtsgeschäftliche Einwilligung	29–34
III. Verbotstatbestände	16–28	2. Fiktive Einwilligung	35

I. Normzweck

1 Die Regelung des § 60 wurde in ihrer heutigen Fassung mit dem Inkrafttreten des Handelsgesetzbuches vom 10. 5. 1897 (RGBl. S. 438) zum 1. 1. 1900 als Nachfolgeregelung zu Art. 59 Abs. 1 des Allgemeinen Deutschen Handelsgesetzbuches in der Fassung vom 5. 6. 1869 (Bundes-Gesetzblatt des Norddeutschen Bundes S. 404), der ganz allgemein die Berechtigung des Handlungsgehilfen zur Vornahme von Handelsgeschäften ohne Einwilligung des Prinzipals untersagte, eingeführt. Seiner Zielsetzung nach ist § 60 Abs. 1 darauf ausgerichtet, **Interessenkollisionen zwischen den Parteien des Arbeitsvertrages zu vermeiden.** Diese können insbesondere dann entstehen, wenn die wirtschaftlichen bzw. geschäftlichen Interessen des Arbeitgebers durch seine eigenen Arbeitnehmer im Wege einer konkurrierenden Nebentätigkeit in derselben Branche beeinträchtigt werden.[1] In § 60 Abs. 1 spiegelt sich damit ein allgemeiner Rechtsgedanke wider, der seine Grundlage in der aus §§ 611, 242 BGB folgenden arbeitnehmerseitigen Treuepflicht hat.[2] Das Wettbewerbsverbot des § 60 Abs. 1 stellt deshalb letztlich nichts anderes als eine gesetzliche Konkretisierung der ohnehin bestehenden vertraglichen Nebenpflicht des Arbeitnehmers zur Unterlassung von Wettbewerb dar.[3]

2 Aus der Zweckrichtung eines arbeitgeberseitigen Schutzes vor Wettbewerbshandlungen des Arbeitnehmers wird deutlich, dass § 60 Abs. 1 ein allgemeines **Verbot von Nebentätigkeiten** des Arbeitnehmers nicht beinhaltet.[4] Insoweit gelten die allgemeinen arbeitsrechtlichen Regeln.[5]

3 Das in § 60 Abs. 1 enthaltene Wettbewerbsverbot wird ergänzt durch die Regelung des Abs. 2. Hiernach wird unter bestimmten Voraussetzungen eine **Einwilligung** des Prinzipals zum Betrieb eines Handelsgewerbes fingiert (s. dazu RdNr. 36).

4 § 60 selbst regelt **keine Rechtsfolgen** für den Fall, dass der Handlungsgehilfe die ihm nach dieser Bestimmung obliegende Verpflichtung zur Unterlassung von konkurrierender Tätigkeit verletzt. Die arbeitgeberseitigen Ansprüche bei Verbotsverstößen finden sich vielmehr in § 61, der insoweit eine Ergänzung des § 60 darstellt.

---

[1] S. BAG Urt. v. 25. 5. 1970 – 3 AZR 384/69, BAGE 22, 344 = BB 1970, 1134; Urt. v. 3. 5. 1983 – 3 AZR 62/81, BAGE 42, 329 = NJW 1984, 886. S. auch Staub/*Konzen/Weber* RdNr. 1; *D. Gaul,* Betriebs- und Geschäftsgeheimnisse, S. 25.
[2] S. BAG Urt. v. 16. 8. 1990 – 2 AZR 113/90, AP BGB § 611 Nr. 10 = NZA 1991, 141, 142; Urt. v. 17. 10. 1969 – 3 AZR 442/68, AP BGB § 611 Nr. 7 Treuepflicht m. Anm. *Canaris* = BB 1970, 214.
[3] S. BAG Urt. v. 12. 5. 1972 – 3 AZR 401/71, WM 1973, 25, 26 = DB 1972, 1831.
[4] S. auch *Buchner* AR-Blattei SD 1830.2 „Wettbewerbsverbot II" RdNr. 13; *Glöckner,* Nebentätigkeitsverbote, S. 42 f.; *Grunsky,* Wettbewerbsverbote, S. 10 f.
[5] Hierzu näher ErfK/*Preis* § 611 BGB RdNr. 886 ff.; *Braun* AuR 2004, 47 ff.; *Hartmann* BuW 2003, 566 ff.; *Hunold* NZA-RR 2002, 505 f.

II. Anwendungsbereich

Der **Anwendungsbereich** von § 60 Abs. 1 ist in persönlicher und zeitlicher Richtung abzugrenzen (s. dazu folgend RdNr. 6 ff., 10 ff.). Darüber hinaus ist sein räumlicher Geltungsbereich zu bestimmen (s. RdNr. 15).

1. Persönlicher Geltungsbereich. Ihrem unmittelbaren Wortlaut nach gilt die Regelung des § 60 Abs. 1 nur für Handlungsgehilfen.[6] Allerdings ist anerkannt, dass die Maßstäbe des § 60 auch für **Arbeitnehmer in nichtkaufmännischen Bereichen** gelten.[7] § 60 konkretisiert einen allgemeinen Rechtsgedanken, der seine Grundlage bereits in der Treuepflicht des Arbeitnehmers hat und den Schutz des Arbeitgebers vor Wettbewerbshandlungen beinhaltet.[8] Damit schließt der Arbeitsvertrag eines jeden Arbeitnehmers unabhängig von dem persönlichen Anwendungsbereich des § 60 ein Wettbewerbsverbot ein.[9] Das gilt auch für **Angehörige der sog. freien Berufe,** etwa für in einem Arbeitsverhältnis tätige Architekten[10] oder auch Rechtsanwälte.[11]

Über die **rechtliche Begründung des Wettbewerbsverbots** für Arbeitnehmer außerhalb des kaufmännischen Bereichs bestehen unterschiedliche Auffassungen: Zum Teil wird auf die aus § 242 BGB folgende arbeitsvertragliche Treuepflicht verwiesen,[12] anderer Ansicht nach wird die Regelung des § 60 entsprechend herangezogen.[13] Rechtliche Konsequenzen hinsichtlich Inhalt und Umfang des Wettbewerbsverbots sind mit den unterschiedlichen Begründungsansätzen nicht verbunden.[14] Für die analoge Anwendung von § 60 sprechen der damit verbundene Konkretisierungsgewinn sowie der Gesichtspunkt, dass das BAG für die Regelungen über das nachvertragliche Wettbewerbsverbot in ständiger Rechtsprechung von einer analogen Anwendung der §§ 74 ff. auf den nichtkaufmännischen Bereich ausgeht.[15]

Das Wettbewerbsverbot gilt unabhängig von dem **Umfang der Arbeitszeit,** mithin gleichermaßen für vollzeitbeschäftigte und teilzeitbeschäftigte Arbeitnehmer[16] wie auch für Arbeitnehmer, deren Arbeitszeit einzel- oder kollektivvertraglich aus betriebsbedingten Gründen verkürzt ist.[17] Zwar wird insoweit zum Teil die Auffassung vertreten, dass in den vorgenannten Fällen eine angemessene Reduzierung des Wettbewerbsverbots bis hin zur Grenze des § 826 BGB zu erfolgen habe[18] bzw. bei Arbeitszeitverkürzungen ein Anspruch auf Einwilligung in die Ausübung einer Konkurrenztätigkeit gegeben sei.[19] Diese Auffassung ist abzulehnen. Sie trägt nicht ausreichend dem Gesichtspunkt Rechnung, dass der Grund für das Wettbewerbsverbot iSv. § 60 unabhängig von dem Umfang der Arbeitszeit besteht. Die **Schutzbedürftigkeit des Arbeitgebers** vor arbeitnehmerseitiger Konkurrenztätigkeit nimmt in den Fällen von Teilzeittätigkeit bzw. Arbeitszeitreduzierung sogar noch zu. § 60 ist deshalb nicht nur restriktiv auf vollzeitbeschäftigte Arbeitnehmer zu beschränken, sondern seiner Zielsetzung entsprechend auch auf Arbeitnehmer mit einer nur reduzierten Arbeitszeit uneingeschränkt anzuwenden. Unberührt davon steht auch dem hier in Frage stehenden Personenkreis die Ausübung nicht konkurrierender (Neben)Tätigkeiten offen.

Die Pflicht zur Wettbewerbsenthaltung wird auch im Rahmen eines sog. **echten Leiharbeitsverhältnisses** gegenüber dem Entleiher geschuldet.[20] Weiterhin unterliegen auch **Auszubildende** iSd. Berufsbildungsgesetzes dem Wettbewerbsverbot.[21] Gemäß § 10 Abs. 2 BBiG sind auf den

---

[6] Zum Begriff s. § 59 RdNr. 8.
[7] S. BAG Urt. v. 17. 10. 1969 (Fn. 2); Urt. v. 16. 8. 1990 (Fn. 2); *Buchner* (Fn. 4) RdNr. 6, 161 ff.; *Hohn* DB 1971, 94; *Roehsler/Borrmann,* Wettbewerbsbeschränkungen, S. 65; *Heymann/Henssler* RdNr. 1; *Weismader/Schrader* DB 1980, Beil. 4, 3; ausführlich zu dieser Frage *Wagner,* Die Besonderheiten beim Arbeitsverhältnis des Handlungsgehilfen, S. 51 ff.
[8] BAG Urt. v. 16. 8. 1990 (Fn. 2) S. 142.
[9] S. BAG Urt. v. 16. 8. 1990 (Fn. 2) S. 142.
[10] S. BAG Urt. v. 16. 6. 1976 – 3 AZR 73/75, AP BGB § 611 Nr. 8 = NJW 1977, 646, 647.
[11] S. BAG Urt. v. 16. 8. 1990 (Fn. 2) S. 142; s. auch LAG Rostock Urt. v. 21. 2. 2002 – 1 Sa 254/01, juris; LAG Hamm Urt. v. 10. 5. 2001 – 16 Sa 1523/00, LAG-Report 2002, 39, 40 f.; LAG Sachsen Urt. v. 23. 1. 2001 – 1 Sa 570/00, Gl 2002, 18, 19 ff.
[12] S. BAG Urt. v. 17. 10. 1969 (Fn. 2); Urt. v. 16. 8. 1990 (Fn. 2) S. 142; *Wank,* Nebentätigkeit, S. 42; *Hueck/Nipperdey* I S. 251; *Hohn* DB 1971, 94, 95; Die Rechtsprechung hat sich bislang auf § 242 BGB gestützt, der nunmehr durch § 241 Abs. 2 BGB eine spezielle Ausformung erhalten hat.
[13] S. etwa MünchArbR/*Blomeyer* § 52 RdNr. 49; *Buchner* (Fn. 4) RdNr. 6, 161 ff.; *Kunz* DB 1993, 2482, 2484.
[14] S. auch *D. Gaul* (Fn. 1) S. 26 f.; *Wank* (Fn. 12) S. 42 f.; *Wagner* (Fn. 7) S. 53.
[15] Zutreffend MünchArbR/*Blomeyer* § 52 RdNr. 49; s. auch die Kommentierung zu § 74 RdNr. 7.
[16] S. auch ErfK/*Schaub* RdNr. 2.
[17] S. als Beispiel nur den Tarifvertrag zur Sicherung der Standorte und der Beschäftigung zwischen VW und der IG Metall vom 1. Januar 1994, AuR 1994, 230.
[18] MünchKommHGB/*v. Hoyningen-Huene* RdNr. 17.
[19] S. *Kempen/Kreuder* AuR 1994, 214 ff., 220; *Malzahn* AuR 1985, 137, 140.
[20] S. BAG Urt. v. 3. 5. 1983 (Fn. 1) m. Anm. *Buchner*.
[21] Zutreffend ErfK/*Schaub* RdNr. 2; MünchArbR/*Natzel* § 178 RdNr. 178; *Buchner* (Fn. 7) RdNr. 192 ff.; s. auch BAG Urt. v. 20. 9. 2006 – 10 AZR 439/05, AP HGB § 60 Nr. 13 = DB 2007, 346, 347 f.; aA MünchKommHGB/ *v. Hoyningen-Huene* RdNr. 11.

Berufsausbildungsvertrag vorbehaltlich dessen, dass sich aus seinem Wesen und Zweck oder aus dem Berufsbildungsgesetz nichts anderes ergibt, die für den Arbeitsvertrag geltenden Rechtsvorschriften und Rechtsgrundsätze anzuwenden. Angesichts dessen, dass die in § 13 BBiG genannten Tatbestände betreffend das Verhalten des Auszubildenden während der Berufsausbildung einschlägige, dh., die Ausübung konkurrierender Tätigkeiten regelnde Bestimmungen nicht enthalten,[22] steht nichts entgegen, die allgemeinen Grundsätze über das Wettbewerbsverbot anzuwenden. Unanwendbar ist das Wettbewerbsverbot hingegen auf nicht im Rahmen eines Arbeitsverhältnisses Dienste leistende Personen, vor allem **freie Mitarbeiter,**[23] sowie auf **Organe von Kapitalgesellschaften,** die zum Teil spezifischen gesetzlichen Wettbewerbsverboten unterliegen.[24] Darüber hinaus gilt § 60 nicht für **Handelsvertreter** iSd. §§ 84 ff.[25] Denn für selbständig tätige Handelsvertreter folgt ein Wettbewerbsverbot während der Vertragszeit aus § 86 Abs. 1 Satz 2.[26]

10 **2. Zeitlicher Geltungsbereich.** Mit der **rechtlichen Beendigung des Arbeitsverhältnisses** entfällt das allgemeine Wettbewerbsverbot nach § 60.[27] Diese Beschränkung liegt im Interesse des sozialen Schutzes und des beruflichen Fortkommens des Arbeitnehmers.[28] Ein Wettbewerbsverbot kann nach Beendigung des Arbeitsverhältnisses allein kraft vertraglicher Vereinbarung, die den Anforderungen der §§ 74 ff. Genüge leisten muss, in Betracht kommen.

11 Das Wettbewerbsverbot gemäß § 60 **beginnt** im Zeitpunkt der vereinbarten Arbeitsaufnahme, und zwar unabhängig davon, ob zu diesem Termin das Arbeitsverhältnis tatsächlich aktualisiert wird.[29] Die Verpflichtung zur Unterlassung von Konkurrenztätigkeiten nach § 60 Abs. 1 besteht auch während der Vollziehung eines **fehlerhaften Arbeitsverhältnisses.**[30] Bis zum Zeitpunkt seiner Beendigung ist das in Vollzug gesetzte fehlerhafte Arbeitsverhältnis grundsätzlich den allgemeinen arbeitsrechtlichen Regeln unterworfen.[31]

12 Während des **Ruhens der Pflichten aus dem Arbeitsverhältnis** besteht das Wettbewerbsverbot uneingeschränkt fort.[32] Der Arbeitnehmer unterliegt den Beschränkungen solange, wie das Arbeitsverhältnis seinem rechtlichen Bande nach besteht.[33] Das Verbot gilt deshalb etwa für die Suspendierungsfälle des Arbeitskampfes[34] und der Inanspruchnahme von Elternzeit[35] ebenso wie für den Zeitraum eines unbezahlten Sonderurlaubs. Des Weiteren bleibt der Arbeitnehmer an das Wettbewerbsverbot gebunden, wenn er trotz **Fortzahlung des Arbeitsentgelts** – etwa bei Krankheit oder der Gewährung von Erholungsurlaub – zur Erbringung der Arbeitsleistung nicht verpflichtet ist.

13 Die Geltungsdauer des Wettbewerbsverbots nach § 60 ist an den **rechtlichen Bestand des Arbeitsverhältnisses** gebunden.[36] Mit dem Ablauf der Kündigungsfrist bei einer wirksamen ordentlichen Kündigung sowie im Zeitpunkt des Wirksamwerdens einer außerordentlichen Kündigung entfällt mithin die Verpflichtung zur Unterlassung von Wettbewerb.[37] Im Falle anderer Beendigungstatbestände – etwa Aufhebungsvertrag oder Befristung – verliert das Wettbewerbsverbot seine Geltung in dem Zeitpunkt, zu dem diese Tatbestände das Arbeitsverhältnis beenden.[38] Im Falle eines Betriebsübergangs gilt das Wettbewerbsverbot für einem dem Übergang seines Arbeitsverhältnisses widersprechenden Arbeitnehmer bis zum Ablauf der Kündigungsfrist auch im Verhältnis zum Erwerber.[39] Das Wettbewerbsverbot bleibt auch dann nicht aufrechterhalten, wenn der Arbeitnehmer

---

[22] Näher zu den Tatbeständen des § 13 BBiG ErfK/*Schlachter* § 13 BBiG RdNr. 2 ff.
[23] S. BAG Urt. v. 21. 1. 1997 – 9 AZR 778/95, BAGE 85, 60, 66 = NJW 1998, 99, 100.
[24] S. zB § 88 Abs. 1 AktG. Zum Wettbewerbsverbot von Gesellschaftern und Gesellschafter-Geschäftsführern in der GmbH s. *von der Osten* GmbHR 1989, 450 ff.
[25] S. BGH Urt. v. 23. 1. 1964 – VII ZR 133/62, NJW 1964, 817 f., hier zur Ablehnung einer entsprechenden Anwendung von § 61.
[26] Baumbach/*Hopt* § 86 RdNr. 26; s. auch die Kommentierung zu § 86 RdNr. 19 ff.
[27] S. BGH Urt. v. 16. 11. 1954 – I ZR 180/53, NJW 1955, 463, 464; *Glöckner* (Fn. 4) S. 33; *Grunsky* (Fn. 4) S. 21; MünchArbR/*Blomeyer* § 52 RdNr. 7; Hohn DB 1971, 94, 94.
[28] BGH (Fn. 27).
[29] S. Schlegelberger/*Schröder* RdNr. 4; Baumbach/*Hopt* RdNr. 5; aA *Hueck/Nipperdey* I S. 250.
[30] S. MünchArbR/*Blomeyer* § 50 RdNr. 13.
[31] Zum fehlerhaften Arbeitsverhältnis s. Lieb Arbeitsrecht, 8. Aufl. 2003, RdNr. 133 ff. Zur Einschränkung der Anwendung arbeitsrechtlicher Regelungen auf das fehlerhafte Arbeitsverhältnis s. BAG Urt. v. 3. 12. 1998 – 2 AZR 754/97, NZA 1999, 584, 585 ff.
[32] S. BAG Urt. v. 30. 5. 1978 – 2 AZR 598/76, AP HGB § 60 Nr. 9 = NJW 1979, 335.
[33] BAG (Fn. 32).
[34] S. Zöllner/Loritz Arbeitsrecht, 5. Aufl. 1998, § 41 I.
[35] S. Hümmerich/Spirolke/*Boecken* § 7 RdNr. 707.
[36] S. o. RdNr. 10; BAG (Fn. 32) S. 335 f.; LAG Hamm (Fn. 11) S. 39, 40 f.
[37] Zur streitigen Arbeitnehmerkündigung und zur Frage der Darlegungs- und Beweislast, s. *Korinth* ArbRB 2004, 29, 31.
[38] Zum Ende des befristeten Arbeitsvertrages s. § 15 Abs. 1 und 2 TzBfG.
[39] *LAG Nürnberg* Urt. v. 4. 2. 2003 – 6 (5) Sa 981/01, LAGE BGB § 626 Nr. 148.

nach der rechtlichen Beendigung des Arbeitsverhältnisses in den Ruhestand eintritt und eine Betriebsrente bezieht.[40]

Problematisch ist die Frage der **Fortgeltung des Wettbewerbsverbots während der Durchführung eines Kündigungsschutzverfahrens.** Hier besteht ein Interessenkonflikt des klagenden Arbeitnehmers insofern, als er einerseits das Arbeitsverhältnis fortsetzen will, jedoch nicht sicher ist, ob die Kündigung das Arbeitsverhältnis wirksam beendet und damit auch das Verbot in Wegfall gebracht hat, andererseits dem Arbeitnehmer daran gelegen sein muss, auch während des Zeitraums der gerichtlichen Auseinandersetzung seine Arbeitskraft möglichst vorteilhaft zu nutzen.[41] Das Reichsgericht hat den Arbeitnehmer unter Hinweis auf § 615 Satz 2 BGB für befugt erachtet, während des Zeitraums einer gerichtlichen Überprüfung der Kündigung seine Arbeitskraft auch im Rahmen einer Konkurrenztätigkeit zu verwerten.[42] Demgegenüber geht das BAG – wie es bezogen auf den Fall der gerichtlichen Überprüfung einer außerordentlichen Kündigung ausgesprochen hat – davon aus, dass ein Arbeitnehmer nicht schon dann von dem für die rechtliche Dauer des Arbeitsverhältnisses geltenden Wettbewerbsverbots befreit wird, wenn der Arbeitgeber eine außerordentliche Kündigung ausspricht, die der Arbeitnehmer für unwirksam hält und deswegen gerichtlich angreift.[43] In der Regelung des § 615 Satz 2 BGB, die bei böswilligem Unterlassen der Verwertung der Arbeitskraft eine Anrechnung fiktiven Erwerbs zulässt, sieht das BAG keinen Rechtfertigungsgrund für die Aufnahme einer Konkurrenztätigkeit. Ein böswilliges Unterlassen der Verwertung seiner Arbeitskraft kann dem Arbeitnehmer bei Nichtaufnahme einer Wettbewerbstätigkeit nach Ansicht des BAG nur angelastet werden, wenn der Arbeitgeber nach der Entlassung ausdrücklich oder konkludent zu erkennen gibt, dass er mit Wettbewerbshandlungen des Arbeitnehmers einverstanden ist.[44] Übt der Arbeitnehmer entgegen dem grundsätzlich fortbestehenden Wettbewerbsverbot bereits während des Kündigungsschutzverfahrens eine Konkurrenztätigkeit aus, so kann darin ein wichtiger Grund für eine – nur bei Unwirksamkeit der ersten Kündigung bedeutsame – außerordentliche Kündigung liegen, sofern den Arbeitnehmer unter Berücksichtigung der Umstände des Einzelfalles ein Verschulden trifft.[45] Insoweit kann es einen Unterschied machen, ob der Arbeitnehmer in ein bestehendes Konkurrenzgeschäft eintritt oder selbst ein Konkurrenzunternehmen gründet. Im zuletzt genannten Fall ist eher von einem Verschulden des Arbeitnehmers auszugehen.[46] Das Wettbewerbsverbot gilt auch für die Dauer einer während des Kündigungsschutzverfahrens **erzwungenen Weiterbeschäftigung.** Dies gilt auch, wenn diese auf dem allgemeinen Weiterbeschäftigungsanspruch beruht, der im Gegensatz zum betriebsverfassungsrechtlichen Anspruch nicht zu einer Fortsetzung des Arbeitsverhältnisses führt.[47]

3. Räumlicher Geltungsbereich. Die Regelung des § 60 ist mit Wirkung zum 3. 10. 1980 durch Art. 8 des Einigungsvertrages auch in den **neuen Bundesländern** in Kraft gesetzt worden. Sie gehört nicht zu den Vorschriften, die nach Kap. VIII, Sachg. A, Abschn. III Nr. 2 des Einigungsvertrages von der Anwendung ausgenommen worden sind.[48]

III. Verbotstatbestände

Das gesetzliche Wettbewerbsverbot des § 60 Abs. 1 regelt **zwei Verbotstatbestände,** die unmittelbar, dh., ohne Notwendigkeit einer vertraglichen Umsetzung zum Schutze des Arbeitgebers vor Konkurrenztätigkeiten des Arbeitnehmers eingreifen. Zum einen ist es dem Arbeitnehmer untersagt, ohne Einwilligung (s. dazu RdNr. 29 ff.) des Arbeitgebers ein Handelsgewerbe zu betreiben (s. dazu RdNr. 18 ff.). Zum Anderen ist es dem Arbeitnehmer ohne Einwilligung seines Arbeitgebers verboten, in dem Handelszweig des Arbeitgebers Geschäfte für eigene oder fremde Rechnung zu machen (s. dazu RdNr. 24 ff.).

Bei dem in § 60 Abs. 1 niedergelegten Wettbewerbsverbot handelt es sich um eine gesetzliche **Konkretisierung der arbeitnehmerseitigen Treuepflicht.** Dieses Verbot steht – eine der für das nachvertragliche Wettbewerbsverbot geltenden Regelung des § 75 d Satz 1 vergleichbare Bestim-

---

[40] S. MünchArbR/*Blomeyer* § 52 RdNr. 17; MünchKommHGB/*v. Hoyningen-Huene* RdNr. 23.
[41] S. BAG Urt. v. 25. 4. 1991 – 2 AZR 624/90, NZA 1992, 212, 215.
[42] RG Urt. v. 22. 2. 1916 – III 355/15, RGZ 88, 127, 129.
[43] S. BAG (Fn. 41) S. 214 m. vielen Nachw. zum Streitstand aus Rspr. und Lit.; kritisch dazu *Hoß* DB 1997, 1818, 1818 ff.; aA *Korinth* ArbRB 2004, 29, 30, wonach der Arbeitgeber sämtliche Risiken tragen soll, die sich aus der Unwirksamkeit seiner Kündigung ergeben.
[44] BAG (Fn. 41) S. 215.
[45] S. BAG (Fn. 41) S. 215.
[46] So BAG (Fn. 41) S. 215.
[47] S. ErfK/*Schaub* RdNr. 5.
[48] Das sind die §§ 62 Abs. 2 bis 4, 64, 75 Abs. 3, 82a und 83, s. auch schon die Kommentierung zu § 59 RdNr. 5.

mung fehlt – zur **Disposition** der Arbeitsvertrags-/Kollektivvertragsparteien, und zwar sowohl zugunsten wie auch zum Nachteil des Arbeitnehmers.[49] Bezogen auf den letzten Fall wird jedoch zutreffend darauf hingewiesen, dass insbesondere die durch das Grundrecht der Berufswahlfreiheit (Art. 12 GG) gesetzten verfassungsrechtlichen Grenzen zu beachten sind.[50] Eine Erweiterung des gesetzlichen Verbots dürfte vor diesem Hintergrund nur Bestand haben, wenn sie schützenswerten geschäftlichen Interessen des Arbeitgebers dient.[51]

18   **1. Betrieb eines Handelsgewerbes.** § 60 Abs. 1 verbietet seinem Wortlaut nach den **Betrieb eines Handelsgewerbes**[52] schlechthin, also unabhängig davon und ohne Berücksichtigung dessen, in welchem Handelszweig der Arbeitgeber tätig ist. Nach dem Gesetzeswortlaut kommt es also nicht darauf an, ob das Handelsgewerbe des Arbeitnehmers dem Arbeitgeber Konkurrenz macht.[53] Nach der allgemein anerkannten Rechtsprechung des BAG wird die erste Variante von § 60 Abs. 1 vor dem Hintergrund von Art. 12 Abs. 1 GG **verfassungskonform dahingehend eingeengt,** dass dem Arbeitnehmer der Betrieb eines Handelsgewerbes nur verwehrt ist, wenn der Arbeitnehmer ein Handelsgewerbe im Handelszweig des Arbeitgebers betreibt mit der Folge, dass dieses für den Arbeitgeber in wettbewerblicher Hinsicht eine Gefahr bedeutet.[54]

19   Ob der Arbeitnehmer ein Handelsgewerbe im Handelszweig des Arbeitgebers betreibt, richtet sich danach, welche Geschäfte er tatsächlich unternimmt.[55] Nicht das abstrakt mögliche, sondern das **tatsächliche Geschäftsgebaren** ist entscheidend.[56]

20   Verboten sind alle Tätigkeiten, die zu einer **Wettbewerbslage** zwischen Arbeitgeber und Arbeitnehmer in dem Handelszweig des Arbeitgebers führen.[57] Dh., Arbeitgeber und Arbeitnehmer müssen sich als Gegner auf dem Markt entgegentreten, als Anbieter oder Nachfrager für denselben Kundenkreis in Betracht kommen.[58] Daran fehlt es, wenn der Arbeitnehmer zwar in dem Handelszweig des Arbeitgebers tätig wird, seine Tätigkeit sich jedoch darauf beschränkt, dem Arbeitgeber als Anbieter entgegenzutreten. In diesem Verhältnis ist ein Wettbewerb nicht möglich, ein Konkurrenzverhältnis besteht nur zu anderen Anbietern, nicht aber zu dem Arbeitgeber.[59]

21   Von dem Verbot des Betriebs eines Handelsgewerbes werden auch die Fallkonstellationen erfasst, dass der Arbeitnehmer das Handelsgewerbe durch **Bevollmächtigte, Treuhänder oder sog. Strohmänner betreibt.**[60] Darüber hinaus wird die Tätigkeit des Arbeitnehmers als leitendes **Organ** einer juristischen Person[61] oder als persönlich haftender Gesellschafter[62] erfasst. Die bloße **Kapitalbeteiligung** an einer Gesellschaft ist grundsätzlich nicht als Betrieb eines Handelsgewerbes iSd. ersten Variante von § 60 Abs. 1 anzusehen,[63] kann jedoch von dem Verbot erfasst sein, in dem Handelszweige des Arbeitgebers für eigene oder fremde Rechnung Geschäfte zu machen (s. RdNr. 27).

22   Nach der ständigen Rechtsprechung des BAG sind solche Tätigkeiten des Arbeitnehmers während des rechtlichen Bestandes des Arbeitsverhältnisses zulässig, die der **Vorbereitung eines künftigen eigenen Handelsgewerbes** dienen.[64] Entscheidendes Kriterium für die Abgrenzung zulässiger von unzulässigen Vorbereitungshandlungen ist der Gesichtspunkt, ob die Tätigkeit des Arbeitnehmers geeignet ist, unmittelbar in Geschäfts- oder Wettbewerbsinteressen des Arbeitgebers

---

[49] Vgl. RG Urt. v. 11. 7. 1900 – 146/1900, JW 1900, 662; *Buchner* (Fn. 4) RdNr. 92 ff.; *Heymann/Henssler* RdNr. 4.
[50] S. MünchArbR/*Blomeyer* § 52 RdNr. 56.
[51] MünchArbR/*Blomeyer* § 52 RdNr. 56.
[52] S. dazu § 1 Abs. 2, § 2, § 3 Abs. 2, Abs. 3 und § 5.
[53] S. BAG Urt. v. 25. 5. 1970 (Fn. 1).
[54] Grundlegend BAG Urt. v. 25. 5. 1970 (Fn. 1); s. auch Urt. v. 3. 5. 1983 (Fn. 1); sowie *Grunsky* (Fn. 4) RdNr. 40 ff.; *Buchner* (Fn. 4) RdNr. 40 ff.; Baumbach/*Hopt* RdNr. 2; *D. Gaul* BB 1984, 346, 347 ff.; aA noch Schlegelberger/*Schröder* RdNr. 5.
[55] LAG Nürnberg (Fn. 39).
[56] S. BAG Urt. v. 3. 5. 1983 (Fn. 1) S. 887.
[57] S. BAG Urt. v. 3. 5. 1983 (Fn. 1) S. 887.
[58] BAG Urt. v. 3. 5. 1983 (Fn. 1) S. 887.
[59] S. BAG Urt. v. 3. 5. 1983 (Fn. 1) S. 887. S. auch *D. Gaul* (Fn. 1) S. 38; *Buchner* (Fn. 4) RdNr. 53 ff.
[60] S. *Roehsler/Borrmann* (Fn. 7) S. 30, MünchArbR/*Blomeyer* § 52 RdNr. 22; Baumbach/*Hopt* RdNr. 2; MünchKommHGB/*v. Hoyningen-Huene* RdNr. 34; *Hohn* DB 1971, 94, 95.
[61] BAG Urt. v. 15. 2. 1962 – 5 AZR 79/61, NJW 1962, 1365, 1366; Staub/*Konzen/Weber* RdNr. 12.
[62] S. BAG (Fn. 61).
[63] S. *Grunsky* (Fn. 4) RdNr. 50; *Buchner* (Fn. 4) RdNr. 50; *Heymann/Henssler* RdNr. 13; zu der Rechtsprechung vgl. BAG (Fn. 32), wo die kapitalmäßige Beteiligung der zweiten Variante von § 60 Abs. 1 zugeordnet wird, s. noch RdNr. 27; wie hier auch LAG Köln Urt. v. 29. 4. 1994 – 13 Sa 1029/93, AR-Blattei Wettbewerbsverbot Entscheidung Nr. 170 m. Anm. *Reinfeld*.
[64] S. BAG Urt. v. 30. 1. 1963 – 2 AZR 319/62, BAGE 14, 72 = NJW 1963, 1420; BAG (Fn. 3); BAG (Fn. 32); LAG Berlin Urt. v. 28. 8. 2002 – 9 Sa 659/02, NZA-RR 2003, 362 ff.; LAG Baden-Württemberg Urt. v. 21. 2. 2002 – 6 Sa 83/01, LAGE HGB § 60 Nr. 8; LAG Köln Urt. v. 17. 1. 2002 – 5 Sa 1141/01, juris.

einzugreifen.[65] Danach sind Maßnahmen zulässig, die darauf ausgerichtet sind, formale und organisatorische Voraussetzungen für das künftige eigene Handelsgewerbe zu schaffen.[66] Unzulässig ist die Aufnahme der werbenden Tätigkeit, insbesondere also das Vorbereiten der Vermittlung und des Abschlusses von Konkurrenzgeschäften.[67] Hierin liegt das Wesen des Handelsgewerbes eines Handelsvertreters.[68] Die unzulässige Gefährdung des Arbeitgebers beginnt schon dann, wenn durch vorbereitende Gespräche die Werbung um den Kunden oder anderen Vertragspartnern eingeleitet wird.[69] Das Wettbewerbsverbot wird auch verletzt, wenn der Arbeitnehmer **Mitarbeiterabwerbungen** während des laufenden Arbeitsverhältnisses vornimmt.[70]

Der **inhaltliche Umfang des Wettbewerbsverbots** wird durch den Unternehmenszweck beeinflusst und ist insoweit dynamisch. Änderungen können eintreten durch eine Betriebs(teil)veräußerung oder Rechtsträgerumwandlung[71] wie auch eine Neudefinition des Unternehmenszwecks. Aus dem Vorstehenden folgt, dass der Verpflichtungsumfang nicht auf den Zeitpunkt der Begründung des Arbeitsverhältnisses ankommen kann.[72] Hat ein Arbeitnehmer bis zur Änderung des Unternehmenszwecks zulässigerweise ein Handelsgewerbe betrieben, so ist ihm gegenüber dem nunmehr an sich eingreifenden Wettbewerbsverbot Bestandsschutz zuzubilligen.[73] 23

2. Geschäfte für eigene oder fremde Rechnung. Gemäß der zweiten Variante von § 60 Abs. 1 darf der Arbeitnehmer im Handelszweige des Arbeitgebers keine Geschäfte für eigene oder fremde Rechnung machen. In Übereinstimmung mit dem Verbot der ersten Variante kann unter Berücksichtigung des Zwecks von § 60 Abs. 1, den Arbeitgeber vor einem Wettbewerb des Arbeitnehmers zu schützen,[74] ein Verstoß nur in Betracht kommen, wenn es im **Handelszweige bzw. in der Branche des Arbeitgebers zu einer Wettbewerbslage** zwischen Arbeitgeber und Arbeitnehmer kommt.[75] Anders als der Verbotstatbestand der ersten Variante fordert die zweite Variante nicht das Betreiben eines Handelsgewerbes, es genügt vielmehr das **bloße Geschäftemachen** für eigene oder fremde Rechnung. Allerdings muss es sich um ein Geschäftemachen im Handelszweig des Arbeitgebers handeln. 24

Mit dem Verbotstatbestand des Geschäftemachens soll der Arbeitgeber bereits vor einer **bloßen Gefährdung** seiner Geschäftsinteressen durch den Handlungsgehilfen geschützt werden.[76] Maßgebend für einen Verstoß gegen diesen Verbotstatbestand ist deshalb die Art, insbesondere die Zielrichtung der geschäftlichen Tätigkeit des Arbeitnehmers. Auf den Erfolg dieser Tätigkeit und grundsätzlich auch auf deren Intensität kommt es nicht an.[77] 25

Nach der ständigen Rechtsprechung des BAG ist unter dem **Begriff des Geschäftemachens** iSd. zweiten Variante von § 60 Abs. 1 jede, wenn auch nur spekulative, auf Gewinn ausgerichtete Teilnahme am Geschäftsverkehr zu verstehen, die nicht nur zur Befriedigung eigener privater Bedürfnisse des Arbeitnehmers erfolgt.[78] Darunter fällt auch das bloße Vorbereiten der Vermittlung und des Abschlusses von Geschäften, deren Vermittlung und Abschluss einem Handelsvertreter obliegt.[79] 26

Angesichts dessen, dass der Verbotstatbestand der zweiten Variante **nicht den selbständigen Betrieb eines Handelsgewerbes** erfordert, sondern das bloße Geschäftemachen genügt, können Tätigkeiten, die nicht den Tatbestand des Betriebs eines Handelsgewerbes erfüllen, gleichwohl als Tatbestand des unerlaubten Geschäftemachens verboten sein. So stellt die kapitalmäßige Beteiligung etwa als stiller Gesellschafter an einem mit dem Arbeitgeber im Wettbewerb stehenden Unternehmen ein nach der zweiten Variante verbotenes Konkurrenzgeschäft dar.[80] 27

---

[65] S. BAG Urt. v. 30. 1. 1963 (Fn. 64); BAG Urt. v. 30. 5. 1978 (Fn. 32); LAG Berlin (Fn. 64) S. 362 ff.; *Wank* (Fn. 12) S. 44; *Glöckner* (Fn. 4) S. 47 f.; *Buchner* (Fn. 4) RdNr. 57 ff.
[66] BAG Urt. v. 30. 5. 1978 (Fn. 32); LAG Baden-Württemberg (Fn. 64).
[67] BAG Urt. v. 30. 1. 1963 (Fn. 64); BAG (Fn. 32). S. hierzu auch *Menkens* DB 1970, 1592, 1593.
[68] BAG Urt. v. 30. 1. 1963 (Fn. 64).
[69] BAG Urt. v. 24. 4. 1970 – 3 AZR 324/69, AP HGB § 60 Nr. 5; BAG Urt. v. 30. 5. 1978 (Fn. 32); LAG Berlin (Fn. 64) S. 362 ff.; LAG Baden-Württemberg (Fn. 64); LAG Köln (Fn. 64); *Hohn* DB 1971, 94.
[70] Zum Streitpunkt der Erforderlichkeit einer zusätzlichen Sittenwidrigkeit, LAG Rheinland-Pfalz Urt. v. 7. 2. 1992 – 6 Sa 528/91, LAGE BGB § 626 Nr. 64 = NZA 1993, 265 f.; LAG Hamburg Urt. v. 21. 12. 1999 – 2 Sa 62/99, juris; ausführlich hierzu *Schmiedl* BB 2003, 1120 ff.
[71] S. § 1 UmwG; zum Betriebsübergang s. LAG Nürnberg (Fn. 39).
[72] S. auch *Buchner* (Fn. 4) RdNr. 68 ff.; MünchArbR/*Blomeyer* § 52 RdNr. 21, 25; Heymann/*Henssler* RdNr. 16.
[73] S. auch MünchArbR/*Blomeyer* § 52 RdNr. 25.
[74] BAG Urt. v. 3. 5. 1983 (Fn. 1) S. 887.
[75] BAG Urt. v. 3. 5. 1983 (Fn. 1) S. 887.
[76] BAG Urt. v. 30. 1. 1963 (Fn. 64).
[77] BAG Urt. v. 30. 1. 1963 (Fn. 64).
[78] S. BAG Urt. v. 15. 2. 1962 (Fn. 61) S. 1366; BAG Urt. v. 30. 1. 1963 (Fn. 64) S. 1421. Daran fehlt es, wenn ein Arbeitnehmer unentgeltlich tätig wird, aA LAG Schleswig-Holstein Urt. v. 3. 12. 2002 – 5 Sa 299 b/02, LAGE HGB § 60 Nr. 9.
[79] BAG Urt. v. 30. 1. 1963 (Fn. 64).
[80] S. BAG Urt. v. 30. 5. 1978 (Fn. 32); s. auch BAG Urt. v. 15. 2. 1962 (Fn. 61).

IV. Einwilligung des Arbeitgebers

28 Der **Umfang des Verbots des Geschäftemachens** ist – nicht anders als der Inhalt des Verbots, ein Handelsgewerbe zu betreiben (s. RdNr. 23) – unter Berücksichtigung und nach Maßgabe des Unternehmenszwecks zu bestimmen. Damit kann sich auch dieses Verbot im Zeitablauf inhaltlich verändern. Ob eine unzulässige Konkurrenztätigkeit gegeben ist, bestimmt sich anhand des Verbots bezogen auf den Zeitpunkt der Ausübung der Tätigkeit.

IV. Einwilligung des Arbeitgebers

29 **1. Rechtsgeschäftliche Einwilligung.** § 60 Abs. 1 hebt ausdrücklich hervor, dass der Arbeitnehmer die genannten Konkurrenztätigkeiten nicht „ohne Einwilligung" vornehmen darf. Damit wird deutlich, dass ein Verstoß gegen beide Verbotstatbestände entfällt, wenn der **Arbeitgeber** in die einschlägigen Tätigkeiten des Arbeitnehmers **eingewilligt hat**.

30 Bei der Einwilligung iSd. § 60 Abs. 1 handelt es sich um eine **empfangsbedürftige Willenserklärung**, die dem Arbeitnehmer gegenüber abzugeben ist. Die Einwilligung kann ausdrücklich oder konkludent[81] erfolgen. Einer bestimmten Form bedarf sie nicht.

31 Eine einmal erklärte Einwilligung ist **grundsätzlich unwiderruflich,** wenn sie nicht mit einem Widerrufsvorbehalt versehen oder bis zur Vornahme der Tätigkeit widerrufen wurde (vgl. § 183 Satz 1 BGB).[82] Die Beseitigung einer unwiderruflich erteilten Einwilligung kann durch Änderungskündigung iSd. § 2 KSchG oder Vereinbarung zwischen Arbeitgeber und Arbeitnehmer erfolgen.[83]

32 Der Umfang der **Einwilligung** steht im Belieben des Arbeitgebers, diese kann auf einzelne Geschäfte oder umfassend auf jede Konkurrenztätigkeit des Arbeitnehmers bezogen sein.[84] Ist die Einwilligung für ein bestimmtes Geschäft erteilt worden, so kann daraus nicht ohne weiteres auf eine generelle Einwilligung für diese Art von Geschäften geschlossen werden.[85]

33 Nach der Konzeption des § 60 Abs. 1 ist das Verbot der hier genannten Konkurrenztätigkeiten der Regel- und die **Einwilligung** des Arbeitgebers der **Ausnahmefall**.[86] Hiervon ausgehend ist es Sache des Arbeitnehmers, das grundsätzlich bestehende Verbot durch die Einholung einer von den Beschränkungen befreienden Einwilligung des Arbeitgebers zu beseitigen. Es ist nicht Aufgabe des Arbeitgebers, die Ausübung von Konkurrenztätigkeiten von sich aus ausdrücklich zu verbieten.[87] Die **Darlegungs- und Beweislast** für das Vorliegen einer Einwilligung trägt der Arbeitnehmer. Das folgt aus dem allgemeinen Grundsatz der Beweislastverteilung, wonach derjenige, der eine Rechtfertigung seines Tuns durch Zustimmung geltend macht, den entsprechenden Beweis zu erbringen hat.[88]

34 § 60 Abs. 1 spricht von der Einwilligung des Arbeitgebers, bei der es sich nach den bürgerlich-rechtlichen Kategorien um den Fall der **vorherigen Zustimmung** – siehe die Legaldefinition des § 183 Satz 1 BGB bezogen auf die Einwilligung zur Vornahme eines Rechtsgeschäfts – handelt. Der Begriff der Einwilligung in § 60 Abs. 1 ist insoweit umfassender zu verstehen als der bürgerlich-rechtliche Begriff iSv. § 183 Satz 1 BGB, als darunter auch der Fall einer nachträglichen Zustimmung – **Genehmigung**, siehe § 184 Abs. 1 BGB – einzuordnen ist.[89] Der andere dogmatische Weg zur Berücksichtigung von Genehmigungen als verbotstatbestandsausschließend besteht darin, in jeder dem Arbeitnehmer zugehenden und von diesem akzeptierten Genehmigung eine einvernehmliche Abweichung von den Voraussetzungen des § 60 Abs. 1 zu sehen.

35 **2. Fiktive Einwilligung.** § 60 Abs. 2 fingiert die Einwilligung zum Betrieb eines Handelsgewerbes für den Fall, dass dem Arbeitgeber bei der Begründung des Arbeitsverhältnisses mit dem Arbeitnehmer bekannt ist, dass dieser ein Gewerbe betreibt, und der Arbeitgeber dessen Aufgabe nicht ausdrücklich vereinbart. Die **Fiktion** greift nur ein, wenn der Arbeitgeber **positive Kenntnis** von dem Betrieb des Handelsgewerbes hat, fahrlässige Unkenntnis reicht nicht aus.[90] Weiterhin ist zu beachten, dass die Fiktion nur auf den Verbotstatbestand des Betriebs eines Handelsgewerbes bezogen ist, mithin für die Vornahme von Konkurrenzgeschäften für eigene oder fremde Rechnung keine Bedeutung

---

[81] S. RG Urt. v. 19. 12. 1924 – III 144/24, RGZ 109, 355, 357.
[82] S. auch Baumbach/*Hopt* RdNr. 7; Schlegelberger/*Schröder* RdNr. 11.
[83] S. MünchKommHGB/*v. Hoyningen-Huene* RdNr. 25.
[84] S. *Buchner* (Fn. 4) RdNr. 92 ff.; MünchArbR/*Blomeyer* § 50 RdNr. 24.
[85] MünchArbR/*Blomeyer* § 50 RdNr. 26.
[86] AA BAG Urt. v. 6. 8. 1987 – 2 AZR 226/87, NJW 1988, 438.
[87] S. BAG Urt. v. 12. 5. 1972 (Fn. 3).
[88] S. BAG Urt. v. 16. 6. 1976 (Fn. 10) S. 646; einschränkend allerdings BAG Urt. v. 6. 8. 1987 (Fn. 86) S. 438.
[89] S. auch MünchArbR/*Blomeyer* § 52 RdNr. 29; Schlegelberger/*Schröder* RdNr. 9; Baumbach/*Hopt* RdNr. 7; *D. Gaul* (Fn. 1) S. 41.
[90] MünchArbR/*Blomeyer* § 52 RdNr. 30; MünchKommHGB/*v. Hoyningen-Huene* RdNr. 28.

erlangt.[91] Weiß der Arbeitgeber von einer entsprechenden Geschäftstätigkeit des Arbeitnehmers im Zeitpunkt der Einstellung, so ist von einer konkludenten Einwilligung des Arbeitgebers auszugehen.[92]

§ 61 [Verletzung des Wettbewerbsverbots]

(1) Verletzt der Handlungsgehilfe die ihm nach § 60 obliegende Verpflichtung, so kann der Prinzipal Schadensersatz fordern; er kann statt dessen verlangen, daß der Handlungsgehilfe die für eigene Rechnung gemachten Geschäfte als für Rechnung des Prinzipals eingegangen gelten lasse und die aus Geschäften für fremde Rechnung bezogene Vergütung herausgebe oder seinen Anspruch auf die Vergütung abtrete.

(2) Die Ansprüche verjähren in drei Monaten von dem Zeitpunkt an, in welchem der Prinzipal Kenntnis von dem Abschluss des Geschäfts erlangt oder ohne grobe Fahrlässigkeit erlangen müsste; sie verjähren ohne Rücksicht auf diese Kenntnis oder grob fahrlässige Unkenntnis in fünf Jahren von dem Abschluss des Geschäfts an.

Schrifttum: S. die Angaben zu § 60.

Übersicht

	RdNr.		RdNr.
I. Normzweck	1	2. Eintrittsrecht	10–19
II. Persönlicher Anwendungsbereich	2	3. Anspruch auf Unterlassung	20, 21
III. Ansprüche bzw. Rechte des Arbeitgebers im Zusammenhang mit Wettbewerbsverstößen	3–27	4. Recht zur Kündigung	22–24
		5. Auskunftsanspruch	25–27
		IV. Verjährung	28–33
1. Anspruch auf Schadensersatz	4–9		

I. Normzweck

Die seit dem Inkrafttreten des Handelsgesetzbuches vom 10. 5. 1897 (RGBl. S. 438) zum 1. 1. 1900 erstmals durch Art. 9 Ziff. 1 des Gesetzes zur Anpassung von Verjährungsvorschriften an das Gesetz zur Modernisierung des Schuldrechts (SchuldRModAnpG) vom 9. 12. 2004 (BGBl. I S. 3214) mit Wirkung vom 15. 12. 2004 geänderte Regelung des § 61 steht in einem **engen Zusammenhang mit § 60**,[1] indem sie für den Fall eines Verstoßes gegen das in dieser Vorschrift normierte Wettbewerbsverbot bestimmte Rechtsfolgen normiert (§ 61 Abs. 1; s. dazu RdNr. 3 ff.) sowie die Verjährung der aus einem Wettbewerbsverstoß resultierenden Ansprüche regelt (§ 61 Abs. 2; s. dazu RdNr. 28 ff.). Unter Berücksichtigung der Verbindung mit § 60 ist der Zweck des § 61 wie bei dieser Regelung (s. § 60 RdNr. 1 ff.) darin zu sehen, den Arbeitgeber vor einer **konkurrierenden Tätigkeit** des Arbeitnehmers zu schützen. Während § 60 das Verbot selbst aufstellt, wirkt § 61 durch die Anordnung nachteiliger Rechtsfolgen auf die Einhaltung des Verbots hin. 1

II. Persönlicher Anwendungsbereich

Ihrem Wortlaut nach findet die Regelung des § 61 allein auf **Handlungsgehilfen** iSv. § 59 (s. § 59 RdNr. 8 ff.) Anwendung. Es bestehen unterschiedliche Auffassungen darüber, ob der Geltungsbereich des § 61 auch auf **nichtkaufmännische Arbeitnehmer** erstreckt werden kann. Nach Ansicht des BAG ist der persönliche Anwendungsbereich des § 61 auf Handlungsgehilfen begrenzt.[2] Das hat zur Konsequenz, dass im Falle von arbeitnehmerseitigen Wettbewerbsverstößen Ansprüche des Arbeitgebers nicht aus § 61, sondern allein nach den allgemeinen Regeln in Betracht kommen, also vor allem Schadensersatz aus positiver Forderungsverletzung (§§ 280 Abs. 1, 241 Abs. 2, 611 BGB) und deliktsrechtlichen Grundlagen (§ 823 Abs. 1, Abs. 2 und § 826) sowie auf Herausgabe aus unerlaubter Eigengeschäftsführung (§§ 687 Abs. 2 Satz 1, 681 Satz 2, 667).[3] Die 2

---

[91] So auch *Roehsler/Borrmann* (Fn. 7) S. 36 f.; MünchArbR/*Blomeyer* § 52 RdNr. 30; Staub/*Konzen/Weber* RdNr. 24; für eine analoge Anwendung *Grunsky* (Fn. 4) S. 29; *Glöckner* (Fn. 4) S. 54.
[92] Richtig Baumbach/*Hopt* RdNr. 7.
[1] S. auch RG Urt. v. 1. 5. 1906 – III 478/05, RGZ 63, 252, 254.
[2] S. BAG Urt. v. 16. 1. 1975 – 3 AZR 72/74, WM 1975, 1064, 1066; LAG Berlin Urt. v. 17. 2. 1970 – 4 (5) Sa 115/67, DB 1970, 1837.
[3] Vgl. BAG Urt. v. 16. 1. 1975 (Fn. 2). Ausführlich zu mit § 61 vergleichbaren Ansprüchen nach allgemeinen Bestimmungen des Bürgerlichen Rechts *Wagner*, Die Besonderheiten beim Arbeitsverhältnis des Handlungsgehilfen, S. 64 ff.

Beschränkung des Anwendungsbereichs von § 61 auf Handlungsgehilfen ist unter dem Gesichtspunkt abzulehnen, dass der Regelungsgehalt des § 60 – sei es auf der Grundlage von §§ 611, 242 BGB oder in entsprechender Anwendung (s. § 60 RdNr. 6 f.) – auch für nichtkaufmännische Arbeitnehmer gilt und es von daher allein konsequent erscheint, auch auf der **Rechtsfolgenseite für eine einheitliche Behandlung von Handlungsgehilfen und nichtkaufmännischen Arbeitnehmern** Sorge zu tragen. Deshalb ist **§ 61 analog** auf alle gegen die Verpflichtung zur Unterlassung von Wettbewerb verstoßenden Arbeitnehmer anzuwenden.[4] Damit wird im Übrigen ein Gleichklang mit der vom BAG anerkannten entsprechenden Anwendung der Vorschriften über das nachvertragliche Wettbewerbsverbot auf Arbeitnehmer außerhalb des kaufmännischen Bereichs (s. § 74 RdNr. 7) hergestellt.

III. Ansprüche bzw. Rechte des Arbeitgebers im Zusammenhang mit Wettbewerbsverstößen

3 Nach § 61 Abs. 1 hat der Arbeitgeber im Falle der Verletzung der nach § 60 dem Handlungsgehilfen obliegenden Verpflichtungen einen Anspruch auf **Schadensersatz** (s. RdNr. 4 ff.) oder auf **Eintritt** in die von dem Handlungsgehilfen getätigten Geschäfte (s. RdNr. 10 ff.). Darüber hinaus kommen ein Anspruch auf **Unterlassung** von Verstößen gegen das Wettbewerbsverbot (s. RdNr. 20 f.) sowie ein **Recht zur Kündigung** (s. RdNr. 22 ff.) in Betracht. Schließlich werden die vorgenannten Ansprüche bzw. Rechte durch einen Auskunftsanspruch gesichert (s. RdNr. 25 ff.).

4 **1. Anspruch auf Schadensersatz.** Gemäß § 61 Abs. 1 kann der Arbeitgeber bei Verletzung der dem Arbeitnehmer nach § 60 Abs. 1 obliegenden Verpflichtungen Schadensersatz fordern. Dieser **Schadensersatzanspruch** besteht als Konkretisierung einer positiven Forderungsverletzung gemäß §§ 280 Abs. 1, 241 Abs. 2, 611 BGB neben den allgemeinen Anspruchsgrundlagen aus unerlaubter Handlung gemäß §§ 823 Abs. 1, Abs. 2 und 826.[5] Nicht anders als die allgemeinen Anspruchsgrundlagen und im Einklang mit dem das Haftungsrecht grundsätzlich kennzeichnenden Verschuldensprinzip setzt der Schadensersatzanspruch nach § 61 Abs. 1 – auch wenn das in dieser Regelung nicht ausdrücklich gesagt ist – einen **schuldhaften Verstoß** gegen das nach § 60 Abs. 1 bestehende Wettbewerbsverbot voraus.[6] In entsprechender Anwendung von § 280 Abs. 1 Satz 2 BGB hat der Handlungsgehilfe darzulegen und zu beweisen, dass ihn an dem Wettbewerbsverstoß ein Verschulden nicht trifft.[7] Zwischen dem schuldhaften Verstoß gegen das Wettbewerbsverbot und dem eingetretenen Schaden muss die haftungsausfüllende Kausalität gegeben sein.[8]

5 **Inhalt und Umfang** des Schadensersatzanspruchs bestimmen sich nach den §§ 249 ff. BGB. Der danach zu ersetzende Schaden umfasst auch den entgangenen Gewinn (§ 252 BGB).[9] Hierzu zählen alle vermögenswerten Vorteile, die der Arbeitgeber erzielt hätte, wenn er das Handelsgewerbe selbst betrieben oder das Geschäft selbst abgeschlossen hätte.[10]

6 Zu dem ersatzfähigen Schaden nach § 61 Abs. 1 gehören auch **Kosten zur Schadensabwehr oder Schadensminderung**, etwa Lohnkosten für entsprechend eingesetzte Arbeitnehmer, soweit die Entstehung dieser Kosten durch einen Verstoß gegen die nach § 60 Abs. 1 obliegenden Verpflichtungen veranlasst ist.[11] Das kann etwa der Fall sein, wenn der Arbeitgeber andere Arbeitnehmer dafür einsetzen muss, infolge der Konkurrenztätigkeit des vertragswidrig handelnden Arbeitnehmers verlorene Kunden zurückzugewinnen.[12] Zusätzlich kann als Vermögensschaden geltend gemacht werden, dass der Arbeitgeber die zur Schadensabwehr oder Schadensminderung eingesetzten Arbeitnehmer nicht so beschäftigen konnte, wie es ohne den Verstoß gegen das Wettbewerbsverbot ihren

---

[4] So auch *Roehsler/Borrmann*, Wettbewerbsbeschränkungen, S. 65; *Buchner* AR-Blattei SD 1830.2 „Wettbewerbsverbot II", RdNr. 197; MünchArbR/*Blomeyer* § 52 RdNr. 53; MünchKommHGB/*v. Hoyningen-Huene* RdNr. 5; ausführlich zu dieser Frage *Wagner* (Fn. 3) S. 66 ff.
[5] S. BAG Urt. v. 28. 1. 1986 – 3 AZR 449/84, NJW 1986, 2527, 2527, hier im Zusammenhang mit der Frage der Verjährung, dazu noch RdNr. 28 ff.
[6] S. etwa *Wank*, Nebentätigkeit, S. 49; MünchArbR/*Blomeyer* § 52 RdNr. 35; MünchKommHGB/*v. Hoyningen-Huene* RdNr. 8; Heymann/*Henssler* RdNr. 4; *Buchner* (Fn. 4) RdNr. 100; *Wagner* (Fn. 3) S. 65.
[7] Vgl. auch zur positiven Forderungsverletzung im Arbeitsverhältnis BAG Urt. v. 11. 12. 1964 – 1 AZR 39/64, BAGE 17, 14, 18 = NJW 1965, 709, 710; aus der Lit. MünchArbR/*Blomeyer* § 52 RdNr. 35; Heymann/*Henssler* RdNr. 4.
[8] S. BAG Urt. v. 24. 4. 1970 – 3 AZR 324/69, AP HGB § 60 Nr. 5; s. auch LAG Baden-Württemberg Urt. v. 21. 11. 1969 – 4 Sa 60/69, BB 1970, 127.
[9] S. nur ErfK/*Schaub* RdNr. 7 und MünchKommHGB/*v. Hoyningen-Huene* RdNr. 10.
[10] S. MünchKommHGB/*v. Hoyningen-Huene* RdNr. 10; Schlegelberger/*Schröder* RdNr. 3; GK-HGB/*Etzel* RdNr. 4; ErfK/*Schaub* RdNr. 7.
[11] S. BAG (Fn. 8); Ersatzfähig sind auch Detektivkosten, die der Arbeitgeber zur Aufklärung widerrechtlicher Konkurrenztätigkeit aufgewendet hat, s. LAG Köln Urt. v. 10. 10. 2001 – 7 Sa 932/00, AiB 2002, 389, 390.
[12] S. BAG (Fn. 8).

eigentlichen vertragsmäßigen Aufgaben entsprochen hätte.[13] Im Wege der **Vorteilsausgleichung** ist etwa zu berücksichtigen, wenn der Arbeitgeber infolge einer an den Verstoß gegen § 60 Abs. 1 anknüpfenden fristlosen Entlassung (s. dazu noch RdNr. 22 ff.) ansonsten zu zahlende Lohnkosten für den vertragswidrig sich verhaltenden Arbeitnehmer erspart.[14]

Hat der Arbeitnehmer seinem Arbeitgeber unter Verletzung eines Betriebsgeheimnisses unlauteren 7 Wettbewerb gemacht, so ist der Arbeitgeber berechtigt, den entstandenen Schaden im Wege der sog. **„Lizenzanalogie"** zu berechnen.[15] Der Grund hierfür wird vom BAG darin gesehen, dass Betriebsgeheimnisse dem Unternehmer eine Rechtsposition verschaffen, die einem Immaterialgüterrecht sehr stark angenähert ist.[16] Die Schadensberechnung nach Lizenzgrundsätzen bedeutet, dass der Arbeitgeber anstelle einer konkreten Berechnung seines entgangenen Gewinns dasjenige als Schaden verlangen kann, was er erzielt hätte, wenn von dem Verletzer eine Lizenz zur Benutzung des Betriebsgeheimnisses erworben worden wäre.[17]

Der Arbeitgeber hat den entstandenen Schaden **darzulegen und zu beweisen,** wobei ihm zur 8 Feststellung des entgangenen Gewinns die in § 252 Satz 2 BGB enthaltene Beweiserleichterung[18] und bei der Verletzung von Betriebsgeheimnissen die vorerwähnte „Lizenzanalogie" zugute kommen.

Unerlaubte Wettbewerbshandlungen sollen nach Ansicht des BGH den Arbeitgeber grundsätzlich 9 nicht berechtigen, die **Vergütung für die Zeit des Verstoßes** gegen das Wettbewerbsverbot **zu verweigern.**[19] Allenfalls unter dem Gesichtspunkt des Arglisteinwands will der BGH bei „grob unanständigem Verhalten" des Arbeitnehmers dem Arbeitgeber ein Leistungsverweigerungsrecht zuerkennen.[20] Ansonsten soll der Arbeitgeber auf Unterlassungs- und Schadensersatzansprüche verwiesen sein. Diese Rspr. überzeugt nicht: Angesichts dessen, dass für den Arbeitgeber aus § 60 Abs. 1 ein Anspruch auf Unterlassung, sprich Erfüllung der nach § 60 Abs. 1 obliegenden Verpflichtungen folgt,[21] steht der Anwendung von § 273 Abs. 1 BGB nichts entgegen, wobei nach dem aus §§ 400, 394 BGB zu entnehmenden Rechtsgedanken die Pfändungsfreigrenzen zu beachten sind.

2. Eintrittsrecht. § 61 Abs. 1 eröffnet dem Arbeitgeber die Möglichkeit, „statt dessen" – anstelle 10 des Anspruchs auf Schadensersatz – zu verlangen, dass der Handlungsgehilfe die für eigene Rechnung gemachten Geschäfte als für Rechnung des Arbeitgebers eingegangen gelten lasse und die aus Geschäften für fremde Rechnung bezogene Vergütung herausgebe oder seinen Anspruch auf die Vergütung abtrete. Damit kann der Arbeitgeber statt des Anspruchs auf Schadensersatz einen **Anspruch auf Eintritt** in die von dem Handlungsgehilfen gemachten Geschäfte und die daraus entspringenden Vorteile[22] geltend machen. Es handelt sich um ein seinerseitiges **Wahlrecht**[23] iS. eines Anspruchs mit **Ersetzungsbefugnis.**[24] Der Anspruch mit einer Ersetzungsbefugnis hat im Gegensatz zur Wahlschuld iSd. § 262 BGB, bei der die zunächst unbestimmte, aber bestimmbare Leistung durch Wahl auf eine bestimmte Leistung konkretisiert wird,[25] einen von Anfang an bestimmten Inhalt – hier bei § 61 Abs. 1 den Anspruch auf Schadensersatz. Der Gläubiger ist aber berechtigt, anstelle der an sich geschuldeten Leistung eine andere zu fordern.[26] Auf die Schuld bzw. den Anspruch mit Ersetzungsbefugnis sind die Regeln der §§ 262 ff. weder unmittelbar noch entsprechend anzuwenden[27] mit der Folge, dass etwa der Schuldner – im Falle des § 61 Abs. 1 der Arbeitnehmer – nicht nach § 264 BGB vorgehen kann.

Die Ersetzungsbefugnis ist durch **empfangsbedürftige Willenserklärung** seitens des Arbeit- 11 gebers, die dem Arbeitnehmer gegenüber zu erfolgen hat, auszuüben. Der Wille zur Ersetzung – Wahl des Eintrittsrechts – kann auch konkludent durch Klageerhebung zum Ausdruck gebracht werden.[28] Nach dem Wirksamwerden der Erklärung steht dem Arbeitgeber ein **ius variandi** nicht

---

[13] BAG (Fn. 8).
[14] BAG (Fn. 8) und Urt. v. 12. 5. 1972 – 3 AZR 401/71, AP HGB § 60 Nr. 6 m. Anm. *Fenn.*
[15] BAG Urt. v. 24. 6. 1986 – 3 AZR 486/84, NZA 1986, 781, 781.
[16] S. BAG (Fn. 15) S. 781.
[17] S. BAG (Fn. 15) S. 781.
[18] S. BGH Urt. v. 24. 4. 1979 – VI ZR 204/76, BGHZ 74, 221, 224 = NJW 1979, 1403, 1404.
[19] S. BGH Urt. v. 19. 10. 1987 – II ZR 97/87, NJW-RR 1988, 352.
[20] S. BGH (Fn. 19).
[21] S. RG (Fn. 1) S. 254.
[22] S. RG (Fn. 1) S. 254.
[23] S. die Denkschrift zum Entwurf eines Handelsgesetzbuchs und eines Einführungsgesetzes, hrsg. v. C. Hahn fortg. von B. Mugdan, Bd. 6, S. 235 f. S. auch *Weisemann/Schrader* DB 1980, Beil. 4, 4.
[24] S. nur Schlegelberger/*Schröder* RdNr. 4; MünchArbR/*Blomeyer* § 52 RdNr. 33; Heymann/*Henssler* RdNr. 1; *Wagner* (Fn. 3) S. 77 ff.
[25] S. Palandt/*Heinrichs* § 262 RdNr. 1.
[26] S. Palandt/*Heinrichs* § 262 RdNr. 9.
[27] S. nur Palandt/*Heinrichs* § 262 RdNr. 7.
[28] S. Palandt/*Heinrichs* § 263 RdNr. 2, hier zum Wahlrecht bei der Wahlschuld.

zu: Die Erklärung ist unwiderruflich, der Arbeitgeber damit an das Eintrittsrecht gebunden.[29] Aus dem Gesetz ergeben sich keine Anhaltspunkte für eine Berechtigung des Arbeitgebers, zum Anspruch auf Schadensersatz zurückzukehren. Einem solchen ius variandi stünde sachlich auch entgegen, dass damit eine dauernde Unsicherheit über die Abwicklung der aus einem Verstoß gegen § 60 Abs. 1 resultierenden Rechtsfolgen geschaffen würde, was – wie letztlich auch die äußerst kurze Verjährungsfrist des § 61 Abs. 2 (s. RdNr. 28 ff.) zeigt – mit der gesetzlichen Regelung nicht im Einklang stünde.

12 Das nach § 61 Abs. 1 arbeitgeberseits wählbare Eintrittsrecht hat **rechtliche Folgen allein für das Verhältnis zwischen Arbeitgeber und Arbeitnehmer.** Nach außen, d.h. im Verhältnis zu Dritten, mit denen der Handlungsgehilfe Geschäfte für eigene oder fremde Rechnung gemacht hat, bleibt dieser Vertragspartner.[30] Das Recht zur Ersetzung führt mithin nicht dazu, dass der Arbeitgeber an die Stelle des Handlungsgehilfen in dessen Rechtsbeziehungen zu dritten Personen als Geschäftspartner eintritt.[31]

13 Im Hinblick darauf, dass das Eintrittsrecht arbeitgeberseits nur anstelle des Schadensersatzanspruchs wahrgenommen werden kann, müssen **dieselben Voraussetzungen** vorliegen. Das bedeutet, dass der Handlungsgehilfe einen schuldhaften – fahrlässig oder vorsätzlich (§ 276 BGB) – Verstoß gegen die Verpflichtung zur Unterlassung von Wettbewerb begangen haben muss. Nicht zu folgen ist der zum Teil vertretenen Ansicht, wonach das Eintrittsrecht von dem Vorliegen der Voraussetzungen einer unerlaubten Eigengeschäftsführung (§ 687 Abs. 2 BGB) abhängig und damit vorsätzliches Handeln des Handlungsgehilfen gefordert sein soll.[32] Einer solchen Einschränkung des Eintrittsrechts im Vergleich zum grundsätzlich bestehenden Schadensersatzanspruch stehen der Wortlaut des § 61 Abs. 1 sowie die uneingeschränkte Ersetzungsbefugnis entgegen.

14 Das dem Arbeitgeber anstelle des Schadensersatzanspruchs zustehende Eintrittsrecht kommt – wie ein Vergleich von § 60 Abs. 1 und § 61 Abs. 1 deutlich macht – nur in Betracht, wenn der Arbeitnehmer **im Handelszweig des Arbeitgebers** Konkurrenzgeschäfte betreibt. Die Ersetzungsbefugnis gilt hingegen nicht für den Fall des Betreibens irgendeines Handelsgewerbes.[33] Der Arbeitgeber kann nur in einzelne, verbotswidrig vorgenommene Geschäfte eintreten.[34]

15 Nimmt der Arbeitgeber seine Eintrittsbefugnis bei Geschäften wahr, die der Handlungsgehilfe für eigene Rechnung gemacht hat, so richtet sich der arbeitgeberseitige **Anspruch auf die Herausgabe des Ergebnisses** aus diesem Geschäft.[35] Dazu gehört auch die Abtretung etwa noch bestehender Forderungen, zu deren Geltendmachung dem Arbeitgeber der Handlungsgehilfe nach § 402 BGB Auskünfte zu erteilen und Beweisurkunden zu übergeben hat.[36] Andererseits hat der Arbeitgeber seitens des Handlungsgehilfen getätigte Aufwendungen zu erstatten und diesen so zu stellen, als wäre das Geschäft für Rechnung des Arbeitgebers durchgeführt worden.[37] Hinsichtlich der Herausgabe des von dem Handlungsgehilfen Erlangten spielt es überhaupt keine Rolle, ob der Arbeitgeber, wäre er anstelle des Handlungsgehilfen tätig geworden, das Geschäft überhaupt hätte abschließen können oder welchen Gewinn er selbst aus dem Geschäft erzielt hätte.[38] Darin gelangt zum Ausdruck, dass es sich bei dem Eintrittsrecht des Arbeitgebers seinem Wesen nach um eine **pauschale Schadensersatzregelung** handelt: Dem Arbeitgeber wird im Falle einer verbotenen Konkurrenz durch den Handlungsgehilfen die Geltendmachung seines Schadens erleichtert, er darf ohne den Nachweis eines besonderen Schadens in bestimmte Geschäfte eintreten und die daraus entspringenden Vorteile herausverlangen.[39] Der Grund für die Einräumung dieser Befugnis des Arbeitgebers liegt darin, dass der konkrete Schadensnachweis in Fällen unerlaubter Wettbewerbshandlungen häufig sehr schwierig zu führen ist.[40]

---

[29] S. MünchArbR/*Blomeyer* § 52 RdNr. 33; *Wagner* (Fn. 3) S. 78 ff.
[30] S. MünchArbR/*Blomeyer* § 52 RdNr. 37; *K. Schmidt*, HandelsR, S. 515, Schlegelberger/*Schröder* RdNr. 3; GK/*Etzel* RdNr. 8. Der Begriff Eintrittsrecht ist deshalb ungenau, s. nur *Wagner* (Fn. 3) S. 66.
[31] Unzutreffend insoweit BAG Urt. v. 15. 2. 1962 – 5 AZR 79/61, NJW 1962, 1365, 1366 zum Eintritt eines Arbeitgebers „anstelle des Handlungsgehilfen als Gesellschafter in die konkurrierende Gesellschaft", um sein Eintrittsrecht zu verwirklichen.
[32] S. etwa Schlegelberger/*Schröder* RdNr. 6 a; GK/*Etzel* RdNr. 9.
[33] S. BAG (Fn. 31).
[34] S. BAG (Fn. 31).
[35] S. BAG (Fn. 31).
[36] BAG (Fn. 31); s. auch Heymann/*Henssler* RdNr. 9; MünchKommHGB/*v. Hoyningen-Huene* RdNr. 17.
[37] BAG (Fn. 31).
[38] S. RG Urt. v. 19. 12. 1924 – III 144/24, RGZ 109, 355, 356; Baumbach/*Hopt* RdNr. 3; Heymann/*Henssler* RdNr. 9.
[39] BAG (Fn. 31).
[40] BAG (Fn. 31).

Hat der Handlungsgehilfe das Konkurrenzgeschäft für fremde Rechnung abgeschlossen, so kann 16
der Arbeitgeber die dem Handlungsgehilfen **zugeflossene oder versprochene Vergütung** verlangen. Für die Abtretung von Vergütungsansprüchen gilt auch hier § 402 BGB. Der Arbeitgeber hat Auslagen und Aufwendungen des Handlungsgehilfen zu ersetzen.[41]

Aus der Sachnähe des Eintrittsrechts zum Schadensersatzrecht folgert das BAG, dass die Erset- 17
zungsbefugnis nur gegeben ist, wenn der Eintritt **ohne wesentliche Umstellung des Inhalts des verbotswidrig vorgenommenen Geschäfts** verwirklicht werden kann. Ausgeschlossen ist danach der Eintritt bei solchen Geschäften, bei denen der Arbeitgeber etwa ungerechtfertigte Vorteile ziehen würde oder die durch den Handlungsgehilfen begründeten Rechtsbeziehungen infolge des Eintritts des Arbeitgebers eine wesentliche Umgestaltung erfahren würden.[42] Hiervon ausgehend verneint das BAG für den Fall, dass der Handlungsgehilfe **Gesellschafter einer konkurrierenden Gesellschaft** wird – dabei handelt es sich um ein Geschäft auf eigene Rechnung iSv. § 60 Abs. 1[43] – ein Eintrittsrecht des Arbeitgebers und verweist diesen allein auf den Schadensersatzanspruch.[44] Zur Begründung führt das BAG aus, dass ein Eintritt des Arbeitgebers anstelle des Handlungsgehilfen als Gesellschafter in die konkurrierende Gesellschaft mit dem Wesen einer Gesellschaft und den Rechten der übrigen Gesellschafter nicht vereinbar sei. Eine Beschränkung des Arbeitgebers auf den Gewinnanteil entspreche nicht der Regelung des § 61 Abs. 1. Im Übrigen würde die Verwirklichung des Eintrittsrechts durch Herausgabe des Gewinnanteils eine wesentliche Umgestaltung der Rechtsbeziehungen des Handlungsgehilfen zur Gesellschaft bedeuten.

Diese Auffassung des BAG ist abzulehnen. Vielmehr ist in Übereinstimmung mit der Rspr. des 18
BGH zu § 113 davon auszugehen, dass der Arbeitgeber durch Ausübung des Eintrittsrechts die Ergebnisse des Geschäftsbetriebs der konkurrierenden Gesellschaft an sich ziehen kann, soweit diese dem Handlungsgehilfen zustehen, mit anderen Worten, dass der Arbeitnehmer die **Gewinne abführen muss, die er durch Beteiligung an der konkurrierenden Gesellschaft** erzielt.[45] Dem Eintrittsrecht nach § 61 Abs. 1 kommt keine Außenwirkung zu,[46] insoweit ist dem BAG im Ergebnis Recht zu geben, wenn es ein Recht des Arbeitgebers auf Eintritt in die konkurrierende Gesellschaft als Gesellschafter anstelle des Arbeitnehmers ablehnt. § 61 Abs. 1 gibt jedoch – wie das BAG selbst sagt[47] – einen Anspruch auf Herausgabe des Ergebnisses aus konkurrierenden Geschäften, das Reichsgericht spricht von den daraus entspringenden Vorteilen,[48] wozu der dem Arbeitnehmer zustehende Gewinnanteil zu zählen ist.[49] Eine damit verbundene Umgestaltung des Gesellschaftsverhältnisses des Handlungsgehilfen ist nicht ersichtlich: Die aus dem Eintrittsrecht folgende Befugnis zur Gewinnabschöpfung lässt die Rechtsbeziehungen des Handlungsgehilfen bzw. Gesellschafters zur konkurrierenden Gesellschaft und seinen Mitgesellschaftern ebenso unberührt wie die Verpflichtung des Handlungsgehilfen zur Herausgabe bzw. Abtretung von aus anderen Konkurrenzgeschäften erlangten Vorteilen.

Ist der Arbeitnehmer neben seiner Stellung als Gesellschafter noch zusätzlich in einem **Anstel-** 19
lungsverhältnis zur Gesellschaft tätig, so begründet das Eintrittsrecht des Arbeitgebers einen Anspruch auf Herausgabe der Vergütung für geleistete Dienste nicht.[50] Bei der Tätigkeit als Arbeitnehmer für ein Konkurrenzunternehmen handelt es sich nicht um ein „Geschäftemachen" iSv. § 60 Abs. 1.[51]

3. Anspruch auf Unterlassung. Aus § 60 Abs. 1 hat der Arbeitgeber einen **Anspruch auf** 20
Unterlassung des Betriebs eines Handelsgewerbes sowie konkurrierender Geschäftstätigkeit im Handelszweig des Arbeitgebers, der sich als ein Anspruch auf Erfüllung der nach dieser Norm dem Arbeitnehmer obliegenden Verpflichtungen darstellt.[52] Voraussetzung für diesen Anspruch ist, dass ein **Verstoß unmittelbar droht oder eine Wiederholungsgefahr besteht**.[53] Für die klageweise Geltendmachung dieses Anspruchs reicht es aus, wenn der Arbeitgeber unwidersprochen darlegt und beweist, dass der Arbeitnehmer ein konkurrierendes Handelsgewerbe betreibt oder unter Vertrags-

---

[41] BAG (Fn. 31).
[42] BAG (Fn. 31).
[43] BAG (Fn. 31) und BGH Urt. v. 6. 12. 1962 – KZR 4/62, BGHZ 38, 306, 309.
[44] BAG (Fn. 31). S. auch MünchArbR/*Blomeyer* § 52 RdNr. 40 mwN; GK/*Etzel* RdNr. 11.
[45] S. BGH (Fn. 43) S. 310 f. Zu Grundlagen und Reichweite von Wettbewerbsverboten im Personengesellschaftsrecht s. *Armbrüster* ZIP 1997, 261 ff.
[46] S. BGH (Fn. 43) S. 310 und schon oben RdNr. 17 f.
[47] BAG (Fn. 31).
[48] S. RG (Fn. 1) S. 254.
[49] S. auch BGH (Fn. 43) S. 310 f.
[50] BAG (Fn. 31).
[51] BAG (Fn. 31).
[52] S. RG (Fn. 1).
[53] S. auch Heymann/*Henssler* RdNr. 16 und MünchArbR/*Blomeyer* § 52 RdNr. 46.

bruch eine Tätigkeit in einem Konkurrenzunternehmen aufgenommen hat.[54] Im zuletzt genannten Fall ist es Sache des **Arbeitnehmers, darzulegen und zu beweisen,** dass er eine Konkurrenztätigkeit nicht ausgeübt hat. Zu diesem Zweck bedarf es einer genauen Umschreibung des Aufgabengebiets bei dem neuen Arbeitgeber.[55] Ein Anspruch auf Unterlassung jeglicher Tätigkeit bei einem Konkurrenzunternehmen kann auf der Grundlage von § 60 Abs. 1 nicht begründet werden.[56] Das Verbot des § 60 Abs. 1 untersagt nicht Tätigkeiten bei einem anderen Unternehmen, auch einem Konkurrenzunternehmen, sondern allein konkret die Vornahme konkurrierender Geschäfte. Die generelle Besorgnis einer Stärkung der Konkurrenz reicht insofern zur Erfüllung des Verbotstatbestands und damit für einen Anspruch auf Unterlassung nicht aus.[57] Mit der Zuweisung der Beweislast hinsichtlich des Nichtvorliegens einer tatsächlich konkurrierenden Tätigkeit an den Arbeitnehmer trägt das BAG zutreffend dem Umstand Rechnung, dass der außenstehende Arbeitgeber kaum in der Lage sein dürfte, eine verbotswidrige Tätigkeit nachzuweisen.[58]

21 Zum Zwecke einer sofortigen Sicherung des Unterlassungsanspruchs ist der **Erlass einer einstweiligen Verfügung** nach § 935 ZPO zulässig.[59] Zutreffender Ansicht nach steht § 888 Abs. 3 ZPO nicht entgegen.[60] Diese Regelung soll allein davor schützen, dass jemand durch Vollstreckungsmaßnahmen gegen seinen Willen zur Arbeit gezwungen wird. § 888 Abs. 3 ZPO hindert danach nicht, einem Arbeitnehmer eine bestimmte, unter Vertragsbruch aufgenommene Tätigkeit zu verbieten.[61]

22 **4. Recht zur Kündigung.** Die Verletzung des bis zur rechtlichen Beendigung des Arbeitsverhältnisses bestehenden Wettbewerbsverbots stellt grundsätzlich einen **wichtigen Grund für eine außerordentliche Kündigung** nach § 626 Abs. 1 BGB dar.[62] Zur fristlosen Kündigung nach dieser Vorschrift ist der Arbeitgeber allerdings nur berechtigt, wenn ihm unter Berücksichtigung aller Umstände des Einzelfalles und unter Abwägung der Interessen beider Vertragsteile die Fortsetzung des Dienstverhältnisses bis zum Ablauf der Kündigungsfrist oder bis zu der vereinbarten Beendigung des Dienstverhältnisses nicht zugemutet werden kann.[63] Eine **Abmahnung** ist nach zutreffender Ansicht des BAG im Hinblick darauf **nicht erforderlich,** dass der Verstoß gegen das Wettbewerbsverbot eine Störung im sog. Vertrauensbereich darstellt.[64] An diesbezügliche Pflichtverletzungen anknüpfende Kündigungen erfordern grundsätzlich nicht eine der Kündigung vorhergehende Abmahnung, es sei denn, der Arbeitnehmer konnte mit vertretbaren Gründen annehmen, sein Verhalten sei nicht vertragswidrig oder werde vom Arbeitgeber zumindest nicht als erhebliches, den Bestand des Arbeitsverhältnisses gefährdendes Verhalten angesehen.[65] Entgegen abweichender Ansicht in der Lit.[66] ist bezogen auf eine Kündigung wegen Störungen im Vertrauensbereich grundsätzlich an der Überflüssigkeit der Abmahnung festzuhalten. Die Berufung auf den Verhältnismäßigkeitsgrundsatz[67] für die Begründung einer Abmahnung geht ins Leere: Der Arbeitgeber kann angesichts der Empfindlichkeit des von der Vertragsstörung betroffenen Vertrauensbereichs nicht gezwungen werden, einen Verstoß des Arbeitnehmers hinnehmen zu müssen. Im Übrigen wird dem Verhältnismäßigkeitsgrundsatz dadurch Rechnung getragen, dass jede Kündigung nur dann sozial gerechtfertigt ist, wenn sie unter anderem nicht unverhältnismäßig ist.[68]

23 Hat der Arbeitgeber wegen unerlaubter Wettbewerbshandlungen des Arbeitnehmers die fristlose Kündigung ausgesprochen, so ist der Arbeitnehmer **nach § 628 Abs. 2 BGB zum Ersatz des**

---

[54] S. BAG Beschluss vom 17. 10. 1969 – 3 AZR 442/68, AP BGB § 611 Nr. 7 Treuepflicht mit Anm. *Canaris*.
[55] BAG (Fn. 54).
[56] Offen BAG (Fn. 54). Für ein Verbot des Eintritts in ein Konkurrenzunternehmen schlechthin spricht sich *Canaris* aus, s. Anm. zu BAG (Fn. 54).
[57] AA *Canaris*, Anm. zum Beschluss des BAG (Fn. 54).
[58] Insoweit zustimmend *Canaris*, Anm. zu BAG (Fn. 54).
[59] S. etwa Arbeitsgericht Göttingen Beschluss v. 11. 3. 1974 – 2 Ca 1/74, DB 1974, 632, 633; LAG Düsseldorf Urt. v. 1. 3. 1972 – 2 Sa 520/71, DB 1972, 878; LAG Hamm Beschluss v. 7. 4. 1983 – 8 Ta 41/83, EzA ZPO § 935 Nr. 1; MünchKommHGB/*v. Hoyningen-Huene* § 60 RdNr. 59; MünchArbR/*Blomeyer* § 52 RdNr. 46; *Heinze* RdA 1986, 273, 280 f.; Heymann/*Henssler* RdNr. 16; ErfK/*Schaub* RdNr. 4.
[60] S. *Canaris*, Anm. zum Beschluss des BAG (Fn. 54).
[61] *Canaris*, Anm. zu BAG (Fn. 54).
[62] S. BAG Urt. v. 30. 1. 1963 – 2 AZR 319/62, BAGE 14, 72 = NJW 1963, 1420; Urt. v. 16. 8. 1990 – 2 AZR 113/90, NJW 1991, 518, 520; Urt. v. 25. 4. 1991 – 2 AZR 624/90, NJW 1992, 1646, 1646; LAG Sachsen Urt. 27. 2. 2004 – 2 Sa 764/03, D-spezial 2005, 7, 8; LAG Nürnberg Urt. v. 4. 2. 2003 – 6 (5) Sa 981/01, LAGE BGB § 626 Nr. 148; LAG Schleswig-Holstein Urt. v. 3. 12. 2002 – 5 Sa 299 b/02, LAGE HGB § 60 Nr. 9.
[63] S. zum Erfordernis der umfassenden Interessenabwägung näher BAG Urt. v. 30. 1. 1963 (Fn. 62).
[64] S. BAG Urt. v. 16. 8. 1990 (Fn. 62) S. 143; Urt. v. 25. 4. 1991 (Fn. 62) S. 213; einschränkend jetzt: BAG Urt. v. 4. 6. 1997 – 2 AZR 526/96, BAGE 86, 95 = NJW 1998, 554.
[65] BAG Urt. v. 16. 8. 1990 (Fn. 62) S. 143.
[66] S. etwa ErfK/*Ascheid* § 1 KSchG RdNr. 132 ff.
[67] S. ErfK/*Ascheid* § 1 KSchG RdNr. 135 mwN.
[68] S. ErfK/*Ascheid* § 1 KSchG RdNr. 121 ff. mN. aus der Rspr.

durch die Aufhebung des Dienstverhältnisses entstehenden **Schadens** verpflichtet. Gemäß dieser Anspruchsgrundlage – der inzwischen aufgehobene § 70 Abs. 2 des Handelsgesetzbuches in der Fassung vom 10. 5. 1897 (RGBl. S. 219) enthielt eine inhaltlich übereinstimmende Schadensersatzregelung speziell für den kaufmännischen Bereich – ist nur der Schaden zu ersetzen, der grundsätzlich durch die vorzeitige Beendigung des Arbeitsverhältnisses entstanden ist. Insoweit muss ein **Zurechnungszusammenhang** bestehen.[69] Der Anspruch aus § 628 Abs. 2 BGB steht wegen der unterschiedlichen Kausalitätsanknüpfungspunkte neben dem in § 61 Abs. 1 geregelten Schadensersatzanspruch. Dieser fordert einen Kausalzusammenhang zwischen dem Verstoß gegen das Wettbewerbsverbot und dem entstandenen Schaden.[70]

Kann das vertragswidrige Verhalten des Arbeitnehmers eine fristlose Kündigung nicht rechtfertigen – dem Arbeitgeber ist eine Weiterbeschäftigung bis zum Ablauf der Kündigungsfrist oder bis zur vereinbarten Beendigung des Dienstverhältnisses zuzumuten – so kommt eine **ordentliche, verhaltensbedingte Kündigung** in Betracht. Auch für diese Kündigung ist eine Abmahnung grundsätzlich entbehrlich.[71]

5. Auskunftsanspruch. Nach der Rspr. des BAG ist derjenige, der einem anderen gegenüber vertraglich zur Wettbewerbsunterlassung verpflichtet ist, diesem darüber hinaus zur **Auskunft** verpflichtet, sobald er Anlass für die Vermutung gegeben hat, dass eine Vertragspflichtverletzung begangen worden ist.[72] Über die **rechtliche Grundlage** dieses Anspruchs besteht keine völlige Klarheit. Während das BAG jedenfalls bezogen auf den Schadensersatzanspruch aus § 61 Abs. 1 davon ausgeht, dass hieraus auch ein Auskunftsanspruch folgt,[73] dürfte es angesichts der unterschiedlichen Ansprüche und Rechte, die im Falle eines Verstoßes gegen § 60 Abs. 1 in Betracht kommen – Ansprüche auf Schadensersatz, Eintritt in abgeschlossene Geschäfte, auf Unterlassung sowie Kündigungsrechte – dogmatisch zutreffender sein, die Auskunftspflicht des vertragswidrig handelnden Arbeitnehmers allgemein aus § 242 BGB zu begründen.[74]

Der Auskunftsanspruch hat wesentlich zur Voraussetzung, dass der Arbeitgeber die **Wahrscheinlichkeit seines Anspruchs** darlegt.[75] Ihrem Umfang nach erstreckt sich die Auskunftspflicht auf alle Angaben, die Voraussetzung für einen der bei einem Verstoß gegen das Wettbewerbsverbot in Betracht kommenden Ansprüche sein können.[76]

Der Anspruch auf Auskunft kann allerdings **nicht weitergehen** als der Anspruch, auf dessen Verwirklichung er gerichtet ist.[77] Besteht etwa der Schadensersatzanspruch nicht oder ist er verjährt und erhebt der Arbeitnehmer die Verjährungseinrede, so entfällt insoweit auch der Auskunftsanspruch.[78]

IV. Verjährung

Gemäß der Regelung des § 61 Abs. 2 **verjähren** die Ansprüche nach § 61 Abs. 1 in drei Monaten von dem Zeitpunkt an, in welchem der Arbeitgeber Kenntnis von dem Abschlusse des Geschäfts erlangt. Ohne Rücksicht auf diese Kenntnis verjähren die Ansprüche in fünf Jahren von dem Abschlusse des Geschäfts an.

Der Zweck der im Kenntnisfalle kurzen Verjährungsfrist besteht darin, eine **rasche Bereinigung** der aus einem Verstoß gegen die Pflicht zur Wettbewerbsunterlassung folgenden Ansprüche zu erreichen.[79] Hiervon ausgehend werden von der Verjährungsregelung des § 61 Abs. 2 entgegen dem Wortlaut nicht nur Ansprüche aus der Verletzung des Verbots, in dem Handelszweig des Arbeitgebers Geschäfte zu machen, erfasst. Auch für Ansprüche aus der Verletzung des Verbots, ein Handelsgewerbe zu betreiben, gilt die kurze Verjährungsfrist.[80]

---

[69] S. nur Palandt/*Weidenkaff* § 628 RdNr. 7.
[70] S. oben RdNr. 4; unzutreffend deshalb *Weisemann/Schrader* DB 1980, Beil. 4, 4 ff., wonach von § 61 Abs. 1 der Auflösungsschaden mitumfasst sein soll.
[71] S. o. RdNr. 22; aA etwa *Glöckner*, Nebentätigkeitsverbote, S. 196; MünchArbR/*Blomeyer* § 52 RdNr. 47; *Hueck/v. Hoyningen-Huene* KSchG § 1 RdNr. 285 f.
[72] S. BAG Urt. v. 12. 5. 1972 (Fn. 14); LAG Baden-Württemberg Urt. v. 21. 2. 2002 – 6 Sa 83/01, LAGE HGB § 60 Nr. 8.
[73] S. BAG (Fn. 8).
[74] So LAG Baden-Württemberg Urt. v. 6. 6. 1989 – 8 Sa 17/89, LAGE HGB § 61 Nr. 1.
[75] S. BAG Urt. v. 12. 5. 1972 (Fn. 14); LAG Baden-Württemberg (Fn. 74); LAG Frankfurt a. M. Urt. v. 29. 7. 1969 – 6 Sa 464/68, DB 1970, 983 ; LAG Köln Urt. v. 17. 1. 2002 – 5 Sa 1141/01, juris.
[76] BAG Urt. v. 12. 5. 1972 (Fn. 14); s. auch *Buchner* (Fn. 4) RdNr. 124 ff.; MünchArbR/*Blomeyer* § 52 RdNr. 34.
[77] BAG Urt. v. 12. 5. 1972 (Fn. 14).
[78] BAG Urt. v. 12. 5. 1972 (Fn. 14); LAG Baden-Württemberg (Fn. 74).
[79] S. RG (Fn. 1) S. 255; BAG Urt. v. 12. 5. 1972 (Fn. 14).
[80] S. BAG Urt. v. 25. 5. 1970 – 3 AZR 384/69, BAGE 22, 344 = AP HGB § 60 Nr. 4; schon zuvor RG (Fn. 1) S. 253; s. auch *Buchner* (Fn. 4) RdNr. 127 ff.; Schlegelberger/*Schröder* RdNr. 7; MünchKommHGB/*v. Hoyningen-Huene* RdNr. 27; aA *Wagner* (Fn. 3) S. 83.

30 Der **Lauf der Verjährungsfrist** beginnt – wie der Wortlaut des § 61 Abs. 2 deutlich macht – in dem Zeitpunkt, in welchem der Arbeitgeber **Kenntnis** von dem „Abschlusse des Geschäfts" erlangt, also mit Erlangung der positiven Kenntnis, dass der Arbeitnehmer ein verbotswidriges Geschäft abgeschlossen hat.[81] Nach dem Wortlaut der Regelung kommt es auf die Kenntnis des Arbeitgebers selbst an. Die Bestimmung des § 166 Abs. 1 BGB, wonach sich der rechtsgeschäftlich Vertretene die Kenntnis seines Vertreters zurechnen lassen muss, ist zwar als Ausdruck eines allgemeinen Rechtsgedankens[82] auch über den rechtsgeschäftlichen Bereich hinaus entsprechend anwendbar. Das gilt jedoch grundsätzlich nicht für die Kenntniserlangung als Voraussetzung für den Beginn der Verjährung, wie der BGH mehrfach zu der Regelung des § 852 Abs. 1 BGB aF ausgesprochen hat.[83] Hiervon ist nur dann eine Ausnahme zu machen, wenn der Verletzte einen Dritten damit beauftragt hat, die erforderlichen Tatsachenfeststellungen vorzunehmen.[84] Ausgehend von den zur Verjährungsregelung des § 852 Abs. 1 BGB aF entwickelten Grundsätzen, kann es im Rahmen des § 61 Abs. 2 nur dann auf die **Kenntnis eines Dritten** für den Beginn des Laufs der Verjährungsfrist ankommen, wenn dieser vom Arbeitgeber zur Feststellung der für das Vorliegen einer Verletzung des Verbots nach § 60 Abs. 1 maßgebenden Tatsachen beauftragt worden ist.[85] Der Verjährungsbeginn wird nunmehr auch dann ausgelöst, wenn der Prinzipal infolge **grober Fahrlässigkeit** den Geschäftsabschluss durch den Handlungsgehilfen nicht kennt.[86] Diese Veränderung soll eine Angleichung des § 61 Abs. 2 an § 199 Abs. 1 Nr. 2 BGB herbeiführen.[87]

31 Besteht die verbotswidrige Tätigkeit des Handlungsgehilfen in dem **Betrieb eines Handelsgewerbes**, so **beginnt** der daraus entstehende Ansprüche des Arbeitgebers der **Lauf der Verjährungsfrist** nach zutreffender Ansicht ebenfalls erst in dem Zeitpunkt, in welchem der Arbeitgeber Kenntnis von dem Abschluss der einzelnen Geschäfte erlangt.[88] Gegen die Anknüpfung an die Kenntnis von dem Betrieb eines Handelsgewerbes[89] sprechen der Wortlaut des § 61 Abs. 2 sowie der Gesichtspunkt, dass die nach § 61 Abs. 1 in Betracht kommenden Ansprüche idR erst mit der unerlaubten Geschäftstätigkeit im Rahmen des betriebenen Handelsgewerbes entstehen können, wovon – wie das Eintrittsrecht deutlich macht – gerade auch der Gesetzgeber ausgeht.[90]

32 Ohne Rücksicht auf die Kenntnis des Arbeitgebers **verjähren die Ansprüche in fünf Jahren** von dem Abschlusse des Geschäfts an. Auch hier ist bezogen auf Ansprüche wegen der Verletzung des Verbots nach § 60 Abs. 1, Var. 1 davon auszugehen, dass die Verjährungsfrist an den Abschluss des einzelnen Geschäfts anknüpft.[91]

33 Die kurze Verjährungsfrist des § 61 Abs. 2 **gilt grundsätzlich für alle Ansprüche,** die der Arbeitgeber aus Wettbewerbsverstößen iSd. § 60 herleitet, also vor allem auch für Ansprüche aus positiver Forderungsverletzung und unerlaubter Handlung.[92] Dies gilt ebenso für Ansprüche des Arbeitgebers, die auf den Tatbestand einer sittenwidrigen vorsätzlichen Schädigung nach § 826 BGB gestützt werden.[93] Anerkannt ist die Geltung auch für den aus § 60 Abs. 1 folgenden Unterlassungsanspruch.[94] Maßgebender Grund für die Ausdehnung der Verjährungsfrist über die Ansprüche des § 61 Abs. 1 hinaus ist der Gesichtspunkt, dass ansonsten – so das BAG – die mit der kurzen Verjährungsfrist bezweckte rasche Verfolgung und Feststellung der Ansprüche illusorisch bliebe.[95] Daraus folgt aber auch die Begrenzung des Anwendungsbereichs von § 61 Abs. 2: Die kurze Verjährungsfrist kommt dort nicht zum Tragen, wo Ansprüche aus § 61 Abs. 1 und aus anderen

---

[81] Vgl. BAG (Fn. 5) S. 2527, wo das BAG dementsprechend auf den Zeitpunkt des Erhalts einer Rechnungskopie abstellt.
[82] Palandt/*Heinrichs* § 166 RdNr. 9.
[83] S. BGH Urt. v. 29. 1. 1968 – III ZR 118/67, NJW 1968, 988, 988; Urt. v. 15. 10. 1992 – IX ZR 43/92, NJW 1993, 648, 652.
[84] S. BGH Urt. v. 29. 1. 1968 (Fn. 83) S. 988.
[85] Weiter etwa MünchArbR/*Blomeyer* § 52 RdNr. 42; MünchKommHGB/*v. Hoyningen-Huene* RdNr. 32.
[86] S. *Wagner* ZIP 2005, 563 ff.
[87] S. BT-Drucks. 15/3653 S. 18.
[88] S. MünchArbR/*Blomeyer* § 52 RdNr. 45; Heymann/*Henssler* RdNr. 21; *Roehsler/Borrmann* (Fn. 4) S. 61.
[89] So etwa RG (Fn. 1) S. 255; Staub/*Konzen/Weber* RdNr. 18; MünchKommHGB/*v. Hoyningen-Huene* RdNr. 33; *Weisemann/Schrader* DB 1980, Beil. 4, 4, 6.
[90] S. auch MünchArbR/*Blomeyer* § 52 RdNr. 45.
[91] Wie hier Heymann/*Henssler* RdNr. 21; *Roehsler/Borrmann* (Fn. 4) S. 61; aA zB MünchKommHGB/*v. Hoyningen-Huene* RdNr. 34; GK/*Etzel* RdNr. 15; Schlegelberger/*Schröder* RdNr. 8.
[92] S. BAG (Fn. 5).
[93] Offengelassen von BAG (Fn. 5) S. 2527; zustimmend BAG Urt. v. 11. 4. 2000 – 9 AZR 131/99, BAGE 94, 199, 203 = NJW 2001, 172, 173. Soweit das BAG den Gerechtigkeitsgehalt des § 61 Abs. 2 als „nicht sonderlich eindrucksvoll" angesehen und deshalb dessen Anwendungsbereich eingeschränkt hat (BAG Urt. v. 16. 1. 1975 – 3 AZR 72/74, AP HGB § 60 Nr. 8), gibt es nunmehr diese Ansicht auf.
[94] S. RG (Fn. 1) S. 254 f; aA *Wagner* (Fn. 3) S. 82.
[95] BAG Urt. v. 12. 5. 1972 (Fn. 14).

Rechtsgrundlagen im Regelfalle nicht miteinander konkurrieren. Das trifft auf Schadensersatzansprüche aus § 823 Abs. 2 iVm. strafrechtlichen Schutzgesetzen, insbesondere dem Treubruchstatbestand des § 266 StGB, zu.[96]

§ 62 [Fürsorgepflicht des Arbeitgebers]

(1) Der Prinzipal ist verpflichtet, die Geschäftsräume und die für den Geschäftsbetrieb bestimmten Vorrichtungen und Gerätschaften so einzurichten und zu unterhalten, auch den Geschäftsbetrieb und die Arbeitszeit so zu regeln, daß der Handlungsgehilfe gegen eine Gefährdung seiner Gesundheit, soweit die Natur des Betriebs es gestattet, geschützt und die Aufrechterhaltung der guten Sitten und des Anstandes gesichert ist.

(2) Ist der Handlungsgehilfe in die häusliche Gemeinschaft aufgenommen, so hat der Prinzipal in Ansehung des Wohn- und Schlafraums, der Verpflegung sowie der Arbeits- und Erholungszeit diejenigen Einrichtungen und Anordnungen zu treffen, welche mit Rücksicht auf die Gesundheit, die Sittlichkeit und die Religion des Handlungsgehilfen erforderlich sind.

(3) Erfüllt der Prinzipal die ihm in Ansehung des Lebens und der Gesundheit des Handlungsgehilfen obliegenden Verpflichtungen nicht, so finden auf seine Verpflichtung zum Schadensersatze die für unerlaubte Handlungen geltenden Vorschriften der §§ 842 bis 846 des Bürgerlichen Gesetzbuchs entsprechende Anwendung.

(4) Die dem Prinzipal hiernach obliegenden Verpflichtungen können nicht im voraus durch Vertrag aufgehoben oder beschränkt werden.

Schrifttum: *Becker-Schaffner,* Ist der Arbeitgeber verpflichtet, die vom Arbeitnehmer in den Betrieb eingebrachten Sachen zu versichern?, VersR 1972, 322; *Bergwitz,* Das betriebliche Rauchverbot, NZA-RR 2004, 169; *Boecken,* Berücksichtigung anderweitigen Erwerbs gem. § 615 Satz 2 BGB, NJW 1995, 3218; *ders.,* Deliktsrechtlicher Eigentumsschutz gegen reine Nutzungsbeeinträchtigungen, 1995; *Bydlinski,* Die Einrede des nicht erfüllten Vertrages in Dauerschuldverhältnissen, FS Steinwenter, 1958, S. 140; *Canaris,* Schutzgesetze – Verkehrspflichten – Schutzpflichten, FS Larenz, 1983, S. 27; *Denck,* Arbeitsschutz und Anzeigerecht des Arbeitnehmers, DB 1980, 2132; *Düwell,* Nichtraucherschutz im Betrieb, AiB 2002, 400; *Eich,* Aids und Arbeitsrecht, NZA 1987, Beil. 2/87, 10; *Galperin,* Die Einwirkung öffentlich-rechtlicher Arbeitsschutznormen auf das Arbeitsverhältnis, BB 1963, 739; *Heiderhoff* Zurückbehaltungsrecht an der Arbeitskraft und fristlose Kündigung, JuS 1998, 1087; *Heilmann,* Rauchen am Arbeitsplatz?, BB 1994, 715; *Herschel,* Zur Dogmatik des Arbeitsschutzrechts, RdA 1978, 69; *Karollus,* Funktion und Dogmatik der Haftung aus Schutzgesetzverletzung, 1992; *Kressel,* Parkplätze für Betriebsangehörige, RdA 1992, 169; *Leßmann,* Neues über Rauchverbote am Arbeitsplatz, AuR 1995, 241; *Lorenz,* Nichtraucherschutz am Arbeitsplatz, DB 2003, 721; *ders.,* Kontra dem Tabakqualm am Arbeitsplatz, AuA 2002, 212; *Löwisch,* Der Erlaß von Rauchverboten zum Schutz vor Passivrauchen am Arbeitsplatz, DB 1979, Beil. 1/79, 2; *Maaß,* Schutz vor Gefahrstoffen am Arbeitsplatz, NZA 1998, 688; *Märtins,* Arbeitsschutz und Unfallverhütung im Öffentlichen Dienst, ZTR 1992, 223, 267; *Molkentien,* Das Recht auf Arbeitsverweigerung bei Gesundheitsgefährdung des Arbeitnehmers, NZA 1997, 849; *Möllers,* Rechtsschutz des Passivrauchers, JZ 1996, 1050; *Opfermann,* Die neue Arbeitsstättenverordnung, BB 1975, 886; *Schierbaum/Franz,* Bildschirmarbeitsverordnung – Mitbestimmung des Betriebsrates nach § 87 Abs. 1 Nr. 7 BetrVG, AuR 1999, 82; *Schmidt,* Gesetzlicher Nichtraucherschutz – ein Gebot der Stunde, BB 1994, 1213; *Scholz,* Verfassungsfragen zum Schutz des Nichtrauchers, DB 1979, Beil. 10/79, 2; *Söllner,* Das Zurückbehaltungsrecht des Arbeitnehmers, ZfA 1973, 1; *Stürner,* Der Anspruch auf Erfüllung von Treue- und Sorgfaltspflichten, JZ 1976, 384; *Wagner,* Die Besonderheiten beim Arbeitsverhältnis des Handlungsgehilfen, 1993; *Wellenhofer-Klein,* Der rauchfreie Arbeitsplatz, RdA 2003, 155; *Wlotzke,* Technischer Arbeitsschutz im Spannungsverhältnis von Arbeits- und Wirtschaftsrecht, RdA 1992, 85.

Übersicht

	RdNr.		RdNr.
I. Normzweck	1–6	d) Arbeitszeit	24
II. Geltungsbereich	7–12	3. Umfang der Fürsorgepflicht	25–29
1. Persönlicher Anwendungsbereich	7–9	**IV. Fürsorgepflicht bei Aufnahme in die häusliche Gemeinschaft (Abs. 2)**	30–34
2. Sachlicher Anwendungsbereich	10, 11	**V. Rechtsfolgen bei Pflichtverletzung**	35–50
3. Räumlicher Geltungsbereich	12	1. Erfüllungsanspruch	37–39
III. Fürsorgepflicht nach § 62 Abs. 1	13–29	2. Leistungsverweigerungsrecht	40–45
1. Geschützte Rechtsgüter	14–20	3. Anspruch auf Schadensersatz	46–49
2. Gefahrenbereiche	21–24	4. Recht zur Kündigung	50
a) Geschäftsräume	21	**VI. Unabdingbarkeit**	51, 52
b) Vorrichtungen und Gerätschaften	22		
c) Geschäftsbetrieb	23		

---

[96] Überzeugend LAG Baden-Württemberg (Fn. 74).

I. Normzweck

1 Die seit dem Inkrafttreten des Handelsgesetzbuchs vom 10. 5. 1897 (RGBl. S. 219 ff.) unveränderte Regelung des § 62 bezweckt nach Abs. 1 einen **Schutz des Handlungsgehilfen** vor vermeidbaren Gefahren bzw. Schäden für Leben und Gesundheit[1] sowie die Aufrechterhaltung der guten Sitten und des Anstands im Zusammenhang mit der Erfüllung seiner arbeitsvertraglich geschuldeten Tätigkeit. Insoweit wird der Arbeitgeber verpflichtet, Geschäftsräume und die für den Geschäftsbetrieb bestimmten Vorrichtungen und Gerätschaften entsprechend einzurichten und zu unterhalten sowie den Geschäftsbetrieb selbst und die Arbeitszeit entsprechend zu regeln (s. RdNr. 13 ff.). § 62 Abs. 2 erlegt dem Arbeitgeber zusätzliche Verpflichtungen hinsichtlich Gesundheit, Sittlichkeit und Religion des Handlungsgehilfen für den Fall auf, dass dieser in die häusliche Gemeinschaft aufgenommen ist (s. RdNr. 30 ff.). Kommt der Arbeitgeber seinen Verpflichtungen zum Schutze von Leben und Gesundheit des Handlungsgehilfen nicht nach, so gelten nach § 63 Abs. 3 die deliktsrechtlichen Regelungen der §§ 842 bis 846 entsprechend (s. RdNr. 47 ff.). Schließlich enthält § 62 Abs. 4 eine Unabdingbarkeitsregelung (s. RdNr. 51 f.).

2 § 62 stellt insbesondere in seinen Absätzen 1 und 2 eine **Konkretisierung** der dem Arbeitgeber bereits nach allgemeinen schuldrechtlichen Grundsätzen gemäß § 242 obliegenden **Fürsorgepflicht** dar.[2] Insoweit steht § 62 in einer Reihe mit der wörtlich und inhaltlich weitgehend übereinstimmenden Regelung des § 618 BGB, die nach dem Vorbild der §§ 120 a bis 120 c GewO[3] geschaffen wurde.[4]

3 Die in § 62 konkretisierte Fürsorgepflicht des Arbeitgebers in Gestalt der Auferlegung bestimmter Pflichten zum Schutze von Leben und Gesundheit des Handlungsgehilfen ist **Ausschnitt einer Vielzahl privat- und öffentlich-rechtlicher Regeln,** die auf den Lebens- und Gesundheitsschutz des Arbeitnehmers ausgerichtet sind.[5]

4 Aus dem Bereich des Privatrechts sei hingewiesen auf das **erzwingbare Mitbestimmungsrecht des Betriebsrats** nach § 87 Abs. 1 Nr. 7 BetrVG, wonach dieser bei Regelungen über die Verhütung von Arbeitsunfällen und Berufskrankheiten sowie über den Gesundheitsschutz im Rahmen der gesetzlichen Vorschriften oder der Unfallverhütungsvorschriften mitzubestimmen hat.[6] Die Bestimmung macht deutlich, dass das Mitbestimmungsrecht des Betriebsrats durch den öffentlich-rechtlichen Arbeitsschutz begrenzt wird.[7] Ergänzt wird das Mitbestimmungsrecht nach § 87 Abs. 1 Nr. 7 durch die in § 89 BetrVG normierten Aufgaben des Betriebsrats bezogen auf den Bereich des Arbeitsschutzes.

5 Aus der Fülle von Regelungen des **öffentlich-rechtlichen, staatlichen Arbeitsschutzrechts**[8] seien jenseits des grundlegenden Arbeitsschutzgesetzes vom 7. 8. 1996[9] unter Berücksichtigung der von § 62 erfassten Bereiche die **Arbeitsstättenverordnung** vom 12. 8. 2004[10] und die hierzu erlassenen Arbeitsstätten-Richtlinien sowie die **Gefahrstoffverordnung** vom 23. 12. 2004[11] hervorgehoben. Als zweite Säule des öffentlich-rechtlichen Arbeitsschutzes sind die **Unfallverhütungsvorschriften** der Berufsgenossenschaften als Träger der gesetzlichen Unfallversicherung (s. § 22

---

[1] S. BAG Urt. v. 27. 2. 1970 – 1 AZR 258/69, AP BGB § 618 Nr. 16; BAG Urt. v. 2. 2. 1994 – 5 AZR 273/93, BAGE 75, 332, 338 = NZA 1994, 610, 612.
[2] S. bezogen auf § 618 BGB *Planck*, BGB 1./2. Aufl., § 618 RdNr. 2; Staudinger/*Oetker* § 618 RdNr. 12; allgemein zur Fürsorgepflicht des Arbeitgebers *Hueck/Nipperdey*, Lehrbuch des Arbeitsrechts, Bd. 1, 7. Aufl. 1963, 390 ff.; die Rechtsprechung hat sich bislang auf § 242 BGB gestützt, der nunmehr durch § 241 Abs. 2 BGB eine speziellere Ausformung erhalten hat.
[3] § 120 a GewO aufgehoben durch Art. 4 Ziff. 1 des Gesetzes zur Umsetzung der EG-Rahmenrichtlinie Arbeitsschutz und weiterer Arbeitsschutzrichtlinien vom 7. 8. 1996, BGBl. I S. 1246. An seine Stelle sind die Bestimmungen des als Art. 1 des o. a. Gesetzes verkündeten Arbeitsschutzgesetzes getreten; §§ 120 b, 120 c GewO mit Wirkung vom 1. 1. 2003 aufgehoben durch Art. 1 Ziff. 20 des Dritten Gesetzes zur Änderung der Gewerbeordnung und sonstiger gewerberechtlicher Vorschriften vom 24. 8. 2002, BGBl. I S. 3412.
[4] S. *Planck* (Fn. 2) § 618 RdNr. 1.
[5] Zu den Rechtsquellen des technischen Arbeitsschutzes s. ausführlich den Überblick bei Staudinger/*Oetker* § 618 RdNr. 28 ff.; zum Arbeitsschutz bzw. zur Dogmatik des Arbeitsschutzes s. *Herschel* RdA 1978, 69 ff.; *Märtins* ZTR 1992, 223 ff.; *Wlotzke* RdA 1992, 85.
[6] S. dazu *Fitting* BetrVG § 87 RdNr. 251 ff.; *Löwisch* BetrVG § 87 RdNr. 82 ff.; *Kittner*, FS Däubler, 1999, S. 690 ff.
[7] S. dazu *Löwisch* BetrVG § 87 RdNr. 82.
[8] Dazu Staudinger/*Oetker* § 618 RdNr. 59 ff.
[9] BGBl. I S. 1246; zuletzt geändert durch Verordnung vom 31. 10. 2006, BGBl. I S. 2407. Siehe dazu *Wlotzke*, FS Däubler, 1999, S. 654 ff.
[10] BGBl. I S. 2179; zuletzt geändert durch Verordnung vom 6. 3. 2007, BGBl. I S. 261; hierzu ErfK/*Wank* § 618 BGB RdNr. 7 ff.
[11] BGBl. I S. 3758; zuletzt geändert durch Verordnung vom 6. 3. 2007, BGBl. I S. 261; dazu Staudinger/*Oetker* § 618 RdNr. 80 ff.

Abs. 2 SGB I und § 114 SGB VII) zu nennen, die von diesen nach § 15 Abs. 1 SGB VII als autonomes Recht erlassen werden.[12] Ebenso wie die staatlichen Arbeitsschutzbestimmungen konkretisieren die Unfallverhütungsvorschriften die nach § 62 Abs. 1, Abs. 2 bestehenden Fürsorgepflichten des Arbeitgebers.[13] Dem gesetzlichen Unfallversicherungsrecht kommt über die Konkretisierung der arbeitgeberseitigen Verpflichtungen hinaus im Zusammenhang mit der Regelung des § 62 unter dem Gesichtspunkt Bedeutung zu, dass im Falle von Pflichtverletzungen des Arbeitgebers bei Vorliegen eines Versicherungsfalles iSd. Unfallversicherungsrechts – gemäß § 7 Abs. 1 SGB VII Arbeitsunfälle und Berufskrankheiten – unter den Voraussetzungen des § 104 SGB VII eine **privatrechtliche Haftung des Arbeitgebers ausgeschlossen** ist, mithin also die privatrechtlichen Rechtsfolgen einer Fürsorgepflichtverletzung iSv. § 62 unfallversicherungsrechtlich beeinflusst werden (s. dazu noch RdNr. 49).

Als dritte Säule des öffentlich-rechtlichen Arbeitsschutzrechts, die für den von § 62 umgrenzten **6** Fürsorgepflichtbereich – je nach Art des Rechtsakts direkt (Verordnung) oder indirekt durch Umsetzung (Richtlinie) – Bedeutung erlangt, ist auf das **europäische Arbeitsschutzrecht** hinzuweisen.[14] Im Hinblick auf die in § 62 angesprochenen Gefahrenbereiche seien etwa bezogen auf Gefahren der Arbeitsstätte die Richtlinie 2003/10/EG vom 6. 2. 2003 über Mindestvorschriften zum Schutz von Sicherheit und Gesundheit der Arbeitnehmer vor der Gefährdung durch physikalische Einwirkungen (ABl. 2003 Nr. L 42, 38) und die Richtlinie 83/477/EWG vom 19. 9. 1983 über den Schutz der Arbeitnehmer gegen Gefährdung durch Asbest am Arbeitsplatz[15] sowie bezogen auf Gefahren durch Arbeitsmittel die Richtlinie 90/270/EWG über die Mindestvorschriften bezüglich der Sicherheit und des Gesundheitsschutzes bei der Arbeit an Bildschirmgeräten[16] hervorgehoben. Für die Ausgestaltung des nationalen Arbeitsschutzrechts kommt den europarechtlichen Richtlinien die Funktion von Mindestvorschriften zu,[17] darüber hinaus sind diese Richtlinien – was auch für die Anwendung von § 62 von besonderer Bedeutung ist – bei der Auslegung des nationalen Rechts, auch des Arbeitsschutzrechts, zu berücksichtigen.[18]

II. Geltungsbereich

1. Persönlicher Anwendungsbereich. Ihrem Wortlaut und Regelungszusammenhang nach ist **7** die Bestimmung des § 62 auf den **Schutz des dienstvertraglich verpflichteten Handlungsgehilfen**[19] ausgerichtet. Darüber hinaus werden auch Familienangehörige erfasst, soweit diese berechtigt sind, sich während der vom Handlungsgehilfen zu entrichtenden Dienste in den Räumen des Arbeitgebers aufzuhalten.[20] Dogmatisch lässt sich dieser Schutz mit der Rechtsfigur des Vertrages zugunsten Dritter begründen.

In den Schutz einbezogen sind auch Arbeitnehmer, die im Rahmen eines **Leiharbeitsverhält- 8 nisses** bei dem (entleihenden) Arbeitgeber tätig werden.[21] Das folgt zwar nicht unmittelbar aus § 62 Abs. 1, der – wie der systematische Zusammenhang mit § 59 deutlich macht – unmittelbar auf den Handlungsgehilfen bezogen ist, der in einem Handelsgewerbe zur Leistung kaufmännischer Dienste gegen Entgelt angestellt ist. Die Geltung der arbeitgeberseitigen Schutzpflicht insoweit lässt sich auch nicht mit Blick auf § 11 Abs. 6 Satz 1 AÜG begründen, wonach die Tätigkeit des Leiharbeitnehmers bei dem Entleiher den für dessen Betrieb geltenden öffentlich-rechtlichen Vorschriften des Arbeitsschutzrechts unterliegt. Die mit der Geltung der privatrechtlichen Fürsorgepflicht nach § 62 hergestellte „Konkordanz" zur Anwendung des öffentlichen Rechts[22] ist zwar wünschenswert, lässt sich jedoch mit dem Hinweis auf § 11 Abs. 6 Satz 1 AÜG nicht begründen. Die Geltung auch für Leiharbeitnehmer folgt vielmehr aus dem Vertrauensschutzgedanken.[23]

Auf **Arbeitnehmer außerhalb des kaufmännischen Bereichs** findet § 62 keine Anwendung.[24] **9** Insoweit gelten die inhaltlich weitgehend vergleichbaren Vorschriften der §§ 618, 619 BGB. Im

---

[12] S. dazu *J. Schmitt* SGB VII § 15 RdNr. 1 ff.; Staudinger/*Oetker* § 618 RdNr. 85 f.
[13] S. BAG Urt. v. 10. 3. 1976 – 5 AZR 34/75, AP BGB § 618 Nr. 17; *Galperin* BB 1963, 739, 742.
[14] S. dazu *Krimphove*, Europäisches Arbeitsrecht, 218 ff.; Staudinger/*Oetker* § 618 RdNr. 40 ff.
[15] ABl. 1983 Nr. L 263, 25, geändert durch Richtlinie 2003/18/EG v. 27. 3. 2003, ABl. 2003 Nr. L 97, 48.
[16] ABl. 1990 Nr. L 156, 14; dazu *Schierbaum/Franz* AuR 1999, 82 ff.
[17] S. *Krimphove* (Fn. 14) S. 228.
[18] S. BAG Urt. v. 8. 5. 1996 – 5 AZR 971/94, BAGE 83, 95, 102 = NJW 1996, 3028, 3029; *Dücker/Feldhoff/Kohte*, Vom Arbeitsschutz zur Arbeitsumwelt, 1994, RdNr. 328 ff.
[19] Zum Begriff s. § 59 RdNr. 8.
[20] S. RG Urt. v. 6. 1. 1939 – III 26/38, RGZ 159, 283, 285 bezogen auf § 618 BGB.
[21] S. nur Staub/*Konzen/Weber* RdNr. 1.
[22] So Staudinger/*Oetker* § 618 RdNr. 96.
[23] Dazu näher mit Nachw. Staub/*Konzen/Weber* RdNr. 1.
[24] S. nur MünchKommHGB/*v. Hoyningen-Huene* RdNr. 8.

Verhältnis zu diesen Bestimmungen ist § 62 lex specialis.[25] Für bestimmte Arbeitnehmergruppen wird die allgemeine Schutzregelung des § 62 durch Sondervorschriften ergänzt, die allerdings nicht in einem lex specialis-Verhältnis zu § 62 stehen. Hierzu gehören etwa § 2 MuSchG betreffend die Gestaltung des Arbeitsplatzes für werdende und stillende Mütter wie auch §§ 28 ff. JArbSchG betreffend die sonstigen Pflichten des Arbeitgebers zum Schutze von Jugendlichen iSv. § 1 JArbSchG.

10 **2. Sachlicher Anwendungsbereich.** Der sachliche Anwendungsbereich des § 62 Abs. 1 erstreckt sich auf den Schutz des Handlungsgehilfen[26] vor **Gefahren für Leben und Gesundheit sowie Sittlichkeit und Anstand,** die aus der Einrichtung und Unterhaltung von **Geschäftsräumen** und der für den Geschäftsbetrieb bestimmten **Vorrichtungen und Gerätschaften** resultieren sowie aus der **Regelung des Geschäftsbetriebs** selbst und der **Arbeitszeit.** Dieser Schutzbereich wird in § 62 Abs. 2 erweitert auf den Schutz vor Gefahren für Leben, Gesundheit, Sittlichkeit und Religion des Handlungsgehilfen, die aus einer **Aufnahme in die häusliche Gemeinschaft** entstehen können.

11 Auf Gefahrenbereiche, die außerhalb der vorgenannten Anknüpfungspunkte liegen, erstreckt sich die Fürsorgepflicht des Arbeitgebers nicht. Hierzu zählen etwa **Gefahren auf dem Weg von und zu der Arbeit,** unfallversicherungsrechtlich gesprochen das Risiko eines Wegeunfalls (§ 8 Abs. 2 SGB VII). Diese Risiken des Arbeitnehmers sind im Falle ihrer Verwirklichung zwar Arbeitsunfälle und damit unfallversicherungsrechtlich gedeckt.[27] Die in § 62 konkretisierte Fürsorgepflicht des Arbeitgebers erfasst solche Risiken jedoch nicht.[28] Mit dieser sachlichen Risikobegrenzung steht im Einklang, wenn das Reichsgericht etwa eine Haftung des Arbeitgebers für Schäden verneint, die durch unerlaubt aus den Räumen des Arbeitgebers entfernte Gegenstände außerhalb des Betriebs nach Beendigung der Arbeitszeit hervorgerufen werden.[29]

12 **3. Räumlicher Geltungsbereich.** § 62 Abs. 1 findet auch in den **neuen Bundesländern Anwendung,** nicht hingegen § 62 Abs. 2 bis 4 (s. Anl., I Kap. VIII, Sachg. A, Abschn. III Nr. 2 des Einigungsvertrages). Die Nichterstreckung dieser Regelungen auf den Bereich der neuen Bundesländer, woran sich auch nichts durch das Handelsrechtsreformgesetz vom 22. 6. 1998 (BGBl. I S. 1474) geändert hat, steht mit dem in Art. 30 Abs. 1 Ziff. 1 des Einigungsvertrages enthaltenen Auftrag an den gesamtdeutschen Gesetzgeber zur Kodifizierung eines Arbeitsvertragsrechts im Zusammenhang.[30]

III. Fürsorgepflicht nach § 62 Abs. 1

13 Nach § 62 Abs. 1 werden bestimmte Rechtsgüter (s. RdNr. 14 ff.) gegen Gefahren aus bestimmten Bereichen (s. RdNr. 21 ff.) in einem gesetzlich bestimmten Umfang (s. RdNr. 25 ff.) geschützt.

14 **1. Geschützte Rechtsgüter.** Der Arbeitgeber hat die in § 62 Abs. 1 genannten Gefahrenbereiche so einzurichten und zu unterhalten bzw. zu regeln, dass – wie es heißt – der Handlungsgehilfe gegen eine **Gefährdung seiner Gesundheit** geschützt und die Aufrechterhaltung der **guten Sitten** und des **Anstands** gesichert ist. Damit erstreckt sich die arbeitgeberseitige Fürsorgepflicht nach § 62 Abs. 1 auf den Schutz bestimmter Rechtsgüter.

15 Hierzu zählt zunächst der **Schutz der Gesundheit** des Arbeitnehmers, womit allgemeiner Ansicht nach der Schutz der physischen Integrität gemeint ist, nicht auch das Wohlbefinden des Arbeitnehmers in geistiger und sozialer Hinsicht.[31] Dieser Auffassung kann zugestimmt werden, sofern – in Übereinstimmung mit dem Begriff der Gesundheitsverletzung iSd. § 823 Abs. 1 BGB – der Schutz der physischen Integrität einen Schutz gegen jegliche Einwirkungen beinhaltet, die in körperlicher, geistiger und seelischer Hinsicht Abweichungen von den normalen körperlichen Funktionen hervorrufen.[32]

16 Nicht ausdrücklich erwähnt, aber mit dem Schutz der Gesundheit letztlich auch erfasst ist der **Schutz des Lebens** des Handlungsgehilfen.[33] Systematisch bestätigt wird das im Übrigen durch die Regelung des § 62 Abs. 3, die bestimmte Rechtsfolgen für den Fall anordnet, dass der Arbeitgeber

---

[25] S. MünchKommHGB/*v. Hoyningen-Huene* RdNr. 3.
[26] Und weiterer Personen, s. o. RdNr. 7 ff.
[27] S. *J. Schmitt* (Fn. 12) § 8 RdNr. 136 ff.
[28] S. BGH Urt. v. 20. 2. 1958 – VII ZR 76/57, BGHZ 26, 365, 370 = NJW 1958, 710, 710 f.
[29] S. RG (Fn. 20) S. 285 f.
[30] S. die Begründung zum Entwurf des Handelsrechtsreformgesetzes, BR-Drucks. 340/97 S. 45 und die Kommentierung zu § 64 RdNr. 2.
[31] S. Erman/*Belling* § 618 RdNr. 9; MünchKommBGB/*Lorenz* § 618 RdNr. 56.
[32] Zum Begriff der Gesundheitsverletzung iSd. § 823 Abs. 1 BGB s. BGH Urt. v. 30. 4. 1991 – VI ZR 178/90, BGHZ 114, 284, 289 = NJW 1991, 1948, 1949.
[33] S. BAG Urt. v. 5. 3. 1959 – 2 AZR 268/56, BAGE 7, 280, 283 = NJW 1959, 1555, 1556; *Wagner*, Die Besonderheiten beim Arbeitsverhältnis des Handlungsgehilfen, S. 118; Staub/*Konzen/Weber* RdNr. 6.

"in Ansehung des Lebens und der Gesundheit" seinen Verpflichtungen nach § 62 Abs. 1, Abs. 2 nicht nachkommt.[34]

Als Schutzgut nennt § 62 Abs. 1 des Weiteren die **Aufrechterhaltung der guten Sitten** und des **Anstands.** Abgesehen von dem daran bestehenden öffentlichen Interesse wird mit dieser Verpflichtung des Arbeitgebers auch eine Rechtsposition des Arbeitnehmers geschützt, und zwar dessen allgemeines Persönlichkeitsrecht, das über die rechtsfortbildende Einbeziehung in § 823 Abs. 1 BGB[35] auch zivilrechtliche Anerkennung gefunden hat.

Die insoweit anzulegenden Pflichtmaßstäbe ergeben sich, wenn nicht konkretisierende gesetzliche Regelungen bestehen wie etwa das Gesetz zum Schutz der Beschäftigten vor sexueller Belästigung am Arbeitsplatz,[36] aus dem **Anstandsgefühl aller billig und gerecht Denkenden,**[37] womit es letztlich angesichts der geringen Konkretisierungsdichte dieser Formel den Rechtsanwendern überlassen ist, Anforderungen an die diesbezügliche Fürsorgepflicht des Arbeitgebers zu entwickeln.

In den Schutz des § 62 Abs. 1 nicht einbezogen ist das **Eigentum des Arbeitnehmers,** das dieser im Zusammenhang mit der Erbringung der Arbeitsleistung einbringt.[38] § 62 Abs. 1 dient abgesehen von der Aufrechterhaltung von Sitte und Anstand wesentlich dem Schutz von Leben und Gesundheit des Arbeitnehmers. Angesichts dieser eindeutigen Ausrichtung verbietet sich auch eine analoge Anwendung des § 62 Abs. 1 im Hinblick darauf, dass Leben und Gesundheit einerseits und Eigentum andererseits einen gleichrangigen Stellenwert nicht haben.[39]

Eine Verpflichtung des Arbeitgebers, für den **Schutz eingebrachter Sachen** des Arbeitnehmers zu sorgen, kann sich jedoch aus der allgemeinen Fürsorgepflicht des Arbeitgebers ergeben. Hiernach kann dieser verpflichtet sein, entweder Einrichtungen zum Schutze des eingebrachten Arbeitnehmereigentums zu schaffen oder doch wenigstens durch Verbotsmaßnahmen die Arbeitnehmer vor einer Gefährdung zu bewahren.[40] Der Umfang dieser Verpflichtung richtet sich nach den Umständen des Einzelfalles.[41]

2. Gefahrenbereiche. a) Geschäftsräume. Der **Begriff der Geschäftsräume** ist in einem weiten, über den eigentlichen Wortgehalt hinausgehenden Sinne zu verstehen. Erfasst werden neben Arbeitsstätten in geschlossenen Räumen auch solche Örtlichkeiten, die sich außerhalb von Räumlichkeiten im Freien befinden, sofern der Arbeitnehmer an diesen Örtlichkeiten seine arbeitsvertraglich geschuldete Arbeitsleistung zu erbringen hat.[42] Damit kann auch eine Örtlichkeit auf oder an einem öffentlichen Weg, die als Arbeitsstätte dient, ein Geschäftsraum iSd. § 62 Abs. 1 sein.[43] Im Übrigen werden dem Gemeingebrauch gewidmete öffentliche Wege nicht von dem Begriff der Geschäftsräume umfasst.[44] Über die zur Erbringung der Arbeitsleistung vorgesehenen Örtlichkeiten hinaus gehören zu den Geschäftsräumen auch die Örtlichkeiten, die der Arbeitnehmer im Zusammenhang mit der Erfüllung seiner Verpflichtung mit Einverständnis des Arbeitgebers aufsucht.[45] Zu nennen sind etwa Toiletten, Waschräume und Kantinen.[46] Eine Verantwortlichkeit des Arbeitgebers nach § 62 Abs. 1 wird jedoch nur für solche Geschäftsräume bzw. Örtlichkeiten begründet, an denen sich der Arbeitnehmer im Zusammenhang mit der Erbringung seiner Arbeitsleistung **befugtermaßen** aufhält.[47] Das folgt ohne weiteres aus der Funktion der Vorschrift, im Rahmen und unter Anknüpfung an das Arbeitsverhältnis in Bezug auf bestimmte Gefahrenbereiche, denen der Arbeitnehmer zwangsläufig ausgesetzt ist, die Fürsorgepflicht des Arbeitgebers zum Schutze bestimmter Rechtsgüter des Arbeitnehmers zu konkretisieren. Für Orte, an denen sich der Arbeitnehmer unerlaubt, weil nicht durch seine vertragliche Pflichterfüllung begründet, aufhält, kann allerdings im

---

[34] S. außerdem die Parallelvorschrift des § 618 Abs. 1 BGB.
[35] S. nur BGH Urt. v. 25. 5. 1954 – I ZR 211/53, BGHZ 13, 334 ff. und Urt. v. 2. 4. 1957 – VI ZR 9/56, BGHZ 24, 72, 78 ff. = NJW 1957, 1146, 1147.
[36] Beschäftigtenschutzgesetz v. 24. 6. 1994, BGBl. I S. 1406.
[37] S. BGH Urt. v. 29. 9. 1977 – III ZR 164/75, BGHZ 69, 295, 297 = NJW 1977, 2356, 2357 und schon vorher Urt. v. 9. 7. 1953 – IV ZR 242/52, BGHZ 10, 228, 232, jeweils zu § 138 BGB.
[38] S. BAG (Fn. 33) S. 283. Zur Problematik s. auch *Becker/Schaffner* VersR 1972, 322 ff.; *Kreßel* RdA 1992, 169 ff.
[39] S. BAG (Fn. 33) S. 283.
[40] BAG (Fn. 33) S. 283.
[41] S. *Zöllner/Loritz*, Arbeitsrecht, 5. Aufl. 1998, § 16 I 3, S. 205 mwN.
[42] S. *BGH* (Fn. 28) S. 370 f. bezogen auf § 618 Abs. 1 BGB. Zum Begriff der Geschäftsräume s. auch MünchKommHGB/*v. Hoyningen-Huene* RdNr. 10 ff.; Heymann/*Henssler* RdNr. 8; ErfK/*Wank* § 618 BGB RdNr. 7; Erman/*Belling* § 618 RdNr. 10.
[43] BGH (Fn. 28) S. 370.
[44] S. MünchKommHGB/*v. Hoyningen-Huene* RdNr. 12. S. auch schon oben RdNr. 11.
[45] S. Erman/*Belling* § 618 RdNr. 10.
[46] S. Erman/*Belling* § 618 RdNr. 10; ausführlich hierzu MünchKommHGB/*v. Hoyningen-Huene* RdNr. 11.
[47] S. nur ErfK/*Wank* § 618 BGB RdNr. 7; Heymann/*Henssler* RdNr. 12.

Falle von Gesundheitsbeeinträchtigungen eine Haftung des Arbeitgebers nach allgemeinen Vorschriften, sprich § 823 Abs. 1 BGB in Betracht kommen.

22 **b) Vorrichtungen und Gerätschaften.** Unter den für den Geschäftsbetrieb bestimmten Vorrichtungen und Gerätschaften sind in einem weiten Sinne alle **Gegenstände** zu verstehen, die zur **Erbringung der Arbeits- bzw. Dienstleistung erforderlich sind.**[48] Darüber hinaus sind Gegenstände einzubeziehen, mit denen der Handlungsgehilfe befugtermaßen in Berührung kommt.[49] Zu den Vorrichtungen und Gerätschaften gehören danach neben Maschinen und Werkzeugen unter anderem Betriebsfahrzeuge, Arbeits- und Schutzkleidung wie auch Arbeitsstoffe.[50]

23 **c) Geschäftsbetrieb.** Auch den Geschäftsbetrieb selbst hat der Arbeitgeber so zu regeln, dass die geschützten Rechtspositionen des Arbeitnehmers nicht beeinträchtigt werden. Gemeint ist damit die **Organisation des Betriebs** als solche, letztlich die **Regelung der Abläufe,** innerhalb der die Arbeitsleistung zu erbringen ist.[51]

24 **d) Arbeitszeit.** Schließlich hat der Arbeitgeber die Arbeitszeit des Handlungsgehilfen auf eine Weise zu regeln, die dem Schutz der einbezogenen Rechtsgüter Rechnung trägt. Dementsprechend sind **Dauer und Lage der Arbeitszeit** festzulegen. Kommt es etwa infolge länger andauernder übermäßiger Arbeitszeiten zu einer Gesundheitsbeeinträchtigung des Arbeitnehmers, so ist der Arbeitgeber auch dann verantwortlich, wenn der Arbeitnehmer eine Stelle übernommen hat, der er gesundheitlich nicht gewachsen war.[52]

25 **3. Umfang der Fürsorgepflicht.** Der Umfang der aus § 62 Abs. 1 folgenden arbeitgeberseitigen Fürsorgepflichten – allgemein gesprochen handelt es sich um Verkehrspflichten – ist unter **Berücksichtigung der Schutzgüter**[53] zu bestimmen, wobei Leben und Gesundheit des Arbeitnehmers einen **absoluten Schutz nicht** genießen. Die Schutzpflichten des Arbeitgebers werden insoweit eingeschränkt – relativiert[54] –, als der Arbeitgeber Schutzmaßnahmen nur in dem Umfang zu treffen hat, **„soweit die Natur des Betriebs es gestattet".** Damit sind für die notwendige Konkretisierung der Fürsorgepflicht – Feststellung der Verkehrspflicht – die Interessen des Arbeitnehmers am Schutz seiner Gesundheit bzw. seines Lebens und das Interesse des Arbeitgebers an der Vereinbarkeit von Schutzmaßnahmen mit der „Natur des Betriebs"[55] gegenüberzustellen und einzelfallbezogen abzuwägen. Seiner Fürsorgepflicht genügt der Arbeitgeber jedenfalls in aller Regel dadurch, dass er einen Arbeitsplatz zur Verfügung stellt, dessen Belastung mit Schadstoffen nicht über das in der Umgebung übliche Maß hinausgeht.[56]

26 Einer einzelfallbezogenen Abwägung bedarf es allerdings dann nicht, wenn die im Einzelfall bedeutsamen Verkehrspflichtstandards durch **Normen des öffentlich-rechtlichen Arbeitsschutzrechts,** die sich insoweit als Konkretisierung der nach § 62 Abs. 1 maßgebenden Fürsorgepflichten darstellen,[57] vorgegeben sind. Hierzu gehören als allgemeine rechtliche Grundlage das Arbeitsschutzgesetz vom 7. 8. 1996[58] sowie speziell bezogen auf den Zustand der Geschäftsräume[59] etwa die Anforderungen, hinsichtlich der Vorrichtungen und Gerätschaften (s. RdNr. 22) zum Beispiel das Geräte- und Produktsicherheitsgesetz vom 6. 1. 2004 (BGBl. I S. 2) und die Gefahrstoffverordnung vom 23. 12. 2004[60] sowie bezüglich der Regelung der Arbeitszeit die Anforderungen des Arbeitszeitgesetzes vom 6. 6. 1994 (BGBl. I S. 1170).

27 Soweit entsprechende Orientierungsstandards nicht existieren bzw. ihrem Geltungsbereich nach keine Anwendung finden – so etwa § 5 der Arbeitsstättenverordnung für Luftfahrzeuge im öffentlichen Verkehr[61] – oder aber als öffentlich-rechtlich gesetzte Mindeststandards privatrechtlich nicht

---

[48] S. Heymann/*Henssler* RdNr. 9; MünchKommHGB/*v. Hoyningen-Huene* RdNr. 13; ErfK/*Wank* § 618 BGB RdNr. 13.
[49] ErfK/*Wank* § 618 BGB RdNr. 13.
[50] S. ErfK/*Wank* § 618 BGB RdNr. 13 mwN.
[51] S. Staub/*Konzen*/*Weber* RdNr. 11.
[52] S. BAG Urt. v. 13. 3. 1967 – 2 AZR 133/66, BAGE 19, 288, 294 f.
[53] s. dazu oben RdNr. 14 ff.
[54] S. Staub/*Konzen*/*Weber* RdNr. 13.
[55] Entspricht dem Begriff der „Natur der Dienstleistung" iSv. § 618 Abs. 1 BGB, s. BAG (Fn. 18) S. 3029.
[56] BAG Urt. v. 8. 5. 1996 – 5 AZR 315/95, BAGE 83, 105, 118 ff. = NZA 1997, 86, 89 ff.
[57] S. nur Staub/*Konzen*/*Weber* RdNr. 13; ErfK/*Wank* § 618 BGB RdNr. 1; Erman/*Belling* § 618 RdNr. 4 ff. S. auch schon oben RdNr. 5.
[58] BGBl. I S. 1246; zuletzt geändert durch Gesetz vom 30. 7. 2004, BGBl. I S. 1950.
[59] Zum Begriff s. o. RdNr. 21.
[60] BGBl. I S. 3758; zuletzt geändert durch Verordnung vom 6. 3. 2007, BGBl. I S. 261.
[61] S. die Entscheidung des BAG zum Rauchverbot in Passagierflugzeugen (Fn. 18) S. 3028 f. Zur Problematik des Nichtraucherschutzes am Arbeitsplatz s. ausführlich mit vielen Nachweisen ErfK/*Wank* § 618 BGB RdNr. 18 ff. und *Heilmann* BB 1994, 715 f.; *Leßmann* AuR 1995, 241 ff.; *Löwisch* DB 1979, Beil. 1, 1 f.; *Schmidt* BB 1994, 1213 f.; *Scholz*

ausreichen,[62] bedarf es einer **Konkretisierung der Fürsorgepflichten des Arbeitgebers** am Maßstab der nach § 62 Abs. 1 vorgegebenen Abwägungskriterien.[63] Insoweit stellt die Relativierung der Schutzpflichten des Arbeitgebers durch den Vorbehalt „soweit die Natur des Betriebs es gestattet" keinen Freibrief für jedwede Gesundheitsgefährdung bzw. -beeinträchtigung dar, sondern bewahrt den Arbeitgeber lediglich vor solchen Belastungen, die **technisch-betrieblich unmöglich und/ oder wirtschaftlich unzumutbar** sind.[64]

Nach der Rspr. des BAG kann die „Natur des Betriebs" nicht unabhängig von den vom Arbeitgeber zulässigerweise gesetzten Bedingungen bestimmt werden.[65] Deshalb sollen Maßnahmen des Gesundheitsschutzes idR dann nicht verlangt werden können, wenn dies zu einer **Veränderung der unternehmerischen Betätigung** führt, sofern es sich um eine rechtlich zulässige Betätigung handelt, bei der der Unternehmer den Arbeitnehmer einsetzt.[66] Dh., die unternehmerische Betätigung als solche muss den einschlägigen gewerbeberechtlichen, berufsregelnden, gesundheitspolizeilichen und sonstigen Bestimmungen entsprechen.[67] Hiervon ausgehend hat das BAG den Anspruch einer Stewardess auf Ausspruch und Durchsetzung eines Rauchverbots gegenüber den Passagieren durch den Arbeitgeber mit der Begründung abgelehnt, diese Maßnahme würde zu einer Änderung der unternehmerischen Betätigung und damit zu einem partiellen Verbot der bislang gesetzlich erlaubten Durchführung von Raucherflügen führen.[68]

Die oben skizzierten Prämissen dieser Entscheidung sind kritisch zu betrachten. Zwar ist es zutreffend, dass arbeitgeberseits gesetzte Bedingungen nicht außer Acht gelassen werden können, soweit es um die „Natur des Betriebs" geht. Ob diese Bedingungen allerdings zulässig gesetzt sind und deshalb unantastbar, diese Frage ist **unter Berücksichtigung der Gesundheitsschutzinteressen des Arbeitnehmers zu ermitteln** und kann nicht – so aber die Begründung des BAG – unter Hinweis auf eine freie, bislang erlaubte unternehmerische Betätigung **a priori der Prüfung** entzogen werden. Die Anerkennung einer gerichtlich nicht überprüfbaren unternehmerischen Entscheidung – im Falle der BAG-Entscheidung die Zulassung des Rauchens in Flugzeugen – als Grenze dafür, ob eine Arbeitsbedingung überhaupt in die Abwägung nach § 62 Abs. 1 einbezogen werden kann, birgt die Gefahr in sich, dass auf die Gefahrenbereiche des § 62 Abs. 1 bezogene Arbeitsbedingungen versehen mit dem Etikett der unternehmerischen Betätigung je nach Definition derselben gänzlich den Anforderungen des § 62 Abs. 1 entzogen werden. Der nach dieser Regelung zutreffende Ansatz ist deshalb nicht die Festlegung unüberprüfbarer unternehmerischer Entscheidungen, sondern die Frage, ob die mit einer Betätigung verbundenen Arbeitsbedingungen nicht verändert werden können, ohne dass die Änderung für den Arbeitgeber unzumutbar oder unwirtschaftlich ist.

IV. Fürsorgepflicht bei Aufnahme in die häusliche Gemeinschaft (Abs. 2)

Für den Fall, dass der Handlungsgehilfe in die **häusliche Gemeinschaft** aufgenommen ist, dehnt § 62 Abs. 2 die Fürsorgepflichten des Arbeitgebers im Vergleich mit § 62 Abs. 1 auf weitere Gefahrenbereiche zum Schutze bestimmter Rechtsgüter des Arbeitnehmers aus. Der Arbeitgeber hat nach dieser Vorschrift bezogen auf den Wohn- und Schlafraum, die Verpflegung sowie die Arbeits- und Erholungszeit diejenigen Einrichtungen und Anordnungen zu treffen, welche mit Rücksicht auf die Gesundheit, die Sittlichkeit und die Religion des Handlungsgehilfen erforderlich sind.

Der **Zweck dieser Regelung** geht im Kern dahin, die in § 62 Abs. 1 bestimmten Verpflichtungen auch auf den Wohnbereich des Arbeitnehmers zu erstrecken, wenn der Arbeitgeber den Arbeitnehmer in die häusliche Gemeinschaft aufgenommen hat.[69] Hiervon ausgehend und unter Berücksichtigung dessen, dass sich die wirtschaftlichen und sozialen Verhältnisse dahingehend gewandelt haben, dass ein Zusammenleben von Arbeitnehmern und Arbeitgebern unter einem Dach kaum

---

DB 1979, Beil. 10, 1 ff.; *Düwell* AiB 2002, 400 ff.; *Lorenz* DB 2003, 721 ff.; *ders.* AuA 2002, 212 ff.; *Bergwitz* NZA-RR 2004, 169 ff.; *Wellenhofer-Klein* RdA 2003, 155 ff.
[62] Den öffentlich-rechtlichen Arbeitsschutzvorschriften kann im Rahmen von § 62 nur die Funktion von Mindeststandards zukommen, s. die vergleichbare Problematik zu § 823 Abs. 2 BGB und dazu *Canaris*, FS Larenz, 1983, S. 27 ff., 54 ff.; *Karollus*, Schutzgesetzverletzung, 1992, S. 136 ff.; *Boecken*, Deliktsrechtlicher Eigentumsschutz gegen reine Nutzungsbeeinträchtigung, 1995, S. 363.
[63] S. im Übrigen dazu, dass den Arbeitnehmer auch eine Verpflichtung zum Selbstschutz trifft, etwa *Eich* NZA 1987, Beil. 2, 10, 14, hier in Bezug auf Gefahren durch Aids.
[64] Staub/*Konzen/Weber* RdNr. 13; Staudinger/*Oetker* § 618 BGB RdNr. 231 ff.; *Wagner* (Fn. 33) S. 122.
[65] S. BAG (Fn. 18) S. 3029.
[66] BAG (Fn. 18) S. 3029.
[67] S. BAG (Fn. 18) 3029.
[68] BAG (Fn. 18) S. 3029; kritisch hierzu *Möllers* JZ 1996, 1050.
[69] So BAG Urt. v. 8. 6. 1955 – 2 AZR 200/54, AP BGB § 618 Nr. 1.

noch vorkommt, jedoch größere Unternehmen durchaus Wohnheime zwecks Unterbringung und Verpflegung ihrer Arbeitnehmer einrichten, ist § 61 Abs. 2 zumindest **entsprechend auf solche Wohnheime anzuwenden.**[70] Darauf, dass der Arbeitgeber persönlich an einer solchen Gemeinschaft teilnimmt, kommt es nicht an.[71] Die danach auch bezogen auf Wohnheime nach § 62 Abs. 2 bestehenden Fürsorgepflichten des Arbeitgebers wurden durch die Regelung des § 120 c GewO konkretisiert, die in Bezug auf Gemeinschaftsunterkünfte von Arbeitnehmern, die ihnen arbeitgeberseits zum Gebrauch überlassen werden, bestimmte Anforderungen aufstellte.[72]

32   Als Bereiche, hinsichtlich derer der Arbeitgeber zum Schutze der in § 62 Abs. 2 genannten Rechtsgüter seiner Fürsorgepflicht Genüge zu leisten hat, nennt das Gesetz den **Wohn- und Schlafraum, die Verpflegung sowie die Arbeits- und Erholungszeit.** Nicht anders als § 62 Abs. 1 ist die hier in Frage stehende Regelung im Hinblick auf ihren Schutzcharakter zugunsten des Arbeitnehmers weit auszulegen. So erstreckt sich die Verantwortung des Arbeitgebers nicht nur auf den Wohn- und Schlafraum im eigentlichen Sinne, sondern etwa auch auf die zu diesen Räumlichkeiten führenden Zugänge wie Flure.[73]

33   Bei den von § 62 Abs. 2 erfassten **Schutzgütern** handelt es sich um Leben und Gesundheit sowie Sittlichkeit und Religion des Handlungsgehilfen. Damit wird deutlich, dass dem Gesetzgeber gerade auch an einem **Schutz der Persönlichkeit** des Arbeitnehmers gelegen ist,[74] die zu wahren es in Gemeinschaftsunterkünften besonderer Anstrengungen bedarf.

34   § 62 Abs. 2 enthält anders als Abs. 1 mit dem Vorbehalt der „Natur des Betriebs" **keine ausdrückliche Beschränkung der Pflichtenstellung des Arbeitgebers** in Bezug auf die zu schützenden Rechtsgüter des Arbeitnehmers. Gleichwohl ist auch insoweit davon auszugehen, dass der Vorbehalt des Abs. 1 – richtig verstanden als Möglichkeits- und Zumutbarkeitsgrenze (s. RdNr. 27) – gleichermaßen im Rahmen von § 62 Abs. 2 Bedeutung erlangt, zumal diese Regelung deutlich macht, dass die Aufnahme in die häusliche Gemeinschaft als Ausfluss des Dienstverhältnisses zu begreifen ist[75] und nicht als ein davon unabhängig zu beurteilendes mietrechtliches Verhältnis. Dann aber müssen bei der Erfüllung dienstvertraglicher Pflichten auch die **Belange des Betriebs** Berücksichtigung finden.

V. Rechtsfolgen bei Pflichtverletzung

35   Erfüllt der Arbeitgeber die ihm in Ansehung des Lebens und der Gesundheit des Handlungsgehilfen obliegenden Verpflichtungen nicht, so kommen **verschiedene Rechtsfolgen** in Betracht. Bezogen auf eine Verpflichtung des Arbeitgebers zum Schadensersatz bestimmt § 62 Abs. 3, dass die für unerlaubte Handlungen geltenden Vorschriften der §§ 842 bis 846 BGB entsprechende Anwendung finden.

36   Soweit der Arbeitgeber die zur Aufrechterhaltung von Sitte und Anstand maßgebenden Verpflichtungen nicht einhält, stehen dem Arbeitnehmer die folgend erwähnten Rechte – soweit einschlägig – gleichermaßen zur Verfügung.

37   **1. Erfüllungsanspruch.** Der Arbeitnehmer kann zunächst den **Erfüllungsanspruch** geltend machen, d.h., auf Einhaltung der dem Arbeitgeber aus § 62 Abs. 1, Abs. 2 obliegenden Verpflichtungen klagen.[76] Insoweit handelt es sich um **selbständige Nebenpflichten** des Arbeitgebers, die im Verhältnis zur Vergütungspflicht einen Eigenzweck haben.[77] Die Ablehnung des Erfüllungsanspruchs mit der Begründung, der individuelle Prozess sei nicht das geeignete Verfahren zur Durchsetzung einer kollektiv bedeutsamen Maßnahme,[78] überzeugt nicht. Mag die Fürsorgepflicht des Arbeitgebers auch den anderen Arbeitnehmern gegenüber bestehen, so ist und bleibt sie doch gleichwohl Inhalt jedes einzelnen Schuldverhältnisses. Der Erfüllungsanspruch gegenüber dem Arbeitgeber kann nur insoweit kollektivrechtlich eingeschränkt sein, als dem Betriebsrat nach § 87 Abs. 1 Nr. 7 BetrVG in Fragen des Arbeitsschutzes ein erzwingbares Mitbestimmungsrecht zusteht.

---

[70] BAG (Fn. 69); Staub/*Konzen/Weber* RdNr. 15; ErfK/*Wank* § 618 BGB RdNr. 25.
[71] BAG (Fn. 69).
[72] S. MünchArbR/*Blomeyer* § 96 RdNr. 23; § 120 c GewO ist mit Wirkung vom 1. 1. 2003 aufgehoben durch Art. 1 Ziff. 20 des Dritten Gesetzes zur Änderung der Gewerbeordnung und sonstiger gewerberechtlicher Vorschriften vom 24. 8. 2002, BGBl. I S. 3412.
[73] S. zB zu gebohnerten Fluren im Jungschwesternhaus BAG (Fn. 69).
[74] S. auch Staub/*Konzen/Weber* RdNr. 16 und schon oben RdNr. 17.
[75] S. BAG (Fn. 69).
[76] S. etwa Baumbach/*Hopt* RdNr. 5; zu § 628 BGB s. Erman/*Belling* § 618 RdNr. 21; ErfK/*Wank* § 618 BGB RdNr. 27.
[77] S. zum Begriff klagbarer Nebenpflichten Palandt/*Heinrichs* § 242 RdNr. 25; ausführlich *Stürner* JZ 1976, 384 ff.
[78] So *Zöllner/Loritz* (Fn. 41) S. 343.

Hier kann der Arbeitgeber ohne die Mitwirkung des Betriebsrats nicht handeln,[79] was bei der Geltendmachung des Anspruchs auf Erfüllung zu berücksichtigen ist.

Der Arbeitnehmer kann insofern **„kollektivrechtlich"** auf die Erfüllung der nach § 62 Abs. 1, **38** Abs. 2 bestehenden arbeitgeberseitigen Verpflichtungen hinwirken, dass er den Betriebsrat einschaltet. Nach § 85 Abs. 1 BetrVG hat der Betriebsrat Beschwerden von Arbeitnehmern entgegenzunehmen und – sofern er sie für berechtigt erachtet – beim Arbeitgeber auf Abhilfe hinzuwirken.[80] Zu den allgemeinen Aufgaben des Betriebsrats nach § 80 Abs. 1 Nr. 1 BetrVG gehört unter anderem die Kontrolle, ob die zugunsten der Arbeitnehmer geltenden Gesetze und Unfallverhütungsvorschriften eingehalten werden.

Zusätzlich ist § 17 Abs. 2 Satz 1 ArbSchG von Bedeutung. Danach können sich Beschäftigte an **39** die **zuständige Behörde** wenden, wenn sie auf Grund konkreter Anhaltspunkte der Auffassung sind, dass vom Arbeitgeber getroffenen Maßnahmen und bereitgestellten Mittel nicht ausreichen, um die Sicherheit und den Gesundheitsschutz bei der Arbeit zu gewährleisten, und der Arbeitgeber darauf gerichteten Beschwerden von Beschäftigten nicht abhilft. Der Kerngehalt dieser Regelung liegt nicht darin, dass der Arbeitnehmer die zuständigen Behörden einschalten darf, sondern ist darin zu sehen, dass der Arbeitnehmer – will er eine arbeitsvertragliche Pflichtverletzung vermeiden – zunächst innerbetrieblich vorgegangen sein muss. Hat ein Betrieb einen Betriebsrat, so ist § 17 Abs. 2 Satz 1 ArbSchG nur Genüge geleistet, wenn der Arbeitnehmer den „kollektivrechtlichen Weg" versucht hat. Hat sich der Arbeitnehmer berechtigterweise an die zuständige Behörde gewandt, so dürfen ihm daraus keine Nachteile entstehen.[81]

2. Leistungsverweigerungsrecht. Seinen Anspruch auf Einhaltung der nach § 62 Abs. 1, Abs. 2 **40** bestehenden Fürsorgepflichten kann der Arbeitnehmer auch im Wege der **Leistungsverweigerung** durchzusetzen versuchen. Insoweit hat er ein Zurückbehaltungsrecht nach § 273 Abs. 1 BGB,[82] die Einrede des nicht erfüllten Vertrages nach § 320 Abs. 1 Satz 1 BGB kommt mangels synallagmatischer Verknüpfung zwischen arbeitgeberseitiger Fürsorgepflicht einerseits und Erbringung der Arbeitsleistung durch den Arbeitnehmer andererseits nicht in Betracht.

Der Arbeitgeber kann das Zurückbehaltungsrecht **nicht durch Sicherheitsleistung** nach § 273 **41** Abs. 3 Satz 1 BGB abwenden.[83] Der Grund für die Unanwendbarkeit dieser Regelung liegt darin, dass es angesichts der gefährdeten Rechtsgüter Leben und Gesundheit nicht angeht, dem Arbeitgeber insoweit eine „Freikaufmöglichkeit" zu geben. Die schuldrechtlichen Möglichkeiten sind deshalb auf die Alternativen Erfüllung oder Leistungsverweigerung zu beschränken.

Die Ausübung des arbeitnehmerseitigen Zurückbehaltungsrecht steht unter dem **Vorbehalt von** **42** **Treu und Glauben.**[84] Der Arbeitnehmer hat deshalb kein Recht zur Leistungsverweigerung, wenn sich diese im Hinblick auf die Pflichtverletzung des Arbeitgebers als unverhältnismäßig erweist oder der Arbeitnehmer im Vorfeld nicht innerbetrieblich auf Abhilfe gedrungen hat.

Macht der Arbeitnehmer von seinem Zurückbehaltungsrecht Gebrauch, so kommt der Arbeit- **43** geber in **Annahmeverzug,** der Arbeitnehmer hat einen Anspruch auf Vergütung nach § 615 Satz 1 BGB. Der Annahmeverzug des Arbeitgebers folgt aus § 298 BGB, diese Regelung gilt für alle Fälle des Zurückbehaltungsrechts, und zwar auch dann, wenn es sich bei der vom Gläubiger – hier des Arbeitgebers – zu erbringenden Leistung um eine Nebenverpflichtung handelt.[85]

In verschiedenen Arbeitsschutzgesetzen sind im Verhältnis zu § 273 Abs. 1 BGB **besondere** **44** **Leistungsverweigerungsrechte** normiert. Hinzuweisen ist etwa auf **§ 9 Abs. 3 Satz 1 Arbeitsschutzgesetz,** wonach der Arbeitnehmer das Recht hat, die Arbeit zu verweigern, wenn eine unmittelbare erhebliche Gefahr besteht.[86] § 273 Abs. 1 BGB wird durch diese Vorschrift nicht verdrängt, was mit den unterschiedlichen Funktionen dieser beiden Regelungen zusammenhängt.[87] Nach § 9 Abs. 3 Satz 1 Arbeitsschutzgesetz hat der Arbeitnehmer ein Recht zur Arbeitseinstellung unabhängig davon, ob der Arbeitgeber seinen Verpflichtungen aus § 62 Abs. 1, Abs. 2 nachkommt.

---

[79] Theorie der Wirksamkeitsvoraussetzung, s. nur BAG Beschluss v. 3. 12. 1991 – GS 2/90, BB 1992, 1418, 1430.
[80] S. dazu *Denck* DB 1980, 2132 f.
[81] S. § 17 Abs. 2 Satz 2 ArbSchG.
[82] S. BAG Urt. v. 2. 2. 1994 (Fn. 1) S. 612; Urt. v. 19. 2. 1997 – 5 AZR 982/94, BAGE 85, 155, 161 = NZA 1997, 821, 822; *Zöllner/Loritz* (Fn. 41) S. 343; MünchKommHGB/*v. Hoyningen-Huene* RdNr. 50; Erman/*Belling* § 618 RdNr. 23; ErfK/*Wank* § 618 BGB RdNr. 31; *Söllner* ZfA 1973, 1 ff., 15 ff.; *Molkentien* NZA 1997, 849 ff.
[83] S. auch Erman/*Belling* § 618 BGB RdNr. 23.
[84] Zur Anwendung von § 242 BGB im Rahmen von § 273 BGB s. Palandt/*Heinrichs* § 273 RdNr. 18.
[85] S. nur Palandt/*Heinrichs* § 298 RdNr. 1.
[86] S. dazu Staudinger/*Oetker* § 618 RdNr. 276 ff.; § 21 Abs. 6 Satz 2 Gefahrstoff-Verordnung aF hat in der Gefahrstoffverordnung vom 23. 12. 2004 keine Entsprechung mehr gefunden.
[87] S. dazu auch Staudinger/*Oetker* § 618 RdNr. 276 ff.

§ 273 Abs. 1 BGB beinhaltet hingegen, den Arbeitgeber zur Einhaltung der Fürsorgepflicht zu veranlassen.

45 Ein weiteres besonderes Leistungsverweigerungsrecht ist in **§ 4 Abs. 2 Beschäftigtenschutzgesetz** geregelt,[88] das für den Fall besteht, dass ein Arbeitgeber keine oder offensichtlich ungeeignete Maßnahmen zur Unterbindung von sexuellen Belästigungen ergreift. Auch insoweit gilt, dass § 273 Abs. 1 BGB nicht verdrängt wird.

46 **3. Anspruch auf Schadensersatz.** Als weitere Rechtsfolge einer Verletzung der nach § 62 Abs. 1, Abs. 2 bestimmten Pflichten kommt ein **Schadensersatzanspruch des Arbeitnehmers** in Betracht. Rechtliche Grundlage eines solchen Anspruchs kann die positive Forderungsverletzung (§§ 280 Abs. 1, 241 Abs. 2, 611 BGB) sein. Hinsichtlich des Verschuldens des Arbeitgebers hat der nach allgemeinen Grundsätzen beweisbelastete Arbeitnehmer nur darzulegen und zu beweisen, dass ein zur Herbeiführung eines Schadens geeigneter ordnungswidriger Zustand vorlag. Dem Arbeitgeber obliegt es sodann, den Nachweis seines Nichtverschuldens zu erbringen.[89] Das Verschulden eines Erfüllungsgehilfen muss sich der Arbeitgeber nach § 278 BGB zurechnen lassen.[90] Das gilt aber nur für Personen/Arbeitnehmer, die zur Erfüllung der nach § 62 Abs. 1, Abs. 2 obliegenden Pflichten eingesetzt waren.[91] Dem Arbeitnehmer obliegt der Nachweis der Kausalität zwischen Pflichtverletzung und Schaden.[92] Insoweit kann eine Erleichterung durch die Grundsätze des prima-facie-Beweises in Betracht kommen.[93]

47 Der **Umfang des Schadensersatzes** bestimmt sich nach den allgemeinen Regelungen der §§ 249 ff. BGB, ein Mitverschulden des Arbeitnehmers findet nach Maßgabe des § 254 BGB Berücksichtigung.[94] Zusätzlich finden kraft der in § 62 Abs. 3 enthaltenen Rechtsfolgeverweisung[95] die Vorschriften der §§ 842 bis 846 BGB entsprechende Anwendung. Das hat vor allem auch zur Folge, dass **Dritte** nach Maßgabe der §§ 844, 845 BGB **selbständige Ersatzansprüche** gegen den Arbeitgeber erwerben können.

48 Neben dem vertraglichen Schadensersatzanspruch aus positiver Forderungsverletzung (§ 280 Abs. 1 BGB) kommen **Ansprüche aus unerlaubter Handlung** insbesondere nach § 823 Abs. 1, Abs. 2 BGB in Betracht, an die dann auch ein Schmerzensgeldanspruch aus § 253 Abs. 2 BGB anknüpfen kann. Die Regelungen des § 62 Abs. 1, Abs. 2 stellen keine Schutzgesetze iSv. § 823 Abs. 2 BGB dar. Ansonsten wäre der Verweis in § 62 Abs. 3 überflüssig.[96]

49 Im Zusammenhang mit Schadensersatzansprüchen des Arbeitnehmers wegen einer Verletzung der nach § 62 Abs. 1, Abs. 2 obliegenden Verpflichtungen ist zu beachten, dass in den Fällen, in denen die Pflichtverletzung den Eintritt eines Versicherungsfalles iSv. § 7 Abs. 1 SGB VII – Arbeitsunfall oder Berufskrankheit – zur Folge hat, grundsätzlich eine **Beschränkung der privatrechtlichen Haftung** des Arbeitgebers nach § 104 SGB VII eingreift. Dieser haftet weder vertraglich noch deliktsrechtlich, es sei denn, er hat den Versicherungsfall vorsätzlich oder auf einem der nach § 8 Abs. 2 Nr. 1 bis 4 SGB VII versicherten Wege herbeigeführt.[97] Anstelle des Arbeitgebers tritt der Unfallversicherungsträger – die Berufsgenossenschaft (s. § 22 Abs. 2 SGB I) – mit Leistungen ein (s. hierzu §§ 26 ff. SGB VII), wobei ein **Schmerzensgeld** nicht geleistet wird und darüber hinaus wegen der Ablösung der privatrechtlichen Arbeitgeberhaftung auch nach § 253 Abs. 2 BGB ausgeschlossen ist.[98] Bereits im Falle grober Fahrlässigkeit kann der Arbeitgeber nach § 110 SGB VII einem **Regress des leistenden Unfallversicherungsträgers** ausgesetzt sein. Hierbei handelt es sich um einen zivilrechtlichen Anspruch des Sozialversicherungsträgers gegen den Arbeitgeber.[99]

50 **4. Recht zur Kündigung.** Bei schwerwiegenden Verstößen des Arbeitgebers gegen die aus § 62 Abs. 1, Abs. 2 folgenden Verpflichtungen steht dem Arbeitnehmer ein **Recht zur fristlosen Kündigung nach Maßgabe von § 626 BGB** zu. Aus der Aufhebung des Arbeitsverhältnisses entstehende Schäden hat der Arbeitgeber nach § 628 Abs. 2 BGB zu ersetzen. Abzulehnen ist die nach der gesetzlichen Regelung sowie nach §§ 249 ff. BGB nicht zu begründende Auffassung, dass

---

[88] S. dazu näher ErfK/*Schlachter* § 4 Beschäftigtenschutzgesetz RdNr. 3.
[89] BAG (Fn. 69); Urt. v. 27. 2. 1970 (Fn. 1); Urt. v. 8. 5. 1996 (Fn. 56) S. 91.
[90] BAG (Fn. 69).
[91] Zutreffend ErfK/*Wank* § 618 BGB RdNr. 37.
[92] S. BAG (Fn. 69).
[93] S. BAG (Fn. 69).
[94] S. etwa BAG (Fn. 52) S. 295.
[95] S. nur Baumbach/*Hopt* RdNr. 5.
[96] Zutreffend ErfK/*Wank* § 618 BGB RdNr. 39; Staudinger/*Oetker* § 618 RdNr. 284.
[97] Dazu näher *J. Schmitt* (Fn. 12) § 104 RdNr. 16 ff.
[98] S. BVerfG Beschluss v. 7. 11. 1972 – 1 BvL 4/71, 17/71 und 10/72, 1 BvR 355/71, BVerfGE 34, 118, 134 = DB 1973, 336, 337.
[99] S. etwa BGH Urt. v. 30. 4. 1968 – VI ZR 32/67, NJW 1968, 1429, 1429.

nur die Schäden zu ersetzen sind, die bis zu dem Zeitpunkt entstehen, zu dem das Arbeitsverhältnis hätte gekündigt werden können.[100] Für die Bemessung des Schadensumfangs ist statt dessen von den allgemeinen Grundsätzen und damit der **Differenzhypothese** auszugehen. Danach besteht der Schaden in dem Unterschied zwischen der Vermögenslage des Geschädigten, wie sie sich infolge des schadensstiftenden Ereignisses gestaltet hat, und seiner Vermögenslage, wie sie ohne dieses Ereignis bestehen würde, wobei der Ersatzanspruch selbst außer Acht zu lassen ist.[101] Eine Begrenzung des Schadensumfangs auf die bis zum nächstmöglichen Kündigungszeitpunkt entstandenen Schäden kann nach dieser, auch für die Schadensfeststellung im Rahmen von § 628 Abs. 2 BGB maßgebenden Formel nur in Betracht kommen, wenn die hypothetische Betrachtung ergibt, dass das Arbeitsverhältnis zu diesem Zeitpunkt auch tatsächlich geendet hätte. Schuldhaftes Unterlassen anderweitigen Erwerbs seitens des Arbeitnehmers ist nach § 254 BGB zu berücksichtigen.

VI. Unabdingbarkeit

Gemäß § 62 Abs. 4 können die dem Arbeitgeber nach § 62 Abs. 1 bis Abs. 3 obliegenden Verpflichtungen nicht im Voraus durch Vertrag aufgehoben oder beschränkt werden. Damit handelt es sich bei diesen Regelungen um **zwingendes Recht**.[102] Die zwingende Wirkung setzt sich gegenüber einzelvertraglichen wie auch kollektivvertraglichen Vereinbarungen[103] durch. An der zwingenden Wirkung nehmen auch das staatliche Arbeitsschutzrecht sowie die Unfallverhütungsvorschriften der Berufsgenossenschaften teil, die privatrechtlich betrachtet nichts anderes als Konkretisierungen der arbeitgeberseitigen Fürsorgepflichten nach § 62 Abs. 1, Abs. 2 darstellen.[104] Die zwingende Wirkung schließt die Überwälzung von Kostenschutzmaßnahmen, die der Arbeitgeber zu tragen hat, auf den Arbeitnehmer aus.[105] § 62 Abs. 4 ist ein Verbotsgesetz iSv. § 134 BGB. Unzulässigerweise getroffene Vereinbarungen sind danach nichtig.[106]

51

Die **Unabdingbarkeit** der Regelungen des § 62 Abs. 1 bis Abs. 3 ist **zeitlich beschränkt** auf Vereinbarungen „im Voraus". Bezugspunkt dieses Zeitkriteriums ist – wie der Sinnzusammenhang deutlich macht – der Zeitpunkt der Entstehung von Ansprüchen aus Pflichtverletzungen des Arbeitgebers, nicht etwa der der Beendigung des Arbeitsverhältnisses. Aus diesem Bezugspunkt folgt, dass **nach der Entstehung von einschlägigen Ansprüchen** diesbezüglich abweichende Vereinbarungen zwischen Arbeitgeber und Arbeitnehmer getroffen werden können, etwa die Vereinbarung über den Erlass (§ 397 BGB) von Schadensersatzansprüchen.[107] Eine solche Vereinbarung schließt grundsätzlich auch den möglicherweise bestehenden Rückgriffsanspruch eines Unfallversicherungsträgers nach § 110 Abs. 1 Satz 1 SGB VII aus. Der Regress besteht nur bis zur Höhe des zivilrechtlichen Schadensersatzanspruchs (§ 110 Abs. 1 Satz 1, letzter Hs. SGB VII). Eine Ausnahme hat dann zu gelten, wenn die Vereinbarung allein dazu dient, den leistungspflichtigen und an sich regressberechtigten Unfallversicherungsträger zu benachteiligen.

52

§ 63 *(aufgehoben)*

§ 64 [Gehaltszahlung]

¹ Die Zahlung des dem Handlungsgehilfen zukommenden Gehalts hat am Schlusse jedes Monats zu erfolgen. ² Eine Vereinbarung, nach der die Zahlung des Gehalts später erfolgen soll, ist nichtig.

Übersicht

	RdNr.		RdNr.
I. Normzweck	1, 2	3. Folgen der Nichteinhaltung des Zahlungszeitpunkts	9, 10
II. Zeitpunkt der Gehaltszahlung	3–10	III. Unabdingbarkeit nach § 64 Satz 2	11–16
1. Gehalt iSv. § 64 Satz 1	4–6	IV. Art und Weise sowie Ort der Zahlung	17, 18
2. Zahlungszeitpunkt	7, 8	V. Mitbestimmung des Betriebsrats	19, 20

---

[100] So aber Palandt/*Weidenkaff* § 628 RdNr. 7.
[101] S. nur BGH Urt. v. 29. 4. 1958 – VI ZR 82/57, BGHZ 27, 181, 183 f. = NJW 1958, 1085.
[102] S. nur BAG Urt. v. 18. 8. 1982 – 5 AZR 493/80, BAGE 40, 50 = BB 1983, 637, 638; Staub/*Konzen/Weber* RdNr. 28 ff.; Heymann/*Henssler* RdNr. 25 f.
[103] S. zu einer Betriebsvereinbarung BAG (Fn. 102) S. 638.
[104] S. nur BAG (Fn. 13).
[105] BAG (Fn. 13); BAG (Fn. 102) S. 638.
[106] S. nur ErfK/*Wank* § 619 BGB RdNr. 1.
[107] S. auch Heymann/*Henssler* RdNr. 26 und Baumbach/*Hopt* RdNr. 7.

I. Normzweck

1 Die Bestimmung des § 64 enthält **zwei miteinander verknüpfte Regelungen:** In Satz 1 wird als Zeitpunkt der Zahlung des dem Handlungsgehilfen zukommenden Gehalts der Schluss jedes Monats festgelegt. Die rechtliche Verbindlichkeit dieser Festlegung wird in Satz 2 durch eine Unabdingbarkeitsregelung abgesichert. Danach ist eine Vereinbarung des Inhalts, dass die Zahlung des Gehalts später erfolgen soll, nichtig. **Übergreifender Zweck** dieser beiden Regelungen ist es, zu verhindern, dass Handlungsgehilfen[1] über einen längeren Zeitraum kein Entgelt erhalten.[2] Bei § 64 Satz 1 handelt es sich um eine **Bestimmung der Leistungszeit** und damit der Fälligkeit von Gehaltszahlungen, die sowohl von § 271 Abs. 1 BGB wie auch § 614 BGB als insoweit allgemeinen Vorschriften abweicht. Anders als § 271 Abs. 1 BGB und diesbezüglich in Übereinstimmung mit § 614 Satz 1 BGB geht § 64 Satz 1 von einer Vorleistungspflicht des Arbeitnehmers aus.[3] Im Unterschied zur Regelung des § 614 BGB, die umfassend zur Disposition der Einzel- und Kollektivvertragsparteien steht, bestimmt § 64 einen genauen Fälligkeitszeitpunkt – am Schlusse jedes Monats – und lässt eine Abweichung zum Nachteil des Arbeitnehmers nicht zu (s. dazu RdNr. 11 ff.).

2 § 64 findet in den **neuen Bundesländern** keine Anwendung. Das folgt aus dem Einigungsvertrag Anlage I, Kap. VIII, Sachg. A, Abschnitt III Ziff. 2. Die Nichterstreckung des § 64 wie auch anderer arbeitsrechtlicher Regelungen des HGB auf den Bereich der neuen Bundesländer steht mit dem in Art. 30 Abs. 1 Ziff. 1 des Einigungsvertrages enthaltenen Auftrag an den gesamtdeutschen Gesetzgeber zur Kodifizierung eines Arbeitsvertragsrechts im Zusammenhang. Teils für überflüssig erachtete wie auch teils verfassungswidrige Vorschriften sollten angesichts der erwarteten Kodifikation nicht noch in den neuen Bundesländern eingeführt werden.[4] An der Unanwendbarkeit des § 64 in den neuen Bundesländern hat sich auch nichts durch das **Handelsrechtsreformgesetz** vom 22. 6. 1998 (BGBl. I S. 1474) geändert. Wie aus der Begründung zum Entwurf dieses Gesetzes hervorgeht, soll die Beseitigung der aus der Unanwendbarkeit des § 64[5] resultierenden Rechtszersplitterung und damit die Vereinheitlichung der arbeitsrechtlichen Ordnung einer Kodifikation des Arbeitsvertragsrechts vorbehalten bleiben.[6] Angesichts der Schwierigkeiten bei der Verwirklichung des einigungsvertraglichen Kodifikationsauftrages dürften an der baldigen Herstellung von Rechtseinheit in den alten und neuen Bundesländern bezogen auf den hier in Frage stehenden Bereich erhebliche Zweifel bestehen.[7] Die Unanwendbarkeit von § 64 in den neuen Bundesländern führt dazu, dass sich die Fälligkeit der Vergütung kaufmännischer Angestellter nach dem allerdings **dispositiven § 614 BGB** richtet.

II. Zeitpunkt der Gehaltszahlung

3 Gemäß § 64 Satz 1 hat die Zahlung des dem Handlungsgehilfen zukommenden Gehalts am Schlusse jedes Monats zu erfolgen. Insoweit sind der **Begriff des Gehalts** wie auch der **Zahlungszeitpunkt** näher zu bestimmen (s. RdNr. 4 ff. und 7 ff.). Darüber hinaus ist auf die **Folgen einer Nichteinhaltung der Leistungszeit** einzugehen (s. RdNr. 9 ff.).

4 **1. Gehalt iSv. § 64 Satz 1.** Der **Begriff des Gehalts,** mit dem in der Praxis das Arbeitsentgelt der Angestellten bezeichnet wird,[8] findet sich nur vereinzelt in der Gesetzessprache, so etwa neben § 64 auch in § 832 ZPO.[9] Aus dem Regelungsinhalt des § 64 – der von einer periodischen Leistungserbringung ausgeht – wird deutlich, dass mit dem Begriff des Gehalts die vom Arbeitgeber nach dem Arbeitsvertrag als **Gegenleistung für die erbrachte Arbeitsleistung** regelmäßig wiederkehrend zahlbaren Vergütungen gemeint sind.[10] Erfasst werden also die sog. laufenden Einkünfte[11] bzw. das feste Arbeitsentgelt.[12]

5 Dieser Begriff des Arbeitsentgelts ist nicht identisch mit dem in § 14 Abs. 1 SGB IV niedergelegten **sozialversicherungsrechtlichen Arbeitsentgeltbegriff,** der sehr viel umfassender ist

---

[1] Zum Begriff s. § 59 RdNr. 8.
[2] S. LAG Frankfurt a. M. Urt. v. 8. 10. 1963 – 5 (2) Sa 349/63, AP HGB § 64 Nr. 1.
[3] S. auch MünchKommHGB/*v. Hoyningen-Huene* RdNr. 1.
[4] Vgl. die Begründung zum Entwurf des Handelsrechtsreformgesetzes, BR-Drucks. 340/97 S. 45.
[5] Wie auch anderer Regelungen.
[6] S. BR-Drucks. 340/97 S. 45.
[7] Der Entwurf eines Arbeitsvertragsgesetzbuches ist Gegenstand der Verhandlungen des 59. Deutschen Juristentages 1992 gewesen, s. Verhandlungen des 59. DJT, Band II, Teil P.
[8] S. *Vollmer,* Anm. zu LAG Frankfurt a. M. (Fn. 2).
[9] Zum Begriff der Gehaltsforderung iS dieser Regelung s. nur *Zöller* § 832 ZPO RdNr. 2.
[10] S. Baumbach/*Hopt* RdNr. 1.
[11] Staub/*Konzen/Weber* RdNr. 2.
[12] Baumbach/*Hopt* RdNr. 1. Zum Begriff des laufenden Arbeitsentgelts, s. MünchArbR/*Hanau* § 62 RdNr. 8 ff.

und neben der wiederkehrend zu zahlenden Vergütung insbesondere auch einmalige Einnahmen und Sachbezüge einbezieht.[13] Einmalzahlungen wie zB Weihnachtsgeld oder Urlaubsgeld fehlt der Charakter einer laufenden Vergütung, weswegen sie nicht unter den Begriff des Gehalts iSv. § 64 Satz 1 fallen. Sachbezüge[14] werden auch dann, wenn sie regelmäßig geleistet werden, von dem Begriff des Gehalts iSv. § 64 Satz 1 nicht erfasst. Das folgt sowohl aus dem Wortlaut der Regelung, die von „Zahlung" des Gehalts spricht, wie auch dem allgemeinen Sprachgebrauch, der unter „Gehalt" keine Sachleistungen versteht.

Mit der Anknüpfung an das – zeit- oder leistungsbezogen berechnete – **laufende Arbeitsentgelt iS einer festen Vergütung** sind des Weiteren erfolgsbezogene Vergütungsformen wie etwa Provisionen[15] oder Umsatz- und Gewinnbeteiligungen (Tantiemen)[16] in den Gehaltsbegriff des § 64 Satz 1 nicht einbezogen.[17] Für die Fälligkeit und Abrechnung von Provisionsansprüchen gelten über § 65 die Regelungen der §§ 87a und 87c. Gemäß § 87a Abs. 4 wird der Anspruch auf Provision am letzten Tag des Monats fällig, in dem nach § 87c Abs. 1 über den Anspruch abzurechnen ist.[18] Gewinnbeteiligungen werden in dem Zeitpunkt fällig, in dem die Bilanz festgestellt ist oder bei ordnungsgemäßem Geschäftsgang hätte festgestellt werden können.[19]

2. Zahlungszeitpunkt. Gemäß § 64 Satz 1 hat die Zahlung des Gehalts **„am Schlusse jedes Monats"** zu erfolgen. Damit ist gesetzlich (zwingend, s. RdNr. 11 ff.) vorgeschrieben, dass die Dauer einer Vergütungsperiode einen Monat nicht überschreiten darf.

Der in § 64 Satz 1 verwendete Begriff des Monats ist **nicht mit Kalendermonat gleichzusetzen**.[20] Maßgebend für die Berechnung der Monatsfrist ist grundsätzlich der Tag der vereinbarten Arbeitsaufnahme. Dieser Tag ist der für den Anfang der Monatsfrist maßgebende Zeitpunkt und wird deshalb nach § 187 Abs. 2 Satz 1 BGB mitgerechnet, so dass gemäß § 188 Abs. 2 BGB die Gehaltszahlung spätestens mit Ablauf desjenigen Tages des Monats zu erfolgen hat, welcher dem Tag vorhergeht, der durch seine Benennung oder seine Zahl dem Anfangstage der Frist entspricht. Haben die Arbeitsvertragsparteien innerhalb der Grenzen des § 64 Satz 2 (s. RdNr. 11 ff.) einen anderen Fälligkeitszeitpunkt bestimmt – das ist nur in Gestalt eines Vorziehens des Leistungszeitpunkts möglich –, ist die Monatsfrist unter Anknüpfung an den vereinbarten Fälligkeitszeitpunkt zu berechnen.[21] Die **Fristberechnung** erfolgt dann unter Anwendung der §§ 187 Abs. 1, 188 Abs. 2, Var. 1 BGB: Die Frist endigt mit Ablauf desjenigen Tages des Monats, welcher durch seine Benennung oder durch seine Zahl dem Tage entspricht, in den das Ereignis (Leistungszeitpunkt) fällt. Ist als Leistungszeitpunkt das „Ende des Monats" festgelegt worden, so ist darunter gemäß der Auslegungsregel des § 192 BGB jeweils der letzte Tag des Kalendermonats zu verstehen. Fällt der Schluss der Monatsfrist auf einen Sonntag, Feiertag oder Samstag, so tritt nach § 193 BGB an die Stelle eines solchen Tages der nächste Werktag.

3. Folgen der Nichteinhaltung des Zahlungszeitpunkts. Zahlt der Arbeitgeber das Gehalt entgegen der Regelung des § 64 Satz 1 nicht am Schlusse des Monats, so gerät er ohne Mahnung in **Schuldnerverzug**.[22] Eine Mahnung ist nach § 286 Abs. 2 Nr. 1 BGB im Hinblick darauf entbehrlich, dass die Leistungszeit kalendermäßig bestimmt ist. Zwar ist der Fälligkeitszeitpunkt nicht unmittelbar nach dem Kalender festgelegt. Für die Anwendung des § 286 Abs. 2 Nr. 1 BGB ist jedoch auch die mittelbare Festlegung eines Kalendertages ausreichend.[23] Mit Anknüpfung der (ersten) Monatsfrist iSd. § 64 Satz 1 an den Zeitpunkt der Arbeitsaufnahme oder an einen von den Vertragsparteien innerhalb der Grenzen des § 64 Satz 2 (s. RdNr. 11 ff.) bestimmten Fälligkeitszeitpunkt sind die sich aus der (den) Monatsfrist(en) ergebenden jeweiligen Leistungszeitpunkte kalendermäßig bestimmt. Sofern auch die sonstigen Voraussetzungen des Verzugs vorliegen (insbesondere § 286 Abs. 4 BGB), hat der Arbeitnehmer Anspruch auf Ersatz des Verzögerungsschadens gemäß §§ 280 Abs. 1, Abs. 2, 286 BGB einschließlich Verzugszinsen in der in § 288 BGB bestimmten Höhe.

---

[13] Näher dazu GK-SGB IV/*Merten* § 14 RdNr. 18 ff.
[14] Zu deren Bewertung im Sozialversicherungsrecht s. die Sachbezugsverordnung vom 19. 12. 1994 (BGBl. I S. 3849).
[15] MünchArbR/*Kreßel* § 68 RdNr. 1 ff.
[16] MünchArbR/*Kreßel* § 68 RdNr. 86 ff.
[17] S. auch Staub/*Konzen/Weber* RdNr. 2.
[18] S. näher MünchArbR/*Kreßel* § 68 RdNr. 38.
[19] MünchArbR/*Kreßel* § 68 RdNr. 98.
[20] S. nur MünchKommHGB/*von Hoyningen-Huene* RdNr. 4; Heymann/*Honsell* RdNr. 3.
[21] S. auch MünchKommHGB/*von Hoyningen-Huene* RdNr. 4.
[22] S. auch Staub/*Konzen/Weber* RdNr. 5.
[23] BGH Urt. v. 19. 11. 1991 – X ZR 28/90, NJW 1992, 1628, 1629.

10 Gegenüber dem auf die folgende Arbeits- und Vergütungsperiode bezogenen arbeitsvertraglichen Anspruch des Arbeitgebers auf Erbringung der Arbeitsleistung steht dem Arbeitnehmer, der vorgeleistet hat, nach § 320 Abs. 1 Satz 1 BGB die **Einrede des nicht erfüllten Vertrages** zu.[24] Das ebenfalls einschlägige Zurückbehaltungsrecht nach § 273 Abs. 1 BGB[25] ist gegenüber § 320 Abs. 1 BGB insofern schwächer, als es arbeitgeberseits durch Sicherheitsleistung abgewendet werden kann (§ 273 Abs. 3 BGB). Nach § 298 BGB kommt der Arbeitgeber **zusätzlich in Gläubigerverzug** mit der Folge, dass der Arbeitnehmer für die Zeit der Nichterbringung seiner Arbeitsleistung einen Anspruch auf Vergütung nach § 615 Satz 1 BGB hat.

III. Unabdingbarkeit nach § 64 Satz 2

11 Gemäß § 64 Satz 2 ist eine Vereinbarung, nach der die Zahlung des Gehalts später – als am Schlusses jedes Monats – erfolgen soll, nichtig.

12 Mit dem **Begriff der Vereinbarung** werden individual- wie auch kollektivvertragliche Vergütungsvereinbarungen erfasst. Inhaltlich gilt das allerdings nur für solche Fälligkeitsregelungen, die auf Gehalt iSv. § 64 Satz 1 bezogen sind.[26] Hinsichtlich der nicht unter den Gehaltsbegriff fallenden Vergütungsbestandteile erlangt das Verbot des § 64 Satz 2 keine Wirkung.

13 Unabhängig von der Ausgestaltung entsprechender Vereinbarungen im Einzelnen kommt es für das Eingreifen der Nichtigkeitsfolge allein darauf an, ob es nach der getroffenen Regelung **zu einer späteren Gehaltszahlung als am Schlusses jedes Monats kommen kann**. Erfasst werden deshalb nicht nur Vereinbarungen, die den Fälligkeitstermin auf einen Zeitpunkt nach dem Schlusse des jeweiligen Monats legen. Nichtig sind darüber hinaus auch solche Regelungen, deren Ausgestaltung nach das Überschreiten des in § 64 Satz 1 bestimmten Fälligkeitszeitpunkts zwar nicht feststeht, aber jedenfalls möglich ist. Nichtig ist deshalb eine Vereinbarung, nach der die Fälligkeit der Gehaltszahlung davon abhängig gemacht wird, dass der Arbeitgeber seinerseits von seinem Schuldner Erfüllung erlangt.[27]

14 Von der Nichtigkeitsregel des § 64 Satz 2 wird auch eine **Stundung**[28] der Gehaltsforderung durch den Arbeitnehmer erfasst, sofern dadurch deren Fälligkeit auf einen Zeitpunkt nach dem Schlusse jedes Monats hinausgeschoben wird. Eine Stundung der Gehaltsforderung erst nach dem Zeitpunkt ihrer Fälligkeit wird z. T. für zulässig erachtet.[29] Geht man von dem Zweck der Regelung des § 64 aus, so erscheint diese Auffassung nicht überzeugend. Wenn es wesentlich darum geht, eine über einen längeren Zeitraum andauernde Einkunftslosigkeit der Handlungsgehilfen zu verhindern (s. RdNr. 1), so ist es irrelevant, zu welchem Zeitpunkt dieser eine von § 64 Satz 1 zu seinen Lasten abweichende Vereinbarung trifft.

15 Wirksam ist die von § 64 Satz 1 abweichende **Vorverlegung des Zahlungszeitpunkts**.[30] Das folgt ohne weiteres aus dem Wortlaut von § 64 Satz 2 und entspricht dem Charakter dieser Regelung als einer Schutznorm zugunsten des Arbeitnehmers.

16 Für den Fall des Verstoßes gegen § 64 Satz 1 ordnet § 64 Satz 2 die **Rechtsfolge der Nichtigkeit** unmittelbar selbst an, § 134 BGB erlangt keine Bedeutung. Die Nichtigkeit betrifft – das macht bereits der Wortlaut von § 64 Satz 2 deutlich – allein die Vereinbarung bzw. Regelung der späteren Gehaltszahlung. Der Arbeitsvertrag im Übrigen wird durch die Nichtigkeit der Fälligkeitsregelung nicht berührt. Insoweit wird § 139 BGB von der speziellen Regelung des § 64 Satz 2 verdrängt, die Frage einer auf das ganze Rechtsgeschäft durchschlagenden Teilnichtigkeit stellt sich deshalb nicht.

IV. Art und Weise sowie Ort der Zahlung

17 Die Zahlung des Gehalts als Vorgang der Erfüllung einer Geldschuld hat **grundsätzlich in bar**, dh., durch Übereignung einer entsprechenden Anzahl von gesetzlichen Zahlungsmitteln zu erfol-

---

[24] S. *Bydlinski*, FS Steinwenter, 1958, S. 140, 150 f.; *Söllner* ZfA 1973, 1, 7 f.; MünchArbR/*Blomeyer* § 49 RdNr. 53; *Hergenröder*, AR-Blattei SD 1880 „Zurückbehaltungsrecht", RdNr. 10 f.; *Heiderhoff* JuS 1998, 1087, 1088 ff., die allerdings zu Unrecht ein periodenbezogenes Gegenseitigkeitsverhältnis ablehnt. Zu letzterem s. *Boecken* NJW 1995, 3218, 3220 ff. Gegen ein Leistungsverweigerungsrecht auf der Grundlage von § 320 Abs. 1 Satz 1 BGB und für ein Zurückbehaltungsrecht allein aus § 273 Abs. 1 BGB etwa *Capodistrias* RdA 1954, 53, 54 f.; *Kirschner* DB 1961, 842; ErfK/*Preis* 614 BGB RdNr. 17; Staudinger/*Richardi* § 614 RdNr. 16 ff.
[25] Das BAG prüft, ohne sich mit der Anwendbarkeit von § 320 BGB auseinanderzusetzen, ein Zurückbehaltungsrecht des Arbeitnehmers wegen rückständigen Lohns allein unter den Voraussetzungen des § 273 Abs. 1 BGB, s. Urt. v. 25. 10. 1984 – 2 AZR 417/83, NZA 1985, 355; Urt. v. 9. 5. 1996 – 2 AZR 387/95, NJW 1997, 274, 275 f.
[26] Zum Begriff s. o. RdNr. 4 ff.
[27] Zutreffend LAG Frankfurt a. M. (Fn. 2).
[28] Zum Begriff s. Palandt/*Heinrichs* § 271 RdNr. 12.
[29] So etwa MünchKommHGB/*von Hoyningen-Huene* RdNr. 13; Staudinger/*Richardi* § 614 RdNr. 11.
[30] Baumbach/*Hopt* RdNr. 2; Staub/*Konzen*/*Weber* RdNr. 6.

gen.³¹ Durch „Buchgeld" – etwa im Wege der Überweisung – kann erfüllt werden, wenn eine entsprechende vertragliche Vereinbarung getroffen worden ist.³² Solche Gehaltszahlungsvereinbarungen können einzel- wie auch kollektivvertraglich geschlossen werden. In der Praxis ist das heute die Regel, so dass Gehaltsbarzahlungen nur noch eine geringe Bedeutung zukommt.

Leistungsort für bar zu zahlende Gehaltsschulden ist nach § 269 Abs. 1 BGB grundsätzlich der **18 Betrieb.** Gehaltsschulden sind – wie aus der Natur des Schuldverhältnisses und der insoweit maßgebenden Anknüpfung an den Ort, an dem die vertragscharakteristische Leistung erbracht wird,³³ folgt – grundsätzlich Holschulden.³⁴ Für den Fall der vereinbarten bargeldlosen Zahlung durch Banküberweisung handelt es sich bei der Gehaltsschuld um eine qualifizierte Schickschuld: Gemäß § 270 Abs. 1 BGB hat der Prinzipal das Geld auf seine Gefahr und seine Kosten (abdingbar) an den Wohnsitz des Arbeitnehmers zu übermitteln. Leistungsort bleibt gemäß § 270 Abs. 4 BGB iVm. § 269 Abs. 1 BGB gleichwohl der Betriebs- bzw. Unternehmenssitz mit der Folge, dass es für die Rechtzeitigkeit der Gehaltszahlung allein darauf ankommt, wann der Arbeitgeber das zur Übermittlung des Geldes seinerseits Erforderliche getan hat.³⁵

V. Mitbestimmung des Betriebsrats

Gemäß der Regelung des § 87 Abs. 1 Nr. 4 BetrVG hat der Betriebsrat, soweit eine gesetzliche **19** oder tarifliche Regelung nicht besteht, hinsichtlich Zeit, Ort und Art der Auszahlung der Arbeitsentgelte ein **erzwingbares Mitbestimmungsrecht.** Unter den Begriff des Arbeitsentgelts iS dieser Regelung fällt hier die Gegenleistung des Arbeitgebers für die Arbeitsleistung des Arbeitnehmers,³⁶ damit jedenfalls auch das Gehalt iS des § 64 Satz 1.³⁷

Betriebsvereinbarungen zwischen Arbeitgeber und Betriebsrat hinsichtlich der Zeit der Auszah- **20** lung der Arbeitentgelte können nur innerhalb des durch § 64 Satz 2 abgesteckten Rahmens erfolgen. Die Kompetenz zur Regelung über die Art der Auszahlung – bar oder bargeldlos³⁸ – umfasst auch das Recht, darüber mitzubestimmen, wer die Kosten der Auszahlung zu tragen hat.³⁹

§ 65 [Provision]

Ist bedungen, daß der Handlungsgehilfe für Geschäfte, die von ihm geschlossen oder vermittelt werden, Provision erhalten solle, so sind die für die Handelsvertreter geltenden Vorschriften des § 87 Abs. 1 und 3 sowie der §§ 87 a bis 87 c anzuwenden.

Schrifttum: *Becker-Schaffner,* Die Rechtsprechung zur Gewinnbeteiligung, AuR 1991, 304; *Heinze,* Die Mitbestimmungsrechte des Betriebsrats bei Provisionsentlohnung, NZA 1986, 1; *Heuking,* Provisionen als Entgelte iSv. § 87 Abs. 1 Nr. 11 BetrVG, DB 1982, 279; *Hoffmann,* Aktuelle Fragen zum Provisionsanspruch der Angestellten im Versicherungsaußendienst, DB 1977, 770; *Lieb,* Zur Problematik der Provisionsfortzahlung im Urlaubs-, Krankheits- und Feiertagsfall, DB 1976, 2207; *Löwisch,* Die Mitbestimmung des Betriebsrats bei Provisionsregelung für kaufmännische Angestellte, ZHR 139 (1975), 362; *Moritz,* Mitbestimmung des Betriebsrats bei Leistungsvergütungen – insbesondere bei Provisionsregelungen, AuR 1983, 97; *Ricken,* Gewinnbeteiligungen im Arbeitsverhältnis?, NZA 1999, 236; *Seifert,* Der Angestellte mit Provisionsbezahlung, DB 1979, 2034; *Trinkhaus,* Provision, Provisionsvorschuß, Provisionsgarantie, AuR 1966, 236; *ders.* Provisionsvereinbarungen mit Arbeitnehmern, DB 1967, 859; *Wagner,* Ergebnisorientierte variable Vergütung, BB 1997, 150; *Westhoff,* Die Fortzahlung der Provision bei Krankheit, Urlaub und in anderen Fällen der Arbeitsverhinderung, NZA 1986, Beil. 3, 25.

Übersicht

	RdNr.		RdNr.
I. Normzweck	1, 2	2. Ausgestaltung der Provisionsvereinbarung	8–15
II. Persönlicher Anwendungsbereich	3, 4	3. Arbeitsrechtliche Behandlung von Provisionsansprüchen	16–19
III. Provision als vereinbarte Vergütung	5–19	IV. Anwendung bestimmter Provisionsvorschriften des Handelsvertreterrechts	20–31
1. Begriff	5–7		

---

³¹ Vgl. § 107 GewO; BGH Urt. v. 5. 5. 1986 – II ZR 150/85, BGHZ 98, 24, 29 = NJW 1986, 2428, 2429.
³² BGH (Fn. 31) S. 29 f.
³³ S. Palandt/*Heinrichs* § 269 RdNr. 12 f.
³⁴ S. BGH Urt. v. 20. 12. 1956 – VII ZR 279/56, BGHZ 23, 53, 54 = NJW 1957, 498, 498, der hier auf die „Verkehrssitte" abstellt.
³⁵ BGH Urt. v. 7. 10. 1965 – II ZR 120/63, BGHZ 44, 178, 179 f. = NJW 1966, 46, 47.
³⁶ S. ErfK/*Kania* § 87 BetrVG RdNr. 39.
³⁷ Zum Begriff s. o. RdNr. 4 ff.
³⁸ S. BAG Urt. v. 19. 4. 1963 – 1 ABR 6/62, BAGE 14, 164, 171 f. = DB 1963, 966, 967.
³⁹ S. BAG Beschluss v. 24. 11. 1987 – 1 ABR 25/86, BB 1988, 1387; ErfK/*Kania* § 87 BetrVG RdNr. 40.

	RdNr.		RdNr.
1. Provisionspflichtige Geschäfte, Entstehung und Fälligkeit des Provisionsanspruchs	21–27	3. Abrechnung über den Anspruch auf Provision	30, 31
2. Berechnung des Anspruchs auf Provision	28, 29		

I. Normzweck

1 Die Regelung des § 65, die durch Art. 2 Ziff. 3 des Gesetzes zur Änderung des Handelsgesetzbuches vom 6. 8. 1953 (BGBl. I S. 771) der durch dieses Gesetz erfolgten Neuregelung des Handelsvertreterrechts angepasst worden ist, verweist für den Fall, dass der Handlungsgehilfe nicht oder nicht ausschließlich mit einem festen Gehalt, sondern (auch) gegen Provision angestellt ist, auf bestimmte **Vorschriften des Handelsvertreterrechts betreffend den Provisionsanspruch.** Damit soll eine gesetzliche **Regelungslücke** hinsichtlich der Entstehung, Berechnung und Abrechnung der Provisionsansprüche von Handlungsgehilfen vermieden werden.[1] Die Inbezugnahme bestimmter Regelungen des Handelsvertreterrechts wurde im Hinblick darauf als gerechtfertigt angesehen, dass insoweit für **Handelsvertreter und Handlungsgehilfen im Wesentlichen dieselben Regelungsgesichtspunkte** in Betracht kommen und im Übrigen die Anerkennung übereinstimmender Grundsätze angesichts der nicht immer einfachen Abgrenzbarkeit von Handelsvertretern und Handlungsgehilfen wünschenswert erscheint.[2]

2 Die Begrenzung des § 65 auf den Fall der sog. **Vermittlungsprovision** (s. RdNr. 6) – § 87 Abs. 1 – unter Ausklammerung der in § 87 Abs. 2 geregelten Bezirksprovision (s. RdNr. 6) wurde im Hinblick darauf vorgenommen, dass bei der Anstellung eines Handlungsgehilfen für einen bestimmten Bezirk nicht ohne weiteres davon ausgegangen werden kann, dass dem Handlungsgehilfen Provisionen auch aus Geschäften zustehen sollen, die ohne seine Mitwirkung mit Personen seines Bezirks oder seines Kundenkreises während des Vertragsverhältnisses geschlossen werden.[3] Hierfür bedarf es einer besonderen Vereinbarung,[4] bei deren Vorliegen von der Anwendbarkeit der §§ 87 ff. auch ohne besondere gesetzliche Anordnung auszugehen ist.[5]

II. Persönlicher Anwendungsbereich

3 Die Regelung des § 65 ist ihrem direkten Anwendungsbereich nach auf **Handlungsgehilfen** (s. § 59 RdNr. 8 ff.) bezogen. Für selbständige Handelsvertreter[6] gelten die §§ 87 ff. unmittelbar. § 65 findet auch Anwendung auf einen Handlungsgehilfen, der neben seiner Angestelltentätigkeit gelegentlich mit Billigung des Arbeitgebers für diesen die Vermittlung von Geschäften gegen Provision vornimmt.[7]

4 Über den kaufmännischen Bereich hinaus ist § 65 auf sonstige **Arbeitnehmer** entsprechend anzuwenden.[8]

III. Provision als vereinbarte Vergütung

5 **1. Begriff.** Gemäß § 65 werden bestimmte Provisionsvorschriften des Handelsvertreterrechts in Bezug genommen (s. RdNr. 20 ff.), wenn – wie es heißt – bedungen ist, dass der Handlungsgehilfe für Geschäfte, die von ihm geschlossen oder vermittelt werden, Provisionen erhalten soll. Damit bedarf es, um die Rechtsfolge des § 65 auszulösen, einer **Provisionsvereinbarung** zwischen Arbeitgeber und Arbeitnehmer.

6 Unter dem **Begriff der Provision** ist bezogen auf den Handlungsgehilfen eine Vergütung zu verstehen, die nach dem durch die Tätigkeit des Arbeitnehmers selbst bedingten Erfolg seiner Leistungen bemessen ist.[9] Als **Vermittlungsprovision** – auf die § 65 durch Verweis auf § 87 Abs. 1

---
[1] S. die Denkschrift zum Entwurf eines Handelsgesetzbuchs und eines Einführungsgesetzes in: Die gesammelten Materialien zu den Reichs-Justizgesetzen, hrsg. von C. Hahn und B. Mugdan, Bd. 6, 1897, S. 238.
[2] S. Denkschrift zum Entwurf eines Handelsgesetzbuchs und eines Einführungsgesetzes (Fn. 1) S. 238.
[3] S. Denkschrift zum Entwurf eines Handelsgesetzbuchs und eines Einführungsgesetzes (Fn. 1) S. 238.
[4] S. auch MünchArbR/*Kreßel* § 68 RdNr. 11.
[5] S. Denkschrift zum Entwurf eines Handelsgesetzbuchs und eines Einführungsgesetzes (Fn. 1) S. 238.
[6] Zum Begriff s. § 84.
[7] S. BAG Urt. v. 25. 10. 1967 – 3 AZR 453/66, BAGE 20, 123, 127 = NJW 1968, 518, 519.
[8] S. MünchArbR/*Kreßel* § 68 RdNr. 12; ErfK/*Schaub* RdNr. 6; Heymann/*Henssler* RdNr. 7. S. auch BAG Urt. v. 27. 11. 1984 – 3 AZR 596/82, DB 1985, 2154, einen Fliesenleger, der für seinen Arbeitgeber Kaufverträge über Fliesen und Platten vermittelte; *Trinkhaus* DB 1967, 859, 860.
[9] S. BAG Urt. v. 12. 1. 1973 – 3 AZR 211/72, BB 1973, 1072; zum Begriff der Provision und seiner Abgrenzung zu anderen Vergütungsformen ausführlich *Trinkhaus* AuR 1966, 236 ff.; *ders.* DB 1967, 859 ff. zu Provisionsvereinbarungen mit Arbeitnehmern.

allein abstellt (s. oben RdNr. 2) – wird der Provisionsanspruch durch die Vermittlung oder den Abschluss von Geschäften, die auf die Tätigkeit des Handlungsgehilfen zurückzuführen sind, ausgelöst. Die **Bezirksprovision** ist dadurch gekennzeichnet, dass sie an den Abschluss von Geschäften mit Personen innerhalb eines bestimmten Bezirks oder eines bestimmten Kundenkreises anknüpft.[10] Die Provision ist danach eine erfolgsbezogene Vergütung,[11] deren Höhe sich grundsätzlich nach einem Vomhundertsatz der vermittelten oder abgeschlossenen Geschäfte bemisst.[12]

Abzugrenzen ist die Provision iSd. § 65 von der sog. **Umsatzprovision:** Hierbei handelt es sich 7 um eine Vergütung, die nach den (bestimmten) Geschäften eines Unternehmens insgesamt bemessen wird, also auch von den Leistungen der Mitarbeiter des Provisionsberechtigten abhängig ist.[13] Die Umsatzprovision ist deshalb eine Form der **Gewinnbeteiligung**,[14] eine **Tantieme**, die zwar gleichfalls eine erfolgsbezogene Vergütung darstellt, jedoch nicht auf die Vermittlung einzelner Geschäfte bezogen ist, sondern auf den Geschäftserfolg eines Unternehmens in einer bestimmten Periode.[15] § 65 ist auf Umsatzprovisionen nicht anwendbar.[16]

2. Ausgestaltung der Provisionsvereinbarung. § 65 setzt für seine Anwendbarkeit nicht voraus, dass die Vergütung des Arbeitgebers ausschließlich als Provisionsvergütung vereinbart wird. Die Regelung findet auch Anwendung, wenn das Arbeitsentgelt zusammengesetzt ist aus einem **Festgehalt** – Fixum – **und einer Provisionsabrede.**[17]

Die Vereinbarung über die **Zahlung allein einer Provision** ohne die Festlegung eines Mindest- 9 verdienstes ist nicht schon als solche nach § 138 BGB sittenwidrig und damit nichtig. Sie stellt vielmehr als rein erfolgsbezogene Vergütung ein wirksames und rechtlich schutzwürdiges Instrument für den Arbeitgeber dar, auf eine vertragsgemäße Leistungserbringung durch seine Arbeitnehmer hinzuwirken.[18] Die Sittenwidrigkeit einer solchen Vereinbarung kann allerdings dann in Betracht kommen, wenn die vereinbarte Provision auch bei gehöriger Vertragserfüllung eine **angemessene Vergütung** für geleistete Arbeit nicht darstellt. Hierfür trägt der Arbeitnehmer die Darlegungs- und Beweislast.[19]

Die Provisionsabrede kann mit einer sog. **Provisionsgarantie** verbunden sein, dh., dem Hand- 10 lungsgehilfen ist bezogen auf einen bestimmten Zeitraum ein Mindestverdienst garantiert.[20] Bei einer periodenbezogenen Provisionsgarantie ist es im Zweifel – ohne ausdrückliche Abrede – ausgeschlossen, dass Minder- und Mehrverdienste in verschiedenen Perioden untereinander verrechnet werden können.[21] Das folgt nach der Rspr. des BAG daraus, dass der Handlungsgehilfe gemäß § 65 iVm. § 87a Abs. 4, 87c Abs. 1 üblicherweise einen Anspruch auf monatliche Abrechnung und Provisionszahlung hat.[22] Damit kommt der Garantieprovision die Bedeutung zu, dem Arbeitnehmer ein Mindestarbeitsentgelt zu sichern.[23]

Von der Vereinbarung einer Provisionsgarantie zu unterscheiden ist eine auf zukünftige Provi- 11 sionsansprüche erfolgende **Vorschusszahlung des Arbeitgebers.** Diese soll durch seitens des Handlungsgehilfen verdiente Provisionen abgedeckt werden und ist – soweit das nicht gelingt – vom Handlungsgehilfen zurückzuzahlen. Der Rückzahlungsanspruch des Arbeitgebers folgt aus der Vereinbarung über die Vorschusszahlung selbst, nicht etwa aus bereicherungsrechtlichen Vorschriften.[24]

Die **Einräumung eines Kundenschutzes** für einen im Außendienst beschäftigten Arbeitnehmer 12 beinhaltet als solche noch nicht die Vereinbarung einer Bezirksprovision. Insoweit ist neben der

---

[10] S. § 87 Abs. 1 und Abs. 2 sowie MünchArbR/*Kreßel* § 68 RdNr. 1.
[11] S. MünchArbR/*Kreßel* § 68 RdNr. 1; ErfK/*Schaub* RdNr. 1; *Seifert* DB 1979, 2034, 2034.
[12] MünchArbR/*Kreßel* § 68 RdNr. 3; zur Berechnung der Provision s. noch RdNr. 28 f.
[13] Zum Begriff s. MünchArbR/*Kreßel* § 68 RdNr. 2; ErfK/*Schaub* RdNr. 2. S. auch BAG (Fn. 9) S. 1072.
[14] S. MünchArbR/*Kreßel* § 68 RdNr. 86 ff.; zur Rspr. insoweit näher *Becker-Schaffner* AuR 1991, 304 ff.
[15] Zum Begriff näher MünchArbR/*Kreßel* § 68 RdNr. 86 und *Ricken* NZA 1999, 236 ff.
[16] S. auch Denkschrift zum Entwurf eines Handelsgesetzbuchs und eines Einführungsgesetzes (Fn. 1) S. 298, danach sollte durch § 65 eine Regelung für tantiemeberechtigte Handlungsgehilfen nicht erfolgen.
[17] S. nur BAG Urt. v. 8. 12. 1982 – 4 AZR 88/80, DB 1983, 887, 887; Urt. v. 20. 6. 1989 – 3 AZR 504/87, DB 1989, 2385, 2385.
[18] Zutreffend LAG Berlin Urt. v. 3. 11. 1986 – 9 Sa 65/86, AP HGB § 65 Nr. 14; s. auch *Seifert* DB 1979, 2034, 2034 und schon *Trinkhaus* DB 1967, 859.
[19] S. LAG Berlin (Fn. 18).
[20] S. BAG Urt. v. 22. 9. 1975 – 3 AZR 114/75, AP HGB § 65 Nr. 8; zum Teil wird auch von einer Garantieprovision gesprochen, s. Urt. v. 20. 6. 1989 (Fn. 17) S. 2385.
[21] S. BAG Urt. v. 22. 9. 1975 (Fn. 20) bezogen auf eine monatliche Provisionsgarantie.
[22] S. BAG Urt. v. 22. 9. 1975 (Fn. 20).
[23] S. *Schulze-Osterloh*, Anm. zu BAG, Urt. v. 22. 9. 1975 (Fn. 20).
[24] S. BAG Urt. v. 25. 3. 1976 – 3 AZR 331/75, AP HGB § 65 Nr. 9; Urt. v. 20. 6. 1989 (Fn. 17) S. 2385; LAG Berlin (Fn. 18).

Zuweisung des Bezirks eine Provisionsvereinbarung erforderlich.[25] Aus einem im Arbeitsvertrag sehr eingeschränkten Kundenschutz ergibt sich, dass ein Gebietsschutz gerade nicht eingeräumt werden soll. Ein Arbeitgeber ist daher nicht verpflichtet seinem bei ihm beschäftigten Abonnentenwerber Adressmaterial zur Verfügung zu stellen, wenn er die **Grenzen des billigen Ermessens iSd. § 315 Abs. 1 BGB** einhält.[26] Denn die Übergabe von Kundenlisten beeinflusst den zu bewerbenden Kundenstamm und damit die zu bewältigende Arbeitsmenge. Bei einem überwiegend aus Provisionsanteilen bestehenden Gehalt hat diese erheblichen Einfluss auf die Verdienstchancen.

13 Eine **formularmäßige Provisionsbegrenzungsklausel** zum Zwecke der Änderung allgemeiner Provisionsvertragsbedingungen erlangt nicht ohne weiteres dadurch Wirksamkeit, dass die Arbeitnehmer nach Zugang des Änderungsvertragsangebots stillschweigend ihre Tätigkeit fortsetzen.[27] Das gilt jedenfalls dann, wenn das Änderungsangebot ohne besondere Ankündigung oder drucktechnische Hervorhebung erfolgt.[28]

14 Die Provisionsvereinbarung kann nicht derart ausgestaltet sein, dass eine Zahlung der Provision nur zu erfolgen hat, wenn das Arbeitsverhältnis über einen bestimmten Zeitraum hin besteht. Eine solche Vereinbarung ist wegen der damit verbundenen **Beschränkung des ordentlichen Kündigungsrechts** des Arbeitnehmers nach § 138 BGB sittenwidrig[29] und steht im Übrigen auch nicht mit § 622 Abs. 6 BGB im Einklang. Davon wird auch eine Regelung erfasst, wonach der Arbeitgeber jederzeit, der Arbeitnehmer jedoch nur unter Verlust erworbener Ansprüche kündigen kann.[30]

15 Keinen Verstoß gegen § 138 BGB stellt es hingegen dar, wenn nach der Provisionsvereinbarung eine Provision erst zu zahlen ist, wenn die seitens des Handlungsgehilfen vermittelten Geschäfte die **Summe seines Festgehalts und seiner Reisekostenpauschale übersteigen**.[31] Das gilt auch insoweit, als die Vereinbarung eine Verrechnung zwischen verschiedenen Lohnzahlungsperioden vorsieht, mithin Überschüsse aus einer Periode zum Ausgleich von „Unterschüssen" in anderen Perioden herangezogen werden können.[32]

16 **3. Arbeitsrechtliche Behandlung von Provisionsansprüchen.** Bei dem Anspruch auf Provision handelt es sich um einen **Anspruch auf Arbeitsentgelt** – wechselnde Bezüge iSd. § 74b Abs. 2 (s. § 74b RdNr. 13) –, der der regelmäßigen Verjährungsfrist von drei Jahren nach § 195 BGB unterliegt.[33] Im Zusammenhang mit der Frage der Verjährung von Provisionsansprüchen ist die Regelung des § 366 BGB zu beachten.[34]

17 Mit der Einordnung als Arbeitsentgelt unterfallen Provisionsansprüche auch den idR **tarifvertraglich vereinbarten Ausschlussfristen**.[35] Damit erlöschen die Ansprüche im Falle ihrer nicht rechtzeitigen Geltendmachung. Nach der Rspr. des BAG wird auch der Anspruch auf Erteilung einer Abrechnung als Hilfsanspruch von einer tariflichen Ausschlussfrist erfasst, wenn er nicht rechtzeitig geltend gemacht wird.[36]

18 Als Arbeitsentgelt bzw. Bestandteile eines aus verschiedenen Vergütungsarten zusammengesetzten Arbeitsentgelts sind Provisionsansprüche auch bei der **Bemessung von Entgeltersatzleistungen**, die in bestimmten Fällen der Nichterbringung der Arbeitsleistung gewährt werden, zu berücksichtigen.[37] Das gilt nicht nur für die Berechnung des Anspruchs auf Entgeltfortzahlung bei Arbeitsunfähigkeit infolge Krankheit nach § 3 Abs. 1, 4 Abs. 1a Satz 2 EFZG,[38] sondern auch für die Bemessung der Entgeltfortzahlung an Feiertagen nach § 2 EFZG, des Urlaubsentgelts nach § 11

---

[25] S. BAG Urt. v. 13. 12. 1965 – 3 AZR 446/64, AP HGB § 65 Nr. 3 = BB 1966, 208; LAG Hamm Urt. v. 2. 10. 1991 – 15 Sa 605/91, BB 1992, 142 (Ls.). S. auch Denkschrift zum Entwurf eines Handelsgesetzbuchs und eines Einführungsgesetzes (Fn. 1) S. 238.
[26] S. BAG Urt. v. 7. 8. 2002 – 10 AZR 282/01, AP BGB § 315 Nr. 81; zum billigen Ermessen s. auch BAG Urt. v. 13. 5. 1987 – 5 AZR 125/86, BAGE 55, 275, 281.
[27] S. BAG Urt. v. 30. 7. 1985 – 3 AZR 405/83, AP HGB § 65 Nr. 13.
[28] S. BAG (Fn. 27).
[29] S. BAG (Fn. 9) S. 1072, das hier allerdings von § 134 BGB wegen eines Verstoßes gegen Art. 12 Abs. 1 GG ausgeht.
[30] S. BAG (Fn. 9) S. 1072, hier bezogen auf § 622 Abs. 5 aF, der inhaltlich mit § 622 Abs. 6 BGB übereinstimmt. Bezogen auf § 622 Abs. 6 BGB s. BAG Urt. v. 20. 8. 1996 – 9 AZR 471/95, BAGE 84, 17, 20 f. = NJW 1997, 541, 541.
[31] BAG Urt. v. 8. 12. 1982 (Fn. 17) S. 887.
[32] S. BAG Urt. v. 8. 12. 1982 (Fn. 17) S. 887; aA *Hoffmann* DB 1977, 770, 771.
[33] S. zum alten Recht BAG Urt. v. 22. 9. 1975 (Fn. 20); Urt. v. 5. 9. 1995 – 9 AZR 718/93, BAGE 80, 380 ff. = DB 1996, 784.
[34] S. den Fall BAG Urt. v. 22. 9. 1975 (Fn. 20).
[35] S. BAG (Fn. 8) S. 2154 f.; (Fn. 27) S. 252.
[36] S. BAG (Fn. 8) S. 2154, 2155; Urt. v. 23. 3. 1982 – 3 AZR 637/79, DB 1982, 2249.
[37] Ablehnend *Lieb* DB 1976, 2207, 2208 ff.
[38] S. MünchArbR/*Kreßel* § 68 RdNr. 74 und MünchArbR/*Boecken* § 84 RdNr. 50 sowie BAG Urt. v. 5. 6. 1985 – 5 AZR 459/83, NZA 1986, 290.

BUrlG,[39] des Arbeitsentgelts bei Beschäftigungsverboten nach § 11 MuSchG sowie des Kurzarbeitergeldes nach §§ 169 ff. SGB III.[40] Bei bürgerlich-rechtlichen Ansprüchen auf Vergütungszahlung trotz Nichterbringung der Arbeitsleistung – siehe §§ 615, 616 BGB – ist die Provision als Vergütung(sbestandteil) ebenfalls zu berücksichtigen.[41]

Die betriebliche Einführung eines Provisionssystems stellt eine **Frage der betrieblichen Lohngestaltung** iSv. § 87 Abs. 1 Nr. 10 BetrVG dar. Der Betriebsrat hat dementsprechend ein **erzwingbares Mitbestimmungsrecht**.[42] Das Mitbestimmungsrecht des Betriebsrats bezieht sich nicht auf die Bestimmung des Geldfaktors im Rahmen eines solchen Systems. Provisionen sind idR keine den Akkord- und Prämiensätzen vergleichbaren leistungsbezogenen Entgelte.[43]

IV. Anwendung bestimmter Provisionsvorschriften des Handelsvertreterrechts

Gemäß § 65 sind im Falle einer Provisionsvereinbarung bestimmte **Provisionsvorschriften des Handelsvertreterrechts** anzuwenden. Im Einzelnen handelt es sich um die Regelungen des § 87 Abs. 1 und Abs. 3 betreffend die provisionspflichtigen Geschäfte, des § 87 a über die Entstehung und Fälligkeit des Provisionsanspruchs, des § 87 b über die Berechnung der Provision sowie des § 87 c, der die Provisionsabrechnung regelt.

1. Provisionspflichtige Geschäfte, Entstehung und Fälligkeit des Provisionsanspruchs.

Die Verweisung des § 65 auf das Provisionsrecht der Handelsvertreter kann nicht so verstanden werden, als sei es gleichgültig, ob es sich um den Provisionsanspruch eines Arbeitnehmers oder eines Handelsvertreters handelt.[44] Vielmehr ist den **Unterschieden Rechnung zu tragen**, die sich aus der verschiedenen rechtlichen und wirtschaftlichen Stellung des Handelsvertreters einerseits und der Arbeitnehmer andererseits ergeben.[45] Hiervon ausgehend kann zwar mit einem Handelsvertreter abweichend von § 87 Abs. 1, Abs. 3 vereinbart werden, dass dieser Provisionen, die erst nach der Beendigung des Vertreterverhältnisses fällig werden – das ist nach § 87 a Abs. 1 Satz 1 der Fall, wenn während des Vertreterverhältnisses abgeschlossene Geschäfte bei dessen Beendigung noch nicht ausgeführt sind – nicht erhält.[46] Dieser Provisionsverlust des Handelsvertreters wird nach § 89 b Abs. 1 Satz 1 Nr. 2 kompensiert durch den Anspruch auf einen angemessenen Ausgleich, der nach § 89 b Abs. 4 Satz 1 nicht im Voraus ausgeschlossen werden kann. Würde über § 65 die **Abdingbarkeit von § 87 Abs. 1** bezogen auf erst nach der Beendigung des Dienstverhältnisses fällig werdende Ansprüche uneingeschränkt übertragen, so hätte das zur Folge, dass der Handlungsgehilfe zwar den vereinbarten Provisionsverlust hinzunehmen hätte, einen Anspruch auf angemessenen Ausgleich anders als ein Handelsvertreter jedoch nicht geltend machen könnte: Die Regelung des § 89 b ist in § 65 nicht in Bezug genommen.

Das BAG unterzieht deshalb entsprechende Vereinbarungen einer **Billigkeitskontrolle** daraufhin, ob sie der Sache nach gerechtfertigt sind oder nicht.[47] Als sachliche Gründe können etwa in Betracht kommen, dass wegen notwendiger Nacharbeiten die Provision mit dem Nachfolger des ausgeschiedenen Arbeitnehmers geteilt werden muss oder dass der ausscheidende Arbeitnehmer von ihm erarbeitete Provisionen deshalb seinem Nachfolger überlassen muss, weil er selbst bei seinem Eintritt in das Arbeitsverhältnis durch Erhalt der von seinem Vorgänger erarbeiteten Provisionen begünstigt wurde.[48] Bei **dynamischen Lebensversicherungsverträgen** ist die Beschränkung der Provisionspflicht hinsichtlich Folgeprovisionen für automatische Erhöhungen der Versicherungssumme, die nach der Rspr. des BAG auf die Vermittlungstätigkeit bei Abschluss des Grundgeschäfts zurückzuführen sind, auf die Dauer des Arbeitsverhältnisses grundsätzlich sachlich gerechtfertigt.[49]

---

[39] S. BAG Urt. v. 11. 4. 2000 – 9 AZR 266/99, AP BUrlG § 11 Nr. 48 = NZA 2001, 153, 155.
[40] S. ausführlich dazu MünchArbR/*Kreßel* § 68 RdNr. 76 ff. sowie schon *Lieb* DB 1976, 2207 ff. und *Westhoff* NZA 1986, Beil. 3, 25 ff.
[41] S. auch MünchArbR/*Kreßel* § 68 RdNr. 84 f.
[42] S. MünchArbR/*Kreßel* § 68 RdNr. 62; zur Problematik s. *Heinze* NZA 1986, 1 ff.; *Heucking* DB 1982, 279 ff.; *Löwisch* ZHR 139 (1975), 362 ff.; *Moritz* AuR 1983, 97 ff.
[43] S. *Löwisch* BetrVG § 87 RdNr. 142; BAG Beschluss v. 13. 3. 1984 – 1 ABR 57/82, BAGE 45, 208 = AP BetrVG § 87 Nr. 4 Provision; Urt. v. 26. 7. 1988 – 1 AZR 54/87, AP BetrVG § 87 Nr. 6 Provision; aA *Fitting* BetrVG § 87 RdNr. 520.
[44] S. BAG Urt. v. 4. 7. 1972 – 3 AZR 477/71, WM 1973, 318, 319 = DB 1972, 2113, 2114.
[45] BAG (Fn. 44) S. 2114.
[46] S. BGH Urt. v. 11. 7. 1960 – VII ZR 225/59, BGHZ 33, 92, 94 = NJW 1960, 1996, 1996; BAG (Fn. 44) S. 2114.
[47] S. BAG (Fn. 44) S. 2113, 2114; Urt. v. 20. 7. 1973 – 3 AZR 359/72, WM 1974, 140; Urt. v. 20. 8. 1996 (Fn. 30) S. 22.
[48] S. BAG (Fn. 44) S. 2113 f.
[49] S. BAG (Fn. 27).

23 Der Ausschluss sog. **überhängender,** dh., erst nach der Beendigung des Arbeitsverhältnisses fällig werdender **Provisionen** ist dann zulässig, wenn eine Ausgleichsregelung getroffen wird.[50] Ein solcher Ausgleich von Überhangprovisionen kann neben der Zuweisung von Vorgängerprovisionen (s. RdNr. 22) etwa dadurch erfolgen, dass eine Abfindung gezahlt oder eine Provisionsgarantie vereinbart wird, die im Hinblick auf die Provisionskürzung am Ende des Arbeitsverhältnisses den zu Beginn der Tätigkeit verzögerten Provisionszufluss ausgleicht.[51]

24 Für das **Vorliegen eines provisionspflichtigen Geschäfts** iSd. §§ 65, 87 Abs. 1 ist es ausreichend, wenn die Tätigkeit des Handlungsgehilfen für den Geschäftsabschluss mit ursächlich war.[52] Er hat dann, sofern nicht abweichende Vereinbarungen getroffen wurden, den Anspruch auf die volle Provision.[53] Wird ein vermitteltes Rechtsgeschäft wirksam angefochten, so hat der Handlungsgehilfe eine bereits ausgezahlte Provision nach §§ 812 ff. BGB zurückzuzahlen. § 87 a Abs. 2 ist nicht anwendbar.[54] Die Verjährung für den Rückzahlungsanspruch nach §§ 812 ff. BGB richtet sich nach § 195 BGB.[55] Im Zusammenhang mit der Frage der in § 87 a Abs. 1 geregelten Entstehung des Provisionsanspruchs ist die bezogen auf Versicherungsvertreter klarstellende Regelung des § 92 Abs. 4, wonach der Anspruch auf Provision entsteht, sobald der Versicherungsnehmer die Prämie gezahlt hat, aus der sich die Provision nach dem Vertragsverhältnis berechnet, auch auf die Entstehung des Provisionsanspruchs von als Versicherungsvermittler tätigen Handlungsgehilfen anzuwenden.[56] Zwar enthält § 65 keinen Verweis auf diese Regelung. Insoweit ist jedoch von einem Redaktionsversehen des Gesetzgebers im Zusammenhang mit der Anpassung des § 65 an das durch Gesetz zur Änderung des Handelsgesetzbuches vom 6. 8. 1953 (BGBl. I S. 771) neugefasste Recht der Handelsvertreter auszugehen.[57] Zu den provisionspflichtigen Geschäften eines Arbeitnehmers iSv. § 87 Abs. 1 gehören im Zweifel auch Tätigkeiten, die dieser für mit seinem Arbeitgeber verbundene Konzernunternehmen ausführen muss.[58]

25 Im Rahmen eines Arbeitsverhältnisses ergibt sich die sog. **Nachbearbeitungspflicht des Arbeitgebers,** sprich die Pflicht zur Ausführung des Geschäfts[59] bereits aus der dem Arbeitgeber allgemein obliegenden Fürsorgepflicht, die Belange des Arbeitnehmers angemessen zu berücksichtigen.[60] Die Grenzen dieser Verpflichtung bestimmen sich nach Maßgabe des § 87 a Abs. 3 Satz 2 und damit nach Zumutbarkeitsgesichtspunkten. Bezogen auf Versicherungsunternehmer bedeutet das deren grundsätzliche Verpflichtung, zur Sicherung des Provisionsanspruchs seines angestellten Vertreters gegenüber einem säumigen Versicherungsnehmer in zumutbarer Weise aktiv zu werden und diesen zur Erfüllung seiner Vertragspflicht ernstlich und nachdrücklich anzuhalten. Für den Regelfall ist deshalb eine Vorgehensweise des Unternehmers nach § 38 Abs. 1 VVG ausgeschlossen.[61] Auf der anderen Seite kann von dem Unternehmer grundsätzlich nicht verlangt werden, dass er im Klagewege gegen den säumigen Versicherungsnehmer vorgeht.[62] Kann der Unternehmer das vermittelte Geschäft wegen der Veräußerung seines Unternehmens nicht mehr ausführen, so behält der Arbeitnehmer gleichwohl nach § 87 a Abs. 3 Satz 2 den Anspruch auf die Provision.[63]

26 Gemäß §§ 65, 87 a Abs. 4 wird der **Anspruch auf Provision** am letzten Tag des Monats **fällig,** in dem nach § 87 c Abs. 1 über den Anspruch abzurechnen ist. Nach § 87 c Abs. 1 hat der Unternehmer über die Provision monatlich abzurechnen. Durch Vereinbarung kann der Abrechnungszeitraum auf höchstens drei Monate erstreckt werden. Der Unternehmer hat die Abrechnung unverzüglich (§ 121 BGB), spätestens bis zum Ende des nächsten Monats, vorzunehmen (§ 87 c Abs. 1 Satz 2).

27 Der nach §§ 87 a Abs. 4, 87 c Abs. 1 zu bestimmende **Fälligkeitszeitpunkt** ist gemäß § 87 a Abs. 5 zwingend insofern, als für Handlungsgehilfen nachteilige Vereinbarungen nicht getroffen werden können. Im Übrigen gilt dieselbe zwingende Wirkung nach § 87 a Abs. 5 für § 87 a Abs. 2, 1. Hs. und für Abs. 3 von § 87 a.

---

[50] S. BAG Urt. v. 20. 7. 1973 (Fn. 47).
[51] S. BAG Urt. v. 20. 7. 1973 (Fn. 47).
[52] S. LAG Hamm Urt. v. 23. 6. 1993 – 15 Sa 1269/92, BB 1993, 2236 (Ls.).
[53] LAG Hamm (Fn. 52) S. 2236 (Ls.).
[54] BAG Urt. v. 14. 3. 2000 – 9 AZR 855/98, NZA 2000, 827, 827.
[55] S. zum alten Recht BAG Urt. v. 14. 3. 2000 (Fn. 54).
[56] S. BAG (Fn. 7) S. 128 f.
[57] S. BAG (Fn. 7) S. 129.
[58] BAG Urt. v. 20. 5. 1976 – 3 AZR 291/75, DB 1976, 2262.
[59] BAG (Fn. 7) S. 132.
[60] S. BAG (Fn. 7) S. 132.
[61] S. BAG (Fn. 7) S. 132.
[62] BAG (Fn. 7) S. 133.
[63] BAG Urt. v. 14. 11. 1966 – 3 AZR 158/66, AP HGB § 65 Nr. 4.

2. Berechnung des Anspruchs auf Provision. Soweit eine vertragliche Bestimmung über die 28 Höhe der Provision nicht getroffen worden ist, ist gemäß § 87 b Abs. 1 **der übliche Satz** als vereinbart anzusehen. Insoweit kommt es auf den Ort der Tätigkeit an, wobei dem Arbeitnehmer die Beweislast für die Üblichkeit des Provisionssatzes obliegt.[64] Kann eine übliche Provisionshöhe nicht ermittelt werden, so finden die Regelungen der §§ 315, 316 BGB Anwendung mit der Folge, dass im Zweifel dem **Arbeitnehmer das Recht zur Bestimmung** der Provisionshöhe als nicht festgelegter Gegenleistung zusteht.[65] Die Bestimmung ist nach § 315 Abs. 3 Satz 2 BGB gerichtlich überprüfbar.

Berechnungsgrundlage für die Bestimmung der Provisionshöhe ist gemäß § 87 b Abs. 2 Satz 1 29 das Entgelt, das der Dritte oder der Arbeitgeber bzw. Unternehmer zu leisten hat. Hinsichtlich der (nicht) zu berücksichtigenden Entgeltbestandteile enthält § 87 b Abs. 2 Satz 2, 3 nähere Regelungen.[66] Für Dauerschuldverhältnisse findet sich in § 87 b Abs. 3 eine Sonderbestimmung zur Festlegung der Berechnungsgrundlage.[67]

3. Abrechnung über den Anspruch auf Provision. Der Arbeitgeber hat nach § 87 c Abs. 1 30 über die Provision **monatlich abzurechnen,** wobei der Abrechnungszeitraum vertraglich auf höchstens drei Monate ausgedehnt werden kann.[68] Gemäß § 87 c Abs. 1 Satz 2 hat die Abrechnung unverzüglich (§ 121 BGB), spätestens bis zum Ende des nächsten Monats zu erfolgen. Ihrer Rechtsnatur nach handelt es sich bei der Abrechnung um ein abstraktes Schuldanerkenntnis iSv. § 781 BGB. In die Abrechnung nicht einzubeziehen sind abgeschlossene Geschäfte, die noch nicht zur Ausführung gelangt sind.[69]

Nach § 87 c Abs. 2 kann der Handlungsgehilfe bei der Abrechnung einen **Buchauszug** über alle 31 nach § 87 Abs. 1 provisionspflichtigen Geschäfte verlangen. Zur Sicherung der Ansprüche nach § 87 c Abs. 1, Abs. 2 hat der Handlungsgehilfe einen **Auskunftsanspruch** gemäß § 87 c Abs. 3 sowie ein Recht auf Bucheinsicht nach § 87 c Abs. 4. Die in § 87 c Abs. 1 bis 4 bestimmten Rechte sind nicht abdingbar (§ 87 a Abs. 5).

§§ 66–72 *(aufgehoben)*

§ 73 [Anspruch auf Zeugnis][1]

[1] Bei der Beendigung des Dienstverhältnisses kann der Handlungsgehilfe ein schriftliches Zeugnis über die Art und Dauer der Beschäftigung fordern. [2] Das Zeugnis ist auf Verlangen des Handlungsgehilfen auch auf die Führung und die Leistungen auszudehnen. [3] Die Erteilung des Zeugnisses in elektronischer Form ist ausgeschlossen.

§ 74 [Vertragliches Wettbewerbsverbot; bezahlte Karenz]

(1) Eine Vereinbarung zwischen dem Prinzipal und dem Handlungsgehilfen, die den Gehilfen für die Zeit nach Beendigung des Dienstverhältnisses in seiner gewerblichen Tätigkeit beschränkt (Wettbewerbverbot), bedarf der Schriftform und der Aushändigung einer vom Prinzipal unterzeichneten, die vereinbarten Bestimmungen enthaltenden Urkunde an den Gehilfen.

(2) Das Wettbewerbsverbot ist nur verbindlich, wenn sich der Prinzipal verpflichtet, für die Dauer des Verbots eine Entschädigung zu zahlen, die für jedes Jahr des Verbots mindestens die Hälfte der von dem Handlungsgehilfen zuletzt bezogenen vertragsmäßigen Leistungen erreicht.

Schrifttum: *Achterberg,* Das nachvertragliche Wettbewerbsverbot in verfassungsrechtlicher Sicht, JZ 1975, 713; *Annuß,* AGB-Kontrolle im Arbeitsrecht: Wo geht die Reise hin?, BB 2002, 458; *Bauer,* Wettbewerbsverbote und Kündigung von Arbeitsverhältnissen, DB 1979, 500; *Bauer/Diller,* Indirekte Wettbewerbsverbote, DB 1995, 426; *dies.,* Wechselwirkungen zwischen Wettbewerbstätigkeit, Ruhestand und betrieblicher Altersversorgung, BB 1997, 990; *dies.,* Nachvertragliche Wettbewerbsverbote: Änderungen durch die Schuldrechtsreform, NJW 2002, 1609; *dies.,* Wettbewerbsverbote, 4. Aufl. 2006; *Bengelsdorf,* Auskunft und Nachweis über anderweitige Einkommen bei Wettbewerbsverbot, BB 1979, 1150; *ders.,* Karenzentschädigung und Studium, Ein Beitrag zur Auslegung der §§ 74 ff. HGB, BB 1983, 905; *ders.,*

---
[64] S. Koller/*Roth*/Morck § 87 b RdNr. 2.
[65] S. BGH Urt. v. 2. 3. 1961 – VII ZR 15/60, LM HGB § 87 b Nr. 1.
[66] S. dazu die Kommentierung zu § 87 b.
[67] Dazu die Kommentierung zu § 87 b.
[68] S. hierzu *Hoffmann* DB 1977, 770.
[69] S. Koller/*Roth*/Morck § 87 c RdNr. 4.
[1] § 73 wurde durch Art. 5 des Dritten Gesetzes zur Änderung der Gewerbeordnung und sonstiger gewerberechtlicher Vorschriften vom 24. 8. 2002 mit Wirkung vom 1. 1. 2003 aufgehoben, BGBl. I S. 3412. Die Regelung findet sich jetzt in § 109 GewO; vgl. auch die Erläuterungen in Ebenroth/Boujong/Joost/*Boecken,* Handelsgesetzbuch, Bd. 1, 1. Aufl. 2001, § 73 RdNr. 1 ff.; Hümmerich/Spirolke/*Regh,* Das arbeitsrechtliche Mandat, § 5 RdNr. 931 ff.

§ 74
1. Buch. 6. Abschnitt. Handlungsgehilfen und Handlungslehrlinge

Das örtlich zuständige Gericht bei Streitigkeiten aus einem nachvertraglichen Wettbewerbsverbot, DB 1992, 1340; *Boecken*, Unternehmensumwandlungen und Arbeitsrecht, 1996; *ders.*, Berücksichtung anderweitigen Erwerbs gem. § 615 Satz 2 BGB, NJW 1995, 3218; *Bohle*, Verträge mit juristischen Mitarbeitern – Mandantenschutzklauseln und Mandantenübernahmeklauseln, MDR 2003, 140; *Brinckmann*, Die Verfallklausel des § 75 Abs. 3 HGB in Wettbewerbsabreden mit Handlungsgehilfen, RdA 1970, 39; *Brors*, „Neue" Probleme bei arbeitsvertraglichen Vertragsstrafeklauseln?, DB 2004, 1778; *Buchner*, Verbindlichkeit eines nachvertraglichen, auf arbeitnehmerseitig ausgelöster Beendigung des Arbeitsverhältnisses beschränkten Wettbewerbsverbots – Erfassung der Ansprüche aus Wettbewerbsverboten durch Ausgleichsklauseln in Aufhebungsverträgen, SAE 2007, 1; *Campos Nave*, Karenzentschädigungspflicht bei Verwendung von Kundenschutzklauseln, NJW 2003, 3322; *Conein-Eikelmann*, Erste Rechtsprechung zur Wirksamkeit von Vertragsstrafenabreden nach der Schuldrechtsreform, DB 2003, 2546; *Däubler*, Die Auswirkungen der Schuldrechtsmodernisierung auf das Arbeitsrecht, NZA 2001, 1329; *Diller*, Formmängel und Unmöglichkeit der Zuwiderhandlung beim nachvertraglichen Wettbewerbsverbot, RdA 2006, 45; *Diller*, Nachvertragliche Wettbewerbsverbote und AGB-Recht, NZA 2005, 250; *Diller/Dannecker*, Erstattungspflicht für Arbeitslosengeld bei Wettbewerbsverboten verfassungswidrig – Rückzahlungsanspruch auch in Altfällen?, NJW 1999, 897; *Dombrowski/Zettelmeyer*, Die Wertermittlung der Nutzungsvorteile von Firmenwagen im Rahmen der Karenzentschädigung nach § 74 Abs. 2 HGB, NZA 1995, 155; *Durchlaub*, Inhalt und Umfang der Auskunftspflicht des früheren Arbeitnehmers bei Karenzentschädigung, BB 1976, 232; *Düwell*, Das nachvertragliche Wettbewerbsverbot in der Gewerbeordnung, DB 2002, 2270; *ders.*, Neues Arbeitsrecht in der Gewerbeordnung, ZTR 2002, 461; *Edenfeld*, Nachvertragliche Wettbewerbsverbote im Europäischen Vergleich, ZfA 2004, 463; *Gamerschlag*, Nochmals: Nachvertragliches Wettbewerbsverbot und Karenzentschädigung, NJW 1989, 2870; *Gamillscheg*, Gedanken zur Neuregelung der Wettbewerbsvereinbarungen, RdA 1975, 13; *Ganske*, Reform des Umwandlungsrechts, WM 1993, 1117; *B. Gaul*, Neues zum nachvertraglichen Wettbewerbsverbot, DB 1995, 874; *D. Gaul*, Wechselbeziehungen zwischen betrieblicher Altersversorgung und Wettbewerbsverbot, BB 1980, 57; *ders.*, Die Abgrenzung nachvertraglicher Geheimhaltungsverpflichtungen gegenüber vertraglichen Wettbewerbsbeschränkungen, ZIP 1988, 689; *ders.*, Auswirkungen des rechtsgeschäftlich begründeten Betriebsübergangs auf nachwirkende Wettbewerbsvereinbarungen und Geheimhaltungspflichten, NZA 1989, 697; *Gotthardt*, Der Arbeitsvertrag auf dem AGB-rechtlichen Prüfstand, ZIP 2002, 277; *Gravenhorst*, Die Zusage der Karenzentschädigung nach § 74 Abs. 2 HGB, NJW 2006, 3609; *Grunsky*, Voraussetzungen einer Entschädigungszusage nach § 74 Abs. 2 HGB, NZA 1988, 713; *Heidenhain*, Nachvertragliches Wettbewerbsverbot des GmbH-Geschäftsführers, NZG 2002, 605; *Heinze*, Einstweiliger Rechtsschutz im arbeitsgerichtlichen Verfahren, NJW 1995, 417; *Henssler*, Arbeitsrecht und Schuldrechtsreform, RdA 2002, 129; *Hoppe*, Der Begriff der Böswilligkeit in § 74c HGB, RdA 1966, 51; *Joost*, Vertragsstrafen im Arbeitsrecht – Zur Inhaltskontrolle von Formularverträgen im Arbeitsrecht, ZIP 2004, 1981; *Joussen*, Arbeitsrecht und Schuldrechtsreform, NZA 2001, 745; *Kamanabrou*, Teilverbindlichkeit überschießender nachvertraglicher Wettbewerbsverbote für GmbH-Geschäftsführer, ZGR 2002, 898; *Koch*, Das nachvertragliche Wettbewerbsverbot beim einseitig vorformulierten Arbeitsvertrag, RdA 2006, 28; *v. Koppenfels*, Vertragsstrafen im Arbeitsrecht nach der Schuldrechtsmodernisierung, NZA 2002, 597; *Kort*, Wirksamkeit und Auslegung eines Wettbewerbsverbots, SAE 2005, 264; *Kracht*, Wettbewerbsverbote für Arbeitnehmer im Konzern und bei Kooperationen, BB 1970, 584; *Kunz*, Betriebs- und Geschäftsgeheimnisse und Wettbewerbsverbote während der Dauer und nach Beendigung des Anstellungsverhältnisses, DB 1993, 2482; *Küstner*, Handbuch des gesamten Außendienstrechts, Bd. III, 1985; *Küstner/von Mannteuffel*, Wettbewerbsverbote ohne Entschädigungspflicht des Unternehmers, BB 1987, 413; *Leder/Morgenroth*, Die Vertragsstrafe im Formulararbeitsvertrag, NZA 2002, 952; *Lingemann*, Allgemeine Geschäftsbedingungen und Arbeitsvertrag, NZA 2002, 181; *Löwisch*, Zweifelhafte Folgen des geplanten Leistungsstörungsrechts für das Arbeitsvertragsrecht, NZA 2001, 465; *Lüttge*, Das neue Umwandlungs- und Umsatzsteuerrecht, NJW 1995, 417; *Meier-Rudolph*, Nachvertragliche Wettbewerbsverbote mit GmbH-Geschäftsführern, sj 2006, 41; *Michalski/Römermann*, Wettbewerbsbeschränkungen zwischen Rechtsanwälten, ZIP 1994, 433; *Moritz*, Der synallagmatische Charakter des Wettbewerbsverbots, AuR 1975, 363; *Nübold*, Die Methode der Anrechnung anderweitigen Verdienstes nach § 615 Satz 2 BGB, RdA 2004, 31; *Oberthür*, Die Entschädigungsregelung im internationalen Spielertransfer, NZA 2003, 462; *Oetker*, Neues zur Arbeitnehmerhaftung durch § 619a BGB?, BB 2003, 43; *Reichenbach*, Konventionalstrafe für den vertragsbrüchigen Arbeitnehmer, NZA 2003, 309; *Reinhard/Kliemt*, Die Durchsetzung arbeitsrechtlicher Ansprüche im Eilverfahren, NZA 2005, 545; *Reinecke*, Kontrolle Allgemeiner Arbeitsbedingungen nach dem Schuldrechtsmodernisierungsgesetz, DB 2002, 583; *Reufels*, Grenzüberschreitende nachvertragliche Wettbewerbsverbote – Vereinbarkeit mit der Arbeitnehmerfreizügigkeit?, ArbRB 2003, 313; *Richardi*, Gestaltung der Arbeitsverträge durch Allgemeine Geschäftsbedingungen nach dem Schuldrechtsmodernisierungsgesetz, NZA 2002, 1057; *Schloßer*, Effektiver Schutz der Belegschaft durch vertragliche Abwerbeverbote?, BB 2003, 1382; *Schrader*, Vertragsstrafenabrede im Formulararbeitsvertrag, BAG-Report, 2004, 353; *Schütze*, Zur Anrechnung anderweitigen Arbeitseinkommens auf die Karenzentschädigung, DB 1971, 918; *Schwabe*, Verfassungswidrigkeit von Wettbewerbsverboten?, JZ 1976, 439; *Sina*, Zum nachvertraglichen Wettbewerbsverbot für Vorstandsmitglieder und GmbH-Geschäftsführer, DB 1985, 902; *Steindorff*, Die Anwaltssozietät, FS Fischer, 1979, S. 747; *Thomas/Weidmann*, Wirksamkeit nachvertraglicher Wettbewerbsverbote in Fällen mit Auslandsbezug, DB 2004, 2694; *Thüsing*, Nachorganschaftliche Wettbewerbsverbote bei Vorständen und Geschäftsführern, NZG 2004, 9; *Thüsing/Leder*, Neues zur Inhaltskontrolle von Formulararbeitsverträgen, BB 2004, 42; *Wagner*, Die Besonderheiten beim Arbeitsverhältnis des Handlungsgehilfen, 1993; *Weisemann/Schrader*, Wettbewerbsverbote während der Dauer und nach Beendigung eines Arbeitsverhältnisses, DB 1980, Beil. 4, 9; *Wernicke*, Die Rückführung überlanger Wettbewerbsverbote in der BGH-Rspr., BB 1990, 2209; *Wertheimer*, Wirksamkeit nachvertraglicher Wettbewerbsverbote bei nicht kündigungsbedingter Beendigung des Arbeitsverhältnisses, NZA 1997, 522; *Wiesbrock/Wübbelsmann*, Wettbewerbsverbote in Unternehmenskaufverträgen, GmbHR 2005, 519; *Winterstein*, Nachvertragliches Wettbewerbsverbot und Karenzentschädigung, NJW 1989, 1463.

Übersicht

	RdNr.		RdNr.
I. Normzweck	1–3	b) Rechtsnatur	5
		c) Anwendungsbereich	6–13
II. Vertragliches Wettbewerbsverbot (§ 74 Abs. 1)	4–40	2. Abschluss von Wettbewerbsverboten	14–21
1. Begriff, Rechtsnatur und Anwendungsbereich	4–13	a) Vertragsparteien	14, 15
a) Begriff	4	b) Unwirksamkeit des Arbeitsvertrages oder der Wettbewerbsabrede	16, 17

	RdNr.		RdNr.
c) Schriftformgebot und Aushändigungsverpflichtung	18–20	III. Bezahlte Karenz (§ 74 Abs. 2)	41–54
		1. Begriff und Funktion der bezahlten Karenz	41–44
d) Rechtsfolgen von Formfehlern	21	2. Höhe der Karenzentschädigung	45–47
3. Inhalt des Wettbewerbsverbots	22–25	3. Verjährung des Anspruchs auf Karenzentschädigung	48
4. Dauer und Beendigung des Wettbewerbsverbots	26–28	4. Folgen einer fehlerhaften Entschädigungszusage	49–54
5. Übertragung der Rechte und Pflichten aus einem Wettbewerbsverbot	29–35	IV. Rechtsfolgen von Verstößen gegen ein wirksam vereinbartes Wettbewerbsverbot	55–62
a) Betriebs(teil)übergang und § 613 a BGB	29–32	1. Ansprüche bzw. Rechte des Arbeitgebers	56–58
b) Erbfolge	33		
c) Unternehmensumwandlungen	34, 35	2. Ansprüche bzw. Rechte des Arbeitnehmers	59–62
6. Wettbewerbsverbote bei Insolvenz des Arbeitgebers	36–40		

I. Normzweck

Die Bestimmung des § 74 ist Bestandteil des in den §§ 74 bis 75 f enthaltenen **Regelungskomplexes über die Zulässigkeit nachvertraglicher Wettbewerbsverbote**.[1] Dieser stellt einen gesetzlich normierten, nach Maßgabe des § 75 d zwingenden **Ausgleich** dar zwischen einerseits dem **Interesse des Arbeitgebers,** sich durch ein Wettbewerbsverbot vor Konkurrenztätigkeit des ehemaligen Arbeitnehmers und den damit für den Bestand seines Unternehmens verbundenen wirtschaftlichen Nachteilen zu schützen, und andererseits dem **Interesse des aus einem Arbeitsverhältnis ausgeschiedenen Arbeitnehmers,** sich beruflich zu betätigen und dabei auch die erlangten beruflichen Kenntnisse und Erfahrungen zu verwerten und zu seinem früheren Arbeitgeber in Wettbewerb zu treten.[2] Der Arbeitnehmer ist nach Beendigung eines Arbeitsverhältnisses grundsätzlich frei, im Zuge einer neuen beruflichen Tätigkeit seinem früheren Arbeitgeber auch Konkurrenz zu machen, wobei er die durch § 1 UWG, §§ 823 und 826 BGB vorgegebenen Grenzen zu beachten hat.[3] Einen über die gesetzlichen Grenzen hinausgehenden Schutz kann der Arbeitgeber nur durch Abschluss eines nachvertraglichen Wettbewerbsverbots, das den Anforderungen der §§ 74 ff. genügt, erreichen. Die danach gegebenen Beschränkungen hinsichtlich einer freien Vereinbarung von Wettbewerbsabreden[4] stellen bezogen auf die durch Art. 12 Abs. 1 und 14 Abs. 1 GG verbürgten Grundrechtspositionen des Arbeitgebers einen **unbedenklichen verfassungsrechtlichen Eingriff** dar,[5] mit dem letztlich der gleichfalls durch Art. 12 Abs. 1 GG verfassungsrechtlich gewährleisteten Selbstbestimmung des Arbeitnehmers Rechnung getragen wird.[6]

§ 74 als Eingangsnorm der – wie das Gesetz in § 75 d deutlich macht – als **Arbeitnehmer-Schutzvorschriften** zu begreifenden Bestimmungen betreffend die Zulässigkeit nachvertraglicher Wettbewerbsverbote regelt in Abs. 1 den **Begriff des Wettbewerbsverbots** sowie dessen Unterwerfung unter bestimmte **Formerfordernisse** (s. dazu RdNr. 18 ff.). In § 74 Abs. 2 findet sich der sog. **Grundsatz der bezahlten Karenz,**[7] der erst durch Art. 1 des Gesetzes zur Änderung der §§ 74, 75 und 76 Abs. 1 des Handelsgesetzbuches vom 10. 6. 1914 (RGBl. S. 209) eingeführt worden ist. Mit der Novellierung des HGB durch das vorbezeichnete Gesetz wurden die im Handelsgesetzbuch vom 10. 5. 1897 allein enthaltenen Vorschriften der §§ 74, 75 und 76 zT geändert sowie ergänzt um die Regelungen der §§ 74 a bis 74 c, 75 a bis 75 f, wobei die Bestimmung des § 75 e betreffend die Behandlung der Karenzentschädigung im Konkurs- sowie Zwangsvollstreckungsrecht[8] durch Gesetz vom 17. 7. 1974 (BGBl. I S. 1481) aufgehoben worden ist. Mit der Neufassung der

---

[1] Zum Verbot der Ausübung einer Konkurrenztätigkeit des Handlungsgehilfen während des bestehenden Arbeitsverhältnisses s. § 60 und die Kommentierung dort.
[2] S. zu diesem Interessengegensatz BAG Urt. v. 15. 6. 1993 – 9 AZR 558/91, BAGE 73, 229, 236 f. = NZA 1994, 502, 504; BGH Urt. v. 27. 9. 1983 – VI ZR 294/81, BGHZ 88, 260, 264 = NJW 1984, 116, 117. Zum „Parallelogramm" der betroffenen Interessen s. auch *Gamillscheg* RdA 1975, 13, 15 f. Zur verfassungsrechtlichen Fundierung der jeweiligen Interessen s. *Achterberg* JZ 1975, 713, 716 ff. und dazu *Schwabe* JZ 1976, 439 f.
[3] BAG (Fn. 2) S. 504; BAG Urt. v. 19. 5. 1998 – 9 AZR 394/97, AP BGB § 611 Nr. 11 Treuepflicht = DB 1999, 289; BAG Urt. v. 7. 9. 2004 – 9 AZR 545/03, NZA 2005, 105; LAG Hamm Urt. v. 21. 6. 2004 – 7 Sa 590/03, BB 2005, 164; s. auch *Winterstein* NJW 1989, 1463, 1463.
[4] Der Begriff der Wettbewerbsabrede, der in § 90 a bezogen auf die Vereinbarung einer nachvertraglichen Tätigkeitsbeschränkung des Handelsvertreters verwendet wird, meint nichts anderes als das vertragliche Wettbewerbsverbot iSv. § 74 Abs. 1.
[5] So BAG (Fn. 2) S. 504, hier bezogen auf die Inhalts- und Schrankenbestimmung iSd. Art. 14 Abs. 1 Satz 2 GG.
[6] BAG (Fn. 2) S. 504; BGH (Fn. 2) S. 117.
[7] S. BGH (Fn. 2) S. 117.
[8] Nach Eröffnung des Insolvenzverfahrens entstehende Ansprüche auf Karenzentschädigung stellen sonstige Masseverbindlichkeiten iSv. § 55 Abs. 1 Nr. 2 InsO dar, s. zu dieser Regelung näher *Schultz*, in Frankfurter Kommentar zur Insolvenzordnung, § 55 RdNr. 6 ff.

§ 74 3–7　　　　　　1. Buch. 6. Abschnitt. Handlungsgehilfen und Handlungslehrlinge

Vorschriften über das nachvertragliche Wettbewerbsverbot sollte sowohl den berechtigten Interessen des Prinzipals wie auch dem berechtigten Interesse des Handlungsgehilfen Rechnung getragen werden.[9]

3　Im Gesetz nicht ausdrücklich und besonders geregelt worden ist die Frage, welche **Rechtsfolgen der Verstoß** gegen ein wirksam vereinbartes nachvertragliches Wettbewerbsverbot nach sich zieht (s. dazu RdNr. 55 ff.).

II. Vertragliches Wettbewerbsverbot (§ 74 Abs. 1)

4　**1. Begriff, Rechtsnatur und Anwendungsbereich. a) Begriff.** § 74 Abs. 1 beschreibt das Wettbewerbsverbot als eine Vereinbarung zwischen dem Prinzipal und dem Handlungsgehilfen, die den Gehilfen für die Zeit nach Beendigung des Dienstverhältnisses in seiner gewerblichen Tätigkeit beschränkt. Der handelsrechtliche **Begriff des Wettbewerbsverbots** fordert danach per definitionem eine Vereinbarung zwischen den bezeichneten Parteien, einseitig kann der Arbeitnehmer nicht einer Beschränkung in seiner beruflichen Tätigkeit unterworfen werden. Neue Fragen hinsichtlich der Gestaltungsspielräume bei der Vereinbarung eines Wettbewerbsverbots stellen sich durch die zum **1. 1. 2002** in Kraft getretene **Schuldrechtsreform.** Aus § 310 Abs. 4 Satz 2 BGB ergibt sich, dass die §§ 305 ff. BGB auch auf Arbeitsverträge anwendbar sind, dabei jedoch die „im Arbeitsrecht geltenden Besonderheiten angemessen zu berücksichtigen" sind (s. § 74 RdNr. 14, 25, 29 und 50; § 74a RdNr. 1; § 75 a RdNr. 6; § 75 c RdNr. 3 und 15). Ist der Arbeitnehmer vor dem 1. 1. 2002 ausgeschieden,[10] gilt für Dauerschuldverhältnisse[11] bis zum 31. 12. 2002 das alte Recht, ab dem 1. 1. 2003 das neue. Ist der Arbeitnehmer erst nach dem 1. 1. 2002 ausgeschieden, gilt sofort das neue Recht. Das Gleiche gilt bei Beendigung des Arbeitsverhältnisses mit Ablauf des 31. 12. 2001. Denn gemäß Art. 229 §§ 5 ff. EGBGB gilt das neue Recht ohne weiteres für Schuldverhältnisse, die erst nach dem 1. 1. 2002 entstanden sind.[12]

5　**b) Rechtsnatur.** Die Vereinbarung eines nachvertraglichen Wettbewerbsverbots, die – soll eine beiderseits verpflichtende Wirkung entstehen – nach § 74 Abs. 2 nicht ohne die Zusage einer Karenzentschädigung getroffen werden kann,[13] begründet zwischen den Parteien ein **gegenseitiges Schuldverhältnis.**[14] Synallagmatisch verbunden sind die aus der Vereinbarung folgende Unterlassungspflicht des Arbeitnehmers auf der einen Seite sowie die gleichfalls vertraglich begründete Entschädigungspflicht des Arbeitgebers auf der anderen Seite.[15] Aus dem Charakter der Vereinbarung eines Wettbewerbsverbots als gegenseitiger Vertrag folgt die grundsätzliche Anwendbarkeit der in den §§ 320 ff. BGB niedergelegten Regeln über Leistungsstörungen im Synallagma für den Fall, dass eine der Vertragsparteien gegen die ihr auferlegten Verpflichtungen aus dem Wettbewerbsverbot verstößt.[16]

6　**c) Anwendungsbereich.** Hinsichtlich des Anwendungsbereichs von § 74 wie auch der folgenden, die Zulässigkeit eines Wettbewerbsverbots regelnden Bestimmungen ist in persönlicher, zeitlicher und sachlicher Hinsicht zu unterscheiden.[17]

7　Ihrem **persönlichen Anwendungsbereich** nach sind die Regelung des § 74 wie auch die hieran anknüpfenden Folgebestimmungen vom Wortlaut her allein auf Vereinbarungen „zwischen dem Prinzipal und dem Handlungsgehilfen" (s. § 74 Abs. 1) bezogen. Es entspricht allerdings ganz allgemeiner Auffassung, dass die Vorschriften über das Wettbewerbsverbot **entsprechend auf alle**

---

[9] S. Verhandlungen des Reichstages, XIII. Legislaturperiode, 1. Session 1914, Bd. 300, Aktenstück Nr. 575, S. 727.
[10] Zu den Problemen eines Ausscheidens vor dem 1. 1. 2002, s. *Bauer/Diller*, Wettbewerbsverbote, RdNr. 20 e.
[11] Zum Begriff des Dauerschuldverhältnisses, s. MünchKommBGB/*Kramer* Vor § 241 RdNr. 96 ff.; *Larenz*, Schuldrecht, Bd. I, § 2 VI S. 29 ff.; Palandt/*Heinrichs* Einl. Vor § 241 RdNr. 17.
[12] Ein Wettbewerbsverbot entsteht nicht bereits aufschiebend bedingt mit Abschluss einer entsprechenden Vereinbarung, sondern erst später mit dem Ausscheiden des Arbeitnehmers. Dies ergibt sich aus den vielen vertraglichen und gesetzlichen Möglichkeiten, das Wettbewerbsverbot bereits vor seinem Inkrafttreten wieder zu beseitigen (§§ 75, 75 a), s. ausführlich *Bauer/Diller* NJW 2002, 1609 ff.; *Diller* NZA 2005, 250 ff.
[13] S. dazu noch folgend RdNr. 41 ff.
[14] BAG Urt. v. 5. 10. 1982 – 3 AZR 451/80, NJW 1983, 2896, 2897; Urt. v. 10. 9. 1985 – 3 AZR 490/83, NJW 1986, 1192; BAG Urt. v. 23. 11. 2004 – 9 AZR 595/03, AP HGB § 74 Nr. 75 = NZA 2005, 411; *Moritz* AuR 1975, 363 ff.; *Bengelsdorf* BB 1983, 905, 910. Dieses Schuldverhältnis ist von dem Arbeitsverhältnis als solchem zu unterscheiden, s. *Bengelsdorf* DB 1992, 1340, 1342 f.
[15] S. BAG Urt. v. 5. 10. 1982 (Fn. 14) S. 2897; kritisch zu diesem Synallagma *Gamillscheg* RdA 1975, 1317 ff.
[16] BAG Urt. v. 5. 10. 1982 (Fn. 14) S. 2897; BAG Urt. v. 10. 9. 1985 (Fn. 14) S. 1192. S. auch *Buchner* AR-Blattei SD 1830.3 „Wettbewerbsverbot III", RdNr. 448 ff. Zu den Rechtsfolgen von Verstößen gegen ein wirksam vereinbartes Wettbewerbsverbot s. noch folgend unter RdNr. 55 ff.; zum nachvertraglichen Wettbewerbsverbot und AGB-Recht, s. *Diller* NZA 2005, 250 ff.
[17] Zu nachvertraglichen Wettbewerbsverboten im Europäischen Vergleich, s. ausführlich *Edenfeld* ZfA 2004, 463 ff.; zur Wirksamkeit nachvertraglicher Wettbewerbsverbote in Fällen mit Auslandsbezug, s. *Thomas/Weidmann* DB 2004, 2694 ff.; zur Vereinbarkeit mit der Arbeitnehmerfreizügigkeit, s. *Reufels* ArbRB 2003, 313 ff.

Arbeitnehmer anzuwenden sind.[18] Das BAG begründet die Ausdehnung der in §§ 74 ff. niedergelegten Schutzvorschriften wesentlich damit, dass auch für nichtkaufmännische Arbeitnehmer berufliches Wissen und Können mit einem beträchtlichen ideellen und finanziellen Wert verbunden sind, den es wie bei Handlungsgehilfen gegen Wettbewerbsverbote zu schützen gilt.[19] Das ist nunmehr in § 110 Satz 2 GewO auch ausdrücklich gesetzlich geregelt.[20] Nach § 110 Satz 1 GewO können Arbeitgeber und Arbeitnehmer die berufliche Tätigkeit des Arbeitnehmers für die Zeit nach Beendigung des Arbeitsverhältnisses durch Vereinbarung beschränken. Nach § 6 Abs. 2 GewO sind die Bestimmungen des Abschn. I Tit. VII, zu denen auch § 110 GewO gehört, auf alle Arbeitnehmer anzuwenden. Ein inhaltlicher Unterschied hinsichtlich der „beruflichen" Tätigkeit nach § 110 GewO und der „gewerblichen" Tätigkeit nach § 74 besteht nicht.

Eine (ausdehnende) Anwendung der §§ 74 ff. kommt allerdings nur in Betracht, wenn das Wettbewerbsverbot mit einem Arbeitnehmer abgeschlossen wird. Keine Anwendung finden die Schutzvorschriften deshalb auf **freie Mitarbeiter,**[21] sofern nicht ein Tatbestand der Scheinselbständigkeit und damit Arbeitnehmereigenschaft gegeben ist.[22] Gleichfalls ausgeschlossen von der Anwendung der §§ 74 ff. sind nach zutreffender Rspr. des BGH **Organmitglieder von Kapitalgesellschaften,** und zwar auch der Fremdgeschäftsführer einer GmbH.[23] Die herausgehobene und unternehmergleiche Stellung von Organmitgliedern schließen wegen der damit verbundenen besonderen Verletzbarkeit des Arbeitgebers durch nachvertragliche Konkurrenztätigkeit einen Schutz nach §§ 74 ff. aus. Insoweit kann übermäßig beschränkenden Wettbewerbsverboten allein über § 138 BGB iVm. den in Art. 2, 12 GG niedergelegten Wertentscheidungen begegnet werden.[24]

Abzulehnen ist die Anwendung der §§ 74 ff. auch auf den **Gesellschafter, der aus einer Personenhandelsgesellschaft** ausscheidet. Die als — wie insbesondere auch die im Jahre 1914 erfolgte Novellierung (s. RdNr. 2) deutlich gemacht hat — Arbeitnehmer-Schutzvorschriften eingeführten und damit ein spezifisches Abhängigkeitsverhältnis voraussetzenden Regelungen der §§ 74 ff. passen nicht für Personen, die aus einer durch grundsätzliche Gleichordnung gekennzeichneten Rechtsbeziehung ausscheiden. Auch insoweit finden vertragliche Vereinbarungen über das Unterlassen von Konkurrenztätigkeit ihre Grenzen allein in den allgemeinen Vorschriften. Für **Handelsvertreter** enthält § 90 a eine besondere Regelung über die Zulässigkeit von Wettbewerbsabreden, die im Verhältnis zu § 74 ff. eine lex specialis darstellt.

Für **Auszubildende** iSd. Berufsbildungsgesetzes (§ 10 Abs. 1 BBiG) ordnet § 12 Abs. 1 Satz 1 BBiG die Nichtigkeit einer Vereinbarung an, die den Auszubildenden für die Zeit nach Beendigung des Berufsausbildungsverhältnisses in der Ausübung seiner beruflichen Tätigkeit beschränkt. Diese Regelung findet keine Anwendung, wenn – wie § 12 Abs. 1 Satz 2 BBiG sagt – sich der Auszubildende innerhalb der Letzten sechs Monate des Berufsausbildungsverhältnisses dazu verpflichtet, nach dessen Beendigung mit dem Ausbildenden ein Arbeitsverhältnis einzugehen. In diesem Fall finden nach § 10 Abs. 2 BBiG die für den Arbeitsvertrag geltenden Rechtsvorschriften und Rechtsgrundsätze Anwendung mit der Folge, dass nach einer entsprechenden Verpflichtung des Auszubildenden ein den Anforderungen der §§ 74 ff. genügendes Wettbewerbsverbot vereinbart werden

---

[18] Grundlegend BAG Urt. v. 13. 9. 1969 – 3 AZR 138/68, BAGE 22, 125, 129 ff. = NJW 1970, 626, 628 ff., hier auch mit Nachw. zur früher abweichenden Rspr.; Urt. v. 26. 11. 1971 – 3 AZR 220/71, WM 1972, 598, 599; Urt. v. 9. 1. 1990 – 3 AZR 110/88, BAGE 64, 1 = NJW 1990, 1870 = NZA 1990, 519; *Bauer/Diller* (Fn. 10) RdNr. 42 ff.; ErfK/*Schaub* RdNr. 4; ausführlich *Wagner*, Die Besonderheiten beim Arbeitsverhältnis des Handlungsgehilfen, S. 94 ff.
[19] BAG Urt. v. 13. 9. 1969 (Fn. 18) S. 629.
[20] Eingeführt durch das Dritte Gesetz zur Änderung der Gewerbeordnung und sonstiger gewerberechtlicher Vorschriften mit Wirkung vom 1. 1. 2003, BGBl. I S. 3412; zum nachvertraglichen Wettbewerbsverbot in der Gewerbeordnung, s. *Düwell* DB 2002, 2270 ff.; *ders.* ZTR 2002, 461 ff.
[21] S. *Grunsky*, Wettbewerbsverbote, S. 55. Anderes gilt für wirtschaftlich abhängige freie Mitarbeiter wegen des vergleichbaren Schutzbedürfnisses, s. BGH Urt. v. 10. 4. 2003 – III ZR 196/02, NJW 2003, 1864, 1865; Urt. v. 17. 12. 2002 – VI ZR 271/01, BGHZ 153, 223; OLG Düsseldorf Urt. v. 9. 9. 2004 – 6 U 38/04, NJW-RR 2005, 119, 120; LAG Köln Urt. v. 23. 1. 2004 – 4 Sa 988/03, AuR 2004, 397; BAG Urt. v. 21. 1. 1997 – 9 AZR 778/95, BAGE 85, 60, 66 = NJW 1998, 99, 100 zur Anwendbarkeit von §§ 74 b Abs. 2 und 75 a; s. auch *Bauer/Diller* (Fn. 10) RdNr. 776; aA *Campos Nave* NJW 2003, 3322, 3324.
[22] Zur Abgrenzung zwischen den Begriffen des Arbeitnehmers und des freien Mitarbeiters s. aus jüngerer Zeit BAG (Fn. 21) S. 100.
[23] S. BGH Urt. v. 26. 3. 1984 – II ZR 229/83, BGHZ 91, 1, 3 ff. = NJW 1984, 2366, 2366 f.; einschränkend allerdings BGH Urt. v. 17. 2. 1992 – II ZR 140/91, NJW 1992, 1892, soweit die §§ 74 ff. dem Schutz des Unternehmens dienen; BGH Urt. v. 4. 3. 2002 – II ZR 77/00, NJW 2002, 1875 f. = GmbHR 2002, 431. S. ausführlich *Sina* DB 1985, 902 ff.; zur Frage der Anwendbarkeit der § 74 f. auf die Vereinbarung von nachvertraglichen Wettbewerbsverboten mit Geschäftsführern, s. BAG Urt. v. 7. 9. 2004 – 9 AZR 612/03, DB 2005, 779; *Heidenhain* NZG 2002, 605 ff.; *Kamanabrou* ZGR 2002, 899 ff.; *Campos Nave* NJW 2003, 3322, 3323; *Thüsing* NZG 2004, 9, 11; *Meier-Rudolph* sj 2006, 41, 42.
[24] S. BGH Urt. v. 26. 3. 1984 (Fn. 23) S. 4 ff.; MünchKommHGB/*v. Hoyningen-Huene* RdNr. 9; aA *Gaul* GmbHR 1991, 144, 147 f.

kann, das bei Nichtbegründung eines Arbeitsverhältnisses greift. Für Personen, die sich in einem Ausbildungsverhältnis befinden, das nicht eine Berufsausbildung iSd. Berufsbildungsgesetzes darstellt, gelten die vorgenannten Grundsätze gemäß § 26 BBiG gleichermaßen. Hierzu gehören im Wesentlichen Volontäre, Praktikanten und Anlernlinge.[25]

11 Ihrem **zeitlichen Anwendungsbereich** nach gelten die §§ 74 ff. nur für auf die Zeit nach Beendigung des Dienstverhältnisses bezogene Vereinbarungen über Wettbewerbsverbote. Das Gesetz schafft damit einen eigenständigen Regelungsbereich gegenüber dem nach § 60 bestehenden gesetzlichen Wettbewerbsverbot während der Dauer des Arbeitsverhältnisses. Unter dem in § 74 Abs. 1 verwendeten Begriff der Beendigung des Dienstverhältnisses ist die rechtliche Beendigung desselben zu verstehen.[26] Ein nachvertragliches Wettbewerbsverbot entfaltet auch dann für die Zeit nach Beendigung eines Dienstverhältnisses Wirkung, wenn dieser Zeitraum nach dem Erreichen einer Ansprüche auf Altersrente auslösenden Altersgrenze liegt. Das gilt auch für den Fall, dass der Arbeitnehmer eine Betriebsrente bezieht.[27]

11a Ein vertraglich vereinbartes Wettbewerbsverbot kommt auch zum Tragen, wenn der Arbeitnehmer innerhalb der **Probezeit** ausscheidet. Etwas anderes gilt nur, wenn die vertragliche Regelung Anhaltspunkte dafür enthält, dass das Wettbewerbsverbot – aufschiebend bedingt – erst nach Ablauf der Probezeit gelten soll.[28] Der Arbeitgeber trägt die Beweislast dafür, dass der Arbeitnehmer vor Unterzeichnung des Vertrages mit der gebotenen Klarheit davon in Kenntnis gesetzt war, dass ein nachvertragliches Wettbewerbsverbot nicht von Anfang an, sondern erst nach entsprechender Laufzeit wirksam werden sollte.[29]

12 Die Vereinbarung des Wettbewerbsverbots selbst muss allerdings – sollen die §§ 74 ff. anwendbar sein – **im Zusammenhang mit dem Arbeitsverhältnis vor dessen rechtlicher Beendigung** getroffen werden, wobei eine entsprechende Abrede im Rahmen eines Aufhebungsvertrages auch noch unter den Anwendungsbereich des § 74 fällt.[30] In den Anwendungsbereich des § 74 einbezogen sind auch Vereinbarungen, die im Rahmen eines Vorvertrages[31] oder während einer Probezeit[32] getroffen werden. Ein **nach der rechtlichen Beendigung des Arbeitsverhältnisses** abgeschlossenes Wettbewerbsverbot unterfällt nicht mehr dem Anwendungsbereich der §§ 74 ff.[33] In diesem Fall fehlt es an der von den Regelungen der §§ 74 ff. vorausgesetzten **Schutzsituation**. Der bereits ausgeschiedene Arbeitnehmer befindet sich nicht mehr in einem persönlichen Abhängigkeitsverhältnis zu dem ehemaligen Arbeitgeber, das wegen der daraus typischerweise resultierenden Unterlegenheit des Arbeitnehmers die Anwendung der Schutzvorschriften der §§ 74 ff. erfordern würde.[34] Die Zulässigkeit solcher nachvertraglich geschlossener Wettbewerbsverbote richtet sich allein nach den allgemeinen Vorschriften, damit insbesondere nach dem Maßstab des § 138 BGB.[35]

13 **Sachlich** finden die §§ 74 ff. auf Wettbewerbsverbote Anwendung, die den Gehilfen bzw. Arbeitnehmer für die Zeit nach der Beendigung des Dienstverhältnisses in seiner (gewerblichen) Tätigkeit beschränken.[36] Auf sog. **Mandantenschutzklauseln**[37] bei Steuerberatern, Rechtsanwälten oder anderen beratenden Berufen sind die Vorschriften über Wettbewerbsverbote entsprechend anzuwenden.[38] Hierunter ist eine Vereinbarung zu verstehen, nach der ein ausscheidender Arbeitnehmer nach

---

[25] Zu dem von § 26 BBiG erfassten Personenkreis s. ErfK/*Schlachter* § 26 BBiG RdNr. 2 ff.
[26] Zutreffend Heymann/*Henssler* RdNr. 17.
[27] S. BAG Urt. v. 30. 10. 1984 – 3 AZR 213/82, BAGE 47, 125, 128 = WM 1985, 584, 584 f.; *Bauer/Diller* (Fn. 10) RdNr. 59. S. zum Verhältnis zwischen betrieblicher Altersversorgung und Wettbewerbsverboten auch *Gaul* BB 1980, 57 ff.
[28] S. BAG Urt. v. 28. 6. 2006 – 10 AZR 407/05, AP HGB § 74 Nr. 80 = DB 2006, 2181, 2182; s. hierzu *Gravenhorst* NJW 2006, 3609, 3610 ff.
[29] Zu den Voraussetzungen einer rechtswirksam vereinbarten aufschiebenden Bedingung s. BAG Urt. v. 13. 7. 2005 – 10 AZR 532/04, AP HGB § 74 Nr. 78 = DB 2005, 2415; zur Beweislast im nachvertraglichen Wettbewerbsverbot s. *Bauer/Diller* (Fn. 10) RdNr. 110 mwN.
[30] S. BAG Urt. v. 3. 5. 1994 – 9 AZR 606/92, NZA 1995, 72, 73 mwN; aA *Bauer/Diller* (Fn. 10) RdNr. 52 ff.; s. zum Prozessvergleich BAG Urt. v. 31. 7. 2002 – 10 AZR 513/01, BAGE 102, 103 ff. = EWiR 2003, 227 mit Anm. *Joost*.
[31] S. BAG Urt. v. 18. 4. 1969 – 3 AZR 154/68, BB 1969, 1351, 1352.
[32] BAG Urt. v. 10. 5. 1971 – 3 AZR 126/70, BB 1971, 1196; Urt. v. 19. 5. 1983 – 2 AZR 171/81, WM 1984, 352, 354 f.; *Weisemann/Schrader* DB 1980, Beil. 4, 9.
[33] S. BAG Urt. v. 11. 3. 1968 – 3 AZR 37/67, BB 1968, 1120.
[34] S. auch *Winterstein* NJW 1989, 1463, 1464.
[35] S. auch *Bauer/Diller* (Fn. 10) RdNr. 57.
[36] Zum Inhalt von Wettbewerbsverboten s. noch näher RdNr. 22 ff.
[37] Zur Differenzierung gegenüber Wettbewerbsverboten iSd. § 74 Abs. 1 s. BAG Urt. v. 16. 7. 1971 – 3 AZR 384/70, BAGE 23, 382, 384 ff. = NJW 1971, 2245, 2246. Zum Begriff s. auch *Bauer/Diller* (Fn. 10) RdNr. 147 ff., 235 c f.
[38] S. BAG (Fn. 37) S. 2246; Urt. v. 27. 9. 1988 – 3 AZR 59/87, NZA 1989, 467, 468; Urt. v. 7. 8. 2002 – 10 AZR 586/01, BAGE 102, 145, 145 ff. = AP HGB § 75 d Nr. 4.

Beendigung des Arbeitsverhältnisses bei Mandanten seines ehemaligen Arbeitgebers nicht oder nur mit dessen Zustimmung tätig werden darf.[39] Hierbei ist das Rechtsgut des Klauselverwenders auf Erhalt und Schutz des eigenen Kundenstamms (Art. 14 Abs. 1 GG) mit dem Rechtsgut des Betroffenen an seiner Wettbewerbs- und Berufsfreiheit (Art. 12 Abs. 1 GG) in einen angemessenen Ausgleich zu bringen.[40] Mandantenschutzklauseln iSv. bloßen Abwerbungsverboten, wonach es dem ausscheidenden Arbeitnehmer lediglich untersagt ist, sich aktiv um Mandanten seines bisherigen Arbeitgebers zu bemühen,[41] sind bereits nach dem jeweiligen Standesrecht verboten und aus diesem Grunde nicht an den Anforderungen der §§ 74 ff. zu messen, damit vor allem auch nicht entschädigungspflichtig.[42] Fraglich ist, ob sog. **Mandantenübernahmeklauseln,** die die Betreuung von Mandanten des früheren Arbeitgebers gegen einen Anteil an den Honoraren des jeweils übernommenen Mandats zulassen, an den Vorschriften über Wettbewerbsverbote zu messen sind. Dies ist jedenfalls dann der Fall, wenn der Honoraranteil, den der Arbeitnehmer abzuführen hat, derart hoch ist, dass sich eine Bearbeitung dieser Mandate wirtschaftlich nicht lohnt.[43] Eine Regelung in einem Aufhebungsvertrag, mit der dem ausgeschiedenen Arbeitnehmer für die Dauer von sechs Monaten nach Beendigung seines Arbeitsverhältnisses untersagt wird, selbst oder mit Hilfe Dritter **Mitarbeiter seines früheren Arbeitgebers für eigene Zwecke abzuwerben,** kann – auch wenn die Parteien gleichzeitig eine früher vereinbarte Kundenschutzklausel aufheben – ein nachvertragliches Wettbewerbsverbot analog §§ 74 ff. darstellen, wenn der ausgeschiedene Arbeitnehmer durch diese Regelung in seinen beruflichen Möglichkeiten mehr als nur unerheblich eingeschränkt wird.[44]

2. Abschluss von Wettbewerbsverboten. a) Vertragsparteien. Das Wettbewerbsverbot iSd. § 74 Abs. 1 ist eine – wie es heißt – „Vereinbarung zwischen dem Prinzipal und dem Handlungsgehilfen", erfordert mithin eine **vertragliche Vereinbarung zwischen den Parteien des Arbeitsvertrages.** Diese Vereinbarung kann im Arbeitsvertrag selbst enthalten sein oder als davon selbständiger Vertrag geschlossen werden.

Nach überwiegender Auffassung soll ein vertragliches Wettbewerbsverbot auch durch **kollektivvertragliche Vereinbarung – Betriebsvereinbarung oder Tarifvertrag** – abgeschlossen werden können, wobei sogar in gewissen Grenzen von einer Tarifvertragsdispositivität der in den §§ 74 ff. enthaltenen Schutzbestimmungen zum Nachteil der Arbeitnehmer ausgegangen wird.[45] Unabhängig davon, ob sich die Tarifvertragsdispositivität unter Hinweis auf eine nachträglich entstandene Regelungslücke überhaupt begründen lässt,[46] scheitert die Möglichkeit der kollektivrechtlichen Vereinbarung eines Wettbewerbsverbots iSd. §§ 74 ff. bereits daran, dass der Gesetzgeber das Wettbewerbsverbot legaldefiniert hat als Vereinbarung zwischen dem Prinzipal bzw. Arbeitgeber und dem Handlungsgehilfen bzw. Arbeitnehmer und insoweit besondere Voraussetzungen aufgestellt hat wie etwa die Einhaltung der in § 74 Abs. 1 bestimmten Gebote zur Beachtung der Schriftform und Aushändigung. Damit verbietet sich die Anerkennung eines kollektivvertraglich angeordneten Wettbewerbsverbots, was auch sachlich gerechtfertigt ist: Mit einem Wettbewerbsverbot verbinden sich für die Parteien eines Arbeitsverhältnisses für die Zeit nach der Beendigung dieses Rechtsverhältnisses erhebliche Verpflichtungen, deren Begründung nicht in die Hände von Kollektivvertragsparteien gelegt, sondern den individuell betroffenen Vertragsparteien, die im Zeitpunkt der Realisierung dieser Verpflichtungen nicht mehr in einem Arbeitsverhältnis stehen, selbst überlassen sein sollte. Im Übrigen kann auch nur dann etwa den in § 74 Abs. 1 normierten, gerade auf die Parteien des Individualvertrages zugeschnittenen Formgeboten sowie dem darin zum Ausdruck gelangenden

---

[39] S. als Beispiel die im Sachverhalt wiedergegebene Vereinbarung bei BAG Urt. v. 27. 9. 1988 (Fn. 38) S. 467; ausführlich zum Begriff der Mandantenschutzklausel BAG (Fn. 37) S. 2246 ff.
[40] S. *Campos Nave* NJW 2003, 3322, 3325, wonach das Grundrecht der freien Berufsausübung (Art. 12 Abs. 1 GG) überwiegt, wenn der betreffende Kunde seine Vertragsbeziehungen zu dem Klauselverwender gekündigt hat und auch nicht wieder aufnehmen wird.
[41] S. zum Begriff BAG (Fn. 37) S. 2246.
[42] S. BAG (Fn. 37) S. 2246 f.
[43] S. BAG Urt. v. 7. 8. 2002 – 10 AZR 586/01, AP HGB § 75 d Nr. 4 = BAGE 102, 145 ff.; BGH Urt. v. 9. 5. 1968 – II ZR 158/66, AP BGB § 611 Nr. 12 Konkurrenzklausel = WM 1968, 893 ff.; ausführlich *Bauer/Diller* (Fn. 10) RdNr. 170 ff.; aA *Bohle* MDR 2003, 141 f.; zur Beurteilung von Mandantenübernahmeklauseln, bei denen sich die Bearbeitung der Mandate wirtschaftlich lohnt, s. *Bauer/Diller* (Fn. 10) RdNr. 173; *Michalski/Römermann* ZIP 1994, 446 f. mwN, die die Zulässigkeit solcher Klauseln ausschließlich nach § 138 BGB beurteilen; aA *Steindorff,* FS Fischer, 1979, S. 768, der in jedem Fall §§ 74 ff. für einschlägig hält.
[44] S. Arbeitsgericht Berlin Urt. v. 4. 3. 2005 – 9 Ca 144/05, EzA-SD 2005, Nr. 12, 13; OLG Düsseldorf Urt. v. 1. 8. 2003 – I-17 U 27/03, juris; *Schloßer* BB 2003, 1382 ff.
[45] S. zum Tarifvertrag BAG Urt. v. 12. 11. 1971 – 3 AZR 116/71, BAGE 24, 24 = WM 1972, 1192. S. aus der Lit. nur Staub/*Konzen/Weber* Vor § 74 RdNr. 4 und § 75 d RdNr. 5; MünchKommHGB/v. *Hoyningen-Huene* RdNr. 19, hier im Original. Nachw. u. a. zur Diskussion über die tarifvertragliche Abdingbarkeit der §§ 74 ff., s. insbesondere die Fn. 45 bis 48 aaO.
[46] So Staub/*Konzen/Weber* § 75 d RdNr. 5 im Anschluss an *Canaris,* Anm. zu BAG (Fn. 45).

Schutzgedanken Genüge geleistet werden. Einer Kollektivierung von Wettbewerbsverboten steht deshalb nach hier vertretener Auffassung der mit § 74 Abs. 1 iVm. § 75 d zwingend vorgegebene Charakter einer notwendig individualrechtlichen Vereinbarung entgegen.

16 **b) Unwirksamkeit des Arbeitsvertrages oder der Wettbewerbsabrede.** Ist der **Arbeitsvertrag nichtig,** jedoch das Wettbewerbsverbot wirksam vereinbart worden, so entfaltet das Verbot seine Wirkung dann, wenn das Arbeitsverhältnis in Vollzug gesetzt worden ist.[47] Der Grund hierfür liegt darin, dass bei vollzogenem Arbeitsverhältnis der Arbeitnehmer Gelegenheit gehabt hat, wettbewerblich bedeutsame Kenntnisse und Erfahrungen zu gewinnen. Insoweit ist die Situation gegeben, hinsichtlich derer der Arbeitgeber Schutz über ein Wettbewerbsverbot sucht und es ist nicht entscheidend, dass das Arbeitsverhältnis nicht rechtswirksam begründet worden ist.[48] Stellt man auf den sich erst im Vollzug eines Arbeitsverhältnisses verwirklichenden Sinn und Zweck eines Wettbewerbsverbots ab, so kommt einem solchen keine Bedeutung zu, wenn der unwirksame Arbeitsvertrag von den Parteien nicht aktualisiert worden ist.[49]

17 Die **Nichtigkeit eines Wettbewerbsverbots** lässt die Wirksamkeit des Arbeitsvertrages grundsätzlich unberührt, und zwar auch dann, wenn das Verbot im Arbeitsvertrag selbst enthalten ist. Mit dem Sinn und Zweck von Arbeitnehmerschutzvorschriften ist es grundsätzlich nicht zu vereinbaren, dass die Nichtigkeit eines Teils des Rechtsgeschäfts zur Unwirksamkeit des gesamten Rechtsgeschäfts führt.[50] Damit ist eine Gesamtnichtigkeit schon im Hinblick darauf zu verneinen, dass sich – wie es in § 134 BGB heißt – „aus dem Gesetz ein anderes ergibt", gemeint sind die Arbeitnehmer-Schutzregelungen der §§ 74 ff. Auf die Regelung des § 139 BGB kommt es insoweit nicht mehr an.[51]

18 **c) Schriftformgebot und Aushändigungsverpflichtung.** Nach § 74 Abs. 1 bedarf ein Wettbewerbsverbot der Schriftform sowie der Aushändigung einer vom Prinzipal unterzeichneten, die vereinbarten Bestimmungen enthaltenden Urkunde an den Gehilfen. Dem hier gesetzlich angeordneten **Schriftformgebot** wird nur Genüge geleistet, wenn die in § 126 BGB geregelten Voraussetzungen eingehalten werden.[52] Gemäß § 126 Abs. 2 Satz 1 BGB muss die Vertragsurkunde von beiden Parteien eigenhändig durch Namensunterschrift oder mittels notariell beglaubigten Handzeichens unterzeichnet werden.[53] Werden über das Wettbewerbsverbot mehrere gleich lautende Urkunden aufgenommen, so ist es nach § 126 Abs. 2 Satz 2 BGB ausreichend, wenn jede Partei die für die andere Partei bestimmte Urkunde unterzeichnet. Schließlich lässt § 126 Abs. 4 BGB die Ersetzung der Schriftform durch notarielle Beurkundung zu.

19 Das Schriftformerfordernis ist auch dann gewahrt, wenn eine **nicht selbst unterzeichnete Wettbewerbsabrede Teil einer Gesamturkunde ist,** die den gesetzlichen Anforderungen entspricht. Hiervon ist auszugehen, wenn die Urkunde über die Wettbewerbsabrede fest mit dem unterzeichneten Arbeitsvertrag verbunden ist und im Arbeitsvertrag[54] auf das Wettbewerbsverbot verwiesen wird.[55] Anders als die Begründung eines Wettbewerbsverbots kann dessen Aufhebung auch durch mündliche Vereinbarung der Arbeitsvertragsparteien erfolgen.[56] Insoweit steht weder § 74 Abs. 1 entgegen, der auf die Begründung des Wettbewerbsverbots bezogen ist,[57] noch hindert ein zwischen den Parteien vereinbarter Schriftformzwang, wenn die Parteien die Maßgeblichkeit der mündlichen Vereinbarung übereinstimmend gewollt haben.[58]

---

[47] S. BAG Urt. v. 3. 2. 1987 – 3 AZR 523/85, NZA 1987, 813, 814.
[48] BAG (Fn. 47) S. 814, hier auch bezogen auf den Fall, dass ein wirksam abgeschlossener Vertrag tatsächlich nicht vollzogen worden ist.
[49] In diesem Sinne auch BAG (Fn. 47) S. 814.
[50] In diesem Sinne schon RG Urt. v. 11. 12. 1934 – III 111/34, RGZ 146, 116, 119.
[51] AA wohl MünchKommHGB/v. Hoyningen-Huene RdNr. 16.
[52] Soll ein nachvertragliches Wettbewerbsverbot für eine Kommanditgesellschaft nur durch einen Prokuristen unterschrieben werden, so wird das gesetzliche Schriftformerfordernis des § 74 Abs. 1 HGB iVm. § 126 Abs. 1 BGB nur über den Vertretungszusatz der §§ 51, 53 Abs. 2 HGB („ppa") gewahrt, s. LAG Hamm Urt. v. 10. 1. 2005 – 7 Sa 1480/04, NZA-RR 2005, 428, 429; aA Bauer/Diller (Fn. 10) RdNr. 90 a. Unterschreibt ein Teil der gemeinschaftlich vertretungsberechtigten Personen, dann ergibt sich aus der Urkunde nicht, dass diese zugleich in Vertretungsmacht für die nicht unterschreibenden Personen handeln wollten, s. BAG Urt. v. 21. 4. 2005 – 2 AZR 162/04, AP BGB § 623 Nr. 4 = NZA 2005, 865, 866.
[53] Eingescannte Unterschriften reichen für das Schriftformerfordernis nicht, s. LAG Köln Urt. v. 19. 6. 2001 – 13 Sa 1571/00, NZA-RR 2002, 163 ff. = EzA-SD 2001, Nr. 24, 12.
[54] Zu überraschenden Vertragsklauseln iSv § 305 c Abs. 1 s. BAG (Fn. 29); LAG Hamm (Fn. 29).
[55] S. BAG (Fn. 27) S. 127 f. S. auch BAG Urt. v. 7. 5. 1998 – 2 AZR 55/98, EzA KSchG § 1 Nr. 6 Interessenausgleich bezogen auf die Namensliste beim Interessenausgleich des inzwischen aufgehobenen § 1 Abs. 5 KSchG.
[56] S. BAG Urt. v. 10. 1. 1989 – 3 AZR 460/87, NJW 1989, 2149 f = NZA 1987, 797 f.
[57] Dementsprechend geht das BAG in seinem Urt. v. 10. 1. 1989 (Fn. 56) S. 2149 auf diese Regelung gar nicht ein.
[58] BAG (Fn. 56) S. 2150.

Die zusätzlich zur Einhaltung der Schriftform in § 74 Abs. 1 geforderte **Aushändigung** der vom 20
Arbeitgeber unterzeichneten, die vereinbarten Bestimmungen enthaltenden Urkunde an den Gehilfen verlangt eine Übergabe der Vertragsurkunde bzw. – im Falle des § 126 Abs. 2 Satz 2 BGB – die Überlassung der arbeitgeberseits unterzeichneten Urkunde an den Arbeitnehmer.[59] Allgemeiner Auffassung nach muss die Aushändigung innerhalb einer angemessenen Frist erfolgen,[60] wobei das Gesetz selbst insoweit eine ausdrückliche Vorgabe nicht enthält. Angesichts dessen, dass der Akt der Aushändigung zwar nicht eine vertragsbegründende Willenserklärung, jedoch einen damit in engem Zusammenhang stehenden Realakt darstellt, dessen Fehlen die Wettbewerbsabrede unwirksam macht (s. RdNr. 21), muss die Aushändigung in einem unmittelbaren zeitlichen Zusammenhang mit dem Vertragsschluss erfolgen.[61] Zuzustimmen ist deshalb der Auffassung, die die Regelung des § 147 BGB analog auf den Realakt der Aushändigung anwenden will.[62] Die Aushändigung dient allein dem Schutz des Arbeitnehmers.[63] Verweigert der Arbeitnehmer die Annahme der fristgemäß angebotenen Vertragsurkunde, so gilt die Aushändigung als erfolgt.[64]

d) Rechtsfolgen von Formfehlern. Werden das Schriftformgebot oder das Erfordernis der 21
Aushändigung nicht eingehalten, so ist das Wettbewerbsverbot **gemäß § 125 Satz 1 BGB nichtig**.[65] Eine Berufung auf den Formfehler ist grundsätzlich nicht arglistig noch ein Verstoß gegen Treu und Glauben.[66] Anderes gilt jedoch dann, wenn der Arbeitgeber den Formfehler verschuldet hat. Hier stellt die Berufung des Arbeitgebers auf den Formfehler eine unzulässige Rechtsausübung dar.[67] Eine Heilung der Unwirksamkeit ist möglich, wenn diese auf einer nicht rechtzeitigen Aushändigung (s. RdNr. 20) der Vertragsurkunde beruht und der Arbeitnehmer die Urkunde gleichwohl entgegen nimmt.[68]

3. Inhalt des Wettbewerbsverbots. Seinem **Inhalt** nach ist das Wettbewerbsverbot gem. der 22
Legaldefinition des § 74 Abs. 1 darauf ausgerichtet, dass es „den Gehilfen für die Zeit nach Beendigung des Dienstverhältnisses in seiner gewerblichen Tätigkeit beschränkt". Im Rahmen des Erfordernisses eines nachvertraglichen Bezuges der Wettbewerbsabrede – Abgrenzung zu § 60 – und der in den Regelungen der §§ 74 ff. im Übrigen aufgestellten Anforderungen besteht hinsichtlich der inhaltlichen Ausgestaltung Vertragsfreiheit.

Die Vorschrift des § 74 Abs. 1 erfordert nicht eine bestimmte Form der Tätigkeitsbeschränkung, 23
damit diese als Wettbewerbsverbot eingeordnet werden kann. **Beschränkungen können in örtlicher, zeitlicher und/oder sachlicher Hinsicht vereinbart werden.**[69] Die Beschränkung kann sich auf eine künftige selbständige und/oder unselbständige Erwerbstätigkeit beziehen.[70] Sie kann **tätigkeits- oder unternehmensbezogen** sein:[71] Während im Falle eines unternehmensbezogenen Wettbewerbsverbots dem Arbeitnehmer jede Tätigkeit für alle oder jedenfalls bestimmte Konkurrenzunternehmen[72] untersagt ist, verpflichtet ein tätigkeitsbezogenes Wettbewerbsverbot den Arbeitnehmer lediglich zur Unterlassung bestimmter Tätigkeiten.[73] Wirtschaftlich nicht relevante nachvertragliche Beschränkungen des Arbeitnehmers sind nicht als Wettbewerbsverbot zu qualifizieren.[74]

---

[59] S. LAG Nürnberg Urt. v. 21. 7. 1994 – 5 Sa 391/94, NZA 1995, 532 (Ls.); s. auch Heymann/*Henssler* RdNr. 20.
[60] S. nur MünchKommHGB/*v. Hoyningen-Huene* RdNr. 38; Heymann/*Henssler* RdNr. 22; ErfK/*Schaub* RdNr. 27.
[61] Zutreffend LAG Nürnberg (Fn. 59) S. 532 (Ls.).
[62] So Heymann/*Henssler* RdNr. 22.
[63] S. BAG Urt. v. 23. 11. 2004 – 9 AZR 595/03, AP HGB § 74 Nr. 75 = NJW 2005, 2732, 2733 f.
[64] S. nur Baumbach/*Hopt* RdNr. 18; Heymann/*Henssler* RdNr. 23; MünchKommHGB/*v. Hoyningen-Huene* RdNr. 39.
[65] S. nur MünchKommHGB/*v. Hoyningen-Huene* RdNr. 40; Baumbach/*Hopt* RdNr. 19; ErfK/*Schaub* RdNr. 28; *Diller* RdA 2006, 45, 47; aA *Wank* EWiR 2005, 569, 570; *Kort* SAE 2005, 264, 265.
[66] AA BAG (Fn. 63) S. 2732, 2733 f., danach soll die Übergabe der Urkunde nach § 74 Abs. 1 keine Formvorschrift, sondern lediglich eine „Dokumentationsregelung" darstellen; soweit der Zweite Senat des BAG in seinem Urt. v. 26. 9. 1957 – 2 AZR 309/56, BB 1957, 1109 in einem Fall, in dem sich der Arbeitgeber auf das Wettbewerbsverbot berief, eine Ansicht vertreten hat, stellt der nunmehr für Wettbewerbsverbote allein zuständige Neunte Senat dies klar. Zur nur ganz ausnahmsweise anzuerkennenden Unbeachtlichkeit eines Formmangels wegen unzulässiger Rechtsausübung s. BGH Urt. v. 29. 2. 1996 – IX ZR 153/95, BGHZ 132, 119, 128 f. = NJW 1996, 1467, 1469 f. m. vielen Nachw.
[67] S. LAG Hamm Urt. 18. 7. 2003 – 7 Sa 734/03, juris; BAG (Fn. 63) S. 2732, 2733 f., hier bezogen auf den Fall einer fehlenden Aushändigung; s. auch Baumbach/*Hopt* RdNr. 19; aA *Bauer/Diller* (Fn. 10) RdNr. 107, 108.
[68] S. auch ErfK/*Schaub* RdNr. 27.
[69] Baumbach/*Hopt* RdNr. 6.
[70] S. BAG Urt. v. 15. 12. 1987 – 3 AZR 474/86, BAGE 57, 159, 166 = NZA 1988, 502, 503 = NJW 1988, 1686, 1686.
[71] So differenziert das BAG Urt. v. 26. 5. 1992 – 9 AZR 27/91, NZA 1992, 976, 977; BAG (Fn. 21) S. 100.
[72] S. LAG Nürnberg Urt. v. 31. 7. 2001 – 6 Sa 408/01, NZA-RR 2002, 272, 273.
[73] S. zu den Begriffen auch Heymann/*Henssler* RdNr. 12.
[74] BAG (Fn. 70) S. 503; vgl. aber die weite Formulierung in § 110 Satz 1 GewO, wonach ein Wettbewerbsverbot bereits vorliegt, wenn allgemein die berufliche Tätigkeit des Arbeitnehmers beschränkt wird.

24 Von einem auf die Beschränkung der Tätigkeit des Arbeitnehmers ausgerichteten Wettbewerbsverbot inhaltlich zu unterscheiden ist die **Verpflichtung zur Wahrung von Betriebs- und Geschäftsgeheimnissen.**[75] Hierunter sind nach der Rspr. des BAG Tatsachen zu verstehen, die im Zusammenhang mit einem Geschäftsbetrieb stehen, nur einem eng begrenzten Personenkreis bekannt und nach dem bekundeten Willen des Betriebsinhabers geheim zu halten sind.[76] Während Betriebsgeheimnisse auf den technischen Betriebsablauf, insbesondere die Herstellung und das Herstellungsverfahren bezogen sind, betreffen Geschäftsinteressen den allgemeinen Geschäftsverkehr.[77] Insoweit ist von einer bereits nachvertraglich bestehenden Verpflichtung der Arbeitnehmer auszugehen, Betriebs- und Geschäftsgeheimnisse auch über das Ende des Arbeitsverhältnisses hinaus zu wahren.[78] Im Unterschied zu einem Wettbewerbsverbot bezieht sich der Inhalt der Verschwiegenheitspflicht allein auf die Geheimhaltung von Tatsachen. Kenntnisse darüber darf der Arbeitnehmer nicht mitteilen, etwa veräußern und dadurch verwerten.[79] Daraus folgt allerdings keine Verpflichtung, nach Beendigung des Arbeitsverhältnisses eine Konkurrenztätigkeit zu unterlassen, also etwa Kunden des ehemaligen Arbeitgebers zu umwerben.[80] Dieses Ziel kann nur durch ein den Anforderungen der §§ 74 ff. genügendes Wettbewerbsverbot erreicht werden. Die Differenzierung zwischen Geheimhaltungspflicht und Wettbewerbsverbot entspricht der in den §§ 90, 90a positivierten Rechtslage im Handelsvertreterrecht.

25 Für die **Ermittlung des Inhalts** einer Wettbewerbsabrede gelten die **allgemeinen Auslegungsregeln** der §§ 133, 157 BGB. Angesichts der Schutzfunktion der §§ 74 ff. zugunsten der Arbeitnehmer sind Verbotsvereinbarungen im Zweifel restriktiv auszulegen.[81] Wird etwa ein Wettbewerbsverbot auf die Herstellung bestimmter Erzeugnisse oder die Tätigkeit in bestimmten Produktionszweigen beschränkt, so hat der Arbeitnehmer eine Erwerbstätigkeit bei einem Konkurrenzunternehmen nur insoweit zu unterlassen, als er dort mit der Herstellung eben dieser Erzeugnisse oder dem Vertrieb entsprechender Artikel befasst ist.[82] Unklarheiten über den Inhalt eines Wettbewerbsverbots gehen zu Lasten des Arbeitgebers.[83]

26 **4. Dauer und Beendigung des Wettbewerbsverbots.** Das Wettbewerbsverbot des § 74 Abs. 1 ist begrifflich auf „die Zeit nach Beendigung des Dienstverhältnisses" bezogen. Es beginnt damit als nachvertragliches Verbot mit der **rechtlichen Beendigung des Arbeitsverhältnisses.**[84] Bis zu diesem Zeitpunkt greift das in § 60 niedergelegte gesetzliche Wettbewerbsverbot. Wegen § 74a Abs. 1 Satz 3 endet das Verbot spätestens nach zwei Jahren.

27 Das Verbot kann auf einen **kürzeren Zeitraum** bezogen werden. Die Parteien können als Ausdruck ihrer Vertragsfreiheit jederzeit ein Wettbewerbsverbot einvernehmlich beenden.[85] Dies kann trotz vereinbarter Schriftformzwangs auch mündlich geschehen.[86]

28 Mit **Eintritt des (ehemaligen) Arbeitnehmers in den Ruhestand** verliert ein Wettbewerbsverbot nicht seine Wirkung, wenn nicht das Verbot insoweit auflösend bedingt abgeschlossen worden ist.[87] Die grundsätzliche Fortgeltung des Verbots folgt daraus, dass es sich bei dem Verbot um einen gegenseitigen Vertrag handelt,[88] nach welchem der Arbeitnehmer zur Unterlassung von Wettbewerb verpflichtet ist. Ganz **unerheblich ist der Grund,** weshalb der (ehemalige) Arbeitnehmer Wettbewerb unterlässt.[89] Das Wettbewerbsverbot endet auch nicht mit der Zahlung einer **Betriebsrente.** Der Bezug einer solchen verpflichtet nicht zur Unterlassung von Wettbewerb – die Betriebsrente wird gezahlt, weil sie vom Arbeitnehmer während des bestehenden Arbeitsverhältnisses erdient

---

[75] Dazu näher BAG (Fn. 70) S. 502 ff. und *D. Gaul* ZIP 1988, 689 ff.; *Kunz* DB 1993, 2482 ff.
[76] BAG (Fn. 70) S. 503.
[77] BAG (Fn. 70) S. 503.
[78] BAG (Fn. 70) S. 503.
[79] BAG (Fn. 70) S. 504.
[80] So der Fall des BAG-Urteils vom 15. 12. 1987 (Fn. 70) S. 502 ff.
[81] Enger Baumbach/*Hopt* RdNr. 7, wonach das nur bei einseitig arbeitgeberseits aufgestellten Verboten gelten soll.
[82] BAG Urt. v. 30. 4. 1965 – 3 AZR 366/63, AP GewO § 133 f Nr. 17 = DB 1965, 1143.
[83] S. BAG (Fn. 21). Bei vorformulierten Wettbewerbsverboten ist die zu Lasten des Arbeitgebers wirkende Unklarheitenregel des § 305c Abs. 2 BGB unmittelbar wirkendes Gesetzesrecht.
[84] S. BAG Urt. v. 16. 1. 1970 – 3 AZR 429/68, AP HGB § 74a Nr. 4 = BB 1970, 1010; BGH Urt. v. 4. 3. 2002 – II ZR 77/00, BB 2002, 800, 801 = GmbHR 2002, 431, 432.
[85] S. BAG Urt. v. 31. 7. 2002 – 10 AZR 558/01, AP HGB § 611 Nr. 48 Konkurrenzklausel; Urt. v. 31. 7. 2002 – 10 AZR 513/01, BAGE 102, 103, 104 ff. = AP HGB § 74 Nr. 74; BAG (Fn. 56) S. 797. Ob durch eine Ausgleichsklausel in einem gerichtlichen Vergleich ein nachvertragliches Wettbewerbsverbot und die Pflicht zur Zahlung einer Karenzentschädigung aufgehoben worden sind, ist durch Auslegung gem. §§ 133, 157 BGB zu ermitteln, s. BAG Urt. v. 8. 3. 2006 – 10 AZR 349/05, AP HGB § 74 Nr. 79 = DB 2006, 1433, 1434.
[86] BAG (Fn. 56) S. 798; s. auch schon oben RdNr. 19.
[87] BAG (Fn. 27) S. 128.
[88] BAG (Fn. 27) S. 128 und schon oben RdNr. 5.
[89] *BAG (Fn. 27) S. 128.*

wurde. Damit kann die Zahlung einer Betriebsrente ein Wettbewerbsverbot weder ersetzen noch die Wirkung einer solchen Abrede beseitigen.[90]

5. Übertragung der Rechte und Pflichten aus einem Wettbewerbsverbot. a) Betriebs- (teil)übergang und § 613a BGB. Im Falle eines **rechtsgeschäftlichen Betriebs- (teil)übergangs** tritt nach § 613a Abs. 1 Satz 1 BGB der Erwerber in die Rechte und Pflichten aus den im Zeitpunkt des Übergangs bestehenden Arbeitsverhältnissen ein. Hiervon werden auch die Rechte und Pflichten aus einer Wettbewerbsabrede erfasst, sofern das Arbeitsverhältnis im Zeitpunkt des Betriebs(teil)übergangs besteht.[91] Das Wettbewerbsverbot steht – auch wenn es als rechtlich selbständige Abrede neben dem Arbeitsvertrag getroffen ist – in einem unmittelbaren rechtlichen Zusammenhang mit dem Arbeitsverhältnis (siehe § 74 Abs. 1) und ist aus diesem Grunde betriebsübergangsrechtlich ebenso wie dieses zu behandeln.[92] 29

Mit dem Übergang entfaltet das Wettbewerbsverbot **gegenüber dem Veräußerer** keine Wirkung mehr. Im Verhältnis zum **Erwerber** gilt das Verbot mit demselben Inhalt fort, den es bis zum Zeitpunkt des Betriebs(teil)übergangs hatte. Der gesetzlich angeordnete Eintritt des Erwerbers als solcher ändert inhaltlich nichts, und zwar auch dann nicht, wenn das Verbot nach dem Unternehmenszweck des Erwerbers ganz oder teilweise seinen Sinn verliert. Eine inhaltliche Anpassung kann hier allein durch vertragliche Änderung erfolgen.[93] 30

Sofern ein (ehemaliger) **Arbeitnehmer bereits vor dem Zeitpunkt des Betriebsübergangs aus dem Arbeitsverhältnis ausgeschieden war,** kommt ein Eintritt des Erwerbers in die Rechte und Pflichten aus dem Wettbewerbsverbot nach § 613a Abs. 1 Satz 1 BGB nicht in Betracht: Die Regelung setzt ein im Zeitpunkt des Übergangs bestehendes Arbeitsverhältnis voraus.[94] Unter Berücksichtigung von Sinn und Zweck des § 613a Abs. 1 Satz 1 BGB scheidet eine analoge Anwendung dieser Regelung auf nachvertragliche Wettbewerbsverbote aus.[95] 31

Mangels Anwendbarkeit von § 613a Abs. 1 Satz 1 BGB kann ein Betriebserwerber allein durch **Vereinbarung mit einem bereits vor dem Übergang ausgeschiedenen Arbeitnehmer** oder durch Vereinbarung mit dem Veräußerer unter Zustimmung des früheren Arbeitnehmers dafür Sorge tragen, dass dieser gegen Fortzahlung einer Karenzentschädigung auch dem Erwerber gegenüber zur Unterlassung von Wettbewerb verpflichtet bleibt.[96] Kommt eine solche Vereinbarung nicht zustande, so besteht im Verhältnis zum Betriebserwerber kein Wettbewerbsverbot. Gegenüber dem Veräußerer besteht das Verbot rechtlich zwar grundsätzlich fort. Jedoch ist zu prüfen, ob das Verbot nicht mangels eines fortbestehenden berechtigten geschäftlichen Interesses des früheren Arbeitgebers hinfällig und damit nach § 74a Abs. 1 Satz 1 unverbindlich wird (s. § 74a RdNr. 5 ff.). Davon ist nach Ansicht des BAG idR auszugehen.[97] 32

b) Erbfolge. Im Falle der **Erbfolge** tritt der Erbe nach §§ 1922, 1967 BGB u. a. in die Rechte und Pflichten aus einem Wettbewerbsverbot ein. Die Wettbewerbsabrede mit der für den Arbeitgeber bzw. Erben maßgebenden Verpflichtung zur Zahlung einer Karenzentschädigung ist insoweit nicht etwa eine höchstpersönliche Verpflichtung. Aus diesem Grunde ist die Universalsukzession nicht ausgeschlossen. 33

c) Unternehmensumwandlungen. Kommt es nach Maßgabe des Umwandlungsgesetzes im Rahmen einer **übertragenden Umwandlung** (Verschmelzung, Spaltung und Vermögensübertragung)[98] zu einem Betriebs(teil)übergang, so findet die **Regelung des § 613a Abs. 1 Satz 1 BGB uneingeschränkt Anwendung.**[99] § 324 UmwG bestimmt insoweit ausdrücklich, dass diese Regelung durch die Wirkungen der Eintragung einer Verschmelzung, Spaltung oder Vermögensübertragung unberührt bleibt.[100] Mit der uneingeschränkten Anwendbarkeit von § 613a Abs. 1 Satz 1 BGB im Rahmen von (betriebsteil)übertragenden Umwandlungsvorgängen gelten für die rechtliche 34

---

[90] BAG (Fn. 27) S. 129.
[91] S. nur *Grunsky* (Fn. 21) S. 139; *D. Gaul* NZA 1989, 697, 699; Heymann/*Henssler* RdNr. 36; MünchKomm-HGB/*v. Hoyningen-Huene* RdNr. 73.
[92] Ist in einem Formulararbeitsvertrag die mögliche Übernahme des Wettbewerbsverbots durch ein anderes Unternehmen vorgesehen, steht § 309 Nr. 10 BGB dem nicht entgegen. Denn das Wettbewerbsverbot stellt keinen Dienstvertrag dar, s. hierzu *Bauer/Diller* (Fn. 10) RdNr. 687 f.
[93] Baumbach/*Hopt* RdNr. 9, Heymann/*Henssler* RdNr. 36.
[94] S. LAG Hessen Urt. v. 3. 5. 1993 – 10 Sa Ga 345/93, NZA 1994, 1033, 1034. S. aus der Lit. *Grunsky* (Fn. 21) S. 143; Heymann/*Henssler* RdNr. 37; *D. Gaul* DB 1995, 874, 876 f.
[95] Zutreffend LAG Hessen (Fn. 94) S. 1034.
[96] S. LAG Hessen (Fn. 94) S. 1034.
[97] S. BAG Urt. v. 28. 1. 1961 – 3 AZR 374/65, BAGE 18, 104, 115 = BB 1966, 496, 497.
[98] Zu diesen Begriffen s. näher *Boecken*, Unternehmensumwandlungen und Arbeitsrecht, 1996, RdNr. 7.
[99] S. dazu ausführlich *Boecken* (Fn. 98) RdNr. 56 ff. m. vielen weit. Nachw.
[100] Zur Bedeutung dieser Regelung s. näher *Boecken* (Fn. 98) RdNr. 63 ff.

Beurteilung von Wettbewerbsverboten im Vergleich mit außerumwandlungsgesetzlichen Betriebs(teil)übergängen keine Besonderheiten (s. RdNr. 29 ff.).

35 Bezogen auf Arbeitnehmer eines übertragenden Rechtsträgers, deren Arbeitsverhältnisse mangels Übergangs eines Betriebs bzw. Betriebsteils oder mangels Zuordnungsfähigkeit zu einem bestimmten Betrieb(steil) **rein umwandlungsrechtlich im Wege der (partiellen) Gesamtrechtsnachfolge übergehen,**[101] erfolgt ein Übergang auch des Wettbewerbsverbots auf den übernehmenden Rechtsträger allein nach den umwandlungsgesetzlichen Vorschriften über die (partielle) Gesamtrechtsnachfolge.[102] Besteht die Umwandlung eines Rechtsträgers in einem Formwechsel iSv. §§ 1 Abs. 1 Nr. 4, 190 ff. UmwG, so kommt es lediglich zu einem Wechsel der Rechtsform eines Rechtsträgers unter Wahrung seiner rechtlichen Identität und ohne Änderung seines Vermögens.[103] Anders als bei den übertragenden Umwandlungsvorgängen der Verschmelzung, Spaltung und Vermögensübertragung findet hier ein Vermögensübergang nicht statt.[104] Damit werden zwischen einem formwechselnden Rechtsträger und dessen Arbeitnehmern bestehende Wettbewerbsverbote durch den Umwandlungsvorgang rechtlich nicht berührt.

36 **6. Wettbewerbsverbote bei Insolvenz des Arbeitgebers.** Ausgangspunkt für die Beurteilung der rechtlichen **Auswirkungen der Eröffnung eines Insolvenzverfahrens** auf die Rechte und Pflichten aus einem Wettbewerbsverbot ist dessen rechtliche Einordnung als gegenseitiger Vertrag, auf Grund dessen sich der Arbeitnehmer zur Unterlassung von Wettbewerb gegen Zahlung einer Karenzentschädigung (s. RdNr. 41 ff.) verpflichtet.[105] Nach der ständigen Rspr. des BGH erlöschen mit der Eröffnung des Insolvenzverfahrens die jeweiligen Erfüllungsansprüche. Das Rechtsverhältnis zwischen dem Schuldner und seinen Vertragspartnern wird umgestaltet in einen einseitigen Anspruch des Vertragspartners auf Schadensersatz wegen Nichterfüllung.[106]

37 Ist der Arbeitnehmer bereits **vor der Eröffnung des Insolvenzverfahrens aus dem Arbeitsverhältnis** mit dem Schuldner **ausgeschieden**, so hat die vorbezeichnete Rspr. zur Folge, dass die jeweiligen Ansprüche aus der Wettbewerbsabrede erlöschen, der (ehemalige) Arbeitnehmer hingegen wegen des Wegfalls der Karenzentschädigung einen Schadensersatzanspruch wegen Nichterfüllung erlangt. Dieser Anspruch ist insolvenzrechtlich nach § 103 Abs. 2 Satz 1 InsO als Insolvenzforderung iSv. § 38 InsO einzuordnen.[107] Ein Fortbestand des Wettbewerbsverbots nach § 108 Abs. 1 Satz 1 InsO kommt im Hinblick darauf nicht in Betracht, dass es sich nicht um ein Dienstverhältnis iS. dieser Vorschrift handelt. Der rechtliche Zusammenhang mit einem Arbeitsverhältnis reicht insoweit nicht aus.

38 Macht der **Insolvenzverwalter** von seinem Wahlrecht nach § 103 Abs. 1 InsO Gebrauch und **verlangt Erfüllung des Wettbewerbsverbots,**[108] so muss der (ehemalige) Arbeitnehmer die Vereinbarung erfüllen, dh., Wettbewerb unterlassen. Ihm steht seinerseits weiter ein Anspruch auf Karenzentschädigung zu, bei dem es sich um eine sonstige Masseverbindlichkeit iSv. § 55 Abs. 1 Nr. 2 InsO handelt.[109] Hierzu gehören u. a. Verbindlichkeiten aus gegenseitigen Verträgen, soweit deren Erfüllung zur Insolvenzmasse verlangt wird. Die Befriedigung dieser Verbindlichkeiten erfolgt nach Maßgabe des § 209 Abs. 2 Nr. 2 InsO. Für den Fall der absehbaren Masseunzulänglichkeit, die die Erfüllung des Anspruchs auf Karenzentschädigung voraussichtlich ausschließt, steht dem verpflichteten Arbeitnehmer ein Recht zur außerordentlichen Kündigung der Wettbewerbsabrede zu.[110]

39 Scheidet der Arbeitnehmer erst **nach der Eröffnung des Insolvenzverfahrens aus dem Arbeitsverhältnis aus** und war zwischen ihm und dem Schuldner ein Wettbewerbsverbot vereinbart worden, so gelten ab dem Zeitpunkt des Ausscheidens die vorbeschriebenen Grundsätze genauso. Mit der Aktualisierung des Wettbewerbsverbots infolge der Beendigung des Arbeitsverhältnisses – die nach Eröffnung des Insolvenzverfahrens für Insolvenzverwalter und Arbeitnehmer wegen § 108 Abs. 1 Satz 1 InsO abgesehen von einem Aufhebungsvertrag nur durch Kündigung erfolgen kann, die allerdings nach § 113 InsO unter erleichterten Voraussetzungen möglich ist – kommt es zur

---

[101] S. zum umwandlungsrechtlichen Übergang von Arbeitsverhältnissen und zu den insoweit relevanten Fallkonstellationen *Boecken* (Fn. 98) RdNr. 99 ff.
[102] S. §§ 20 Abs. 1 Nr. 1, 131 Abs. 1 Nr. 1 UmwG bezogen auf die Umwandlungsarten der Verschmelzung und Spaltung.
[103] S. *Boecken* (Fn. 98) RdNr. 18 iVm. Fn. 72.
[104] S. nur *Ganzke* WM 1993, 1117, 1119 und 1120 sowie *Lüttge* NJW 1995, 417, 422.
[105] S. BAG (Fn. 27) S. 128 und schon oben RdNr. 5.
[106] BGH Urt. v. 4. 5. 1995 – IX ZR 256/93, BGHZ 129, 336, 338 = NJW 1995, 1966, 1966 mwN aus der Rspr.
[107] S. auch *Eisenbeis*, in Frankfurter Kommentar zur Insolvenzordnung, § 113 RdNr. 96.
[108] Zur Anwendbarkeit des § 103 Abs. 1 InsO auch insoweit s. *Wegener*, in Frankfurter Kommentar zur Insolvenzordnung, § 103 RdNr. 21.
[109] S. auch *Eisenbeis* (Fn. 107) § 113 RdNr. 98.
[110] Zutreffend *Eisenbeis* (Fn. 107) § 113 RdNr. 98 mwN.

rechtlichen Umgestaltung des Wettbewerbsverbots mit der Folge des Wegfalls der gegenseitigen Erfüllungsansprüche unter Entstehung eines Schadensersatzanspruchs wegen Nichterfüllung für den (ehemaligen) Arbeitnehmer. Dieser Anspruch ist nach § 103 Abs. 2 Satz 1 InsO wiederum als einfache Insolvenzforderung zu qualifizieren. Verlangt der Insolvenzverwalter Erfüllung nach § 103 Abs. 1 InsO, so stellt der Anspruch auf Karenzentschädigung eine sonstige Masseverbindlichkeit nach § 55 Abs. 1 Nr. 2 InsO dar.

Hat der Insolvenzverwalter Erfüllung verlangt, so wird die Verpflichtung zum Unterlassen von Wettbewerb in jedem Fall – unabhängig davon, ob der Arbeitnehmer bereits vor Eröffnung des Insolvenzverfahrens ausgeschieden ist oder erst im Anschluss daran – dann hinfällig, wenn es zur **Liquidation des Vermögens** kommt und damit das Unternehmen nicht mehr fortbesteht.[111] Findet eine übertragende Sanierung statt, so gelten für einen in diesem Rahmen erfolgenden Betriebs(teil)übergang bezogen auf den Eintritt des Erwerbers in die Rechte und Pflichten aus einem Wettbewerbsverbot § 613a Abs. 1 Satz 1 BGB und die insoweit maßgebenden Regeln (s. RdNr. 29 ff.). 40

III. Bezahlte Karenz (§ 74 Abs. 2)

1. Begriff und Funktion der bezahlten Karenz. Gemäß der Regelung des § 74 Abs. 2 ist das Wettbewerbsverbot nur verbindlich, wenn sich der Prinzipal verpflichtet, für die Dauer des Verbots eine Entschädigung zu zahlen, die für jedes Jahr des Verbots mindestens die Hälfte der von dem Handlungsgehilfen zuletzt bezogenen vertragsmäßigen Leistungen erreicht. Dieser sog. **Grundsatz der bezahlten Karenz**[112] ist erst durch Art. 1 des Gesetzes zur Änderung der §§ 74, 75 und des 76 Abs. 1 des Handelsgesetzbuches vom 10. 6. 1914 (RGBl. S. 209) eingeführt worden und stellte das Kernstück dieser Novellierung dar.[113] Durch die Zahlung einer Karenzentschädigung soll dem Arbeitnehmer der Lebensstandard gesichert werden, den er sich auf Grund vorausgegangener Tätigkeit erarbeitet hatte. Sie soll den Nachteil ausgleichen, den der Arbeitnehmer durch die Beschränkung in der Verwendung seiner Arbeitskraft erleidet.[114] Mit dem Fremdgeschäftsführer einer GmbH kann ein nachträgliches Wettbewerbsverbot auch ohne Karenzentschädigung vereinbart werden.[115] Ihrer Funktion nach ist die Karenzentschädigung im Rahmen der Wettbewerbsvereinbarung als eines **gegenseitigen Vertrages**[116] die mit der Unterlassungspflicht des (ehemaligen) Arbeitnehmers synallagmatisch verbundene Leistungspflicht des Arbeitgebers. Diese stellt mithin ein vertraglich **geschuldetes Entgelt** dar und kann in ihrer Rechtsnatur nach nicht – trotz der gesetzlichen Bezeichnung als „Entschädigung" (§ 74 Abs. 2) – als Schadensersatzanspruch eingeordnet werden.[117] 41

Aus der Einordnung der Karenzentschädigung als arbeitgeberseitige Gegenleistung für die Unterlassung nachvertraglichen Wettbewerbs durch den Arbeitnehmer folgt, dass Entschädigungsleistungen für den Verlust des Arbeitsplatzes, insbesondere die Zahlung einer **Abfindung,** keine Karenzentschädigungen iSd. § 74 Abs. 2 sind.[118] Ebenso wenig handelt es sich bei einer Betriebsrentenleistung, die der Arbeitnehmer während des Arbeitsverhältnisses erdient hat, um eine Karenzentschädigung.[119] Die Betriebsrente wird nicht als Gegenleistung für die Unterlassung von Wettbewerb erbracht. 42

Als synallagmatisch mit der Unterlassungspflicht verbundener Bestandteil des Wettbewerbsverbots muss die **Zusage einer Karenzentschädigung gleichzeitig mit der Vereinbarung der Wettbewerbsunterlassung** erfolgen. Die Zusage kann auch durch einen Pauschalverweis auf die maßgeblichen Vorschriften der §§ 74 ff. geschehen.[120] Bezogen auf die Höhe der Entschädigung ist darin zugleich ein Verweis auf die gesetzliche Mindesthöhe zu sehen. Die Zusage einer Karenzentschädigung in allgemeinen Geschäftsbedingungen ist wirksam, wenn lediglich auf §§ 74 ff. verwiesen wurde.[121] Jedenfalls aber kann der Verwender der allgemeinen Geschäftsbedingungen sich nicht auf 43

---

[111] S. auch *Eisenbeis* (Fn. 107) § 113 RdNr. 93.
[112] S. BGH Urt. v. 27. 9. 1983 (Fn. 2) S. 264.
[113] S. Verhandlungen des Reichstages (Fn. 9) S. 728; ausführlich zu den Voraussetzungen einer Entschädigungszusage *Grunsky* NZA 1988, 713 ff.
[114] S. BAG Urt. v. 9. 1. 1990 (Fn. 18) S. 519.
[115] S. BGH Urt. v. 4. 3. 2002 – II ZR 77/00, NJW 2002, 1875 f. = GmbHR 2002, 431.
[116] S. BAG (Fn. 27) S. 128.
[117] S. BAG Urt. v. 18. 11. 1967 – 3 AZR 471/66, BAGE 20, 162, 169 = DB 1968, 577, 578. Zu den mit dieser Einordnung verbundenen Rechtsfolgen für den Fall eines Verstoßes gegen ein wirksam begründetes Wettbewerbsverbot s. noch folgend RdNr. 55 ff.
[118] S. BAG (Fn. 30) S. 73, *B. Gaul* DB 1995, 874, 874.
[119] Vgl. BAG (Fn. 27) S. 128 f. S. auch *B. Gaul* DB 1995, 874, 874 f. und schon *D. Gaul* BB 1980, 57 ff.
[120] S. BAG Urt. v. 14. 8. 1975 – 3 AZR 333/74, AP HGB § 74 Nr. 35 = WM 1976, 21, 22. Zu Nachweisen aus der Praxis s. *Grunsky* NZA 1988, 713, 714 f.
[121] S. auch BAG Urt. v. 31. 7. 2002 – 10 AZR 513/01, BAGE 102, 103, 104 ff. = AP HGB § 74 Nr. 74; ausführlich zu ausreichenden Zusagen *Bauer/Diller* (Fn. 10) RdNr. 284 ff.

die Unwirksamkeit der Zusage berufen, wenn der Arbeitnehmer sich an das Wettbewerbsverbot hält.[122]

44 Für den Anspruch auf Karenzentschädigung kommt es nicht darauf an, ob der (ehemalige) Arbeitnehmer nachvertraglich überhaupt in der Lage oder willens ist, zu seinem früheren Arbeitgeber in Wettbewerb zu treten. Insofern ist die als Gegenleistung für die Unterlassung von Wettbewerb zu erbringende Entschädigungsleistung **abstrakt,** sprich losgelöst von den tatsächlichen Umständen der Unterlassung von Wettbewerb zu erbringen. Mit Ausnahme der Regelung des § 74 c Abs. 1 Satz 3 – für die Dauer der Verbüßung einer Freiheitsstrafe kann der Gehilfe eine Entschädigung nicht verlangen – ist es nach dem Gesetz **gleichgültig, aus welchem Grunde der Arbeitnehmer sich des Wettbewerbs enthält.**[123] So setzt der Anspruch auf Entschädigung nicht voraus, dass der Arbeitnehmer die Absicht einer nachvertraglich weiteren Verwertung der Arbeitskraft im Hinblick auf die Tätigkeit hat, wegen der das Verbot vereinbart worden ist.[124] Das gilt etwa für den Fall der Aufnahme eines Studiums, und zwar auch dann, wenn der Student wegen der mit dem Studium verbundenen zeitlichen und inhaltlichen Belastungen nicht in der Lage sein sollte, dem früheren Arbeitgeber Konkurrenz zu machen.[125] Irrelevant für den Anspruch auf Karenzentschädigung ist aus den oben bezeichneten Grundsätzen heraus zB auch der Eintritt in den Ruhestand.[126] Des Weiteren entfällt der Anspruch auf Karenzentschädigung nicht deshalb, weil der Arbeitnehmer mit Beginn der Karenzzeit arbeitsunfähig erkrankt ist.[127] Wettbewerbsverbote sind gegenseitige Verträge, die den Arbeitnehmer nicht zu einem positiven Handeln verpflichten, sondern lediglich Unterlassungspflichten begründen.[128] Der Anspruch des Arbeitnehmers auf Karenzentschädigung entsteht allein dadurch, dass der Arbeitnehmer den ihm verbotenen Wettbewerb unterlässt.[129]

45 **2. Höhe der Karenzentschädigung.** Gemäß § 74 Abs. 2 hat der Prinzipal eine Entschädigung zu zahlen, die für jedes Jahr des Verbots mindestens die Hälfte der von dem Handlungsgehilfen zuletzt bezogenen vertragsmäßigen Leistungen erreicht. **Referenzperiode für die Bemessung der Höhe der Karenzentschädigung ist** – wie der in § 74 Abs. 2 hergestellte Zusammenhang zwischen den Zeitkriterien „für jedes Jahr des Verbots" und der „zuletzt bezogenen ... Leistungen" deutlich macht – das letzte Jahr vor Beendigung des Arbeitsverhältnisses und dem damit einhergehenden Beginn des nachvertraglichen Wettbewerbsverbots.[130] Von dieser Regelung zur Bestimmung der Höhe der Karenzentschädigung zu unterscheiden ist die Frage der Fälligkeit des Anspruchs auf die Entschädigung: Nach § 74 b Abs. 1 ist die nach § 74 Abs. 2 dem Handlungsgehilfen zu gewährende Entschädigung am Schlusse jedes Monats zu zahlen.[131]

46 Unter dem **Begriff der „vertragsmäßigen Leistungen"** sind nicht allein die monatlich oder sonst periodisch geleisteten Bezüge zu verstehen.[132] Ausgehend von dem Zweck der Karenzentschädigung, die dem Arbeitnehmer den Lebensstandard sichern soll, den er sich auf Grund seiner vorausgegangenen Tätigkeit erarbeitet hatte,[133] ist für die Berechnung der „vertragsmäßigen Leistungen" darauf abzustellen, was der Arbeitnehmer als Gegenleistung für seine Arbeitsleistung in dem maßgebenden Zeitraum zu beanspruchen hat.[134] Hierzu gehören deshalb alle Leistungen, die der Arbeitgeber mit Bezug auf die erbrachte Arbeitsleistung in dem maßgebenden Zeitraum gewährt hat, und zwar unabhängig davon, ob auf die Leistung ein Rechtsanspruch bestand.[135] Einbezogen sind damit über die periodisch wiederkehrend gezahlte Vergütung hinaus auch sonstige Vergütungsleistungen wie Sonderzahlungen, Gewinn- und Umsatzbeteiligungen[136] oder Gratifika-

---

[122] S. BAG (Fn. 63) S. 2732, 2733 f.; BAG Urt. v. 28. 6. 2006 – 10 AZR 407/05, AP HGB § 74 Nr. 80 = DB 2006, 2181, 2182.
[123] BAG Urt. v. 13. 2. 1996 – 9 AZR 931/94, BAGE 82, 157 = NJW 1996, 2677 mwN.
[124] BAG (Fn. 123) S. 2677.
[125] BAG (Fn. 123) S. 2677; kritisch etwa *Bengelsdorf* BB 1983, 905, 910 ff., der eine „bloße Wettbewerbsenthaltung" nicht für ausreichend erachtet.
[126] S. BAG (Fn. 27) S. 128. Zu den Auswirkungen von Ruhestand und Betriebsrentenbezug auf die Zahlung einer Karenzentschädigung s. *Bauer/Diller* BB 1997, 990, 992 ff.
[127] S. BAG (Fn. 63) S. 2732, 2733 f.
[128] S. BAG (Fn. 63) S. 2732, 2733 f.
[129] S. BAG Urt. v. 9. 8. 1974 – 3 AZR 350/73, AP HGB § 74 c Nr. 5; Urt. v. 3. 7. 1990 – 3 AZR 96/89, AP HGB § 74 Nr. 61.
[130] S. BAG Urt. v. 9. 1. 1990 (Fn. 18) S. 520.
[131] S. dazu noch die Kommentierung zu § 74b und dort näher RdNr. 2 ff.
[132] S. BAG Urt. v. 9. 1. 1990 (Fn. 18) S. 519.
[133] S. BAG Urt. v. 9. 1. 1990 (Fn. 18) S. 519.
[134] S. BAG Urt. v. 9. 1. 1990 (Fn. 18) S. 519; LAG Düsseldorf Urt. v. 10. 12. 2002 – 8 Sa 1151/02, NZA-RR 2003, 570 ff.; s. auch BAG Urt. v. 16. 11. 1973 – 3 AZR 61/73, BAGE 25, 385, 389, NJW 1974, 765, 766, wo noch darauf abgestellt wird, was der Arbeitnehmer tatsächlich erhalten hat.
[135] BAG Urt. v. 16. 11. 1973 (Fn. 134) S. 766.
[136] *S. BAG Urt. v. 9. 1. 1990 (Fn. 18) S. 519.*

tionen.¹³⁷ Neben Barleistungen bzw. im Wege der Überweisung erbrachten Vergütungsleistungen sind für die Bemessung der Karenzentschädigung auch Sachleistungen zu berücksichtigen.¹³⁸

Außer Betracht bleiben Arbeitgeberleistungen, die **nicht in einem synallagmatischen Verhältnis zur erbrachten Arbeitsleistung** stehen. Hierzu zählt etwa der Ersatz von Aufwendungen.¹³⁹ Nach Ansicht des BAG sollen auch freiwillige Beiträge des Arbeitgebers zu einer Lebensversicherung des Arbeitnehmers keine Berücksichtigung finden.¹⁴⁰ Das ist in dieser Allgemeinheit nicht zutreffend: Werden entsprechende Vorsorgeleistungen arbeitgeberseits als Belohnung für erbrachte Arbeitsleistungen gewährt, so sind auch solche Leistungen in die Berechnung der vertragsmäßigen Leistungen nach § 74 Abs. 2 einzubeziehen. 47

3. Verjährung des Anspruchs auf Karenzentschädigung. Der Anspruch auf Karenzentschädigung unterliegt der Verjährung. Die Verjährungsfrist beträgt nach den Änderungen der Schuldrechtsreform gemäß **§ 195 BGB drei Jahre**¹⁴¹ und beginnt nach § 199 Abs. 1 BGB mit dem Schluss des Jahres, in dem der Anspruch entstanden ist und wenn die subjektiven Voraussetzungen gegeben sind. Gemäß § 199 Abs. 4 BGB tritt die Verjährung jedoch spätestens nach 10 Jahren ein. 48

4. Folgen einer fehlerhaften Entschädigungszusage. Hinsichtlich der **Folgen einer fehlerhaften Karenzentschädigungszusage** ist nach der Rspr. des BAG zu unterscheiden. 49

Fehlt eine Entschädigungszusage völlig, so ist das Wettbewerbsverbot nicht nur – wie man aus dem Wortlaut des § 74 Abs. 2 entnehmen könnte – unverbindlich,¹⁴² sondern nichtig, dh., keine der Vertragsparteien kann irgendwelche Ansprüche aus der Vereinbarung erheben.¹⁴³ Das BAG spricht von dem Nichtigkeitsgrund der unbezahlten Karenz.¹⁴⁴ Nach Ansicht des BAG sind in diesem Fall Unverbindlichkeit und Nichtigkeit im Hinblick darauf identisch, dass eine Karenzentschädigung nicht vereinbart worden ist und deshalb auch bei Einhaltung des Wettbewerbsverbots daraus keine Zahlungsansprüche hergeleitet werden können.¹⁴⁵ 50

Ist eine **Entschädigungszusage** zwar **vereinbart,** genügt diese jedoch nicht den in § 74 Abs. 2 normierten Voraussetzungen – sei es, weil die gesetzlich vorgeschriebene Höhe nicht erreicht wird oder weil es sich um ein bedingtes Wettbewerbsverbot, dh., eine Zusage, die von einer Entscheidung des Arbeitgebers abhängig gemacht wird,¹⁴⁶ handelt – ist das Wettbewerbsverbot nicht nichtig, sondern in Übereinstimmung mit dem Wortlaut des § 74 Abs. 2 **lediglich unverbindlich.**¹⁴⁷ Der Arbeitgeber kann sich nicht auf das Wettbewerbsverbot berufen, während sich der Arbeitnehmer daran halten und daraus Ansprüche herleiten kann.¹⁴⁸ Dem Arbeitnehmer steht damit ein Wahlrecht zu: Er kann die Unverbindlichkeit der Abrede geltend machen oder er kann sich an das Wettbewerbsverbot halten und die vereinbarte Karenzentschädigung fordern.¹⁴⁹ 51

Der bei **Wahrnehmung der Erfüllungsoption** von der Rspr. bejahten Begrenzung des arbeitnehmerseitigen Entschädigungsanspruchs auf die „vereinbarte Karenzentschädigung"¹⁵⁰ ist entgegen 52

---

¹³⁷ BAG Urt. v. 16. 11. 1973 (Fn. 134) S. 766. S. ausführlich zu den erfassten Leistungen *Bauer/Diller* (Fn. 10) RdNr. 240 ff.
¹³⁸ Zur Wertermittlung der Nutzungsvorteile von Firmenwagen s. *Dombrowski/Zettelmeyer* NZA 1995, 155 ff.
¹³⁹ S. ErfK/*Schaub* RdNr. 32.
¹⁴⁰ S. BAG Urt. v. 21. 7. 1981 – 3 AZR 666/78, AP HGB § 74 Nr. 40 = DB 1982, 1227, 1228.
¹⁴¹ S. zum allein Recht BAG Urt. v. 3. 4. 1984 – 3 AZR 56/82, DB 1984, 2099; § 196 RdNr. 24. S. zur Geltung von (tarif)vertraglichen Ausschlussfristen BAG Urt. v. 17. 6. 1997 – 9 AZR 801/95, NZA 1998, 258, 259 und § 74 b RdNr. 9.
¹⁴² Zum Begriff s. noch folgend im Text.
¹⁴³ S. BAG Urt. v. 13. 9. 1969 (Fn. 18) S. 627; LAG Berlin Urt. v. 8. 5. 2003 – 16 Sa 261/03, LAG-Report 2003, 253 f.; LAG Rheinland-Pfalz Urt. v. 10. 10. 2002 – 6 Sa 687/02, juris.
¹⁴⁴ BAG Urt. v. 13. 9. 1969 (Fn. 18) S. 628.
¹⁴⁵ BAG Urt. v. 13. 9. 1969 (Fn. 18) S. 627; BAG Urt. v. 3. 5. 1994 (Fn. 30) S. 73; besteht Unklarheit, ob bei einem vorformulierten Vertrag eine Karenzentschädigung zugesagt war oder nicht, führt die Unklarheitenregel des § 305 c Abs. 2 BGB dazu, dass das Wettbewerbsverbot als nicht vereinbart gilt, s. *Diller* NZA 2005, 250, 252. Jedoch kann der Arbeitgeber die Zahlung der geforderten Karenzentschädigung nicht mit dem Argument verweigern, auf Grund der Unklarheitenregel des § 305 c Abs. 2 BGB sei eine Karenzentschädigung nicht wirksam, s. auch BAG Urt. v. 31. 7. 2002 – 10 AZR 513/01, BAGE 102, 103, 104 ff. = AP HGB § 74 Nr. 74; BAG Urt. v. 28. 6. 2006 – 10 AZR 407/05, AP HGB § 74 Nr. 80 = DB 2006, 2181, 2182.
¹⁴⁶ Zum Begriff s. BAG Urt. v. 19. 1. 1978 – 3 AZR 573/77, BAGE 30, 23, 28 = NJW 1978, 1023, 1024.
¹⁴⁷ BAG Urt. v. 13. 9. 1969 (Fn. 18) S. 627; BAG (Fn. 146) S. 1023, 1023 f.; BAG Urt. v. 22. 5. 1990 – 3 AZR 647/88, NZA 1991, 263 = DB 1991, 709, 710; LAG Düsseldorf Urt. v. 10. 12. 2002 – 8 Sa 1151/02, NZA-RR 2003, 570 ff.; LAG Hamm Urt. v. 20. 12. 2001 – 16 Sa 414/01, BuW 2002, 704.
¹⁴⁸ Zum Begriff der Unverbindlichkeit eines Wettbewerbsverbots in Gegenüberstellung zur Nichtigkeit s. BAG Urt. v. 13. 9. 1969 (Fn. 18) S. 627.
¹⁴⁹ BAG Urt. v. 13. 9. 1969 (Fn. 18) S. 627; BAG (Fn. 146) S. 1024; BAG Urt. v. 24. 4. 1980 – 3 AZR 1047/77, NJW 1980, 2429, 2429; BAG Urt. v. 22. 5. 1990 (Fn. 147) NZA 1991, 263, 263; LAG Hamm (Fn. 147) S. 704.
¹⁵⁰ S. BAG Urt. v. 13. 9. 1969 (Fn. 18) S. 627; BAG Urt. v. 22. 5. 1990 (Fn. 147) S. 263; offengelassen von BAG Urt. v. 9. 1. 1990 (Fn. 18) S. 1870.

in der Lit. vereinzelt geäußerter abweichender Auffassung[151] zuzustimmen. § 74 Abs. 2 und die hier gesetzlich vorgeschriebene Höhe der Entschädigung sind insoweit nach § 75 d Satz 1 zwingend, als es dem Arbeitgeber verwehrt ist, sich auf eine Wettbewerbsvereinbarung mit einer niedrigeren als der gesetzlich vorgesehenen Entschädigung zu berufen. Demgegenüber kann der Arbeitnehmer die Verbindlichkeit auch einer solchen Abrede herbeiführen, schon seinem Wortlaut nach steht § 75 d Abs. 1 nicht entgegen.

53 Der Arbeitnehmer hat sein **Wahlrecht grundsätzlich zu Beginn der Karenzzeit auszuüben,** damit schützenswerte Interessen des Arbeitgebers nicht gefährdet werden.[152] Allerdings kann die Ausübung des Wahlrechts bis zu einer gerichtlichen Entscheidung über die Wirksamkeit des Wettbewerbsverbots oder über den Fortbestand des Arbeitsverhältnisses hinausgeschoben werden, wenn der Arbeitnehmer bis dahin Wettbewerb unterlässt.[153] Die einmal vorgenommene Wahl des Arbeitnehmers ist unwiderruflich.[154]

54 Für die Entstehung des Anspruchs auf Karenzentschädigung aus einem unverbindlichen Wettbewerbsverbot ist es ausreichend, wenn der Arbeitnehmer sich **zu Beginn der Karenzzeit endgültig für das Wettbewerbsverbot entscheidet und seiner daraus resultierenden Unterlassungsverpflichtung nachkommt.**[155] Einer darüber hinausgehenden Erklärung an den Arbeitgeber bedarf es nicht.[156] Will der Arbeitgeber Klarheit, so kann er in entsprechender Anwendung des § 264 Abs. 2 Satz 1 BGB dem Arbeitnehmer eine angemessene Frist zur Vornahme der Wahl setzen.[157] Eine Feststellungsklage über die Verbindlichkeit eines nachvertraglichen Wettbewerbsverbots ist frühestens dann zulässig, wenn feststeht, dass das Arbeitsverhältnis beendet werden soll.[158] Allerdings geht entgegen der Ansicht des BAG wie auch eines Teils der Lit.[159] mit Ablauf der Frist das Wahlrecht nicht entsprechend § 264 Abs. 2 Satz 2 BGB auf den Arbeitgeber über. Der Grund dafür liegt darin, dass die Unverbindlichkeit des Wettbewerbsverbots bezogen auf den Arbeitgeber nach § 74 Abs. 2, 75 d Satz 1 zwingendes Recht ist. Der Arbeitgeber hat danach kein Wahlrecht und es ist kein sachlicher Grund ersichtlich, weshalb die Rechtswohltat der entsprechenden Anwendung des § 264 Abs. 2 Satz 1 BGB zugunsten des Arbeitgebers bei nicht fristgerechter Wahl des Arbeitnehmers zu einer Option des Arbeitgebers führen soll, die er nach dem Recht über Wettbewerbsverbote nicht hat. Nimmt der arbeitgeberseits aufgeforderte Arbeitnehmer die Wahl nicht rechtzeitig vor, so entfällt die Erfüllungsoption für den Arbeitnehmer mit der Folge, dass das Wettbewerbsverbot von keiner Seite mehr verbindlich gemacht werden kann.

IV. Rechtsfolgen von Verstößen gegen ein wirksam vereinbartes Wettbewerbsverbot

55 Bei einem wirksam vereinbarten nachvertraglichen Wettbewerbsverbot handelt es sich um einen gegenseitigen Vertrag, auf Grund dessen der Arbeitnehmer zur Unterlassung von Wettbewerb und der Arbeitgeber zur Zahlung einer Karenzentschädigung verpflichtet ist.[160] Für den Fall der Nichteinhaltung der jeweiligen Verpflichtungen können sich für beide Vertragspartner **verschiedene Ansprüche bzw. Rechte** ergeben.

56 **1. Ansprüche bzw. Rechte des Arbeitgebers.** Kommt der Arbeitnehmer nicht seiner durch das Wettbewerbsverbot begründeten Verpflichtung zur Unterlassung von Konkurrenztätigkeiten nach, so kann der Arbeitgeber seinen **Anspruch auf Erfüllung** klageweise geltend machen.[161] Die Erfüllungsklage, gerichtet auf Unterlassung oder – etwa bei der Eröffnung eines Konkurrenzgeschäfts – auf Beseitigung der dadurch hervorgerufenen Störungen, hat ihre rechtliche Grundlage in dem nachvertraglichen Wettbewerbsverbot. Gibt der Arbeitnehmer durch sein Verhalten Anlass zu der Annahme eines (drohenden) Verstoßes gegen die Wettbewerbsabrede, so steht dem Arbeitgeber ein Auskunftsanspruch zu, gerichtet auf die Art und die Umstände der Konkurrenztätigkeit unter

---
[151] S. etwa MünchKommHGB/*v. Hoyningen-Huene* RdNr. 53.
[152] S. BAG Urt. v. 24. 4. 1980 (Fn. 149) S. 2429; BAG (Fn. 146) S. 1024.
[153] S. BAG (Fn. 146) S. 1024; BAG Urt. v. 16. 12. 1986 – 3 AZR 73/86, NZA 1987, 592, 592.
[154] BAG Urt. v. 5. 10. 1982 (Fn. 14) S. 2896.
[155] BAG Urt. v. 22. 5. 1990 (Fn. 147) S. 264.
[156] S. LAG Hamm Urt. v. 8. 3. 2001 – 18 Sa 845/00, juris.
[157] BAG Urt. v. 22. 5. 1990 (Fn. 147) S. 264.
[158] S. LAG Hamm Urt. v. 14. 4. 2003 – 7 Sa 1881/02, NZA-RR 2003, 513 ff.
[159] S. BAG Urt. v. 22. 5. 1990 (Fn. 147) S. 264; Heymann/*Henssler* RdNr. 35; MünchKommHGB/*v. Hoyningen-Huene* RdNr. 52.
[160] S. BAG Urt. v. 5. 10. 1982 (Fn. 14) S. 2897; BAG (Fn. 27) S. 128; BAG Urt. v. 10. 9. 1985 (Fn. 14) S. 1192.
[161] S. nur Baumbach/*Hopt* RdNr. 10; Heymann/*Henssler* RdNr. 39; *Winterstein* NJW 1989, 1463, 1465 f.; Einzelheiten bei *Bauer/Diller* (Fn. 10) RdNr. 594 ff. Zum örtlich zuständigen Gericht s. *Bengelsdorf* DB 1992, 1340 ff.

Vertragliches Wettbewerbsverbot; bezahlte Karenz 57–59 § 74

Nennung auch des Namens des neuen Arbeitgebers.[162] Bei Vorliegen der entsprechenden Voraussetzungen kann der Anspruch auf Erfüllung auch im Wege einer einstweiligen Verfügung (§ 935 ZPO) geltend gemacht werden.[163]

Mit der Qualifizierung des Wettbewerbsverbots als gegenseitiger Vertrag finden die Regelungen 57 der §§ 320 ff. grundsätzlich Anwendung.[164] Damit steht dem Arbeitgeber ein **Leistungsverweigerungsrecht nach § 320 Abs. 1 Satz 1 BGB** zu, wenn der Arbeitnehmer seiner Pflicht zur Unterlassung von Wettbewerb nicht nachkommt. Haben weder der Arbeitnehmer noch der Arbeitgeber die Unmöglichkeit der Unterlassung von Wettbewerb seitens des Arbeitnehmers zu vertreten, so wird der Arbeitnehmer zwar nach § 275 Abs. 1 BGB frei, er verliert jedoch zugleich gemäß § 326 Abs. 1 Satz 1, 1. Hs BGB den Anspruch auf die Karenzentschädigung.

Trifft den Arbeitnehmer an der **Unmöglichkeit der Pflichteinhaltung** ein Verschulden,[165] so 58 bestimmen sich die Rechte des früheren Arbeitgebers nach §§ 280 ff. BGB.[166] Erleidet der Arbeitgeber durch das schuldhafte Verhalten des Arbeitnehmers einen Schaden, so kann der Arbeitgeber gemäß §§ 280 Abs. 1, Abs. 3, 283 BGB **Schadensersatz statt der Leistung** geltend machen, dessen Umfang nach Maßgabe des § 249 ff. bestimmt ist.[167] Für den Fall einer nur teilweisen Unmöglichkeit kann der Arbeitgeber nach §§ 283 Satz 2, 281 Abs. 1 Satz 2 BGB **Schadensersatz statt der ganzen Leistung** nur verlangen, wenn er an der Teilleistung kein Interesse hat. Insoweit entfällt der Anspruch auf die Karenzentschädigung für die Gesamtzeit.[168] Das fehlende Interesse darzulegen und zu beweisen, ist Angelegenheit des Arbeitgebers.[169] Gelingt dies nicht, so können Schadensersatzansprüche nur für den Zeitraum geltend gemacht werden, während dem der Arbeitnehmer das Wettbewerbsverbot nicht eingehalten hat. Darüber hinaus kann der Arbeitgeber nach Maßgabe des § 326 Abs. 5 BGB – im Falle teilweiser Unmöglichkeit verbunden mit Interessewegfall nach § 323 Abs. 5 Satz 1 BGB – von dem **Wettbewerbsverbot zurücktreten**.[170] Ist aber das Interesse des Arbeitgebers an der weiteren Einhaltung nicht entfallen und hat der Arbeitnehmer gegen das Wettbewerbsverbot verstoßen, dann kann der Arbeitgeber sich nur über § 323 Abs. 1 und 2 BGB vom Wettbewerbsverbot lösen. Grundsätzlich kommt der Rücktritt nach § 323 BGB nicht mehr in Betracht, wenn der Wettbewerbsverstoß bereits beendet ist. Liegen aber gemäß § 323 Abs. 2 Nr. 3 BGB besondere Gründe vor, „die unter Abwägung der beiderseitigen Interessen den sofortigen Rücktritt rechtfertigen", kann sich der Arbeitgeber für die Zukunft von dem Verbot lösen. Erklärt der Arbeitnehmer endgültig, dass er das Wettbewerbsverbot nicht einhalten wird oder legen bestimmte Anhaltspunkte eine ständige Wiederholungsgefahr nahe, kommt auch ein sofortiger Rücktritt in Betracht.[171] Eine bereits geleistete und nicht geschuldete Karenzentschädigung kann der Arbeitgeber nach den Vorschriften über das Rücktrittsrecht gemäß §§ 326 Abs. 4 i. V. m. 346 ff. BGB zurückfordern.[172] Macht der Arbeitgeber von den in §§ 280 ff. BGB bestimmten Rechten keinen Gebrauch, obwohl der Arbeitnehmer zeitweilig gegen das Wettbewerbsverbot verstoßen hat, so bleibt der Arbeitgeber zur Zahlung der Karenzentschädigung verpflichtet, wenn der Arbeitnehmer zur Einhaltung des Wettbewerbsverbots zurückkehrt.[173] Jedoch ist der Arbeitgeber zur Zahlung der Karenzentschädigung nicht verpflichtet, wenn er bereits den Rücktritt gemäß § 323 BGB erklärt hat.

2. Ansprüche bzw. Rechte des Arbeitnehmers. Der Arbeitgeber kann vor allem dadurch 59 gegen das Wettbewerbsverbot verstoßen, dass er die dem Arbeitnehmer zustehende Karenzentschädi-

---

[162] S. hierzu BAG Urt. v. 22. 4. 1967 – 3 AZR 347/66, AP BGB § 242 Nr. 12 Auskunftspflicht = DB 1967, 1327; BAG Urt. v. 5. 8. 1968 – 3 AZR 128/67, AP BGB § 242 Nr. 24 Auskunftspflicht = DB 1968, 2041; *Bauer/Diller* (Fn. 10) RdNr. 589 ff.
[163] S. LAG Baden-Württemberg Urt. v. 7. 9. 1967 – 7 Ta 8/67, DB 1967, 1813; Arbeitsgericht Siegburg Urt. v. 12. 8. 1968 – Ca 4/68, DB 1968, 1997. S. auch *Bauer/Diller* (Fn. 10) RdNr. 607 ff. und *Heinze* RdA 1986, 273, 280 f.
[164] S. BAG Urt. v. 5. 10. 1982 (Fn. 14) S. 2896, 2897; Urt. v. 10. 9. 1985 (Fn. 14) S. 1192.
[165] Grundsätzlich ist gem. § 619 a BGB dem Arbeitgeber die Darlegungs- und Beweislast auferlegt, s. dazu *Oetker* BB 2002, 43 ff. In den Fällen, in denen der Arbeitnehmer „beweisnäher" ist, obliegt ihm nach der allgemeinen schuldrechtlichen Regel des § 280 Abs. 1 Satz 2 BGB die Beweislast, s. BAG Urt. v. 17. 9. 1998 – 8 AZR 175/97, BAGE 90, 9 ff. = AP BGB § 611 Nr. 2 Mankohaftung = NJW 1999, 1049.
[166] S. zum alten Recht BAG Urt. v. 10. 9. 1985 (Fn. 14) S. 1192.
[167] S. zur Beweislast bei Schadensersatz hinsichtlich des Verschuldens und zu den einschränkenden Grundsätzen der Arbeitnehmerhaftung *Bauer/Diller* NJW 2002, 1609, 1611; *Oetker* BB 2002, 43, 44.
[168] S. BAG Urt. v. 10. 9. 1985 (Fn. 14) S. 1192.
[169] S. BAG Urt. v. 10. 9. 1985 (Fn. 14) S. 1193.
[170] S. BAG Urt. v. 10. 9. 1985 (Fn. 14) S. 1192.
[171] Zur Frage, ob und in welchem Umfang für nachvertragliche Wettbewerbsverbote auch eine außerordentliche Kündigung gem. § 314 BGB in Betracht kommt, s. BAG Urt. v. 5. 10. 1982 – 3 AZR 451/80, AP HGB § 74 Nr. 42 = NJW 1983, 2896; *Bauer/Diller* NJW 2002, 1609, 1612.
[172] Die Rückzahlung richtet sich nicht mehr nach Bereicherungsrecht, so dass sich der Arbeitnehmer nicht mehr auf den Einwand der Entreicherung gem. § 818 Abs. 3 BGB berufen kann.
[173] BAG Urt. v. 10. 9. 1985 (Fn. 14) S. 1193.

§ 74 a 1. Buch. 6. Abschnitt. Handlungsgehilfen und Handlungslehrlinge

gung zum vereinbarten oder zu dem nach § 74 b Abs. 1 gesetzlich bestimmten Fälligkeitstermin (s. § 74 b) nicht zahlt. Nach § 286 Abs. 2 BGB kommt der Arbeitgeber dann ohne Mahnung in **Verzug,** sofern auch die weiteren Voraussetzungen, insbesondere § 286 Abs. 4 BGB gegeben sind.[174] In diesem Fall hat der Arbeitnehmer neben dem fortbestehenden Erfüllungsanspruch auf Zahlung der Karenzentschädigung gemäß §§ 280 Abs. 1, Abs. 2, 286 BGB **Anspruch auf den Verzögerungsschaden** sowie auf die Zahlung von Verzugszinsen nach Maßgabe des § 288 BGB.[175] Zur Sicherung des Lebensunterhalts kann der Arbeitnehmer den **Anspruch auf Erfüllung im Wege einer einstweiligen Verfügung** durchsetzen,[176] wobei allerdings wegen der damit verbundenen Befriedigungswirkung strenge Anforderungen zu stellen sind.[177]

60   Auch für den arbeitnehmerseitigen Anspruch gelten die Regelungen der §§ 320 ff. Insbesondere kann der Arbeitnehmer bei Verzug des Arbeitgebers nach § 323 BGB vorgehen. Zahlt der Arbeitgeber nicht bis zum Ablauf einer zuvor gesetzten angemessenen Frist, kann der Arbeitnehmer von dem Wettbewerbsverbot **gemäß § 323 Abs. 1 und Abs. 5 BGB zurücktreten.** Nach § 325 BGB ist klargestellt, dass der Rücktritt vom Vertrag nach § 323 BGB nicht ausschließt, daneben noch Schadensersatz wegen Verletzung der Leistungspflicht gemäß §§ 280 Abs. 1, 3, 281 BGB zu verlangen.

61   Entgegen der herrschenden Meinung[178] steht dem Arbeitnehmer auch die **Einrede des nichterfüllten Vertrages nach § 320 Abs. 1 BGB zu.** Das BAG verneint ein Leistungsverweigerungsrecht des Arbeitnehmers nach dieser Regelung mit der Begründung, das Gläubigerrecht auf Unterlassung dürfe nicht gänzlich vereitelt werden. Die Regelung des § 320 Abs. 1 BGB gewähre ein Zurückbehaltungsrecht, erlaube aber nicht, einen Anspruch unmöglich zu machen.[179]

62   Dieser Einschränkung der Arbeitnehmerrechte kann nicht gefolgt werden. § 320 Abs. 1 Satz 1 BGB enthält keinen Anhaltspunkt dafür, das Leistungsverweigerungsrecht dann zu versagen, wenn die Leistung nicht mehr nachgeholt werden kann und damit unmöglich wird. Die Regelung spricht allgemein von „Leistung" und erfasst damit – siehe § 241 Abs. 1 Satz 2 BGB – auch die **Pflicht zur Unterlassung,** deren Nichteinhaltung zur Unmöglichkeit führt. Im Übrigen wird bei Ausübung des Leistungsverweigerungsrechts der aus dem Wettbewerbsverbot an sich begründete Anspruch nicht völlig in Wegfall gebracht, sondern nur bis zu dem Zeitpunkt, bis zu dem der unterlassungsberechtigte Arbeitgeber die geschuldete Gegenleistung bewirkt. Schließlich steht die Ablehnung eines Leistungsverweigerungsrechts aus § 320 Abs. 1 Satz 1 BGB unter Hinweis auf das Unmöglichwerden der Leistung im Widerspruch zur Rspr. des BAG bezogen auf ein arbeitnehmerseitiges Zurückbehaltungsrecht aus § 273 Abs. 1 BGB für den Fall, dass der Arbeitgeber mit der Vergütungsleistung in Verzug gerät.[180] Abgesehen davon, dass auch insoweit nach zutreffender Ansicht die Regelung des § 320 Abs. 1 BGB Anwendung findet,[181] sieht das BAG in diesem Fall nicht gehindert, ein Zurückbehaltungsrecht einzuräumen, obwohl dessen Geltendmachung die Erbringung der zeitlich gebundenen Arbeitsleistung für den Zurückbehaltungszeitraum unmöglich macht. Die Ablehnung einer Anwendung von § 320 Abs. 1 Satz 1 BGB zugunsten des auf seine Karenzentschädigung wartenden Arbeitnehmers unter Hinweis auf das Unmöglichwerden der arbeitnehmerseitigen Verpflichtung erweist sich danach unter Berücksichtigung dieser Rspr. des BAG als inkonsequent. Ebenso wie dem Arbeitgeber steht dem Arbeitnehmer bei Nichterfüllung der arbeitgeberseitigen Verpflichtung aus der Wettbewerbsabrede die Berufung auf § 320 Abs. 1 Satz 1 BGB zu.

§ 74 a [Unverbindliches oder nichtiges Verbot]

(1) [1] Das Wettbewerbsverbot ist insoweit unverbindlich, als es nicht zum Schutze eines berechtigten geschäftlichen Interesses des Prinzipals dient. [2] Es ist ferner unverbindlich, soweit es unter Berücksichtigung der gewährten Entschädigung nach Ort, Zeit oder Gegenstand eine unbillige Erschwerung des Fortkommens des Gehilfen enthält. [3] Das Verbot

---

[174] Ausnahmsweise kommt der Arbeitgeber trotz Nichtzahlung der Karenzentschädigung nicht in Verzug, wenn der Arbeitnehmer trotz Aufforderung keine Auskunft über anderweitigen Erwerb erteilt und der Arbeitgeber deshalb ein Zurückbehaltungsrecht geltend macht, s. LAG Niedersachsen Urt. v. 9. 3. 2005 – 15 Sa 1884/04, juris.
[175] S. zu den Verzugszinsen BAG Urt. v. 23. 2. 2005 – 10 AZR 602/03, AP InsO § 55 Nr. 9 = NZA 2005, 694; *Löwisch* NZA 2001, 465, 466; *Joussen* NZA 2001, 745, 749.
[176] BAG Urt. v. 5. 10. 1982 (Fn. 14) S. 2897.
[177] S. hierzu *Reinhard/Kliemt* NZA 2005, 545, 551.
[178] S. BAG Urt. v. 5. 10. 1982 (Fn. 14) S. 2897; Heymann/*Henssler* RdNr. 52; MünchKommHGB/ *v. Hoyningen-Huene* RdNr. 66.
[179] BAG Urt. v. 5. 10. 1982 (Fn. 14) S. 2897.
[180] S. BAG Urt. v. 25. 10. 1984 – 2 AZR 417/83, EzA BGB § 273 Nr. 3.
[181] S. hierzu *Boecken* NJW 1995, 3218, 3221.

kann nicht auf einen Zeitraum von mehr als zwei Jahren von der Beendigung des Dienstverhältnisses an erstreckt werden.

(2) ¹Das Verbot ist nichtig, wenn der Gehilfe zur Zeit des Abschlusses minderjährig ist oder wenn sich der Prinzipal die Erfüllung auf Ehrenwort oder unter ähnlichen Versicherungen versprechen läßt. ²Nichtig ist auch die Vereinbarung, durch die ein Dritter an Stelle des Gehilfen die Verpflichtung übernimmt, daß sich der Gehilfe nach der Beendigung des Dienstverhältnisses in seiner gewerblichen Tätigkeit beschränken werde.

(3) Unberührt bleiben die Vorschriften des § 138 des Bürgerlichen Gesetzbuchs über die Nichtigkeit von Rechtsgeschäften, die gegen die guten Sitten verstoßen.

Schrifttum: S. die Angaben zu § 74.

Übersicht

	RdNr.		RdNr.
I. Normzweck	1, 2	III. Nichtiges Wettbewerbsverbot (§ 74a Abs. 2)	18–30
II. (Partiell) Unverbindliches Wettbewerbsverbot (§ 74a Abs. 1)	3–17	1. Minderjährigkeit des Arbeitnehmers	22–24
1. Fehlen eines berechtigten geschäftlichen Interesses des Arbeitgebers	5–10	2. Ehrenwörtliches Versprechen	25, 26
2. Unbillige Erschwerung des Fortkommens des Arbeitnehmers	11, 12	3. Verpflichtung eines Dritten	27, 28
3. Erstreckung auf einen Zeitraum von mehr als zwei Jahren	13, 14	4. Rechtsfolgen bei Vorliegen eines Nichtigkeitsgrundes	29, 30
4. Rechtsfolgen bei Vorliegen eines Unverbindlichkeitstatbestandes	15–17	IV. Verhältnis zum Nichtigkeitsgrund der Sittenwidrigkeit nach § 138 BGB	31, 32

I. Normzweck

Die Bestimmung des § 74a – eingeführt durch Art. 1 des Gesetzes zur Änderung der §§ 74, 75 und des § 76 Abs. 1 des Handelsgesetzbuchs vom 10. 6. 1914 (RGBl. S. 209) und mit Wirkung vom 1. 1. 2002 geändert durch Art. 24 Ziff. 1 des Gesetzes zur Einführung des Euro im Sozial- und Arbeitsrecht sowie zur Änderung anderer Vorschriften (4. EuroEG) vom 21. 12. 2000 (BGBl. I S. 1983) – benennt in **Konkretisierung der allgemeinen Regelung des § 138 BGB**[1] bestimmte Tatbestände, deren Vorliegen zur (partiellen) Unverbindlichkeit (§ 74a Abs. 1, s. RdNr. 3 ff.) oder weitergehend zur Nichtigkeit von Wettbewerbsverboten (§ 74a Abs. 2, s. RdNr. 18 ff.) führt. Das Verhältnis zur Regelung des § 138 BGB wird in § 74a Abs. 3 näher festgelegt (s. RdNr. 31 f.). § 74a stellt einen Anwendungsfall der gesetzlichen Inhaltskontrolle dar, soweit ein nachvertragliches Wettbewerbsverbot in Gestalt allgemeiner Geschäftsbedingungen vereinbart wird.[2] 1

Gegenüber der Möglichkeit einer allein am Maßstab des § 138 BGB erfolgenden Beurteilung über die Zulässigkeit eines Wettbewerbsverbots bedeutet § 74a Abs. 1, Abs. 2 einen **Konkretisierungsgewinn,** durch den die Feststellung unverbindlicher und nichtiger Wettbewerbsverbote erleichtert wird. Darüber hinaus enthält § 74a im Vergleich mit § 138 BGB differenzierte Rechtsfolgen, indem zwischen (partiell) unverbindlichen und nichtigen Abreden[3] unterschieden wird. 2

II. (Partiell) Unverbindliches Wettbewerbsverbot (§ 74a Abs. 1)

§ 74a Abs. 1 nennt **drei Tatbestände,** bei deren Vorliegen das Wettbewerbsverbot nach der gesetzlich vorgeschriebenen Rechtsfolge **partiell unverbindlich** ist.[4] Im Einzelnen handelt es sich um solche Wettbewerbsverbote, für die ein berechtigtes geschäftliches Interesse des Arbeitgebers fehlt (s. RdNr. 5 ff.), die eine unbillige Erschwerung des Fortkommens des Gehilfen bedeuten (s. RdNr. 11 f.) sowie sich auf einen Zeitraum von mehr als zwei Jahren erstrecken (s. RdNr. 13 f.). 3

Maßgebender Zeitpunkt für die Beurteilung der Frage, ob ein Wettbewerbsverbot wegen des Vorliegens eines der in § 74a Abs. 1 genannten Tatbestände (partiell) unverbindlich ist, ist der 4

---
[1] S. BAG Urt. v. 2. 2. 1968 – 3 AZR 462/66, BB 1968, 504.
[2] S. LAG Hamm Urt. v. 14. 4. 2003 – 7 Sa 1881/02, LAGE HGB § 74 Nr. 17a = NZA-RR 2003, 513, 514 ff.; zur Frage, in welchem Verhältnis die Inhaltskontrolle nach § 307 BGB zur Inhaltskontrolle nach § 74a Abs. 1 Satz 2 steht, s. auch BAG Urt. v. 27. 11. 2003 – 2 AZR 135/03, AP BGB § 312 Nr. 1 = ArbRB 2004, 201; *Diller* NZA 2005, 250, 251; *Thüsing/Leder* BB 2004, 42, 45. Im Ergebnis gelangt man zur Unanwendbarkeit von § 307 BGB, jedoch mit unterschiedlichen Begründungen; aA *Koch* RdA 2006, 28, 32.
[3] S. zu den Rechtsfolgen RdNr. 15 ff. und 29.
[4] S. zu den Rechtsfolgen noch unter RdNr. 15 ff.

Zeitpunkt, in welchem Ansprüche aus dem Verbot geltend gemacht werden, sprich, sich der Arbeitgeber auf das Wettbewerbsverbot beruft.[5] Angesichts dessen, dass sich die für die Beurteilung der (Un)Verbindlichkeit eines Verbots relevanten Voraussetzungen ändern können, kann sich auch die nach § 74 a Abs. 1 vorzunehmende rechtliche Beurteilung einer Abrede im Laufe der Zeit ändern. Im Zeitpunkt des Inkrafttretens des Verbots – das ist idR der Zeitpunkt der rechtlichen Beendigung des Arbeitsverhältnisses[6] – müssen die Gültigkeitsvoraussetzungen unter anderem nach § 74 a erfüllt sein.[7]

5   **1. Fehlen eines berechtigten geschäftlichen Interesses des Arbeitgebers.** Gemäß § 74 a Abs. 1 Satz 1 ist ein Wettbewerbsverbot insoweit unverbindlich, als es nicht zum Schutze eines **berechtigten geschäftlichen Interesses des Prinzipals** dient. In diesem Unverbindlichkeitstatbestand gelangt die Zielsetzung der §§ 74 ff. zum Ausdruck, den Arbeitgeber nur in dem Umfang zu schützen, wie sein bisheriger Arbeitnehmer die bei ihm gewonnenen Kenntnisse, Erfahrungen und Beziehungen nach der Beendigung des Arbeitsverhältnisses zum Nachteil des Arbeitgebers einsetzen kann.[8]

6   Nach der Rspr. des BAG ist ein berechtigtes geschäftliches Interesse des Arbeitgebers anzuerkennen, wenn die Wettbewerbsverbot entweder dem Schutz von Betriebsgeheimnissen dient oder den Einbruch in den Kunden- oder Lieferantenkreis verhindern soll.[9] Ein Wettbewerbsverbot dient dann einem berechtigten geschäftlichen Interesse des Arbeitgebers, wenn ein **Zusammenhang besteht zwischen dem Inhalt bzw. Umfang des Verbots und der Tätigkeit,** die der Arbeitnehmer im Geschäft bzw. Betrieb seines Arbeitgebers ausgeübt hat.[10]

7   Das Verbot muss darauf ausgerichtet und darauf begrenzt sein, die Verwertung von aus dieser Tätigkeit gewonnenen Kenntnissen und Fähigkeiten im Rahmen einer Konkurrenztätigkeit zu verhindern.[11] Damit ist ein Wettbewerbsverbot u. a. grundsätzlich nur dann als ein den berechtigten geschäftlichen Interessen des Arbeitgebers dienendes Verbot anzusehen, wenn es **gegenständlich auf das bei dem bisherigen Arbeitgeber wahrgenommene Aufgabenfeld bezogen ist.** So kann etwa einem Arbeitnehmer, der überwiegend in einem Geschäftsbetrieb als Koch im Bereich der Präsentation und Beratung tätig war, jedoch nicht in der Vertragsanbahnung, kein Wettbewerbsverbot unter Hinweis auf die Gefahr des Einbruchs in den Kundenstamm auferlegt werden.[12]

8   Anderes kann etwa für mit **Angestellten in leitenden Positionen** vereinbarte Wettbewerbsverbote gelten, wenn diese Personen auf Grund ihrer Stellung in der Lage sind, bei dem neuen Arbeitgeber auch außerhalb ihres eigentlichen Arbeitsbereichs durch das Wettbewerbsverbot geschützte Kenntnisse und Geheimnisse ihres früheren Arbeitgebers preiszugeben.[13] Hier hat der Arbeitgeber ein gegenüber dem Normalfall weitergehendes schützenswertes Interesse daran, die Verwertung gewonnener Kenntnisse und Erfahrungen im Rahmen von Konkurrenztätigkeiten durch ein entsprechend umfangreiches Wettbewerbsverbot zu verhindern.[14]

9   Nach dem eindeutigen Gesetzeswortlaut muss ein Wettbewerbsverbot, um nicht partiell unverbindlich zu sein, dem Schutze eines berechtigten geschäftlichen Interesses „des Prinzipals", mithin dem **Schutze des (früheren) Arbeitgebers dienen.** Absprachen zwischen Arbeitgeber und Arbeitnehmer zur Unterbindung von nachvertraglich wettbewerblicher Tätigkeit im berechtigten geschäftlichen Interesse einer dritten Person bzw. eines dritten Unternehmens können damit grundsätzlich nicht als verbindliches Wettbewerbsverbot vereinbart werden. Besonderes hat für den Fall rechtlich oder tatsächlich verbundener Unternehmen, also insbesondere im Rahmen eines **Konzerns** zu gelten. Kommt es zu einem Einsatz des Arbeitnehmers in mehreren rechtlich selbständigen Unternehmen eines Konzerns, so ist auf das berechtigte geschäftliche Interesse nicht nur des Vertragsarbeitgebers, sondern aller Konzernunternehmen abzustellen, die den Arbeitnehmer tatsächlich beschäftigt haben.[15] Diese, von der allein vertragsrechtlichen Betrachtungsweise losgelöste Feststellung des personellen Geltungsbereichs eines Wettbewerbsverbots findet Bestätigung in der Rspr. des BAG,

---

[5] S. BAG Urt. v. 18. 2. 1967 – 3 AZR 290/66, BAGE 19, 267 = DB 1967, 1045.
[6] S. BAG Urt. v. 16. 1. 1970 – 3 AZR 429/68, BB 1970, 1010.
[7] BAG (Fn. 5) S. 1047.
[8] Vgl. Verhandlungen des Reichstags, XIII. Legislaturperiode, 1. Session, Bd. 300, Aktenstück Nr. 575, 727.
[9] BAG Urt. v. 1. 8. 1995 – 9 AZR 884/93, BAGE 80, 203 = NJW 1996, 1364 = NZA 1996, 310.
[10] S. BAG (Fn. 9) S. 311. S. auch ErfK/*Schaub* RdNr. 4 und Heymann/*Henssler* RdNr. 5.
[11] S. auch RdNr. 5; *Bauer/Diller,* Wettbewerbsverbote, RdNr. 196 sprechen zutreffend von einer finalen Beziehung zwischen der früheren Tätigkeit des Arbeitnehmers und dem untersagten Wettbewerb.
[12] S. BAG (Fn. 9) S. 311.
[13] BAG Urt. v. 16. 12. 1968 – 3 AZR 434/67, BB 1969, 675.
[14] BAG (Fn. 13) S. 675.
[15] S. hierzu näher *Henssler,* Der Arbeitsvertrag im Konzern, S. 176 ff.; *Windbichler,* Arbeitsrecht im Konzern, S. 131 ff.; *Kracht* BB 1970, 584 ff.; *Bauer/Diller* (Fn. 11) RdNr. 205.

das sich etwa im Zusammenhang mit der Ausgliederung einer Betriebsabteilung auf eine eigenständige juristische Person (GmbH), deren maßgebender Gesellschafter der ehemalige, ausgliedernde Arbeitgeber bleibt, für eine praktische und wirtschaftliche statt allzu formalistische Betrachtung ausspricht und dementsprechend von der Fortgeltung eines Wettbewerbsverbots auch zugunsten der aufnehmenden juristischen Person ausgeht.[16]

Die **Verfolgung anderer Zwecke** als berechtigter geschäftlicher Interessen im obigen Sinne (s. RdNr. 5 ff.) macht das Wettbewerbsverbot unverbindlich.[17] Das gilt etwa dann, wenn mit einer Wettbewerbsabrede allein der Zweck verfolgt wird, ein Ausscheiden des Arbeitnehmers aus dem Unternehmen zu erschweren.[18] Ebensowenig ausreichend für die Begründung eines verbindlichen Wettbewerbsverbots ist das arbeitgeberseitige Interesse, die Entstehung von Konkurrenz einzuschränken.[19]

2. Unbillige Erschwerung des Fortkommens des Arbeitnehmers. Nach § 74 a Abs. 1 Satz 2 ist ein Verbot unverbindlich, soweit es unter Berücksichtigung der gewährten Entschädigung nach Ort, Zeit oder Gegenstand eine **unbillige Erschwerung des Fortkommens** des Gehilfen enthält. Die Frage, ob der Fall einer unbilligen Fortkommenserschwerung gegeben ist, ist durch eine **Abwägung** unter Einbeziehung der arbeitgeberseits gewährten Entschädigung, und zwar deren Dauer und Höhe, auf der einen Seite und den räumlichen, zeitlichen und gegenständlichen Umfang des Verbots auf der anderen Seite zu ermitteln. Dauer und Höhe der Entschädigung einerseits und Verbotsausgestaltung andererseits müssen in einem angemessenen Verhältnis zueinander stehen, soll das Verdikt einer unbilligen Fortkommenserschwerung vermieden werden. Eine Verbindlichkeit des Wettbewerbsverbots kann nur in Betracht kommen, wenn ein gegenüber dem Interesse des Arbeitnehmers an umfassender Freiheit hinsichtlich der beruflichen Betätigung höherrangiges Interesse des Arbeitgebers besteht. Das Vorliegen eines sachlichen Grundes iSd. Einordnung des § 74 a Abs. 1 Satz 2 als eines bloßen Willkürverbots reicht nicht aus.[20] Wegen der **gesetzlich vorgeschriebenen Interessenabwägung** beeinflussen sich die jeweiligen Parameter gegenseitig. Die Abwägung ist einzelfallbezogen und unter Begrenzung auf die im Gesetz genannten Abwägungsgesichtspunkte durchzuführen.[21] Die dem Arbeitnehmer in zeitlicher, örtlicher und gegenständlicher Hinsicht auferlegten Beschränkungen sowie der Betrag der Karenzentschädigung und deren Dauer sind zueinander in Beziehung zu setzen. Auf dieser Grundlage ist zu beurteilen, ob das Fortkommen des Arbeitnehmers unbillig erschwert oder das auferlegte Verbot durch die Entschädigung kompensiert wird.[22]

Die nach § 74 a Abs. 1 Satz 2 geforderte Abwägung ist danach einzelfallbezogen und unter Begrenzung auf die im Gesetz genannten Abwägungskriterien durchzuführen. Für die Zulässigkeit einer Heranziehung weiterer Kriterien, etwa der **persönlichen Verhältnisse des Arbeitnehmers oder der Interessen des Arbeitgebers,**[23] gibt das Gesetz keine Anhaltspunkte. Dagegen spricht im Übrigen die damit eröffnete Beliebigkeit der Kriterienauswahl, was letztlich den mit § 74 a Abs. 1 im Vergleich mit § 138 BGB unter anderem herbeigeführten Konkretisierungsgewinn (s. RdNr. 2) zunichte machen würde.

3. Erstreckung auf einen Zeitraum von mehr als zwei Jahren. Gemäß der Regelung des § 74 a Abs. 1 Satz 3 kann ein Wettbewerbsverbot nicht auf einen Zeitraum von mehr als zwei Jahren von der Beendigung des Dienstverhältnisses an erstreckt werden. Die **Bestimmung einer festen Zeitgrenze** stellt letztlich eine gesetzgeberische Konkretisierung der nach Satz 2 vorzunehmenden Abwägung dar. Der zeitlichen Dimension eines Wettbewerbsverbots wurde im Gesetzgebungsverfahren zur Novellierung des Handelsgesetzbuches im Jahre 1914 (s. RdNr. 1) eine außerordentlich große Bedeutung im Hinblick darauf beigemessen, dass der ideelle und materielle Wert der beruflichen Fähigkeiten eine Einschränkung auf beliebig lange oder längere Zeit nicht verträgt, ohne die Gestalt eines bezahlten Berufsverbots mit strafartigem Charakter anzunehmen.[24]

Für den **Beginn des Laufs des vereinbarten Zeitraums,** während dem der (ehemalige) Arbeitnehmer Wettbewerb zu unterlassen hat, ist auf den Zeitpunkt der rechtlichen Beendigung des Arbeitsverhältnisses abzustellen.[25] Erst ab diesem Zeitpunkt kann das nachvertragliche Wettbewerbs-

---

[16] BAG (Fn. 5) S. 1046.
[17] S. BAG (Fn. 9) S. 310. S. auch BAG (Fn. 13) S. 675.
[18] BAG (Fn. 13) S. 675.
[19] BAG (Fn. 9) S. 310.
[20] BAG (Fn. 9) S. 310 f.
[21] S. LAG Hamm Urt. v. 10. 1. 2002 – 16 Sa 1217/01, BuW 2002, 660.
[22] BAG (Fn. 5) S. 1046.
[23] In diesem Sinne Heymann/*Henssler* RdNr. 11; *Bauer/Diller* (Fn. 11) RdNr. 225 f.
[24] S. BAG Urt. v. 13. 9. 1969 – 3 AZR 138/68, BAGE 22, 125, 129 = NJW 1970, 626, 629 f.
[25] S. BAG (Fn. 6) S. 1010.

verbot im Anschluss an die bis dahin geltende gesetzliche Pflicht zur Wettbewerbsunterlassung[26] Wirkung entfalten. Besonderheiten gelten allerdings dann, wenn unmittelbar nach der Beendigung des Arbeitsverhältnisses ein **freies Mitarbeiterverhältnis** dergestalt begründet wird, dass Art, Aufgabenkreis und Umfang der Tätigkeit des freien Mitarbeiters sich im Wesentlichen mit der während des Arbeitsverhältnisses erbrachten Dienstleistung decken. In diesem Fall wäre es eine rein formale Sichtweise, die Laufzeit des nachvertraglichen Wettbewerbsverbots bereits mit der rechtlichen Beendigung des Arbeitsverhältnisses beginnen und während des Mitarbeiterverhältnisses laufen zu lassen. Der Zweck des Wettbewerbsverbots, den Arbeitgeber nach dem Ausscheiden eines Mitarbeiters für eine gewisse Übergangszeit vor der Entfaltung einer wettbewerblichen Tätigkeit zu schützen, würde weitgehend entwertet.[27] Aus diesem Grunde ist für den Beginn der Laufzeit des Wettbewerbsverbots auf den Zeitpunkt des Ausscheidens aus dem freien Mitarbeiterverhältnis abzustellen.[28] Die damit verbundene Verschiebung der Laufzeit hat der frühere Arbeitnehmer bzw. freie Mitarbeiter hinzunehmen: Eine unangemessene Belastung kommt im Hinblick darauf nicht in Betracht, dass es der ehemalige Arbeitnehmer bei Abschluss des Mitarbeitervertrages in der Hand hatte, ob er sich auf die damit verbundenen rechtlichen Konsequenzen einlassen will.[29]

15   **4. Rechtsfolgen bei Vorliegen eines Unverbindlichkeitstatbestandes.** § 74a Abs. 1 ordnet als Rechtsfolge bei Vorliegen eines der in den Sätzen 1 bis 3 genannten Tatbestände die **Unverbindlichkeit des Wettbewerbsverbots** an. Damit wird dem Arbeitnehmer – im Ausgangspunkt nicht anders als nach § 74 Abs. 2 bei unzureichender Entschädigungszusage (s. § 74 RdNr. 51) – ein **Wahlrecht** eingeräumt: Der Arbeitnehmer kann sich an die getroffene Vereinbarung halten oder er kann sich von ihr lossagen. Das Recht zur Lossagung ist allerdings insoweit begrenzt, als der Arbeitnehmer an der Wettbewerbsabrede in einem gesetzlich zulässigen Umfang festgehalten wird.[30] Das folgt aus dem Wortlaut des § 74a Abs. 1, wonach eine Abrede gem. Satz 1 nur „insoweit unverbindlich" ist, als sie nicht berechtigten geschäftlichen Interessen des Arbeitgebers dient, und ein Verbot nach Satz 2 ferner unverbindlich ist, „soweit" es nach Maßgabe der vorzunehmenden Abwägung das Fortkommen des Arbeitnehmers unbillig erschwert.[31] Für die Konkretisierung des Unbilligkeitstatbestandes in Satz 3 durch Festlegung einer zeitlichen Höchstgrenze gilt nichts anderes: Die Unverbindlichkeit erfasst nur den über zwei Jahre hinausgehenden Zeitraum. Das bedeutet, dass auch hier das Verbot im Wege einer geltungserhaltenden Reduktion auf die zulässige Höchstdauer von zwei Jahren zurückgeführt wird und in diesem Umfang Verbindlichkeit beansprucht.[32] Damit kann im Rahmen des § 74a Abs. 1 im Unterschied zu § 74 Abs. 2 lediglich von einer partiellen Unverbindlichkeit gesprochen werden. Methodisch handelt es sich um den Fall einer gesetzlich angeordneten geltungserhaltenden Reduktion.[33]

16   Beruft sich der Arbeitnehmer trotz des Vorliegens eines Unverbindlichkeitstatbestandes iSv. § 74a Abs. 1 auf die getroffene Abrede, verlangt er also Erfüllung, so steht ihm gleichwohl ein **Anspruch auf Entschädigung allein in der vereinbarten Höhe** zu.[34] Die Wahrnehmung der Erfüllungsoption durch den Arbeitnehmer führt nicht dazu, dass dieser Anspruch auf eine Erhöhung der Karenzentschädigung in dem Umfang hätte, in welchem das Verbot das gesetzlich zulässige Maß überschreitet. Für eine dementsprechende Anpassung enthält die gesetzliche Regelung keine Anhaltspunkte und sie ließe sich auch kaum mit Sinn und Zweck des arbeitnehmerseitigen Wahlrechts vereinbaren: Die Anordnung der Unverbindlichkeit erlaubt dem Arbeitnehmer die Wahl zwischen Erfüllung und Lossagung bis zur Grenze des Zulässigen. Ein Anspruch auf Erhöhung der Entschädigung gewissermaßen als Ausgleich für die Hinnahme einer unbilligen Abrede ist nicht vorgesehen.

17   Nach der gesetzlichen Konzeption ist es Sache und **Risiko des Arbeitnehmers, sich auf das Vorliegen eines Unverbindlichkeitstatbestandes zu berufen** und das Wettbewerbsverbot nur in dem gesetzlich zulässigen Umfang zu erfüllen. Die Erklärung über die partielle Nichteinhaltung des Verbots hat der Arbeitnehmer zu Beginn der Geltung des nachvertraglichen Wettbewerbsverbots

---

[26] § 60, s. Kommentierung dort.
[27] BAG (Fn. 6) S. 1010.
[28] BAG (Fn. 6) S. 1010.
[29] BAG (Fn. 6) S. 1010.
[30] S. BAG (Fn. 1) S. 504; BAG Urt. v. 19. 5. 1983 – 2 AZR 171/81, WM 1984, 352, 355. S. schon vor Inkrafttreten des § 74a Abs. 1 RG Urt. v. 15. 11. 1911 – III 639/10, RGZ 77, 399, 402. Aus der Lit. s. *Bauer/Diller* (Fn. 11) RdNr. 219.
[31] S. auch BAG (Fn. 1) S. 504.
[32] S. BAG Urt. v. 19. 5. 1983 (Fn. 30) S. 355; *Bauer/Diller* (Fn. 11) RdNr. 235. S. hierzu auch *Wernicke* BB 1990, 2209 ff.
[33] S. LAG Hamm (Fn. 2) S. 513, 514 ff.
[34] S. ErfK/*Schaub* RdNr. 11; Heymann/*Henssler* RdNr. 19.

abzugeben, mithin im Zeitpunkt der rechtlichen Beendigung des Arbeitsverhältnisses.[35] Angesichts der jenseits des Satzes 3 von § 74 a Abs. 1 bestehenden erheblichen Unsicherheit über das Vorliegen eines der in den Sätzen 1 und 2 genannten Unverbindlichkeitstatbestände erscheint es in der Praxis sinnvoll, eine **allgemeine Feststellungsklage** über den Umfang des Wettbewerbsverbots zu erheben. Das erforderliche Feststellungsinteresse ist wegen der Unsicherheit der Zulässigkeitsüberschreitung und des damit verbundenen Risikos für den Arbeitnehmer, einer unter Umständen in vollem Umfang wirksamen Wettbewerbsvereinbarung zuwiderzuhandeln, gegeben.[36]

III. Nichtiges Wettbewerbsverbot (§ 74 a Abs. 2)

Nach § 74 a Abs. 2 ist ein Wettbewerbsverbot in drei gesetzlich bestimmten Fällen nichtig.[37] Im Einzelnen handelt es sich um die **Nichtigkeitsgründe** der Minderjährigkeit des Arbeitnehmers (s. RdNr. 22 ff.), der Abgabe eines ehrenwörtlichen Versprechens (s. RdNr. 25 f.) sowie der Verpflichtung eines Dritten (s. RdNr. 27 f.). 18

Nach § 74 a Abs. 2 Satz 1 aF war ein Wettbewerbsverbot ferner nichtig, wenn die dem Arbeitnehmer bzw. Gehilfen zustehenden vertragsmäßigen Leistungen den **Betrag von** *fünfzehnhundert Deutsche Mark* nicht überstiegen haben. Der Begriff der „vertragsmäßigen Leistungen" stimmte inhaltlich mit dem der „vertragsmäßigen Leistungen" iSv. § 74 Abs. 2 überein (s. § 74 RdNr. 46). 19

Jedoch hatte die **in § 74 a Abs. 2 Satz 1 aF genannte Gehaltsgrenze** als solche angesichts der Veränderung der wirtschaftlichen Verhältnisse seit ihrer Einführung im Jahre 1914[38] keinen realistischen Bezug mehr. Das galt auch unter Berücksichtigung dessen, dass unter anderem die in § 74 a Abs. 2 Satz 1 aF genannte Gehaltsgrenze durch die Zweite Verordnung zur Neuregelung der im Handelsgesetzbuch sowie in der Gewerbeordnung vorgesehenen Gehaltsgrenzen vom 23. Oktober 1923 (RGBl. S. 990) dergestalt dynamisiert wurde, dass nach § 1 dieser Verordnung die Gehaltsgrenze durch eine Grundzahl nach § 2 der Verordnung zu ersetzen und dann mit der in § 3 der Verordnung bestimmten Teuerungszahl – als solche galt die Reichsindexziffer für die Lebenshaltungskosten, die vom Statistischen Reichsamt für die dem maßgebenden Zeitpunkt vorangegangene Kalenderwoche veröffentlicht worden ist – zu vervielfachen war. Diese Verordnung ist zwar, soweit ersichtlich, bis heute nicht aufgehoben worden, sie hat allerdings keine bundesrechtliche Fortschreibung erfahren. 20

Ferner war unter Berücksichtigung der Rspr. des BAG zu § 75 b Satz 2 aF, wonach diese – die Wirksamkeit eines entschädigungslosen Wettbewerbsverbots von einer bestimmten Vergütungshöhe abhängig machende – Regelung (s. § 75 b RdNr. 5) mangels ausreichender Bestimmtheit bzw. Bestimmbarkeit der heute maßgebenden Grenze wegen **Verstoßes gegen das Rechtsstaatsprinzip** unwirksam war,[39] auch die Vorschrift des § 74 a Abs. 2 Satz 1 aF unwirksam.[40] Denn auch hier war eine Vergütungsgrenze genannt, für deren angemessene Fortschreibung abgesehen von der bereits aus dem Jahre 1923 stammenden Verordnung (s. RdNr. 20) gesetzlich keine bestimmten Kriterien festgelegt waren. Durch Art. 24 Ziff. 1 lit. a und b des Gesetzes zur Einführung des Euro im Sozial- und Arbeitsrecht sowie zur Änderung anderer Vorschriften (4. EuroEG) vom 21. 12. 2000 (BGBl. I S. 1983) ist § 74 a Abs. 2 Satz 1 dann auch mit Wirkung vom 1. 1. 2002 an aufgehoben worden. 21

1. Minderjährigkeit des Arbeitnehmers. Ein Wettbewerbsverbot ist nach § 74 a Abs. 2 Satz 1,[41] Var. 1 nichtig, wenn der Arbeitnehmer zurzeit des Abschlusses **minderjährig** ist. Die Regelung stellt als Tatbestandsvoraussetzung neben dem Vertragsschluss allein auf die Minderjährigkeit des Arbeitnehmers ab, fordert mithin lediglich, dass der Arbeitnehmer noch nicht das 18. Lebensjahr vollendet hat. Auf eine Einwilligung oder Genehmigung des gesetzlichen Vertreters kommt es deshalb für die Frage der Nichtigkeit des Wettbewerbsverbots nicht an. Die Vorschriften der §§ 106 ff. BGB treten hinter diese spezialgesetzliche Regelung zurück.[42] 22

---

[35] S. etwa BAG Urt. v. 22. 5. 1990 – 3 AZR 647/88, NZA 1991, 263, 264.
[36] S. auch ErfK/*Schaub* RdNr. 12 f.
[37] Zur Rechtsfolge s. noch RdNr. 29.
[38] Durch das Gesetz zur Änderung der §§ 74, 75 und des § 76 Abs. 1 des Handelsgesetzbuches vom 10. Juni 1914, RGBl. S. 209.
[39] S. BAG Urt. v. 2. 10. 1975 – 3 AZR 28/75, BAGE 27, 284, 287 ff. = NJW 1976, 342, 343; schon vorher, jedoch die Frage der Verfassungswidrigkeit der Vorschrift im Ganzen offen lassend, BAG Urt. v. 5. 12. 1969 – 3 AZR 514/68, BAGE 22, 215, 233 ff. = NJW 1970, 723, 724 f.
[40] S. auch Heymann/*Henssler* RdNr. 24; MünchKommHGB/*v. Hoyningen-Huene* RdNr. 26.
[41] Früherer Satz 2 und jetzt Satz 1 gem. und idF des Art. 24 Ziff. 1 lit. a und b des Gesetzes zur Einführung des Euro im Sozial- und Arbeitsrecht sowie zur Änderung anderer Vorschriften (4. EuroEG) vom 21. 12. 2000 mWv 1. 1. 2002, BGBl. I S. 1983.
[42] Vgl. BAG Urt. v. 20. 4. 1964 – 5 AZR 278/63, BAGE 15, 335, 341 f., NJW 1964, 1641, 1641.

23   Auch kann das Vorliegen von **Arbeitsmündigkeit nach § 113 BGB** nichts daran ändern, dass der Arbeitnehmer minderjährig ist und damit gemäß § 74 a Abs. 2 Satz 1, Var. 1 eine wirksame Abrede nicht treffen kann. Angesichts der gesetzlich ausdrücklich angeordneten Nichtigkeit des mit einem Minderjährigen vereinbarten Wettbewerbsverbots kommt die Genehmigung eines Verbots nach § 185 Abs. 2 BGB durch den volljährig gewordenen Minderjährigen nicht in Betracht.

24   Die Regelung des § 74 a Abs. 2 Satz 1, Var. 1 ist auf **minderjährige Handelsvertreter** nicht analog anzuwenden.[43] Die für Handelsvertreter maßgebende Bestimmung des § 90 a enthält insoweit keine Lücke. Die im Verhältnis zu den §§ 74 ff. abweichenden Regelungen für Wettbewerbsabreden des Handelsvertreters waren so gewollt und können nicht durch eine Analogie aufgehoben werden.[44] Der Minderjährigenschutz bei Wettbewerbsverboten mit Handelsvertretern richtet sich deshalb nach den allgemeinen Vorschriften des Bürgerlichen Gesetzbuches (§§ 106 ff. BGB).[45]

25   **2. Ehrenwörtliches Versprechen.** § 74 a Abs. 2 Satz 1, Var. 2 ordnet weiterhin die Nichtigkeit eines Wettbewerbsverbots an, wenn sich der Arbeitgeber die **Erfüllung auf Ehrenwort** oder unter ähnlichen Versicherungen versprechen lässt. Mit diesem Nichtigkeitstatbestand ist die vor der Einführung rung u. a. des § 74 a[46] ergangene einschlägige Rspr. des Reichsgerichts[47] kodifiziert worden. Die Regelung ist von dem Gedanken getragen, dass es mit den guten Sitten nicht zu vereinbaren ist, das ideelle Gut der Ehre zum Zwecke der Sicherung von Vermögensrechten zu verwenden.[48] Das steht im Einklang mit der Rspr. des Reichsgerichts, wonach der Verpfändung des Ehrenworts für eine vermögensrechtliche Verbindlichkeit das schwere Bedenken entgegen steht, dass die bloße Nichterfüllung dieser Verbindlichkeit den Schuldner als wortbrüchig erscheinen lässt, auch wenn ihn kein oder kein erhebliches Verschulden trifft.[49]

26   Geht man von der vorgenannten Zielsetzung des § 74 a Abs. 2 Satz 1, Var. 2 aus und zieht man weiter in Betracht, dass diese Regelung das ehrenwörtliche Versprechen auf die Erfüllung des Verbots bezieht und dass die hier in Frage stehende Bestimmung trotz des in § 74 Abs. 1 normierten **Schriftformgebots** in das Gesetz aufgenommen worden ist, so macht ein ehrenwörtliches oder unter ähnlichen Versicherungen – zB eidesstattlich[50] – abgegebenes Erfüllungsversprechen auch ein solches Wettbewerbsverbot nichtig, das den (Schrift)Formanforderungen des § 74 Abs. 1 genügt.[51]

27   **3. Verpflichtung eines Dritten.** § 74 a Abs. 2 Satz 2[52] bestimmt schließlich die Nichtigkeit auch einer solchen Vereinbarung, durch die ein **Dritter anstelle des Arbeitnehmers** die Verpflichtung übernimmt, dass sich der Arbeitnehmer nach der Beendigung des Dienstverhältnisses in seiner gewerblichen Tätigkeit beschränken werde. Diese Regelung erlangt nur Bedeutung, sofern eine wirksame Wettbewerbsabrede zwischen Arbeitgeber und Arbeitnehmer selbst nicht gegeben ist. Das folgt unmittelbar aus dem Wortlaut der Bestimmung, der die Verpflichtung eines Dritten „an Stelle" einer eigenen Verpflichtung des Arbeitnehmers fordert. Die vorbezeichnete Einschränkung folgt auch aus dem Zweck dieses Nichtigkeitstatbestandes: Fehlt es an einer eigenen, den Anforderungen der §§ 74 ff. genügenden Wettbewerbsabrede zwischen Arbeitgeber und Arbeitnehmer, so soll dieser nicht der Gefahr ausgesetzt sein, über den Einfluss von einem Arbeitgeber gegenüber ohne die Bindung an die §§ 74 ff. verpflichteten Dritten zur Unterlassung von Wettbewerb angehalten zu werden.[53]

28   **Dritter iS. dieser Bestimmung** kann jede Person sein, auf eine bestimmte persönliche Nähe zu dem Arbeitnehmer kommt es nicht an. Entscheidend ist allein die Übernahme einer entsprechenden Verpflichtung. Der Inhalt einer solchen Verpflichtung kann in der Intensität sehr unterschiedlich sein: Der Dritte kann zusagen, für die Rechtsfolgen eines wettbewerblichen Verhaltens des Arbeitnehmers einstehen zu wollen, oder lediglich versprechen, auf ein wettbewerbsunterlassendes Verhalten des Arbeitnehmers hinzuwirken.[54]

---

[43] S. BAG (Fn. 42) S. 1641 ff.
[44] BAG (Fn. 42) S. 1641.
[45] BAG (Fn. 42) S. 1641 f.
[46] Durch Gesetz zur Änderung der §§ 74, 75 und des § 76 Abs. 1 des Handelsgesetzbuchs vom 10. Juni 1914, RGBl. S. 209.
[47] S. RG Urt. v. 23. 1. 1912 – III 164/10, RGZ 78, 258 ff. mwN.
[48] S. die Verhandlungen des Reichstages (Fn. 8) S. 729.
[49] S. RG (Fn. 47) S. 263.
[50] S. Baumbach/*Hopt* RdNr. 6.
[51] AA Heymann/*Henssler* RdNr. 28; wie hier etwa Baumbach/*Hopt* RdNr. 6 und *Bauer/Diller* (Fn. 11) RdNr. 113.
[52] Früherer Satz 3 und jetzt Satz 2 gem. und idF des Art. 24 Ziff. 1 lit. a und b des Gesetzes zur Einführung des Euro im Sozial- und Arbeitsrecht sowie zur Änderung anderer Vorschriften (4. EuroEG) vom 21. 12. 2000 mWv 1. 1. 2002, BGBl. I S. 1983.
[53] Vgl. auch MünchKommHGB/*v. Hoyningen-Huene* RdNr. 29.
[54] S. Baumbach/*Hopt* RdNr. 7.

4. Rechtsfolgen bei Vorliegen eines Nichtigkeitsgrundes. Nach der insoweit eindeutigen 29
Rechtsfolgenanordnung des § 74a Abs. 2 Satz 1 sind einen der Tatbestände des § 74a Abs. 2
erfüllende Wettbewerbsverbote oder Vereinbarungen[55] **nichtig, sprich unwirksam.** Keine der
Vertragsparteien kann irgendwelche Ansprüche aus der Vereinbarung erheben.[56] Im Gegensatz zur
Unverbindlichkeit (s. RdNr. 15 ff.) entstehen damit auch keine Wahlrechte des Arbeitnehmers.

Werden auf der Grundlage einer nichtigen Vereinbarung Leistungen erbracht, so sind diese mangels 30
rechtlicher Grundlage **bereicherungsrechtlich rückabzuwickeln.** Die Nichtigkeit des Wettbewerbsverbots lässt die **Wirksamkeit des Arbeitsvertrages unberührt.**[57] Das gilt auch für den Fall,
dass die Vereinbarung als Teil des Arbeitsvertrages getroffen wurde. § 74a Abs. 2 beschränkt bereits
vom Wortlaut her die Nichtigkeitsanordnung auf das Wettbewerbsverbot selbst. Der Anwendung von
§ 139 BGB steht entgegen, dass es mit dem Charakter eines Arbeitnehmerschutzgesetzes – als solches
ist auch § 74a Abs. 2 einzuordnen – unvereinbar ist, dem dadurch beabsichtigten Schutz letztlich
durch Ausdehnung der Nichtigkeit auf das gesamte Rechtsgeschäft den Boden zu entziehen.[58]

IV. Verhältnis zum Nichtigkeitsgrund der Sittenwidrigkeit nach § 138 BGB

§ 74 Abs. 3 bestimmt ausdrücklich, dass die Vorschriften des § 138 BGB über die Nichtigkeit von 31
Rechtsgeschäften, die gegen die guten Sitten verstoßen, unberührt bleiben. Damit macht das Gesetz
zweierlei deutlich: Bei den in § 74a Abs. 1 und Abs. 2 geregelten Unverbindlichkeits- und Nichtigkeitstatbeständen handelt es sich um Konstellationen der Sittenwidrigkeit, die genannten Tatbestände
können als **Konkretisierungen des § 138 BGB** angesehen werden.[59] Zugleich ist der Regelung zu
entnehmen, dass den Absätzen 1 und 2 eine **abschließende Wirkung** im Verhältnis zu der allgemeinen Regelung des § 138 BGB nicht zukommt. Auch jenseits der durch den Gesetzgeber in § 74a
Abs. 1 und 2 normierten Tatbestände kann eine Sittenwidrigkeit von Wettbewerbsverboten in
Betracht kommen.[60] Insoweit verweist das BAG etwa auf den Beispielsfall des § 138 Abs. 2 BGB,
sofern die besonderen Voraussetzungen dieser Norm vorliegen.[61]

Soweit in § 74a Abs. 1 nur die Unverbindlichkeit bestimmter Wettbewerbsverbote angeordnet 32
wird, sind diese Tatbestände im Verhältnis zu § 138 BGB als **leges speciales** einzuordnen.[62] Würde
im Hinblick auf diese Tatbestände auch eine Nichtigkeit nach § 138 BGB in Betracht kommen
können, so käme dem Wahlrecht, das dem Arbeitnehmer bei bloßer Unverbindlichkeit des Wettbewerbsverbots eingeräumt wird (s. RdNr. 15 ff.), keine Bedeutung zu.[63] Im Übrigen ist ein lex
specialis-Verhältnis zwischen § 74a Abs. 2 und § 138 BGB abzulehnen.[64]

§ 74b [Zahlung und Berechnung der Entschädigung]

(1) Die nach § 74 Abs. 2 dem Handlungsgehilfen zu gewährende Entschädigung ist am
Schlusse jedes Monats zu zahlen.

(2) ¹Soweit die dem Gehilfen zustehenden vertragsmäßigen Leistungen in einer Provision oder in anderen wechselnden Bezügen bestehen, sind sie bei der Berechnung der
Entschädigung nach dem Durchschnitt der letzten drei Jahre in Ansatz zu bringen. ²Hat
die für die Bezüge bei der Beendigung des Dienstverhältnisses maßgebende Vertragsbestimmung noch nicht drei Jahre bestanden, so erfolgt der Ansatz nach dem Durchschnitt des Zeitraums, für den die Bestimmung in Kraft war.

(3) Soweit Bezüge zum Ersatze besonderer Auslagen dienen sollen, die infolge der
Dienstleistung entstehen, bleiben sie außer Ansatz.

Schrifttum: S. die Angaben zu § 74.

---

[55] Die Vereinbarung iSd. § 74a Abs. 2 Satz 3 ist kein Wettbewerbsverbot iSd. § 74a, weil nicht zwischen Arbeitgeber und Arbeitnehmer geschlossen.
[56] S. BAG (Fn. 24) S. 627.
[57] S. ErfK/*Schaub* RdNr. 19.
[58] Zur Unanwendbarkeit von § 139 BGB im Arbeitsrecht für den Fall eines Verstoßes gegen Arbeitnehmer-Schutzvorschriften s. aus der Rspr. des BAG nur Urt. v. 4. 10. 1978 – 5 AZR 886/77, NJW 1979, 2119, 2120.
[59] S. BAG (Fn. 1) S. 504.
[60] S. BAG (Fn. 1) S. 504.
[61] BAG (Fn. 1) S. 504.
[62] Insoweit zutreffend BAG (Fn. 1) S. 504.
[63] S. auch Heymann/*Henssler* RdNr. 32.
[64] AA BAG (Fn. 1) S. 504.

Übersicht

	RdNr.		RdNr.
I. Normzweck	1	1. Berechnung fester Bezüge	11
II. Fälligkeit der Karenzentschädigung	2–9	2. Berechnung wechselnder Bezüge	12, 13
III. Berechnung der Karenzentschädigung	10–14	3. Nichtberücksichtigung von Auslagenersatz	14

I. Normzweck

1 § 74 b enthält Bestimmungen zur **Fälligkeit und zur Berechnung** des – als gegeben vorausgesetzten – Anspruchs auf Karenzentschädigung. Die Fälligkeitsregelung des § 74 b Abs. 1 (s. RdNr. 2 ff.) ist der Vorschrift des § 64 über die Zahlung des dem Arbeitnehmer zukommenden Gehalts nachgebildet.[1] **Der Zweck der Regelung** wird darin gesehen, den Unterhalt des einem Wettbewerbsverbot unterliegenden Arbeitnehmers monatlich auf einem Mindestniveau zu sichern.[2] Die Absätze 2 und 3 von § 74 b enthalten eine Sonderregelung zur Berücksichtigung sog. **wechselnder Bezüge** bei der Berechnung der Karenzentschädigung[3] sowie eine Bestimmung zur Ausklammerung von sog. **Auslagenersatz bzw. -erstattung** von der Ermittlung der Karenzentschädigung (s. RdNr. 14).

II. Fälligkeit der Karenzentschädigung

2 Gemäß § 74 b Abs. 1 ist die dem Handlungsgehilfen bzw. Arbeitnehmer zu gewährende Entschädigung am Schlusse eines jeden Monats zu zahlen. Damit ist die **Fälligkeit der Karenzentschädigung** im Grundsatz (s. RdNr. 3) in Übereinstimmung mit der in § 64 Satz 1 normierten Fälligkeit der Vergütung des Handlungsgehilfen geregelt. Ebenso wie im Rahmen von § 64 Satz 1 ist der Schluss jedes Monats nicht identisch mit dem Ende eines Kalendermonats (s. § 64 RdNr. 8). Der Zeitpunkt des **Schlusses jedes Monats** bestimmt sich vielmehr nach dem Zeitpunkt der rechtlichen Beendigung des Arbeitsverhältnisses und ist dementsprechend nach Maßgabe der §§ 187 Abs. 1, 188 Abs. 2 BGB zu berechnen.[4]

3 Der in § 74 b Abs. 1 festgelegte Fälligkeitszeitpunkt ist – darin liegt ein bedeutsamer Unterschied zur Regelung des § 64 – nach Maßgabe von § 75 d Satz 1 **zwingend.** Danach kann sich der Arbeitgeber auf eine von § 74 b Abs. 1 zum Nachteil des Arbeitnehmers abweichende Vereinbarung nicht berufen.[5] Dem Arbeitnehmer steht angesichts der nach § 75 d gegebenen Unverbindlichkeit einer für ihn nachteiligen Wettbewerbsabrede[6] ein **Wahlrecht** zu: Er kann an der Durchführung des Vereinbarten festhalten,[7] also auch eine ihm nachteilige Fälligkeitsbestimmung in Kauf nehmen, oder er sagt sich von der getroffenen Fälligkeitsabrede los und kommt dann in den Genuss der gesetzlichen Fälligkeitsvorgabe.

4 **Zugunsten des Arbeitnehmers** kann von § 74 b Abs. 1 abgewichen werden. So kann etwa wirksam verabredet werden, dass die gesamte Karenzentschädigung in einem Betrag im Zeitpunkt der Beendigung des Arbeitsverhältnisses fällig wird.[8]

5 Die Bestimmung des Fälligkeitszeitpunkts hat **Konsequenzen für Bestand und Durchsetzbarkeit des Anspruchs auf Karenzentschädigung.** Dieser Anspruch kann nach der Rspr. des BAG Gegenstand einer einzel- oder kollektivvertraglich vereinbarten **Ausschlussfrist** sein.[9] Nach Ansicht des BAG erfasst eine Verfallklausel bzw. Ausschlussfrist sämtliche Ansprüche, die im Arbeitsverhältnis ihre Grundlage haben oder jedenfalls mit ihm in einem rechtlichen oder wirtschaftlichen Zusammenhang stehen.[10] Zu diesen Ansprüchen zählt das BAG auch die monatliche Karenzentschä-

---

[1] S. auch Verhandlungen des Reichstags, XIII. Legislaturperiode, 1. Session, Bd. 300, Aktenstück Nr. 575, S. 729. Zu § 64 s. die Kommentierung dort.
[2] S. BAG Urt. v. 2. 6. 1987 – 3 AZR 626/85, BAGE 55, 309, 318 = NZA 1988, 130, 131.
[3] S. dazu unter RdNr. 12 ff. § 74 b Abs. 2 gilt auch für arbeitnehmerähnliche Personen, s. BAG Urt. v. 21. 1. 1997 – 9 AZR 778/95, BAGE 85, 60, 66 = NJW 1998, 99, 100.
[4] Insoweit besteht ein Unterschied zu § 64, s. dort RdNr. 8.
[5] Zu § 75 d s. Kommentierung dort, vor allem RdNr. 5.
[6] Anders die Folgen einer für den Arbeitnehmer nachteiligen Abweichung von § 64 Satz 1, s. § 64 Satz 2 und die Kommentierung dort, RdNr. 11 ff.
[7] S. nur Heymann/Henssler § 75 d RdNr. 3 und im Übrigen noch die Kommentierung zu § 75 d RdNr. 5.
[8] S. BAG Urt. v. 18. 2. 1967 – 3 AZR 290/66, BAGE 19, 267 = BB 1967, 714. S. auch Bauer/Diller RdNr. 282.
[9] S. BAG Urt. v. 17. 6. 1997 – 9 AZR 801/95, NZA 1998, 258, 258 = NJW 1998, 1732, 1733; so auch Bauer/Diller RdNr. 507.
[10] S. BAG (Fn. 9) S. 259.

digung und begründet dies mit deren Einordnung als Gegenleistung für die geschuldete Wettbewerbsenthaltung, was denknotwendig den vorherigen Bestand eines Arbeitsvertrages voraussetze.[11] Der Einbeziehung des Anspruchs auf Karenzentschädigung in Ausschlussfristen stehen nach Ansicht des BAG auch nicht die zwingenden Regelungen der §§ 74 ff. entgegen: Zwingend seien lediglich die Anforderungen, die nach §§ 74 ff. an ein wirksames und verbindliches Wettbewerbsverbot gestellt werden. Die sich aus dem verbindlichen Verbot ergebenden monatlichen Zahlungsansprüche unterlägen ab Beendigung des Arbeitsverhältnisses der freien Vereinbarung.[12]

Dieser Auffassung des BAG kann nicht gefolgt werden: Unabhängig davon, ob der Anspruch auf Karenzentschädigung nach Beendigung des Arbeitsverhältnisses zur freien Disposition der Vertragspartner steht (s. § 75 d RdNr. 3), kann mit dieser Begründung die Unterwerfung von Karenzansprüchen unter Ausschlussfristen nicht begründet werden. Ausschlussfristen – mögen sie einzel- oder kollektivvertraglich vereinbart sein – werden nicht erst im Zeitpunkt der Beendigung des Arbeitsverhältnisses vereinbart, sondern im Zusammenhang mit dem Abschluss des Arbeitsvertrages oder sie bestehen als kollektivrechtliche Regeln unabhängig davon schon während des Arbeitsverhältnisses. Damit kann nicht davon gesprochen werden, dass bei Ausschlussfristen der Bestand der monatlichen Zahlungsansprüche von einer ab Beendigung des Arbeitsverhältnisses getroffenen freien Vereinbarung abhängig ist. **Ausschlussfristen sind vielmehr von den Vorschriften der §§ 74 ff. zum Nachteil des Arbeitnehmers abweichende Vereinbarungen,** auf die sich gem. diesen Bestimmungen der Arbeitgeber nicht berufen kann. 6

Für den **Beginn des Laufs** der nach Ansicht des BAG auch Ansprüche auf Karenzentschädigung erfassenden **Ausschlussfrist** ist nicht auf den Zeitpunkt der rechtlichen Beendigung des Arbeitsverhältnisses abzustellen. Vielmehr wird der Anspruch auf monatliche Karenzentschädigung erstmals zum Ende des auf die Beendigung des Arbeitsverhältnisses folgenden Monats fällig,[13] sodann für die weiteren Raten die Fälligkeit jeweils im Monatsabstand ein. Damit beginnt die Ausschlussfrist für jede Rate der Karenzentschädigung mit deren Fälligkeit neu zu laufen, die Versäumung der rechtzeitigen und ordnungsgemäßen Geltendmachung einer Rate hat nur das Erlöschen dieses Anspruchs zur Folge, nicht des sog. „Stammrechts".[14] 7

Die Ausschlussfrist kann nach Ansicht des BAG grundsätzlich auch im Rahmen eines **Formulararbeitsvertrages** vereinbart werden.[15] Anderes soll dann gelten, wenn es sich um eine überraschende Klausel handelt.[16] 8

Unabhängig von der Frage der Erfassung von Karenzentschädigungsansprüchen durch Ausschlussfristen unterliegen diese Ansprüche bzw. die monatlich zu leistenden Raten der **Verjährung.** Die Verjährungsfrist beträgt nach § 195 BGB drei Jahre und beginnt nach § 199 Abs. 1 BGB mit dem Schluss des Jahres, in dem der Anspruch entstanden ist und wenn die subjektiven Voraussetzungen gegeben sind. 9

III. Berechnung der Karenzentschädigung

Die **Berechnung der Höhe der Karenzentschädigung** folgt aus § 74 Abs. 2 (s. § 74 RdNr. 45 ff.), wobei § 74 b Abs. 1 ergänzend die monatliche Zahlungsweise anordnet. § 74 b Abs. 2 enthält eine besondere Bestimmung für die Berücksichtigung sog. wechselnder Bezüge (s. RdNr. 12 f.). Schließlich legt § 74 b Abs. 3 fest, dass bestimmte Leistungen des Arbeitgebers nicht berücksichtigt werden (s. RdNr. 14). 10

1. Berechnung fester Bezüge. Aus der Regelung des § 74 Abs. 2 ergeben sich die wesentlichen **Faktoren für die Berechnung einer Karenzentschädigung,** wobei für den Fall, dass wechselnde Bezüge zu berücksichtigen sind, § 74 b Abs. 2 zusätzlich heranzuziehen ist. Wenn die Entschädigung nach § 74 Abs. 2 „für jedes Jahr" mindestens die Hälfte der von dem Arbeitnehmer „zuletzt" bezogenen vertragsmäßigen Leistungen betragen muss, so ist wegen der nach § 74 Abs. 2 zunächst vorgegebenen Jahresbezogenheit der Höhe der Karenzentschädigung das Jahresarbeitsentgelt des Arbeitnehmers rückwirkend vom Zeitpunkt der rechtlichen Beendigung des Arbeitsverhältnisses an zu ermitteln.[17] Zu diesem Zweck sind die letzten festen (Monats-, Wochen-, Tages-)Bezüge – die 11

---

[11] S. BAG (Fn. 9) S. 259.
[12] S. BAG (Fn. 9) S. 259 unter Verweis auf BAG Urt. v. 20. 10. 1981 – 3 AZR 1013/78, NJW 1982, 1479, eine Entscheidung, die sich allerdings auf die Einbeziehung von Wettbewerbsabreden in Ausgleichsquittungen bezieht.
[13] BAG (Fn. 9) S. 259.
[14] S. BAG Urt. v. 18. 12. 1984 – 3 AZR 383/82, NZA 1985, 219; ErfK/*Schaub* RdNr. 5.
[15] BAG (Fn. 9) S. 258 f.
[16] BAG (Fn. 9) S. 259.
[17] S. auch Baumbach/*Hopt* RdNr. 3 und schon oben zu § 74 RdNr. 45.

§ 74 c   1. Buch. 6. Abschnitt. Handlungsgehilfen und Handlungslehrlinge

„zuletzt bezogenen ... Leistungen" (s. § 74 Abs. 2) – mit dem entsprechenden Faktor[18] zu multiplizieren.[19] Daraus ergibt sich unter Addition eventuell vorhandener und nach § 74 b Abs. 2 zu berechnender wechselnder Bezüge (s. RdNr. 12 f.) das zugrunde zu legende Jahresarbeitsentgelt. Durch die Fälligkeitsregelung des § 74 b Abs. 1 wird dann in Ergänzung zu § 74 Abs. 2 festgelegt, dass die längstens auf zwei Jahre zu zahlende Entschädigung in Monatsraten fällig wird, mithin der Gesamtbetrag der Entschädigung durch die Zahl der Monate zu dividieren ist.

12 **2. Berechnung wechselnder Bezüge.** Nach § 74 b Abs. 2 Satz 1 sind **wechselnde Bezüge** bei der Berechnung der Entschädigung nach dem Durchschnitt der letzten drei Jahre in Ansatz zu bringen. Damit ist ein Durchschnittsbetrag zu bilden, der – geteilt durch den Faktor 3 – bei der Ermittlung des Jahresarbeitsverdienstes den ermittelten festen Bezügen (s. RdNr. 11) hinzuzurechnen ist.[20] Sofern das Arbeitsverhältnis oder die für die wechselnden Bezüge maßgebende Vertragsbestimmung noch nicht drei Jahre bestanden haben, hat gem. der Regelung des § 74 b Abs. 2 Satz 2 die Berücksichtigung wechselnder Bezüge nach dem Durchschnitt des Zeitraums zu erfolgen, für den die Bestimmung in Kraft war. Insoweit ist dann wiederum der Betrag anzusetzen und den festen Bezügen hinzuzurechnen, der jahresbezogen erzielt worden wäre.

13 Zur Erläuterung des **Begriffs der wechselnden Bezüge** nennt das Gesetz allein das Beispiel der Provision.[21] Zu den wechselnden Bezügen iS. dieser Regelung zählen weiterhin etwa Gewinn- und Umsatzbeteiligungen[22] wie auch Gratifikationen,[23] wobei die Freiwilligkeit einer Leistung der Einordnung als vertragsmäßiger Leistung iSd. § 74 Abs. 2 nicht entgegensteht.[24] Für die Berücksichtigung bei der Ermittlung der Entschädigungshöhe kommt es nicht darauf an, wann die wechselnden Bezüge fällig oder ausgezahlt werden. Entscheidend ist allein, für welchen Zeitraum diese Bezüge als Vergütung für erbrachte Arbeitsleistungen gezahlt werden.[25] Nur so ist es möglich, die für den Bezugszeitraum maßgebliche Vergütung zu erfassen und Zufallsergebnisse zu vermeiden.[26]

14 **3. Nichtberücksichtigung von Auslagenersatz.** Soweit Bezüge im Rahmen eines Arbeitsverhältnisses allein mit dem Zweck des Auslagenersatzes gezahlt werden, sind diese nach § 74 b Abs. 3 bei der Berechnung der Karenzentschädigung außer Ansatz zu lassen. Zum **Begriff des Auslagenersatzes** zählt insbesondere die Erstattung von Reisekosten.[27] Die Ausklammerung von Auslagenersatz gilt allerdings nur dann uneingeschränkt, soweit dieser allein zur Erstattung oder Deckung entstandener Aufwendungen bzw. Auslagen dient. Handelt es sich um pauschalierte Leistungen – sog. Spesenpauschalen –, so ist zu prüfen, inwieweit diesen Leistungen auch ein Vergütungscharakter innewohnt. Ist das der Fall, so ist der als Vergütung anzusehende Anteil den „vertragsmäßigen Leistungen" iS des § 74 Abs. 2 zuzurechnen und kann deshalb bei der Ermittlung der Karenzentschädigung nicht ausgeklammert werden.[28]

§ 74 c [Anrechnung anderweitigen Erwerbs]

(1) [1] Der Handlungsgehilfe muß sich auf die fällige Entschädigung anrechnen lassen, was er während des Zeitraums, für den die Entschädigung gezahlt wird, durch anderweite Verwertung seiner Arbeitskraft erwirbt oder zu erwerben böswillig unterläßt, soweit die Entschädigung unter Hinzurechnung dieses Betrags den Betrag der zuletzt von ihm bezogenen vertragsmäßigen Leistungen um mehr als ein Zehntel übersteigen würde. [2] Ist der Gehilfe durch das Wettbewerbsverbot gezwungen worden, seinen Wohnsitz zu verlegen, so tritt an die Stelle des Betrags von einem Zehntel der Betrag von einem Viertel. [3] Für die Dauer der Verbüßung einer Freiheitsstrafe kann der Gehilfe eine Entschädigung nicht verlangen.

(2) Der Gehilfe ist verpflichtet, dem Prinzipal auf Erfordern über die Höhe seines Erwerbes Auskunft zu erteilen.

Schrifttum: S. die Angaben zu § 74.

---

[18] 12, 52 oder 365.
[19] S. Baumbach/*Hopt* RdNr. 3; Heymann/*Henssler* RdNr. 2; *Gamerschlag* NJW 1989, 2870.
[20] S. Baumbach/*Hopt* RdNr. 3.
[21] S. zu diesem Begriff näher MünchArbR/*Kreßel* § 68 RdNr. 1 ff. und oben § 65 RdNr. 5 ff.
[22] Hierzu MünchArbR/*Kreßel* § 68 RdNr. 86 ff.
[23] S. BAG Urt. v. 16. 11. 1973 – 3 AZR 61/73, BAGE 25, 385 = NJW 1974, 765.
[24] S. BAG (Fn. 23) S. 766.
[25] S. BAG (Fn. 23) S. 766 f.
[26] So BAG (Fn. 23) S. 767.
[27] S. Verhandlungen des Reichstags (Fn. 1) S. 729.
[28] LAG Hamm Urt. v. 7. 12. 1983 – 5 Sa 1568/83, DB 1984, 623.

Übersicht

	RdNr.		RdNr.
I. Normzweck	1, 2	4. Überschreiten der Anrechnungsfreigrenzen	19–22
II. Voraussetzungen der Anrechnung	3–22	III. Durchführung der Anrechnung	23, 24
1. Anspruch auf Karenzentschädigung	4, 5	IV. Wegfall des Entschädigungsanspruchs bei Verbüßung einer Freiheitsstrafe	25
2. Erwerb durch anderweite Verwertung seiner Arbeitskraft	6–15	V. Auskunftsanspruch des Arbeitgebers	26–30
3. Fiktiver Erwerb	16–18		

I. Normzweck

§ 74 c regelt im ersten Absatz die **Anrechnung (fiktiven) anderweitigen Erwerbs** des Handlungsgehilfen bzw. Arbeitnehmers während des Zeitraums, für den die Entschädigung gezahlt wird sowie den Wegfall des Anspruchs auf Entschädigung für die Zeit der Verbüßung einer Freiheitsstrafe und bestimmt im zweiten Absatz eine hierauf bezogene **Auskunftsverpflichtung** des Arbeitnehmers. Die hier in Frage stehende Anrechnungsregelung ist hinsichtlich der zur Anrechnung führenden Tatbestände vergleichbar mit anderen Bestimmungen des Bürgerlichen Rechts bzw. des Arbeitsrechts, s. etwa § 326 Abs. 2 Satz 2 BGB, § 615 Satz 2 BGB oder auch § 11 Nr. 1, Nr. 2 KSchG. Ein Verstoß gegen § 74 c macht das Wettbewerbsverbot nicht unverbindlich.[1]   1

Die Anrechnung (fiktiven) anderweitigen Erwerbs soll verhindern, dass Arbeitnehmer durch die Zahlung einer Entschädigung **auf Kosten des Arbeitgebers bereichert** werden. Aus diesem Grunde soll der Arbeitnehmer einen Ausgleich für die durch eine Wettbewerbsvereinbarung hervorgerufene Beschränkung der Erwerbstätigkeit nur beanspruchen können, soweit ein (fiktiver) Verdienst während der Karenzzeit innerhalb der maßgebenden Anrechnungsfreigrenzen bleibt.[2] Das steht im Einklang mit dem **Zweck der Karenzentschädigung,** die dem Arbeitnehmer einen Ausgleich allein für die im Interesse des Arbeitgebers vereinbarte Wettbewerbsunterlassung geben soll. Unter Einbeziehung verbleibender beruflicher Möglichkeiten soll der Arbeitnehmer die für die Beibehaltung des bisherigen Lebensstandards notwendigen Mittel haben.[3] Dementsprechend wird in der Gesetzesbegründung zu § 74 c ausgeführt, es würde zu weit gehen, wenn der Prinzipal einem Gehilfen, dessen neuer Verdienst sein früheres Einkommen erreicht oder übersteigt, eine Vergütung entrichten müsste.[4] Im Übrigen müsse vermieden werden, dass Gehilfen nur deshalb einen Stellenwechsel vornähmen, um den Versuch zu machen, neben dem Gehalt auch noch die Entschädigung zu beziehen.[5]   2

II. Voraussetzungen der Anrechnung

Die Anrechnung (fiktiven) anderweitigen Erwerbs des Arbeitnehmers ist von **drei Voraussetzungen** abhängig: Der Arbeitnehmer muss einen (fälligen) Anspruch auf Karenzentschädigung haben (s. RdNr. 4 f.), er muss des Weiteren während des Zeitraums, für den die Entschädigung gezahlt wird, etwas durch anderweite Verwertung seiner Arbeitskraft erwerben (s. RdNr. 6 ff.) oder einen solchen Erwerb böswillig unterlassen (s. RdNr. 16 f.), und drittens schließlich müssen die sog. Anrechnungsfreigrenzen[6] überschritten werden (s. RdNr. 18 ff.).   3

1. Anspruch auf Karenzentschädigung. Eine Anrechnung gemäß § 74 c Abs. 1 Satz 1 kann nur in Betracht kommen, wenn der Arbeitnehmer einen **fälligen Anspruch auf Karenzentschädigung** hat. Die Anrechnung erfordert mithin das Vorliegen einer den Anforderungen der §§ 74 ff. genügenden Wettbewerbsabrede oder jedenfalls eine unverbindliche Abrede, für deren Einhaltung der Arbeitnehmer sich entschieden hat.   4

Mit der Einschränkung, dass auf „die fällige Entschädigung" das angerechnet wird, was der Arbeitnehmer „während des Zeitraums, für den die Entschädigung gezahlt wird" (fiktiv) erwirbt, wird von Gesetzes wegen ein **bestimmter Anrechnungsmodus – pro rata temporis**[7] – vorgegeben (s. RdNr. 22).   5

---

[1] S. LAG Hamm Urt. v. 20. 12. 2001 – 16 Sa 414/01, BuW 2002, 704.
[2] S. BAG Urt. v. 23. 1. 1967 – 3 AZR 253/66, BAGE 19, 194, 199 = BB 1967, 538, 539.
[3] BAG Urt. v. 20. 4. 1967 – 3 AZR 314/66, DB 1967, 1415.
[4] S. Verhandlungen des Deutschen Reichstages, XIII. Legislaturperiode, 1. Session 1914, Bd. 300, Aktenstück Nr. 575, S. 729.
[5] Verhandlungen des Deutschen Reichstages (Fn. 4) S. 729.
[6] BAG Urt. v. 7. 11. 1989 – 3 AZR 796/87, BAGE 63, 206 = DB 1990, 889.
[7] S. BAG Urt. v. 16. 5. 1969 – 3 AZR 137/68, BAGE 22, 6, 14 f. = NJW 1970, 443, 445 f.

6 **2. Erwerb durch anderweite Verwertung seiner Arbeitskraft.** Der Anrechnung unterfällt nach § 74 c Abs. 1 Satz 1 zunächst das, was der Arbeitnehmer während des maßgebenden Karenzzeitraums **durch anderweite Verwertung seiner Arbeitskraft erwirbt.** Als durch anderweite Verwertung seiner Arbeitskraft erlangter Erwerb sind alle geldwerten Leistungen zur Abgeltung der Arbeitsleistung des Arbeitnehmers anzusehen,[8] wobei – das folgt aus der Formulierung „anderweite Verwertung" – nur das anrechenbar ist, was der Arbeitnehmer durch die Verwertung seiner infolge der Beendigung des Arbeitsverhältnisses freigewordenen Arbeitskraft erwirbt.[9] Nicht in die Anrechnung einbezogen werden deshalb Einkünfte außerhalb der beruflichen Betätigung des Arbeitnehmers,[10] dh., Einnahmen, die nicht mit dem Freiwerden der Arbeitskraft zusammenhängen.[11] Die nach § 74 c Abs. 1 Satz 1 anrechenbaren Leistungen werden in derselben Weise berechnet wie die für die Berechnung der Höhe der Karenzentschädigung maßgeblichen vertragsmäßigen Leistungen iSv. § 74 Abs. 2.[12]

7 Ausgehend von diesen durch § 74 c Abs. 1 Satz 1 vorgegebenen Grundsätzen zählt zu den nach dieser Bestimmung anrechnungsfähigen Leistungen wesentlich die **Vergütung im Rahmen eines neuen Arbeitsverhältnisses,**[13] und zwar unter Einbeziehung von wechselnden Bezügen wie etwa Provisionen, Gratifikationen oder Gewinn- und Umsatzbeteiligungen.[14] Neben der Vergütung aus einem Arbeitsverhältnis ist auch das **Einkommen aus selbständiger Tätigkeit** anrechenbar.

8 Nicht anrechenbar sind solche Einkünfte des (ehemaligen) Arbeitnehmers, die **nicht als Gegenleistung** für die mit der Beendigung des Arbeitsverhältnisses frei gewordene Arbeitskraft erbracht werden. Hierzu gehören etwa **Kapitalerträge**[15] ebenso wie Einkünfte aus Nebentätigkeiten, die nicht mit dem Freiwerden der Arbeitskraft zusammenhängen.[16] Das ist jedenfalls dann der Fall, wenn der einem Wettbewerbsverbot unterliegende Arbeitnehmer die **Nebeneinnahmen** auch bereits während seines früheren Arbeitsverhältnisses gehabt hat.[17]

9 Bei **Ansprüchen auf Sozialversicherungsleistungen** handelt es sich gleichfalls nicht um nach § 74 c Abs. 1 Satz 1 anrechenbare Einkünfte des (früheren) Arbeitnehmers. Der wesentliche Grund hierfür liegt darin, dass diese Leistungen nicht – wie von § 74 c Abs. 1 Satz 1 für eine Anrechnung gefordert – durch anderweite Verwertung der Arbeitskraft während der Laufzeit des Wettbewerbsverbots erworben werden.[18] Erwerbsgrund sind insoweit vielmehr die idR im Rahmen einer an eine Beschäftigung anknüpfenden Versicherungspflicht erbrachten Beitragsleistungen, auf deren Grundlage eine eigentumsgeschützte Anwartschaft erworben wird, die sich bei Eintritt eines Versicherungsfalles in einen Anspruch auf die entsprechenden Sozialversicherungsleistungen umwandelt.

10 Zutreffend ist demgem. nach der Rspr. des BAG eine **Rente wegen Alters** aus der gesetzlichen Rentenversicherung (§§ 35 ff. SGB VI) nicht auf die Karenzentschädigung anzurechnen.[19] Dasselbe hat für **Betriebsrentenleistungen** zu gelten, die zwar nicht auf Grund einer Versicherungs- und Beitragspflicht in einem Sozialversicherungssystem erworben werden, jedoch arbeitgeberseits für in der Vergangenheit erbrachte Arbeitsleistung und gezeigte Betriebstreue geleistet werden und damit jedenfalls nicht durch Verwertung der infolge der rechtlichen Beendigung eines Arbeitsverhältnisses frei gewordenen Arbeitskraft des einem Wettbewerbsverbot unterliegenden Arbeitnehmers.[20] Nicht anzurechnen ist etwa auch das **Übergangsgeld** iSd. §§ 20 ff. SGB VI, das rehabilitationsberechtigten Personen geleistet wird.[21]

11 Auch auf das **Arbeitslosengeld,** §§ 117 ff. SGB III, findet § 74 c Abs. 1 Satz 1 im Hinblick darauf keine unmittelbare Anwendung, dass nur das durch Arbeitsleistung erlangte Erwerbseinkom-

---

[8] S. BAG (Fn. 6) S. 889.
[9] S. BAG (Fn. 7) S. 445. S. hierzu aus der Lit. *Schütze* DB 1971, 918 f; *Küstner* RdNr. 579 ff; ausführlich *Bauer/Diller,* Wettbewerbsverbote, RdNr. 517 ff.
[10] BAG Urt. v. 25. 6. 1985 – 3 AZR 305/83, BAGE 49, 109, 115 = NJW 1986, 275, 276.
[11] S. BAG (Fn. 7) S. 445.
[12] S. BAG (Fn. 7) S. 445; Urt. v. 16. 11. 1973 – 3 AZR 61/73, BAGE 25, 385, 389 = NJW 1974, 765, 766; Urt. v. 9. 1. 1990 – 3 AZR 110/88, BAGE 64, 1, 5 = NZA 1990, 519, 519.
[13] S. BAG (Fn. 7) S. 445.
[14] S. zur Ermittlung der vertragsmäßigen Leistungen iSv. § 74 Abs. 2 die Kommentierungen zu § 74 RdNr. 46 und § 74 b RdNr. 11.
[15] S. BAG (Fn. 3) S. 1416.
[16] S. BAG (Fn. 7) S. 445; LAG Rheinland-Pfalz Urt. v. 25. 11. 2004 – 4 Sa 618/04, juris.
[17] S. BAG (Fn. 7) S. 445.
[18] S. BAG Urt. v. 30. 10. 1984 – 3 AZR 213/82, BAGE 47, 125, 129 = NZA 1985, 429, 430; BAG (Fn. 6) S. 889.
[19] BAG Urt. v. 30. 10. 1984 (Fn. 18) S. 429 f.; BAG Urt. v. 23. 11. 2004 – 9 AZR 595/03, AP HGB § 74 Nr. 75 = NZA 2005, 411, 413.
[20] Offengelassen von BAG Urt. v. 26. 2. 1985 – 3 AZR 162/84, WM 1985, 1326, 1327; ebenso offengelassen von BAG Urt. v. 30. 10. 1984 (Fn. 18) S. 128 ff.
[21] S. BAG (Fn. 6) S. 889.

men der Anrechnung unterfällt, mithin Einkünfte außerhalb der beruflichen Betätigung des Arbeitnehmers ausgeklammert sind.[22]

Arbeitslosengeld ist allerdings nach der zutreffenden Rspr. des BAG im Wege **analoger Anwendung des § 74 c Abs. 1 Satz 1** als anrechenbarer „Erwerb" zu berücksichtigen.[23] Zur Begründung für die Anrechenbarkeit dieser Sozialversicherungsleistung verweist das BAG wesentlich darauf, dass im Zeitpunkt der Einführung unter anderem der Regelung des § 74 c durch das Gesetz zur Änderung der §§ 74, 75 und des § 76 Abs. 1 des Handelsgesetzbuchs vom 10. 6. 1914 (RGBl. S. 209) der Gesetzgeber wegen des damaligen Fehlens einer dem Arbeitslosengeld vergleichbaren Leistung keine Veranlassung hatte, die Anrechnung einer solchen Leistung zu regeln. Mit Einführung des Arbeitslosengeldes ist nach Ansicht des BAG eine Regelungslücke im Hinblick darauf entstanden, dass es – wie bei dem Zusammentreffen von Karenzentschädigung und Arbeitseinkommen – auch im Hinblick auf ein Nebeneinander von Entschädigung und an die Stelle von fehlendem Erwerbseinkommen tretendem Arbeitslosengeld zu verhindern gelte, dass ein arbeitsloser (ehemaliger) Arbeitnehmer iE höhere Einkünfte hat als ein Arbeitnehmer, der während der Karenzzeit einer mit dem Wettbewerbsverbot vereinbaren Tätigkeit nachgeht.[24]

Durch Einführung der **Erstattungsregelung des früheren § 128 a AFG,**[25] der seinem wesentlichen Inhalt nach in **§ 148 SGB III**[26] übernommen worden ist, hatte der Gesetzgeber der insoweit rechtsfortbildenden Rspr. des BAG für den Bereich des Arbeitsförderungsrechts Rechnung getragen und diese damit mittelbar bestätigt.

Gemäß § 148 Abs. 1 Satz 1 SGB III hatte ein Arbeitgeber, der mit seinem ehemaligen Arbeitnehmer eine Wettbewerbsabrede vereinbart hatte und diesen deshalb in seiner beruflichen Tätigkeit beschränkte, bei Arbeitslosigkeit des Betroffenen dem Arbeitsamt vierteljährlich 30 Prozent des Arbeitslosengeldes zu erstatten, das für die Zeit gezahlt worden ist, in der die Beschränkung bestand. Die Erstattungspflicht umfasste gemäß § 148 Abs. 2 SGB III auch die auf das Arbeitslosengeld entfallenden Beiträge zur gesetzlichen Kranken-, Pflege- und Rentenversicherung. Diese Regelung führte – bei einer relativ geringen Zahl von Erstattungsfällen – zu einem erheblichen Verwaltungsaufwand bei der Arbeitsverwaltung.[27]

Die Erstattungspflicht wurde deshalb gemäß **Art. 1 Ziff. 1 lit. o des Dritten Gesetzes für moderne Dienstleistungen am Arbeitsmarkt** vom 23. 12. 2003 (BGBl. I S. 2848) mit Wirkung vom 1. 1. 2004 an ersatzlos aufgehoben. Für laufende Fälle entfällt die Erstattungspflicht nach § 148 SGB III somit am 31. 12. 2003 (§ 434 j Abs. 7 SGB III).

3. Fiktiver Erwerb. Nach § 74 c Abs. 1 Satz 1 muss sich der Arbeitnehmer neben dem tatsächlichen Erwerb auch das anrechnen lassen, was er „zu erwerben böswillig unterlässt". Der **Begriff der Böswilligkeit** iSv. § 74 c Abs. 1 Satz 1 stimmt überein mit den in § 326 Abs. 2 Satz 2 BGB, § 615 Satz 2 BGB oder auch § 11 Nr. 2 KSchG verwendeten Begriffen der Böswilligkeit.[28] Danach ist das Unterlassen anderweitigen Erwerbs dann böswillig, wenn der Arbeitnehmer in Kenntnis der objektiven Umstände, nämlich Arbeitsmöglichkeit, Zumutbarkeit der Arbeit und Nachteilsfolgen für den Arbeitgeber, vorsätzlich untätig bleibt oder gegen eine zu geringe Vergütung arbeitet.[29]

Im Zusammenhang mit der **Prüfung des Vorliegens eines böswilligen Unterlassens** – in diesem Begriff ist der Grundsatz von Treu und Glauben enthalten[30] – ist zu beachten, dass ein Arbeitnehmer durch das Wettbewerbsverbot aus seinem bisherigen Tätigkeitsbereich mehr oder weniger verdrängt wird. Aus diesem Grunde kommt im Hinblick auf den hohen Wert der **durch Art. 12 Abs. 1 GG gewährleisteten freien Berufswahl** seinem Interesse an einem künftig verbesserten Fortkommen ein erhebliches Gewicht zu, und zwar auch gegenüber dem Interesse des Arbeit-

---

[22] BAG (Fn. 10) S. 276.
[23] S. BAG (Fn. 10) S. 276.
[24] BAG (Fn. 10) S. 276; nach BAG Urt. v. 16. 11. 2005 – 10 AZR 152/05, AP HGB § 74 c Nr. 21 hat das Überbrückungsgeld gem. § 57 SGB III i. d. F. vom 23. 12. 2002 ebenfalls Lohnersatzfunktion und ist auf die Karenzentschädigung anzurechnen.
[25] Eingeführt durch das Arbeitsförderungskonsolidierungsgesetz vom 22. 12. 1981, BGBl. I S. 1497. S. zu dieser Regelung etwa BSG Urt. v. 24. 9. 1992 – 7 RAr 16/91, NZS 1993, 117 ff.
[26] Vom 24. 3. 1997, BGBl. I S. 594, in Kraft getreten zum 1. 1. 1998; zuletzt geändert durch Art. 1 Ziff. 6 des Gesetzes zur Neuregelung der sozialversicherungsrechtlichen Behandlung von einmalig gezahltem Arbeitsentgelt (Einmahlzahlungs-Neuregelungsgesetz) vom 21. 12. 2000, BGBl. I S. 1971.
[27] BT-Drucks. 15/1515 S. 88.
[28] BAG (Fn. 2) S. 539. S. auch Verhandlungen des Deutschen Reichstages (Fn. 4) S. 729.
[29] BAG (Fn. 2) S. 539; BAG Urt. v. 13. 11. 1975 – 3 AZR 38/75, WM 1976, 820, 822; BAG Urt. v. 13. 2. 1996 – 9 AZR 931/94, BAGE 82, 157, 160 = NJW 1996, 2677. Ausführlich zum Begriff der Böswilligkeit s. *Hoppe* RdA 1966, 51 ff.; s. auch *Bauer/Diller* (Fn. 9) RdNr. 550.
[30] S. BAG (Fn. 2) S. 540.

gebers an einem Wegfall der Karenzentschädigung.[31] Der Arbeitnehmer handelt deshalb nicht böswillig, wenn er bei der Wahl eines neuen Arbeitsplatzes seine Interessen an die erste Stelle setzt.[32] Aus diesem Grunde kann der Arbeitgeber zB nicht davon ausgehen, dass der Arbeitnehmer in der gleichen Weise beruflich tätig wird wie bis zur Beendigung des Arbeitsverhältnisses, nur weil dadurch ein höherer Verdienst erworben werden könnte. Der (ehemalige) Arbeitnehmer darf sich statt dessen trotz eines damit verbundenen geringeren Verdienstes als im Falle einer Arbeitnehmertätigkeit auch **selbständig machen,** wenn diese Tätigkeit auf längere Sicht beruflich Erfolg versprechend erscheint.[33] Der Arbeitnehmer kann eine Arbeit aufnehmen, die seiner beruflichen und allgemeinen Weiterentwicklung förderlich ist, auch wenn er bei tarifgerechter Entlohnung und voller Beschäftigung weniger verdient als in einer anderen Stelle. Die Grenze der Böswilligkeit ist so lange nicht erreicht, wie die Arbeitsplatzwahl auf **vernünftigen Überlegungen** beruht.[34] Auch die Aufnahme eines **Studiums** kann nicht grundsätzlich als ein böswilliges Unterlassen angesehen werden, entscheidend sind vielmehr die Umstände des Einzelfalles.[35] Die Tatsache, dass ein früherer Arbeitnehmer in der Karenzzeit ein Studium aufnimmt, erfüllt für sich betrachtet nicht den gesetzlichen Tatbestand.[36] Hat der Arbeitnehmer eine rentenversicherungsrechtlich maßgebende **Altersgrenze** erreicht und nimmt er eine (flexible, vorgezogene) Rente wegen Alters in Anspruch mit dem Ziel, sich zur Ruhe zu setzen, so kann darin eine Böswilligkeit nicht gesehen werden.[37]

18   Ein böswilliges Unterlassen anderweitigen Erwerbs ist auch nicht darin zu sehen, dass sich ein Arbeitnehmer nicht arbeitslos meldet[38] und damit nicht die Voraussetzungen für einen Anspruch auf Arbeitslosengeld nach §§ 117 ff. SGB III erfüllt.[39] Die sozialversicherungsrechtliche fehlende Verpflichtung zur Inanspruchnahme von Arbeitslosengeld kann nicht mittelbar privatrechtlich über die Anrechnung fiktiven Erwerbs begründet werden. Das wäre ein Wertungswiderspruch. Hinzu kommt, dass es als ein vernünftiger Grund iSd. Rspr. des BAG (s. RdNr. 17) anzusehen ist, wenn ein (ehemaliger) Arbeitnehmer den offiziellen Status der Arbeitslosigkeit vermeiden will.

19   **4. Überschreiten der Anrechnungsfreigrenzen.** § 74 Abs. 1 Satz 1 ordnet eine Anrechnung nur an, soweit die Entschädigung unter Hinzurechnung des (fiktiven) Erwerbs den Betrag der zuletzt von dem Arbeitnehmer bezogenen vertragsmäßigen Leistungen um mehr als ein Zehntel übersteigt. Die **Anrechnungsfreigrenze** liegt danach bei **110 vom Hundert** der zuletzt von dem Arbeitnehmer bezogenen vertragsmäßigen Leistungen (s. § 74 RdNr. 46 f.). Soweit die Summe aus Karenzentschädigung und (fiktivem) Erwerb diese Grenze übersteigt, erfolgt eine Anrechnung.

20   Anderes gilt für den Fall, dass der Arbeitnehmer durch das Wettbewerbsverbot gezwungen worden ist, seinen Wohnsitz zu verlegen. Gemäß § 74 c Abs. 1 Satz 2 tritt dann an die Stelle des Betrages von einem Zehntel der Betrag von einem Viertel, dh., die **Anrechnungsfreigrenze** liegt bei **125 vom Hundert** der zuletzt bezogenen vertragsmäßigen Leistungen. Mit dieser erhöhten Anrechnungsfreigrenze soll derjenige, der verstärkte Anstrengungen unternimmt und sogar umzieht, besser gestellt werden als der nicht umzugsbereite Arbeitnehmer.[40]

21   Die erhöhte Anrechnungsfreigrenze greift nur ein, wenn das **Wettbewerbsverbot für den Umzug des Arbeitnehmers ursächlich** geworden ist, wobei eine Mitursächlichkeit nicht ausreicht. Der Arbeitnehmer muss gerade durch das Wettbewerbsverbot zum Wohnsitzwechsel „gezwungen" werden.[41] Daran fehlt es etwa dann, wenn es im bisherigen Wohnbereich des Arbeitnehmers eine unter das Wettbewerbsverbot fallende Arbeitsstelle überhaupt nicht gibt: Hier kann das Verbot den Arbeitnehmer gar nicht an der Aufnahme einer bestimmten Tätigkeit hindern und damit nicht für den mangels vorhandenen Arbeitsplatzes erfolgten Umzug ursächlich sein.[42] Damit ist für die Anwendung der erhöhten Anrechnungsfreigrenze konkret zu prüfen, ob im bisherigen Wohnbereich überhaupt Arbeitsmöglichkeiten bestanden, die wahrzunehmen den Arbeitnehmer das Wett-

---

[31] S. BAG Urt. v. 13. 11. 1975 (Fn. 29) S. 822.
[32] BAG (Fn. 2) S. 540.
[33] BAG Urt. v. 13. 11. 1975 (Fn. 29) S. 822; *Bauer/Diller* (Fn. 9) RdNr. 552.
[34] BAG (Fn. 2) S. 540.
[35] BAG Urt. v. 13. 2. 1996 (Fn. 29) S. 2677.
[36] BAG Urt. v. 13. 2. 1996 (Fn. 29) S. 2677; ebenfalls ist in dem Ergreifen eines Zweitstudiums bzw. dem Erwerb einer Zusatzqualifikation kein böswilliges Unterlassen zu sehen, s. LAG Köln Urt. v. 4. 5. 2004 – 1 Sa 1240/03, BRAK-Mitt. 2005, 48; *Bauer/Diller* (Fn. 9) RdNr. 551.
[37] Vgl. BAG Urt. v. 3. 7. 1990 – 3 AZR 96/89, DB 1991, 1125.
[38] AA *Bauer/Diller* (Fn. 9) RdNr. 553.
[39] Wie hier iE *Roehsler/Borrmann* S. 95 f. Zu den Voraussetzungen des Anspruchs auf Arbeitslosengeld siehe näher *Boecken/Spieß,* Vom Erwerbsleben in den Ruhestand, 2000, RdNr. 98 ff.
[40] S. BAG Urt. v. 17. 5. 1988 – 3 AZR 482/86, NJW 1988, 3173.
[41] S. BAG Urt. v. 23. 2. 1982 – 3 AZR 676/79, DB 1982, 1471.
[42] BAG (Fn. 41) S. 1471; siehe auch BAG Urt. v. 23. 2. 1999 – 9 AZR 739/97, DB 1999, 1711.

bewerbsverbot hinderte. Die abstrakte Möglichkeit der Hinderung an einer spezifischen Berufstätigkeit reicht nicht aus.[43]

Angesichts der **Zwecksetzung der erhöhten Anrechnungsfreigrenze** – Besserstellung des umzugswilligen Arbeitnehmers (s. RdNr. 19) – haben Umzugsverzögerungen nicht zur Folge, dass erst der tatsächlich vollzogene Umzug, auf dessen Zeitpunkt der (ehemalige) Arbeitnehmer oft keinen Einfluss hat, zur Anwendung der erhöhten Anrechnungsfreigrenze führt. Wird ein Arbeitnehmer durch das Wettbewerbsverbot zur Annahme einer auswärtigen Stelle gezwungen, die nach sachlicher und vernünftiger Beurteilung mit einem Umzug verbunden sein muss, so hat er auch schon dann Anspruch auf Berücksichtigung der erhöhten Freigrenze, wenn sich der Umzug aus Gründen verzögert, die er nicht zu vertreten hat.[44] 22

III. Durchführung der Anrechnung

Die Anrechnung von durch anderweite Verwertung der Arbeitskraft erlangtem Erwerb oder fiktivem Erwerb hat – wie bereits aus dem Wortlaut von § 74 c Abs. 1 Satz 1 hervorgeht – auf die „fällige Entschädigung" zu erfolgen. Gemäß § 74 b Abs. 1 ist der Zeitpunkt der Fälligkeit der Schluss jeden Monats (s. § 74 b RdNr. 2 ff.), was für die Anrechnung bedeutet, dass nur das anderweitige Einkommen des jeweiligen Monats, in dem es erzielt worden ist, für die Anrechnung in diesem Monat herangezogen werden kann.[45] Im Rahmen von § 74 c Abs. 1 ist danach eine **Anrechnung pro rata temporis** und nicht eine Gesamtberechnung dergestalt vorzunehmen, dass das gesamte Einkommen des Arbeitnehmers während der Karenzzeit zusammengezählt und anteilig auf die Monate der Karenzentschädigung verteilt wird.[46] Die, auch in der Gesetzesbegründung zu § 74 c Abs. 1 zum Ausdruck gelangte[47] pro rata temporis-Anrechnung weicht ab von der in Rechtsprechung und überwiegender Lit. – unzutreffenderweise – zur Anrechnungsregelung des § 615 Satz 2 BGB vertretenen Gesamtberechnung.[48] Die pro rata temporis-Anrechnung hat zur Folge, dass ein periodenbezogener „Überschuss" des Arbeitnehmers aus anderweiter Verwertung der Arbeitskraft nicht zur Anrechnung und damit Verminderung der Karenzentschädigung für eine andere Periode führen kann.[49] 23

Die Anrechnung erfolgt **ipso iure**: Es bedarf – anders als bei der Aufrechnung – keiner Willenserklärung.[50] Ist angesichts anzurechnenden Erwerbs von Seiten des Arbeitgebers zu viel Karenzentschädigung gezahlt worden, so besteht insoweit ein Anspruch auf Rückzahlung nach Bereicherungsrecht.[51] 24

IV. Wegfall des Entschädigungsanspruchs bei Verbüßung einer Freiheitsstrafe

Gemäß § 74 c Abs. 1 Satz 3 kann der Arbeitnehmer für die **Dauer der Verbüßung einer Freiheitsstrafe** eine Entschädigung nicht verlangen. Diese, im Rahmen von § 74 c Abs. 1 letztlich unsystematische, weil nicht die Anrechnung anderer Leistungen regelnde Bestimmung, stellt eine Ausnahme zu dem karenzrechtlichen Grundsatz dar, dass der Grund für die Unterlassung von Wettbewerb unbeachtlich ist.[52] Angesichts des Ausnahmecharakters dieser Regelung verbietet sich eine analoge Anwendung auf andere Konstellationen, in denen der Arbeitnehmer während der Laufzeit des Wettbewerbsverbots tatsächlich nicht in der Lage ist oder nicht willens ist, eine wettbewerbliche Tätigkeit aufzunehmen.[53] Diese Risikoverteilung hat zur Folge, dass der Arbeitgeber nicht den Wegfall der Geschäftsgrundlage gemäß § 313 Abs. 1 BGB geltend machen kann.[54] 25

---

[43] BAG (Fn. 41) S. 1471.
[44] S. BAG (Fn. 40) S. 3173.
[45] S. BAG (Fn. 7) S. 445; BAG Urt. v. 16. 11. 1973 (Fn. 12) S. 766; *Bauer/Diller* (Fn. 9) RdNr. 561.
[46] So zunächst die Rspr. des BAG zu § 74 c Abs. 1, s. BAG (Fn. 3) S. 1415; BAG (Fn. 2) S. 539.
[47] S. Verhandlungen des Deutschen Reichstages (Fn. 4) S. 729.
[48] S. etwa BAG Urt. v. 29. 7. 1993 – 2 AZR 110/93, BAGE 74, 28, 33 ff. = NJW 1994, 2041, 2042 ff. m. weit. Nachw. aus der Rspr.; bestätigt durch Urt. v. 24. 8. 1999 – 9 AZR 804/98, NZA 2000, 818, 820. Aus der Lit. s. nur MünchArbR/*Boewer* Bd. I § 76 RdNr. 60; Erman/*Belling* § 615 RdNr. 39 ff.; *Decker*, Die Vorteilsanrechnung beim Erfüllungsanspruch nach dem Bürgerlichen Gesetzbuch, 1906, S. 13; aA RGRK/*Matthes* § 615 RdNr. 86; ErfK/*Preis* § 615 BGB RdNr. 96; *Boecken* NJW 1995, 3218, 3222; *Nübold* RdA 2004, 31 ff.
[49] S. ausführlich zum Modus der pro rata temporis-Anrechnung und seiner Folgen bezogen auf § 615 Satz 2 BGB *Boecken* NJW 1995, 3218 ff.
[50] S. nur Palandt/*Weidenkaff* § 615 RdNr. 18.
[51] S. zu § 615 Satz 2 BGB BAG (Fn. 48) S. 2043.
[52] S. nur BAG Urt. v. 30. 10. 1984 (Fn. 18) S. 128 mwN.
[53] Zu Recht deshalb etwa vom BAG in dem Fall nicht in Erwägung gezogen, dass der Arbeitnehmer sich während der Laufzeit des Wettbewerbsverbots für den Eintritt in den Ruhestand entscheidet, s. BAG Urteil v. 30. 10. 1984 (Fn. 18) S. 128; ebenso wird der Wegfall der Karenzentschädigungspflicht nicht dadurch bewirkt, dass der Arbeitnehmer arbeitsunfähig erkrankt und deshalb seinen Beruf nicht mehr ausübt, s. BAG (Fn. 19) S. 412 f.
[54] S. BAG (Fn. 19) S. 411.

V. Auskunftsanspruch des Arbeitgebers

26   Gemäß § 74 c Abs. 2 ist der Arbeitnehmer verpflichtet, dem Arbeitgeber auf Erfordern über die Höhe seines Erwerbs Auskunft zu erteilen. Dieser **Auskunftsanspruch**[55] soll dem Arbeitgeber die Möglichkeit geben, sich über einen etwaigen anderweitigen Verdienst des Arbeitnehmers zu unterrichten.[56] Der Auskunftsanspruch ist allerdings nur auf die Höhe des anderweiten Verdienstes bezogen. Dass der Arbeitnehmer anderweitig gearbeitet und dadurch Verdienst erzielt hat, muss der Arbeitgeber darlegen und im Bestreitensfall beweisen.[57]

27   Der Auskunftsanspruch ist nach § 75 d Satz 1 **dispositiv** im Hinblick darauf, dass sein Wegfall für den Arbeitnehmer keinen Nachteil darstellt. In der Vereinbarung zwischen Arbeitgeber und Arbeitnehmer über die Vorauszahlung der Karenzentschädigung für die gesamte Karenzzeit kann ein Verzicht des Arbeitgebers auf seinen Auskunftsanspruch aus § 74 c Abs. 2 über anderweitiges Einkommen des Arbeitnehmers während der Karenzzeit liegen.[58]

28   Solange der Arbeitnehmer der Aufforderung zur Auskunftserteilung nicht nachkommt, steht dem Arbeitgeber ein **Recht zur Zurückbehaltung** der Karenzentschädigung aus § 273 Abs. 1 BGB zu.[59] Entgegen der Auffassung des BAG[60] ist ein Leistungsverweigerungsrecht aus § 320 Abs. 1 BGB abzulehnen. Im Gegenseitigkeitsverhältnis stehen im Rahmen einer Wettbewerbsabrede die arbeitnehmerseitige Pflicht zur Unterlassung von Wettbewerb und die arbeitgeberseitige Pflicht zur Zahlung der Karenzentschädigung.[61] Der Auskunftsanspruch selbst ist nicht Teil dieser synallagmatischen Verknüpfung, so dass allein das vorerwähnte Zurückbehaltungsrecht in Betracht kommen kann, das allerdings wegen § 273 Abs. 3 BGB im Vergleich mit § 320 Abs. 1 BGB[62] ein schwächeres Leistungsverweigerungsrecht darstellt. Die Ausübung des Zurückbehaltungsrechts durch den Arbeitgeber hindert den Eintritt des Verzuges nach § 286 BGB.[63] Eine unzureichende Auskunft führt zur Anwendung des § 260 Abs. 2 BGB.[64]

29   Der Anspruch auf Auskunft ist **selbständig einklagbar**. Ein stattgebendes Urteil ist nach § 888 Abs. 1 ZPO vollstreckbar.[65]

30   Den Arbeitnehmer trifft nach § 74 c Abs. 2 inhaltlich die Verpflichtung, dem Arbeitgeber möglichst klare Angaben über seinen anrechenbaren Erwerb bzw. die Umstände eines fiktiven Erwerbs zu machen und diese Angaben nach Aufforderung zu belegen.[66] Der **Umfang der Auskunftspflicht** kann nur einzelfallbezogen nach Maßgabe des § 242 BGB bestimmt werden.[67] Bei Zweifeln über die Angaben des auskunftspflichtigen ehemaligen Arbeitnehmers bezüglich des Einkommens aus selbständiger Tätigkeit kann der Arbeitgeber verlangen, dass die Angaben durch **Vorlage eines Einkommensteuerbescheides** belegt werden.[68] Hingegen trifft den (ehemaligen) Arbeitnehmer keine Verpflichtung, Einsicht in die Handelsbücher zu geben.[69] Übt der Arbeitnehmer eine unselbständige Tätigkeit aus, so ist er auch zur Auskunft über den Namen und die Adresse seines neuen Arbeitgebers verpflichtet.[70]

§ 75 [Unwirksamwerden des Wettbewerbsverbots]

(1) Löst der Gehilfe das Dienstverhältnis gemäß den Vorschriften der §§ 70 und 71 wegen vertragswidrigen Verhaltens des Prinzipals auf, so wird das Wettbewerbverbot unwirksam,

---

[55] S. nur BAG Urt. v. 5. 8. 1968 – 3 AZR 128/67, BB 1968, 1288; ausführlich *Bauer/Diller* (Fn. 9) RdNr. 569 ff.
[56] S. Verhandlungen des Deutschen Reichstages (Fn. 4) S. 729; näher hierzu *Bengelsdorf* BB 1979, 1150 ff.
[57] S. BAG Urt. v. 19. 7. 1978 – 5 AZR 748/77, NJW 1979, 285, 286. Zu Auskunft und Nachweis bei Erwerb aus selbständiger Tätigkeit s. *Bengelsdorf* BB 1979, 1150 ff; s. auch *Durchlaub* DB 1976, 232 ff.
[58] S. BAG Urt. v. 5. 8. 1968 (Fn. 55) S. 1288.
[59] S. Verhandlungen des Deutschen Reichstages (Fn. 4) S. 730, ohne allerdings § 273 BGB ausdrücklich zu benennen. S. auch BAG Urt. v. 12. 1. 1978 – 3 AZR 57/76, NJW 1978, 2215; BAG Urt. v. 27. 3. 1974 – 5 AZR 258/73, NJW 1974, 1348 f. zu § 615 Satz 2 BGB.
[60] S. BAG Urt. v. 12. 1. 1978 (Fn. 59) S. 2215; Urt. v. 27. 3. 1974 (Fn. 59) S. 1348 f. zu § 615 Satz 2 BGB.
[61] S. nur BAG Urt. v. 30. 10. 1984 (Fn. 18) S. 128.
[62] S. § 320 Abs. 1 Satz 3 BGB, der die Anwendung von § 273 Abs. 3 BGB ausdrücklich ausschließt.
[63] S. BAG (Fn. 7) S. 444, insoweit nur als Leitsatz und im Text selbst nicht wiedergegeben; Palandt/*Heinrichs* § 286 RdNr. 13.
[64] S. BAG Urt. v. 27. 3. 1974 (Fn. 59) S. 1349.
[65] S. auch ErfK/*Schaub* RdNr. 23.
[66] S. BAG Urt. v. 25. 2. 1975 – 3 AZR 148/74, NJW 1975, 1246.
[67] S. BAG (Fn. 48) S. 2043.
[68] BAG Urt. v. 13. 11. 1975 (Fn. 29) S. 822.
[69] BAG Urt. v. 27. 3. 1974 (Fn. 59) S. 1348 f.
[70] S. ErfK/*Schaub* RdNr. 25.

wenn der Gehilfe vor Ablauf eines Monats nach der Kündigung schriftlich erklärt, daß er sich an die Vereinbarung nicht gebunden erachte.

(2) ¹In gleicher Weise wird das Wettbewerbverbot unwirksam, wenn der Prinzipal das Dienstverhältnis kündigt, es sei denn, daß für die Kündigung ein erheblicher Anlaß in der Person des Gehilfen vorliegt oder daß sich der Prinzipal bei der Kündigung bereit erklärt, während der Dauer der Beschränkung dem Gehilfen die vollen zuletzt von ihm bezogenen vertragsmäßigen Leistungen zu gewähren. ²Im letzteren Falle finden die Vorschriften des § 74 b entsprechende Anwendung.

(3) *Löst der Prinzipal das Dienstverhältnis gemäß den Vorschriften der §§ 70 und 72 wegen vertragswidrigen Verhaltens des Gehilfen auf, so hat der Gehilfe keinen Anspruch auf die Entschädigung.*

Schrifttum: S. die Angaben zu § 74.

Übersicht

	RdNr.		RdNr.
I. Normzweck	1, 2	III. Arbeitnehmerseitiges Recht zur Lösung vom Wettbewerbsverbot nach Kündigung des Arbeitgebers	11–17
II. Arbeitnehmerseitiges Recht zur Lösung vom Wettbewerbsverbot nach einer Kündigung des Arbeitnehmers	3–10	1. Voraussetzungen der Lösung	11–15
1. Voraussetzungen der Lösung	3–8	2. Rechtsfolgen der Lösung	16, 17
2. Rechtsfolgen der Lösung	9, 10	IV. Arbeitgeberseitiges Recht zur Lösung vom Wettbewerbsverbot nach Kündigung des Arbeitgebers	18–22

I. Normzweck

Die Bestimmung des § 75 regelt die **Auswirkungen arbeitnehmerseitiger und arbeitgeberseitiger Kündigungen** auf den Fortbestand eines Wettbewerbsverbots. Seiner ursprünglichen Konzeption nach enthält § 75 Rechtsfolgen für drei Fallkonstellationen. In § 75 Abs. 1 ist ein Recht des Arbeitnehmers zur Lösung von einem Wettbewerbsverbot nach einer Kündigung des Arbeitnehmers aus wichtigem Grund vorgesehen (s. RdNr. 3 ff.). Ergänzend hierzu bestimmt § 75 Abs. 2 gleichfalls ein arbeitnehmerseitiges Recht zur Lösung von einer Karenzabrede für den Fall einer ordentlichen oder außerordentlichen Kündigung des Arbeitgebers (s. RdNr. 11 ff.). Die beiden vorgenannten Regelungen sollen dem Arbeitnehmer für solche Fälle Schutz gewähren, in denen ihm der Arbeitgeber durch vertragswidriges Verhalten einen Grund zur außerordentlichen Kündigung gibt oder ihm ohne erheblichen Anlass die Kündigung erklärt.[1] 1

Schließlich regelte § 75 Abs. 3 ein durch eine arbeitgeberseitige außerordentliche Kündigung 2
wegen vertragswidrigen Verhaltens des Arbeitnehmers bedingtes, auf den Wegfall allein des Entschädigungsanspruchs bezogenes Lösungsrecht des Arbeitgebers. Insoweit sollte dem Arbeitgeber nicht zugemutet werden, an den Arbeitnehmer für die Einhaltung des fortbestehenden Wettbewerbsverbots eine Karenzentschädigung zahlen zu müssen.[2] Das BAG hat die Regelung des **§ 75 Abs. 3 für verfassungswidrig erklärt**[3] und wendet auf diese Fallkonstellation § 75 Abs. 1 analog an (s. RdNr. 18 ff.).

II. Arbeitnehmerseitiges Recht zur Lösung vom Wettbewerbsverbot nach einer Kündigung des Arbeitnehmers

1. Voraussetzungen der Lösung. Sofern der Gehilfe das Dienstverhältnis gem. den Vorschriften 3
– wie es heißt – der §§ 70 und 71 wegen vertragswidrigen Verhaltens des Prinzipals auflöst, wird das Wettbewerbsverbot unwirksam, wenn der Gehilfe vor Ablauf eines Monats nach der Kündigung **schriftlich erklärt, dass er sich an die Vereinbarung nicht gebunden erachte.** Seit der Aufhebung der in § 75 Abs. 1 immer noch genannten Vorschriften der §§ 70 und 71, die das Recht zur außerordentlichen Kündigung für den kaufmännischen Bereich regelten, durch das Erste Arbeits-

---

[1] S. Verhandlungen des Deutschen Reichstages, XIII. Legislaturperiode, 1. Session 1914, Bd. 300, Aktenstück Nr. 575, S. 730.
[2] S. Verhandlungen des Deutschen Reichstages (Fn. 1) S. 730.
[3] S. grundlegend BAG Urt. v. 23. 2. 1977 – 3 AZR 620/75, BAGE 29, 30 = NJW 1977, 1357 und BAG Urt. v. 19. 5. 1998 – 9 AZR 327/96, NZA 1999, 37 f.

rechtbereinigungsgesetz vom 14. 8. 1969 (BGBl. I S. 1106), ist für die Zulässigkeit einer außerordentlichen Kündigung § 626 BGB maßgebend.

4 Das **Lösungsrecht des Arbeitnehmers** nach § 75 Abs. 1 setzt danach zunächst das Vorliegen eines wichtigen Grundes iSv. § 626 Abs. 1 BGB voraus, der allerdings – wie aus § 75 Abs. 1 deutlich hervorgeht – in einem vertragswidrigen Verhalten des Arbeitgebers bestehen muss. Der **wichtige Grund** kann deshalb aus arbeitgeberseits verursachten Störungen des Dienstverhältnisses im Leistungsbereich, Vertrauensbereich oder Betriebsbereich resultieren. Nicht ausreichend sind Gründe, die an die Person des Arbeitgebers oder auch des Arbeitnehmers, etwa bezogen auf Eigenschaften oder fehlende Qualifikation, anknüpfen. Mit der Verengung des wichtigen Grundes auf einen solchen wegen vertragswidrigen Verhaltens des Arbeitgebers erweist sich das unter anderem hieran angebundene Lösungsrecht des Arbeitnehmers als Sanktion bezogen auf ein bestimmtes arbeitgeberseitiges Verhalten.

5 Diese Sanktion greift unabhängig davon ein, ob dem Arbeitgeber hinsichtlich seines vertragswidrigen Verhaltens ein **Verschuldensvorwurf** gemacht werden kann.[4] Gegen das Erfordernis des Verschuldens spricht nicht nur der Wortlaut der Regelung – gefordert ist „bloß" vertragswidriges Verhalten –, sondern auch der systematische Gesichtspunkt, dass die außerordentliche Kündigung nach § 626 Abs. 1 BGB allgemein ein Verschulden nicht voraussetzt.[5] Mit der grundsätzlichen Anbindung des Lösungsrechts nach § 75 Abs. 1 an das Vorliegen eines wichtigen Grundes iSv. § 626 Abs. 1 BGB sind insoweit auch die nach dieser Norm maßgebenden Voraussetzungen einschlägig. Das bedeutet im Übrigen, dass der Arbeitnehmer die in § 626 Abs. 2 Satz 1 BGB geregelte **Kündigungsfrist von 2 Wochen** nach Kenntnis der für die Kündigung maßgebenden Tatsachen einhalten muss. Eine Fristversäumung führt zur Unwirksamkeit der Kündigung[6] mit der Folge, dass ein Recht zur Lösung von dem Wettbewerbsverbot nicht in Betracht kommen kann. Eine unwirksame außerordentliche Kündigung des Arbeitnehmers reicht insoweit nicht aus.[7]

6 Die Regelung des § 75 Abs. 1 geht von der Voraussetzung einer außerordentlichen, dh., fristlosen Kündigung seitens des Arbeitnehmers im Hinblick auf ein vertragswidriges Verhalten des Arbeitgebers aus, die der Arbeitnehmer auch auszusprechen hat – „löst der Gehilfe das Dienstverhältnis ... auf" (§ 75 Abs. 1). Spricht der Arbeitnehmer eine **außerordentliche Kündigung verbunden mit einer Auslauffrist** aus, so steht dies der Anwendung des § 75 Abs. 1 nicht entgegen. Die Kündigung bleibt, wenn denn ein wichtiger Grund vorgelegen hat, ihrem Charakter nach gleichwohl eine außerordentliche Kündigung.[8] Für die Anwendung des an die Erklärung einer Kündigung anknüpfenden § 75 Abs. 1 ist es weiterhin ausreichend, wenn Arbeitgeber und Arbeitnehmer **das Arbeitsverhältnis einvernehmlich beenden,** sofern der Arbeitnehmer ansonsten wegen eines vertragswidrigen Verhaltens des Arbeitgebers hätte fristlos kündigen können.[9] Zutreffend geht das BAG davon aus, dass die in § 75 Abs. 1 angeordneten Rechtsfolgen der Sache nach durch einen bestimmten **Auflösungsanlass** gerechtfertigt werden, nicht aber durch die **Form der Auflösung** eines Dienstverhältnisses,[10] die damit für die Anwendung von § 75 Abs. 1[11] irrelevant ist. Insoweit ist kein Grund ersichtlich, einem Arbeitnehmer nur deshalb die Rechtswohltat des § 75 Abs. 1 zu versagen, weil er sich trotz der ihm gegebenen Möglichkeit einer fristlosen Kündigung auf den oftmals im allseitigen Interesse einfacheren und schonenderen Weg der einverständlichen Auflösung des Arbeitsverhältnisses begeben hat.[12]

7 Für das Vorliegen eines Anlasses iSv. § 75 Abs. 1 zur Auflösung des Dienstverhältnisses trägt der Arbeitnehmer die **Darlegungs- und Beweislast.**[13]

8 Ist die Voraussetzung einer fristlosen Kündigung iSd. § 75 Abs. 1 oder einer entsprechenden einvernehmlichen Aufhebung des Dienstverhältnisses gegeben, so erfordert das Recht zur Lösung von dem Wettbewerbsverbot darüber hinaus, dass der Gehilfe vor Ablauf eines Monats nach der Kündigung schriftlich erklärt, dass er sich an die Vereinbarung nicht gebunden erachte. Bei der danach **erforderlichen Erklärung** handelt es sich um eine empfangsbedürftige Willenserklärung,

---

[4] Wie hier ErfK/*Schaub* RdNr. 4; aA etwa Heymann/*Henssler* RdNr. 7.
[5] S. nur Palandt/*Weidenkaff* § 626 RdNr. 41.
[6] S. Palandt/*Weidenkaff* § 626 RdNr. 22 und 30.
[7] S. BAG Urt. v. 24. 9. 1965 – 3 AZR 223/65, NJW 1966, 123, 124.
[8] S. auch Palandt/*Weidenkaff* § 626 RdNr. 33.
[9] BAG (Fn. 7) S. 123 f.
[10] S. BAG (Fn. 7) S. 124.
[11] Wie auch § 75 Abs. 2, s. BAG (Fn. 7) S. 124.
[12] S. BAG (Fn. 7) S. 124. Zur Wirksamkeit nachvertraglicher Wettbewerbsverbote bei nicht kündigungsbedingter Beendigung des Arbeitsverhältnisses s. *Wertheimer* NZA 1997, 522 ff.
[13] S. GK-HGB/*Etzel* §§ 74 bis 75 d RdNr. 73.

die der Schriftform nach Maßgabe des § 126 Abs. 1 BGB bedarf. Inhaltlich muss die Erklärung entsprechend ihrem Ziel, die beiderseitigen Rechte und Pflichten aus einer Wettbewerbsabrede wegfallen zu lassen, die Absicht der Lösung von der Vereinbarung deutlich erkennbar für den anderen Teil zum Ausdruck bringen.[14] Die Erklärung ist „vor Ablauf eines Monats nach der Kündigung" abzugeben. Der **Lauf der Frist** beginnt mit dem Ausspruch der Kündigung, dh., im Zeitpunkt des Zugangs (unter Abwesenden) nach § 130 Abs. 1 Satz 1 BGB.[15] Dieser Zeitpunkt ist unabhängig davon maßgebend, ob über die Kündigung ein Kündigungsschutzprozess geführt wird, wie dieser verläuft und ob im Rahmen eines solchen Verfahrens ein Vergleich geschlossen wird.[16] Ansonsten würde die Frage des Bestandes eines Wettbewerbsverbots auf ungewisse Zeit vertagt und von dem Ausgang eines Kündigungsschutzverfahrens abhängig gemacht.[17] Stellt sich nach Beendigung des Kündigungsschutzprozesses die Unwirksamkeit der Kündigung heraus, so wird die Lösungserklärung gegenstandslos.[18]

2. Rechtsfolgen der Lösung. Die form- und fristgerecht zusätzlich zur wirksamen außerordentlichen Kündigung abgegebene Lösungserklärung macht das **Wettbewerbsverbot unwirksam:** Die beiderseitigen Rechte und Pflichten aus der Wettbewerbsabrede entfallen,[19] dh., der Arbeitnehmer ist von der Verpflichtung zur Unterlassung von Wettbewerb entbunden, der Arbeitgeber von der Pflicht zur Zahlung der Karenzentschädigung. **9**

Gibt der Arbeitnehmer die Lösungserklärung nach § 75 Abs. 1 nicht ab, **so bleibt das Wettbewerbsverbot bestehen.** Der Arbeitnehmer hat mithin während des Laufs der Monatsfrist ein Wahlrecht hinsichtlich des wirksamen Fortbestandes der Wettbewerbsabrede.[20] Wird dieses Wahlrecht ausgeschlossen, so ist der Ausschluss nach § 75 d Satz 1 wegen seines zum Nachteil des Arbeitnehmers von den §§ 74 ff. abweichenden Inhalts unverbindlich.[21] **10**

Unabhängig von seiner abweichenden Vorgehensweise in Bezug auf den Bestand des Wettbewerbsverbots kommt ein Schadensersatzanspruch des Arbeitnehmers nach § 628 Abs. 2 BGB in Betracht. Eine bei Lösung von der Wettbewerbsabrede entgehende Karenzentschädigung kann jedoch nicht als Schadensersatz nach § 628 Abs. 2 BGB verlangt werden.[22] Insoweit fehlt es an der nach § 628 Abs. 2 BGB vorausgesetzten Kausalität zwischen der Aufhebung des Dienstverhältnisses und dem Schaden: Der Wegfall der Karenzentschädigung beruht auf der davon unabhängigen Lösungserklärung.

III. Arbeitnehmerseitiges Recht zur Lösung vom Wettbewerbsverbot nach Kündigung des Arbeitgebers

1. Voraussetzungen der Lösung. Nach der Regelung des § 75 Abs. 2 Satz 1 wird das Wettbewerbsverbot vorbehaltlich des Vorliegens bestimmter Ausnahmetatbestände (s. RdNr. 13 f.) in gleicher Weise – wie nach § 75 Abs. 1 – unwirksam, wenn der **Arbeitgeber das Arbeitsverhältnis kündigt.** § 75 Abs. 2 Satz 1 fordert wie § 75 Abs. 1 eine Kündigung, hier allerdings eine solche des Arbeitgebers, bei der es sich um eine **ordentliche**[23] oder eine **außerordentliche** Kündigung handeln kann. Die Fallkonstellation einer außerordentlichen Kündigung wegen vertragswidrigen Verhaltens des Arbeitnehmers wird jedoch – wie die verfassungswidrige Regelung des § 75 Abs. 3 (s. RdNr. 18 ff.) zeigt, an deren Stelle nach der rechtsfortbildenden Rspr. des BAG § 75 Abs. 1 analog Anwendung findet (s. RdNr. 21) – von § 75 Abs. 2 Satz 1 nicht erfasst. **11**

Neben der Kündigung des Arbeitgebers sowie dem Nichtvorliegen der beiden Ausnahmetatbestände (s. RdNr. 13 f.) setzt die Unwirksamkeit des Wettbewerbsverbots nach § 75 Abs. 2 Satz 1 eine den Anforderungen des § 75 Abs. 1 genügende **Lösungserklärung des Arbeitnehmers** voraus (s. RdNr. 8). Das folgt aus der § 75 Abs. 2 Satz 1 einleitenden Formulierung, wonach das Wettbewerbsverbot „in gleicher Weise" unwirksam wird, womit die Anforderungen des § 75 Abs. 1 in Bezug genommen werden.

---

[14] S. BAG Urt. v. 13. 4. 1978 – 3 AZR 822/76, DB 1978, 1502, 1503, hier zur analogen Anwendung von § 75 Abs. 1 auf einen wegen vertragswidrigen Verhaltens des Arbeitnehmers außerordentlich kündigenden Arbeitgeber s. noch RdNr. 18 ff.
[15] S. BAG Urt. v. 26. 1. 1973 – 3 AZR 233/72, NJW 1973, 1717, 1718.
[16] S. BAG (Fn. 15) S. 1718.
[17] BAG (Fn. 15) S. 1718.
[18] S. BAG (Fn. 15) S. 1718.
[19] Vgl. BAG (Fn. 14) S. 1503. S. auch *Winterstein* NJW 1989, 1463, 1466 f.
[20] S. BAG Urt. v. 14. 7. 1981 – 3 AZR 515/78, BAGE 37, 26 = NJW 1982, 1549, hier bezogen auf die Regelung des § 75 Abs. 2.
[21] S. BAG (Fn. 20) S. 1550, hier zur Regelung des § 75 Abs. 2, s. auch noch folgend RdNr. 16.
[22] So aber *Bauer/Diller*, Wettbewerbsverbote, RdNr. 435.
[23] S. BAG (Fn. 20) S. 1549 f.

12 Ein Arbeitnehmer, dessen Arbeitsverhältnis auf Grund einer **Befristung** endet, ist durch ein unverbindliches Wettbewerbsverbot[24] in seiner künftigen beruflichen Tätigkeit in gleicher Weise eingeschränkt wie ein Arbeitnehmer, der auf Grund ordentlicher Kündigung des Arbeitgebers seinen Arbeitsplatz verliert.[25] Deshalb kann der Arbeitnehmer zwischen Lösungserklärung und Karenzentschädigung wählen.[26]

13 Eine Unwirksamkeit der Wettbewerbsabrede durch Lösungserklärung kommt zum einen nicht in Betracht, wenn für die arbeitgeberseitige Kündigung ein **erheblicher Anlass in der Person des Arbeitnehmers** vorliegt. Der Begriff „erheblicher Anlass" ist nicht gleichzusetzen mit einem wichtigen Grund iSd. § 626 Abs. 1 BGB. Das wird systematisch auch daraus deutlich, dass bereits das Handelsgesetzbuch in der Fassung vom 10. 5. 1897 (RGBl. S. 219) zwischen den Begriffen „wichtiger Grund" und „erheblicher Anlass" differenzierte.[27] Als „erheblicher Anlass in der Person" des Arbeitnehmers sind solche Gründe anzusehen, die eine personen- oder verhaltensbedingte Kündigung iSv. § 1 Abs. 2 KSchG rechtfertigen können.[28] Wegen der Bezugnahme auf die Person des Arbeitnehmers scheiden betriebsbedingte, dh. aus der Sphäre des Arbeitgebers kommende Gründe aus. Das Vorliegen eines erheblichen Anlasses hat der Arbeitgeber darzulegen und zu beweisen.

14 Zum anderen kann der Arbeitnehmer das Wettbewerbsverbot bei Kündigung des Arbeitgebers nicht hinfällig machen, wenn sich der Arbeitgeber bei der Kündigung bereit erklärt, während der Dauer der Beschränkung dem Gehilfen **die vollen zuletzt von ihm bezogenen vertragsmäßigen Leistungen** zu gewähren. Hinsichtlich dieser Erklärung des Arbeitgebers stellt das Gesetz – anders als für die Lösungserklärung des Arbeitnehmers – kein besonderes Formerfordernis auf. Wenn es allerdings heißt, dass sich der Arbeitgeber „bei der Kündigung" bereit erklärt, so ist damit gefordert, dass die Erklärung über das Angebot einer doppelten Karenzentschädigung dem Arbeitnehmer im Zeitpunkt der Kündigung zugehen muss.[29] Geschieht dies nicht, kann der Arbeitnehmer von seinem Lösungsrecht Gebrauch machen. Bietet der Arbeitgeber die doppelte Karenzentschädigung an, so findet gemäß § 75 Abs. 2 Satz 2 die Regelung des § 74b entsprechende Anwendung, dh., Fälligkeit und Berechnung der erhöhten Entschädigung beurteilen sich nach Maßgabe dieser Bestimmung im Verein mit § 74 Abs. 2 (s. § 74b RdNr. 2 ff.).

15 Eine **entsprechende Anwendung von § 74c** wird nicht angeordnet. Gleichwohl ist davon auszugehen, dass auch auf die doppelte Karenzentschädigung der durch anderweite Verwertung der freigewordenen Arbeitskraft erlangte Erwerb bzw. fiktiver Erwerb anzurechnen sind.[30] Der Grund dafür liegt darin, dass es sich auch bei der doppelten Entschädigung ihrem Charakter nach um eine Karenzentschädigung iSd. §§ 74 ff. handelt. Der in § 75 Abs. 2 Satz 2 enthaltene **Verweis auf § 74b hat lediglich klarstellende Funktion,** die Anwendung anderer Schutzvorschriften der §§ 74 ff. wird dadurch nicht ausgeschlossen.

16 **2. Rechtsfolgen der Lösung.** Die **Rechtsfolgen nach § 75 Abs. 2 Satz 1** stimmen mit denen des § 75 Abs. 1 überein (s. RdNr. 9 f.). Macht der Arbeitnehmer im Falle des § 75 Abs. 2 Satz 1 von seinem Lösungsrecht keinen Gebrauch, dann besteht das Wettbewerbsverbot fort und der Arbeitnehmer hat Anspruch auf die ursprüngliche Karenzentschädigung.[31] Das nach § 75 Abs. 2 Satz 2 iVm. § 75 Abs. 1 binnen Monatsfrist nach Kündigungszugang bestehende Wahlrecht des Arbeitnehmers zwischen einer Lösung vom Wettbewerbsverbot oder einer Aufrechterhaltung desselben kann wegen § 75 d Satz 1 nicht ausgeschlossen werden.[32] Ein entsprechender Ausschluss ist für den Arbeitnehmer unverbindlich.[33]

---

[24] Ein unverbindliches Wettbewerbsverbot liegt vor, wenn ein Wettbewerbsverbot von vornherein für den Fall ausgeschlossen wird, dass der Arbeitgeber das Arbeitsverhältnis ordentlich kündigt, s. BAG Urt. v. 14. 7. 1981 – 3 AZR 515/78, AP HGB § 75 Nr. 8. Aber auch dann, wenn das Wettbewerbsverbot nur nach einer vom Arbeitnehmer ausgelösten Beendigung des Dienstvertrages gelten soll, s. BAG Urt. v. 7. 9. 2004 – 9 AZR 612/03, AP HGB § 75 Nr. 11.
[25] S. BAG Urt. v. 7. 9. 2004 – 9 AZR 612/03, AP HGB § 75 Nr. 11 = DB 2005, 779; s. hierzu auch *Buchner* SAE 2007, 1, 2 ff.; im Schrifttum ist die Frage umstritten, ob der befristet beschäftigte Arbeitnehmer das Lossagerecht dann hat, wenn er dem Arbeitgeber vergeblich die Fortsetzung des Arbeitsverhältnisses anbietet, so *Bauer/Diller* (Fn. 22) RdNr. 452, oder ob das Wettbewerbsverbot stets in Kraft tritt, so *Wertheimer* NZA 1997, 522, 525.
[26] S. BAG Urt. v. 14. 7. 1981 – 3 AZR 515/78, AP HGB § 75 Nr. 8.
[27] S. § 70 Abs. 1 einerseits und § 75 Abs. 2 andererseits idF des Handelsgesetzbuches vom 10. 5. 1897.
[28] S. etwa Heymann/*Henssler* RdNr. 16; MünchKommHGB/*v. Hoyningen-Huene* RdNr. 14; ErfK/*Schaub* RdNr. 11.
[29] S. RG Urt. v. 1. 11. 1904 – II 234/04, RGZ 59, 125, 127 f.
[30] So auch *Bauer* DB 1979, 500, 501; Baumbach/*Hopt* RdNr. 1 f.; Heymann/*Henssler* RdNr. 18.
[31] S. BAG (Fn. 2) S. 1549.
[32] S. BAG (Fn. 20) S. 1550.
[33] *BAG* (Fn. 20) S. 1550.

Nicht anders als bei § 75 Abs. 1 können die Rechtsfolgen des § 75 Abs. 2 Satz 1 auch durch **einvernehmliche Beendigung des Arbeitsverhältnisses** herbeigeführt werden, sofern ein dem Gesetz genügender Beendigungsanlass gegeben ist.[34]

IV. Arbeitgeberseitiges Recht zur Lösung vom Wettbewerbsverbot nach Kündigung des Arbeitgebers

Gem. der ursprünglichen Regelung des § 75 Abs. 3 sollte der arbeitnehmerseitige Anspruch auf Karenzentschädigung unter Fortgeltung der Verpflichtung des Arbeitnehmers zur Unterlassung von Wettbewerb entfallen, **wenn der Arbeitgeber das Arbeitsverhältnis nach den §§ 70 und 72 – heute § 626 Abs. 1 BGB – wegen vertragswidrigen Verhaltens des Arbeitnehmers auflöst.** Es wurde als für den Arbeitgeber unzumutbar angesehen, dem Arbeitnehmer für die Einhaltung eines berechtigten und die Grenze der Billigkeit nicht übersteigenden Konkurrenzverbots eine Entschädigung zu zahlen, wenn dieser durch vertragswidriges Verhalten einen Grund gegeben hat, das Arbeitsverhältnis fristlos zu beenden.[35]

Nach der ständigen Rspr. des BAG ist die Regelung des § 75 Abs. 3 wegen Verstoßes gegen Art. 3 Abs. 1 GG **verfassungswidrig und deshalb nichtig.**[36] Im Hinblick darauf, dass es sich bei § 75 Abs. 3 um vorkonstitutionelles Recht handelt,[37] kann das BAG die Verfassungswidrigkeit selbst feststellen, ohne eine Entscheidung des Bundesverfassungsgerichts gem. Art. 100 Abs. 1 GG einholen zu müssen.[38]

Der Verstoß von § 75 Abs. 3 gegen **Art. 3 Abs. 1 GG** folgt daraus, dass diese Bestimmung den Arbeitgeber bei einer außerordentlichen Kündigung des Arbeitsverhältnisses gegenüber einem Arbeitnehmer, der fristlos kündigt, willkürlich besser stellt, wie ein Vergleich der in § 75 Abs. 3 einerseits und in § 75 Abs. 1 andererseits geregelten Rechtsfolgen deutlich macht:[39] Während der ordentlich kündigende Arbeitnehmer nach § 75 Abs. 1 lediglich ein Wahlrecht zwischen Fortbestand und Wegfall des Wettbewerbsverbots hat, entfällt nach § 75 Abs. 3 zwar die arbeitgeberseitige Verpflichtung zur Zahlung der Karenzentschädigung, hingegen bleibt der Arbeitnehmer an die Pflicht zur Unterlassung von Wettbewerb gebunden. Gründe für diese Ungleichbehandlung von Arbeitnehmer und Arbeitgeber im Zusammenhang mit dem Umfang des Lösungsrechts von einem Wettbewerbsverbot bei vertragswidrigem Verhalten des anderen Teils sind nach Auffassung des BAG nicht ersichtlich.[40] Die Auffassung des BAG hat insoweit Bestätigung durch den Gesetzgeber gefunden, als (unter anderem) § 75 Abs. 3 nicht durch den Einigungsvertrag in den neuen Bundesländern in Kraft gesetzt worden ist.[41]

Die infolge der Verfassungswidrigkeit des § 75 Abs. 3 entstandene Regelungslücke wird vom BAG im Wege einer **entsprechenden Anwendung des § 75 Abs. 1** geschlossen,[42] um eine – nunmehr umgekehrte – Benachteiligung des wegen eines vertragswidrigen Verhaltens des Arbeitnehmers kündigenden Arbeitgebers in Bezug auf den Fortbestand des Wettbewerbsverbots zu vermeiden.[43] Damit kann der Arbeitgeber – nicht anders als der Arbeitnehmer – die Unwirksamkeit der nachvertraglichen Wettbewerbsvereinbarung durch eine den Form- und Fristerfordernissen des § 75 Abs. 1 genügende Erklärung herbeiführen.[44] Will der Arbeitgeber sich danach von der vereinbarten Konkurrenzklausel lossagen, so muss er deutlich zum Ausdruck bringen, dass er nicht nur selbst keine Karenzentschädigung zahlen, sondern auch den Arbeitnehmer von dessen Unterlassungspflicht entbinden will.[45] Sagt sich der Arbeitgeber binnen Monatsfrist nach dem Ausspruch der außerordentlichen Kündigung von der Wettbewerbsvereinbarung los, so kann nach der Erklärung einer **Wiederholungskündigung** eine erneute **Lösungserklärung** entbehrlich sein. Zwar fordert § 75 Abs. 1 die Abgabe der Lösungserklärung „nach der Kündigung". Eine erneute Lösungserklärung ist jedoch im Falle einer Wiederholungskündigung entbehrlich, wenn der Arbeitnehmer erkennen muss, dass

---

[34] BAG Urt. v. 24. 9. 1965 – 3 AZR 223/65, NJW 1966, 123, 124.
[35] S. Verhandlungen des Deutschen Reichstages, (Fn. 1) S. 730; ausführlich zu § 75 Abs. 3 und seiner Einordnung in das System der Leistungsstörungen *Brinckmann* RdA 1970, 39 ff.
[36] S. grundlegend BAG Urt. v. 23. 2. 1977 (Fn. 3) S. 1357 f.; aus jüngerer Zeit BAG Urt. v. 19. 5. 1998 (Fn. 3) S. 37. S. auch *Achterberg* JZ 1975, 713, 714 ff. und *Bauer/Diller* (Fn. 22) RdNr. 437 ff.
[37] S. BAG Urt. v. 23. 2. 1977 (Fn. 3) S. 1358 f.; Urt. v. 19. 5. 1998 (Fn. 3) S. 37.
[38] S. BAG Urt. v. 23. 2. 1977 (Fn. 3) S. 1358.
[39] S. BAG Urt. v. 19. 5. 1998 (Fn. 3) S. 37.
[40] BAG Urt. v. 23. 2. 1977 (Fn. 3) S. 1357 f.
[41] S. Einigungsvertrag, Anl. I, Kap. VIII, Sachg. A, Abschnitt III, Ziff. 2.
[42] S. BAG Urt. v. 23. 2. 1977 (Fn. 3) S. 1359; Urt. v. 19. 5. 1998 (Fn. 3) S. 37.
[43] S. BAG Urt. v. 23. 2. 1977 (Fn. 3) S. 1359.
[44] BAG Urt. v. 19. 5. 1998 (Fn. 3) S. 37.
[45] BAG (Fn. 14) S. 1503.

der Arbeitgeber nicht nur an der Vertragsbeendigung, sondern auch an dem Wegfall der Wettbewerbsabrede festhalten will.[46] Diese Voraussetzung ist etwa dann gegeben, wenn der erneuten Kündigung für den Arbeitnehmer erkennbar lediglich der Charakter einer vorsorglichen Kündigung vorkommt.[47]

22 Nach der Rspr. des BAG bedarf es für den Fall, dass ein Arbeitgeber zunächst im Zusammenhang mit einer ordentlichen Kündigung nach **§ 75 a auf die Einhaltung eines vereinbarten Wettbewerbsverbots verzichtet** hat und dann anschließend wegen vertragswidrigen Verhaltens des Arbeitnehmers eine **berechtigte außerordentliche Kündigung ausgesprochen** hat, keiner **Lösungserklärung nach § 75 Abs. 1**, um neben der Rechtsfolge des § 75 a – Beendigung der Verpflichtung zur Unterlassung von Wettbewerb – auch die Pflicht zur Zahlung der Karenzentschädigung in Wegfall zu bringen. Zur Begründung verweist das BAG darauf, dass in § 75 Abs. 1 allein auf die Unterlassungsverpflichtung des Arbeitnehmers abgestellt wird, der Wegfall des Anspruchs auf die Karenzentschädigung sei die Folge der Beendigung des Wettbewerbsverbots.[48] **Diese Auffassung überzeugt nicht.** Bei einem Verzicht nach § 75 a bleibt die Verpflichtung zur Zahlung der Karenzentschädigung für eine gewisse Zeit bestehen (s. § 75 a RdNr. 12). Damit besteht eine arbeitgeberseitige Verpflichtung fort, die durch die außerordentliche Kündigung allein – das zeigt die Konzeption des § 75 Abs. 1 – nicht beseitigt werden kann. Insoweit besteht das Wettbewerbsverbot in seinem Entschädigungsteil fort und kann nur durch einen besonderen Rechtsakt beseitigt werden. Das ist die Lösungserklärung nach § 75 Abs. 1. Im Übrigen ist die Rspr. des BAG unvereinbar mit der Forderung nach Klarheit über den Bestand der aus einer Karenzabrede folgenden Verpflichtungen, aus der entsprechend hohe Anforderungen an die Wirksamkeit einer Lösungserklärung abgeleitet werden.[49]

§ 75 a [Verzicht des Prinzipals auf Wettbewerbsverbot]

Der Prinzipal kann vor der Beendigung des Dienstverhältnisses durch schriftliche Erklärung auf das Wettbewerbverbot mit der Wirkung verzichten, daß er mit dem Ablauf eines Jahres seit der Erklärung von der Verpflichtung zur Zahlung der Entschädigung frei wird.

Schrifttum: S. die Angaben zu § 74.

Übersicht

	RdNr.		RdNr.
I. Normzweck	1	3. Kein Ausschluss des Verzichts nach § 242 BGB	13
II. Voraussetzungen eines wirksamen Verzichts	2–13	III. Rechtsfolgen einer wirksamen Verzichtserklärung	14–17
1. Schriftliche Verzichtserklärung	3–9		
2. Zeitpunkt der Verzichtserklärung	10–12		

I. Normzweck

1 § 75 eröffnet dem Arbeitgeber die Möglichkeit, sich noch vor der Beendigung des Arbeitsverhältnisses durch eine **Verzichtserklärung** von dem Wettbewerbsverbot zu lösen, wobei die Befreiung von der Pflicht zur Zahlung der Entschädigung erst nach Ablauf eines Jahres seit der Erklärung eintritt. Damit räumt das Gesetz dem Arbeitgeber bis zu dem Zeitpunkt der Beendigung des Arbeitsverhältnisses eine **Überlegungsfrist** ein, ob er an der Wettbewerbsabrede festhalten will.[1] Das ist im Hinblick darauf sinnvoll, dass sich nach dem Abschluss eines Wettbewerbsverbots herausstellen kann, dass ein berechtigtes geschäftliches Interesse an der Aufrechterhaltung des Verbots nicht mehr besteht.[2] § 75 a ist entsprechend auf wirtschaftlich abhängige freie Mitarbeiter anzuwenden[3]

---

[46] S. BAG Urt. v. 19. 5. 1998 (Fn. 3) S. 38.
[47] S. BAG Urt. v. 19. 5. 1998 (Fn. 3) S. 38.
[48] S. BAG Urt. v. 17. 2. 1987 – 3 AZR 59/86, NJW 1987, 2768.
[49] S. BAG (Fn. 14) S. 1503 und oben RdNr. 8.
[1] S. BAG Urt. v. 26. 10. 1978 – 3 AZR 649/77, NJW 1979, 2166.
[2] BAG (Fn. 1) S. 2166.
[3] S. BAG Urt. v. 21. 1. 1997 – 9 AZR 778/95, BAGE 85, 60, 66 = NJW 1998, 99, 100.

II. Voraussetzungen eines wirksamen Verzichts

Gemäß § 75 a fordert ein **wirksamer Verzicht** des Arbeitgebers auf das Wettbewerbsverbot eine 2 schriftliche Erklärung des Arbeitgebers (s. RdNr. 3 ff.) vor der Beendigung des Dienstverhältnisses (s. RdNr. 8 ff.). Des Weiteren darf ein Verzicht nicht nach Maßgabe des § 242 BGB ausgeschlossen sein (s. RdNr. 11).

1. Schriftliche Verzichtserklärung. Die Verzichtserklärung bedarf der **Schriftform iSd. § 126** 3 **BGB.** Ihrer Rechtsnatur nach handelt es sich um eine **empfangsbedürftige Willenserklärung**,[4] die gegenüber dem Arbeitnehmer abzugeben ist und einer seinerseitigen Annahme oder Zustimmung nicht bedarf.[5] Damit stellt der Verzicht auf das Wettbewerbsverbot iSv. § 75 a ein **einseitiges Rechtsgeschäft** dar und unterscheidet sich insoweit von einem Erlassvertrag iSd. § 397 Abs. 1 BGB.

Inhaltlich bedarf es einer Erklärung, aus der **eindeutig und unmissverständlich** hervorgeht, 4 dass es sich um die Äußerung eines Verzichtswillens iSd. § 75 a handelt, dh., dass der Arbeitnehmer mit sofortiger Wirkung von der Verpflichtung zur Unterlassung nachvertraglichen Wettbewerbs entbunden sein soll.[6] Eine Kündigung des Wettbewerbsverbots stellt keine Verzichtserklärung dar.[7] Ein lediglich der Bundesagentur für Arbeit gegenüber erklärter Verzicht reicht nicht aus.[8] Behält sich der Arbeitgeber Rechte aus der Wettbewerbsabrede vor oder beinhaltet seine Erklärung nur einen Teilverzicht, etwa bezogen auf bestimmte Wettbewerbshandlungen, so ist ein wirksamer Verzicht iSd. § 75 a nicht gegeben.[9]

Auf die **Verzichtserklärung durch einen Vertreter** findet § 174 BGB Anwendung. Nach 5 Satz 1 dieser Regelung ist eine solche Verzichtserklärung unwirksam, wenn der Bevollmächtigte eine Vollmachtsurkunde nicht vorlegt und der Arbeitnehmer das Rechtsgeschäft aus diesem Grunde unverzüglich zurückweist. Die Zurückweisung ist allerdings ausgeschlossen, wenn der Vollmachtgeber den anderen von der Bevollmächtigung in Kenntnis gesetzt hatte (§ 174 Satz 2 BGB). Bei der Anwendung dieser Regelung ist die ausdehnende Rspr. des BAG zu beachten, die das Gericht zur Wirksamkeit von Kündigungen durch Vertreter entwickelt hat.[10]

Die in § 75 a gesetzlich eingeräumte Möglichkeit eines Verzichts durch einseitiges Rechtsgeschäft 6 hindert die Vertragsparteien nicht, eine **Wettbewerbsabrede durch Vereinbarung aufzuheben oder inhaltlich zu verändern.**[11] Der zwingende Charakter der §§ 74 ff. steht nach § 75 d Satz 1 nicht entgegen im Hinblick darauf, dass die einvernehmliche Beendigung oder Änderung einer Wettbewerbsabrede für den Arbeitnehmer keine nachteilige Abweichung insbesondere von § 75 a darstellt. Dies ist schließlich auch möglich durch eine Ausgleichsklausel in einem Aufhebungsvertrag[12] oder in einem gerichtlichen Vergleich, ohne dass es diesbezüglich einer gesonderten Vereinbarung bedarf.[13]

Allerdings enthält eine von einem Arbeitnehmer im Zusammenhang mit der Beendigung des 7 Arbeitsverhältnisses unterzeichnete **Ausgleichsquittung** des Inhalts, dass dem Arbeitnehmer keine weiteren Ansprüche aus dem Arbeitsverhältnis sowie dessen Beendigung zustehen, im Zweifel keinen arbeitnehmerseitigen Verzicht auf Rechte aus einer Wettbewerbsvereinbarung.[14] Ohne einen besonderen Hinweis in der Ausgleichsquittung muss der Arbeitnehmer im Allgemeinen nach Treu und Glauben nicht davon ausgehen, dass von einer Ausgleichsquittung als einem negativen Schuldanerkenntnis iSd. § 397 Abs. 2 BGB[15] auch die Rechte aus einer Wettbewerbsabrede erfasst werden

---

[4] S. LAG Hamm Urt. v. 17. 5. 2002 – 7 Sa 356/02, juris.
[5] S. BSG Urt. v. 24. 9. 1992 – 7 RAr 16/91, NZS 1993, 117, 119.
[6] S. LAG Hamm Urt. v. 11. 7. 2003 – 7 Sa 674/03, LAG-Report 2004, 187 ff.
[7] S. LAG Hamm (Fn. 6) S. 187 ff.
[8] S. BAG Urt. v. 31. 7. 2002 – 10 AZR 513/01, BAGE 102, 103, 104 ff. = AP HGB § 74 Nr. 74.
[9] S. BAG Urt. v. 13. 4. 1978 – 3 AZR 822/76, DB 1978, 1502.
[10] S. nur BAG Urt. v. 11. 7. 1991 – 2 AZR 107/91, EzA BGB § 174 Nr. 9 m. Anm. *Boecken* = NZA 1992, 449 = NJW 1992, 2046 und BAG Urt. v. 29. 10. 1992 – 2 AZR 460/92, NJW 1993, 1286.
[11] S. auch *B. Gaul* DB 1995, 874, 875; *Winterstein* NJW 1989, 1463, 1466; *Bauer/Diller*, Wettbewerbsverbote, RdNr. 374.
[12] S. zur Frage der Anwendbarkeit der §§ 305 ff. BGB auf Ausgleichsklauseln in Aufhebungsverträgen *Bauer/Diller* (Fn. 11) RdNr. 497 k.
[13] S. BAG Urt. v. 17. 6. 1997 – 9 AZR 801/95, AP HGB § 74 b Nr. 2 = DB 1998, 426; Urt. v. 31. 7. 2002 – 10 AZR 513/01, AP HGB § 74 Nr. 74 = NZA 2003, 100; Urt. v. 31. 7. 2002 – 10 AZR 558/01, AP HGB § 611 Nr. 48 Konkurrenzklausel; Urt. v. 19. 11. 2003 – 10 AZR 174/03, BB 2004, 1280; Urt. v. 28. 7. 2004 – 10 AZR 661/03, AP TVG § 4 Nr. 177 Ausschlussfrist = BB 2004, 2134; Urt. v. 7. 9. 2004 – 9 AZR 612/03, AP HGB § 75 Nr. 11 = DB 2005, 779; kritisch hierzu *Bauer/Diller* BB 2004, 1274 ff.
[14] S. BAG Urt. v. 20. 10. 1981 – 3 AZR 1013/78, NJW 1982, 1479; BAG Urt. v. 31. 7. 2002 – 10 AZR 558/01, AP BGB § 611 Nr. 48 Konkurrenzklausel.
[15] S. Palandt/*Grüneberg* § 397 RdNr. 10.

sollen.[16] Während diese nämlich erst nach der Beendigung des Arbeitsverhältnisses fällig werden, es sich also um in die Zukunft gerichtete Ansprüche handelt, ist die Ausgleichsquittung ihrer primären Zielrichtung nach retrospektiv orientiert, dh., sie soll die Abwicklung des beendeten Arbeitsverhältnisses erleichtern und rückblickend etwa bestehende Unklarheiten beseitigen.[17] Sollen in Abweichung davon – ungewöhnlicherweise – auch erst zukünftig fällig werdende Ansprüche beseitigt werden, so muss das in dem negativen Schuldanerkenntnis klar zum Ausdruck gebracht werden.[18]

8   Anderes gilt für eine **Ausgleichsklausel** in einem Aufhebungsvertrag. Diese erfasst vorbehaltlich besonderer Einzelfallumstände[19] auch die Ansprüche aus einem Wettbewerbsverbot.[20] Denn eine solche Klausel ist im Interesse klarer Verhältnisse nach Maßgabe der §§ 133, 157 BGB grundsätzlich weit auszulegen.[21] Wollen Parteien ihre Rechtsbeziehungen abschließend bereinigen, kommen der Erlassvertrag, das konstitutive und das deklaratorische positive oder negative Schuldanerkenntnis in Betracht.[22] Ein Erlassvertrag ist anzunehmen, wenn die Parteien vom Bestehen einer bestimmten Schuld ausgehen, diese aber übereinstimmend nicht mehr erfüllt werden soll. Ein negatives Schuldanerkenntnis liegt vor, wenn der Wille der Parteien darauf gerichtet ist, alle oder eine bestimmte Gruppe von bekannten oder unbekannten Ansprüchen zum Erlöschen zu bringen.[23]

9   Verzichtet ein Arbeitnehmer mit einer Ausgleichsklausel ausdrücklich auf finanzielle Ansprüche[24] aus Anlass der Beendigung des Arbeitsverhältnisses, so liegt hierin grundsätzlich der Verzicht auf die Karenzentschädigung aus einem nachvertraglichen Wettbewerbsverbot.[25] Da mit dieser Erklärung das Wettbewerbsverbot nicht insgesamt aufgehoben wird, würde eine derartig einseitige Auslegung zu einem widersprüchlichen Ergebnis, nämlich zu einem entschädigungslosen Wettbewerbsverbot führen. Eine interessengerechte Auslegung dieser Ausgleichsklausel führt deshalb zu der Feststellung, dass das nachvertragliche Wettbewerbsverbot einschließlich der Karenzentschädigung umfassend fortbesteht.

10 **2. Zeitpunkt der Verzichtserklärung.** Die Verzichtserklärung iSd. § 75 a hat vor der Beendigung des Dienstverhältnisses zu erfolgen. Angesichts dessen, dass nur auf eine getroffene Vereinbarung verzichtet werden kann, liegt damit der **Zeitrahmen für eine Verzichtserklärung** fest: Diese kann zu jedem Zeitpunkt nach Abschluss der Wettbewerbsabrede bis zur rechtlichen Beendigung des Arbeitsverhältnisses, also auch noch mit Ausspruch der Kündigung und bis zum Ablauf der Kündigungsfrist bei einer ordentlichen Kündigung abgegeben werden.[26] In diesem zeitlichen Umfang ist der Arbeitgeber frei und er wird auch nicht dadurch eingeschränkt, dass er sich auf Anfragen des Arbeitnehmers hinsichtlich der Frage eines Verzichts nach § 75 a schon vor der rechtlichen Beendigung des Arbeitsverhältnisses zu erklären hätte. Solche Anfragen muss der Arbeitgeber nicht beantworten.[27] Im Falle einer fristlosen Kündigung muss der Verzicht spätestens zusammen mit der Kündigung ausgesprochen werden.[28]

11 Die **zeitliche Beschränkung des Anwendungsbereichs von § 75 a** bis zur rechtlichen Beendigung des Arbeitsverhältnisses wird durch zwei Gesichtspunkte bestimmt. Zum einen soll verhindert werden, dass der Arbeitgeber die Frage des Verzichts von der beruflichen Entwicklung des (ehemaligen) Arbeitnehmers abhängig machen kann. Die Gewissheit, dass der Arbeitnehmer sich auf eine nicht verbotene Tätigkeit eingerichtet hat, soll nicht Grundlage der Entscheidung über den Verzicht sein.[29] Zum anderen soll für den Arbeitnehmer im Zeitpunkt der rechtlichen Beendigung des

---

[16] S. BAG (Fn. 14) S. 1479.
[17] BAG (Fn. 14) S. 1479.
[18] BAG (Fn. 14) S. 1479.
[19] S. LAG Hamm Urt. v. 17. 5. 2002 – 7 Sa 356/02, juris: Höhe der Kündigungsschutzabfindung.
[20] S. BAG Urt. v. 31. 7. 2002 – 10 AZR 558/01, AP BGB § 611 Nr. 48 Konkurrenzklausel; Urt. v. 31. 7. 2002 – 10 AZR 513/01, BAGE 102, 103, 104 ff. = AP HGB § 74 Nr. 74; Urt. v. 7. 9. 2004 – 9 AZR 612/03, AP HGB § 75 Nr. 11 = DB 2005, 779; LAG Nürnberg Urt. v. 14. 8. 2001 – 6 Sa 649/00, juris; LAG Hamm Urt. v. 17. 5. 2001 – 16 Sa 2179/00, juris.
[21] S. BAG Urt. v. 15. 12. 1994 – 8 AZR 250/93, juris; Urt. v. 31. 7. 2002 – 10 AZR 513/01, BAGE 102, 103, 104 ff. = AP HGB § 74 Nr. 74. Diese Rechtsprechung ist grundsätzlich auch auf Ausgleichsklauseln in gerichtlichen Vergleichen zu übertragen, s. BAG Urt. v. 15. 9. 2004 – 4 AZR 9/04, NJW 2005, 524; Urt. v. 8. 3. 2006 – 10 AZR 349/05, AP HGB § 74 Nr. 79.
[22] S. BAG Urt. v. 7. 9. 2004 – AZR 612/03, AP HGB § 75 Nr. 11 = DB 2005, 779.
[23] S. BAG Urt. 31. 7. 2002 – 10 AZR 558/01, AP BGB § 611 Nr. 48 Konkurrenzklausel.
[24] Zur weiteren Auflistung der unterschiedlichen Formulierungen, s. *Bauer/Diller* BB 2004, 1274 ff.
[25] S. BAG Urt. v. 8. 3. 2006 – 10 AZR 349/05, AP HGB § 74 Nr. 79.
[26] S. BAG (Fn. 1) S. 2166 f.
[27] BAG (Fn. 1) S. 2166.
[28] S. BAG Urt. v. 31. 7. 2002 – 10 AZR 513/01, BAGE 102, 103, 104 ff. = AP HGB § 74 Nr. 74.
[29] BAG (Fn. 1) S. 2166.

Arbeitsverhältnisses feststehen, ob das Wettbewerbsverbot Bestand hat oder nicht, damit er sich in seiner beruflichen Planung entsprechend einrichten kann.[30]

Erfolgt die **Verzichtserklärung** des Arbeitgebers erst **nach dem Zeitpunkt der rechtlichen** **12** **Beendigung des Arbeitsverhältnisses,** so kann sie eine das Wettbewerbsverbot beseitigende Wirkung aus sich heraus nicht mehr entfalten.[31] Es gelten mangels Eröffnung des Anwendungsbereichs von § 75 a die allgemeinen Regeln mit der Folge, dass die Verpflichtungen aus dem Wettbewerbsverbot nur noch im Wege eines einvernehmlich geschlossenen Aufhebungsvertrages beseitigt werden können.

3. Kein Ausschluss des Verzichts nach § 242 BGB. Als negative Voraussetzung für einen **13** wirksamen arbeitgeberseitigen Verzicht auf das Wettbewerbsverbot darf die Verzichtserklärung schließlich nicht nach **Treu und Glauben** ausgeschlossen sein.[32] Ein solcher Ausschluss kann unter dem Gesichtspunkt widersprüchlichen Verhaltens – venire contra factum proprium – in Betracht kommen, wenn ein Arbeitgeber den Anschein erweckt, er werde einen Verzicht nicht aussprechen. Dies ist etwa dann der Fall, wenn ein Arbeitgeber sich auf der Grundlage einer unzulässig vereinbarten Auskunftsverpflichtung[33] über die beruflichen Zukunftspläne des Arbeitnehmers informiert und diesem daraufhin mitgeteilt hat, bei welchem Arbeitgeber er nicht tätig werden darf. Angesichts dessen, dass der Arbeitgeber damit den Eindruck erweckt, die Wettbewerbsrede gelten lassen zu wollen, ist ein anschließend ausgesprochener Verzicht nach § 242 BGB unwirksam.[34]

III. Rechtsfolgen einer wirksamen Verzichtserklärung

Der **Verzicht** nach § 75 a hat **unmittelbar zwei Wirkungen.**[35] Der Arbeitnehmer wird sofort **14** mit Zugang der Erklärung von der Verpflichtung zur Wettbewerbsunterlassung entbunden. Das Verbot tritt damit überhaupt nicht in Kraft.[36] Demgegenüber wird der Arbeitgeber – wie § 75 a ausdrücklich bestimmt – erst mit dem Ablauf eines Jahres seit der Erklärung von der Verpflichtung zur Zahlung der Entschädigung frei.[37] Diese Regelung bezweckt, dass sich der Arbeitnehmer auf die neue Rechtslage einstellen kann. Will der Arbeitgeber die Zahlung von Karenzentschädigung gänzlich vermeiden, so muss er den Verzicht spätestens ein Jahr vor der rechtlichen Beendigung des Arbeitsverhältnisses erklären. Im Übrigen bleibt er nach Abgabe und Zugang der Erklärung längstens für den in § 75 a bezeichneten Zeitraum zur Zahlung der Karenzentschädigung verpflichtet, und zwar auch dann, wenn der Arbeitnehmer – die Verpflichtung zur Unterlassung von Wettbewerb ist sofort mit Wirksamwerden der Verzichtserklärung entfallen – eine im Verhältnis zu seinem früheren Arbeitgeber wettbewerbliche Tätigkeit ausübt.[38]

Für den **Umfang des Verzichts** nach § 75 a gilt das Alles-oder-Nichts-Prinzip: Der Verzicht **15** erfasst das Wettbewerbsverbot als Ganzes, auf Teile desselben kann nicht wirksam verzichtet werden. Eine Änderung des Wettbewerbsverbots kann nur im Wege einer Vereinbarung mit dem Arbeitnehmer gemeinsam erfolgen. Damit wird dem Gedanken Rechnung getragen, dass eine durch übereinstimmende Willenserklärungen getroffene Vereinbarung inhaltlich nicht einseitig soll verändert werden können.

Nicht gefolgt werden kann der Rspr. des BAG zur **Entbehrlichkeit einer Lösungserklärung** **16** des Arbeitgebers nach § 75 Abs. 1 analog, wenn er bereits vor der rechtlichen Beendigung des Arbeitsverhältnisses einen wirksamen Verzicht iSd. § 75 a ausgesprochen hat.[39]

Keine Rechtsfolgen zeitigt ein sog. **bedingtes Wettbewerbsverbot,** mit dessen Hilfe sich ein **17** Arbeitgeber das Wirksamwerden des Verbots unter Abweichung von der Regelung des § 75 a vorbehalten will.[40] Entsprechende Vereinbarungen sind nach § 75 d unverbindlich mit der Folge, dass dem Arbeitnehmer ein Wahlrecht hinsichtlich der Einhaltung dieser Abreden zusteht.

---

[30] S. BAG Urt. v. 18. 11. 1967 – 3 AZR 471/66, BAGE 20, 162, 167 = BB 1968, 379, 379; s. auch LAG Baden-Württemberg Urt. v. 12. 7. 1963 – 7 Sa 45/63, BB 1963, 1297.
[31] Unzutreffend insoweit BSG (Fn. 5) S. 119. Nach *Bauer/Diller* (Fn. 11) RdNr. 412 soll dadurch die Unterlassungspflicht des Arbeitnehmers entfallen. Das steht mit § 397 Abs. 1 BGB nicht im Einklang.
[32] BAG (Fn. 1) S. 2166 f.
[33] S. BAG (Fn. 1) S. 2166; Urt. v. 2. 12. 1968 – 3 AZR 402/67, NJW 1969, 676, 676 f.
[34] S. BAG (Fn. 1) S. 2167.
[35] S. BAG Urt. v. 17. 2. 1987 – 3 AZR 59/86, NJW 1987, 2768.
[36] S. auch *B. Gaul* DB 1995, 874, 875.
[37] S. hierzu BAG Urt. v. 23. 11. 2004 – 9 AZR 595/03, AP HGB § 74 Nr. 75 = NZA 2005, 411, 413.
[38] S. BAG Urt. v. 3. 7. 1990 – 3 AZR 96/89, DB 1991, 1125; *Bauer/Diller* (Fn. 11) RdNr. 393 ff.
[39] S. BAG (Fn. 35) S. 2768, s. dazu schon die Kritik zu § 75 RdNr. 22.
[40] *Gamillscheg* RdA 1975, 13, 21. S. hierzu näher Heymann/*Henssler* RdNr. 9 m. Nachw. aus der Rspr; *Küstner/v. Manteuffel* BB 1987, 413 ff.; *Bauer/Diller* (Fn. 11) RdNr. 315 ff.

§ 75 b *(aufgehoben)*[1]

§ 75 c [Vertragsstrafe]

(1) ¹Hat der Handlungsgehilfe für den Fall, daß er die in der Vereinbarung übernommene Verpflichtung nicht erfüllt, eine Strafe versprochen, so kann der Prinzipal Ansprüche nur nach Maßgabe der Vorschriften des § 340 des Bürgerlichen Gesetzbuchs geltend machen. ²Die Vorschriften des Bürgerlichen Gesetzbuchs über die Herabsetzung einer unverhältnismäßig hohen Vertragsstrafe bleiben unberührt.

(2) Ist die Verbindlichkeit der Vereinbarung nicht davon abhängig, daß sich der Prinzipal zur Zahlung einer Entschädigung an den Gehilfen verpflichtet, so kann der Prinzipal, wenn sich der Gehilfe einer Vertragsstrafe der in Absatz 1 bezeichneten Art unterworfen hat, nur die verwirkte Strafe verlangen; der Anspruch auf Erfüllung oder auf Ersatz eines weiteren Schadens ist ausgeschlossen.

Schrifttum: S. die Angaben zu § 74.

Übersicht

	RdNr.		RdNr.
I. Normzweck	1–3	IV. Herabsetzung einer unverhältnismäßigen Vertragsstrafe	15–17
II. Versprechen einer Vertragsstrafe	4–6	V. Vertragsstrafe bei fehlender Entschädigungszusage	18
III. Verweis auf § 340 BGB	7–14		
1. Verwirkung der Vertragsstrafe	8–11		
2. Rechte nach § 340 BGB	12–14		

I. Normzweck

1 § 75 c enthält verschiedene Regelungen. Nach § 75 c Abs. 1 Satz 1 kann ein Arbeitgeber für den Fall eines Vertragsstrafeversprechens Ansprüche nur nach Maßgabe der in § 340 BGB enthaltenen Regelungen geltend machen. Damit gelangt unmittelbar zum Ausdruck, dass **ein Wettbewerbsverbot durch ein Vertragsstrafeversprechen gesichert werden kann.** In § 75 c Abs. 1 Satz 2 wird klargestellt, dass die **Vorschriften des Bürgerlichen Gesetzbuchs** über die Herabsetzung einer unverhältnismäßig hohen Vertragsstrafe unberührt bleiben. Schließlich bestimmt § 75 c Abs. 2 für den **Fall eines entschädigungslosen Wettbewerbsverbots** und eines insoweit gegebenen Vertragsstrafeversprechens, dass der Arbeitgeber bei Verwirkung desselben nur die Vertragsstrafe und nicht Erfüllung oder Ersatz eines weiteren Schadens geltend machen kann.

2 Diese Regelung entsprach § 75 Abs. 2 Satz 1 in der Fassung des Handelsgesetzbuches vom 10. 5. 1897 (RGBl. S. 219). Erst im Zuge der **Novellierung der Bestimmungen über das handelsrechtliche Wettbewerbsverbot** durch das Gesetz zur Änderung der §§ 74, 75 und § 76 Abs. 1 des Handelsgesetzbuchs vom 10. 6. 1914 (RGBl. S. 209) sind die Rechte des Arbeitgebers iSd. über § 75 c Abs. 1 Satz 1 eröffneten Anwendbarkeit des § 340 BGB ausgedehnt worden. Wesentlicher Grund dafür war nach der Gesetzesbegründung der Gesichtspunkt, dass es mit Einführung der sog. bezahlten Karenz[1*] nicht mehr zu rechtfertigen gewesen sei, dem Arbeitgeber im Falle der Vereinbarung einer Vertragsstrafe den Anspruch auf Erfüllung oder das Recht der Geltendmachung eines die Strafe übersteigenden Schadens zu entziehen.[2] Die **Erweiterung der Arbeitgeberrechte** für den Fall eines Vertragsstrafeversprechens und dessen Verwirkung ist danach in einem unmittelbaren Zusammenhang mit der 1914 eingeführten Verpflichtung zur Zahlung einer Karenzentschädigung zu sehen. Das gelangt unmittelbar auch in der Regelung des § 74 c Abs. 2 zum Ausdruck.

3 Darüber hinaus gewährleistet die Bestimmung des § 75 c Abs. 1 einen **Schutz des Arbeitnehmers** dadurch, dass der Arbeitgeber wegen § 75 c Abs. 1 Satz 1 auf die Rechte des ausdrücklich genannten § 340 BGB beschränkt und damit insbesondere die **Alternativität von Erfüllungsverlangen und Geltendmachung der Vertragsstrafe** sichergestellt ist,[3] sowie über die Klarstellung,

---

[1] Die Regelung des § 75 b ist mit Wirkung vom 1. 1. 2002 durch Art. 24 des Gesetzes zur Einführung des Euro im Sozial- und Arbeitsrecht sowie zur Änderung anderer Vorschriften (4. EuroEG) vom 21. 12. 2000, BGBl. I S. 1983, aufgehoben.
[1*] S. § 74 Abs. 2 und die Kommentierung dazu, insbesondere RdNr. 41 ff.
[2] S. Verhandlungen des Deutschen Reichstages, XIII. Legislaturperiode, 1. Session 1914, Bd. 300, Aktenstück Nr. 575, S. 731.
[3] S. *Verhandlungen des Deutschen Reichstages* (Fn. 2) S. 731.

dass § 343 BGB betreffend die **Herabsetzung der Vertragsstrafe** Anwendung findet. Wegen des fehlenden lex specialis-Charakters von § 75 c hätte das allerdings keiner ausdrücklichen Regelung bedurft.[4] § 75 c stellt einen Anwendungsfall der gesetzlichen Inhaltskontrolle dar mit der Folge, dass auch bei Einordnung eines Vertragsstrafeversprechens als allgemeine Geschäftsbedingung die Nichtigkeitsfolge des § 307 Abs. 1 BGB nicht eingreift.[5] Ebenso erfüllen Vertragsstrafenvereinbarungen zwar den Tatbestand des Klauselverbots nach § 309 Nr. 6 BGB, jedoch steht dies wegen der gebotenen angemessenen Berücksichtigung der im Arbeitsrecht geltenden Besonderheiten gemäß § 310 Abs. 4 Satz 2 BGB der Wirksamkeit formularmäßiger Vertragsstrafen[6] in Arbeitsverträgen nicht entgegen.[7]

II. Versprechen einer Vertragsstrafe

Die in § 75 c normierten Rechtsfolgen setzen voraus, dass der Arbeitnehmer für den Fall der Nichterfüllung seiner Verpflichtung zur Unterlassung von Wettbewerb eine Vertragsstrafe versprochen hat. Der **Sinn eines solchen Vertragsstrafeversprechens,** auf das die allgemeinen Regelungen der §§ 339 ff. BGB anzuwenden sind, ist ein zweifacher:[8] Er besteht sowohl darin, den Arbeitnehmer von einer Verletzung des Wettbewerbsverbots abzuhalten,[9] sprich der Verpflichtung zur Erfüllung Nachdruck zu verleihen, wie auch darin, angesichts der typischerweise auftretenden Schwierigkeit, einen entstandenen Schaden genau feststellen zu können, den Schadensnachweis entbehrlich zu machen.[10]

Angesichts seiner auf ein Wettbewerbsverbot bezogenen Funktion der Erfüllungssicherung und Entbehrlichmachung des Schadensnachweises ist das **Vertragsversprechen als Bestandteil einer Wettbewerbsabrede** anzusehen. Für das Versprechen gelten danach die in § 74 Abs. 1 gestellten Anforderungen an die Wirksamkeit eines Wettbewerbsverbots: Es bedarf der Schriftform (§ 126 BGB) und der Aushändigung einer vom Arbeitgeber unterzeichneten Urkunde,[11] wobei diese Formerfordernisse nur dann selbständig zu beachten sind, wenn das Vertragsstrafeversprechen unabhängig – etwa nachträglich – von der Wettbewerbsvereinbarung getroffen wird.

Im Hinblick auf den Zweck eines Vertragsstrafeversprechens ist es ausgeschlossen, ein solches auch für den Fall eines **unverbindlichen Wettbewerbsverbots** zu vereinbaren. Hier soll es dem Arbeitnehmer gerade freistehen, ob er die Wettbewerbsabrede erfüllen oder sich von derselben lossagen will.

III. Verweis auf § 340 BGB

Die Frage der **Geltendmachung der Ansprüche nach § 340 BGB** (s. RdNr. 12 ff.) stellt sich nur für den Fall, dass der Arbeitnehmer die Vertragsstrafe verwirkt hat (s. RdNr. 8 ff.).

1. Verwirkung der Vertragsstrafe. Die Frage der **Verwirkung der Vertragsstrafe,** dh., unter welchen Voraussetzungen der Strafanspruch wegen eines Verstoßes gegen das Wettbewerbsverbot entsteht,[12] ist im Gesetz nicht näher geregelt. Der Eintritt der Verwirkung kann nur durch – unter Umständen ergänzende – Auslegung des zwischen Arbeitnehmer und Arbeitgeber getroffenen Vertragsstrafeversprechens ermittelt werden.[13]

Insoweit bestehen **verschiedene Möglichkeiten der Vertragspartner zur Regelung der Verwirkung.** So kann die Verwirkung der Vertragsstrafe für den Fall vereinbart worden sein, dass der (ehemalige) Arbeitnehmer während der gesamten Karenzzeit Konkurrenztätigkeiten entfaltet.[14] An-

---

[4] S. auch Verhandlungen des Deutschen Reichstages (Fn. 2) S. 731.
[5] S. LAG Hamm Urt. v. 14. 4. 2003 – 7 Sa 1881/02, LAGE HGB § 74 Nr. 17 a = NZA-RR 2003, 513, 514 ff. Zum Verhältnis der Herabsetzung nach § 343 BGB zur AGB-rechtlichen Kontrolle, s. noch BAG Urt. v. 4. 3. 2004 – 8 AZR 196/03, BAGE 110, 8 ff. = AP BGB § 309 Nr. 13. = Urt. v. 21. 4. 2005 – 8 AZR 425/04, AP BGB § 307 Nr. 3 = BB 2005, 2822, 2824; Urt. v. 18. 8. 2005 – 8 AZR 65/05, AP BGB § 336 Nr. 1 = BB 2006, 720, 721.
[6] Zu unzulässigen Überraschungsklauseln iSv § 305 c Abs. 1 BGB s. BAG Urt. v. 21. 4. 2005 – 8 AZN 176/05, juris.
[7] BAG Urt. v. 4. 3. 2004 – 8 AZR 196/03, BAGE 110, 8 ff. = AP BGB § 309 Nr. 3 = NZA 2004, 727; s. hierzu *Joost* ZIP 2004, 1981 ff.; *Reichenbach* NZA 2003, 309 ff.; *Richardi* NZA 2002, 1057, 1064; *Annuß* BB 2002, 458, 463; *Lingemann* NZA 2002, 181, 191; *Leder/Morgenroth* NZA 2002, 952, 957; *Oberthür* NZA 2003, 462, 465; *Conein-Eikelmann* DB 2003, 2546, 2548; *Schrader* BAG-Report 2004, 353, 355; aA *Däubler* NZA 2002, 1329, 1336; *Reinicke* DB 2002, 583, 586; *v. Koppenfels* NZA 2002, 597, 602.
[8] BGH Urt. v. 27. 11. 1974 – VIII ZR 9/73, BGHZ 63, 256, 259 = NJW 1975, 163, 164.
[9] BAG Urt. v. 21. 5. 1971 – 3 AZR 359/70, BAGE 23, 350, 353 = NJW 1971, 2007, 2007.
[10] BAG (Fn. 9) S. 2007; BGH (Fn. 8) S. 259.
[11] Zu diesen Anforderungen s. § 74 RdNr. 18 ff.
[12] Zum Begriff der Verwirkung s. nur Palandt/*Grüneberg* § 339 RdNr. 1 ff.
[13] S. BAG Urt. v. 26. 9. 1963 – 5 AZR 2/63, NJW 1964, 317 (Ls); Urt. v. 30. 4. 1971 – 3 AZR 259/70, BAGE 23, 330 = NJW 1971, 2008. S. zur Verwirkung auch *Bauer/Diller*, Wettbewerbsverbote, RdNr. 648 ff.
[14] BAG Urt. v. 30. 4. 1971 (Fn. 13) S. 2008.

dererseits kann die Entstehung des Strafanspruchs auch solchermaßen geregelt sein, dass die Vertragsstrafe bereits bei vertragswidriger Konkurrenztätigkeit während eines Teils der Karenzzeit verwirkt sein soll.[15] Die Vertragsstrafenverwirkung kann des Weiteren auch derart ausgestaltet sein, dass für die Dauer der Karenzzeit von längstens zwei Jahren für jeden Fall der Zuwiderhandlung gegen das Wettbewerbsverbot eine Vertragsstrafe in bestimmter Höhe zu zahlen ist.[16] Eine solche Abrede hat das BAG für den Fall, dass der Arbeitnehmer in ein auf Dauer angelegtes Arbeitsverhältnis bei einem Konkurrenzunternehmen eintritt, im Wege ergänzender Vertragsauslegung dahingehend konkretisiert, dass der Arbeitnehmer für jeden Monat seiner Tätigkeit bei dem Konkurrenzunternehmen die vereinbarte Vertragsstrafe zu zahlen hat.[17] Für die Verwirkung der Vertragsstrafe kommt es nicht auf ein **Verschulden** des Arbeitnehmers an.[18] Es ist allein das Risiko des eine berufliche Tätigkeit aufnehmenden Arbeitnehmers, ob er damit gegen eine Wettbewerbsvereinbarung verstößt und die vereinbarte Vertragsstrafe verwirkt.[19]

10   Im Rahmen der **Auslegung eines Vertragsstrafeversprechens** hinsichtlich der Frage der Verwirkung der Strafe ist vor allem auch der **Zweck des Wettbewerbsverbots**, das durch die Vertragsstrafe gesichert werden soll, zu berücksichtigen.[20] Können die durch ein Wettbewerbsverbot geschützten Geschäftsgeheimnisse bereits in verhältnismäßig kurzer Zeit weitergegeben werden, so ist eine Vertragsstrafe nur dann sinnvoll, wenn sie auch schon für eine kurzfristig vertragswidrige Wettbewerbstätigkeit verwirkt wird.[21]

11   Für die Verwirkung des Vertragsstrafeversprechens kommt es nicht auf die **Aktualisierung des Arbeitsverhältnisses** an. Ist ein Arbeitnehmer nach Abschluss des Arbeitsvertrages und eines Wettbewerbsverbots mit Vertragsstrafeversprechen vor dem Zeitpunkt der Arbeitsaufnahme in seinen Tätigkeitsbereich eingeführt worden und sind ihm dabei geheimzuhaltende Tatsachen bekannt geworden, so greifen das Wettbewerbsverbot wie auch das Vertragsstrafeversprechen auch dann, wenn der Arbeitnehmer seine Tätigkeit letztlich nicht aufgenommen hat.[22]

12   **2. Rechte nach § 340 BGB.** Nach § 75 c Abs. 1 Satz 1 kann der Arbeitgeber bei Verwirkung der Vertragsstrafe Ansprüche nur nach Maßgabe der Vorschriften des § 340 BGB geltend machen. § 340 Abs. 1 Satz 1 bestimmt, dass der Gläubiger die **verwirkte Strafe statt der Erfüllung** verlangen kann. Wird die Vertragsstrafe vom Gläubiger geltend gemacht, so ist der Anspruch auf Erfüllung ausgeschlossen.

13   Damit hat der Gläubiger bei einem Verstoß des Arbeitnehmers gegen das Wettbewerbsverbot ein **Wahlrecht, dessen Ausgestaltung im Einzelnen durch die im Rahmen des Vertragsstrafeversprechens getroffene Verwirkungsabrede bestimmt wird.** Ist das Vertragsstrafeversprechen so zu verstehen, dass mit einem Verstoß die Vertragsstrafe für den Gesamtzeitraum der vereinbarten Karenz verwirkt sein soll, so hat die Wahl der Vertragsstrafe durch den Arbeitgeber zur Folge, dass der Arbeitnehmer für den Rest der Karenzzeit von der Verpflichtung zur Wettbewerbsunterlassung frei wird.[23] Im Übrigen gilt die bei Wahl der Vertragsstrafe den Unterlassungsanspruch ausschließende Regelung des § 340 Abs. 1 BGB bezogen auf den Gesamtzeitraum der Karenz nur für den Zeitraum, während dem der Arbeitnehmer gegen das Wettbewerbsverbot verstoßen hat.[24] Das bedeutet: Wenn der Arbeitnehmer während eines Teils der Karenzzeit vertragswidrig eine Konkurrenztätigkeit ausgeübt hat, kann der Arbeitgeber als Gläubiger aus der Wettbewerbsabrede für diese Zeit die Vertragsstrafe verlangen und zugleich für den verbleibenden Teil der Karenzzeit Unterlassung geltend machen.[25] Im Zeitablauf gesehen können hier die Ansprüche auf Vertragsstrafe und Erfüllung nebeneinander stehen, insoweit § 340 Abs. 1 BGB keine alternative Wirkung.[26]

14   Steht dem Arbeitgeber ein **Anspruch auf Schadensersatz wegen Nichterfüllung** zu – etwa aus §§ 280 Abs. 1, Abs. 3, 281 BGB – so kann er nach § 340 Abs. 2 Satz 1 BGB die **verwirkte Strafe als Mindestbetrag des Schadens** verlangen. Hierbei handelt es sich um eine Anrechnungs-

---

[15] BAG Urt. v. 30. 4. 1971 (Fn. 13) S. 2008.
[16] BAG Urt. v. 26. 9. 1963 (Fn. 13) S. 317 (Ls.)
[17] S. BAG Urt. v. 26. 9. 1963 (Fn. 13) S. 317 (Ls.).
[18] BAG Urt. v. 21. 5. 1971 – 3 AZR 359/70, NJW 1971, 2007, 2008, hier bezogen auf die Frage, ob ein fehlendes Verschulden für die Herabsetzung der Vertragsstrafe von Bedeutung ist, dazu noch RdNr. 16; aA *Bauer/Diller* (Fn. 13) RdNr. 648.
[19] BAG (Fn. 18) S. 2008.
[20] BAG Urt. v. 30. 4. 1971 (Fn. 13) S. 2008.
[21] BAG Urt. v. 30. 4. 1971 (Fn. 13) S. 2008.
[22] BAG Urt. v. 3. 2. 1987 – 3 AZR 523/85, NZA 1987, 813.
[23] S. RG, Urt. v. 23. 1. 1926 – I 152/25, RGZ 113, 361, 366 f.
[24] S. BAG Urt. v. 30. 4. 1971 (Fn. 13) S. 2008; Urt. v. 26. 1. 1973 – 3 AZR 233/72, NJW 1973, 1717, 1718.
[25] BAG Urt. v. 26. 1. 1973 (Fn. 24) S. 1718.
[26] S. auch BAG Urt. v. 30. 4. 1971 (Fn. 13) S. 2008.

vorschrift,[27] die verhindert, dass der Gläubiger – hier der Arbeitgeber – neben der verwirkten Vertragsstrafe noch den vollen Schadensersatz verlangen kann.[28] Die Anrechnung ist vor dem Hintergrund der ein Vertragsstrafeversprechen auch kennzeichnenden Zielsetzung, dem Gläubiger im Verletzungsfall die Möglichkeit einer erleichterten Schadloshaltung zu eröffnen,[29] konsequent. Die Wahl der Vertragsstrafe hindert den Gläubiger bzw. Arbeitgeber allerdings nicht daran, einen **weiteren Schaden** geltend zu machen (§ 340 Abs. 2 Satz 2 BGB). Insoweit ist er für dessen Vorliegen darlegungs- und beweispflichtig.

IV. Herabsetzung einer unverhältnismäßigen Vertragsstrafe

Gemäß § 75 c Abs. 1 Satz 2 bleiben die Vorschriften des Bürgerlichen Gesetzbuchs über die Herabsetzung einer unverhältnismäßig hohen Vertragsstrafe unberührt. Damit findet die Regelung des **§ 343 BGB Anwendung**, nach dessen Absatz 1 Satz 1 eine unverhältnismäßig hohe Strafe auf Antrag des Schuldners durch Urteil auf den angemessenen Betrag herabgesetzt werden kann.[30] Bei der Beurteilung der Angemessenheit ist – so sagt § 343 Abs. 1 Satz 2 BGB – jedes berechtigte Interesse des Gläubigers, nicht bloß das Vermögensinteresse zu berücksichtigen.

Nach der Rspr. des BAG kann es sachgerecht sein, eine **kurze vertragswidrige Konkurrenztätigkeit** im Hinblick darauf mit einer **verhältnismäßig hohen Vertragsstrafe** zu belegen, dass das Wettbewerbsverbot den Arbeitgeber vor einem Geheimnisbruch schützen soll und die insoweit entscheidenden Tatsachen bereits in kurzer Zeit weitergegeben werden können.[31] Wird die gesamte Vertragsstrafe bereits bei einem Wettbewerbsverstoß verwirkt, der nur während eines Teils der Karenzzeit oder punktuell stattgefunden hat, so kann eine Herabsetzung nach § 343 Abs. 1 Satz 1 BGB in Betracht kommen.[32] Auf ein angemessenes Verhältnis zwischen der Höhe der Vertragsstrafe und der arbeitgeberseits zu zahlenden Karenzentschädigung kommt es für die Frage der Verhältnismäßigkeit im Rahmen von § 343 Abs. 1 Satz 1 BGB im Allgemeinen nicht an.[33] Irrelevant ist darüber hinaus, ob den Arbeitnehmer an dem Wettbewerbsverstoß ein **Verschulden** trifft. Der Arbeitnehmer kann nicht im Nachhinein eine Herabsetzung der vereinbarten Vertragsstrafe mit der Begründung verlangen, ihm sei die Bedeutung seines vertragswidrigen Verhaltens nicht bewusst gewesen.[34]

Die Regelung des § 343 Abs. 1 Satz 1 BGB lässt nur die – grundsätzlich im Ermessen des Tatrichters stehende[35] – **Herabsetzung eines unverhältnismäßigen Vertragsstrafeversprechens durch das Gericht, hingegen nicht dessen Festsetzung selbst zu**.[36] Es ist nicht sinnvoll, wenn die Gerichte, die über die Rechtmäßigkeit der Höhe eines Vertragsstrafeversprechens zu entscheiden haben, diese zuvor selbst festsetzen können.[37] Ein in das Ermessen des Gerichts gesetztes Vertragsstrafeversprechen ist unwirksam, hierauf können sich die Parteien ohne den Vorwurf der Arglist berufen.[38]

V. Vertragsstrafe bei fehlender Entschädigungszusage

Gemäß § 75 c Abs. 2 kann der Arbeitgeber in den Fällen, in denen es zu einem Verstoß gegen ein **entschädigungslos vereinbartes Wettbewerbsverbot** gekommen ist, nur die verwirkte Vertragsstrafe verlangen. Der Anspruch auf Erfüllung oder Ersatz eines weiteren Schadens ist ausgeschlossen. Diese Bestimmung hatte Bedeutung allein im Hinblick auf die in § 75 b geregelte Konstellation einer

---

[27] BGH (Fn. 8) S. 259 f.
[28] BGH (Fn. 8) S. 259.
[29] S. BGH (Fn. 8) S. 259. S. auch schon oben RdNr. 4.
[30] Die Angemessenheitskontrolle gem. § 307 Abs. 1 BGB muss insoweit hinter den „arbeitsrechtlichen Besonderheiten" gem. § 310 Abs. 4 Satz 2 BGB zurücktreten, s. *Diller* NZA 2005, 250, 254. Denn bei teleologischer Auslegung muss § 310 Abs. 4 Satz 2 BGB nicht nur für Arbeitsverträge im engeren Sinne gelten, sondern umfassend für arbeitsvertragliche Vereinbarungen jeder Art, s. hierzu ausführlich *Bauer/Diller* (Fn. 13) RdNr. 94; aA *Bros* DB 2004, 1778, 1781. § 75 c enthält zwar keine Aussage darüber, ob dies auch für Formularverträge gilt, s. *Gotthardt* ZIP 2002, 277, 283; *Henssler* RdA 2002, 129, 138. Jedoch hat der Gesetzgeber durch § 110 GewO die Geltung der §§ 74 ff. für alle Arbeitnehmer ausdrücklich bestätigt und zwar in dem Bewusstsein, dass Wettbewerbsverbote typischerweise vorformuliert sind, s. ausführlich *Diller* NZA 2005, 250, 254.
[31] S. BAG (Fn. 18) S. 2007. S. auch *Winterstein* NJW 1989, 1463, 1466.
[32] S. BAG (Fn. 18) S. 2007.
[33] S. BAG (Fn. 18) S. 2007.
[34] S. BAG (Fn. 18) S. 2008.
[35] S. BAG (Fn. 18) 2007.
[36] S. BAG Urt. v. 25. 9. 1980 – 3 AZR 133/80, NJW 1981, 1799.
[37] BAG (Fn. 36) S. 1799.
[38] BAG (Fn. 36) S. 1799.

§ 75 d 1–3 1. Buch. 6. Abschnitt. Handlungsgehilfen und Handlungslehrlinge

Ausnahme von der Entschädigungspflicht des ein Wettbewerbsverbot vereinbarenden Arbeitgebers. Mit der durch das BAG ausgesprochenen Verfassungswidrigkeit des § 75 b sowohl bezogen auf den Fall einer außereuropäischen Tätigkeit[39] wie auch bezogen auf die sog. Hochbesoldetenklausel[40] **ist die Vorschrift des § 75 c Abs. 2 hinfällig geworden.** Darüber hinaus ist die Regelung des § 75 b mit Wirkung vom 1. 1. 2002 durch Art. 24 des Gesetzes zur Einführung des Euro im Sozial- und Arbeitsrecht sowie zur Änderung anderer Vorschriften (4. EuroEG) vom 21. 12. 2000 (BGBl. I S. 1983) aufgehoben worden.

§ 75 d [Abweichende Vereinbarungen]

¹ Auf eine Vereinbarung, durch die von den Vorschriften der §§ 74 bis 75 c zum Nachteil des Handlungsgehilfen abgewichen wird, kann sich der Prinzipal nicht berufen. ² Das gilt auch von Vereinbarungen, die bezwecken, die gesetzlichen Vorschriften über das Mindestmaß der Entschädigung durch Verrechnungen oder auf sonstige Weise zu umgehen.

Schrifttum: S. die Angaben zu § 74.

Übersicht

	RdNr.		RdNr.
I. Normzweck	1	III. Umgehungsverbot	6
II. Unverbindlichkeit nachteilig abweichender Wettbewerbsvereinbarungen	2–5		

I. Normzweck

1 Bei den Regelungen der §§ 74 ff. handelt es sich um **Arbeitnehmer-Schutzvorschriften,** denen nach der Begründung zum Gesetzentwurf des Novellierungsgesetzes von 1914[1] ein **zwingender Charakter** zukommen soll.[2] **Mit § 75 d Satz 1 wird das insofern sichergestellt,** als sich der Arbeitgeber auf eine von den Vorschriften der §§ 74 bis 75 c zum Nachteil des Arbeitnehmers abweichende Wettbewerbsvereinbarung nicht berufen kann (s. RdNr. 2 ff.). Insoweit ist die Vertragsfreiheit der Arbeitsvertragsparteien hinsichtlich der inhaltlichen Gestaltung von Wettbewerbsverboten eingeschränkt.[3] Die zwingende Wirkung wird auch auf Vereinbarungen erstreckt, die darauf ausgerichtet sind, die gesetzlichen Vorschriften über das Mindestmaß der Entschädigung durch Verrechnungen oder auf sonstige Weise zu umgehen (s. RdNr. 6).

II. Unverbindlichkeit nachteilig abweichender Wettbewerbsvereinbarungen

2 **§ 75 d Satz 1 gewährleistet den zwingenden Charakter** der §§ 74 ff. insoweit, als sich der Arbeitgeber auf zum Nachteil des Arbeitnehmers abweichende Vereinbarungen nicht berufen kann. Maßstab dafür, ob eine Wettbewerbsabrede nachteilig abweicht, ist **jede einzelne Bestimmung der §§ 74 ff.** Die Frage des Vorliegens einer nachteiligen Vereinbarung kann deshalb nicht im Wege einer Gesamtschau des Inhalts der Vereinbarung im Vergleich mit den gesetzlichen Vorgaben in dem Sinne ermittelt werden, dass – gemessen am Gesetz – nachteilige Abweichungen einer Abrede durch andere, günstigere Bestimmungen ausgeglichen werden können.[4] Mit einer solchen Gesamtbetrachtung würden die Einzelnen gesetzlichen Bestimmungen ihren zwingenden Charakter verlieren.

3 Das in § 75 d Satz 1 normierte Verbot abweichender Vereinbarungen ist eine sog. **Unabdingbarkeitsregelung,** wie sie im Grundsatz in vielen Arbeitnehmerschutzgesetzen – hingewiesen sei etwa auf § 13 BUrlG und § 17 Abs. 3 BetrAVG – vorzufinden ist. Mit der zwingenden Vorgabe arbeitnehmerschützender Mindeststandards wird dem Gesichtspunkt Rechnung getragen, dass der Arbeitnehmer gegenüber dem Arbeitgeber bei der Vertragsgestaltung typischerweise in einer Unterlegenheitsposition ist. Hiervon ausgehend ist es konsequent, **nach dem Zeitpunkt der rechtlichen**

---

[39] S. BAG Urt. v. 16. 10. 1980 – 3 AZR 202/79, BAGE 34, 220, 224 ff. = NJW 1981, 1174 f., s. schon zu § 75 b RdNr. 3 f.
[40] S. BAG Urt. v. 2. 10. 1975 – 3 AZR 28/75, BAGE 27, 284, 287 ff. = NJW 1976, 342 ff., s. schon zu § 75 b RdNr. 5 f.
[1] Gesetz zur Änderung der §§ 74, 75 und des 76 Abs. 1 des Handelsgesetzbuchs vom 10. 6. 1914, RGBl. S. 209.
[2] S. Verhandlungen des Deutschen Reichstages, XIII. Legislaturperiode, 1. Session 1914, Bd. 300, Aktenstück Nr. 575, S. 732.
[3] S. BAG Urt. v. 14. 7. 1981 – 3 AZR 515/78, BAGE 37, 26, 29 f. = NJW 1982, 1548, 1549.
[4] S. auch ErfK/*Schaub* RdNr. 2; Heymann/*Henssler* RdNr. 2.

Abweichende Vereinbarungen | 4, 5 § 75 d

Beendigung des Arbeitsverhältnisses Wettbewerbsvereinbarungen nicht mehr der zwingenden Wirkung der §§ 74 ff. zu unterwerfen.[5] Vereinbarungen **vor dem Beginn des Arbeitsverhältnisses bzw. dem Abschluss** des Arbeitsvertrages unterliegen hingegen den Anforderungen der §§ 74 ff.[6] Diese Abreden werden mit Blick auf die Begründung eines Arbeitsverhältnisses getroffen und sind deshalb hinsichtlich ihrer die jeweiligen Interessen angemessen berücksichtigenden Ausgewogenheit denselben Gefahren ausgesetzt, die eine zwingende Wirkung der §§ 74 ff. während des bestehenden Arbeitsverhältnisses rechtfertigen.

Der **Begriff der Vereinbarung** iSv. § 75 d Satz 1 erfasst auch **kollektivrechtliche Vereinbarungen, insbesondere Tarifverträge.** Auch im Wege eines Tarifvertrages – der ein Wettbewerbsverbot als solches gar nicht begründen kann (s. § 74 RdNr. 15) – kann von den §§ 74 ff. **nicht zum Nachteil der Arbeitnehmer abgewichen werden.**[7] Der Verweis auf andere Unabdingbarkeitsbestimmungen wie etwa § 13 BUrlG zur Rechtfertigung einer grundsätzlichen Tarifvertragsdispositivität der §§ 74 ff.[8] trägt deshalb nicht, weil § 13 Abs. 1 Satz 1 BUrlG ausdrücklich die Zulässigkeit von (auch nachteiligen) Abweichungen von den Vorschriften des BUrlG in Tarifverträgen vorsieht. Zwar ist es zutreffend, wenn das BAG darauf hinweist, dass erst die rechtsfortbildende Ausdehnung der §§ 74 ff. auf alle Arbeitnehmer (s. § 74 RdNr. 7) zu einer Kollision von Tarifverträgen über Wettbewerbsverbote außerhalb des kaufmännischen Bereichs mit den zwingenden Regelungen der §§ 74 ff. führen konnte.[9] Ein sachlicher Grund für die Zulässigkeit nachteilig abweichender Tarifvertragsregelungen ist darin nicht zu sehen: Die – vom BAG zutreffend vorgenommene – Ausdehnung der §§ 74 ff. über den kaufmännischen Bereich hinaus bedeutet auch die Erstreckung der mit § 75 d Satz 1 sichergestellten zwingenden Wirkung dieser Bestimmungen für Wettbewerbsverbote mit allen Arbeitnehmern. § 75 d Satz 1 kennt keine Ausnahme zugunsten kollektivvertraglicher Vereinbarungen, der Annahme eines in den §§ 74 ff. enthaltenen **„verdeckt tarifdispositiven Gesetzesrechts"**[10] steht entgegen, dass der Gesetzgeber verschiedentlich im Zuge von Änderungen des Handelsgesetzbuches Gelegenheit gehabt hätte, die Unabdingbarkeitsregelung des § 75 d Satz 1 den neuen Gegebenheiten anzupassen. Im Übrigen ist es nicht überzeugend, wenn das BAG zwischen nicht zur Disposition der Tarifvertragsparteien stehenden Mindesterfordernissen und anderen, auch nachteilig abdingbaren Anforderungen der §§ 74 ff. unterscheiden will.[11] Abgesehen davon, dass die Definition und Abgrenzung unabdingbarer Mindesterfordernisse von dispositiven Erfordernissen kaum überzeugend durchgeführt werden kann, widerspricht eine solche Differenzierung der in § 75 d Satz 1 zum Ausdruck gelangten gesetzgeberischen Willen: Ohne Unterschied wird eine nachteilige Abweichung von den Vorschriften der §§ 74 bis 75 c der in dieser Bestimmung angeordneten Rechtsfolge (s. RdNr. 5) unterworfen, **das Gesetz differenziert nicht nach der Qualität dieser Regelungen iSv. Mindesterfordernissen und weniger gewichtigen und deshalb abdingbaren Erfordernissen.** Der Gesetzgeber hat vielmehr allen Regelungen über das Wettbewerbsverbot denselben Unabdingbarkeitsschutz beigelegt. Es ist nicht ersichtlich, unter welchem Gesichtspunkt diese gesetzliche Vorgabe sollte kollektiv-/tarifvertraglich ausgehebelt werden können.

Als **Rechtsfolge** bestimmt § 75 d Satz 1, dass sich der Arbeitgeber auf eine zum Nachteil des Arbeitnehmers abweichende Vereinbarung nicht berufen kann. Das bedeutet, dass eine solche Vereinbarung – vorbehaltlich dessen, dass nicht die Unwirksamkeit einer Abrede ausdrücklich bestimmt wird (§ 74 a Abs. 2, s. § 74 a RdNr. 29 f.) oder sich aus dem Sinn einer Regelung ergibt wie bei § 74 Abs. 2 im Falle einer gänzlich fehlenden Entschädigungszusage (s. § 74 Abs. 2 RdNr. 50) – **nicht zur Nichtigkeit der Wettbewerbsabrede** führt.[12] Das Verbot ist lediglich – im Umfang der Abweichung – **unverbindlich** mit der Folge, dass dem Arbeitnehmer ein Wahlrecht eröffnet wird: Der Arbeitnehmer kann sich auf die Unverbindlichkeit der Wettbewerbsabrede berufen, soweit die gesetzlichen Vorgaben überschritten werden. Er ist aber auch nicht gehindert, das Wettbewerbsverbot einzuhalten und die daraus folgenden vertraglichen oder gesetzlichen Rechte in Anspruch zu nehmen.[13] Hält der Arbeitnehmer an der Vereinbarung fest, so hat er etwa bei einer

---

[5] S. insoweit auch ErfK/*Schaub* RdNr. 1 und Heymann/*Henssler* RdNr. 1.
[6] AA ErfK/*Schaub* RdNr. 1; iE wie hier *Bauer/Diller*, Wettbewerbsverbote, RdNr. 48.
[7] Wie hier iE MünchKommHGB/*v. Hoyningen-Huene* RdNr. 8 ff.; Baumbach/*Hopt* RdNr. 1; *Bauer/Diller* (Fn. 6) RdNr. 16; aA BAG Urt. v. 12. 11. 1971 – 3 AZR 116/71, BAGE 24, 24, 34 f. = BB 1973, 474, 475; Heymann/*Henssler* RdNr. 7; Staub/*Konzen/Weber* RdNr. 5.
[8] S. BAG (Fn. 7) S. 475.
[9] BAG (Fn. 7) S. 475.
[10] S. Heymann/*Henssler* RdNr. 7.
[11] S. BAG (Fn. 7) S. 475.
[12] S. BAG (Fn. 3) S. 1549.
[13] S. BAG Urt. v. 7. 9. 2004 – 9 AZR 612/03, AP HGB § 75 Nr. 11 = DB 2005, 779; BAG (Fn. 3) S. 1549.

§ 75 f 1 1. Buch. 6. Abschnitt. Handlungsgehilfen und Handlungslehrlinge

unzureichenden Entschädigungszusage Anspruch auch nur auf die vereinbarte Entschädigung (s. § 74 RdNr. 51).

III. Umgehungsverbot

6   Gemäß § 75 d Satz 2 gilt die Unverbindlichkeitsanordnung auch für **Vereinbarungen,** die den Zweck haben, die gesetzlichen Vorschriften über das Mindestmaß der Entschädigung durch Verrechnungen oder auf sonstige Weise zu **umgehen.** So ist mit den Vorschriften der §§ 74 ff. unvereinbar ein bedingtes Wettbewerbsverbot, bei welchem der Arbeitgeber offen lässt, ob er von dem Verbot Gebrauch machen und eine Karenzentschädigung zahlen will.[14] Eine Mandantenübernahmeklausel ohne Karenzentschädigung stellt jedenfalls dann eine Umgehung iSv. § 75 d Satz 2 dar, wenn die Konditionen so gestaltet sind, dass sich eine Bearbeitung der Mandate wirtschaftlich nicht lohnt.[15] Damit stellt das Gesetz sicher, dass dem in seiner beruflichen Entfaltungsfreiheit durch ein Wettbewerbsverbot beschränkten Arbeitnehmer während der Karenzzeit die Entschädigung auf jeden Fall zur Verfügung steht, sofern nicht der Arbeitnehmer selbst an unverbindlichen Umgehungsgeschäften festhalten will. § 75 d Satz 2 steht nicht einem Aufrechnungsvertrag entgegen, durch den anstelle einer Aufrechnungserklärung nach Maßgabe der §§ 387 ff. BGB, insbesondere auch § 394 Satz 1 BGB unter Begrenzung auf den pfändbaren Teil der Entschädigung eine Aufrechnung vollzogen werden kann.[16] Über die Entschädigungsbezogenheit des in § 75 d Satz 2 enthaltenen Umgehungsverbots hinaus sind **auch Vereinbarungen unverbindlich, die auf die Umgehung anderer als auf das Mindestmaß der Entschädigung bezogener Regelungen der §§ 74 ff. ausgerichtet sind.** Die Regelung des § 75 d Satz 2 enthält insofern einen allgemeinen Rechtsgedanken.[17]

§ 75 e *(aufgehoben)*

§ 75 f [Sperrabrede unter Arbeitgebern]

¹ Im Falle einer Vereinbarung, durch die sich ein Prinzipal einem anderen Prinzipal gegenüber verpflichtet, einen Handlungsgehilfen, der bei diesem im Dienst ist oder gewesen ist, nicht oder nur unter bestimmten Voraussetzungen anzustellen, steht beiden Teilen der Rücktritt frei. ² Aus der Vereinbarung findet weder Klage noch Einrede statt.

Schrifttum: *Eggert,* Sperrabreden unter Arbeitgebern, 2001; *Gumpert,* Rechtsbehelfe gegen Abwerbung von Arbeitnehmern und Ausscheiden von Arbeitnehmern unter Vertragsbruch, BB 1995, 964; *Salje,* Individualarbeitsrecht und Kartellverbot, ZfA 22 (1991), 653; *Schaub,* Wettbewerbsbeschränkungen nach Beendigung des Arbeitsverhältnisses nach dem jetzigen Stand der Rechtsprechung, vor allem des Bundesarbeitsgerichts, RdA 1971, 268; *Schloßer,* Effektiver Schutz der Belegschaft durch vertragliche Abwerbeverbote?, BB 2003, 1382; *Weiland,* Zur Durchsetzbarkeit vertraglicher Abwerbungsverbote, BB 1976, 1179; *Wolf,* Die Wirksamkeit von Anstellungs- und Abwerbeverboten in Due-Diligence Prozessen im Lichte von § 75 f HGB, NZG 2004, 366.

Übersicht

	RdNr.		RdNr.
I. Normzweck	1, 2	III. Rechtsfolgen von Sperrabreden	10–14
II. Voraussetzungen	3–9	IV. Parallelvorschriften	15, 16

I. Normzweck

1   Die Regelung des § 75 f betrifft sog. **Sperrabreden oder Sperrabsprachen.**[1] Das sind Vereinbarungen zwischen Arbeitgebern über Beschränkungen der Anstellung von Handlungsgehilfen ohne deren Beteiligung.[2] § 75 f steht – wie der BGH sagt – in einem **„funktionalen Zusammenhang"**[3] mit den die Zulässigkeit eines nachvertraglichen Wettbewerbsverbots regelnden Vorschriften der

---

[14] S. BAG Urt. v. 31. 7. 2002 – 10 AZR 558/01, AP BGB § 611 Nr. 48 Konkurrenzklausel; LAG Hamm Urt. v. 10. 1. 2002 – 16 Sa 1217/01, BuW 2002, 660; LAG Hamm Urt. v. 17. 5. 2001 – 16 Sa 1719/00, juris; LAG Hamm Urt. v. 8. 3. 2001 – 18 Sa 845/00, juris.
[15] S. BAG Urt. v. 7. 8. 2002 – 10 AZR 586/01, BAGE 102, 145, 145 ff. = AP HGB § 75 d Nr. 4.
[16] Zum Aufrechnungsvertrag Palandt/*Grüneberg* § 387.
[17] Vgl. auch Heymann/*Henssler* RdNr. 6. Zur Zulässigkeit sog. „indirekter Wettbewerbsverbote" s. *Bauer/Diller* DB 1995, 426 ff.
[1] S. BGH Urt. v. 27. 9. 1983 – VI ZR 294/81, BGHZ 88, 260, 264 = NJW 1984, 116, 117.
[2] So die *Begriffsbestimmung* in BGH (Fn. 1) S. 264.
[3] BGH (Fn. 1) S. 268.

§§ 74 bis 75 d.[4] Zwar wird in diesen Bestimmungen das Interesse eines Arbeitgebers, sich durch entsprechende vertragliche Vereinbarungen mit seinen Arbeitnehmern dagegen zu schützen, dass diese nach ihrem Ausscheiden aus dem Arbeitsverhältnis zu einem Konkurrenten gehen oder selbst als Konkurrenten auftreten, grundsätzlich anerkannt.[5] Jedoch stellt das Gesetz zum Schutze der Handlungsgehilfen für die Zulässigkeit von nachvertraglichen Wettbewerbsverboten bestimmte Mindestanforderungen hinsichtlich Form, Dauer und Inhalt solcher Abreden auf, die im Wesentlichen gewährleisten sollen, dass der Arbeitnehmer für die Zeit des Wettbewerbsverbots einen Ausgleich erhält – Grundsatz der bezahlten Karenz[6] – und nicht unbillig in seinem beruflichen Fortkommen beeinträchtigt wird.[7]

Dieser gesetzliche Schutz gegen die berufliche Freiheit von Handlungsgehilfen übermäßig beschränkende, zwischen Arbeitnehmer und Arbeitgeber geschlossene Wettbewerbsverbote würde allerdings ins Leere laufen, wenn die Arbeitgeber ihr Konkurrenzschutzinteresse ohne Begrenzung durch die Regelungen der §§ 74 bis 75 d dadurch verfolgen könnten, dass sie mit anderen Arbeitgebern rechtlich durchsetzbare Sperrabreden vereinbaren.[8] Vor diesem Hintergrund ist die Regelung des § 75 f nachträglich durch das Gesetz zur Änderung des HGB vom 10. 6. 1914 (RGBl. S. 209) eingeführt worden.[9] **Sie zielt wesentlich darauf ab, die Vorschriften der §§ 74 bis 75 d zwecks Vermeidung einer Umgehung derselben zu flankieren**[10] und Handlungsgehilfen gegen sich zu ihrem Nachteil auswirkende Wettbewerbsabreden unter Arbeitgebern zu schützen, um damit letztlich die berufliche Entscheidungsfreiheit der Arbeitnehmer vor übermäßigen Belastungen durch Sperrabreden ihrer (ehemaligen) Arbeitgeber mit anderen Arbeitgebern zu verhindern.[11] Rechtstechnisch wird der intendierte Arbeitnehmerschutz dadurch realisiert, dass **Sperrabreden unverbindlich gestellt werden.**[12]

II. Voraussetzungen

Die Regelung des § 75 f Satz 1 ist – wie es heißt – auf eine **„Vereinbarung"** gerichtet, „durch die sich ein Prinzipal einem anderen Prinzipal gegenüber" iS. einer Sperrabrede[13] verpflichtet. Unter „Vereinbarung" sind nach Wortlaut und Sinn des § 75 f Satz 1 zunächst **Einzelabsprachen** zwischen zwei Arbeitgebern zu verstehen.[14] Darüber hinaus werden von § 75 f Satz 1 auch sog. **Verbandsabsprachen** erfasst, womit Sperrabreden auf der Ebene einer Arbeitgeberkoalition gemeint sind.[15] Die Einbeziehung solcher Absprachen ist zwar unter Berücksichtigung des heutigen Wortlauts von § 75 f Satz 1[16] nicht selbstverständlich. Sie folgt jedoch aus der Entstehungsgeschichte dieser Vorschrift, die gerade mit Blick auf die damals in der Praxis verbreiteten verbandlichen Sperrabreden eingeführt wurde.[17]

Ihrem persönlichen **Anwendungsbereich** nach gilt § 75 f analog für Arbeitgeber, die **Sperrabreden hinsichtlich anderer als kaufmännischer Arbeitnehmer** vereinbaren.[18] Die der Regelung des § 75 f zugrundeliegende Wertentscheidung zwischen dem Konkurrenzschutzinteresse des Arbeitgebers und dem beruflichen Selbstbestimmungsrecht des ausscheidenden Arbeitnehmers kann nicht auf den Beruf des Handlungsgehilfen beschränkt bleiben. Sie hat in gleicher Weise Bedeutung jedenfalls für solche Arbeitsverhältnisse, die (nachvertraglich) durch den Konflikt zwischen Konkurrenzschutzinteressen des Arbeitgebers und dem beruflichen Schutzbedürfnis des Arbeitnehmers bestimmt sind.[19] Die analoge Anwendung des § 75 f über den Bereich der Handlungsgehilfen hinaus steht im Einklang mit der entsprechenden Geltung der §§ 74 bis 75 d für alle Arbeitnehmer und

---

[4] S. BGH (Fn. 1) S. 268; Urt. v. 30. 4. 1974 – VI ZR 132/72, NJW 1974, 1330.
[5] S. BGH Urt. v. 30. 4. 1974 (Fn. 4).
[6] S. BGH Urt. v. 30. 4. 1974 (Fn. 4). S. auch zu § 74 RdNr. 41.
[7] BGH Urt. v. 30. 4. 1974 (Fn. 4).
[8] S. BGH Urt. v. 30. 4. 1974 (Fn. 4).
[9] Zur Entstehungsgeschichte s. BGH Urt. v. 13. 10. 1972 – I ZR 88/71, WM 1972, 1403; ausführlich *Eggert*, Sperrabreden, 1. Teil, 1. Kap. zu A.
[10] BGH (Fn. 1) S. 260, 264; *Salje* ZfA 22 (1991), 653, 659.
[11] BGH (Fn. 9); BGH Urt. v. 30. 4. 1974 (Fn. 4). S. auch MünchKommHGB/*v. Hoyningen-Huene* RdNr. 2 und Staub/*Konzen/Weber* RdNr. 1.
[12] *Salje* ZfA 22 (1991), 653, 659; *Schaub* RdA 1971, 268, 275. Zu den Rechtsfolgen s. noch RdNr. 10 ff.
[13] Zum Begriff s. oben RdNr. 1.
[14] BGH (Fn. 9); Urt. v. 30. 4. 1974 (Fn. 4); BGH (Fn. 1) S. 266.
[15] BGH Urt. v. 30. 4. 1974 (Fn. 4).
[16] Zur Entwicklung dieser Gesetzesbestimmung s. BGH Urt. v. 30. 4. 1974 (Fn. 4).
[17] BGH Urt. v. 30. 4. 1974 (Fn. 4).
[18] S. § 110 Satz 2 GewO; bisher schon BGH Urt. v. 30. 4. 1974 – VI ZR 153/72, NJW 1974, 1282, 1282 f.; BGH (Fn. 1) S. 264; ErfK/*Schaub* RdNr. 2; MünchKommHGB/*v. Hoyningen-Huene* RdNr. 3; Baumbach/*Hopt* RdNr. 1.
[19] BGH (Fn. 1) S. 265.

damit auch solche in nichtkaufmännischen Berufen.[20] Seit dem 1. 1. 2003 wird diese Auffassung durch § 110 GewO bestätigt.

5   Für die Anwendbarkeit des § 75 f kommt es nicht darauf an, dass dem Arbeitnehmer durch die Vereinbarung einer Sperrabrede eine ihm zustehende Karenzentschädigung entzogen wird.[21] Das ergibt sich weder aus dem Wortlaut noch aus dem Sinn dieser Regelung: Letzterer fordert geradezu die Anwendung auch auf Sperrabreden, die hochbezahlte Arbeitnehmer betreffen, soll dem Gedanken einer Umgehung des Regelungskomplexes der §§ 74 bis 75 d angemessen Rechnung getragen werden.[22]

6   Unter den Geltungsbereich von § 75 f fallen grundsätzlich auch im Bereich der **Arbeitnehmerüberlassung** anzutreffende Vereinbarungen zwischen Verleiher und Entleiher etwa des Inhalts, wonach diese überlassene Arbeitnehmer für eine bestimmte Dauer nicht in ihrem Betrieb einstellen dürfen. Für die Anwendung des § 75 f ist es irrelevant, ob der Arbeitnehmer tatsächlich auf einen neuen Arbeitsplatz wechselt. Maßgebend ist allein, ob ein Arbeitsplatzwechsel im rechtlichen Sinne erfolgt, der durch Begründung eines neuen Arbeitsverhältnisses vollzogen wird.[23] Mit der Einführung des Arbeitnehmerüberlassungsgesetzes vom 7. 8. 1972[24] (BGBl. I S. 1393) kommt § 75 f für eine Einstellung durch Entleiher für bestimmte Zeit untersagende Sperrabreden im Bereich der Arbeitnehmerüberlassung keine Bedeutung mehr zu. Insoweit gilt die **Spezialregelung des § 9 Nr. 4 AÜG**, wonach solche Vereinbarungen unwirksam sind.[25]

7   **Inhaltlich** gilt die Regelung des § 75 f für solche Vereinbarungen unter Arbeitgebern bzw. für Verbandsabsprachen, die darauf ausgerichtet sind, dass ein Arbeitnehmer nach Beendigung eines Arbeitsverhältnisses von einem anderen Arbeitgeber „nicht oder nur unter bestimmten Voraussetzungen" angestellt wird. Einbezogen sind damit zunächst **Sperrabreden, in denen sich ein Arbeitgeber uneingeschränkt zur Nichteinstellung verpflichtet.** Darüber hinaus werden Vereinbarungen erfasst, in denen die Neueinstellung von einer Bedingung abhängig gemacht wird, etwa der Zustimmung des früheren Arbeitgebers.[26]

8   Auch wenn im Tatbestand des § 75 f Satz 1 ausdrücklich nur von Sperrabreden die Rede ist, die darauf ausgerichtet sind, die „Anstellung" eines Handlungsgehilfen bzw. Arbeitnehmers zu verhindern bzw. zu beschränken, so erstreckt sich § 75 f gleichwohl darüber hinaus auf Vereinbarungen, durch die sich ein Arbeitgeber einem anderen Arbeitgeber gegenüber verpflichtet, dessen Angestellte nach Beendigung ihrer Arbeitsverhältnisse und einem Wechsel in die Selbständigkeit nicht mit der Durchführung von Aufgaben zu beauftragen.[27] Die Einbeziehung auch von auf die **Beschränkung einer selbständigen Tätigkeit** bezogenen Sperrabreden in die Regelung des § 75 f folgt vor allem aus dem funktionalen Zusammenhang dieser Bestimmung mit dem Regelungskomplex der §§ 74 bis 75 d: Angesichts dessen, dass hiervon auch Wettbewerbsverbote für Arbeitnehmer erfasst werden, die diesen eine nachvertragliche Konkurrenz zum früheren Arbeitgeber auf eigene Rechnung untersagen, muss – soll dem mit § 75 f intendierten Ziel, Umgehungen der §§ 74 bis 75 d zu verhindern, ausreichend Rechnung getragen werden können – § 75 f auch auf Sperrabreden Anwendung finden, welche die Behinderung nachvertraglich selbständiger Tätigkeit zum Ziel haben.[28]

9   Eine vertragliche Vereinbarung zwischen Arbeitgebern, wonach diese sich verpflichten, die **Abwerbung von Arbeitnehmern** des jeweils anderen zu unterlassen, fällt nicht in den Anwendungsbereich des § 75 f Satz 1.[29] Der wesentliche Grund hierfür liegt darin, dass die bloße Verpflichtung anderer Arbeitgeber, die Abwerbung von Arbeitnehmern zu unterlassen, diese nicht in ihrer beruflichen Betätigungsfreiheit beeinträchtigt.[30] Die Anwendung des § 75 f passt deshalb schon von Sinn und Zweck dieser Regelung her nicht.[31]

---

[20] S. dazu grundlegend BAG Urt. v. 16. 5. 1969 – 3 AZR 137/68, BAGE 22, 6, 9 = NJW 1970, 443, 444 m. Nachw. zur früher abweichenden Rspr.; Urt. v. 13. 9. 1969 – 3 AZR 138/68, BAGE 22, 125, 129 ff. = NJW 1970, 626, 628.
[21] BGH (Fn. 1) S. 267.
[22] Vgl. BGH (Fn. 1) S. 267.
[23] BGH Urt. v. 30. 4. 1974 (Fn. 4).
[24] Zuletzt geändert durch Verordnung vom 31. 10. 2006, BGBl. I S. 2407.
[25] S. dazu näher ErfK/*Wank* § 9 AÜG RdNr. 16 ff.
[26] BGH (Fn. 9).
[27] BGH (Fn. 1) S. 267 ff.; ErfK/*Schaub* RdNr. 3; MünchKommHGB/*v. Hoyningen-Huene* RdNr. 4.
[28] S. BGH (Fn. 1) S. 267 f.; zu den im Rahmen von Due-Diligence-Prozessen inspizierten Unternehmen und der restriktiven Auslegung von § 75 f s. ausführlich *Wolf* NZG 2004, 366 ff.
[29] Offengelassen von BGH (Fn. 9); wie hier ErfK/*Schaub* RdNr. 4; für eine Einbeziehung *Weiland* BB 1976, 1179, 1180, der Abwerbeverbote nur dann nicht von § 75 f erfasst sehen will, soweit die Abwerbung gegen § 1 UWG verstößt; ähnlich *Eggert*, Sperrabreden, S. 78 ff.; *Schloßer* BB 2003, 1382, 1383.
[30] S. MünchKommHGB/*v. Hoyningen-Huene* RdNr. 5.
[31] S. hierzu ausführlich *Wolf* NZG 2004, 367, 368.

III. Rechtsfolgen von Sperrabreden

Im Falle der Vereinbarung einer Sperrabrede steht – so heißt es in § 75 f Satz 1 – beiden Teilen der **Rücktritt frei**. Weiter ordnet Satz 2 dieser Bestimmung an, dass aus einer solchen Absprache **weder Klage noch Einrede** stattfindet. 10

Danach können die hier in Frage stehenden Vereinbarungen zwar vorbehaltlich allgemeiner Nichtigkeitsgründe wie § 138 BGB (s. RdNr. 12) grundsätzlich rechtlich wirksam vereinbart werden, jedoch sind sie der gerichtlichen Durchsetzbarkeit entzogen.[32] Sie haben damit den **Charakter einer Naturalobligation**.[33] Das gilt auch für **Vertragsstrafeversprechen,** die im Rahmen einer Sperrabrede abgegeben werden, um die Einhaltung der Verpflichtung iS des § 75 f zu sichern.[34] Die Undurchsetzbarkeit entsprechender Vertragsstrafeversprechen folgt aus dem Grundgedanken des § 344 BGB, der zwar nur das unwirksame Vertragsstrafeversprechen im Falle eines unwirksamen Leistungsversprechens behandelt. Jedoch muss dieser Gedanke auch auf den Fall lediglich nicht durchsetzbarer Verpflichtungen iS des § 75 f übertragen werden, soll eine Vereitelung der mit dieser Vorschrift verfolgten Schutzzwecks verhindert werden.[35] 11

Eine **Nichtigkeit von Sperrabreden** iS des § 75 f kann sich vor allem aus § 138 Abs. 1 BGB ergeben. Im Ausgangspunkt ist allerdings festzustellen, dass die Vereinbarung einer Sperrabrede als solche nicht schon wegen der damit unter Umständen tatsächlich einhergehenden Behinderungen von Arbeitnehmern unter Berücksichtigung des Grundrechts der Berufsfreiheit im Rahmen der nach § 138 Abs. 1 BGB vorzunehmenden Wertung als sittenwidrig anzusehen ist. Mit der Versagung rechtlicher Durchsetzbarkeit entsprechender Abreden wird den Schutzinteressen betroffener Arbeitnehmer ausreichend Rechnung getragen im Vergleich mit den – wie die Regelungskomplex der §§ 74 bis 75 d deutlich macht – durchaus ebenfalls anzuerkennenden Konkurrenzschutzinteressen der Arbeitgeber.[36] Eine nach § 138 Abs. 1 BGB nichtige Sperrabrede dürfte dann gegeben sein, wenn diese einen so umfassenden Inhalt hat, dass ein Arbeitnehmer in einem bestimmten räumlich und gegenständlich abgegrenzten Bereich überhaupt nicht mehr in der Lage ist, ein Arbeitsverhältnis zu begründen.[37] Ein fehlendes „berechtigtes geschäftliches Interesse des Prinzipal(s)" iSv. § 74 a Abs. 1 Satz 1 an der Vereinbarung einer Sperrabrede kann hingegen eine Nichtigkeit derselben nach § 138 Abs. 1 BGB nicht begründen.[38] **§ 75 f stellt keine Anforderungen an das Motiv für den Abschluss von Sperrabreden.** Im Übrigen wird die in § 74 a Abs. 1 Satz 1 für diesen Fall angeordnete Unverbindlichkeit eines Wettbewerbsverbots nicht ausgehebelt, weil die Abrede nach § 75 f Satz 1 selbst nicht durchsetzbar ist.[39] 12

Wegen des jederzeitigen Rücktrittsrechts und der fehlenden Durchsetzbarkeit von Sperrabreden können vertragliche **Schadensersatzansprüche der an einer solchen Vereinbarung beteiligten Arbeitgeber** untereinander grundsätzlich nicht in Betracht kommen. § 826 BGB kann im Zusammenhang mit dem Wechsel eines Arbeitnehmers zu einem anderen Arbeitgeber in Ausnahmefällen einen Schadensersatz- und Unterlassungsanspruch begründen,[40] die allerdings nur auf einen von der Vereinbarung und Nichteinhaltung einer Sperrabrede unabhängigen Vorgang – rechtswidrige Abwerbung zum Vertragsbruch – gestützt werden können. 13

Von einer Sperrabrede betroffene **Arbeitnehmer können Schadensersatzansprüche aus § 826 BGB haben,** wenn sich die Ablehnung der Begründung eines Arbeitsverhältnisses im Einzelfall als sittenwidrig erweist.[41] Die Einhaltung einer Sperrabrede erfüllt jedoch als solche – wie aus § 75 f selbst folgt – noch nicht den Tatbestand des sittenwidrigen Verhaltens. Gegen den aus Konkurrenzschutzgründen auf Einhaltung einer Sperrabrede bestehenden Arbeitgeber können Ansprüche aus § 826 BGB in Betracht kommen, wenn dieser auf andere an der Abrede beteiligte Arbeitgeber einen unzulässigen Druck – etwa wirtschaftlicher Art – ausübt.[42] 14

---

[32] BGH (Fn. 1) S. 267.
[33] *Weiland* BB 1976, 1179, 1180; aA *Eggert* (Fn. 29) S. 52 ff.: „Atypisches Schuldverhältnis".
[34] S. BGH (Fn. 9); Urt. v. 30. 4. 1974 (Fn. 4).
[35] BGH (Fn. 9).
[36] Zur Vereinbarkeit von Sperrabreden insbesondere mit dem Grundrecht der Berufsfreiheit der Arbeitnehmer s. ausführlich Staub/*Konzen/Weber* RdNr. 9 ff.
[37] S. auch Baumbach/*Hopt* RdNr. 2; Staub/*Konzen/Weber* RdNr. 6.
[38] Für möglich halten das allerdings MünchKommHGB/*v. Hoyningen-Huene* RdNr. 8 und Staub/*Konzen/Weber* RdNr. 6.
[39] AA wohl MünchKommHGB/*v. Hoyningen-Huene* RdNr. 8.
[40] S. MünchKommHGB/*v. Hoyningen-Huene* RdNr. 9.
[41] S. auch Baumbach/*Hopt* RdNr. 2; MünchKommHGB/*v. Hoyningen-Huene* RdNr. 10.
[42] S. auch MünchKommHGB/*v. Hoyningen-Huene* RdNr. 10.

IV. Parallelvorschriften

15 Auf die **Regelung des § 9 Nr. 4 AÜG** ist bereits an anderer Stelle (s. RdNr. 6) hingewiesen worden. Im Unterschied zu § 75 f sind nach jener Bestimmung Vereinbarungen, die dem Entleiher untersagen, den Leiharbeitnehmer zu einem Zeitpunkt einzustellen, in dem dessen Arbeitsverhältnis zum Verleiher nicht mehr besteht, unwirksam. Hiervon werden auch Abreden erfasst, wonach es dem Entleiher verboten ist, dem Leiharbeitnehmer eine Tätigkeit als Arbeitnehmer im Entleiherbetrieb anzubieten.[43] Über den Wortlaut des § 9 Nr. 4 AÜG hinaus werden von der Unwirksamkeitsanordnung auch solche Abreden zwischen Verleiher und Entleiher erfasst, die zwar nicht eine nachvertragliche Einstellung durch den Entleiher überhaupt versagen, sondern von Bedingungen abhängig machen, die der Entleiher nicht alleine erfüllen kann, etwa von der Zustimmung des (ehemaligen) Verleihers zur Einstellung. Auch insoweit wird die Bestimmung des § 75 f durch die Spezialregelung des § 9 Nr. 4 AÜG verdrängt.

16 Eine weitere Parallelvorschrift zu § 75 f stellt die **Regelung des § 12 Abs. 1 Satz 1 BBiG** dar. Danach ist eine Vereinbarung, die den Auszubildenden für die Zeit nach Beendigung des Berufsausbildungsverhältnisses in der Ausübung seiner beruflichen Tätigkeit beschränkt, nichtig. Auch bei dieser Regelung handelt es sich um eine Ausprägung von Art. 12 GG[44] die – vorbehaltlich des § 12 Abs. 1 Satz 2 BBiG – umfassend Beschränkungen der beruflichen Tätigkeit nach Beendigung der Ausbildung durch Anordnung ihrer Unwirksamkeit verhindern will.[45]

§ 75 g [Vermittlungsgehilfe]

¹ § 55 Abs. 4 gilt auch für einen Handlungsgehilfen, der damit betraut ist, außerhalb des Betriebes des Prinzipals für diesen Geschäfte zu vermitteln. ² Eine Beschränkung dieser Rechte braucht ein Dritter gegen sich nur gelten zu lassen, wenn er sie kannte oder kennen mußte.

Übersicht

	RdNr.		RdNr.
I. Normzweck	1	III. Rechtsfolge	6–9
II. Voraussetzungen	2–5	IV. Parallelvorschriften	10
1. Persönlicher Anwendungsbereich	2, 3		
2. Sachlicher Anwendungsbereich	4, 5		

I. Normzweck

1 Die durch Art. 2 Nr. 4 des Gesetzes zur Änderung des Handelsgesetzbuches vom 6. 8. 1953 (BGBl. I S. 771) eingefügte Regelung des § 75 g begründet in Satz 1 für Handlungsgehilfen,[1] die im Außendienst mit der Vermittlung von Geschäften betraut sind, durch Bezugnahme auf die für Abschlussvertreter iSd. § 55 Abs. 1 unmittelbar geltende Vorschrift des § 55 Abs. 4 eine **Vollmacht zur Entgegennahme und Abgabe von Erklärungen** nach Maßgabe dieser Bestimmung. Sie dient damit dem **Schutze Dritter, die mit dem Kaufmann in rechtsgeschäftliche Beziehungen getreten sind**.[2] Der Schutz des Dritten wird durch die Ausgestaltung der gesetzlich begründeten Vollmachtstellung des Handlungsgehilfen als **Rechtsscheintatbestand** abgesichert: Nach § 75 g Satz 2 muss sich der Dritte Beschränkungen der Vollmacht im Innenverhältnis zwischen Prinzipal und Handlungsgehilfem bis zur Grenze der Bösgläubigkeit (§ 932 Abs. 2 BGB) nicht entgegenhalten lassen.

II. Voraussetzungen

2 **1. Persönlicher Anwendungsbereich.** Die Regelung des § 75 g Satz 1 gilt nur für **Handlungsgehilfen** iSd. § 59 Satz 1. Erfasst werden damit Personen, die weisungsabhängig Dienste kaufmännischer Art erbringen und deren Arbeitgeber ein Kaufmann iSd. §§ 1 bis 6 ist.[3] Unanwend-

---

[43] S. ErfK/*Wank* § 9 AÜG RdNr. 16.
[44] S. ErfK/*Schlachter* § 12 BBiG RdNr. 1.
[45] Zu insoweit nichtigen Vereinbarungen s. den Überblick bei ErfK/*Schlachter* § 12 BBiG RdNr. 2.
[1] Zum Begriff s. § 59 RdNr. 8.
[2] S. die Begründung zum Entwurf eines Gesetzes zur Änderung des Handelsgesetzbuches, BT-Drucks. I/3856; s. auch MünchKommHGB/*v. Hoyningen-Huene* RdNr. 1.
[3] Zum Begriff des Handlungsgehilfen s. näher § 59 RdNr. 8 ff.

bar ist § 75 g Satz 1 demzufolge auf solche Arbeitnehmer, deren Arbeitgeber der handelsrechtlichen Kaufmannseigenschaft entbehrt.[4] Abgesehen davon, dass das bereits aus dem Begriff des Handlungsgehilfen folgt, findet diese Beschränkung des persönlichen Anwendungsbereichs systematischen Rückhalt in der Regelung des § 91 Abs. 1. Danach gilt § 55 auch für einen Handelsvertreter, der zum Abschluss von Geschäften durch einen nichtkaufmännischen Unternehmer bevollmächtigt ist. Eine vergleichbar ausdehnende Bestimmung gibt es bezogen auf § 75 g nicht. Für eine Vermittlungstätigkeit im Außendienst durchführende Arbeitnehmer nichtkaufmännischer Arbeitgeber gelten deshalb die allgemeinen bürgerlich-rechtlichen Regeln des Vertretungsrechts einschließlich der Grundsätze über die Duldungs- und Anscheinsvollmacht.[5]

Hat der Handlungsgehilfe Abschlussvollmacht, dann ist er sog. **Abschlussvertreter** iSd. § 55 Abs. 1.[6] Insoweit findet § 55 Abs. 4 unmittelbare Anwendung, nicht erst über die Verweisung des § 75 g Satz 1. 3

2. Sachlicher Anwendungsbereich. § 75 g findet nur auf einen Handlungsgehilfen Anwendung, der damit betraut ist, **außerhalb des Betriebs des Prinzipals für diesen Geschäfte zu vermitteln.** Unter der Vermittlung eines Geschäfts ist in erster Linie eine auf den Abschluss von Geschäften gerichtete Tätigkeit, die den Abschluss vorbereitet und ermöglicht, zu verstehen.[7] Für die Annahme einer Vermittlungstätigkeit ist es ausreichend, wenn der Handlungsgehilfe beim Zustandekommen von Geschäften zwischen Dritten und seinem Arbeitgeber wesentlich mitwirkt.[8] 4

Eine Vollmacht nach Maßgabe des § 55 Abs. 4 kommt weiter nur für einen solchen Vermittlungsgehilfen in Betracht, „der damit betraut ist, außerhalb des Betriebes des Prinzipals für diesen Geschäfte zu vermitteln." Damit ist zum einen gefordert, dass die Vermittlung **tatsächlich im sog. Außendienst** erfolgt: Der Handlungsgehilfe muss örtlich betrachtet außerhalb des Geschäftslokals seines Prinzipals, wobei er eventueller Zweigniederlassungen tätig sein, wobei im Übrigen der Ort der Vermittlungstätigkeit unerheblich ist.[9] Wird der Handlungsgehilfe in einem Geschäftslokal des Arbeitgebers tätig, so findet § 56 Anwendung.[10] Zum Zweiten setzt § 75 g Satz 1 voraus, dass der Handlungsgehilfe mit der Vermittlung im Außendienst „**betraut**" ist. Mit diesem „rechtlich farblosen Ausdruck"[11] wird gleichwohl **eine rechtsverbindliche Zuweisung entsprechender Aufgaben** gefordert. Die allein tatsächliche Wahrnehmung einer Vermittlungstätigkeit im Außendienst reicht danach für das Eingreifen des § 55 Abs. 4 über § 75 g Satz 1 nicht aus.[12] 5

III. Rechtsfolge

Liegen die Voraussetzungen des § 75 g Satz 1 vor, so **findet § 55 Abs. 4 auf den Handlungsgehilfen Anwendung.** Dieser ist zum einen iS. **passiver Vertretungsmacht**[13] zur Entgegennahme von Erklärungen eines Dritten gegenüber dem Prinzipal berechtigt. Das Gesetz nennt konkret die Anzeige von Mängeln einer Ware sowie die Erklärung, dass eine Ware zur Verfügung gestellt werde. Darüber hinaus gilt die Passivvertretung für – wie es heißt – „ähnliche Erklärungen, durch die ein Dritter seine Rechte aus mangelhafter Leistung geltend macht oder sie vorbehält, …". Erfasst werden damit nur Erklärungen, die sich auf eine Leistung des Prinzipals an Dritte beziehen.[14] Zu den „ähnlichen Erklärungen" iSd. § 55 Abs. 4 zählen vor allem die Geltendmachung von Nachbesserung, Nachlieferung, Wandelung, Minderung, Schadensersatz sowie Mahnung, Fristsetzung nach § 323 BGB,[15] Anfechtung, Rücktritt, Kündigung und Leistungsverweigerung.[16] 6

Zum Anderen haben die im Außendienst tätigen Vermittlungsgehilfen nach § 55 Abs. 4 Hs. 2 eine **aktive Vertretungsmacht** insoweit, als sie die dem Prinzipal zustehenden Rechte auf Sicherung des Beweises geltend machen können. Aus der Verbindung mit dem ersten Halbsatz von § 55 Abs. 4 wird deutlich, dass die Geltendmachung von Beweissicherungsrechten nur für eine Beweissi- 7

---

[4] Staub/*Konzen/Weber* RdNr. 2; MünchKommHGB/*v. Hoyningen-Huene* RdNr. 4.
[5] S. auch Staub/*Konzen/Weber* RdNr. 2. Zur Duldungs- und Anscheinsvollmacht s. *Larenz/Wolf*, Allgemeiner Teil des Bürgerlichen Rechts, 9. Aufl. 2004, § 48 RdNr. 20 ff.
[6] S. dazu MünchKommHGB/*Krebs* § 55 RdNr. 7 und 10.
[7] BGH Urt. v. 19. 5. 1982 – I ZR 68/80, NJW 1983, S. 42, hier zum Begriff der Vermittlung iSd. § 84 Abs. 1 Satz 1.
[8] BGH Urt. v. 20. 2. 1986 – I ZR 105/84, DB 1986, 1117, hier zum Recht der Handelsvertreter.
[9] S. Staub/*Konzen/Weber* RdNr. 2; MünchKommHGB/*v. Hoyningen-Huene* RdNr. 6.
[10] S. dazu näher MünchKommHGB/*Krebs* § 56 insbesondere RdNr. 13 ff. zu den Orten iS dieser Regelung.
[11] S. Begründung zum Entwurf eines Gesetzes zur Änderung des Handelsgesetzbuches, BT-Drucks. I/3856 S. 15.
[12] S. auch MünchKommHGB/*v. Hoyningen-Huene* RdNr. 6 a.
[13] S. dazu *Larenz/Wolf* (Fn. 5) § 46 RdNr. 8 und 12.
[14] S. Staub/*Joost* § 55 RdNr. 56.
[15] S. Begründung zum Entwurf eines Gesetzes zur Änderung des Handelsgesetzbuches, BT-Drucks. I/3856 S. 44.
[16] S. näher Staub/*Joost* § 55 RdNr. 50 ff.; MünchKommHGB/*Krebs* § 55 RdNr. 31.

§ 75 h 1. Buch. 6. Abschnitt. Handlungsgehilfen und Handlungslehrlinge

cherung in Betracht kommt, die auf eine mangelhafte Leistung iS. einer Leistungsstörung bezogen ist.[17] Zu den in Frage kommenden Beweissicherungsrechten gehören vor allem die Einleitung und Durchführung des Beweissicherungsverfahrens gemäß §§ 485 ff. ZPO[18] wie auch die Einholung von Sachverständigengutachten.[19]

8 Nach § 75 g Satz 1 iVm. § 55 Abs. 4 wird **nicht vorausgesetzt, dass die aktive und passive Stellvertretung von dem Handlungsgehilfen wahrgenommen wird, der das Geschäft zwischen einem Dritten und dem Prinzipal vermittelt hat.** Abgesehen davon, dass der Wortlaut der genannten Regelungen für eine solche Beschränkung nicht in Anspruch genommen werden kann, stehen dem auch Sinn und Zweck der hier in Frage stehenden Vollmachtzuweisung entgegen: Der damit verfolgte Schutz der Geschäftspartner (s. RdNr. 1) kann nur dadurch angemessen verwirklicht werden, dass sie sich an jeden Vermittlungsgehilfen des Unternehmers iSd. § 75 g Satz 1 wenden können. Ansonsten wäre die Wirkung des § 75 g davon abhängig, dass der Handlungsgehilfe, der ein konkretes Geschäft vermittelt hat, erstens nicht aus dem Arbeitsverhältnis mit dem Prinzipal ausscheidet und zweitens für die Betreuung des Dritten zuständig bleibt.

9 § 75 g Satz 2 macht deutlich, dass es sich bei der Regelung des § 75 g um einen **Rechtsscheintatbestand** handelt. Die im Innenverhältnis zwischen Kaufmann und Handlungsgehilfen zwar mögliche rechtsgeschäftliche Beschränkung der in § 55 Abs. 4 bezeichneten Befugnisse muss ein Dritter nur dann gegen sich gelten lassen, wenn er die Beschränkung kannte oder kennen musste. Für die Bösgläubigkeit des Dritten trägt der Prinzipal die Darlegungs- und Beweislast.[20]

IV. Parallelvorschriften

10 Eine mit § 75 g iVm. § 55 Abs. 4 vergleichbare Regelung enthält das Recht der Handelsvertreter (§§ 84 ff.) in **§ 91 Abs. 2**. Diese Bestimmung gilt für den bloßen Vermittlungsvertreter, also den Handelsvertreter, dem eine Vollmacht zum Abschluss von Geschäften nicht erteilt worden ist.[21]

§ 75 h [Unkenntnis des Mangels der Vertretungsmacht]

(1) Hat ein Handlungsgehilfe, der nur mit der Vermittlung von Geschäften außerhalb des Betriebes des Prinzipals betraut ist, ein Geschäft im Namen des Prinzipals abgeschlossen, und war dem Dritten der Mangel der Vertretungsmacht nicht bekannt, so gilt das Geschäft als von dem Prinzipal genehmigt, wenn dieser dem Dritten gegenüber nicht unverzüglich das Geschäft ablehnt, nachdem er von dem Handlungsgehilfen oder dem Dritten über Abschluß und wesentlichen Inhalt benachrichtigt worden ist.

(2) Das gleiche gilt, wenn ein Handlungsgehilfe, der mit dem Abschluß von Geschäften betraut ist, ein Geschäft im Namen des Prinzipals abgeschlossen hat, zu dessen Abschluß er nicht bevollmächtigt ist.

Übersicht

	RdNr.		RdNr.
I. Normzweck	1	5. Ablehnung oder Schweigen des Prinzipals	10–14
II. Geschäftsabschluss durch Vermittlungsgehilfen (§ 75 h Abs. 1)	2–18	6. Verhältnis zwischen § 75 h Abs. 1 und §§ 177 ff. BGB	15–17
1. Persönlicher Anwendungsbereich	2	7. Ansprüche des Handlungsgehilfen und des Prinzipals untereinander	18
2. Sachlicher Anwendungsbereich	3, 4	III. Geschäftsabschluss durch Abschlussgehilfen (§ 75 h Abs. 2)	19, 20
3. Fehlende Kenntnis vom Mangel der Vertretungsmacht	5, 6	IV. Parallelvorschriften	21
4. Benachrichtigung des Prinzipals	7–9		

---

[17] Zutreffend Staub/*Joost* § 55 RdNr. 53; MünchKommHGB/*Krebs* § 55 RdNr. 33.
[18] S. auch die Begründung zum Entwurf eines Gesetzes zur Änderung des Handelsgesetzbuches, BT-Drucks. I/3856 S. 44.
[19] S. Staub/*Joost* § 55 RdNr. 55.
[20] S. auch *Konzen/Weber* RdNr. 4.
[21] S. hierzu die Begründung zum Entwurf eines Gesetzes zur Änderung des Handelsgesetzbuches, BT-Drucks. I/3856 S. 38; s. auch Staub/*Brüggemann* § 91 RdNr. 4 ff.

I. Normzweck

Die Regelung des § 75 h wurde durch Art. 2 Ziff. 4 des Gesetzes zur Änderung des Handelsgesetzbuches vom 6. 8. 1953 (BGBl. I S. 771) eingefügt und bezweckt – nicht anders als § 75 g (s. § 75 g RdNr. 1) – den **Schutz solcher dritter Personen, die mit einem Kaufmann über einen Handlungsgehilfen in rechtsgeschäftlichen Kontakt treten.** Geschützt werden soll der Dritte, der im Vertrauen auf das Verhalten eines Handlungsgehilfen mit diesem ein Geschäft abschließt, das nach den Vorschriften des Bürgerlichen Gesetzbuches keine rechtliche Wirkung entfaltet.[1] Dieser Schutz wird dadurch gewährleistet, dass bei Geschäftsabschlüssen durch einen Handlungsgehilfen ohne Vertretungsmacht in bestimmten Fällen der **Vertrag als von dem Prinzipal genehmigt gilt.** Hinsichtlich der fehlenden Vertretungsmacht differenziert § 75 h zwei Konstellationen: Während Abs. 1 den Fall regelt, dass ein lediglich zur Vermittlung von Geschäften außerhalb des Betriebs bevollmächtigter Handlungsgehilfe im Namen des Prinzipals ein Geschäft abschließt (s. RdNr. 2 ff.), ist Abs. 2 auf den Fall bezogen, dass ein grundsätzlich zum Geschäftsabschluss berechtigter Handlungsgehilfe ein Geschäft abschließt, das von der Vollmacht nicht umfasst wird (s. RdNr. 19 f.).

II. Geschäftsabschluss durch Vermittlungsgehilfen (§ 75 h Abs. 1)

1. Persönlicher Anwendungsbereich. § 75 h Abs. 1 findet in Übereinstimmung mit § 75 g nur auf **Handlungsgehilfen**[2] Anwendung. Die Regelung ist damit unanwendbar sowohl auf Arbeitnehmer, deren Arbeitgeber nicht Kaufmann iSd. §§ 1 bis 6 ist, wie auch auf Arbeitnehmer eines Kaufmanns, die zu Dienstleistungen nichtkaufmännischer Art verpflichtet sind (s. § 75 g RdNr. 2). Im Falle von Vertragsschlüssen durch die vorbezeichneten, von § 75 h Abs. 1 nicht erfassten Arbeitnehmer gelten bei einer Stellvertretung ohne Vertretungsmacht lediglich die allgemeinen Regeln der §§ 177 ff.[3]

2. Sachlicher Anwendungsbereich. § 75 h Abs. 1 gilt nur für Handlungsgehilfen, die mit der **Vermittlung von Geschäften im Außendienst betraut sind**[4] und über die damit verbundene Vollmacht (s. § 75 g iVm. § 55 Abs. 4) hinaus ein Geschäft im Namen des Prinzipals abschließen. Die Regelung ist also auf den Fall zugeschnitten, dass ein Vermittlungsgehilfe die ihm per definitionem nicht zustehende Abschlusskompetenz wahrnimmt.

Handelt der Handlungsgehilfe lediglich als **Empfangsvertreter** im Hinblick auf eine auf einen Vertragsschluss gerichtete Willenserklärung des Dritten, ohne selbst eine eigene Willenserklärung in fremdem Namen abzugeben, oder tritt er gar nur als Bote des Dritten auf, so findet § 75 h Abs. 1 mangels Vorliegens eines Geschäftsabschlusses durch den Handlungsgehilfen keine Anwendung.[5]

3. Fehlende Kenntnis vom Mangel der Vertretungsmacht. Die Genehmigungsfiktion des § 75 h Abs. 1 (s. RdNr. 10 ff.) kann nur eingreifen, wenn – wie es heißt – „dem Dritten der Mangel der Vertretungsmacht nicht bekannt (war)". Gefordert wird mithin **Unkenntnis von der fehlenden Abschlussvollmacht** bzw. – anders ausgedrückt: Die Wirkung des § 75 h Abs. 1 kommt nicht zum Tragen, sofern dem Dritten die Beschränkung der Tätigkeit des Handlungsgehilfen auf eine bloße Vermittlung von Geschäften positiv bekannt war.[6] **Ein Kennenmüssen der fehlenden Abschlussvollmacht schadet demzufolge nicht,**[7] mag die Unkenntnis auch auf grober Fahrlässigkeit beruhen.[8] Systematisch wird das im Übrigen durch den Vergleich mit § 75 g Satz 2 bestätigt, der neben dem Fall der Kenntnis auch den des Kennenmüssens ausdrücklich nennt.

Die Kenntnis des Dritten hat lediglich zur Folge, dass § 75 h Abs. 1 keine Wirkung entfalten, sprich die **Genehmigungsfiktion** unabhängig von dem Vorliegen der weiteren Voraussetzungen nicht zum Tragen kommen kann. Damit ist jedoch nicht ausgeschlossen, dass das schwebend unwirksame Rechtsgeschäft nach Maßgabe der §§ 177 f. BGB durch Genehmigung des Prinzipals wirksam werden kann.[9]

---

[1] S. die Begründung zu § 91 a des Entwurfs des Gesetzes zur Änderung des Handelsgesetzbuches, BT-Drucks. I/3856 S. 44 f., der mit der Regelung des § 75 h vergleichbar ist.
[2] Zum Begriff s. § 59 RdNr. 8 ff.
[3] Zum Verhältnis zwischen § 75 h Abs. 1 und §§ 177 ff. s. noch RdNr. 15 ff.
[4] S. zu diesen Voraussetzungen näher § 75 g RdNr. 4 f. Nach BGH Urt. v. 21. 12. 2005 – VIII ZR 88/05, BB 2006, 405, 406 soll § 75 h Abs. 1 auch auf einen Handlungsgehilfen anzuwenden sein, der nicht ausschließlich mit Geschäften außerhalb des Betriebes des Prinzipals betraut ist, soweit er im Rahmen seiner Außendiensttätigkeit gehandelt hat.
[5] S. MünchKommHGB/*v. Hoyningen-Huene* RdNr. 4.
[6] Zutreffend MünchKommHGB/*v. Hoyningen-Huene* RdNr. 5; unklar Staub/*Konzen/Weber* RdNr. 4.
[7] So ausdrücklich die Begründung zu § 91 a Abs. 1 des Entwurfs eines Gesetzes zur Änderung des Handelsgesetzbuches, BT-Drucks. I/3856 S. 39, der mit § 75 h Abs. 1 vergleichbar ist.
[8] Baumbach/*Hopt* § 91 a RdNr. 3.
[9] S. MünchKommHGB/*v. Hoyningen-Huene* RdNr. 5; zum Verhältnis zwischen § 75 h und §§ 177 ff. BGB s. noch RdNr. 15 ff.

§ 75 h 7–12 1. Buch. 6. Abschnitt. Handlungsgehilfen und Handlungslehrlinge

7   **4. Benachrichtigung des Prinzipals.** § 75 h Abs. 1 setzt für das Eingreifen der Genehmigungsfiktion weiter voraus, dass **der Prinzipal von dem Handlungsgehilfen oder dem Dritten über Abschluss und wesentlichen Inhalt des Geschäfts benachrichtigt worden ist.**[10] Das Gesetz verlangt ausdrücklich eine Benachrichtigung durch den Handlungsgehilfen oder den Dritten, sprich den Geschäfts- bzw. den Vertragspartner. Damit reicht es für die Anwendung des § 75 h Abs. 1 nicht aus, wenn der Prinzipal **von anderer Seite** über den Geschäftsabschluss und dessen Inhalt Nachricht erhält.[11] Angesichts der Eindeutigkeit des Wortlauts wie auch des Zwecks dieser Beschränkung – aus Billigkeitsgründen soll es vermieden werden, dem Prinzipal auch im Falle der Mitteilung eines beliebigen Dritten eine Erklärungspflicht aufzuerlegen[12] – besteht kein Raum für eine insoweit ausdehnende Anwendung des § 75 h Abs. 1. Aufweichungen vergleichbar strikt formulierter Vorschriften über den Absender einer Nachricht – s. etwa die Auslegung von § 174 Satz 2 BGB bezogen auf die Erklärung arbeitsrechtlicher Kündigungen[13] – können auf die Regelung des § 75 h Abs. 1 nicht übertragen werden.

8   Das Gesetz fordert weiter eine Benachrichtigung über „Abschluss und wesentlichen Inhalt" des Geschäfts. Der **Begriff des „wesentlichen Inhalts"** ist nicht gleichzusetzen mit dem der essentialia negotii, sprich den für den wirksamen Abschluss eines Rechtsgeschäfts notwendigen Bestandteilen,[14] sondern ist weitergehend dahin zu verstehen, dass **alle im Einzelfall für die Entschließung des Prinzipals bedeutsamen Abreden und Einzelheiten mitzuteilen sind.**[15] Wird unter Berücksichtigung dieses Maßstabes der Prinzipal nur unvollkommen informiert, so kann die Fiktion der Genehmigung nicht eingreifen.[16]

9   Eine bestimmte **Form** schreibt das Gesetz für die Vornahme der Benachrichtigung nicht vor. Bei einer lediglich mündlichen Information kann jedoch der insoweit darlegungs- und beweisbelastete Dritte[17] in Schwierigkeiten geraten.

10   **5. Ablehnung oder Schweigen des Prinzipals.** Nach § 75 h Abs. 1 gilt das von dem Handlungsgehilfen geschlossene Geschäft als von dem Prinzipal genehmigt, wenn dieser dem Dritten gegenüber nicht unverzüglich das Geschäft ablehnt. Damit ist hier ein **gesetzlicher Fall des Schweigens** als Genehmigung geregelt.[18]

11   Die Wirkung der Fiktion lässt sich nur durch eine **ausdrückliche oder konkludente**[19] Ablehnungserklärung des Prinzipals vermeiden. Diese muss unverzüglich erfolgen, Maßstab hierfür ist die für das gesamte Privatrecht geltende[20] Regelung des § 121 Abs. 1 Satz 1 BGB: Unverzüglich meint ohne schuldhaftes Zögern. In diesem Rahmen ist dem Prinzipal eine angemessene Überlegungsfrist einzuräumen,[21] deren Länge einzelfallbezogen nach der Art des abgeschlossenen Geschäfts zu beurteilen ist. Für den Regelfall kann die in § 177 Abs. 2 Satz 2 normierte Zwei-Wochen-Frist als Obergrenze herangezogen werden.[22]

12   Die Ablehnungserklärung kann jenseits der Regelung des § 130 Abs. 1 Satz 2 BGB **nicht widerrufen werden.**[23] Wegen der rechtsgestaltenden Wirkung dieser Erklärung – das schwebend unwirksame Rechtsgeschäft wird endgültig unwirksam[24] – ist es mit dem Erfordernis der Klarheit und Sicherheit des Rechtsverkehrs nicht vereinbar, einen Widerruf zuzulassen.[25] Davon zu unterscheiden ist die **Frage der Anfechtbarkeit der Ablehnungserklärung.** Angesichts dessen, dass es

---

[10] S. BGH (Fn. 4) S. 405, 407 zu den Voraussetzungen der Haftung des Prinzipals nach § 75 h.
[11] So ausdrücklich die Begründung zu § 91 a Abs. 1 des Entwurfs eines Gesetzes zur Änderung des HGB, BT-Drucks. I/3856 S. 39, der mit § 75 h Abs. 1 vergleichbar ist. S. auch MünchKommHGB/v. Hoyningen-Huene RdNr. 6; Staub/Konzen/Weber RdNr. 4.
[12] S. die Begründung zu § 91 a Abs. 1 des Entwurfs eines Gesetzes zur Änderung des Handelsgesetzbuches, BT-Drucks. I/3856 S. 39.
[13] Dazu Palandt/Heinrichs § 174 RdNr. 6 und 7 m. Nachw. aus der Rspr. des BAG; kritisch Boecken, Anm. zu BAG Urt. v. 10. 7. 1991 – 2 AZR 107/91, EzA BGB § 174 Nr. 9.
[14] S. zum Begriff Palandt/Heinrichs Einf. vor § 145 RdNr. 3.
[15] Baumbach/Hopt § 91 a RdNr. 6.
[16] S. Begründung zu § 91 a Abs. 1 des Entwurfs eines Gesetzes zur Änderung des Handelsgesetzbuches, BT-Drucks. I/3856 S. 39, der mit § 75 h Abs. 1 vergleichbar ist.
[17] S. Staub/Konzen/Weber RdNr. 8.
[18] S. die Begründung zu § 91 a Abs. 1 des Entwurfs eines Gesetzes zur Änderung des Handelsgesetzbuches, BT-Drucks. I/3856 S. 44; anders § 177 Abs. 2 Satz 2 BGB, s. noch folgend im Text.
[19] Vgl. BGH Urt. v. 2. 11. 1989 – IX ZR 197/88, BGHZ 109, 171 ff., 176 f. = NJW 1990, 454, 456.
[20] Palandt/Heinrichs § 121 RdNr. 3.
[21] Palandt/Heinrichs § 121 RdNr. 3.
[22] S. auch BGH (Fn. 4) S. 405, 406; MünchKommHGB/v. Hoyningen-Huene RdNr. 8; Staub/Konzen/Weber RdNr. 5.
[23] S. BGH Urt. v. 28. 4. 1954 – II ZR 8/53, BGHZ 13, 179 ff., 187.
[24] S. BGH (Fn. 23) S. 187.
[25] BGH (Fn. 23) S. 187.

sich bei der Verweigerung einer Genehmigung (Ablehnung) um eine Willenserklärung handelt,[26] kann die Erklärung iSd. § 75 h Abs. 1 nach Maßgabe der §§ 119 ff. BGB angefochten werden.[27] Erforderlich ist, dass der Willensmangel die Ablehnungserklärung als solche betrifft, nicht das Hauptgeschäft.[28] Wegen der ex tunc-Wirkung der Anfechtung besteht im Zeitpunkt der Wirksamkeit der Anfechtung der Zustand der schwebenden Unwirksamkeit des zwischen dem Handlungsgehilfen und dem Dritten abgeschlossenen Geschäfts fort,[29] so dass nunmehr der Prinzipal entweder ausdrücklich oder konkludent genehmigen[30] oder durch Schweigen die Genehmigungsfiktion herbeiführen kann.[31] Die Möglichkeit einer wirksamen Anfechtung steht nicht im Widerspruch zu der Unwiderruflichkeit der Ablehnungserklärung.[32] Die Anfechtung einer Willenserklärung ist ausdrücklich gesetzlich unter bestimmten Voraussetzungen mit der in § 142 Abs. 1 BGB bestimmten Wirkung zugelassen, die allgemeine Widerruflichkeit einer Erklärung – hier die Verweigerung einer Genehmigung – hingegen nicht.

Erklärt der Prinzipal nicht oder nicht rechtzeitig die Ablehnung, so greift die Fiktion des § 75 h Abs. 1: Das zwischen dem Handlungsgehilfen und dem Dritten geschlossene Geschäft gilt mit dem vereinbarten Inhalt als genehmigt und kommt damit zustande. Mangels näherer Regelung wirkt die Genehmigungsfiktion nach dem Gedanken des § 184 Abs. 1 BGB auf den Zeitpunkt der Vornahme des Rechtsgeschäfts zurück.[33]

Die Genehmigungsfiktion kann allerdings nur zum Tragen kommen, **sofern der Dritte nicht zuvor nach § 178 BGB seine auf den Vertragsschluss gerichtete Willenserklärung widerrufen hat.**[34] Der hier gesetzlich geregelte Fall des Schweigens als Willenserklärung ist nicht anfechtbar.[35] Das gilt unabhängig davon, ob der Prinzipal die Ablehnungserklärung unbewusst oder bewusst unterlässt.[36] Auch für den Fall des bewussten Unterlassens fehlt es an einer Willenserklärung im Rechtssinne, die anfechtbar wäre.[37] Hat der Prinzipal hingegen vor dem Eingreifen der Fiktion durch konkludente Erklärung genehmigt, so liegt kein Fall des § 75 h Abs. 1 vor, sondern eine Willenserklärung, die dementsprechend auch anfechtbar ist.[38]

6. Verhältnis zwischen § 75 h Abs. 1 und §§ 177 ff. BGB. § 75 h Abs. 1 dient dem Schutz von Dritten, die in Unkenntnis von der mangelnden Bevollmächtigung des Handlungsgehilfen mit diesem als Vertreter ein Rechtsgeschäft abschließen. Aus dieser gesetzlichen Regelung lassen sich keine Anhaltspunkte dafür entnehmen, dass die **allgemeinen Regeln der §§ 177 ff. BGB** über den falsus procurator verdrängt werden sollen, was die Unanwendbarkeit verschiedener, für den Dritten durchaus vorteilhafter Bestimmungen zur Folge hätte. Diese Konsequenz wäre mit dem Zweck des § 75 h Abs. 1, dem Dritten einen zusätzlichen Schutz zu verschaffen, nicht vereinbar.

Die Anwendbarkeit der §§ 177 ff. BGB bedeutet zum einen, dass **der Dritte nach § 177 Abs. 2 BGB vorgehen kann.**[39] Macht er das, so beraubt er sich allerdings der Wirkung des § 75 h Abs. 1: Nach der Regelung des § 177 Abs. 2 Satz 2 BGB kommt dem Schweigen des Vertretenen nach Ablauf der Genehmigungsfrist von zwei Wochen die Wirkung einer Verweigerung der Genehmigung zu. Geht **der Dritte nach § 177 Abs. 1 BGB** vor und kommt es nicht zu einer Genehmigung nach § 177 Abs. 1 BGB, so hat er gegenüber dem Handlungsgehilfen die Möglichkeiten des § 179 Abs. 1 BGB: Dieser haftet entweder auf Erfüllung oder auf Schadensersatz unter Berücksichtigung der in § 179 Abs. 2 und Abs. 3 BGB enthaltenen Einschränkungen. Hat **der Dritte die fehlende Vertretungsmacht** gekannt, kann § 75 h Abs. 1 nicht eingreifen und gem. § 179 Abs. 3 BGB haftet der Vertreter nicht. Der Prinzipal hat jedoch die Möglichkeit, den Vertragsschluss gemäß § 177 Abs. 1 BGB zu genehmigen.[40]

---

[26] Palandt/*Heinrichs* § 182 RdNr. 4.
[27] S. auch MünchKommHGB/*v. Hoyningen-Huene* RdNr. 9; allgemein in Palandt/*Heinrichs* § 182 RdNr. 4.
[28] Palandt/*Heinrichs* § 182 RdNr. 4.
[29] S. auch MünchKommHGB/*v. Hoyningen-Huene* RdNr. 9, danach tritt der ursprüngliche Schwebezustand wieder ein; aA Staub/*Brüggemann* § 91 a RdNr. 17.
[30] §§ 177 ff. BGB gelten neben § 75 h Abs. 1, s. noch RdNr. 15 ff.
[31] MünchKommHGB/*v. Hoyningen-Huene* RdNr. 9.
[32] S. dazu oben im Text.
[33] Zu Einschränkungen insoweit s. Palandt/*Heinrichs* § 184 RdNr. 2.
[34] Zutreffend MünchKommHGB/*v. Hoyningen-Huene* RdNr. 17. S. auch noch RdNr. 17.
[35] MünchKommHGB/*v. Hoyningen-Huene* RdNr. 10.
[36] Anders für den zweiten Fall MünchKommHGB/*v. Hoyningen-Huene* RdNr. 10.
[37] Wie hier iE Staub/*Brüggemann* § 91 a RdNr. 12; aA MünchKommHGB/*v. Hoyningen-Huene* RdNr. 10.
[38] Zutreffend Staub/*Brüggemann* § 91 a RdNr. 12.
[39] S. auch MünchKommHGB/*v. Hoyningen-Huene* RdNr. 16.
[40] S. auch MünchKommHGB/*v. Hoyningen-Huene* RdNr. 5.

17 Der Dritte kann auch von dem in § 178 BGB niedergelegten **Widerrufsrecht** Gebrauch machen, solange die Genehmigung nicht nach § 75 h Abs. 1 als erklärt gilt. Mit dem Widerruf der auf den Vertragsschluss gerichteten Erklärung des Dritten kann die Wirkung des § 75 h Abs. 1 nicht mehr eintreten.

18 **7. Ansprüche des Handlungsgehilfen und des Prinzipals untereinander.** Mit dem Abschluss eines Geschäfts verletzt der nur mit der Vermittlung von Geschäften betraute Handlungsgehilfe seine dienst- bzw. arbeitsvertraglichen Pflichten. Die Pflichtverletzung wird nicht durch eine eventuell eintretende Genehmigungsfiktion beseitigt. Der Prinzipal hat – sofern das Geschäft nach § 75 h Abs. 1 wirksam wird – grundsätzlich einen **Anspruch aus positiver Forderungsverletzung** (§§ 280 Abs. 1, 241 Abs. 2, 611 BGB), der jedoch im Regelfall nach § 254 BGB ausgeschlossen sein dürfte.[41] Arbeitsrechtlich kann eine **verhaltensbedingte Kündigung** in Betracht kommen, wobei je nach Einzelfall die Voraussetzungen einer ordentlichen oder außerordentlichen Kündigung vorliegen können. Einen **Provisionsanspruch** hat der vertragswidrig handelnde Handlungsgehilfe nicht.[42] Mag zwischen diesem und seinem Prinzipal auch eine Provisionsabrede iSd. § 65[43] getroffen worden sein, so ist eine solche Vereinbarung ihrem Inhalt nach doch immer nur auf Tätigkeiten bezogen, die der Handlungsgehilfe nach dem Arbeitsvertrag vornehmen darf. Hiervon werden Rechtsgeschäfte, die der Handlungsgehilfe entgegen seiner Stellung als bloßer Vermittlungsgehilfe abschließt, nicht erfasst, wobei diese Ausgrenzung auch für die mit einem solchen Abschluss im Zusammenhang stehende **Vermittlungstätigkeit** gilt: Nicht die Vermittlung selbst abgeschlossener Geschäfte ist provisionspflichtig, sondern allein die Herbeiführung drittabgeschlossener Verträge. Eine seitens des Prinzipals erklärte Genehmigung wie auch eine nach § 75 h Abs. 1 eintretende Genehmigungsfiktion ändern daran nichts: Diese haben weder die Wirkung noch den Zweck, das vertragswidrige Verhalten des Handlungsgehilfen nachträglich zu erlauben.

III. Geschäftsabschluss durch Abschlussgehilfen (§ 75 h Abs. 2)

19 Eine Genehmigungsfiktion greift nach § 75 h Abs. 2 iVm. Abs. 1 auch dann ein, wenn ein Abschlussgehilfe im Namen des Prinzipals ein Geschäft abgeschlossen hat, zu dessen Abschluss er nicht bevollmächtigt war. § 75 h Abs. 2 erweitert den in § 75 h Abs. 1 geregelten Schutz des Dritten mithin auf den **Fall des vollmachtlos handelnden Abschlussgehilfen.**

20 Im Unterschied zu § 75 h Abs. 1 greift die Genehmigungsfiktion unabhängig davon ein, ob der Handlungsgehilfe mit dem **Abschluss von Geschäften im Außen- oder Innendienst** betraut ist. Eine Überschreitung der eingeräumten Abschlussvollmacht kann sich je nach ihrer Ausgestaltung unter inhaltlichen, zeitlichen und örtlichen Gesichtspunkten ergeben.[44] Im Hinblick darauf, dass ein Vertragsschluss vielfach bereits gemäß § 54 und §§ 55 Abs. 1 iVm. 54 zustande kommt, entfaltet § 75 h Abs. 2 praktisch nur eine relativ geringe Wirkung.[45] **Relevanz** hat die Regelung in den Fällen, in denen der Abschlussgehilfe ein iSd. § 54 Abs. 1 ungewöhnliches Geschäft vereinbart oder er zwar ein gewöhnliches Geschäft abschließt, dieses Geschäft jedoch von der eingeräumten Vollmacht nicht erfasst wird und der Dritte die Beschränkung kennen muss.[46] In diesem Fall kommt § 54 Abs. 1 wegen § 54 Abs. 3 nicht zum Tragen, § 75 h Abs. 2 – der wie Abs. 1 positive Kenntnis voraussetzt – kann eingreifen.

IV. Parallelvorschriften

21 § 75 h entspricht inhaltlich der auf **Handelsvertreter bezogenen Vorschrift des § 91 a**. Es war ausdrücklich erklärtes Ziel der Verfasser des Gesetzes zur Änderung des Handelsgesetzbuches vom 6. 8. 1953 (BGBl. I S. 771) den der Bestimmung des § 91 a – vormals § 85 – zugrundeliegenden Gedanken, dass der Dritte geschützt werden soll, der im Vertrauen auf das Verhalten eines Handelsvertreters mit diesem ein Geschäft abschließt, das ohne sein Wissen bürgerlich-rechtlich unwirksam ist, auch für den Fall fruchtbar zu machen, dass ein **Handlungsgehilfe seine Kompetenzen in der in § 75 h beschriebenen Weise überschreitet.**[47]

---

[41] S. auch Staub/*Konzen/Weber* RdNr. 6.
[42] AA MünchKommHGB/*v. Hoyningen-Huene* RdNr. 13.
[43] Dazu näher § 65 RdNr. 5 ff.
[44] Zutreffend Staub/*Konzen/Weber* RdNr. 3.
[45] MünchKommHGB/*v. Hoyningen-Huene* RdNr. 19; Staub/*Konzen/Weber* RdNr. 3.
[46] S. MünchKommHGB/*v. Hoyningen-Huene* RdNr. 19.
[47] S. die Begründung zum Entwurf eines Gesetzes zur Änderung des Handelsgesetzbuches, BT-Drucks. 1/3856 S. 44.

§§ 76–82 *(aufgehoben)*

§ 82 a [Wettbewerbverbot gegenüber Volontären]
Auf Wettbewerbsverbote gegenüber Personen, die, ohne als Lehrlinge angenommen zu sein, zum Zwecke ihrer Ausbildung unentgeltlich mit kaufmännischen Diensten beschäftigt werden (Volontäre), finden die für Handlungsgehilfen geltenden Vorschriften insoweit Anwendung, als sie nicht auf das dem Gehilfen zustehende Entgelt Bezug nehmen.

I. Normzweck

Die durch Art. 2 des Gesetzes zur Änderung der §§ 74, 75 und des § 76 Abs. 1 des Handelsgesetzbuches vom 10. 6. 1914 (RGBl. S. 209) im Zusammenhang mit der Novellierung der Bestimmungen über nachvertragliche Wettbewerbsverbote eingeführte Regelung des § 82 a enthält eine Bestimmung des Begriffs des Volontärs. Hierbei handelt es sich um eine Person, die, ohne als Lehrling angenommen zu sein, zum Zwecke ihrer Ausbildung unentgeltlich mit kaufmännischen Diensten beschäftigt wird. Darüber hinaus ordnet § 82 a an, dass die für Handlungsgehilfen bezogen auf Wettbewerbsverbote geltenden Vorschriften insoweit Anwendung finden, als sie nicht auf das dem Gehilfen zustehende Entgelt Bezug nehmen. Der Gesetzentwurf zur Novellierung der Vorschriften über das nachvertragliche Wettbewerbsverbot hatte ursprünglich in einem §§ 76 Abs. 1 nur eine Regelung vorgesehen, dass bestimmte Wettbewerbsvorschriften auch für Handlungslehrlinge gelten, für Volontäre hingegen eine Sonderregelung nicht getroffen. Aus § 82 a folgt, dass nachvertragliche Wettbewerbsverbote mit Volontären zulässig sind, eine Entschädigung nicht vereinbart werden muss und die Schutzregelungen der §§ 74 ff. Anwendung finden, soweit sie einen Entgeltbezug nicht haben.

II. Gegenstandslosigkeit des § 82 a

Die Regelung des § 82 a ist durch das Berufsbildungsgesetz vom 14. 8. 1969 (BGBl. I S. 1112) gegenstandslos geworden.[1] Gemäß § 12 Abs. 1 Satz 1 BBiG ist eine Vereinbarung, die den Auszubildenden für die Zeit nach Beendigung des Berufsausbildungsverhältnisses in der Ausübung seiner beruflichen Tätigkeit beschränkt, nichtig. Über § 26 BBiG gilt die Regelung auch für Personen, die eingestellt werden, um berufliche Kenntnisse, Fertigkeiten oder Erfahrungen zu erwerben, ohne dass ein Berufsausbildungsverhältnis iSd. Berufsbildungsgesetzes begründet wird. Zu den von § 26 BBiG erfassten Personen gehören auch Volontäre iSd. § 82 a,[2] so dass entgegen § 82 a Wettbewerbsverbote mit diesen Personen nach §§ 26 iVm. 12 BBiG unwirksam sind.

Die Gegenstandslosigkeit des § 82 a ist indirekt von Seiten des Gesetzgebers dadurch bestätigt worden, dass diese Regelung in den neuen Bundesländern nicht gilt. Nach Anl. I, Kap. VIII, Sachg. A, Abschn. III Nr. 2 des Einigungsvertrages ist § 82 a in den neuen Bundesländern nicht anzuwenden.

§ 83 [Andere Arbeitnehmer]
Hinsichtlich der Personen, welche in dem Betrieb eines Handelsgewerbes andere als kaufmännische Dienste leisten, bewendet es bei den für das Arbeitsverhältnis dieser Personen geltenden Vorschriften.

I. Normzweck

§ 83 trifft eine Regelung zum **Anwendungsbereich der in den §§ 59 ff. niedergelegten arbeitsrechtlichen Vorschriften** des Handelsgesetzbuches in Bezug auf Arbeitnehmer, die in dem Betrieb eines Handelsgewerbes beschäftigt sind.

II. Inhalt

Die Bestimmung des § 83 unterscheidet zwischen **Arbeitnehmern, die kaufmännische Dienste leisten** (s. § 59 RdNr. 27 ff.), und **Arbeitnehmern, die** in dem Betrieb eines Handelsgewerbes

---

[1] Siehe auch *Feiler*, Die arbeitsrechtliche Stellung des Handlungsgehilfen, S. 33.
[2] Siehe ErfK/*Schlachter* § 26 BBiG RdNr. 2.

andere als kaufmännische Dienst erbringen: Für letztere bewendet es bei den für das Arbeitsverhältnis dieser Personen geltenden Vorschriften.

3 § 83 ist vor dem Hintergrund zu sehen, dass die im Laufe der Zeit stark veränderten **Vorschriften des Sechsten Abschnitts des Ersten Buches** betreffend die Handlungsgehilfen und Handlungslehrlinge als **Sonderrecht** eingeführt worden sind, um diese Arbeitnehmer „gegen unbillige Vertragsbestimmungen zu schützen, die ihnen bei der Anstellung auferlegt werden."[1] Dabei wurde davon ausgegangen, dass die Rechtsverhältnisse der kaufmännischen Arbeitnehmer **durch die Bestimmungen der §§ 59 ff. nicht erschöpfend geregelt** werden konnten und sollten.[2] Vielmehr wurde die Maßgeblichkeit auch der **allgemeinen arbeitsrechtlichen Vorschriften** angenommen, ausdrücklich hingewiesen wurde im Rahmen des Gesetzgebungsverfahrens auf für Handlungsgehilfen geltende Vorschriften der Gewerbeordnung wie auch das Dienstvertragsrecht des Bürgerlichen Gesetzbuches.[3]

4 Die hier in Frage stehende Bestimmung hat danach **ursprünglich allein die Bedeutung gehabt, die Anwendbarkeit der arbeitsrechtlichen Vorschriften des Handelsgesetzbuches auf andere als kaufmännische Arbeitnehmer eines Kaufmanns auszuschließen.**[4] Diese Funktion kommt der Regelung für einen wesentlichen Teil der noch verbliebenen arbeitsrechtlichen Bestimmungen nicht mehr zu, nachdem eine Reihe von Regelungen – vor allem die über das vertragsmäßige Konkurrenzverbot – auch auf andere als kaufmännisch tätige Arbeitnehmer Anwendung finden.[5]

---

[1] S. Denkschrift zum Entwurf eines Handelsgesetzbuches, Amtl. Ausgabe, 1896, S. 56.
[2] Denkschrift zum Entwurf eines Handelsgesetzbuches (Fn. 1) S. 57.
[3] Denkschrift zum Entwurf eines Handelsgesetzbuches (Fn. 1) S. 57.
[4] Anders, jedoch mit der Entstehungsgeschichte nicht vereinbar, Staub/*Konzen/Weber* RdNr. 1.
[5] Zur entsprechenden Anwendung der Vorschriften über nachvertragliche Wettbewerbsverbote auf nichtkaufmännische Arbeitnehmer s. die grundlegende Entscheidung BAG Urt. v. 13. 9. 1969 – 3 AZR 138/68, BAGE 22, 125 = NJW 1970, 626. S. im Übrigen die Kommentierung zu § 74 RdNr. 7.

Siebenter Abschnitt. Handelsvertreter

Vorbemerkungen

Schrifttum. 1. Gesamtdarstellungen und Monographien. *Abrahamczik,* Der Handelsvertretervertrag, 2. Aufl. 1999; *Alff,* Handelsvertreterrecht, 2. Aufl. 1983; *Bauer/de Bronett,* Die EU – Gruppenfreistellungsverordnung für vertikale Vertriebsbeschränkungen, Köln 2001; *Detzer/Zwernemann,* Ausländisches Recht der Handelsvertreter und Vertragshändler, 1997; *Ebenroth,* Absatzmittlungsverträge im Spannungsfeld von Kartell- und Zivilrecht, 1980; *Eberstein,* Der Handelsvertretervertrag, 8. Aufl. 1999; *Emde,* Die Handelsvertreter-GmbH, 1994; *Genzow,* Vertragshändlervertrag 1996; *Giesler/ Nauschütt,* Franchiserecht, Handbuch für die anwaltliche und gerichtliche Praxis, 2002; *Grundmann,* Europäisches Schuldvertragsrecht, 1999; *Hopt,* Handelsvertreterrecht, 3. Aufl. 2003 (Vorabdruck der Kommentierung der §§ 84 bis 92 c in Baumbach/Hopt, HGB, 31. Aufl. 2003); *Kiene,* Der Ausgleichsanspruch des Handelsvertreters, 2004; *Küstner,* Das Recht des angestellten Geschäftsvermittlers im Waren- und Dienstleistungsbereich, 1985; *Küstner/v. Manteuffel,* Das Recht des Handelsvertreters, 2. Aufl. 1992 (zit. *Küstner* HVR); *dies.,* Der Ausgleichsanspruch des Handelsvertreters, 6. Aufl. 1995 (zit. *Küstner* Ausgleichsanspruch); *Küstner/Thume,* Handbuch des gesamten Außendienstrechts, Band 3 Vertriebsrecht, 2. Aufl. 1998 (zit. *Küstner/Thume* Vertriebsrecht); *dies.,* Das Recht des Handelsvertreters, 3. Aufl. 2003 (zit. *Küstner/ Thume*); *dies.,* Der Ausgleichsanspruch des Handelsvertreters, 7. Aufl. 2003 (zit. *Küstner/Thume* Ausgleichsanspruch); *Lange,* Das Recht der Netzwerke, 1998; *Martinek/Semler,* Handbuch des Vertriebsrechts, 2. Aufl. 2003; *Martiny,* Handelsvertretervertrag, in *Reithmann/Martiny,* Internationales Vertragsrecht, 5. Aufl. 1996; *Niebling,* Vertragshändlerrecht – Das neue Automobilvertriebsrecht, 1999; *Saenger/Schulze,* Der Ausgleichsanspruch des Handelsvertreters, 2000; *Schmidt/ Schwerdtner,* Scheinselbständigkeit, Arbeitsrecht – Sozialrecht, 1999; *Schröder,* Recht der Handelsvertreter, 5. Aufl. 1973; *Schultze/Pautke/Wagener,* Vertikal – GVO, Praxiskommentar, Heidelberg 2001; *Stötter/Stötter,* Das Recht des Handelsvertreter, 4. Aufl. 1992 (zit. *Stötter*); *Stumpf,* Internationales Handelsvertreterrecht, Teil 1, 6. Aufl. 1987; *Stumpf/Jaletzke/ Schultze,* Der Vertragshändlervertrag, 3. Aufl. 1997; *Thiel,* Die Haftung der Anlageberater und Versicherungsvermittler, 2005; *Ulmer,* Der Vertragshändler, 1969; *Ungeheuer,* Der Handelsvertreter, in *Pfeiffer,* Handbuch der Handelsgeschäfte, 1999; *Westphal,* Handelsvertreterrecht in Deutschland, in: *v. Westphalen,* Handbuch des Handelsvertreterrechts in EU-Staaten und der Schweiz, 1995 (zitiert: *Westphal*); *ders.,* Vertriebsrecht Band 1: Der Handelsvertreter, 1998 (zitiert: (*Westphal* Vertriebsrecht), Band 2: Vertragshändler, 2000 (zitiert: *Westphal* Vertragshändler); *ders.,* Handelsvertretervertrag 1997.

2. Rechtsprechungssammlung HVR: Handelsvertreter- und Vertriebsrecht HVR, Band I–IV, herausgegeben vom CDH – Forschungsverband e. V., Berlin.

3. Rechtsprechungsübersichten. *Finke,* Die Rechtsprechung des Bundesgerichtshofs zum Handelsvertreterrecht, WM 1969, 1122 und WM 1972, 1110; *Recken,* Die Rechtsprechung des Bundesgerichtshofs zum Handelsvertreterrecht, WM 1975, 262; *Schönberg,* Die Rechtsprechung des Bundesgerichtshofs zum Handelsvertreterrecht, WM 1978, 102; *v. Gamm,* Die neuere Rechtsprechung des BGH zum Handelsvertreterrecht, NJW 1979, 2489; *Wolf,* Die neuere Rechtsprechung des Bundesgerichtshofs zum Handelsvertreterrecht, WM 1982, 30 und 1986, Sonderbeilage 5 zu Heft 20/1986; *Hübsch/Hübsch,* Die neuere Rechtsprechung des Bundesgerichtshofs zum Handelsvertreterrecht, WM 2005, Sonderbeilage 1/2005 zu Heft 9/2005; *Emde,* Die Entwicklung des Vertriebsrechts im Zeitraum von August 1998 bis August 1999, VersR 1999, 1464; *ders.,* Die Entwicklung des Vertriebsrechts im Zeitraum von September 1999 bis September 2000, VersR 2001, 148; *ders.,* Die Entwicklung des Vertriebsrechts im Zeitraum von Oktober 2000 bis September 2001, VersR 2002, 151; *ders.,* Die Entwicklung des Vertriebsrechts im Zeitraum von Oktober 2001 bis September 2002, VersR 2003, 419 und 549; *ders.,* Die Entwicklung des Vertriebsrechts im Zeitraum Oktober 2002 bis Dezember 2003, VersR 2004, 1499; *ders.,* Rechtsprechungs- und Literaturübersicht zum Vertriebsrecht im Jahr 2004, BB 2005, 389; *ders.* Rechtsprechungs- und Literaturübersicht zum Vertriebsrecht im Jahre 2005, BB 2006, 1061, 1121.

4. Normübergreifende Aufsätze aus neuerer Zeit, wegen älterer Aufsätze wird auf das Schrifttumsverzeichnis Vor § 84 der Vorauflage verwiesen: *Ankele,* Harmonisiertes Handelsvertreterrecht für die Europäische Gemeinschaft, DB 1987, 569; *ders.,* Das Deutsche Handelsvertreterrecht nach der Umsetzung der EG-Richtlinie, DB 1989, 2211; *Creutzig,* Vertrieb und Betreuung neuer Kraftfahrzeuge im 21. Jahrhundert – Fragen und Antworten zur Kfz – GVO 1400/2002, BB 2002, 2133; *Emde,* Die GmbH als Handelsvertreter, GmbHR 1999, 1005; *ders.* Handelsvertreterrecht – relevante Vorschriften bei nationalen und internationalen Verträgen, MDR 2002, 190; *ders.,* Das Handelsvertreter-Kartellrecht nach den Leitlinien zur GVO 2790/99, BB 2002, 949; *Emde/Kelm,* Der Handelsvertretervertrag in der Insolvenz des Unternehmers, ZIP 2005, 58; *Fischer,* Der Handelsvertreter im deutschen und europäischen Recht, ZVglRWiss 101 (2002), 143; *Kindler,* Neues deutsches Handelsvertreterrecht aufgrund der EG-Richtlinie, RIW 1990, 358; *Küstner,* Probleme des Handelsvertreterrechts, ZIP 1988, 63; *Küstner/v. Manteuffel,* Die Änderungen des Handelsvertreterrechts aufgrund der EG-Harmonisierungsrichtlinie vom 18. 12. 1986, BB 1990, 291; *Martinek,* Vom Handelsvertreterrecht zum Recht der Vertriebssysteme, ZHR 161 (1997), 67; *Tscherwinka,* Das Recht des Handelsvertreters, JuS 1991, 110.

Übersicht

	RdNr.		RdNr.
1. Entstehungsgeschichte	1	4. Gesetzessystematik	4
2. Inkrafttreten und Übergangsregelung der Änderungsgesetze	2	5. Höchstrichterliche Rechtsprechung	5
3. Geltung in den neuen Bundesländern/ DDR	3	6. Europäisches und Deutsches Handelsvertreterrecht	6–9
		a) EG-Richtlinie von 1986	6

Vor § 84 1–3   1. Buch. 7. Abschnitt. Handelsvertreter

	RdNr.		RdNr.
b) EG-GruppenfreistellungsVO und Leitlinien von Dezember 1999	7	7. Internationales Handelsvertreterrecht	10
c) „Echter" und „Unechter" HV	8	Bekanntmachung der EG über Alleinvertriebsverträge mit Handelsvertretern	11
d) Rechtliche Bedeutung der Leitlinien	9		

1   **1. Entstehungsgeschichte.** Das heutige HVRecht stammt aus dem Jahr 1953. Von den 9 knappen Vorschriften des HGB vom 10. Mai 1897 (RGBl. S. 219, 237) über den „Handelsagenten" und dessen „Geschäftsherrn" ist nicht eine mehr in der ursprünglichen Fassung in Kraft. Das geltende HVRecht mit seinen zunächst 23 Gesetzesbestimmungen wurde durch das „Gesetz zur Änderung des Handelsgesetzbuchs (Recht der Handelsvertreter)" vom 6. August 1953 (BGBl. I S. 771) geschaffen. Das „Gesetz zur Durchführung der EG-Richtlinie zur Koordination des Rechts der Handelsvertreter" vom 23. Oktober 1989 (BGBl. I S. 1910) brachte Änderungen der §§ 86, 86a, 87, 87a, 89b, 90a, 92c sowie eine Neufassung des § 89. Der im Gesetz von 1953 vorherrschende Grundsatz der Vertragsfreiheit[1] wurde zum Schutz der HV[2] durch die Unabdingbarkeit einiger Vorschriften eingeschränkt. Zu einer Einschränkung des Anwendungsbereichs des § 92c kam es mit dem „Gesetz über den Europäischen Wirtschaftsraum (EWR-Ausführungsgesetz)" vom 27. April 1993 (BGBl. I S. 512). Durch das „Handelsrechtsreformgesetz – HRefG" vom 22. Juni 1998 (BGBl. I S. 1474) sind § 84 und § 90a sowie Art. 29a EGHGB geändert worden; die Änderungen haben eine Klarstellung (§ 84 Abs. 4) sowie eine Anpassung des Gesetzes an die bestehende Rechtslage (§ 90a Abs. 2 und 3) gebracht. § 88 ist durch Art. 9 Nr. 2 iVm. Art. 25 des Gesetzes zur Anpassung von Verjährungsvorschriften an das Gesetz zur Modernisierung des Schuldrechts vom 9. Dezember 2004 (BGBl. I S. 3214) mit Wirkung vom 15. Dezember 2004 aufgehoben worden.

2   **2. Inkrafttreten und Übergangsregelung der Änderungsgesetze.** Das HVRecht von 1953 trat nach Art. 6 Abs. 1 des Gesetzes am 1. Dezember 1953 in Kraft. Art. 6 Abs. 2 und 3 enthielten Übergangsregelungen.[3] Das Gesetz von 1989 trat am 1. Januar 1990 in Kraft, jedoch sah Art. 29 EGHGB vor, dass auf HVVerhältnisse, welche vor dem 1. Januar 1990 begründet worden waren und für welche die Geltung des neuen Rechts vereinbart hatten, das bisherige Recht bis zum 31. Dezember 1993 anzuwenden war.[4] Für die „Begründung des Vertragsverhältnisses" war der Beginn der vertraglichen HVTätigkeit, nicht der Zeitpunkt des Vertragsschlusses entscheidend.[5] Bei inhaltlicher Änderung eines Altvertrags nach dem 1. Januar 1990 war hinsichtlich des geänderten Teils das neue Recht maßgebend; hingegen blieb es bei bloßer schriftlicher Fixierung eines bereits vor dem 1. Januar 1990 mündlich vereinbarten und in Vollzug gesetzten Vertrags zunächst noch bei der Geltung des alten Rechtszustands.[6] Ab 1. Januar 1994 gilt für Altverträge ohne Kündigung oder Änderung des Vertrags automatisch neues Recht,[7] das entspricht Art. 22 der EG-Richtlinie vom 18. 12. 1986.[8] Wegen des Inkrafttretens des Gesetzes von 1993 wird auf die Kommentierung zu § 92c verwiesen. Das HRefG ist nach Art. 29 Abs. 4 hinsichtlich der handelsvertreterrechtlichen Vorschriften am 1. Juli 1998 in Kraft getreten.

3   **3. Geltung in den neuen Bundesländern/DDR.** In den neuen Bundesländern (dem Gebiet der ehemaligen DDR) trat das HVRecht des HGB in der Fassung des Gesetzes von 1989 bereits vor dem Einigungsvertrag auf Grund des Gesetzes der Volkskammer vom 21. Juni 1990[9] am 1. Juli 1990 in Kraft. Für vorher begründete HVVerhältnisse galt auf Grund des Einigungsvertrags Anl. I Kap. III D Abschn. III 2 noch bis zum 31. Dezember 1993 das „Gesetz über Internationale Wirtschaftsverträge" (GIW) vom 5. Februar 1976 (GBl. DDR I Nr. 5, S. 61). Das **Vertragsstatut** für **HVVerträge,** welche grenzüberschreitend zwischen Parteien mit Sitz in der Bundesrepublik und der ehemaligen DDR geschlossen worden waren, bestimmte sich entsprechend den Grundsätzen des internationalen Privatrechts.[10]

---

[1] *Schröder* Einl. B 2.
[2] Kritisch dazu: *Martinek* ZHR 161 (1997), 67, 73.
[3] S. hierzu *Schröder* Vor § 84 Anm. 1–4 sowie *Küstner* HVR RdNr. 263 bis 273; zur Entstehungsgeschichte des Gesetzes siehe *Schröder* Einl. A sowie Staub/*Brüggemann* Vor § 84 RdNr. 1 bis 4.
[4] Vgl. BGH Urt. v. 17. 12. 1997 – VIII ZR 235/96, EBE 1998, 76, 77, 78; OLG Düsseldorf OLGR 2001, 319.
[5] *Küstner* HVR RdNr. 258; *Küstner/v. Manteuffel* BB 1990, 293.
[6] *Küstner* HVR RdNr. 259; *Küstner/v. Manteuffel* BB 1990, 293.
[7] *Küstner* HVR RdNr. 260, 261.
[8] EG-RL 86/653/EWG – ABl. EG Nr. L 382/17 vom 31. 12. 1986, abgedruckt Vor § 84 Anh. I.
[9] Auszugsweise abgedruckt bei *Küstner* HVR RdNr. 2551.
[10] BGH Urt. v. 17. 11. 1994 – III ZR 70/93, BGHZ 128, 41, 43 = MDR 1995, 427; BGH Urt. v. 18. 10. 1995 – VIII ZR 149/94, BGHR HGB Handelsvertreterverhältnis 1; BGH Urt. v. 22. 1. 1997 – VIII ZR 339/95, HVR Nr. 799.

4. Gesetzessystematik. Das Gesetz ist **methodisch aufgebaut**. Es beginnt in § 84 mit der **4** Person des HV und seinen unabdingbaren Hauptpflichten sowie in § 85 mit der für die beiderseitigen Rechte und Pflichten maßgeblichen Vertragsurkunde. Es folgen die Nebenpflichten des HV in § 86 sowie die Pflichten des Unternehmers in den §§ 86 a bis 87 d, mit der Provisionspflicht in den §§ 87 bis 87 b sowie der zu ihrer Durchsetzung dienenden Informationspflicht des § 87 c und der Regelung zum Aufbringen (Tragen und Erstatten) der dem HV bei seiner Berufsausübung entstehenden Kosten in § 87 d. Mögliche Einreden aus dem Vertragsverhältnis waren bis 2004 in § 88 (Verjährung) und sind noch in § 88 a (Zurückbehaltungsrecht) geregelt. Es folgen die Bestimmungen über die Beendigung des Vertrags durch ordentliche (§ 89) und außerordentliche Kündigung (§ 89 a Abs. 1) sowie deren Folgen, nämlich Schadensersatzanspruch bei unberechtigter Kündigung (§ 89 a Abs. 2), Ausgleichsanspruch des HV (§ 89 b), Wahrung von Geschäfts- und Betriebsgeheimnissen (§ 90) sowie nachvertragliches Wettbewerbsverbot (§ 90 a). §§ 91 und 91 a regeln die Stellung des HV im Außenverhältnis zu den Kunden im Hinblick auf Vertretungsbefugnis. Es folgen in §§ 92 bis 92 c Sonderregelungen für bestimmte Gruppen von HV, und zwar Versicherungs- und Bausparkassenvertreter (§ 92), arbeitnehmerähnlicher Einfirmenvertreter (§ 92 a), HV im Nebenberuf (§ 92 b) und außerhalb von EG und EWR tätiger HV (§ 92 c).

5. Höchstrichterliche Rechtsprechung. Das Deutsche HVRecht wird grundlegend durch die **5** Rechtsprechung des **Bundesgerichtshofs** geprägt. Nach dem II., dem VII. und dem I. Zivilsenat ist nunmehr der VIII. Senat, seit langem Fachsenat für Vertragshändlerverträge, zuständig. Durch grundlegende Entscheidungen hat er Fehlentwicklungen in der Rechtsprechung früherer Jahrzehnte korrigiert. Eine Neigung, durch großzügige Anwendung und Auslegung des Gesetzes die Rechtsstellung des HV zu verbessern, ist nicht zu erkennen. Von erheblicher Bedeutung ist außerdem die Rechtsprechung des **Bundesarbeitsgerichts,** da Einfirmenvertreter mit niedrigem Einkommen nach § 5 Abs. 3 ArbGG iVm. § 92 a der Arbeitsgerichtsbarkeit unterstehen. Bei den Arbeitsgerichten einschließlich des BAG ist eine Tendenz festzustellen, handelsvertreterähnlich ausgestaltete Rechtsverhältnisse durch ein teilweise sehr enges Verständnis der Selbständigkeit iSv. § 84 Abs. 2 und eine entsprechende Ausweitung des Begriffs der sog. Scheinselbständigkeit der Arbeitsgerichtsbarkeit und teilweise auch dem Arbeitsrecht mit seinen Auswirkungen auf das Sozialversicherungsrecht (s. § 84) zu unterstellen.[11]

6. Europäisches und Deutsches Handelsvertreterrecht. a) EG-Richtlinie von 1986. Obwohl sich die EG-Richtlinie von 1986 (RdNr. 2)[12] an die Mitgliedstaaten richtet,[13] kommt ihr für das nationale Recht erhebliche Bedeutung zu, da ihre Regelungen sowie die ihnen zugrunde liegenden Vorstellungen und Absichten mit ihren Einschränkungen der Vertragsfreiheit[14] für das Verständnis der Vorschriften des Deutschen HVRechts jedenfalls für den WarenHV[15] unmittelbar heranzuziehen und bei deren Auslegung zu berücksichtigen sind **(Gebot der richtlinienkonformen Auslegung)**[16] mit der gleichzeitigen Folge der **Vorabentscheidungskompetenz des EuGH** gem. Art. 234 EGV.[17] Allerdings regelt die Richtlinie das Recht des WarenHV nicht umfassend, sondern nur auszugsweise; so ist das gesamte Recht der Sanktionen sowie der Leistungsstörungen der Regelungsbefugnis der Mitgliedsstaaten vorbehalten.[18] **Mittelbare Auswirkungen** der Richtlinie auf den Inhalt des Vertrags eines in Deutschland tätigen HV ergeben sich daraus, dass nach dem Urteil des EuGH vom 9. 11. 2000,[19] ergangen zu Art. 17, 18 und 19 EG-RL und damit zu § 89 b, die zum Schutz das HV zwingend ausgestalteten Regelungen der EG-Richtlinie nicht durch eine nach nationalem Recht an sich zulässige Rechtswahl abbedungen und umgangen werden dürfen, wenn das für den HVVertrag gewählte Recht eine der Richtlinie entsprechende Regelung nicht enthält. Die zahlreiche Rechtsfragen aufwerfende Entscheidung hat erhebliche Folgen **für grenzüberschreitende Handelsvertreterverträge** (s. RdNr. 92 c).[20]

---

[11] Kritisch zu dieser Entwicklung: *Rieble,* Die relative Verselbständigung von Arbeitnehmern – Bewegung in den Randzonen des Arbeitsrechts, ZfA 1998, 327.
[12] S. d. ausf. *Hakenberg* Anhang I vor § 84 und *Grundmann* S. 562 f.
[13] Art. 23 EG-RL 86/653/EWG.
[14] *Canaris* § 15 RdNr. 23.
[15] *Grundmann* S. 566 R. 8, S. 572 R. 23; *Fischer* ZVglRWiss 101 (2002), 143, 147.
[16] EuGH Urt. v. 4. 6. 2006 – Rs C-212/04, ZIP 2006, 2141 m. Bspr. *Hofmann* ZIP 2006, 2113; *Grundmann* S. 573, R. 24; *Hakenberg* Vor § 84 Anh. I RdNr. 5, 7 und 9; *Fischer* ZVglRWiss 101 (2002), 143, 147 f.; *Canaris* § 15 RdNr. 18.
[17] *Fischer* ZVglRWiss 101 (2002), 143, 148; *Canaris* § 15 RdNr. 19.
[18] *Fischer* ZVglRWiss 101 (2002), 143, 147.
[19] Rs C-381/98, ZIP 2000, 2108 m. krit. Bspr. *Leible* JA 2001, 270, 271 und krit. sowie abl. Anm. *Freitag* EWiR 2000, 1061; siehe dazu auch *Kindler* BB 2001, 11.
[20] S. d. ausführlich und kritisch *Freitag/Leible* RIW 2001, 287 sowie *Emde* MDR 2002, 190, 196; s. *Hoffman* IHR 2005, 9.

7 b) EG-GruppenfreistellungsVO und Leitlinien von Dezember 1999. Durch die Bekanntmachung der EG über Alleinvertriebsverträge mit Handelsvertretern[21] und die EG – Richtlinie von 1986 war die Rechtsstellung des dem Deutschen Recht unterliegenden HV, abgesehen von den 1989 in Kraft getretenen Gesetzesänderungen (RdNr. 2), noch weitgehend unberührt geblieben. Zu **erheblichen Änderungen in der Rechtsstellung von Vertriebsmittlern** dürfte es nun allerdings kommen, weil durch europarechtliche Regelungen die **Vertragsfreiheit** der Parteien eines deutschen Handelsvertretervertrags in erheblichem Maß **betroffen und eingeschränkt werden** kann.[22] Das betrifft zum einen die Verordnung der Kommission über die Anwendung von Art. 81 Abs. 3 EG-Vertrag auf Gruppen von vertikalen Vereinbarungen und aufeinander abgestimmten Verhaltensweisen,[23] jetzt Verordnung (EG) Nr. 2790/1999 der Kommission vom 22. 12. 1999,[24] mit ihren „Leitlinien über vertikale Beschränkungen",[25] welche sich unter II. 2. ausführlich mit „Handelsvertretervereinbarungen" befassen, sowie zum anderen die neue bis auf alle sonstige Vertriebsmittler mit Ausnahme der echten HV (RdNr. 8) geltende[26] Kfz – GVO[27] mit ihren Regelungen zum Vertrieb von Kraftfahrzeugen. Von diesen Regelungen sollen HV- und sonstige Vermittlerverträge nur dann unberührt bleiben, wenn die Vertriebsmittler nach den vertraglichen Abmachungen keinerlei bedeutsames Risiko in Bezug auf die für den Geschäftsherrn geschlossenen Kundenverträge einzugehen haben, weswegen der Vertriebsmittler nach der Vorstellung der Kommission weder das Eigentum an den von ihm vertriebenen Waren erwerben noch eigene, ihn kostenmäßig belastende Verpflichtungen hinsichtlich der von ihm zu vertreibenden Produkte übernehmen darf. Nach den Leitlinien gehören **zu den einen HV** oder sonstigen Vertriebsmittler **benachteiligenden und ihn den europarechtlichen Beschränkungen unterwerfenden Belastungen zB die eingegangenen Verpflichtungen (1)** zur Beteiligung an den mit der Lieferung oder dem Erwerb von Waren oder der Erbringung von Dienstleistungen verbundenen Kosten, **(2)** zu Investitionen in die Absatz- und Verkaufsförderung wie zB durch Beiträge für Werbeaufwendungen, **(3)** zur Lagerung der vertraglich erfassten Waren auf eigenes Risiko einschließlich einer unentgeltlichen Rückgabe der unverkauften Waren an den Geschäftsherrn, **(4)** zu Aufbau und Betrieb eines Kunden-, Garantie- und Reparaturdienstes auf eigene Kosten, **(5)** zum Aufbau eines eigenen Verteilungsnetzes mit marktspezifischen Investitionen in Ausrüstungen, Gebäude oder Personal, **(6)** zur Übernahme der Haftung gegenüber Dritten für Schäden infolge des Vertriebs der Waren des Geschäftsherrn und **(7)** zur Übernahme der Haftung für Nichtbezahlung der vertriebenen Waren durch die Kunden mit Ausnahme von Delkrederebürgschaften. Bereits die Übernahme einer dieser **nur beispielhaft und nicht erschöpfend angeführten** Tätigkeiten oder Risiken soll zur Anwendbarkeit des **unabdingbaren** Art. 81 Abs. 1 EG-Vertrag mit seinem Verbot wettbewerbsbeschränkender Vereinbarungen und Verhaltensweisen führen können.[28] Außerdem sollen unter Art. 81 Abs. 1 EG-Vertrag alle Vertriebs- oder Vermittlerverträge fallen, welche **Alleinvertriebsrechte** oder **Wettbewerbsverbote** begründen oder zu einer **horizontalen Absprache zwischen Wettbewerbern** führen können.

8 c) Echter und Unechter HV. Wenn diese Vorstellungen der Europäischen Kommission, die in der Rechtslehre kritisch gewürdigt und teilweise abgelehnt werden,[29] rechtlich verbindlich werden und besonders auch die Billigung des EuGH finden sollten (RdNr. 9),[30] würde das unmittelbare Auswirkungen auf die deutschen Handelsvertreterverträge haben.[31] Nur die Verträge mit sog. „echten" Handelsvertretern, welche außer den im HGB ausdrücklich vorgesehenen gesetzlichen Pflichten und Lasten weiteren Verpflichtungen, Risiken und Kosten nicht übernehmen, fielen auch weiterhin nicht

---

[21] ABl. EG 1962 S. 2921, unten 11.
[22] Zur bisherigen Rechtslage nach Art. 81 EG-Vertrag siehe *Lenz/Grill* EG-Vertrag, 2. Aufl. Art. 81 RdNr. 24; zu der neuen Rechtslage: *Emde* BB 2002, 949 und VersR 2001, 148, 155; zum Ganzen auch MünchKommHGB/ *v. Hoyningen-Huene* Vor § 84 RdNr. 24 f.
[23] ABl. EG Nr. C 270/07 vom 24. 9. 1999.
[24] ABl. EG Nr. L 336/21 vom 29. 12. 1999.
[25] ABl. EG Nr. C 291/1 v. 13. 10. 2000.
[26] *Creutzig* BB 2002, 2133, 2135; s. allgemein *Bechtold* EWS 2001, 49; *Polley* WRP 2000, 1203.
[27] VO EG Nr. 1400/2002 vom 31. 7. 2002 – ABl. EG 2002, L 203/30; siehe dazu *Creutzig* BB 2002, 2133; *Pfeffer* NJW 2002, 2910; *Emde* VersR 2003, 419, 420 f.
[28] *Kapp/Andresen*, Der HV im Strudel des Kartellrechts, BB 2006, 2253.
[29] *Rittner* DB 1999, 2097 sowie DB 2000, 1211; *Schultze/Pautke/Wagener*, Vertikal – GVO, RdNr. 145–201; Zu der neuen Gruppenfreistellungsverordnung siehe allgemein *Haager* DStR 2000, 387; *Ensthaler/Funk* BB 2000, 1685; *Pukall* NJW 2000, 1375; *Polley/Seeliger* WRP 2000, 1203; zu den Auswirkungen auf Franchiseverträge siehe *Metzlaff* BB 2000, 1201.
[30] Vgl. *Schultze/Pautke/Wagener* RdNr. 149 bis 152, 198; *Bauer/de Bronett* RdNr. 50.
[31] Die Bedeutung sowie die Auswirkungen der EG-VO und der Leitlinien auf deutsche Handelsvertreterverträge werden aufgezeigt und dargestellt in den ausführlichen Kommentierungen von *Bauer/de Bronett*, von *Schultze/Pautke/ Wagener*, sowie von *Polley/Seeliger* WRP 2000, 1203, 1208 f.

Vorbemerkungen 9–11 Vor § 84

unter Art. 81 EGV[32] und die dort geregelten Wettbewerbsbeschränkungen. Hingegen soll nur noch sog. „unechter" Handelsvertreter und als solcher unter die Beschränkungen des Art. 81 EGV fallender Vertragshändler (Eigenhändler) sein, wer mit dem Vertriebs- oder Handelsvertretervertrag über das gesetzlich geregelte Maß hinausgehende, aus Sicht der Kommission nicht handelsvertretertypische Pflichten, Risiken und Kosten auf sich nimmt, welche ansonsten den Unternehmer treffen würden.[33] Der Vertrag eines echten Handelsvertreters dürfte dann nicht mehr zuungunsten des Handelsvertreters von der gesetzlichen Regelung in den § 84 bis 92 c abweichen.[34] Dabei ist allerdings noch nicht abzusehen, wie das in den Leitlinien verwendete Merkmal der „geschäftlichen (geschäftsspezifischen) Risiken" zu verstehen sein wird, welche der echte Handelsvertreter nicht soll übernehmen dürfen.[35] Ein Verbot der Übernahme jeglichen geschäftlichen Risikos durch den Handelsvertreter würde praktisch alle Handelsvertreterverträge Art. 81 EGV unterwerfen und zB verbindliche Preisvorgaben des Unternehmers an den Handelsvertreter unmöglich machen können.[36]

Zur **Abgrenzung**[37] zwischen echten und unechten Handelsvertreterverträgen enthalten die Leitlinien unter II Nr. 2 einen Katalog von Kriterien („Schwarze Liste").[38] Bei Vorliegen nur eines dieser Kriterien soll bereits ein echter Handelsvertretervertrag ausgeschlossen sein.[39]

d) Rechtliche Bedeutung der Leitlinien. Die veröffentlichten Leitlinien sind **Verwaltungsgrundsätze** der EG-Kommission und als solche weder für die nationalen Gesetzgeber und Gerichte noch insbesondere für den EuGH verbindlich.[40] Zur Verhinderung unliebsamer Überraschungen besonders bei dem Abschluss langfristiger Verträge empfiehlt es sich allerdings, Vereinbarungen zu vermeiden, welche zu der Annahme eines unechten Handelsvertretervertrags führen könnten und „echte" Handelsvertreterverträge und/oder Vertragshändlerverträge abzuschließen.[41] In einem „echten" Handelsvertretervertrag sollte der Unternehmer und Geschäftsherr die dem Handelsvertreter entstehenden Kosten (über die Provision) sowie die geschäftsspezifischen Risiken in vollem Umfang übernehmen sowie selbst tragen und dem Handelsvertreter nur die im Gesetz vorgesehenen Pflichten auferlegen.[42] 9

7. Internationales Handelsvertreterrecht. Grundsätze des **Internationalen HVRechts** sind bei § 92 c und ausführlich von *Kindler* § 92 c Anh. kommentiert. Eine Übersicht über das in ausländischen Staaten geltende HV- und Vertragshändlerrecht geben *Detzer/Ullrich*, Gestaltung von Verträgen mit ausländischen Handelsvertretern und Vertragshändlern, 2000; *Detzer/Zwernemann*, Ausländisches Recht der Handelsvertreter und Vertragshändler, 1997; *Graf v. Westphalen*, Handelsvertreterrecht in den EU-Staaten und der Schweiz, 1995; *Semler/Martinek*, Handbuch des Vertriebsrechts, 2. Aufl. 2003 §§ 45–59; sowie *Stumpf/Jaletzke/Schultze*, Der Vertragshändlervertrag, 3. Aufl. 1997, S. 276. Weiterführende deutsche Literatur über ausländisches HV- und Vertragshändlerrecht bringen *Martiny*, Handelsvertretervertrag S. 1406 und *Kartzke*, Alleinvertriebsvertrag S. 1427, beide in *Reithmann/Martiny*, Internationales Vertragsrecht, 5. Aufl. 1996. 10

Bekanntmachung über Alleinvertriebsverträge mit Handelsvertretern vom 24. 12. 1962 (ABl. EG 1962 S. 2921) 11

I. Die Kommission ist der Auffassung, dass Verträge mit Handelsvertretern, in denen diese für ein bestimmtes Teilgebiet des gemeinsamen Marktes es übernehmen:
– Geschäfte für ein anderes Unternehmen zu vermitteln oder
– in dessen Namen und für dessen Rechnung oder
– im eigenen Namen und für dessen Rechnung abzuschließen, nicht von dem Verbot des Artikels 85 Abs. 1 des Vertrages erfasst werden.

Dabei wird vorausgesetzt, dass der als Handelsvertreter bezeichnete Vertragspartner auch funktionsmäßig Handelsvertreter ist und nicht im Rahmen der Abwicklung der Handelsgeschäfte die Funktion eines Eigenhändlers übernimmt oder ausübt. Die Kommission betrachtet als maßgebliches Kriterium für die Unterscheidung zwischen Handelsvertreter und Eigenhändler die Regelung, die

---

[32] *Schultze/Pautke/Wagener* RdNr. 153; *Emde* BB 2002, 949, 953 f. und VersR 2001, 148, 157 sowie EWiR 2003, 573, 574, s. auch EuG Urt. v. 15. 9. 2005 – Rs T–325/01, DB 2005, 2127 = HVR Nr. 1183 m. zust. Anm. *Weidenbach* EWiR 2005, 861.
[33] Ausführlich dazu *Schultze/Pautke/Wagener* RdNr. 152; *Emde* BB 2002, 949, 953.
[34] *Schulze* FAZ 234/1999 S. 22 v. 8. 10. 1999; *Semler/Baue* DB 2000, 193, 195.
[35] Siehe dazu *Schultze/Pautke/Wagener* RdNr. 158 f.; *Pukall* NJW 2000, 1375, 1377.
[36] So *Pukall* NJW 2000, 1375, 1377.
[37] OLG Frankfurt Urt. v. 18. 11. 2003 – 11 U 2/03, HVR Nr. 1086.
[38] *Schultze/Pautke/Wagener* RdNr. 170.
[39] *Bauer/de Bronett* RdNr. 49; vgl. aber auch *Emde* BB 2002, 949, 952.
[40] *Bauer/de Bronett* RdNr. 245; *Emde* BB 2002, 949, 951.
[41] *Schultze/Pautke/Wagener* RdNr. 198, 201.
[42] *Schultze/Pautke/Wagener* RdNr. 198, 201.

ausdrücklich oder stillschweigend für die Übernahme der mit dem Absatz oder der Vertragsabwicklung verbundenen finanziellen Risiken getroffen worden ist. Sie stellt somit die Beurteilung nicht auf die Bezeichnung ab. Mit Ausnahme der üblichen Delkredere-Haftung hat der Handelsvertreter funktionsmäßig kein weitergehendes Risiko aus dem Handelsgeschäft zu tragen. Übernimmt er dennoch solche Risiken, nähert er sich funktionsmäßig und wirtschaftlich dem Eigenhändler und muss daher wettbewerbsrechtlich auch wie ein Eigenhändler behandelt werden. Die betreffenden Alleinvertriebsvereinbarungen müssen so wie Vereinbarungen mit Eigenhändlern beurteilt werden.

Insbesondere spricht nach Auffassung der Kommission dafür, dass die Funktion eines Eigenhändlers ausgeübt wird, wenn der als Handelsvertreter bezeichnete Vertragspartner
– ein Lager mit in seinem Eigentum stehenden Vertragswaren in erheblichem Umfang unterhalten muss oder unterhält,
– einen erheblichen unentgeltlichen Service auf eigene Kosten einrichten, unterhalten oder durchführen muss oder einrichtet, unterhält oder durchführt oder
– die Preise oder die Geschäftsbedingungen für die Handelsgeschäfte bestimmen kann oder bestimmt.

II. Bei Alleinvertriebsverträgen mit Eigenhändlern kann Artikel 85 Abs. 1 – im Gegensatz zu den hier behandelten Verträgen mit Handelsvertretern – nicht ausgeschlossen werden. Die Wettbewerbsbeschränkung der Ausschließlichkeitsbindungen liegt bei diesen Vereinbarungen entweder in der Verkürzung des Angebots, wenn der Anbieter sich verpflichtet, ein bestimmtes Erzeugnis ausschließlich an einen Nachfrager zu liefern, oder in der Verkürzung der Nachfrage, wenn sich der Nachfrager verpflichtet, ein bestimmtes Erzeugnis ausschließlich von einem Anbieter zu beziehen. Diese Wettbewerbsbeschränkungen bestehen auf beiden Seiten, wenn die Verpflichtungen gegenseitig sind. Ob eine solche Wettbewerbsbeschränkung geeignet ist, den Handel zwischen den Mitgliedstaaten zu beeinträchtigen, hängt vom Einzelfall ab.

Demgegenüber ist der Verbotstatbestand des Artikels 85 Abs. 1 nach Ansicht der Kommission für Alleinvertriebsverträge mit Handelsvertretern nicht erfüllt, da eine Behinderung, Einschränkung oder Verfälschung des Wettbewerbs innerhalb des gemeinsamen Marktes weder bezweckt noch bewirkt wird. Der Handelsvertreter übt auf dem Gütermarkt lediglich eine Hilfsfunktion aus. Auf diesem Markt handelt er im Auftrag und im Interesse des Marktbeteiligten, für den er tätig wird. Im Gegensatz zum Eigenhändler ist er nicht selbst Nachfrager oder Anbieter, sondern sucht im Interesse seines anbietenden oder nachfragenden Vertragspartners Abnehmer oder Anbieter. Bei dieser Art von Alleinvertriebsverträgen scheidet der anbietende oder nachfragende Wettbewerber nicht aus, sondern er bedient sich lediglich des Handelsvertreters als eines Hilfsorgans, um auf dem Markt Erzeugnisse abzusetzen oder zu erwerben.

Die Rechtsstellung des Handelsvertreters ist in den meisten Mitgliedstaaten durch Gesetz, in anderen durch Richterrecht mehr oder weniger übereinstimmend festgelegt. Gemeinsam ist den Handelsvertretern überall die Hilfsfunktion bei der Abwicklung von Handelsgeschäften. Die Befugnisse der Handelsvertreter bestimmen sich nach den zivilrechtlichen Regeln des Auftrags und der Vollmacht. In welchem sachlichen und räumlichen Umfang der anbietende oder nachfragende Vertragspartner sie seinem Handelsvertreter übertragen will, richtet sich im Rahmen dieser Bestimmungen nach seinem freien Ermessen.

Neben dem Wettbewerbsgeschehen auf den Märkten, auf denen der Handelsvertreter für seinen Vertragspartner in einer Hilfsfunktion tätig wird, ist weiter der besondere Markt zu betrachten, auf dem Handelsvertreter ihre Dienstleistungen in Gestalt der Vermittlung oder des Abschließens von Geschäften anbieten. Durch die ausschließliche Verpflichtung des Handelsvertreters, für eine gewisse Zeit für einen Geschäftsherrn tätig zu werden, tritt eine Verkürzung auf diesem Angebotsmarkt ein, durch die ausschließliche Verpflichtung des Vertragspartners des Handelsvertreters, ihn allein für das bestimmte Gebiet zu bestellen, eine Verkürzung auf dem Nachfragemarkt. Die Kommission sieht in diesen Beschränkungen jedoch einen Ausfluss der besonderen Pflicht zur gegenseitigen Interessenwahrung zwischen Handelsvertreter und Geschäftsherrn. Sie nimmt daher eine Wettbewerbsbeschränkung nicht an.

Die Bekanntmachung bezweckt, den Unternehmen Hinweise auf Überlegungen zu geben, von denen sich die Kommission bei der Auslegung des Artikels 85 Abs. 1 des Vertrages und seiner Anwendung im Hinblick auf Alleinvertriebsverträge mit Handelsvertretern leiten lassen wird. Mit dieser Klarstellung wird regelmäßig das Interesse der Unternehmen an der Erlangung eines Negativattests für die genannten Vereinbarungen entfallen und darüber hinaus auch kein Bedürfnis nach Klärung der Rechtslage durch eine Einzelentscheidung der Kommission mehr bestehen; insoweit ist auch der Anlass zur Anmeldung derartiger Verträge beseitigt. Der Auffassung anderer zuständiger Behörden, insbesondere der Gerichte, kann durch diese Bekanntmachung nicht vorgegriffen werden.

Vor § 84 Anhang

Die europäische Handelsvertreter-Richtlinie

Schrifttum: *Ankele*, Harmonisiertes Handelsvertreterrecht für die Europäische Gemeinschaft, DB 1987, 569; *ders.*, Das deutsche Handelsvertreterrecht nach der Umsetzung der EG-Richtlinie, DB 1989, 2211; *Baldi*, Das Recht des Warenvertriebs in der Europäischen Gemeinschaft, 1988; *Detzer/Schmitt/Zwernemann*, Ausländisches Recht der Handelsvertreter und Vertragshändler: das Recht von über 180 Staaten und Territorien, Schriftenreihe Recht der internationalen Wirtschaft 54 (1997); *Eberl*, Ausländische Handelsvertreter: vertraglicher Ausschluss des Ausgleichsanspruchs nach Paragr. 92c HGB: Anmerkungen zu OLG München, Urteil vom 11. 1. 2002, 23 U 4416/01, RIW 2002, 305; *Eckert*, Das neue Recht des Handelsvertreters – Die Umsetzung der EG-Richtlinie im deutschen Recht, NZA 1990, 384; *Fischer*, Der Handelsvertreter im deutschen und europäischen Recht, Zeitschrift für vergleichende Rechtswissenschaft 2002, 143; *Fock*, Der Bezirks- und der Alleinvertreter im europäischen Handelsvertreterrecht, ZEuP 1998, 355; *ders.*, Der nachvertragliche Schadensersatzanspruch des Handelsvertreters gem. Art. 17 Abs. 3 der EG-Handelsvertreterrichtlinie: Alternative oder Ergänzung zum Goodwill-Ausgleich des Vertreters?, Der Ausgleichsanspruch des Handelsvertreters, 2000, S. 62; *Geist*, Europarechtliche Vorgaben bei der Ausgestaltung von Absatzmittlerverhältnissen: unter besonderer Berücksichtigung der Handelsvertreterrichtlinie und der für die verschiedenen Vertriebsformen entwickelten Kartellregeln, Österreichisches und europäisches Wirtschaftsrecht 1997, 167; *Habersack/Martínez Sanz*, Die Kontogeorgas-Entscheidung des EuGH und ihre Auswirkungen auf das deutsche und das spanische Handelsvertreterrecht, EWS 1997, 289; *Kindler*, Neues deutsches Handelsvertreterrecht aufgrund der EG-Richtlinie, RIW 1990, 358; *ders.*, Umsetzung der EG-Richtlinie 653/86: harmonisiertes Handelsvertreterrecht in der Bundesrepublik Deutschland und Italien?, JbItR 4 (1991), 25; *ders.*, Nachbesserungen im italienischen Handelsvertreterrecht: Gesetzesverordnung zur erneuten Umsetzung der Richtlinie Nr. 86/653/EWG, RiW 2000, 161; *Küstner/v. Manteuffel*, Die Änderungen des Handelsvertreterrechts aufgrund der EG-Harmonisierungsrichtlinie vom 18. 12. 1986, BB 1990, 291; *Kuther*, Die neuen Handelsvertretervorschriften im HGB, NJW 1990, 304; *Liebscher*, HVG und EG-Richtlinie, Ecolex 1992, 217 (Österreich); *Omodei-Salè*, Italienische Rechtsprechung zum Gemeinschaftsprivatrecht: die Festlegung der Höhe des vom Unternehmer an den Handelsvertreter zu zahlenden Ausgleiches bei Beendigung des Vertragsverhältnisses zwischen Kollektivvereinbarungen und Rechtsvorschriften auf europäischer Ebene, Zeitschrift für Gemeinschaftsprivatrecht 2005, 115; *Saenger/Schulze*, Der Ausgleichsanspruch des Handelsvertreters: Beispiel für die Fortentwicklung angeglichenen europäischen Rechts, Europäisches Privatrecht. Sektion B, Gemeinsame Rechtsprinzipien 2000; *Schmidt*, Vertragsfreiheit und EG-Handelsvertreterrichtlinie, ZHR 1992, 512; *Staudinger*, Die ungeschriebenen kollisionsrechtlichen Regelungsgebote der Handelsvertreter-, Haustürwiderrufs- und Produkthaftungsrichtlinie, NJW 2001, 1974; *Thouvenin*, Die Handelsvertreterrichtlinie im Vergleich mit dem schweizerischen Obligationenrecht, DACH Schriftenreihe Nr. 11, Grenzüberschreitendes Vertragsrecht 1999, S. 17; *Vieböck*, Der Ausgleichsanspruch nach dem neuen Handelsvertretergesetz, Ecolex 1993, 221 (Österreich); *Westphal*, Die EG-Richtlinie zum Handelsvertreterrecht, FS Meyer-Marsilius 1993, S. 1; *ders.*, Die Handelsvertreterrichtlinie und deren Umsetzung in den Mitgliedstaaten der Europäischen Union, Diss. Münster 1994; *ders.*, Neues Handelsvertreterrecht in der Europäischen Union, EWS 1996, 43; *v. Westphalen/Albrecht*, Handbuch des Handelsvertreterrechts in EU-Staaten und der Schweiz, 1995; *Wittmann*, Zum Ausgleichsanspruch von Handelsvertretern im EG-Ausland vom 31. 12. 1993, BB 1994, 2295; *Wolfram*, Die Vereinheitlichung des Handelsvertreterrechts auf der Grundlage des EG-Richtlinienvorschlags und des Unidroit-Übereinkommensentwurfs, Diss. Frankfurt 1982; *Zwernemann*, Handelsvertreter- und Vertragshändlerrecht, EG-Rechtshandbuch für die Wirtschaft, 1991, S. 135.

Übersicht

	RdNr.		RdNr.
I. Allgemeines	1–10	d) Richtlinienkonforme Auslegung	9, 10
1. Entstehungsgeschichte	1–3	**II. Wichtigste Änderungen des HGB durch die Richtlinie**	11
2. Aufnahme im deutschen Recht	4, 5		
3. Verhältnis des nationalen Rechts zur Richtlinie und Zuständigkeit des EuGH	6–10	Richtlinie 86/653/EWG zur Koordinierung der Rechtsvorschriften der Mitgliedstaaten betreffend die selbständigen Handelsvertreter vom 18. Dezember 1986	640
a) Allgemeine Richtlinienwirkungen	6		
b) Unmittelbare Anwendbarkeit von Richtlinienbestimmungen	7		
c) Schadensersatz	8		

I. Allgemeines

1. Entstehungsgeschichte. Die Neufassung des deutschen HV-Rechts zum 1. 1. 1990 (Gesetz vom 23. 10. 1989, BGBl. I S. 1910) geht zurück auf europäisches Gemeinschaftsrecht, nämlich die **Richtlinie 86/653/EWG** des Rates vom 18. Dezember 1986 zur Koordinierung der Rechtsvorschriften der Mitgliedstaaten betreffend die selbständigen Handelsvertreter (ABl. EG 1986 L 382 S. 17) („HV-RiLi"; abgedruckt im Anhang S. 640), die bis 31. 12. 1989 in die nationalen Rechte der Mitgliedstaaten der EG umzusetzen war. 1

Die Richtlinie entspringt einem langwierigen Gesetzgebungsprozess auf europäischer Ebene, der in den 60er Jahren mit der Richtlinie 64/224/EWG des Rates zur Verwirklichung der Niederlassungsfreiheit und des freien Dienstleistungsverkehrs für Vermittlertätigkeiten in Handel, Industrie und Handwerk (ABl. EG 1964 Nr. 56 S. 869) seinen Anfang nahm. Ausgangspunkt war die 2

Notwendigkeit einer **Harmonisierung** der bestehenden mitgliedstaatlichen HV-Rechte bzw. der Rechtssituation in Mitgliedstaaten, in denen diesbezügliche Kodifizierungen fehlten, um einerseits Beschränkungen der Niederlassungs- und Dienstleistungsfreiheit (Art. 43 und 49 EGV) abzubauen, und andererseits die Unterschiede in den Wettbewerbsbedingungen für die Unternehmen einzudämmen.[1] Die gesetzlichen Leitbilder für HV variierten ursprünglich in den einzelnen Mitgliedstaaten erheblich: während in manchen Staaten arbeitnehmerähnliche Verhältnisse mit starkem Schutz des HV vorherrschten, verstand man den HV anderswo als einen dem Unternehmer gleichrangigen selbständigen Gewerbetreibenden. Entsprechend schwierig war es, eine Harmonisierung herbeizuführen, zumal der Kreis der Mitgliedstaaten immer wieder erweitert wurde und sich dadurch neue Probleme stellten. So widersetzte sich vor allem das Vereinigte Königreich, welches kein kodifiziertes HV-Recht kannte, einem relativ detaillierten Richtlinienentwurf aus dem Jahre 1976 und seiner geänderten Fassung aus 1979.[2] Frankreich und Italien, deren Rechte einen starken staatlichen Schutz des HV vorsahen, bestanden auf der Beibehaltung einiger nationaler Besonderheiten. Lediglich die Bundesrepublik hatte nur wenige Kritikpunkte anzubringen, da das deutsche Recht, das allenthalben als sehr ausgewogen und präzise angesehen wurde, zum Ausgangsmodell der Richtlinie genommen wurde. Als 1986 das Vereinigte Königreich seine Vorbehalte aufgab, wurde die Richtlinie rasch verabschiedet. Sie reiht sich ein in eine seit Mitte der 80er Jahre zu beobachtende Linie europäischer Rechtsharmonisierung, die die langsame Entwicklung eines Gemeinschaftsprivatrechts zum Gegenstand hat.[3]

3 Die HV-RiLi ist **in allen Mitgliedstaaten umgesetzt.** Sie gehört des Weiteren zu dem Rechtsstandard, den Norwegen, Island und Liechtenstein im Rahmen des **EWR** übernommen haben.[4] Die Umsetzung erfolgte nicht überall fristgerecht und inhaltlich ausreichend.[5] Vertragsverletzungsverfahren wegen fehlerhafter Umsetzung wurden allerdings von Seiten der Europäischen Kommission nicht eingeleitet.

4 **2. Aufnahme im deutschen Recht.** Der deutsche Gesetzgeber ist dem Umsetzungsauftrag durch das Ges. v. 23. 10. 1989 (BGBl. I S. 1910) fristgerecht nachgekommen. Da man hierbei bestrebt war, die bestehenden Formulierungen des HGB so wenig wie möglich zu ändern, sind diese mit den Vorschriften der HV-RiLi überwiegend nicht deckungsgleich. Bei manchen Punkten wurde eine Umsetzung wegen einer bestehenden Rspr. nicht für nötig gehalten oder aus sonstigen Gründen unterlassen. Die Umsetzung ist daher an manchen Stellen unzureichend[6] bzw. können diverse **Interpretationsdivergenzen** auftreten (s. jeweils die europarechtliche Kommentierung zu §§ 84–92 c).

5 In der **Praxis** wurde der HV-RiLi in Deutschland bislang nicht die notwendige Beachtung geschenkt, da vielfach davon ausgegangen wird, dass ein Umsetzungsbedarf eigentlich nicht bestand, nachdem die deutschen Vorschriften ohnehin eine „Musterrolle" für die europäischen spielten. Hierbei wird verkannt, dass zum Teil wichtige Abweichungen bestehen, die beachtet werden müssen. Eine verbreitete Fehleinschätzung ist weiterhin, dass sich die Richtlinie nur auf grenzüberschreitende Sachverhalte auswirkt; tatsächlich betrifft die Harmonisierung durch das Gemeinschaftsrecht jedoch das nationale Recht als ganzes und damit überwiegend nationale Sachverhalte.

6 **3. Verhältnis des nationalen Rechts zur Richtlinie und Zuständigkeit des EuGH. a) Allgemeine Richtlinienwirkungen.** Die Inanspruchnahme der Richtlinien-Zuständigkeit durch den europäischen Gesetzgeber bringt einerseits mit sich, dass dem nationalen Gesetzgeber eine Tätigkeit auf dem harmonisierten Gebiet in der Zukunft versagt ist, andererseits, dass bei Auslegung des nationalen (Umsetzungs-)Rechts die zugrundeliegende Richtlinie zu beachten ist. Gem. Art. 249 Abs. 3 EGV ist eine Richtlinie „für jeden Mitgliedstaat, an den sie gerichtet wird, hinsichtlich des zu erreichenden Ziels verbindlich, überlässt jedoch den innerstaatlichen Stellen die Wahl der Form und der Mittel". Die Pflicht zur Beachtung einer Richtlinie beginnt grundsätzlich mit **Ablauf der Umsetzungsfrist;** allerdings sind die Mitgliedstaaten bereits ab dem Erlass der Richtlinie verpflichtet, alles zu unterlassen, was die Erreichung des Richtlinienziels ernstlich in Frage stellt.[7]

---

[1] S. insoweit auch die Ermächtigungsgrundlagen der Art. 47 Abs. 3 und Art. 94 EGV, auf die die Richtlinie letztlich gestützt wurde.
[2] ABl. EG 1977 C 13 S. 2 sowie ABl. EG 1979 C 56 S. 5.
[3] *Schmidt* ZHR 1992, 512. S. insgesamt zum Gemeinschaftsprivatrecht *W. Hakenberg,* Der europäische zivilrechtliche Verbraucherschutz: Überblick und aktuelle Entwicklungen, AnwBl. 1997, 56.
[4] EWR-Abk. Anhang VII E.30 (ABl. EG 1994 L 1 S. 392).
[5] S. hierzu vor allem *v. Westphalen/Albrecht* sowie *Westphal* EWS 1996, 43.
[6] S. hierzu allgemein *Westphal,* Diss. Münster 1994.
[7] EuGH Urt. v. 18. 12. 1997 – Rs. C-129/96, „Inter-Environnement Wallonie/Région wallone", EuGHE 1997 I 7411 = EuZW 1998, 167.

b) Unmittelbare Anwendbarkeit von Richtlinienbestimmungen. Bestimmungen nicht 7 umgesetzter oder fehlerhaft umgesetzter Richtlinien, die inhaltlich unbedingt und hinreichend genau sind, sodass sie auch ohne Konkretisierung durch eine Umsetzungsmaßnahme als Rechtsnorm bestehen können, sind gem. der Rspr. des EuGH nach Ablauf der Umsetzungspflicht im vertikalen Verhältnis Staat – Bürger **unmittelbar anwendbar**. Im horizontalen Verhältnis unter Privaten, wie dies bei der HV-RiLi überwiegend der Fall ist, besteht diese Rechtsfolge jedoch nicht.[8]

c) Schadensersatz. Die Nichtumsetzung oder fehlerhafte Umsetzung von Richtlinien kann 8 allerdings sowohl bei vertikalen als auch bei horizontalen Verhältnissen zu einem gemeinschaftsrechtlichen **Staatshaftungsanspruch** des betroffenen Bürgers gegen den jeweiligen Mitgliedstaat führen, soweit die fragliche Vorschrift dem einzelnen Rechte verleiht, die auf der Grundlage der Richtlinie definiert werden können.[9]

d) Richtlinienkonforme Auslegung. Die nationalen Gerichte sind daneben auf der Grundlage 9 von Art. 249 Abs. 3 EGV generell verpflichtet, gleich ob eine Richtlinie (hinreichend) umgesetzt wurde oder nicht, das nationale Recht **richtlinienkonform auszulegen**.[10] Der EuGH dehnt diese Pflicht sehr weit aus; so kann sie auch zur Nichtanwendung entgegenstehender nationaler Vorschriften führen und betrifft ganz allgemein das nationale Recht, nicht nur Vorschriften, die spezifisch zur Umsetzung einer Richtlinie ergangen sind.[11] Wenn sich Zweifel an der Auslegung einer Richtlinienvorschrift ergeben, ist eine **Vorlage zur Vorabentscheidung an den EuGH** gem. Art. 234 EGV geboten, wobei letztinstanzliche Gerichte eine Vorlagepflicht, nicht letztinstanzliche ein Vorlagerecht haben.[12] Der EuGH hat sich bisher in mehreren Urteilen, die auf Vorabentscheidungsersuchen aus verschiedenen Mitgliedstaaten ergingen, zu diversen Problemen der Richtlinie geäußert.[13]

Die Umsetzung der HV-RiLi im deutschen Recht bietet vielfache Ansatzpunkte für eine richt- 10 linienkonforme Auslegung.[14] Trotz oder gerade wegen der Musterfunktion des deutschen Rechts für die Richtlinie muss bei Auslegung auch der von der Gesetzesnovelle unberührt gebliebenen Vorschriften des HGB ggf. auf die Richtlinie zurückgegriffen werden, und Abweichungen sind besonders sorgfältig zu prüfen.[15] Hierbei ist insbes. zu berücksichtigen, dass nach der Rspr. des EuGH Gemeinschaftsrecht **autonom auszulegen** ist und die Auslegung nach dessen eigenen Regeln auch dann geboten ist, wenn sich die nationale Herkunft einer Gemeinschaftsvorschrift nachweisen lässt.[16] Auch bei Rechtsfragen, die aus nationaler Sicht "ausjudiziert" scheinen, kann sich daher auf Grund der Richtlinie eine Vorlage zum EuGH als notwendig erweisen. Des Weiteren sind auch alle Judikate des EuGH zu beachten, die zu solchen Fragen auf Vorlagen aus anderen Mitgliedstaaten ergehen.

---

[8] StRspr. des EuGH, s. EuGH Urt. v. 14. 7. 1994 – Rs. C-91/92, „Faccini Dori/Recreb", EuGHE 1994 I 3325 = NJW 1994, 2473 = ZIP 1994, 1510 mit Anm. von *W. Hakenberg*, Keine horizontale Richtlinienwirkung, sowie EuGH Urt. v. 5. 10. 2004 – Rs. C-397/01 – C-403/01, „Pfeiffer", EuGHE 2004 I, 8835.
[9] EuGH Urt. v. 19. 11. 1991 – Rs. C-6/90 und C-9/90, „Francovich und Bonifaci/Italien", EuGHE 1991 I 5357 = NJW 1992, 165, sowie zur fehlerhaften Umsetzung der Pauschalreiserichtlinie durch die Bundesrepublik EuGH Urt. v. 8. 10. 1996 – Rs. C-178/94, C-179/94, C-188/94, C-189/94 und C-190/94, „Dillenkofer u. a./Bundesrepublik Deutschland", EuGHE 1996 I 4845 = NJW 1996, 3141. S. zur Staatshaftung von Gerichten EuGH, Urt. v. 30. 9. 2003 – Rs. C-224/01, „Köbler", EuGHE 2003 I, 10239.
[10] S. insbes. EuGH Urt. v. 13. 11. 1990 – Rs. C-106/89, „Marleasing/Comercial Internacional de Alimentación", EuGHE 1990 I 4135; s. hierzu *Roth*, Die richtlinienkonforme Auslegung, in: Europäische Methodenlehre 2006, 250, 308.
[11] S. Urt. Marleasing.
[12] Zum Vorabentscheidungsverfahren s. *W. Hakenberg* ZIP 1995, 1865 sowie *Hakenberg/Stix-Hackl*, Handbuch zum Verfahren vor dem EuGH, 3. Aufl. 2005, S. 62 ff.
[13] EuGH Urt. v. 12. 12. 1996 – Rs. C-104/95, „Kontogeorgas/Kartonpak", EuGHE 1996 I 6643 (zur Definition des Bezirks); EuGH Urt. v. 30. 4. 1998 – Rs. C-215/97, „Bellone", EuGHE 1998 I 2191, EuGH Urt. v. 13. 7. 2000 – Rs. C-456/98, „Centrosteel", EuGHE 2000 I 6007, und EuGH Urt. v. 6. 3. 2003 – Rs. C-485/01, „Caprini", EuGHE 2003 I 2371 (zur Eintragung des Handelsvertreters in ein Register als Formerfordernis); EuGH Urt. v. 9. 11. 2000 – Rs. C-381/98, „Ingmar", EuGHE 2000 I 9305 (zur Rechtswahl bei Tätigkeit in einem Drittland); EuGH Beschl. v. 10. 2. 2004 – Rs. C-85/03, „Mavrona", EuGHE 2004 I 1573 (zur Nicht-Anwendbarkeit auf Vertriebshändler); EuGH Urt. v. 16. 3. 2006 – Rs. C-3/06, „Poseidon", EuGHE 2006 I 2505 (zur Anwendbarkeit auf einzigen Vertrag mit häufigen Verlängerungen); EuGH Urt. v. 23. 3. 2006 – Rs. C-465/04, „Honyvem", EuGHE 2006 I 2879 (zum Schadensersatzanspruch nach Vertragsbeendigung).
[14] *v. Westphalen/Albrecht* RdNr. 5 ff.
[15] *Kindler* RIW 1990, 358, 364; *Ankele* DB 1989, 2211.
[16] EuGH Urt. v. 14. 1. 1982 – Rs. 64/81, „Corman/Hauptzollamt Gronau", EuGHE 1982, 13, RdNr. 8.

II. Wichtigste Änderungen des HGB durch die Richtlinie

11 Die Tendenz der HV-RiLi geht eindeutig dahin, die **Position des HV** gegenüber dem Geschäftsherrn zu **stärken**. Die meisten Änderungen des HGB durch die HV-RiLi sind davon beeinflusst. Zu nennen sind hier insbes. eine Verringerung der Möglichkeiten, gesetzliche Vorschriften durch Parteivereinbarung abzubedingen (§§ 86 Abs. 4, 86a Abs. 3, 87a Abs. 5), die Verstärkung der Unterrichtungspflichten des Unternehmers gegenüber dem HV (§ 86a Abs. 2), die Verlängerung und zeitliche Staffelung der Kündigungsfristen (§ 89) sowie die Einschränkung möglicher Wettbewerbsabreden (§ 90a). Vielfach wird als wichtigste europäische Regelung § 92c Abs. 1 angesehen, wonach die frühere Regelung der Abdingbarkeit der meisten Schutzvorschriften, wenn der HV keine Niederlassung im Inland hatte, auf Vertreter reduziert wurde, die ihre Tätigkeit außerhalb des Gebietes der EG bzw. des EWR ausüben. Die deutsche Umsetzung wird in diesem Punkt allerdings überwiegend als **nicht richtlinienkonform** angesehen.[17] Einige andere Vorschriften betreffen des Weiteren das Verhältnis zwischen einem ausgeschiedenen HV und seinem Nachfolger, was in manchen Mitgliedstaaten zu Mißbräuchen geführt hatte, zB die Regelung der Provisionsteilung in § 87 sowie der Ausschluss des Ausgleichsanspruches, wenn ein Dritter vereinbarungsgemäß in das Vertragsverhältnis eintritt, gem. § 89b Abs. 3 Nr. 3.

Richtlinie 86/653/EWG zur Koordinierung der Rechtsvorschriften der Mitgliedstaaten betreffend die selbständigen Handelsvertreter

vom 18. Dezember 1986[18]
DER RAT DER EUROPÄISCHEN GEMEINSCHAFTEN –
gestützt auf den Vertrag zur Gründung der Europäischen Wirtschaftsgemeinschaft, insbesondere auf Artikel 57 Absatz 2 und Artikel 100,
auf Vorschlag der Kommission,[19]
nach Stellungnahme des Parlaments,[20]
nach Stellungnahme des Wirtschafts- und Sozialausschusses,[21] in Erwägung nachstehender Gründe:
Die Beschränkungen der Niederlassungsfreiheit und des freien Dienstleistungsverkehrs für die Vermittlertätigkeiten in Handel, Industrie und Handwerk sind durch die Richtlinie 64/224/EWG[22] aufgehoben worden.
Die Unterschiede zwischen den einzelstaatlichen Rechtsvorschriften auf dem Gebiet der Handelsvertretungen beeinflussen die Wettbewerbsbedingungen und die Berufsausübung innerhalb der Gemeinschaft spürbar und beeinträchtigen den Umfang des Schutzes der Handelsvertreter in ihren Beziehungen zu ihren Unternehmern sowie die Sicherheit im Handelsverkehr. Diese Unterschiede erschweren im übrigen auch erheblich den Abschluß und die Durchführung von Handelsvertreterverträgen zwischen einem Unternehmer und einem Handelsvertreter, die in verschiedenen Mitgliedstaaten niedergelassen sind.
Der Warenaustausch zwischen den Mitgliedstaaten muß unter Bedingungen erfolgen, die denen eines Binnenmarktes entsprechen, weswegen die Rechtordnungen der Mitgliedstaaten in dem zum guten Funktionieren des Gemeinsamen Marktes erforderlichen Umfang angeglichen werden müssen. Selbst vereinheitlichte Kollisionsnormen auf dem Gebiet der Handelsvertretung können die erwähnten Nachteile nicht beseitigen und lassen daher einen Verzicht auf die vorgeschlagene Harmonisierung nicht zu.
Die Rechtsbeziehungen zwischen Handelsvertreter und Unternehmer sind in diesem Zusammenhang mit Vorrang zu behandeln.
Die in den Mitgliedstaaten für Handelsvertreter geltenden Vorschriften sind in Anlehnung an die Grundsätze von Artikel 117 des Vertrages auf dem Wege des Fortschritts zu harmonisieren.
Einigen Mitgliedstaaten müssen zusätzliche Übergangsfristen eingeräumt werden, da sie besondere Anstrengungen zu unternehmen haben, um ihre Regelungen den Anforderungen dieser Richtlinie anzupassen; es handelt sich insbesondere um den Ausgleich nach Beendigung des Vertragsverhältnisses zwischen dem Unternehmer und dem Handelsvertreter –

---

[17] S. im Einzelnen § 92c RdNr. 16 f.
[18] ABl. EG 1986 L 382 S. 17.
[19] ABl. EG 1977 C 13 S. 2 und ABl. EG 1979 C 56 S. 5.
[20] ABl. EG 1978 C 239 S. 17.
[21] ABl. EG 1978 C 59 S. 31.
[22] ABl. EG 1964 Nr. 56 S. 869.

Die europäische Handelsvertreter-Richtlinie

HAT FOLGENDE RICHTLINIE ERLASSEN:

Kapitel I. Anwendungsbereich

Art. 1. (1) Die durch diese Richtlinie vorgeschriebenen Harmonisierungsmaßnahmen gelten für die Rechts- und Verwaltungsvorschriften der Mitgliedstaaten, die die Rechtsbeziehungen zwischen Handelsvertretern und ihren Unternehmern regeln.

(2) Handelsvertreter im Sinne dieser Richtlinie ist, wer als selbständiger Gewerbetreibender ständig damit betraut ist, für eine andere Person (im folgenden Unternehmer genannt) den Verkauf oder den Ankauf von Waren zu vermitteln oder diese Geschäfte im Namen und für Rechnung des Unternehmers abzuschließen.

(3) Handelsvertreter im Sinne dieser Richtlinie ist insbesondere nicht
- eine Person, die als Organ befugt ist, für eine Gesellschaft oder Vereinigung verbindlich zu handeln;
- ein Gesellschafter, der rechtlich befugt ist, für die anderen Gesellschafter verbindlich zu handeln;
- ein Zwangsverwalter (receiver), ein gerichtlich bestellter Vermögensverwalter (receiver and manager), ein Liquidator (liquidator) oder ein Konkursverwalter (trustee in bankruptcy).

Art. 2. (1) Diese Richtlinie ist nicht anzuwenden
- auf Handelsvertreter, die für ihre Tätigkeit kein Entgelt erhalten;
- auf Handelsvertreter, soweit sie an Handelsbörsen oder auf Rohstoffmärkten tätig sind;
- auf die unter der Bezeichnung „Crown Agents for Overseas Governments and Administrations" bekannte Körperschaft, wie sie im Vereinigten Königreich nach dem Gesetz von 1979 über die „Crown Agents" eingeführt worden ist, oder deren Tochterunternehmen.

(2) Jeder Mitgliedstaat kann vorsehen, daß die Richtlinie nicht auf Personen anwendbar ist, die Handelsvertretertätigkeiten ausüben, welche nach dem Recht dieses Mitgliedstaates als nebenberufliche Tätigkeiten angesehen werden.

Kapitel II. Rechte und Pflichten

Art. 3. (1) Bei der Ausübung seiner Tätigkeit hat der Handelsvertreter die Interessen des Unternehmers wahrzunehmen und sich nach den Geboten von Treu und Glauben zu verhalten.

(2) Im besonderen muß der Handelsvertreter
a) sich in angemessener Weise für die Vermittlung und gegebenenfalls den Abschluß der ihm anvertrauten Geschäfte einsetzen;
b) dem Unternehmer die erforderlichen ihm zur Verfügung stehenden Informationen übermitteln;
c) den vom Unternehmer erteilten angemessenen Weisungen nachkommen.

Art. 4. (1) Der Unternehmer hat sich gegenüber dem Handelsvertreter nach den Geboten von Treu und Glauben zu verhalten.

(2) Insbesondere hat der Unternehmer dem Handelsvertreter
a) die erforderlichen Unterlagen zur Verfügung zu stellen, die sich auf die betreffenden Waren beziehen;
b) die für die Ausführung des Handelsvertretervertrages erforderlichen Informationen zu geben und ihn insbesondere binnen angemessener Frist zu benachrichtigen, sobald er absieht, daß der Umfang der Geschäfte erheblich geringer sein wird, als der Handelsvertreter normalerweise hätte erwarten können.

(3) Im übrigen muß der Unternehmer dem Handelsvertreter binnen angemessener Frist von der Annahme oder Ablehnung und der Nichtausführung der vom Handelsvertreter vermittelten Geschäfte Kenntnis geben.

Art. 5. Die Parteien dürfen keine Vereinbarungen treffen, die von den Artikeln 3 und 4 abweichen.

Kapitel III. Vergütung

Art. 6. (1) Bei Fehlen einer diesbezüglichen Vereinbarung zwischen den Parteien und unbeschadet der Anwendung der verbindlichen Vorschriften der Mitgliedstaaten über die Höhe der Vergütungen hat der Handelsvertreter Anspruch auf eine Vergütung, die an dem Ort, an dem er seine Tätigkeit ausübt, für die Vertretung von Waren, die den Gegenstand des Handelsvertretervertrags bilden, üblich ist. Mangels einer solchen Üblichkeit hat der Handelsvertreter Anspruch auf eine angemessene Vergütung, bei der alle mit dem Geschäft zusammenhängenden Faktoren berücksichtigt sind.

(2) Jeder Teil der Vergütung, der je nach Zahl oder Wert der Geschäfte schwankt, gilt als Provision im Sinne dieser Richtlinie.

(3) Die Artikel 7 bis 12 gelten nicht, soweit der Handelsvertreter nicht ganz oder teilweise in Form einer Provision vergütet wird.

Art. 7. (1) Für ein während des Vertragsverhältnisses abgeschlossenes Geschäft hat der Handelsvertreter Anspruch auf die Provision,

a) wenn der Geschäftsabschluß auf seine Tätigkeit zurückzuführen ist oder

b) wenn das Geschäft mit einem Dritten abgeschlossen wurde, den er bereits vorher für Geschäfte gleicher Art als Kunden geworben hatte.

(2) Für ein während des Vertragsverhältnisses abgeschlossenes Geschäft hat der Handelsvertreter ebenfalls Anspruch auf die Provision,

– wenn ihm ein bestimmter Bezirk oder Kundenkreis zugewiesen ist oder

– wenn er die Alleinvertretung für einen bestimmten Bezirk oder Kundenkreis hat

und sofern das Geschäft mit einem Kunden abgeschlossen worden ist, der diesem Bezirk oder dieser Gruppe angehört.

Die Mitgliedstaaten müssen in ihr Recht die eine oder die andere der unter den beiden obigen Gedankenstrichen enthaltenen Alternativen aufnehmen.

Art. 8. Für ein erst nach Beendigung des Vertragsverhältnisses geschlossenes Geschäft hat der Handelsvertreter Anspruch auf Provision:

a) wenn der Geschäftsabschluß überwiegend auf die Tätigkeit zurückzuführen ist, die er während des Vertragsverhältnisses ausgeübt hat, und innerhalb einer angemessenen Frist nach dessen Beendigung erfolgt oder

b) wenn die Bestellung des Dritten gemäß Artikel 7 vor Beendigung des Handelsvertreterverhältnisses beim Unternehmer oder beim Handelsvertreter eingegangen ist.

Art. 9. Der Handelsvertreter hat keinen Anspruch auf die Provision nach Artikel 7, wenn diese gemäß Artikel 8 dem Vorgänger zusteht, es sei denn, daß die Umstände eine Teilung der Provision zwischen den Handelsvertretern rechtfertigen.

Art. 10. (1) Der Anspruch auf Provision besteht, sobald und soweit eines der folgenden Ereignisse eintritt:

a) der Unternehmer hat das Geschäft ausgeführt;

b) der Unternehmer hätte nach dem Vertrag mit dem Dritten das Geschäft ausführen sollen;

c) der Dritte hat das Geschäft ausgeführt.

(2) Der Anspruch auf Provision besteht spätestens, wenn der Dritte seinen Teil des Geschäfts ausgeführt hat oder ausgeführt haben müßte, falls der Unternehmer seinen Teil des Geschäfts ausgeführt hätte.

(3) Die Provision ist spätestens am letzten Tag des Monats zu zahlen, der auf das Quartal folgt, in welchem der Anspruch des Handelsvertreters auf Provision erworben worden ist.

(4) Von den Absätzen 2 und 3 darf nicht durch Vereinbarung zum Nachteil des Handelsvertreters abgewichen werden.

Art. 11. (1) Der Anspruch auf Provision erlischt nur, wenn und soweit

– feststeht, daß der Vertrag zwischen dem Dritten und dem Unternehmer nicht ausgeführt wird, und

– die Nichtausführung nicht auf Umständen beruht, die vom Unternehmer zu vertreten sind.

(2) Vom Handelsvertreter bereits empfangenen Provisionen sind zurückzuzahlen, falls der Anspruch darauf erloschen ist.

(3) Vom Absatz 1 darf nicht durch Vereinbarungen zum Nachteil des Handelsvertreters abgewichen werden.

Art. 12. (1) Der Unternehmer hat dem Handelsvertreter eine Abrechnung über die geschuldeten Provisionen zu geben, und zwar spätestens am letzten Tag des Monats, der auf das Quartal folgt, in dem der Provisionsanspruch erworben worden ist. Diese Abrechnung muß alle für die Berechnung der Provision wesentlichen Angaben enthalten.

(2) Der Handelsvertreter kann verlangen, daß ihm alle Auskünfte, insbesondere ein Auszug aus den Büchern, gegeben werden, über die der Unternehmer verfügt und die der Handelsvertreter zur Nachprüfung des Betrags der ihm zustehenden Provisionen benötigt.

(3) Von den Absätzen 1 und 2 darf nicht durch Vereinbarungen zum Nachteil des Handelsvertreters abgewichen werden.

(4) Diese Richtlinie berührt nicht die einzelstaatlichen Bestimmungen, nach denen der Handelsvertreter ein Recht auf Einsicht in die Bücher des Unternehmers hat.

Kapitel IV. Abschluß und Beendigung des Handelsvertretervertrags

Art. 13. (1) Jede Partei kann von der anderen Partei eine von dieser unterzeichnete Urkunde verlangen, die den Inhalt des Vertrages einschließlich der Änderungen oder Ergänzungen wiedergibt. Dieser Anspruch kann nicht ausgeschlossen werden.

(2) Ansatz 1 hindert einen Mitgliedstaat nicht daran vorzuschreiben, daß ein Vertretungsvertrag nur in schriftlicher Form gültig ist.

Art. 14. Ein auf bestimmte Zeit geschlossener Vertrag, der nach Ende seiner Laufzeit von beiden Parteien fortgesetzt wird, gilt als in einen auf unbestimmte Zeit geschlossenen Vertrag umgewandelt.

Art. 15. (1) Ist der Vertrag auf unbestimmte Zeit geschlossen, so kann er von jeder Partei unter Einhaltung einer Frist gekündigt werden.

(2) Die Kündigungsfrist beträgt für das erste Vertragsjahr einen Monat, für das angefangene zweite Vertragsjahr zwei Monate, für das angefangene dritte und die folgenden Vertragsjahre drei Monate. Kürzere Fristen dürfen die Parteien nicht vereinbaren.

(3) Die Mitgliedstaaten können die Kündigungsfrist für das vierte Vertragsjahr auf vier Monate, für das fünfte Vertragsjahr auf fünf Monate und für das sechste und die folgenden Vertragsjahre auf sechs Monate festsetzen. Sie können bestimmen, daß die Parteien kürzere Fristen nicht vereinbaren dürfen.

(4) Vereinbaren die Parteien längere Fristen als die der Absätze 2 und 3, so darf die vom Unternehmer einzuhaltende Frist nicht kürzer sein als die vom Handelsvertreter einzuhaltende Frist.

(5) Sofern die Parteien nicht etwas anderes vereinbart haben, ist die Kündigung nur zum Ende eines Kalendermonats zulässig.

(6) Dieser Artikel gilt auch für einen auf bestimmte Zeit geschlossenen Vertrag, der nach Artikel 14 in einen auf unbestimmte Zeit geschlossenen Vertrag umgewandelt wird, mit der Maßgabe, daß bei der Berechnung der Dauer der Kündigungsfrist die vorher geltende feste Laufzeit zu berücksichtigen ist.

Art. 16. Diese Richtlinie berührt nicht die Anwendung der Rechtsvorschriften der Mitgliedstaaten, wenn diese Rechtsvorschriften die fristlose Beendigung des Vertragsverhältnisses für den Fall vorsehen, daß

a) eine der Parteien ihren Pflichten insgesamt oder teilweise nicht nachgekommen ist;
b) außergewöhnliche Umstände eintreten.

Art. 17. (1) Die Mitgliedstaaten treffen die erforderlichen Maßnahmen dafür, daß der Handelsvertreter nach Beendigung des Vertragsverhältnisses Anspruch auf Ausgleich nach Absatz 2 oder Schadensersatz nach Absatz 3 hat.

(2) a) Der Handelsvertreter hat Anspruch auf einen Ausgleich, wenn und soweit
 – er für den Unternehmer neue Kunden geworben oder die Geschäftsverbindungen mit vorhandenen Kunden wesentlich erweitert hat und der Unternehmer aus den Geschäften mit diesen Kunden noch erhebliche Vorteile zieht und

— die Zahlung eines solchen Ausgleichs unter Berücksichtigung aller Umstände, insbesondere der dem Handelsvertreter aus Geschäften mit diesen Kunden entgehenden Provisionen, der Billigkeit entspricht. Die Mitgliedstaaten können vorsehen, daß zu diesen Umständen auch die Anwendung oder Nichtanwendung einer Wettbewerbsabrede im Sinne des Artikels 20 gehört.

b) Der Ausgleich darf einen Betrag nicht überschreiten, der einem jährlichen Ausgleich entspricht, der aus dem Jahresdurchschnittsbetrag der Vergütungen, die der Handelsvertreter während der letzten fünf Jahre erhalten hat, errechnet wird; ist der Vertrag vor weniger als fünf Jahren geschlossen worden, wird der Ausgleich nach dem Durchschnittsbetrag des entsprechenden Zeitraums ermittelt.

c) Die Gewährung dieses Ausgleichs schließt nicht das Recht des Handelsvertreters aus, Schadensersatzansprüche geltend zu machen.

(3) Der Handelsvertreter hat Anspruch auf Ersatz des ihm durch die Beendigung des Vertragsverhältnisses mit dem Unternehmer entstandenen Schadens.

Dieser Schaden umfaßt insbesondere

— den Verlust von Ansprüchen auf Provision, die dem Handelsvertreter bei normaler Fortsetzung des Vertrages zugestanden hätten und deren Nichtzahlung dem Unternehmer einen wesentlichen Vorteil aus der Tätigkeit des Handelsvertreters verschaffen würde, und/oder

— Nachteile, die sich aus der nicht erfolgten Amortisation von Kosten und Aufwendungen ergeben, die der Handelsvertreter in Ausführung des Vertrages auf Empfehlung des Unternehmers gemacht hatte.

(4) Der Anspruch auf Ausgleich nach Absatz 2 oder Schadensersatz nach Absatz 3 entsteht auch dann, wenn das Vertragsverhältnis durch Tod des Handelsvertreters endet.

(5) Der Handelsvertreter verliert den Anspruch auf Ausgleich nach Absatz 2 oder Schadensersatz nach Absatz 3, wenn er dem Unternehmer nicht innerhalb eines Jahres nach Beendigung des Vertragsverhältnisses mitgeteilt hat, daß er seine Rechte geltend macht.

(6) Die Kommission legt dem Rat innerhalb von acht Jahren nach Bekanntgabe dieser Richtlinie einen Bericht über die Durchführung dieses Artikels vor und unterbreitet ihm gegebenenfalls Änderungsvorschläge.

Art. 18. Der Anspruch auf Ausgleich oder Schadensersatz nach Artikel 17 besteht nicht,

a) wenn der Unternehmer den Vertrag wegen eines schuldhaften Verhaltens des Handelsvertreters beendet hat, das aufgrund der einzelstaatlichen Rechtsvorschriften eine fristlose Beendigung des Vertrages rechtfertigt;

b) wenn der Handelsvertreter das Vertragsverhältnis beendet hat, es sei denn, diese Beendigung ist aus Umständen, die dem Unternehmer zuzurechnen sind, oder durch Alter, Gebrechen oder Krankheit des Handelsvertreters, derentwegen ihm eine Fortsetzung seiner Tätigkeit billigerweise nicht zugemutet werden kann, gerechtfertigt;

c) wenn der Handelsvertreter gemäß einer Vereinbarung mit dem Unternehmer die Rechte und Pflichten, die er nach dem Vertrag besitzt, an einen Dritten abtritt.

Art. 19. Die Parteien können vor Ablauf des Vertrages keine Vereinbarungen treffen, die von Artikel 17 und 18 zum Nachteil des Handelsvertreters abweichen.

Art. 20. (1) Eine Vereinbarung, die den Handelsvertreter nach Beendigung des Vertrages in einer gewerblichen Tätigkeit einschränkt, wird in dieser Richtlinie als Wettbewerbsabrede bezeichnet.

(2) Eine Wettbewerbsabrede ist nur gültig, wenn und soweit sie

a) schriftlich getroffen worden ist und

b) sich auf den dem Handelsvertreter zugewiesenen Bezirk oder Kundenkreis sowie auf Warengattungen erstreckt, die gemäß dem Vertrag Gegenstand seiner Vertretung sind.

(3) Eine Weettbewerbsabrede ist längstens zwei Jahre nach Beendigung des Vertragsverhältnisses wirksam.

(4) Dieser Artikel berührt nicht die einzelstaatlichen Rechtsvorschriften, die weitere Beschränkungen der Wirksamkeit oder Anwendbarkeit der Wettbewerbsabreden vorsehen oder nach denen die Gerichte die Verpflichtungen der Parteien aus einer solchen Vereinbarung mindern können.

Kapitel V. Allgemeine und Schlußbestimmungen

Art. 21. Diese Richtlinie verpflichtet keinen Mitgliedstaat, die Offenlegung von Informationen vorzuschreiben, wenn eine solche Offenlegung mit einer öffentlichen Ordnung unvereinbar wäre.

Art. 22. (1) Die Mitgliedstaaten erlassen die erforderlichen Vorschriften, um dieser Richtlinie vor dem 1. Januar 1990 nachzukommen. Sie setzen die Kommission unverzüglich davon in Kenntnis. Die genannten Bestimmungen finden zumindest auf die nach ihrem Inkrafttreten geschlossenen Verträge Anwendung. Sie finden auf laufende Verträge spätestens am 1. Januar 1994 Anwendung.

(2) Vom Zeitpunkt der Bekanntgabe dieser Richtlinie an teilen die Mitgliedstaaten der Kommission den Wortlaut der wesentlichen Rechts- oder Verwaltungsvorschriften mit, die sie auf dem unter diese Richtlinie fallenden Gebiet erlassen.

(3) Jedoch gilt bezüglich Irlands und des Vereinigten Königreichs anstelle des Datums 1. Januar 1990 in Artikel 1 der 1. Januar 1994.

(4) Bezüglich Italiens gilt hinsichtlich der sich aus Artikel 17 ergebenden Verpflichtungen anstelle des genannten Datums der 1. Januar 1993.

Art. 23. Diese Richtlinie ist an die Mitgliedstaaten gerichtet.

§ 84 [Begriff des Handelsvertreters]

(1) ¹ **Handelsvertreter ist, wer als selbständiger Gewerbetreibender ständig damit betraut ist, für einen anderen Unternehmer (Unternehmer) Geschäfte zu vermitteln oder in dessen Namen abzuschließen.** ² **Selbständig ist, wer im wesentlichen frei seine Tätigkeit gestalten und seine Arbeitszeit bestimmen kann.**

(2) Wer, ohne selbständig im Sinne des Absatzes 1 zu sein, ständig damit betraut ist, für einen Unternehmer Geschäfte zu vermitteln oder in dessen Namen abzuschließen, gilt als Angestellter.

(3) Der Unternehmer kann auch ein Handelsvertreter sein.

(4) Die Vorschriften dieses Abschnittes finden auch Anwendung, wenn das Unternehmen des Handelsvertreters nach Art oder Umfang einen in kaufmännischer Weise eingerichteten Geschäftsbetrieb nicht erfordert.

Schrifttum: Siehe zunächst das Schrifttumsverzeichnis vor § 84; wegen des älteren Schrifttums aus der Zeit vor 1990 wird auf das Schrifttumsverzeichnis der Vorauflage verwiesen: *Adomeit*, Der Schein-Schein-Selbständige, NJW 1999, 2086; *Andexer*, Apropos „Scheinselbständigkeit" – ein Erfahrungsaustausch, BB 1998, 2473; *Bauder*, Zur Selbständigkeit des Franchise-Nehmers, NJW 1989, 78; *Behrend*, Aktuelle handelsvertreterrechtliche Fragen in Rechtsprechung und Praxis, NJW 2003, 1563; *Berndt*, Einbeziehung der „Scheinselbständigen" und „arbeitnehmerähnlichen Selbständigen" in die Sozialversicherung zum 1. 1. 1999, MDR 1999, 210; *ders.*, Von der Scheinselbständigkeit zur Förderung der Selbständigkeit, NJW 2000, 464; *Bodewig*, Der Ausgleich des Franchisenehmers nach Beendigung des Vertragsverhältnisses, BB 1997, 637; *Boemke*, Neue Selbständigkeit und Arbeitsrecht, ZfA 1998, 285; *ders.*, Zivilrechtsweg bei Klagen aus Franchiseverträgen – OLG Düsseldorf NJW 1998, 2978, JuS 1999, 14; *Böhmer*, Werbekostenzuschüsse und sonstige Einkaufsvorteile in Franchisesystemen, NJW 1998, 109; *Böhner*, Bestand und Ausmaß der vorvertraglichen Aufklärungspflichten des Franchisegebers – das „Aufina" Urteil unter der Lupe, BB 2001, 1749; *Boin*, Die Rechtsfähigkeit der BGB-Gesellschaft – eine never ending story, GmbHR 2001, 513; *Bolle*, Der arbeits- und sozialversicherungsrechtliche Status von Versicherungsvermittlern, NJW 2001, 422; *Brand*, Das Gesetz zur Bekämpfung der Scheinselbständigkeit, DB 1999, 1162; *Braun*, Der Franchisenehmer – Bericht aus der Praxis, NZA Sonderheft 1999, 3; *Buchner*, Scheinselbständige und arbeitnehmerähnliche Selbständige in der Sozialversicherung – Gesetz zu „Korrekturen in der Sozialversicherung", DB 1999, 146; *ders.*, Versicherungs-, Beitrags- und Melderecht für scheinselbständige Arbeitnehmer, DB 1999, 533; *ders.*, Gelöstes und Ungelöstes zu Scheinselbständigen und arbeitnehmerähnlichen Selbständigen, DB 1999, 1502; *ders.*, Von Scheinselbständigen und Scheinlösungen, DB 1999, 2514; *Büser*, Rechtliche Probleme im Rahmen der Datenübermittlung beim Franchising, BB 1997, 213; *Bumiller*, Der Franchisenehmer zwischen Zivil- und Arbeitsgerichtsbarkeit, NJW 1998, 2953; *Bunte*, Die Aufhebung des Schriftformerfordernisses nach § 34 GWB, DB 1998, 1600; *ders.*, Die 6. GWB-Novelle – Das neue Gesetz gegen Wettbewerbsbeschränkungen, DB 1998, 1748; *Creutzig*, Investitionsanspruch des Vertragshändlers: Vergessen, obwohl existenznotwendig?, NJW 2002, 3430; *Denny/Wastl*, Zur Durchsetzbarkeit von *Vertreterprovisionen* der ehemaligen KOKO-Betriebe – veranschaulicht anhand des Beispiels der Firma Günther Forgber, DtZ 1993, 75; *Emde*, Die betriebsbedingte außerordentliche Kündigung von Vertragshändlerverträgen durch den Unternehmer, BB 1996, 2260; *ders.*, Beschränkung des Auskunftsrechts des Handelsvertreters in mehrstufigen Vertriebssystemen, MDR 1999, 1108; *ders.* Handelsvertreterrecht – Relevante Vorschriften bei nationalen und internationalen Verträgen, MDR 2002, 190; *ders.*, Heimatgerichtsstand für Handelsvertreter und andere Vertriebsmittler, RIW 2003, 505; *ders.*, Analoge Anwendung der Verjährungsvorschrift des § 88 HGB auf andere Vertriebsmittler als Handelsvertreter, DB 2003, 981; *Emmerich*, Franchising, JuS 1995, 761; *Ensthaler/Gesmann-Nuissl*, Übernahme des Großkundengeschäfts der Kfz-Händler durch die Hersteller – Zulässigkeit und Rechtsfolgen, BB 2003, 533; *dies.*, Die rechtliche Stellung des

Handelsvertreters innerhalb der Kfz-Vertiebssysteme EuZW 2006, 167; *Ensthaler/Gesmann-Nuissl/Stopper,* Ausgleichsansprüche des Kfz – Vertragshändlers für drittbestimmte Investitionen und den Kundenstamm bei ordentlicher Kündigung oder Herabstufung, DB 2003, 257; *Escher,* Rechtliche Aspekte franchiseähnlicher *Vertriebssysteme,* BB 1998, 1269; *Evers,* Die Nichtigkeit von Handelsvertreterverträgen wegen zu geringer Verdienstmöglichkeiten und ihre Rückabwicklung, BB 1992, 1365; *Fischer/Harth,* Die Behandlung der sogenannten „Scheinselbständigen" in arbeitsrechtlicher und steuerrechtlicher Hinsicht, ArbuR 1999, 126; *Flohr,* Der Franchisevertrag – Überlegungen vor dem Hintergrund der Apollo – Optik – Entscheidung des BGH, DStR 2004, 93; *Fritzemeyer,* Die Konkurrenzschutzpflicht des Franchisegebers – eine Zwischenbilanz, BB 2000, 472; *Fruhmann,* Dispositionsfreiheit des Unternehmers gegenüber seinem Vertragshändler – nur ein Lippenbekenntnis des BGH?, MDR 1995, 433; *Gaul/Wisskirchen,* Das letzte Gesetz zur „Förderung der Selbständigkeit"?, DB 1999, 2466; *Giesler,* Das Minderungsrecht des Franchisenehmers, ZIP 2000, 2098; *ders.,* Die Auswirkungen der Schulrechtsreform auf Franchiseverhältnisse, ZIP 2002, 420; *ders.,* Die Rückabwicklung gescheiterter Franchiseverhältnisse, WM 2001, 1441; *ders.,* Die Bedeutung der „Apollo"-Rechtsprechung für Franchiseverträge, ZIP 2004, 744; *Giesler/Nauschütt,* Das vorvertragliche Haftungssystem beim Franchising, BB 2003, 435; *Goretzki/Hohmeister,* Scheinselbständigkeit – Rechtsfolgen im Sozialversicherungs-, Steuer- und Arbeitsrecht, BB 1999, 635; *Griebeling,* Die Merkmale des Arbeitsverhältnisses, NZA 1998, 1137 und Sonderheft 1999, 13; *Haager,* Die Entwicklung des Franchiserechts in den Jahren 1997 und 1998, NJW 1999, 2081; *ders.,* Die Entwicklung des Franchiserechts in den Jahren 1999, 2000 und 2001, NJW 2002, 1463; *Habersack/Ulmer,* Rechtsfragen des Kraftfahrzeugvertriebs durch Vertragshändler, Heidelberg 1998; *Hänlein,* Franchise – Existenzgründungen zwischen Kartell-, Arbeits- und Sozialversicherungsrecht – eine neue Erwerbsform im Aufwind? DB 2000, 374; *Hanau,* Entwicklungslinien im Arbeitsrecht, DB 1998, 69; *Hanau/Strick,* Die Abgrenzung von Selbständigen und Arbeitnehmern (Beschäftigten) im Versicherungsaußendienst, DB Beilage 14/98 zu Heft 40/98; *v. Hase,* Fristlose Kündigung und Abmahnung nach neuem Recht, NJW 2002, 2278; *Hermes,* Beendigung des Vertragshändlervertrags im deutschen und niederländischen Recht, RIW 1999, 81; *Hopt,* Moderne Vertriebsformen und Einzelheiten ihrer handelsrechtlichen Zulässigkeit, ZIP 1996, 1809; *ders.,* Wettbewerbsfreiheit und Treuepflicht des Unternehmers bei parallelen Vertriebsformen, ZIP 1999, 1533; *ders.,* Die Selbständigkeit von Handelsvertretern und anderen Vertriebspersonen – Handels- und arbeitsrechtliche Dogmatik und Vertragsgestaltung, DB 1998, 863; *Horn/Henssler,* Der Vertriebsfranchisenehmer als selbständiger Unternehmer, ZIP 1998, 589; *Hromadka,* Begriffsbestimmung des Arbeitnehmers, DB 1998, 195; *ders.* Arbeitnehmer oder freier Mitarbeiter, NJW 2003, 1847; *Hümmerich,* Arbeitsverhältnis als Wettbewerbsgemeinschaft – zur Abgrenzung von Arbeitnehmern und Selbständigen, NJW 1998, 2625; *Imping,* Aktuelle Entwicklungen im Individualarbeitsrecht, MDR 1999, 125; *Kahlenburg,* Novelliertes deutsches Kartellrecht, BB 1998, 1593; *Kerschbaumer/Tiefenbacher,* Änderungen im Bereich der Scheinselbständigkeit, ArbuR 1999, 121; *Kiene,* Der Verkauf einer Handelsvertretung – Rechtliche Besonderheiten bei der Nachfolge im Wege des § 89 b III Nr. 3 HGB, NJW 2006, 2007; *Kieninger,* Informations-, Aufklärungs- und Beratungspflichten beim Abschluß von Versicherungsverträgen, AcP 1999 (1999), 190; *Kleinmann/Siegert,* Rückgabe von Lagerwaren und Ersatzteilen nach Beendigung des Kfz-Händlervertrags, BB 2006, 785; *Kocher,* Analoge Anwendung des Handelsvertreterrechts auf Vertragshändler in Europa, RIW 2003, 512; *Köhler,* Ausgleichsanspruch des Franchisenehmers: Bestehen, Bemessung, Abwälzung, NJW 1990, 1689; *Krebs,* Die vermutete Scheinselbständigkeit nach § 7 Abs. 4 Satz 1 SGB IV, DB 1999, 1602; *Kuschka,* Die aktuelle Rechtsprechung zur Haftung von Banken und Anlagevermittlern, MDR 2005, 906; *Küstner,* Aktuelle Probleme des Vertriebsrechts, BB 1999, 541; *Kunz/Kunz,* Scheinselbständig oder (arbeitnehmer)selbständig, DB 1999, 846; *Lenders,* Die Klagen der Bundesrepublik bezüglich Forderungen des DDR-Zwangsvertreters Forgber, DtZ 1992, 323; *Leuchten/Zimmer,* Das neue Gesetz zur „Scheinselbständigkeit" – Probleme in der Praxis, DB 1999, 381; *Liesegang,* Die Konkurrentenschutzpflicht des Franchisegebers, BB 1999, 857; *Linnenkohl,* Selbständigen – Kultur und Arbeitsmarkt, BB 1999, 48; *Martinek,* Vom Handelsvertreterrecht zum Recht der Vertriebssysteme, ZHR 161 (1997), 67; *ders.,* Künstler-Repräsentanten, -Agenten und -Manager als Handelsvertreter: Konkurrenzvertretung und Interessenwahrnehmung als Grundlagenprobleme des Handelsvertreterrechts, WRP 2006, 1047; *Mayer,* Zur Öffnung des persönlichen Geltungsbereichs von Tarifverträgen für Heimarbeiter und Handelsvertreter, BB 1993, 1513; *Müller,* Arbeitnehmer und freie Mitarbeiter, MDR 1998, 1061; *Oberthür/Lohr,* Der Handelsvertreter im Arbeits- und Sozialrecht, NZA 2001, 126; *Olbing,* Neue Gefahren in der Besteuerung freier Mitarbeiter, ZIP 1999, 226; *Pollkläsener,* Der handelsvertreterähnliche Ausgleichsanspruch nach § 89 b HGB analog in der Mobilfunk – Telekommunikationsbranche, DB 2003, 927; *Popp,* Arbeitnehmer und freie Mitarbeiter, MDR 1998, 18; *Postler,* Das Ende der Scheinselbständigkeit und gleichzeitig der freien Mitarbeiter, NJW 1999, 925; *Preis/Stoffels,* Die Inhaltskontrolle der Verträge selbständiger und unselbständiger Handelsvertreter, ZHR 160 (1996), 442; *Reinecke,* Neudefinition des Arbeitnehmerbegriffs durch Gesetz und Rechtsprechung, ZIP 1998, 581; *Reiserer,* „Scheinselbständigkeit" – Arbeitnehmer oder Selbständiger, BB 1998, 1258; *dies.,* Schluss mit dem Missbrauch der Scheinselbständigkeit", BB 1999, 366; *dies.,* Endlich Schluss mit der „Scheinselbständigkeit"! Das neue Gesetz zur Förderung der Selbständigkeit, BB 2000, 94; *dies.,* Wird durch die „Hartz" – Gesetze die Scheinselbständigkeit abgeschafft und die Selbständigkeit gefördert?, DStR 2003, 292; *Reiserer/Freckmann,* Scheinselbständigkeit – heute noch ein schillernder Rechtsbegriff, NJW 2003, 180; *Richardi,* „Scheinselbständigkeit" und arbeitsrechtlicher Arbeitnehmerbegriff, DB 1998, 948; *Rieble,* Die relative Verselbständigung von Arbeitnehmern – Bewegung in den Randzonen des Arbeitsrechts, ZfA 1998, 327; *Rittner,* Das Handelsvertreterverhältnis im (GWB- u. EG-)Kartellrecht und die Figur der unternehmensbedingten Abhängigkeit, WuW 1993, 592; *ders.,* Die EG-Kommission und das Handelsvertreterrecht – Zum geplanten EG-Recht über Vertikalverträge, DB 1999, 2097; *Schliemann,* Flucht aus dem Arbeitsverhältnis – falsche oder echte Selbständigkeit, RdA 1997, 322; *Schmidt,* HGB-Reform im Regierungsentwurf, ZIP 1997, 909; *ders.,* Das Handelsreformgesetz, NJW 1998, 2161; *Schriefers,* Lagerrückhnahme bei Vertragsbeendigung des Händlervertrags, BB 1992, 2158; *Seifert,* Vermittlung von Versicherungen durch Angestellte und selbständige Vertreter, NZA Sonderheft 1999, 6; *Semler,* Aktuelle Fragen im Recht der Vertragshändler, DB 1985, 2493; *Semmler,* Die Rechtsstellung des Tankstellenhalters zwischen Handelsvertreter und Unternehmer, Baden – Baden 1995 (zit. Semmler Tankstellenhalter); *Skaupy,* Zu den Begriffen „Franchise", „Franchisevereinbarung" und „Franchising", NJW 1992, 1785; *Thume,* Einige Gedanken zum Ausgleichsanspruch nach § 89 b HGB, BB 1999, 2309; *Ulmer/Habersack,* Zur Beurteilung des Handelsvertreter- und Kommissionsagenturvertriebs nach Art. 85 Abs. 1 EGV, ZHR 159 (1995), 109; *Wagner,* Das arbeits- und sozialrechtliche „Korrekturgesetz" und die Scheinselbständigkeit als Beispiel von Außendienstmitarbeitern, DStR 1999, 503; *ders.,* Der stillschweigende Anlagevermittlungs-/-beratungsvertrag, DStR 2003, 1757; *ders.* Neue Entwicklungen zur Anlagevermittler-/Anlageberaterhaftung, DStR 2004, 1836, 1883; *Wank,* Arbeitnehmer und Selbständige, DB 1992, 90; *ders.,* Die „neue Selbständigkeit", DB 1992, 90; *Weber/Burmester,* Die Zuständigkeitsverteilung zwischen der Arbeitsgerichtsbarkeit bei Streitigkeiten von Organvertretern mit „ihrer" juristischen Person, GmbHR 1997, 778; *Weimar/Goebel,* Neue Grundsatzfragen um Scheinselbständigkeit und arbeitnehmerähnliche Selbständige, ZIP 1999, 217; *Wellenhofer-Klein,* Strukturell ungleiche Verhandlungsmacht und Inhaltskontrolle von Verträgen,

Begriff des Handelsvertreters § 84

ZIP 1997, 774; *Westphal,* Die Handelsvertreter – GmbH: Renaissance mit Unterstützung des BFH?, BB 1999, 2517; *ders.,* Zulässigkeit von Vorbehaltsklauseln in Vertriebsverträgen, OLGR Düsseldorf 2000, K 35; *Graf v. Westphalen,* Scheinselbständigkeit nach § 2 Nr. 9 SGB VI und der Ausgleichsanspruch des Handelsvertreters, ZIP 1999, 1083; *ders.,* Vertragshändlerverträge außerhalb der EG-VO 1475/95 und das Instrumentarium richterlicher Inhaltskontrolle von AGB-Klauseln, Freundesgabe für Jürgen Gündisch 1999, S. 71 (zitiert FG Gündisch); *ders.,* Die Umsetzung der Verbrauchsgüterkauf-Richtlinie im Blick auf den Regress zwischen Händler und Hersteller, DB 1999, 2553; *Wolff/ Ungeheuer,* Vertragsrechtliche Probleme des Franchising, BB 1994, 1027; *Zwecker,* Franchising als symbolischer Vertrag – Beziehungen zwischen Gesellschaftsrecht und Franchising, JA 1999, 159.

Übersicht

	RdNr.		RdNr.
I. Regelungsbereich der §§ 84 f.	1	1. HVVertrag als Grundlage der Vertriebstätigkeit	32
II. Bedeutung der Vorschrift	2, 3	2. Vertriebstätigkeit ohne wirksamen Vertrag	33–38
1. Abs. 1 bis Abs. 3	2	a) Anwendbarkeit des Handelsvertreterrechts	33
2. Neuregelung in Abs. 4	3	b) Nichtiger Vertrag	34
III. Der Handelsvertreter	4–26	c) Tätigkeit in Erwartung eines Vertragsschlusses	35
1. Definition und Voraussetzungen	4–8	d) Einvernehmliche Tätigkeit ohne Vertrag	36
a) Besondere Anforderungen an die Tätigkeit als HV	4	e) Einvernehmliche Fortsetzung der Vertriebstätigkeit nach Vertragsende	37
b) Voraussetzungen des § 84 Abs. 1	5	f) Einseitige vertragslose Tätigkeit	38
c) § 7 Abs. 4 SGB IV	6	3. Schriftform	39
d) Typische Aufgaben und Pflichten eines Handelsvertreters	7	4. Notwendiger Inhalt	40–50
e) Maßgebende Gesamtschau	8	a) Grenzen der Vertrags- und Gestaltungsfreiheit	40
2. Gewerbetreibender Kaufmann	9–11	b) Tätigkeits- und Interessenwahrnehmungspflicht	41
a) Kaufmann mit Handelsgewerbe	9	c) Intensität der Tätigkeitspflicht	42
b) Gewerbetreibender	10	d) Ständige Betrauung	43
c) Rechtsfähigkeit und Volljährigkeit	11	e) Persönliches Tätigwerden des HV	44
3. Selbständigkeit	12–22	f) Vermittlung von Verträgen	45, 46
a) Bedeutung und Bestimmung der Selbständigkeit	12	aa) Anforderungen und Abgrenzung von anderen Vertriebstätigkeiten	45
b) Voraussetzungen der Selbständigkeit	13	bb) Umfang geschuldeter Vermittlung	46
c) Typische Indizien für Selbständigkeit	14	g) Abschluss von Verträgen	47, 48
d) Zulässige Einschränkungen der Selbständigkeit	15	aa) Rechtliche Voraussetzungen der Abschlussvertretung	47
e) Unselbständigkeit	16	bb) Aufgaben des Abschlussvertreters	48
f) Wertneutrale Indizien	17	h) Zu vertreibendes Produkt- und Lieferprogramm	49
g) Selbständigkeit bei mehreren Vertragsverhältnissen	18	i) Notwendiges Dreipersonenverhältnis und Eigengeschäfte	50
h) Versicherungs- und Bausparkassenvertreter	19	5. Erscheinungsformen	51–54
i) Handelsvertreter-GmbH	20	a) Einfirmen- und Mehrfach- oder Mehrfirmenvertretung	51
k) Dispositionsbefugnis zur Selbständigkeit und Scheinselbständigkeit	21	b) Allein- und Bezirksvertretung, Ausschließlichkeitsvertreter und Kundenschutz	52
l) Rechtsweg bei Streit um Selbständigkeit – § 5 ArbGG	22	c) Echter und unechter Handelsvertreter	53
4. Rechtsform der Handelsvertretung	23, 24	d) Hauptvertreter, Untervertreter und Strukturvertrieb	54
a) Handelsvertretungsgesellschaft	23	**VI. Das für den Handelsvertretervertrag geltende Recht**	55–80
b) Träger der Rechte und Pflichten bei Handelsvertretungsgesellschaften	24	1. Vertragsfreiheit und deren Grenzen	55
5. Wechsel der Person des Handelsvertreters und Vertragsübernahme	25	2. Auftrags- und Dienstvertragsrecht	56
6. Mehrere eigenständige Handelsvertretungen, Strohmannhandelsvertreter	26	3. Allgemeines Vertragsrecht des BGB	57–63
IV. Das vertretene Unternehmen	27–31	a) Gegenseitiger Vertrag	57
1. Unternehmer/Geschäftsherr des Handelsvertreters	27	b) Vertragsschluss und Vertragsänderung	58
2. Dispositions- und Entschließungsfreiheit des Unternehmers, Veräußerung, Änderung und Aufgabe des Betriebs	28	c) Erfüllungs- und Leistungsort	59
		d) Anfechtung, Rücktritt, Sittenwidrigkeit und Nichtigkeit	60
3. Unternehmer mit verschiedenen Betrieben	29	e) Wegfall oder Störung der Geschäftsgrundlage	61
4. Unternehmensgegenstand	30, 31	f) AGB und Formularvertrag	62
a) Gegenstand der Handelsvertretung	30	g) Verbraucher- und Haustürgeschäft	63
b) Mögliche Tätigkeitsbereiche von Handelsvertretungen	31	4. Verjährung	64–75
V. Der Handelsvertretervertrag	32–54	a) Neuregelung der Verjährung	64–66
		aa) Frühere Regelung – § 88	64

	RdNr.		RdNr.
bb) Schuldrechtsmodernisierungsgesetz 2001	65	1. Mitwirkung von Untervertretern und Hilfspersonen	87
cc) Neuregelung 2004	66	2. Echter Untervertreter	88
b) Unter die Verjährungsregelung fallende Ansprüche	67	3. Rechte und Pflichten des echten Untervertreters	89
c) Beginn der Verjährung	68, 69	4. Unechter Untervertreter	90
aa) Entstehen des Anspruchs, Fälligkeit und Stundung	68	5. Haftung für Untervertreter und Hilfspersonen	91
bb) Kenntnis vom Anspruch	69	X. Sonstige am Vertrieb beteiligte Personen	92–114
d) Hemmung	70	1. Anwendbarkeit des Handelsvertreterrechts	92
e) Verwirkung, unzulässige Rechtsausübung und zum Schadensersatz verpflichtendes Schuldnerverhalten	71	2. Anlagevermittler	93
f) Abweichende Vereinbarungen	72–75	3. Handelsmakler	94
aa) Vertragsfreiheit und deren Grenzen	72	4. Freier Mitarbeiter, Propagandist, Gelegenheitsagent und Kooperationspartner	95
bb) Verjährungsrechtliche Gleichbehandlung beider Parteien	73	5. Kommissionär	96
cc) Erleichterung der Verjährung – Verkürzung der Verjährungsfrist	74	6. Kommissionsagent	97
dd) Unwirksame Verjährungsvereinbarung	75	7. Eigenhändler und Zwischenhändler	98
5. HGB	76	8. Vertragshändler	99–105
6. Arbeitsrecht und Allgemeines Gleichbehandlungsgesetz	77	a) Begriff des Vertragshändlers	99
7. GWB	78	b) Vertragshändlervertrag	100
8. Steuerrecht	79	c) Rechte und Pflichten der Vertragsparteien	101
9. Vertragsschluss mit Handelsvertreter-GmbH	80	d) Besondere Rechte und Pflichten nach Vertragsende	102
VII. Rechtsverhältnis zum Kunden	81–85	e) Entsprechende Anwendbarkeit der §§ 84 f.	103
1. Vertrag zwischen HV und Kunde	81	f) Kraftfahrzeug-Vertragshändler	104
2. Einstehen sowie Haftung des Unternehmers für den Handelsvertreter und sein Verhalten	82	g) Dem Vertragshändlervertrag angenähertes Agentursystem	105
3. Haftung des Handelsvertreters gegenüber dem Kunden	83	9. Fachhändler	106
4. Auskunftspflicht gegenüber Kunden zu Provision und Inhalt des Handelsvertretervertrags	84	10. Franchisenehmer	107–113
		a) Franchisevertrag	107
		b) Die besonderen Pflichten des Franchisegebers	108
5. Beteiligung Dritter an dem vom Handelsvertreter herbeizuführenden Kundengeschäft	85	c) Erscheinungsformen des Franchising	109
		d) Subordinationsfranchising	110
		e) Rechtliche Ausgestaltung des Subordinationsfranchising	111
		f) Partnerschaftsfranchising	112
		g) Rechtliche Ausgestaltung des Partnerschaftsfranchising	113
VIII. Angestellter Reisender – § 84 Abs. 2	86	11. DDR-„Zwangsvertreter"	114
		XI. Beweislast	115
IX. Untervertreter – § 84 Absatz 3 – und sonstige Hilfspersonen	87–91	XII. Europarecht	116–119

I. Regelungsbereich der §§ 84 f.

1 Die §§ 84–92 c regeln das Rechtsverhältnis des HV zu dem Unternehmer als seinem Vertragspartner; für dessen abzusetzende Produkte sucht der HV Abnehmer, indem er mit dem Unternehmer abzuschließende Kundenverträge vermittelt oder unmittelbar herbeiführt. Die Vorschriften des HGB zum HVRecht enthalten hingegen weder Regelungen zu den Voraussetzungen für das Ausüben einer HVTätigkeit, besonders zu den rechtlichen Anforderungen, welche zB das Öffentliche Recht an Personen stellt, welche als HV tätig werden wollen, noch zu einem möglicherweise bestehenden rechtlichen Verhältnis des HV zu dem Kunden des Unternehmers; auch die §§ 91 und 91 a betreffen unmittelbar nur das Rechtsverhältnis des HV zu dem Unternehmer und haben lediglich reflexartig Auswirkungen auf das Vertragsverhältnis des Kunden zu dem Unternehmer.[1]

II. Bedeutung der Vorschrift

2 **1. Abs. 1 bis Abs. 3.** § 84 Abs. 1 enthält die gesetzliche Definition des HV sowie Abgrenzungskriterien zu anderen für den Unternehmer bei dem Vertrieb seiner Produkte tätigen Personen, von denen der unter das Arbeitsrecht fallende Angestellte des Unternehmers in Abs. 2 ausdrücklich erwähnt ist; unabdingbar wird dort festgelegt, unter welchen tatsächlichen Voraussetzungen ein

---

[1] AA Canaris § 15 RdNr. 6.

arbeitsrechtliches Angestelltenverhältnis vorliegt. Abs. 3 stellt klar, dass der HV als (echter) Untervertreter auch für einen anderen HV (den Hauptvertreter) tätig werden kann, welcher dem Untervertreter gegenüber die Rechtsstellung des Unternehmers (oder Geschäftsherrn) im Sinn der §§ 84 f. einnimmt. § 84 enthält in den Absätzen 1 bis 3 **zwingendes Recht**.[2] Die gesetzliche Definition des HV in § 84 ist allgemeingültig und hat insbesondere Bedeutung auch für das Arbeits- (RdNr. 7 f.), Sozial- (RdNr. 4) und Steuerrecht.[3]

2. Neuregelung in Abs. 4. Der durch das HRefG von 1998 mit Wirkung vom 1. Juli 1998 3 eingefügte Abs. 4 bestimmt, dass die §§ 84 f. auch für den – früher „minderkaufmännischen" – HV gelten, welcher die Voraussetzungen der Kaufmannseigenschaft nach dem neuen durch das HRefG in § 1 Abs. 2 HGB geschaffenen Kaufmannsbegriff nicht aufweist und deswegen in besonderem Maß auf die Geltung der zuungunsten der HV unabdingbaren Schutzvorschriften der §§ 84 f. angewiesen ist.[4] Die Gesetzesergänzung führt nicht zu einer sachlichen Änderung des HVRechts.[5]

III. Der Handelsvertreter

1. Definition und Voraussetzungen. a) Besondere Anforderungen an die Tätigkeit als 4 **HV.** Die Ausübung der Vertriebstätigkeit als HV mit seiner gesetzlich nicht geschützten Berufsbezeichnung[6] ist weder an eine bestimmte Ausbildung noch an die Einhaltung oder Erfüllung besonderer öffentlich-rechtlicher Voraussetzungen oder Vorschriften gebunden. Die Wirksamkeit des HVVertrags darf bei dem unter die EG-RiLi fallenden **WarenHV** auch nicht von der Eintragung in ein Register abhängig gemacht werden.[7] Allein durch den Abschluss eines Vertrags, welcher die unabdingbaren und das Bild des HV prägenden[8] Voraussetzungen des § 84 erfüllt, oder ausnahmsweise durch die Aufnahme einer diesen Anforderungen entsprechenden Tätigkeit wird ein künftiger Vertriebsmittler zum HV. Die gewerbsmäßige **Versicherungsvermittlung** wird dagegen ab dem 22. 5. 2007 mit Inkrafttreten des Gesetzes zur Neuregelung des Versicherungsvermittlerrechts vom 19. 12. 2006 – BGBl. I 3232 – von einer Erlaubnis durch die Industrie- und Handelskammer abhängig sein, deren Erteilung die persönliche und wirtschaftlich-finanzielle Zuverlässigkeit des Vermittlers, den Abschluss einer Berufshaftpflichtversicherung sowie eine erfolgreich abgelegte Prüfung zum Nachweis der erforderlichen Sachkunde voraussetzt mit anschließender Eintragung in das Vermittlerregister[9] (zu weiteren Einzelheiten siehe Erläuterungen zu § 92). Bis Ende 2008 gilt eine Übergangsregelung. Die **Anzeigepflicht** für die Vermittler ausländischer Kapitalanlagen oder Investmentanteile nach §§ 7 und 8 AuslandInvestG vom 28. 7. 1969 (BGBl. I S. 986, 988) und §§ 15 c und 15 d dieses Gesetzes (eingeführt durch das FinanzmarktförderungsG v. 22. 2. 1990, BGBl. I S. 266, 279) betrifft grundsätzlich den im Sinne des Gesetzes die Anlage vermittelnden Auftraggeber des HV und nicht den lediglich für diesen Anlagevermittler (RdNr. 93) dessen Produkt am Markt vertreibenden HV.[10] Nur soweit der Anlagevermittler selbst die Voraussetzungen des § 84 Abs. 1 erfüllt, kann ihn die Anzeigepflicht mit der Haftungsfolge bei Nichtanzeige[11] treffen. Bei der erlaubnispflichtigen Anlagevermittlung iS des KWG (§ 1 Abs. 1 a Nr. 1 und § 32) handelt es sich regelmäßig um eine Beratungs- oder Maklertätigkeit,[12] nicht jedoch um eine typische HV-Vertriebstätigkeit. Die Interessen der HV und sonstiger Vertriebsmittler werden von der **Centralvereinigung Deutscher Wirtschaftsverbände für Handelsvermittlung und Vertrieb (CDH)** in Berlin wahrgenommen.[13]

---

[2] Staub/*Brüggemann* RdNr. 1.
[3] *Schmidt/Weber-Grellet* EStG § 15 RdNr. 16 und 150.
[4] Vgl. ZIP-Dokumentation zum Referentenentwurf Handelsrechtsreform ZIP 1996, 1401, 1407; Begr. zum Regierungsentwurf Handelsrechtsreform (Teil I) – BR-Drucks. 340/97 v. 12. 5. 1997 – vgl. ZIP 1997, 942; zum neuen Recht: K. *Schmidt* NJW 1998, 2161, 2163 sowie ZIP 1997, 909; *Schaefer* HandelsrechtsreformG, 1999, S. 30, 31, 196.
[5] MünchKommHGB/*v. Hoyningen-Huene* RdNr. 3.
[6] *Hopt* RdNr. 6; MünchKommHGB/*v. Hoyningen-Huene* RdNr. 6.
[7] EuGH Urt. v. 30. 4. 1998 – Rs C–215/97, HVR Nr. 919; EuGH Urt. v. 13. 7. 2000 – Rs. C–456/98, NJW 2000, 3267; EuGH Urt. v. 6. 3. 2003 – RS C–485/01, HVR Nr. 1123; *Fischer* ZvglRWiss 101 (2002), 143, 148.
[8] LAG Nürnberg Urt. v. 17. 6. 2003 – 2 Ta 175/01, DStR 2003, Heft 36 XVI (LS).
[9] § 34 d GewO idF durch Art. 1 Nr. 7 des Gesetzes zur Neuregelung des Versicherungsvermittlungsrechts v. 19. 12. 2006 – BGBl. I 3232, 3233; ausf. dazu auch *Thiel*, Die Haftung der Anlageberater und Versicherungsvermittler, 16, 129 f., 152 f., 173 f.
[10] OLG Celle Urt v. 14. 8. 2002 – 9 U 67/02, ZIP 2002, 2168, 2171, 2174 (die Revisionsentscheidung des BGH Urt. v. 13. 9. 2004 – II ZR 276/02, ZIP 2004, 2095, 2099, 2100 befasst sich nicht mit dieser Frage).
[11] S. ausf. OLG Celle Urt v. 14. 8. 2002 – 9 U 67/02, ZIP 2002, 2165, 2171 ff.
[12] S. VGH Kassel ZIP 2003, 1880 m. Anm. *Sethe* EWiR 2004, 875.
[13] Verbändehaus Am Weidendamm 1 A, 10117 Berlin, Postanschrift: CDH Centralvereinigung 10873 Berlin; Tel. 030–7 26 25 600, FAX 030–7 26 25 699.

§ 84 5, 6   1. Buch. 7. Abschnitt. Handelsvertreter

5   **b) Voraussetzungen des § 84 Abs. 1.** Nach § 84 ist oder wird HV, wer die Handelsvertretung als Gewerbe betreibt, selbständig ist und in dieser Eigenschaft von einem anderen Unternehmer auf Dauer wirksam verpflichtet („ständig damit betraut") worden ist, für diesen Geschäfte mit Dritten, den Kunden/Abnehmern des Produkts des Unternehmers, zu vermitteln oder im Namen und auf Rechnung des Unternehmers abzuschließen.[14] Diese Voraussetzungen müssen rechtlich nach dem HVVertrag sowie tatsächlich nach der einvernehmlichen Handhabung des Vertragsverhältnisses[15] vollständig vorliegen, um ein von den §§ 84 f. erfasstes Rechtsverhältnis zu begründen. Insoweit fehlt nicht nur den Parteien die Dispositionsbefugnis,[16] vielmehr hat der nationale Gesetzgeber ebenfalls nicht mehr die Kompetenz, die in der EG-RiLi zwingend festgeschriebenen Kriterien der Definition des Begriffs des (Waren-)HV, insbesondere dessen notwendige Selbständigkeit und dessen ständige Betrauung des Tätigwerdens für einen Unternehmer, zu ändern und auszuhöhlen,[17] zumal gerade die Notwendigkeit der ständigen Betrauung eines Selbständigen Anlass für die umfassende Regelung des HVRechts gewesen ist.[18]

6   **c) § 7 Abs. 4 SGB IV.** Wenn § 7 Abs. 4 SGB IV, eingefügt durch Ges. v. 19. 12. 1998 – BGBl. I S. 3843, 3846 –,[19] von HV spricht, die im Wesentlichen frei ihre Tätigkeit gestalten und über ihre Arbeitszeit bestimmen können, gilt das notwendigerweise für alle HV iSv. § 84. Durch dieses Gesetz ist nicht eine Sonderform des HV geschaffen worden,[20] weswegen die Vorschrift auch ohne unmittelbare Auswirkungen auf § 84 ist[21] und die zwingend im Gesetz vorgeschriebene Definition des Begriffs des HV nicht ersetzen oder unmittelbar beeinflussen kann.[22] § 7 Abs. 4 ist sozialrechtlicher Natur mit Auswirkungen auf eine mögliche Sozialversicherungspflicht des HV.[23] Allerdings kann den vom Gesetzgeber aufgestellten Kriterien für eine Unselbständigkeit im Einzelfall Bedeutung als Indiz für eine tatsächlich vorliegende Unselbständigkeit zukommen.[24] Für die Beurteilung der Selbständigkeit von HV in Abgrenzung zu angestellten Reisenden im Hinblick auf deren sozialversicherungsrechtliche Stellung haben die Spitzenverbände der Sozialversicherungsträger – zunächst zu der Gesetzeslage auf Grund der Regelung von 1998 – Kriterienkataloge zur „versicherungsrechtlichen Beurteilung von HV" aufgestellt,[25] die zwar nicht rechtsverbindlich sind,[26] aber doch die in die Beurteilung einzubeziehenden Kriterien übersichtlich und deutlich aufzeigen. Um eine als notwendig angesehene Überarbeitung des Gesetzes vorzubereiten,[27] hat eine von der Bundesregierung eingesetzte Kommission Änderungen an dem Katalog der Kriterien für die vom Gesetz fingierte Unselbständigkeit vorgeschlagen,[28] welche zu der rückwirkend zum 1. Januar 1999 in Kraft getretenen Neufassung des § 7 Abs. 1 und 4 SGB IV mit einer weiteren Übergangsregelung durch das

---

[14] LAG Niedersachsen Urt. v. 14. 7. 2005 – 7 Sa 1787/04, HVR Nr. 1182.
[15] BGH Urt. v. 22. 6. 1972 – VII ZR 36/71, BGHZ 59, 87, 91 = NJW 1972, 1662; BGH Urt. v. 4. 12. 1981 – I ZR 200/79, BB 1982, 1876; BGH Urt. v. 11. 3. 1982 – I ZR 27/80, NJW 1982, 1757; OLG Düsseldorf OLGR 2003, 252, 257; einschränkend LAG Nürnberg RdNr. 1999, 793, 794; bedenklich LSG RhPf. Urt. v. 25. 4. 2002 – L 1 AL 162/00, DStR 2003, Heft 36 XVIII (LS); *Hopt* RdNr. 5.
[16] BAG Urt. v. 28. 4. 1972 – 3 AZR 464/71, DB 1972, 2215; *Wank* EWiR 1997, 829; *Schröder* RdNr. 1; vgl. *Hopt* RdNr. 5.
[17] *Fischer* ZvglRWiss 101 (2002), 143, 146.
[18] *Fischer* ZvglRWiss 101 (2002), 143, 146.
[19] Siehe dazu ausführlich *Wagner* DStR 1999, 503, 507; *Oberthür/Lohr* NZA 2001, 126; MünchKommHGB/ *v. Hoyningen-Huene* RdNr. 47 a; *Giesler/Nauschütt* § 11; ErfK/*Preis* SGB IV § 7 RdNr. 1–41 und *Schmidt/Schwerdtner*, Scheinselbständigkeit, Arbeitsrecht – Sozialrecht, 1999.
[20] LAG Nürnberg RdNr. 1999, 769; Begr. des Gesetzentwurfs ZIP 1998, 2031, 2035 sowie Beschlussempfehlung des BTAusschusses für Arbeit und Sozialordnung ZIP 1998, 2195; Rundschreiben der Spitzenverbände zur Scheinselbständigkeit mit Einführung von *Hanau* ZIP 1999, 252, 255 mit den ergänzenden Hinweisen zur versicherungsrechtlichen Beurteilung scheinselbständiger Arbeitnehmer und arbeitnehmerähnlicher Selbständiger v. 16. 6. 1999, NZA 1999, 746; *Canaris* § 15 RdNr. 10; *Thume* BB 1999, 2309, 2310; *Leuchten/Zimmer* DB 1999, 381, 382, 383; *Kunz/Kunz* DB 1999, 846, 848; *Buchner* DB 1999, 1502; zu dem Gesetz siehe weiterhin: *Kerschbaumer/Tiefenbacher* ArbuR 1999, 121; *Buchner* DB 1999, 533; *Berndt* MDR 1999, 210, 211; *Weimar/Goebel* ZIP 1999, 217; kritisch: *Reiserer* BB 1999, 366, 367, 368; *Küstner* BB 1999, 541; *Goretzki/Hohmeister* BB 1999, 635; *Buchner* DB 1999, 146, 148, 150; *Richardi* BB 1999, 958; *Krebs* DB 1999, 1602; *Postler* NJW 1999, 925; *Adomeit* NJW 1999, 2086; mit den Auswirkungen des Gesetzes auf die Vertragsverhältnisse und die Rechtsstellung der von ihm betroffenen Personen befassen sich *Fischer/Harth* ArbuR 1999, 126.
[21] *Thume* BB 1999, 2309, 2310; *Emde* EWiR 2001, 277, 278; *Oberthür/Lohr* NZA 2001, 126; *Fischer* ZvglRWiss 101 (2002), 143, 145; aA *v. Westphalen* ZIP 1999, 1083.
[22] *Thume* BB 1999, 2309, 2310; *Canaris* § 15 RdNr. 10.
[23] *Thume* BB 1999, 2309, 2310.
[24] *v. Westphalen* ZIP 1999, 1083, 1088; *Berndt* DB 1999, 1162, 1166, 1167; kritisch dazu *Reiserer* BB 1999, 366, 367, 368.
[25] Abgedruckt BB 1999, 1552.
[26] FG Düsseldorf DStR 2002 Heft 3/2002 S. VI.
[27] Siehe ausf. zu der Neuregelung *Gaul/Wisskirchen* DB 1999, 2466; *Buchner* DB 1999, 2514; *Reiserer* BB 2000, 94; kritisch: *Berndt* NJW 2000, 464.
[28] *Krebs* DB 1999, 1602, 1604.

Gesetz zur Förderung der Selbständigkeit vom 20. Dezember 1999 – BGBl. 2000 I S. 2 geführt hat. Diese Neuregelung lässt die gesetzliche Definition des HV in § 84 ausdrücklich unberührt (Art. 1 Nr. 1 § 7 b am Ende).[29] Verfassungsrechtlich ist das unbedenklich. Durch Art. 2 Nr. 2 des Gesetzes vom 23. Dezember 2002 – BGBl. I S. 4621, 4623 – ist § 7 Abs. 4 erneut geändert worden; bei Personen, welche für eine selbständige Tätigkeit einen Existenzgründungszuschuss nach § 421 Abs. 1 SGB III idF des Gesetzes vom 23. Dezember 2002 erhalten, wird widerlegbar vermutet, dass „sie in dieser Tätigkeit als Selbständige tätig sind. Für die Dauer des Bezugs gelten diese Personen als selbständig Tätige."[30]

d) Typische Aufgaben und Pflichten eines Handelsvertreters. Wer Verträge mit den Kunden im eigenen Namen und/oder auf eigene Rechnung schließt, ist nicht HV.[31] Rechtlich ist der HV als klassischer Vertriebs- oder Absatzmittler,[32] jedoch auch als dessen Einkaufsmittler,[33] bei Wahrung seiner Selbständigkeit auf Dauer in Absatz und Vertrieb des ihn beauftragenden Unternehmens oder Herstellers eingebunden,[34] dem er einen Markt von Abnehmern seiner Produkte zu erschließen hat[35] und der die Sachkunde des HV ohne Übernahme eines Arbeitgeberrisikos nutzt. Der HV hat dafür das typische Absatzrisiko des Unternehmers nicht zu tragen,[36] auch wenn die Folgen eines Scheiterns des einzelnen vermittelten Geschäfts oder des Unternehmens seines Geschäftsherrn im Ganzen mittelbar ebenfalls zu seinen Lasten gehen. Das rechtliche und wirtschaftliche Risiko des vom HV vermittelten oder abgeschlossenen Kundengeschäfts muss den Unternehmer treffen (vgl. Art. 81 EGV).[37] Eine förmliche Eingliederung in das Vertriebssystem des Unternehmers ist hingegen nicht erforderlich.[38]

e) Maßgebende Gesamtschau. Maßgebend für die Begründung eines HVVertragsverhältnisses ist das Gesamtbild der Beziehungen der Vertragsparteien unter Würdigung aller Umstände des Einzelfalls in ihrer Gesamtheit, wobei der tatsächlichen Gestaltung und Durchführung des Vertragsverhältnisses wesentliche und im Zweifelsfall entscheidende[39] Bedeutung zukommt.[40] Die Verwendung des gesetzlich nicht geschützten Begriffs „HV" (RdNr. 4) für den Auftragnehmer eines (Vertriebs-)Vertrags kann ein Indiz sein, nicht aber die rechtliche Eigenschaft als HV begründen.[41]

2. Gewerbetreibender Kaufmann. a) Kaufmann mit Handelsgewerbe. Die Tätigkeit des HV stellt ein (Handels-)Gewerbe dar,[42] weswegen er vom Grundsatz her Kaufmann kraft Gesetzes (vgl. § 1 Abs. 2 idF des HRefG, früher § 1 Abs. 2 Nr. 7) sowie Unternehmer gemäss § 14 BGB ist. Nach früherem Recht brauchte er nur Minderkaufmann zu sein; nach dem durch das HRefG geschaffenem Recht muss sein Unternehmen einen nach Art und Umfang eingerichteten kaufmännischen Geschäftsbetrieb nicht erfordern (Abs. 4);[43] der HV ist dann allerdings auch nicht mehr Kaufmann (§ 1 Abs. 2), untersteht aber dennoch gem. Abs. 4 in vollem Umfang dem HVRecht der §§ 84 bis 92 c. Ebenso muss der HV – wie bereits früher – nicht im HReg eingetragen sein (vgl.

---

[29] *Gaul/Wisskirchen* DB 1999, 2466, 2469; *Buchner* DB 1999, 2514, 2516; *Reiserer* BB 2000, 94, 95; *Berndt* NJW 2000, 464, 466; *Oberthür/Lohr* NZA 2001, 126; zum Ganzen auch *Giesler/Nauschütt* § 11.
[30] Zur Bedeutung dieser Regelung siehe *Hanau*, Einzelfragen und -Antworten zu den beiden ersten Gesetzen für moderne Dienstleistungen am Arbeitsmarkt, ZIP 2003, 1573, 1578.
[31] BGH Urt. v. 28. 11. 1975 – I ZR 127/73, WM 1976, 181; BGH Urt. v. 14. 3. 1991 – I ZR 201/89, NJW-RR 1991, 1053, 1054; *Canaris* § 15 RdNr. 11.
[32] *Ebenroth* S. 22, 23 ff.; *Canaris* § 15 RdNr. 1.
[33] *Canaris* § 15 RdNr. 2.
[34] *Hopt* RdNr. 1; *Karsten Schmidt* HandelsR § 27 I 2 d; *Schwerdtner* Scheinselbständigkeit RdNr. 81; aA *Canaris* § 15 RdNr. 14.
[35] *Ebenroth* S. 25.
[36] *Heymann/Sonnenschein/Weitemeyer* Vor § 84 RdNr. 1.
[37] BGH Urt. v. 15. 4. 1986 – KVR 3/85, BGHZ 97, 317, 323 = NJW 1986, 2954; *Lenz/Grill* EG-Vertrag, 2. Aufl. 1999, Art. 81 RdNr. 24.
[38] *Canaris* § 15 RdNr. 14.
[39] BAG Urt. v. 20. 9. 2000 – 5 AZR 271/99, ZIP 2001, 36, 37 m. Bspr. *Emde* EWiR 2001, 277; vgl. auch OLG Düsseldorf OLGR 2003, 252, 257.
[40] BGH Urt v. 14. 3. 1991 – I ZR 201/89, NJW-RR 1991, 1053, 1054; BAG Urt. v. 20. 4. 1964 – 5 AZR 278/63, NJW 1964, 1641, 1642; BAG Urt. v. 21. 1. 1966 – 3 AZR 183/65, MDR 1966, 540; BAG Urt. v. 28. 6. 1973 – 5 AZR 19/73, DB 1973, 1804; BAG Urt. v. 15. 12. 1999 – 5 AZR 566/98, ZIP 2000, 630, 631 = BB 2000, 820; BAG Urt v. 20. 9. 2000 – 5 AZR 271/99, ZIP 2001, 36, 37; BFH Urt. v. 30. 10. 1969 – V R 150/66, DB 1970, 862; OLG München NJW 1957, 1767 und VersR 1964, 235, 236; OLG Nürnberg BB 1990, 956; *Ordemann* BB 1963, 498.
[41] BGH Urt. v. 4. 12. 1981 – I ZR 200/79, WM 1982, 272, 273; BGH Urt. v. 11. 3. 1982 – I ZR 27/80, NJW 1982, 1757; vgl. BAG Beschl. v. 16. 7. 1997 – 5 AZB 29/96, ZIP 1997, 1714; *Jahnke* ZHR 146 (1982), 616 bis 622, *Hopt* RdNr. 5; *Schröder* RdNr. 30 a, Staub/*Brüggemann* RdNr. 1; *Westphal* RdNr. 7.
[42] Vgl. BFH Urt. v. 27. 2. 1992 – IV R 131/90, HVR Nr. 786; BFH Urt. v. 6. 9. 1995 – XI R 91/94, HVR Nr. 851.
[43] Staub/*Brüggemann* RdNr. 3; *Westphal* RdNr. 4; ausf. zum neuen Recht K. *Schmidt* NJW 1998, 2161, 2163 ff.; vgl. auch *Fischer* ZvglRWiss 101 (2002), 143, 145.

§ 2).⁴⁴ Der HV darf als Kaufmann eine Firma führen;⁴⁵ er ist grds. buchführungs-⁴⁶ sowie gewerbe-⁴⁷ und umsatzsteuer-,⁴⁸ aber nicht sozialversicherungspflichtig,⁴⁹ (vgl. § 7 Abs. 4 SGB IV, eingefügt durch Gesetz vom 19. 12. 1998 – BGBl. I S. 3843, 3846, nunmehr in der Fassung des Gesetzes zur Förderung der Selbständigkeit vom 20. 12. 1999 – BGBl. 2000 I S. 2), jedoch ab 1. 1. 1999 grundsätzlich als arbeitnehmerähnlicher Selbständiger⁵⁰ **rentenversicherungspflichtig,**⁵¹ wenn er Einfirmenvertreter ohne familienfremde versicherungspflichtige Angestellte ist (§ 2 Nr. 9 SGB VI iVm. der Übergangsvorschrift des § 231 Abs. 5 SGB VI, eingefügt durch das Gesetz vom 19. 12. 1998 sowie dessen Art. 11 Abs. 1⁵² und nunmehr geltend in der zum 1. 1. 1999 rückwirkenden Fassung des Gesetzes vom 20. 12. 1999 – BGBl. 2000 I S. 2 mit den dortigen Ausnahme- und Übergangsregelungen).⁵³

10 b) **Gewerbetreibender.** Als Gewerbetreibender muss der HV mit der Absicht dauernder Gewinnerzielung, also gegen Entgelt, tätig werden, mag er auch im Einzelfall ohne Vergütung arbeiten.⁵⁴ Die Kosten seines nicht notwendigerweise kaufmännisch eingerichteten Gewerbetriebs (Abs. 4), den er auch als Pächter oder Nießbraucher führen kann,⁵⁵ muss der HV tragen (s. § 87 d).⁵⁶ Der Einsatz von Kapital ist nicht notwendig. Das „Kapital" des HV sind seine Arbeitskraft, seine im Hinblick auf das zu vertreibende Produkt erworbenen Kenntnisse und gesammelten Erfahrungen sowie seine Beziehungen zu Kunden (Kundenstamm) und Unternehmern.⁵⁷

11 c) **Rechtsfähigkeit und Volljährigkeit.** Als Kaufmann und Gewerbetreibender muss der HV rechtsfähig und volljährig oder gemäß § 112 BGB ermächtigt sein.⁵⁸ Erbengemeinschaft und nichtrechtsfähiger Verein können deswegen an sich nicht HV sein.⁵⁹ Nachdem der BGH der BGB-Gesellschaft weitgehend die Rechtsfähigkeit zuerkennt, kann auch eine solche Gesellschaft eine Handelsvertretung ausüben, wenn entweder Abs. 4 eingreift oder der Gegenstand ihres Vertriebsauftrags kein Handelsgewerbe darstellt (RdNr. 23);⁶⁰ andernfalls greift ohnehin § 105 ein.⁶¹ Unter denselben Voraussetzungen wie eine BGB-Gesellschaft wird dann auch ein nicht rechtsfähiger Verein als HV tätig werden können, nicht aber eine Erbengemeinschaft.⁶²

12 3. **Selbständigkeit.** a) **Bedeutung und Bestimmung der Selbständigkeit.** Der HV muss als Kaufmann selbständig sein,⁶³ wobei ausreicht, dass er mit Aufnahme seiner Tätigkeit Selbständigkeit

---

⁴⁴ *Küstner* HVR RdNr. 280.
⁴⁵ Ausführlich dazu *Küstner* HVR RdNr. 280 bis 288; *Tiefenbacher* BB 1981, 85.
⁴⁶ OLG Köln BB 1971, 760; vgl. MünchKommHGB/*v. Hoyningen-Huene* § 86 RdNr. 62.
⁴⁷ BVerfG Urt. v. 25. 10. 1977 – 1 BvR 15/75, NJW 1978, 365; BFH Urt. v. 9. 10. 1958 – IV 340/56 U, VersR 1960, 204; BFH Urt. v. 3. 10. 1961 – I 200/59, DB 1961, 1603; BFH Urt. v. 31. 1. 1974 – II R 135/73, DB 1975, 190.
⁴⁸ BFH Urt. v. 7. 12. 1961 – V 139/59 U, DB 1962, 428; vgl. BFH Urt. v. 9. 7. 1998 – V R 62/97, DB 1999, 129; ausf. *Kottke* BB 1968, 1076.
⁴⁹ BSG Urt. v. 29. 1. 1981 – 12 RK 63/79, BB 1981, 2074; LSozG Berlin VersR 1972, 533; ausf. dazu *Oberthür/Lohr* NZA 2001, 126; zur Frage der Sozialversicherungspflicht von Versicherungsvertretern siehe *Bolle* NJW 2001, 422.
⁵⁰ S. *Jacobs* ZIP 1999, 1549.
⁵¹ Ausf. dazu *Oberthür/Lohr* NZA 2001, 126, 127.
⁵² Siehe dazu ErfKNachtrag/*Preis* SGB VI § 2 Nr. 9 RdNr. 2 sowie Rundschreiben der Spitzenverbände zur Scheinselbständigkeit ZIP 1999, 252, 258 m. Bspr. *Buchner* DB 1999, 533; *Kerschbaumer/Tiefenbacher* ArbuR 1999, 121, 124 f.; *Reiserer* BB 1999, 366, 369, 370; *Berndt* MDR 1999, 210, 215; *Weimar/Goebel* ZIP 1999, 217; kritisch: *Küstner* BB 1999, 541; *Buchner* DB 1999, 146, 147, 150; *Leuchten/Zimmer* DB 1999, 381, 383; siehe auch SozG Dortmund Urt. v. 21. 6. 2004 – S 22 R 7/02, HVR Nr. 1118 sowie allgemein zu den Voraussetzungen des § 2 Nr. 9: BSG Urt. v. 24. 11. 2005 – B 12 R A 1/04, ZIP 2006, 532, 533 f. = NZG 2996, 308 m. Anm. Plagemann EWiR 2006, 185, *Löw* GmbHR 2006, 373 und krit. Anm. *Naumann* ZIP 2006, 538 sowie Bspr. Plagemann/Radtke-Schwenzer NZG 2006, 281.
⁵³ Siehe dazu ausführlich *Gaul/Wisskirchen* DB 1999, 2466; *Buchner* DB 1999, 2514; wegen der Einzelheiten der Regelung des Gesetzes von 1998 wird verwiesen auf *Schmidt/Schwerdtner*, Scheinselbständigkeit, Arbeitsrecht-Sozialrecht, 1999, dort insbesondere Teil B RdNr. 182 ff. und *Oberthür/Lohr* NZA 2001, 126.
⁵⁴ Heymann/*Sonnenschein/Weitemeyer* RdNr. 5; MünchKommHGB/*v. Hoyningen-Huene* RdNr. 50; *Schröder* RdNr. 15.
⁵⁵ Heymann/*Sonnenschein/Weitemeyer* RdNr. 5; s. BFH Urt. v. 13. 6. 2006 – I R 84/05, DStR 2006 Heft 45 S. XIV (LS).
⁵⁶ Vgl. Heymann/*Sonnenschein/Weitemeyer* RdNr. 5; *Küstner* HVR RdNr. 3.
⁵⁷ So BVerfG Beschl. v. 25. 10. 1977 – 1 BvR 15/75, HVR Nr. 513; vgl. Heymann/*Sonnenschein/Weitemeyer* RdNr. 5; *Küstner* HVR RdNr. 50, 51.
⁵⁸ BAG Urt. v. 20. 4. 1964 – 5 AZR 278/63, NJW 1964, 1641, 1642, 1643; *Behrend* NJW 2003, 1563, 1564; Heymann/*Sonnenschein/Weitemeyer* RdNr. 6; *Hopt* RdNr. 8; MünchKommHGB/*v. Hoyningen-Huene* RdNr. 19 bis 22; ausführlich *Küstner* HVR RdNr. 276 bis 278; *Schröder* RdNr. 8.
⁵⁹ *Hopt* RdNr. 9; aA jetzt *Boin* GmbHR 2001, 513.
⁶⁰ *Emde* VersR 2002, 151, 152; *Hopt* RdNr. 9.
⁶¹ *Hopt* RdNr. 9.
⁶² Zum Ganzen: Heymann/*Sonnenschein/Weitemeyer* RdNr. 6; *Hopt* RdNr. 8 und 9; *Martin* VersR 1967, 824.
⁶³ Siehe dazu *Schmidt/Schwerdtner* Scheinselbständigkeit 1999, RdNr. 4 f.; *Bauer/Baeck/Schuster*, Scheinselbständigkeit, Kriterien und Auswege, Stuttgart 2000; *Wagner* DStR 1999, 503; *Oberthür/Lohr* NZA 2001, 126; *Emde* VersR 2002, 148, 151 und VersR 2003, 419; *Hopt* RdNr. 35 f.; *Westphal* Vertriebsrecht RdNr. 35 f.; ausf. auch – für Tankstellenpächter – *Semmler*, Tankstellenhalter S. 73 ff; *Reiserer* NJW 2003, 180.

Begriff des Handelsvertreters   13 § 84

erlangt.[64] Entscheidend für dieses – auch nach der Neufassung des § 7 Abs. 4 SGB IV ab 1. 1. 1999 weiterhin (RdNr. 6)[65] – zur Abgrenzung von arbeitnehmerähnlichen Vertriebsmittlern oder angestellten Reisenden maßgebliche Kriterium[66] ist eine **Gesamtwürdigung der jeweiligen Gegebenheiten,**[67] in welche alle Besonderheiten des Einzelfalls umfassend einzubeziehen sind. Ausschlaggebend ist letztlich das **Gesamtbild des Vertrags** mit einer **Schwerpunktbetrachtung.**[68] Dabei kommt den materiellen Kriterien ein höheres Gewicht zu als den lediglich formellen Indizien (RdNr. 8)[69] sowie der tatsächlichen Durchführung und Handhabung des Vertragsverhältnisses durch die Beteiligten grundsätzlich stärkeres Gewicht als den getroffenen Vereinbarungen.[70] Ob der einzelne Vertriebsmittler von der ihm nach Gesetz und Vertrag eingeräumten Möglichkeiten zur freien Gestaltung seiner Tätigkeit tatsächlich Gebrauch macht und diese Möglichkeiten ausschöpft, ist für die Beurteilung seiner Selbständigkeit ohne Bedeutung.[71] Abs. 1 Satz 2 enthält keine abschließende Aufzählung der Abgrenzungsmerkmale,[72] jedoch kann ohne Vorliegen der gesetzlichen Merkmale des Abs. 1 Satz 2 Selbständigkeit nicht gegeben sein.[73]

b) Voraussetzungen der Selbständigkeit. Der HV muss rechtlich nach der Ausgestaltung des   13 mit dem Unternehmer geschlossenen Vertrags[74] und tatsächlich nach dessen Handhabung (RdNr. 8 und 12)[75] grundsätzlich in persönlicher, fachlicher, zeitlicher, örtlicher sowie organisatorischer Hinsicht im Wesentlichen unabhängig,[76] also „sein eigener Herr"[77] und damit grds. außerhalb des Betriebs des Unternehmers[78] in eigener Verantwortung tätig sein.[79] Dazu hat er die Kosten[80] und Risiken seines Unternehmens- und Geschäftsbetriebs selbst zu tragen,[81] im Gegensatz zu den grundsätzlich nicht auf ihn abwälzbaren Risiken des Unternehmens seines Geschäftsherrn (vgl. Art. 81 EGV).[82] Ebenso hat er in voller Eigenverantwortung die Absatzmöglichkeiten des zu vertreibenden Produkts sowie der damit für ihn verbundenen Gewinnchancen[83] abzuschätzen und die Folgen einer Fehleinschätzung[84] zu tragen. Grundsätzlich sollte der HV Arbeitseinsatz, Arbeitszeit und Dauer seiner Tätigkeit[85] sowie idR Ort und Art der Erledigung der übernommenen Aufgaben im Wesentlichen frei bestimmen können.[86] Jedoch stehen **(1)** wirtschaftliche Abhängigkeit, besonders des

---

[64] *Schröder* RdNr. 1, 7.
[65] LAG Nürnberg ZIP 1999, 769.
[66] BGH Beschl. v. 21. 10. 1998 – VIII B 54/97, ZIP 1998, 2176, 2178 m. zust. Anm. *Plagemann* EWiR 1999, 99; RGRK-BGB/*Schliemann* § 611 RdNr. 968; vgl. auch ErfK/*Preis* BGB § 611 RdNr. 117.
[67] OLG Hamm Urt. v. 23. 7. 1958 – 18 U 19/58, HVR Nr. 181; OLG Düsseldorf Beschl. v. 4. 7. 1997 – 16 W 18/97, HVR Nr. 814; vgl. *Hopt* DB 1998, 863, 865; vgl. *Walker* EWiR 1998, 53, 54; *Hanau/Strick* DB 1998 Beilage 14/98 S. 4; *Thume* BB 1999, 2309; *Oberthür/Lohr* NZA 2001, 126, 129 f.
[68] *Canaris* § 15 RdNr. 9.
[69] BAG Urt. v. 28. 4. 1972 – 3 AZR 464/71, DB 1972, 2215; OLG Düsseldorf NZA 1998, 145; Heymann/*Sonnenschein/Weitemeyer* RdNr. 10; *Westphal* RdNr. 21 und 22; RGRK-BGB/*Schliemann* § 611 RdNr. 1054.
[70] BAG Urt. v. 15. 12. 1999 – 5 AZR 566/98, ZIP 2000, 630, 631 = BB 2000, 820; BAG Urt. v. 20. 9. 2000 – 5 AZR 271/99, ZIP 2001, 36, 37; OLG München Urt. v. 8. 8. 1957 – 6 U 997/57, HVR Nr. 180; OLG Düsseldorf Beschl. v. 4. 7. 1997 – 16 W 18/97, HVR Nr. 814; OLG Saarbrücken Beschl. v. 29. 7. 2004 – 5 W 144/04, HVR Nr. 1169.
[71] BAG Urt. v. 19. 11. 1997 – 5 AZR 653/96, ZIP 1998, 612; BAG Urt. v. 30. 9. 1998 – 5 AZR 563/97, ZIP 1999, 544 m. zust. Anm. *Dalichau* EWiR 1999, 549; LAG Nürnberg BB 1999, 793, 794.
[72] RGRK-BGB/*Schliemann* § 611 RdNr. 1053.
[73] Vgl. BAG Urt. v. 20. 9. 2000 – 5 AZR 271/99, ZIP 2001, 36, 37 m. Bspr. *Emde* EWiR 2001, 277, 278.
[74] BGH Urt. v. 20. 1. 1964 – VII ZR 204/62, VersR 1964, 331; LAG Nürnberg BB 1998, 793, 794.
[75] BAG Urt. v. 21. 1. 1966 – 3 AZR 183/65, DB 1966, 546; BAG Urt. v. 28. 4. 1972 – 3 AZR 464/71, DB 1972, 2215 m. Anm. *Naendrup* AP HGB § 88 Nr. 1; OLG München BB 1957, 560; *Reiserer* BB 1998, 1258, 1259; einschränkend LAG Nürnberg BB 1999, 793, 794.
[76] BGH Beschl. v. 21. 10. 1998 – VIII B 54/97, ZIP 1998, 2176, 2178; OLG Celle Urt. v. 27. 2. 1958 – 7 U 89/57, HVR Nr. 182; ArbG Passau BB 1998, 1266; *Hanau/Strick* DB 1998 Beilage 14/98 S. 3; *Griebeling* NZA 1998, 1137, 1139; ausf. dazu *Oberthür/Lohr* NZA 2001, 126, 131 f; vgl. dazu auch RGRK-BGB/*Schliemann* § 611 RdNr. 990 f.
[77] Vgl. Heymann/*Sonnenschein/Weitemeyer* RdNr. 8 und 9; *Hopt* RdNr. 35 und 36; *Schröder* RdNr. 3 und 3 a; vgl. auch MünchKommHGB/*v. Hoyningen-Huene* RdNr. 48.
[78] BGH Urt. v. 21. 12. 2005 – VIII ZR 88/05, EBE 2006, 54, 55.
[79] *Rouvray* EWiR 2005, 147, 148.
[80] BGH Urt. v. 17. 10. 1960 – VII ZR 216/59, BB 1960, 1221.
[81] BGH Urt. v. 17. 10. 1960 – VII ZR 216/59, BB 1960, 1221; BFH Urt. v. 3. 10. 1961 – I 200/59, DB 1961, 1603; OLG Frankfurt DB 1979, 1178; OLG Stuttgart DB 1980, 1539; ArbG Passau BB 1998, 1266; *Wank* S. 261 ff., 265 ff. und DB 1992, 90, 91; *Hopt* DB 1998, 863, 865; *Hanau/Strick* DB 1998 Beilage 14/98 S. 15; ausf. dazu *Boemke* ZfA 1998, 285, 300; *Schmidt/Schwerdtner* Scheinselbständigkeit 1999 RdNr. 52; Heymann/*Sonnenschein/Weitemeyer* RdNr. 16; MünchKommHGB/*v. Hoyningen-Huene* RdNr. 44; *Schröder* RdNr. 2, 3 a und 5; Staub/*Brüggemann* RdNr. 10; *Küstner* HVR RdNr. 50 bis 53; *Westphal* RdNr. 23; RGRK-BGB/*Schliemann* § 611 RdNr. 1053; aA offenbar LAG Nürnberg BB 1999, 793; *Rittner* DB 1999, 2097, 2099.
[82] *Lenz/Grill,* EG-Vertrag, 2. Aufl. 1999, Art. 81 RdNr. 24.
[83] Vgl. *Wank* DB 1992, 90, 92 f.
[84] OLG Frankfurt DB 1979, 1178.
[85] *Canaris* § 15 RdNr. 9.
[86] Vgl. *Hopt* DB 1998, 861, 863.

Einfirmenvertreters, von einem Unternehmer,[87] **(2)** gesetzlich vorgesehene Einschränkungen der eigenständigen Betätigungs- und Entscheidungsfreiheit, wie sie besonders in den §§ 84 bis 92 c vorgesehen sind,[88] also zB Verbot der Mehrfirmenvertretung, Weisungsunterworfenheit, besonders in fachlicher Hinsicht oder in Einzelfällen, Zuweisung eines bestimmten Arbeitsgebiets und Wettbewerbsverbot,[89] **(3)** sonstige dem Berufsbild des HV wesenseigene und damit dem gesetzlichen Leitbild des HV entsprechende Bindungen[90] sowie **(4)** vertragliche, aus der Natur der Sache oder des konkreten Vertriebssystems folgende Vorgaben für die Auftragsausführung wie zB vorgeschriebene Öffnungszeiten des Vertriebslokals,[91] Vorgaben hinsichtlich der Werbung und Präsentation des Vertriebsprodukts oder der Einzelheiten der Vertriebspolitik des Unternehmers,[92] der Annahme der Selbständigkeit iSv. § 84 im Einzelfall nicht zwingend entgegen. Für die Beurteilung der Selbständigkeit ist es grds. ohne Bedeutung, ob der HV gegen ihm konkret auferlegte und seine Selbständigkeit einschränkende oder beseitigende Pflichten folgen- und sanktionslos verstoßen kann.[93]

14   **c) Typische Indizien für Selbständigkeit.** Typische Hinweise auf eine Selbständigkeit des HV sind Weisungsfreiheit,[94] das Recht zu im Wesentlichen freier Gestaltung seiner Tätigkeit[95] und freier Wahl des Urlaubs,[96] die zulässige Beschäftigung von Untervertretern und/oder Angestellten bei der Ausführung des Vertrags[97] sowie die Befugnis zu Einstellung und Beschäftigung von Untervertretern oder Angestellten,[98] besonders wenn diese frei ausgewählt werden dürfen und dem Unternehmer als Geschäftsherrn ein Weisungsrecht gegenüber diesen Hilfskräften des HV nicht zusteht („Personalhoheit" des HV),[99] die Berechtigung zu weiteren beruflichen und gewerblichen Aktivitäten auch für einen anderen Geschäftsherrn,[100] eigene Geschäftsräume, Auftreten nach außen als selbständiger Kaufmann mit Firma und Geschäftspapier, Entrichten von Einkommen-, Umsatz-, Gewerbesteuer, Mitgliedschaft in der IHK, Eintragung im Handelsregister,[101] Führen von Handelsbüchern sowie die Vereinbarung einer rein erfolgsabhängigen Vergütung,[102] gegebenenfalls mit dem Recht auf Vorschusszahlungen.[103]

---

[87] BGH Beschl. v. 21. 10. 1998 – VIII ZB 54/97, ZIP 1998, 2176, 2179; BGH Beschl. v. 4. 11. 1998 – VIII ZR 12/98, ZIP 1998, 2104; Heymann/*Sonnenschein/Weitemeyer* RdNr. 8, *Hopt* RdNr. 36; *Küstner* HVR RdNr. 54, 56 und 58; *Schröder* RdNr. 3 a; vgl. dazu aber auch BAG Urt. v. 29. 10. 1997 – 5 AZR 624/96, BB 1997, 2376; *Andexer* BB 1998, 2473; *Griebeling* NZA 1998, 1137 f.; *Buchner* NZA 1998, 1144, 1149; *Linnenkohl* BB 1999, 48, 54; *Reiserer* BB 1999, 366; *Hanau/Strick* DB 1999 Beilage 14/98 S. 11.
[88] Vgl. BAG Urt. v. 19. 11. 1997 – 5 AZR 653/96, ZIP 1998, 612; LAG Nürnberg BB 1999, 793, 795 m. zust. Anm. *Plagemann* EWiR 1999, 363; *Schröder* DB 1959, 817; *Hanau/Strick* DB 1999 Beilage 14/98 S. 11; siehe dazu auch ausführlich *Oberthür/Lohr* NZA 2001, 126, 131.
[89] BAG Urt. v. 20. 9. 2000 – 5 AZR 271/99, ZIP 2001, 36, 37, 38; *Schmidt/Schwerdtner* Scheinselbständigkeit 1999 RdNr. 70 f., 86 f.; bedenklich und zu weitgehend im Leitsatz: OLG Bremen Beschl. v. 28. 1. 2005 – 2 W 108/2004, HVR Nr. 1143.
[90] LAG Nürnberg BB 1999, 793, 795; vgl. *Plagemann* EWiR 1998, 491 gegen LAG Nürnberg ZIP 1998, 617, dieses Urteil ist aufgehoben worden durch BAG Urt. v. 16. 6. 1998 – 5 AZR 255/98, BB 1998, 1954 m. Anm. *Reiserer* S. 1955.
[91] OLG Köln OLGR 2003. 170 m. Anm. *Emde* EWiR 2003. 1149.
[92] BAG Urt. v. 21. 1. 1966 – 3 AZR 183/65, DB 1966, 546; OLG Düsseldorf ZIP 1998, 624, 625 m. abl. Anm. *Griebeling* EWiR 1998, 341, 342; OLG Düsseldorf ZIP 1998, 1039, 1040; *Schröder* DB 1959, 817; *Hopt* DB 1998, 863, 864; *Plagemann* EWiR 1998, 491; *Horn/Henssler* ZIP 1998, 589 f, 600; Heymann/*Sonnenschein/Weitemeyer* RdNr. 11; *Küstner* HVR RdNr. 56 und 57.
[93] AA: OLG Saarbrücken Beschl. v. 29. 7. 2004 – 5 W 144/04–49, HVR Nr. 1169.
[94] *Hromadka* NJW 2003, 1847, 1848.
[95] BAG Urt. v. 27. 6. 2001 – 5 AZR 561/99, MDR 2001, 1417 .
[96] BAG Urt. v. 27. 6. 2001 – 5 AZR 561/99, MDR 2001, 1417; BAG Urt. v. 20. 8. 2003 – 5 AZR 610/02, NJW 2004, 461.
[97] BAG Urt. v. 19. 11. 1997 – 5 AZR 653/96, ZIP 1998, 612 m. zust. Anm. *Weber* GmbHR 1998 R 109.
[98] BAG Urt. v. 27. 6. 2001 – 5 AZR 561/99, MDR 2001, 1417; BAG Urt. v. 12. 12. 2001 – 5 AZR 253/00, DB 2002, 1610 = BB 2002, 1702; *Hopt* DB 1998, 863, 864; vgl. auch BGH Beschl. v. 21. 10. 1998 – VIII B 54/97, ZIP 1998, 2176, 2178.
[99] BAG Urt. v. 12. 12. 2001 – 5 AZR 253/00, DB 2002, 1610, 1611.
[100] BAG Urt. v. 12. 12. 2001 – 5 AZR 253/00, DB 2002, 1610.
[101] S. d. auch OLG Celle Urt. v. 9. 10. 1992 – 11 U 140/92, HVR Nr. 755.
[102] FG Nürnberg DStRE 2003. 1321.
[103] Zum Ganzen: BGH Urt. v. 20. 1. 1964 – VII ZR 204/62, VersR 1964, 331; BGH Urt. v. 11. 3. 1982 – I ZR 27/80, NJW 1982, 1757, 1758; BGH Beschl. v. 21. 10. 1998 – VIII ZB 54/97, ZIP 1998, 2176, 2178; BGH B. v. 16. 10. 2002 – VIII ZB 21/02, BB 2003, 198; BAG Urt. v. 21. 1. 1966 – 3 AZR 183/65, DB 1966, 546; BAG Urt. v. 28. 4. 1972 – 3 AZR 464/71, DB 1972, 2215; BAG Urt. v. 19. 11. 1997 – 5 AZR 653/96, ZIP 1998, 612; BFH Urt. v. 9. 10. 1958 – IV 340/56 U, VersR 1960, 204, 206; BFH Urt. v. 3. 10. 1961 – I 200/59, DB 1961, 1603; OLG München NJW 1957, 1767 und VersR 1964, 235, 236; OLG Celle MDR 1958, 341; OLG Nürnberg VersR 1960, 904; OLG Stuttgart DB 1980, 1539; OLG Schleswig NJW-RR 1987, 220, 222; OLG Düsseldorf ZIP 1998, 624 und 1039; LAG Düsseldorf BB 1997, 891; LAG Nürnberg BB 1999, 793 m. zust. Anm. *Plagemann* EWiR 1999, 363; *Rewolle* DB 1954, 214; *Ordemann* BB 1963, 408; *Eberstein* BB 1964, 271; *Herschel* BB 1977, 1185; *Küstner* Anm. BAG AP Nr. 1 (1981); *Wank* DB 1992, 90; *Preis/Stoffels* ZHR 160 (1996), 442, 444; *Reiserer* BB 1998, 1258, 1259 f; *Andexer* BB 1998, 2473; *Hanau/Strick* DB 1998, Beilage 14/98; *Hümmerich* NJW 1998, 2625; *Bumiller* NJW 1998, 2953; *Imping* MDR 1999, 125,

d) Zulässige Einschränkungen der Selbständigkeit. Im Einzelfall können Art und Weise 15 sowie Besonderheiten der übertragenen Vertriebstätigkeit notwendige und rechtlich zulässige Einschränkungen der Selbständigkeit mit sich bringen (s. RdNr. 13), wenn zB die Vermittlungs- oder Abschlusstätigkeit zu bestimmten Zeiten und an bestimmten Orten, auch einem Arbeitsplatz bei dem Unternehmer, auszuüben ist. Dem selbständigen HV kann eine feste Grundvergütung neben einer gegebenenfalls anzurechnenden Erfolgsvergütung zustehen. Organisationsanweisungen, die Vorgabe von organisatorischen Rahmenbedingungen sowie allgemeine Weisungen zum Vertrieb des Produktes des Unternehmers, besonders dessen vorgegebener Abgabepreis und Abnehmerkreis, stellen grundsätzlich noch keine tragfähigen Indizien für eine fehlende Selbständigkeit dar.[104] Entscheidend bleibt, ob nach der Gesamtabwägung der vertraglichen Regelung sowie der tatsächlichen Handhabung unter Berücksichtigung der Schwerpunkte sowie des Gewichts der jeweiligen Kriterien noch von einer verbleibenden ausreichenden Selbständigkeit ausgegangen werden darf.[105]

e) Unselbständigkeit. Maßgebend für fehlende Selbständigkeit[106] sind die persönliche Abhängigkeit,[107] die sich im rechtlichen, wirtschaftlichen, sozialen und sonstigen tatsächlichen Bereich auswirken kann,[108] sowie typischerweise die fehlenden Gewinnchancen, wie sie sich für den Unternehmer am Markt ergeben.[109] Unselbständig ist im Zweifel, wer seine geschuldeten Dienstleistungen im Rahmen einer vom Unternehmer bestimmten Arbeitsorganisation mit umfassendem Weisungsrecht des Unternehmers hinsichtlich Zeit, Dauer und Ort der Dienste erbringt,[110] keine eigenen Leistungen am Markt anbietet und dort auf eigene Gewinnchancen verzichtet.[111] Deutliche Hinweise auf Unselbständigkeit[112] sind ein fester Arbeitsplatz in den Räumen des Unternehmers[113] mit fest vorgegebener Arbeitszeit im Unternehmen, Einbindung in die Hierarchie des Unternehmens/Betriebs[114] sowie weitgehender,[115] insbesondere tätigkeitsbezogener[116] Weisungsgebundenheit hinsichtlich der Arbeitsausführung sowie deren totale Kontrolle durch den Geschäftsherrn,[117] des weiteren Zahlung von Lohnsteuer und Sozialabgaben,[118] feste Urlaubsregelung, erfolgsunabhängige, insbesondere tarifvertraglich festgelegte Entlohnung,[119] vollständiger Ersatz der beruflichen Aufwendungen durch den Unternehmer, Verbot oder Genehmigungspflicht von Nebentätigkeiten[120] sowie eine

---

126; *Olbing* ZIP 1999, 226, 227; aus der Sicht der Rspr. des BSG: *Bogs* VersR 1977, 197; ausf. auch *Wank* S. 5 ff., 257 f; *Heymann/Sonnenschein/Weitemeyer* RdNr. 10, 14, 16 und 17; *Hopt* RdNr. 36; *Küstner* HVR RdNr. 49 bis 57, 61 und 62 sowie Ausgleichsanspruch RdNr. 53 bis 61; ausführlich MünchKommHGB/v. Hoyningen-Huene RdNr. 26 bis 48; *Schröder* RdNr. 5 und 6; Staub/*Brüggemann* RdNr. 8 ff.; RGRK-BGB/*Schliemann* § 611 RdNr. 990 f.; ErfK/*Preis* BGB § 611 RdNr. 117; ErfKNachtrag/*Preis* SGB IV § 7 RdNr. 6 ff.; *Wank* in Martinek/Semler § 11 RdNr. 1 ff., 44 ff., 53 f; *Westphal* RdNr. 23; *Hohmeister/Goretzki*, Verträge über freie Mitarbeit, 1999, S. 70, 71.
[104] Vgl. dazu ausf. BAG Urt. v. 12. 12. 2001 – 5 AZR 253/00, DB 2002, 1610.
[105] BGH Beschl. v. 4. 3. 1998 – VIII ZB 25/97, EBE 1998, 130; OLG Düsseldorf ZIP 1998, 624, 625 und NZA 1998, 145; LAG Bremen DB 1968, 2180; *Stötter* DB 1978, 429, 430; *Heymann/Sonnenschein/Weitemeyer* RdNr. 9 und 18; *Küstner* HVR RdNr. 43 und 14; Staub/*Brüggemann* RdNr. 7, 14; *Westphal* RdNr. 20.
[106] Ausführlich dazu *Schmidt/Schwerdtner* Scheinselbständigkeit 1999 RdNr. 9 f.
[107] BGH Beschl. v. 21. 10. 1998 – VIII ZB 54/97, ZIP 1998, 2176, 2178; BAG Urt. v. 3. 5. 1989 – 5 AZR 158/88, BB 1990, 779, 780; BAG Beschl. v. 16. 7. 1997 – 5 AZB 29/96, ZIP 1997, 1714; BAG Urt. v. 16. 7. 1997 – 5 AZR 312/96, BB 1997, 2377; LAG Bremen DB 1968, 2186; LAG Düsseldorf DB 1957, 383; *Stötter* DB 1978, 429, 430; *Reiserer* BB 1998, 1258, 1259; *Hopt* DB 1998, 863; *Popp* MDR 1998, 18; *Horn/Henssler* ZIP 1998, 589, 592; *Reinecke* ZIP 1998, 581, 583; *Boemke* ZfA 1998, 285, 298; *Schmidt/Schwerdtner* Scheinselbständigkeit 1999 RdNr. 9 f.; RGRK-BGB/*Schliemann* § 611 RdNr. 990 f.; kritisch *Hümmerich* NJW 1998, 2625, 2633, der die persönlich durch eine juristische Abhängigkeit ersetzen will.
[108] Vgl. BAG Urt. v. 8. 9. 1997 – 5 AZB 3/97, ZIP 1997, 2208, 2209; vgl. auch *Hromadka* DB 1998, 195, 210; *Thume* BB 1999, 2309.
[109] *Wank* DB 1992, 90, 92 f., aA LAG Nürnberg BB 1999, 793.
[110] BAG Urt. v. 3. 5. 1989 – 5 AZR 158/88, BB 1990, 779, 780; BAG Urt. v. 12. 9. 1996 – 5 AZR 104/95, DB 1997, 1037; BAG Beschl. v. 16. 7. 1997 – 5 AZB 29/96, ZIP 1997, 1714; BAG Urt. v. 19. 11. 1997 – 5 AZR 653/96, ZIP 1998, 612; LAG Düsseldorf BB 1997, 891; *Hanau* DB 1998, 69, 73 und ausführlich DB 1998 Beilage 14/98 S. 6 f.; *Hromadka* DB 1998, 195, 197; *Horn/Henssler* ZIP 1998, 589, 592; *Reinecke* ZIP 1998, 581, 583; kritisch *Hümmerich* NJW 1998, 2615, 2630; vgl. auch ausf. *Boemke* ZfA 1998, 285, 301.
[111] *Horn/Henssler* ZIP 1998, 589, 592.
[112] Ausführlich *Emde* EWiR 2002, 23.
[113] Vgl. *Hopt* RdNr. 36.
[114] *Seifert* NZA Sonderheft 1999, 6.
[115] FG Nürnberg DStRE 2003. 1321, 1322.
[116] *Seifert* NZA Sonderheft 1999, 6.
[117] FG Nürnberg DStRE 2003. 1321, 1322.
[118] OLG Düsseldorf WM 1985, 524, 526; LAG Nürnberg BB 1999, 793, 794 m. zust. Anm. *Plagemann* EWiR 1999, 361; *Hopt* RdNr. 36.
[119] OLG Düsseldorf WM 1985, 524, 526; LAG Köln MDR 1995, 934.
[120] Vgl. *Hopt* RdNr. 36; **zum Ganzen:** BGH Urt. v. 4. 12. 1981 – I ZR 200/79, BB 1982, 1876, 1877; BFH Urt. v. 24. 11. 1961 – VI 88/60, DB 1962, 150; BFH Urt. v. 7. 12. 1961 – V 139/59 U, DB 1962, 428; BFH Urt. v. 30. 10. 1969 – V R 150/66, DB 1970, 862; *Brand* DB 1999, 1162, 1163; ausf. *Hanau/Strick* DB 1998 Beilage 14/98 S. 19; *Heymann/Sonnenschein/Weitemeyer* RdNr. 15; *Küstner* HVR RdNr. 60; Staub/*Brüggemann* RdNr. 12, 13.

§ 84   17   1. Buch. 7. Abschnitt. Handelsvertreter

hinzukommende Bezeichnung des Vertragsverhältnisses als „Arbeitsverhältnis".[121] Mit Selbständigkeit nicht zu vereinbaren ist, dass der Dienstpflichtige dem Unternehmer jederzeit persönlich zur Verfügung zu stehen hat[122] oder in den Innendienst versetzt werden kann.[123] Hingegen können weder **soziale Schutzbedürftigkeit**[124] noch die dauerhafte Tätigkeit für nur einen Unternehmer ohne den Einsatz von eigenem Kapital und Mitarbeitern einen HV zum unselbständigen Angestellten machen.[125] Letzteres widerspricht dem Gesetz, das den Einfirmenvertreter ausdrücklich vorsieht (§ 92 a). Die vertragliche Überwälzung von typischen Unternehmerrisiken auf den HV ohne Leistung einer entsprechenden Vergütung wird regelmäßig nicht dessen Selbständigkeit beseitigen, vielmehr derartige Vertragsabsprachen nichtig machen.[126]

17   **f) Wertneutrale Indizien.** Noch kein aussagekräftiges Indiz für oder gegen eine Selbständigkeit sind die Bezeichnung als „HV" im Vertrag,[127] die Verweisung auf die Geltung der §§ 84 f.,[128] die zulässige Vertretung mehrerer Unternehmer[129] oder das vertragliche Verbot einer Mehrfachvertretung,[130] die Zuweisung eines Bezirks oder bestimmter Kunden,[131] die im HVVertrag enthaltene Vorgabe eines Mindestumsatzes,[132] die Zahlung eines Fixums[133] oder fester Spesen neben der Provision, Hilfestellungen und Hilfeleistungen des Unternehmers bei der Wahrnehmung der vertraglichen Pflichten,[134] die Pflichten zur Befolgung von Weisungen hinsichtlich der Auftragsausführung,[135] zu regelmäßigen Kundenbesuchen und Berichten,[136] zu jederzeitiger telefonischer Erreichbarkeit für den Unternehmer[137] oder zur Teilnahme an Messen. Gleiches gilt für unverbindliche Vorgaben des Geschäftsherrn/Unternehmers zur Ausführung der dem Vertriebsmittler übertragenen Aufgaben, soweit damit eine konkrete Ausführungspflicht nicht verbunden ist,[138] sowie für sonstige Beschränkungen der Entscheidungs- und Betätigungsfreiheit des HV, welche wie zB das Wettbewerbsverbot[139] im Gesetz vorgesehen sind oder sich aus der Eigenart der im Einzelfall geschuldeten Leistung ergeben (RdNr. 15)[140] wie zB vorgegebene Öffnungszeiten von Tankstellen und Auslieferungslagern oder Arbeitszeiten von Propagandisten mit Verkaufsstand in Kaufhäusern.[141] Kein hinreichendes Indiz ist letztlich die Einbeziehung in die betriebliche Altersversorgung des Unternehmens.[142] Eine stärkere Einbeziehung und Einbindung in das Unternehmen des Geschäftsherrn verbunden mit einer besonderen Weisungsabhängigkeit während einer **Einarbeitungsphase** oder

---

[121] Vgl. Thüringer LAG MDR 1998, 478, 479.
[122] *Hopt* RdNr. 38.
[123] *Heymann/Sonnenschein/Weitemeyer* RdNr. 12 und 15; zum Ganzen: *Küstner*, Das Recht des Angestellten Geschäftsvermittlers, RdNr. 23 ff.; MünchKommHGB/v. *Hoyningen-Huene* RdNr. 115 ff.
[124] So aber: BAG Beschl. v. 16. 7. 1997 – 5 AZB 29/96, ZIP 1997, 1714; BAG Urt. v. 8. 9. 1997 – 5 AZB 3/97, ZIP 1997, 2208, 2209; LAG Nürnberg BB 1999, 793 = ZIP 1999, 769; so zur Abgrenzung von arbeitnehmerähnlichen Personen: BGH Beschl. v. 4. 11. 1998 – VIII ZR 12/98, ZIP 1998, 2104; BGH Beschl. v. 21. 10. 1998 – VIII ZB 54/97, ZIP 1998, 2176, 2178, 2179; BGH Beschl. v. 16. 10. 2002 – VIII ZB 27/02, BB 2003, 198, 199; vgl. auch *Plagemann* EWiR 1998, 491, 492; *Hromadka* DB 1998, 195, 197 ff.; *Reinecke* ZIP 1998, 581, 587; kritisch: *Horn/Henssler* ZIP 1998, 589, 591; *Boemke* ZfA 1998, 285, 299.
[125] BAG Urt. v. 20. 9. 2000 – 5 AZR 271/99, ZIP 2001, 36, 38.
[126] Vgl. LG Heidelberg HVR Nr. 171.
[127] BGH Urt. v. 4. 12. 1981 – I ZR 200/79, WM 1982, 272, 273; LAG Nürnberg BB 1999, 793, 794; *Hopt* RdNr. 36; *Schröder* RdNr. 3 a und 6; *Küstner* HVR RdNr. 47, 48; aA wohl: *Heymann/Sonnenschein/Weitemeyer* RdNr. 17; zum Ganzen: *Hanau/Strick* DB 1998 Beilage 14/98 S. 19; *Reiserer* BB 1999, 366.
[128] AA *Heymann/Sonnenschein/Weitemeyer* RdNr. 17.
[129] Vgl. *Hopt* RdNr. 36; aA *Küstner* HVR RdNr. 62 und MünchKommHGB/v. *Hoyningen-Huene* RdNr. 42.
[130] *Schmidt/Schwerdtner* Scheinselbständigkeit 1999 RdNr. 80; vgl. auch ArbG Rheine BB 1996, 177.
[131] *Schröder* RdNr. 6.
[132] AA wohl *Heymann/Sonnenschein/Weitemeyer* RdNr. 11.
[133] Vgl. OLG Celle MDR 1958, 341; OLG Stuttgart BB 1962, 156.
[134] OLG Hamm Beschl. v. 7. 2. 2003 – 35 W 11/02, HVR Nr. 1089.
[135] BSG Urt. v. 29. 1. 1981 – 12 RK 63/79, BB 1981, 2074; OLG Celle BB 1958, 246; *Schmidt/Schwerdtner* Scheinselbständigkeit 1999 RdNr. 70 f.; *Eberstein* BB 1964, 271; Staub/*Brüggemann* RdNr. 9.
[136] Vgl. BAG Urt. v. 24. 3. 1992 – 9 AZR 76/91, ZIP 1992, 1158, 1159.
[137] Vgl. BGH Urt. v. 4. 12. 1981 – I ZR 200/79, WM 1982, 272, 273; BGH Urt. v. 2. 7. 1992 – I ZR 181/90, NJW-RR 1992, 1386; BAG Urt. v. 21. 1. 1966 – 3 AZR 183/65, DB 1966, 546, 547; *Trappe* BB 1957, 1224, 1225; *Heymann/Sonnenschein/Weitemeyer* RdNr. 12 und 16; *Hopt* RdNr. 36 und 38, *Schröder* RdNr. 5 und 6.
[138] LAG Nürnberg BB 1999, 793, 794.
[139] *Schmidt/Schwerdtner* Scheinselbständigkeit 1999 RdNr. 86.
[140] S. dazu BAG Urt. v. 15. 12. 1999 – 5 AZR 566/98, ZIP 2000, 630 = BB 2000, 820; BAG Urt. v. 15. 12. 1999 – 5 AZR 3/99, ZIP 2000, 808; BAG Urt. v. 15. 12. 1999 – 5 AZR 770/98, BB 2000, 932 und LAG Nürnberg BB 1999, 793, 795 mit Revisionsurteil des BAG v. 15. 12. 1999 – 5 AZR 169/99 BB 2000, 1837 LS m. Anm. *Bolle* BB 2000, 1837 für die Tätigkeit von Versicherungsvertretern.
[141] BGH Urt. v. 20. 1. 1964 – VII ZR 204/62, VersR 1964, 331; BGH Urt. v. 11. 3. 1982 – I ZR 27/80, NJW 1982, 1757 = HVR Nr. 567; *Heymann/Sonnenschein/Weitemeyer* RdNr. 12; *Hopt* RdNr. 37; *Koller/Roth*/Morck RdNr. 3.
[142] AA BFH Urt. v. 30. 10. 1969 – V R 150/66, DB 1970, 861, 862; *Heymann/Sonnenschein/Weitemeyer* RdNr. 15.

beruflichen **Qualifizierungsmaßnahmen**[143] führen nicht zur Unselbständigkeit des HV, wenn es sich hierbei absehbar und vertragsgemäß um einen nur vorübergehenden Zustand handeln soll.

g) Selbständigkeit bei mehreren Vertragsverhältnissen. Bei Vertragsverhältnissen eines HV mit mehreren Unternehmern/Geschäftsherren ist die Selbständigkeit für jedes einzelne gesondert zu prüfen. Selbständiger HV kann sein, wer bei einem anderen Unternehmer in einem Arbeitsverhältnis steht.[144] § 92 b geht hiervon aus. **18**

h) Versicherungs- und Bausparkassenvertreter. Nach den aufgezeigten Grundsätzen bestimmt sich ebenfalls die Selbständigkeit von Versicherungsvertretern,[145] Bausparkassenvertretern[146] und ähnlichen stärker in die Betriebs- und Absatzorganisation des Unternehmers eingebundenen HV; für sie gelten insoweit keine Sonderregelungen. So kann ein Versicherungsvertreter[147] trotz Einbindung in die Organisation des Versicherers mit vorgeschriebenem örtlichen Büro und verbindlichen Arbeitsvorgaben selbständig sein.[148] **19**

i) Handelsvertreter-GmbH. Die HV-GmbH (RdNr. 23) ist rechtlich notwendigerweise selbständig.[149] **20**

k) Dispositionsbefugnis zur Selbständigkeit und Scheinselbständigkeit. Wenn die Voraussetzungen des § 84 Abs. 1 tatsächlich gegeben sind, kann das Recht, sich auf die Selbständigkeit zu berufen, weder verloren noch verwirkt noch abbedungen werden.[150] Das zwingende Merkmal der Selbständigkeit kann auch nicht dadurch umgangen werden, dass einem abhängig Beschäftigten durch Vertragsgestaltung und Wortwahl scheinbar die Stellung eines selbständigen HV eingeräumt wird.[151] Solchen Umgehungsversuchen sollte durch Gesetzesentwürfe zur Bekämpfung der Scheinselbständigkeit[152] begegnet werden,[153] welche zu der Regelung des § 7 Abs. 4 SGB IV (RdNr. 6) geführt haben,[154] die für HV ohne unmittelbare Bedeutung, aber nicht ohne Auswirkungen ist (s. RdNr. 6). Schon nach dem bisher geltenden Recht konnte bloße Scheinselbständigkeit[155] nicht von den zwingenden Rechtsfolgen des § 84 Abs. 2 befreien.[156] **21**

l) Rechtsweg bei Streit um Selbständigkeit – § 5 ArbGG. Bei Streit über die Selbständigkeit eines HV oder das Eingreifen von Abs. 2 sowie § 5 ArbGG bestimmt sich der zulässige Rechtsweg für die **Zivilgerichtsbarkeit**[157] nach dem schlüssigen Tatsachenvortrag der klagenden Partei; die Rechtsbehauptung eines bestehenden HVVertragsverhältnisses genügt nicht.[158] Maßgebend für die **22**

---

[143] Siehe dazu ausführlich *Bolle* NJW 2001, 422.
[144] *Schröder* RdNr. 2 und 4, § 86 RdNr. 40; vgl. BAG Urt. v. 25. 10. 1967 – 3 AZR 453/66, NJW 1968, 518.
[145] Siehe dazu BAG Urt. v. 20. 9. 2000 – 5 AZR 271/99, ZIP 2001, 36 m. Bspr. *Emde* EWiR 2001, 277; BAG Urt. v. 15. 12. 1999 – 5 AZR 566/98, ZIP 2000, 630 = BB 2000, 820, BAG Urt. v. 15. 12. 1999 – 5 AZR 169/99, HVR Nr. 1009 = BB 2000, 1837 LS m. Anm. *Bolle* BB 2000, 1837 und EWiR 2000, 969 (LS) m. Anm. *Emde* EWiR 2000, 969; BAG Urt. v. 16. 6. 1998 – 5 AZR 255/98, BB 1998, 1954 m. Anm. *Reiserer* B. 1955 und ausführlich BAG Urt. v. 15. 12. 1999 – 5 AZR 3/99, ZIP 2000, 808 m. Anm. *Emde* EWiR 2000, 533 und *Reiserer* BB 2000, 1472; LAG Nürnberg BB 1999, 793 mit Anm. *Plagemann* EWiR 1999, 363 und Anm. *Bolle* BB 2000, 1837 zu dem Revisionsurteil des BAG v. 15. 12. 1999 – 5 AZR 169/99 BB 2000, 1837 LS; *Schmidt/Schwerdtner* Scheinselbständigkeit 1999 RdNr. 502; s. auch *Bolle* NJW 2001, 422; *Behrend* NJW 2003, 1563.
[146] BAG Urt. v. 15. 12. 1999 – 5 AZR 770/98, BB 2000, 932; FG Düsseldorf DStR 2002 Heft 3/2002 S. VI.
[147] Zu dessen Rechtsstellung *Seifert* NZA Sonderheft 1999, 6.
[148] RGRK-BGB/*Schliemann* § 611 RdNr. 998; *Plagemann* EWiR 1998, 491 gegen LAG Nürnberg ZIP 1998, 617; s. ausf. *Hanau/Strick* DB 1998 Beilage 14/98 S. 40; vgl. auch ErfK/*Preis* BGB § 611 RdNr. 118.
[149] Vgl. *Emde* S. 87 bis 95 mwN und GmbHR 1999, 1005, 1007.
[150] Vgl. aber LAG Köln Urt. v. 6. 7. 2001 – 1 Sa 373/01, DStR Heft 4/2002 S. XVI zu der Möglichkeit der Verwirkung des Rechts, sich auf den Arbeitnehmerstatus zu berufen.
[151] Vgl. BAG Beschl. v. 16. 7. 1997 – 5 AZB 29/96, ZIP 1997, 1714; OLG Düsseldorf NJW – RR 1998, 682; LAG Düsseldorf BB 1997, 891 (unselbständiger Franchisenehmer als Arbeitnehmer); LG München I BB 1997, 1762.
[152] Von den Ländern Hessen und Nordrhein-Westfalen im Bundesrat eingebrachter Gesetzesentwurf vom 23. 10. 1996 und gleichartiger Gesetzesentwurf der SPD-Fraktion des Bundestages – BR-Drucks. 793/96; dazu: *Reiserer* BB 1998, 1258; *Hanau* BB 1999, 69, 73; *Hromadka* DB 1998, 195, 200; *Schliemann* RdA 1997, 322; kritisch zu dieser Entwicklung: *Rieble* ZfA 1998, 327; *Küstner* BB 1999, 541, 542.
[153] Wobei jedoch sozialpolitische Überlegungen im Vordergrund standen: *Reiserer* BB 1998, 1258; *Horn/Henssler* ZIP 1998, 589, 591; *Buchner* DB 1999, 146, 150.
[154] Ausf. auch *Goretzki/Hohmeister* BB 1999, 635.
[155] Zum Begriff: *Reiserer* DStR 2003. 292.
[156] Die mit der Scheinselbständigkeit zusammenhängenden Fragen werden ausführlich abgehandelt von *Henrici*, Der rechtliche Schutz für Scheinselbständige, 2002; *Schmidt/Schwerdtner* in „Scheinselbständigkeit, Arbeitsrecht-Sozialrecht, 1999" und *Reiserer/Freckmann/Träumer*, Scheinselbständigkeit, geringfügige Beschäftigung, 2002; aus neuerer Zeit dazu: *Reiserer/Freckmann* NJW 2003, 180; *Reiserer* DStR 2003, 292.
[157] Zur Arbeitsgerichtsbarkeit siehe unten RdNr. 86.
[158] BGH in stRspr., vgl. BGH Urt. v. 22. 3. 1976 – GSZ 2/75, BGHZ 67, 81, 83; BGH Urt. v. 22. 6. 1978 – III ZR 109/76, BGHZ 72, 56, 57; BGH Beschl. v. 11. 7. 1996 – V ZB 6/96, BGHZ 133, 240, 243 = EBE 1996, 302 mwN; BGH Beschl. v. 19. 12. 1996 – III ZB 105/96, DB 1997, 767; OLG Düsseldorf OLGR 1997, 128 und Beschl. v. 1. 6. 2005 – I 16 W 24/05, HVR Nr. 1149; OLG Celle Beschl. v. 22. 11. 2004 – 11 W 97/04, HVR Nr. 1145; aA BAG früher in stRspr., vgl. BAG Urt. v. 15. 7. 1961 – 5 AZR 472/60, DB 1961, 1200; BAG Urt. v. 19. 6. 1963 – 5

rechtliche Beurteilung sind die Umstände im Zeitpunkt des Entstehens des eingeklagten Anspruchs.[159] Die Verweisung bei Unzuständigkeit des angerufenen Gerichts erfolgt nach § 17a GVG, bei negativem Kompetenzkonflikt gilt § 36 ZPO.[160]

23 **4. Rechtsform der Handelsvertretung. a) Handelsvertretungsgesellschaft.** Der HV ist frei in der Wahl der Rechtsform seines Gewerbebetriebs. Handelsvertretungen können von Einzelkaufleuten oder Handelsgesellschaften/juristischen Personen betrieben werden.[161] Die Vorschriften des HV-Rechts nach §§ 84–§ 92c gelten grds. in gleicher Weise für alle HV unabhängig von der gewählten Rechtsform.[162] Schließen sich HV zu einer Gesellschaft bürgerlichen Rechts zusammen und erlangt diese nicht kraft Gesetzes die Rechtsstellung einer oHG,[163] wird HV die Gesellschaft (RdNr. 11).[164] Bei einer stillen HV-Gesellschaft wird der stille Teilhaber nicht HV.[165]

24 **b) Träger der Rechte und Pflichten bei Handelsvertretungsgesellschaften.** Träger der Rechte und Pflichten aus HVVertrag und Gesetz sind bei HV-Zusammenschlüssen ohne Rechtsfähigkeit die dem Unternehmer gesamtschuldnerisch verpflichteten[166] handelnden Personen, bei rechtsfähigen Personengesellschaften und Kapitalgesellschaften[167] ist es die Gesellschaft,[168] deren geschuldete Tätigkeit von ihren persönlich haftenden Gesellschaftern oder Organen ausgeübt wird. Außerdem können HVGesellschaften Angestellte einschalten, die durch entsprechende Vereinbarung persönlich in den HVVertrag einbezogen sowie zur Ausführung bestimmter dem HV obliegender Tätigkeiten verpflichtet[169] werden können; ihre Tätigkeit für die Gesellschaft kann – wie diejenige von bestimmten Gesellschaftern oder Organträgern – zu Bedingung oder Grundlage für den Fortbestand des HVVertrags gemacht werden[170] und für Pflichtverletzungen hat die HVGesellschaft einzustehen.[171] Ohne derartige Vereinbarungen bestehen keine unmittelbaren Pflichten der Hilfspersonen gegenüber dem Unternehmer. Zur Bedeutung eines vereinbarten Wettbewerbsverbots für die Gesellschafter oder Geschäftsführer einer HVGesellschaft siehe § 86.

25 **5. Wechsel der Person des Handelsvertreters und Vertragsübernahme.** Der HV kann die Rechtsform der HVertretung wechseln und mit Zustimmung des Unternehmers seine HVertretung im Weg der Vertragsübernahme auf einen Dritten, zB eine von ihm gegründete Gesellschaft, (verkaufen[172] und) übertragen.[173] Jeder Wechsel in der Person des HV bedarf wegen der darin liegenden Vertragsänderung der Zustimmung des Unternehmers (RdNr. 58). Das gilt für den Gesellschafterwechsel in einer Personenhandelsvertretungsgesellschaft[174] und in gleicher Weise für die Übertragung der von dem HV persönlich auszuübenden Vermittlungs- oder Abschlusstätigkeit ohne Änderung der Rechtsform seines Betriebs auf einen Dritten, zB Angestellten oder Untervertreter, sofern dem HV dieses Recht nicht bereits in dem HVVertrag eingeräumt worden ist. Im Zweifel ist der Unternehmer nicht zur Erteilung der Zustimmung verpflichtet; ohne wirksame Vertragsübernahme bleibt ihm der HV persönlich verpflichtet.[175] Das gilt ebenfalls, wenn der HV mit einem

---

AZR 314/62, DB 1963, 1290; LAG Hamburg BB 1997, 998; *Wank* EWiR 1997, 525 (für § 5 ArbGG muss Arbeitnehmereigenschaft unstreitig oder bewiesen sein); BAG heute differenzierend: BAG Beschl. v. 24. 4. 1996 – 5 AZB 25/95, MDR 1996, 1042; BAG Beschl. v. 9. 10. 1996 – 5 AZB 18/96, DB 1996, 2448 m. Anm. *Künzel* EWiR 1996, 1109; BAG Beschl. v. 10. 12. 1996 – 5 AZB 20/96, ZIP 1997, 690 mit abl. Anm. *Wank* EWiR 1997, 525; BAG Beschl. v. 16. 7. 1997 – 5 AZB 29/96, ZIP 1997, 1714; vgl. auch LAG Köln MDR 1997, 752; LAG München MDR 1998, 784; dazu *Weber/Burmester* GmbHR 1997, 778, 780 f.; *Reinecke* ZfA 1998, 359; *Ziemann* MDR 1999, 513.
[159] BGH Beschl. v. 21. 10. 1998 – VIII ZB 54/97, NJW 1999, 648, 650, 651.
[160] BGH Beschl. v. 26. 7. 2001 – X ARZ 69/01 + X ARZ 132/01, MDR 2002, 351 und 352 m. umfangreichen Nachweisen.
[161] Die Vorteile der Vertriebsmittlung durch eine Handelsvertreter-GmbH behandelt *Westphal* BB 1999, 2517.
[162] *Emde* EWiR 1999, 327, 328.
[163] Was *Boin* GmbHR 2001, 513 nicht berücksichtigt.
[164] *Boin* GmbHR 2001, 513; MünchKommHGB/*v. Hoyningen-Huene* RdNr. 22a; *Hopt* RdNr. 9; *Canaris* § 15 RdNr. 7.
[165] *Hopt* RdNr. 9.
[166] *Martin* VersR 1967, 824, 826, 827; Heymann/*Sonnenschein/Weitemeyer* § 86 RdNr. 3; MünchKommHGB/*v. Hoyningen-Huene* § 86 RdNr. 5.
[167] Dazu *Martin* VersR 1967, 824; *Emde* S. 34, 65, 95 und GmbHR 1999, 1005, 1013 f.
[168] MünchKommHGB/*v. Hoyningen-Huene* § 86 RdNr. 6.
[169] BGH Urt. v. 10. 12. 1997 – VIII ZR 329/96, ZIP 1998, 420; *Westphal* BB 1999, 2517, 2518.
[170] *Westphal* BB 1999, 2517, 2518.
[171] MünchKommHGB/*v. Hoyningen-Huene* § 86 RdNr. 7.
[172] S. ausf. *Kiene* NJW 2006, 2007.
[173] BGH Urt. v. 25. 4. 1960 – II ZR 3/59, VersR 1960, 797; MünchKommHGB/*v. Hoyningen-Huene* § 89b RdNr. 183, 184; *Küstner* HVR RdNr. 281, 283; vgl. *Emde* S. 120 f., 135 bis 140, 149 bis 157; zu den steuerlichen Auswirkungen der Übertragung der HVertretung auf eine neu gegründete GmbH siehe BFH Urt. v. 15. 10. 1998 – III R 75/97, BB 1999, 249 = GmbHR 1999, 190.
[174] *Martin* VersR 1967, 824, 828; vgl. *Westphal* RdNr. 150.
[175] Vgl. zum Ganzen *Schröder* § 86 RdNr. 14d und e.

Dritten eine Gesellschaft gründet, welche die bisher von ihm als Einzelkaufmann betriebene Handelsvertretung fortführen soll.[176] Eine **Gesamtrechtsnachfolge** in den HVVertrag, zB im Weg der **Erbfolge,** ist wegen der notwendigen persönlichen Beziehungen der Vertragspartner und des dadurch bedingten Vertragsendens infolge des Ausscheidens oder Todes des HV (s. § 89) ausgeschlossen.

6. Mehrere eigenständige Handelsvertretungen, Strohmannhandelsvertreter. Durch Gründung weiterer eigenständiger Handelsvertretungen oder das Vorschieben von Angehörigen oder Dritten als Strohmann[177] kann der HV die ihn aus dem Vertrag mit dem Unternehmer treffenden Pflichten nicht umgehen (s. § 86 und zur Steuerpflicht § 87).[178] Ein vertragswidriges Verhalten solcher scheinbarer außenstehender Dritter wird ihm rechtlich zugerechnet. Ein HVVertrag mit einem Dritten kommt nach § 117 BGB nicht zustande, wenn der Dritte nur als Strohmann für den eigentlichen HV vorgeschoben wird, weil dieser zB aus Rechtsgründen (nachvertragliches Wettbewerbsverbot) an dem Abschluss des HVVertrags gehindert ist, tatsächlich aber die Vertriebstätigkeit ausüben soll; Vertragspartner des Unternehmers wird der hinter dem Strohmann stehende HV.[179]

IV. Das vertretene Unternehmen

1. Unternehmer/Geschäftsherr des Handelsvertreters. Der HV muss für einen Unternehmer, seinen Vertragspartner und Geschäftsherrn, tätig werden, der rechtlich mit dem HV nicht identisch sein darf; eine wirtschaftliche Verflechtung zwischen Unternehmer und HV (s. RdNr. 50), zB eine (Mehrheits-)Beteiligung des HV als Gesellschafter an dem Unternehmen seines Geschäftsherrn, ist ebenso unerheblich[180] wie die **Rechtsform des Unternehmens** des Geschäftsherrn. Der Unternehmer braucht weder Kaufmann (s. RdNr. 30)[181] noch (juristische) Person des Privatrechts zu sein,[182] noch muss er ein (Handels-)Gewerbe betreiben;[183] er muss lediglich ein Produkt im Handelsverkehr absetzen wollen, also durch Beteiligung am rechtsgeschäftlichen Verkehr mit den Mitteln des Privatrechts.[184] Deswegen können auch freiberuflich Tätige wie zB Künstler einen HV für sich tätig werden lassen.[185] Das **Vertriebsmotiv** des Unternehmers ist belanglos und damit auch der Umstand, dass dem HV übertragene Geschäfte der Abwendung eines Insolvenzfalls dienen sollen.[186] Eigene Erwerbszwecke oder eine Gewinnerzielungsabsicht muss der Unternehmer, anders als der HV, nicht verfolgen.[187]

2. Dispositions- und Entschließungsfreiheit des Unternehmers, Veräußerung, Änderung und Aufgabe des Betriebs. Im Rahmen seiner Entschließungs- und Dispositionsfreiheit (s. § 86 a) kann der Unternehmer seinen Betrieb auf andere Produkte umstellen, veräußern oder einstellen.[188] Die Veräußerung des Unternehmens bewirkt nicht den Übergang der Rechte und Pflichten aus dem HVVertrag auf den Erwerber; sie sind im Zweifel ohne Zustimmung des HV nicht übertragbar (§ 613 Satz 2 BGB).[189] § 613 a BGB ist nicht anwendbar.[190] Der Unternehmer

---

[176] BGH Urt. v. 16. 3. 1960 – VII ZR 135/68, HVR Nr. 419.
[177] Zu den steuerrechtlichen Folgen eines solchen vorgeschobenen Strohmanns für die Beteiligten siehe Niedersächsisches FG Urt. v. 21. 6. 2002 – 14 K 621/97, DStRE 2003, 136.
[178] BGH Urt. v. 20. 1. 1969 – VII ZR 60/66, VersR 1969, 372, 373; BGH Urt. v. 6. 7. 1970 – II ZR 18/69, BB 1970, 1374; s. BGH Urt. v. 30. 11. 2004 – X R 109/02, ZIP 2005, 296, 298.
[179] Bamberger/Roth/*Wendtland* § 117 RdNr. 14 und 15.
[180] BFH Urt. v. 26. 7. 1972 – I R 138/70 – BB 1972, 1489; Heymann/*Sonnenschein*/*Weitemeyer* RdNr. 26 und 27; *Schröder* RdNr. 2.
[181] BGH Urt. v. 21. 1. 1965 – VII ZR 22/63, BGHZ 43, 108, 109 = NJW 1965, 1132; *Fischer* ZvglRWiss 101 (2002), 143, 145; Heymann/*Sonnenschein*/*Weitemeyer* RdNr. 3 und 22; *Hopt* RdNr. 27; *Schröder* RdNr. 9 und 13; Staub/*Brüggemann* RdNr. 16.
[182] BGH Urt. v. 21. 1. 1965 – VII ZR 22/63, BGHZ 43, 108, 111 = NJW 1965, 1132; BGH Urt. v. 8. 2. 1980 – I ZR 78/78, DB 1981, 92; Heymann/*Sonnenschein*/*Weitemeyer* RdNr. 24; *Schröder* RdNr. 13; *Westphal* RdNr. 9; *Canaris* § 15 RdNr. 7.
[183] AA *Schröder* RdNr. 14; *Canaris* § 15 RdNr. 7.
[184] Heymann/*Sonnenschein*/*Weitemeyer* RdNr. 24; *Hopt* RdNr. 27; *Westphal* RdNr. 9.
[185] *Martinek* WRP 2006, 1047 (für Werbefotografen).
[186] *Hopt* RdNr. 26; aA Heymann/*Sonnenschein*/*Weitemeyer* RdNr. 22.
[187] BGH Urt. v. 21. 1. 1965 – VII ZR 22/63, BGHZ 43, 108, 109 = NJW 1965, 1132; aA RGZ 140, 80, 82 („Geschäfte, die der außergerichtlichen Abwicklung dienen, stellen sich nicht als Warenvertrieb dar, bei dem der HV den Unternehmer unterstützen soll"); *Schröder* RdNr. 14.
[188] BGH Urt. v. 12. 12. 1957 – II ZR 52/56, BGHZ 26, 161 = NJW 1958, 219.
[189] BGH Urt. v. 12. 11. 1962 – VII ZR 223/61, NJW 1963, 100; MünchKommHGB/*v. Hoyningen-Huene* § 86 a RdNr. 33.
[190] MünchKommHGB/*v. Hoyningen-Huene* § 86 RdNr. 10; *Schröder* § 86 RdNr. 14 a; *Westphal* Vertriebsrecht RdNr. 8.

hat keinen Anspruch auf die Zustimmung des HV, dieser keinen Anspruch auf Übernahme durch den Betriebserwerber.[191] Ebenso hat der HV weder Unterlassungs- noch Schadensersatzansprüche bei **Betriebseinstellungen** oder **Betriebsveränderungen**, solange der Unternehmer hierfür vertretbare Gründe hat und nicht willkürlich in der Absicht handelt, den HV zu schädigen (s. § 86 a),[192] über dessen schutzwürdige Belange er sich nicht grundlos hinwegsetzen darf.[193] Die Einstellung eines Betriebs aus unternehmensbedingten Gründen muss der HV hinnehmen. Geschieht sie aus Gründen, welche allein in der Person des Unternehmers liegen und bei objektiver Wertung eine solche Entscheidung nicht rechtfertigen können, wie zB möglicherweise bei Zerstrittenheit der Inhaber des Unternehmens, kann sich die Betriebseinstellung ausnahmsweise als willkürlich im Verhältnis zum HV darstellen und einen auf entgangenen Gewinn für die Restlaufzeit des Vertrags gerichteten Schadensersatzanspruch begründen (s. § 86 a).[194] Eine Betriebseinstellung oder -veräußerung beruht nicht auf Willkür, wenn sie sich bei sorgfältiger Prüfung der Gegebenheiten, der Marktlage sowie der Absatzchancen als die nach der Sachlage gebotene, zweckmäßige oder jedenfalls vertretbare Entscheidung herausstellt (s. § 86 a).[195] Die Gründe für die Betriebseinstellung sind dem HV auf Verlangen mitzuteilen. Im Fall der **Umwandlung/Verschmelzung** erfasst die in § 20 UmwG angeordnete Gesamtrechtsnachfolge[196] die bestehenden HVVerträge.[197]

29 **3. Unternehmer mit verschiedenen Betrieben.** Führt ein Unternehmer als Einzelkaufmann verschiedene Betriebe, ist es eine Frage der Vertragsauslegung, ob der HVVertrag alle Einzelbetriebe erfassen soll. Im Zweifel erstrecken sich Rechte und Pflichten des HV nur auf den Einzelbetrieb, für welchen der Vertrag geschlossen ist, und treffen den HV hinsichtlich der weiteren Betriebe weder Interessenwahrnehmungspflichten noch Wettbewerbsverbote. Eine Ausdehnung der gesetzlichen und vertraglichen Pflichten des HV auf die weiteren Betriebe muss vereinbart werden. Sind die verschiedenen Betriebe des Unternehmers rechtlich selbständig, kommt der HVVertrag mit dem rechtlich eigenständigen Vertragspartner des HV zustande. Kraft Gesetzes bestehen dann Vertrags- oder Treuepflichten weder zu dem Unternehmensinhaber – mag er auch Alleingesellschafter oder Geschäftsführer sein – noch zu dessen anderen Unternehmen. Auch ein bestehender **Konzernverbund** bildet für sich allein noch keinen Grund, einem konzernabhängigen Unternehmen Handlungen eines verbundenen Unternehmens zuzurechnen.[198] Etwas anderes kann gelten, wenn der Unternehmer seine Geschäfte auf ein ihm nahe stehendes Drittunternehmen verlagert und dadurch der Anspruch des HV auf Bezirksprovision vereitelt wird[199] oder wenn verbundene Unternehmen infolge Beherrschung bei wirtschaftlicher Betrachtung eine Einheit bilden und die so verbundenen Unternehmen die rechtlich nur für eines der Unternehmen erbrachten Leistungen des HV für sich nutzbar machen.[200]

30 **4. Unternehmensgegenstand. a) Gegenstand der Handelsvertretung.** Gegenstand der Handelsvertretung können, anders als nach der nur für den WarenHV geltenden EG-Richtlinie,[201] grundsätzlich Vertriebstätigkeiten jeder Art[202] sein, soweit nicht durch Sondergesetze – wie zB im Bereich der Arbeitsvermittlung durch das AÜG oder die §§ 291 f. SGB III – die Vermittlungstätigkeit durch einen HV oder die Zahlung einer Provision verboten ist.[203] Nach dem weit auszulegenden[204] und wirtschaftlich zu verstehenden Begriff[205] des Unternehmers (und Geschäftsherrn) kann

---

[191] Vgl. *Schröder* § 86 RdNr. 14 b.
[192] BGH Urt. v. 12. 12. 1957 – II ZR 52/56, BGHZ 26, 161 = NJW 1958, 219; *Schröder* § 86 RdNr. 14 c und § 87 RdNr. 71.
[193] BGH Urt. v. 27. 1. 1972 – VII ZR 300/69, BGHZ 58, 140, 145 = NJW 1972, 1046; BGH Urt. v. 6. 5. 1993 – I ZR 84/91, NJW-RR 1993, 1122, 1123.
[194] *Steindorff* ZHR 130 (1968), 88 f.; Staub/*Brüggemann* § 86 a RdNr. 26.
[195] *Schröder* § 86 a RdNr. 23.
[196] *K. Schmidt* GesR, 3. Aufl., § 13 III 7 b (S. 798); vgl. Lutter/*Grunewald*, UmwG, 2. Aufl. 2000; § 20 RdNr. 7 und 24.
[197] *Emde* VersR 2002, 151, 154.
[198] BGH Urt. v. 17. 7. 2002 – VIII ZR 64/01, EBE 2002, 346, 347 = BB 2002, 2351 = NJW 2002, 3771; s. aus arbeitsrechtlicher Sicht: *Gaul/Khanian* MDR 2006, 181, 186.
[199] OLG München Urt. v. 7. 7. 1993 – 7 U 2717/93, HVR Nr. 1103.
[200] Thür. OLG Urt. v. 8. 12. 2004 – 2 U 81/04, OLG-NL 2005, 7, 8, 9.
[201] BGH Urt. v. 18. 10. 1995 – VIII ZR 149/94, BGHR HGB § 84 – Handelsvertreterverhältnis 1; vgl. auch BGH Urt. v. 4. 12. 1981 – I ZR 200/79, BB 1982, 1876.
[202] *Grundmann* S. 566 R 8.
[203] Vgl. BGH Urt. v. 3. 7. 2003 – III ZR 348/02, EBE 2003, 244 (zu § 9 Nr. 4 AÜG 1995); s. auch ErfK/*Wank* AÜG § 9 RdNr. 26.
[204] BGH Urt. v. 21. 1. 1965 – VII ZR 22/63, BGHZ 43, 108, 109 f. = NJW 1965, 1132; Staub/*Brüggemann* RdNr. 16.
[205] BGH Urt. v. 22. 6. 1972 – VII ZR 36/71, BB 1972, 938, 939.

Vertragspartner des HV sein, wer über einen zum Vertrieb geeigneten Gegenstand verfügt, ein Recht, eine Sache, eine Dienstleitung[206] oder ein sonstiges Produkt,[207] den er nicht nur privat,[208] sondern im Handelsverkehr absetzen will;[209] bestehen darüber Zweifel, greifen §§ 343, 344 ein.[210] Mit dem Abschluss des HVVertrags übernimmt der Unternehmer gegenüber dem HV die haftungsrechtlich zu verstehende Verantwortung für die Verfügungsbefugnis über das zum Vertrieb gegebene Produkt[211] sowie für seine Bereitschaft zu dessen Absatz durch den HV (s. § 86 a).[212]

b) Mögliche Tätigkeitsbereiche von Handelsvertretungen. Bei üblicher Ausgestaltung des Vertriebsvertrags sind zB regelmäßig HV: Werber für Adressbuchverlage;[213] ständig betraute Agenten von Künstlern, Fotografen oder freiberuflich Tätigen;[214] ständig beauftragte Vermittler von (Kapital-) Anlagen wie Anlageberater oder Anlagevertriebsgesellschaften (RdNr. 93); Inhaber von Annahmestellen für Lotterien oder Toto;[215] Anzeigenwerber oder -vertreter;[216] „Bankrepräsentanten";[217] Vermittler von Bauaufträgen[218] privater oder öffentlicher Auftraggeber;[219] Einkaufsvertreter;[220] Inhaber von Vorverkaufsstellen für Eintrittskarten;[221] Vermittler von Finanzdienstleistungen/Finanzierungen,[222] von Grundstücken oder Immobilien,[223] Kabelanschlüssen (Telekom),[224] Kapitalanlagen (RdNr. 93), Krediten, Lade- und Transportgut,[225] Leasingverträgen,[226] Mietverträgen zB über Kfz,[227] Ferienhäusern[228] oder Wohnungen,[229] von Mobilfunkanschlüssen[230] oder Partnerschaften;[231] freiberufliche Propagandisten mit gemietetem Verkaufsstand,[232] sofern sie tatsächlich selbständig sind,[233] jedoch nicht die sich auf allgemeine Produktwerbung beschränkenden Industrie-, Pharma- oder Ärztepropagandisten;[234] Reedereiagenten;[235] mit Regaldienst- oder Regalpflegetätigkeit in Kaufhäusern betraute Vertriebspersonen; Inhaber von Reisebüros,[236] sofern nicht unmittelbar zwischen Reisebüro und Kunde ein (Vermittlungs-)Vertrag zustande kommt,[237] Repräsentanten von Künstlern

---

[206] *Canaris* § 15 RdNr. 3.
[207] Vgl. BGH Urt. v. 18. 10. 1995 – VIII ZR 149/94, BGHR HGB § 84 – Handelsvertreterverhältnis 1.
[208] *Heymann/Sonnenschein/Weitemeyer* RdNr. 25; *Hopt* RdNr. 29; *Schröder* RdNr. 14.
[209] BGH Urt. v. 4. 12. 1981 – I ZR 200/79, WM 1982, 272, 273; umfassend dazu mit Beispielen: *Heymann/Sonnenschein/Weitemeyer* RdNr. 22; *Hopt* RdNr. 26; MünchKommHGB/*v. Hoyningen-Huene* RdNr. 61 bis 64; *Schröder* RdNr. 31; *Westphal* RdNr. 9, 14.
[210] *Schröder* RdNr. 14; vgl. auch *Staub/Brüggemann* RdNr. 17.
[211] Vgl. *Heymann/Sonnenschein/Weitemeyer* RdNr. 25; *Schröder* RdNr. 14.
[212] *Hopt* RdNr. 22.
[213] OLG Nürnberg NJW 1957, 1720; *Schröder* RdNr. 31.
[214] *Martinek* WRP 2006, 1047.
[215] BGH Urt. v. 21. 1. 1965 – VII ZR 22/63, BGHZ 43, 108, 109 = NJW 1965, 1132; BGH Urt. v. 22. 6. 1972 – VII ZR 36/71, BGHZ 59, 87 = NJW 1972, 1662; BGH Urt. v. 4. 6. 1975 – I ZR 130/73, BB 1975, 1409, 1410; *Küstner* HVR Nr. 117 und ZIP 1988, 63; *Westphal* RdNr. 14.
[216] OLG München Urt. v. 4. 3. 1998 – 7 U 3617/97, HVR Nr. 891; *Schröder* DB 1970, 1625; *Küstner* HVR RdNr. 113; *Westphal* RdNr. 14.
[217] BGH Urt. v. 18. 11. 1971 – VII ZR 102/71, LM HGB § 84 Nr. 6; BGH Urt. v. 4. 10. 1984 – I ZR 151/82, WM 1984, 1633; BGH Urt. v. 8. 1. 1998 – III ZR 179/96, ZIP 1998, 1753; BAG Urt. v. 22. 1. 1971 – 3 AZR 42/70, BB 1971, 492; BFH Urt. v. 9. 10. 2003 – V R 5/03, ZIP 2004, 259 = BB 2003, 2609; LG Hamburg EWiR 2003, 573 mit Anm. *Emde*; *Stötter* NJW 1983, 1302; *Küstner* HVR RdNr. 121.
[218] BGH Urt. v. 20. 2. 1986 – I ZR 105/84, NJW-RR 1986, 709, 710.
[219] BGH Urt. v. 8. 2. 1980 – I ZR 78/78, NJW 1980, 1793.
[220] OLG Hamburg MDR 1967, 310 = NJW Nr. 391; *Heymann/Sonnenschein/Weitemeyer* § 89 b RdNr. 7.
[221] BGH Urt. v. 20. 2. 1986 – I ZR 105/84, NJW-RR 1986, 709; *Küstner* HVR RdNr. 119; *Westphal* RdNr. 14.
[222] BGH Urt v. 17. 1. 2001 – VIII ZR 186/99, EBE 2001, 58; OLG Celle EWiR 2003, 11 m. Anm. *Lang*.
[223] BGH Urt. v. 4. 12. 1981 – I ZR 200/79, WM 1982, 272, 273; BAG Urt. v. 22. 1. 1971 – 3 AZR 42/70, BB 1971, 492; *Küstner* HVR RdNr. 120; *Westphal* RdNr. 14.
[224] BAG Urt. v. 29. 10. 1997 – 5 AZR 624/96, BB 1997, 2376.
[225] BGH Urt. v. 20. 2. 1986 – I ZR 105/84, NJW-RR 1986, 709, 710; OLG Hamm BB 1968, 1017; *Küstner* HVR RdNr. 121; *Westphal* RdNr. 14.
[226] BGH Urt. v. 8. 2. 2006 – VIII ZR 45/05, ZIP 2006, 712 = HVR Nr. 1138.
[227] BGH Urt. v. 26. 5. 1999 – VIII ZR 123/98, ZIP 1999, 1307.
[228] LAG Niedersachsen Urt. v. 14. 7. 2005 – 7 Sa 1787/04, HVR Nr. 1182.
[229] S. d. aber auch die Sonderregelungen des Wohnungsvermittlungsgesetzes vom 4. 11. 1971.
[230] *Pollkläsener* DB 2003, 927.
[231] LG Hamm NJW-RR 1990, 567.
[232] BGH NJW Urt. v. 11. 3. 1982 – I ZR 27/80, NJW 1982, 1757; *Küstner* HVR RdNr. 119.
[233] LSG Berlin EWiR 1997, 275.
[234] BGH Urt. v. 1. 12. 1983 – I ZR 181/81, NJW 1984, 2695.
[235] *Heymann/Sonnenschein/Weitemeyer* § 89 b RdNr. 7.
[236] BGH Urt. v. 21. 12. 1973 – IV ZR 158/72, BGHZ 62, 71, 73 = NJW 1974, 852; BGH Urt. v. 19. 11. 1981 – VII ZR 238/80, BGHZ 82, 219, 221= NJW 1982, 377; BGH Urt. v. 22. 10. 1987 – VII ZR 5/87, BGHZ 102, 80, 83 = NJW 1988, 488; BGH Urt. v. 28. 3. 1974 – VII ZR 18/73, NJW 1974, 1242; BGH Urt. v. 31. 3. 1982 – I ZR 60/80, WM 1982, 1152, 1153; BGH Urt. v. 25. 4. 2006 – X ZR 198/04, EBE 2006, 205, 206; OLG Düsseldorf RRA 1999, 96; AG Ludwigsburg RRA 1999, 197; *Küstner* HVR RdNr. 116; *Westphal* RdNr. 14.
[237] Wie zB in dem der Entscheidung des BGH v. 25. 7. 2006 – X ZR 182/05, EBE 2006, 300 zugrunde liegenden Streitfall.

oder freiberuflich Tätigen,[238] Sammelbesteller für Versandhäuser;[239] Halter von Tankstellen jedenfalls hinsichtlich des zu veräußernden Treibstoffs,[240] sofern sie diesen nicht von dem Mineralölunternehmen zu kaufen haben mit der Folge, dass dann ein handelsvertretertypisch ausgestalteter Vertragshändlervertrag vorliegen kann;[241] Vermittler von Telekommunikationsanlagen,[242] Verlagsvertreter;[243] uU auch Vermögensberater und -verwalter;[244] Zeitungs- und Zeitschriftenwerber.[245]

V. Der Handelsvertretervertrag

32   **1. HVVertrag als Grundlage der Vertriebstätigkeit.** Das HVVerhältnis entsteht mit Abschluss des HVVertrags (s. RdNr. 57), in welchem der Unternehmer den HV mit den ihm übertragenen Aufgaben beauftragt („betraut"). Auf der Grundlage dieses Vertrags muss der HV seine Leistungen für den Unternehmer erbringen.[246] Wer aus anderen Rechtsgründen tätig wird, zB auf Grund familienrechtlicher, gesellschaftsrechtlicher[247] oder arbeitsrechtlicher Verpflichtungen, ist nicht HV.[248] Die Absprache, dass der HV sich erst noch die notwendigen Fachkenntnisse durch Schulung anzueignen hat, steht dem Entstehen eines HVVertragsverhältnisses nicht entgegen.[249]

33   **2. Vertriebstätigkeit ohne wirksamen Vertrag. a) Anwendbarkeit des Handelsvertreterrechts.** Fehlen wirksame vertragliche Abmachungen, weil sich die Parteien zB noch nicht über alle Vertragspunkte geeinigt haben (§ 154 Abs. 1 S. 1 BGB), so sind einzelne oder sämtliche Vorschriften des HVRechts anzuwenden, wenn eine objektive Würdigung ergibt, dass sich beide Parteien bereits tatsächlich, wenn auch nur vorläufig und möglicherweise auch nur in einigen Punkten, binden wollten und tatsächlich ein Rechtsverhältnis in Gang gesetzt („vollzogen") haben, welches einem Handelsvertreterverhältnis im Sinn von §§ 84 f. entspricht,[250] ohne dass es allerdings bereits zu einem rechtswirksamen Vertragsschluss durch schlüssiges Verhalten gekommen ist. Bei entsprechendem Willen der Beteiligten können dann auch die Kündigungsvorschriften des HVRechts gelten und an die Stelle des Rechts zu einer jederzeitigen fristlosen Lossagung von dem noch fehlenden wirksamen HVVertrag mit seiner dauerhaften Bindung treten.[251]

34   **b) Nichtiger Vertrag.** HVRecht ist anwendbar, wenn eine für den Abschluss des HVVertrags vereinbarte Form nicht eingehalten wird oder wenn sich bei tatsächlich in Vollzug gesetztem Vertragsverhältnis nachträglich die Unwirksamkeit/Nichtigkeit des abgeschlossenen Vertrags herausstellt,[252] weil dieser gegen ein gesetzliches Verbot verstößt[253] oder, zB infolge bei Vertragsschluss begangener arglistiger Täuschung, angefochten wird (RdNr. 60).[254] Da das vollzogene „faktische" Vertragsverhältnis nicht mit Rückwirkung vernichtet werden kann (RdNr. 60), treten an die Stelle der unwirksamen vertraglichen Abmachungen die gesetzlichen Bestimmungen der

---

[238] *Martinek* WRP 2006, 1047.
[239] OLG Düsseldorf OLGR 1994, 281; OLG Hamm BB 1978, 1686; *Fröhler* NJW 1963, 279; *Müller* NJW 1963, 895.
[240] BGH Urt. v. 15. 10. 1964 – VII ZR 150/62, BGHZ 42, 244, 245 = NJW 1965, 248; BGH Urt. v. 9. 6. 1969 – VII ZR 49/67, BGHZ 52, 171, 174 = NJW 1969, 1662; BGH Urt. v. 15. 12. 1971 – KZR 6/66, MDR 1968, 386; BGH Urt. v. 22. 6. 1972 – VII ZR 36/71, BB 1972, 938; BGH Urt. v. 20. 2. 1981 – I ZR 59/79, NJW 1981, 1961; BGH Urt. v. 29. 11. 1984 – I ZR 149/82, BB 1985, 353; BGH Urt. v. 6. 5. 1993 – I ZR 84/91, NJW-RR 1993, 1122; OLG Celle BB 1959, 898; OLG Köln OLGR 2003, 170 = EWiR 2003, 1 m. Anm. *Emde*; LG Hamburg NJW 1963, 1550 m. Anm. *Würdinger*; *Ebenroth* S. 26; BFH Urt. v. 30. 6. 2005 – III R 47/03 und III R 76/03; DStR Heft 42/2005 S. VIII; *Wank* S. 269 f.; *Lange* DAR 1958, 8; *Schröder* RdNr. 31; *Küstner* RdNr. 114; *Wolf/Horn/Lindacher* § 9 T 1; *Brüggemann* in Martinek/Semler § 43; ausf. dazu *Semmler* Tankstellenhalter S. 57 f.; zum Stationärsvertrag im Übrigen und zu den Regelungen über das Zurverfügungstellen von Grundstück und Aufbauten ausführlich OLG Düsseldorf OLGR 2001, 7.
[241] Siehe dazu OLG Hamburg m. Bspr. *Pohlmann* EWiR 2001, 229.
[242] *Pollkläsener* DB 2003, 927.
[243] *Küstner* HVR RdNr. 114; *Westphal* RdNr. 14.
[244] KG MDR 1997, 1041.
[245] BGH Urt. v. 16. 12. 1998 – VIII ZR 381/97, NJW-RR 1999, 539; vgl. aber BGH Urt. v. 6. 11. 1967 – VIII ZR 175/65, BB 1968, 61; zur Abgrenzung von einem Arbeitnehmer: FG Nürnberg DStRE 2003, 1321.
[246] *Heymann/Sonnenschein/Weitemeyer* RdNr. 32; *Schröder* RdNr. 10.
[247] BGH Urt. v. 3. 2. 1978 – I ZR 116/76, MDR 1978, 467, 468.
[248] Ausführlich *Schröder* RdNr. 10; *Heymann/Sonnenschein/Weitemeyer* RdNr. 27; MünchKommHGB/*v. Hoyningen-Huene* RdNr. 68; vgl. BFH Urt. v. 26. 7. 1972 – I R 138/70 – BB 1972, 1489.
[249] *Heymann/Sonnenschein/Weitemeyer* RdNr. 36.
[250] OLG Hamm Urt. v. 2. 2. 2000 – 35 U 46/99, HVR Nr. 970.
[251] Siehe (allerdings für andere Dienstverträge) BGH Urt. v. 3. 7. 2000 – II ZR 282/98, ZIP 2000, 1442; OLG Schleswig ZIP 2001, 71, 74.
[252] OLG Düsseldorf OLGR 2001, 121; *K. Schmidt* HandelsR § 27 III 1; *Schröder* § 87 RdNr. 4; aA *Canaris* § 15 RdNr. 27 f.
[253] OLG Düsseldorf OLGR 2001, 121 (zu § 34 GWB aF).
[254] BGH Urt. v. 3. 5. 1995 – VIII ZR 95/94, BGHZ 129, 290, 293 = NJW 1995, 1958; OLG Karlsruhe Urt. v. 16. 12. 1998 – 1 U 50/98, HVR Nr. 976; aA *Canaris* § 15 RdNr. 27.

§§ 84 bis 92 c[255] **mit Ausnahme des Kündigungsrechts,** ohne dass es darauf ankommt, ob im Einzelfall § 242 BGB einem Berufen auf die Nichtigkeit des Vertrags entgegenstehen könnte.[256] Wenn die übrigen Tatbestandsvoraussetzungen vorliegen, können dem HV ein Ausgleichsanspruch sowie eine tatsächlich abgesprochene und ausgezahlte Bezirksprovision zustehen, sofern der Grund für die Nichtigkeit des Vertrags nicht gerade aus dieser Absprache hergeleitet wird. HV und Unternehmer sind nicht auf Ansprüche aus ungerechtfertigter Bereicherung angewiesen, mit deren Hilfe ein vollzogenes HVVertragsverhältnis nicht sachgerecht abgewickelt und ein dem § 89 b entsprechender gerechter Ausgleich für einen dem Unternehmer überlassenen Kundenstamm nur schwer herbeigeführt werden kann (s. § 89 b).[257] Die gleichen Rechte kann ein dem HV gleichstehenden Vertriebsmittler besitzen, zB ein Vertragshändler, wenn trotz der Nichtigkeit des Vertrags für ihn diejenigen Bindungen bestehen, welche zu einer entsprechenden Anwendung des § 89 b führen (s. § 89 b).[258] Die **Kündigung** eines nichtigen HVVertrags wird durch die grds. jederzeit mögliche Geltendmachung der Nichtigkeit ersetzt,[259] allerdings kann durch eine Fortsetzung des Vertrags in Kenntnis seiner Nichtigkeit ein rechtwirksamer HVVertrag begründet werden (RdNr. 37) Ein Schadensersatzanspruch nach § 89 a Abs. 2 oder nach § 280 BGB nF wegen entgangenen Gewinns infolge Nichteinhaltung der ursprünglich vorgesehenen Laufzeit des Vertrags oder der vereinbarten Kündigungsfristen besteht nicht.[260]

c) Tätigkeit in Erwartung eines Vertragsschlusses. Ein rechtswirksames HVVertragsverhältnis entsteht, wenn der HV mit Wissen und Wollen des Unternehmers in Erwartung eines erst noch abzuschließenden HVVertrags seine Tätigkeit bereits aufnimmt.[261] Es endet, sofern es nicht zum Abschluss des Vertrags kommt, sobald eine Partei die Zusammenarbeit unter Berufung auf den fehlenden Vertrag „aufkündigt"; §§ 89 und 89 a gelten nicht. Wird der vertragslose Zustand längere Zeit hingenommen, ohne dass noch über Einzelheiten des abzuschließenden Vertrags verhandelt wird, kann dies ein Indiz für den Verzicht auf den Abschluss eines förmlichen Vertrags und für ein stillschweigendes Zustandekommen eines dauerhaften HVVertrags sein.

d) Einvernehmliche Tätigkeit ohne Vertrag. Wenn beide Parteien erkennbar den Willen haben, sich bereits ohne ausdrückliche Absprachen oder vor der Einigung über alle Einzelheiten einer abzuschließenden Vereinbarung vertraglich zu binden und tatsächlich ein auf Dauer angelegtes HVVerhältnis praktizieren, kommt entgegen den Regeln zu § 154 BGB ein den gesetzlichen Bestimmungen der §§ 84 bis 92 c einschließlich des § 89 in vollem Umfang unterliegendes Vertragsverhältnis zustande.[262] Von den Parteien beabsichtigte aber (noch) nicht rechtswirksam vereinbarte Absprachen bleiben im Rahmen dieses gesetzlichen HVVertragsverhältnisses ohne Bedeutung, sofern die Parteien nicht ausnahmsweise eine vom Gesetz abweichende Regelung tatsächlich willentlich gehandhabt haben wie zB die Zahlung von Bezirksprovisionen an den HV, obwohl eine in Aussicht genommene Bezirksvertretung (noch) nicht wirksam vereinbart worden ist.

e) Einvernehmliche Fortsetzung der Vertriebstätigkeit nach Vertragsende. Setzt der Handelsvertreter nach ordentlicher Kündigung oder Auslaufen eines befristeten Vertrags seine Vertriebstätigkeit für den Unternehmer mit dessen Wissen und Billigung fort und führt dieser die vom HV herbeigeführten Kundengeschäfte vorbehaltlos aus, verlängert sich im Zweifel der bisherige HVV auf unbestimmte Zeit, ohne dass es einer erneuten Einigung über die Bedingungen der weiteren

---

[255] Vgl. dazu *Evers* BB 1992, 1370; *Schröder* § 87 RdNr. 4; vgl. allgemein, nicht zu § 84: BGH Urt. v. 12. 1. 1970 – VIII ZR 48/68, NJW 1970, 609, 610; aA Heymann/*Sonnenschein/Weitemeyer* § 87 RdNr. 7 und § 89 b RdNr. 20 (nicht für den Fall der Anfechtung); MünchKommHGB/*v. Hoyningen-Huene* § 87 RdNr. 6 und 20 und § 89 b RdNr. 17; *Canaris* § 15 RdNr. 27 f.
[256] Vgl. BGH Urt. v. 16. 7. 2004 – V ZR 222/03, EBE 2004, 278 (für Verstoß gegen gesetzliches Verbot); aA *Canaris* § 15 RdNr. 27.
[257] AA Heymann/*Sonnenschein/Weitemeyer* § 89 b RdNr. 20; MünchKommHGB/*v. Hoyningen-Huene* § 89 b RdNr. 33.
[258] BGH Urt. v. 3. 5. 1995 – VIII ZR 95/94, BGHZ 129, 290, 293 = NJW 1995, 1958; BGH Urt. v. 11. 12. 1996 – VIII ZR 22/96, ZIP 1997, 238, 239; aA für den Fall der rückwirkenden Nichtigkeit: Heymann/*Sonnenschein/Weitemeyer* § 89 b RdNr. 20.
[259] OLG Düsseldorf OLGR 2001, 121; auch BGH Urt. v. 5. 11. 2001 – II ZR 119/00, ZIP 2002, 35 (zur Nichtigkeit eines gesellschaftlichen Vertrags); vgl. auch MünchKommHGB/*v. Hoyningen-Huene* § 89 b RdNr. 32.
[260] OLG Düsseldorf OLGR 2001, 121.
[261] *Schröder* § 85 RdNr. 2 und § 87 RdNr. 3.
[262] S. d. allgem.: BGH Urt. v. 21. 12. 1973 – IV ZR 158/72, BGHZ 62, 71, 74 = NJW 1974, 852; BGH Urt. v. 24. 2. 1983 – I ZR 14/81, NJW 1983, 1727; BGH Urt. v. 13. 11. 1986 – I ZR 104/84, NJW-RR 1987, 546; BGH Urt. v. 26. 10. 1989 – I ZR 20/88, NJW-RR 1990, 354, 355; BGH Urt. v. 1. 4. 1992 – IV ZR 332/90, WM 1992, 1193, 1195; vgl. auch KG Urt. v. 14. 5. 1999 – 14 U 4505/97, HVR Nr. 1003 und Urt. v. 10. 3. 2005 – 8 U 217/04, MDR 2005, 1276; MünchKommHGB/*v. Hoyningen-Huene* RdNr. 69; *Canaris* § 15 RdNr. 25; vgl. Heymann/*Sonnenschein/Weitemeyer* RdNr. 33.

Zusammenarbeit bedarf.²⁶³ Ist der Abschluss eines neuen HVVertrags beabsichtigt, wird regelmäßig die Fortgeltung der bisher verbindlichen Vereinbarungen solange gewollt sein, bis neue Vereinbarungen getroffen worden sind, weil ein ungeregelter vertragsloser Zustand im Zweifel nicht dem Willen der bisherigen Vertragspartner entsprechen wird. Deswegen kann dieses fortgesetzte Vertragsverhältnis auch nur unter Einhaltung der gesetzlichen oder vertraglichen Kündigungsfristen ordentlich beendet werden. Soll die Vertragsbeendigung allerdings, wie zB bei einer von der Gegenpartei abzeptierten **Änderungskündigung,** gerade zur Vereinbarung neuer inhaltlicher Regelungen führen, gelten im Zweifel bis zum Zustandekommen einer Änderungsvereinbarung die gesetzlichen Bestimmungen.

38 f) **Einseitige vertragslose Tätigkeit.** Wird der HV vor Abschluss des Vertrags, weil zB die vereinbarte Vertragsurkunde noch nicht unterzeichnet ist (§ 154 Abs. 2 BGB),²⁶⁴ **ohne Einverständnis des Unternehmers** für diesen tätig, kann er über § 354 Abs. 1 Provisionsansprüche für die vermittelten Geschäfte und über § 242 BGB die zu deren Durchsetzung benötigten Informationsansprüche erwerben, jedoch entsteht ein, insbesondere zur Auflösung einer Kündigung bedürfendes, HVVerhältnis mit den sich aus §§ 84–92c ergebenden Rechten und Pflichten noch nicht. Der Vertriebsmittler kann nicht dadurch die Rechtsstellung eines HV und die Rechte der §§ 84f. erwerben, dass er einseitig und ohne dessen zumindest billigende Kenntnis für einen Unternehmer tätig wird und diesem Kundenverträge vermittelt²⁶⁵ oder seine Tätigkeit in einen nicht von einem bestehenden HVVertrag gedeckten Bereich ausweitet (s. zu § 87).²⁶⁶

39 3. **Schriftform.** Die Wirksamkeit des mit Ausnahme einzelner formbedürftiger Abreden (§ 86b Abs. 1 Satz 3; § 90a Abs. 1 Satz 1) **grundsätzlich formfreien HVVertrags** (s. a. RdNr. 58),²⁶⁷ der auch durch schlüssiges Verhalten zustande kommen kann,²⁶⁸ hängt im Hinblick auf § 154 Abs. 2 BGB regelmäßig von der Einhaltung einer zumindest einseitig beabsichtigten Schriftform ab,²⁶⁹ die in rechtswirksamer Weise auch lediglich für nachträgliche Änderungen/Ergänzungen vereinbart oder ausgeschlossen werden kann.²⁷⁰ Für vor dem 31. 12. 1998 abgeschlossene Altverträge kann weiterhin das Schriftformerfordernis des § 34 GWB aF²⁷¹ von Bedeutung sein,²⁷² wenn die Parteien über die gesetzliche Regelung hinausgehende kartellrechtlich erhebliche Verpflichtungen eingegangen waren; § 34 GWB aF gilt dann noch solange, bis die Altverträge dem jetzt geltenden Recht unterstellt oder nach diesem Recht bestätigt worden sind.²⁷³ Im Übrigen kommt der HVVertrag, weil der HV Kaufmann ist, nach den Grundsätzen der widerspruchslosen Hinnahme eines kaufmännischen Bestätigungsschreibens sowie über die Annahmefiktion des § 362 zustande. Soweit Schriftform vorgesehen ist, gelten §§ 126, 126a, 126b²⁷⁴ und 127 BGB²⁷⁵ mit der zusätzlichen Wahlmöglichkeit der **elektronischen Form.** Zu Beweiszwecken empfiehlt sich in jedem Fall die Einhaltung der Schriftform (s. § 85).

40 4. **Notwendiger Inhalt. a) Grenzen der Vertrags- und Gestaltungsfreiheit.** Notwendiger unabdingbarer Inhalt des HVVertrags muss sein, dass der HV im Rahmen eines besonderen Vertrauensverhältnisses damit beauftragt („betraut") wird, dem Unternehmer einen Markt für den Absatz seiner Produkte zu erschließen²⁷⁶ und ständig gegen eine Vergütung Geschäfte mit Drittkunden zu vermitteln oder direkt abzuschließen,²⁷⁷ was in einem schriftlichen Vertrag nicht ausdrücklich nieder-

---

²⁶³ BGH Urt. v. 19. 1. 2005 – VIII ZR 139/04, MDR 2005, 698 (LS) = HVR Nr. 1134.
²⁶⁴ Vgl. BGH Urt. v. 14. 3. 1991 – I ZR 201/89, WM 1991, 1472 = MDR 1991, 1150.
²⁶⁵ Thür. OLG Urt. v. 8. 12. 2004 – 2 U 81/04, OLG-NL 2005, 7, 9.
²⁶⁶ Thür. OLG Urt. v. 8. 12. 2004 – 2 U 81/04, OLG-NL 2005, 7, 8, 9.
²⁶⁷ BGH Urt. v. 24. 2. 1983 – I ZR 14/81, NJW 1983, 1727, 1728; BGH Urt. v. 22. 1. 1997 – VIII ZR 339/95, HVR Nr. 799; *Westphal* Vertriebsrecht RdNr. 172; *Canaris* § 15 RdNr. 24; *K. Schmidt* HandelsR § 27 III 1.
²⁶⁸ BGH Urt. v. 12. 11. 1986 – I ZR 107/84, BB 1987, 220 = HVR Nr. 624; *Westphal* Vertriebsrecht RdNr. 173; *Canaris* § 15 RdNr. 25.
²⁶⁹ BGH Urt. v. 24. 2. 1983 – I ZR 14/81, NJW 1983, 1727, 1728; BGH Urt. v. 1. 4. 1992 – IV ZR 332/90, WM 1992, 1193, 1195; vgl. auch BGH Urt. v. 14. 3. 1991 – I ZR 201/89, WM 1991, 1472 = MDR 1991, 1150; weniger streng für nachträgliche formlose änderude Abreden BGH Urt. v. 21. 9. 2005 – XII ZR 312/02, BGHZ 164, 133 = EBE 2005, 386 m. krit. Anm. *Benedict* EWiR 2006, 131, 132 (s. RdNr. 58).
²⁷⁰ OLG Frankfurt MDR 1997, 1139.
²⁷¹ Aufgehoben mit Wirkung zum 31. 12. 1998 durch das Gesetz zur Änderung des Gesetzes gegen Wettbewerbsbeschränkungen vom 26. 8. 1998 – BGBl. I 2521; s. *Bunte* BB 1998, 1600 und DB 1998, 1748; *Kahlenberg* BB 1998, 1593, 1596.
²⁷² BGH Urt. v. 2. 2. 1999 – KZR 51/97, BB 1999, 865 m. Bspr. *Bunte* BB 1999, 866; BGH Urt. v. 9. 3. 1999 – KZR 23/97, ZIP 1999, 857; vgl. auch OLG Düsseldorf Urt. v. 26. 3. 1999 – 16 U 245/96, HVR Nr. 943.
²⁷³ *Bunte* BB 1999, 866, 867.
²⁷⁴ Siehe dazu ausf. *Janal* MDR 2006, 368.
²⁷⁵ IdF des Gesetzes vom 13. Juli 2001 – BGBl. I S. 1542.
²⁷⁶ *Ebenroth* S. 25; *Fischer* ZvglRWiss 101 (2002), 143, 149 f.
²⁷⁷ OLG Düsseldorf OLGR 2000, 385.

gelegt werden,[278] aber doch erkennbar der Wille beider Vertragspartner sein muss.[279] Die auf Dauer beabsichtigte Bindung mit der Pflicht zur Tätigkeit ist notwendig und entscheidend[280] ebenso die nicht abdingbare Interessenwahrnehmungspflicht (RdNr. 41),[281] hingegen ist es in einem HVVertrag rechtlich nicht ausgeschlossen, die Pflicht zur Provisionszahlung durch den Unternehmer vertraglich abzudingen und zu vereinbaren, dass der HV sich wegen seiner Vergütung an den Kunden oder einen sonstigen Dritten zu halten hat (so *Loritz* DStZ 2006, 621 für Vertriebsprovisionen bei Lebensversicherungen), siehe zu dieser Vertragsgestaltung aber unten RdNr. 81. Das an beide Vertragspartner gerichtete Gebot, ihr Verhalten an dem **Grundsätzen von Treu und Glauben** auszurichten, ist sowohl nach § 242 BGB wie auch nach Art. 3 Abs. 1 und 4. Abs. 1 EG-RiLi (s. vor § 84) unabdingbarer Bestandteil jeden HVVertrags[282] und damit entscheidendes Kriterium für die Auslegung gesetzlicher und vertraglicher Regelungen. Im Übrigen herrscht grundsätzlich Vertrags- und Gestaltungsfreiheit,[283] die allerdings durch europäische Regelungen eingeschränkt werden kann (s. vor § 84).

b) Tätigkeits- und Interessenwahrnehmungspflicht. Die Beauftragung des HV (RdNr. 40) **41** muss dessen unabdingbare **Rechtspflicht** begründen, für den Unternehmer auf der Grundlage des Vertrags tätig zu werden und seine Interessen wahr zu nehmen. Dadurch wird das den HVVertrag prägende besondere Vertrauensverhältnis zwischen Unternehmer und HV begründet (vgl. § 86).[284] Der HV muss rechtlich im Lager des Unternehmers stehen und dessen Belange wahren, nicht diejenigen des Kunden, zu dem der HV grds. nicht in rechtliche Beziehungen tritt (s. RdNr. 81).[285] Fehlt die Tätigkeitspflicht oder steht das Tätigwerden im Belieben des Beauftragten, wird dieser nicht HV.[286] Hingegen hindert die vertragliche Befreiung des HV von dem gesetzlichen Wettbewerbsverbot den wirksamen Abschluss eines HVVertrags nicht.[287]

c) Intensität der Tätigkeitspflicht. Die Intensität der geschuldeten Bemühung um Geschäfts- **42** abschlüsse richtet sich nach dem Vertrag, in dem Arbeits- und Einsatzzeiten verbindlich vorgegeben werden können,[288] sowie nach den Umständen des Einzelfalls;[289] von dem Einfirmenvertreter wird im Zweifel ein stärkerer Einsatz für den Unternehmer erwartet als von dem Mehrfirmenvertreter.[290] Jeder HV hat sich im Rahmen seiner Möglichkeiten als ordentlicher Kaufmann um angemessene Umsätze zu bemühen,[291] welche er nach einer Anlaufzeit grundsätzlich auch erzielen muss.[292] Größtmögliche Anstrengungen schuldet er nicht.[293] Geringer Umsatz bei Vertragsbeginn ist noch kein Indiz für mangelhaften Einsatz.[294] Der HV darf seine Tätigkeit selbst dann nicht einstellen oder auf ein Minimum herabsetzen,[295] wenn der Unternehmer sich nicht vollkommen vertragsgerecht verhält.[296]

d) Ständige Betrauung. In der ständigen Betrauung durch den Unternehmer liegt nach *Canaris* **43** die Rechtfertigung, der „Gerechtigkeitsgrund", für die besonderen den HV unabdingbar schützen-

---

[278] Heymann/*Sonnenschein*/*Weitemeyer* RdNr. 33.
[279] BGH Urt. v. 6. 10. 1989 – I ZR 20/88, BB 1990, 303; vgl. auch BGH Urt. v. 21. 12. 1973 – IV ZR 158/72, BGHZ 62, 71, 74 = NJW 1974, 852.
[280] BGH Urt. v. 18. 11. 1971 – VII ZR 102/70, LM HGB § 84 Nr. 6 Bl. 1 R; BGH Urt. v. 1. 4. 1992 – IV ZR 332/90, WM 1992, 1193, 1195; *Fischer* ZvglRWiss 101 (2002), 143, 147, 149f.; *Canaris* § 15 RdNr. 12 und 13.
[281] *Fischer* ZvglRWiss 101 (2002), 143, 147; *Canaris* § 15 RdNr. 13.
[282] *Fischer* ZvglRWiss 101 (2002), 143, 153; *Canaris* § 15 RdNr. 21.
[283] Zu den sinnvollen und zweckmäßigen Inhalt eines HVVertrags wird verwiesen auf *Westphal*, Handelsvertretervertrag 1997, *Eberstein*, Der Handelsvertretervertrag, 8. Aufl. 1999 und *Abrahamczik*, Der Handelsvertretervertrag, 3. Aufl. 2007, mit den jeweils abgedruckten Musterverträgen und Vorschlägen für besondere vertragliche Absprachen, sowie zur *Detzer/Ullrich*, Gestaltung von Verträgen mit ausländischen Handelsvertretern und Vertragshändlern, 2000.
[284] *Fischer* ZvglRWiss 101 (2002), 143, 147.
[285] Heymann/*Sonnenschein*/*Weitemeyer* § 86 RdNr. 12; *Hopt* § 86 RdNr. 20; MünchKommHGB/*v. Hoyningen-Huene* § 86 RdNr. 1, 32.
[286] BGH Urt v. 18. 11. 1971 – VII ZR 102/70, LM HGB § 84 Nr. 6; OLG Bamberg BB 1965, 1167, 1168; zum Ganzen Heymann/*Sonnenschein*/*Weitemeyer* RdNr. 19 und 37; MünchKommHGB/*v. Hoyningen-Huene* RdNr. 76; *Hopt* RdNr. 41; *Schröder* RdNr. 10 a und 17; Staub/*Brüggemann* RdNr. 20.
[287] AA *Fischer* ZvglRWiss 101 (2002), 143, 150, 152.
[288] *Schröder* § 86 RdNr. 15 a.
[289] Heymann/*Sonnenschein*/*Weitemeyer* § 86 RdNr. 10; MünchKommHGB/*v. Hoyningen-Huene* § 86 RdNr. 25.
[290] Zum Ganzen Heymann/*Sonnenschein*/*Weitemeyer* § 86 RdNr. 10; *Hopt* RdNr. 86 RdNr. 12; MünchKommHGB/*v. Hoyningen-Huene* § 86 RdNr. 26; *Schröder* § 86 RdNr. 4 b; Staub/*Brüggemann* RdNr. 6.
[291] Heymann/*Sonnenschein*/*Weitemeyer* § 86 RdNr. 10.
[292] *Hopt* § 86 RdNr. 12.
[293] OLG Celle NdsRPflege 1959, 109, 110; Heymann/*Sonnenschein*/*Weitemeyer* § 86 RdNr. 10; *Hopt* § 86 RdNr. 12; MünchKommHGB/*v. Hoyningen-Huene* § 86 RdNr. 25.
[294] Heymann/*Sonnenschein*/*Weitemeyer* § 86 RdNr. 10.
[295] Heymann/*Sonnenschein*/*Weitemeyer* § 86 RdNr. 10.
[296] OLG München BB 1955, 714.

den Vorschriften der §§ 84 f.²⁹⁷ Diese Betrauung stellt eine Beauftragung iSv. § 675 BGB dar²⁹⁸ und erfordert, dass der HV sich nach dem Inhalt des Vertrags während dessen Dauer fortlaufend um eine zunächst unbestimmte Vielzahl von Geschäftsabschlüssen für den Unternehmer einzusetzen hat;²⁹⁹ eine ständige Betätigung für den Unternehmer ist nicht erforderlich.³⁰⁰ Das Ziel der Tätigkeit des HV ist regelmäßig der Aufbau eines Kundenstamms für den Unternehmer.³⁰¹ Wer nur zu einer gelegentlichen Vermittlung verpflichtet wird, ist Makler oder **Gelegenheitsagent,**³⁰² wie idR der unternehmensangehörige Versicherungsvermittler, fällt aber nicht unter das Recht der §§ 84 f.³⁰³ Ebenso ist nicht HV, wer nur eine von Anfang an festgelegte geringe Zahl von Geschäftsabschlüssen herbeiführen soll, mag dafür auch ein erheblicher Zeitaufwand erforderlich sein;³⁰⁴ hier gelten im Zweifel § 675, § 631 oder § 611 BGB sowie gegebenenfalls § 354.³⁰⁵ Die ständige Betrauung als **notwendiger Vertragsinhalt** hängt nicht von dem späteren Schicksal sowie besonders der tatsächlichen Dauer des HVVertrags ab³⁰⁶ und setzt nicht voraus, dass dem Unternehmer das durch den HV abzusetzende Produkt in unbeschränkter Zahl zur Verfügung steht oder der HVVertrag selbst auf längere oder unbestimmte Zeit abgeschlossen wird.³⁰⁷ Auch für kurzfristige Veranstaltungen wie zB Messen oder Ausstellungen können HVVerträge geschlossen werden;³⁰⁸ ebenso stehen Kündigungsmöglichkeiten, Probe- oder Versuchszeiten sowie notwendige, zB saisonbedingte, Unterbrechungen des Vertriebs einer ständigen Betrauung nicht entgegen.³⁰⁹

44   e) **Persönliches Tätigwerden des HV.** Eine persönlich ausgeübte Vertriebstätigkeit des HV ist nicht zwingend geboten. HV kann sein, wer die geschuldete Tätigkeit vertragsgemäß durch Untervertreter, Angestellte oder sonstige Erfüllungsgehilfen ausführen lässt,³¹⁰ sofern er Einfluss auf deren Tätigkeit nehmen kann und dem Unternehmer für ihr Verhalten verantwortlich ist (RdNr. 87 und 91).

45   f) **Vermittlung von Verträgen. aa) Anforderungen und Abgrenzung von anderen Vertriebstätigkeiten.** Regelmäßig und im Zweifel obliegt dem HV die Vermittlung von neuen Verträgen („Geschäften") zwischen Unternehmer und Kunden. Vermittlung ist jede Tätigkeit, welche durch Einwirkung auf den Kunden im Weg der Verhandlung den Vertragsschluss fördert oder herbeiführt.³¹¹ Die Einwirkung durch den HV oder seiner ihm rechtlich zuzuordnenden Hilfspersonen muss für die Entschließung des Kunden zum Vertragsschluss mit dem Unternehmer in einer weniger rechtlich als wirtschaftlich ausgerichteten Betrachtungsweise³¹² zumindest **mitursächlich** werden;³¹³ hierzu wird auf die Erläuterungen zu § 87 verwiesen. Der nur im Vertriebssystem aufbauende oder führende Vertriebs- oder Strukturleiter kann auf diese Weise HV sein.³¹⁴ Der Unternehmer kann dem HV auch die Aufgabe übertragen, dessen angestellte Reisende zu überwachen oder sich in die Vermittlung von Kundengeschäften einzuschalten und ihm dafür eine Provision versprechen.³¹⁵ Der bloße Nachweis von der Möglichkeit zu Geschäftsabschlüssen,³¹⁶ das Einwirken auf den Unternehmer, Kontakt zu einem Kunden aufzunehmen, die auf Kontaktpflege³¹⁷ oder Werbung für das

---

²⁹⁷ *Canaris* § 15 RdNr. 12.
²⁹⁸ *Canaris* § 15 RdNr. 13.
²⁹⁹ BGH Urt. v. 18. 11. 1971 – VII ZR 102/70, LM HGB § 84 Nr. 6; BGH Urt. v. 26. 1. 1984 – I ZR 188/81, WM 1984, 556, 557; BGH Urt. v. 1. 4. 1992 – IV ZR 332/90, WM 1992, 1193, 1195; Heymann/*Sonnenschein/Weitemeyer* RdNr. 38; *Hopt* RdNr. 42; *Küstner* HVR RdNr. 6; MünchKommHGB/*v. Hoyningen-Huene* RdNr. 54; *Schröder* RdNr. 10 und 11 a; *Staub/Brüggemann* RdNr. 21; *Westphal* RdNr. 15.
³⁰⁰ Vgl. *Hopt* RdNr. 42.
³⁰¹ BGH Urt. v. 4. 5. 1959 – II ZR 81/57, BGHZ 30, 98, 102 = NJW 1959, 1430; *Küstner* HVR RdNr. 15.
³⁰² Vgl. BGH Urt. v. 22. 2. 1960 – II ZR 57/58, HVR Nr. 248; OLG Hamburg Urt. v. 23. 4. 1964 – 3 U 171/63, HVR Nr. 326.
³⁰³ OLG Hamburg NJW-RR 1996, 869; Heymann/*Sonnenschein/Weitemeyer* RdNr. 30; *Hopt* RdNr. 43 und 44; ausf. *Küstner* HVR RdNr. 7, 9 bis 11.
³⁰⁴ OLG Bamberg BB 1965, 1167, 1168; *Schröder* RdNr. 11 und 12.
³⁰⁵ *Hopt* RdNr. 44.
³⁰⁶ BGH Urt. v. 26. 10. 1989 – I ZR 20/88, NJW-RR 1990, 354, 355.
³⁰⁷ BGH Urt. v. 1. 4. 1992 – IV ZR 332/90, WM 1992, 1193, 1195.
³⁰⁸ Heymann/*Sonnenschein/Weitemeyer* RdNr. 38; *Schröder* RdNr. 11 a.
³⁰⁹ Heymann/*Sonnenschein/Weitemeyer* RdNr. 38; *Schröder* RdNr. 12.
³¹⁰ Vgl. BGH Urt. v. 10. 12. 1997 – VIII ZR 329/96, ZIP 1998, 420, 421; *Hopt* RdNr. 22.
³¹¹ Vgl. Heymann/*Sonnenschein/Weitemeyer* RdNr. 19; *Schröder* RdNr. 16 und 18 a; zum Ganzen MünchKomm-HGB/*v. Hoyningen-Huene* RdNr. 55 bis 59.
³¹² BGH Urt. v. 22. 6. 1972 – VII ZR 36/71, BGHZ 59, 87, 92 = NJW 1972, 1662; *Küstner* RdNr. 16; *Westphal* RdNr. 11.
³¹³ BAG Urt. v. 22. 1. 1971 – 3 AZR 42/70, BB 1971, 492; vgl. LAG BW DB 1971, 1016; Heymann/*Sonnenschein/Weitemeyer* RdNr. 19; *Hopt* RdNr. 22; *Küstner* HVR RdNr. 16.
³¹⁴ OLG München Urt. v. 19. 9. 1990 – 7 U 2218/90, HVR Nr. 751; *Emde* MDR 1999, 1108, 1109.
³¹⁵ Vgl. OLG Köln Urt. v. 15. 8. 2003 – HVR Nr. 1100.
³¹⁶ *Hopt* RdNr. 23.
³¹⁷ *Hopt* RdNr. 23.

Produkt des Unternehmers beschränkte Tätigkeit, zB von **Ärzte-, Pharma- oder Industriepropagandisten** (RdNr. 95),[318] das Bemühen um Interessenten, die noch kein konkretes Geschäft tätigen,[319] oder um Kundenbeziehungen stellen ebenso wie reine Hilfsdienste, zB Schreib- oder Übersetzungsarbeiten,[320] noch keine Vermittlungtätigkeit dar.[321] Gleiches gilt für **reine Beratungstätigkeiten** wie zB eine bloße Kapitalanlageberatung ohne Vertragsvermittlung oder für den Einsatz zur Abwicklung bereits geschlossener, wenn auch in ihrem Fortbestand möglicherweise gefährdeter, Kundenverträge.[322] Wenn der Geschäftsherr des HV keine eigenen Produkte vertreibt, kann dem HV die Aufgabe obliegen, Verträge zwischen Dritten über das von seinem Geschäftsherrn auf den Markt gebrachte Produkt zu vermitteln.

bb) Umfang geschuldeter Vermittlung. Vermittlung iSv. § 84 ist mehr als die Entgegennahme von Bestellungen. Was im Einzelnen zu der geschuldeten Vermittlungtätigkeit gehört, bestimmt der Vertrag.[323] Wenn nichts anderes vereinbart ist, muss der Vermittlungsvertreter den Markt auf seine Aufnahmebereitschaft für das Produkt des Unternehmers sowie auf mögliche Abnehmer überprüfen, mit diesen Kontakt aufnehmen, wobei er sich im Zweifel auf solche Interessenten beschränken darf, bei denen hinreichende Erfolgsaussicht besteht,[324] und (versuchen), sie zum Geschäftsabschluss (zu) bewegen,[325] wofür auch eine Beratung des Interessenten erforderlich werden und deswegen zur Vermittlungspflicht gehören kann (zum Begriff der Vermittlung von Finanzprodukten in steuerrechtlicher Hinsicht siehe *Philipowski* UR 2006, 553). Den vorbereiteten (vermittelten) Geschäftsabschluss muss er dem Unternehmer mitteilen oder bei entsprechender Vollmacht selbst vornehmen.[326] Als Mehrfirmenvertreter hat er Folgeaufträge grundsätzlich dem Unternehmer zuzuführen, zu welchem der Kunde bereits in vertraglichen Beziehungen gestanden hat.[327] Die Entgegennahme und Weiterleitung von Angeboten, Anfragen, Anregungen sowie sonstiger schriftlicher oder mündlicher Erklärungen des Interessenten an den Unternehmer ist im Regelfall ebenso Bestandteil der geschuldeten Vermittlungtätigkeit[328] wie die ständige Betreuung und Bearbeitung des zugewiesenen oder erarbeiteten Kundenstamms mit dem Ziel weiterer Geschäftsabschlüsse.[329] Die Art und Weise der Einwirkung auf den Kunden steht dem HV im Zweifel frei.[330] Wenn nichts anderes vereinbart ist, hat er den Kunden regelmäßig dann, wenn sich die Notwendigkeit einer erneuten Präsentation des Produkts ergibt oder die Möglichkeit eines erneuten Bedarfs des Kunden besteht, zu besuchen[331] oder in anderer Weise Kontakt zu ihm aufzunehmen und zu halten. Eine Reisetätigkeit ist zwar weitgehend noch mit der vertragsgemäßen Tätigkeit des HV notwendigerweise verbunden, kann aber im Einzelfall entbehrlich sein und ist nicht zwingende Voraussetzung ordnungsgemäßer Vertragserfüllung.[332] Vielfach ist das Anbieten des zu vermittelnden Produkts in reinem Büro oder Geschäftslokal des HV (zB Vorverkaufsstellen für Eintrittskarten, Lotterieannahmestellen), in einem Ausstellungsraum, einem Auslieferungslager (zB Tankstellen,[333] s. § 87 und § 89 b) oder an einem Verkaufsstand (von Warenhauspropagandisten) üblich, geboten und vertragsgerecht.[334] Der Einsatz moderner Kommunikationsmittel zur Präsentation des Produkts wird auch heute noch im Zweifel die persönliche Kontaktaufnahme des HV mit dem Kunden und dessen laufende Betreuung durch persönliche Besuche nicht ersetzen können und entbehrlich machen. Zur Vertretungsbefugnis des Vermittlungsvertreters siehe die Erläuterungen zu § 91.

---

[318] BGH Urt. v. 1. 12. 1983 – I ZR 181/81, NJW 1984, 2695; OLG Hamm Urt. v. 2. 2. 2000 – 35 U 46/99, HVR Nr. 970; LG Dortmund DB 1971, 524; Staub/*Brüggemann* RdNr. 23; *Küstner* ZIP 1988, 63; vgl. auch *Neflin* DB 1961, 833, 834 und BGH Urt. v. 11. 3. 1983 – I ZR 27/80, NJW 1982, 1757 = HVR Nr. 567.
[319] BGH Urt. v. 15. 6. 1959 – II ZR 184/57, NJW 1959, 1677.
[320] OLG Köln DB 1971, 327; LAG BW DB 1971, 1016.
[321] BGH Urt. v. 19. 5. 1982 – I ZR 68/80, WM 1982, 1222, 1224; OLG Düsseldorf DB 1991, 1664 und EWiR 1991, 479; OLG Stuttgart BB 1959, 537; OLG Hamm Urt. v. 2. 2. 2000 – 35 U 46/99, HVR Nr. 970; LG Bielefeld BB 1975, 7; Heymann/*Sonnenschein*/*Weitemeyer* RdNr. 19 und 20; *Hopt* RdNr. 23; *Küstner* HVR RdNr. 17; *Schröder* RdNr. 16 a; *Westphal* RdNr. 12.
[322] Vgl. Heymann/*Sonnenschein*/*Weitemeyer* RdNr. 22; *Hopt* RdNr. 26.
[323] *Westphal* Vertriebsrecht RdNr. 208.
[324] Vgl. OLG Celle NdsRPflege 1959, 109, 110; *Schröder* § 86 RdNr. 4.
[325] Heymann/*Sonnenschein*/*Weitemeyer* § 86 RdNr. 8; MünchKommHGB/*v. Hoyningen-Huene* § 86 RdNr. 23; *Schröder* § 86 RdNr. 4 und 6.
[326] *Schröder* § 86 RdNr. 3.
[327] Heymann/*Sonnenschein*/*Weitemeyer* § 86 RdNr. 15; *Hopt* § 86 RdNr. 24.
[328] MünchKommHGB/*v. Hoyningen-Huene* § 86 RdNr. 25; *Schröder* § 86 RdNr. 6 a.
[329] Heymann/*Sonnenschein*/*Weitemeyer* § 86 RdNr. 8; MünchKommHGB/*v. Hoyningen-Huene* § 86 RdNr. 23.
[330] *Hopt* RdNr. 22.
[331] *Westphal* RdNr. 155.
[332] *Küstner* HVR RdNr. 16; Staub/*Brüggemann* RdNr. 6.
[333] *Semmler* Tankstellenhalter S. 98 f.
[334] Heymann/*Sonnenschein*/*Weitemeyer* RdNr. 20.

§ 84 47–49 1. Buch. 7. Abschnitt. Handelsvertreter

47 g) **Abschluss von Verträgen. aa) Rechtliche Voraussetzungen der Abschlussvertretung.** Neben oder anstelle der Vermittlung[335] kann der Unternehmer den HV mit dem Abschluss von Kundenverträgen beauftragen und muss ihn dann entsprechend bevollmächtigen (§ 91).[336] Beides muss hinreichend deutlich zum Ausdruck gebracht werden und sollte sich aus einem schriftlich festgehaltenen HVV ergeben, weil andernfalls im Zweifel nur eine Vermittlungsvertretung vereinbart ist;[337] eine Vermutung für eine Abschlussvollmacht des HV besteht nicht.[338] Die Bevollmächtigung liegt regelmäßig bereits in der Bestellung zum Abschlussvertreter (vgl. § 167 Abs. 1 BGB). Die Überlassung von Vertragsformularen anstelle bloßer Auftrags- oder Antragsformulare macht den HV im Zweifel noch nicht zum Abschlussvertreter.[339] Auftrag und Abschlussvollmacht des HV können auf einzelne Geschäfte beschränkt werden oder dahin beschränkt werden, dass die Wirksamkeit des abzuschließenden Vertrags von der gegenüber dem Kunden zu erklärenden Genehmigung durch den Unternehmer abhängig gemacht wird.[340] Behält sich der Unternehmer die Erklärung der Vertragsannahme vor, wird der HV nicht Abschlussvertreter.[341] Duldet der Unternehmer das Auftreten eines Vermittlungsvertreters als Abschlussvertreter oder setzt er zurechenbar den Anschein einer Bestellung des HV zum Abschlussvertreter, kann er dem Kunden die bloße Vermittlungsbefugnis des HV nicht entgegenhalten;[342] ebenso kann durch eine entsprechende tatsächliche einverständliche Handhabung der Vertrag von einem Vermittlungs- in einen Abschlussvertrag geändert werden.[343]

48 bb) **Aufgaben des Abschlussvertreters.** Der Abschlussvertreter hat die Aufgabe, als Bevollmächtigter des Unternehmers den konkreten Vertrag mit dem Kunden durch Abgabe einer eigenen Willenserklärung in offener Stellvertretung[344] rechtsverbindlich gemäß § 151 BGB zustande zu bringen.[345] Zu **Vertragsänderungen** oder **Inkasso** ist der Abschlussvertreter nur bei entsprechender Beauftragung mit ausdrücklicher Vollmacht berechtigt.[346] Mit der **Vermittlung von Geschäften** ist er im Zweifel ebenfalls beauftragt, sofern der HVVertrag nicht ausnahmsweise und mit hinreichender Deutlichkeit die provisionspflichtige Tätigkeit auf die Herbeiführung von Vertragsabschlüssen beschränkt.[347]

49 h) **Zu vertreibendes Produkt- und Lieferprogramm.** Der HVVertrag hat festzulegen, welche Produkte der HV vertreiben soll.[348] Der Vertriebsbereich kann durch schlüssiges Verhalten erweitert werden.[349] Im Zweifel hat der HV das **gesamte Lieferprogramm des Unternehmens** zu vertreiben,[350] also auch Ersatzteile.[351] Neue Produkte/Artikel, welche der Unternehmer nach Vertragsschluss in sein Lieferprogramm aufnimmt, werden im Zweifel ohne besondere Absprache von HVVertrag erfasst,[352] selbst wenn sie sich an andere Kundenkreise wenden, als der HV bisher bearbeitet hat.[353] Will der HV den Vertrieb dieser Produkte nicht übernehmen, muss er notfalls den Vertrag aus begründetem Anlass kündigen.[354] Das Gleiche gilt idR hinsichtlich neuer für den HV

---

[335] *Schröder* RdNr. 19.
[336] Heymann/*Sonnenschein*/*Weitemeyer* § 86 RdNr. 8; MünchKommHGB/*v. Hoyningen-Huene* § 86 RdNr. 27.
[337] *Schröder* RdNr. 27 und 29, bedenklich LAG Hamm DB 1959, 236 („Hereinholen von Aufträgen" als Auftrag zur Abschlussvertretung).
[338] *Schröder* RdNr. 27 und § 86 RdNr. 12.
[339] AA wohl *Schröder* RdNr. 25.
[340] Heymann/*Heymann*/*Sonnenschein*/*Weitemeyer* RdNr. 21, § 86 RdNr. 8; *Hopt* RdNr. 24; zum Ganzen auch *Schröder* § 86 RdNr. 13 a und 13 b.
[341] Vgl. *Schröder* RdNr. 25.
[342] Vgl. *Schröder* RdNr. 25 a.
[343] LAG Düsseldorf DB 1960, 813.
[344] BGH Urt. v. 14. 3. 1991 – I ZR 201/89, WM 1991, 1472 = MDR 1991, 1150.
[345] BGH Urt. v. 15. 4. 1986 – KVR 3/85, BGHZ 97, 317, 321 = NJW 1986, 2954; Heymann/*Sonnenschein*/*Weitemeyer* RdNr. 21; *Schröder* RdNr. 21; § 86 RdNr. 8.
[346] *Schröder* RdNr. 21; vgl. RG HRR 1931, 529.
[347] Vgl. Heymann/*Sonnenschein*/*Weitemeyer* § 86 RdNr. 8; MünchKommHGB/*v. Hoyningen-Huene* § 86 RdNr. 27; *Schröder* § 86 RdNr. 7.
[348] MünchKommHGB/*v. Hoyningen-Huene* § 87 RdNr. 22.
[349] Heymann/*Sonnenschein*/*Weitemeyer* § 87 RdNr. 9.
[350] Heymann/*Sonnenschein*/*Weitemeyer* § 86 RdNr. 9; MünchKommHGB/*v. Hoyningen-Huene* § 86 RdNr. 24; Staub/*Brüggemann* RdNr. 7; *Küstner* HVR RdNr. 404; *Westphal* Vertriebsrecht RdNr. 210.
[351] S. OLG Düsseldorf Urt. v. 5. 7. 1955 – 2 U 44/55, HVR Nr. 104.
[352] OLG Oldenburg Urt. v. 9. 5. 1985 – 9 U 124/83, HVR Nr. 610; Heymann/*Sonnenschein*/*Weitemeyer* § 86 RdNr. 9, § 87 RdNr. 9; *Hopt* RdNr. 12; MünchKommHGB/*v. Hoyningen-Huene* § 86 RdNr. 5 a; Staub/*Brüggemann* RdNr. 7; *Westphal* Vertriebsrecht RdNr. 210; vgl. auch Stumpf/*Jaletzke*/*Schultze* RdNr. 190 ff. für Vertragshändler.
[353] BGH Urt. v. 17. 2. 1981 – I ZR 39/79 – DB 1981, 1772; MünchKommHGB/*v. Hoyningen-Huene* § 86 RdNr. 24.
[354] *Schröder* § 86 RdNr. 5 a.

branchenfremder Artikel oder solcher, welche er bereits in zulässiger Weise für andere Unternehmer vertreibt (s. § 89 a).[355]

i) Notwendiges Dreipersonenverhältnis und Eigengeschäfte. Sowohl Vermittlungs- wie auch Abschlusstätigkeit setzen ein, dem HVVertrag wesensfremdes, Drei-Personen-Verhältnis voraus (s. RdNr. 27).[356] Der vom HV geworbene Kunde darf weder mit dem Unternehmer noch mit dem HV rechtlich identisch sein.[357] Vermittlung und Abschluss von Eigengeschäften des HV mit dem Unternehmer können nicht Gegenstand einer Handelsvertretung nach § 84 sein.[358] Eine **formale Betrachtungsweise** ist geboten. Wirtschaftliche Verflechtungen zwischen den an einem vermittelten oder abgeschlossenen Geschäft beteiligten Personen sind rechtlich ohne Bedeutung,[359] doch können die Vertragsparteien durch Vereinbarung den Begriff der Eigengeschäfte auf Fälle wirtschaftlicher Verflechtung des HV mit Kunden ausdehnen oder die Provisionspflicht auf Eigengeschäfte erstrecken.[360] Wenn der Geschäftsherr des HV am Markt selbst nur vermittelnd tätig ist, zB als Makler, und der HV daher Verträge zwischen Dritten zu vermitteln hat (RdNr. 45), welche für den Geschäftsherrn einen Vergütungsanspruch auslösen, tritt an die Stelle des Drei- ein Vierpersonenverhältnis.

5. Erscheinungsformen. a) Einfirmen- und Mehrfach- oder Mehrfirmenvertretung. Soll der HV als Einfirmenvertreter[361] nur für einen Unternehmer tätig werden (§ 92 a), muss der HVVertrag das eindeutig bestimmen.[362] Im Zweifel darf der HV als selbständiger Kaufmann mehrere Unternehmer vertreten,[363] soweit diese nicht konkurrierende Produkte vertreiben (s. § 86); jedoch dürfen einem Mehrfirmen- oder Mehrfachvertreter in dem HVVertrag so umfangreiche Aufgaben übertragen werden, dass eine weitere Vertretung aus tatsächlichen Gründen ausgeschlossen ist (s. § 92 a).[364]

b) Allein- und Bezirksvertretung, Ausschließlichkeitsrecht und Kundenschutz. Eine Allein- oder Bezirksvertretung (§ 87), ein Ausschließlichkeitsrecht oder Kundenschutz müssen in dem HVVertrag eindeutig und unmissverständlich ausgewiesen werden.[365] Im Gegensatz zu dem Bezirksvertreter wird dem Alleinvertreter im Zweifel ein ausschließliches Vertriebsrecht in dem zugewiesenen Bezirk/Kundenkreis übertragen; der Unternehmer darf hier weder selbst noch durch einen anderen HV oder Angestellten noch durch ein ihm gehörendes Drittunternehmen[366] Geschäfte tätigen,[367] wohingegen der HV dort im Zweifel auch andere Unternehmen vertreten darf.[368] Nach *Hopt* soll ein Einfirmenvertreter ohne Alleinvertretungsrecht zum Ausschließlichkeitsvertreter werden, wenn er nach dem Vertrag nur für einen Unternehmer tätig sein darf und stärker als im Regelfall des § 84 üblich in dessen Geschäftsbetrieb eingegliedert wird.[369] Unzureichende Tätigkeit des Alleinvertreters berechtigt den Unternehmer nicht, sich über das Alleinvertriebsrecht hinwegzusetzen. Aus der Bezeichnung eines HV als „Generalvertreter" für ein bestimmtes Gebiet oder der Verwendung eines ähnlichen Titels folgt idR noch nicht die Zubilligung eines Alleinvertriebsrechts.[370] Die bloße

---

[355] Heymann/*Sonnenschein*/*Weitemeyer* § 86 RdNr. 9; *Hopt* § 86 RdNr. 12; MünchKommHGB/*v. Hoyningen-Huene* § 86 RdNr. 24; *Schröder* § 86 RdNr. 5 a; vgl. Staub/*Brüggemann* RdNr. 7.
[356] Vgl. *Hopt* RdNr. 23.
[357] *Leuchten*/*Zimmer* DB 1999, 381, 383; Heymann/*Sonnenschein*/*Weitemeyer* RdNr. 28 und § 87 RdNr. 11; *Hopt* RdNr. 23; MünchKommHGB/*v. Hoyningen-Huene* RdNr. 66 und § 87 RdNr. 23; *Schröder* RdNr. 16 und § 87 RdNr. 7; vgl. auch BFH Urt. v. 9. 10. 2003 – V R 5/03, BB 2003, 2608.
[358] Staub/*Brüggemann* § 87 RdNr. 13; *Küstner* HVR RdNr. 825, 826; aA OLG Hamburg OLGRechtspr. 36 (1912) 258; *Schnitzler* DB 1965, 463.
[359] BFH Urt. v. 26. 7. 1972 – I R 138/70 – BB 1972, 1489; *Hopt* RdNr. 23.
[360] Heymann/*Sonnenschein*/*Weitemeyer* § 87 RdNr. 11; MünchKommHGB/*v. Hoyningen-Huene* § 87 RdNr. 23.
[361] S. d. *Westphal* Vertriebsrecht RdNr. 118.
[362] BGH Urt v. 17. 1. 2001 – VIII ZR 186/99, EBE 2001, 58, 59.
[363] Heymann/*Sonnenschein*/*Weitemeyer* RdNr. 13; *Hopt* RdNr. 30; MünchKommHGB/*v. Hoyningen-Huene* RdNr. 14; *Küstner* HVR RdNr. 400; ausführlich *Schröder* RdNr. 4.
[364] BGH Urt. v. 17. 2. 1981 – I ZR 39/79 – DB 1981, 1772; Heymann/*Sonnenschein*/*Weitemeyer* RdNr. 13.
[365] MünchKommHGB/*v. Hoyningen-Huene* § 87 RdNr. 81; *Schröder* § 87 RdNr. 31 a.
[366] OLG Nürnberg Urt. v. 29. 9. 1984 – 4 U 450/84, HVR Nr. 593.
[367] BGH Urt. v. 9. 1. 1961 – VII ZR 219/59, DB 1961, 601; vgl. BGH Urt. v. 22. 11. 2000 – VIII ZR 40/00, BB 2001, 115; OLG Düsseldorf Urt. v. 8. 6. 1972 – 8 U 99/70, HVR Nr. 468; *Westphal* Vertriebsrecht RdNr. 103; aA offensichtlich OLG Düsseldorf Urt. v. 4. 6. 1993 – 17 U 13/93, HVR Nr. 760.
[368] BGH Urt. v. 9. 1. 1961 – VII ZR 219/59, DB 1961, 601; *Schröder* BB 1962, 738, 739; *Peterek* BB 1966, 351; *Hopt* ZIP 1996, 1533, 1534; Heymann/*Sonnenschein*/*Weitemeyer* § 87 RdNr. 22; *Hopt* § 87 RdNr. 24; MünchKommHGB/*v. Hoyningen-Huene* § 87 RdNr. 80; *Schröder* § 87 RdNr. 31 d, 58 b; Staub/*Brüggemann* § 87 RdNr. 35; *Westphal* RdNr. 55 bis 58; *Alff* RdNr. 96; ergänzend wird verwiesen auf die Bekanntmachung der EG über Alleinvertriebsverträge mit HV, abgedruckt Vor § 84 und kommentiert von *Lange* in der 1. Aufl. Vor § 84 Anh. II.
[369] *Hopt* ZIP 1996, 1533, 1534; vgl. auch *Küstner* HVR RdNr. 58; ergänzend wird verwiesen auf die Ausführungen von *Lange* in der 1. Aufl. Vor § 84 Anh. II.
[370] BGH Urt. v. 18. 3. 1970 – VIII ZR 57/68, MDR 1970, 584; OLG Celle BB 1956, 95; MünchKommHGB/*v. Hoyningen-Huene* § 87 RdNr. 81; *Schröder* § 87 RdNr. 30 a, 31 d; Staub/*Brüggemann* § 87 RdNr. 35.

Zusicherung von Kundenschutz iSv. § 87 Abs. 2 im HVVertrag (s. § 87) ohne Einräumung einer Alleinvertretung verwehrt es dem Unternehmer im Zweifel nicht, selbst unter Umgehung oder Ausschaltung des HV mit den geschützten Kunden in Verbindung zu treten, noch hat er die Kontaktaufnahme zu geschützten Kunden durch von ihm abhängige Vertriebsmittler zu unterbinden.

53   **c) Echter und unechter Handelsvertreter.** Nach den bislang allerdings nicht rechtsverbindlich gewordenen, in den Leitlinien zur GVO 2790/99 niedergelegten Vorstellungen der EG-Kommission soll ein „echter" Handelsvertretervertrag zulasten des (Waren-)Handelsvertreters nur diejenigen Pflichten, Lasten und Kosten begründen dürfen, welche das Gesetz in den §§ 84 bis 92 c vorsieht. Dieser Vertrag soll dann nicht unter Art. 81 EG-Vertrag fallen.[371] Wenn der Handelsvertretervertrag für den Handelsvertreter weitergehende Pflichten, Lasten und Kosten mit sich bringt, soll nur ein auch von Art. 81 EG-Vertrag erfasster „unechter" Handelsvertretervertrag vorliegen,[372] der einem Vertragshändlervertrag gleichstehen soll.[373]

54   **d) Hauptvertreter, Untervertreter und Strukturvertrieb.** Ein HV kann, wie § 84 Abs. 3 ausdrücklich klarstellt, als Hauptvertreter selbst Unternehmer und Geschäftsherr eines anderen HV sein und diesen als Untervertreter ständig mit dem Vertrieb betrauen (RdNr. 88). Einen Sonderfall der Untervertretung stellt der sog Strukturvertrieb dar; hierbei handelt es um eine mehrstufige Vertriebsform, bei welcher ein Vertriebsmittler, idR ein HV, Untervertreter oder freie Mitarbeiter für sich tätig werden lässt, wie es vielfach im Finanzdienstleistungssektor, bei der Anlagevermittlung oder der Vermittlung von Versicherungsverträgen, üblich ist.[374] Infolge einer Einschränkung des Anwendungsbereichs der Steuerbefreiungsvorschrift des § 4 Nr. 8 UStG (s. § 87)[375] kann der mehrstufig aufgebaute Strukturvertrieb von Finanzdienstleistungen die Verpflichtung zur Zahlung von Umsatzsteuer begründen, aus welchem Grund eine Änderung der Vertriebsform angebracht sein kann.[376]

VI. Das für den Handelsvertretervertrag geltende Recht

55   **1. Vertragsfreiheit und deren Grenzen.** Maßgebend für den Inhalt des HVVertrags sind zunächst die zwingenden und unabdingbaren Bestimmungen der §§ 84 f. sowie der, zudem noch rechtswahlfest ausgestalteten,[377] EG-RiLi. Die gesetzlichen Bestimmungen gelten, selbst wenn der HV dem Unternehmer wirtschaftlich überlegen und nicht sozial schutzbedürftig ist und deswegen nicht dem Leitbild entspricht, an welchem sich deutscher Gesetzgeber und europäischer Rechtssetzer orientiert haben.[378] Mit **unabdingbaren gesetzlichen Regelungen** nicht im Einklang stehende **abweichende Vereinbarungen** können darauf hindeuten, dass ein unter § 84 fallender Vertrag nicht geschlossen worden ist.[379] Nur bei dem HVVertrag nach § 84 führt ein Verstoß gegen unabdingbare gesetzliche Regelungen zur Nichtigkeit der entsprechenden Abrede[380] und möglicherweise über § 139 BGB des gesamten Vertrags. Das zwingende HVRecht kann auch nicht dadurch **umgangen** und ausgeschlossen werden, dass der Vertrag ausdrücklich zB als Makler-, Dienst- oder Geschäftsbesorgungsvertrag bezeichnet und/oder dem für diese Vertragsarten geltendem Recht unterstellt wird, sofern der Vertriebsmittler nach dem Inhalt der getroffenen Absprachen und/oder der Handhabung des Vertrags tatsächlich HV ist. Soweit zwingende Normen fehlen, besteht Vertragsfreiheit, die grds. auch Vereinbarungen über eine **Einstandszahlung** des HV an den Unternehmer für die Übernahme der Handelsvertretung zulässt (s. § 89 b).[381]

56   **2. Auftrags- und Dienstvertragsrecht.** Ergänzend zu den für den Einzelfall in rechtlich zulässiger Weise getroffenen, notfalls durch Auslegung festzustellenden Vereinbarungen der Vertragspartner treten zunächst die dispositiven Bestimmungen der §§ 84 f. und dann die Vorschriften des Auftrags-

---

[371] EuG Urt. v. 15. 9. 2005 – Rs T–325/01, DB 2005, 2127 m. zust. Anm. *Weidenbach* EWiR 2005, 861.
[372] Zur Abgrenzung: OLG Frankfurt Urt. v. 18. 11. 2003 – 11 U 2/03, HVR Nr. 1086.
[373] Siehe hierzu im Einzelnen die Erläuterungen vor § 84 sowie *Emde* BB 2002, 949.
[374] S. d. OLG Celle Urt. v. 15. 12. 2005 – 11 U 107/05, ZIP 2006, 858 (LS); *Küstner/Thume* Vertriebsrecht RdNr. 2034 f; Martinek/Semler/*Martinek* § 3 RdNr. 32; Martinek/Semler/*Feyerabend* § 42 RdNr. 51 f.
[375] S. aber auch *Göcking/Döcker* DB 2005, 2711.
[376] Vgl. dazu BFH Urt. v. 23. 10. 2002 – V R 68/01, BB 2003, 87; BFH Urt. v. 9. 10. 2003 – V R 5/03, ZIP 2004, 259 = DStR 2003, 1466 (Kreditvermittlung) sowie dazu BMF Schreiben v. 3. 2. 2004 IV A 6 – S 7160 a – 26/04, DStR 2005, 29; zu der hierdurch eingetretenen Änderung der bisherigen Rechtslage und eine neue Steuerpflicht für bestimmte Vermittler von Finanzdienstleistungen: *Ressos* BB 2004, 521 und 2005, 191; *Klümpen-Neusel/Ressos* BB 2004, 801; *Herbst/Szabo* DStR 2005, 502; *Wäger* DStR 2005, 854; *Lothmann* DStR 2005, 903.
[377] *Emde* MDR 2002, 190, 193; *Fischer* ZvglRWiss 101 (2002), 143, 146.
[378] *Fischer* ZvglRWiss 101 (2002), 143, 144; vgl. auch *Canaris* § 15 RdNr. 4 und 30.
[379] *Canaris* § 15 RdNr. 32.
[380] Vgl. *Canaris* § 15 RdNr. 32.
[381] BGH Urt. v. 9. 12. 1992 –VIII ZR 23/92, HVR Nr. 727 (Einstandszahlung für Übernahme einer Alleinvertretung).

und Dienstvertragsrechts des BGB,[382] weil der HVVertrag ein auf eine Geschäftsbesorgung gerichteter Dienstvertrag nach § 675 BGB ist.[383] Ohne entsprechende vertragliche Abmachungen sind grds. anwendbar aus dem Auftragsrecht § 663 als Ergänzung zu § 362, §§ 665 bis 668, §§ 672 bis 674 sowie in Ausnahmefällen die §§ 669 und § 670[384] und aus dem Dienstvertragsrecht[385] die §§ 613,[386] 618 Abs. 1 und 3, 620 Abs. 1,[387] § 616 S. 1 für den BezirksHV[388] und § 615, soweit dadurch das Recht des Unternehmers zum Nichtabschluss eines einzelnen vermittelten Geschäfts nicht beeinträchtigt wird.[389] Eine Anwendung des § 613 a[390] könnte zwar durch den Schutzzweck der Norm als gerechtfertigt erscheinen, ist aber mit dem Wortlaut des Gesetzes nicht in Einklang zu bringen, weil die Vorschrift nur für Arbeitsverhältnisse gilt.[391] § 630 ist auf den HV des § 84 HGB[392] nicht anwendbar, ein Zeugnis kann er nicht beanspruchen;[393] etwas anderes soll nach der arbeitsrechtlichen Rechtsprechung für den Einfirmenvertreter gemäss § 92 a gelten.[394] Wegen der Anwendbarkeit des § 624 wird verwiesen auf die Erläuterungen zu § 89. Der ergänzende Rückgriff auf einzelne Vorschriften des BGB wird bei der Kommentierung der jeweiligen Vorschriften des HVRechts behandelt.

3. Allgemeines Vertragsrecht des BGB. a) Gegenseitiger Vertrag. Der HVVertrag untersteht dem allgemeinen Vertragsrecht des BGB, nach dessen Vorschriften er auch zustande kommt. Er ist ein gegenseitiger Vertrag iSv. § 320 BGB, gerichtet auf eine Geschäftsbesorgung nach § 675 BGB (RdNr. 56) mit den Hauptpflichten der Vermittlung oder des Geschäftsabschlusses sowie der Provisionszahlung[395] und er begründet ein Dauerschuldverhältnis iSv. §§ 313, 314 BGB nF,[396] weswegen die Neuregelung des BGB durch das **SchuldrechtsmodernisierungsG** vom 26. November 2001 – BGBL. I 3138 – erst für Neuverträge gilt, welche seit dem 1. Januar 2002 abgeschlossen und wirksam werden. Für vorher zustande gekommene Altverträge gilt gemäss **Art. 229 § 5 Satz 2 EGBGB** das neue Recht des BGB mit Wirkung ab 1. Januar 2003. Vorgänge aus der Zeit vor dem 1. Januar 2003 sind weiter nach altem Recht zu beurteilen. 57

b) Vertragsschluss und Vertragsänderung. Vertragsabschluss und Vertragsänderungen können stillschweigend oder durch schlüssiges Verhalten,[397] nach den Grundsätzen der widerspruchslosen Hinnahme eines kaufmännischen Bestätigungsschreibens[398] sowie über die Annahmefiktion des § 362 zustande kommen, im Zweifel aber nicht durch Schweigen auf ein einseitiges Vertrags-(Änderungs-)Angebot.[399] Auch ein **Handelsbrauch** kann den notwendigen Vertrag weder ersetzen noch entbehrlich machen.[400] Das in Formularverträgen oder AGB vereinbarte oder vorbehaltene Recht zu einseitigen Vertragsänderungen ist unwirksam (RdNr. 62). Jedoch besteht auch bei HVVerträgen die rechtliche Möglichkeit einer Änderungskündigung (s. § 89). Die einverständliche Handhabung des Vertragsverhältnisses durch HV und Unternehmer entgegen dem zunächst Vereinbarten wird regelmäßig selbst bei schriftlich geschlossenen Verträgen eine rechtsverbindliche Vertrags- 58

---

[382] Ausf. *Emde* MDR 2002, 190, 191 f.; *Hopt* § 86 RdNr. 4–6.
[383] *Ebenroth* S. 27; *Fischer* ZvglRWiss 101 (2002), 143, 146; *Schröder* § 86 RdNr. 1; *Canaris* § 15 RdNr. 15; *K. Schmidt* HandelsR § 27 III 2.
[384] HK-HGB/*Russ* RdNr. 9; *Hopt* § 86 RdNr. 6; *Küstner* HVR RdNr. 248; *Canaris* § 15 RdNr. 15.
[385] Nach *Emde* RIW 2003, 505, 508 sollen alle Vorschriften des Dienstvertragsrechts anwendbar sein; s. a. *Hopt* § 86 RdNr. 4 und 5.
[386] *Westphal* Vertriebsrecht RdNr. 8.
[387] Im Einzelnen umstritten, vgl. BGH Urt. v. 12. 11. 1962 – VII ZR 223/61, NJW 1963, 100 (für § 613); *Ebenroth* S. 28; *Hopt* § 86 RdNr. 4; Staub/*Brüggemann* RdNr. 33 bis 37 (allerdings aA für §§ 620, 625 und 630); HK-HGB/*Russ* RdNr. 9, der auch § 624 für anwendbar erklärt; *Küstner* HVR RdNr. 227 bis 247; RGRK-BGB/*Anders/Gehle* § 611 RdNr. 492.
[388] *Küstner* HVR RdNr. 235.
[389] *Steindorff* ZHR 130 (1968), 82, 84 f; vgl. dazu auch *Schröder* § 87 RdNr. 72 c und § 89 a RdNr. 19 a; RGRK-BGB/*Anders/Gehle* § 611 RdNr. 492; weitergehend MünchKommHGB/*v. Hoyningen-Huene* RdNr. § 89 a RdNr. 79.
[390] So *Emde* MDR 2002, 190, 191.
[391] ErfK/*Preis* § 613 BGB RdNr. 40.
[392] AA für „kleine HV": BGB-RGRK/*Eisemann* § 630 RdNr. 9; ErfK/*Müller–Glöge* § 630 BGB RdNr. 9.
[393] OLG Celle Urt. v. 23. 5. 1967 – 11 U 270/66, HVR Nr. 363; *Schaub* Arbeitsrechts – Handbuch § 11 RdNr. 3; BGB-RGRK/*Eisemann* § 630 RdNr. 9.
[394] *Schaub*, Arbeitsrechts-Handbuch § 11 RdNr. 4; BGB-RGRK/*Eisemann* § 630 RdNr. 9; ErfK/*Müller-Glöge* § 630 BGB RdNr. 9.
[395] *Emde* MDR 2002, 190; Heymann/*Sonnenschein/Weitemeyer* § 87 RdNr. 6; MünchKommHGB/*v. Hoyningen-Huene* RdNr. 76; § 87 RdNr. 12; *Schröder* § 87 RdNr. 37.
[396] *Hopt* RdNr. 43; *Westphal* Vertriebsrecht RdNr. 89.
[397] Zu dessen Voraussetzungen siehe BGH Urt. v. 16. 9. 1999 – III ZR 77/98, EBE 1999, 327, 328; vgl. auch LAG Nürnberg MDR 2003, 1301 zu den Voraussetzungen der Änderung eines Arbeitsvertrags durch schlüssiges Verhalten.
[398] Heymann/*Sonnenschein/Weitemeyer* § 87 RdNr. 4; MünchKommHGB/*v. Hoyningen-Huene* § 87 RdNr. 8.
[399] BGH Urt. v. 24. 10. 1955 – II ZR 216/54, DB 1955, 1085.
[400] S. OLG Düsseldorf Urt. v. 24. 5. 1991 – 16 U 169/90, HVR Nr. 707.

§ 84   59, 60   1. Buch. 7. Abschnitt. Handelsvertreter

änderung bewirken.[401] Auf diese Weise kann ohne förmliche Zustimmung des Unternehmers ein Übernehmer des HVVertrags wie zB eine vom HV gegründete Gesellschaft in das Vertragsverhältnis mit dem Unternehmer eintreten, wenn dieser das Vertragsverhältnis in Kenntnis des Wechsels der Rechtsform fortsetzt (RdNr. 25). Die Kenntnis ist anzunehmen, wenn der Unternehmer nach einer Anzeige des HV Schriftverkehr, Abrechnungen und Zahlungen gegenüber dem Übernehmer vornimmt.[402] Schriftformklauseln stehen der Vertragsänderung durch mündliche Individualvereinbarung (vgl. § 305 b BGB nF)[403] oder tatsächliche einvernehmliche Handhabung im Regelfall nicht entgegen.

59   **c) Erfüllungs- und Leistungsort.** Erfüllungs- oder Leistungsort bestimmen sich gemäß §§ 269, 270 BGB nach den jeweiligen Pflichten der Vertragspartner.[404] Nach dem Gesetz gibt es keinen einheitlichen Leistungs- oder Erfüllungsort für die beiderseitigen Pflichten aus dem HVVertrag (s. § 87 und § 87 c).[405] Maßgeblich für die Erfüllung der dem HV obliegenden Pflichten, aber auch für die **Bestimmung möglicher Handelsbräuche** sowie des **Gerichtsstands**,[406] ist regelmäßig der Ort, an welchem der HV bei Vertragsschluss seine gewerbliche Niederlassung, bei Fehlen einer solchen seinen geschäftlichen Mittelpunkt, hat (§ 269 Abs. 2 BGB).[407] Wenn dem HV ein bestimmter Bezirk oder ein Arbeitsgebiet nicht vertraglich zugewiesen ist, darf der Unternehmer ihn kraft seiner Organisationsgewalt einseitig durch Weisung in einem anderen Gebiet als Leistungsort die einsetzen,[408] sofern nicht (der HV nachweist, dass) dem Vertrag eine gegenteilige Regelung zu entnehmen ist; der Unternehmer muss in derartigen Fällen des Einsatzes an anderen Leistungsorten die dafür anfallenden Mehrkosten erstatten oder durch entsprechend höhere Provisionszahlungen ausgleichen. Auf diese Weisungsbefugnis kann die Zulässigkeit eines nicht ausdrücklich vereinbarten **Rotationssystems** zurückgeführt werden, bei welchem die HV laufend in verschiedenen Bezirken tätig werden.

60   **d) Anfechtung, Rücktritt, Sittenwidrigkeit und Nichtigkeit.** Der HVVertrag ist anfechtbar,[409] jedoch kommt der Irrtumsanfechtung bei dem bereits in Vollzug gesetzten Vertrag nur die Wirkung einer fristlosen Kündigung zu (RdNr. 34 und § 89 a);[410] die Anfechtung eines durch arglistige Täuschung erschlichenen HVVertrags[411] kann wegen der Sonderregelung in § 89 a allenfalls in ganz besonders gelagerten Einzelfällen[412] den bereits in Vollzug gesetzten Vertrag rückwirkend vernichten[413] und zu einer bereicherungsrechtlichen Abwicklung führen, wenn eine fristlose Kündigung nicht zu einer angemessenen und den Interessen der Beteiligten gerecht werdenden Lösung führt.[414] Zur Möglichkeit des Rücktritts wird auf die Kommentierung zu § 89 verwiesen. Nichtigkeit kann nach § 134 und § 138 zB bei dem auf Täuschung der Kunden angelegten HVVertrag[415] oder bei Zubilligung einer bloßen „Hungerprovision" eintreten (s. § 87 b). Ein krasses Missverhältnis zwischen den vertraglichen Pflichten des HV und der ihm hierfür zugesagten Vergütung kann zu einer Nichtigkeit führen, obwohl sich Unternehmer und HV grundsätzlich als selbständige Kaufleute und damit gleichberechtigte Partner gegenüberstehen,[416] weswegen an § 138 BGB strengere Anforderungen als im Arbeitsrecht zu stellen sind.[417] Sittenwidrig wird es jedoch regelmäßig sein, wenn

---

[401] Vgl. dazu BAG Urt. 1. 8. 2001 – 4 AZR 129/00, DB 2001, 2557 = ZIP 2002, 46 (für Arbeitsverträge) m. zust. Anm. *Blomeyer* EWiR 2002, 9.
[402] Vgl. *Küstner* RdNr. 285.
[403] BGH Urt. v. 21. 9. 2005 – XII ZR 312/02, BGHZ 164, 133 = EBE 2005, 386 m. krit Anm. *Benedict* EWiR 2006, 131, 132 .
[404] BGH Urt. v. 22. 10. 1987 – I ZR 224/85, NJW 1988, 966; BGH Urt. v. 11. 2. 1988 – I ZR 201/86, NJW 1988, 1466, 1467; BGH Urt. v. 12. 5. 1993 – VIII ZR 110/92, WM 1993, 1755, 1757; Heymann/*Sonnenschein/Weitemeyer* RdNr. 32 und § 86 RdNr. 6; *Schröder* § 86 RdNr. 51.
[405] Kritisch *Emde* EWiR 1999, 1119, 1120 und MDR 2002, 190, 194, der für einen einheitlichen Erfüllungsort plädiert; vgl dazu auch ausführlich *Emde* RIW 2003, 505.
[406] Heymann/*Sonnenschein/Weitemeyer* § 86 RdNr. 6; ausführlich zum Gerichtsstand und zu Gerichtsstandsklauseln bei HVVerträgen mit Auslandsberührung *Emde* RIW 2003, 505, 508 f.
[407] Heymann/*Sonnenschein/Weitemeyer* § 86 RdNr. 6; *Hopt* § 86 RdNr. 46; MünchKommHGB/*v. Hoyningen-Huene* § 86 RdNr. 22; ausführlich Staub/*Brüggemann* RdNr. 2.
[408] *Schröder* § 86 RdNr. 15.
[409] *Emde* MDR 2002, 190, 191.
[410] AA *Canaris* § 15 RdNr. 27 f.
[411] So für den Arbeitsvertrag BAG Urt. v. 3. 12. 1998 – 2 AZR 754/97, ZIP 1999, 458 m. Anm. *Hromadka* EWiR 1999, 439.
[412] AA *Canaris* § 15 RdNr. 27 f. (grundsätzlich Nichtigkeit mit bereicherungsrechtlicher Abwicklung des Vertragsverhältnisses).
[413] OLG Karlsruhe Urt. v. 16. 12. 1998 – 1 U 50/98, HVR Nr. 976.
[414] AA *Canaris* § 15 RdNr. 27.
[415] Heymann/*Sonnenschein/Weitemeyer* RdNr. 34 und § 86 RdNr. 7.
[416] Heymann/*Sonnenschein/Weitemeyer* RdNr. 34, vgl. auch BGH Urt. v. 17. 10. 1960 – VII ZR 216/59, BB 1960, 1221, 1222; OLG Nürnberg BB 1960, 1261; *Ebenroth* S. 43.
[417] S. zum sittenwidrigen Arbeitsentgelt BAG Urt. v. 24. 3. 2004 – 5 AZR 303/03, MDR 2004, 1303.

der Unternehmer dem wirtschaftlich unterlegenen HV durch die Vertragsgestaltung ohne Entgelt **wesentliche Teile des Unternehmerrisikos,** zB des Absatzrisikos, **auferlegt.**[418] Hingegen entspricht es der Vertragsfreiheit, dass der Unternehmer mit seinen verschiedenen HV unterschiedliche Verträge aushandeln darf. Einen **Grundsatz der Gleichbehandlung** aller HV eines Unternehmers gibt es (anders als im Arbeitsrecht)[419] nicht (RdNr. 77 und § 87 b).[420] Jedoch ist es grds. unzulässig, die Provisionen im Inland oder in demselben Drittstaat tätiger HV nach deren Nationalität zu staffeln.[421] Die Unwirksamkeit einzelner, zB gegen unabdingbare gesetzliche Vorschriften verstoßender, vertraglicher Bestimmungen führt grds. nicht zur Nichtigkeit des HVVertrags, vielmehr tritt die gesetzliche Regelung an die Stelle der nichtigen Vereinbarung.[422]

e) Wegfall oder Störung der Geschäftsgrundlage. Die Regeln über den Wegfall oder die Störung der Geschäftsgrundlage nach § 313 BGB nF finden Anwendung.[423] Die mit Abschluss des HVVertrags verbundenen Gewinnerwartungen und Ertragsvorstellungen der Vertragspartner sind allerdings regelmäßig ebenso wenig Geschäftsgrundlage des HVVertrags wie der vorausgesetzte Nichteintritt von Verlusten trotz vertragsgemäß erbrachter Leistungen. Als Kaufleute müssen Unternehmer und HV das Risiko ihrer vertraglich übernommenen Tätigkeit selbst tragen. Fehlkalkulationen, negative Marktentwicklungen oder nicht erwartete Verluste können grundsätzlich nicht zu einer Anpassung des HVVertrags an veränderte Umstände oder zu einer vorzeitigen Vertragsbeendigung nach § 313 BGB nF oder § 242 BGB führen. Insoweit enthält § 89 a ohnehin eine Sonderregelung.[424]

f) AGB und Formularvertrag. Verwenden die Vertragspartner für eine Mehrzahl von Verträgen vorformulierte Vertragsentwürfe oder AGB, galt das AGBG[425] mit der Inhaltskontrolle jedenfalls nach § 9 im Hinblick auf § 24 idF des HRefG (Art. 2) sowie uneingeschränkt, wenn der künftige HV bei Abschluss des ersten HVVertrags noch nicht Kaufmann war (§ 24 AGBG idF des HRefG).[426] Ob der HV nach früherem Recht Minderkaufmann war oder nicht über einen kaufmännisch eingerichteten Geschäftsbetrieb verfügte, spielte für die Anwendung von AGBG und dessen § 24 in seiner alten Fassung und in der Neufassung durch das HRefG keine Rolle.[427] Mit dem SchuldrechtsmodernisierungsG vom 26. November 2001 – BGBl. I 3138 – sind an die Stelle des AGBG die **§§ 305 bis 310 BGB nF** getreten. Für HVVerträge hat das nicht zu sachlichen Änderungen geführt. Für den HVVertrag gilt § 310 Abs. 1 BGB mit der eingeschränkten Inhaltskontrolle gemäss § 310 Abs. 1 Satz 2 iVm. § 307 Abs. 1 und 2 BGB nF;[428] ein unter § 310 BGB nF fallendes Unternehmerhandeln des HV gemäß § 14 BGB liegt schon dann vor, wenn der HVVertrag zu Zwecken der Existenzgründung anlässlich der beabsichtigten erstmaligen Aufnahme seiner gewerblichen selbständigen Tätigkeit geschlossen wird.[429] In Formularverträgen oder AGB darf nicht von den wesentlichen Grundgedanken der in §§ 84 bis 92 c sowie (ergänzend) im BGB festgeschriebenen gesetzlichen Regelung abgewichen werden.[430] Ebenso dürfen die sich aus der Natur des Vertrages ergebenden wesentlichen Rechte und Pflichten beider Parteien nicht derart eingeschränkt werden, dass die Erreichung des Vertragszwecks gefährdet ist (§ 307 BGB nF).[431] Deswegen verstoßen regelmäßig solche Klauseln in AGB und Formularverträgen gegen § 307

---

[418] Vgl. BGH Urt. v. 20. 3. 1981 – I ZR 12/79, MDR 1982, 200; OLG Stuttgart Urt. v. 9. 7. 1957 – 5 U 169/56, HVR Nr. 121; s. d. auch EuG 1. Instanz, Urt. v. 15. 9. 2005 – R S T – 325/01, HVR 1183.
[419] BAG Urt. v. 3. 12. 1997 – 10 AZR 563/96, DB 1998, 2614; BAG Urt. v. 1. 2. 1998 – 3 AZR 578/96, ZIP 1998, 1449, 1450; BAG Urt. v. 17. 2. 1998 – 3 AZR 783/96, ZIP 1998, 965; BAG Urt. v. 17. 11. 1998 – 1 AZR 147/98, BB 1999, 692; vgl. dazu ausf. RGRK-BGB/*Schliemann* § 611 RdNr. 907 bis 930; *Weber/Ehrich* ZIP 1997, 1681, Fn. 1 und 2; vgl. auch *Hueck* DB 1956, 377.
[420] BGH Urt. v. 28. 1. 1971 – VII ZR 95/69, WM 1971, 561; Heymann/*Sonnenschein/Weitemeyer* RdNr. 34; MünchKommHGB/*v. Hoyningen-Huene* RdNr. 73; *Schröder* § 86 RdNr. 1; Staub/*Brüggemann* § 86 a RdNr. 24; *Canaris* § 15 RdNr. 81; aA *Ebenroth* S. 112 f.
[421] Vgl. Rundschreiben des Bundesaufsichtsamts für das Versicherungswesen vom 12. 10. 1995 – FAZ 10. 11. 1995.
[422] BGH Urt. v. 25. 11. 1963 – VII ZR 29/62, BGHZ 40, 235 = DB 1964, 28.
[423] Vgl. *Ende* BB 1996, 2260, 2263 und MDR 2002, 190, 191; *v. Hase* NJW 2002, 2278.
[424] *v. Hase* NJW 2002, 2278.
[425] Vgl. *Ebenroth* S. 51.
[426] Vgl. OLG Oldenburg Urt. v. 27. 4. 1989 – 1 U 256/88, HVR Nr. 993 und Beschl. v. 12. 11. 2001 – 9 SchH 12/01, HVR Nr. 1128; *Wolf/Horn/Lindacher* AGBG § 9 RdNr. H 101; OLG Oldenburg DB 2002, 423 (für Franchisenehmer); aA MünchKommHGB/*v. Hoyningen-Huene* RdNr. 72; zum Ganzen *Preis/Stoffels* ZHR 160 (1996), 442, 452 f.
[427] Vgl. *Wolf/Horn/Lindacher* AGBG § 9 RdNr. H 101 und § 9 RdNr. 126.
[428] Vgl. Bamberger/Roth/*Becker* § 310 RdNr. 3.
[429] Vgl. BGH Beschl. v. 24. 2. 2005 – III ZB 36/04, ZIP 2005, 622 m. krit. Bspr. *Prasse* MDR 2005, 961.
[430] BGH Urt. v. 21. 11. 1991 – I ZR 87/90, NJW 1992, 1096; BGH Urt. v. 3. 4. 1996 – VIII ZR 3/95, ZIP 1996, 1006; OLG Hamm OLGZ 1989, 219 und NJW-RR 1990, 567; OLG Nürnberg NJW-RR 1986, 782; *Ebenroth* S. 52.
[431] Vgl. BGH Urt. v. 21. 12. 1983 – VIII ZR 195/82, BGHZ 89, 206 = NJW 1984, 1182 und BGH Urt. v. 26. 11. 1984 – VIII ZR 214/83, BGHZ 93, 29, 38 = NJW 1985, 623, jeweils zur Überprüfung der AGB in Vertragshändlerverträgen; *Ebenroth* S. 52.

BGB nF, welche den HV bei Vertragsschluss zur **Zahlung** einer „**Einstands-**" oder „**Vertragssumme**" ohne entsprechende Gegenleistung des Unternehmers verpflichten sollen (s. § 89 b),[432] oder welche zu einer **einseitigen Änderung des Vertrags** sowie besonders der Erwerbschancen der anderen Vertragspartei berechtigen[433] oder ein einseitiges Leistungsbestimmungsrecht gewähren,[434] sofern dies nicht ausnahmsweise durch besonders schwerwiegende, im Einzelnen genau festgelegte und die Interessen der Gegenpartei angemessen berücksichtigende Gründe gerechtfertigt ist.[435] **Vertragsstrafen** können, anders als uU im Arbeitsrecht,[436] grundsätzlich zu Lasten des HV für den Fall von konkret zu bezeichnenden künftigen[437] Vertragsverletzungen[438] oder der Nichtaufnahme einer verbindlich zugesagten Tätigkeit vereinbart werden; es greift lediglich die Inhaltskontrolle nach § 307 BGB ein,[439] besonders wenn ohne sachliche Rechtfertigung eine unangemessen hohe Strafe vereinbart wird;[440] § 309 Nr. 6 BGB ist nach § 310 Abs. 1 Satz 1 BGB nicht anwendbar. Wegen weiterer Einzelheiten wird auf die Einzelkommentierung verwiesen. Das Verbot der Verwendung von AGB oder Formularverträgen mit unzulässigem Inhalt wird sich idR gegen den Unternehmer/Geschäftsherrn des HV richten; jedoch kann der von einem wirtschaftlich stärkeren HV formularmäßig vorgegebene HVVertrag in gleicher Weise einer Inhaltskontrolle im Hinblick auf die Wahrung der Mindestrechte und berechtigten Belange des Unternehmers unterliegen. Verstoßen einzelne Bestimmungen des HVVertrags gegen das Gesetz oder werden sie nicht Vertragsinhalt, berührt das grds. nach § 306 Abs. 2 BGB nF nicht das gesamte Vertragsverhältnis.[441] An die Stelle der nichtigen oder fehlenden Absprachen treten die gesetzlichen Regelungen.[442]

63 g) **Verbraucher- und Haustürgeschäft.** Das VerbrKG und das an seine Stelle getretene Verbraucherschutzrecht der §§ 346 f. BGB nF ist auf HVVerträge nicht anzuwenden;[443] der HV ist nicht Verbraucher iS des § 13 BGB; § 2 Nr. 3 VerbrKrG konnte aber für Franchiseverträge[444] und Vertragshändlerverträge gelten.[445] Das HTWG und die nunmehr geltenden §§ 312 f BGB nF sind nur für das Rechtsverhältnis des Kunden zum Unternehmer/Geschäftsherrn des HV von Bedeutung; der HV muss jedoch, besonders als Abschlussvertreter, diese Vorschriften beachten, um ein rechtswirksames Kundengeschäft herbeizuführen.

64 4. **Verjährung.** a) **Neuregelung der Verjährung.** aa) **Frühere Regelung – § 88.** Seit 1953 galt für Ansprüche aus einem HVVertrag § 88 mit der vierjährigen Verjährungsfrist, beginnend mit dem Schluss des Jahres, in welchem der Anspruch fällig geworden war. Durch diese Vorschrift wurde die bis dahin bestehende Ungleichheit der Verjährung der Ansprüche des HV (nach § 196 Abs. 1 Nr. 1 BGB aF) und des Unternehmers (nach § 195 oder § 196 Abs. 1 Nr. 1 BGB aF) beseitigt.

---

[432] OLG Frankfurt NJW-RR 1987, 548; OLG Hamm JMBlNW 1990, 17; Heymann/*Sonnenschein/Weitemeyer* RdNr. 34; vgl. auch OLG München BB 1997, 222 und OLG Celle Urt. v. 14. 12. 2000 – 11 U 61/00, HVR Nr. 940 (zur Wirksamkeit einer solchen Vereinbarung).
[433] BGH Urt. v. 6. 10. 1999 – VIII ZR 125/98, BGHZ 142, 358 = ZIP 2000, 138, 140, 144, 145 m. Bspr. *Westphal* OLGR Düsseldorf 2000 K 35; OLG München Urt. v. 19. 9. 1990 – 7 U 2218/90, HVR Nr. 751; vgl. dazu auch *Ebenroth* S. 55; *Preis/Stoffels* ZHR 160 (1996), 442, 477; Heymann/*Sonnenschein/Weitemeyer* RdNr. 35; *Westphal* RdNr. 346; *Stumpf/Jaletzke/Schultze* RdNr. 165 f.
[434] BGH Urt. v. 20. 7. 2005 – VIII ZR 121/04, BGHZ 164, 11 = ZIP 2005, 1785 = HVR Nr. 11 m. Anm. *Emde* EWiR 2005, 815.
[435] BGH Urt. v. 7. 5. 1997 – VIII ZR 349/96, HVR Nr. 797 (Vertragshändlervertrag); BGH Urt. v. 6. 10. 1999 – VIII ZR 125/98, BGHZ 142, 358 = ZIP 2000, 138, 140, 144, 145; BGH Urt. v. 20. 7. 2005 – VIII ZR 121/04, BGHZ 164, 11 = ZIP 2005, 1785 = HVR Nr. 1137 m. Anm. *Emde* EWiR 2005, 815; OLG München Urt. v. 19. 9. 1990 – 7 U 2218/90, HVR Nr. 751.
[436] S. dazu LAG Hamm DB 2003, 2549; LAG Baden-Württemberg DB 2003, 2551; LAG Düsseldorf DB 2003, 2552; *Conein-Eikelmann* DB 2003, 2546; siehe jetzt aber auch *Eckert* DStR 2006, 193, 195 m. Bspr. BAG Urt. v. 18. 8. 2005 – 8 AZR 65/05.
[437] BGH Urt. v. 18. 5. 2006 – I ZR 32/03, ZIP 2006, 1777.
[438] OLG Düsseldorf Urt. v. 18. 10. 1991 – 16 U 173/90, HVR Nr. 716.
[439] Vgl. OLG München Urt. v. 13. 12. 1995 – 7 U 5432/95, HVR Nr. 832.
[440] OLG Hamm Urt. v. 1. 12. 1983 – 18 U 99/83, HVR Nr. 582; vgl. aus arbeitsrechtlicher Sicht BAG Urt. v. 4. 3. 2004 – 8 AZR 196/03, ZIP 2004, 1277, 1282 f, 1284 m. Anm. *Schaub* EWiR 2004, 789; BAG Urt. v. 4. 3. 2004 – 8 AZR 344/03, EWiR 2004, 1017 m. zust. Anm. *Bartz*.
[441] Bamberger/Roth/*Schmidt* § 306 RdNr. 1.
[442] BGH Urt. v. 25. 11. 1963 – VII ZR 29/62, BGHZ 40, 235, 239 = DB 1964, 28; BGH Urt. v. 3. 4. 1996 – VIII ZR 3/95, ZIP 1996, 1006, 1010; Heymann/*Sonnenschein/Weitemeyer* RdNr. 34; *Küstner* HVR RdNr. 296; *Wolf/Horn/Lindacher* AGBG § 9 RdNr. H 106.
[443] *Westphalen* VerbrKG § 1 RdNr. 208 mwN; *Flohr* in Martinek/Semler § 12 RdNr. 118.
[444] BGH Urt. v. 14. 12. 1994 – VIII ZR 46/94, BGHZ 128, 156 = NJW 1995, 721; BGH Urt. v. 5. 2. 1997 – VIII ZR 14/96, EBE 1997, 100, 102; BGH Urt. v. 5. 11. 1997 – VIII 351/96, ZIP 1998, 62, 63; vgl. auch BGH Urt. v. 16. 4. 1986 – VIII ZR 79/85, BGHZ 97, 351, 356 = NJW 1986, 1988 für AbzG; *Wolf/Horn/Lindacher* § 9 F 109 und *Westphalen* VerbrKG § 2 RdNr. 33, jew. mwN.
[445] *Westphalen* VerbrKG § 2 RdNr. 34.

Seither gilt auch für Altverträge[446] der **Grundsatz der verjährungsrechtlichen Gleichbehandlung** von HV und Unternehmer.[447] Für alle Ansprüche beider Parteien aus einem bestehenden, wenn auch fehlerhaften, jedoch in Vollzug gesetzten HVVertragsverhältnis muss seither die gleiche Verjährungsfrist gelten.[448] § 88 enthielt eine Sonderregelung gegenüber dem allgemeinen Verjährungsrecht des BGB, weswegen § 195 BGB aF auf HVVerträge nicht anzuwenden war.[449]

bb) Schuldrechtsmodernisierungsgesetz 2001. Durch das Schuldrechtsmodernisierungsgesetz v. 26. 11. 2001 – BGBl. I 3138 – wurde das Verjährungsrecht des BGB neu geregelt. **In den unmittelbaren Regelungsbereich des § 88 wurde nicht eingegriffen;** die vierjährige Verjährungsfrist galt weiterhin. § 88 blieb lex specialis gegenüber §§ 195–198 sowie 199 Abs. 2 – 201 BGB nF. Besonders § 195 und § 200 BGB nF waren nicht anzuwenden. An die Stelle von § 201 BGB aF trat § 199 Abs. 1 BGB nF. Voraussetzung für den Beginn der Verjährung wurde allerdings auch im Bereich des § 88 neben dem Entstehen des Anspruchs die objektiv bestehende Möglichkeit, den Anspruch zumindest dem Grunde nach geltend zu machen (§ 199 Abs. 1 Nr. 1 und 2 BGB nF). Außerdem wurde durch § 202 BGB nF die Dispositionsbefugnis der Parteien über die Verjährungsfrist neu geregelt. Hinsichtlich der übrigen Verjährungsvorschriften mit der Neuregelung von Ablaufhemmung (§§ 203–211, 213 BGB nF), Neubeginn (§§ 212, 213 BGB nF) und Rechtsfolgen der Verjährung (§§ 214–218 BGB nF) galt folgende **Überleitung auf das neue Recht: (1).** Die Vorschriften des BGB in der neuen seit dem 1. Januar 2002 geltenden Fassung finden auf alle an diesem Tag bestehenden und noch nicht verjährten Ansprüche Anwendung (Art. 229 § 6 Abs. 1 S. 1 EGBGB). **(2).** Beginn, Hemmung, Ablaufhemmung und Neubeginn der Verjährung bestimmen sich für den Zeitraum vor dem 1. Januar 2002 weiterhin nach dem BGB in der bis zum 31. Dezember 2001 geltenden alten Fassung (Art. 229 § 6 Abs. 1 Satz 2 EGBGB).[450] **(3).** Wenn nach dem Ablauf des 31. Dezember 2001 ein Umstand eintritt, bei dessen Vorliegen nach dem BGB in der bis zum 31. Dezember 2001 geltenden alten Fassung eine vor dem 1. Januar 2002 eintretende Unterbrechung der Verjährung als nicht erfolgt oder als erfolgt gilt, zB die Rücknahme einer die Verjährung unterbrechenden Klage, so ist insoweit das BGB in der bis zum 31. Dezember 2001 geltenden alten Fassung weiter anzuwenden (Art. 229 § 6 Abs. 1 Satz 3 EGBGB).[451] **(4).** Im Hinblick auf die seit dem 1. Januar 2002 geltende Neuregelung mit der Hemmung der Verjährung anstelle deren früherer Unterbrechung ist eine vor dem 1. Januar 2002 entsprechend dem damals geltenden alten Recht eingetretene und bis zum Ablauf des 31. Dezember 2001 andauernde Unterbrechung der Verjährung mit Ablauf dieses Tages beendet worden und für die nicht mehr unterbrochene neue Verjährung trat mit Beginn des 1. Januar 2002 die Hemmung der Verjährung ein (Art. 229 § 6 Abs. 2 EGBGB).[452]

cc) Neuregelung 2004. Durch Art. 9 Nr. 2 iVm Art. 25 des Gesetzes zur Anpassung von Verjährungsvorschriften an das Gesetz zur Modernisierung des Schuldrechts vom 9. Dezember 2004 – BGBl. I S. 3214 – ist mit Wirkung vom 15. Dezember 2004 **§ 88 aufgehoben worden.** Damit finden nunmehr auch die §§ 195–198 sowie 199 Abs. 2 – 201 BGB nF auf die am 15. Dezember 2004 bestehenden und nicht verjährten Ansprüche Anwendung (Art. 229 § 12 Abs. 1 iVm. § 6 Abs. 1 Satz 1 EGBGB).[453] An die Stelle der bisherigen vierjährigen Verjährung ist die Regelverjährung von drei Jahren nach § 195 BGB nF getreten, die weiterhin gemäss § 199 Abs. 1 grds. am Schluss des Jahres beginnt, in welchem der Anspruch entstanden ist und der Gläubiger ihn hätte geltend machen können. **Über die Fristverkürzung hinaus hat das Gesetz** vom 9. Dezember 2004 **keine weitere unmittelbare Bedeutung für den HVVertrag.** Weiterhin gelten der Grundsatz der verjährungsrechtlichen Gleichbehandlung von HV und Unternehmer sowie besonders die von der Rechtsprechung entwickelten Grundsätze zu den Schranken einer vereinbarten Abkürzung von Verjährungsfristen. Im Hinblick auf die um ein Jahr verkürzte Verjährungsfrist gilt folgende durch Art. 6 des Gesetzes vom 9. Dezember 2004 in Art. 229 EGBGB § 12 Abs. 1 eingefügte **Übergangsregelung:** Ab dem 15. Dezember 2004 läuft grds. eine neue Dreijahresfrist gem. § 195

---

[446] BGH Urt. v. 17. 10. 1960 – VII ZR 216/59, MDR 1961, 451; *Trinkhaus* BB 1955, 1063; *Küstner* HVR RdNr. 27.
[447] BGH Urt. v. 12. 10. 1979 – I ZR 166/78, BGHZ 75, 218, 219 = NJW 1980, 286; MünchKomm-HGB/*v. Hoyningen-Huene* 1. Aufl. § 88 RdNr. 15.
[448] BGH Urt. v. 12. 10. 1979 – I ZR 166/78, BGHZ 75, 218, 220 = NJW 1980, 286; MünchKomm-HGB/*v. Hoyningen-Huene* 1. Aufl. § 88 RdNr. 2.
[449] Vgl. dazu *Emde* EWiR 2002, 765.
[450] Bamberger/Roth/*Henrich* Vor § 194 RdNr. 8; *Haas/Medicus/Rolland/Schäfer/Wendland,* Das neue Schuldrecht, § 2 RdNr. 144.
[451] *Haas/Medicus/Rolland/Schäfer/Wendland,* Das neue Schuldrecht, § 2 RdNr. 145.
[452] Bamberger/Roth/*Henrich* Vor § 194 RdNr. 11; *Haas/Medicus/Rolland/Schäfer/Wendland* Das neue Schuldrecht, § 2 RdNr. 146.
[453] *Wagner* ZIP 2005, 558, 563.

§ 84   67

BGB nF für alle am 15. Dezember 2004 noch nicht verjährten Ansprüche (Art. 229 § 12 Abs. 1 iVm. § 6 Abs. 4 Satz 1 EGBGB). Endet jedoch die in § 88 HGB in der bis zum 14. Dezember 2002 geltenden Fassung bestimmte vierjährige Verjährungsfrist zu einem früheren Zeitpunkt als die nunmehr von neuem laufende dreijährige Verjährungsfrist des § 195 BGB nF, so tritt die Anspruchsverjährung bereits mit dem Ablauf der Vierjahresfrist des § 88 HGB in der bis zum 14. Dezember 2004 geltenden Fassung ein. (Art. 229 § 12 Abs. 1 iVm. § 6 Abs. 4 Satz 2 EGBGB). Das bedeutet, dass für Ansprüche, welche nach dem 1. Januar 2001 entstanden sind, am 15. Dezember 2004 eine neue dreijährige Verjährungsfrist begonnen hat, welche spätestens am 31. Dezember 2007 endet, sofern nicht die Frist des § 88 HGB bereits zu einem dann maßgebenden früheren Zeitpunkt abgelaufen wäre.[454]

67   **b) Unter die Verjährungsregelung fallende Ansprüche.** Mit der Aufhebung des § 88 gilt für alle Ansprüche aus einem unter § 84 fallenden HVVertrag sowie aus sonstigen Vertriebsverträgen, unabhängig von der analogen Anwendung der §§ 84 f., die regelmäßige Verjährungsfrist des § 195 BGB nF. Die Problematik einer analogen Anwendung der bisherigen Ausnahmevorschrift des § 88 auf die Ansprüche aus handelsvertreterähnlich ausgestalteten Vertragsarten sonstiger Vertriebsmittler oder anderer Berufsgruppen[455] stellt sich nicht mehr. Das Gleiche gilt hinsichtlich der bisher umstrittenen Fragen einer Einbeziehung einzelner Anspruchsarten in den Anwendungsbereich des § 88. Die regelmäßige Verjährung des § 195 BGB nF gilt für alle gegenseitigen vertraglichen oder gesetzlichen Ansprüche der Parteien,[456] und zwar weitgehend unabhängig von dem Rechtsgrund, aus welchem sie hergeleitet werden, mithin auch für den Anspruch aus ungerechtfertigter Bereicherung[457] und Geschäftsführung ohne Auftrag[458] oder den Schadensersatzanspruch aus Vertragsverletzung oder vorvertraglicher Pflichtverletzung.[459] Nur für die **Abwicklung von Altfällen** sowie gegebenenfalls für das **Eingreifen der Überleitungsvorschriften** nach Art. 6 des Gesetzes vom 9. Dezember 2004 kann es noch Bedeutung haben, dass **§ 88 für alle gegenseitigen Ansprüche galt, welche in einem von der Regelung der §§ 84 f. erfassten Vertragsverhältnis ihre Grundlage hatten.** § 88 war unabhängig davon anzuwenden, ob die den Forderungen zugrunde liegenden Rechte und Pflichten im gesetzlich geregelten HV – Recht ausdrücklich vorgesehen oder ob sie von den Parteien durch vertragliche Vereinbarung einschließlich aller dazugehörenden Nebenabreden bei Abschluss des HVVertrags oder nachträglich begründet worden waren.[460] Dass einzelne Nebenabreden für sich betrachtet handelsvertreteruntypisch waren, wie zB Kontokorrent-, Darlehns-, Bürgschafts- oder Kaufvereinbarungen,[461] stand der Anwendung nicht entgegen. Ebenso war es für § 88 ohne Bedeutung, wann die Ansprüche zu erfüllen waren, weswegen erst längere Zeit nach Vertragsende fällig gewordene Rechte auf Altersversorgung ebenfalls unter die Verjährungsregelung des § 88 fielen.[462] Die von den Parteien gewählte Bezeichnung für eine im Vertrag vereinbarte Leistung spielte in dem Zusammenhang ebenso wenig eine Rolle[463] wie der rechtliche Charakter des einzelnen Anspruchs. Die Verjährungsregelung des § 88 erstreckte sich in gleicher Weise auf Erfüllungsansprüche[464] einschließlich der Hilfsansprüche des § 87 c[465] wie auf den Ausgleichsanspruch

---

[454] S. Palandt/*Heinrichs* EGBGB Art. 229 § 6 RdNr. 6; *Haas/Medicus/Rolland/Schäfer/Wendland*, Das neue Schuldrecht, § 2 RdNr. 148 (beide sind der gleichen Regelung bei gesetzlicher Verkürzung der Verjährungsfrist nach dem Schuldrechtsmodernisierungsgesetz).
[455] Vgl. zum **Vertragshändlervertrag:** BGH Urt. v. 17. 4. 2002 – VIII ZR 139/01, BB 2002, 1507, 1508 m. zust. Anm. *Emde* EWiR 2002, 765; so schon BGH Urt. v. 20. 10. 1983 – I ZR 86/82, NJW 1984, 2102, 2103 (zum Ausgleichsanspruch des Vertragshändlers); ebenso *Ullrich* in Martinek/Semler § 20 RdNr. 105 f.; s. a. *Westphal* Vertragshändler RdNr. 148, 149; einschränkend: *Küstner/Thume*, Vertriebsrecht RdNr. 1201; aA *MünchKommHGB/v. Hoyningen-Huene* 1. Aufl. 1996, § 88 RdNr. 5 (§ 88 nicht anwendbar); vgl. zu **sonstigen Vertriebsverträgen:** BGH Urt. v. 18. 11. 1971 – VII ZR 102/70, LM § 84 Nr. 6; BGH Urt. v. 26. 9. 1980 – I ZR 119/78, BGHZ 79, 89, 97 = NJW 1981, 918 (für Herausgabeanspruch des Kommittenten); BAG Urt. v. 28. 4. 1972 – 3 AZR 464/71, AP § 88 Nr. 1; BAG Urt. v. 5. 9. 1995 – 9 AZR 660/94, DB 1996, 784; *Emde* DB 2003, 981 f. für den Fall der handelsvertreterähnlichen Einbindung des Vertriebsmittlers in das Vertriebssystem des Unternehmers; MünchKommHGB/v. Hoyningen-Huene 1. Aufl. 1996, § 88 RdNr. 5.
[456] *Haas/Medicus/Rolland/Schäfer/Wendland*, Das neue Schuldrecht, § 2 RdNr. 7.
[457] Bamberger/Roth/*Wendehorst* § 812 RdNr. 205; Palandt/*Heinrichs* § 195 RdNr. 5; *Haas/Medicus/Rolland/Schäfer/Wendland*, Das neue Schuldrecht, § 2 RdNr. 7.
[458] Palandt/*Heinrichs* § 195 RdNr. 5; *Haas/Medicus/Rolland/Schäfer/Wendland*, Das neue Schuldrecht, § 2 RdNr. 7.
[459] Bamberger/Roth/*Henrich* § 195 RdNr. 1 und 14; Palandt/*Heinrichs* § 195 RdNr. 4; *Haas/Medicus/Rolland/Schäfer/Wendland*, Das neue Schuldrecht, § 2 RdNr. 7.
[460] OLG Karlsruhe DB 1970, 679; OLG Koblenz ZIP 1988, 30; Heymann/*Sonnenschein/Weitemeyer* § 88 RdNr. 3; MünchKommHGB/*v. Hoyningen-Huene* 1. Aufl., 1996, § 88 RdNr. 9; *Stötter* HVRecht 261; vgl. auch *Alff* RdNr. 169.
[461] OLG Karlsruhe DB 1970, 679; KG DB 1971, 1520; vgl. auch *Schröder* § 88 RdNr. 2.
[462] *Trinkhaus* BB 1955, 1063.
[463] *Schröder* § 88 RdNr. 3.
[464] MünchKommHGB/*v. Hoyningen-Huene* 1. Aufl. 1996, § 88 RdNr. 7 und 9.
[465] MünchKommHGB/*v. Hoyningen-Huene* 1. Aufl. 1996, § 88 RdNr. 9; vgl. BGH Urt. 17. 4. 2002 – VIII ZR 139/01, BB 2002, 1507, 1508 = WM 2003, 250 m. Anm. *Emde* EWiR 2002, 765.

nach § 89 b,[466] auf Schadensersatzansprüche wegen Nichterfüllung und Vertragsverletzung,[467] auf Rückzahlungs-[468] und Rückabwicklungsansprüche beider Parteien sowie auf Bereicherungsansprüche, sofern einzelne Leistungen in einem bestehenden HVVerhältnis ohne Rechtsgrund, jedoch mit Bezug auf dieses Vertragsverhältnis erbracht worden waren,[469] was insbesondere auf die Rückforderung laufender Provisionsüberzahlungen zutreffen konnte; insoweit brauchte nicht auf den andernfalls eingreifenden § 197 aF,[470] jetzt § 195 BGB zurückgegriffen zu werden. Lediglich wenn ein HVVertrag nicht bestand oder erbrachte Leistungen keinen Bezug zu einem solchen hatten, konnte das allgemeine Bereicherungsrecht mit seiner früheren dreißigjährigen und nunmehr ebenfalls dreijährigen Verjährungsfrist des § 195 BGB eingreifen. Nicht unter § 88 fielen deliktische[471] sowie idR vorvertraglich begründete Ansprüche (aus Verschulden bei Vertragsschluss).

c) Beginn der Verjährung. aa) Entstehen des Anspruchs, Fälligkeit und Stundung. Die Verjährungsfrist des § 195 beginnt (wie bisher nach § 88) gemäss § 199 Abs. 1 Nr. 1 BGB nF für jeden einzelnen Anspruch mit Ablauf des Jahres, in welchem er entstanden und fällig geworden ist; verjährungsrechtlich entscheidend ist dabei die Fälligkeit.[472] Ein früher liegendes Entstehen des Anspruchs lässt die Verjährungsfrist unberührt.[473] Damit laufen unterschiedliche und eigenständige Verjährungsfristen für Ansprüche, welche, wie die **Informationsrechte des HV aus § 87 c,** unter verschiedenartigen Voraussetzungen zu unterschiedlichen Zeitpunkten und wiederholt fällig werden können;[474] zur Verjährung dieser Informationsrechte wird auf die Kommentierung des § 87 c verwiesen Bei vor Fälligkeit vereinbarter Stundung beginnt die gesetzliche Verjährungsfrist mit Ablauf des Jahres, in welchem die Stundung ausläuft.[475] Eine erst nach Fälligkeit vereinbarte Stundung fiel bisher § 202 BGB aF; nun gilt § 205 BGB nF.[476] Die Verjährung von **Schadensersatzansprüchen** wegen Verletzung vertraglicher Pflichten aus dem HVV beginnt erst mit Ablauf des Jahres, in welchem die einzelne Verletzungshandlung begangen oder in welchem eine andauernde Verletzungshandlung beendet worden ist;[477] hier ist für den Beginn der endgültigen Verjährungsfrist nicht die erstmalige, sondern die letzte Verletzungshandlung ausschlaggebend, mit welcher der bislang ununterbrochen andauernde vertragswidrige Zustand beendet wird.[478]

bb) Kenntnis vom Anspruch. Voraussetzung für den Beginn der gesetzlichen Verjährungsfrist ist außerdem (kumulativ),[479] dass der Gläubiger von den seinen Anspruch begründenden Umständen und der Person des Schuldners Kenntnis erlangt oder ohne grobe Fahrlässigkeit erlangen müsste (§ 199 Abs. 1 Nr. 2 BGB nF), so dass er bei objektiver Würdigung in der Lage sein müsste, den Anspruch zumindest dem Grunde nach geltend zu machen und eine verjährungsunterbrechende Handlung vorzunehmen.[480] Ausreichend für den Beginn der Verjährungsfrist ist damit objektive Erkennbarkeit der anspruchsbegründenden Tatsachen[481] und die auf grober Fahrlässigkeit beruhende Unkenntnis. Unabhängig von Kenntnis und Erkennbarkeit verjähren gesetzliche und vertragliche

---

[466] BGH Urt. v. 17. 12. 1997 – VIII ZR 235/96, EBE 1998, 76, 78, 80; *Trinkhaus* BB 1955, 1063; MünchKommHGB/*v. Hoyningen-Huene* 1. Aufl., 1996, § 88 RdNr. 9; *Schröder* § 88 RdNr. 2.
[467] Vgl. BGH Urt. 17. 4. 2002 – VIII ZR 139/01, BB 2002, 1507, 1509; OLG München BB 1998, 2445.
[468] MünchKommHGB/*v. Hoyningen-Huene* 1. Aufl. 1996, § 88 RdNr. 8.
[469] AA OLG Koblenz ZIP 1988, 30; *Martinek* EWiR 1987, 1217; HK-HGB/*Russ* § 88 RdNr. 1; Heymann/*Sonnenschein*/*Weitemeyer* § 88 RdNr. 3; *Hopt* § 88 RdNr. 3; *Koller*/*Roth*/*Morck* § 88 RdNr. 2; *Küstner* HVR RdNr. 1287; *Westphal* RdNr. 401.
[470] BGH Urt. v. 10. 7. 1986 – III ZR 133/85, ZIP 1986, 1037; aA OLG Koblenz ZIP 1988, 30; MünchKommHGB/*v. Hoyningen-Huene* 1. Aufl. 1996, § 88 RdNr. 8.
[471] Heymann/*Sonnenschein*/*Weitemeyer* § 88 RdNr. 2; MünchKommHGB/*v. Hoyningen-Huene* 1. Aufl. 1996, § 88 RdNr. 10; *Schröder* § 88 RdNr. 1.
[472] BGH Urt. v. 19. 12. 1990 – VIII ARZ 5/90, BGHZ 113, 188, 193; Bamberger/Roth/*Henrich* § 199 RdNr. 4.
[473] MünchKommHGB/*v. Hoyningen-Huene* 1. Aufl. 1996, § 88 RdNr. 12.
[474] BGH Urt. v. 1. 12. 1978 – I ZR 7/77, LM § 88 Nr. 6; BGH Urt. v. 31. 1. 1979 – I ZR 8/77, WM 1979, 463; BGH Urt. v. 11. 7. 1980 – I ZR 192/78, LM § 88 Nr. 8; BGH Urt. v. 22. 5. 1981 – I ZR 34/79, LM § 88 Nr. 9; *Hopt* § 88 RdNr. 9.
[475] Bamberger/Roth/*Henrich* § 205 RdNr. 2.
[476] Bamberger/Roth/*Henrich* § 205 RdNr. 2.
[477] BGH Urt. v. 17. 4. 2002 – VIII ZR 139/01, BB 2002, 1507, 1508 für die Verletzung eines Alleinvertriebsrechts m. Anm. *Emde* EWiR 2002, 765.
[478] BGH Urt. v. 17. 4. 2002 – VIII ZR 139/01, BB 2002, 1507 und *Emde* EWiR 2002, 765.
[479] Bamberger/Roth/ *Henrich* § 199 RdNr. 3; *Haas*/*Medicus*/*Rolland*/*Schäfer*/*Wendland*, Das neue Schuldrecht, § 2 RdNr. 13.
[480] So schon: BGH Urt. v. 12. 2. 1971 – VIII ZR 4/70, BGHZ 55, 340, 341 = NJW 1971, 979; BGH Urt. v. 1. 12. 1978 – I ZR 7/77, LM § 88 Nr. 6; BGH Urt. v. 22. 5. 1979 – VII ZR 256/77, BGHZ 73, 363, 365; BGH Urt. v. 11. 7. 1980 – I ZR 192/78, LM § 88 Nr. 8.
[481] S. d. ausf. Bamberger/Roth/*Spindler* § 199 RdNr. 18 f.; *Haas*/*Medicus*/*Rolland*/*Schäfer*/*Wendland*, Das neue Schuldrecht, § 2 RdNr. 13 f.; vgl. schon zum alten Recht: BGH Urt. v. 11. 7. 1980 – I ZR 192/78, EBE 1981, 35, 36; BGH Urt. v. 3. 4. 1996 – VIII 3/95, EBE 1996, 172, 175, 176; *Küstner* HVR RdNr. 1281; weitergehend *Schröder* § 88 RdNr. 4.

Ansprüche gemäß § 199 Abs. 4 BGB nF in zehn Jahren ab dem Tag des Entstehens des Anspruchs. Das Gleiche gilt für Schadensersatzansprüche aus Vertragsverletzung gemäss § 199 Abs. 3 Nr. 1 BGB nF; unabhängig von Entstehen und Möglichkeit der Kenntnisnahme verjähren diese Ansprüche spätestens in 30 Jahren nach der schadenstiftenden Pflichtverletzung gemäss § 199 Abs. 3 Nr. 2 BGB nF. Die zehn- oder dreißigjährige Verjährungsfrist wird taggenau berechnet und beginnt nicht erst mit dem Ende des jeweiligen Jahres.[482]

70 **d) Hemmung.** § 88 war lex specialis gegenüber §§ 195–201 BGB aF,[483] sowie bis zum 14. Dezember 2004 jedenfalls im Verhältnis zu den §§ 194–198 und § 199 Abs. 2 – 201 BGB nF. Die übrigen Verjährungsvorschriften des BGB aF zu Unterbrechung und Hemmung waren auf HVVerträge anwendbar[484] und sind es seit dem 1. Januar 2002 in der jetzt geltenden neuen Fassung des BGB. An die Stelle von Unterbrechung oder Hemmung der Verjährung sind Ablaufhemmung gemäss § 209 iVm. §§ 203–208 sowie §§ 210, 211 und 213 BGB nF oder Neubeginn der Verjährung nach §§ 212 und 213 BGB nF getreten. Wie schon nach früherem Recht kann die Klage auf Erfüllung eines einzelnen **Hilfsanspruchs nach § 87 c,** eine der Klage gleichstehende sonstige Maßnahme der Rechtsverfolgung gem. § 204 Abs. 1 Nr. 2 f BGB nF oder ein auf ein einzelnes Hilfsrecht des § 87 c bezogenes Anerkenntnis gem. § 212 Abs. 1 Nr. 1 BGB nF weder für die anderen Rechte des § 87 c noch für die Hauptforderung eine bereits laufende Verjährungsfrist hemmen oder von neuem beginnen lassen.[485] Die **Stufenklage** (§ 254 ZPO) hat hingegen verjährungshemmende Wirkung hinsichtlich aller mit ihr anhängig gemachten Ansprüche nach § 204 Abs. 1 Nr. 1.[486]

71 **e) Verwirkung, unzulässige Rechtsausübung und zum Schadensersatz verpflichtendes Schuldnerverhalten.** Eine Verwirkung der unter § 88 fallenden Ansprüche hatte im Hinblick auf die kurze Verjährungsfrist des Gesetzes grundsätzlich auszuscheiden.[487] Nach neuem Verjährungsrecht gilt nichts anderes. Den innerhalb einer gesetzlichen oder vereinbarten Verjährungsfrist seinen Anspruch erhebenden Gläubiger trifft nicht der Vorwurf unzulässiger Rechtsausübung, selbst wenn er zuvor den Eindruck hat entstehen lassen, seine Rechte nicht ausüben zu wollen. Für einen dahingehenden Vertrauenstatbestand zugunsten des Schuldners ist während der laufenden kurzen Verjährungsfrist regelmäßig kein Raum. Im Zweifel wollen beide Vertragsparteien, besonders nach Vertragsende, alle ihnen zustehenden Rechte geltend machen, solange dies rechtlich möglich ist.[488] Die Einrede der Verjährung kann eine unzulässige Rechtsausübung darstellen, wenn der Schuldner den Gläubiger in vorwerfbarer Weise über bestehende Ansprüche im Unklaren gelassen, ihn insbesondere über das Bestehen solcher Ansprüche arglistig getäuscht hat,[489] und der Gläubiger alsbald nach Wegfall der den Einwand begründenden Umstände Klage erhebt[490] oder sonstige nach § 204 BGB nF verjährungshemmende Maßnahmen ergreift. Erfüllt das Verhalten des Schuldners den Tatbestand eines Schadensersatzanspruchs (nach § 826 BGB oder wegen Vertragsverletzung), kann er den Gläubiger im Weg des Schadensersatzes so stellen haben, als sei die Forderung nicht verjährt; mit diesem Anspruch kann die Verjährungseinrede abgewendet werden.[491]

72 **f) Abweichende Vereinbarungen. aa) Vertragsfreiheit und deren Grenzen.** Nach altem Verjährungsrecht des BGB (§ 225 S. 1) durfte die Verjährung nicht ausgeschlossen und die Verjährungsfrist des § 88 nicht verlängert werden. Hiervon abgesehen enthielt § 88 eine dispositive (abdingbare) Regelung.[492] Das neue Verjährungsrecht des BGB idF des Schuldrechtsmodernisierungsgesetzes von 2001 hat die Vertragsfreiheit ausgeweitet[493] und enthält nur noch zwei Schranken

---

[482] Palandt/*Heinrichs* § 199 RdNr. 39; *Haas/Medicus/Rolland/Schäfer/Wendland*, Das neue Schuldrecht, § 2 RdNr. 27.
[483] *Trinkhaus* BB 1955, 1063.
[484] MünchKommHGB/*v. Hoyningen-Huene* 1. Aufl. 1996, § 88 RdNr. 3.
[485] Vgl. zum inhaltlich gleichen alten Recht: BAG Urt. v. 5. 9. 1995 – 9 AZR 660/94, DB 1996, 784; *Schröder* § 88 RdNr. 5; RGRK-BGB/*Johannsen* § 209 RdNr. 5.
[486] BGH Urt. v. 14. 5. 1975 – IV ZR 19/74, MDR 1975, 829; BGH Urt. v. 17. 6. 1992 – IV ZR 183/91, MDR 1992, 1180; Bamberger/Roth/ *Henrich* § 204 RdNr. 2; MünchKommZPO/*Lüke* § 261 RdNr. 11 und § 262 RdNr. 13.
[487] AA Heymann/*Sonnenschein/Weitemeyer* § 88 RdNr. 6; *Hopt* § 88 RdNr. 6; MünchKommHGB/*v. Hoyningen-Huene* 1. Aufl. 1996, § 88 RdNr. 4; *Schröder* § 88 RdNr. 7; vgl. aber *Westphal* RdNr. 409.
[488] *Westphal* RdNr. 411.
[489] OLG Karlsruhe Urt. v. 13. 7. 1971 – 8 U 104/71, HVR Nr. 446; Bamberger/Roth/*Henrich* § 214 RdNr. 9 f.; *Hopt* § 88 RdNr. 8; Koller/*Roth*/Morck § 88 RdNr. 3; nur für den Fall der Arglist: OLG Nürnberg VersR 1982, 1099; MünchKommHGB/*v. Hoyningen-Huene* 1. Aufl. 1996, § 88 RdNr. 15.
[490] BGH Urt. v. 28. 1. 1977 – I ZR 171/75, LM § 88 Nr. 4.
[491] BGH Urt. v. 28. 1. 1977 – I ZR 171/75, LM § 88 Nr. 4; *Hopt* § 88 RdNr. 8; *Westphal* RdNr. 403; *Alff* RdNr. 175; vgl. auch Bamberger/Roth/*Henrich* § 214 RdNr. 13.
[492] BGH Urt. v. 12. 10. 1978 – I ZR 166/78, BGHZ 75, 218, 219.
[493] Bamberger/Roth/*Henrich* § 202 RdNr. 1; *Haas/Medicus/Rolland/Schäfer/Wendland*, Das neue Schuldrecht, § 2 RdNr. 181; vgl. auch *Schmidt-Räntsch/Maifeld/Meier-Göring/Röcken*, Das Neue Schuldrecht, Teil 2 § 202 S. 80.

mit gesetzlichen Verboten iSv § 134 BGB, welche zur Nichtigkeit dagegen verstoßender Vereinbarungen führen.[494] **(1)** Nach **§ 202 Abs. 1 BGB nF** kann – entsprechend der Regelung in § 276 Abs. 3 BGB nF – die Verjährung bei Haftung wegen Vorsatzes nicht im Voraus durch Rechtsgeschäft erleichtert werden. Deswegen kann die Verjährung für eine Haftung auf Grund vorsätzlichen Handelns vor Beginn der Verjährung des konkreten Ersatzanspruchs weder ganz ausgeschlossen noch die vorgegebene Verjährungsfrist verkürzt werden. Nach Verjährungsbeginn gilt das Verbot des Abs. 1 nicht mehr; verjährungserleichternde Vereinbarungen sind nun selbst bei vorsätzlichem Handeln in gleicher Weise rechtlich erlaubt[495] wie die jederzeit zulässigen Vereinbarungen über Verkürzung oder Ausschließung der Verjährung im Fall nicht vorsätzlichen Handelns.[496] **(2)** Nach **§ 202 Abs. 2 BGB nF** kann die Verjährung durch Rechtsgeschäft nicht über eine Verjährungsfrist von 30 Jahren ab dem gesetzlichen Verjährungsbeginn hinaus erschwert, die Frist also nicht weiter verlängert oder ein Anspruch unverjährbar gestellt werden.[497] Von diesen Beschränkungen abgesehen besteht grds. Vertragsfreiheit. Insbesondere hat der Gesetzgeber eine gesetzliche **Mindestverjährungsfrist** nicht in das BGB aufgenommen.[498] Im Hinblick auf das Recht der Parteien zum vereinbarten vollständigen Ausschluss bestehender oder künftiger Ansprüche hat der Gesetzgeber den im Gesetzgebungsverfahren eingebrachten Vorschlag der Einführung einer Mindestverjährungsfrist sowie eine damit verbundene Einschränkung der Vertragsfreiheit abgelehnt und es bei der bereits nach altem Recht eingreifenden Kontrolle von Vereinbarungen über die Verkürzung von Verjährungsfristen durch die §§ 138, 242 BGB sowie gegebenenfalls auch durch §§ 307 f. BGB nF belassen.[499] Aufgrund der damit bestehenden erweiterten **Vertragsfreiheit** sind nunmehr **Vereinbarungen zu Dauer, Beginn, Hemmung, Neubeginn sowie Ablauf der Verjährungsfristen** in den durch § 138, § 242,[500] § 202 und § 307 BGB[501] gezogenen Grenzen auch für Forderungen aus einem HVVertragsverhältnis grundsätzlich, allerdings nicht schrankenlos zulässig;[502] dabei sind Vereinbarungen mit nur mittelbarer Auswirkung auf die Verjährung grds. nicht anders zu behandeln sind als unmittelbare Verjährungsabsprachen.[503] Von der gesetzlichen Regelung abweichende Vereinbarungen in AGB oder Formularverträgen sind zulässig,[504] unterliegen aber weiterhin der **Inhaltskontrolle** des § 307 BGB.[505] Letztlich erstreckt sich die Vertragsfreiheit grds. auch auf den **Zeitpunkt der Vereinbarung**. Von § 202 Abs. 1 abgesehen kann eine Vereinbarung zur Verjährung jederzeit und damit nicht nur vor oder nach Beginn der laufenden Verjährung,[506] sondern als Verjährungsverzicht selbst nach Ablauf der Verjährungsfrist getroffen werden.[507] **Unabdingbare Voraussetzung für eine** die gesetzliche Regelung **abändernde Vereinbarung** zur Verjährung ist der eindeutig sowie unmissverständlich gegebene und positiv feststellbare Wille zum Verzicht auf nach dem Gesetz bestehende weitergehende Rechte. Eine für den Abschluss des HVVertrags verbindlich vorgesehene bestimmte Form ist grds. einzuhalten.[508]

bb) Verjährungsrechtliche Gleichbehandlung beider Parteien. Der Grundsatz der verjährungsrechtlichen Gleichbehandlung beider Partner eines HVVertrags (RdNr. 64) ist weder durch das Schuldrechtsmodernisierungsgesetz von 2001 noch durch das die Verjährung ändernde Gesetz von 2004 aufgehoben oder eingeschränkt worden. Wegen des Gebots der Gleichbehandlung müssen weiterhin für gleichartige Ansprüche beider Parteien die gleichen verkürzten Verjährungsfristen[509] sowie die gleichen Voraussetzungen für den Beginn der Verjährungsfrist gelten.[510] Das Gleichbehandlungsgebot schließt allerdings nicht aus, für unterschiedliche Anspruchsarten, zB für Erfüllungs-, Rückforderungs- oder Schadensersatzansprüche, unterschiedliche Verjährungsfristen zu vereinbaren,

---

[494] Bamberger/Roth/*Henrich* § 202 RdNr. 9; *Haas/Medicus/Rolland/Schäfer/Wendland*, Das neue Schuldrecht, § 2 RdNr. 182.
[495] Bamberger/Roth/*Henrich* § 202 RdNr. 7.
[496] *Haas/Medicus/Rolland/Schäfer/Wendland*, Das neue Schuldrecht, § 2 RdNr. 183.
[497] *Haas/Medicus/Rolland/Schäfer/Wendland*, Das neue Schuldrecht, § 2 RdNr. 190.
[498] *Schmidt-Räntsch/Maifeld/Meier-Göring/Röcken*, Das Neue Schuldrecht, Teil 2 § 202 S. 80, 81.
[499] *Schmidt-Räntsch/Maifeld/Meier-Göring/Röcken*, Das Neue Schuldrecht, Teil 2 § 202 S. 80, 81.
[500] *Haas/Medicus/Rolland/Schäfer/Wendland*, Das neue Schuldrecht, § 2 RdNr. 181.
[501] S. d. *Haas/Medicus/Rolland/Schäfer/Wendland*, Das neue Schuldrecht, § 2 RdNr. 187 f.
[502] Bamberger/Roth/*Henrich* § 202 RdNr. 3.
[503] Bamberger/Roth/*Henrich* § 202 RdNr. 3.
[504] *Westphal* RdNr. 407.
[505] *Alff* RdNr. 174; vgl. OLG München BB 1998, 2445.
[506] Bamberger/Roth/*Henrich* § 202 RdNr. 3.
[507] Bamberger/Roth/*Henrich* § 202 RdNr. 3; *Haas/Medicus/Rolland/Schäfer/Wendland*, Das neue Schuldrecht, § 2 RdNr. 182.
[508] *Haas/Medicus/Rolland/Schäfer/Wendland*, Das neue Schuldrecht, § 2 RdNr. 180.
[509] Vgl. BGH Urt. v. 12. 2. 2003 – VIII ZR 284/01, EBE 2003, 108.
[510] BGH Urt. v. 12. 10. 1979 – I ZR 166/78, BGHZ 75, 218, 220; BGH Urt. v. 12. 2. 2003 – VIII ZR 284/01, EBE 2003, 108; *Westphal* RdNr. 405.

sofern die Gleichbehandlung beider Parteien gewährleistet ist und nicht eine Vertragspartei, besonders der HV, durch eine solche Regelung ungleich belastet wird.[511]

74 **cc) Erleichterung der Verjährung – Verkürzung der Verjährungsfrist.** Eine Erleichterung der Verjährung und damit eine Verkürzung der Verjährungsfrist ist von dem in § 202 Abs. 1 BGB nF geregelten Ausnahmefall abgesehen rechtlich grds. möglich (RdNr. 72).[512] Dabei macht es grds. keinen Unterschied, ob es sich um die Regelung in einer Individualvereinbarung, in einem Formularvertrag oder in AGB handelt.[513] Die von Rechtsprechung und Rechtslehre zu § 88 entwickelten Grundsätze zu Zulässigkeit und rechtlichen Grenzen von Vereinbarungen über eine Verkürzung von Verjährungsfristen sind durch das neue Verjährungsrecht des BGB allerdings nicht gegenstandslos geworden. Sie dienen der Wahrung der beiderseitigen berechtigten Interessen der Partner eines HVVertrags und haben weiterhin ihre Berechtigung, sofern nicht ausnahmsweise einer nach früherem Recht zulässigen Einschränkung verjährungserleichternder Vereinbarungen nunmehr die Ausweitung der Vertragsfreiheit durch das Schuldrechtsmodernisierungsgesetz entgegensteht. So muss die Verkürzung der Verjährungsfrist nicht mehr (wie früher nach § 88)[514] durch ein objektiv anerkennenswertes Interesse zumindest einer Partei gerechtfertigt sein. Jedoch darf auch weiterhin das berechtigte Interesse an der zügigen Abwicklung der beiderseitigen Ansprüche die Geltendmachung der Rechte des Gläubigers nicht in unzumutbarer Weise erschweren;[515] seine Rechte, in Ruhe seine möglichen Ansprüche prüfen und eine Entscheidung über ihre Durchsetzung treffen zu können sowie nicht voreilig zu einer Klageerhebung gezwungen zu werden, dürfen nicht unangemessen beeinträchtigt werden.[516] Damit kann auch nach neuem Verjährungsrecht im HVRecht eine **Verjährungsfrist von höchstens 6 Monaten** grds. überhaupt nicht[517] und eine unter der gesetzlichen Dreijahresfrist liegende Verjährungsfrist wirksam nur vereinbart werden, wenn die Frist erst mit der Fälligkeit des Anspruchs und der Kenntnis des Gläubigers von seinem Recht beginnen soll,[518] wie es nunmehr § 199 Abs. 1 Nr. 2 BGB nF entspricht. Eine grundsätzlich zulässige Fristverkürzung stellt es dar, wenn in einer Individualvereinbarung für den Beginn der gesetzlichen Verjährungsfrist in Abweichung von § 199 Abs. 1 allein auf den Zeitpunkt der Fälligkeit des Anspruchs abgestellt wird. Zur Zulässigkeit von Vereinbarungen über die Verjährung des Ausgleichsanspruchs nach § 89b wird auf die dortige Kommentierung verwiesen.

75 **dd) Unwirksame Verkürzungsvereinbarung.** Eine Frage der Auslegung des einzelnen Vertrags ist es, ob bei Vereinbarung einer unwirksamen Verkürzung der Verjährungsfrist für einzelne Ansprüche an deren Stelle die gesetzliche Regelung des BGB nF tritt,[519] was im Zweifel der Fall sein wird,[520] oder ob, zB in Anlehnung an die in § 89 Abs. 2 Satz 2 getroffene Regelung, eine für andere Ansprüche rechtswirksam vereinbarte längere Frist gelten soll.[521] Eine bereits nach altem Recht getroffene unwirksame Verkürzungsvereinbarung wird nicht nachträglich durch Inkrafttreten des neuen Verjährungsrechts wirksam. Die nachträgliche Erklärung der durch eine ungleiche Fristvereinbarung begünstigten Vertragspartei, sich ebenfalls an die für die andere Vertragspartei festgelegte kürzere Frist halten zu wollen, kann die Unwirksamkeit der Vereinbarung ebenfalls nicht beseitigen; in der Erklärung kann jedoch das Angebot zu einer entsprechenden Vertragsänderung liegen.

---

[511] Vgl. BGH Urt. v. 12. 2. 2003 – VIII ZR 284/01, EBE 2003, 108 = BB 2003, 919.
[512] Haas/Medicus/Rolland/Schäfer/Wendland, Das neue Schuldrecht, § 2 RdNr. 183.
[513] Vgl. BGH Urt. v. 12. 2. 2003 – VIII ZR 284/01, EBE 2003, 108.
[514] BGH Urt. v. 12. 10. 1979 – I ZR 166/78, BGHZ 75, 218, 220; BGH Urt. v. 10. 5. 1990 – I ZR 175/88, ZIP 1990, 1469; BGH Urt. v. 3. 4. 1996 – VIII ZR 3/95, EBE 1996, 172, 176; Westphal RdNr. 406.
[515] Stötter HVRecht 263; Westphal RdNr. 407.
[516] Vgl. OLG München BB 1998, 980; Stötter HVRecht 263.
[517] OLG Hamm Urt. v. 15. 1. 1999 – 35 U 30/98, HVR Nr. 965; vgl. auch OLG Celle Urt. v. 12. 2. 1988 – 11 U 62/87, HVR Nr. 655.
[518] BGH Urt. v. 10. 5. 1990 – I ZR 175/88, ZIP 1990, 1469; BGH Urt. v. 3. 4. 1996 – VIII ZR 3/95, EBE 1996, 172, 176; OLG Hamm NJW-RR 1999, 1712 = VersR 1999, 1492; OLG München Urt. v. 15. 7. 1998 – 7 U 2623/98, HVR Nr. 893 und Urt. v. 15. 11. 2000 – 7 U 3545/00, HVR Nr. 989; HK-HGB/Russ § 88 RdNr. 2; Hopt § 88 RdNr. 9; Koller/Roth/Morck § 88 RdNr. 3; MünchKommHGB/v. Hoyningen-Huene 1. Aufl. 1996, § 88 RdNr. 17; Westphal RdNr. 407; Wolf/Horn/Lindacher AGBG § 9 RdNr. H 105; vgl. OLG München BB 1998, 2445; OLG Hamm Beschl. v. 21. 3. 2003 – 35 U 24/02, HVR Nr. 1091 für das alte Recht; aA OLG Celle NJW-RR 1988, 1064 für Formularverträge.
[519] Vgl. BGH Urt. v. 12. 10. 1979 – I ZR 166/78, BGHZ 75, 218, 221; BGH Urt. v. 3. 4. 1996 – VIII ZR 3/95, EBE 1996, 172, 176; vgl. BGH Urt. v. 12. 2. 2003 – VIII ZR 284/01, EBE 2003, 108.
[520] Vgl. BGH Urt. v. 12. 2. 2003 – VIII ZR 284/01, EBE 2003, 108.
[521] Wolf/Horn/Lindacher AGBG § 9 RdNr. H 105; vgl. auch Heymann/Sonnenschein/Weitemeyer § 88 RdNr. 8; offengelassen von BGH Urt. v. 12. 2. 2003 – VIII ZR 284/01, EBE 2003, 108.

5. HGB. Aus dem sonstigen Recht des HGB können die Allgemeinen Vorschriften über Handelsgeschäfte gem. §§ 343 bis 372 ergänzend zur Anwendung kommen, wenn der Unternehmer ebenfalls Kaufmann ist.[522] Zur Bedeutung des § 354 wird auf § 87 verwiesen.

6. Arbeitsrecht und Allgemeines Gleichbehandlungsgesetz. Der HV kann nicht Arbeitnehmer sein, auch nicht im Sinn des BetrVG.[523] Dem Arbeits- und Tarifvertragsrecht[524] sowie den Schutzgesetzen zugunsten von Arbeitnehmern und ihnen gleichgestellten Personen wie zB dem MutterschutzG, KSchG oder den Vorschriften im SGB IX §§ 71 f. über den Schutz Schwerbehinderter, aber auch dem § 183 Abs. 1 SGB III (Insolvenzgeld)[525] oder dem BUrlG[526] untersteht der Handelsvertreter des § 84 selbst dann nicht, wenn für ihn die Sonderregelungen der § 92a oder § 5 Abs. 3 S. 1 ArbGG eingreifen.[527] Zu dem Sonderfall der Geltung des ArbeitsplatzschutzG wird auf § 87 verwiesen. Auch eine vertraglich nicht vereinbarte oder vorbehaltene Teilzeitbeschäftigung gemäss § 15 BErzGG kann der HV nicht beanspruchen.[528] Der Unternehmer hat für den HV keine Sozialabgaben abzuführen.[529] Für den HV des § 84 gelten weder der **arbeitsrechtliche Gleichbehandlungsgrundsatz**[530] noch die besonderen **arbeitsrechtlichen** Fürsorgepflichten oder das **Arbeitnehmerschutzrecht**[531] einschließlich der Grundsätze zur Beschränkung der Haftung eines Arbeitnehmers, welcher bei einer betrieblich veranlassten Tätigkeit Betriebsmittel des Arbeitgebers beschädigt.[532] So hat der HV zB grds. selbst für Schäden an einem ihm von seinem Geschäftsherrn überlassenen PKW aufzukommen.[533] Einer möglichen jedoch keinesfalls immer gegebenen[534] Schutzbedürftigkeit des HV hat der Gesetzgeber ohnehin bereits bei der Ausgestaltung der §§ 84 f. mit ihren zugunsten des HV unabdingbaren Vorschriften Rechnung getragen.[535] Das am 15. August 2006 in Kraft getretene **Allgemeine Gleichbehandlungsgesetz (AGG)** (Art. 1 Gesetz zur Umsetzung europäischer Richtlinien zur Verwirklichung des Grundsatzes der Gleichbehandlung vom 14. 8. 2006 – BGBl. I 1897) mit seinen Verboten bestimmten benachteiligender Verhaltensweisen gilt nach § 6 Abs. 1 Nr. 3 gegenüber dem arbeitnehmerähnlichen Einfirmenvertreter des § 92a und für den mit diesem HV abzuschließenden HVVertrag. Im Übrigen ist das Gesetz nach § 19 Abs. 1 Nr. 1 auf den selbständigen HV des § 84 Abs. 1, Abs. 3 und 4 grds. nicht anzuwenden; der typische HVVertrag wird im Regelfall gerade nicht „ohne Ansehen der Person zu vergleichbaren Bedingungen in einer Vielzahl von Fällen" abgeschlossen, auch hat „das Ansehen der Person nach der Art des Vertrags" bei dem HVVertrag gerade nicht „nur nachrangige Bedeutung". Das wird selbst dann gelten, wenn ein Unternehmer eine „Vielzahl von Verträgen zu vergleichbaren Bedingungen" mit seinen HV abschließt. Bei dem Abschluss eines HVVertrags handelt es sich grds. nicht um ein „Massengeschäft", wie es das Gesetz in § 19 Abs. 1 voraussetzt. Die Voraussetzungen des erweiterten Benachteiligungsverbots nach § 19 Abs. 2 AGG werden bei dem HV des § 84 regelmäßig nicht vorliegen; wenn der Unternehmer seinen HV allerdings außer der Vergütung besondere soziale Vergünstigungen iSv. § 2 Abs. 1 Nr. 6 AGG zukommen lässt, dürfte eine Benachteiligung aus Gründen der Rasse oder wegen der ethnischen Herkunft unzulässig sein.

7. GWB. HVVerträge und handelsvertreterähnliche Vertriebsverträge waren in der Vergangenheit wiederholt Gegenstand einer höchstrichterlichen Überprüfung auf ihre Vereinbarkeit mit dem geltenden Kartellrecht. **Nach dem bis Ende Juni 2005 geltendem Kartellrecht**[536] waren HV,

---

[522] Vgl. *Hopt* RdNr. 28; *Küstner* HVR RdNr. 252, 253; *Schröder* RdNr. 13 a; aA Heymann/Sonnenschein/Weitemeyer RdNr. 29.
[523] LG Mannheim ZIP 2001, 2149.
[524] Ausf. dazu *Oberthür/Lohr* NZA 2001, 126; vgl. *Mayer* BB 1993, 1513, 1514.
[525] Vgl. *Uhlenbruck* InsO § 22 RdNr. 106 und 107.
[526] BAG Urt. v. 20. 8. 2003 – 5 AZR 610/02, NJW 2004, 461.
[527] BAG Urt. v. 24. 10. 2002 – 6 AZR 632/00, DB 2003, 1633 = MDR 2003, 814; *Schaub*, Arbeitsrechts-Handbuch, § 11 RdNr. 3.
[528] S. LAG Düsseldorf DB 2004, 1562 (zu einem fest angestellten Außendienstmitarbeiter).
[529] *Marburger* BB 1979, 840.
[530] *Hopt* § 86 RdNr. 10 und § 86 a RdNr. 15; *Canaris* § 15 RdNr. 81.
[531] *Niessen* DB 1963, 308 und 1120; *Dieckhoff* DB 1963, 1120; *Ludwig* DB 1966, 1972; *Schröder* RdNr. 2 und 10 b; *ErfK/Schlachter* MSchG § 1 RdNr. 3; *ErfK/Ascheid* KSchG § 1 RdNr. 68; s. auch § 92 a.
[532] Vgl. BAG Urt. v. 5. 2. 2004 – 8 AZR 91/03, MDR 2004, 1005.
[533] *BFH* Urt. v. 25. 6. 1959 – V 295/57 U, BStBl. 1959 III S. 357; Heymann/Sonnenschein/Weitemeyer RdNr. 1; steuerrechtliche Fragen des HVVertrags behandelt ausführlich HK-HGB/Russ § 84 RdNr. 11 bis 21.
[534] *Canaris* § 15 RdNr. 4 und 30.
[535] *Canaris* § 15 RdNr. 16 und 17.
[536] Zur Neuregelung des GWB in der Fassung der Bekanntmachung vom 26. August 1998 – BGBl. I 2546 –, zum Wegfall des § 34 und zur Übergangsregelung *Kahlenberg* BB 1998, 1593, *Bunte* BB 1998, 1600 und 1998, 1748; zur Bedeutung des EG-Kartellrechts für HVVerträge siehe *Lange* in der 1. Aufl. Vor § 84 Anh. II; zu dem neuen HV-Kartellrecht auf der Grundlage der Leitlinien zur Vertikal – GVO der EG 2790/99 siehe *Emde* BB 2002, 949 sowie *Lange*,

Kommissionsagenten,[537] Vertragshändler[538] und Franchisenehmer Unternehmer im Sinn von §§ 1, 14, 16 und 19 GWB idF d. **Gesetzes v. 26. 8. 1998** – BGBl. I S. 2546 (sowie nach §§ 1, 15 und 18 GWB in der bis 1998 geltenden früheren Fassung des GWB).[539] Die auf Vermittlung oder Abschluss von Kundengeschäften gerichteten Verträge des Unternehmers mit dem HV oder den ihm gleichstehenden Kommissionsagenten und sonstigen Absatzmittlern[540] fielen jedoch nicht unter § 14 GWB aF, wenn und soweit sie die Verträge über die ihnen zum Vertrieb überlassenen Gegenstände mit den Abnehmern (Kunden) nicht im eigenen Namen und für eigene Rechnung geschlossen hatten.[541] Soweit sich die Vertriebsverträge im Rahmen der Bindungen hielten, welche das Gesetz in den §§ 84 bis 92 c, besonders in §§ 86 bis 90 a, für HV – und damit auch Kommissionsagenten – vorsieht, griffen auch § 16 GWB aF[542] und bis zu seiner Aufhebung auch § 34 GWB aF nicht ein,[543] weswegen Wettbewerbsverbote nach § 90 a regelmäßig nicht gegen das Kartellrecht verstoßen haben.[544] Dem Vertriebsmittler, besonders dem HV verbindlich vorgegebene Mindest- oder Höchstpreise für das zu vertreibende Produkt verstießen nicht gegen § 14 GWB aF.[545] Ebenso sollte eine kartellrechtlich erhebliche Bezugsbindung nicht vorliegen, wenn ein Tankstellenhalter vertraglich verpflichtet war, den von ihm zu vertreibenden Kraftstoff von dem Mineralölunternehmen zu kaufen.[546] Wenn in den Vertriebsverträgen allerdings Bindungen und Beschränkungen der Betätigung und/oder der Vertragsfreiheit des Vertriebsmittlers vereinbart oder ihm Risiken auferlegt waren, welche über das im Gesetz Normierte und damit auch über das zur sachgerechten Erledigung der HVTätigkeit Notwendige[547] hinausgingen, konnten die Vereinbarungen in gleicher Weise von § 14 und 16 GWB aF (und früher von § 15, § 18 und damit seinerzeit auch § 34 GWB aF) erfasst werden[548] wie die idR ohnehin unter diese Vorschriften fallenden Vertragshändler- und Franchiseverträge.[549] Durch das **Siebte Gesetz zur Änderung des Gesetzes gegen Wettbewerbsbeschränkungen vom 7. Juli 2005** – BGBl. I 1954 –, in Kraft getreten am 1. Juli 2005[550] und in

---

Anh. II vor § 84; zum Ganzen auch *Hopt* § 86 RdNr. 35–39 und MünchKommHGB/*v. Hoyningen-Huene* Vor § 84 RdNr. 33.
[537] *Ebenroth* S. 84; s. auch BGH Urt. v. 20. 3. 2003 – I ZR 225/00, ZIP 2003, 1707 m. Anm. *Emde* EWiR 2004, 115.
[538] OLG Düsseldorf OLGR 2001, 121; *Ebenroth* S. 85.
[539] BGH Urt. v. 2. 2. 1999 – KZR 11/97, DB 1999, 842 = ZIP 1999, 934 zum Verbot der Preisbindung bei Franchiseverträgen; BGH Urt. v. 20. 3. 2003 – I ZR 225/00, ZIP 2003, 1707 zum Kommissionsagenten; *Hänlein* DB 2000, 374, 375; zum GWB in der bis 1998 geltenden Fassung: *Ebenroth* S 62; Immenga/Mestmäcker/*Immenga* § 1 RdNr. 74; *Klosterfelde/Metzlaff* in Lange/Bunte, Kommentar zum deutschen und europäischen Kartellrecht, 7. Aufl., § 1 RdNr. 64 und § 18 RdNr. 206; *Wolf/Horn/Lindacher* § 9 RdNr. F 106.
[540] *Hopt* § 86 RdNr. 35.
[541] BGH Urt. v. 15. 4. 1986 – KVR 3/85, BGHZ 97, 317 = NJW 1986, 2954; MünchKommHGB/*v. Hoyningen-Huene* Vor § 84 RdNr. 27 a; vgl. dazu *Bechtold*, Kartellgesetz – Gesetz gegen Wettbewerbsbeschränkungen, 3. Aufl., § 14 RdNr. 13 und 14; zum GWB in der bis 1998 geltenden Fassung: *Rasch* WuW 1958, 209, 210; *Baur* BB 1985, 1821; *Klosterfelde/Metzlaff* in Lange/Bunte, § 15 RdNr. 63, 64; *Rahlmeyer* in Martinek/Semler, 1. Aufl., § 25 RdNr. 61 bis 63, 69; differenzierend: Immenga/Mestmäcker/*Emmerich* § 15 RdNr. 24, 32 und 33 für Vermittlungsvertreter und Kommissionsagenten, aA jedoch RdNr. 25 f. für Abschlussvertreter; zum Ganzen *Ebenroth* S. 68 f.; *Vollmer* DB 1984, 226; *Riesenkamp* BB 1984, 2606; *Möschel* BB 1985, 1477; *Rittner* DB 1985, 2543 und DB 1999, 2097; *Oehler* BB 1987, 765; vgl. auch *Grundmann* S. 563 RdNr. 2.
[542] *Bechtold*, Kartellgesetz – Gesetz gegen Wettbewerbsbeschränkungen, 3. Aufl., § 16 RdNr. 9 und 10; siehe dazu auch OLG Hamburg m. Bspr. *Pohlmann* EWiR 2001, 229 und ausführlich *Ebenroth*. S. 68 f.
[543] Siehe dazu OLG Hamburg m. Bspr. *Pohlmann* EWiR 2001, 229; *Flohr* in Martinek/Semler § 12 RdNr. 104.
[544] BGH Urt. v. 9. 6. 1969 – VII ZR 49/67, BGHZ 52, 171, 173 = NJW 1969, 1662; BGH Urt. v. 25. 9. 1990 – KVR 2/89, BGHZ 112, 218 = NJW 1991, 490; *Hopt* § 86 RdNr. 35 und 36; MünchKommHGB/*v. Hoyningen-Huene* Vor § 84 RdNr. 31; aA für Tankstellenverträge: *Kreis* BB 1967, 942; *Schmidt/Thiele* BB 1968, 886; zum Ganzen auch *Rasch* WuW 1958, 211; *Riesenkamp* BB 1968, 732; *Leo* WRP 1969, 97 f.; *Rittner* ZHR 135 (1971), 289, 314 und FS Reinhardt, S. 314; *Ebenroth/Obermann* DB 1981, 829; *Vollmer* DB 1984, 226; *Heymann/Sonnenschein/Weitemeyer* § 90 a RdNr. 6; *Staub/Brüggemann* § 90 a RdNr. 2; aA für § 18 GWB aF: *Ebenroth* S. 216.
[545] BGH Urt. v. 20. 3. 2003 – I ZR 225/00, ZIP 2003, 1707, 1711.
[546] OLG Hamburg (m. Bspr. *Pohlmann*) EWiR 2001, 229.
[547] Zum GWB in der bis 1998 geltenden Fassung: *Klosterfelde/Metzlaff* in Lange/Bunte § 18 RdNr. 208.
[548] BGH Urt. v. 25. 9. 1990 – KVR 2/89, BGHZ 112, 218 = NJW 1991, 490; OLG Düsseldorf OLGR 2001, 121 (Ausschließlichkeitsbindung eines Vertragshändlers); vgl. auch *Bechtold*, Kartellgesetz – Gesetz gegen Wettbewerbsbeschränkungen, 3. Aufl., § 14 RdNr. 14, § 16 RdNr. 9 und 10; zum GWB in der bis 1998 geltenden Fassung: *Ebenroth* S. 83; Immenga/Mestmäcker/*Emmerich* § 18 RdNr. 49 bis 51; *Klosterfelde/Metzlaff* in Lange/Bunte § 18 RdNr. 208; *Hopt* § 86 RdNr. 36, 37.
[549] BGH Urt. v. 15. 4. 1986 – KVR 3/85, BGHZ 97, 317, 323 = NJW 1986, 2954; BGH Urt. v. 11. 12. 1996 – VIII ZR 22/96, ZIP 1997, 238, 239; OLG Düsseldorf OLGR 2001, 121; vgl. *Bechtold*, Kartellgesetz – Gesetz gegen Wettbewerbsbeschränkungen, 3. Aufl., § 14 RdNr. 13 und 14, § 16 RdNr. 9 und 10; zum GWB in der bis 1998 geltenden Fassung: *Ebenroth* S. 85, 86 (für Vertragshändler); Immenga/Mestmäcker/*Emmerich* § 15 RdNr. 34 (Vertragshändler) und 35, 36 (Franchising); *Klosterfelde/Metzlaff* in Lange/Bunte § 15 RdNr. 70 (Franchising) und RdNr. 68 (Vertragshändler, jedoch einschränkend für den Vertragshändler ohne Unternehmerrisiko im Innenverhältnis RdNr. 69); *Hopt* RdNr. 17; *Niebling* RdNr. 67; vgl. auch *Stumpf/Jaletzke/Schultze* RdNr. 96 f., 476 f. zu § 18 und § 34, RdNr. 410 f., § 15; s. auch für Franchiseverträge *Haager* NJW 1999, 2081, 2083.
[550] Art. 4 des Gesetzes vom 7. Juli 2005; s. d. auch Rechtsprechungsübersicht 2005 von *Emde* BB 2006, 1061, 1065.

der Neufassung bekannt gemacht am 15. Juli 2005 – BGBl. I 2114 – sind u. a. die bisherigen §§ 4–18 GWB aufgehoben und §§ 1, 19 und 20 GWB geändert worden. Jedoch hat sich durch diese Neuregelung des Kartellrechts für HVVerträge und die ihnen gleichstehenden Vertriebsmittlungsverträge nichts Wesentliches geändert.[551] Diese Verträge fallen weiterhin nicht unter § 1 GWB nF, wenn in ihnen lediglich die in den §§ 84 bis 92 c gesetzlich vorgesehenen und damit das rechtliche Wesen des HVVertrags prägenden Bindungen sowie Beschränkungen enthalten sind[552] und das Vertragsverhältnis tatsächlich in dieser Weise gewollt und gehandhabt wird.[553] Damit bleiben nachvertragliche Wettbewerbsverbote weiterhin mit dem Kartellrecht vereinbar, wenn sie sich in dem durch § 90 a vorgegebenen Rahmen halten.[554] Hingegen werden Vertragshändler und Franchisenehmer grds. von § 1 GWB nF erfasst.[555] § 20 GWB ist, wie seinerzeit schon § 26 Abs. 2 GWB aF, auf HVVerträge nicht anwendbar, der HV ist weder Anbieter noch Nachfrager hinsichtlich der vom Unternehmer vertriebenen Produkte. Zudem enthalten die §§ 84 bis 92 c eine in sich geschlossene, insoweit § 20 GWB (und früher auch § 26 Abs. 2 GWB aF) vorgehende und verdrängende Sonderregelung für HVverträge.[556] Die Entschließungs- und Dispositionsfreiheit des Unternehmers gegenüber dem HV endet nach HVRecht bei Willkür oder Absicht bewusster Schädigung des HV (s. § 86 a); darüber hinaus wird sie durch § 20 GWB wie schon früher durch § 26 Abs. 2 GWB aF nicht weiter eingeschränkt.[557] Vor Abschluss des HVVertrags oder nach dessen Beendigung stand einer Anwendung des § 26 Abs. 2 GWB aF auf HV grundsätzlich nichts im Weg.[558] Vertragshändler unterliegen § 20 GWB, soweit es im Einzelfall nicht mehr um rein handelsvertretertypische rechtliche Beziehungen geht.[559]

8. Steuerrecht. Das Steuerrecht verwendet für den HV ebenfalls die Definition des § 84 (s. a. § 87 und § 89 b).

9. Vertragsschluss mit Handelsvertreter-GmbH. Eine GmbH kann HV,[560] auch Untervertreter,[561] sein. Für die HV-GmbH gelten die §§ 84 f. wie für jeden HV, sie erwirbt insbesondere den Ausgleichsanspruch nach § 89 b und kann die HVertretung im Nebenberuf ausüben.[562] Einzelfragen, die sich bei dem HVVertrag mit einer HV-GmbH ergeben, besonders zu dem Abschluss des Vertrags, der Beteiligung der Gesellschafter an dem Vertragsschluss sowie deren Einbeziehung in die vertraglichen Pflichten, zu den Möglichkeiten des Unternehmers, auf die Bestellung des Geschäftsführers der HV-GmbH Einfluss zu nehmen sowie zu Bedeutung und Auswirkungen der Pflichten der HV-GmbH gegenüber dem Unternehmer werden ausführlich von *Emde* behandelt.[563] Zu Bedeutung und Tragweite eines die HVGmbH treffenden Wettbewerbsverbots wird verwiesen auf die Erläuterungen zu § 86.

VII. Rechtsverhältnis zum Kunden

1. Vertrag zwischen HV und Kunde. Wie der HV tritt der **Kunde, sofern er weiß,**[564] dass er mit einem HV verhandelt,[565] nur zu dem Unternehmer in vertragliche Beziehungen.[566] Eine originär eigene Verpflichtung des HV gegenüber dem Kunden zu Aufklärung oder Wahrnehmung seiner

---

[551] MünchKommHGB/*v. Hoyningen-Huene* Vor § 84 RdNr. 26, 30 und 31.
[552] MünchKommHGB/*v. Hoyningen-Huene* Vor § 84 RdNr. 30, vgl. auch RdNr. 27 a.
[553] Vgl. MünchKommHGB/*v. Hoyningen-Huene* Vor § 84 RdNr. 28.
[554] MünchKommHGB/*v. Hoyningen-Huene* Vor § 84 RdNr. 31.
[555] MünchKommHGB/*v. Hoyningen-Huene* Vor § 84 RdNr. 30.
[556] OLG Düsseldorf OLGR 1998, 11; zum GWB in der bis 1998 geltenden Fassung: *Rittner* WuW 1993, 592, 602 f; *Wellenhöfer-Klein* ZIP 1997, 774, 776; *Carlhoff* in Frankfurter Kommentar zum GWB, § 26 RdNr. 162; aA Immenga/Mestmäcker/*Markert* § 26 RdNr. 125; *Flohr* in Martinek/Semler § 13 RdNr. 33; offengelassen in BGH Urt. v. 26. 2. 1970 – KZR 17/68, LM BGB § 138 Bb Nr. 28 = NJW 1970, 855; vgl. auch *Ebenroth* S. 65 f., 117.
[557] Vgl. BGH Urt. v. 7. 3. 1989 – KZR 15/87, BGHR GWB § 26 Abs. 2 Behinderung 5.
[558] Vgl. BGH Urt. v. 26. 10. 1972 – KZR 54/71, LM GWB § 26 Nr. 22 = NJW 1973, 280; BGH Urt. v. 22. 10. 1973 – KZR 22/72, LM GWB § 26 Nr. 24 = NJW 1974, 141; BGH Urt. v. 21. 2. 1989 – KZR 3/88, EBE 1989, 263 = EWiR 1989, 783.
[559] Vgl. dazu *Bechtold*, Kartellgesetz – Gesetz gegen Wettbewerbsbeschränkungen, 3. Aufl., § 20 RdNr. 22; weitergehend BGH Urt. v. 23. 2. 1988 – KZR 20/86, NJW-RR 1988, 1502 = EWiR 1988, 683 mit krit. Bspr. *Rittner* WuW 1993, 592, 601, 602; vgl. auch BGH Urt. v. 22. 10. 1973 – KZR 22/72, LM GWB § 26 Nr. 24 = NJW 1974, 141; BGH Urt. v. 21. 2. 1995 – KZR 33/93, EBE 1995, 259; *Stumpf/Jaletzke/Schultze* RdNr. 639 f.
[560] *Emde* GmbHR 1999, 1005, 1006.
[561] S. FG Rheinland-Pfalz Urt. v. 8. 2. 2000 – 2 K 1423/98, HVR Nr. 1017.
[562] *Emde* GmbHR 1999, 1005, 1008, 1009.
[563] *Emde*, Die Handelsvertreter-GmbH, 1994, S. 96 bis 119 sowie in GmbHR 1999, 1005, 1011 f.
[564] *Thiel* § 1 Nr. 4 (Empfängerhorizont ist entscheidend).
[565] BGH Urt. v. 11. 3. 1982 – I ZR 27/80, NJW 1982, 1757, 1758.
[566] BGH Urt. v. 25. 4. 2006 – X ZR 198/04, EBE 2006, 205, 206; *Hopt* RdNr. 49; Staub/*Brüggemann* RdNr. 39; *Schröder* § 86 RdNr. 19 a.

Interessen besteht grds. nicht.[567] Berät der HV den Kunden des Unternehmers im Rahmen seiner Vermittlungs- oder Abschlusstätigkeit, sind Beratung und deren Folgen grds. dem Unternehmer zuzuordnen und führen grds. nicht zu vertraglichen Beziehungen des HV zu dem Kunden,[568] ohne dass der HV dies ausdrücklich klarstellen muss.[569] Allerdings hat der HV seinem Geschäftsherrn im Zweifel für die Folgen eines Beratungsverschuldens einzustehen.[570] Ein eigenständiger, auch stillschweigen geschlossener, **Auskunfts- oder Beratungsvertrag** gem. § 675 Abs. 2 BGB kommt mit dem HV grds. nicht zustande. Nur wenn der HV erkennbar über seine Vermittlungstätigkeit hinausgeht und dem Kunden ausnahmsweise seine Beratung als zusätzliche und in eigener Verantwortung zu erbringende Leistung anbietet, kann unter den engen Voraussetzungen des § 675 Abs. 2 BGB von einem Vertrag zwischen Kunde und HV ausgegangen werden,[571] der dann je nach dem Inhalt des Vertrags den HV persönlich, mit der Folge seiner Haftung gegenüber dem Kunden, zu sachlich zutreffenden und inhaltlich vollständigen Angaben, gegebenenfalls zur Richtigstellung fehlerhafter Angaben sowie zur Information hinsichtlich ihm bekannter, die Entscheidung des Kunden beeinflussender Tatsachen[572] verpflichten kann. Im Zweifel wird ein solcher unmittelbarer Vertrag zwischen Kunde und HV nicht gewollt und geschlossen sein.[573] Besondere Rechte und Pflichten des HV im Verhältnis zum Kunden, jedoch nicht unmittelbar gegenüber dem Kunden, können sich aus **§ 91 Abs. 2** ergeben (s. dortige Erl.); mit der Bestellung zum Vermittlungsvertreter wird der HV regelmäßig ermächtigt, Vertragsangebote des Kunden als Empfangsbevollmächtigter des Unternehmers gemäß § 147 Abs. 2 BGB entgegenzunehmen.[574] **Abschlussvollmacht** des HV lässt ebenfalls vertragliche Beziehungen des HV zum Kunden nicht entstehen. Zu den Rechtsfolgen eines Provisionspacking siehe RdNr. 84. Wenn der Unternehmer es seinem Vertriebsmittler überlässt, durch Abschluss einer **Provisionsvereinbarung mit dem Kunden** selbst für seine Vergütung zu sorgen und sich insoweit unmittelbar von dem Kunden bezahlen zu lassen (s. RdNr. 40),[575] wird im Zweifel ein Maklervertrag vorliegen;[576] wegen der in diesem Fall entstehenden unmittelbaren vertraglichen Pflichten des Vertriebsmittlers auch gegenüber dem Kunden ist es dem Mittler nicht möglich, die handelsvertretertypische Pflicht zur uneingeschränkten Wahrnehmung der Interessen des Unternehmers in dem nach HVRecht gebotenen Maß zu erfüllen. Wenn die Vertragspartner dennoch einen HVVertrag abschließen wollen, muss den möglicherweise entstehenden Interessenkonflikten durch die Vertragsgestaltung oder die entsprechende Auslegung des Vertrags Rechnung getragen werden. Im Bereich der **Versicherungs- und Finanzierungsvermittlung** werden dem HV in Zukunft mit der Umsetzung der europäischen Richtlinie 2002/92/EG vom 9. Dezember. 2002/15. Januar. 2003 – ABl. L 9/3 –[577] in das deutsche Recht durch das Gesetz zur Neuregelung des Versicherungsvermittlerrechts vom 19. 12. 2006 – BGBl. I S. 3232 – unmittelbare gesetzliche und grds. unabdingbare Beratungs- und Informations- sowie gegebenenfalls Schadensersatzpflichten gegenüber dem Kunden obliegen.[578] Das Gesetz betrifft wie die Richtlinie allerdings nicht den das Innenverhältnis zwischen Versicherungsvertreter und Versicherer regelnden Versicherungsvertrag, sondern stellt Mindestanforderungen an die Berufsausübung als Versicherungsvermittler auf (s. RdNr. 4) und begründet mit den erstmals gesetzlich normierten Pflichten besondere rechtliche Beziehungen des Versicherungsvermittlers zu dem von ihm geworbenen Kunden (s. d. § 92).

82 **2. Einstehen sowie Haftung des Unternehmers für den Handelsvertreter und sein Verhalten.** Für Pflichtverletzungen des HV in Verbindung mit seiner Vermittlungs- oder Abschlusstätigkeit sowie für eine fehlerhafte oder unzureichende Beratung oder Aufklärung des Kunden (RdNr. 81) hat der Unternehmer gegenüber dem Kunden einzustehen.[579] Veruntreut der

---

[567] BGH Urt. v. 25. 4. 2006 – X ZR 198/04, EBE 2006, 205, 206.
[568] Siehe dazu BGH Urt. v. 27. 11. 1998 – V ZR 344/97, ZIP 1999, 193.
[569] Die gegenteilige Auffassung vertritt der BGH Urt. v. 12. 5. 2005 – III ZR 413/04, ZIP 2005, 1082, 1083 f. m. Anm. *Koller* EWiR 2005, 665 für einen Anlagevermittler, der nicht erkennbar für einen anderen Unternehmer gehandelt hat.
[570] Siehe dazu: *Westphal* BB 1999, 2517; *Kieninger* AcP 199 (1999), 190.
[571] S. d. zB Bamberger/Roth/*Czub* § 675 RdNr. 52 f.
[572] S. d. BGH Urt. v. 8. 1. 1998 – III ZR 179/96, ZIP 1998, 1753 (Kreditvermittler); s. a BGH Urt. v. 12. 5. 2005 – III ZR 413/04, ZIP 2005, 1082, 1083 f. m. Anm. *Koller* EWiR 2005, 665 (Anlagevermittler).
[573] BGH Urt. v. 25. 4. 2006 – X ZR 198/04, EBE 2006, 205, 206.
[574] *Schröder* RdNr. 18 c.
[575] S. *Loritz* VersR 2004, 405.
[576] Nach *Loritz* VersR 2004, 405 und DStZ 2006, 621 soll das in gleicher Weise auch ein HVVertrag sein können.
[577] S. auch *Emde* VersR 2003, 419, 425; MünchKommHGB/v. *Hoyningen-Huene* RdNr. 9 a.
[578] §§ 42 b bis 42 i VVG idF durch Art. 2 des Gesetzes zur Neuregelung des Versicherungsvermittlerrechts vom 19. 12. 2006 – BGBl. I S. 3232, 3237, 3238; s. d. a. *Emde* BB 2004, 389; *Reiff* VersR 2004, 142; *Abram* VersR 2005, 43.
[579] BGH Urt. v. 21. 3. 2005 – II ZR 310/03, EBE 2005, 132, 135; BGH Urt. v. 25. 4. 2006 – X ZR 198/04, EBE 2006, 205, 206.

HV entgegengenommene Kundengelder, haftet der Unternehmer dem Kunden selbst dann, wenn der HV eine Inkassovollmacht nicht besessen hat.[580] Der Unternehmer muss sich Wissen oder Nichtwissen des Vermittlungs- wie des Abschlussvertreters,[581] im Zweifel auch dessen mit dem Kunden getroffene mündliche Nebenabreden oder ihm gegebene Zusicherungen,[582] sowie die gegenüber dem HV abgegebenen Erklärungen[583] nach den Grundsätzen des § 166 BGB zurechnen lassen und dafür einstehen,[584] sofern die Erklärungen den Bereich der dem HV übertragenen Verhandlungen nicht erkennbar überschreiten[585] oder kollusives Verhalten des Kunden mit dem Handelsvertreter zu Lasten des Unternehmers vorliegt.[586] Einzustehen hat der Unternehmer außerdem für wettbewerbswidriges Verhalten des HV,[587] für gegebenenfalls gegen das RBerG verstoßendes Vorgehen des HV,[588] für Täuschungshandlungen nach § 123 BGB, weil der HV im Verhältnis zum Unternehmer nicht „Dritter" iSd. § 123 Abs. 2 BGB ist,[589] nach § 278 BGB für die Verletzung vorvertraglicher oder vertraglicher Pflichten[590] oder falsche Angaben gegenüber dem Kunden bei Vertragsanbahnung[591] sowie für die fachliche Unfähigkeit des HV zum sachgerechten Vertrieb des Produkts.[592] Lediglich solche Verstöße gegen gesetzliche Verbote, welche den HV als Vertriebsmittler persönlich treffen und sich auf seine rechtliche Befähigung zur Ausübung der vertraglich geschuldeten Vertriebstätigkeit beziehen, nicht aber auf das konkrete vermittelte oder herbeigeführte Kundengeschäft, sind dem Unternehmer/Geschäftsherrn im Regelfall nicht anzulasten.[593] Wegen unerlaubter Handlung des HV kann ausnahmsweise eine Haftung des Unternehmers und Geschäftsherrn über § 31 BGB analog[594] sowie bei weisungsgebundener Tätigkeit nach § 831 BGB[595] in Betracht kommen. In ganz besonders gelagerten Ausnahmefällen kann eine Beaufsichtigung des selbständigen HV durch den Unternehmer geboten sein mit der Folge einer Haftung des HV für unterlassene Überwachung,[596] wie sie auch bei einer schuldhaft verfehlten Auswahl des HV in Betracht kommt.

3. Haftung des Handelsvertreters gegenüber dem Kunden. Zu einer unmittelbaren Haftung des HV gegenüber dem Kunden kann es ausnahmsweise nach § 823 oder bei vorsätzlicher Schädigung des Kunden nach § 826 BGB kommen[597] wie zB bei vorsätzlich falschen Angaben über das zu vertreibende Produkt[598] oder im Fall der sog. **Provisionsschinderei (churning)** eines mit der laufenden Vermittlung von Anlagegeschäften betrauten Anlagevermittlers,[599] außerdem im Fall eigenständiger Gewährübernahme gegenüber dem Kunden,[600] bei der rechtsverbindlichen Begründung sonstiger eigener Pflichten des HV gegenüber dem Kunden mit der Folge einer persönlichen

---

[580] BGH Urt. v. 10. 2. 2005 – III ZR 258/04, ZIP 2005, 815.
[581] OLG Hamm VersR 1996, 698, 700.
[582] *Schröder* RdNr. 24, § 86 RdNr. 6 a, 6 b und 8 a.
[583] BGH Urt v. 30. 1. 2002 – IV ZR 23/01, MDR 2002, 760 = EBE 2002, 95.
[584] BGH Urt. v. 14. 6. 1957 – VIII ZR 73/56, DB 1957, 745; RG SeuffA 83 Nr. 153.
[585] BGH Urt. v. 14. 6. 1957 – VIII ZR 73/56, DB 1957, 745.
[586] Vgl. dazu BGH Urt. v. 30. 1. 2002 – IV ZR 23/01, EBE 2002, 95 = NJW 2002, 1497 (zur Frage evidenten Vollmachtsmissbrauchs eines Versicherungsvertreters).
[587] BGH Urt. v. 25. 9. 1970 – I ZR 47/69, NJW 1970, 2294; BGH Urt. v. 5. 10. 1979 – I ZR 140/77, BB 1979, 1734; BGH Urt. v. 8. 12. 1994 – I ZR 189/92, NJW-RR 1995, 613.
[588] Vgl. dazu BGH Urt. v. 17. 3. 1998 – XI ZR 59/97, ZIP 1998, 775 = BB 1998, 1656.
[589] *Hopt* RdNr. 54; MünchKommHGB/*v. Hoyningen-Huene* RdNr. 91; *Schröder* RdNr. 24, § 86 RdNr. 9 und 19 b; vgl. auch BGH Urt. v. 25. 9. 1970 – I ZR 47/69, NJW 1970, 2294; RGZ 134, 67, 70 f.
[590] Vgl. zB die Rechtsprechung des BGH zur Haftung des Vermittlers von Terminoptionen wegen unterlassener Aufklärung: BGH Urt. v. 1. 4. 2003 – XI ZR 386/02, ZIP 2003, 1782; BGH Urt. v. 26. 10. 2004 – XI ZR 279(03, ZIP 2005, 158 m. Anm. *Keil* EWiR 2005, 247; und allgemein dazu OLG Karlsruhe Urt v. 24. 11. 2004 – 15 U 4/01, ZIP 2005, 698. 700.
[591] BGH Urt. v. 24. 11. 2000 – XI ZR 336/99, ZIP 2000, 2291 m. Anm. *Fritsch* EWiR 2001, 151; OLG Celle EWiR 2003, 11 m. Anm. *Lang*; LG Hannover DB 2002, 1707; vgl. auch OLG Koblenz ZIP 2002, 702 m. Anm. *Kröll* EWiR 2002, 689; *Westphal* BB 1999, 2517; *Kieninger* AcP 199 (1999), 190.
[592] Vgl. BGH Urt. v. 27. 3. 1963 – VIII ZR 186/61, DB 1963, 617; BGH Urt. v. 24. 9. 1996 – XI ZR 318/95, ZIP 1996, 1950 und EWiR 1997, 13; BGH Urt. v. 5. 3. 1998 – III ZR 183/96, EBE 1998, 125, 127; OLG Hamm MDR 1959, 1016.
[593] Vgl. BGH Urt. v. 17. 3. 1998 – XI ZR 59/97, ZIP 1998, 775 = BB 1998, 1656 m. Anm. *Cordes* S. 1657.
[594] BGH Urt. v. 5. 3. 1998 – III ZR 183/96, EBE 1998, 125, 128 m. krit. Anm. *Kort* EWiR 1998, 531; *Hopt* RdNr. 55.
[595] BGH Urt. v. 5. 10. 1979 – I ZR 140/77, BB 1979, 1734; BGH Urt. v. 5. 3. 1998 – III ZR 183/96, EBE 1998, 125, 128; *Hopt* RdNr. 55.
[596] BGH Urt. v. 5. 3. 1998 – III ZR 183/96, EBE 1998, 125, 127 m. krit. Anm. *Kort* EWiR 1998, 531.
[597] Vgl. dazu BGH Beschl. v. 27. 5. 2003 – IX ZR 431/02, EWiR 2003, 1185 m. Anm. *Lange*.
[598] OLG Celle Urt. v. 15. 12. 2005 – 11 U 107/05, ZIP 2006, 858 (LS).
[599] Vgl. BGH Urt. v. 22. 11. 1994 – XI ZR 45/91, ZIP 1995, 18 und BGH Urt. v. 13. 7. 2004 – VI ZR 136/03, ZIP 2004, 1699.
[600] BGH Urt. v. 26. 1. 1971 – VI ZR 152/69, BB 1971, 543; BGH Urt. v. 25. 4. 2006 – X ZR 198/04, EBE 2006, 205, 206; MünchKommHGB/*v. Hoyningen-Huene* RdNr. 87 bis 89; Staub/*Brüggemann* RdNr. 39.

§ 84   84, 85   1. Buch. 7. Abschnitt. Handelsvertreter

Haftung für Pflichtverletzungen[601] sowie nach der Grundsätzen der Haftung aus Verschulden bei Vertragsschluss (§ 311 Abs. 2 BGB nF);[602] berufliche Sachkunde und Provisionsinteresse des HV allein begründen diese Haftung noch nicht.[603] Letztlich kann der Vermittlungsvertreter bei einem nicht genehmigten Vertragsschluss mit dem Kunden einer Haftung nach § 179 BGB ausgesetzt sein[604] und der Abschlussvertreter nach § 311 Abs. 3 BGB nF einer Haftung wegen der Inanspruchnahme persönlichen Vertrauens.[605]

84 **4. Auskunftspflicht gegenüber Kunden zu Provision und Inhalt des Handelsvertretervertrags.** Grundsätzlich hat der Kunde gegen Unternehmer oder HV ohne dahin gehende vertragliche Regelung kraft Gesetzes weder einen Anspruch auf Auskunft über den Inhalt des zwischen Unternehmer und HV geschlossenen HVVertrags noch über Art und Höhe der an den HV gezahlten Provision.[606] Das kann anders zu beurteilen sein, wenn bei der Vermittlung von Finanzdienstleistungen oder Kapitalanlagen die an den vermittelnden HV zu zahlende Provision von dem Üblichen abweicht und so hoch ist, dass ein verhältnismäßig hoher Anteil der Kundengelder nicht zu Investitionszwecken angelegt werden kann; hierüber ist der Kunde vor Vertragsschluss von dem Unternehmer ungefragt aufzuklären.[607] Vereinbarungen des Unternehmers mit HV oder Kunden, dass dieser dem HV die Provision zu zahlen hat (vgl. **Provisionspacking** bei Versicherungs- oder Kreditverträgen mit dem Aufschlag der anteiligen Provision auf die laufende Prämien- oder Ratenschuld),[608] begründen selbst bei Einräumen eines unmittelbaren Zahlungsanspruchs des HV gegen den Kunden keine eigenständigen vertraglichen Beziehungen zwischen beiden.

85 **5. Beteiligung Dritter an dem vom Handelsvertreter herbeizuführenden Kundengeschäft.** Ein Dritter, idR eine **Bank,** welcher das von dem HV herbeigeführte Kundengeschäft **finanziert,** hat dem Kunden gegenüber grundsätzlich selbst dann nicht für das Verhalten des HV einzustehen,[609] wenn er diesem eine offene oder (in den Provisionen) versteckte Vermittlungsprovision (sog. verdeckte oder **„versteckte Innenprovision"**) zahlt, sofern nicht (der Kunde beweist, dass) der HV ausnahmsweise bei seiner Vermittlungstätigkeit auch im Auftrag des Dritten tätig geworden ist.[610] Der Dritte ist dem Kunden gegenüber selbst bei hohen in den Preis des abzusetzenden Produkts eingeflossenen Vertriebskosten grds. ebenfalls nicht zur Mitteilung über die Höhe der dem HV geschuldeten oder gezahlten Provisionen verpflichtet.[611] Etwas anderes hat ausnahmsweise zu gelten, wenn die Innenprovision zu einer so wesentlichen Verschiebung der Relation zwischen Erwerbspreis und Verkehrswert des vertriebenen Produkts führt, dass der Dritte, idR also die finanzierende Bank, von einer sittenwidrigen Übervorteilung des Kunden als Erwerber durch den Unternehmer als Veräußerer ausgehen muss.[612] Dann ist der Dritte dem Kunden zur Auskunft über die gezahlte Innenprovision verpflichtet;[613] HV oder Unternehmer schulden dem Kunden hingegen nicht auf Grund einer originär eigenen Verpflichtung diese Auskunft.

---

[601] BGH Urt. v. 8. 1. 1998 – III ZR 179/96, ZIP 1998, 1753; BGH Urt. v. 13. 1. 2000 – III ZR 62/99, ZIP 2000, 355; BGH Urt. v. 28. 9. 2000 – III ZR 43/99, EBE 2000, 346; BGH Urt. v. 13. 6. 2002 – III ZR 166/01, EBE 2002, 218 = NZG 2002, 927 m. Anm. *Steiner* EWiR 2002, 943 (zur Haftung eines nebenberuflich tätigen Anlagevermittlers aus stillschweigend geschlossenem Auskunftsvertrag); BGH Urt. v. 11. 9. 2003 – III ZR 381/02, ZIP 2003, 1928 (Haftung eines Anlagevermittlers wegen falscher und von ihm nicht überprüfter Angaben zur Sicherheit einer Kapitalanlage) m. zust. Anm. *Klanten* EWiR 2004, 175; OLG Köln MDR 2000, 99; *Wagner* DStR 2003, 1757.
[602] BGH Urt. v. 25. 4. 2006 – X ZR 198/04, EBE 2006, 205, 206; *Hopt* RdNr. 50.
[603] *Hopt* RdNr. 54; **zum Ganzen** BGH Urt. v. 26. 1. 1971 – VI ZR 152/69, BB 1971, 543; BGH Urt. v. 14. 11. 1983 – II ZR 184/82, WM 1984, 127; BGH Urt. v. 17. 10. 1989 – XI ZR 173/88, ZIP 1990, 43; BGH Urt. v. 17. 6. 1991 – II ZR 171/90, WM 1991, 1730, 1731; BGH Urt. v. 29. 1. 1997 – VIII ZR 356/95, EBE 1997, 93, 94; Staub/*Brüggemann* RdNr. 39.
[604] *Hopt* RdNr. 49.
[605] Bamberger/Roth/*Habermeier* § 164 RdNr. 39 f.
[606] OLG Köln ZIP 2001, 1808.
[607] BGH Urt. v. 21. 3. 2005 – II ZR 310/03, EBE 2005, 132.
[608] Siehe dazu auch § 492 Abs. 1 Nr. 4 BGB (= § 4 Abs. 1 Nr. 1 d VerbrKrG) sowie Bamberger/Roth/*Möller/Wendehorst* § 492 RdNr. 15, 16; v. *Westphalen*/Emmerich/von Tottenburg VerbrKrG, 2. Aufl. § 4 RdNr. 113 f.; *Bülow*, VerbrKrG 2. Aufl., § 4 RdNr. 124.
[609] Vgl. aus jüngster Zeit BGH Urt. v. 18. 3. 2003 – XI ZR 188/02, ZIP 2003, 984; BGH Urt. v. 23. 3. 2004 – XI ZR 194/02, ZIP 2004, 1188.
[610] Ausf. OLG Köln ZIP 2001, 1808 m. krit. und teils abl. Anm. *Kulke*, EWiR 2001, 903; vgl. auch BGH Urt. v. 14. 3. 2003 – V ZR 308/02, ZIP 2003, 1355 m. Anm. *Himmelmann* EWiR 2003, 681 (für Maklerprovision).
[611] Vgl. BGH Urt. v. 12. 11. 2002 – XI ZR 3/01, ZIP 2003, 22, 24 m. krit. Anm. *Rörig* ZIP 2003, 26 und Anm. *Frisch* EWiR 2003, 167; BGH Urt. v. 23. 3. 2004 – XI ZR 194/02, ZIP 2004, 1188; ausf. OLG Köln ZIP 2001, 1808 m. krit. und teils abl. Anm. *Kulke* EWiR 2001, 903.
[612] Vgl. BGH Urt. v. 12. 11. 2002 – XI ZR 3/01, ZIP 2003, 22, 24 m. krit. Anm. *Frisch* EWiR 2003, 167.
[613] Vgl. BGH Urt. v. 12. 2. 2004 – III ZR 359/02, BGHZ 158, 110 = ZIP 2004, 1055, 1058 f. m. Anm. *Frisch* EWiR 2004, 541 und BGH Urt. v. 28. 7. 2005 – III ZR 290/04, ZIP 2005, 1599; s. a. *Graf* EWiR 2004, 543; OLG Düsseldorf ZIP 2004, 1745, 1747.

VIII. Angestellter Reisender – § 84 Abs. 2

Abs. 2 hat nur klarstellende Bedeutung. Wer, ohne selbständig gemäß Abs. 1 zu sein, alle übrigen Voraussetzungen des Abs. 1 erfüllt, ist zwingend Handlungsgehilfe,[614] wenn der Auftraggeber Kaufmann ist, andernfalls Arbeitnehmer,[615] jedoch nicht HV nach §§ 84 f. mit Anspruch auf Ausgleich nach § 89 b, mögen ihm auch vertraglich Provisionsansprüche zustehen.[616] Eine Zwischen- oder Mischgruppe zwischen HV und Angestelltem gibt es nicht.[617] Die unabdingbaren Regelungen in Abs. 1 und Abs. 2[618] sollen Umgehungen des Gesetzes durch Vertragsgestaltungen verhindern, welche unselbständig und damit abhängig Tätigen den Schutz des Arbeitsrechts vorenthalten.[619] Jedoch verbietet es Abs. 2 nicht, mit selbständigen HV Angestelltenverträge abzuschließen.[620] HV-Gesellschaften können nicht unter Abs. 2 fallen.[621] Für Klagen auf Feststellung des Vorliegens der Voraussetzungen des Abs. 2 ist im Gegensatz zu entsprechenden Klagen nach Abs. 1 (RdNr. 22) das Arbeitsgericht zuständig.[622]

IX. Untervertreter – § 84 Absatz 3 – und sonstige Hilfspersonen

1. Mitwirkung von Untervertretern und Hilfspersonen. Ob und inwieweit der HV in Abweichung von der Regelung des § 613 Satz 1 BGB, wonach der Dienstverpflichtete die ihm übertragenen Dienstleistungen im Zweifel persönlich zu erbringen hat, Untervertreter oder sonstige Hilfspersonen zur Ausführung des ihm übertragenen Auftrags zuziehen darf, bestimmt sich nach den zwischen ihm und dem Unternehmer getroffenen Absprachen.[623] Als selbständiger Kaufmann hat der HV grundsätzlich die Entscheidung über den Einsatz von Hilfspersonal eigenständig zu treffen,[624] er kann sich aber gegenüber dem Unternehmer (Geschäftsherrn) zur persönlichen Vertragserfüllung verpflichten. Im Zweifel wird der HV bei den einzelnen Vertriebstätigkeiten nicht unmittelbar und persönlich tätig werden und mitwirken müssen, sondern Untervertreter[625] oder Hilfspersonal einsetzen dürfen, deren Tätigkeit er überwachen und für deren Verhalten er einstehen muss.[626] Ohne triftige Gründe darf der Unternehmer eine ihm vertraglich vorbehaltene Zustimmung zu dem Einsatz oder der Person von Untervertretern[627] oder sonstigen Hilfspersonen nicht verweigern. Die tatsächliche Notwendigkeit der Einschaltung von Hilfspersonen zur ordnungsgemäßen Erfüllung der übertragenen Aufgaben ist im Übrigen ein sicheres Indiz für die Selbständigkeit des HV (s. RdNr. 14).[628] Bei einer gestatteten **vollständigen Übertragung der Aufgaben auf einen Untervertreter**,[629] notwendigerweise im Weg der Vertragsübernahme, wird der Untervertreter zum alleinigen HV des Unternehmers, weil der Hauptvertreter die Voraussetzungen des § 84 Abs. 1 nicht mehr erfüllt.

2. Echter Untervertreter. Abs. 3 mit der Klarstellung, dass Unternehmer im Sinn des Abs. 1 auch ein HV sein darf, betrifft den echten Untervertreter. Dieser muss die zwingenden Voraussetzungen des Abs. 1 erfüllen[630] und steht nur zu dem, zB als „Generalvertreter"[631] oder „Bezirksdirektor"

---

[614] Zu dessen Rechtsstellung ausführlich: *Küstner*, Das Recht des angestellten Geschäftsvermittlers im Waren- und Dienstleistungsbereich, 1985; *Küstner/Thume* Vertriebsrecht RdNr. 1–1133; *Rewolle* DB 1954, 214; *Lieb* DB 1976, 2207; *Stötter* DB 1978, 429; *Reinecke* ZIP 1998, 581; MünchKommHGB/*v. Hoyningen-Huene* RdNr. 115 f.; *Schröder* RdNr. 35; Staub/*Brüggemann* RdNr. 26 f.; vgl. auch die Teilkommentierung der §§ 84 f. HGB im Hinblick auf ihre Anwendbarkeit auf Arbeitnehmer von ErfK/*Schaub*.
[615] MünchKommHGB/*v. Hoyningen-Huene* RdNr. 115.
[616] Heymann/*Sonnenschein/Weitemeyer* RdNr. 39; *Schröder* RdNr. 34 und 35.
[617] *Hopt* RdNr. 39; *Küstner* HVR RdNr. 34.
[618] Heymann/*Sonnenschein/Weitemeyer* RdNr. 39; *Hopt* RdNr. 39; Staub/*Brüggemann* RdNr. 1; *Küstner* HVR RdNr. 33.
[619] Heymann/*Sonnenschein/Weitemeyer* RdNr. 39.
[620] *Hopt* RdNr. 39.
[621] *Hopt* RdNr. 40; *Küstner* HVR RdNr. 5; *K. Schmidt* HandelsR § 27 I 2 a; *Schröder* RdNr. 35 a.
[622] Ausführlich *Schröder* RdNr. 35 b; MünchKommHGB/*v. Hoyningen-Huene* RdNr. 48 a und 48 b; vgl. auch allgemein *Hopt* RdNr. 46.
[623] Vgl. OLG München Urt. v. 3. 5. 2000 – 7 U 2620/99, HVR Nr. 987.
[624] Vgl. OLG München Urt. v. 4. 3. 1998 – 7 U 3617/97, HVR Nr. 891; *Westphal* Vertriebsrecht RdNr. 108.
[625] BGH Urt. v. 24. 6. 1971 – VII ZR 223/69, BGHZ 56, 290, 293 = NJW 1971, 1610; BGH Urt. v. 22. 6. 1972 – VII ZR 36/71, BGHZ 59, 87, 91, 92, 93 = NJW 1972, 1662; zum Ganzen *Emde* MDR 2002, 190, 191; Heymann/*Sonnenschein/Weitemeyer* § 86 RdNr. 3; *Hopt* § 86 RdNr. 18, 19; MünchKommHGB/*v. Hoyningen-Huene* § 86 RdNr. 8; *Schröder* RdNr. 39 und § 86 RdNr. 14; Staub/*Brüggemann* RdNr. 29; *Küstner* HVR RdNr. 399; *Westphal* RdNr. 68.
[626] OLG München Urt. v. 3. 5. 2000 – 7 U 2620/99, HVR Nr. 987; *Emde* MDR 2002, 190, 191; *Westphal* Vertriebsrecht RdNr. 110.
[627] OLG München Urt. v. 3. 5. 2000 – 7 U 2620/99, HVR Nr. 987.
[628] Vgl. BAG Urt. v. 12. 12. 2001 – 5 AZR 253/00, DStR 2002, Heft 27 S. XVI (LS).
[629] Dazu ausführlich *Schröder* RdNr. 40.
[630] Heymann/*Sonnenschein/Weitemeyer* RdNr. 40; *Schröder* RdNr. 36; *Emde* MDR 1999, 1108, 1109.
[631] Vgl. BGH Urt. v. 18. 3. 1970 – VIII ZR 57/68, NJW 1970, 1040; OLG Celle NJW 1956, 383.

bezeichneten, Hauptvertreter in vertraglichen Beziehungen; mit ihm schließt er einen HVVertrag im Sinn des Abs. 1 ab.[632] Die herbeizuführenden **Kundenverträge** hat er im Zweifel **für den** Auftraggeber seines Hauptvertreters, den **Unternehmer, zu vermitteln oder abzuschließen,**[633] dafür erhält er vom Hauptvertreter einen Anteil von dessen Provision,[634] sofern der Provisionsanspruch des Hauptvertreters von dem zahlungspflichtigen Unternehmer erfüllt wird (s. § 87 a).[635] In vertragliche Beziehungen zu dem Unternehmer tritt der echte Untervertreter nicht;[636] allerdings ist er der Erfüllungsgehilfe des Hauptvertreters bei dessen Verpflichtungen gegenüber dem Unternehmer.[637] Die vertragsgemäße Tätigkeit des Hauptvertreters kann sich darauf beschränken, echte Untervertreter einzustellen, zu führen und zu überwachen (s. § 87);[638] der Hauptvertreter muss nicht persönlich und unmittelbar Vertragsabschlüsse mit den Kunden herbeiführen; solange seine vertraglich geschuldete Tätigkeit für die von seinen Untervertretern vermittelten oder abgeschlossenen Kundenverträge wird, ist er ebenfalls HV (RdNr. 45).[639] Die echte Untervertretung ist geprägt durch das Bestehen dieses **mehrstufigen Rechtsverhältnisses.** Soll der Untervertreter die **Kundenverträge** im Rechtssinn **für den Hauptvertreter vermitteln oder abschließen,** ist er dessen Handelsvertreter, jedoch nicht Untervertreter nach Abs. 3.[640] Die Untervertretung kann einer **Handelsvertreter-GmbH** übertragen werden.[641]

89   **3. Rechte und Pflichten des echten Untervertreters.** Die Rechte und Pflichten des echten Untervertreters bestimmen sich nach seinem mit dem Hauptvertreter geschlossenen HVVertrag sowie nach den §§ 84 f. einschließlich der sie ergänzenden Vorschriften des BGB.[642] Aus dem Vertrag sowie unmittelbar aus dem Gesetz folgt die Verpflichtung des Untervertreters, vorrangig vor den ebenfalls wahrzunehmenden Interessen des Hauptvertreters diejenigen des Unternehmers zu wahren,[643] mit dem das zu vermittelnde oder abzuschließende Geschäft zustande kommen soll (RdNr. 88). Bei der **Auslegung des Untervertretungsvertrags** ist regelmäßig der Inhalt des mit dem Unternehmer geschlossenen Hauptvertretungsvertrags heranzuziehen und zu berücksichtigen;[644] in ihm sind sowohl die Aufgaben und Pflichten verbindlich festgelegt, zu deren Erledigung und Erfüllung der Untervertreter vom Hauptvertreter hinzugezogen wird, als auch die Rechte des Hauptvertreters gegenüber dem Unternehmer, welche den Rahmen für das abgeben, was der Hauptvertreter dem Untervertreter an Rechten übertragen kann und im Zweifel auch nur zubilligen will. So kann der nur mit Vermittlung beauftragte Hauptvertreter dem Untervertreter nicht rechtswirksam eine gegenüber dem Unternehmer wirkende Abschlussvollmacht einräumen. Ob und inwieweit ein Abschlussvertreter Untervollmacht erteilen darf, ist Frage der Auslegung des einzelnen HVVertrags; im Zweifel ist er dazu nicht befugt, so dass der Untervertreter nur mit Wirkung gegenüber dem Hauptvertreter rechtsgeschäftlich tätig werden kann.[645] Ebenfalls nach dem Rechtsverhältnis von Unternehmer zu Hauptvertreter bestimmt sich, ob und inwieweit der Hauptvertreter Rechte gegen den Unternehmer an den Untervertreter abtreten darf. Für die Provisionsabrechnung zwischen Untervertreter und Hauptvertreter gelten im Zweifel die gleichen rechtlichen Grundsätze wie für den HVVertrag zwischen Unternehmer und Hauptvertreter. Das Untervertretungsverhältnis wird idR nicht länger dauern sollen als das Hauptvertretungsverhältnis.[646]

90   **4. Unechter Untervertreter.** Der unechte Untervertreter schließt regelmäßig nur mit dem Unternehmer einen HVVertrag nach Abs. 1, in welchem der Provisionsanspruch gegen den Unternehmer begründet und der Untervertreter im Allgemeinen organisatorisch einem Hauptvertreter unterstellt

---

[632] *Westphal* Vertriebsrecht RdNr. 107.
[633] S. aber auch *Hopt* RdNr. 31.
[634] Vgl. BGH Urt. v. 26. 1. 1984 – I ZR 188/81, WM 1984, 556; MünchKommHGB/*v. Hoyningen-Huene* § 87 a RdNr. 21.
[635] *Hopt* RdNr. 31; *Westphal* Vertriebsrecht RdNr. 114.
[636] BGH Urt. v. 24. 6. 1971 – VII ZR 223/69, BGHZ 56, 290, 293 = NJW 1971, 1610; vgl. *Schröder* RdNr. 39 a und 42.
[637] *Hopt* RdNr. 31.
[638] BFH Urt. v. 10. 6. 1999 – V R 10/98, DB 1999, 1988, 1989.
[639] FG Düsseldorf DStR 2002, Heft 3/2002 S. VI.
[640] Zum Ganzen *Schröder* RdNr. 36; aA *Bruck/Möller*, VVG, 8. Aufl., vor §§ 43–48 Anm. 174.
[641] *Westphal* BB 1999, 2517, 2520, der die Vorteile der Einschaltung einer solchen Untervertreter-GmbH behandelt.
[642] BGH Urt. v. 20. 6. 1984 – I ZR 62/82, BGHZ 91, 370, 373 = NJW 1984, 2881; Heymann/*Sonnenschein/Weitemeyer* RdNr. 42; *Schröder* RdNr. 42.
[643] *Schröder* RdNr. 39 a und 42.
[644] *Schröder* RdNr. 42.
[645] Dazu ausführlich *K. Schmidt* HandelsR § 27 VI 1 c; s. *Hopt* RdNr. 31; teilweise aA MünchKommHGB/*v. Hoyningen-Huene* RdNr. 96; *Schröder* RdNr. 36 bis 41 a; Staub/*Brüggemann* RdNr. 29.
[646] *Schröder* RdNr. 39 a; aA wohl Staub/*Brüggemann* RdNr. 29 (Kündigung nötig).

wird.[647] Der Hauptvertreter hat den unechten Untervertreter regelmäßig zu führen und zu beaufsichtigen sowie ihm je nach Vertragsgestaltung konkrete Arbeitsvorgaben zu machen;[648] die Tätigkeiten mehrerer ihm zugeordneter Untervertreter hat er idR zu koordinieren;[649] hierzu ist ein Vertrag zwischen beiden nicht erforderlich,[650] vielmehr muss der Unternehmer die ihm gegenüber dem Untervertreter nach Gesetz und Vertrag zustehenden Rechte, insbesondere Weisungsrechte, zumindest teilweise dem Hauptvertreter zur Ausübung übertragen. Der Hauptvertreter erhält dafür vom Unternehmer für die von dem Untervertreter vermittelten Geschäfte ebenfalls eine Provision (Provisionsspitze oder „Superprovision").[651] In dieser **Vertragsgestaltung mit organisatorischer Unterordnung ohne vertragliche Beziehungen zu dem Hauptvertreter** liegt die Besonderheit der unechten Untervertretung.[652]

5. Haftung für Untervertreter und Hilfspersonen. Dem Unternehmer gegenüber hat der 91 Hauptvertreter für die sorgfältige **Auswahl**[653] des von ihm beauftragten echten Untervertreters oder des sonstigen eingesetzten Hilfspersonals sowie für deren **Pflichtverletzungen** bei der Ausführung der ihnen übertragenen Aufgaben einzustehen; es gilt § 278 BGB.[654] Der Hauptvertreter braucht jedoch den vertragsgemäß bestellten Untervertreter bei dessen Tätigkeit im Zweifel nicht zu überwachen (s. RdNr. 82).[655]

X. Sonstige am Vertrieb beteiligte Personen

1. Anwendbarkeit des Handelsvertreterrechts. Neben dem HV können eine Vielzahl von 92 anderen Vertriebsmittlern[656] am Absatz des Produkts des Unternehmers beteiligt sein, wobei sich Formen und rechtliche Ausgestaltung der Vertriebssysteme ständig in Wandel und Fortentwicklung befinden;[657] durch immer wieder neue Formen der Vertriebsmittlung wird versucht, die für gesetzlich geregelte Vermittlungsverhältnisse vorgesehenen zwingenden (Schutz-)Vorschriften, besonders des HV-Rechts, zu umgehen und auszuschalten. Im Rahmen der Kommentierung des HV-Rechts kann nur kurz auf die gängigen Vertriebsmittlungsformen, ihre Abgrenzung zum HV-Recht und dessen Bedeutung für diese Vertragsgestaltungen eingegangen werden. Für alle neuartigen Vertriebsmittlungsverträge, die mit selbständigen Kaufleuten geschlossen werden sollen, gilt das nach § 84 unabdingbare Verbot der Einräumung einer bloßen Scheinselbständigkeit für den Vertriebsmittler. Im Übrigen sind die zwingenden (unabdingbaren) Vorschriften der §§ 84 f. nur auf Verträge mit solchen Vertriebsmittlern entsprechend anwendbar, deren Rechtsstellung derjenigen eines HV gleicht (s. d. a. § 89 b).[658] Die in den §§ 84 f. normierten Rechte und Pflichten gehören nur zum gesetzlichen Leitbild von HV und ihnen gleichstehenden Personen. insoweit kommt dem HVRecht des HGB sowie der EG-RiLi als „dem Fundament des Vertriebsrechts"[659] Leitbildfunktion zu.[660] Darüber hinaus sind diese Vorschriften nicht analogiefähig und nur in eingeschränktem Umfang zur Auslegung der Rechte und Pflichten aus anderen Vertragsverhältnissen heranzuziehen.[661]

2. Anlagevermittler. Der ständig mit der Vermittlung von Vermögens- oder Kapitalanlagen 93 betraute Anlagevermittler ist HV, wenn er die Voraussetzungen des § 84 Abs. 1 erfüllt.[662] Allerdings werden vielfach auch Makler[663] oder Anlageberater als Anlagevermittler bezeichnet.[664] So handelt es

---

[647] S. BGH Urt. v. 29. 10. 1964 – VII ZR 86/63, HVR Nr. 336.
[648] Heymann/Sonnenschein/Weitemeyer RdNr. 41; Schröder RdNr. 39 a; Staub/Brüggemann RdNr. 30; Küstner HVR RdNr. 137.
[649] Hopt RdNr. 32.
[650] MünchKommHGB/v. Hoyningen-Huene § 89 b RdNr. 12.
[651] Staub/Brüggemann RdNr. 30; Küstner HVR RdNr. 139.
[652] S. d. Emde MDR 1999, 1108, 1109.
[653] MünchKommHGB/v. Hoyningen-Huene RdNr. 98.
[654] BGH Urt. v. 22. 6. 1972 – VII ZR 36/71, BGHZ 59, 87, 91, 92 = NJW 1972, 1662; BGH Urt. v. 24. 9. 1996 – XI ZR 318/95, ZIP 1996, 1950 m. Anm. Reiff EWiR 1997, 13 für von HV eingeschaltete Makler; OLG Hamm MDR 1959, 1016; Heymann/Sonnenschein/Weitemeyer § 86 RdNr. 3; Hopt § 86 RdNr. 18, 19; MünchKommHGB/ v. Hoyningen-Huene § 86 RdNr. 8.
[655] Schröder RdNr. 43 und 44; teilweise aA: MünchKommHGB/v. Hoyningen-Huene RdNr. 98.
[656] Oder „Absatzmittlern": Ebenroth S. 22.
[657] Siehe dazu zB Martinek/Semler/Flohr, Handbuch des Vertriebsrechts 28; Martinek ZHR 161 (1997), 67.
[658] Fischer ZvglRWiss 101 (2002), 143, 146, 147; Emde EWiR 2002, 915, 916.
[659] Emde EWiR 2002, 915, 916.
[660] Fischer ZvglRWiss 101 (2002), 143, 146, 147.
[661] BGH Urt. v. 7. 5. 1998 – III ZR 319/96, NJW-RR 1998, 1561.
[662] BGH Urt. v. 14. 11. 1983 – II ZR 184/82, WM 1984, 127; Melcher BB 1981, 2101; vgl. auch BGH Urt. v. 12. 11. 2002 – XI ZR 3/01, ZIP 2003, 22; BGH Beschl. v. 12. 1. 2006 – III ZR 407/04; Wagner DStR 2003, 1757 und DStR 2004, 1836, 1837.
[663] So sieht Benedict ZIP 2005, 2129, 2133, 2138, Anlagevermittler grds. als Makler an.
[664] Zur Abgrenzung BGH Urt. v. 27. 10. 2005 – III ZR 71/05; s OLG Köln Urt. v. 15. 7. 2005 – 6 U 227/04, MDR 2006, 515, 516; Thiel § 1 Nr. 4; Kuschka MDR 2005, 906.

§ 84   93

sich bei der erlaubnispflichtigen Anlagevermittlung iS des KWG (§ 1 Abs. 1a Nr. 1 und § 32) regelmäßig um eine Beratungs- oder Makler-,[665] nicht jedoch um eine typische HV-Tätigkeit; das Gleiche gilt im Zweifel für die Vermittlung oder den Nachweis von Geschäften über die Anschaffung und Veräußerung von Finanzinstrumenten gemäss § 2 Abs. 3 Nr. 4 WpHG.[666] Diesen **weiten Begriff der Anlagevermittlung** verwendet auch die höchstrichterliche Rechtsprechung, deren Entscheidungen regelmäßig Dienstleister betrifft, welche mit ihren Kunden, gegebenenfalls zusätzlich zu einem Vermittlungsauftrag, durch einen Auskunfts- oder Beratungsvertrag verbunden sind, aus welchem sich dann die besonderen zur Haftung des Anlagevermittlers führenden Treue- und Informationspflichten ergeben.[667] Anders als der von dem Vertreiber der Anlagen oder dem Interessenten hinzugezogene Makler oder Anlageberater[668] tritt der Anlagen vermittelnde HV grds. nicht in vertragliche Beziehungen zu den Anlageinteressenten oder Kunden,[669] wenn dieser weiß oder doch davon ausgehen muss, dass er mit einem HV verhandelt,[670] und wenn nicht ausnahmsweise ein ausdrücklich oder stillschweigend geschlossener Auskunfts- oder Beratungsvertrag[671] mit dem Vermittler persönlich zustande kommt (RdNr. 81);[672] dazu reicht es aus, dass der Interessent zum Ausdruck bringt, im Hinblick auf die angebotene Anlageentscheidung die besonderen persönlichen Kenntnisse und Erfahrungen des Vermittlers in Anspruch nehmen zu wollen, und dass der Vermittler die gewünschte Tätigkeit aufnimmt,[673] ohne darauf hinzuweisen, dass er auch insoweit nur im Auftrag seines Geschäftsherrn tätig werden will (RdNr. 81).[674] Ein Entgelt muss für diese Zusatzleistung nicht vereinbart oder geschuldet werden.[675] Der sich auf die bloße Anlagevermittlung im eigentlichen Sinn beschränkende und weder eigene Verpflichtungen gegenüber dem Kunden eingehende noch über die Vermittlung hinausgehende Erklärungen abgebende „reine" **Anlagevermittler iSv. § 84** hat lediglich als Vertreter und Erfüllungshilfe seines Geschäftsherrn gegenüber dem Kunden diejenigen Informationspflichten zu erfüllen, welche der Vertreiber der Anlage dem Interessenten schuldet. Verletzt der Anlagevermittler hierbei seine Pflichten, treffen die Rechtsfolgen im Verhältnis zu dem Kunden grds. den Vertreiber der Anlagen als Auftraggeber des Vermittlers (RdNr. 82).[676] Eigenständige Informations- oder Aufklärungspflichten gegenüber dem Interessenten bestehen hingegen gegenüber dem Kunden grds nicht, sofern nicht besondere haftungsbegründende Umstände vorliegen RdNr. 83).[677] Für den Inhalt des von dem Unternehmer zur Verfügung gestellten Informationsmaterials (zB Prospekte) ist der Anlagevermittler grds. nicht verantwortlich[678] und im Sinn einer

---

[665] S. d. VGH Kassel ZIP 2003, 1880 m. Anm. *Sethe* EWiR 2004, 875.
[666] Nunmehr idF des Anlegerschutzverbesserungsgesetzes – AnSVG – v. 28. 10. 2004, BGBl. I 2630.
[667] Siehe zB BGH Urt. v. 12. 5. 2005 – III ZR 413/04, ZIP 2005, 1082, 1083 f. m. Anm. *Koller* EWiR 2005, 665; BGH Urt. v. 28. 7. 2005 – III ZR 290/04, ZIP 2005, 1599; BGH Urt. v. 27. 10. 2005 – III ZR 71/05; BGH Beschl. v. 12. 1. 2006 – III ZR 407/04; BGH Urt. v. 19. 10. 2006 – III ZR 122/05, ZIP 2006, 2221 m. Anm. *Frisch* EWIR 2007, 73; OLG Köln Urt. v. 15. 7. 2005 – 6 U 227/04, MDR 2006, 515, 516.
[668] BGH Urt. v. 13. 5. 1993 – III ZR 25/92, ZIP 1993, 997, 998; *Wagner* DStR 2004, 1883.
[669] BGH Urt. v. 27. 10. 2005 – III ZR 71/05; OLG Karlsruhe Urt v. 24. 11. 2004 – 15 U 4/01, ZIP 2005, 698, 700.
[670] *Thiel* § 1 Nr. 4.
[671] Zu dessen Folgen für den Vermittler siehe zB BGH Urt. v. 13. 5. 1993 – III ZR 25/92, ZIP 1993, 997, 998 m. Anm. *Brink* EWiR 1993, 765; BGH Urt. v. 13. 1. 2000 – III ZR 62/99, ZIP 2000, 355, 356 f. m. Anm. *Frisch* EWiR 2000, 425; BGH Urt. v. 12. 2. 2004 – III ZR 359/02, ZIP 2004, 1055, 1057; OLG Düsseldorf ZIP 2004, 1745, 1748 f.
[672] Ausf. dazu *Wagner* DStR 2003, 1757.
[673] BGH Urt. v. 22. 3. 1979 – VII ZR 259/77, BGHZ 74, 103, 106, 107; BGH Urt. v. 4. 3. 1987 – IVa ZR 122/85, BGHZ 100, 117, 118, 119; BGH Urt. v. 13. 5. 1993 – III ZR 25/92, ZIP 1993, 997, 998 m. Anm. *Brink* EWiR 1993, 765; BGH Urt. v. 13. 1. 2000 – III ZR 62/99, ZIP 2000, 355 m. Anm. *Frisch* EWiR 2000, 425; BGH Urt. v. 13. 6. 2002 – III ZR 166/01, EBE 2002, 218 = NZG 2002, 927 m. Anm. *Steiner* EWiR 2002. 943 (zur Haftung eines nebenberuflich tätigen Anlagevermittlers aus stillschweigend geschlossenem Auskunftsvertrag); BGH Urt. v. 11. 9. 2003 – III ZR 381/02, ZIP 2003, 1928 (Haftung eines Anlagevermittlers wegen falscher und von ihm nicht überprüfter Angaben zur Sicherheit einer Kapitalanlage) m. zust. Anm. *Klanten* EWiR 2004, 175; BGH Urt. v. 12. 2. 2004 – III ZR 359/02, BGHZ 158, 110 – III ZR 359/02, ZIP 2004, 1055, 1057 m. Anm. *Frisch* EWiR 2004, 541; BGH Urt. v. 12. 2. 2004 – III ZR 355/02, EWiR 2004, 543 (LS) m. Anm. *Graf* EWiR 2004, 543; BGH Urt. v. 12. 5. 2005 – III ZR 413/04, ZIP 2005, 1082, 1083 f m. Anm. *Koller* EWiR 2005, 665; BGH Urt. v. 28. 7. 2005 – III ZR 290/04, ZIP 2005, 1599; OLG Köln MDR 2000, 99; OLG Düsseldorf ZIP 2004, 1745, 1747; *Wagner* DStR 2003, 1757 und DStR 2004, 1836, 1838; so lag es auch in dem vom BGH Urt. v. 13. 1. 2000 – III ZR 62/99, ZIP 2000, 355 und OLG Köln MDR 2000, 99 entschiedenen Streitfällen.
[674] BGH Urt. v. 12. 5. 2005 – III ZR 413/04, ZIP 2005, 1082, 1083 f. m. Anm. *Koller* EWiR 2005, 665; **zum Ganzen auch** BGH Urt. v. 27. 10. 2005 – III ZR 71/05.
[675] BGH Urt. v. 4. 3. 1987 – IVa ZR 122/85, BGHZ 100, 117, 119; OLG Düsseldorf ZIP 2004, 1745, 1747.
[676] OLG Karlsruhe Urt v. 24. 11. 2004 – 15 U 4/01, ZIP 2005, 698, 700; allgemein zu den Pflichten und zur Haftung *Kuschka* DR 2005, 906.
[677] *Loritz* NZG 2002, 889; *Wagner* DStR 2004, 1836, 1838; aA offensichtlich *Frisch* EWiR 2004, 541, 542, unter Verkennung der Aussage in der besprochenen Entscheidung des BGH Urt. v. 12. 2. 2004 – III ZR 359/02, BGHZ 158, 110 = ZIP 2004, 1055.
[678] BGH Urt. v. 12. 2. 2004 – III ZR 359/02, BGHZ 158, 110 = ZIP 2004, 1055 m. Anm. *Frisch*; *Graf* EWiR 2004, 543.

Garantenstellung gewährpflichtig;[679] etwas anderes kann allenfalls gelten, wenn auf den Inhalt dieses Werbematerials Einfluss genommen hat.[680] Kennt er allerdings Fehler und inhaltliche Unrichtigkeiten des benutzten Informationsmaterials, trifft ihn zur Vermeidung der sonst eingreifenden Haftung nach § 826 BGB eine Pflicht zur Richtigstellung. Hiervon abgesehen gehört es nicht zu den Aufgaben und Pflichten des unter § 84 fallenden Anlagenvermittlers, dem Kunden die Prüfung der Werthaltigkeit der vermittelten Anlage sowie der damit verbundenen Risiken abzunehmen.[681]

3. Handelsmakler. Im Gegensatz zum HV ist der Handelsmakler des § 93 nicht ständig mit der Vermittlung von Geschäften betraut;[682] er tritt idR auch zu dem Kunden in vertragliche Beziehungen, hat dann dessen Interessen ebenfalls wahrzunehmen und seine Tätigkeit ist nicht darauf gerichtet, den Umsatz eines Unternehmers durch die Vermittlung einer unbestimmten Vielzahl von Geschäften zu vermehren und für ihn einen Kundenstamm aufzubauen.[683] Der HV kann nicht zugleich als Makler für den geworbenen Kunden tätig sein.[684]

4. Freier Mitarbeiter, Propagandist, Gelegenheitsagent und Kooperationspartner. Wer für das Produkt des Unternehmers ausschließlich zu werben, Veräußerungsverträge („Geschäfte") darüber jedoch nicht zu vermitteln hat und auch nicht in einem festen Angestelltenverhältnis zum Unternehmer steht, wie zB der nur werbende Propagandist, arbeitet im Zweifel als freier Mitarbeiter auf der Grundlage eines **Geschäftsbesorgungsvertrags** nach §§ 675, 611 BGB.[685] HVRecht ist auf ihn nicht anzuwenden.[686] Freier Mitarbeiter kann ferner sein, wer als Selbständiger für einen Unternehmer Verträge abschließt oder vermittelt, ohne dass ihm diese Aufgabe auf Dauer übertragen ist; für seinen Vergütungsanspruch aus § 354 können die den Provisionsanspruch den HV regelnden Vorschriften der §§ 87–87 b ergänzende Anwendung finden (s. § 87); ein Recht auf Buchauszug sowie Bucheinsicht nach § 87 c Abs. 2 und 4 steht diesem „Gelegenheitsagenten"[687] nicht zu, er hat die Rechte nach § 810 BGB. Überträgt der Unternehmer seinem Vertragspartner lediglich die Betreuung seiner Kunden einschließlich der Pflege und Aufrechterhaltung der Geschäftsbeziehung zum Unternehmer ohne die Aufgabe der Herbeiführung von Geschäften zwischen den betreuten Kunden und dem Unternehmer, liegt eine nicht unter § 84 fallende Kooperation vor,[688] welche rechtlich als freie Mitarbeit in der Form eines Dienstvertrags mit Geschäftsbesorgungscharakter gem. §§ 675, 611 BGB, als Maklervertrag,[689] als Partnerschaftsfranchising (RdNr. 112) oder als Gesellschaft ausgestaltet sein kann. Der Kooperationsvertrag kann auch handelsvertreterähnlich ausgestaltet werden.[690] Im Zweifel ist allerdings davon auszugehen, dass der Unternehmer seinen zur Kundenbetreuung eingesetzten Vertriebspartner auch mit der Herbeiführung weiterer Geschäfte aus dem betreuten Kundenkreis beauftragt.

5. Kommissionär. Der Kommissionär des § 383 wird im Unterschied zum HV auf Grund eines Einzelauftrags tätig und schließt die ihm übertragenen Verträge im eigenen Namen, wenn auch für Rechnung des Auftraggebers.[691] Seine Selbständigkeit folgt aus der Gewerbsmäßigkeit seines Tätigwerdens.[692]

---

[679] *Wagner* DStR 2004, 1836, 1838.
[680] *Wagner* DStR 2004, 1836, 1838.
[681] Teilweise aA wohl *Wagner* DStR 2004, 1883, 1884.
[682] OLG Bamberg Urt. v. 18. 9. 1964 – 3 U 26/63, HVR Nr. 323; OLG Düsseldorf OLGR 2003, 252, 257.
[683] BGH Urt. v. 22. 5. 1985 – IVa ZR 190/83, BGHZ 94, 356, 358 = NJW 1985, 2595; BGH Urt. v. 1. 4. 1992 – IV ZR 154/91, NJW 1992 2818; Heymann/*Sonnenschein/Weitemeyer* Vor § 84 RdNr. 9; *Schröder* RdNr. 17; *Küstner* HVR RdNr. 76 bis 81; vgl. auch BGH Urt v. 18. 11. 1971 – VII ZR 102/70, LM § 84 Nr. 6 Bl. 2.
[684] BGH Urt. v. 23. 11. 1973 – IV ZR 34/73, NJW 1974, 137; OLG Bamberg MDR 1966, 55.
[685] Vgl. dazu BGH Urt. v. 4. 12. 1981 – I ZR 200/79, DB 1982, 590; BGH Urt. v. 11. 3. 1982 – I ZR 27/80, NJW 1982, 1757 = HVR Nr. 567; BAG Urt. v. 11. 12. 1996 – 5 AZR 708/95, BB 1997, 1484 mit zust. Anm. *Wank* EWiR 1997, 829; BAG Urt. v. 11. 12. 1996 – 5 AZR 855/95, BB 1997, 1850; BAG Urt. v. 6. 5. 1998 – 5 AZR 347/97, BB 1998, 1849; BAG Urt. v. 3. 6. 1998 – 5 AZR 656/97, ZIP 1998, 1761; OLG Köln VersR 1998, 760; ausführlich *Hohmeister/Goretzki*, Verträge über freie Mitarbeit, 1999; *Schmidt*, Freie Mitarbeiterverträge, 2003; *Hueck* DB 1955, 384; *Popp* MDR 1998, 18; *Müller* MDR 1998, 1061; *Kunz/Kunz* DB 1999, 582; *Schaffeld* NZA Sonderheft 1999, 10; *Olbing* ZIP 1999, 226 (auch zu steuerlichen Fragen und zur Abgrenzung von anderen Formen der Mitarbeit); *Hromadka* NJW 2003, 1847; *Küstner* HVR RdNr. 63 bis 75; RGRK-BGB/*Schliemann* § 611 RdNr. 1056.
[686] Vgl. BAG Urt. v. 21. 1. 1997 – 9 AZR 778/95, ZIP 1997, 1601, 1603 zu § 90 a.
[687] *Hopt* RdNr. 44.
[688] OLG Düsseldorf HVR Nr. 706 (zur Abgrenzung zum HVVertrag) und OLGR 2000, 385, 386; *Westphal* Vertriebsrecht RdNr. 58.
[689] *Westphal* Vertriebsrecht RdNr. 58.
[690] BGH Urt. v. 12. 11. 1976 – VII ZR 123/73, WM 1977, 115, 117 = HVR Nr. 542.
[691] BGH Urt. v. 20. 3. 2003 – I ZR 225/00, ZIP 2003, 1707, 1710; Heymann/*Sonnenschein/Weitemeyer* Vor § 84 RdNr. 10; *Hopt* RdNr. 18.
[692] BAG Urt. v. 4. 12. 2002 – 5 AZR 667/01, DB 2003, 1386.

97 **6. Kommissionsagent.** Wenn der Kommissionär gegenüber dem Unternehmer die auf Dauer angelegte vertragliche Verpflichtung eingeht, für ihn und auf seine Rechnung ständig Waren im eigenen Namen zu kaufen oder zu verkaufen, allerdings zu von dem Auftraggeber vorgegebenen Preisen,[693] wird er zum Kommissionsagenten.[694] Er ist alleiniger Vertragspartner des Kunden (Abnehmers) mit allen sich daraus ergebenden Pflichten. Im Innenverhältnis entlastet ihn der Auftraggeber (Unternehmer) idR von allen mit der Vertragserfüllung nach außen zusammenhängenden Aufgaben wie zB Gewährleistung oder Kundendienst und übernimmt das Risiko für Absatz, Transport, Lagerhaltung und Gewährleistung.[695] Auf diese Weise gewinnt der Unternehmer einen ständigen Absatzmittler mit der Stellung eines verdeckten Stellvertreters und braucht nicht selbst in direkte Vertragsbeziehungen zu dem Kunden zu treten.[696] Für diesen Agenten, der nicht rechtlich, aber doch wirtschaftlich wie der HV für den Auftraggeber tätig wird,[697] fehlt im Gesetz eine eigenständige Regelung. Wegen der ständigen Betrauung ist es im Regelfall eines selbständigen und nicht mit dem Unternehmer rechtlich verbundenen Kommissionsagenten sachgerecht, auf das Vertragsverhältnis zum Auftraggeber die Vorschriften des HVRechts mit Ausnahme derjenigen Bestimmungen entsprechend anzuwenden, welche darauf beruhen, dass der HV Verträge im eigenen Namen nicht abschließt.[698] Entsprechend anwendbar sind[699] die §§ 85, 86,[700] 86a, 87 Abs. 2, 88a, 89, 89a und 89b,[701] uU § 87 Abs. 3,[702] sowie §§ 90, 90a und 92c, nicht aber die §§ 91 und 91a (früher auch § 88[703]) sowie die sonstigen Vorschriften über die Provision und deren Abrechnung (siehe die Erläuterungen zu den einzelnen Vorschriften). Jedoch dürfen die Parteien das Vertragsverhältnis in weiterem Umfang dem Recht des HV unterstellen. Die Zulässigkeit von formularmäßigen Bestimmungen zu Preis- und Bezugsbindung sowie zur Haftung von Warenschwund in einem Kommissionsagenturvertrag behandelt der BGH in seinem Urteil vom 20. März 2003.[704]

98 **7. Eigenhändler und Zwischenhändler.** Eigenhändler im eigentlichen (Wort-)Sinn ist der selbständige Kaufmann, der im eigenen Namen und für eigene Rechnung Waren kauft sowie verkauft und weder rechtlich noch wirtschaftlich für einen anderen Unternehmer tätig[705] oder an dessen Interessen gebunden ist.[706] Er steht als Zwischenhändler (oder auch Depositär)[707] zwischen dem Endabnehmer, der bei ihm das Produkt erwirbt, und dem Hersteller oder Großhändler, mit denen er Kauf- oder Rahmenverträge über den Warenerwerb abschließt, worin sich die rechtlichen Beziehungen zwischen ihnen erschöpfen. Daher können dem Eigenhändler die Rechte eines HV zB auf Provision oder Ausgleich selbst dann nicht zustehen, wenn sein Kunde sich entschließt, direkt bei dem Hersteller zu kaufen.[708]

99 **8. Vertragshändler. a) Begriff des Vertragshändlers.** Vertragshändler[709] (gelegentlich auch noch, jedoch zu Unrecht, als „Eigenhändler" bezeichnet)[710] ist, wer als selbständiger Gewerbetrei-

---

[693] *Wank* in Martinek/Semler § 10 RdNr. 4; *Flohr* in Martinek/Semler § 27 RdNr. 24.
[694] BGH Urt. v. 26. 9. 1980 – I ZR 119/78, BGHZ 79, 89, 97 = NJW 1981, 918; BGH Urt. v. 20. 3. 2003 – I ZR 225/00, ZIP 2003, 1707, 1710; RGZ 469, 363, 365; *Ebenroth* S. 29 f.; *Ulmer/Habersack* ZHR 159 (1995), 109, 112; *Martinek* ZHR 161 (1997), 67, 75; *Ebenroth* Vor § 84 RdNr. 37; *Canaris* § 16 RdNr. 2; *Küstner/Thume* Vertriebsrecht RdNr. 1542–1578; zu den Auswirkungen der neuen EG-Gruppenfreistellungsverordnung und der hierzu erlassenen Leitlinien der EG-Kommission (s. vor § 84) auf Kommissionsagentenverträge siehe *Schultze/Pautke/Wagener*, Vertikal – GVO, 2001, 153 und 211.
[695] *Ebenroth* S. 30; *Martinek* in Martinek/Semler § 3 RdNr. 12; *Wank* in Martinek/Semler § 10 RdNr. 4.
[696] *Ebenroth* S. 29; *Martinek* ZHR 161 (1997), 67, 76; *ders.* in Martinek/Semler § 3 RdNr. 12.
[697] *Heymann/Sonnenschein/Weitemeyer* RdNr. 27.
[698] RGZ 69, 363, 365; RG HRR 1934, 1298; *Ebenroth* S. 31; *Ulmer/Habersack* ZHR 159 (1995), 109, 113; *Martinek* ZHR 161 (1997), 67, 76; *Heymann/Sonnenschein/Weitemeyer* Vor § 84 RdNr. 11, § 383 RdNr. 5; *Schröder* RdNr. 20; *Canaris* § 16 RdNr. 4; *Karsten Schmidt* HandelsR § 28 II 1; *Martinek* in Martinek/Semler § 3 RdNr. 12 und *Wank* in Martinek/Semler § 10 RdNr. 4.
[699] Dazu *Hopt* RdNr. 19; *Canaris* § 16 RdNr. 7 f.
[700] Vgl. *Ulmer/Habersack* ZHR 159 (1995), 109, 125 f.
[701] *Heymann/Sonnenschein/Weitemeyer* Vor § 84 RdNr. 11; *Schröder* RdNr. 20.
[702] MünchKommHGB/*v. Hoyningen-Huene* § 87 RdNr. 103.
[703] *Heymann/Sonnenschein/Weitemeyer* Vor § 84 RdNr. 11.
[704] I ZR 225/00, ZIP 2003, 1707.
[705] „Freier Eigenhändler" nach *Ebenroth* S. 38, vgl. dort auch S. 33 Fn. 53; *Canaris* § 17 RdNr. 2.
[706] Vgl. *Canaris* § 17 RdNr. 1.
[707] *K. Schmidt* § 31 III 2 b; anders BGH Urt. v. 19. 12. 1966 – VIII ZR 138/64, NJW 1967, 825.
[708] *Heymann/Sonnenschein/Weitemeyer* RdNr. 27.
[709] Siehe dazu: *Ulmer*, Der Vertragshändler, 1969; *Genzow*, Vertragshändlervertrag, 1996; *Stumpf/Jaletzke/Schultze*, Der Vertragshändlervertrag, 3. Aufl. 1997; *Westphal*, Vertragshändler, 2000; *Niebling*, Vertragshändlerrecht, 2. Aufl. 2003; *Wauschkuhn*, Vertragshändlervertrag, 2. Aufl. 2003; *Ebenroth* S. 32 f.; *Pfeffer* NJW 1985, 1241; *Habersack/Ulmer* S. 21; *v. Westphalen*, FG Gündisch S. 71; *Staub/Brüggemann* Vor § 84 RdNr. 7 bis 35; *Röhricht/Graf v. Westphalen*, HGB, Vertragshändlervertrag; *Manderla* in Martinek/Semler §§ 18 bis 21; *Küstner/Thume* Vertriebsrecht RdNr. 1134–1541; *Wolf/Horn/Lindacher* § 9 AGBG RdNr. V 21 bis 44.
[710] *Westphal* Vertragshändler RdNr. 4.

Begriff des Handelsvertreters § 84

bender ständig damit betraut ist, die Produkte eines anderen Unternehmers im eigenen Namen und für eigene Rechnung zu vertreiben sowie deren Absatz in ähnlicher Weise wie ein HV oder Kommissionsagent zu fördern.[711] Besondere Kennzeichen des Vertragshändlervertrags sind dabei der mit dem Unternehmer geschlossene Rahmenvertrag sowie dessen Ausführung durch die mit den Kunden/Endabnehmern geschlossenen Absatz- oder Kaufverträge.[712] Im Einzelnen wird der Eigenhändler zum Vertragshändler, wenn er[713] (wie in der Regel) mit einem Hersteller oder (gelegentlich auch) mit einem Zwischenhändler als Lieferanten einen (Rahmen-)Vertrag[714] mit einer auf längere Zeit vereinbarten agenturähnlichen Bindung schließt,[715] durch welchen er in die Vertriebs- und Absatzorganisation seines Vertragspartners fest einbezogen („eingebunden" oder „eingegliedert") wird[716] und die Verpflichtung übernimmt, den Vertrieb der Ware seines Vertragspartners (idR, aber nicht zwingend einen Markenartikel)[717] in einem gegebenenfalls mit Kundenschutz versehenen Vertragsgebiet[718] ständig durch Absatzverträge zu fördern,[719] welche er in eigenem Namen[720] und zu idR nicht verbindlich vorgegebenen Preisen[721] auf eigene Rechnung[722] mit dem Kunden als Endabnehmer abschließt. Das Absatzrisiko muss zwingend bei dem Händler liegen,[723] der die abzusetzenden Waren von dem Hersteller durch einzelne Kaufverträge erwirbt, wobei die dem Hersteller vorbehaltene Bestimmung des Händlereinkaufspreises den Händler nicht unangemessen benachteiligen darf.[724] Die Abgrenzung zwischen Handelsvertretervertrag und Vertragshändlervertrag bestimmt sich nach den vertraglichen Abmachungen sowie der vertraglich vereinbarten Risikoverteilung[725] im konkreten Einzelfall,[726] wobei jedoch bei abweichender Handhabung des Vertrags dessen tatsächliche Durchführung entscheidend ist.[727] Beschränken sich die Bindungen auf eine bloße Verkäufer-Käufer-Beziehung liegen weder ein Handelsvertretervertrag noch ein Vertragshändlervertrag vor.[728] Indizien,[729] aber nicht notwendige Voraussetzungen für einen Vertragshändlervertrag können Ausschließlichkeitsbindung[730] mit Alleinbezugsverpflichtung[731] sowie Alleinvertriebsrecht[732] und Konkurrenzverbot des Händlers sein. Hingegen sind wie bei dem HV die für den Händler gewählte Bezeichnung (zB „Direkt-" oder „Werkshändler"),[733] eine besondere Schutzbedürftigkeit des Vertragshändlers im Einzelfall, seine wirtschaftliche Abhängigkeit von Hersteller und Lieferant oder ein besonderer Kapitaleinsatz für die rechtliche Einordnung des Vertrags ohne ausschlaggebende

---

[711] *Canaris* § 17 RdNr. 4.
[712] *Canaris* § 17 RdNr. 7.
[713] Eine Kurzdefinition des Vertragshändlers bietet BGH Urt. v. 9. 10. 2002 – VIII ZR 95/01, BB 2002, 2520 = EWiR 2003, 587; *Westphal* Vertragshändler RdNr. 8 f.
[714] *Westphal* Vertragshändler RdNr. 18; *Canaris* § 17 RdNr. 7.
[715] BGH Urt v. 14. 3. 1991 – I ZR 201/89, NJW-RR 1991, 1053, 1055; vgl. OLG Köln BB 1994, 1881.
[716] BGH Urt. v. 9. 10. 2002 – VIII ZR 95/01, BB 2002, 2520 = EWiR 2003, 587.
[717] *Stumpf/Jaletzke/Schultze* RdNr. 4.
[718] Dazu BGH Urt. v. 21. 6. 1972 – VIII ZR 96/71, MDR 1972, 1028; BGH Urt. v. 21. 12. 1983 – VIII ZR 195/82, BGHZ 89, 206 = NJW 1984, 1182; BGH Urt. v. 10. 2. 1993 – VIII ZR 47/92, MDR 1993, 520, 521 mit krit. Bspr. *Fruhmann* MDR 1995, 433; vgl. auch BGH Urt. v. 4. 6. 1975 – I ZR 130/73, BB 1975, 1409; *Schröder* DB 1966, 449; *Genzow* RdNr. 42 bis 54.
[719] BGH Urt. v. 9. 10. 2002 – VIII ZR 95/01, BB 2002, 2520 = DB 2003, 825; *Stumpf/Jaletzke/Schultze* RdNr. 7.
[720] *Westphal* Vertragshändler RdNr. 23 f.
[721] *Stumpf/Jaletzke/Schultze* RdNr. 23; aA *Genzow* RdNr. 13.
[722] BGH Urt. v. 9. 10. 2002 – VIII ZR 95/01, BB 2002, 2520 = EWiR 2003, 587.
[723] BGH Urt. v. 15. 4. 1986 – KVR 3/85, BGHZ 97, 317, 323, 324 = NJW 1986, 2954; *Ebenroth* S. 35, 40; *Genzow* RdNr. 11; *Manderla* in Martinek/Semler § 18 RdNr. 5.
[724] S. d. BGH Urt. v. 20. 7. 2005 – VIII ZR 121/04, BGHZ 164, 11 = ZIP 2005, 1785, 1790 und 1794 f. = HVR Nr. 1137 m. Anm. *Emde* EWiR 2005, 815.
[725] Siehe dazu OLG Hamburg m. Bspr. *Pohlmann* EWiR 2001, 229; *Lange* in der 1. Aufl. Vor § 84 Anh. II RdNr. 32.
[726] BGH Urt. v. 21. 10. 1970 – VIII ZR 255/68, BGHZ 54, 338, 340 = NJW 1971, 29; *Martinek* ZHR 161 (1997), 67, 77; *Genzow* RdNr. 2, 3, 11; *Stumpf/Jaletzke/Schultze* RdNr. 1 ff.; *Manderla* in Martinek/Semler § 18 RdNr. 2 und 3; *Karsten Schmidt* HandelsR § 28 II 2 b; auch *Heymann/Sonnenschein/Weitemeyer* Vor § 84 RdNr. 12; *Schröder* RdNr. 9 a und 20 a; *Westphal* RdNr. 29, 30; zum Ganzen: *Habersack/Ulmer* S. 21.
[727] BGH Urt. v. 9. 10. 2002 – VIII ZR 95/01, BB 2002, 2520 = EWiR 2003, 587.
[728] Vgl. BGH Urt. v. 11. 12. 1958 – II ZR 73/57, BGHZ 29, 83, 87 = NJW 1959, 14; BGH Urt. v. 16. 2. 1961 – VII R 239/59, BGHZ 34, 282, 286 = NJW 1961, 662; BGH Urt. v. 14. 4. 1983 – I ZR 20/81, NJW 1983, 2877; OLG Köln NJW-RR 1995, 29; *Westphal* Vertragshändler RdNr. 131; *Heymann/Sonnenschein/Weitemeyer* § 89 b RdNr. 8; MünchKommHGB/*v. Hoyningen-Huene* § 89 b RdNr. 20; *Alff* RdNr. 328.
[729] S. *Westphal* Vertragshändler RdNr. 131 f.
[730] S. d. *Westphal* Vertragshändler RdNr. 85.
[731] S. d. ausf. *Westphal* Vertragshändler RdNr. 392.
[732] Dazu BGH Urt. v. 21. 6. 1972 – VIII ZR 96/71, MDR 1972, 1028; BGH Urt. v. 21. 12. 1983 – VIII ZR 195/82, BGHZ 89, 206 = NJW 1984, 1182; BGH Urt. v. 10. 2. 1993 – VIII ZR 47/92, MDR 1993, 520; Urt. v. 17. 4. 2002 – VIII ZR 139/01, BGHReport 2002, 986 = DB 2002, 1657; ausf. dazu *Westphal* Vertragshändler RdNr. 359 f.; s. a. *Manderla* in Martinek/Semler § 18 RdNr. 19 bis 23.
[733] *Manderla* in Martinek/Semler § 18 RdNr. 3.

Bedeutung.[734] Der Vertragshändler kann hinsichtlich der gleichen Ware nicht gleichzeitig HV sein; geht sein Kunde dazu über, direkt vom Hersteller zu beziehen, wird der Vertragshändler dadurch nicht zum HV (RdNr. 98).[735] Andererseits wird der mit dem Verkauf aus einem Auslieferungslager beauftragte HV nicht dadurch zum Vertragshändler, dass er von den Pflichten zu regelmäßigen Berichten und Überlassen der Kundennamen freigestellt wird.[736]

100 **b) Vertragshändlervertrag.** Der Vertragshändlervertrag ist Geschäftsbesorgungsvertrag mit kaufrechtlichen Elementen,[737] wenn in ihm bereits die Bedingungen einschließlich des Händlerrabatts für die Einzelkaufverträge festgelegt werden, welche später auf Grund dieser Rahmenvereinbarung mit dem Hersteller oder Lieferanten abgeschlossen werden.[738] Der mit dem Hersteller ausgehandelte Rabatt zwischen Einkaufs- und Verkaufspreis einschließlich sonstiger Vergütungen in Form von Boni oder Prämien[739] ist der Verdienst des Vertragshändlers;[740] anders als der HV erhält er seine Vergütung unmittelbar vom Kunden und nicht vom Hersteller.[741] Nach der Aufhebung des § 34 GWB aF (RdNr. 78) kann der Vertragshändlervertrag grds. **formlos** (formfrei) abgeschlossen werden.[742]

101 **c) Rechte und Pflichten der Vertragsparteien.** Die Rechte und Pflichten der Vertragsparteien[743] bestimmen sich nach den getroffenen Vereinbarungen. Die Parteien sind grundsätzlich frei in der Gestaltung ihres Vertragsverhältnisses; jedoch unterliegen die regelmäßig als Formularverträge geschlossenen Vereinbarungen[744] der Inhaltskontrolle nach § 307 BGB nF.[745] Durch die Eingliederung in die Vertriebs- und Absatzorganisation des Herstellers oder Lieferanten und deren Ausgestaltung im Einzelfall kann der Vertragshändler bei der Übernahme **handelsvertretertypischer Pflichten** und Aufgaben eine HV-ähnliche Rechtsstellung erlangen, welche die analoge Anwendung von HVRecht ermöglicht.[746] Das ist der Fall bei den vertraglich begründeten Pflichten des Händlers zu **(1)** ständiger Wahrnehmung der Interessen des Herstellers verbunden mit einer besonderen Treuepflicht,[747] **(2)** Förderung des Absatzes der Waren[748] einschließlich der Übernahme neuer Produkte des Herstellers in sein Verkaufsprogramm,[749] idR verbunden mit einem Alleinvertriebsrecht des Händlers,[750] **(3)** Einsatz für Marke und Ware des Herstellers auf eigene Kosten, **(4)** Unterrichtung des Herstellers über Entwicklungen am Markt sowie sonstige für den Absatz wesentliche Umstände,[751] **(5)** Befolgung von allgemeinen Weisungen für den Absatz der Waren, **(6)** Wahrung der Betriebsgeheimnisse des Herstellers,[752] **(7)** Besuch von Messen,[753] gegebenenfalls **(8)** zu Kundendienst und Lagerhaltung[754] sowie unter Umständen **(9)** zur Fortbildung, wobei nicht sämtliche dieser nur beispielhaft aufgeführten Verpflichtungen im Einzelfall für die Annahme einer handelsvertreter-

---

[734] BGH Urt. v. 11. 2. 1977 – I ZR 185/75, BGHZ 68, 340, 345 = NJW 1977, 896; BGH Urt. v. 6. 2. 1985 – I ZR 175/82, NJW 1985, 3076; anders noch BGH Urt. v. 16. 2. 1961 – VII R 239/59, BGHZ 34, 282 = NJW 1961, 662; *Hopt* RdNr. 16; aA *Stumpf/Hesse* BB 1987, 1474, 1477, 1478.
[735] OLG Köln BB 1975, 8.
[736] *Schröder* RdNr. 20 b.
[737] *Genzow* RdNr. 5, 23; Staub/*Brüggemann* Vor § 84 RdNr. 11; *Manderla* in Martinek/Semler § 18 RdNr. 7; *K. Schmidt* HandelsR § 28 II 2 b; *Canaris* § 17 RdNr. 9 und 10; aA *Stumpf/Jaletzke/Schultze* RdNr. 40; *Ebenroth* S. 33 („auf Geschäftsbesorgung gerichteter Dienstvertrag").
[738] Zu deren Abwicklung *Semler* DB 1985, 2495.
[739] Dazu *Genzow* RdNr. 90 bis 94 und 101; *Niebling* RdNr. 283 f.
[740] Ausf. *Westphal* Vertragshändler RdNr. 482 f.
[741] *Genzow* RdNr. 20.
[742] *Westphal* Vertragshändler RdNr. 44 f.
[743] Dazu ausführlich neben den oben RdNr. 87 angeführten Monographien: *Ebenroth* S. 33 f; *Habersack/Ulmer* S. 21 f.; *Semler* DB 1985, 2493; Staub/*Brüggemann* Vor § 84 RdNr. 12 f; *Wolf/Horn/Lindacher* § 9 AGBG RdNr. V 21 f; s. a. Rechtsprechungsübersicht 2005 von *Emde* BB 2006, 1061, 1063.
[744] *Westphal* Vertragshändler RdNr. 62.
[745] BGH Urt. v. 26. 11. 1984 – VIII ZR 214/83, BGHZ 93, 29 = NJW 1985, 623; BGH Urt. v. 6. 10. 1999 – VIII ZR 125/98, BGHZ 142. 358 = ZIP 2000, 138; BGH Urt. v. 20. 7. 2005 – VIII ZR 121/04, BGHZ 164, 11 = ZIP 2005, 1785 = HVR Nr. 1137 m. Anm. *Emde* EWiR 2005, 815; *v. Westphalen*, FG Jürgen Gündisch, S. 71; ausf. *Westphal* Vertragshändler RdNr. 63 f.
[746] BGH Urt. v. 11. 2. 1977 – I ZR 185/75, BGHZ 68, 340, 344 = NJW 1977, 896; BGH Urt. v. 9. 10. 2002 – VIII ZR 95/01, BB 2002, 2520 = EWiR 2003. 587; OLG Köln NJW-RR 1995, 29; OLG München BB 1997, 595; *K. Schmidt* HandelsR § 28 II 2 b.
[747] *Stumpf/Jaletzke/Schultze* RdNr. 214 f.; *Canaris* § 17 RdNr. 42; *Westphal* Vertragshändler RdNr. 445.
[748] *Westphal* Vertragshändler RdNr. 446.
[749] *Genzow* RdNr. 26 und 40; *Stumpf/Jaletzke/Schultze* RdNr. 217 f.
[750] Vgl. BGH Urt. v. 22. 11. 2000 – VII ZR 40/00, MDR 2001, 283; *v. Westphalen*, FG Jürgen Gündisch, S. 77 f.
[751] Vgl. *Stumpf/Jaletzke/Schultze* RdNr. 241; *Westphal* Vertragshändler RdNr. 453.
[752] *Stumpf/Jaletzke/Schultze* RdNr. 236 f.; *Westphal* Vertragshändler RdNr. 592.
[753] *Stumpf/Jaletzke/Schultze* RdNr. 231 f.
[754] Dazu *Manderla* in Martinek/Semler § 18 RdNr. 31 bis 33; *Stumpf/Jaletzke/Schultze* RdNr. 258 f., 264 f.; *Westphal* Vertragshändler RdNr. 474 f.

typischen Ausgestaltung des Vertragshändlervertrags notwendig sind.[755] Hinzukommen idR die **handelsvertreteruntypischen Pflichten** zu Kauf der Produkte,[756] Mindestabnahme,[757] Vorratshaltung, Werkstatt- und Serviceleistungen[758] mit der Übernahme der dem Hersteller obliegenden Erfüllung von Gewährleistungsansprüchen des Kunden,[759] alles gegebenenfalls unter Verwendung vom Hersteller zu beziehender Originalersatzteile,[760] sowie zum Dulden von Kontrollen durch den Hersteller.[761] **Für den Hersteller (Lieferanten)** bestehen im Zweifel die Pflichten zur Belieferung des Händlers,[762] zur Wahrung seiner Interessen,[763] zB durch das Überlassen der für den Vertrieb notwendigen Informationen[764] und Hilfsmittel sowie zur Unterstützung seiner Tätigkeit,[765] zur Sicherstellung gleich bleibender Qualität der Ware,[766] zu angemessener Werbung für das Produkt[767] und zur **Gleichbehandlung** aller dem Hersteller vertraglich verbundenen Vertragshändler,[768] wodurch sich ihre Rechtsstellung von der eines HV unterscheidet. Insgesamt muss der Hersteller im Rahmen der ihn treffenden Treuepflicht[769] den **schutzwürdigen Belangen des Vertragshändlers angemessen Rechnung tragen,** dessen berechtigte Geschäftsinteressen wahren[770] und dessen Rechte im Rahmen des rechtlich Zulässigen und Zumutbaren gegen Dritte schützen.[771] Er darf den Interessen des Händlers nicht ohne begründeten und gerechtfertigten Anlass zuwiderhandeln[772] und die dem Händler im Vertrag eingeräumte Gewinnmöglichkeit nicht, zB durch parallelen Direktvertrieb[773] oder durch Übernahme des Großkundengeschäfts,[774] vereiteln oder unangemessen beeinträchtigen,[775] sofern den Händlern nicht ein angemessener Ausgleich gewährt wird.[776] Ein dem Vertragshändler eingeräumtes Alleinvertriebsrecht darf er nicht verletzen[777] und eine Verletzung durch Dritte muss er im Rahmen seiner rechtlichen Möglichkeiten unterbinden. Die Verletzung seiner Pflichten kann Schadensersatzansprüche begründen.[778]

d) Besondere Rechte und Pflichten nach Vertragsende. Rechtsverbindlich mit dem Vertragshändler abgeschlossene Kaufverträge sind nach Ende des Vertragshändlervertrags grds. uneingeschränkt zu erfüllen;[779] im Übrigen enden die gegenseitigen vertraglichen Leistungspflichten, an

---

[755] Zum Ganzen *Genzow* RdNr. 11, 14, 18, 20, 78; *Hopt* RdNr. 13; *Manderla* in Martinek/Semler § 18 RdNr. 13, 14, 16; vgl. auch *K. Schmidt* HandelsR § 28 II 2 c.
[756] *Canaris* § 17 RdNr. 31 f.
[757] BGH Urt. v. 12. 7. 1995 – VIII ZR 219/94, HVR Nr. 750; v. *Westphalen*, FG Jürgen Gündisch, S. 80 f.; *Stumpf/Jaletzke/Schultze* RdNr. 245 f.; *Westphal* Vertragshändler RdNr. 114 f und 461 f.
[758] *Westphal* Vertragshändler RdNr. 469 f.
[759] Vgl. ausf. *v. Westphalen* DB 1999, 2553, 2555; *Westphal* Vertragshändler RdNr. 102 f. und 466 f.
[760] S. BGH Urt. v. 20. 7. 2005 – VIII ZR 121/04, BGHZ 164, 11 = ZIP 2005, 1785, 1788, 1789 = HVR Nr. 1137 m. Anm. *Emde* EWiR 2005, 815.
[761] Dazu *Genzow* RdNr. 11, 65, 67 bis 71, 73 bis 76, 79; *Manderla* in Martinek/Semler § 18 RdNr. 24 und 34.
[762] S. BGH Urt. v. 11. 1. 2006 – VIII ZR 396/03, MDR 2006, 677 (Belieferung des Tankstellenhalters mit Kraftstoffen); *Westphal* Vertragshändler RdNr. 87 und 523 f.; *Canaris* § 17 RdNr. 34 f.; aA *Stumpf/Jaletzke/Schultze* RdNr. 341 (muss ausdrücklich vereinbart werden).
[763] *Canaris* § 17 RdNr. 42 f.
[764] *Westphal* Vertragshändler RdNr. 530 f.; s. auch zum vertraglichen Vorbehalt des Großkundengeschäfts in Formularvertrag BGH Urt. v. 20. 7. 2005 – VIII ZR 121/04, BGHZ 164, 11 = ZIP 2005, 1785, 1788 = HVR Nr. 1137 m. Anm. *Emde* EWiR 2005, 815.
[765] *Westphal* Vertragshändler RdNr. 537 f.
[766] *Westphal* Vertragshändler RdNr. 516 und 539 f.
[767] *Habersack/Ulmer* S. 26; *Stumpf/Jaletzke/Schultze* RdNr. 295.
[768] *Westphal* Vertragshändler RdNr. 520 f.; Staub/*Brüggemann* Vor § 84 RdNr. 19; zum Ganzen *Habersack/Ulmer* S. 26; *Stumpf/Jaletzke/Schultze* RdNr. 284 f.; einschränkend: *Niebling* RdNr. 280.
[769] Ausf. *Westphal* Vertragshändler RdNr. 516 f.; *Canaris* § 17 RdNr. 45 f.
[770] BGH Urt. v. 17. 7. 2002 – VIII ZR 64/01, EBE 2002, 346 = BB 2002, 2351 m. Anm. *Emde* EWiR 2002, 1037.
[771] Ausf. dazu *Niebling* RdNr. 287 f.
[772] BGH Urt. v. 26. 11. 1984 – VIII ZR 214/83, BGHZ 93, 29, 39 = NJW 1985, 623; BGH Urt. v. 21. 6. 1972 – VIII ZR 96/71, MDR 1972, 1028; BGH Urt. v. 10. 2. 1993 – VIII ZR 47/92, MDR 1993, 520, 521 mit krit. Bspr. *Fruhmann* MDR 1995, 433.
[773] BGH Urt. v. 10. 2. 1993 – VIII ZR 47/92, MDR 1993, 520; vgl auch BGH Urt. v. 17. 7. 2002 – VIII ZR 64/01, EBE 2002, 346, 347 = BB 2002, 2351 (zum Schadensersatzanspruchs aus Vertragsverletzung durch vertragswidrige Direktlieferungen des Herstellers unter Umgehung des dem Händler eingeräumten Vertriebsschutzes); BGH Urt. v. 20. 7. 2005 – VIII ZR 121/04, BGHZ 164, 11 = ZIP 2005, 1785, 1787 = HVR Nr. 1137 m. Anm. *Emde* EWiR 2005, 815; OLG Köln BB 2000, 2295 m. Anm. *Emde* EWiR 2001, 23.
[774] *Ensthaler/Gesmann-Nuissl* BB 2003, 533, 534.
[775] OLG Köln BB 2000, 2595; *Martinek* in Martinek/Semler § 4 RdNr. 30.
[776] BGH Urt. v. 20. 7. 2005 – VIII ZR 121/04, BGHZ 164, 11 = ZIP 2005, 1785, 1787 = HVR Nr. 1137 m. Anm. *Emde* EWiR 2005, 815.
[777] BGH Urt. v. 22. 11. 2000 – VIII ZR 40/00, BB 2001, 115 = MDR 2001, 283; BGH Urt. 17. 4. 2002 – VIII ZR 139/01, BB 2002, 1507.
[778] BGH Urt. 17. 4. 2002 – VIII ZR 139/01, BB 2002, 1507 zu den Folgen einer Verletzung des dem Vertragshändler eingeräumten Alleinvertriebsrechts.
[779] *Westphal* Vertragshändler RdNr. 668 f.; BGH Urt. v. 20. 7. 2005 – VIII ZR 121/04, BGHZ 164, 11 = ZIP 2005, 1785, 1796 = HVR Nr. 1137.

deren Stelle gegebenenfalls Schadensersatzpflichten treten können.[780] Im Rahmen der notwendigen Abwicklung des Vertragsverhältnisses besteht nach Vertragsende im Zweifel die Verpflichtung des Herstellers zur Warenrücknahme[781] durch Rückkauf[782] hinsichtlich solcher Vertriebsgegenstände (Vertragsware)[783] und Hilfsgüter wie zB noch unbeschädigt und originalverpackt vorhandener Ersatzteile[784] oder Werkzeuge,[785] zu deren Vorhaltung und Benutzung der Händler im Interesse oder Auftrag des Herstellers vertraglich verpflichtet war und deren bestimmungsgemäße Verwendung dem Hersteller, anders als dem Händler, nach Vertragsende noch möglich ist; dabei muss eine Sicherungsübereignung der zurückzugebenden Waren an Dritte der Rücknahme nicht entgegenstehen.[786] Die Rücknahme hat, sofern der Hersteller dem Händler nicht zum Schadensersatz verpflichtet ist,[787] idR zum Zeitwert zu erfolgen.[788] Ein Rückerwerbsrecht des Herstellers hinsichtlich der an den Händler verkauften und gelieferten Gegenstände/Waren[789] kann vereinbart werden.[790] Des Weiteren schuldet der Hersteller dem Händler nach Vertragsende gegebenenfalls Ersatz für Investitionen,[791] welche der Händler in einem berechtigten Vertrauen auf den Fortbestand des Vertrags getätigt hat. Seine Ansprüche muss der Vertragshändler in angemessener Zeit nach Vertragsende,[792] spätestens unverzüglich nach der verbindlichen Beilegung eines hierüber entstandenen Streits geltend machen.[793] Dafür darf der Unternehmer im Zweifel nach Vertragsende den vom Vertragshändler geworbenen Kundenstamm nutzen (s. § 89 b).

103 **e) Entsprechende Anwendbarkeit der §§ 84 f.** Wenn eine Gesamtabwägung der beiderseitigen Rechte und Pflichten auf eine handelsvertreterähnliche Rechtsstellung des Vertragshändlers schließen lässt, finden auf das Vertragsverhältnis ergänzend zu den getroffenen Vereinbarungen diejenigen Vorschriften der §§ 84 f. einschließlich des Art. 29 EGHGB[794] entsprechende Anwendung,[795] welche nicht auf der Besonderheit der handelsvertretertypischen bloßen Vermittlungstätigkeit ohne Abschluss des Kundenvertrags im eigenen Namen und für eigene Rechnung beruhen;[796] die ratio legis der einzelnen Vorschrift muss auch für den konkreten Vertragshändler passen.[797] So sind im Zweifel bei entsprechender Ausgestaltung des Vertrags entsprechend anwendbar[798] die §§ 85,[799] 86,[800] 86 a,[801]

---

[780] S. *Westphal* Vertragshändler RdNr. 670 f. (zur Lieferung von Ersatzteilen nach Vertragsende).
[781] BGH Urt. v. 25. 5. 1988 – VIII ZR 360/86 – MDR 1988, 955; BGH Urt. v. 12. 1. 1994 – VIII ZR 165/92, BGHZ 124, 351 = ZIP 1994, 461; BGH Urt. v. 23. 11. 1994 – VIII ZR 254/93, BGHZ 128, 67 = ZIP 1995, 222; Urt. v. 21. 2. 1995 – KZR 33/93, EBE 1995, 259, 260; OLG Frankfurt MDR 1982, 405 und MDR 1986, 144; OLG München Urt. v. 23. 6. 1993 – 7 U 3294/92, HVR Nr. 762 und ZIP 1996, 1550 und EWiR 196, 867; OLG Köln NJW-RR 1997, 101, 103; OLG Saarbrücken NJW-RR 1999, 106; *Schriefers* BB 1992, 2158; *Niebling* RdNr. 139 f.; *Westphal* Vertragshändler RdNr. 91 f.; *Wolf/Horn/Lindacher* § 9 AGBG RdNr. V 44; vgl. auch *Stumpf/Jaletzke/Schultze* RdNr. 678 f.
[782] Ausf. *Westphal* Vertragshändler RdNr. 653 f.; s. BGH Urt. v. 20. 7. 2005 – VIII ZR 121/04, BGHZ 164, 11 = ZIP 2005, 1785, 1792 f. = HVR Nr. 1137 m. Anm. *Emde* EWiR 2005, 815; OLG München Beschl. v. 2. 3. 1998 – 7 W 742/98, HVR Nr. 890.
[783] S. BGH Urt. v. 20. 7. 2005 – VIII ZR 121/04, BGHZ 164, 11 = ZIP 2005, 1785, 1793 = HVR Nr. 1137 m. Anm. *Emde* EWiR 2005, 815 und Bspr. *Kleinmann/Siegert* BB 2006, 785.
[784] OLG München NJW-RR 1998, 1563; OLG Köln OLGR Köln 2002, 221 und VersR 2002, 886; *Kleinmann/Siegert* BB 2006, 785; *Westphal* Vertragshändler RdNr. 97 und 653 f.
[785] S. *Westphal* Vertragshändler RdNr. 101.
[786] KG BB 1999, 1518 m. Anm. *v. Westphalen* BB 1999, 1519.
[787] S. BGH Urt. v. 20. 7. 2005 – VIII ZR 121/04, BGHZ 164, 11 = ZIP 2005, 1785, 1793 = HVR Nr. 1137 zur Rücknahmepflicht in diesem Fall.
[788] KG BB 1999, 1518 m. Anm. *v. Westphalen* BB 1999, 1519.
[789] Hinsichtlich dessen rechtlicher Grenzen und seiner Ausgestaltung auf das Urteil des BGH vom 17. 11. 1999 – VIII ZR 326/97, ZIP 2000, 413 m. Anm. *Emde* EWiR 2000, 361 verwiesen wird.
[790] *Westphal* Vertragshändler RdNr. 667.
[791] Dazu ausführlich LG Stuttgart Urt. v. 27. 2. 2006 – 36 O 178/05 KfH, HVR Nr. 1178; *Genzow* RdNr. 81 bis 85, 130 bis 135, 137 bis 140; *Creutzig*, Der Investitionsschutz des Vertragshändlers bei ordentlicher Kündigung des Herstellers, 2001 und NJW 2002, 430; *Ensthaler/Gesmann-Nuissl/Stopper*, DB 2003, 257; *Ensthaler* NJW 2003, 3106; *Westphal* Vertragshändler RdNr. 675 f.; *Ullrich* in Martinek/Semler § 19 RdNr. 74 bis 86; *K. Schmidt* HandelsR § 28 II 2 c; *Niebling* RdNr. 193 f.; *Hermes* RIW 1999, 81, 82; *v. Westphalen*, FG Gündisch, S. 84.
[792] S. *Westphal* Vertragshändler RdNr. 98 f.
[793] OLG Köln OLGR Köln 2002, 221.
[794] BGH Urt. v. 14. 2. 1996 – VIII ZR 68/95, EBE 1996, 114, 115; BGH Urt. v. 17. 12. 1997 – VIII ZR 235/96, EBE 1998, 76, 78.
[795] BGH Urt. v. 27. 1. 1982 – VIII ZR 295/80, NJW 1982, 2432; ausführlich *Ebenroth* S. 36 und *Canaris* § 17 RdNr. 15 f., 20; *Kocher* RIW 2003, 512, 514; Staub/*Brüggemann* Vor § 84 RdNr. 14; *Stumpf/Jaletzke/Schultze* RdNr. 241 f. (Berichtswesen); 483 (vertragliches Wettbewerbsverbot).
[796] Allgemein dazu *Canaris* § 17 RdNr. 15 f.
[797] *Canaris* § 17 RdNr. 20.
[798] Siehe dazu auch *Wank* S. 276 f; *Heymann/Sonnenschein/Weitemeyer* Vor § 84 RdNr. 13; *Hopt* RdNr. 11 und 12; *Schröder* RdNr. 20 a; Staub/*Brüggemann* RdNr. 27 bis 32; *Küstner* HVR RdNr. 85.
[799] *Stumpf/Jaletzke/Schultze* RdNr. 134 f.; *Westphal* Vertragshändler RdNr. 54 und 157.
[800] *Canaris* § 17 RdNr. 17; *Westphal* Vertragshändler RdNr. 145 f.
[801] Teilweise aA *Westphal* Vertragshändler RdNr. 158 f.

§ 87 Abs. 3,[802] 89,[803] 89 a,[804] 90,[805] 90 a[806] und § 92 c[807] sowie gegebenenfalls auch § 87 Abs. 2.[808] Seine Aufwendungen hat der Vertragshändler grds. selbst zu tragen, für eine analoge Anwendung des § 87 d ist kein Raum.[809] Zu den besonderen Voraussetzungen für eine entsprechende Anwendung des § 89 b siehe die Kommentierung zu § 89 b. Nicht anwendbar sind die sonstigen Vorschriften über die Provision,[810] deren Abrechnung sowie über die zu ihrer Durchsetzung dienenden Informationsrechte des § 87 c,[811] über das Zurückhaltungsrecht des § 88 a sowie die §§ 91 bis 92 b. Jedoch kann dem Vertragshändler ein Auskunftsanspruch nach § 666 BGB und § 242 BGB zustehen.[812] Bei der Festlegung der ordentlichen Kündigungsfristen (s. § 89) ist der Dauer der Vertragslaufzeit, den getätigten Investitionen sowie deren Amortisation Rechnung zu tragen,[813] darüber hinaus bedarf das Kündigungsrecht keiner besonderen Rechtfertigung.[814]

f) Kraftfahrzeug-Vertragshändler. Die besonderen Probleme des Kraftfahrzeugvertriebs durch Vertragshändler[815] sind Gegenstand der Abhandlungen von *Niebling*[816] und *Creutzig*[817] sowie von *Habersack/Ulmer*,[818] diese befassen sich besonders mit den Rechtsfragen im Zusammenhang von Margenvereinbarungen, der Kostenbeteiligung des Händlers an den vom Hersteller ausgehenden Verkaufsförderungsmaßnahmen, der Händlerkosten bei Modellwechsel sowie der EDV-Ausstattung der Händler für Vertrieb und Wartung. Die besonderen Rechtsfragen, welche sich durch die neue europarechtliche Gruppenfreistellungsverordnung für Vertikalverträge Nr. 2790/1999 sowie die Kfz – GVO Nr. 1400/2002 für Kraftfahrzeughändler und besonders für Automobil-Vertragshändler ergeben, werden ausführlich behandelt von *Polley*,[819] *Creutzig*[820] sowie von *Pfeffer*;[821] mit der Kündigung von Vertragshändlerverträgen unter abgekürzter Frist (Strukturkündigung) befasst sich *Ensthaler* (NJW 2007, 815). Händlervertragsklauseln, welche die Wettbewerbsfreiheit der Händler einschränken, sind gemäss § 307 BGB nF unwirksam oder nach Art. 81 Abs. 2 nichtig, soweit sie den Händlern Beschränkungen auferlegen, welche nicht durch die jeweils maßgebliche GVO vom Verbot des Art. 81 Abs. 1 EGV freigestellt sind; allerdings sind nach Art. 81 Abs. 3 EGV nicht ausdrücklich freigestellte Vereinbarungen nicht mehr verboten, wenn sie die Freistellungsvoraussetzungen der Legalausnahme erfüllen.[822]

---

[802] Vgl. *Ullrich* in Martinek/Semler § 19 RdNr. 3.
[803] BGH Urt. v. 5. 4. 1962 – VII ZR 202/60, DB 1962, 635; BGH Urt. v. 19. 12. 1966 – VIII ZR 138/64, HVR Nr. 373; BGH Urt. v. 9. 10. 2002 – VIII ZR 95/01, BB 2002, 2520 = EWiR 2003. 587; vgl. auch BGH Urt. v. 21. 2. 1995 – KZR 33/93, EBE 1995, 259; *Canaris* § 17 RdNr. 23; *Westphal* Vertragshändler RdNr. 150 und ausf. 545 f.; aA *Stumpf/Jaletzke/Schultze* RdNr. 622 f.; *Ullrich* in Martinek/Semler § 19 RdNr. 25, 26, 30 bis 40; s. *Niebling* RdNr. 29 f.; zu den Kündigungsfristen: *v. Westphalen*, FG Jürgen Gündisch S. 83 f.
[804] So *Ullrich* in Martinek/Semler § 19 RdNr. 41; *Canaris* § 17 RdNr. 23; BGH Urt. v. 5. 4. 1962 – VII ZR 202/60, DB 1962, 635; BGH Urt. v. 19. 12. 1966 – VIII ZR 138/64, HVR Nr. 373; BGH Urt. v. 27. 1. 1982 – VIII ZR 295/80, NJW 1982, 2432; BGH Urt. v. 16. 2. 1989, NJW 1984, 2411; *Stumpf/Jaletzke/Schultze* RdNr. 721; BGH Urt. v. 10. 2. 1993 – VIII ZR 48/92, NJW-RR 1993, 682, 683; OLG Saarbrücken NJW-RR 1999, 1339 und NJW-RR 1999, 1713 (zur Bedeutung des Schlichtungsverfahrens nach der EG-Gruppenfreistellungsverordnung für die außerordentliche Kündigung); diese Entscheidungen stammen aus der Zeit vor der Geltung der Schuldrechtsmodernisierungsgesetzes mit der Neuregelung der außerordentlichen Kündigung von Dauerschuldverhältnissen in § 314 BGB nF; ausführlich zur analogen Anwendung von § 89 a auch *Genzow* RdNr. 119 bis 127; *Niebling* RdNr. 111 f.; *Westphal* Vertragshändler RdNr. 152 f. und ausf. 574 f.
[805] *Stumpf/Jaletzke/Schultze* RdNr. 44, 236 f.; *Westphal* Vertragshändler RdNr. 162.
[806] *Hermes* RIW 1999, 81, 82; *Stumpf/Jaletzke/Schultze* RdNr. 132, 492, 717; *Canaris* § 17 RdNr. 23; *Westphal* Vertragshändler RdNr. 155 f. und 405 f.
[807] *Stumpf/Jaletzke/Schultze* RdNr. 886; aA *Kocher* RIW 2003, 512.
[808] AA *Canaris* § 17 RdNr. 21; *Westphal* Vertragshändler RdNr. 141.
[809] *Canaris* § 17 RdNr. 22; teilweise aA *Westphal* Vertragshändler RdNr. 161.
[810] BGH Urt. v. 9. 2. 1984 – I ZR 226/81, NJW 1984, 2411; *Stumpf/Jaletzke/Schultze* RdNr. 320, 388 f.
[811] *Westphal* Vertragshändler RdNr. 142; aA *Schröder* RdNr. 20 a; *Stumpf/Jaletzke/Schultze* RdNr. 333 (für § 87 c Abs. 2 und 3).
[812] BGH Urt. v. 2. 4. 1957 – VIII ZR 60/56, NJW 1957, 1026; BGH Urt. v. 17. 4. 2002 – VIII ZR 139/01, BB 2002, 1507 m. Bspr. *Emde* EWiR 2002, 765; *Westphal* Vertragshändler RdNr. 143.
[813] BGH Urt. v. 21. 2. 1995 – KZR 33/93, EBE 1995, 259; siehe aber auch BGH Urt. v. 9. 10. 2002 – VIII ZR 95/01, BB 2002, 2520 = EWiR 2003. 587; *Genzow* RdNr. 115 bis 117; s. a. *Westphal* Vertragshändler RdNr. 150 f.; kritisch: *Schwytz* BB 1997, 2385; s. LG Stuttgart NJW-RR 1999, 329 m. Anm. *Emde* EWiR 1999, 411.
[814] *Emde* EWiR 1999, 412; *Ulrich* in Martinek/Semler § 19 RdNr. 72.
[815] S. dazu allgemein *Ensthaler/Gesmann-Nuissl* EuZW 2006, 167 zur rechtlichen Stellung des HV innerhalb der Kfz-Vertriebssysteme.
[816] „Vertragshändlerrecht" 2. Aufl. 2003 und DAR 1999, 81.
[817] DAR 1999, 16.
[818] „Rechtsfragen des Kraftfahrzeugvertriebs durch Vertragshändler", Heidelberg 1998.
[819] „Die neue Gruppenfreistellungsverordnung für Vertikalverträge Nr. 2790/1999", WRP 2000, 1203.
[820] „Vertrieb und Betreuung neuer Kraftfahrzeuge im 21. Jahrhundert – Fragen und Antworten zur Kfz-GVO 1400/2002", BB 2002, 2133 im Anschluss an *Creutzig* WRP 2000, 1218.
[821] „Die neue Gruppenfreistellungsverordnung (EG) Nr. 1400/2002 für die Automobilbranche", NJW 2002, 2910.
[822] BGH Urt. v. 13. 7. 2004 – KZR 10/03, m. Anm. *Herbertz* EWiR 2004, 1177.

105 **g) Dem Vertragshändlervertrag angenähertes Agentursystem.** Eine Sonderform des HVVertragsverhältnisses ist das dem Vertragshändlervertrag angenäherte sog. Agentursystem, wie es von *Lange*[823] behandelt wird.

106 **9. Fachhändler.** Fachhändler[824] ist ein Eigenhändler, der sich verpflichtet, die Produkte des Herstellers abzunehmen und in einem ihm idR exklusiv eingeräumten Vertragsgebiet auf eigene Rechnung in eigenem Namen abzusetzen, wofür der Hersteller ihm neben der Exklusivität zu Verkaufshilfe und Werbung verpflichtet ist.[825] Der Fachhändlervertrag als Rahmenvertrag ist Geschäftsbesorgungsvertrag mit handelsvertreterrechtlichen Elementen. Für ihn gelten §§ 85, 86 Abs. 1 und 3, 86 a Abs. 2, 89, 90 a[826] in analoger Anwendung, nicht aber die auf die Provisionspflicht zugeschnittenen Vorschriften.[827] Die fristlose Kündigung richtet sich nunmehr nach § 314 BGB nF.[828] Nach Vertragsende besteht für den Unternehmer grds. eine Pflicht zur Rücknahme nicht abgesetzter Ware,[829] nicht aber zur Erstattung der vom Händler getätigten Investitionen.[830]

107 **10. Franchisenehmer. a) Franchisevertrag.** Bei dem Franchisevertrag,[831] schließt sich der Franchisenehmer, der jedenfalls mit Abschluss eines typischen Franchisevertrags[832] selbständiger Kaufmann werden muss,[833] einem Vertriebssystem an, welches der Franchisegeber (Unternehmer, Hersteller) zur Verfügung stellt. Gegen Zahlung einer einmaligen, bei vorzeitiger Vertragsbeendigung im Einzelfall gegebenenfalls zurückzahlbaren,[834] Lizenz- oder Eintrittsgebühr[835] sowie eines laufenden Entgelts, der sog. „Franchisegebühren",[836] wird der Franchisenehmer von dem Franchisegeber idR exklusiv und ständig damit betraut und verpflichtet,[837] unter einer vom Franchisegeber festgelegten einheitlichen Geschäftsbezeichnung dessen Waren oder Leistungen am Markt im eigenen Namen sowie auf eigene Rechnung abzusetzen[838] und hierzu die sog. Franchise oder das Franchisepaket einzusetzen und zu nutzen, also die Zusammenfassung der dem Franchisenehmer vom Franchisegeber zur Ausübung überlassenen Rechte, wie zB Warenzeichen-, Schutz- und Namensrechte, Rechte an technischer Ausstattung sowie das gesamte know how.[839] Trotz des Auftretens unter der Geschäftsbezeichnung und der Marke des Franchisegebers wird der typische Franchisenehmer jedenfalls nach den Grundsätzen des betriebsbezogenen Geschäfts als jeweiliger Betriebsinhaber Vertragspartner des (End-)Abnehmers, mit dem er den Absatzvertrag in eigenem Namen schließt.[840] Absatz- und Unternehmerrisiko trägt der Franchisenehmer,[841] weswegen das kartellrechtliche Verbot der

---

[823] „Das Recht der Netzwerke", RdNr. 606, s. a. *Skaupy* DB 1982, 2446, 2448.
[824] Ausführlich dazu : *Flohr* in Martinek/Semler § 26.
[825] *Flohr* in Martinek/Semler § 26 RdNr. 6 und 10.
[826] *Flohr* in Martinek/Semler § 26 RdNr. 80 bis 83, 103, 143 bis 150, 159 bis 160.
[827] Vgl. *Flohr* in Martinek/Semler § 26 RdNr. 83, aA für § 87 Abs. 3 RdNr. 137.
[828] *Flohr* in Martinek/Semler § 26 RdNr. 105 f.
[829] Differenzierend *Flohr* in Martinek/Semler § 26 RdNr. 138, 139.
[830] *Flohr* in Martinek/Semler § 26 RdNr. 162.
[831] Dazu: *Arnold*, Das Franchiseseminar, 1992; *Skaupy*, Franchising, Handbuch für die Betriebs- und Rechtspraxis, 2. Aufl. 1995; *Nebel/Schulz/Wessels*, Das Franchise-System, Handbuch für Franchisegeber und Franchisenehmer, 1999; *Giesler*, Franchiseverträge, 2000; *Giesler/Nauschütt*, Franchiserecht, 2002; *Martinek/Habermeier* in Martinek/Semler § 22 bis 25; *Küstner/Thume* Vertriebsrecht RdNr. 1579 bis 1823; *Karsten Schmidt* HandelsR § 28 II 3; *Canaris* § 18; *Wolf/Horn/Lindacher* § 9 AGBG RdNr. F 101 bis 122; *Skaupy* DB 1982, 2246 und NJW 1992, 1785, 1788; *Wolf/Ungeheuer* BB 1994, 1027; *Emmerich* JuS 1995, 761; *Escher* BB 1998, 1269; *Braun* NZA Sonderheft 1999, 83; *Zwecker* JA 1999, 159; *Haager* NJW 1999, 2081 und 2002, 1463; *Emde* VersR 2001, 148, 154. Eine Übersicht zu der Entwicklung des Franchiserechts besonders in der Rechtsprechung der Jahre ab 1998 gibt *Haager* in NJW 1999, 2081 und 2002, 1463. Wegen der Bedeutung und der Auswirkungen der EG-GruppenfreistellungsVO von Dezember 1999 auf Franchiseverträge siehe ausführlich *Bauer/de Bronett*, Die EU-Gruppenfreistellungsverordnung für vertikale Wettbewerbsbeschränkungen, 2001, RdNr. 43 f. und 259 f.; *Schultze/Pautke/Wagener*, Vertikal-GVO, 2001, RdNr. 286 f., 491 f. und 677 f. sowie *Fritzemeyer* BB 2002, 1658.
[832] Zu dessen Auslegung siehe *Flohr* DStR 2004, 93, 94.
[833] OLG Schleswig NJW-RR 1987, 220, 221; vgl. auch OLG Düsseldorf ZIP 1998, 624 m. abl. Anm. *Griebeling* EWiR 1998, 341; OLG Düsseldorf ZIP 1998, 1039; *Weltrich* DB 1988, 806; *Bauder* NJW 1989, 78; *Skaupy* NJW 1992, 1785; *Escher* BB 1998, 1269, 1279; *Horn/Henssler* ZIP 1998, 589, 600; kritisch: *Wank* in Martinek/Semler § 9; aA BAG Beschl. v. 16. 7. 1997 – 5 AZB 29/96, ZIP 1997, 1714. Die Frage der Anwendbarkeit des früheren § 24 AGBG auf Franchisenehmer bei erstmaliger Aufnahme einer solchen Tätigkeit behandelt ausführlich und mit zahlreichen Nachweisen OLG Oldenburg BB 2001, 2499.
[834] Ausf. dazu *Martinek/Habermeier* in Martinek/Semler § 25 RdNr. 55 a-55 c.
[835] OLG Hamburg DB 2003, 1054.
[836] *Dehe/Meeth* BB 2002, 2524; zum Ganzen *Giesler/Nauschütt* § 5 RdNr. 151 f.
[837] *Giesler/Nauschütt* § 5 RdNr. 160 f.
[838] BGH Urt. v. 20. 3. 2003 – I ZR 225/00, ZIP 2003, 1707, 1710.
[839] Siehe dazu: *Giesler* ZIP 2003, 1025; ausf. *Giesler/Nauschütt* § 5 RdNr. 109 f.
[840] OLG Hamm OLGZ 1989, 219, 221; *Büser* BB 2007, 213; *Hänlein* DB 2000, 374; *Martinek/Habermeier* in Martinek/Semler § 23 RdNr. 68 bis 78; *K. Schmidt* HandelsR § 28 II 3 a und b.
[841] OLG Schleswig NJW-RR 1987, 220, 222; kritisch *Wank* S. 282 f.

Preisbindung eingreift.[842] Insgesamt wird der Franchisevertrag unabhängig von seiner Ausgestaltung im Einzelfall **geprägt durch die drei Hauptmerkmale**[843] **(1)** der ständigen Betrauung des Franchisenehmers mit der Pflicht zur Abnahme der Produkte des Franchisegebers bei Handeln im eigenen Namen und auf eigene Rechnung,[844] **(2)** der Befugnis und Verpflichtung zur Nutzung des Systems des Franchisegebers[845] sowie **(3)** der Pflicht zur Zahlung des Entgelts an den Franchisegeber.[846] Der heute grds. **formlos** abzuschließende[847] Franchisevertrag (s. RdNr. 78) ist ein Rahmenvertrag,[848] welcher ein **Dauerschuldverhältnis** iSv. §§ 313 und 314 BGB nF[849] begründet[850] und dessen **Rechtscharakter**[851] durch die konkrete Ausgestaltung des jeweiligen Vertragsverhältnisses bestimmt wird.[852] Die **Unwirksamkeit** des Franchisevertrags erstreckt sich im Regelfall nicht auf die Belieferungs- (Kauf-) Verträge, welche die Partner des Franchisevertrags über den Erwerb des vom Franchisenehmer abzusetzenden Produkts abschließen;[853] sie kann aber zur Notwendigkeit einer Rückabwicklung führen.[854]

b) Die besonderen Pflichten des Franchisegebers. Der Franchisegeber schuldet dem Franchisenehmer[855] vor Abschluss des Franchisevertrags die umfassende, an den subjektiven Bedürfnissen des Franchisenehmers ausgerichtete Aufklärung über alle für Vertragsschluss und Vertragserfolg wesentlichen Umstände.[856] Mit Vertragsschluss entstehen neben der besonderen Treuepflicht[857] mit dem Gebot der Rücksichtnahme auf die Interessen des Franchisenehmers zunächst die Pflichten zur Einräumung der Franchise mit der Gebrauchsgewährung[858] sowie zur Systemeingliederung[859] (des Betriebs) des Franchisenehmers mit den einzelnen Verpflichtungen zu dessen Belieferung,[860] Schulung,[861] Unterstützung und Förderung.[862] Hinzukommt die besondere vertragstypische Verpflichtung des Franchisegebers, dem Franchisenehmer die Möglichkeit zum Aufbau einer dauerhaften wirtschaftlichen Existenzgrundlage zu verschaffen[863] mit der daraus folgenden Pflicht zur Gewährleistung[864] oder Haftung bei einem von dem Franchisegeber verschuldetem Fehlschlagen des Franchisekonzepts[865] oder bei falschen Angaben über das Konzept und seine Erfolgsmöglichkeiten,[866] sowie zum Schutz des Franchisenehmers vor solchen Konkurrenten sowie zur Unterlassung solcher Handlungen, welche den Hauptvertragszweck der Schaffung einer dauerhaften wirtschaftlichen Existenzgrundlage für den Franchisenehmer in vertragswidriger Weise beeinträchtigen können („Konkurrentenschutzpflicht");[867] insoweit kann der Franchisegeber dem Franchisenehmer auch für wettbewerbswidrige oder in sonstiger Weise rechtswidrige Werbemaßnahmen verantwortlich sein.[868] Außerdem unterliegt der Franchisegeber dem, allerdings abdingbaren,[869] Gebot der Gleichbehand-

---

[842] BGH Urt. v. 2. 2. 1999 – KZR 11/97, BGHZ 140, 342 = ZIP 1999, 934; vgl. auch BGH Urt. 20. 5. 2003 – KZR 27/02, EBE 2003, 333 = BB 2003, 2258 = ZIP 2004. 773 m. Anm. *Pohlmann* EWiR 2004, 289; BGH Urt. v. 20. 3. 2003 – I ZR 225/00, ZIP 2003, 1707 m. Anm. *Emde* EWiR 2004, 115.
[843] *Canaris* § 18 RdNr. 11.
[844] *Canaris* § 18 RdNr. 38 f.
[845] *Canaris* § 18 RdNr. 33.
[846] *Canaris* § 18 RdNr. 34 f.
[847] *Martinek/Habermeier* in Martinek/Semler § 23 RdNr. 15 f.
[848] *Giesler/Nauschütt* § 5 RdNr. 69.
[849] *Flohr* DStR 2004, 93, 96; s. *Giesler* ZIP 2004, 744, 746, 747 und *Giesler/Nauschütt* § 12 RdNr. 17.
[850] *Giesler/Nauschütt* § 5 RdNr. 68.
[851] Ausf. dazu *Canaris* § 18 RdNr. 5 f, 14 f.
[852] *Giesler/Nauschütt* § 5 RdNr. 70 f.
[853] BGH Urt. v. 16. 4. 1986 – VIII ZR 79/85, ZIP 1986, 781, 784; BGH Urt. v. 23. 7. 1997 – VIII ZR 130/96, EWiR 1997, 985 m. zust. Anm. *Schlechtriem*.
[854] S. d. BGH Urt. v. 14. 12. 1994 – VIII ZR 46/94, BGHZ 128, 156 = ZIP 1995, 105, 109 und OLG München BB 2002, 2521; *Giesler* WM 2001, 1441.
[855] S. d. auch Rechtsprechungsübersicht 2005 von *Emde* BB 2006, 1061, 1065.
[856] OLG Hamburg DB 2003, 1054; vgl. OLG München BB 2001, 1759 und BB 2003, 443 m. Bspr. *Giesler/Nauschütt* BB 2003, 435 sowie *Böhner* BB 2001, 1749 über Bestand und Reichweite der vorvertraglichen Aufklärungspflicht des Franchisegebers; *Flohr* DStR 2004, 93; ausf. *Martinek/Habermeier* in Martinek/Semler § 23 RdNr. 1 f.; *Canaris* § 18 RdNr. 59 f.; *Giesler/Nauschütt* § 5 RdNr. 7 f.
[857] *Canaris* § 18 RdNr. 63.
[858] *Canaris* § 18 RdNr. 48 f.
[859] *Giesler/Nauschütt* § 5 RdNr. 116 f.
[860] *Canaris* § 18 RdNr. 69; *Giesler/Nauschütt* § 5 RdNr. 130 f.
[861] *Giesler/Nauschütt* § 5 RdNr. 117.
[862] Ausf. *Canaris* § 18 RdNr. *Canaris* § 18 RdNr. 44 f.; *Giesler/Nauschütt* § 5 RdNr. 18 f., 121 f.
[863] *Giesler/Nauschütt* § 5 RdNr. 139.
[864] *Canaris* § 18 RdNr. 48 f.
[865] Siehe dazu *Giesler* ZIP 1999, 2131.
[866] Dazu OLG München NJW-RR 1997, 812 und BB 2003, 443 m. Bspr. *Giesler/Nauschütt* BB 2003, 435; *Haager* NJW 1999, 2081, 2082 und *Giesler* ZIP 2000, 2098.
[867] Dazu *Liesegang* BB 1999, 857; *Giesler/Nauschütt* § 5 RdNr. 140; ablehnend *Fritzemeyer* BB 2000, 472.
[868] Vgl. BGH Urt. v. 6. 4. 2000 – I ZR 67/98, BB 2000, 1959.
[869] *Canaris* § 18 RdNr. 68.

lung aller Franchisenehmer.[870] Bei der Werbung für das Produkt und der Preispolitik[871] muss der Franchisegeber auf die berechtigten Belange des Franchisenehmers Rücksicht nehmen und ihn vor vermeidbaren Schäden bewahren;[872] Einkaufsvorteile und Rückvergütungen, welche der Franchisegeber mit den Lieferanten ausgehandelt hat, hat er im Zweifel an den Franchisenehmer weiterzugeben.[873] Nach Vertragende besteht idR eine Rücknahmepflicht des Franchisegebers hinsichtlich der dem Franchisenehmer zum Absatz überlassenen, von diesem aber nicht mehr abzusetzenden Produkte;[874] ein Anspruch auf Ersatz von Anlauf- und Investitionsaufwendungen kann bei vorzeitigem Vertragsende gegeben sein.[875] Der Kundenstamm wird nach Vertragsende im Zweifel dem Franchisegeber zustehen, weswegen der Franchisenehmer verpflichtet sein kann, die Telefonnummern seines bisherigen Geschäfts/Betriebs auf den Franchisegeber zu übertragen.[876]

109   c) Erscheinungsformen des Franchising. Die Erscheinungsformen des Franchising[877] sind vielfältig, zudem einer ständigen Fortentwicklung unterworfen und in besonderem Maß von dem Vertriebsobjekt sowie der Ausgestaltung der im Einzelfall geschlossenen Verträge abhängig.[878] Steht der Vertrieb von Sachgütern im Mittelpunkt des Marketingkonzepts, handelt es sich um Waren-, Produkt- oder Vertriebs-Franchising. Bei dem Dienstleistungs- oder Betriebs-Franchising geht es um den Vertrieb von Dienstleistungen.[879] Nach der Ausgestaltung der Verträge sowie für deren rechtliche Erfassung und Einordnung hat *Martinek* die, für die entsprechende Anwendung des HVRechts grundlegende, Unterscheidung zwischen Subordinationsfranchising und Partnerschaftsfranchising in den Formen des Koordinations-, Koalitions- und Konföderationsfranchising entwickelt.[880] Die für die rechtliche Einordnung und Bewertung notwendige Abgrenzung zwischen den verschiedenen Formen, in denen Franchising auftreten kann, richtet sich nach dem Inhalt der jeweils geschlossenen Verträge mit den durch sie begründeten gegenseitigen Rechten und Pflichten.[881] Bei Mischformen ist entscheidend, wo nach dem Vertragsinhalt das Hauptgewicht, der Schwerpunkt, der gegenseitigen Rechte und Pflichten liegt. Der gewählten Bezeichnung kommt entscheidende Bedeutung nicht zu. Durch Ausweichen auf Franchising können die unabdingbaren Bestimmungen der §§ 84 f. oder des Arbeitsrechts nicht umgangen werden, wenn der Franchisenehmer nach Vertragsgestaltung und Handhabung des Vertragsverhältnisses tatsächlich HV oder unselbständiger Angestellter ist.[882]

110   d) Subordinationsfranchising. Subordinationsfranchising[883] ist eine Fortentwicklung des Vertragshändlervertriebs[884] und gekennzeichnet durch eine ausgeprägt weisungsabhängige Stellung des Franchisenehmers auf der Grundlage eines Geschäftsbesorgungsvertrags mit zahlreichen Elementen des Handelsvertreterrechts.[885] Subordinationsfranchising ist seinem Wesen nach Anweisungsvertrieb; zwingend hat der Franchisenehmer seinen Betrieb nach den Weisungen und Vorgaben des zur Kontrolle befugten Franchisegebers zu führen.[886] Den Franchisenehmer treffen die Hauptpflichten zur Eingliederung seines Betriebs in das Franchisesystem („Systemeingliederung"), zur Förderung des Umsatzes des Franchisegebers und gegebenenfalls des Absatzes eines von ihm vertriebenen Produkts sowie zur Zahlung des vereinbarten Entgelts.[887] Die **Selbständigkeit** des Subordinationsfranchisenehmers muss gewahrt bleiben;[888] lassen Gestaltung und/oder Handhabung des Vertrags

---

[870] *Giesler/Nauschütt* § 5 RdNr. 147; ausf. *Canaris* § 18 RdNr. 65 f.
[871] *Flohr* DStR 2004, 93, 96.
[872] BGH Urt. v. 23. 7. 1997 – VIII ZR 130/96, EBE 1997, 290.
[873] BGH Urt. v. 20. 5. 2003 – KZR 19/02, ZIP 2003, 2030 m. Anm. *Emde* EWiR 2004, 67 und Bspr. *Flohr* DStR 2004, 93, *Giesler* ZIP 2004, 744; *Canaris* § 18 RdNr. 64; *Giesler/Nauschütt* § 5 RdNr. 137; sowie *Prasse* MDR 2004, 256; s. auch BGH Urt. v. 22. 2. 2006 – VIII ZR 40/04, ZIP 2006, 810; m. Anm. *Emde* EWIR 2006, 707.
[874] BGH Urt. v. 5. 11. 1997 – VIII ZR 351/96, NJW 1998, 540; ausf. dazu *Martinek/Habermeier* in Martinek/Semler § 25 RdNr. 39 und 40 sowie RdNr. 56 f.; *Giesler/Nauschütt* § 12 RdNr. 39 f. und 13 RdNr. 16 f.
[875] Dazu ausführlich *Martinek/Habermeier* in Martinek/Semler § 25 RdNr. 30 f.; *Giesler/Nauschütt* § 12 RdNr. 82 f.
[876] OLG Köln Urt. v. 17. 9. 2004 – 19 U 171/03, HVR Nr. 1158.
[877] S. *Canaris* § 18 RdNr. 1 f.
[878] BGH Urt. v. 13. 1. 2000 – III ZR 342/98, EBE 2000, 53, 54; *Giesler/Nauschütt* § 1 RdNr. 35 f.; ausführlich dazu auch *Schmidt/Schwerdtner* Scheinselbständigkeit 1999 RdNr. 91 f. und 347 f.
[879] *Martinek* in Martinek/Semler § 23; *Wolf/Horn/Lindacher* § 9 AGBG RdNr. 102.
[880] *Martinek* in Martinek/Semler § 3 RdNr. 25; *Martinek* ZIP 1988, 1362, 1369 f.; *ders.* ZHR 161 (1997), 67, 85 f.; zustimmend: *K. Schmidt* § 28 II 3 b; kritisch und aA *Skaupy* NJW 1992, 1785, 1788; kritisch auch *Giesler* ZIP 2002, 420, 424, 425, dessen Kritik jedoch nicht überzeugt.
[881] BGH Urt. v. 13. 1. 2000 – III ZR 342/98, EBE 2000, 53, 54.
[882] AA *Bauder* NJW 1989, 78, weil der Franchisenehmer immer selbständiger Unternehmer sei.
[883] *Martinek/Habermeier* in Martinek/Semler § 22 RdNr. 20 f.
[884] *Martinek* in Martinek/Semler § 3 RdNr. 25 bis 27.
[885] OLG München BB 2002, 2521; s. d. a. *Martinek/Habermeier* in Martinek/Semler § 23 RdNr. 60; *Canaris* § 18 RdNr. 14 f. und 23.
[886] *Martinek* in Martinek/Semler § 3 RdNr. 26, § 4 RdNr. 52 f.
[887] *Martinek* in Martinek/Semler § 4 RdNr. 55, 56, 57, 59.
[888] Vgl. zum Kriterium der Selbständigkeit *Flohr* DStR 2003, 1622.

hierfür keinen ausreichenden Raum, greift § 84 Abs. 2 analog ein, der angebliche Franchisenehmer ist Angestellter.[889] Gleiches gilt, wenn die Form des Franchising gewählt oder vorgegeben wird, um die zwingenden Vorschriften des **Arbeitsrechts zu umgehen,**[890] ohne dass dem vermeintlichen Franchisenehmer die für seine Selbständigkeit typischen und notwendigen Rechte sowie Verdienstmöglichkeiten eingeräumt werden.[891] Durch § 7 Abs. 4 SGB IV[892] können auch Franchisenehmer bei Subordinationsfranchising als unselbständige Erwerbstätige der Sozialversicherungspflicht[893] sowie gemäß § 2 Nr. 9 iVm. § 231 Abs. 5 SGB VI[894] als arbeitnehmerähnliche Selbständige einer eigenständigen Rentenversicherungspflicht unterworfen werden (RdNr. 6). Insgesamt dürfte das Subordinationsfranchising wegen der Gefahr einer rechtlichen Behandlung der Franchisenehmer als unselbständige Angestellte oder arbeitnehmerähnliche Selbständige an Bedeutung verlieren; stattdessen werden neue Formen der Zusammenarbeit entwickelt werden.[895]

e) Rechtliche Ausgestaltung des Subordinationsfranchising. Subordinationsfranchising beruht idR auf einem Geschäftsbesorgungsvertrag mit stark handelsvertreterrechtlichem Einschlag (vorige RdNr.). Der Franchisenehmer ist im Zweifel nicht weniger schutzbedürftig als ein HV.[896] Auf diese Form des Franchising sind deswegen die **Vorschriften des HVRechts** des HGB **entsprechend anzuwenden,** wenn der hinter der einzelnen Norm stehende Grundgedanke wegen der Gleichartigkeit der Interessenlage auf das Verhältnis zwischen Franchisegeber und Franchisenehmer zutrifft.[897] Das ist regelmäßig nicht der Fall bei den Vorschriften des HVRechts zur Provision und deren Durchsetzung[898] sowie zum Aufwendungsersatz nach § 87 d.[899] Anwendbar sind dagegen die §§ 85,[900] 86,[901] 86 a Abs. 2,[902] §§ 89,[903] 89 a,[904] 90 und 90 a[905] sowie gegebenenfalls § 89 b (s. § 89 b)[906] und § 92 c. Eine entsprechende Anwendung des § 87 Abs. 2 und 3 kommt bei entspre-

111

111

---

[889] BGH Beschl. v. 4. 11. 1998 – VIII ZB 12/98 BGHZ 140, 11 = ZIP 1998, 2104; vgl. BAG Beschl. v. 16. 7. 1997 – 5 AZB 29/96, ZIP 1997, 1714; OLG Düsseldorf ZIP 1997, 624 und 1039; *Weltrich* DB 1988, 806; *Matthiessen* ZIP 1988, 1089; *Skaupy* NJW 1992, 1785, 1789, 1790; *Horn/Henssler* ZIP 1998, 589; *Hopt* DB 1998, 863, 866; *Braun* NZA Sonderheft 1999, 3; *Schmidt/Schwerdtner* Scheinselbständigkeit 1999 RdNr. 91 f.; RGRK-BGB/*Schliemann* § 611 RdNr. 1047; *Wolf/Horn/Lindacher* § 9 AGBG RdNr. 101.
[890] BAG Beschl. v. 16. 7. 1997 – 5 AZB 29/96, ZIP 1997, 1714; LAG Düsseldorf BB 1997, 891.
[891] Die wenig überzeugend begründete Entscheidung des BAG in dem Beschl. v. 16. 7. 1997 – 5 AZB 29/96, ZIP 1997, 1714 („Eismann" m. zust. Anm. *Buschmann* ArbuR 1997, 500 und Ausführungen von *Braun* NZA Sonderheft 1999, 3 f, *Haager* NJW 1999, 2081, 2082 sowie *Flohr* DStR 2003. 1622) zur Scheinselbständigkeit der Vertriebspartner eines wirtschaftlich bedeutenden deutschen Franchisesystems ist in Rechtsprechung und Rechtslehre auf Widerspruch gestoßen (OLG Düsseldorf ZIP 1998, 624 mit abl. Anm. *Griebeling* EWiR 1998, 341; OLG Düsseldorf ZIP 1998, 1039 m. abl. Anm. *Wank* EWiR 1998, 897; *Horn/Henssler* ZIP 1998, 589; *Bumiller* NJW 1998, 2953; s. d. a. *Boemke* JuS 1999, 14; *Haager* NJW 1999, 2081, 2082) und hat eine umfangreiche Diskussion zur Selbständigkeit von Vertriebsmittlern ausgelöst (siehe nur aus neuerer Zeit, zusammenfassend, *Hänlein* DB 2000, 374, 376); der BGH hat sich in einer ausführlich begründeten Entscheidung (Beschl. v. 4. 11. 1998 – VIII ZB 12/98 BGHZ 140, 11 = ZIP 1998, 2104) dem BAG angeschlossen, die anders lautende Entscheidung des OLG Düsseldorf ZIP 1998, 1039 abgeändert; der Entscheidung des BGH (Beschl. v. 16. 10. 2002 – VIII ZB 27/02, BB 2003, 198 = MDR 2003, 285; s. d. auch *Flohr* DStR 2003, 1622) befasst sich erneut ausführlich mit der Abgrenzung einer selbständigen von einer unselbständigen Tätigkeit eines Franchisenehmers (siehe dazu auch: OLG Düsseldorf OLGR 2003, 67). Demgegenüber bestätigt der Beschluss des BGH v. 27. 1. 2000 – III ZB 67/99, BB 2000, 483 die Rechtsstellung einer als Franchisenehmerin auf Provisionsbasis tätigen sog. Marktleiterin eines Sonderposteneinzelhandelsmarktes, welche nach der gesamten Vertragsgestaltung selbständig war. Zum Ganzen siehe auch *Giesler/Nauschütt* § 10 RdNr. 10 f. und § 11 RdNr. 50 f.
[892] IdF des Gesetzes vom 19. 12. 1998 – BGBl. I 3842, 3846, nunmehr idF des Gesetzes vom 20. 12. 1999 – BGBl. I 2000, 2; siehe dazu: *Schmidt/Schwerdtner* Scheinselbständigkeit, 1999, RdNr. 98 sowie zu der Rechtslage seit dem Korrekturgesetz vom 20. 12. 1999 *Hänlein* DB 2000, 374, 376 f.
[893] *Haager* NJW 2002, 1463, 1474; ausf. dazu *Giesler/Nauschütt* § 11.
[894] Eingefügt ebenfalls durch das Gesetz vom 19. 12. 1998.
[895] Vgl. *Braun* NJW 1999, 1617; aA *Hänlein* DB 2000, 374, 379.
[896] OLG München BB 2002, 2521, 2522; *Martinek/Habermeier* in Martinek/Semler § 23 RdNr. 60; vgl auch *Fischer* ZvglRWiss 101 (2002), 143, 147.
[897] BGH Urt. v. 17. 7. 2002 – VIII ZR 59/01, EBE 2002, 294, 295 = WM 2003, 251; *Martinek/Habermeier* in Martinek/Semler § 23 RdNr. 60 f.; *Canaris* § 18 RdNr. 23; ausf. dazu auch *Giesler/Nauschütt* § 7 RdNr. 1 f.
[898] *Martinek/Habermeier* in Martinek/Semler § 23 RdNr. 65.
[899] *Canaris* § 18 RdNr. 25.
[900] *Martinek/Habermeier* in Martinek/Semler § 23 RdNr. 61; *Canaris* § 18 RdNr. 26.
[901] S. d. *Martinek/Habermeier* in Martinek/Semler § 23 RdNr. 63 und 64; s. a. *Giesler/Nauschütt* § 7 RdNr. 17 f.
[902] Ausf. dazu *Martinek/Habermeier* in Martinek/Semler § 23 RdNr. 62; s. *Giesler/Nauschütt* § 7 RdNr. 20.
[903] BGH Urt. v. 17. 7. 2002 – VIII ZR 59/01, EBE 2002, 294 = WM 2003, 251; *Martinek/Habermeier* in Martinek/ Semler § 25 RdNr. 5, 10 f.; *Canaris* § 18 RdNr. 27; *Giesler/Nauschütt* § 12 RdNr. 23 f.; s. a. *Stoffels* DB 2004, 1871.
[904] Dazu ausführlich *Martinek/Habermeier* in Martinek/Semler § 25 RdNr. 15 f.; *Canaris* § 18 RdNr. 28; *Giesler/Nauschütt* § 7 RdNr. 13 und 12 RdNr. 44; vgl. auch *K. Schmidt* HandelsR § 28 III 1 a und b. Zur fristlosen Kündigung eines Franchisevertrags siehe BGH Urt. v. 12. 1. 1986 – I ZR 106/96, NJW 1999, 1177 m. Anm. *Martinek* EWiR 1999, 303; aA *Giesler* ZIP 2002, 420, 427.
[905] KG MDR 1974, 144; vgl. BGH Urt. v. 12. 1. 1986 – I ZR 209/84, NJW-RR 1987, 612; *Martinek/Habermeier* in Martinek/Semler § 25 RdNr. 61 f.; *Canaris* § 18 RdNr. 26; *Giesler/Nauschütt* § 7 RdNr. 14 f und 52 f.
[906] Dazu und zum Ganzen OLG München BB 2002, 2521 m. Anm. *Dehe/Meeth* BB 2002, 2524; *Martinek* ZIP 1988, 1362, 1376; *Matthiessen* ZIP 1988, 1089; *Köhler* NJW 1990, 1689; vgl. auch BGH Urt. v. 12. 1. 1986 – I ZR 209/84,

chender Vertragsgestaltung in Betracht.[907] Besonderheiten gegenüber dem Recht des HV können sich bei den Kündigungsfristen im Hinblick auf die Notwendigkeit eines längeren Auslaufzeitraums sowie einer Umstellung der vom Franchisenehmer abzusetzenden Produkte ergeben.[908] Im Übrigen ist HVRecht nicht anwendbar.[909] Neben den Bestimmungen der §§ 84 f. sind das Geschäftsbesorgungs- und das Auftragsrecht des BGB weitgehend anwendbar,[910] und zwar die §§ 664, 666, 672 bis 674 sowie gegebenenfalls § 670 iVm. § 683 BGB.[911] Wegen der persönlichen „Dienstverpflichtung" des Subordinationsfranchisenehmers darf er die ihm obliegenden Aufgaben im Zweifel nur mit Zustimmung des Franchisegebers auf einen Dritten, zB eine von ihm gegründete Gesellschaft, übertragen. Die ihm überlassenen Rechte und sonstigen Gegenstände einschließlich sämtlicher Unterlagen hat der Franchisenehmer nach Vertragsende jedenfalls in entsprechender Anwendung des § 667 BGB zurückzugeben.[912] Der besonderen Schutzbedürftigkeit des regelmäßig einem Einfirmenvertreter gleichstehenden Subordinationsfranchisenehmers muss bei Formulierung und Auslegung des Vertrags Rechung getragen werden,[913] weil der üblicherweise als Formularvertrag abgeschlossene Franchisevertrag bei einer unangemessenen Benachteiligung des Franchisenehmers einer Inhaltskontrolle nach § 307 BGB nF[914] und § 138 BGB,[915] nicht standhalten kann.[916]

112 f) **Partnerschaftsfranchising.** Bei dem durch partnerschaftliche Zusammenarbeit auf der Grundlage von Austauschverträgen gekennzeichneten Partnerschaftsfranchising[917] fehlt ein durch Weisungsunterworfenheit geprägtes Unterordnungsverhältnis. Absprachen und Mitbestimmung treten an die Stelle von Weisungen. Die Vereinbarungen der Parteien sind auf eine fortlaufende Abstimmung des beiderseitigen Verhaltens im Hinblick auf den künftigen Absatz der Waren oder Dienstleistungen unter Einsatz und Benutzung des vom Franchisegeber zur Verfügung gestellten Franchisepakets gerichtet. Eine Pflicht des Franchisenehmers zur Förderung des Absatzes des Franchisegebers besteht nicht.[918] Bei dem **Koordinationsfranchising** (Austauschfranchising)[919] werden gleichförmige Austauschverträge ohne die Pflicht des Franchisenehmers zur Befolgung von Weisungen sowie zur Wahrung der Interessen des Unternehmers geschlossen. Jeder Partner wahrt seine eigenen Interessen. Die gegenseitigen Treuepflichten sind weniger stark ausgeprägt als bei dem Subordinationsfranchising. Der Franchiseeffekt wird durch die Koordination der einzelnen Verträge mit den jeweiligen Vertragspartnern erreicht.[920] Das **Koalitionsfranchising** (Zweierbundfranchising)[921] stellt eine atypische zweigliedrige Innengesellschaft zwischen Franchisenehmer und Franchisegeber dar, die nicht nach außen am Rechtsverkehr teilnimmt und ein Gesamthandsvermögen nicht bildet. Dafür besteht eine intensive gegenseitige Treuepflicht beider Partner, die außer ihren eigenen Belangen den vereinbarten Gesellschaftszweck zu fördern haben, um den Absatz nach Maßgabe des gemeinsamen Marketingkonzepts zu verbessern und den Umsatz beider Partner auf diese Weise zu erhöhen. Hinzukommt der Abschluss einer Vielzahl gleichartiger Verträge zwischen Franchisegeber und Franchisenehmern. Durch die Parallelität der Innengesellschaftsverträge wird der Franchiseeffekt erreicht.[922] Bei dem **Konföderationsfranchising** (Bündnis- oder Blockfranchising)[923] schließen sich zum einen sämtliche Beteiligten auf Dauer durch einen Systemvertrag zu einer Innengesellschaft des BGB zusammen, deren Gegenstand die (Pflicht zur) Betriebseingliederung und Absatzförderung durch alle Gesellschafter ist; auf diese Weise entstehen Pflichten aller Beteiligten untereinander. Daneben bestehen die Einzelnen auf Bildung einer (weiteren) Innengesellschaft

---

NJW-RR 1987, 612; *Bodewig* BB 1997, 637; *Giesler* WM 2001, 1441, 1443; *Canaris* § 18 RdNr. 29 f. mwN; *Wolf/Horn/Lindacher* § 9 ABGB RdNr. F 110, 122; offengelassen von BGH Urt. v. 23. 7. 1997 – VIII ZR 130/96, EBE 1997, 290, 293, 294.
[907] AA *Martinek/Habermeier* in Martinek/Semler § 23 RdNr. 66.
[908] *Martinek/Habermeier* in Martinek/Semler § 25 RdNr. 12.
[909] *Martinek/Habermeier* in Martinek/Semler § 23 RdNr. 60 und 67 (für § 87 d); vgl. auch *K. Schmidt* HandelsR § 28 III 1 b.
[910] Ausf. *Martinek/Habermeier* in Martinek/Semler § 23 RdNr. 56 f; *Giesler/Nauschütt* § 5 RdNr. 112.
[911] S. *Böhmer* NJW 1998, 109.
[912] *Giesler/Nauschütt* § 12 RdNr. 37 f.
[913] OLG München BB 2002, 2521, 2522.
[914] S. *Martinek/Habermeier* in Martinek/Semler § 23 RdNr. 28 f.
[915] Ausf. dazu *Martinek/Habermeier* in Martinek/Semler § 23 RdNr. 18 f.; *Giesler/Nauschütt* § 4.
[916] Siehe dazu OLG München BB 2002, 2521.
[917] *Martinek/Habermeier* in Martinek/Semler § 22 RdNr. 23.
[918] *Martinek* in Martinek/Semler § 3 RdNr. 27, 64 und 65.
[919] *Martinek/Habermeier* in Martinek/Semler § 23 RdNr. 88 f.
[920] *Martinek* in Martinek/Semler § 4 RdNr. 63 bis 66; *K. Schmidt* HandelsR § 28 II 3 b.
[921] *Martinek/Habermeier* in Martinek/Semler § 23 RdNr. 92 f.
[922] *Martinek* in Martinek/Semler § 4 RdNr. 67 bis 70; *K. Schmidt* HandelsR § 28 II 3 b.
[923] *Martinek/Habermeier* in Martinek/Semler § 23 RdNr. 98 f.

gerichteten (Koalitions-)Franchiseverträge zwischen Franchisegeber und dem einzelnen Franchisenehmer.[924]

g) Rechtliche Ausgestaltung des Partnerschaftsfranchising. Auf Partnerschaftsfranchising- **113** verträge sind die Vorschriften der §§ 84 f. oder des Auftragsrechts des BGB grds. nicht anwendbar.[925] Hier besteht auch keine gesteigerte nachvertragliche Treuepflicht, sondern nur die beiderseitige Pflicht zu loyaler Durchführung und Abwicklung des Vertragsverhältnisses;[926] im Übrigen ist das Recht der jeweils gewählten Austauschverträge maßgebend, bei den gesellschaftsrechtlichen Konstruktionen das Recht der BGB-Gesellschaft, gegebenenfalls ergänzt durch eine entsprechende Anwendung des Rechts der stillen Gesellschaft nach §§ 230 f.[927] Anspruch auf „Auslaufschutz" oder Aufwendungsersatz wegen nicht amortisierter Investitionen besteht nur bei einer entsprechenden Vereinbarung.[928]

11. DDR-„Zwangsvertreter". HVVerträge, deren Zustandekommen nicht auf dem freien Ent- **114** schluss der Vertragspartner beruht, können rechtliche Anerkennung nicht beanspruchen, weswegen Provisionsforderungen auf Grund von Verträgen mit „Zwangsvertretern" der ehemaligen DDR jedenfalls rechtlich nicht durchsetzbar sind.[929]

XI. Beweislast

Wer Rechte aus dem Bestehen eines HVVertrags herleiten will, trägt die Beweislast für den **115** Vertragsschluss mit einem HV und damit für alle **Voraussetzungen des § 84 Abs. 1**[930] einschließlich der Selbständigkeit, selbst wenn der Anspruchsgegner sich auf Abs. 2 beruft. Bleiben hinsichtlich der Selbständigkeit Zweifel, gilt Abs. 2. Liegt ein schriftlicher Vertrag vor, der nach Wortlaut und Inhalt für eine (Un-)Selbständigkeit spricht, muss der Gegner ihn widerlegen.[931] Hinsichtlich der **Verjährung** hat der die Einrede der Verjährung erhebende Schuldner deren Voraussetzungen einschließlich einer rechtswirksam verkürzten Verjährungsfrist, der Gläubiger diejenigen einer Hemmung, des Neubeginns, der Verlängerung der Verjährungsfrist oder des Ausschlusses der Verjährungseinrede nach § 242 BGB zu beweisen

XII. Europarecht

Allgemeine Ausführungen und Text der HV-RiLi s. Vor § 84 Anh. **116**
Die Definition des HV in § 84 Abs. 1 **entspricht grundsätzlich** Art. 1 Abs. 2 HV-RiLi. Art. 1 Abs. 3 sowie Art. 2 Abs. 1 HV-RiLi regeln einige Zweifelsfälle, die überwiegend Besonderheiten anderer Rechtsordnungen als der deutschen betreffen. Art. 2 Abs. 2 HV-RiLi eröffnet den Mitgliedstaaten die Option, nebenberufliche HV von der Richtlinie auszunehmen (s. § 92 b).
Die Richtlinien-Formulierung in Art. 1 Abs. 2 geht begrifflich etwas über das deutsche Recht **117** hinaus, als sie von dem Vertragspartner des HV nicht als „Unternehmer", sondern von einer „andere[n] Person" spricht, so dass klargestellt ist, dass der Vertragspartner **nicht Kaufmann** im Sinne des Handelsrechts sein muss. Da jedoch auch der deutsche Begriff „Unternehmer" nach der Rspr. in diesem Sinne weit auszulegen ist (s. § 84 RdNr. 19), besteht praktisch Übereinstimmung.
Der Anwendungsbereich der Richtlinie ist allerdings insoweit beschränkt, als sie **nur auf Waren- 118 vertreter** (sowohl Verkaufs- als auch Einkaufsvertreter) Anwendung findet und den Bereich der Dienstleistungsmittler ausklammert. Für diesen Personenkreis, der von §§ 84 ff. bzw. § 92 (Versicherungs- und Bausparkassenvertreter; s. Anmerkungen dort) erfasst wird, sowie die angestellten Reisenden, auf die gem. § 65 einige Vorschriften des HV-Rechts Anwendung finden, stellt sich daher die Frage, ob die Richtlinienwirkungen, welche die deutschen Vorschriften bezüglich der Warenvertreter erfassen, auch für sie gelten. Direkt ist dies nicht der Fall. Andererseits steht es den Mitgliedstaaten frei, harmonisiertes Recht über den Anwendungsbereich der Richtlinie hinaus auch auf andere Rechtsbeziehungen zu erstrecken. Die Frage ist dann, ob der EuGH insoweit auch um Vorabentscheidungen in Auslegungsfragen gem. Art. 234 EGV gebeten werden kann, was im Hinblick auf

---
[924] *Martinek* in Martinek/Semler § 4 RdNr. 71 bis 76; *Karsten Schmidt* HandelsR § 28 II 3 b.
[925] *Martinek/Habermeier* in Martinek/Semler § 23 RdNr. 91.
[926] *Martinek/Habermeier* in Martinek/Semler § 25 RdNr. 67.
[927] *Martinek/Habermeier* in Martinek/Semler § 23 RdNr. 97.
[928] *Martinek/Habermeier* in Martinek/Semler § 25 RdNr. 51.
[929] BGH Urt. v. 20. 9. 1995 – VIII ZR 52/94, BGHZ 130, 371 – EBE 1995, 371; vgl. auch BGH Urt. v. 9. 11. 1994 – VIII ZR 41/94, BGHZ 127, 368 = NJW 1995, 318; LG Duisburg EWiR 1996, 871; vgl. hierzu *Lenders* DtZ 1992, 323; *Denny/Wastl* DtZ 1993, 75.
[930] Vgl. *Schröder* RdNr. 20 b, 27, 29.
[931] BAG Urt. v. 20. 8. 2003 – 5 AZR 610/02, NJW 2004, 461; *Hopt* DB 1998, 863, 866.

eine einheitliche Auslegung sinnvoll wäre, jedoch den Bereich der originären Zuständigkeiten des EuGH übersteigt. Der EuGH hat sich in solchen Fällen in der Vergangenheit sehr zurückgehalten; einem neueren Urteil ist nunmehr jedoch zu entnehmen, dass er seine Zuständigkeit bejaht, wenn das Gemeinschaftsrecht den fraglichen Sachverhalt zwar nicht unmittelbar regelt, aber der nationale Gesetzgeber bei der Umsetzung der Bestimmungen einer Richtlinie beschlossen hat, rein innerstaatliche Sachverhalte und Sachverhalte, die unter die Richtlinie fallen, gleichzubehandeln, und seine innerstaatlichen Rechtsvorschriften deshalb an das Gemeinschaftsrecht angepasst hat.[932]

119 Die HV-RiLi verzichtete letztlich auf eine Regelung der **Verjährung,** nachdem die im Entwurf von 1979 (s. hierzu Vor § 84 Anh. I RdNr. 2) vorgesehene 3-Jahres-Frist von einigen Mitgliedstaaten als zu lange angesehen wurde, insbesondere wegen der Aufbewahrungspflicht von Geschäftsunterlagen zu Zwecken der Beweissicherung.

§ 85 [Vertragsurkunde]

¹Jeder Teil kann verlangen, daß der Inhalt des Vertrages sowie spätere Vereinbarungen zu dem Vertrag in eine vom anderen Teil unterzeichnete Urkunde aufgenommen werden. ²Dieser Anspruch kann nicht ausgeschlossen werden.

EG-RL 86/653/EWG Art. 13 s. Vor § 84 Anh. S. 643.

Schrifttum: Siehe Schrifttumsverzeichnis vor § 84.

Übersicht

	RdNr.		RdNr.
1. Bedeutung der Vorschrift	1	5. Abtretung und Zurückbehaltungsrecht	5
2. Persönlicher Anwendungsbereich	2	6. Beweiskraft der Urkunde	6
3. Inhalt des Anspruchs und Kosten	3	7. Klage, Vollstreckung und Beweislast	7
4. Entstehen, Erlöschen und Verjährung	4	8. Europarecht	8, 9

1 **1. Bedeutung der Vorschrift.** Nach dem in § 85 niedergelegten allgemeingültigen **Rechtsgrundsatz** hat jede Vertragspartei das Recht, dass zur Klarstellung[1] (s. aber auch RdNr. 6) und Beweisführung[2] jederzeit sämtliche getroffenen vertraglichen Abmachungen, nicht jedoch einseitige Weisungen des Unternehmers,[3] in einem Schriftstück vollständig festgehalten werden und die Vertragsurkunde ausgehändigt wird,[4] damit der mit der Norm bezweckte Erfolg eintreten kann. Der Anspruch nach § 85 ist während der Vertragszeit **unabdingbar,**[5] unverzichtbar und grds. nicht verwirkbar;[6] er darf weder sachlich eingeschränkt noch in der Durchsetzung erschwert werden.[7] § 85 regelt **nicht das Zustandekommen** des Vertrags und enthält **keine Formvorschrift,** auch nicht für künftige Vertragsänderungen, wenn bereits eine Vertragsurkunde iSv. § 85 erstellt worden ist. § 85 setzt lediglich das Vorliegen eines rechtswirksamen unter §§ 84–92 c fallenden Vertrags (sowie die Forderung auf Erstellung der Urkunde) voraus. Das bei Vertragsschluss geäußerte Verlangen nach Erstellung der Urkunde löst im Zweifel die Rechtsfolge des § 154 Abs. 2 BGB aus.[8]

2 **2. Persönlicher Anwendungsbereich.** Der Anspruch aus § 85 steht jedem Vertragspartner eines HVVertrags oder eines handelsvertreterähnlich ausgestalteten Rechtsverhältnisses zu, also auch dem in den Normbereich der §§ 84 f. fallenden Kommissionsagenten,[9] Vertragshändler oder Franchisenehmer,[10] dem Untervertreter gegenüber seinem Vertragspartner und deren Rechtsnachfolgern sowie im Zweifel ebenfalls dem HV gemäß § 92 c.

3 **3. Inhalt des Anspruchs und Kosten.** Der Anspruch ist auf **Erstellung** oder **Unterzeichnung** eines bereits gefertigten Schriftstücks,[11] welches die getroffenen Abmachungen vollständig, verständ-

---

[932] EuGH, Urt. v. 17. 7. 1997, Rs. C-28/95, Leur-Bloem/Inspecteur der Belastingdienst, EuGHE 1997 I, 4161 = EuZW 1997, 658.
[1] *Westphal* Vertriebsrecht RdNr. 181.
[2] BGH Urt. v. 21. 2. 2006 – VIII ZR 61/04, EBE 2006, 122 = HVR Nr. 1139.
[3] *Küstner* HVR RdNr. 340.
[4] *Schröder* RdNr. 6.
[5] *Hopt* RdNr. 8.
[6] Vgl. *Westphal* Vertriebsrecht RdNr. 183; teilweise aA MünchKommHGB/*v. Hoyningen-Huene* RdNr. 20.
[7] MünchKommHGB/*v. Hoyningen-Huene* RdNr. 22.
[8] *Hopt* RdNr. 6; vgl. *Westphal* Vertriebsrecht RdNr. 183.
[9] *Canaris* § 16 RdNr. 12.
[10] *Canaris* § 18 RdNr. 26.
[11] MünchKommHGB/*v. Hoyningen-Huene* RdNr. 16.

lich und zutreffend wiedergibt, gegebenenfalls auf Ergänzung einer bereits vorliegenden Urkunde (RdNr. 4), sowie auf dessen **Aushändigung** an den Anspruchsteller gerichtet und von dem jeweiligen Anspruchsgegner oder seinem Rechtsnachfolger auf ausdrückliches Verlangen des Anspruchstellers zu erfüllen. Die Vertragsurkunde bedarf der Schriftform des § 126 BGB,[12] wozu auch die schriftliche Annahmeerklärung eines schriftlichen und den inhaltlichen Anforderungen des § 85 vollständig entsprechenden Vertragsangebots ausreichen kann.[13] Sowohl Wortlaut als auch Sinn und Zweck der Norm verbieten im Fall des Verlangens nach § 85 die Wahl der **elektronischen Form** gem. §§ 126a, 126b und 127 BGB idF des Gesetzes vom 13. Juli 2001 – BGBl. I S. 1542 (s. aber auch § 84) an Stelle der schriftlichen Niederlegung in einer Urkunde. Eine **Bezugnahme auf Anlagen** ist dann mit § 85 vereinbar, wenn die Haupturkunde zweifelsfrei erkennen lässt, welche einzelnen bestimmt bezeichneten Anlagen mit welchem konkreten Inhalt Bestandteil des HVVertrags und damit der Urkunde sein sollen.[14] Die **Kosten** der Urkundenerstellung sind mangels gegenteiliger Vereinbarung von den Vertragspartnern hälftig zu tragen. Die Geltendmachung des Anspruchs begründet nicht die alleinige Kostentragungspflicht.

4. Entstehen, Erlöschen und Verjährung. Der Anspruch **entsteht** mit Vertragsschluss und jeder Vertragsänderung von neuem; grundsätzlich ist nach jeder Vertragsänderung eine neue vollständige Urkunde zu erstellen,[15] ausnahmsweise kann bei geringfügigen Vertragsänderungen eine Ergänzung der bisherigen Vertragsurkunde ausreichend sein. Er **erlischt, (1)** wenn sämtliche getroffenen Abmachungen in einem Schriftstück, auch einem kaufmännischen Bestätigungsschreiben,[16] niedergelegt sind, dieses zumindest von dem Vertragspartner – auf Verlangen auch von beiden – unterzeichnet und dem Vertragspartner ausgehändigt ist, **(2)** wenn das Vertragsverhältnis vollständig abgewickelt worden ist,[17] oder **(3)** wenn, besonders nach Vertragsende, jedoch vor vollständiger Abwicklung des Vertragsverhältnisses, ein berechtigtes Interesse an der Urkundenerstellung nicht mehr gegeben und das Verlangen rechtsmissbräuchlich ist, weil zB nur noch einzelne, nicht mehr streitige Ansprüche zu erfüllen sind.[18] Untergang oder Verlust der Urkunde führen nicht zum Erlöschen des Anspruchs. Für eine **Verjährung** dieses Anspruchs vor seinem Erlöschen ist kein Raum.[19] **Erfüllungsverweigerung und Ablehnung des Verlangens** stellen idR einen wichtigen Kündigungsgrund gemäß § 89a dar,[20] sofern der Berechtigte dieses Kündigungsrecht nicht dadurch verwirkt hat, dass er in der Vergangenheit das Fehlen der Vertragsurkunde nicht beanstandet und zum Anlass einer Kündigung genommen hat (s. § 89a).[21]

5. Abtretung und Zurückbehaltungsrecht. Der Anspruch ist als bloßes Hilfsrecht nicht eigenständig abtretbar und pfändbar. An der Urkunde darf ein Zurückbehaltungsrecht nicht geltend gemacht werden.

6. Beweiskraft der Urkunde. Die gemäss § 126 Abs. 2 BGB unterzeichnete Urkunde beweist den Inhalt des Vertrags mit der Vermutung der Vollständigkeit und Richtigkeit.[22] Der Gegenbeweis ist zulässig, wenn nicht dem Verhalten der Vertragspartner bei Unterzeichnung der Urkunde der Wille zu entnehmen ist, den Vertragsinhalt verbindlich und gegebenenfalls in Abänderung oder Ergänzung früher getroffener Absprachen abschließend festzulegen, wodurch die Urkunde **konstitutive Wirkung** erhält.[23] Vor der Unterzeichnung kommen dem Entwurf rechtliche Wirkungen nicht zu.

7. Klage, Vollstreckung und Beweislast. Der Anspruch aus § 85 kann **eingeklagt** werden.[24] Dass der Unternehmer das Zustandekommen eines HVVertrags in Abrede stellt, steht der Klage nicht entgegen.[25] Um nach § 888 ZPO **vollstreckbar** zu sein, weil es sich bei Erstellung der Urkunde und ihrer Unterzeichnung um eine unvertretbare Handlung und nicht um die Abgabe einer Willens-

---

[12] BGH Urt. v. 21. 2. 2006 – VIII ZR 61/04, EBE 2006, 122 = HVR Nr. 1139.
[13] Offengelassen von BGH Urt. v. 21. 2. 2006 – VIII ZR 61/04, EBE 2006, 122 = HVR Nr. 1139.
[14] BGH Urt. v. 21. 2. 2006 – VIII ZR 61/04, EBE 2006, 122 = HVR Nr. 1139.
[15] MünchKommHGB/v. *Hoyningen-Huene* RdNr. 11; aA *Schröder* RdNr. 10.
[16] MünchKommHGB/v. *Hoyningen-Huene* RdNr. 6.
[17] MünchKommHGB/v. *Hoyningen-Huene* RdNr. 18; aA *Küstner* HVR RdNr. 345: Erlöschen mit Vertragsende.
[18] Vgl. *Küstner* HVR RdNr. 345.
[19] Vgl. auch *Küstner* HVR RdNr. 346; aA MünchKommHGB/v. *Hoyningen-Huene* RdNr. 21.
[20] BGH Urt. v. 21. 2. 2006 – VIII ZR 61/04, EBE 2006, 122 = HVR Nr. 1139; *Hopt* RdNr. 10; MünchKommHGB/v. *Hoyningen-Huene* RdNr. 25; *Westphal* Vertriebsrecht RdNr. 184.
[21] BGH Urt. v. 21. 2. 2006 – VIII ZR 61/04, EBE 2006, 122, 123 = HVR Nr. 1139.
[22] *Hopt* RdNr. 10.
[23] *Westphal* Vertriebsrecht RdNr. 182.
[24] BGH Urt. v. 4. 11. 1998 – VIII ZR 248/97, ZIP 1998, 2152, 2153.
[25] OLG Bamberg Urt. v. 6. 6. 1997 – 6 U 6/97, HVR Nr. 933.

erklärung handelt,[26] muss der **Klageantrag** den vollständigen Inhalt der zu erstellenden Urkunde, gegebenenfalls unter den vereinbarten Verweisungen auf die gesetzliche Regelung, wiedergeben. Prozessökonomischer ist **Klage auf Feststellung,** dass der geschlossene Vertrag den im Klageantrag wiederzugebenden Inhalt hat; das Feststellungsinteresse folgt aus § 85.[27] Mit der Rechtskraft des Urteils ist der Anspruch aus § 85 erfüllt. Als Anspruchsvoraussetzung muss der Kläger das Bestehen eines Vertrags[28] sowie dessen abgesprochenen Inhalt darlegen und **beweisen.**[29] Nur bewiesener Vertragsinhalt kann Gegenstand der Verurteilung sein.[30] Wenn nach dem Beweisergebnis notwendiger Vertragsinhalt nicht festzustellen ist, treten an die Stelle nicht bewiesener Absprachen die gesetzliche Regelung oder notfalls eine durch das Gericht im Weg der Auslegung vorzunehmende Vertragsergänzung.

8. Europarecht. Allgemeine Ausführungen und Text der HV-RiLi s. Vor § 84 Anh.

8 § 85 stellt die Umsetzung von Art. 13 Abs. 1 HV-RiLi dar und **entspricht** diesem in den Formulierungen.

9 Art. 13 Abs. 2 HV-RiLi eröffnet den Mitgliedstaaten der EU die Möglichkeit, die **Schriftform** insgesamt für den Vertretervertrag einzuführen. Hiervon hat die Bundesrepublik, wie auch die meisten anderen Mitgliedstaaten, **keinen Gebrauch** gemacht. In Italien ist im Übrigen die Rechtswirksamkeit eines HV-Vertrages der Eintragung in ein öffentliches Register unterworfen; dies wurde jüngst durch den EuGH für gemeinschaftsrechtswidrig erklärt.[31] Der EuGH hielt in dem Urteil fest, dass die Richtlinie zwar die Frage der Eintragung des HV in ein Register nicht behandelt, sodass die Mitgliedstaaten grundsätzlich ein solches Register vorschreiben können. Jedoch dürfe die Eintragung in ein Register nicht als Erfordernis für die Rechtsgültigkeit des HV-Vertrages aufgestellt werden, da die HV-RiLi grundsätzlich jeden HV ihrem Schutz unterstelle, ohne dass eine Einschränkung für in ein Register eingetragene Vertreter gemacht werde. Die HV-RiLi sehe des Weiteren die ausschließliche Option der Schriftform für den Abschluss eines HV-Vertrages vor, was es den Mitgliedstaaten verbiete, andere Bedingungen für die Gültigkeit des Vertragsschlusses aufzustellen.[32]

§ 86 [Pflichten des Handelsvertreters]

(1) Der Handelsvertreter hat sich um die Vermittlung oder den Abschluß von Geschäften zu bemühen; er hat hierbei das Interesse des Unternehmers wahrzunehmen.

(2) Er hat dem Unternehmer die erforderlichen Nachrichten zu geben, namentlich ihm von jeder Geschäftsvermittlung und von jedem Geschäftsabschluß unverzüglich Mitteilung zu machen.

(3) Er hat seine Pflichten mit der Sorgfalt eines ordentlichen Kaufmanns wahrzunehmen.

(4) Von den Absätzen 1 und 2 abweichende Vereinbarungen sind unwirksam.

EG-RL 86/653/EWG. Art. 3 s. Vor § 84 Anh. S. 641.

Schrifttum: Siehe zunächst das Schrifttumsverzeichnis vor § 84; wegen des älteren Schrifttums aus der Zeit vor 1990 wird auf das Schrifttumsverzeichnis der Vorauflage verwiesen: *Hopt,* Wettbewerbsfreiheit und Treuepflicht des Unternehmers bei parallelen Vertriebsformen, ZIP 1996, 1533; *Keller,* Konsignationslager – Probleme aufgrund von Vereinfachungsregelungen in einzelnen EU-Mitgliedstaaten, UR 2000, 61; *Kieninger,* Informations-, Aufklärungs- und Beratungspflichten beim Abschluß von Versicherungsverträgen, AcP 199 (1999), 190; *Rittner,* Die EG-Kommission und das Handelsvertreterrecht – Zum geplanten EG-Recht über Vertikalverträge, DB 1999, 2097; *Schriefers,* Lagerrücknahme bei Vertragsbeendigung des Händlervertrags, BB 1992, 2158; *Seifert,* Vermittlung von Versicherungen durch angestellte und selbständige Vertreter, NZA Sonderheft 1999, 6; *Thume,* Die Musterkollektion des Handelsvertreters, BB 1995, 1913; *Ulmer/Habersack,* Zur Beurteilung des Handelsvertreter- und Kommissionsagenturvertriebs nach Art. 85 Abs. 1 EGV, ZHR 159 (1995), 109.

---

[26] MünchKommZPO/*Schilken* § 888 RdNr. 4; *Hopt* RdNr. 9; aA MünchKommHGB/*v. Hoyningen-Huene* RdNr. 24; *Küstner* HVR RdNr. 349.
[27] AA *Schröder* RdNr. 13; vgl. auch BGH Urt. v. 4. 11. 1998 – VIII ZR 248/97, ZIP 1998, 2152, 2153.
[28] Vgl. OLG Bamberg Urt. v. 6. 6. 1997 – 6 U 6/97, HVR Nr. 933.
[29] *Westphal* Vertriebsrecht RdNr. 181.
[30] MünchKommHGB/*v. Hoyningen-Huene* RdNr. 23.
[31] EuGH Urt. v. 30. 4. 1998 – Rs. C-215/97 – Bellone, EuGHE 1998 I, 2191 = EuZW 1998, 409 mit Anm. von *Fock* ZEuP 2000, 106; bestätigt durch EuGH Urt. v. 13. 7. 2000 – Rs. C-456/98, Centrosteel, EuGHE 2000 I, 6007.
[32] Urt. *Bellone* (vorstehende Fn.), RdNr. 11–15.

Übersicht

	RdNr.		RdNr.
I. Bedeutung der Vorschrift	1, 2	n) Wettbewerbsverbot und Art. 81 EGV	31
1. Die Hauptpflichten des Handelsvertreters	1	o) Wettbewerbsverbot im mehrstufigen Vertragsverhältnis	32
2. Die in § 86 geregelten Nebenpflichten des Handelsvertreters	2	**III. Pflichten bei der Ausführung der einzelnen Geschäfte**	33–42
II. Pflicht zur Wahrnehmung der Interessen des Unternehmers	3–32	1. Gesetzliche Pflichten	33
1. Wahrung der Interessen des Unternehmers bei Vertragsverhandlungen	3	2. Bonitätsprüfung	34
2. Pflicht zur umfassenden Interessenwahrnehmung	4–10	3. Befolgung von Weisungen	35–38
a) Grundsatz	4	a) Gegenstand zulässiger Weisungen	35
b) Einrichtung des Gewerbebetriebs des Handelsvertreters	5	b) Abweichen von Weisungen	36
c) Allgemeine Förderung der Geschäfte des Unternehmers	6	c) Vertragliche Abmachungen	37
d) Verbot der Nachteilszufügung	7	d) Gebot der Rücksichtnahme	38
e) Interessenwahrung bei Anbahnung und Abschluss des einzelnen Kundengeschäfts	8	4. Absatz 2, § 666 BGB und § 667 BGB	39–42
		a) Mitteilung von Vermittlung und Abschluss – § 86 Abs. 2, § 666 BGB	39
f) Mehrfirmenvertreter	9	b) Herausgabepflicht – § 667 BGB	40
g) Beginn und Ende der Interessenwahrnehmungspflicht	10	c) Zeitpunkt für Mitteilung und Herausgabe	41
3. Allgemeine Informationspflicht – Absatz 2	11–15	d) Allgemeine Berichtspflicht, Zwischenberichte	42
a) Umfang	11	**IV. Gesetzliche Pflichten anlässlich der Beendigung des Handelsvertretervertrags**	43, 44
b) Zeitpunkt der Unterrichtung	12	1. Informationen und Herausgabe	43
c) Form	13	2. Schranken der Pflichten und Rechte	44
d) Erlöschen	14	**V. Vertragliche Pflichten des Handelsvertreters**	45–49
e) Information über persönliche Umstände des Handelsvertreters	15	1. Vereinbarung weitergehender Pflichten	45
4. Auskunftsanspruch	16	2. Gegenstand vertraglicher Zusatzpflichten	46–49
5. Aufbewahrungspflicht und Versicherungspflicht	17	a) Allgemeine weitere Pflichten	46
		b) Auslieferungslager	47
6. Verschwiegenheitspflicht während der Vertragszeit	18	c) Einsatz von Hilfspersonal und Untervertretern	48
7. Wettbewerbsverbot während der Vertragszeit	19–32	d) Mindestumsatz	49
a) Allgemeine Bedeutung	19	**VI. Rechtsfolgen bei Pflichtverletzungen**	50, 51
b) Konkurrenzlage	20	1. Allgemeine Grundsätze	50
c) Konkurrenzlage als Rechtsfrage	21	2. Rechtsfolgen bei Verstoß gegen Wettbewerbsverbot	51
d) Verstoß gegen das Verbot	22	**VII. Sorgfalt des Handelsvertreters – Abs. 3**	52
e) Vorbereitung künftiger Handelsvertreterverträge	23	**VIII. Unabdingbarkeit – Abs. 4**	53
f) Zweifel hinsichtlich Konkurrenzlage	24	**IX. Untervertreter und handelsvertreterähnliche Vertriebsmittler**	54
g) Erlöschen des gesetzlichen Wettbewerbsverbots	25	**X. Beweislast**	55
h) Gestattung einer Wettbewerbstätigkeit	26	**XI. Europarecht**	56–60
i) Vertragliches Wettbewerbsverbot	27		
k) Umgehung des Wettbewerbsverbots	28		
l) Wettbewerbsverbot in HV-GmbH	29		
m) Anspruchsberechtigter bei Verstoß gegen das Wettbewerbsverbot	30		

I. Bedeutung der Vorschrift

1. Die Hauptpflichten des Handelsvertreters. § 86 befasst sich mit den Pflichten des HV. **1** Seine Hauptpflichten zu **Vermittlung** und/oder **Abschluss** des **Kundenvertrags** für den Unternehmer als Geschäftsherrn sind in § 84 als notwendiger Bestandteil jeden HVVertrags festgelegt und dort abschließend behandelt (s. § 84). Die gesetzliche Formulierung, dass der HV sich um Vermittlung und Abschluss zu bemühen habe, schränkt diese Hauptpflichten nicht ein, sondern stellt nur klar, dass der HV nach dem Gesetz einen bestimmten Erfolg seiner Tätigkeit nicht schuldet.

2. Die in § 86 geregelten Nebenpflichten des Handelsvertreters. § 86 regelt in **Abs. 1 und 2** – nur unvollkommen und nicht abschließend[1] – die gesetzlichen Nebenpflichten des HV.[2] Deren wichtigste ist die in Abs. 1 HS 2 aufgeführte umfassende Interessenwahrnehmungspflicht als Ausgestaltung der allgemeinen durch **§ 266 StGB** sanktionierten[3] **vertraglichen Treuepflicht,** welche mit Abschluss des HVVertrags als eines unabdingbar[4] durch gegenseitiges Vertrauen geprägten[5] Dauerschuldverhältnisses entsteht und Bedeutung für die gesamten vertraglichen Beziehungen der Vertragspartner hat.[6] Sie bildet die rechtliche Grundlage besonders für das allgemeine Wettbewerbsverbot des HV[7] sowie für die Gebote zu umfassender Information des Unternehmers, Beachtung zulässiger Weisungen, Bonitätsprüfung sowie Verschwiegenheit auch nach Vertragsende (vgl. § 90).[8] Aus dem Charakter des HVVertrags als eines **Geschäftsbesorgungsvertrags** folgen die im Auftragsrecht des BGB – §§ 665 bis 668 – niedergelegten Pflichten des HV, welche er bei Durchführung und Abwicklung des HVVertrags sowie der Einzelnen von ihm vermittelten oder abgeschlossenen Kundengeschäfte einzuhalten hat.[9] Die Benachrichtigungspflicht der §§ 665 Satz 2 und 666 BGB ist wegen ihrer besonderen Bedeutung – methodisch überflüssigerweise – in **Abs. 2** noch einmal ausdrücklich hervorgehoben. Als Ausfluss der Vertragsfreiheit steht es den Parteien im Rahmen der durch Abs. 4 gezogenen Grenzen frei, für den HV weitere Pflichten zu begründen, die gesetzlichen Verpflichtungen einzuschränken oder zu modifizieren.[10] **Abs. 3** stellt eine Selbstverständlichkeit klar, weil der HV notwendigerweise Kaufmann ist (vgl. § 84). Der durch das Gesetz von 1989 eingefügte **Abs. 4** beschränkt die Vertragsfreiheit mit Wirkung vom 1. Januar 1990 für alle danach geschlossenen Verträge und mit Wirkung vom 1. Januar 1994 für alle noch bestehenden Altverträge (vgl. Vor § 84).

II. Pflicht zur Wahrnehmung der Interessen des Unternehmers

1. Wahrung der Interessen des Unternehmers bei Vertragsverhandlungen. Die **Treuepflicht beginnt** mit Aufnahme ernsthafter Vertragsverhandlungen und prägt die gesamte Tätigkeit des HV.[11] Spätestens bei Vertragsschluss muss der HV den Unternehmer über alle wesentlichen persönlichen Umstände **unterrichten,** die bei objektiver Würdigung aus der Sicht des Unternehmers für dessen Entscheidung zum Abschluss des HVVertrags von Bedeutung sein können.[12] Das betrifft die persönlichen und wirtschaftlichen Verhältnisse des HV – zB Verschuldung,[13] Abgabe der eidesstattlichen Versicherung in den letzten Jahren –, seine Kenntnisse und Fähigkeiten oder sonstigen Vertretungen.[14] Bei **Scheitern der Vertragsverhandlungen** besteht eine Verschwiegenheitspflicht analog § 90 hinsichtlich der dem HV anlässlich der Vertragsverhandlungen bekannt gewordenen und bereits anvertrauten Geheimnisse (s. d. § 90).[15]

2. Pflicht zur umfassenden Interessenwahrnehmung. a) Grundsatz. Der HV ist **Interessenvertreter des Unternehmers;**[16] als Ausfluss der vertraglichen Treuepflicht[17] ist er zur umfassenden Wahrnehmung der Interessen des Unternehmers verpflichtet.[18] Er muss alles tun, was im Interesse des Unternehmers erforderlich ist, alles unterlassen, was dessen Interessen widerspricht[19] oder widersprechen kann, und sich jederzeit gegenüber dem Unternehmer loyal verhalten.[20] Im Einzelnen begründet das folgende Pflichten für den HV:

---

[1] MünchKommHGB/*v. Hoyningen-Huene* RdNr. 3; *Schröder* RdNr. 1; *Staub/Brüggemann* RdNr. 1; *Küstner* HVR RdNr. 394.
[2] AA Berichtspflicht als Hauptpflicht: *Küstner* HVR RdNr. 500.
[3] OLG Köln MDR 1967, 1026 HVR Nr. 366; OLG Koblenz MDR 1968, 779.
[4] *Fischer* ZVglRWiss 101 (2002), 143, 147.
[5] So schon RG JW 1919, 450.
[6] *Küstner* HVR RdNr. 394; *Westphal* RdNr. 159.
[7] *Fischer* ZVglRWiss 101 (2002), 143, 151.
[8] Vgl. Heymann/*Sonnenschein/Weitemeyer* RdNr. 14.
[9] S. *Hopt* RdNr. 6; *Canaris* § 15 RdNr. 29.
[10] *Schröder* RdNr. 4 a.
[11] *Fischer* ZVglRWiss 101 (2002), 143, 151; vgl. *Westphal* Vertriebsrecht RdNr. 214.
[12] Vgl. OLG München Urt. v. 16. 9. 1987 – 7 U 4275/86, HVR Nr. 639.
[13] Vgl. OLG Nürnberg BB 1960, 194.
[14] *Hohn* DB 1971, 94, 96; *Schröder* RdNr. 30.
[15] Heymann/*Sonnenschein/Weitemeyer* RdNr. 11; MünchKommHGB/*v. Hoyningen-Huene* RdNr. 12.
[16] BGH Urt. v. 7. 7. 1978 – I ZR 126/76, BB 1978, 242 = HVR Nr. 522; OLG Koblenz BB 1973, 866 = HVR Nr. 469.
[17] *Schröder* RdNr. 29.
[18] *Westphal* Vertriebsrecht RdNr. 215 f.
[19] *Fischer* ZVglRWiss 101 (2002), 143, 151; Heymann/*Sonnenschein/Weitemeyer* RdNr. 1; *Hopt* RdNr. 21; MünchKommHGB/*v. Hoyningen-Huene* RdNr. 29; *Schröder* RdNr. 16.
[20] *Staub/Brüggemann* RdNr. 1.

b) Einrichtung des Gewerbebetriebs des Handelsvertreters. Seinen Gewerbebetrieb muss **5** der HV so einrichten, dass er die vertraglich übernommenen Aufgaben ordnungsgemäß erfüllen kann, das hierfür erforderliche Hilfspersonal muss er einstellen,[21] die sachlichen Mittel muss er sich beschaffen.

c) Allgemeine Förderung der Geschäfte des Unternehmers. Der HV muss alles Erforderliche unternehmen, um die Geschäfte seines Auftraggebers allgemein zu fördern und günstige Geschäftsabschlüsse für ihn zu erreichen/zu ermöglichen.[22] So hat er fortlaufend den Markt auf die Aufnahmebereitschaft für die Produkte des Unternehmers sowie das geschäftliche Verhalten der – möglichen – Kunden und Konkurrenten zu beobachten, Marktlücken ausfindig und für den Unternehmer nutzbar zu machen,[23] neben der – zur Vermittlungspflicht gehörenden – Suche nach neuen Kunden die bestehenden Kundenbeziehungen zu pflegen,[24] deswegen im Regelfall die branchenüblichen Fach- und Verkaufsmessen zu besuchen, Kundenwünsche und Anregungen, besonders zu Änderungen oder Erweiterungen des Lieferprogramms des Unternehmers entgegenzunehmen sowie Hinweisen des Unternehmers oder Dritter auf mögliche Geschäftsabschlüsse unverzüglich nachzugehen.[25] Hingegen sind **Werbung** für das Produkt im Sinn allgemeiner Öffentlichkeitsarbeit sowie allgemeine **Marktpflege** nach dem Gesetz grundsätzlich Aufgabe des Unternehmers (s. § 86 a),[26] ebenso die **Abwicklung** des vermittelten oder abgeschlossenen Geschäfts, weswegen der HV kraft Gesetzes weder mit dem Inkasso (s. § 87)[27] oder der Warenauslieferung noch mit Gewährleistung oder der Führung von Prozessen auf Grund der getätigten Geschäfte etwas zu tun hat.[28] Sind für die Nutzung des vom HV zu vertreibenden Produkts **öffentlich-rechtliche Vorschriften zu beachten** oder Erlaubnisse/Konzessionen einzuholen, obliegt dem HV die Prüfung der Rechtslage im jeweiligen Einzelfall – mit Beratung des Kunden – nur bei entsprechender Regelung im HVVertrag, was stillschweigend der Fall sein kann, wenn der Unternehmer einen HV mit ausgewiesenen Rechtskenntnissen und Erfahrungen auf diesem Gebiet beauftragt.[29]

d) Verbot der Nachteilszufügung. Der HV darf dem Unternehmer keine Nachteile zufügen.[30] **7** So ist ihm untersagt, dem Unternehmer Konkurrenz zu machen (vgl. RdNr. 18 f.), dessen Personal oder Mitarbeiter, auch andere HV, abzuwerben,[31] ihnen Hilfestellung bei einer Kündigung zu leisten[32] oder sie nachteilig zu beeinflussen, das Ansehen des Unternehmers herabzusetzen oder das zu vertreibende Produkt schlecht zu machen. Die wahrheitsgemäße Darstellung der Vor- und Nachteile des Produkts ist dem HV damit nicht verwehrt;[33] sie widerspricht nicht dem objektiven Unternehmerinteresse. Er darf Geschäfte mit Kunden, die er dem Unternehmer zuzuführen hat, nicht auf eigene Rechnung abschließen[34] oder einem Dritten vermitteln, noch Kunden bewegen, geschlossene Verträge rückgängig zu machen.[35]

e) Interessenwahrung bei Anbahnung und Abschluss des einzelnen Kundengeschäfts. Da **8** der HV allein dem Unternehmer, nicht aber dem Kunden, zur Interessenwahrung verpflichtet ist, muss er bei Vermittlung oder Abschluss der einzelnen Geschäfte für seinem Geschäftsherrn möglichst günstige Vertragsbedingungen sorgen[36] und ihn vor Schäden durch den Geschäftsabschluss bewahren. Daher hat er, als Verpflichtung gegenüber seinem Geschäftsherrn, den Kunden über das beabsichtigte Geschäft aufzuklären und zu beraten, wie es dem Geschäftsherrn obliegt (vgl. dazu auch § 84).[37] Ebenso hat er die Bonität des Kunden zu prüfen (RdNr. 29) und im Zweifel von Geschäften Abstand zu nehmen, bei welchen aus seiner Sicht die berechtigte Annahme zu Bedenken hinsichtlich der

---

[21] *Schröder* RdNr. 3.
[22] Heymann/*Sonnenschein*/*Weitemeyer* RdNr. 11; MünchKommHGB/*v. Hoyningen-Huene* RdNr. 30.
[23] OLG Celle BB 1970, 228; *Rumpf* AcP 119 (1921), 1, 89; Heymann/*Sonnenschein*/*Weitemeyer* RdNr. 19; *Hopt* RdNr. 13; MünchKommHGB/*v. Hoyningen-Huene* RdNr. 45; Staub/*Brüggemann* RdNr. 14.
[24] Heymann/*Sonnenschein*/*Weitemeyer* RdNr. 9; MünchKommHGB/*v. Hoyningen-Huene* RdNr. 45.
[25] MünchKommHGB/*v. Hoyningen-Huene* RdNr. 28.
[26] BGH Urt. v. 23. 7. 1997 – VIII ZR 130/96, EBE 1997, 290, 292; Heymann/*Sonnenschein*/*Weitemeyer* RdNr. 9; *Hopt* RdNr. 13; MünchKommHGB/*v. Hoyningen-Huene* RdNr. 45; *Schröder* RdNr. 4b; Staub/*Brüggemann* RdNr. 5.
[27] OLG Stuttgart DB 1962, 405.
[28] *Küstner* HVR RdNr. 408.
[29] Vgl. OLG Hamm BB 1968, 1017; wie hier wohl *Hopt* RdNr. 13; Staub/*Brüggemann* RdNr. 12; aA und weitergehend: MünchKommHGB/*v. Hoyningen-Huene* RdNr. 62.
[30] BGH Urt. v. 18. 6. 1964 – VII ZR 254/62, BGHZ 42, 59, 61 = NJW 1964, 1621.
[31] BGH Urt. v. 1. 6. 1983 – I ZR 78/81, BB 1983, 2136; Heymann/*Sonnenschein*/*Weitemeyer* RdNr. 11.
[32] OLG München BB 1994, 1104.
[33] *Hopt* RdNr. 24.
[34] OLG München NJW-RR 1995, 1186, 1187.
[35] OLG Koblenz BB 1973, 866.
[36] *Schröder* RdNr. 17, 19; *Küstner* HVR RdNr. 414.
[37] Siehe dazu ausführlich *Kieninger* AcP 199 (1999), 190.

Zahlungsfähigkeit oder Zahlungswilligkeit der Kunden bestehen kann,[38] oder welche durch ihre Bedingungen – zB Preise, Gewährleistungsregelung – für den Unternehmer nachteilig – zB nicht gewinnbringend – ausfallen können und deshalb objektiv nicht in dessen Interesse liegen;[39] zumindest muss er in solchen Fällen die Entscheidung des Unternehmers über einen Vertragsschluss herbeiführen. Seine eigenen Interessen des HV, besonders sein Provisionsinteresse, aber auch sein Interesse am Aufbau eines Kundenstamms, müssen wegen des grundsätzlichen Vorrangs der Interessen des Unternehmers zurücktreten, wenn das Unternehmerinteresse eine dem Interesse des HV nachteilige Entscheidung fordert.[40] Zusage oder Vereinbarung einer **Provisionsteilung** mit dem Kunden (**Provisionsweitergabe**, s. d. § 87 b) und Zahlung oder Entgegennahme von **Schmiergeld** sind dem HV grds. verboten;[41] verheimlicht der HV seinem Geschäftsherrn solche verbotenen Verhaltensweisen, verletzt er seine vertraglichen Pflichten aus dem HVvertrag.[42] Wenn die gebotene Rücksichtnahme zu einer unzumutbaren Beeinträchtigung der Belange des HV führt, muss er das Vertragsverhältnis kündigen.[43]

9 f) **Mehrfirmenvertreter.** Als Mehrfirmenvertreter schuldet der HV jedem Geschäftsherrn die Unterrichtung von seinen weiteren Handelsvertretungen sowie die umfassende Wahrnehmung seiner Interessen,[44] weswegen er für eine uneingeschränkte Erfüllung aller übernommenen Pflichten[45] sowie für eine Vermeidung von Interessenkonflikten Sorge tragen muss. So darf er nicht solche Produkte verschiedener Unternehmer anbieten, welche bei dem Kunden den gleichen Zweck erfüllen können (RdNr. 19).

10 g) **Beginn und Ende der Interessenwahrnehmungspflicht.** Die umfassende Interessenwahrnehmungspflicht beginnt mit der tatsächlichen Begründung eines HVVertragsverhältnisses zwischen den Parteien und erlischt mit dessen rechtlichem Ende.[46] Nach Vertragsende bestehen die gesetzliche Verschwiegenheitspflicht nach § 90 und ein nach § 90 a vereinbartes Wettbewerbsverbot. Außerdem unterliegt der HV der nachvertraglichen Treuepflicht hinsichtlich der Einzelnen provisionspflichtigen Verträge, welche er für den Unternehmer vermittelt oder abgeschlossen hat. Unabhängig vom Bestehen eines nachvertraglichen Wettbewerbsverbots darf der HV auch nach Ende des HVVertrags nichts unternehmen, um Erfolg oder Bestand dieser Geschäftsabschlüsse nachträglich zu vereiteln oder zu gefährden,[47] selbst wenn der Unternehmer ihm die geschuldete Provision vorenthält. Das Abwerben der Kunden des Geschäftsherrn ist nur mit Wirkung für die Zukunft – gegebenenfalls nach Ablauf eines nachvertraglichen Wettbewerbsverbots – zulässig, sofern Kundenstamm oder Kundenlisten nicht für den Unternehmer – zB als Geschäftsgeheimnis – nachvertraglich geschützt sind (s. d. § 90).[48] Nach Vertragsende schuldet der HV dem Kunden, den er über seinen Vertragspartner nicht im Unklaren lassen darf, den eindeutigen Hinweis, dass er nunmehr für einen anderen Unternehmer tätig wird.[49] Seinem früheren Auftraggeber schuldet der HV einen solchen Hinweis grds. nicht. Weitergehende nachvertragliche Einschränkungen einer Konkurrenztätigkeit können sich für den HV aus dem UWG ergeben.[50]

11 3. **Allgemeine Informationspflicht – Absatz 2. a) Umfang.** Die allgemeine Interessenwahrnehmungspflicht wird ergänzt durch eine umfassende, in Abs. 2 ausdrücklich niedergelegte Informationspflicht des HV, der den Unternehmer von sich aus und ungefragt über alles unterrichten muss, was ihm bekannt wird und bei objektiver, die Interessen des Unternehmers berücksichtigender Würdigung[51] für diesen und sein geschäftliches Verhalten von Bedeutung sein kann,[52] und damit „erforderlich" iSd. Abs. 2 ist.[53] Hierzu gehören die Ergebnisse seiner Markt- und Kundenbeob-

---

[38] *Schröder* RdNr. 17.
[39] MünchKommHGB/*v. Hoyningen-Huene* RdNr. 30; ausführlich *Schröder* RdNr. 17; vgl. *Küstner* HVR RdNr. 414.
[40] BGH Urt. v. 14. 3. 1960 – II ZR 79/58, BB 1960, 574; *Rumpf* AcP 119 (1921), 1, 92; *Grundmann* S. 567 R 11; MünchKommHGB/*v. Hoyningen-Huene* RdNr. 29; *Schröder* RdNr. 18; Staub/*Brüggemann* RdNr. 12.
[41] Vgl. Saarländisches OLG Urt. v. 18. 11. 1998 – 1 U 1010/97–193, HVR Nr. 898.
[42] Vgl. dazu allgemein BGH Urt. v. 16. 1. 2001 – XI ZR 113/00, ZIP 2001, 406.
[43] AA *Küstner* HVR RdNr. 423.
[44] *Hopt* RdNr. 24.
[45] BGH Urt. v. 27. 2. 1981 – I ZR 39/79, DB 1981, 1772.
[46] Heymann/*Sonnenschein/Weitemeyer* RdNr. 4; MünchKommHGB/*v. Hoyningen-Huene* RdNr. 11.
[47] Vgl. OLG Köln MDR 1967, 1026; Heymann/*Sonnenschein/Weitemeyer* RdNr. 11.
[48] Vgl. BGH Urt. v. 19. 11. 1970 – VII ZR 47/69, BGHZ 55, 45, 58 = NJW 1971, 462; BGH Urt. v. 28. 1. 1993 – I ZR 294/90, ZIP 1993, 703, 704; BGH Urt. v. 14. 1. 1999 – I ZR 2/97, EBE 1999, 204, 206.
[49] MünchKommHGB/*v. Hoyningen-Huene* RdNr. 11.
[50] Vgl. (zum UWG in seiner früheren Fassung) BGH Urt. v. 14. 1. 1999 – I ZR 2/97, EBE 1999, 204; LG Düsseldorf WRP 1969, 462.
[51] Vgl. BGH Urt. v. 13. 1. 1966 – VII ZR 9/64, NJW 1966, 882, 883.
[52] LAG Bremen DB 1955, 123; *Ordemann* DB 1963, 1565; *Schröder* RdNr. 20 a; vgl. Heymann/*Sonnenschein/Weitemeyer* RdNr. 21; MünchKommHGB/*v. Hoyningen-Huene* RdNr. 48; *Küstner* HVR RdNr. 500 bis 528.
[53] *Schröder* RdNr. 21.

achtungen[54] sowie alle Erfahrungen, welche der HV in oder außerhalb eines ihm zugewiesenen Vertriebsgebiets[55] mit den Produkten des Unternehmers und dessen Konkurrenten gemacht hat einschließlich der Reaktionen von Interessenten und Kunden[56] sowie der Gründe für den besseren Absatz von Konkurrenzprodukten; von Kunden oder Dritten an ihn herangetragene Wünsche,[57] Anregungen, Reklamationen oder sonstige Erklärungen muss er an den Unternehmer weiterleiten.[58] Hingegen schuldet der HV nicht Mitteilungen über **einzelne** nicht ungewöhnlich verlaufene **Kundenbesuche** sowie über **seine Arbeits- und Werbemethoden**,[59] sofern er nicht von verbindlichen Vorgaben oder dem in der Branche allgemein Üblichen abweicht; im Einzelfall kann dem Unternehmer hier ein Auskunftsanspruch zustehen. Zur **allgemeinen Berichtspflicht** siehe RdNr. 42

b) Zeitpunkt der Unterrichtung. Die Dringlichkeit der Kenntnisnahme durch den Unternehmer bestimmt den Zeitpunkt der geschuldeten Unterrichtung.[60] Erscheint bei objektiver Würdigung eine sofortige Reaktion des Unternehmers auf einen Vorgang geboten, muss der HV ihn hiervon **unverzüglich** in Kenntnis setzen. Im Übrigen genügt, besonders hinsichtlich der laufenden Beobachtungen und Erfahrungen, eine regelmäßige Information in **festen Abständen**,[61] welche sich aus den vertraglichen Abmachungen oder der Handhabung des Vertrags ergeben;[62] hier ist zudem Raum für ein begrenztes Weisungsrecht des Unternehmers (RdNr. 35 und 37).[63] Eine **regelmäßig geschuldete** zweiwöchige **Berichtspflicht** kann noch angemessen sein. Kürzere Berichtspflichten können durch Individualvereinbarung im Einzelfall festgelegt[64] und bei Vorliegen besonderer Umstände – wie zB erheblichen Umsatzrückgängen im Vertriebsbereich des HV – vom Unternehmer vorübergehend einseitig verbindlich angeordnet werden,[65] jedoch nicht zu dem Zweck, den HV und seinen Arbeitseinsatz zu kontrollieren. Eine tägliche oder für jeden einzelnen Kundenbesuch vorgeschriebene Berichtspflicht ist mit der Stellung des HV als selbständiger Kaufmann nicht vereinbar und kann auch durch Individualvertrag grundsätzlich nicht begründet werden.[66] 12

c) Form. Sofern sich der Unternehmer nicht ausdrücklich mit mündlichen Berichten zufrieden gibt, muss die Information grundsätzlich schriftlich, auch im Weg elektronischer Datenübermittlung, erfolgen und sicherstellen, dass der Unternehmer tatsächlich Kenntnis von allen mitzuteilenden Tatsachen erhält (RdNr. 39). Bestehen Verpflichtung oder Übung zur Teilnahme an regelmäßig stattfindenden Besprechungen mit dem Unternehmer, kann die Berichtspflicht in deren Rahmen (mündlich) erfüllt werden. Im Übrigen kann der Unternehmer bei einem berechtigten Interesse durch Weisung die Einhaltung bestimmter Formalien – Verwendung von Vordrucken, Formularen – verbindlich vorschreiben (RdNr. 30).[67] 13

d) Erlöschen. Die allgemeine Unterrichtungspflicht erlischt mit der rechtlichen Beendigung des HVVertrags (RdNr. 38). Danach hat der HV den Unternehmer selbst dann nicht mehr ungefragt über Erfahrungen oder Erkenntnisse zu informieren, wenn er vor Vertragsende seiner Informationspflicht vertragswidrig nicht hinreichend nachgekommen ist. Im Übrigen kann der Unternehmer jederzeit – durch Vertragsänderung – ganz oder teilweise auf sein Informationsrecht mit Wirkung für Vergangenheit und Zukunft **verzichten,** Abs. 4 steht dem nicht entgegen (s. u. RdNr. 47).[68] 14

e) Information über persönliche Umstände des Handelsvertreters. Eine unverzügliche Berichtspflicht trifft den HV außerdem hinsichtlich aller Umstände, welche für Inhalt und 15

---

[54] Vgl. Heymann/*Sonnenschein/Weitemeyer* RdNr. 22.
[55] *Schröder* RdNr. 21 a.
[56] LAG Bremen DB 1955, 123.
[57] OLG Köln DB 1971, 865.
[58] Vgl. Heymann/*Sonnenschein/Weitemeyer* RdNr. 9; MünchKommHGB/*v. Hoyningen-Huene* RdNr. 45 und 50.
[59] OLG Köln DB 1971, 865; MünchKommHGB/*v. Hoyningen-Huene* RdNr. 49.
[60] Heymann/*Sonnenschein/Weitemeyer* RdNr. 21; MünchKommHGB/*v. Hoyningen-Huene* RdNr. 48; vgl. auch *Hopt* RdNr. 42.
[61] *Hopt* RdNr. 42; aA *Westphal* RdNr. 205.
[62] MünchKommHGB/*v. Hoyningen-Huene* RdNr. 52.
[63] *Schröder* RdNr. 20 a.
[64] So wohl auch MünchKommHGB/*v. Hoyningen-Huene* RdNr. 52; einschränkend für wöchentliche Berichtsfristen: *Hopt* RdNr. 42; OLG Oldenburg DB 1964, 105.
[65] *BGH Urt. v. 13. 1. 1966* – VII ZR 9/64, NJW 1966, 882; BGH Urt. v. 24. 9. 1987 – I ZR 243/85, NJW-RR 1988, 287.
[66] BGH Urt. v. 16. 2. 1989 – I ZR 185/87, NJW-RR 1989, 862, 863; AG München HVR Nr. 147; *Hopt* RdNr. 42; MünchKommHGB/*v. Hoyningen-Huene* RdNr. 52; *Küstner* HVR RdNr. 513; vgl. auch Staub/*Brüggemann* RdNr. 18; aA: früher OLG München BB 1957, 560.
[67] Vgl. BGH Urt. v. 24. 9. 1987 – I ZR 243/85, NJW-RR 1988, 287; *Hopt* RdNr. 43; MünchKommHGB/ *v. Hoyningen-Huene* RdNr. 51.
[68] Ausführlich *Schröder* RdNr. 27, jedoch für den Rechtszustand vor 1989.

Bestand des HVVertrags von Bedeutung sein können wie zB länger andauernde Verhinderung, Erkrankung oder Arbeitsunfähigkeit des HV[69] oder seine Absicht, eine zulässige und nicht von der Genehmigung des Unternehmers abhängige weitere Handelsvertretung oder sonstige Nebentätigkeit[70] zu übernehmen,[71] selbst wenn er lediglich eine weggefallene Handelsvertretung durch eine andere ersetzen will.[72] Diese Mitteilungspflicht ist entgegen BGH[73] nicht vom Bestehen einer Konkurrenzlage abhängig, weil der HV dann im Zweifel überhaupt nicht tätig werden darf (RdNr. 18 f.). Die Mitteilungspflicht dient nicht der Herbeiführung einer Genehmigung oder dem Verbot einer solchen Tätigkeit, sondern soll dem Unternehmer einen Überblick über die sonstigen Aktivitäten seines HV mit ihren möglichen Auswirkungen auf den geschlossenen HVVertrag und die ordnungsgemäße Erfüllung der daraus folgenden Pflichten des HV geben. Hingegen schuldet der HV nicht die Mitteilung seiner **Bemühungen** um einen anderen Geschäftsherrn **für die Zeit nach Vertragsende** (RdNr. 21)[74] oder seiner bereits vereinbarten, aber erst nach Ende des HVVertrags wirksam werdenden Beteiligung an einem Konkurrenzunternehmen; **Fragen des Geschäftsherrn** hiernach muss der HV jedoch wahrheitsgemäß beantworten (s. a. § 89).[75]

16   **4. Auskunftsanspruch.** Neben den allgemeinen Informationsanspruch des Unternehmers kann dessen aus § 242 BGB hergeleiteter Auskunftsanspruch treten, wenn er im Einzelfall auf eine Auskunft angewiesen ist, welche der HV unschwer erteilen kann. Diese Auskunftspflicht kann nach Vertragsende fortbestehen und wird von einem Verzicht auf die allgemeine Berichtspflicht nicht berührt; ein Verzicht auf den Anspruch ist zulässig.[76]

17   **5. Aufbewahrungspflicht und Versicherungspflicht.** Die dem HV zur Ausübung seiner Tätigkeit vom Unternehmer überlassenen Gegenstände („Unterlagen" iSv. § 86 a), besonders Musterstücke, Musterkollektionen, Werbematerial oder Vorführgeräte, hat er sorgfältig aufzubewahren,[77] wozu auch die Sicherung vor dem unbefugten Zugriff auf die bloße Nutzungsmöglichkeit gehört,[78] jedoch kraft Gesetzes nicht zu versichern (s. § 87 a);[79] eine Versicherungspflicht auf Kosten des HV kann durch Individualabrede begründet werden.[80] Die Anforderungen an die im Einzelfall zu beachtende Sorgfalt richten sich nach dem Wert der Gegenstände.[81] Diese darf der HV ohne Einverständnis des Unternehmers weder veräußern, auch nicht im Namen des Geschäftsherrn, noch verbrauchen.[82]

18   **6. Verschwiegenheitpflicht während der Vertragszeit.** Im Rahmen der umfassenden allgemeinen Interessenwahrnehmungspflicht trifft den HV während des bestehenden Vertragsverhältnisses die in § 90 für die Zeit nach Vertragsende geregelte und dort im Einzelnen kommentierte Verschwiegenheitspflicht. Die vertragliche Verschwiegenheitspflicht reicht weiter als die nachvertragliche und erfasst alles, was der Unternehmer – für den HV erkennbar – geheim halten will;[83] im Zweifel trifft das auf alle Umstände zu, deren Bekanntwerden dem Unternehmer nachteilig sein kann,[84] womit insbesondere Kundenkreis, Preiskalkulation und Kundenlisten, Entwicklungsvorhaben sowie

---

[69] MünchKommHGB/*v. Hoyningen-Huene* RdNr. 50; Staub/*Brüggemann* RdNr. 27; dazu ausführlich *Küstner* HVR RdNr. 517 f; aA KG Urt. v. 15. 12. 1970 – 5 U 1427/70, HVR Nr. 433.
[70] OLG Düsseldorf BB 1969, 330; vgl. OLG Nürnberg BB 1965, 809.
[71] Vgl. BGH Urt. v. 19. 11. 1976 – I ZR 84/75, MDR 1977, 289, 290; Heymann/*Sonnenschein*/*Weitemeyer* RdNr. 22; aA *Küstner* RdNr. 400, vgl. auch RdNr. 452 ff.; *Westphal* RdNr. 206.
[72] *Westphal* RdNr. 170.
[73] Urt. v. 3. 5. 1995 – VIII ZR 95/94, ZIP 1995, 1001, 1003; vgl. auch BGH Urt. v. 25. 3. 1958 – VIII ZR 90/57, DB 1958, 512; auch im Fall BGH Urt. v. 19. 11. 1976 – I ZR 84/75, MDR 1977, 289 lag eine Konkurrenzlage vor; vgl. dazu auch *Hohn* DB 1967, 1897 und DB 1971, 94, 96.
[74] AA MünchKommHGB/*v. Hoyningen-Huene* RdNr. 50 und § 89 RdNr. 70; vgl. auch Staub/*Brüggemann* RdNr. 27.
[75] Staub/*Brüggemann* RdNr. 27.
[76] AA *Schröder* RdNr. 33.
[77] BGH Urt. v. 7. 4. 1993 – VIII ZR 133/92, NJW-RR 1993, 926; OLG Celle BB 1958, 894; *Thume* BB 1995, 1913, 1916 für Musterkollektion; *Schröder* § 86 a RdNr. 6.
[78] Staub/*Brüggemann* RdNr. 25.
[79] LG Köln HVR Nr. 11; *Thume* BB 1995, 1913, 1914 f.; MünchKommHGB/*v. Hoyningen-Huene* RdNr. 54; *Schröder* § 86 a RdNr. 6; *Westphal* RdNr. 194 und Vertriebsrecht RdNr. 256; teilweise aA *Küstner* HVR RdNr. 580, 589 f.; aA LG Lübeck MDR 1984, 1028.
[80] AA (wegen § 86 a Abs. 3) *Thume* BB 1995, 1915.
[81] BGH Urt. v. 7. 4. 1993 – VIII ZR 133/92, NJW-RR 1993, 926; MünchKommHGB/*v. Hoyningen-Huene* RdNr. 54; *Westphal* Vertriebsrecht RdNr. 254.
[82] MünchKommHGB/*v. Hoyningen-Huene* RdNr. 64; *Schröder* § 86 a RdNr. 6.
[83] *Schröder* RdNr. 39; ausführlich Staub/*Brüggemann* RdNr. 28 bis 32; zur Verschwiegenheitspflicht bei der HV-GmbH: *Emde* S. 180–188.
[84] Heymann/*Sonnenschein*/*Weitemeyer* RdNr. 20; MünchKommHGB/*v. Hoyningen-Huene* RdNr. 57; *Schröder* RdNr. 39.

Marktstrategien des Unternehmers, aber auch nicht für die Allgemeinheit bestimmte sonstige Unterlagen iSd. § 86 a[85] unter die vertragliche Verschwiegenheitspflicht fallen.

7. Wettbewerbsverbot während der Vertragszeit. a) Allgemeine Bedeutung. Eine besondere Ausgestaltung der allgemeinen Interessenwahrnehmungspflicht[86] mit der Verpflichtung, alles zu unterlassen, was dem Unternehmer nachteilig sein könnte, ist das gesetzliche Wettbewerbsverbot des HV für die Zeit des bestehenden Vertragsverhältnisses.[87] In dieser Zeit muss der HV auch ohne dahingehende vertragliche Vereinbarung alles unterlassen, was ihn in einen Interessenwiderstreit oder in eine Konkurrenzsituation zu dem Unternehmer bringen und dessen Interessen dadurch beeinträchtigen kann.[88] Dabei **bestimmt** grds. allein der **Unternehmer** den Umfang des Wettbewerbsverbots, dessen immanente Schranken sich jedoch aus den Geboten der Erforderlichkeit sowie der Verhältnismäßigkeit ergeben.[89] Das Verbot erstreckt sich im Zweifel auf seine – potentiellen – Produkte und Kunden sowie das Gebiet, in dem er seine Produkte vertreibt oder zu vertreiben in die Wege leitet. Dem Unternehmer steht es aber frei, das gesetzliche **Verbot** ganz **aufzuheben** („abzudingen")[90] oder in persönlicher, sachlicher und räumlicher Hinsicht (RdNr. 21) **einzuschränken** und dem HV einen stärkeren **Wettbewerb zu erlauben**, als er nach der Gesetzeslage gestattet wäre (RdNr. 26). Das Wettbewerbsverbot erfasst allerdings nur die Tätigkeit des HV für einen Konkurrenten des Unternehmers oder zu dessen Gunsten; die Kunden des Unternehmers fallen grds. nicht unter den Konkurrenzschutz;[91] sie muss der Unternehmer nach §§ 90 oder 90 a gegen ein Abwerben durch den HV schützen. Soweit ein Wettbewerbsverbot nicht besteht, darf der HV als nach dem Gesetz selbständiger Kaufmann jede weitere Tätigkeit ausüben, solange ihm ausreichende Zeit für die Erfüllung seiner Pflichten gegenüber dem Geschäftsherrn bleibt.[92]

b) Konkurrenzlage. Voraussetzung für das Verbot ist eine Wettbewerbs- oder Konkurrenzlage,[93] weswegen das Wettbewerbsverbot in **persönlicher Hinsicht** nur den Mehrfirmenvertreter treffen kann sowie ausnahmsweise den Einfirmenvertreter, der neben den Produkten des Unternehmers eigene (Konkurrenz-)Produkte vertreibt[94] oder den Anschein erweckt, für mehrere Unternehmer tätig zu werden; im Übrigen verstößt der Einfirmenvertreter bei unzulässiger Konkurrenztätigkeit gegen die allgemeine Interessenwahrnehmungspflicht. Durch Verlagerung seiner Tätigkeit in einen Bereich, in dem er anders als sein Geschäftsherr bislang nicht tätig gewesen ist, kann der HV das (vertragliche) Wettbewerbsverbot nicht **umgehen.** Die Konkurrenzlage besteht in **sachlicher Hinsicht**[95] zwischen den vom HV nach dem Vertrag zu vertreibenden Produkten (Waren oder Dienstleistungen) des Unternehmers und denjenigen seiner Konkurrenten, welche aus Sicht der als Kunden in Frage kommenden Abnehmer die Aufgaben und Zwecke der Produkte des Unternehmers ebenfalls erfüllen können.[96] Identität, Gleichartigkeit oder auch nur Vergleichbarkeit der Waren nach Preis oder Qualität sowie Überschneiden der Produktpalette[97] sind nicht erforderlich.[98] Entscheidend ist vielmehr, ob aus der Sicht der Kunden eine Konkurrenz bestehen kann, anstelle der Waren des Unternehmers auf diejenigen der Konkurrenten zuzugreifen.[99] Damit scheidet

---

[85] *Schröder* § 86 a RdNr. 5.
[86] *Canaris* § 15 RdNr. 41 greift auf § 242 BGB zurück.
[87] *Birkhahn* BB 1961, 1351 und BB 62, 1108; *Leo* BB 1962, 1106; *Brunn* AcP 163 (1964), 487; *Hohn* DB 1971, 94; *Maier* BB 1979, 500; *Rittner*, FS Reinhardt, S. 301 und DB 1999, 2097; Staub/*Brüggemann* RdNr. 33 bis 42; *Küstner* HVR RdNr. 424 bis 498; *Canaris* § 15 RdNr. 41.
[88] BGH Urt. v. 30. 1. 1963 – VIII ZR 256/61, BB 1963, 448; BGH Urt. v. 15. 12. 1967 – KZR 6/66, DB 1968, 211; BGH Urt. v. 9. 6. 1969 – VII ZR 49/67, BGHZ 52, 171, 172 = NJW 1969, 1662; vgl. auch BGH Urt. v. 25. 11. 1998 – VIII ZR 221/97, EBE 1999, 13, 15; vgl. weiterhin Heymann/*Sonnenschein/Weitemeyer* RdNr. 16; MünchKommHGB/*v. Hoyningen-Huene* RdNr. 33, 34; *Schröder* RdNr. 40 a; ausführlich auch *Küstner* HVR RdNr. 424 bis 498; aA früher noch OLG Hamburg MDR 1955, 422; enger auch noch *Birkhahn* BB 1961, 1351; dagegen *Leo* BB 1962, 1106.
[89] *Canaris* § 15 RdNr. 42.
[90] *Canaris* § 15 RdNr. 45.
[91] OLG Köln Urt. v. 21. 6. 2002 – 19 U 23/02, HVR Nr. 978.
[92] *Schröder* RdNr. 40 a.
[93] Vgl. BGH Urt. v. 7. 7. 1983 – I ZR 115/81, NJW 1984, 2101, 2102; *Hopt* RdNr. 27; auch *Küstner* HVR RdNr. 440.
[94] BGH Urt. v. 25. 3. 1958 – VIII ZR 90/57, DB 1958, 512.
[95] S. d. auch *Hopt* RdNr. 27.
[96] OLG Düsseldorf OLGR 2002. 275; vgl. OLG München BB 1955, 714; OLG Celle BB 1970, 228; MünchKommHGB/*v. Hoyningen-Huene* RdNr. 35; Staub/*Brüggemann* RdNr. 37; *Westphal* Vertriebsrecht RdNr. 219.
[97] MünchKommHGB/*v. Hoyningen-Huene* RdNr. 35; So aber *Westphal* RdNr. 162, vgl. auch RdNr. 167.
[98] Vgl. BGH Urt. v. 25. 3. 1958 – VIII ZR 90/57, DB 1958, 512; insoweit aA Heymann/*Sonnenschein/Weitemeyer* RdNr. 17; MünchKommHGB/*v. Hoyningen-Huene* RdNr. 35.
[99] OLG Düsseldorf OLGR 2002, 275; *Hopt* RdNr. 27; vgl. BGH Urt. v. 17. 1. 2001 – VIII ZR 186/99, EBE 2001, 58, 59, hier hat der BGH zu Recht eine Konkurrenzlage verneint, weil der angebliche Konkurrent des HV nur solche

eine Konkurrenzlage in sachlicher Hinsicht nur hinsichtlich solcher Waren aus, bei denen die **Gefahr einer Verdrängung des Geschäftsherrn** des HV bei den potentiellen Kunden – und damit am Markt – nicht besteht,[100] weil sie von der Funktion her ganz unterschiedlichen Anforderungen genügen müssen oder sich an verschiedenartige, nicht austauschbare Kundenkreise wenden.[101] Eine **Konkurrenzlage hinsichtlich einzelner Sortimentsteile** genügt, weil andernfalls die Gefahr besteht, dass der Kunde seinen gesamten Bedarf bei einem Drittunternehmer deckt, von dem er bereits die vom Auftraggeber des HV nicht angebotenen Produkte bezieht.[102] Durch eine **Sortimentsausweitung** des Unternehmers kann nachträglich eine Konkurrenzlage entstehen. Der HV muss eine HVertretung kündigen (s. § 89 a). Nach dem Grundsatz der **Priorität**[103] hat er im Zweifel die Produkte desjenigen Unternehmers weiter zu vertreten, für den er den Vertrieb zuerst übernommen hat, weswegen ein Grund für eine außerordentliche, jedoch den Ausgleichsanspruch erhaltende[104] Kündigung im Regelfall nur gegenüber dem sein Sortiment nachträglich ausweitenden Unternehmer bestehen wird;[105] hier kommt es allerdings auf die gesamten Umstände des Einzelfalls an, wobei auch Umsatz- und Provisionsaufkommen des HV mit den einzelnen Unternehmern von entscheidender Bedeutung sein können. Durch den Absatz nicht miteinander konkurrierender Produkte in einem gleichartigen Vertriebssystem entsteht noch keine Konkurrenzlage.[106] Diese erstreckt sich **räumlich** auf das gesamte Gebiet, in welchem der Unternehmer seine Produkte vertreibt[107] oder in absehbarer Zukunft erkennbar zu vertreiben beabsichtigt. Wegen der Gefahr von Interessenkollisionen darf der HV auch **außerhalb** eines ihm **zugewiesenen Vertragsbereichs,** Bezirks nach § 87 Abs. 2 oder Geschäftsraums[108] Konkurrenzprodukte grds. nicht vertreten.[109] Insgesamt kommt es auf die **Besonderheiten des Einzelfalls** an, die bisher höchstrichterlich entschiedenen Streitfälle und die in dem Zusammenhang aufgestellten Grundsätze[110] lassen sich grds. nicht verallgemeinern.

21   c) **Konkurrenzlage als Rechtsfrage.** Das Vorliegen einer Konkurrenzlage ist – wie das Bestehen des daraus folgenden Wettbewerbsverbots – grundsätzlich eine vom Tatrichter zu entscheidende Rechtsfrage,[111] deren Entscheidung einem Sachverständigen grundsätzlich nicht überlassen werden darf; dieser kann lediglich die für die Beantwortung der Rechtsfrage erforderlichen tatsächlichen Voraussetzungen ermitteln und feststellen (RdNr. 55).

22   d) **Verstoß gegen das Verbot.** Wenn eine Konkurrenzlage gegeben ist, verstößt jedes Handeln des HV gegen das Wettbewerbsverbot, durch welches unmittelbar oder mittelbar die Interessen des Konkurrenten gefördert werden. **Unmittelbare Konkurrenztätigkeit** liegt nicht nur im Vertrieb des Konkurrenzprodukts, sei es mit oder ohne förmliche Übernahme einer Konkurrenzvertretung, sondern in jeder sonstigen Hilfeleistung oder Unterstützung des Konkurrenten und seines Produkts.[112] Darunter fallen zB Kritik an der Ware des Geschäftsherrn verbunden mit gleichzeitigem Lob der Ware des Konkurrenten, Beratung des Konkurrenten, Überlassen von Kundenlisten oder sonstiger der Geheimhaltung unterliegenden Informationen an ihn, Belieferung von dessen Kunden, Zurverfügungstellen eigener Geschäftsräume für Zwecke des Konkurrenzunternehmens oder Abwerbung von HV oder Personal des Geschäftsherrn.[113] Eine **mittelbare Konkurrenztätigkeit** liegt zB in der Beteiligung des HV als – auch nur stiller – Gesellschafter an einem Konkurrenzunternehmen[114] oder der Gründung eines solchen, selbst wenn er nach der Vertragsgestaltung keinen unmittelbaren Einfluss auf dessen Geschäftsführung nehmen kann, sowie in jedem Geschäft,

---

Leistungen anbot, welche durch den HV und seinen Geschäftsherrn nicht erbracht werden durften; aA und bedenklich OLG München Urt. v. 16. 11. 1990 – 23 U 3703/90, HVR Nr. 699.
[100] OLG Düsseldorf OLGR 2002. 275; vgl. *Schröder* RdNr. 42.
[101] Heymann/*Sonnenschein*/*Weitemeyer* RdNr. 17; MünchKommHGB/*v. Hoyningen-Huene* RdNr. 35; enger *Westphal* RdNr. 164.
[102] OLG Düsseldorf OLGR 1999, 53 und OLGR 2000, 275 sowie Urt. v. 9. 11. 2001 – 16 U 29/01, HVR Nr. 1044; *Hopt* RdNr. 27; aA MünchKommHGB/*v. Hoyningen-Huene* RdNr. 38; wohl auch *Küstner* HVR RdNr. 444.
[103] *Hopt* RdNr. 27.
[104] *Westphal* Vertriebsrecht RdNr. 242.
[105] Vgl. Heymann/*Sonnenschein*/*Weitemeyer* RdNr. 17; MünchKommHGB/*v. Hoyningen-Huene* RdNr. 36; Staub/*Brüggemann* RdNr. 40; *Küstner* HVR RdNr. 445.
[106] OLG München NJW-RR 1995, 292, 293.
[107] *Hopt* RdNr. 27; aA MünchKommHGB/*v. Hoyningen-Huene* RdNr. 37.
[108] BGH Urt. v. 15. 12. 1967 – KZR 6/66, DB 1968, 211 für Tankstellenhalter.
[109] BGH Urt. v. 19. 11. 1976 – I ZR 84/75, MDR 1977, 289, 290; Heymann/*Sonnenschein*/*Weitemeyer* RdNr. 17; *Hopt* RdNr. 27; *Schröder* RdNr. 43a; aA MünchKommHGB/*v. Hoyningen-Huene* RdNr. 37.
[110] S. zB *Westphal* Vertriebsrecht RdNr. 220 f.
[111] OLG Düsseldorf Urt. v. 9. 11. 2001 – 16 U 29/01, HVR Nr. 1044 = OLGR 2002, 275.
[112] MünchKommHGB/*v. Hoyningen-Huene* RdNr. 34; *Westphal* RdNr. 169.
[113] Zum Ganzen Heymann/*Sonnenschein*/*Weitemeyer* RdNr. 18; *Hopt* RdNr. 28.
[114] *Schröder* RdNr. 42 a; *Westphal* RdNr. 169; teils aA *Hopt* RdNr. 26.

durch welches das Verbot umgangen werden soll.[115] Weil das Wettbewerbsverbot das vertragliche Vertrauensverhältnis sichern soll, stellen bereits solche Handlungen einen Verstoß dar, durch welche bei objektiver Würdigung der **Anschein einer unzulässigen Wettbewerbstätigkeit** entstehen kann,[116] wie zB durch die Aufnahme einer Bürogemeinschaft mit dem HV eines Konkurrenten[117] oder durch das Angebot, für die Produkte eines Konkurrenten des Geschäftsherrn zu werben[118] oder die Handelsvertretung zu übernehmen.[119] Konkurrenztätigkeiten des von ihm eingesetzten **Hilfspersonals** (RdNr. 48), Untervertreters oder Strohmanns muss der HV sich zurechnen lassen.

e) Vorbereitung künftiger Handelsvertreterverträge. Der HV darf sich bereits während des 23 bestehenden Vertragsverhältnisses um andere Auftraggeber oder sonstige Konkurrenztätigkeiten für die Zeit nach Beendigung des bestehenden HVVertrags bemühen und entsprechende Verträge, besonders HVVerträge, abschließen,[120] aber auch Verträge über eine erst nach Beendigung des HVVertrags wirksam werdende Beteiligung an einem Konkurrenzunternehmen.[121] Diese Vorsorge für die Zeit nach Vertragsende kann das Vertrauensverhältnis nicht stören, solange sichergestellt ist, dass der HV die beabsichtigte Konkurrenztätigkeit erst nach Beendigung seiner vertraglichen Verpflichtungen zu dem derzeitigen Geschäftsherrn aufnimmt,[122] was voraussetzt, dass der HV nach außen, also insbesondere gegenüber Kunden und Interessenten, noch nicht für den künftigen Geschäftsherrn tätig wird.[123] Ebenso darf der vertraglich noch gebundene HV nicht andere HV, Arbeitnehmer oder auch Kunden zum Bruch oder zur ordentlichen Kündigung bestehender Verträge mit dem bisherigen Geschäftsherrn verleiten; erst nach Ende der vertraglichen Bindung an den bisherigen Geschäftsherren darf der HV dessen Mitarbeiter oder Kunden abwerben.[124] Verstöße gegen diese Pflichten des HV begründen für den Unternehmer das Recht auf Unterlassung, außerordentliche Kündigung und gegebenenfalls auf Schadensersatz.[125] Die Furcht des bisherigen Geschäftsherrn, dass der sich um einen Folgeunternehmer bemühende HV bis zum Vertragsende seine Interessen nicht mehr mit vollem Einsatz wahrnehmen werde, rechtfertigt die Annahme einer unzulässigen Konkurrenztätigkeit noch nicht.

f) Zweifel hinsichtlich Konkurrenzlage. Ist bei objektiver Würdigung zweifelhaft, ob eine 24 Konkurrenzlage oder ein unzulässiges Wettbewerbsverhalten vorliegen können, muss der HV die – für ihn dann verbindliche – Entscheidung des Unternehmers herbeiführen[126] oder die beabsichtigte Handlung unterlassen.[127]

g) Erlöschen des gesetzlichen Wettbewerbsverbots. Das gesetzliche Wettbewerbsverbot erlischt mit dem – rechtlichen – Ende des HVVertrags (s. § 90 a).[128] Wenn der HV eine ihm gegenüber ausgesprochene außerordentliche Kündigung für unberechtigt hält und weiterhin die vertraglichen Rechte beansprucht, muss er das Wettbewerbsverbot grds. einhalten;[129] ebenso trägt er grds. das Risiko und die Folgen einer verbotenen Wettbewerbstätigkeit, wenn er eine Konkurrenztätigkeit aufnimmt, obwohl der Unternehmer die vom HV ausgesprochene außerordentliche Kündigung für unwirksam hält und auf Erfüllung des Vertrags besteht. Wegen der möglichen Unbeachtlichkeit des Wettbewerbsverbots im Fall einer unberechtigten außerordentlichen Kündigung wird auf die Erläuterungen zu § 89 a verwiesen.

h) Gestattung einer Wettbewerbstätigkeit. Dem Unternehmer steht es frei, dem HV oder 26 dem Versicherungsvertreter, der ebenfalls nicht zwingend Einfirmen- oder Einkonzernvertreter sein

---

[115] OLG Hamm NJW-RR 1987, 1114; Heymann/*Sonnenschein/Weitemeyer* RdNr. 18; *Hopt* RdNr. 29; *Küstner* HVR RdNr. 455 f.
[116] BGH Urt. v. 20. 1. 1969 – VII ZR 60/66, VersR 1969, 372, 373; *Küstner* HVR RdNr. 432.
[117] BGH Urt. v. 20. 1. 1969 – VII ZR 60/66, VersR 1969, 372, 373; *Hopt* RdNr. 28.
[118] OLG Nürnberg BB 1961, 64; MünchKommHGB/*v. Hoyningen-Huene* RdNr. 44.
[119] *Hopt* RdNr. 28.
[120] BGH Urt. v. 4. 5. 1959 – II ZR 160/57, HVR Nr. 246; s. a. Erl. zu § 60 und LAG Köln MDR 2002. 100 für Arbeitsverträge.
[121] BGH Urt. v. 14. 11. 1974 – VII ZR 34/73, HVR Nr. 485.
[122] BGH Urt. v. 18. 6. 1964 – VII ZR 254/62, BGHZ 42, 59, 62 = NJW 1964, 1621; OLG München VersR 1957, 97; *Hopt* RdNr. 26; *Schröder* RdNr. 43 b; *Küstner* HVR RdNr. 436, 437.
[123] Vgl dazu – aus arbeitsrechtlicher Sicht – *Moll* GmbHR 2005, 542, 543 (Urteilsanm. zu OLG Celle GmbHR 2005, 541) und *Schmiedl* BB 2003, 1120, 1121; das dort Gesagte gilt in gleicher Weise für den HV.
[124] Vgl. BGH Urt. v. 7. 4. 2005 – I ZR 140/02, ZIP 2005, 1380.
[125] Vgl. *Schmiedl* BB 2003, 1120, 1121, 1123.
[126] BGH Urt. v. 25. 3. 1958 – VIII ZR 90/57, HVR Nr. 163; LG Tübingen HVR Nr. 199.
[127] *Westphal* RdNr. 162 und Vertriebsrecht RdNr. 218; vgl. OLG Stuttgart Urt. v. 29. 10. 1986 – 13 U 281/84, HVR Nr. 627; OLG Düsseldorf OLGR 2002, 275, 276; *Küstner* HVR RdNr. 431; Staub/*Brüggemann* RdNr. 37.
[128] *Küstner* HVR RdNr. 425, 429, 430.
[129] BGH Urt. v. 30. 6. 1954 – II ZR 26/53, MDR 1954, 606; *Schröder* RdNr. 42 a.

§ 86 27

muss,[130] die Aufnahme einer unter das gesetzliche Wettbewerbsverbot fallenden Tätigkeit ausdrücklich oder durch schlüssiges Verhalten – Dulden – zu gestatten (RdNr. 19);[131] der Vertragsschluss mit einem HV in Kenntnis der Tatsache, dass der HV bereits ein Konkurrenzunternehmen vertritt, enthält die zumindest stillschweigend erklärte Gestattung dieser Tätigkeit.[132] Einen Anspruch hierauf hat der HV selbst dann nicht, wenn der Unternehmer anderen HV eine gleichartige Tätigkeit erlaubt hat (vgl. § 84),[133] was jedoch ein – sogar entscheidendes – Indiz dafür sein kann, dass eine Konkurrenzlage nicht besteht.[134] Aus der Natur der Handelsvertretung kann im Einzelfall bei Üblichkeit oder Notwendigkeit des Vertriebs von Konkurrenzprodukten – zB bei Reisebüros oder dem Vertrieb von Electronic – Geräten[135] – ohne ausdrückliche Erklärung auf die Zulässigkeit solcher Konkurrenzvertretung geschlossen werden.[136] Die Gestattung ist im Zweifel eng auszulegen. Regelmäßig wird die Freistellung von dem Wettbewerbsverbot eine Vertragsänderung darstellen, welche ohne entsprechenden vertraglichen Vorbehalt nicht mehr einseitig widerruflich ist.[137] Die einseitige vorbehaltlos erteilte Gestattung kann nur unter Berücksichtigung der berechtigten Belange des HV zurückgenommen werden. Die vertragliche Entbindung des HV von dem gesetzlichen Wettbewerbsverbot berechtigt ihn im Zweifel, gegenüber dem Unternehmer Stillschweigen über seine Drittgeschäfte zu bewahren.[138] Endet eine gestattete Konkurrenzvertretung, darf der HV den Vertrieb der Produkte eines anderen Konkurrenten des Unternehmers nur mit dessen erneuter Genehmigung übernehmen.[139]

27 **i) Vertragliches Wettbewerbsverbot.** Durch Vereinbarung eines vertraglichen Wettbewerbsverbots, das inhaltlich eindeutig und unmissverständlich formuliert sein muss, können die Vertragspartner dem HV weitere Bindungen auferlegen und Handlungen untersagen, welche nicht unter das gesetzliche Verbot fallen.[140] Hierunter fällt die Vereinbarung, dass die Aufnahme weiterer – gesetzlich an sich zulässiger – Handelsvertretungen durch den HV von der vorab einzuholenden Zustimmung des Unternehmers abhängig sein soll; sie hat der Unternehmer, wenn nichts Gegenteiliges vereinbart ist, nach billigem, gerichtlich nachprüfbarem Ermessen zu erteilen (§ 315 BGB).[141] Hingegen liegt ein vertragliches Wettbewerbsverbot nicht darin, dass die dem HV übertragene HVertretung tatsächlich einen Arbeitsaufwand erfordert, der zeitlich weitere Tätigkeiten ausschließt (s. § 92 a).[142] Die vertragliche Beschränkung der Vertriebstätigkeit des HV auf bestimmte Produkte des Unternehmers enthält im Zweifel nicht das Verbot, andere nicht unter das damit konkretisierte Wettbewerbsverbot fallende Produkte für dritte Unternehmer zu vertreiben.[143] Ein über die gesetzlichen Bindungen hinausgehendes vertragliches Wettbewerbsverbot kann für den **Warenvertreter** nicht durch **AGB** oder **Formularvertrag** vereinbart und mittels Vertragsstrafen gesichert werden,[144] wohl aber für den **Versicherungsvertreter,**[145] bei dem eine solche Regelung im Zweifel nur das gesetzliche Konkurrenzverbot bestätigt; fehlt es ausnahmsweise an einer Konkurrenzlage, gilt für den Versicherungsvertreter das Gleiche wie für den Warenvertreter.[146] In jedem Fall muss ein vertragliches Verbot auf die schutzwürdigen Belange des HV Rücksicht nehmen[147] sowie die Schranken von Erforderlichkeit und Verhältnismäßigkeit einhalten;[148] es darf nicht in rechtsmissbräuchlicher Weise ausgeübt werden;[149] sein Ziel muss die

---

[130] OLG Nürnberg NJW-RR 1995, 227, 229.
[131] Heymann/*Sonnenschein/Weitemeyer* RdNr. 18; *Hopt* RdNr. 30; *Westphal* RdNr. 170 und Vertriebsrecht RdNr. 231 f.
[132] S. OLG Düsseldorf Urt. v. 5. 8. 1955 – 2 U 15/55, HVR Nr. 106.
[133] *Hopt* RdNr. 30.
[134] MünchKommHGB/*v. Hoyningen-Huene* RdNr. 40.
[135] *Westphal* Vertriebsrecht RdNr. 231.
[136] BGH Urt. v. 15. 12. 1967 – KZR 6/66, DB 1968, 211 und BGH Urt. v. 9. 6. 1969 – VII ZR 49/67, BGHZ 52, 171, 178 = NJW 1969, 1662 für Tankstellen; BGH Urt. v. 25. 9. 1990 – KVR 2/89, BGHZ 112, 218, 222 = NJW 1991, 490; MünchKommHGB/*v. Hoyningen-Huene* RdNr. 35.
[137] S. d. auch OLG Köln Urt. v. 23. 2. 1972 – 2 U 81/71, HVR Nr. 454.
[138] OLG Frankfurt Urt. v. 11. 9. 2003 – 24 U 145/02, HVR Nr. 1088.
[139] OLG München Urt. v. 15. 12. 1989 – 23 U 4803/89, HVR Nr. 683; OLG Hamm Urt. v. 6. 6. 1991 – 18 U 114/90, HVR Nr. 753.
[140] Heymann/*Sonnenschein/Weitemeyer* RdNr. 7; MünchKommHGB/*v. Hoyningen-Huene* RdNr. 41; *Schröder* RdNr. 41.
[141] OLG München BB 1993, 1835; dazu ausführlich *Schröder* RdNr. 40 und – auch aus kartellrechtlicher Sicht – *Ebenroth/Obermann* DB 1981, 829.
[142] Heymann/*Sonnenschein/Weitemeyer* RdNr. 7.
[143] OLG Saarbrücken Beschl. v. 29. 7. 2004 – 5 W 144/04–49, HVR Nr. 1169.
[144] OLG München NJW-RR 1995, 292.
[145] OLG München BB 1993, 1835.
[146] Undifferenziert für die Vereinbarung des Verbots durch AGB: Heymann/*Sonnenschein/Weitemeyer* RdNr. 7.
[147] *Hopt* RdNr. 26; vgl. *Westphal* RdNr. 165.
[148] *Canaris* § 15 RdNr. 45.
[149] Vgl. BGH Urt. v. 11. 1. 2006 – VIII ZR 396/0, EBE 2006 LS 167/06.

Ausschaltung von illoyaler[150] Konkurrenz sein,[151] andernfalls kann die Berufung auf ein vertragliches Wettbewerbsverbot – im Gegensatz zu dem gesetzlichen Verbot –[152] nach § 242 BGB unzulässig sein.[153] Wegen der einem vertraglichen Wettbewerbsverbot durch das Kartellrecht (früher § 18 GWB aF) gezogenen Grenzen[154] wird auf die Ausführungen bei § 84 verwiesen.

k) Umgehung des Wettbewerbsverbots. Durch Gründung weiterer Handelsvertretungen, Untervertretungen[155] oder das Vorschieben eines Angehörigen oder Strohmannes als scheinbar eigenständig tätige HV, welche die dem HV verbotene Konkurrenztätigkeit wahrnehmen, können gesetzliches oder vertragliches Wettbewerbsverbot nicht umgangen werden (vgl. § 84).[156] 28

l) Wettbewerbsverbot in HV-GmbH. Das vertraglich einer HV-GmbH auferlegte Wettbewerbsverbot trifft kraft Gesetzes weder deren Geschäftsführer persönlich noch die Angestellten (s. d. § 84) oder Gesellschafter,[157] sofern nicht eine Auslegung des Vertrags eine Erstreckung des Verbots auf bestimmte hinter der GmbH stehende oder für sie tätig werdende Personen ergibt. Die an § 242 BGB ausgerichtete Auslegung wird regelmäßig und unabhängig vom Wortlaut der Verbotsvereinbarung eine solche persönliche Bindung an das Verbot ergeben,[158] weil es einem dringenden und legitimen, mit dem Gebot von Treu und Glauben in Einklang stehenden Bedürfnis des Vertragspartners einer GmbH entsprechen wird, jedenfalls den Alleingesellschafter und/oder Geschäftsführer einer solchen GmbH in das von seiner Gesellschaft eingegangene Wettbewerbsverbot einzubeziehen. 29

m) Anspruchsberechtigter bei Verstoß gegen Wettbewerbsverbot. Berechtigter aus dem Wettbewerbsverbot ist der Unternehmer als Vertragspartner und Geschäftsherr des HV. Das Recht auf Unterlassung verbotenen Wettbewerbs ist nicht eigenständig abtretbar. Konkurrenten des HV haben keinen Anspruch gegen ihn auf Beachtung des gesetzlichen oder vertraglichen Wettbewerbsverbots,[159] es sei denn, der HV handelt wettbewerbswidrig iSd. UWG. 30

n) Wettbewerbsverbot und Art. 81 EGV. Nach den Vorstellungen der EG-Kommission soll der sog. „unechte" Handelsvertreter (s. § 84) anders als der „echte" Handelsvertreter[160] in den Anwendungsbereich des Art. 81 EGV fallen (s. im Einzelnen Vor § 84). 31

o) Wettbewerbsverbot im mehrstufigen Vertragsverhältnis. Im mehrstufigen Vertragsverhältnis hat der Hauptvertreter grds. dafür Sorge zu tragen, dass sein echter Untervertreter (s. § 84) das dem Hauptvertreter obliegende gesetzliche und vertragliche Wettbewerbsverbot einhält. Der Hauptvertreter hat grds. Wettbewerbsverstöße des echten Untervertreters gegenüber dem Unternehmer zu verantworten.[161] Den unechten Untervertreter trifft ein eigenständiges Wettbewerbsverbot; hier entscheiden die jeweiligen Abmachungen, ob und inwieweit diesem Untervertreter zudem (weitergehende) Wettbewerbsverbote gegenüber dem Hauptvertreter obliegen. 32

III. Pflichten bei der Ausführung der einzelnen Geschäfte

1. Gesetzliche Pflichten. Die gesetzlichen Pflichten des HV bei der Ausführung der Einzelnen ihm vom Unternehmer übertragenen Aufgaben ergeben sich aus der Interessenwahrnehmungspflicht mit der daraus folgenden Pflicht zu Bonitätsprüfung und Befolgung von Weisungen, wie sie in § 665 BGB vorgesehen ist, sowie ergänzend aus § 86 Abs. 2, § 666 sowie § 667 BGB.[162] 33

2. Bonitätsprüfung. Wegen der gesetzlichen Pflicht, den Unternehmer vor Schaden zu bewahren, muss der HV vor Vermittlung oder Vertragsschluss das ihm Zumutbare unternehmen, um die Bonität der in Aussicht genommenen Kunden festzustellen.[163] Im Rahmen seiner Möglichkeiten hat er sich über die geschäftlichen Verhältnisse der künftigen Kunden sowie deren Kreditwürdigkeit 34

---

[150] Vgl. OLG Saarbrücken ZIP 2001, 164, 165.
[151] Vgl. OLG Düsseldorf DB 1990, 1960.
[152] AA wohl *Westphal* RdNr. 165.
[153] Vgl. BGH Urt. v. 9. 6. 1969 – VII ZR 49/67, BGHZ 52, 171, 180 = NJW 1969, 1662; Heymann/*Sonnenschein*/*Weitemeyer* RdNr. 19; einschränkend *Hopt* RdNr. 31.
[154] S. ausf. *Hopt* RdNr. 34–39.
[155] *Emde* S. 189–195.
[156] BGH Urt. v. 6. 7. 1970 – II ZR 18/69, BB 1970, 1374; BGH Urt. v. 30. 11. 2004 – X R 109/02, ZIP 2005, 296, 298; *Westphal* RdNr. 168.
[157] Vgl. dazu auch *Emde* S. 159–179 und GmbH 1999, 1005, 1013.
[158] BGH Urt. v. 30. 11. 2004 – X R 109/02, ZIP 2005, 296, 298.
[159] BGH Urt. v. 27. 6. 1975 – I ZR 97/74, WM 1975, 1214.
[160] Siehe dazu auch *Lenz/Grill*, EG-Vertrag, 2. Aufl., Art. 81 RdNr. 24.
[161] AA OLG Köln Urt. v. 27. 1. 2000 – 12 U 95/99, HVR Nr. 979.
[162] BGH Urt. v. 8. 11. 2005 – KZR 18/04, ZIP 2006, 288, 289 m. Anm. Hensen EWIR 2006, 129.
[163] RGZ 18, 112; OLG Düsseldorf Urt. v. 16. 2. 1954 – 2 U 177/52, HVR Nr. 59; LG Bonn HVR Nr. 60; *Rumpf* AcP 119 (1921), 1, 92; Staub/*Brüggemann* RdNr. 12; ausführlich: *Küstner* HVR RdNr. 415 bis 421.

zu erkundigen,[164] wobei Ausmaß und Intensität der Prüfung sich nach Größenordnung und Risiko des in Aussicht genommenen Geschäfts für den Unternehmer richten. Da der Unternehmer ebenfalls die Bonität seiner Kunden zu überprüfen hat,[165] trifft den Abschlussvertreter eine umfassendere Prüfungspflicht als den Vermittlungsvertreter. Kostenpflichtige Kreditauskünfte braucht der HV im Zweifel nicht einzuholen (s. d. § 87 d).[166] Vom Ergebnis seiner Prüfung hat er den Unternehmer spätestens bei der Meldung des vermittelten Geschäfts zu unterrichten.[167] Dabei hat er auch bekannt gewordene negative Einschätzungen Dritter mitzuteilen, selbst wenn er sie nicht teilt.[168] Der Abschlussvertreter hat, wenn Zweifel an der Bonität des Kunden bestehen, vor Vertragsschluss die Entscheidung des Unternehmers herbeizuführen. Für die Folgen einer fahrlässigen Fehleinschätzung hat der HV dem Unternehmer nicht einzustehen.[169] Eine ständige Überprüfung der Kunden obliegt dem HV nicht.[170] Mit der erstmaligen Überprüfung erfüllt er seine Bonitätsprüfungspflicht. Sie lebt wieder auf, wenn der HV eine entsprechende konkrete Weisung des Unternehmers oder konkrete Hinweise darauf erhält, dass sich die Bonität verschlechtert haben könnte. Solchen Hinweisen muss er nachgehen und den Unternehmer selbst dann unverzüglich vom Ergebnis unterrichten, wenn das vermittelte Geschäft bereits abgeschlossen ist.[171] Nach dessen Abwicklung kann die Unterrichtung unterbleiben, sofern Folgegeschäfte mit dem Kunden nicht mehr anstehen. Kostenpflichtige oder besonders arbeitsaufwändige Maßnahmen zur Erfüllung der gesetzlichen Bonitätsprüfungspflicht können dem HV durch **AGB** oder **Formularvertrag** nur auferlegt werden, wenn der Unternehmer hierfür eine angemessene Vergütung zusagt. Eine **Erweiterung der Bonitätsprüfungspflicht** ist durch Individualvereinbarung, nicht durch AGB oder Formularvertrag, rechtlich möglich.

35 **3. Befolgung von Weisungen. a) Gegenstand zulässiger Weisungen.** Aus dem Charakter des HVVertrags als Geschäftsbesorgungsvertrag mit der dadurch begründeten gegenseitigen Treuepflicht folgt die gesetzliche Verpflichtung des HV zur Befolgung von Weisungen des Unternehmers (vgl. § 665 BGB).[172] Weisungen sind einseitige, nicht empfangsbedürftige und vor ihrer Ausführung einseitig widerrufliche, nicht von § 14 GWB (§ 15 GWB aF) erfasste,[173] gegebenenfalls konkludent abgegebene[174] Erklärungen des Unternehmers, mit denen er Anweisungen für die Ausführung der übertragenen Geschäfte gibt. Die Weisungen dürfen grds. produktbezogen wie auch tätigkeitsbezogen sein,[175] sie können sowohl die Geschäftsbesorgung des HV im Allgemeinen,[176] zB die nähere Ausgestaltung von Berichtspflicht,[177] Marktbeobachtung oder Kundenpflege,[178] die allgemeine Handhabung von Vertragsschlüssen mit den Kunden und Vorgaben für den generellen Vertragsinhalt,[179] als auch die Einzelnen zu vermittelnden oder abzuschließenden Geschäfte, deren Zustandekommen und Inhalt, betreffen.[180] Weisungen dürfen nur **bereits bestehende Pflichten** des HV für einen Einzelfall oder eine Vielzahl gleich gelagerter Fälle **konkretisieren** und **näher ausgestalten**.[181] Neue Pflichten des HV können nicht begründen, bestehende nicht abändern.[182] Der Geschäftsherr ist befugt, dem HV verbindlich einzuhaltende Mindest- oder Höchstpreise für das zu vertreibende Produkt[183] und den anzusprechenden Abnehmerkreis vorzugeben.[184] Die verbindliche

---

[164] Heymann/Sonnenschein/Weitemeyer RdNr. 14; Schröder RdNr. 17.
[165] MünchKommHGB/v. Hoyningen-Huene RdNr. 61.
[166] MünchKommHGB/v. Hoyningen-Huene RdNr. 60; Küstner HVR RdNr. 417.
[167] RGZ 18, 112.
[168] BGH Urt. v. 19. 6. 1969 – VII ZR 39/67, DB 1969, 1787; Hopt RdNr. 21.
[169] Hopt RdNr. 21; MünchKommHGB/v. Hoyningen-Huene RdNr. 61; Küstner HVR RdNr. 415.
[170] Heymann/Sonnenschein/Weitemeyer RdNr. 14; Schröder RdNr. 17.
[171] Hopt RdNr. 21; MünchKommHGB/v. Hoyningen-Huene RdNr. 59; vgl. RGZ 18, 112.
[172] Ausführlich Küstner HVR RdNr. 529 bis 543; Staub/Brüggemann RdNr. 19 bis 23; Westphal Vertriebsrecht RdNr. 243 f.; Canaris § 15 RdNr. 35.
[173] Hopt RdNr. 15; MünchKommHGB/v. Hoyningen-Huene RdNr. 16.
[174] Schröder RdNr. 32 a.
[175] AA für Versicherungsvertreter: Seifert NZA Sonderheft 1999, 6, 7, 8.
[176] MünchKommHGB/v. Hoyningen-Huene RdNr. 17; Schröder RdNr. 32 a.
[177] Vgl. BGH Urt. v. 24. 9. 1987 – I ZR 243/85, BB 1988, 12; MünchKommHGB/v. Hoyningen-Huene RdNr. 19; Schröder RdNr. 32.
[178] MünchKommHGB/v. Hoyningen-Huene RdNr. 18.
[179] Westphal RdNr. 176.
[180] BGH Urt. v. 14. 3. 1960 – II ZR 79/58, BB 1960, 574; OLG Nürnberg MDR 1974, 144; MünchKommHGB/v. Hoyningen-Huene RdNr. 20; Schröder RdNr. 32.
[181] MünchKommHGB/v. Hoyningen-Huene RdNr. 13; Schröder RdNr. 31 a; Canaris § 15 RdNr. 36.
[182] BSG Urt. v. 29. 1. 1981 – 12 RK 63/79, BB 1981, 2074; MünchKommHGB/v. Hoyningen-Huene RdNr. 13; vgl. Westphal Vertriebsrecht RdNr. 246 f.; Canaris § 15 RdNr. 36; vgl. auch OLG Karlsruhe Urt. v. 28. 10. 1975 – 8 U 40/75, HVR Nr. 495 zur Berichtspflicht.
[183] BGH Urt. 20. 3. 2003 – I ZR 225/00, ZIP 2003, 1707, 1711; vgl. auch Canaris § 15 RdNr. 39.
[184] Canaris § 15 RdNr. 38.

Vorgabe eines Mindestumsatzes (s. a. RdNr. 49),[185] die Verpflichtung zur Einstellung von Hilfspersonal,[186] zum Aufsuchen jedes einzelnen Kunden innerhalb eines bestimmten Zeitraums,[187] zur Unterrichtung des Unternehmers über die beabsichtigten Kundenbesuche und deren jeweiliges Ergebnis oder zur Einarbeitung eines Nachfolgers[188] kann hingegen nicht Gegenstand einseitiger Weisung sein. Ebenso darf der Unternehmer durch Weisungen **weder in den Geschäftsbetrieb noch in den Kerngehalt der Selbständigkeit des HV eingreifen,**[189] insbesondere nicht auf die Bestellung des Geschäftsführers einer HV-GmbH Einfluss nehmen,[190] den Betrieb des HV nicht lahm legen noch dessen Provisionsansprüche vereiteln,[191] wenn auch im Einzelfall zulässige Weisungen negative Auswirkungen auf die Provisionsaussichten haben können.[192]

b) Abweichen von Weisungen. Rechtlich zulässige und damit verbindliche Weisungen muss der HV befolgen. Nach § 665 BGB darf er von ihnen abweichen, wenn er den Umständen nach annehmen kann, dass der Unternehmer bei Kenntnis der Sachlage die Abweichung billigen werde (§ 665 Satz 1 BGB) und er wegen der mit einem Aufschub verbundenen Gefahr eine Entscheidung des Unternehmers nicht vorab einholen kann (§ 665 Satz 2 BGB). Andernfalls muss der HV den Unternehmer vor der Nichtbefolgung der Weisung von seinen Gründen unterrichten und dessen Entscheidung abwarten (§ 665 Satz 2 BGB).[193] Insoweit wird auf die Kommentierungen zu § 665 BGB verwiesen. Ist eine Weisung nicht durch ein entsprechendes Weisungsrecht des Unternehmers gerechtfertigt, bleibt sie für den HV unverbindlich und unbeachtlich. Aus der vertraglichen Treuepflicht folgt, dass er den Unternehmer von der Nichtbeachtung der unverbindlichen Weisung unverzüglich zu benachrichtigen hat;[194] eine neue Entscheidung, insbesondere eine zulässige Weisung, braucht der HV in diesem Fall nur abzuwarten, wenn der Unternehmer sie ankündigt und ein Abwarten ohne Beeinträchtigung der Vertriebstätigkeit möglich und zumutbar ist.

c) Vertragliche Abmachungen. Durch vertragliche Absprachen – auch in AGB oder Formularverträgen – kann das Weisungsrecht eingeschränkt, erweitert, modifiziert und im Einzelnen näher ausgestaltet werden. Im Rahmen der Vertragsfreiheit sowie unter Beachtung der ihr durch Abs. 4 sowie des § 84 Abs. 1 und 2 gezogenen Grenzen kann die Weisungsbefugnis des Unternehmers eingeschränkt, allerdings nicht grundsätzlich aufgehoben werden;[195] andererseits kann dem Unternehmer eine konkrete und ins einzelne gehende Weisungsbefugnis hinsichtlich der dem HV zur Erledigung übertragenen Aufgaben eingeräumt werden, wobei jedoch die Selbständigkeit des HV in ihrem Kerngehalt gewahrt bleiben muss, weil andernfalls ein Arbeitsverhältnis vorliegen würde.[196]

d) Gebot der Rücksichtnahme. Von seinem Weisungsrecht hat der Unternehmer maßvoll Gebrauch zu machen; durch seine berechtigten Belange muss eine Weisung geboten sein, auf die Belange des HV muss er Rücksicht nehmen.

4. Absatz 2, § 666 BGB und § 667 BGB. a) Mitteilung von Vermittlung und Abschluss – § 86 Abs. 2, § 666 BGB. Nach Abs. 2 und § 666 BGB hat der HV dem Unternehmer unverzüglich jede Geschäftsvermittlung oder jeden Geschäftsabschluss mitzuteilen.[197] Dazu gehört die Unterrichtung über die Person des Kunden sowie die vollständige Darstellung sämtlicher Einzelheiten des vermittelten oder abgeschlossenen Geschäfts einschließlich mündlicher oder schriftlicher Nebenabreden, Zusicherungen sowie sonstiger Erklärungen,[198] selbst wenn der HV sie für unerheblich oder rechtlich unwirksam hält. Die Form der Unterrichtung muss sicherstellen, dass der

---

[185] OLG Nürnberg BB 1964, 866; MünchKommHGB/*v. Hoyningen-Huene* RdNr. 21; s. a. OLG Düsseldorf Urt. v. 27. 9. 1996 – 16 U 41/95, HVR Nr. 875.
[186] *Schröder* RdNr. 31 a.
[187] OLG Nürnberg BB 1964, 866.
[188] *Westphal* RdNr. 174.
[189] BGH Urt. v. 13. 1. 1966 – VII ZR 9/64, MDR 1966, 495; BAG Urt. v. 30. 8. 1994 – 1 ABR 3/94, HVR Nr. 847; BSG Urt. v. 29. 1. 1981 – 12 RK 63/79, BB 1981, 2074; OLG Düsseldorf Beschl. v. 4. 7. 1997 – 16 W 18/97, HVR Nr. 814; *Westphal* RdNr. 174 und Vertriebsrecht RdNr. 244; ausführlich *Schröder* RdNr. 31 a bis 32 b; *Canaris* § 15 RdNr. 37.
[190] *Emde* S. 96 ff.
[191] *Schröder* RdNr. 32.
[192] OLG Düsseldorf WM 1991, 913 für die zulässige Weisung, Kreditkartengebühren nicht zu erheben; MünchKommHGB/*v. Hoyningen-Huene* RdNr. 17.
[193] *Schröder* RdNr. 32 b.
[194] *Hopt* RdNr. 15 und 16; MünchKommHGB/*v. Hoyningen-Huene* RdNr. 15 und 16; *Schröder* RdNr. 32 a; *Westphal* RdNr. 179.
[195] *Fischer* ZVglRWiss 101 (2002), 143, 150, 151.
[196] *Canaris* § 15 RdNr. 37.
[197] *Ordemann* DB 1963, 1565; Staub/*Brüggemann* RdNr. 15; *Westphal* Vertriebsrecht RdNr. 275.
[198] *Schröder* RdNr. 24; vgl. Staub/*Brüggemann* RdNr. 24.

Geschäftsherr tatsächlich Kenntnis von allen erforderlichen Tatsachen erhält; der Geschäftsherr darf die Form einseitig oder durch Bezugnahme auf AGB vorschreiben.[199] Der Abschlussvertreter hat zusätzlich über das getätigte Geschäft durch eine geordnete Zusammenstellung unter Beifügung der dazugehörigen Belege Rechenschaft abzulegen.[200]

40 b) **Herausgabepflicht – § 667 BGB.** Aus § 667 BGB folgt die Verpflichtung des HV, alles, was er von dem Unternehmer für Vermittlung oder Abschluss eines einzelnen bestimmten Geschäfts erhalten oder anlässlich des Geschäftsabschlusses von dem Kunden erlangt hat, unverzüglich nach Erledigung des Geschäfts an den Unternehmer herauszugeben.[201] Dazu gehören kassierte Gelder, die das einzelne Geschäft betreffenden **Unterlagen** – zB Bestellschreiben, Schriftwechsel mit dem Kunden, Traditionspapiere – aber auch Schmiergelder.[202] Voraussetzung ist, dass der HV das Herauszugebende tatsächlich erlangt hat;[203] hingegen hat er nicht **in Vorlage zu treten** und dem Geschäftsherrn, zB durch Abschlagszahlungen, herauszugeben, was er von dem Kunden noch nicht erhalten hat.[204] Was er pflichtwidrig **zu erlangen unterlassen** hat, kann nicht Gegenstand der Herausgabepflicht sein, möglicherweise aber einer Schadensersatzpflicht. Die Herausgabepflicht ist am Sitz der Niederlassung des HV zu erfüllen (s. § 86 a). **Vertragsgemäß kassierte Gelder** sind im Zweifel in regelmäßigen Abständen[205] an den Unternehmer abzuführen,[206] bis dahin getrennt von anderen Geldern aufzubewahren[207] und bei verspäteter Rückzahlung nach § 288 Abs. 1 BGB zu verzinsen;[208] ein Befriedigungs-/Aufrechnungs- oder Zurückbehaltungsrecht des HV besteht im Zweifel nicht,[209] wenn der Geschäftsherr nach Treu und Glauben im Hinblick auf die getroffenen Vereinbarungen mit der sofortigen und vollständigen Abführung des Erlangten rechnen darf (s. d. § 88 a).[210] Bei einer **Inkassobefugnis** wird der HV regelmäßig berechtigt sein, von den eingezogenen und abzuführenden Beträgen seine hierauf entfallenden Provisionsanteile einzuhalten und mit seinen sonstigen fälligen Ansprüchen aus dem konkreten HVVertragsverhältnis aufzurechnen, wenn nicht (der Geschäftsherr nachweist, dass) diese Rechte des HV im Einzelfall abbedungen sind.[211] **Unrechtmäßig eingezogene Kundengelder** hat der HV grundsätzlich unverzüglich in voller Höhe dem Geschäftsherrn zur Verfügung zu stellen (s. d. § 88 a).

41 c) **Zeitpunkt für Mitteilung und Herausgabe.** Mitteilung, Rechenschaft und Herausgabe werden nach dem Gesetz unverzüglich geschuldet.[212] Der HV darf Kundenaufträge, eingenommene Gelder und Unterlagen nicht sammeln.[213] Hier können die Parteien ausdrücklich oder durch übereinstimmende andersartige Handhabung des Vertragsverhältnisses abweichende Regelungen treffen. HV mit Inkassoberechtigung, welche laufend kleinere Beträge – zB Versicherungsprämien – entgegenzunehmen haben, brauchen diese – schon wegen anfallender Kosten und Arbeitsaufwands – im Zweifel nicht täglich, sondern nur in regelmäßigen Abständen an den Unternehmer abzuführen, sofern der Unternehmer nicht auf unverzüglicher Herausgabe besteht und die dafür anfallenden Mehraufwendungen erstattet.

42 d) **Allgemeine Berichtspflicht, Zwischenberichte.** Eine allgemeine Berichtspflicht hinsichtlich der Einzelnen vom HV beabsichtigten Vertriebsmaßnahmen sowie der zu vermittelnden oder abzuschließenden Geschäfte sieht das Gesetz nicht vor.[214] Sie besteht ausnahmsweise, wenn der HV ein unübliches Geschäft tätigen will und dem Unternehmer Gelegenheit gegeben werden muss, sich unmittelbar oder mittelbar durch Weisungen an den HV in die Verhandlungen einzuschalten.[215] Hier muss der HV unaufgefordert berichten (RdNr. 11, 12). Die Berichtspflicht hinsichtlich der einzelnen

---

[199] MünchKommHGB/*v. Hoyningen-Huene* RdNr. 51.
[200] MünchKommHGB/*v. Hoyningen-Huene* RdNr. 53; *Schröder* RdNr. 34.
[201] OLG Celle OLGZ 1970, 6, 8; MünchKommHGB/*v. Hoyningen-Huene* RdNr. 55; *Schröder* RdNr. 35 bis 37.
[202] Zum Ganzen *Hopt* RdNr. 17 und 23; MünchKommHGB/*v. Hoyningen-Huene* RdNr. 56; *Schröder* RdNr. 35 bis 37.
[203] *Schröder* RdNr. 37 a.
[204] BGH Urt. v. 8. 11. 2005 – KZR 18/04, ZIP 2006, 288, 289 m. Anm. *Hensen* EWIR 2006, 129.
[205] AA *Schröder* § 87 RdNr. 54 a (unverzüglich); OLG Hamburg JR 2002, 238 m. zust. Anm. *Olzen* S. 240 hat eine durch AGB begründete Verpflichtung zur täglichen Einzahlung eingezogener Gelder eines Tankstellenpächters auf ein Treuhandkonto als wirksam angesehen.
[206] BGH Urt. v. 8. 11. 2005 – KZR 18/04, ZIP 2006, 288, 289 m. Anm. *Hensen* EWIR 2006, 129.
[207] BGH Beschl. v. 15. 9. 2005 – III ZR 28/05, MDR 2006, 139, 140.
[208] BGH Beschl. v. 15. 9. 2005 – III ZR 28/05, MDR 2006, 139, 140.
[209] *Schröder* § 87 RdNr. 54 a für Inkasso.
[210] Siehe dazu auch BGB-RGRK/*Steffen*, 12. Aufl. 1978 § 667 RdNr. 24–26.
[211] Siehe dazu auch BGB-RGRK/*Steffen*, 12. Aufl. 1978 § 667 RdNr. 24–26.
[212] Vgl. dazu *Schröder* RdNr. 26 und 36 f.
[213] *Schröder* RdNr. 26.
[214] Heymann/*Sonnenschein*/*Weitemeyer* RdNr. 23, aA ersichtlich OLG Köln Urt. v. 3. 3. 1971 – 2 U 63/70, HVR Nr. 441.
[215] *Schröder* RdNr. 23.

Geschäfte kann **vertraglich ausgestaltet** und **erweitert** werden, durch AGB oder Formularvertrag aber nur für solche HV, welche hochwertige Produkte zu vertreiben haben. Bei dem Vertreter von preiswerten Massenartikeln lässt sich eine derartige Berichtspflicht nicht mit dem Berufsbild vereinbaren. Zwischenberichte kann der HV von sich aus schulden, wenn er nur wenige große Geschäfte zu vermitteln oder abzuschließen hat und diese sich über längere Zeit als im Allgemeinen üblich hinziehen.[216] Hat der HV für derartige Geschäfte bereits einen **Provisionsvorschuss** erhalten, muss er im Zweifel in geringeren zeitlichen Abständen inhaltlich ausführlichere Zwischenberichte geben. Ausnahmsweise schuldet der HV dem Unternehmer auf Verlangen **Auskunft über den Stand seiner Bemühungen** sowie die **Aussicht auf Geschäftsabschlüsse,**[217] wenn hierfür ein berechtigtes Interesse vorliegt wie zB bei Umsatzrückgang im Kundenkreis des HV oder bei der Absicht des Unternehmers, die Produktionsplanung an den in Aussicht stehenden Geschäftsabschlüssen auszurichten.

IV. Gesetzliche Pflichten anlässlich der Beendigung des Handelsvertretervertrags

1. Informationen und Herausgabe. Spätestens bei Beendigung des HVVertrags schuldet der HV die noch ausstehenden Nachrichten mit Rechenschaftslegung über die Einzelnen vermittelten oder abgeschlossenen Geschäfte (s. RdNr. 39). Außerdem hat er in entsprechender Anwendung des § 667 BGB dem Unternehmer herauszugeben, was er zur Durchführung und Ermöglichung der HVTätigkeit erhalten und allgemein sowie ohne Bezug auf ein konkretes Geschäft auf Grund dieser Tätigkeit erlangt hat (s. § 86 a).[218] Hierunter fallen Musterkollektionen,[219] Warenproben, Vorführgeräte, Dienstwagen, Zeichnungen, Kostenanschläge, Preislisten, Werbematerial, Vertragsformulare, Geschäftsbedingungen, Vorratsware in einem Auslieferungslager[220] sowie vom Unternehmer erhaltene Kundenlisten/Kundenkarteien[221] oder Dateien, selbst wenn der HV sie fortgeschrieben hat (s. § 90);[222] herauszugeben sind weiter allgemeiner, nicht auf ein konkretes Geschäft bezogener Kundenschriftwechsel, allgemein kassierte Schmiergelder, aber auch verbotswidrig angefertigte Kopien von Geschäftsunterlagen des Unternehmers. Hinsichtlich dieser vom HV herauszugebenden Unterlagen besteht eine **Rücknahmepflicht** des Geschäftsherrn (s. § 86 a). Für Beschädigungen an ihm überlassenen Gegenständen hat er dem Unternehmer **Schadensersatz** zu leisten. Mit der Rückgabe dieser Gegenstände endet grds. auch die Pflicht des HV, die hierfür anfallenden **Kosten** zu tragen (s. § 87 d).

2. Schranken der Pflichten und Rechte. Nicht herauszugeben sind der eigene **Schriftwechsel** des HV mit dem Unternehmer, die vom Unternehmer erhaltenen **Provisionsabrechnungen** sowie ein erteilter **Buchauszug,** welche nach § 87 c Abs. 5 unabdingbar bei dem HV verbleiben, die vom HV als Kaufmann zu führenden **Bücher**[223] und die vom HV selbst erstellten **Kundenlisten**[224] oder in sonstiger Weise schriftlich festgehaltenen **Kundenanschriften** (vgl. § 90);[225] diese Kunden sind dem Unternehmer auf Grund der Mitteilungspflicht hinsichtlich der Einzelnen getätigten Geschäfte bereits bekannt;[226] eine bestehende Geheimhaltungspflicht verpflichtet den HV nicht zur Überlassung seiner entsprechenden Unterlagen an den Geschäftsherrn. Die Namen von möglichen **Interessenten** (potentieller Kunden) der Produkte des Unternehmers sind grds. nicht durch § 86 oder § 90 geschützt. Weder aus § 86 noch aus § 667 BGB folgt das Recht des Unternehmers auf **Löschung** der bei dem HV **vorhandenen Dateien** oder **Vernichtung** seiner **Geschäftsunterlagen,** selbst wenn dort Betriebsgeheimnisse festgehalten sind. Soweit an den Unternehmer herauszugebende Geschäftsunterlagen nicht unter § 90 fallen, darf der HV vor der Herausgabe **Durchschriften**/Kopien **für eigene Zwecke** fertigen, diese jedoch – seinen Rechtsnachfolger oder Nachfolger in seiner Handelsvertretung ausgenommen – nicht an Dritte weitergeben. Der vom Handelsvertreter geschaffene **Kundenstamm** ist nach dem Gesetz dem Geschäftsherrn nicht in der Weise zu überlassen, dass der Handelsvertreter ihn nicht ebenfalls weiter nutzen darf; grds. dürfen

---

[216] Vgl. *Hopt* RdNr. 40; MünchKommHGB/*v. Hoyningen-Huene* RdNr. 49; Staub/*Brüggemann* RdNr. 15.
[217] Vgl. *Hopt* RdNr. 40.
[218] *Schröder* § 86 a RdNr. 8.
[219] *Thume* BB 1995, 1913, 1916.
[220] *Schriefers* BB 1992, 2158.
[221] BGH Urt. v. 14. 1. 1999 – I ZR 2/97, EBE 1999, 204, 206; *Westphal* Vertriebsrecht RdNr. 258.
[222] *Westphal* RdNr. 198.
[223] *Schröder* RdNr. 37 b.
[224] *Küstner* HVR RdNr. 603.
[225] Dazu aber BGH Urt. v. 28. 1. 1993 – I ZR 294/90, ZIP 1993, 703 mit krit. Anm. *Oellers* EWiR 1993, 421; BGH Urt. v. 10. 5. 1995 – VIII ZR 144/94, ZIP 1995, 1260.
[226] AA *Hopt* RdNr. 17.

Handelsvertreter und Unternehmer nach Vertragsende in gleicher Weise auf diesen Kundenstamm zugreifen (s. § 89 b). Wenn der Unternehmer dies verbindlich verhindern will, muss er für nicht unter § 90 fallende Kunden ein – allerdings nur vorübergehend wirkendes – nachvertragliches Wettbewerbsverbot nach § 90 a vereinbaren oder sich durch eindeutigen Individualvertrag von dem HV das ausschließliche Recht zur Nutzung des Kundenstamms übertragen lassen. Andernfalls kann der Unternehmer den HV nach Vertragsende weder kraft Gesetzes noch durch entsprechende Gestaltung des HVV endgültig von Kenntnis und Nutzungsmöglichkeit der vom HV geschaffenen Kundenbeziehungen ausschließen.

V. Vertragliche Pflichten des Handelsvertreters

45 **1. Vereinbarung weitergehender Pflichten.** § 86 behandelt die gesetzlichen Pflichten des HV. Im Rahmen der Vertragsfreiheit und der durch § 84 gezogenen Grenzen können dem HV weitergehende Pflichten auferlegt werden. Soweit es sich dabei nicht lediglich um die konkrete Ausgestaltung und Beschreibung einer gesetzlichen Pflicht des HV handelt, bedarf es hierzu regelmäßig einer inhaltlich eindeutigen **Individualvereinbarung**.[227] Auch **handelsvertreteruntypische** oder an sich dem Unternehmer obliegende Aufgaben[228] können dem HV durch entsprechend eindeutige Regelung im HVVertrag übertragen werden, jedoch genügen dafür nicht Hinweise in AGB des Unternehmers,[229] auch muss die Selbständigkeit des HV in ihrem Kerngehalt gewahrt bleiben und unabdingbare gesetzliche Regelungen dürfen weder geändert noch umgangen werden. Eine **Erfolghaftung** widerspricht dem gesetzlichen Leitbild des HV und kann ihm nur durch Individualvereinbarung sowie grds. auch nur gegen Einräumung einer entsprechenden Zusatzvergütung auferlegt werden (s. RdNr. 50).

46 **2. Gegenstand vertraglicher Zusatzpflichten. a) Allgemeine weitere Pflichten.** Vertraglich kann der HV zB verpflichtet werden zur Übernahme von allgemeinen Werbungsmaßnahmen für Produkt oder Unternehmen des Geschäftsherrn,[230] zur allgemeinen Markt-, Bestands- und Kundenpflege, zum Inkasso (s. d. § 87)[231] und zur gesonderten Aufbewahrung eingezogener Kundengelder,[232] zur Unterhaltung eines sog. Show-Rooms für Ausstellung und Darbietung des zu vertreibenden Produkts,[233] zum Einstehen für Kundenverbindlichkeiten und Ausfälle, zur Haftung für Warenschwund,[234] zur Mitwirkung bei Auslieferung der Ware, bei Abwicklung der Gewährleistung oder bei Schadensregulierung[235] sowie zur Teilnahme an regelmäßigen Besprechungen mit dem Unternehmer oder an bestimmten Messeveranstaltungen.[236] In gleicher Weise können dem HV verbindliche Vorgaben für Kundenbesuche in bestimmten Zeitabständen oder auf im Voraus festgelegten Reiserouten gemacht werden. Zur Pflicht zum Kauf der Musterkollektion siehe § 86 a.

47 **b) Auslieferungslager.** Der HV kann vertraglich die Verpflichtung zur Unterhaltung und Führung eines Auslieferungslagers **(Konsignationslager)**[237] oder Geschäftslokals übernehmen, zu dessen laufender Belieferung der Unternehmer verpflichtet ist[238] und dessen Kosten er im Zweifel zu tragen hat, wenn nicht ausnahmsweise aus Vertrag oder § 87 d etwas anderes folgt (s. § 87 d).[239] Durch verbindliche Regelungen zur Führung einer solchen Verkaufs- oder Auslieferungsstelle darf die Selbständigkeit nicht beeinträchtigt werden (s. § 84). Anstelle einer Auslieferung kann die Veräußerung der im Eigentum des Unternehmers verbleibenden Waren in dessen Namen durch den HV vereinbart werden.[240] Bei **Vertragsende** sind Warenbestand und Lager, wenn es vom Unternehmer gestellt wird, an diesen zurückzugeben. Für einen Warenfehlbestand haftet der HV,[241] wenn er sich

---

[227] OLG München Urt. v. 10. 8. 1993 – 7 U 6431/92, HVR Nr. 763; s. aber auch OLG München Urt. v. 11. 8. 1993 – 7 U 2011/93, HVR Nr. 764.
[228] Heymann/Sonnenschein/Weitemeyer RdNr. 7; MünchKommHGB/v. Hoyningen-Huene RdNr. 47; Schröder RdNr. 49.
[229] Vgl dazu auch BGH Urt. 20. 3. 2003 – I ZR 225/00, ZIP 2003, 1707.
[230] Rittner DB 1999, 2097, 2099.
[231] Schröder § 87 RdNr. 54, 54 a.
[232] S. BGH Urt. v. 8. 11. 2005 – KZR 18/04.
[233] OLG Düsseldorf Ur. v. 16. 3. 2001 – 16 U 168/99, HVR Nr. 952.
[234] BGH Urt. 20. 3. 2003 – I ZR 225/00, ZIP 2003, 1707, 1712.
[235] BGH Urt. v. 4. 5. 1959 – II ZR 81/57, BGHZ 30, 98, 102 = NJW 1959, 1430; vgl. Heymann/Sonnenschein/Weitemeyer RdNr. 7; MünchKommHGB/v. Hoyningen-Huene RdNr. 47; Staub/Brüggemann RdNr. 5.
[236] OLG Stuttgart BB 1970, 1112.
[237] BGH Urt. v. 4. 5. 1959 – II ZR 81/57, BGHZ 30, 98, 102 = NJW 1959, 1430; OLG Celle Urt. v. 9. 5. 1958 – 11 U 155/57, BB 1958, 894 = HVR Nr. 179.
[238] OLG Hamm Urt. v. 9. 2. 1987 – 18 U 110/86, HVR Nr. 670.
[239] Ebenroth S. 28.
[240] Die umsatzsteuerrechtliche Behandlung von Auslieferungslagern bei grenzüberschreitendem Warenverkehr innerhalb der EU behandelt Keller UR 2000, 61.
[241] OLG München Urt. v. 28. 6. 1994 – 25 U 2634/94, HVR Nr. 834; Schröder RdNr. 44 a.

nicht entlasten kann.[242] Verkauft der HV aus dem Lager, hat er dem Unternehmer die ihm bekannten Namen der Käufer bekannt zu geben.[243]

c) Einsatz von Hilfspersonal und Untervertretern. Zulässig sind Vereinbarungen über Einstellung und Einsatz von Hilfspersonal durch den HV.[244] Durch (Individual-)Vertrag kann dem HV verbindlich vorgeschrieben werden, mit einzelnen Vermittlungs- oder Abschlusstätigkeiten namentlich bezeichnete oder nach der Anzahl bestimmte Angestellte oder Untervertreter zu betrauen. Austausch oder Verringerung dieser Hilfspersonen ist dann nur mit Zustimmung des Unternehmers zulässig, die er bei Vorliegen triftiger Gründe verweigern darf. Eigene Rechte und Pflichten der Hilfspersonen gegenüber dem Unternehmer – wie zB sie persönlich treffende Wettbewerbsverbote – müssen durch Vertrag der Hilfskräfte mit dem Unternehmer begründet werden.

d) Mindestumsatz. Die Vorgabe eines vom HV zu erzielenden Mindestumsatzes in einem Individualvertrag kann im Einzelfall eine entsprechende Verpflichtung begründen, für deren Erfolg der HV einzustehen hat.[245] Im Zweifel wird nur ein unverbindliches Richtmaß für die Tätigkeit des HV gewollt sein[246] wie zB bei der Zusage der Zahlung eines Bonus oder höherer Provisionssätze für das Überschreiten des Mindestumsatzes. Das Nichterreichen eines verbindlich vereinbarten Mindestumsatzes wird grds. nur dann einen wichtigen Grund für eine außerordentliche Kündigung bilden,[247] wenn der HV dafür verantwortlich zu machen ist (s. § 89a). Rechtsmissbräuchlich kann es sein, das Nichterreichen von Sollvorgaben zum Umsatz mit der Androhung einer Kündigung zu verbinden.[248]

VI. Rechtsfolgen bei Pflichtverletzungen

1. Allgemeine Grundsätze. Bei Nichteinhaltung gesetzlicher oder vertraglicher Pflichten schuldet der HV dem Unternehmer **Unterlassen** künftiger Vertragsverletzungen,[249] **Ersatz des** durch die Pflichtwidrigkeit zugefügten **Schadens** nach § 280 Abs. 1 oder Abs. 3 BGB nF sowie ist wirksam, gegebenenfalls auch in AGB,[250] ausbedungen, hinreichend bestimmt,[251] der Höhe nach angemessene[252] und grds. auf einen Schadensersatzanspruch anzurechnende[253] **Vertragsstrafe**,[254] welche neben einem Ordnungsmittel (§ 890 ZPO) verwirkt werden kann.[255] Die pflichtwidrig unterlassene Unterrichtung des Unternehmers von Vermittlungsbemühungen des HV kann zum **Verlust des Provisionsanspruchs** führen, wenn der Unternehmer in Unkenntnis der Bemühungen des HV mit dem Kunden ein Direktgeschäft abschließt und bei der Preisvereinbarung einen Provisionsanspruch nicht berücksichtigt.[256] Pflichtwidrig vom HV vermittelte oder abgeschlossene Geschäfte, die bei pflichtgemäßem Verhalten nicht zustandegekommen wären, können einen Anspruch auf Ersatz allen hierdurch entstehenden Schadens begründen, obwohl der HV dem Unternehmer grundsätzlich nicht für Erfolg und Erfüllung des getätigten Geschäfts einzustehen hat.[257] Eine solche **Erfolgshaftung des HV** (RdNr. 46) kann weder durch AGB oder dort vorformulierte Anerkenntnisfiktionen noch dadurch begründet werden, dass Unternehmer – zB Großversandhäuser – Forderungen gegen Kunden in ein für Forderungen von HV und Unternehmer zu führendes Kontokorrent einstellen.[258] Wegen pflichtwidrig unterlassener Geschäftsvermittlung oder Geschäftsabschlüsse mit Alt- oder

---

[242] OLG München Urt. v. 28. 6. 1994 – 25 U 2634/94, HVR Nr. 834.
[243] Vgl. *Schröder* RdNr. 11 a.
[244] *Schröder* RdNr. 44 c.
[245] *Hopt* RdNr. 14.
[246] *Schröder* RdNr. 44 e vgl. dazu RGZ 65, 86, 90; BGH Urt. v. 2. 7. 1992 – I ZR 181/90, NJW-RR 1992, 1386, 1388.
[247] S. BGH Urt. v. 12. 3. 1992 – I ZR 117/90, NJW-RR 1992, 1059, 1060; BGH Urt. v. 15. 12. 1993 – VIII ZR 157/92, NJW 1994, 722; RGZ 65, 86, 90; OLG Nürnberg BB 1964, 866; OLG Karlsruhe BB 1971, 888; OLG Düsseldorf OLGR 2000, 354; *Küstner* HVR RdNr. 1891, 1900 und 1927.
[248] OLG Düsseldorf Urt. v. 27. 9. 1996 – 16 U 41/95, HVR Nr. 875; *Küstner* RdNr. 542; Küstner/Thume RdNr. 575.
[249] S. aus arbeitsrechtlicher Sicht: *Gaul/Khanian* MDR 2006, 181, 182.
[250] BGH Urt. v. 16. 7. 1998 – VII ZR 9/97, ZIP 1998, 1756.
[251] OLG Celle EWiR 1998, 157.
[252] OLG Hamm MDR 1984, 404; OLG Düsseldorf DB 1992, 86; OLG München BB 1994, 1104; OLG Celle EWiR 1998, 157.
[253] BGH Urt. v. 21. 11. 1991 – I ZR 87/90, NJW 1992, 1096.
[254] *BGH Urt. v. 13. 7. 1972 – VII ZR166/71*, HVR Nr. 463; BGH Urt. v. 4. 10. 1984 – I ZR 151/82, BB 1985, 823, 824; BGH Urt. v. 28. 1. 1993 – I ZR 240/90, ZIP 1993, 703; BGH Urt. v. 10. 5. 1995 – VIII ZR 144/94, ZIP 1995, 1260; Heymann/*Sonnenschein*/Weitemeyer RdNr. 25; *Hopt* RdNr. 32; MünchKommHGB/*v. Hoyningen-Huene* RdNr. 43 und 44.
[255] BGH Urt. v. 5. 2. 1998 – III ZR 103/97, EBE 1998, 90.
[256] *Schröder* § 87 RdNr. 14.
[257] OLG Düsseldorf OLGR 1994, 281; *Schröder* RdNr. 47.
[258] OLG Düsseldorf OLGR 1994, 281.

Neukunden kommt ein Anspruch des Unternehmers auf **entgangenen Gewinn** in Betracht,[259] wenn (der Unternehmer nachweist, dass) pflichtgemäßes Verhalten zum Erfolgt geführt hätte. Außerdem darf der Unternehmer in dem Vertragsgebiet des HV regelmäßig einen **anderen Vertriebsmittler einsetzen,** um seinen durch den vertragsuntreuen HV verursachten Schaden gering zu halten. Der Bezirksvertreter kann bei grob vertragswidriger Untätigkeit in seinem Bezirk seinen Anspruch auf **Bezirksprovision** nach § 87 Abs. 2 **verwirken** (s. § 87).[260] Im Übrigen behält der HV selbst bei schweren Vertragsverletzungen seinen einmal verdienten Provisionsanspruch.[261] Letztlich können schwerwiegende Vertragsverletzungen ein außerordentliches **Kündigungsrecht** begründen (s. § 89 a),[262] Verstöße gegen die Mitteilungs-/Berichtspflichten jedoch allenfalls dann, wenn der Unternehmer die geschuldeten Informationen nicht auf andere Weise erhält[263] und der Verstoß so schwer wiegt, dass er das Vertrauensverhältnis zerstören kann, was regelmäßig, besonders bei kurzfristig eingeführten Berichtspflichten, nicht der Fall ist. Ersatz des **Verzögerungsschadens** kann der Geschäftsherr bei nicht rechtzeitiger Herausgabe der Unterlagen nach §§ 280 Abs. 2, 286 BGB nF beanspruchen.

51 **2. Rechtsfolgen bei Verstoß gegen Wettbewerbsverbot.** Bei Verstoß gegen ein Wettbewerbsverbot kommt als zusätzliche Rechtsfolge die Pflicht des HV zur **Auskunft über die** vertragswidrigen Aktivitäten und die **verbotswidrig getätigten Geschäfte** hinzu.[264] Die Auskunftspflicht setzt den (vom Unternehmer zu führenden Nachweis von einem) Verstoß gegen das Verbot voraus; sie erstreckt sich nicht auf die hierbei erzielten Provisionen, welche der HV nicht an den Unternehmer auszukehren hat. § 61 und damit auch § 687 Abs. 2 BGB sind auf den HV nicht entsprechend anwendbar.[265] Der **Schadensersatzanspruch** des Unternehmers bestimmt sich nach seinen Verlusten infolge der unzulässigen Wettbewerbstätigkeit des HV, nicht nach dessen Einkünften. Ein neuer HVVertrag, welchen der HV unter Verstoß gegen ein bestehendes Wettbewerbsverbot abschließt, ist nicht nach § 134 BGB unwirksam.

VII. Sorgfalt des Handelsvertreters – Absatz 3

52 Der HV hat bei Erfüllung der ihm obliegenden Haupt- oder Nebenpflichten[266] die Sorgfalt eines ordentlichen Kaufmanns zu wahren. Maßstab ist, was von einem ordentlichen HV bei objektiver Würdigung im konkreten Einzelfall zu fordern ist.[267] Die Anforderungen an die Sorgfaltspflicht steigen in dem Maß, wie sich das erkennbare **Risiko** des Unternehmers durch das vom HV abgeschlossene/vermittelte Geschäft **erhöht;**[268] gleiches gilt, wenn der HV besondere Vermögensinteressen des Unternehmers wahrzunehmen hat wie zB bei der Verwahrung besonders wertvoller Ware oder Musterkollektionen des Unternehmers bei sich oder auch in einem Auslieferungslager.[269] **§ 347 Abs. 2** gilt nicht für den HVVertrag und damit auch nicht **§ 690 BGB,** selbst wenn der HV vertragsgemäß Waren ohne besonderes Entgelt aufbewahrt. Die Grundsätze über die Beschränkung der Haftung eines Arbeitnehmers bei betrieblich veranlassten Tätigkeiten – zB der Beschädigung eines Firmenwagens auf einer Dienstfahrt – sind als zwingendes Arbeitnehmerschutzrecht[270] auf den HV nicht anwendbar.

VIII. Unabdingbarkeit – Absatz 4

53 Die in dem durch das Gesetz von 1989 eingefügten Abs. 4 festgeschriebene Unabdingbarkeit gilt nur für die in Abs. 1 und 2 niedergelegten gesetzlichen Nebenpflichten des HV, dessen Hauptpflicht zu Vermittlung oder Abschluss bereits nach § 84 unabdingbar ist, nicht aber für die sonstigen dem HV durch andere gesetzliche Bestimmungen oder durch Vertrag zusätzlich auferlegten Pflichten. Abs. 4 erfasst zudem nur den in Abs. 1 und **2 kodifizierten Kerngehalt der einzelnen Pflichten,**

---

[259] BGH Urt. v. 4. 10. 1984 – I ZR 151/82, BB 1985, 823, 824; BGH Urt. v. 3. 4. 1996 – VIII ZR 3/95, ZIP 1996, 1006, 1008; MünchKommHGB/*v. Hoyningen-Huene* RdNr. 43.
[260] OLG Hamm NJW 1959, 677; OLG Stuttgart BB 1970, 1112; *Hopt* RdNr. 49; Staub/*Brüggemann* RdNr. 6.
[261] *Hopt* RdNr. 49; aA wohl Heymann/*Sonnenschein/Weitemeyer* RdNr. 25.
[262] *Hopt* RdNr. 32; MünchKommHGB/*v. Hoyningen-Huene* RdNr. 42, 69.
[263] BGH Urt. v. 24. 9. 1987 – I ZR 243/85, NJW-RR 1988, 287, 288.
[264] *Canaris* § 15 RdNr. 43.
[265] BGH Urt. v. 23. 1. 1964 – VII ZR 133/62, NJW 1964, 817; BGH Urt. v. 3. 4. 1996 – VIII ZR 3/95, ZIP 1996, 1006, 1008; OLG Hamm NJW-RR 1987, 1114, 1115; Heymann/*Sonnenschein/Weitemeyer* RdNr. 18; *Hopt* RdNr. 32; MünchKommHGB/*v. Hoyningen-Huene* RdNr. 44; *Schröder* RdNr. 43; aA ausf. *Canaris* § 15 RdNr. 44.
[266] MünchKommHGB/*v. Hoyningen-Huene* RdNr. 58; *Schröder* RdNr. 45.
[267] *Schröder* RdNr. 45.
[268] Ausführlich *Schröder* § 86 b RdNr. 2.
[269] BGH Urt. v. 7. 4. 1993 – VIII ZR 133/92, NJW-RR 1993, 926; Heymann/*Sonnenschein/Weitemeyer* RdNr. 5.
[270] BAG Urt. v. 5. 2. 2004 – 8 AZR 91/03, MDR 2004, 1005.

untersagt aber nicht die nähere Ausgestaltung dieser Pflichten im Einzelfall sowie Abmachungen zu Art und Weise deren Erfüllung, solange der Kerngehalt unangetastet bleibt.[271] Für die allgemeine Interessenwahrnehmungspflicht bedeutet dies, dass nur der Grundsatz der Pflicht zur Interessenwahrnehmung mit der grundsätzlichen Pflicht zur Beachtung von Weisungen unabdingbar ist,[272] die Parteien aber im Übrigen vereinbaren können, welche Interessen des Unternehmers vom HV im Einzelfall auf welche Weise wahrzunehmen sind und auf die Wahrung welcher Interessen der Unternehmer im Einzelfall für Vergangenheit oder Zukunft **verzichten** will. Das Recht des Unternehmers zur freien Verfügung über seine Interessen ist durch Abs. 4 nur insoweit eingeschränkt, als er den HV während des bestehenden Vertragsverhältnisses nicht aus der mit dem HVVertrag unabdingbar verbundenen **Vertrauensstellung** und der Pflicht, grundsätzlich und im Zweifelsfall sein Handeln an dem vorrangigen Interesse des Unternehmers auszurichten, entlassen kann; sein Recht zu bestimmen, was im Einzelfall seinem Interesse entspricht, kann Abs. 4 nicht einschränken. Über die Einzelnen aus der Interessenwahrnehmungspflicht herzuleitenden Pflichten, zu Verschwiegenheit, Bonitätsprüfung, Bericht und Information oder Einhaltung eines Wettbewerbsverbots,[273] kann der Unternehmer verfügen. Das folgt jedoch nicht daraus,[274] dass Abs. 4 nur den HV benachteiligende Einschränkungen erfassen soll.[275] Gegenstand des Verbots nach Abs. 4 sind gerade die in Abs. 1 und 2 niedergelegten Rechte des Unternehmers. Wäre es dem Gesetzgeber nur um die Interessen des HV gegangen, wäre Abs. 4 überflüssig. **Gegen Abs. 4 verstoßende** oder von unabdingbaren Regelungen **abweichende Vereinbarungen** können ein Anhaltspunkt dafür sein, dass ein nicht unter § 84 fallender Vertrag geschlossen worden ist.[276] Nur bei dem HVVertrag nach § 84 führt ein Verstoß gegen Abs. 4 zur Nichtigkeit der entsprechenden Abrede[277] und möglicherweise über § 139 BGB des gesamten Vertrags.

IX. Untervertreter und handelsvertreterähnliche Vertriebsmittler

§ 86 gilt für alle am Vertrieb beteiligten Kaufleute mit handelsvertreterähnlicher Rechtsstellung, **54** also Kommissionsagent,[278] Vertragshändler,[279] Franchisenehmer bei Subordinationsfranchising sowie Untervertreter.[280] Der echte Untervertreter hat die Interessen seines Vertragspartners, des Hauptvertreters, zu wahren und darf nicht in Konkurrenz zu ihm treten; deswegen darf er, solange sein Vertragsverhältnisses zu dem Hauptvertreter besteht, dessen Vertrag mit dem Unternehmer noch ungekündigt ist und auch nicht infolge Befristung bereits ausläuft, nicht hinter dem Rücken des Hauptvertreters Absprachen mit dem Unternehmer zur Übernahme der Handelsvertretung seines Vertragspartners treffen.[281] Sein Recht, sich während des bestehenden Vertragsverhältnisses für die Zeit nach Vertragsende einen anderen Geschäftsherrn zu suchen, wird hier durch seine Treue- und Interessenwahrnehmungspflicht gegenüber dem Hauptvertreter beschränkt, die es ihm verwehrt, seinen Vertragspartner durch Absprachen mit dem Unternehmer aus dem Vertrag herauszudrängen.[282] Unmittelbare Pflichten gegenüber dem Unternehmer, mit dem er nicht in vertraglichen Beziehungen steht, treffen den echten Untervertreter nicht (vgl. § 84);[283] zu seinen Pflichten gegenüber dem Hauptvertreter gehört jedoch die in § 86 vorgeschriebene und gegebenenfalls durch vertragliche Abmachungen erweiterte Wahrung der Interessen des Unternehmers; an ihnen muss er seine Tätigkeit ausrichten, weil er sich wie der Hauptvertreter um Vermittlung oder Abschluss von Geschäften für den Unternehmer zu bemühen hat und hierbei im Verhältnis zum Unternehmer als Vertreter/Erfüllungsgehilfe des Hauptvertreters tätig wird.

---

[271] BGH Urt. v. 25. 9. 1990 – KVR 2/89, BGHZ 112, 218, 222 = NJW 1991, 490; *Ankele* DB 1989, 2211; Heymann/Sonnenschein/Weitemeyer RdNr. 27; Hopt RdNr. 50 und 51; vgl. auch *Küstner/v. Manteuffel* BB 1990, 291, 294; MünchKommHGB/*v. Hoyningen-Huene* RdNr. 65; *Westphal* RdNr. 170 und 171; *Canaris* § 15 RdNr. 31.
[272] S. dazu aber auch *Fischer* ZVglRWiss 101 (2002), 143, 149 ff.
[273] Insoweit aA *Fischer* ZVglRWiss 101 (2002), 143, 151, 152.
[274] So aber Heymann/Sonnenschein/Weitemeyer RdNr. 26.
[275] Wie hier *Ankele* DB 1989, 2211; *Küstner/v. Manteuffel* BB 1990, 291, 294; *Hopt* RdNr. 50; HK-HGB/*Russ* RdNr. 8.
[276] *Canaris* § 15 RdNr. 32.
[277] Vgl. *Canaris* § 15 RdNr. 32.
[278] *Ebenroth* S. 31; vgl. *Ulmer/Habersack* ZHR 159 (1995), 109, 126, 129 f. für Wettbewerbsbeschränkungen.
[279] BGH Urt. v. 7. 7. 1983 – I ZR 115/81, NJW 1984, 2101, 2102; s. *Canaris* § 17 RdNr. 17.
[280] Vgl. Heymann/*Sonnenschein/Weitemeyer* RdNr. 3; MünchKommHGB/*v. Hoyningen-Huene* RdNr. 3.
[281] BGH Urt. v. 18. 6. 1964 – VII ZR 254/62, BGHZ 42, 59 = NJW 1964, 1621 mit kritischer und abl. Besprechung *v. Brunn* DB 1964, 1841.
[282] Welchen Gesichtspunkt *v. Brunn* DB 1964, 1841 nicht hinreichend berücksichtigt.
[283] MünchKommHGB/*v. Hoyningen-Huene* RdNr. 46.

X. Beweislast

55 Der Unternehmer muss bei Pflichtverletzungen des HV dessen im Einzelfall bestehende Pflicht, deren Verletzung sowie die Voraussetzungen der beanspruchten Rechtsfolge beweisen.[284] Größerer Umsatzrückgang eines HV zu einer Zeit, in der dieser eine unzulässige Tätigkeit für einen anderen Unternehmer ausgeübt hat, kann den Anscheinsbeweis rechtfertigen, dass die Vertragsverletzung für den Umsatzrückgang ursächlich gewesen ist.[285] Wenn der Unternehmer nachgewiesen hat, dass im Einzelfall eine dem HV obliegende Verpflichtung objektiv verletzt worden ist, weil zB ein nicht zahlungsfähiger Kunde vermittelt oder ein Mindestumsatz nicht erreicht worden ist, muss der HV beweisen, dass er seine Pflichten vertragsgemäß wahrgenommen und vollständig erfüllt hat, der Kunde also ordnungsgemäß von ihm auf seine Bonität geprüft worden und der Minderumsatz nicht von ihm zu verantworten ist.[286] Außerdem muss er beweisen, dass er von einer bestehenden Verpflichtung oder verbindlichen Weisung abweichen durfte oder die gebotene Sorgfalt beachtet hat.[287] Wer Rechte aus einem Wettbewerbsverbot herleitet, muss außer der Verletzungshandlung die tatsächlichen Voraussetzungen des Wettbewerbsverbots einschließlich einer bestehenden Konkurrenzlage darlegen und beweisen; die Rechtsfrage, ob im Einzelfall tatsächlich Konkurrenzlage und Wettbewerbsverbot bestanden haben, hat der Richter zu entscheiden (RdNr. 21).

XI. Europarecht

56 **Allgemeine Ausführungen und Text der HV-RiLi s. Vor § 84 Anh.** § 86 soll die Umsetzung von Art. 3 und 5 HV-RiLi bewirken, was allerdings nur bedingt gelungen ist. Der deutsche Gesetzgeber war zu sehr bemüht, den alten Gesetzesinhalt von § 86 Abs. 1–3 beizubehalten, als dass er auf die Besonderheiten der Richtlinie eingegangen wäre. Im Zweifel ist daher eine richtlinienkonforme Auslegung (s. hierzu Vor § 84 Anh. RdNr. 10) geboten.

57 Am ähnlichsten formuliert in beiden Gesetzeswerken ist die Interessenwahrnehmungspflicht (§ 86 Abs. 1 2. Hs. gegenüber Art. 3 Abs. 1 1. Hs. HV-RiLi), die jedoch als unbestimmter Rechtsbegriff ohnehin von der Rspr. ausgefüllt werden muss. Während die HV-RiLi sodann den HV zur Respektierung von Treu und Glauben verpflichtet (Art. 3 Abs. 1 2. Hs.), wurde aus deutscher Sicht eine Umsetzung wegen § 242 BGB nicht für notwendig gehalten – was europarechtskonform sein dürfte –, jedoch umgekehrt die Sorgfalt eines ordentlichen Kaufmanns vorgesehen, was von der HV-RiLi nicht gedeckt ist.

58 Während die HV-RiLi in Art. 3 Abs. 2 vorsieht, dass sich der HV „in angemessener Weise für die Vermittlung und ... den Abschluss der ihm anvertrauten Geschäfte einsetzen" muss, braucht er sich nach § 86 Abs. 1 nur darum zu „bemühen"; andererseits verlangt die HV-RiLi, was die Informationen an den Unternehmer angeht, nicht die unverzügliche Mitteilung von jeder Geschäftsvermittlung und jedem Geschäftsabschluss, wie § 86 Abs. 2 dies tut.

59 Die in Art. 3 Abs. 2 c) HV-RiLi angesprochene Verpflichtung des HV, „den vom Unternehmer erteilten angemessenen Weisungen nach[zu]kommen", hat keine Entsprechung in den deutschen Vorschriften; insoweit liegt eine unzureichende Umsetzung der HV-RiLi vor.[288] In der Lit. wird darauf hingewiesen, dass gem. der Rspr. eine solche Verpflichtung ohnehin auf der Grundlage von § 665 BGB bestehe und der Gesetzgeber befürchtet habe, bei gesonderter Erwähnung zu stark vom gesetzlichen Leitbild des selbständigen HV abzuweichen.[289] Vom EuGH wird jedoch gemeinhin eine bestehende Rspr. nicht als hinreichender Ersatz einer Richtlinienumsetzung durch den Gesetzgeber angesehen.[290]

60 Das Verbot abweichender Parteivereinbarungen in § 86 Abs. 4, der Art. 5 HV-RiLi umsetzen soll, erstreckt sich nur auf § 86 Abs. 1 und 2 und erfasst damit die Weisungsbefolgungspflicht, welche die HV-RiLi vorschreibt, ebenfalls nicht. Auch insoweit ist die Umsetzung unzureichend. Das Verbot abweichender Parteivereinbarungen in Art. 5 HV-RiLi bezieht sich im Übrigen sowohl auf Erweite-

---

[284] BGH Urt. v. 30. 6. 1954 – II ZR 26/53, MDR 1954, 606 für vertragl. Wettbewerbsverbot; *Baumgärtel* RdNr. 1; Heymann/*Sonnenschein/Weitemeyer* RdNr. 25; MünchKommHGB/*v. Hoyningen-Huene* RdNr. 70.
[285] LAG Stuttgart BB 1970, 127.
[286] BGH Urt. v. 2. 7. 1992 – I ZR 181/90, BB 1992, 1956, 1957 (für Erreichen eines Mindestumsatzes).
[287] OLG Karlsruhe Justiz 1969, 191; *Baumgärtel* RdNr. 1 und 2; Heymann/*Sonnenschein/Weitemeyer* RdNr. 5 und 25; MünchKommHGB/*v. Hoyningen-Huene* RdNr. 58 und 70; *Schröder* RdNr. 45; Staub/*Brüggemann* RdNr. 4.
[288] So auch *Westphal*, FS Meyer-Marsilius, 1993, S. 12; so noch *Ankele* DB 1987, 569, 570, anders später *ders.* DB 1989, 2211.
[289] *Kindler* RIW 1990, 358, 359.
[290] *EuGH, Urt. v. 19. 9. 1996* – Rs. C-236/95, „Kommission/Griechenland", EuGHE 1996 I, 4459.

rungen als auch auf Einschränkungen, so dass es sich zugunsten als auch zulasten des HV auswirken kann.

§ 86 a [Pflichten des Unternehmers]

(1) Der Unternehmer hat dem Handelsvertreter die zur Ausübung seiner Tätigkeit erforderlichen Unterlagen, wie Muster, Zeichnungen, Preislisten, Werbedrucksachen, Geschäftsbedingungen, zur Verfügung zu stellen.

(2) [1] Der Unternehmer hat dem Handelsvertreter die erforderlichen Nachrichten zu geben. [2] Er hat ihm unverzüglich die Annahme oder Ablehnung eines vom Handelsvertreter vermittelten oder ohne Vertretungsmacht abgeschlossenen Geschäfts und die Nichtausführung eines von ihm vermittelten oder abgeschlossenen Geschäfts mitzuteilen. [3] Er hat ihn unverzüglich zu unterrichten, wenn er Geschäfte voraussichtlich nur in erheblich geringerem Umfange abschließen kann oder will, als der Handelsvertreter unter gewöhnlichen Umständen erwarten konnte.

(3) Von den Absätzen 1 und 2 abweichende Vereinbarungen sind unwirksam.

EG-RL 86/653/EWG Art. 4 und 5 Vor § 84 Anh. S. 641.

Schrifttum: Siehe zunächst das Schrifttumsverzeichnis vor § 84; wegen des älteren Schrifttums aus der Zeit vor 1990 wird auf das Schrifttumsverzeichnis der Vorauflage verwiesen: *Evers/Kiene,* Auslagerung von Finanzdienstleistungen auf Handelsvertreter: Anforderungen an die Einwilligungserklärung hinsichtlich der Weitergabe von Kundendaten, DB 2003, 2762; *Fuhrmann,* Dispositionsfreiheit des Unternehmers gegenüber seinem Vertragshändler – nur ein Lippenbekenntnis?, MDR 1995, 433; *Hopt,* Moderne Vertriebsformen und Einzelheiten ihrer handelsrechtlichen Zulässigkeit, ZIP 1996, 1809; *ders.,* Wettbewerbsfreiheit und Treuepflicht des Unternehmers bei parallelen Vertriebsformen, ZIP 1996, 1533; *Schipper,* Verletzung vertraglicher Wahrheits- und Aufklärungspflichten des Unternehmers bei Handelsvertreterverträgen und ihre Folgen, NJW 2007, 734; *Schriefers,* Lagerrücknahme bei Vertragsbeendigung des Händlervertrags, BB 1992, 2158; *Thume,* Die Musterkollektion des Handelsvertreters, BB 1995, 1913.

Übersicht

	RdNr.		RdNr.
I. Neufassung 1989	1	3. Erforderliche Nachrichten – Absatz 2 Satz 1	20
II. Die Nebenpflichten des Unternehmers	2	V. Pflicht zur Rücksichtnahme	21–33
III. Entschließungs- und Dispositionsfreiheit des Unternehmers	3–13	1. Allgemeine Rücksichtnahme	21
1. Inhalt und Bedeutung	3	2. Unterrichtung im Hinblick auf den HVVertrag	22, 23
2. Unternehmerfreiheit	4–6	a) Anlässlich der Vertragsverhandlungen	22
a) Geschäftsführungsfreiheit	4	b) Bei Veränderungen im bestehenden Vertragsverhältnis	23
b) Geschäftsabschluss- und Ausführungsfreiheit	5	3. Unterrichtung im Hinblick auf Vertriebstätigkeit	24–28
c) Produktwerbung	6	a) Allgemein bedeutsame Umstände	24
3. Verzicht und vertragliche Einschränkung	7	b) Anzeige nach Absatz 2 Satz 2	25, 26
4. Spannungsverhältnis zwischen Förderpflicht und Unternehmerfreiheit	8	aa) Inhalt und Umfang der Anzeigepflicht	25
5. Willkür und Schädigungsabsicht	9–11	bb) Benachrichtigungspflicht und § 87 c	26
a) Allgemeine Bedeutung	9	c) Mitteilung nach Absatz 2 Satz 3	27
b) Willkür	10	d) Betriebsveränderung, Veräußerung, Stilllegung	28
c) Schädigungsabsicht	11	4. Loyale Geltendmachung vertraglicher Rechte	29
6. Rechenschaft und Auskunft	12	5. Wahrung der Belange des Handelsvertreters	30–33
7. Belieferung des HV und nicht vertragsgerechte Lieferung an Kunden	13	a) Schädigung des Handelsvertreters und Beeinträchtigung seiner Tätigkeit	30
IV. Förderungspflicht	14–20	b) Eingriff in den Geschäftsbetrieb des Handelsvertreters	31
1. Allgemeine Pflicht zur Förderung der Geschäftstätigkeit des Handelsvertreters	14	c) Behandlung persönlicher Daten des Handelsvertreters	32
2. Überlassen der Unterlagen – Absatz 1	15–19	d) Bewahrung vor Fehlinvestitionen	33
a) Unterlagen	15	VI. Bedeutung und Ausgestaltung der Informationspflichten des Unternehmers	34–38
b) Erforderliche Unterlagen	16	1. Rechtzeitigkeit, Zwischennachricht	34
c) Überlassungspflicht, Leistungsort, Vorleistungspflicht und Leistungsort	17	2. Form, Kosten, Erfüllungsort	35
d) Kosten, Rücknahme und Kauf mit Eigentumserwerb	18		
e) Pflichten des Handelsvertreters	19		

	RdNr.		RdNr.
3. Information und Erklärungen gegenüber Kunden	36	4. Kündigungsrecht und Vertragstrafe	42
4. Entfallen der Informationspflicht und Geheimhaltungsinteresse	37	5. Insolvenz des Unternehmers	43
5. Kündigungserklärung durch Erteilung bestimmter Informationen	38	VIII. Unabdingbarkeit – Absatz 3	44
VII. Rechtsfolgen bei Pflichtverletzung	39–43	IX. Untervertreter und handelsvertreterähnliche Vertriebsmittler	45
1. Erfüllungsanspruch	39	X. Sorgfaltsmaßstab	46
2. Schadensersatzanspruch und zu ersetzender Schaden	40	XI. Beweislast	47
3. Sittenwidriges und willkürliches Verhalten	41	XII. Europarecht	48, 49

I. Neufassung 1989

1 Die jetzige Fassung beruht auf dem Gesetz von 1989, durch das in Abs. 2 Satz 2 die Worte „und die Nichtausführung eines von ihm vermittelten oder abgeschlossenen Geschäfts" sowie in Abs. 2 Satz 3 das „unverzüglich" eingefügt wurden. An die Stelle der ursprünglichen Regelung in Abs. 2 Satz 3 „als nach den Umständen zu erwarten ist" trat die Formulierung „als der HV unter gewöhnlichen Umständen erwarten konnte". Abs. 3 wurde neu in das Gesetz aufgenommen, nachdem bisher nur der Anspruch nach Abs. 2 Satz 3 unabdingbar war. Die Neufassung gilt seit dem 1. Januar 1990 für danach geschlossene und seit dem 1. Januar 1994 für sämtliche Verträge (Art. 29 EGHGB – s. d. Vor § 84 RdNr. 2).

II. Die Nebenpflichten des Unternehmers

2 § 86a behandelt als Parallelvorschrift zu § 86 – unvollständig[1] und nicht abschließend[2] – die Nebenpflichten[3] des Unternehmers; seine Hauptpflichten auf Zahlung von Provision und Ausgleich sind in §§ 87 ff. und 89b geregelt.[4] An die Stelle der umfassenden Interessenwahrnehmungspflicht des HV treten bei dem Unternehmer die in § 86a Abs. 1 und Abs. 2 Satz 1 niedergelegte Pflicht zur **Förderung der Tätigkeit des HV** sowie die aus der vertraglichen Treue-[5] und Loyalitätspflicht abgeleitete, in Abs. 2 nur unvollkommen umschriebene, Pflicht zur **Rücksichtnahme auf die Belange des HV** durch **Unterstützung bei seiner Tätigkeit**[6] und **Bewahrung vor vermeidbaren Schäden**.[7] Die in Abs. 2 normierte Verpflichtung des Unternehmers erstreckt sich auf Informationen, welche der HV zu einer erfolgreichen Vertriebstätigkeit benötigt.[8] Demgegenüber regelt § 87c die Informationen, welche der Unternehmer dem HV nach dessen Vertriebstätigkeit zur Ermittlung und Durchsetzung der daraus möglicherweise herrührenden erfolgsabhängigen Vergütungsansprüche zustehen können. Insoweit bestehen die Pflichten des Unternehmers nach § 86a Abs. 2 und § 87c eigenständig nebeneinander und haben nichts miteinander zu tun (s. RdNr. 26 und § 87c). Während das Gesetz dem Unternehmer in Abs. 1 und Abs. 2 konkrete Leistungspflichten auferlegt, handelt es sich bei dem allgemeinen Treue- und Loyalitätsgebot um einen Pflichtenrahmen, welcher durch konkrete Pflichten ausgefüllt werden muss.[9] Die Förderung der Tätigkeit des HV liegt im eigenen Interesse des Unternehmers, der damit zur Absatzsteigerung seines Produkts beiträgt; demgegenüber dient das Rücksichtnahmegebot allein dem Interesse des HV. Die Pflichten des Unternehmers sind **nicht so umfassend** wie die dem HV obliegende Interessenwahrnehmung; ihnen werden zudem durch seine Entschließungs- und Dispositionsfreiheit Grenzen gesetzt. Eine **Fürsorge-**[10] oder **Beschäftigungspflicht** im Sinn des Arbeitsrechts besteht nicht (s. d. § 84).[11]

---

[1] *Hopt* RdNr. 1.
[2] MünchKommHGB/*v. Hoyningen-Huene* RdNr. 1; *Baumgärtel* RdNr. 1.
[3] Heymann/*Sonnenschein*/*Weitemeyer* RdNr. 1.
[4] *Westphal* Vertriebsrecht RdNr. 369.
[5] BGH Urt. v. 25. 4. 1960 – II ZR 130/58, BB 1960, 605, 606.
[6] *Canaris* § 15 RdNr. 71.
[7] Ausf. BGH Urt. v. 23. 7. 1997 – VIII ZR 130/96, BGHZ 136, 295 = EBE 1997, 290, 292 m. Bspr. *Haager* NJW 1999, 2081, 2082; vgl. weiter Heymann/*Sonnenschein*/*Weitemeyer* RdNr. 17 und 19; MünchKommHGB/*v. Hoyningen-Huene* RdNr. 17 und 46; Staub/*Brüggemann* RdNr. 1 und 11; *Schröder* RdNr. 1.
[8] S. d. *Canaris* § 15 RdNr. 72.
[9] Vgl. *Westphal* Vertriebsrecht RdNr. 370, 373.
[10] *Schröder* RdNr. 1.
[11] *Schröder* RdNr. 1 und 22.

III. Entschließungs- und Dispositionsfreiheit des Unternehmers

1. Inhalt und Bedeutung. Die Pflichten des Unternehmers zu Förderung und Rücksichtnahme bestehen, solange und soweit sie mit seinem Recht auf freie Entscheidung über die Art und Weise der Führung seines Geschäftsbetriebs, seiner **Entschließungs- oder Dispositionsfreiheit** (s. d. auch § 84), in Einklang zu bringen sind, und entfallen, wenn Förderung der Tätigkeit des HV sowie Rücksichtnahme auf dessen Belange nicht mehr in seinem Interesse liegen.[12] Der Unternehmer braucht – anders als der HV, der die Interessen des Unternehmers zu fördern hat, – seine Interessen **nicht** denjenigen des HV **unterzuordnen** und darf frei entscheiden, was in seinem geschäftlichen Interesse liegt.[13] Aus Rücksicht auf den HV muss er eine unternehmerische Entscheidung weder unterlassen noch zurückstellen. Der HVVertrag gibt dem HV nicht das Recht, auf die Entscheidungen des Unternehmers Einfluss zu nehmen,[14] weswegen der Unternehmer seine Entscheidungen dem HV gegenüber auch nicht rechtfertigen oder begründen muss.[15] Die Entschließungs- und Dispositionsfreiheit des Unternehmers wird durch Gesetz[16] – zB durch GWB –[17] oder HVVertrag[18] nicht eingeschränkt.[19] Es ist grundsätzlich sein alleiniges und frei auszuübendes Recht, den Betrieb so einzurichten, umzugestalten und in der Öffentlichkeit darzustellen,[20] wie es ihm richtig und vernünftig erscheint,[21] wobei er nicht lediglich betrieblichen Notwendigkeiten Rechnung tragen muss.[22] Maßstab ist seine Sicht der Dinge im Zeitpunkt seiner Entscheidung. Dabei ist die gegenüber einem HV bestehende und grundsätzlich nur durch das Willkürverbot eingeschränkte (RdNr. 9) unternehmerische Dispositionsbefugnis umfassender als gegenüber einem Arbeitnehmer.[23] Die nachteiligen Folgen unzureichender Fähigkeiten sowie verfehlter Entscheidungsgrundlagen sowie verfehlter Entscheidungen des Unternehmers muss der HV hinnehmen.[24]

2. Unternehmerfreiheit. a) Geschäftsführungsfreiheit. Der Unternehmer darf seine Geschäftspolitik frei bestimmen und wechseln.[25] Ebenso darf er seinen Geschäftsbetrieb **im Einzelnen frei gestalten und führen**[26] sowie einstellen oder an Dritte übertragen (vgl. § 84). Durch den Abschluss eines HVVertrags wird er nicht gehindert, Produktpalette, Herstellungs-[27] oder Lieferprogramm zu ändern,[28] den Betrieb auf neue Produkte mit anderen Preiskategorien und anderem Abnehmerkreis umzustellen, die Produktion von Waren einzustellen – mögen sie auch Gegenstand von HVVerträgen sein,[29] – den Betrieb zu verlegen, den Abnehmerkreis zu ändern[30] oder zu verringern und bestehende Kundenbeziehungen abzubrechen – selbst wenn es sich um feste Kunden des HV handelt –,[31] Vertriebsform und Vertriebssystem zu ändern, weitere HV oder Vertriebsmittler einzusetzen, selbst wenn dadurch der vertraglich nicht geschützte Arbeitsbereich eines HV verkleinert wird,[32] oder zum Direktvertrieb[33] – zB durch Außendienstmitarbeiter – überzugehen.[34] Nicht eingeschränkt ist seine Entschließungsfreiheit über Investitionen im eigenen Betrieb oder dem des HV (zB bei Tankstellen).[35]

---

[12] Heymann/Sonnenschein/Weitemeyer RdNr. 20.
[13] Zum Spannungsverhältnis zwischen Unternehmer- und HV-Interessen vgl. auch *Schröder* § 87 RdNr. 70 bis 71; Staub/Brüggemann RdNr. 1; *Westphal* Vertriebsrecht RdNr. 417f.
[14] BGH Urt. v. 12. 12. 1957 – II ZR 52/56, BGHZ 26, 161 = NJW 1958, 219.
[15] Vgl. *Canaris* § 15 RdNr. 60.
[16] MünchKommHGB/*v. Hoyningen-Huene* RdNr. 27 für Abs. 2 Satz 3.
[17] Vgl. Erl. zu § 84 m. ausf. Nachweisen.
[18] MünchKommHGB/*v. Hoyningen-Huene* RdNr. 16; *Schröder* RdNr. 21.
[19] BGH Urt. v. 12. 12. 1957 – II ZR 52/56, BGHZ 26, 161, 173 = NJW 1958, 219.
[20] BGH Urt. v. 23. 7. 1997 – VIII ZR 130/96, BGHZ 136, 295 = EBE 1997, 290, 292.
[21] BGH Urt. v. 9. 11. 1967 – VII ZR 40/65, BGHZ 49, 39 = NJW 1968, 394.
[22] Staub/Brüggemann RdNr. 22.
[23] Vgl. dazu für das Arbeitsverhältnis: BAG Urt. v. 26. 9. 2002 – 2 AZR 636/01, GmbHR 2003 R 363 und R 425.
[24] OLG Hamm Urt. v. 23. 4. 1999 – 35 U 15/98, HVR Nr. 966.
[25] *Canaris* § 15 RdNr. 60.
[26] Vgl. BGH Urt. v. 14. 3. 1960 – II ZR 79/58, HVR Nr. 245.
[27] BGH Urt. v. 29. 4. 1958 – VIII ZR 189/57, NJW 1958, 1138.
[28] BGH Urt. v. 6. 5. 1993 – I ZR 84/91, NJW-RR 1993, 1122, 1123.
[29] BGH Urt. v. 29. 6. 1959 – II ZR 99/58, NJW 1959, 1964.
[30] BGH Urt. v. 18. 6. 1964 – VII ZR 254/62, BGHZ 42, 59, 62 = NJW 1964, 1621; BGH Urt. v. 27. 1. 1972 – VII ZR 300/69, BGHZ 58, 140, 145 = NJW 1972, 629.
[31] BGH Urt. v. 9. 11. 1967 – VII ZR 40/65, BGHZ 49, 39, 42 = NJW 1968, 394; BGH Urt. v. 22. 1. 1987 – I ZR 126/85, NJW-RR 1987, 873; dazu auch *Steindorff* ZHR 130 (1968), 82ff., 91.
[32] *Schröder* RdNr. 21.
[33] Vgl. dazu BGH Urt. v. 12. 1. 1994 – VIII ZR 165/92, ZIP 1994, 461, 462 für Vertragshändler.
[34] *Schröder* RdNr. 14, 15 und 23; Staub/Brüggemann RdNr. 22; vgl. MünchKommHGB/*v. Hoyningen-Huene* RdNr. 27; zum Ganzen *Hopt* ZIP 1996, 1809.
[35] BGH Urt. v. 6. 5. 1993 – I ZR 84/91, NJW-RR 1993, 1122, 1123; OLG Düsseldorf OLGR 1998, 11; zum Ganzen *Schröder* § 87 RdNr. 71.

5 **b) Geschäftsabschluss- und Ausführungsfreiheit.** Der Unternehmer kann, sofern nichts Gegenteiliges vereinbart ist,[36] frei bestimmen, ob er das Einzelne ihm vom HV vermittelte Geschäft abschließen will **(Grundsatz der Ablehnungsfreiheit).**[37] Einen Anspruch hierauf hat der HV nicht,[38] selbst wenn er das vermittelte Geschäft wegen eines Wettbewerbsverbots nicht einem anderen Unternehmer antragen darf; § 615 BGB ist insoweit nicht anwendbar.[39] Allerdings kann der HV der Abschluss- und Ausführungsfreiheit mit dem Einwand treuwidrigen oder bedingungsfeindlichen Verhaltens nach §§ 242, 162 BGB begegnen, wenn der Unternehmer das vermittelte Kundengeschäft ohne einen sein Verhalten rechtfertigenden vernünftigen Grund ablehnt, obwohl er den HV mit der Herbeiführung des Kundenvertrags beauftragt hat.[40] Ebenso besteht keine Pflicht des Unternehmers gegenüber dem HV, das abgeschlossene Kundengeschäft so, wie es vereinbart ist, auszuführen, der HV behält bei Nichtausführung allerdings grds. seinen Provisionsanspruch (s. d. § 87a). Beachtliche Gründe für den Nichtabschluss eines vermittelten Kundenvertrags oder dessen Nichtausführung können zB Materialknappheit, beabsichtigter Produktionswechsel oder Zweifel des Unternehmers hinsichtlich der Person des Kunden sein.[41]

6 **c) Produktwerbung.** Dem Unternehmer steht die freie Entscheidung darüber zu, ob, in welchem Ausmaß und in welcher Weise er für sein Produkt werben will; Produktwerbung ist seine Angelegenheit.[42] Auf die schutzwürdigen und berechtigten Belange des HV muss er bei seiner Werbung Rücksicht nehmen; gleichsam sehenden Auges darf er den HV nicht durch eine Werbemaßnahme schädigen.[43]

7 **3. Verzicht und vertragliche Einschränkung.** Auf die unternehmerische Entschließungsfreiheit kann der Unternehmer durch Vertrag mit dem HV nicht vollständig und endgültig verzichten; vertraglich – jedoch nicht durch vom HV vorgegebene AGB/Formularvertrag – kann er sich lediglich verpflichten, bestimmte Betriebs- und Vertriebsänderungen zu unterlassen, den HV zu beschäftigen oder von ihm angetragene Geschäfte abzuschließen, solange nicht auf Grund veränderter Verhältnisse aus seiner Sicht eine andere unternehmerische Entscheidung geboten ist. Nur mit dieser Einschränkung als Geschäftsgrundlage oder Bedingung sind vertragliche Beschränkungen der Unternehmerfreiheit vertraglich zulässig.

8 **4. Spannungsverhältnis zwischen Förderpflicht und Unternehmerfreiheit.** Die Dispositions- und Entschließungsfreiheit steht (zumindest teilweise) in einem **Spannungsverhältnis zu der** gesetzlichen **Pflicht** des Unternehmers **zur Förderung der Tätigkeit des HV** (RdNr. 14 f.) und zur **Rücksichtnahme** auf dessen Belange (RdNr. 21 f.). Solange und soweit der Unternehmer von dem HV ordnungs- und vertragsgemäße Erfüllung der ihm übertragenen Aufgaben verlangt und/oder erwartet, muss er die gesetzlich gebotene Rücksicht nehmen und die ihm gegenüber geschuldete Tätigkeit des HV in dem gesetzlich oder vertraglich vorgeschriebenen Maß fördern, selbst wenn dadurch seine allgemeine Dispositions- und Entschließungsfreiheit berührt und beeinträchtigt wird. Das gilt allerdings nicht hinsichtlich seiner von diesen gesetzlichen Pflichten nicht berührten und durch sie nicht eingeschränkten Freiheit zur allgemeinen, nicht das einzelne Kundengeschäft betreffenden Geschäftsführung (RdNr. 4), zu Abschluss sowie zur Ausführung des einzelnen Kundengeschäfts (RdNr. 5).

9 **5. Willkür und Schädigungsabsicht. a) Allgemeine Bedeutung.** Unternehmerfreiheit und Dispositionsbefugnis können Maßnahmen nicht rechtfertigen, die auf Willkür oder der sein Handeln bestimmenden Absicht des Unternehmers beruhen, den HV zu schädigen; über dessen schutzwürdige Belange darf sich der Unternehmer nicht ohne vertretbaren Grund hinwegsetzen.[44] Solche Entscheidungen sind gesetzwidrig und verletzen die Pflichten des Unternehmers aus dem HVVertrag.[45]

---

[36] Vgl. BGH Urt. v. 16. 12. 1998 – VIII ZR 38/97, NJW-RR 1999, 539; *Hopt* § 87 RdNr. 8.
[37] BGH Urt. v. 29. 4. 1958 – VIII ZR 189/57, NJW 1958, 1138; BGH Urt. v. 17. 10. 1960 – VII ZR 216/59, BB 1960, 1222; *Schröder* § 87 RdNr. 70 bis 70 b; *Canaris* § 15 RdNr. 58.
[38] *Hopt* § 87 RdNr. 8; MünchKommHGB/*v. Hoyningen-Huene* RdNr. 16; Staub/*Brüggemann* RdNr. 19, 20.
[39] *Höft* VersR 1969, 875, 876; teilweise aA *Steindorff* ZHR 130 (1968), 82, 84 ff.
[40] *Canaris* § 15 RdNr. 59; aA *Hopt* § 87 RdNr. 8.
[41] Vgl. MünchKommHGB/*v. Hoyningen-Huene* RdNr. 18.
[42] Vgl. § 86 RdNr. 6.
[43] BGH Urt. v. 23. 7. 1997 – VIII ZR 130/96, BGHZ 136, 295 = EBE 1997, 290, 292.
[44] BGH Urt. v. 12. 12. 1957 – II ZR 52/56, BGHZ 26, 161 = NJW 1958, 219; BGH Urt. v. 29. 4. 1958 – VIII ZR 189/57, NJW 1958, 1138; BGH Urt. v. 27. 1. 1972 – VII ZR 300/69, BGHZ 58, 140 = NJW 1972, 629; BGH Urt. v. 6. 5. 1993 – I ZR 84/91, NJW-RR 1993, 1122, 1123; OLG Düsseldorf OLGR 1998, 11, 13.
[45] BGH Urt. v. 12. 12. 1957 – II ZR 52/56, BGHZ 26, 161 = NJW 1958, 219; BGH Urt. v. 27. 1. 1972 – VII ZR 300/69, BGHZ 58, 140 = NJW 1972, 629; BGH Urt. v. 6. 5. 1993 – I ZR 84/91, NJW-RR 1993, 1122, 1123; OLG Hamm Urt. v. 23. 4. 1999 – 35 U 15/98, HVR Nr. 966; *Schröder* RdNr. 14, 15 und 21; Staub/*Brüggemann* RdNr. 21; vgl. auch Heymann/*Sonnenschein/Weitemeyer* RdNr. 20; vgl. *Hopt* ZIP 1996, 1533, 1538.

Auch das Recht des Unternehmers auf Ungleichbehandlung seiner HV (s. d. § 84)[46] findet hier seine Grenze.

b) Willkür. Willkür liegt vor, wenn die vom Unternehmer getroffene Entscheidung ohne Prüfung und Abwägung der Gegebenheiten erfolgt, das ihm eingeräumte unternehmerische Ermessen also nicht ausgeübt worden ist,[47] oder wenn die Entscheidung bereits aus seiner subjektiven Sicht nicht durch wirtschaftlich vernünftige und sinnvolle,[48] sondern allein durch sachfremde Erwägungen veranlasst worden ist. Nicht willkürlich sind wirtschaftlich vertretbare und sinnvolle oder jedenfalls aus der Sicht eines ordentlichen Kaufmanns noch nachvollziehbare und verständliche Entscheidungen.[49] Willkür liegt weiter nicht vor, wenn der Unternehmer nach Prüfung der Gegebenheiten unter Berücksichtigung der schutzwürdigen Belange des HV die von ihm getroffene Entscheidung bei Anlegung des Maßstabs eines ordentlichen Kaufmanns jedenfalls aus seiner subjektiven Sicht für wirtschaftlich sinnvoll und vertretbar gehalten hat und halten durfte.[50] Maßstab ist die Sicht des Unternehmers – nicht des HV – im Zeitpunkt seiner Entscheidung.[51] Stellt sich diese nachträglich als unzweckmäßig oder verfehlt heraus, muss sie deswegen nicht willkürlich gewesen sein.[52] Auch Fehler in Organisation und Abläufen im Betrieb sind kein Indiz für Willkür. Erst bei sinnloser Misswirtschaft kann die Grenze überschritten sein.[53]

10

c) Schädigungsabsicht. Willkürlichen Entscheidungen stehen solche gleich, die ausschließlich oder doch so maßgeblich von der Absicht getragen werden, den HV zu schädigen, dass daneben sachliche, gegen sie sprechende Erwägungen nicht hinreichend berücksichtigt werden. Hierunter können **Umgehungsgeschäfte** zur Ausschaltung der Rechte des HV fallen, zB die Einstellung des Betriebs bei gleichzeitiger wirtschaftlicher Verlagerung auf ein vom Geschäftsherrn neu gegründetes, ihm bereits gehörendes oder von ihm beherrschtes Unternehmen. Die Anforderungen an die notwendige Schädigungsabsicht sind in subjektiver Seite dieselben wie bei § 826 BGB; bedingter Vorsatz genügt regelmäßig.[54]

11

6. Rechenschaft und Auskunft. Zur Entschließungs- und Dispositionsfreiheit des Unternehmers gehört, dass er dem HV nicht Rechenschaft über seine Entschließungen schuldet.[55] Daran ändert § 86 a mit dem Gebot der Rücksichtnahme nichts. Wegen der Rechte des HV bei willkürlichem und bewusst schädigendem Verhalten des Unternehmers (RdNr. 9 f., 41) muss er dem HV jedoch auf Verlangen in konkreten Einzelfällen die für eine getroffene Entscheidung maßgeblichen Gründe so mitteilen, dass der HV nachprüfen kann, ob Willkür oder bewusst schädigendes Verhalten vorgelegen haben.[56] Um dieses Auskunftsverlangen zu rechtfertigen, muss der HV allerdings zuvor konkrete Anhaltspunkte für die Möglichkeit willkürlichen oder bewusst schädigenden Verhaltens des Unternehmers darlegen und notfalls beweisen.

12

7. Belieferung des HV und nicht vertragsgerechte Lieferung an Kunden. Da der HV grds. nur Kundengeschäfte für den Unternehmer zu vermitteln oder abzuschließen hat, kommt es nicht zu einer Lieferpflicht gegenüber dem HV. Etwas anderes kann für die Lieferung von Ersatzteilen gelten, wenn dem HV die Wartung und Reparatur der an die Kunden veräußerten Gegenstände übertragen ist.[57] Im Übrigen besteht mangels gegenteiliger Vereinbarungen nur während des bestehenden HVVertrags eine Pflicht zur Belieferung des HV.[58] Weitergehende Pflichten des Unternehmers können sich aus Kartellrecht ergeben.[59] Die Freiheit des Unternehmers deckt ebenfalls grds. die Lieferung nicht vertragsgerechter oder fehlerhafter Waren an die Kunden des HV,[60] selbst wenn sich die Kunden

13

---

[46] *Westphal* Vertriebsrecht RdNr. 420.
[47] *Schröder* § 87 RdNr. 70 a; Staub/*Brüggemann* RdNr. 21; *Westphal* RdNr. 251.
[48] BGH Urt. v. 29. 6. 1959 – II ZR 99/58, NJW 1959, 1964, 1965; *Westphal* RdNr. 251.
[49] Vgl. BGH Urt. v. 9. 11. 1967 – VII ZR 40/65, BGHZ 49, 39, 42 = NJW 1968, 394; BGH Urt. v. 27. 1. 1972 – VII ZR 300/69, BGHZ 58, 140, 145 = NJW 1972, 629; MünchKommHGB/*v. Hoyningen-Huene* RdNr. 18; *Schröder* § 87 RdNr. 70 a, 71.
[50] BGH Urt. v. 12. 12. 1957 – II ZR 52/56, BGHZ 26, 161, 165 = NJW 1958, 219; *Schröder* RdNr. 23.
[51] Vgl. BGH Urt. v. 29. 6. 1959 – II ZR 99/58, NJW 1959, 1964, 1965.
[52] Staub/*Brüggemann* RdNr. 21 und 23; vgl. OLG Düsseldorf OLGR 1996, 55.
[53] BGH Urt. v. 12. 12. 1957 – II ZR 52/56, BGHZ 26, 161, 166 = NJW 1958, 219; Staub/*Brüggemann* RdNr. 23; vgl. *Schröder* § 87 RdNr. 69, 70.
[54] Vgl. Bamberger/Roth/*Spindler* BGB § 826 RdNr. 10 und 11; aA noch die Vorauflage.
[55] Staub/*Brüggemann* RdNr. 21.
[56] MünchKommHGB/*v. Hoyningen-Huene* RdNr. 17; *Schröder* § 87 RdNr. 70; Staub/*Brüggemann* RdNr. 21; scheinbar aA MünchKommHGB/*v. Hoyningen-Huene* RdNr. 16.
[57] BGH Urt. v. 21. 2. 1989 – KZR 3/88, HVR Nr. 663.
[58] *Westphal* Vertriebsrecht RdNr. 412 f.
[59] BGH Urt. v. 21. 2. 1989 – KZR 3/88, HVR Nr. 663; *Westphal* Vertriebsrecht RdNr. 413 f.
[60] BGH Urt. v. 17. 5. 2006 – VIII ZR 244/04; vgl. auch OLG Celle Urt. v. 29. 11. 1961 – 3 U 163/61, HVR Nr. 265.

§ 86 a 14–16　　　　　　　　　　　　　1. Buch. 7. Abschnitt. Handelsvertreter

deswegen von dem HV abwenden. Der Provisionsanspruch bleibt dem HV dann aber grds. erhalten (s. d. § 87 a). Vertragswidrig gegenüber dem HV mit der Folge der Schadensersatzpflicht handelt der Unternehmer erst, wenn sich sein Verhalten gegenüber dem HV ausnahmsweise als willkürlich oder bewusst schädigend erweist.[61]

IV. Förderungspflicht

14　**1. Allgemeine Pflicht zur Förderung der Geschäftstätigkeit des Handelsvertreters.** Aus dem HVVertrag folgt für den Unternehmer die Verpflichtung, mit dem HV bei der Ausführung der ihm übertragenen Aufgaben loyal **zusammenzuarbeiten** und dessen vertragsgemäße Bemühungen um Vermittlung und Abschluss von Geschäften im Rahmen seiner Möglichkeiten sowie des Branchenüblichen zu **unterstützen** und zu **fördern**.[62] Die Förderungspflicht des Unternehmers, die seine Dispositions- und Entschließungsfreiheit einschränken kann (RdNr. 8), ist in Abs. 1 sowie Abs. 2 Satz 1 geregelt und trifft den Unternehmer, selbst wenn der HVVertrag dazu schweigt. Weitere Förderungspflichten können dem Unternehmer durch den HVVertrag auferlegt werden, Abs. 3 steht dem nicht entgegen. So hat er dem HV bei zugesichertem Kundenschutz Kundenanfragen unverzüglich zuzuleiten.[63] Hingegen ist er kraft Gesetzes nicht zur Teilnahme an Fachmessen verpflichtet.[64]

15　**2. Überlassen der Unterlagen – Absatz 1. a) Unterlagen.** Nach Abs. 1 ist der Unternehmer verpflichtet, dem HV von sich aus alles zur Verfügung zu stellen, was dieser zur Ausführung der ihm übertragenen Aufgaben benötigt, sei es generell für die ordnungsgemäße Vermittlung und den Abschluss von Verträgen, sei es konkret für die Ermöglichung einzelner Geschäftsabschlüsse; dies alles gehört zu dem weit und umfassend zu verstehenden Begriff der „Unterlagen" im Sinn des Gesetzes. Dabei kann es grds. nur um **rechtlich dem Unternehmer zustehende** Unterlagen aus seinem Herrschaftsbereich, also seinem Geschäfts- und Unternehmensbereich, gehen, die regelmäßig im Eigentum des Unternehmers stehen und verbleiben.[65] Die dem HV geschuldeten **Abrechnungen** sowie der **Buchauszug** nach § 87 c Abs. 1 und 2 gehören nicht zu den Unterlagen nach Abs. 1. Die Verpflichtung des HV, seinen eigenen Geschäftsbetrieb einzurichten und zu unterhalten sowie selbst das für seine Berufsausübung Erforderliche zu beschaffen, besonders also auch die allgemein verwendbare Büroeinrichtung mit entsprechendem Büromaterial, wird von Abs. 1 nicht berührt.[66]

16　**b) Erforderliche Unterlagen.** Nach den Umständen des Einzelfalls ist zu entscheiden, was der Unternehmer dem HV jeweils zur Verfügung zu stellen hat. Die Aufzählung im Gesetz ist nur beispielhaft und nicht abschließend.[67] Ausschlaggebend ist, was objektiv aus der Sicht eines normalen HV der jeweiligen Branche für die sachgerechte und erfolgreiche Erledigung der übertragenen Aufgabe, das Produkt mit Erfolg abzusetzen, benötigt wird.[68] Erforderlich kann darüber hinaus sein, was der HV aus seiner Sicht mit guten Gründen für den Erfolg seiner Tätigkeit für notwendig hält.[69] Im Einzelnen gehören dazu außer Musterkoffer,[70] **Musterkollektion**[71] oder Musterstücken, die der Unternehmer hinreichend gegen möglicherweise von ihnen ausgehende Gefahren sichern muss,[72] spezielle, die konkrete Vertriebstätigkeit im Einzelfall betreffende Computersoftware,[73] umfassendes Werbematerial, worunter je nach Branchenart auch kostenlos zu verteilende Probestücke fallen können, einschließlich Beschreibungen, (Konstruktions-)Zeichnungen und Preislisten, Korrespondenz mit Interessenten und Kunden, soweit sie sich nicht auf abgeschlossene Vorgänge beschränkt, sowie die für den Geschäftsabschluss benötigten Vertragsunterlagen im eigentlichen Wortsinn wie Vertragsformulare und Geschäftsbedingungen.[74] **Kun-**

---

[61] BGH Urt. v. 12. 12. 1957 – II ZR 52/56, BGHZ 26, 161 = NJW 1958, 219; BGH Urt. v. 29. 4. 1958 – VIII ZR 189/57, NJW 1958, 1138; BGH Urt. v. 17. 5. 2006 – VIII ZR 244/04; OLG Celle DB 1962, 94.
[62] OLG München Urt. v. 31. 10. 1957 – 6 U 1358/57, HVR Nr. 167; OLG Düsseldorf Urt. v. 16. 1. 2001 – 16 U 84/00, HVR Nr. 950; Heymann/*Sonnenschein/Weitemeyer* RdNr. 17; Staub/*Brüggemann* RdNr. 1; vgl. MünchKomm-HGB/*v. Hoyningen-Huene* RdNr. 2; *Küstner* HVR RdNr. 639.
[63] *Schröder* RdNr. 22 a.
[64] AA KG BB 1969, 1062.
[65] Vgl. *Westphal* Vertriebsrecht RdNr. 378.
[66] OLG Köln Urt. v. 30. 9. 2005 – 19 U 67/05, HVR Nr. 1162.
[67] MünchKommHGB/*v. Hoyningen-Huene* RdNr. 4; Staub/*Brüggemann* RdNr. 2.
[68] Heymann/*Sonnenschein/Weitemeyer* RdNr. 3; MünchKommHGB/*v. Hoyningen-Huene* RdNr. 3.
[69] Vgl. *Schröder* RdNr. 3.
[70] AA OLG Hamburg Urt. v. 15. 11. 1955 – 2 U 248/55, HVR Nr. 101.
[71] Dazu *Thume* BB 1995, 1913.
[72] *Hopt* RdNr. 6; *Schröder* RdNr. 3.
[73] OLG Köln Urt. v. 30. 9. 2005 – 19 U 67/05, HVR Nr. 1162; *Westphal* Vertriebsrecht RdNr. 378.
[74] Heymann/*Sonnenschein/Weitemeyer* RdNr. 3.

dendaten und **Kundenlisten** sind dem HV nach Abs. 1 zu überlassen, wenn der HV einen vom Unternehmer bereits belieferten Bezirk oder Kundenstamm übernimmt und der Unternehmer über solche Listen (Karteien) verfügt;[75] dabei bestimmt es sich nach den vertraglichen Vereinbarungen, welche der Unternehmer mit seinen Kunden getroffen hat, sowie gegebenenfalls nach den Vorschriften des BDSG, ob und inwieweit der Unternehmer geschützte personenbezogene Daten an den HV weitergeben darf; im Regelfall wird dies nicht zu beanstanden sein, wenn der HV sie zur ordnungsgemäßen Wahrnehmung der ihm übertragenen Vermittlungstätigkeit benötigt; andernfalls muss der Unternehmer die Einwilligung seiner Kunden herbeiführen, wenn der HV sie betreuen soll.[76] Wenn der Unternehmer über die „Unterlagen" nach Abs. 1 nicht verfügt, folgt für ihn aus dem im Kern unabdingbaren Überlassungsgebot die **Verpflichtung, fehlende Unterlagen herzustellen oder sich zu beschaffen.**[77] Ebenso hat er sie auf seine Kosten auf dem neuesten Stand zu halten, durch jeweils aktuelle zu ersetzen und dem HV die **jeweils neuesten Unterlagen** zur Verfügung zu stellen,[78] und zwar solange dieser für ihn tätig zu sein hat, auch wenn das Vertragsverhältnis bereits gekündigt ist oder ausläuft.[79] Zu den Verpflichtungen des Unternehmers nach Abs. 1 gehört die kostenlose **Schulung** des HV, soweit diese eine sonst erforderliche Überlassung von Unterlagen ersetzen soll.[80] **Nicht** von der Überlassungspflicht **erfasst** werden betriebsinterne Geschäftsunterlagen des Unternehmers, Unterlagen die nur das Vertragsverhältnis des Unternehmers zum HV, nicht aber zu Kunden, betreffen, sowie alle Gegenstände, welche zum allgemeinen Geschäftsbetrieb des HV gehören,[81] ebenso nicht **Vorratsware**, welche der HV für den Unternehmer – zB aus einem Auslieferungslager – abzusetzen hat;[82] deren Überlassung richtet sich nach dem jeweiligen Vertrag.[83]

c) Überlassungspflicht, Leistungszeit, Vorleistungspflicht und Leistungsort. Da die Unterlagen nach Abs. 1 zur Erledigung der vertraglich geschuldeten Tätigkeit des HV erforderlich sind, muss der Unternehmer sie dem HV von sich aus ohne besondere Aufforderung bei Beginn der HVTätigkeit oder des konkreten Einzelgeschäfts überlassen, spätestens unverzüglich nach der Anforderung.[84] Der Unternehmer ist vorleistungspflichtig mit der Rechtsfolge des § 295 BGB und darf die Aushändigung nicht von Bedingungen oder vorab zu erbringenden Leistungen des HV – zB Rückgabe der überholten Musterstücke/Kollektion – abhängig machen, wenn der HV zur Ausübung seiner Tätigkeit auf die Unterlagen angewiesen ist. Mit einer überholten oder veralteten Kollektion braucht ein HV nicht zu werben/zu reisen. Eine vertragliche Regelung dieser gesetzlichen Überlassungspflicht ist nicht erforderlich. Aus der Natur des HVVertragsverhältnisses folgt (§ 269 Abs. 1 BGB), dass der Unternehmer seine (Bring-)Schuld[85] an dem **Ort zu erfüllen** hat, an welchem der HV seinen geschäftlichen Sitz oder seine Tätigkeit zu erbringen hat,[86] die Übersendungskosten treffen den Unternehmer.[87]

d) Kosten, Rücknahme und Kauf mit Eigentumserwerb. Dem Gesetz und der Natur des Vertragsverhältnisses entsprechend muss der Unternehmer die in seinem Eigentum bleibenden Unterlagen[88] des Abs. 1 dem HV unentgeltlich zur Verfügung stellen,[89] also **kostenlos zur unmittelbaren Besitzausübung überlassen**[90] und nach Ende des Vertragsverhältnisses auf seine Kosten

---

[75] Heymann/*Sonnenschein*/*Weitemeyer* RdNr. 3; *Hopt* RdNr. 5; MünchKommHGB/*v. Hoyningen-Huene* RdNr. 4; *Schröder* RdNr. 2 und 21; Staub/*Brüggemann* RdNr. 2; *Küstner* HVR RdNr. 602.
[76] Ausf. dazu *Evers/Kiene* DB 2003, 2762.
[77] MünchKommHGB/*v. Hoyningen-Huene* RdNr. 4; *Schröder* RdNr. 2.
[78] Vgl. *Thume* BB 1995, 1913; Staub/*Brüggemann* RdNr. 2; *Westphal* RdNr. 223 und Vertriebrecht RdNr. 381.
[79] OLG Nürnberg Urt. v. 3. 11. 1982 – 4 U 275/81, HVR Nr. 571; *Thume* BB 1995, 1915; Heymann/*Sonnenschein*/*Weitemeyer* RdNr. 5; *Küstner* HVR RdNr. 583; *Westphal* RdNr. 223.
[80] Vgl. OLG Hamm NJW-RR 1990, 567.
[81] Heymann/*Sonnenschein*/*Weitemeyer* RdNr. 4; *Hopt* RdNr. 5; *Schröder* RdNr. 3; *Westphal* Vertriebsrecht RdNr. 379; *Küstner* HVR RdNr. 578.
[82] OLG Düsseldorf BB 1990, 1086, 1087; *Hopt* RdNr. 5.
[83] Heymann/*Sonnenschein*/*Weitemeyer* RdNr. 3; *Küstner* HVR RdNr. 578.
[84] *Thume* BB 1995, 1913; *Schröder* RdNr. 4; Heymann/*Sonnenschein*/*Weitemeyer* RdNr. 5; MünchKommHGB/*v. Hoyningen-Huene* RdNr. 5.
[85] *Westphal* Vertriebsrecht RdNr. 383.
[86] *Westphal* Vertriebsrecht RdNr. 383.
[87] OLG München BB 1999, 2320; Heymann/*Sonnenschein*/*Weitemeyer* RdNr. 5; vgl. *Hopt* RdNr. 6; MünchKommHGB/*v. Hoyningen-Huene* RdNr. 6; *Schröder* RdNr. 2; Staub/*Brüggemann* RdNr. 2 („Bringschuld" des Unternehmers); ebenso *Küstner* HVR RdNr. 582; *Thume* BB 1995, 1913.
[88] *Westphal* Vertriebsrecht RdNr. 386.
[89] *Hopt* RdNr. 6; *Westphal* Vertriebsrecht RdNr. 384.
[90] OLG Hamm NJW-RR 1990, 567, 568; OLG München BB 1999, 2320; *Thume* BB 1995, 1913, 1915; Heymann/*Sonnenschein*/*Weitemeyer* RdNr. 3 und 6; *Hopt* RdNr. 6; MünchKommHGB/*v. Hoyningen-Huene* RdNr. 7; *Schröder* RdNr. 2 und 7; *Küstner* HVR RdNr. 579, 580.

bei dem HV abholen[91] und unentgeltlich zurücknehmen. Durch hinreichend deutliche Erklärung in einem Individualvertrag, nicht durch AGB oder Formularvertrag,[92] kann die Verpflichtung zur Stellung einer **Kaution**[93] oder zum Kauf mit Eigentumserwerb des HV begründet werden;[94] im Zweifel besteht dann bei Vertragsende hinsichtlich (Vertriebs-)Unterlagen und Musterstücken – auch ohne entsprechende Vereinbarung – eine Rückerwerbspflicht des Unternehmers zu angemessenen Preisen, weil der HV die von ihm erworbenen Gegenstände nicht mehr nutzen oder absetzen kann.[95] **Vorratsware, Lagerbestände, Ersatzteile** oder sonstige vom HV im Einverständnis mit dem Unternehmer zur Unterstützung der ihm übertragenen Tätigkeit auf eigene Kosten erworbene Gegenstände hat der Unternehmer nach Vertragsende gegen Wertersatz zu übernehmen,[96] selbst wenn ihn ein Schuldvorwurf an einem vorzeitigem Vertragsende nicht trifft.[97] **Fehler** oder **Wertminderung** der zurückzugebenden Gegenstände stehen der Rücknahmepflicht nicht entgegen, begründen aber bei vom HV verschuldeter Verschlechterung einen Schadensersatzanspruch.[98] Im Übrigen hat grds. der Unternehmer einen durch ordnungsgemäßen Gebrauch oder Abnutzung der „Unterlagen" eintretenden Wertverlust/Wertminderung zu tragen.

19 e) **Pflichten des Handelsvertreters.** Wegen der den HV treffenden Pflichten hinsichtlich der Unterlagen nach Abs. 1 wird verwiesen auf § 86. Dateien und Listen sind dem Unternehmer nach Vertragsende zurückzugeben, selbst wenn der HV sie fortgeschrieben hat (s. d. § 86).[99] Kopien darf der HV fertigen und behalten, sofern es sich nicht um Geschäftsgeheimnisse (vgl. § 90) handelt. Zurückzugeben hat der HV die Unterlagen nach Vertragsende gemäß § 667 BGB dort, wo sie sich vertragsgemäß befinden (RdNr. 18).

20 3. **Erforderliche Nachrichten – Absatz 2 Satz 1.** Zur Förderung der Tätigkeit des HV gehört die Verpflichtung des Unternehmers nach Abs. 2 Satz 1, dem HV die erforderlichen Nachrichten zu geben (s. d. RdNr. 34 f.),[100] also alle Informationen, auf welche er zur sachgerechten Erledigung der ihm übertragenen Aufgaben angewiesen ist,[101] oder welche sich auf seine Vertriebstätigkeit günstig auswirken und damit den Absatz fördern können,[102] wobei ein objektiver Maßstab über die Erforderlichkeit entscheidet.[103] Zur ersten Alternative gehören die vom HV benötigten Informationen, um das Produkt vertreiben zu können, somit die vollständige und zutreffende Unterrichtung über Vertriebsobjekt, gegebenenfalls seine technische Zusammensetzung, Einsatzmöglichkeiten, Preis und Lieferbedingungen, mithin alles, was der HV wissen muss, um Fragen der Interessenten sachgerecht und sachkundig beantworten zu können, außerdem die vollständige und zutreffende Unterrichtung über Unternehmer und seinen Geschäftsbetrieb, seine möglichen wirtschaftlichen Verflechtungen, seine Leistungs- und Lieferfähigkeit, beabsichtigte Verbesserungen des Produkts, aber auch Kenntnisse über potenzielle Kunden.[104] Die zweite Alternative erfasst alles, was sich als zusätzliches werbewirksames Argument erweisen kann wie Auszeichnungen/Prämierungen des zu vertreibenden Produkts, sein erfolgreicher praktischer Einsatz, günstige Besprechungen in Veröffentlichungen, erfolgreiche Teilnahme an Messen und Ausstellungen.[105] Die erforderlichen Nachrichten schuldet der Unternehmer unaufgefordert. Auf Anfrage hat er darüber hinaus mitzuteilen, was der HV für

---

[91] OLG München NJW-RR 1999, 1194, 1195; *Küstner* HVR RdNr. 582, 594; *Westphal* RdNr. 222; vgl. auch BGH Urt. v. 14. 7. 1958 – VII ZR 99/57, BGHZ 28, 123, 128 = MDR 1958, 764; RGRK-BGB/*Steffen* § 667 RdNr. 22.
[92] OLG Düsseldorf OLGR 1995, 21; Heymann/*Sonnenschein*/*Weitemeyer* RdNr. 6; MünchKommHGB/*v. Hoyningen-Huene* RdNr. 8; *Westphal* RdNr. 221; aA Rücknahmepflicht unabdingbar: *Thume* BB 1995, 1913, 1914.
[93] *Westphal* Vertriebsrecht RdNr. 386; aA wegen Abs. 3 *Thume* BB 1995, 1913, 1914.
[94] OLG Düsseldorf Urt. v. 25. 11. 1994 – 16 U 279/93, HVR Nr. 770; MünchKommHGB/*v. Hoyningen-Huene* RdNr. 8; aA (unwirksam wegen Abs. 3) OLG München DB 1999, 1007 = MDR 1999, 1012 = HVR Nr. 895 und Urt. v. 8. 8. 2001 – 7 U 5118/00, HVR Nr. 991 – OLGR 2002. 82; LG Nürnberg-Fürth BB 1997, 493 = HVR Nr. 842, LG Düsseldorf HVR Nr. 841.
[95] AA *Schröder* RdNr. 6.
[96] Vgl. *Schriefers* BB 1992, 2158, 2160; vgl. BGH Urt. v. 21. 10. 1970 – VIII ZR 255/68, BGHZ 54, 338 = NJW 1971, 29; BGH Urt. v. 23. 11. 1994 – VIII ZR 254/93, ZIP 1995, 222; OLG München ZIP 1996, 1550, 1551 – auch zum Rücknahmepreis – jeweils für Vertragshändler.
[97] AA BGH Urt. v. 21. 10. 1970 – VIII ZR 255/68, BGHZ 54, 338 = NJW 1971, 29 und BGH Urt. v. 12. 1. 1994 – VIII ZR 165/92, ZIP 1994, 461, 470 jeweils für Vertragshändler; *Schriefers* BB 1992, 2161 (nur bei Verschulden des Unternehmers).
[98] *Schriefers* BB 1992, 2161.
[99] Vgl. Heymann/*Sonnenschein*/*Weitemeyer* RdNr. 6.
[100] *Westphal* Vertriebsrecht RdNr. 394 f.
[101] MünchKommHGB/*v. Hoyningen-Huene* RdNr. 10; *Schröder* RdNr. 10.
[102] Heymann/*Sonnenschein*/*Weitemeyer* RdNr. 7; MünchKommHGB/*v. Hoyningen-Huene* RdNr. 11 und 12; Staub/*Brüggemann* RdNr. 10.
[103] *Schröder* RdNr. 11.
[104] Vgl. MünchKommHGB/*v. Hoyningen-Huene* RdNr. 11 und 13; *Küstner* HVR RdNr. 609 ff.
[105] Heymann/*Sonnenschein*/*Weitemeyer* RdNr. 7; MünchKommHGB/*v. Hoyningen-Huene* RdNr. 13; Staub/*Brüggemann* RdNr. 10.

notwendig hält, sofern dessen Einschätzung bei objektiver Würdigung vertretbar und die Mitteilung dem Unternehmer zumutbar ist.[106] Durch die gebotene Unterrichtung des HV anfallende **Kosten** hat der Unternehmer zu tragen.

V. Pflicht zur Rücksichtnahme

1. Allgemeine Rücksichtnahme. Das aus der vertraglichen Treue- und Loyalitätspflicht abgeleitete Gebot zur Rücksichtnahme auf die Belange des HV legt dem Unternehmer die Pflicht auf, den HV im Rahmen des Zumutbaren bei seiner vertraglich geschuldeten Tätigkeit zu **unterstützen**,[107] vor Schaden zu bewahren[108] und ihm **Schutz zu gewähren** vor einer Beeinträchtigung seiner Tätigkeit durch vom Unternehmer abhängige Dritte. Er hat durch entsprechende Vertragsgestaltung das Einbrechen anderer HV/Reisender in einen geschützten Tätigkeitsbereich des HV zu unterbinden.[109] Die allgemeine Dispositions- und Entscheidungsfreiheit des Unternehmers kann insoweit durch das Gebot zur Rücksichtnahme berührt und eingeschränkt werden (RdNr. 8).

2. Unterrichtung im Hinblick auf den HVVertrag. a) Anlässlich der Vertragsverhandlungen. Der Unternehmer hat den HV von allen Umständen zu unterrichten, welche für das HVVertragsverhältnis von Bedeutung sein können.[110] Bereits während der Vertragsverhandlungen[111] schuldet er dem HV auf Befragen umfassende und zutreffende Auskunft über sein Unternehmen, das zu vertreibende Produkt,[112] Arbeitsbedingungen und Einkommensaussichten.[113] Solange er nicht in sittenwidriger Weise verschweigt, braucht er von sich aus Nachteiliges nicht an offenbaren noch vorzeitig über die wirtschaftliche Lage des Unternehmens Aufschluss zu geben.[114] Er darf aber weder falsche Angaben machen[115] noch Dinge beschönigen oder verschweigen, welche für die Entscheidung des HV, den Vertrag mit den vorgesehenen Bedingungen abzuschließen, erkennbar von Bedeutung sind, wie zB bereits bekannte Zukunftsaussichten des Betriebs, für welchen der HV längerfristig tätig werden soll. Nicht vorhandene Absatz- und Verdienstmöglichkeiten darf er nicht vorspiegeln, Mängel des Produkts nicht bagatellisieren[116] und die Insolvenzreife seines Unternehmens muss er im Zweifel ungefragt offenbaren.[117] Die Einschätzung seiner Erfolgsaussichten ist dann Sache des HV.[118]

b) Bei Veränderungen im bestehenden Vertragsverhältnis. Der Unternehmer schuldet dem HV rechtzeitige Unterrichtung (s. RdNr. 34 f.) über in Aussicht genommene Veränderungen im HVVertragsverhältnis wie Kündigung, Nichtverlängerung des Vertrags[119] oder Ausübung eines dem Unternehmer vorbehaltenen Rechts zu einseitiger Änderung von Vertragsbedingungen, zB hinsichtlich Provisionssatz, zugewiesenem Kundenkreis/Vertretungsbezirk oder Auswechselung des zum Vertrieb gegebenen Produkts.[120] Hier muss der HV so rechtzeitig unterrichtet werden, dass er sich auf die veränderte Vertragslage einstellen und gegebenenfalls Konsequenzen – zB Kündigung – ziehen kann.[121] Soweit in Vertrag oder Gesetz für derartige Gestaltungserklärungen Fristen vorgesehen sind, ist bei Einhaltung der Frist die Rechtzeitigkeit regelmäßig gewahrt.[122]

3. Unterrichtung im Hinblick auf Vertriebstätigkeit. a) Allgemein bedeutsame Umstände. Der Unternehmer hat den HV von allem zu unterrichten, was für seine Vertriebstätigkeit im

---

[106] *Schröder* RdNr. 11.
[107] OLG München Urt. v. 31. 10. 1957 – 6 U 1358/57, HVR Nr. 167.
[108] BGH Urt. v. 12. 12. 1957 – II ZR 52/56, BGHZ 26, 161, 164, 165 = NJW 1958, 219; OLG München MDR 1958, 105; *Hopt* RdNr. 15.
[109] Staub/*Brüggemann* RdNr. 12.
[110] Vgl. Staub/*Brüggemann* RdNr. 22; OLG Brandenburg Urt. v. 28. 9. 2005 – 4 U 37/05, HVR Nr. 1142 (für Franchisevertrag).
[111] Ausf. *Schipper* NJW 2007, 734; s. *Hopt* RdNr. 2; vgl OLG Brandenburg Urt. v. 28. 9. 2005 – 4 U 37/05, HVR Nr. 1142 (für Franchisevertrag).
[112] OLG Düsseldorf Urt. v. 15. 12. 2000 – 16 U 179/98, HVR Nr. 948; ausf. *Schipper* NJW 2007, 734.
[113] MünchKommHGB/*v. Hoyningen-Huene* RdNr. 46; vgl. *Heymann/Sonnenschein/Weitemeyer* RdNr. 7; *Westphal* RdNr. 231.
[114] *Schröder* RdNr. 23 c; s. a. *Canaris* § 15 RdNr. 73.
[115] OLG Nürnberg BB 1956, 352.
[116] Zum Ganzen *Schröder* RdNr. 23 b, § 87 RdNr. 67.
[117] Vgl. hierzu aus arbeitsrechtlicher Sicht BAG Urt. v. 15. 12. 2005 – 8 AZR 106/05, ZIP 2006, 1110.
[118] OLG Frankfurt DB 1979, 1178; vgl auch vgl OLG Brandenburg Urt. v. 28. 9. 2005 – 4 U 37/05, HVR Nr. 1142 (für Franchisevertrag).
[119] BGH Urt. v. 24. 4. 1960 – II ZR 130/58, DB 1960, 636.
[120] OLG Düsseldorf Urt v. 15. 12. 2000 – 16 U 179/98, HVR Nr. 948.
[121] OLG Düsseldorf Urt v. 15. 12. 2000 – 16 U 179/98, HVR Nr. 948.
[122] Vgl. BGH Urt. v. 25. 4. 1960 – II ZR 130/58, BB 1960, 605, 606; MünchKommHGB/*v. Hoyningen-Huene* RdNr. 14; *Schröder* RdNr. 11 b; Staub/*Brüggemann* RdNr. 10.

Allgemeinen oder im konkreten Einzelfall bedeutsam sein kann, weil es den Absatz des Produkts an seinen bisherigen oder künftigen Kundenkreis betrifft. Er muss informiert werden (s. d. RdNr. 34), wenn das Produkt,[123] seine Qualität,[124] die Absatz- und Lieferbedingungen – zB Preise, Lieferfristen, Geschäfts- oder Gewährleistungsbedingungen, aber auch Warenvorrat[125] oder die zu produzierende Warenmenge[126] – oder der Abnehmerkreis geändert werden oder ganz auslaufen[127] sollen, der Unternehmer zB bestimmte Einzelabnehmer nicht mehr beliefern will.[128] Die Unterrichtungspflicht greift nicht erst bei wesentlichen Änderungen mit erheblichen Einschränkungen der Vertriebstätigkeit ein, sondern gilt grds. allgemein.[129] Die Informationen müssen dem HV Gelegenheit geben, sich rechtzeitig auf die veränderten Gegebenheiten umzustellen, seine Dispositionen für die Zukunft zu treffen[130] und ihn vor nutzlosem Aufwand für eine nicht mehr aussichtsreiche Vermittlungstätigkeit bewahren.

25   **b) Anzeige nach Absatz 2 Satz 2. aa) Inhalt und Umfang der Anzeigepflicht.** Zu der Unterrichtungspflicht über bedeutsame Umstände (RdNr. 24) gehört die selbstverständliche und in Abs. 2 Satz 2 deklaratorisch normierte Pflicht des Unternehmers, dem HV Annahme oder Ablehnung eines vermittelten oder Nichtausführung eines vermittelten oder abgeschlossenen – und damit rechtswirksam zustandegekommen – Geschäfts anzuzeigen; bei nur **teilweiser Ausführung** liegt ebenfalls eine „Nichtausführung" iSd. Gesetzes vor.[131] Die Benachrichtigungspflicht soll insbesondere dem Vermittlungsvertreter Gelegenheit geben, sich auf die in den Entscheidungen des Unternehmers zum Ausdruck kommende Geschäftspolitik einzustellen und ihn von weiterer Vertriebstätigkeit gegenüber Interessenten abhalten, mit denen der Unternehmer Geschäfte nicht tätigen will[132] oder mit denen es – aus anderen Gründen – nicht zu einer Ausführung der Geschäfte kommt; aus diesem Grund ist diese Benachrichtigungspflicht nicht davon abhängig, dass der HV durch die Entscheidung des Unternehmers einen Provisionsanspruch entgeht.[133] Von der Annahme oder Nichtannahme eines Geschäfts ist der **Vermittlungsvertreter,**[134] auch wenn er einen Kundenvertrag ohne Vertretungsmacht abschließt und deswegen nach § 179 BGB haftet,[135] von der Nichtausführung eines Kundengeschäfts ist im Hinblick auf § 87a Abs. 3 **jeder HV zu unterrichten.** Die Benachrichtigungspflicht **entsteht** unabhängig davon, durch wen der Unternehmer Kenntnis von dem vermittelten oder vollmachtlos abgeschlossenen Geschäft erhalten hat;[136] Voraussetzung ist lediglich, dass es unter Mitwirkung des HV zustande gekommen ist.[137] Jedes einzelne vermittelte/nicht ausgeführte Geschäft ist mitzuteilen. Eine pauschale Verweisung auf abgelehnte Geschäfte genügt nicht.[138] Auf Verlangen sind dem HV die **Gründe für Nichtannahme oder Nichtausführung** mitzuteilen, damit er sich um den Erhalt eines von Stornierung gefährdeten Vertrags bemühen und prüfen kann, ob ihm wegen willkürlichen, bewusst schädigenden Verhaltens (RdNr. 9–11) oder im Hinblick auf § 87a Abs. 3 Rechte zustehen können.[139]

26   **bb) Benachrichtigungspflicht und § 87c.** Die Benachrichtigungspflicht des Abs. 2 S. 2 erstreckt sich grds. auf solche Umstände, welche von § 87c nicht erfasst werden. Sie bezieht sich grds. auf Tatsachen und Umstände, welche die Vertriebstätigkeit des HV vor dem möglichen Entstehen seines Povisionsanspruchs betreffen. Die Mitteilungspflicht nach § 86a dient nicht der Sicherung des möglichen Provisionsanspruchs, sondern dem Schutz des HV vor nutzlosem Arbeitseinsatz

---

[123] BGH Urt. v. 12. 12. 1957 – II ZR 52/56, BGHZ 26, 161, 167 = NJW 1958, 219 = BB 1958, 60; *Schröder* RdNr. 11 a.
[124] BGH Urt. v. 17. 5. 2006 – VIII ZR 244/04.
[125] *Schröder* RdNr. 11 a.
[126] Vgl. OLG Celle Urt v. 20. 12. 2001 – 11 U 81/01, HVR Nr. 1039.
[127] OLG Düsseldorf urt v. 15. 12. 2000 – 16 U 179/98, HVR Nr. 948.
[128] BGH Urt. v. 9. 11. 1967 – VII ZR 40/65, BGHZ 49, 39 = NJW 1968, 394; BGH Urt. v. 7. 2. 1974 – VII ZR 93/73, NJW 1974, 795; BGH Urt. v. 22. 1. 1987 – I ZR 126/85, NJW-RR 1987, 873; vgl. MünchKomm-HGB/*v. Hoyningen-Huene* RdNr. 35 und 36; *Schröder* RdNr. 11 a.
[129] AA MünchKommHGB/*v. Hoyningen-Huene* RdNr. 35.
[130] BGH Urt. v. 12. 12. 1957 – II ZR 52/56, BGHZ 26, 161 = NJW 1958, 219; BGH Urt. v. 22. 1. 1987 – I ZR 126/85, NJW-RR 1987, 873; *Schröder* RdNr. 14 b.
[131] *Hopt* RdNr. 10; MünchKommHGB/*v. Hoyningen-Huene* RdNr. 22; *Küstner* HVR RdNr. 626.
[132] MünchKommHGB/*v. Hoyningen-Huene* RdNr. 15; vgl. *Schröder* RdNr. 14 b.
[133] So im Ergebnis auch *Küstner/Thume* RdNr. 651; aA: MünchKommHGB/*v. Hoyningen-Huene* RdNr. 19.
[134] Heymann/Sonnenschein/Weitemeyer RdNr. 9; Staub/*Brüggemann* RdNr. 3 und 4.
[135] MünchKommHGB/*v. Hoyningen-Huene* RdNr. 20; Staub/*Brüggemann* RdNr. 4.
[136] *Schröder* RdNr. 12.
[137] *Hopt* RdNr. 10.
[138] Vgl. *Schröder* RdNr. 18.
[139] *Westphal* RdNr. 233, 238, 252; vgl. Heymann/Sonnenschein/Weitemeyer RdNr. 9; *Hopt* RdNr. 10; MünchKommHGB/*v. Hoyningen-Huene* RdNr. 17 und 22; *Küstner* HVR RdNr. 573, 626.

(RdNr. 25),[140] weswegen sich die Pflicht nach Abs. 2 S. 2 grds. auch auf Geschäfte erstreckt, für welche dem HV eine Provision nach § 87 Abs. 2 zusteht.[141]

c) **Mitteilung nach Absatz 2 Satz 3.** Eine besondere Ausprägung des Gebots der Rücksichtnahme ist die Pflicht des Unternehmers nach Abs. 2 Satz 3 zur Unterrichtung des HV, wenn er allgemein Geschäfte nur in erheblich geringerem Umfang abschließen kann oder will, als der HV unter gewöhnlichen Umständen bisher erwarten konnte. Die Vorschrift setzt voraus, dass der Unternehmer in Zukunft generell nur noch einen Bruchteil der bisher vermittelten Geschäfte annehmen kann oder will und betrifft den mengenmäßigen Absatz eines Produkts,[142] das der Unternehmer weiter vertreiben will; sie greift hingegen nicht ein, wenn es nur hinsichtlich einzelner vermittelter Geschäfte zu einer Nichtannahme kommen soll, selbst wenn es sich um Einzelgeschäfte mit größerem Umsatz oder wichtigen Kunden handelt.[143] Dann gilt die allgemeine Informationspflicht (RdNr. 24), ebenso wenn in Zukunft nur noch Ware in geringerer Qualität als bisher geliefert werden soll.[144] Satz 3 stellt auf die **Quantität, nicht die Qualität** ab.[145] Wie bei Abs. 2 Satz 2 soll der HV vor erfolglosem Arbeitseinsatz bewahrt werden.[146] Mitzuteilen ist die vom Unternehmer getroffene Entscheidung, die er weder rechtfertigen noch begründen muss,[147] oder die Beschränkung der Kapazität aus tatsächlichen nicht vom ihm beeinflussbaren Gründen, wie zB Rohstoffknappheit.[148] Die **Benachrichtigungspflicht entsteht,** sobald erheblich geringere Geschäftsabschlüsse als bisher absehbar sind (s. a. RdNr. 34). Hierfür kommt es zunächst auf die **Prognose** des Unternehmers an; für die Beurteilung der **Erheblichkeit** des Rückgangs künftiger Geschäftsabschlüsse ist dann (seit der Neufassung des Gesetzes im Jahr 1989 – RdNr. 1) allein die Sicht des HV und damit entscheidend, was er unter Berücksichtigung der vertraglichen Regelungen und im berechtigten Vertrauen auf die Fortsetzung der bisherigen Tätigkeit vernünftiger- und redlicherweise an Umsätzen erwarten durfte.[149] Ab einem voraussichtlich nicht nur vorübergehenden, längerfristigen Umsatzrückgang von jedenfalls 20% des bisherigen Umsatzes des HV ist Erheblichkeit gegeben.[150] Auf die Höhe der damit einhergehenden Provisionsverluste stellt das Gesetz nicht ab. Auch die Gründe für den Umsatzrückgang sind unerheblich, sie können auf (Fehl-)Entscheidungen des Unternehmers oder von ihm nicht beherrschbaren Umständen beruhen.[151]

d) **Betriebsveränderung, Veräußerung, Stilllegung.** Die Benachrichtigungspflicht des Unternehmers erstreckt sich auf vom ihm beabsichtigte Betriebsänderungen wie Veräußerung, Verpachtung, Einstellung und Stilllegung,[152] mögen sie auch – wie zB Betriebseinschränkungen – nur Betriebsteile betreffen.[153] Soweit nicht ausnahmsweise ein objektiv berechtigtes Interesse an einer **vorläufigen Geheimhaltung** besteht[154] – zB um den Versuch einer Sanierung nicht zu gefährden –,[155] ist der HV von diesen Maßnahmen, welche seiner Tätigkeit die Grundlage entziehen können, so **rechtzeitig zu unterrichten,** wie es dem Unternehmer objektiv möglich und zumutbar ist. Der Zeitraum einer entsprechenden Kündigungsfrist wird im Regelfall einzuhalten sein; jedoch ist bei beabsichtigter Betriebseinstellung/Stilllegung im Zweifel zu unterrichten, sobald der Beschluss gefasst wird,[156] damit der HV sich rechtzeitig um eine Folgebeschäftigung bemühen kann. Die Benachrichtigungspflicht entfällt nicht, wenn der Unternehmer beabsichtigt, die HV Verträge nach

---

[140] AA MünchKommHGB/*v. Hoyningen-Huene* RdNr. 19.
[141] AA Staub/*Brüggemann* RdNr. 6; vgl. *Küstner* HVR RdNr. 627.
[142] Vgl. Heymann/*Sonnenschein*/*Weitemeyer* RdNr. 13; aA Staub/*Brüggemann* RdNr. 8.
[143] Vgl. Heymann/*Sonnenschein*/*Weitemeyer* RdNr. 11; MünchKommHGB/*v. Hoyningen-Huene* RdNr. 26; *Schröder* RdNr. 16.
[144] Vgl. BGH Urt. v. 12. 12. 1957 – II ZR 52/56, BGHZ 26, 161, 167 = NJW 1958, 219; aA *Westphal* RdNr. 240 und Vertriebrecht RdNr. 402.
[145] AA *Westphal* Vertriebsrecht RdNr. 402.
[146] Heymann/*Sonnenschein*/*Weitemeyer* RdNr. 11; MünchKommHGB/*v. Hoyningen-Huene* RdNr. 26; *Schröder* RdNr. 11.
[147] *Schröder* RdNr. 15.
[148] Vgl. LAG Stuttgart NJW 1951, 374.
[149] Heymann/*Sonnenschein*/*Weitemeyer* RdNr. 12; vgl. auch MünchKommHGB/*v. Hoyningen-Huene* RdNr. 28.
[150] AA MünchKommHGB/*v. Hoyningen-Huene* RdNr. 29 (25%).
[151] Heymann/*Sonnenschein*/*Weitemeyer* RdNr. 14; MünchKommHGB/*v. Hoyningen-Huene* RdNr. 29; *Schröder* RdNr. 15.
[152] BGH Urt. v. 7. 2. 1974 – VII ZR 93/73, NJW 1974, 795; BGH Urt. v. 22. 1. 1987 – I ZR 126/85, NJW-RR 1987, 873; Heymann/*Sonnenschein*/*Weitemeyer* RdNr. 14; *Schröder* RdNr. 11 c; Staub/*Brüggemann* RdNr. 10; vgl. MünchKommHGB/*v. Hoyningen-Huene* RdNr. 32 und 33.
[153] MünchKommHGB/*v. Hoyningen-Huene* RdNr. 34.
[154] *Westphal* Vertriebsrecht RdNr. 396.
[155] BGH Urt. v. 7. 2. 1974 – VII ZR 93/73, NJW 1974, 795; Heymann/*Sonnenschein*/*Weitemeyer* RdNr. 14; MünchKommHGB/*v. Hoyningen-Huene* RdNr. 32.
[156] MünchKommHGB/*v. Hoyningen-Huene* RdNr. 32.

einer Betriebseinstellung ordnungsgemäß zu kündigen und Abfindungen zu zahlen. Der HV hat ein berechtigtes Interesse, am Markt tätig zu sein und seinen Kundenstamm betreuen sowie ausbauen zu können.[157] Über eine **schlechte wirtschaftliche Lage des Betriebs,** die aus objektiv gerechtfertigter Sicht des Unternehmers nur vorübergehend und behebbar ist, braucht er den HV nicht zu informieren, wohl aber über drohende Zahlungsunfähigkeit mit Gefahr von Vergleich und Insolvenz;[158] dem HV ist nicht zuzumuten, Geschäfte für einen Unternehmer zu vermitteln oder abzuschließen, welche dieser mit Wahrscheinlichkeit nicht mehr ausführen kann; hier steht nicht nur das Provisionsinteresse des HV auf dem Spiel sondern das Geschäftsinteresse, seinen Kundenstamm durch ordnungsgemäße Lieferung zufrieden zu stellen und nicht zu verlieren. Konkrete Fragen des HV nach der wirtschaftlichen Lage des Betriebs muss der Unternehmer grds. wahrheitsgemäß beantworten.[159]

29   **4. Loyale Geltendmachung vertraglicher Rechte.** Das Gebot zur Rücksichtnahme verpflichtet den Unternehmer, von seinen vertraglichen Möglichkeiten und Rechten loyal unter Beachtung der Belange des HV Gebrauch zu machen.[160] Das kann zB die ihm vorbehaltene Genehmigung von Zweitvertretungen des HV betreffen, welche er regelmäßig nur aus triftigen Gründen versagen darf,[161] oder den vorbehaltenen Widerruf einer dem HV erteilten Abschluss- oder Inkassovollmacht, wenn die Vollmacht zugleich im Interesse des HV erteilt worden ist (s. d. § 91).[162]

30   **5. Wahrung der Belange des Handelsvertreters. a) Schädigung des Handelsvertreters und Beeinträchtigung seiner Tätigkeit.** Wegen des umfassenden Gebots zur Rücksichtnahme hat der Unternehmer grds. alles zu unterlassen, was Tätigkeit und Erfolg des HV beeinträchtigen[163] oder ihn schädigen kann.[164] **Wettbewerb** darf er dem HV machen, wenn ihm dieses Recht – zu Direktvertrieb in Vertriebsgebiet oder Kundenkreis des HV – im HVVertrag in Form einer Individualvereinbarung ausdrücklich vorbehalten worden ist.[165] Andernfalls hat er das Anbieten des dem HV zum Vertrieb gegebenen Produkts zu niedrigeren Preisen oder günstigeren Bedingungen in dessen Vertriebsgebiet zu unterlassen[166] und zu unterbinden, soweit derselbe Interessentenbereich angesprochen werden kann,[167] sowie Sorge dafür zu tragen, dass ein Alleinvertriebsrecht des HV nicht durch Dritte mit Ware des Unternehmers im Vertriebsgebiet des HV[168] oder in einem angrenzenden Gebiet, das noch als Einkaufsbereich der Kunden des HV anzusehen ist, unterlaufen wird; insoweit besteht für ihn grds.[169] ein **Wettbewerbsverbot.**[170] Aber auch ohne Alleinvertriebsrecht und Kundenschutz des HV sowie Wettbewerbsverbot verstößt der Unternehmer gegen die ihm obliegende Treue- und Loyalitätspflicht, wenn er in bestehende vom HV vermittelte Verträge eingreift und Anschriften der vom HV geworbenen Kunden an Dritte zur Kontaktaufnahme mit dem Ziel des Neuabschlusses oder der Verlängerung von Verträgen weitergibt.[171] Insgesamt darf er Vermittlungsbemühungen und Tätigkeit des HV nicht erschweren, vereiteln noch wirtschaftlich entwerten.[172] Diese Einschränkungen einer Wettbewerbstätigkeit gelten allerdings nur für die Dauer des bestehenden HVVertrags.[173] Geschäftsfreiheit, Geschäftsabschluss- und Ausführungsfreiheit des Unternehmers bleiben von dem aufgezeigten Verbot grds. ohnehin unberührt (s. jedoch RdNr. 8).

---

[157] Staub/*Brüggemann* RdNr. 11.
[158] So Heymann/*Sonnenschein/Weitemeyer* RdNr. 14; *Westphal* RdNr. 230; aA MünchKommHGB/*v. Hoyningen-Huene* RdNr. 13; Staub/*Brüggemann* RdNr. 10; teilweise aA BGH Urt. v. 25. 4. 1960 – II ZR 130/58, BB 1960, 605, 606; *Canaris* § 15 RdNr. 73.
[159] Vgl. *Hopt* RdNr. 12.
[160] Vgl. Heymann/*Sonnenschein/Weitemeyer* RdNr. 2; *Schröder* RdNr. 14 b.
[161] Noch enger Staub/*Brüggemann* RdNr. 15 („nur bei Gefährdung").
[162] OLG Celle DB 1961, 369; MünchKommHGB/*v. Hoyningen-Huene* RdNr. 46; Staub/*Brüggemann* RdNr. 14.
[163] OLG München Urt. v. 31. 10. 1957 – 6 U 1358/57, HVR Nr. 167.
[164] BGH Urt. v. 18. 6. 1964 – VII ZR 254/62, BGHZ 42, 59, 62 = NJW 1964, 1621; *Hopt* ZIP 1996, 1533, 1538 und RdNr. 16; *Schröder* RdNr. 1; *Küstner* HVR RdNr. 639, 644.
[165] S. d. auch *Hopt* RdNr. 17.
[166] S. d. auch *Canaris* § 15 RdNr. 78.
[167] BGH Urt. v. 15. 4. 1986 – KVR 3/85, BGHZ 97, 317, 327, 328 = NJW 1986, 2954; vgl. OLG Bremen NJW 1967, 254, 255; LG Frankfurt BB 1969, 1326; LG Stuttgart HVR Nr. 668; *Hopt* ZIP 1996, 1533, 1538; Heymann/*Sonnenschein/Weitemeyer* RdNr. 18; MünchKommHGB/*v. Hoyningen-Huene* RdNr. 44; Staub/*Brüggemann* RdNr. 11; *Küstner* HVR RdNr. 647.
[168] BGH Urt. v. 9. 1. 1961 – VII ZR 219/59, DB 1961, 601; OLG Hamm Urt. v. 23. 4. 1999 – 35 U 15/98, HVR Nr. 966; vgl. aber auch BGH Urt. v. 23. 3. 1966 – VIII ZR 295/63, DB 1966, 469; *Schröder* RdNr. 22 b; vgl. auch MünchKommHGB/*v. Hoyningen-Huene* RdNr. 43; *Küstner* HVR RdNr. 661.
[169] S. d. *Canaris* § 15 RdNr. 77; zu den möglichen **Grenzen dieses Verbots** s. OLG München Urt. v. 14. 10. 1993 – U (K) 5333/92, HVR Nr. 766.
[170] Heymann/*Sonnenschein/Weitemeyer* RdNr. 18; MünchKommHGB/*v. Hoyningen-Huene* RdNr. 43; teilweise aA *Hopt* RdNr. 17.
[171] OLG Düsseldorf Urt. v. 26. 11. 2004 – I 16 U 28/04, HVR Nr. 1148.
[172] MünchKommHGB/*v. Hoyningen-Huene* RdNr. 43; *Schröder* RdNr. 1 und 22.
[173] Vgl. OLG Köln Urt. v. 13. 11. 1996 – 6 U 27/96, HVR Nr. 822.

b) Eingriff in den Geschäftsbetrieb des Handelsvertreters. In den Geschäftsbetrieb des HV **31** darf der Unternehmer nicht eingreifen, insbesondere diesen nicht systematisch durch an sich zulässige Direktgeschäfte[174] lahm legen;[175] eine dem HV geschuldete Bezirksprovision entbindet ihn nicht von dieser Verpflichtung, weil es um künftige erhöhte Provisionschancen und eine Erweiterung des Kundenstamms geht, die der HV durch eigene Tätigkeit schaffen kann;[176] Stammkunden des HV,[177] dessen Mitarbeiter oder Untervertreter darf er nicht zur Aufgabe ihrer Tätigkeit bewegen oder abwerben,[178] ebenso nicht Kunden, mit denen der HV Vertragsverhandlungen führt.[179] Solange das Vertragsverhältnis mit dem HV ungekündigt besteht, ist es vertragswidrig, mit dessen Untervertreter Verhandlungen über die künftige Übertragung der Aufgaben des HV an den Untervertreter führen.[180] Jegliche Behinderung der Tätigkeit des HV hat der Unternehmer während der Vertragszeit und grds. auch nach Vertragsende[181] zu unterlassen, ebenso abfällige oder herabsetzende Äußerungen über den HV gegenüber dessen Kunden.[182] Vertrauliche Berichte des HV sind entsprechend zu behandeln und Dritten, für die sie nicht bestimmt sind, nicht zugänglich zu machen.[183]

c) Behandlung persönlicher Daten des Handelsvertreters. Persönliche Daten des HV wie **32** zB seine Umsätze sind – auch nach Vertragsende – grds. vertraulich zu behandeln und dürfen nur mit seinem Einverständnis Dritten – zB anderen HV – bekannt gegeben werden.[184] Zur Meldung bestimmter HV-Daten an die **AVAD** siehe § 89.

d) Bewahrung vor Fehlinvestitionen. Im Einzelfall kann den Unternehmer auf Grund des **33** vertraglichen Vertrauensverhältnisses die Pflicht treffen, den HV durch rechtzeitige und vollständige Information über künftige Entwicklungen vor Fehlinvestitionen zu bewahren.[185]

VI. Bedeutung und Ausgestaltung der Informationspflichten des Unternehmers

1. Rechtzeitigkeit, Zwischennachricht. Informationspflichten können ihren Zweck nur erfül- **34** len, wenn die Information den HV so rechtzeitig erreicht, dass er sein Handeln entsprechend einrichten und die Information sachgerecht verwerten kann,[186] weswegen der Unternehmer grundsätzlich jede Information **unverzüglich** schuldet,[187] sofern er nicht im Einzelfall eine Nachricht aus übergeordneten Gründen vorübergehend zurückhalten darf. Aus der unverzüglichen Informationspflicht folgt nicht, dass der Unternehmer unverzüglich Entscheidungen hinsichtlich die Informationspflicht auslösenden Umstände treffen muss; in solchen Fällen wird aber regelmäßig eine **Zwischennachricht** geschuldet, damit der HV sich auf möglicherweise veränderte Umstände bereits einstellen und gegebenenfalls auch eingreifen kann, um seine gefährdeten Interessen zu wahren.[188] Im Fall des Abs. 2 Satz 3 wird die Nachricht geschuldet, sobald der Absatzrückgang abzusehen ist (s. o. RdNr. 27).[189]

2. Form, Kosten, Erfüllungsort. Die erforderlichen Nachrichten muss der Unternehmer dem **35** HV in einer objektiv geeigneten Form, und damit, auch wenn insoweit nichts vereinbart oder

---

[174] *Hopt* RdNr. 17.
[175] MünchKommHGB/*v. Hoyningen-Huene* RdNr. 43; Staub/*Brüggemann* RdNr. 11; *Hopt* ZIP 1996, 1809, 1819.
[176] Heymann/*Sonnenschein*/*Weitemeyer* RdNr. 18; MünchKommHGB/*v. Hoyningen-Huene* RdNr. 43.
[177] Heymann/*Sonnenschein*/*Weitemeyer* RdNr. 18; MünchKommHGB/*v. Hoyningen-Huene* RdNr. 44.
[178] OLG München MDR 1958, 105; vgl. BGH Urt. v. 11. 12. 1981 – I ZR 139/79, BB 1982, 1626; Heymann/ *Sonnenschein*/*Weitemeyer* RdNr. 19.
[179] *Schröder* RdNr. 21.
[180] BGH Urt. v. 18. 6. 1964 – VII ZR 254/62, BGHZ 42, 59 = NJW 1964, 1621 mit abl. Bespr. *v. Brunn* DB 1964, 1841; BGH Urt. v. 11. 12. 1981 – I ZR 139/79, BB 1982, 1626; Heymann/*Sonnenschein*/*Weitemeyer* RdNr. 18; MünchKommHGB/*v. Hoyningen-Huene* RdNr. 44; *Schröder* RdNr. 21; Staub/*Brüggemann* RdNr. 11; aA: *Canaris* § 15 RdNr. 80; auch noch BGH Urt. v. 4. 5. 1959 – II ZR 160/57, HVR Nr. 246.
[181] Heymann/*Sonnenschein*/*Weitemeyer* RdNr. 17; *Hopt* RdNr. 3; MünchKommHGB/*v. Hoyningen-Huene* RdNr. 46; *Westphal* RdNr. 245.
[182] OLG Karlsruhe BB 1959, 1006; Heymann/*Sonnenschein*/*Weitemeyer* RdNr. 19; MünchKommHGB/*v. Hoyningen-Huene* RdNr. 45; vgl. Staub/*Brüggemann* RdNr. 13.
[183] LG Freiburg BB 1966, 999; Heymann/*Sonnenschein*/*Weitemeyer* RdNr. 19; MünchKommHGB/*v. Hoyningen-Huene* RdNr. 45; Staub/*Brüggemann* RdNr. 13.
[184] *Küstner* BB 1984, 1906.
[185] BAG Urt. v. 24. 4. 1980 – 3 AZR 911/77, ZIP 1980, 777 für Franchisegeber; Heymann/*Sonnenschein*/*Weitemeyer* RdNr. 19.
[186] Heymann/*Sonnenschein*/*Weitemeyer* RdNr. 7; vgl. MünchKommHGB/*v. Hoyningen-Huene* RdNr. 30; *Schröder* RdNr. 18.
[187] Heymann/*Sonnenschein*/*Weitemeyer* RdNr. 10; MünchKommHGB/*v. Hoyningen-Huene* RdNr. 23.
[188] Vgl. Heymann/*Sonnenschein*/*Weitemeyer* RdNr. 10; MünchKommHGB/*v. Hoyningen-Huene* RdNr. 23; Staub/ *Brüggemann* RdNr. 5.
[189] Heymann/*Sonnenschein*/*Weitemeyer* RdNr. 14; MünchKommHGB/*v. Hoyningen-Huene* RdNr. 30.

vorgeschrieben ist,[190] im Regelfall schriftlich, auf seine Kosten in inhaltlich eindeutiger Weise[191] zukommen lassen. Elektronische Form (§ 126a BGB) genügt, wenn sie von den Parteien üblicherweise zur Übermittlung der beiderseits geschuldeten Nachrichten verwendet wird. Erfüllungsort ist der geschäftliche Sitz des HV oder der Ort seiner Tätigkeit (RdNr. 17 bis 19).[192]

36 **3. Information und Erklärungen gegenüber Kunden.** Die Informationspflicht betrifft das Innenverhältnis zwischen HV und Unternehmer[193] und hat nichts mit den notwendigen Erklärungen des Unternehmers gegenüber dem Kunden zu tun, welche das vermittelte Geschäft zustande bringen müssen.[194] Die Erklärung des Unternehmers gegenüber der einen Vertragspartei (zB HV) kann die gegenüber dem anderen Vertragspartner (zB Kunde) abzugebende (Willens-)Erklärung nicht ersetzen.[195] Jedoch kann in der Mitteilung, dass ein vom HV ohne Vollmacht abgeschlossenes Geschäft „angenommen" werde, die Genehmigung nach §§ 177, 182 BGB liegen.[196]

37 **4. Entfallen der Informationspflicht und Geheimhaltungsinteresse.** Die Informationspflichten des Unternehmers gegenüber dem HV entfallen, wenn der (Unternehmer weiß und nachweisen kann, dass) HV bereits von dritter Seite (sichere) Kenntnis von den jeweiligen Umständen erlangt hat,[197] oder es sich um allgemein bekannte Tatsachen handelt[198] – zB Produktionsausfälle infolge Streiks oder bekannter Unglücksfälle, allgemeiner Umsatzrückgang in der Branche, sofern sich der Rückgang bei dem Unternehmer im Rahmen des Branchenüblichen hält. Kennenmüssen oder Möglichkeit der Kenntniserlangung bei dem HV reichen nicht,[199] im Zweifel muss der Unternehmer informieren.[200] Im Einzelfall kann die Informationspflicht begrenzt werden durch ein berechtigtes Interesse des Unternehmers an Geheimhaltung bestimmter Tatsachen[201] – zB geplanter Produktionsänderungen, künftiger Vertriebsstrategien, aber auch Produktentwicklungen oder Unternehmensstrategien[202] –; hier sind die beiderseitigen Interessen gegeneinander abzuwägen.[203] Das Geheimhaltungsinteresse entfällt nicht notwendigerweise durch die den HV treffende Verschwiegenheitspflicht bei Geschäfts- und Betriebsgeheimnissen (s. d. § 90). In jedem Fall entsteht die Unterrichtungspflicht, sobald und soweit die Geheimhaltung gegenüber dem HV nicht mehr erforderlich ist.[204]

38 **5. Kündigungserklärung durch Erteilung bestimmter Informationen.** In der Mitteilung des Unternehmers, dass er die Herstellung des dem HV zum Vertrieb gegebenen Produkts einstellen, den Kundenkreis des HV nicht mehr beliefern oder zum Vertrieb durch Angestellte übergehen werde, kann eine Kündigungserklärung liegen, wenn der rechtsverbindliche Wille zur Vertragsbeendigung hinreichend deutlich zum Ausdruck kommt.[205] Im Zweifel ist das nicht der Fall (s. d. § 89).

VII. Rechtsfolgen bei Pflichtverletzung

39 **1. Erfüllungsanspruch.** Kommt der Unternehmer seinen auf eine konkrete Leistung oder ein Unterlassen gerichteten Pflichten zB nach Abs. 1 und 2 nicht nach, kann der HV ihn grds. auf Erfüllung[206] oder **Unterlassen vertragswidrigen Verhaltens** in Anspruch nehmen; praktische Bedeutung wird dem **Erfüllungsanspruch** allerdings nur für Abs. 2 Satz 1 zukommen, während die Nichterfüllung der in Abs. 2 Satz 2 und 3 normierten Pflichten regelmäßig nur noch Unterlassungs- oder Schadensersatzforderungen begründen kann. Soweit es um die **Überlassung** derjenigen **Unterlagen** des Abs. 1 geht, auf welche der HV zur Ausübung seiner Vertriebstätigkeit notwendigerweise

---

[190] Heymann/Sonnenschein/Weitemeyer RdNr. 1; Schröder RdNr. 18.
[191] Schröder RdNr. 18.
[192] Teilweise aA Westphal Vertriebsrecht RdNr. 372.
[193] Schröder RdNr. 13.
[194] Vgl. MünchKommHGB/v. Hoyningen-Huene RdNr. 24.
[195] Heymann/Sonnenschein/Weitemeyer RdNr. 9; MünchKommHGB/v. Hoyningen-Huene RdNr. 24.
[196] MünchKommHGB/v. Hoyningen-Huene RdNr. 25; vgl. auch Schröder RdNr. 13 b.
[197] Hopt RdNr. 12.
[198] MünchKommHGB/v. Hoyningen-Huene RdNr. 31; Staub/Brüggemann RdNr. 9; einschränkend Hopt RdNr. 8.
[199] Hopt RdNr. 12.
[200] Heymann/Sonnenschein/Weitemeyer RdNr. 16; vgl. MünchKommHGB/v. Hoyningen-Huene RdNr. 31.
[201] Schröder RdNr. 11; Hopt RdNr. 9; Westphal Vertriebsrecht RdNr. 396; Canaris § 15 RdNr. 73.
[202] Insoweit aA Hopt RdNr. 9.
[203] BGH Urt. v. 7. 2. 1974 – VII ZR 93/73, NJW 1974, 795; MünchKommHGB/v. Hoyningen-Huene RdNr. 12; Westphal Vertriebsrecht RdNr. 396.
[204] Schröder RdNr. 23.
[205] Schröder RdNr. 14 b.
[206] Thume BB 1995, 1913, 1915; MünchKommHGB/v. Hoyningen-Huene RdNr. 2; aA Küstner HVR RdNr. 604; Westphal RdNr. 225 und Vertriebrecht RdNr. 387.

angewiesen ist, kann er seinen Erfüllungsanspruch im Weg der **einstweiligen Verfügung,** und zwar als Leistungsverfügung iSv. § 940 ZPO, durchsetzen. Bei **wettbewerbswidrigem Verhalten** stehen dem HV die dafür vorgesehenen Rechte (s. § 86) zu, u. a. auf Auskunft.[207]

2. Schadensersatzanspruch und zu ersetzender Schaden. Im Übrigen schuldet der Unternehmer dem HV bei schuldhafter[208] Pflichtverletzung Schadensersatz wegen Nichterfüllung. § 615 BGB ist trotz der Entschließungsfreiheit des Unternehmers grundsätzlich anwendbar (s. d. § 89 a).[209] Pflichtverletzungen des Unternehmers während der Vertragsverhandlungen oder bei Vertragsschluss begründen einen Anspruch auf Ersatz des negativen Interesses,[210] sofern der Unternehmer nicht in rechtsverbindlicher Weise einzelne konkrete Zusicherungen abgegeben hat, bei deren Nichteintritt er auf das volle Erfüllungsinteresse haftet.[211] Bei Verletzung der gesetzlichen oder vertraglichen Nebenpflichten ist dem HV im Regelfall das **negative Interesse** zu ersetzen.[212] Er hat Anspruch auf Ersatz seiner nutzlosen Aufwendungen für eine erfolglose Vertriebstätigkeit, vor welcher die verletzte Verpflichtung des Unternehmers ihn bewahren sollte.[213] Der Anspruch kann wie bei § 670 BGB die Entschädigung für erfolglos aufgewendete Arbeitskraft umfassen.[214] In besonders gelagerten Ausnahmefällen kann die Verletzung der Informationspflicht zur Folge haben, dass die nicht rechtzeitig angekündigte Ablehnung eines vermittelten Geschäfts als willkürlich zu werten ist.[215] Bei Verletzung der Förderungspflicht und einzelner Pflichten zur Rücksichtnahme kommt ein Anspruch auf **entgangenen Gewinn**[216] (entgangene Provision) in Betracht, wenn der HV (nachweist, dass er) bei ordnungsgemäßer Erfüllung der Förderungspflicht bestimmte Geschäfte erfolgreich vermittelt/abgeschlossen oder bei vertragsgerechter Erfüllung der Pflicht zur Rücksichtnahme seine Arbeitskraft der Vermittlung/dem Abschluss anderer Geschäfte gewidmet hätte, welche erfolgreich zustande gekommen wären, gegebenenfalls mit einen anderen Geschäftsherrn nach Kündigung des bisherigen Vertragsverhältnisses.[217] Zur Ermittlung des entgangenen Gewinns wird auf die Erläuterungen zu § 89 a verwiesen. Verlangt der HV Schadensersatz, weil ihm die Möglichkeit erfolgreicher Vertriebstätigkeit nicht eingeräumt oder nachträglich genommen worden ist, muss er sich nach **§ 254 Abs. 2 BGB** anrechnen lassen, was er bei anderweitigem Einsatz seiner Arbeitskraft tatsächlich verdient hat oder bei sachgerechtem Einsatz hätte verdienen können.[218]

3. Sittenwidriges und willkürliches Verhalten. Bei vorsätzlicher Schädigung kommt § 826 BGB in Betracht.[219] Die gleichen Rechtsfolgen wie vertragswidriges oder deliktisches Verhalten kann **Willkür** des Unternehmers auslösen.[220] Der Ersatzanspruch ist dann zeitlich beschränkt auf den Zeitraum, bis der HV erkennen musste, dass der Unternehmer sein willkürliches Verhalten nicht ändern werde, und er zur Wahrung seiner Interessen das Vertragsverhältnis durch Kündigung hätte beenden müssen.[221]

4. Kündigungsrecht und Vertragsstrafe. Schwerwiegende Verstöße gegen Nebenpflichten des Unternehmers können für den HV nach entsprechender Abmahnung ein den Ausgleichsanspruch erhaltendes[222] fristloses Kündigungsrecht begründen.[223] Vertragsstrafen fallen an, wenn sie durch

---

[207] BGH Urt. v. 2. 4. 1957 – VIII ZR 60/56, BB 1957, 452; MünchKommHGB/*v. Hoyningen-Huene* RdNr. 44; Staub/*Brüggemann* RdNr. 11.
[208] OLG Düsseldorf OLGR 1996, 55.
[209] MünchKommHGB/*v. Hoyningen-Huene* RdNr. 9; Staub/*Brüggemann* RdNr. 16.
[210] OLG Düsseldorf Urt v. 15. 12. 2000 – 16 U 179/98, HVR Nr. 948.
[211] *Schröder* § 87 RdNr. 67.
[212] Vgl. BGH Urt. v. 17. 5. 2006 – VIII ZR 244/04; und allgemein BGH Urt. v. 9. 11. 1967 – VII ZR 40/65, BGHZ 49, 39, 44 = NJW 1968, 394; OLG Düsseldorf Urt. v. 15. 12. 2000 – 16 U 179/98, HVR Nr. 948; *Reinicke* NJW 1951, 374.
[213] *Baumgärtel* RdNr. 5; MünchKommHGB/*v. Hoyningen-Huene* RdNr. 37; vgl. *Hopt* § 87 RdNr. 9.
[214] Vgl. RGRK-BGB/*Steffen* § 670 RdNr. 11; MünchKommBGB/*Seiler* 2. Aufl. § 670 RdNr. 19 und 20; *Reinicke* NJW 1951, 374.
[215] *Schröder* RdNr. 25, § 87 RdNr. 70 ff.
[216] BGH Urt. V. 22. 11. 2000 – VIII ZR 40/00, MDR 2001, 283 (zu dem Ersatzanspruch eines Vertragshändlers bei Verletzung eines ihm eingeräumten Alleinvertriebsrechts).
[217] BGH Urt. v. 7. 2. 1974 – VII ZR 93/73, NJW 1974, 795; BGH Urt. v. 3. 3. 1988 – I ZR 187/86, NJW-RR 1988, 1060; *Thume* BB 1995, 1913, 1915; *Baumgärtel* RdNr. 6; MünchKommHGB/*v. Hoyningen-Huene* RdNr. 38; *Schröder* RdNr. 25, 26 und 27, § 87 RdNr. 66 f.
[218] *Schröder* RdNr. 23 a.
[219] OLG Nürnberg BB 1956, 352; zum Ganzen Heymann/*Sonnenschein/Weitemeyer* RdNr. 21; MünchKommHGB/*v. Hoyningen-Huene* RdNr. 9 und 47; *Schröder* RdNr. 23 b, 24, 26 und 27; Staub/*Brüggemann* RdNr. 17.
[220] *Schröder* RdNr. 22, 23, 27; § 87 RdNr. 66 f.; *Westphal* RdNr. 255.
[221] BGH Urt. v. 12. 12. 1957 – II ZR 52/56, BGHZ 26, 161, 166. 167 = NJW 1958, 219.
[222] Vgl. *Westphal* Vertriebsrecht RdNr. 425, 426.
[223] Vgl. MünchKommHGB/*v. Hoyningen-Huene* RdNr. 39; *Schröder* RdNr. 21; Staub/*Brüggemann* RdNr. 18.

Individualabrede²²⁴ für den Fall der Nichterfüllung einzelner bestimmt zu bezeichnender Pflichten des Unternehmers vereinbart worden sind.

43 **5. Insolvenz des Unternehmers.** Die Insolvenz des Unternehmers lässt seine bestehenden Pflichten unberührt, solange ein HVVertrag besteht (s. § 89). Bereits vor Eröffnung des Insolvenzverfahrens entstandene Schadensersatzansprüche werden zu Insolvenzforderungen nach § 38 InsO.

VIII. Unabdingbarkeit – Absatz 3

44 Nach der Neuregelung durch das Gesetz von 1989 sind von den Absätzen 1 und 2 abweichende Vereinbarungen unwirksam. Vom Gesetzeswortlaut erfasst werden wie bei § 86 nur die in beiden Absätzen ausdrücklich normierten Pflichten zu ganz konkreten Handlungsweisen. Hinsichtlich der daneben bestehenden allgemeinen Nebenpflichten des Unternehmers besteht Vertragsfreiheit der Parteien,²²⁵ jedoch prägen diese Pflichten das gesetzliche Leitbild des HVVertrags ebenfalls, weswegen Änderungen nur durch **Individualvertrag** zulässig sind. Abs. 3 verwehrt es den Parteien nicht, die für unabdingbar erklärten Pflichten des Unternehmers durch Vereinbarung im Einzelnen näher auszugestalten und zu präzisieren,²²⁶ solange sie in ihrem Kern nicht angetastet und eingeschränkt werden. Einer vertraglichen Ausweitung der Pflichten des Abs. 1 und 2 steht Abs. 3 als Schutzvorschrift zugunsten des HV ebenso wenig entgegen²²⁷ wie einem nachträglichen, auf die Vergangenheit beschränkten Verzicht des HV auf seine Rechte aus § 86 a (s. a. § 86 für die Pflichten des HV).

IX. Untervertreter und handelsvertreterähnliche Vertriebsmittler

45 Auf Vertriebsmittler mit einer dem HV ähnlichen Rechtsstellung, welche wie dieser auf Unterstützung und Loyalität des Unternehmers angewiesen sind, findet § 86 a entsprechende Anwendung, so auf Vertragshändler (s. § 84),²²⁸ Kommissionsagenten oder Franchisenehmer bei Subordinationsfranchising (s. § 84).²²⁹ Gegenüber seinem echten Untervertreter treffen den Hauptvertreter die gleichen Pflichten wie sie dem Unternehmer im Verhältnis zu dem Hauptvertreter²³⁰ und dem unechten Untervertreter obliegen.

X. Sorgfaltsmaßstab

46 Seine Pflichten hat der Unternehmer mit der Sorgfalt eines ordentlichen Kaufmanns (§ 347 Abs. 1) zu erfüllen, sofern nicht aus der Besonderheit des Einzelfalls oder den Vereinbarungen der Parteien ein strengerer oder geringeren Anforderungen genügender Sorgfaltsmaßstab folgt.

XI. Beweislast

47 Die Frage der Erforderlichkeit von **Unterlagen** für die Tätigkeit des HV ist grds. eine Rechtsfrage. Wird die Erforderlichkeit allerdings aus besonderen Umständen des Einzelfalls hergeleitet, muss der HV diese Umstände beweisen; der auf Rückgabe oder Schadenersatz wegen Nichtrückgabe klagende Unternehmer muss beweisen, was er dem HV überlassen hat,²³¹ der HV wiederum dessen Verbleib²³² und/oder bestimmungsgemäße Verwendung²³³ sowie ordnungsgemäße Behandlung während der Vertragszeit; letztlich hat der auf Rücknahme in Anspruch genommene Unternehmer eine Erwerbsverpflichtung des HV und den Ausschluss seiner Rückerwerbspflicht nachzuweisen. Verlangt der Unternehmer Bezahlung von Ware, welche der HV als Musterkollektion erhalten haben will, muss der Unternehmer den Abschluss eines Kaufvertrags beweisen; im Zweifel ist davon auszugehen, dass dem HV das Erhaltene nur zum vorübergehenden Gebrauch überlassen worden ist. Der **Erfüllung** oder **Schadensersatz** begehrende HV hat das Bestehen der einzelnen Pflicht, deren Verletzung sowie den dadurch bei ihm entstandenen Schaden zu beweisen, der Unternehmer fehlendes Ver-

---

²²⁴ AA auch durch AGB: BGH Urt. v. 16. 7. 1998 – VII ZR 9/97, ZIP 1998, 1756.
²²⁵ Vgl. Heymann/*Sonnenschein/Weitemeyer* RdNr. 22.
²²⁶ Heymann/*Sonnenschein/Weitemeyer* RdNr. 22; MünchKommHGB/*v. Hoyningen-Huene* RdNr. 42.
²²⁷ Heymann/*Sonnenschein/Weitemeyer* RdNr. 6 und 22; wohl auch MünchKommHGB/*v. Hoyningen-Huene* RdNr. 42; aA *Thume* BB 1995, 1913, 1914.
²²⁸ BGH Urt. v. 2. 4. 1957 – VIII ZR 60/56, BB 1957, 452; BGH Urt. v. 29. 4. 1958 – VIII ZR 189/57, NJW 1958, 1138; BGH Urt. v. 23. 7. 1997 – VIII ZR 130/96, BGHZ 136, 295 = EBE 1997, 290, 292.
²²⁹ Nur sehr eingeschränkt nach *Matthiessen* ZIP 1988, 1089, 1095; vgl. MünchKommHGB/*v. Hoyningen-Huene* RdNr. 1; vgl. auch BGH Urt. v. 23. 7. 1997 – VIII ZR 130/96, BGHZ 136, 295 = EBE 1997, 290, 292.
²³⁰ Vgl. Staub/*Brüggemann* RdNr. 4.
²³¹ *Schröder* RdNr. 9; vgl. BGH Urt. v. 5. 2. 1997 – VIII ZR 41/96, EBE 1997, 98, 99.
²³² *Schröder* RdNr. 9.
²³³ *Vgl. BGH Urt. v. 8. 1. 1998 – III ZR 170/96, ZIP 1998, 1753, 1754 zu § 667 BGB.

schulden[234] und ordnungsgemäße Pflichterfüllung. Hinsichtlich des **Schadens** muss der HV den Beweis für die ihm entstandenen Nachteile und die Kausalität führen,[235] also für entgangenen Gewinn – der aber nach Maßgabe des § 252 BGB gemäß § 287 ZPO zu schätzen ist –,[236] für Aufwendungen sowie deren Nutzlosigkeit und Entbehrlichkeit bei vertragsgemäßem Handeln des Unternehmers.[237] Der das **Erfüllungsinteresse** fordernde HV trägt die Beweislast, dass er bei pflichtgemäßem Verhalten ein anderes ganz bestimmtes Geschäft – gegebenenfalls für einen anderen Unternehmer – vermittelt und der Unternehmer dieses abgeschlossen hätte.[238] Im Hinblick auf die Entschließungsfreiheit des Unternehmers ist für einen **Anscheinsbeweis** zum Erfüllungsschaden des HV nur Raum, wenn eine Ablehnung des von ihm vermittelten Kundengeschäfts willkürlich (gewesen) wäre. Die tatsächlichen Voraussetzungen von **Willkür** als Beschränkung der Unternehmerfreiheit oder eines **bewusst schädigenden Verhaltens** des Unternehmers müssen vom HV bewiesen werden.[239]

XII. Europarecht

Allgemeine Ausführungen und Text der HV-RiLi s. Vor § 84 Anh.

§ 86 a soll Art. 4 und 5 HV-RiLi umsetzen; allerdings **weicht** die Vorschrift in den Formulierungen erheblich von der HV-RiLi **ab**. Wie bei § 86 wurde der Hinweis auf **Treu und Glauben**, der sich in Art. 4 Abs. 1 der HV-RiLi findet, nicht übernommen. Die Pflicht des Unternehmers zur Zurverfügungstellung von **Unterlagen** sowie die **Informationspflicht** entsprechen sich in etwa in beiden Regelungswerken, wobei die deutsche Regelung etwas detaillierter ist. **48**

Neu aufgenommen in § 86 a Abs. 2 S. 3 wurde die Vorgabe von Art. 4 Abs. 2 b HV-RiLi, dass der Unternehmer den HV zu **unterrichten** hat, wenn der Umfang eines Geschäfts voraussichtlich erheblich geringer wird, als der HV dies normalerweise hätte erwarten können (subjektiver Maßstab im Gegensatz zu dem früher geltenden objektiven). Damit erhält der HV eine Information, die er nach früherem Recht nur über den Buchauszug gemäß § 87 c Abs. 3 hätte erhalten können. Entspr. der HV-RiLi eingefügt wurden des Weiteren § 86 a Abs. 2 S. 2 zur Unterrichtung über die **Nichtausführung** eines Geschäfts (Art. 4 Abs. 3 HV-RiLi) sowie § 86 a Abs. 3 zum Verbot der **Abdingbarkeit durch Parteivereinbarung** (Art. 5 HV-RiLi). **49**

§ 86 b [Delkredereprovision]

(1) ¹ Verpflichtet sich ein Handelsvertreter, für die Erfüllung der Verbindlichkeit aus einem Geschäft einzustehen, so kann er eine besondere Vergütung (Delkredereprovision) beanspruchen; der Anspruch kann im voraus nicht ausgeschlossen werden. ² Die Verpflichtung kann nur für ein bestimmtes Geschäft oder für solche Geschäfte mit bestimmten Dritten übernommen werden, die der Handelsvertreter vermittelt oder abschließt. ³ Die Übernahme bedarf der Schriftform.

(2) Der Anspruch auf die Delkredereprovision entsteht mit dem Abschluß des Geschäfts.

(3) ¹ Absatz 1 gilt nicht, wenn der Unternehmer oder der Dritte seine Niederlassung oder beim Fehlen einer solchen seinen Wohnsitz im Ausland hat. ² Er gilt ferner nicht für Geschäfte, zu deren Abschluß und Ausführung der Handelsvertreter unbeschränkt bevollmächtigt ist.

Schrifttum: Siehe zunächst das Schrifttumsverzeichnis vor § 84; wegen des älteren Schrifttums aus der Zeit vor 1990 wird auf das Schrifttumsverzeichnis der Vorauflage verwiesen: *Masing*, Die Delkredenvereinbarung nach § 86 b Abs. 3 HGB, BB 1995, 2589.

Übersicht

	RdNr.		RdNr.
I. Bedeutung der Vorschrift	1	III. Delkrederehaftung – Absatz 1	3–19
II. Rechtsform des Delkredere	2	1. Delkrederevereinbarung	3–7
		a) Vertrag	3

---

[234] BGH Urt. v. 7. 2. 1974 – VII ZR 93/73, NJW 1974, 795; *Baumgärtel* RdNr. 3 und 4; MünchKomm-HGB/*v. Hoyningen-Huene* RdNr. 40; Staub/*Brüggemann* RdNr. 17; vgl. *Schröder* RdNr. 24 und 25.
[235] BGH Urt. v. 7. 2. 1974 – VII ZR 93/73, NJW 1974, 795; *Schipper* NJW 2007, 734, 736 für den Anspruch aus cic.
[236] BGH Urt. v. 3. 3. 1988 – I ZR 187/86, NJW-RR 1988, 1060, 1061.
[237] *Baumgärtel* RdNr. 3 und 6.
[238] *Schröder* § 87 RdNr. 68.
[239] BGH Urt. v. 12. 12. 1957 – II ZR 52/56, BGHZ 26, 161, 166 = NJW 1958, 219; *Baumgärtel* RdNr. 3.

	RdNr.		RdNr.
b) Vertragspartner	4	IV. Delkredereprovision – Absatz 2	20–25
c) Gegenstand des Delkredere	5	1. Wesen der Delkredereprovision	20
d) Haftungsumfang	6	2. Entstehen und Fälligkeit	21
e) Nachträgliche Begrenzung und Aufhebung.	7	3. Unabdingbarkeit, Umgehung und Verzicht	22
2. Formen des Delkredere	8–10	4. Provisionshöhe	23, 24
a) Konkretes Delkredere – Abs. 1 Satz 2 1. Alternative	8	a) Vereinbarung angemessener Provision	23
		b) Fehlen einer Vereinbarung	24
b) Generelles Delkredere – Abs. 1 Satz 2 2. Alternative	9	5. Insolvenz des Unternehmers	25
c) Bezirksvertreter	10	V. Ausnahmeregelungen – Absatz 3	26–29
3. Schriftform – Abs. 1 Satz 3	11–14	1. Bedeutung der Ausnahmevorschrift	26
a) Schriftform	11	2. Delkrederehaftung und Provision nach Abs. 3	27
b) Inhalt der Urkunde, AGB	12		
c) Mehrfache Delkredereerklärung	13	3. Delkredere bei Auslandsbezug – Abs. 3 Satz 1	28
d) Heilung von Formmängeln	14		
4. Unabdingbare Wirksamkeitsvoraussetzungen und Nichtigkeit	15	4. Delkredere bei unbeschränkter Vollmacht – Abs. 3 Satz 2	29
5. Entstehen, Verzicht sowie § 87a Abs. 2 und 3	16	VI. Garantie, Schuldbeitritt, Schuldversprechen	30
6. Rechtswirksame Kundenverbindlichkeit	17, 18	VII. Untervertreter und handelsvertreterähnliche Vertriebsmittler	31
a) Bestehen und nachträgliche Änderungen.	17		
b) Einstandspflicht und Gegenstand der Kundenverbindlichkeit	18	VIII. Beweislast	32
7. Durchsetzung der Einstandspflicht, Rechtsfolgen und Insolvenz des Handelsvertreters	19	IX. Europarecht	33

I. Bedeutung der Vorschrift

1 § 86b behandelt eine **Sonderleistung** des HV,[1] der zusätzlich zu seinen gesetzlichen und vertraglichen Aufgaben[2] gegenüber dem Unternehmer das Delkredere übernimmt, also die Pflicht, für die Erfüllung des mit dem Kunden, dem „Dritten", geschlossenen Geschäfts einzustehen. Da der HV durch ordnungsgemäße Bonitätsprüfung (s. § 86) seine hinsichtlich der Person des Kunden bestehenden Pflichten erfüllt, nimmt er mit dem Delkredere einen Teil des vom Unternehmer zu tragenden Risikos auf sich, weswegen – außer in den Fällen des Abs. 3 und des § 92c – zu seinem Schutz[3] für die Begründung der Delkrederehaftung bestimmte inhaltliche und förmliche Voraussetzungen einzuhalten sind und der Unternehmer kraft Gesetzes eine Vergütung, die Delkredereprovision, schuldet. Beweggrund für das heute selten vorkommende, bei künftigen Auslandsgeschäften möglicherweise an Bedeutung gewinnende Delkredere[4] kann sein, dass der HV tatsächlich oder nach seiner Einschätzung besser als der Unternehmer in der Lage ist, Erfüllungsbereitschaft und Zahlungsfähigkeit der von ihm vermittelten Kunden zu beurteilen, oder dass er Bedenken des Unternehmers gegen den Abschluss von Verträgen mit einzelnen Kunden auf diese Weise ausräumen will.[5]

II. Rechtsform des Delkredere

2 Delkredere stellt eine Interzessionserklärung dar[6] und ist im Zweifel eine – gemäß § 349 Satz 1 selbstschuldnerische – **Bürgschaft,**[7] weswegen für Ausgestaltung und Durchsetzung der Delkrederehaftung ergänzend Bürgschaftsrecht des BGB gilt.[8] Durch rechtlich zulässige **Individualvereinbarung** kann das Delkredere als **Schuldbeitritt, Schuldversprechen** oder **Garantie** ausgestaltet werden.[9]

---

[1] Castan BB 1957, 1124 und 1126; Heymann/*Sonnenschein/Weitemeyer* RdNr. 13; Staub/*Brüggemann* RdNr. 11.
[2] Vgl. Heymann/*Sonnenschein/Weitemeyer* RdNr. 2; *Schröder* RdNr. 2.
[3] BGH Urt. v. 31. 3. 1982 – I ZR 60/80, WM 1982, 1152; *Masing* BB 1995, 2589, 2592; Heymann/*Sonnenschein/Weitemeyer* RdNr. 1; *Hopt* RdNr. 2; MünchKommHGB/*v. Hoyningen-Huene* RdNr. 2 und 36.
[4] *Masing* BB 1995, 2589.
[5] Vgl. Heymann/*Sonnenschein/Weitemeyer* RdNr. 2 und 9; MünchKommHGB/*v. Hoyningen-Huene* RdNr. 14.
[6] *Canaris* § 15 RdNr. 50.
[7] *Masing* BB 1995, 2589; Heymann/*Sonnenschein/Weitemeyer* RdNr. 4; *Hopt* RdNr. 6; *Canaris* § 15 RdNr. 50; RGRK-BGB/*Mormann* Vor § 765 RdNr. 9; aA zwingend Bürgschaft: Castan BB 1957, 1124; MünchKommHGB/*v. Hoyningen-Huene* RdNr. 5; Staub/*Brüggemann* RdNr. 3; *Küstner* HVR RdNr. 546; vgl. auch RGZ 107, 194, 195; RG HRR 1935 Nr. 1054; offengelassen BGH Urt. v. 31. 3. 1982 – I ZR 60/80, WM 1982, 1152, 1153.
[8] Staub/*Brüggemann* RdNr. 3.
[9] *Masing* BB 1995, 2589; Heymann/*Sonnenschein/Weitemeyer* RdNr. 4; *Hopt* RdNr. 6; *Canaris* § 15 RdNr. 50; RGRK-BGB/*Mormann* Vor § 765 RdNr. 9.

III. Delkrederehaftung – Absatz 1

1. Delkredorevereinbarung. a) Vertrag. Das Delkredere muss durch inhaltlich eindeutige rechtsverbindliche **Individualvereinbarung**[10] zwischen HV und Unternehmer begründet werden und dem Unternehmer gegen den HV den rechtlich durchsetzbaren **Anspruch auf Leistung oder Wertersatz** dessen verschaffen, was der Kunde dem Unternehmer auf Grund des geschlossenen Vertrags schuldet. Erforderlich ist der eindeutig feststellbare Wille beider Vertragspartner zur Begründung der Haftung des HV, die im Zweifel nicht gewollt ist,[11] weswegen Erklärungen des HV über Bonität, Zahlungsfähigkeit oder Erfüllungsbereitschaft eines Kunden, zumal wenn diese auf Grund der Informationspflicht geschuldet sind, noch keine Delkredereerklärung darstellen.[12]

b) Vertragspartner. Vertragspartner müssen HV und Unternehmer sein. Jeder HV kann die Delkredereerklärung abgeben, sei er Vertriebs- oder Verkaufsvertreter oder Einkaufsvertreter[13] (oder minderkaufmännischer HV nach früherem Recht, für den dann § 351 aF galt).[14] Ohne Mitwirkung des Unternehmers kann die Einstandspflicht nach Abs. 1 nicht begründet werden. Das vom HV mit einem Dritten vereinbarte Delkredere zugunsten des Unternehmers ist wegen der damit unabdingbar verbundenen Provisionspflicht des Unternehmers unwirksam.

c) Gegenstand des Delkredere. Gegenstand des Delkredere kann jede Leistung sein, welche der Kunde („Dritte") dem Unternehmer, schuldet. Pflichten des Kunden gegenüber Dritten können nicht nach § 86 b gesichert werden[15] ebenso nicht Abreden, durch welche der HV gegenüber dem Kunden eine Einstandspflicht für die Leistungen des Unternehmers eingeht oder diesem gegenüber die Haftung für das Verhalten seiner Hilfspersonen übernimmt;[16] hier kann ein Vergütungsanspruch nach § 354 bestehen. Das Delkredere kann sich auf bereits getätigte oder künftige Geschäfte beziehen, sofern diese – nach ihren wesentlichen Merkmalen – hinreichend sicher bestimmbar und von anderen abgrenzbar sind.[17]

d) Haftungsumfang. Das Delkredere begründet eine **Wertersatzhaftung,**[18] deren Umfang die Vertragspartner bestimmen. Sie kann auf die Primär- oder Hauptleistungspflicht des Kunden aus dem Vertrag beschränkt werden, wobei es sich je nach der geschuldeten Leistung um – Wertersatz für – eine Zahlungs-, Sach- oder Dienstleistungspflicht handeln kann.[19] Im Zweifel erstreckt sich das uneingeschränkt übernommene Delkredere auch auf Neben-, Sekundär- und Abwicklungsansprüche des Unternehmers gegen den Kunden, und damit auf Ansprüche aus Verzug, Schlechterfüllung oder Nichterfüllung des Kunden, aus Rückabwicklung des Vertrags, wenn er sich als von Anfang an unwirksam erweist, aus Vertragsstrafeversprechen[20] sowie auf Ersatz der dem Unternehmer durch die Beitreibung der Kundenforderung entstehenden Kosten.[21] Soll das Delkredere eine so weit gehende Wirkung nicht haben, muss das in der Vereinbarung hinreichend deutlich zum Ausdruck gebracht werden.

e) Nachträgliche Begrenzung und Aufhebung. Die Delkrederehaftung kann durch – formlos gültige – Vereinbarung, die sich bereits aus den Umständen des Einzelfalls ergeben kann, jederzeit mit Wirkung für künftige Geschäfte zeitlich[22] – zB durch einen Endtermin oder eine zeitliche Beschränkung für das zu sichernde Geschäft –[23] oder auf einen bestimmten (Rechnungs-)Betrag **begrenzt**[24] und wieder **aufgehoben** werden.[25] Zur Aufhebung der Einstandspflicht hinsichtlich bereits getätigter Geschäfte siehe unten RdNr. 17.

---

[10] MünchKommHGB/*v. Hoyningen-Huene* RdNr. 8.
[11] Heymann/*Sonnenschein/Weitemeyer* RdNr. 5; MünchKommHGB/*v. Hoyningen-Huene* RdNr. 7; *Schröder* RdNr. 4.
[12] OLG München JW 1930, 1424; MünchKommHGB/*v. Hoyningen-Huene* RdNr. 7; *Schröder* RdNr. 4.
[13] *Castan* BB 1957, 1124, 1125 und 1127.
[14] Vgl. *Masing* BB 1995, 2589, 2590.
[15] OLG Hamm VersR 1956, 113, 114; *Brunn* NJW 1954, 56, 57; MünchKommHGB/*v. Hoyningen-Huene* RdNr. 24; *Schröder* RdNr. 3; Staub/*Brüggemann* RdNr. 2.
[16] MünchKommHGB/*v. Hoyningen-Huene* RdNr. 25; *Schröder* RdNr. 3; Staub/*Brüggemann* RdNr. 2; *Küstner* HVR RdNr. 550.
[17] MünchKommHGB/*v. Hoyningen-Huene* RdNr. 11.
[18] *Masing* BB 1995, 2589, 2595.
[19] *Castan* BB 1957, 1124, 1125; *Küstner* HVR RdNr. 560.
[20] Zum Ganzen *Glaser* DB 1956, 297, 298; *Castan* BB 1957, 1124, 1125; *Masing* BB 1995, 2589, 2595; Heymann/*Sonnenschein/Weitemeyer* RdNr. 3; *Hopt* RdNr. 7; MünchKommHGB/*v. Hoyningen-Huene* RdNr. 21; Staub/*Brüggemann* RdNr. 2 und 3; vgl. *Schröder* RdNr. 3, 18 b und 18 c; *Küstner* HVR RdNr. 559.
[21] *Masing* BB 1995, 2589, 2595; *Schröder* RdNr. 18 c; vgl. OLG Karlsruhe VersR 1973, 857, 859; BB 1974, 904; aA *Hopt* RdNr. 4.
[22] *Schröder* RdNr. 18 d; vgl. RGZ 107, 194.
[23] Vgl. BGH Urt. v. 30. 1. 1997 – IX ZR 133/96, ZIP 1997, 536, 539.
[24] *Masing* BB 1995, 2589, 2595; Heymann/*Sonnenschein/Weitemeyer* RdNr. 7; MünchKommHGB/*v. Hoyningen-Huene* RdNr. 11; vgl. BGH Urt. v. 30. 1. 1997 – IX ZR 133/96, ZIP 1997, 536, 539.
[25] Staub/*Brüggemann* RdNr. 16.

8 **2. Formen des Delkredere. a) Konkretes Delkredere – Abs. 1 Satz 2 1. Alternative.** Das konkrete Delkredere nach Abs. 1 Satz 2 1. Alternative muss für ein bestimmtes oder bestimmbares, nach seinen vertraglichen Merkmalen hinreichend identifizierbares und von anderen gleichartigen Geschäften unterscheidbares Einzelgeschäft eines Kunden des Unternehmers übernommen werden, an dessen Vermittlung oder Abschluss der HV nicht beteiligt sein muss; es kann sich um Eigengeschäfte des Unternehmers oder Geschäfte eines anderen HV, zB eines Vorgängers, handeln.[26] Das Delkredere kann durch inhaltlich hinreichend bestimmte Vereinbarung gleichzeitig für mehrere bestimmte Geschäfte eines einzelnen Kunden begründet werden,[27] die Übernahme für eine unbestimmte Vielzahl von Geschäften mit einem Kunden ist nur unter den engen Voraussetzungen des Abs. 1 Satz 2 2. Alternative möglich.[28]

9 **b) Generelles Delkredere – Abs. 1 Satz 2 2. Alternative.** Das generelle Delkredere nach Abs. 1 Satz 2 2. Alternative kann der HV für mehrere oder sämtliche Geschäfte übernehmen, welche er persönlich oder vertreten durch Angestellte oder Untervertreter mit einem genau und zweifelsfrei bestimmten einzelnen Kunden, also einer natürlichen oder juristischen Person einschließlich deren unselbständigen Niederlassungen,[29] vermittelt oder abschließt, womit er es in der Hand hat, den Haftungstatbestand zu begründen[30] und zu überwachen/zu kontrollieren. Die Vereinbarung darf nur Geschäfte mit diesem Kunden zum Gegenstand haben. Will der HV das Delkredere für Geschäfte mit mehreren Kunden begründen, bedarf es hinsichtlich jedes einzelnen Kunden einer in Bezug auf den Kunden und den Kreis der „verbürgten" Geschäfte genau bestimmten Vereinbarung.

10 **c) Bezirksvertreter.** Für den Bezirksvertreter gilt die Besonderheit, dass er durch eine Vereinbarung mit dem Unternehmer das generelle Delkredere für alle rechtlich von ihm vermittelten oder abgeschlossenen Geschäfte mit den Kunden seines Bezirks übernehmen kann. Die Kunden seines Bezirks gelten im Sinn der zweiten Alternative des Abs. 1 Satz 2 als ein bestimmter Dritter.[31] Für ein nicht von ihm vermitteltes, ihm jedoch provisionspflichtiges Bezirksgeschäft kann der HV lediglich die konkrete Delkrederehaftung begründen.[32]

11 **3. Schriftform – Abs. 1 Satz 3. a) Schriftform.** Die Delkredereerklärung des HV bedarf nach Abs. 1 Satz 3 – wie die Bürgschaftserklärung nach § 766 BGB – der Schriftform des § 126 BGB oder der elektronischen Form des § 126a BGB. Als Schutzvorschrift zugunsten des HV ist die Formvorschrift **unabdingbar**[33] und verdrängt § 350.[34] Die Annahmeerklärung des Unternehmers ist nicht an eine Form gebunden.[35]

12 **b) Inhalt der Urkunde, AGB.** In der nach § 126 oder § 126a BGB zu erstellenden Urkunde müssen die zwingenden Voraussetzungen für eine wirksame Delkredereerklärung enthalten und vom HV unterzeichnet sein, also die hinreichend deutliche rechtsverbindliche Haftungserklärung, ohne dass die Bezeichnung „Delkredere" verwendet werden muss,[36] sowie die genaue Bezeichnung des Geschäfts bei konkretem Delkredere[37] oder des Kunden bei generellem Delkredere[38] mit den für die Identifizierung jeweils erforderlichen notwendigen Merkmalen,[39] weswegen Delkredere **nicht durch AGB** begründet werden kann.[40] Die Delkenderevereinbarung gehört in die Vertragsurkunde nach § 85;[41] die Delkredereerklärung kann bei entsprechendem (vom Unternehmer nachzuweisendem) Rechtsbindungswillen in vom HV unterzeichneten schriftlichen Mitteilungen an den Unternehmer enthalten sein.[42]

---

[26] Heymann/*Sonnenschein/Weitemeyer* RdNr. 8; MünchKommHGB/*v. Hoyningen-Huene* RdNr. 13; *Schröder* RdNr. 9; Staub/*Brüggemann* RdNr. 9.
[27] *Castan* BB 1957, 1124, 1125; Heymann/*Sonnenschein/Weitemeyer* RdNr. 7; *Küstner* HVR RdNr. 551.
[28] Vgl. OLG Karlsruhe BB 1974, 904; *Schröder* RdNr. 8.
[29] MünchKommHGB/*v. Hoyningen-Huene* RdNr. 14 und 15; *Schröder* RdNr. 10; Staub/*Brüggemann* RdNr. 8 und 10; *Küstner* HVR RdNr. 554; vgl. Heymann/*Sonnenschein/Weitemeyer* RdNr. 9.
[30] Heymann/*Sonnenschein/Weitemeyer* RdNr. 9.
[31] *Schröder* RdNr. 10 a; vgl. auch Staub/*Brüggemann* RdNr. 9 und 10 und MünchKommHGB/*v. Hoyningen-Huene* RdNr. 15.
[32] *Schröder* RdNr. 10 a.
[33] *Schröder* RdNr. 12; *Canaris* § 15 RdNr. 50.
[34] MünchKommHGB/*v. Hoyningen-Huene* RdNr. 18; *Canaris* § 15 RdNr. 50.
[35] Zum Ganzen Heymann/*Sonnenschein/Weitemeyer* RdNr. 10; MünchKommHGB/*v. Hoyningen-Huene* RdNr. 17; *Schröder* RdNr. 11; Staub/*Brüggemann* RdNr. 5 und 6.
[36] Staub/*Brüggemann* RdNr. 7.
[37] Dazu Heymann/*Sonnenschein/Weitemeyer* RdNr. 7; *Küstner* HVR RdNr. 551, 552.
[38] *Küstner* HVR RdNr. 554.
[39] MünchKommHGB/*v. Hoyningen-Huene* RdNr. 10; *Schröder* RdNr. 8 und 10.
[40] MünchKommHGB/*v. Hoyningen-Huene* RdNr. 8.
[41] MünchKommHGB/*v. Hoyningen-Huene* RdNr. 8.
[42] *Schröder* RdNr. 11.

c) **Mehrfache Delkredereerklärung.** Delkredereerklärungen für verschiedene Geschäfte oder 13
Kunden dürfen in einer einheitlichen Urkunde zusammengefasst werden,[43] welche die unterschiedlichen rechtlichen Erklärungen oder Vereinbarungen erkennen lassen und jede einzelne Einstandspflicht hinreichend bestimmt bezeichnen muss.[44] Bei der generellen Delkredereübernahme des Bezirksvertreters (RdNr. 10) handelt es sich rechtlich lediglich um eine Erklärung.

d) **Heilung von Formmängeln.** Heilung eines Formmangels tritt analog § 766 Satz 2 BGB 14
dadurch ein, dass der HV die Schuld des Kunden gegenüber dem Unternehmer erfüllt,[45] oder der Unternehmer nach vollständiger Erfüllung der Pflichten des Kunden die Delkredereprovision leistet, womit (feststeht, dass) der HV seiner Verpflichtung aus Abs. 1 Satz 1 nachgekommen ist.

4. Unabdingbare Wirksamkeitsvoraussetzungen und Nichtigkeit. Die Einhaltung des auf 15
das Geschäft (1. Alternative) oder den Kunden (2. Alternative) bezogenen **Bestimmtheitsgebots** des Abs. 1 Satz 2[46] sowie der notwendigen **Form**[47] sind unabdingbare Wirksamkeitsvoraussetzung für die Begründung des Delkredere. Die formunwirksame Erklärung lässt sich grds. **nicht** in eine formlos wirksame Haftungserklärung wie Garantie, Schuldbeitritt, Schuldversprechen oder Bürgschaft nach § 350 **umdeuten.**[48] Eine zu weitgehende, nicht den gesetzlichen Anforderungen der Abs. 1 entsprechende Delkredereverinbarung kann nach § **139 BGB** wirksam sein, soweit sie den gesetzlichen Anforderungen entspricht.[49] Nach § **138 BGB** kann eine Delkredereverinbarung nichtig sein, zu deren Abschluss der Unternehmer den HV bei Zahlung einer zu geringen, nicht kostendeckenden Vermittlungs- oder Abschlussprovision durch Versprechen einer hohen Delkredereprovision[50] oder durch bewusstes Verschweigen oder Herunterspielen ihm bekannter, dem HV nicht bewusster Risiken veranlasst.[51]

5. Entstehen, Verzicht sowie § 87 a Abs. 2 und 3. Die Einstandspflicht des HV entsteht mit 16
Abschluss der Delkredereverinbarung für eine bereits bestehende Kundenverbindlichkeit (RdNr. 17), andernfalls mit dem Wirksamwerden der jeweiligen Verbindlichkeit, hinsichtlich deren das Delkredere übernommen worden ist. Ein einseitiger „Verzicht" des Unternehmers auf die Delkrederehaftung ist nicht möglich.[52] § 87 a Abs. 2 und 3 sind ohne Bedeutung für die Delkrederehaftung sowie die dafür geschuldete Provision und gelten nicht;[53] durch die Erfüllung der Einstandspflicht des HV wird der Unternehmer gestellt, als habe der Kunde vertragsgemäß geleistet, womit der HV den Anspruch auf Vermittlungs- oder Abschlussprovision erwirbt.[54]

6. Rechtswirksame Kundenverbindlichkeit. a) Bestehen und nachträgliche Änderungen. 17
Die Einstandspflicht des HV ist abhängig vom rechtswirksamen Bestehen der Kundenverbindlichkeit gegenüber dem Unternehmer. Erweist sich der zwischen Kunde und Unternehmer geschlossene Vertrag als von Anfang an nichtig[55] oder infolge Rücktritts als nicht bestehend,[56] ist kein Raum für eine Delkrederehaftung, sofern nicht ausnahmsweise dem Unternehmer Ansprüche auf Grund der Rückabwicklung des bereits vollzogenen Vertrags gegen den Kunden zustehen und der HV auch hierfür das Delkredere übernommen hat (RdNr. 6).[57] Hingegen bleibt die Einstandspflicht des HV aus der Delkredereverinbarung und damit sein Anspruch auf die Delkredereprovision von solchen Umständen unberührt, welche das Vertragsverhältnis des Kunden zum Unternehmer erst **nachträglich** und unabhängig von der Ausführung des Kundengeschäfts **ohne Rückwirkung** beenden wie Kündigung oder Eintritt einer auflösenden Bedingung nach § 158 Abs. 2 BGB.[58]

---

[43] MünchKommHGB/*v. Hoyningen-Huene* RdNr. 16; *Schröder* RdNr. 10 und 11; *Staub/Brüggemann* RdNr. 9; *Küstner* HVR RdNr. 551.
[44] MünchKommHGB/*v. Hoyningen-Huene* RdNr. 12; *Küstner* HVR RdNr. 551, 552.
[45] Heymann/*Sonnenschein/Weitemeyer* RdNr. 10; MünchKommHGB/*v. Hoyningen-Huene* RdNr. 18; *Staub/Brüggemann* RdNr. 6.
[46] Heymann/*Sonnenschein/Weitemeyer* RdNr. 6; *Canaris* § 15 RdNr. 50; vgl. OLG Karlsruhe BB 1974, 904; *Schröder* RdNr. 12.
[47] *Castan* BB 1957, 1124, 1125; *Schröder* RdNr. 10; *Canaris* § 15 RdNr. 50.
[48] MünchKommHGB/*v. Hoyningen-Huene* RdNr. 18; *Staub/Brüggemann* RdNr. 8.
[49] MünchKommHGB/*v. Hoyningen-Huene* RdNr. 23; *Schröder* RdNr. 10.
[50] MünchKommHGB/*v. Hoyningen-Huene* RdNr. 8; *Schröder* RdNr. 5; vgl. LG Heidelberg BB 1958, 7; Heymann/*Sonnenschein/Weitemeyer* RdNr. 11; vgl. auch *Masing* BB 1995, 2589, 2595.
[51] *Masing* BB 1995, 2589, 2595.
[52] Vgl. MünchKommHGB/*v. Hoyningen-Huene* RdNr. 26.
[53] *Castan* BB 1957, 1124, 1127; Heymann/*Sonnenschein/Weitemeyer* RdNr. 16; *Hopt* RdNr. 9 und 11; MünchKommHGB/*v. Hoyningen-Huene* RdNr. 32 und 35; *Schröder* RdNr. 14; *Küstner* HVR RdNr. 565.
[54] *Westphal* RdNr. 214.
[55] Heymann/*Sonnenschein/Weitemeyer* RdNr. 15; MünchKommHGB/*v. Hoyningen-Huene* RdNr. 19; *Schröder* RdNr. 6; *Staub/Brüggemann* RdNr. 13.
[56] Heymann/*Sonnenschein/Weitemeyer* RdNr. 3; *Hopt* RdNr. 11; *Staub/Brüggemann* RdNr. 13; aA *Castan* BB 1957, 1124, 1127; MünchKommHGB/*v. Hoyningen-Huene* RdNr. 28.
[57] *Schröder* RdNr. 6.

§ 86 b 18–20   1. Buch. 7. Abschnitt. Handelsvertreter

Gleiches gilt bei Ausübung von Gewährleistungs- oder Zurückbehaltungsrechten des Kunden,[59] sowie grds. für die nachträglich zwischen Kunde und Unternehmer vereinbarte Vertragsaufhebung. In diesen Fällen nachträglich eintretender Umstände ist der Haftungstatbestand mit dem Vertragsschluss zwischen Kunde und Unternehmer eingetreten und hat der HV das übernommene Risiko bereits getragen,[60] weswegen ihm die Delkredereprovision zusteht (RdNr. 19). Etwas anderes gilt nur, wenn der HV einer **Vertragsaufhebung** zustimmt oder sie erfolgt, weil der Kunde zur Erfüllung seiner Pflichten gegenüber dem Unternehmer nicht in der Lage ist;[61] in diesen beiden Ausnahmefällen wird der HV im Zweifel einvernehmlich rückwirkend aus der Delkrederehaftung entlassen mit der Folge des Wegfalls seines Anspruchs auf Delkredereprovision.

18   b) **Einstandspflicht und Gegenstand der Kundenverbindlichkeit.** Der Inhalt des Kundengeschäfts muss, um die Einstandspflicht des HV zu begründen, in den wesentlichen Punkten den Bestimmungen der Delkredereverbarung entsprechen; unerhebliche Abweichungen sind unschädlich. Insoweit gelten die **Grundsätze des Bürgschaftsrechts entsprechend.** Dementsprechend ist grds. auch die jeweils bestehende Verpflichtung des Kunden für die Haftung des HV entscheidend.[62] Durch **nachträglich ändernde Abmachungen** zwischen Kunde und Unternehmer kann die Delkrederehaftung entsprechend dem Grundgedanken des § 767 Abs. 1 Satz 3 BGB nicht erweitert werden;[63] soweit die bestehende Kundenverbindlichkeit noch von der Delkredereverbarung gedeckt ist, hat der HV für sie einzustehen.

19   **7. Durchsetzung der Einstandspflicht, Rechtsfolgen und Insolvenz des Handelsvertreters.** Für die Durchsetzung der Delkrederehaftung und deren Rechtsfolgen gelten die Bestimmungen des **Bürgschaftsrechts** des BGB entsprechend. Die Einrede der Vorausklage steht dem HV wegen § 349 Satz 1 nur bei entsprechender Vereinbarung zu. Aus der vertraglichen Treuepflicht des Unternehmers folgt aber regelmäßig seine Verpflichtung, den Kunden durch Aufforderung zur Leistung und Mahnung auf Vertragserfüllung in Anspruch zu nehmen,[64] bevor er gegen den HV die Rechte aus der Delkredereverbarung geltend macht. Klage und Vollstreckung gegen den Kunden sind nicht erforderlich.[65] Das ist Sache des HV, der mit der Befriedigung des Unternehmers nicht nur den Provisionsanspruch nach § 87 a,[66] sondern auch dessen Forderung gegen den Kunden nach § 774 BGB erwirbt,[67] wobei er den Einreden ausgesetzt ist, welche dem Kunden gegen den Unternehmer oder ausnahmsweise unmittelbar gegen den HV (vgl. § 84) zustehen.[68] In der Insolvenz des HV kann der Unternehmer ausnahmsweise eine Masseforderung nach § 55 Abs. 1 Nr. 1 InsO erwerben, wenn erst der Insolvenzverwalter bei Fortbestand des Delkredere (s. RdNr. 7) das Kundengeschäft abschließt (RdNr. 25).

IV. Delkredereprovision – Absatz 2

20   **1. Wesen der Delkredereprovision.** Als Vergütung für die übernommene Einstandspflicht[69] steht dem HV – neben und unabhängig von der Vermittlungs- oder Abschlussprovision –[70] gegen den Unternehmer, mit dem er das Delkredere vereinbart hat,[71] ein Anspruch auf Delkredereprovision zu, die mittelbar als Entgelt für den Aufbau eines Kundenstamms und deswegen ausgleichsfähig nach § 89 b Abs. 1 sowie bei der Ermittlung des Höchstbetrags nach § 89 b Abs. 2 zu berücksichtigen ist. Die Gegenmeinung[72] berücksichtigt nicht, dass der HV das Delkredere im Zweifel übernimmt, um konkrete Kundengeschäfte herbeizuführen, welche der

---

[58] Heymann/*Sonnenschein/Weitemeyer* RdNr. 15; *Hopt* RdNr. 11; MünchKommHGB/*v. Hoyningen-Huene* RdNr. 28; Staub/*Brüggemann* RdNr. 13.
[59] *Schröder* RdNr. 18 c.
[60] Heymann/*Sonnenschein/Weitemeyer* RdNr. 15; *Hopt* RdNr. 11; Staub/*Brüggemann* RdNr. 13; vgl. *Schröder* RdNr. 7; *Westphal* RdNr. 212.
[61] *Castan* BB 1957, 1124, 1127; *Hopt* RdNr. 11; MünchKommHGB/*v. Hoyningen-Huene* RdNr. 28; *Schröder* RdNr. 7; Staub/*Brüggemann* RdNr. 13.
[62] *Schröder* RdNr. 18 c.
[63] Vgl. *Schröder* RdNr. 18 c.
[64] *Hopt* RdNr. 8.
[65] *Masing* BB 1995, 2589, 2595; MünchKommHGB/*v. Hoyningen-Huene* RdNr. 5 und 20; *Schröder* RdNr. 18 a; Staub/*Brüggemann* RdNr. 5; *Küstner* HVR RdNr. 547, 548; *Westphal* RdNr. 207; enger *Castan* BB 1957, 1124, 1125 (nur bei Nichtverschulden des HV).
[66] *Masing* BB 1995, 2589, 2596.
[67] *Castan* BB 1957, 1124, 1125; *Masing* BB 1995, 2589, 2596; *Schröder* RdNr. 18 d.
[68] *Schröder* RdNr. 18 d.
[69] Heymann/*Sonnenschein/Weitemeyer* RdNr. 13; *Schröder* RdNr. 14.
[70] *Westphal* RdNr. 214.
[71] *Schröder* RdNr. 17.
[72] Heymann/*Sonnenschein/Weitemeyer* RdNr. 13; Staub/*Brüggemann* RdNr. 11; *Küstner* HVR RdNr. 567.

Unternehmer/Geschäftsherr ohne die Einstandspflicht des HV nicht abzuschließen bereit ist. Darin unterscheidet sich die Delkredereprovision von reinen Bestandspflege-, Betreuungs- und Verwaltungsprovisionen und gleicht solchen Provisionen aus Nebengeschäften, welche nach der (jetzigen) Rechtsprechung des BGH ausgleichsfähig sein können (s. § 89 b). **§ 87 c** ist entsprechend anwendbar.[73]

2. Entstehen und Fälligkeit. Der Provisionsanspruch entsteht nach Absatz 2 ohne Provisionsvereinbarung kraft Gesetzes,[74] sobald ein Delkrederehaftungstatbestand gegeben ist; Anspruchsvoraussetzungen sind nur die Delkrederevereinbarung und – als idR aufschiebende Bedingung –[75] der von ihr erfasste rechtswirksam abgeschlossene Vertrag zwischen Unternehmer und Kunde (Kundengeschäft).[76] Der mit Abschluss des jeweiligen „verbürgten" Kundengeschäfts[77] oder mit nachträglicher Delkredereübernahme für ein bereits abgeschlossenes Geschäft – nicht mit Rückwirkung – entstandene[78] Provisionsanspruch teilt das Schicksal der Delkrederehaftung (RdNr. 16, 17); kommt es nicht zur rechtswirksamen Haftungsübernahme, entsteht der Provisionsanspruch ebenfalls nicht.[79] Von der Ausführung des Kundengeschäfts und dessen weiterem Schicksal hängt er nicht ab.[80] Die Fälligkeit kann durch Vereinbarung geregelt werden, Abs. 1 Satz 1 2. Halbsatz steht dem nicht entgegen,[81] andernfalls fällt sie mit dem Entstehen zusammen – § 271 Abs. 1 BGB. **§ 87 a** gilt nicht (RdNr. 16). 21

3. Unabdingbarkeit, Umgehung und Verzicht. Der Anspruch ist – von Abs. 3 und § 92 c abgesehen – unabdingbar[82] und kann nach **Abs. 1 Satz 1 2. Halbsatz.** nicht vor seinem rechtswirksamen – also endgültigen und unbedingten – Entstehen („im Voraus") vertraglich ausgeschlossen werden.[83] Auf den unbedingt entstandenen Anspruch kann durch formlosen Vertrag zwischen Unternehmer und HV verzichtet werden.[84] Der Verzicht kann gleichzeitig mit der nachträglichen Delkredereübernahme für ein bereits abgeschlossenes Kundengeschäft vereinbart werden.[85] Die vertragliche Aufhebung der Delkrederehaftung für ein bereits abgeschlossenes Geschäft enthält im Zweifel den Verzicht auf den (bereits entstandenen) Provisionsanspruch. Die nachträgliche Aufhebung der Delkrederevereinbarung lässt im Zweifel die bereits entstandenen Provisionsansprüche unberührt,[86] ebenso der rechtlich nicht zulässige einseitige „Verzicht" des Unternehmers auf die Delkrederehaftung.[87] Eine **unzulässige Umgehung** des § 86 b liegt in der Vereinbarung, dass der HV das abzusetzende Produkt bei dem Unternehmer zu kaufen und an die Kunden weiter zu veräußern hat, obwohl er nicht Vertragshändler sein soll.[88] 22

4. Provisionshöhe. a) Vereinbarung angemessener Provision. Die Höhe bestimmt sich nach den Absprachen der Parteien, sofern solche getroffen und wirksam sind; dazu muss die vereinbarte Provision dem HV einen angemessenen Ausgleich für das übernommene Delkredere gewähren, indem sie in einem wirtschaftlich angemessenen Verhältnis zu dem eingegangenen Risiko steht, andernfalls ein teilweiser oder gegen das Gesetz verstoßender Provisionausschluss vorliegt.[89] Die ausgehandelte Provision muss zumindest den Betrag erreichen, welchen ein ordentlicher Kaufmann üblicherweise als Rückstellung für das normale Ausfallrisiko eines Geschäfts der in Frage stehenden Art kalkuliert. Das erhöhte Risiko wegen des Vertragsschlusses mit einem zahlungsunfähigen oder zahlungsunwilligen Kunden ist nicht zu berücksichtigen, wenn der Vertrag bei ordnungsgemäßer Bonitätsprüfung nicht zustandegekommen wäre[90] oder der Kunde nur auf Wunsch des HV vom 23

---

[73] MünchKommHGB/*v. Hoynigen-Huene* RdNr. 3; aA für § 87 c Abs. 1 MünchKommHGB/*v. Hoynigen-Huene* RdNr. 32.
[74] MünchKommHGB/*v. Hoynigen-Huene* RdNr. 33; *Schröder* RdNr. 13.
[75] *Küstner* HVR RdNr. 563.
[76] *Schröder* RdNr. 14; Staub/*Brüggemann* RdNr. 12.
[77] Heymann/*Sonnenschein*/*Weitemeyer* RdNr. 14 und 15; *Hopt* RdNr. 11; *Küstner* HVR RdNr. 563.
[78] Heymann/*Sonnenschein*/*Weitemeyer* RdNr. 16; *Schröder* RdNr. 14; Staub/*Brüggemann* RdNr. 12.
[79] Vgl. Heymann/*Sonnenschein*/*Weitemeyer* RdNr. 15; *Küstner* HVR RdNr. 564.
[80] MünchKommHGB/*v. Hoynigen-Huene* RdNr. 29; *Schröder* RdNr. 14; *Küstner* HVR RdNr. 564.
[81] Heymann/*Sonnenschein*/*Weitemeyer* RdNr. 18; MünchKommHGB/*v. Hoynigen-Huene* RdNr. 35; *Küstner* HVR RdNr. 571.
[82] *Canaris* § 15 RdNr. 49.
[83] Heymann/*Sonnenschein*/*Weitemeyer* RdNr. 18; Staub/*Brüggemann* RdNr. 16; *Küstner* HVR RdNr. 570; vgl. MünchKommHGB/*v. Hoynigen-Huene* RdNr. 34.
[84] Vgl. *Hopt* RdNr. 9; MünchKommHGB/*v. Hoynigen-Huene* RdNr. 34; *Schröder* RdNr. 13 a.
[85] MünchKommHGB/*v. Hoynigen-Huene* RdNr. 34; *Küstner* HVR RdNr. 568, 569; aA Heymann/*Sonnenschein*/*Weitemeyer* RdNr. 18.
[86] Heymann/*Sonnenschein*/*Weitemeyer* RdNr. 14; MünchKommHGB/*v. Hoynigen-Huene* RdNr. 27.
[87] MünchKommHGB/*v. Hoynigen-Huene* RdNr. 26.
[88] *Schröder* RdNr. 13.
[89] MünchKommHGB/*v. Hoynigen-Huene* RdNr. 30; *Schröder* RdNr. 17; Staub/*Brüggemann* RdNr. 15.
[90] MünchKommHGB/*v. Hoynigen-Huene* RdNr. 31.

Unternehmer akzeptiert worden ist. Wird trotz anfänglicher Nichtigkeit des Kundengeschäfts eine Delkredereprovision im Hinblick auf eine schuldhafte Verursachung der Nichtigkeit durch den Kunden (§ 122 BGB) oder eine Rückabwicklung des Vertrags geschuldet, ist bei der Höhe die nur eingeschränkte Risikoübernahme betragsmindernd zu berücksichtigen.[91] Die Provision wird höher zu bemessen sein, wenn sich das Delkredere anstatt auf ein Bargeschäft auf ein vom Unternehmer zu kreditierendes Kundengeschäft bezieht.[92] Bei nachträglicher Übernahme des Delkredere wird davon auszugehen sein, dass die bereits gezahlte/geschuldete Provision die angemessene Gegenleistung für die vom HV bisher geschuldeten Leistungen war und nicht zugleich die zusätzlich übernommene Leistung abgelten kann.[93]

24   **b) Fehlen einer Vereinbarung.** Bei Fehlen einer inhaltlich wirksamen – ausdrücklichen oder konkludenten – Provisionsvereinbarung gilt § 87b Abs. 1[94] und es wird ein Betrag geschuldet, der als Delkredereprovision dort üblich ist, wo der HV sein Gewerbe ausübt;[95] insoweit ist § 354 ergänzend anzuwenden, auch wenn § 86b hinsichtlich des Anspruchsgrundes gegenüber § 354 eine Sonderregelung enthält.[96] Lässt sich eine ortsübliche Delkredereprovision nicht feststellen, ist sie nach §§ 315, 316 BGB durch den HV, notfalls durch Urteil zu bestimmen.[97]

25   **5. Insolvenz des Unternehmers.** Der Anspruch auf Delkredereprovision begründet in der Insolvenz des Unternehmers regelmäßig eine bereits vor der Eröffnung des Insolvenzverfahrens entstandene Insolvenzforderung nach § 38. Nur wenn der Insolvenzverwalter das von der fortbestehenden Delkrederevereinbarung erfasste Kundengeschäft abschließt, erwirbt der HV eine Masseforderung nach § 55 Abs. 1 Nr. 1 InsO (RdNr. 19).[98]

V. Ausnahmeregelungen – Absatz 3

26   **1. Bedeutung der Ausnahmevorschrift.** Abs. 3 Satz 1 ist nur auf eine Delkredereübernahme nach Deutschem Recht anwendbar.[99] § 86b gilt daher nicht **(1)** für HVVerträge, welche Deutschem Recht nicht unterstehen oder **(2)** mit HV geschlossen werden, die unter die Ausnahmevorschrift des § 92c fallen;[100] auf Grund der Ausnahmeregelung in Abs. 3 gelten die Beschränkungen des Abs. 1 und 2 außerdem nicht für unter das Deutsche Recht fallende Delkrederevereinbarungen, welche getroffen werden **(3)** entweder mit ausländischen Unternehmern (Abs. 3 Satz 1) oder **(4)** über Geschäfte mit Kunden im Ausland (Abs. 3 Satz 1) oder **(5)** über Geschäfte, welche der HV auf Grund uneingeschränkter Vollmacht des Unternehmers in eigener Verantwortung abschließen und vollständig ausführen darf (Absatz 3 Satz 2). Grund der Ausnahmeregelung ist in den Fällen des Satzes 1 die dem Unternehmer fehlende, dem HV hingegen zumutbare Möglichkeit zu Überprüfung von Zahlungsfähigkeit und Erfüllungsbereitschaft des Kunden,[101] weswegen das Delkredere bei diesen Verträgen vielfach bereits zu den typischen Vertragspflichten des HV gehört,[102] sowie im Fall des Satzes 2 das berechtigte Interesse des Unternehmers an der Einstandspflicht des HV für Geschäfte, deren Abschluss und Ausführung er dem HV vollständig in eigener Verantwortung überlassen hat. In beiden Fällen ist der HV nicht schutzbedürftig.[103] Daher benachteiligt und **diskriminiert** Abs. 3 unter die Ausnahmeregelung fallende Unternehmer oder HV nicht in unberechtigter und unzulässiger Weise.[104]

27   **2. Delkrederehaftung und Provision nach Abs. 3.** In den Fällen des Abs. 3 „gilt Abs. 1 nicht", weswegen das Delkredere ohne die strengen inhaltlichen und förmlichen Voraussetzungen des Abs. 1 Satz 1 bis 3 in dem von der allgemeinen Vertragsfreiheit vorgegebenen Rahmen frei

---

[91] *Schröder* RdNr. 6.
[92] Vgl. *v. Brunn* NJW 1954, 56, 57, 58.
[93] Vgl. aber *v. Brunn* NJW 1954, 56, 57.
[94] Heymann/*Sonnenschein/Weitemeyer* RdNr. 17; *Hopt* RdNr. 10; MünchKommHGB/*v. Hoyningen-Huene* RdNr. 3 und 30; *Schröder* RdNr. 17.
[95] *Schröder* RdNr. 17; vgl. Staub/*Brüggemann* RdNr. 11 und 14.
[96] BGH Urt. v. 24. 10. 1966 – VII ZR 219/64, LM Nr. 1 = MDR 1967, 37; *Küstner* HVR RdNr. 561; Heymann/*Sonnenschein/Weitemeyer* RdNr. 13 und – teils aA RdNr. 17.
[97] Heymann/*Sonnenschein/Weitemeyer* RdNr. 17; *Hopt* RdNr. 10; MünchKommHGB/*v. Hoyningen-Huene* RdNr. 31; *Schröder* RdNr. 17; Staub/*Brüggemann* RdNr. 14; *Küstner* HVR RdNr. 566.
[98] *Emde/Kelm* ZIP 2005, 58, 61.
[99] *Schröder* RdNr. 15; Staub/*Brüggemann* RdNr. 18.
[100] *Schröder* RdNr. 16 a.
[101] Vgl. Heymann/*Sonnenschein/Weitemeyer* RdNr. 19; MünchKommHGB/*v. Hoyningen-Huene* RdNr. 38.
[102] *Castan* BB 1957, 1124, 1126.
[103] Heymann/*Sonnenschein/Weitemeyer* RdNr. 20; MünchKommHGB/*v. Hoyningen-Huene* RdNr. 36; Staub/*Brüggemann* RdNr. 19; *Küstner* HVR RdNr. 556.
[104] Ausführlich und einschränkend *Masing* BB 1995, 2589, 2592, 2593.

ausgehandelt und übernommen werden kann[105] und der Anspruch auf Delkredereprovision nicht kraft Gesetzes gemäß Abs. 2 entsteht, sondern ausdrücklich, jedoch ohne die durch Abs. 1 und 2 gezogenen Schranken, vereinbart werden muss;[106] im Übrigen aber gilt § 354.[107] Abs. 3 stellt das Delkredere nur von den besonderen inhaltlichen und förmlichen Anforderungen gemäß Abs. 1 und 2 frei; den allgemeinen Anforderungen des Deutschen Rechts an die Wirksamkeit von Bürgschaftsverträgen – oder den nach der jeweiligen rechtlichen Ausgestaltung des Delkredere andernfalls einschlägigen Verträgen – muss die Delkrederevereinbarung nach Abs. 3 entsprechen. Die Einstandspflicht des HV kann unentgeltlich, durch schlüssiges Verhalten, jedoch nicht einseitig,[108] für eine Vielzahl von Geschäften übernommen werden, die nicht von dem HV abgeschlossen, auch noch nicht genau bestimmt, jedoch im Hinblick auf § 765 BGB hinreichend bestimmbar sein müssen.[109] Eine vereinbarte Provision muss nicht in einem angemessenen Verhältnis zum übernommenen Risiko stehen, darf aber nicht gegen § 138 BGB verstoßen. Fehlt eine Provisionsabrede, kann der Provisionsanspruch kraft örtlichen Handelsbrauchs bestehen,[110] wobei ein vereinbarter Ausschluss der Delkredereprovision im Zweifel auch diesen örtlich üblichen Anspruch erfasst.[111] **Formfreiheit** besteht, jedoch kann das Delkredere im Fall des Abs. 3 nicht wirksam durch **AGB** begründet werden, weil dies dem gesetzlichen Leitbild des HV nach Deutschem Recht widerspricht. Schriftform kann vereinbart werden und gilt im Zweifel auch für die Provisionsabrede – § 154 Abs. 2 –, wenn der HVV schriftlich niedergelegt ist.[112]

3. Delkredere bei Auslandsbezug – Abs. 3 Satz 1. Absatz 3 Satz 1 betrifft den Fall, dass Unternehmer oder Kunde (Dritter) ihren Sitz/Niederlassung nicht in der Bundesrepublik – in ihren jeweiligen Grenzen –[113] haben, das Vertragsverhältnis aber Deutschem Recht untersteht. Der Wohnsitz wird erheblich, wenn Unternehmer oder Kunde nicht über Sitz oder Niederlassung verfügen. Der Sitz des HV ist ohne Bedeutung.[114] Haben Unternehmer oder Kunde rechtlich eigenständige Niederlassungen im In- und Ausland, ist maßgebend, ob Delkrederevereinbarung und zu sicherndes Geschäft mit der ausländischen Niederlassung geschlossen werden sollen.[115] Bei **nachträglicher Sitzverlegung in das Ausland** kann eine Delkrederevereinbarung mit Wirkung ab der Sitzverlegung geändert und der Rechtslage des Abs. 3 angepasst werden, bis dahin gilt sie unverändert weiter; der bereits vor der Sitzverlegung entstandene Anspruch auf eine Delkredereprovision bleibt von der Änderung der Rechtslage unberührt; nach der Sitzverlegung entsteht der Anspruch nicht mehr,[116] sofern er nicht auf eine ausdrückliche Provisionsvereinbarung oder einen entsprechenden ausländischen Handelsbrauch gestützt werden kann.

4. Delkredere bei unbeschränkter Vollmacht – Abs. 3 Satz 2. Abs. 3 Satz 2 behandelt das Delkredere für Kundengeschäfte in beliebiger Anzahl,[117] mit deren Abschluss und vollständiger Ausführung der Unternehmer den HV uneingeschränkt in rechtlich wirksamer Weise beauftragt und bevollmächtigt hat. **Zwingende Voraussetzungen** für die Wirksamkeit der erleichterten Delkredereübernahme hinsichtlich dieser Geschäfte nach Abs. 3 Satz 2 sind ein **besonderes wirtschaftliches Bedürfnis** des Unternehmers an der Übernahme des Delkredere durch den HV,[118] die **uneingeschränkte Vollmacht** und der die Vollmacht im Innenverhältnis rechtfertigende in gleicher Weise **uneingeschränkte Auftrag** sowie **der Abschluss des Kundengeschäfts durch den HV**. Der Unternehmer muss dem HV Abschluss und Ausführung des Geschäfts, nicht notwendigerweise auch das Inkasso,[119] zur freien Entscheidung überlassen, so dass der vom Gesetz missbilligte Zwang des Unternehmers auf den HV zur Übernahme eines nicht übersehbaren Risikos entfällt.[120] Dazu muss der Unternehmer dem HV die **freie Auswahl des Kunden** sowie die sonst ihm zustehende

---

[105] Vgl. *Masing* BB 1995, 2589, 2590; *Schröder* RdNr. 15.
[106] Staub/*Brüggemann* RdNr. 17; *Canaris* § 15 RdNr. 51.
[107] *Hopt* RdNr. 12; *Canaris* § 15 RdNr. 51.
[108] *Masing* BB 1995, 2589, 2594.
[109] *Masing* BB 1995, 2589, 2594; vgl. auch Staub/*Brüggemann* RdNr. 17; vgl. *Schröder* RdNr. 15.
[110] *Schröder* RdNr. 15 und 16; Staub/*Brüggemann* RdNr. 17; vgl. BGH Urt. v. 24. 10. 1966 – VII ZR 219/64, LM Nr. 1 = MDR 1967, 37.
[111] MünchKommHGB/*v. Hoyningen-Huene* RdNr. 37; Staub/*Brüggemann* RdNr. 17.
[112] Vgl. *Masing* BB 1995, 2589, 2594.
[113] Siehe dazu *Masing* BB 1995, 2589, 2594.
[114] *Masing* BB 1995, 2589, 2590; *Schröder* RdNr. 15; Staub/*Brüggemann* RdNr. 18.
[115] *Schröder* RdNr. 15.
[116] Vgl. *Schröder* RdNr. 15.
[117] *Masing* BB 1995, 2589, 2593; MünchKommHGB/*v. Hoyningen-Huene* RdNr. 40; vgl. BGH Urt. v. 24. 10. 1966 – VII ZR 219/64, LM Nr. 1 = MDR 1967, 37.
[118] BGH Urt. v. 31. 3. 1982 – I ZR 60/80, WM 1982, 1152, 1153.
[119] *Masing* BB 1995, 2589, 2594.
[120] BGH Urt. v. 31. 3. 1982 – I ZR 60/80, WM 1982, 1152, 1153.

Entscheidung überlassen, **den Vertrag** als Bar- oder Kreditgeschäft **abzuschließen**[121] und den Kaufpreis gegebenenfalls auch zu stunden;[122] lediglich die **verbindlichen Vorgaben** des Unternehmers hinsichtlich des Produkts und seines Preises muss der HV einhalten.[123] Unabdingbar notwendig ist des Weiteren die wirksame **Berechtigung** und **tatsächliche Befähigung** des HV, den abgeschlossenen **Kundenvertrag ohne Einschaltung des Unternehmers vollständig zu erfüllen**, also sämtliche dem Unternehmer auf Grund des Kundenvertrags obliegenden Leistungen zu erbringen.[124] Hierzu benötigt er die Verfügungsbefugnis über das vertriebene Produkt zB durch Einrichtung eines Auslieferungslagers oder freien Zugriff auf das Lager des Unternehmers.[125] Nur bei Vorliegen dieser rechtlichen Voraussetzungen kann das Delkredere frei vereinbart und der Anspruch auf Delkredereprovision davon abhängig gemacht werden, dass eine Provisionsvereinbarung getroffen wird. Ob der HV von der Befugnis zur Ausführung des Kundengeschäfts Gebrauch macht oder dem Unternehmer die Ausführung des Geschäfts – ganz oder teilweise – überlässt, ist rechtlich unerheblich.[126] Die anlässlich der Ausführung des Geschäfts anfallenden **Kosten**, welche im Regelfall von dem Unternehmer zu tragen sind, hat er dem HV nach § 87 d oder § 670 BGB zu ersetzen, sofern nicht ausnahmsweise (der Unternehmer nachweist, dass) diese Kosten von der Delkrederehaftung erfasst werden.[127] Unter Satz 2 fallen typischerweise **Tankstellenpächter**[128] und **Reisebüros**, die Flugscheine für Luftverkehrsgesellschaften verkaufen.[129]

VI. Garantie, Schuldbeitritt, Schuldversprechen

30 Wählen die Vertragspartner zur Sicherung der Schuld des Kunden durch den HV andere bürgschaftsähnliche rechtliche Möglichkeiten, ist trotz des scheinbar entgegenstehenden Wortlauts bei vergleichbarer Interessenlage im Zweifel § 86 b einschließlich seiner Formvorschriften und Bestimmtheitserfordernisse entsprechend anzuwenden.[130] Der Unternehmer wird selbst bei Garantieübernahme des HV gehalten sein, vor Inanspruchnahme des HV von dem Kunden Erfüllung zu fordern.[131]

VII. Untervertreter und handelsvertreterähnliche Vertriebsmittler

31 Auf Kommissionsagenten ist § 86 b entsprechend anwendbar,[132] nicht jedoch auf Vertragshändler oder Franchisenehmer.[133] Ein HV kann nicht das Delkredere für einen anderen HV übernehmen.

VIII. Beweislast

32 Der den HV auf Grund des Delkredere in Anspruch nehmende Unternehmer muss sämtliche Voraussetzungen der Delkrederehaftung nachweisen, also wirksame Delkrederevereinbarung, rechtswirksames, jedoch nicht erfülltes Kundengeschäft sowie den erfolglos gebliebenen Versuch, den Kunden zur Erfüllung zu bewegen. Der die Delkredereprovision fordernde HV muss die rechtswirksame Delkrederevereinbarung, den Abschluss des „verbürgten" Kundengeschäfts sowie die Höhe der geschuldeten Provision nachweisen.

IX. Europarecht

33 Allgemeine Ausführungen und Text der HV-RiLi s. Vor § 84 Anh. § 86 b hat keine Entsprechung in der HV-RiLi.

---

[121] LG Essen BB 1961, 425; Heymann/*Sonnenschein*/*Weitemeyer* RdNr. 20; MünchKommHGB/*v. Hoyningen-Huene* RdNr. 40; *Masing* BB 1995, 2589, 2593, 2594.
[122] *Masing* BB 1995, 2589, 2594.
[123] *Castan* BB 1957, 1124, 1126; *Masing* BB 1995, 2589, 2594.
[124] *Masing* BB 1995, 2589, 2593.
[125] *Schröder* RdNr. 16.
[126] Vgl. BGH Urt. v. 24. 10. 1966 – VII ZR 219/64, LM Nr. 1 = MDR 1967, 37; *Masing* BB 1995, 2589, 2593; Heymann/*Sonnenschein*/*Weitemeyer* RdNr. 20; MünchKommHGB/*v. Hoyningen-Huene* RdNr. 42; *Schröder* RdNr. 16; *Küstner* HVR RdNr. 555.
[127] *Masing* BB 1995, 2589, 2596.
[128] LG Essen BB 1961, 425; *Castan* BB 1957, 1124, 1126.
[129] BGH Urt. v. 31. 3. 1982 – I ZR 60/80, WM 1982, 1152; MünchKommHGB/*v. Hoyningen-Huene* RdNr. 41.
[130] Heymann/*Sonnenschein*/*Weitemeyer* RdNr. 10 und 11; MünchKommHGB/*v. Hoyningen-Huene* RdNr. 6.
[131] AA wohl Heymann/*Sonnenschein*/*Weitemeyer* RdNr. 11.
[132] *Ebenroth* S. 31; *Canaris* § 16 RdNr. 12.
[133] MünchKommHGB/*v. Hoyningen-Huene* RdNr. 3.

§ 87 [Provisionspflichtige Geschäfte]

(1) ¹ Der Handelsvertreter hat Anspruch auf Provision für alle während des Vertragsverhältnisses abgeschlossenen Geschäfte, die auf seine Tätigkeit zurückzuführen sind oder mit Dritten abgeschlossen werden, die er als Kunden für Geschäfte der gleichen Art geworben hat. ² Ein Anspruch auf Provision besteht für ihn nicht, wenn und soweit die Provision nach Absatz 3 dem ausgeschiedenen Handelsvertreter zusteht.

(2) ¹ Ist dem Handelsvertreter ein bestimmter Bezirk oder ein bestimmter Kundenkreis zugewiesen, so hat er Anspruch auf Provision auch für die Geschäfte, die ohne seine Mitwirkung mit Personen seines Bezirkes oder seines Kundenkreises während des Vertragsverhältnisses abgeschlossen sind. ² Dies gilt nicht, wenn und soweit die Provision nach Absatz 3 dem ausgeschiedenen Handelsvertreter zusteht.

(3) ¹ Für ein Geschäft, das erst nach Beendigung des Vertragsverhältnisses abgeschlossen ist, hat der Handelsvertreter Anspruch auf Provision nur, wenn

1. er das Geschäft vermittelt hat oder es eingeleitet und so vorbereitet hat, daß der Abschluß überwiegend auf seine Tätigkeit zurückzuführen ist, und das Geschäft innerhalb einer angemessenen Frist nach Beendigung des Vertragsverhältnisses abgeschlossen worden ist oder
2. vor Beendigung des Vertragsverhältnisses das Angebot des Dritten zum Abschluß eines Geschäfts, für das der Handelsvertreter nach Absatz 1 Satz 1 oder Absatz 2 Satz 1 Anspruch auf Provision hat, dem Handelsvertreter oder dem Unternehmer zugegangen ist.

² Der Anspruch auf Provision nach Satz 1 steht dem nachfolgenden Handelsvertreter anteilig zu, wenn wegen besonderer Umstände eine Teilung der Provision der Billigkeit entspricht.

(4) Neben dem Anspruch auf Provision für abgeschlossene Geschäfte hat der Handelsvertreter Anspruch auf Inkassoprovision für die von ihm auftragsgemäß eingezogenen Beträge.

EG-RL 86/653 EWG Art. 6 bis 9 s. Vor § 84 Anh. S. 642.

Schrifttum: Siehe zunächst Schrifttumsverzeichnis vor § 84; wegen des älteren Schrifttums aus der Zeit vor 1990 wird auf das Schrifttumsverzeichnis der Vorauflage verwiesen: *Emde*, Handelsvertreterrecht – Relevante Vorschriften bei nationalen und internationalen Verträgen, MDR 2002, 190; *Evers*, Die Nichtigkeit von Handelsvertreterverträgen wegen zu geringer Verdienstmöglichkeiten und ihre Rückabwicklung, BB 1992, 1365; *Loritz*, Provisionen beim Abschluss von Lebensversicherungsverträgen, VersR 2004, 405; *Schmidt*, Vertragsfreiheit und EG-Handelsvertreterrichtlinie, ZHR 156 (1992), 512; *Treffer*, Pfändung von Provisionsansprüchen, MDR 1998, 384; *Westphal*, Provisionskollisionen durch Zusammenwirken mehrerer Handelsvertreter für einen Geschäftsabschluss, BB 1991, 2027.

Übersicht

	RdNr.		RdNr.
I. Entstehungsgeschichte	1	2. Handelsvertretervertragsverhältnis und § 354	12
II. Bedeutung der Vorschrift	2, 3	3. Kundengeschäft	13–18
1. Entstehen des Provisionsanspruchs	2	a) Unbedingt rechtswirksamer Kundenvertrag	14
2. Regelungsinhalt des § 87	3	b) Leistungspflicht des Unternehmers	15
III. Die Vergütung des Handelsvertreters	4–10	c) Entgeltliches Geschäft	16
1. Erfolgsabhängige Vergütung	4, 5	d) Gegenstand des Kundengeschäfts	17
a) Vermittlungs- und Abschlussprovision	4	e) Parteien des Kundenvertrags	18
b) Sonstige Provisionen	5	4. Herbeiführen des Kundengeschäfts – Abs. 1 Satz 1 1. Alt.	19–22
2. Sonstige Vergütungen	6	a) Vermittlung und Mitverursachung durch Handelsvertreter	19
3. Vergütung bei unzureichender Tätigkeit und Untätigkeit	7	b) Direktgeschäft zwischen Unternehmer und Kunde	20
4. Teilnahme an Wehrdienst, Wehr- oder Eignungsübung	8	c) Vertragsgemäße Tätigkeit des Handelsvertreters	21
5. Rechtliche Ausgestaltung des Provisionsanspruchs	9	d) Geschäft mit Drittunternehmen, Drittkunden, Niederlassung, Filiale	22
6. Steuer- und Bilanzrecht	10	5. Kundengeschäfte der gleichen Art – Abs. 1 Satz 1 2. Alt.	23–26
IV. Entstehen der Provisionsanwartschaft nach § 87	11–33	a) Bedeutung der Vorschrift und Kundenschutz	23
1. Allgemeine Voraussetzungen	11		

Löwisch

	RdNr.		RdNr.
b) Geschäfte mit Neukunden	24	a) Vereinbarung über Kunden-(Bezirks-)Schutz	43
c) Geschäfte der gleichen Art	25	b) Geschützter Personenkreis/Bezirk und geschützte Geschäfte	44
d) Dauer des Kundenschutzes	26	c) Provisionspflicht und Höhe der Provision	45
6. Nachbestellungen	27	d) Beendigung, Aufhebung und nachträgliche Änderung der Vereinbarung	46
7. Dauer der Provisionspflicht nach Abs. 1 – Kundengeschäft während bestehendem Handelsvertretervertragsverhältnis	28	3. Entstehen der Provisionsanwartschaft nach Abs. 2	47–52
8. Nachvertragliche Kundengeschäfte – Abs. 3 Satz 1	29–33	a) Kundengeschäft nach Abs. 1 Satz 1	47
a) Bedeutung der Vorschrift – unechte Überhangprovision	29	b) Vertrag mit geschütztem Kunden	48
b) Abs. 3 Satz 1 Nr. 1	30–32	c) Messegeschäft	49
aa) Vermittlung oder überwiegende Vorbereitung	30	d) Bezirksübergreifende und bezirksfremde Geschäfte des geschützten Kunden	50
bb) Vertragsschluss innerhalb angemessener Frist	31	e) Sitzverlegung und Übergang zu „bezirksfremder" Bestellung	51
cc) Einzelfälle	32	f) Nicht unter Abs. 2 fallende Geschäfte des Unternehmers	52
c) Abs. 3 Satz 1 Nr. 2	33	4. Bezirkswechsel	53
V. Tätigwerden mehrerer Handelsvertreter	34–38	VII. Inkassoprovision – Absatz 4	54–58
1. Provisionskonkurrenz und Provisionsteilung	34, 35	1. Inkasso	54
a) Grundsatz der Provisionskonkurrenz oder Provisionskollision	34	2. Inkassovereinbarung mit Inkassoauftrag und Inkassovollmacht	55
b) Ausnahmefälle	35	3. Entstehen und Fälligkeit des Provisionsanspruchs	56
2. Provisionsteilung nach Abs. 3 Satz 2	36	4. Höhe der Provision und Inkassokosten	57
3. Provisionsausschluss	37, 38	5. Ende der Inkassovereinbarung	58
a) Abs. 1 Satz 2	37	VIII. Verwirkung des Provisionsanspruchs	59
b) Abs. 2 Satz 2	38	IX. Abdingbarkeit	60
VI. Bezirks- und Kundenschutzprovision – Absatz 2	39–53	X. Insolvenz	61
1. Bedeutung der Vorschrift	39–42	XI. Untervertreter und handelsvertreterähnliche Vertriebsmittler	62
a) Allgemeine Bedeutung	39	XII. Beweislast	63
b) Gegenleistung für laufende Betreuung	40	XIII. Europarecht	64–67
c) Alleiniges Vertriebsrecht und Beschränkung der vertraglichen Tätigkeit	41		
d) Verhältnis zu Abs. 1	42		
2. Kunden-(Bezirks-)Schutzvereinbarung	43–46		

I. Entstehungsgeschichte

1 In die aus dem Jahr 1953 stammende Vorschrift sind durch das Gesetz von 1989 in Abs. 1 Satz 2 und Abs. 2 Satz 2 die Worte „und soweit" sowie durch eine Neufassung des Abs. 3 dessen jetziger Satz 1 Nr. 2 und Satz 2 eingefügt worden.

II. Bedeutung der Vorschrift

2 **1. Entstehen des Provisionsanspruchs.** §§ 87 regelt gemeinsam mit 87 a und 87 b die Vergütung (Provision) des HV für seine dem Unternehmer nach § 84 geschuldete typische Vertriebstätigkeit, weswegen § 87 nicht für einen Gelegenheitsvermittler gilt (RdNr. 12).[1] Dabei bestimmt § 87, durch welche Tätigkeit und für welche Geschäfte der HV die vertraglich zugesagte Provision verdienen kann, wohingegen § 87 a das Entstehen des Provisionsanspruchs nach Abschluss der Tätigkeit des HV betrifft. Dieser Provisionsanspruch entsteht in **drei Stufen**.[2] Unabdingbare Voraussetzung für den Provisionsanspruch ist die erfolgreiche Vermittlungstätigkeit durch Werbung des Kunden. Mit Abschluss des auf diese Tätigkeit zurückzuführenden Kundengeschäfts, dem Vertragsschluss zwischen Unternehmer und Kunde, erwirbt der HV nach **§ 87** eine **Provisionsanwartschaft,** welche unter der **aufschiebenden Bedingung** der späteren Ausführung des Kundengeschäfts steht.[3] Erst mit dessen Ausführung oder der vom Unternehmer verschuldeten Nichtaus-

---

[1] MünchKommHGB/*v. Hoyningen-Huene* RdNr. 10.
[2] S. auch *Hopt* § 87 a RdNr. 1 und *Canaris* § 15 Rn. 55 (zu zwei- und dreifacher Bedingung).
[3] BGH Urt. v. 21. 12. 1989 – IX ZR 66/89, MDR 1990, 620; BGH Urt. v. 29. 6. 2004 – IX ZR 195/03, HVR Nr. 1133; BFH Urt. v. 19. 10. 1972 – I R 50/70, DB 1973, 363; Heymann/*Sonnenschein/Weitemeyer* RdNr. 5; MünchKommHGB/*v. Hoyningen-Huene* RdNr. 3; *Schröder* RdNr. 1; Staub/*Brüggemann* RdNr. 1; *Küstner* HVR RdNr. 715; aA *Karsten Schmidt* HandelsR § 27 IV 2 b.

führung erstarkt die Provisionsanwartschaft nach § 87a Abs. 1 Satz 1 oder Abs. 3 zum erfüllbaren, nach § 87c Abs. 1 abzurechnenden und nach § 87a Abs. 4 fällig werdenden **Provisionsanspruch,** der nach § 87a Abs. 2 allerdings noch unter der **auflösenden Bedingung** der endgültigen Nichtzahlung des Kunden an den Unternehmer steht[4] und dessen **Höhe § 87b** regelt. Für Versicherungs- und Bausparkassenvertreter gilt die Sonderregelung des § 92 Abs. 3 und 5.

2. Regelungsinhalt des § 87. Nach Abs. 1 Satz 1 steht dem HV Provision für alle Verträge („Geschäftsabschlüsse") zu, welche während des Bestehens des HVVertragsverhältnisses auf Grund der vertraglich geschuldeten Tätigkeit des HV zwischen Unternehmer und Kunde zustande kommen. Abs. 3 Satz 1 erweitert den Provisionstatbestand auf bestimmte erst nach Beendigung des HVVertrags geschlossene Kundenverträge. Nach Abs. 2 Satz 1 entsteht eine Provisionsanwartschaft unabhängig von den Voraussetzungen des Abs. 1 für Geschäfte mit Kunden, hinsichtlich derer dem HV vertraglich Kunden- oder Bezirksschutz eingeräumt ist. Die Beteiligung mehrerer HV an dem abgeschlossenen Kundengeschäft und deren Auswirkungen auf ihre Provisionsansprüche (Anwartschaften) sind ansatzweise in den Sätzen 2 der Absätze 1 bis 3 geregelt. Abs. 4 betrifft die Provision für das Inkasso, einer dem HV zusätzlich übertragenen, an sich handelsvertreteruntypischen Aufgabe.

III. Die Vergütung des Handelsvertreters

1. Erfolgsabhängige Vergütung. a) Vermittlungs- und Abschlussprovision. Die typische Vergütung des HV ist die vom Erfolg seiner Vertriebstätigkeit, nicht vom Ausmaß seiner Bemühungen abhängige[5] und nach der Höhe des dem Unternehmer vermittelten Umsatzes berechnete Vermittlungs- oder Abschlussprovision.[6] Sie stellt die synallagmatische Gegenleistung des Unternehmers für die vom HV vertragsgemäß erbrachten Dienste dar.[7] Hierzu gehören auch die sog. **Kontinuitätsprovisionen,** welche sich nach einem bestimmten Gesamtvertriebserfolg errechnen und nach Ablauf des jeweiligen Abrechnungszeitraums ausgezahlt werden.[8]

b) Sonstige Provisionen. Daneben können Vergütungen in Form erfolgsabhängiger Provisionen für dem HV zusätzlich übertragene Aufgaben vereinbart werden, so für die Übernahme des **Delkredere** gemäß § 86b, des **Inkasso** gem. Abs. 4, für Stellung eines Akkreditivs durch den Kunden,[9] für Einrichtung und Unterhalt eines **Konsignations-** oder **Auslieferungslagers**[10] sowie für den Warenverkauf aus einem solchen, für Verhandlungen zur Abwehr von Mängelrügen[11] oder für Anwerben, Leiten, Überwachen und Betreuen von Untervertretern eine an deren Provisionseinkommen ausgerichtete Leitungs- oder **Superprovision.**[12] Für diese Provisionen gelten § 87, § 87a, § 87c und gegebenenfalls § 87b, soweit es sich um erfolgsabhängige, nicht rein tätigkeitsbezogene Vergütungen handelt und der provisionspflichtige Vorgang rechtlich dem Unternehmer zuzuordnen ist. Auf die Delkrederprovision sind § 87 und § 87a nicht anwendbar (s. § 86b).

2. Sonstige Vergütungen. Dem HV können durch Vereinbarung neben oder anstelle einer erfolgsabhängigen Provision sonstige Vergütungen, insbesondere erfolgsunabhängige, tätigkeitsbezogene und der Höhe nach festgelegte Zahlungen zugebilligt werden. Hierher gehören – wenn sie verbindlich vereinbart sind –[13] **Fixum, Mindest-** oder **Garantieprovision,** Provisionsgarantien,[14] **Zuschüsse** für Aufbau und Unterhalt von Handelsvertretung, Büro oder Fahrzeug, für Reisekosten (Kilometergelder)[15] oder Einstellung von **Mitarbeitern**[16] sowie Entgelte für die **Betreuung und Pflege** eines dem HV übertragenen **Kundenbestands** wie die einem Versicherungsvertreter

---

[4] Heymann/*Sonnenschein*/*Weitemeyer* RdNr. 5; vgl. MünchKommHGB/*v. Hoyningen-Huene* RdNr. 3; *Schröder* RdNr. 1.
[5] Heymann/*Sonnenschein*/*Weitemeyer* RdNr. 6; MünchKommHGB/*v. Hoyningen-Huene* RdNr. 12; Staub/*Brüggemann* RdNr. 4; *Canaris* § 15 Rn. 53.
[6] *Hopt* RdNr. 2; MünchKommHGB/*v. Hoyningen-Huene* RdNr. 11; *Schröder* RdNr. 1.
[7] *Hopt* RdNr. 2; MünchKommHGB/*v. Hoyningen-Huene* RdNr. 11 und 12; Staub/*Brüggemann* RdNr. 3; vgl. Heymann/*Sonnenschein*/*Weitemeyer* RdNr. 6; *Canaris* § 15 Rn. 53.
[8] FG Düsseldorf Urt. v. 16. 2. 2005 – 5 K 2030/03, DStR 2005 Heft 38 S. X.
[9] BGH Urt. v. 19. 11. 1956 – II ZR 110/55, WM 1957, 213.
[10] Vgl. dazu BGH Urt. v. 28. 4. 1988 – I ZR 66/87, NJW-RR 1988, 1061, 1062; *Westphal* RdNr. 262, 263.
[11] BGH Urt. v. 3. 10. 1962 – VIII ZR 231/61, BB 1962, 1345.
[12] Vgl. dazu BGH Urt. v. 4. 5. 1959 – II ZR 81/57, BGHZ 30, 98, 104 = NJW 1959, 1430; Urt. v. 24. 6. 1971 – VII ZR 223/69, BGHZ 56, 290 = NJW 1971, 1610; Urt. v. 22. 6. 1972 – VII ZR 36/71, BGHZ 59, 87 = NJW 1972, 1662; Urt. v. 6. 7. 1972 – VII ZR 75/71, BGHZ 59, 125 = NJW 1972, 1664; BAG Urt. v. 28. 7. 1981 – 1 ABR 56/78, DB 1981, 2031; *Höft* VersR 1976, 205, 207; MünchKommHGB/*v. Hoyningen-Huene* RdNr. 14 a.
[13] OLG Frankfurt MDR 1979, 761.
[14] *Blomberg* VersR 1968, 328.
[15] LAG Stuttgart DB 1970, 164.
[16] Dazu BGH Urt. v. 16. 3. 1989 – I ZR 162/87, ZIP 1989, 632 mit Anm. *v. Hoyningen-Huene* EWiR 1989, 693.

gezahlte sog. **Verwaltungs-** oder **Bestandspflegeprovision,**[17] deren Höhe sich idR am Wert des übertragenen Versicherungsbestands orientiert. Als weitere Leistungen an den HV kommen **Gratifikationen, Tantiemen, Boni,**[18] sonstige **Belohnungen** zB in Form der Teilnahme an sog. **Incentive-Programmen** mit Reisen[19] sowie **Beteiligungen am Gewinn des Unternehmers,** am Gesamterfolg des HV während eines bestimmten Zeitraums ausgerichtete (Leistungs-[20] oder Treue-)**Prämien**[21] sowie die Zusage einer betrieblichen **Altersversorgung** in Betracht.[22] Werden solche Vergütungen unabhängig von dem konkreten Erfolg des HV bei seiner Vermittlungs- und Abschlusstätigkeit versprochen und geleistet, handelt es sich nicht um Provisionen im eigentlichen Sinn; §§ 87 bis 87 c gelten für sie nicht.[23] Eine vereinbarte **Anrechnung auf die (Erfolgs-)Provision** des HV ändert daran nichts. Ob und inwieweit eine solche Anrechnung gewollt ist, richtet sich insbesondere bei Fixum, Mindest- oder Garantieprovision nach den vertraglichen Absprachen. Im Zweifel sind nur Mindest- und Garantieprovision auf die im selben Abrechnungszeitraum (s. d. § 87 c) verdiente Erfolgsprovision anzurechnen,[24] nicht aber Fixum sowie sonstige Zuschüsse oder feste Zahlungen.[25] Eine vereinbarte „Mindestvergütung" ist im Zweifel Mindestprovision, nicht Fixum.[26] Sind solche zusätzlichen Leistungen nicht eindeutig vereinbart, hat der HV hierauf nicht schon deswegen Anspruch, weil der Unternehmer sie anderen HV gewährt.[27] Soll dem HV nach dem Vertrag eine feste Vergütung ohne erfolgsabhängigen Bestandteil zustehen, kann ein nicht unter § 84 fallendes Dienstverhältnis begründet worden sein.[28] Wenn feststeht, dass ein dem HV auf längere Zeit zugesagter Provisionsvorschuss, der mit den verdienten Provisionen verrechnet werden soll, von ihm nicht verdient werden kann, dennoch aber weiter gewährt wird, handelt es sich um ein Fixum.[29]

7   **3. Vergütung bei unzureichender Tätigkeit und Untätigkeit.** Im Gegensatz zu der erfolgsabhängigen Vermittlungs- oder Abschlussprovision stellen die sonstigen, nicht am konkreten Vertriebserfolg ausgerichteten Vergütungen idR ein zusätzliches Entgelt für die allgemein vom HV dem Unternehmer geschuldete Tätigkeit, seine Pflicht zu ständigem Bemühen um weitere Geschäftsabschlüsse sowie einen Anreiz zu erfolgreichem Einsatz dar. So sind **Bestandspflege-** und **Bezirksprovision nach Abs. 2** das Entgelt für die Pflicht des HV zu laufender Pflege, Betreuung und Ausweitung eines überlassenen Bestands an Kunden. Durch die Vereinbarung derartiger Vergütungen wird der HV nicht verpflichtet, wie ein fest angestellter Mitarbeiter laufend während der üblichen Arbeitszeit für den Unternehmer tätig zu sein. **Unzureichende Tätigkeit** des HV oder **vorübergehende Untätigkeit** berühren diese Vergütungsansprüche daher weder nach Grund noch Höhe.[30] Gleiches gilt für länger dauernde oder langfristige Untätigkeit, wenn diese zB infolge von Krankheit[31] (s. aber § 89 a) oder Wehrdienst[32] (s. folgende RdNr.) nicht verschuldet ist oder für das Untätigbleiben gegenüber einzelnen Kunden (zB bei Hausverbot).[33] Bei **dauerhafter Untätigkeit** (Arbeitsunfähigkeit) greifen, sofern der HV seine vertraglich geschuldeten Tätigkeiten nicht in rechtlich zulässiger Weise durch Ersatz-/Hilfskräfte erbringen lässt, hinsichtlich der nicht erfolgsabhängigen

---

[17] BGH Urt. v. 4. 5. 1959 – II ZR 81/57, BGHZ 30, 98, 104 = NJW 1959, 1430; OLG Schleswig VersR 1977, 1002; vgl. auch *Küstner* VersR 2002, 513, 519.
[18] Vgl. dazu BAG Urt. v. 14. 11. 1966 – 3 AZR 158/66, BB 1967, 501.
[19] Zu deren steuerlicher Behandlung bei dem HV: FG Düsseldorf DStRE 2003, 275 und BFH Urt. v. 18. 8. 2005 – VI R 32/03, DStR 2005, 1810.
[20] BAG Urt. v. 16. 3. 1982 – 3 AZR 1124/79, DB 1982, 1939 (zu deren Voraussetzungen und Festlegung im Einzelfall).
[21] OLG Karlsruhe BB 1980, 226.
[22] Vgl. LAG Stuttgart DB 1966, 424; Heymann/*Sonnenschein*/*Weitemeyer* RdNr. 7 und 8; *Hopt* RdNr. 5; MünchKommHGB/*v. Hoyningen-Huene* RdNr. 14 und 16; *Schröder* RdNr. 65; Staub/*Brüggemann* RdNr. 4.
[23] OLG Schleswig VersR 1977, 1002; OLG Naumburg Urt. v. 7. 3. 2002 – 2 U 74/01, HVR Nr. 1108 (für § 87); MünchKommHGB/*v. Hoyningen-Huene* RdNr. 16; *Westphal* Vertriebsrecht RdNr. 433; vgl. *Höft* VersR 1976, 205, 206; *Hopt* RdNr. 5.
[24] Vgl. OLG Hamm Urt. v. 22. 10. 1999 – 35 U 13/99, HVR Nr. 968.
[25] BAG Urt. v. 22. 9. 1975 – 3 AZR 114/75, VersR 1976, 1188; *Schröder* RdNr. 65 und 65 a.
[26] MünchKommHGB/*v. Hoyningen-Huene* RdNr. 17; *Westphal* RdNr. 260.
[27] *Schröder* RdNr. 65.
[28] *Schröder* BB 1963, 567 und RdNr. 2; Staub/*Brüggemann* RdNr. 4.
[29] OLG Hamburg Urt. v. 17. 3. 2000 – 14 U 77/99, HVR Nr. 1046.
[30] BGH Urt. v. 9. 4. 1964 – VII ZR 123/62, BGHZ 41, 292, 295 = NJW 1964, 1622; OLG Braunschweig BB 1956, 226; MünchKommHGB/*v. Hoyningen-Huene* RdNr. 97; aA für gänzliche Untätigkeit: *Hopt* RdNr. 5 und 33, vgl. aber auch RdNr. 31; OLG Hamm BB 1959, 682; im Erg. ebenso: *Schröder* RdNr. 37, 65 b; *Westphal* Vertriebsrecht RdNr. 500, 501.
[31] Dazu OLG Braunschweig NJW-RR 1994, 34 = BB 1993, 2113.
[32] RGZ 109, 254, 257; OLG Hamm Urt. v. 18. 12. 1998 – 35 U 26/98, HVR Nr. 964; OLG Braunschweig NJW-RR 1994, 34, 35.
[33] Vgl. dazu *Küstner* HVR RdNr. 767 Fn. 76; zum Ganzen Heymann/*Sonnenschein*/*Weitemeyer* RdNr. 25; *Schröder* RdNr. 38; vgl. MünchKommHGB/*v. Hoyningen-Huene* RdNr. 97 und 98; Staub/*Brüggemann* RdNr. 32; *Westphal* RdNr. 299.

Vergütungsansprüche des HV §§ 280 f, 323–326 BGB nF ein, wenn und soweit sich die frühere vertragsgemäße Tätigkeit des HV nicht mehr auf die später mit Kunden ohne sein Zutun zustande kommenden Geschäfte auswirken kann.[34] Im Hinblick auf die Möglichkeit der fristlosen Kündigung nach Abmahnung[35] und deren Rechtsfolgen sind allerdings die Interessen des Unternehmers regelmäßig hinreichend gewahrt, so dass die Möglichkeit des Vorgehens nach § 323 BGB nF[36] ohne praktische Bedeutung sein dürfte. Bei **Verschulden** des HV kommen **Schadensersatzansprüche** des Unternehmers aus Vertragsverletzung in Betracht,[37] die zu – teilweiser – Freistellung von der Vergütungspflicht führen können,[38] sofern die Untätigkeit einen nicht mehr unerheblichen Zeitraum erfasst und die feste Vergütung nicht durch vorangegangene oder nachfolgende Tätigkeit des HV „verdient" worden ist.[39] Hingegen ist § 275 BGB nF grundsätzlich nicht anwendbar (s. § 89 RdNr. 8 und § 89 a). Stellt der HV seine Tätigkeit auf Grund einer **unberechtigten fristlosen Kündigung** des Vertragsverhältnisses durch den Unternehmer ein (s. d. § 89 a), behält er seinen Erfüllungsanspruch auf die erfolgsunabhängigen Vergütungen einschließlich der Bezirksprovision nach Abs. 2;[40] der Unternehmer hat sie ohne Anrechnung ersparter Aufwendungen, anderweitigen Einkommens oder sonstiger Vorteile bis zum rechtlichen Ende des Vertragsverhältnisses zu leisten; § 615 Satz 2 BGB ist nicht anwendbar (§ 89 a RdNr. 78).[41] Gleiches gilt, wenn der Unternehmer durch Nichterfüllung der ihm obliegenden Mitwirkungspflichten nach § 86 a eine vertragsgemäße Tätigkeit des HV vereitelt.[42] Die dargestellten Grundsätze gelten auch hinsichtlich **Bezirks-**[43] und **Bestandspflegeprovisionen,** sofern diese nach den vertraglichen Abmachungen nicht ausnahmsweise ganz unabhängig von einer Tätigkeit des HV geschuldet werden, sei es als Mindestvergütung für die Dauer des Vertragsverhältnisses, sei es als Vergütung für einen vom HV eingebrachten Kundenstamm, wie es bei Kundenschutz- oder Bezirksprovision der Fall sein kann. Zudem fehlt bei der Bezirksprovision nach Abs. 2 die Anknüpfung an eine konkrete Leistung des HV für ein bestimmtes Geschäft oder an eine während eines bestimmten Zeitabschnitts ausgeübte Tätigkeit, weswegen die während der Vertragszeit insgesamt geschuldete Bezirksprovision als **einheitliche Gegenleistung** für die vom HV in der Zeit geschuldeten Bemühungen angesehen werden muss; eine Aufteilung nach Zeitabschnitten oder einzelne Kunden ist im Zweifel nicht zulässig und willkürlich,[44] und muss deswegen auch bei Untätigkeit des HV ausscheiden.

4. Teilnahme an Wehrdienst, Wehr- und Eignungsübung. Nimmt der HV an einer **Eignungsübung** zur Auswahl von freiwilligen Soldaten teil, hat er nach § 5 Abs. 4 des Gesetzes über den Einfluss von Eignungsübungen der Streitkräfte auf Vertragsverhältnisse der Arbeitnehmer und Handelsvertreter sowie auf Beamtenverhältnisse (EignungsübungsG) vom 20. 1. 1956 – BGBl. I S. 13 – während dieser Zeit „keinen Anspruch auf Provision nach § 87 Abs. 2 Satz 1 sowie auf eine vereinbarte feste Vergütung". Wird der HV, dem ein bestimmter Bezirk oder Kundenkreis zugewiesen ist, zu **Grundwehrdienst** oder **Wehrübung** einberufen und kann er in der Zeit seine Pflichten aus dem fortbestehenden und nicht kündbaren HVVertrag nicht in dem notwendigen Umfang erfüllen, kann der Unternehmer nach § 8 Abs. 5 des Gesetzes über den Schutz des Arbeitsplatzes bei Einberufung zum Wehrdienst (ArbeitsplatzschutzG) vom 14. 4. 1980 – BGBl. I S. 425 – „aus diesem Grunde erforderliche Aufwendungen von dem HV ersetzt verlangen; zu ersetzen sind nur die Aufwendungen, die dem Unternehmer dadurch entstehen, dass er die dem HV obliegende Tätigkeit selbst ausübt oder durch Angestellte ausüben lässt; soweit der Unternehmer selbst die Tätigkeit ausübt, kann er nur die aufgewendeten Reisekosten ersetzt verlangen; die Aufwendungen sind nur

---

[34] Ausführlich, allerdings zum alten Schuldrecht: *Schröder* RdNr. 38, 72 f.; Staub/*Brüggemann* RdNr. 32; für Abs. 2: RGZ 109, 254, 256, 257; vgl. dazu auch OLG Braunschweig BB 1956, 226 und – teils aA – NJW-RR 1994, 34; *Westphal* HVR RdNr. 299; *Küstner* HVR RdNr. 774; aA und zu undifferenziert OLG Stuttgart BB 1970, 1112; aA jedenfalls für Abs. 2: MünchKommHGB/*v. Hoyningen-Huene* RdNr. 97, vgl. auch RdNr. 87.
[35] *Westphal* Vertriebsrecht RdNr. 502.
[36] So *Emde* MDR 2002, 190, 191.
[37] *Hopt* RdNr. 32; MünchKommHGB/*v. Hoyningen-Huene* RdNr. 97; vgl. Staub/*Brüggemann* RdNr. 32.
[38] Vgl. *Hopt* RdNr. 32 (Aufrechnung gegen Vergütungsanspruch).
[39] BGH Urt. v. 9. 4. 1964 – VII ZR 123/62, BGHZ 41, 292, 295 = NJW 1964, 1622.
[40] BGH Urt. v. 12. 3. 1992 – I ZR 117/90, NJW-RR 1992, 1059; vgl. auch OLG Düsseldorf NJW 1959, 52; OLG Karlsruhe BB 1977, 1672.
[41] BGH Urt. v. 18. 6. 1959 – II ZR 121/57, NJW 1959, 1490; BGH Urt. v. 12. 3. 1992 – I ZR 117/90, NJW-RR 1992, 1059; vgl. auch BGH Urt. v. 9. 4. 1964 – VII ZR 123/62, BGHZ 41, 292 = NJW 1964, 1622; Heymann/*Sonnenschein*/*Weitemeyer* RdNr. 25; *Hopt* RdNr. 31; MünchKommHGB/*v. Hoyningen-Huene* RdNr. 87; *Schröder* RdNr. 34, 38; aA noch OLG Düsseldorf DB 1972, 181.
[42] Staub/*Brüggemann* RdNr. 32.
[43] Vgl. BGH Urt. v. 9. 4. 1964 – VII ZR 123/62, BGHZ 41, 292 = NJW 1964, 1622; Heymann/*Sonnenschein*/*Weitemeyer* RdNr. 25; insoweit teilweise aA MünchKommHGB/*v. Hoyningen-Huene* RdNr. 87 und 96, 97 und 98; teilweise aA auch *Emde* MDR 2002, 190, 191.
[44] BGH Urt. v. 9. 4. 1964 – VII ZR 123/62, BGHZ 41, 292, 295, 296 = NJW 1964, 1622.

bis zur Höhe der Vergütung des HV zu ersetzen; sie können mit ihr verrechnet werden".[45] Für anerkannte Kriegsdienstverweigerer gilt nach § 78 Abs. 1 Nr. 1 des **Zivildienstgesetzes** das ArbeitsplatzschutzG entsprechend.

9   5. Rechtliche Ausgestaltung des Provisionsanspruchs. Schuldner der Provisionsverpflichtung sind der Unternehmer als Vertragspartner des HV oder sein Rechtsnachfolger; durch Individualvereinbarung kann die Zahlungspflicht nach § 415 BGB auf den Kunden abgewälzt werden.[46] **Erfüllungsort,** Leistungs- und Zahlungsort bestimmen sich nach §§ 269, 270 BGB (s. a. § 84).[47] Der Provisionsanspruch ist, bereits vor dem unbedingten Entstehen als künftige Forderung, **vererblich, abtretbar**[48] (s. d. aber § 87 b), und nach den Grundsätzen von Arbeitseinkommen (§§ 850 f. ZPO) **pfändbar,**[49] jedoch kann die Abtretbarkeit durch Individualvereinbarung, nicht durch vom Unternehmer vorgegebene AGB oder Formularvertrag, ausgeschlossen werden. Maßgebend für die Pfändung ist bei dem **Mehrfirmenvertreter** dessen Gesamteinkommen.[50] § 832 gilt nicht.[51] Zur Pfändung von **Provisionsvorschüssen** s. *Treffer* MDR 1998, 384, 385.

10   6. Steuer- und Bilanzrecht. Zu versteuern, auch nach dem **Umsatz-**[52] und **GewerbeStG**[53] und zu **bilanzieren** hat der HV die Provision, sobald aus der Provisionsanwartschaft der Provisionsanspruch entstanden ist.[54] Zu aktivieren ist erst der unbedingt entstandene Anspruch auf Provision oder Provisionsvorschuss.[55] Maßgebend für den Zeitpunkt des Entstehens sind im Zweifel die hierfür getroffenen Vereinbarungen der Parteien;[56] nach ihnen bestimmt sich idR, in welchem Zeitpunkt der HV den durchsetzbaren Anspruch auf Zahlung der – vollen oder anteiligen – Provision erworben hat. Wird durch eine solche Vereinbarung lediglich die Fälligkeit des bereits entstandenen Provisionsanspruchs auf einen späteren Zeitpunkt hinausgeschoben, soll das nach Ansicht des BMF[57] an der Steuerpflicht im Zeitpunkt des Entstehens nichts ändern. Die Steuerpflicht des HV erstreckt sich auch auf **Sachleistungen,** welche der HV als Anerkennung seiner Vermittlungstätigkeit erhält.[58] Ob ein Unternehmer mit der nicht besonders in Rechnung gestellten **Beförderung seiner HV zum Einsatzort** sowie ihrer **Unterbringung** und **Verpflegung** während einer auswärtigen Tätigkeit diesen steuerpflichtige Leistungen erbringt, hat der BFH als zweifelhaft bezeichnet, aber nicht entschieden.[59] **Eigenprovisionen** aus der Vermittlung von Versicherungsverträgen für sich selbst oder enge Familienangehörige (zB Ehefrau) sind zu versteuernde Betriebseinnahmen;[60] das gilt im Zweifel nicht für einen Provisionsteil, welchen der HV an den Partner eines vermittelten Vertrags weitergegeben hat.[61] Bei der Einschaltung eines **Strohmanns** kann die Steuerpflicht auch den Hintermann treffen, wenn er steuerrechtlich wegen seiner maßgeblichen Arbeitsleistung sowie der bei ihm liegenden Unternehmerinitiative als (Mit-) Unternehmer anzusehen ist.[62] Wegen der Verpflichtung zur Zahlung von Umsatzsteuer auf die von **Reisebüros** vermittelten Reiseleistungen, welche Drittunternehmer erbringen, sowie der umsatzsteuerlichen Behandlung der an die Reisebü-

---

[45] S. d. ErfK/*Ascheid* zum ArbPlSchG.
[46] *Schröder* RdNr. 4 a; s. o. § 84 RdNr. 40.
[47] *Emde* EWiR 1999, 1119; *Schröder* § 87 a RdNr. 43 b.
[48] *Schröder* § 87 b RdNr. 15.
[49] BGH Urt. v. 21. 12. 1989 – IX ZR 66/89, NJW 1990, 1665; BAG Urt. v. 10. 2. 1962 – 5 AZR 77/61, NJW 1962, 1221; OLG Hamm BB 1956, 668 und 1972, 855; OLG Koblenz Beschl. v. 15. 9. 1986 – 4 W 602/86, HVR Nr. 628; LG Dortmund MDR 1957, 750; LG Hamburg MDR 1961, 856; ausf. *Hopt* RdNr. 50; vgl. auch *Roellecke* BB 1957, 1159; *Treffer* MDR 1998, 384; *Heymann*/*Sonnenschein*/*Weitemeyer* RdNr. 28; MünchKommHGB/*v. Hoyningen-Huene* RdNr. 119 und 220; *Schröder* RdNr. 1; *Staub*/*Brüggemann* RdNr. 1 und ausf. § 87 b RdNr. 14; *Westphal* RdNr. 270, 271; aA *Schröder* § 87 b RdNr. 15 a.
[50] *Hopt* RdNr. 50.
[51] *Heymann*/*Sonnenschein*/*Weitemeyer* RdNr. 28; MünchKommHGB/*v. Hoyningen-Huene* RdNr. 121; vgl. aber auch ausf. *Staub*/*Brüggemann* § 87 b RdNr. 15.
[52] BMinF Erlass v. 11. 6. 1968 – DB 1968, 1201 = BStBl. I S. 980; *Alff* RdNr. 161.
[53] BVerfG Beschl. v. 25. 10. 1977 – 1 BvR 15/75, HVR Nr. 513.
[54] BFH Urt. v. 9. 7. 1998 – V R 62/97, DB 1999, 129; BFH Urt. 14. 10. 1999 – IV R 12/99, DB 2000, 182, 183 = BB 2000, 611; BFH Urt. v. 3. 8. 2005 – I R 94/03, DStRE 2005, 1371, 1372; FG München Gerichtsbescheid v. 9. 10. 2003 – 7 K 4861/01 DStRE 2004, 388, 389; *Theis* DB 1958, 1255; *Alff* RdNr. 158.
[55] BFH Urt. v. 3. 5. 1967 – I 111/64, HVR Nr. 389; BFH Urt. v. 4. 8. 1976 – I R 145/74, HVR Nr. 501; *Theis* DB 1958, 1255.
[56] Vgl. BFH Urt. v. 14. 3. 1986 – III R 179/82, BStBl. II S. 669.
[57] BMF – Schreiben v. 28. 5. 2002 – IV A 6 – S 2132–10/02, DB 2002, 1348 = NZG 2002. 1219, zur Vermittlungsprovision eines Versicherungsvertreters bei Verträgen nach dem AltersvermögensG.
[58] FG München DStRE 2004, 609 für die Teilnahme eines Versicherungsvertreters an einer sog. Incentive – Reise.
[59] Beschl. v. 21. 6. 2001 – V B 32/01, DB 2001, 2029.
[60] BFH Urt. v. 27. 5. 1998 – X R 17/95, DB 1998, 2044 und v. 27. 5. 1998 – X R 94/96, DB 1998, 2045; BFH Urt. v. 2. 3. 2004 –IX R 68/02, DStR 2004, 770 m. Nw. auch zur Gegenansicht.
[61] FG Baden-Württemberg DStRE 2004, 443.
[62] *Steinhauff* NWB Fach 3 S. 13295.

ros gezahlten Vermittlungsprovisionen wird verwiesen auf eine RdVfg der OFD Frankfurt,[63] zu den steuerlichen Folgen einer sog. **Backoffice** Tätigkeit eines Versicherungsvertreters auf das Urteil des EuGH Urt. v. 3. 3. 2005.[64] **Ausgenommen von der Steuerpflicht** des HV sind Umsätze aus der eigentlichen[65] Tätigkeit als Versicherungs- und Bausparkassenvertreter (§ 4 Nr. 11 UStG 1999 idF v. 9. Juni 1999 – BGBl. I S. 1271),[66] aus der Vermittlung von Auslandsumsätzen (§ 4 Nr. 5 UStG 1999)[67] sowie aus der Vermittlung ganz bestimmter Leistungen nach § 4 Nr. 8 Buchst. a, b und f UStG,[68] besonders von Krediten und bestimmten Gesellschaftsanteilen. Zur steuerrechtlichen Behandlung von Eigenkapitalvermittlungsprovisionen geschlossener Immobilienfonds und von Provisionsnachlässen des Eigenkapitalvermittlers an Fonds-Gesellschafter wird verwiesen auf das Urt. des BFH v. 26. 2. 2002[69] und auf *Arndt*[70] in BB 2002, 1617, zur Umsatzsteuerpflicht von **Bestandspflege-** oder **Kontinuitätsprovisionen** bei dem Vertrieb von Investmentanteilen oder ähnlichen Finanzdienstleistungen auf das Urteil des FG Düsseldorf vom 16. 2. 2005[71] und auf *Hahne*[72] in UR 2004, 338. Im Innenverhältnis kann der **Unternehmer den HV** durch Vertrag von den auf die Provision zu zahlenden Steuern und Abgaben **freistellen**.[73] Rückstellungen für Provisionsansprüche darf der Unternehmer erst nach Ausführung des Kundengeschäfts[74] oder dessen verschuldeter Nichtausführung (vgl. § 87 a Abs. 3) bilden; die nachvertraglichen Provisionszahlungen an den HV in der Bilanz des Unternehmers behandeln der BFH im Urt. v. 24. 1. 2001[75] und der (Nichtanwendungs-)Erlass des BMF über Rückstellungen für ungewisse Verbindlichkeiten, Provisionsfortzahlungen an einen HV, v. 21. 6. 2005.[76] Ob Umsätze aus Provisionen eines Untervermittlers für die Vermittlung von Krediten umsatzsteuerpflichtig sind, wenn Vertragsbeziehungen des Unternehmers nur zu dem Hauptvermittler, nicht aber zu den Kreditnehmern und den Kreditinstituten bestehen, ist zweifelhaft.[77]

IV. Entstehen der Provisionsanwartschaft nach § 87

1. Allgemeine Voraussetzungen. Der aufschiebend bedingte Provisionsanspruch (Provisionsanwartschaft) entsteht kraft Gesetzes nach § 87, wenn ein Vertrag zwischen Kunde und Unternehmer (Kundengeschäft), welcher unmittelbar (Abs. 1 Satz 1 1. Alt.) oder mittelbar (Abs. 1 Satz 1 2. Alt.) auf eine Tätigkeit des HV zurückzuführen ist, während des Bestehens des Vertragsverhältnisses zwischen HV und Unternehmer oder unter den Voraussetzungen des Abs. 3 nach dessen Ende geschlossen wird und der Provisionsanspruch nicht ausnahmsweise ganz oder teilweise einem anderen HV zusteht. Die Ausführung des Kundengeschäfts ist für das Entstehen der Anwartschaft nicht erforderlich.[78] Eine Vereinbarung über das Entstehen der Provision ist nicht erforderlich, ihr Fehlen kann das Entstehen des Anspruchs nicht verhindern.[79]

2. Handelsvertreterverhältnis und § 354. Der Provisionsanspruch des HV setzt voraus, dass ein HVVertragsverhältnis rechtswirksam begründet[80] oder ohne vertragliche Absprachen tatsächlich von

---

[63] RdVfg. V. 17. 12. 2004 – S 7156 d A – 5 – St I 2. 10, DStR 2005, 601.
[64] C – 472/03, DStR 2005, Heft 10 S. X.
[65] FG Köln Urt. v. 21. 8. 2002 – 5 K 613/02, DStRE 2003, 176 (in Abgrenzung zu umsatzsteuerpflichtigen Informations- und Beratungsleistungen eines Vermittlers kombinierter Versicherungsprodukte).
[66] BFH Urt. v. 10. 6. 1999 – V R 10/98, DB 1999, 1988, 1989; FG Köln Urt. v. 21. 8. 2002 – 5 K 613/02, DStRE 2003, 176; vgl. auch BMF, Schreiben v. 28. 2. 2000 – IV D 2 – S 7167–2/00, DB 2000, 812.
[67] S. d. a. BMF Schr. V. 30. 3. 2006, IV A 5 – S 7200–13/06, DStR 2006, 653 = NZG 2006 Heft 8 S. X.
[68] Vgl. dazu BFH Urt. v. 23. 10. 2002 – V R 68/01, BB 2003, 87; BFH Urt. v. 9. 10. 2003 – V R 5/03, ZIP 2004, 259 = DStR 2003, 1466 (Kreditvermittlung) sowie dazu BMF Schreiben v. 13. 2. 2004 IV A 6 – 26/04, DStR 2005, 29 und OFD Koblenz Vfg. v. 2. 1. 2006 – S 7160 a A – St 44 2, DStR 2006, 137. Zu der hierdurch eingetretenen Änderung der bisherigen Rechtslage und einer neuen Steuerpflicht für bestimmte Vermittler von Finanzdienstleistungen siehe: *Ressos* BB 2004, 521 und BB 2005, 191; *Klümpen-Neusel/Ressos* BB 2004, 801; *Weber* BB 2005, 694; *Herbst/Szabo* DStR 2005, 502; *Wäger* DStR 2005, 854; *Lothmann* DStR 2005, 903; *Göcking/Döcker* DStR 2005, 2711. Zum Begriff der Vermittlung von Finanzprodukten in steuerrechtlicher Hinsicht siehe *Philipowski* UR 2006, 553.
[69] IX R 20/98, BB 2002, 1742.
[70] „Abzugsverbot von Eigenkapitalvermittlungsprovisionen geschlossener Immobilienfonds."
[71] Urt. v. 16. 2. 2005 – 5 K 2030/03 U, DStRE 2005, 1274.
[72] „Umsatzsteuerliche Behandlung sog. Kontinuitätsprovisionen im Vertrieb von Investmentfonds – Anteilen."
[73] Vgl. OLG Saarbrücken NJW-RR 1999, 1197.
[74] BFH Urt. v. 19. 10. 1972 – I R 50/70, DB 1973, 363; BFH Urt. v. 1. 2. 1973 – I R 95/71, DB 1973, 999; *Holling* DB 1954, 521; *Siber* BB 1956, 916; *Ehlers* DB 1963, 1440; vgl. BGH Urt. v. 21. 12. 1989 – IX ZR 66&89, NJW 1990, 1665; *Heymann/Jung* § 249 RdNr. 34; § 253 RdNr. 326; *Hopt* § 87 a RdNr. 2; aA *Killinger* BB 1981, 1925, 1927.
[75] I R39/00, DB 2001, 1227.
[76] BMF Schr. v. 21. 6. 2005, IV B 2 – S 2137–19/05, DStR 2005, 1188.
[77] FG Rheinland-Pfalz v. 2. 5. 2006 – 6 V 1353/06, DStR 2006, 1349.
[78] *Hopt* RdNr. 38; *Schröder* RdNr. 12; Staub/*Brüggemann* RdNr. 12.
[79] Vgl. OLG Frankfurt Urt. v. 4. 3. 1997 – 5 U 211/95, HVR Nr. 1045.
[80] BGH Urt. v. 21. 12. 1973 – IV ZR 158/72, BGHZ 62, 71, 73 = NJW 1974, 852.

HV und Unternehmer willentlich in Vollzug gesetzt worden ist (s. § 84).[81] Für einen Provisionsanspruch des HV nach § 354 ist Raum, wenn und solange ein HV für einen Unternehmer ohne vertragliche Grundlage und ohne dessen Wissen und Wollen tätig wird wie bei Gelegenheitsvermittlungen in Einzelfällen[82] oder Vertriebstätigkeiten, welche – wie die unberechtigte Überschreitung der vertraglichen Vertriebsbefugnisse – nicht mehr in den Rahmen seiner vertraglichen Aufgaben fallen;[83] Voraussetzung für den Provisionsanspruch des HV ist jedoch, dass der HV objektiv im Interesse des Unternehmers gehandelt hat[84] und dieser die vertragslose Vertriebstätigkeit gegen sich gelten lässt, womit sich erweist, dass der HV „befugtermaßen" tätig geworden ist.[85] Soweit ein NichtHV einen Provisionsanspruch aus § 354 herleitet, sind auf diesen im Zweifel die §§ 87 bis 87 b, nicht aber § 87 c, entsprechend anzuwenden. Hingegen kann der HV Rechte nach § 354 regelmäßig nicht für eine vermittelnde Tätigkeit geltend machen, welche einen Provisionsanspruch nach §§ 87 f. noch nicht oder überhaupt nicht entstehen lässt.[86] Weder durch (berechtigte) GoA noch durch § 354 können dem Handelsvertreter auferlegte Vertriebsverbote umgangen und Provisionsansprüche begründet werden, welche ihm nach dem Handelsvertretervertrag nicht zustehen.

13   **3. Kundengeschäft.** Weitere Voraussetzung der Provisionsanwartschaft ist der rechtswirksam zustande gekommene Vertrag[87] über eine vom Unternehmer an den Kunden gegen Entgelt zu erbringende Waren-, Dienst- oder sonstige Leistung, mit deren Vertrieb der HV von dem Unternehmer beauftragt worden ist (Kundengeschäft/Kundenvertrag). Kunde und HV dürfen rechtlich nicht identisch sein (s. RdNr. 18 und § 84).[88]

14   **a) Unbedingt rechtswirksamer Kundenvertrag.** Der Kundenvertrag muss nicht ausdrücklich abgeschlossen werden, er kommt spätestens durch die Leistung des Unternehmers an den Kunden zustande, wenn sie der vom HV vermittelten Bestellung des Kunden entspricht oder vom Kunden als Erfüllung angenommen wird.[89] Im Zweifel genügt eine Teillieferung als Annahmeerklärung des dem Unternehmer angetragenen Vertrags,[90] sofern der Unternehmer nicht gleichzeitig eine weitere Leistung ablehnt oder sich ausdrücklich eine Entscheidung hinsichtlich einer weiteren Lieferung vorbehält. Mängel des Kundenvertrags, die seine **Nichtigkeit** bewirken, verhindern das Entstehen des Provisionsanspruchs (der Anwartschaft),[91] sofern das nichtige Geschäft nicht tatsächlich ausgeführt wird.[92] Solange bei einem anfechtbaren Kundengeschäft die Anfechtungsfrist noch läuft, kann der Unternehmer entsprechend § 770 Abs. 1 BGB eine Provisionszahlung verweigern.[93] Gründe, welche das Vertragsverhältnis nur mit Wirkung für die Zukunft **aufheben** (Kündigung, auflösende Bedingung)[94] oder in ein **Rückabwicklungsverhältnis** überleiten (Rücktritt, Wandelung), beeinflussen das Entstehen der Provisionsanwartschaft nicht,[95] sondern sind wie Leistungsstörungen[96] nach § 87 a zu beurteilen,[97] sofern nicht ausnahmsweise das Wandelungsrecht an die Stelle des Anfechtungsrechts tritt.[98] Gleiches gilt für die (Konkurs- oder) Insolvenzanfechtung nach §§ (29, 37 KO) 129, 143 InsO.[99] Bei aufschiebend **bedingtem** oder von einer **Genehmigung** abhängigem Kundenvertrag entsteht die Provisionsanwartschaft mit Bedingungseintritt oder Ertei-

---

[81] *Evers* BB 1992, 1365, 1370, 1371; *Westphal* RdNr. 276; aA wohl *Heymann/Sonnenschein/Weitemeyer* RdNr. 7; MünchKommHGB/*v. Hoyningen-Huene* RdNr. 6 und 20; vgl. aber auch *Schröder* RdNr. 4.
[82] OLG Hamburg Urt. v. 19. 9. 1995 – 9 U 171/94, HVR Nr. 793.
[83] Vgl. dazu BGH Urt. v. 21. 12. 1973 – IV ZR 158/72, BGHZ 62, 71, 74 = NJW 1974, 852; BGH Urt. v. 28. 1. 1993 – I ZR 292/90, VersR 1993, 878; OLG München Urt. v. 4. 2. 1998 – 7 U 5715/97, HVR Nr. 889; Thür. OLG Urt. v. 8. 12. 2004 – 2 U 81/04, OLG-NL 2005, 7, 9 f.; MünchKommHGB/*v. Hoyningen-Huene* RdNr. 6; *Schröder* RdNr. 6 und 64; *Westphal* Vertriebsrecht RdNr. 638, 639; aA *Heymann/Sonnenschein/Weitemeyer* RdNr. 7; wohl auch Staub/*Brüggemann* RdNr. 7.
[84] MünchKommHGB/*Karsten Schmidt* § 354 RdNr. 9.
[85] OLG München Urt. v. 4. 2. 1998 – 7 U 5715/97, HVR Nr. 889; vgl. zu dieser Problematik auch BGH Urt. v. 7. 7. 2005 – III ZR 397/04, ZIP 2005, 1516, 1518 für einen Maklerprovisionsanspruch aus § 354 HGB.
[86] AA wohl BGH Urt. v. 18. 11. 1957 – II ZR 33/56, NJW 1958, 180.
[87] *Heymann/Sonnenschein/Weitemeyer* RdNr. 10; *Canaris* § 15 Rn. 57.
[88] *Schröder* RdNr. 7; aA *Schnitzler* DB 1964, 463.
[89] *Westphal* Vertriebsrecht RdNr. 463.
[90] *Westphal* Vertriebsrecht RdNr. 463.
[91] *Heymann/Sonnenschein/Weitemeyer* § 87 b RdNr. 8; *Hopt* RdNr. 7; MünchKommHGB/*v. Hoyningen-Huene* RdNr. 25; *Schröder* RdNr. 9; vgl. *Canaris* § 15 Rn. 57.
[92] Staub/*Brüggemann* RdNr. 9.
[93] Staub/*Brüggemann* RdNr. 9.
[94] *Schröder* RdNr. 10; Staub/*Brüggemann* RdNr. 7; wohl auch MünchKommHGB/*v. Hoyningen-Huene* RdNr. 27; aA *Hopt* RdNr. 7.
[95] AA für Konkursanfechtung: *Schröder* RdNr. 9.
[96] *Hopt* RdNr. 7.
[97] Vgl. *Hopt* RdNr. 7; *Schröder* RdNr. 10; Staub/*Brüggemann* RdNr. 9.
[98] *Schröder* RdNr. 10.
[99] Vgl. Staub/*Brüggemann* RdNr. 9 (zur KO).

lung der Genehmigung,[100] sofern diese nicht auf den Zeitpunkt des Vertragsschlusses zurückwirkt.[101] Gleiches gilt bei einem nichtigen Kundenvertrag für dessen nachträgliche Heilung[102] oder bei einer durch Vergleich erzielten Einigung zwischen Kunde und Unternehmer,[103] sofern der Provisionsanspruch nicht bereits unbedingt entstanden war. Teilnichtigkeit des Kundengeschäfts kann zu einer Teilprovisionsanwartschaft führen (s. § 87 a).[104] Hat der Unternehmer die Unwirksamkeit des Kundenvertrags zu vertreten, kann er sich dem HV schadensersatzpflichtig machen; der Provisionsanspruch kann mangels eines Kundenvertrags nicht entstehen.[105]

b) Leistungspflicht des Unternehmers. Der Kundenvertrag muss die rechtsverbindliche Verpflichtung für den Unternehmer zur Leistung an den Kunden und für ihn zur Gegenleistung begründen. Vereinbarungen, welche den Abschluss solcher verbindlichen Verträge nur in Aussicht stellen oder vorbereiten, lösen die Rechtsfolgen des § 87 nicht aus.[106] Das betrifft **Vorverträge**,[107] durch welche das provisionspflichtige Umsatzgeschäft noch nicht verbindlich abgeschlossen ist,[108] **Bezugs-** oder **Rahmenverträge**, welche die Bedingungen für künftig abzuschließende Verträge verbindlich festlegen[109] und zB als Grundlage für die Ausgabe von **Kundenkarten** dienen,[110] **Bedarfsdeckungsverträge,** durch welche die allgemeine Deckung des Bedarfs des Kunden bei dem Unternehmer vereinbart, jedoch noch keine konkrete (Mindest-)Abnahmeverpflichtung eingegangen ist,[111] **Listungen,** mit welchen der Kunde den Unternehmer durch Eintragung in entsprechende „Listen" in den Kreis seiner Lieferanten aufnimmt,[112] **Zentral-** oder **Zentralisierungsvereinbarungen,** durch welche der Unternehmer erst die Möglichkeit einer Belieferung einzelner, der Zentrale untergeordneter oder angeschlossener Kunden erhält,[113] oder „**freibleibende Abschlüsse**", bei welchen Provisionsanwartschaft und Provision erst mit Ausführung des Kundengeschäfts entstehen.[114] Hat der HV lediglich den Abschluss solcher Verträge herbeigeführt, kann ihm eine Provision zustehen, wenn dies nach dem HVVertrag bereits die geschuldete provisionspflichtige Leistung sein sollte. Bei **Dauerschuldverhältnissen, Sukzessivlieferungsverträgen**[115] oder **Optionen**[116] entsteht mit Vertragsschluss eine Provisionsanwartschaft hinsichtlich derjenigen künftigen Lieferungen, die bereits in den Einzelheiten festgelegt sowie verbindlich bestellt und allenfalls – wenn ein fester Liefertermin nicht vereinbart ist – noch abzurufen sind, so dass es weiterer Vertragsverhandlungen nicht mehr bedarf;[117] der Vorbehalt einer Preisanpassung bei künftigen Lieferungen führt nicht zu einer anderen Beurteilung, notfalls greifen §§ 315 f. BGB ein. Der **zeitliche Abstand zwischen Vertragsschluss und Lieferung** spielt keine Rolle.[118] Gleiches kann für „**Aufbauverträge**" im Versicherungsrecht gelten.[119] **Vereinbarungen über** Zeitpunkt, Art und Weise der **Ausführung** des Kundengeschäfts gewinnen erst für § 87 a Bedeutung.

c) Entgeltliches Geschäft. Einen Anspruch auf Provision kann der HV nur erwerben, wenn es sich um ein entgeltliches Kundengeschäft handelt, aus welchem dem Unternehmer ein Vergütungsanspruch zusteht. Auf die Vereinbarung einer unüblichen unentgeltlichen Leistungspflicht kann sich

---

[100] Vgl. *Schröder* RdNr. 8 und 10; Heymann/*Sonnenschein/Weitemeyer* RdNr. 12; Staub/*Brüggemann* RdNr. 10; aA OLG Düsseldorf OLGR 1997, 146; MünchKommHGB/*v. Hoyningen-Huene* RdNr. 26; *Küstner* HVR RdNr. 831; *Küstner/Thume* RdNr. 852.
[101] MünchKommHGB/*v. Hoyningen-Huene* RdNr. 29.
[102] MünchKommHGB/*v. Hoyningen-Huene* RdNr. 29.
[103] OLG Köln NJW-RR 1992, 226.
[104] MünchKommHGB/*v. Hoyningen-Huene* RdNr. 25; *Schröder* RdNr. 9 a; Staub/*Brüggemann* RdNr. 9.
[105] *Hopt* RdNr. 7; aA *Canaris* § 15 Rn. 57, der § 87 a Abs. 3 entsprechend anwenden will.
[106] *Schröder* RdNr. 8 a.
[107] *Schröder* RdNr. 8; Staub/*Brüggemann* RdNr. 11; aA offensichtlich *Küstner* HVR RdNr. 832.
[108] Heymann/*Sonnenschein/Weitemeyer* RdNr. 10; *Hopt* RdNr. 7; MünchKommHGB/*v. Hoyningen-Huene* RdNr. 62.
[109] BGH Urt. v. 18. 11. 1957 – II ZR 33/56, NJW 1958, 180; *Hopt* RdNr. 7; MünchKommHGB/*v. Hoyninger-Huene* RdNr. 60; Staub/*Brüggemann* RdNr. 11; *Westphal* RdNr. 280; *Küstner* HVR RdNr. 846 und 916 ff.
[110] BGH Urt. v. 12. 2. 2003 – VIII ZR 130/01, NJW-RR 2003, 821 = HVR Nr. 1063.
[111] *Schröder* RdNr. 11 a.
[112] *Küstner* HVR RdNr. 735.
[113] OLG Hamm Urt. v. 6. 7. 2001 – 35 U 7/00, HVR Nr. 1021.
[114] Heymann/*Sonnenschein/Weitemeyer* RdNr. 10.
[115] BGH Urt. v. 18. 11. 1957 – II ZR 33/56, NJW 1958, 180; *Westphal* Vertriebsrecht RdNr. 468 f.; *Küstner* HVR RdNr. 843, 844 f. und 913 ff.
[116] OLG Düsseldorf OLGR 1997, 146; MünchKommHGB/*v. Hoyningen-Huene* RdNr. 62 a; Staub/*Brüggemann* RdNr. 10; teils aA *Küstner* HVR RdNr. 832 und *Küstner/Thume* RdNr. 852.
[117] Heymann/*Sonnenschein/Weitemeyer* RdNr. 10; MünchKommHGB/*v. Hoyningen-Huene* RdNr. 58 und 59; *Schröder* RdNr. 8 a; Staub/*Brüggemann* RdNr. 12; *Westphal* RdNr. 279; vgl. auch *Hopt* RdNr. 38; teils aA für Optionen *Küstner* HVR RdNr. 832.
[118] MünchKommHGB/*v. Hoyningen-Huene* RdNr. 59.
[119] BAG Urt. v. 28. 2. 1984 – 3 AZR 472/81, VersR 1984, 897.

§ 87 17–19   1. Buch. 7. Abschnitt. Handelsvertreter

der Unternehmer gegenüber dem HV nicht berufen, wenn (der HV nachweisen kann, dass) die vereinbarte Unentgeltlichkeit nur mit einer beabsichtigten Ausschaltung des Provisionsanspruchs zu erklären ist; dafür kann im Einzelfall ein Beweis des ersten Anscheins sprechen, sofern der HV die zunächst vom Unternehmer darzulegenden Gründe zur Rechtfertigung eines unentgeltlichen Geschäfts ausräumen (widerlegen) kann. Unerheblich ist, ob das Geschäft für den Unternehmer gewinnbringend ist.[120] Durch den Abschluss **nicht kostendeckender** oder **verlustreicher** Kundengeschäfte können grundsätzlich nicht die Geschäftsgrundlage für die Provisionsvereinbarung zwischen HV und Unternehmer und die Provisionspflicht entfallen.[121] Kosten für Wareneinkauf und Versand, Verzinsung und Versicherung kann der Unternehmer daher dem Provisionsanspruch des HV nicht mindernd entgegenhalten (s. § 87 b).[122]

17   **d) Gegenstand des Kundengeschäfts.** Gegenstand des Kundengeschäfts müssen Waren oder Leistungen sein, mit deren Vertrieb der Unternehmer den HV beauftragt hat.[123] Maßgebend ist im Zweifelsfall, ob das abgeschlossene Kundengeschäft dem Zweck des HVVertrags sowie dem entspricht, was sich HV und Unternehmer bei Abschluss ihres Vertrags vorgestellt haben.[124]

18   **e) Parteien des Kundenvertrags.** Die gegenseitigen Leistungspflichten aus dem Kundengeschäft, an welchem der HV grds. nicht beteiligt sein darf (RdNr. 13), müssen die vertragsschließenden Parteien als Gläubiger und Schuldner treffen. Durch Auslegung der Vertragserklärungen im Einzelfall ist zu klären, für wen ein Kunde oder Unternehmer mit mehreren – selbständigen – Betrieben oder Niederlassungen, einer Haupt- oder einer selbständigen Zweigniederlassung (RdNr. 22) den Kundenvertrag mit dem Geschäftsherrn des HV abschließen.[125] Das äußere Erscheinungsbild und Auftreten sind dabei entscheidende Kriterien zur Beantwortung der Frage, wer bestellender Kunde oder ausführender Unternehmer ist.[126]

19   **4. Herbeiführen des Kundengeschäfts – Abs. 1 Satz 1 1. Alt. a) Vermittlung und Mitverursachung durch Handelsvertreter.** Nach Abs. 1 Satz 1 1. Alt. erwirbt der HV die Anwartschaft auf einen Provisionsanspruch für die von ihm herbeigeführten Kundengeschäfte. Deren rechtswirksames Zustandekommen muss auf die Tätigkeit des HV zurückzuführen, der Kundenvertrag also von ihm entsprechend seiner vertraglichen Aufgabe (RdNr. 21) entweder als Vertreter des Unternehmers mit dem Kunden verbindlich abgeschlossen[127] oder zwischen ihnen vermittelt worden sein. Dabei setzt der Provisionsanspruch – anders als der Ausgleichsanspruch – nicht voraus, dass der HV den Kunden für den Unternehmer neu geworben hat.[128] Für die **Vermittlung** ist erforderlich und ausreichend, dass die Tätigkeit des HV oder seiner Untervertreter/Angestellten/Erfüllungsgehilfen im Sinn einer conditio sine qua non[129] für das Zustandekommen des Kundenvertrags zu diesem Zeitpunkt, zu den ausgehandelten Bedingungen und insgesamt in der vereinbarten Art und Weise[130] (zumindest mit-)**ursächlich** geworden ist[131] geworden ist, mögen auch weitere Personen – Unternehmer, Beauftragte,[132] andere HV – gleichfalls und sogar in überwiegender Weise[133] den Vertragsschluss gefördert und herbeigeführt haben. Einer persönlichen Tätigkeit des HV, der an dem Vertragsschluss nicht unmittelbar beteiligt sein muss,[134] bedarf es nicht,[135] diejenige seiner Beauftragten, Angestellten oder Untervertreter ist ihm als Mitverursacher zuzurech-

---

[120] OLG Köln VersR 2002, 1374.
[121] Vgl. *Schröder* RdNr. 7.
[122] OLG Köln OLGR 2002, 441, 442.
[123] Heymann/*Sonnenschein/Weitemeyer* RdNr. 9; MünchKommHGB/*v. Hoyningen-Huene* RdNr. 22; *Schröder* RdNr. 5.
[124] *Schröder* RdNr. 5.
[125] Vgl. BGH Urt. v. 18. 6. 1976 – I ZR 124/73, WM 1976, 1193; BGH Urt. v. 9. 6. 1978 – I ZR 136/76, WM 1978, 982, 983; MünchKommHGB/*v. Hoyningen-Huene* RdNr. 91.
[126] BGH Urt. v. 18. 6. 1976 – I ZR 124/73, WM 1976, 1193, 1194 und Urt. v. 9. 6. 1978 – I ZR 136/76, WM 1978, 982, 983.
[127] MünchKommHGB/*v. Hoyningen-Huene* RdNr. 32.
[128] *Küstner* HVR RdNr. 734.
[129] MünchKommHGB/*v. Hoyningen-Huene* RdNr. 33; vgl. auch *Schröder* RdNr. 13; Staub/*Brüggemann* RdNr. 15; *Küstner* HVR RdNr. 727.
[130] MünchKommHGB/*v. Hoyningen-Huene* RdNr. 31; vgl. *Schröder* RdNr. 13 und 14.
[131] BAG Urt. v. 4. 11. 1968 – 3 AZR 276/67, DB 1969, 266; BAG Urt. v. 22. 1. 1971 – 3 AZR 42/70, DB 1971, 779; Heymann/*Sonnenschein/Weitemeyer* RdNr. 18; MünchKommHGB/*v. Hoyningen-Huene* RdNr. 31; *Schröder* RdNr. 16; Staub/*Brüggemann* RdNr. 15; *Küstner* HVR RdNr. 724; *Westphal* RdNr. 284; *Canaris* § 15 Rn. 62.
[132] BGH Urt. v. 15. 2. 1971 – VII ZR 122/69, WM 1971, 563.
[133] OLG Nürnberg BB 1959, 391; *Hopt* RdNr. 11; MünchKommHGB/*v. Hoyningen-Huene* RdNr. 34; *Schröder* RdNr. 16; Staub/*Brüggemann* RdNr. 15.
[134] *Schröder* RdNr. 17.
[135] BFH Urt. v. 10. 6. 1999 – VR 10/98, DB 1999, 1988; *Hopt* RdNr. 11; MünchKommHGB/*v. Hoyningen-Huene* RdNr. 31; *Schröder* RdNr. 21; Staub/*Brüggemann* RdNr. 16.

nen.[136] **Entscheidend für die Mitursächlichkeit** ist im Zweifel weniger eine rechtliche als eine **wirtschaftliche Betrachtungsweise**.[137] Der eigene Verursachungsbeitrag des HV oder der ihm zuzurechnende Beitrag Dritter ist bereits dann die nicht hinweg zu denkende notwendige Bedingung für das Zustandekommen des Kundengeschäfts, wenn sein Entfallen den Abschluss des Geschäfts in Zweifel zieht.[138] Hierfür ist ausreichend, dass der HV den Kunden in irgendeiner Weise – zB durch Hervorrufen des Entschlusses zum Vertrag, Beeinflussung des Kunden im Interesse des Unternehmers[139] oder Beseitigung von Widerständen – zum Vertragsschluss motiviert[140] und diesen dadurch gefördert hat,[141] weswegen für den Erwerb des Provisionsanspruchs bereits das Offenhalten und Anbieten des Produkts in einer Verkaufshalle – zB Auslieferungslager, Tankstelle[142] – ausreichen kann (s. d. auch § 89 b).[143] Als ursächliche Mitwirkung des HV können weiterhin ausreichen das Übermitteln des Vertragsangebots an einen der Vertragspartner,[144] die Beratung des Kunden,[145] der „Regaldienst" in einem Kaufhaus/Supermarkt – also das Auffüllen der dem Kunden vom Unternehmer zur Verfügung gestellten Regale/Verkaufsflächen durch den HV –, wenn damit wie im Regelfall Nachbestellungen verbunden sind,[146] das zunächst erfolglos gebliebene Vermittlungsbemühen des HV, wenn es für den später durch andere Personen herbeigeführten Vertrag ursächlich geworden ist,[147] aber auch die Beschränkung auf vorbereitende Maßnahmen für ein konkretes Kundengeschäft wie zB Ausschreibungen oder Listungen (s. RdNr. 15), wenn dieses später zustande kommt.[148] Mitursächlichkeit wird nicht dadurch ausgeschlossen, dass der HV Kundenstamm oder Kundenlisten vom Unternehmer erhalten hat,[149] dass der Unternehmer bereits eine Zentral-/Zentralisierungsvereinbarung (RdNr. 15) geschlossen hat,[150] oder dass er Kundenkarten wie zB Tankkarten ausgegeben hat, mit deren Hilfe der Kunde erleichtert bei den mit dem Unternehmer verbundenen Verkaufstellen (Tankstellen) die Waren des Unternehmers beziehen kann; durch ein solches Verhalten des Unternehmers ist der Kunde noch nicht für das konkrete provisionspflichtige Geschäft geworben.[151] Auch den bereits auf andere Weise, zB durch öffentliche Ausschreibung,[152] von der Möglichkeit des Vertragsschlusses informierten oder, zB infolge Produktwerbung oder Listung, daran interessierten Kunden kann der HV auf diese Weise noch im Sinn von § 87 vermitteln.[153] **Für Mitursächlichkeit** der Vermittlungstätigkeit **ist** hingegen **kein Raum**, wenn der Kunde bereits vor dem Tätigwerden des HV zum Vertragsschluss entschlossen ist und der HV Einfluss auf dessen Entscheidung, den Inhalt des abzuschließenden Vertrags sowie dessen Zustandekommen nicht mehr nehmen kann, sondern nur noch reine Hilfsdienste bei der Abgabe der Vertragserklärungen wie Schreib-, Übersetzungs- oder Formulierungshilfen ohne Einflussnahme auf den Inhalt des Vertrags leistet.[154] Zur **Abgrenzung** einer **Vermittlung** von **anderen dem Vertrieb des Unternehmerprodukts dienenden Tätigkeiten,** welche einen Provisionsanspruch nicht begründen können, wird auf die Erläuterungen zu § 84 verwiesen. **Kenntnis des Unternehmers** von der mitursächlich gewordenen Tätigkeit seines HV ist ebenso wenig erforderlich[155] wie ein unmittelbarer **zeitlicher Zusammenhang** zwischen der Tätigkeit des HV und dem Abschluss des Kundengeschäfts.[156] Spätere **inhaltliche Abwandlungen** des vom HV vermittelten Geschäfts schließen die Ursächlichkeit nicht aus, solange das vermittelte und später abgeschlossene Geschäft im Kern identisch bleibt.[157]

---

[136] BFH Urt. v. 10. 6. 1999 – VR 10/98, DB 1999, 1988; *Schröder* RdNr. 21.
[137] Urt. v. 22. 6. 1972 – VII ZR 36/71, BGHZ 59, 87, 92 = NJW 1972, 1662; *Küstner* RdNr. 16; *Westphal* RdNr. 11.
[138] MünchKommHGB/*v. Hoyningen-Huene* RdNr. 33.
[139] LAG Mannheim DB 1971, 1016; *Schröder* RdNr. 15; *Küstner* HVR RdNr. 738.
[140] LAG Mannheim DB 1971, 1016; Heymann/*Sonnenschein/Weitemeyer* RdNr. 18; *Schröder* RdNr. 13.
[141] MünchKommHGB/*v. Hoyningen-Huene* RdNr. 33.
[142] *Semmler,* Die Rechtsstellung des Tankstellenhalters zwischen HV und Vertragshändler, Baden – Baden 1995, S. 98 f.
[143] Kritisch *Canaris* § 15 Rn. 107.
[144] Vgl. MünchKommHGB/*v. Hoyningen-Huene* RdNr. 33; *Schröder* RdNr. 18.
[145] MünchKommHGB/*v. Hoyningen-Huene* RdNr. 35.
[146] *Küstner* Ausgleichsanspruch RdNr. 556.
[147] *Hopt* RdNr. 12.
[148] Vgl. *Küstner* HVR RdNr. 735 f., 740 f.
[149] *Küstner* HVR RdNr. 732.
[150] OLG Hamm Urt. v. 6. 7. 2001 – 35 U 7/00, HVR Nr. 1021.
[151] BGH Urt. vom 10. 7. 2002 – VIII ZR 58/00, BB 2002. 2151.
[152] BGH Urt. v. 8. 2. 1980 – I ZR 78/78, NJW 1980, 1793.
[153] BGH Urt. v. 21. 1. 1965 – VII ZR 22/63, BGHZ 43, 108, 113 = NJW 1963, 1132; BGH Urt. v. 20. 2. 1986 – I ZR 105/84, NJW-RR 1986, 709, 710; Heymann/*Sonnenschein/Weitemeyer* § 84 RdNr. 20; *Schröder* § 84 RdNr. 18 a.
[154] OLG Köln BB 1971, 103 = DB 1971, 327; *Hopt* RdNr. 15; MünchKommHGB/*v. Hoyningen-Huene* RdNr. 39; *Küstner* RdNr. 738, 739.
[155] OLG Nürnberg BB 1959, 391; *Hopt* RdNr. 11; MünchKommHGB/*v. Hoyningen-Huene* RdNr. 33; *Schröder* RdNr. 14; Staub/*Brüggemann* RdNr. 15; *Westphal* RdNr. 284.
[156] *Schröder* RdNr. 17.
[157] OLG Hamburg NJW-RR 1996, 869.

20 **b) Direktgeschäft zwischen Unternehmer und Kunde.** Bei einem Direktgeschäft zwischen Unternehmer und Kunde kann eine mitursächliche Vermittlung des HV vorliegen, wenn sich der Kunde auf Veranlassung des HV,[158] auf dessen oder eine auf ihn zurückgehende Empfehlung,[159] auf Grund der Vermittlungstätigkeit des HV gegenüber einem dritten Kunden,[160] auf eine vom HV durchgeführte oder veranlasste Werbeveranstaltung oder Werbemaßnahme oder auf Grund dessen Beratung[161] unmittelbar an den Unternehmer wendet. Das Gleiche gilt, wenn der HV durch Einflussnahme auf ein mit dem späteren Kunden verbundenes Unternehmen, auf eine Haupt- oder Zweigniederlassung des Kunden den Vertragsschluss veranlasst, ohne Verhandlungen mit dem Vertragspartner geführt zu haben.[162] Wenn der HV einen **Musterkauf** vermittelt und der Kunde später entsprechende Nachkäufe ohne Einschaltung des HV direkt bei dem Unternehmer tätigt, kommt eine Mitverursachung durch den HV nach Abs. 1 Satz 1 1. Alt.[163] oder Satz 1 2. Alt. in Betracht.[164] Vermittelt der HV einen Vertrag, in dem Ausweitungen der Leistungen bereits vorgesehen oder vereinbart sind („**Aufbauvertrag**" – s. RdNr. 15), gehen auch diese auf seine Vermittlung zurück.[165] **Ersetzen Kunde** und **Unternehmer** ihren **geschlossenen Vertrag** durch einen neuen,[166] erwirbt der HV eine Provisionsanwartschaft unter den Voraussetzungen des Abs. 1 Satz 1 1. Alt., andernfalls greift § 87 a ein.

21 **c) Vertragsgemäße Tätigkeit des Handelsvertreters.** Die vom HV ausgeübte und mitursächlich gewordene Tätigkeit muss, um die Provisionsanwartschaft begründen zu können, zu den vertraglichen Aufgaben des HV gehören (s. a. § 84),[167] weswegen es nicht ausreicht, dass der HV dem Unternehmer Gelegenheit zum Vertragsschluss mit Kunden nachweist[168] oder lediglich die Produkte anpreist/empfiehlt, ohne sich um einen konkreten Vertragsschluss zu bemühen.[169] Aus einer dem HV nicht übertragenen, ihm untersagten oder in sonstiger Weise nicht vertragsgemäßen Tätigkeit, mit welcher der Unternehmer nicht einverstanden ist, kann ein vertraglicher Provisionsanspruch nach § 87 nicht entstehen (RdNr. 12). Im Zweifel wird Mitverursachung nicht dadurch ausgeschlossen, dass der HV **weniger unternimmt,** als er **nach dem Vertrag schuldet.**[170]

22 **d) Geschäft mit Drittunternehmen, Drittkunden, Niederlassung, Filiale.** Kommt das vom HV mitverursachte Kundengeschäft mit einem dem Unternehmer verbundenen[171] oder von ihm – rechtlich oder wirtschaftlich – beherrschten **Drittunternehmen** zustande,[172] kann eine Provisionsanwartschaft entstehen, wenn die Vermittlungstätigkeit bei redlicher und vernünftiger Auslegung noch vom HVVertrag gedeckt ist. Nicht erforderlich ist eine Umgehungsabsicht auf der Unternehmerseite; nicht ausreichend ist, dass die unterschiedlichen Unternehmen zu demselben Konzern gehören oder selbständige Schwesterunternehmen sind.[173] Provisionsschuldner ist dann im Zweifel der Geschäftsherr des HV, dem die Vermittlungstätigkeit rechtlich zuzuordnen ist. In gleicher Weise kann ausnahmsweise ein nicht vom HV vermitteltes Geschäft mit einem **Drittkunden** provisionspflichtig sein, wenn eine Beherrschung oder so enge Verbundenheit zwischen dem Kunden des HV und dem Drittkunden besteht, dass beide im Sinn des HVVertrags gleichzusetzen sind[174] und deswegen die Bestellung/der Vertrag des Drittkunden als vom HV mitverursacht anzusehen ist, weil

---

[158] Vgl. dazu *Schröder* RdNr. 19 a.
[159] *Heymann/Sonnenschein/Weitemeyer* RdNr. 18; *Schröder* RdNr. 14 a; *Westphal* RdNr. 286; vgl. *Küstner* HVR RdNr. 731; einschränkend *Hopt* RdNr. 13; MünchKommHGB/*v. Hoyningen-Huene* RdNr. 37.
[160] *Schröder* DB 1963, 541, 543 und RdNr. 19.
[161] MünchKommHGB/*v. Hoyningen-Huene* RdNr. 38; *Schröder* RdNr. 14 a; Staub/*Brüggemann* RdNr. 16; vgl. *Küstner* HVR RdNr. 728.
[162] Vgl. *Heymann/Sonnenschein/Weitemeyer* RdNr. 18; *Hopt* RdNr. 12; einschränkend MünchKommHGB/ *v. Hoyningen-Huene* RdNr. 37; *Schröder* RdNr. 14 b.
[163] MünchKommHGB/*v. Hoyningen-Huene* RdNr. 38; *Schröder* RdNr. 14 a; *Küstner* HVR RdNr. 728; vgl. auch BGH Urt. v. 14. 10. 1957 – II ZR 129/56, DB 1957, 1068.
[164] *Schröder* RdNr. 14 a.
[165] *Hopt* RdNr. 12; MünchKommHGB/*v. Hoyningen-Huene* RdNr. 61.
[166] Vgl. *Heymann/Sonnenschein/Weitemeyer* RdNr. 10.
[167] *Westphal* BB 1991, 2027, 2028 und RdNr. 287; MünchKommHGB/*v. Hoyningen-Huene* RdNr. 35; *Schröder* RdNr. 13; *Küstner* HVR RdNr. 737; vgl. BAG Urt. v. 22. 1. 1971 – 3 AZR 42/70 DB 1971, 779; LAG Mannheim DB 1971, 1016, 1017.
[168] MünchKommHGB/*v. Hoyningen-Huene* RdNr. 39.
[169] *Küstner* HVR RdNr. 740.
[170] MünchKommHGB/*v. Hoyningen-Huene* RdNr. 36; aA wohl *Westphal* RdNr. 287.
[171] OLG Schleswig-Holstein Urt. v. 13. 12. 1996 – 14 U 81/95, HVR Nr. 996; vgl. *Hopt* RdNr. 14 („wirtschaftliche Einheit").
[172] Vgl. BGH Urt. v. 30. 1. 1981 – I ZR 17/79, NJW 1981, 1785; BGH Urt. v. 4. 12. 1986 – I ZR 101/85, NJW-RR 1987, 547; *Hopt* RdNr. 14; dazu auch MünchKommHGB/*v. Hoyningen-Huene* RdNr. 24.
[173] MünchKommHGB/*v. Hoyningen-Huene* RdNr. 24; vgl. auch *Heymann/Sonnenschein/Weitemeyer* RdNr. 11.
[174] Vgl. *Heymann/Sonnenschein/Weitemeyer* RdNr. 11.

Provisionspflichtige Geschäfte 23–25 § 87

er seinen Kunden für derartige Geschäfte geworben hat.[175] Nach diesen Grundsätzen kann der HV Provisionsanwartschaften erwerben für Geschäfte des Unternehmers mit **Niederlassungen** oder **Filialen** eines Kunden, wenn der HV den rechtsverbindlichen Vertragsschluss durch die hierzu befugte natürliche oder juristische Person mitveranlasst hat.[176] Ebenso erwirbt der HV einen Provisionsanspruch, wenn (er nachweist, dass) sein Geschäftsherr das Geschäft mit Drittunternehmen oder Drittkunden nur in der Absicht vorgenommen hat, den Provisionsanspruch des HV zu umgehen und zu vereiteln.[177]

5. Kundengeschäfte der gleichen Art – Abs. 1 Satz 1 2. Alt. a) Bedeutung der Vorschrift 23
und Kundenschutz. Abs. 1 Satz 1 2. Alt. räumt dem HV – im Zweifel auch dem Bezirksvertreter –[178] einen provisionsrechtlichen[179] Kundenschutz für seine dem Unternehmer zugeführten Kunden ein[180] und begründet eine Provisionsanwartschaft für bestimmte Geschäfte des Unternehmers mit vom HV geworbenen Neukunden, ohne dass es einer auf das konkrete Kundengeschäft bezogenen Vermittlungstätigkeit des HV bedarf,[181] weswegen **fehlende Mitursächlichkeit** eines Verhaltens des HV seine Provisionsanwartschaft nicht hindern kann;[182] ein dahingehender Gegenbeweis(antritt) ist unzulässig.[183] Satz 1 2. Alt. stellt einen **Auffangtatbestand** für den Fall dar, dass eine Provisionsanwartschaft nicht bereits nach der 1. Alt. entstanden ist.[184] Für die unter § 92 fallenden HV gilt die Bestimmung nicht.[185]

b) Geschäfte mit Neukunden. Erfasst werden Geschäfte mit Kunden, welche der HV für 24
bestimmte Geschäfte mit dem Unternehmer geworben und ihm als Neukunden zugeführt hat,[186] wobei insoweit das Gleiche wie zu § 89 b gilt.[187] Hinsichtlich dieser Geschäfte dürfen sie noch nicht Kunden des Unternehmers – wohl aber des HV –[188] gewesen sein;[189] der Bezug andersartiger Produkte vom Unternehmer steht der Provisionspflicht nicht entgegen.[190] Es kann sich um frühere Kunden des Unternehmers handeln, wenn die Geschäftsbeziehung endgültig abgebrochen war und die Kunden vom HV reaktiviert und dem Unternehmer erneut zugeführt worden sind (s. d. § 89 b). Ihnen stehen rechtlich diejenigen Kunden gleich, welche bereits gleichartige Geschäfte mit dem Unternehmer getätigt haben, bei denen der HV die Geschäftsbeziehung aber derartig ausgeweitet hat, dass sie wirtschaftlich betrachtet einem neu geworbenen Kunden entsprechen (s. d. § 89 b);[191] eine Verdoppelung des Umsatzes oder der abgenommenen Produkte reicht hierfür idR nicht aus. Der vom HV geworbene Neukunde muss die Vertragserklärung abgeben; auf wessen Rechnung er handelt, ist unerheblich.[192] Bestellt er als Vertreter eines Drittkunden in dessen Namen, kann ein Provisionsanspruch ausnahmsweise entstehen, wenn (der HV nachweist, dass) der Drittkunde nur vorgeschoben wird, um den Provisionsanspruch des HV zu vereiteln.

c) Geschäfte der gleichen Art. Gegenstand der Provisionsanwartschaft des HV nach Abs. 1 25
Satz 1 2. Alt. sind Verträge der Neukunden mit dem Unternehmer über Geschäfte der gleichen Art, wie sie der HV bisher zwischen ihnen und Unternehmer vermittelt oder abgeschlossen hat.[193] Das Vertriebsrecht des HV muss sich auf die gleichartigen Geschäftsabschlüsse er-

---

[175] Vgl. aber auch OLG Celle BB 1970, 51 = DB 1970, 582; Staub/*Brüggemann* RdNr. 16; *Westphal* RdNr. 298; *Küstner* HVR RdNr. 730.
[176] Vgl. BGH Urt. v. 14. 12. 1959 – II ZR 178/58, NJW 1960, 433 (LS); MünchKommHGB/*v. Hoyningen-Huene* RdNr. 90 und 91; Staub/*Brüggemann* RdNr. 19.
[177] Vgl. BGH Urt. v. 29. 9. 1976 – IV ZR 202/75, WM 1976, 1194; RG HRR 1933 Nr. 940; OLG Celle DB 1970, 582.
[178] *Schröder* RdNr. 32 a; Staub/*Brüggemann* RdNr. 13; aA *Küstner* HVR RdNr. 814.
[179] *Küstner* HVR RdNr. 745.
[180] *Peterek* BB 1966, 351; MünchKommHGB/*v. Hoyningen-Huene* RdNr. 40 und 46; *Schröder* RdNr. 22, 23 a; *Küstner* HVR RdNr. 745; vgl. Staub/*Brüggemann* RdNr. 24.
[181] *Glaser* DB 1956, 297; *Schröder* RdNr. 22; vgl. Staub/*Brüggemann* RdNr. 24.
[182] Vgl. BGH Urt. v. 17. 11. 1960 – VII ZR 242/59, BB 1960, 1354, 1355; Heymann/*Sonnenschein/Weitemeyer* RdNr. 19; MünchKommHGB/*v. Hoyningen-Huene* RdNr. 40.
[183] BGH Urt. v. 17. 11. 1960 – VII ZR 242/59, BB 1960, 1354, 1355; *Hopt* RdNr. 17; Staub/*Brüggemann* RdNr. 24.
[184] Vgl. Staub/*Brüggemann* RdNr. 25.
[185] *Schröder* RdNr. 22.
[186] *Schröder* RdNr. 23, 23 a; vgl. MünchKommHGB/*v. Hoyningen-Huene* RdNr. 46; *Küstner* HVR RdNr. 746.
[187] *Westphal* Vertriebsrecht RdNr. 488.
[188] Staub/*Brüggemann* RdNr. 26.
[189] Heymann/*Sonnenschein/Weitemeyer* RdNr. 19; MünchKommHGB/*v. Hoyningen-Huene* RdNr. 46; *Schröder* RdNr. 24.
[190] *Schröder* RdNr. 23 a und 24; vgl. MünchKommHGB/*v. Hoyningen-Huene* RdNr. 45.
[191] Heymann/*Sonnenschein/Weitemeyer* RdNr. 19; MünchKommHGB/*v. Hoyningen-Huene* RdNr. 44; *Schröder* RdNr. 23 b; vgl. Staub/*Brüggemann* RdNr. 26; *Westphal* RdNr. 290; *Küstner* HVR RdNr. 748, 749.
[192] Staub/*Brüggemann* RdNr. 24.
[193] *Schröder* RdNr. 23; vgl. Heymann/*Sonnenschein/Weitemeyer* RdNr. 19; MünchKommHGB/*v. Hoyningen-Huene* RdNr. 42.

strecken.[194] Der Begriff des „Geschäfts der gleichen Art" ist wirtschaftlich zu verstehen und weit auszulegen.[195] Maßgeblich ist die Verkehrsanschauung der beteiligten Wirtschaftskreise.[196] Ein wirtschaftlicher Zusammenhang zwischen Erstgeschäft und gleichartigem Geschäft muss bestehen.[197] erfasst sind nicht nur Geschäfte über den gleichen Artikel[198] **(Nachbestellungen im eigentlichen Sinn)**, sondern regelmäßig Geschäfte mit Produkten, welche aus der Sicht von Unternehmer oder Kunde die bereits vom HV vertriebenen ergänzen, ersetzen (neues Modell) oder fortentwickeln, solange der Verwendungszweck der gleiche bleibt **(Nachbestellungen im weiten wirtschaftlichen Sinn)**.[199] Die Ausweitung der Produktpalette des Unternehmers gehört hierher, sofern der Kunde bereits bisher Abnehmer der gesamten Produktpalette des Unternehmers in einem bestimmten Bereich war.[200] Änderungen der Vertrags- und Geschäftsbedingungen sind solange unerheblich, als wirtschaftlich noch ein Geschäft der gleichen Art vorliegt.[201]

26 **d) Dauer des Kundenschutzes.** Der Kundenschutz beginnt, nachdem der erste vom HV vermittelte oder abgeschlossene Vertrag zwischen Kunde und Unternehmer zustande gekommen ist. Bereits der zweite Vertragsschluss über ein gleichartiges Geschäft lässt die Provisionsanwartschaft entstehen.[202] Der einmal begründete Kundenschutz nach S. 1 2. Alt. dauert bis zum Ende der auf das geschützte Produkt bezogenen Vertragsbeziehungen zwischen Kunde und Unternehmer, sofern der Vertrag zwischen Unternehmer und HV nicht bereits vorher beendet worden ist (RdNr. 28). Erfolgreiche Vermittlungstätigkeiten Dritter – des Unternehmers, Beauftragter, anderer HV – können die Kundenschutzprovision nicht zum Erlöschen bringen.

27 **6. Nachbestellungen.** Für Nachbestellungen richtet sich die Provisionspflicht nach Satz 1 1. Alt., soweit der HV die konkrete Nachbestellung gemäß dieser Vorschrift – in deren weitem Verständnis – vermittelt hat, andernfalls greift Satz 1 2. Alt. ein.[203] Nachbestellungen von Altkunden des Unternehmers werden für den HV provisionspflichtig, wenn er sie gemäß Abs. 1 S. 1 1. Alt. vermittelt; Kundenschutz nach Satz 1 2. Alt. erwirbt er nur, wenn seine Vermittlungstätigkeit gleichzeitig als Neuwerbung des Kunden zu werten ist (RdNr. 24).[204] Die Provisionspflicht für Nachbestellungen besteht auch ohne Regelung im HVVertrag, sofern sie dort nicht hinreichend eindeutig durch Individualvereinbarung ausgeschlossen ist.[205]

28 **7. Dauer der Provisionspflicht nach Abs. 1 – Kundengeschäft während bestehendem Handelsvertretervertragsverhältnis.** Anwartschaft (und damit Anspruch) auf Provision nach § 87 kann der HV – von den beiden Ausnahmen des Abs. 3 Satz 1 abgesehen – grds. nur für Kundengeschäfte erwerben, welche während des Bestehens des HVVertragsverhältnisses abgeschlossen werden. Der Vertrag zwischen Kunde und Unternehmer muss rechtswirksam durch Vertragsschluss, Eintritt einer vereinbarten aufschiebenden Bedingung oder Erteilung der erforderlichen Genehmigung bei schwebend unwirksamem Kundenvertrag[206] zu einem Zeitpunkt zustande kommen, in welchem das Vertragsverhältnis zwischen HV und Unternehmer rechtlich besteht;[207] dass das Geschäft erst nach Vertragsende ausgeführt wird, ist rechtlich unerheblich;[208] eine bereits ausgesprochene ordentliche Kündigung ist ebenso unerheblich[209] wie das Vorliegen eines wichtigen Grundes für eine fristlose Kündigung, solange diese nicht erklärt ist.[210] Vom HV zu einem Zeitpunkt vermittelte Kundengeschäfte, bevor er rechtlich für den Unternehmer als HV tätig geworden ist oder nachdem das HVVertragsverhältnis rechtlich sein Ende gefunden hat, sind grds. nicht nach § 87,[211] uU nach § 354 provisionspflichtig (RdNr. 12).

---

[194] Vgl. MünchKommHGB/*v. Hoyningen-Huene* RdNr. 47.
[195] MünchKommHGB/*v. Hoyningen-Huene* RdNr. 48.
[196] Heymann/*Sonnenschein*/*Weitemeyer* RdNr. 19; *Hopt* RdNr. 18; MünchKommHGB/*v. Hoyningen-Huene* RdNr. 47; *Schröder* RdNr. 25.
[197] Heymann/*Sonnenschein*/*Weitemeyer* RdNr. 19.
[198] Heymann/*Sonnenschein*/*Weitemeyer* RdNr. 19; MünchKommHGB/*v. Hoyningen-Huene* RdNr. 47; Staub/*Brüggemann* RdNr. 27.
[199] *Schröder* RdNr. 25; vgl. auch Staub/*Brüggemann* RdNr. 27; *Westphal* RdNr. 291.
[200] Vgl. MünchKommHGB/*v. Hoyningen-Huene* RdNr. 48.
[201] *Schröder* RdNr. 25.
[202] Insoweit nicht ganz klar *Schröder* RdNr. 25 c.
[203] *Schröder* RdNr. 20; vgl. OLG Düsseldorf DB 1956, 376; Staub/*Brüggemann* RdNr. 24.
[204] MünchKommHGB/*v. Hoyningen-Huene* RdNr. 43.
[205] Vgl. *Schröder* RdNr. 20.
[206] MünchKommHGB/*v. Hoyningen-Huene* RdNr. 28.
[207] *Hopt* RdNr. 7; *Schröder* RdNr. 3, die in RdNr. 11 vertretene teilweise abweichende Ansicht ist durch Abs. 3 Satz 1 Nr. 2 überholt.
[208] OLG Naumburg Urt. v. 7. 3. 2002 – 2 U 74/01, HVR Nr. 1108.
[209] Heymann/*Sonnenschein*/*Weitemeyer* RdNr. 12; *Hopt* RdNr. 37; MünchKommHGB/*v. Hoyningen-Huene* RdNr. 28.
[210] Vgl. Heymann/*Sonnenschein*/*Weitemeyer* RdNr. 12; *Hopt* RdNr. 37.
[211] *Schröder* RdNr. 11.

8. Nachvertragliche Kundengeschäfte – Abs. 3 Satz 1. a) Bedeutung der Vorschrift – 29
unechte Überhangprovision. Vom Erfordernis des rechtwirksamen Zustandekommens („Abschluss") des Kundenvertrags während der Vertragszeit des HVVertrags macht Abs. 3 Satz 1 zugunsten des ausgeschiedenen Vermittlungsvertreters zwei Ausnahmen für den Fall der überwiegenden Vorbereitung des späteren Kundenvertrags durch den ausgeschiedenen HV in seiner Vertragszeit (Satz 1 Nr. 1) sowie des bereits vorliegenden Angebots auf Abschluss des vom HV vermittelten Kundenvertrags (Satz 1 Nr. 2). Hier wird die Provisionspflicht im Interesse des ausgeschiedenen HV auf nachvertragliche Kundengeschäfte ausgeweitet und der Anspruch auf eine unechte Überhangprovision begründet, bei welcher – im Gegensatz zur echten Überhangprovision (§ 87 a)[212] – die Provisionsanwartschaft erst nach Ende des HVVertrags entsteht (s. § 87 a).[213] Hier kann der ausgeschiedene HV die Anwartschaft auf die volle Provision erwerben und sein Nachfolger selbst bei ebenfalls mitursächlich gewordenen Vermittlungsbemühungen nach Abs. 1 Satz 2 leer ausgehen,[214] sofern nicht ausnahmsweise nach Abs. 3 Satz 2 eine Provisionsteilung geboten ist (RdNr. 36). Der **Grund der Vertragsbeendigung** ist für das Entstehen der Provision nach Abs. 3 grundsätzlich ohne Bedeutung, weswegen der Provisionsanspruch im Zweifel selbst bei vom HV veranlasster fristloser Kündigung des HVVertrags entsteht, sofern er nicht abbedungen wird.

b) Abs. 3 Satz 1 Nr. 1. aa) Vermittlung oder überwiegende Vorbereitung. Nr. 1 betrifft 30
den Fall, dass der HV den Kundenvertrag während seiner Vertragszeit vermittelt oder überwiegend vorbereitet hat, gilt also nicht für die Provisionspflicht nach Abs. 2.[215] Vermitteln bedeutet hier das **abschlussreife Aushandeln des Kundenvertrags in allen Einzelheiten** durch den HV, so dass nur noch die bindenden Vertragserklärungen von Kunde und Unternehmer ausstehen.[216] Fehlt es an einer solchen Vermittlung des HV und ist seine Tätigkeit nur im Sinn von Abs. 1 Satz 1 mitursächlich für den Abschluss des Kundenvertrags geworden, kann die Provisionsanwartschaft entstehen, wenn der HV die Vertragsverhandlungen mit dem Kunden eingeleitet und den Vertragsschluss dann so vorbereitet (herbeigeführt) hat, dass dieser überwiegend auf seine Vermittlungstätigkeit zurückzuführen ist. Der **Verursachungsanteil des HV muss die zusammengefassten Verursachungsbeiträge der nach ihm tätig Gewordenen** – seines Nachfolgers, des Unternehmers, sonstiger Dritter –[217] **erheblich übersteigen,** was durch einen Vergleich der zum Vertragsschluss führenden Gründe zu ermitteln ist,[218] wobei eine wertende wirtschaftliche Betrachtung geboten ist. Rechnerisch gesehen muss der Verursachungsanteil des HV bei jedenfalls mehr als etwa 60% liegen. Besondere Bemühungen des Unternehmers oder Nachfolgers, den Kunden zum Vertragsschluss zu bewegen, dürfen nicht mehr erforderlich sein;[219] dabei geht das Gesetz („eingeleitet und vorbereitet") davon aus, dass zur überwiegenden Herbeiführung des Erfolgs auch das **Einleiten der Vertragsverhandlungen** gehört.[220] Bei annähernd gleichwertigen Verursachungsbeiträgen des ausgeschiedenen HV sowie der später tätig Gewordenen liegt überwiegende Verursachung nicht vor.[221] Verhindert der Unternehmer durch eine **vertragswidrige Freistellung** des HV von seinen Vertriebspflichten das Entstehen des Anspruchs nach Satz 1 Nr. 1 kommt ein deckungsgleicher Schadensersatzanspruch des HV in Betracht, zudem kann das Berufen auf den nicht vorliegenden Tatbestand der Provisionsentstehen treuwidrig und unzulässig sein.

bb) Vertragsschluss innerhalb angemessener Frist. Im Interesse einer schnellen Abwicklung 31
des Vertragsverhältnisses mit dem ausgeschiedenen HV[222] ist weitere Voraussetzung für die Provisionsanwartschaft nach Nr. 1, dass der Kundenvertrag innerhalb einer angemessenen Frist nach Beendigung des HVVertragsverhältnisses abgeschlossen wird. Maßgebend ist das rechtswirksame Zustandekommen des Kundenvertrags. Bei dem schwebend unwirksamen Vertrag muss die Wirksamkeit noch in angemessener Frist eintreten, die Abgabe der bindenden Vertragserklärungen in angemessener Frist

---

[212] MünchKommHGB/v. Hoyningen-Huene RdNr. 15 a.
[213] OLG Düsseldorf OLGR 1999, 453, 454; Schröder RdNr. 43; Küstner HVR RdNr. 7840, 854; insoweit aA Staub/Brüggemann RdNr. 41 Fn. 1.
[214] Vgl. Schröder RdNr. 49; Staub/Brüggemann RdNr. 49 (jeweils zum alten Recht).
[215] MünchKommHGB/v. Hoyningen-Huene RdNr. 110; Staub/Brüggemann RdNr. 46.
[216] Hopt RdNr. 41; Schröder RdNr. 45; Staub/Brüggemann RdNr. 45; Westphal RdNr. 306; vgl. auch MünchKommHGB/v. Hoyningen-Huene RdNr. 107.
[217] Staub/Brüggemann RdNr. 42, 43.
[218] Heymann/Sonnenschein/Weitemeyer RdNr. 15; MünchKommHGB/v. Hoyningen-Huene RdNr. 109; Schröder RdNr. 47 a; weniger streng Küstner HVR RdNr. 859.
[219] Heymann/Sonnenschein/Weitemeyer RdNr. 15; vgl. OLG Düsseldorf DB 1977, 817.
[220] AA MünchKommHGB/v. Hoyningen-Huene RdNr. 108 (Einleiten „oder" vorbereiten).
[221] Vgl. Staub/Brüggemann RdNr. 43.
[222] Heymann/Sonnenschein/Weitemeyer RdNr. 16; MünchKommHGB/v. Hoyningen-Huene RdNr. 111; Schröder RdNr. 48; kritisch Staub/Brüggemann RdNr. 47.

reicht nicht. Die Frist beginnt nach dem eindeutigen Gesetzeswortlaut nicht mit Abschluss der Bemühungen des HV um den Vertragsschluss, sondern mit dem rechtlichen Ende seines HVVertrags.[223] Wann der HV seine Bemühungen um die Herbeiführung des Kundengeschäfts abgeschlossen hat, ist ebenso unerheblich wie der Grund für das Nichtzustandekommen des Kundenvertrags zu einem früheren Zeitpunkt.[224] Auf diese Weise kann der HV Provisionsansprüche für von ihm überwiegend herbeigeführte Kundengeschäfte erwerben, wenn das zunächst von dem Kunden abgelehnte („gestorbene") Geschäft innerhalb angemessener Frist nach Ende des HVVertrags doch noch zustande kommt.[225] Was angemessen ist, bestimmt sich nach den Umständen des Einzelfalls[226] unter Berücksichtigung von Art, Inhalt und Bedeutung des Geschäfts sowie der Verkehrsanschauung.[227] Eine feste zeitliche Grenze gibt es nicht.[228] Bei saisonbedingter Ware endet die Frist, wenn die Muster/Modelle für die folgende Saison erscheinen.[229]

32   **cc) Einzelfälle.** Nach Nr. 1 können Provisionsanwartschaften entstehen für Kundengeschäfte, hinsichtlich derer der HV während der Vertragszeit aufschiebend bedingte Verträge,[230] **Vorverträge, Aufbau-, Rahmen-,**[231] **Bezugs-,**[232] oder **Musterverträge.**[233] vermittelt oder abgeschlossen hat.

33   **c) Abs. 3 Satz 1 Nr. 2.** Nr. 2 betrifft Kundengeschäfte, welche nach Abs. 1 Satz 1 oder Abs. 2 Satz 1 provisionspflichtig wären,[234] wenn der Kundenvertrag noch vor Ende des HVVertrags zustande gekommen wäre. Hier erweitert das Gesetz die Provisionspflicht für den Fall, dass der Kunde sein verbindliches Vertragsangebot,[235] welches nicht in mitursächlicher Weise nach Abs. 1 Satz 1 1. Alt. von dem HV herbeigeführt worden sein muss,[236] bereits vor Ende des HVVertrags gegenüber Unternehmer oder HV durch Zugang der Willenserklärung gemäß §§ 130 f., 145 f. BGB abgegeben hat, die Annahmeerklärung aber bei Beendigung des HVVertrags noch aussteht und die Annahmefrist noch nicht verstrichen ist, andernfalls für einen nach § 150 Abs. 1 BGB zustande kommenden Kundenvertrag Nr. 1 eingreift. Auf diese Weise soll ein Vereiteln des Provisionsanspruchs durch Hinausschieben der Annahmeerklärung vermieden werden.[237] Eine Frist für die Annahmeerklärung des Unternehmers enthält § 87 nicht,[238] jedoch können Vertragsantragserklärungen nach BGB nicht unbefristet angenommen werden. Nimmt der Unternehmer das **Vertragsangebot** des Kunden nur **mit Änderungen** an, greift Nr. 2 dennoch ein, wenn diese unwesentlich sind und nicht unter § 150 Abs. 2 BGB fallen,[239] andernfalls gilt Nr. 1. Eine (vom HV zu beweisende) allein zum Zweck der Vereitelung des Provisionsanspruchs vorgenommene Änderung des Vertragsangebots lässt die Anwendbarkeit der Nr. 2 unberührt.[240]

V. Tätigwerden mehrerer Handelsvertreter

34   **1. Provisionskonkurrenz und Provisionsteilung. a) Grundsatz der Provisionskonkurrenz oder Provisionskollision.** Nach § 87 erwirbt grds. jeder HV, welcher durch vertragsgemäßes Tätigwerden[241] die Voraussetzungen eines Provisionstatbestands erfüllt, den vollen Provisionsanspruch, auch wenn weitere HV für das konkrete Kundengeschäft ebenfalls Provision beanspruchen

---

[223] Heymann/*Sonnenschein*/*Weitemeyer* RdNr. 16; *Hopt* RdNr. 43; MünchKommHGB/*v. Hoyningen-Huene* RdNr. 111; Staub/*Brüggemann* RdNr. 48; *Westphal* RdNr. 309; aA *Schweizer*/*Heldrich* WRP 1976, 25, 30 f.; *Küstner* HVR RdNr. 864.
[224] AA *Schweizer*/*Heldrich* WRP 1976, 25, 31.
[225] AA *Schweizer*/*Heldrich* WRP 1976, 25, 31.
[226] *Schröder* RdNr. 48.
[227] Heymann/*Sonnenschein*/*Weitemeyer* RdNr. 16; MünchKommHGB/*v. Hoyningen-Huene* RdNr. 111.
[228] Vgl. *Hopt* RdNr. 43; MünchKommHGB/*v. Hoyningen-Huene* RdNr. 111.
[229] MünchKommHGB/*v. Hoyningen-Huene* RdNr. 111; *Schröder* RdNr. 48; *Westphal* RdNr. 308.
[230] AA *Schröder* RdNr. 11; wohl auch Heymann/*Sonnenschein*/*Weitemeyer* RdNr. 14.
[231] *Hopt* RdNr. 41.
[232] MünchKommHGB/*v. Hoyningen-Huene* RdNr. 109; *Schröder* RdNr. 11 a, 49 a; Staub/*Brüggemann* RdNr. 45.
[233] Heymann/*Sonnenschein*/*Weitemeyer* RdNr. 15; *Hopt* RdNr. 41; MünchKommHGB/*v. Hoyningen-Huene* RdNr. 109; *Schröder* RdNr. 47 a; vgl. auch BGH Urt v. 14. 10. 1957 – II ZR 129/56, DB 1957, 1068; OLG Düsseldorf DB 1956, 376; *Küstner* HVR RdNr. 860 ff.
[234] Vgl. Heymann/*Sonnenschein*/*Weitemeyer* RdNr. 16 a; *Hopt* RdNr. 44; MünchKommHGB/*v. Hoyningen-Huene* RdNr. 104; *Westphal* RdNr. 311.
[235] AA *Küstner* HVR RdNr. 871.
[236] *Küstner* HVR RdNr. 870.
[237] Heymann/*Sonnenschein*/*Weitemeyer* RdNr. 16 a; MünchKommHGB/*v. Hoyningen-Huene* RdNr. 104.
[238] MünchKommHGB/*v. Hoyningen-Huene* RdNr. 105.
[239] BGB-RGRK/*Piper* § 150 RdNr. 3; aA *Westphal* RdNr. 312.
[240] Vgl. MünchKommHGB/*v. Hoyningen-Huene* RdNr. 105; so wohl auch Heymann/*Sonnenschein*/*Weitemeyer* RdNr. 16 a.
[241] *Westphal* BB 1991, 2027.

können.²⁴² Es besteht „Provisionskonkurrenz".²⁴³ Von der Ausnahme des Abs. 3 Satz 2 abgesehen sieht das Gesetz eine Aufteilung der Provision unter mehreren HV auch in Abs. 1 Satz 2 oder Abs. 2 Satz 2 nicht vor,²⁴⁴ obwohl bei der Änderung des HVRechts im Jahr 1989 Gelegenheit und Veranlassung hierzu bestanden hätte, wenn eine Provisionsteilung dem Willen des Gesetzgebers entsprochen hätte. Es ist daher Aufgabe des Unternehmers, durch Gestaltung der mit seinen HV geschlossenen Verträge eine mögliche Doppelverprovisionierung desselben Geschäfts zu vermeiden.²⁴⁵ Ist allerdings bei Abschluss des jeweiligen HVVertrags den Beteiligten bekannt, dass sich mehrere HV in zulässiger Weise um dasselbe Kundengeschäft bemühen werden, kann von einer **stillschweigend vereinbarten Provisionsteilungsvereinbarung** zwischen Unternehmer und beteiligten HV ausgegangen werden,²⁴⁶ etwa bei einem von den HV akzeptierten Vertriebssystem des Unternehmers, welches darauf angelegt ist oder es systembedingt mit sich bringt, dass mehrere HV mitursächlich für ein Kundengeschäft werden;²⁴⁷ in solchen Fällen kann auch eine inhaltlich unterschiedlich ausgestaltete **Teamvereinbarung** getroffen werden, nach welcher die Provision den beteiligten HV gemeinsam zustehen und anteilig unter sie verteilt werden soll oder nach welcher ein Mitglied eines Teams, zB auf einer Messe (RdNr. 49), für denjenigen HV des Teams tätig wird, zu dessen geschützten Kundenkreis der betreute Kunde gehört.²⁴⁸ Ebenso können die beteiligten HV eine sog. **Topfabrede** oder **Topfvereinbarung** zu dem Zweck beschließen, das gesamte Provisionsaufkommen der „Topfgemeinschaft" zusammenzufassen und nach einem festgelegten Schlüssel unter ihnen zu verteilen.²⁴⁹ Allein die Tatsache, dass das Absatzgebiet des Unternehmers in geschützte Bezirke aufgeteilt ist, reicht für die Annahme einer stillschweigenden Vereinbarung über Ausschluss oder Aufteilung der Provision zwischen Bezirks- und Vermittlungsvertreter oder mehreren Vermittlungsvertretern nicht aus.²⁵⁰ Wenn der vor dem Ausscheiden stehende **HV seinen Nachfolger einarbeitet** und ihm eigenständige Vermittlungsaufgaben überlässt, wird im Zweifel stillschweigend vereinbart sein, dass der Nachfolger nur als Erfüllungsgehilfe/Untervertreter für den HV tätig werden soll. Eine stillschweigende Vereinbarung, dass dem Ausscheidenden alle Provisionsansprüche zustehen sollen, wird anzunehmen sein, wenn der Unternehmer dem Nachfolger für die Einarbeitungszeit eine feste Vergütung oder eine zusätzlich zu der Provision des Ausscheidenden zu zahlende Erfolgsvergütung zusagt.²⁵¹ Durch einseitige, nicht auf einem individualvertraglich ausgehandelten Vorbehalt beruhende Erklärung des Unternehmers kommt eine Provisionsteilungsabrede selbst dann nicht zustande, wenn der HV hierauf schweigt.²⁵²

b) Ausnahmefälle. Von dem Grundsatz der Provisionskonkurrenz macht Abs. 3 Satz 2 mit der **35** Möglichkeit der Provisionsteilung (RdNr. 36) eine Ausnahme für den Fall, dass dem ausgeschiedenen HV eine Provision nach Abs. 3 Satz 1 für nachvertraglich zustande gekommene Kundengeschäfte zusteht. Im Übrigen wird der Provisionsanspruch des späteren HV nach Abs. 1 Satz 1 und Abs. 2 Satz 1 durch Abs. 1 Satz 2 und Abs. 2 Satz 2 ausgeschlossen (RdNr. 37, 38). **Gemeinsame Voraussetzung für Teilung** und **Ausschluss** der Provision ist, dass der HV, in dessen Vertragszeit der rechtliche Abschluss des Kundenvertrags fällt, der **Nachfolger**²⁵³ des ausgeschiedenen HV ist, dem die Provision – zumindest anteilig – zusteht. Der Nachfolger muss hinsichtlich der Kunden, um deren provisionspflichtige Geschäfte es geht, durch Vertrag mit dem Unternehmer diejenige Stellung erlangt haben, die vor ihm der ausgeschiedene HV innehatte;²⁵⁴ Rechtsnachfolger des ausgeschiede-

---

²⁴² *Schröder* DB 1963, 544 (für Bezirksvertreter); *Maier* BB 1970, 1327; *Westphal* BB 1991, 2027, 2028 und RdNr. 302; MünchKommHGB/*v. Hoyningen-Huene* RdNr. 57; *Schröder* RdNr. 2 a, 16 a, 49, 61 c; *Westphal* Vertriebsrecht RdNr. 527; kritisch *Hopt* RdNr. 21; vgl. auch LAG Hamm BB 1993, 2236; *Krüger* DB 1964, 1399 sowie ausf. *Küstner/Thume* RdNr. 811 f.
²⁴³ MünchKommHGB/*v. Hoyningen-Huene* RdNr. 89.
²⁴⁴ MünchKommHGB/*v. Hoyningen-Huene* RdNr. 57; aA *Knütel* ZHR 144 (1980), 291, 295; *Küstner* HVR RdNr. 781 mwN und ausführlicher, allerdings nicht überzeugender Begründung; unentschieden Heymann/*Sonnenschein/Weitemeyer* RdNr. 20.
²⁴⁵ BGH Urt. v. 11. 7. 1960 – VII ZR 225/59, BGHZ 33, 92, 96, 97 = NJW 1960, 1996; *Klinger* DB 1957, 975; *Maier* BB 1970, 1327, 1328; *Hopt* RdNr. 21; MünchKommHGB/*v. Hoyningen-Huene* RdNr. 55, 57; Staub/*Brüggemann* RdNr. 2; ausf. *Küstner* HVR RdNr. 796.
²⁴⁶ Heymann/*Sonnenschein/Weitemeyer* RdNr. 20; *Hopt* RdNr. 21; MünchKommHGB/*v. Hoyningen-Huene* RdNr. 56; *Canaris* § 15 Rn. 64; vgl. OLG Celle BB 1956, 61, 62.
²⁴⁷ *Hopt* RdNr. 21 und 35.
²⁴⁸ So *Hopt* RdNr. 35; MünchKommHGB/*v. Hoyningen-Huene* RdNr. 93, 94.
²⁴⁹ *Hopt* RdNr. 2 mwN; *Küstner/Thume* RdNr. 742.
²⁵⁰ *Schröder* RdNr. 32 a.
²⁵¹ Dazu ausf. *Ahle* DB 1964, 611.
²⁵² BGH Urt. v. 18. 11. 1957 – II ZR 33/56, NJW 1958, 180 (aufhebende Revisionsentscheidung zu dem Urteil des OLG Celle v. 30. 11. 1955 – 7 U 31/55, HVR Nr. 111); *Küstner* HVR RdNr. 792.
²⁵³ *Schröder* RdNr. 28 und 41.
²⁵⁴ *Schröder* RdNr. 29.

nen HV muss er nicht werden. Eine zwischenzeitliche Vakanz schadet ebenso wenig wie die zeitweilige Tätigkeit eines anderen HV als **Zwischennachfolger** des ausgeschiedenen HV. Der Nachfolger weiß, dass seine Provisionsaussichten um die bestehenden Provisionsanwartschaften des Ausgeschiedenen gemindert sind, weswegen er nicht schutzbedürftig ist. Der Unternehmer schuldet ausnahmsweise trotz der Tätigkeit mehrerer HV nur eine Provisionszahlung. Die Grundsätze über Ausschluss und Teilung einer Provision nach § 87 betreffen nur die Konkurrenz der Provisionsansprüche von rechtlich in zulässiger Weise **nacheinander** für den Unternehmer **tätig gewordener HV**;[255] sie greifen nicht ein, wenn der Unternehmer neben dem ausgeschiedenen HV einem gleichzeitig beschäftigtem HV[256] oder einem Dritten, zB Angestellten, Beauftragten, freien Mitarbeiter, Provision schuldet.

36   **2. Provisionsteilung nach Abs. 3 Satz 2.** Eine Provisionsteilung nach Abs. 3 Satz 2 ist ausnahmsweise[257] geboten, wenn sie wegen der besonderen Umstände des Einzelfalls der Billigkeit entspricht, um auf diese Weise einen gerechten Ausgleich zwischen den Interessen des ausgeschiedenen HV und dessen Nachfolger (RdNr. 35) ermöglichen.[258] In der Praxis ist die Vorschrift ohne besondere Bedeutung. Hinsichtlich der Vermittlungsprovision nach Abs. 1 Satz 1 kann eine Teilung nur in Betracht kommen, wenn trotz der notwendigerweise überwiegenden Herbeiführung des Kundenvertrags durch den ausgeschiedenen HV (Abs. 3 Satz 1 Nr. 1) die Mitursächlichkeit der Tätigkeit des Nachfolgers so erheblich ist, dass der völlige Ausschluss einer an ihn zu leistenden Vergütung mit den Grundsätzen von Treu und Glauben sowie der Billigkeit nicht mehr zu vereinbaren ist.[259] Maßgebend sind die Umstände des Einzelfalls, eine Würdigung sämtlicher Umstände ist erforderlich.[260] Verursachungsbeiträge des Unternehmers oder Dritter sind dem Nachfolger bei der Billigkeitsprüfung nicht zuzurechnen.[261] Bei der Bezirksprovision nach Abs. 2 Satz 1 dürfte für eine Billigkeitsprüfung im Regelfall kein Raum sein, weil sie ohne konkrete Vermittlungstätigkeit verdient wird und der Ausgeschiedene nur unter den engen Voraussetzungen des Abs. 3 Satz 1 Nr. 2 – mithin der vollständigen Vorbereitung des Kundengeschäfts während seiner Vertragszeit – Anspruch auf eine „nachvertragliche" Bezirksprovision erwerben kann.

37   **3. Provisionausschluss. a) Abs. 1 Satz 2.** Der Provisionsausschluss nach Abs. 1 Satz 2 setzt voraus, dass **beide HV** den Provisionstatbestand des Abs. 1 Satz 1 **nacheinander eigenständig** durch Mitverursachung des Kundenvertrags verwirklicht haben (RdNr. 35), der Ausgeschiedene allerdings gemäß Abs. 3 Satz 1 Nr. 1 in überwiegender Weise. Die Vorschrift greift nicht ein, wenn der Nachfolger (RdNr. 35) nichts mehr zur Herbeiführung des Kundengeschäfts unternommen hat. Der Ausschluss nach Abs. 1 Satz 2 reicht so weit, wie die Provision dem ausgeschiedenen Vorgänger zusteht. Ein **überschießender Betrag** – weil der Ausgeschiedene zB nur einen Teil des späteren Kundengeschäfts vermittelt hat – steht dem Nachfolger zu.

38   **b) Abs. 2 Satz 2.** Das Gleiche wie zu Abs. 1 Satz 2 gilt nach Abs. 2 Satz 2,[262] wenn und soweit eine Bezirks- oder Kundenschutzprovison nach Abs. 2 Satz 1 im Hinblick auf Abs. 3 Satz 1 Nr. 2 dem ausgeschiedenen Vorgänger des späteren Bezirksvertreters zusteht, der Nachfolger des Ausgeschiedenen in dessen Bezirk geworden sein muss (RdNr. 35). Trotz Verwirklichung des Provisionstatbestands während der Vertragszeit des Nachfolgers ist die vollständige oder jedenfalls nach Abs. 3 Satz 2 anteilige Zuweisung der Provision an den Ausgeschiedenen berechtigt, weil der Kunde das Geschäft vollständig in dessen Vertragszeit getätigt hat und lediglich noch die Vertragsannahmeerklärung des Unternehmers ausstand.

VI. Bezirks- und Kundenschutzprovision – Absatz 2

39   **1. Bedeutung der Vorschrift. a) Allgemeine Bedeutung.** Bezirks- oder Kundenschutzprovision erhält ein HV, dem vom Unternehmer vertraglich Kundenschutz für einen bestimmten räumlich abgegrenzten Bezirk oder persönlich umgrenzten Kundenkreis[263] zugesagt worden ist, für alle Verträge (Kundengeschäfte), welche mit vom Schutzbereich erfassten Kunden ohne Mitwirkung

---

[255] *Schröder* RdNr. 16 a und 28.
[256] *Schröder* RdNr. 28 und 29; Staub/*Brüggemann* RdNr. 23.
[257] MünchKommHGB/*v. Hoyningen-Huene* RdNr. 52.
[258] MünchKommHGB/*v. Hoyningen-Huene* RdNr. 113.
[259] MünchKommHGB/*v. Hoyningen-Huene* RdNr. 113; die dortigen „Richtlinien" RdNr. 114 berücksichtigen Abs. 3 Satz Nr. 1 nicht hinreichend.
[260] Heymann/*Sonnenschein/Weitemeyer* RdNr. 16 b; MünchKommHGB/*v. Hoyningen-Huene* RdNr. 113.
[261] Heymann/*Sonnenschein/Weitemeyer* RdNr. 16 b; *Hopt* RdNr. 46.
[262] MünchKommHGB/*v. Hoyningen-Huene* RdNr. 88.
[263] OLG Düsseldorf Urt. v. 9. 5. 2003 – I – 16 U 166/02, HVR Nr. 1083; *Koch* DB 1957, 85; Heymann/*Sonnenschein/Weitemeyer* RdNr. 22; vgl. Staub/*Brüggemann* RdNr. 30.

des HV rechtswirksam während des Bestehens der Kundenschutzzusage zustande gekommen (Abs. 2 Satz 1)[264] oder dem Unternehmer rechtverbindlich angeboten worden sind (Abs. 3 Satz 1 Nr. 2),[265] sofern die Provision nicht ausnahmsweise ganz oder teilweise dem Vorgänger des Bezirksvertreters zusteht (Abs. 2 Satz 2 und Abs. 3 Satz 2). Für das Entstehen der Provisionsanwartschaft nach Abs. 2 Satz 1 müssen dieselben Voraussetzungen vorliegen wie für Abs. 1 Satz 1, wobei die Kundenschutzzusage des Unternehmers an die Stelle der mitursächlichen Herbeiführung des Kundengeschäfts durch den HV oder seiner Werbung des Kunden für gleichartige Geschäfte nach Abs. 1 tritt.[266]

b) Gegenleistung für laufende Betreuung. Die Provision nach Abs. 2 erhält der HV als – im Regelfall synallagmatische – Gegenleistung im Sinn der §§ 320 f. BGB[267] für die Übernahme der Verpflichtung, den anvertrauten Kundenkreis/Bezirk laufend zu betreuen, die Geschäftsbeziehungen zu den Kunden besonders zu pflegen, den Markt für den Unternehmer auf- und auszubauen, dessen Absatz zu fördern und seine Interessen in besonderem Maß wahrzunehmen sowie – bei entsprechender Vereinbarung – Betätigungen außerhalb des Bezirks/Kundenkreises zu unterlassen.[268] Daneben kann die Provision das Entgelt für einen dem Unternehmer zugeführten Kundenstamm darstellen.

c) Alleiniges Vertriebsrecht und Beschränkung der vertraglichen Tätigkeit. Das alleinige Vertriebsrecht **(Alleinvertretung)** des BezirksHV[269] mit dem **Verbot der Mehrfachvertretung** im geschützten Bezirk/Kundenkreis[270] ist mit der Vereinbarung nach Abs. 2 im Regelfall nicht verbunden, der geschützte Kundenkreis ist dem HV wirtschaftlich, nicht rechtlich vorbehalten,[271] weswegen für einen vertragsgemäß tätig werdenden Vermittlungsvertreter ebenfalls eine Provisionsanwartschaft entstehen kann.[272] Der Verstoß gegen ein dem BezirksHV rechtswirksam durch Vertrag eingeräumtes Alleinvertriebsrecht begründet den Anspruch auf Provision nach Abs. 2 sowie auf Schadensersatz (entgangenen Gewinn) nach den Grundsätzen der Haftung wegen Vertragsverletzung, wenn dem HV ausnahmsweise ein weitergehender Schaden entstanden ist.[273] Anhaltspunkt für den durch Verletzung des Alleinvertriebsrechts entstandenen Schaden stellen idR die Geschäfte dar, welche zu der fraglichen Zeit in dem geschützten Gebiet/Kundenkreis geschlossen worden sind.[274] Zur Vorbereitung und Durchsetzung dieses Ersatzanspruchs steht dem HV im Zweifel ein Auskunftsanspruch zu.[275] Im Übrigen ist der Schaden zu schätzen (§ 252 BGB, 287 ZPO).[276] Eine **Beschränkung** der Tätigkeit des BezirksHV **auf den geschützten Bezirk/Kundenkreis** mit dem Verbot einer Betätigung außerhalb dieses Bereichs ist mit der Vereinbarung nach Abs. 2 ebenfalls nicht notwendig verbunden[277] und muss zumindest stillschweigend vereinbart werden,[278] wozu im Einzelfall ausreichen kann, dass der Unternehmer mit Kenntnis des betroffenen HV sein Absatzgebiet in Bezirke mit Kundenschutz nach Abs. 2 aufteilt.[279] Jedoch steht es dem Unternehmer grds. frei, die Vertriebstätigkeit eines Bezirksvertreters außerhalb des für ihn geschützten Bezirks oder Kundenstamms zuzulassen.[280]

d) Verhältnis zu Abs. 1. Soweit dem HV Provision nach Abs. 1 zusteht, bedarf es eines Rückgriffs auf Abs. 2 nicht,[281] jedoch besteht kein Subsidiaritätsverhältnis.[282] Für alle mit geschützten

---

[264] EuGH Urt. v. 12. 12. 1996 – RC C – 104/95, HVR Nr. 855; *Schröder* RdNr. 34.
[265] Vgl. OLG Köln OLGR 2003, 520.
[266] *Schröder* RdNr. 35; vgl. MünchKommHGB/*v. Hoyningen-Huene* RdNr. 82 und 87; vgl. auch *Canaris* § 15 Rn. 63.
[267] MünchKommHGB/*v. Hoyningen-Huene* RdNr. 69; vgl. *Schröder* RdNr. 37; vgl. ausf. Staub/*Brüggemann* RdNr. 32; s. a. BGH Urt. v. 18. 6. 1959 – II ZR 121/57 – NJW 1959, 1490.
[268] BGH Urt. v. 18. 11. 1957 – II ZR 33/56, NJW 1958, 180; BGH Urt. v. 9. 4. 1964 – VII ZR 123/62, BGHZ 41, 292, 295 = NJW 1964, 1622; BGH Urt. v. 18. 6. 1976 – I ZR 124/73, WM 1976, 1193, 1194; BGH Urt. v. 9. 2. 1984 – I ZR 226/81, NJW 1984, 2411; Heymann/*Sonnenschein*/*Weitemeyer* RdNr. 24; *Hopt* RdNr. 28, 31; MünchKommHGB/*v. Hoyningen-Huene* RdNr. 68; *Schröder* RdNr. 37; Staub/*Brüggemann* RdNr. 30; *Westphal* RdNr. 294; *Küstner* HVR RdNr. 766.
[269] *Schröder* BB 1962, 738, 739 und RdNr. 31 d; *Peterek* BB 1966, 351; Staub/*Brüggemann* RdNr. 35; vgl. Heymann/*Sonnenschein*/*Weitemeyer* RdNr. 22; MünchKommHGB/*v. Hoyningen-Huene* RdNr. 80.
[270] OLG München BB 1955, 714.
[271] Heymann/*Sonnenschein*/*Weitemeyer* RdNr. 22; Staub/*Brüggemann* RdNr. 34.
[272] *Westphal* BB 1991, 2027, 2029.
[273] Vgl. MünchKommHGB/*v. Hoyningen-Huene* RdNr. 80 und 81.
[274] Vgl. BGH Urt. V. 22. 11. 2000 – VIII ZR 40/00, BB 2001, 115.
[275] Vgl. BGH Urt. V. 22. 11. 2000 – VIII ZR 40/00, BB 2001, 115.
[276] Vgl. BGH Urt. V. 22. 11. 2000 – VIII ZR 40/00, BB 2001, 115.
[277] Vgl. BGH Urt. v. 5. 4. 2006 – VIII ZR 384/04, HVR Nr. 1141 = MDR 2006, 1417.
[278] *Westphal* BB 1991, 2027; Heymann/*Sonnenschein*/*Weitemeyer* RdNr. 22; vgl. auch BGH Urt. v. 15. 2. 1971 – VII ZR 122/69, WM 1971, 563; BGH Urt. v. 5. 4. 2006 – VIII ZR 384/04 = HVR Nr. 1141; *Peterek* BB 1966, 351; aA *Wessel* BB 1962, 473; *Küstner* HVR RdNr. 769, 770, 814.
[279] Heymann/*Sonnenschein*/*Weitemeyer* RdNr. 22; *Schröder* RdNr. 31 b; Staub/*Brüggemann* RdNr. 34.
[280] BGH Urt. v. 5. 4. 2006 – VIII ZR 384/04, HVR Nr. 1141 = MDR 2006, 1417.
[281] *Schröder* BB 1962, 738, 739; *Westphal* RdNr. 293.
[282] AA wohl *Küstner* HVR RdNr. 768; aA *Westphal* Vertriebsrecht RdNr. 493.

Kunden getätigten Geschäfte kann der HV seinen Provisionsanspruch auf Abs. 2 Satz 1 stützten,[283] ohne eine etwaige Mitwirkung darlegen zu müssen. Abs. 1 wird von Bedeutung, wenn unterschiedliche Provisionen/Provisionssätze nach Abs. 1 und 2 ausgehandelt sind[284] oder wenn der HV mit Zustimmung des Unternehmers außerhalb seines geschützten Bezirks oder Kundenkreises tätig wird (RdNr. 41).[285]

43 **2. Kunden-(Bezirks-)Schutzvereinbarung. a) Vereinbarung über Kunden-(Bezirks-) Schutz.** Voraussetzung für eine Provision und Provisionsanwartschaft nach Abs. 2 ist die rechtswirksame Kundenschutzvereinbarung zwischen Unternehmer und HV.[286] Wenn sie nicht Bestandteil eines ausnahmsweise formbedürftigen HVVertrags sein soll (§ 139 BGB), kann sie formlos und durch schlüssiges Verhalten zustande kommen,[287] sofern die Vertragspartner erkennbar eine Regelung nach Abs. 2 treffen und dem HV eine zusätzliche Vergütung gemäß Abs. 2 zubilligen wollen.[288] Durch die Bezeichnung als „Bezirksvertreter", durch Zusicherung von „Bezirks-", „Kunden-" oder „Projektschutz"[289] oder durch das Provisionsversprechen für alle „direkten und indirekten"[290] sowie „mittelbaren und unmittelbaren" Geschäfte[291] kann das zum Ausdruck gebracht werden.[292] Hingegen reichen weder die Einräumung einer Alleinvertretung aus noch die Zuweisung eines **Vertragsgebiets,** das im Zweifel nur das Arbeitsgebiet des HV umschreibt[293] und gegebenenfalls mit dem Verbot einer grenzüberschreitenden Tätigkeit verbunden sein kann.[294] Die **Tätigkeit weiterer HV** oder des Unternehmers mit zulässigen Direktgeschäften in dem Bezirk steht der Vereinbarung eines (Bezirks- oder Kunden-) Schutzes nicht entgegen.[295] Die **einseitige Zuweisung** eines geschützten Gebiets/Kundenkreises an den HV stellt im Zweifel ein Angebot auf Abschluss einer entsprechenden Vereinbarung iSv. § 145 BGB dar, welches idR nach § 151 BGB nicht ausdrücklich angenommen werden muss;[296] Schweigen des HV auf eine einseitige Erklärung des Unternehmers bedeutet regelmäßig noch nicht Zustimmung,[297] sofern es nicht um ein kaufmännischen Bestätigungsschreiben des Unternehmers handelt. Wenn erkennbar eine Regelung nach Abs. 2 gewollt ist, brauchen weder Vergütungs- oder Betreuungspflicht noch Kundenschutz erwähnt zu werden, die Rechtsfolgen des Abs. 2 treten kraft Gesetzes ein. Das kann auch dann der Fall sein, wenn ohne rechtswirksame vertragliche Absprache ein Bezirks- oder **Kundenschutz tatsächlich eingeräumt und einvernehmlich gehandhabt** wird, indem der Unternehmer dem HV eine Provision nach Abs. 2 über einen längeren Zeitraum für alle getätigten Geschäfte in einem Bezirk oder mit einem bestimmten Kundenkreis zahlt und beide Parteien die Vorstellung haben, dass mit den Zahlungen die Verpflichtung aus einer tatsächlich bestehenden Kundenschutzvereinbarung erfüllt werden soll.[298]

44 **b) Geschützter Personenkreis/Bezirk und geschützte Geschäfte.** Die Vereinbarung gemäß Abs. 2 muss den geschützten Personenkreis/Bezirk hinreichend deutlich erkennen lassen und als das eigentliche Aufgabengebiet des HV[299] festlegen. Im Zweifel ergreift sie sämtliche als Abnehmer in Betracht kommenden potentiellen Kunden des zugewiesenen Bezirks/Kundenkreises,[300] unabhängig davon, wer sie geworben hat[301] und ob es sich um Endabnehmer, Zwischenhändler oder weiterverarbeitende Betriebe handelt,[302] sofern nicht einzelne Kunden/Personengruppen ausgenommen werden. In HVVerträgen aus der Zeit vor der Wiedervereinigung bezieht sich die Bezirkszuweisung

---

[283] *Wessel* BB 1962, 473, 474.
[284] *Schröder* RdNr. 30; Staub/*Brüggemann* RdNr. 31; aA *Küstner* HVR RdNr. 813.
[285] BGH Urt. v. 5. 4. 2006 – VIII ZR 384/04, HVR Nr. 1141 = MDR 2006, 1417.
[286] Heymann/*Sonnenschein/Weitemeyer* RdNr. 23; aA *Schröder* RdNr. 31 a (einseitige Weisung ausreichend).
[287] OLG Düsseldorf Urt. v. 9. 5. 2003 – I – 16 U 166/02, HVR Nr. 1083; Heymann/*Sonnenschein/Weitemeyer* RdNr. 23; MünchKommHGB/*v. Hoyningen-Huene* RdNr. 73; vgl. dazu BGH Urt. v. 31. 3. 1982 – IV a ZR 298/80, WM 1982, 635.
[288] OLG Düsseldorf Urt. v. 9. 5. 2003 – I – 16 U 166/02, HVR Nr. 1083; OLG Karlsruhe Urt. v. 10. 5. 2005 – 8 U 242/02, HVR Nr. 1156; vgl. OLG Düsseldorf DB 1968, 611; MünchKommHGB/*v. Hoyningen-Huene* RdNr. 73.
[289] OLG Düsseldorf NJW 1982, 1231.
[290] RGZ 109, 254, 255; BGH Urt. v. 20. 10. 1955 – II ZR 75/54, DB 1956, 157.
[291] BGH Urt. v. 20. 10. 1955 – II ZR 75/54, DB 1956, 157.
[292] MünchKommHGB/*v. Hoyningen-Huene* RdNr. 74; *Schröder* RdNr. 58 b.
[293] OLG Düsseldorf Urt. v. 9. 5. 2003 – I – 16 U 166/02, HVR Nr. 1083.
[294] MünchKommHGB/*v. Hoyningen-Huene* RdNr. 75.
[295] BGH Urt. v. 30. 11. 1959 – II ZR 100/59, HVR Nr. 244; OLG Karlsruhe Urt. v. 10. 5. 2005 – 8 U 242/02, HVR Nr. 1156.
[296] MünchKommHGB/*v. Hoyningen-Huene* RdNr. 76.
[297] Vgl. OLG Nürnberg BB 1957, 560; aber auch OLG Celle BB 1956, 61, 62.
[298] Vgl. *Evers* BB 1992, 1365, 1371; vgl. schon *Schröder* RdNr. 31; Staub/*Brüggemann* RdNr. 33; *Westphal* RdNr. 276; vgl. auch BGH Urt. v. 15. 12. 1960 – VII ZR 212/59, VersR 1961, 270, 271; OLG Düsseldorf DB 1968, 611.
[299] *Schröder* RdNr. 31.
[300] Heymann/*Sonnenschein/Weitemeyer* RdNr. 23; vgl. *Schröder* BB 1962, 738, 739; *Küstner* HVR RdNr. 753.
[301] *Schröder* DB 1962, 378, 739.
[302] Vgl. OLG Nürnberg MDR 1982, 324 = VersR 1982, 1099.

Provisionspflichtige Geschäfte   45–47 § 87

„Inland", „Deutschland" oder „Bundesrepublik" im Zweifel nicht auf das **Gebiet der Neuen Bundesländer** (s. § 90 a).[303] Die Zuweisung der ehemaligen **„UdSSR"** hat mit deren Untergang nicht ihr Ende gefunden, sondern erstreckt sich im Zweifel auf die heutigen GUS-Staaten. Außerdem ist der Kreis der geschützten Geschäfte festzulegen; im Zweifel hat der HV Anspruch auf Provision nach Abs. 2 nur für Geschäfte, auf welche sich seine vertraglich geschuldete Vermittlungs- oder Abschlusstätigkeit bezieht.[304] Für Eigengeschäfte des Unternehmers besteht der Anspruch nach Abs. 2 nur, wenn das eindeutig und unmissverständlich vereinbart ist (s. RdNr. 52).

c) Provisionspflicht und Höhe der Provision. Die **Provisionspflicht tritt kraft Gesetzes** 45 **ein** und muss nicht besonders vereinbart werden (RdNr. 43). Angaben zur Höhe der Provision muss die Vereinbarung nicht enthalten. Im Zweifel gilt der für Vermittlung vereinbarte Provisionssatz,[305] sofern nicht (der davon Begünstigte nachweist, dass) für Abs. 2 ein anderer Provisionssatz abgesprochen ist.[306] Letztlich bestimmt sich die Höhe nach § 87 b. Hat der HV trotz Untätigkeit Anspruch auf Provision nach Abs. 2 (s. RdNr. 7 und 8), richtet sich deren Höhe im Zweifel nach dem tatsächlichen Umsatz mit den geschützten Kunden im anspruchsbegründenden Zeitraum, selbst wenn Unternehmer oder andere HV/Bezirksvertreter/Beauftragte den Umsatz gesteigert haben.[307]

d) Beendigung, Aufhebung und nachträgliche Änderung der Vereinbarung. Die Kunden- 46 schutzvereinbarung **teilt im Zweifel das Schicksal des HVVertrags**. Die Vereinbarung und ihre Rechtsfolgen erlöschen – von Abs. 3 Satz 1 Nr. 2 abgesehen – mit der rechtlichen Beendigung des HVVertrags.[308] Bei unberechtigter fristloser Kündigung des Vertrags oder der Kundenschutzvereinbarung sowie bei Entziehung des geschützten Vertragsgebiets besteht die Provisionspflicht nach Abs. 2 bis zum ordentlichen Vertragsende fort (s. § 89 a);[309] wegen des über den Erfüllungsanspruch hinausgehenden Schadens besteht ein Schadensersatzanspruch mit dem diesen vorbereitenden Auskunftsanspruch.[310] Befristung der Vereinbarung und/oder Beschränkung in sachlicher oder zeitlicher Hinsicht sind zulässig.[311] Die Aufhebung oder inhaltliche Änderung der Kundenschutzvereinbarung in irgendeiner Hinsicht einschließlich des **Austauschs** des geschützten Bezirks oder Personenkreises erfordern eine entsprechende vertragliche Abmachung.[312] Einseitig – durch Weisung oder Kündigung –[313] können Unternehmer oder HV die Kundenschutzzusage weder rückgängig machen noch inhaltlich ändern, sofern ihnen dieses Recht nicht in dem HVVertrag oder anlässlich der Vereinbarung des Schutzes nach Abs. 2 vorbehalten worden ist;[314] durch AGB/Formularvertrag kann ein solcher Vorbehalt nur ausnahmsweise bei Vorliegen besonders schwerwiegender, im Einzelnen genau festgelegter und die Interessen des Vertragspartners angemessen berücksichtigender Voraussetzungen wirksam begründet werden (s. § 84).[315] Ebenso kann die durch Kundenschutzvereinbarung begründete individuelle Rechtsstellung des BezirksHV nicht durch einen Handelsbrauch eingeschränkt oder beseitigt werden (RdNr. 60).[316]

3. Entstehen der Provisionsanwartschaft nach Abs. 2. a) Kundengeschäft nach Abs. 1 47 **Satz 1.** Nach Abschluss der Kundenschutzvereinbarung entsteht die Provisionsanwartschaft des Abs. 2, sobald die Voraussetzungen des Abs. 1 Satz 1 – zugeschnitten auf die Besonderheiten des Abs. 2 – vorliegen,[317] also das Geschäft mit einem geschützten Kunden rechtswirksam zustande kommt; insoweit gilt das Gleiche wie bei Abs. 1.[318] Unter Abs. 2 fallen Direktgeschäfte des Kunden mit dem Unternehmer sowie die von Dritten/anderen HV vermittelten oder abgeschlossenen Kundengeschäfte. Wo und von wem die Vertragsverhandlungen geführt worden sind,[319] wer das

---

[303] LAG Düsseldorf ZIP 1992, 647; MünchKommHGB/*v. Hoyningen-Huene* 1. Aufl. 1996, RdNr. 85.
[304] *Peterek* BB 1966, 351; *Hopt* RdNr. 30; *Schröder* RdNr. 35.
[305] *Schröder* RdNr. 39.
[306] *Schröder* RdNr. 39; vgl. auch MünchKommHGB/*v. Hoyningen-Huene* RdNr. 70.
[307] MünchKommHGB/*v. Hoyningen-Huene* RdNr. 96; aA OLG Düsseldorf NJW 1959, 52; Staub/*Brüggemann* RdNr. 32.
[308] *Schröder* DB 1962, 738, 739; *Peterek* BB 1966, 351, 354.
[309] *Schröder* RdNr. 34; unklar BGH Urt. v. 17. 4. 2002 – VIII ZR 139/01, BB 2002, 1507, der insoweit nur von einem Schadensersatzanspruch spricht.
[310] BGH Urt. v. 17. 4. 2002 – VIII ZR 139/01, BB 2002, 1507.
[311] *Peterek* BB 1966, 351, 354.
[312] *Hopt* RdNr. 25; *Schröder* RdNr. 31 a.
[313] OLG Stuttgart BB 1965, 926; vgl. BGH Urt. v. 24. 10. 1955 – II ZR 216/54, DB 1955, 1085; MünchKommHGB/*v. Hoyningen-Huene* RdNr. 79; aA für Teilkündigung, OLG Bamberg NJW 1958, 1830 mit abl. Anm. *Thiede* NJW 1959, 1444.
[314] MünchKommHGB/*v. Hoyningen-Huene* RdNr. 77; *Schröder* RdNr. 31 a.
[315] BGH Urt. v. 6. 10. 1999 – VIII ZR 125/98, ZIP 2000, 138, 144, 145.
[316] OLG Celle BB 1961, 1341; *Schröder* RdNr. 40.
[317] Vgl. BGH Urt. v. 18. 11. 1957 – II ZR 33/56, NJW 1958, 180 und *Schröder* RdNr. 34.
[318] Vgl. MünchKommHGB/*v. Hoyningen-Huene* RdNr. 86.
[319] *Schröder* RdNr. 32.

Kundengeschäft im Sinn von Abs. 1 Satz 1 herbeigeführt hat,[320] wo der Vertrag abgeschlossen worden ist,[321] was der Unternehmer zu erfüllen und wohin er zu liefern hat,[322] oder für wen die Lieferung – zB bei einem Streckengeschäft – bestimmt ist,[323] hat rechtlich keine Bedeutung. Der Grundsatz „Die Provision folgt der Ware"[324] gilt insoweit nur, wenn er vereinbart wird.[325] **Abs. 2 bezieht sich aber nur auf Abs. 1;** für Kundengeschäfte, welche bereits vor Abschluss der Kundenschutzvereinbarung oder erst nach deren rechtlicher Beendigung rechtswirksam zustande kommen, kann der Provisionsanspruch nach Abs. 2 nicht entstehen.[326] Für die **Untätigkeit des Bezirksvertreters** gilt das Gleiche wie für den untätigen HV, dem eine erfolgsunabhängige Vergütung zugesagt ist (RdNr. 7 und 8).[327]

48   **b) Vertrag mit geschütztem Kunden.** Der provisionspflichtige Vertrag (das Kundengeschäft) muss mit einem nach Abs. 2 geschützten Kunden und damit während des Bestehens der Kundenschutzvereinbarung[328] zustande kommen. Die im Einzelfall getroffene und gegebenenfalls auszulegende Kunden- oder Bezirksschutzvereinbarung muss bestimmen, ob ein Kunde oder Kundenkreis persönlich und unabhängig von der Zugehörigkeit zu einem bestimmten Bezirk oder Vertragsgebiet geschützt sein soll, oder ob der Schutz eines Kunden lediglich auf der Zugehörigkeit zu einem bestimmten Bezirk beruhen soll.[329] In diesem Fall müssen Niederlassung oder (Wohn-)Sitz des Kunden im Zweifel dauerhaft im geschützten Bezirk liegen;[330] ein nur vorübergehender Aufenthalt des Kunden in dem geschützten Bezirk[331] oder die Lieferung eines bezirksfremden Kunden in diesen Bezirk[332] genügen hingegen nicht. Durch Einschaltung eines von ihm **beherrschten Drittunternehmens** als Vertragspartner und Lieferant des bezirksangehörigen Kunden kann der Unternehmer der Pflicht zur Zahlung der Provision nach Abs. 2 nicht entgehen.[333] Ebenso fällt die Provision an, wenn (der HV nachweist, dass) Unternehmer und Kunde einen nicht geschützten Besteller nur in der Absicht eingeschaltet haben, den Provisionsanspruch nach Abs. 2 zu **umgehen und zu vereiteln,**[334] was dem Drittkunden/Besteller nicht bekannt geworden sein muss. Hingegen reicht es für Abs. 2 nicht aus, dass ein Drittkunde die Ware unverzüglich an einen geschützten Kunden im Bezirk des HV weiterveräußert (Querlieferung).[335]

49   **c) Messegeschäft.** Anspruch auf Provision für während einer Messe getätigte Geschäfte hat grundsätzlich der anwesende oder abwesende[336] HV, zu dessen Bezirk oder geschütztem Kundenkreis der Messekunde gehört.[337] Es kommt nicht darauf an, wer das konkrete Geschäft herbeigeführt hat und in wessen Bezirk die Messe veranstaltet wird. Das gemeinsame Tätigwerden der HV auf dem Messestand des Unternehmers enthält im Zweifel die stillschweigend getroffene Übereinkunft, dass bei Abschlüssen mit geschützten Kunden die Provision in voller Höhe dem nach Abs. 2 berechtigten HV zustehen soll (s. d. auch RdNr. 34).[338]

50   **d) Bezirksübergreifende und bezirksfremde Geschäfte des geschützten Kunden.** Unterhält ein nach Abs. 2 geschützter Kunde nicht persönlich in den Kundenschutz einbezogene Unternehmen, Zweigstellen, Niederlassungen, Betriebe oder Betriebsteile außerhalb des geschützten

---

[320] *Schröder* RdNr. 36; MünchKommHGB/*v. Hoyningen-Huene* RdNr. 96.
[321] Heymann/*Sonnenschein/Weitemeyer* RdNr. 25.
[322] BGH Urt. v. 18. 11. 1957 – II ZR 33/56, NJW 1958, 180; BGH Urt. v. 18. 6. 1976 – I ZR 124/73, WM 1976, 1193; OLG Düsseldorf WM 1970, 1284; Heymann/*Sonnenschein/Weitemeyer* RdNr. 25; MünchKommHGB/*v. Hoyningen-Huene* RdNr. 83, 90 und 91; *Schröder* RdNr. 32; *Küstner* HVR RdNr. 759, 760.
[323] *Küstner* HVR RdNr. 759, 760.
[324] S. d. a. *Westphal* Vertriebsrecht RdNr. 506.
[325] *Küstner* HVR RdNr. 801.
[326] *Schröder* RdNr. 34; *Küstner/Thume* RdNr. 883; vgl. *Hopt* RdNr. 30; MünchKommHGB/*v. Hoyningen-Huene* RdNr. 86, 92.
[327] OLG Hamm Urt. v. 18. 12. 1998 – 35 U 26/98, HVR Nr. 964 (für Wehrdienst).
[328] MünchKommHGB/*v. Hoyningen-Huene* RdNr. 85.
[329] MünchKommHGB/*v. Hoyningen-Huene* RdNr. 84 a.
[330] Heymann/*Sonnenschein/Weitemeyer* RdNr. 25; MünchKommHGB/*v. Hoyningen-Huene* RdNr. 83, 84 a; *Schröder* RdNr. 32; Staub/*Brüggemann* RdNr. 38.
[331] *Schröder* RdNr. 32.
[332] OLG Bamberg Urt. v. 17. 12. 1999 – 6 U 41/99, HVR Nr. 936; MünchKommHGB/*v. Hoyningen-Huene* RdNr. 84 a.
[333] OLG Köln Urt. v. 8. 1. 1979 – 12 U 115/78, HVR Nr. 526.
[334] OLG Celle BB 1970, 51, 52; OLG Hamm Urt. v. 27. 11. 1998 – 35 U 6/98, HVR Nr. 963; *Westphal* RdNr. 296.
[335] BGH Urt. v. 11. 7. 1960 – VII ZR 225/59, BB 1960, 956; OLG Hamm Urt. v. 27. 11. 1998 – 35 U 6/98, HVR Nr. 963; MünchKommHGB/*v. Hoyningen-Huene* RdNr. 84; *Schröder* RdNr. 32.
[336] *Küstner* HVR RdNr. 819.
[337] KG Urt. v. 16. 6. 1969 – 2 U 2756/68, HVR Nr. 397; *Hopt* RdNr. 21; MünchKommHGB/*v. Hoyningen-Huene* RdNr. 93; ausf. *Küstner* HVR RdNr. 817 ff.
[338] KG BB 1969, 1062; MünchKommHGB/*v. Hoyningen-Huene* RdNr. 93 und 94; aA *Hopt* RdNr. 35 (Teamvereinbarung).

Bezirks, erwirbt der HV die Provision nach Abs. 2 für die Geschäfte, bei welchen die rechtlich verbindliche Abnahmepflicht (Bestellung) von einer juristischen oder natürlichen Person begründet wird, die Sitz oder Niederlassung im Bezirk hat oder zu dem geschützten Kundenkreis gehört,[339] so dass der Kundenvertrag zwischen dem bezirksangehörigen/geschützten Bestseller und dem Geschäftsherrn des HV zustande kommt.[340] Die verbindliche Weisung eines geschützten (Bezirks-) Kunden an nicht bezirksangehörige und nicht geschützte Niederlassungen, Betriebsteile oder beherrschte Unternehmen[341] zu einer entsprechenden Bestellung reicht aus, wenn der Angewiesene eine eigene Entscheidungsfreiheit für das konkrete Geschäft nicht besitzt und nur die vorgegebenen Produkte bestellen darf.[342]

e) Sitzverlegung und Übergang zu „bezirksfremder" Bestellung. Mit Verlegung des geschäftlichen Sitzes eines Bezirkskunden an einen Ort außerhalb des geschützten Bezirks endet zwar die Provisionspflicht nach Abs. 2 für alle noch nicht abgeschlossenen Kundenverträge, nicht jedoch diejenige nach Abs. 1 Satz 1 1. oder 2. Alt.[343] sowie nach Abs. 3 Satz 1.[344] Des Weiteren endet die Bezirksprovisionspflicht, wenn ein geschützter Bezirkskunde dazu übergeht, Bestellungen – zentral – durch eine außerhalb des Bezirks gelegene und nicht persönlich geschützte Stelle/Person aufzugeben (s. RdNr. 50).[345]

51

f) Nicht unter Abs. 2 fallende Geschäfte des Unternehmers. Nicht unter Abs. 2 fallen Geschäfte des Unternehmers, welche **nicht dem üblichen Geschäftsbetrieb,** idR also dem Absatz von Waren oder sonstigen Produkten, **dienen,** sondern einer Abwicklung des Betriebs oder der Abwendung einer Insolvenz[346] sowie in dem Zusammenhang auch der Tilgung von Verbindlichkeiten, wie es zB bei Warenlieferungen an die Gläubiger zur Verrechnung mit Schulden der Fall sein kann. Ebenso sind **Eigengeschäfte** des Unternehmers im Zweifel von der Provisionspflicht nach Abs. 2 ausgenommen (RdNr. 44). Dazu gehören Lieferungen des Unternehmers an rechtlich unselbständige Unternehmensteile oder Zweigniederlassungen im Bezirk des HV sowie **Belegschaftsverkäufe,** soweit diese der persönlichen Bedarfsdeckung der Arbeitnehmer/Angestellten des Unternehmers dienen und ohne Zwischenschaltung von Groß-, Zwischen- oder Einzelhändler durchgeführt werden[347] wie zB die Abgabe von Jahreswagen.

52

4. Bezirkswechsel. Bei einem Bezirkswechsel mit Übernahme eines anderen Bezirks wird regelmäßig stillschweigend vereinbart sein, dass der ausscheidende Bezirksvertreter die Rechte aus noch nicht zur Bezirksprovision erstarkten Anwartschaften verliert, soweit der Unternehmer dem Nachfolger im Bezirk die Provision nach Abs. 2 zu leisten hat[348] und im Zweifel zu Gunsten des Ausscheidenden eine gleichartige Regelung hinsichtlich der Kundengeschäfte des neuen Bezirks gelten soll.

53

VII. Inkassoprovision – Absatz 4

1. Inkasso. Nach Abs. 4 hat der HV Anspruch auf Provision für das Inkasso, also die auftragsgemäße Einziehung und Entgegennahme von Geldern oder sonstigen Leistungen der Kunden zugunsten des Unternehmers. Das Inkasso ist eine nicht handelsvertretertypische, nicht von § 84 erfasste und nicht mit der Provision nach § 87 Abs. 1 bis 3 abgegoltene Aufgabe,[349] welche dem HV vom Unternehmer zusätzlich durch **Vertrag** (Inkassovereinbarung oder „Inkassoauftrag") übertragen werden muss.[350]

54

---

[339] BGH Urt. v. 26. 11. 1956 – II ZR 219/55, DB 1957, 19; BGH Urt. v. 29. 11. 1956 – II ZR 241/55, BB 1957, 9; BGH Urt. v. 18. 6. 1976 – I ZR 124/73, WM 1976, 1193; BGH Urt. v. 9. 6. 1978 – I ZR 136/76, WM 1978, 982; Heymann/*Sonnenschein/Weitemeyer* RdNr. 25; *Hopt* RdNr. 27; MünchKommHGB/*v. Hoyningen-Huene* RdNr. 90 und 91; *Schröder* RdNr. 32, 34 a; Staub/*Brüggemann* RdNr. 38, 39; *Westphal* RdNr. 297; *Alff* S. 101; kritisch: *Küstner* HVR RdNr. 797 ff., 760 ff., 764 ff., teils aA *Maier* BB 1970, 1327, 1328.
[340] *Westphal* Vertriebsrecht RdNr. 497.
[341] Heymann/*Sonnenschein/Weitemeyer* RdNr. 25.
[342] OLG Stuttgart BB 1960, 753; *Schröder* DB 1963, 541, 543.
[343] *Schröder* DB 1963, 541 und RdNr. 32 a; MünchKommHGB/*v. Hoyningen-Huene* RdNr. 92; Staub/*Brüggemann* RdNr. 39; vgl. auch *Wessel* BB 1962, 473.
[344] AA *Hopt* RdNr. 35 (Provisionsteilung).
[345] AA wohl *Küstner* HVR RdNr. 801 und 803.
[346] RGZ 140, 80; *Emde/Kelm* ZIP 2005, 58, 60.
[347] MünchKommHGB/*v. Hoyningen-Huene* RdNr. 95; *Schröder* RdNr. 35 a; Staub/*Brüggemann* RdNr. 36; vgl. Gutachten der IHK Braunschweig v. 28. 1. 1955 – HVR Nr. 92 und OLG Köln BB 1971, 103.
[348] Im Ergebnis ebenso *Schröder* DB 1963, 541.
[349] Heymann/*Sonnenschein/Weitemeyer* RdNr. 27; *Schröder* RdNr. 50.
[350] MünchKommHGB/*v. Hoyningen-Huene* RdNr. 116; vgl. OLG Stuttgart DB 1962, 405.

55 **2. Inkassovereinbarung mit Inkassoauftrag und Inkassovollmacht.** Die Inkassovereinbarung (mit dem eigentlichen Inkassoauftrag) kann bei Abschluss des HVVertrags oder nachträglich ausdrücklich oder stillschweigend geschlossen werden. Eine einseitige Weisung des Unternehmers reicht nicht, stellt aber einen Vertragsantrag nach § 145 BGB dar. Die Genehmigung eigenmächtigen Inkassos lässt den Anspruch auf Provision für das genehmigte Geschäft entstehen,[351] begründet aber im Zweifel keinen Inkassoauftrag für die Zukunft. Den Umfang des Auftrags müssen die Parteien vertraglich festlegen.[352] Der Inkassoauftrag kann gegenständlich, räumlich, persönlich und zeitlich begrenzt werden; er muss sich nicht auf Kunden des HV oder von ihm vermittelte Geschäfte beziehen.[353] Außer dem Geldeinzug können Einziehung und Entgegennahme anderer Waren oder Leistungen für den Unternehmer vereinbart werden.[354] Mit dem Auftrag ist notwendigerweise eine Inkassovollmacht verbunden.[355] Die Abschlussvollmacht berechtigt dagegen regelmäßig nicht zum Inkasso.[356]

56 **3. Entstehen und Fälligkeit des Provisionsanspruchs.** Der Anspruch auf Inkassoprovision entsteht **kraft Gesetzes** und wird gleichzeitig fällig, wenn der HV eine Inkassotätigkeit vornimmt, die sich im Rahmen der Inkassovereinbarung hält,[357] also mit der tatsächlichen Entgegennahme einer für den Unternehmer bestimmten Leistung für diesen,[358] nicht aber bei eigenmächtigem, noch nicht genehmigtem Inkasso (RdNr. 55).[359] § 286 Abs. 2 Nr. 1 BGB nF[360] sowie §§ 87 und 87 a gelten nicht.[361] Bei – regelmäßig von der Inkassovereinbarung gedeckter – teilweiser Ausführung eines konkreten Inkassoauftrags **(Teilinkasso)** entsteht ein fälliger Anspruch auf eine entsprechende Teilprovision;[362] § 266 BGB gilt insoweit nicht.

57 **4. Höhe der Provision und Inkassokosten.** Die Höhe der Provision richtet sich nach den getroffenen Vereinbarungen, andernfalls nach Handelsbrauch oder § 87 b.[363] Die normalerweise durch das Inkasso entstehenden Kosten werden regelmäßig durch die Inkassoprovision abgegolten sein; im Übrigen gilt § 87 d.[364] Außergewöhnliche Inkassokosten wird der Unternehmer dem HV im Zweifel zumindest nach § 670 BGB zu erstatten haben.

58 **5. Ende der Inkassovereinbarung.** Die Inkassovereinbarung endet im Zweifel mit dem HVVertrag.[365] Vorher kann sie jederzeit gekündigt und widerrufen werden (§ 671 BGB).

VIII. Verwirkung des Provisionsanspruchs

59 Für eine Verwirkung der erfolgsabhängigen verdienten Provision ist grundsätzlich kein Raum (s. § 84 RdNr. 71).[366] Der entstandene erfolgsunabhängige Provisions- oder Vergütungsanspruch kann ausnahmsweise verwirkt werden, wenn (der Unternehmer nachweist, dass) es ihm zB wegen groben Fehlverhaltens des HV schlechterdings nicht mehr zumutbar ist, an den vertragsuntreuen HV noch eine Leistung zu erbringen.[367] Eine in besonders grobem Maß treu- und vertragswidrige Untätigkeit des HV kann nach erfolgloser Abmahnung ausreichen (RdNr. 7).[368]

IX. Abdingbarkeit

60 § 87 enthält **durchgehend dispositives** (abdingbares) **Recht.**[369] Sofern nicht ausnahmsweise besondere gesetzliche Regelungen bestehen,[370] unterliegen die Voraussetzungen für das Entstehen

---

[351] MünchKommHGB/*v. Hoyningen-Huene* RdNr. 117; *Schröder* RdNr. 51.
[352] Vgl. *Schröder* RdNr. 50.
[353] MünchKommHGB/*v. Hoyningen-Huene* RdNr. 118; *Schröder* RdNr. 52.
[354] *Schröder* RdNr. 50 b.
[355] Heymann/*Sonnenschein*/*Weitemeyer* RdNr. 27.
[356] *Schröder* RdNr. 51.
[357] *Schröder* RdNr. 51.
[358] *Schröder* RdNr. 50 b; vgl. OLG Hamburg VersR 1963, 626.
[359] Heymann/*Sonnenschein*/*Weitemeyer* RdNr. 27; MünchKommHGB/*v. Hoyningen-Huene* RdNr. 117.
[360] BGH Urt. v. 9. 4. 1962 – VII ZR 162/60, HVR Nr. 276.
[361] MünchKommHGB/*v. Hoyningen-Huene* RdNr. 118; *Schröder* RdNr. 52.
[362] MünchKommHGB/*v. Hoyningen-Huene* RdNr. 118; *Schröder* RdNr. 53.
[363] Heymann/*Sonnenschein*/*Weitemeyer* RdNr. 27; MünchKommHGB/*v. Hoyningen-Huene* RdNr. 118.
[364] *Schröder* RdNr. 54.
[365] MünchKommHGB/*v. Hoyningen-Huene* RdNr. 117; *Schröder* RdNr. 51.
[366] S. OLG Düsseldorf Urt. v. 5. 7. 1955 – 2 U 44/55, HVR Nr. 104; zu einem besonders gelagerten Ausnahmefall: BGH Urt. v. 13. 10. 1960 – VII ZR 224/59, VersR 1960, 1109; aA BGH Urt. v. 31. 1. 1957 – II ZR 281/55, HVR Nr. 143.
[367] *Hopt* RdNr. 33; *Schröder* RdNr. 74; vgl. BGH Urt. v. 31. 1. 1957 – II ZR 281/55, HVR Nr. 143; OLG Koblenz BB 1973, 866; weniger streng OLG München BB 1955, 714; OLG Hamm NJW 1959, 677 = BB 1959, 682; *Westphal* RdNr. 409 bis 411.
[368] MünchKommHGB/*v. Hoyningen-Huene* RdNr. 97.
[369] Heymann/*Sonnenschein*/*Weitemeyer* RdNr. 4; *Hopt* RdNr. 48; *Schröder* RdNr. 55; Staub/*Brüggemann* RdNr. 2; ausf. *Schröder* BB 1963, 567; s. a. MünchKommHGB/*v. Hoyningen-Huene* RdNr. 99; aA OLG Köln OLGR 2003, 520.
[370] So zB durch §§ 2 f des Wohnungsvermittlungsgesetzes v. 4. 11. 1971.

Provisionspflichtige Geschäfte

und die Berechnung der Provisionsanwartschaft in den durch § 138 BGB und § 84 gezogenen Grenzen (s. § 84 und § 87 b)[371] in vollem Umfang der Vertragsfreiheit,[372] solange die Selbständigkeit des HV durch eine vertragliche Regelung nicht beeinträchtigt wird. Erst das Schicksal der entstandenen Provisionsanwartschaft und des damit aufschiebend bedingt entstandenen Provisionsanspruchs ist nach § 87 a Abs. 5 teilweise der Vertragsfreiheit entzogen (s. § 87 a).[373] Jedoch prägt die in § 87 enthaltene Regelung mit Ausnahme des Abs. 3 das gesetzliche Leitbild des HVVertragsverhältnisses mit seinen Besonderheiten, weswegen für Abweichungen von der gesetzlichen Regelung, welche eine Vertragspartei benachteiligen, grds. eine inhaltlich eindeutige und unmissverständliche[374] **Individualvereinbarung** notwendig ist.[375] Das gilt besonders für die Vereinbarung einer festen Vergütung anstelle einer Erfolgsprovision. Stillschweigende Vereinbarungen sind möglich,[376] sofern sie eindeutig (feststellbar) sind.[377] **Im Einzelnen** können zum Nachteil von HV oder Unternehmer durch hinreichend eindeutige Individualvereinbarung Entstehen, Aufteilen oder Ausschluss der Provisionsanwartschaft abweichend Abs. 1[378] und 2[379] geregelt sowie vom Vorliegen engerer[380] oder weiterer Voraussetzungen abhängig gemacht werden.[381] So können zB die Anforderungen für das Herbeiführen des Kundengeschäfts (die Mitursächlichkeit) sowie die eine Provisionspflicht begründenden Tätigkeiten und Geschäfte nach Abs. 1 vertraglich festgelegt,[382] die Provisionsanwartschaft an die ausschließliche oder überwiegende Herbeiführung des Geschäfts[383] oder – unter Beachtung des § 87 a Abs. 3 und 5 – an dessen Ausführung geknüpft,[384] die Provision für einzelne Geschäfte – zB für Direktgeschäfte,[385] Nachbestellungen,[386] für erst nach berechtigter fristloser Kündigung zustande gekommene oder ausgeführte Geschäfte –[387] ausgeschlossen[388] oder anderweitig geregelt, Kunden- und Bezirksschutz erweitert, eingeschränkt oder ausgeschlossen,[389] die Zahlungspflicht auf den Kunden abgewälzt und die Höhe des Provisionssatzes an dem Grad der Verursachung ausgerichtet werden.[390] Durch eine inhaltlich eindeutige Individualvereinbarung[391] können Unternehmer und HV die **Provisionsverpflichtung auf den Kunden abwälzen,** indem dem HV die Aufgabe übertragen wird, neben der Herbeiführung des Kundengeschäfts eine getrennte und eigenständige Provisionsvereinbarung mit dem Kunden zu treffen;[392] eine solche Abwälzungsvereinbarung widerspricht allerdings grds. dem gesetzlichen Leitbild des HVVertrags[393] und kann ein Indiz dafür sein, dass der scheinbare HV tatsächlich als Makler tätig werden soll (§ 84 RdNr. 81). Die **Inkassoprovision** kann in gleicher Weise abbedungen und anderweitig geregelt werden;[394] das Nichteinfordern der Provision führt noch nicht zum Provisionsverzicht.[395] Macht der Unternehmer allerdings **den Abschluss des Kundenvertrags von dessen tatsächlicher Ausführung abhängig,** greift der unabdingbare § 87 a Abs. 3 ein und der Unternehmer entgeht der Provisionspflicht nur, wenn (er nachweist, dass) die Nichtausführung des Kundengeschäfts nicht von ihm zu vertreten ist. Haben die Parteien wirksam eine unter **Abs. 2** fallende Vereinbarung getroffen, kann die dafür gesetzlich

---

[371] *Schröder* RdNr. 55 und 62.
[372] AA wegen notwendiger EG-Richtlinienkonformität *Schmidt* ZHR 156 (1992), 512, 519, dagegen jedoch *Hopt* RdNr. 48; aA – jedoch etwas unklar – wohl auch OLG Naumburg Urt. v. 7. 3. 2002 – 2 U 74/01, HVR Nr. 1108 = OLGR 2002, 520.
[373] Ungenau insoweit OLG Naumburg Urt. v. 7. 3. 2002 – 2 U 74/01, HVR Nr. 1108 = OLGR 2002, 520.
[374] OLG Karlsruhe Urt. v. 13. 7. 1971 – 8 U 104/71, HVR Nr. 446 und Urt. v. 10. 5. 2005 – 8 U 242/02, HVR Nr. 1156.
[375] Teilweise aA MünchKommHGB/*v. Hoyningen-Huene* RdNr. 63, vgl. auch § 89 RdNr. 68.
[376] MünchKommHGB/*v. Hoyningen-Huene* RdNr. 8 und 56.
[377] Heymann/Sonnenschein/Weitemeyer RdNr. 4; *Hopt* RdNr. 48; MünchKommHGB/*v. Hoyningen-Huene* RdNr. 56.
[378] BAG Urt. v. 4. 7. 1972 – 3 AZR 477/71, HVR Nr. 460; *Schröder* RdNr. 57; aA *Schmidt* ZHR 156 (1992), 512, 519 wegen des Gebots EG-Richtlinienkonformer Rechtsanwendung.
[379] Vgl. *Schröder* RdNr. 61.
[380] Vgl. LAG Hamm DB 1959, 236.
[381] MünchKommHGB/*v. Hoyningen-Huene* RdNr. 8, 13, 67, 115; vgl. *Schröder* RdNr. 61 und 61 b.
[382] *Hopt* RdNr. 11.
[383] MünchKommHGB/*v. Hoyningen-Huene* RdNr. 65; *Schröder* RdNr. 56.
[384] BGH Urt. v. 11. 7. 1960 – VII ZR 225/59, BGHZ 33, 92, 94.
[385] MünchKommHGB/*v. Hoyningen-Huene* RdNr. 100.
[386] MünchKommHGB/*v. Hoyningen-Huene* RdNr. 66.
[387] OLG München OLGZ 1966, 27.
[388] Vgl. *Schröder* RdNr. 55 d.
[389] BGH Urt. v. 9. 6. 1978 – I ZR 136/76, WM 1978, 982; MünchKommHGB/*v. Hoyningen-Huene* RdNr. 99; *Schröder* RdNr. 40, 58 a und b, 59, 60; *Westphal* RdNr. 300, 315; aA *Schmidt* ZHR 156 (1992), 512, 519.
[390] *Schröder* RdNr. 56.
[391] AA *Loritz* VersR 2004, 405, 410 f., 413.
[392] Ausf. dazu (für Versicherungsverträge) *Loritz* VersR 2004, 405 mN aus der Rspr. und DStZ 2006, 621.
[393] AA *Loritz* VersR 2004, 405, 410 f., 413.
[394] *Schröder* RdNr. 61 a; vgl. OLG Nürnberg VersR 1959, 801.
[395] OLG Nürnberg VersR 1959, 801 = HVR Nr. 279.

§ 87   61, 62

geschuldete Provision zwar im Einzelnen vertraglich ausgestaltet, jedoch nicht völlig ausgeschlossen werden.[396] Die in **Abs. 3** Satz 1 und 2 enthaltenen Regelungen sind außer durch Individualvertrag[397] auch durch **AGB** und Formularvertrag abdingbar,[398] unterliegen dann aber der Inhaltskontrolle nach § 307 BGB nF.[399] Ein bestehender **Handelsbrauch** kann einen lückenhaften HVVertrag ergänzen, eine gesetzliche oder vertragliche Regelung aber grundsätzlich nicht abdingen oder ändern.[400] Die Vereinbarung einer **Provisionszahlung „nach Absprache"** kann das Entstehen des gesetzlichen Provisionsanspruchs grds. nicht verhindern und dem HV nicht verwehren, bei fehlender Absprache den gesetzlichen Anspruch geltend zu machen.[401] Vertragliche Vorbehalte zu **einseitigen Vertragsänderungen** können in den durch § 138 BGB gezogenen Grenzen durch Individualvereinbarung begründet werden.[402] Rechtswirksame vom Gesetz abweichende Vereinbarungen wirken sich auch auf den **Ausgleichsanspruch** aus und bleiben für dessen Ermittlung maßgeblich.[403]

X. Insolvenz

61   Die rechtliche Behandlung von Provisionsforderungen hat sich durch die InsO gegenüber der früheren Rechtslage nach der KO geändert.[404] Bei **Insolvenz des HV**[405] fallen – anders als nach § 1 Abs. 1 KO – alle Provisionsansprüche nach § 35 InsO unabhängig davon in die Insolvenzmasse, wann sie entstanden und unbedingt geworden sind.[406] In der **Insolvenz des Unternehmers**[407] entscheidet der nach § 87 maßgebende Zeitpunkt für das bedingte Entstehen des Provisionsanspruchs über die rechtliche Einordnung der Forderung nach § 38 oder § 55 InsO; in der Regel werden Provisionsansprüche des HV einfache Insolvenzforderungen, auch wenn der Insolvenzverwalter den vom Schuldner bereits geschlossenen Kundenvertrag ausführt.[408] Nur wenn erst der Insolvenzverwalter den Kundenvertrag abschließt[409] und damit die Provisionsanwartschaft begründet, entsteht nach § 55 Abs. 1 Nr. 1 InsO eine Masseverbindlichkeit.[410] Eine § 59 Abs. 1 Nr. 3 c KO entsprechende oder § 67 KO vergleichbare Bestimmung enthält die InsO nicht.

XI. Untervertreter und handelsvertreterähnliche Vertriebsmittler

62   § 87 ist grundsätzlich auf **Kommissionsagenten**,[411] nicht jedoch auf Vertragshändler und **Franchisenehmer** analog anwendbar (s. § 84).[412] Eine Ausnahme gilt für Abs. 2, wenn im Einzelfall ein dem Abs. 2 vergleichbarer Bezirks- oder Kundenschutz eingeräumt wird.[413] Der Rechtsgedanke des Abs. 3 – besonders Satz 1 Nr. 2 – kann zugunsten des Kommissionsagenten,[414] Vertragshändlers und

---

[396] Vgl. auch OLG Karlsruhe Urt. v. 10. 5. 2005 – 8 U 242/02, HVR Nr. 1156.
[397] BGH Urt. v. 11. 7. 1960 – VII ZR 225/59, BGHZ 33, 92, 94; BGH Urt. v. 10. 12. 1997 – VIII ZR 107/97, MDR 1998, 354.
[398] BAG Urt. v. 20. 8. 1996 – 9 AZR 471/95, ZIP 1996, 1912, 1914; OLG Nürnberg BB 1963, 203; OLG Frankfurt NJW-RR 1986, 782 (für Versicherungsvertreter); MünchKommHGB/*v. Hoyningen-Huene* RdNr. 64; *Schröder* RdNr. 55 c und 61 c; *Westphal* RdNr. 315; *Küstner* HVR RdNr. 751, 765, 866 ff.; aA: *Schmidt* ZHR 156 (1992), 512, 519 wegen des Gebots EG-Richtlinienkonformer Rechtsanwendung; offengelassen von BGH Urt. v. 10. 12. 1997 – VIII ZR 107/97, MDR 1998, 354.
[399] BGH Urt. v. 10. 12. 1997 – VIII ZR 107/97, MDR 1998, 354.
[400] OLG Celle BB 1961, 1341; MünchKommHGB/*v. Hoyningen-Huene* RdNr. 9; *Schröder* RdNr. 40 und 55 a; zweifelnd: *Hopt* 48.
[401] OLG Frankfurt Urt. v. 4. 3. 1997 – 5 U 211/95, HVR Nr. 1045 = MDR 1997, 1139.
[402] OLG München BB 1992, 455; *Ebenroth* S. 55.
[403] *Schröder* RdNr. 57 a.
[404] Zum alten Recht siehe *Holling* DB 1957, 340; *Hoffstadt* DB 1983, 645 sowie Heymann/Sonnenschein/Weitemeyer RdNr. 29 und 30; *Schröder* § 87 b RdNr. 16; Staub/*Brüggemann* § 87 b RdNr. 16 bis 19; *Küstner* HVR RdNr. 1320 bis 1352.
[405] Ausf. *Küstner/Thume* RdNr. 1382 f.
[406] MünchKommHGB/*v. Hoyningen-Huene* RdNr. 122.
[407] Ausf. *Küstner/Thume* RdNr. 1351 f.
[408] MünchKommHGB/*v. Hoyningen-Huene* RdNr. 123; MünchKommInsO/Ehricke § 38 RdNr. 16 und 17; *Uhlenbruck* InsO § 55 RdNr. 9; ebenso zum alten Recht: BGH Urt. v. 21. 12. 1989 – IX ZR 66/89, MDR 1990, 620.
[409] MünchKommHGB/*v. Hoyningen-Huene* RdNr. 123; für die Provisionsforderung des nicht unter § 92 c fallenden HV nach altem Recht: BGH Urt. v. 21. 12. 1989 – IX ZR 66/89, NJW 1990, 1665.
[410] *Emde/Kelm* ZIP 2005, 58, 60; MünchKommHGB/*v. Hoyningen-Huene* RdNr. 123.
[411] MünchKommHGB/*v. Hoyningen-Huene* RdNr. 10; *Canaris* § 16 RdNr. 7.
[412] BGH Urt. v. 9. 2. 1984 – I ZR 226/81, NJW 1984, 2411; OLG Köln BB 1975, 8; MünchKommHGB/*v. Hoyningen-Huene* RdNr. 10; aA *Alff* RdNr. 110; für Abs. 3 Nr. 1: *Peterek* BB 1966, 351, 354.
[413] BGH Urt. v. 18. 11. 1963 – VIII ZR 33/62, NJW 1964, 151; vgl. auch BGH Urt. v. 30. 3. 1975 – I ZR 143/74, WM 1975, 1107; *Peterek* BB 1966, 353; Heymann/Sonnenschein/Weitemeyer Vor § 84 RdNr. 11; *Schröder* RdNr. 30 a und 39 a; § 84 RdNr. 20; aA für Vertragshändler und Franchisenehmer: BGH Urt. v. 9. 2. 1984 – I ZR 226/81, NJW 1984, 2411; für Vertragshändler; *Hopt* RdNr. 29; MünchKommHGB/*v. Hoyningen-Huene* RdNr. 72; *Canaris* § 17 RdNr. 21.
[414] MünchKommHGB/*v. Hoyningen-Huene* RdNr. 103.

Franchisenehmer ausnahmsweise Anwendung finden.[415] Für die Provisionsanwartschaft des **echten Untervertreters** gilt § 87, soweit er mit dem HV nicht abweichende Abmachungen getroffen hat. Entscheidend für das Entstehen seiner gegen den HV gerichteten Provisionsanwartschaft ist der Vertragsschluss zwischen Kunde und Unternehmer.[416] Bezirks- und Kundenschutz sowie Anspruch auf Inkassoprovision kann der HV seinem Untervertreter einräumen, sofern er sich dabei innerhalb der ihm vom Unternehmer verliehenen Rechtsmacht hält, andernfalls wirken solche Absprachen nur im Innenverhältnis.

XII. Beweislast

Der HV hat die tatsächlichen Voraussetzungen des Entstehens seiner Provisionsanwartschaft oder der Vereinbarung einer festen erfolgsunabhängigen Vergütung zu beweisen. Hat der Unternehmer Zahlungen an den HV erbracht, deren Zuordnung streitig ist, trägt der HV die Beweislast dafür, dass der Geldbetrag auf eine dem HV zustehende anderweitige Vergütungsforderung und nicht auf den eingeklagten erfolgsabhängigen Provisionsanspruch geleistet worden und anzurechnen ist.[417] Den tatsächlichen Abschluss eines Kundengeschäfts während des bestehenden HVVertragsverhältnisses muss ebenfalls der HV beweisen, die rechtliche Unwirksamkeit des Geschäfts der Unternehmer.[418] Für das Herbeiführen des Kundengeschäfts nach Abs. 1 Satz 1 1. Alt. genügt der vom HV zu führende Nachweis einer Tätigkeit, welche nach der allgemeinen Erfahrung mitursächlich für den Abschluss des Kundenvertrags geworden sein kann.[419] Dem Unternehmer obliegt die Beweisführung, dass diese Tätigkeit des HV im konkreten Fall den späteren Geschäftsabschluss nicht einmal mitveranlasst hat oder zumindest die ernsthafte Möglichkeit besteht, dass eine Mitursächlichkeit ausgeschlossen sein kann.[420] Für Abs. 1 Satz 1 2. Alt. muss der HV nachweisen, dass der Unternehmer während des bestehenden HVVertragsverhältnisses Geschäfte mit Kunden getätigt hat, welche er dem Unternehmer für Geschäfte der gleichen Art zugeführt (geworben) hat.[421] Der Unternehmer hat dann konkret darzulegen, dass diese Kunden („Dritte") bereits vor Abschluss des streitigen Kundengeschäfts ganz bestimmte, im Einzelnen zu bezeichnende, gleichartige Geschäfte mit ihm getätigt haben; der Nachweis, dass es diese Geschäfte nicht gegeben hat, obliegt dem HV.[422] Die Voraussetzungen provisionspflichtiger Nachbestellungen hat der HV,[423] eines Provisionsausschlusses nach Abs. 1 Satz 2 oder Abs. 2 Satz 2 der Unternehmer zu beweisen.[424] Im Fall des Abs. 2 Satz 1 hat der HV die rechtswirksame Kundenschutzvereinbarung[425] sowie den Abschluss eines hierunter fallenden Kundengeschäfts nachzuweisen, nicht aber die – rechtlich unerhebliche – Mitursächlichkeit einer eigenen Tätigkeit. Wenn der Unternehmer ausnahmsweise Rechte aus den §§ 320 f. BGB herleiten will. muss er eine fehlende Mitverantwortung des HV für den Geschäftsabschluss oder dessen Untätigkeit beweisen,[426] nachdem der HV zuvor konkret Art und Umfang seiner vom Unternehmer zu widerlegenden Tätigkeit darzulegen hat. Für die Voraussetzungen des Abs. 3 Satz 1[427] und 2 trägt derjenige die Beweislast, der die Provision für sich beansprucht und/oder dem Nachfolger des ausgeschiedenen HV die Zahlung der vollständigen Provision streitig macht. Inkassoauftrag, vereinbarungsgemäße Entgegennahme einer vom Auftrag erfassten Leistung und Höhe der ihm zustehenden Provision nach Abs. 4 müssen vom HV bewiesen werden. Vom gesetzlichen Regelfall abweichende Vereinbarungen muss beweisen, wer sich darauf beruft.

XIII. Europarecht

Allgemeine Ausführungen und Text der HV-RiLi s. Vor § 84 Anh. § 87 setzt Art. 7–9 HV-RiLi um, wobei trotz teilweise unterschiedlicher Formulierungen eine **hinreichende Übereinstimmung** erreicht wurde.

---

[415] MünchKommHGB/*v. Hoyningen-Huene* RdNr. 103; *Martinek* in Martinek/Semler § 25 RdNr. 54, 55.
[416] Vgl. BGH Urt. v. 20. 6. 1984 – I ZR 62/82, BGHZ 91, 370 = NJW 1984, 2881; MünchKommHGB/ *v. Hoyningen-Huene* § 87 a RdNr. 21.
[417] OLG Nürnberg BB 1964, 866; *Baumgärtel* RdNr. 1; *Schröder* RdNr. 2.
[418] *Schröder* RdNr. 19 b; aA Beweislast bei HV: *Baumgärtel* RdNr. 2.
[419] Vgl. OGL Nürnberg BB 1959, 391; *Westphal* RdNr. 288.
[420] *Baumgärtel* RdNr. 2; MünchKommHGB/*v. Hoyningen-Huene* RdNr. 49 und 50; *Schröder* RdNr. 19 b und 27.
[421] *Baumgärtel* RdNr. 3; *Schröder* RdNr. 23 c.
[422] *Baumgärtel* RdNr. 3; *Schröder* RdNr. 23 c.
[423] *Schröder* RdNr. 20.
[424] *Baumgärtel* RdNr. 3.
[425] OLG Düsseldorf Urt. v. 9. 5. 2003 – I – 16 U 166/02, HVR Nr. 1083.
[426] *Baumgärtel* RdNr. 4.
[427] OLG Düsseldorf OLGZ 1999, 453; *Baumgärtel* RdNr. 5; *Schröder* RdNr. 47 a.

§ 87 a

65 § 87 Abs. 1 S. 1 entspricht Art. 7 Abs. 1 HV-RiLi, § 87 Abs. 1 S. 2 Art. 9, § 87 Abs. 2 stellt eine der Optionen dar, die Art. 7 Abs. 2 HV-RiLi den Mitgliedstaaten eingeräumt hat, § 87 Abs. 3 S. 1 entspricht Art. 8 HV-RiLi, § 87 Abs. 3 S. 2 Art. 9 Die maßgebliche Neuerung, die mit der HV-RiLi eingeführt wurde (§ 87 Abs. 1 und 2, jeweils am Ende, sowie Abs. 3 S. 2) ist die **Teilung der Provision** zwischen dem ausgeschiedenen und dem nachfolgenden HV.

66 Vereinzelt wird eine fehlerhafte Umsetzung darin gesehen, dass § 87 Abs. 3 gem. der deutschen Rechtslage **abbedungen** werden kann, während die Richtlinienvorschriften Art. 8 und 9 dies nicht gesondert vorsehen.[428] Da die HV-RiLi es regelmäßig erwähnt, wenn eine Vorschrift nicht dispositiv ist, was bei Art. 8 und 9 nicht geschehen ist, dürfte davon auszugehen sein, dass abweichende Parteivereinbarungen möglich sind.

67 Art. 7 HV-RiLi ist eine der wenigen Vorschriften, zu denen der **EuGH** bereits Stellung genommen hat. Die Vorlagefrage eines griechischen Gerichtes, ob im Falle der Zuweisung eines bestimmten Bezirkes oder Kundenkreises die Provision auch dann entsteht, wenn das Geschäft ohne Mitwirkung des HV zustandegekommen ist, wurde vom EuGH unter Auslegung der Richtlinienbestimmungen bejaht.[429] Des Weiteren hat er zur Auslegung des Begriffs „Kunde..., der diesem Bezirk ... angehört" in Art. 7 im Falle eines Kunden, der eine juristische Person ist, entschieden, dass für die geographische Zugehörigkeit grundsätzlich der Ort der tatsächlichen geschäftlichen Tätigkeit der juristischen Person maßgeblich ist; wird diese an verschiedenen Orten ausgeübt oder wird der HV in mehreren Hoheitsgebieten tätig, so können für die Feststellung des Schwerpunktes des vorgenommenen Geschäfts andere Elemente, namentlich der Ort, an dem die Verhandlungen mit dem HV erfolgt sind oder normalerweise hätten erfolgen müssen, der Ort, an den die Ware geliefert worden ist sowie der Ort der Niederlassung, welche die Bestellung aufgegeben hat, berücksichtigt werden.[430]

§ 87 a [Entstehen und Fälligkeit der Provision]

(1) ¹Der Handelsvertreter hat Anspruch auf Provision, sobald und soweit der Unternehmer das Geschäft ausgeführt hat. ²Eine abweichende Vereinbarung kann getroffen werden, jedoch hat der Handelsvertreter mit der Ausführung des Geschäfts durch den Unternehmer Anspruch auf einen angemessenen Vorschuß, der spätestens am letzten Tag des folgenden Monats fällig ist. ³Unabhängig von einer Vereinbarung hat jedoch der Handelsvertreter Anspruch auf Provision, sobald und soweit der Dritte das Geschäft ausgeführt hat.

(2) Steht fest, daß der Dritte nicht leistet, so entfällt der Anspruch auf Provision; bereits empfangene Beträge sind zurückzugewähren.

(3) ¹Der Handelsvertreter hat auch dann einen Anspruch auf Provision, wenn feststeht, daß der Unternehmer das Geschäft ganz oder teilweise nicht oder nicht so ausführt, wie es abgeschlossen worden ist. ²Der Anspruch entfällt im Falle der Nichtausführung, wenn und soweit diese auf Umständen beruht, die vom Unternehmer nicht zu vertreten sind.

(4) Der Anspruch auf Provision wird am letzten Tag des Monats fällig, in dem nach § 87 c Abs. 1 über den Anspruch abzurechnen ist.

(5) Von Absatz 2 erster Halbsatz, Absätzen 3 und 4 abweichende, für den Handelsvertreter nachteilige Vereinbarungen sind unwirksam.

EG-RL 86/653 Art. 10 und 11 s. Vor § 84 Anh.

Schrifttum: Siehe zunächst Schrifttumsverzeichnis vor § 84; wegen des älteren Schrifttums aus der Zeit vor 1990 wird auf das Schrifttumsverzeichnis der Vorauflage verwiesen: *Behrendt,* Aktuelle handelsvertreterrechtliche Fragen in Rechtsprechung und Praxis, NJW 2003, 1563; *Sieg,* Der Bereicherungsanspruch des Versicherers gegen seinen Vermittler, VersR 1993, 1198; *Treffer,* Pfändung von Provisionsansprüchen, MDR 1998, 384; *Wolf/Ungeheuer,* Provisionsanspruch des Handelsvertreters bei Kündigung nach § 649 BGB, NJW 1994, 1497.

---

[428] *Schmidt* ZHR 1992, 512, 517, 519; ebenso *v. Westphalen/Albrecht* RdNr. 10 sowie *Westphal* Diss. Münster 1994, S. 72 ff.

[429] EuGH, Urt. v. 12. 12. 1996 – Rs. C-104/95, „Kontogeorgas/Kartonpak", EuGHE 1996 I, 6643, RdNr. 16–19 = EuZW 1997, 248; s. auch die Anm. von *Klauer,* St. Galler Europarechtsbriefe 1997, 27, *Habersack/Martínez Sanz* EWS 1997, 289 und *Fock* ZEuP 1998, 354.

[430] EuGH (Fn. 429) RdNr. 25–30.

Übersicht

	RdNr.		RdNr.
I. Entstehungsgeschichte	1	f) Umstände und Entwicklungen aus dem Bereich des Kunden	29
II. Bedeutung und Regelungsinhalt der Vorschrift	2–5	g) Verletzung von Verboten, Rechten Dritter oder Vertragsrechten	30
1. Regelungsinhalt	2	h) Insolvenz (Konkurs) des Unternehmers..	31
2. Entstehen des unbedingten Provisionsanspruchs und Überhangprovision	3	4. Provisionsrückzahlung	32
3. Rechtslage bei Leistungsstörungen, Vertragsänderungen und nachträglichen Einwirkungen auf das Vertragsverhältnis	4	**V. Untergang des Provisionsanspruchs nach Abs. 2**	33–40
		1. Bedeutung und Anwendungsbereich	33
4. Erfolgsabhängige Provisionen	5	2. Nichtleistung des Kunden	34
III. Entstehen des Provisionsanspruchs	6–21	3. Feststellung der Nichtleistung	35–39
1. Ausführen des Kundengeschäfts durch den Unternehmer – Abs. 1 Satz 1	6–10	a) Objektives unabänderliches Feststehen...	35
		b) Obliegenheit zum Provisionserhalt	36
a) Vertragsgemäße Leistung – Leistungshandlung	6	c) Fälle feststehender Nichtleistung	37
b) Surrogate, Hinterlegung	7	d) Unmöglichkeit der Leistung	38
c) Teilleistung und Leistung eines Dritten ..	8	e) Kündigung des Kundenvertrags	39
d) Nicht vertragsgemäße Leistung	9	4. Rückzahlungspflicht – Abs. 2 2. HS	40
e) Echte und unechte Überhangprovision ..	10	**VI. Provisionsvorschuss**	41–44
2. Ausführen des Geschäfts durch den Kunden („Dritten") – Abs. 1 Satz 3	11–15	1. Provisionsvorschuss und andere Vorauszahlungen	41
		2. Vorschussanspruch nach Abs. 1 Satz 2	42
a) Vertragsgemäße Leistung – Leistungserfolg	11	3. Vereinbarte Vorschusszahlung	43
b) Surrogate	12	4. Rückzahlung	44
c) Teilleistung und Leistung eines Dritten ..	13	**VII. Fälligkeit – Abs. 4**	45–47
d) Nicht vertragsgemäße Leistung	14	1. Provision und Provisionsvorschuss	45
e) Nachträglicher Wegfall des Anspruchs und Abs. 2	15	2. Zuschüsse und Beihilfen	46
		3. Sonstige Vergütungen	47
3. Nichtausführung durch den Unternehmer – Abs. 3 Satz 1	16–21	**VIII. Abdingbarkeit – Abs. 5**	48–57
		1. Vertragsfreiheit	48–52
a) Bedeutung der Norm	16	a) Vereinbarungen zu Abs. 1 und Abs. 2 Halbsatz 2	48
b) Nichtausführung oder nicht vertragsgemäße Ausführung des Kundengeschäfts	17	b) Vereinbarungen zu Abs. 2 Halbsatz 1, Abs. 3 und Abs. 4	49
c) Feststellung der Nichtausführung	18	c) Vereinbarungen nach Vertragsende	50
d) Gründe für die Nichtausführung	19	d) Klarstellende Regelungen	51
e) Teilweise Nichtausführung	20	e) AGB, Formularvertrag	52
f) Ausführung des Geschäfts durch den Kunden	21	2. Unabdingbarkeit	53
IV. Verlust des Provisionsanspruchs nach Abs. 3 Satz 2	22–32	3. Dauer der Beschränkung der Vertragsfreiheit, Verfügung und Verzicht über Anwartschaft sowie entstandenen Anspruch	54
1. Allgemeine Bedeutung und Anwendungsbereich	22	4. Stornoreservekonto	55
2. Vertretenmüssen und Nichtvertretenmüssen der Nichtausführung des Kundenvertrags ...	23	5. Rücklage für Altersversorgung/Pension	56
3. Einzelfälle	24–31	6. Handelsbrauch	57
a) Ordnungsgemäße Vertragserfüllung	24	**IX. Untervertreter**	58
b) Durchsetzung vertraglicher Ansprüche aus dem Kundenvertrag	25	**X. Handelsvertreterähnliche Vertriebsmittler**	59
c) Nachträgliche Änderung oder Aufhebung des Kundenvertrags	26	**XI. Beweislast**	60
d) Rettung des Kundenvertrags durch Nachbearbeitung	27	**XII. Europarecht**	61
e) Nicht mehr den Unternehmerinteressen entsprechendes Kundengeschäft	28		

I. Entstehungsgeschichte

Durch das Gesetz von 1989 sind der frühere Abs. 1 Satz 4 („Der Anspruch auf Teilprovision für **1** ein nur teilweise ausgeführtes Geschäft kann ausgeschlossen werden, wenn vereinbart ist, dass der Unternehmer den Handelsvertreter Provision für das ganze Geschäft gewährt, sobald dieses in bestimmtem Umfange ausgeführt ist.") aufgehoben, Abs. 3 Satz 2 (früherer Wortlaut: „Dies gilt nicht, wenn und soweit die Ausführung des Geschäfts unmöglich geworden ist, ohne dass der Unternehmer die Unmöglichkeit zu vertreten hat, oder die Ausführung ihm nicht zuzumuten ist,

§ 87 a 2, 3

insbesondere weil in der Person des Dritten ein wichtiger Grund für die Nichtausführung vorliegt.") neu gefasst sowie in Abs. 5 die Worte „Absatz 2 erster Halbsatz" eingefügt und die Formulierung „können nicht getroffen werden" durch die Worte „sind unwirksam" ersetzt worden.

II. Bedeutung und Regelungsinhalt der Vorschrift

2 **1. Regelungsinhalt.** § 87 a behandelt das **Schicksal** der nach § 87 **entstandenen Provisionsanwartschaft** des HV und betrifft die **Zeit nach Abschluss des Kundenvertrags** und damit **nach Beendigung der auf Herbeiführen des Kundenvertrags gerichteten Tätigkeit des HV.** Die Vorschrift entspricht dem Grundsatz der Abhängigkeit des Provisionsanspruchs des HV vom Erfolg seiner Tätigkeit, der nicht schon im Herbeiführen des Kundenvertrags, sondern erst in dessen tatsächlicher Ausführung liegt.[1] Nach der gesetzlichen Regelung trägt der HV das **Risiko** der **auf Zufall beruhenden Unmöglichkeit der Ausführung des** von ihm herbeigeführten **Kundengeschäfts**[2] sowie das **Risiko der Leistungsfähigkeit des** von ihm geworbenen **Kunden,** wohingegen der Unternehmer das **Risiko** der von ihm zu vertretenden **Leistungsunwilligkeit des Kunden** zu tragen hat, nachdem er mit ihm den Vertrag geschlossen hat.[3] Im Einzelnen werden **Entstehen, Fälligkeit und Scheitern des Provisionsanspruchs** geregelt.[4] Die nach § 87 begründete Anwartschaft wird – durch Eintritt der aufschiebenden Bedingung – zum abzurechnenden und durchsetzbaren Provisionsanspruch, wenn der Unternehmer das Kundengeschäft ausführt **(Abs. 1 Satz 1)** oder aus von ihm zu vertretenden Gründen **(Abs. 3 Satz 2)** nicht oder nicht so ausführt, wie es abgeschlossen worden ist **(Abs. 3 Satz 1).**[5] Unabhängig davon erstarkt die Anwartschaft mit der Ausführung des Geschäfts durch den Kunden zum unbedingten Vollrecht **(Abs. 1 Satz 3).**[6] Der nach Abs. 1 Satz 1 entstandene Provisionsanspruch steht allerdings nach **Abs. 2 1. HS** unter der auflösenden Bedingung einer endgültigen Nichtleistung des Dritten (Kunden), welche den Provisionsanspruch nachträglich entfallen lässt mit der Pflicht zur Rückgewähr bereits erhaltener Provisionszahlungen nach **Abs. 2 2. HS.** Entsprechendes gilt bei Nichtentstehen des Anspruchs nach Abs. 3 Satz 2. Die Fälligkeit des Provisionsanspruchs ist in **Abs. 4,** die weitgehende Unabdingbarkeit des § 87 a zum Nachteil des HV in **Abs. 5** und **Abs. 1 Satz 2** geregelt, wobei dem HV als Ausgleich für eine von Abs. 1 Satz 1 abweichende Vereinbarung in Abs. 1 Satz 2 ein **Vorschussanspruch** eingeräumt wird. Die Formulierungen „und soweit" in Abs. 1 Satz 1 und Satz 3 sowie in Abs. 3 Satz 2 stellen klar, dass der HV durch eine teilweise erfolgende Ausführung oder vom Unternehmer zu vertretende Nichtausführung des Kundengeschäfts einen Anspruch auf entsprechende **Teilprovision** erwirbt.

3 **2. Entstehen des unbedingten Provisionsanspruchs und Überhangprovision.** Die Provisionsanwartschaft wird im Regelfall dadurch zum unbedingten und endgültigen Provisionsanspruch, dass Unternehmer und Kunde das Geschäft, dessen Abschluss die Anwartschaft begründet hat, so ausführen, wie es bei Vertragsschluss vereinbart worden ist.[7] Der Unternehmer ist zwar nicht gehindert, nachträglich mit dem Kunden abweichende Vereinbarungen zu treffen. In die zugunsten des HV nach § 87 entstandene Provisionsanwartschaft kann er jedoch nur unter den Voraussetzungen des Abs. 3 Satz 2 eingreifen.[8] Im Übrigen berühren nachträgliche abweichende Vereinbarungen zwischen Unternehmer und Kunde oder die Ausübung ihnen zustehender Gestaltungsrechte den Provisionsanspruch des HV grds. nicht (RdNr. 4).[9] Das Gleiche gilt für Änderungen des Provisionssatzes nach Abschluss des Kundenvertrags[10] oder eine Beendigung des HVVertrags vor Ausführung des Kundengeschäfts;[11] im letzten Fall entstehen **echte Überhangprovisionen** (RdNr. 10),[12] sofern die Parteien die Provisionspflicht für solche vom HV vermittelte oder abgeschlossene, jedoch erst nach Vertragsende ausgeführte Kundengeschäfte nicht ausgeschlossen haben.[13]

---

[1] MünchKommHGB/*v. Hoyningen-Huene* RdNr. 4.
[2] *Canaris* § 15 Rn. 68.
[3] *Canaris* § 15 Rn. 66 und 67.
[4] Vgl. MünchKommHGB/*v. Hoyningen-Huene* RdNr. 3; Staub/*Brüggemann* RdNr. 1; aA Regelung der Fälligkeit: *Killinger* BB 1981, 1925; *Karsten Schmidt* HandelsR § 27 IV 2 b.
[5] *Hopt* RdNr. 1; aA auflösende Bedingung *Killinger* BB 1981, 1925, 1926.
[6] Vgl. BGH Urt. v. 1. 12. 1960 – VII ZR 210/59, MDR 1961, 312 = DB 1961, 234; *Hopt* RdNr. 6; *Schröder* RdNr. 1; Staub/*Brüggemann* RdNr. 1.
[7] Vgl. Heymann/*Sonnenschein*/*Weitemeyer* RdNr. 9.
[8] Vgl. OLG Celle NJW 1972, 879.
[9] Heymann/*Sonnenschein*/*Weitemeyer* RdNr. 9; MünchKommHGB/*v. Hoyningen-Huene* RdNr. 42.
[10] *Schröder* RdNr. 1; Staub/*Brüggemann* RdNr. 1.
[11] BGH Urt. v. 21. 12. 1989 – IX ZR 66/89, NJW 1990, 1665; RArbG JW 1936, 1252; *Hopt* RdNr. 7; *Schröder* RdNr. 1, 8.
[12] *Schröder* § 87 RdNr. 43; *Küstner* HVR RdNr. 840, 854.
[13] *Schröder* § 87 RdNr. 55 c.

3. Rechtslage bei Leistungsstörungen, Vertragsänderungen und nachträglichen Einwirkungen auf das Vertragsverhältnis.

Kommt es nach Abschluss des Kundenvertrags zu Störungen im Vertrags- oder Leistungsverhältnis zwischen Kunde und Unternehmer, zu vom Ursprungsvertrag abweichenden Vereinbarungen, zur Ausübung von Gestaltungsrechten oder zu dem vorzeitigen Ende eines auf Dauer angelegten Kundenvertrags,[14] bestimmen sich deren Auswirkungen auf den Provisionsanspruch des HV **grundsätzlich nach Abs. 3**[15] mit dem Grundsatz der Provisionserhaltung. Abs. 3 hat **Vorrang auch vor Abs. 2,**[16] der nur den Fall betrifft, dass der Kunde die geschuldete Leistung nicht erbringt, obwohl ein rechtswirksamer, fälliger und durchsetzbarer, nicht einredebehafteter Erfüllungsanspruch gegen ihn besteht, nachdem der Unternehmer das Geschäft nach Abs. 1 Satz 1 ordnungsgemäß[17] ausgeführt hat.[18] Alle anderen Fälle eines Scheiterns des Kundengeschäfts, einer Nichtleistung oder nicht vertragsgemäßen Leistung von Kunde oder Unternehmer werden unabhängig von ihren Gründen **ausschließlich von Abs. 3 erfasst.**[19] Das gilt in gleicher Weise, wenn die Leistung des Kunden aus Gründen unterbleibt, welche von dem Unternehmer nicht zu verantworten und vertreten sind,[20] weil **der nach Abs. 3 bestehende Provisionsanspruch nicht von der Leistung des Kunden abhängt** und von dieser nicht beeinflusst wird,[21] oder wenn es nach der Leistung des Kunden an den Unternehmer zu Leistungsstörungen kommt und das Kundengeschäft zwischen Kunde und Unternehmer rückabgewickelt wird,[22] weil **nach der Leistung des Kunden kein Raum mehr für Abs. 2 ist**, selbst wenn die vom Kunden erbrachte Leistung an ihm zurück zu gewähren ist. Die **Vorleistungspflicht** eines Vertragsteils ist damit für die Abgrenzung zwischen Abs. 3 und 2 ohne Bedeutung.[23]

4. Erfolgsabhängige Provisionen.
§ 87a gilt für die dem HV zustehenden erfolgsabhängigen, jedoch nicht notwendigerweise tätigkeitsbezogenen Provisionen nach § 87 Abs. 1, 2 und 3, nicht hingegen für die sonstigen erfolgsunabhängig gewährten Vergütungen, auch wenn diese als Provision bezeichnet werden.[24]

III. Entstehen des Provisionsanspruchs

1. Ausführen des Kundengeschäfts durch den Unternehmer – Abs. 1 Satz 1.
a) Vertragsgemäße Leistung – Leistungshandlung. Nach Abs. 1 Satz 1 entsteht der Provisionsanspruch, allerdings noch unter der auflösenden Bedingung des Abs. 2 1. HS, sobald und soweit der Unternehmer das mit dem Kunden geschlossene Geschäft tatsächlich selbst oder mit Hilfe eines eingeschalteten Dritten[25] ausführt,[26] indem er die nach dem Vertrag mit dem Kunden geschuldete Leistung vertragsgemäß erbringt,[27] gegebenenfalls **an einen Dritten,** welcher den Kundenvertrag übernommen hat oder in ihn eingetreten ist.[28] Der die Grundlage der Provisionsanwartschaft bildende Kundenvertrag bestimmt, was der Unternehmer wann und in welcher Weise zu leisten hat.[29] Dabei kommt es, wie sich besonders auch aus Abs. 3 ergibt, auf die Leistungshandlung des provisionspflichtigen Unternehmers und nicht auf den Leistungserfolg bei dem Kunden an (s. a. RdNr. 11).[30] So ist mit dem Absenden nach § 447 BGB bei einem **Versendungskauf,**[31] der Über-

---

[14] *Hopt* RdNr. 5.
[15] Im Einzelnen allerdings sehr umstritten.
[16] *Hopt* RdNr. 18.
[17] *Westphal* RdNr. 374, 386; vgl. MünchKommHGB/*v. Hoyningen-Huene* RdNr. 48; auch *Küstner* HVR RdNr. 1104, 1145.
[18] Vgl. BGH Urt. v. 1. 12. 1960 – VII ZR 210/59, MDR 1961, 312 = DB 1961, 234; BGH Urt. v. 19. 11. 1982 – I ZR 125/80, DB 1983, 2135 = VersR 1983, 371, 372; *Hopt* RdNr. 13; *Alff* RdNr. 117; vgl. auch *Stötter* MDR 1981, 269, 270; *Westphal* RdNr. 374, 381; teilweise anderer Ansicht Heymann/*Sonnenschein*/*Weitemeyer* RdNr. 3; MünchKommHGB/*v. Hoyningen-Huene* RdNr. 27, RdNr. 48; *Schröder* RdNr. 24, 28, 29, 32 (Abs. 2 für vor Nichtausführung durch den Unternehmer bereits feststehende Nichtleistung des Kunden); Staub/*Brüggemann* RdNr. 14, 18; *Küstner* HVR RdNr. 899, 1111.
[19] *Stötter* MDR 1981, 269, 270, aA MünchKommHGB/*v. Hoyningen-Huene* RdNr. 50; Staub/*Brüggemann* RdNr. 18.
[20] AA MünchKommHGB/*v. Hoyningen-Huene* RdNr. 50; Staub/*Brüggemann* RdNr. 21.
[21] Im Erg. ebenso *Hopt* RdNr. 13.
[22] Vgl. dazu Staub/*Brüggemann* RdNr. 22.
[23] AA *Hans* BB 1958, 544; *Westphal* Vertriebsrecht RdNr. 571 und 573; *Küstner* HVR RdNr. 897, 903 f.
[24] MünchKommHGB/*v. Hoyningen-Huene* RdNr. 5; Staub/*Brüggemann* RdNr. 3; vgl. *Schröder* RdNr. 1; aA OLG Karlsruhe BB 1980, 226 für bestimmte Treueprämien.
[25] LG Hamburg Beschl. v. 29. 6. 2005 – 411 O 127/04, HVR Nr. 1174.
[26] BGH Urt. v. 11. 7. 1960 – VII ZR 225/59, BGHZ 33, 92, 95 = NJW 1960, 1996; vgl. auch BGH Urt. 9. 7. 2003 – VIII ZR 60/02, EBE 2003, 279, 280 = MDR 2003, 1428; Staub/*Brüggemann* RdNr. 8.
[27] Heymann/*Sonnenschein*/*Weitemeyer* RdNr. 3; *Hopt* RdNr. 5; MünchKommHGB/*v. Hoyningen-Huene* RdNr. 7.
[28] OLG Karlsruhe Urt. v. 7. 4. 1995 – 15 U 297/94, HVR Nr. 792.
[29] Vgl. *Westphal* Vertriebsrecht RdNr. 534.
[30] Heymann/*Sonnenschein*/*Weitemeyer* RdNr. 3; *Hopt* RdNr. 5; MünchKommHGB/*v. Hoyningen-Huene* RdNr. 7.
[31] *Westphal* RdNr. 323.

gabe der unter **Eigentumsvorbehalt** verkauften Ware oder der Herstellung des bestellten Werks das Geschäft vom Unternehmer ausgeführt.[32] Ebenso entsteht der Provisionsanspruch nach Abs. 1 Satz 1 bei **Sukzessivlieferungsverträgen** mit der jeweils vereinbarungsgemäß erbrachten einzelnen Lieferung[33] oder bei **Nutzungs-** und **Gebrauchsüberlassungsverträgen** mit der vertraglich geschuldeten tatsächlichen Überlassung für den im Kundenvertrag jeweils vorgesehenen Zeitraum und nicht erst mit Ende dieser Verträge (Ablauf der Vertragszeit).[34]

7   b) **Surrogate, Hinterlegung.** Verweigert der Kunde die Entgegennahme der ihm angebotenen vertragsgemäßen Leistung, treten an deren Stelle die rechtlich zulässigen Surrogate der berechtigten Hinterlegung nach §§ 372 f. BGB oder § 373 HGB.[35] Erhält der Kunde anstelle der geschuldeten Leistung einen Ersatzanspruch wegen Nichterfüllung, fehlt eine Ausführung des Geschäfts durch den Unternehmer. Der Provisionsanspruch des HV bestimmt sich nach Abs. 3.[36]

8   c) **Teilleistung und Leistung eines Dritten.** Bei vom Kunden entgegengenommener Teilleistung des Unternehmers entsteht ein den Wertverhältnissen von geliefertem zu noch ausstehendem Teil entsprechender[37] anteiliger Provisionsanspruch; bei dessen Erfüllung handelt es sich nicht um eine Teilzahlung im Sinn von § 266 BGB.[38] Im Übrigen bleibt die Provisionsanwartschaft bestehen,[39] deren weiteres Schicksal rechtlich unabhängig von dem des bereits entstandenen Provisionsanspruchs ist.[40] Die inhaltlich vertragsgemäße **Leistung eines Dritten** nach § 267 BGB[41] steht der Leistung des Unternehmers gleich. Das Gleiche gilt für die Leistung eines von dem leistungspflichtigen Unternehmer beherrschten oder wirtschaftlich mit ihm verbundenen Unternehmens[42] oder des gemäß § 103 InsO erfüllenden Insolvenzverwalters (früher den Konkursverwalters gemäß § 17 KO) nach Ausübung des Wahlrechts.[43]

9   d) **Nicht vertragsgemäße Leistung.** Bei nicht vertragsgemäßer Leistung des Unternehmers wie zB unberechtigt vorzeitiger oder verspäteter Leistung,[44] unzulässiger Teilleistung, mangelhafter oder andersartiger Leistung (aliud)[45] liegt eine Ausführung des Geschäfts nach Abs. 1 Satz 1 vor, wenn der Kunde die Leistung uneingeschränkt als Erfüllung annimmt.[46] Der Vorbehalt und/oder das Geltendmachen von Gewährleistungs- oder Ersatzansprüchen verhindern, solange sie durchsetzbar sind,[47] das Entstehen eines Provisionsanspruchs nach Abs. 1 Satz 1 und können bereits einen solchen nach Abs. 3 begründen.[48] Verweigert der Kunde die Entgegennahme der nicht vertragsgemäßen Leistung, ist das Geschäft vom Unternehmer unabhängig davon nicht ausgeführt, ob dem Kunden ein Recht zur Annahmeverweigerung zusteht.[49] Der HV kann weder vom Unternehmer, gegen den er einen Anspruch auf Ausführung des Kundengeschäfts nicht hat, vertragsgemäße Leistung an den Kunden (s. § 86a RdNr. 5) oder Schadensersatz wegen Nichterfüllung verlangen,[50] noch vom Kunden, zu dem er nicht in vertraglichen Beziehungen steht, Entgegennahme der Leistung (vgl. § 84). Der HV ist auf die Rechte nach Abs. 3 angewiesen; das gilt in gleicher Weise, wenn die ursprünglich vereinbarte Leistung an den Kunden unterbleibt, weil es nach Abschluss des Kundenvertrags zu dessen nachträglicher **Änderung, Aufhebung, Kündigung und/oder Rückabwicklung** kommt (RdNr. 3 und 4).

---

[32] MünchKommHGB/*v. Hoyningen-Huene* RdNr. 8; *Schröder* RdNr. 3.
[33] MünchKommHGB/*v. Hoyningen-Huene* RdNr. 19; *Küstner* HVR RdNr. 914.
[34] Heymann/*Sonnenschein*/*Weitemeyer* § 87b RdNr. 14; *Hopt* RdNr. 5; MünchKommHGB/*v. Hoyningen-Huene* RdNr. 20; *Küstner* HVR RdNr. 919.
[35] MünchKommHGB/*v. Hoyningen-Huene* RdNr. 14.
[36] AA Heymann/*Sonnenschein*/*Weitemeyer* RdNr. 11; *Schröder* RdNr. 3; *Küstner* HVR RdNr. 909.
[37] *Hopt* RdNr. 5; Staub/*Brüggemann* RdNr. 8; *Westphal* RdNr. 328; vgl. *Schröder* RdNr. 4.
[38] *Schröder* RdNr. 7; Staub/*Brüggemann* RdNr. 8.
[39] Heymann/*Sonnenschein*/*Weitemeyer* RdNr. 1 und 4; *Hopt* RdNr. 5 und 20; MünchKommHGB/*v. Hoyningen-Huene* RdNr. 10.
[40] Vgl. Heymann/*Sonnenschein*/*Weitemeyer* RdNr. 4; *Schröder* RdNr. 6.
[41] Heymann/*Sonnenschein*/*Weitemeyer* RdNr. 13.
[42] BGH Urt. v. 30. 1. 1981 – I ZR 17/79, NJW 1981, 1785, 1786; BGH Urt. v. 4. 12. 1986 – I ZR 101/85, BB 1987, 1417; Heymann/*Sonnenschein*/*Weitemeyer* RdNr. 3.
[43] BGH Urt. v. 21. 12. 1989 – IX ZR 66/89, NJW 1990, 1665; Heymann/*Sonnenschein*/*Weitemeyer* RdNr. 3.
[44] Dazu BGH Urt. v. 11. 7. 1960 – VII ZR 225/59, BGHZ 33, 92, 95 = NJW 1960, 1996.
[45] *Westphal* RdNr. 324; aA *Hopt* RdNr. 21 (noch keine Ausführung des Geschäfts bei aliud).
[46] MünchKommHGB/*v. Hoyningen-Huene* RdNr. 44 und 45; HK-HGB/*Russ* RdNr. 2; Staub/*Brüggemann* RdNr. 8; *Westphal* RdNr. 324; aA Heymann/*Sonnenschein*/*Weitemeyer* RdNr. 3; *Hopt* RdNr. 5; *Küstner* HVR RdNr. 896; wohl auch *Schröder* RdNr. 3.
[47] Staub/*Brüggemann* RdNr. 8.
[48] MünchKommHGB/*v. Hoyningen-Huene* RdNr. 45; HK-HGB/*Russ* RdNr. 2.
[49] *Hopt* RdNr. 5; so MünchKommHGB/*v. Hoyningen-Huene* RdNr. 9 für berechtigte Verweigerung; ebenso wohl Heymann/*Sonnenschein*/*Weitemeyer* RdNr. 3; vgl. *Westphal* RdNr. 324.
[50] *Hopt* RdNr. 23.

e) **Echte und unechte Überhangprovision.** Der gesetzliche Provisionsanspruch entsteht nach 10 § 87a unabhängig davon, ob der HVVertrag noch besteht. Sofern die Parteien nichts Gegenteiliges vereinbaren, erwirbt der HV den Anspruch auf echte Überhangprovision (RdNr. 3), wenn das von ihm während der Vertragszeit vermittelte/abgeschlossene Kundengeschäft nach Vertragsende ausgeführt wird.[51] Eine unechte Überhangprovision fällt an, wenn das Kundengeschäft erst nach Ende des HVVertrags zustande kommt, aber ausnahmsweise provisionspflichtig ist (vgl. § 87 Abs. 3).[52]

2. Ausführen des Geschäfts durch den Kunden („Dritten") – Abs. 1 Satz 3. 11
a) Vertragsgemäße Leistung – Leistungserfolg. Ein nicht mehr gemäß Abs. 2 auflösend bedingter (RdNr. 2 und 6)[53] Provisionsanspruch entsteht nach Abs. 1 Satz 3, wenn und soweit der Kunde („Dritte") das Geschäft ausführt, indem er die von ihm nach dem Vertrag mit dem Unternehmer geschuldete Leistung bewirkt, selbst wenn der Unternehmer noch nicht geleistet hat.[54] Anders als nach Abs. 1 Satz 1 (RdNr. 6) kommt es nach Satz 3 auf den bei dem provisionspflichtigen Unternehmer eintretenden Leistungserfolg an, die Leistungshandlung des Kunden kann den Provisionsanspruch des HV noch nicht entstehen lassen; der Erfüllungsanspruch des Unternehmers aus dem Kundengeschäft muss vielmehr durch die Leistung des Kunden nach Satz 3 – zumindest teilweise – erlöschen.[55] Dass der Unternehmer das vom Kunden Erhaltene möglicherweise – zB als Sicherheitsleistung – einsetzen muss, um seine Leistung erbringen zu können, ist für Abs. 1 Satz 3 und den damit entstandenen Provisionsanspruch des HV ohne Bedeutung.[56] Die unberechtigte **Verweigerung der Annahme** der Kundenleistung durch den Unternehmer löst nach § 162 Abs. 1 BGB die Rechtsfolgen des Abs. 1 Satz 3 aus, ohne dass es auf Abs. 3 ankommt.[57]

b) Surrogate. Der vertragsgemäßen Leistung des Kunden stehen diejenigen Rechtshandlungen 12 gleich, durch welche er seine Leistungspflicht ebenfalls erfüllen kann wie durch Aufrechnung, Hinterlegung nach BGB oder HGB sowie Leistung an Erfüllungs-Statt.[58] Mit deren Annahme ist der Anspruch des Unternehmers aus dem Kundengeschäft erfüllt **(§ 364 Abs. 1 BGB),** selbst wenn diese sich nicht als vollwertig erweist[59] und ihre Verwertung zusätzliche Kosten verursacht; beides bleibt ohne Einfluss auf den Provisionsanspruch des HV und dessen Höhe.[60] Bei einer Leistung nach **§ 364 Abs. 2 BGB** entsteht der Provisionsanspruch nach Abs. 1 Satz 3 mit der Realisierung des erfüllungshalber übertragenen Rechts;[61] der Unternehmer ist dem HV gegenüber verpflichtet, für eine unverzügliche gehörige Einziehung des Rechts zu sorgen.[62] Erhält der Unternehmer anstelle der geschuldeten Kundenleistung sonstige Surrogate wie zB Schadensersatz gem. **§§ 280 Abs. 1 und 3, 281, 282 oder 283 BGB nF** (früher Schadensersatz wegen Nichterfüllung)[63] oder Ersatz durch einen Versicherer bei Verlust der Kundenleistung,[64] entsteht im Regelfall der unbedingte Provisionsanspruch nach Abs. 1 Satz 3[65] ausgerichtet an dem Wert, welcher der Ersatzleistung entspricht,[66] sofern es dem Unternehmer nicht ausnahmsweise entscheidend auf den tatsächlichen Erhalt der ausbedungenen Kundenleistung ankommt; im Übrigen besteht die Provisionsanwartschaft fort. Der

---

[51] MünchKommHGB/*v. Hoyningen-Huene* § 87 RdNr. 15.
[52] Vgl. *Schröder* § 87 RdNr. 12 und 43; *Küstner* HVR RdNr. 840, 854.
[53] *Hopt* RdNr. 8 und 10.
[54] Heymann/*Sonnenschein/Weitemeyer* RdNr. 12; *Hopt* RdNr. 8; vgl. auch *Schröder* RdNr. 16; Staub/*Brüggemann* RdNr. 4.
[55] BGH Urt. v. 20. 10. 1982 – I ZR 99/81, BGHZ 85, 134, 138 = NJW 1983, 629; vgl. Heymann/*Sonnenschein/Weitemeyer* RdNr. 12, *Hopt* RdNr. 10 und MünchKommHGB/*v. Hoyningen-Huene* RdNr. 17, die in dem Zusammenhang ausdrücklich auf den Eintritt des Leistungserfolgs abstellen; Staub/*Brüggemann* RdNr. 4 („Tatsache der Leistung ist entscheidend").
[56] BGH Urt. v. 20. 10. 1982 – I ZR 99/81, BGHZ 85, 134, 138, 139 = NJW 1983, 629; *Hopt* RdNr. 10; vgl. auch OLG Nürnberg BB 1963, 1313.
[57] BGH Urt. v. 21. 12. 1989 – IX ZR 66/89, NJW 1990, 1665, 1666; HK-HGB/*Russ* RdNr. 4.
[58] Vgl. OLG Nürnberg BB 1963, 1313 (Inzahlungnahme von Waren durch Unternehmer).
[59] RGZ 121, 125.
[60] Heymann/*Sonnenschein/Weitemeyer* RdNr. 13; MünchKommHGB/*v. Hoyningen-Huene* RdNr. 15; vgl. OLG Celle NJW 1972, 879 (Veräußerung der Kundenforderung durch Unternehmer unter Nennwert).
[61] Heymann/*Sonnenschein/Weitemeyer* RdNr. 13; MünchKommHGB/*v. Hoyningen-Huene* RdNr. 14 und 16; Staub/ *Brüggemann* RdNr. 5.
[62] Staub/*Brüggemann* RdNr. 5.
[63] BGH Urt. v. 11. 10. 1990 – I ZR 32/89, NJW-RR 1991, 156, 158; BGH Urt. v. 19. 11. 1956 – II ZR 110/55, WM 1957, 213, 215; OLG Hamm BB 1979, 442; *Westphal* Vertriebsrecht RdNr. 538.
[64] OLG Frankfurt WM 1991, 867; OLG Köln OLGR 2002, 440, 441 = VersR 2002, 1374 (Zahlung durch Hermes – Kreditversicherung).
[65] Vgl. Heymann/*Sonnenschein/Weitemeyer* RdNr. 13; MünchKommHGB/*v. Hoyningen-Huene* RdNr. 13 und 14; Staub/*Brüggemann* RdNr. 5; *Westphal* RdNr. 326; *Küstner* HVR RdNr. 909.
[66] MünchKommHGB/*v. Hoyningen-Huene* RdNr. 13; vgl. BGH Urt. v. 11. 10. 1990 – I ZR 32/89, NJW-RR 1991, 156, 159; OLG Hamm BB 1979, 442.

Schadensersatzanspruch nach §§ 280 Abs. 2, 286 f. BGB nF wegen Verzögerung der Erfüllung kann den Provisionsanspruch des HV nicht begründen.[67]

13 c) **Teilleistung und Leistung eines Dritten.** Die Teilleistung des Kunden kann in gleicher Weise wie diejenige des Unternehmers (RdNr. 8) einen unbedingten und nicht unter § 266 BGB fallenden[68] Teilprovisionsanspruch des HV entstehen lassen;[69] hinsichtlich der nicht erbrachten Leistung gilt Abs. 3.[70] Die **Leistung eines Dritten** für den Kunden steht dessen Leistung gleich, wenn der Dritte, zB nach §§ 267, 268 BGB, zur Leistung berechtigt ist[71] oder der Unternehmer die Leistung annimmt,[72] weil dann der mit Abschluss von HVVertrag und Kundengeschäft bezweckte Erfolg für den Unternehmer eintritt.[73] Das kann bei Ersatzgeschäften des Unternehmers mit Dritten[74] oder Leistungen eines von dem Kunden wirtschaftlich abhängigen oder rechtlich beherrschten Dritten der Fall sein.

14 d) **Nicht vertragsgemäße Leistung.** Bei nicht vertragsgerechter wie zB vorzeitiger,[75] verspäteter, mangelhafter,[76] unvollständiger (s. aber RdNr. 13) oder andersartiger Leistung des Kunden an den Unternehmer entsteht der Provisionsanspruch, wenn und soweit der Unternehmer die Leistung als Erfüllung der Kundenschuld annimmt.[77] Weist er die Leistung zurück, bestimmt sich der Provisionsanspruch nach Abs. 3.[78] Ein Schadensersatzanspruch des HV gegen den Kunden besteht mangels rechtlicher Beziehungen zwischen ihnen grds. nicht (vgl. § 84).[79]

15 e) **Nachträglicher Wegfall des Anspruchs und Abs. 3.** Solange der Unternehmer seine Leistung nicht erbracht hat, kann der nach Abs. 1 Satz 3 unbedingt entstandene Provisionsanspruch nachträglich entfallen, wenn und soweit der Unternehmer seine vertragsgerechte Leistung an den Kunden schuldig bleibt, das Kundengeschäft deswegen – teilweise – rückabzuwickeln und dem Kunden seine Leistung zurückzugewähren ist. An die Stelle des entfallenen Provisionsanspruchs nach Abs. 1 Satz 3 tritt derjenige nach Abs. 3 Satz 1, sofern nicht die Voraussetzungen des Abs. 3 Satz 2 gegeben sind. Abs. 2 1. HS ist nicht anwendbar, nachdem der Kunde geleistet hatte (RdNr. 4); allerdings hat der HV, wenn Abs. 3 Satz 2 eingreift, analog Abs. 2 2. HS die erhaltene Provision – teilweise – zurückzuzahlen.

16 3. **Nichtausführung durch den Unternehmer – Abs. 3 Satz 1. a) Bedeutung der Norm.** Nach Abs. 3 Satz 1 entsteht[80] ein endgültiger, nicht mehr durch Abs. 2 auflösend bedingter und damit „**unentziehbarer**"[81] (RdNr. 4) **Provisionsanspruch,** wenn der Unternehmer das Kundengeschäft nicht so ausführt, wie es abgeschlossen worden ist. Die Vorschrift ergänzt Abs. 1 Satz 1 für den Fall des nicht vertragsgerechten Verhaltens des Unternehmers, gilt auch im Fall eines nicht vertragsgerechten Verhaltens des Kunden, sofern dessen Folgen im Verhältnis zwischen HV und Unternehmer diesem anzulasten sind (vgl. Abs. 3 Satz 2),[82] und beruht auf dem Rechtsgedanken des § 162 BGB.[83] Da der Unternehmer den HV mit der Herbeiführung des abgeschlossenen Kundengeschäfts gegen Provision betraut oder ihm Provision für bestimmte Geschäfte zugesagt hat, der HV jedoch die für das Entstehen seines Provisionsanspruchs notwendige Ausführung der Geschäfte nicht erzwingen kann (RdNr. 9 und § 86 a),[84] schuldet der Unternehmer ihm grundsätzlich auch bei nicht vertragsgerechter oder unterlassener Ausführung des Kundengeschäfts die vereinbarte Provision.[85] Dem Unternehmer bleibt die Möglichkeit einer Befreiung von der Provisionspflicht, wenn (er

---

[67] BGH Urt. v. 19. 11. 1956 – II ZR 110/55, WM 1957, 213, 215; MünchKommHGB/*v. Hoyningen-Huene* RdNr. 13.
[68] Staub/*Brüggemann* RdNr. 6.
[69] *Hopt* RdNr. 10; *Schröder* RdNr. 16; Staub/*Brüggemann* RdNr. 5; *Westphal* RdNr. 332.
[70] AA *Westphal* Vertriebsrecht RdNr. 546 (Abs. 2 gilt).
[71] OLG Köln OLGR 2002, 440, 441; *Schröder* RdNr. 16.
[72] Staub/*Brüggemann* RdNr. 5.
[73] OLG Frankfurt Urt. v. 19. 2. 1991 – 14 U 125/89, NJW-RR 1991, 674 = WM 1991, 867 = HVR Nr. 708; Heymann/*Sonnenschein*/*Weitemeyer* RdNr. 12; MünchKommHGB/*v. Hoyningen-Huene* RdNr. 12 und 17.
[74] MünchKommHGB/*v. Hoyningen-Huene* RdNr. 17.
[75] S. a. auch *Hopt* RdNr. 10.
[76] S. a. auch *Hopt* RdNr. 10.
[77] *Schröder* RdNr. 16; *Küstner* HVR RdNr. 907; Heymann/*Sonnenschein*/*Weitemeyer* RdNr. 12 für vorzeitige Leistung.
[78] Im Erg. wohl ebenso Staub/*Brüggemann* RdNr. 4; vgl. auch *Schröder* RdNr. 16; aA für unberechtigte Zurückweisung *Hopt* RdNr. 10.
[79] Staub/*Brüggemann* RdNr. 4.
[80] AA *Hopt* RdNr. 24 (Provisionsanspruch „bleibt erhalten").
[81] BGH Urt. v. 11. 7. 1960 – VII ZR 225/59, BGHZ 33, 92, 95 = NJW 1960, 1996.
[82] Allerdings umstritten, siehe oben RdNr. 4.
[83] MünchKommHGB/*v. Hoyningen-Huene* RdNr. 39.
[84] Vgl. OLG Koblenz BB 1973, 866, 867.
[85] BGH Urt. v. 27. 1. 1972 – VII ZR 300/69, BGHZ 58, 140, 143 = NJW 1972, 629; *Hans* BB 1958, 544; *Hopt* RdNr. 20; Staub/*Brüggemann* RdNr. 13; *Westphal* RdNr. 385.

nachweisen kann, dass) er die Nichtausführung ausnahmsweise nicht zu vertreten hat (Abs. 3 Satz 2); der Vorwurf einer treu- und pflichtwidrigen Vereitelung des Provisionsanspruchs trifft ihn dann nicht.

b) Nichtausführung oder nicht vertragsgemäße Ausführung des Kundengeschäfts. Der Provisionsanspruch nach Abs. 3 Satz 1 **entsteht** in dem **Zeitpunkt,** zu welchem feststeht, dass der Unternehmer das der Provisionsanwartschaft zugrunde liegende „abgeschlossene" Kundengeschäft nicht ausführt,[86] indem er die nach dem ursprünglichen vom HV herbeigeführten Vertrag mit dem Kunden geschuldete Leistung nicht oder nicht gemäß dem seinerzeit Vereinbarten erbringt,[87] wobei der **tatsächlich ausbleibende Leistungserfolg** bei dem Kunden maßgebend ist; die Leistungshandlung des Unternehmers ist weder ausreichend noch entscheidend.[88] Nicht vertragsgemäß im Sinn von Abs. 3 handelt der Unternehmer, wenn er vorzeitig,[89] verspätet, mangelhaft,[90] unvollständig oder andersartig leistet und der Kunde aus dem Grund entweder die Leistung zurückweist[91] oder Gegenrechte, besonders Gewährleistungsrechte, geltend macht oder sich vorbehält.[92] Rechtlich zulässige Surrogatshandlungen oder Leistungen Dritter (vgl. RdNr. 7 und 12) stehen der Leistung des Unternehmers gleich. 17

c) Feststellung der Nichtausführung. Die unterbleibende oder nichtvertragsgemäße Ausführung des Kundengeschäfts muss **objektiv feststehen,** jedoch nicht rechtskräftig festgestellt sein. Die subjektive Einschätzung des HV, eine tatsächlich hohe Wahrscheinlichkeit oder die Erfüllungsverweigerung des Unternehmers genügen nicht.[93] Das Tatbestandsmerkmal des Feststehens der nicht vertragsgemäßen Ausführung ist zB gegeben, wenn der Kundenvertrag einvernehmlich aufgehoben, rückgängig gemacht, gewandelt[94] oder inhaltlich geändert worden ist, Kunde oder Unternehmer sich einseitig, jedoch endgültig vom Vertrag losgesagt haben, nachträgliche objektive Leistungsunmöglichkeit des Unternehmers eingetreten ist, oder bei Vermögensverfall einer Vertragspartei jedenfalls eine Leistung des Unternehmers an den Kunden endgültig ausscheidet.[95] 18

d) Gründe für die Nichtausführung. Die Gründe für die nicht vertragsgerechte Leistung des Unternehmers sind rechtlich unerheblich.[96] Sie können erst für Abs. 3 Satz 2 Bedeutung erhalten. Für das Entstehen des Provisionsanspruchs nach Abs. 3 Satz 1 kommt es lediglich auf die gänzlich unterbleibende oder die nicht vertragsgemäße Ausführung des Kundengeschäfts auf der Grundlage des ursprünglich vereinbarten Vertragsinhalts an.[97] Daher fällt die **Ausübung von Gestaltungsrechten** des Unternehmers oder des Kunden, welche nachträglich den Kundenvertrag ändern oder aufheben (Kündigung), ebenfalls in den Anwendungsbereich des Abs. 3 (RdNr. 3 und 4). 19

e) Teilweise Nichtausführung. Führt der Unternehmer das Kundengeschäft nur **teilweise** nicht oder nicht vertragsgemäß aus, entsteht hinsichtlich der nicht vertragsgemäßen Leistung der Provisionsanspruch nach Abs. 3, im Übrigen richtet sich der Anspruch das HV nach Abs. 1.[98] Gleiches gilt bei einer Minderung des vereinbarten Kaufpreises.[99] 20

f) Ausführung des Geschäfts durch den Kunden. Die Ausführung des Geschäfts durch den Kunden ist für Abs. 3 Satz 1 grds. ohne Bedeutung (RdNr. 4).[100] **Bleibt die Leistung des Kunden aus,** bestimmen sich die Provisionsrechte des HV nach Abs. 1 Satz 1 oder nach Abs. 3. Auf die Gründe des Kunden für seine Nichtleistung kommt es in dem Zusammenhang nicht an.[101] Eine **spätere Leistung** des Kunden an den Unternehmer kann den bereits entstandenen Provisionsanspruch aus Abs. 3 rechtlich nicht mehr beeinflussen; jedoch kann der HV, wenn ein Provisionsanspruch nach Abs. 3 Satz 1 an Abs. 3 Satz 2 gescheitert ist, den Anspruch nach Abs. 1 Satz 3 21

---

[86] AA *Schröder* RdNr. 30 (Zeitpunkt, zu welchem Unternehmer vertragsgemäß hätte leisten müssen).
[87] Vgl. Heymann/*Sonnenschein*/*Weitemeyer* RdNr. 6; MünchKommHGB/*v. Hoyningen-Huene* RdNr. 41; *Schröder* RdNr. 30; Staub/*Brüggemann* RdNr. 23.
[88] BGH Urt. v. 19. 11. 1982 – I ZR 125/80, DB 1983, 2135 = VersR 1983, 371, 372.
[89] Differenzierend Staub/*Brüggemann* RdNr. 26.
[90] OLG München OLGR 2002, 82, 83.
[91] Heymann/*Sonnenschein*/*Weitemeyer* RdNr. 9; MünchKommHGB/*v. Hoyningen-Huene* RdNr. 42, vgl. auch 44; *Schröder* RdNr. 30; Staub/*Brüggemann* RdNr. 24.
[92] Staub/*Brüggemann* RdNr. 25.
[93] Heymann/*Sonnenschein*/*Weitemeyer* RdNr. 10; MünchKommHGB/*v. Hoyningen-Huene* RdNr. 46.
[94] Vgl. MünchKommHGB/*v. Hoyningen-Huene* RdNr. 45, 46.
[95] Vgl. auch *Hopt* RdNr. 22.
[96] *Hopt* RdNr. 21; MünchKommHGB/*v. Hoyningen-Huene* RdNr. 41; *Schröder* RdNr. 31.
[97] Vgl. *Schröder* RdNr. 30.
[98] Heymann/*Sonnenschein*/*Weitemeyer* RdNr. 7 und 11; *Hopf* RdNr. 20; *Schröder* RdNr. 31.
[99] MünchKommHGB/*v. Hoyningen-Huene* RdNr. 45.
[100] Im Ergebnis ebenso BGH Urt. v. 1. 12. 1960 – VII ZR 210/59, MDR 1961, 312 = DB 1961, 234; Heymann/*Sonnenschein*/*Weitemeyer* RdNr. 7; teilweise aA MünchKommHGB/*v. Hoyningen-Huene* RdNr. 50.
[101] Umstritten; aA MünchKommHGB/*v. Hoyningen-Huene* RdNr. 50; Staub/*Brüggemann* RdNr. 21.

erwerben, wenn und soweit der Kunde seine Leistung doch noch erbringt. **Nach** einer **Ausführung des Geschäfts durch den Kunden** ist Abs. 3 anzuwenden, wenn der Kunde wegen nicht vertragsgemäßer Leistung des Unternehmers nachträglich Gewährleistungs- oder Schadensersatzansprüche geltend macht und ihm das nach Abs. 1 Satz 3 Geleistete zumindest teilweise zurückzugewähren ist (RdNr. 15);[102] soweit die Leistung des Kunden dem Unternehmer endgültig verbleibt, gilt Abs. 1 Satz 3.

IV. Verlust des Provisionsanspruchs nach Abs. 3 Satz 2

22   1. **Allgemeine Bedeutung und Anwendungsbereich.** Gemäß Abs. 3 Satz 2 gelangt der Provisionsanspruch nach Abs. 3 Satz 1 ausnahmsweise nicht zum Entstehen oder der durch Leistung des Kunden nach Abs. 1 Satz 3 bereits entstandene Provisionsanspruch entfällt nachträglich, wenn und soweit der Unternehmer die Nichtausführung des Kundengeschäfts nicht zu vertreten hat. Unmöglichkeit oder Unzumutbarkeit der Ausführung des Kundengeschäfts sind seit dem Gesetz von 1989[103] nicht mehr ausschlaggebend für den Verlust des Anspruchs.[104] Satz 2 gilt auch bei **nicht vertragsgemäßer Ausführung** des Kundengeschäfts, obwohl der Wortlaut des Gesetzes den Entlastungsbeweis nach Satz 2 in diesem Fall auszuschließen scheint;[105] da aber die nicht vertragsgemäße Ausführung des Kundengeschäfts ohnehin eine Form der Nichtausführung darstellt, greift Satz 2 gleichwohl ein, wenn der Unternehmer die nicht vertragsgemäße Ausführung des Kundengeschäfts nicht zu vertreten hat, es sei denn, dass (der HV nachweist, dass) die Ausdehnung des Satzes 2 auf eine nicht vertragsgemäße Leistung im Einzelfall ausnahmsweise dem Sinn und Zweck des Gesetzes widerspricht.[106]

23   2. **Vertretenmüssen und Nichtvertretenmüssen der Nichtausführung des Kundenvertrags.** Vertretenmüssen bedeutet das Einstehenmüssen gemäß § 276 Abs. 1 Satz 1 und 2 und § 278 BGB für jedes dem HV gegenüber vertrags-, pflicht- oder obliegenheitswidrige Verhalten sowie für die dem Risikobereich des Unternehmers und seines Betriebs zuzuordnenden Umstände.[107] Die den Unternehmer treffenden **Pflichten** und **Obliegenheiten** folgen **unter Berücksichtigung seiner Dispositionsfreiheit** (§ 86a) aus dem HVVertrag und dem Gesetz, nicht aus § 87a,[108] der nur die Folgen ihrer Verletzung für den Provisionsanspruch regelt; bei Verletzung nicht einklagbarer Obliegenheiten tritt die Entstehung des Provisionsanspruchs an die Stelle von Schadensersatzansprüchen. Nichtvertretenmüssen nach Abs. 3 Satz 2 scheidet damit im Allgemeinen bei vertrags-, pflicht- oder obliegenheitswidrigem Verhalten des Unternehmers aus und kommt im Regelfall nur für solche Umstände oder Verhaltensweisen in Betracht, welche auf Zufall[109] oder höherer Gewalt beruhen oder ausschließlich dem vom Unternehmer nicht zu beeinflussenden Risikobereich des Kunden zugerechnet werden müssen.[110] Maßgebend sind die jeweiligen Umstände des Einzelfalls;[111] eine Gesamtwürdigung aller Umstände unter angemessener Berücksichtigung der wirtschaftlichen Gegebenheiten ist geboten.[112] Im Zweifel hat der Unternehmer die Nichtausführung/Nichtdurchführung des abgeschlossenen Kundengeschäfts ebenso wie dessen nicht vertragsgemäße Ausführung zu vertreten. Ist die Nichtausführung teilweise nicht zu vertreten, entsteht im Übrigen ein Teilprovisionsanspruch nach Abs. 3 Satz 2;[113] das Gleiche gilt, wenn der Unternehmer davon absieht, die ihm zustehende Insolvenzquote für das ausgeführte Kundengeschäft einzufordern.[114]

24   3. **Einzelfälle. a) Ordnungsgemäße Vertragserfüllung.** Der Unternehmer ist im Sinn einer vom HV nicht durchsetzbaren Obliegenheit gehalten, den mit dem Kunden geschlossenen Vertrag ordnungsgemäß und vertragsgerecht zu erfüllen (vgl. § 86a). Die Folgen vertragswidriger vorzeitiger oder verspäteter, mangelhafter, unvollständiger oder andersartiger Leistung hat er, ohne dass es auf

---

[102] Umstritten; so *Westphal* RdNr. 317; MünchKommHGB/*v. Hoyningen-Huene* RdNr. 49.
[103] Zur Rechtslage bei Altverträgen siehe *Küstner* HVR RdNr. 1171 ff.
[104] Heymann/*Sonnenschein/Weitemeyer* RdNr. 18; *Hopt* RdNr. 25.
[105] Teilweise aA *Hopt* RdNr. 20.
[106] Vgl. dazu auch MünchKommHGB/*v. Hoyningen-Huene* RdNr. 51; *Küstner* HVR RdNr. 1170.
[107] *Holling* DB 1960, 79; *Hopt* RdNr. 26; MünchKommHGB/*v. Hoyningen-Huene* RdNr. 53; s. d. auch *Canaris* § 15 Rn. 69.
[108] So aber MünchKommHGB/*v. Hoyningen-Huene* RdNr. 52.
[109] MünchKommHGB/*v. Hoyningen-Huene* RdNr. 53; *Canaris* § 15 Rn. 68.
[110] OLG Frankfurt Urt. v. 19. 2. 1991 – 14 U 125/89, NJW-RR 1991, 674 = WM 1991, 867 = HVR Nr. 708; *Canaris* § 15 Rn. 69.
[111] MünchKommHGB/*v. Hoyningen-Huene* RdNr. 53.
[112] Vgl. Heymann/*Sonnenschein/Weitemeyer* RdNr. 19.
[113] *Hopt* RdNr. 24.
[114] Vgl. *Canaris* § 15 Rn. 67.

deren Ursachen ankommt, grundsätzlich gegenüber dem HV zu vertreten.[115] Das gilt besonders für Finanzierungsschwierigkeiten, Personalmangel, Produktionsengpässe oder -schwierigkeiten im eigenen Unternehmen, auch durch zu hohe Auftragseingänge,[116] Lieferschwierigkeiten der Vorlieferanten[117] sowie sonstige voraussehbare, jedoch behebbare Hindernisse oder Erschwernisse tatsächlicher oder rechtlicher Art.[118] Nicht zu vertreten hat der Unternehmer auf Zufall oder höhere Gewalt beruhende Betriebs- (Stromausfall) oder Lieferstörungen (Überschwemmung), auf Arbeitskampf zurückgehende Provisionsverhinderungen (Streik, Aussperrung), von ihm nicht vorhersehbare und/oder zu vermeidende Ausfälle der Vorlieferanten (Boykott) oder Änderungen der Rechtslage (Exportverbote).[119]

b) Durchsetzung vertraglicher Ansprüche aus dem Kundenvertrag. Gegenüber dem HV besteht für den Unternehmer die aus dem HVVertrag oder unmittelbar aus dem Gesetz folgende, jedoch nicht einklagbare Obliegenheit, seine vertraglichen Rechte aus dem abgeschlossenen Vertrag mit dem Kunden wahrzunehmen und **auf seine,** nicht auf den HV abwälzbaren (RdNr. 53), **Kosten**[120] durchzusetzen. Die zur Erbringung seiner Leistungen erforderlichen Mitwirkungshandlungen des Kunden, ebenso den Abruf bestellter Waren,[121] muss er (versuchen) herbei(zu)führen. Seinen Leistungs-/Erfüllungsanspruch muss der Unternehmer grundsätzlich einklagen, zur (Insolvenz-)Tabelle anmelden (§§ 174 f. InsO und früher §§ 139 f. KO)[122] sowie notfalls vollstrecken,[123] ausgenommen idR Prämienforderungen aus Bauspar- und (Lebens-)Versicherungsverträgen.[124] Weder Insolvenz (oder früher Konkurs) des Kunden noch dessen Sitzverlegung ins Ausland können ein Unterlassen von **Klage** und **Vollstreckung** rechtfertigen. Etwas anderes kann gelten, wenn (der Unternehmer nachweist, dass) eine Klage ausnahmsweise nicht zumutbar ist,[125] um den Kunden nicht zu verlieren (RdNr. 26),[126] oder weil die Kosten eines Rechtsstreits nicht mehr in einem wirtschaftlich vernünftigen Verhältnis zu dem voraussichtlichen Urteil (dem titulierten Betrag) stehen,[127] gegen eine Vielzahl säumiger Kunden geringe Beträge einzuklagen wären,[128] die Rechtslage ungeklärt ist,[129] der Unternehmer den Anspruch nicht hinreichend beweisen kann,[130] bei objektiver Würdigung eine Titulierung wegen voraussichtlich dauerhafter Leistungsunfähigkeit oder Erlöschens der Rechtsfähigkeit des Kunden keinerlei Vorteile verspricht, eine Vollstreckung auf unabsehbare Zeit aussichtslos ist,[131] durch eine Klage lediglich das Provisionsinteresse des HV gewahrt würde,[132] weil – etwa bei Dauerverträgen über geringwertige Güter (Zeitungsabonnements) – die einzuklagenden Beträge im Wesentlichen dem HV als Provision zustehen und künftige Erträge wegen Vertragskündigung des Kunden nicht anfallen werden,[133] oder wenn der Unternehmer (Versicherer, Unternehmer mit breitem Abnehmerkreis, Versandhaus) Gefahr läuft, in den Ruf eines „notorischen Prozessierers" zu gelangen;[134] das Gegenteil muss in diesen Fällen der

---

[115] Vgl. BGH Urt. v. 27. 1. 1972 – VII ZR 300/69, BGHZ 58, 140, 143 = NJW 1972, 629; BGH Urt. v. 21. 11. 1991 – I ZR 98/90, NJW-RR 1992, 868, 869.
[116] OLG Frankfurt Urt. v. 6. 7. 1954 – 1 U 13/54, HVR Nr. 93.
[117] LG Giessen HVR Nr. 266.
[118] BGH Urt. v. 13. 7. 1959 – II ZR 189/57, BB 1959, 864, 865; OLG Frankfurt NJW-RR 1991, 674 = WM 1991, 867 = HVR Nr. 708; OLG München BB 1995, 1559 (erschöpfte Ausfuhrquoten); *Holling* DB 1960, 79; *Heymann/Sonnenschein/Weitemeyer* RdNr. 19; *Hopt* RdNr. 26; MünchKommHGB/*v. Hoyningen-Huene* RdNr. 54; *Schröder* RdNr. 37; *Küstner* HVR RdNr. 1140, 1148 ff.; *Alff* RdNr. 122.
[119] *Holling* DB 1960, 79; *Heymann/Sonnenschein/Weitemeyer* RdNr. 19; *Hopt* RdNr. 28; MünchKommHGB/*v. Hoyningen-Huene* RdNr. 53, 55; *Westphal* RdNr. 389.
[120] *Westphal* Vertriebsrecht RdNr. 559.
[121] BGH Urt. v. 11. 10. 1990 – I ZR 32/89, NJW-RR 1991, 156, 159; *Heymann/Sonnenschein/Weitemeyer* RdNr. 6.
[122] BGH Urt. v. 11. 10. 1990 – I ZR 32/89, NJW-RR 1991, 156, 159; *Canaris* § 15 Rn. 67.
[123] BGH Urt. v. 27. 9. 1956 – II ZR 146/55, HVR Nr. 119; MünchKommHGB/*v. Hoyningen-Huene* RdNr. 54; vgl. *Holling* DB 1960, 79, 80; *Heymann/Sonnenschein/Weitemeyer* RdNr. 15.
[124] Vgl. *Fleischmann* VersR 1957, 9; *Sundermann* BB 1958, 542, 544, 546; aA *Hans* BB 1957, 1060, 1061 und BB 1958, 544, 546.
[125] BGH Urt. v. 27. 9. 1956 – II ZR 146/55, HVR Nr. 119.
[126] BGH Urt. v. 13. 7. 1959 – II ZR 189/57, DB 1959, 940 = BB 1959, 864, 865; BGH Urt. v. 13. 10. 1960 – VII ZR 224/59, VersR 1960, 1109, 1110.
[127] Vgl. *Hans* BB 1958, 544, 546; *Hopt* RdNr. 15; MünchKommHGB/*v. Hoyningen-Huene* RdNr. 35.
[128] Vgl. BGH Urt. v. 21. 10. 1971 – VII ZR 54/70, BB 1971, 1430; OLG Hamm BB 1979, 442; *Heymann/Sonnenschein/Weitemeyer* RdNr. 15; *Hopt* RdNr. 15; MünchKommHGB/*v. Hoyningen-Huene* RdNr. 35.
[129] Vgl. *Hopt* RdNr. 15; MünchKommHGB/*v. Hoyningen-Huene* RdNr. 35.
[130] Vgl. *Hopt* RdNr. 15; MünchKommHGB/*v. Hoyningen-Huene* RdNr. 35.
[131] AA OLG Köln NJW-RR 1994, 226 („Zweifelhafte Bonität und Liquidität reichen" so LS, „hinreichender Insolvenzverdacht nötig" so in den Gründen).
[132] Vgl. *Hopt* RdNr. 15.
[133] BGH Urt. v. 21. 10. 1971 – VII ZR 54/70, BB 1971, 1430; OLG Hamm BB 1979, 442; vgl. MünchKommHGB/*v. Hoyningen-Huene* RdNr. 55; *Alff* RdNr. 121.
[134] Vgl. *Hopt* RdNr. 15; MünchKommHGB/*v. Hoyningen-Huene* RdNr. 35.

HV beweisen.[135] Auf Verlangen sind ihm allerdings grds. die Ansprüche des Unternehmers abzutreten, wenn dieser wegen Unzumutbarkeit von einer Klage absehen darf (s. § 92).[136]

26 **c) Nachträgliche Änderung oder Aufhebung des Kundenvertrags.** Der Unternehmer ist gegenüber dem HV grundsätzlich nicht berechtigt, den Vertrag, der Grundlage der Provisionsanspruch des HV geworden ist, ohne dessen Zustimmung oder ohne entsprechenden wirksamen Vorbehalt im Vertrag[137] nachträglich durch Vereinbarung mit dem Kunden inhaltlich zu ändern, rückgängig zu machen oder aufzuheben.[138] Soweit derartige Abmachungen den Provisionsanspruch nach Abs. 3 Satz 1 begründen, scheidet Satz 2 grundsätzlich aus, selbst wenn sie auf einem Wunsch des Kunden beruhen.[139] Das gilt auch bei im der Kundenvertrag nicht vorgesehenen Rücknahme von Waren aus Kulanz, welche der Kunde nicht absetzen kann, sog. **Retouren;**[140] in bestimmten Vertriebsbereichen kann allerdings eine Auslegung des Kundenvertrags oder auch des HVVertrags ergeben, dass dem Kunden selbst ohne ausdrücklichen vertraglichen Vorbehalt (branchen-)üblicherweise das Recht zustehen soll, einen bestimmten Prozentsatz bestellter Ware nicht abzurufen, nicht abzunehmen oder zurückzugeben; an diesen Ausnahmefall sind jedoch strenge Anforderungen zu stellen. Des Weiteren kann ausnahmsweise etwas anderes bei einem langjährigen Kunden oder Großabnehmer gelten, der ohne Entgegenkommen des Unternehmers bei der Abwicklung des abgeschlossenen Kundenvertrags mit Abbruch der Geschäftsverbindung droht; aus diesem Grund kann dem Unternehmer ausnahmsweise ein Beharren auf der Erfüllung des Kundenvertrags bei objektiver Würdigung nicht zumutbar sein;[141] Treu und Glauben werden es dann gebieten, die Provision des HV an dem geänderten Vertrag auszurichten oder den Provisionsanspruch nach den Grundsätzen des Wegfalls der Geschäftsgrundlage zu behandeln und anzupassen. Zu einer **Kündigung** des Kundenvertrags ist der Unternehmer grds. ohne weiteres berechtigt, wenn ihm – wie im Fall des § 649 BGB – die volle Vergütung erhalten bleibt.[142] Ebenso darf der Unternehmer, ohne sich provisionspflichtig zu machen, ein **Rücktrittsrecht** ausüben, das ihm bereits in dem vom HV herbeigeführten Kundenvertrag eingeräumt oder vorbehalten ist.

27 **d) Rettung des Kundenvertrags durch Nachbearbeitung.** Bei nicht sofort vollständig abgewickelten Kundenverträgen, besonders bei Dauerschuldverhältnissen, trifft den Unternehmer die Obliegenheit, sich durch eine sog. Nachbearbeitung jedenfalls solange um eine Durchführung und Aufrechterhaltung des in seinem Fortbestand gefährdeten Kundenvertrags zu bemühen, als dem HV auf Grund des Vertrags eine Provisionsanwartschaft zustehen kann.[143] Gegebenenfalls muss der Unternehmer die mit dem Kunden geschlossenen Verträge nacharbeiten und durch Entgegenkommen gegenüber dem Kunden eine Vertragskündigung zu vermeiden suchen. Da der HV mit der kausal gewordenen Herbeiführung des (rechtswirksamen Abschlusses) des Kundenvertrags seine Pflichten aus dem HVVertrag erfüllt hat und mit der für den Abschluss des Kundengeschäfts geschuldeten Erfolgsprovision eine Nachbearbeitungstätigkeit idR ohnehin nicht abgegolten ist, besteht – anders als bei Versicherungs- oder Bausparkassenvertretern nach § 92 – grundsätzlich keine gesetzliche Verpflichtung des HV, die Nachbearbeitung zu übernehmen oder daran mitzuwirken.[144] Etwas anderes kann gelten, wenn dem HV ausnahmsweise eine solche Nachbearbeitung in dem HVVertrag auferlegt worden oder wenn sie ihm in höherem Maß als dem Unternehmer möglich und zumutbar ist.[145] Für die dem HV im Einzelfall obliegende Nachbearbeitungsobliegenheit gelten dann die zu § 92 niedergelegten Grundsätze (s. § 92); grds. sind die an eine ordnungsgemäße

---

[135] Staub/*Brüggemann* RdNr. 39.
[136] *Holling* DB 1906, 79, 80.
[137] MünchKommHGB/*v. Hoyningen-Huene* RdNr. 18, 22.
[138] BGH Urt. v. 27. 9. 1956 – II ZR 146/55, HVR Nr. 119; OLG Hamm Urt. v. 24. 10. 1955 – 18 U 127/55, HVR Nr. 156; OLG Frankfurt NJW-RR 1990, 356; Heymann/*Sonnenschein/Weitemeyer* RdNr. 19; MünchKommHGB/ *v. Hoyningen-Huene* RdNr. 18, 41; *Schröder* RdNr. 30; *Westphal* RdNr. 386; *Küstner* HVR RdNr. 1145.
[139] BGH Urt. v. 1. 12. 1960 – VII ZR 210/59, MDR 1961, 312 = DB 1961, 234; *Alff* RdNr. 118; *Küstner* HVR RdNr. 1159 ff., 1168.
[140] BGH Urt. v. 11. 10. 1990 – I ZR 6/89, EBE 1990, 374; BGH Urt. v. 7. 5. 1998 – III ZR 319/96, NJW-RR 1998, 1561, 1562; OLG München OLGR 2002, 82, 83. Heymann/*Sonnenschein/Weitemeyer* RdNr. 6; *Küstner* HVR RdNr. 1160.
[141] Vgl. BGH Urt. v. 13. 7. 1959 – II ZR 189/57, BB 1959, 864, 865; BGH Urt. v. 13. 10. 1960 – VII ZR 224/59, VersR 1960, 1109; BAG Urt. v. 9. 12. 1966 – 3 AZR 241/66, NJW 1967, 846; OLG Köln VersR 1978, 511; *Hopt* RdNr. 26; MünchKommHGB/*v. Hoyningen-Huene* RdNr. 54.
[142] BGH Urt. v. 17. 11. 1983 – I ZR 201/83, NJW 1984, 1455; OLG Köln Urt. v. 27. 11. 1992 – 20 U 89/92, HVR Nr. 756 und NJW-RR 1994, 226, 227; OLG Koblenz NJW-RR 1994, 295 = MDR 1993, 1187; vgl. LG Bückeburg MDR 1998, 665; *Wolf/Ungeheuer* NJW 1994, 1497; Heymann/*Sonnenschein/Weitemeyer* RdNr. 19.
[143] *Behrendt* NJW 2003, 1563, 1566.
[144] Vgl. dazu – für Versicherungsunternehmen – BGH Urt. v. 19. 11. 1982 – I ZR 125/80, DB 1983, 2135 = VersR 1983, 371, 372; aA Heymann/*Sonnenschein/Weitemeyer* RdNr. 16; MünchKommHGB/*v. Hoyningen-Huene* RdNr. 54; differenzierend *Knorr* BB 1975, 111.
[145] *Knorr* BB 1975, 111.

Nachbearbeitung mit dem Ziel der Aufrechterhaltung des Kundenvertrags zu stellenden Anforderungen nicht geringer als die dem HV zur Herbeiführung des (Abschlusses des) Kundenvertrags obliegenden Anstrengungen.

e) Nicht mehr den Unternehmensinteressen entsprechendes Kundengeschäft. Auf eigene Leistungsunfähigkeit, Wegfall des Interesses an dem Kundengeschäft[146] – zB wegen Fehlens der für eine kostendeckende Produktion erforderlichen Bestellungen,[147] Verlusten durch die Ausführung des Kundengeschäfts,[148] Fehlkalkulation bei Auftragsannahme[149] oder nachträglicher Risikoerhöhung bei einem Versicherungsvertrag –,[150] Änderung der Produktion oder Einstellung des Betriebs kann der Unternehmer sich gegenüber dem HV regelmäßig nicht zu seiner Entlastung berufen.[151] Die Treuepflicht gegenüber dem HV gebietet es, ihm in diesen Fällen die versprochene Vergütung zu gewähren.[152] Der Unternehmer muss rechtzeitig Sorge tragen, dass es nicht zum Abschluss solcher seinen Interessen nicht mehr entsprechender Kundengeschäfte kommt. Etwas anderes kann gelten, wenn durch unvorhergesehene Entwicklungen ausnahmsweise die Geschäftsgrundlage des HVVertrags entfällt, weil zB die Produktionskosten durch unvorhersehbare Entwicklungen in einem nicht mehr anderweit auszugleichenden Maß steigen und eine kostendeckende Herstellung wirtschaftlich unmöglich machen (vgl. § 84);[153] bei der dann gegebenenfalls vorzunehmenden Vertragsanpassung nach § 313 Abs. 1 BGB nF ist den Interessen des HV angemessen Rechnung zu tragen.

f) Umstände und Entwicklungen aus dem Bereich des Kunden. Nicht zu vertreten hat der Unternehmer regelmäßig Umstände und Entwicklungen aus dem Bereich des Kunden, die er durch Einwirkung auf ihn – zB durch Nachbearbeitung (RdNr. 27) – nicht beeinflussen kann.[154] Hierher gehören die Ausübung des dem Kunden in dem vom HV herbeigeführten Kundenvertrag vorbehaltenen Rücktrittsrechts, der Widerruf nach HTWG[155] (oder früher nach dem AbzG),[156] die Änderung oder Einstellung von Betrieb oder Unternehmen des Kunden sowie dessen – drohende – Insolvenz.[157] § 321 Abs. 1 Satz 1 BGB nF entlastet den Unternehmer auch im Verhältnis zu seinem HV.[158] Soweit sich der Kunde durch vertragswidriges Verhalten dem Unternehmer schadensersatzpflichtig gemacht hat, muss der Unternehmer einen Ersatzanspruch in gleicher Weise wie den Erfüllungsanspruch durchsetzen, um dem HV die Provision aus der Ersatzleistung zahlen zu können (RdNr. 25 und 12).

g) Verletzung von Verboten, Rechten Dritter oder Vertragsrechten. Wenn die Ausführung des Kundengeschäfts durch den Unternehmer zu einer Straftat, einer nicht gerechtfertigten Verletzung von Rechten Dritter, einer Verletzung vertraglicher Rechte oder Pflichten des Unternehmers selbst – zB bei der Gefahr eines unberechtigten Weiterverkaufs durch den Kunden –[159] oder zu einem Verstoß gegen ein verbindliches Unterlassungsverbot führen würde, hat der Unternehmer die unterlassene Ausführung des Kundengeschäft grds. nicht zu vertreten, sofern diese Umstände bei Abschluss des Kundenvertrags noch nicht bekannt oder vorhersehbar waren. Das gilt bereits dann, wenn aus seiner Sicht nach rechtlicher Beratung bei objektiver Würdigung der hinreichende Verdacht einer derartigen Rechtslage gegeben ist.[160] Bei Kundenverträgen, welche der Unternehmer in Kenntnis oder bei Vorhersehbarkeit solcher der Durchführung entgegenstehender Umstände abgeschlossen hat, greift Abs. 3 Satz 2 zugunsten des HV ein, sofern nicht (der Unternehmer nachweisen kann, dass) dem HV das Risiko der Nichtdurchführbarkeit des von ihm herbeigeführten Kundenvertrags ebenfalls bekannt war oder doch bewusst gewesen sein muss.

---

[146] *Hopt* RdNr. 26.
[147] *Heymann/Sonnenschein/Weitemeyer* RdNr. 6.
[148] *Küstner* HVR RdNr. 908.
[149] OLG Frankfurt Urt. v. 6. 7. 1954 – 1 U 13/54, HVR Nr. 93; OLG Dresden OLGE 22 (1911), 1.
[150] AA OLG Köln VersR 1974, 287.
[151] Vgl. MünchKommHGB/*v. Hoyningen-Huene* RdNr. 41, 54.
[152] LAG Düsseldorf BB 1960, 1075; aA LAG Stuttgart BB 1950, 674 = NJW 1951, 374 m. Anm. *Reinicke*.
[153] *Hopt* RdNr. 28; vgl. auch *Schröder* RdNr. 37; bedenklich OLG Köln VersR 1974, 287.
[154] Vgl. *Kempfler* NJW 1963, 524 zu unterbliebenen notwendigen Mitwirkungshandlungen des Bestellers bei Werkverträgen.
[155] OLG Karlsruhe NJW-RR 1993, 1274; Heymann/*Sonnenschein/Weitemeyer* RdNr. 6 und 19.
[156] Vgl. dazu *Rewolle* DB 1964, 467, 469.
[157] MünchKommHGB/*v. Hoyningen-Huene* RdNr. 55; vgl. *Hans* BB 1957, 1060, 1061.
[158] Zum alten Recht: BGH Urt. v. 9. 12. 1974 – VII ZR 82/73, WM 1975, 181; *Hopt* RdNr. 28; MünchKommHGB/*v. Hoyningen-Huene* RdNr. 55; *Küstner* HVR RdNr. 1169.
[159] *Hopt* RdNr. 28.
[160] Vgl. *Hopt* RdNr. 28.

31 **h) Insolvenz (Konkurs) des Unternehmers.** Die eigene Insolvenz (früher seinen Konkurs) oder das **Fehlschlagen eines Sanierungsversuchs**[161] hat der Unternehmer im Sinn des Abs. 3 im Regelfall zu vertreten, sofern er nicht ausnahmsweise (nachweisen kann, dass er) an dem eingetretenen Vermögensverfall schuldlos ist.[162] Der Provisionsanspruch nach Abs. 3 Satz 1 stellt dann ebenso wie der aus einer Ausführung des Kundengeschäfts durch den Insolvenzverwalter entstehende Provisionsanspruch nach Abs. 1 Satz 1[163] oder der Provisionsanspruch nach Abs. 1 Satz 3 eine einfache Insolvenzforderung nach § 38 InsO dar.[164]

32 **4. Provisionsrückzahlung.** (Voraus-)Zahlungen auf Provisionsforderungen, welche der Unternehmer nach Abs. 3 Satz 2 nicht schuldet,[165] hat der HV in entsprechender Anwendung des Abs. 2 2. HS (RdNr. 40) und nicht nach Bereicherungsrecht gemäss § 812 BGB[166] iVm. § 818 Abs. 3 BGB zurückzugewähren.

V. Untergang des Provisionsanspruchs nach Absatz 2

33 **1. Bedeutung und Anwendungsbereich.** Abs. 2 betrifft den nach Abs. 1 Satz 1 entstandenen und bis zur Nichtleistung des Kunden fortbestehenden Provisionsanspruch.[167] Nach Abs. 2 1. HS geht dieser entstandene Provisionsanspruch infolge Eintritts einer **auflösenden Bedingung**[168] unter, wenn und soweit[169] der Kunde seine vertraglich geschuldete Leistung nicht erbringt, obwohl er uneingeschränkt zur Leistung verpflichtet ist und ihm ein Recht zur Verweigerung seiner Leistung nicht zusteht (RdNr. 2). Soll der Provisionsanspruch auf Grund vertraglicher Absprache erst mit der Leistung des Kunden entstehen, vernichtet die Nichtleistung des Kunden die Anwartschaft.[170] Im Übrigen gilt bei angekündigter oder bereits feststehender Nichtleistung des Kunden **vor vertragsgemäßer Leistung des Unternehmers,**[171] und damit auch bei nicht unter Abs. 1 Satz 1 fallender Leistung, ausschließlich Abs. 3 (was allerdings umstritten ist, siehe RdNr. 4).

34 **2. Nichtleistung des Kunden.** Der Begriff der Nichtleistung des Kunden in Abs. 2 1. HS entspricht der Nichtausführung des Geschäfts in Abs. 3 Satz 1;[172] auf die dortigen Ausführungen (RdNr. 17) wird verwiesen. Der Kunde leistet nicht, wenn er die geschuldete Leistung nicht oder nicht in vertragsgemäßer Weise erbringt und der Unternehmer die nicht vertragsgemäße Leistung zurückweist.[173] Rechtswirksame Ersatzhandlungen oder für den Kunden erbrachte Leistungen Dritter stehen seiner Leistung gleich (RdNr. 12, 13).[174]

35 **3. Feststellung der Nichtleistung. a) Objektives unabänderliches Feststehen.** Die Tatsache der Nichtleistung muss objektiv und unabänderlich (endgültig), jedoch nicht rechtskräftig feststehen,[175] um den bereits entstandenen Provisionsanspruch vernichten zu können. Hohe Wahrscheinlichkeit, subjektive Einschätzungen der Parteien des Kundenvertrags[176] oder Erfüllungsverweigerung des Kunden[177] genügen – wie bei Abs. 3 Satz 1 (RdNr. 18) – nicht. Die Gründe der Nichtleistung

---

[161] Vgl. dazu OLG Hamm Urt. v. 9. 12. 1957 – 18 U 235/57, HVR Nr. 214.
[162] *Hoffstadt* DB 1983, 645, 647; *Emde/Kelm* ZIP 2005, 58, 60; *Hopt* RdNr. 26; MünchKommHGB/ *v. Hoyningen-Huene* RdNr. 54; vgl. RGZ 63, 69, 71, 72 ff.
[163] Ausf. *Emde/Kelm* ZIP 2005, 58, 60, 61 m. zahlr. Nw.
[164] Ausf. *Emde/Kelm* ZIP 2005, 58, 61; *Uhlenbruck/Berscheid* § 55 RdNr. 9; zum alten Recht der KO: BGH Urt. v. 2. 12. 1989 – IX ZR 66/89, ZIP 1990, 318 m. zust. Anm. *Marotzke* EWiR 1990, 393; HK-HGB/*Russ* § 87 RdNr. 2 a; *Schröder* § 89 RdNr. 41 c; ausf. Staub/*Brüggemann* RdNr. 19; aA Heymann/*Sonnenschein/Weitemeyer* § 87 RdNr. 30.
[165] Andernfalls siehe MünchKommHGB/*v. Hoyningen-Huene* RdNr. 37.
[166] Heymann/*Sonnenschein/Weitemeyer* RdNr. 19; MünchKommHGB/*v. Hoyningen-Huene* RdNr. 37; aA *Küstner/Thume* RdNr. 1154.
[167] Vgl. *Hopt* RdNr. 18; *Schröder* RdNr. 24, 28; *Westphal* RdNr. 374; aA MünchKommHGB/*v. Hoyningen-Huene* RdNr. 31 für Rücktritt oder Wandelung durch Kunden.
[168] Heymann/*Sonnenschein/Weitemeyer* RdNr. 14; MünchKommHGB/*v. Hoyningen-Huene* RdNr. 27.
[169] *Schröder* RdNr. 25.
[170] Vgl. *Westphal* RdNr. 376.
[171] BGH Urt. v. 1. 12. 1960 – VII ZR 210/59, MDR 1961, 312 = DB 1961, 234; Heymann/*Sonnenschein/Weitemeyer* RdNr. 14; *Hopt* RdNr. 13; MünchKommHGB/*v. Hoyningen-Huene* RdNr. 28; *Schröder* RdNr. 24; *Alff* RdNr. 117; differenzierend Staub/*Brüggemann* RdNr. 18, 19.
[172] *Alff* RdNr. 123.
[173] Staub/*Brüggemann* RdNr. 19.
[174] Vgl. Heymann/*Sonnenschein/Weitemeyer* RdNr. 14; *Küstner* HVR RdNr. 1117 f.
[175] OLG Celle BB 1972, 594; Heymann/*Sonnenschein/Weitemeyer* RdNr. 15; *Hopt* RdNr. 13 und 14; MünchKommHGB/*v. Hoyningen-Huene* RdNr. 29, 30 und 33; *Schröder* RdNr. 27; Staub/*Brüggemann* RdNr. 16.
[176] OLG Celle BB 1972, 594; Heymann/*Sonnenschein/Weitemeyer* RdNr. 15; MünchKommHGB/*v. Hoyningen-Huene* RdNr. 33; vgl. *Schröder* RdNr. 27; *Westphal* RdNr. 378.
[177] BGH Urt. v. 1. 12. 1960 – VII ZR 210/59, DB 1961, 147; vgl. BGH Urt. v. 19. 11. 1982 – I ZR 125/80, DB 1983, 2135 = VersR 1983, 371, 372; OLG Karlsruhe NJW-RR 1993, 1274; MünchKommHGB/*v. Hoyningen-Huene* RdNr. 34; *Küstner* HVR RdNr. 1113.

Entstehen und Fälligkeit der Provision   36–40 § 87 a

sind – wie bei Abs. 3 Satz 1 (RdNr. 19) – nur mittelbar[178] für die Feststellung der endgültigen Nichtleistung von Bedeutung.

b) Obliegenheit zum Provisionserhalt. Nicht ausreichend für Abs. 2 ist, dass der Kunde nach 36 Fälligkeit die geschuldete Leistung nicht bewirkt, ohne dass ihm Gewährleistungs- oder Leistungsverweigerungsrechte zustehen, dass er sich aus seiner Sicht endgültig vom Kundenvertrag lossagt oder diesen – erfolglos – zu vernichten oder aufzuheben sucht. Den Unternehmer trifft vielmehr – wie bei Abs. 3 (RdNr. 25 f.) – die allerdings nicht einklagbare Obliegenheit, alles ihm Mögliche und Zumutbare zum Erhalt des Provisionsanspruchs des HV zu unternehmen, bevor die Rechtsfolge des Abs. 2 1. HS eintreten kann. Seinen notwendigerweise bestehenden durchsetzbaren Erfüllungsanspruch gegen den Kunden muss der Unternehmer notfalls im Weg von Klage und Vollstreckung durchzusetzen versuchen.[179] Es gelten insoweit die gleichen Grundsätze wie zu Abs. 3 Satz 2, allerdings können unterschiedliche[180] und im Hinblick auf das bestehende Leistungspflicht des Kunden im Einzelfall strengere Anforderungen an die Feststellung der Nichtleistung als an das Nichtvertretenmüssen nach Abs. 3 Satz 2 geboten sein. Der Stornierungswunsch des Kunden ist hier ebenfalls grundsätzlich unerheblich (RdNr. 26).[181]

c) Fälle feststehender Nichtleistung. Von einer feststehenden Nichtleistung des Kunden kann 37 ausgegangen werden, wenn eine Klage gegen ihn unzumutbar oder erfolglos geblieben, eine Titulierung und/oder Zwangsvollstreckung wegen Zahlungsunfähigkeit/Insolvenz des Kunden auf absehbare Zeit aussichtslos ist,[182] der Insolvenzverwalter eine Erfüllung des Kundenverbindlichkeit ablehnt oder der Kunde seine Rechtsfähigkeit verloren hat.

d) Unmöglichkeit der Leistung. Bei nachträglicher objektiver Unmöglichkeit der Leistung 38 oder unverschuldetem Leistungsunvermögen des Kunden gilt wegen des Untergangs der Leistungspflicht (§ 275 BGB) Abs. 3 (RdNr. 20, 29),[183] ebenso wenn bei verschuldetem Unvermögen an die Stelle der Leistungspflicht ein Schadensersatzanspruch (§§ 280, 281 f. BGB nF) oder eine Rückabwicklung des Kundenvertrags tritt.[184]

e) Kündigung des Kundenvertrags. Eine Kündigung des Kundenvertrags, die – wie im Fall des 39 § 649 BGB – den Vergütungsanspruch des Unternehmers bestehen lässt, löst die Rechtsfolge des Abs. 2 1. HS nicht aus.[185]

4. Rückzahlungspflicht – Abs. 2 2. HS. Mit dem Erlöschen ("Entfallen") des Provisions- 40 anspruchs aus Abs. 1 Satz 1 nach Abs. 2 1. HS entsteht hinsichtlich bereits geleisteter Provisionen oder Vorschüsse[186] nach Abs. 2 2. HS die im Gesetze ausdrücklich festgeschriebene vertragliche Rückzahlungspflicht des HV,[187] auf welche die §§ 346 f., nicht aber Bereicherungsrecht mit der Entreicherungseinrede[188] oder die für Rückzahlung von Arbeitslohn geltenden Grundsätze,[189] anzuwenden sind. Für die Verzinsung gilt Handelsrecht (§§ 352 f.).[190] Bei **Teilerlöschen** entsteht ein entsprechender Teilrückzahlungsanspruch.[191] Bei Gefahr einer Nichtrückzahlung wegen schlechter Vermögenslage darf der Unternehmer nach Vertragsende fällige Provisionen zurückhalten (vgl. § 321 BGB).[192] Gleiches gilt mit entsprechender Anwendung des Abs. 2 2. HS, wenn ein Provisionsanspruch nach Abs. 3 Satz 2 entfällt (RdNr. 32).

---

[178] Vgl. MünchKommHGB/*v. Hoyningen-Huene* RdNr. 30.
[179] Vgl. Heymann/*Sonnenschein/Weitemeyer* RdNr. 15; *Hopt* RdNr. 15; MünchKommHGB/*v. Hoyningen-Huene* RdNr. 34 und 35; *Schröder* RdNr. 27.
[180] Vgl. *Hopt* RdNr. 16.
[181] OLG Düsseldorf Urt. v. 24. 5. 1991 – 16 U 169/90, HVR Nr. 707; MünchKommHGB/*v. Hoyningen-Huene* RdNr. 36.
[182] Heymann/*Sonnenschein/Weitemeyer* RdNr. 15; MünchKommHGB/*v. Hoyningen-Huene* RdNr. 35; Staub/*Brüggemann* RdNr. 16; *Küstner* HVR RdNr. 1114 f.
[183] AA *Hopt* RdNr. 14; Heymann/*Sonnenschein/Weitemeyer* RdNr. 15; MünchKommHGB/*v. Hoyningen-Huene* RdNr. 31.
[184] Vgl. auch *Hopt* RdNr. 18.
[185] Heymann/*Sonnenschein/Weitemeyer* RdNr. 15; *Hopt* RdNr. 14; MünchKommHGB/*v. Hoyningen-Huene* RdNr. 32.
[186] *Küstner* HVR RdNr. 1127.
[187] BGH Urt. v. 12. 11. 1962 – VII ZR 259/61, BB 1963, 8; Heymann/*Sonnenschein/Weitemeyer* RdNr. 17; *Hopt* RdNr. 19; *Westphal* RdNr. 377.
[188] BGH Urt. v. 12. 11. 1962 – VII ZR 259/61, BB 1963, 8; BAG Urt. v. 14. 3. 2000 – 9 AZR 855/98, MDR 2000, 818; Heymann/*Sonnenschein/Weitemeyer* RdNr. 19; *Hopt* RdNr. 14; MünchKommHGB/*v. Hoyningen-Huene* RdNr. 37; *Schröder* RdNr. 26; Staub/*Brüggemann* RdNr. 17; aA *Küstner* HVR RdNr. 1127.
[189] Vgl. BAG Urt. v. 18. 1. 1995 – 5 AZR 817/93, ZIP 1995, 941.
[190] BGH Urt. v. 12. 11. 1962 – VII ZR 259/61, BB 1963, 8; Heymann/*Sonnenschein/Weitemeyer* RdNr. 17; *Hopt* RdNr. 19; MünchKommHGB/*v. Hoyningen-Huene* RdNr. 37; *Schröder* RdNr. 26; *Westphal* RdNr. 377.
[191] *Schröder* RdNr. 26; vgl. *v. Brunn* NJW 1954, 56, 59.
[192] BGH Urt. v. 9. 12. 1974 – VII ZR 82/73, WM 1975, 181.

VI. Provisionsvorschuss

41 1. Provisionsvorschuss und andere Vorauszahlungen. Mit dem Provisionsvorschuss zahlt der Unternehmer dem HV auf ganz bestimmte, später zu verprovisionierende Kundengeschäfte einen in der Regel prozentual an der künftigen Provision ausgerichteten Abschlagsbetrag. Der HV braucht das zu bevorschussende Kundengeschäft noch nicht in die Wege geleitet zu haben; die Zahlung muss aber **für ein konkretes Geschäft** bestimmt sein. Bei **festen** oder **pauschalen Zahlungen,** welche für bestimmte Zeiträume zB an Versicherungs- oder Bausparkassenvertreter geleistet werden, handelt es sich nicht um eine Vorschusszahlung im eigentlichen Sinn, sondern um eine zusätzliche Vergütung oder um eine mit den jeweils verdienten Provisionen zu verrechnende Mindestvergütung, gegebenenfalls auch um eine Garantieprovision oder ein Fixum (s. § 87).[193] Die gewählte Bezeichnung ist rechtlich unerheblich.[194] Die Zahlung des Unternehmers auf eine „Provisionsabrechnung" des HV kann ein Vorschuss auf die in Rechnung gestellten Provisionen sein.[195] Erhält der HV als Provisionsvorschuss ausgewiesene Zahlungen, welche er für Lebensunterhalt und Ermöglichung der Berufstätigkeit verbrauchen muss, ohne aus der objektiven Sicht der Vertragspartner bei Vertragsschluss voraussichtlich Provisionen in entsprechender Höhe verdienen zu können, handelt es sich im Zweifel um ein Fixum[196] oder eine Mindestvergütung.[197] **Sieht die Provisionsvereinbarung vor, dass der HV nach rechtswirksamem Abschluss des von ihm vermittelten Geschäfts (Vertrags) mit dem Kunden seine Provision oder einen Teil davon bereits erhält,** bevor der Unternehmer das Kundengeschäft vollständig ausgeführt und der Kunde die ihm obliegenden Zahlungen an den Unternehmer in voller Höhe erbracht hat, wie es bei Dauerschuldverhältnissen vorkommen wird und bei Versicherungsvertreterverträgen regelmäßig der Fall ist, **handelt es sich rechtlich um eine Provisionszahlung und nicht lediglich um eine Vorschusszahlung,** weswegen für die **Rückforderung dieser Zahlungen** zwingend die unabdingbaren Regelungen der **Abs. 2 und 3 gelten.**

42 2. Vorschussanspruch nach Abs. 1 Satz 2. Das Gesetz sieht einen Anspruch auf Provisionsvorschuss nur in Abs. 1 Satz 2 vor. Voraussetzung für den Anspruch ist eine von Abs. 1 Satz 1 abweichende Vereinbarung, durch welche das sofortige und vollständige Entstehen des Provisionsanspruchs nach dieser Vorschrift abbedungen/ausgeschlossen wird. Der Vorschussanspruch entsteht dann kraft Gesetzes in einer angemessenen Höhe, sobald und soweit – also entsprechend bei Teilausführung –[198] der Unternehmer seine Handlungen zur Ausführung des Kundengeschäfts beendet hat, selbst wenn er zu einem früheren Zeitpunkt hierzu verpflichtet gewesen wäre,[199] und wird spätestens am letzten Tag des auf die Ausführung des Kundengeschäfts folgenden Monats fällig (RdNr. 45) und pfändbar.[200] Der Anspruch entsteht nicht, wenn der HV das Kundengeschäft anstelle des Unternehmers ohne dessen Zustimmung selbst ausführt.[201] Die **Höhe** können die Parteien festlegen, sie muss objektiv angemessen sein.[202] Andernfalls ist – wie bei Fehlen einer Vereinbarung – der im Einzelfall unter Berücksichtigung der Interessen von Unternehmer und HV[203] objektiv angemessene Betrag zu leisten, im Zweifel jedenfalls ein für Lebensunterhalt und Geschäftstätigkeit des HV erforderlicher,[204] die zu verdienende Provision jedoch unterschreitender Betrag. Stehen die Leistungen des Kunden und damit das endgültige Entstehen des Provisionsanspruchs kurz bevor, kann ein verhältnismäßig geringfügiger Betrag angemessen sein. Andererseits kann ein den endgültigen Provisionsbetrag nur geringfügig unterschreitender Betrag angemessen sein, wenn mit einer Leistung des Kunden auf längere Sicht nicht zu rechnen ist.[205] Bei Unsicherheit hinsichtlich der künftigen Kundenleistung wird sich der HV mit einer nur geringfügigen Vorschusszahlung zufrieden

---

[193] *Treffer* MDR 1998, 384, 385.
[194] LAG Baden-Württemberg BB 1971, 354 („Verrechnungsgarantie"); vgl. *v. Blomberg* VersR 1968, 328 („Provisionspauschale", „Provisionsgarantie").
[195] OLG Düsseldorf WM 1984, 1287.
[196] OLG Hamburg Urt. v. 17. 3. 2000 – 14 U 77/99, HVR Nr. 1046.
[197] Vgl. LG Karlsruhe DB 1990, 2063; aA LAG Baden-Württemberg BB 1971, 354.
[198] *v. Brunn* NJW 1954, 56, 58; *Schröder* BB 1963, 567, 570 und RdNr. 14 c.
[199] *Schröder* BB 1963, 567, 570.
[200] *Treffer* MDR 1998, 384, 385.
[201] *Schröder* RdNr. 14 b.
[202] *Hopt* RdNr. 9; MünchKommHGB/*v. Hoyningen-Huene* RdNr. 25; *Westphal* RdNr. 335.
[203] *Schröder* RdNr. 15; *Küstner* HVR Nr. 921; *Westphal* RdNr. 334.
[204] Staub/*Brüggemann* RdNr. 10.
[205] Heymann/*Sonnenschein/Weitemeyer* RdNr. 22; MünchKommHGB/*v. Hoyningen-Huene* RdNr. 25; *Schröder* RdNr. 15.

Entstehen und Fälligkeit der Provision 43–45 § 87 a

geben müssen.[206] Kommt es nicht zu einer Einigung über die Höhe, gilt § 316 BGB.[207] Im Fall des Abs. 2 entfällt auch der Vorschussanspruch.[208]

3. Vereinbarte Vorschusszahlung. Da § 669 BGB auf den entgeltlich tätig werdenden HV **43** grundsätzlich nicht anwendbar ist,[209] hat der HV – von Abs. 1 Satz 2 abgesehen – Anspruch auf einen Vorschuss nur bei entsprechender Vereinbarung. Ohne Einschränkung der Vertragsfreiheit können die Vertragspartner Voraussetzungen und Höhe einer Vorschusszahlung aushandeln. Eine Angemessenheitskontrolle findet bei dem entgeltlich tätig werdenden HV grundsätzlich nicht statt. § 316 gilt bei einer wirksamen Vorschussvereinbarung ohne Regelung der Höhe. § 307 BGB nF kann eingreifen, wenn der HV dem – wirtschaftlich unterlegenen – Geschäftsherrn die Bedingungen für den Vorschussanspruch durch AGB oder Formularvertrag vorgibt.

4. Rückzahlung. Bei Nichtentstehen oder nachträglichem Entfallen des Provisionsanspruchs (s. **44** aber RdNr. 41) ist der HV auf Grund des HVVertrags[210] zur Rückzahlung des erhaltenen Vorschusses mit Fälligkeitszinsen nach HGB verpflichtet.[211] § 818 Abs. 3 BGB gilt nicht.[212] Die Abrechnung der Vorschusszahlungen ist Aufgabe des Unternehmers und notwendige Voraussetzung für die Zurückforderung angeblich nicht verdienter Provisionsvorschüsse.[213] Zahlt der Unternehmer über einen nicht unerheblichen Zeitraum die verdienten Provisionen aus, ohne sie zumindest teilweise auf ausgezahlte Vorschüsse zu verrechnen, kann er den Rückzahlungsanspruch verwirken.[214]

VII. Fälligkeit – Abs. 4

1. Provision und Provisionsvorschuss. Die Fälligkeit des Provisionsanspruchs ist nach Abs. 4 **45** an die Abrechnungspflicht gemäß § 87 c Abs. 1 gebunden, welche unabhängig von der auflösenden Bedingung nach Abs. 2 1. HS besteht, sobald der Provisionsanspruch nach Abs. 1 oder Abs. 3 entstanden ist. Damit tritt Fälligkeit für alle im Abrechnungszeitraum entstandenen Ansprüche[215] im Regelfall am letzten Tag des Folgemonats nach dem Entstehen des Anspruchs ein.[216] Haben die Parteien in zulässiger Weise gemäß § 87 c Abs. 1 Satz 1 2. HS einen längeren Abrechnungszeitraum von höchstens drei Monaten vereinbart, wird die Fälligkeit entsprechend hinausgeschoben, längstens bis zum Ende des vierten Monats nach dem Entstehen. An dem Tag, bei dem es sich wegen der Unbestimmtheit des Entstehungstatbestands nach Abs. 1 oder 3 nicht um einen kalendermäßig bestimmten Zeitpunkt iSv. § 284 Abs. 2 Nr. 1 BGB nF handelt,[217] wird der Provisionsanspruch fällig, selbst wenn eine Abrechnung noch nicht erteilt ist.[218] Das gilt ebenso für den Anspruch auf eine nicht von einer konkreten Tätigkeit abhängige Provision, insbesondere nach § 87 Abs. 2. Die **Verjährung** einer vertragswidrig nicht abgerechneten Provision, besonders einer Bezirksprovision, beginnt nach § 199 Abs. 1 Nr. 1 und 2 BGB nF mit dem Schluss des Jahres, in welchem der HV Anlass hat, an der Richtigkeit und Vollständigkeit einer ihm erteilten Abrechnung zu zweifeln und in der Lage ist, den entstandenen Provisionsanspruch zumindest dem Grunde nach geltend zu machen.[219] Der Anspruch auf einen gesetzlichen Provisionsvorschuss wird nach denselben Grundsätzen fällig wie der Anspruch auf Provision (RdNr. 41). Die Fälligkeit vertraglich begründeter Vorschussforderungen bestimmt sich nach den getroffenen Vereinbarungen und im Zweifel nach den für gesetzliche Vorschüsse geltenden Regeln.

---

[206] Vgl. *Hopt* RdNr. 9; *Schröder* RdNr. 15.
[207] Heymann/*Sonnenschein*/*Weitemeyer* RdNr. 22; MünchKommHGB/*v. Hoyningen-Huene* RdNr. 25; *Schröder* RdNr. 15; Staub/*Brüggemann* RdNr. 10; *Küstner* HVR RdNr. 921; *Westphal* RdNr. 335.
[208] *Schröder* RdNr. 14 c.
[209] Vgl. § 84 RdNr. 46.
[210] BGH Urt. v. 12. 11. 1962 – VII ZR 259/61, BB 1963, 8.
[211] BGH Urt. v. 12. 11. 1962 – VII ZR 259/61, BB 1963, 8.
[212] BGH Urt. v. 12. 11. 1962 – VII ZR 259/61, BB 1963, 8; BAG Urt. v. 14. 3. 2000 – 9 AZR 855/98, MDR 2000, 818; vgl. *Sieg* VersR 1993, 1198; Heymann/*Sonnenschein*/*Weitemeyer* RdNr. 15; Staub/*Brüggemann* RdNr. 17; *Westphal* RdNr. 336; *Alff* RdNr. 131.
[213] OLG Düsseldorf OLGR 1993, 197.
[214] BGH Urt. v. 30. 1. 1964 – VII ZR 83/62, HVR Nr. 314; BAG Urt. v. 20. 6. 1989 – 3 AZR 504/87, DB 1989, 2385 = BB 1989, 2333.
[215] Heymann/*Sonnenschein*/*Weitemeyer* RdNr. 20; *Hopt* RdNr. 31; MünchKommHGB/*v. Hoyningen-Huene* RdNr. 59.
[216] *Schröder* RdNr. 43.
[217] BGH Urt. v. 9. 4. 1962 – VII ZR 162/60, BB 1962, 543; OLG Oldenburg NJW 1959, 888 = DB 1959, 138; Heymann/*Sonnenschein*/*Weitemeyer* RdNr. 20; MünchKommHGB/*v. Hoyningen-Huene* RdNr. 60; *Schröder* RdNr. 43; Staub/*Brüggemann* RdNr. 40; *Westphal* RdNr. 397; aA *Küstner* HVR RdNr. 1369.
[218] MünchKommHGB/*v. Hoyningen-Huene* RdNr. 59; *Schröder* RdNr. 43.
[219] Vgl. zum alten Verjährungsrecht: BGH Urt. v. 28. 1. 1977 – I ZR 175/75, EBE 1977, 115; *Küstner* HVR RdNr. 1281.

46 **2. Zuschüsse und Beihilfen.** Der vertragliche Anspruch auf Aufbau-, Organisations-, Bürokosten- oder Existenzgründungsbeihilfen sowie entsprechende und ähnliche Zuschusszahlungen oder Vorschüsse entsteht unabhängig von ihrer Bezeichnung, nach dem Zweck der vereinbarten Zahlung jeweils zu Beginn des Zeitraums, für welchen sie nach der zugrunde liegenden Vereinbarung zu leisten ist. Die Fälligkeit dieser nicht von einer Abrechnung abhängigen Ansprüche tritt mit dem Entstehen ein. Damit ist gewährleistet, dass solche Zahlungen ihren Zweck erfüllen können, dem HV besonders für die Anlaufzeit nach Vertragsbeginn die berufliche Tätigkeit zu ermöglichen und seinen Lebensunterhalt sicherzustellen. Wegen dieser Interessenlage muss eine von dieser Regel abweichende Vereinbarung unmissverständlich und eindeutig getroffen werden. Eine andersartige Handhabung, zB durch nachschüssige Zahlung, reicht für eine Vertragsänderung grundsätzlich nicht aus. Für die Verjährung gilt § 199 Abs. 1 BGB nF.

47 **3. Sonstige Vergütungen.** Die Fälligkeit sonstiger Vergütungsansprüche, bei denen es sich weder um Provisionen noch um erfolgsunabhängige Leistungen handelt, bestimmt sich nach den Vereinbarungen, welche den Anspruch begründen. Im Zweifel gilt § 271 BGB.

VIII. Abdingbarkeit – Abs. 5

48 **1. Vertragsfreiheit. a) Vereinbarungen zu Abs. 1 und Abs. 2 Halbsatz 2.** Vertragsfreiheit besteht nach Abs. 5 für Vereinbarungen, welche den Provisionsanspruch nach Grund und Höhe modifizieren[220] und besonders das unbedingte Entstehen des Provisionsanspruchs trotz der Ausführung des Geschäfts durch den Unternehmer nach Abs. 1 Satz 1 von weiteren Voraussetzungen abhängig machen, insbesondere von der Ausführung des Geschäfts durch den Kunden,[221] so dass der volle Provisionsanspruch erst mit Abschluss des Kundengeschäfts[222] oder auch der Teilausführung des Geschäfts durch eine Partei entstehen soll;[223] beides muss eindeutig gewollt[224] und vereinbart sein.[225] Ein **vollständiger Ausschluss** des Provisionsanspruchs für ein vertragsgemäß abgewickeltes Kundengeschäft ist rechtlich nicht möglich. Zulässig sind Vereinbarungen, welche den Anspruch auf echte oder unechte Überhangprovision ausschließen, die Höhe des Vorschussanspruchs nach Abs. 1 Satz 2 im Rahmen der verbindlich vom Gesetz vorgegebenen Angemessenheit festlegen[226] oder den Rückzahlungsanspruch nach Abs. 2 2. HS im Einzelnen regeln, ausgestalten oder ausschließen.

49 **b) Vereinbarungen zu Abs. 2 Halbsatz 1, Abs. 3 und Abs. 4.** Vertragsfreiheit besteht nach Abs. 5 darüber hinaus für vom Gesetz abweichende Vereinbarungen zu dem Entstehen des Provisionsanspruchs nach Abs. 2[227] sowie zu dessen Fälligkeit, sofern diese sich in keiner Weise unmittelbar oder mittelbar für den HV nachteilig auswirken können.[228] Zulässig sind damit Vereinbarungen, welche die Anforderungen an den nachträglichen Wegfall des Provisionsanspruchs nach Abs. 2 1. HS oder Abs. 3 Satz 2 verschärfen, diese Rechtsfolgen ganz ausschließen[229] oder das Entstehen des Anspruchs nach Abs. 3 Satz 1 erleichtern.[230]

50 **c) Vereinbarungen nach Vertragsende.** Vertragsfreiheit besteht für Vereinbarungen, welche erst nach Vertragsende getroffen werden, insoweit gilt für Abs. 5 etwas anderes als für § 87 c Abs. 5.

51 **d) Klarstellende Regelungen.** Klarstellende Klauseln, welche die bestehende Rechtslage festschreiben, ohne die rechtliche Stellung der Vertragspartner, besonders des HV, nachteilig zu beeinflussen oder zu verändern, fallen nicht unter Abs. 5 und sind zulässig.[231]

52 **e) AGB, Formularvortrag.** Vom Gesetz abweichende zulässige Regelungen dürfen in AGB oder Formularverträgen erhalten sein, wenn sie inhaltlich eindeutig sowie unmissverständlich sind[232] und nicht ausnahmsweise der wirtschaftlich stärkere HV dem Unternehmer in einer gegen § 307 BGB nF verstoßenden Weise die Vertragsbedingungen zu seinen Gunsten vorgibt (diktiert).

---

[220] *Hopt* RdNr. 8 und 35; Heymann/*Sonnenschein/Weitemeyer* RdNr. 21; vgl. *Schröder* RdNr. 11 f.
[221] *Schröder* RdNr. 12, 13.
[222] OLG Düsseldorf WM 1984, 1287; *Schröder* RdNr. 46 und BB 1963, 567, 570.
[223] Vgl. *Hopt* RdNr. 12; MünchKommHGB/*v. Hoyningen-Huene* RdNr. 23; *Schröder* RdNr. 11.
[224] Vgl. OLG Düsseldorf WM 1984, 1287, 1289.
[225] *Schröder* RdNr. 10.
[226] *Hopt* RdNr. 9; MünchKommHGB/*v. Hoyningen-Huene* RdNr. 25.
[227] Vgl. LAG Stuttgart Urt. v. 20. 6. 1955 – II Sa 31/55, HVR Nr. 114.
[228] Vgl. dazu auch *Hopt* RdNr. 32–35.
[229] Heymann/*Sonnenschein/Weitemeyer* RdNr. 21; vgl. auch *Schröder* RdNr. 26.
[230] Heymann/*Sonnenschein/Weitemeyer* RdNr. 21.
[231] *Hopt* RdNr. 33; MünchKommHGB/*v. Hoyningen-Huene* RdNr. 57; als klarstellend dürfte auch die Klausel in BGH Urt. v. 21. 10. 1971 – VII ZR 54/70, BB 1971, 1430 zu verstehen sein.
[232] OLG Oldenburg Urt. v. 21. 12. 1995 – 1 U 106/95, HVR Nr. 995.

Entstehen und Fälligkeit der Provision 53, 54 § 87 a

2. Unabdingbarkeit. Von den aufgezeigten Ausnahmen abgesehen enthält § 87 a unabdingbares 53 (zwingendes) Recht; abweichende Vereinbarungen sind nach Abs. 5 und damit auch im Sinn von § 134 BGB unwirksam,[233] an ihre Stelle tritt im Zweifel die gesetzliche Regelung.[234] Das Verbot des Abs. 5 betrifft Vereinbarungen, welche die Rechtsfolgen Abs. 3 oder Abs. 4 zum Nachteil des HV verändern[235] oder sich unmittelbar oder mittelbar, direkt oder indirekt für Entstehen oder Fälligkeit des Provisionsanspruchs nach diesen Bestimmungen nachteilig auswirken können, weil sie die Rechtsstellung des HV nach Abs. 2 1. HS,[236] Abs. 3 oder Abs. 4 in irgendeiner Weise zu seinen Ungunsten beeinflussen können; die Möglichkeit einer Benachteiligung reicht für die Rechtsfolge des Abs. 5 aus. Damit sind den Vertragspartnern nicht nur Vereinbarungen verwehrt, welche das Zustandekommen des Kundenvertrags von dessen tatsächlicher Ausführung abhängig machen (s. § 87 RdNr. 60), sondern auch solche Abmachungen, welche zwar vordergründig nur Regelungen nach Abs. 1 Satz 2 und 3 enthalten, tatsächlich jedoch den nach Abs. 3 und 4 geschützten Provisionsanspruch einschränken können. **Damit ist zugunsten zugunsten des HV das Schicksal des abgeschlossenen Kundenvertrags der Vertragsfreiheit entzogen.** Gegen Abs. 5 können deswegen Vereinbarungen verstoßen, durch welche die Voraussetzungen für die Ausführung des Geschäfts durch den Kunden und dessen Zeitpunkt nach Abs. 1 Satz 3, für das Feststehen der (teilweisen) Nichtleistung des Dritten nach Abs. 2 1. HS zu einem bestimmten Zeitpunkt oder für die (teilweise) Nichtausführung des Geschäfts durch den Unternehmer[237] sowie dessen Nichtvertretenmüssen nach Abs. 3 in einer von der gesetzlichen Regelung abweichenden Weise materiell- oder beweisrechtlich[238] zum Nachteil des HV zB durch Herabsetzung der an den Anspruchsverlust oder durch Verschärfung der an das Entstehen des Anspruchs zu stellenden Anforderungen festgelegt werden.[239] Es gilt insoweit das Gleiche wie zu § 87 c Abs. 5. So sind Regelungen über das Einstellen eines gegen den HV gerichteten Rückzahlungsanspruchs aus § 87 a in ein **Kontokorrentkonto,** über den **Verzicht** einer **Nachbearbeitung** oder **Klage** gegen den Kunden,[240] über die – anteilige – **Übernahme** der **Kosten** einer gegen den Kunden gerichteten Rechtsverfolgung durch den HV[241] oder über die **Nichtverprovisionierung** von sich als **verlustbringend** erweisenden **Kundengeschäften**[242] unzulässig. Durch vereinbarte – **Beteiligung des HV an einer** – **Nachbearbeitung** darf die Risikoverteilung gemäß Abs. 3 Satz 2 nicht zulasten des HV verändert werden.[243] Nicht abdingbar ist die in Abs. 4 enthaltene Fälligkeitsbestimmung. Eine auch nur mittelbare[244] vertragliche Hinausschiebung des Fälligkeitstermins verstößt gegen Abs. 5.[245] Nicht abdingbar sind außerdem der **Vorschussanspruch** nach Abs. 1 Satz 2 in angemessener Höhe[246] und dessen Fälligkeit[247] sowie die in Abs. 1 Satz 3 getroffene Regelung über das – vollständige oder teilweise –[248] **Entstehen** des **Provisionsanspruchs** spätestens **mit** der **Ausführung des Geschäfts durch den Kunden.**[249] Die Abrechnungsverpflichtung ist der Vertragsfreiheit bereits durch § 87 c Abs. 5 entzogen. Unwirksam ist die vereinbarte Ausweisung einer geschuldeten Provisionszahlung als Vorschusszahlung.

3. Dauer der Beschränkung der Vertragsfreiheit, Verfügung und Verzicht über Anwart- 54 **schaft sowie entstandenen Anspruch.** Die Beschränkung der Vertragsfreiheit durch § 87 a dauert längstens bis zur Beendigung des HVVertrags (RdNr. 50). Bereits vorher endet die Einschränkung

---

[233] *Schröder* RdNr. 44 und 45.
[234] *Schröder* RdNr. 44.
[235] *Schröder* RdNr. 46.
[236] Seit der Gesetzesänderung von 1989, zur früheren Rechtslage: *Küstner* HVR RdNr. 1131 ff.
[237] Vgl. BGH Urt. v. 10. 12. 1997 – VIII ZR 107/97, ZIP 1998, 695, 697.
[238] AA OLG Frankfurt BB 1977, 1171; bedenklich auch OLG Karlsruhe VersR 1982, 267.
[239] LAG Düsseldorf DB 1970, 183 (Abwälzung der Haftung für Lieferschwierigkeiten auf HV); OLG Hamm BB 1979, 442; vgl. auch OLG Düsseldorf OLGR 1992, 3; vgl. zum ganzen *Hopt* RdNr. 20 und 32; MünchKommHGB/v. *Hoyningen-Huene* RdNr. 38, 56; *Schröder* RdNr. 45, 46; *Westphal* RdNr. 383, 393.
[240] OLG Hamm MDR 1978, 937; *Hopt* RdNr. 33; aA: LAG Stuttgart DB 1955, 682; OLG Karlsruhe BB 1974, 904; OLG Frankfurt BB 1977, 1171 und VersR 1978, 326.
[241] OLG Karlsruhe BB 1974, 904; *Hopt* 32; MünchKommHGB/v. *Hoyningen-Huene* RdNr. 56.
[242] *Schröder* RdNr. 45 a.
[243] MünchKommHGB/v. *Hoyningen-Huene* RdNr. 57.
[244] OLG Düsseldorf OLGR 1993, 131.
[245] OLG Düsseldorf OLGR 1993, 131 (zur vereinbarten Abrechnung des Stornoreservekontos, erst wenn alle vermittelten Verträge die Stornohaftzeit überdauert haben); OLG Düsseldorf BB 1990, 1086 (Abrechnung erst drei Jahre nach Ende des HVVertrags); *Hopt* RdNr. 34; MünchKommHGB/v. *Hoyningen-Huene* RdNr. 61; *Westphal* RdNr. 400.
[246] Heymann/*Sonnenschein/Weitemeyer* RdNr. 22; MünchKommHGB/v. *Hoyningen-Huene* RdNr. 25; *Schröder* RdNr. 14 a, 46; Staub/*Brüggemann* RdNr. 10; *Westphal* RdNr. 333.
[247] *Schröder* RdNr. 15.
[248] *Hopt* RdNr. 12; vgl. Heymann/*Sonnenschein/Weitemeyer* RdNr. 21; *Westphal* RdNr. 319, 332; *Küstner* HVR RdNr. 926.
[249] Heymann/*Sonnenschein/Weitemeyer* RdNr. 22; MünchKommHGB/v. *Hoyningen-Huene* RdNr. 24 und 62; Staub/*Brüggemann* RdNr. 9.

der Vertragsfreiheit nach Abs. 3 mit dem vollständigen Entstehen des Provisionsanspruchs gemäß Abs. 1 und 3; die Beschränkung nach Abs. 4 dauert bis zur eingetretenen Fälligkeit des Anspruchs an und abweichende Vereinbarungen zu Abs. 2 können solange nicht getroffen werden, als noch die Möglichkeit des nachträglichen Scheiterns des Anspruch nach Abs. 2 besteht. Über den nach Abs. 1 oder 3 entstandenen Anspruch kann der HV **frei verfügen,**[250] auch durch – teilweisen – Verzicht.[251] Die Möglichkeit des nachträglichen Erlöschens nach Abs. 2 1. HS steht dem nicht entgegen. Der Verzicht auf eine entstandene Provisionsforderung setzt allerdings eine eindeutige und unmissverständliche Willenserklärung des Verzichtenden voraus, die in Kenntnis des bestehenden Anspruchs abgegeben werden muss; das Nichtgeltendmachen einer Provisionsforderung oder die widerspruchslose oder sogar einverständliche Hinnahme der vom Geschäftsherrn geäußerten Auffassung, dass ein Provisionsanspruch nicht bestehe, enthalten im Zweifelfall nicht den Verzicht auf bestehende Forderungen. Ebenso besteht Vertragsfreiheit, soweit nur über die Provisionsanwartschaft nach § 87 (s. dort RdNr. 60) verfügt werden, zB das Entstehen von Provisionsansprüchen (Überhangprovisionen) nach Ende des HVVertrags ausgeschlossen werden soll (s. o. RdNr. 44);[252] eine solche Vertragsklausel gilt wegen Abs. 3 nicht für Geschäfte, die vereinbarungsgemäß während des Bestehens des HVVertrags auszuführen gewesen wären, wenn der Unternehmer die nicht rechtzeitige Nichtausführung zu vertreten hat.[253] Mit Bedeutung und Wirksamkeit von Provisionsverzichtsklauseln in (vorformulierten) Versicherungsvertreterverträgen befasst sich ausf. *Graf von Westphalen* DB 2003, 2319[254] (s. a. § 89 b und § 92).

55 **4. Stornoreservekonto.** Nicht gegen § 87 a, insbesondere nicht gegen Abs. 4, verstößt eine Vereinbarung über die Nichtauszahlung eines Teils der fälligen Provision, der zur Sicherung eines Rückforderungsanspruchs des Unternehmers nach Abs. 2 2. HS, auch in analoger Anwendung, oder wegen nicht verdienter Provisionsvorschüsse in eine sog. Stornoreserve eingestellt werden soll,[255] sofern die Gutschrift auf dem für den HV eingerichteten Konto am Tag der Fälligkeit zu erfolgen hat.[256] Gegen den Anspruch des HV auf Auszahlung eines Guthabens aus dem Stornoreservekonto kann der Unternehmer während des bestehenden HVVertragsverhältnisses nur mit solchen fälligen Forderungen **aufrechnen,** deren Sicherung das Stornoreservekonto dienen soll; nach Vertragsende ist eine Aufrechnung zulässig mit Forderungen, welche in dem Vertragsverhältnis ihren Rechtsgrund haben.

56 **5. Rücklage für Alterversorgung/Pension.** Die Vereinbarung, dass der HV einen Teil der fälligen Provision erst in einem späteren Zeitpunkt als Altersversorgung/Pension erhalten soll, ist mit § 87 a Abs. 4 nicht zu vereinbaren.[257] Unbedenklich ist die vereinbarte Alterssicherung des HV, wenn der Unternehmer den erforderlichen Rückstellungsbetrag zusätzlich zu der Provisionsverpflichtung leistet oder der HV die erforderlichen Beträge aus eigenen Mitteln – zB den an ihn bereits ausgezahlten Provisionen – aufbringt, was dann auch durch Abbuchung von dem Provisionskonto rechtlich möglich ist.

57 **6. Handelsbrauch.** Soweit die gesetzliche Regelung zwingend ist, bleibt ein gegenteiliger Handelsbrauch unbeachtlich (vgl. § 87 RdNr. 60).[258]

IX. Untervertreter

58 § 87 a gilt in entsprechender Anwendung für das Entstehen des Provisionsanspruchs des echten Untervertreters gegen den Hauptvertreter.[259] Allerdings setzt der Provisionsanspruch des Untervertreters außer dem Entstehen des Provisionsanspruchs des Hauptvertreters gegen den Unternehmer zusätzlich dessen Leistung an den Hauptvertreter voraus, aus welcher die Unterprovision zu zahlen

---

[250] BGH Urt. v. 1. 12. 1960 – VII ZR 210/59, MDR 1961, 312 = DB 1961, 234; BGH Urt. v. 29. 11. 1995 – VIII ZR 293/94, ZIP 1996, 129, 131.
[251] BGH Urt. v. 1. 12. 1960 – VII ZR 210/59, MDR 1961, 312 = DB 1961, 234; BGH Urt. v. 9. 7. 2003 – VIII ZR 60/02, EBE 2003, 279 = WM 2003, 2112 m. zust. Anm. *Becker* EWiR 2004, 235; *Hopt* RdNr. 33; Heymann/*Sonnenschein*/*Weitemeyer* RdNr. 21; *Schröder* RdNr. 45.
[252] BGH Urt. v. 11. 7. 1960 – VII ZR 225/59, BGHZ 33, 92 = NJW 1960, 1996; *Schröder* RdNr. 1 a, 8, 8 a, 13 a; *Westphal* RdNr. 320; *Küstner* HVR RdNr. 932; aA für angestellten Vermittler BGH Urt. v. 4. 12. 1981 – I ZR 200/79, DB 1982, 590.
[253] BGH Urt. v. 11. 7. 1960 – VII ZR 225/59, BGHZ 33, 92 = NJW 1960, 1996; *Westphal* RdNr. 394; *Küstner* HVR RdNr. 1156.
[254] „Die Provisionsverzichtsklausel im Spannungsverhältnis zum Ausgleichsanspruch des Versicherungsvertreters."
[255] Vgl. BGH Urt. v. 9. 12. 1974 – VII ZR 82/73, WM 1975, 181; Heymann/*Sonnenschein*/*Weitemeyer* RdNr. 22.
[256] *Schröder* RdNr. 43 a.
[257] LAG Hamm BB 1985, 464; vgl. *Hopt* RdNr. 34; MünchKommHGB/*v. Hoyningen-Huene* RdNr. 61.
[258] *Schröder* RdNr. 44.
[259] OLG Düsseldorf NJW-RR 1993, 1188 = DB 1993, 733.

ist.²⁶⁰ Damit entsteht der Provisionsanspruch des Untervertreters in gleicher Weise wie der Provisionsanspruch des Hauptvertreters gegen den Unternehmer durch Ausführung des Kundengeschäfts (Abs. 1 Satz 1 oder 3) oder vom Unternehmer zu vertretende Nichtausführung (Abs. 3 Satz 1); der Anspruch entfällt, wenn – feststeht, dass – der Unternehmer die Nichtausführung des vom Untervertreter herbeigeführten Geschäfts nicht zu vertreten hat (Abs. 3 Satz 2) oder der Kunde endgültig nicht an den Unternehmer leistet (Abs. 2 1. HS).²⁶¹ Der auf diese Weise entstandene Provisionsanspruch des Untervertreters ist weiterhin, weil der HV die Unterprovision aus der Hauptprovision, nicht aus eigenem Vermögen, zu zahlen hat,²⁶² im Sinn einer (weiteren) aufschiebenden Bedingung gemäß § 158 Abs. 1 BGB davon abhängig, dass der Unternehmer an den Hauptvertreter die geschuldete Provision zahlt,²⁶³ sofern die Parteien nicht in zulässiger Weise etwas anderes, zB eine auflösende Bedingung, vereinbaren. Aus dem Untervertretungsvertrag ist der Hauptvertreter dem Untervertreter verpflichtet, seinen Provisionsanspruch gegen den Unternehmer im Rahmen des ihm Möglichen und Zumutbaren geltend zu machen und notfalls zwangsweise durchzusetzen. Insoweit gilt Abs. 3 in gleicher Weise im Innenverhältnis zwischen Haupt- und Untervertreter; bei einer dem Hauptvertreter zuzurechnenden Verletzung dieser Obliegenheit entsteht der Provisionsanspruch des Untervertreters in entsprechender Anwendung der Grundsätze des Abs. 3 Satz 1 und 2.²⁶⁴ Der Provisionsanspruch des Untervertreters kann nachträglich entfallen, wenn das Kundengeschäft nach der Provisionszahlung an den Hauptvertreter nicht zur Ausführung kommt oder rückabgewickelt werden muss. Bereits erhaltene Provisionsleistungen hat der Untervertreter dem Hauptvertreter auf Grund des Untervertretungsvertrags zurückzuzahlen; gleiches gilt bei nicht verdienten Provisionsvorschüssen. Die **Fälligkeit** der Unterprovision bestimmt sich bei Fehlen konkreter Vereinbarungen nach Abs. 4 in entsprechender Anwendung und damit der Abrechnungspflicht des Hauptvertreters (s. § 87 c).

X. Handelsvertreterähnliche Vertriebsmittler

Auf Kommissionsagenten,²⁶⁵ Vertragshändler oder Subordinationsfranchisnehmer (§ 84) sowie sonstige selbständige oder dem Arbeitsrecht unterliegende unselbständige Vertriebsmittler, aber auch auf Makler, ist § 87 a nicht – entsprechend – anwendbar.²⁶⁶ Für Versicherungs- und Bausparkassenvertreter gilt die Sonderregelung in § 92 Abs. 4 und 5.²⁶⁷

XI. Beweislast

Der HV hat Entstehen und Fälligkeit seines Provisionsanspruchs, also die Tatbestandsvoraussetzungen des Abs. 1 Satz 1, Abs. 1 Satz 3 oder Abs. 3 Satz 1²⁶⁸ und Abs. 4 zu beweisen.²⁶⁹ Die Tatbestandsvoraussetzungen des Abs. 3 Satz 2²⁷⁰ und des Abs. 2 1. HS sind vom Unternehmer zu beweisen.²⁷¹ Dazu gehören Darlegung und Nachweis der Gründe der Nicht- oder der nicht vertraggemäßen Ausführung des Kundengeschäfts durch den Unternehmer sowie des Nichtvertretenmüssens und zwar **einzeln für jeden einzelnen Fall**, in welchem der Unternehmer im Hinblick auf Abs. 3 Satz 2 das Entstehen der Provisionsforderung des HV bestreitet oder eine Provisionsrückforderung geltend macht.²⁷² Zu der Darlegungs- und Beweislast des Unternehmers gehören auch

---

²⁶⁰ BGH Urt. v. 20. 6. 1984 – I ZR 62/82, BGHZ 91, 370 = NJW 1984, 2881; OLG Düsseldorf NJW-RR 1993, 1188 = DB 1993, 733; aA nur Ausführung des Kundengeschäfts maßgebend: Heymann/*Sonnenschein/Weitemeyer* RdNr. 3; *Hopt* RdNr. 5 und 17; MünchKommHGB/*v. Hoyningen-Huene* RdNr. 21; *Westphal* Vertriebsrecht RdNr. 561.
²⁶¹ BGH Urt. v. 20. 6. 1984 – I ZR 62/82, BGHZ 91, 370, 372 = NJW 1984, 2881; OLG Düsseldorf NJW-RR 1993, 1188 = DB 1993, 733; OLG Köln Urt. v. 9. 9. 2005 – 19 U 174/04 HVR Nr. 1161.
²⁶² OLG Düsseldorf NJW-RR 1993, 1188, 1189.
²⁶³ AA ersichtlich auflösende Bedingung BGH Urt. v. 20. 6. 1984 – I ZR 62/82, BGHZ 91, 370, 373 = NJW 1984, 2881; Heymann/*Sonnenschein/Weitemeyer* RdNr. 15; wohl auch OLG Düsseldorf NJW-RR 1993, 1188 = OLGR 1993, 197.
²⁶⁴ OLG Köln Urt. v. 9. 9. 2005 – 19 U 174/04 HVR Nr. 1161.
²⁶⁵ AA MünchKommHGB/*v. Hoyningen-Huene* RdNr. 5.
²⁶⁶ BAG Urt. v. 14. 3. 2000 – 9 AZR 855/98, MDR 2000, 818; MünchKommHGB/*v. Hoyningen-Huene* RdNr. 5.
²⁶⁷ BGH Urt. v. 19. 11. 1982 – I ZR 125/80, DB 1983, 2135 = VersR 1983, 371; OLG Frankfurt VersR 1981, 480 und 1986, 461.
²⁶⁸ BGH Urt. v. 2. 3. 1989 – I ZR 121/87, NJW-RR 1989, 865.
²⁶⁹ *Baumgärtel* RdNr. 2, 3, 4; Heymann/*Sonnenschein/Weitemeyer* RdNr. 5; *Hopt* RdNr. 30; MünchKommHGB/*v. Hoyningen-Huene* RdNr. 58; *Schröder* RdNr. 42.
²⁷⁰ RGZ 63, 69, 71; BGH Urt. v. 20. 10. 1982 – I ZR 99/81, BGHZ 85, 134, 138 = NJW 1983, 629 631; BGH Urt. v. 2. 3. 1989 – I ZR 121/87, NJW-RR 1989, 865; BGH Urt. v. 21. 11. 1991 – I ZR 98/90, NJW-RR 1992, 868, 869; BGH Urt. v. 21. 3. 2001 – VIII ZR 149/99, ZIP 2001, 876, 879; BGH Urt. v. 30. 12. 1971 – 18 U 54/71, HVR Nr. 466; OLG Düsseldorf OLGR 1995, 19, 20; *Holling* DB 1960, 79; Staub/*Brüggemann* RdNr. 39.
²⁷¹ OLG Hamm Urt. v. 30. 12. 1971 – 18 U 54/71, HVR Nr. 466; OLG Düsseldorf WM 1984, 1287, 1288.
²⁷² OLG Koblenz VersR 1980, 623; OLG Hamm Beschl. V. 12. 3. 2004 – 35 W 2/04, HVR Nr. 1094.

§ 87 b

Art, Umfang und (Miss-) Erfolg der gebotenen Nacharbeit;[273] das gilt selbst dann, wenn der HV auf Seiten des Kunden an einer Stornierung des Kundenvertrags mitgewirkt hat.[274] Ebenso hat der Unternehmer die Voraussetzungen eines Rückzahlungsanspruchs nach Abs. 2 2. HS zu beweisen.[275] Die Beweislast für die Voraussetzungen des Abs. 2 und des Abs. 3 Satz 2 trifft den Unternehmer **unabhängig von seiner Parteirolle im Prozess** in gleicher Weise, wenn er einen Rückforderungsanspruch geltend macht/einklagt oder sich gegen einen Zahlungsanspruch des HV wendet. Für vom Gesetz abweichende Vereinbarungen und deren Zulässigkeit trägt die Beweislast, wer Rechte aus ihnen geltend machen will. Die Voraussetzungen eines Anspruchs auf **Provisionsvorschuss** hat der HV zu beweisen; verlangt der Unternehmer dessen **Rückzahlung**, trägt er die Beweislast für die an den HV als Vorschuss gezahlten Beträge. Auf Verlangen des HV hat er zudem eine Provisionsabrechnung mit Buchauszug zu erteilen, soweit diese Rechte des HV noch bestehen; hiervon kann im Streit die Schlüssigkeit seines Vortrags zu Höhe und Fälligkeit des Rückzahlungsanspruchs abhängen (s. d. RdNr. 44). Erst danach muss der HV im Streitfall beweisen, dass und auf welche Weise, also durch welche Kundengeschäfte sowie in welcher Höhe er die Vorschüsse im Einzelnen verdient hat.[276] Hat der HV bereits einen aufschiebend bedingten Provisionsanspruch (eine Provisionsanwartschaft) erworben, auf welche der Vorschuss gezahlt worden ist, muss der Unternehmer die Berechtigung seiner Rückforderung gemäß Abs. 3 darlegen und beweisen (s. a. RdNr. 44 und § 92). Handelt es sich um **pauschale,** insbesondere **erfolgsunabhängige Leistungen,** die sich rechtlich nicht als Provisionsvorschüsse darstellen (s. RdNr. 44), kann der HV sich zunächst ebenfalls darauf beschränken, von dem klagenden Unternehmer Abrechnung und Buchauszug nach § 87 c Abs. 1 und 2 sowie den Nachweis des rechtlichen Charakters der Leistung zu verlangen; erst danach hat der HV im Streitfall die Voraussetzungen eines Anspruchs auf die Leistung und der sie zurückfordernde Unternehmer entsprechend Abs. 3 und Abs. 2 den Nachweis zu führen, dass die Beträge dem HV nicht zustehen. Gleiches gilt, wenn sich nicht klären lässt, aus welchem Rechtsgrund (Vorschuss, Fixum o. ä.) der HV die Zahlung erhalten hat; den rechtlichen Charakter der zurückgeforderten Leistung hat zu zunächst der Unternehmer zu beweisen. Für die Voraussetzungen einer zulässigen **Anrechnung** solcher Zahlungen **auf die vom HV verdienten Provisionen** trägt der Unternehmer die Beweislast. Im Fall der **Untervertretung** gelten für den Provisionsanspruch des Untervertreters die gleichen Beweislastregeln wie für den Hauptvertreter.[277] Hinsichtlich der den Provisionsanspruch begründenden Tatsachen ist der Untervertreter[278] ebenso beweisbelastet wie für die Provisionszahlung des Unternehmers an den Hauptvertreter, sofern insoweit nicht eine auflösende Bedingung vereinbart ist;[279] der Hauptvertreter ist dem Untervertreter hinsichtlich der Gründe einer Nichtzahlung des Unternehmers auskunftspflichtig.

XII. Europarecht

Allgemeine Ausführungen und Text der HV-RiLi s. Vor § 84 Anh.

61 § 87 a setzt Art. 10 und 11 HV-RiLi um. Die gesetzlichen Vorschriften sind trotz unterschiedlicher Formulierungen **weitgehend deckungsgleich.** Neu eingeführt durch Art. 10 Abs. 1 b) und Art. 11 Abs. 1 2. Gedankenstrich HV-RiLi wurde in § 87 a Abs. 3 eine Regelung, wonach dem HV die Provision auch dann zusteht, wenn das Geschäft vom Unternehmer selbst vereitelt wurde. Hierin zeigt sich deutlich die handelsvertreterfreundliche Tendenz der Richtlinie.

§ 87 b [Höhe der Provision]

(1) Ist die Höhe der Provision nicht bestimmt, so ist der übliche Satz als vereinbart anzusehen.

(2) [1]**Die Provision ist von dem Entgelt zu berechnen, das der Dritte oder der Unternehmer zu leisten hat.** [2]**Nachlässe bei Barzahlung sind nicht abzuziehen; dasselbe gilt für Nebenkosten, namentlich für Fracht, Verpackung, Zoll, Steuern, es sei denn, daß die Nebenkosten dem Dritten besonders in Rechnung gestellt sind.** [3]**Die Umsatzsteuer, die lediglich auf Grund der steuerrechtlichen Vorschriften in der Rechnung gesondert ausgewiesen ist, gilt nicht als besonders in Rechnung gestellt.**

---

[273] OLG Hamm Beschl. v. 12. 3. 2004 – 35 W 2/04, HVR Nr. 1094; *Knorr* BB 1975, 111, 112.
[274] BGH Urt. v. 2. 3. 1989 – I ZR 121/87, NJW-RR 1989, 865.
[275] *Baumgärtel* RdNr. 2, 4; Heymann/*Sonnenschein/Weitemeyer* RdNr. 19; MünchKomm-HGB/*v. Hoyningen-Huene* RdNr. 58; *Schröder* RdNr. 42.
[276] *Baumgärtel* § 614 BGB RdNr. 2; § 669 BGB RdNr. 1.
[277] OLG Düsseldorf NJW-RR 1993, 1188, 1189.
[278] BGH Urt. v. 20. 6. 1984 – I ZR 62/82, BGHZ 91, 370 = NJW 1984, 2881, 2883.
[279] So aber BGH Urt. v. 20. 6. 1984 – I ZR 62/82, BGHZ 91, 370 = NJW 1984, 2881, 2883.

(3) ¹ Bei Gebrauchsüberlassungs- und Nutzungsverträgen von bestimmter Dauer ist die Provision vom Entgelt für die Vertragsdauer zu berechnen. ² Bei unbestimmter Dauer ist die Provision vom Entgelt bis zu dem Zeitpunkt zu berechnen, zu dem erstmals von dem Dritten gekündigt werden kann; der Handelsvertreter hat Anspruch auf weitere entsprechend berechnete Provisionen, wenn der Vertrag fortbesteht.

EG-RL 86/653 EWG Art. Art. 6. S. Vor § 84 Anh.

Schrifttum: Siehe zunächst Schrifttumsverzeichnis vor § 84; wegen des älteren Schrifttums aus der Zeit vor 1990 wird auf das Schrifttumsverzeichnis der Vorauflage verwiesen: *Dreher,* Die europa – und verfassungsrechtliche Beurteilung des Provisionsabgabeverbots in der Lebensversicherung, VersR 2001, 1; *Evers,* Die Nichtigkeit von Handelsvertreterverträgen wegen zu geringer Verdienstmöglichkeiten und ihre Rückabwicklung, BB 1992, 1365; *Preis/Stoffels,* Die Inhaltskontrolle der Verträge selbständiger und unselbständiger Handelsvertreter, ZHR 160 (1996), 442; *Ulmer/Habersack,* Zur Beurteilung des Handelsvertreter- und Kommissionsagenturvertriebs nach Art 85 Abs. 1 EGV, ZHR 159 (1995), 109.

Übersicht

	RdNr.		RdNr.
I. Bedeutung und Regelungsinhalt	1	a) Grundsätzliche Regelung	18
II. Provisionsvereinbarung – Absatz 1 1. HS	2–10	b) Nachlässe und Sondervorteile – Satz 2 HS 1	19
1. Allgemeine Bedeutung	2	c) Nebenkosten	20–22
2. Inhalt der Provisionsvereinbarung	3–7	aa) Nebenkosten und Provision Abs. 2 Satz 2 HS 2	20
a) Teilregelung	3	bb) Gesondert in Rechnung gestellte Nebenkosten Abs. 2 Satz 2 HS 3	21
b) Geldzahlung	4	cc) Nachträglich oder gesondert getroffene Nebenkostenvereinbarung	22
c) Unterschiedliche Berechnungsarten und Provisionssätze sowie Provisionsteilung	5	3. Provision und Umsatzsteuer – Abs. 2 Satz 3	23
d) Provisionshöhe, Hungerprovision, Verlustgeschäft	6	**V. Gebrauchsüberlassungs- und Nutzungsverträge – Absatz 3**	24–32
e) Einseitiges Provisionsbestimmungsrecht	7	1. Bedeutung der Vorschrift	24
3. Unter die Vereinbarung fallende Provisionen	8	2. Anwendungsbereich	25
4. Änderung und Aufhebung der Vereinbarung	9	3. Provisionsberechnung nach Abs. 3 Satz 1	26–28
5. Gesetzlich vorgeschriebene Provisionssätze und (Höchst-) Preise	10	a) Verträge mit bestimmter Dauer	26
		b) Für Provision maßgebliches Entgelt	27
III. Übliche Vergütung – Absatz 1 2. HS	11–14	c) Einmalprovision	28
1. Bedeutung, Anwendungsbereich und Verhältnis zu Abs. 2 und 3	11	4. Provisionsberechnung nach Abs. 3 Satz 2	29–32
2. Vorrang vertraglicher Regelung	12	a) Zeitlich unbestimmte und fortgesetzte Verträge	29
3. Übliche Provision	13	b) Verträge mit jederzeitiger Kündigungsmöglichkeit	30
4. Ermittlung und Nichtfeststellbarkeit einer üblichen Provision	14	c) Vorzeitig beendete Verträge	31
		d) Nicht fortgesetzte, jedoch neu abgeschlossene Verträge	32
IV. Für Provisionsermittlung maßgebliches Entgelt – Absatz 2	15–23	**VI. Abdingbarkeit**	33
1. Provisionsberechnung nach Abs. 2 Satz 1	15–17	**VII. Verfügungsrecht über die Provision**	34
a) Bedeutung und Anwendungsbereich der Vorschrift	15	**VIII. Untervertreter und handelsvertreterähnliche Vertriebsmittler**	35
b) Nach dem Kundenvertrag geschuldetes Entgelt	16	**IX. Beweislast**	36
c) Austausch von Sachleistungen	17	**X. Europarecht**	37, 38
2. Provisionsberechnung bei Nachlässen und Nebenkosten – Abs. 2 Satz 2	18–22		

I. Bedeutung und Regelungsinhalt

Die Vorschrift mit dem durch § 31 Abs. 2 Umsatzsteuergesetz vom 2. Juni 1967 (BGBl. I S. 545, 561) eingefügten Abs. 2 Satz 3 behandelt die Höhe der Provision des HV in Abs. 1, deren Berechnung in den beiden folgenden Absätzen[1] und gilt für alle unter § 84 fallenden HV[2] einschließlich der Versicherungsvertreter[3] sowie für sämtliche ihnen zustehenden Provisionen.[4] **Abs. 1 HS 1** geht von

---
[1] MünchKommHGB/*v. Hoyningen-Huene* RdNr. 2; Staub/*Brüggemann* RdNr. 9; *Schröder* RdNr. 10 b.
[2] *Küstner* HVR RdNr. 954.
[3] *Küstner* HVR RdNr. 1050.
[4] MünchKommHGB/*v. Hoyningen-Huene* RdNr. 3; *Schröder* RdNr. 1; *Westphal* Vertriebsrecht RdNr. 587.

dem allgemeingültigen **Grundsatz**[5] aus, dass für die dem HV geschuldete Vergütung eine **Vereinbarung** der Parteien zu Berechnung, Satz und Höhe **der Provision entscheidend** ist. Nur **wenn und soweit** solche **Abmachungen fehlen, können Abs. 1 HS 2** sowie **Abs. 2 und 3 eingreifen.** Nach Abs. 1 HS 2 wird dann eine Provision in üblicher Höhe geschuldet.[6] Abs. 2 und 3 bestimmen in abdingbarer Weise, wie die vertraglich überhaupt nicht oder nicht vollständig geregelte Provision im Einzelnen zu ermitteln und zu berechnen ist, und haben insoweit Bedeutung auch für die nach Abs. 1 HS 2 geschuldete übliche Provision. **Abs. 2** geht in Satz 1 von dem Regelfall aus, dass sich die Höhe der Provision nach dem Entgelt für das vom HV vermittelte oder abgeschlossene Geschäft bestimmt, und regelt in Satz 2 und 3 die Bedeutung von Nachlässen, Nebenkosten sowie Umsatzsteuer für das nach Satz 1 maßgebliche Entgelt. **Abs. 3** behandelt die Berechnung der Provision für vom HV vermittelte oder abgeschlossene Verträge, die sich nicht in einem einmaligen Leistungsaustausch erschöpfen. Zusätzlich enthält Abs. 3 Satz 2 HS 2 nach dem eindeutigen Wortlaut eine – klarstellende – Regelung zum Entstehen eines Provisionsanspruchs.[7]

II. Provisionsvereinbarung – Absatz 1 1. HS

2   **1. Allgemeine Bedeutung.** Es ist Aufgabe der Vertragsparteien, in ihrem HVVertrag Höhe und Berechnung der dem HV zustehenden Provision festzulegen. Die Provisionsvereinbarung ist jedoch **nicht notwendiger Bestandteil** oder Wirksamkeitsvoraussetzung **des HVVertrags**. Bei Fehlen oder – teilweiser – Unwirksamkeit einer Absprache über Berechnung und Höhe der Provision greift, wenn die vertragliche Regelung nicht durch einen Handelsbrauch ersetzt oder ergänzt wird (RdNr. 13),[8] die gesetzliche Regelung des § 87b ein, nicht aber § 139 BGB.[9] Provisionsvereinbarungen können **jederzeit** – bei oder nach Abschluss des HVVertrags sowie mit Rückwirkung auf bereits entstandene Provisionsansprüche –[10] und **stillschweigend** getroffen, geändert oder aufgehoben (RdNr. 9) werden;[11] aus einer längeren bestimmten und von der Gegenpartei akzeptierten Handhabung der Provisionsberechnung kann idR auf einen entsprechenden vertragsgestaltenden Rechtsbindungswillen mit Wirkung für Vergangenheit und Zukunft geschlossen werden.[12] Eine für den HVVertrag vereinbarte **Form** erstreckt sich im Zweifel nicht auf isoliert, insbesondere nachträglich, getroffene Provisionsvereinbarungen. Durch Formularvertrag/**AGB** können bei Einhaltung der durch §§ 305, 305c und 307 BGB nF gezogenen Grenzen die Einzelheiten der Provisionsberechnung festgelegt werden.

3   **2. Inhalt der Provisionsvereinbarung. a) Teilregelung.** Den Parteien steht es in den durch § 138 und § 134 BGB gezogenen Grenzen frei, wieweit und in welcher Weise sie Berechnung und Höhe der dem HV geschuldeten Provision vertraglich festlegen. Sie können sich auf Teilregelungen zur Berechnung der Provision, zu einzelnen provisionspflichtigen Tätigkeiten oder Zeitabschnitten beschränken, im Übrigen greift im Zweifel die gesetzliche Regelung ein. Eine Teilregelung bedeutet nicht, dass Provision nur gezahlt werden soll, soweit die Teilregelung reicht;[13] Gegenteiliges muss eindeutig[14] und in rechtlich zulässiger Weise vereinbart werden. Die Abrede der Zahlung einer vereinbarten Provision „zurzeit" oder „bis auf weiteres" bedeutet grds., dass nach Ablauf der vorgesehenen Zeit erneut über die Provision verhandelt werden muss[15] und notfalls Abs. 1 HS 2 eingreift, sofern die Auslegung nicht ergibt, dass bis zu einer Neuregelung die bisherige Regelung weitergelten soll, was im Zweifel gewollt sein wird.[16]

4   **b) Geldzahlung.** Die Provision wird im Zweifelsfall, jedoch nicht zwingend, in Geld geschuldet. Das gilt auch, wenn das Kundengeschäft auf den Austausch von Sachleistungen gerichtet ist.[17] Die

---

[5] *Westphal* Vertriebsrecht RdNr. RdNr. 585 bezeichnet die übliche Provision deswegen als Ausnahmefall.
[6] *Schröder* RdNr. 1.
[7] *Schröder* RdNr. 14a; Staub/*Brüggemann* RdNr. 11; aA *Küstner* HVR RdNr. 1048f.; wohl auch MünchKommHGB/*v. Hoyningen-Huene* RdNr. 38.
[8] *Schröder* RdNr. 2.
[9] *Schröder* DB 1958, 975, 976 und RdNr. 2a, 2c; *Westphal* RdNr. 342 und Vertriebsrecht RdNr. 584; *Küstner* HVR RdNr. 965, 968.
[10] *Schröder* RdNr. 2.
[11] MünchKommHGB/*v. Hoyningen-Huene* RdNr. 4; *Westphal* RdNr. 341 und Vertriebsrecht RdNr. 586.
[12] Heymann/*Sonnenschein*/*Weitemeyer* RdNr. 4; MünchKommHGB/*v. Hoyningen-Huene* RdNr. 4; *Schröder*, RdNr. 2; *Westphal* RdNr. 341.
[13] MünchKommHGB/*v. Hoyningen-Huene* RdNr. 6; *Schröder* RdNr. 2.
[14] *Schröder* RdNr. 2.
[15] *Westphal* RdNr. 347; aA *Schröder* RdNr. 2d (Leistungsbestimmungsrecht bei Unternehmer); vgl. auch *Schröder* DB 1958, 975, 976.
[16] *Westphal* Vertriebsrecht RdNr. 591.
[17] *Schröder* RdNr. 1.

Vereinbarung anderer Vergütungsarten ist in den durch § 138 BGB gezogenen Grenzen zulässig (RdNr. 6).

c) Unterschiedliche Berechnungsarten und Provisionssätze sowie Provisionsteilung. Unterschiedliche Berechnungsarten und Provisionssätze („elastische Provisionsgestaltung") für vom HV geschuldete Einzeltätigkeiten sind zulässig,[18] erfordern aber im Regelfall eine Individualvereinbarung. So kann der Provisionssatz an dem Umfang der Mitwirkung des HV am Zustandekommen des Kundengeschäfts[19] oder der Verdienstspanne des Unternehmers[20] ausgerichtet werden. Fehlen derartige Regelungen, schuldet der Unternehmer im Zweifel den ausgehandelten Provisionssatz für sämtliche provisionspflichtigen Tätigkeiten des HV unabhängig davon, wie groß sein Mitverursachungsbeitrag an dem einzelnen Kundengeschäft gewesen ist.[21] Sind lediglich für einzelne Tätigkeiten des HV Berechnungsart und Provisionssatz vertraglich festgelegt worden, gilt im Übrigen Abs. 1; den bei der vereinbarten Provision zum Ausdruck gekommenen Vorstellungen der Parteien über die Höhe der dem HV zustehenden Vergütung ist bei der Bestimmung der üblichen Provision angemessen Rechnung zu tragen. Die Absprache einer Aufteilung der Provision für den Fall, dass mehrere HV den Vertragsschluss herbeiführen, ist jederzeit zulässig, muss aber hinreichend deutlich zum Ausdruck gebracht werden[22] und bedarf deswegen einer Individualvereinbarung. Das Schweigen des HV auf einen entsprechenden Kürzungsvorschlag des Unternehmers oder die widerspruchslose Hinnahme solcher Kürzungen in der Vergangenheit führen idR noch nicht zu einer Aufteilungsvereinbarung für die Zukunft.[23]

d) Provisionshöhe, Hungerprovision, Verlustgeschäft. Die Höhe der Provision kann in den Grenzen des § 138 BGB und des § 291 StGB (früher § 302a Abs. 1 Satz 1 Nr. 3 StGB aF)[24] frei ausgehandelt werden. Sie muss sich nicht an dem üblichen Entgelt nach Abs. 1 2. HS ausrichten noch in dessen Rahmen bewegen. Durch eine zu geringe Provision kann die Selbständigkeit des HV beeinträchtigt werden oder verloren gehen. Eine gegen § 138 BGB verstoßende sog. Hungerprovision kann bei einem besonders groben Missverhältnis zwischen vom HV geschuldeter Leistung und vereinbarter Vergütung vorliegen (vgl. § 84),[25] sofern das Vereinbarte in außergewöhnlichem Maß von dem sonst in dem Geschäftszweig Üblichen abweicht und der HV trotz vollständiger Erfüllung der ihm übertragenen Pflichten, Ausnutzung der ihm nach dem HVVertrag eingeräumten Betätigungsmöglichkeiten sowie Verdienstchancen und gebotenem Einsatz seiner Arbeitskraft keine angemessene Vergütung mehr erzielen kann;[26] insoweit sind die an ein Eingreifen von § 138 BGB zu stellenden Anforderungen strenger als im Arbeitsrecht.[27] Verluste des HV reichen für die Annahme einer Hungerprovision nicht aus.[28] Der HV erwirbt seinen ungeschmälerten Provisionsanspruch auch bei Verlustgeschäften des Unternehmers (§ 87);[29] ist er dafür verantwortlich, kann er einem Schadensersatzanspruch ausgesetzt sein.[30] Die Vereinbarung einer Provision nur für den Fall einer „verlustfreien Abwicklung des Kundengeschäfts" ist grds. unwirksam, besonders wenn auf diese Weise das vom Unternehmer zu tragende Verlustrisiko auf den HV verlagert werden soll;[31] ausnahmsweise kann die Regelung zulässig sein, wenn sie im Interesse des HV liegt.

e) Einseitiges Provisionsbestimmungsrecht. Durch eine jederzeit mögliche eindeutige Individualvereinbarung der Vertragsparteien darf die Bestimmung der Provisionshöhe und/oder ihrer Berechnungsgrundlagen einem Dritten[32] oder einer Vertragspartei überlassen werden (RdNr. 9); es

---

[18] *Klinger* DB 1957, 975.
[19] Vgl. *Schröder* RdNr. 4.
[20] Heymann/*Sonnenschein*/*Weitemeyer* RdNr. 4.
[21] *Schröder* RdNr. 2.
[22] *Klinger* DB 1957, 975; *Schröder* RdNr. 2, 2b.
[23] Teilweise aA *Schröder* RdNr. 2b.
[24] Vgl. BGH Urt. v. 22. 4. 1997 – 1 StR 701/96; DB 1997, 1670 = BB 1997, 2166.
[25] BGH Urt. v. 20. 3. 1981 – I ZR 12/79, DB 1981, 2274; BAG Urt. v. 10. 3. 1960 – 5 AZR 426/58, MDR 1960, 612; OLG Düsseldorf ZIP 1998, 624, 627; LAG Berlin DB 1964, 189; *Evers* BB 1992, 1365; *Schröder* RdNr. 2c; *Westphal* RdNr. 343; *Küstner* HVR RdNr. 966; vgl. dazu auch BGH Urt. v. 22. 4. 1997 – 1 StR 701/96; DB 1997, 1670 = BB 1997, 2166; *Nägele* BB 1997, 2162.
[26] BGH Urt. v. 17. 10. 1960 – VII ZR 216/59, BB 1960, 1221, 1222; OLG Nürnberg BB 1960, 1261; *Schröder* RdNr. 2c.
[27] Vgl. *Westphal* Vertriebsrecht RdNr. 585; siehe zum sittenwidrigen Arbeitsentgelt BAG Urt. v. 24. 3. 2004 – 5 AZR 303/03, MDR 2004, 1303; BAG Urt. v. 26. 4. 2006 – 5 AZR 549/05, MDR 2006, 1295 (LS).
[28] BGH Urt. v. 17. 10. 1960 – VII ZR 216/59, BB 1960, 1221, 1222; *Schröder* RdNr. 2c; *Westphal* RdNr. 343 und Vertriebsrecht RdNr. 585.
[29] OLG Köln OLGR 2002, 440, 441 = VersR 2002, 1374.
[30] *Schröder* RdNr. 2 und 6a; *Küstner* HVR RdNr. 1005.
[31] Vgl. OLG Köln OLGR 2002, 440, 441= VersR 2002, 1374.
[32] Heymann/*Sonnenschein*/*Weitemeyer* RdNr. 4; MünchKommHGB/*v. Hoyningen-Huene* RdNr. 5.

§ 87b 8–10   1. Buch. 7. Abschnitt. Handelsvertreter

gelten §§ 315 bis 319 BGB. Im Zweifel wird ein solches einseitiges Provisionsbestimmungsrecht nicht gewollt sein, sondern die übliche Provision nach Abs. 1 geschuldet.

8 **3. Unter die Vereinbarung fallende Provisionen.** Eine Vereinbarung über Berechnung und Höhe der Provision gilt im Zweifel für sämtliche Provisionen, welche dem HV auf Grund des HVVertrags zustehen können (RdNr. 1), sofern sie nicht eindeutig auf bestimmte Provisionsarten oder Tätigkeiten des HV beschränkt ist.[33] Mangels Sonderabsprachen findet für Vermittlungs-, Abschluss- und Bezirks- oder Kundenschutzprovision derselbe Provisionssatz mit gleicher Berechnungsart Anwendung.[34] Mit der vereinbarten Provision ist dann im Zweifel die gesamte vertraglich geschuldete Tätigkeit des HV abgegolten.[35] Lediglich für Bestandspflege- und Verwaltungsprovisionen gelten grundsätzlich geringere Provisionssätze als für Vermittlungs- oder Abschlussprovisionen; ihre Höhe muss gesondert vereinbart werden, andernfalls gilt im Zweifel Abs. 1.

9 **4. Änderung und Aufhebung der Vereinbarung.** Provisionsvereinbarungen können jederzeit einvernehmlich geändert werden (RdNr. 2).[36] Eine nachträglich verabredete Änderung der Provisionssätze oder der Art der Provisionsberechnung bleibt, wenn nicht eindeutig Gegenteiliges vereinbart wird, ohne Einfluss auf bereits entstandene Provisionsansprüche oder Anwartschaften.[37] Ein hinsichtlich der erstrebten Rechtsfolge nicht eindeutiges Änderungsverlangen bezieht sich im Zweifel nur auf einen Einzelfall und nicht auf die gesamte Provisionsvereinbarung mit Wirkung für die Zukunft,[38] das hiermit erklärte Einverständnis führt wie die stillschweigende Hinnahme einer Provisionskürzung (s. RdNr. 2) ebenfalls nicht zu einer Änderung der Provisionsvereinbarung.[39] Die Ablehnung eines Änderungsverlangens kann eine fristlose Kündigung des Vertrags grds. nicht rechtfertigen.[40] **Einseitige** Änderungen durch eine Vertragspartei – auch mittels Teilkündigung (s. § 89) –[41] sind rechtlich nicht möglich.[42] Einseitige **Änderungsvorbehalte** in Individualverträgen sind wirksam (RdNr. 7)[43] und führen zur Anwendung der §§ 315 f. BGB,[44] in Formularverträgen/AGB verstoßen sie gegen §§ 305c und 307 BGB nF.[45] Die Aufhebung der Provisionsvereinbarung ist jederzeit einvernehmlich zulässig. Ein **einseitiges Aufhebungsrecht** besteht nur bei entsprechendem Vorbehalt in der Vereinbarung oder dem HVVertrag. Kündbar ist die Provisionsvereinbarung grds. nur gemeinsam mit dem HVV,[46] sofern nicht ein auf die Provisionsvereinbarung beschränktes **Kündigungsrecht** vertraglich begründet worden ist; für dieses gelten dann im Zweifel die gesetzlichen Kündigungsfristen.[47]

10 **5. Gesetzlich vorgeschriebene Provisionssätze und (Höchst-) Preise.** Die Vertragsfreiheit ist eingeschränkt, soweit der Gesetzgeber verbindliche Provisionssätze vorgegeben hat, wie es in §§ 31 f. der 1994 aufgehobenen (VO v. 10. 6. 1994 – BGBl. I S. 1223) Verordnung über die Tarife in der Kraftfahrzeug-Haftpflichtversicherung vom 5. Dezember 1984 (BGBl. I S. 1437, 1446) geschehen war. Die vorgeschriebenen Provisionssätze dürfen nicht überschritten werden.[48] Dagegen verstoßende Vereinbarungen sind nach § 134 BGB unwirksam. Für den Bereich der Lebensversicherung ist durch das frühere Bundesaufsichtsamt für das Versicherungswesen[49] (jetzt Bundesanstalt für Finanzdienstleistungen)[50] auf der Grundlage des § 81 VAG – BGBl. 1993 I S. 2 – verbindlich festgelegt, dass die für die Vermittlung solcher Verträge gewährte Provision einschließlich sonstiger Vergütungen höchstens 90% der rechnungsmäßig gedeckten Abschlusskosten des Neugeschäfts betragen darf.[51] Gesetzliche Höchstpreise für das vom HV vertriebene Produkt sind für die Provisionsberechnung maßgebend,[52]

---

[33] Schröder RdNr. 2, 2a, 4; Westphal RdNr. 344.
[34] BGH Urt. v. 15. 2. 1971 – VII ZR 122/69, VersR 1971, 464; vgl. Schröder RdNr. 2a.
[35] Schröder RdNr. 2.
[36] Vgl. Heymann/Sonnenschein/Weitemeyer RdNr. 4.
[37] Küstner HVR RdNr. 963.
[38] Vgl. Schröder RdNr. 2d.
[39] Westphal RdNr. 349 und Vertriebsrecht RdNr. 596; vgl. Küstner HVR RdNr. 1069f.
[40] Schröder RdNr. 2d; Westphal Vertriebsrecht RdNr. 595.
[41] Schröder DB 1958, 975, 976; Preis/Stoffels ZHR 160 (1996), 442, 481 f.; Küstner HVR RdNr. 1056 f.
[42] Vgl. BGH Urt. v. 24. 10. 1955 – II ZR 216/54, BB 1955, 1009; Westphal Vertriebsrecht RdNr. 589.
[43] Westphal Vertriebsrecht RdNr. 590.
[44] MünchKommHGB/v. Hoyningen-Huene RdNr. 7; Schröder RdNr. 2d; Westphal RdNr. 345, 346; vgl. Schröder DB 1958, 975, 976.
[45] Ebenroth S. 55; Preis/Stoffels ZHR 160 (1996), 442, 477 f.; Westphal RdNr. 346.
[46] Westphal Vertriebsrecht RdNr. 593.
[47] Westphal Vertriebsrecht RdNr. 594.
[48] BGH Urt. v. 30. 1. 1992 – I ZR 125/90, NJW-RR 1992, 674.
[49] S. d. Art. 4 Nr. 1 VAG idF des Gesetzes vom 29. August 2005 – BGBl. I 2546, 2554.
[50] Art. 1 §§ 1 und 4, Art. 3 Gesetz über die integrierte Finanzdienstaufsicht v. 22. April 2002 – BGBl. I 1310.
[51] Vgl. dazu Küstner HVR RdNr. 1093.
[52] OLG Düsseldorf, Urt. v. 19. 6. 1956 – 2 U 185/54, HVR Nr. 148; MünchKommHGB/v. Hoyningen-Huene RdNr. 21; Schröder RdNr. 5b; Staub/Brüggemann RdNr. 5.

sofern nicht der Kunde an den Unternehmer einen höheren Preis zahlt und der Mehrbetrag dem Unternehmer endgültig verbleibt; Provision ist dann auch auf den Mehrbetrag zu zahlen.[53]

III. Übliche Vergütung – Absatz 1 2. HS

1. Bedeutung, Anwendungsbereich und Verhältnis zu Abs. 2 und 3. Nach Abs. 1 HS 2 ist im Sinn einer unwiderleglichen Fiktion die übliche Provision vereinbart, wenn und soweit eine wirksame Vereinbarung über die Höhe der Provision und deren Berechnung fehlt (RdNr. 1). Dann ist entgegen dem scheinbar zu engen Wortlaut des Gesetzes nicht nur der übliche Provisionssatz im eigentlichen Sinn (zB eines bestimmten Prozentsatzes),[54] sondern auch die übliche Bemessungs- und Berechnungsgrundlage[55] einschließlich der Regelungen in Abs. 2 und Abs. 3, welche in ihrem Regelungsbereich die übliche Provisionsermittlung behandeln (RdNr. 1), und damit insgesamt die übliche Provision als vereinbart anzusehen; sie gilt dann wie bei § 612 Abs. 2 und § 631 Abs. 2 BGB kraft Gesetzes als die vertraglich vereinbarte Vergütung.[56]

2. Vorrang vertraglicher Regelung. Abs. 1 berechtigt die Parteien nicht, anstatt der vereinbarten die übliche Provision zu beanspruchen oder zu leisten.[57] Es besteht ein **Rangverhältnis.** Für die Rechtsfolge des Abs. 1 2. HS ist nur Raum, wenn und soweit rechtswirksame **vertragliche Absprachen fehlen** (RdNr. 1),[58] weil die Parteien solche nicht getroffen haben, ihre Absprachen – teilweise – rechtsunwirksam sind oder bei einer an Treu und Glauben ausgerichteten Auslegung des HVVertrags und/oder der Provisionsvereinbarung die Tätigkeit des HV nicht mehr von den vertraglichen Provisionsabsprachen erfasst wird.[59] Allerdings steht es den Parteien frei, ihre Provisionsvereinbarungen jederzeit ersatzlos aufzuheben oder die übliche Vergütung zu vereinbaren (RdNr. 2 und 9). Die Rechtsfolge des Abs. 1 2. HS entfällt, wenn und soweit die Parteien nachträglich eine wirksame Provisionsvereinbarung treffen.

3. Übliche Provision. Üblich sind der Provisionssatz sowie die Provision, welche nach den Gepflogenheiten des betroffenen Geschäftszweigs am Ort der Niederlassung des HV für Geschäfte der Art, wie sie ihm zu verprovisionieren sind, unter Berücksichtigung der vom HV vertraglich geschuldeten Tätigkeit sowie unter Beachtung der Absätze 2 und 3 von anderen Unternehmern allgemein oder doch überwiegend gezahlt werden.[60] Den Besonderheiten des dem HV erteilten Auftrags ist Rechnung zu tragen.[61] Für die Üblichkeit einer Provision ist es hingegen grds. nicht von entscheidender Bedeutung, welche Vergütung der Geschäftsherr des HV seinen anderen HV für gleichartige Vertriebstätigkeiten zahlt;[62] der arbeitsrechtliche Gleichbehandlungsgrundsatz, der eine nicht willkürliche Verteilung individuell ausgehandelter Vergütungen ohnehin nicht grundsätzlich verbietet,[63] ist gegenüber HV nicht anzuwenden ist (vgl. § 84), wenn nicht (der HV nachweist, dass) eine unzulässige Diskriminierung einzelner HV vorliegt oder eine Vertragsauslegung ergibt, dass für alle HV die gleiche Provision gezahlt werden soll.[64] Ein **Handelsbrauch,** der sich auf Grund einer allgemeinen Übung entwickelt hat, bestimmt die Üblichkeit[65] und kann zudem Inhalt einer Provisionsvereinbarung der Parteien geworden sein.

4. Ermittlung und Nichtfeststellbarkeit einer üblichen Provision. Die übliche Provision mit üblichem Satz und üblicher Berechnung ist, soweit nicht Abs. 2 oder 3 eingreifen, durch Sachaufklärung, im Rechtsstreit durch Beweiserhebung zu ermitteln. Als **Beweismittel** kommen Anfragen bei IHK, Unternehmensverbänden sowie der Centralvereinigung Deutscher Wirtschafts-

---

[53] *Schröder* RdNr. 5 b; *Westphal* RdNr. 359; aA OLG Düsseldorf MDR 1957, 168; *Hopt* RdNr. 5; MünchKommHGB/*v. Hoyningen-Huene* RdNr. 21; Staub/*Brüggemann* RdNr. 5.
[54] So aber *Hopt* RdNr. 2.
[55] So ersichtlich auch *Westphal* Vertriebsrecht RdNr. 598.
[56] Vgl. Heymann/*Sonnenschein/Weitemeyer* RdNr. 6; MünchKommHGB/*v. Hoyningen-Huene* RdNr. 9.
[57] *Westphal* Vertriebsrecht RdNr. 585.
[58] BGH Urt. v. 15. 2. 1971 – VII ZR 122/69, VersR 1971, 464; MünchKommHGB/*v. Hoyningen-Huene* RdNr. 4; *Schröder* RdNr. 2; *Westphal* RdNr. 338, 339; *Küstner* HVR RdNr. 960.
[59] MünchKommHGB/*v. Hoyningen-Huene* RdNr. 11; *Schröder* RdNr. 3 a und 4.
[60] Vgl. dazu BGH Urt. v. 2. 3. 1961 – VII ZR 15/60, BB 1961, 424 = DB 1961, 638; Heymann/*Sonnenschein/Weitemeyer* RdNr. 6; MünchKommHGB/*v. Hoyningen-Huene* RdNr. 10; *Schröder* RdNr. 3; *Westphal* RdNr. 352, 353; *Küstner* HVR RdNr. 969, 970.
[61] Vgl. KG BB 1995, 2286 (Vermittlung eines Versicherungsbestandsübernahmevertrags) mit zust. Anm. *Küstner* S. 2287.
[62] MünchKommHGB/*v. Hoyningen-Huene* RdNr. 10; *Schröder* RdNr. 3.
[63] Vgl. BAG Urt v. 13. 2. 2002 – 5 AZR 713/00, DB 2002, 1381.
[64] *Schröder* RdNr. 3.
[65] Heymann/*Sonnenschein/Weitemeyer* RdNr. 6.

verbände für Handelsvermittlung und Vertrieb – **CDH** – in Berlin,[66] welche besonders auf Grund von Untersuchungen bei ihren Landes- und Fachverbänden über die erforderlichen Kenntnisse und Erfahrungen zu den üblichen Provisionen verfügt, und letztlich Sachverständigengutachten in Betracht.[67] Läßt sich eine übliche Vergütung im Einzelfall nicht feststellen, ist auf die §§ 315 f. BGB zurückzugreifen.[68] Im Zweifel hat der HV die Vergütung gemäß § 316 iVm. § 315 BGB nach billigem Ermessen zu bestimmen mit der Kontrollmöglichkeit des § 319 BGB.[69]

IV. Für Provisionsermittlung maßgebliches Entgelt – Absatz 2

15   **1. Provisionsberechnung nach Abs. 2 Satz 1. a) Bedeutung und Anwendungsbereich der Vorschrift.** Abs. 2 Satz 1 betrifft die Ermittlung der im Einzelfall geschuldeten Provision. Die Vorschrift enthält dispositives Recht und ist nicht anwendbar, wenn und soweit die Parteien die Berechnung und Ermittlung der Provision vertraglich festgelegt haben.[70] Vorrangig gilt die vereinbarte Vergütung und erst bei Fehlen einer solchen greift Abs. 2 ein (RdNr. 1).[71] Aus dem Grund steht Abs. 2 einer Vereinbarung nicht entgegen, dass bestimmte Leistungen oder an den Unternehmer geflossene Vergütungen aus der Provisionspflicht herausgenommen werden.[72] Fehlen Vereinbarungen, ist die Provision grds. nach dem **Entgelt** zu berechnen, welches für das vom HV vermittelte oder abgeschlossene Kundengeschäft an den Unternehmer zu leisten ist. Maßgebend ist der vom HV **herbeigeführte Umsatz,** dessen Wert sich im Regelfall nach dem für das Kundengeschäft in Rechnung gestellten **Geldbetrag** – Kaufpreis, Versicherungsprämie o. ä. – bestimmt.[73] Hiervon geht Abs. 2 Satz 1 aus. Der **Wert der** vom Unternehmer zu erbringenden **Gegenleistung** ist für die Provision des HV grds. ohne Bedeutung. Werden Berechnungsarten für die Provisionsermittlung vereinbart, zB Ausrichtung an umgesetzten Stückzahlen,[74] an der Differenz zwischen Einkaufs- und Verkaufspreis des vermittelten Produkts[75] oder zwischen dessen Verkaufspreis und dem Wert eines in Zahlung genommenen Gegenstands,[76] gilt zunächst und vorrangig das Vereinbarte; allenfalls bei verbleibenden Regelungslücken kann auf die gesetzliche Regelung zurückgegriffen werden.

16   **b) Nach dem Kundenvertrag geschuldetes Entgelt.** Maßgebend für die Provision ist nach Abs. 2 S. 1 das **vollständige Entgelt,** welches dem Unternehmer für das vom HV herbeigeführte Kundengeschäft in rechtswirksamer Weise **geschuldet** wird,[77] nicht was der Unternehmer tatsächlich erhält oder leistet. Zum vollen Entgelt gehören geldwerte **Nebenleistungen,** zu denen sich die entgeltpflichtige Partei in dem vom HV herbeigeführten Kundenvertrag verpflichtet hat, zB Preisnachlässe auf Lieferungen des Kunden an den Unternehmer,[78] sofern es sich um einen Teil der Gegenleistung für die vom Unternehmer zu erbringende Leistung handelt. Die nachträgliche Erhöhung des Preises für die Leistung des Unternehmers auf Grund einer bei Vertragsschluss vereinbarten **Preisgleitklausel** führt zu einer entsprechenden Erhöhung der Provision.[79] Hingegen bleiben nachträglich ohne Mitwirkung des HV vereinbarte **Preisänderungen** wie sonstige Vertragsänderungen[80] für die – Höhe der – Provision ohne Bedeutung; insoweit gilt § 87 a Abs. 3.[81] Der Wert einer vom Unternehmer anstelle eines geschuldeten Geldbetrags **an Erfüllungs statt entgegengenommenen Leistung** – in Zahlung genommene Waren,[82] Wertpapiere, abgetretene Drittforderungen –, bleibt

---

[66] Postanschrift: Verbändehaus Am Weidenstamm 1 A, 10 117 Berlin (s. § 84 RdNr. 4).
[67] Vgl. MünchKommHGB/*v. Hoyningen-Huene* RdNr. 12; *Schröder* RdNr. 3; *Küstner* HVR RdNr. 971.
[68] BGH Urt. v. 19. 1. 2005 – VIII ZR 139/04, EBE 2005, LS 226/05 = HVR Nr. 1134.
[69] Vgl. BGH Urt. v. 2. 3. 1961 – VIII ZR 15/60, BB 1961, 424 = DB 1961, 638; Heymann/*Sonnenschein*/*Weitemeyer* RdNr. 6; *Hopt* RdNr. 3; MünchKommHGB/*v. Hoyningen-Huene* RdNr. 13; *Schröder* RdNr. 4 a und b; *Westphal* RdNr. 355; *Küstner* HVR RdNr. 971.
[70] BGH Urt. v. 12. 5. 2004 – VIII ZR 159/03, MDR 2004, 1009 = HVR Nr. 1072; *Schröder* RdNr. 5.
[71] BGH Urt. v. 12. 5. 2004 – VIII ZR 159/03, MDR 2004, 1009 = HVR Nr. 1072.
[72] BGH Urt. v. 12. 5. 2004 – VIII ZR 159/03, MDR 2004, 1009= HVR Nr. 1072.
[73] MünchKommHGB/*v. Hoyningen-Huene* RdNr. 15 und 16; *Schröder* RdNr. 5; vgl. Heymann/*Sonnenschein*/*Weitemeyer* RdNr. 7.
[74] Vgl. dazu MünchKommHGB/*v. Hoyningen-Huene* RdNr. 15; *Küstner* HVR RdNr. 973.
[75] OLG München NJW-RR 1994, 103.
[76] BAG Urt. v. 24. 9. 1965 – 3 AZR 231/65, DB 1965, 1917; LAG Berlin DB 1964, 189.
[77] Heymann/*Sonnenschein*/*Weitemeyer* RdNr. 8; MünchKommHGB/*v. Hoyningen-Huene* RdNr. 18; *Schröder* RdNr. 5 a und 6.
[78] *Hopt* RdNr. 7; MünchKommHGB/*v. Hoyningen-Huene* RdNr. 20; *Schröder* RdNr. 5 a.
[79] AA Staub/*Brüggemann* RdNr. 6; *Westphal* RdNr. 360 und Vertriebsrecht RdNr. 605; *Küstner* HVR RdNr. 1001 f.
[80] Vgl. BGH Urt. v. 3. 3. 1960 – VII ZR 206/58, HVR Nr. 250.
[81] Vgl. Heymann/*Sonnenschein*/*Weitemeyer* RdNr. 8; MünchKommHGB/*v. Hoyningen-Huene* RdNr. 22; *Schröder* RdNr. 6.
[82] *Westphal* Vertriebsrecht RdNr. 604.

für die Provisionsberechnung ohne Bedeutung,[83] sofern die Leistung an Erfüllungs statt nicht bereits in dem vom HV herbeigeführten Vertrag vereinbart war;[84] es gilt dann der vereinbarte Preis.[85] Das Risiko, durch eine Leistung an Erfüllungs statt nicht den vollen Gegenwert für seine Gegenleistung zu erhalten, trägt der Unternehmer[86] wie ihm auch ein dadurch erzielter Mehrwert allein zusteht. Ist im Kundenvertrag als Gegenleistung nur ein Geldbetrag in Höhe des die Leistung an Erfüllungs statt übersteigenden Werts ausgewiesen und lässt sich ein von den Parteien gewollter Preis für die an Erfüllungs statt angenommene Leistung nicht feststellen, ist deren üblicher Wert für die Ermittlung der Provision maßgeblich.[87] Bei vereinbarter Zahlung in **Devisen** berechnet sich die Provision nach dem Geldbetrag, der sich auf Grund des amtlichen Umrechnungskurses am Tag des Eingangs der Devisenzahlung bei dem Unternehmer rechnerisch ergibt,[88] selbst wenn der dem Unternehmer tatsächlich zufließende Geldbetrag geringer ist.[89] Unerheblich ist, ob der Unternehmer das vereinbarte Entgelt – teilweise – aufwenden muss, um seine geschuldete Leistung erbringen zu können.[90]

c) **Austausch von Sachleistungen.** Hat der HV den Austausch von Sachleistungen – Tauschvertrag, Kompensationsgeschäft – herbeigeführt, ist für die Berechnung seiner Provision der Geldwert der Leistung des Kunden maßgebend, auf die es dem Geschäftsherrn des HV ankommt[91] und der sich in dem üblichen und angemessenen Preis zum Zeitpunkt des Geschäftsabschlusses niederschlägt; ein höherer Wert der vom Unternehmer zu erbringenden Gegenleistung ist für die Provision grds. nicht erheblich (RdNr. 15).[92] 17

2. Provisionsberechnung bei Nachlässen und Nebenkosten – Abs. 2 Satz 2. 18
a) **Grundsätzliche Regelung.** Aus dem Grundsatz, dass die Provision sich nach dem vom HV herbeigeführten Vertrag mit dem dort ausgehandelten vollständigen Entgelt richtet und nachträgliche Abmachungen zwischen Unternehmer und Kunde oder einseitige Leistungsänderungen, insbesondere Leistungskürzungen, die Provision nicht beeinflussen können (RdNr. 16), folgt die in Abs. 2 Satz 2 enthaltene Regelung, dass einseitig vorgenommene oder, besonders nachträglich, ohne Zustimmung des HV ausgehandelte Kürzungen des vereinbarten Entgelts sowie Nebenkosten, welche der Unternehmer aufwenden muss, um eine Leistung erbringen oder der Gegenleistung erlangen zu können, die Höhe des Provisionsanspruchs nicht beeinträchtigen.[93] Lediglich die in dem vom HV herbeigeführten Vertrag ausgehandelten und in den dort vereinbarten Endpreis eingeflossenen Preisabzüge wirken sich provisionsmindernd aus.[94] Sieht der Kundenvertrag die Möglichkeit eines einseitigen freiwilligen Preisabzugs bei Zahlung innerhalb bestimmter Fristen oder Erfüllung sonstiger Bedingungen vor („**Skontonachlass/Skontoabzug**"), ist für die Provisionsberechnung der vereinbarte ungekürzte Preis maßgebend. Das gilt auch, wenn nach dem HVVertrag die Provision von einem „Nettorechnungsbetrag" berechnet werden soll.[95]

b) **Nachlässe und Sondervorteile – Abs. 2 Satz 2 HS 1.** Abs. 2 Satz 2 HS 1 gilt für alle nicht 19 im Kundenvertrag verbindlich vereinbarten sondern einseitig gewährten, vorgenommenen oder geduldeten sowie anderweitig, besonders nachträglich ausgehandelten Kürzungen des in dem vom HV herbeigeführten Vertrag vereinbarten Entgelts. Das betrifft nicht nur die üblichen Nachlässe und Skontoabzüge bei barer oder fristgerechter Zahlung,[96] sondern ebenso alle sonstigen Preisnachlässe und sonstigen Sondervorteile, welche dem Kunden von dem Unternehmer zugebilligt werden.[97] Mengen-, Aktions-, Treuerabatte oder Sonderpreise bei größeren Lieferungen sind regelmäßig

---

[83] RGZ 121, 125, 126; MünchKommHGB/*v. Hoyningen-Huene* RdNr. 18; *Schröder* RdNr. 5 und 6; vgl. *Westphal* RdNr. 358; *Küstner* HVR RdNr. 995: teils aA Heymann/*Sonnenschein*/*Weitemeyer* RdNr. 8.
[84] AA *Hopt* RdNr. 6.
[85] *Küstner* HVR RdNr. 996 ff.
[86] RGZ 121, 125, 127; Heymann/*Sonnenschein*/*Weitemeyer* RdNr. 8; MünchKommHGB/*v. Hoyningen-Huene* RdNr. 18; *Schröder* RdNr. 5.
[87] *Küstner* HVR RdNr. 995.
[88] *Hopt* RdNr. 4; MünchKommHGB/*v. Hoyningen-Huene* RdNr. 18.
[89] AA Heymann/*Sonnenschein*/*Weitemeyer* RdNr. 8; Staub/*Brüggemann* RdNr. 5.
[90] MünchKommHGB/*v. Hoyningen-Huene* RdNr. 19; *Schröder* RdNr. 5 a; vgl. OLG Braunschweig JR 1957, 103.
[91] *Hopt* RdNr. 4; MünchKommHGB/*v. Hoyningen-Huene* RdNr. 17; Staub/*Brüggemann* RdNr. 5; *Schröder* RdNr. 7; *Westphal* RdNr. 357; teilweise aA Heymann/*Sonnenschein*/*Weitemeyer* RdNr. 7.
[92] *Schröder* RdNr. 7.
[93] Vgl. auch Heymann/*Sonnenschein*/*Weitemeyer* RdNr. 9; MünchKommHGB/*v. Hoyningen-Huene* RdNr. 25 und 26; *Schröder* RdNr. 7 a; *Westphal* RdNr. 363; *Küstner* HVR RdNr. 984.
[94] *Hopt* RdNr. 8.
[95] OLG Düsseldorf DB 1955, 578; Heymann/*Sonnenschein*/*Weitemeyer* RdNr. 9; MünchKommHGB/*v. Hoyningen-Huene* RdNr. 23; Staub/*Brüggemann* RdNr. 6; *Westphal* RdNr. 361 und Vertriebsrecht RdNr. 608; *Küstner* HVR RdNr. 978.
[96] MünchKommHGB/*v. Hoyningen-Huene* RdNr. 23; *Schröder* RdNr. 7; vgl. auch Heymann/*Sonnenschein*/*Weitemeyer* RdNr. 9; Staub/*Brüggemann* RdNr. 6; *Westphal* RdNr. 361; *Küstner* HVR RdNr. 978.
[97] Vgl. OLG Düsseldorf OLGR 2000, 354, 357; vgl. OLG München NJW-RR 1994, 103 = DB 1993, 2379.

bereits Bestandteil des ursprünglich ausgehandelten Vertrags und damit in den dort vereinbarten Endpreis eingeflossen (RdNr. 18). Unter die Regelung des Satzes 2 HS 2 fallen sie, wenn sie nachträglich zwischen Unternehmer und Kunde ohne Zustimmung des HV ausgehandelt werden oder der Unternehmer dem Kunden nachlässt, den ausgehandelten Preis unter bestimmten Voraussetzungen entsprechend zu kürzen.[98] Hiervon bleibt der Provisionsanspruch unberührt. Gleiches gilt für nachträglich, zB am Jahresende,[99] vom Unternehmer an den Kunden gewährte Boni, Sonderzahlungen[100] oder Rückvergütungen.[101] Bei Naturalrabatten des Unternehmers an den Kunden, der über die vereinbarte Menge hinaus ohne Vergütung zusätzliche Leistungen erhält, bestimmt sich die Provision nach dem ausgehandelten und in Rechnung gestellten Preis, für die freiwillige Zusatzleistung des Unternehmers an den Kunden kann der HV Provision nicht beanspruchen.[102] Einen **Handelsbrauch,** dass sich der Provisionssatz verkürzt, wenn der Unternehmer dem Kunden Sondervorteile zukommen lässt, oder dass der Unternehmer bei Warenabgabe unter Listenpreis den Provisionssatz einseitig herabsetzen darf, gibt es nicht.[103]

20 c) **Nebenkosten. aa) Nebenkosten und Provision – Abs. 2 Satz 2 HS 2.** Nebenkosten, die Unternehmer oder Kunde[104] aufwenden müssen, um ihre geschuldete Leistung zu erbringen, mindern nach Abs. 2 Satz 2 HS 2 die Provision grundsätzlich nicht, da sie den vereinbarten und die Grundlage der Provision bildenden Preis für die Leistung des Unternehmers nicht verringern, idR vielmehr in den ausgehandelten Preis einkalkuliert sind.[105] Das betrifft alle mit der Vertragsdurchführung anfallenden Kosten zB für Verpackung, Versendung,[106] Versicherung, Verzollung, Exportpapiere, Montage, Inbetriebnahme, Abnahme mit den darauf entfallenden Steuern, Gewährleistung ebenso allgemeine umsatzfördernde Werbeaufwendungen;[107] die Aufzählung im Gesetz ist nur beispielhaft.[108] Ob der HV diese vielfach nicht gesondert ausgewiesenen Kosten auf Berechtigung und Angemessenheit nachprüfen kann,[109] ist für Abs. 2 S. 2 rechtlich unerheblich.

21 **bb) Gesondert in Rechnung gestellte Nebenkosten – Abs. 2 Satz 2 HS 3.** Eine Ausnahme gilt nach Satz 2 HS 3 für Nebenkosten, welche **nach dem vom HV herbeigeführten Kundenvertrag** gesondert in Rechnung gestellt werden dürfen **und** dort entsprechend ausgewiesen sind.[110] Das Gesetz geht davon aus, dass solche Kosten durch besondere Leistungen verursacht werden,[111] welche zusätzlich zu dem vom HV herbeigeführten Vertrag zu erbringen sind und – wie die gesonderte Ausweisung zeigt – im Zweifel nicht Gegenstand der provisionspflichtigen Vertriebstätigkeit des HV waren. Satz 2 HS 3 betrifft entgegen dem zu engen Wortlaut des Gesetzes nicht nur die Rechnung des Unternehmers an den Kunden, sondern auch jede andere Rechnung, welche nach dem HVVertrag für die Provisionsermittlung maßgebend sein soll.[112]

22 **cc) Nachträglich oder gesondert getroffene Nebenkostenvereinbarung.** Nicht unter die gesetzliche Regelung in Abs. 2 Satz 2 HS 2 und 3 fallen Vereinbarungen über die Erstattung von Nebenkosten, welche erst nach Abschluss des Kundenvertrags getroffen werden (RdNr. 16) oder durch Leistungen verursacht werden, die mit den vertraglich geschuldeten Pflichten nach dem vom HV herbeigeführten Kundenvertrag nicht in Zusammenhang stehen.[113] Ebenso ist es Unternehmer und Kunde verwehrt, zum Nachteil des HV nachträglich eine gesonderte Ausweisung von Nebenkosten bei der Rechnungstellung zu verabreden (RdNr. 16).[114] Die nachträgliche Vereinbarung, dass

---

[98] OLG Düsseldorf OLGR 2000, 354, 357; vgl. dazu MünchKommHGB/*v. Hoyningen-Huene* RdNr. 24; *Schröder* RdNr. 7; *Küstner* HVR RdNr. 1079.
[99] *Westphal* Vertriebsrecht RdNr. 610.
[100] Staub/*Brüggemann* RdNr. 6; vgl. *Küstner* HVR RdNr. 1075.
[101] *Hopt* RdNr. 5.
[102] *Westphal* RdNr. 362; siehe auch Heymann/*Sonnenschein/Weitemeyer* RdNr. 9; *Küstner* HVR RdNr. 987 f.
[103] OLG Braunschweig JR 1957, 103; *Schröder* RdNr. 7; *Westphal* RdNr. 363; *Küstner* HVR RdNr. 985.
[104] *Schröder* RdNr. 8.
[105] BGH Urt. v. 3. 3. 1960 – VII ZR 206/58, HVR Nr. 250; Heymann/*Sonnenschein/Weitemeyer* RdNr. 9; MünchKommHGB/*v. Hoyningen-Huene* RdNr. 27; *Schröder* RdNr. 8.
[106] LG Stade HVR Nr. 719.
[107] *Hopt* RdNr. 11.
[108] Heymann/*Sonnenschein/Weitemeyer* RdNr. 9; MünchKommHGB/*v. Hoyningen-Huene* RdNr. 27; *Schröder* RdNr. 8; Staub/*Brüggemann* RdNr. 7; *Westphal* RdNr. 364; *Küstner* HVR RdNr. 979.
[109] *Hopt* RdNr. 11.
[110] MünchKommHGB/*v. Hoyningen-Huene* RdNr. 28; *Schröder* RdNr. 8; *Westphal* RdNr. 364; *Küstner* HVR RdNr. 979.
[111] Heymann/*Sonnenschein/Weitemeyer* RdNr. 9; MünchKommHGB/*v. Hoyningen-Huene* RdNr. 28; *Schröder* RdNr. 8.
[112] BGH Urt. v. 3. 3. 1960 – VII ZR 206/58, HVR Nr. 250; Heymann/*Sonnenschein/Weitemeyer* RdNr. 10; MünchKommHGB/*v. Hoyningen-Huene* RdNr. 29.
[113] BGH Urt. v. 3. 3. 1960 – VII ZR 206/58, HVR Nr. 250; *Schröder* RdNr. 8; *Westphal* RdNr. 365.
[114] Heymann/*Sonnenschein/Weitemeyer* RdNr. 10.

entgegen dem ursprünglichen Kundenvertrag die Nebenkosten nicht gesondert in Rechnung zu stellen sind, kann die Rechtsfolgen des Abs. 2 Satz 2 HS 3 nicht begründen und bleibt ohne Einfluss auf die Provision,[115] ebenso die nachträgliche Vereinbarung der zusätzlichen Erstattung von Nebenkosten, selbst wenn sie nicht gesondert ausgewiesen werden, sondern insoweit eine Erhöhung des Entgelts vorgenommen wird (RdNr. 16).[116] Wenn allerdings der HV die nachträglichen Vereinbarungen im Sinn des § 87 Abs. 1 herbeigeführt oder ihnen zugestimmt hat, bleiben Abs. 2 Satz 2 HS 2 und 3 im Zweifel anwendbar.

3. Provision und Umsatzsteuer – Abs. 2 Satz 3. Die Provision des HV bestimmt sich im 23 Zweifel nach dem auf Grund des Kundenvertrags zu zahlenden **Bruttoentgelt,** die Umsatzsteuer gehört zu ihrer Bemessungsgrundlage.[117] Mit der Einführung der Pflicht zur gesonderten Ausweisung der Umsatzsteuer in Unternehmensrechnungen nach § 14 Abs. 1 UStG sollte an dieser provisionsrechtlichen Regelung nichts geändert werden; deswegen ist durch Abs. 2 Satz 3 klargestellt worden, dass die auf Grund Steuerrechts in den Rechnungen gesondert ausgewiesene Umsatzsteuer für die Provisionsermittlung nicht außer Ansatz bleibt. Anders als die gesondert berechneten Nebenkosten „gilt" die Umsatzsteuer „nicht als" im Sinn von Abs. 2 S. 3. HS „gesondert in Rechnung gestellt". Die Regelung ist jedoch nicht zwingend.[118] Sie führt zu einer Bruttoprovision, welche die vom HV abzuführende Umsatzsteuer enthält.[119] Gelten für das vermittelte Kundengeschäft und die Vermittlungsleistung des HV **unterschiedliche Umsatzsteuer-**(Mehrwertsteuer-)**Sätze,** schuldet der Unternehmer dem HV mangels gegenteiliger Absprachen eine nach dem geschuldeten Nettoentgelt des Kunden berechnete Provision zuzüglich der vom HV zu zahlenden Umsatzsteuer.[120] Bei **Änderung der Umsatzsteuer** ist für die Provisionsermittlung der Steuersatz unabdingbar verbindlich, welcher im Zeitpunkt der Ausführung des Kundengeschäfts durch den Unternehmer gilt; nach ihm ist die Provision später abzurechnen.[121] Ob bei „Nettoklauseln" in Provisionsvereinbarungen die Umsatzsteuer von der Provisionsberechnung ausgenommen werden soll, ist durch Auslegung zu ermitteln.[122] Zur Bedeutung einer **Exportabgabe** für den Provisionsanspruch siehe *Heckmann* DB 1969, 990.

V. Gebrauchsüberlassungs- und Nutzungsverträge – Absatz 3

1. Bedeutung der Vorschrift. Abs. 3 enthält eine notwendige **Sonderregelung zur Provisi-** 24 **onsberechnung** für bestimmte Dauerschuldverhältnisse,[123] bei welchen ein voraus bestimmtes Entgelt nach festen Zeitabschnitten für eine laufend zu erbringende Gegenleistung zu zahlen ist. Die auf einen einmaligen Warenaustausch gerichtete Bestimmung des Abs. 2 Satz 1 passt hier nicht,[124] weswegen das Gesetz eine eigenständige Regelung für die Provisionsberechnung vorgibt;[125] im Übrigen gelten die allgemeinen Vorschriften[126] und damit auch Abs. 1 sowie Abs. 2 Satz 2 und 3.[127]

2. Anwendungsbereich. Abs. 3 ist weit auszulegen und gilt für alle **Dauerschuldverhältnisse** 25 mit vertraglich im Voraus nach Zahlungszeitpunkt und Betragshöhe verbindlich festgelegter Zahlungspflicht. Satz 1 betrifft Verträge mit bestimmter Dauer und Satz 2 solche mit unbestimmtem Endzeitpunkt. Gegenstand der Gebrauchs- oder Nutzungsüberlassung können bewegliche oder unbewegliche Sachen sowie Rechte sein,[128] weswegen auch Dienst- oder Versicherungsverträge[129] sowie Kreditvermittlungsverträge darunter fallen. Bei Dauerschuldverhältnissen **ohne der Höhe nach verbindlich feststehende** sondern beispielsweise von dem jeweils getätigten Umsatz abhängi-

---

[115] Heymann/*Sonnenschein*/*Weitemeyer* RdNr. 10.
[116] MünchKommHGB/*v. Hoyningen-Huene* RdNr. 29; vgl. auch OLG Celle Urt. v. 26. 11. 1956 – 1 U 77/56, HVR Nr. 116 (Vereinbarung von Teuerungszuschlägen).
[117] Heymann/*Sonnenschein*/*Weitemeyer* RdNr. 11; MünchKommHGB/*v. Hoyningen-Huene* RdNr. 30, *Küstner* HVR RdNr. 1007 f., 1011 f.
[118] BAG Urt. v. 23. 3. 1982 – 3 AZR 637/79, BB 1983, 195 = AP § 87 c Nr. 18; Heymann/*Sonnenschein*/*Weitemeyer* RdNr. 11; MünchKommHGB/*v. Hoyningen-Huene* RdNr. 30.
[119] *Küstner* HVR RdNr. 1012.
[120] *Westphal* Vertriebsrecht RdNr. 614.
[121] *Westphal* Vertriebsrecht RdNr. 615; *Küstner* HVR RdNr. 1031 bis 1034.
[122] BAG Urt. v. 23. 3. 1982 – 3 AZR 637/79, BB 1983, 195 = AP § 87 c Nr. 18; Heymann/*Sonnenschein*/*Weitemeyer* RdNr. 11.
[123] OLG Düsseldorf DB 1977, 817.
[124] Heymann/*Sonnenschein*/*Weitemeyer* RdNr. 12; vgl. auch MünchKommHGB/*v. Hoyningen-Huene* RdNr. 31.
[125] MünchKommHGB/*v. Hoyningen-Huene* RdNr. 32 und 40.
[126] Heymann/*Sonnenschein*/*Weitemeyer* RdNr. 12; MünchKommHGB/*v. Hoyningen-Huene* RdNr. 32.
[127] *Schröder* RdNr. 9.
[128] *Schröder* RdNr. 9.
[129] *Hopt* RdNr. 13; *Küstner* HVR RdNr. 1050; offengelassen von BGH Urt. v. 1. 6. 2005 – VIII ZR 335/04, NJW – RR 2005, 1274, 1276.

ge **Zahlungspflicht,** wie möglicherweise bei Autoren-, Bezugs-, Lieferabonnementsverträgen über Zeitschriften oder Bücher, Lizenzverträgen mit Stück- oder Umsatzlizenz[130] oder ähnlichen Verträgen, ist Abs. 3 nicht anzuwenden, selbst wenn die Parteien die jeweiligen Zahlungszeitpunkte sowie die Grundlagen für die Berechnung des Entgelts verbindlich festgelegt haben; die Provision ist vielmehr zu den jeweils festgelegten Zeitpunkten auf der Grundlage der Einzelnen vergütungspflichtigen Vorgänge zu ermitteln.

26   **3. Provisionsberechnung nach Abs. 3 Satz 1. a) Verträge mit bestimmter Dauer.** Satz 1 behandelt die Gebrauchs- und Nutzungsüberlassungsverträge mit bestimmter Dauer, bei denen also das Vertragsende auf Grund einer vereinbarten kalendermäßigen Bestimmung oder eines in anderer Weise verbindlich festgelegten Ereignisses zu einem seit Vertragsbeginn feststehenden Zeitpunkt eintritt,[131] ohne dass es einer Rechtshandlung oder rechtsgestaltenden Erklärung bedarf (s. d. § 89).[132] Unter Satz 1 fallen auch Verträge, welche zwar auf bestimmte Zeit geschlossen worden sind, bei denen jedoch ein vorzeitiges Rücktrittsrecht oder eine vorzeitige auflösende Bedingung,[133] eine Verlängerungsklausel oder eine Verlängerungsoption vereinbart worden sind;[134] bei vorzeitigem Vertragsende richten sich die Rechtsfolgen nach § 87 a Abs. 3 analog,[135] bei einer Vertragsverlängerung auf Grund im Kundenvertrag bereits vorgesehener Verlängerungsmöglichkeit bestimmt sich die Höhe des erneut entstehenden Provisionsanspruchs[136] für den Verlängerungszeitraum nach Satz 1 bei Verlängerung um einen bestimmten Zeitraum und nach Satz 2 bei Verlängerung um unbestimmte Zeit; der Anspruch kann dann auch noch nach dem Ende des HVVertrags entstehen.[137] Die nicht im ursprünglichen Kundenvertrag vorbehaltene und nicht vom HV iSv. § 87 herbeigeführte Vertragsverlängerung löst einen weiteren Provisionsanspruch nicht aus.[138]

27   **b) Für Provision maßgebliches Entgelt.** Bei den unter Satz 1 fallenden Kundenverträgen bestimmt sich die Provision nach dem zwischen Kunde und Unternehmer für die vereinbarte Vertragszeit festgelegten vollständigen Entgelt[139] zuzüglich Nebenkosten, soweit sie nicht gesondert in Rechnung gestellt werden dürfen, und Umsatzsteuer sowie ohne Abzug der nach Abs. 2 Satz 2 nicht abzusetzenden Nachlässe (RdNr. 24).[140]

28   **c) Einmalprovision.** Mit der vertragsgemäßen erstmaligen Überlassung des Vertragsgegenstands zu Gebrauch oder eigenständiger Nutzung/Verfügung entsteht[141] nach der nicht zwingenden gesetzlichen Regelung grds. ein gemäß § 87 a Abs. 4 iVm. § 87 c Abs. 1 fällig werdender Anspruch auf eine Einmalprovision,[142] selbst wenn das Entgelt für die gesamte Vertragszeit bei Vertragsbeginn vom Abnehmer der Leistung noch nicht oder wie bei vereinbarter Ratenzahlung, Zahlung nach Zeitabschnitten oder Mietzahlung noch nicht in voller Höhe zu zahlen ist.[143] Allerdings wird in solchen Fällen idR mit dem HV zumindest konkludent vereinbart sein, dass sein Provisionsanspruch ebenfalls in Teilbeträgen zu erfüllen ist. Auf die Provision und deren Höhe ist ohne Einfluss, ob der HVVertrag früher endet als der auf bestimmte Dauer geschlossene oder verlängerte Kundenvertrag,[144] sofern nicht abweichende Vereinbarungen, insbesondere über einen Ausschluss von Folgeprovisionen, getroffen sind[145] oder der Fall des § 87 a Abs. 3 Satz 2 vorliegt.

---

[130] Heymann/*Sonnenschein*/*Weitemeyer* RdNr. 12; *Hopt* RdNr. 13; MünchKommHGB/*v. Hoyningen-Huene* RdNr. 33; *Küstner* HVR RdNr. 1037.
[131] Heymann/*Sonnenschein*/*Weitemeyer* RdNr. 13; MünchKommHGB/*v. Hoyningen-Huene* RdNr. 34; *Schröder* RdNr. 10.
[132] *Schröder* RdNr. 10; *Küstner* HVR RdNr. 1040.
[133] MünchKommHGB/*v. Hoyningen-Huene* RdNr. 34; *Schröder* RdNr. 10.
[134] Heymann/*Sonnenschein*/*Weitemeyer* RdNr. 13; *Hopt* RdNr. 14; MünchKommHGB/*v. Hoyningen-Huene* RdNr. 35; *Schröder* RdNr. 10; aA *Küstner* HVR RdNr. 1042.
[135] *Schröder* RdNr. 10 a; MünchKommHGB/*v. Hoyningen-Huene* RdNr. 42.
[136] Str.; so *Hopt* RdNr. 14.
[137] *Hopt* RdNr. 17; vgl. auch Heymann/*Sonnenschein*/*Weitemeyer* RdNr. 14; MünchKommHGB/*v. Hoyningen-Huene* RdNr. 35.
[138] Vgl. *Küstner* HVR RdNr. 1045.
[139] Heymann/*Sonnenschein*/*Weitemeyer* RdNr. 13 und 14; MünchKommHGB/*v. Hoyningen-Huene* RdNr. 34 und 36; *Schröder* RdNr. 9 und 10; Staub/*Brüggemann* RdNr. 9.
[140] *Schröder* RdNr. 9.
[141] MünchKommHGB/*v. Hoyningen-Huene* RdNr. 36.
[142] Heymann/*Sonnenschein*/*Weitemeyer* RdNr. 14; *Hopt* RdNr. 14; MünchKommHGB/*v. Hoyningen-Huene* RdNr. 36; *Küstner* HVR RdNr. 1043.
[143] Heymann/*Sonnenschein*/*Weitemeyer* RdNr. 14; *Hopt* RdNr. 14; MünchKommHGB/*v. Hoyningen-Huene* RdNr. 36; *Küstner* HVR RdNr. 1043.
[144] MünchKommHGB/*v. Hoyningen-Huene* RdNr. 36 und 43; Heymann/*Sonnenschein*/*Weitemeyer* RdNr. 14; *Schröder* RdNr. 10 c.
[145] *Schröder* RdNr. 10 c; vgl. auch Heymann/*Sonnenschein*/*Weitemeyer* RdNr. 14.

4. Provisionsberechnung nach Abs. 3 Satz 2. a) Zeitlich unbestimmte und fortgesetzte **29**
Verträge. Abs. 3 Satz 2 gilt für Verträge mit unbestimmter Dauer (s. § 89) und damit für alle Gebrauchsüberlassungs- und Nutzungsverträge im Sinn des Satzes 1, bei denen eine bestimmte Dauer nicht vereinbart ist. Für die Provisionsberechnung ist maßgebend das im Kundenvertrag vereinbarte Entgelt für den Zeitraum, mit dessen Ablauf der Kunde den Vertrag erstmals ordentlich kündigen[146] oder zB den Kredit ablösen darf; der HV hat dann Anspruch auf die sog. Erstprovision.[147] Weitere Provisionsansprüche erwirbt er nicht mehr, wenn der Kundenvertrag in dem Zeitpunkt tatsächlich beendet wird, wobei es rechtlich unerheblich ist, aus welchem Grund und Anlass sowie von welcher Vertragspartei die Beendigung herbeigeführt wird.[148] Wird das Kündigungsrecht des Kunden nachträglich durch Vertragsänderung zeitweise ausgeschlossen und hinausgeschoben, ist der neu vereinbarte Kündigungszeitpunkt für die Erstprovision maßgeblich.[149] Der Zeitpunkt einer erstmaligen Kündigungsmöglichkeit für den Unternehmer ist unerheblich;[150] der Unternehmer kann den Anspruch des HV auf die Provision nicht zum Nachteil des HV beeinflussen, solange dem Kunden ein Kündigungsrecht noch nicht zusteht. Wenn allerdings der Unternehmer den Vertrag zu einem Zeitpunkt kündigt, zu welchem auch der Kunde kündigungsbefugt ist, endet die Provisionspflicht, sofern sich die Kündigung nicht ausnahmsweise (auf den vom HV zu führenden Nachweis) als missbräuchlich oder willkürlich erweist.[151] Besteht der Kundenvertrag über den erstmaligen Kündigungszeitpunkt hinaus fort, weil zB das Kündigungsrecht nicht oder nicht rechtswirksam ausgeübt[152] oder eine vereinbarte Vertragsaufhebung vor ihrem Wirksamwerden rückgängig gemacht worden ist, entsteht, nach Abs. 3 Satz 2 HS 2 ausdrücklich klarstellt, für den HV ein in gleicher Weise zu berechnender weiterer Provisionsanspruch für den Zeitraum bis zur nächsten ordentlichen Kündigungsmöglichkeit durch den Kunden.[153] Der Grund für die Nichtbeendigung des Vertragsverhältnisses mit dem Kunden ist für den Anspruch des HV auf die Folgeprovision ohne Bedeutung.[154] Den Anspruch erwirbt der HV selbst dann, wenn der HVVertrag im Zeitpunkt der Fortsetzung des Vertragsverhältnisses nicht mehr besteht.[155] Weitere Provisionen über das Ende des HVVertrags hinaus können nach § 87 Abs. 3 entstehen.[156] Für Entstehen und Fälligkeit von Erstprovision und Folgeprovision gilt im Übrigen das Gleiche wie für die Einmalprovision des Satzes 1 (RdNr. 28).

b) Verträge mit jederzeitiger Kündigungsmöglichkeit. Ist dem Kunden in dem Kunden- **30** vertrag ein jederzeitiges Kündigungsrecht eingeräumt worden, kann der HV nach dem insoweit eindeutigen Wortlaut des Gesetzes (Abs. 3 Satz 2 HS 2) für die Zeit nach Ablauf der gesetzlichen Kündigungsfristen einen weiteren Provisionsanspruch nur erwerben, wenn und solange der Kundenvertrag ungekündigt fortbesteht (RdNr. 29).[157]

c) Vorzeitig beendete Verträge. Bei vorzeitigem Ende des Kundenvertrags vor dem Zeitpunkt **31** der erstmaligen Kündigungsmöglichkeit durch den Kunden, zB durch von Unternehmer oder Kunde erklärten Rücktritt, fristlose Kündigung oder durch einvernehmliche Vertragsaufhebung, bestimmt sich analog § 87a Abs. 3, ob dem HV der dann nach Abs. 3 Satz 2 zu berechnende Provisionsanspruch zusteht.[158]

d) Nicht fortgesetzte, jedoch neu abgeschlossene Verträge. Wird der Kundenvertrag zum **32** Zeitpunkt der erstmaligen Kündigungsmöglichkeit des Kunden beendet und dann erneut abgeschlossen, erwirbt der HV einen weiteren Provisionsanspruch selbst dann nicht,[159] wenn der neue Kundenvertrag mit dem alten übereinstimmt. Etwas anderes kann ausnahmsweise gelten, wenn (der

---

[146] Heymann/*Sonnenschein*/*Weitemeyer* RdNr. 15; MünchKommHGB/*v. Hoyningen-Huene* RdNr. 37; *Schröder* RdNr. 11.
[147] *Schröder* RdNr. 11.
[148] MünchKommHGB/*v. Hoyningen-Huene* RdNr. 42; *Schröder* RdNr. 13.
[149] MünchKommHGB/*v. Hoyningen-Huene* RdNr. 37; *Schröder* RdNr. 11.
[150] Heymann/*Sonnenschein*/*Weitemeyer* RdNr. 15; MünchKommHGB/*v. Hoyningen-Huene* RdNr. 37; *Schröder* RdNr. 11.
[151] *Schröder* RdNr. 13.
[152] Teilweise aA *Schröder* RdNr. 13 (§ 87a Abs. 3 sollte eingreifen).
[153] *Hopt* RdNr. 15 und 17; *Schröder* RdNr. 12; teilweise aA für den Fall der Fortsetzung mangels Kündigung Staub/*Brüggemann* RdNr. 11; aA MünchKommHGB/*v. Hoyningen-Huene* RdNr. 38; *Küstner* HVR RdNr. 1048.
[154] Differenzierend *Schröder* RdNr. 12.
[155] Alles streitig: OLG Düsseldorf DB 1977, 817; LAG Hamm DB 1984, 674; Heymann/*Sonnenschein*/*Weitemeyer* RdNr. 16; MünchKommHGB/*v. Hoyningen-Huene* RdNr. 44; im Erg. auch *Hopt* RdNr. 17; ebenso *Habscheid* S. 359, 360.
[156] *Hopt* RdNr. 17.
[157] Vgl. *Hopt* RdNr. 16; MünchKommHGB/*v. Hoyningen-Huene* RdNr. 38 und wohl auch Heymann/*Sonnenschein*/*Weitemeyer* RdNr. 15 (es soll ein ständig wachsender Provisionsanspruch entstehen).
[158] Heymann/*Sonnenschein*/*Weitemeyer* RdNr. 14; *Hopt* RdNr. 16; MünchKommHGB/*v. Hoyningen-Huene* RdNr. 40, 41 und 42; aA Staub/*Brüggemann* RdNr. 10.
[159] Staub/*Brüggemann* RdNr. 11 und 12; so wohl auch gemeint von *Schröder* RdNr. 14a.

§ 87 b 33, 34 1. Buch. 7. Abschnitt. Handelsvertreter

HV beweist, dass) beabsichtigt war, den Kundenvertrag fortzusetzen und der Neuabschluss nur gewählt worden ist, um den Provisionsanspruch des HV zu umgehen. Hiervon abgesehen, ist der Grund für die Beendigung des Vertragsverhältnisses zu dem Kunden rechtlich unerheblich. Einen eigenständigen Provisionsanspruch kann der HV erwerben, wenn er den neuen Kundenvertrag ebenfalls herbeiführt. Dafür reicht aus, dass er den Kündigenden bewegt, die Kündigung „zurückzunehmen"[160] mit der rechtlichen Folge, dass ein neuer mit dem bisherigen übereinstimmender Kundenvertrag ausdrücklich oder schlüssig zustandekommt. Erreichen Unternehmer oder Kunde die „Zurücknahme" einer bereits rechtswirksam ausgesprochenen Kündigung, löst das einen weiteren Provisionsanspruch des HV nicht aus, wenn der ursprüngliche Kundenvertrag mit der wirksamen Kündigung rechtlich beendet worden ist (s. d. § 89 und § 89 a).[161]

VI. Abdingbarkeit

33 § 87 b enthält dispositives Recht, es herrscht volle Vertragsfreiheit. Den Parteien steht es frei, von **Abs. 2 und 3**[162] abweichende Regelungen für die Berechnung und Ermittlung der dem HV geschuldeten Provision zu treffen.[163] Der Vertragsfreiheit sind lediglich durch § 138 (RdNr. 6) und § 134 BGB sowie indirekt durch § 84 Abs. 2 Grenzen gesetzt,[164] im Übrigen steht alles zu ihrer freien Disposition; so können die Provisionshöhe frei bestimmt, andere als die gesetzlich vorgegebenen Bemessungs- und Berechnungsgrundlagen sowie andersartige Provisionen – zB Umsatzbeteiligungen –[165] vereinbart, Nebenkosten und Umsatzsteuer von der Provisionsberechnung ausgenommen[166] und die Provisionspflicht bei Dauerverträgen auf eine Einmalprovision beschränkt werden.[167] Allerdings muss durch die vereinbarte Provision die **Vermittlungsleistung des HV vergütet** werden; grds. ist es rechtlich nicht zulässig, besonders durch AGB oder Formularverträge vorzuschreiben, dass sonstige Verdienstmöglichkeiten oder Einkommenschancen auf Grund anderer **handelsvertreteruntypischer** Tätigkeiten des Vertriebsmittlers rechtlich zu der Vermittlungsprovision im Sinn von § 87 gehören sollen; wenn ein Kfz – Händler einem Leasingunternehmen gegen Provision Leasingverträge über von ihm zu beziehende und nach Ablauf des Leasingvertrags zurückzunehmende Neufahrzeuge zu vermitteln hat, kann deswegen die Gewinnchance des Händlers aus einem Weiterverkauf der zurückgenommenen Fahrzeuge nicht als Teil der Provision für die Vermittlung der Leasingverträge angesehen werden.[168] **Abs. 1** hat nur Bedeutung, wenn und soweit die Parteien von ihrer Vertragsfreiheit nicht Gebrauch gemacht und Vereinbarungen nicht getroffen haben.

VII. Verfügungsrecht über die Provision

34 Der HV darf über seine Provision grundsätzlich frei verfügen (s. § 86 und § 87). Jedoch ermächtigt § 81 Abs. 2 Satz 4 VAG – BGBl. 1993 I S. 2 – die Aufsichtsbehörden, Versicherungsvertretern die **Abgabe** (von Teilen) **der Provision an den Versicherungsnehmer (Provisionsweitergabe)** zu untersagen. So sind nach § 1 der Verordnung über das Verbot von Sondervergütungen und Begünstigungsverträgen in der Schadensversicherung vom 17. August 1982 – BGBl. I S. 1243 – insbesondere Provisionsabgaben an den Versicherungsnehmer untersagt. Ein gleichartiges Verbot gilt im Bereich der Lebensversicherung für diejenigen Versicherungsunternehmen und ihre Versicherungsvertreter, welche der Aufsicht des früheren Bundesaufsichtsamts für das Versicherungswesen, jetzt der Bundesanstalt für Finanzdienstleistungen[169] unterliegen,[170] auf Grund der Anordnung des Reichsaufsichtsamts für Privatversicherung vom 8. März 1934,[171] welche als Bundesrecht fortgilt[172] und sich einseitig

---

[160] MünchKommHGB/*v. Hoyningen-Huene* RdNr. 39; *Schröder* RdNr. 12, Staub/*Brüggemann* RdNr. 13.
[161] MünchKommHGB/*v. Hoyningen-Huene* RdNr. 39; *Schröder* RdNr. 12, Staub/*Brüggemann* RdNr. 13.
[162] BGH Urt. v. 1. 6. 2005 – VIII ZR 335/04, NJW- RR 2005, 1274, 1276.
[163] BGH Urt. v. 4. 5. 1959 – II ZR 81/57, BGHZ 30, 98, 109 = NJW 1959, 1430; BAG Urt. v. 24. 9. 1965 – 3 AZR 231/65, DB 1965, 1917; Heymann/*Sonnenschein/Weitemeyer* RdNr. 3; *Hopt* RdNr. 18, 19; MünchKommHGB/*v. Hoyningen-Huene* RdNr. 2.
[164] MünchKommHGB/*v. Hoyningen-Huene* RdNr. 45.
[165] Heymann/*Sonnenschein/Weitemeyer* RdNr. 12.
[166] BAG Urt. v. 23. 3. 1982 – 3 AZR 637/79, BB 1983, 195 = AP § 87 c Nr. 18.
[167] Zum Ganzen Heymann/*Sonnenschein/Weitemeyer* RdNr. 17; MünchKommHGB/*v. Hoyningen-Huene* RdNr. 45 bis 47; *Schröder* RdNr. 14 b; *Küstner* HVR Nr. 1138.
[168] BGH Urt. v. 8. 2. 2006 – VIII ZR 45/05, ZIP 2006, 712 = HVR Nr. 1138.
[169] S. d. Art. 1 §§ 1 und 4, Art. 3 Gesetz über die integrierte Finanzdienstaufsicht v. 22. April 2002 – BGBl. I 1310 sowie Art. 4 Nr. 1 VAG idF des Gesetzes vom 29. August 2005 – BGBl. I 2546, 2554.
[170] BGH Urt. v. 17. 6. 2004 – III ZR 271/03, MDR 2004, 1104, 1105.
[171] Dazu ausf. BGH Urt. v. 19. 12. 1984 – I ZR 181/82, BGHZ 93, 177, 179 = NJW 1985, 3018; OLG Celle VersR 1994, 856; OLG Saarbrücken OLGR 2002, 273; *Emde* VersR 2002, 151, 152.
[172] BGH Urt. v. 19. 12. 1984 – I ZR 181/82, BGHZ 93, 177, 179; BGH Urt. v. 17. 6. 2004 – III ZR 271/03, MDR 2004, 1104.

Höhe der Provision § 87 b

auch an die Vermittler von Lebensversicherungen, nicht jedoch an den Kunden und Versicherungsnehmer richtet;[173] dabei handelt es sich nicht um ein gesetzliches Verbot iSv. § 134 BGB, weswegen gegen die Anordnung verstoßende Vereinbarungen zwischen Versicherungsvertreter und Versicherungsnehmer nicht nichtig sondern wirksam sind.[174] Allerdings ist zweifelhaft, ob dieses Verbot noch rechtmäßig und mit geltendem Europarecht vereinbar ist;[175] der BGH brauchte hierauf in seiner Entscheidung vom 7. 6. 2004[176] nicht einzugehen. Durch Individualvereinbarung, nicht durch AGB, kann der Unternehmer dem HV eine Provisionsweitergabe an den Kunden untersagen.[177] Die an den Kunden weitergegebene Provision löst bei diesem, anders als eine an den HV gezahlte sog. Eigenprovision (s. § 87), nicht die Einkommensteuerpflicht nach § 22 Nr. 3 EStG aus.[178]

VIII. Untervertreter und handelsvertreterähnliche Vertriebsmittler

§ 87 b findet auf den Untervertretervertrag Anwendung, bei dessen Auslegung im Zweifel die zwischen Hauptvertreter und Unternehmer getroffenen Vereinbarungen zu berücksichtigen sind, soweit der Untervertreter sie kennt. Bei Kommissionsagenten, Vertragshändlern und Franchisenehmern scheidet eine Anwendung des nur für HV geltenden (RdNr. 1) § 87 b aus; jedoch steht es diesen Vertriebsmittlern frei, für ihr handelsvertreterähnlich ausgestaltetes Vertragsverhältnis eine der gesetzlichen Regelung entsprechende Vergütung zu vereinbaren. 35

IX. Beweislast

Der seinen Provisionsanspruch einklagende HV trägt die Beweislast für die vereinbarte Höhe seiner Provision, deren Berechnungsgrundlagen und damit für alle Umstände, von denen die Höhe seiner Forderung abhängt[179] einschließlich der mit dem Unternehmer getroffenen Provisionsvereinbarungen,[180] aus denen er seinen Anspruch in der eingeklagten Höhe herleiten will. Gegenteilige vom Unternehmer behauptete Vereinbarungen muss er ausräumen.[181] Der die übliche Provision verlangende HV muss nachweisen, dass eine Provisionsvereinbarung nicht wirksam getroffen worden ist, die vom Unternehmer hierzu behaupteten Absprachen muss er widerlegen.[182] Gelingt ihm der Beweis nicht, kann er Provision nur gemäß der vom Unternehmer behaupteten Absprache beanspruchen;[183] die übliche Provision kann er nur beanspruchen, wenn und soweit feststeht, dass es eine Provisionsvereinbarung nicht gibt. Abweichend davon trifft den auf Feststellung einer Provisionsschuld in üblicher Höhe klagenden Unternehmer die Beweislast für das Nichtvorliegen einer wirksamen Provisionsvereinbarung. 36

X. Europarecht

Allgemeine Ausführungen und Text der HV-RiLi s. Vor § 84 Anh. § 87 b Abs. 1 stellt die Umsetzung von Art. 6 Abs. 1 HV-RiLi dar. Beide Vorschriften sehen die **„Üblichkeit"** als Maßstab vor, wenn keine Vereinbarung der Parteien über die Höhe der Provision getroffen wurde. Subsidiär verweist die HV-RiLi sodann auf die **„Angemessenheit"** der Vergütung, was vom deutschen Recht nicht übernommen wurde. In der Praxis dürften hieraus vom Ergebnis her keine großen Probleme erwachsen; ohnehin handelt es sich beide Male um unbestimmte Rechtsbegriffe, die der Ausgestaltung durch die Rspr. unterliegen. 37

§ 87 b Abs. 2 und 3 sind Detailregelungen, zu denen die HV-RiLi keine Stellung bezieht und die daher dem nationalen Recht überlassen sind. 38

---

[173] BGH Urt. v. 17. 6. 2004 – III ZR 271/03, MDR 2004, 1104.
[174] BGH Urt. v. 17. 6. 2004 – III ZR 271/03, MDR 2004, 1104, 1105.
[175] *Dreher* VersR 2001, 1.
[176] BGH Urt. v. 17. 6. 2004 – III ZR 271/03, MDR 2004, 1104, 1105.
[177] Siehe zum Verbot der Provisionsweitergabe auch § 92 RdNr. 29 und *Lange* in der 1. Aufl. Vor § 84 Anh. II RdNr. 22 sowie *Ulmer/Habersack* ZHR 159 (1995), 109, 131 f.
[178] BFH Urt. v. 2. 3. 2004 – IX R 68/02, DStR 2004, 770; FG Baden – Württemberg, Urt. v. 18. 7. 2003 – 12 K 285/99, DStRE 2004, 443.
[179] *Baumgärtel* § 87 RdNr. 7.
[180] MünchKommHGB/*v. Hoyningen-Huene* RdNr. 14.
[181] Vgl. BGH Urt. v. 9. 4. 1981 – VII ZR 262/80, BGHZ 80, 257, 259 = NJW 1981, 1442; BGH Urt. v. 14. 4. 1983 – VII ZR 198/82, NJW 1983, 1782; *Baumgärtel* RdNr. 1.
[182] RG Warn. 16 (1924) Nr. 135; LAG Bremen DB 1960, 1212; *Baumgärtel* RdNr. 1; Heymann/*Sonnenschein/Weitemeyer* RdNr. 6; MünchKommHGB/*v. Hoyningen-Huene* RdNr. 14; *Schröder* RdNr. 4 a; *Westphal* RdNr. 356.
[183] MünchKommHGB/*v. Hoyningen-Huene* RdNr. 14.

§ 87 c [Abrechnung über die Provision]

(1) ¹ Der Unternehmer hat über die Provision, auf die der Handelsvertreter Anspruch hat, monatlich abzurechnen; der Abrechnungszeitraum kann auf höchstens drei Monate erstreckt werden. ² Die Abrechnung hat unverzüglich, spätestens bis zum Ende des nächsten Monats, zu erfolgen.

(2) Der Handelsvertreter kann bei der Abrechnung einen Buchauszug über alle Geschäfte verlangen, für die ihm nach § 87 Provision gebührt.

(3) Der Handelsvertreter kann außerdem Mitteilung über alle Umstände verlangen, die für den Provisionsanspruch, seine Fälligkeit und seine Berechnung wesentlich sind.

(4) Wird der Buchauszug verweigert oder bestehen begründete Zweifel an der Richtigkeit oder Vollständigkeit der Abrechnung oder des Buchauszuges, so kann der Handelsvertreter verlangen, daß nach Wahl des Unternehmers entweder ihm oder einem von ihm zu bestimmenden Wirtschaftsprüfer oder vereidigten Buchsachverständigen Einsicht in die Geschäftsbücher oder die sonstigen Urkunden soweit gewährt wird, wie dies zur Feststellung der Richtigkeit oder Vollständigkeit der Abrechnung oder des Buchauszuges erforderlich ist.

(5) Diese Rechte des Handelsvertreters können nicht ausgeschlossen oder beschränkt werden.

EG-RL 86/653/EWG Art. 6 u. 12 s. Vor § 84 Anh.

Schrifttum: Siehe zunächst Schrifttumsverzeichnis vor § 84; wegen des älteren Schrifttums aus der Zeit vor 1990 wird auf das Schrifttumsverzeichnis der Vorauflage verwiesen: *Behrendt*, Aktuelle handelsvertreterrechtliche Fragen in Rechtsprechung und Praxis, NJW 2003, 1563; *Emde*, Anerkenntnis von Provisionsabrechnungen durch Schweigen, MDR 1996, 331; *ders.*, Beschränkung des Auskunftsrechts des Handelsvertreters in mehrstufigen Vertriebsystemen, MDR 1999, 1108; *ders.*, Abrechnung und Buchauszug als Informationsrechte des Handelsvertreters, MDR 2003, 1151; *ders.*, Heimatgerichtsstand für Handelsvertreter und andere Vertriebsmittler, RIW 2003, 505; *Kukat*, Der Anspruch des Handelsvertreters auf Erteilung eines Buchauszugs gem. § 87 c Abs. 2 HGB, DB 2002, 1646; *Müller-Stein*, Anerkenntnisklauseln in Provisionsabrechnungen nach § 87 c Abs. 1 HGB, VersR 2001, 830; *Scherer*, Nachforderung von Provision – Verzicht durch widerspruchslose Hinnahme der Abrechnungen? BB 1996, 2205; *Schulte*, Verurteilung zur Auskunfterteilung – Bemessung von Rechtsmittelbeschwer und Kostenstreitwert, MDR 2000, 805; *Segger*, Die Verteidigung des Versicherers gegen den Anspruch auf Buchauszug, NVersZ 2002, 102; *Treffer*, Pfändung von Provisionsansprüchen, MDR 1998, 384.

Übersicht

	RdNr.		RdNr.
A. Bedeutung der Vorschrift	1	aa) Stornoreserveguthaben und Stornoreservekonto	10
B. Die Informationsrechte des Handelsvertreters	2–4	bb) Fixum, Pauschale, Umsatzbeteiligung	11
I. Die einzelnen Rechte des Handelsvertreters	2	cc) Ausgleichsanspruch	12
		d) Meinungsverschiedenheiten über Vergütungspflicht	13
II. Bedeutung der Informationsrechte des § 87 c	3, 4	e) Informationszeitraum	14
		f) Erfüllungsverlangen	15
1. Die Informationsrechte als bloße Hilfsrechte	3	g) Besonderes Informationsinteresse	16
2. Abschließende Sonderregelung	4	2. Handelsbücher und Buchführung	17–20
		a) Bücher des Unternehmers	17
III. Verhältnis der einzelnen Informationsrechte des § 87 c zueinander	5–7	b) Buchführungspflicht	18
		c) Nachträgliche Änderung der Bücher und Anpassung an veränderte Umstände	19
1. Kumulierung und Konkurrenz der Informationsrechte	5	d) Mängel der Buchführung	20
2. Rangfolge der Informationsrechte	6	3. Aktiv- und Passivlegitimation	21–24
		a) Gläubiger und Schuldner	21
3. Geltendmachen der nachrangigen Informationsrechte	7	b) Mit Geschäftsherrn verbundenes Drittunternehmen	22
		c) Unternehmerwechsel	23
IV. Rechtliche Ausgestaltung der Informationsrechte des § 87 c	8–49	d) Insolvenz	24
		4. Abtretung und Pfändung	25
1. Voraussetzungen und Gegenstand der Informationsrechte	8–16	5. Beginn der Durchsetzbarkeit	26–30
a) Vertragsverhältnis	8	a) Entstehen	26
b) Möglicher Zahlungsanspruch	9	b) Durchsetzbarkeit und Fälligkeit	27
c) Nicht unter § 87 c fallende Zahlungsansprüche	10–12	c) Zeitpunkte der Durchsetzbarkeit	28
		d) Durchsetzbarkeit mit Vertragsende	29
		e) Nach Vertragsende fällig werdender Zahlungsanspruch	30

	RdNr.		RdNr.
6. Ende der Durchsetzbarkeit	31–36	4. Abrechnungszeitpunkt	62
a) Erlöschen	31	5. Abrechnungszeitraum	63
b) Fehlanzeige	32	6. Einzelabrechnung und Gesamtabrechnung	64
c) Gegenstandslos gewordene Hilfsrechte	33	7. Rechtliche Bedeutung der Provisionsabrechnung – Schuldanerkenntnis und Verzicht	65
d) Rechtsmissbrauch und Verwirkung	34		
e) Konkurrenztätigkeit des Handelsvertreters	35		
f) Zurückbehaltungsrecht	36	II. Buchauszug – Abs. 2	66–75
7. Verjährung	37–39	1. Bedeutung des Buchauszugs	66
a) Allgemeine Bedeutung	37	2. Buchauszug und Provisionsabrechnung	67
b) Beginn der Verjährungsfrist	38	3. Notwendiger Inhalt des Buchauszugs	68–73
c) Ablauf der Verjährungsfrist	39	a) Grundsätze	68
8. Erfüllung	40–46	b) Die in den Buchauszug gehörenden Tatsachen	69
a) Erbringen der gesetzlich geschuldeten Leistung und Mitwirkung des Handelsvertreters	40	c) Nicht in den Buchauszug aufzunehmende Angaben	70
b) Erfüllungszeitpunkt	41	d) Bezirkshandelsvertreter	71
c) Form, Inhalt, Sprache, Nachprüfbarkeit, Verantwortung	42	e) Mehrstufiges Vertriebssystem	72
d) Belege und Unterlagen	43	f) Meinungsverschiedenheiten über Zahlungsanspruch	73
e) Erfüllungsort und Versendung	44	4. Erstellungszeitpunkt und mehrfacher Buchauszug	74
f) Kosten	45		
g) Überprüfung der Informationen und Verschwiegenheitspflicht	46	5. Rechtliche Bedeutung	75
9. Mangelhafte Information und Nichterfüllung der Informationspflicht	47–49	III. Bucheinsicht – Abs. 4	76–81
a) Verweigerung der Information	47	1. Das Recht auf Bucheinsicht	76
b) Unrichtigkeit und Unvollständigkeit	48	2. Begründete Zweifel	77
c) Teilleistung	49	3. Die zur Bucheinsicht berechtigten Personen	78
V. Unabdingbarkeit – Absatz 5	50–54	4. Die Einsichtnahme	79
1. Verzicht	50	5. Zutrittsrecht	80
2. Fingierte Einigungen	51	6. Erlöschen	81
3. Mittelbar nachteilige Regelungen	52	IV. Auskunft – Abs. 3	82
4. Zulässige, nicht unter Abs. 5 fallende Regelungen	53	V. Eidesstattliche Versicherung	83
5. Reformüberlegungen	54	D. Prozessuale Durchsetzung	84–90
VI. Persönlicher Anwendungsbereich und Sonderfälle	55–58	I. Klage, Stufenklage und einstweilige Verfügung	84
1. Handelsvertreterähnliche Vertriebsmittler	55	II. Klageantrag	85
2. Mehrstufiges Vertriebssystem mit Untervertreter	56	III. Darlegungs- und Beweislast	86
3. Handelsvertreter mit Inkassobefugnis	57	IV. Urteil	87
4. Versicherungs- und Bausparkassenvertreter	58	V. Rechtskraft und Bindung des Gerichts	88
C. Die einzelnen Informationsrechte des § 87 c	59–83	VI. Zwangsvollstreckung	89
I. Abrechnung – Abs. 1	59–65	VII. Streitwert und Rechtsmittelbeschwer	90
1. Bedeutung und Inhalt	59		
2. Notwendiger Inhalt der Abrechnung	60	E. Europarecht	91
3. Entbehrliche Angaben	61		

A. Bedeutung der Vorschrift

Die gegenseitigen Informationsrechte und Pflichten der Parteien eines HVVertrags sind in den §§ 86, 86 a und § 87 c abgehandelt. Während § 86, ergänzt durch § 666 BGB, die Informationspflichten des HV zum Gegenstand hat, enthalten § 87 c und § 86 a Abs. 2 die grundlegende Regelung der unentziehbaren und grundsätzlich unverzichtbaren Informationsrechte des nicht unter § 92 c fallenden HV.[1] Beide Vorschriften haben nichts miteinander zu tun und beziehen sich auf unterschiedliche Lebenssachverhalte. § 87 c regelt **abschließend** die Informationsrechte, welche dem HV nach seiner Vertriebstätigkeit für die daraus möglicherweise entstandenen erfolgsabhängigen Vergütungsansprüche zustehen können. Demgegenüber regelt **§ 86 a** besondere Infor- 1

---

[1] Ausführlich dazu *Emde* MDR 2003, 1151.

mationen, welche der Unternehmer dem HV bereits vor seiner konkreten Vertriebstätigkeit schuldet und welche dem HV einen erfolgreichen Abschluss vergütungspflichtiger Kundenverträge erst ermöglichen sollen. Dem **Unternehmer** stehen die Rechte des § 87 c nicht zu; wenn er im Einzelfall auf eine über § 86 hinausgehende Information des HV angewiesen ist, kann der allgemeine aus § 242 BGB hergeleitete bürgerlich – rechtliche Auskunftsanspruch begründet sein. Der HV ist ihm jedoch weder zur Abrechnung analog Abs. 1 verpflichtet noch hat der Unternehmer ein Recht auf einen Blick in die Bücher des HV analog Abs. 2 und 4. Eine Abrechnung des HV löst die Rechtsfolgen des Abs. 1 nicht aus und stellt im Zweifel kein deklaratorisches Anerkenntnis dar.

B. Die Informationsrechte des Handelsvertreters

I. Die einzelnen Rechte des Handelsvertreters

2   Der Unternehmer schuldet nach **Abs. 1** kraft Gesetzes unaufgefordert laufend Abrechnung derjenigen vom HV vermittelten/abgeschlossenen Geschäfte, für welche im Abrechnungszeitraum eine Provision zu zahlen ist. Daneben[2] hat der HV nach **Abs. 2** den unentziehbaren Anspruch auf Buchauszug über alles, was in den Büchern des Unternehmers über die vom HV erfolgreich vermittelten oder abgeschlossenen Kundengeschäfte sowie über seine erfolglos gebliebenen Vermittlungsbemühungen enthalten ist; hierbei handelt es sich gleichsam um ein „Grundrecht des HV", dessen Ausübung grds. nicht rechtsmissbräuchlich sein kann (RdNr. 34). Erhält der HV den Auszug nicht oder bleiben begründete Zweifel an Richtigkeit und Vollständigkeit von Abrechnung oder Auszug, besteht nach **Abs. 4** das Recht auf Bucheinsicht.[3] Außerdem hat der HV nach **Abs. 3** im Einzelfall den ergänzenden Anspruch auf zusätzliche Auskunft („Mitteilung") sowie auf eidesstattliche Versicherung nach **§§ 259 Abs. 2, 260 Abs. 2 BGB,** wenn und soweit sein berechtigtes Interesse an umfassender Information über alle für Ermittlung und Durchsetzung seines Anspruchs auf Provision oder des an seine Stelle tretenden Anspruchs auf Schadensersatz möglicherweise bedeutsamen Umstände durch Abrechnung, Buchauszug und Bucheinsicht nicht vollständig befriedigt worden ist.[4] Die einzelnen Rechte des § 87 c haben eine unterschiedliche Reichweite und die Gegenstände, auf die sie sich beziehen, decken sich nicht (RdNr. 3).[5] Wegen der Informationen, welche der Unternehmer dem HV bereits vor oder während seiner Vertriebstätigkeit und damit ohne Bezug auf einen möglicherweise entstandenen Vergütungsanspruch schuldet, wird verwiesen auf RdNr. 1 und die Kommentierung zu **§ 86 a**.

II. Bedeutung der Informationsrechte des § 87 c

3   **1. Die Informationsrechte als bloße Hilfsrechte.** Die Informationsrechte des § 87 c sind bloße Hilfsrechte[6] zur Ermittlung, Überprüfung und Durchsetzung der dem HV auf Grund des HVVertrags möglicherweise zustehenden Ansprüche, weswegen sie entfallen oder zumindest nicht mehr geltend gemacht werden können, wenn und soweit solche vermögenswerten Rechte des HV nicht mehr bestehen oder nicht mehr durchgesetzt werden können. Der Abrechnungsanspruch dient der Prüfung und Durchsetzung des Provisionsanspruchs, wohingegen die sonstigen Rechte des § 87 c entgegen dem scheinbar zu engen Wortlaut insbesondere des Abs. 2 naturgemäß auch die weitergehenden Ansprüche des HV aus dem Vertrag besonders auf Schadensersatz wegen entgangener Provision sowie mittelbar auch den Anspruch auf Ausgleich nach § 89 b (s. d. aber auch RdNr. 12) vorbereiten und sichern.[7]

4   **2. Abschließende Sonderregelung.** § 87 c enthält eine durch die §§ 259, 260 BGB ergänzte (RdNr. 6) abschließende Sonderregelung der Informationsrechte des HV wegen der Ansprüche, welche ihm nach dem HVVertrag zustehen können[8] und trägt insoweit dem als berechtigt anerkann-

---

[2] *Holling* BB 1959, 688.
[3] MünchKommHGB/*v. Hoyningen-Huene* RdNr. 53.
[4] OLG Hamburg MDR 1961, 1012; OLG Bamberg Urt. v. 17. 12. 1999 – 6 U 41/99, HVR Nr. 936; *Hopt* RdNr. 20; vgl. auch BGH Urt. v. 18. 2. 1998 – VIII ZR 376/96, WM 1998, 1461 = MDR 1998, 920 m. Anm. *Hirtz* EWiR 1998, 437; *Westphal* Vertriebsrecht RdNr. 711.
[5] OLG Nürnberg Urt. v. 5. 11. 1965 – 6 U 62/65, HVR Nr. 374.
[6] MünchKommHGB/*v. Hoyningen-Huene* RdNr. 4.
[7] *Seetzen* WM 1985, 220.
[8] *Küstner* HVR RdNr. 1360; aA *Emde* RIW 2003, 505, 510; MünchKommHGB/*v. Hoyningen-Huene* RdNr. 8.

ten Informationsbedürfnis des HV Rechnung.[9] Für einen Rückgriff auf allgemeine, möglicherweise weitergehende, Informationsrechte des BGB zB auf Auskunft nach § 242 oder Einsicht nach § 810 ist selbst dann kein Raum, wenn sich aus diesen Vorschriften weitergebende Rechte ergeben könnten. Erst wenn es um nachvertragliche Ansprüche geht, kann der allgemeine Auskunftsanspruch nach § 242 BGB Bedeutung erlangen (s. RdNr. 82 und Erl. Zu § 89 a Abs. 2).

III. Verhältnis der einzelnen Informationsrechte des § 87 c zueinander

1. Kumulierung und Konkurrenz der Informationsrechte. Für die Informationsrechte des HV besteht vom Grundsatz her an sich kein Kumulierungsverbot.[10] Vielmehr kann der HV seine nach § 87 c bestehenden Rechte **unter Beachtung der einzuhaltenden Rangordnung** (RdNr. 6) grundsätzlich **auch nebeneinander** solange **ausüben,** als sie noch durchsetzbar sind. Das gilt besonders für das Recht auf Provisionsabrechnung. Aufgrund des in ihr liegenden Schuldanerkenntnisses des Unternehmers (RdNr. 65) können Buchauszug und Bucheinsicht die **Provisionsabrechnung** nicht ersetzen, weswegen der Handelsvertreter selbst nach Erhalt des Buchauszugs oder der vorgenommenen Bucheinsicht die förmliche Provisionsabrechnung nach Abs. 1 beanspruchen kann, um zumindest die dort abgerechneten Provisionen ohne weitere Darlegung ihrer Berechtigung durchsetzen zu können. Etwas anderes gilt für **Buchauszug** und **Bucheinsicht,** weil die Bucheinsicht den Buchauszug ersetzt,[11] weswegen nicht beides gleichzeitig verlangt werden kann.[12] So kann der HV den Buchauszug nach erfolgter Bucheinsicht nicht mehr beanspruchen[13] und der Unternehmer muss dem Verlangen nach einem Buchauszug nicht nachkommen, wenn bereits Klage auf Bucheinsicht erhoben ist.[14] Erst wenn (der HV nachweist und) feststeht, dass das Verlangen auf Bucheinsicht ohne Erfolg bleiben wird, kann der HV seinen Anspruch auf Buchauszug weiter durchsetzen. In gleicher Weise steht das Verlangen nach Buchauszug dem gleichzeitigen Begehren nach Bucheinsicht entgegen.

2. Rangfolge der Informationsrechte. Die Informationsrechte des Abs. 1, 2 und 4 sind in einer aus Sinn und Zweck der gesetzlichen Regelung folgenden Rangfolge geltend zu machen.[15] Zunächst schuldet der Unternehmer von sich aus und unaufgefordert die regelmäßige Provisionsabrechnung. Ab Fälligkeit seiner Pflicht zur Provisionsabrechnung, aber auch nach deren Erhalt oder bei deren Verweigerung hat der HV zunächst das Recht auf Buchauszug. Das Recht auf Bucheinsicht steht dem HV nach der eindeutigen gesetzlichen Regelung in Abs. 4 zu, **(1)** wenn begründete Zweifel an der Provisionsabrechnung bestehen, **(2)** wenn der Unternehmer den Buchauszug verweigert oder **(3)** wenn nach Erteilung des Buchauszugs begründete Zweifel an der Richtigkeit oder Vollständigkeit des Buchauszugs oder der Provisionsabrechnung verbleiben. Zweifel an der Provisionsabrechnung können das Recht auf Bucheinsicht begründen, ohne dass zuvor der Anspruch auf den Buchauszug geltend gemacht werden muss;[16] das Recht auf Buchauszug kann „übersprungen" werden.[17] **Ergänzt** werden die Rechte des § 87 c durch **§§ 259, 260 Abs. 2 BGB** für den Fall, dass nach Wahrnehmung der gesetzlichen Informationsrechte begründete Zweifel bleiben; Richtigkeit und Vollständigkeit von Abrechnung und Auszug hat der Unternehmer dann an Eides statt zu versichern, wenn das Recht auf Bucheinsicht **(1)** rechtzeitig ausgeübt und durchgeführt, wenn es **(2)** verweigert worden ist oder sich **(3)** als nicht durchführbar erwiesen hat.[18] Bei Erlöschen oder Verjährung des Rechts auf Bucheinsicht infolge nicht rechtzeitiger Ausübung kann der HV auch eidesstattliche Versicherung durch den Unternehmer nicht mehr verlangen. Da das Recht auf Buch-

---

[9] Vgl. auch OLG Hamm VersR 2001, 1154; vgl. OLG Düsseldorf Urt. v. 11. 4. 2003 – I – 16 U 81/02, HVR Nr. 1082; in dem Urteil vom 17. 4. 2002 – VIII ZR 139/01, BB 2002, 1507 m. zust. Anm. *Emde* bejaht der BGH einen Auskunftsanspruch zur Vorbereitung eines Schadensersatzanspruchs, ohne auf die Frage einzugehen, inwieweit dem hier betroffenen Vertragshändler die Rechte des § 87 c zustehen könnten.
[10] Weitergehend OLG Köln MDR 1972, 614; OLG Düsseldorf OLGR 2000, 382; *Küstner* HVR RdNr. 1473; aA MünchKommHGB/*v. Hoyningen-Huene* RdNr. 63.
[11] Vgl. BGH Urt. v. 13. 7. 1959 – II ZR 192/57, LM Nr. 1; BGH Urt. v. 16. 5. 1960 – VII ZR 206/59, BGHZ 32, 302, 306 = NJW 1960, 1662.
[12] BGH Urt. v. 24. 6. 1971 – VII ZR 223/69, BGHZ 56, 290, 297 = NJW 1971, 1610.
[13] MünchKommHGB/*v. Hoyningen-Huene* RdNr. 81.
[14] MünchKommHGB/*v. Hoyningen-Huene* RdNr. 81.
[15] Im Einzelnen umstritten; vgl. dazu Staub/*Brüggemann* RdNr. 2; *Küstner* HVR RdNr. 1358.
[16] BGH Urt. v. 24. 6. 1971 – VII ZR 223/69, BGHZ 56, 290, 297 = NJW 1971, 1610; BGH Urt. v. 1. 12. 1978 – I ZR 7/77, LM § 88 Nr. 6; *Seetzen* WM 1985, 218; *Schröder* RdNr. 4; *Küstner* HVR RdNr. 1358, aA *Westphal* Vertriebsrecht RdNr. 734.
[17] *Küstner* HVR RdNr. 1358.
[18] BGH Urt. v. 16. 5. 1960 – VII ZR 206/59, BGHZ 32, 302 = NJW 1960, 1662; vgl. auch BGH Urt. v. 18. 2. 1998 – VIII ZR 376/96, WM 1998, 1461, 1462 = MDR 1998, 920 m. Anm. *Hirtz* EWiR 1998, 437; BGH Urt. v. 21. 3. 2001 – VIII ZR 149/99, WM 2001, 1258 = ZIP 2001, 876 m. Anm. *Emde* EWiR 2001, 731.

§ 87 c 7–10

auszug und Bucheinsicht nur wegen der Tatsachen besteht, welche sich bei ordnungsgemäßer Führung aus den Büchern des Unternehmers ergeben müssen, hat der HV neben und unabhängig von den Rechten nach Abs. 2 und 4 das auf alle sich nicht aus den Büchern ergebenden Tatsachen beschränkte Recht auf **ergänzende Auskunft nach Abs. 3**[19] mit einer sich daran gegebenenfalls anschließenden Pflicht des Unternehmers zur eidesstattlichen Versicherung.[20]

7   3. **Geltendmachen der nachrangigen Informationsrechte.** Bei den Rechten des § 87 c genügt grds. bereits das erfolglos gebliebene **eindeutige Verlangen des HV** nach deren Erfüllung,[21] um das nachrangige Recht ausüben zu können. Vorausgegangene **Klageerhebung** und **Vollstreckung** sind nicht notwendig.[22] So darf der HV vor der Einsichtnahme in die Bücher des Unternehmers zwar den Versuch unternehmen, im Weg von Klage und Vollstreckung einen Buchauszug zu erhalten,[23] jedoch zwingt das Gesetz den HV nicht, seinen Anspruch auf Buchauszug erst gerichtlich durchzusetzen oder einen erwirkten Titel zu vollstrecken,[24] weswegen er auch grds. jederzeit davon Abstand nehmen kann. Allerdings muss der HV dem Unternehmer nach dessen Verurteilung zum Buchauszug in angemessener Weise Gelegenheit zu einer freiwilligen Erfüllung der titulierten Forderung geben, bevor er sein Einsichtsrecht geltend macht. Die Klage auf Provisionsabrechnung ist jederzeit möglich, solange der Anspruch besteht (RdNr. 5).

IV. Rechtliche Ausgestaltung der Informationsrechte des § 87 c

8   1. **Voraussetzungen und Gegenstand der Informationsrechte. a) Vertragsverhältnis.** Voraussetzung aller Rechte des § 87 c ist ein, wenn auch möglicherweise fehlerhaftes, so doch in Vollzug gesetztes, bestehendes HVVertragsverhältnis mit der dadurch begründeten konkreten Verpflichtung des Unternehmers, dem HV für bestimmte Geschäfte mit Kunden Provision zu zahlen. Der nicht unter §§ 84 f. fallende Vertriebsmittler, der über § 354 einen Provisionsanspruch erwirbt, kann die Rechte des § 87 c weder in direkter noch analoger Anwendung ausüben (s. § 84 und § 87) und ist auf die allgemeinen Informationsrechte des BGB (§§ 242, 259, 260, 810) angewiesen.

9   b) **Möglicher Zahlungsanspruch.** Weitere Voraussetzung für § 87 c ist die Möglichkeit,[25] dass dem HV aus dem Vertragsverhältnis ein Anspruch auf Provision, über welchen der Unternehmer gegenüber dem HV bereits abzurechnen hat, oder auf Schadensersatz wegen entgangener Provision[26] zustehen kann,[27] grds. nicht aber das Bestehen eines solchen Anspruchs;[28] lediglich die auf eine konkrete Provisionspflicht bezogene Provisionsabrechnung nach Abs. 1 hat zur Voraussetzung, dass ein abzurechnender Zahlungsanspruch besteht. Der Informationsanspruch erstreckt sich nicht auf Angaben zu solchen Kundengeschäften, deren Herbeiführung nach Vertrag oder Gesetz in rechtlich eindeutiger Weise einen Provisionsanspruch nicht begründen kann.[29] Wegen des ausnahmsweise möglichen Ersatzanspruchs aus Vertragsverletzung, wenn der Unternehmer vom HV vermittelte Geschäfte grundlos („willkürlich") nicht annimmt (s. § 86 a), stehen dem HV die Rechte aus Abs. 2 und 4 zu, sofern sich hierzu Erhebliches aus den Büchern ergeben kann, sowie im Übrigen der Anspruch aus Abs. 3. Ein **Zahlungsanspruch des Unternehmers,** der zum Erlöschen der Vergütungsansprüche des HV führen kann, ist selbst dann ohne Einfluss auf die Rechte aus § 87 c, wenn der Unternehmer einseitig die Aufrechnung erklärt hat.

10   c) **Nicht unter § 87 c fallende Zahlungsansprüche. aa) Stornoreserveguthaben und Stornoreservekonto.** Zur Überprüfung und Durchsetzung seiner Ansprüche aus einem Stornoreserveguthaben oder an einem vom Unternehmer eingerichteten Stornoreservekonto (s. § 92) stehen dem HV die Informationsrechte des § 87 c nicht zu, weil Gegenstand dieser Rechte der bereits zuvor entstandene abzurechnende und gegebenenfalls den Rechten aus Abs. 2 und 4 unterliegende Pro-

---

[19] Vgl. MünchKommHGB/*v. Hoyningen-Huene* RdNr. 63.
[20] Vgl. OLG Celle Beschl. v. 27. 8. 1962 – 8 W 163/62, HVR Nr. 290.
[21] OLG Nürnberg Urt. v. 28. 12. 1990 – 4 U 1389/87, HVR Nr. 710.
[22] OLG Koblenz MDR 1994, 198; MünchKommHGB/*v. Hoyningen-Huene* RdNr. 53; aA BGH Urt. v. 31. 1. 1979 – I ZR 8/77, WM 1979, 463, wenn HV den Buchauszug verlange, müsse er diesen auch durchsetzen und abwarten, was der Auszug ergebe, bevor er Bucheinsicht fordern könne.
[23] OLG Düsseldorf OLGR 2000, 385, 387; OLG Köln Urt. v. 12. 9. 2001 – 19 U 21/01, HVR Nr. 1050.
[24] Siehe aber auch BGH Urt. v. 24. 6. 1971 – VII ZR 223/69, BGHZ 56, 290, 297 = NJW 1971, 1610; BGH Urt. v. 1. 12. 1978 – I ZR 7/77, LM § 88 Nr. 6.
[25] Vgl. Koller/*Roth*/Morck RdNr. 8; aA wohl *Emde* MDR 2003, 1151, 1152.
[26] OLG Düsseldorf Urt. v. 11. 4. 2003 – I – 16 U 81/02, HVR Nr. 1082.
[27] OLG Nürnberg Urt. v. 27. 5. 1981 – U 2789/80, HVR Nr. 551; vgl. auch OLG Karlsruhe Urt. v. 10. 5. 2005 – 8 U 242/02, HVR Nr. 1156; aA LG Hannover VersR 2001, 764 m. krit. Anm. *Emde* EWiR 2001, 731, 732.
[28] BGH Urt. v. 23. 2. 1989 – I ZR 203/87, ZIP 1989, 707, 708; OLG Nürnberg Urt. v. 27. 5. 1981 – U 2789/80, HVR Nr. 551; OLG Köln Urt. v. 29. 11. 2002 – 19 U 88/02, HVR Nr. 1099.
[29] OLG Köln Beschl. v. 3. 3. 2004 – 19 W 10/04, VersR 2004, 1457.

visionsanspruch ist. Sind die Rechte des HV auf Abrechnung, Buchauszug und Bucheinsicht hinsichtlich der Provisionsforderungen, welche teilweise vom Unternehmer in ein solches Reservekonto eingestellt sind, infolge Erfüllung oder sonstigem Erlöschen, wegen Gegenstandslosigkeit oder Verjährung nicht mehr durchsetzbar (RdNr. 31 f.), kann der HV Informationen zu Bestand, Entwicklung und Fälligkeit des Stornoreserveguthabens nicht mehr nach § 87 c Abs. 1, 2 und 4 beanspruchen; im Einzelfall kann zu seinen Gunsten der nach Abs. 3 bestehende ergänzende Auskunftsanspruch eingreifen.

bb) Fixum, Pauschalvergütung, Umsatzbeteiligung. Die Rechte aus § 87 c stehen dem HV nicht zu, wenn und soweit er Informationen wegen einer anstelle oder neben einer Provision geschuldeten, jedoch vom Erfolg seiner Tätigkeit unabhängigen Vergütung, eines Fixums, einer Pauschalvergütung oder einer erfolgsunabhängigen Umsatzbeteiligung erstrebt. Hier ist er auf die allgemeinen Kontrollrechte nach dem Vertragsrecht des BGB und nach § 242 BGB angewiesen.[30] Bei Vereinbarung einer Beteiligung des HV am Umsatz mit den von ihm vermittelten Kunden darf er die Rechte aus § 87 c geltend machen.

cc) Ausgleichsanspruch. Wenn der HV nur noch den Ausgleich nach § 89 b beanspruchen kann, besteht allenfalls ein ergänzender Anspruch nach Abs. 3 auf Auskunft hinsichtlich solcher für seine Provisionsansprüche erheblichen Tatsachen, welche nicht in Abrechnung oder Auszug einzelner gehören.[31] Der Anspruch ist beschränkt auf Vorgänge aus der Zeit des bestehenden Vertragsverhältnisses. Hingegen kann der HV zur Vorbereitung seines Ausgleichsanspruchs nicht Offenlegung der Geschäftsbeziehungen für die Zeit nach Vertragsende verlangen (s. § 89 b).[32] Ebenso hat er die Rechte aus Abs. 1, 2 und 4 nicht mehr,[33] selbst wenn er sie bisher nicht ausgeübt hat.[34] Wenn allerdings das Bestehen weiterer Vergütungsansprüche rechtlich nicht ausgeschlossen werden kann, weil zB eine verbindliche abschließende und endgültige Einigung über die dem HV geschuldete Tätigkeitsvergütung nicht herbeigeführt worden ist, darf im Zweifel davon ausgegangen werden, dass der nach Vertragsende Buchauszug oder Bucheinsicht begehrende HV die geltend gemachten Informationsrechte des § 87 c jedenfalls auch zur Überprüfung von Richtigkeit und Vollständigkeit der bisher erhaltenen Informationen und damit auch zur Vorbereitung einer Durchsetzung weiterer Vergütungsansprüche benötigt.

d) Meinungsverschiedenheiten über Vergütungspflicht. Meinungsverschiedenheiten zwischen den Vertragspartnern[35] über Art und Umfang der allgemeinen Provisionsverpflichtung des Unternehmers auf Grund des HVVertrags, über dessen Auslegung, Verständnis, Inhalt und mögliche vorzeitige Beendigung,[36] also über die **allgemein bestehende Vergütungspflicht,** müssen geklärt werden, bevor die Informationsrechte durchgesetzt werden können, sofern davon abhängt, ob und für welche Art von Geschäften dem HV überhaupt ein Zahlungsanspruch zustehen kann.[37] Hingegen berühren Meinungsverschiedenheiten darüber, ob, in welcher Weise sowie nach welcher konkreten Vorschrift ein Provisionsanspruch des HV für die einzelnen Kundengeschäfte entstanden sein kann, also über die **konkrete Vergütungspflicht im Einzelfall,** die Rechte aus § 87 c Abs. 2 bis Abs. 4 nicht und sind erst zu entscheiden, wenn der HV den jeweiligen, gegebenenfalls durch § 87 c vorbereiteten, Provisionsanspruch geltend macht[38] oder dessen Abrechnung nach Abs. 1 fordert.

e) Informationszeitraum. Sämtliche Informationsrechte des § 87 c erstrecken sich auf den Zeitraum von der Mitteilung des ersten vom HV vertragsgemäß herbeigeführten Kundengeschäfts an den Unternehmer bis zur vollständigen Abwicklung des letzten Kundengeschäfts, auf Grund dessen der HV Provision beanspruchen kann.[39] Für die Zeit danach darf der Unternehmer auch die Einsicht

---

[30] *Emde* MDR 2003, 1151, 1152; Koller/*Roth*/Morck RdNr. 1; MünchKommHGB/*v. Hoyningen-Huene* § 87 RdNr. 17; *Westphal* RdNr. 420.
[31] Vgl. *Emde* VersR 2002, 151, 155 und dort Fn. 46.
[32] BGH Urt. v. 3. 4. 1996 – VIII ZR 54/95, WM 1996, 1817, OLG Düsseldorf OLGR 1996, 219, 220 und 1999, 424; *Wolff* BB 1978, 1246; *Hopt* § 89 b RdNr. 82.
[33] OLG Köln BB 1997, 2130; OLG Düsseldorf Urt. v. 11. 4. 2003 – I – 16 U 81/02, HVR Nr. 1082; *Wolff* BB 1978, 1246; *Küstner* HVR RdNr. 1394; aA *Emde* MDR 2003, 1151, 1152; vgl. auch *Emde* EWiR 2001, 731, 732 und VersR 2002, 151, 155 dort Fn. 49.
[34] BGH Urt. v. 22. 5. 1981 – I ZR 34/79, LM § 88 Nr. 9; das berücksichtigt *Emde* MDR 1999, 1108, 1111 nicht hinreichend.
[35] Vgl. *Seetzen* WM 1985, 217.
[36] Vgl. dazu OLG Stuttgart Urt. v. 25. 6. 1959 – 3 U 2/59, HVR Nr. 216.
[37] OLG Hamburg MDR 1968, 673; vgl. MünchKommHGB/*v. Hoyningen-Huene* RdNr. 51.
[38] OLG Nürnberg VersR 1982, 1099, HVR Nr. 551; s. a. OLG Bamberg Urt. v. 16. 5. 2003 – 6 U 62/02, HVR Nr. 1073.
[39] OLG Düsseldorf OLGR 1999, 424; s. auch BGH Urt. v. 21. 3. 2001 – VIII ZR 149/99, WM 2001, 1258 = ZIP 2001, 876, 877 m. Anm. *Emde* EWiR 2001, 731.

in seine Bücher verwehren. Das Verlangen nach Abrechnung, Buchauszug oder Bucheinsicht „für die Zeit des bestehenden HVVertrags" oder „bis zum Ende des HVVertrags" umschreibt im Zweifel nur den Zeitraum, in welchem diejenigen Geschäfte getätigt sind, auf welche sich die geforderte Information beziehen soll; eine Beschränkung der Information auf die Zeit bis zum Ende des Vertretervertrags ist regelmäßig nicht gewollt. Selbst wenn die Parteien eine **nachvertragliche Provision abbedungen** haben, müssen in den Buchauszug die vom HV vermittelten/abgeschlossenen Kundengeschäfte sowie die für das Entstehen einer Provisionspflicht maßgeblichen Tatsachen vollständig aufgenommen werden, damit der HV nachprüfen kann, ob ihm auf Grund seiner Tätigkeit noch ein vertraglicher Provisions- oder Schadensersatzanspruch zustehen kann oder ob sowie aus welchem Grund für das einzelne Geschäft ein Provisionsanspruch nicht mehr entstanden ist.

15 f) **Erfüllungsverlangen.** Mit Ausnahme der Abrechnung[40] schuldet der Unternehmer die unter § 87 c fallenden Informationen nur auf eindeutigs, schriftlich oder mündlich geäußertes Verlangen des HV (RdNr. 7).[41] Zu begründen braucht der HV sein Verlangen grds. nicht;[42] hängt das Informationsrecht ausnahmsweise von begründeten Zweifeln des HV ab (RdNr. 77), muss er diese dem Unternehmer auf Verlangen mitteilen.

16 g) **Besonderes Informationsinteresse.** Die Unkenntnis des HV hinsichtlich seiner Ansprüche ist nicht Voraussetzung für Entstehen und Ausübung seiner Informationsrechte. Dass der HV seine möglichen Vergütungsansprüche anhand der ihm zur Verfügung stehenden Unterlagen ersehen oder ermitteln kann, steht seinen Rechten aus § 87 c Abs. 1, 2 und 4 nicht entgegen.[43] Wegen der ohnehin bestehenden Schranken für die Durchsetzbarkeit der Informationsrechte (RdNr. 31 f.) ist auch ein besonderes rechtfertigendes Interesse zu deren Ausübung nicht erforderlich.[44]

17 2. **Handelsbücher und Buchführung. a) Bücher des Unternehmers.** Zu den Büchern des Unternehmers im Sinn von § 87 c Abs. 2 und Abs. 4 gehören außer den eigentlichen Handelsbüchern iSv. § 238 alle Geschäftspapiere[45] und sonstigen schriftlichen Unterlagen, welche Aussagen über provisionspflichtige Kundengeschäfte enthalten,[46] sowie diejenigen technischen Hilfsmittel, welche der Unternehmer benutzt, um die geschäftlichen Vorgänge zu dokumentieren und festzuhalten (zB EDV, Mikrofilme, Speicherchips).[47]

18 b) **Buchführungspflicht.** Voraussetzung für Provisionsabrechnung, Buchauszug und Bucheinsicht ist eine ordnungsgemäße Buchführung des Unternehmers, wie sie § 238 vorschreibt. Wegen der Verpflichtungen aus § 87 c Abs. 2 und 4 besteht auch für den bislang nicht buchführungspflichtigen Unternehmer mit Abschluss des HVVertrags gegenüber dem HV die Obliegenheit, diejenigen Bücher zu führen, welche zu einer vollständigen und fehlerfreien Abrechnung und Überprüfung der Provisionsansprüche notwendig sind;[48] das Gleiche gilt für den ausländischen Unternehmer, wenn der geschlossene HVVertrag dem Deutschen Recht unterliegt.[49] Davon abgesehen sollte der Unternehmer seine Bücher im eigenen Interesse ohnehin so einrichten und führen, dass er das Recht des Handelsvertreters auf den Buchauszug jederzeit möglichst unschwer erfüllen kann, weil der andernfalls notwendig werdende Aufwand in vollem Umfang zu seinen Lasten geht und ihn nicht von seinen bestehenden Verpflichtungen befreit (RdNr. 34 und 45).[50] Kann der Unternehmer das berechtigte Informationsverlangen des HV wegen unzureichender Buchführung nicht in dem gebotenen Maß erfüllen, muss er die sich daraus ergebenden Folgen einschließlich einer möglichen Schadensersatzverpflichtung[51] tragen (RdNr. 20).

19 c) **Nachträgliche Änderung der Bücher und Anpassung an veränderte Umstände.** Durch nachträgliche Änderung seiner Bücher kann sich der Unternehmer seiner Verpflichtung zur vollständigen und ordnungsgemäßen Information des HV nach § 87 c selbst dann nicht entziehen, wenn es um länger zurückliegende Vorgänge geht und die Änderung der Buchführung durch eine

---

[40] MünchKommHGB/*v. Hoyningen-Huene* RdNr. 23; *Westphal* Vertriebsrecht RdNr. 709.
[41] *Hopt* RdNr. 17; MünchKommHGB/*v. Hoyningen-Huene* RdNr. 42, 61; *Westphal* Vertriebsrecht RdNr. 709.
[42] *Hopt* RdNr. 17.
[43] BGH Urt. v. 13. 3. 1961 – VII ZR 35/60, LM Nr. 3; vgl. auch *Emde* MDR 2003, 1151, 1154.
[44] OLG Karlsruhe Urt. v. 10. 5. 2005 – 8 U 242/02, HVR Nr. 1156; aA früher OLG Karlsruhe VersR 1974, 384; Heymann/*Sonnenschein*/*Weitemeyer* RdNr. 10.
[45] OLG Hamburg BB 1998, 971, 972 = HVR Nr. 881; OLG Köln NJW-RR 1999, 833 = HVR Nr. 886.
[46] BGH Urt. v. 21. 3. 2001 – VIII ZR 149/99, WM 2001, 1258 = ZIP 2001, 876 m. Anm. *Emde* EWiR 2001, 731.
[47] *Emde* MDR 2003, 1151, 1158.
[48] OLG Düsseldorf OLGR 1999, 424; *Emde* MDR 2003, 1151, 1158.
[49] OLG Düsseldorf OLGR 2001, 387, 388 = HVR Nr. 951; *Hopt* RdNr. 16; vgl. *Schröder* RdNr. 6 c.
[50] Hans. OLG Hamburg Besch. v. 5. 4. 2005 – 6 W 15/05, HVR Nr. 1154.
[51] BGH Urt. v. 21. 3. 2001 – VIII ZR 149/99, WM 2001, 1258 = ZIP 2001, 876, 881 m. Anm. *Emde* EWiR 2001, 731; Hans. OLG Hamburg Urt. v. 11. 10. 2000 – 4 U 36/00, HVR Nr. 957.
[51] OLG Düsseldorf Urt. v. 26. 1. 2001 – 16 U 99/00, HVR Nr. 951.

Anpassung an veränderte Umstände oder eine **Währungsumstellung** notwendig geworden ist.[52] Der Buchauszug muss, um dem HV die Überprüfung der Provisionsabrechnungen zu ermöglichen, den tatsächlichen Verhältnissen im Zeitpunkt der jeweiligen Provisionsabrechnung entsprechen; solange der Unternehmer die Provisionen in Deutscher Mark abgerechnet hat, muss er trotz zwischenzeitlicher rückwirkender Umstellung seiner zB elektronisch geführten Bücher auf Euro den Buchauszug für die entsprechende Zeit in Deutscher Mark erteilen;[53] die erforderliche Umrechnung und die dadurch anfallenden Kosten kann er nicht auf den HV abwälzen.[54] Ebenso muss er die bei der Bucheinsicht anfallenden **Mehrkosten** tragen, um Provisionsabrechnung (und Buchauszug) mit den einzusehenden Büchern vergleichen zu können.

d) Mängel der Buchführung. Hat der Unternehmer ordnungsgemäße Bücher nicht geführt oder befinden sich dort keine Angaben zu vom HV vermittelten/abgeschlossenen Geschäften, kann er die Ansprüche aus Abs. 1, 2 und 4 nicht erfüllen (§ 275 BGB) mit der Folge, dass von den Büchern des HV auszugehen sein kann, soweit diese aussagekräftige Angaben enthalten.[55] Außerdem macht sich der Unternehmer wegen Nichterfüllung bestehender Informationspflichten schadensersatzpflichtig;[56] dem HV zustehende Provisionen und sein Ausgleichsanspruch sind, soweit sie nicht auf andere Weise hinreichend sicher ermittelt werden können, auf der Grundlage einer Schätzung festzusetzen.[57] Im Übrigen bleibt dem HV das Recht auf Auskunft[58] und eidesstattliche Versicherung.[59]

3. Aktiv- und Passivlegitimation. a) Gläubiger und Schuldner. Die Rechte des § 87 c stehen dem HV und seinem Gesamtrechtsnachfolger zu[60] und zwar grds. auch nach Ende des HVVertrags.[61] Geschuldet wird die Information von dem Unternehmer oder seinem in den bestehenden oder noch abzuwickelnden HVVertrag eingetretenen Rechtsnachfolger.[62] Der Unternehmer kann **Erfüllungsgehilfen** einschalten; die Information durch einen **Dritten** ist ausreichend, wenn er im Auftrag und mit Vollmacht des Pflichtigen handelt und dieser die Verantwortung für Richtigkeit und Vollständigkeit der Information übernimmt.

b) Mit Geschäftsherrn verbundenes Drittunternehmen. Der Geschäftsherr des Handelsvertreters schuldet die Informationen des § 87 c auch für solche Kundengeschäfte, welche der Handelsvertreter mit einem seinem Geschäftsherrn verbundenen Drittunternehmen zustande gebracht hat, wenn er seinem Geschäftsherrn gegenüber hierzu vertraglich berechtigt war. Der Geschäftsherr als Vertragspartner des Handelsvertreters muss sich die notwendigen Informationen und Unterlagen, sofern sie ihm nicht zu Verfügung stehen, von dem begünstigten Drittunternehmen verschaffen, wozu er dem Handelsvertreter gegenüber verpflichtet ist;[63] notfalls ist der Handelsvertreter auf den ergänzenden Auskunftsanspruch aus Abs. 3 gegen seinen Vertragspartner sowie auf Abtretung von dessen Ansprüchen gegen das Drittunternehmen angewiesen mit der Folge eines unmittelbaren Informationsrechts des Handelsvertreters gegen den Drittbegünstigten seiner Tätigkeit. Die gleichen Grundsätze können gelten, wenn der Unternehmer seine Geschäfte auf ein drittes mit ihm verbundenes Unternehmen verlagert und dadurch der Anspruch des HV auf Bezirksprovision vereitelt wird[64] oder wenn der Unternehmer in die Ausführung/Abwicklung des Kundengeschäfts ein Drittunternehmen eingeschaltet hat.[65]

c) Unternehmerwechsel. Bei Übernahme des HVVertrags oder des Geschäfts/Betriebs des Unternehmers durch einen Dritten, bei einem Unternehmensübergang aus sonstigen Gründen wie auch im Fall der Verschmelzung nach dem UmwG[66] schuldet der Übernehmer die Informationen nach § 87 c.[67] Soweit er auf die hierzu erforderlichen Handelsbücher und Unterlagen nicht zugreifen

---

[52] Vgl. OLG Düsseldorf Beschl. v. 11. 6. 2003 – I – 16 W 25/03, HVR Nr. 1125.
[53] OLG Düsseldorf Beschl. v. 11. 6. 2003 – I – 16 W 25/03, HVR Nr. 1125.
[54] OLG Düsseldorf Beschl. v. 11. 6. 2003 – I – 16 W 25/03, HVR Nr. 1125.
[55] *Baumgärtel* HGB § 87 c RdNr. 4.
[56] OLG Düsseldorf Urt. v. 26. 1. 2001 – 16 U 99/00, HVR Nr. 951.
[57] OLG Düsseldorf OLGR 1993, 197 = HVR Nr. 942; *Baumgärtel* HGB § 87 c RdNr. 4; *Westphal* RdNr. 449; s. OLG Dresden Beschl. v. 28. 5. 1996 – 2 U 591/96, HVR Nr. 813.
[58] MünchKommHGB/*v. Hoyningen-Huene* RdNr. 5; *Stötter* HVRecht 140.
[59] BGH Urt. v. 16. 5. 1960 – VII ZR 206/59, BGHZ 32, 302, 305 = NJW 1960, 1662.
[60] *Emde* MDR 2003, 1151, 1152.
[61] Vgl. OLG München Urt. v. 1. 7. 2003 – 23 U 1637/03, VersR 2004, 470.
[62] *Emde* MDR 2003, 1151, 1152.
[63] BGH Urt. v. 21. 3. 2001 – VIII ZR 149/99, WM 2001, 1258 = ZIP 2001, 876, 877 m. Anm. *Emde* EWiR 2001, 731.
[64] OLG München Urt. v. 7. 7. 1993 – 7 U 2717/93, HVR Nr. 1103.
[65] LG Hamburg Beschl. v. 29. 6. 2005 – 411 O 127/04, HVR Nr. 1174.
[66] OLG Düsseldorf OLGR 2000, 426.
[67] *Emde* MDR 2003, 1151, 1152.

kann oder diese inhaltlich zur Erfüllung der Verpflichtung aus § 87 c nicht ausreichen, muss er die notwendigen weiteren Informationen vorab von seinem Rechtsvorgänger einholen.[68] Ein unmittelbares Informationsrecht des HV gegen seinen früheren Vertragspartner besteht nicht mehr. Dagegen lässt die bloße Veräußerung des Geschäftsbetriebs des Unternehmers den HVVertrag und die Informationsrechte des HV im Zweifel unberührt.[69] Der veräußernde Geschäftsherr des HV muss, um sich nicht schadensersatzpflichtig zu machen, vor einer Übergabe von Geschäftsunterlagen Vorsorge dafür treffen, dass er auch in Zukunft die Informationsrechte seines HV ordnungsgemäß erfüllen kann. Notfalls ist der HV auf den Anspruch aus Abs. 3 sowie auf eine Abtretung der Rechte seines Geschäftsherrn angewiesen (s. vorstehende RdNr.).

24 **d) Insolvenz.** Im Konkurs des Unternehmers hatte der Konkursverwalter dessen Informationspflichten zu erfüllen;[70] soweit die Handelsbücher nicht weiterhalfen, hatte der Gemeinschuldner dem Verwalter gemäß § 100 KO die erforderlichen Auskünfte zu erteilen. Ein unmittelbares Informationsrecht des HV gegen den Gemeinschuldner bestand nach der KO nicht.[71] Für die **InsO** gilt Entsprechendes (vgl. § 80 InsO). In der Insolvenz des HV werden seine Rechte von dem Insolvenzverwalter wahrgenommen.[72] Informationspflichtig ist der Insolvenzverwalter über das Vermögen des Unternehmers,[73] ihm ist der Gemeinschuldner nach § 97 Abs. 1 Satz 1 und 2 InsO auskunftspflichtig.[74] Ein originär eigener unmittelbarer Informationsanspruch des HV gegen den Gemeinschuldner besteht nach der eindeutigen gesetzlichen Regelung in § 97 Abs. 1 Satz 1 InsO nicht.[75]

25 **4. Abtretung und Pfändung.** Die Rechte aus § 87 c gehen im Zweifel nach § 401 BGB mit Abtretung oder Pfändung des Zahlungsanspruchs des HV auf den neuen Gläubiger über.[76] Trotz ihrer Rechtsnatur als Hilfsrechte sind sie grundsätzlich auch ohne die Hauptforderung[77] abtretbar sowie pfändbar. Wegen des durch den HVVertrag begründeten besonderen Vertrauensverhältnisses und des regelmäßig bestehenden Geheimhaltungsinteresses des Unternehmers können durch eine auch stillschweigend geschlossene Vereinbarung Abtretbarkeit und Übergang der Hilfsrechte auf einen Dritten ausgeschlossen werden (vgl. § 399 BGB); der Unternehmer schuldet dann nur dem HV oder seinem Gesamtrechtsnachfolger Abrechnung, Buchauszug, Bucheinsicht oder Auskunft, selbst wenn der HV nicht mehr Inhaber des Zahlungsanspruchs ist. Ausnahmsweise kann bei einem rechtlich nicht ausgeschlossenen Übergang der Hilfsrechte an einen Konkurrenten des Unternehmers dessen Informationsverlangen gegen § 242 BGB verstoßen mit der Folge, dass der Unternehmer nur dem ihm gegenüber zur Geheimhaltung verpflichteten Zedenten (HV) zur Information verpflichtet bleibt und der Neugläubiger sich an ihn halten muss. Eine Geheimhaltungspflicht bleibt ohnehin von einem Gläubigerwechsel unberührt.

26 **5. Beginn der Durchsetzbarkeit. a) Entstehen.** Die Rechte des § 87 c haben zwar ihre rechtliche Grundlage in dem abgeschlossenen HVVertrag. Jedoch entstehen die einzelnen Rechte des § 87 c grds. erst, wenn (die Möglichkeit besteht, dass) der Zahlungsanspruch entstanden ist, auf den sie sich beziehen (und die besonderen Voraussetzungen für ein nachrangig auszuübendes Informationsrecht ebenfalls gegeben sind). Mit jedem neu erworbenen Zahlungsanspruch des HV entstehen damit die Rechte des § 87 c von neuem. Das gilt für Abs. 1, 2 und 4. Die Abrechnungsverpflichtung aller vorher noch nicht abzurechnenden Zahlungsansprüche entsteht spätestens in dem Zeitpunkt der rechtlichen Beendigung des HVVertrags und wird gleichzeitig fällig.[78] Der Anspruch auf Auskunft kann entstehen, wenn der HV dem Unternehmer Kunden zugeführt oder benannt hat, es aber nicht zum Abschluss eines Kundenvertrags gekommen ist.

27 **b) Durchsetzbarkeit und Fälligkeit.** Die Besonderheit der Rechte aus § 87 c liegt darin, dass sie nicht bereits im Zeitpunkt ihres Entstehens von dem HV ausgeübt und (von Abs. 1 abgesehen) vom Unternehmer erfüllt werden müssen; zur Durchsetzbarkeit für den HV und zur Fälligkeit der

---

[68] *Emde* MDR 2003, 1151, 1152.
[69] Vgl. auch OLG Köln Beschl. v. 6. 1. 2001 – 19 W 49/00, HVR Nr. 982.
[70] OLG Naumburg NJW-RR 1996, 993, 994 = HVR Nr. 1107; Staub/*Brüggemann* RdNr. 20.
[71] *Küstner* HVR RdNr. 1425; für Abs. 2: OLG Naumburg NJW-RR 1996, 993, 994; aA OLG Neustadt MDR 1965, 298 und *Hopt* 1. Aufl, RdNr. 7; differenzierend *Schröder* RdNr. 5 e; vgl. auch *Wittkowski* EWiR 1996, 313.
[72] *Emde/Kelm* ZIP 2005, 58, 64.
[73] *Hopt* RdNr. 7; ausf. *Emde/Kelm* ZIP 2005, 58, 65.
[74] Siehe dazu allgemein *Uhlenbruck* GmbHR 2002, 941; *Emde* MDR 2003, 1151, 1152.
[75] MünchKommInsO/*Passauer* § 97 RdNr. 20; aA *Emde/Kelm* ZIP 2005, 58, 65.
[76] Str.; vgl. BGH Urt. v. 19. 3. 1998 – IX ZR 242/97, EBE 1998, 138, 139 und allgemein BGH Beschl. v. 18. 7. 2003 – IX a ZB 148/03, ZIP 2003, 1771; *Treffer* MDR 1998, 384, 385; gegen isolierte Abtretung: LAG Bremen DB 1955, 123; OLG Hamm NJW-RR 1997, 1322, 1323; *Hopt* RdNr. 1; MünchKommHGB/*v. Hoyningen-Huene* RdNr. 4; *Schröder* RdNr. 5 d; Staub/*Brüggemann* RdNr. 4; *Stötter* HVRecht 127.
[77] AA *Emde* MDR 2003, 1151, 1152; *Westphal* Vertriebsrecht RdNr. 712.
[78] *Emde/Kelm* ZIP 2005, 58, 64, 65.

Leistungspflicht des Unternehmers ist vielmehr noch das Geltendmachen des einzelnen konkreten Rechts durch den HV mit dem Erfüllungsverlangen erforderlich (RdNr. 15). Der HV darf jedoch, schon um das bestehende Vertragsverhältnis nicht durch sein Informationsverlangen zu belasten, die Geltendmachung seiner Rechte zurückstellen, bis das Vertragsverhältnis endet (RdNr. 38).[79] Untätigkeit des HV lässt seine Rechte aus § 87 c unberührt.[80]

c) Zeitpunkte der Durchsetzbarkeit. Der HV kann seine Informationsrechte bereits mit ihrem Entstehen ausüben und geltend machen. Für die einzelnen Rechte des § 87 c gelten damit unterschiedliche Zeitpunkte. Die **Provisionsabrechnung**[81] wird kraft Gesetzes mit Ablauf der § 87 c vorgesehen Abrechnungsfrist fällig und durchsetzbar;[82] die Abrechnungsfrist für noch nicht abgerechnete Provisionen beginnt spätestens mit dem Vertragsende.[83] Der Anspruch auf **Buchauszug** wegen der während des Vertragsverhältnisses entstandenen Zahlungsforderungen wird durchsetzbar mit der jeweiligen fälligen Abrechnungspflicht des Unternehmers;[84] das noch nicht ausgeübte Recht auf Buchauszug (RdNr. 31) wird hinsichtlich der bereits entstandenen Zahlungsforderungen spätestens mit Ende des Vertragsverhältnisses durchsetzbar und fällig, hinsichtlich der danach zu erfüllenden Zahlungsforderungen mit Fälligkeit der letzten Abrechnung.[85] Das Recht auf **Bucheinsicht** wird durchsetzbar sowie fällig nach Erhalt einer zu Zweifeln Anlass gebenden Abrechnung, sofern der HV sich für sofortige Einsicht anstelle des Verlangens nach Buchauszug entscheidet,[86] andernfalls nach Verweigerung[87] oder nach Erhalt eines Zweifel hinterlassenden Buchauszugs,[88] und zwar jeweils unter Berücksichtigung eines zur Überprüfung erforderlichen Zeitraums.[89] **Auskunft** und **eidesstattliche Versicherung** werden fällig und durchsetzbar, sobald die besonderen Voraussetzungen für diese Rechte objektiv vorliegen und der HV bei Beachtung seiner Prüfungspflicht davon Kenntnis haben muss.

d) Durchsetzbarkeit mit Vertragsende. Spätestens mit dem vorzeitigen oder ordnungsgemäßen rechtlichen Ende des HVVertrags werden die noch nicht ausgeübten Informationsrechte endgültig durchsetzbar sowie fällig und müssen ausgeübt werden.[90] Das betrifft alle einzelnen Rechte des § 87 c, welche nicht ausnahmsweise bereits erloschen, gegenstandslos geworden oder verjährt sind.

e) Nach Vertragsende fällig werdender Zahlungsanspruch. Wird die Fälligkeit eines unter § 87 c fallenden Zahlungsanspruchs – zB bei langfristigen Kundenverträgen/Versicherungsverträgen – vertraglich auf einen Zeitpunkt hinausgeschoben, in welchem der HVVertrag nicht mehr besteht, entsteht mit dem Fälligwerden des Zahlungsanspruchs ein auf den konkreten und fällig gewordenen Provisionsanspruch bezogener eigenständiger Anspruch auf die Rechte aus § 87 c. Dieser Anspruch entsteht unabhängig davon, ob der HV bei Vertragsende berechtigt gewesen wäre, wegen dieses noch nicht fälligen Anspruchs bereits die Informationsrechte auszuüben und er dies unterlassen hat. Der eigenständige Anspruch auf die Rechte aus § 87 c muss dann allerdings unverzüglich nach Kenntnis vom Fälligwerden der Zahlungsforderung geltend gemacht werden.

6. Ende der Durchsetzbarkeit. a) Erlöschen. Weil das berechtigte Informationsbedürfnis des HV solange besteht, als ihm noch erfolgsabhängige Vergütungsansprüche oder an deren Stelle tretende Schadensersatzansprüche aus seiner Vertriebstätigkeit zustehen können, erlöschen die Rechte aus § 87 c nicht mit der Kündigung des HVVertrags,[91] mit einer Freistellung des HV von seiner Vertriebspflicht oder mit dem Ende des Vertragsverhältnisses zwischen HV und Unternehmer,[92] sondern grundsätzlich erst mit ihrer **Erfüllung** (RdNr. 40 f.) durch Erteilung der geschuldeten Information[93] und zwar auch dadurch, dass sich der HV in rechtsverbindlicher Weise mit dem als Abrechnung oder Buchauszug übergebenen Urkunden zufrieden gibt und sie als zutreffend aner-

---

[79] Was auch der Praxis weitgehend entspricht, vgl. *Behrendt* NJW 2003, 1563.
[80] MünchKommHGB/*v. Hoyningen-Huene* RdNr. 70.
[81] S. *Emde* MDR 2003, 1151, 1154.
[82] *Stötter* HVRecht 136.
[83] *Emde/Kelm* ZIP 2005, 58, 64, 65; vgl. OLG München BB 1958, 895.
[84] OLG München Urt. v. 14. 2. 1964 – 8 U 1864/63, HVR Nr. 313.
[85] Vgl. BGH Urt. v. 11. 7. 1980 – I ZR 192/78, LM § 88 Nr. 8.
[86] BGH Urt. v. 1. 12. 1978 – I ZR 7/77, LM § 88 Nr. 6; BGH Urt. v. 31. 1. 1979 – I ZR 8/77, WM 1979, 463.
[87] *Alff* RdNr. 172.
[88] BGH Urt. v. 1. 12. 1978 – I ZR 7/77, LM § 88 Nr. 6; BGH Urt. v. 31. 1. 1979 – I ZR 8/77, WM 1979, 463.
[89] *Alff* RdNr. 172.
[90] OLG München Urt. v. 11. 3. 1958 – 6 U 767/58, HVR Nr. 176 (für Abrechnung); vgl. auch OLG München Urt. v. 1. 7. 2003 – 23 U 1637/03, VersR 2004, 470.
[91] S. LG Köln HVR Nr. 682.
[92] OLG München Urt. v. 14. 2. 1964 – 8 U 1864/63, HVR Nr. 313.
[93] *Emde* MDR 2003, 1151, 1154; MünchKommHGB/*v. Hoyningen-Huene* RdNr. 31.

kennt (s. a. RdNr. 50),⁹⁴ sowie spätestens mit der erfolgreichen Vollstreckung eines Titels zu einem der Informationsrechte des § 87 c. Das gilt uneingeschränkt auch für das Recht auf Buchauszug, den der HV entgegen dem scheinbar zu engen Wortlaut nicht nur im Zusammenhang („bei der") mit der jeweiligen Provisionsabrechnung beanspruchen kann.⁹⁵ Erst wenn dem HV Vergütungs- oder Vergütungsersatzansprüche nicht mehr zustehen können, scheidet für diese Zeiten auch der Anspruch auf Buchauszug notwendigerweise aus. Ist der Buchauszug durch einen Dritten nach § 887 ZPO erstellt worden, kann der Handelsvertreter nach Abschluss des Vollstreckungsverfahrens mangels eines entsprechenden Rechts nicht mehr auf Ergänzung oder Berichtigung des Auszugs klagen. Mit der Bucheinsicht erlischt der Anspruch auf Auszug durch Erfüllung.⁹⁶

32   **b) Fehlanzeige.** Mit der Fehlanzeige,⁹⁷ die eine rechtsverbindliche,⁹⁸ in Kenntnis ihrer rechtlichen Bedeutung abgegebene Erklärung erfordert, teilt der Unternehmer mit, dass sich in seinen Büchern und sonstigen Unterlagen keine Tatsachen finden, welche für einen Zahlungsanspruch des HV von Bedeutung sein können. Allerdings ist nicht jede verneinende Erklärung eine Auskunft und damit eine Fehlanzeige. Das Bestreiten von Umständen, welche die Auskunftspflicht erst begründen sollen, enthält noch keine bewusst und gezielt der Aufklärung dienende Auskunft.⁹⁹ Negative Angaben eines seine Auskunftsverpflichtung bestreitenden Auskunftspflichtigen zu dem Auskunftsbegehren sind allenfalls als Auskunftserteilung und damit als Fehlanzeige zu bewerten, wenn die Erklärung zur Beantwortung konkret gestellter oder doch erwarteter Frage geschieht¹⁰⁰ und trotz Bestreitens der Auskunftspflicht rechtsverbindlich abgegeben wird.¹⁰¹ Durch eine sachlich zutreffende Fehlanzeige¹⁰² erlöschen die davon betroffenen Rechte aus Abs. 1, 2 und 4 gemäß § 275 Abs. 1 BGB nF.¹⁰³ Bestehen an Richtigkeit und Vollständigkeit begründete Zweifel, weil der HV dem Unternehmer tatsächlich einen Kunden zugeführt hat, behält er das Recht auf Auszug und Einsicht,¹⁰⁴ sofern der Unternehmer nicht konkret darlegt und beweist, dass mit dem vermittelten Kunden ein Vertrag nicht zustandegekommen ist; steht fest, dass mit dem Kunden ein provisionspflichtiges Geschäft abgeschlossen worden ist, bleibt der Unternehmer trotz Fehlanzeige abrechnungs-, auszugs- und einsichtspflichtig. Im Übrigen sind Richtigkeit und Vollständigkeit der Fehlanzeige auf Antrag gemäß §§ 259, 260 BGB an Eides statt zu versichern.¹⁰⁵

33   **c) Gegenstandslos gewordene Hilfsrechte.** Als Hilfsrechte zur Durchsetzung der Zahlungsansprüche des HV sind Fortbestand und Durchsetzbarkeit der Rechte aus § 87 c von dem Schicksal dieser Zahlungsansprüche abhängig. Die Informationsrechte werden gegenstandslos und dürfen nicht mehr geltend gemacht werden, wenn und soweit (der Unternehmer nachweist, dass) Zahlungsansprüche des HV gegen den Unternehmer mit Ausnahme des Ausgleichsanspruchs nicht mehr bestehen oder wegen Verjährung, nicht rechtzeitiger Geltendmachung oder rechtskräftiger Aberkennung nicht mehr durchgesetzt werden können;¹⁰⁶ die Verjährungseinrede muss allerdings erhoben werden, was regelmäßig bereits dadurch geschehen wird, dass der Unternehmer das Bestehen noch durchsetzbarer Zahlungsansprüchen wegen Zeitablaufs in Abrede stellt. Sind Provisionsforderungen Gegenstand eines **rechtskräftigen Urteils,** können wegen dieser Forderungen die Rechte aus § 87 c nur noch geltend gemacht werden, wenn und soweit Provisionsnachforderungen aus den jeweiligen Kundengeschäften nicht von der Rechtskraft erfasst werden. In gleicher Weise sind die Rechte aus § 87 c bei einer endgültigen sowie abschließenden **Einigung** der Vertragspartner **über bestimmte Zahlungsansprüche** des HV oder deren Abrechnung ausgeschlossen;¹⁰⁷ die notwendige, in rechts-

---

⁹⁴ OLG Nürnberg Beschl. v. 28. 2. 1963 – 5 W 53/62, HVR Nr. 281 und Urt. v. 31. 3. 1966 – 2 U 46/65, HVR Nr. 370; OLG Düsseldorf Urt. v. 2. 11. 2001 – 16 U 44/01, HVR Nr. 1042 = OLGR 2002 LS 37; vgl. auch BGH Urt. v. 13. 4. 1967 – VII ZR 255/64, HVR Nr. 376; *Emde* MDR 2003, 1151, 1154.
⁹⁵ OLG Düsseldorf Urt. v. 19. 10. 1954 – 2 U 300/53, HVR Nr. 99.
⁹⁶ BGH Urt. v. 13. 7. 1959 – II ZR 192/57, LM Nr. 1; BGH Urt. v. 16. 5. 1960 – VII ZR 206/59, BGHZ 32, 302, 306 = NJW 1960, 1662.
⁹⁷ Vgl. *Seetzen* WM 1985, 215; *Emde* MDR 2003, 1151, 1152.
⁹⁸ Vgl. BGH Urt. v. 17. 5. 2001 – I ZR 291/98, BGHZ 148, 26, 36.
⁹⁹ BGH Urt. v. 24. 3. 1959 – VIII ZR 39/58, MDR 1959, 659.
¹⁰⁰ BGH Urt. v. 24. 3. 1959 – VIII ZR 39/58, MDR 1959, 659.
¹⁰¹ Vgl. BGH Urt. v. 24. 3. 1959 – VIII ZR 39/58, MDR 1959, 659.
¹⁰² OLG Frankfurt MDR 1995, 165 = BB 1995, 271; nach *Finke* WM 1969, 1122, 1127 soll das Recht aus Abs. 4 durch Fehlanzeige nicht erlöschen.
¹⁰³ *Emde* MDR 2003, 1151, 1152.
¹⁰⁴ AA hinsichtlich Buchauszug: OLG Frankfurt BB 1995, 271 = HVR Nr. 953.
¹⁰⁵ OLG Frankfurt BB 1995, 271 = HVR Nr. 953; *Emde* MDR 2003, 1151, 1152.
¹⁰⁶ BGH in st. Rspr. seit BGH Urt. v. 13. 3. 1961 – VII ZR 35/60, LM Nr. 3; zuletzt BGH Urt. v. 29. 11. 1995 – VIII ZR 293/94, ZIP 1996, 129; OLG Köln BB 1997, 2130; vgl. MünchKommHGB/*v. Hoyningen-Huene* RdNr. 33, 49; vgl. auch *Emde* MDR 2003, 1151, 1154.
¹⁰⁷ OLG Hamm Urt. v. 20. 6. 1997 – 35 U 71/96, HVR Nr. 958; OLG Düsseldorf Urt. v. 2. 11. 2001 – 16 U 144/01, HVR Nr. 1042.

verbindlicher Weise durch Willenserklärungen zustande gekommene Einigung muss zum Inhalt haben, dass dem Handelsvertreter zumindest für bestimmte Zeitabschnitte oder eine bestimmte Art von Kundengeschäften endgültig eine – gegebenenfalls über einen bestimmten Betrag hinausgehende – Provision nicht mehr zusteht und er damit auch auf möglicherweise bestehende Ansprüche in rechtlich wirksamer und verbindlicher Weise verzichtet (RdNr. 50).[108] Die Einigung auf die Richtigkeit einzelner Provisionsabrechnungen oder deren „Genehmigung" durch den Handelsvertreter reichen nicht.[109] Ebenso wenig liegt eine die Rechte aus § 87 c gegenstandslos machende Einigung vor, wenn der HV zwar die inhaltliche Richtigkeit einer bestimmten Provisionsabrechnung anerkennt und auf weitere mögliche Ansprüche gegen den Unternehmer verzichtet, dieser sich aber die Geltendmachung von Provisionsrückforderungen – zB wegen Uneinbringlichkeit von Kundenforderungen – vorbehält; in diesem Fall bleiben dem HV die Rechte aus § 87 c in vollem Umfang erhalten, weil die vorbehaltenen Rückforderungen zu nachträglichen Änderungen der zunächst festgestellten und anerkannten Provisionsabrechnungen führen können und eine endgültige Einigung über diese Forderungen des HV gerade nicht vorliegt.

d) **Rechtsmissbrauch und Verwirkung.** Die Ausübung der dem HV nach dem Gesetz zustehenden Rechte des § 87 c kann grundsätzlich nicht rechtsmissbräuchlich sein (s. RdNr. 50),[110] das noch durchsetzbare Recht grds. nicht verwirkt werden.[111] Selbst unverhältnismäßig **hohe Kosten** für einen Buchauszug machen dessen Erstellung grundsätzlich nicht unzumutbar, weil der Geschäftsherr rechtzeitig Vorsorge für eine einfache und kostengünstige Erfüllung dieser Verpflichtung treffen muss (RdNr. 18).[112] Ausnahmsweise kann § 242 BGB eingreifen, wenn (der Unternehmer nachweist, dass) der HV aus Schikane handelt, weil er auf Buchauszug und Bucheinsicht zur Wahrung seiner Rechte bei objektiver Wertung nicht angewiesen ist.[113] Das ist nicht der Fall, wenn der HV im **Besitz vollständiger Abrechnungen** mit Abrechnungsunterlagen ist;[114] das Gesetz geht vielmehr davon aus, dass der HV zusätzlich zu der ordnungsgemäßen Provisionsabrechnung durch den Unternehmer Anspruch auf Auszug und Einsicht hat.

e) **Konkurrenztätigkeit des Handelsvertreters.** Da selbst eine unzulässige Konkurrenztätigkeit des HV seine verdienten Vergütungsforderungen nicht vernichtet (§ 86), kann eine Konkurrenztätigkeit auch nach Vertragsende die dem HV zustehenden Rechte aus § 87 c weder beeinträchtigen noch ausschließen.[115] Die Interessen des Unternehmers sind hinreichend durch die Verschwiegenheitspflicht des HV sowie dadurch gewahrt, dass der Unternehmer unverzüglich den Buchauszug erteilt und durch rechtzeitige Ausübung seines Bestimmungsrechts nach Abs. 4 eine Bucheinsicht durch den HV persönlich verhindert.

f) **Zurückbehaltungsrecht.** Ein Zurückbehaltungsrecht des insoweit vorleistungspflichtigen Unternehmers[116] gegenüber den Rechten des HV aus § 87 c ist ausgeschlossen,[117] erst an dem Zahlungsanspruch kann der Unternehmer ein Zurückbehaltungsrecht ausüben.[118] Eine vorrangig vom HV zu erfüllende Mitwirkungspflicht (§ 86) kann dem Unternehmer die Erfüllung einer ihm obliegenden Verpflichtung ganz oder teilweise unmöglich machen, jedoch ein Zurückbehaltungsrecht zu seinen Gunsten nicht begründen.

7. Verjährung. a) Allgemeine Bedeutung. Die Rechte aus § 87 c können, da sie nicht unter § 217 BGB nF fallen,[119] eigenständig verjähren (s. § 84);[120] bei Fehlen konkreter Vereinbarungen gilt das Verjährungsrecht des BGB. Vereinbarungen über eine Veränderung der gesetzlichen **Verjährungsfrist** sind im Rahmen des § 202 BGB nF zulässig (s. § 84); Abs. 5 verbietet eine Verkürzung

---

[108] BGH Urt. v. 20. 9. 2006 – VIII ZR 100/05, EBE 2006, 367, 368; OLG Düsseldorf OLGR 2002, 125.
[109] Insoweit aA BGH Urt. v. 13. 4. 1967 – VII ZR 255/64, HVR Nr. 376.
[110] OLG Düsseldorf Beschl. v. 11. 6. 2003 – I-16 W 25/03, HVR Nr. 1125; OLG München Urt. v. 1. 7. 2003 – 23 U 1637/03, VersR 2004, 470; *Behrendt*, NJW 2003, 1563, 1564; siehe dazu auch *Kukat* DB 2002, 1646, 1648.
[111] OLG Düsseldorf Urt. v. 24. 5. 1991 – 16 U 169/90, HVR Nr. 707.
[112] BGH Urt. v. 21. 3. 2001 – VIII ZR 149/99, WM 2001, 1258 = ZIP 2001, 876, 880 m. Anm. *Emde* EWiR 2001, 731 für geschätzte Kosten von rund 140 000 €; OLG Köln Urt. v. 19. 3. 1999 – 4 U 42/98, HVR Nr. 977; OLG Stuttgart Beschl. v. 23. 12. 2005 – 10 W 79/05, HVR Nr. 1171 (Kosten von 100 000 €).
[113] Vgl. *Emde* MDR 1999, 1108, 1110; MünchKommHGB/*v. Hoyningen-Huene* RdNr. 42; *Westphal* Vertriebsrecht RdNr. 719; vgl. auch *v. Manteuffel/Evers* EWiR 1998, 951, 952.
[114] AA LG Hannover EWiR 2001, 731 m. zust. Anm. *Emde* aaO und VersR 2002, 151, 156 f.
[115] AA *Segger* Urteilsanm. VersR 2004, 781, 782.
[116] *Küstner* HVR RdNr. 1341.
[117] Vgl. BGH Urt. v. 3. 2. 1978 – I ZR 116/76, MDR 1978, 467; *Hopt* RdNr. 26; Staub/*Brüggemann* RdNr. 6; aA *Schröder* RdNr. 2 b.
[118] *Hopt* RdNr. 29.
[119] MünchKommHGB/*v. Hoyningen-Huene* RdNr. 5; Staub/*Brüggemann* RdNr. 4 (jeweils zu § 224 BGB aF.
[120] BGH Urt. v. 11. 7. 1980 – I ZR 192/78, LM § 88 Nr. 8; BGH Urt. v. 22. 5. 1981 – I ZR 34/79 – LM § 88 Nr. 9; OLG Düsseldorf Urt. v. 13. 5. 1965 – 8 U 117/64, HVR Nr. 331.

der Verjährungsfrist für die Rechte nach § 87 c ebenfalls nicht.[121] Eine **Hemmung** der Verjährung nach §§ 203 f. BGB nF hat Auswirkungen nur auf die Informationsrechte und deren Verjährung; die Verjährung des Zahlungsanspruchs bleibt davon grds. unberührt.[122]

38 b) **Beginn der Verjährungsfrist.** Da die einzelnen Informationsrechte des § 87 c erst mit ihrer Geltendmachung durchsetzbar werden (RdNr. 27), beginnt deren Verjährung nicht bereits mit dem Zeitpunkt, zu welchem der HV erstmals zu ihrer Ausübung berechtigt ist,[123] sondern erst in dem Zeitpunkt, zu welchem erstmals die Forderung auf Erfüllung eines konkreten Informationsrechts wegen bestimmter Zahlungsansprüche vom HV erhoben wird. Dem Recht des HV, bereits während des noch laufenden Vertragsverhältnisses Abrechnung, Buchauszug und gegebenenfalls Bucheinsicht hinsichtlich einzelner Zahlungsforderungen zu verlangen, entspricht keine entsprechende Verpflichtung, weswegen das nicht ausgeübte Recht den Beginn der Verjährungsfrist nicht auslösen kann. Die Gegenmeinung,[124] dass die Verjährung bereits mit der erstmaligen Möglichkeit zur Durchsetzung des Rechts beginne, so dass mit jeder Abrechnung die Verjährung für die Rechte des § 87 c in Gang gesetzt werde, wird der besonderen Lage des HV nicht gerecht und verkennt, dass der HV – wie die praktische Erfahrung zeigt – im Interesse einer vertrauensvollen und möglichst störungsfreien Zusammenarbeit mit dem Unternehmer in einem jedenfalls aus seiner Sicht intakten Vertragsverhältnis von der Wahrnehmung der Informationsrechte nach Ab. 2 bis 4 regelmäßig Abstand nimmt; erst wenn es zu Störungen im Vertragsverhältnis kommt, die dann im Regelfall zum Vertragsende führen, macht der HV von seinen Kontrollrechten Gebrauch; aus diesem Grund ist es rechtlich geboten, ihm die Entscheidung zu überlassen, ob und wann er die Rechte des § 87 c erstmals ausübt, und damit auch deren Verjährung in Gang zu setzen. Der Unternehmer ist vor einer Informationserteilung für zu weit zurückliegende Vorgänge hinreichend dadurch geschützt, dass die Informationsrechte nur im Hinblick auf noch nicht verjährte Zahlungsforderungen erfolgreich durchgesetzt werden können. Damit beginnt die Verjährung der Informationsrechte des § 87 c **grundsätzlich** erst mit dem Ablauf des Jahres (§ 199 Abs. 1 BGB nF), in welchem der HVVertrag rechtlich endet.[125] Nunmehr muss der HV die noch bestehenden, also nicht ausgeübten und erloschenen, Rechte auf Provisionsabrechnung und gegebenenfalls auf Buchauszug in unverjährter Zeit ausüben, um sich dadurch die Durchsetzung des Rechts auf Bucheinsicht und gegebenenfalls auf ergänzende Auskunft zu erhalten. Für unbekannte und zu Unrecht nicht abgerechnete Vergütungsansprüche beginnt die Verjährung des Rechts auf Abrechnung sowie auf Buchauszug nach § 199 Abs. 1 Nr. 2 BGB nF im Zweifel ebenfalls mit Vertragsende.[126] Allerdings ist die Informationspflicht des Unternehmers nach Vertragsende auf die zu diesem Zeitpunkt noch durchsetzbaren Vergütungsansprüche des HV beschränkt; eine zwischenzeitlich eingetretene Verjährung des Vergütungsanspruchs hindert die Durchsetzung der entsprechenden Informationsrechte. **Ausnahmsweise** beginnt die Verjährung allerdings bereits während des noch laufenden HVVertrags, sobald der HV in Bezug auf bestimmte Vergütungsforderungen das Recht auf Buchauszug oder Bucheinsicht geltend macht, selbst wenn der Unternehmer dem Verlangen nicht nachkommt oder untätig bleibt.[127]

39 c) **Ablauf der Verjährungsfrist.** Der Ablauf der Verjährungsfrist mit der eintretenden Verjährung betrifft grundsätzlich nur das im Einzelfall vom HV ausgeübte Recht des § 87 c für die damit konkret geltend gemachten Zahlungsforderungen. Der HV braucht nicht bereits innerhalb der für einen Anspruch nach § 87 c laufenden Verjährungsfrist verjährungsunterbrechende Maßnahmen für seine sonstigen Rechte nach § 87 c zu ergreifen.[128] Der Ablauf der Verjährungsfrist für den Anspruch auf Buchauszug hindert deswegen nicht die Ausübung des Rechts auf Bucheinsicht oder ergänzende Auskunft, wenn diese Rechte innerhalb der für sie maßgeblichen eigenständigen Verjährungsfrist geltend gemacht werden und der durch sie gesicherte Zahlungsanspruch noch durchsetzbar ist. Lediglich den Buchauszug kann der HV nach Verjährung des Rechts auf Bucheinsicht wegen derjenigen Zahlungsansprüche nicht mehr nicht mehr verlangen, auf welche er sein Einsichtsrecht gestützt hat. Der Anspruch des HV auf Provisionsabrechnungen kann wegen der unabdingbaren

---

[121] Vgl. *Emde* MDR 1999, 1108, 1112; *Küstner* HVR RdNr. 1404.
[122] BAG Urt. v. 5. 9. 1995 – 9 AZR 660/94, ZIP 1996, 722; OLG Köln BB 1997, 2130.
[123] So aber die wohl allgemeine Meinung, vgl. BGH Urt. v. 11. 7. 1980 – I ZR 192/78, LM § 88 Nr. 8; *Westphal* Vertriebsrecht RdNr. 712; *Küstner/Thume* RdNr. 1468 (Abrechnung), 1502 (Buchauszug); 1513, 1514 (Bucheinsicht), 1519 (Auskunft).
[124] BGH Urt. v. 11. 7. 1980 – I ZR 192/78, LM § 88 Nr. 8; *Westphal* Vertriebsrecht RdNr. 712; *Küstner/Thume* RdNr. 1468 (Abrechnung), 1502 (Buchauszug); 1513, 1514 (Bucheinsicht), 1519 (Auskunft).
[125] AA BGH Urt. v. 11. 7. 1980 – I ZR 192/78, LM § 88 Nr. 8; *Westphal* Vertriebsrecht RdNr. 712; *Küstner/Thume* RdNr. 1468 (Abrechnung), 1502 (Buchauszug); 1513, 1514 (Bucheinsicht), 1519 (Auskunft).
[126] Im Ergebnis ebenso *Küstner/Thume* RdNr. 1469.
[127] Insoweit im Ergebnis allgemeine Meinung.
[128] Vgl. dazu BGH Urt. v. 1. 12. 1978 – I ZR 7/77, LM § 88 Nr. 6; BGH Urt. v. 31. 1. 1979 – I ZR 8/77, WM 1979, 463.

Verpflichtung des Unternehmers zur unaufgeforderten Abrechnung nach Abs. 1 nicht verjähren, bevor nach Vertragsende die gesetzliche Abrechnungsfrist verstrichen ist.

8. Erfüllung. a) Erbringen der gesetzlich geschuldeten Leistung und Mitwirkung des Handelsvertreters. Durch Erfüllung können die Informationsrechte des HV erlöschen, wenn der Unternehmer die gesetzlich vorgesehene und geschuldete Leistung erbringt (RdNr. 48). Soweit er für die Abrechnung auf Angaben des HV angewiesen ist, schuldet dieser seine Mitwirkung als Vorleistung. Vorher braucht der Unternehmer nur insoweit abzurechnen, als es ihm seine Unterlagen ermöglichen. Ein Wahlrecht hinsichtlich der einzelnen Informationsrechte steht dem Unternehmer nicht zu; er darf den HV nicht anstelle des geforderten Buchauszugs auf eine Einsicht in seine Geschäftsbücher[129] oder auf einen laufenden Zugriff des HV auf sämtliche Daten der EDV – Anlage des Unternehmers verweisen.[130] Mit der Bucheinsicht ist allerdings der Anspruch auf Auszug erfüllt.[131] Eine **bereits erteilte „Auskunft" des Unternehmers** kann selbst dann, wenn sie mit einer Rechnungslegung nach § 259 BGB verbunden ist, im Zweifel nicht die Rechte des HV aus § 87 c Abs. 1, 2 und 4 ersetzen und gegenstandslos machen. Wenn eine solche Auskunft die an eine Provisionsabrechnung oder einen Buchauszug zu stellenden Anforderungen nicht in vollem Umfang erfüllt, wie es regelmäßig der Fall ist, besteht das Recht des HV aus Abs. 1 und 2 weiter; seine Rechte nach Abs. 3 und 4 werden durch eine solche Auskunft ohnehin nicht berührt. Von den Umständen des Einzelfalls hängt es ab, ob die in einem Vertrag oder Vergleich niedergelegte Verpflichtung des Unternehmers zur Erteilung bestimmter „Auskünfte" in eine der konkreten Informationspflichten nach § 87 c ausgelegt oder umgedeutet werden kann.

b) Erfüllungszeitpunkt. Die geschuldete Information ist unverzüglich nach dem Verlangen des Handelsvertreters zu erteilen. Umfangreiche und zeitaufwändige Arbeiten zur Erstellung einer Provisionsabrechnung oder des Buchauszugs können das Hinausschieben der Erfüllung grundsätzlich nicht rechtfertigen. Der Unternehmer muss rechtzeitig Vorsorge treffen, um seiner Verpflichtung in angemessener Zeit nachzukommen, und notfalls Hilfspersonen einstellen oder beauftragen (Buchsachverständige, Buch- oder Wirtschaftsprüfer).

c) Form, Inhalt, Sprache, Nachprüfbarkeit, Verantwortung. Alle unter § 87 c fallenden Informationen sind **schriftlich** zu erteilen, dem HV auszuhändigen[132] und endgültig sowie ohne Rückgabepflicht bei Vertragsende zu überlassen; mit mündlichen Auskünften braucht er sich nicht zufrieden zu geben. Provisionsabrechnungen darf der Unternehmer dem HV mit dessen Einverständnis mittels Telefax oder E-Mail zukommen lassen. Demgegenüber muss der Unternehmer dem HV den Buchauszug grundsätzlich in einer vom Unternehmer gefertigten schriftlichen Form zukommen lassen. Der freie Zugang zu einem **On – Line – Abrechnungssystem** kann den ordnungsgemäßen Buchauszug nicht ersetzen.[133] Nur mit ausdrücklicher Zustimmung des HV darf ein Buchauszug durch Telefax übermittelt werden; bei voller Kostenerstattung durch den Unternehmer kann ausnahmsweise eine Pflicht zur Zustimmung bestehen. Alle Informationen müssen, um die ihnen zukommende Aufgabe erfüllen zu können, **klar, übersichtlich,**[134] aus sich heraus verständlich, vollständig und für den HV **nachprüfbar** sein,[135] wobei der Geschäftsherr über die Art der Darstellung frei entscheiden und die ihm (zB kosten-)günstigste wählen darf.[136] Bei dem deutschen Recht unterliegenden HVVerträgen sind die Informationen im Zweifel selbst dann **in deutscher Sprache** zu erteilen, wenn der Unternehmer zur Führung seiner Bücher eine andere Sprache verwendet. Die Benutzung von Kennziffern ist zulässig, wenn sie für den HV ohne weiteres sowie eindeutig verständlich und aussagekräftig sind.[137] Dieselben Maßstäbe gelten für zulässigerweise

---

[129] OLG Frankfurt Beschl. v. 19. 6. 1954 – 1 W 78/54, HVR Nr. 56; *Westphal* Vertriebsrecht RdNr. RdNr. 710; *Küstner* HVR RdNr. 1341.
[130] OLG Frankfurt Urt. v. 1. 7. 2003 – 5 U 229/99, VersR 2004, 780; s. a. BGH Urt v. 20. 9. 2006 – VIII ZR 100/05, EBE 2006, 367; aA *Segger* Urteilsanm. VersR 2004, 781, 782.
[131] BGH Urt. v. 13. 7. 1959 – II ZR 192/57, LM Nr. 1; BGH Urt. v. 16. 5. 1960 – VII ZR 206/59, BGHZ 32, 302, 306 = NJW 1960, 1662.
[132] MünchKommHGB/*v. Hoyningen-Huene* RdNr. 20; vgl. *Emde* MDR 2003, 1151, 1152.
[133] OLG Frankfurt Urt. v. 1. 7. 2003 – 5 U 229/99, VersR 2004, 780 m. abl. Anm. *Segger* VersR 2004, 781, 782; s. a. BGH Urt. v. 20. 9. 2006 – VIII ZR 100/05, EBE 2006, 367; aA AG Aachen VersR 2001, 716; s. auch *Mülle –Stein* VersR 2001, 830.
[134] BGH Urt. v. 21. 3. 2001 – VIII ZR 149/99, WM 2001, 1258 = ZIP 2001, 876, 880 m. Anm. *Emde* EWiR 2001, 731; *Westphal* Vertriebsrecht RdNr. 730.
[135] BGH Urt. v. 21. 3. 2001 – VIII ZR 149/99, WM 2001, 1258 = ZIP 2001, 876, 877, 878 m. Anm. *Emde* EWiR 2001, 731; OLG Hamm VersR 1998, 1415, 1416; OLG München NJW-RR 1999, 1194, 1195; OLG Düsseldorf MDR 2000, 167, 168 und OLGR 2001, 387, 388; MünchKommHGB/*v. Hoyningen-Huene* RdNr. 12, 20.
[136] BGH Urt. v. 21. 3. 2001 – VIII ZR 149/99, WM 2001, 1258 = ZIP 2001, 876, 880 m. Anm. *Emde* EWiR 2001, 731.
[137] *Westphal* Vertriebsrecht RdNr. 730.

mittels **EDV** erstellte Mitteilungen (Computerauszüge), hier kann die bisherige Handhabung der Informationserteilung einen Anhalt dafür geben, welches (EDV-)technische Verständnis der Unternehmer bei dem HV voraussetzen darf. Letztlich muss der Unternehmer erkennbar die **Verantwortung** für seine Information übernehmen, im Zweifel durch Unterschreiben von Abrechnung und Buchauszug oder Begleitschreiben,[138] weil ohne diese Verantwortung eine Erfüllung ausgeschlossen ist.

43   **d) Belege und Unterlagen.** Vorlage oder Überlassen von Belegen und sonstigen Unterlagen schuldet der Unternehmer wegen der in § 87 c getroffenen abschließenden Sonderregelung weder bei der Provisionsabrechnung, obwohl es sich um den Fall einer Rechenschaftslegung gemäß § 259 BGB handelt, noch bei Buchauszug oder Auskunft.[139] Die Zusendung von Unterlagen kann andererseits weder Abrechnung noch Buchauszug ersetzen;[140] zur Erleichterung des Verständnisses der zu erteilenden Information kann die ergänzende Übermittlung von Belegen und Unterlagen angebracht sein.[141]

44   **e) Erfüllungsort und Versendung.** Für den Erfüllungsort gilt § 269 BGB.[142] Wenn die Vertragspartner vereinbart haben, dass der Unternehmer die Abrechnung an den HV zu versenden hat, oder das Vertragsverhältnis in dieser Weise einvernehmlich gehandhabt worden ist, besteht die Versendungspflicht im Zweifel auch für die sonstigen nach § 87 c geschuldeten Informationen.[143] Von einer solchen vertragsgestaltenden Handhabung kann sich der Unternehmer nicht einseitig lossagen; sie gilt nach Vertragsende fort. Bucheinsicht wird in den Räumen des Geschäfts/Betriebs des Unternehmers geschuldet; ein Anspruch des HV auf vorübergehende Überlassung der Geschäftsunterlagen besteht nicht.[144]

45   **f) Kosten.** Die durch Erfüllung der Informationspflichten anfallenden Kosten für Abrechnung, Buchauszug und Versendung hat grundsätzlich der Unternehmer zu tragen.[145] Selbst hohe Kosten, wie sie für die Erstellung umfangreicher Buchauszüge, bei Einschaltung von Buchprüfern[146] oder bei dem Vertrieb von Massengütern[147] anfallen können, befreien den Unternehmer nicht von seiner Informationsverpflichtung[148] und machen das Informationsverlangen nicht rechtsmissbräuchlich. Die Verweigerung des Buchauszugs wegen solcher Kosten kann allenfalls unter der Voraussetzungen des § 226 BGB gerechtfertigt sein (s. RdNr. 34). Die dem HV durch die Wahrnehmung seiner Rechte entstehenden Kosten für Auswertung und Überprüfung der erhaltenen Informationen einschließlich seines Verdienstausfalls werden ihm nicht ersetzt,[149] weil Prüfung und Verwertung der erhaltenen Informationen seine Aufgabe ist. Die für die Bucheinsicht entstehenden Kosten hat der Unternehmer zu tragen und dem HV vorzuschießen,[150] wenn die Voraussetzungen eines Schadensersatzanspruchs wegen Verzögerung der geschuldeten Leistung[151] oder sonstiger Pflichtverletzung nach § 280 BGB nF vorliegen,[152] was regelmäßig der Fall ist, wenn die Einsicht den verweigerten Buchauszug ersetzen soll. Demgegenüber soll nach BGH[153] wegen dieser Kosten nur dann ein Schadensersatzanspruch gegeben sein, wenn die Einsicht ergibt, dass die im Hinblick auf Richtigkeit/Vollständigkeit von Abrechnung oder Auszug geäußerten Zweifel begründet waren. Dann sind – auch wenn der BGH

---

[138] Vgl. *Seetzen* WM 1985, 216.
[139] OLG Hamm Urt. v. 27. 11. 1998 – 35 U 6/98, HVR Nr. 963; *Küstner* HVR RdNr. 1452.
[140] OLG Koblenz Beschl. v. 2. 8. 1984 – HVR Nr. 592 und vom 14. 4. 1993 – 6 W 134/93, HVR Nr. 759; OLG Düsseldorf MDR 2000, 167, 168; *Küstner* HVR RdNr. 1377; *Stötter* HVRecht 130.
[141] *Emde* MDR 2003, 1151, 1156.
[142] BGH Urt. v. 22. 10. 1987 – I ZR 224/85, NJW 1988, 966, 967; OLG Düsseldorf NJW 1974, 2185; kritisch *Emde* EWiR 1999, 1119, 1120, der für einen einheitlichen Erfüllungsort eintritt.
[143] AA wohl *Küstner/von Manteuffel* Anm. zu BGH Urt. v. 22. 10. 1987 – I ZR 224/85, ZIP 1988, 436, 438.
[144] *Westphal* RdNr. 463 und Vertriebsrecht 737.
[145] BGH Urt. v. 21. 3. 2001 – VIII ZR 149/99, WM 2001, 1258 = ZIP 2001, 876, 880 m. Anm. *Emde* EWiR 2001, 731; *Knorr* BB 1972, 989; MünchKommHGB/*v. Hoyningen-Huene* RdNr. 45.
[146] BGH Urt. v. 21. 3. 2001 – VIII ZR 149/99, WM 2001, 1258 = ZIP 2001, 876, 880 m. Anm. *Emde* EWiR 2001, 731 für geschätzte Kosten von 140 000 €; *Hübsch/Hübsch* WM 2005, Sonderbeilage 1 S. 7.
[147] Hans. OLG Hamburg Urt. v. 11. 10. 2000 – 4 U 36/00, HVR Nr. 957.
[148] BGH Urt. v. 24. 6. 1971 – VII ZR 223/69, BGHZ 56, 290, 296 = NJW 1971, 1610; BGH Urt. v. 21. 3. 2001 – VIII ZR 149/99, WM 2001, 1258 = ZIP 2001, 876, 880 m. Anm. *Emde* EWiR 2001, 731; BGH Urt. v. 20. 9. 2006 – VIII ZR 100/05, EBE 2006, 367, 368; OLG Köln Urt. v. 19. 3. 1999 – 4 U 42/98, HVR Nr. 977; *Emde* MDR 1999, 1108, 1110; MünchKommHGB/*v. Hoyningen-Huene* RdNr. 45.
[149] *Knorr* BB 1972, 990.
[150] Hans. OLG Hamburg Beschl. v. 15. 7. 2000 – 4 W 36/00, HVR Nr. 956.
[151] OLG Hamburg Urt. v. 28. 8. 2003 – 12 U 91/00, HVR Nr. 1127; *Hopt* RdNr. 27; *Westphal* Vertriebsrecht RdNr. 738.
[152] So *Holling* BB 1959, 688; *Knorr* BB 1972, 989.
[153] BGH Urt. v. 13. 7. 1959 – II ZR 192/57, LM Nr. 1; BGH Urt. v. 16. 5. 1960 – VII ZR 206/59, BGHZ 32, 302, 306 = NJW 1960, 1662; ebenso KG Urt. v. 10. 5. 1971 – 2 U 339/71, HVR Nr. 442; *Seetzen* WM 1985, 219; MünchKommHGB/*v. Hoyningen-Huene* RdNr. 78; *Stötter* HVRecht RdNr. 144 (alle zum alten Schuldrecht).

das nicht ausdrücklich sagt – dem HV die gesamten Kosten zu ersetzen. Wenn sich hingegen die angemeldeten Zweifel in keinem Punkt als berechtigt erweisen, soll nach BGH die Kostenlast für die Einsicht bei dem HV liegen. Diese Einschränkung ist jedoch allenfalls dann gerechtfertigt, wenn die zur Bucheinsicht führenden Zweifel dem Unternehmer nicht anzulasten sind.

g) Überprüfung der Informationen und Verschwiegenheitspflicht. Dem HV obliegt im 46 eigenen Interesse die unverzügliche Überprüfung der von seinem Vertragspartner erhaltenen Informationen auf Richtigkeit und Vollständigkeit, damit er seine weitergehenden Rechte rechtzeitig ausüben kann.[154] Hingegen ist es im Hinblick auf Abs. 5 rechtlich nicht möglich, dem HV eine (besonders unverzügliche) Prüfung als vertragliche Pflicht oder Obliegenheit aufzuerlegen, bei deren Nichterfüllung er seiner weitergehenden Rechte verlustig gehen soll.[155] Nur in eng begrenzten krassen Ausnahmefällen kann der HV nach § 242 BGB gehalten sein, den Unternehmer auf Fehler einer erhaltenen Abrechnung hinzuweisen, welche die Zahlung nicht geschuldeter Provisionen zur Folge haben.[156] Die erhaltenen Informationen darf der HV nur zur Ermittlung, Überprüfung und Durchsetzung seiner Ansprüche aus dem HV Vertragsverhältnis verwenden. Im Übrigen ist er, ohne dass es dazu einer besonderen Vereinbarung bedarf, auch über das Vertragsende hinaus zur Verschwiegenheit und Geheimhaltung verpflichtet (s. § 90).[157]

9. Mangelhafte Information und Nichterfüllung der Informationspflicht. a) Verweige- 47 **rung der Information.** Wird die Abrechnung vom Unternehmer verweigert, hat der HV die Möglichkeiten der Klage oder des Verlangens nach Buchauszug, bei dessen Verweigerung besteht neben der Klagemöglichkeit das Recht auf Bucheinsicht,[158] jedoch kann nicht beides nebeneinander geltend gemacht werden (RdNr. 5 und 7).[159] Bei Verweigerung von Bucheinsicht und Auskunft bleibt nur die Klagemöglichkeit.

b) Unrichtigkeit und Unvollständigkeit. Der Unternehmer erfüllt den Anspruch auf Provisi- 48 onsabrechnung und Buchauszug durch Aushändigung und Überlassung einer auf seinen Handelsbüchern beruhenden eigenständigen Aufstellung, welche den an beide zu stellenden **Mindestanforderungen noch entspricht,**[160] wofür er beweispflichtig ist.[161] Die bloße Zusammenstellung der dem HV bereits erteilten Provisionsabrechnungen erfüllt die Mindestanforderungen an einen Buchauszug ebenso wenig wie ein Auszug aus den Handelsbüchern, der zB Angaben zu nicht ausgeführten oder stornierten Kundengeschäften nicht enthält[162] oder dessen Währungsangaben sich nicht mit denen in den Provisionsabrechnungen decken (zB Euro statt Deutscher Mark (RdNr. 19). In diesen Fällen ist die erbrachte Leistung unbrauchbar und besteht der Anspruch des HV auf Erfüllung durch **Neuerstellung** von Abrechnung oder Auszug weiter.[163] Lediglich **Unkorrektheiten** oder sonstige **Mängel der Information in Einzelfällen** oder **sachliche Beanstandungen** berühren die Erfüllung nicht. Bei solcher Unrichtigkeit oder Unvollständigkeit in einzelnen Punkten besteht das Recht auf Neuherstellung oder Neuerteilung der Information nicht.[164] Eine **Berichtigung, Ergänzung** oder **Vervollständigung** erteilter Informationen sieht das Gesetz in § 87 c nicht vor,[165] der HV ist auf die sonstigen Rechte des § 87 c angewiesen, also auf den Buchauszug bei Mängeln der Abrechnung, auf die Bucheinsicht bei Mängeln von Abrechnung und Auszug[166] sowie auf die eidesstattliche Versicherung bei Mängeln von Einsicht oder Auskunft. Mit Zustimmung des HV darf der Unternehmer jedoch zunächst die in § 87 c nicht vorgesehenen Maßnahmen ergreifen, um Mängel zu

---

[154] Vgl. *Emde* MDR 1999, 1108, 1110.
[155] *Emde* MDR 2003, 1151, 1155; vgl. auch OLG München Urt. v. 1. 7. 2003 – 23 U 1637/03, VersR 2004, 470.
[156] S. d. aus arbeitsrechtlicher Sicht: BAG Urt. v. 10. 3. 2005 – 6 AZR 217/04 m. krit. Anm. *Schumann* EWiR 2005, 558.
[157] *Schröder* RdNr. 17 c.
[158] BGH Urt. v. 13. 7. 1959 – II ZR 192/57, LM Nr. 1.
[159] BGH Urt. v. 24. 6. 1971 – VII ZR 192/69, BGHZ 56, 290, 297 = NJW 1971, 1610.
[160] BGH Urt. v. 20. 2. 1964 – VII ZR 147/62, LM Nr. 4 a; OLG Düsseldorf OLGR 1994, 270; OLG Köln MDR 1995, 1064; *Emde* MDR 2003, 1151, 1158; MünchKommHGB/*v. Hoyningen-Huene* RdNr. 47.
[161] OLG Köln NJW-RR 1999, 833 = HVR Nr. 886; *Emde* MDR 2003, 1151, 1153.
[162] OLG Bamberg Urt. v. 17. 9. 1997 – 3 U 231/96, HVR Nr. 810.
[163] *Westphal* Vertriebsrecht RdNr. 729.
[164] OLG Oldenburg Beschl. v. 18. 12. 1984 – 1 W 105/84, HVR Nr. 601; OLG Düsseldorf Beschl. v. 15. 6. 1994 – 16 W 19/94, HVR Nr. 817.
[165] BGH Urt. v. 7. 2. 1990 – IV ZR 314/88, NJW-RR 1990, 1370; OLG Saarbrücken NJW-RR 2002, 391, 392; *Hübsch/Hübsch* WM 2005, Sonderbeilage 1 S. 6; MünchKommHGB/*v. Hoyningen-Huene* RdNr. 31, 36, 46; aA OLG Nürnberg BB 1999, 150 m. Anm. v. *Manteuffel/Evers* EWiR 1998, 951; *Emde* MDR 2003, 1151, 1153 und BB 2004, 389, 392 Fn. 41: Staub/*Brüggemann* RdNr. 19; wohl auch OLG Köln MDR 1995, 1064; OLG Naumburg NJW-RR 1996, 285; *Küstner* HVR RdNr. 1376 für Berichtigungsanspruch bei Abrechnung und RdNr. 1453 für Ergänzungsanspruch bei Auszug; *Hopt* RdNr. 20; ähnlich *Stötter* HVRecht 135, 136.
[166] OLG Oldenburg Beschl. v. 18. 12. 1984 – 1 W 105/84, HVR Nr. 601; LG Düsseldorf Teilurteil v. 21. 7. 2005 – 32 O 141/03, HVR Nr. 1173.

beseitigen; die gesetzlich vorgesehenen weiteren Rechte des § 87 c können dadurch wegen Abs. 5 zwar nicht ausgeschlossen, jedoch entbehrlich werden.

49 **c) Teilleistung.** Ein auf Ergänzung gerichteter restlicher Erfüllungsanspruch[167] kann bestehen, wenn der Unternehmer lediglich eine Teilleistung erbracht hat, indem er seine Informationen auf Teilbereiche in zeitlicher, örtlicher oder sonstiger Weise, zB auf einzelne Artikel, Bezirke, Kunden oder Zeiträume, beschränkt hat,[168] diese Angaben aber den jeweiligen Mindestanforderungen entsprechen, also besonders die für Abrechnung oder Auszug notwendigen Mindestangaben enthalten.

V. Unabdingbarkeit – Absatz 5

50 **1. Verzicht.** Die dem Schutz des in der Regel wirtschaftlich schwächeren HV[169] dienenden Rechte des § 87 c sind nach der eindeutigen Gesetzesanordnung grundsätzlich auch nach Vertragsende[170] und selbst nach fristloser Kündigung wegen groben Fehlverhaltens des HV[171] mit Wirkung für Vergangenheit und Zukunft unentziehbar und unverzichtbar.[172] Ihre Geltendmachung kann grundsätzlich nicht gegen § 242 BGB verstoßen (RdNr. 34), zumal der Anspruch nach Abs. 2 das einzige Druckmittel ist, welches der HV nach Vertragsende bei Verhandlungen mit dem Unternehmer über noch ausstehende Vergütungs- oder Schadensersatzansprüche in der Hand hat.[173] Eine **Verzichtsvereinbarung**,[174] die unter Berücksichtigung sämtlicher Begleitumstände selbst bei eindeutig erscheinender Erklärung[175] im Zweifel nicht vorliegen wird, hindert den HV nicht an der Durchsetzung seiner Rechte nach § 87 c, wenn der Verzicht erst nach Vertragsende für die Zukunft gelten soll.[176] Ein Verstoß gegen das Verbot widersprüchlichen Verhaltens liegt hierin nicht.[177] Die Erteilung einer **vereinbarten Schlussrechnung** kann die noch bestehenden Informationsrechte und Zahlungsansprüche nicht beeinträchtigen oder ausschließen.[178] Da sich ein Verzicht nur auf noch bestehende Rechte beziehen kann, steht Abs. 5 dem **Anerkenntnis** einer Leistung des Unternehmers als Erfüllung des Informationsanspruchs und dem dadurch bewirkten Erlöschen nicht entgegen (RdNr. 31).

51 **2. Fingierte Einigungen.** Wegen der einem Rechtsverzicht gleichkommenden Rechtsfolgen sind nach Abs. 5 Regelungen wirkungslos, welche **(1)** bei Untätigkeit und Schweigen des HV auf erteilte Informationen, besonders auf Provisionsabrechnungen, sowie bei deren widerspruchsloser Entgegennahme **Genehmigungen** oder **Anerkenntnisse** fingieren,[179] **(2)** die Pflicht zum **Widerspruch** vorschreiben, um eine Anerkenntnisfiktion[180] oder den Verlust des Rechts zur Geltendmachung nicht in der Abrechnung enthaltener Provisionsansprüche zu vermeiden,[181] sowie **(3)** die Einstellung der Provisionsansprüche des HV in ein **Kontokorrent** mit fingiertem Anerkenntnis vorsehen.[182]

---

[167] Vgl. OLG Hamm Beschl. v. 14. 5. 2003 – 35 U 36/02, HVR Nr. 1092 und v. 12. 6. 2003 – 35 W 8/02, HVR Nr. 1093; vgl. auch Hans. OLG Hamburg Beschl. v. 15. 7. 2000 – 4 W 36/00, HVR Nr. 956.
[168] BGH Urt. v. 20. 2. 1964 – VII ZR 147/62, LM Nr. 4 a; Seetzen WM 1985, 214; Emde MDR 2003, 1151, 1158; MünchKommHGB/v. Hoyningen-Huene RdNr. 31, 46.
[169] BGH Urt. v. 29. 11. 1995 – VIII ZR 293/94, ZIP 1996, 129.
[170] AA Westphal RdNr. 434 und Vertriebsrecht RdNr. 715.
[171] Seetzen WM 1985, 217.
[172] Vgl. BGH Urt. v. 29. 11. 1995 – VIII ZR 293/94, ZIP 1996, 129; teilweise aA hinsichtlich eines Verzichts auf bereits entstandene Rechte für die Vergangenheit: OLG Nürnberg Urt. v. 31. 3. 1966 – 2 U 46/65, HVR Nr. 370; Scherer BB 1996, 2205; Hopt RdNr. 29; MünchKommHGB/v. Hoyningen-Huene RdNr. 85.
[173] AA und einschränkend OLG Düsseldorf Urt. v. 24. 5. 1991 – 16 U 169/90, HVR Nr. 707; bedenklich insoweit LG Hannover VersR 2001, 764.
[174] S. BGH Urt. v. 13. 3. 1961 – VII ZR 35/60, LM Nr. 3; BGH Urt. v. 20. 9. 2006 – VIII ZR 100/05, EBE 2006, 367, 368.
[175] BGH Urt. 15. 1. 2002 – X ZR 91/00, MDR 2002, 749.
[176] AA OLG Nürnberg Urt. v. 31. 3. 1966 – 2 U 46/65, HVR Nr. 370; Scherer BB 1996, 2205; Emde MDR 1999, 1108, 1112; MünchKommHGB/v. Hoyningen-Huene RdNr. 32, 85; Küstner HVR RdNr. 1417; einschränkend Seetzen WM 1985, 215.
[177] Vgl. auch Seetzen WM 1985, 217.
[178] Emde MDR 2003, 1151, 1154.
[179] BGH Urt. v. 20. 2. 1964 – VII ZR 147/62, LM Nr. 4 a; BGH Urt. v. 20. 9. 2006 – VIII ZR 100/05, EBE 2006, 367; BAG Urt. v. 16. 2. 1973 – 3 AZR 286/72, HVR Nr. 467; BAG Urt. v. 23. 3. 1982 – 3 AZR 637/79, AP Nr. 18; OLG Hamm MDR 1978, 937, HVR Nr. 961 und NJW–RR 2004, 1266 = HVR Nr. 1094; OLG Hamburg BB 1998, 971 = HVR Nr. 881 m. zust. Anm. Emde EWiR 1999, 327; OLG Düsseldorf OLGR 1999, 202 und 469; Emde MDR 2003, 1151, 1155; MünchKommHGB/v. Hoyningen-Huene RdNr. 49 a; auf diese Problematik geht das OLG Oldenburg Urt. v. 27. 4. 1989 – 1 U 256/88, HVR Nr. 993 nicht ein; aA OLG Saarbrücken Urt. v. 18. 9. 1985 – 1 U 132/83, HVR Nr. 611; Segger Urteilsanm. VersR 2004, 781, 782.
[180] OLG Hamm Urt. v. 16. 6. 1999 – 35 U 48/98, HVR Nr. 967; OLG Düsseldorf Urt v. 15. 12. 2000 – 16 U 179/98, HVR Nr. 948.
[181] Vgl. OLG Düsseldorf Urt. v. 15. 12. 2000 – 16 U 179/98, HVR Nr. 948.
[182] Vgl. dazu OLG Düsseldorf OLGR 1997, 127 und 1999, 469; Stötter DB 1970, 1473; Emde MDR 2003, 1151, 1155.

3. Mittelbar nachteilige Regelungen. Das Verbot des Abs. 5 erfasst Regelungen und Vereinbarungen, welche die Rechte des HV nur **mittelbar beschränken** oder **ausschließen** und dadurch die gleichen Wirkungen wie ein teilweiser Rechtsverzicht entfalten können. Das betrifft besonders Regelungen in HVVerträgen, welche zB **(1)** den HV zur Erteilung einer **„Schlussrechnung"** verpflichten, nach welcher er mit weiteren Forderungen ausgeschlossen sein soll, **(2)** ihn für den Fall der Wahrnehmung seiner Informationsrechte mit **Kosten** belasten, welche nach der gesetzlichen Regelung von dem Unternehmer zu tragen sind, **(3) Verrechnungen** von monatlichen Festzahlungen mit verdienten Provisionen über Zeiträume vorsehen, welche über die gesetzlichen Abrechnungszeiträume hinweggehen,[183] **(4)** in sonstiger Weise **Rechtsverfolgung** oder **Rechtsverteidigung** des HV, zB gegen Provisionsrückbelastungen, in materiellrechtlicher oder prozessual Hinsicht **beschränken**,[184] besonders indem sie **(5)** ihm die **Beweislast** für das Nichtbestehen von Genehmigungen, Anerkenntnissen oder sonstiger dem § 87 c widersprechender Vereinbarungen auferlegen.[185] Das konkrete **Verlangen** des Unternehmers **nach** einer ausdrücklichen **Bestätigung oder Anerkennung** der monatlichen Abrechnung verstößt hingegen weder gegen Abs. 5 noch gegen § 307 Abs. 2 BGB nF.[186]

4. Zulässige, nicht unter Absatz 5 fallende Regelungen. Ohne Verstoß gegen Abs. 5 kann der HV, nachdem er eine unter § 87 c fallende Information des Unternehmers erhalten hat, für den von dieser Information erfassten zurückliegenden Zeitraum und die darin behandelten Zahlungsforderungen auf die weiteren Rechte des § 87 c durch eindeutige Willenserklärung **verzichten** und auf diese Weise eine erhaltene Provisionsabrechnung als verbindlich **anerkennen**, selbst wenn die erhaltene Information nicht in vollem Umfang den Anforderungen des Gesetzes entspricht.[187] Ebenso kann bereits im HVVertrag durch Individualabrede vereinbart werden, dass ein Wirtschafts-/Buchprüfer die Bucheinsicht vorzunehmen hat.[188] Bei nachträglicher wesentlicher Änderung der Umstände kann das Recht zum Rücktritt von einer solchen Verzichtsvereinbarung nach § 313 BGB nF bestehen. Nicht unter Abs. 5 fallen **Vereinbarungen über** die **Zahlungsansprüche** des HV, auf welche sich die Rechte des § 87 c beziehen. Durch eine eindeutige,[189] im Zweifel ausdrückliche, Einigung auf eine bestimmte Zahlung oder die Anerkennung einer konkreten Provisionsabrechnung werden die zur Durchsetzung dieses Zahlungsanspruchs dienenden Informationsrechte des § 87 c gegenstandslos (RdNr. 33).[190] Die **jahrelange widerspruchslose Hinnahme der Provisionsabrechnungen** des Unternehmers enthält eine solche Einigung nicht.[191] Die gesetzliche Regelung gilt ohne Einschränkung auch für „Groß – HV" oder HVGesellschaften.[192] Die gegenteilige Entscheidung des BGH aus dem Jahr 1965[193] durfte ohnehin nicht verallgemeinert werden,[194] zumal ihr tatrichterliche Feststellungen zugrunde lagen, auf Grund derer der BGH von einer laufenden Einigung über die erteilten Abrechnungen ausgegangen war. Zu Recht hat der BGH im Jahr 1995 diese Rechtsprechung aufgegeben.[195]

5. Reformüberlegungen. Auch wenn in der Praxis diese strenge Auffassung von der Unabdingbarkeit der Rechte des § 87 c bekämpft und als nicht mehr mit den wirtschaftlichen sowie technischen Verhältnissen und Gegebenheiten im Einklang stehend angesehen wird,[196] müsste der Gesetzgeber tätig werden und das Gesetz ändern; den Gerichten ist es verwehrt, sich über die eindeutige Gesetzeslage hinwegzusetzen.[197]

---

[183] OLG Hamm Urt. v. 22. 10. 1999 – 35 U 13/99, HVR Nr. 968.
[184] OLG Hamm MDR 1978, 937; *Küstner* HVR RdNr. 1410.
[185] *Küstner* HVR RdNr. 1355.
[186] OLG Hamm Urt. v. 20. 6. 1997 – 35 U 71/96, HVR Nr. 958.
[187] OLG Düsseldorf OLGR 2002 LS 37.
[188] *Schröder* RdNr. 18.
[189] BGH Urt. v. 23. 10. 1981 – I ZR 171/79, LM Nr. 10; OLG Düsseldorf OLGR 1999, 202, 203 und 469, 470.
[190] BGH Urt. v. 13. 3. 1961 – VII ZR 35/60, LM Nr. 3; BGH Urt. v. 29. 11. 1995 – VIII ZR 293/94, ZIP 1996, 129; OLG Düsseldorf OLGR 1999, 202, 203 und 469, 470.
[191] BGH Urt. v. 29. 11. 1995 – VIII ZR 293/94, ZIP 1996, 129; OLG Köln BB 1997, 2130; aA und unzutreffend LG Saarbrücken VersR 1999, 1016 (LS); MünchKommHGB/*v. Hoyningen-Huene* RdNr. 49 a; *Behrendt* NJW 2003, 1563, 1565.
[192] OLG Hamburg BB 1998, 971 = HVR Nr. 881 m. zust. Anm. *Emde* EWiR 1999, 327.
[193] Urt. v. 28. 1. 1965 – VII ZR 120/63, LM Nr. 5.
[194] Vgl. BGH Urt. v. 23. 10. 1981 – I ZR 171/79, LM Nr. 10; *Küstner* HVR RdNr. 1402–1404.
[195] Urt. v. 29. 11. 1995 – VIII ZR 293/94, ZIP 1996, 129; ebenso OLG Köln BB 1997, 2130; OLG Hamburg BB 1998, 971 = HVR Nr. 881 m. zust. Anm. *Emde* EWiR 1999, 327; s. auch *Emde* MDR 1996, 331; kritisch und aA *Scherer* BB 1996, 2205.
[196] *Müller-Stein* VersR 2001, 830.
[197] So aber der Vorschlag von *Müller-Stein* VersR 2001, 830.

VI. Persönlicher Anwendungsbereich und Sonderfälle

55 **1. Handelsvertreterähnliche Vertriebsmittler.** Auf handelsvertreterähnlich ausgestaltete Rechtsverhältnisse kann § 87 c allenfalls entsprechende Anwendung finden, wenn der Unternehmer dem Vertriebsmittler nach dem Vertrag eine provisionsähnliche Vergütung für ohne dessen Mitwirkung ausgeführte Geschäfte schuldet. Im Übrigen ist § 87 c auf Kommissionsagenten, Vertragshändler[198] und Franchisenehmer nicht entsprechend anwendbar. Ihre Informationsrechte bestimmen sich nach den allgemeinen Regeln, letztlich nach § 242 BGB.[199]

56 **2. Mehrstufiges Vertriebssystem mit Untervertreter.** Im mehrstufigen Vertriebssystem (**Strukturvertrieb**)[200] bestehen sämtliche Informationsrechte des § 87 c nur in dem jeweiligen Vertragsverhältnis zwischen Untervertreter und Hauptvertreter sowie diesem und Unternehmer, wenn es sich dabei um ein HVVertragsverhältnis handelt. Dem echten Untervertreter stehen gegen den Hauptvertreter dieselben Informationsrechte zu wie dem Hauptvertreter gegen den Unternehmer; dieser kann dem Untervertreter unmittelbare Informationsrechte durch Vertrag, zB nach § 328 BGB, einräumen. Da der Hauptvertreter zur vollständigen Information des Untervertreters in der Regel auf eine vorausgegangene ausreichende Unterrichtung durch den Unternehmer angewiesen ist, kann der Untervertreter erst danach Erfüllung seiner Ansprüche aus § 87 c verlangen. Den Hauptvertreter trifft die vom Untervertreter einklagbare nach § 888 ZPO vollstreckbare Verpflichtung, seine Informationsrechte gegenüber dem Unternehmen unverzüglich nach Fälligkeit geltend zu machen,[201] andernfalls der Untervertreter nach erfolgloser Fristsetzung gemäß §§ 280 Abs. 1, 281 BGB nF dieselbe Rechtsstellung erlangt wie der HV, dessen Unternehmer Bücher nicht geführt hat und die geschuldeten Informationen deswegen nicht erteilen kann (RdNr. 20). Hingegen erwirbt der Untervertreter kraft Gesetzes keine unmittelbaren Informationsansprüche aus § 87 c gegen den Unternehmer, mit dem er nicht in vertraglichen Beziehungen steht. Er kann sich die Rechte des Hauptvertreters gegebenenfalls abtreten oder im Weg der Pfändung überweisen lassen (RdNr. 25). Nur wenn der Untervertreter andernfalls überhaupt nicht in der Lage ist, seine Zahlungsansprüche gegen den Hauptvertreter durchzusetzen, kann ausnahmsweise eine Auskunftspflicht des Unternehmers gegenüber dem Untervertreter aus § 242 BGB bestehen. Der unechte Untervertreter kann kraft Gesetzes die Informationsrechte des § 87 c nicht gegen den Hauptvertreter erwerben.

57 **3. Handelsvertreter mit Inkassobefugnis.** Wickelt der mit Abschlussvollmacht und Inkassobefugnis ausgestattete HV das Kundengeschäft ab, indem er die Ware ausliefert und das Entgelt einzieht, schuldet der Unternehmer ihm zwar eine Abrechnung; die Voraussetzungen für Buchauszug und Bucheinsicht sind dagegen regelmäßig nicht gegeben, wenn und soweit sich in den Büchern des Unternehmers keine weitergehenden Angaben über die vom HV vermittelten Geschäfte befinden als in den vom HV zu führenden Büchern.[202] Bei fehlender Abschlussvollmacht ist der HV regelmäßig zur Überprüfung der Vollständigkeit der Provisionsabrechnungen auf die Rechte des § 87 c angewiesen.

58 **4. Versicherungs- und Bausparkassenvertreter.** § 87 c ist auf Versicherungs- und Bausparkassenvertreter uneingeschränkt anzuwenden.[203] Der **Buchauszug**[204] muss alles enthalten, was für den Provisionsanspruch nach §§ 92, 87 und 87 a von Bedeutung sein kann. Sämtliche Versicherungs- oder Bausparverträge, an deren Zustandekommen der Vertreter mitgewirkt haben kann oder für welche ein Provisionsanspruch aus sonstigem Grund, zB eine Superprovision des Hauptvertreters, in Betracht kommt, gehören in den Auszug. Ihr Schicksal ist mit allen für den Provisionsanspruch möglicherweise erheblichen Tatsachen vollständig, aus sich heraus verständlich und nachvollziehbar zu dokumentieren; dazu gehören die Angaben zur Identifizierung des Kundengeschäfts mit den dazu notwendigen Merkmalen, der für die Provisionsermittlung wesentliche Inhalt des Versicherungsvertrags einschließlich Name und Anschrift des Versicherungsnehmers,[205] im Zweifel also Versiche-

---

[198] Zu dessen Informationsrechten siehe BGH Urt. v. 17. 4. 2002 – VIII ZR 139/01, BB 2002, 1507 m. Bspr. *Emde* EWiR 2002, 765 und BGH Urt. v. 17. 7. 2002 – VIII ZR 64/01, WM 2003, 255.
[199] BGH Urt. v. 17. 7. 2002 – VIII ZR 64/01, WM 2003, 255 (für Vertragshändler).
[200] Siehe dazu ausführlich *Emde* MDR 1999, 1108.
[201] *Schröder* RdNr. 2 a.
[202] Vgl. *Seetzen* WM 1985, 215.
[203] BGH Urt. v. 21. 3. 2001 – VIII ZR 149/99, WM 2001, 1258 = ZIP 2001, 876 m. Anm. *Emde* EWiR 2001, 731; teilweise aA *Segger* Urteilsanm. VersR 2004, 781.
[204] Dazu ausf. BGH Urt. v. 21. 3. 2001 – VIII ZR 149/99, WM 2001, 1258 = ZIP 2001, 876 m. Anm. *Emde* EWiR 2001, 731; OLG Saarbrücken NJW – RR 2002, 391; *Emde* MDR 2003, 1151, 1157; *Behrendt* NJW 2003, 1563, 1564; aus anwaltlicher, den Versicherer beratender Sicht: *Segger* NVersZ 2002, 102.
[205] AA *Segger* Urteilsanm. VersR 2004, 781.

Abrechnung über die Provision 59, 60 § 87 c

rungsbeginn, Versicherungssumme und deren mögliche spätere Erhöhung, die geschuldeten und geleisteten Prämienzahlungen, gegebenenfalls auch Alter des Versicherungsnehmers bei Versicherungsbeginn und bei Stornierung, das Schicksal des Versicherungsvertrags, sein Scheitern, dessen Gründe und die zur Bestandserhaltung getroffenen Maßnahmen.[206] Die Dokumentation hat den gesamten Zeitraum vom Abschluss des Kundenvertrags bis zu dem Zeitpunkt zu erfassen, in welchem die für die Provision maßgebliche Prämie nach § 92 Abs. 4 gezahlt und der Provisionsanspruch endgültig und bedingungslos entstanden ist. Bei Nichtzahlung der Prämie muss die sich aus den Büchern ergebende Nachbearbeitung im Einzelnen vollständig wiedergegeben werden. Angaben zu provisionsunabhängigen Vergütungen wie Verwaltungs- oder Bestandspflegeprovisionen braucht der Buchauszug nicht zu enthalten. Die regelmäßige Provisionsabrechnung kann den Buchauszug grds. nicht ersetzen.[207]

C. Die einzelnen Informationsrechte des § 87 c

I. Abrechnung – Abs. 1

1. Bedeutung und Inhalt. Die Abrechnungspflicht nach Abs. 1[208] folgt aus der Verpflichtung 59 des Unternehmers, dem HV die für seine konkrete erfolgreiche Vertriebstätigkeit geschuldete Provision zu zahlen. Die Abrechnung soll den HV in die Lage versetzen, unter Vergleich mit seinen eigenen Unterlagen zu prüfen, ob sämtliche Provisionen, auf welche er Anspruch hat, und alle sonstigen ihm nach dem Vertrag zustehenden Vergütungen[209] vom Unternehmer lückenlos erfasst und bei der an ihn zu leistenden Zahlung berücksichtigt sind.[210] Abzurechnen sind sämtliche vom HV vermittelten/abgeschlossenen Geschäfte, für welche im Abrechnungszeitraum die Provisionszahlungspflicht nach Eintritt der aufschiebenden Bedingung gemäß § 87 a Abs. 1 oder 3 entstanden ist.[211] Die fortbestehende auflösende Bedingung nach § 87 a Abs. 2 steht der Abrechnungspflicht nicht entgegen. Über jeden Provisionsanspruch ist damit, wenn er nicht ausnahmsweise in Teilbeträgen erfüllt wird, nur einmal abzurechnen.[212]

2. Notwendiger Inhalt der Abrechnung. In die Abrechnung gehören die Tatsachen, welche 60 der HV für die Ermittlung der ihm zustehenden Provision nach Grund und Höhe sowie zur Überprüfung von Richtigkeit und Vollständigkeit der erhaltenen Abrechnung benötigt. Dazu gehören[213] die Angaben über das mit dem zu benennenden Kunden vermittelte/abgeschlossene Geschäft mit Vertragsgegenstand einschließlich Nachbestellungen, Ausführung nach Art, Menge und Zeitpunkt der jeweiligen Lieferung, die Preise mit Netto- und Bruttopreisen oder gesondert ausgewiesener Mehrwertsteuer, Rechnungsstellung und Zahlung des Kunden mit den dazugehörigen Daten sowie der Gesamtbetrag der errechneten Provision abzüglich gezahlter Vorschüsse[214] sowie der vom Unternehmer jeweils berechnete Provisionssatz,[215] sofern nicht einheitlich für alle Geschäfte der im HVVertrag oder gesonderter Provisionsvereinbarung ausgehandelte Satz gelten soll. Bei Teilzahlungen des Kunden ist eine Provisionsabrechnung nur erforderlich, wenn dem HV insoweit eine **Teilprovision** zusteht. Arbeiten die Parteien mit Kunden-, Auftrags- und Rechnungsnummern, sind diese anzuführen. Mitzuteilen ist weiter, auf welche Weise die Provision gezahlt oder in ein Stornoreservekonto eingestellt wird. Stichwortartig[216] sind des Weiteren in die Abrechnung die Tatsachen aufzunehmen, welche im Fall des **§ 87 a Abs. 3** die Provisionspflicht[217] oder im Fall des **§ 87 a Abs. 2 oder Abs. 3 Satz 2** eine Provisionsrückforderung begründen. **Fehlanzeige** ist zu erteilen, wenn im Abrechnungszeitraum eine auszuzahlende Provision nicht angefallen ist.[218] Eine **Bezug-**

---

[206] AA für Stornogefahrmitteilungen: BGH Urt. v. 21. 3. 2001 – VIII ZR 149/99, WM 2001, 1258 = ZIP 2001, 876, 878 f m. Anm. *Emde* EWiR 2001, 731.
[207] Zu m Ganzen *Seetzen* WM 1985, 216; ausführlich BGH Urt. v. 21. 3. 2001 – VIII ZR 149/99, WM 2001, 1258 = ZIP 2001, 876 m. Anm. *Emde* EWiR 2001, 731; OLG Hamm BB 1997, 1329, 1330 = NJW-RR 1997, 132.
[208] Dazu ausf. *Emde* MDR 2003, 1151, 1152.
[209] MünchKommHGB/*v. Hoyningen-Huene* RdNr. 17.
[210] BGH Urt. v. 23. 2. 1989 – I ZR 203/87, ZIP 1989, 707; *Emde* MDR 2003, 1151, 1152; MünchKommHGB/*v. Hoyningen-Huene* RdNr. 11.
[211] MünchKommHGB/*v. Hoyningen-Huene* RdNr. 15, 16.
[212] AA *Küstner* HVR RdNr. 1392 für Überhangprovision.
[213] *Emde* MDR 2003, 1151, 1153.
[214] BGH Urt. v. 7. 2. 1990 – IV ZR 314/88, NJW-RR 1990, 1370; MünchKommHGB/*v. Hoyningen-Huene* RdNr. 17 und 20; im Einzelnen: *Stötter* HVRecht 128, 129.
[215] *Seetzen* WM 1985, 213; *Emde* MDR 2003, 1151, 1152.
[216] *Seetzen* WM 1985, 213.
[217] Koller/*Roth*/Morck RdNr. 4; aA *Segger* Urteilsanm. VersR 2004, 781 für stornierte Verträge.
[218] MünchKommHGB/*v. Hoyningen-Huene* RdNr. 12.

nahme auf beigefügte Unterlagen ist zulässig,[219] sofern sie die Abrechnung nicht ersetzen soll und diese aus sich heraus vollständig und verständlich bleibt.[220] In die Abrechnung für einen Hauptvertreter, der im **mehrstufigen Vertriebssystem (Strukturvertrieb)** echte Untervertreter für sich tätig werden lässt oder an den Provisionen unechter Untervertreter partizipiert (RdNr. 56 und § 84), gehören zusätzlich die vollständigen Angaben über die von den Untervertretern herbeigeführten provisionspflichtigen Geschäfte.[221] Bei dem **BezirksHV** gehören alle im Bezirk getätigten Geschäfte in die Abrechnung.

61 **3. Entbehrliche Angaben.** Nicht in die Abrechnung aufzunehmen sind vermittelte Geschäfte, welche überhaupt nicht zu einer Provisionspflicht oder erst zu einer Provisionsanwartschaft (s. § 87) geführt haben[222] oder einen Provisionsanspruch nicht begründen können (RdNr. 9). Maßgebend sind Einschätzung und Rechtsauffassung des abrechnungspflichtigen Unternehmers. Er hat abzurechnen, wofür er eine Provisionszahlungspflicht anerkennen will.[223] Meinungsverschiedenheiten über allgemeine Fragen der Provisionspflicht müssen vorab geklärt werden (RdNr. 13). Die Gründe für das Nichtentstehen einer Provisionspflicht gehören ebenso wenig in die Provisionsabrechnung wie **Zwischenberichte** über den Stand der noch in Abwicklung befindlichen Geschäfte;[224] Kenntnis hierüber kann sich der HV durch Buchauszug oder Bucheinsicht verschaffen.

62 **4. Abrechnungszeitpunkt.** Die Abrechnung wird auch nach Vertragsende[225] ohne besondere Aufforderung[226] kraft zwingenden Rechts unverzüglich geschuldet,[227] sobald ein Provisionsanspruch mit der Ausführung des Kundengeschäfts durch den Unternehmer nach § 87a Abs. 1 Satz 1, durch ihm anzulastende Nichtausführung des Geschäfts nach § 87a Abs. 3 Satz 1 oder durch Leistung/Zahlung des Kunden an den Unternehmer nach § 87a Abs. 1 Satz 3 entstanden ist, wenn auch möglicherweise noch auflösend bedingt nach § 87a Abs. 2 (RdNr. 59).[228] Mit Beendigung des HVVertrags hat der Unternehmer alle noch ausstehenden Abrechnungen zu erteilen.[229] Die Abrechnung ist spätestens am Ende des Monats, welcher auf den Abrechnungszeitraum folgt, zu erstellen und dem HV auszuhändigen oder zu übersenden; dabei handelt es sich nicht um einen kalendermäßig bestimmten Zeitpunkt iSv. § 286 Abs. 2 Nr. 1 BGB nF.[230] Die Abrechnung wird früher geschuldet, wenn dies dem Unternehmer möglich ist.[231] Mit dem Zeitpunkt der vertragsgemäß geschuldeten Abrechnung wird der Provisionsanspruch gemäß § 87a Abs. 4 fällig (s. § 87a).

63 **5. Abrechnungszeitraum.** Für jeden Monat ist eine Abrechnung zu erstellen. Der Abrechnungszeitraum[232] kann durch Vereinbarung/AGB/Formularvertrag auf höchstens 3 Monate verlängert werden,[233] so dass sie spätestens zum Ende des 4. Monats auszuhändigen ist.[234] Bei Vertragsende wird die Abrechnung unverzüglich für den laufenden Abrechnungszeitraum fällig;[235] über später anfallende Provisionen ist innerhalb der vereinbarten Fristen abzurechnen,[236] über ein **Stornoreservekonto** endgültig bei dessen vertragsgemäßer Auflösung. Bei der gegen Abs. 5 verstoßenden Vereinbarung eines zu langen Abrechnungszeitraums gilt im Zweifel die gesetzliche Höchstfrist.[237]

---

[219] *Seetzen* WM 1985, 213.
[220] *Emde* MDR 2003, 1151, 1153.
[221] Siehe dazu *Emde* MDR 1999, 1108, 1109 f. und MDR 2003, 1151, 1153.
[222] BGH Urt. v. 7. 2. 1990 – IV ZR 314/88, NJW-RR 1990, 1370, 1371; *Seetzen* WM 1985, 213; *Emde* MDR 2003, 1151, 1153; MünchKommHGB/*v. Hoyningen-Huene* RdNr. 16 mwN; *Staub/Brüggemann* RdNr. 10; Koller/*Roth*/Morck RdNr. 4; *Stötter* HVRecht 129; aA *Schröder* RdNr. 2, 3; *Westphal* RdNr. 429; *Küstner* HVR RdNr. 1381 mit Darstellung des Meinungsstands.
[223] BGH Urt. v. 7. 2. 1990 – IV ZR 314/88, NJW-RR 1990, 1370, 1371; *Hopt* RdNr. 3; MünchKommHGB/ *v. Hoyningen-Huene* RdNr. 12, 19; *Stötter* HVRecht 131.
[224] *Emde* MDR 2003, 1151, 1153.
[225] MünchKommHGB/*v. Hoyningen-Huene* RdNr. 18.
[226] MünchKommHGB/*v. Hoyningen-Huene* RdNr. 23.
[227] *Emde* MDR 2003, 1151, 1153; MünchKommHGB/*v. Hoyningen-Huene* RdNr. 28.
[228] *Hopt* RdNr. 3.
[229] BGH Urt. v. 11. 7. 1980 – I ZR 192/78, LM § 88 Nr. 8 = MDR 1981, 204.
[230] AA MünchKommHGB/*v. Hoyningen-Huene* RdNr. 24; *Emde* MDR 2003, 1151, 1154; *Küstner* HVR RdNr. 1369.
[231] *Emde* MDR 2003, 1151, 1154; *Hopt* RdNr. 9.
[232] S. d. *Emde* MDR 2003, 1151, 1153.
[233] *Schröder* DB 1963, 651.
[234] Teilweise aA *Hopt* RdNr. 8; MünchKommHGB/*v. Hoyningen-Huene* RdNr. 28, 29.
[235] BGH Urt. v. 11. 7. 1980 – I ZR 192/78, LM § 88 Nr. 8; MünchKommHGB/*v. Hoyningen-Huene* RdNr. 30.
[236] Vgl. MünchKommHGB/*v. Hoyningen-Huene* RdNr. 30.
[237] *Emde* MDR 2003, 1151, 1153; *Westphal* RdNr. 422.

6. Einzelabrechnung und Gesamtabrechnung. Der HV hat keinen gesetzlichen Anspruch 64
auf Einzelabrechnung jedes einzelnen von ihm herbeigeführten Geschäfts. Etwas anderes gilt im
Zweifel, wenn der HV nach dem HVVertrag nur einzelne Geschäfte/Großaufträge zu vermitteln
oder abzuschließen hat.[238] Rechnet der Unternehmer die Kundengeschäfte einzeln ab und nimmt
der HV das hin, entfällt der Anspruch auf eine Gesamtabrechnung für den Abrechnungszeitraum,
sofern nicht weitere Provisionsansprüche für den Zeitraum bestehen; in dem Fall behält der HV
seinen Anspruch auf Gesamtabrechnung, kann sich aber mit einer Ergänzung begnügen
(RdNr. 48).[239]

7. Rechtliche Bedeutung der Provisionsabrechnung – Schuldanerkenntnis und Ver- 65
zicht. Die Provisionsabrechnung ist für den Unternehmer grds. **verbindlich**. Zugunsten des HV
spricht die Vermutung ihrer Richtigkeit,[240] weswegen der HV Zahlung des dort ausgewiesenen
Provisionsbetrags sowie Buchauszug oder Bucheinsicht verlangen kann.[241] Rechtlich stellt die
Abrechnung, wenn sie vom HV nicht lediglich widerspruchslos und schweigend entgegengenommen,[242] sondern durch eine eindeutige Willenerklärung (RdNr. 53) angenommen wird, ein nach
§ 350 formlos gültiges abstraktes[243] **Schuldanerkenntnis** iSv. § 781 BGB dar.[244] Sie bindet dann
hinsichtlich der in ihr niedergelegten Vorgänge beide Parteien und kann nur unter den Voraussetzungen des § 812 BGB kondiziert werden.[245] Das betrifft jedoch nur die tatsächlich abgerechneten Provisionsforderungen. Was nicht oder nur unvollständig in der Provisionsabrechnung
enthalten ist, kann nicht Gegenstand eines Verzichts, negativen Anerkenntnisses des HV oder
eines Vergleichsvertrags sein.[246] Auch die vom HV unterzeichnete und anerkannte Provisionsabrechnung ist ohne rechtliche Auswirkung auf seine nicht abgerechneten weitergehenden Provisionsansprüche.[247]

II. Buchauszug – Abs. 2

1. Bedeutung des Buchauszugs. Der Buchauszug soll dem HV Klarheit über seine Provisions- 66
ansprüche verschaffen,[248] ihm die Prüfung ermöglichen, ob die erteilten Provisionsabrechnungen
vollständig sowie richtig sind und welche Zahlungsansprüche ihm auf Grund seiner Vertriebstätigkeit
insgesamt zustehen können.[249] Dazu muss der Auszug neben allen in die Abrechnung gehörenden
Tatsachen auch Angaben über nicht zustande gekommene Geschäfte enthalten[250] und damit über
eine ordnungsgemäße Abrechnung hinausgehen.[251] Insgesamt muss er alles wiedergeben, was die
Bücher des Unternehmers (RdNr. 17) ausweisen und für den Provisions- oder Provisionsersatzanspruch, seine Berechnung und Durchsetzung von Bedeutung sein kann;[252] damit muss er eine auf
den Büchern des Unternehmers und den dazu gehörenden Unterlagen beruhende, ins einzelne
gehende, auf den Zeitpunkt seiner Einstellung bezogene vollständige **Bestandsaufnahme** und
geordnete übersichtliche Zusammenstellung[253] der vom HV vermittelten **Beziehungen zwischen**
Kunden und Unternehmer[254] enthalten (ein „Spiegelbild der Geschäftsbeziehungen").[255] Hin-

---

[238] *Küstner* HVR RdNr. 1365.
[239] *Schröder* RdNr. 2 c.
[240] Vgl. auch *Emde* MDR 2003, 1151, 1154.
[241] BGH Urt. v. 7. 2. 1990 – IV ZR 314/88, NJW-RR 1990, 1370, 1371; aA MünchKommHGB/
v. Hoyningen-Huene RdNr. 22 (Bereicherungsanspruch).
[242] *Emde* MDR 2003, 1151, 1154.
[243] *Hübsch/Hübsch* WM 2005, Sonderbeilage 1 S. 6.
[244] BGH Urt. v. 7. 2. 1990 – IV ZR 314/88, NJW-RR 1990, 1370, 1371; *Emde* MDR 2003, 1151, 1154;
MünchKommHGB/*v. Hoyningen-Huene* RdNr. 21.
[245] *Emde* MDR 1996, 331 und MDR 2003, 1151, 1154.
[246] Vgl. BGH Urt. v. 24. 6. 1971 – VII ZR 223/69, BGHZ 56, 290, 296 = NJW 1971, 1610; *Seetzen* WM 1985, 215,
216; *Emde* MDR 2003, 1151, 1154, 155; Koller/Roth/Morck RdNr. 3; MünchKommHGB/*v. Hoyningen-Huene*
RdNr. 22; siehe aber auch *Stötter* HVR.Nr. 132, 134, 135; einschränkend *Emde* MDR 1996, 331; aA OLG Hamm Urt.
v. 20. 6. 1997 – 35 U 71/96, HVR Nr. 958.
[247] OLG Hamm Urt. v. 30. 10. 1998 – 35 U 3/98, HVR Nr. 962 und VersR 2001, 1106.
[248] *Hübsch/Hübsch* WM 2005, Sonderbeilage 1 S. 6.
[249] BGH Urt. v. 21. 3. 2001 – VIII ZR 149/99, WM 2001, 1258 = ZIP 2001, 876, 880 m. Anm. *Emde* EWiR 2001,
731; OLG Düsseldorf MDR 2000, 167, 168.
[250] BGH Urt. v. 21. 3. 2001 – VIII ZR 149/99, WM 2001, 1258 = ZIP 2001, 876, 880 m. Anm. *Emde* EWiR 2001,
731; *Emde* MDR 2003, 1151, 1156.
[251] BGH Urt. v. 21. 3. 2001 – VIII ZR 149/99, WM 2001, 1258 = ZIP 2001, 876, 877 m. Anm. *Emde* EWiR 2001,
731; OLG Hamburg BB 1998, 971, 972 = HVR Nr. 881.
[252] OLG Bamberg Beschl. v. 22. 3. 1990 – 6 W 55/89, HVR Nr. 692.
[253] OLG Düsseldorf Beschl. v. 7. 9. 1994 – 16 W 38/94, HVR Nr. 816.
[254] BGH Urt. v. 21. 3. 2001 – VIII ZR 149/99, WM 2001, 1258 = ZIP 2001, 876, 879 m. Anm. *Emde* EWiR 2001,
731; weitergehend OLG Köln BB 1997, 2130, 2131.
[255] *Emde* MDR 2003, 1151, 1156.

gegen gehören vom Grundsatz her Angaben zu dem Rechtsverhältnis (dem Innenverhältnis) zwischen Unternehmer und HV nicht in den Buchauszug (RdNr. 70).

67 **2. Buchauszug und Provisionsabrechnung.** Der Handelsvertreter ist nach § 87 c nicht gehalten ist, sein Recht auf vollständige Abrechnung durchzusetzen, bevor er den Buchauszug beansprucht; deswegen darf der Unternehmer den einen Auszug fordernden HV grds. nicht auf die noch zu erteilenden Provisionsabrechnungen verweisen.[256] Außerdem können selbst vollständige Provisionsabrechnungen den Buchauszug grds. nicht ersetzen,[257] weil in ihnen nicht alle in den Buchauszug gehörenden Angaben enthalten sein müssen[258] und dort regelmäßig auch nicht vorhanden sind.[259] Zudem ist die geordnete Zusammenstellung der in den Handelsbüchern des Unternehmers sowie in seinen Provisionsabrechnungen festgehaltenen Tatsachen zu einem ordnungsgemäßen Buchauszug Aufgabe des Unternehmers, die er nicht auf den HV abwälzen darf.[260] Aus diesem Grund genügt der Unternehmer seiner Verpflichtung zur Erteilung eines Buchauszugs auch nicht bereits dadurch, dass er dem HV während der Vertragslaufzeit den Zugriff auf ein elektronisches Agenturinformationssystem ermöglicht, welches jeweils nur den aktuellen Stand der provisionsrelevanten Daten wiedergibt und aus welchem sich ein Gesamtüberblick über den Zeitraum, auf den sich der Buchauszug zu erstrecken hat, allenfalls dadurch gewinnen ließe, dass der HV die nur vorübergehend zugänglichen Daten fixiert und sammelt,[261] und damit den Buchauszug selbst erstellen müsste. Sofern der Unternehmer dem HV allerdings laufend Abrechnungen erteilt, welche den an einen Auszug zu stellenden Anforderungen nach Form und Inhalt vollständig entsprechen, können sie ausnahmsweise einen Buchauszug darstellen,[262] wenn und solange die zum Auszug gehörende Übersichtlichkeit und Verständlichkeit gewahrt bleiben[263] und zusammengehörende Geschäftsvorgänge nicht auseinander gerissen werden.

68 **3. Notwendiger Inhalt des Buchauszugs. a) Grundsätze.** Um die Abrechnung ersetzen oder überprüfen zu können, muss der Auszug[264] alles enthalten, was in die Provisionsabrechnung gehört, Darüber hinaus muss er wiedergeben, was sich im Zeitpunkt seiner Aufstellung[265] in den Büchern des Unternehmers[266] einschließlich der dazugehörenden Unterlagen wie zB der Geschäftspapiere[267] über Kunden und Geschäfte befindet, welche der HV vermittelt oder abgeschlossen hat,[268] sofern es nach der geltenden Provisionsregelung,[269] im Zweifel also auf Grund der getroffenen Provisionsvereinbarung oder einer verbindlichen gesetzlichen Regelung, in irgendeiner Weise für einen Zahlungsanspruch des HV (mit Ausnahme des Anspruchs nach § 89 b), also für den Anspruch des HV auf Provision einschließlich des Anspruchs nach § 87 a Abs. 3,[270] eine ihr gleichstehende umsatz- oder erfolgsabhängige Vergütung oder den an ihre Stelle tretenden Schadensersatzanspruch,[271] sowie für

---

[256] Teilweise aA BGH Urt. v. 21. 3. 2001 – VIII ZR 149/99, WM 2001, 1258 = ZIP 2001, 876, 879 m. Anm. *Emde* EWiR 2001, 731.
[257] BGH Urt. v. 24. 5. 1995 – VIII ZR 146/94, WM 1995, 1774; OLG Frankfurt Urt. v. 16. 3. 1993 – 11 U 93/92, HVR Nr. 758; OLG Düsseldorf OLGR 1996, 219 und OLGR 2001, 387, 388; OLG München Urt. v. 1. 7. 2003 – 23 U 1637/03, VersR 2004, 470; *Holling* BB 1959, 687; MünchKommHGB/*v. Hoyningen-Huene* RdNr. 39; aA OLG Hamm VersR 1998, 1415, 1416.
[258] BGH Urt. v. 21. 3. 2001 – VIII ZR 149/99, WM 2001, 1258 = ZIP 2001, 876, 880 m. Anm. *Emde* EWiR 2001, 731.
[259] Vgl. OLG München Urt. v. 1. 7. 2003 – 23 U 1637/03, VersR 2004, 470.
[260] BGH Urt. v. 20. 9. 2006 – VIII ZR 100/05, EBE 2006, 367, 368; OLG Düsseldorf OLGR 2001, 387, 388 und Beschl. v. 11. 6. 2003 – I – 16 W 25/03, HVR Nr. 1125; vgl. auch OLG Koblenz Beschl. v. 2. 8. 1984, HVR Nr. 592; OLG Hamm VersR 1998, 1415, 1416; OLG München NJW-RR 1999, 1194, 1195; *Holling* BB 1959, 688.
[261] BGH Urt. v. 20. 9. 2006 – VIII ZR 100/05, EBE 2006, 367.
[262] BGH Urt. v. 23. 10. 1981 – I ZR 171/79, LM Nr. 10; BGH Urt. v. 11. 10. 1990 – I ZR 32/89, NJW-RR 1991, 156, 159; BGH Urt. v. 21. 3. 2001 – VIII ZR 149/99, WM 2001, 1258 = ZIP 2001, 876, 878 m. Anm. *Emde* EWiR 2001, 731; OLG Hamm BB 1997, 1329, 1330; Koller/*Roth*/Morck RdNr. 10; *Westphal* RdNr. 450; s. aber auch BGH Urt. v. 20. 9. 2006 – VIII ZR 100/05, EBE 2006, 367, 368.
[263] MünchKommHGB/*v. Hoyningen-Huene* RdNr. 40; *Emde* MDR 2003, 1151, 1158.
[264] Allgemein dazu OLG Karlsruhe Urt. v. 26. 10. 1984 – 14 U 177/83, HVR Nr. 596; OLG Düsseldorf Urt. v. 30. 11. 1984 – 16 U 69/84, HVR Nr. 600; *Kukat* DB 2001, 1646; *Emde* VersR 2002, 151, 154 und MDR 2003, 1151, 1155 f.; *Hopt* RdNr. 15.
[265] BGH Urt. v. 21. 3. 2001 – VIII ZR 149/99, WM 2001, 1258 = ZIP 2001, 876, 877 m. Anm. *Emde* EWiR 2001, 731.
[266] OLG Köln NJW-R 1999, 833 = HVR Nr. 886; OLG Düsseldorf Urt. v. 26. 1. 2001 – 16 U 99/00, HVR Nr. 951; MünchKommHGB/*v. Hoyningen-Huene* RdNr. 41.
[267] OLG Hamburg BB 1998, 971, 972 = HVR Nr. 881; OLG Köln NJW-RR 1999, 833 = HVR Nr. 886.
[268] BGH Urt. v. 21. 3. 2001 – VIII ZR 149/99, WM 2001, 1258 = ZIP 2001, 876, 877 m. Anm. *Emde* EWiR 2001, 731.
[269] BGH Urt. v. 21. 3. 2001 – VIII ZR 149/99, WM 2001, 1258 = ZIP 2001, 876, 877 m. Anm. *Emde* EWiR 2001, 731.
[270] OLG Karlsruhe Urt. v. 14. 6. 2005 – 8 U 227/04, HVR Nr. 1157.
[271] OLG Düsseldorf OLGR 1999, 449, 450 und MDR 2000, 167, 168; OLG München NJW-RR 1999, 1194, 1195; *NJW-RR* 2002, 1034, 1035 sowie Beschl. v. 26. 3. 2002 – 7 W 691/02, HVR Nr. 1054.

Abrechnung über die Provision 69, 70 § 87 c

dessen Ermittlung, Höhe und Fälligkeit[272] von Bedeutung sein kann.[273] Dazu gehören[274] die einzelnen Kundengeschäfte und deren weiteres Schicksal, selbst wenn der vom HV vorbereitete Kundenvertrag erst nach dem Ende des HVVertrags zustandegekommen oder ausgeführt[275] oder eine Überhangprovision ausgeschlossen worden ist. Für jedes einzelne Kundengeschäft, für welches dem Handelsvertreter ein Vergütungsanspruch zustehen kann, ist in klarer und übersichtlicher Form eine in sich geschlossene,[276] aus sich heraus verständliche und vollständige, wenn auch schlagwortartige[277] Darstellung aller derjenigen Tatsachen erforderlich, welche sich in den Geschäftsbüchern des Unternehmers einschließlich aller dazu gehörenden Unterlagen zu dem einzelnen Kundengeschäft befinden.[278] Dabei darf der Geschäftsherr über die Art der Darstellung frei entscheiden und die ihm (zB. kosten-) günstigste wählen.[279] Das in mehreren **Teilen abgerechnete und verprovisionierte** Geschäft ist im Buchauszug einheitlich darzustellen.

b) Die in den Buchauszug gehörenden Tatsachen. Im Einzelnen sind für jeden Geschäftsvorgang mit einer in sich geschlossenen Darstellung aufzuführen: **(1)** Vertragsschluss mit Namen und Anschrift der Kunden, Bestellung, Nachbestellungen, Auftragsbestätigung, überprüfbare Bezeichnung des Vertragsgegenstands sowie dem HV vorgegebene und tatsächlich erzielte Preise[280] mit Angabe von Netto- und Bruttopreisen oder gesondert ausgewiesener Mehrwertsteuer; **(2)** dem Kunden gewährte Skonti, Preisnachlässe, Rabatte und/oder sonstige Sondervorteile;[281] **(3)** Einzelheiten der Vertragsausführung, erfolgte oder noch ausstehende Lieferungen oder Teillieferungen an den Kunden im jeweiligem Umfang, Rechnungsstellungen sowie Zahlungen; **(4)** zusätzlich die dazugehörenden Daten mit Auftrags- Rechnungs- und Kundennummern; **(5)** sonstige mit dem Kunden getroffene Abreden, welche bei objektiver Wertung Auswirkungen auf eine Zahlungsanspruch des HV haben können; **(6)** Warenrückgaben (Retouren) oder Gutschriften, deren Gründe[282] und genauer Umfang mit Daten; **(7)** die Einzelheiten einer unterbliebenen oder veränderten Geschäftsausführung[283] oder Stornierung/Annullierung, deren Gründe sowie gegebenenfalls unternommene Maßnahmen zur Rettung/Erhaltung eines in seinem Bestand gefährdeten Kundenvertrags mit den dazu gehörenden zeitlichen Angaben;[284] sowie **(8)** im Fall des § 87 a Abs. 2 die aus den Büchern ersichtlichen Gründe für das Feststehen der Nichtzahlung des Kunden;[285] außerdem **(9)** Angaben über vertragswidrig abgeschlossene und noch schwebende Geschäfte[286] sowie **(10)** über Stand und Entwicklung eines Stornoreservekontos.[287]

c) Nicht in den Buchauszug aufzunehmende Angaben. In den Buchauszug ist zum einen nicht aufzunehmen, was unzweifelhaft ohne Bedeutung für einen Zahlungsanspruch des HV ist.[288]

---

[272] BGH Urt. v. 21. 3. 2001 – VIII ZR 149/99, WM 2001, 1258 = ZIP 2001, 876, 877 m. Anm. *Emde* EWiR 2001, 731.
[273] OLG Bamberg Urt. v. 16. 5. 2003 – 6 U 62/02, HVR Nr. 1073; OLG Frankfurt Urt. v. 1. 7. 2003 – 5 U 229/99, VersR 2004, 780.
[274] Ausführlich dazu BGH Urt. v. 21. 3. 2001 – VIII ZR 149/99, WM 2001, 1258 = ZIP 2001, 876 m. Anm. *Emde* EWiR 2001, 731; *Emde* MDR 2003, 1151, 1156.
[275] OLG Hamburg BB 1998, 971, 972 = HVR Nr. 881; OLG Düsseldorf OLGR 1999, 449, 450 und MDR 2000, 167, 168.
[276] *Emde* MDR 2003, 1151, 1156.
[277] BGH Urt. v. 21. 3. 2001 – VIII ZR 149/99, WM 2001, 1258 = ZIP 2001, 876, 879 m. Anm. *Emde* EWiR 2001, 731.
[278] Siehe dazu BGH Urt. v. 21. 3. 2001 – VIII ZR 149/99, WM 2001, 1258 = ZIP 2001, 876 m. Anm. *Emde* EWiR 2001, 731; OLG Hamm NJW-RR 1999, 1712; OLG Düsseldorf OLGR 2001, 387, 388; OLG Frankfurt Urt. v. 1. 7. 2003 – 5 U 229/99, VersR 2004, 780.
[279] BGH Urt. v. 21. 3. 2001 – VIII ZR 149/99, WM 2001, 1258 = ZIP 2001, 876, 880 m. Anm. *Emde* EWiR 2001, 731; OLG Frankfurt Urt. v. 1. 7. 2003 – 5 U 229/99, VersR 2004, 780.
[280] OLG Nürnberg MDR 1982, 324; MünchKommHGB/*v. Hoyningen-Huene* RdNr. 40.
[281] OLG München DB 1993, 2379.
[282] OLG Karlsruhe Urt. v. 14. 6. 2005 – 8 U 227/04, HVR Nr. 1157.
[283] BGH Urt. v. 1. 12. 1978 – I ZR 7/77, LM § 88 Nr. 6; BGH Urt. v. 29. 11. 1995 – VIII ZR 293/94, ZIP 1996, 129; BGH Urt. v. 21. 3. 2001 – VIII ZR 149/99, WM 2001, 1258 = ZIP 2001, 876, 879 m. Anm. *Emde* EWiR 2001, 731; OLG Hamm BB 1997, 1329, 1330; OLG Nürnberg BB 1999, 150, 151 = EWiR 1998, 951; OLG Karlsruhe Urt. v. 14. 6. 2005 – 8 U 227/04, HVR Nr. 1157.
[284] BGH Urt. v. 21. 3. 2001 – VIII ZR 149/99, WM 2001, 1258 = ZIP 2001, 876, 878, 879 m. Anm. *Emde* EWiR 2001, 731; BGH Urt. v. 20. 9. 2006 – VIII ZR 100/05, EBE 2006, 367; *Segger* Urteilsanm. VersR 2004, 781; *Hopt* RdNr. 15.
[285] *Seetzen* WM 1985, 216.
[286] Vgl. zum Ganzen BGH Urt. v. 23. 2. 1989 – I ZR 203/87, ZIP 1989, 707; BGH Beschl. v. 1. 4. 1992 – VIII ZB 2/92, EBE 1992, 158; OLG Düsseldorf OLGR 1996, 219; OLG Hamm BB 1997, 1329, 1330; OLG Hamburg BB 1998, 971, 972 = HVR Nr. 881; OLG Nürnberg BB 1999, 150, 151 = EWiR 1998, 951; OLG Karlsruhe Urt. v. 14. 6. 2005 – 8 U 227/04, HVR Nr. 1157; *Küstner* HVR RdNr. 1447.
[287] *Stötter* HVRecht 138.
[288] OLG Hamm VersR 1995, 779; *Emde* MDR 2003, 1151, 1158; MünchKommHGB/*v. Hoyningen-Huene* RdNr. 39, 51.

Wenn es nicht zu einem Vertragsschluss zwischen Unternehmer und dem vom HV vermittelten Kunden gekommen ist, braucht der Buchauszug die hierfür maßgebenden Gründe nicht zu enthalten, weil der HV einen Provisionsanspruch nicht erwirbt und der Unternehmer ihm gegenüber nicht zum Abschluss eines von HV vermittelten Geschäfts verpflichtet ist (s. § 86a). Besteht ausnahmsweise ein berechtigtes Interesse an der Kenntnis der Gründe für das Nichtzustandekommen des Kundenvertrags, ist der HV auf den ergänzenden Auskunftsanspruch des Abs. 3 angewiesen. Nicht Gegenstand des Buchauszugs ist zum anderen eine Bestandsaufnahme und Wiedergabe der vertraglichen Vereinbarungen und tatsächlichen Beziehungen zwischen HV und Unternehmer (RdNr. 66).[289] Eine Ausnahme gilt für die in den Buchauszug gehörende Angabe des Provisionssatzes, wenn dieser wegen der Geltung unterschiedlicher Sätze für die einzelnen Kundengeschäfte schon in die Provisionsabrechnung aufzunehmen ist (RdNr. 60) und sich aus den Büchern ergibt.[290] Ebenso gehören Stornomitteilungen an den HV nicht in den Auszug,[291] wohl aber an dritte Personen ergangene Aufträge oder Mitteilungen zur Nachbearbeitung eines von Stornierung gefährdeten Kundenvertrags. Letztlich kann der „Buchauszug" nicht wiedergeben, was in den Büchern des Unternehmers mit den dazugehörenden Unterlagen nicht vorhanden ist,[292] selbst wenn es für einen Zahlungsanspruch des HV von Bedeutung und dem Unternehmer bekannt ist.[293] Hier muss der HV sein Auskunftsrecht nach Abs. 3 wahrnehmen.[294]

71   d) **Bezirkshandelsvertreter.** Direktgeschäfte des Unternehmers oder von einem Dritten, einem anderen HV, herbeigeführte Kundengeschäfte gehören in den einem BezirksHV geschuldeten Auszug, der grds. alle Geschäfte mit geschützten oder im Vertreterbezirk ansässigen Kunden wiedergeben muss.[295] Haben die Vertragsparteien allerdings eine bestimmte Art von Kundengeschäften oder Geschäfte mit bestimmten Kunden von der Provisionspflicht ausgenommen, gehören diese Geschäfte nicht in den Buchauszug.

72   e) **Mehrstufiges Vertriebssystem.** In den Buchauszug für einen Hauptvertreter, der im mehrstufigen Vertriebssystem **(Strukturvertrieb)** echte Untervertreter für sich tätig werden lässt oder an den Provisionen unechter Untervertreter partizipiert (s. § 84), ist zusätzlich alles aufzunehmen, was sich in den Büchern des Unternehmers über die von den Untervertretern herbeigeführten Geschäfte befindet.[296]

73   f) **Meinungsverschiedenheiten über Zahlungsanspruch.** Bei Meinungsverschiedenheiten zwischen den Parteien über einen Vergütungsanspruch des HV aus bestimmten einzelnen Kundengeschäften gehören die das umstrittene Geschäft betreffenden Angaben in den Auszug.[297] Nur wenn der Buchauszug alle diese Angaben enthält, kann er seinen Zweck erfüllen, dem HV über seine Provisionsansprüche oder die an deren Stelle tretenden Schadensersatzansprüche Klarheit zu verschaffen und ihm eine Nachprüfung seiner Ansprüche zu ermöglichen.[298]

74   4. **Erstellungszeitpunkt und mehrfacher Buchauszug.** Der Anspruch auf Buchauszug besteht vom Zeitpunkt der ersten erhaltenen oder geschuldeten Abrechnung über das Ende des Vertretervertrags hinaus solange, bis er erloschen, verjährt oder gegenstandslos geworden ist.[299] Die gesetzliche Formulierung „bei jeder Abrechnung" enthält keine Beschränkung des Anspruchs auf den Zeitpunkt der geschuldeten Abrechnung,[300] sondern stellt klar, dass der Auszug – von dem im Gesetz nicht geregelten Fall der verweigerten Abrechnung abgesehen – erst in Ergänzung und zur Nachprüfung

---

[289] OLG Saarbrücken NJW – RR 2002, 391, 392; *Emde* MDR 2003, 1151, 1157; MünchKommHGB/ *v. Hoyningen-Huene* RdNr. 39; aA OLG Köln DB 1997, 2130, 2131.
[290] Vgl. OLG Hamburg BB 1998, 971, 972 = HVR Nr. 881; aA BGH Urt. v. 21. 3. 2001 – VIII ZR 149/99, WM 2001, 1258 = ZIP 2001, 876, 879 m. Anm. *Emde* EWiR 2001, 731; OLG Celle BB 1962, 1017; OLG Nürnberg BB 1999, 150, 151 = HVR Nr. 896 m. Anm. v. *Manteuffel/Evers* EWiR 1998, 951; OLG Hamm Beschl. V. 14. 5. 2003 -35 U 36/02, *Seetzen* HVR Nr. 1092; *Emde* MDR 2003, 1151, 1157; MünchKommHGB/ *v. Hoyningen-Huene* RdNr. 40; *Westphal* RdNr. 444 und Vertriebsrecht RdNr. 725; *Küstner* HVR RdNr. 1451.
[291] *Emde* MDR 2003, 1151, 1157.
[292] OLG Düsseldorf f Urt. v. 26. 1. 2001 – 16 U 99/00, HVR Nr. 951 und OLGR 2001, 387, 388; *Emde* MDR 2003, 1151, 1158.
[293] OLG Celle BB 1962, 1017.
[294] Vgl. auch *Emde* MDR 2003, 1151, 1158.
[295] BGH Urt. v. 29. 11. 1995 – VIII ZR 293/94, ZIP 1996, 129, 131.
[296] Siehe dazu *Emde* MDR 1999, 1108, 1109 ff.
[297] MünchKommHGB/*v. Hoyningen-Huene* RdNr. 39, 51.
[298] BGH Urt. v. 11. 7. 1980 – I ZR 192/78, EBE 1981, 35; BGH Urt. v. 23. 10. 1981 – I ZR 171/79, LM Nr. 10; BGH Urt. v. 21. 3. 2001 – VIII ZR 149/99, WM 2001, 1258 = ZIP 2001, 876, 877, 878, 879 m. Anm. *Emde* EWiR 2001, 731; OLG Hamm VersR 1995, 779.
[299] *Emde* MDR 2003, 1151, 1158; MünchKommHGB/*v. Hoyningen-Huene* RdNr. 44.
[300] MünchKommHGB/*v. Hoyningen-Huene* RdNr. 44.

Abrechnung über die Provision 75–78 § 87 c

einer erhaltenen Abrechnung verlangt werden darf.[301] Der HV kann den Buchauszug bei jeder Abrechnung[302] und damit wiederholt beanspruchen, dann allerdings bezogen auf die neu abgerechneten Vorgänge. Ein späterer Auszug darf den vorangegangenen fortschreiben, solange Übersichtlichkeit und Verständlichkeit gewahrt bleiben.[303]

5. Rechtliche Bedeutung. Der Buchauszug ist eine Wissens- und nicht eine Willenserklärung;[304] er enthält die bloße Wiedergabe und **Übermittlung tatsächlicher Angaben** aus den Geschäftsbüchern. Rechtliche Erklärungen gibt der Unternehmer mit dem Auszug nicht ab,[305] insbesondere erkennt er damit eine Provisionsverpflichtung hinsichtlich einzelner vermittelter Kundengeschäfte im Zweifelsfall nicht an.[306] An die mitgeteilten, einen bestimmten Zahlungsanspruch rechtfertigenden Tatsachen ist er indessen grundsätzlich gebunden. 75

III. Bucheinsicht – Abs. 4   76

1. Das Recht auf Bucheinsicht. Das Recht auf Bucheinsicht ergänzt und vervollständigt die Informationsrechte des HV hinsichtlich der in den Büchern des Unternehmers enthaltenen Tatsachen. Bucheinsicht kann verlangt werden, wenn **(1)** Abrechnung oder Buchauszug verweigert werden,[307] was spätestens mit erfolglosem Verstreichen einer zur Leistung gesetzten angemessenen Frist feststeht, **(2)** ein den Mindestanforderungen entsprechender Auszug nicht erteilt wird, **(3)** begründete Zweifel an der Vollständigkeit oder Richtigkeit von Abrechnung oder Buchauszug bestehen, oder **(4)** eine Klage auf Erteilung eines Buchauszugs mit der Begründung abgewiesen worden ist, dass ein solcher bereits erteilt sei.[308]

2. Begründete Zweifel. Soweit die Rechte des HV nach § 87 c Zweifel an Richtigkeit oder Vollständigkeit einer erteilten Information voraussetzen, sind objektiv begründete, nicht lediglich subjektive Zweifel des HV erforderlich.[309] Es genügen Zweifel, die sich auf einen nicht ganz unerheblichen Punkt beziehen;[310] dazu reichen regelmäßig Unstimmigkeiten in den Zahlenangaben. 77

3. Die zur Bucheinsicht berechtigten Personen. Das Recht auf Einsicht in die Geschäftsbücher und sonstigen Geschäftsunterlagen des Unternehmers ist durch den HV oder einen Wirtschaftsprüfer/vereidigten Buchprüfer auszuüben.[311] Das **Bestimmungsrecht** über die Person des Einsichtnehmenden steht dem Unternehmer zu,[312] dessen Geheimhaltungsinteresse auf diese Weise Rechnung getragen wird[313] und der dem HV dazu weder Begründung noch Rechenschaft schuldet. Trifft der Unternehmer binnen einer vom HV zu setzenden Frist die Bestimmung nicht, geht das Recht gemäß § 264 Abs. 2 BGB auf den HV über.[314] Der Einsicht nehmende Wirtschaftsprüfer/Buchprüfer ist vom HV zu beauftragen,[315] die dadurch anfallen notwendigen **Kosten** hat der Unternehmer dem HV zu ersetzen, wenn die Voraussetzungen eine Schadensersatzanspruchs gegeben sind (RdNr. 45). Übt der HV das Einsichtsrecht selbst aus, kann er auf seine Kosten einen Wirtschafts- oder vereidigten Buchprüfer hinzuziehen (RdNr. 45).[316] Dies gilt auch dann, wenn der Unternehmer lediglich zur „Bucheinsicht" verurteilt ist und er den Handelsvertreter zum Einsichtnehmenden bestimmt.[317] Der Anspruch auf Bucheinsicht ist untrennbar mit 78

---

[301] MünchKommHGB/*v. Hoyningen-Huene* RdNr. 43.
[302] S. auch *Emde* MDR 2003, 1151, 1158.
[303] *Emde* MDR 2003, 1151, 1158.
[304] *Emde* MDR 2003, 1151, 1158.
[305] MünchKommHGB/*v. Hoyningen-Huene* RdNr. 41.
[306] *Emde* MDR 2003, 1151, 1158.
[307] *Hopt* RdNr. 26.
[308] OLG Köln DB 2000, 2269 = HVR Nr. 980.
[309] BGH Urt. v. 31. 1. 1979 – I ZR 8/77, WM 1979, 463; MünchKommHGB/*v. Hoyningen-Huene* RdNr. 68; *Schröder* RdNr. 14.
[310] OLG Düsseldorf DB 1971, 1857 und OLGR 2000, 382, 385; OLG Köln DB 2000, 2269; *Knorr* BB 1972, 990; MünchKommHGB/*v. Hoyningen-Huene* RdNr. 67; *Westphal* Vertriebsrecht RdNr. 735; *Stötter* HVRecht 142; *Küstner* HVR RdNr. 1466.
[311] BGH Urt. v. 1. 12. 1978 – I ZR 7/77, LM § 88 Nr. 6; MünchKommHGB/*v. Hoyningen-Huene* RdNr. 66.
[312] AA *Stötter* HVRecht 144.
[313] OLG Düsseldorf OLGR 1999, 424. OLG Frankfurt BB 2002, 427, 428 = NJW-RR 2002, 823.
[314] MünchKommHGB/*v. Hoyningen-Huene* RdNr. 74; Staub/*Brüggemann* RdNr. 23; *Küstner* HVR RdNr. 1467; aA *Schröder* RdNr. 17 a, b, seine Lösung über § 315 BGB ist unpraktikabel und zu zeitaufwändig für das kurzfristig durchzusetzende Recht des HV auf Einsicht.
[315] MünchKommHGB/*v. Hoyningen-Huene* RdNr. 76.
[316] OLG Düsseldorf Beschl. v. 27. 3. 1968 – 8 W 126/67, HVR Nr. 383; *Hopt* RdNr. 27; *Westphal* Vertriebsrecht RdNr. 736; vgl. MünchKommHGB/*v. Hoyningen-Huene* RdNr. 75.
[317] OLG Frankfurt BB 2002, 427= NJW-RR 2002, 823 = HVR Nr. 938.

dem nicht abdingbaren Recht des Handelsvertreters zur Hinzuziehung dieser Hilfspersonen verbunden.[318]

79 **4. Die Einsichtnahme.** Das Einsichtsrecht reicht soweit, wie dies zur Feststellung der Richtigkeit oder Vollständigkeit von Abrechnung oder Buchauszug erforderlich ist. Danach hat der Unternehmer grds. Einsicht in alle Geschäftsbücher und Unterlagen zu gewähren, in welchen sich Anhaltspunkte für die konkret zu treffenden Feststellungen finden können;[319] das sind im Zweifel die gesamten Geschäftsunterlagen des Unternehmers einschließlich EDV etc. (RdNr. 17).[320] Bei Verweigerung des Buchauszugs unterliegen dem Einsichtsrecht alle Bücher und Unterlagen, in denen Tatsachen festgehalten sein können, welche die von § 87 c erfassten Zahlungsansprüche des HV aus dem Vertretervertrag betreffen können. Eine ungeordnete oder zu berechtigten Zweifeln an Vollständigkeit und/ oder Richtigkeit Anlass gebende Buchführung führt zu dem Recht auf Einsicht in sämtliche Geschäftsunterlagen. Das Einsichtsrecht umfasst die Befugnis zur Fertigung von **Abschriften** oder **Auszügen** aus den Büchern und Unterlagen.[321] Die Aufwendungen dafür gehören zu den Kosten der Einsichtnahme (RdNr. 45).

80 **5. Zutrittrecht.** Mit dem Recht auf Bucheinsicht ist notwendigerweise die Pflicht des Unternehmers verbunden, den zur Einsicht berechtigten Personen Zutritt zu sämtlichen Räumen zu gewähren, in welchen sich für das Einsichtsrecht bedeutsame Geschäftsunterlagen befinden können. Damit kann sich das Zutrittsrecht auf die Privaträume des Unternehmers oder die Räume Dritter erstrecken. Der Unternehmer ist verpflichtet, die Zugangsmöglichkeit zu solchen Räumen zu verschaffen, welche Pflicht der HV notfalls gerichtlich durchsetzen muss. Bei unvollständigen Büchern folgt aus dem Einsichtsrecht die Befugnis, in den Geschäftsräumen nach den fehlenden Geschäftsunterlagen zu suchen.

81 **6. Erlöschen.** Mit der Einsichtnahme erlöschen das Recht auf Bucheinsicht und Buchauszug. Durch eine laufende Gewährung von Einsicht in seine Unterlagen während des Vertragsverhältnisses kann der Unternehmer im Zweifel das Einsichtsrecht aus Abs. 4 nicht erfüllen. Durch gelegentliche Einsicht in die Geschäftsunterlagen des Unternehmers vor Erhalt eines Buchauszugs übt der HV sein Einsichtsrecht nicht aus. Das Recht auf Bucheinsicht kann erneut ausgeübt werden, wenn wegen weiterer Zahlungsforderungen die Rechte des HV nach Abs. 1 und 2 von neuem entstehen. Das Einsichtsrecht ist dann auf die Geschäftsunterlagen beschränkt, in welchem für die neuen Zahlungsansprüche bedeutsame Tatsachen dokumentiert sein können.

IV. Auskunft – Abs. 3

82 Das Recht auf Auskunft nach Abs. 3 ergänzt die Rechte aus Abs. 1, 2 sowie 4 und erstreckt sich auf die Tatsachen, welche sich nicht aus den Geschäftsbüchern des Unternehmers ergeben,[322] auf deren Kenntnis der HV jedoch zur Wahrung seiner Ansprüche und Rechte aus dem HVVertrag angewiesen ist.[323] Der Anspruch erfasst auch Tatsachen, über welche der Unternehmer unaufgefordert Mitteilung machen muss. Nach Abs. 3 schuldet der Unternehmer Auskunft, nicht aber eine Rechnungslegung[324] oder die Vorlage von Belegen und Unterlagen (RdNr. 43). Abs. 3 begründet einen **eigenständigen Anspruch**, dessen Voraussetzungen sich allein aus dieser Vorschrift ergeben; die weitergehenden Voraussetzungen für den aus § 242 BGB hergeleiteten allgemeinen Auskunftsanspruch sind hier ohne Bedeutung. **In zeitlicher Hinsicht** erstreckt sich der Auskunftsanspruch nach Abs. 3 wie die sonstigen Rechte nach § 87 c grds. auf den Zeitraum des tatsächlich bestehenden HVVertrags sowie auf die noch aus dem Vertrag folgenden Vergütungsforderungen oder die an deren Stelle tretenden Ersatzansprüche. Weitergehende Auskunft über **nachvertragliche Umstände** kann der HV unter den Voraussetzungen des § 242 BGB verlangen, wenn er sie zB für einen nachvertraglichen Schadensersatzanspruch nach § 89 a Abs. 2 benötigt; in den Rechtsfolgen und damit inhaltlich werden sich der vertragliche Anspruch aus Abs. 3 und der Auskunftsanspruch aus § 242 BGB regelmäßig decken.

---

[318] OLG Frankfurt BB 2002, 427, 428 = NJW–RR 2002, 823 = HVR Nr. 938.
[319] Vgl. *Hopt* RdNr. 25; MünchKommHGB/*v. Hoyningen-Huene* RdNr. 71 bis 73; *Stötter* HVRecht 143.
[320] OLG Düsseldorf OLGR 1999, 424.
[321] MünchKommHGB/*v. Hoyningen-Huene* RdNr. 77; *Schröder* RdNr. 17 d.
[322] AA OLG Dresden Beschl. v. 28. 5. 1996 – 2 U 591/96, HVR Nr. 813.
[323] BGH Urt. v. 20. 2. 1964 – VII ZR 147/62, LM Nr. 4 a; BGH Urt. v. 21. 3. 2001 – VIII ZR 149/99, WM 2001, 1258 = ZIP 2001, 876, 878 m. Anm. *Emde* EWiR 2001, 731; OLG Hamm MDR 1967, 770; OLG Köln BB 1972, 468; OLG Bamberg Urt. v. 17. 12. 1999 – 6 U 41/99, HVR Nr. 936; MünchKommHGB/*v. Hoyningen-Huene* RdNr. 54 bis 59; *Schröder* RdNr. 12 b; Koller/*Roth*/Morck RdNr. 13; *Küstner* HVR RdNr. 1470; *Stötter* HVRecht 140.
[324] BGH Urt. v. 5. 11. 2002 – XI ZR 381/01, EBE 2003, 6, 8; vgl. BGH Urt. v. 29. 1. 1985 – X ZR 54/83, BGHZ 93, 327, 329, 330.

V. Eidesstattliche Versicherung

Das letzte Mittel zur Behebung verbliebener Zweifel an Richtigkeit und Vollständigkeit erhaltener Informationen ist die in § 87 c nicht ausdrücklich erwähnte eidesstattliche Versicherung.[325] Bei begründeten Zweifeln kann der HV hinsichtlich aller unter § 87 c fallenden Informationen die Rechte auf eidesstattliche Versicherung aus § 259 Abs. 2 BGB (hinsichtlich Abrechnung, Auszug oder Einsicht) oder aus § 260 Abs. 2 BGB (hinsichtlich Auskunft) ausüben,[326] sofern durch die in § 87 c vorgesehenen und grundsätzlich vorrangig auszuübenden Rechte, insbesondere das Recht auf Bucheinsicht, die bestehenden Zweifel nicht haben ausgeräumt werden können.[327] Richtigkeit und Vollständigkeit von Abrechnung und Auszug hat der Unternehmer dann an Eides statt zu versichern, wenn das Recht auf Bucheinsicht **(1)** rechtzeitig ausgeübt und durchgeführt, wenn es **(2)** verweigert worden ist oder sich **(3)** als nicht durchführbar erwiesen hat.[328] Bei Erlöschen oder Verjährung des Rechts auf Bucheinsicht infolge nicht rechtzeitiger Ausübung kann der HV auch eidesstattliche Versicherung durch den Unternehmer nicht mehr verlangen.

83

D. Prozessuale Durchsetzung

I. Klage, Stufenklage und einstweilige Verfügung

Der HV kann die Rechte des § 87 c eigenständig oder im Weg der Stufenklage nach § 254 ZPO einklagen.[329] Zum Gegenstand einer Stufenklage dürfen die Informationsrechte des § 87 c und als Leistungsanspruch der durch sie gesicherte und vorbereitete Provisionsanspruch oder der an seine Stelle tretende Ersatzanspruch gemacht werden;[330] der Ausgleichsanspruch kann Gegenstand einer Stufenklage sein, wenn in der ersten Stufe der Auskunftsanspruch des Abs. 3[331] oder in der letzten Stufe zugleich ein auf Provision oder Schadensersatz gerichteter Vergütungsanspruch eingeklagt werden;[332] zur gleichzeitigen Abweisung von Informationsbegehren und Zahlungsantrag wird auf die Kommentierung zu § 89 b verwiesen. Ohne besondere prozessuale Zulassung und Kostennachteile darf der HV jederzeit von dem stufenweisen Vorgehen Abstand nehmen und auf einen Leistungsantrag übergehen,[333] wenn er seinen Zahlungsanspruch ohne die zunächst geforderte Information des Unternehmers beziffern kann.[334] Mit dem Recht auf Bucheinsicht kann im Weg der Anspruchshäufung nach § 260 ZPO der Vorschussanspruch (RdNr. 45) eingeklagt werden. In Ausnahmefällen kann ein Antrag auf Erlass einer einstweiligen Verfügung in Form einer Leistungsverfügung nach § 940 ZPO gerechtfertigt sein.[335]

84

II. Klageantrag

Im Klageantrag ist das Begehren sachlich und zeitlich hinsichtlich der Geschäfte, auf welche sich die verlangte Information beziehen soll, zu umschreiben und zu begrenzen;[336] die für die Vollstreckung notwendige Konkretisierung des Begehrens gehört nicht erst in das Vollstreckungsverfahren.[337] Bei der eingeklagten Provisionsabrechnung sind die abzurechnenden Provisionen oder Provisionszeiträume genau zu bezeichnen[338] durch die Angabe, auf die Zahlungsansprüche auf Grund welcher möglichen Kundengeschäfte sich die Abrechnung erstrecken soll; eine bestimmte Art der Abrechnung kann nicht verlangt und beantragt werden.[339] Das Gleiche gilt für den Antrag auf

85

---

[325] Vgl. *Westphal* Vertriebsrecht RdNr. RdNr. 711.
[326] Dazu *Stötter* HVRecht 145, 146.
[327] Vgl. BGH Urt. v. 18. 2. 1998 – VIII ZR 376/96, WM 1998, 1461 = MDR 1998, 920 m. Anm. *Hirtz* EWiR 1998, 437; OLG Hamburg MDR 1961, 1012; *Hopt* RdNr. 20.
[328] BGH Urt. v. 16. 5. 1960 – VII ZR 206/59, BGHZ 32, 302 = NJW 1960, 1662; vgl. auch BGH Urt. v. 18. 2. 1998 – VIII ZR 376/96, WM 1998, 1461, 1462 = MDR 1998, 920 m. Anm. *Hirtz* EWiR 1998, 437; BGH Urt. v. 21. 3. 2001 – VIII ZR 149/99, WM 2001, 1258 = ZIP 2001, 876 m. Anm. *Emde* EWiR 2001, 731.
[329] OLG Düsseldorf NJW 1965, 2352 0 HVR Nr. 329; *Emde* MDR 2003, 1151, 1159.
[330] OLG Düsseldorf Urt. v. 11. 4. 2003 – I – 16 U 81/02, HVR Nr. 1082.
[331] Siehe dazu allgemein BGH Urt. v. 2. 3. 2000 – III ZR 65/99, EBE 2000, 108.
[332] Weniger streng *Emde* MDR 2003, 1151, 1159.
[333] BGH Urt. v. 8. 5. 1985 – IV a ZR 138/83, BGHZ 94, 268, 275; BGH Urt. v. 5. 5. 1999 – XII ZR 184/97, BGHZ 141, 306, 317; *Zöller* ZPO 23. Aufl. 2002, § 91 a RdNr. 58 „Stufenklage".
[334] Vgl. BGH Urt. v. 15. 11. 2000 – IV ZR 274/99, EBE 2001, 2.
[335] *Emde* MDR 2003, 1151, 1159; *Hopt* RdNr. 28; MünchKommHGB/v. *Hoyningen-Huene* RdNr. 83.
[336] *Emde* MDR 2003, 1151, 1159.
[337] Vgl. aber OLG Hamm MDR 1967, 770; aA wohl *Hopt* RdNr. 24.
[338] OLG Thüringen Urt. v. 24. 11. 1999 – 2 U 250/99, HVR Nr. 1113; *Emde* MDR 2003, 1151, 1159.
[339] *Hopt* RdNr. 11.

Buchauszug[340] und Bucheinsicht.[341] Der Inhalt von Abrechnung und Buchauszug braucht nicht im Einzelnen aufgeführt zu werden, er ergibt sich aus dem Gesetz;[342] allerdings vermeidet die Aufnahme der mit dem Buchauszug verlangten Angaben in den Klageantrag späteren Streit im Vollstreckungsverfahren. In dem auf Bucheinsicht gerichteten Klageantrag[343] ist außerdem die Person zu benennen, die Einsicht nehmen soll. Was Gegenstand von Auskunft und eidesstattlicher Versicherung sein soll, hat der Antrag genau zu beschreiben.[344]

III. Darlegungs- und Beweislast

86 Hinsichtlich Darlegungs- und Beweislast gelten die allgemeinen Grundsätze. Der Unternehmer hat zu beweisen, dass die Informationsrechte erloschen oder gegenstandslos geworden sind; die behauptete Einigung der Parteien auf eine bestimmte Abrechnung oder Provisionszahlung ist von ihm genau darzulegen[345] und zu beweisen; dem HV obliegt die Beweislast für die Unwirksamkeit einer Einigung mit dem Unternehmer über die noch offen gebliebenen Provisionsforderungen, zu deren Durchsetzung er sich auf die Rechte aus § 87c beruft. Bei Klage auf Abrechnung und Buchauszug genügt die Darlegung (und Beweisführung) des bestehenden Vertreterverträgs und der konkret aufgezeigten[346] Möglichkeit zumindest eines entstandenen Zahlungsanspruchs durch Vermittlung von Kunden oder Abschluss von Kundengeschäften;[347] zum Rechtsschutzbedürfnis braucht der Handelsvertreter nichts vorzutragen (RdNr. 16),[348] da die Voraussetzungen eines Rechtsmissbrauchs vom Anspruchsgegner darzulegen und zu beweisen sind; der Hinweis auf die vorgerichtliche Erfüllungsverweigerung des Unternehmers ist lediglich im Hinblick auf § 93 ZPO angebracht. Bei Klage auf Bucheinsicht, Auskunft und eidesstattliche Versicherung sind die zusätzlichen Anspruchsvoraussetzungen dieser Rechte im Einzelnen von dem HV darzulegen und zu beweisen.[349]

IV. Urteil

87 Der **Urteilstenor** muss wie der Klageantrag genau bezeichnen, wegen welcher Kundengeschäfte eine Information nach § 87c zu erteilen ist.[350] Wenn nicht ausnahmsweise nur wegen einzelner, dann im Tenor konkret anzugebender Kundengeschäfte die Verpflichtung zu Abrechnung, Buchauszug oder Bucheinsicht bestehen soll, ist im Tenor grds. der Zeitraum wiederzugeben, auf welchen sich Abrechnung, Auszug oder Bucheinsicht zu erstrecken haben.[351] Regelmäßig ist das der Zeitraum, für welchen eine Provisionsabrechnung oder ein Buchauszug geschuldet aber verweigert oder erteilt worden ist, jedoch durch Buchauszug oder wegen bestehender Zweifel durch Bucheinsicht überprüft werden soll. Das Urteil muss nicht aussprechen, wie die ordnungsgemäße Informationserteilung im Einzelnen auszusehen hat; das ergibt sich unmittelbar aus dem Gesetz. Verurteilung zu „Abrechnung", „Buchauszug" oder „Bucheinsicht" reicht ebenso wie der in dieser Weise gestellte Klageantrag.[352] Die nach Abs. 3 zu erteilende ergänzende Auskunft ist im Tenor möglichst genau, zB nach Anlass, Gegenstand oder Zeitraum des Auskunftsverlangens, zu umschreiben. Hat der HV einen Titel mit genauer Anordnung des Inhalts der zu erstellenden Information im Einzelnen erstritten, ist grds. der Titel maßgebend. Andere oder weitergehende Angaben als im Titel vorgesehen schuldet der Unternehmer dann nicht mehr. Gegen das Verlangen nach zu weitgehenden Angaben muss sich der Unternehmer bereits im Erkenntnisverfahren wehren. Andererseits darf ein auf Auskunft durch den Unternehmer lautendes Urteil selbst dann grundsätzlich nicht in die Verpflichtung zu Provisions-

---

[340] *Hopt* RdNr. 21.
[341] *Hopt* RdNr. 25.
[342] Vgl. OLG Frankfurt DB 2002, 474 = MDR 2002, 478; aber auch *Seetzen* WM 1985, 217; aA OLG Saarbrücken OLGR 2001, 386, 388; *Segger* Urteilsanm. VersR 2004, 781; aA wohl auch MünchKommHGB/*v. Hoyningen-Huene* RdNr. 51.
[343] Vgl. *Seetzen* WM 1985, 218; MünchKommHGB/*v. Hoyningen-Huene* RdNr. 79; *Stötter* HVRecht 143.
[344] Vgl. *Baumgärtel* RdNr. 3; *Stötter* HVRecht 141.
[345] Noch weitergehend: OLG Thüringen Urt. v. 24. 11. 1999 – 2 U 250/99, HVR Nr. 1113.
[346] *Baumgärtel* RdNr. 2.
[347] BGH Urt. v. 7. 10. 1977 – I ZR 10/76, AP Nr. 14; vgl. auch BGH Urt. v. 23. 10. 1981 – I ZR 171/79, LM Nr. 10; OLG Düsseldorf OLGR 2000, 382; vgl. auch OLG Düsseldorf OLGR 2001, 387, 388; OLG Köln Urt. v. 29. 11. 2002 – 19 U 88/02, HVR Nr. 1099.
[348] Teilweise aA und nicht unbedenklich LG Hannover VersR 2001, 764 m. zust. Anm. *Emde* EWiR 2001, 731, 732 und VersR 2002, 151, 156 f.
[349] *Seetzen* WM 1985, 219; *Baumgärtel* RdNr. 3.
[350] Vgl. *Hopt* RdNr. 25.
[351] *Hopt* RdNr. 25 (für Bucheinsicht).
[352] *Emde* MDR 2003, 1151, 1159.

abrechnung, Buchauszug oder Bucheinsicht **umgedeutet** werden, wenn eine solche Umdeutung bei einer entsprechenden Verpflichtung in einem Vertrag oder Vergleich rechtlich zulässig und möglich sein sollte. In einem **Teilurteil** muss in jeder Stufe über den gesamten Zeitraum, der Gegenstand des jeweiligen Klagantrags ist, und über alle von der jeweils eingeklagten Informationspflicht erfassten Vorgänge einheitlich entschieden werden, andernfalls das Teilurteil im Zweifel nach § 301 Abs. 1 Satz 2 ZPO unzulässig ist.[353]

V. Rechtskraft und Bindung des Gerichts

Das rechtskräftige (Teil-)Urteil über Rechte aus § 87 c trifft keine Entscheidung über das Bestehen etwaiger Zahlungsansprüche des HV;[354] diese sind selbst dann nicht Streitgegenstand, wenn im Weg der Stufenklage nach § 254 ZPO zugleich der Zahlungsanspruch eingeklagt wird, zunächst aber nur über die Informationsrechte gesondert verhandelt und entschieden wird.[355] Insoweit besteht auch keine Bindung des Gerichts nach § 318 ZPO,[356] weil die Rechte des § 87 c nicht das Bestehen von Zahlungsansprüchen, sondern nur deren Möglichkeit voraussetzen. Eben sowenig besteht im Rechtsstreit über das Bestehen eines nachrangigen Informationsrechts – zB nach Abs. 4 – eine Bindung an die vorausgegangene rechtskräftige Entscheidung über das (Nicht-)Bestehen eines vorrangigen Informationsrechts – zB nach Abs. 2 –, sofern nur dieses konkrete Informationsrecht Streitgegenstand der vorangegangenen Entscheidung war.[357]

VI. Zwangsvollstreckung

Zu vollstrecken sind die titulierten Pflichten zu **Provisionsabrechnung** und Ergänzung oder ausnahmsweise Neuerstellung des **Buchauszugs** (RdNr. 48), weil sie auf die Feststellung und Ermittlung von Tatsachen und Sachverhalten gerichtet sind, welche sich aus den Geschäftsunterlagen des Unternehmers ergeben sollen, grds. als vertretbare Handlung nach § 887 ZPO[358] im Weg der Ersatzvornahme[359] auf Kosten des vorschusspflichtigen Unternehmers[360] und nur bei Unmöglichkeit einer solchen Vollstreckung, jedoch nicht kumulativ zu der Vollstreckung nach § 887,[361] ausnahmsweise nach § 888 ZPO,[362] wobei der Schuldner die gegebenenfalls notwendige Mitwirkungshandlung eines Dritten mit allen ihm zur Verfügung stehenden rechtlichen und tatsächlichen Mitteln herbeizuführen hat.[363] Um die Vollstreckung nicht zu vereiteln und Abs. 5 nicht zu umgehen, darf der Unternehmer weder seine **Vorschusspflicht** durch Sicherheitsleistung abwenden noch mit einem Gegenanspruch aufrechnen.[364] Das Recht des HV nach Abs. 4 steht der Vollstreckung des Rechts nach Abs. 2 nicht entgegen,[365] jedoch wird durch eine Ersatzvornahme zugleich Bucheinsicht iSv. Abs. 4 gewährt. Die vom Unternehmer geschuldete Gewährung der **Bucheinsicht** ist in erster Linie nach § 887, gegebenenfalls iVm § 883 ZPO in analoger Anwen-

---

[353] OLG Saarbrücken Urt. v. 15. 6. 2001 – 1 U 78/01–19, OLGR 2001, 386 = NJW – RR 2002, 34 HVR Nr. 1055 (Teilurteil über Buchauszug).
[354] OLG Hamm VersR 1995, 779.
[355] BGH Urt. v. 20. 2. 1969 – VII ZR 101/67, NJW 1969, 880; BGH Urt. v. 22. 5. 1981, I ZR 34/79, LM § 88 Nr. 9; MünchKommHGB/*v. Hoyningen-Huene* RdNr. 51.
[356] BGH Beschl. v. 10. 6. 1999 – VII ZB 17/98, MDR 1999, 1082; vgl. auch BGH Urt. v. 26. 4. 1989 – IVb ZR 48/88, BGHZ 107, 230, 242 = MDR 1989, 895; MünchKommZPO/*Lüke* § 254 RdNr. 22.
[357] OLG Köln DB 2000, 2269 m. Anm. *Ernde* EWiR 2000, 1161 und Bspr. VersR 2002, 151, 156; MünchKommHGB/*v. Hoyningen-Huene* RdNr. 81.
[358] OLG Düsseldorf Beschl. v. 2. 1. 1964 – 8 W 230/63, HVR Nr. 307; OLG Hamm MDR 1967, 770, HVR Nr. 879 und Beschl. v. 27. 3. 1998 – 35 W 2/98, HVR Nr. 960; OLG Köln MDR 1995, 1064 und Urt. v. 12. 9. 2001 – 19 U 21/01, HVR Nr. 1050; OLG Frankfurt Beschl. v. 31. 1. 2002 – 1 W 20/01, HVR Nr. 1130; *Emde* MDR 2003, 1151, 1159; MünchKommHGB/*v. Hoyningen-Huene* RdNr. 37, 52; MünchKommZPO/*Schilken* § 887 RdNr. 7 zum Buchauszug; aA OLG Neustadt MDR 1965, 298; KG Beschl. v. 22. 3. 2001 – 2 W 974/00, HVR Nr. 1004; Staub/*Brüggemann* RdNr. 20.
[359] OLG Köln Beschl. v. 9. 10. 1991 – 17 W325/91, HVR Nr. 709; OLG Düsseldorf Beschl. v. 15. 6. 1994 – 16 W 19/94, HVR Nr. 817; ausf. dazu OLG Hamm Beschl. v. 12. 6. 2003 – 35 W 8/02, HVR Nr. 1093; LG Bonn HVR Nr. 839; *Emde* MDR 2003, 1151, 1159; Heymann/*Sonnenschein*/*Weitemeyer* RdNr. 12; vgl. auch MünchKommHGB/ *v. Hoyningen-Huene* RdNr. 37; Küstner RdNr. 1458; aA für Abrechnung OLG München Beschl. v. 22. 7. 1959 – 6 W 833/59, HVR Nr. 259.
[360] OLG Nürnberg Beschl. v. 9. 2. 1971 – 4 W 75/70, HVR Nr. 438; OLG Düsseldorf Beschl. v. 15. 6. 1994 – 16 W 19/94, HVR Nr. 817; OLG Hamburg Beschl. v. 15. 7. 2000 – 4 W 36/00, HVR Nr. 956; *Emde* MDR 2003, 1151, 1159; MünchKommHGB/*v. Hoyningen-Huene* RdNr. 37; Küstner RdNr. 1458.
[361] OLG Celle Beschl. v. 27. 8. 1962 – 8 W 163/62, HVR Nr. 290.
[362] OLG Hamm Beschl. v. 19. 11. 1993 – 29 W 105/93, HVR Nr. 767.
[363] Vgl. OLG Stuttgart Beschl. v. 26. 7. 2005 – 5 W 36/05, MDR 2006, 293.
[364] OLG Celle Urt. v. 21. 4. 2005 – 11 U 263/04, HVR Nr. 1146; MünchKommZPO/*Schilken* § 887 RdNr. 17.
[365] OLG Hamburg Beschl. v. 4. 8. 1954 – 6 W 270/54, HVR Nr. 55; OLG Köln Urt. v. 12. 9. 2001 – 19 U 21/01, HVR Nr. 1050.

dung, zu vollstrecken,[366] insbesondere wenn dem Einsichtsberechtigten der Zugang zu den Geschäftsräumen oder die Einsicht verwehrt werden.[367] Hinsichtlich der nicht auf diese Weise feststellbaren Tatsachen oder wenn unvertretbare Handlungen erforderlich werden,[368] muss nach § 888 ZPO vollstreckt werden.[369] Wenn der Titel nichts Gegenteiliges bestimmt, obliegen die **Einsicht in die Geschäftsbücher** und damit auch die **Ersatzvornahme** entsprechend der gesetzlichen Regelung in Abs. 4 im Regelfall einem vom HV zu beauftragenden Wirtschafts- oder vereidigten Buchprüfer.[370] Der HV kann einen Buchprüfer seines Vertrauens beauftragen, muss dabei aber angemessene Rücksicht auf die Interessen des kostenpflichtigen Unternehmers nehmen.[371] Dem zur Einsicht berechtigten Dritten muss der Unternehmer Zutritt zu den Geschäftsräumen und Einsicht in alle Geschäftsbücher und Unterlagen (RdNr. 79 und 80) gewähren, in welchen sich Angaben befinden können, die in den Buchauszug gehören.[372] Die vom Unternehmer zu erteilende ergänzende **Auskunft** ist nach § 888 ZPO zu vollstrecken.[373] Der HV darf nur das konkret titulierte Informationsrecht vollstrecken und im Vollstreckungsverfahren nicht auf ein **anderes Informationsrecht übergehen;** erteilt der Unternehmer zB den ausgeurteilten Buchauszug nicht freiwillig und will der Handelsvertreter nicht nach § 887 ZPO vorgehen, sondern statt dessen sein Einsichtsrecht nach Abs. 4 ausüben, muss er dieses Recht erst titulieren lassen. Die Rechtskraft des Ermächtigungsbeschlusses nach § 887 ZPO oder die Anordnung der Ersatzvornahme hindern den Schuldner nicht an einer **freiwilligen Erfüllung** seiner Verpflichtung in anderer Weise.[374] Im Verfahren zur Zwangsvollstreckung der titulierten Rechte nach § 87 c ist der Vollstreckungsschuldner grds. mit dem **Einwand der Erfüllung** zu hören;[375] deswegen muss die Rechtsfrage, ob die vom Unternehmer zur Verfügung gestellten Unterlagen den an einen Buchauszug zu stellenden (Mindest-)Anforderungen entsprechen und der Unternehmer damit die titulierte Verpflichtung bereits erfüllt hat, im Vollstreckungsverfahren entschieden werden.[376] Hingegen ist im Vollstreckungsverfahren grundsätzlich nicht mehr zu prüfen, ob die Vornahme der titulierten Handlung unzumutbar oder voraussichtlich erfolglos sein[377] oder ob das Verlangen auf Aufnahme sämtlicher titulierter Angaben in den Buchauszug **rechtsmissbräuchlich** sein könnte, wenn die Angaben kraft Gesetzes nicht in einen Buchauszug gehören und ein berechtigtes Interesse des HV an diesen Angaben nicht zu erkennen ist;[378] im Vollstreckungsverfahren ist der HV nicht mehr verpflichtet, den Vollstreckungstitel zu rechtfertigen. Die bloße Tatsache der notwendigen **Vollstreckung** eines deutschen Titels **im Ausland** macht die zu vollstreckende Handlung noch nicht zu einer unvertretbaren Vollstreckungsmaßnahme;[379] erst wenn sich eine Vollstreckung nach § 887 ZPO als undurchführbar erweist, ist nach § 888 ZPO vorzugehen.[380]

VII. Streitwert und Rechtsmittelbeschwer

90 Das Interesse des HV an der Durchsetzung seiner Rechte aus § 87 c und damit deren Streitwert sowie gegebenenfalls auch eine Rechtsmittelbeschwer bestimmen sich, wie der Große Senat für

---

[366] S. d. ausführlich OLG Frankfurt MDR 2002, 478 = NJW – RR 2002, 823 = HVR N. 938; *Seetzen* WM 1985, 218; zur Abgrenzung zwischen vertretbarer und unvertretbarer Handlung im Sinn dieser Vorschriften siehe ausführlich auch OLG Köln MDR 2002, 294 = HVR Nr. 1130 und OLG Düsseldorf, Beschl. v. 21. 1. 2004 – I – 16 W50/03, HVR Nr. 1126.
[367] Vgl. OLG Koblenz MDR 1994, 198.
[368] OLG Frankfurt BB 2002, 427 = MDR 2002, 478 (Fn. 294).
[369] OLG Köln MDR 1995, 1064; *Emde* MDR 2003, 1151, 1159; MünchKommHGB/*v. Hoyningen-Huene* RdNr. 37.
[370] OLG Hamm MDR 1967, 770; OLG Koblenz MDR 1994, 198; OLG Köln MDR 1995, 1064; OLG Düsseldorf OLGR 1999, 424 und 449 sowie MDR 2000, 167, 168; OLG Nürnberg BB 1999, 150, 151 m. Anm. v. *Manteuffel/Evers* EWiR 1998, 951.
[371] OLG Düsseldorf OLGR 1999, 449; weiter *Westphal* RdNr. 453.
[372] *Emde* MDR 2003, 1151, 1159.
[373] OLG Frankfurt Beschl. v. 31. 1. 2002 – 1 W 20/01, HVR Nr. 1130.
[374] BGH Urt. v. 22. 6. 1995 – IX ZR 100/94, MDR 1995, 1060; MünchKommZPO/*Schilken* § 887 RdNr. 12; vgl. auch OLG Nürnberg BB 1999, 150 = HVR Nr. 896 und EWiR 1998, 951 sowie MünchKommHGB/*v. Hoyningen-Huene* RdNr. 52.
[375] So allgemein BGH Urt. v. 5. 11. 2004 – IX a ZB 32/04, BGHZ 161, 67 = EBE 2004, 410; siehe auch OLG München Beschl. v. 26. 3. 2002 – 7 W 691/02, HVR Nr. 1054; OLG Hamm Beschl. V. 12. 6. 2003 – 35 W 8/02, HVR Nr. 1093; anders noch OLG Köln Urt. v. 12. 9. 2001 – 19 U 21/01, HVR Nr. 1050 sowie MünchKommHGB/*v. Hoyningen-Huene* RdNr. 52, einschränkend: *Hopt* RdNr. 12.
[376] OLG München NJW – RR 2002, 1034.
[377] BGH Beschl. v. 7. 4. 2005 – I ZB 2/05, MDR 2005, 1314.
[378] Vgl. zu dieser Problematik: OLG Köln Beschl. v. 9. 2. 2004 – 19 W 2/04, HVR Nr. 1102.
[379] OLG Düsseldorf, Beschl. v. 21. 1. 2004 – I – 16 W 50/03, HVR Nr. 1126, aA OLG Frankfurt Beschl. v. 14. 12. 2000 – 5 W 21/00, HVR Nr. 1129 m. zust. Anm. *Schuschke* EWiR 2001, 243 und Beschl. v. 31. 1. 2002 – 1 W 20/01, HVR Nr. 1130; *Emde* MDR 2003, 1151, 1159; aA Hans. OLG Hamburg Beschl. v. 5. 4. 2005 – 6 W 15/05, HVR Nr. 1154.
[380] OLG Düsseldorf Beschl. v. 21. 1. 2004 – I – 16 W50/03, HVR Nr. 1126.

Zivilsachen des Bundesgerichtshofs 1994 entschieden hat,[381] nach einem Bruchteil des Werts der Zahlungsforderung, welche der HV durchzusetzen hofft. Für die Bewertung des **Abwehrinteresses** des Unternehmers sind nach dieser Entscheidung regelmäßig allein die ihm durch die Erfüllung der Informationsansprüche entstehenden **Kosten** maßgeblich[382] einschließlich der durch Einschaltung eines Dritten (zB Sachverständiger, Buchprüfer) anfallenden Kosten.[383] Der Unternehmer kann grundsätzlich frei entscheiden, mit welchem Aufwand er die ihn treffenden Verpflichtungen erfüllen will. In Ausnahmefällen kann zusätzlich ein besonderes **Geheimhaltungsinteresse** des Unternehmers zu berücksichtigen sein.[384] Durch eine freiwillige Teilerfüllung des Informationsanspruchs vorprozessual entstandene Kosten[385] oder erst im Vollstreckungsverfahren voraussichtlich anfallende höhere Aufwendungen des Unternehmers sind bei der Bewertung des Anwehrinteresses des Unternehmers nicht zu berücksichtigen. Bei einer **Stufenklage** des HV ist für Streitwert und Beschwer der Wert des Anspruchs maßgebend, über den jeweils zu entscheiden ist.[386] Wird die Stufenklage insgesamt abgewiesen, bemessen sich Streitwert und Beschwer nach dem vollen Wert des mit der letzten Stufe geltend gemachten oder zumindest angekündigten Zahlungsanspruchs.[387]

E. Europarecht

Allgemeine Ausführungen und Text der HV-RiLi s. Vor § 84 Anh. § 87 c setzt Art. 12 HV-RiLi um. **91** Trotz der teilweise etwas abweichenden Formulierungen ist die Umsetzung wohl nicht zu beanstanden. § 87 c Abs. 3 entspricht der **Option,** die Art. 12 Abs. 4 HV-RiLi den Mitgliedstaaten einräumt.

§ 87 d [Ersatz von Aufwendungen]

Der Handelsvertreter kann den Ersatz seiner im regelmäßigen Geschäftsbetrieb entstandenen Aufwendungen nur verlangen, wenn dies handelsüblich ist.

Schrifttum: Siehe zunächst Schrifttumsverzeichnis vor § 84; im Übrigen wird auf das Schrifttumsverzeichnis der Vorauflage verwiesen.

Übersicht

	RdNr.		RdNr.
1. Bedeutung der Vorschrift	1	c) Vorvertragliche, die Tätigkeit vorbereitende und nachvertragliche Aufwendungen	10
2. Nicht im regelmäßigen Geschäftsbetrieb entstandene Aufwendungen	2	d) Fahrzeugkosten, Reisekosten	11
3. Begriff der Aufwendungen	3	8. Vorschuss	12
4. Regelmäßiger Geschäftsbetrieb	4	9. Aufwendungspauschale	13
5. Aufwendungsersatzanspruch	5, 6	10. Vertragsfreiheit und Abdingbarkeit	14
a) Rechtsgrundlagen und Entstehen	5	11. Handelsvertreterähnlich ausgestaltete Rechtsverhältnisse	15
b) Insolvenz des Unternehmers	6		
6. Handelsüblichkeit	7	12. Beweislast	16
7. Einzelne Aufwendungen	8–11	13. Europarecht	17
a) Nicht zu erstattende Aufwendungen	8		
b) Zu erstattende Aufwendungen	9		

---

[381] Beschl. v. 24. 11. 1994 – GSZ 1/94 – BGHZ 128, 85 = NJW 1994, 664 = ZIP 1995, 506.
[382] Ebenso BGH Urt. v. 18. 2. 1998 – VIII ZR 232/97, WM 1998, 1463; BGH Urt. v. 24. 6. 1999 – IX ZR 351/98, MDR 1999, 1222 (notwendiger Zeitaufwand bei einer großen Anzahl gleichartiger einzelner Handlungen); BGH Beschl. v. 15. 2. 2000 – X ZR 127/99, MDR 2000, 900; BGH Beschl. v. 30. 3. 2000 – II ZB 2/00, BB 2000, 1268 (Verurteilung zur Abgabe der eidesstattlichen Versicherung); BGH Beschl. v. 5. 3. 2001 – II ZB 11/00, BB 2001, 752 (für Beschwer maßgeblicher Aufwand an Zeit und Kosten zur Gewährung der Einsicht in Geschäftsunterlagen und deren Beaufsichtigung); OLG München Beschl. v. 12. 7. 2000 – 7 U 5325/99, HVR Nr. 988 (Buchauszug); *Schulte* MDR 2000, 805; aA jetzt wieder OLG Stuttgart MDR 2001, 112.
[383] Vgl. BGH Beschl. v. 5. 2. 2001 – II ZB 7/00, EBE 2001, 82 (für Beschwer maßgeblicher Aufwand infolge der Einschaltung eines Steuerberaters zur geschuldeten Rechnungslegung bei alters- oder krankheitsbedingter Unfähigkeit des Pflichtigen zur Eigenleistung).
[384] BGH Beschl. v. 10. 6. 1999 – VII ZB 17/98, MDR 1999, 1082 m. Anm. *Greger* EWiR 1999, 919; vgl. auch BGH Beschl. v. 14. 7. 1999 – VIII ZR 29/99, MDR 1999, 1218; BGH Beschl. v. 5. 3. 2001 – II ZB 11/00, BB 2001, 752; BGH Beschl. v. 25. 1. 2005 – VIII ZB 33/05; sowie allgemein BGH Beschl. v. 10. 8. 2005 – XII ZB 63/05, MDR 2006, 267, 268.
[385] Vgl. BGH Beschl. v. 27. 6. 2001 – IV B 3/01, MDR 2001, 1183 (zur Rechtsmittelbeschwer des zur Auskunft verurteilten Beklagten).
[386] BGH Beschl. v. 15. 2. 2000 – X ZR 127/99, BB 2000, 900.
[387] BGH Beschl. v. 1. 10. 2001 – II ZR 217/01, MDR 2002, 107.

§ 87 d 1–5

1. Bedeutung der Vorschrift. § 87 d enthält eine Sonderregelung zu § 670 BGB und geht von dem **Grundsatz** aus, dass der unter § 84 HGB fallende HV als selbständiger Kaufmann sämtliche mit der Ausübung seines Handelsgewerbes anfallenden Kosten selbst zu tragen hat[1] und sich die Zahlungspflicht des Unternehmers – von Sonderfallgestaltungen wie bei § 89 b und § 90 a abgesehen – auf die Provision beschränkt.[2] Von diesem Grundsatz macht § 87 d für im regelmäßigen Geschäftsbetrieb anfallende Aufwendungen eine **Ausnahme**[3] für den Fall, dass ihre Erstattung durch den Geschäftsherrn der Handelsüblichkeit entspricht. Dann gewährt § 87 d einen **eigenständigen gesetzlichen Anspruch,** neben welchem § 670 BGB nicht anzuwenden ist.[4] Entspricht die Erstattung nicht der Handelsüblichkeit, kann der HV Ersatz dieser im regelmäßigen Geschäftsbetrieb angefallenen Aufwendungen auch nicht nach § 670 BGB beanspruchen.[5]

2. Nicht im regelmäßigen Geschäftsbetrieb entstandene Aufwendungen. § 87 d enthält keine Regelung zu den nicht im regelmäßigen Geschäftsbetrieb des HV angefallenen Aufwendungen und bestimmt insbesondere nicht, dass diese grundsätzlich oder im Zweifel von dem Unternehmer zu tragen und zu erstatten sind.[6] Die Erstattung richtet sich vielmehr nach den Abmachungen der Vertragspartner[7] oder nach den Grundsätzen der Geschäftsführung ohne Auftrag des BGB (RdNr. 5). Die Handelsüblichkeit kann hier allenfalls im Rahmen des § 677 BGB erheblich werden.[8]

3. Begriff der Aufwendungen. Der Begriff der Aufwendungen ist derselbe **wie in § 670 BGB.**[9] Er umfasst alle Kosten und kostenauslösenden Maßnahmen, also alle Vermögensopfer,[10] welche dem HV unmittelbar oder mittelbar durch die Ausübung seines Handelsgewerbes entstehen (siehe im Einzelnen unten RdNr. 7–10).[11] Darunter fallen die üblichen Werbungskosten gemäß § 9 EStG, aber auch Belastungen für die Beseitigung von Schäden, welche der HV sich oder Dritten anlässlich seiner Berufsausübung zufügt.[12] Die zu § 670 BGB für Arbeitnehmer oder unentgeltlich im Interesse des Auftraggebers tätig werdende Auftragnehmer entwickelten Grundsätze der Schadensverlagerung auf den Arbeitgeber/Auftraggeber lassen sich nicht allgemein auf den HV übertragen.[13]

4. Regelmäßiger Geschäftsbetrieb. Grundsätzlich hat der HV die in seinem regelmäßigen Geschäftsbetrieb entstehenden Aufwendungen[14] selbst zu tragen.[15] Das sind alle Kosten und Lasten, welche bei der Erfüllung der ihm durch den HVVertrag in seiner jeweils geltenden Fassung vom Unternehmer ohne besonderes Entgelt auferlegten Haupt- oder Nebenpflichten anfallen,[16] die also im weitesten Sinn unmittelbar oder mittelbar seinem Geschäftsbetrieb oder der Vermittlung/dem Abschluss von Kundenverträgen dienen.[17] Nicht mehr im regelmäßigen Geschäftsbetrieb fallen Kosten für die Erledigung von Aufgaben an, welche über die vertraglichen Verpflichtungen des HV hinausgehen;[18] wenn solche Aufgaben dem HV jedoch ausnahmsweise durch Vereinbarung zusätzlich auferlegt und übertragen werden, fallen sie ebenfalls im regelmäßigen Geschäftsbetrieb iSv. § 87 d an[19] und werden durch die Provision abgegolten, sofern nicht (der HV nachweisen kann, dass) der HVVertrag ein besonderes Entgelt oder einen Aufwendungsersatz für diese Leistungen vorsieht.[20]

5. Aufwendungsersatzanspruch. a) Rechtsgrundlagen und Entstehen. Ein Aufwendungsersatzanspruch kann zugunsten des HV bestehen, wenn ausnahmsweise[21] **(1)** der **HVVertrag** dies für

---

[1] *Schröder* RdNr. 1; *Westphal* Vertriebsrecht RdNr. 747.
[2] *Heymann/Sonnenschein/Weitemeyer* RdNr. 1, 4; *Hopt* RdNr. 1.
[3] *Hopt* RdNr. 2.
[4] MünchKommHGB/*v. Hoyningen-Huene* RdNr. 7.
[5] *Hopt* RdNr. 1.
[6] *Hopt* RdNr. 5; MünchKommHGB/*v. Hoyningen-Huene* RdNr. 6; aA wohl aber Koller/*Roth*/Morck RdNr. 1; *Küstner* HVR RdNr. 1501.
[7] Teilweise aA *Hopt* RdNr. 5 (§ 670 BGB gilt).
[8] Insoweit wohl aA *Westphal* Vertriebsrecht RdNr. 747.
[9] S. d. BGB-RGRK/*Steffen* § 670 RdNr. 1 f., 10 f.; aA wohl Koller/*Roth*/Morck RdNr. 2; *Hopt* RdNr. 3.
[10] *Heymann/Sonnenschein/Weitemeyer* RdNr. 3.
[11] *Heymann/Sonnenschein/Weitemeyer* RdNr. 3.
[12] Vgl. *Steindorff* S. 273 f.; RGRK-BGB/*Steffen* § 670 RdNr. 12 f.; MünchKommBGB/*Seiler* § 670 RdNr. 14; anders und enger: *Hopt* RdNr. 3, vgl. auch Heymann/*Sonnenschein/Weitemeyer* RdNr. 8.
[13] Vgl. MünchKommHGB/*v. Hoyningen-Huene* RdNr. 8; aA Heymann/*Sonnenschein/Weitemeyer* RdNr. 8.
[14] S. d. *Hopt* RdNr. 4 und 5.
[15] *Hopt* RdNr. 1.
[16] Heymann/*Sonnenschein/Weitemeyer* RdNr. 4; *Hopt* RdNr. 4; MünchKommHGB/*v. Hoyningen-Huene* RdNr. 9; *Schröder* RdNr. 3; *Westphal* Vertriebsrecht RdNr. 748.
[17] *Alff* RdNr. 105.
[18] *Hopt* RdNr. 5.
[19] *Hopt* RdNr. 4.
[20] *Hopt* RdNr. 4.
[21] *Schröder* DB 1956, 417; *Steindorff* S. 283, 285.

bestimmte Aufwendungen vorsieht,²² **(2)** die Erstattung von im regelmäßigen Geschäftsbetrieb anfallenden Aufwendungen handelsüblich ist und deswegen **§ 87 d** eingreift, **(3)** der Unternehmer den HV mit einer über die Aufgaben des HVVertrags hinausgehenden Geschäftsbesorgung im Sinn der **§§ 662, 675 BGB** betraut und deswegen **§ 670 BGB** anzuwenden ist,²³ wobei allerdings die bloße „Weisung" des Unternehmers an den HV in der Regel einen rechtsverbindlichen Auftrag noch nicht darstellt, oder wenn **(4)** bei Fehlen eines solchen Auftrags oder Vertrags die Voraussetzungen einer berechtigten Geschäftsführung ohne Auftrag gemäß **§§ 677 f.** BGB gegeben sind und **§§ 670, 683 BGB** gelten.²⁴ Bei Auslegung des Vertrags und Ermittlung von Interesse sowie wirklichem oder mutmaßlichem Willen des Unternehmers im Sinn von §§ 677, 683 BGB darf nicht außer Acht gelassen werden, dass er im Zweifel über die Provisionszahlung und etwaige besondere Kostenzusagen im Vertrag hinaus ohne vorherige Absprache oder Zusage weitere Zahlungen für Leistungen des HV nicht erbringen will.²⁵ Der Anspruch **entsteht** mit der vollständigen Verwirklichung des anspruchsbegründenden Tatbestands, selbst wenn der HVVertrag zwischenzeitlich beendet worden ist.

b) Insolvenz des Unternehmers. In der Insolvenz des Unternehmers ist der HV wegen seines vor Eröffnung des Insolvenzverfahrens bereits entstandenen Aufwendungsersatzanspruchs einfacher Insolvenzgläubiger nach § 38 InsO; nur der Erstattungsanspruch infolge einer dem Insolvenzverwalter geschuldeten und damit nach Insolvenzeröffnung erbrachten Tätigkeit kann eine Masseverbindlichkeit nach § 55 Abs. 1 InsO begründen.²⁶

6. Handelsüblichkeit. Auf Handelsüblichkeit darf nur abgestellt werden, wenn es sich um im regelmäßigen Geschäftsbetrieb entstandene Aufwendungen handelt und die Parteien im Vertrag hinsichtlich dieser Aufwendungen eine eindeutige – negative oder positive – Kostenregelung nicht getroffen haben. Maßgebend ist dann die Üblichkeit einer Kostenerstattung in der überwiegenden Zahl der Fälle²⁷ in dem Wirtschaftszweig, welchem die Vertragspartner angehören; im Zweifel, wenn für HV und Unternehmer unterschiedliche Handelsbräuche festzustellen sind, wird es auf den Wirtschaftszweig des auf Zahlung in Anspruch genommene Unternehmers ankommen.²⁸ Zu **ermitteln** ist die Handelsüblichkeit durch Anfragen bei Unternehmensverbänden sowie CDH (Centralvereinigung Deutscher Wirtschaftsverbände für Handelsvermittlung und Vertrieb, 10873 Berlin, Am Weidenstamm 1 A, 10117 Berlin, s. § 84 RdNr. 4), Industrie- und Handelskammern, Handwerkskammern oder durch Sachverständigengutachten

7. Einzelne Aufwendungen. a) Nicht zu erstattende Aufwendungen. Im Zweifelsfall, wenn sich Gegenteiliges nicht feststellen lässt, hat der HV die Aufwendungen, welche während des Vertragsverhältnisses anfallen, selbst dann zu tragen, wenn es sich um Kosten für über seine Vertragspflichten hinausgehende „überobligationsmäßige"²⁹ Leistungen handelt. Hierher gehören die normalerweise anfallenden Kosten für ein vertragsgemäß übernommenes **Inkasso** (s. d. aber auch § 87 Abs. 4);³⁰ für Teilnahme an **Vertreterkonferenzen**³¹ oder **Messen** mit Standdienst;³² für nicht zuvor mit dem Unternehmer abgesprochene **Werbemaßnahmen** für das zu vertreibenden Produkt³³ oder für Warenrepräsentation³⁴ sowie für Eigenwerbung; für **Marktanalysen**,³⁵ Produkt- und **Kundenpflege**,³⁶ für **Bewirtung** sowie **technische Unterstützung des Kunden**, soweit dies im Rahmen der Werbung des Kunden, also der Vertragsanbahnung geschieht;³⁷ für Unterhaltung eines **Lagers mit Warenauslieferung**,³⁸ (s. § 86), wenn die insoweit – insbesondere für die Warenauslieferung –

---

²² *Hopt* RdNr. 2; MünchKommHGB/*v. Hoyningen-Huene* RdNr. 17.
²³ MünchKommHGB/*v. Hoyningen-Huene* RdNr. 5; vgl. *Steindorff* S. 278, 286.
²⁴ Im Ergebnis ebenso Heymann/*Sonnenschein/Weitemeyer* RdNr. 2; HK-HGB/*Russ* RdNr. 2; *Hopt* RdNr. 5; MünchKommHGB/*v. Hoyningen-Huene* RdNr. 6, 7; *Schröder* RdNr. 4 a, 5.
²⁵ *Schröder* DB 1956, 417.
²⁶ *Emde/Kelm* ZIP 2005, 58, 61.
²⁷ *Westphal* Vertriebsrecht RdNr. 752.
²⁸ *Schröder* RdNr. 4; Heymann/*Sonnenschein/Weitemeyer* RdNr. 6; aA Staub/*Brüggemann* RdNr. 5; *Küstner* HVR RdNr. 1513; *Westphal* RdNr. 480 und Vertriebsrecht RdNr. 752 (Branche des HV maßgebend); unklar MünchKommHGB/*v. Hoyningen-Huene* RdNr. 15.
²⁹ Koller/*Roth*/Morck RdNr. 1.
³⁰ *Schröder* § 87 RdNr. 54.
³¹ *Küstner* HVR RdNr. 1507; *Westphal* RdNr. 476; aA MünchKommHGB/*v. Hoyningen-Huene* RdNr. 13.
³² AA MünchKommHGB/*v. Hoyningen-Huene* RdNr. 13; *Küstner* HVR RdNr. 1509.
³³ *Schröder* RdNr. 3 b; Heymann/*Sonnenschein/Weitemeyer* RdNr. 5; aA LAG Bremen DB 1955, 535; MünchKommHGB/*v. Hoyningen-Huene* RdNr. 13; *Küstner* HVR RdNr. 1505; *Westphal* RdNr. 477.
³⁴ MünchKommHGB/*v. Hoyningen-Huene* RdNr. 12.
³⁵ Heymann/*Sonnenschein/Weitemeyer* RdNr. 5; aA *Küstner* HVR RdNr. 1505; *Westphal* RdNr. 477.
³⁶ AA *Hopt* RdNr. 4; MünchKommHGB/*v. Hoyningen-Huene* RdNr. 13.
³⁷ AA *Westphal* RdNr. 477.
³⁸ Vgl. *Westphal* RdNr. 476; aber auch *Hopt* RdNr. 4; MünchKommHGB/*v. Hoyningen-Huene* RdNr. 13.

§ 87 d 9–12   1. Buch. 7. Abschnitt. Handelsvertreter

vereinbarte Provision erfahrungsgemäß nicht nur die Tätigkeit des HV, sondern auch dessen Kosten für die Lagerhaltung abdeckt; letztlich auch für an den Kunden gezahlte **Schmiergelder**.[39]

9   **b) Zu erstattende Aufwendungen.** Im Zweifel vom Unternehmer zu erstatten sind Kosten für **Auslieferung von Waren**[40] einschließlich der Transportkosten[41] oder für **Entgegennahme von Retouren**, wenn der HV kein eigenes Auslieferungslager unterhält;[42] für **Beweissicherungsmaßnahmen** nach §§ 55 Abs. 4 und 91 Abs. 2;[43] für **Kundendienstleistungen** des HV sowie für vom HV einzuholende **Genehmigungen**;[44] für die Versicherung der vom Unternehmer erhaltenen Musterstücke o. ä. (s. § 86 a) sowie für Kreditauskünfte hinsichtlich der Bonität möglicher Kunden (s. § 86).

10 **c) Vorvertragliche, die Tätigkeit vorbereitende und nachvertragliche Aufwendungen.** Für vor- oder nachvertragliche Aufwendungen gelten dieselben Grundsätze wie für vertragliche Aufwendungen. Soweit dem HV für vorvertragliche Kundenvermittlung eine Provision nach § 354 zusteht, entfällt idR ein Anspruch auf Erstattung von Aufwendungen. Aufwendungen des HV, die den Abschluss des HVVertrags mit dem Unternehmer erst herbeiführen sollen, fallen (im Sinn der §§ 662, 675, 677 BGB) bei der Ausführung eines eigenen Geschäfts des HV an und sind ihm nicht zu ersetzen.[45] Die bloße Aufforderung des Unternehmers an den HV, sich vorzustellen, enthält im Zweifel noch keinen Auftrag im Sinn des § 662.[46] Die Grundsätze über die Erstattung von **Vorstellungskosten** an Arbeitnehmer sind auf den HV als selbständigen Kaufmann nicht allgemein zu übertragen; unter § 87 d fallen diese Aufwendungen nicht.[47] Kosten welche der **Vorbereitung** und **Einarbeitung** der vereinbarten Tätigkeit des HV oder seiner **Fortbildung** dienen sollen, sind grundsätzlich von dem zu tragen, welcher sie aufwendet; die Rückzahlung solcher Kosten im Fall des Scheiterns oder Abbruchs der Fortbildung kann dem HV grds. nicht durch AGB/Formularvertrag auferlegt werden,[48] hingegen sind Vereinbarungen über eine Beteiligung des HV an vom Unternehmer aufgewendeten Kosten, wie zB Schulungskosten, in einem Formularvertrag/in AGB nicht zu beanstanden, wenn sie den berechtigten Belangen des HV angemessen Rechnung tragen und deswegen einer gebotenen Inhaltskontrolle standhalten.[49] Nachvertragliche Kosten zur Abwicklung des Vertragsverhältnisses hat jede Partei ohne Ersatzanspruch selbst zu tragen.

11 **d) Fahrzeugkosten, Reisekosten.** Der HV hat grundsätzlich seine Reisekosten selbst zu tragen.[50] Stellt der Unternehmer ihm jedoch ein Fahrzeug[51] oder eine Fahrkarte zur Verfügung, kann er dem HV die dafür anfallenden Kosten nur auf Grund einer mit dem HV getroffenen eindeutigen Erstattungsvereinbarung in Rechnung stellen.[52] Die Pflicht des HV, vereinbarungsgemäß die Kosten eines ihm von dem Unternehmer überlassenen Dienstwagens zu tragen, endet mit der Rückgabe des Fahrzeugs; eine darüber hinausgehende Zahlungspflicht kann sich aus einer entsprechenden Schadensersatzverpflichtung des HV oder aus einer Individualvereinbarung ergeben.[53]

12 **8. Vorschuss.** Soweit ein Aufwendungsersatzanspruch gegeben ist, hat der HV einen, gegebenenfalls wiederholt entstehenden, mit seinem Leistungsverlangen fällig werdenden[54] und während der Dauer des Vertragsverhältnisses für den Unternehmer nicht aufrechenbaren und auch nicht zurückhaltbaren Anspruch auf einen angemessenen Vorschuss analog § 669 BGB,[55] dessen Höhe sich im Zweifel nach den jeweils entstandenen und unmittelbar bevorstehenden Aufwendungen des HV richtet.[56] Über den erhaltenen Vorschuss hat der HV spätestens nach Vertragsende abzurechen. Die

---

[39] Heymann/*Sonnenschein*/*Weitemeyer* RdNr. 6; s. d. auch OLG Saarbrücken NJW-RR 1999, 1197; aA jedenfalls bei Zahlungen im Ausland: Hopt RdNr. 4; Koller/*Roth*/Morck RdNr. 5.
[40] MünchKommHGB/*v. Hoyningen-Huene* RdNr. 13; *Küstner* HVR RdNr. 1506; *Stötter* HVRecht 87.
[41] OLG Bremen DB 1960, 1212.
[42] *Westphal* RdNr. 479.
[43] *Schröder* § 91 RdNr. 11.
[44] MünchKommHGB/*v. Hoyningen-Huene* RdNr. 13; *Stötter* HVRecht 87.
[45] AA *Hopt* RdNr. 5.
[46] AA LG Hagen HVR Nr. 543; Heymann/*Sonnenschein*/*Weitemeyer* RdNr. 8; *Küstner* HVR RdNr. 1518; *Westphal* RdNr. 478.
[47] AG Lebach HVR Nr. 785; *Westphal* Vertriebsrecht RdNr. 750; aA AG Stuttgart HVR Nr. 702; *Hopt* RdNr. 5.
[48] OLG Celle Urt. v. 24. 4. 2003 – 11 U 226/02, HVR Nr. 1076; vgl. allgemein zu dieser Frage aus arbeitsrechtlicher Sicht BAG Urt. v. 11. 4. 2006 – 9 AZR 610/05, DStR 2006 Heft 16 S. XIV (Kurzbericht).
[49] BAG Urt. v. 24. 10. 2002 – 6 AZR 632/00, MDR 2003, 814, 815 = DB 2003, 1633.
[50] OLG Düsseldorf OLGR 2003. 79 = HVR Nr. 1079.
[51] Zur dinglichen Rechtslage an dem Fahrzeug: OLG Celle Urt. v. 10. 10. 2002 – 11 U 34/02, HVR Nr. 1075.
[52] OLG Düsseldorf OLGR 2003. 79 = HVR Nr. 1079.
[53] Vgl. zu dieser Problematik *Ehrich* EWiR 2005, 63.
[54] BGB-RGRK/*Steffen* § 669 RdNr. 4.
[55] MünchKommHGB/*v. Hoyningen-Huene* RdNr. 16.
[56] BGB-RGRK/*Steffen* § 669 RdNr. 2.

Zurückbehaltungsrecht   § 88 a

Nichtzahlung eines zu Recht angeforderten Vorschusses berechtigt den HV – anders als den Beauftragten nach § 662 BGB[57] – grds. nicht zur Verweigerung seiner Vertriebstätigkeit für den Unternehmer.

9. Aufwendungspauschale. Wenn der Unternehmer dem HV vereinbarungsgemäß eine laufende pauschale Aufwendungserstattung zahlt, müssen die Vertragspartner festlegen, ob damit bestimmte Aufwendungen des HV endgültig abgegolten sein sollen oder ob es sich um einen abzurechnenden Vorschuss handeln soll. Geschäftsgrundlage einer solchen Abrede ist regelmäßig, dass der HV seine Vertragspflichten in angemessener Weise erfüllt.[58] 13

10. Vertragsfreiheit und Abdingbarkeit. § 87 d regelt den Aufwendungsersatz **weder zwingend**[59] noch abschließend. Der in § 87 d niedergelegte, abweichenden **Individualabsprachen** zugängliche Grundsatz[60] entspricht allerdings dem gesetzlichen Leitbild des HV im Sinn von § 307 Abs. 2 Nr. 1 BGB nF und ist nicht durch – insbesondere vom HV vorgegebene – AGB oder Formularverträge abdingbar. Soweit die Vertragspartner hinsichtlich einzelner Aufwendungen **Vereinbarungen getroffen** haben, ist § 87 d grds. nicht anzuwenden; nur wenn eine Auslegung des Vereinbarten positiv ergibt, dass eine abschließende Regelung hinsichtlich aller Aufwendungen des HV nicht gewollt und erklärt worden ist, kann hinsichtlich der nicht unter die vertragliche Regelung fallenden Aufwendungen auf § 87 d zurückgegriffen werden. Bleiben Zweifel hinsichtlich der Reichweite einer Aufwendungserstattungsvereinbarung, ist insoweit ein Rückgriff auf § 87 d nicht zulässig. 14

11. Handelsvertreterähnlich ausgestaltete Rechtsverhältnisse. § 87 d gilt für den HV.[61] Allerdings kann auch einem **Kommissionagenten**,[62] Vertragshändler[63] oder **Franchisenehmer**[64] mit handelsvertreterähnlicher Rechtsstellung in gleicher Weise ein Erstattungsanspruch wegen seiner geschäftlichen Aufwendungen zustehen, wenn dies vereinbart oder handelsüblich ist oder die Voraussetzungen der §§ 670, 677, 683 BGB vorliegen. Insoweit kann auch § 87 d analog angewendet werden. 15

12. Beweislast. Im Prozess hat der HV außer den entstandenen Aufwendungen alle Voraussetzungen eines ihm ausnahmsweise zustehenden Erstattungsanspruchs einschließlich der Handelsüblichkeit zu beweisen. 16

13. Europarecht. Allgemeine Ausführungen und Text der HV-RiLi s. Vor § 84 Anh. § 87 d hat keine Entsprechung in der HV-RiLi. 17

§ 88 [Verjährung der Ansprüche]
Die Vorschrift mit dem Wortlaut
Die Ansprüche aus dem Vertragsverhältnis verjähren in vier Jahren, beginnend mit dem Schluß des Jahres, in dem sie fällig geworden sind

ist durch Art. 9 Nr. 2 iVm. Art. 25 des Gesetzes zur Anpassung von Verjährungsvorschriften an das Gesetz zur Modernisierung des Schuldrechts vom 9. Dezember 2004 – BGBl. I S. 3214 – mit Wirkung vom 15. Dezember 2004 **aufgehoben** worden. Für Rechte, welche zu diesem Zeitpunkt noch nicht verjährt waren, gilt das Verjährungsrecht des BGB (Art. 229 § 12 Abs. 1 iVm. § 6 Abs. 4 Satz 1 EGBGB). Wegen der Verjährung der Rechte aus einem HVVertrag wird auf die Kommentierung zu § 84 verwiesen.

§ 88 a [Zurückbehaltungsrecht]
(1) Der Handelsvertreter kann nicht im voraus auf gesetzliche Zurückbehaltungsrechte verzichten.
(2) Nach Beendigung des Vertragsverhältnisses hat der Handelsvertreter ein nach allgemeinen Vorschriften bestehendes Zurückbehaltungsrecht an ihm zur Verfügung gestellten Unterlagen (§ 86 a Abs. 1) nur wegen seiner fälligen Ansprüche auf Provision und Ersatz von Aufwendungen.

---

[57] BGB-RGRK/*Steffen* § 669 RdNr. 8.
[58] Im Ergebnis ähnlich OLG Braunschweig BB 1956, 226; vgl. auch *Küstner* HVR RdNr. 1515; aber *Westphal* RdNr. 482.
[59] *Hopt* RdNr. 2; MünchKommHGB/*v. Hoyningen-Huene* RdNr. 2.
[60] *Westphal* Vertriebsrecht RdNr. 753.
[61] MünchKommHGB/*v. Hoyningen-Huene* RdNr. 4.
[62] Ebenso *Canaris* § 16 RdNr. 8.
[63] AA *Canaris* § 17 RdNr. 22.
[64] AA *Canaris* § 18 RdNr. 25.

§ 88a 1, 2

Schrifttum: Siehe zunächst Schrifttumsverzeichnis vor § 84: Im Übrigen wird auf das Schrifttumsverzeichnis der Vorauflage verwiesen.

Übersicht

	RdNr.		RdNr.
1. Bedeutung und sachlicher Anwendungsbereich	1	a) Bedeutung der Vorschrift	9
2. Gegenstand des Zurückbehaltungsrechts	2–4	b) Fälliger Anspruch des HV	10
a) Zurückbehaltungsrecht an Rechten des Unternehmers	2	c) Provisionsansprüche	11
b) Zurückbehaltungsrecht an Unterlagen	3	d) Beendigung des Vertragsverhältnisses	12
c) Zurückbehaltungsrecht und § 667 BGB	4	e) Gegenstand des Zurückbehaltungsrechts nach Abs. 2	13
3. Absatz 1	5–8	f) Ausüben und Erlöschen des Zurückbehaltungsrechts	14
a) Verbot des Vorabverzichts	5	g) Abweichende Vereinbarungen	15
b) Mittelbarer Verzicht	6	5. Persönlicher Anwendungsbereich	16
c) Aufrechnung und Verbot des Abs. 1	7	6. Beweislast	17
d) Zulässige abweichende Vereinbarungen	8	7. Europarecht	18
4. Absatz 2	9–15		

1 **1. Bedeutung und sachlicher Anwendungsbereich.** Die 1953 in das Gesetz aufgenommene Vorschrift setzt ein bestehendes – auch ein fehlerhaftes, jedoch in Vollzug gesetztes – Vertragsverhältnis voraus, auf Grund dessen dem HV nach §§ 369, 370 oder – kumulativ daneben –[1] nach § 273 BGB ein **gesetzliches Zurückbehaltungsrecht** zustehen kann;[2] für dieses trifft § 88a zwei Regelungen. Zum Schutz des HV[3] besteht nach Abs. 1 das **unabdingbare Verbot eines (Vorab-)Verzichts** auf das noch nicht entstandene gesetzliche Zurückbehaltungsrecht. Dem Schutz des Unternehmers[4] dient die in Abs. 2 enthaltene **abdingbare Beschränkung des nachvertraglichen gesetzlichen Zurückbehaltungsrechts** des HV an den ihm zur Verfügung gestellten Unterlagen auf fällige Provisions- oder Aufwendungsersatzansprüche. **Im Übrigen kann der HV** während des Vertragsverhältnisses und nach dessen Beendigung bis zur vollständigen **Erfüllung aller seiner** daraus herzuleitenden **Forderungen** einschließlich des Ausgleichsanspruchs[5] das mit jeder einzelnen Forderung von neuem entstehende gesetzliche **Zurückbehaltungsrecht uneingeschränkt ausüben**.[6] Als Druckmittel steht es ihm – bei rechtzeitiger Ausübung (RdNr. 14) – zu, bis seine jeweilige Forderung vollständig in gesetzlich gebotener Weise, im Regelfall bei Geldforderungen also durch Barzahlung,[7] Buchgeldeingang oder bestätigten Bankscheck, tatsächlich – wenn auch uU im Weg einer Zug-um-Zug-Leistung – erfüllt ist.[8] Da § 88a nur in den beiden aufgezeigten Punkten Regelungen trifft, wird zu Entstehen, Fortbestand, Wirkungen und Grenzen des gesetzlichen Zurückbehaltungsrechts des HV sowie wegen des in § 88a nicht geregelten **Zurückbehaltungsrechts des Unternehmers** auf die Kommentierung zu §§ 369f. HGB und §§ 273f. BGB verwiesen.[9] Ein **vertraglich vereinbartes Zurückbehaltungsrecht** wird von der Vorschrift nicht erfasst.[10]

2 **2. Gegenstand des Zurückbehaltungsrechts. a) Zurückbehaltungsrecht an Rechten des Unternehmers.** Gegenstand des von § 88a erfassten Zurückbehaltungsrechts sind Rechte und Forderungen des Unternehmers gegen den HV, ohne dass es auf deren Wert ankommt.[11] Der Inhalt des einzelnen Vertrags bestimmt unter gebotener Berücksichtigung der berechtigten Interessen beider Parteien,[12] an welchen Rechten/Forderungen ein **Zurückbehaltungsrecht im Einzelfall nicht entstehen kann;** das trifft regelmäßig auf Gegenstände/Unterlagen zu, welche – wie zB Berichte des HV – für die laufende Abwicklung der Geschäftstätigkeit unverzüglich ausgetauscht werden müssen[13] oder vom Unternehmer für die Ausführung des vermittelten Geschäfts und dessen Abrechnung benötigt werden.[14]

---

[1] *Hopt* RdNr. 1; *Küstner* HVR RdNr. 1475; *Westphal* RdNr. 468.
[2] *Hopt* RdNr. 1.
[3] MünchKommHGB/*v. Hoyningen-Huene* RdNr. 2; *Westphal* Vertriebsrecht RdNr. 743.
[4] MünchKommHGB/*v. Hoyningen-Huene* RdNr. 3; *Westphal* Vertriebsrecht RdNr. 743.
[5] OLG Köln VersR 1970, 53; OLG München Urt. v. 26. 4. 2006 – 7 U 5350/05, ZIP 2006, 1916 (LS) für Vertragshändlervertrag.
[6] OLG München Urt. v. 26. 4. 2006 – 7 U 5350/05, ZIP 2006, 1916 (LS) für Vertragshändlervertrag.
[7] BGH Urt. v. 23. 1. 1996 – XI ZR 75/95, ZIP 1996, 418.
[8] BGH Urt. v. 28. 4. 1983 – I ZR 101/81, VersR 1983, 873.
[9] Vgl. dazu auch MünchKommHGB/*v. Hoyningen-Huene* RdNr. 4 bis 7.
[10] MünchKommHGB/*v. Hoyningen-Huene* RdNr. 4; Staub/*Brüggemann* RdNr. 1; *Schröder* RdNr. 1.
[11] *Schröder* RdNr. 2 (Zurückbehaltungsrecht an „wertlosen" Mustern); *Küstner* HVR RdNr. 1485.
[12] *Schröder* RdNr. 2.
[13] Staub/*Brüggemann* RdNr. 3; *Schröder* RdNr. 2.
[14] *Schröder* RdNr. 3.

b) Zurückbehaltungsrecht an Unterlagen. An den Unterlagen, welche der Unternehmer dem 3
HV gemäß § 86 a Abs. 1 zur Verfügung zu stellen hat,[15] scheidet während des Vertragsverhältnisses
ein Zurückbehaltungsrecht grundsätzlich aus, weil der HV sie zur Ausübung seiner Tätigkeit
benötigt,[16] ebenso an Gegenständen wie Mustern oder Werbematerial, welche er an Kunden auszuhändigen hat;[17] an solchen Gegenständen kann nach Vertragsende das eingeschränkte Zurückbehaltungsrecht des Abs. 2 entstehen.[18] Außerdem kann sich das Zurückbehaltungsrecht des HV
bereits vorher auf solche Unterlagen erstrecken, sobald sie vom Unternehmer zum Austausch
vorgesehen und bestimmt werden (zB Neuauflagen von Werbematerial).[19]

c) Zurückbehaltungsrecht und § 667 BGB. An sonstigen Gegenständen, welche der HV vom 4
Unternehmer zur Ausübung seiner Vertriebstätigkeit (Geschäftsbesorgung) erhalten hat und die, wie
zB Kommissions- oder Vorratswaren, nicht unter § 86 a Abs. 1 fallen (RdNr. 3),[20] oder welche er,
wie zB kassiertes Geld, aus der Geschäftstätigkeit erlangt hat, kann er trotz der Herausgabepflicht des
§ 667 BGB (s. d § 86) grundsätzlich sein Zurückbehaltungsrecht ausüben,[21] sofern nicht Gesetz oder
Vertrag im Einzelfall etwas Gegenteiliges zu entnehmen ist (RdNr. 2).[22] So ist das Zurückbehaltungsrecht ausgeschlossen, wenn der HV das Herauszugebende durch vorsätzliche Vertragsverletzung oder
unerlaubte Handlung erlangt hat, wie es zB bei vertragswidrig eingezogenen Kundengeldern der Fall
ist.[23] Hingegen führt die vertragswidrige Nichtabführung ordnungsgemäß eingezogener Kundengelder noch nicht zum Ausschluss des Zurückbehaltungsrechts.[24]

3. Absatz 1. a) Verbot des Vorabverzichts. Abs. 1 enthält das **unabdingbare**[25] unter § 134 5
BGB fallende Verbot eines Verzichts auf das gesetzliche Zurückbehaltungsrecht des HV, sofern er „im
Voraus" vereinbart oder einseitig erklärt wird, bevor also der zum Entstehen des Rechts des HV
erforderliche Tatbestand vollständig verwirklicht, seine durchzusetzende Forderung entstanden sowie
fällig ist und das Zurückbehaltungsrecht ausgeübt werden kann.[26] Ein vor diesem Zeitpunkt erklärter
Verzicht ist unwirksam,[27] selbst wenn er unter der aufschiebenden Bedingung des Entstehens der
Forderung des HV erklärt wird. § 242 BGB steht der Ausübung des Zurückbehaltungsrechts dann
nicht entgegen.[28] Nur der erst nach vollständigem Entstehen des durchzusetzenden Rechts erklärte
oder vereinbarte Verzicht ist wirksam (RdNr. 7).[29]

b) Mittelbarer Verzicht. Das **weit auszulegende**[30] **Verbot** des Abs. 1 erfasst auch solche 6
Vereinbarungen, welche durch Einschränkung oder Aushöhlung des gesetzlichen Zurückbehaltungsrechts[31] mittelbar einem (Vorab-) Verzicht gleichkommen, indem sie das Zurückbehaltungsrecht zB
für einzelne Forderungen ausschließen oder in sonstiger Weise – etwa auf (nicht) bestrittene
Forderungen – begrenzen,[32] die Voraussetzungen für sein Entstehen verschärfen, seine Wirkungen
durch Beschränkung seines Gegenstands einengen,[33] oder in sonstiger Weise die Rechtsstellung des
HV hinsichtlich des Zurückbehaltungsrechts materiellrechtlich oder prozessual beeinträchtigen wie
zB durch Vereinbarung von Vorleistungspflichten[34] oder durch Erschwerung der Rechtsverfolgung.[35]
Damit fällt auch die Regelung des § 371 Abs. 4 in den unabdingbaren Schutzbereich des Abs. 1.[36]

---

[15] *Hopt* RdNr. 3.
[16] *Schröder* RdNr. 8 a.
[17] *Hopt* RdNr. 4; MünchKommHGB/*v. Hoyningen-Huene* RdNr. 16; *Schröder* RdNr. 3.
[18] *Schröder* RdNr. 8 a.
[19] Vgl. auch *Hopt* RdNr. 4.
[20] OLG Düsseldorf BB 1990, 1086 HVR Nr. 687.
[21] Str.; vgl. wie hier OLG Köln VersR 1970, 53; OLG Düsseldorf BB 1990, 1086 HVR Nr. 687; *Hopt* RdNr. 1; aA OLG Düsseldorf OLGR 2000, 382, 384; OLG Hamm Urt. v. 10. 11. 2000 – 35 U 8/2000, HVR Nr. 973; Staub/ *Brüggemann* RdNr. 7; Heymann/*Sonnenschein/Weitemeyer* RdNr. 6; *Schröder* RdNr. 3; *Westphal* RdNr. 473.
[22] *Höft* Urteilsanm. VersR 1970, 461.
[23] *Höft* Urteilsanm. VersR 1970, 461.
[24] AA Staub/*Brüggemann* RdNr. 7; *Küstner* HVR RdNr. 1481; *Westphal* Vertriebsrecht RdNr. 746.
[25] *Hopt* RdNr. 2; MünchKommHGB/*v. Hoyningen-Huene* RdNr. 21.
[26] Staub/*Brüggemann* RdNr. 2; vgl. MünchKommHGB/*v. Hoyningen-Huene* RdNr. 13.
[27] MünchKommHGB/*v. Hoyningen-Huene* RdNr. 9.
[28] *Schröder* RdNr. 6.
[29] *Hopt* RdNr. 2.
[30] *Schneider* DB 1969, 1229.
[31] Staub/*Brüggemann* RdNr. 1; *Schnitzler* DB 1966, 570.
[32] BGH Urt. v. 29. 3. 1995 – VIII ZR 102/94, BGHZ 129, 186 = ZIP 1995, 839, 843; MünchKommHGB/ *v. Hoyningen-Huene* RdNr. 12.
[33] *Schnitzler* DB 1966, 570; vgl. MünchKommHGB/*v. Hoyningen-Huene* RdNr. 12.
[34] MünchKommHGB/*v. Hoyningen-Huene* RdNr. 12; *Schröder* RdNr. 3.
[35] *Schnitzler* DB 1966, 570.
[36] *Schnitzler* DB 1966, 549; MünchKommHGB/*v. Hoyningen-Huene* RdNr. 12.

§ 88a 7–12

7 c) Aufrechnung und Verbot des Abs. 1. Abs. 1 kann wie ein Aufrechnungsverbot wirken,[37] wenn die Vorschrift durch eine vorab getroffene Aufrechnungs- oder Verrechnungsvereinbarung über Forderungen des HV umgangen würde. Unabhängig von § 390 BGB erhält Abs. 1 dem HV die Möglichkeit der Ausübung des Zurückbehaltungsrechts gegenüber Geldforderungen des Unternehmers, weswegen seine Geltendmachung nicht als Aufrechnungserklärung gewertet werden darf.[38] Ebenso kann in einem Aufrechnungsverbot nicht zugleich ein Verbot der Zurückhaltung hinsichtlich gegenseitiger Geldforderungen gesehen werden.[39] Nach Fälligkeit der einzelnen Forderung des HV steht es den Parteien frei, auf das nunmehr hinsichtlich dieser Forderung bestehende Zurückbehaltungsrecht einvernehmlich zu verzichten[40] oder durch Vereinbarung die Aufrechnung zuzulassen; wegen Abs. 1 und § 390 BGB **bleibt dem Unternehmer aber weiterhin die einseitig vorgenommene Aufrechnung verwehrt,** durch welche er dem HV sein Druckmittel gleichsam „aus der Hand schlagen" könnte.[41]

8 d) Zulässige abweichende Vereinbarungen. Abs. 1 steht Vereinbarungen über die gesetzlich (§§ 273 Abs. 3 BGB, 369 Abs. 4 HGB) vorgesehene Abwendung des Zurückbehaltungsrechts durch Sicherheitsleistung[42] oder über die Verfügung hinsichtlich der dem Zurückbehaltungsrecht unterliegenden Gegenstände – mit Ausnahme der Aufrechnung (RdNr. 7) – nicht entgegen.[43]

9 4. Absatz 2. a) Bedeutung der Vorschrift. Abs. 2 betrifft nur das aus den „allgemeinen Vorschriften" herzuleitende **gesetzliche** Zurückbehaltungsrecht des HV an den Unterlagen des Unternehmers gemäss § 86a Abs. 1,[44] bestimmt aber nicht, dass nach Vertragsende nur noch ein Zurückbehaltungsrecht im Rahmen des Abs. 2 gegeben ist.[45] Für das gesetzliche Zurückbehaltungsrecht an dessen sonstigen Gegenständen[46] sowie für das vereinbarte Zurückbehaltungsrecht gilt Abs. 2 nicht;[47] für letzteres sind die getroffenen Absprachen maßgebend.

10 b) Fälliger Anspruch des HV. Für die Zeit nach Vertragsende[48] schränkt Abs. 2 das gesetzliche Zurückbehaltungsrecht des HV an den ihm vom Unternehmer zur Verfügung gestellten und unter § 86a Abs. 1 fallenden Unterlagen ein. Sie benötigt der Unternehmer grds. für die Fortführung seiner Geschäftstätigkeit, zB für den Nachfolger des HV; deswegen darf der HV an ihnen sein gesetzliches Zurückbehaltungsrecht nur wegen solcher Forderungen auf Provision und Aufwendungsersatz (§ 87d) geltend machen, welche im Zeitpunkt des Vertragsendes bereits fällig sind. Da diese Unterlagen bei Vertragsende zurückzugeben sind (vgl. § 86a), kann das Zurückbehaltungsrecht nicht auf Forderungen gestützt werden, welche erst nach Vertragsende fällig werden, selbst wenn der HV die Unterlagen in dem Zeitpunkt – zB auf Grund des ihm zustehenden Zurückbehaltungsrechts nach Abs. 2 – noch in Besitz hat und/oder die zu sichernde Forderung des HV bei Vertragsende bereits entstanden ist.

11 c) Provisionsansprüche. Zu den Provisionsansprüchen gemäß Abs. 2 gehören sämtliche Ansprüche nach § 87, 87a und 87b[49] einschließlich der Forderungen nach § 87a Abs. 3, nicht aber Schadenersatzansprüche wegen entgangener Provision, der Anspruch auf Ausgleich des § 89b oder auf Karenzentschädigung nach § 90a (s. a. RdNr. 1).[50]

12 d) Beendigung des Vertragsverhältnisses. Beendigung des Vertragsverhältnisses ist der Zeitpunkt, in welchem das Vertragsverhältnis rechtlich sein Ende findet. Weder die unberechtigte fristlose Kündigung noch das damit verbundene Beschäftigungsverbot an den HV beenden das Vertragsverhältnis (s. d. § 89a). Sagt sich eine Vertragspartei einseitig unberechtigt und endgültig vom Vertrag los oder stellt sie ihre Tätigkeit/die Erfüllung ihrer Leistungspflicht endgültig ein, muss zunächst das Vertragsende, zB durch fristlose Kündigung, rechtlich herbeigeführt werden, bevor die Beschränkung des Zurückbehaltungsrechts nach Abs. 2 wirksam werden kann.

---

[37] Vgl. aber auch MünchKommHGB/*v. Hoyningen-Huene* RdNr. 12.
[38] OLG Köln VersR 1970, 53; *Schneider* DB 1969, 1229.
[39] OLG Köln VersR 1970, 541; *Schneider* DB 1969, 1229; Heymann/*Sonnenschein*/*Weitemeyer* RdNr. 5; MünchKommHGB/*v. Hoyningen-Huene* RdNr. 12; *Küstner* HVR RdNr. 1493f.; *Westphal* RdNr. 47.
[40] MünchKommHGB/*v. Hoyningen-Huene* RdNr. 13, 14; *Schröder* RdNr. 6.
[41] S. Bamberger/Roth/*Dennhardt* § 390 RdNr. 3; aA – allerdings nicht zu § 88a –: RGRK-BGB/*Weber* § 390 RdNr. 4.
[42] Vgl. Staub/*Brüggemann* RdNr. 5.
[43] Vgl. Heymann/*Sonnenschein*/*Weitemeyer* RdNr. 5; *Küstner* HVR RdNr. 1479.
[44] *Hopt* RdNr. 3.
[45] *Westphal* RdNr. 473.
[46] MünchKommHGB/*v. Hoyningen-Huene* RdNr. 16.
[47] Vgl. *Hopt* RdNr. 1 und 5.
[48] MünchKommHGB/*v. Hoyningen-Huene* RdNr. 17.
[49] MünchKommHGB/*v. Hoyningen-Huene* RdNr. 19.
[50] *Hopt* RdNr. 5; *Schröder* RdNr. 8; *Westphal* RdNr. 473; *Alff* RdNr. 180; vgl. MünchKommHGB/*v. Hoyningen-Huene* RdNr. 20.

e) Gegenstand des Zurückbehaltungsrechts nach Abs. 2. Gegenstand des eingeschränkten Zurückbehaltungsrechts nach Abs. 2 sind alle Unterlagen im Sinn des § 86a Abs. 1, welche **mit dem Willen des Unternehmers in den Besitz des HV gelangt** sind,[51] damit er seiner HVTätigkeit nachgehen kann. Eine unmittelbare Besitzübergabe durch den Unternehmer an den HV ist für das „Zur Verfügung Stellen" nicht erforderlich. 13

f) Ausüben und Erlöschen des Zurückbehaltungsrechts. Der **HV muss sein Zurückbehaltungsrecht** an den erhaltenen Unterlagen **sofort geltend machen,** wenn der Unternehmer diese herausverlangt; andernfalls erlischt es und für den Unternehmer entsteht der Anspruch auf einredefreie Herausgabe. Zur wirksamen Geltendmachung des Zurückbehaltungsrechts gehören die genaue **Darlegung der zu „sichernden" Forderungen** des HV sowie die konkrete **Bezeichnung der zurückgehaltenen Unterlagen.** Da der HV die unter § 86a fallenden Unterlagen nach Vertragsende an den Unternehmer herauszugeben hat (s. d. § 86) und ihm die dann noch bestehenden Provisions- und Aufwendungsersatzansprüche zumindest dem Grunde nach bekannt sein müssen, ist es mit Sinn und Zweck des Abs. 2 sowie der mit dieser Regelung verfolgten (Pflicht zur) unverzüglichen Rückgabe der Unterlagen des § 86a an den Unternehmer[52] nicht zu vereinbaren, dem HV nach Vertragsende das Recht einzuräumen, die Rückgabe der Unterlagen grundlos zu verweigern und sich erst später, zB im Prozess, erstmals mit konkreter Begründung auf sein Recht aus Abs. 2 zu berufen. 14

g) Abweichende Vereinbarungen. Abs. 2 enthält **dispositives Recht.** Die Parteien können abweichende Vereinbarungen treffen, wegen des auch nach Vertragsende fortgeltenden Abs. 1 jedoch nicht im Voraus zum Nachteil des HV. Die in Abs. 2 enthaltene Einschränkung des Zurückbehaltungsrechts des HV kann hingegen im Voraus abbedungen, ebenso das Recht auf nicht fällige Forderungen erstreckt werden. Das vertragliche Zurückbehaltungsrecht steht in vollem Umfang zur Disposition der Parteien (RdNr. 1). Da Abs. 2 dem gesetzlichen Leitbild im Sinn des § 307 Abs. 2 Nr. 1 BGB nF entspricht, sind abweichende Vereinbarungen **nicht durch AGB** oder Formularvertrag möglich. An die Stelle einer unwirksamen Vereinbarung tritt die gesetzliche Regelung.[53] 15

5. Persönlicher Anwendungsbereich. § 88a ist auf alle **HV** und die ihnen rechtlich gleichstehenden **Vertragshändler, Franchisenehmer** oder **Kommissionsagenten** anwendbar, soweit sie – und im Falle des Abs. 2 ihr Vertragspartner – in gleicher Weise schutzbedürftig sind.[54] Das Zurückbehaltungsrecht des echten **Untervertreters** besteht gegenüber dem Hauptvertreter. 16

6. Beweislast. Der **Unternehmer** hat unabhängig von seiner Parteirolle in einem Rechtsstreit den Nachweis zu führen, dass dem HV ein ausgeübtes Zurückbehaltungsrecht nicht zusteht. Im Fall des **Abs. 1** trifft ihn die Beweislast dafür, dass eine ebenfalls von ihm nachzuweisende Einschränkung des Zurückbehaltungsrechts des HV ausnahmsweise nicht unter das Verbot des Abs. 1 fällt. Im Fall des **Abs. 2** braucht der **HV** nur seine „zu sichernde" Forderung und die rechtzeitige sowie ordnungsgemäße Ausübung des Zurückbehaltungsrechts nachzuweisen. Wegen des Ausnahmecharakters der Vorschrift obliegt dem die Berechtigung des Zurückbehaltungsrechts in Abrede stellenden **Unternehmer** der Nachweis, dass der HVVertrag beendet ist und die vom HV dargelegten Forderungen sowie zurückgehaltenen Gegenstände nicht unter Abs. 2 fallen. 17

7. Europarecht. Allgemeine Ausführungen und Text der HV-RiLi s. Vor § 84 Anh. § 88a hat keine Entsprechung in der HV-RiLi. 18

§ 89 [Kündigung des Vertrages]

(1) ¹ Ist das Vertragsverhältnis auf unbestimmte Zeit eingegangen, so kann es im ersten Jahr der Vertragsdauer mit einer Frist von einem Monat, im zweiten Jahr mit einer Frist von zwei Monaten und im dritten bis fünften Jahr mit einer Frist von drei Monaten gekündigt werden. ² Nach einer Vertragsdauer von fünf Jahren kann das Vertragsverhältnis mit einer Frist von sechs Monaten gekündigt werden. ³ Die Kündigung ist nur für den **Schluß eines Kalendermonats** zulässig, sofern keine abweichende Vereinbarung getroffen ist.

---

[51] Vgl. *Küstner* HVR RdNr. 1484.
[52] *Westphal* Vertriebsrecht RdNr. 743.
[53] *Schnitzler* DB 1966, 571 (für das frühere Recht vor Inkrafttreten des ABGB).
[54] MünchKommHGB/*v. Hoyningen-Huene* RdNr. 8.

§ 89 **1**

(2) ¹Die Kündigungsfristen nach Absatz 1 Satz 1 und 2 können durch Vereinbarung verlängert werden; die Frist darf für den Unternehmer nicht kürzer sein als für den Handelsvertreter. ²Bei Vereinbarung einer kürzeren Frist für den Unternehmer gilt die für den Handelsvertreter vereinbarte Frist.

(3) ¹Ein für eine bestimmte Zeit eingegangenes Vertragsverhältnis, das nach Ablauf der vereinbarten Laufzeit von beiden Teilen fortgesetzt wird, gilt als auf unbestimmte Zeit verlängert. ²Für die Bestimmung der Kündigungsfristen nach Absatz 1 Satz 1 und 2 ist die Gesamtdauer des Vertragsverhältnisses maßgeblich.

EG-RL 86/653/EWG Art. 14 und 15 s. Vor § 84 Anh. 1 S. 761.

Schrifttum: Siehe zunächst Schrifttumsverzeichnis vor § 84; wegen des älteren Schrifttums aus der Zeit vor 1990 wird auf das Schrifttumsverzeichnis der Vorauflage verwiesen: *Becker-Schaffner,* Die Änderungskündigung aus materieller und prozessualer Sicht, BB 1991, 129; *ders.,* Zugang der Kündigung, BB 1998, 422; *Emde/Kelm,* Der Handelsvertretervertrag in der Insolvenz des Unternehmers, ZIP 2005, 58; *Hromadka,* Die Änderungskündigung – eine Skizze, DB 2002, 1322; *Hoß/Lohr,* Befristete Arbeitsverhältnisse, MDR 1998, 313; *Lohr,* Kündigung des Arbeitsvertrags – Zurückweisung wegen fehlender Vollmacht, MDR 2000, 620; *Mauer,* Zugangsfiktionen für Kündigungserklärungen in Arbeitsverträgen, DB 2002, 1442; *Pauly,* Hauptprobleme der Änderungskündigung, DB 1997, 2378; *Preis/Stoffels,* Die Inhaltskontrolle der Verträge selbständiger und unselbständiger Handelsvertreter, ZHR 160 (1996), 442; *Schwytz,* Mindestkündigungsfristen bei Beendigung von Vertragshändlerverträgen, BB 1997, 2385; *Seel,* Formale Voraussetzungen und (Mindest-)Inhalt einer Kündigungserklärung, MDR 2005, 1331; *Wente,* Findet § 103 InsO bei Insolvenz des dienstverpflichteten Unternehmens Anwendung, ZIP 2005, 335; *v. Westphalen,* Vertragshändlerverträge außerhalb der EG-VO 1475/95 und des Instrumentariums der richterlichen Inhaltskontrolle von AGB-Klauseln, Freundesgabe für Jürgen Gündisch, 1999, S. 70 (zitiert FG Gündisch).

Übersicht

	RdNr.		RdNr.
I. Bedeutung und Regelungsbereich	1–4	**IV. Rechtliche Möglichkeiten zur Kündigung des Vertrags**	19–25
1. Bedeutung der Vorschrift und der Neuregelung 1989	1	1. Unter § 89 fallende Kündigung	19–22
2. § 89 und (Kündigungs-)Recht des BGB	2–4	a) Teilkündigung	20
a) Abschließende Sonderregelung	2	b) Änderungskündigung	21
b) Dienstvertragsrecht	3	c) Vorsorgliche Kündigung und Vorratskündigung	22
c) Auftragsrecht	4		
II. Beendigung des Handelsvertretervertrags	5–10	2. Grenzen des Kündigungsrechts	23–25
		a) Kündigung vor Vertragsbeginn	23
1. Allgemeine Beendigungsgründe	5	b) Sitten- und treuwidrige Kündigung	24
2. Besondere Beendigungsgründe	6–9	c) § 26 Abs. 2 GWB aF	25
a) Veränderungen bei Person oder Unternehmen	6	**V. Die ordentliche Kündigung**	26–32
b) Insolvenz (Konkurs und Vergleich)	7	1. Kündigungserklärung	26
c) Leistungsunvermögen	8	2. Kündigungsfrist und Vertragsdauer	27
d) Rücktritt, Wegfall der Geschäftsgrundlage, Anfechtung und Nichtigkeit	9	3. Kündigungsendtermin	28
		4. Rückgängigmachen, Anfechtung, Verzicht	29
3. Rechtsfolgen und Wiederbeschäftigung des HV	10	5. Rechtsverhältnis bis Vertragsende	30, 31
		a) Allgemeine Rechte und Pflichten	30
III. Anwendungsbereich des § 89	11–18	b) Freistellung des Handelsvertreters	31
1. Verträge auf bestimmte Zeit	11	6. Rechtsverhältnis nach Vertragsende	32
2. Verträge auf unbestimmte Zeit	12–17	**VI. Abdingbarkeit und abweichende Vereinbarungen**	33–35
a) Auf unbestimmte Zeit geschlossene oder verlängerte Verträge	12	1. Ausschluss des Kündigungsrechts	33
b) Verlängerungsklauseln auf bestimmte Zeit	13	2. Abweichende Kündigungsregelungen	34
c) Verträge mit Altersgrenze	14	3. Folgen unzulässiger Vereinbarungen	35
d) Verträge mit Probezeit	15	**VII. Persönlicher Anwendungsbereich**	36
e) Kettenverträge	16	**VIII. Beweislast**	37
f) Fehlerhaftes Vertragsverhältnis	17	**IX. Europarecht**	38, 39
3. Einvernehmlich fortgesetztes Vertragsverhältnis – Absatz 3	18		

I. Bedeutung und Regelungsbereich

1 **1. Bedeutung der Vorschrift und der Neuregelung 1989.** § 89 regelt die – teilweise zwingenden – Voraussetzungen der **Beendigung** eines auf **unbestimmte Zeit** eingegangenen (Abs. 1 und 2) oder – in Anlehnung an § 625 BGB – zunächst auf bestimmte Zeit fest abgeschlossenen und nach Ablauf dieser Zeit von beiden Parteien einvernehmlich fortgesetzten (Abs. 3) HVVertragsverhältnisses durch **fristgerechte** (ordentliche) **Kündigung**. Für die einem HV erteilte jederzeit widerrufliche (§ 168 BGB) **Abschlussvollmacht** gilt § 89 nicht.[1] Die jetzige Fassung des § 89 beruht auf dem Gesetz vom 23. Oktober 1989 (RdNr. 1 vor § 84), durch welches die gesetzlichen Kündigungsfristen geändert (Abs. 1), die Möglichkeiten zu abweichenden Vereinbarungen eingeschränkt (Abs. 2) und die Kündigungsregelung für ein auf bestimmte Zeit eingegangenes und dann einvernehmlich fortgesetztes Vertragsverhältnis neu aufgenommen worden sind (Abs. 3). Die **Neuregelung** gilt gemäß **Art. 29 EGHGB** für alle nach dem 31. Dezember 1989 neu begründeten HVVertragsverhältnisse, wobei nicht der Zeitpunkt des Vertragsschlusses entscheidend ist, sondern des tatsächlichen Vertragsbeginns,[2] in welchem die Verträge also „zu laufen begannen";[3] mit Wirkung **ab 1. Januar 1994** erstreckt sich die Neuregelung auf alle vor dem 1. Januar 1990 begründeten und an diesem Tag bestehenden Vertragsverhältnisse. Die frühere Regelung[4] hat nur noch für die Abwicklung der vor dem 1. Januar 1994 beendeten Altverträge Bedeutung.

2. § 89 und (Kündigungs-)Recht des BGB. a) Abschließende Sonderregelung. § 89 enthält eine abschließende Regelung für die ordentliche Kündigung des HVVertrags,[5] auch wenn die Parteien andere Bezeichnungen wie zB Widerruf für die Kündigung wählen.[6]

b) Dienstvertragsrecht. Neben § 89 sind §§ 620 Abs. 2, 621, 622,[7] 623 BGB (RdNr. 26) nicht anwendbar, ebenso nicht § 629 BGB[8] und § 630 BGB,[9] weil beide Vorschriften nicht auf den HV als selbständigen Kaufmann zugeschnitten sind. Zu § 625 BGB enthält nunmehr § 89 Abs. 3 eine verdrängende Sonderregelung.[10] Wegen der Möglichkeiten eines dauerhaften Ausschlusses des Kündigungsrechts nach § 89 (RdNr. 33)[11] sowie einer vorzeitigen Beendigung langfristiger HVVertragsverhältnisse bei Wegfall der Geschäftsgrundlage oder Leistungsunvermögen (RdNr. 8 und 9) besteht keine Notwendigkeit für eine Anwendung des § 624 BGB.[12] Für befristete HVVerträge gilt § 620 Abs. 1 BGB (RdNr. 5).[13]

c) Auftragsrecht. § 672 Satz 1 und 2 sowie § 674 BGB mit der dort geregelten Fiktion des Fortbestehens des Vertragsverhältnisses sind entsprechend anwendbar, wenn der Vertrag nicht durch Willenserklärungen der Parteien endet. § 673 BGB gilt entsprechend, doch werden die besonderen Voraussetzungen des Satzes 2 Halbsatz 2 regelmäßig nicht gegeben und der Erbe des verstorbenen HV nicht zur Fortsetzung der vertraglich geschuldeten Tätigkeit in der Lage sein. Eine Kündigung zur Unzeit analog § 671 Abs. 2 BGB wird im Hinblick auf die einzuhaltenden Kündigungsfristen regelmäßig ausscheiden.

II. Beendigung des Handelsvertretervertrags

1. Allgemeine Beendigungsgründe. HVVertragsverhältnisse enden,[14] wenn sie auf unbestimmte Zeit begründet worden sind, (1) durch **fristgerechte** – ordentliche – **Kündigung** (§ 89), (2) wenn sie auf bestimmte Zeit **befristet** eingegangen sind, was (anders als im Arbeitsrecht)[15] ohne

---

[1] *Schröder* RdNr. 2.
[2] *Küstner/v. Manteuffel* BB 1990, 293.
[3] *Ankele* DB 1989, 2211.
[4] Vgl. dazu im Einzelnen *Küstner* HVR RdNr. 1541 ff., 1556 ff., 1657.
[5] *Boldt* BB 1962, 907; MünchKommHGB/*v. Hoyningen-Huene* RdNr. 3; *Küstner* HVR RdNr. 1525; *Westphal* RdNr. 489.
[6] *Küstner* HVR RdNr. 1624.
[7] AA für § 622 Abs. 6: MünchKommHGB/*v. Hoyningen-Huene* RdNr. 61, jedoch gilt insoweit § 89 Abs. 1 Satz 1.
[8] *Leo* DB 1961, 1519; *Hopt* RdNr. 6; MünchKommHGB/*v. Hoyningen-Huene* RdNr. 61; *Schröder* RdNr. 38.
[9] *Leo* DB 1961, 1519; *Hopt* RdNr. 6; *Küstner* HVR RdNr. 1694; MünchKommBGB/*Schwerdtner* § 630 RdNr. 5; aA *Koller/Roth/Morck* RdNr. 1; *Schröder* RdNr. 33; RGRK-BGB/*Eisemann* § 630 RdNr. 9 für Einfirmenvertreter; *Emde* S. 75–77.
[10] MünchKommHGB/*v. Hoyningen-Huene* RdNr. 3; *Westphal* RdNr. 486, aA *Hopt* RdNr. 6, 24, aber auch RdNr. 22.
[11] BGH Urt. v. 26. 4. 1995 – VIII ZR 124/94, ZIP 1995, 910.
[12] Sehr umstritten, wie hier: LG Hamburg NJW 1963, 1550 = HVR Nr. 344 mit zust. Anm. *Würdinger*; *Boldt* BB 1962, 907; *Duden* NJW 1962, 1326; *Leo* DB 1961, 1519; *Stötter* 154; BGH Urt. v. 9. 6. 1969 – VII ZR 49/67, BGHZ 52, 171 und Urt. v. 31. 3. 1982 – I ZR 56/80, NJW 1982, 1692 für Tankstellen-Stationär-Verträge; ebenso MünchKommHGB/*v. Hoyningen-Huene* RdNr. 5; aA OLG Hamm BB 1978, 1335; KG MDR 1997, 1041, 1042; *Staub/Brüggemann* RdNr. 7; HK-HGB/*Russ* RdNr. 3; *Heymann/Sonnenschein/Weitemeyer* RdNr. 12; *Hopt* RdNr. 7; *Koller/Roth/Morck* RdNr. 1; *Canaris* § 15 Rn. 15, 84 und 94; aA auch ErfK/*Müller-Glöge* BGB § 624 RdNr. 6; *Heyer* NJW 1965, 1573; *Emde* S. 201 mwN; differenzierend MünchKommHGB/*v. Hoyningen-Huene* RdNr. 4; *Westphal* RdNr. 489; unentschieden *Küstner* HVR RdNr. 1613 ff.
[13] MünchKommHGB/*v. Hoyningen-Huene* RdNr. 3.
[14] Siehe dazu die ausführlichen Übersichten zur Beendigung der HVVerträge bei *Heymann/Sonnenschein/Weitemeyer* § 89 b RdNr. 16 bis 18 und MünchKommHGB/*v. Hoyningen-Huene* § 89 b RdNr. 28 bis 54.
[15] Siehe dazu BAG Urt. v. 1. 12. 1999 – 7 AZR 449/98, BB 2000, 1525.

§ 89 6, 7

besondere Rechtfertigung/Begründung sowie ohne die für Arbeitsverträge auf Grund des Gesetzes vom 21. 12. 2000 – BGBl. I S. 1966, 1968 geltenden Beschränkungen jederzeit, auch nachträglich, zulässig ist und sich schlüssig aus den Umständen ergeben kann (vgl. § 620 Abs. 2 BGB),[16] durch **Frist-/Zeitablauf,** (3) unabhängig von der beabsichtigten Dauer des Vertrags durch **fristlose – außerordentliche – Kündigung** (§ 89a Abs. 1), (4) durch jederzeit,[17] auch rückwirkend[18] möglichen, frei aushandelbaren, nicht an die Einhaltung von Kündigungsfristen oder vereinbarte Schriftform noch an sonstige im Arbeitsrecht geltende Beschränkungen gebundenen,[19] auch durch schlüssiges Verhalten zustande kommenden[20] und nicht gemäss §§ 355, 312 BGB widerruflichen[21] **Aufhebungsvertrag**[22] sowie (5) mit Eintritt einer **auflösenden Bedingung,** sofern nicht bei richtigem Verständnis des Erklärten anstelle der Bedingung lediglich ein außerordentliches Kündigungsrecht vereinbart worden ist[23] oder sich die vereinbarte Bedingung als unwirksam erweist, weil zwingende Kündigungsbeschränkungen umgangen werden sollen.[24] Die Untätigkeit des HV führt noch nicht zur Beendigung des Vertrags,[25] sofern nicht beide Parteien diesen willentlich und erkennbar aufheben wollen.

6   **2. Besondere Beendigungsgründe. a) Veränderungen bei Person oder Unternehmen.** Der **Tod** des HV beendet in entsprechender Anwendung des § 673 Satz 1 BGB im Zweifel das Vertragsverhältnis,[26] nicht aber der Tod des Unternehmers entsprechend § 672 Satz 1 BGB.[27] Dem Tod des HV steht die **Auflösung** der mit eigener Rechtsfähigkeit versehenen **HV-Handelsgesellschaft** gleich,[28] weil mit der Auflösung grundsätzlich ihre werbende Tätigkeit endet (§ 70 GmbHG).[29] Gleiches gilt im Zweifel für den Vertragsschluss mit einer HV-Personenhandelsgesellschaft (vgl. § 145 HGB), sofern nicht ausnahmsweise für Gesellschaft und Unternehmer die persönliche Beziehung zu einem der Gesellschafter als dem eigentlichen HV vollständig im Vordergrund gestanden hat und der Vertragsschluss mit der Gesellschaft nur von nebensächlicher Bedeutung war;[30] die Auslegung wird dann ergeben, dass der Vertrag mit dem Gesellschafter als Vertragspartner fortbestehen soll.[31] **Veränderungen in der Rechtsform**[32] oder dem **Gesellschafterbestand** einer Vertragspartei, die nicht zur Auflösung der Gesellschaft führen, beenden das Vertragsverhältnis nicht, sofern dies nicht als auflösende Bedingung vereinbart worden ist.[33] Das Gleiche gilt für **Betriebsveräußerung**[34] oder **Betriebseinstellung**[35] durch eine Vertragspartei. Diese Umstände können den Grund für eine fristlose Kündigung bilden (s. § 89a).[36]

7   **b) Insolvenz (Konkurs und Vergleich).** Konkurs des Unternehmers ließ nach § 23 Abs. 1 KO das Vertragsverhältnis erlöschen,[37] bei Fortführung des Unternehmens durch den Konkursverwalter entstand in entsprechender Anwendung des § 17 Abs. 1 KO ein neues Vertragsverhältnis mit dem HV.[38] Außerdem konnte der HV gemäß § 27 KO durch seine fortdauernde Tätigkeit im Rahmen des fingierten Vertragsverhältnisses im Fall des § 672 BGB (RdNr. 4) Masseforderungen erwerben;

---

[16] MünchKommHGB/*v. Hoyningen-Huene* RdNr. 9, 31; *Hromadka* BB 2001, 621 und 674.
[17] *Küstner* HVR RdNr. 1526, 1691.
[18] Insoweit teilweise aA für Arbeitsverträge: BAG Urt. v. 21. 1. 1999 – 8 AZR 218/98, ZIP 1999, 1572, 1573.
[19] MünchKommHGB/*v. Hoyningen-Huene* RdNr. 13; *Westphal* RdNr. 578; siehe aber BAG Urt. v. 12. 1. 2000 – 7 AZR 48/99, ZIP 2000, 986 m. Bspr. *Hennige* EWiR 2000, 807 und *Moll/Reufels* MDR 2001, 361 für Arbeitsverträge.
[20] MünchKommHGB/*v. Hoyningen-Huene* RdNr. 14 f.
[21] Vgl. für Arbeitsverträge: *Brors* DB 2002, 2046; *Gaul/Otto* DB 2002, 2049.
[22] *Hopt* RdNr. 9; s. *Moll/Reufels* MDR 2001, 361; *Löw* MDR 2003, 1219.
[23] *Schröder* RdNr. 1c, 1d.
[24] MünchKommHGB/*v. Hoyningen-Huene* RdNr. 12; vgl. LAG Berlin MDR 1998, 293.
[25] LG Düsseldorf HVR Nr. 32.
[26] *Emde* MDR 2002, 190, 193; MünchKommHGB/*v. Hoyningen-Huene* RdNr. 18.
[27] *Emde* MDR 2002, 190, 193; MünchKommHGB/*v. Hoyningen-Huene* RdNr. 22.
[28] *Schröder* RdNr. 41 b; *Alff* RdNr. 196; aA – Vertragsende erst mit Vollbeendigung der HVGmbH –: *Emde* S. 197 ff. mit zahlreichen Nachweisen; ebenso Staub/*Brüggemann* RdNr. 3; vgl. auch MünchKommHGB/*v. Hoyningen-Huene* RdNr. 1, 21.
[29] AA: MünchKommHGB/*v. Hoyningen-Huene* RdNr. 21 (Fortsetzung des Vertrags mit der Liquidationsgesellschaft).
[30] *Alff* RdNr. 196; *Schröder* RdNr. 41 b; vgl. auch MünchKommHGB/*v. Hoyningen-Huene* RdNr. 20; aA Staub/*Brüggemann* RdNr. 3.
[31] S. d. auch OLG Köln Urt. v. 12. 7. 1991 – 22 U 12/91, HVR Nr. 718.
[32] MünchKommHGB/*v. Hoyningen-Huene* RdNr. 28.
[33] MünchKommHGB/*v. Hoyningen-Huene* RdNr. 20; vgl. *Emde* S. 207; *Küstner* HVR RdNr. 1675, 1678.
[34] MünchKommHGB/*v. Hoyningen-Huene* RdNr. 27; *Alff* RdNr. 196; Staub/*Brüggemann* RdNr. 34.
[35] *Hopt* RdNr. 4; MünchKommHGB/*v. Hoyningen-Huene* RdNr. 26.
[36] Vgl. MünchKommHGB/*v. Hoyningen-Huene* RdNr. 27.
[37] RGZ 163, 769, 773; *Hoffstadt* DB 1983, 646; *Westphal* RdNr. 882; MünchKommHGB/*v. Hoyningen-Huene* RdNr. 23; Kilger/*K. Schmidt*, KO, § 23 Anm. 1 aa; *Schröder* RdNr. 41 c.
[38] *Westphal* RdNr. 884; MünchKommHGB/*v. Hoyningen-Huene* RdNr. 23; vgl. Kilger/*K. Schmidt*, KO, § 17 Anm. 1 b; *Küstner* HVR RdNr. 1686.

aus der Tätigkeit gemäß § 674 BGB (RdNr. 4) entstanden einfache Konkursforderungen.[39] Entsprechendes gilt nach §§ 115, 116 InsO[40] für den unter § 116 InsO fallenden HVVertrag.[41] Er erlischt kraft Gesetzes mit der **Eröffnung des Insolvenzverfahrens über das Vermögen des Unternehmers**,[42] sofern der HV hiervon Kenntnis hat oder seine Unkenntnis verschuldet ist, andernfalls der Vertrag für die Dauer unverschuldeter Unkenntnis des HV als fortbestehend fingiert wird (§ 116 S. 1 iVm. § 115 Abs. 3 S. 1 InsO).[43] Dem Insolvenzverwalter seht es frei, die Fortsetzung des erloschenen HVVertrags zu vereinbaren oder den HV ohne erneuten ausdrücklichen Vertragsschluss weiter für den Gemeinschuldner tätig werden zu lassen; in beiden Fällen kommt ein neuer HVVertrag zustande[44] mit der Folge des Entstehens von Masseforderungen auf Grund dieses Vertrags.[45] Das Gleiche gilt für die Notgeschäftsführung durch den HV im Hinblick auf keinen Aufschub duldende und deswegen fortzuführende Geschäfte nach § 115 Abs. 2 InsO mit der Fiktion des Fortbestehens des HVVertrags.[46] Für eine dem HV erteilte (Abschluss-)**Vollmacht** gilt die Sonderregelung des § 117 InsO;[47] der vollmachtlos handelnde HV kann nur noch Rechte aus berechtigter GOA[48] oder nach § 354 HGB erwerben. Die **Abweisung des Antrags auf Insolvenzeröffnung** mangels Masse bleibt ohne unmittelbare Auswirkungen auf den HVVertrag[49] und die Vertriebstätigkeit des HV. Das Gleiche gilt für die **Insolvenz des HV**.[50] Die §§ 115 und 116 enthalten eine insoweit abschließende und nach anderen Vorschriften der InsO bestehende Verwalterwahlrechte **verdrängende Sonderreglung** für HVVerträge, welche dem Insolvenzverwalter beider Vertragspartner ein Geltendmachen der Rechte aus § 103 oder 113 InsO verwehrt.[51] Die nicht zum Vertragsende führende Insolvenz einer Vertragspartei sowie bereits der Antrag auf Eröffnung des Insolvenzverfahrens[52] können allerdings einen **wichtigen Grund zur fristlosen Kündigung** des HVVertrags bilden (s. d. § 89 a).[53] Nach der mit dem Inkrafttreten der InsO aufgehobenen Vergleichsordnung ließ ein Vergleichsverfahren über das Vermögen einer Vertragspartei den HVVertrag ebenfalls unberührt, jedoch konnte der Unternehmer den Vertrag unter Einhaltung der Kündigungsfristen des § 89 nach §§ 51 Abs. 2, 50 VerglO kündigen.

c) Leistungsunvermögen. Dauerndes Leistungsunvermögen des HV kann im Einzelfall wegen Wegfalls der Geschäftsgrundlage eine fristlose Kündigung rechtfertigen (s. d. § 89 a), beendet aber das Vertragsverhältnis nicht;[54] § 275 und § 323 BGB aF waren auf den HVVertrag nicht anwendbar;[55] für die entsprechenden Vorschriften der §§ 323, 325, 326 BGB nF gilt nichts Anderes. Vorübergehendes Leistungsunvermögen infolge Erkrankung oder Einberufung zu Wehrdienst oder diesem gleichgestellten Diensten (vgl. § 20 a WPflG, § 78 ZDG, § 9 KatSchG; siehe dazu § 87) bleiben ohne Einfluss auf den Bestand des Vertrags (vgl. § 8 ArbPlatzSchG v. 14. April 1980 – BGBl. I S. 425; § 5 EignungsübungsG v. 20. Januar 1956 – BGBl. I S. 13).[56]

---

[39] *Hoffstadt* DB 1983, 646.
[40] *Emde/Kelm* ZIP 2005, 58; MünchKommInsO/*Ott* § 116 RdNr. 12 und § 103 RdNr. 104, 105; *Uhlenbruck* InsO §§ 115, 116 RdNr. 8; so auch allgemein für Geschäftsbesorgungsverträge: BGH Urt. v. 6. 7. 2006 – IX ZR 121/05, NJW-RR 2007, 50.
[41] BGH Urt. v. 6. 7. 2006 – IX ZR 121/05, NJW-RR 2007, 50; MünchKommInsO/*Hefermehl* § 55 RdNr. 192; *Uhlenbruck/Berscheid* InsO § 103 RdNr. 42 und §§ 115, 116 RdNr. 42
[42] Die Frage eines dann möglicherweise bestehenden Schadensersatzanspruchs untersuchen *Emde/Kelm* ZIP 2005, 58, 64.
[43] Ausf. *Emde/Kelm* ZIP 2005, 58, 59 mN.
[44] *Emde/Kelm* ZIP 2005, 58; vgl. auch BGH Urt. v. 11. 2. 1988 – IX ZR 36/87, BGHZ 103, 250; vgl. schon *Westphal* RdNr. 884.
[45] *Emde/Kelm* ZIP 2005, 58; vgl. schon *Schröder* RdNr. 41 c.
[46] Ausf. *Emde/Kelm* ZIP 2005, 58; MünchKommHGB/*v. Hoyningen-Huene* RdNr. 24.
[47] *Emde/Kelm* ZIP 2005, 58, 59.
[48] Ausf. *Emde/Kelm* ZIP 2005, 58, 59.
[49] AA *Emde/Kelm* ZIP 2005, 58.
[50] MünchKommInso/*Ott* § 116 RdNr. 4 und § 103 RdNr. 104, 105; *Uhlenbruck/Berscheid* InsO §§ 115, 116 RdNr. 6–8; MünchKommHGB/*v. Hoyningen-Huene* RdNr. 24; für Konkurs MünchKommHGB/*v. Hoyningen-Huene* § 87 RdNr. 122; *Alff* RdNr. 197; *Küstner* HVR RdNr. 1689; *Schröder* RdNr. 41 d.
[51] MünchKommInsO/*Ott* § 115 RdNr. 14 und § 116 RdNr. 1 und 12; *Uhlenbruck/Berscheid* InsO §§ 115, 116 RdNr. 12; zu der Problematik ausf. auch *Wente* ZIP 2005, 335; so auch allgemein für Geschäftsbesorgungsverträge: BGH Urt. v. 6. 7. 2006 – IX ZR 121/05, NJW-RR 2007, 50.
[52] Ausf. *Emde/Kelm* ZIP 2005, 58, 59 mN; *Wente* ZIP 2005, 335.
[53] MünchKommInsO/*Ott* § 116 RdNr. 4; *Uhlenbruck/Berscheid* InsO §§ 115, 116 RdNr. 6; MünchKommHGB/*v. Hoyningen-Huene* RdNr. 24, 25: für Konkurs *Küstner* HVR RdNr. 1689; *Schröder* RdNr. 41 d; *Westphal* RdNr. 582.
[54] OLG Braunschweig Urt. v. 17. 6. 1993 – 2 U 36/93, HVR Nr. 761 (vgl. § 87 Abs. 2 RdNr. 2; *Hopt* RdNr. 2.
[55] Für das alte Recht des BGB: OLG Braunschweig NJW-RR 1994, 34; MünchKommHGB/*v. Hoyningen-Huene* § 87 RdNr. 98; *Westphal* RdNr. 581; zumindest missverständlich OLG Nürnberg BB 1969, 933; die arbeitsrechtliche Problematik eines Eingreifens des § 275 BGB wegen Erkrankung des Arbeitnehmers (s. *Gotthardt* DB 2002, 2106) stellt sich bei dem HV grundsätzlich nicht.
[56] Ausführlich dazu *Alff* RdNr. 185, 186; *Schröder* RdNr. 44; *ErfK/Ascheid* ArbPlatzSchG § 8 RdNr. 2, 3 und 5.

9 d) Rücktritt, Wegfall der Geschäftsgrundlage, Anfechtung und Nichtigkeit. Rücktritt,[57] auch wegen Wegfalls der Geschäftsgrundlage (s. d. § 84),[58] oder Anfechtung der zum Vertrag führenden Willenserklärungen sind möglich,[59] haben aber grundsätzlich[60] nur die Wirkung einer fristlosen Kündigung, wenn das Vertragsverhältnis in Vollzug gesetzt worden ist, indem der HV mit Wissen und Einverständnis des Unternehmers bereits für diesen tätig geworden ist;[61] eine Rückabwicklung der beiderseits erbrachten Leistungen nach Rücktrittsrecht[62] oder nach dem Recht der ungerechtfertigten Bereicherung (§§ 812 f. BGB) wird hier regelmäßig weder erforderlich noch sachgerecht sein (s. d. § 84).[63] Das Gleiche gilt für sonstige Gründe, welche zur Nichtigkeit des HVVertrags oder der auf seinen Abschluss gerichteten Willenserklärungen führen, sofern nicht ausnahmsweise der vom Gesetzgeber mit der Nichtigkeit verfolgte (Schutz-)Zweck eine vollständige Rückabwicklung des nichtigen Vertrags mit Wirkung ex tunc erfordert.[64] Ein einseitiger **Vorbehalt des Rücktritts** von dem noch nicht in Vollzug gesetzten Vertrag durch AGB oder Formularvertrag ist grds. nur unter den Voraussetzungen des § 308 Nr. 3 BGB nF rechtlich wirksam.[65]

10 3. Rechtsfolgen und Wiederbeschäftigung des HV. Mit der Beendigung des Vertrags erlöschen die beiderseitigen vertraglichen Rechte und Pflichten, das Vertragsverhältnis ist gegebenenfalls abzuwickeln (RdNr. 32) und es entstehen für beide Vertragspartner die von der Vertragsbeendigung abhängigen Pflichten und Rechte zB nach §§ 89 b, 90 und 90 a. Ein Recht auf Fortsetzung des beendeten Vertragsverhältnisses sieht das Gesetz zugunsten der ehemaligen Vertragspartner nicht vor. Insbesondere hat der HV weder einen Anspruch auf Wiederbeschäftigung, wie er im Arbeitsrecht bestehen kann,[66] noch auf Neuabschluss eines rechtswirksam beendeten oder auslaufenden HVVertrags, sofern solches nicht ausnahmsweise vereinbart ist. § 613 a BGB ist nicht anwendbar.[67] Weiterbeschäftigung oder Wiedereinstellung können grds. auch nicht Gegenstand eines Schadensersatzanspruchs wegen Pflichtverletzung des Unternehmers sein, wenn das Vertragsverhältnis rechtswirksam beendet worden ist.

III. Anwendungsbereich des § 89

11 1. Verträge auf bestimmte Zeit. Die Möglichkeit einer fristgerechten ordentlichen Kündigung nach § 89 besteht nicht bei Verträgen auf bestimmte Zeit (sog. Zeitverträgen,[68] vgl. § 620 Abs. 1),[69] für welche die Parteien ausdrücklich oder nach den Umständen eindeutig erkennbar vereinbart haben, dass der Vertrag mit Ablauf einer von vornherein festgelegten Dauer, mit Eintritt eines feststehenden Ereignisses, mag auch der Zeitpunkt des Eintretens noch ungewiss sein, oder zu einem sonstigen bestimmten Endtermin – Zeitpunkt oder Kalendertag – automatisch und ohne rechtsgestaltende Erklärung sein Ende finden soll.[70] Unter **auflösender Bedingung** stehende Verträge,[71] **Verträge auf Probe** (RdNr. 12) oder **auf Lebenszeit,**[72] Zeitverträge mit Option auf Verlängerung für eine bestimmte Zeit[73] oder Verträge, bei welchen das ordentliche **Kündigungsrecht auf Dauer ausgeschlossen** ist, sind im Zweifel auf bestimmte Zeit abge-

---

[57] MünchKommHGB/*v. Hoyningen-Huene* RdNr. 17 a.
[58] BGH Urt. v. 26. 4. 1995 – VIII ZR 124/94, ZIP 1995, 910, 912; s. *Hopt* RdNr. 2; aA *Emde* MDR 2002, 190, 191; *Schröder* RdNr. 43.
[59] BGH Urt v. 3. 5. 1995 – VIII ZR 95/94, BGHZ 129, 290, 293; *Emde* MDR 2002, 190, 191; *Hopt* RdNr. 5; MünchKommHGB/*v. Hoyningen-Huene* RdNr. 15.
[60] Siehe BGH Urt. v. 19. 2. 2002 – X ZR 166/99, ZIP 2002, 1455.
[61] OLG Düsseldorf Urt. v. 22. 3. 1985 – 16 U 167/84, HVR Nr. 607; vgl. *Hopt* RdNr. 5; *Küstner* RdNr. 1698; *Schröder* RdNr. 42 a, 43; *Westphal* 580 und Vertriebsrecht RdNr. 886; s. a. BGH Urt. v. 3. 5. 1995 – VIII ZR 95/94, BGHZ 129, 290, 293; aA für Anfechtung: MünchKommHGB/*v. Hoyningen-Huene* RdNr. 17; § 87 RdNr. 20.
[62] So BGH Urt. v. 19. 2. 2002 – X ZR 166/99, ZIP 2002, 1455 für einen Ausnahmefall.
[63] AA MünchKommHGB/*v. Hoyningen-Huene* RdNr. 17.
[64] MünchKommHGB/*v. Hoyningen-Huene* RdNr. 17 b (für die Nichtigkeit nach §§ 105, 106 BGB).
[65] BAG Urt. v. 27. 7. 2005 – 7 AZR 488/04, DStR 2006 Heft 10 S. XVI (zum Arbeitsvertrag).
[66] S. d. aus jüngster Zeit BAG Urt. v. 13. 5. 2004 – 8 AZR 198/03, ZIP 2004, 1610 (m. zahlr. Nw. und Übersicht über die Rechtslage).
[67] BGB-RGRK/*Ascheid* § 613 a Rn. 19, 25, 26; *Erman/Hanau* § 613 a RdNr. 42.
[68] *Hopt* RdNr. 19.
[69] Vgl. MünchKommHGB/*v. Hoyningen-Huene* RdNr. 10, 30.
[70] MünchKommHGB/*v. Hoyningen-Huene* RdNr. 30; *Schröder* RdNr. 3 a, DB 1966, 2007 und FS Hefermehl, S. 113; *Küstner* HVR RdNr. 1585; vgl. Staub/*Brüggemann* RdNr. 9; *Hopt* RdNr. 19; die im Arbeitsrecht geltenden Beschränkungen für den Abschluss befristeter Verträge – vgl. *Hoß/Lohr* MDR 1998, 313 – gelten nicht für HVVerträge.
[71] *Küstner* HVR RdNr. 1586; *Schröder* RdNr. 4.
[72] *Schröder* RdNr. 8; *Westphal* RdNr. 496, differenzierend Vertriebsrecht RdNr. 764; ausführlich *Küstner* HVR RdNr. 1611 ff.
[73] Heymann/*Sonnenschein/Weitemeyer* RdNr. 17; s. dazu auch BGH Urt. v. 3. 11. 1999 – VIII ZR 269/98, ZIP 2000, 314 m. Anm. *Graf v. Westphalen* EWiR 2000, 461.

Kündigung des Vertrages 12–14 § 89

schlossen, wenn (die Auslegung ergibt, dass) der Vertrag nur durch das festgelegte Ereignis und nicht vorzeitig durch eine ordentliche Kündigung beendet werden soll.[74] Das auch bei vereinbarungsgemäß nicht ordentlich kündbaren Verträgen bestehende **außerordentliche Kündigungsrecht** nach § 89a, zB wegen Wegfalls der Geschäftsgrundlage[75] oder Leistungsunvermögens,[76] ändert nichts an dem Charakter eines auf unbestimmte Zeit geschlossenen Vertrags und hat nicht zur Folge, dass der Vertrag aus diesem Grund als auf unbestimmte Zeit abgeschlossen anzusehen ist. Jedoch können die Parteien – allerdings nicht durch Formularvertrag/AGB – für einen auf bestimmte Zeit geschlossenen Vertrag nachträglich eine **vorzeitige Beendigungsmöglichkeit** durch ordentliche Kündigung vereinbaren,[77] womit er sich in einen auf unbestimmte Zeit verlängerten Vertrag umwandelt.

2. Verträge auf unbestimmte Zeit. a) Auf unbestimmte Zeit geschlossene oder verlängerte Verträge. Ein nach § 89 kündbarer Vertrag auf unbestimmte Zeit liegt vor, wenn er durch eine rechtsgestaltende Erklärung wie Kündigung oder ihr gleichstehenden „Widerruf"[78] sein Ende finden soll[79] oder durch ein Ereignis, bei dem nicht nur der Zeitpunkt des Eintretens, sondern der Eintritt selbst ungewiss ist. Dazu gehören befristet geschlossene Verträge, die auf Grund entsprechender Verlängerungsklauseln nach Fristablauf auf unbestimmte Zeit fortgesetzt werden sollen[80] oder nur zu bestimmten Terminen gekündigt werden können,[81] sowie die nach Fristablauf tatsächlich fortgesetzten Verträge gemäß Abs. 3. 12

b) Verlängerungsklauseln auf bestimmte Zeit. Zeitlich befristete Verträge, die sich automatisch um jeweils feste Zeiträume zu vorgegebenen Endterminen verlängern sollen, sofern eine Partei nicht innerhalb einer bestimmten Zeit vor Fristablauf kündigt, der Verlängerung widerspricht oder in sonstiger Weise ihren Willen zur Nichtverlängerung bekundet, sind auf unbestimmte Zeit abgeschlossen, weil ihr Ende durch eine rechtsgestaltende Erklärung herbeigeführt werden soll.[82] Die Verlängerungsklausel modifiziert das ordentliche Kündigungsrecht des § 89 und schränkt es ein. Widerspruch und Mitteilung der Nichtverlängerungsabsicht stehen rechtlich einer Kündigung gleich; wie für die Kündigung zur Verhinderung der automatischen Vertragsverlängerung müssen für sie die gesetzlichen Kündigungsfristen[83] sowie die gesetzlich oder vertraglich vorgegebenen Kündigungsendtermine eingehalten werden;[84] bei rechtzeitiger Kündigung oder Nichtverlängerungsmitteilung unter Einhaltung der Kündigungsfrist endet das Vertragsverhältnis,[85] andernfalls besteht der ursprüngliche Vertrag fort.[86] Sieht der Vertrag das **(Options-)**Recht beider Parteien vor, den auf bestimmte Zeit abgeschlossenen HVVertrag durch einseitige Erklärung für einen bestimmten Zeitraum zu verlängern, handelt es sich um einen nicht ordentlich kündbaren Vertrag auf bestimmte Zeit;[87] durch Individualvereinbarung kann ein solches Optionsrecht einseitig nur einer Vertragspartei eingeräumt werden.[88] 13

c) Verträge mit Altersgrenze. Auf unbestimmte Zeit geschlossen ist im Regelfall ein Vertrag mit der Klausel, dass die Vertragszeit mit Erreichen einer Altersgrenze des HV enden soll;[89] dies bedeutet im Zweifel die Festlegung eines Termins, zu dem das Vertragsverhältnis spätestens aufgelöst werden soll, nicht aber die Vereinbarung einer festen, bis dahin unkündbaren Vertragslaufzeit im Sinn 14

---

[74] *Küstner* HVR RdNr. 1671.
[75] BGH Urt. v. 26. 4. 1995 – VIII ZR 124/94, ZIP 1995, 910, 912.
[76] Koller/Roth/Morck RdNr. 2.
[77] *Hess* BB 1954, 747; *Schröder* RdNr. 3.
[78] Heymann/Sonnenschein/Weitemeyer RdNr. 14; *Hopt* RdNr. 20; vgl. aber MünchKommHGB/v. Hoyningen-Huene RdNr. 33; *Westphal* Vertriebsrecht RdNr. 765.
[79] MünchKommHGB/v. Hoyningen-Huene RdNr. 10, 38; *Westphal* RdNr. 492; *Küstner* HVR RdNr. 1586.
[80] Vgl. MünchKommHGB/v. Hoyningen-Huene RdNr. 10, 37; *Schröder*, FS Hefermehl, S. 119.
[81] *Küstner* BB 1973, 1241.
[82] Im Einzelnen recht streitig, wie hier OLG Hamm BB 1973, 1233; *Alff* RdNr. 182, 183; Heymann/Sonnenschein/Weitemeyer RdNr. 18; *Hopt* RdNr. 20; MünchKommHGB/v. Hoyningen-Huene RdNr. 38, 39, 40; ausführlich *Küstner* HVR RdNr. 1588 f, BB 1973, 1239, 1241 und BB 1975, 195; Koller/Roth/Morck RdNr. 2; *Westphal* RdNr. 493 und Vertriebsrecht RdNr. 761; aA BGH Urt. v. 12. 12. 1974 – VII ZR 229/73, NJW 1975, 387 mit krit. Anm. *Küstner* BB 1975, 194; *Schröder* RdNr. 5, FS Hefermehl, S. 117 f. und BB 1974, 298.
[83] BGH Urt. v. 15. 6. 1959 – II ZR 184/57, LM § 89b Nr. 10/11; *Schröder*, FS Hefermehl, S. 121; Heymann/Sonnenschein/Weitemeyer RdNr. 18.
[84] Streitig, so Staub/Brüggemann RdNr. 8; vgl. *Schröder*, FS Hefermehl, S. 122; offengelassen von BGH Urt. v. 15. 6. 1959 – II ZR 184/57, LM § 89b Nr. 10/11.
[85] Vgl. *Recken* WM 1975, 264.
[86] Vgl. BGH Urt. v. 29. 4. 2002 – II ZR 330/00, EBE 2002, 194 (zu einem Mietvertrag).
[87] MünchKommHGB/v. Hoyningen-Huene RdNr. 37.
[88] MünchKommHGB/v. Hoyningen-Huene RdNr. 37.
[89] MünchKommHGB/v. Hoyningen-Huene RdNr. 41.

von § 620 Abs. 1 BGB.[90] Maßgebend für das Erreichen dieser Altersgrenze ist das tatsächliche Lebensalter.[91]

15 **d) Verträge mit Probezeit.** Wird für den HV zunächst lediglich eine befristete Probezeit[92] vereinbart,[93] ist das Vertragsverhältnis im Zweifel während dieser Zeit nicht ordentlich kündbar[94] und endet mit Ablauf der Probezeit.[95] Ob die ordentliche Kündigung während einer Probezeit ausgeschlossen sein soll, wenn nur ein bestimmter Zeitraum des bereits längerfristig abgeschlossenen Vertrags als Probezeit gelten soll, ist eine Frage der Auslegung des einzelnen Vertrags.[96] Ist die ordentliche Kündigung während der Probezeit nicht ausgeschlossen, liegt ein auf unbestimmte Zeit geschlossener Vertrag vor;[97] die gesetzlichen oder vereinbarten Kündigungsfristen und Termine müssen dann auch während der Probezeit gewahrt werden.[98]

16 **e) Kettenverträge.** Ein einheitliches Vertragsverhältnis auf unbestimmte Zeit kommt zustande, wenn die Parteien regelmäßig aneinander anschließende gleichartige und im Wesentlichen gleich lautende, nicht im Einzelnen erneut ausgehandelte[99] Kettenverträge abschließen,[100] ohne dass es hierfür eine sachliche Berechtigung gibt, die Vertragsgestaltung vielmehr, wovon im Zweifelsfall auszugehen sein wird, der Umgehung der zwingenden Kündigungsregeln dient.[101] Das Vertragsverhältnis beginnt dann – rückwirkend als unbefristetes Vertragsverhältnis[102] – mit Abschluss des ersten Kettenvertrags[103] und endet – unabhängig von den bestehenden Kündigungsmöglichkeiten nach § 89 und § 89 a – mit der Ablehnung der Vertragsofferte für den kommenden Zeitraum durch den HV;[104] wegen der fehlenden Schutzbedürftigkeit des Anbieters von Kettenverträgen[105] muss die Ablehnung grds. nicht unter Einhaltung der Fristen des § 89 angekündigt werden.[106] Hingegen kann der Kettenvertrag mit Ablauf der im letzten Vertrag vorgesehenen Befristung nicht enden, sofern er nicht zu diesem Zeitpunkt wirksam gekündigt worden ist.[107] Nicht um Kettenverträge handelt es sich bei den aus sachlichen Gründen lediglich für einen vorübergehenden Zeitraum abgeschlossenen **Saisonverträgen.** Hier kann ein einheitliches mehrere Saisonzeiträume zusammenfassendes Vertragsverhältnis entstehen, wenn bei Abschluss eines dieser **Zeitverträge** der übereinstimmende Wille besteht, ein trotz der gewählten Vertragsgestaltung auf Dauer angelegtes Vertragsverhältnis zu begründen.

17 **f) Fehlerhaftes Vertragsverhältnis.** Das tatsächlich in Vollzug gesetzte fehlerhafte Vertragsverhältnis muss durch eine ordentliche Kündigung beendet werden, wenn es dem übereinstimmenden nach außen zum Ausdruck gebrachten tatsächlichen Willen beider Parteien entsprochen hat, ein auf Dauer angelegtes und zeitlich unbestimmtes HVVertragsverhältnis einzugehen. Die Vertragspartner

---

[90] BGH Urt. v. 6. 2. 1969 – VII ZR 125/66, VersR 1969, 445 mit zustimmender Anm. *Boetius*; Staub/*Brüggemann* RdNr. 16; *Heymann/Sonnenschein/Weitemeyer* RdNr. 19; *Hopt* RdNr. 20; MünchKommHGB/*v. Hoyningen-Huene* RdNr. 41; *Küstner* HVR RdNr. 1609; *Schröder* RdNr. 3 b, 8 a; *Stötter* RdNr. 155; *Westphal* RdNr. 495 und Vertriebsrecht RdNr. 763; aA für Arbeitsverträge BAG Urt. v. 19. 11. 2003 – 7 AZR 296/03, MDR 2004, 636.
[91] Insoweit anders als nach BAG Urt. v. 14. 8. 2002 – 7 AZR 469/01 MDR 2003, 337– für den Anspruch auf altersmäßige Sozialleistungen, für welche das erstmals dem Sozialleistungsträger genannte Geburtsdatum auch dann gilt, wenn es unrichtig ist.
[92] Zur Berechnung der Probezeit und deren Beginn: BAG Urt. v. 27. 6. 2002 – 2 AZR 382/01, DB 2003, 614.
[93] Dazu Staub/*Brüggemann* RdNr. 15; *Schröder* RdNr. 7.
[94] MünchKommHGB/*v. Hoyningen-Huene* RdNr. 43; *Küstner* HVR RdNr. 1619; *Stötter* 158.
[95] MünchKommHGB/*v. Hoyningen-Huene* RdNr. 43.
[96] Vgl. OLG Nürnberg Urt. v. 23. 12. 1958 – 2 U 183/58, HVR Nr. 210.
[97] *Hopt* RdNr. 20.
[98] BGH Urt. v. 25. 11. 1963 – VII ZR 29/62, BGHZ 40, 235, 237 = NJW 1964, 350; OLG Nürnberg Urt. v. 23. 12. 1958 – 2 U 183/58, HVR Nr. 210; OLG Düsseldorf Urt. v. 18. 2. 1983 – 16 U 132/82, HVR Nr. 573; *Küstner* HVR RdNr. 1621; *Schröder* RdNr. 15 und DB 1966, 2008; *Westphal* RdNr. 502.
[99] MünchKommHGB/*v. Hoyningen-Huene* RdNr. 34.
[100] BGH Urt. v. 11. 12. 1958 – II ZR 169/57, HVR Nr. 226; BGH Urt. v. 17. 7. 2002 – VIII ZR 59/01, EBE 2002, 294, = DB 2002, 1992 (für Ketten-Franchiseverträge); BGH Urt. v. 9. 10. 2002 – VIII ZR 95/01, BB 2002, 2520 = MDR 2003, 162 (für Vertragshändler – Kettenverträge) m. zust. Anm. *v. Hoyningen-Huene* EWiR 2003, 587; s. OLG Frankfurt Urt. v. 1. 2. 2006 – 21 U 21/05 und 21 U 23/05, HVR Nr. 1151 und 1152; MünchKommHGB/*v. Hoyningen-Huene* RdNr. 9; *Westphal* Vertriebsrecht RdNr. 762; teilweise aA *Küstner/Thume* RdNr. 1644 f.
[101] BGH Urt. v. 11. 12. 1958 – II ZR 169/57, VersR 1959, 129; *Heymann/Sonnenschein/Weitemeyer* RdNr. 15; *Hopt* RdNr. 20; MünchKommHGB/*v. Hoyningen-Huene* RdNr. 10, 35; ausführlich *Küstner* HVR RdNr. 1600 und *Schröder* RdNr. 6; *ders.*, FS Hefermehl, S. 116; vgl. auch BGH Urt. v. 13. 12. 1995 – VIII ZR 61/95, ZIP 1996, 330 und BGH Urt. v. 19. 5. 1999 – VIII ZR 354/97, ZIP 1999, 1094, 1095; Staub/*Brüggemann* RdNr. 9; *Westphal* RdNr. 494; s. a. *Hoß/Lohr* MDR 1998, 313, 314.
[102] BGH Urt. v. 17. 7. 2002 – VIII ZR 59/01, EBE 2002, 294, 295.
[103] BGH Urt. v. 17. 7. 2002 – VIII ZR 59/01, EBE 2002, 294.
[104] BGH Urt. v. 13. 12. 1995 – VIII ZR 61/95, ZIP 1996, 330; MünchKommHGB/*v. Hoyningen-Huene* RdNr. 35.
[105] MünchKommHGB/*v. Hoyningen-Huene* RdNr. 35.
[106] MünchKommHGB/*v. Hoyningen-Huene* RdNr. 35; aA *Küstner* HVR RdNr. 1604.
[107] BGH Urt. v. 17. 7. 2002 – VIII ZR 59/01, EBE 2002, 294, 295.

Kündigung des Vertrages 18–20 § 89

können sich dann nicht einseitig unter Berufung auf das Fehlen eines abgesprochenen förmlichen Vertragsschlusses von dem Vertrag lossagen. Fehlt es an einer solchen Übereinstimmung/Einigung und wollten sich die Partner zB vor Abschluss eines förmlichen Vertrags rechtlich noch nicht binden, bedarf es keiner Kündigung (vgl. § 84).

3. Einvernehmliches fortgesetztes Vertragsverhältnis – Absatz 3. Abs. 3 regelt den Sonderfall eines zunächst auf bestimmte Zeit begründeten Vertragsverhältnisses, das nach Fristablauf ohne Regelung zu Vertragsdauer oder Kündigungsmöglichkeit von beiden Parteien einvernehmlich fortgesetzt wird.[108] Hierfür kann es ausreichen, dass der HV weiter für den Unternehmer tätig wird, sofern dieser Kenntnis davon erhält und die vom HV herbeigeführten Kundengeschäfte ausführt, oder dass der Unternehmer einer umfangreichen und länger andauernden, jedoch nicht zu sofortigen Kundengeschäften führenden Vertriebstätigkeit des HV nicht unverzüglich widerspricht.[109] Auf diese Weise kann ein gekündigtes oder auf sonstige Art beendetes Vertragsverhältnis mit den Wirkungen des Abs. 3 fortgesetzt werden.[110] Abs. 3 Satz 1 fingiert ein einheitliches Vertragsverhältnis auf unbestimmte Zeit, das unter Einhaltung der Fristen des § 89 ordentlich kündbar ist; diese bestimmen sich gemäß Satz 2 nach der Dauer der mit Abschluss des befristeten Vertrags beginnenden Gesamtvertragszeit.[111] 18

IV. Rechtliche Möglichkeiten zur Kündigung des Vertrags

1. Unter § 89 fallende Kündigung. § 89 gilt für die fristgemäße Kündigung des gesamten Vertragsverhältnisses, für die auf Änderung einzelner Vertragsbedingungen hinauslaufende Teilkündigung sowie für die auf den Abschluss eines neuen Vertrags zielende Änderungskündigung, jedoch nicht für die Ausübung des dem Unternehmer vertraglich oder gesetzlich zustehenden Weisungs- und Dispositionsrechts, selbst wenn dieses die vertraglich vorbehaltene Befugnis zur Änderung einzelner Vertragsbedingungen zum Inhalt hat.[112] 19

a) Teilkündigung. Eine Teilkündigung (zB einseitige Bezirksverkleinerung) ist, weil ein Vertragspartner nicht einseitig das Vertragsverhältnis ändern kann,[113] ohne entsprechende vertragliche Ermächtigung (Widerrufsvorbehalt)[114] grundsätzlich unzulässig und unwirksam;[115] der Vertragspartner kann das darin liegende Vertragsänderungsangebot annehmen oder zurückweisen und im Zweifel die unberechtigte Teilkündigung zum Anlass einer fristlosen Kündigung nehmen (s. d. § 89a);[116] zur Umdeutung siehe RdNr. 21 und § 89 a. Zulässig ist eine vereinbarte oder einseitige Teilkündigung, wenn sich das Vertragsverhältnis aus mehreren eigenständigen Teilverträgen zusammensetzt, welche nach dem Gesamtbild der vertraglichen Beziehungen eigenständig und unabhängig voneinander bestehen und gelöst werden können, ohne dass durch die sich nur auf einen Teilvertrag beziehende Teilkündigung ein einheitliches Vertragsverhältnis inhaltlich verändert wird, wie zB bei der Teilkündigung eines Bezirksleitervertrags bei Fortbestehen des Versicherungsvertretervertrags,[117] und wenn außerdem die Rechtsstellung des Gekündigten nicht in sonstiger Weise beeinträchtigt wird, die gegenüber dem HV erklärte Teilkündigung insbesondere keine nachteiligen Auswirkungen auf seinen Ausgleichsanspruch nach § 89 b und dessen Geltendmachung haben kann.[118] Die zulässige Teilkündigung entfaltet für den gekündigten Rechtsbereich dieselben Wirkungen wie eine uneingeschränkte Kündigung. **Individualvereinbarungen** – nicht AGB oder Formularregelungen[119] – **über Teilkündigungen** innerhalb eines einheitlichen Vertragsverhältnisses sind zulässig, wenn sich die Teilkündigung auf abgrenzbare 20

---

[108] Hopt RdNr. 21.
[109] Grundmann S. 569 R 15; Hopt RdNr. 21; teilweise aA Heymann/Sonnenschein/Weitemeyer RdNr. 35 und Westphal RdNr. 486 (Unternehmer muss vermitteltes Geschäft ausführen).
[110] AA Heymann/Sonnenschein/Weitemeyer RdNr. 36 (§ 625 BGB analog anzuwenden).
[111] Hopt RdNr. 22.
[112] Schröder RdNr. 9 b.
[113] BGH Urt. v. 8. 11. 2005 – XI ZR 74/05, ZIP 2006, 175.
[114] Schröder § 87 RdNr. 31 a; vgl. auch BGH Urt. v. 28. 1. 1971 – VII ZR 95/69, WM 1971, 561.
[115] BGH Urt. v. 17. 10. 1991 – I ZR 248/89, WM 1992, 311; BGH Urt. v. 5. 11. 1992 – IX ZR 200/91, HVR Nr. 726; OLG Köln VersR 1989, 1989; OLG Stuttgart AP § 89 Nr. 2 und BB 1965, 926; Füssel DB 1972, 378; Schnitzler MDR 1959, 170; Hopt RdNr. 18; MünchKommHGB/v. Hoyningen-Huene RdNr. 51 und § 87 RdNr. 79; Staub/Brüggemann RdNr. 17; Küstner HVR RdNr. 1570; Schröder RdNr. 9 c; Stötter S. 156; vgl. auch Schröder DB 1958, 975; Preis/Stoffels ZHR 160 (1996), 442, 481 f.; aA OLG Bamberg NJW 1958, 1830 mit abl. Anm. Thiede NJW 1959, 1444.
[116] BGH Urt. v. 6. 10. 1999 – VIII ZR 125/98, ZIP 2000, 138, 140 m. Bspr. Emde BB 2000, 63; Schröder RdNr. 9 c.
[117] BGH Urt. v. 18. 2. 1977 – I ZR 175/75, LM § 89 a Nr. 12 = BB 1977, 770; v. Gamm NJW 1979, 2493; MünchKommHGB/v. Hoyningen-Huene RdNr. 51; Alff RdNr. 195; Schröder RdNr. 9 c; Westphal Vertriebsrecht RdNr. 783.
[118] BGH Urt. v. 6. 10. 1999 – VIII ZR 125/98, ZIP 2000, 138, 140 m. Bspr. Emde BB 2000, 63; MünchKommHGB/v. Hoyningen-Huene RdNr. 51.
[119] Ausführlich dazu BGH Urt. v. 6. 10. 1999 – VIII ZR 125/98, ZIP 2000, 138 m. Bspr. Emde BB 2000, 63.

Löwisch

Teile der Vertragsbedingungen und/oder der Tätigkeit des HV beziehen soll und sachliche Gründe für sie vorliegen.[120] Eine Teilkündigung kann daher zulässig sein, wenn zB einige vertragliche Regelungen auch nach Vertragsende weitergelten und uU erst dann ihre besondere Bedeutung erlangen sollen.[121] Eine unzulässige Teilkündigung kann vorliegen, wenn ein wirtschaftlich einheitliches Vertragsverhältnis in zwei rechtlich selbständige, jedoch in ihrem Bestand voneinander abhängige Verträge aufgespalten und dann nur einer dieser Verträge gekündigt wird.[122]

21 **b) Änderungskündigung.** Eine Änderungskündigung[123] enthält im Zweifel die unbedingte[124] ordentliche – und deswegen auch nicht zu begründende oder (anders als im Arbeitsrecht)[125] besonders zu rechtfertigende (RdNr. 26)[126] – Kündigung des bestehenden Vertrags verbunden mit dem Antrag auf Abschluss eines neuen geänderten Vertrags.[127] Durch den unbedingten[128] Willen des Kündigenden, das bestehende Vertragsverhältnis in jedem Fall zu beenden, unterscheidet sie sich von Teilkündigung oder dem Angebot auf Vertragsänderung,[129] weswegen die **Umdeutung einer unzulässigen Teilkündigung** in eine Änderungskündigung im Zweifel ausgeschlossen ist.[130] **Zwingender Bestandteil einer Änderungskündigung** ist grundsätzlich das Angebot auf Abschluss eines neuen geänderten Vertrags.[131] Wird eine Änderungskündigung ohne ein gleichzeitig unterbreitetes Vertragsangebot ausgesprochen, führt das – anders als uU im Arbeitsrecht[132] – dennoch zur Vertragsbeendigung, wenn der Kündigende erkennbar das Vertragsverhältnis auf jeden Fall beenden will. Sollen die vorgeschlagenen Änderungen bereits vor Ablauf der Kündigungsfrist wirksam werden, kann diese Rechtsfolge nur eintreten, wenn der Gekündigte der Vertragsänderung zustimmt, andernfalls bleibt es bis zum Ablauf der im Zeitpunkt der Kündigung geltenden Kündigungsfrist bei der bisherigen Rechtslage. **Schweigen auf die Änderungskündigung** bedeutet nicht Zustimmung zu dem neuen Vertrag,[133] weil der Gekündigte weder der Kündigung widersprechen noch ein Vertragsangebot annehmen muss (s. d. § 84). Eine gegenteilige Vorgabe in dem Änderungsangebot ist rechtlich ohne Bedeutung und verpflichtet den Gekündigten nicht zu einer Antwort. Der Kündigende kann allerdings verbindlich festlegen, dass das neue Angebot nur innerhalb einer bestimmten Frist angenommen werden kann, sofern diese Frist objektiv angemessen ist.[134] Eine Änderungskündigung bleibt **wirkungslos,** wenn die beabsichtigte Vertragsänderung – zB durch stillschweigende Übereinkunft – bereits wirksamer Bestandteil des bestehenden HVVertrags geworden ist;[135] jedoch kann dann der Anspruch aus § 85 bestehen. Die arbeitsgerichtliche Rechtsprechung zu betriebsbedingten Änderungskündigungen und deren Zulässigkeit im Hinblick auf das KSchG[136] sind auf den HVVertrag nicht anwendbar. Allerdings gilt auch im HVRecht der Grundsatz, dass der kündigende Vertragspartner, wenn eine Fortsetzung des Vertragsverhältnisses zu geänderten Bedingungen möglich und zumutbar ist, auf Grund der vertraglichen Treuepflicht gehalten sein kann, eine Änderungskündigung anstelle einer Beendigungskündigung auszusprechen.[137] Wegen der Folgen einer unzulässigen Änderungskündigung im Hinblick auf § 615 wird verwiesen auf die entsprechende Kommentierung zu § 89a. Die **Strukturkündigung,**[138] mit welcher eine Änderung der Struktur des Vertriebsnetzes ermöglicht werden soll, stellt ebenfalls eine Änderungskündigung dar.

---

[120] OLG Karlsruhe DB 1978, 298; Heymann/*Sonnenschein/Weitemeyer* RdNr. 23; *Schröder* RdNr. 9 c.
[121] OLG Hamm Urt. v. 10. 11. 1999 – 35 U 9/99, HVR Nr. 969.
[122] Siehe dazu OLG Köln OLGR 2001, 241 = BB 2001, 1759 (LS) zur unzulässigen Teilkündigung eines Vertragshändlervertrags.
[123] *Schmidt* NJW 1971, 684; *Becker-Schaffner* BB 1991, 129.
[124] MünchKommHGB/*v. Hoyningen-Huene* § 87 RdNr. 79; aA *Stötter* S. 157.
[125] Vgl. dazu ausf. *Hromadka* DB 2002, 1322, 1323 f. und EWiR 2002, 819, 820.
[126] BGH Urt. v. 6. 10. 1999 – VIII ZR 125/98, ZIP 2000, 138, 140 m. Bspr. *Emde* BB 2000, 63.
[127] BGH Urt. v. 6. 10. 1999 – VIII ZR 125/98, ZIP 2000, 138, 140 m. Bspr. *Emde* BB 2000, 63; *Schröder* DB 1958, 975; ausf. *Pauly* DB 1997, 2378; MünchKommHGB/*v. Hoyningen-Huene* RdNr. 52; *Küstner* HVR RdNr. 1575; *Westphal* RdNr. 512; sowie aus arbeitsrechtlicher Sicht *Hoss* MDR 2000, 562; *Hromadka* DB 2002, 1322 und EWiR 2002, 819, 820; *Reiserer/Powietzka* BB 2006, 1109.
[128] AA *Küstner* HVR RdNr. 1576.
[129] OLG Köln VersR 1989, 1142; vgl. auch LAG Köln MDR 1999, 1276, 1277.
[130] OLG Köln VersR 1989, 1142; *Küstner* HVR RdNr. 1572.
[131] *Hromadka* DB 2002, 1322, 1323.
[132] Vgl. dazu ausf. *Hromadka* DB 2002, 1322, 1323 f.
[133] BGH Urt. v. 24. 10. 1955 – II ZR 216/54, BB 1955, 1009; Heymann/*Sonnenschein/Weitemeyer* RdNr. 24; MünchKommHGB/*v. Hoyningen-Huene* RdNr. 52.
[134] Zu Bedeutung und Angemessenheit einer Frist zur Annahmeerklärung – aus arbeitsrechtlicher Sicht: BAG Urt. 6. 2. 2003 – 2 AZR 674/01, MDR 2003, 752 = BB 2003, 1731 m. Anm. *Dahlbender* EWiR 2003, 781.
[135] Vgl. hierzu, jedoch für das Arbeitsrecht, auch BAG Urt. v. 24. 8. 2004 – 1 AZR 419/03, MDR 2005, 400.
[136] Vgl. BAG Urt. v. 27. 3. 2003 – 2 AZR 74/02, MDR 2003, 1237 = BB 2004, 110 und Anm. *Pomberg* EWiR 2003, 1099.
[137] Vgl. BAG Urt. v. 21. 4. 2005 – 2 AZR 132/04, MDR 2006, 214 m. Anm. *Schreiner* EWiR 2006, 219.
[138] *Emde* BB 2004, 389, 396 und EWiR 2001, 23, 24.

c) **Vorsorgliche Kündigung und Vorratskündigung.** Die vorsorgliche Kündigung ist im 22
Zweifel eine unbedingte Kündigung[139] und als solche zulässig,[140] wenn der Wille zur Vertragsbeendigung unbedingt ist (RdNr. 25). Die Vorratskündigung[141] ist für den HV-Vertrag ohne Bedeutung.

2. Grenzen des Kündigungsrechts. a) Kündigung vor Vertragsbeginn. Das Recht zur 23
Kündigung besteht, sobald der Vertrag geschlossen[142] oder das Vertragsverhältnis – wenn auch ohne vertragliche Grundlage – in Gang gesetzt worden ist. Im ersten Fall kann der Vertrag bei länger hinausgeschobenem Vertragsbeginn trotz notwendiger Einhaltung der Kündigungsfrist enden, bevor er nach dem Vertragsinhalt beginnen sollte.[143]

b) Sitten- und treuwidrige Kündigung. Bei der Kündigung sind die durch Treu und Glauben 24
(§ 242 BGB) sowie die guten Sitten (§ 138 BGB) gezogenen Grenzen einzuhalten,[144] andernfalls die Kündigung unwirksam ist[145] und in eng begrenzten Ausnahmefällen ohne Vorliegen eines besonderen Grundes sogar ausgeschlossen sein kann;[146] die Voraussetzungen hierfür sind allerdings streng, weil jeder Vertragspartner von dem ihm eingeräumten Kündigungsrecht grundsätzlich uneingeschränkt Gebrauch machen darf.[147] Wegen Verstoßes gegen das in § 242 BGB enthaltene Verbot widersprüchlichen Verhaltens kann eine Kündigung allerdings unwirksam sein,[148] wenn sie bei einer Anhörung lediglich als Änderungskündigung in Aussicht gestellt und dann ohne Änderung der Sach- oder Rechtslage als uneingeschränkte (Beendigungs-)Kündigung ausgesprochen wird.[149] Ebenso kann eine unverhältnismäßige Missachtung der Interessen des Vertragspartners eine Kündigung treuwidrig und unwirksam machen.[150] Eine treu- oder sittenwidrige Kündigung wird nicht deswegen wirksam, weil der gekündigte HV mit Vertragsende den Ausgleichsanspruch nach § 89 b erwirbt.[151] Jedoch kann die mit der unzulässigen Kündigung verbundene vollständige **Schadlosstellung** des Gekündigten **hinsichtlich der** ihm **durch eine Kündigung entstehenden Nachteile** den Missbrauchseinwand entkräften und die Kündigung, gegebenenfalls mit einer angemessenen Übergangsfrist, wirksam werden lassen.[152]

c) § 26 Abs. 2 GWB aF. Die Ausübung eines gesetzlichen oder vertraglich vereinbarten Kündi- 25
gungsrechts unter Einhaltung einer angemessenen Kündigungsfrist fiel nicht unter § 26 Abs. 2 GWB aF.[153]

V. Die ordentliche Kündigung

1. Kündigungserklärung. Die Kündigungserklärung ist einseitige, zugangsbedürftige[154] **Wil-** 26
lenserklärung, zu deren Wirksamkeit eine Annahme durch den Erklärungsempfänger nicht erforderlich ist,[155] für die aber § 174 BGB gilt,[156] wenn der Kündigungsberechtigte, also eine der beiden Parteien des HVVertrags, sich bei Abgabe der Kündigungserklärung vertreten lässt. Die

---

[139] LAG Köln Urt. V. 6. 3. 2002 – 8 Sa 1059/01, DStR 2002 Heft 20/21 S. XVI (LS., für Arbeitsvertrag).
[140] LAG Köln Urt. V. 6. 3. 2002 – 8 Sa 1059/01, DStR 2002 Heft 20/21 S. XVI.
[141] Vgl. dazu zB BAG Urt. v. 12. 4. 2002 – 2 AZR 250/01, GmbHR 2002 R 461.
[142] Staub/*Brüggemann* RdNr. 20; *Stötter* S. 155; *Westphal* RdNr. 514; vgl. auch BGH Urt. v. 6. 10. 1983 – I ZR 127/81, BB 1984, 235, 237.
[143] Vgl. BAG Urt. v. 25. 3. 2004 – 2 AZR 324/03, GmbHR 2004, R 297; ausführlich *Küstner* HVR RdNr. 1561 f., insbesondere 1565, 1567; MünchKommHGB/*v. Hoyningen-Huene* RdNr. 49, 50.
[144] BGH Urt. v. 6. 2. 1969 – VII ZR 125/66, VersR 1969, 445, 446 mit zust. Anm. *Boetius*; BGH Urt. v. 26. 2. 1970 – KZR 17/68, NJW 1970, 855; BGH Urt. v. 21. 2. 1995 – KZR 33/93, EBE 1995, 259, 261; LAG Berlin Urt. v. 17. 11. 2004 – 17 Sa 1601/04, MDR 2005, 818; *Hopt* RdNr. 16; MünchKommHGB/*v. Hoyningen-Huene* RdNr. 47; *Schröder* RdNr. 29; *Canaris* § 15 Rn. 85.
[145] BGH Urt. v. 6. 2. 1969 – VII ZR 125/66, VersR 1969, 445, 446 mit zust. Anm. *Boetius*; *Westphal* RdNr. 491; ausf. *Ulmer*, FS Möhring, 1975, S. 311, 316.
[146] BGH Urt. v. 21. 2. 1995 – KZR 33/93, EBE 1995, 259; *Hopt* RdNr. 16.
[147] Vgl. BGH Urt. v. 6. 2. 1969 – VII ZR 125/66, VersR 1969, 445, 446 mit zust. Anm. *Boetius*; BGH Urt. v. 26. 2. 1970 – KZR 17/68, NJW 1970, 855; *Finke* WM 1969, 1128; *Weimar* MDR 1959, 986; *Alff* RdNr. 193; *Hopt* RdNr. 16; *Schröder* RdNr. 29.
[148] So allgemein: *Canaris* § 15 RdNr. 85.
[149] LAG Berlin Urt. v. 17. 11. 2004 – 17 Sa 1601/04, MDR 2005, 818 (zum Arbeitsvertrag).
[150] *Canaris* § 15 RdNr. 85.
[151] Vgl. aber *Ulmer*, FS Möhring, 1975, S. 317.
[152] Ausf. dazu *Canaris* § 15 RdNr. 86.
[153] BGH Urt. v. 21. 2. 1995 – KZR 33/93, EBE 1995, 259; ausf. *Ebenroth* S. 160 ff.
[154] BGH Urt. v. 20. 11. 2002 – VIII ZR 65/02, MDR 2003, 376; *Becker-Schaffner* BB 1998, 422; MünchKommHGB/*v. Hoyningen-Huene* RdNr. 45; *Schröder* RdNr. 21; ausf. *Küstner* HVR RdNr. 1531 f.; *Seel* MDR 2005, 1331, 1332.
[155] BGH Urt. v. 20. 11. 2002 – VIII ZR 65/02, MDR 2003, 376.
[156] *Schröder* RdNr. 24; s. auch KG BB 1998, 607; *Lohr* MDR 2000, 620; *Seel* MDR 2005, 1331.
[157] Vgl. *Hopt* RdNr. 15.

Kündigungserklärung muss eindeutig sein.[157] Besteht eine Vertragspartei aus mehreren Personen (zB Personengesellschaft), müssen alle vertretungsberechtigten Personen die Erklärung abgeben oder sich dabei vertreten lassen, sofern nicht ein besondere Vertretungsregelung getroffen ist.[158] HV wie Unternehmer haben als Kaufleute die jederzeitige Erreichbarkeit für den Vertragspartner und die Möglichkeit eines ordnungsgemäßen Zugangs[159] der für sie bestimmten Willenserklärungen sicherzustellen;[160] zum Zugang genügt nicht das kurzfristige Überlassen des Kündigungsschreibens zur Kenntnisnahme, die Erklärung muss vielmehr in die alleinige Verfügungsgewalt des Adressaten gelangen,[161] wobei eine Kopie ausreichen kann, wenn sichergestellt ist, dass sie der Originalerklärung entspricht.[162] Im Vertrag dürfen durch Individualabrede, nicht durch AGB, **Zugangsfiktionen** oder Beweislastregeln für den Zugang vereinbart werden, ebenso dürfen die Vertragspartner verpflichtet werden, Zugangsvorkehrungen zu schaffen oder Empfangsbevollmächtigungen zu erteilen;[163] Voraussetzung der Wirksamkeit solcher Absprachen ist aber, dass die Möglichkeit eines tatsächlichen Zugangs an den Empfänger gewahrt bleibt; bei treuwidriger Vereitelung des rechtzeitigen Zugangs eines Kündigungsschreibens, besonders bei Nichtabholen eines niedergelegten Schreibens, kann dem zu Kündigenden das Berufen auf den nicht rechtzeitigen Zugang der Kündigungserklärung verwehrt sein und eine Zugangsfiktion gelten.[164] **Inhaltlich** muss die Erklärung eindeutig und unmissverständlich zum Ausdruck bringen, dass das Vertragsverhältnis – mit Ablauf der Kündigungsfrist – beendet werden soll.[165] Für eine Kündigung durch Stillschweigen ist grundsätzlich, für eine solche durch schlüssiges Verhalten regelmäßig kein Raum;[166] vor allem darf aus bloßer Untätigkeit des HV nicht auf eine Kündigung geschlossen werden.[167] Als rechtsgestaltende Erklärung darf die Kündigungserklärung grundsätzlich[168] nur unter einem – vom Willen des Kündigungsempfängers abhängigen – **Potestativbedingung**[169] oder einer **Rechtsbedingung** stehen.[170] Weder eine vorherige **Androhung**[171] noch eine **Begründung, Rechtfertigung**[172] oder ein Kündigungsgrund sind erforderlich.[173] Eine **Form** ist einzuhalten, wenn dies im Vertrag als Wirksamkeitsvoraussetzung vorgesehen ist,[174] ein Formmangel ist entsprechend dem Rechtsgedanken des § 174 BGB unverzüglich zu rügen.[175] Ist Schriftform vereinbart, muss die Erklärung von denjenigen unterschrieben werden, welche nach Gesetz oder Vertrag den Kündigenden, zB eine Gesellschaft, zu vertreten haben.[176] Im Übrigen sieht das Gesetz die Einhaltung einer bestimmten Form für die ordentliche Kündigung nicht vor; da § 89a Abs. 1 Satz 2 der Einführung einer Formvorschrift für eine außerordentliche Kündigung entgegensteht (s. § 89a) und die ordentliche Kündigung keinem strengerem Formzwang als die außerordentliche Kündigung unterliegen darf, kann auch durch Gesetz – ohne Änderung des § 89a oder des § 89 – ein bestimmter Formzwang für die ordentliche Kündigung eines HVVertrags nicht vorgeschrieben werden; **§ 623 BGB** idF des Gesetzes vom 30. März 2000 – BGBl. I S. 333, 335 – gilt deswegen nicht für HVVerträge. Ist im HVVertrag für die Kündigung **Schriftform** vorgeschrieben, was dann auch für Teil- oder Änderungskündigung gilt,[177] genügt – anders als bei § 623 BGB – die **elektronische Form** gem.

---

[158] Vgl. LAG Freiburg Urt. v. 1. 9. 2005 – 11 Sa 7/05, ZIP 2006, 100 (LS).
[159] Siehe dazu LAG Düsseldorf MDR 2001, 145.
[160] *Schröder* RdNr. 21.
[161] LAG Hamm EWiR 2004, 485 m. Anm. *Thüsing*.
[162] LAG Hamm EWiR 2004, 485 m. Anm. *Thüsing*.
[163] Siehe dazu ausführlich *Mauer* DB 2002, 1442, 1448.
[164] BAG Urt. v. 7. 11. 2002 – 2 AZR 475/01, BB 2003, 1178 m. Anm. *Mauer* BB 2003, 1182 und *Sasse* EWiR 2003, 755; LAG Düsseldorf MDR 2001, 145; LAG Bremen DB 2001, 2729; *Seel* MDR 2005, 1331, 1332; siehe auch *Lelley* GmbHR 2003, R 141.
[165] OLG Düsseldorf OLGR 1999, 453, 454; MünchKommHGB/*v. Hoyningen-Huene* RdNr. 45; *Schröder* RdNr. 25; *Alff* RdNr. 193.
[166] S. a. *Hopt* RdNr. 15; MünchKommHGB/*v. Hoyningen-Huene* RdNr. 45.
[167] BGH Urt. v. 13. 10. 1960 – VII ZR 238/59, VersR 1961, 82.
[168] Zu den Ausnahmen siehe RGRK-BGB/*Steffen* Vor § 158 RdNr. 18.
[169] BAG Urt. v. 15. 3. 2001 – 2 AZR 705/99, BB 2001, 1960 und LAG Köln DStR 2002 Heft 20/21 S. XVI (für Arbeitsverträge); vgl. Heymann/*Sonnenschein/Weitemeyer* RdNr. 21; MünchKommHGB/*v. Hoyningen-Huene* RdNr. 53; *Küstner* HVR RdNr. 1573; *Schröder* RdNr. 25 a; *Westphal* RdNr. 513; RGRK-BGB/*Steffen* Vor § 158 RdNr. 18.
[170] BAG Urt. v. 15. 3. 2001 – 2 AZR 705/99, BB 2001, 1960; RGRK-BGB/*Steffen* Vor § 158 RdNr. 18.
[171] MünchKommHGB/*v. Hoyningen-Huene* RdNr. 45; *Schröder* RdNr. 26.
[172] BGH Urt. v. 21. 2. 1995 – KZR 33/93, EBE 1995, 259, 261; *Schröder* DB 1966, 2008; vgl. auch *Emde* EWiR 1999, 411, 412 (für Vertragshändlervertrag); MünchKommHGB/*v. Hoyningen-Huene* RdNr. 45.
[173] *Schröder* RdNr. 25 a; *Alff* RdNr. 193; *Westphal* RdNr. 491.
[174] MünchKommHGB/*v. Hoyningen-Huene* RdNr. 46.
[175] Vgl. *Schröder* RdNr. 23.
[176] BAG Urt. v. 21. 4. 2005 – 2 AZR 162/04, DStR 2005 Heft 32 S. XIV (Unterzeichnung des Kündigungsschreibens durch zwei von drei GbR-Gesellschaftern).
[177] Vgl. BAG Urt. v. 16. 9. 2004 – 2 AZR 628/03, ZIP 2005, 366 m. Anm. *Fleddermann* EWiR 2005, 467.

Kündigung des Vertrages 27, 28 § 89

§§ 126, 126 a, 126 b, 127 BGB idF des Gesetzes vom 13. Juli 2001, BGBl. I S. 1542; jedoch empfiehlt sich die Wahrung der Schriftform, um Zugang und Zugangszeitpunkt des Kündigungserklärung im Streitfall nachweisen zu können. Der **Endzeitpunkt des Vertrags** muss nicht angegeben werden,[178] er folgt aus Gesetz oder Vertrag. Eine Annahme der Erklärung im Sinn von § 151 BGB ist nicht erforderlich. Einer unwirksamen Kündigung braucht – außer bei fehlender Form oder Vollmacht – nicht widersprochen zu werden;[179] gegenüber einer wirksamen Kündigung ist ein **Widerspruch** bedeutungslos.[180] Die unwirksame Kündigungserklärung kann ein Angebot zur Vertragsaufhebung enthalten (s. § 89 a).[181]

2. Kündigungsfrist und Vertragsdauer. Die einzuhaltende Kündigungsfrist (Abs. 1 S. 1 und 2) ist die **Mindestfrist,** die dem Gekündigten ungeschmälert und ohne entsprechende Anwendung des § 193 BGB[182] nach Erhalt der Kündigung zur Verfügung stehen muss.[183] Sie **beginnt** mit dem Zugang der Kündigungserklärung bei dem Gekündigten[184] und ist abhängig von der **Vertragsdauer,** also der ununterbrochenen[185] Zeit zwischen dem rechtlichen Beginn des Vertrags und dem Zugang der Kündigungserklärung bei dem Gekündigten,[186] weswegen die nach der Kündigung noch laufende Frist bis zur Beendigung des Vertrags in die Bestimmung der für die Kündigungsfrist entscheidenden Vertragsdauer nicht einzubeziehen ist;[187] der am 1. Januar begonnene HVV kann durch eine spätestens am 31. Dezember zugehende Kündigung mit einer Frist von einem Monat zum 31. Januar des Folgejahres gekündigt werden.[188] Eine ununterbrochene Tätigkeit des HV während dieser Zeit ist nicht notwendig.[189] **Anfangszeitpunkt** für die Bestimmung der Vertragsdauer ist auch bei zwischenzeitlichen Vertragsänderungen oder Kettenverträgen der Beginn der ununterbrochen andauernden rechtlichen Beziehungen der Parteien[190] durch Vertragsschluss oder einvernehmliche Aufnahme der Tätigkeit des HV. Bei Ablösung des ursprünglichen Vertrags durch neue Verträge – wie vielfach bei Verträgen mit Versicherungsvertretern – bleibt der Abschluss des **Ursprungsvertrags** maßgeblich, wenn das eigentliche Vertragsverhältnis tatsächlich fortgesetzt und trotz formalen Neuabschlusses inhaltlich nur eine Vertragsänderung vorgenommen worden ist.[191] Gleiches gilt, wenn eine rechtswirksame Kündigung „zurückgenommen" oder „widerrufen" wird (RdNr. 29) und es damit zum Abschluss eines neuen gleichartigen Vertrags kommt.[192] Die Kündigungsfrist beträgt 1 Monat bei einer Vertragsdauer bis zu einem vollen Jahr, 2 Monate bei einer Vertragsdauer von höchstens 2 Jahren, 3 Monate bei einer Vertragsdauer von höchstens 5 Jahren, danach liegt sie bei 6 Monaten. Es gelten §§ 187[193] und 188 BGB. Selbst **kurze Überschreitungen** der jeweiligen Vertragsdauer führen – und zwar grds. unabhängig von einem Verschulden – zu der entsprechend verlängerten Kündigungsfrist.

3. Kündigungsendtermin. Mit **Ende des Monats,** in dem die Kündigungsfrist abläuft, endet der Vertrag (Abs. 1 Satz 3). Die Kündigung wirkt – selbst bei unrichtiger Angabe in der Kündigungserklärung – zu dem nach Gesetz oder Vertrag nächstmöglichen Termin, dem Kündigungsendtermin;[194] er kann weder einseitig vorverlegt noch ohne Einverständnis des Gekündigten hinausgescho-

---

[178] Schröder RdNr. 25; aA Finke WM 1969, 1128.
[179] Schröder RdNr. 11; vgl. auch Lohr MDR 2000, 620.
[180] BGH Urt. v. 20. 11. 2002 – VIII ZR 65/02, MDR 2003, 376; Küstner HVR RdNr. 1529.
[181] OLG München NJW-RR 1995, 95.
[182] BGH Urt. v. 17. 2. 2005 – III ZR 172/04, ZIP 2005, 716 m. Anm. Schimmel/Meyer EWiR 2005, 455; MünchKommHGB/v. Hoyningen-Huene RdNr. 57; Alff RdNr. 192; Westphal RdNr. 501.
[183] BGH Urt. v. 28. 9. 1972 – VII ZR 186/71, BGHZ 59, 265 = NJW 1972, 2083; BGH Urt. v. 17. 2. 2005 – III ZR 172/05, EBE 2005, 99.
[184] Hopt RdNr. 14.
[185] Hopt RdNr. 11; MünchKommHGB/v. Hoyningen-Huene RdNr. 56.
[186] Hopt RdNr. 11; MünchKommHGB/v. Hoyningen-Huene RdNr. 56; Heymann/Sonnenschein/Weitemeyer RdNr. 31; aA Schröder RdNr. 18 (Kündigungsendtermin).
[187] Hopt RdNr. 11.
[188] MünchKommHGB/v. Hoyningen-Huene RdNr. 56; Westphal Vertriebsrecht RdNr. 771.
[189] MünchKommHGB/v. Hoyningen-Huene RdNr. 56.
[190] Hopt RdNr. 18; siehe auch BGH Urt. v. 17. 7. 2002 – VIII ZR 59/01, EBE 2002, 294 und BGH Urt. v. 9. 10. 2002 – VIII ZR 95/01, BB 2002, 2520, m. zust. Anm. v. Hoyningen – Huene EWiR 2003, 587 (für ein Kettenvertragsverhältnis).
[191] BGH Urt. v. 19. 3. 1987 – I ZR 166/85, NJW-RR 1987, 1112; Heymann/Sonnenschein/Weitemeyer RdNr. 31; einschränkend: Hopt RdNr. 11; MünchKommHGB/v. Hoyningen-Huene RdNr. 56; Schröder RdNr. 18 (Neuabschluss nur bei Umgehung des Gesetzes nicht maßgebend).
[192] Schröder § 89 a RdNr. 18.
[193] Vgl. MünchKommHGB/v. Hoyningen-Huene RdNr. 57; Schröder § 89 RdNr. 10.
[194] Küstner HVR RdNr. 1552; Schröder RdNr. 22; Stötter S. 154; Westphal RdNr. 504.
[195] Vgl. Hopt RdNr. 24; aA Schröder RdNr. 10.
[196] Heymann/Sonnenschein/Weitemeyer RdNr. 33; vgl. auch Hopt RdNr. 23 und BGH Urt. v. 20. 2. 1969 – VII ZR 101/67, BB 1969, 380.

ben werden.¹⁹⁵ In der einvernehmlichen Kündigung für einen späteren Zeitpunkt als rechtlich vorgegeben liegt regelmäßig der Verzicht auf das Recht, den Vertrag zu dem nach § 89 frühestmöglichen Zeitpunkt zu beenden.¹⁹⁶

29 **4. Rückgängigmachen, Anfechtung, Verzicht.** Die Kündigungserklärung kann nicht einseitig durch Rücknahme oder Widerruf – außer im Fall des § 130 Abs. 1 S. 2 BGB – rückgängig gemacht werden;¹⁹⁷ sie kann jedoch angefochten werden, solange das Vertragsverhältnis noch andauert.¹⁹⁸ Durch Vereinbarung mit dem Gekündigten (zB Fortsetzungs- oder Verzichtsvertrag) kann die Wirkung der Kündigung auch nach Ablauf der Kündigungsfrist (vgl. Abs. 3) beseitigt und das Vertragsverhältnis fortgesetzt werden;¹⁹⁹ in Rücknahme-, Widerrufs- oder der nicht mehr zulässigen Anfechtungserklärung wird im Zweifel das Angebot auf Abschluss eines solchen Fortsetzungsvertrags liegen,²⁰⁰ welches dann in eindeutiger Weise, also nicht durch bloßes Schweigen, angenommen werden muss.²⁰¹ Auf ein bestehendes Kündigungsrecht kann einseitig,²⁰² auf ein künftiges durch Vertrag verzichtet werden.

30 **5. Rechtsverhältnis bis Vertragsende. a) Allgemeine Rechte und Pflichten.** Bis zum Kündigungsendtermin (Abs. 1 S. 3) besteht das Vertragsverhältnis mit allen gegenseitigen Rechten und Pflichten fort.²⁰³ Vertragsverletzungen oder sonstige wichtige Gründe können zur sofortigen Beendigung des Vertrags durch fristlose Kündigung führen; bei Ausspruch der ordentlichen Kündigung bekannte Gründe rechtfertigen sie allerdings nicht (s. § 89 a);²⁰⁴ der unberechtigte Widerspruch gegen die Kündigung stellt keine Vertragsverletzung dar.²⁰⁵ Der gekündigte HV darf trotz bestehenden Wettbewerbsverbots Kontakt zu anderen Unternehmern, auch Konkurrenten seines Geschäftsherrn, aufnehmen, sich neue Auftraggeber suchen, für diese aber nicht tätig werden (s. § 86);²⁰⁶ auf ausdrückliche Nachfrage des Unternehmers ist der HV zu der wahrheitsgemäßen Mitteilung verpflichtet, dass er in Zukunft für ein Konkurrenzunternehmen tätig werden wolle; ungefragt hat er dies nicht zu offenbare.²⁰⁷ Der Unternehmer darf sich um einen Nachfolger bemühen, diesem aber noch nicht die dem gekündigten HV zustehenden Rechte und Tätigkeiten übertragen.²⁰⁸

31 **b) Freistellung des Handelsvertreters.** Eine **einseitige Freistellung** (Suspendierung) des gekündigten HV von seinem Dienst ist **grundsätzlich unzulässig,**²⁰⁹ selbst wenn ein wichtiger Kündigungsgrund vorlag, der Unternehmer aber nicht fristlos gekündigt hat.²¹⁰ Die Furcht des Unternehmers vor einer nachträglich zulässigen Konkurrenztätigkeit des HV für einen anderen Unternehmer, selbst verbunden mit einer Kundenabwerbung, kann eine einseitige Freistellung nicht rechtfertigen;²¹¹ gegen die grds. zulässige nachvertragliche Wettbewerbstätigkeit des HV muss sich der Unternehmer nach § 90 a schützen, darüber hinaus gewährt das Gesetz einen solchen Schutz gerade nicht (s. § 90 a). Die idR mit einer Kündigung verbundene Freistellung des HV durch den Unternehmer enthält grds. nicht die auf eine Vertragsänderung gerichtete Willenserklärung,²¹² sondern die tatsächliche Mitteilung, dass dem HV eine weitere Tätigkeit untersagt wird, verbunden mit der Ankündigung, dass der Unternehmer die vom HV erbrachten Leistungen nicht mehr

---

¹⁹⁷ BGH Urt. v. 4. 7. 1960 – II ZR 236/58, HVR Nr. 247; *Hopt* RdNr. 24; MünchKommHGB/*v. Hoyningen-Huene* RdNr. 45; *Küstner* HVR RdNr. 1529.
¹⁹⁸ *Schröder* RdNr. 28; vgl. *Hopt* RdNr. 24.
¹⁹⁹ BGH Urt. v. 6. 10. 1983 – I ZR 127/81, WM 1984, 1416, 1418.
²⁰⁰ BGH Urt. v. 4. 7. 1960 – II ZR 236/58, HVR Nr. 247; *Hopt* RdNr. 24.
²⁰¹ BGH Urt. v. 4. 7. 1960 – II ZR 236/58, HVR Nr. 247; *Hopt* RdNr. 24.
²⁰² Vgl. *Höft* VersR 1973, 600.
²⁰³ *Küstner* HVR RdNr. 1629, 1641 f.; *Schröder* RdNr. 32.
²⁰⁴ OLG Celle Urt. v. 28. 8. 2003 – 11 U 317/03, HVR Nr. 1131.
²⁰⁵ Vgl. BGH Urt. v. 20. 11. 2002 – VIII ZR 675/02, BB 2003, 496.
²⁰⁶ BGH Urt. v. 3. 4. 1996 – VIII ZR 3/95, ZIP 1996, 1006, 1008; MünchKommHGB/*v. Hoyningen-Huene* RdNr. 72 a; *Schröder* RdNr. 32; *Westphal* Vertriebsrecht RdNr. 785.
²⁰⁷ Staub/*Brüggemann* § 86 RdNr. 27; MünchKommHGB/*v. Hoyningen-Huene* RdNr. aA MünchKommHGB/*v. Hoyningen-Huene* RdNr. 70.
²⁰⁸ *Hopt* RdNr. 25; OLG München Urt. v. 14. 10. 1993 – U (K) 5333/92, HVR Nr. 766.
²⁰⁹ OLG Brandenburg Urt. v. 18. 7. 1995 – 6 U 15/95, HVR Nr. 812; LG Düsseldorf HVR Nr. 499; s. auch BGH Urt. v. 29. 3. 1995 – VIII ZR 102/94, BGHZ 129, 186 = ZIP 1995, 839 = HVR Nr. 744; BAG Urt. v. 19. 3. 2002 – 9 AZR 16/01, ZIP 2002, 2186, 2187 für Arbeitsverträge; MünchKommHGB/*v. Hoyningen-Huene* RdNr. 64; *Westphal* RdNr. 507; teilweise aA *Hopt* RdNr. 25.
²¹⁰ AA *Schröder* RdNr. 32.
²¹¹ AA BGH Urt. v. 29. 3. 1995 – VIII ZR 102/94, BGHZ 129, 186 = ZIP 1995, 839 = HVR Nr. 744; *Hopt* RdNr. 25; *Westphal* Vertriebsrecht RdNr. 787; wohl auch *Küstner* HVR RdNr. 1639.
²¹² *Castendiek* ZIP 2002, 2189; aA BAG Urt. v. 19. 3. 2002 – 9 AZR 16/01, ZIP 2002, 2186.
²¹³ *Castendiek* ZIP 2002, 2189 Anm. zu BAG Urt. v. 19. 3. 2002 – 9 AZR 16/01, ZIP 2002, 2186, 2187 für Arbeitsverträge.
²¹⁴ *Castendiek* ZIP 2002, 2189; vgl. auch BGH Urt. v. 9. 10. 2000 – II ZR 75/99, NJW 2001, 287, 288; aA BAG Urt. v. 19. 3. 2002 – 9 AZR 16/01, ZIP 2002, 2186 für Arbeitsverträge.

annehmen werde.[213] Diese Freistellung wird regelmäßig nach einem Widerspruch des HV gegen den Annahmeverzug des Unternehmers nach §§ 295, 296 BGB, bewirken[214] und für den HV ein Recht zur außerordentlichen Kündigung[215] begründen und zwar ohne vorherige Abmahnung entsprechend § 323 Abs. 2 Nr. 1 BGB bei ernsthafter und endgültiger Verweigerung der vom Unternehmer geschuldeten Leistungshandlungen, weil der Unternehmer dem HV nicht ohne dessen Einverständnis die Ausübung seiner vertraglich vereinbarten Tätigkeit und den Kontakt zu seinen Kunden verwehren darf (s. auch § 89 a).[216] Außerdem stellt die Freistellung eine Vertragsverletzung dar, welche den freigestellten HV einem zu Unrecht fristlos gekündigten HV gleichstellt (s. § 89 a). Gegen **Leistung der vollen vertraglichen Vergütung** einschließlich entgehender Erfolgsprovision **kann der Unternehmer** den gekündigten HV **einseitig** und ohne entsprechende Regelung im HVVertrag **freistellen**,[217] sofern dafür ein berechtigtes Interesse besteht (s. § 89 a).[218] **Bei Zubilligung einer Karenzentschädigung** entsprechend § 90 a Abs. 1 **kann die Freistellung** des HV für den Fall der Kündigung im HVVertrag, nach BGH[219] auch durch AGB, **vereinbart werden;**[220] die Verpflichtung zur Rückgabe eines ihm überlassenen Dienstwagens kann dem freigestellten HV grds. nicht durch AGB auferlegt werden.[221] Der **zu Unrecht freigestellte HV** schuldet dem Unternehmer weder seine vertraglich vereinbarte Tätigkeit noch die Wahrnehmung der Interessen des Unternehmers. Er darf anderweit, auch für einen Konkurrenten des Unternehmers,[222] tätig werden, ohne zuvor das Vertragsverhältnis fristlos kündigen zu müssen, allerdings gilt dann § 615 BGB analog[223] (s. im Einzelnen § 89 a). Der **rechtswirksam freigestellte HV** hat untersagte Konkurrenztätigkeit zu unterlassen. Nur wenn der berechtigte Belange des HV dadurch nicht beeinträchtigt werden, darf der Unternehmer eine Freistellung **rückgängig machen**. Eine Frage der Auslegung der im Einzelfall abgegebenen Erklärungen ist es, ob und inwieweit in einer **einvernehmlichen Freistellung** eine wirksame Änderung und Teilaufhebung des Vertrags, zumindest im Hinblick auf die Tätigkeitspflicht des HV, liegen kann.

6. Rechtsverhältnis nach Vertragsende. Mit Eintritt des Kündigungsendtermins (Abs. 1 S. 3) endet das Vertragsverhältnis (RdNr. 10)[224] und geht in ein **Abwicklungsverhältnis** über, in welchem nur noch die gesetzlichen oder zusätzlich vereinbarten Rechte und Pflichten bestehen und zu erfüllen sind. Der Unternehmer schuldet die Abwicklung der auf Vermittlung des HV zustandegekommenen Geschäfte, deren Verprovisionierung, die nachvertraglichen Informationen des § 87 c und den Ausgleich nach § 89 b, jedoch nicht die Erteilung von Referenzen;[225] er ist befugt, dem berechtigten **Auskunftsverlangen Dritter über den HV** wahrheitsgemäß nachzukommen, so der Außenstelle für den Versicherungsaußendienst e. V. in Hamburg (**AVAD**).[226] Der Präsident des Bundesaufsichtsamts für das Versicherungswesen hat gemäß § 81 Abs. 2 Satz 1 VAG angeordnet, dass Versicherungsunternehmen vor Vertragsschluss mit einem Versicherungsvertreter Informationen über dessen Zuverlässigkeit „zB durch Anfrage bei der AVAD" einzuholen haben (R 1/90 v. 27. 2. 1990 – Z 3 – V – 50/90). Den Kunden dürfen beide Parteien die Beendigung des Vertrags wahrheitsgemäß mitteilen.[227] Ein Wiederbeschäftigungsanspruch besteht nicht (RdNr. 10).

VI. Abdingbarkeit und abweichende Vereinbarungen

---

[215] *Küstner* HVR RdNr. 1862.
[216] Vgl. *Westphal* RdNr. 507.
[217] BGH Urt. v. 29. 3. 1995 – VIII ZR 102/94, BGHZ 129, 186 = ZIP 1995, 839 = HVR Nr. 744; *Küstner/Thume* RdNr. 1674; aA MünchKommHGB/*v. Hoyningen-Huene* RdNr. 65.
[218] Vgl. *Küstner* HVR RdNr. 1639, 1652; *Schröder* RdNr. 32; *Westphal* RdNr. 507.
[219] BGH Urt. v. 29. 3. 1995 – VIII ZR 102/94, BGHZ 129, 186 = ZIP 1995, 839 = HVR Nr. 744.
[220] Vgl. BGH Urt. v. 29. 3. 1995 – VIII ZR 102/94, BGHZ 129, 186 = ZIP 1995, 839; BGH Urt. v. 20. 2. 1969 – VII ZR 101/67, LM § 89 a Nr. 9 Bl. 2; OLG Nürnberg VersR 1992, 1223; *Küstner* HVR RdNr. 1627 f.; aA MünchKommHGB/*v. Hoyningen-Huene* RdNr. 65.
[221] Siehe dazu für den Arbeitsvertrag LAG Hessen Urt. v. 20. 7. 2004 – 13 Sa 1992/03, MDR 2005, 459.
[222] AA *Schröder* RdNr. 32.
[223] Vgl. MünchKommHGB/*v. Hoyningen-Huene* RdNr. 66; *Küstner* HVR RdNr. 1631 ff., 1636, 1640; aA für Arbeitsverträge: BAG Urt. v. 19. 3. 2002 – 9 AZR 16/01, ZIP 2002, 2186 mit abl. Anm. *Castendiek* ZIP 2002, 2189.
[224] Dazu ausführlich *Schröder* RdNr. 30 ff.
[225] *Schröder* RdNr. 36.
[226] *Schröder* RdNr. 37.
[227] *Schröder* RdNr. 37 a.
[228] Vgl. OLG München VersR 1997, 1003.
[229] BGH Urt. v. 26. 4. 1995 – VIII ZR 124/94, ZIP 1995, 910; MünchKommHGB/*v. Hoyningen-Huene* RdNr. 59; *Schröder* RdNr. 9.

33 **1. Ausschluss des Kündigungsrechts.** Die Vertragsfreiheit erlaubt grundsätzlich, jedoch nicht durch AGB/Formularvertrag,[228] langfristig feste Bindungen mit Ausschluss des Kündigungsrechts nach § 89 **auf Dauer,**[229] ohne dass dafür eine besondere Rechtfertigung oder Begründung notwendig ist. Die durch §§ 138 und 242 BGB gezogenen Grenzen der Vertragsfreiheit werden allerdings überschritten, wenn die Abwägung der beiderseitigen berechtigten Interessen im Zeitpunkt des Vertragsschlusses eine nicht mehr hinnehmbare übermäßige Einschränkung der wirtschaftlichen und persönlichen Handlungsfreiheit insbesondere des wirtschaftlich Schwächeren ergibt;[230] spätere Veränderungen der Verhältnisse können nicht zur Unwirksamkeit einer bei Vertragsschluss nicht zu beanstandenden Regelung,[231] in besonders gelagerten Ausnahmefällen aber zu einer Anpassung des Vereinbarten an die geänderten Verhältnisse und gegebenenfalls zu einem Rücktrittrecht wegen Wegfalls der Geschäftsgrundlage nach § 313 BGB nF führen (RdNr. 9 und § 84).

34 **2. Abweichende Kündigungsregelungen.** Abweichend von Abs. 1 Satz 1 und 2 können die Parteien **längere Kündigungsfristen** von unterschiedlicher Dauer vereinbaren;[232] jedoch darf für eine Kündigung durch den Unternehmer zwar eine längere, nicht aber eine kürzere Frist vereinbart werden, als sie für die Kündigung durch den HV gelten soll (Abs. 2 S. 1).[233] Ebenso dürfen von Abs. 1 Satz 3 abweichende – auch unterschiedliche –[234] Zeitpunkte für das **Vertragsende** (Kündigungsendtermine) oder den – allerdings nur vorzuverlegenden – **Zugang der Kündigung** bestimmt werden.[235] Dabei darf Abs. 2 Satz 1 Halbsatz 2 nicht dadurch umgangen werden, dass zugunsten des Unternehmers ein früherer Kündigungsendtermin[236] oder ein späterer Zeitpunkt für den Zugang der Kündigung als für den HV vereinbart wird.[237] Die **Mindestanforderungen** und damit auch die gesetzlich vorgegebenen Mindestfristen für die ordentliche Kündigung **nach § 89 können nicht wirksam abbedungen werden;**[238] damit sind vertragliche Regelungen über kürzere Kündigungsfristen, als sie in § 89 vorgesehen sind, über eine Vorverlegung des Vertragsendes, das Entfallen der beiderseitigen Rechte und Pflichten vor Vertragsende oder die Freistellung von ihnen ab dem Zeitpunkt des Zugangs der Kündigungserklärung[239] unzulässig. Gleiches gilt für Vereinbarungen, die zu einer **Verhinderung oder Erschwerung des** nicht abbedungen **Kündigungsrechts** führen, indem dessen Ausübung von der vorherigen Erfüllung bestehender Ansprüche aus dem Vertragsverhältnis abhängig gemacht oder mit finanziellen Nachteilen verknüpft wird[240] wie zB der Pflicht zur Rückzahlung einer Starthilfe,[241] vom Unternehmer getragener Schulungskosten[242] oder garantierter Provisionsbeträge;[243] der Vorbehalt, im Fall einer Kündigung bestehende Ansprüche gegen den Kündigenden geltend zu machen, fällt nicht unter dieses Verbot.[244] Soweit abweichende Regelungen zulässig sind, können sie im Regelfall durch **AGB**/Formularvertrag getroffen werden und gelten dann für jede ordentliche Kündigung, auch bei Umdeutung einer unberechtigten fristlosen in eine fristgerechte Kündigung (s. d. § 89a);[245] dass neben der Verlängerung der Kündigungsfrist zugleich ein nachvertragliches Wettbewerbsverbot vereinbart

---

[230] BGH Urt. v. 26. 4. 1995 – VIII ZR 124/94, ZIP 1995, 910, 911, 912; vgl. auch BGH Urt. v. 31. 3. 1982 – I ZR 56/80, BGHZ 83, 313, 316 = NJW 1982, 1692; KG MDR 1997, 1041, 1042; siehe dazu auch OLG München Urt. v. 20. 11. 1996 – 7 U 3653/96, HVR Nr. 830.
[231] BGH Urt. v. 26. 4. 1995 – VIII ZR 124/94, ZIP 1995, 910, 911, 912.
[232] KG MDR 1997, 1041 = HVR Nr. 873; MünchKommHGB/*v. Hoyningen-Huene* RdNr. 60.
[233] *Hopt* RdNr. 27; MünchKommHGB/*v. Hoyningen-Huene* RdNr. 60.
[234] AA *Küstner* HVR RdNr. 1661.
[235] BGH Urt. v. 12. 12. 1974 – VII ZR 229/73, LM Nr. 6; *Hopt* RdNr. 27; MünchKommHGB/*v. Hoyningen-Huene* RdNr. 61.
[236] *Hopt* RdNr. 27; MünchKommHGB/*v. Hoyningen-Huene* RdNr. 61, der § 622 Abs. 6 für entsprechend anwendbar erklärt.
[237] S. a. *Hopt* RdNr. 27.
[238] BGH Urt. v. 25. 11. 1963 – VII ZR 29/62, BGHZ 40, 235, 237 = NJW 1964, 350; *Hopt* RdNr. 28.
[239] Vgl. *Küstner* HVR RdNr. 1629.
[240] OLG Köln Urt. v. 29. 7. 1997 – 17 U 108/96, HVR Nr. 885; MünchKommHGB/*v. Hoyningen-Huene* RdNr. 48; Staub/*Brüggemann* RdNr. 14; Heymann/*Sonnenschein/Weitemeyer* RdNr. 22; *Hopt* RdNr. 16; vgl. auch *Schröder* RdNr. 9a; vgl. BGH Urt. v. 2. 10. 1981 – I ZR 201/79, ZIP 1981, 1345 für Ausschluss der Rückgewähr einseitiger Vertragsleistungen (Vertragsanschlussgebühr) bei Kündigung während Probezeit; offengelassen von KG MDR 1997, 1042.
[241] LG München HVR Nr. 704.
[242] Vgl. MünchKommHGB/*v. Hoyningen-Huene* RdNr. 48.
[243] *Westphal* Vertriebsrecht RdNr. 769.
[244] AA LG Karlsruhe HVR Nr. 695.
[245] Heymann/*Sonnenschein/Weitemeyer* RdNr. 29.
[246] OLG Schleswig-Holstein Urt. v. 13. 6. 1997 – 14 U 18/96, HVR Nr. 997.
[247] *Westphal* Vertriebsrecht RdNr. 769.

worden ist, führt nicht bereits zu einer unangemessenen Benachteiligung des HV iSv. § 307 Abs. 2 BGB nF.[246]

3. Folgen unzulässiger Vereinbarungen. Eine unzulässige und deswegen nach § 134 BGB **35** unwirksame Vereinbarung[247] führt nicht über § 139 BGB zur Gesamtunwirksamkeit des Vertrags.[248] Bei Verstoß gegen Abs. 2 S. 1 Halbs. 2 gilt nach dem Grundsatz der Fristenparität[249] ohne Rücksicht auf den Willen der Parteien nach Abs. 2 S. 2 einheitlich das für die Kündigung des HV Vereinbarte;[250] insoweit enthält das Gesetz eine Sonderregelung gegenüber § 134 und § 139 BGB.[251] Im Übrigen ist die gesetzliche Regelung anzuwenden, bei AGB gemäss § 306 Abs. 2 BGB nF.[252] Treffen die Parteien Vereinbarungen zu Kündigungsfrist und Kündigungsendtermin, braucht die Unwirksamkeit der einen Regelung (über eine zu kurze Kündigungsfrist) der Anwendung der anderen nicht entgegenstehen, wenn diese rechtlich nicht zu beanstanden ist.[253]

VII. Persönlicher Anwendungsbereich

§ 89 gilt für alle **hauptberuflich tätigen HV** (vgl. § 92b Abs. 1 Satz 1) einschließlich Einfir- **36** menvertreter[254] und Untervertreter, für die ihnen gleichstehenden Vertragshändler,[255] selbst wenn diese nicht förmlich in die Absatzorganisation des Unternehmers eingegliedert sind,[256] sowie für Kommissionsagenten[257] und Franchisenehmer.[258] Besondere Vereinbarungen, welche sich im Rahmen der gesetzlich eingeräumten Vertragsfreiheit halten, gehen den gesetzlichen Kündigungsregelungen vor. Bei **Vertragshändlerverträgen** soll die Vereinbarung einer Kündigungsfrist von 1 Jahr, anders als eine solche von nur 6 Monaten,[259] nach der bisherigen, allerdings umstrittenen[260] Rechtsprechung des BGH[261] regelmäßig noch nicht zu einer unangemessenen Benachteiligung führen; in der Entscheidung vom 6. 10. 1999[262] hat der BGH allerdings ausdrücklich offengelassen, ob an dieser Rechtsprechung im Hinblick auf die am 1. Juli 1995 in Kraft getretene EG-VO Nr. 1475/95 festgehalten werde.

VIII. Beweislast

Werden in einem Rechtsstreit Forderungen oder Rechte geltend gemacht, die ihre Rechtsgrund- **37** lage in dem Vertrag haben, **muss der Anspruchsteller** im Streitfall **beweisen, dass der Vertrag** im rechtlich entscheidenden Zeitpunkt **bestanden hat;** dazu gehört der Nachweis, dass der Vertrag wirksam zustande gekommen ist, nicht von Beginn an befristet war[263] oder doch nach Fristablauf einvernehmlich fortgesetzt worden ist. Der Beweis für eine nachträgliche Vertragsbeendigung ist von der dies einwendenden Gegenpartei zu führen. Muss der Unternehmer bei Vertragsende eine vom HV geleistete Einstandssumme zurückzahlen, sofern den HV ein Verschulden an dem Vertragsende nicht trifft, obliegt dem Unternehmer der Nachweis für ein Verschulden des HV.[264] Wer **Rechte auf Grund einer fristgemäßen Kündigung** herleiten will, trägt die Beweislast für deren Voraussetzungen und Wirksamkeit, wozu auch das Zustandekommen eines auf unbestimmte Zeit geschlossenen HVVertrags sowie dessen Fortbestehen im Zeitpunkt der Kündigung gehören. Hier braucht sich die

---

[248] BGH Urt. v. 25. 11. 1963 – VII ZR 29/62, BGHZ 40, 235, 239 = NJW 1964, 350; OLG Nürnberg NJW-RR 1986, 782; *Alff* RdNr. 191; *Hopt* RdNr. 28; vgl. *Schröder* RdNr. 14, 15.
[249] BAG Urt. v. 2. 6. 2005 – 2 AZR 296/04, MDR 2006, 96.
[250] BGH Urt. v. 25. 11. 1963 – VII ZR 29/62, BGHZ 40, 235, 239 = NJW 1964, 350; BAG Urt. v. 2. 6. 2005 – 2 AZR 296/04, MDR 2006, 96; MünchKommHGB/*v. Hoyningen-Huene* RdNr. 60 (zum alten Recht des AGBG).
[251] BAG Urt. v. 2. 6. 2005 – 2 AZR 296/04, MDR 2006, 96; *Hopt* RdNr. 30; MünchKommHGB/*v. Hoyningen-Huene* RdNr. 60.
[252] *Wolf/Horn/Lindacher* AGBG § 9 RdNr. H 106; MünchKommHGB/*v. Hoyningen-Huene* RdNr. 60.
[253] Vgl. LG Hechingen Urt. v. 21. 3. 2003 – 5 O 93/02 KfH, HVR Nr. 1116.
[254] *Schröder* RdNr. 1 a.
[255] BGH Urt. v. 9. 10. 2002 – VIII ZR 95/01, BB 2002, 2520, m. zust. Anm. *v. Hoyningen – Huene* EWiR 2003, 587; BGH Urt. v. 5. 4. 1962 – VII ZR 202/60, LM Nr. 1; BGH Urt. v. 19. 12. 1966 – VIII ZR 138/64, HVR Nr. 373; vgl. BGH Urt. v. 21. 2. 1995 – KZR 33/93, EBE 1995, 259; OLG Stuttgart BB 1972, 548; *Schwytz* BB 1997, 2385; *Ebenroth* S. 158; *Canaris* § 17 RdNr. 23; ausführlich *Niebling* RdNr. 29f.; MünchKommHGB/*v. Hoyningen-Huene* RdNr. 6; *Schröder* RdNr. 1 b.
[256] OLG Stuttgart BB 1972, 548.
[257] *Ebenroth* S. 158; *Canaris* § 16 RdNr. 9f.
[258] BGH Urt. v. 17. 7. 2002 – VIII ZR 59/01, EBE 2002, 294 m. zust. Anm. *Emde* EWiR 2002, 915; MünchKommHGB/*v. Hoyningen-Huene* RdNr. 6; *Canaris* § 18 RdNr. 27.
[259] BGH Urt. v. 6. 10. 1999 – VIII ZR 125/98, ZIP 2000, 138, 142.
[260] *Wolf/Horn/Lindacher* AGBG § 9 RdNr. V 41; *v. Westphalen*, FG Gündisch, S. 83.
[261] BGH Urt. v. 21. 2. 1995 – KZR 33/93, EBE 1995, 259.
[262] BGH Urt. v. 6. 10. 1999 – VIII ZR 125/98, ZIP 2000, 138, 140.
[263] *Baumgärtel* § 620 RdNr. 2, 3, § 625 BGB RdNr. 1.
[264] OLG München NJW-RR 1998, 174 m. Anm. *Sellhorst* EWiR 1997, 661.

§ 89 a   1. Buch. 7. Abschnitt. Handelsvertreter

Beweisführung aber nur auf die Widerlegung solcher Tatsachen zu erstrecken, welche von der Gegenpartei schlüssig dargelegt worden sind.

IX. Europarecht

Allgemeine Ausführungen und Text der HV-RiLi s. Vor § 84 Anh.

38 § 89 ist auf Grund von Art. 15 HV-RiLi überwiegend neu gefasst worden und **entspricht** diesem im Wortlaut **weitgehend**. Die gegenüber der früheren Rechtslage in Deutschland wesentlich vertreterfreundlicheren Regelungen (neben den längeren Fristen vor allem § 89 Abs. 2 1, 2. Hs. und § 89 Abs. 3 S. 2) zeigen deutlich die Tendenz der HV-RiLi, den Schutzbereich der HV zu erweitern. Dies wird ggf. bei Auslegung der Vorschrift zu berücksichtigen sein.

39 § 89 Abs. 3 S. 1 entspricht Art. 14 HV-RiLi.

§ 89 a [Fristlose Kündigung]

(1) ¹ Das Vertragsverhältnis kann von jedem Teil aus wichtigem Grunde ohne Einhaltung einer Kündigungsfrist gekündigt werden. ² Dieses Recht kann nicht ausgeschlossen oder beschränkt werden.

(2) Wird die Kündigung durch ein Verhalten veranlaßt, das der andere Teil zu vertreten hat, so ist dieser zum Ersatz des durch die Aufhebung des Vertragsverhältnisses entstehenden Schadens verpflichtet.

EG-RL 86/653/EWG Art. 16 bis 19 s. Vor § 84 Anh.

Schrifttum: Siehe zunächst Schrifttumsverzeichnis vor § 84; wegen des älteren Schrifttums aus der Zeit vor 1990 wird auf das Schrifttumsverzeichnis der Vorauflage verwiesen: *Becker-Schaffner*, Zugang der Kündigung, BB 1998, 422; *Bergwitz*, Abmahnung und Vertrauensstörung im Arbeitsrecht, BB 1998, 2310; *Emde*, Handelsvertreterrecht – Relevante Vorschriften bei nationalen und internationalen Verträgen, MDR 2002, 190; *Ende*, Die betriebsbedingte außerordentliche Kündigung von Vertragshändlerverträgen durch den Unternehmer, BB 1996, 2260; *Fischer*, Die Anhörung des Arbeitnehmers vor der Verdachtskündigung, BB 2003, 522; *Fock*, Der nachvertragliche Schadensersatzanspruch des Handelsvertreters gem. Art. 17 Abs. 3 der EG-Handelsvertreterrichtlinie – Alternative oder Ergänzung zum Goodwill – Ausgleich des Vertreters? in *Saenger/Schulze*, Der Ausgleichsanspruch des Handelsvertreters, 2000, 62; *v. Hase*, Fristlose Kündigung und Abmahnung nach neuem Recht, NJW 2002, 2278; *v. Hoyningen-Huene/Boemke*, Beweisfragen bei Berufsfortkommensschäden (§ 252 S. 2 BGB, § 287 I ZPO), NJW 1994, 1757; *Hoss*, Das nachvertragliche Wettbewerbsverbot während des Kündigungsschutzprozesses und im Aufhebungsvertrag, DB 1997, 1818; *ders.*, Die arbeitsrechtliche Abmahnung, MDR 1999, 333; *Kammerer*, Die „letzte Abmahnung" in der Rechtsprechung des BAG, BB 2002, 1747; *Kindler*, Verwirkung des Rechts auf außerordentliche Kündigung: Für welche Dienstvertragstypen gilt § 626 Abs. 2 BGB?, BB 1988, 2051; *Kranz*, Die Ermahnung in der arbeitsrechtlichen Praxis, DB 1998, 1464; *Küstner*, Bestandswegnahme und Schadensersatz, VersR 1996, 944; *Löw*, Die arbeitsrechtliche Abmahnung in der Praxis, MDR 2005, 431; *Lohr*, Kündigung des Arbeitsvertrages – Zurückweisung wegen fehlender Vollmachtsurkunde, MDR 2000, 620; *M. Löwisch*, Wilhelm Herschel und die Wurzeln von Ultima-Ratio – Grundsatz und Prognoseprinzip, BB 1998, 1793; *Lücke*, Unter Verdacht: Die Verdachtskündigung, BB 1997, 1842; *ders.*, Die Verdachtskündigung – Fragen aus der Praxis, BB 1998, 2259; *Naujok*, Das Spannungsverhältnis zwischen Verdachtskündigung und Unschuldsvermutung, ArbuR 1998, 398; *Niebling*, Die fristlose Kündigung von Automobil-Händlerverträgen, BB 1998, 2259 und MDR 1998, 1332; *Preis/Stoffels*, Die Inhaltskontrolle der Verträge selbständiger und unselbständiger Handelsvertreter, ZHR 160 (1996), 442; *Schaub*, Die arbeitsrechtliche Abmahnung, NJW 1990, 872; *ders.*, Die Abmahnung als zusätzliche Kündigungsvoraussetzung, NZA 1997, 1185; *Schirge*, Böswilliges Unterlassen anderweitigen Erwerbs nach § 615 Satz 2 BGB im gekündigten Arbeitsverhältnis, DB 2000, 1278; *Schneider*, Abmahnung des Geschäftsführers vor Kündigung des Anstellungsvertrags aus wichtigem Grund, GmbHR 2003, 1; *Tschöpe*, Verhaltensbedingte Kündigung – Einer systematische Darstellung im Lichte der BAG – Rechtsprechung, BB 2002, 778; *Ulmer/Habersack*, Zur Beurteilung des Handelsvertreter- und Kommissionsagenturvertriebs nach Art. 85 Abs. 1 EGV, ZHR 159 (1995), 109; *Ulmer/Schäfer*, Zum Anspruch des Kfz-Vertragshändlers gegen den Hersteller auf Zustimmung zur Übernahme einer Zweitvertretung, ZIP 1994, 753; *Westphal*, Die Handelsvertreter-GmbH: Renaissance mit Unterstützung des BFH?, BB 1999, 2517.

Übersicht

	RdNr.		RdNr.
I. Bedeutung der Vorschrift	1–4	2. Handelsvertreter und handelsvertreterähnlich ausgestaltete Vertragsverhältnisse	6
1. Allgemeine Bedeutung	1		
2. § 89 a und § 314 BGB	2	**III. Die fristlose Kündigung aus wichtigem Grund**	7–40
3. § 89 a und §§ 626, 627 sowie 628 BGB	3	1. Der wichtige Grund	7–15
4. Rücktritt, Wegfall der Geschäftsgrundlage und Anfechtung	4	a) Definition	7
II. Anwendungsbereich der Vorschrift	5, 6	b) Verhalten oder sonstiger objektiver Umstand	8
1. Rechtswirksam bestehendes Vertragsverhältnis	5	c) Wichtiger Grund bei nicht ordentlich kündbarem Vertrag	9

Fristlose Kündigung § 89 a

	RdNr.		RdNr.
d) Eingetretener oder bevorstehender Kündigungsgrund	10	4. Vertragshändler- und Franchisevertrag	52
e) Dringender Verdacht und Verdachtskündigung	11	**V. Kündigungserklärung**	53–63
f) Zeitpunkt des Entstehens	12	1. Wirksamkeitsvoraussetzungen und Bedeutung	53
g) Notwendigkeit sofortiger Vertragsbeendigung	13	2. Inhalt der Kündigungserklärung	54
h) „Zweistufenprüfung"	14	3. Bedingung und Änderungskündigung	55
i) Mehrere Gründe	15	4. Form, Begründung, Angabe des Kündigungsgrundes und abweichende Vereinbarung	56
2. Abmahnung	16–23		
a) Notwendigkeit und Inhalt	16	5. Aufklärung und Anhörung	57
b) Form, Zugang und Erklärungsberechtigter	17	6. Umdeutung in ordentliche Kündigung	58
c) Abmahnfristen	18	7. Rücknahme und Widerruf	59
d) Bedeutung und Folgen der Abmahnung	19	8. Nachschieben von Kündigungsgründen	60–62
e) Erneute und wiederholte Abmahnung	20	a) Zulässigkeit und Voraussetzungen	60
f) Entbehrliche Abmahnung	21	b) Nach Kündigungserklärung entstandene Gründe	61
g) Unterlassungsklage statt Abmahnung	22		
h) Unberechtigte Abmahnung	23	c) Nachschieben von Kündigungsgründen nach ordentlicher Kündigung	62
3. Umfassende Interessenabwägung	24–27	9. Verlangen nach Mitteilung der Kündigungsgründe	63
a) Notwendigkeit sofortiger Vertragsbeendigung	24		
b) Überwiegendes Interesse an Vertragsbeendigung	25	**VI. Rechtsfolgen der berechtigten Kündigung**	64–74
c) Beurteilungszeitpunkt und Prognose	26	1. Entfallen vertraglicher Pflichten und Erfüllungsansprüche	64
d) Abwägungskriterien	27	2. Nachvertragliche Vertriebstätigkeit für ehemaligen Geschäftsherrn	65
4. Hinausschieben des Vertragsendes	28, 29		
a) Notwendige Abwicklung des Vertrags und Abwicklungsfrist	28	3. Rechte und Pflichten während einer Übergangs- oder Auslauffrist	66
b) Auslauf- und Übergangsfrist	29	4. Schadensersatzanspruch des Kündigenden – Abs. 2	67–73
5. Kündigungsfrist	30–33	a) Vertragsbeendigung	67
a) Bedeutung und Dauer	30	b) Schuldhafte Pflichtverletzung	68
b) Fristbeginn mit Kenntnis des Kündigungsgrundes	31	c) Mitverschulden – § 254 BGB	69
c) Aufklärungs- und Überlegungsfrist	32	d) Außerordentliches Kündigungsrecht des Gekündigten	70
d) Unterrichtung von beabsichtigter Kündigung	33	e) Ersatzfähiger Schaden	71
6. Rechtsmissbräuchliche Kündigung	34	f) Vorteilsausgleichung und ersparte Aufwendungen	72
7. Verfristung, Verbrauch und Verwirkung des Kündigungsrechts	35	g) Auskunftsansprüche	73
8. Vertragsfreiheit/Dispositionsbefugnis	36–40	5. Schadensersatzanspruch des Gekündigten	74
a) Unabdingbarkeit – Abs. 1 Satz 2	36	**VII. Rechtsfolgen unberechtigter Kündigung**	75–80
b) Das außerordentliche Kündigungsrecht mittelbar erschwerende Vereinbarungen	37	1. Fortbestand des Vertrags und Wettbewerbsverbot	75
c) Das Kündigungsverfahren betreffende Vereinbarungen	38	2. Einvernehmliche Vertragsbeendigung	76
d) Vertragsfreiheit zum wichtigem Grund	39	3. Reaktion des Gekündigten, Widerspruch und Feststellungsklage	77
e) Verzicht	40	4. Einstellen der Tätigkeit und Provisionsanspruch nach § 615 BGB	78
IV. Einzelne wichtige Kündigungsgründe	41–52	5. Schadensersatzanspruch	79
1. Arten von Kündigungsgründen	41–49	6. Auskunftsansprüche	80
a) Verletzung vertraglicher Pflichten	41	**VIII. Beweisfragen**	81–84
b) Unberechtigte fristlose Kündigung	42	1. Beweislast für wirksame fristlose Kündigung	81
c) Umsatzrückgang	43		
d) Nachträglich eintretende Interessenkollision	44	2. Auskunftspflicht des zu Kündigenden über mögliche Kündigungsgründe	82
e) Unvermögen zur dauerhaften Vertragserfüllung und Wegfall der Geschäftsgrundlage	45	3. Bindung an rechtskräftige Verurteilung wegen eines Kündigungsgrundes	83
f) Vermögensverfall (Insolvenz)	46	4. Beweislast für Schadensersatz oder sonstige Zahlungsansprüche	84
g) Zerstörung des Vertrauensverhältnisses	47	**IX. Europarecht**	85
h) Druckkündigung	48		
i) Wechsel bei Gesellschaftern und Mitarbeitern der Vertragspartner	49		
2. Bedeutung der Entscheidungssammlungen für die Anwendung des § 89 a im konkreten Einzelfall	50		
3. Kündigungsgründe nach Rechtsprechung und Rechtslehre	51		

I. Bedeutung der Vorschrift

1 **1. Allgemeine Bedeutung.** Die seit 1953 unveränderte Vorschrift ist Ausdruck des allgemeinen und nun in § 314 BGB nF niedergelegten Grundsatzes, dass ein Dauerschuldverhältnis wie das HVVertragsverhältnis bei Vorliegen eines wichtigen Grundes jederzeit ohne Einhaltung einer Frist kündbar ist (Abs. 1 Satz 1), dass auf das Kündigungsrecht nicht im Voraus verzichtet werden kann (Abs. 1 Satz 2), und dass der Gekündigte dem Kündigenden zum Ersatz des durch die Aufhebung des Vertragsverhältnisses entstehenden Schadens verpflichtet ist, wenn er die Kündigung verschuldet hat (Abs. 2). Der dem Gekündigten durch eine unberechtigt ausgesprochene Kündigung entstehende Schaden wird in § 89 a nicht geregelt, sein Ersatz richtet sich nach den Grundsätzen der in § 280 Abs. 1 BGB nF geregelten positiven Vertragsverletzung (RdNr. 79). § 89 a erfasst **jede Kündigung**, die zu einer außerordentlichen vorzeitigen Beendigung eines HVVertrags oder von Teilen eines solchen Vertrags **(Teilkündigung)** führen soll.

2 **2. § 89 a und § 314 BGB.** § 89 a verdrängt als abschließende Sonderregelung § 314 BGB nF;[1] die Vorschrift ist ohne eigenständige Bedeutung für das Recht zur außerordentlichen Kündigung eines HVVertrags. Allerdings entspricht die Regelung in § 314 BGB in vollem Umfang dem, was bereits bisher für die Kündigung nach § 89 a galt; die Neuregelung des BGB hat insoweit nicht zu einer sachlichen Änderung des HVRechts geführt.

3 **3. § 89 a und §§ 626, 627 sowie 628 BGB.** § 89 a verdrängt als abschließende Sonderregelung grds. die §§ 626 bis 628.[2] Das gilt zunächst für § 626 Abs. 1 BGB;[3] allerdings decken sich beide Vorschriften inhaltlich und die Definition des wichtigen Grundes in § 626 Abs. 1 BGB gilt auch für § 89 a. § 626 Abs. 2 Satz 1 und 2[4] sind nicht direkt anzuwenden. Für die außerordentliche Kündigung des HVVertrags gibt es keine feste Frist, jedoch muss die Kündigung entsprechend dem in § 626 Abs. 2 Satz 2 BGB enthaltenen Rechtsgedanken in angemessen kurzer Zeit nach Kenntniserlangung von den maßgeblichen Tatsachen ausgesprochen werden.[5] § 626 Abs. 2 Satz 3 enthält einen allgemeinen auch für den HVVertrag geltenden Rechtsgrundsatz.[6] Nicht entsprechend anwendbar sind § 627 BGB, da der HV besonderes Vertrauen im Sinn von § 627 nicht in Anspruch nimmt,[7] und § 628 Abs. 1 BGB.[8] Eine gleiche Regelung wie § 628 Abs. 2 BGB enthält § 89 a Abs. 2.

4 **4. Rücktritt, Wegfall der Geschäftsgrundlage und Anfechtung.** Für einen Rücktritt vom Vertrag besonders wegen Wegfalls der Geschäftsgrundlage, ist neben dem fristlosen Kündigungsrecht des § 89 a kein Raum (s. § 84).[9] Die Anpassung eines HVVertrags an veränderte Umstände wegen Wegfalls der Geschäftsgrundlage wird durch § 89 a nicht berührt.[10] Die Parteien dürfen zunächst eine Vertragsanpassung an die veränderten Gegebenheiten versuchen und erst mit dem Scheitern solcher Verhandlungen besteht das außerordentliche Kündigungsrecht,[11] das nunmehr allerdings unverzüglich auszuüben ist. Da die zu einer Anfechtung des HVVertrags berechtigenden Gründe der §§ 119, 123 BGB regelmäßig zugleich einen wichtigen Grund im Sinn von § 89 a darstellen und das bereits in Vollzug gesetzte Vertragsverhältnis grundsätzlich nicht mit Rückwirkung beseitigt werden kann (s. § 84 und § 89), ist § 89 a bei dem in Vollzug gesetzten HVVertragsverhältnis im Regelfall als abschließende Sonderregelung gegenüber §§ 119 und 123 BGB anzusehen;[12] wegen der ausnahms-

---

[1] v. Hase NJW 2002, 2278; vgl. Wallstein DStR 2002, 1490, 1492, 1493; Hopt RdNr. 1; MünchKommHGB/v. Hoyningen-Huene RdNr. 7 a.
[2] Hopt RdNr. 2; zum Ganzen siehe Emde MDR 2002, 190; aA jetzt für § 627 Martinek WRP 2006, 1047, 1059, 1060.
[3] Ebenroth S. 156; Leo DB 1961, 1518; Heymann/Sonnenschein/Weitemeyer RdNr. 6; MünchKommHGB/v. Hoyningen-Huene RdNr. 4; Schröder RdNr. 1; Staub/Brüggemann RdNr. 3.
[4] BGH Urt. v. 3. 7. 1986 – I ZR 171/84, NJW 1987, 57; BGH Urt. v. 27. 1. 1982 – VIII ZR 295/80, NJW 1982, 2432, 2433; Börner/Hubert BB 1989, 1633, 1634; MünchKommHGB/v. Hoyningen-Huene RdNr. 5; Schröder RdNr. 8 und 13.
[5] Vgl. Schröder RdNr. 8.
[6] LG Köln NJW-RR 1992, 485; MünchKommHGB/v. Hoyningen-Huene RdNr. 6; Staub/Brüggemann RdNr. 16.
[7] MünchKommHGB/v. Hoyningen-Huene RdNr. 7; Schröder RdNr. 1; Staub/Brüggemann RdNr. 3.
[8] Leo DB 1961, 1518; Heymann/Sonnenschein/Weitemeyer RdNr. 6; MünchKommHGB/v. Hoyningen-Huene RdNr. 7; aA für feste Vergütungsteile Hopt RdNr. 2.
[9] Heymann/Sonnenschein/Weitemeyer RdNr. 4; MünchKommHGB/v. Hoyningen-Huene 1. Aufl. RdNr. 2; Schröder RdNr. 1; Staub/Brüggemann RdNr. 2; vgl. BGH Urt. v. 11. 4. 1957 – VII ZR 280/56, BGHZ 24, 91, 95, 96 = NJW 1957, 989; aA: Canaris § 15 RdNr. 27 f.
[10] Vgl. Ende BB 1996, 2260, 2263.
[11] Zu dem Spannungsverhältnis zwischen § 313 BGB nF mit der nach dem Gesetzeswortlaut nicht fristgebundenen Möglichkeit und Pflicht zur Vertragsanpassung sowie dem unverzüglich auszuübenden außerordentlichen Kündigungsrecht siehe v. Hase NJW 2002, 2278, 2279.
[12] So schon MünchKommBGB/Schwerdtner, 2. Aufl. 1988, § 626 RdNr. 29; aA Anfechtung zulässig Schröder RdNr. 1; Staub/Brüggemann RdNr. 2.

weise bestehenden Möglichkeit der Anfechtung nach § 123 BGB wird auf die Erläuterungen zu § 84 verwiesen. Jedenfalls darf dem Anfechtenden zur Ausübung seines Gestaltungsrechts ein längerer Zeitraum als dem nach § 89 a fristlos Kündigenden nicht zugebilligt werden und der wegen nicht rechtzeitiger Geltendmachung „verbrauchte" Kündigungsgrund (RdNr. 35) kann nicht mehr über § 142 Abs. 1 BGB zu einem sofortigen Vertragsende führen.[13]

II. Anwendungsbereich der Vorschrift

1. Rechtswirksam bestehendes Vertragsverhältnis. Voraussetzung für § 89 a ist ein rechtswirksam bestehendes befristet oder unbefristet eingegangenes Vertragsverhältnis,[14] das noch nicht in Vollzug gesetzt sein („begonnen haben") muss,[15] aber bereits ordnungsgemäß gekündigt[16] oder mit Vereinbarung einer Auslauffrist einvernehmlich aufgehoben werden darf.[17] Ebenso kann vor Ablauf der Mindestkündigungsfrist des § 89 Abs. 1 Satz 1[18] oder während einer **Probezeit** fristlos gekündigt werden,[19] jedoch darf die Kündigung dann nicht auf noch unzureichende Leistungen/Erfolge gestützt werden.[20] Der **auf Lebenszeit geschlossene HVVertrag** ist fristlos kündbar, jedoch ist eine besonders strenge Zumutbarkeitsprüfung geboten.[21] Haben die Parteien **ohne rechtswirksame Einigung** und Bindung ein Vertragsverhältnis tatsächlich in Vollzug gesetzt oder ist dieses – ausgehend von der hM – durch Anfechtung vernichtet worden (RdNr. 4), tritt an die Stelle der Kündigung der verbindliche und unmissverständlich zum Ausdruck gebrachte Hinweis auf das Nichtbestehen wirksamer vertraglicher Beziehungen; für eine fristlose Kündigung bleibt kein Raum (s. § 84). Hat ein HV mit mehreren **Konzern-** und **Schwesterunternehmen** einen HVVertrag abgeschlossen, hängt es von den Umständen des Einzelfalls ab, ob ein eingetretener wichtiger Kündigungsgrund zur fristlosen Beendigung aller bestehenden HVVerträge oder nur des von dem Kündigungsgrund konkret betroffenen Vertrags berechtigt.[22]

2. Handelsvertreter und handelsvertreterähnlich ausgestaltete Vertragsverhältnisse. § 89 a gilt ausnahmslos für alle unter § 84 bis § 92 c fallenden HV[23] einschließlich der echten Untervertreter im Verhältnis zu ihrem Hauptvertreter.[24] Selbst zugunsten besonders schutzbedürftiger „kleiner" oder vertraglich an einen Unternehmer gebundener HV ist ein Rückgriff auf § 626 Abs. 2 Satz 1 und 2 nicht zulässig.[25] Auf handelsvertreterähnlich ausgestaltete Vertragsverhältnisse mit Vertragshändlern,[26] Franchisenehmern[27] und Kommissionsagenten[28] ist § 89 a entsprechend anwendbar.

III. Die fristlose Kündigung aus wichtigem Grund

1. Der wichtige Grund. a) Definition. § 89 a nennt als alleinige Kündigungsvoraussetzung den unbestimmten und vom Revisionsgericht nur eingeschränkt überprüfbaren[29] Rechtsbegriff des

---

[13] So schon MünchKommBGB/*Schwerdtner*, 2. Aufl. 1988, § 626 RdNr. 193 f.
[14] *Hopt* RdNr. 3; MünchKommHGB/*v. Hoyningen-Huene* RdNr. 2 und 11; Staub/*Brüggemann* RdNr. 1.
[15] Vgl. BGH Urt. v. 6. 10. 1983 – I ZR 127/81, BB 1984, 237; *Schröder* RdNr. 16.
[16] BGH Urt. v. 20. 2. 1969 – VII ZR 101/67, LM Nr. 9; OLG München NJW-RR 1998, 1189, 1190.
[17] BAG Urt. v. 29. 1. 1997 – 2 AZR 292/96, DB 1997, 1411 = EWiR 1997, 689; MünchKommHGB/ *v. Hoyningen-Huene* RdNr. 11; vgl. LAG Bremen DB 2001, 2729.
[18] OLG München BB 1995, 168; Heymann/Sonnenschein/Weitemeyer RdNr. 8.
[19] Vgl. OLG Nürnberg BB 1959, 391; *Schröder* RdNr. 1; *Küstner* HVR RdNr. 1910; RGRK-BGB/*Corts* § 626 RdNr. 66.
[20] LAG München DB 1975, 1756; *Küstner* HVR RdNr. 1704 Fn. 185.
[21] *Schröder* RdNr. 21.
[22] Vgl. OLG Bremen Urt. v. 30. 3. 2006 – 2 U 115/05, HVR Nr. 1144.
[23] MünchKommHGB/*v. Hoyningen-Huene* RdNr. 8; *Schröder* RdNr. 1.
[24] Vgl. BGH Urt. v. 20. 3. 1981 – I ZR 12/79, LM Nr. 17.
[25] AA MünchKommBGB/*Schwerdtner*, 2. Aufl. 1988, § 626 RdNr. 14.
[26] BGH Urt. v. 5. 4. 1962 – VII ZR 202/60, NJW 1962, 1107; BGH Urt. v. 27. 1. 1982 – VIII ZR 295/80, NJW 1982, 2432; BGH Urt. v. 10. 2. 1993 – VIII ZR 48/92, NJW-RR 1993, 682, 683; BGH Urt. v. 15. 12. 1993 – VIII ZR 157/92, NJW 1994, 722; OLG Köln NJW-RR 1995, 29; Heymann/Sonnenschein/Weitemeyer RdNr. 5 und 30; *Schröder* RdNr. 1; vgl. *Ebenroth* S. 156; *Niebling* RdNr. 111 f. und MDR 1998, 1332; *Stumpf/Jaletzke/Schultze* RdNr. 647 f.; Ullrich in Martinek/Semler § 19 RdNr. 41 f.; *Canaris* § 17 RdNr. 23.
[27] KG BB 1998, 607, 608 m. Bspr. *Haager* NJW 1999, 2081, 2085; MünchKommHGB/*v. Hoyningen-Huene* RdNr. 9; *Martinek/Habermeier* in Martinek/Semler § 21 RdNr. 15 f.; *Canaris* § 18 RdNr. 28; vgl. auch *Emde* EWiR 2002, 915, 916.
[28] RGZ 69, 363, 365; *Ebenroth* S. 156; MünchKommHGB/*v. Hoyningen-Huene* RdNr. 10; *Canaris* § 16 RdNr. 10.
[29] BGH in stRspr., vgl. BGH Urt. v. 24. 1. 1974 – VII ZR 52/73, WM 1974, 350, 351; BGH Urt. v. 27. 5. 1974 – VII 16/73, WM 1974, 867, 868; BGH Urt. v. 1. 11. 1980 – I ZR 118/78, WM 1981, 172, 173; BGH Urt. v. 26. 1. 1984 – I ZR 188/81, WM 1984, 556, 558; BGH Urt. v. 3. 7. 1986 – I ZR 171/84, BGH Urt. v. 3. 7. 1986 – I ZR 171/84, NJW 1987, 57; BGH Urt. v. 29. 3. 1990 – I ZR 2/89, ZIP 1990, 1197, 1198; BGH Urt. v. 17. 1. 2001 – VIII ZR 186/99, EBE 2001, 58 = BB 2001, 645 m. Anm. *Emde* EWiR 2001, 483; OLG Düsseldorf OLGR 2002. 164, 166.

wichtigen Grundes. In Anlehnung an die Definition des § 626 Abs. 1 BGB und nun auch in § 314 Abs. 1 Satz 2 BGB nF ist wichtiger Grund für die fristlose Kündigung eines HVVertrags jeder tatsächliche oder rechtliche Umstand, also jedes Ereignis oder Verhalten, welcher bei Beachtung aller Umstände des Einzelfalls unter Berücksichtigung von Wesen und Zweck des HVVertrags sowie der durch den Vertrag begründeten beiderseitigen Rechte und Pflichten dem kündigenden Vertragspartner die Fortsetzung des Vertragsverhältnisses bis zu dem ursprünglich im Vertrag vorgesehenen oder bis zu einem durch fristgerechte Kündigung nach § 89 herbeizuführenden vorzeitigen Vertragsende unzumutbar macht, weil ein Festhalten des Kündigenden am Vertrag trotz der zu wahrenden Vertragstreue im Hinblick auf die Umstände des Einzelfalls den Grundsätzen von Treu und Glauben sowie der Billigkeit widerspricht.[30] Entscheidend sind die Umstände des jeweiligen Einzelfalls, weswegen es weder „absolute Kündigungsgründe" noch Umstände gibt, welche niemals eine außerordentliche Kündigung rechtfertigen können.[31] Aus demselben Grund müsste eine vertragliche Regelung wegen Verstoßes gegen § 89a unwirksam sein, welche einer Vertragspartei bei einer „ernsthaften Störung des Vertrauensverhältnisses" die fristlose Kündigung ermöglichen könnte.[32]

8   **b) Verhalten oder sonstiger objektiver Umstand.** Ein objektiver Umstand muss vorliegen, welcher aus der Sicht des Kündigenden im Zeitpunkt der Kündigungserklärung[33] die Notwendigkeit einer sofortigen Vertragsbeendigung begründet. IdR wird dies bei einer endgültigen **Zerrüttung des Vertrauensverhältnisses** zwischen den Vertragspartnern sowie bei **Vereitelung oder schwerwiegender Gefährdung der Erreichung des Vertragszwecks** der Fall sein.[34] Der zur Kündigung führende Umstand wird in den meisten Fällen in einem **Verhalten des Gekündigten** liegen, zB einer groben Verletzung vertraglicher Pflichten. Der wichtige Grund kann aber in gleicher Weise auf einem Verhalten des **Kündigenden**,[35] zB dessen Entschluss zur Aufgabe des Betriebs, eines **außenstehenden Dritten**,[36] zB die Belieferung des Unternehmers einstellt, oder den von den Parteien zur Erfüllung ihrer vertraglichen Pflichten **hinzugezogenen Hilfspersonen**[37] beruhen (s. a. RdNr. 41). Das den wichtigen Grund bildende Verhalten einer Vertragspartei braucht weder von ihr verschuldet noch ihrer Risikosphäre zuzurechnen sein;[38] § 89a hat keinen Strafcharakter. Jedoch ist fehlendes **Verschulden** an einem vertragswidrigen Verhalten, zB infolge Schuldunfähigkeit[39] oder unzutreffender Rechtsberatung,[40] im Rahmen der notwendigen Gesamtwürdigung zu berücksichtigen und kann zur Verneinung des wichtigen Grundes führen. Die bloße **Vorbereitung** eines vertragswidrigen Verhaltens kann bereits einen wichtigen Grund abgeben, sofern es sich nicht um eine rechtlich oder vertraglich zulässige Verhaltensweise handelt (s. d. auch § 86).[41] Neben verhaltensbedingten Anlässen kommen objektive und von keiner Vertragspartei zu beeinflussende **Umstände oder Ereignisse** als wichtiger Grund in Betracht,[42] wie zB die Zerstörung des Betriebs durch Naturgewalt. Ein **Schaden** muss dem Kündigenden durch den geltend gemachten Kündigungsgrund nicht entstanden sein.[43]

9   **c) Wichtiger Grund bei nicht ordentlich kündbarem Vertrag.** Wenn der Vertrag nicht durch eine ordentliche Kündigung zu beenden ist, weil er zB befristet oder bis zum Erreichen eines bestimmten Lebensalters des HV geschlossen worden ist, sind an den wichtigen Grund besonders strenge Anforderungen zu stellen. Um eine Umgehung der vereinbarten Unkündbarkeit zu vermei-

---

[30] Vgl. Definition bei *Schröder* RdNr. 4, im Ergebnis ebenso, wenn auch knapper formuliert Heymann/*Sonnenschein/Weitemeyer* RdNr. 9; MünchKommHGB/*v. Hoyningen-Huene* RdNr. 12; vgl. auch BGH Urt. v. 25. 11. 1998 – VIII ZR 221/97, EBE 1999, 13, 15 = ZIP 1999, 277; BGH Urt. v. 17. 1. 2001 – VIII ZR 186/99, EBE 2001, 58 = BB 2001, 645; OLG Celle NdsRPflege 1959, 109.
[31] *Hopt* RdNr. 9.
[32] MünchKommHGB/*v. Hoyningen-Huene* RdNr. 85.
[33] *Westphal* RdNr. 525.
[34] *Canaris* § 15 RdNr. 89.
[35] *Schröder* RdNr. 9; *Westphal* RdNr. 522; aA BGH Urt. v. 20. 3. 1981 – I ZR 12/79, LM Nr. 17 Bl. 3 R.
[36] Vgl. MünchKommHGB/*v. Hoyningen-Huene* RdNr. 13.
[37] OLG Saarbrücken NJW-RR 1999, 1339, 1340 m. Anm. *Emde* EWiR BGH Urt. v. 17. 12. 1998 – I ZR 106/96, EWiR 1999, 303 = NJW 1999, 1177, 1178.
[38] Vgl. BGH Urt. v. 30. 6. 1987 – KZR 7/86; BGHR BGB § 242 Kündigung – wichtiger Grund 4; BAG Urt. v. 21. 1. 1999 – 2 AZR 665/98, BB 1999, 1819 und LAG Köln MDR 2002. 889 (zu § 626 BGB); MünchKommHGB/*v. Hoyningen-Huene* RdNr. 13; *Schröder* RdNr. 5; vgl. auch *Wallstein* DStR 2002, 1490, 1492.
[39] Vgl. aus arbeitsrechtlicher Sicht LAG Köln bei *Eckert* DStR 2003, 382, 383.
[40] Vgl. LAG Köln MDR 2002, 221 (zum Arbeitsvertrag).
[41] OLG Celle GmbHR 2005, 541 m. abl. Anm. *Moll* S. 543, 544 (für vorbereiteten Wettbewerbsverstoß als Kündigungsgrund § 626 BGB).
[42] Staub/*Brüggemann* RdNr. 11; vgl. RGZ 58, 256.
[43] BGH Urt. v. 5. 2. 1959 – II ZR 107/57, BGHZ 29, 275, 276; BGH Urt. v. 24. 1. 1974 – VII ZR 52/73, WM 1974, 350, 351; OLG Nürnberg BB 1960, 596; Staub/*Brüggemann* RdNr. 10.

den, muss der wichtige Grund grundsätzlich in einem Verhalten des zu Kündigenden liegen, welches auch unter Berücksichtigung der Unkündbarkeit die sofortige Vertragsbeendigung rechtfertigen muss. Umstände, welche dem zu Kündigenden nicht anzulasten sind oder nicht aus seiner Risikosphäre stammen, werden die außerordentliche Kündigung regelmäßig nicht rechtfertigen können. Das gilt besonders für Gründe, welche aus der Risikosphäre des Kündigenden stammen oder von ihm zu vertreten sind. Hier wird sich die außerordentliche Kündigung nur dann ausnahmsweise als berechtigt erweisen können, wenn trotz umfassender Berücksichtigung aller Interessen und Belange des zu Kündigenden sowie des Vertragszwecks dem Kündigenden eine Fortsetzung des Vertrags, selbst zu geänderten Bedingungen, bei objektiver Würdigung unter keinen Umständen mehr zumutbar ist.

d) Eingetretener oder bevorstehender Kündigungsgrund. Der als wichtiger Grund herangezogene Umstand muss grds. tatsächlich eingetreten oder vorhanden sein,[44] um eine sog. **Tatkündigung** zu rechtfertigen. Die lediglich subjektive Einschätzung des Kündigenden vom Vorhandensein des Grundes reicht nicht.[45] Ausnahmsweise kann das unmittelbar und sicher bevorstehende Eintreten eines wichtigen Grundes eine sog **Anlasskündigung** rechtfertigen.[46]

e) Dringender Verdacht und Verdachtskündigung. Unter engen Voraussetzungen kann bereits der dringende Verdacht oder „böse Schein" eines wichtigen Grundes für eine **Verdachtskündigung** ausreichen,[47] wenn ihn hinreichend sichere Anhaltspunkte untermauern, der Kündigende alles ihm Mögliche und Zumutbare zur Sachaufklärung unternommen hat und ein Abwarten bis zur endgültigen Klärung entweder nicht möglich oder doch nicht zumutbar ist; außerdem muss der zu Kündigende vor Ausspruch der Kündigung grds. angehört werden.[48] Umfang der Anhörung sowie deren ausnahmsweise entfallende Notwendigkeit bestimmen sich nach den Umständen des Einzelfalls;[49] nach der Rechtsprechung des BAG[50] macht eine schuldhafte Unterlassung der Anhörung die Verdachtskündigung unwirksam. Einen bloßen Verdacht braucht der Kündigende nicht zum Anlass einer Verdachtskündigung zu nehmen; die unterlassene Verdachtskündigung hindert den Kündigenden nicht daran, später eine Tatkündigung auszusprechen, wenn sich der Verdacht als berechtigt erwiesen hat.[51] Hingegen muss ein tatsächlich verwirklichter wichtiger Kündigungsgrund wegen der sonst bestehenden Gefahr der Verfristung und Verwirkung (RdNr. 35) unverzüglich zum Kündigungsausspruch führen; hier dürfen sonstige Ermittlungen wegen eines weitergehenden Verdachts und deren Ergebnis nicht abgewartet werden.[52] Der Ausspruch einer Verdachtskündigung hindert den Kündigenden nicht daran, seine Kündigung nachträglich darauf zu stützen, dass die den Verdacht begründenden Umstände sich bestätigt haben und eine Tatkündigung rechtfertigen.[53] Das angerufene Gericht kann auch ohne Nachschieben einer Tatkündigung seine Entscheidung auf die tatsächliche Pflichtwidrigkeit gründen, wenn sich der Verdacht im Rechtsstreit als berechtigt herausgestellt hat.[54] Die zu Recht ausgesprochene Verdachtskündigung steht nicht unter der auflösenden Bedingung einer Nichtbestätigung des erhobenen Vorwurfs[55] und auch ein Anspruch auf Abschluss eines neuen HVVertrags besteht (anders als uU im Arbeitsrecht[56]) nicht, wenn sich der Verdacht nachträglich als unberechtigt erweist. **Verdacht oder böser Schein** können außerdem einen **eigenständigen,** zu einer Tatkündigung und nicht zu einer Verdachtkündigung führenden, **wichtigen**

---

[44] Heymann/Sonnenschein/Weitemeyer RdNr. 27.
[45] MünchKommHGB/v. Hoyningen-Huene RdNr. 13.
[46] Vgl dazu aus arbeitsrechtlicher Sicht BAG Urt. v. 17. 4. 2002 – 5 AZR 2/01, DB 2002, 1330.
[47] BGH Urt. v. 5. 2. 1959 – II ZR 107/57, BGHZ 29, 275, 276; BGH Urt. v. 9. 1. 1967 – II ZR 226/64, BB 1967, 229; BGH Urt. v. 7. 4. 1956 – 2 AZR 340/55, DB 1956, 427; BAG Urt. v. 18. 11. 1999 – 2 AZR 743/98, ZIP 2000, 762, 764; KG NJW-RR 2000, 1566; LAG Berlin GmbHR 1997, 839 m. zust. Anm. Oetker EWiR 1998, 65; vgl. RG SA 1926 Nr. 119 (211); BGH Urt. v. 14. 12. 1995 – III ZR 5/95, BGHR BGB § 242 – Kündigung – wichtiger Grund 11 (unberechtigter Vorwurf strafbaren Verhaltens); OLG Celle NZG 2003, 820; Staub/Brüggemann RdNr. 10 und 13; ausführlich – aus arbeitsrechtlicher Sicht –: Becker-Schaffner DB 1987, 2148; Lücke BB 1997, 1842 und BB 1998, 2259; Tschöpe BB 2002, 778.
[48] OLG Bamberg Urt. v. 14. 7. 1997 – 4 U 195/96, HVR Nr. 934 (für HV); BAG Urt. v. 20. 8. 1997 – 2 AZR 620/96, BB 1997, 2484; BAG Urt. v. 18. 9. 1997 – 2 AZR 36/97, DB 1998, 136; BAG Urt. v. 18. 11. 1999 – 2 AZR 743/98, ZIP 2000, 762, 764; BAG Urt. v. 26. 9. 2002 – 2 AZR 424/01, DB 2003. 1336; Lücke BB 1997, 1842, 1843, 1844 und BB 1998, 2259; ausf. dazu (aus arbeitsrechtlicher Sicht): Fischer BB 2003, 522; vgl. auch RGRK-BGB/Corts § 626 RdNr. 164 bis 170.
[49] BAG Urt. v. 26. 9. 2002 – 2 AZR 424/01, DB 2003, 1336.
[50] BAG Urt. v. 26. 9. 2002 – 2 AZR 424/01, DB 2003, 1336.
[51] OLG München Urt. v. 1. 7. 2003 – 23 U 1637/03, VersR 2004, 470.
[52] OLG Köln Urt v. 2. 3. 2001 – 19 U 170/00, HVR Nr. 1047.
[53] BAG Urt. v. 6. 12. 2001 – 2 AZR 496/00, DB 2002, 1779.
[54] BAG Urt. v. 3. 7. 2003 – 2 AZR 437/02, DStR 2004 Heft 15 S. XIV.
[55] Vgl. BAG Urt. v. 20. 8. 1997 – 2 AZR 620/96, BB 1997, 2484.
[56] Vgl. BAG Urt. v. 20. 8. 1997 – 2 AZR 620/96, BB 1997, 2484.

Grund bilden,[57] wenn ausnahmsweise bereits der Verdacht die weitere Zusammenarbeit mit dem Verdächtigen unzumutbar macht, weil seinetwegen das notwendige Vertrauensverhältnis endgültig zerstört oder eine weitere erfolgreiche Zusammenarbeit unmöglich geworden ist, indem zB die Kunden/Interessenten die Betreuungs- oder Vermittlungstätigkeit eines verdächtigten und dadurch kompromittierten HV oder die Abnahme der Produkte eines verdächtigten Unternehmers ablehnen.[58] Wegen der unterschiedlichen Wirksamkeitsvoraussetzungen und Beweislastanforderungen[59] ist genau zu unterscheiden, ob die ausgesprochene Kündigung lediglich auf den Verdacht eines wichtigen Grundes, auf einen Verdacht als eigenständigen Kündigungsgrund oder auf einen bereits verwirklichten wichtigen Grund gestützt sein soll.[60] Eine **Wahlfeststellung** zwischen einer entweder berechtigten Verdachtskündigung oder dem Vorliegen einer andernfalls begründeten Tatkündigung kann ausnahmsweise zulässig sein.[61]

12 **f) Zeitpunkt des Entstehens.** Als wichtiger Grund kommen Umstände und Ereignisse in Betracht, die sich während des bestehenden Vertragsverhältnisses oder vor Vertragsschluss zugetragen haben.[62] So kann eine fristlose Kündigung bereits durch Verletzung von Aufklärungspflichten oder falsche Angaben bei Vertragsschluss gerechtfertigt sein. Auf Gründe, welche nach Zugang der außerordentlichen Kündigungserklärung bei dem Gekündigten entstanden sind, kann die ausgesprochene Kündigung nicht gestützt werden,[63] es sei denn, dass der neue Umstand nicht als eigenständiger Kündigungsgrund herangezogen wird, sondern lediglich einen früheren Kündigungsgrund in seiner Bedeutung erläutern und verständlicher machen soll, diesen gleichsam in einem anderen Licht erscheinen lassen soll.[64]

13 **g) Notwendigkeit sofortiger Vertragsbeendigung.** Das als wichtiger Kündigungsgrund in Betracht kommende Verhalten oder Ereignis muss objektiv eine sofortigen Beendigung des Vertrags notwendig machen[65] und deswegen objektiv geeignet sein, für den Kündigenden eine weitere Zusammenarbeit mit dem Gekündigten selbst während eines Übergangszeitraums bis zu einer vertragsgemäßen Herbeiführung des Vertragsendes nach § 89 unzumutbar zu machen und deswegen auszuschließen.[66] Der wichtige Grund muss so schwer wiegen, dass er das Außerkraftsetzen der Pflichten zur Wahrung der Vertragstreue sowie zur Einhaltung der für eine ordnungsgemäße Vertragsbeendigung vereinbarten Regeln rechtfertigen kann. Bei objektiver Würdigung muss entweder das erforderliche gegenseitige vertragliche Vertrauensverhältnis zumindest aus der Sicht einer Vertragspartei endgültig zerstört sein oder trotz fortbestehenden Vertrauensverhältnisses müssen die Grundlagen einer weiteren Zusammenarbeit entfallen oder doch nachhaltig beeinträchtigt sein. Bloße Lästigkeit[67] oder Spannungen im Vertragsverhältnis reichen hierfür ebenso wenig aus[68] wie im Regelfall einfache Vertragsverletzungen;[69] ein gewisses Maß an Vertragsuntreue der Gegenpartei muss der davon betroffene Vertragspartner sanktionslos hinnehmen[70] und gegebenenfalls einen dadurch verursachten Schaden liquidieren. Ob der geltend gemachte Grund im Einzelfall bei objektiver Würdigung eine fristlose Kündigung rechtfertigen kann, bedarf einer umfassenden Würdigung aller Umstände des Einzelfalls (RdNr. 24 f.).[71] Dem Verhalten des Kündigenden nach Kenntnis von dem

---

[57] BAG Urt. 5. 4. 2001 – 2 AZR 217/00, BB 2001, 2062 = DB 2001, 1941; BAG Urt. v. 18. 11. 1999 – 2 AZR 743/98, ZIP 2000, 762, 764; *Lücke* BB 1997, 1842, 1844 mwN; aA LAG Bremen BB 1976, 1560; sehr kritisch auch *Wanjok* ArbuR 1998, 398.
[58] Vgl. BGH Urt. v. 5. 2. 1959 – II ZR 107/57, BGHZ 29, 275, 276; siehe auch BGH Urt. v. 30. 3. 1995 – IX ZR 182/94, EBE 1995, 159, 160; Staub/*Brüggemann* RdNr. 13 vgl. auch BAG Urt. 5. 4. 2001 – 2 AZR 217/00, BB 2001, 2062 = DB 2001, 1941.
[59] OLG Köln OLGR 2003, 135 m. zust. Anm. *v. Hoyningen-Huene* EWiR 2003, 257.
[60] Vgl. dazu BAG Beschl. v. 8. 6. 2000 – 2 ABR 1/00, ZIP 2000, 2265 m. Anm. *Schlachter* EWiR 2001, 209 und Bspr. *Weber* GmbHR 2001 R 104 sowie OLG Köln Urt v. 2. 3. 2001 – 19 U 170/00, HVR Nr. 1047 = VersR 2001, 1234.
[61] LAG Berlin MDR 1999, 167.
[62] BAG Urt. v. 5. 4. 2001 – 2 AZR 159/00, DB 2001, 2052 (zum Arbeitsvertrag) MünchKommHGB/ *v. Hoyningen-Huene* RdNr. 13; *Schröder* RdNr. 6; Staub/*Brüggemann* RdNr. 8.
[63] MünchKommHGB/*v. Hoyningen-Huene* RdNr. 71; *Schröder* RdNr. 14 c.
[64] So schon MünchKommBGB/*Schwerdtner*, 2. Aufl. 1998, § 626 RdNr. 238.
[65] OLG München Urt. v. 12. 7. 2002 – 21 U 1608/02, HVR Nr. 1104.
[66] BGH Urt. v. 7. 7. 1978 – I ZR 126/76, WM 1978, 1128; BGH Urt. v. 27. 2. 1981 – I ZR 39/79, WM 1981, 817; BGH Urt. v. 14. 4. 1983 – I ZR 37/81, WM 1983, 820, 821; BGH Urt. v. 25. 11. 1998 – VIII ZR 221/97, EBE 1999, 13, 15, 16 = ZIP 1999, 277; BGH Urt. v. 16. 12. 1998 – VIII ZR 381/97, NJW-RR 1999, 539 m. Anm. *Emde* EWiR 1999, 611; BGH Urt. v. 17. 1. 2001 – VIII ZR 186/99, EBE 2001, 58, 59 = BB 2001, 645; OLG Düsseldorf Urt. v. 19. 1. 2001 – 16 U 84/00, HVR Nr. 950 – OLGR 2002. 164, 166; vgl. Heymann/*Sonnenschein/Weitemeyer* RdNr. 9; MünchKommHGB/*v. Hoyningen-Huene* RdNr. 12; *Schröder* RdNr. 7.
[67] *Schröder* RdNr. 4.
[68] MünchKommHGB/*v. Hoyningen-Huene* RdNr. 14.
[69] Vgl. OLG München Urt. v. 12. 7. 2002 – 21 U 1608/02, HVR Nr. 1104.
[70] Vgl. *Schröder* RdNr. 7.
[71] MünchKommHGB/*v. Hoyningen-Huene* RdNr. 12.

vermeintlichen Kündigungsgrund und seiner Reaktion darauf lässt sich regelmäßig entnehmen, wie schwerwiegend er die Störung des Vertragsverhältnisses tatsächlich bewertet;[72] eine Weiterbeschäftigung des fristlos gekündigten HV ist regelmäßig ein Indiz für die Zumutbarkeit der Fortsetzung des Vertrags bis zu dessen Beendigung durch ordentliche Kündigung. Steht das Ende des Vertragsverhältnisses auf Grund vertraglicher Befristung oder einer bereits ausgesprochenen ordentlichen Kündigung ohnehin bevor, so sind an den wichtigen Grund besonders strenge Anforderungen zu stellen[73] und ein Abwarten bis zum bevorstehenden ordentlichen Vertragsende muss für den Kündigenden im Hinblick auf Schwere und Gewicht des konkreten außerordentlichen Kündigungsgrundes, besonders eines groben Hinwegsetzens des Gekündigten über seine Pflichten, schlechterdings unzumutbar sein.[74] Unerheblich ist dabei, ob der Unternehmer die Möglichkeit hätte, den zu kündigenden HV von seiner weiteren Tätigkeit bis zu einem ordentlichen Vertragsende **freizustellen;** dadurch können wichtiger Grund und Unzumutbarkeit der Vertragsfortsetzung nicht entfallen.[75] Ergibt die mit einer Gesamtabwägung verbundene Prüfung, dass der geltend gemachte Anlass eine sofortige Vertragsauflösung objektiv nicht rechtfertigen kann, fehlt es an einer notwendigen Voraussetzung für den wichtigen Grund iSv. § 89a; die eingetretene Störung des Vertragsverhältnisses kann lediglich zum Anlass einer ordentlichen Kündigung nach § 89 genommen werden; eine dennoch ausgesprochene fristlose Kündigung ist unwirksam.[76]

h) **„Zweistufenprüfung".** Wenn der geltend gemachte wichtige Kündigungsgrund eine sofortige Vertragsbeendigung objektiv rechtfertigen kann, schließt sich in einer zweiten Stufe[77] die notwendige weitere Prüfung und Feststellung an, ob unter Berücksichtigung aller Umstände des konkreten Einzelfalls dem Kündigenden ausnahmsweise eine Fortsetzung des Vertragsverhältnisses bis zu seiner frühestmöglichen vertragsgemäßen Beendigung zuzumuten ist (RdNr. 24);[78] dabei bestimmt sich bei rechtswirksamer vertraglicher Verlängerung der gesetzlichen Kündigungsfristen die Zumutbarkeit einer Vertragsfortsetzung bis zu der erstmöglichen ordentlichen Vertragsbeendigung nach den vereinbarten und nicht nach den kürzeren gesetzlichen Fristen. Diese Prüfung in der zweiten Stufe wird im Regelfall ohne eigenständige materiellrechtliche Bedeutung sein, weil bereits die Feststellung der Notwendigkeit einer sofortigen Vertragbeendigung eine umfassende Berücksichtigung aller Umstände des Einzelfalls erfordert. Erhebliche praktische Bedeutung kann ihr allerdings in beweisrechtlicher Hinsicht zukommen, weil der Kündigende lediglich diejenigen Tatsachen darlegen und beweisen muss, welche eine sofortige Vertragsbeendigung als notwendig erscheinen lassen; den Gekündigten trifft dann der Darlegungs- und Beweislast für alle Tatsachen, welche ausnahmsweise eine Fortsetzung des Vertrags bis zu dessen ordentlichen Ende zumutbar machen sollen (RdNr. 81).

i) **Mehrere Gründe.** Sind mehrere Kündigungsgründe vorhanden, braucht die Kündigung nur auf einen gestützt zu werden. Reicht ein einzelner Grund zur Rechtfertigung der fristlosen Kündigung nicht aus, sind weitere objektiv vorliegende Umstände (Ereignisse und Verhaltensweisen) heranzuziehen; im Rahmen einer Gesamtwürdigung aller Umstände ist zu prüfen, ob sie, zusammen betrachtet, die fristlose Kündigung rechtfertigen.[79] Liegen mehrere – für sich allein und in ihrer Gesamtheit betrachtet – noch nicht ausreichende Umstände vor, kann ein hinzukommender verhältnismäßig geringfügiger Anlass gleichsam „das Fass zum Überlaufen bringen" und im Rahmen der Gesamtwürdigung einen objektiv ausreichenden Kündigungsgrund ergeben. Da ausschlaggebend der zuletzt eingetretene Umstand ist, dürfen die weiteren in die Gesamtabwägung einbezogenen und für sich allein nicht ausreichenden Gründe längere Zeit zurückliegen und als eigenständiger Kündigungsgrund ausgeschlossen/verfristet sein;[80] jedoch muss zumindest ein nicht verfristeter und gegebenenfalls erfolglos abgemahnter Umstand vorliegen, der jedenfalls im Zusammenwirken mit den weiteren Gründen die fristlose Kündigung rechtfertigen kann.

---

[72] MünchKommHGB/*v. Hoyningen-Huene* RdNr. 24; *Schröder* RdNr. 8.
[73] OLG Celle GmbHR 2005, 541 m. abl. Anm. *Moll* S. 543, 544 (für § 626 BGB).
[74] S. d. OLG München Urt. v. 24. 11. 2004 – 7 U 1518/04, HVR Nr. 1165; OLG Saarbrücken Urt. v. 25. 1. 2006 – 1 U 101/05–35, HVR Nr. 1170.
[75] Vgl. BAG Urt. v. 11. 3. 1999 – 2 AZR 507/98, ZIP 1999, 1368, 1372.
[76] BGH Urt. v. 25. 11. 1998 – VIII ZR 221/97, EBE 1999, 13, 15 = ZIP 1999, 277; *Schröder* RdNr. 7 a.
[77] MünchKommHGB/*v. Hoyningen-Huene* RdNr. 14.
[78] BGH Urt. v. 17. 1. 2001 – VIII ZR 186/99, EBE 2001, 58, 59 = BB 2001, 645; BAG Urt. v. 12. 8. 1999 – 2 AZR 923/98, MDR 2000, 279 m. Anm. *Wertheimer* EWiR 2000, 329; MünchKommHGB/*v. Hoyningen-Huene* RdNr. 14.
[79] BGH Urt. v. 24. 3. 1959 – VIII ZR 39/58, NJW 1959, 1219 BB 1959, 540, 544; KG BB 1998, 607, 608, 609; Heymann/Sonnenschein/Weitemeyer RdNr. 10; *Hopt* RdNr. 9; MünchKommHGB/*v. Hoyningen-Huene* RdNr. 25; *Schröder* RdNr. 9; Staub/*Brüggemann* RdNr. 7.
[80] BGH Urt. v. 24. 3. 1959 – VIII ZR 39/58, NJW 1959, 1219 = BB 1959, 540, 541; BGH Urt. v. 14. 12. 1995 – III ZR 5/95, BGHR BGB § 242 – Kündigung – wichtiger Grund 11; *Schröder* RdNr. 9; vgl. MünchKommHGB/*v. Hoyningen-Huene* RdNr. 25.

16 **2. Abmahnung. a) Notwendigkeit und Inhalt.** Wegen der gegenseitigen vertraglichen Treuepflicht sowie im Hinblick darauf, dass die außerordentliche fristlose Kündigung das unausweichlich letzte Mittel, die **ultima ratio**, sein muss, nachdem es ein milderes Mittel nicht mehr gibt,[81] kann ein wichtiger Grund, welcher in einem von dem zu Kündigenden zu beeinflussenden Umstand liegt, grundsätzlich erst nach einer Abmahnung die fristlose Kündigung rechtfertigen,[82] wie sie nunmehr für die fristlose Kündigung anderer Dauerschuldverhältnisse aus wichtigem Grund in § 314 Abs. 2 BGB nF[83] vorgeschrieben ist. Das gilt für beide Parteien.[84] Wie die Mahnung nach § 286 BGB nF ist die Abmahnung eine einseitige, empfangsbedürftige geschäftsähnliche Handlung (geschäftsähnliche Willensäußerung), auf welche die Vorschriften über Willenserklärungen entsprechend angewendet werden können. Dem zu Kündigenden muss durch die Abmahnung unzweideutig, unmissverständlich und ernsthaft[85] vor Augen geführt werden, dass die beanstandete und genau zu bezeichnende Vertragsstörung den Bestand des Vertragsverhältnisses gefährdet und abgestellt werden muss,[86] um eine andernfalls unausweichliche fristlose Kündigung zu vermeiden.[87]

17 **b) Form, Zugang und Erklärungsberechtigter.** Die Abmahnung bedarf keiner Form. Sie muss dem Abzumahnenden zugehen und tatsächlich zur Kenntnis gelangen.[88] Beides muss der Abmahnende sicherstellen (und im Streitfall nachweisen). Es folgt aus seiner vertraglichen Pflicht, alles ihm Zumutbare zur Rettung des Vertragsverhältnisses zu unternehmen. Bei treuwidriger Vereitelung von Zugang oder Kenntnisnahme entfaltet die Abmahnung ihre Wirkungen. Abzumahnen hat der Vertragspartner; für ihn darf handeln, wer die Kündigungserklärung rechtswirksam abgeben kann (RdNr. 53).[89] §§ 174 und 180 BGB gelten entsprechend.

18 **c) Abmahnfristen.** Eine bestimmte Frist, innerhalb derer das beanstandete Verhalten abgemahnt werden muss, besteht nicht,[90] jedoch ist die Abmahnung in einem angemessenen zeitlichen Zusammenhang zu den Anlass gebenden Umständen auszusprechen, andernfalls das Recht zur Abmahnung und damit auch zur fristlosen Kündigung verwirkt wird.[91] Um ihren Zweck der Aufrechterhaltung des Vertragsverhältnisses erfüllen zu können,[92] muss die Abmahnung dem Abgemahnten hinreichend Zeit und Gelegenheit geben, die abgemahnte Vertragsstörung, insbesondere ein beanstandetes Verhalten, abzustellen.[93] Die Dauer der Abmahnfrist, die zwischen Abmahnung und Ausspruch der fristlosen Kündigung liegen muss, bestimmt sich nach den Umständen des Einzelfalls und damit in besonderem Maß danach, wie viel Zeit der Abgemahnte benötigt, der Abmahnung mit Erfolg Rechnung zu tragen und ein abgemahntes Verhalten, zB eine zu unterlassende Konkurrenztätigkeit, einstellen zu können. Die Vereinbarung einer bestimmten Abmahnfrist, selbst in AGB/Formularverträgen, ist wirksam[94] und hält einer rechtlichen Inhaltskontrolle stand, wenn die vereinbarte Frist unter Berücksichtigung der gegebenen Umstände objektiv noch zu rechtfertigen ist (RdNr. 38).

---

[81] KG BB 1998, 607, 608; *Schaub* NJW 1990, 872, 874; RGRK-BGB/*Corts* § 626 RdNr. 40.
[82] BGH Urt. v. 16. 12. 1998 – VIII ZR 381/97, NJW-RR 1999, 539 540 m. Anm. *Emde* EWiR 1999, 611; BGH Urt. v. 17. 1. 2001 – VIII ZR 186/99, EBE 2001, 58, 61 = BB 2001, 645; BGH Urt. v. 12. 3. 2003 – VIII ZR 197/02, EBE 2003, 182 = WM 2003, 2103, 183; BGH Urt. v. 21. 2. 2006 – VIII ZR 61/04, EBE 2006, 122, 123; OLG Düsseldorf OLGR 2000, 354, 355; KG BB 1998, 607, 608; OLG Köln Urt. v. 20. 7. 2001 – 19 U 219/00, HVR Nr. 984 und BB 2001, 2241; *Emde* EWiR 2001, 121; weniger streng BGH Urt. v. 1. 11. 1980 – I ZR 118/78, WM 1981, 172, 173; ausführlich *Schaub* NJW 1990, 872 und NZA 1997, 1185; *Bergwitz* BB 1998, 2310; *Tschöpe* BB 2002, 778; *Löw* MDR 2005, 431 (aus arbeitsrechtlicher Sicht).
[83] S. d. BGH Urt. v. 2. 3. 2004 – XI ZR 288/02, EBE 2004, 133; ausf. *v. Hase* NJW 2002, 2278.
[84] LAG Niedersachsen Urt. v. 17. 1. 2003 – 10 Sa 1034/02, MDR 2004, 218. Die bisherige Rechtsprechung des BGH, zB Urt. v. 14. 2. 2000 – II ZR 218/98, ZIP 2000, 667 = EBE 2000, 114, dass die fristlose Kündigung des Anstellungsvertrags von Organträgern juristischer Personen nach § 626 BGB regelmäßig eine Abmahnung nicht voraussetzt, ist auf die außerordentliche Kündigung eines HVVertrags nicht zu übertragen; HV und Geschäftsherr stehen nicht in einem solch engen Vertrauensverhältnis zueinander, wie es zwischen Kapitalgesellschaft und deren Leitungsorgan besteht. Im Hinblick auf § 314 Abs. BGB nF dürfte sich die Rechtslage insoweit wohl ohnehin geändert haben, vgl. dazu *Schumacher* – Mohr DB 2002, 1606; *v. Hase* NJW 2002, 2278, 2281; *Schneider* GmbHR 2003, 1; *Koch* ZIP 2005, 1621; *Horstmeier* GmbHR 2006, 400.
[85] MünchKommHGB/*v. Hoyningen-Huene* RdNr. 29; vgl. dazu *Kammerer* BB 2002, 1747, 1749.
[86] MünchKommHGB/*v. Hoyningen-Huene* RdNr. 29; RGRK-BGB/*Corts* § 626 RdNr. 44; vgl. auch BGH Urt. v. 16. 12. 1998 – VIII ZR 381/97, NJW-RR 1999, 539, 540 m. Anm. *Emde* EWiR 1999, 611; *Schaub* NZA 1997, 1185; *Kranz* DB 1998, 1464; *Löw* MDR 2005, 431.
[87] *Schaub* NJW 1990, 872, 873; *Hoss* MDR 1999, 333, 335; *Löw* MDR 2005, 431; aA RGRK-BGB/*Corts* § 626 RdNr. 44; *Kranz* NZA 1998, 1464; *v. Hase* NJW 2002, 2278, 2280.
[88] RGRK-BGB/*Corts* § 626 RdNr. 48; *Schaub* NJW 1990, 872, 874; *Hoss* MDR 1999, 333, 334.
[89] AA RGRK-BGB/*Corts* § 626 RdNr. 47 für den insoweit nicht vergleichbaren Fall des Arbeitsvertrags mit Weisungsbefugnis; ebenso *Schaub* NJW 1990, 872, 873 und NZA 1997, 1185, 1186.
[90] *Hoss* MDR 1999, 333, 336; *v. Hase* NJW 2002, 2278, 2280.
[91] *Hoss* MDR 1999, 333, 336.
[92] *Schaub* NZA 1997, 1185, 1187.
[93] MünchKommHGB/*v. Hoyningen-Huene* RdNr. 29.
[94] Vgl. BGH Urt. v. 17. 7. 2002 – VIII ZR 59/01, EBE 2002, 294, 296.

d) **Bedeutung und Folgen der Abmahnung.** Ohne die rechtlich notwendige Abmahnung 19 fehlt es an einem wichtigen Kündigungsgrund.[95] Nach Ablauf der in der Abmahnung gesetzten Frist (vorstehende RdNr.) kann die fortbestehende und damit erfolglos abgemahnte Vertragsstörung eine außerordentliche Kündigung rechtfertigen,[96] wohingegen das abzumahnende und abgemahnte Verhalten grundsätzlich noch keinen wichtigen Kündigungsgrund bilden kann.[97] In der Abmahnung liegt notwendigerweise der Verzicht auf das Kündigungsrecht aus dem abgemahnten Grund.[98] *Schneider*[99] formuliert treffend: „Einmal ist keinmal und zweimal ist einmal zu viel" sowie „ohne Abmahnung im ersten Fall keine fristlose Kündigung im zweiten Fall".

e) **Erneute und wiederholte Abmahnung.** Kommt es nach zunächst erfolgreicher Abmahnung 20 erneut zu der bereits einmal abgemahnten Verhaltensweise oder zu einer andersartigen, mit der abgemahnten nicht vergleichbaren und bisher nicht abgemahnten Störung,[100] muss im Rahmen des Zumutbaren grundsätzlich wiederum abgemahnt werden.[101] Das Gleiche gilt, wenn der Kündigungsberechtigte das Vertragsverhältnis trotz erfolglos gebliebener Abmahnung nach erneuter Vertragsstörung fortsetzt.[102] Eine wiederholte Abmahnung ist nicht erforderlich, wenn dieselbe Störung nach nur kurzer Unterbrechung erneut auftritt und die Abmahnung sich deswegen als erfolglos erweist;[103] dabei ist es eine Frage der besonderen Umstände des Einzelfalls, wann eine Abmahnung ihre Wirkung verliert.[104] Das alles gilt grundsätzlich auch bei geringfügigen Vertragsverletzungen.[105] Jedoch entscheiden hier die Umstände des Einzelfalls. Kündigungsgrund ist in diesen Fällen die trotz Abmahnung erneut aufgetretene Vertragsstörung; die zunächst erfolgreich oder auch erfolglos abgemahnte Vertragsstörung kann zur Unterstützung des neuen Kündigungsgrundes herangezogen werden (RdNr. 15).[106] Um seine Warnfunktion zu behalten, darf das Institut der Abmahnung nicht **verwässert** werden. Wenn zahlreiche Abmahnungen wegen gleichartiger Pflichtverletzungen folgenlos bleiben, können sie ihre Warnfunktion nicht mehr erfüllen und eine fristlose Kündigung nicht mehr vorbereiten und rechtfertigen.[107] Hier bedarf es vielmehr einer eindringlichen „letzten" Abmahnung mit der unmissverständlichen und ernsthaften Kündigungsandrohung für den Fall der Zuwiderhandlung gegen das bislang erfolglos abgemahnte Verhalten.[108]

f) **Entbehrliche Abmahnung.** Die Entbehrlichkeit der Abmahnung[109] ist nunmehr vom 21 Gesetzgeber in **§ 323 Abs. 2 iVm. § 314 Abs. 2 BGB** ausdrücklich geregelt worden.[110] § 314 BGB ist zwar auf die Abmahnung vor der Kündigung nach § 89 a nicht anwendbar (RdNr. 2), jedoch sind die in §§ 314 Abs. 2 und 323 Abs. 2 BGB aufgestellten Kriterien für eine Entbehrlichkeit der Abmahnung im Einzelfall entsprechend anzuwenden, wenn dem Ausnahmecharakter des § 89 a angemessen Rechnung getragen wird und an die Ausnahmefälle strenge Anforderungen gestellt werden. Entbehrlich ist die Abmahnung, wenn Kündigungsgrund ein Umstand ist, **(1)** auf welchen der zu Kündigende nicht Einfluss nehmen kann,[111] wie zB bei Kündigungsgründen aus der Sphäre des Kündigenden, **(2)** welchen er in angemessener Zeit nicht abstellen

---

[95] So *Hopt* RdNr. 10.
[96] Vgl. BGH Urt. v. 17. 7. 2002 – VIII ZR 59/01, EBE 2002, 294; OLG München MDR 2003, 223, 224.
[97] OLG Karlsruhe Urt. v. 25. 2. 1977 – 15 U 54/76, HVR Nr. 505.
[98] Vgl. BAG Urt. v. 6. 3. 2003 – 2 AZR 128/02, DB 2003, 2445.
[99] GmbHR 2003, 1, 6.
[100] Vgl. dazu Hess. LAG MDR 1998, 605, 606; *Hoss* MDR 1999, 333, 338.
[101] AA ersichtlich BGH Urt. v. 1. 11. 1980 – I ZR 118/78, WM 1981, 172, 174.
[102] BGH Urt. v. 24. 9. 1987 – I ZR 243/85, NJW-RR 1988, 287.
[103] Vgl. OLG München MDR 2003, 223, 224; RGRK-BGB/*Corts* § 626 RdNr. 49 (die Abmahnung „verliert" nach Ablauf einer gewissen Zeit „ihre Wirkung"); *Hoss* MDR 1999, 333, 337 f.
[104] BAG Urt. v. 10. 10. 2002 – 2 AZR 418/01, DB 2003, 1797.
[105] Vgl. *v. Hase* NJW 2002, 2278, 2282 Fn. 52.
[106] BAG Urt. v. 10. 11. 1988 – 2 AZR 215/88, NJW 1989, 2493; OLG München MDR 2003, 223, 224; *Schaub* NJW 1990, 872, 876; *Hoss* MDR 1999, 333, 338.
[107] BAG Urt. v. 15. 11. 2001 – 2 AZR 609/00, DB 2002, 689 = MDR 2002, 523 = BB 2002, 1269 m. krit. Bspr. *Kammerer* BB 2002, 1747; s. d. auch BAG Urt. v. 16. 9. 2004 – 2 AZR 406/03, GmbHR 2005 R 98 (für Arbeitsverträge).
[108] Vgl. dazu BAG Urt. v. 15. 11. 2001 – 2 AZR 609/00, DB 2002, 689 = MDR 2002, 523 = BB 2002, 1269 m krit. Bspr. *Kammerer* BB 2002, 1747, 1750 f.; s. d. auch BAG Urt. v. 16. 9. 2004 – 2 AZR 406/03, GmbHR 2005 R 98 (für Arbeitsverträge).
[109] Vgl. dazu auch *Emde* VersR 2002, 151, 161 f.
[110] S. d. BGH Urt. v. 2. 3. 2004 – XI ZR 288/02, EBE 2004, 133; *v. Hase* NJW 2002, 2278, 2280 f., auch zu möglichen Spannungsverhältnissen und Wertungswidersprüchen zwischen wichtigem Grund und Abmahnungserfordernis.
[111] Also bei nicht steuerbarem Verhalten, vgl. BAG Urt. v. 12. 8. 1999 – 2 AZR 923/98, MDR 2000, 279 m. Anm. *Wertheimer* EWiR 2000, 329; insoweit offensichtlich aA und bedenklich BGH Urt. v. 16. 12. 1998 – VIII ZR 381/97, NJW-RR 1999, 539, 540 m. krit. Anm. *Emde* EWiR 1999, 611; der Wertungswiderspruch, den *v. Hase* NJW 2002, 2278, 2282 hier sieht, besteht tatsächlich nicht.

kann[112] oder **(3)** welcher ausnahmsweise bereits unabänderlich die fristlose Kündigung rechtfertigt, weil dem Kündigenden selbst unter veränderten Umständen nach erfolgreicher Abmahnung eine Fortsetzung des Vertragsverhältnisses nicht mehr möglich oder zuzumuten ist.[113] An den letztgenannten Ausnahmetatbestand sind strenge Anforderungen zu stellen. Er kann **(4)** bei **grobem Fehlverhalten** des zu Kündigenden vorliegen, durch welches das notwendige Vertrauensverhältnis bei objektiver Würdigung aus der Sicht des Kündigenden endgültig sowie unreparabel zerstört worden ist und eine positive Prognose nicht mehr gestellt werden kann,[114] wie idR bei strafbaren Handlungen[115] oder nach BAG[116] bei der Annahme von Schmiergeldern; auch hier kommt es jedoch auf die Umstände des Einzelfalls an. Gleiches gilt zB, wenn **(5)** der Kündigungsgrund in einem mit dem Vertrag nicht in Einklang stehenden, allerdings genehmigungsfähigen Verhalten des zu Kündigenden liegt, wie zB der Aufnahme einer unter das Wettbewerbsverbot fallenden Tätigkeit des HV, und der Vertragspartner vor Beginn dieser Konkurrenztätigkeit die erforderliche Genehmigung bereits ausdrücklich verweigert hatte oder wenn **(6)** (der Kündigende nachweisen kann, dass) der Vertragspartner eine Rückkehr zu vertragsgemäßem Verhalten ernsthaft und endgültig ablehnt, und hieran auch eine Abmahnung nichts mehr ändern kann. Soweit damit auf das künftige Verhalten des Abzumahnenden oder eine künftige Entwicklung abzustellen ist, bedarf es einer entsprechenden negativen **Prognose**.[117] Liegt keiner dieser Ausnahmefälle vor, ist grundsätzlich auch bei **Störungen im Vertrauensbereich** eine Abmahnung erforderlich,[118] zumal die Abgrenzung zwischen Störung im Vertrauens- und Leistungsbereich ohnehin unscharf ist.[119] Einen allgemeingültigen Erfahrungssatz, dass **ungenehmigte Konkurrenztätigkeit** des Handelsvertreters das Vertragsverhältnis der Vertragspartner regelmäßig so schwer beschädigt, dass dem Geschäftsherrn eine Fortsetzung des Vertragsverhältnisses auch nur für eine kurze Zeitspanne unzumutbar sein muss,[120] gibt es nicht;[121] es kommt immer auf die Umstände des Einzelfalls an. Auf **ungenehmigte Nebentätigkeiten** ist ein solcher Erfahrungssatz ohnehin nicht zu übertragen.[122]

22 **g) Unterlassungsklage statt Abmahnung.** Ausnahmsweise kann bei Vorliegen ganz besonderer Umstände wie zB bei an sich unkündbaren HVVerträgen (RdNr. 9) eine Klage auf Unterlassung des abgemahnten Verhaltens angebracht und geboten sein, bevor die fristlose Kündigung auszusprechen ist.[123]

23 **h) Unberechtigte Abmahnung.** Eine unberechtigte Abmahnung kann die erforderliche Warnfunktion nicht erfüllen.[124] Gegen eine unberechtigte oder aus anderen Gründen unwirksame Abmahnung braucht der Abgemahnte nicht vorzugehen noch muss er ihr widersprechen.[125] Wenn über die Wirksamkeit der außerordentlichen Kündigung zu entscheiden ist, kann der Betroffene das Fehlen einer Abmahnung auch dann noch einwenden, wenn eine unwirksame oder unberechtigte Abmah-

---

[112] BGH Urt. v. 11. 12. 1981 – I ZR 139/79, EBE 1982, 132, 133.
[113] BGH Urt. v. 2. 3. 2004 – XI ZR 288/02, EBE 2004, 133; vgl. BAG Urt. v. 12. 8. 1999 – 2 AZR 923/98, MDR 2000, 279, 280 m. Anm. *Wertheimer* EWiR 2000, 329 und mit Anm. *Adam* MDR 2000, 280; OLG Köln VersR 2001, 1023 und 2002, 482 sowie ist doch ein Sonderfall, der jedoch auf einen HV nicht zu übertragen ist, BAG Urt. v. 11. 3. 1999 – 2 AZR 507/98, ZIP 1999, 1368, 1370; *Hopt* RdNr. 10.
[114] BGH Urt. v. 17. 1. 2001 – VIII ZR 186/99, EBE 2001, 58, 60 = BB 2001, 645 m. Anm. *Emde* EWiR 2001, 483; BGH Urt. v. 2. 3. 2004 – XI ZR 288/02, EBE 2004, 133; OLG Köln Urt. v. 20. 10. 2000 – 19 U 86/00, HVR Nr. 981; vgl. auch *Schneider* GmbHR 2003, 1, 4; MünchKommHGB/*v. Hoyningen-Huene* RdNr. 29; *Stumpf/Jelatzke/Schultze* RdNr. 647.
[115] Vgl. dazu aus arbeitsrechtlicher Sicht BAG Urt. v. 8. 6. 2000 – 2 AZR 638/99, MDR 2001, 36.
[116] Urt. v. 21. 6. 2001 – 2 AZR 30/00, DStR Heft 23/2002 S. XVI (Ls).
[117] *v. Hase* NJW 2002, 2278, 2281.
[118] BAG Urt. v. 4. 6. 1997 – 2 AZR 526/96, NJW-RR 1998, 554 = MDR 1997, 1130, 1131; BAG Urt. v. 12. 8. 1999 – 2 AZR 923/98, MDR 2000, 279, 280 m. Anm. *Wertheimer* EWiR 2000, 329 und mit Anm. *Adam* MDR 2000, 280; vgl. auch BAG Beschl. v. 10. 2. 1999 – 2 ABR 31/98, DB 1999, 1121; LAG Hamm MDR 1999, 45, 46; *Hoss* MDR 1999, 333, 337; *Emde* Anm. zu OLG Köln EWiR 2001, 121 und EWiR 2001, 483, 484; *Hopt* RdNr. 10; aA MünchKommHGB/*v. Hoyningen-Huene* RdNr. 29; ebenfalls RGRK-BGB/*Corts* § 626 RdNr. 41 und 42; insoweit bedenklich BGH Urt. 26. 5. 1999 – VIII ZR 123/98, ZIP 1999, 1307, 1309 mit insoweit ablehnender Anm. *Emde* EWiR 1999, 705, 706; offengelassen OLG Köln (LS) EWiR 2001, 121.
[119] So schon MünchKommBGB/*Schwerdtner*, 2. Aufl. 1988, § 626 RdNr. 42; *Schaub* NZA 1997, 1185, 1187; anders aber wieder BGH Urt. v. 14. 2. 2000 – II ZR 218/99, ZIP 2000, 667, 668 = EBE 2000, 114, der diese Unterscheidung herausstellt; ebenso *v. Hase* NJW 2002, 2278, 2281.
[120] So aber BGH Urt. v. 17. 1. 2001 – VIII ZR 186/99, EBE 2001, 58, 59 = BB 2001, 645; einschränkend *Emde* EWiR 2001, 483, 484; kritisch auch *v. Hase* NJW 2002, 2278, 2281.
[121] So BGH Urt. v. 7. 7. 1960 – II ZR 291/59, HVR Nr. 298.
[122] BGH Urt. v. 17. 1. 2001 – VIII ZR 186/99, EBE 2001, 58, 59 = BB 2001, 645.
[123] KG BB 1998, 607, 608.
[124] AA LAG Köln MDR 1999, 876; siehe dazu aber auch *Hoss* MDR 1999, 333, 339 (aus arbeitsrechtlicher Sicht).
[125] Vgl. dazu auch *v. Hase* NJW 2002, 2278, 2282.

nung unbeanstandet geblieben war.[126] Die unberechtigte Abmahnung kann wegen der in ihr liegenden Vertragsverletzung ihrerseits Gegenstand einer Abmahnung sein.[127] Außerdem kann der zu Unrecht Abgemahnte auf Unterlassung und gegebenenfalls auf Widerruf klagen, wenn ein geschütztes Rechtsgut (Persönlichkeitsrecht, Recht am Gewerbebetrieb) beeinträchtigt ist.[128]

3. Umfassende Interessen. a) Notwendigkeit sofortiger Vertragsbeendigung. Ob der als wichtiger Kündigungsgrund in Betracht kommende Anlass dem Kündigenden bei objektiver Würdigung eine Fortsetzung des Vertragsverhältnisses selbst bis zu dessen frühestmöglichen vertragsgemäßen Endzeitpunkt unmöglich oder doch unzumutbar macht (RdNr. 13 und 14), ist im Weg einer umfassenden Abwägung der beiderseitigen Belange und Interessen der Vertragsparteien unter Berücksichtigung sämtlicher objektiv im Zeitpunkt der Kündigung vorliegenden,[129] dem Kündigenden möglicherweise noch unbekannten[130] Umstände des jeweiligen Einzelfalls festzustellen.[131] Alle für und gegen eine Zumutbarkeit der Vertragsfortsetzung sprechenden Gegebenheiten müssen umfassend in die Bewertung einbezogen werden.[132] Da der die Zumutbarkeitsprüfung auslösende Kündigungsgrund bereits objektiv geeignet sein muss, eine sofortige Beendigung des Vertragsverhältnisses zu rechtfertigen (RdNr. 13), geht es bei der hier vorzunehmenden Abwägung um die von dem Gekündigten nachzuweisende ausnahmsweise bestehende Möglichkeit einer Fortsetzung des Vertragsverhältnisses bis zu dessen frühestmöglichen Ende durch unverzüglichen Ausspruch einer ordentlichen Kündigung gemäß § 89 (RdNr. 14).[133]

b) Überwiegendes Interesse an Vertragsbeendigung. Das Interesse des Kündigenden an der sofortigen Vertragsauflösung muss das Interesse der anderen Vertragspartei an einer Vertragsfortsetzung überwiegen; andernfalls sind die Voraussetzungen für eine außerordentliche Kündigung iSv. § 89 a nicht gegeben. Das Gleiche kann gelten, wenn es ausnahmsweise möglich und beiden Vertragspartnern zumutbar ist, das Vertragsverhältnis zu geänderten, dem geltend gemachten Kündigungsgrund Rechnung tragenden Bedingungen fortzusetzen.

c) Beurteilungszeitpunkt und Prognose. Maßgebend für die notwendige umfassende Prüfung mit der hierbei anzustellenden Prognose sind die tatsächlichen Umstände im Zeitpunkt der Kündigungserklärung, wie sie sich aus der Sicht des für die Beurteilung maßgebenden Zeitpunkts, im Streitfall also aus der Sicht der Letzten gerichtlichen Tatsachenverhandlung, darstellen; danach muss der geltend gemachte wichtige Grund **rückschauend** eine sofortige Vertragsauflösung rechtfertigen.

d) Abwägungskriterien. Für die Abwägung, ob ein Kündigungsanlass schwerwiegend genug ist, ein sofortiges Vertragsende zu rechtfertigen und eine Vertragsfortsetzung bis zu dem ordentlichen Vertragsende auszuschließen, können folgende Umstände von Bedeutung sein:

(1) Art, Schwere/Gewicht und Dauer einer dem zu Kündigenden anzulastenden **Vertragsverletzung** oder **Störung des Vertragsverhältnisses**[134] sowie deren absehbare schädlichen **Folgen** für den Kündigenden.[135]

(2) **Vorgeschichte** der Kündigung und ihr **Anlass**, Veranlassung/Herbeiführen des Kündigungsgrundes, gegebenenfalls in schuldhafter Weise, durch eine Vertragspartei oder Zuordnung des Kündigungsgrundes zu ihrer Risikosphäre,[136] insbesondere Mitverursachung oder Mitverantwortung des Kündigenden[137] oder seiner Risikosphäre zuzuordnender Dritter für den die Kündigung auslösenden Anlass; auch das „Suchen" eines Grundes für eine gewollte Herbeiführung des Vertragsendes.[138]

---

[126] Vgl ErfK/*Müller* – *Glöge* § 626 BGB RdNr. 55 mwN.
[127] *v. Hase* NJW 2002, 2278, 2282.
[128] *v. Hase* NJW 2002, 2278, 2282, 2283 (der dieses Recht – allerdings ohne triftige Begründung – nur für Arbeitsverträge anerkennen will).
[129] BGH Urt. v. 16. 12. 1998 – VIII ZR 381/97, NJW-RR 1999, 539, 540 m. Anm. *Emde* EWiR 1999, 611.
[130] BAG Urt. v. 4. 6. 1997 – 2 AZR 526/96, NJW-RR 1998, 554 = MDR 1997, 1130.
[131] BGH Urt. v. 24. 1. 1974 – VII ZR 52/73, WM 1974, 350, 351; BGH Urt. v. 11. 11. 1980 – I ZR 118/78, WM 1981, 172, 173; BGH Urt. v. 17. 1. 2001 – VIII ZR 186/99, EBE 2001, 58, 59 = BB 2001, 645; BAG Urt. 26. 7. 2001 – 8 AZR 739/00, BB 2002, 832; MünchKommHGB/*v. Hoyningen-Huene* RdNr. 14 und 15; *Schröder* RdNr. 7 und 7 a; vgl. BGH Urt. v. 17. 12. 1998 – I ZR 106/96, EWiR 1999, 303 = NJW 1999, 1177 m. Anm. *Martinek* für Franchisevertrag; *Tschöpe* BB 2002, 778 (aus arbeitsrechtlicher Sicht).
[132] OLG Düsseldorf OLGR 2002. 164, 166; Staub/*Brüggemann* RdNr. 6.
[133] OLG Düsseldorf OLGR 2002. 164, 166; vgl. MünchKommHGB/*v. Hoyningen-Huene* RdNr. 12–14 und *v. Hoyningen–Huene* EWiR 2003, 257, 258.
[134] Heymann/*Sonnenschein/Weitemeyer* RdNr. 10; MünchKommHGB/*v. Hoyningen-Huene* RdNr. 16 und 18.
[135] OLG Köln Urt. v. 19. 7. 2002 – 19 U 56/02, HVR Nr. 1051.
[136] BGH Urt. v. 24. 1. 1974 – VII ZR 52/73, WM 1974, 350, 351; BGH Urt. v. 26. 1. 1984 – I ZR 188/81, WM 1984, 556, 558; vgl. Heymann/*Sonnenschein/Weitemeyer* RdNr. 10; MünchKommHGB/*v. Hoyningen-Huene* RdNr. 19; Staub/*Brüggemann* RdNr. 6 und 11.
[137] BGH Urt. v. 11. 2. 1981 – VIII ZR 312/79, MDR 1981, 839; BGH Urt. v. 11. 12. 1981 – I ZR 139/79, EBE 1982, 132, 134; aA wohl Staub/*Brüggemann* RdNr. 11.
[138] OLG Köln OLGR 2003, 135.

(3) Längere **Vorhersehbarkeit** des Kündigungsgrundes.[139]
(4) Frühere **Vertragsverletzungen** des Gekündigten sowie erfolglos gebliebene Abmahnungen (RdNr. 20).[140]
(5) Früheres **Verhalten des Kündigenden** bei ähnlichen Störungen im Vertragsverhältnis, welche nunmehr die fristlose Kündigung rechtfertigen sollen;[141] Verhalten des Kündigenden bei gleich gearteten oder vergleichbaren Pflichtverletzungen und Verhaltensweisen anderer Vertragspartner,[142] sowie ein möglicherweise bei dem Betroffenen durch frühere Reaktionen des Kündigenden begründetes Vertrauen auf eine mildere Sanktion bei künftigen Vorfällen ähnlicher Art.[143]
(6) Eigene **Vertragsuntreue** oder **Vertragsverletzungen** des Kündigenden vor oder nach Ausspruch der Kündigung,[144] welche eine fristlose Vertragsbeendigung ausschließen können.[145]
(7) Verhalten des Kündigenden nach Kenntnis des Kündigungsgrundes (RdNr. 13), das Aufschluss darüber geben kann, wie wichtig er den Anlass tatsächlich nimmt,[146] besonders die Dauer einer zum Abstellen vertragswidrigen Verhaltens eingeräumten Frist[147] oder der Ausspruch einer zunächst lediglich ordentlichen anstelle einer fristlosen Kündigung.[148]
(8) Verhalten des Kündigenden nach Ausspruch der Kündigung; die Inanspruchnahme weiterer Dienste/Leistungen des Gekündigten ist regelmäßig ein Zeichen dafür, dass eine Fortsetzung des Vertragsverhältnisses zumutbar ist (RdNr. 13).
(9) Das möglicherweise bereits ohnehin **bevorstehende Vertragsende** aus anderem Grund wie zB infolge ordentlicher Kündigung, auslaufender Befristung oder bereits vereinbarter Vertragsaufhebung (RdNr. 13)[149] sowie die Dauer der **Übergangszeit** bis zum Wirksamwerden einer bereits oder unverzüglich zum nächstmöglichen Zeitpunkt ausgesprochenen ordentlichen Kündigung; je kürzer diese ist, desto eher kann eine Vertragsfortsetzung zumutbar sein;[150] zu vergleichen sind dabei die gesamte Vertragsdauer im Verhältnis zu der noch ausstehenden Vertragszeit bis zur nächstmöglichen Vertragsauflösung.[151]
(10) Die mit einer Fortsetzung des Vertrags für die Übergangszeit verbundenen, im Zeitpunkt der Kündigung für den Kündigenden voraussehbaren,[152] **Vor- und Nachteile** beider Parteien einschließlich ihrer vermögensrechtlichen Folgen.[153]
(11) Die **Auswirkungen** einer fristlosen Kündigung **für den Gekündigten** im Vergleich zu den Folgen einer ordentlichen Kündigung;[154] diesem Umstand kommt erhebliche Bedeutung zu, besonders wenn der Gekündigte die Kündigung nicht zu vertreten hat.

---

[139] MünchKommHGB/*v. Hoyningen-Huene* RdNr. 23.
[140] BGH Urt. v. 1. 11. 1980 – I ZR 118/78, WM 1981, 172, 173.
[141] MünchKommHGB/*v. Hoyningen-Huene* RdNr. 15; *Schröder* RdNr. 7.
[142] BGH Urt. v. 27. 5. 1974 – VII ZR 16/73, WM 1974, 867, 869.
[143] BGH Urt. v. 18. 2. 1982 – I ZR 20/80, WM 1982, 632, 633; vgl. MünchKommHGB/*v. Hoyningen-Huene* RdNr. 23.
[144] BGH Urt. v. 24. 3. 1959 – VIII ZR 39/58, NJW 1959, 1219 = BB 1959, 540; BGH Urt. v. 16. 4. 1959 – II ZR 114/59, HVR Nr. 211; BGH Urt. v. 29. 10. 1959 – II ZR 27/58, VersR 1960, 246; BGH Urt. v. 29. 11. 1965 – VII ZR 202/63, BGHZ 44, 271, 275 = NJW 1966, 347; BGH Urt. v. 24. 1. 1974 – VII ZR 52/73, WM 1974, 350, 351; BGH Urt. v. 1. 11. 1980 – I ZR 118/78, WM 1981, 172, 174; BGH Urt. v. 26. 1. 1984 – I ZR 188/81, WM 1984, 556, 558; OLG Hamm Urt. v. 11. 6. 1997 – 35 U 62/96, HVR Nr. 878; KG BB 1998, 607, 609; Heymann/*Sonnenschein/Weitemeyer* RdNr. 29; MünchKommHGB/*v. Hoyningen-Huene* RdNr. 22.
[145] BGH Urt. v. 16. 4. 1959 – II ZR 114/59, HVR Nr. 211; OLG Hamm Urt. v. 11. 6. 1997 – 35 U 62/96, HVR Nr. 878.
[146] BGH Urt. v. 21. 11. 1960 – VII ZR 235/59, HVR Nr. 299; BGH Urt. v. 14. 4. 1983 – I ZR 37/81, WM 1983, 820, 821; BGH Urt. v. 26. 1. 1984 – I ZR 188/81, WM 1984, 556, 558; BGH Urt. v. 21. 3. 1985 – I ZR 177/82, WM 1985, 982, 983; OLG München VersR 1957, 97; MünchKommHGB/*v. Hoyningen-Huene* RdNr. 24 und 34; *Schröder* RdNr. 8.
[147] MünchKommHGB/*v. Hoyningen-Huene* RdNr. 23, 24.
[148] BGH Urt. v. 20. 2. 1969 – VII ZR 101/67, LM Nr. 9; BGH Urt. v. 12. 2. 1989 – I ZR 185/87, BB 1989, 1076; BGH Urt. v. 16. 2. 2000 – VIII ZR 134/99, EBE 2000, 109, 112 = ZIP 2000, 618 m. Anm. *Böcker* EWiR 2000, 445; OLG München VersR 1957, 97; OLG Celle Urt. v. 28. 8. 2003 – 11 U 317/03, HVR Nr. 1131; *Schröder* RdNr. 6a.
[149] OLG München Urt. v. 24. 11. 2004 – 7 U 1518/04, HVR Nr. 1165; OLG Saarbrücken Urt. v. 25. 1. 2006 – 1 U 101/05–35, HVR Nr. 1170.
[150] BGH Urt. v. 16. 2. 2000 – VIII ZR 134/99, EBE 2000, 109, 112 = ZIP 2000, 618 m. Anm. *Böcker* EWiR 2000, 445.
[151] BGH Urt. v. 7. 7. 1978 – I ZR 126/76, WM 1978, 1128; BGH Urt. v. 17. 12. 1998 – I ZR 106/96, EWiR 1999, 303 = NJW 1999, 1177 m. Anm. *Martinek*; OLG Karlsruhe DB 1978, 1396; OLG München NJW-RR 1998, 1189, 1190; Heymann/*Sonnenschein/Weitemeyer* RdNr. 10; MünchKommHGB/*v. Hoyningen-Huene* RdNr. 17; *Westphal* RdNr. 519.
[152] BGH Urt. v. 25. 11. 1998 – VIII ZR 221/97, EBE 1999, 13, 16 = ZIP 1999, 277.
[153] RGZ 94, 166; LG Düsseldorf VersR 1964, 1097.
[154] BGH Urt. v. 17. 12. 1998 – I ZR 106/96, EWiR 1999, 303 = NJW 1999, 1177, 1178; KG BB 1998, 607, 608; Heymann/*Sonnenschein/Weitemeyer* RdNr. 10; MünchKommHGB/*v. Hoyningen-Huene* RdNr. 21.

(12) Die besondere **Schutzbedürftigkeit** einer wirtschaftlich unterlegenen und/oder von der Gegenpartei wirtschaftlich abhängigen Vertragspartei,[155] wie es besonders bei dem Einfirmenvertreter nach § 92a der Fall sein kann.[156]

(13) Die **Ausgestaltung des Vertragsverhältnisses** im Einzelnen; die Gewährung besonderer vertraglicher Leistungen oder Rechte kann die Anforderungen an die Unzumutbarkeit ebenso herabsetzen wie die Übernahme besonderer Pflichten durch den zu Kündigenden zu erheblich strengeren Anforderungen an eine Unzumutbarkeit führen kann.

(14) Art und Weise sowie Dauer der **bisherigen Zusammenarbeit** der Parteien;[157] einen erst kurze Zeit bestehenden oder bereits vielfachen Störungen ausgesetzten Vertrag fortzusetzen kann in geringerem Maß zumutbar sein als ein langjähriges, vertrauensvoll und bislang weitgehend reibungsfrei abgewickeltes Vertragsverhältnis.[158]

(15) Die **bisherigen Leistungen** des zu Kündigenden, besonders wenn sie über einen längeren Zeitraum einwandfrei erbracht wurden.[159]

(16) **Besondere Verdienste** des zu Kündigenden um die Gegenpartei in der Vergangenheit.[160]

(17) Die Ausgestaltung der **persönlichen Beziehungen** der Vertragsparteien in der Vergangenheit.[161]

(18) Das Gegenüberstehen von HV und Unternehmer als **selbständige Kaufleute** ohne Vorliegen eines Arbeits- oder typischen Dienstverhältnisses iSv. § 611 BGB, weswegen von der Rechtsprechung zu § 626 BGB entwickelte Abwägungskriterien nicht ohne weiteres übernommen werden dürfen.

(19) Letztlich muss der **Grundsatz der Verhältnismäßigkeit** gewahrt bleiben.[162]

4. Hinausschieben des Vertragsendes. a) Notwendige Abwicklung des Vertrags und Abwicklungsfrist. Die Notwendigkeit einer Abwicklung des Vertragsverhältnisses steht dessen sofortiger fristloser Auflösung nicht entgegen, wenn die gegenseitigen Hauptleistungspflichten sogleich beendet werden oder ihre Erfüllung ausgesetzt („suspendiert") wird;[163] solche mit einer fristlosen Kündigung zu vereinbarenden Abwicklungsfristen können dann im Einzelfall die gesetzlichen Kündigungsfristen überschreiten.

b) Auslauf- und Übergangsfrist. Ergibt die Interessenabwägung eine Notwendigkeit oder Angemessenheit von Auslauf- oder Übergangsfristen, während derer das Vertragsverhältnis mit seinen gegenseitigen Hauptleistungspflichten fortbestehen soll, liegt ein Recht zur fristlosen Kündigung vor,[164] wenn die Frist kürzer ist als die im Einzelfall kraft Gesetzes oder Vereinbarung geltende ordentliche Kündigungsfrist (RdNr. 30f);[165] andernfalls ist dem Kündigenden grundsätzlich eine ordentliche Kündigung zumutbar.[166] Nach Ansicht des BGH[167] sollen nachträglich vom Gericht zugebilligte Auslauffristen nicht dem Gesetz entsprechen[168] und nicht erforderlich sein, zumal sie zu nicht hinnehmbarer Rechtsunsicherheit über den Zeitpunkt der Vertragsbeendigung in Fällen außerordentlicher Kündigungen führten.[169] Jedoch darf in den seltenen besonders gelagerten Ausnahmefällen, in welchen eine solche Auslauffrist notwendig und geboten sein kann, die Kündigungserklä-

---

[155] KG BB 1998, 607, 608.
[156] Vgl. MünchKommHGB/*v. Hoyningen-Huene* RdNr. 14.
[157] *Heymann/Sonnenschein/Weitemeyer* RdNr. 10; MünchKommHGB/*v. Hoyningen-Huene* RdNr. 15 und 20; *Schröder* RdNr. 7 und 16; Staub/*Brüggemann* RdNr. 6.
[158] OLG Köln Urt. v. 19. 7. 2002 – 19 U 56/02, HVR Nr. 1051; MünchKommHGB/*v. Hoyningen-Huene* RdNr. 16.
[159] BGH Urt. v. 7. 7. 1978 – I ZR 126/76, WM 1978, 1128; MünchKommHGB/*v. Hoyningen-Huene* RdNr. 15.
[160] OLG Karlsruhe BB 1957, 561; LG Düsseldorf VersR 1964, 1097; *Heymann/Sonnenschein/Weitemeyer* RdNr. 10; MünchKommHGB/*v. Hoyningen-Huene* RdNr. 20; Staub/*Brüggemann* RdNr. 6.
[161] MünchKommHGB/*v. Hoyningen-Huene* RdNr. 15; *Schröder* RdNr. 7.
[162] Vgl. BGH Urt. v. 20. 2. 1958 – II ZR 20/57, VersR 1958, 243; Staub/*Brüggemann* RdNr. 12; *Ebenroth* S. 178 f.
[163] So schon MünchKommBGB/*Schwerdtner*, 2. Aufl. 1988, § 626 RdNr. 32.
[164] *Westphal* Vertriebsrecht RdNr. 790; aA BGH Urt. v. 25. 11. 1998 – VIII ZR 221/97, EBE 1999, 13, 15 = ZIP 1999, 277.
[165] BAG Urt. v. 13. 4. 2000 – 2 AZR 259/99, MDR 2000, 1384 und LAG Köln Urt. v. 28. 8. 2002 – 8 Sa 441/02, DStR 2003, Heft 5 S. XX -LS- (zum Arbeitsrecht); aA BGH Urt. v. 25. 11. 1998 – VIII ZR 221/97, EBE 1999, 13, 15 = ZIP 1999, 277; offensichtlich auch BAG Urt. v. 8. 8. 2002 – 8 AZR 574/01, DB 2002, 2273, 2275 = GmbHR 2003, 105; zu weitgehend auch OLG Nürnberg Urt. v. 23. 12. 1958 – 2 U 183/58, HVR Nr. 210.
[166] So schon MünchKommBGB/*Schwerdtner*, 2. Aufl. 1988, § 626 RdNr. 35 bis 37; aA MünchKommHGB/*v. Hoyningen-Huene* RdNr. 76; *Schröder* RdNr. 7a; Staub/*Brüggemann* RdNr. 12; teilweise aA BGH Urt. v. 25. 11. 1998 – VIII ZR 221/97, EBE 1999, 13, 14 = ZIP 1999, 277.
[167] BGH Urt. v. 25. 11. 1998 – VIII ZR 221/97, EBE 1999, 13, 15 = ZIP 1999, 277; zust. *Hübsch/Hübsch* WM 2005 Sonderbeilage 1 zu Heft 9 S. 10; MünchKommHGB/*v. Hoyningen-Huene* RdNr. 76.
[168] Ebenso *Canaris* § 15 RdNr. 92.
[169] In dem vom BGH (Urt. v. 25. 11. 1998 – VIII ZR 221/97, EBE 1999, 13, 15 = ZIP 1999, 277) entschiedenen Streitfall bestand die Notwendigkeit einer Auslauffrist allerdings nicht, weswegen die Entscheidung im Ergebnis richtig ist.

rung, gleichsam als milderes Mittel,[170] mit einer Auslauf- oder Übergangsfrist verbunden werden,[171] und eine solche Auslauffrist kann geboten sein, wenn die Gesamtabwägung ergibt, dass eine sofortige Vertragsbeendigung dem zu Kündigenden bei objektiver Würdigung nicht zuzumuten ist.[172] Allerdings braucht sich der Gekündigte auf solche Auslauf- oder Übergangsfristen nicht einzulassen; seine unverzüglich abzugebende gegenteilige Erklärung führt zur sofortigen Vertragsbeendigung.[173] Die anlässlich einer außerordentlichen Kündigung erklärte Bereitschaft zur Einräumung einer der ordentlichen Kündigungsfrist entsprechenden Auslauffrist, deren Zubilligung objektiv nicht geboten ist, spricht gegen das Vorliegen eines wichtigen Grundes, kann aber ausnahmsweise auch ein mit der fristlosen Kündigung verbundenes Angebot auf Abschluss eines befristeten HVVertrags enthalten.

30   **5. Kündigungsfrist. a) Bedeutung und Dauer.** Zum Geltendmachen des wichtigen Grundes und der darauf gestützten außerordentlichen Kündigung gibt es im Gegensatz zu der Regelung in § 626 Abs. 2 Satz 1 BGB keine feste gesetzliche (Kündigungs-)Frist,[174] wie es nun auch der Regelung in § 314 Abs. 3 BGB nF[175] entspricht. Jedoch muss beides innerhalb eines nach den Umständen des Einzelfalls angemessen kurzen Zeitraums nach Kenntnis des Kündigungsgrundes erklärt werden.[176] Die jeweiligen Umstände des Einzelfalls bestimmen die Dauer der Frist.[177] Im Hinblick auf die in § 626 Abs. 2 Satz 1 BGB getroffene Regelung ist dem Kündigenden grundsätzlich eine Frist von 2 Wochen zuzubilligen.[178] Allgemeingültige Höchstfristen können nicht festgelegt werden, auch nicht eine Regelhöchstfrist von 2 Monaten.[179] Allerdings wird mit Ablauf der Fristen für eine ordentliche Kündigung eine außerordentliche Kündigung regelmäßig verfristet sein. Wenn es einer zeitaufwändigen Prüfung des Kündigungsgrundes und seiner rechtlichen Bedeutung nicht bedarf und besondere Umstände nicht vorliegen, welche eine Fristverlängerung rechtfertigen könnten, wird dem Kündigenden im Regelfall eine längere Frist als 2 Wochen nicht zuzubilligen sein.[180] Unter dem erkennbaren Vorbehalt einer fristlosen Kündigung stehende Verhandlungen mit dem zu Kündigenden über Berechtigung und Folgen sowie die mögliche Abwendung einer solchen Kündigung führen zu einer angemessenen Verlängerung der Kündigungsfrist.[181]

31   **b) Fristbeginn mit Kenntnis des Kündigungsgrundes.** Die Kündigungsfrist beginnt mit der hinreichend sicheren und umfassenden Kenntnis[182] von Umständen, welche dem Kündigenden ein außerordentliches Kündigungsrecht gewähren und die notwendige Grundlage für die Entscheidung über Fortbestand oder Auflösung des Vertragsverhältnisses bilden können;[183] der Kündigungsgrund muss in seinem wirklichen Ausmaß bekannt sein.[184] Maßgebend ist die Kenntnis dessen, der den HVVertrag kündigen darf (RdNr. 53).[185] In seiner – laienhaften – Wertung muss eine Fortsetzung

---

[170] BAG Urt. v. 8. 8. 2002 – 8 AZR 574/01, DB 2002, 2273, 2275; Heymann/Sonnenschein/Weitemeyer RdNr. 32; MünchKommHGB/v. Hoyningen-Huene RdNr. 76; Staub/Brüggemann RdNr. 12; RGRK-BGB/Corts § 626 RdNr. 24.
[171] BAG Urt. v. 8. 8. 2002 – 8 AZR 574/01, DB 2002, 2273, 2275; Hübsch/Hübsch WM 2005 Sonderbeilage 1 zu Heft 9 S. 10; Canaris § 15 RdNr. 92; vgl. Hopt RdNr. 4; Schröder RdNr. 15; Staub/Brüggemann RdNr. 5; RGRK-BGB/Corts § 626 RdNr. 25.
[172] Canaris § 15 RdNr. 92.
[173] BAG Urt. v. 8. 8. 2002 – 8 AZR 574/01, DB 2002, 2273, 2275; MünchKommHGB/v. Hoyningen-Huene RdNr. 76; Schröder RdNr. 15; Staub/Brüggemann RdNr. 12.
[174] BGH Urt. v. 27. 1. 1982 – VIII ZR 295/80, DB 1982, 1110; BGH Urt. v. 3. 7. 1986 – I ZR 171/84, NJW 1987, 57; BGH Urt. v. 10. 2. 1993 – VIII ZR 48/92, NJW-RR 1993, 682, 684; BGH Urt. v. 12. 3. 1992 – I ZR 117/90, NJW-RR 1992, 1059, 1060; OLG Düsseldorf OLGR 1999, 53; Börner/Hubert BB 1989, 1633; MünchKommHGB/v. Hoyningen-Huene RdNr. 64; aA Kindler BB 1988, 2051; Woltereck DB 1984, 279.
[175] v. Hase NJW 2002, 2278, 2279; Canaris § 15 RdNr. 91.
[176] Canaris § 15 RdNr. 91.
[177] BGH Urt. v. 10. 2. 1993 – VIII ZR 48/92, NJW-RR 1993, 682, 684; BGH Urt. v. 12. 3. 1992 – I ZR 117/90, NJW-RR 1992, 1059, 1062; vgl. BGH Urt. v. 27. 1. 1982 – VIII ZR 295/80, NJW 1982, 2432; Heymann/Sonnenschein/Weitemeyer RdNr. 30; Hopt RdNr. 30; MünchKommHGB/v. Hoyningen-Huene RdNr. 65.
[178] OLG Düsseldorf OLGR 2000, 382; v. Hase NJW 2002, 2278, 2279.
[179] BGH Urt. v. 14. 4. 1983 – I ZR 37/81, WM 1983, 820, 821; BGH Urt. v. 26. 5. 1999 – VIII ZR 123/98, ZIP 1999, 1307, 1310 (der Leitsatz Nr. 2 der Redaktion in BB 1999, 1516 gibt den Inhalt der Entscheidung nicht zutreffend wieder) m. insoweit zust. Anm. Emde EWiR 1999, 705, 706; aA BGH Urt. v. 15. 12. 1993 – VIII ZR 157/92, ZIP 1994, 293 mit zust. Anm. Schwerdtner EWiR 1994, 279; MünchKommHGB/v. Hoyningen-Huene RdNr. 65; vgl. auch BGH Urt. v. 12. 3. 1992 – I ZR 117/90, NJW-RR 1992, 1059, 1060; Heymann/Sonnenschein/Weitemeyer RdNr. 30.
[180] Aus diesem Grund dürfte die Entscheidung KG NJW-RR 2000, 1566 = HVR Nr. 1002 nicht richtig sein; der Unternehmer kannte die Vorwürfe, die zu der Kündigung geführt haben, bereits seit Einleitung des Ermittlungsverfahrens, dennoch sprach er die Kündigung aus Anlass der Erhebung der Anklage erst rund 5 Wochen nach deren Kenntnis aus); s. a. OLG Nürnberg Urt. v. 28. 2. 1963 – 3 U 119/61, HVR Nr. 282.
[181] LG Hamburg VersR 1992, 743.
[182] AA Hopt RdNr. 30.
[183] BGH Urt. v. 2. 6. 1997 – II ZR 101/96, GmbHR 1997, 998, 999; vgl. auch Becker-Schaffner DB 1987, 2147.
[184] BGH Urt. v. 21. 11. 1960 – VII ZR 235/59, HVR Nr. 599.
[185] BGH Urt. v. 9. 11. 1992 – II ZR 234/91, BGHR BGB § 626 Abs. 2 Satz 2 – Kenntnis 1; BGH Urt. v. 26. 2. 1996 – II ZR 114/95, ZIP 1996, 636 m. Anm. Zimmermann EWiR 1996, 497; BGH Urt. v. 15. 6. 1998 – II ZR 318/96, WM 1998, 1537 m. Anm. Kowalski EWiR 1998, 927, Anm. Riegger BB 1998, 1810 und Bspr. Slabschi ZIP 1999,

des Vertragsverhältnisses als unzumutbar ausscheiden, wenn sich das ihm bekannt Gewordene bewahrheitet.[186] Bei Zweifeln über dessen rechtliche Bedeutung muss er unverzüglich Rechtsrat einholen.[187] Wenn mehrere Personen (ein Beirat, eine Gesellschafterersammlung) die Kündigung auszusprechen haben, ist Kenntnis aller Mitglieder des Gremiums erforderlich; jedoch muss, wer Kenntnis erlangt, unverzüglich das ihm Zumutbare unternehmen, um das Gremium zu informieren und eine Entscheidung herbeizuführen, weil andernfalls die Kündigungsfrist verstreicht.[188] Mit jedem neu zur Kenntnis gelangenden Umstand läuft die Kündigungsfrist von neuem;[189] bei einem zur Kündigung berechtigenden **Dauertatbestand** (zB die ausnahmsweise eine fristlose Kündigung rechtfertigende **Erkrankung**) beginnt die Kündigungsfrist idR nicht erst mit dessen Beendigung,[190] sondern bereits mit Kenntnis der Tatsachen, welche dem Kündigenden eine Vertragsfortsetzung unmöglich oder doch unzumutbar machen; bei einer Erkrankung des HV kann dieser Zeitpunkt hinausgeschoben sein, wenn der Unternehmer in der Hoffnung auf eine Wiederherstellung der Gesundheit zunächst von einer Kündigung absieht[191] und sich das Recht zu einer fristlosen Kündigung erkennbar vorbehält; demgegenüber beginnt die Frist bei einem die Kündigung rechtfertigenden pflichtwidrigen Dauerverhalten nicht vor dessen Beendigung.[192] Wird der Dauertatbestand durch einen Umstand ausgelöst, der einen eigenständigen wichtigen Grund bildet (zB Inhaftierung), beginnt die Kündigungsfrist bereits mit Verwirklichung und Abschluss dieses Tatbestands. Die Fortsetzung des Vertragsverhältnisses in Kenntnis des bereits vorliegenden wichtigen Kündigungsgrundes kann zu einer Verfristung oder Verwirkung des Kündigungsrechts führen. (RdNr. 35). Den Kündigungsberechtigten trifft zudem, entgegen der Auffassung des BGH,[193] idR die Obliegenheit, auftauchenden **konkreten Verdachtsgründen** oder Hinweisen auf das Vorliegen eines wichtigen Kündigungsgrundes nachzugehen und zu klären versuchen, ob gegebenenfalls eine außerordentliche Kündigung ausgesprochen werden soll.[194] Das schuldhafte Unterlassen solcher Aufklärungsversuche kann ebenfalls zur Verwirkung des Kündigungsrechts führen. Wenn der Kündigungsgrund auf der **Entscheidung einer Vertragspartei beruht,** zB zur Betriebseinsstellung, beginnt die Frist erst, wenn diese Entscheidung getroffen wird, nicht bereits mit dem Auftreten von Schwierigkeiten, welche dann zu dieser Entscheidung führen.[195]

c) Aufklärungs- und Überlegungsfrist. Die Dauer der dem Kündigenden im Einzelfall zuzubilligenden Kündigungsfrist bestimmt sich hauptsächlich danach, wie viel Zeit ihm bei objektiver Würdigung einzuräumen ist, um gegebenenfalls den Sachverhalt, der Anlass zur Kündigung geben soll, hinreichend sicher aufzuklären,[196] geeignete Nachforschungen anzustellen,[197] gegebenenfalls den zu Kündigenden anzuhören (s. RdNr. 38, 57) und sich darüber klar zu werden, ob aus diesem Anlass fristlos gekündigt werden soll (Überlegungsfrist).[198] Da der Kündigende im Streitfall die volle Beweislast für die Berechtigung seiner außerordentlichen Kündigung trägt und alle Beweisunklarheiten zu seinen Lasten gehen (RdNr. 81), muss ihm vor Ausspruch der Kündigung hinreichend Gelegenheit gegeben werden, die Berechtigung seiner Kündigung in tatsächlicher und rechtlicher Hinsicht auf eine sichere, einer gerichtlichen Nachprüfung standhaltende Grundlage zu stellen;[199] im Einzelfall können dafür umfangreiche Nachforschungen erforderlich sein. Das Ergebnis eines staatsanwaltschaftlichen Ermittlungsverfahrens wegen der Vorwürfe, welche die Kündigung rechtfertigen könnten, darf im Zweifelsfall abgewartet werden, wenn der Kündigungsberechtigte erst auf diese

---

391 (für die fristlose Kündigung durch eine GmbH); BAG Urt. v. 28. 10. 1971 – 2 AZR 32/71, NJW 1972, 463; s. d. auch *Oberrath,* MDR 1999, 134, 138.
[186] Vgl. BAG Urt. v. 28. 10. 1971 – 2 AZR 32/71, NJW 1972, 463; LAG Berlin GmbHR 1997, 839, 842.
[187] Die zu § 626 Abs. 2 BGB ergangene Entscheidung des LAG Hamm MDR 1999, 683 ist auf HV nicht anwendbar.
[188] Siehe dazu ausführlich *Schumacher-Moh* ZIP 2002, 2245 und auch OLG München Urt. v. 14. 7. 2005 – 6 U 5444/04, ZIP 2005, 1781 (Verfristung bei einer Dauer von 2,5 Monaten zwischen Kenntnis und Entscheidung).
[189] *Hopt* RdNr. 30; MünchKommHGB/*v. Hoyningen-Huene* RdNr. 64.
[190] So aber für § 626 BGB: BGH Urt. v. 26. 6. 1995 – II ZR 109/94, ZIP 1995, 1334, 1335; *Schwerdtner* EWiR 1994, 279, 280; auch BAG Urt. v. 21. 3. 1996 – 2 AZR 455/95, NJW 1997, 1656; vgl. auch *Hoss* MDR 1999, 777, 784.
[191] OLG Frankfurt Hinweisbeschluss v. 9. 2. 2004 – 5 U 284/03, NJW – RR 2004, 1174 = HVR Nr. 1150.
[192] BGH Urt. v. 20. 6. 2005 – II ZR 18/03, MDR 2005, 1422 (für § 626 Abs. 2 BGB).
[193] BGH Urt. v. 24. 3. 1959 – VIII ZR 39/58, NJW 1959, 1219 = BB 1959, 540; BGH Urt. v. 26. 5. 1999 – VIII ZR 123/98, ZIP 1999, 1307, 1310 m. Anm. *Emde* EWiR 1999, 705.
[194] *Hopt* RdNr. 30.
[195] *Hopt* RdNr. 30.
[196] BGH Urt. v. 26. 2. 1996 – II ZR 114/95, ZIP 1996, 636 m. Anm. *Zimmermann* EWiR 1996, 497; OLG München VersR 1998, 1017 = HVR Nr. 826; vgl auch LAG Köln m. Anm. *Künzel* EWiR 2002, 707.
[197] *v. Hase* NJW 2002, 2278, 2279.
[198] BGH Urt. v. 14. 4. 1983 – I ZR 37/81, WM 1983, 820, 821; OLG München VersR 1998, 1017; OLG Düsseldorf OLGR 2000, 382; *Schröder* RdNr. 8; Staub/*Brüggemann* RdNr. 10; vgl. Heymann/*Sonnenschein/Weitemeyer* RdNr. 30; MünchKommHGB/*v. Hoyningen-Huene* RdNr. 64.
[199] Vgl. auch MünchKommHGB/*v. Hoyningen-Huene* RdNr. 64.

Weise die erforderliche Kenntnis des Kündigungsgrundes erlangt.[200] Will der Kündigende nicht bereits den Verdacht einer strafbaren Handlung zum Anlass einer fristlosen Kündigung nehmen (RdNr. 11), darf er grundsätzlich den Ausgang des Strafverfahrens abwarten,[201] allerdings muss der Gegenstand der Verurteilung in diesem Zeitpunkt bei Abwägung aller Umstände noch einen wichtigen Grund bilden und die fristlose Vertragsbeendigung rechtfertigen können. Nach der gebotenen Klärung des Kündigungssachverhalts, die nicht verzögert werden darf, muss die Kündigung in einer angemessenen Frist von idR höchstens 2 Wochen ausgesprochen werden,[202] weswegen das LAG Köln[203] zunächst von einer Hemmung der Kündigungsfrist für die Dauer der Aufklärung ausgehen will; jedoch liegt ein Hemmungstatbestand iS der §§ 203 f. BGB nF nicht vor, vielmehr geht es um die Dauer der Kündigungsfrist im Einzelfall. Wird die Aufklärung des Kündigungssachverhalts Dritten überlassen, muss der Kündigende sicherstellen, dass er unverzüglich von dem Ergebnis der Nachforschungen unterrichtet und ebenso unverzüglich die Entscheidung über die Kündigung herbeigeführt wird.[204] Überschreitet die dem Kündigenden einzuräumende Nachforschungsfrist – anders als die nur kurze Überlegungsfrist – ausnahmsweise die gesetzliche oder vertragliche Mindestkündigungsfrist nach § 89, bedarf es einer besonders strengen Prüfung der Zumutbarkeit einer ordentlichen Kündigung. Unterlässt der Kündigungsberechtigte jeden Versuch einer Aufklärung, muss er die Kündigung innerhalb der normalen Kündigungsfrist aussprechen.[205]

33 **d) Unterrichtung von beabsichtigter Kündigung.** Um sein außerordentliches Kündigungsrecht nicht zu verwirken (RdNr. 35), muss der Kündigende den Vertragspartner von seinen Nachforschungen im Hinblick auf eine außerordentliche Kündigung unterrichten, sobald sich der Ausspruch der fristlosen Kündigung vorausehbar verzögert, weil eine Klärung der Kündigungsgründe nicht kurzfristig möglich ist. Eine hierdurch ausgelöste ordentliche Vertragskündigung durch den Vertragspartner berührt weder Rechte noch berechtigte Belange des zur außerordentlichen Kündigung Befugten.

34 **6. Rechtsmissbräuchliche Kündigung.** Da das Recht zu einer außerordentlichen Kündigung aus wichtigem Grund unter dem Gebot des § 242 BGB steht,[206] darf sie sich nicht als unzulässige Rechtsausübung darstellen. So kann eine fristlose Kündigung wegen Rechtsmissbrauchs unwirksam sein, wenn zB der Kündigende die Kündigungslage arglistig herbeigeführt hat oder ein ähnlich zu wertendes treuwidriges Verhalten vorliegt,[207] was beides allerdings idR bereits zum Verneinen des wichtigen Grundes führen wird.

35 **7. Verfristung, Verbrauch und Verwirkung des Kündigungsrechts.** Sieht der Berechtigte trotz Vorliegens eines wichtigen Grundes innerhalb der Kündigungsfrist von einer außerordentlichen Kündigung ab, verliert der Kündigungsanlass seinen Charakter als wichtiger Grund iSv. § 89 a und wird endgültig als eigenständiger Kündigungsgrund verbraucht (verfristet),[208] die Fortsetzung des Vertragsverhältnisses bleibt zumutbar.[209] Zur Unterstützung einer auf andere wichtige Anlässe gegründeten fristlosen Kündigung kann der verbrauchte Grund später herangezogen werden (RdNr. 15).[210] Das unter dem Gebot von Treu und Glauben stehende Recht auf fristlose Kündigung (vorstehende RdNr.) kann verwirkt werden, wenn der zur Kündigung Befugte in Kenntnis seines Kündigungsrechts gegenüber seinem Vertragspartner das Vertrauen erweckt, von einem bestehenden außerordentlichen Kündigungsrecht nicht Gebrauch zu machen,[211] indem er während noch laufender Kündigungsfrist entsprechende Erklärungen abgibt oder den zu Kündigenden nicht in angemessener Zeit von einer beabsichtigten Kündigung unterrichtet (RdNr. 33) und weiter tätig werden lässt.[212] Die Entscheidung zu einer ordentlichen anstelle einer an sich zulässigen außerordentlichen Kündi-

---

[200] Vgl. LAG Hamm DB 1999, 2068; LAG Köln MDR 2000, 775, 776.
[201] OLG München Urt. v. 1. 7. 2003 – 23 U 1637/03, VersR 2004, 470; Siehe dazu BAG Urt. v. 18. 11. 1999 – 2 AZR 852/96, ZIP 2000, 1020 = BB 2000, 935 m. Anm. *Junker* EWiR 2000, 721.
[202] Vgl. OLG Karlsruhe BB 1977, 1672.
[203] EWiR 2002, 707 m. Anm. *Künzel.*
[204] OLG Düsseldorf OLGR 1999, 53, 54; vgl. auch BGH Urt. v. 15. 6. 1998 – II ZR 318/96, WM 1998, 1537 m. Anm. *Kowalski* EWiR 1998, 927 und mit Anm. *Riegger* BB 1998, 1810.
[205] Vgl. LAG Berlin GmbHR 1997, 839, 842.
[206] Ausf. *Ebenroth* S. 172, 173 f., 181 f.; vgl. LAG Berlin, Urt. v. 15. 12. 2004 – 17 Sa 1463/04, MDR 2005, 818.
[207] Vgl. dazu allgemein BGH Urt. v. 17. 5. 1978 – VIII ZR 48/77, MDR 1979, 51; BGH Urt. v. 24. 7. 2000 – II ZR 320/98, MDR 2001, 59 (zu § 723 BGB).
[208] BGH Urt. v. 21. 3. 1985 – I ZR 177/82, WM 1985, 982, 983; *Schröder* RdNr. 8; Staub/*Brüggemann* RdNr. 11; vgl. RGRK-BGB/*Corts* § 626 RdNr. 235.
[209] *Schröder* RdNr. 8.
[210] Vgl. LAG Köln m. Anm. *Künzel* EWiR 2002, 507.
[211] BGH Urt. v. 10. 2. 1993 – VIII ZR 48/92, NJW-RR 1993, 682, 683.
[212] BGH Urt. v. 18. 2. 1982 – I ZR 20/80, WM 1982, 632, 633; vgl. Heymann/*Sonnenschein*/*Weitemeyer* RdNr. 30; Hopt RdNr. 32; MünchKommHGB/*v. Hoyningen-Huene* RdNr. 66; RGRK-BGB/*Corts* § 626 RdNr. 234.

gung zeigt regelmäßig, dass dem Kündigenden das Abwarten des vertragsgemäßen Vertragsendes zuzumuten ist (s. a. RdNr. 67).[213]

8. Vertragsfreiheit/Dispositionsbefugnis. a) Unabdingbarkeit – Abs. 1 Satz 2. Nach Abs. 1 Satz 2 darf das Recht auf fristlose Kündigung weder beschränkt noch ausgeschlossen, nach dem eindeutigen Wortlaut jedoch erweitert[214] werden; dagegen verstoßende Vereinbarungen sind unabhängig davon, welche Vertragspartei sie benachteiligen,[215] nichtig (§ 134 BGB); es gilt Abs. 1 Satz 1.[216] Das Verbot des Satzes 2 trifft vertragliche Regelungen, nach welchen zB **(1)** eine außerordentliche Kündigung ausgeschlossen sein soll,[217] **(2)** nur bestimmte von den Parteien festgelegte Sachverhalte als wichtiger Kündigungsgrund gelten sollen,[218] **(3)** die Kündigung nur innerhalb genau bestimmter Fristen ausgesprochen werden darf oder **(4)** ein vereinbartes Schlichtungsverfahren voranzugehen hat.[219] Solche Vereinbarungen hindern den Berechtigten nicht, das Vertragsverhältnis aus wichtigem Grund im Sinn von § 89 a innerhalb der dort zugelassenen Fristen außerordentlich zu kündigen;[220] jedoch ist den tatsächlichen Vorstellungen der Parteien, wie sie in den unzulässigen Vereinbarungen zum Ausdruck kommen, bei der Prüfung des wichtigen Grundes einschließlich der Zumutbarkeit einer Vertragsfortsetzung angemessen Rechnung tragen.[221] Um seinen Schutzzweck voll erfüllen zu können, gilt Abs. 1 Satz 2 auch dann, wenn der Kündigende ein ihm **vermeintlich zustehendes** fristloses **Kündigungsrecht** ausübt, dessen Nichtberechtigung sich erst nachträglich (im Prozess) herausstellt. Nur für den Fall einer unberechtigten außerordentlichen Kündigung, die in voller **Kenntnis des nicht bestehenden Kündigungsrechts** ausgesprochen wird, dürfen ohne Verstoß gegen Abs. 1 Satz 1 dem Kündigenden nachteilige Vereinbarungen getroffen werden.[222]

b) Das außerordentliche Kündigungsrecht mittelbar erschwerende Vereinbarungen. Des Weiteren fallen unter Abs. 1 Satz 2 Vereinbarungen, welche das außerordentliche Kündigungsrecht mittelbar erschweren,[223] indem sie finanzielle oder sonstige **Nachteile für den Kündigenden vorsehen** wie zB **(1)** die Zahlung von Vertragsstrafen,[224] **(2)** den Verlust vertraglicher Leistungen, Boni, Kautionen[225] oder Provisionsansprüche,[226] **(3)** die sofortige Pflicht des HV zur Zahlung einer noch ausstehenden Einstandsleistung,[227] besonders wenn der HV dafür eine angemessene Gegenleistung nicht erhalten hat,[228] **(4)** die Pflicht zur sofortigen Rückzahlung langfristig gewährter Darlehen oder über Jahre hinweg gezahlter überhöhter, nicht verdienter und nicht zurückgeforderter Vorschüsse,[229] **(5)** die Verzinsungspflicht bislang zinslos gewährter Darlehn,[230] **(6)** die Pflicht zur Leistung einer Abfindung/Entschädigung durch den Unternehmer unabhängig von den Voraussitzungen des § 89 b,[231] **(7)** den Ausschluss mit nicht in der Kündigungserklärung mitgeteilten Kündigungsgründen oder geltend gemachten Rechtsfolgen.[232] **Nicht unter Abs. 1 S. 2 fallen Vereinbarungen** über dem HV nachteilige Rechtsfolgen einer fristlosen Kündigung, deren Zulässigkeit sich aus anderen gesetzlichen Vorschriften wie zB aus § 90 a Abs. 4 ergibt.[233]

---

[213] Vgl. OLG Nürnberg BB 1963, 447; OLG Celle Urt. v. 28. 8. 2003 – 11 U 317/03, HVR Nr. 1131.
[214] AA *Schwerdtner* DB 1989, 1757; *Westphal* RdNr. 549.
[215] *Schröder* RdNr. 21.
[216] BGH Urt. v. 25. 11. 1963 – VII ZR 29/62; BGHZ 40, 235, 239 = NJW 1964, 250; MünchKommHGB/ *v. Hoyningen-Huene* RdNr. 86.
[217] Vgl. dazu OLG Köln Urt. v. 30. 9. 2005 – 19 U 67/05, HVR Nr. 1162.
[218] OLG Düsseldorf Urt. v. 16. 12. 1975 – 23 U 28/75, HVR Nr. 498; Heymann/Sonnenschein/Weitemeyer RdNr. 31; *Hopt* RdNr. 28; MünchKommHGB/*v. Hoyningen-Huene* RdNr. 28 und 85; *Schröder* RdNr. 21; aA RG JW 1937, 1639; auch noch BGH Urt. v. 28. 4. 1958 – II ZR 12/57, HVR Nr. 159.
[219] Vgl. OLG Saarbrücken NJW-RR 1999, 1713.
[220] OLG Düsseldorf Urt. v. 16. 12. 1975 – 23 U 28/75, HVR Nr. 498.
[221] *Schröder* RdNr. 21; vgl. RGZ 75, 234, 238.
[222] AA wohl OLG München NJW-RR 1998, 1189, 1190.
[223] *Hopt* RdNr. 26.
[224] OLG Düsseldorf OLGR 2001, 317, 318 = HVR Nr. 946; vgl. RGZ 75, 234, 238.
[225] OLG Düsseldorf OLGR 2001, 317, 318; LAG Stuttgart BB 1955, 177 mit zust. Anm. *Schröder*.
[226] S. dazu *Schröder* RdNr. 21 a; Staub/*Brüggemann* RdNr. 22.
[227] OLG Düsseldorf Urt. v. 16. 3. 2001 – 16 U 186/99 OLGR 2001, 317 = HVR Nr. 946; *Emde* EWiR 2005, 471, 472.
[228] OLG Düsseldorf Urt. v. 16. 3. 2001 – 16 U 186/99, OLGR 2001, 317 = HVR Nr. 946.
[229] LG Karlsruhe BB 1990, 1504.
[230] OLG Düsseldorf OLGR 2000, 246; Heymann/*Sonnenschein/Weitemeyer* RdNr. 31; MünchKommHGB/ *v. Hoyningen-Huene* RdNr. 84; *Schröder* RdNr. 21; vgl. auch Staub/*Brüggemann* RdNr. 22.
[231] Vgl. BGH Urt. v. 3. 7. 2000 – II ZR 282/98, ZIP 2000, 1442 m. zust. Anm. *Haase* GmbHR 2000, 877 u. Anm. *Günther* EWiR 2001, 119.
[232] BGH Urt. v. 16. 1. 1995 – II ZR 26/94, EBE 1995, 59, 60.
[233] Vgl. BGH Urt. v. 6. 10. 1983 – I ZR 127/81, BB 1984, 235 = HVR Nr. 577.

38 c) Das Kündigungsverfahren betreffende Vereinbarungen. Die Vereinbarung einer objektiv noch angemessenen Abmahnfrist nach Vertragsverletzungen (RdNr. 18)[234] oder einer Pflicht zur Anhörung des zu Kündigenden vor Ausspruch der Kündigung[235] betrifft lediglich das Kündigungsverfahren und stellt noch keinen Verstoß gegen Abs. 1 Satz 2 dar. Das Gleiche gilt für die Vereinbarung von Mindestfristen, die über § 626 Abs. 2 Satz 1 BGB hinausgehen. Zur Vereinbarung einer besonderen Form der Kündigungserklärung siehe RdNr. 56.

39 d) Vertragsfreiheit zum wichtigen Grund. Von den durch Abs. 1 Satz 2 vorgegebenen Beschränkungen abgesehen besteht grds. Vertragsfreiheit (Dispositionsbefugnis).[236] Die Parteien dürfen die fristlose Kündigung durch Ausweitung der möglichen Kündigungsgründe[237] oder Herabsetzung der an sie zu stellenden Anforderungen erleichtern.[238] Dem Charakter der außerordentlichen Kündigung muss dabei Rechnung getragen werden;[239] durch eine „Inflation" der vereinbarten Kündigungsgründe darf die außerordentliche nicht zu einer Regelkündigung mit gleichzeitiger Umgehung der Mindestkündigungsfristen des § 89 werden.[240] Die von den Parteien als Kündigungsgründe vereinbarten Sachverhalte müssen bei objektiver Würdigung noch als wichtiger Grund im Sinn von Satz 1 anerkannt werden,[241] also eine Fortsetzung des Vertragsverhältnisses bis zu dessen ordnungsgemäßer Beendigung unzumutbar machen können. In diesem Rahmen können die Parteien durch Individualvereinbarung[242] verbindlich, jedoch nicht abschließend (RdNr. 36), festlegen, dass bestimmte Sachverhalte als wichtiger Grund gelten sollen, ohne dass es im Einzelfall noch einer Interessenabwägung und Zumutbarkeitsprüfung bedarf;[243] im Zweifel wird dies allerdings nicht gewollt sein und bedarf deswegen einer insoweit eindeutigen Regelung. Der Aufzählung möglicher wichtiger Kündigungsgründe in einem HVVertrag kommt diese Bedeutung im Zweifel nicht zu; ein derartiger **Katalog wichtiger Gründe** beschreibt lediglich, welche Sachverhalte im Einzelfall bei Vorliegen der übrigen Voraussetzungen des § 89a Abs. 1 Satz 1 eine wichtige Kündigung rechtfertigen sollen;[244] das gilt besonders, wenn es sich um Kataloge von Kündigungsgründen in AGB oder Formularverträgen handelt.[245] Dass die Parteien in ihrem Vertrag erkennbar einem bestimmten Sachverhalt besondere Bedeutung als Grund für eine fristlose Vertragsbeendigung beigelegt haben, muss bei der vorzunehmenden Auslegung, Interessenabwägung und Zumutbarkeitsprüfung besonders beachtet werden.[246] An eine fristlose Kündigung wegen eines von den Parteien festgelegten Grundes sind grundsätzlich nicht höhere oder strengere Anforderungen zu stellen als an eine auf gesetzlichem wichtigem Grund beruhende Kündigung.[247] Die Erschwerung der ordentlichen Kündigung in einem HVVertrag, besonders wenn sie berechtigten Belangen einer Vertragspartei Rechnung trägt, kann – muss aber nicht – bedeuten, dass an die Berechtigung einer außerordentlichen Kündigung ebenfalls höhere Maßstäbe anzulegen sind.[248]

40 e) Verzicht. Abs. 1 Satz 2 steht dem Verzicht auf die Rechte aus einem bereits entstandenen wichtigen Kündigungsgrund nicht entgegen.[249] Im Gegensatz zu der durch Nichtausüben des außerordentlichen Kündigungsrechts eintretenden Verwirkung (s. d. RdNr. 35) erfordert der Verzicht den nicht notwendigerweise gegenüber dem Vertragspartner erklärten, jedoch nach außen erkennbar zum Ausdruck gelangenden Willen zur Aufgabe des Rechts. Einen solchen Verzichtswillen enthält

---

[234] Vgl. BGH Urt. v. 17. 7. 2002 – VIII ZR 59/01, EBE 2002, 294, 296.
[235] KG MDR 2005, 561 (zu § 626 BGB).
[236] MünchKommHGB/*v. Hoyningen-Huene* RdNr. 27; aA *Schwerdtner* DB 1989, 1757; *Westphal* RdNr. 549.
[237] Heymann/*Sonnenschein/Weitemeyer* RdNr. 11; MünchKommHGB/*v. Hoyningen-Huene* RdNr. 28; *Schröder* RdNr. 12; kritisch und aA *Preis/Stoffels* ZHR 160 (1996), 468 f., 471.
[238] OLG München BB 1956, 20; MünchKommHGB/*v. Hoyningen-Huene* RdNr. 85; aA *Westphal* RdNr. 549; *Preis/Stoffels* ZHR 160 (1996), 471; vgl. auch *Canaris* § 15 RdNr. 90.
[239] Vgl. auch *Canaris* § 15 RdNr. 90.
[240] BGH Urt. v. 6. 12. 1956 – II ZR 245/55, HVR Nr. 203.
[241] BGH Urt. v. 20. 10. 1955 – II ZR 75/54, DB 1955, 136 = HVR Nr. 105; KG BB 1998, 607, 608; Heymann/*Sonnenschein/Weitemeyer* RdNr. 11; MünchKommHGB/*v. Hoyningen-Huene* RdNr. 28; *Schröder* RdNr. 12; *Staub/Brüggemann* RdNr. 9; *Küstner* HVR RdNr. 1774; *Semler* in Martinek/Semler § 14 RdNr. 12, 13; bedenklich OLG Saarbrücken NJW-RR 1998, 1191, 1192.
[242] Vgl. *Emde* EWiR 2001, 765, 766; aA offensichtlich MünchKommHGB/*v. Hoyningen-Huene* RdNr. 85.
[243] BGH Urt. v. 7. 7. 1988 – I ZR 78/87, NJW-RR 1988, 1381 mit teilweise krit. Anm. *Martinek* in EWiR 1988, 1059; OLG Saarbrücken NJW-RR 1999, 1713; vgl. auch BGH Urt. v. 20. 10. 1955 – II ZR 75/54, DB 1955, 136 = HVR Nr. 105; MünchKommHGB/*v. Hoyningen/Huene* RdNr. 27; aA *Schwerdtner* DB 1989, 1758.
[244] Vgl. *Schröder* RdNr. 12.
[245] Vgl. *Schröder* RdNr. 12.
[246] *Schröder* RdNr. 12.
[247] AA BGH Urt. v. 24. 1. 1974 – VII ZR 52/73, WM 1974, 350, 351; Heymann/*Sonnenschein/Weitemeyer* RdNr. 28.
[248] AA Heymann/*Sonnenschein/Weitemeyer* RdNr. 11.
[249] BAG Urt. v. 6. 3. 2003 – 2 AZR 128/02, DB 2003, 2445 = GmbHR 2003, R 481; MünchKommHGB/*v. Hoyningen-Huene* RdNr. 87; *Hopt* RdNr. 29; *Schröder* RdNr. 8, 21; vgl. RGRK-BGB/*Corts* § 626 RdNr. 236.

notwendigerweise die Abmahnung (RdNr. 19)[250] sowie die in Kenntnis aller erheblichen Umstände ausdrücklich oder schlüssig erklärte Bereitschaft zur Fortsetzung des Vertragsverhältnisses, ohne Folgerungen aus bekannt gewordenen Kündigungsgründen zu ziehen.[251] Der rechtswirksame Verzicht schließt eine erneute außerordentliche Kündigung aus demselben Grund aus,[252] hindert aber nicht dessen Berücksichtigung zur Unterstützung der Kündigung aus einem anderen Anlass (RdNr. 15).[253]

IV. Einzelne wichtige Kündigungsgründe

1. Arten von Kündigungsgründen. a) Verletzung vertraglicher Pflichten. Häufigster 41 Grund für eine fristlose Kündigung ist die, nicht notwendigerweise vom Gekündigten zu vertretende, Verletzung in rechtswirksamer Weise begründeter vertraglicher (Haupt- oder Neben-)Pflichten, wozu auch die Nichtbefolgung rechtlich verbindlicher Weisungen gehört.[254] Abgesehen von ganz unbedeutenden Pflichten und Weisungen kann jede Pflichtverletzung im Einzelfall nach dem Inhalt des Vertragsverhältnisses, seinen Besonderheiten sowie den von der Rechtsordnung anzuerkennenden Vorstellungen der Vertragsparteien einen wichtigen Kündigungsgrund abgeben,[255] sofern die Verletzung nicht zuvor längere Zeit ohne Beanstandung hingenommen worden ist.[256] Nicht vom Gekündigten verschuldete, jedoch seiner Risikosphäre zuzuordnende Gründe/Pflichtverletzungen müssen zu einer besonders sorgfältigen Interessenabwägung und strengen Zumutbarkeitsprüfung führen; im Zweifel wird § 278 nicht anzuwenden, sondern ein eigenes Fehlverhalten des Vertragspartners erforderlich sein.[257] Verstöße gegen besonders gewichtige vertragliche Pflichten, wie zB gegen ein Wettbewerbsverbot, berechtigen im Zweifel zur Kündigung des gesamten Vertragsverhältnisses, selbst wenn sich die Pflichtverletzung nur auf einen abtrennbaren Leistungsbereich des Vertrags bezieht.[258] Ausnahmsweise kann bereits der zuvor erweckte und nicht ausgeräumte Eindruck oder Verdacht einer bevorstehenden schwerwiegenden Vertragsverletzung einen Kündigungsgrund bilden (RdNr. 11).[259]

b) Unberechtigte fristlose Kündigung. Die unberechtigte fristlose Kündigung kann, selbst 42 wenn sie in eine wirksame ordentliche Kündigung umzudeuten ist,[260] dem Gekündigten ein außerordentliches Kündigungsrecht gewähren,[261] sofern er unverzüglich der unberechtigten Kündigung widerspricht, die ihm bekannten in seiner Person oder Verhaltensweise liegenden angeblichen Kündigungsgründe aus seiner Sicht widerlegt und seine ernsthafte Bereitschaft zu einer weiteren vertrauensvollen Zusammenarbeit erklärt. Bleibt der Kündigende bei seiner Auffassung und lehnt er ernsthaft und endgültig eine weitere Erfüllung seiner vertraglichen Pflichten sowie eine Entgegennahme der geschuldeten Gegenleistungen ab, darf der Gekündigte das Vertragsverhältnis ohne weitere Abmahnung fristlos kündigen.[262] Wichtiger Kündigungsgrund ist dann die ernsthafte und endgültige Weigerung der Vertragserfüllung. In Ausnahmefällen kann bereits der mit der fristlosen Kündigung verbundene unberechtigte Vorwurf so schwer wiegen, dass schon deswegen eine weitere Zusammenarbeit für den Gekündigten unzumutbar ist und er auf die unberechtigte Kündigung sogleich mit einer außerordentlichen Kündigung reagieren darf.

c) Umsatzrückgang. Ein nicht nur vorübergehender Umsatzrückgang in dem von dem HV 43 betreuten Bezirk oder mit dem von ihm betreuten Kunden kann einen wichtigen Kündigungsgrund

---

[250] BAG Urt. v. 6. 3. 2003 – 2 AZR 128/02, DB 2003, 2445.
[251] BAG Urt. v. 6. 3. 2003 – 2 AZR 128/02, DB 2003, 2445; *Schröder* RdNr. 8.
[252] BAG Urt. v. 6. 3. 2003 – 2 AZR 128/02, DB 2003, 2445.
[253] *Schröder* RdNr. 8.
[254] OLG Saarbrücken Urt. v. 22. 8. 2001 – 1 U 593/00–131, HVR Nr. 1056.
[255] Nur scheinbar enger MünchKommHGB/*v. Hoyningen-Huene* RdNr. 32, 40, 53 (wesentliche Vertragsverletzung erforderlich) vgl. auch OLG Karlsruhe Urt. v. 2. 7. 1977 – 15 U 54/76, HVR Nr. 505; OLG München Urt. v. 12. 7. 2002 – 21 U 1608/02, HVR Nr. 1104 (Schwere Vertragsverletzung).
[256] OLG Köln Urt. v. 20. 7. 2001 – 19 U 219/00, HVR Nr. 984.
[257] *Hopt* RdNr. 18.
[258] OLG Frankfurt Beschl. v. 15. 10. 2003 – 1 U 159/03, HVR Nr. 1087 (für Versicherungsvertreter).
[259] S. zB OLG München Urt. v. 9. 1. 1998 – 23 U 4517/97, HVR Nr. 888.
[260] BGH Urt. v. 21. 2. 2006 – VIII ZR 61/04, EBE 2006, 122.
[261] BGH Urt. v. 1. 12. 1993 – VIII ZR 129/92, BGHR BGB § 626 Abs. 1 – wichtiger Kündigungsgrund 6; BGH Urt. v. 25. 11. 1998 – VIII ZR 221/97, EBE 1999, 13, 15 = ZIP 1999, 277; BGH Urt. v. 21. 2. 2006 – VIII ZR 61/04, EBE 2006, 122; im Einzelnen streitig: weitergehend: MünchKommHGB/*v. Hoyningen-Huene* RdNr. 82, so auch RdNr. 42, 44, 56; *Küstner* HVR RdNr. 1863; enger: Staub/*Brüggemann* RdNr. 21; vgl. auch BGH Urt. v. 14. 11. 1966 – VII ZR 112/64, NJW 1967, 248.
[262] BGH Urt. v. 27. 5. 1974 – VII ZR 16/73, WM 1974, 867, 870; OLG Stuttgart DB 1982, 801; aA BGH Urt. v. 21. 2. 2006 – VIII ZR 61/04, EBE 2006, 122, 123, nach welcher Entscheidung grds. auch in diesem Fall eine Abmahnung erforderlich sein soll.

nur bilden, wenn (der Unternehmer konkret anhand nachprüfbarer Tatsachen darlegt und beweist, dass) der Rückgang auf pflicht- und vertragswidriges Verhalten des HV zurückzuführen ist, solches Verhalten zumindest eine wesentliche Ursache für den Umsatzrückgang ist, und andere, nicht dem HV anzulastende Umstände als Ursache für den Umsatzrückgang ausscheiden.[263] Wenn es dem HV nach Abmahnung nicht gelingt, den Umsatz wieder zu erhöhen, obwohl das objektiv möglich wäre, kann der Unternehmer die fristlose Kündigung aussprechen; ein weiterer Umsatzrückgang nach der Abmahnung ist für die Kündigung nicht notwendig. Der Unternehmer hat dem HV zwar angemessene Zeit zur Ermöglichung einer Umsatzerhöhung zu belassen, er muss den Kündigungsgrund jedoch unverzüglich abmahnen und darf auch danach nicht zu lange mit der Kündigung abwarten, um das Kündigungsrecht nicht durch Zeitablauf oder Verwirkung zu verlieren. Umsatzrückgang infolge eines Wegfalls des Hauptlieferanten des Unternehmers kann für den HV einen wichtigen Kündigungsgrund bilden, sofern nicht (der Unternehmer nachweist, dass) ein Ersatzlieferant zur Verfügung steht, dessen Ersatzprodukte am Markt in vergleichbarer Weise wie bisher akzeptiert und abgenommen werden.[264]

44 **d) Nachträglich eintretende Interessenkollision.** Nachträglich eintretende Interessenkollision, zB durch Ausweitung der dem HV zum Vertrieb gegebenen Produkte des Unternehmers auf solche, welche der HV bereits in zulässiger Weise für einen anderen Unternehmer vertritt (s. d. § 84 und § 86),[265] oder die Entwicklung eines vom HV in zulässiger Weise vertretenen Zweitunternehmers zu einem Konkurrenten des Erstunternehmers,[266] wird idR dem HV oder einem der beteiligten Unternehmer ein verschuldensunabhängiges außerordentliches Kündigungsrecht gewähren,[267] wenn und soweit die Interessenkollision nicht durch Anpassung zumindest eines der Verträge an die veränderten Umstände zu beseitigen ist.[268] Bevor der Unternehmer fristlos kündigen darf, muss er dem Handelsvertreter durch Abmahnung ausreichende und angemessene Gelegenheit zur Bereinigung der entstandenen Konkurrenzsituation geben.

45 **e) Unvermögen zur dauerhaften Vertragserfüllung und Wegfall der Geschäftsgrundlage.** Das unverschuldete Unvermögen zu dauerhafter Vertragserfüllung, zB infolge langfristiger Berufs-/Arbeitsunfähigkeit/Erkrankung[269] des HV oder Einstellung sowie Veräußerung des Betriebs des Unternehmers (s. a. § 87 und § 89),[270] wird im Regelfall nur zu einer ordentlichen Kündigung berechtigen,[271] wenn dieser Umstand längere Zeit voraussehbar war und durch rechtzeitige ordentliche Kündigung die Folgen einer späteren fristlosen Kündigung zu vermeiden gewesen wären.[272] Einer Betriebseinstellung werden im Zweifel die Einstellung der Produktion der durch den HV vertriebenen Ware oder die Nichtverlängerung der für Herstellung und Vertrieb erforderlichen **Lizenzen**[273] gleichstehen. Bei unvermittelt eintretenden Umständen, wie zB einer plötzlichen schweren Erkrankung des HV, ohne dass eine Ersatzkraft zur Verfügung steht (s. d. § 87), oder einer Zerstörung des Betriebs des Unternehmers, kann sich die Notwendigkeit einer sofortigen Vertragsbeendigung ergeben;[274] das

---

[263] Vgl. OLG Karlsruhe Urt. v. 1. 12. 1970 – 11 U 93/70, HVR Nr. 426; Urt. v. 28. 10. 1975 – 8 U 40/75, HVR Nr. 495; OLG Düsseldorf Urt. v. 16. 12. 1975 – 23 U 28/75, HVR Nr. 498; OLG Karlsruhe Urt. v. 25. 2. 1977 – 15 U 54/76, HVR Nr. 505.
[264] OLG Köln Urt. v. 9. 8. 2002 – 19 U 59/02, HVR Nr. 1097.
[265] BGH Urt. v. 29. 3. 1962 – VII ZR 193/60, HVR Nr. 277.
[266] Vgl. MünchKommHGB/*v. Hoyningen-Huene* RdNr. 34.
[267] Vgl. dazu OLG München Urt. v. 15. 12. 1955 – 6 U 1640/55, HVR Nr. 108; OLG Zweibrücken Urt. v. 19. 1. 1965 – 1 U 181/64, HVR Nr. 327; aA noch OLG Hamm Urt. v. 5. 12. 1956 – 18 U 90/56, HVR Nr. 128.
[268] BGH Urt. v. 6. 11. 1986 – I ZR 51/85, EBE 1987, 48; vgl. auch BGH Urt. v. 6. 10. 1983 – I ZR 127/81, WM 1983, 1416; LG Frankfurt DB 1966, 499; MünchKommHGB/*v. Hoyningen-Huene* RdNr. 36, 58.
[269] So OLG Frankfurt Hinweisbeschluss v. 9. 2. 2004 – 5 U 284/03, NJW – RR 2004, 1174 = HVR Nr. 1150; s. dazu auch aus arbeitsrechtlicher Sicht: LAG Rheinland – Pfalz DB 2002, 1113; LAG Köln Urt. v. 4. 9. 2002 – 7 Sa 415/02, MDR 2003, 399 zu den Voraussetzungen einer wirksamen krankheitsbedingten Kündigung; *Hoss* MDR 1999, 777, 784; *Löw* MDR 2004, 1340.
[270] *Westphal* Vertriebsrecht RdNr. 916; s. BGH Urt. v. 7. 10. 2004 – I ZR 182, MDR 2005, 973 mwN.
[271] LAG Köln MDR 2003, 399; aA LG Frankfurt Hinweisbeschluss v. 9. 2. 2004 – 5 U 284/03, NJW – RR 2004, 1174 = HVR Nr. 1150 (für krankheitsbedingte Kündigung).
[272] BGH Urt. v. 30. 1. 1986 – I ZR 185/83, NJW 1986, 1931; vgl. auch BGH Urt. v. 7. 2. 1974 – VII ZR 93/73, WM 1974, 351, 352; BGH Urt. v. 28. 10. 2002 – II ZR 353/00, DStR 2003, 40, 43 m. Anm. *Goette* = GmbHR 2003, 33 m. krit. Anm. *Schmid* (zu §§ 626 BGB, 38 GmbHG); OLG Dresden ZIP 1996, 73; OLG Düsseldorf OLGR 2000, 246; *Ende* BB 1996, 2260 f.; Heymann/*Sonnenschein*/*Weitemeyer* RdNr. 11; MünchKommHGB/*v. Hoyningen-Huene* RdNr. 51 und 55; *Schröder* RdNr. 1 c; Staub/*Brüggemann* RdNr. 11; *Küstner* HVR RdNr. 1826, 1830 bis 1833; RGRK-BGB/*Corts* § 626 RdNr. 119; die Grundsätze der Entscheidung des BGH im Urt. v. 28. 10. 2002 – II ZR 353/00, ZIP 2002, 2254, 2256 zu einer fristlosen Geschäftsführerkündigung bei beabsichtigter Betriebseinstellung sind nicht ohne weiteres auf einen HVVertrag übertragbar.
[273] S. d. auch LG München II, Urt. v. 29. 12. 2004 – 1 HKO 4823/04, HVR Nr. 1177.
[274] OLG Düsseldorf OLGR 2000, 246; vgl. MünchKommHGB/*v. Hoyningen-Huene* RdNr. 51, 55; *Schröder* RdNr. 10 c; Staub/*Brüggemann* RdNr. 11 und 13.

Gleiche gilt in der Regel bei einer Betriebseinstellung zur Vermeidung eines Insolvenzverfahrens.[275] Wenn die Voraussetzungen für einen Wegfall (Störung) der Geschäftsgrundlage iSv. § 313 BGB nF vorliegen, eine Anpassung des Vertrags an die geänderten Umstände ausscheidet und ausnahmsweise eine Fortsetzung des Vertragsverhältnisses bis zum Ablauf der ordentlichen Kündigungsfrist nicht möglich und zumutbar ist, kann eine fristlose Kündigung berechtigt sein;[276] insoweit hat die Regelung in § 89a Vorrang vor den bürgerlich – rechtlichen Vorschriften zu Unmöglichkeit oder Leistungsstörungen (§§ 275, 323 f. BGB nF – RdNr. 2). Eine erst bevorstehende, aber noch nicht eingetretene Arbeitsunfähigkeit kann eine fristlose Kündigung grundsätzlich nicht rechtfertigen.[277]

f) Vermögensverfall (Insolvenz). Vermögensverfall (Insolvenz) einer Partei wird regelmäßig, wenn es dadurch nicht bereits aus Rechtsgründen zu einer Beendigung des HVVertrags kommt (§ 89), einen wichtigen Kündigungsgrund bilden.[278] Bei der lediglich einer Sanierung dienenden Unternehmerinsolvenz kann das anders zu beurteilen sein.[279] Die Berechtigung einer fristlosen Kündigung des HVVertrags wegen Insolvenz des HV hat nicht zwingend den Ausschluss des Ausgleichsanspruchs zur Folge, da dieser ein schuldhaftes Verhalten des HV voraussetzt.[280]

g) Zerstörung des Vertrauensverhältnisses. Das für die Zusammenarbeit im Rahmen eines HVVertrags notwendige Vertrauensverhältnis kann in Ausnahmefällen auch durch Verhaltensweisen zerstört werden, welche die Anforderungen an einen eigenständigen wichtigen Kündigungsgrund wegen Vertrags- oder Pflichtverletzung noch nicht erfüllen müssen. Die fristlose Kündigung kann dann gerechtfertigt sein.[281] Allerdings wird dazu regelmäßig notwendig sein, dass die Zerstörung des Vertrauensverhältnisses dem Gekündigten anzulasten ist und wie zB bei grob illoyalem oder geschäftsschädigendem Verhalten[282] so schwer wiegt, dass eine auch nur kurzfristige Fortsetzung des Vertrags für den Kündigenden selbst unter Berücksichtigung der Tatsache unzumutbar ist, dass sich die Parteien als Selbständige/Kaufleute gegenüber stehen und zwischen ihnen regelmäßig ein weniger enges Vertrauensverhältnis als bei Arbeits- oder Dienstverträgen bestehen wird. Im Regelfall wird die Zerstörung des Vertrauensverhältnisses jedoch lediglich von Bedeutung sein bei der Gesamtabwägung, ob ein die fristlose Kündigung rechtfertigender Anlass besteht.

h) Druckkündigung. Sie liegt vor, wenn Dritte, Mitarbeiter, (potentielle) Kunden, Vertrags- oder Geschäftspartner der Vertragsparteien unter Androhung von Nachteilen die fristlose Auflösung des Vertragsverhältnisses verlangen, obwohl in der Person des zu Kündigenden ein wichtiger Kündigungsgrund nicht vorliegt.[283] Der auf eine Vertragspartei ausgeübte Druck kann einen wichtigen Kündigungsgrund bilden, wenn ihr nach Berücksichtigung aller Umstände und besonders der berechtigten Belange des zu Kündigenden die Fortsetzung des Vertrags nicht mehr zumutbar ist.[284]

i) Wechsel bei Gesellschaftern und Mitarbeitern der Vertragspartner. Der Mitgliederwechsel in einer Handelsgesellschaft infolge Ausscheidens[285] oder Eintretens von Gesellschaftern oder der Personalwechsel in einem Unternehmen kann – anders als die Umwandlung des Unternehmens –[286] grundsätzlich eine fristlose Vertragskündigung nicht rechtfertigen.[287] Etwas anderes kann nach den Grundsätzen des Entfallens der Geschäftsgrundlage (RdNr. 4, 45) gelten, wenn auf Seiten des HV derjenige Gesellschafter oder Mitarbeiter wegfällt, welcher nach dem Inhalt des HVVertrags oder der zur Geschäftsgrundlage gewordenen Vorstellung des Unternehmers die ihm geschuldete Vertriebs-

---

[275] BGH Urt. v. 7. 10. 2004 – I ZR 18/02, ZIP 2005, 534, 536.
[276] *Emde* MDR 2002, 190, 191.
[277] Anders als uU im Arbeitsrecht; s. d. BAG Urt. 17. 4. 2002 – 5 AZR 2/01, DB 2002, 1330.
[278] BGH Urt. v. 3. 5. 1995 – VIII ZR 95/94, BGHZ 129, 290, 295 = ZIP 1995, 1001, 1003; BGH Urt. v. 7. 10. 2004 – I ZR 18/02, ZIP 2005, 534, 536; OLG Dresden ZIP 1996, 73 mit zust. Anm. *v. Manteuffel/Evers* EWiR 1996, 1133; OLG Saarbrücken NJW-RR 1998, 1191; OLG Hamm Beschl. V. 9. 6. 2004 – 35 W 5/04, HVR Nr. 1095; s.a. OLG München Urt. v. 24. 11. 2004 – 7 U 1518/04, HVR Nr. 1165; OLG München Urt. v. 26. 4. 2006 – 7 U 5350/05, ZIP 2006, 1916 (LS) für Vertragshändlervertrag; ausf. *Emde/Kelm* ZIP 2005, 58, 59; MünchKommHGB/*v. Hoyningen-Huene* RdNr. 47, 50 und 58; *Staub/Brüggemann* RdNr. 13; *Küstner* HVR RdNr. 1883, 1959.
[279] OLG Dresden Beschl. v. 11. 10. 1995 – 7 U 1138/95, HVR Nr. 941.
[280] OLG München Urt. v. 26. 4. 2006 – 7 U 5350/05, ZIP 2006, 1916 (LS) für Vertragshändlervertrag.
[281] BGH Urt. v. 20. 10. 1955 – II ZR 75/54, DB 1955, 136; MünchKommHGB/*v. Hoyningen-Huene* RdNr. 58; *Küstner* HVR RdNr. 1967.
[282] OLG Saarbrücken Urt. v. 22. 8. 2001 – 1 U 593/00–131, HVR Nr. 1056, allerdings dürfte in diesem Fall eine schwerwiegende Vertrags- und Pflichtverletzung ohnehin vorgelegen haben.
[283] BAG Urt. v. 4. 10. 1990 – 2 AZR 201/90, EWiR 1991, 659 m. Anm. *Zeugner*; BAG Urt. v. 8. 6. 2000 – 2 ABR 1/00, ZIP 2000, 2265, 2267; LG Frankfurt DB 1966, 499; ausf. *Insam* DB 2005, 2298; ErfK/*Müller-Glöge* § 626 BGB RdNr. 218, 219; *Küstner* HVR RdNr. 1845; kritisch *Kraushöfer* EWiR 1996, 495; s. d auch *Tschöpe* BB 2002, 778, 782.
[284] S. *Hopt* RdNr. 20.
[285] Vgl. *Maier* BB 1978, 941 zu alters- oder krankheitsbedingtem Ausscheiden.
[286] BGH Urt. v. 7. 12. 1977 – VIII ZR 214/75, BB 1978, 982; ausführlich *Emde* S. 207–209, 217–219.
[287] BGH Urt. v. 16. 3. 1960 – VII ZR 135/68, HVR Nr. 419; ausführlich dazu: *Emde* GmbHR 1999, 1005, 1014 f.; *Westphal* BB 1999, 2517, 2519.

§ 89a 50, 51   1. Buch. 7. Abschnitt. Handelsvertreter

tätigkeit auszuführen hatte, und ein gleichwertiger Ersatz in angemessener Zeit nicht zu beschaffen ist.[288] Eine angemessene Übergangszeit ist dem HV bei Mitglieder-/Personalwechsel grundsätzlich einzuräumen; auch die Möglichkeit einer Anpassung des Vertrags an die veränderten Umstände hat Vorrang vor dem Recht auf fristlose Kündigung. Außerdem steht es den Vertragspartnern frei, durch Individualvereinbarung, nicht durch AGB oder Formularvertrag, das Ausscheiden/den Wegfall bestimmter Personen als wichtigen Grund für eine fristlose Kündigung verbindlich festzulegen.[289] Für ein, auch unverschuldetes, Fehlverhalten von Gesellschaftern oder Mitarbeitern hat die Gesellschaft grds. wie für eigenes einzustehen.[290]

50   **2. Bedeutung der Entscheidungssammlungen für die Anwendung des § 89a im konkreten Einzelfall.** Rechtsprechung und Rechtslehre haben sich mit einer Vielzahl von Fallgestaltungen berechtigter und unberechtigter fristloser Kündigungen von HVVerträgen befasst.[291] Dabei handelt es sich notwendigerweise um nicht auf andere, selbst vermeintlich gleich gelagerte, Fälle übertragbare Einzelfallentscheidungen.[292] Über den Einzelfall hinausgehende Bedeutung kann solchen Entscheidungen zukommen, indem sie gleichsam als **Orientierungshilfe**[293] aufzeigen, was in ähnlichen Situationen für die Auslegung des Begriffs des wichtigen Grundes mit der dazugehörigen Interessenabwägung und Zumutbarkeitsprüfung von Bedeutung sein kann. Eine schematische Übertragung auf andere Fälle verbietet sich.[294]

51   **3. Kündigungsgründe nach Rechtsprechung und Rechtslehre.** Im Einzelnen kommen als mögliche wichtige Gründe für eine fristlose Kündigung nach § 89a durch Unternehmer oder HV in Betracht (Hauptstichworte in alphabetischer Reihenfolge):

Ablehnung der vom HV vermittelten Geschäfte durch den Unternehmer,[295] wiederholte unberechtigte Abmahnungen, Verstoß gegen Abrechnungspflicht des Unternehmers,[296] Eingriff in geschütztes Absatzgebiet,[297] die Existenz des HV bedrohende längerfristige Absatzstockung,[298] Abspenstigmachen und Abwerben gegenseitiger Kunden[299] oder Handelsvertreter[300] sowie von Untervertretern[301] oder Angestellten des HV,[302] Alkohol (siehe Trunkenheit), Verstoß gegen Alleinvertretungsrecht des HV,[303] Alter des HV,[304] weisungswidrige Annahme von Kundenaufträgen durch HV,[305] Änderungen im Geschäftsbereich oder der Person/Rechtsform von Unternehmer[306] oder HV (RdNr. 49),[307] nicht beweisbare Anschuldigungen,[308] unzureichender Arbeitseinsatz des Handelsvertreters,[309] Arbeits- oder Berufsunfähigkeit des HV (RdNr. 45),[310] pflichtwidrige Auf-

---

[288] MünchKommHGB/v. Hoyningen-Huene RdNr. 48, 50 und 59; Küstner HVR RdNr. 1871.
[289] Zum Ganzen ausführlich Emde S. 206 f.; Martin VersR 1967, 828; Küstner HVR RdNr. 291, 292.
[290] MünchKommHGB/v. Hoyningen-Huene RdNr. 49.
[291] Vgl. die Übersichten bei Heymann/Sonnenschein/Weitemeyer RdNr. 12 f.; Hopt RdNr. 17–25; MünchKommHGB/v. Hoyningen-Huene RdNr. 32 – 59; Schröder RdNr. 11 f.; Staub/Brüggemann RdNr. 14 f.; Westphal Vertriebsrecht RdNr. 814–870 und ausführlich Küstner HVR RdNr. 1791 f. sowie aus arbeitsrechtlicher Sicht Tschöpe BB 2002, 778.
[292] Vgl. Heymann/Sonnenschein/Weitemeyer RdNr. 12.
[293] MünchKommHGB/v. Hoyningen-Huene RdNr. 31.
[294] MünchKommHGB/v. Hoyningen-Huene RdNr. 26 und 31.
[295] Vgl. BGH Urt. v. 17. 10. 1991 – I ZR 248/89, NJW-RR 1992, 481, 482; MünchKommHGB/v. Hoyningen-Huene RdNr. 53; Staub/Brüggemann RdNr. 14; Küstner HVR RdNr. 1791.
[296] BGH Urt. v. 13. 12. 1995 – VII ZR 61/95, BB 1996, 235; MünchKommHGB/v. Hoyningen-Huene RdNr. 53; Küstner HVR RdNr. 1793.
[297] BGH Urt. v. 10. 2. 1993 – VIII ZR 48/92, NJW – RR 1993, 682, 683.
[298] Küstner HVR RdNr. 1795.
[299] BGH Urt. v. 11. 6. 1959 – II ZR 106/57, MDR 1959, 911; MünchKommHGB/v. Hoyningen-Huene RdNr. 54; Staub/Brüggemann RdNr. 14; Küstner HVR RdNr. 1796–1799, 1806.
[300] BGH Urt. v. 18. 6. 1964 – VII ZR 254/62, VersR 1964, 768 m. Bspr. v. Brunn DB 1964, 1841; BGH Urt. v. 11. 3. 1977 – I ZR 146/75, WM 1977, 640; BGH Urt. v. 11. 12. 1981 – I ZR 139/79, BB 1982, 1626; MünchKommHGB/v. Hoyningen-Huene RdNr. 44 und 54; Küstner HVR RdNr. 1800–1805; vgl. aus arbeitsrechtlicher Sicht auch Schmiedl BB 2003, 1120.
[301] OLG Düsseldorf Urt. v. 21. 6. 1957 – 8 U 49/57, HVR Nr. 151.
[302] LG Siegen HVR Nr. 238.
[303] Vgl. für Vertragshändler BGH Urt. v. 10. 2. 1993 – VIII ZR 47/92, NJW-RR 1993, 678; BGH Urt. v. 10. 2. 1993 – VIII ZR 48/92, NJW-RR 1993, 682; MünchKommHGB/v. Hoyningen-Huene RdNr. 54; Küstner HVR RdNr. 1807.
[304] Maier BB 1978, 940; Küstner HVR RdNr. 1808.
[305] BGH Urt. v. 14. 3. 1960 – II ZR 79/58, VersR 1960, 414; BGH Urt. v. 21. 1. 1993 – I ZR 23/91, NJW-RR 1993, 741.
[306] Küstner HVR RdNr. 1810.
[307] MünchKommHGB/v. Hoyningen-Huene RdNr. 36.
[308] BGH Urt. v. 14. 4. 1983 – I ZR 37/81, WM 1983, 820.
[309] BGH Urt. v. 17. 1. 2001 – VIII ZR 186/99, EBE 2001, 58 = BB 2001, 645 m. Anm. Emde EWiR 2001, 483; vgl. aus arbeitsrechtlicher Sicht auch Hunold BB 2003, 2345.
[310] OLG Karlsruhe VersR 1973, 857 m. Anm. Höft; MünchKommHGB/v. Hoyningen-Huene RdNr. 46; Staub/Brüggemann RdNr. 13; Küstner HVR RdNr. 1810 und 1826; vgl. RGRK-BGB/Corts § 626 RdNr. 100.

Fristlose Kündigung   51 § 89a

bewahrung von Fremdgeldern durch HV,[311] Verletzung der Aufklärungspflicht,[312] Verletzung der Aufsichtspflicht des HV,[313] weisungswidriges oder fälschendes Ausfüllen/Unterzeichnen von Auftragsannahmeformularen,[314] ausländerfeindliches Verhalten,[315] Pflichtverletzungen im Hinblick auf vom HV unterhaltenes Auslieferungslager (Konsignationslager),[316] Ausscheiden der wesentlichen Fachkraft/des HV aus der HVGesellschaft (RdNr. 49),[317] Verstoß gegen Ausschließlichkeitsrecht des HV[318] oder gegen vom HV eingegangene Ausschließlichkeitsvereinbarung, außerdienstliches Verhalten,[319] pflichtwidrige Auswahl von Hilfspersonal,[320] Verstoß gegen dem HV auferlegte Pflicht zu Barverkäufen,[321] Behinderung der HVTätigkeit durch Unternehmer,[322] Nichtberücksichtigung der Belange des HV durch Unternehmer,[323] Beleidigungen des Vertragspartners,[324] Verletzung der dem Unternehmer obliegenden Bereitstellungspflicht nach § 86 a,[325] Verletzung der Berichtspflicht des HV (s. d. § 86),[326] unberechtigtes Führen von Berufsbezeichnungen und Titeln,[327] Berufsunfähigkeit (siehe Arbeitsunfähigkeit), Verschweigen früherer Beschäftigungen durch HV,[328] Beschwerden von Kunden,[329] Wegnahme eines dem Versicherungsvertreter übertragenen Bestands von Versicherungsverträgen,[330] Bestechung (siehe Schmiergeldannahme), Einstellung, Stilllegung, Veränderung oder Veräußerung des Betriebs des Unternehmers oder Fusion (RdNr. 45),[331] Verletzung von Betriebsgeheimnissen, Zerstörung des Betriebsklimas,[332] ausstehende Besuchsberichte,[333] unzureichende Betreuung von Bezirk, Gebiet oder Kunden,[334] Verletzung des Anspruchs auf Beurkundung des Vertrags nach § 85,[335] Veränderung des dem HV übertragenen Bezirks,[336] Verletzung der Pflicht zur Bonitätsprüfung,[337] unzureichende Branchenkenntnisse des HV (siehe unzureichende Sachkunde), unzulässige Bürogemeinschaft des HV (siehe unzulässige Geschäftsraumpartnerschaft), Diebstahl,[338] unzulässige Direktgeschäfte des Unternehmers[339] sowie Verleiten der Kunden zu solchen Geschäften,[340] paralleler Direktvertrieb des Unternehmers,[341] Diskriminierung[342] (s. zum Allgemeinen

---

[311] *Küstner* HVR RdNr. 1811.
[312] MünchKommHGB/*v. Hoyningen-Huene* RdNr. 37.
[313] MünchKommHGB/*v. Hoyningen-Huene* RdNr. 41; *Küstner* HVR RdNr. 1813.
[314] BGH Urt. v. 4. 6. 1986 – I ZR 161/84, VersR 1986, 1072; OLG Frankfurt VersR 1992, 492; OLG München Urt. v. 1. 7. 2003 – 23 U 1637/03, VersR 2004, 470.
[315] Vgl. dazu allgemein – aus arbeitsrechtlicher Sicht – *Lansnicker/Schwirtzek* DB 2001, 865.
[316] OLG Celle BB 1958, 894; MünchKommHGB/*v. Hoyningen-Huene* RdNr. 41; *Küstner* HVR RdNr. 1814, 1889.
[317] BGH Urt. v. 11. 12. 1981 – I ZR 139/79, EBE 1982, 132, 133 .
[318] BGH Urt. v. 24. 1. 1974 – VII ZR 52/73, WM 1974, 350; BGH Urt. v. 21. 3. 1975 – I ZR 141/74, WM 1975, 856, 857.
[319] Siehe dazu allgemein – aus arbeitsrechtlicher Sicht –: *Lansnicker/Schwirtzek* DB 2001, 865.
[320] *Küstner* HVR RdNr. 1814 und 1849.
[321] *Küstner* HVR RdNr. 1815.
[322] *Küstner* HVR RdNr. 1816 und 1852.
[323] *Küstner* HVR RdNr. 1816 und 1843.
[324] BGH Urt. v. 9. 7. 1959 – II ZR 48/58, VersR 1959, 887; BGH Urt. v. 21. 1. 1993 – I ZR 23/91, MDR 1993, 521, 522; RG Warn. 1908 Nr. 332 (244); OLG Hamburg OLGE 1903, 385; OLG Dresden OLGE 1904, 389; OLG Celle BB 1963, 711; Heymann/*Sonnenschein/Weitemeyer* RdNr. 20; MünchKommHGB/*v. Hoyningen-Huene* RdNr. 45; Staub/*Brüggemann* RdNr. 13; *Küstner* HVR RdNr. 1817; vgl. auch BAG Urt. 10. 10. 2002 – 2 AZR 418/01, DB 2003, 1797; RGRK-BGB/*Corts* § 626 RdNr. 117 und 183.
[325] Heymann/*Sonnenschein/Weitemeyer* RdNr. 24; MünchKommHGB/*v. Hoyningen-Huene* RdNr. 53; *Küstner* HVR RdNr. 1822.
[326] BGH Urt. v. 24. 9. 1987 – I ZR 243/85, NJW-RR 1988, 287; OLG Oldenburg DB 1964, 105; OLG Köln VersR 1971, 371; Heymann/*Sonnenschein/Weitemeyer* RdNr. 19; MünchKommHGB/*v. Hoyningen-Huene* RdNr. 35 und 36; *Küstner* HVR RdNr. 1823.
[327] OLG Hamburg BB 1960, 1300; MünchKommHGB/*v. Hoyningen-Huene* RdNr. 44.
[328] *Küstner* HVR RdNr. 1827.
[329] RGZ 148, 48; OLG Stuttgart BB 1960, 956; MünchKommHGB/*v. Hoyningen-Huene* RdNr. 41; *Küstner* HVR RdNr. 1828.
[330] *Küstner* HVR RdNr. 1829; vgl. auch *Küstner* VersR 1996, 944.
[331] BGH Urt. v. 30. 1. 1986 – I ZR 185/83, NJW 1986, 1931; RG Warn. 1912 Nr. 121 (138): RAG HRR 1932, 822; MünchKommHGB/*v. Hoyningen-Huene* RdNr. 51 und 55; *Schröder* RdNr. 10 c; Staub/*Brüggemann* RdNr. 11; *Küstner* RdNr. 1830–1835 und 1866; *Westphal* Vertriebsrecht RdNr. 916; vgl. auch *Ende* BB 1996, 260 f; RGRK-BGB/*Corts* § 626 RdNr. 119.
[332] OLG Saarbrücken NJW – RR 2002, 542, 544; vgl LAG Köln MDR 2002, 590 (für Arbeitsvertrag).
[333] BGH Urt. v. 29. 3. 1990 – I ZR 2/89, ZIP 1990, 1197, 1198, 1199.
[334] OLG München MDR 2003, 223, 224 und NJW – RR 2003, 401.
[335] *Küstner* HVR RdNr. 1836.
[336] BGH Urt. v. 28. 1. 1971 – VII ZR 95/69, WM 1971, 561, 563; OLG Hamm Urt. v. 5. 10. 1965 – 19 U 9 o/65, HVR Nr. 352; MünchKommHGB/*v. Hoyningen-Huene* RdNr. 55; *Küstner* HVR RdNr. 1837.
[337] MünchKommHGB/*v. Hoyningen-Huene* RdNr. 41; *Küstner* HVR RdNr. 1840.
[338] Vgl. aus arbeitsrechtlicher Sicht BAG Urt. v. 11. 12. 2003 – 2 AZR 36/03, GmbHR 2004, R 64 und R 171.
[339] BGH Urt. v. 11. 6. 1959 – II ZR 106/57, BB 1959, 720; *Küstner* HVR RdNr. 1842.
[340] MünchKommHGB/*v. Hoyningen-Huene* RdNr. 54; Staub/*Brüggemann* RdNr. 14.
[341] BGH Urt. v. 10. 2. 1993 – VIII ZR 47/92, NJW-RR 1993, 678; OLG Düsseldorf OLGR 2001, 315.
[342] Vgl. RGRK-BGB/*Corts* § 626 RdNr. 184.

§ 89 a 51   1. Buch. 7. Abschnitt. Handelsvertreter

Gleichbehandlungsgesetz – AGG – auch § 84), Überschreiten der Dispositionsfreiheit des Unternehmers,[343] Drohungen,[344] Druckkündigung (s. RdNr. 48), Ehebruch (siehe sittliche Verfehlungen), Ehrverletzungen,[345] Abgabe der eidesstattlichen Versicherung,[346] unzureichende Eignung,[347] Nichtabführung eingezogener Gelder,[348] unzureichender Einsatz des HV,[349] Einstellen der Tätigkeit,[350] untersagter privater E-Mail-Verkehr,[351] Erfolglosigkeit des HV,[352] Verhalten von Erfüllungsgehilfen,[353] Erfüllungsverweigerung eines Vertragspartners,[354] Erkrankung des HV (siehe Krankheit), äußeres Erscheinungsbild des HV,[355] Erschwerung der HVTätigkeit durch Unternehmer,[356] Existenzgefährdung,[357] Nichterreichen des Existenzminimums,[358] unzureichende Fachkenntnisse des HV (siehe unzureichende Sachkunde), Fälschung von Vertragsunterlagen,[359] Nichteinräumen und Nichtentschuldigung eines Fehlverhaltens,[360] Einreichen fingierter Aufträge,[361] Förderung von Konkurrenztätigkeit (siehe Konkurrenztätigkeit), unzureichende Fortbildung des HV,[362] unzulässige Freistellung des HV (s. d. § 89),[363] unberechtigte fristlose Kündigung (s. RdNr. 42), Verlust des Führerscheins des HV,[364] Fusion des Unternehmers (siehe Einstellung des Betriebs), Verkleinerung oder Wegnahme des (Vertretungs-)Gebiets (siehe Veränderung des übertragenen Bezirks), unzureichende Gebietsbetreuung,[365] Verstoß gegen Geheimhaltungspflicht (siehe Verletzung von Geschäftsgeheimnissen), Geschäftsaufgabe oder -einstellung (siehe Einstellung des Betriebs), Verletzung von Geschäfts- oder Betriebsgeheimnissen,[366] geschäftsschädigendes Verhalten,[367] unzulässige Geschäftsraumpartnerschaft des HV,[368] Geschäfts- und Rufschädigung,[369] Gesellschafterwechsel (s. RdNr. 49), Haft,[370] Hausverbot des HV bei Kunden,[371] Herabsetzendes Verhalten,[372] Vertragsverletzung durch Hilfspersonal (siehe Erfüllungsgehilfen), auf höherer Gewalt beruhende Umstände,[373] illoyales Verhalten,[374] Verletzung der dem Unternehmer[375] oder HV obliegenden Informationspflicht,[376] Verletzung oder Widerruf einer Inkassovollmacht,[377] Verletzung der gegenseitigen Interessenwahrnehmungspflichten,[378] Interessenkollision (s. RdNr. 44), Invalidität des HV (siehe Arbeitsunfähigkeit), Unregelmäßigkeiten bei der Kassenführung,[379] sofortige Klageerhebung gegen den Vertragspartner ohne vorangegangenen

---

[343] *Küstner* HVR RdNr. 1843.
[344] *Küstner* HVR RdNr. 1844.
[345] RGZ 94, 166, 167; *Küstner* HVR RdNr. 1847 und 1817; aus arbeitsrechtlicher Sicht auch BAG Urt. 10. 10. 2002 – 2 AZR 418/01, DB 2003, 1797; *Schmitz-Scholemann* BB 2000, 926.
[346] BGH Urt. v. 3. 5. 1995 – VIII ZR 95/94, ZIP 1995, 1001, 1003.
[347] Vgl. RGRK-BGB/*Corts* § 626 RdNr. 124.
[348] *Küstner* HVR RdNr. 1847 und 1898.
[349] *Holling* BB 1961, 995; *Küstner* HVR RdNr. 1847 und 1943.
[350] BGH Urt. v. 6. 10. 1983 – I ZR 127/81, WM 1983, 1416; OLG Stuttgart DB 1982, 800, 801.
[351] LAG Hessen MDR 2002, 1075 (aus arbeitsrechtlicher Sicht).
[352] *Küstner* HVR RdNr. 1848.
[353] *Küstner* HVR RdNr. 1849.
[354] *Küstner* HVR RdNr. 1850 und 1943.
[355] RGRK-BGB/*Corts* § 626 RdNr. 130.
[356] *Küstner* HVR RdNr. 1852.
[357] BGH Urt. v. 20. 2. 1958 – II ZR 20/57, HVR Nr. 161; BGH Urt. v. 20. 3. 1981 – I ZR 12/79, DB 1981, 2274; MünchKommHGB/*v. Hoyningen-Huene* RdNr. 58; *Küstner* HVR RdNr. 1853 und 1960.
[358] OLG Nürnberg BB 1960, 1262 = HVR Nr. 297; *Küstner* HVR RdNr. 1854.
[359] OLG München Urt. v. 1. 7. 2003 – 23 U 1637/03, VersR 2004, 470.
[360] BGH Urt. v. 7. 7. 1978 – I ZR 126/76, EBE 1978, 317, 319.
[361] BGH Urt. v. 1. 11. 1980 – I ZR 118/78, WM 1981, 172; MünchKommHGB/*v. Hoyningen-Huene* RdNr. 44; *Küstner* HVR RdNr. 1855.
[362] MünchKommHGB/*v. Hoyningen-Huene* RdNr. 39; *Küstner* HVR RdNr. 1860.
[363] *Küstner* HVR RdNr. 1862.
[364] LAG Rheinland-Pfalz DB 1990, 281; MünchKommHGB/*v. Hoyningen-Huene* RdNr. 42; *Küstner* HVR RdNr. 1865; RGRK-BGB/*Corts* § 626 RdNr. 125.
[365] OLG München MDR 2003, 223.
[366] BGH Urt. v. 5. 2. 1959 – II ZR 107/57, NJW 1959, 878; MünchKommHGB/*v. Hoyningen-Huene* RdNr. 43; *Küstner* HVR RdNr. 1868 und 1965; vgl. RGRK-BGB/*Corts* § 626 RdNr. 127.
[367] Staub/*Brüggemann* RdNr. 13.
[368] BGH Urt. v. 20. 1. 1969 – VII ZR 60/66, VersR 1969, 372, 373; MünchKommHGB/*v. Hoyningen-Huene* RdNr. 33; *Küstner* HVR RdNr. 1870, 1871 und 1891.
[369] RGRK-BGB/*Corts* § 626 RdNr. 128.
[370] Vgl. RGRK-BGB/*Corts* § 626 RdNr. 110.
[371] MünchKommHGB/*v. Hoyningen-Huene* RdNr. 42; *Küstner* HVR RdNr. 1874.
[372] OLG Stuttgart BB 1960, 956; OLG Nürnberg VersR 1968, 298.
[373] *Küstner* HVR RdNr. 1875.
[374] OLG Saarbrücken NJW – RR 2002, 542; Staub/*Brüggemann* RdNr. 13.
[375] MünchKommHGB/*v. Hoyningen-Huene* RdNr. 56; *Küstner* HVR RdNr. 1876 und 1948.
[376] MünchKommHGB/*v. Hoyningen-Huene* RdNr. 35.
[377] OLG Celle DB 1961, 369; MünchKommHGB/*v. Hoyningen-Huene* RdNr. 56; *Küstner* HVR RdNr. 1877.
[378] BGH Urt. v. 7. 7. 1978 – I ZR 126/76, EBE 1978, 317, 318; *Küstner* HVR RdNr. 1878.
[379] *Küstner* HVR RdNr. 1880.

Fristlose Kündigung   51   § 89 a

Versuch einer Klärung des Streitfalls,[380] Pflichtverletzungen bei der Führung eines Kommissions-[381] oder Konsignationslagers (siehe Auslieferungslager), unzulässige, nicht notwendigerweise gegenüber dem Geschäftsherrn verheimlichte,[382] auch unentgeltliche Konkurrenztätigkeit des HV,[383] auch durch Vorschieben von Angehörigen[384] oder Scheinunternehmen,[385] sowie deren Förderung,[386] Beteiligung des HV an Konkurrenzunternehmen,[387] Konkurs- oder Insolvenzantrag über Vermögen des Unternehmers[388] oder Handelsvertreters (RdNr. 46),[389] unberechtigte private Nutzung eines dem HV überlassenen Kraftfahrzeugs,[390] Krankheit des HV (RdNr. 45)[391] und Verschweigen einer solchen,[392] Kredit schädigende Behauptungen,[393] Vermittlung oder Abschluss von Geschäften mit kreditunwürdigen Kunden durch HV,[394] oder Abschluss unzulässiger Kreditgeschäfte durch HV,[395] kritische Äußerungen[396] auch über Kunden,[397] unterlassene Kundenbesuche,[398] Verletzung von Kundenschutzvereinbarungen,[399] Kundenschwund,[400] Nichtweitergabe vom HV abgeschlossener Kundenverträge an Unternehmer,[401] unzureichende Kundenwerbung,[402] mangelnde Überwachung des Bestandes eines vom HV unterhaltenen Lagers (siehe Auslieferungs- und Kommissionslager), nachlassende Leistungsfähigkeit des HV,[403] Nichtverlängerung der Lizenzen für Herstellung und Vertrieb des Produkts (siehe RdNr. 45); vertragswidrige Mehrfachvertretung,[404] Meinungsäußerungen (siehe kritische Äußerungen), Meinungsverschiedenheiten,[405] Nichteinhaltung einer Mindestumsatzverpflichtung (s. Nichterreichen vorgegebener Mindestumsätze), Misserfolg,[406] Verletzung von Mitteilungspflichten,[407] Veruntreuung von Musterkoffer, Musterkollektion und Musterwaren,[408] Nachlassen der Bemühungen des HV,[409] unzulässige Nebentätigkeiten des HV,[410] Nichtabführen kassierter

---

[380] MünchKommHGB/*v. Hoyningen-Huene* RdNr. 44.
[381] *Küstner* HVR RdNr. 1881, 1889.
[382] BGH Urt. v. 26. 5. 1999 – VIII ZR 123/98, ZIP 1999, 1307, 1309 m. Anm. *Emde* EWiR 1999, 705.
[383] BGH Urt. v. 30. 6. 1954 – II ZR 26/53, BB 1954, 647, 648; BGH Urt. v. 20. 10. 1955 – II ZR 75/54, BB 1956, 95; BGH Urt. v. 7. 7. 1960 – II ZR 291/59, HVR Nr. 298; BGH Urt. v. 21. 11. 1960 – VII ZR 235/59, HVR Nr. 299; BGH Urt. v. 23. 1. 1964 – VII ZR 133/62, BB 1964, 283; BGH Urt. v. 13. 7. 1972 – VII ZR 166/71, WM 1972, 1065; BGH Urt. v. 24. 1. 1974 – VII ZR 52/73, WM 1974, 350; BGH Urt. v. 3. 5. 1995 – VIII ZR 95/94, BGHZ 129, 290, 295 = ZIP 1995, 1001, 1003; BGH Urt. v. 19. 11. 1976 – I ZR 84/75, WM 1977, 318; BGH Urt. v. 25. 11. 1998 – VIII ZR 221/97, EBE 1999, 13, 15 = ZIP 1999, 277; BGH Urt. v. 17. 1. 2001 – VIII ZR 186/99, EBE 2001, 58 = BB 2001, 645; OLG Nürnberg BB 1965, 809 und VersR 1968, 298; OLG Karlsruhe HVR Nr. 820; OLG Düsseldorf OLGR 2002, 275; Heymann/*Sonnenschein/Weitemeyer* RdNr. 14; MünchKommHGB/*v. Hoyningen-Huene* RdNr. 33; *Küstner* HVR RdNr. 1882; vgl. *Holling* BB 1961, 994; *Maier* BB 1979, 500, 502; RGRK-BGB/*Corts* § 626 RdNr. 176.
[384] BGH Urt. v. 3. 7. 1986 – I ZR 171/84, NJW 1987, 57; BGH Urt. v. 5. 10. 1989 – I ZR 160/88, NJW-RR 1990, 71; MünchKommHGB/*v. Hoyningen-Huene* RdNr. 33.
[385] Vgl. OLG Hamm NJW-RR 1987, 1114.
[386] *Küstner* HVR RdNr. 1859.
[387] Heymann/*Sonnenschein/Weitemeyer* RdNr. 15.
[388] OLG Dresden ZIP 1996, 73.
[389] *Küstner* HVR RdNr. 1883.
[390] MünchKommHGB/*v. Hoyningen-Huene* RdNr. 42; *Küstner* HVR RdNr. 1884.
[391] BGH Urt. v. 3. 5. 1995 – VIII ZR 95/94, BGHZ 129, 290, 295 = ZIP 1995, 1001, 1003; OLG Düsseldorf OLGR 2000, 246; MünchKommHGB/*v. Hoyningen-Huene* RdNr. 46; *Küstner* HVR RdNr. 1851; vgl. *Maier* BB 1978, 940; aus arbeitsrechtlicher Sicht auch BAG Urt. v. 12. 4. 2002 – 2 AZR 148/01, DB 2002, 1943; LAG Rheinland – Pfalz DB 2002, 1113.
[392] MünchKommHGB/*v. Hoyningen-Huene* RdNr. 36.
[393] MünchKommHGB/*v. Hoyningen-Huene* RdNr. 44; *Küstner* HVR RdNr. 1885.
[394] BGH Urt. v. 14. 3. 1960 – II ZR 79/58, BB 1960, 574; OLG Karlsruhe DB 1969, 741; *Küstner* HVR RdNr. 1886.
[395] *Küstner* HVR RdNr. 1886 und 1815.
[396] MünchKommHGB/*v. Hoyningen-Huene* RdNr. 35; vgl. RGRK-BGB/*Corts* § 626 RdNr. 136.
[397] OLG Köln VersR 2002, 482.
[398] BGH Urt. v. 27. 2. 1981 – I ZR 39/79, LM Nr. 16.
[399] *Küstner* HVR RdNr. 1887.
[400] MünchKommHGB/*v. Hoyningen-Huene* RdNr. 41.
[401] MünchKommHGB/*v. Hoyningen-Huene* RdNr. 35.
[402] BGH Urt. v. 3. 7. 1957 – I ZR 261/55, BB 1957, 413; MünchKommHGB/*v. Hoyningen-Huene* RdNr. 38.
[403] MünchKommHGB/*v. Hoyningen-Huene* RdNr. 46.
[404] *Küstner* HVR RdNr. 1890.
[405] LG Düsseldorf VersR 1964, 1097.
[406] Staub/*Brüggemann* RdNr. 13.
[407] Heymann/*Sonnenschein/Weitemeyer* RdNr. 18, 19; MünchKommHGB/*v. Hoyningen-Huene* RdNr. 35; *Küstner* HVR RdNr. 1892.
[408] *Küstner* HVR RdNr. 1895.
[409] OLG Stuttgart BB 1960, 956; Heymann/*Sonnenschein/Weitemeyer* RdNr. 19; MünchKommHGB/*v. Hoyningen-Huene* RdNr. 41; *Küstner* HVR RdNr. 1896.
[410] BGH Urt. v. 10. 7. 1969 – VII ZR 111/67, VersR 1969, 995; BGH Urt. v. 16. 2. 2000 – VIII ZR 134/99, EBE 2000, 109 = ZIP 2000, 618 m. Anm. *Böcker* EWiR 2000, 445; OLG Düsseldorf BB 1969, 330, OLG Stuttgart BB 1970, 710; OLG Bamberg BB 1979, 1000; OLG München BB 1993, 1835; Heymann/*Sonnenschein/Weitemeyer* RdNr. 16; *Küstner* HVR RdNr. 1897; siehe dazu auch aus arbeitsrechtlicher Sicht *Kappes/Abadi* DB 2003, 938.

§ 89 a 51   1. Buch. 7. Abschnitt. Handelsvertreter

Gelder,[411] Nichterreichen vorgegebener Mindestumsätze (RdNr. 43)[412] oder vergleichbarer Umsätze anderer HV,[413] Nutzung elektronischer Kommunikationsanlagen des Geschäftsherrn zu privaten Zwecken,[414] Verletzung einer Partei obliegender Offenbarungspflichten,[415] politische Betätigung,[416] die Interessen des HV nicht berücksichtigende Festlegung der Vertriebspreise durch den Unternehmer,[417] Unterbieten der dem HV vorgegebenen Preise durch Unternehmer oder andere HV,[418] Nichtvertrieb neuer Produkte durch HV,[419] Änderung oder Einstellen der Produktion (siehe Einstellung des Betriebs) oder des Vertriebs des Produkts,[420] Zubilligung überhöhter Provisionsgarantie,[421] Provisionskürzung,[422] unterlassene, mit Einschränkungen, Bedingungen oder Vorbehalten versehene oder verzögerte Provisionszahlung,[423] mangelnde Qualifikation des HV (siehe unzureichende Sachkunde), unzureichende Qualität der Produkte des Unternehmers,[424] Nichteinhaltung vorgegebener Reiserouten,[425] unzureichende Reisetätigkeit des HV,[426] falsche Reisekostenabrechnung,[427] fehlende Rentabilität,[428] unzureichende Sachkunde des HV;[429] Pflichtverletzung bei der dem HV obliegenden Schadensregulierung[430] und Überschreiten einer Schadensregulierungsvollmacht,[431] Schlechtleistungen des HV,[432] Schlechtlieferung des Unternehmers,[433] Annahme oder Hergabe von Schmiergeldern, welche über übliche Gelegenheitsgeschenke hinausgehen,[434] sittliche Verfehlungen,[435] Sitzverlegung eines maßgeblichen Kunden des HV,[436] Nichterreichen einer Sollvorgabe (siehe Nichterreichen vorgegebener Mindestumsätze), unkorrekte Spesenabrechnungen[437] oder Spesenbetrug,[438] Strafanzeige gegen Vertragspartner mit wissentlich unwahren oder leichtfertig falschen Angaben,[439] strafbares, auch unverschuldetes,[440] Verhalten[441] und Mitwirkung bei solchem,[442] strafrechtlich erhebliche Vorwürfe gegen einen Kun-

---

[411] OLG Stuttgart DB 1962, 405; OLG Köln VersR 1971, 1171; MünchKommHGB/*v. Hoyningen-Huene* RdNr. 41; *Küstner* HVR RdNr. 1898.
[412] BGH Urt. v. 12. 3. 1992 – I ZR 117/90, NJW-RR 1992, 1059, 1060; BGH Urt. v. 15. 12. 1993 – VIII ZR 157/92, NJW 1994, 722; RGZ 65, 86, 90; OLG Nürnberg BB 1964, 866; OLG Karlsruhe BB 1971, 888; OLG Düsseldorf OLGR 2000, 354; *Küstner* HVR RdNr. 1891, 1900 und 1927.
[413] *Küstner* HVR RdNr. 1911.
[414] ArbG Frankfurt MDR 2002, 955 (für Arbeitsverträge).
[415] MünchKommHGB/*v. Hoyningen-Huene* RdNr. 37; *Küstner* HVR RdNr. 1903.
[416] Vgl. dazu schon MünchKommBGB/*Schwerdtner*, 2. Aufl. 1988, § 626 RdNr. 138.
[417] OLG Hamm Urt. v. 11. 6. 1997 – 35 U 62/96, HVR Nr. 878.
[418] *Küstner* HVR RdNr. 1908.
[419] BGH Urt. v. 27. 2. 1981 – I ZR 39/79, LM Nr. 16.
[420] OLG Düsseldorf Urt v. 15. 12. 2000 – 16 U 14/00, HVR Nr. 949.
[421] *Küstner* HVR RdNr. 1912.
[422] BGH Urt. v. 1. 10. 1970 – VII ZR 171/68, WM 1970, 1513; BGH Urt. v. 17. 10. 1991 – I ZR 248/89, NJW-RR 1922, 481; OLG Stuttgart BB 1960, 956; MünchKommHGB/*v. Hoyningen-Huene* RdNr. 56; *Küstner* HVR RdNr. 1913.
[423] BGH Urt. v. 16. 2. 1989 – I ZR 185/87, NJW-RR 1989, 862; BAG Urt. 26. 7. 2001 – 8 AZR 739/00, BB 2002, 832; vgl. auch BAG Urt v. 8. 8. 2002 – 8 AZR 574/01, GmbHR 2003, 105, 109; MünchKommHGB/*v. Hoyningen-Huene* RdNr. 56; *Küstner* HVR RdNr. 1915, 1916 und 1990; vgl. RGRK-BGB/*Corts* § 626 RdNr. 188.
[424] *Küstner* HVR RdNr. 1918.
[425] MünchKommHGB/*v. Hoyningen-Huene* RdNr. 52.
[426] BGH Urt. v. 30. 6. 1954 – II ZR 26/53, LM Nr. 1; *Küstner* HVR RdNr. 1919.
[427] MünchKommHGB/*v. Hoyningen-Huene* RdNr. 44.
[428] LG Bielefeld HVR Nr. 31; Staub/*Brüggemann* RdNr. 13.
[429] *Küstner* HVR RdNr. 1841, 1854, 1917 und 1921.
[430] *Küstner* HVR RdNr. 1922.
[431] *Küstner* HVR RdNr. 1923.
[432] MünchKommHGB/*v. Hoyningen-Huene* RdNr. 40.
[433] BGH Urt. v. 6. 2. 1986 – I ZR 92/84, WM 1986, 622; vgl. auch BGH Urt. v. 12. 12. 1957 – II ZR 52/56, BB 1958, 60; RGZ 65, 86, 90; OLG Celle DB 1962, 94; MünchKommHGB/*v. Hoyningen-Huene* RdNr. 47; Staub/*Brüggemann* RdNr. 14; *Küstner* HVR RdNr. 1925; vgl. RGRK-BGB/*Corts* § 626 RdNr. 144.
[434] BAG Urt. v. 21. 6. 2001 – 2 AZR 30/00, DStR Heft 23 S. XVI (LS); MünchKommHGB/*v. Hoyningen-Huene* RdNr. 44; *Küstner* HVR RdNr. 1926; vgl. RGRK-BGB/*Corts* § 626 RdNr. 145.
[435] *Küstner* HVR RdNr. 1847; vgl. RGRK-BGB/*Corts* § 626 RdNr. 148.
[436] *Küstner* HVR RdNr. 1989.
[437] Vgl. RGRK-BGB/*Corts* § 626 RdNr. 149.
[438] S. d. ausf. *Diller* GmbHR 2006, 333 für GmbH-Geschäftsführer, für den HV mit Anspruch auf Ersatz von Spesen gelten die gleichen Grundsätze.
[439] Vgl. BverfG Beschl. v. 2. 7. 2001 – 1 BvR 2049/00, DB 2001, 1622; BAG Urt. v. 3. 7. 2003 – 2 AZR 235/02, GmbHR 2003 R 348; LAG Düsseldorf DB 2002, 1612; Hessisches LAG DB 2002, 1612.
[440] OLG München Urt. v. 1. 7. 2003 – 23 U 1637/03, VersR 2004, 470; vgl. LAG Köln MDR 2002. 889 (Körperverletzung eines anderen Arbeitnehmers).
[441] BGH Urt. v. 9. 7. 1959 – II ZR 48/58, VersR 1959, 887; OLG Saarbrücken NJW – RR 2002, 542; Heymann/ Sonnenschein/*Weitemeyer* RdNr. 20; MünchKommHGB/*v. Hoyningen-Huene* RdNr. 45; Staub/*Brüggemann* RdNr. 13; vgl. RGRK-BGB/*Corts* § 626 RdNr. 151.
[442] OLG Saarbrücken NJW – RR 2002, 542; vgl. auch aus arbeitsrechtlicher Sicht BAG Urt. v. 11. 12. 2003 – 2 AZR 36/03, GmbHR 2004 R 171.

den,⁴⁴³ Suchtkrankheit (siehe Trunkenheit), gegen HV ausgesprochenes Tätigkeitsverbot des Unternehmers (siehe Freistellung), Tätlichkeiten,⁴⁴⁴ Täuschung des Vertragspartners des HVVertrags⁴⁴⁵ oder der Kunden durch den Handelsvertreter,⁴⁴⁶ Teilkündigung,⁴⁴⁷ unbefugtes Führen von Titeln (siehe unberechtigtes Führen von Berufsbezeichnungen), Tod des HV oder Unternehmers (s. § 89),⁴⁴⁸ Verstoß gegen Treuepflicht,⁴⁴⁹ Trunkenheit des HV,⁴⁵⁰ Umsatzrückgang⁴⁵¹ und unterbliebene Umsatzsteigerung,⁴⁵² Umwandlung des Unternehmens,⁴⁵³ unangemessenes Auftreten,⁴⁵⁴ unehrenhaftes und unredliches Verhalten,⁴⁵⁵ Unhöflichkeit,⁴⁵⁶ Unlauterkeit,⁴⁵⁷ Unpünktlichkeit,⁴⁵⁸ Untätigkeit des HV,⁴⁵⁹ Unterdeckung des Kontos des HV, auf welches für den Unternehmer eingenommene Gelder einzuzahlen sind,⁴⁶⁰ unterlassene Aushändigung von Unterlagen,⁴⁶¹ Verletzung der Unterrichtungspflicht (siehe Verletzung der Informationspflicht), Unterschlagung,⁴⁶² Verhalten von Untervertretern,⁴⁶³ vertragswidriges Nichteinstellen von Untervertretern,⁴⁶⁴ unwahre Angaben,⁴⁶⁵ Unzuverlässigkeit des HV,⁴⁶⁶ Urkundenfälschung des HV,⁴⁶⁷ Verdacht pflichtwidrigen Verhaltens (s. oben RdNr. 11),⁴⁶⁸ unberechtigte Verdächtigungen,⁴⁶⁹ zu geringe Verdienstmöglichkeiten,⁴⁷⁰ früher ein Vergleichsverfahren (s. RdNr. 46), Verluste des Unternehmers,⁴⁷¹ Vernachlässigung der Pflichten,⁴⁷² Verschlechterung der Ware des Unternehmers,⁴⁷³ Verschulden des HV bei Pflichtverletzungen,⁴⁷⁴ Verletzung der Verschwiegenheitspflicht (siehe Verletzung von Geschäftsgeheimnissen), Versuch einseitiger Vertragsänderung⁴⁷⁵ oder Änderung der Vertragsbedingungen,⁴⁷⁶ Weitergabe geheim zu haltender Vertragsbedingungen,⁴⁷⁷ Anregung einer Vertragsbeendigung,⁴⁷⁸ Weigerung von Erstel-

---

⁴⁴³ OLG Köln VersR 2002, 482.
⁴⁴⁴ Vgl. RGRK-BGB/*Corts* § 626 RdNr. 191.
⁴⁴⁵ OLG Hamm VersR 1999, 1016 (falsche Angaben des Versicherungsvertreters über Schadensfall, um Versicherungsnehmer zu ungerechtfertigter Versicherungsleistung zu verhelfen); vgl. dazu einerseits auch KG NJW-RR 2000, 1566 sowie andererseits OLG Köln BB 2001, 2241 (zu falschen Angaben in einer Schadensanzeige); *Küstner* HVR RdNr. 1930.
⁴⁴⁶ OLG Köln EWiR 2001, 121.
⁴⁴⁷ Heymann/*Sonnenschein/Weitemeyer* RdNr. 22; *Küstner* HVR RdNr. 1931.
⁴⁴⁸ RG JW 1924, 177 m. Anm. *Titze*; *Küstner* HVR RdNr. 1932 bis 1936.
⁴⁴⁹ Heymann/*Sonnenschein/Weitemeyer* RdNr. 25.
⁴⁵⁰ OLG Celle VersR 1961, 507; MünchKommHGB/*v. Hoyningen-Huene* RdNr. 42; *Küstner* HVR RdNr. 1937; vgl. RGRK-BGB/*Corts* § 626 RdNr. 89; s. auch aus arbeitsrechtlicher Sicht LAG Köln EWiR 2002, 805 m. Anm. *Wolff*; *Hoss* MDR 1999, 911; *Lepke* MDR 2001, 269.
⁴⁵¹ BGH Urt. v. 20. 2. 1958 – II ZR 20/57, BB 1958, 894; BGH Urt. v. 18. 2. 1982 – I ZR 20/80, WM 1982, 632; BGH Urt. v. 16. 2. 2000 – VIII ZR 134/99, EBE 2000, 109, 110 = ZIP 2000, 618 m. Anm. *Böcker* EWiR 2000, 445; OLG Nürnberg BB 1963, 447; OLG Köln VersR 1971, 371; OLG Karlsruhe BB 1977, 16721; *Holling* BB 1961, 995; Heymann/*Sonnenschein/Weitemeyer* RdNr. 19; MünchKommHGB/*v. Hoyningen-Huene* RdNr. 41; *Küstner* HVR RdNr. 1938 bis 194.
⁴⁵² BGH Urt. v. 29. 3. 1990 – I ZR 2/89, ZIP 1990, 1197, 1198.
⁴⁵³ BGH Urt. v. 7. 12. 1977 – VIII ZR 214/75, BB 1978, 982; LG Hamburg NJW-RR 1989, 995.
⁴⁵⁴ OLG Hamburg DB 1960, 1451.
⁴⁵⁵ Staub/*Brüggemann* RdNr. 14.
⁴⁵⁶ RG JW 1919, 504 m. Anm. *Titze*.
⁴⁵⁷ *Küstner* HVR RdNr. 1942.
⁴⁵⁸ Vgl. RGRK-BGB/*Corts* § 626 RdNr. 159.
⁴⁵⁹ BGH Urt. v. 27. 2. 1981 – I ZR 39/79, DB 1981, 1772; OLG Frankfurt DB 1967, 329; OLG Düsseldorf Urt. v. 11. 9. 1981 – 16 U 42/81, HVR Nr. 538; Heymann/*Sonnenschein/Weitemeyer* RdNr. 19; *Küstner* HVR RdNr. 1943.
⁴⁶⁰ *Küstner* HVR RdNr. 1945.
⁴⁶¹ MünchKommHGB/*v. Hoyningen-Huene* RdNr. 54.
⁴⁶² OLG Nürnberg BB 1965, 688; MünchKommHGB/*v. Hoyningen-Huene* RdNr. 45.
⁴⁶³ *Küstner* HVR RdNr. 1950.
⁴⁶⁴ OLG Hamburg BB 1990, 1300.
⁴⁶⁵ BGH Urt. v. 20. 10. 1955 – II ZR 75/54, DB 1956, 136; BGH Urt. v. 5. 10. 1989 – I ZR 160/88, NJW-RR 1990, 171; RG JW 1937, 1311 m. Anm. *Barz*; Heymann/*Sonnenschein/Weitemeyer* RdNr. 18; *Küstner* HVR RdNr. 1951.
⁴⁶⁶ Staub/*Brüggemann* RdNr. 13; *Küstner* HVR RdNr. 1953 und 1999.
⁴⁶⁷ OLG München Urt. v. 1. 7. 2003 – 23 U 1637/03, VersR 2004, 470.
⁴⁶⁸ MünchKommHGB/*v. Hoyningen-Huene* RdNr. 45; *Küstner* HVR RdNr. 1958; vgl. RGRK-BGB/*Corts* § 626 RdNr. 164.
⁴⁶⁹ MünchKommHGB/*v. Hoyningen-Huene* RdNr. 57; Staub/*Brüggemann* RdNr. 14; vgl. RGRK-BGB/*Corts* § 626 RdNr. 192.
⁴⁷⁰ RGRK-BGB/*Corts* § 626 RdNr. 193.
⁴⁷¹ BGH Urt. v. 20. 2. 1958 – II ZR 20/57, VersR 1958, 248, BGH Urt. v. 30. 1. 1986 – I ZR 185/83, NJW 1986, 1931; RG JW 1911, 158; RG Warn. 1933 Nr. 79 (155); *Ende* BB 1996, 2262; *Küstner* HVR RdNr. 1960.
⁴⁷² BGH Urt. v. 18. 2. 1982 – I ZR 20/80, WM 1982, 632; OLG Celle NdsRPflege 1959, 109, 110; Heymann/*Sonnenschein/Weitemeyer* RdNr. 19; MünchKommHGB/*v. Hoyningen-Huene* RdNr. 41; *Küstner* HVR RdNr. 1896.
⁴⁷³ BGH Urt. v. 3. 3. 1993 – VIII ZR 101/92, BGHZ 122, 9, = NJW 1993, 1386.
⁴⁷⁴ *Küstner* HVR RdNr. 1963.
⁴⁷⁵ OLG Düsseldorf OLGR 1997, 111.
⁴⁷⁶ OLG Düsseldorf OLGR 2001, 121, 122; *Küstner* HVR RdNr. 1966.
⁴⁷⁷ MünchKommHGB/*v. Hoyningen-Huene* RdNr. 43.
⁴⁷⁸ OLG Düsseldorf Urt. v. 16. 12. 1975 – 23 U 28/75, HVR Nr. 498.

§ 89 a 52

len und Unterzeichnen der Vertragsurkunde nach § 85,[479] falsche Angaben bei Vertragsverhandlungen,[480] vertragswidriger Urlaub,[481] Zerstörung des Vertrauensverhältnisses (s. RdNr. 47), Verunglimpfungen,[482] Veruntreuung,[483] Nichterfüllung dem HV obliegender Verwaltungstätigkeiten,[484] Überschreiten einer dem HV eingeräumten Vollmacht[485] und deren Widerruf,[486] vertragswidrige über das zulässige Maß hinausgehende Vorbereitung der Tätigkeit für einen anderen Vertragspartner,[487] Bestehen des Unternehmers auf Vorkasse,[488] verschwiegene Vorstrafen des HV,[489] unbekannt gebliebene vorvertragliche Umstände,[490] Erheben unberechtigter Vorwürfe,[491] unzureichende Wahrung der Belange des Vertragspartners,[492] Wegfall wichtiger Kunden,[493] Wehr- und Zivildienst des HV (s. dazu § 87),[494] Nichtbefolgung rechtlich zulässiger Weisungen,[495] Missbrauch des Weisungsrechts,[496] vertragswidrige Verwendung eines gemeinsamen Werbefonds zum Nachteil einer Vertragspartei,[497] Werksspionage,[498] unzulässiger entgeltlicher oder unentgeltlicher Wettbewerb (siehe Konkurrenztätigkeit) auch durch den Einsatz weiterer Vertriebsmittler in dem Vertragsgebiet des HV,[499] unterlassene Wiederaufnahme der Tätigkeit nach einvernehmlicher Rücknahme einer Kündigung,[500] Zahlungsunfähigkeit (s. RdNr. 46),[501] Zahlungsverzug des Unternehmers (siehe Provisionszahlung) oder des Vertriebsmittlers,[502] Übergang von Vertreterinkasso zu Zentralinkasso durch Unternehmer,[503] Zurückbehaltung von Waren, Vertragsgegenständen oder Geldern,[504] Ausübung ungenehmigter Zusatzvertretung[505] oder Zweitvertretung,[506] Zwangsversteigerung der Betriebsstätte.[507]

52 **4. Vertragshändler- und Franchisevertrag.** Wegen möglicher besonders auf das Vertragshändlerrechtsverhältnis zugeschnittener wichtiger Kündigungsgründe kann verwiesen werden auf die Übersichten bei *Stumpf/Jaletzke/Schultze* RdNr. 649 f., *Ulrich* in Martinek/Semler § 19 RdNr. 41 f. und *Ende* BB 1996, 2260, hinsichtlich des Franchisevertrags auf *Martinek/Habermeier* in Martinek/Semler § 25 RdNr. 21 f. sowie auf *Höpfner* in Giesler/Nauschütt, Franchiserecht, 2002 § 12 RdNr. 45 f. und hinsichtlich des Schadensersatzanspruchs des Vertragshändlers wegen unberechtigter fristloser Kündigung auf das Urteil des BGH vom 17. 10. 1991.[508]

---

[479] BGH Urt. v. 21. 2. 2006 – VIII ZR 61/04, EBE 2006, 122.
[480] MünchKommHGB/*v. Hoyningen-Huene* RdNr. 44 und 57.
[481] Vgl. RGRK-BGB/*Corts* § 626 RdNr. 161.
[482] OLG Saarbrücken NJW – RR 2002, 542.
[483] MünchKommHGB/*v. Hoyningen-Huene* RdNr. 45; *Küstner* HVR RdNr. 1969.
[484] *Küstner* HVR RdNr. 1970.
[485] *Küstner* HVR RdNr. 1971; vgl. RGRK-BGB/*Corts* § 626 RdNr. 174.
[486] *Küstner* HVR RdNr. 1972; vgl. RGRK-BGB/*Corts* § 626 RdNr. 196.
[487] S. d. OLG München VersR 1957, 97; LAG Köln MDR 1997, 858; *Küstner* HVR RdNr. 1973.
[488] OLG Düsseldorf OLGR 1997, 111.
[489] *Küstner* HVR RdNr. 1976.
[490] MünchKommHGB/*v. Hoyningen-Huene* RdNr. 37; *Küstner* HVR RdNr. 1978; vgl. RGRK-BGB/*Corts* § 626 RdNr. 175.
[491] OLG Karlsruhe Urt. v. 24. 10. 1972 – 8 U 45/72, HVR Nr. 472; OLG Saarbrücken NJW-RR 1999, 1339; *Küstner* HVR RdNr. 1979.
[492] *Küstner* HVR RdNr. 1982.
[493] BGH Urt. v. 20. 3. 1981 – I ZR 12/79, DB 1981, 2274; MünchKommHGB/*v. Hoyningen-Huene* RdNr. 58.
[494] Vgl. RGRK-BGB/*Corts* § 626 RdNr. 107.
[495] BGH Urt. v. 14. 3. 1960 – II ZR 79/58, HVR Nr. 245; BGH Urt. v. 27. 2. 1981 – I ZR 39/79, DB 1981, 1772; BGH Urt. v. 4. 6. 1986 – I ZR 161/84, VersR 1986, 1072; BGH Urt. v. 21. 1. 1993 – I ZR 23/91, NJW-RR 1993, 741; OLG Nürnberg MDR 1974, 144; OLG München OLGR 2002, 456 = NJW – RR 2003, 401; Heymann/*Sonnenschein/Weitemeyer* RdNr. 17; MünchKommHGB/*v. Hoyningen-Huene* RdNr. 38, 39; Staub/*Brüggemann* RdNr. 13; *Küstner* HVR RdNr. 1984.
[496] *Küstner* HVR RdNr. 1987.
[497] OLG München Urt. v. 25. 8. 2005 – 6 U 4084/04, HVR Nr. 1167 (für Franchisevertrag).
[498] *Küstner* HVR RdNr. 1988.
[499] OLG München Urt. v. 14. 10. 1993 – U (K) 5333/92, HVR Nr. 766.
[500] MünchKommHGB/*v. Hoyningen-Huene* RdNr. 42.
[501] *Küstner* HVR RdNr. 1990 und 1963.
[502] KG BB 1998, 607.
[503] *Küstner* HVR RdNr. 1991.
[504] *Küstner* HVR RdNr. 1994.
[505] *Küstner* HVR RdNr. 1997.
[506] BGH Urt. v. 7. 7. 1983 – I ZR 115/81, NJW 1984, 2101; BGH Urt. v. 21. 3. 1985 – I ZR 117/82, WM 1985, 982, 983; OLG Nürnberg BB 1963, 203; BGH Urt. v. 3. 5. 1995 – VIII ZR 95/94, BGHZ 129, 290, 295 = ZIP 1995, 1001, 1003; OLG Köln VersR 1972, 664; *Küstner* HVR RdNr. 2000; *Ulmer/Schäfer* ZIP 1994, 753, 766.
[507] RAG HRR 1933, 822.
[508] BGH Urt. v. 17. 10. 1991 – I ZR 293/89, HVR Nr. 721.

V. Kündigungserklärung

1. Wirksamkeitsvoraussetzungen und Bedeutung. Die Kündigungserklärung ist einseitige 53 empfangsbedürftige **Willenserklärung**. Um wirksam zu werden, muss sie dem zu Kündigenden tatsächlich **zugehen**,[509] jedoch nicht von ihm angenommen werden.[510] Bei Vereitelung des Zugangs entfaltet sie ihre vollen Rechtswirkungen. Auf die Ausführungen zu § 89 kann verwiesen werden (s. a. RdNr. 17). **Kündigungsberechtigt** ist, wer den HVVertrag rechtsverbindlich abschließen kann; das Recht hierzu kann auf Dritte übertragen werden. Lässt der Kündigungsberechtigte sich vertreten, gelten §§ 174 und 180 BGB.[511]

2. Inhalt der Kündigungserklärung. Die Erklärung muss **unmissverständlich** und **eindeutig** 54 zum Ausdruck bringen, dass mit ihrem Zugang das Vertragsverhältnis aus wichtigem Grund beendet sein soll.[512] Die Kündigung braucht nicht ausdrücklich als „außerordentliche", „fristlose" oder „aus wichtigem Grund" bezeichnet zu werden,[513] sofern die Auslegung eine außerordentliche Kündigung mit der gewollten Folge sofortiger Vertragsbeendigung hinreichend sicher ergibt.[514] Andernfalls enthält die Erklärung im Zweifel eine ordentliche Kündigung.[515] Das gilt besonders bei Unklarheiten und inhaltlichen Mängeln, welche zu Lasten des Kündigenden gehen und nicht durch nachträgliche **Klarstellung** des gewollten Ausspruchs einer außerordentlichen Kündigung oder durch das Nachschieben von Kündigungsgründen[516] mit Rückwirkung geheilt werden können; die Klarstellung kann eine eigenständige außerordentliche Kündigungserklärung enthalten, ein wichtiger Grund muss im Zeitpunkt der Klarstellung vorliegen.[517] Soll dem Gekündigten ausnahmsweise eine Auslauf- oder Übergangsfrist eingeräumt werden (RdNr. 29), muss der Kündigende unmissverständlich zum Ausdruck bringen, dass es sich um eine Kündigung nach § 89 a handelt und die Kündigungsfristen des § 89 nicht gelten.[518] Der Widerruf einer dem HV erteilten Abschlussvollmacht enthält im Zweifel nicht den Ausspruch einer außerordentlichen Kündigung des HVVertrags.[519]

3. Bedingung und Änderungskündigung. Die mit einer Bedingung versehene Kündigung ist 55 zulässig, wenn dadurch die Klarheit des Inhalts der Erklärung nicht leidet,[520] also für den Gekündigten auf Grund der Kündigungserklärung unmissverständlich feststeht, dass und zu welchem Zeitpunkt das Vertragsverhältnis außerordentlich beendet wird. Das kann bei Rechtsbedingungen und allein vom Willen des Gekündigten abhängigen Potestativbedingungen der Fall sein, weswegen für eine fristlose Änderungskündigung aus wichtigem Grund § 89 a in gleicher Weise gilt. Bedingungen, deren Eintritt von dem Willen des Kündigenden oder Dritter abhängen soll, sind unzulässig und machen die Kündigungserklärung – auch als solche nach § 89 – unwirksam.[521]

4. Form, Begründung, Angabe des Kündigungsgrundes und abweichende Verein- 56 **barung.** Die Kündigungserklärung bedarf nach dem Gesetz weder einer bestimmten Form (s. a. § 89),[522] wenn auch Schriftform im Hinblick auf die dem Kündigenden obliegende Beweislast für Inhalt und Zugang einer ordnungsgemäßen Kündigungserklärung angebracht ist, noch muss der Kündigungsgrund angegeben oder die Kündigung in irgendeiner Weise begründet werden.[523] Etwas anderes gilt ausnahmsweise, wenn Kündigungsgrund ein Umstand sein soll, auf dessen Entstehen der

---

[509] ArbG Rheine DB 1966, 1975; ausf. *Becker-Schaffner* BB 1998, 422.
[510] BGH Urt. v. 20. 11. 2002 – VIII ZR 65/02, NJW – RR 2003, 416 = MDR 2003, 376.
[511] Vgl. RGRK-BGB/*Corts* § 626 RdNr. 214 und 220; ausf. auch *Lohr* MDR 2000, 620.
[512] BGH Urt. v. 15. 12. 1960 – VII ZR 212/59, BB 1961, 498; BAG Urt. v. 13. 1. 1982 – 7 AZR 75/79, NJW 1983, 303; OLG Nürnberg Urt. v. 23. 12. 1958 – 2 U 183/58, HVR Nr. 210; Heymann/*Sonnenschein*/*Weitemeyer* RdNr. 27; MünchKommHGB/*v. Hoyningen-Huene* RdNr. 61; *Schröder* RdNr. 13; Staub/*Brüggemann* RdNr. 15; RGRK-BGB/*Corts* § 626 RdNr. 199 („Deutlichkeitsgebot").
[513] MünchKommHGB/*v. Hoyningen-Huene* RdNr. 61; *Schröder* RdNr. 13.
[514] BAG Urt. v. 13. 1. 1982 – 7 AZR 75/79, NJW 1983, 303; MünchKommHGB/*v. Hoyningen-Huene* RdNr. 61; *Schröder* RdNr. 13.
[515] *Hopt* RdNr. 13.
[516] *Hopt* RdNr. 13.
[517] Vgl. MünchKommHGB/*v. Hoyningen-Huene* RdNr. 69; *Schröder* RdNr. 13.
[518] OLG Nürnberg Urt. v. 23. 12. 1958 – 2 U 183/58, HVR Nr. 210.
[519] Vgl. *Schröder* RdNr. 3; Staub/*Brüggemann* RdNr. 15.
[520] *Schröder* RdNr. 13.
[521] BAG Urt. v. 15. 3. 2001 – 2 AZR 705/99, BB 2001, 1960 (für Arbeitsverträge); RGRK/*Steffen* Vor § 158 RdNr. 18; MünchKommBGB/*Westermann* § 158 RdNr. 30.
[522] MünchKommHGB/*v. Hoyningen-Huene* RdNr. 61; *Schröder* RdNr. 13.
[523] BGH Urt. v. 7. 3. 1957 – II ZR 261/55, BGHZ 24, 31 = NJW 1957, 871; BGH Urt. v. 5. 5. 1958 – II ZR 245/56, BGHZ 27, 221, 225 = NJW 1958, 1136; BGH Urt. v. 12. 6. 1963 – VII ZR 272/61, BGHZ 40, 13, 16 = NJW 1963, 2068; BGH Urt. v. 29. 10. 1986 – VIII ZR 144/85, BGHR BGB § 242 – Kündigung wichtiger Grund 2; BGH Urt. v. 7. 7. 1988 – I ZR 78/87, NJW-RR 1988, 1381, 1382; BGH Urt. v. 16. 1. 1995 – II ZR 26/94, EBE 1995, 59, 60; vgl. BGH Urt. v. 25. 5. 1995 – KZR 33/93, EBE 1995, 259, 261; Heymann/*Sonnenschein*/*Weitemeyer*

Gekündigte keinen Einfluss hat und dessen Eintreten er nicht kennt; dann muss dieser Kündigungsgrund unverzüglich mitgeteilt werden, andernfalls Verfristung eintreten kann. Außerdem hat der Gekündigte in entsprechender Anwendung des § 626 Abs. 2 Satz 3 BGB Anspruch auf Unterrichtung über die Kündigungsgründe (RdNr. 63).[524] Die **Bezugnahme auf einen bestimmten wichtigen Grund** in der Kündigungserklärung bedeutet im Zweifel nicht, dass die ausgesprochene Kündigung nur auf diesen Grund gestützt werden soll und andere bekannte oder unbekannte Gründe nicht zu ihrer Rechtfertigung dienen sollen. Der außerordentlich Kündigende will sein Kündigungsrecht im Zweifel auf alle tatsächlich gegebenen Gründe stützen, sofern er nicht unmissverständlich Gegenteiliges und damit den Willen zum Verzicht auf mögliche Rechte auf Grund der sonstigen Kündigungsgründe (RdNr. 29) zum Ausdruck bringt.[525] Die **Vereinbarung von Schriftform oder Begründungszwang** hat nur deklaratorische Bedeutung, weil beides wegen der zwingenden Regelung in Abs. 1 Satz 2 2. Alt. weder durch Vertrag noch durch Gesetz zur konstitutiven Voraussetzungen für die Wirksamkeit der Kündigung gemacht werden kann (RdNr. 36).[526]

57   **5. Aufklärung und Anhörung.** Wenn nicht der Ausnahmefall einer Verdachtskündigung vorliegt, ist der Kündigende dem Kündigungsempfänger gegenüber vor Ausspruch der außerordentlichen Kündigung[527] kraft Gesetzes weder zu einer Aufklärung des Kündigungssachverhalts[528] noch zu einer Anhörung verpflichtet (S. RdNr. 38).[529] Die Rechtsfolgen einer voreilig ausgesprochenen und sich als unberechtigt erweisenden Kündigung muss er tragen.[530]

58   **6. Umdeutung in ordentliche Kündigung.** Die wegen Fehlens eines wichtigen Kündigungsgrundes oder wegen Verfristung unwirksame außerordentliche Kündigungserklärung enthält regelmäßig eine im Weg der Umdeutung nach § 140 BGB zu ermittelnde ordentliche Kündigungserklärung, wenn sämtliche im Einzelfall für eine wirksame ordentliche Kündigung erforderlichen Voraussetzungen gegeben sind[531] und der Kündigende das Vertragsverhältnis mit dem Kündigungsempfänger ausweislich der Kündigungserklärung erkennbar[532] auf jeden Fall endgültig, notfalls nach Ablauf der Frist für eine ordentliche Kündigung, beenden will.[533] Ausnahmsweise kann anderes gelten, wenn der Kündigende das Vertragsverhältnis ausschließlich wegen eines ganz bestimmten Grundes nicht fortsetzen will und sich das Nichtvorliegen dieses Grundes herausstellt.[534] Wenn die tatsächlichen Voraussetzungen für eine Umdeutung vorliegen, treten deren Rechtsfolgen ein, ohne dass es einer Anregung oder eines dahingehenden Antrags bedarf; die Umdeutung ist weder Einwendung noch Einrede sondern Rechtsanwendung.[535]

59   **7. Rücknahme und Widerruf.** Die rechtswirksame Kündigungserklärung ist als rechtsgestaltender Akt weder zurücknehmbar[536] noch widerruflich (s. § 89).[537] Derartige Erklärungen des Kündigenden können das Angebot auf Abschluss eines neuen HVVertrags[538] oder eines Vertrags enthalten, durch welchen das bisherige Vertragsverhältnis als nicht beendet gelten und zu denselben Bedingungen fortgesetzt werden soll.[539] Die unberechtigte, daher unwirksame, Kündigung kann „zurück-

---

RdNr. 27; MünchKommHGB/*v. Hoyningen-Huene* RdNr. 62 und 67; Staub/*Brüggemann* RdNr. 16; vgl. auch *Schröder* RdNr. 13.
[524] MünchKommHGB/*v. Hoyningen-Huene* RdNr. 62; *Schröder* RdNr. 13.
[525] BGH Urt. v. 5. 5. 1958 – II ZR 245/56, BGHZ 27, 221, 225, 226 = NJW 1958, 1136; vgl. Staub/*Brüggemann* RdNr. 17; aber auch Heymann/*Sonnenschein*/*Weitemeyer* RdNr. 33; MünchKommHGB/*v. Hoyningen-Huene* RdNr. 70.
[526] AA MünchKommHGB/*v. Hoyningen-Huene* RdNr. 63 für Begründungszwang.
[527] Anders als uU im Arbeitsrecht, vgl. LAG NS BB 1997, 581.
[528] Vgl. MünchKommHGB/*v. Hoyningen-Huene* RdNr. 45.
[529] AA LAG Düsseldorf VersR 1980, 1143; MünchKommHGB/*v. Hoyningen-Huene* RdNr. 30.
[530] BGH Urt. v. 13. 7. 1972 – VII ZR 166/71, WM 1972, 1095.
[531] Siehe dazu BGH Urt. v. 14. 2. 2000 – II ZR 285/97, ZIP 2000, 539 mit Bspr. *Teigelkötter* GmbHR 2000, 377 und Anm. *Böcker* EWiR 2000, 519; BGH Urt. v. 21. 2. 2006 – VIII ZR 61/04, EBE 2006, 122.
[532] BGH Urt. v. 12. 1. 1998 – II ZR 98/96, EBE 1998, 94, 95 = ZIP 1998, 509, 510; BAG Urt. v. 15. 11. 2001 – 2 AZR 310/00, DB 2002, 1562; vgl. LAG Berlin GmbHR 1997, 839, 843.
[533] BGH Urt. v. 12. 1. 1981 – VII ZR 332/79, DB 1981, 1821; BGH Urt. v. 12. 3. 1992 – I ZR 117/90, NJW-RR 1992, 1059, 1060; BGH Urt. v. 8. 9. 1997 – II ZR 165/96, EBE 1997, 349, 350 m. zust. Anm. *Finken* EWiR 1998, 203; BGH Urt. v. 12. 1. 1998 – II ZR 98/96, EBE 1998, 94, 95 = ZIP 1998, 509, 510; BGH Urt. v. 14. 2. 2000 – II ZR 285/97, ZIP 2000, 539 mit Bspr. *Teigelkötter* GmbHR 2000, 377 und Anm. *Böcker* EWiR 2000, 519; BAG Urt. v. 15. 11. 2001 – 2 AZR 310/00, DB 2002, 1562; OLG Karlsruhe DB 1971, 572; Saarländisches OLG Urt. v. 11. 2. 1998 – 1 U 362/97–83, NJW-RR 1998, 1191, 1192 = HVR Nr. 897; Heymann/*Sonnenschein*/*Weitemeyer* RdNr. 34; *Hopt* RdNr. 5; MünchKommHGB/*v. Hoyningen-Huene* RdNr. 83; *Schröder* RdNr. 20; Staub/*Brüggemann* RdNr. 4; vgl. RGRK-BGB/*Corts* § 626 RdNr. 237.
[534] OLG Saarbrücken NJW-RR 1998, 1191, 1192 = HVR Nr. 897; *Schröder* RdNr. 20.
[535] BAG Urt. v. 15. 11. 2001 – 2 AZR 310/00, DB 2002, 1562.
[536] Heymann/*Sonnenschein*/*Weitemeyer* RdNr. 35.
[537] *Schröder* RdNr. 18.
[538] Heymann/*Sonnenschein*/*Weitemeyer* RdNr. 35; *Schröder* RdNr. 18.
[539] Vgl. BGH Urt. v. 6. 10. 1983 – I ZR 127/81, BB 1984, 235, 237; *Schröder* RdNr. 18.

genommen" werden, solange der Kündigungsempfänger sie nicht „angenommen" (RdNr. 53 und 76) oder zum Anlass für eine außerordentliche Kündigung genommen hat (RdNr. 42).[540] Mit der „Rücknahme" oder dem Widerruf erklärt der Kündigende, dass Rechte aus der Kündigung sowie dem ihr zugrunde liegenden Anlass nicht mehr geltend gemacht werden; die Tatsache der unberechtigt ausgesprochenen Kündigung kann er nicht ungeschehen machen.[541] Zur Unterstützung einer späteren außerordentlichen Kündigung darf der Kündigende im Zweifel auch auf diejenigen Gründe zurückgreifen, auf welche die zurückgenommene oder widerrufene Kündigung gestützt war.

8. Nachschieben von Kündigungsgründen. a) Zulässigkeit und Voraussetzungen. Das Nachschieben von Kündigungsgründen[542] zur Rechtfertigung einer bereits ausgesprochenen Kündigung ist grds. zulässig,[543] ohne dass dem ein gegenteiliger Vertrauensschutz des Gekündigten entgegensteht.[544] Die außerordentliche Kündigung kann vielmehr ohne erneute Kündigungserklärung auf alle Gründe (Umstände/Ereignisse/Verhaltensweisen) gestützt werden, welche im Zeitpunkt ihres Ausspruchs objektiv vorliegen und noch nicht verbraucht oder verfristet sind.[545] Maßgeblich ist die objektive Rechtslage im Zeitpunkt des Zugangs der Kündigungserklärung.[546] Ein Zusammenhang mit dem zunächst geltend gemachten Kündigungsgrund muss grds. nicht bestehen.[547] Der nachgeschobene Kündigungsgrund muss **tatsächlich vorliegen**.[548] Für eine nachgeschobene Verdachtskündigung ist nach Vertragsende kein Raum, ebenso kann die Vermutung des Vorliegens eines wichtigen Grundes nicht nachträglich eine fristlose Kündigung rechtfertigen. Eine bestimmte **Frist** für das zulässige Nachschieben einzelner Kündigungsgründe gibt es nicht,[549] das Recht darauf kann jedoch verwirkt werden (RdNr. 35).[550] Eine **Abmahnung** scheidet bei nachgeschobenen Gründen aus; der nachgeschobene Grund muss aber so schwerwiegend sein, dass er auch ohne Abmahnung eine fristlose Kündigung rechtfertigen kann,[551] sofern nicht andere wichtige Gründe der ausgesprochenen Kündigung bereits zum Erfolg verhelfen. Die **Bezugnahme** auf ganz bestimmte **Kündigungsgründe in der Kündigungserklärung** hindert das spätere Nachschieben weiterer Gründe ebenso wenig[552] (RdNr. 56) wie die Tatsache, dass der nachgeschobene Kündigungsgrund bereits **Gegenstand einer späteren eigenständigen Kündigungserklärung** geworden ist,[553] sofern der Kündigende trotz der, im Zweifel nur vorsorglich erklärten, zweiten Kündigung auf der Wirksamkeit der ersten Kündigung beharrt.[554] Rechtlich unerheblich ist, wann der Kündigende **Kenntnis** von den nachzuschiebenden Gründen **erlangt** hat. Der zum Ausspruch der Kündigung Berechtigte[555] darf alle Gründe nachschieben, auch wenn sie ihm erst nachträglich bekannt geworden sind.[556] Bei Ausspruch der Kündigung bereits bekannte Gründe dürfen nachgeschoben werden, wenn sie im Zeitpunkt der Kündigung noch nicht verfristet waren.[557] Der nachgeschobene Grund kann die

---

[540] *Schröder* RdNr. 20.
[541] *Schröder* RdNr. 20.
[542] Ausf. dazu *Haase/Sommermeyer* Urteilsanm. GmbHR 2005, 1051.
[543] AA früher zB OLG Nürnberg Urt. v. 28. 2. 1957 – III U 240/56, HVR Nr. 150.
[544] So *Weßling* Urteilsbspr. GmbHR 2004, 184, 186.
[545] BGH Urt. v. 1. 12. 2003 – II ZR 161/02, BGHZ 157, 151 = DStR 2004, 367 = GmbHR 2004, 182 zu § 626 BGB m. Bspr. *Goette* DStR 2004, 369, 370 sowie *Weßling* GmbHR 2004, 185; *Heymann/Sonnenschein/Weitemeyer* RdNr. 27, 33; *MünchKommHGB/v. Hoyningen-Huene* RdNr. 69; *Schröder* RdNr. 14 a; *Staub/Brüggemann* RdNr. 18.
[546] BGH Urt. v. 9. 1. 1967 – II ZR 226/64, BB 1967, 229.
[547] BGH Urt. v. 1. 12. 2003 – II ZR 161/02, BGHZ 157, 151 = DStR 2004, 367, 368 = GmbHR 2004, 182 zu § 626 BGB m. Bspr. *Goette* DStR 2004, 369, 370 sowie *Weßling* GmbHR 2004, 185.
[548] BGH Urt. v. 1. 12. 2003 – II ZR 161/02, BGHZ 157, 151 = DStR 2004, 367, 368 = GmbHR 2004, 182 zu § 626 BGB.
[549] BGH Urt. v. 1. 12. 2003 – II ZR 161/02, BGHZ 157, 151 = DStR 2004, 367, 368 = GmbHR 2004, 182 zu § 626 BGB; BAG Urt. v. 4. 6. 1997 – 2 AZR 526/96, NJW-RR 1998, 554 = MDR 1997, 1130; OLG Köln OLGR 2003, 135, 137.
[550] Vgl. BGH Urt. v. 12. 6. 1963 – VII ZR 272/61, BGHZ 40, 13, 17 = NJW 1963, 2068; OLG Saarbrücken Urt. v. 25. 1. 2006 – 1 U 101/05–35, HVR Nr. 1170; *MünchKommHGB/v. Hoyningen-Huene* RdNr. 70.
[551] Vgl. dazu auch OLG Bremen Urt. v. 30. 3. 2006 – 2 U 115/05, HVR Nr. 1144.
[552] Vgl. BGH Urt. v. 1. 12. 2003 – II ZR 161/02, BGHZ 157, 151 = DStR 2004, 367, 368 = GmbHR 2004, 182 zu § 626 BGB m. Bspr. *Goette* DStR 2004, 369, 370 sowie *Weßling* GmbHR 2004, 185 zu § 626 BGB; *Westphal* Vertriebsrecht RdNr. 809.
[553] BGH Urt. v. 1. 12. 2003 – II ZR 161/02, BGHZ 157, 151, 158 = DStR 2004, 367, 369 zu § 626 BGB.
[554] BGH Urt. v. 1. 12. 2003 – II ZR 161/02, BGHZ 157, 151 = ZIP 2004, 92, 94 = DStR 2004, 367 zu § 626 BGB.
[555] BGH Urt. v. 1. 12. 2003 – II ZR 161/02, BGHZ 157, 151 = DStR 2004, 367 zu § 626 BGB.
[556] BGH Urt. v. 5. 5. 1958 – II ZR 245/56, BGHZ 27, 221, 225 = NJW 1958, 1136; BGH Urt. v. 12. 6. 1963 – VII ZR 272/61, BGHZ 40, 13, 14, 16 = NJW 1963, 2068; BAG Urt. v. 16. 1. 1995 – II ZR 26/94, EBE 1995, 59, 60; BAG Urt v. 4. 6. 1997 – 2 AZR 362/96, MDR BAG Urt. v. 4. 6. 1997 – 2 AZR 526/96, NJW-RR 1998, 554 = MDR 1997, 1130; *Heymann/Sonnenschein/Weitemeyer* RdNr. 27, 33; *MünchKommHGB/v. Hoyningen-Huene* RdNr. 69; *Schröder* RdNr. 14 a.
[557] BGH Urt. v. 1. 12. 2003 – II ZR 161/02, BGHZ 157, 151 = DStR 2004, 367 = GmbHR 2004, 182, 184 m. Bspr. *Weßling* S. 185 zu § 626 BGB.

ausgesprochene Kündigung dann selbständig rechtfertigen. Bei Ausspruch der Kündigung bereits verfristete Gründe können nur zur Unterstützung eines bereits vorliegenden Kündigungsgrundes nachgeschoben werden, müssen mit diesem jedoch nicht in einem Zusammenhang stehen.[558] In der **Insolvenz** darf der Insolvenzverwalter wichtige Gründe zu der von dem Gemeinschuldner ausgesprochenen Kündigung nachschieben.[559] Erforderlich für ein **rechtserhebliches Nachschieben** ist lediglich, dass der Kündigende die Kündigungsgründe gegenüber dem Gekündigten geltend macht und zu erkennen gibt, dass er die bereits erklärte Kündigung auch hierauf stützen und auch ihretwegen das Vertragsverhältnis sofort beendet wissen will.

61 **b) Nach Kündigungserklärung entstandene Gründe.** Erst nach Zugang der Kündigungserklärung entstandene Gründe können nicht nachgeschoben werden.[560] Das müsste zu einem gesetzeswidrigen[561] außerordentlichen Vertragsende aus nachträglich eingetretenen Umständen führen. Solche Gründe können eine neuerliche außerordentliche Kündigung rechtfertigen, die in Zweifel in der nachgeschobenen Begründung liegt.[562] Die Prozessvollmacht für den Kündigungsrechtsstreit nach § 81 ZPO berechtigt im Zweifel zum Nachschieben von Kündigungsgründen und erneuter fristloser Kündigungserklärung.[563] Dienen nachträglich aufgetretene Umstände dazu, Tragweite und kündigungsrechtliche Bedeutung eines vorliegenden wichtigen Grundes zu konkretisieren,[564] zu erläutern und gleichsam in richtigem Licht erscheinen zu lassen (RdNr. 15),[565] kann der Kündigende sich darauf berufen, ohne gegen das Verbot des Nachschiebens von Kündigungsgründen zu verstoßen. Allein die Tatsache, dass ein nachträgliches Verhalten mit dem Anlass der ausgesprochenen Kündigung „in einem inneren Zusammenhang steht", kann ein Nachschieben nicht rechtfertigen.[566]

62 **c) Nachschieben von Kündigungsgründen nach ordentlicher Kündigung.** Werden einer ordentlichen Kündigung Gründe für eine außerordentliche Kündigung nachgeschoben, kann hierin der Ausspruch einer fristlosen Kündigung liegen, die mit Zugang der nachgeschobenen Gründe wirksam wird,[567] sofern der Kündigende zu erkennen gibt, dass das Vertragsverhältnis nun mit sofortiger Wirkung beendet werden soll.

63 **9. Verlangen nach Mitteilung der Kündigungsgründe.** In entsprechender Anwendung des § 626 Abs. 2 Satz 3 BGB besteht das Recht auf Mitteilung der Kündigungsgründe.[568] Auf Verlangen des Gekündigten hat der Kündigende die Gründe, welche ihn zu seiner außerordentlichen Kündigung bewogen haben, unverzüglich vollständig und wahrheitsgemäß[569] in schriftlicher Form anzugeben. Eine Verletzung der Mitteilungspflicht hat keine Auswirkungen auf die Rechtmäßigkeit der Kündigung; zur Schadensersatzpflicht kann sie führen, wenn der Gekündigte in Unkenntnis der tatsächlichen Gründe der außerordentlichen Kündigung auf deren Unwirksamkeit vertraut und Kosten auslösende Maßnahmen ergreift (Feststellungsklage), welche er bei rechtzeitiger Unterrichtung nach § 626 Abs. 2 Satz 3 unterlassen hätte.[570] Das Recht auf Mitteilung darf der Gekündigte geltend machen, solange er an anzuerkennendes Interesse an der Kenntnis der Kündigungsgründe hat. Durch Zeitablauf kann es verwirkt werden.[571]

---

[558] AA BGH Urt. v. 1. 12. 2003 – II ZR 161/02, DStR 2004, 367 = GmbHR 2004, 182, 184 m. Bspr. *Weßling* S. 185 zu § 626 BGB.
[559] BGH Urt. v. 20. 6. 2005 – II ZR 18/03, MDR 2005, 1422 = DStR 2005, 1370 (zu § 626 Abs. 2 BGB).
[560] *Hopt* RdNr. 15.
[561] Vgl. BGH Urt. v. 21. 3. 1975 – I ZR 141/74, WM 1975, 856, 857.
[562] BGH Urt. v. 28. 4. 1960 – VII ZR 218/59, MDR 1961, 134; BGH Urt. v. 15. 12. 1960 – VII ZR 212/59, BB 1961, 498; vgl. auch BGH Urt. v. 5. 5. 1958 – II ZR 245/56, BGHZ 27, 221, 222 = NJW 1958, 1136; *Hopt* RdNr. 13; MünchKommHGB/*v. Hoyningen-Huene* RdNr. 71, 72; *Schröder* RdNr. 14 c; aA RGRK-BGB/*Corts* § 626 RdNr. 200; *Schwerdtner* ZIP 1981, 809.
[563] Vgl. MünchKommZPO/*Mettenheim* § 81 RdNr. 8; aA MünchKommHGB/*v. Hoyningen-Huene* RdNr. 73.
[564] MünchKommHGB/*v. Hoyningen-Huene* RdNr. 68.
[565] So schon MünchKommBGB/*Schwerdtner*, 2. Aufl. 1988, § 626 RdNr. 249.
[566] Heymann/*Sonnenschein/Weitemeyer* RdNr. 33; *Hopt* RdNr. 15; MünchKommHGB/*v. Hoyningen-Huene* RdNr. 72; *Semler* in Martinek/Semler § 14 RdNr. 27; aA BGH Urt. v. 30. 6. 1954 – II ZR 26/53, BB 1954, 647, 648; *Schröder* RdNr. 14, 14 d; Staub/*Brüggemann* RdNr. 18; *Westphal* RdNr. 556 und Vertriebsrecht RdNr. 807; vgl. auch BGH Urt. v. 5. 5. 1958 – II ZR 245/56, BGHZ 27, 221, 225 = NJW 1958, 1136; BGH Urt. v. 28. 4. 1960 – VII ZR 218/59, MDR 1961, 134.
[567] Vgl. OLG Nürnberg Urt. v. 1. 12. 1962 – 2 U 219/61, HVR Nr. 342; *Schröder* RdNr. 14 e; MünchKommHGB/*v. Hoyningen-Huene* RdNr. 70.
[568] LG Köln NJW-RR 1992, 485; MünchKommHGB/*v. Hoyningen-Huene* RdNr. 62; vgl. auch *Schröder* RdNr. 13.
[569] So schon MünchKommBGB/*Schwerdtner*, 2. Aufl. 1988, § 626 RdNr. 261.
[570] RGRK-BGB/*Corts* § 626 RdNr. 229.
[571] So schon MünchKommBGB/*Schwerdtner*, 2. Aufl. 1988, § 626 RdNr. 260.

VI. Rechtsfolgen der berechtigten Kündigung

1. Entfallen vertraglicher Pflichten und Erfüllungsansprüche. Die auf einem wichtigen 64
Grund beruhende, ordnungsgemäß erklärte und damit berechtigte sowie wirksame außerordentliche Kündigung beendet das Vertragsverhältnis grundsätzlich fristlos mit Zugang der Kündigungserklärung bei dem Gekündigten[572] oder ausnahmsweise mit Ablauf einer Übergangs- oder Abwicklungsfrist.[573] Die gegenseitigen vertraglichen Verpflichtungen sowie Erfüllungsansprüche entfallen und an ihre Stelle treten gegebenenfalls vereinbarte nachvertragliche Pflichten (vgl. § 90 a). Etwas anderes kann für objektiv notwendige Abwicklungstätigkeiten gelten, welche von dem fristlos Gekündigten auf Grund der Fortwirkung vertraglicher Treuepflichten noch geschuldet werden. Im Übrigen darf der HV, wenn ein nachvertragliches Wettbewerbsverbot nicht vereinbart worden ist, sogleich eine Konkurrenztätigkeit aufnehmen[574] und auch die Kunden seines früheren Geschäftsherrn abwerben,[575] ohne sich pflichtwidrig zu verhalten und schadensersatzpflichtig zu machen.[576] Durch die Vertragsbeendigung entfällt des Weiteren mit Wirkung für die Zukunft der Rechtsgrund für Vorleistungen, welche bereits zur Erfüllung der beiderseits eingegangenen Verpflichtungen erbracht worden sind; insoweit ist das Vertragsverhältnis abzuwickeln und, zB hinsichtlich geleisteter Einstands- oder Vorauszahlungen, abzurechnen.

2. Nachvertragliche Vertriebstätigkeit für ehemaligen Geschäftsherrn. Aus einer weiteren 65
gegen den Willen des Unternehmers vorgenommenen Vermittlungs- oder Abschlusstätigkeit nach Beendigung des HVVertrags kann der HV einen vertraglichen Provisionsanspruch nicht erwerben.[577] In der Ausführung solcher vermittelter oder abgeschlossener Geschäfte durch den Unternehmer liegt weder eine Genehmigung der vertragslosen Vertriebstätigkeit noch der Abschluss eines auf diese Geschäfte bezogenen HVVertrags;[578] § 89 Abs. 3 Satz 1 ist analog nicht anwendbar. Allerdings kann ein Provisionsanspruch nach § 354 entstehen.

3. Rechte und Pflichten während einer Übergangs- oder Auslauffrist. Wird dem gekün- 66
digten HV oder Unternehmer[579] in zulässiger Weise eine Übergangs- oder Auslauffrist zugebilligt oder ist die Einräumung einer solchen Frist, während derer das Vertragsverhältnis fortbestehen soll, geboten, (RdNr. 29) bleiben die gegenseitigen Rechte und Pflichten während der Übergangszeit im Zweifel bestehen. Der HV behält seine vertraglichen Ansprüche auf feste Vergütungen und Provisionen einschließlich einer Bezirksprovision nach § 87 Abs. 2. Wenn sich der Gekündigte auf diese Übergangs- oder Auslauffrist allerdings nicht einlässt, entfallen die vertraglichen Rechte und Pflichten mit Zugang seiner der Fristgewährung widersprechenden oder die sofortige Einstellung der Vertragstätigkeit ankündigenden Erklärung (RdNr. 29).[580]

4. Schadensersatzanspruch des Kündigenden – Abs. 2. a) Vertragsbeendigung. Nach 67
Abs. 2, der § 628 Abs. 2 BGB entspricht[581] und einen gesetzlichen normierten Anspruch aus Vertragsverletzung zum Gegenstand hat, steht dem Kündigenden Anspruch auf Schadensersatz grds. nur zu, wenn das Vertragsverhältnis tatsächlich durch **fristlose Kündigung**, wenn auch möglicherweise erst nach Ablauf einer eingeräumten Auslauffrist,[582] beendet wird.[583] Liegt ein zur fristlosen Kündigung berechtigender wichtiger Grund vor und nehmen die Parteien ihn zum Anlass einer **einvernehmlichen Vertragsaufhebung** oder des Ausspruchs einer **ordentlichen Kündigung**, steht dem Kündigungsberechtigten der Anspruch aus Abs. 2 nur zu, wenn (er nachweist, dass) er sich den Anspruch bei der Vertragsaufhebung oder dem Ausspruch der ordentlichen Kündigung eindeutig und unmissverständlich vorbehalten hat, weil sein Verhalten andernfalls als Verzicht auf den Ersatz-

---

[572] Heymann/*Sonnenschein/Weitemeyer* RdNr. 32; MünchKommHGB/*v. Hoyningen-Huene* RdNr. 75; aA *Schröder* RdNr. 14 b und 14 c, 18 (Vertragsende mit Geltendmachen des Kündigungsgrundes, der jedoch nicht mitzuteilen ist, vgl. oben RdNr. 43).
[573] *Schröder* RdNr. 18.
[574] AA *Hopt* RdNr. 34.
[575] Vgl. BGH Urt. v. 7. 4. 2005 – I ZR 140/02, ZIP 2005, 1380.
[576] OLG Köln Urt. v. 9. 8. 2002 – 19 U 59/02, HVR Nr. 1097.
[577] LG Hamburg VersR 1992, 743.
[578] Vgl. MünchKommHGB/*v. Hoyningen-Huene* RdNr. 75.
[579] Staub/*Brüggemann* RdNr. 12.
[580] Teilweise aA Staub/*Brüggemann* RdNr. 12 (mit Einstellung der Tätigkeit des HV).
[581] BGH Urt. v. 29. 11. 1965 – VII ZR 202/63, BGHZ 44, 271 = NJW 1966, 347; BGH Urt. v. 1. 10. 1970 – VII ZR 171/68, WM 1970, 1513; BGH Urt. v. 3. 3. 1993 – VIII ZR 101/92, BGHZ 122, 9, 12 = NJW 1993, 1386; Heymann/*Sonnenschein/Weitemeyer* RdNr. 38; MünchKommHGB/*v. Hoyningen-Huene* RdNr. 88; Staub/*Brüggemann* RdNr. 23; vgl. *Schröder* RdNr. 22.
[582] BAG Urt. v. 8. 8. 2002 – 8 AZR 574/01, DB 2002, 2273, 2275.
[583] *Schröder* RdNr. 26 b.

anspruch zu werten ist.[584] Endet das HVVertragsverhältnis infolge verschuldeter **Insolvenz** des Vertragspartners, kann bei einem ihm anzulastenden vertragswidrigen Auflösungsverschulden ebenfalls ein Schadensersatzanspruch in entsprechender Anwendung von Abs. 2 in Betracht kommen.[585]

68   **b) Schuldhafte Pflichtverletzung.** Der Schadensersatzanspruch setzt voraus, dass der Gekündigte den wichtigen Kündigungsgrund wegen eines Auflösungsverschuldens[586] zu vertreten hat.[587] Das für die fristlose Auflösung des Vertragsverhältnisses ursächlich gewordene Verhalten des Gekündigten[588] muss, da es sich um einen vertraglichen Schadensersatzanspruch handelt, Pflichten aus dem HVVertrag verletzt haben[589] und von dem Gekündigten nach § 276 BGB verschuldet oder nach § 278 BGB zu vertreten sein;[590] ausreichend ist, dass der verschuldete Kündigungsgrund neben anderen jedenfalls mitursächlich für die außerordentliche Kündigung geworden und diese tatsächlich auf ihn gestützt worden ist. Nicht zum Anlass der Kündigung oder ihrer Rechtfertigung herangezogenes oder dem Gekündigten nicht als Verschulden gegenüber dem Kündigenden anzulastendes Fehlverhalten begründet den Ersatzanspruch aus Abs. 2 nicht,[591] möglicherweise jedoch einen solchen aus sonstiger (positiver) Vertragsverletzung nach § 280 BGB nF. In dem unberechtigten Widerspruch gegen eine berechtigte fristlose Kündigung liegt keine Vertragsverletzung.[592]

69   **c) Mitverschulden – § 254 BGB.** § 254 BGB ist anwendbar.[593] Der Ausspruch der fristlosen Kündigung ist dem Kündigenden zwar nicht anzulasten,[594] wohl aber ein vorangegangenes Verhalten, welches die zur fristlosen Kündigung führende Vertragsverletzung des Gekündigten ebenfalls ausgelöst hat.[595] Entscheidend ist, von wem eine Vertragsverletzung oder ein Schaden überwiegend verursacht worden ist.[596]

70   **d) Außerordentliches Kündigungsrecht des Gekündigten.** Der Anspruch aus Abs. 2 wird regelmäßig ausgeschlossen sein, wenn der Gekündigte das Vertragsverhältnis im Zeitpunkt der ihm gegenüber ausgesprochenen Kündigung aus vom Kündigenden zu vertretendem wichtigen Grund ebenfalls fristlos hätte kündigen dürfen, selbst wenn der Gekündigte sein außerordentliches Kündigungsrecht nicht ausgeübt hat.[597] Die Geltendmachung des Schadensersatzanspruchs aus Abs. 2 ist dann idR mit dem Grundsatz von Treu und Glauben nach § 242 BGB nicht zu vereinbaren.[598] Entscheidend sind die Umstände des Einzelfalls.

71   **e) Ersatzfähiger Schaden.** Zu ersetzen ist der durch die vorzeitige Beendigung des Vertrags entstehende Schaden. Der Kündigende ist zu stellen, wie er stehen würde, wenn das Vertragsverhältnis nicht vorzeitig fristlos beendet,[599] sondern bis zu dem Zeitpunkt fortgesetzt worden wäre, zu welchem es nach den vereinbarten und hilfsweise nach den gesetzlichen Kündigungsfristen[600] erst-

---

[584] Vgl. BGH Urt. v. 29. 11. 1965 – VII ZR 202/63, BGHZ 44, 271, 274 = NJW 1966, 347; BGH Urt. v. 27. 1. 1982 – VIII ZR 295/80, NJW 1982, 2432; *Schröder* RdNr. 22 b; *Staub/Brüggemann* RdNr. 19; aA *Hopf* RdNr. 35; ebenso, im Zweifel kein Verzicht: *Heymann/Sonnenschein/Weitemeyer* RdNr. 38; *MünchKommHGB/v. Hoyningen-Huene* RdNr. 89.
[585] *Emde/Kelm* ZIP 2005, 58, 64.
[586] BAG Urt. v. 26. 7. 2001 – 8 AZR 739/00, GmbHR 2002, R 223; BAG Urt. v. 8. 8. 2002 – 8 AZR 574/01, GmbHR 2003, 105, 108 m. Anm. *Krets* EWiR 2003, 1183 zu § 628; BAG Urt. v. 22. 4. 2004 – 8 AZR 269/03, GmbHR 2004, R 291.
[587] BAG Urt. v. 8. 8. 2002 – 8 AZR 574/01, GmbHR 2003, 105, 108; OLG Düsseldorf OLGR 1996, 55; *Heymann/Sonnenschein/Weitemeyer* RdNr. 37; *MünchKommHGB/v. Hoyningen-Huene* RdNr. 88; *Schröder* RdNr. 22 a.
[588] *Heymann/Sonnenschein/Weitemeyer* RdNr. 38; *MünchKommHGB/v. Hoyningen-Huene* RdNr. 90.
[589] OLG Düsseldorf OLGR 1996, 55, 56; *Schröder* RdNr. 23; *Staub/Brüggemann* RdNr. 23; *Staudinger/Preis* § 628 RdNr. 34, 37.
[590] Vgl. BGH Urt. v. 5. 2. 1959 – II ZR 107/57, JR 1960, 59, 60; *MünchKommHGB/v. Hoyningen-Huene* RdNr. 90; *Schröder* RdNr. 23.
[591] Vgl. *Staub/Brüggemann* RdNr. 23.
[592] Vgl. BGH Urt. v. 20. 11. 2002 – VIII ZR 65/02, BB 2003, 496 = NJW – RR 2003, 416; *Hübsch/Hübsch* WM 2005 Sonderbeilage 1 zu Heft 9 S. 10, 11.
[593] *MünchKommHGB/v. Hoyningen-Huene* RdNr. 92; *Schröder* RdNr. 24.
[594] BGH Urt. v. 29. 11. 1965 – VII ZR 202/63, BGHZ 44, 271, 277 = NJW 1966, 347; *Heymann/Sonnenschein/Weitemeyer* RdNr. 39; *MünchKommHGB/v. Hoyningen-Huene* RdNr. 92.
[595] *Heymann/Sonnenschein/Weitemeyer* RdNr. 39.
[596] *Schröder* RdNr. 24.
[597] BGH Urt. v. 25. 5. 1988 – VIII ZR 360/86, BGHR BGB § 242 – Kündigung – wichtiger Grund 6; *Hopf* RdNr. 1; *Westphal* Vertriebsrecht RdNr. 874.
[598] BGH Urt. v. 29. 11. 1965 – VII ZR 202/63, BGHZ 44, 271, 277 = NJW 1966, 347; BGH Urt. v. 11. 2. 1981 – VIII ZR 312/79, NJW 1981, 1264 = MDR 1981, 839; BGH Urt. v. 3. 3. 1993 – VIII ZR 101/92, BGHZ 122, 9, 15 = NJW 1993, 1386; *Heymann/Sonnenschein/Weitemeyer* RdNr. 39; *MünchKommHGB/v. Hoyningen-Huene* RdNr. 93; *Schröder* RdNr. 22 a; *Staub/Brüggemann* RdNr. 25.
[599] BGH Urt. v. 3. 3. 1993 – VIII ZR 101/92, BGHZ 122, 9, = NJW 1993, 1386, 12; BGH Urt. v. 1. 10. 1970 – VII ZR 171/68, WM 1970, 1513, 1514; *Heymann/Sonnenschein/Weitemeyer* RdNr. 39; *MünchKommHGB/v. Hoyningen-Huene* RdNr. 91; *Schröder* RdNr. 25.
[600] BGH Urt. v. 12. 3. 1992 – I ZR 117/90, NJW-RR 1992, 1059, 1061.

malig durch ordentliche Kündigung hätte aufgelöst werden können,[601] sofern nicht (der Gekündigte nachweisen kann, dass) das Vertragsverhältnis zu einem früheren Zeitpunkt durch den Gekündigten beendet worden wäre[602] oder hätte beendet werden können.[603] Ob es ohne den Eintritt des wichtigen Kündigungsgrundes zu einer ordentlichen Kündigung gekommen wäre, ist rechtlich unerheblich.[604] Geschuldet wird **Schadensersatz statt der Leistung** (früher Schadensersatz wegen Nichterfüllung der vertraglichen Pflichten) für diesen Zeitraum,[605] also das positive (Erfüllungs-)Interesse.[606] **Naturalrestitution** oder **Erfüllung vertraglicher Pflichten,** insbesondere zur Unterlassung von Wettbewerb, kann nicht Gegenstand des Schadensersatzanspruchs sein.[607] Regelmäßig geht es um den Ersatz des durch die vorzeitige Vertragsauflösung **entgangenen Gewinns**.[608] Maßgebend ist idR der Gewinn eines in der Vergangenheit liegenden Zeitraums mit vergleichbaren Verhältnissen,[609] zu welchem die Parteien noch vertragsgemäß zusammengearbeitet und der Gekündigte seine Pflichten ordnungsgemäß erfüllt hat. Den Besonderheiten der einzelnen Branchen (zB mit Saisonverkäufen) ist Rechnung zu tragen. Dem HV können durch das vorzeitige Vertragsende zudem ein höherer Ausgleich nach § 89 b[610] oder Überhangsprovisionen entgangen und zu ersetzen sein, selbst wenn sie für die Zeit nach Vertragsende abbedungen waren.[611] Ihm kann, anders als dem Unternehmer/Geschäftsherrn, infolge der vorzeitigen Vertragsauflösung ein Ersatz dafür zustehen, dass er notwendige **Investitionen,** welche er für die Erfüllung der dem Unternehmer geschuldeten Leistungen getätigt hat, nicht in der vertraglich dafür vorgesehenen Zeit amortisieren kann;[612] im Übrigen muss er sein Investitionsrisiko selbst tragen.[613] Dem Unternehmer können durch Nichtvermittlung von Kundengeschäften oder Nichtbearbeitung eines dem HV übertragenen Bezirks oder Kundenstamms entgangene Gewinne sowie durch die Notwendigkeit der vorzeitigen Einarbeitung eines Nachfolgers des ausgeschiedenen HV entstandene Mehrkosten zu erstatten sein.[614] Hingegen ist § 61 auf den HVVertrag nicht entsprechend anwendbar.[615] Ein weitergehender, nicht auf der vorzeitigen Vertragsaufhebung beruhender Schaden wird von Abs. 2 nicht erfasst.[616]

f) Vorteilsausgleichung und ersparte Aufwendungen. Nach dem Grundsatz der Vorteilsausgleichung ist auf den Ersatzanspruch anzurechnen, was der Kündigende infolge kündigungsbedingt vorzeitig freiwerdender Kapazitäten (Unternehmer) oder Arbeitskraft (HV)[617] anderweitig erworben oder zu erwerben in vorwerfbarer Weise unterlassen hat.[618] Ihn trifft nach § 254 Abs. 2 die Obliegenheit zu einem anderweitigen, jedoch nicht überobligationsmäßigen nutzbringenden Einsatz seiner kündigungsbedingt vorzeitig frei gewordenen Arbeitskraft und Kapazitäten im Rahmen des ihm Möglichen und Zumutbaren.[619] Einkünfte aus nach der Kündigung übernommenen Vertretungen sind allerdings nicht anzurechnen, wenn und soweit der HV vor der Kündigung nicht ausgelastet war und er neben der ordnungsgemäßen Erfüllung seiner vertraglich geschuldeten Leistungen diese Einkünfte infolge noch freier Kapazitäten zusätzlich hätte erzielen können.[620] Des Weiteren mindert

---

[601] BGH Urt. v. 3. 3. 1993 – VIII ZR 101/92, BGHZ 122, 9, 14 = NJW 1993, 1386; BGH Urt. v. 1. 10. 1970 – VII ZR 171/68, WM 1970, 1513, 1514; BAG Urt. v. 26. 7. 2001 – 8 AZR 739/00, BB 2002, 832 = DB 2002, 539 = MDR 2002, 462; Heymann/*Sonnenschein/Weitemeyer* RdNr. 39, MünchKommHGB/*v. Hoyningen-Huene* RdNr. 91; *Schröder* RdNr. 25.
[602] BGH Urt. v. 8. 12. 1976 – I ZR 59/75, EBE 1977, 103, 104.
[603] OLG Karlsruhe Urt. v. 17. 9. 2003 – 1 U 9/03, HVR Nr. 1096.
[604] BGH Urt. v. 3. 3. 1993 – VIII ZR 101/92, BGHZ 122, 9, 15 = NJW 1993, 1386.
[605] *Schröder* RdNr. 25.
[606] BAG Urt. v. 8. 8. 2002 – 8 AZR 574/01, DB 2002, 2273, 2275.
[607] LG Krefeld NJW-RR 1988, 1063; Heymann/*Sonnenschein/Weitemeyer* RdNr. 39; aA *Hopt* RdNr. 34.
[608] Vgl. BGH Urt. v. 3. 3. 1993 – VIII ZR 101/92, BGHZ 122, 9, 12 = NJW 1993, 1386; BGH Urt. v. 25. 11. 1998 – VIII ZR 221/97, EBE 1999, 13, 15 = ZIP 1999, 277; vgl. auch BGH Urt. v. 30. 5. 2001 – VIII ZR 70/00, ZIP 2001, 1461 = WM 2001, 2010; Heymann/*Sonnenschein/Weitemeyer* RdNr. 39; MünchKommHGB/*v. Hoyningen-Huene* RdNr. 91; *Schröder* RdNr. 26.
[609] *Schröder* RdNr. 26.
[610] BGH Urt. v. 12. 1. 1970 – VII ZR 191/67, BGHZ 53, 150 = NJW 1970, 467; *Schröder* RdNr. 26.
[611] *Schröder* RdNr. 26.
[612] Vgl. *Semler* in Martinek/Semler § 14 RdNr. 36; *Fock* in Saenger/Schulze Der Ausgleichsanspruch des HV, 2000, 62 f.
[613] *Ebenroth* S. 173; aA wohl *Semler* in Martinek/Semler § 14 RdNr. 36.
[614] BGH Urt. v. 6. 10. 1983 – I ZR 127/81, WM 1983, 1416, 1419; *Schröder* RdNr. 26 a.
[615] Heymann/*Sonnenschein/Weitemeyer* RdNr. 37.
[616] *Schröder* RdNr. 25.
[617] BGH Urt. v. 1. 3. 1984 – I ZR 13/82, WM 1984, 1005; Heymann/*Sonnenschein/Weitemeyer* RdNr. 39; MünchKommHGB/*v. Hoyningen-Huene* RdNr. 91.
[618] *Schröder* RdNr. 26.
[619] Vgl. BGH Urt. v. 1. 10. 1970 – VII ZR 171/68, WM 1970, 1513, 1514; BGH Urt. v. 1. 3. 1984 – I ZR 13/82, WM 1984, 1005, 1006; Heymann/*Sonnenschein/Weitemeyer* RdNr. 39; MünchKommHGB/*v. Hoyningen-Huene* RdNr. 92.
[620] BGH Urt. v. 1. 3. 1984 – I ZR 3/82, HVR Nr. 586.

§ 89 a   73–75   1. Buch. 7. Abschnitt. Handelsvertreter

sich der Schadensersatzanspruch um den Betrag der ersparten Aufwendungen. Für Art und Höhe der vorzunehmenden Abzüge trägt grundsätzlich der sie einwendende Ersatzpflichtige, also der zu Recht Gekündigte (oder der zu Unrecht Kündigende – RdNr. 79), die Darlegungs- und Beweislast.

73   **g) Auskunftsansprüche.** Der **Schadensersatzberechtigte** hat einen vorrangig zu erfüllenden Auskunftsanspruch gegen den Ersatzpflichtigen,[621] soweit er zur Darlegung des Umfangs seines (zB auf entgangenen Gewinn gerichteten) Schadensersatzanspruchs auf ergänzende Angaben des Ersatzpflichtigen zB über dem Geschädigten entgangene und nicht bekannte Kundengeschäfte in dem für die Schadensberechnung maßgeblichen Zeitraum angewiesen ist (s. RdNr. 84).[622] Der **Schadensersatzpflichtige** hat gegen den Ersatzberechtigten ebenfalls einen Anspruch auf Auskunft hinsichtlich der Vorteile, welche der Berechtigte sich auf den Ersatzanspruch anrechnen lassen muss (s. RdNr. 84). Wegen dieses Anspruchs darf der Ersatzpflichtige allerdings weder dem Berechtigten unstreitig geschuldeten Schadensersatz noch die zu dessen Vorbereitung dienenden erforderlichen Auskünfte vorenthalten; insoweit ist er vorleistungspflichtig.[623] Ihre Rechtsgrundlage haben diese Auskunftspflichten in § 242 BGB (s. § 87 c).

74   **5. Schadensersatzanspruch des Gekündigten.** Ist der wichtige Kündigungsgrund von dem Kündigenden zu vertreten und hat er durch sein Verhalten zugleich schuldhaft Pflichten aus dem HVVertrag verletzt, kann dem Gekündigten nach den Grundsätzen der (positiven) Vertragsverletzung gem. § 280 BGB nF ein dem Abs. 2 entsprechender gleichartiger Anspruch auf Ersatz seines „**Aufhebungsschadens**" zustehen.[624] Das kann zB der Fall sein, wenn der Unternehmer die Betriebsstätte zerstört und dadurch die Fortsetzung des HVVertrags unmöglich oder unzumutbar gemacht hat. Schon die Verletzung der vertraglichen Pflicht, den Bestand des Vertrags nicht ohne rechtfertigenden Grund zu gefährden, kann für diesen Schadensersatzanspruch ausreichen.[625]

VII. Rechtsfolgen unberechtigter Kündigung

75   **1. Fortbestand des Vertrags und Wettbewerbsverbot.** Die unberechtigte fristlose Kündigung ist unwirksam.[626] Das Vertragsverhältnis besteht mit den gegenseitigen Rechten und Pflichten einschließlich der Informationsrechte des § 87 c[627] unverändert fort,[628] jedoch im Zweifel nur bis zu dem Zeitpunkt einer frühestmöglichen ordentlichen Kündigung (RdNr. 58). Will der zu Unrecht Gekündigte das Vertragsverhältnis bis zum Ablauf der ordentlichen Kündigungsfrist fortsetzen, muss er sich vertragstreu verhalten.[629] Das damit ebenfalls fortbestehende Verbot unzulässiger Konkurrenz- oder Wettbewerbstätigkeit[630] kann allerdings zugunsten des gekündigten HV Einschränkungen erleiden.[631] Für ihn ist eine weitere und idR ununterbrochene Ausübung seines Handelsgewerbes außer zur Deckung des Lebensunterhalts notwendig, um seine erforderlichen Fach- und Branchenkenntnisse auf dem neuesten Stand zu halten, einen bestehenden Kundenstamm, sein „Kapital",[632] zu betreuen und nicht zu verlieren sowie die künftigen Erwerbschancen nicht zu beeinträchtigen. Dieses Recht auf Berufsausübung des zu Unrecht gekündigten und damit notwendigerweise von seiner Tätigkeitspflicht freigestellten (s. § 89) HV hat Vorrang vor dem vertraglichen Recht des Unternehmers auf Einhaltung des Wettbewerbsverbots aus einem Vertrag, von dem er sich losgesagt hat.[633] Allenfalls wenn entweder **(1)** der Unternehmer dem HV eine weitere Tätigkeit bis zur Klärung der

---

[621] Hopt RdNr. 34; MünchKommHGB/v. Hoyningen-Huene RdNr. 94.
[622] BGH Urt. v. 22. 11. 2000 – VIII ZR 40/00, MDR 2001, 283.
[623] BGH Urt. v. 3. 2. 1978 – I ZR 116/76, MDR 1978, 467; vgl. auch MünchKommHGB/v. Hoyningen-Huene RdNr. 94.
[624] BGH Urt. v. 12. 3. 2003 – VIII ZR 197/02, EBE 2003, 182, 184 m. zust. Bspr. Albicker EWiR 2003, 973; Heymann/Sonnenschein/Weitemeyer RdNr. 37; MünchKommHGB/v. Hoyningen-Huene RdNr. 88.
[625] BGH Urt. v. 12. 3. 2003 – VIII ZR 197/02, EBE 2003, 182, 184.
[626] MünchKommHGB/v. Hoyningen-Huene RdNr. 78; Schröder RdNr. 19.
[627] LG Köln HVR Nr. 682.
[628] MünchKommHGB/v. Hoyningen-Huene RdNr. 78; Schröder RdNr. 19; vgl. auch aus arbeitsrechtlicher Sicht Gaul/Khanian MDR 2006, 181, 184.
[629] BGH Urt. v. 12. 3. 2003 – VIII ZR 197/02, EBE 2003, 182; BGH Urt. v. 17. 10. 1991 – I ZR 248/89, NJW-RR 1992, 481, 482; OLG München BB 1995 168; Hopt RdNr. 39; MünchKommHGB/v. Hoyningen-Huene RdNr. 78; Staub/Brüggemann RdNr. 21.
[630] Ausf. Hoss DB 1997, 1818 f.; vgl. BGH Urt. v. 30. 6. 1954 – II ZR 26/53, BB 1954, 647, 648; BGH Urt. v. 17. 10. 1991 – I ZR 248/89, NJW-RR 1992, 481, 482; BGH Urt. v. 12. 3. 2003 – VIII ZR 197/02, EBE 2003, 182, 184; MünchKommHGB/v. Hoyningen-Huene RdNr. 78; Schröder RdNr. 6 a, 20 a; Staub/Brüggemann RdNr. 21; Westphal RdNr. 564.
[631] So OLG Köln Urt. v. 21. 6. 2002 – 19 U 23/02, HVR Nr. 987; nach BGH Urt. v. 12. 3. 2003 – VIII ZR 197/02, EBE 2003, 182, 184 m. zust. Bspr. Albicker EWiR 2003, 973 soll das nur unter ganz engen Voraussetzungen in Ausnahmefällen zulässig sein; ebenso auch Hopt RdNr. 39.
[632] BVerfG Beschl. v. 25. 10. 1977 – 1 BvR 15/75, HVR Nr. 513.
[633] Im Grundsatz aA: BGH Urt. v. 12. 3. 2003 – VIII ZR 197/02, EBE 2003, 182, 184.

Berechtigung der Kündigung gestattet, oder ihm **(2)** jedenfalls eine Entschädigung zahlt, wie sie im Fall eines nachvertraglichen Wettbewerbsverbots geschuldet wird, oder **(3)** dem HV bei Beachtung des Wettbewerbsverbots eine angemessene Berufsausübung ohne weiteres möglich und zumutbar ist, kann das Verbot verbindlich bleiben.[634] Andernfalls kann eine durch die unberechtigte Kündigung des Unternehmers ausgelöste Konkurrenztätigkeit des HV nicht gegen das vertragliche Wettbewerbsverbot verstoßen, zumindest ist es dem Unternehmer nach § 242 BGB verwehrt, dem HV nachteilige Rechtsfolgen aus solchem Verhalten herzuleiten.[635] Das gilt unabhängig davon, ob der Handelsvertreter wegen der zu Unrecht ausgesprochenen Kündigung seinerseits das Vertragsverhältnis fristlos gekündigt hat;[636] der zu Unrecht gekündigte Handelsvertreter ist nicht verpflichtet, sich von dem Handelsvertretervertrag loszusagen, um seine bestehenden Rechte geltend machen zu können. Der Ansicht des BGH,[637] dass der HV grundsätzlich den HVV fristlos kündigen muss, um sich von dem fortbestehenden Wettbewerbsverbot lösen zu können, kann in dieser Allgemeinheit nicht gefolgt werden. Die Vorbereitung einer künftigen Betätigung für einen anderen Vertragspartner verstößt ohnehin nicht gegen das Wettbewerbsverbot (s. § 86).[638]

2. Einvernehmliche Vertragsbeendigung. Die unberechtigte Kündigungserklärung enthält regelmäßig das Angebot an den Kündigungsempfänger, das Vertragsverhältnis einvernehmlich fristlos zu beenden.[639] Sein Einverständnis hiermit kann der Kündigungsempfänger durch schlüssiges Verhalten zum Ausdruck bringen,[640] indem der HV zB seine Tätigkeit einstellt, Unterlagen zurücksendet oder Abrechnung des Vertragsverhältnisses fordert. Das Vertragsverhältnis endet dann durch Aufhebungsvertrag, nicht durch Zustimmung zu einer fristlosen Kündigung.[641] Rechte aus der außerordentlichen Kündigung kann der Kündigende nicht geltend machen, der gekündigte HV behält seinen Ausgleichsanspruch. Im Schweigen des Gekündigten auf eine unberechtigte fristlose Kündigung, in deren erklärter Hinnahme oder Annahme liegt im Zweifel ebenfalls nur das Einverständnis mit einer sofortigen Vertragsaufhebung, nicht aber das Eingeständnis der Berechtigung der erklärten Kündigung oder des Vorliegens des geltend gemachten wichtigen Grundes.

3. Reaktion des Gekündigten, Widerspruch und Feststellungsklage. Der zu Unrecht fristlos Gekündigte braucht sich gegen die Kündigung grundsätzlich nicht zur Wehr zu setzen. Um seine erfolgsabhängigen Provisionsansprüche nicht zu verlieren, muss der HV allerdings dem Unternehmer seine Dienste anbieten (RdNr. 78), sofern das nicht ausnahmsweise entbehrlich ist, weil (der HV nachweist, dass) der Unternehmer unter keinen Umständen zu einer Weiterbeschäftigung des gekündigten HV bereit ist.[642] Ein Widerspruch gegen die unberechtigte Kündigung kann aus dem Gesichtspunkt der vertraglichen Treuepflicht geboten und erforderlich sein, um die Wertung des Schweigens als Zustimmung zu einer Vertragsaufhebung auszuschließen. Zur Wahrung der Rechte aus dem Vertrag und dessen Verletzung durch die unberechtigte Kündigung bedarf es weder des Widerspruchs noch einer Klage auf Feststellung der Unwirksamkeit der außerordentlichen Kündigung; sie kann der Gekündigte jederzeit, auch in einem späteren Rechtsstreit, einwenden. Die besonderen Umstände, welche in anderen Vertragsverhältnissen eine unverzügliche Zurückweisung einer unberechtigten Kündigung notwendig machen können,[643] liegen bei dem HVVertrag nicht vor. Deswegen kann das Recht, die Unwirksamkeit einer unberechtigten außerordentlichen Kündigung geltend zu machen, grds. nicht als treuwidrig gewertet und verwirkt werden, sofern nicht (der Kündigende nachweist, dass) der Gekündigte unmissverständlich und eindeutig gegenüber dem Kündigenden zum Ausdruck gebracht hat, die Berechtigung der ausgesprochenen Kündigung anzuerkennen. Im Übrigen besteht die nicht fristgebundene Möglichkeit der Klage auf Feststellung, dass das Vertragsverhältnis nicht mit Zugang der fristlosen Kündigungserklärung, sondern erst mit Ablauf

---

[634] So wohl *Hopt* RdNr. 39; noch weitergehend OLG Karlsruhe DB 1971, 572 und VersR 1973, 858 mit abl. Anm. *Höft*.
[635] OLG Köln Urt. v. 21. 6. 2002 – 19 U 23/02, HVR Nr. 978; siehe dazu BGH Urt. v. 12. 3. 2003 – VIII ZR 197/02, EBE 2003, 182, 184, der solches aber nur in Ausnahmefällen anerkennt; vgl. dazu ansatzweise BGH Urt. v. 30. 6. 1954 – II ZR 26/53, BB 1954, 647, 648; BGH Urt. v. 17. 10. 1991 – I ZR 248/89, NJW-RR 1992, 481, 482; im Ergebnis ebenso *Hoss* DB 1997, 1819.
[636] OLG Köln Urt. v. 21. 6. 2002 – 19 U 23/02, HVR Nr. 978.
[637] Urt. v. 12. 3. 2003 – VIII ZR 197/02, EBE 2003, 182, 184.
[638] OLG München VersR 1957, 97; LAG Köln MDR 1997, 858; MünchKommHGB/*v. Hoyningen-Huene* RdNr. 78; *Schröder* RdNr. 20 a.
[639] OLG München NJW-RR 1995, 95; Heymann/*Sonnenschein/Weitemeyer* RdNr. 34; MünchKommHGB/*v. Hoyningen-Huene* RdNr. 78; vgl. RGRK-BGB/*Corts* § 626 RdNr. 237, 238.
[640] OLG München NJW-RR 1995, 95; MünchKommHGB/*v. Hoyningen-Huene* RdNr. 78.
[641] *Schröder* RdNr. 20.
[642] Vgl. BGH Urt. 9. 10. 2000 – II ZR 75/99, ZIP 2000, 2199.
[643] Vgl. OLG Karlsruhe MDR 2002, 581 für Versicherungsverträge.

der ordentlichen Kündigungsfrist beendet worden ist.[644] Klage oder einstweiliger Rechtsschutz auf eine Fortsetzung des Vertragsverhältnisses können ausnahmsweise zulässig sein, wenn Gegenstand des Begehrens konkrete Handlungen des Unternehmers sein sollen, welche in dem prozessualen Antrag genau bezeichnet werden müssen.[645] Für eine Klage auf Feststellung des Nichtvorliegens eines wichtigen Kündigungsgrundes fehlt regelmäßig das Feststellungsinteresse (§ 256 ZPO), solange die Kündigung nicht ausgesprochen worden ist;[646] danach wäre auf Feststellung des Fortbestands des Vertrags oder der Unwirksamkeit der Kündigung zu klagen.

78 **4. Einstellen der Tätigkeit und Provisionsanspruch nach § 615 BGB.** Da die unberechtigte außerordentliche Kündigung trotz ihrer Unwirksamkeit unmissverständlich zum Ausdruck bringt, dass auf die weitere Erfüllung der vertraglichen Pflichten kein Wert gelegt wird, darf der Gekündigte seine Tätigkeit für den Kündigenden sofort einstellen.[647] Der gekündigte HV behält trotzdem seinen Anspruch auf vereinbarte feste Vergütungen in voller Höhe[648] einschließlich der nicht erfolgsabhängigen Provisionsansprüche nach § 87 Abs. 2[649] ohne Abzug ersparter Aufwendungen[650] sowie seinen vertraglichen Anspruch auf vereinbarte Sonderleistungen, wie zB auf einen vom Unternehmer zur Verfügung gestellten Geschäftswagen, sofern er diesen auch privat nutzen darf, oder auf Weiterzahlung von Prämien zu einer Lebensversicherung;[651] er verliert aber seine erfolgsabhängigen Vergütungen (Provisionen). Insoweit findet § 615 BGB entsprechende Anwendung.[652] Durch das Angebot der weiteren Erfüllung seiner vertraglichen Pflichten (s. vorstehende RdNr.), welches jedenfalls den Anforderungen des § 295 BGB entsprechen und dem Unternehmer zugehen muss, erwirbt der HV Anspruch auf (Vermittlungs- oder Abschluss)Provision in einer hypothetischen Höhe, wie er sie voraussichtlich in der Zeit zwischen fristloser Kündigung und dem frühestmöglichen ordnungsgemäßem Vertragsende verdient hätte,[653] ohne zur Nachleistung verpflichtet zu sein;[654] Verschulden des Unternehmers ist nicht Anspruchsvoraussetzung.[655] Zu ermitteln ist die Vergütung wie ein entsprechender entgangener Gewinn (RdNr. 71). Im Zweifel entspricht sie jedenfalls dem Betrag, welchen der HV in einem vergleichbaren früheren Zeitraum oder sein Nachfolger in der Zeit zwischen Kündigung und ordnungsgemäßem Vertragsende verdient hat,[656] sofern Gekündigter und Nachfolger über die gleichen Fähigkeiten und Erfahrungen verfügen und mit gleichem Arbeitseinsatz tätig geworden wären.[657] Dem Unternehmer ist dann der Einwand, er hätte die von dem Gekündigten vermittelten Geschäfte nicht angenommen, trotz seiner Dispositionsfreiheit grundsätzlich insoweit verwehrt, als es um gleichartige oder vergleichbare Geschäfte geht, wie sie in der Vergangenheit von dem Gekündigten oder in der Folgezeit von seinem Nachfolger erfolgreich zustande gebracht worden sind.[658] § 254 BGB ist nicht anzuwenden, da es sich um einen vertraglichen Erfüllungsanspruch handelt,[659] jedoch muss sich der HV in entsprechender Anwendung des **§ 615 Satz 2 BGB**[660] anrechnen lassen, was er nach der Kündigung anderweit verdient oder böswillig zu verdienen unterlassen hat, indem er grundlos eine ihm bekannte[661] mögliche und zumutbare Tätigkeit nicht

---

[644] BGH Urt. v. 14. 2. 2000 – II ZR 285/97, ZIP 2000, 539 m. Anm. *Böcker* EWiR 2000, 519, auch zu dem in solchen Fällen erforderlichen prozessual zutreffenden Klageantrag; s. a. OLG Düsseldorf Urt. v. 11. 9. 1981 – 16 U 42/81, HVR Nr. 538; zum Streitwert einer solchen Klage siehe OLG Köln Urt. v. 20. 7. 2001 – 19 u 219/00, HVR Nr. 984.
[645] OLG Saarbrücken EWiR 1999, 1175 m. zust. Anm. *Emde*; scheinbar weitergehend *Emde* EWiR 2001, 483, 484.
[646] *Schröder* RdNr. 17.
[647] OLG Düsseldorf NJW 1959, 52; OLG Stuttgart BB 1960, 956, 957; MünchKommHGB/*v. Hoyningen-Huene* RdNr. 78; *Hopt* RdNr. 5; *Schröder* RdNr. 19; Staub/*Brüggemann* RdNr. 20.
[648] OLG Karlsruhe BB 1977, 1977.
[649] BGH Urt. v. 14. 11. 1966 – VII ZR 112/64, NJW 1967, 248, 250; BGH Urt. v. 18. 2. 1982 – I ZR 20/80, WM 1982, 632, 635; BGH Urt. v. 12. 3. 1992 – I ZR 117/90, NJW-RR 1992, 1059, 1060, 1061; OLG Düsseldorf NJW 1959, 52; OLG Köln Urt. v. 30. 6. 1981 – 21 U 33/80, HVR Nr. 565; *Hopt* RdNr. 38; MünchKommHGB/*v. Hoyningen-Huene* RdNr. 80; *Schröder* RdNr. 19 c.
[650] BGH Urt. v. 18. 6. 1959 – II ZR 121/57, BB 1959, 718; OLG Köln Urt. v. 30. 6. 1981 – 21 U 33/80, HVR Nr. 565; *Hopt* RdNr. 38.
[651] OLG Karlsruhe Urt. v. 25. 2. 1977 – 15 U 54/76, HVR Nr. 505.
[652] BGH Urt. v. 14. 11. 1966 – VII ZR 112/64, NJW 1967, 248, 250; vgl. auch BAG Urt. v. 24. 11. 1960 – 5 AZR 545/59, NJW 1961, 381; *Hopt* RdNr. 37, 38.
[653] OLG Saarbrücken NJW – RR 2002, 542; Heymann/*Sonnenschein/Weitemeyer* RdNr. 40; MünchKommHGB/*v. Hoyningen-Huene* RdNr. 79; *Schröder* RdNr. 19 a und 19 c.
[654] *Schröder* RdNr. 19 a.
[655] BGH Urt. v. 11. 4. 1957 – VII ZR 280/56, BGHZ 24, 91, 95, 96 = NJW 1957, 989.
[656] *Schröder* RdNr. 19 a.
[657] BGH Urt. v. 31. 3. 1982 – IV a ZR 298/80, WM 1982, 635; OLG Stuttgart BB 1960, 956, 957.
[658] Vgl. dazu *Schröder* RdNr. 19 a und § 87 RdNr. 72 c; enger *Steindorff* ZHR 130 (1968), 82, 84 f.
[659] BGH Urt. v. 14. 11. 1966 – VII ZR 112/64, NJW 1967, 248, 250.
[660] Heymann/*Sonnenschein/Weitemeyer* RdNr. 40; MünchKommHGB/*v. Hoyningen-Huene* RdNr. 79; *Schröder* RdNr. 19 b.
[661] BAG Urt. v. 24. 9. 2003 – 5 AZR 500/02, GmbHR 2004, R 59.

ausgeübt hat[662] oder vorsätzlich[663] verhindert hat, dass ihm eine zumutbare anderweitige Erwerbsmöglichkeit angeboten wurde. Fahrlässige Unkenntnis genügt nicht. Ein böswilliges Unterlassen anderweitiger Erwerbsmöglichkeit kann in besonders gelagerten Ausnahmefällen auch darin liegen, dass der HV nach dem Ausspruch einer von ihm nicht akzeptierten fristlosen **Änderungskündigung** durch den Geschäftsherrn eine Fortsetzung seiner Tätigkeit zu den geänderten Arbeitsbedingungen zumindest vorübergehend ablehnt, obwohl ihm eine solche objektiv zumutbar ist und er noch nicht über eine andere Erwerbsmöglichkeit verfügt.[664] Solange der HV sich auf die Tätigkeit für einen anderem Unternehmer vorbereitet, ohne bereits eine Vergütung zu erzielen, kann § 615 Satz 2 nicht eingreifen,[665] es sei denn, (dass der Unternehmer nachweist), dass eine solche **Vorbereitung auf eine andere Tätigkeit** bei objektiver Würdigung nicht nötig und der Drittunternehmer zum sofortigen Einsatz des HV bereit gewesen ist. Der **Mehrfachvertreter,** der sich infolge der Kündigung in höherem Maß für seine übrigen Auftraggeber einsetzen kann, muss sich den dadurch erzielten Mehrverdienst nach § 615 Satz 2 anrechnen lassen.[666] Der seinen fristlos gekündigten Bezirk oder Kundenstamm nicht weiter pflegende und betreuende **Bezirksvertreter** unterlässt nicht eine „anderweitige Verwendung seiner Dienste" im Sinn des § 615 Satz 2 BGB.[667] In der **Freistellung** des HV von seinen Leistungspflichten durch den Unternehmer (§ 89) liegt im Zweifel nicht dessen Verzicht auf die Anrechnungspflicht nach § 615 Satz 2 BGB.[668]

5. Schadensersatzanspruch. Die in der unberechtigten fristlosen Kündigung liegende ernsthafte und endgültige Lossagung vom Vertrag stellt, selbst wenn sie nicht mit einer ausdrücklich erklärten sofortigen Freistellung des Gekündigten von den vertraglichen Pflichten verbunden ist,[669] grundsätzlich eine schuldhafte Verletzung des HVVertrags dar[670] und verpflichtet den Kündigenden zum Ersatz des dem Gekündigten durch die tatsächliche vorzeitige Vertragsbeendigung entstehenden (Aufhebungs- oder Auflösungs-) Schadens.[671] Das Risiko des Nichtvorliegens eines für die fristlose Kündigung ausreichenden wichtigen Grundes trägt der Kündigende; die auf seiner Prüfung der Sach- und Rechtslage beruhende Überzeugung von seinem Recht zur fristlosen Kündigung kann sein Vorgehen grundsätzlich nicht rechtfertigen und entschuldigen;[672] auch eine fehlerhafte Rechtsberatung geht im Verhältnis zu dem Gekündigten zu seinen Lasten. Es handelt sich wie bei Abs. 2 um einen Ersatzanspruch aus (positiver) Vertragsverletzung nach § 280 BGB nF,[673] weswegen die dortigen Ausführungen, besonders zu Art und Umfang des Schadens (entgangene Gewinne und sonstige Vorteile), Mitverschulden und Vorteilsausgleichung (RdNr. 69, 71, 72), entsprechend gelten.[674] Nach einer unberechtigten Kündigung des Handelsvertretervertrages durch den Handelsvertreter, der eine weitere Tätigkeit für den Unternehmer ernsthaft und endgültig ablehnt, hat der Unternehmer sich aus dem Gesichtspunkt der Schadensminderung bereits vor dem ordentlichen Vertragsende um einen Nachfolger des Handelsvertreters zu bemühen; auf diese Weise erzielbare Einnahmen sind auf den Ersatzanspruch wegen entgangenen Gewinns anzurechnen, wobei der entgangene Gewinn abstrakt auf der Grundlage der vom Handelsvertreter vermittelten Umsatzzahlen eines Zeitraums errechnet werden kann, zu welchem der Handelsvertreter sich noch mit vollem Einsatz seiner geschuldeten Vertriebstätigkeit gewidmet hat.[675] Ein

---

[662] BAG Urt. v. 16. 5. 2000 – 9 AZR 203/99, ZIP 2000, 2319 = BB 2001, 203 m. Anm. *Oetker* EWiR 2001, 111; RGRK-BGB/*Matthes* § 615 RdNr. 92; vgl. auch *Schirge* DB 2000, 1278.
[663] BAG Urt. v. 24. 9. 2003 – 5 AZR 500/02, GmbHR 2004, R 59.
[664] BAG Urt. v. 16. 6. 2004 – 5 AZR 508/03, ZIP 2004, 1916, 1917 (zu § 615 und KSchG).
[665] Siehe dazu: *Schröder* RdNr. 19 b; Staub/*Brüggemann* RdNr. 20; RGRK-BGB/*Matthes* § 615 RdNr. 94; aA OLG Düsseldorf BB 1972, 196 = DB 1972, 281.
[666] *Schröder* RdNr. 19 b.
[667] AA MünchKommHGB/*v. Hoyningen-Huene* RdNr. 80.
[668] Vgl. BGH Urt. v. 9. 10. 2000 – II ZR 75/99, NJW 2001, 287, 288.
[669] Vgl. *Schröder* RdNr. 20.
[670] Emde EWiR 2001, 1057.
[671] BGH Urt. V. 30. 5. 2001 – VIII ZR 70/00, WM 2001, 2010 = ZIP 2001, 1461 m. zust. Anm. *Emde* EWiR 2001, 1057; vgl. BGH Urt. v. 1. 10. 1970 – VII ZR 171/68, WM 1970, 1513, 1514; OLG Köln Urt. v. 12. 7. 1991 – 22 U 12/91, HVR Nr. 718; Heymann/*Sonnenschein*/*Weitemeyer* RdNr. 40; MünchKommHGB/*v. Hoyningen-Huene* RdNr. 81; *Schröder* RdNr. 19 und 20.
[672] Vgl. BGH Urt. v. 1. 10. 1970 – VII ZR 171/68, WM 1970, 1513, 1514; BGH Urt. v. 13. 7. 1972 – VII ZR 166/71, WM 1972, 1095; *Schröder* RdNr. 19.
[673] BGH Urt. v. 30. 5. 2001 – VIII ZR 70/00, WM 2001, 2010 = ZIP 2001, 1461 m. zust. Anm. *Emde* EWiR 2001, 1057.
[674] BGH Urt. v. 14. 11. 1966 – VII ZR 112/64, NJW 1967, 248; BGH Urt. v. 12. 1. 1970 – VII ZR 191/67, BGHZ 53, 150 = NJW 1970, 467; BGH Urt. v. 1. 10. 1970 – VII ZR 171/68, WM 1970, 1513, 1514; vgl. auch BGH Urt. v. 11. 10. 1990 – I ZR 32/89, NJW-RR 1991, 156, 157; OLG München NJW-RR 1998, 1189, 1190 (vereinbarte Schadenspauschale); vgl. dazu Heymann/*Sonnenschein*/*Weitemeyer* RdNr. 40; MünchKommHGB/*v. Hoyningen-Huene* RdNr. 81; *Schröder* RdNr. 19 und 20.
[675] BGH Urt. v. 30. 5. 2001 – VIII ZR 70/00, WM 2001, 2010 = ZIP 2001, 1461 m. zust. Anm. *Emde* EWiR 2001, 1057 (zu den Einzelheiten der abstrakten Ermittlung des entgangenen Unternehmergewinns).

§ 89 a 80–82

vertragswidriges, jedoch eine außerordentliche Kündigung nicht rechtfertigendes Verhalten des Gekündigten kann ausnahmsweise im Rahmen des § 254 BGB anspruchsmindernd wirken.[676]

80 **6. Auskunftsansprüche.** Zur Durchsetzung ihrer gegenseitigen Rechte auf Vergütung und Schadensersatz sowie auf etwaige Anrechnung ersparter Aufwendungen oder anzurechnender Einkünfte (s. a. RdNr. 84) können beiden Vertragspartnern die gleichen Auskunftsansprüche wie nach einer berechtigten außerordentlichen Kündigung (RdNr. 73) zustehen. Soweit der zu Unrecht gekündigte HV allerdings Vergütungsforderungen oder an deren Stelle tretende Ersatzansprüche für die Zeit des fortbestehenden HVVertrags geltend macht, bestimmen sich seine Informationsrechte nach § 87 c (s. d. Erl. zu § 87 c).

VIII. Beweisfragen

81 **1. Beweislast für wirksame fristlose Kündigung.** Der Kündigende hat, unabhängig von seiner Parteirolle in einem Rechtsstreit, sämtliche Tatsachen nachzuweisen, aus denen er sein Recht auf eine wirksame fristlose Kündigung herleitet,[677] wozu auch der Nachweis des Fortbestehens des Vertragsverhältnisses im Zeitpunkt der Kündigung gehört. Der Grundsatz gilt in gleicher Weise, wenn der Gekündigte die Unwirksamkeit der fristlosen Kündigung klageweise oder als Voraussetzung eines von ihm eingeklagten oder zur Aufrechnung gestellten Anspruchs geltend macht, oder wenn der Kündigende sich mit der Begründung, das Vertragsende sei durch fristlose Kündigung vorzeitig herbeigeführt worden, gegen einen vom Gekündigten erhobenen Anspruch verteidigt. Der Gekündigte braucht lediglich darauf hinzuweisen, dass eine fristlose Kündigung nicht erfolgt oder unwirksam sei. Im Schadensersatzprozess hat der Kündigende die Berechtigung der fristlosen Kündigung selbst dann nachzuweisen, wenn er Anspruchsgegner ist.[678] Zu den vom Kündigenden nachzuweisenden Voraussetzungen einer wirksamen fristlosen Kündigung gehören die Abgabe einer rechtswirksamen Kündigungserklärung und deren tatsächlicher Zugang bei dem Gekündigten[679] sowie das Vorliegen eines wichtigen, nicht verbrauchten oder verfristeten Grundes[680] einschließlich der tatsächlichen Voraussetzungen für eine Unzumutbarkeit der Vertragsfortsetzung bis zum frühestmöglichen ordnungsgemäßen Vertragsende.[681] Lediglich die Tatsachen, aus denen sich ausnahmsweise die Zumutbarkeit einer Fortsetzung des Vertrags bis zu dessen ordentlicher Kündigung ergeben soll, hat der Gekündigte nachzuweisen (RdNr. 14). Der Nachweis, von dem Kündigungsgrund in nicht verfristeter Zeit Kenntnis erlangt und rechtzeitig Gebrauch gemacht zu haben, gehört zum wichtigen Grund und obliegt dem Kündigenden;[682] die konkrete Möglichkeit einer früheren Kenntniserlangung ist von dem Gekündigten konkret aufzuzeigen und von dem Kündigenden zu widerlegen. Steht ein außerordentliches Kündigungsrecht wegen eines nicht verbrauchten und rechtzeitig geltend gemachten wichtigen Grundes fest, trägt der Gekündigte die Beweislast für einen Verzicht oder eine Verwirkung des Rechts.[683] Ein Einverständnis (Einwilligung) des Kündigenden mit dem Verhalten, welches Anlass für die fristlose Kündigung geworden ist, oder einen sonstigen Rechtfertigungsgrund hat der Gekündigte konkret darzulegen,[684] dessen Widerlegung durch den Nachweis der Nichteinwilligung obliegt dem Kündigenden.[685] Die Beweislast für rechtsverbindlich vereinbarte Erleichterungen des Kündigungsrechts trägt ebenfalls der Kündigende.

82 **2. Auskunftspflicht des zu Kündigenden über mögliche Kündigungsgründe.** Einen Anspruch auf Auskunft mit dem Ziel, sich die Kenntnis von Kündigungsgründen zu verschaffen, hat der Kündigende grds. nicht, sofern es sich nicht um Tatsachen handelt, hinsichtlich derer eine besondere Informationspflicht besteht (vgl. §§ 86 und 86 a sowie gegebenenfalls auch § 87 c).

---

[676] BGH Urt. v. 14. 11. 1966 – VII ZR 112/64, NJW 1967, 246, 248 = MDR 1967, 122.
[677] BGH Urt. v. 16. 12. 1998 – VIII ZR 381/97, NJW-RR 1999, 539, 540 m. Anm. *Emde* EWiR 1999, 611, 540; Heymann/*Sonnenschein*/*Weitemeyer* RdNr. 27; *Baumgärtel* § 626 BGB RdNr. 1.
[678] BGH Urt. v. 13. 11. 1997 – III ZR 165/96, MDR 1998, 237.
[679] *Schröder* RdNr. 17; *Baumgärtel* § 626 BGB RdNr. 1.
[680] BGH Urt. v. 20. 2. 1995 – II ZR 9/94, ZIP 1995, 560, 562 (für § 626 BGB); OLG München NJW-RR 1995, 1186; MünchKommHGB/*v. Hoyningen-Huene* RdNr. 33; *Schröder* RdNr. 17; *Baumgärtel* RdNr. 1.
[681] Vgl. *Baumgärtel* § 626 BGB RdNr. 1.
[682] BGH Urt. v. 5. 4. 1990 – IX ZR 16/89, BGHR BGB § 626 Abs. 2 – Kündigungsfrist 1; BGH Urt. v. 2. 6. 1997 – II ZR 101/96, GmbHR 1997, 998, 999; LAG Berlin GmbHR 1997, 839, 842; *Becker-Schaffner* DB 1987, 2153; vgl. RGRK-BGB/*Corts* § 626 RdNr. 256; differenzierend *Schröder* RdNr. 6; unklar und wohl aA *Baumgärtel* RdNr. 1, siehe aber auch *Baumgärtel* § 626 BGB RdNr. 6.
[683] *Schröder* RdNr. 8; vgl. *Baumgärtel* RdNr. 1.
[684] BGH Urt. v. 20. 2. 1995 – II ZR 9/94, ZIP 1995, 560, 562 und BGH Urt. v. 28. 10. 2002 – II ZR 353/00, ZIP 2002, 2254 (beide zu § 626 BGB); vgl. *Baumgärtel*/*Corts* § 626 RdNr. 252, 253; *Baumgärtel* § 626 BGB RdNr. 1.
[685] BGH Urt. v. 20. 2. 1995 – II ZR 9/94, ZIP 1995, 560, 562 und BGH Urt. v. 28. 10. 2002 – II ZR 353/00, ZIP 2002, 2254 (beide zu § 626 BGB); vgl. *Baumgärtel* § 626 BGB RdNr. 1.

3. Bindung an rechtskräftige Verurteilung wegen eines Kündigungsgrundes. Eine rechtskräftige Verurteilung des zu Kündigenden wegen der (Straf-)Tat, welche den Kündigungsgrund darstellen soll, bindet das Zivilgericht nicht (vgl. § 14 Abs. 2 Nr. 1 EGZPO);[686] die Frage der Bindungswirkung stellt sich nicht, wenn die Tatsache der Verurteilung bereits die Kündigung rechtfertigen kann.[687] 83

4. Beweislast für Schadensersatz oder sonstige Zahlungsansprüche. Den Nachweis des Schadens muss der Anspruchsteller führen, wobei ihm die Beweiserleichterungen nach § 252 BGB und § 287 ZPO zugute kommen.[688] So darf regelmäßig vermutet werden, dass in der Zeit nach einer außerordentlichen Kündigung ein Gewinn in gleicher Höhe erzielt worden wäre, wie er in einem vergleichbaren in der Vergangenheit liegenden Zeitraum von dem Gekündigten oder in der Zeit nach Kündigung mit Hilfe Dritter tatsächlich erwirtschaftet worden ist; das Gegenteil muss der Anspruchsgegner beweisen,[689] ebenso die Voraussetzungen für Mitverschulden, ersparte Aufwendungen oder Vorteilsausgleichung nach § 254 Abs. 1 und 2 BGB[690] zB durch eine mögliche anderweitige Ausnutzung von Arbeitskraft/freien Kapazitäten.[691] Diese Beweislastverteilung gilt auch für § 615 Satz 2;[692] dem beweisbelasteten Anspruchsgegner[693] steht allerdings insoweit idR ein **Auskunftsanspruch** gegen den Anspruchsteller zu, um seiner Darlegungs- und Beweislast nachkommen zu können (RdNr. 73 und 80).[694] Einen entgangenen höheren als den tatsächlich im Vergleichszeitraum erzielten Gewinn muss der Anspruchsteller konkret darlegen und beweisen,[695] ebenso Annahmeverzug; Entfallen des Annahmeverzugs wegen Leistungsunfähigkeit des Anspruchstellers gemäss § 297 BGB muss der ansonsten Zahlungspflichtige, also der Gläubiger der streitigen Leistung, beweisen.[696] Verlangt der HV einen höheren Ausgleich nach § 89 b, weil er ohne die vorzeitige Vertragsbeendigung weitere Kunden für den Unternehmer geworben hätte, obliegt ihm hierfür die Beweislast.[697] 84

IX. Europarecht

Allgemeine Ausführungen und Text der HV-RiLi s. Vor § 84 Anh. Während im Richtlinienentwurf von 1979 (s. hierzu Vor § 84 Anh. I RdNr. 2) noch eine ausführliche Regelung der fristlosen Kündigung enthalten war, insbesondere im Hinblick auf einen Schadensersatzanspruch bei Nichtbestehen eines wichtigen Grundes, ist in der endgültigen Fassung der Richtlinie eine Harmonisierungsvorgabe unterblieben, da die Rechte der Mitgliedstaaten wohl zu unterschiedlich waren und eine Einigung nicht erzielt werden konnte. Es verbleibt demnach in vollem Umfang beim nationalen Recht, wie in Art. 16 HV-RiLi festgelegt. 85

§ 89 b [Ausgleichsanspruch]

(1) ¹Der Handelsvertreter kann von dem Unternehmer nach Beendigung des Vertragsverhältnisses einen angemessenen Ausgleich verlangen, wenn und soweit
1. der Unternehmer aus der Geschäftsverbindung mit neuen Kunden, die der Handelsvertreter geworben hat, auch nach Beendigung des Vertragsverhältnisses erhebliche Vorteile hat,
2. der Handelsvertreter infolge der Beendigung des Vertragsverhältnisses Ansprüche auf Provision verliert, die er bei Fortsetzung desselben aus bereits abgeschlossenen oder künftig zustande kommenden Geschäften mit den von ihm geworbenen Kunden hätte, und

---

[686] MünchKommZPO/*Wolf* § 14 EGZPO RdNr. 4; Zöller/*Gummer* EGZPO § 14 RdNr. 2.
[687] BAG Urt. v. 8. 6. 2000 – 2 ABR 1/00, ZIP 2000, 2265; m. Anm. *Schlachter* EWiR 2001, 209.
[688] BGH Urt. v. 12. 1. 1970 – VII ZR 191/67, BGHZ 53, 150, 152 = NJW 1970, 467; BGH Urt. v. 6. 2. 1986 – I ZR 92/84, WM 1986, 622, 623; BGH Urt. v. 5. 10. 1989 – I ZR 160/88, NJW-RR 1990, 171, 172 mit zust. Anm. *v. Hoyningen-Huene* EWiR 1990, 167; BGH Urt. v. 13. 11. 1997 – III ZR 165/96, MDR 1998, 237; vgl. auch *v. Hoyningen-Huene/Boemke* NJW 1994, 1757.
[689] BGH Urt. v. 31. 3. 1982 – IV a ZR 298/80, WM 1982, 635, 636; BGH Urt. v. 6. 2. 1986 – I ZR 92/84, WM 1986, 622, 623; Heymann/*Sonnenschein/Weitemeyer* RdNr. 39; MünchKommHGB/*v. Hoyningen-Huene* RdNr. 95.
[690] MünchKommHGB/*v. Hoyningen-Huene* RdNr. 95.
[691] Vgl. BGH Urt. v. 6. 2. 1986 – I ZR 92/84, WM 1986, 622, 623.
[692] BAG Urt. v. 19. 3. 2002 – 9 AZR 16/01, ZIP 2002, 2186, 2187; vgl. *Schröder* RdNr. 19 a.
[693] Bamberger/Roth/*Fuchs* § 615 RdNr. 51.
[694] Vgl. zum Arbeitsvertrag BAG Urt. v. 19. 3. 2002 – 9 AZR 16/01, ZIP 2002, 2186, 2187; Bamberger/Roth/*Fuchs* § 615 RdNr. 50; *Baumgärtel* § 615 BGB RdNr. 6.
[695] BGH Urt. v. 11. 10. 1990 – I ZR 32/89, NJW-RR 1991, 156, 157.
[696] Ausf. BAG Urt. v. 5. 11. 2003 – 5 AZR 562/02, GmbHR 2004 R 133; *Baumgärtel* § 297 RdNr. 1 mwN.
[697] *Schröder* RdNr. 20.

§ 89 b

3. die Zahlung eines Ausgleichs unter Berücksichtigung aller Umstände der Billigkeit entspricht.

²Der Werbung eines neuen Kunden steht es gleich, wenn der Handelsvertreter die Geschäftsverbindung mit einem Kunden so wesentlich erweitert hat, daß dies wirtschaftlich der Werbung eines neuen Kunden entspricht.

(2) Der Ausgleich beträgt höchstens eine nach dem Durchschnitt der letzten fünf Jahre der Tätigkeit des Handelsvertreters berechnete Jahresprovision oder sonstige Jahresvergütung; bei kürzerer Dauer des Vertragsverhältnisses ist der Durchschnitt während der Dauer der Tätigkeit maßgebend.

(3) Der Anspruch besteht nicht, wenn

1. der Handelsvertreter das Vertragsverhältnis gekündigt hat, es sei denn, daß ein Verhalten des Unternehmers hierzu begründeten Anlaß gegeben hat oder dem Handelsvertreter eine Fortsetzung seiner Tätigkeit wegen seines Alters oder wegen Krankheit nicht zugemutet werden kann, oder
2. der Unternehmer das Vertragsverhältnis gekündigt hat und für die Kündigung ein wichtiger Grund wegen schuldhaften Verhaltens des Handelsvertreters vorlag oder
3. auf Grund einer Vereinbarung zwischen dem Unternehmer und dem Handelsvertreter ein Dritter anstelle des Handelsvertreters in das Vertragsverhältnis eintritt; die Vereinbarung kann nicht vor Beendigung des Vertragsverhältnisses getroffen werden.

(4) ¹Der Anspruch kann im voraus nicht ausgeschlossen werden. ²Er ist innerhalb eines Jahres nach Beendigung des Vertragsverhältnisses geltend zu machen.

(5) ¹Die Absätze 1, 3 und 4 gelten für Versicherungsvertreter mit der Maßgabe, daß an die Stelle der Geschäftsverbindung mit neuen Kunden, die der Handelsvertreter geworben hat, die Vermittlung neuer Versicherungsverträge durch den Versicherungsvertreter tritt und der Vermittlung eines Versicherungsvertrages es gleichsteht, wenn der Versicherungsvertreter einen bestehenden Versicherungsvertrag so wesentlich erweitert hat, daß dies wirtschaftlich der Vermittlung eines neuen Versicherungsvertrages entspricht. ²Der Ausgleich des Versicherungsvertreters beträgt abweichend von Absatz 2 höchstens drei Jahresprovisionen oder Jahresvergütungen. ³Die Vorschriften der Sätze 1 und 2 gelten sinngemäß für Bausparkassenvertreter.

EG-Richtlinie 86/653/EWG. Art. 17, 18 u. 19 s. Vor § 84 Anh.
EG-RiLi 86/653/EWG. Art. 20 s. Vor § 84 Anh.

Schrifttum: Siehe zunächst das Schrifttumsverzeichnis vor § 84; wegen des älteren Schrifttums aus der Zeit vor 1990 wird auf das Schrifttumsverzeichnis der Vorauflage verwiesen: *Arndt,* Alters- oder krankheitsbedingte Kündigung bei Handelsvertreter-Gesellschaften: Erhaltung des Ausgleichsanspruchs durch Formwechsel? DB 1999, 1789; *Ball,* Rechtsnatur und Funktion des Ausgleichsanspruchs nach § 89 b HGB unter besonderer Berücksichtigung der Rechtsprechung des Bundesgerichtshofs, in Saenger/Schulze, Der Ausgleichsanspruch des Handelsvertreters, 2000, S. 17; *Behrendt,* Aktuelle handelsvertreterrechtliche Fragen in Rechtsprechung und Praxis, NJW 2003, 1563; *Beiser,* Der Ausgleichsanspruch in der Handels- und Steuerbilanz, DB 2002, 2176; *Bodewig,* Der Ausgleichsanspruch des Franchisenehmers nach Beendigung des Vertragsverhältnisses, BB 1997, 637; *Brych,* Ausgleichsanspruch bei jedweder Art von Eigenkündigung, BB 1992, 8; *Budde,* Das Ende der Einstandszahlung im Handelsvertreterrecht? DB 2005, 2177; *Creutzig,* Automobilvertrieb heute und morgen, DAR 1999, 16; *Eckert,* Die analoge Anwendung des Ausgleichsanspruchs nach § 89 b HGB auf Vertragshändler und Franchisenehmer, WM 1991, 1237; *Ekkenga,* Ausgleichsanspruch analog § 89 b HGB und Ertragswertmethode, AG 1992, 345; *Ende,* Die betriebsbedingte außerordentliche Kündigung von Vertragshändlerverträgen durch den Unternehmer, BB 1996, 2260; *Ensthaler/Gesmann-Nuissl,* Übernahme des Großkundengeschäfts der Kfz-Händler durch die Hersteller – Zulässigkeit und Rechtsfolgen, BB 2003, 533; *Ensthaler/Gesmann-Nuissl/Stopper,* Ausgleichsansprüche des Kfz-Vertragshändlers für drittbestimmte Investitionen und den Kundenstamm bei ordentlicher Kündigung oder Herabstufung, AG 2003, 257; *Evers,* Die Nichtigkeit von Handelsvertreterverträgen wegen sittenwidrig geringer Verdienstmöglichkeiten und ihre Rückabwicklung, BB 1992, 1365; *Evers/Kiene,* Die Anrechenbarkeit von Versorgungsleistungen auf den Ausgleichsanspruch de Handelsvertreters, ZfV 2001, 585, 618, 765; *dies.,* Der Ausgleichsanspruch des Handelsvertreters: Anrechnung von Versorgungsleistungen nach ihrer Einstufung als „besonders günstige Vertragsbedingung", DB 2003, 1309; *Flohr,* Die Anwendbarkeit des § 89 b HGB auf den Ausgleichsanspruch des Franchisenehmers bei Beendigung des Franchisevertrags, DStR 1998, 572; *ders.,* Die Rückabwicklung gescheiterter Franchiseverhältnisse, WM 2001, 1441; *Fock,* Der nachvertragliche Schadensersatzanspruch des Handelsvertreters gem. Art. 17 Abs. 3 der EG-Handelsvertreterrichtlinie – Alternative oder Ergänzung zum Goodwill-Ausgleich des Vertreters? in Saenger/Schulze, Der Ausgleichsanspruch des Handelsvertreters, 2000, S. 62; *Fuchs-Baumann,* Ausgleichsanspruch des Versicherungsvertreters: Anrechnung des Barwerts einer vom Versicherungsunternehmen finanzierten Versorgung, DB 2001, 2131; *Haas,* Wegfall des Handelsvertreterausgleichsanspruchs gemäß § 89 b Abs. 3 Nr. 1 HGB bei Eigenkündigung ohne besonderen Anlass verfassungswidrig?, BB 1991, 1441 und BB 1992, 941; *Herbert,* Neues zum Ausgleichsanspruch des Handelsvertreters, BB 1997, 1317; *Hermes,* Die Beendigung des Vertragshändlervertrags im deutschen und niederländischen Recht, RIW 1999, 81; *Höfer/Küpper,* Betriebliche Altersversorgung bei Umwandlung von Tätigkeitsvergütungen, BB 1990, 849; *Intveen,* Praxisprobleme bei der Berechnung des Ausgleichsanspruchs eines KFZ-Vertragshändlers, BB 1999, 1881;

Kainz/Lieber/Puszkajler, Die „Münchener Formel" – oder Berechnung des Vertragshändlerausgleichs in der Autobranche, BB 1999, 434; *Kiene*, Der Ausgleichsanspruch des Handelsvertreters, 2004; *ders.*, Der Verkauf einer Handelsvertretung – Rechtliche Besonderheiten bei der Nachfolge im Wege des § 89b III Nr. 3 HGB, NJW 2006, 2007; *Kirsch*, Ist der Ausgleichsanspruch des Vertragshändlers analog § 89b HGB am Ende? NJW 1999, 2779; *Köhler*, Ausgleichsanspruch des Franchisenehmers: Bestehen, Bemessung, Abwälzung, NJW 1990, 1689; *Kümmel*, Der Ausgleichsanspruch des Vertragshändlers, DB 1997, 27; *dies.*, Der Ausgleichsanspruch des Kfz-Vertragshändlers – Berechnung nach der „Münchner Formel", DB 1998, 2407; *Küstner*, Ausgleichsanspruch des Handelsvertreters und Altersversorgungsleistungen, BB 1994, 1590; *ders.*, Bestandswegnahme und Schadensersatz, VersR 1996, 944; *ders.*, Aktuelle Probleme des Vertriebsrechts, BB 1999, 541; *ders.*, Ausgleichsberechnung nach § 89b HGB – Fehler im Detail, BB 2000, Heft 20, „Die erste Seite"; *ders.*, Im Versicherungsvertreterrecht kehrt keine Ruhe ein, VersR 2002, 513, 519; *Küstner/v. Manteuffel*, Die Änderungen des Handelsvertreterrechts aufgrund der EG-Harmonisierungsrichtlinie vom 18. 12. 1986; BB 1990, 291; *dies.*, Gedanken zu dem neuen Ausgleich-Ausschlußtatbestand gem. § 89b Abs. 3 Nr. 3 HGB, BB 1990, 1713; *Laber*, Eigenkündigung des Handelsvertreters: Verfassungsmäßigkeit des Ausschlusses des Ausgleichsanspruchs, DB 1994, 1275; *Löwe/Schneider*, Zur Anrechnung einer betrieblichen Altersversorgung auf den Ausgleichsanspruch des Handelsvertreters, ZIP 1997, 1129; *Müller*, Ausgleichsanspruch des Handelsvertreters nach § 89b I 2 wegen erweiterter Altkundenbeziehung auch bei Umsatzrückgang?, NJW 1997, 3432; *Müller-Stein*, Ausgleichsanspruch gem. § 89b HGB nach Bestandsübertragungen aufgrund erteilter Maklerafträge, VersR 1990, 561; *Niebling*, Der Ausgleichsanspruch des Vertragshändlers, ZIP 1997, 2388; *ders.*, Automobilvertrieb im Umbruch, DAR 1999, 8; *Noetzel*, Die eigene Kündigung des Handelsvertreters und sein gesetzlicher Ausgleichsanspruch, DB 1993, 1557; *Olzen*, Offene Fragen um den Ausgleichsanspruch des Handelsvertreters, JR 2002, 45; *Peterek*, Zur Bedeutung und zum Umfang allgemeiner Kundenschutzvereinbarungen, BB 1996, 351; *Pollkläsener*, Der handelsvertreterähnliche Ausgleichsanspruch nach § 89b HGB analog in der Mobilfunk – Telekommunikationsbranche, DB 2003, 927; *Retzer*, Verfassungsmäßigkeit des § 89b Abs. 3 Nr. 1 HGB, BB 1993, 668 und 963; *Reufels/Lorenz*, „Pauschalierung des Ausgleichsanspruchs für Kfz-Vertragshändler" – ein Plädoyer gegen die „Münchener Formel", BB 2000, 1586; *Rittner*, Der Ausgleichsanspruch des Handelsvertreters und die jüngste BGH-Rechtsprechung, DB 1998, 457; *Saenger*, Das Recht des Handelsvertreters zur ausgleichswahrenden Eigenkündigung, DB 2000, 129; *Schaefer*, Das rotierende Vertriebssystem auf der Grenze zwischen Arbeits- und Handelsvertreterrecht, NJW 2000, 320; *Scherer*, Ausschluss von Ausgleichsansprüchen des Handelsvertreters, DB 1996, 1709; *Schmitz*, Handelsvertreterausgleichsansprüche bei Asset Deals, ZIP 2003, 59; *Schreiber*, Der Ausgleichsanspruch des Handelsvertreters aus prozessualer Sicht, NJW 1998, 3737; *Selthorst*, Der Ausschluss des Ausgleichs gemäß § 89b Abs. 3 HGB in Saenger/Schulze, Der Ausgleichsanspruch des Vertragshändlers und des Handelsvertreters, 2000, S. 43; *Semmler*, Die Rechtsstellung des Tankstellenhalters zwischen Handelsvertreter und Vertragshändler, Baden – Baden 1995 (zit. Tankstellenhalter); *Siegert*, Der Ausgleichsanspruch des Kfz-Vertragshändlers, NJW 2007, 188; *Ströbl*, Ausgleichsanspruch bei Verkauf der Kundendatei an einen Dritten, BB 2006, 2258; *Stumpf*, Vertragshändlerausgleich analog § 89b HGB – praktische und dogmatische Fehlverortung, NJW 1998, 12; *Stumpf/Ströbl*, Der Ausgleichsanspruch des Kfz – Vertragshändlers, MDR 2004, 1209; *Sturm/Liekefett*, § 89b und Unternehmenskauf – Ausgleichsansprüche von Handelsvertretern nach Betriebsveräußerung durch Asset Deal, DB 2006, 1009; *Thume*, Der Ausgleichsanspruch des Handelsvertreters, BB 1990, 1645; *ders.*, Der neue Ausgleich-Ausschlußtatbestand nach § 89b Abs. 3 Nr. 3 HGB, BB 1991, 490; *ders.*, Neues zum Ausgleichsanspruch des Handelsvertreters und des Vertragshändlers, BB 1994, 2358; *ders.*, Einige Gedanken zum Ausgleichsanspruch nach § 89b HGB, BB 1999, 2309; *ders.*, Anrechnung einer Alters- und Hinterbliebenenversorgungszusage auf den Ausgleichsanspruch des Versicherungsvertreters – ein Handelsbrauch, BB 2002, 1325; *ders.*, Der Ausgleichsanspruch des Handelsvertreters gem. § 89b im Lichte der Europäischen Union, BB 2004, 2473; *Wauschkuhn*, Vereinbarungen im Hinblick auf den Ausgleichsanspruch des Vertragshändlers, BB 1996, 1517; *Westphal*, Ausgleichsanspruch des Handelsvertreters bei Veräußerung des Unternehmerbetriebs, BB 1998, 1432; *ders.*, Die Handelsvertreter – GmbH: Renaissance mit Unterstützung des BFH? BB 1999, 2517; *ders.*, Die Berechnung des Ausgleichsanspruchs in der Praxis in Saenger/Schulze, Der Ausgleichsanspruch des Handelsvertreters, 2000, S. 30; *ders.*, Die Rechtsstellung des Tankstellenhalters, OLGR Düsseldorf Heft 12/2002 K 35; *ders.*, Einstandszahlungen des Handelsvertreters, MDR 2005, 421; *Graf von Westphalen*, Scheinselbständigkeit nach § 2 Nr. 9 SGB VI und der Ausgleichsanspruch des Handelsvertreters, ZIP 1999, 1083; *ders.*, Ausgleichsanspruch des Versicherungsvertreters und Nichtanrechnung einer Alters- und Hinterbliebenenversorgung, DB 2000, 2255; *ders.*, Funktionelle Verwandtschaft zwischen Altersversorgung und Ausgleich des Versicherungsvertreters? – BGH – Rechtsprechung auf dem Prüfstand, BB 2001, 1593; *ders.*, Die Provisionsverzichtsklausel im Spannungsverhältnis zum Ausgleichsanspruch des Versicherungsvertreters, DB 2003, 2319; *Winter*, Ausgleichszahlungen an einen Handelsvertreter bei der Gewerbesteuer, GmbHR 1999, R 151.

Übersicht

	RdNr.		RdNr.
A. Der Ausgleichsanspruch	1–24	**II. Rechtliche Ausgestaltung des Ausgleichsanspruchs**	10–24
I. Die gesetzliche Regelung	1–9	1. Rechtsnatur	10
1. Entstehungsgeschichte	1	2. Schuldner des Ausgleichsanspruchs	11–13
2. Grundlage, Inhalt, Rechtsnatur, Zweck und Ziel des Anspruchs	2	a) Vertragspartner und Wechsel in der Person des Schuldners	11
3. Anrechnung von Leistungen Dritter	3	b) Schuldübernahme	12
4. Konkreter Ausgleich statt pauschaler Entschädigung oder Abfindung	4	c) Abwälzung der Ausgleichsschuld auf Dritten (Abwälzungsvereinbarung)	13
5. Inhalt und Systematik der gesetzlichen Regelung	5	3. Einstandszahlung und Abfindungsvereinbarung	14
6. Verfassungsrechtliche Unbedenklichkeit	6	4. Entstehen und Fälligkeit	15
7. Datenschutz	7	5. Noch nicht entstandener Ausgleichsanspruch	16
8. Rechtsinhaber und Anwendungsbereich der Norm	8	6. Geldschuld, Verzinsung, Verzug und Umsatzsteuer	17
9. Vereinbarter Ausgleichsanspruch zugunsten von Nichthandelsvertretern	9	7. Erlöschen	18

§ 89 b

		RdNr.
8.	Zurückbehaltungsrecht und Aufrechnung	19
9.	Verjährung, Verwirkung und Verzicht	20
10.	Abtretung, Vererbung und (Ver-)Pfändung	21
11.	Ausgleichsanspruch und nachvertraglicher Wettbewerb	22
12.	Konkurrenzen	23, 24
	a) Karenzentschädigung und (Überhang-)Provision	23
	b) Schadensersatzanspruch nach § 89 a Abs. 2	24

B. Anspruchsvoraussetzungen und Ermittlung des konkret geschuldeten Ausgleichs ... 25–174

I. Bewertungsstichtag und Prognose ... 25–33
1. Notwendigkeit einer Prognose ... 25
2. Bedeutung des Bewertungsstichtags für Prognoseentscheidung ... 26
3. Hinausschieben des Bewertungsstichtags und Berücksichtigung nachvertraglicher Umstände ... 27
4. Wegfall der Geschäftsgrundlage und Vertragsverletzung nach Vertragsende ... 28
5. Die Prognoseentscheidung ... 29–33
   a) Prognosezeitraum ... 29
   b) Tatsachen und Erfahrungssätze als Prognosegrundlage ... 30
   c) Darlegungs- und Beweislast für Prognosegrundlage ... 31
   d) Fiktionen ... 32
   e) Tatsächliche Vermutungen ... 33

II. Beendigung eines Handelsvertretervertrags ... 34–42
1. Handelsvertreterverhältnis ... 34
2. Beendigung des Vertretungsverhältnisses – Abs. 1 Satz 1 ... 35–42
   a) Rechtliche Beendigung ... 35
   b) Tod des Handelsvertreters ... 36
   c) Vertragsende bei HVGesellschaft ... 37
   d) Insolvenz des Unternehmers ... 38
   e) Betriebsveräußerung durch Unternehmer und Vertragsübernahme ... 39
   f) Übertragung der Handelsvertretung auf Nachfolger ... 40
   g) Änderung und Teilbeendigung des Vertretungsvertrags ... 41
   h) Mehrstufiges Vertretungsverhältnis ... 42

III. Den Anspruch ausschließende Gründe nach Absatz 3 und Absatz 4 Satz 2 ... 43–72
1. Bedeutung und Auslegung des Abs. 3 ... 43
2. Kündigung des Handelsvertreters – Abs. 3 Nr. 1 ... 44–59
   a) Bedeutung der Vorschrift ... 44
   b) Kündigung und ihr gleichstehende Verhaltensweisen ... 45
   c) Kündigungserklärung und Beendigung des Vertrags ... 46
   d) Beendigung des Vertrags ohne Kündigung des Handelsvertreters ... 47
   e) Anspruchserhalt bei vom Unternehmer veranlasster Kündigung ... 48–52
      aa) Verhalten des Unternehmers ... 48
      bb) Kenntnis vom begründeten Anlass und Darlegung (Nachschieben) im Prozess ... 49
      cc) Fristen und Verwirkung ... 50
      dd) Einzelfälle ... 51
      ee) Beweislast ... 52

1. Buch. 7. Abschnitt. Handelsvertreter

		RdNr.
	f) Anspruchserhalt bei Kündigung wegen Alters und Krankheit	53–59
	aa) Allgemeine Bedeutung	53
	bb) Unzumutbarkeit der Vertragsfortsetzung	54
	cc) Vorliegen und Nachschieben der Gründe	55
	dd) Handelsvertretergesellschaften	56
	ee) Altersbedingte Kündigung	57
	ff) Krankheitsbedingte Kündigung	58
	gg) Mehrfirmenvertreter	59

3. Kündigung des Unternehmers – Abs. 3 Nr. 2 ... 60–64
   a) Bedeutung der Vorschrift und Verhältnis zu § 89 a Abs. 1 Satz 1 ... 60
   b) Kündigung und ihr gleichstehende Verhaltensweisen ... 61
   c) Beendigung des Vertrags ohne Kündigung des Unternehmers ... 62
   d) Wichtiger Grund für Kündigung ... 63
   e) Verschulden des Handelsvertreters ... 64
4. Eintritt eines Dritten in den Handelsvertretervertrag – Abs. 3 Nr. 3 ... 65–68
   a) Bedeutung und Zweck der Regelung ... 65
   b) Eintritts- oder Nachfolgevereinbarung ... 66
   c) Vereinbarung bei Vertragsende ... 67
   d) Vereinbarung nach Vertragsende ... 68
5. Anspruchsverlust nach Abs. 4 Satz 2 ... 69–71
   a) Bedeutung der Vorschrift ... 69
   b) Fristbeginn und Fristberechnung ... 70
   c) Geltendmachen des Anspruchs ... 71
6. Mehrstufiges Vertretungsverhältnis ... 72

IV. Den Anspruch begründende Tatsachen nach Abs. 1 – Unternehmervorteile, Provisionsverluste und Billigkeit ... 73–127
1. Allgemeine Bedeutung ... 73
2. Geschäftsverbindung mit neuen Kunden – Abs. 1 Satz 1 und 2 ... 74–82
   a) Der Kundenbegriff des § 89 b ... 74
   b) Werbung des Kunden ... 75
   c) Neukunde und Altkunde ... 76
   d) Reaktivierter Altkunde ... 77
   e) Intensivierter Altkunde – Abs. 1 Satz 2 ... 78
   f) Stammkunde ... 79
   g) Abwanderung ... 80
   h) Zuwanderung potentieller Stammkunden ... 81
   i) Fortdauer und Beendigung der Geschäftsverbindung ... 82
3. Unternehmervorteil – Abs. 1 Satz 1 Nr. 1 ... 83–89
   a) Chance der Nutzung der vom HV geschaffenen Geschäftsverbindung mit Stammkunden ... 83
   b) Erheblichkeit der Vorteile ... 84
   c) Prognose zur Ermittlung der Unternehmervorteile ... 85
   d) Beendigung der Geschäftsbeziehung mit Verwertung (Veräußerung) des Kundenstamms ... 86
   e) Entfallen und Nichtentfallen der Vorteile ... 87
   f) Mittelbarer Vorteil bei Drittunternehmen und Konzernverbund ... 88
   g) Mehrstufiges Vertretungsverhältnis ... 89
4. Provisionsverluste – Abs. 1 Satz 1 Nr. 2 ... 90–95
   a) Bedeutung als eigenständige Anspruchsvoraussetzung ... 90
   b) Provisionsverluste ... 91
   c) Ausgleichsfähige Provision und Höhe der Provisionsverluste ... 92

	RdNr.
d) Provisionsverluste infolge Vertragsbeendigung und Entfallen ausgleichsfähiger Verluste	93
e) Prognose zur Ermittlung der Provisionsverluste	94
f) Mehrstufiges Vertretungsverhältnis	95
5. Billigkeit – Abs. 1 Satz 1 Nr. 3	96–100
a) Allgemeine Bedeutung der Billigkeit	96
b) Erhebliche Umstände	97
c) Maßgebender Zeitpunkt für die Billigkeitsprüfung und Berücksichtigung künftiger Umstände	98
d) Rechtsfolgen der Billigkeitskontrolle	99
e) Vereinbarungen zur Billigkeit	100
6. Billigkeitsprüfung in Sonderfällen	101–126
a) Ablehnung eines Angebots auf Abschluss eines Folgevertrags	101
b) Abwanderung von Kunden	102
c) Alter des Handelsvertreters	103
d) Alters- und Hinterbliebenenversorgung	104–109
aa) Anrechenbarkeit ausschließlich vom Unternehmer finanzierter Versorgungsleistung	104
bb) Zeitlicher Zusammenhang zwischen Vertragsende und Beginn der Versorgungszahlung	105
cc) Umfang und Höhe der Anrechnung auf den Ausgleichsanspruch	106
dd) Nachträglich eintretende die Versorgungszusage beeinflussende Umstände	107
ee) Anrechnungsvereinbarung und Wahlrecht des HV	108
ff) Beweislast	109
e) Arglistiges Verhalten des Handelsvertreters	110
f) Außergewöhnliche Aufwendungen und Kosten der Vertragsparteien	111
g) Dauer des HVVertrags	112
h) Unzureichende Erfolge	113
i) Nachvertragliche Konkurrenztätigkeit	114
k) Kündigungsgrund und kündigungsbedingte Umstände	115
l) Mehrfirmenvertretung	116
m) Besonders hohe Provisionen und sonstige Zahlungen des Unternehmers	117
n) Schadensersatzleistungen an Handelsvertreter	118
o) Schmiergeldzahlungen	119
p) Sogwirkung der Marke	120
r) Tod des Handelsvertreters	121
s) Umsatzrückgang	122
t) Ausgleichspflicht gegenüber Untervertreter	123
u) Besonders günstige Vertragsbedingungen	124
v) Vertragsverletzungen	125
w) Sonstige im Zusammenhang mit dem Ausgleichsanspruch stehende Zahlungen	126
7. Angemessenheit	127
V. Berechnung des Ausgleichsanspruchs	128–135
1. Bedeutung allgemeiner Regeln und Formeln	128
2. Rechnerische Ermittlung des Ausgleichsbetrags nach Abs. 1 (Rohausgleich)	129
3. Abwanderungsquote und Prognosezeitraum	130
4. Abzinsung und Verzinsung	131
5. Höchstbetrag – Abs. 2	132–135
a) Bedeutung der Vorschrift	132
b) Berechnungszeitraum	133
c) Verdiente und gezahlte Vergütung	134

	RdNr.
d) Provision und sonstige Vergütung	135
VI. Unabdingbarkeit – Abs. 4 Satz 1	136–145
1. Bedeutung der Vorschrift	136
2. Vereinbarung vor Vertragsende	137
3. Dem Handelsvertreter nachteilige Vereinbarungen	138
4. Zulässige Vereinbarungen	139
5. Vereinbarungen über nicht in § 89b geregelte Rechte	140
6. Unwirksamkeit unzulässiger Vereinbarungen	141
7. Vorauserfüllung des Ausgleichsanspruchs	142
8. Anrechnung nachvertraglicher Provisionszahlungen	143
9. Einstands- und Ablösungsvereinbarung	144
10. Vergleich über Ausgleichsanspruch	145
VII. Versicherungs- und Bausparkassenvertreter – Abs. 5	146–160
1. Bedeutung der Vorschrift	146
2. Besonderheiten des Anspruchs nach Abs. 5	147–156
a) Neuer Vertrag – Satz 1 1. Alternative	147
b) Wesentliche Erweiterung – Satz 1 2. Alternative	148
c) Unternehmervorteile des Versicherers	149
d) Erheblichkeit der Vorteile	150
e) Provisionsverluste des Versicherungsvertreters	151
f) Verwaltungs-, Bestandspflege-, Stornoabwehr- sowie Schadensregulierungsprovisionen	152
g) Nachvertragliche Ergänzungsverträge und Zweitabschlüsse	153
h) Jahresprovision oder Jahresvergütung – Satz 2	154
i) Bausparkassenvertreter	155
k) Mehrstufiges Vertretungsverhältnis	156
3. Die Grundsätze zur Ermittlung und Berechnung des Ausgleichsanspruchs	157–160
a) Die einzelnen Grundsätze	157
b) Rechtliche Bedeutung	158
c) Verbindlichkeit	159
d) Darlegung des Ausgleichsanspruchs im Prozess	160
VIII. Handelsvertreter mit untypischem Vertragsinhalt und Aufgabenbereich	161–167
1. Ausgleichsrechtliche Besonderheiten	161
2. Bereinigung der Vergütung um die Gegenleistung für nicht werbende Tätigkeiten	162
3. Abgrenzung werbender von nicht werbender Tätigkeit	163
4. Handelsvertreter mit Verkaufslager, Tankstellenhalter	164–167
a) Werbung von Stammkunden	164
b) Darlegung und Beweis der Stammkundenwerbung	165
c) Die Entwicklung der Rechtsprechung des Bundesgerichtshofs	166
d) Ermittlung des Stammkundenumsatzes	167
IX. Analoge Anwendung des § 89b auf Nichthandelsvertreter (sonstige Vertriebsmittler)	168–173
1. Bedeutung des § 89b für Nichthandelsvertreter	168
2. Voraussetzungen für analoge Anwendung	169–171
a) Die allgemeinen Voraussetzungen	169

	RdNr.		RdNr.
b) Eingliederung in die Absatzorganisation	170	2. Anforderungen an die Beweisführung	178
c) Pflicht zur Überlassung des Kundenstammes	171	3. Urteil und Prozessvergleich	179
3. Ausgleichsfähige Vergütung	172	II. Beweislast	180–185
4. Ausgleichsanspruch des Kraftfahrzeug – Vertragshändlers	173	1. Allgemeine Grundsätze und Beweislastregeln	180
X. Insolvenz und Ausgleichsanspruch	174	2. Werbung von Stammkunden	181
C. Steuerrecht und Bilanzierung	175, 176	3. Unternehmervorteile und Provisionsverluste	182
I. Steuerrecht	175	4. Prognoseentscheidung	183
II. Bilanzierung	176	5. Billigkeitsprüfung	184
D. Ausgleichsanspruch im Prozess	177–185	6. Versicherungs- und Bausparkassenvertreter – Abs. 5	185
I. Prozessuale Fragen	177–179	E. Europarecht	186–190
1. Klage, Klageantrag, notwendige Klagebegründung und Auskunftsanspruch	177		

A. Der Ausgleichsanspruch

I. Die gesetzliche Regelung

1. Entstehungsgeschichte. Die Vorschrift stammt aus dem Jahr 1953, vorher fehlte im HGB eine vergleichbare Regelung.[1] Durch Gesetz vom 13. Mai 1976 – BGBl. I S. 1197 –, in Kraft getreten am 1. Juli 1976, wurde in Abs. 3 die Alternative aufgenommen „oder dem HV eine Fortsetzung seiner Tätigkeit wegen seines Alters oder wegen Krankheit nicht zugemutet werden kann". Mit dem Gesetz von 1989 (s. Vor § 84) wurde den Anforderungen der EG-Richtlinie Rechnung getragen: Abs. 3 wurde ohne sachliche Änderung[2] umformuliert und Nr. 3 wurde eingefügt; in Abs. 4 Satz 2 trat an die Stelle der bisher geltenden Dreimonatsfrist die Jahresfrist; außerdem erhielt Abs. 5 seine jetzige Fassung, nachdem ursprünglich die Absätze 1 bis 4 für Versicherungsvertreter mit der Maßgabe galten, dass an die Stelle der Geschäftsverbindung mit neuen vom HV geworbenen Kunden die Vermittlung neuer Versicherungsverträge trat und der Anspruch höchstens drei Jahresprovisionen oder Jahresvergütungen betrug.

2. Grundlage, Inhalt, Rechtsnatur, Zweck und Ziel des Anspruchs. § 89 b regelt das Entgelt für den HV, der dem Unternehmer bei Beendigung des HVVertrags mit dem Überlassen der von ihm geschaffenen Kundenbeziehungen, des Kundenstamms,[3] eine Gewinnchance verschafft, welche dieser ohne die Tätigkeit des HV nicht gehabt hätte.[4] Der Anspruch soll nach der gesetzlichen Regelung in § 89 b zwar auch Ausgleich sein für die Nachteile des HV, der infolge der Vertragsbeendigung die geschaffenen Kundenkontakte nicht mehr wie bisher nutzen kann,[5] und damit an die Stelle der im Einzelfall infolge der Vertragsbeendigung entfallenden Provisionen nach § 87 Abs. 1 und 3[6] sowie wirtschaftlich an die Stelle des während der Vertragszeit gewährten Kundenschutzes treten.[7] Auch beruht der Ausgleichsanspruch im Hinblick auf Entstehung sowie Bemessung und Höhe[8] entscheidend auf Billigkeitserwägungen.[9] Dennoch ist er **Gegenleistung für vom HV** mit Markterschließung sowie Schaffung eines Kundenstamms zugunsten des Unternehmers und seines Produkts **erbrachte Vorleistungen,** welche dem HV noch nicht (vollständig) vergütet worden sind und infolge der Vertragsbeendigung nicht mehr entgolten

---

[1] Zu Entstehungsgeschichte und seinerzeit vergleichbaren Regelungen siehe *Habscheid*, FS Schmidt-Rimpler, 1957, S. 335, 339 f.
[2] BGH Urt. v. 25. 11. 1998 – VIII ZR 221/97, EBE 1999, 13, 16.
[3] BGH Urt. v. 6. 8. 1997 – VIII ZR 92/96, ZIP 1997, 1839, 1841; BGH Urt. v. 12. 3. 2003 – VIII ZR 221/02, NJW–RR 2003, 894 = WM 2003, 2105; *Evers/Keine* ZfV 2001, 587, 622.
[4] *Beiser* DB 2002, 2176, 2177 f.; *Küstner* Ausgleichsanspruch RdNr. 1502.
[5] BGH Urt. v. 10. 7. 2002 – VIII ZR 158/01, EBE 2002, 298, 302 = WM 2003, 499, 302; BGH Urt. v. 28. 6. 2006 – VIII ZR 350/04, EBE 2006, 247, 248.
[6] BGH Urt. v. 24. 6. 1971 – VII ZR 223/69, BGHZ 56, 290, 294 = NJW 1971, 1610; MünchKommHGB/*v. Hoyningen-Huene* RdNr. 2; *Schröder* RdNr. 1; *Küstner* Ausgleichsanspruch RdNr. 15 und 39; *Westphal* Vertriebsrecht RdNr. 889; vgl. auch *Grundmann* S. 570 R 16.
[7] *Schröder* RdNr. 1; vgl. *Ulmer*, FS Möhring, S. 295, 313; *Sandrock*, FS Fischer, S. 657, 661 f.; vgl. zum Ganzen auch Staub/*Brüggemann* RdNr. 2 bis 7.
[8] BGH Urt. v. 21. 5. 1975 – I ZR 141/74, WM 1975, 856.
[9] BGH Urt. v. 23. 5. 1966 – VII ZR 268/64, BGHZ 45, 268, 270 = NJW 1966, 1962; BGH Urt. v. 13. 3. 1969 – VII ZR 174/66, BGHZ 52, 5, 7 = NJW 1969, 1021.

werden,[10] und zielt, wie aus der zwingenden Regelung der EG – Richtlinie folgt, auf eine **Abschöpfung der dem Unternehmer verbleibenden** (Chancen auf) **Vorteile** aus der Tätigkeit des HV, weswegen *Canaris* in ihm zur Recht einen Vorteilsabschöpfungsanspruch sieht.[11] Aus dem Grund ist es rechtlich unerheblich, ob der HV seinen Betrieb mit Gewinn geführt hat; **wirtschaftliche Verluste** bei der Führung **der Handelsvertretung** schließen den Ausgleichsanspruch nicht aus.[12] Soweit der Unternehmer nach Vertragsende Provisionszahlungen schuldet, schöpft der daneben zu leistende Betrag nach § 89 b die darüber hinaus verbleibenden Vorteile des Unternehmers ab und führt damit zugleich zu einem Ausgleich von Nachteilen bei dem HV.[13] Die **Rechtfertigung,** der „**Gerechtigkeitsgrund**", für den Ausgleichsanspruch folgt nach *Canaris* zu Recht aus der für den HVVertrag typischen zwingenden Verbindung von Pflicht zur Tätigkeit und Abhängigkeit der Vergütung von deren Erfolg; der HV soll an den Erfolgen des Unternehmers teilhaben, welche er in Erfüllung seiner Pflicht zur Vertriebstätigkeit angebahnt und herbeigeführt hat.[14] Den Anspruch daneben möglicherweise ebenfalls rechtfertigende und im Rahmen der Billigkeit beeinflussende Elemente des Sozialschutzes sind ohne ausschlaggebende Bedeutung.[15]

3. Anrechnung von Leistungen Dritter. Wegen der mit dem Ausgleich bezweckten Vergütung für erbrachte Vorleistungen mit Vorteilsabschöpfung sind Leistungen, welche der HV infolge der zur Vertragsbeendigung führenden Umstände von Dritten erhält, nicht auf den Ausgleichsanspruch anzurechnen noch sind entsprechende Ersatzansprüche an den Unternehmer abzutreten.[16] Das gilt grds. auch für eine zwischen dem ausscheidenden und dem ihm nachfolgenden HV ausgehandelte und geleistete **Abfindung.** Sie kann ausnahmsweise auf den geschuldeten Ausgleichsanspruch anzurechnen sein,[17] wenn dies von den beteiligten HV und dem Unternehmer vereinbart worden ist (RdNr. 14);[18] im Zweifel ist das nicht der Fall.[19]

4. Konkreter Ausgleich statt pauschaler Entschädigung oder Abfindung. Der Gesetzgeber hat sich[20] nicht für eine leicht zu bestimmende und praktisch zu handhabende pauschale Abfindung oder Entschädigung, sondern für einen ganz konkret am Wert der dem Unternehmer überlassenen Vorteile und der dem HV entstehenden Nachteile ausgerichteten Ausgleich entschieden.[21] Die gesetzliche Regelung ist kompliziert und bietet vielfältige Fallstricke.[22] Insbesondere die notwendige Billigkeitsprüfung mit ihren nicht vorhersehbaren und berechenbaren Ergebnissen[23] beeinträchtigt die Rechtssicherheit.[24] Die zahlreichen positiven und negativen Anspruchsvoraussetzungen führen in der Praxis zu umfangreichen und langwierigen Rechtsstreitigkeiten, weswegen der gesetzlichen Regelung schwerlich eine Vorbildfunktion zuerkannt werden kann. Nur bei **sorgfältiger Buchführung** und **Aufbewahrung der Geschäftsunterlagen** kann der HV seinen Anspruch schlüssig darlegen. Trotz dieser seit Schaffung des Anspruchs bestehenden Schwierigkeiten, der immer neu auftauchenden Auslegungsprobleme sowie der seither nicht abnehmenden Zahl von Rechtsstreitigkeiten hat der Gesetzgeber den Ausgleichsanspruch nicht durch eine pauschale Abfindungsvergütung ersetzt, wie sie nach der EG-Richtlinie zulässig

---

[10] BGH Urt. v. 4. 5. 1959 – II ZR 81/57, BGHZ 30, 98 = NJW 1959, 1430; BGH Urt. v. 19. 11. 1970 – VII ZR 47/69, BGHZ 55, 45, 54 = NJW 1971, 462; BGH Urt. v. 24. 6. 1971 – VII ZR 223/69, BGHZ 56, 290, 294 = NJW 1971, 1610; BGH Urt. v. 28. 6. 2006 – VIII ZR 350/04, EBE 2006, 247, 248; OLG München Urt. v. 24. 11. 2004 – 7 U 1518/04, HVR Nr. 1165 (Berufungsurteil zu BGH Urt. v. 24. 11. 2006); *Rittner* DB 1998, 457, 461; *Ball* in Saenger/Schulze 2000, 19; Heymann/*Sonnenschein/Weitemeyer* RdNr. 3 und 4, *Hopt* RdNr. 1, 3; MünchKommHGB/*v. Hoyningen-Huene* RdNr. 3; *Schröder* RdNr. 21, 22; *Westphal* Vertriebsrecht RdNr. 889; *Karsten Schmidt* HandelsR § 27 IV 2; im Einzelnen umstritten; teilw. aA *Habscheid*, FS Schmidt-Rimpler, S. 335, 360, 361.
[11] *Canaris* § 15 RdNr. 98.
[12] BGH Urt. v. 12. 2. 2003 – VIII ZR 130/01, NJW-RR 2003, 821 = WM 2003, 2095.
[13] Vgl. a. *Küstner* Ausgleichsanspruch RdNr. 15 und 33.
[14] *Canaris* § 15 RdNr. 102.
[15] S. d. *Canaris* § 15 RdNr. 104 mwN.
[16] BGH Urt. v. 9. 4. 1964 – VII ZR 123/62, BGHZ 41, 292 = NJW 1964, 1622; BGH Urt. v. 23. 5. 1966 – VII ZR 268/64, BGHZ 45, 268, 270, 272 = NJW 1966, 1962 für Versorgungsbezüge; *Schröder* RdNr. 32 h.
[17] Vgl. dazu Heymann/*Sonnenschein/Weitemeyer* RdNr. 77; vgl. auch OLG Stuttgart BB 1960, 264.
[18] OLG München BB 1997, 222; *Küstner* Ausgleichsanspruch RdNr. 156; vgl. *Westphal* EWiR 1996, 748; MünchKommHGB/*v. Hoyningen-Huene* RdNr. 186; weitergehend und bedenklich: OLG Hamm DB 1982, 1167.
[19] BGH Urt. v. 10. 5. 1984 – I ZR 36/82, NJW 1985, 58; LG Bielefeld BB 1972, 195; *Wauschkuhn* BB 1996, 1517, 1519; MünchKommHGB/*v. Hoyningen-Huene* RdNr. 186; kritisch *Westphal* EWiR 1996, 747, 748.
[20] Als Kompromiss: Staub/*Brüggemann* RdNr. 1.
[21] S. d. *Kiene* S. 5 bis 7.
[22] S. a. *Thume* BB 2004, 2473.
[23] Vgl. dazu *Schneider* MDR 1970, 976; *Schwerdtner* EWiR 1991, 591; *Saenger* DB 2000, 129; *Emde* EWiR 2000, 237, 238.
[24] *Reinicke* NJW 1953, 1609, 1612; *Habscheid*, FS Schmidt-Rimpler, S. 335, 338; *Hopt* RdNr. 3; vgl. auch *Saenger* DB 2000, 129; *Emde* EWiR 2000, 237, 238.

gewesen wäre.²⁵ Damit ist es richterlicher Rechtsfortbildung verwehrt, sich über die strengen gesetzlichen Anspruchsvoraussetzungen hinwegzusetzen und pauschale Abfindungen auszuurteilen oder den Ausgleich im Weg freier Schätzung nach § 287 ZPO festzulegen (RdNr. 180).

5. Inhalt und Systematik der gesetzlichen Regelung. Voraussetzung des Ausgleichsanspruchs ist zunächst die Beendigung eines bestehenden HVVertragsverhältnisses (Abs. 1 Satz 1); weil es um eine Billigkeitsentschädigung geht, darf sie weder vom HV verschuldet (Abs. 3 Nr. 2) oder durch Eigenkündigung herbeigeführt worden sein, sofern hierfür nicht ausnahmsweise ein begründeter Anlass, auch infolge Alters oder Krankheit, bestanden hat (Abs. 3 Nr. 1), noch auf der Übernahme des HVVertrags durch einen anderen HV beruhen (Abs. 3 Nr. 3). Um sein Erlöschen zu vermeiden, muss der Anspruch fristgerecht geltend gemacht werden (Abs. 4 Abs. 2). Die besonderen, zugleich die Höhe bestimmenden Voraussetzungen des Ausgleichsanspruchs eines Warenvertreters ergeben sich aus Abs. 1 Satz 1 Nr. 1 bis 3: Der HV muss mit von ihm auf Grund seines HVVertrags geworbenen, reaktivierten oder intensivierten (Abs. 1 Satz 2) Abnehmern der Produkte des Unternehmers eine auf Dauer ausgerichtete Geschäftsverbindung hergestellt haben, welche dem Unternehmer nach Ende des HVVertragsverhältnisses erhalten bleiben soll; dies rechtfertigt die Zahlung des Ausgleichs,²⁶ wenn und soweit bei einer vorausschauenden Prognose **(1)** dem Unternehmer nach Vertragsende erhebliche Vorteile aus der Geschäftsverbindung bleiben werden (Abs. 1 Satz 1 Nr. 1), **(2)** der HV hingegen infolge der Vertragsbeendigung Provisionsansprüche verlieren wird, welche er auf Grund der geschaffenen Geschäftsverbindungen bei Fortbestand des Vertragsverhältnisses erworben hätte (Abs. 1 Satz 1 Nr. 2, s.a. RdNr. 90) und **(3)** die Zahlung eines Ausgleichs nach Grund und konkreter Höhe unter Berücksichtigung der Umstände des Einzelfalls der Billigkeit entspricht (Abs. 1 Satz 1 Nr. 3), womit sich der Ausgleich zugleich als angemessen iSv. Abs. 1 Satz 1 erweist (RdNr. 127). Allerdings wird dieser nach Abs. 1 Satz 1 Nr. 3 rechnerisch ermittelte Betrag (der sog. **Rohausgleich** – RdNr. 129) durch den Höchstbetrag des Abs. 2 begrenzt. Nach Abs. 4 Satz 1 sind während des bestehenden HVVertragsverhältnisses getroffene Vereinbarungen unwirksam, welche den Ausgleichsanspruch in irgendeiner Weise beeinträchtigen und/oder ausschließen können. Abs. 5 Satz 1 und 2 enthält für den Ausgleichsanspruch des Versicherungsvertreters und des ihm nach Abs. 5 Satz 3 ebenso wie nach § 92 Abs. 5 gleichstehenden Bausparkassenvertreters Regelungen, welche teilweise von Abs. 1 Satz 1 Nr. 1 und Satz 2 abweichen und den Besonderheiten ihres Vermittlungsgeschäfts Rechnung tragen.

6. Verfassungsrechtliche Unbedenklichkeit. Begründete verfassungsrechtliche Bedenken gegen die jetzige gesetzliche Regelung bestehen nicht. Sie ist, auch im Hinblick auf Abs. 3, nicht willkürlich, sondern beruht auf verfassungskonformem, in besonderem Maß die Rechte des HV aus Art. 12 Abs. 1 GG berücksichtigendem Verständnis auf einer angemessenen Abwägung der Interessen von Unternehmer und HV, dessen Berufsausübung durch § 89 b nicht eingeschränkt wird.²⁷

7. Datenschutz. Die notwendige Überlassung des Kundenstamms kann bei anderen Vertriebsmittlern als dem HV dem Datenschutz widersprechen. Zwar wird der Kunde besonders bei Markenartikeln oder langlebigen und wertvollen Wirtschaftsgütern im Zweifel mit der Weitergabe seiner Daten an den Hersteller einverstanden sein, wenn er weiß, dass der Vertriebsmittler sein Produkt bei einem dritten Hersteller bezieht und dieser zB zu Zwecken von Marktpflege, Kundenbetreuung, Sicherstellung ordnungsgemäßer Gewährleistung oder aus ähnlichen Gründen Wert auf die Kundendaten legt.²⁸ Eine Pflicht des Kunden zum Einverständnis mit der Weitergabe seiner geschützten Daten (§ 4 Abs. 1 BDSG) besteht jedoch nicht. Sie hat zu unterbleiben, wenn das Kundengeschäft ohne diese Weitergabe ordnungsgemäß ausgeführt werden kann, selbst wenn der Ausgleichsanspruch damit gefährdet ist. Können Unternehmervorteile ohne die Weitergabe der Kundendaten nicht festgestellt werden, muss der Vertriebsmittler im Fall einer nur analogen

---

²⁵ EuGH Urt. v. 23. 3. 2006, C – 465/04, DStR 2006 Heft 14 S. XIV (LS) = HVR Nr. 1184; *Grundmann* S. 569 R 16; *Heymann/Sonnenschein/Weitemeyer* RdNr. 3; vgl. auch die Übersichten über die Ausgleichs-/Entschädigungsansprüche in den anderen Staaten bei *Graf von Westphalen*, Handbuch des Handelsvertreterrechts in EU-Staaten und der Schweiz, sowie *Detzer/Zwernemann*, Ausländisches Recht der Handelsvertreter und Vertragshändler.
²⁶ *Küstner* Ausgleichsanspruch RdNr. 905.
²⁷ BVerfG Urt. v. 22. 8. 1995 – BvR 1624/92, NJW 1996, 381 zu Abs. 3 Nr. 1; OLG Frankfurt Urt. v. 8. 12. 1970-5 U 94/70, HVR Nr. 428; OLG Hamm NJW-RR 1992, 364; OLG München BB 1993, 1835, 1836 zu Abs. 3 Nr. 2; *Brych* BB 1992, 8; *Retzer* BB 1993, 668 und 963; *Laber* DB 1994, 1275 (zu Abs. 3 Nr. 1); *Heymann/Sonnenschein/Weitemeyer* RdNr. 5; *MünchKommHGB/v. Hoyningen-Huene* RdNr. 7 und 8; *Küstner* Ausgleichsanspruch RdNr. 1166 f, 1176 und BB 1999, 541, 547; *Westphal* RdNr. 604; vgl. auch BGH Urt. v. 26. 11. 1997 – VIII ZR 283/96, NJW-RR 1998, 390, 392; s. d. auch *Saenger* DB 2000, 129, 130; aA LG Koblenz BB 1991, 2032 (Vorlagebeschluss) und *Hartl* EWiR 1993, 467; *Moritz* DB 1987, 875; *Haas* BB 1991, 1441 und 92, 941; *Noetzel* DB 1993, 1557.
²⁸ BGH Urt. v. 6. 10. 1993 – VIII ZR 172/92, NJW-RR 1994, 99, 100.

Anwendung des § 89 b den Verlust des Ausgleichsanspruchs infolge höherrangigen Rechts in Kauf nehmen,[29] weil sich das datenschutzrechtliche Problem bei der gesetzlichen Regelung nicht stellen kann. In dem Urteil vom 6. 10. 1993 brauchte der BGH[30] das Problem nicht zu entscheiden, weil ausreichende Einverständniserklärungen der Kunden vorlagen.

8. Rechtsinhaber und Anwendungsbereich der Norm. Nach dem Gesetz steht der Ausgleichsanspruch dem HV, seinem Einzelrechtsnachfolger oder im Fall des Todes (vgl. Art. 17 Abs. 4 EG-RiLi), seinem Gesamtrechtsnachfolger zu.[31] Ausgenommen von der Anwendung des § 89 b sind lediglich der HV im Nebenberuf nach § 92 b, der außerhalb von EG und EWR tätige HV nach § 92 c Abs. 1 sowie der Schifffahrtsvertreter nach § 92 c Abs. 2. Von diesen Ausnahmen abgesehen gilt § 89 b für alle HV einschließlich der Untervertreter.[32] Dabei kommt es weder auf die Rechtsform der Handelsvertretung an,[33] weswegen die Handelsvertreter-GmbH ausgleichsberechtigt sein kann,[34] noch auf die vertriebenen Produkte[35] oder die dem HV übertragene Vertriebstätigkeit, weswegen Einkaufsvermittler,[36] Absatz- oder Verkaufsvermittler[37] sowie im Rotationssystem eingesetzte Handelsvertreter[38] den Anspruch erwerben können. Wer nicht HV ist, kann den Ausgleichsanspruch aus § 89 b nicht erwerben;[39] zur analogen Anwendung des § 89 b auf Vertriebsmittler mit einer handelsvertreterähnlichen Rechtsstellung wird verwiesen auf RdNr. 168 f. Wegen ihres Ausnahmecharakters ist die Vorschrift auf sonstige Dienst- oder Vertragsverhältnisse[40] selbst dann nicht analog anzuwenden, wenn diese, zB als angestellte Reisende[41] oder als bloße Scheinselbständige,[42] die Produkte ihres Dienstherrn zu vertreiben haben.[43]

9. Vereinbarter Ausgleichsanspruch zugunsten von Nichthandelsvertretern. Zugunsten solcher Vertriebsmittler, für welche § 89 b weder direkt noch analog anzuwenden ist, kann durch eine eindeutige vertragliche Regelung eine dem § 89 b entsprechende Ausgleichspflicht des Unternehmers begründet werden. Durch eine allgemeine Bezugnahme im Vertrag auf § 89 b werden im Zweifel Abs. 1, Abs. 3 und 4 sowie bei vergleichbarem Sachverhalt auch Abs. 2 Vertragsinhalt. Wenn der begünstigte Vertriebsmittler nicht die in § 89 b Abs. 1 vorausgesetzten Leistungen, also insbesondere den Aufbau eines Kundenstamms, zu erbringen hat, sollten die einzelnen den Anspruch begründenden Leistungen sowie die Maßstäbe für dessen Ermittlung vertraglich festgelegt werden. Insoweit besteht volle Vertragsfreiheit, die Vertragspartner sind nicht an die Vorgaben des § 89 b gebunden.

---

[29] Vgl. BGH Urt. v. 26. 11. 1997 – VIII ZR 283/96, NJW-RR 1998, 390, 391.
[30] BGH Urt. v. 6. 10. 1993 – VIII ZR 172/92, NJW-RR 1994, 99, 100; s. dazu *Küstner* Ausgleichsanspruch RdNr. 100.
[31] BGH Urt. v. 13. 5. 1957 – II ZR 19/57, BGHZ 24, 223, 241 = NJW 1957, 1028; BGH Urt. v. 13. 5. 1957 – II ZR 318/56, BGHZ 24, 214, 222 = NJW 1957, 1029; BGH Urt. v. 6. 2. 1964 – VII ZR 100/62, BGHZ 41, 129, 130 = NJW 1964, 915; BGH Urt. v. 30. 6. 1966 – VII ZR 124/65, BGHZ 45, 385, 386 = NJW 1966, 1965; BGH Urt. v. 12. 4. 1973 – VII ZR 87/72 – BGHZ 60, 350 = NJW 1973, 1121 und BGH Urt. v. 15. 12. 1978 – I ZR 59/77, BGHZ 73, 99 = NJW 1979, 651 beide für den Erben; OLG Hamm Beschl. v. 21. 1. 1956 – 18 W 145/55, HVR Nr. 78; *Glaser* KTS 1960, 1081; Heymann/*Sonnenschein/Weitemeyer* RdNr. 12 und 13; MünchKommHGB/*v. Hoyningen-Huene* RdNr. 36; ausf. *Schröder* RdNr. 4 a und Staub/*Brüggemann* RdNr. 13; *Küstner* Ausgleichsanspruch RdNr. 225, 235; aA OLG München BB 1956, 833; *Görres* DB 1955, 681; *Winter* BB 1955, 496.
[32] BGH Urt. v. 20. 11. 1969 – VII ZR 175/67, BB 1970, 101; OLG Düsseldorf Urt. v. 16. 12. 1965 – 8 U 107/65, HVR Nr. 372; Heymann/*Sonnenschein/Weitemeyer* RdNr. 7; MünchKommHGB/*v. Hoyningen-Huene* RdNr. 11; *Hopt* RdNr. 4; *Schröder* RdNr. 1 c; *Ordemann* BB 1964, 1323 zum Ausgleichsanspruch eines Hauptvertreters („Generalvertreters"); dazu auch *Glaser* DB 1957, 1173 und *Schlechtriem* DB 1971, 1540.
[33] Ausf. *Ahle* DB 1963, 227; zum Ausgleichsanspruch einer HV-OHG siehe *Martin* VersR 1967, 824, 832.
[34] *Westphal* BB 1999, 2517, 2518, 2519 und Vertriebsrecht RdNr. 893; *Hopt* RdNr. 4.
[35] Heymann/*Sonnenschein/Weitemeyer* RdNr. 6 und 7; MünchKommHGB/*v. Hoyningen-Huene* RdNr. 11; *Schröder* RdNr. 3 e; siehe auch zum Ausgleichsanspruch in der Mobilfunk – Telekommunikationsbranche Pollkläsener DB 2003, 927.
[36] OLG Hamburg MDR 1967, 310 = HVR Nr. 391.
[37] OLG Hamburg MDR 1967, 310 = HVR Nr. 391. *Schröder* RdNr. 5 e.
[38] BGH Urt. v. 19. 5. 1999 – VIII ZR 354/97, ZIP 1999, 1094; zustimmend *Fischer* ZVerglRWiss 101 (2002), 143, 154, 155; OLG Hamburg Urt. v. 19. 11. 1997 – 8 U 160/96, HVR Nr. 880; MünchKommHGB/*v. Hoyningen-Huene* RdNr. 84 a; *Westphal* Vertriebsrecht RdNr. 994.
[39] MünchKommHGB/*v. Hoyningen-Huene* RdNr. 14.
[40] BGH Urt. v. 3. 2. 1978 – I ZR 116/76, WM 1978, 461, 465; BGH Urt. v. 21. 1. 1987 – VIII ZR 169/86, WM 1987, 542, 544; BGH Urt. v. 12. 3. 2003 – VIII ZR 221/02, NJW-RR 2003, 894 = WM 2003, 2105; aA OLG Hamburg MDR 1964, 766.
[41] BGH Urt. v. 11. 12. 1958 – II ZR 73/57, BGHZ 29, 83, 92 = NJW 1959, 144; BAG Urt. v. 3. 6. 1958 – 2 AZR 638/57, NJW 1958, 1365; OLG Düsseldorf NJW 1965, 2352; MünchKommHGB/*v. Hoyningen-Huene* RdNr. 11 für analoge Anwendung des § 89 b auf vereinbarten Ausgleichsanspruch: ErfK/*Schaub* HGB § 89 b RdNr. 1.
[42] v. *Westphalen* ZIP 1999, 1093.
[43] *Schröder* RdNr. 3 b; vgl. Heymann/*Sonnenschein/Weitemeyer* RdNr. 7 und 11.

II. Rechtliche Ausgestaltung des Ausgleichsanspruchs

10   1. Rechtsnatur. Als durch das Gesetz besonders ausgestalteter[44] und modifizierter vertraglicher Vergütungsanspruch für eine vom HV bereits erbrachte Leistung (RdNr 2),[45] ist der Ausgleichsanspruch nicht Provisions-,[46] Bereicherungs-,[47] Schadensersatz-[48] oder Versorgungsanspruch[49] noch Abfindung.[50] Sein rechtlicher Grund liegt weder in einer nachvertraglichen Fürsorge- oder Treuepflicht des Unternehmers[51] noch in einer sozialen Schutzbedürftigkeit des HV,[52] wenn der Anspruch auch im Hinblick auf die typischerweise bestehende Schutzbedürftigkeit des HV geschaffen und teilweise **zwingend ausgestaltet** worden ist.[53] Eine „funktionelle Verwandtschaft" zwischen Ausgleichsanspruch und zugesagter Altersversorgung (RdNr 104 f.) besteht methodisch nicht.[54] Die den Anspruch beherrschende und bei der Auslegung der Tatbestandsmerkmale in gleicher Weise wie der Vergütungscharakter[55] zu beachtende Billigkeit ist Anspruchsvoraussetzung, nicht Rechtsgrund der Leistungspflicht (RdNr. 73 und 96). Pfändungsrechtlich steht die Ausgleichszahlung einem Arbeitseinkommen iSv. § 850 Abs. 2 und 850 i ZPO gleich.[56]

11   2. Schuldner des Ausgleichsanspruchs. a) Vertragspartner und Wechsel in der Person des Schuldners. Schuldner des Ausgleichsanspruchs ist der bisherige Vertragspartner des HV.[57] Der Ausgleichsanspruch des echten Untervertreters richtet sich gegen den Hauptvertreter,[58] dem unechten Untervertreter schuldet der Unternehmer den Ausgleich.[59] Der für ein konzernangehöriges Unternehmen tätige HV kann den Ausgleichsanspruch gegen ein nicht mit ihm vertraglich verbundenes Konzernunternehmen geltend machen, wenn (er nachweist, dass) ein konzernrechtlicher Haftungstatbestand vorliegt.[60] Änderungen in der Person des Unternehmers oder Unternehmensinhabers,[61] zB infolge Betriebsveräußerung (vgl. § 613 a BGB und §§ 25 f. HGB)[62] oder Gesellschafterwechsel,[63] können dem HV einen weiteren Schuldner verschaffen, sind aber ohne Einfluss auf die Zahlungsverpflichtung seines Vertragspartners, solange den eingetretenen Veränderungen nicht durch eine unter Beachtung des Abs. 4 Satz 1 jederzeit zulässige Anpassung des HVVertrags Rechnung getragen wird; durch gesellschaftsrechtliche Regelungen lässt sich Abs. 4 Satz 1 nicht umgehen.

12   b) Schuldübernahme. Dritte können der Ausgleichsschuld des Unternehmers jederzeit beitreten.[64] Eine befreiende Übernahme[65] der Schuld ist wegen Abs. 4 Satz 1 erst nach Beendigung des HVVertragsverhältnisses möglich.[66] Soll der Nachfolger des HV nicht nur die Ausgleichsschuld,

---

[44] Ausf. dazu *Semmler* Tankstellenhalter S. 48 f.
[45] BGH Urt. v. 13. 5. 1957 – II ZR 318/56, BGHZ 24, 214, 222 = NJW 1957, 1029; OLG Karlsruhe Urt. v. 12. 6. 1973 – 8 U 95/72, HVR Nr. 480; *Saenger* DB 2000, 129, 130; Heymann/*Sonnenschein/Weitemeyer* RdNr. 4; MünchKommHGB/*v. Hoyningen-Huene* RdNr. 5 und 6; *Küstner* Ausgleichsanspruch RdNr. 36 bis 40; vgl. *Schröder* RdNr. 21; vgl. auch *Hopt* RdNr. 2 und 3; aA *Merkel* BB 1956, 420.
[46] *Westphal* Vertriebsrecht RdNr. 890, 891.
[47] *Westphal* Vertriebsrecht RdNr. 892; so aber *Sieg* VersR 1964, 789 für Abs. 5.
[48] *Westphal* Vertriebsrecht RdNr. 892.
[49] BGH Urt. v. 4. 5. 1959 – II ZR 81/57, BGHZ 30, 98, 105 = NJW 1959, 1430; BGH Urt. v. 23. 5. 1966 – VII ZR 268/64, BGHZ 45, 268, 272 = NJW 1966, 1962; *Schuler* NJW 1958, 1113, 1114; *Evers/Kiene* ZfV 2001, 587, 622; Heymann/*Sonnenschein/Weitemeyer* RdNr. 4; MünchKommHGB/*v. Hoyningen-Huene* RdNr. 5; *Schröder* RdNr. 21; Staub/*Brüggemann* RdNr. 7; *Küstner* Ausgleichsanspruch RdNr. 921; *Westphal* RdNr. 586.
[50] MünchKommHGB/*v. Hoyningen-Huene* RdNr. 9; *Westphal* Vertriebsrecht RdNr. 892.
[51] *Küstner* Ausgleichsanspruch RdNr. 905 und 1469.
[52] *Schröder* RdNr. 1, 17 a; Staub/*Brüggemann* RdNr. 7; *Westphal* RdNr. 586; aA *Hintzen/Hintzen* DB 1978, 2987, 2088.
[53] BGH Urt. v. 20. 12. 1971 – VII ZR 97/70, BGHZ 58, 7, 12 = NJW 1972, 530; ebenso EuGH Urt. v. 23. 3. 2006, C – 465/04, DStR 2006 Heft 14 S. XIV (LS) = HVR Nr. 1184.
[54] *Löwe/Schneider* ZIP 2003, 1129, 1135.
[55] MünchKommHGB/*v. Hoyningen-Huene* RdNr. 6, s. auch *Hopt* RdNr. 3.
[56] MünchKommHGB/*v. Hoyningen-Huene* RdNr. 213.
[57] Heymann/*Sonnenschein/Weitemeyer* RdNr. 76; MünchKommHGB/*v. Hoyningen-Huene* RdNr. 4 und 212; *Küstner* Ausgleichsanspruch RdNr. 152.
[58] *Schröder* RdNr. 19 c.
[59] Vgl. MünchKommHGB/*v. Hoyningen-Huene* RdNr. 12; *Küstner* Ausgleichsanspruch RdNr. 67.
[60] S. BGH Urt. v. 30. 1. 1986 – I ZR 185/83, NJW 1986, 1931; OLG Düsseldorf VersR 1971, 857; OLG Braunschweig NJW 1976, 2022; OLG München NJW-RR 1989, 163; Heymann/*Sonnenschein/Weitemeyer* RdNr. 76; MünchKommHGB/*v. Hoyningen-Huene* RdNr. 212; vgl. *Küstner* Ausgleichsanspruch RdNr. 436; *Westphal* RdNr. 649 bis 651.
[61] Früher auch infolge Vermögensübernahme nach dem aufgehobenen § 419 BGB.
[62] MünchKommHGB/*v. Hoyningen-Huene* RdNr. 213.
[63] Heymann/*Sonnenschein/Weitemeyer* RdNr. 76.
[64] Vgl. Heymann/*Sonnenschein/Weitemeyer* RdNr. 77; *Küstner* Ausgleichsanspruch RdNr. 185, 186.
[65] S. d. OLG Celle Urt. v. 23. 3. 1961 – 5 U 165/60, HVR Nr. 335.
[66] Heymann/*Sonnenschein/Weitemeyer* RdNr. 77; MünchKommHGB/*v. Hoyningen-Huene* RdNr. 214; und *Küstner* Ausgleichsanspruch RdNr. 190, 193 f.

sondern das gesamte HVVertragsverhältnis übernehmen, entsteht im Fall des Abs. 3 Nr. 3 der Ausgleichsanspruch nicht (RdNr. 65 f.).[67]

c) Abwälzung der Ausgleichsschuld auf Dritten (Abwälzungsvereinbarung). Vereinbarungen, durch welche die Ausgleichsschuld des Unternehmers auf einen Dritten, idR den Nachfolger des ausscheidenden HV, abgewälzt werden soll,[68] indem der Dritte sich zur Übernahme der Erfüllung des Ausgleichsanspruchs[69] oder intern unmittelbar oder mittelbar zur Erstattung des Ausgleichsbetrags gegenüber dem Unternehmer[70] verpflichtet, können zwar im Einzelfall gegen § 89 a Abs. 1 Satz 2 verstoßen (s. § 89 a), sind davon abgesehen jedoch grds. rechtlich zulässig.[71] Um eine Abwälzungsvereinbarungen handelt es sich ebenfalls bei der zwischen Unternehmer und dem Nachfolger des ausgeschiedenen HV vereinbarten Zahlung eines Einstands- oder Übernahmepreises als Voraussetzung für den Abschluss eines HVVertrags (RdNr. 14), sofern der Nachfolger auf diese Weise die gegenüber dem Vorgänger bestehende Ausgleichsschuld mit Außenwirkung ganz oder teilweise abtragen soll. Solche Abwälzungsvereinbarungen müssen sich allerdings an die unabdingbaren Vorgaben des Abs. 4 S. 1 halten und können deswegen selbst bei Zustimmung des ausgleichsberechtigten HV mit befreiender Wirkung für den Unternehmer erst nach Vertragsbeendigung abgeschlossen werden (RdNr. 68).[72] Andernfalls bleibt der Unternehmer dem HV verhaftet[73] und kann sich nicht auf dessen unwirksame Zustimmung berufen; Abs. 4 S. 1 hat Vorrang vor § 242 BGB. Um einer Inhaltskontrolle gegebenenfalls nach §§ 138, 307 BGB oder auch Abs. 4 Satz 1 standhalten zu können, wird der Unternehmer dem zahlungspflichtigen Nachfolger in den HVVertrag eine Gegenleistung für die Übernahme der Ausgleichspflicht zubilligen müssen;[74] das kann durch Zahlung einer zusätzlichen Provision geschehen, wie sie für die Voraberfüllung des Ausgleichsanspruchs vereinbart werden kann (RdNr. 142). Ausreichend ist es regelmäßig, dass die Kunden des ausgeschiedenen HV ausgleichsrechtlich als vom Nachfolger geworbene Neukunden zu behandeln sind,[75] was zwar nicht kraft Gesetzes der Fall sein kann,[76] im Zweifel aber auch ohne ausdrückliche Absprache als vereinbart gelten wird.[77] In jedem Fall muss der HVVertrag mit dem Nachfolgevertreter, um nicht gegen Abs. 4 Satz 1 zu verstoßen, so angelegt sein, dass der zahlungspflichtige HV die rechtliche Möglichkeit erhält, den Abwälzungsbetrag zusätzlich zu dem eigenständig zu erwerbenden Ausgleichsanspruch zu verdienen,[78] weswegen bei einer zu kurzen oder einer vorzeitig endenden Vertragsdauer die Abwälzungsverpflichtung im Zweifel ganz oder anteilig entfallen wird und ein bereits bezahlter Betrag zurück zu erstatten ist.[79] Insoweit gilt dann Gleiches wie bei der Einstandszahlung (RdNr. 14).

3. Einstandszahlung und Abfindungsvereinbarung. Die Vereinbarung einer Einstands- oder Ablösungszahlung des HV an den Unternehmer,[80] geleistet bei Beginn des Vertragsverhältnisses, ist

---

[67] MünchKommHGB/*v. Hoyningen-Huene* RdNr. 215.
[68] Vgl. dazu OLG Celle BB 1961, 615; OLG München Urt. v. 11. 4. 1997 – 23 U 5702/96, NJW-RR 1998, 174 = HVR Nr. 887 m. Anm. *Sellhorst* EWiR 1997, 661; *Seithel* BB 1963, 465; *Schröder* DB 1969, 291; *Eberstein* BB 1971, 200, 201; v. *Westphalen* DB 1984, 2392, 2395; *Wauschkuhn* BB 1996, 1517, 1519; *Westphal* MDR 2005, 421; *Kiene* S. 27; MünchKommHGB/*v. Hoyningen-Huene* RdNr. 186 und 217; *Schröder* RdNr. 34 c und d; *Küstner* Ausgleichsanspruch RdNr. 154 und 177; für Franchiseverträge: *Eckert* WM 1991, 1237, 1247; **zur steuerrechtlichen Behandlung** solcher Zahlungen an den Vorgänger durch den eintretenden HV siehe BFH Urt. v. 26. 2. 1964 – I 383/61 U, HVR Nr. 346 und vom 17. 12. 1964 – IV 378/61 U, HVR Nr. 348 sowie ausf. *Küstner* Ausgleichsanspruch RdNr. 1740 bis 1745.
[69] LG Koblenz HVR Nr. 703.
[70] S. zB OLG Celle Urt. v. 23. 3. 1961 – 5 U 165/60, HVR Nr. 335; OLG München Urt. v. 11. 4. 1997 – 23 U 5702/96, NJW-RR 1998, 174 = HVR Nr. 887.
[71] BGH Urt. v. 10. 6. 1968 – VII ZR 48/66, JR 1969, 419 m. zust. Anm. *Sandrock* S. 420; siehe auch MünchKommHGB/*v. Hoyningen-Huene* RdNr. 186.
[72] BGH Urt. v. 29. 6. 1967 – VII ZR 323/64, BB 1967, 935; ungenau BGH Urt. v. 11. 6. 1975 – I ZR 136/74, NJW 1975, 1926; aA *Budde* DB 2005, 2177.
[73] *Schröder* RdNr. 34 c; s. d. a. *Emde* VersR 2003, 549, 552.
[74] *Budde* DB 2005, 2177, 2180 verkennt die Bedeutung einer zur Abwälzung der Ausgleichsschuld zu leistenden Einstandszahlung, wenn er meint, dass der Unternehmer bei Zubilligung einer Gegenleistung an die nachfolgenden HV zweifach für die Übernahme des Kundenstamms zahlen müsse.
[75] OLG Nürnberg Urt. v. 23. 12. 1986 – 4 U 2759/86, HVR Nr. 646; OLG München OLGR 1997, 76 und Urt. v. 8. 8. 2001 – 7 U 5118/00, HVR Nr. 991 – OLGR 2002, 82; OLG Düsseldorf OLGR 2001, 317, 2003, 183; MünchKommHGB/*v. Hoyningen-Huene* RdNr. 58; aA *Budde* DB 2005, 2177.
[76] *Kiene* S. 64 bis 66; vgl. auch BGH Urt. v. 10. 5. 1984 – I ZR 36/82, NJW 1985, 58; aA OLG Nürnberg Urt. v. 12. 7. 1966 – 5 U 76/65, HVR Nr. 368.
[77] *Westphal* Vertriebsrecht RdNr. 953; aA MünchKommHGB/*v. Hoyningen-Huene* RdNr. 186.
[78] Vgl. OLG Düsseldorf Urt. v. 16. 3. 2001 – 16 U 186/99, HVR Nr. 946.
[79] OLG Saarbrücken Urt. v. 14. 12. 1978 – 8 U 94/78 und 8 U 50/78, HVR Nr. 524; siehe dazu auch *Kiene* S. 70 bis 72; MünchKommHGB/*v. Hoyningen-Huene* RdNr. 186; *Westphal* Vertriebsrecht RdNr. 953.
[80] Vgl. BGH Urt. v. 24. 2. 1983 – I ZR 14/81, EBE 1983, 151; OLG Hamm JMBlNW 1990, 17; OLG München BB 1997, 222; und ausführlich zur (Un-) Wirksamkeit einer solchen Vereinbarung OLG Düsseldorf OLGR 2001, 317; *Westphal* MDR 2005, 421, 422 f.; *Kiene* S. 28; MünchKommHGB/*v. Hoyningen-Huene* RdNr. 218; *Küstner* Ausgleichsanspruch RdNr. 178 f.; *Westphal* Vertriebsrecht RdNr. 1185, 1186.

§ 89 b 15 1. Buch. 7. Abschnitt. Handelsvertreter

grundsätzlich zulässig (s. § 84), und ausgleichsrechtlich ohne Bedeutung, wenn die Zahlung weder den Ausgleichsanspruch des ausgeschiedenen HV (RdNr. 13) noch den Anspruch des neuen HV berühren kann (RdNr. 144). Die Wirksamkeit solcher Vereinbarungen ist grds. nicht von einer zusätzlichen Gegenleistung des Unternehmers abhängig,[81] sofern die durch § 138 BGB[82] gezogenen Grenzen nicht überschritten werden und eine formularmäßig vereinbarte Zahlung einer Inhaltskontrolle nach § 307 BGB nF standhält.[83] **Geschäftsgrundlage** oder im Weg **ergänzender Vertragsauslegung** festzustellender Inhalt der Vereinbarungen über Einstandszahlungen wird allerdings regelmäßig die Verpflichtung des Unternehmers sein, dem HV die Möglichkeit zu verschaffen, die Einstandszahlung während des bestehenden HVVertrags zu **amortisieren**;[84] endet das Vertragsverhältnis früher als bei Vertragsschluss vorausgesetzt oder vereitelt der Unternehmer den bezweckten Erfolg, zB durch eine unberechtigte Kündigung,[85] schuldet der HV dann unanhängig von ihm zustehenden Schadensersatzansprüchen allenfalls eine der Dauer der tatsächlichen Vertragszeit entsprechende anteilige Einstandszahlung;[86] außerdem wird ihm aus Vertrag oder aus § 242 BGB iVm. § 812 BGB ein (Teil-) Erstattungsanspruch gegen den Unternehmer wegen einer bereits geleisteten Überzahlung zustehen.[87] Die Vereinbarung einer **Stundung der Einstandszahlung bis Vertragsende** enthält regelmäßig die (stillschweigende) Abrede einer vor- und erstrangigen Verrechnung dieser Zahlungspflicht mit einem Anspruch auf Ausgleichszahlung, woraus sich ein **vertragliches Aufrechnungsverbot** hinsichtlich anderer Forderungen ergibt, solange noch ein Ausgleichsanspruch in entsprechender Höhe in Betracht kommen kann.

15 **4. Entstehen und Fälligkeit.** Der Anspruch entsteht „nach Beendigung des Vertragsverhältnisses" und damit entsprechend der Regelung in § 187 Abs. 1 BGB an dem Tag, welcher auf den Tag der rechtlichen Beendigung des HVVertrags folgt (s. RdNr. 24);[88] demgegenüber nehmen Rspr. und überwiegende Meinung in der Literatur entgegen dem Wortlaut des Gesetzes ein Entstehen bereits mit dem Tag des Vertragsendes an.[89] Fälligkeit tritt gemäß § 271 Abs. 1 BGB im Zeitpunkt des Entstehens ein.[90] Weder die rechtzeitige Geltendmachung nach Abs. 4 Satz 2[91] noch eine Abrechnung des Unternehmers[92] noch der tatsächliche Eintritt von Unternehmervorteilen und Provisionsverlusten[93] sind Voraussetzung oder Bedingung für Entstehen oder Fälligkeit[94] des ohnehin auf einer nach Vertragsende anzustellenden Prognose beruhenden Ausgleichsanspruchs. Die für Provisionen geltenden Fälligkeitsregelungen sind weder direkt noch analog anwendbar. Vereinbarungen über Entstehen und Fälligkeit des Anspruchs sind in den durch Abs. 4 Satz 1 gezogenen Grenzen zulässig (RdNr. 136 f).[95] Endet der HVVertrag mit der **Insolvenz des Unternehmers,** entsteht der Ausgleichsanspruch als Insolvenzforderung nach § 38 und ist gegebenenfalls nach §§ 174 InsO bei

---

[81] AA für Formularvertrag/AGB: OLG Frankfurt Urt. v. 10. 11. 1986 – 4 U 124/85, HVR Nr. 621 und vom 14. 5. 1987 – 16 U 79/86, HVR Nr. 622.
[82] Vgl. OLG Stuttgart Urt. v. 27. 8. 1998 – 11 U 153/97, HVR Nr. 999.
[83] *Westphal* MDR 2005, 421, 423.
[84] Vgl. OLG Saarbrücken Urt. v. 14. 12. 1978 – 8 U 94/78 und 8 U 50/78, HVR Nr. 524.
[85] OLG Düsseldorf Urt. v. 16. 3. 2001 – 16 U 186/99, HVR Nr. 946.
[86] OLG Saarbrücken Urt. v. 14. 12. 1978 – 8 U 94/78 und 8 U 50/78, HVR Nr. 524; OLG Stuttgart Urt. v. 13. 5. 1992 – 4 U 238/91, HVR Nr. 838; aA *Budde* DB 2005, 2177.
[87] BGH Urt. v. 10. 6. 1968 – VII ZR 48/66, JR 1969, 419 m. zust. Anm. *Sandrock* S. 420; BGH Urt. v. 10. 5. 1984 – I ZR 36/82, NJW 1985, 58; OLG Stuttgart Urt. v. 13. 5. 1992 – 4 U 238/91, HVR Nr. 838; OLG München BB 1997, 222; vgl. auch OLG Hamm BB 1980, 1819; Heymann/*Sonnenschein*/*Weitemeyer* RdNr. 77; *Küstner* Ausgleichsanspruch RdNr. 171; vgl. dazu auch *Schröder* RdNr. 34 d und DB 1969, 291; im Ergebnis bedenklich ist die Entscheidung LG Waldshut-Tiengen NJW-RR 2001, 1546; zur Problematik siehe auch *Kiene* S. 70 f.
[88] OLG Hamm Urt. v. 5. 5. 1980 – 18 U 134/79, HVR Nr. 540; OLG Düsseldorf OLGR 2000, 406, 410; *Schröder* RdNr. 24 b; *Küstner* Ausgleichsanspruch RdNr. 1236, 1437; *Westphal* Vertriebsrecht RdNr. 1187; scheinbar auch BGH Urt. v. 23. 10. 1996 – VIII ZR 16/96, BGHZ 133, 391 = ZIP 1996, 2165, 2168.
[89] BGH Urt. v. 5. 12. 1968 – VII ZR 102/66, BGHZ 51, 184 = NJW 1969, 504, 505; BGH Urt. v. 29. 3. 1990 – I ZR 2/89, ZIP 1990, 1197; BGH Urt. v. 6. 8. 1997 – VIII ZR 92/96, ZIP 1997, 1839, 1844; BGH Urt. v. 12. 3. 2003 – VIII ZR 221/02, MDR 2003, 758 = NJW-RR 2003, 894; BFH Urt. v. 26. 3. 1969 – I R 14/66, BB 1969, 862; BFH Urt. v. 20. 1. 1983 – IV R 168/81, BStBl. 1983 II S. 375; *Schuler* JR 1957, 44, 46; *Schneider* DB 1968, 1613; Heymann/*Sonnenschein*/*Weitemeyer* RdNr. 69 und 78; MünchKommHGB/*v. Hoyningen-Huene* RdNr. 210; Staub/*Brüggemann* RdNr. 114.
[90] BGH Urt. v. 23. 10. 1996 – VIII ZR 16/96, BGHZ 133, 391 = ZIP 1996, 2165, 2168; BGH Urt. v. 6. 8. 1997 – VIII ZR 92/96, ZIP 1997, 1839, 1844; OLG Oldenburg 1973, 1281; Heymann/*Sonnenschein*/*Weitemeyer* RdNr. 78; *Schröder* RdNr. 24 b.
[91] Vgl. *Küstner* Ausgleichsanspruch RdNr. 1434.
[92] *Küstner* Ausgleichsanspruch RdNr. 1435.
[93] oder noch *Küstner* Ausgleichsanspruch RdNr. 42.
[94] BFH Urt. v. 26. 3. 1969 – I R 14/66, BB 1969, 862; Heymann/*Sonnenschein*/*Weitemeyer* RdNr. 4; MünchKommHGB/*v. Hoyningen-Huene* RdNr. 9; Staub/*Brüggemann* RdNr. 5, 6; aA *Küstner* Ausgleichsanspruch RdNr. 42.
[95] Heymann/*Sonnenschein*/*Weitemeyer* RdNr. 78.

dem Insolvenzverwalter anzumelden (RdNr. 174), wenn dieser das Unternehmen fortführt oder veräußert.[96]

5. Noch nicht entstandener Ausgleichsanspruch. Da sich erst mit der Beendigung des HVVertrags entscheidet, ob der Anspruch überhaupt entstehen kann, hat der HV vor Vertragsende keine gesicherte Rechtsposition und stellt der noch nicht entstandene Ausgleichsanspruch, anders als zB ein Anwartschaftsrecht, eine bloße **Erwerbschance** dar, die zwar abtretbar (RdNr. 21), jedoch weder in dem Zugewinnausgleich zu berücksichtigen[97] noch in das Vermögensverzeichnis nach § 807 ZPO aufzunehmen ist.[98] 16

6. Geldschuld, Verzinsung, Verzug und Umsatzsteuer. Der Ausgleichsanspruch begründet eine Geldschuld iSv. § 270 Abs. 1 und 4 BGB, welche nach §§ 352, 353 HGB rückwirkend ab Fälligkeit zu verzinsen ist.[99] **Leistungs- oder Erfüllungsort** ist nach § 269 iVm. § 270 Abs. 4 BGB der (Geschäfts-)Sitz des Unternehmers.[100] Verzug setzt die Geltendmachung einer bestimmten Geldforderung voraus, welche die später ermittelte genaue Ausgleichsforderung nicht wesentlich übersteigen darf. Wegen der das Ausgleichsrecht beherrschenden Billigkeit kann bei Vorliegen besonderer Umstände ausnahmsweise anstelle einer **Einmalzahlung** eine **Raten-** oder **Rentenzahlung** als angemessene Vergütung zu leisten sein. **Umsatzsteuer** (RdNr. 175) darf ausnahmsweise zusätzlich und gesondert gefordert werden, wenn der Ausgleichsanspruch entgegen dem Regelfall nicht nach den Bruttoprovisionen, sondern als Nettoausgleich ermittelt worden ist (RdNr. 129).[101] Umsatzsteuer auf die Zinsen wird nicht geschuldet.[102] 17

7. Erlöschen. Der Ausgleichsanspruch erlischt durch Erfüllung gem. § 362 f. BGB, im Zweifel also durch Zahlung des geschuldeten Geldbetrags. Nach Vertragsende können die Parteien durch Vereinbarung andere Formen der Erfüllung vereinbaren oder den Anspruch aufheben. Hingegen kann der Unternehmer den entstandenen Anspruch nicht einseitig dadurch vernichten, dass er an den ausgleichsberechtigten HV weiterhin nicht mehr geschuldete Provisionen zahlt.[103] 18

8. Zurückbehaltungsrecht und Aufrechnung. Wegen eines bestehenden Ausgleichsanspruchs kann der HV unter den Voraussetzungen des § 369 sein kaufmännisches Zurückbehaltungsrecht ausüben.[104] Mit dem und gegenüber dem rechtzeitig geltend gemachten Anspruch (RdNr. 69 f.) kann die Aufrechnung erklärt werden.[105] Findet das HVVertragsverhältnis durch **Insolvenz des Unternehmers** sein Ende, besteht für den HV die Möglichkeit der Aufrechnung, weil der Ausgleichsanspruch zwar erst nach der Eröffnung des Insolvenzverfahrens entstanden, im Sinn des Insolvenzrechts (§§ 94 und 96 InsO) aber bereits vorher erworben war.[106] Insoweit gilt das Gleiche wie früher nach § 55 Nr. 2 KO.[107] 19

9. Verjährung, Verwirkung und Verzicht. Nach Aufhebung des § 88 (s. § 84) mit Wirkung vom 15. Dezember 2004 richtet sich die Verjährung des Ausgleichsanspruchs nach den §§ 194 f. BGB nF. Sie beginnt gemäß § 199 Abs. 1 Nr. 1 BGB nF mit dem Ablauf des Jahres, in welchem der Anspruch fällig geworden ist,[108] bei Vertragsende zum 31. Dezember also erst mit Beginn des übernächsten Jahres (RdNr. 15);[109] die nach § 199 Abs. 1 Nr. 2 BGB nF weitere Voraussetzung der Kenntnis von dem Anspruch ist bei dem HV grds. vorauszusetzen. **Vereinbarungen** über eine **Verkürzung der Verjährungsfrist** sind zulässig (s. § 84),[110] Abs. 4 Satz 1 steht dem nicht ent- 20

---

[96] Emde/Kelm ZIP 2005, 58, 63; MünchKommInsO/Ehricke § 38 RdNr. 96.
[97] BGH Urt. v. 9. 3. 1977 – IV ZR 166/75, BGHZ 68, 163, 168 = NJW 1977, 949; Heymann/Sonnenschein/Weitemeyer RdNr. 4; MünchKommHGB/v. Hoyningen-Huene RdNr. 10.
[98] OLG Hamm BB 1979, 1579; vgl. auch OLG Hamm Beschl. v. 21. 6. 1979 – 14 W 179/78, DB 1980, 84 = HVR Nr. 530; vgl. Zöllner/Stöber ZPO § 807 RdNr. 34.
[99] OLG Köln Urt. v. 29. 4. 1968 – 13 U 74/67, HVR Nr. 388; Schneider DB 1968, 1615; Heymann/Sonnenschein/Weitemeyer RdNr. 78; MünchKommHGB/v. Hoyningen-Huene RdNr. 211; Schröder RdNr. 24 b; Küstner Ausgleichsanspruch RdNr. 1456.
[100] BGB-RGRK/Alff § 270 RdNr. 1; zum **Gerichtsstand** und einer **Gerichtsstandsvereinbarung** bei Klagen **gegen ausländische Unternehmer** siehe § 92 c und MünchKommHGB/v. Hoyningen-Huene RdNr. 221.
[101] BGH Urt. v. 28. 6. 1973 – VII ZR 3/71, BGHZ 61, 112 = NJW 1973, 1744; BGH Urt. v. 4. 6. 1975 – I ZR 130/73, WM 1975, 931, 936; OLG Frankfurt Urt. v. 8. 12. 1970- 5 U 94/70, HVR Nr. 428.
[102] EuGH Urt. v. 1. 7. 1982 – I 222/81, DB 1983, 375; Küstner Ausgleichsanspruch RdNr. 1543, 1545.
[103] OLG Köln Urt. v. 4. 11. 2002 – 19 U 67/02, HVR Nr. 1098.
[104] Küstner Ausgleichsanspruch RdNr. 1464.
[105] Schröder RdNr. 18 b; Küstner Ausgleichsanspruch RdNr. 1461.
[106] Vgl. Uhlenbruck InsO § 96 RdNr. 13.
[107] OLG Karlsruhe ZIP 1985, 235 mit zust. Anm. Henckel EWiR 1985, 409; MünchKommHGB/v. Hoyningen-Huene RdNr. 40; Schröder RdNr. 21 a; Küstner Ausgleichsanspruch RdNr. 319, 1463.
[108] MünchKommHGB/v. Hoyningen-Huene RdNr. 210; Küstner Ausgleichsanspruch RdNr. 1436, 1437.
[109] Umstritten, so im Ergebnis auch OLG Hamm Urt. v. 5. 5. 1980 – 18 U 134/79, HVR Nr. 540; vgl. Schröder RdNr. 24 b.
[110] Küstner Ausgleichsanspruch RdNr. 1439, 1447 bis 1449; aA MünchKommHGB/v. Hoyningen-Huene RdNr. 192.

gegen (RdNr. 140).[111] Eine verkürzte Verjährungsfrist darf jedoch nicht ablaufen, bevor der Anspruch innerhalb der unabdingbaren Jahresfrist des § 89b Abs. 4 S. 2 geltend gemacht worden ist,[112] weswegen die Vereinbarung einer Verjährungsfrist von 1 Jahr, welche mit Ende des Handelsvertretervertrags und/oder der Fälligkeit des Ausgleichsanspruchs beginnen soll, unwirksam ist. Hingegen sind Vereinbarungen über eine verkürzte Verjährungsfrist zulässig und wirksam, wenn die vereinbarte Verjährungsfrist entweder mit Ablauf der Jahresfrist des Abs. 4 Satz 2 oder bereits mit der rechtswirksamen tatsächlichen Anspruchsanmeldung beginnen soll;[113] die Verjährungsfrist darf dann kürzer als die Jahresfrist des Abs. 4 Satz 2 sein, allerdings muss zwischen Geltendmachen des Anspruchs und seiner Verjährung eine Mindestfrist von sechs Monaten liegen (s. § 84).[114] Die Auswirkungen einer unwirksamen Verjährungsregelung auf die sonstigen Forderungen aus dem Handelsvertretervertrag, wenn für alle Ansprüche aus dem Vertrag dieselbe kurze Verjährungsfrist vereinbart ist, bestimmen sich nach § 139 und § 306 BGB (§ 6 AGBG aF). Zur Hemmung der Verjährung nach §§ 203 f. BGB nF genügen regelmäßig bereits Verhandlungen über den Anspruch (§ 203 BGB nF) oder eine zunächst unbezifferte Klageerhebung (203 Abs. 1 Nr. 1 BGB nF).[115] Ein auf den Grund des Anspruchs beschränktes Anerkenntnis führt (ähnlich der früheren Rechtslage nach § 208 BGB)[116] nach § 212 Abs. 1 Nr. 1 BGB nF zum Neubeginn der Verjährung. Die Hemmungstatbestände erhalten den Anspruch einredefrei in der Größenordnung/Höhe, wie er sich für den Zeitpunkt des Vertragsendes als gerechtfertigt erweist. Im Hinblick auf die kurzen gesetzlichen Fristen für Anmeldung und Verjährung entfällt grundsätzlich die Möglichkeit einer Verwirkung des Ausgleichsanspruchs.[117] Vor Ablauf der Frist des Abs. 4 Satz 2 ist eine Verwirkung, auch im Hinblick auf Abs. 4 Satz 1, rechtlich ausgeschlossen. Längeres Schweigen des HV nach der Geltendmachung des Anspruchs rechtfertigt eine Verwirkung ebenfalls nicht.[118] Ein Verzicht auf den Anspruch ist im Hinblick auf Abs. 4 Satz 1 erst bei oder nach Vertragsende möglich (RdNr. 137).

21   10. Abtretung, Vererbung und (Ver-)Pfändung. Bereits vor Vertragsende ist der künftige Anspruch auf Ausgleich abtretbar, pfändbar und vererbbar.[119] Mit der Abtretung des noch nicht rechtsverbindlich oder einvernehmlich festgestellten Anspruchs ist für den Abtretenden die Verpflichtung verbunden, dem Zessionar die erfolgreiche Durchsetzung des Anspruchs bei Fälligkeit zu ermöglichen durch Unterrichtung über sämtliche Umstände und Überlassung sämtlicher Unterlagen, welche für Geltendmachung und erfolgreiche Beweisführung notwendig sind. Abtretung und Pfändung beeinträchtigen den HV nicht in der Wahrnehmung seiner vertraglichen Rechte gegenüber dem Unternehmer oder der Ausübung solcher Befugnisse, welche, wie zB die Kündigung des HVVertrags, das Entstehen des Ausgleichsanspruchs verhindern können.[120]

22   11. Ausgleichsanspruch und nachvertraglicher Wettbewerb. Mit dem Kundenstamm erwirbt der Unternehmer, sofern Gegenteiliges nicht eindeutig durch Individualabsprache vereinbart wird, nicht das Recht zu dessen ausschließlicher und alleiniger Nutzung.[121] Er erhält die Chance der gewinnbringenden Nutzung des Kundenstamms, ist jedoch spätestens nach Ablauf eines vereinbarten Wettbewerbsverbots der Konkurrenztätigkeit des HV ausgesetzt, der sich ebenfalls um seine früheren Kunden bemühen darf.[122] Die Verpflichtung zur Zahlung des Ausgleichs führt nicht zu einem nachvertraglichen Wettbewerbsverbot für den HV;[123] allerdings braucht der Unternehmer diesen

---

[111] *Küstner* Ausgleichsanspruch RdNr. 1440.
[112] So wohl auch *Küstner* HVR RdNr. 1279 und Ausgleichsanspruch RdNr. 1450; offengelassen von *Alff* LM § 88 Nr. 7; aA: Verjährungsbeginn frühestens mit Ablauf der Jahresfrist des Abs. S. 2: MünchKommHGB/*v. Hoyningen-Huene* RdNr. 210.
[113] AA MünchKommHGB/*v. Hoyningen-Huene* RdNr. 210.
[114] AA (Verjährungsfrist darf nicht kürzer als die Jahresfrist des Abs. 4 Satz 2 sein) MünchKommHGB/ *v. Hoyningen-Huene* RdNr. 210; *Küstner* Ausgleichsanspruch RdNr. 1450.
[115] Vgl. zum alten Recht: BGH Urt. v. 3. 2. 1978 – I ZR 116/76, WM 1978, 461, 466.
[116] *Küstner* Ausgleichsanspruch RdNr. 1453.
[117] Vgl. OLG Düsseldorf Beschl. v. 10. 1958 – 8 W 129/58, HVR Nr. 184; aA (Verwirkung in Ausnahmefällen möglich) *Schmidt* BB 1965, 732, 733; MünchKommHGB/*v. Hoyningen-Huene* RdNr. 164 und 209; *Schröder* RdNr. 38; *Staub/Brüggemann* RdNr. 113; s. a. OLG Nürnberg Urt. v. 1. 12. 1962 – 2 U 219/61, HVR Nr. 342.
[118] Vgl. auch Heymann/*Sonnenschein/Weitemeyer* RdNr. 103; MünchKommHGB/*v. Hoyningen-Huene* RdNr. 209; *Küstner* Ausgleichsanspruch RdNr. 1458, 1459.
[119] Heymann/*Sonnenschein/Weitemeyer* RdNr. 4 und 12; *Hopt* RdNr. 6; MünchKommHGB/*v. Hoyningen-Huene* RdNr. 9 und 10; *Staub/Brüggemann* RdNr. 6; *Küstner* Ausgleichsanspruch RdNr. 1391, 1466 und 1470; *Westphal* Vertriebsrecht RdNr. 894.
[120] *Küstner* Ausgleichsanspruch RdNr. 1471.
[121] *Schröder* RdNr. 22; *Küstner* Ausgleichsanspruch RdNr. 1502.
[122] S. d. auch BGH Urt. v. 28. 6. 2006 – VIII ZR 350/04, EBE 2006, 247, 248; so auch LG Frankfurt HVR Nr. 475; *Schröder* RdNr. 22 und DB 1964, 323, 324; *Küstner* Ausgleichsanspruch RdNr. 1502.
[123] *Küstner* Ausgleichsanspruch RdNr. 599, 1503 und RdNr. 1521 für den Versicherungsvertreter.

Wettbewerb nicht, zB durch Lieferung von Ersatzteilen, zu unterstützen.[124] Bei der Bewertung der dem Unternehmer verbleibenden Vorteile nach Abs. 1 Satz 1 Nr. 1 (RdNr. 83 f.) sowie im Rahmen der Billigkeitsprüfung nach Abs. 1 Satz 1 Nr. 3 (RdNr. 96 f.) kann ein bevorstehender Wettbewerb des HV bei seinen ehemaligen Kunden rechtlich bedeutsam werden.

12. Konkurrenzen. a) Karenzentschädigung und (Überhang-)Provision. Neben dem Ausgleich können dem HV nachvertraglich geschuldete (echte und unechte Überhang-) Provisionen (s. § 87 a) und Karenzentschädigung nach § 90 a Abs. 1 Satz 3 zustehen.[125] Die Ansprüche bestehen unabhängig voneinander, können aber Einfluss auf die Höhe des geschuldeten Ausgleichs nehmen;[126] so entfallen durch nachvertraglich geschuldete Provisionen entsprechende Verluste des HV, die andernfalls nach Abs. 1 Satz 1 Nr. 2 ausgleichsfähig wären.[127] **23**

b) Schadensersatzanspruch nach § 89 a Abs. 2. Schadensersatzanspruch nach § 89 a Abs. 2 und Ausgleichsanspruch betreffen unterschiedliche Sachverhalte und Zeiträume.[128] Der Ersatzanspruch stellt den HV, als wäre das Vertragsverhältnis durch ordnungsgemäße Kündigung beendet worden, und gewährt Anspruch auf Gewinnersatz hinsichtlich der entgangenen vertraglichen Erfüllungsansprüche. Der Ausgleichsanspruch betrifft den sich anschließenden Zeitraum. Wird der HV schadensrechtlich gestellt, als wäre das Vertragsverhältnis mit Ablauf der ordentlichen Kündigungsfrist ausgelaufen, ist erst dieser Zeitpunkt für Entstehen und Ermittlung des Ausgleichsanspruchs maßgeblich;[129] der **HV kann nicht für denselben Zeitraum Ersatz für vertragliche (Erfüllungs-)Ansprüche sowie nachvertraglichen Ausgleich beanspruchen.**[130] Die vom Unternehmer schadensrechtlich auszugleichenden kündigungsbedingt unterbliebenen Kundengeschäfte fließen in den Ausgleichsanspruch ein,[131] der höher ausfällt, wenn der HV (nachweist, dass er) in dem Zeitraum bis zum Ablauf der ordentlichen Kündigungsfrist weitere Stammkunden geworben oder Stammkundengeschäfte getätigt hätte;[132] statt dessen kann entgangener Gewinn wegen eines verfehlten höheren Ausgleichsanspruchs verlangt werden.[133] Für eine gegenseitige Anrechnung von Ausgleichszahlung und Schadensersatzanspruch im Weg der Vorteilsausgleichung ist methodisch kein Raum.[134] **24**

B. Anspruchsvoraussetzungen und Ermittlung des konkret geschuldeten Ausgleichs

I. Bewertungsstichtag und Prognose

1. Notwendigkeit einer Prognose. Wegen Entstehens und Fälligkeit am Tag nach der rechtlichen Beendigung des HVVertragsverhältnisses (RdNr. 15) muss der Anspruch auf der Grundlage der an diesem **Bewertungsstichtag** gegebenen tatsächlichen Verhältnisse ermittelt und berechnet werden.[135] Die allgemeinen Anspruchsvoraussetzungen, also Beendigung eines bestehenden HVVertragsverhältnisses nach Abs. 1 Satz 1 sowie mögliche Ausschlussgründe nach Abs. 3, stehen am Bewertungsstichtag unabänderlich fest. Hingegen ist hinsichtlich der besonderen Anspruchsvoraussetzungen des Abs. 1 Satz 1 Nr. 1 bis Nr. 3 eine Abschätzung in Form einer Prognose der noch ungewissen künftigen Entwicklung erforderlich.[136] Das betrifft die künftigen Veränderungen des dem Unternehmer am Bewertungsstichtag überlassenen Kundenstamms durch Abwanderung sowie mögliche Zuwanderung potentieller Stammkunden, die künftigen Vorteile des Unternehmers aus Geschäften mit den vom HV geschaffenen Kundenbeziehungen sowie dessen Verluste infolge der **25**

---

[124] *Küstner* Ausgleichsanspruch RdNr. 1504.
[125] Vgl. LG Krefeld HVR Nr. 484.
[126] Vgl. *Weber* BB 1961, 1220, 1221; *Küstner* Ausgleichsanspruch RdNr. 1514 bis 1517; vgl. auch *Ordemann* BB 1965, 932, 933.
[127] *Küstner* Ausgleichsanspruch RdNr. 620, 621.
[128] Dazu ausf. *Fock* in Saenger/Schulze 562 f.
[129] *Küstner* Ausgleichsanspruch RdNr. 1527 und 1528; *Küstner/Thume* Ausgleichsanspruch RdNr. 1729.
[130] *Küstner* Ausgleichsanspruch RdNr. 1527 und 1528; *Küstner/Thume* Ausgleichsanspruch RdNr. 1729 f.
[131] Vgl. *Küstner* Ausgleichsanspruch RdNr. 1523.
[132] BGH Urt. v. 12. 3. 1992 – I ZR 117/90 – NJW-RR 1992, 1059, 1060.
[133] BGH Urt. v. 12. 1. 1970 – VII ZR 191/67, BGHZ 53, 150 = NJW 1970, 467; *Küstner* Ausgleichsanspruch RdNr. 1521.
[134] *Küstner* Ausgleichsanspruch RdNr. 1531 und 1532.
[135] BGH Urt. v. 27. 10. 1960 – II ZR 1/59, NJW 1961, 120, 121; *Westphal* Vertriebsrecht RdNr. 968.
[136] BGH Urt. v. 29. 3. 1990 – I ZR 2/89, ZIP 1990, 1197; *Hübsch/Hübsch* WM 2005 Sonderbeilage Nr. 1 zu Heft 9 S. 13; *Westphal* RdNr. 643, 657; vgl. auch *Karsten Schmidt* HandelsR § 27 V 2 b („ex-post-Prognose"); dagegen *Schwerdtner* EWiR 1991, 591.

Nichtweiterführung des HVVertrags.[137] Im Rahmen der Billigkeitsprüfung kann ebenfalls eine Berücksichtigung wahrscheinlich eintretender künftiger Ereignisse und Entwicklungen geboten sein.

26 **2. Bedeutung des Bewertungsstichtags für Prognoseentscheidung.** Grundlage für die Prognose sind die tatsächlichen Verhältnisse am Bewertungsstichtag (RdNr. 25),[138] aus dessen Sicht die künftigen Verhältnisse objektiv abzuschätzen sind.[139] Am Bewertungsstichtag mit hinreichender Wahrscheinlichkeit vorhersehbare Entwicklungen und Ereignisse sind in die Prognose einzubeziehen.[140] Dazu gehören auch diejenigen Tatsachen und Umstände, welche in unmittelbarem und engem Zusammenhang mit dem Vertragsende stehen und sich als unmittelbare Folge oder Reaktion auf die Vertragsbeendigung darstellen. Was bei objektiver Würdigung aus der Sicht des Bewertungsstichtags nicht vorhersehbar[141] oder zwar theoretisch denkbar, jedoch nicht hinreichend sicher abschätzbar ist,[142] kann nicht in die Prognose einfließen.[143] Das gilt auch für Tatsachen, welche, wie zB eine künftige Betriebseinstellung, lediglich unternehmensintern beraten und möglicherweise sogar beschlossen worden, nach außen aber geheim gehalten ist.[144]

27 **3. Hinausschieben des Bewertungsstichtags und Berücksichtigung nachvertraglicher Umstände.** Eine Hinausschieben von Bewertungsstichtag und Prognosegrundlage auf den Zeitpunkt der einseitigen oder einvernehmlichen Festlegung des geschuldeten Ausgleichsbetrags oder auf den Tag der Letzten mündlichen (Tatsachen-)Verhandlung in dem über den Ausgleichsanspruch geführten Rechtsstreit mit der Folge einer Berücksichtigung aller am hinausgeschobenen Stichtag vorliegenden tatsächlichen Umstände[145] sieht das Gesetz nicht vor und lässt sich methodisch nicht rechtfertigen.[146] Bei langwierigen Verhandlungen oder Rechtsstreitigkeiten träte an die Stelle der vom Gesetz vorgesehenen Prognoseentscheidung eine rechnerische Ermittlung des Ausgleichsbetrags auf Grund einer ex post Betrachtung, in welche tatsächliche Umstände einfließen könnten, welche mangels Vorhersehbarkeit bei der Prognoseentscheidung außer Betracht bleiben müssen. Mit Billigkeitserwägungen lässt sich eine Verschiebung des Bewertungsstichtags nicht rechtfertigen. Zufall und Willkür könnten den Bewertungsstichtag bestimmen. Die Neigung zu Verzögerung der Verhandlungen sowie zu Rechtsstreitigkeiten über den Ausgleichsanspruch würde gefördert.[147] Gesetzestreue, sich unverzüglich nach Vertragsende auf den prognostizierten Ausgleichsbetrag einigende Vertragspartner könnten durch die Einbeziehung unerwartet eingetretener Entwicklungen in die Ermittlung des Ausgleichsbetrags benachteiligt werden.[148] Da das Gesetz eine prognostizierende Entschädigung vorsieht, kann eine der späteren tatsächlichen Entwicklung in vollem Umfang Rechnung tragende Entschädigung nicht in höherem Maß der Billigkeit entsprechen. Selbst eine nur stichprobenartige **Aufklärung der tatsächlichen Entwicklung** widerspricht dem Gesetz sowie der Natur des Ausgleichsanspruchs und darf nicht zu einem anderen Ausgleich führen, als er nach der gebotenen Prognose geschuldet wird.

28 **4. Wegfall der Geschäftsgrundlage und Vertragsverletzung nach Vertragsende.** Bei Vertragsende unvorhersehbare Ereignisse oder Entwicklungen, welche ausnahmsweise wegen Wegfalls der Geschäftsgrundlage (§ 313 BGB nF) eine nachträgliche Anpassung der bereits festgesetzten oder

---

[137] BGH Urt. v. 3. 4. 1996 – VIII ZR 54/95, MDR 1996, 696; BGH Urt. v. 6. 8. 1997 – VIII ZR 150/96, ZIP 1997, 1832, 1834 und BGH Urt. v. 6. 8. 1997 – VIII ZR 92/96, ZIP 1997, 1839; *Küstner*/v. *Manteuffel* ZIP 1988, 63, 66; *Alff* RdNr. 247.
[138] BGH Urt. v. 6. 8. 1997 – VIII ZR 92/96, ZIP 1997, 1839, 1844; OLG Düsseldorf OLGR 2000, 406, 410; zustimmend *Thume* BB 1999, 2309, 2310; *Hübsch/Hübsch* WM 2005 Sonderbeilage Nr. 1 zu Heft 9 S. 13; so grundsätzlich auch *Küstner* Ausgleichsanspruch RdNr. 1477, 1478; vgl. auch *Schröder* DB 1964, 323, 324.
[139] Vgl. *Schuler* NJW 1958, 1113, 1114.
[140] BGH Urt. v. 6. 8. 1997 – VIII ZR 92/96, ZIP 1997, 1839, 1844; BGH Urt. v. 15. 9. 1999 – VIII ZR 137/98, NJW-RR 2000, 109; OLG Hamm Urt. v. 21. 11. 1997 – 35 U 55/96, HVR Nr. 959; OLG Düsseldorf OLGR 2000, 406, 410, OLGR 2002, 164, 168, Urt. v. 12. 3. 2001 – 16 U 168/99, HVR Nr. 952 und Urt. v. 12. 3. 2004 – I – 16 U 44/03, HVR Nr. 1085; *Emde* VersR 2001, 148, 162; *Hübsch/Hübsch* WM 2005 Sonderbeilage Nr. 1 zu Heft 9 S. 13; vgl. Heymann/*Sonnenschein/Weitemeyer* RdNr. 23.
[141] BGH Urt. v. 6. 8. 1997 – VIII ZR 92/96, ZIP 1997, 1839, 1843, 1844; aA *Rittner* DB 1998, 457, 458.
[142] Vgl. *Küstner* Ausgleichsanspruch RdNr. 1475.
[143] OLG Düsseldorf Urt. v. 16. 3. 2001 – 16 U 168/99, HVR Nr. 952; aA *Fischer* ZVerglRWiss 101 (2002), 143, 156.
[144] OLG Düsseldorf Urt. v. 12. 3. 2004 – I – 16 U 44/03, HVR Nr. 1085.
[145] So aber die frühere st Rspr. des BGH, vgl. zB Urt. v. 3. 6. 1971 – VII ZR 23/70, BGHZ 56, 242, 246 = NJW 1971, 1611; Urt. v. 28. 1. 1965 – VII ZR 120/63, BB 1965, 434; ebenso die Literatur, siehe Heymann/*Sonnenschein/Weitemeyer* RdNr. 29, 34; MünchKommHGB/v. *Hoyningen-Huene* RdNr. 81; *Hopt* 1. Aufl. RdNr. 16; *Schröder* RdNr. 6 a, 6 c; *Küstner* Ausgleichsanspruch RdNr. 1474, 1480, 1481 und 1569; *Alff* RdNr. 243; *Westphal* RdNr. 644, einschränkend RdNr. 661.
[146] So jetzt BGH Urt. v. 6. 8. 1997 – VIII ZR 92/96, ZIP 1997, 1839, 1844; vom Ansatz her noch anders: OLG Celle Urt. v. 7. 2. 2002 – 11 U 241/99, HVR Nr. 1040.
[147] *Staub/Brüggemann* RdNr. 1; *Küstner* Ausgleichsanspruch RdNr. 1476.
[148] *Vgl.* dazu auch *Staub/Brüggemann* RdNr. 4, 5.

geleisteten Ausgleichszahlung an veränderte Verhältnisse rechtfertigen würden,[149] sind bereits bei der Prognoseentscheidung zu berücksichtigen, solange der Ausgleichsbetrag nicht verbindlich festgesetzt ist. Jedoch ist für die Anwendung der Grundsätze über den Wegfall der Geschäftsgrundlage im Rahmen einer Prognoseentscheidung nur in ganz engen Grenzen Raum; tatsächliche Grundlagen, von denen beide Parteien bei ihrer Prognose ausgegangen sind, müssen nachträglich entfallen sein oder sich maßgeblich geändert haben. Die fehlende Übereinstimmung von Prognose und späterer tatsächlicher Entwicklung ermöglicht weder die nachträgliche Änderung des Ausgleichsanspruchs[150] noch eine Rückforderung nach Bereicherungsrecht. Einer anlässlich der Verhandlungen über den Ausgleichsanspruch zB durch arglistige Täuschung begangenen Vertrags- oder Pflichtverletzung ist bei der Ermittlung des Ausgleichsanspruchs nach Abs. 1 Nr. 3 Rechnung zu tragen, wenn und soweit ein deswegen bestehender Schadensersatzanspruch dem Anspruch aus § 89 b entgegengehalten werden kann.[151]

5. Die Prognoseentscheidung. a) Prognosezeitraum. Die Prognose hat sich auf den Zeitraum zu erstrecken, in welchen nach den Umständen des Einzelfalls[152] mit ausgleichspflichtigen Folgegeschäften oder Nachbestellungen der Stammkunden gerechnet werden darf.[153] Dieser Zeitraum ist auf der Grundlage der in der Vergangenheit gemachten Erfahrungen unter Berücksichtigung der Besonderheiten von Branche, Marktgegebenheiten und Konkurrenz anderer, auch neuer[154] Produkte, der üblichen und im Einzelfall festzustellenden Kundenfluktuation, der Lebens- sowie Einsatzdauer des vertriebenen Produkts mit dem Zeitpunkt des Neubedarfs sowie unter Berücksichtigung von Art und Einsatz des HV[155] zu bestimmen. Der Prognosezeitraum darf die voraussichtliche Dauer der Geschäftsverbindung mit den vom HV geworbenen Stammkunden nicht überschreiten[156] und muss ihr nicht entsprechen, weil schon aus Billigkeitserwägungen für die Prognose nur ein angemessener Zeitraum zugrunde gelegt werden darf.[157] Der Prognosezeitraum muss einerseits lang genug sein, um die dem Unternehmer in Zukunft durch Folgeaufträge oder Nachbestellungen zufließenden Vorteile angemessen berücksichtigen zu können und bewerten zu können, andererseits aber noch überschaubar sein und hinreichend zuverlässige Aussagen über künftige Entwicklungen zulassen.[158] Der Prognosezeitraum bestimmt sich nach den (von dem Anspruchsteller konkret darzulegenden) Umständen des Einzelfalls; eine allgemeingültige (schematische) Prognosedauer gibt es nicht.[159] Im Regelfall ist ein Zeitraum von zwei bis fünf Jahren[160] ausreichend und angemessen.[161] Er wird kürzer (mit höchstens zwei bis drei Jahren) anzusetzen sein, wenn sich die vom HV geschaffenen Kundenbeziehungen erfahrungsgemäß in kürzerer Zeit „verflüchtigen" wie zB bei einer hohen Kundenfluktuation in der Vergangenheit,[162] starkem Wettbewerb[163] und schlechten oder schwierigen wirtschaftlicher Markt – oder Branchenverhältnissen;[164] demgegenüber kann eine gute und gesicherte Position des Unternehmers am Markt[165] mit beständigen und dauerhaften Kundenbeziehungen[166] einen längeren Prognosezeitraum (zwischen drei und fünf Jahren) rechtfertigen. Ein uU sehr viel längerer Prognosezeitraum kann angemessen sein, wenn sich bei selten angeschafften langlebigen Wirtschaftsgütern die Vorteile des Unternehmers aus den vom HV geschaffenen Kundenbeziehungen

---

[149] AA wohl *Küstner* Ausgleichsanspruch RdNr. 1482.
[150] Vgl. BGH Urt. v. 12. 7. 1983 – VI ZR 176/81, MDR 1984, 133; BGH Urt. v. 6. 8. 1997 – VIII ZR 92/96, ZIP 1997, 1839, 1844; *Küstner* Ausgleichsanspruch RdNr. 1571, 1572.
[151] *Küstner* Ausgleichsanspruch RdNr. 1483; vgl. auch *Weber* BB 1961, 1220, 1222.
[152] BGH Urt. v. 27. 10. 1960 – II ZR 1/59, NJW 1961, 120, 121; BGH Urt. v. 15. 9. 1999 – VIII ZR 137/98, NJW-RR 2000, 109; Staub/*Brüggemann* RdNr. 52.
[153] BGH Urt. v. 25. 10. 1984 – I ZR 104/82, NJW 1985, 859.
[154] BGH Urt. v. 25. 10. 1984 – I ZR 104/82, NJW 1985, 859.
[155] BGH Urt. v. 15. 10. 1992 – I ZR 173/91, NJW-RR 1993, 221; BGH Urt. v. 19. 5. 1999 – VIII ZR 354/97, ZIP 1999, 1094, 1098; Heymann/*Sonnenschein*/*Weitemeyer* RdNr. 41; *Küstner* Ausgleichsanspruch RdNr. 625; *Westphal* RdNr. 658; vgl. auch MünchKommHGB/*v. Hoyningen-Huene* RdNr. 82.
[156] MünchKommHGB/*v. Hoyningen-Huene* RdNr. 81, 82; *Küstner* Ausgleichsanspruch RdNr. 483; vgl. *Alff* RdNr. 247.
[157] AA BGH Urt. v. 15. 10. 1992 – I ZR 173/91, NJW-RR 1993, 221; vgl. aber auch *Schröder* RdNr. 6 c.
[158] BGH Urt. v. 25. 10. 1984 – I ZR 104/82, NJW 1985, 859; vgl. Heymann/*Sonnenschein*/*Weitemeyer* RdNr. 41; *Küstner* Ausgleichsanspruch RdNr. 636 und 1570; *Westphal* RdNr. 658, 660; vgl. *Alff* RdNr. 247; *Schröder* RdNr. 6 c.
[159] BGH Urt. v. 15. 9. 1999 – VIII ZR 137/98, NJW-RR 2000, 109; *Westphal* Vertriebsrecht RdNr. 1015.
[160] *Westphal* Vertriebsrecht RdNr. 1014.
[161] *Küstner*/v. Manteuffel BB 1990, 291, 297; Heymann/*Sonnenschein*/*Weitemeyer* RdNr. 34, 41; *Hopt* RdNr. 16; MünchKommHGB/*v. Hoyningen-Huene* RdNr. 82; vgl. ausf. *Küstner* Ausgleichsanspruch RdNr. 648 bis 650; *Westphal* RdNr. 659; vgl. auch OLG München OLGR 2002. 82 (3 Jahre in Textilbranche).
[162] *Westphal* Vertriebsrecht RdNr. 1015.
[163] *Westphal* Vertriebsrecht RdNr. 1013.
[164] *Westphal* Vertriebsrecht RdNr. 1015.
[165] *Westphal* Vertriebsrecht RdNr. 1013.
[166] *Westphal* Vertriebsrecht RdNr. 1015.

§ 89 b 30, 31   1. Buch. 7. Abschnitt. Handelsvertreter

erst nach vielen Jahren auswirken,[167] und hinreichend zuverlässige Aussagen und Prognosen über einen solch weiten Zeitraum möglich sind. Ein 20 jähriger Prognosezeitraum für den Bezirksstellenleiter einer Toto- oder Lottoannahmestelle[168] ist nicht zu rechtfertigen.

30 **b) Tatsachen und Erfahrungssätze als Prognosegrundlage.** Grundlage der Prognose sind die bei Vertragsende bestehenden ausgleichsfähigen Geschäftsbeziehungen des Unternehmers zu den vom HV geworbenen Stammkunden (RdNr. 26). Prognose und Prognoseentscheidung müssen, um nicht willkürlich zu sein, auf Tatsachen und Erfahrungssätzen beruhen. Regelmäßig geben Schicksal und Entwicklung der zu prognostizierenden Umstände in der Vergangenheit,[169] allgemeine Erfahrungssätze, Kenntnisse und Erfahrungen aus vergleichbaren Vertragsverhältnissen oder Branchen brauchbare tragfähige Anhaltspunkte und Grundlagen für eine sachlich gerechtfertigte Prognose. **Meinungsumfragen und Statistiken** zu allgemeinem Kundenverhalten sind idR für die Bewertung der von einem Vertriebsmittler geschaffenen konkreten Kundenbeziehungen ohne besondere[170] oder von allenfalls eingeschränkter Aussagekraft;[171] sie lassen im Regelfall, anders als Sachverständigengutachten[172] zu ganz konkretem Kundenverhalten gegenüber einem bestimmten Unternehmer, hinreichend sichere Feststellungen nicht zu,[173] zumal sie die besonderen Umstände des Einzelfalls und damit auch die entscheidende Tatsache naturgemäß nicht hinreichend berücksichtigen können, dass die Werbung der Kunden und deren Treue gegenüber dem Unternehmer maßgeblich durch den persönlichen Einsatz des einzelnen HV, seine Betreuung der Kunden sowie die besonderen Umstände seines Betriebs bestimmt werden. Aus diesem Grund erweist es sich in der Praxis als schwierig und vielfach als unmöglich, nachträglich durch Statistiken, Gutachten oder Meinungsumfragen zu allgemeinem und nicht auf den einzelnen HV und seinen Betrieb bezogenem Kundenverhalten brauchbare und hinreichend tragfähige Grundlagen für eine Prognoseentscheidung zu erlangen.[174] Demgegenüber hält der BGH in st. Rspr. solche allgemeinen Marktuntersuchungen als Grundlage einer Schätzung des Stammkundenanteils bei dem Vertrieb von Massenartikeln grundsätzlich für zulässig und angebracht (so für Kunden von Tankstellen und Waschanlagen).[175]

31 **c) Darlegungs- und Beweislast für Prognosegrundlage.** Für die Prognose sind die vor Vertragsende gegebenen Verhältnisse fortzuschreiben.[176] Der HV trägt die Darlegungs- und Beweislast für die tatsächlichen Voraussetzungen der Prognose zum Bewertungsstichtag,[177] also die Schaffung der Geschäftsverbindung einschließlich ihrer Entwicklung bis zum Vertragsende, sowie die daraus bis zum Vertragsende erzielten Unternehmergewinne und Provisionseinnahmen aus ausgleichspflichtigen Kundengeschäften.[178] Die abzuschätzende Entwicklung der künftigen Geschäftsbeziehungen während des Prognosezeitraums wird zugunsten des HV durch Fiktionen (RdNr. 32) und auf allgemeiner Erfahrung beruhende tatsächliche Vermutungen (RdNr. 33) erleichtert. Für die eigentliche Prognose ist das Gericht dann, anders als bei den tatsächlichen Prognosegrundlagen, regelmäßig

---

[167] BGH Urt. v. 31. 1. 1991 – I ZR 142/89, NJW-RR 1991, 1050, 1052 (13 Jahre für Gabelstapler); BGH Urt. v. 25. 10. 1984 – I ZR 104/82, NJW 1985, 859 (5 Jahre für Haushaltsgeräte); BGH Urt v. 19. 5. 1999 – VIII ZR 354/97, ZIP 1999, 1094, 1099 (6 Jahre für Werbung von Anzeigekunden); OLG Frankfurt Urt. v. 19. 6. 1972 – 5 U 69/71, HVR Nr. 458; OLG Bamberg Urt. v. 24. 10. 1983 – 4 u 186/82, HVR Nr. 932 (8 Jahre für Backöfen, Mehlsilos); *Schröder* RdNr. 6 d; *Küstner* Ausgleichsanspruch RdNr. 651.
[168] BGH Urt. v. 4. 6. 1975 – I ZR 130/73, WM 1975, 931, 935.
[169] BGH Urt. v. 6. 8. 1997 – VIII ZR 150/96, ZIP 1997, 1832, 1834; vgl. *Küstner* Ausgleichsanspruch RdNr. 638 und 1570.
[170] Vgl. auch OLG Hamburg JR 2002, 238 m. Bspr. *Olzen* S. 240; aA für Tankstellen BGH Urt. v. 6. 8. 1997 – VIII ZR 150/96, ZIP 1997, 1832, 1834 und Urt. v. 6. 8. 1997 – VIII ZR 92/96, ZIP 1997, 1839, 1843 sowie vom Grundsatz her, jedoch einschränkend BGH Urt. vom 10. 7. 2002 – VIII ZR 58/00, DB 2002, 2321 = MDR 2002, 1381 (im Wesentlichen bestätigendes Revisionsurteil zu OLG Hamm JR 2002, 71) m. zust. Anm. *Albrick* EWiR 2002, 1001 sowie Bspr. *Olzen* JR 2002, 45 und BGH Urt v. 10. 7. 2002 – VIII ZR 158/01, EBE 2002, 298, 302 = WM 2003, 499; ebenso für Versicherungsvertreter: BGH Urt. v. 23. 2. 1961 – VII ZR 237/59, BGHZ 34, 310, 319 = NJW 1961, 1059; BGH Urt. 6. 7. 1972 – VII ZR 75/71, BGHZ 59, 125, 130 = NJW 1972, 1664; BGH Urt. v. 3. 4. 1996 – VIII ZR 54/95, MDR 1996, 696; *Schreiber* NJW 1998, 3737, 3741; *Thume* BB 1999, 2309, 2311; *Westphal* OLGR Düsseldorf 12/2002 K 35.
[171] BGH Urt. v. 10. 7. 2002 – VIII ZR 158/01, EBE 2002, 298, 300 302 = WM 2003, 499.
[172] Die allerdings überaus arbeits-, zeit- und kostenaufwändig sind.
[173] BGH Urt. v. 10. 7. 2002 – VIII ZR 158/01, EBE 2002, 298, 300, 302 = WM 2003, 499.
[174] BGH Urt. v. 10. 7. 2002 – VIII ZR 158/01, EBE 2002, 298, 300, 302 = WM 2003, 499.
[175] Zuletzt BGH Urt. v. 12. 2. 2003 – VIII ZR 130/01, NJW – RR 2003, 821 = WM 2003, 2095, vorher in den Urteilen des BGH vom 6. 8. 1997 – VIII ZR 150/96, ZIP 1997, 1832, 1834 und v. 6. 8. 1997 – VIII ZR 92/96, ZIP 1997, 1839, 1843 sowie vom 10. 7. 2002 – VIII ZR 58/00, DB 2002, 2321; kritisch dazu OLG Hamm Urt. v. 11. 2. 2000 – 35 U 45/99, HVR Nr. 972.
[176] Vgl. auch *Baumgärtel* RdNr. 2 4. Absatz.
[177] BGH Urt. v. 3. 4. 1996 – VIII ZR 54/95, MDR 1996, 696.
[178] BGH Urt. v. 19. 11. 1970 – VII ZR 47/69, BGHZ 55, 45, 52 = NJW 1971, 462; BGH Urt. v. 11. 10. 1990 – I ZR 32/89, NJW-RR 1991, 156, 157; OLG Düsseldorf OLGR 1992, 322, 323; *Schneider* MDR 1970, 976; *Schröder* RdNr. 13, 20 b; *Küstner* Ausgleichsanspruch RdNr. 1553; *Alff* RdNr. 238.

Ausgleichsanspruch 32, 33 § 89 b

auf eine Schätzung angewiesen.[179] Die dem HV bei Fortbestand des HVVertrags mögliche Ausweitung der Geschäftsbeziehungen durch Werbung neuer Kunden ist nicht Gegenstand der Prognose,[180] weil diese Chance des HV, anders als nach § 252 BGB, nicht im Sinn von § 89 b ausgleichsfähig ist. Für die Dauer des Prognosezeitraums und die Höhe der Abwanderungsquote kommt es in erster Linie auf den Vortrag der Parteien zu den Umständen im konkreten Einzelfall an; hierüber ist Beweis zu erheben, bevor auf allgemeingültige Erfahrungssätze zurückgegriffen werden darf.[181] Sollen nach Vertragsende eingetretene Entwicklungen bei der Prognose berücksichtigt werden, muss der dadurch Begünstigte, regelmäßig also der Unternehmer, beweisen, dass sie bei Vertragsende bereits mit hinreichender Wahrscheinlichkeit vorhersehbar waren. Soweit die Rechtslehre auf die Verhältnisse im Zeitpunkt der letzten Tatsachenverhandlung vor Gericht abstellt, wird die Beweislast im Ergebnis ebenso gesehen, weil zugunsten des HV eine vom Unternehmer zu widerlegende Vermutung[182] sowie ein Anscheinsbeweis dafür bejaht werden, dass sich die vor Vertragsende gegebenen Verhältnisse nach Vertragsende in gleicher Weise fortentwickelt haben.[183]

d) Fiktionen. Unwiderleglich fingiert wird, dass während des Prognosezeitraums **(1)** der 32 HVVertrag fortbestanden hätte,[184] und **(2)** Unternehmer sowie **(3)** HV ihren vertraglichen Verpflichtungen ordnungsgemäß nachgekommen wären, der HV insbesondere die geworbenen Kunden vertragsgemäß betreut und sich um ausgleichspflichtige Folgegeschäfte/Nachbestellungen gekümmert hätte;[185] eine bei Vertragsende bereits absehbare Dienstunfähigkeit des HV zB infolge Alters oder Erkrankung ist deswegen ohne Bedeutung für seinen Ausgleichsanspruch. Bei dem Einsatz des HV in wechselnden Vertragsgebieten (**Rotationssystem** s. RdNr. 79, 83, 87, 140 und 181) wird **(4)** fingiert,[186] dass der HV während des Prognosezeitraums den ihm zuletzt übertragenen Bereich weiterbearbeitet hätte; durch diese Fiktion darf dem HV allerdings nicht das Recht abgeschnitten werden, sich zur Begründung eines weitergehenden und höheren Ausgleichsanspruchs auch auf Geschäfte des Unternehmers mit früher von ihm in anderen Einsatzgebieten geworbenen Stammkunden zu berufen, sofern diese in den anzusetzenden Prognosezeitraum fallen, weil andernfalls die der Fiktion zugrunde liegende Vertragsgestaltung und damit auch die Fiktion gegen Abs. 4 Satz 1 verstoßen müssten.[187] Letztlich werden **(5)** die für Entstehen von Unternehmervorteilen und Provisionsverlusten notwendigen Mitwirkungshandlungen von HV oder Unternehmer fingiert, selbst wenn der HVVertrag infolge Arbeitsunfähigkeit oder Todes des HV beendet worden ist.[188] Eine entsprechende Fiktion für den Fortbestand des Geschäfts des Unternehmers gibt es nicht.

e) Tatsächliche Vermutungen. Zugunsten des HV wird widerleglich vermutet, dass der 33 HVVertrag während des Prognosezeitraums **(1)** mit dem bei Vertragsende geltenden Inhalt unverändert fortbestanden hätte, sofern der Unternehmer nicht nachweist, dass es voraussichtlich zu Vertragsänderungen gekommen wäre, welchen der HV hätte zustimmen müssen.[189] Weiter

---

[179] BGH Urt. v. 29. 3. 1990 – I ZR 2/89, ZIP 1990, 1197, 1198; vgl. auch BGH Urt. v. 10. 7. 2002 – VIII ZR 158/01, EBE 2002, 298, 300, 302 = WM 2003, 499.
[180] BGH Urt. v. 13. 5. 1957 – II ZR 19/57, BGHZ 24, 223, 228 = NJW 1957, 1028; BGH Urt. v. 11. 12. 1958 – II ZR 73/57, BGHZ 29, 83, 92 = NJW 1959, 144; BGH Urt. v. 23. 2. 1961 – VII ZR 237/59, BGHZ 34, 310 = NJW 1961, 1059; BGH Urt. v. 1. 12. 1960 – VII ZR 215/59, DB 1961, 269; BGH Urt. v. 25. 10. 1984 – I ZR 104/82, NJW 1985, 859; BGH Urt. v. 26. 2. 1997 – VIII ZR 272/95, BGHZ 135, 14 = ZIP 1997, 841, 843; *Habscheid*, FS Schmidt-Rimpler, S. 335, 360; *Küstner/v. Manteuffel* ZIP 1998, 63, 66; Heymann/Sonnenschein/Weitemeyer RdNr. 39; *Schröder* RdNr. 13, 16; Staub/*Brüggemann* RdNr. 57; *Alff* RdNr. 254.
[181] BGH Urt. v. 15. 9. 1999 – VIII ZR 137/98, NJW-RR 2000, 109.
[182] Vgl. *Küstner* Ausgleichsanspruch RdNr. 1555 und 1556.
[183] *Baumgärtel* RdNr. 2 3. Abs.; MünchKommHGB/*v. Hoyningen-Huene* RdNr. 69, 83, 90; *Küstner* Ausgleichsanspruch RdNr. 415, 1551, 1560.
[184] BGH Urt. v. 26. 2. 1997 – VIII ZR 272/95, BGHZ 135, 14 = ZIP 1997, 841, 843; BGH Urt. v. 10. 12. 1997 – VIII ZR 329/96, ZIP 1998, 420; BGH Urt. v. 12. 2. 2003 – VIII ZR 130/01, NJW-RR 2003, 821 = WM 2003, 2095; *Küstner/v. Manteuffel* ZIP 1988, 63, 66; *Hopt* RdNr. 26; *Westphal* RdNr. 662.
[185] BGH Urt. v. 13. 5. 1957 – II ZR 318/56, BGHZ 24, 214, 216, 217 = NJW 1957, 1029; BGH Urt. v. 13. 5. 1957 – II ZR 19/57, BGHZ 24, 223, 227 = NJW 1957, 1028; BGH Urt. v. 4. 5. 1959 – II ZR 81/57, BGHZ 30, 98, 103 = NJW 1959, 1430; BGH Urt. v. 2. 7. 1987 – I ZR 188/85, NJW-RR 1988, 42, 43; *Reinicke* NJW 1953, 1609, 1612; *Hopt* RdNr. 26; *Schröder* RdNr. 13 b, 16; Staub/*Brüggemann* RdNr. 58, 59; *Westphal* RdNr. 662; *Küstner* Ausgleichsanspruch RdNr. 623, 624, 628; aA *Glaser* DB 1964, 299, 300.
[186] BGH Urt. v. 19. 5. 1999 – VIII ZR 354/97, ZIP 1999, 1094, 1097.
[187] So zu Recht *Thume* BB 1999, 2309, 2313; kritisch zu der Entscheidung des BGH auch *Schäfer* NJW 2000, 320, der allerdings die Rotation von unselbständigen Außendienstmitarbeitern mit ausschließlich zugewiesenen Kunden behandelt, für die jedoch § 89 b nicht gilt.
[188] BGH Urt. v. 13. 5. 1957 – II ZR 318/56, BGHZ 24, 214, 223 = NJW 1957, 1029; BGH Urt. v. 13. 5. 1957 – II ZR 19/57, BGHZ 24, 223, = NJW 1957, 1028; Staub/*Brüggemann* RdNr. 60; aA *Schuler* JR 1958, 94; *Schröder* RdNr. 13 b, 16 a und BB 1963, 567, 569.
[189] Vgl. Staub/*Brüggemann* RdNr. 60; *Westphal* RdNr. 662, 643 und Vertriebsrecht RdNr. 1004.

wird vermutet, dass **(2)** die vom HV aufgebaute Geschäftsbeziehung mit den geworbenen Kunden sich während des Prognosezeitraums ebenso fortentwickelt und zu den gleichen Unternehmergewinnen und Provisionseinnahmen aus ausgleichspflichtigen Folgegeschäften oder Nachbestellungen geführt hätte, wie es in der Zeit vor Vertragsende der Fall war,[190] sofern nicht der Unternehmer eine bei Vertragsende absehbare, der allgemeinen Erfahrung widersprechende untypische Entwicklung mit einem vorzeitigen Ende der Geschäftsbeziehungen, geringeren oder entfallenden Unternehmervorteilen oder Provisionsverlusten konkret nachweist;[191] dabei muss diese Absehbarkeit nach außen zum Ausdruck gekommen und erkennbar geworden sein (RdNr. 26). Wenn der Unternehmer diesen Gegenbeweis geführt hat, trägt der HV die volle Beweislast für Fortbestand der Geschäftsbeziehung, Unternehmervorteile und/oder Provisionsverluste. Davon unabhängig steht dem HV jederzeit der Nachweis einer objektiv voraussehbaren und ihm günstigen untypischen Entwicklung der maßgeblichen Umstände offen.

II. Beendigung eines Handelsvertretervertrags

34 **1. Handelsvertreterverhältnis.** Jedes unter § 84 fallende Vertragsverhältnis kann den Ausgleichsanspruch begründen; auf das vom HV vertriebene Produkt kommt es nicht an.[192] § 89 b setzt einen wirksam abgeschlossenen HVVertrag nicht voraus. Ausreichend ist ein tatsächlich in Vollzug gesetztes Handelsvertretungsverhältnis ohne rechtswirksame Grundlage, wenn diese mangels rechtswirksamer Einigung von Anfang an gefehlt oder nachträglich mit Rückwirkung entfallen ist,[193] sofern der HV mit Wissen und Wollen des Unternehmers tätig geworden ist, einen Kundenstamm geschaffen und dem Unternehmer spätestens bei Vertragsende überlassen hat. Das tatsächlich in Vollzug gesetzte Vertretungsverhältnis steht ausgleichsrechtlich dem rechtswirksamen Vertragsverhältnis gleich (s. § 84).[194] Die von den Parteien für ihren Vertrag gewählte Bezeichnung ist ebenso ohne Bedeutung[195] wie die Dauer des Vertragsverhältnisses; kurzfristige,[196] zB bereits während der Probezeit beendete, HVVerträge können einen Ausgleichsanspruch begründen.[197]

35 **2. Beendigung des Vertretungsverhältnisses – Abs. 1 Satz 1. a) Rechtliche Beendigung.** Erste Voraussetzung für das Entstehen des Ausgleichsanspruchs ist nach Abs. 1 Satz 1 die rechtlich wirksame[198] endgültige Beendigung des HVVertragsverhältnisses,[199] welche auch bei Umwandlung des HVVertragsverhältnisses in ein anderes nicht unter § 84 fallendes oder nicht ausgleichspflichtiges Rechtsverhältnis[200] sowie bei jedem Auslaufen eines Zeit- oder Saisonvertrags eintritt, sofern nicht ausnahmsweise ein Kettenvertragsverhältnis begründet worden ist (s. d. § 89). Bei der Ersetzung des HVVertrags durch einen neuen Vertrag mit völlig veränderten tatsächlichen und rechtlichen Bedingungen kann ausnahmsweise eine Vertragsbeendigung statt einer Vertragsfortsetzung vorliegen.[201] Das Einstellen der vertraglich geschuldeten Tätigkeit kann den Anspruch noch nicht begründen. Die zur Vertragsbeendigung gewählte rechtliche Form sowie Anlass, Grund und Ereignis, welche das

---

[190] BGH Urt. v. 6. 2. 1986 – I ZR 92/84, WM 1986, 622; BGH Urt. v. 11. 10. 1990 – I ZR 32/89, NJW-RR 1991, 156, 157; vgl. BGH Urt. v. 2. 7. 1987 – I ZR 188/85, NJW-RR 1988, 42, 43; *Baumgärtel* RdNr. 2, 3 und 4; MünchKommHGB/*v. Hoyningen-Huene* RdNr. 69, 83, 90; *Schröder* RdNr. 15; *Staub/Brüggemann* RdNr. 39, 118; *Küstner* Ausgleichsanspruch RdNr. 415, 1551, 1560; *Westphal* Vertriebsrecht RdNr. 968; vgl. *Heymann/Sonnenschein/Weitemeyer* RdNr. 34 und 38.
[191] *Schröder* RdNr. 6 c und 15; vgl. zur Beweislast bei tatsächlichen Vermutungen MünchKommZPO/*Prütting* § 292 RdNr. 7, 23 und § 286 RdNr. 64 sowie *Zöller/Greger*, ZPO, Vor § 284 RdNr. 33.
[192] LAG Niedersachsen Urt. v. 14. 7. 2005 – 7 Sa 1787/04, HVR Nr. 1182.
[193] BGH Urt. v. 24. 2. 1983 – I ZR 14/81, NJW 1983, 1727; BGH Urt. v. 3. 5. 1995 – VIII ZR 95/94, BGHZ 129, 290, 293 = NJW 1995, 1958; BGH Urt. v. 11. 12. 1996 – VIII ZR 22/96, ZIP 1997, 238; BGH Urt. v. 23. 7. 1997 – VIII ZR 130/96, EBE 1997, 290, 293; s. a. BGH Urt. v. 12. 1. 1970 – VII ZR 48/68, NJW 1970, 609, 610 (allgemein für nichtigen Dienstvertrag); *Evers* BB 1992, 1365, 1371; *Scherer* DB 1996, 1709; ausf. *Herbert* BB 1997, 1317; *Thume* BB 1999, 2309, 2315; *Hopt* RdNr. 8; *Heymann/Sonnenschein/Weitemeyer* RdNr. 16 für den Fall der Anfechtung; *Küstner* Ausgleichsanspruch RdNr. 370, 371; **aA (Abwicklung nach Bereicherungsrecht)** *Schröder* RdNr. 3 und 3 a; MünchKommHGB/*v. Hoyningen-Huene* RdNr. 33 bis 35, s. aber auch RdNr. 22; *Canaris* § 15 RdNr. 120; im Übrigen auch *Heymann/Sonnenschein/Weitemeyer* RdNr. 20.
[194] *Hübsch/Hübsch* WM 2005 Sonderbeilage Nr. 1 zu Heft 9 S. 12.
[195] OLG Nürnberg Urt. v. 19. 9. 1957 – 3 U 94/57, HVR Nr. 213.
[196] LG Heilbronn HVR Nr. 908.
[197] KG Urt. v. 15. 12. 1970 – 5 U 1427/70, HVR Nr. 433; LG Freiburg NJW-RR 2000, 110 = HVR Nr. 955; MünchKommHGB/*v. Hoyningen-Huene* RdNr. 28.
[198] *Schröder* RdNr. 4; *Küstner* Ausgleichsanspruch RdNr. 222.
[199] BGH Urt. v. 13. 5. 1957 – II ZR 318/56, BGHZ 24, 214, 217 = NJW 1957, 1029; BGH Urt. v. 27. 10. 1993 – VIII ZR 46/93, BGHZ 124, 10 = ZIP 1994, 31; ausf. *Schuler* JR 1957, 44; *Westphal* Vertriebsrecht RdNr. 902.
[200] *Westphal* Vertriebsrecht RdNr. 907.
[201] *Westphal* Vertriebsrecht RdNr. 909.

Vertragsende herbeiführen,[202] können erst nach Abs. 3 und bei der Billigkeitsprüfung Bedeutung erlangen.[203]

b) Tod des Handelsvertreters. Bei dem Tod des Handelsvertreters entsteht der Ausgleichsanspruch grds. zugunsten der Erben,[204] selbst wenn diese die Handelsvertretung fortführen.[205] Ermittelt wird der Anspruch wie in den Fällen sonstiger Vertragsbeendigung (s. RdNr. 32).[206] Die auf die Person des Anspruchstellers bezogenen Tatbestandsmerkmale des § 89 b bestimmen sich nach der Person des HV und seines Rechtsnachfolgers.[207] In Ausnahmefällen kann sich die Ausgleichszahlung an einen entfernten gesetzlichen oder testamentarischen Erben des HV (zB nach §§ 1926, 1928, 1929 oder § 1936 BGB) als unbillig erweisen[208] (sofern der Unternehmer die tatsächlichen Voraussetzungen einer Unbilligkeit nachweist). 36

c) Vertragsende bei HVGesellschaft. Gesellschafterwechsel,[209] Änderungen im Gesellschaftsvertrag[210] oder Auflösung einer HVGesellschaft führen regelmäßig nicht zur Beendigung des mit der (Liquidations-) Gesellschaft fortbestehenden HVVertrags.[211] Andernfalls steht der Ausgleichsanspruch der Gesellschaft, nicht dem ausscheidenden Gesellschafter zu.[212] 37

d) Insolvenz des Unternehmers. Mit der Eröffnung des Insolvenzverfahrens über das Vermögen des Unternehmers endet der HVVertrag[213] unabänderlich und endgültig nach § 116 S. 1 iVm. § 115 Abs. 1 InsO.[214] Ein gegebenenfalls entstehender Ausgleichsanspruch wird mit seiner Anmeldung zur einfachen Insolvenzforderung nach § 38 InsO.[215] Will der Insolvenzverwalter das Vertragsverhältnis mit dem HV fortsetzen, wozu rechtlich der Abschluss eines neuen HVVertrags mit dem Insolvenzverwalter als Vertragspartner erforderlich ist,[216] wird der bei dessen Beendigung entstehende Ausgleichsanspruch zu einer Masseforderung nach § 55 Abs. 1 Nr. 2 InsO.[217] Insoweit gilt das Gleiche wie bereits nach der Konkursordnung.[218] Den mit der Vertragsbeendigung infolge Insolvenzeröffnung entstandenen Ausgleichsanspruch muss der HV innerhalb der Jahresfrist des Abs. 4 S. 2 selbst dann gem. § 174 InsO anmelden,[219] wenn er weiterhin für die Insolvenzmasse oder den Insolvenzverwalter tätig bleibt, sofern nicht (der HV nachweist, dass) ausnahmsweise HV und Insolvenzverwalter rechtsverbindlich vereinbart haben, dass der neue HVVertrag ausgleichsrechtlich als unmittelbare Fortsetzung des mit dem (Gemein-) Schuldner geschlossenen Vertrags gelten soll;[220] der Erlöschenseinwand nach Abs. 4 Satz 2 kann dem Insolvenzverwalter ausnahmsweise nach § 242 BGB verwehrt sein, wenn er den HV von der rechtzeitigen Anmeldung in treuwidriger Weise abgehalten hat.[221] Wechselt der HV von dem insolventen Unternehmer zu einem anderen Geschäftsherrn, kann er mit Beginn seiner Tätigkeit für diesen hinsichtlich seiner bisherigen Kunden einen neuen Ausgleichsanspruch erwerben, selbst wenn der Insolvenzverwalter den vorhandenen Kundenstamm an diesen Unternehmer veräußert (RdNr. 76).[222] 38

---

[202] BGH Urt. v. 13. 5. 1957 – II ZR 318/56, BGHZ 24, 214, 217, 218 = NJW 1957, 1029; OLG Celle Urt. v. 29. 3. 2001 – 13 U 53/00 (Kart.), HVR Nr. 1037 (Vertragsende infolge Änderung des Vertriebsnetzes durch Autohersteller); Heymann/Sonnenschein/Weitemeyer RdNr. 15; MünchKommHGB/v. Hoyningen-Huene RdNr. 28.
[203] v. Hoyningen-Huene EWiR 1998, 273, 274, Anm. zu BGH Urt. v. 10. 12. 1997 – VIII ZR 329/96, ZIP 1998, 420, 421.
[204] Hopt RdNr. 9; Westphal Vertriebsrecht RdNr. 910, 911.
[205] Westphal Vertriebsrecht RdNr. 913.
[206] Küstner Ausgleichsanspruch RdNr. 234.
[207] Küstner Ausgleichsanspruch RdNr. 232, 233.
[208] Schuler JR 1958, 94; Höft VersR 1965, 553; ausf. Schröder RdNr. 17 b; Küstner Ausgleichsanspruch RdNr. 230, 231; Westphal RdNr. 624 und Vertriebsrecht 911; aA Schiefelbein VersR 1965, 552.
[209] Westphal Vertriebsrecht RdNr. 918.
[210] Vgl. BGH Urt. v. 18. 2. 1982 – I ZR 20/80, WM 1982, 632.
[211] Vgl. LG Frankfurt HVR Nr. 197; Emde S. 197, 198; MünchKommHGB/v. Hoyningen-Huene RdNr. 54; ausf. Staub/Brüggemann RdNr. 28, 29; Küstner Ausgleichsanspruch RdNr. 248 f; Westphal Vertriebsrecht RdNr. 914.
[212] Martin VersR 1967, 824, 832; Heymann/Sonnenschein/Weitemeyer RdNr. 18; Küstner Ausgleichsanspruch RdNr. 249; vgl. LG Düsseldorf NJW 1968, 1143.
[213] MünchKommInsO/Ott § 116 RdNr. 12.
[214] Emde/Kelm ZIP 2005, 58, 62; MünchKommInsO/Ott § 116 RdNr. 48.
[215] Emde/Kelm ZIP 2005, 58, 63; MünchKommInsO/Ott § 116 RdNr. 50.
[216] Uhlenbruck/Berscheid §§ 115, 116 RdNr. 12; MünchKommInsO/Ott § 116 RdNr. 48; s. d. auch Emde/Kelm ZIP 2005, 58, 63; vgl. zur KO: BGH Urt. v. 20. 12. 1988 – IX ZR 50/88, BGHZ 106, 236, 242; BGH Urt. v. 11. 2. 1988 – IX ZR 36/87, BGHZ 103, 250; Kreft ZIP 1997, 865.
[217] Emde/Kelm ZIP 2005, 58, 63.
[218] OLG Saarbrücken BB 1997, 1603 m. Anm. Thume S. 1604; MünchKommHGB/v. Hoyningen-Huene RdNr. 41 und 42; Küstner Ausgleichsanspruch RdNr. 314; aA Staub/Brüggemann RdNr. 20.
[219] S. d. ausf. MünchKommHGB/v. Hoyningen-Huene RdNr. 223 a.
[220] S. d. Emde/Kelm ZIP 2005, 58, 63.
[221] Emde/Kelm ZIP 2005, 58, 64; MünchKommHGB/v. Hoyningen-Huene RdNr. 41; Küstner Ausgleichsanspruch RdNr. 314.
[222] Vgl. OLG Düsseldorf OLGR 1992, 56 und 312; OLG Saarbrücken BB 1997, 1603 m. Anm. Thume S. 1604; Emde/Kelm ZIP 2005, 58, 63.

39 **e) Betriebsveräußerung durch Unternehmer und Vertragsübernahme.** Die Veräußerung des Betriebs oder von Betriebsteilen durch den Unternehmer (**Unternehmensverkauf, Asset Deal**)[223] beendet das HVVertragsverhältnis nicht,[224] kann aber zur Vertragskündigung mit der Verpflichtung zur Ausgleichszahlung führen (RdNr. 86).[225] § 613a BGB ist nicht anwendbar.[226] Bei Übernahme des HVVertrags durch den Betriebserwerber und Fortsetzung des Vertragsverhältnisses mit ihm entsteht der Ausgleichsanspruch nicht; der Abschluss eines neuen, jedoch im Wesentlichen inhaltsgleichen HVVertrags mit dem Erwerber ändert daran nichts, wenn tatsächlich eine Vertragsübernahme vorliegt;[227] hinsichtlich der übernommenen Kunden schuldet der Erwerber den Ausgleich bei Ende seines Vertrags mit dem HV.[228] Die hiergegen von *Schmitz*[229] vorgetragenen Überlegungen verkennen den Begriff des vom HV für den Unternehmer neu geworbenen und deswegen ausgleichspflichtigen Neukunden (RdNr. 76) sowie die rechtliche Bedeutung der Übertragung eines Kundenstamms; die am gewünschten Ergebnis orientierte rein wirtschaftliche Normauslegung durch *Schmitz* kann sein vorgeschlagenes Ergebnis nicht rechtfertigen und die aus dem Rechtsverhältnis zwischen Veräusserer und Erwerber abgeleitete Interessenlage die Rechtsstellung des HV nicht nachteilig beeinträchtigen. Soweit der HV infolge der Betriebsveräußerung einen Teil seiner bisherigen Kunden oder seines bisherigen Vertragsgebiets verliert, schuldet ihm der Veräußernde einen Ausgleich.[230] Im Übrigen können die Beteiligten abweichende Vereinbarungen treffen.[231]

40 **f) Übertragung der Handelsvertretung auf Nachfolger.** Die Übertragung der Handelsvertretung auf einen Nachfolger kann den Ausgleichsanspruch entstehen lassen, wenn der HV sein bestehendes Vertragsverhältnis mit dem Unternehmer beendet und dieser mit dem Nachfolger einen neuen eigenständigen HVVertrag abschließt. Hingegen entsteht der Anspruch nach Abs. 3 Nr. 3 nicht bei der Übernahme des Vertragsverhältnisses durch den Nachfolger (s. RdNr. 65).[232]

41 **g) Änderung und Teilbeendigung des Vertretungsvertrags. Rechtliche Änderungen** des HVVertrags lassen den Ausgleichsanspruch entstehen, wenn sie zu einer quantitativen und nicht nur qualitativen[233] Teilbeendigung des bestehenden Vertragsverhältnisses hinsichtlich **eines rechtlich und wirtschaftlich selbständig zu behandelnden Teilbereichs** führen;[234] auch die Fortsetzung des Vertragsverhältnisses **auf einer völlig veränderten tatsächlichen und rechtlichen Grundlage** kann einem Vertragsende gleichstehen,[235] wenn sie wirtschaftlich einen nicht ganz unerheblichen Verlust des HV an laufenden Provisionseinnahmen zur Folge hat. Hingegen sind **tatsächliche Veränderungen** der Verhältnisse für § 89b ohne Belang, solange ihnen nicht durch Änderungen des HVVertrags Rechnung getragen wird.[236] Die Verlegung des Sitzes eines Kunden aus dem Bezirk des Handelsvertreters in denjenigen eines anderen Handelsvertreters kann deswegen einen Ausgleichsanspruch nicht begründen.[237] Die vertragliche Zustimmung des HV zu einer Vertragsänderung oder Teilbeendigung des Vertrags hindert das Entstehen des Ausgleichsanspruchs nicht,[238] weil es für das Tatbestandsmerkmal der Vertragsbeendigung nicht auf die hierfür maßgebenden Gründe ankommt (RdNr. 35). Eine ausgleichsrechtlich erhebliche **Teilbeendigung** des Vertragsverhältnisses kann zB

---

[223] S. d. *Schmitz* ZIP 2003, 59; *Sturm/Liekefett* BB 2004, 1009.
[224] MünchKommHGB/*v. Hoyningen-Huene* RdNr. 44; *Schmitz* ZIP 2003, 59; aA *Küstner* Ausgleichsanspruch RdNr. 331; *Westphal* Vertriebsrecht RdNr. 915.
[225] Ausführlich *Westphal* BB 1998, 1432 und Vertriebsrecht RdNr. 916; *Schmitz* ZIP 2003, 59 MünchKommHGB/*v. Hoyningen-Huene* RdNr. 44 und 45 vgl. Heymann/*Sonnenschein/Weitemeyer* RdNr. 65.
[226] MünchKommHGB/*v. Hoyningen-Huene* RdNr. 44; *Küstner* Ausgleichsanspruch RdNr. 332; *Westphal* Vertriebsrecht RdNr. 915.
[227] MünchKommHGB/*v. Hoyningen-Huene* RdNr. 44; aA *Schmitz* ZIP 2003, 59 f.
[228] KG Urt. v. 4. 4. 2003 – 14 U 260/01, HVR Nr. 1114; MünchKommHGB/*v. Hoyningen-Huene* RdNr. 44; aA *Schmitz* ZIP 2003, 59 f.
[229] ZIP 2003, 59.
[230] Vgl. auch KG Urt. v. 4. 4. 2003 – 14 U 260/01, HVR Nr. 1114 (gesamtschuldnerische Haftung beider Unternehmen); zum Ganzen *Westphal* BB 1998, 1432; *Schmitz* ZIP 2003, 59 f.
[231] *Westphal* Vertriebsrecht RdNr. 917.
[232] BGH Urt. v. 14. 4. 1988 – I ZR 122/86, NJW 1989, 35; MünchKommHGB/*v. Hoyningen-Huene* RdNr. 46 und 47; *Küstner* Ausgleichsanspruch RdNr. 241 f.
[233] So Staub/*Brüggemann* RdNr. 23.
[234] Ausf. *Ahle* DB 1962, 1069 und *Schröder* RdNr. 4 c; *Hopt* RdNr. 10; *Alff* RdNr. 229; *Westphal* Vertriebsrecht RdNr. 921, 922; vgl. auch *Niebling* RdNr. 229 f. für Vertragshändler.
[235] *Hopt* RdNr. 7.
[236] Heymann/*Sonnenschein/Weitemeyer* RdNr. 19; wohl aA *Küstner* Ausgleichsanspruch RdNr. 291 für die Sitzverlegung eines geschützten Kunden.
[237] OLG Nürnberg BB 2001, 1169 = NJW – RR 2002, 601; KG Urt. v. 28. 8. 1998 – 14 U 2193/97, HVR Nr. 1000.
[238] AA Heymann/*Sonnenschein/Weitemeyer* RdNr. 18.

vorliegen, wenn **(1)** Unternehmer und HV einen Bezirkstausch[239] **(2)** oder die Übertragung eines vom HV geworbenen und betreuten Kundenbestands an einen Dritten vereinbaren,[240] nicht aber bei bloßer Vertragsänderung hinsichtlich Kundenschutz[241] oder Provision,[242] wenn der HV **(3)** vereinbarungsgemäß eine zwischenzeitlich für den Unternehmer ausgeübte Zusatzvertretung aufgibt[243] oder **(4)** in sonstiger Weise wie zB bei einer Bezirksverkleinerung[244] einen Teil des bisher von ihm betreuten Kundenpotentials, Kundenstamms oder Vertragsgebiets verliert und der Unternehmer anderweit darüber verfügen kann, weil zB **(5)** der Versicherungsvertreter unter Weiterbetreuung der gewerblichen Kunden seinen gesamten Privatkundenbestand an den Versicherer zurückgibt und dadurch einen nicht ganz unerheblichen Provisionsrückgang erleidet,[245] wohingegen die bloße Verringerung des einem Versicherungsvertreter übertragenen Versicherungsbestands mit (Rück-)Übertragung auf den Unternehmer oder einen Dritten im Zweifel noch nicht zu einer ausgleichspflichtigen Teilbeendigung des Vertragsverhältnisses führt,[246] oder **(6)** der Unternehmer das bisher dem HV überlassene Großkundengeschäft in eigene Bearbeitung übernimmt,[247] wenn **(7)** der HV seine vertraglich geschuldete Tätigkeit nur noch nebenberuflich (s. § 92 b) ausübt,[248] oder **(8)** seine Vertretung in das Gebiet außerhalb von EG und EWR verlegt (s. § 92 c), **(9)** der Unternehmer eine entsprechende und vom HV akzeptierte Änderungs- oder Teilkündigung ausspricht,[249] **(10)** der ausgleichsberechtigte Vertriebsmittler zum bloßen Werkstattinhaber herabgestuft wird[250] oder **(11)** kraft Gesetzes als Scheinselbständiger behandelt wird, obwohl er vorher selbständiger HV war.[251] Stellt **(12)** der Unternehmer die **Herstellung des vom HV vertriebenen Produkts ein** oder wird der HVVertrag insoweit geändert, entsteht grds. ein Ausgleichsanspruch nicht;[252] eine den Anspruch begründende Teilbeendigung des HVVertrags kann aber vorliegen, wenn der Unternehmer Produkte verschiedener Hersteller durch HV vertreiben lässt und lediglich den Bezug der Waren einzelner Hersteller aufgibt, um bei seinen Kunden nur noch die Produkte der ihm weiterhin vertraglich verbundenen Hersteller abzusetzen.[253]

h) Mehrstufiges Vertretungsverhältnis. Im mehrstufigen Vertragsverhältnis entsteht der Ausgleichsanspruch für dasjenige HVVertragsverhältnis, welches jeweils beendet wird, wenn und soweit die übrigen Anspruchsvoraussetzungen gegeben sind.[254] Aus der Vertriebstätigkeit eines unechten Untervertreters kann der Hauptvertreter einen Ausgleichsanspruch erwerben, wenn diese Tätigkeit ihm ausgleichsrechtlich im Sinn einer mitursächlichen Werbung des Kunden zuzurechnen ist RdNr. 75).[255]

---

[239] *Schröder* RdNr. 4 c und DB 1963, 541, 542; vgl. *Küstner* Ausgleichsanspruch RdNr. 284, 285; *Westphal* Vertriebsrecht RdNr. 923 f.; aA Heymann/*Sonnenschein/Weitemeyer* RdNr. 18; *Hopt* RdNr. 10; s. d. auch OLG Hamburg Urt. v. 30. 11. 1973 – 14 U 119/72, HVR Nr. 481.
[240] *Küstner* Ausgleichsanspruch RdNr. 357 und 358; *Westphal* Vertriebsrecht RdNr. 926; aA Heymann/*Sonnenschein/Weitemeyer* RdNr. 18.
[241] *Peterek* BB 1996, 351, 354.
[242] *Westphal* Vertriebsrecht RdNr. 928.
[243] *Ahle* DB 1962, 1069.
[244] OLG Nürnberg Urt. v. 18. 9. 1958 – 3 U 23/58, HVR Nr. 205; *Westphal* Vertriebsrecht RdNr. 921, 922.
[245] FG Rheinland-Pfalz Urt. v. 19. 1. 2004 – 5 K 2882/02, DSTRE 2004, 751 = HVR Nr. 1119; *Schröder* RdNr. 4 c; vgl. auch MünchKommHGB/*v. Hoyningen-Huene* RdNr. 53 und ausf. *Küstner* Ausgleichsanspruch RdNr. 277 f., das von beiden verwendete Kriterium einer „wesentlichen Vertragsänderung" ist wenig aussagekräftig; vgl. des weiteren BGH Urt. v. 21. 12. 1983 – VIII ZR 185/82 – NJW 1984, 1182, 1184; Heymann/*Sonnenschein/Weitemeyer* RdNr. 17; offengelassen von BGH Urt. v. 27. 10. 1993 – VIII ZR 46/93, BGHZ 124, 10 = ZIP 1994, 31, 32.
[246] BGH Urt. v. 27. 10. 1993 – VIII ZR 46/93, BGHZ 124, 10 = ZIP 1994, 31; OLG Hamm VersR 1993, 833; *Müller-Stein* VersR 1990, 561 MünchKommHGB/*v. Hoyningen-Huene* RdNr. 53; *Küstner* Ausgleichsanspruch RdNr. 293 und VersR 1996, 944; aA Staub/*Brüggemann* RdNr. 125.
[247] *Ensthaler/Gesmann-Nuissl* BB 2003, 533, 536.
[248] OLG Nürnberg Urt. v. 18. 9. 1958 – 3 U 23/58, HVR Nr. 205; ausf. *Schröder* DB 1958, 975; Heymann/*Sonnenschein/Weitemeyer* RdNr. 19; MünchKommHGB/*v. Hoyningen-Huene* RdNr. 48; *Küstner* Ausgleichsanspruch RdNr. 344.
[249] S. d. auch BGH Urt. v. 6. 10. 1999 – VIII ZR 125/98, BGHZ 142, 358 = ZIP 2000, 138, 140 f m. Bspr. *Emde* BB 2000, 63 und Anm. *Emde* EWiR 2000, 153.
[250] *Niebling* DAR 1999, 8, 14; *Ensthaler/Gesmann-Nuissl/Stopper* DB 2003, 257, 261 f.
[251] *v. Westphalen* ZIP 1999, 1083, 1089.
[252] OLG München BB 1996, 980; Heymann/*Sonnenschein/Weitemeyer* RdNr. 18; *Hopt* RdNr. 10; MünchKommHGB/*v. Hoyningen-Huene* RdNr. 52; Staub/*Brüggemann* RdNr. 23; *Küstner* Ausgleichsanspruch RdNr. 292 und 293; *Westphal* Vertriebsrecht RdNr. 927.
[253] OLG München Urt. v. 16. 6. 2005 – 23 U 1933/05, HVR Nr. 1166.
[254] BGH Urt. v. 20. 11. 1969 – VII ZR 175/67, BB 1970, 101; *Schlechtriem* BB 1971, 1540; Heymann/*Sonnenschein/Weitemeyer* RdNr. 19; ausf. Staub/*Brüggemann* RdNr. 27.
[255] *Westphal* Vertriebsrecht RdNr. 988.

III. Den Anspruch ausschließende Gründe nach Absatz 3 und Absatz 4 Satz 2

43 **1. Bedeutung und Auslegung des Abs. 3.** Der Ausgleichsanspruch entsteht nicht,[256] wenn (der Unternehmer nachweist, dass) einer der Ausschlussgründe des Abs. 3 vorliegt;[257] dann kommt es auf die sonstigen Anspruchsvoraussetzungen, insbesondere des Abs. 1 Satz 1 Nr. 1 bis 3, nicht mehr an.[258] Abs. 3 führt zum endgültigen Nichtentstehen („Verlust") des Ausgleichsanspruchs, der nur durch nachträgliche Vereinbarung als vereinbarter, nicht als gesetzlich geschuldeter Ausgleich wieder begründet werden kann (RdNr. 9). Die Vorschrift ist Ausfluss des die gesamte Ausgleichsregelung beherrschenden Billigkeitsgedankens[259] (s. RdNr. 2, 3), weswegen die Auslegung der einzelnen Ausschlussregelungen einer Billigkeitskontrolle unterzogen werden und ihr standhalten muss.[260] Als **abschließende**[261] Ausnahmeregelung ist Abs. 3 eng auszulegen[262] und nicht analogiefähig.[263] Dem HV nachteilige Vereinbarungen über eine Ausdehnung der in Abs. 3 getroffenen Regelungen auf andere, selbst ähnliche, Sachverhalte sind nach Abs. 4 S. 1 unwirksam (RdNr. 138).[264]

44 **2. Kündigung des Handelsvertreters – Abs. 3 Nr. 1. a) Bedeutung der Vorschrift.** Nach Abs. 3 Nr. 1 entsteht der Ausgleichsanspruch nicht, wenn der HV eine rechtswirksame Kündigung des Vertragsverhältnisses gegenüber dem Unternehmer erklärt, sofern nicht (der HV beweist, dass) ausnahmsweise eine begründete Veranlassung für die Eigenkündigung aus den im Gesetz angeführten Gründen bestand,[265] wobei diese Gründe nebeneinander bestehen und geltend gemacht werden können. Abs. 3 Nr. 1 greift in erheblichem Maß in die Berufs-[266] und Dispositionsfreiheit des HV ein,[267] weswegen die Anforderungen an den Anspruchserhalt nicht überspannt werden dürfen. Die Rechtfertigung der gesetzlichen Regelung liegt darin, dass ein HV, der das aus freien Stücken auf unbestimmte Zeit eingegangene Vertragsverhältnis ohne Anlass beenden will, die damit verbundene Folge des Anspruchsverlusts bedacht und in seine Abwägung einbezogen haben muss, wohingegen der Unternehmer ein Interesse an der Fortsetzung des Vertrags haben wird, weil andernfalls eine einvernehmliche Vertragsaufhebung zu erreichen sein sollte. Ein Eigenverschulden des HV hinsichtlich der Vertragsbeendigung ist nach dem Gesetzeswortlaut nicht erforderlich.[268]

45 **b) Kündigung und ihr gleichstehende Verhaltensweisen.** Entscheidend für den Anspruchsverlust nach Nr. 1 ist die vom HV in rechtswirksamer Weise abgegebene, auf die Herbeiführung des Vertragsendes gerichtete und dazu geeignete,[269] dem Unternehmer zugegangene fristgerechte (ordentliche) oder fristlose (außerordentliche)[270] **Kündigungserklärung,**[271] selbst wenn ein wichtiger Grund für die vom HV ausgesprochene außerordentliche Kündigung fehlt. Die gleiche rechtliche Wirkung wie die Kündigung haben eine das Vertragsende bewirkende treuwidrig herbeigeführte Bedingung eines auflösend bedingten Vertragsverhältnisses (§ 162 Abs. 2 BGB)[272] oder die

---

[256] Heymann/Sonnenschein/Weitemeyer RdNr. 80; MünchKommHGB/v. Hoyningen-Huene RdNr. 153; Staub/Brüggemann RdNr. 92; Küstner Ausgleichsanspruch RdNr. 1141.
[257] Allgemein dazu, besonders auch im Hinblick auf die gebotene Umsetzung von Art. 17 und 18 EGRL, Sellhorst in Saenger/Schulze, 2000, 43.
[258] MünchKommHGB/v. Hoyningen-Huene RdNr. 153.
[259] BGH Urt. v. 13. 3. 1969 – VII ZR 174/66, BGHZ 52, 5, 7 = NJW 1969, 1021; Hopt RdNr. 52.
[260] Heymann/Sonnenschein/Weitemeyer RdNr. 80; MünchKommHGB/v. Hoyningen-Huene RdNr. 152; einschränkend Küstner Ausgleichsanspruch RdNr. 1097.
[261] BGH Urt. v. 28. 2. 2007 – VIII ZR 30/06, ZiP 2007, 970, 972; Hopt RdNr. 52, 69.
[262] BGH Urt. v. 6. 2. 1964 – VII ZR 100/62, BGHZ 41, 129, 131 = NJW 1964, 915; BGH Urt. v. 13. 3. 1969 – VII ZR 48/67, BGHZ 52, 12, 14 = NJW 1969, 1023; BGH Urt. v. 7. 6. 1984 – I ZR 50/82, BGHZ 91, 321, 323 = NJW 1984, 2529; BGH Urt. v. 3. 5. 1995 – VIII ZR 95/94, BGHZ 129, 290, 293, 294 = NJW 1995, 1958; BGH Urt. v. 11. 7. 1975 – I ZR 142/74, WM 1975, 1111; BGH Urt. v. 7. 2. 1987 – I ZR 188/85, NJW-RR 1988, 42, 43; BGH Urt. v. 14. 4. 1988 – I ZR 122/86, NJW 1989, 35; 36; BGH Urt. v. 10. 12. 1997 – VIII ZR 329/96, ZIP 1998, 420, 421; BGH Urt. 16. 2. 2000 – VIII ZR 134/99, EBE 2000, 109, 112 = ZIP 2000, 618; OLG Hamm Urt. v. 14. 11. 1977 – 18 U 51/77, HVR Nr. 514; s. d. a. EuGH Urt. v. 23. 3. 2006, C – 465/04, DStR 2006 Heft 14 S. XIV (LS) = HVR Nr. 1184; Heymann/Sonnenschein/Weitemeyer RdNr. 80; Hopt RdNr. 69; MünchKommHGB/v. Hoyningen-Huene RdNr. 153 und 158; Küstner Ausgleichsanspruch RdNr. 1100, 1266; Alff RdNr. 297.
[263] Vgl. MünchKommHGB/v. Hoyningen-Huene RdNr. 153; Küstner Ausgleichsanspruch RdNr. 1266; nach Hopt RdNr. 69 nur beschränkt analogiefähig.
[264] BGH Urt. v. 28. 2. 2007 – VIII ZR 30/06, ZiP 2007, 970, 972; Küstner Ausgleichsanspruch RdNr. 1274.
[265] Vgl. MünchKommHGB/v. Hoyningen-Huene RdNr. 154.
[266] Canaris § 15 RdNr. 116.
[267] Vgl. dazu die allerdings teilweise überholten Ausführungen von Wiegand BB 1964, 375.
[268] AA Heymann/Sonnenschein/Weitemeyer RdNr. 80.
[269] MünchKommHGB/v. Hoyningen-Huene RdNr. 158.
[270] Heymann/Sonnenschein/Weitemeyer RdNr. 82; MünchKommHGB/v. Hoyningen-Huene RdNr. 155.
[271] BGH Urt. v. 13. 3. 1969 – VII ZR 48/67, BGHZ 52, 12, 14 = NJW 1969, 1023; vgl. MünchKommHGB/v. Hoyningen-Huene RdNr. 155; Alff RdNr. 360.
[272] Heymann/Sonnenschein/Weitemeyer RdNr. 83; Hopt RdNr. 53; MünchKommHGB/v. Hoyningen-Huene RdNr. 157.

Ablehnung der Verlängerung eines Vertrags, welcher andernfalls automatisch und ohne eine Vertragserklärung fortgesetzt wird (s. RdNr. 47).[273] Die Kündigung des HVVertrags durch den echten Untervertreter löst die Rechtsfolge des Abs. 3 Nr. 1 nicht zu Lasten des Hauptvertreters aus, selbst wenn diesem dadurch die Erfüllung seiner Pflichten gegenüber dem Unternehmer unmöglich wird.[274]

c) Kündigungserklärung und Beendigung des Vertrags. Nach dem Wortlaut des Gesetzes 46 verhindert der Ausspruch der Kündigung das Entstehen des Ausgleichsanspruchs; das Vertragsverhältnis muss nicht durch die Gestaltungswirkung der Kündigungserklärung aufgelöst werden.[275] Das betrifft Fälle, in welchen der Unternehmer sich mit der Kündigung des HV einverstanden erklärt und das Vertragsverhältnis nach dem Zugang der wirksamen Kündigungserklärung bei dem Unternehmer einvernehmlich, jedoch ohne Vereinbarung eines Ausgleichsanspruchs,[276] aufgehoben wird,[277] oder in welchen der Vertrag während der noch laufenden Kündigungsfrist aus einem anderem nicht rückwirkenden Grund wie zB dem Tod des HV[278] oder einer nachgeschobenen fristlosen Kündigung des Unternehmers (RdNr. 60 f.) beendet wird.[279]

d) Beendigung des Vertrags ohne Kündigung des Handelsvertreters. Wird der Vertrag ohne 47 eine vom HV ausgesprochene Kündigung oder eine ihr gleichstehende Verhaltensweise (RdNr. 45) beendet, greift Nr. 1 nicht ein, selbst wenn das Vertragsende vom HV veranlasst oder verursacht worden ist.[280] Das betrifft zB das Vertragsende infolge selbstverschuldeten Todes,[281] selbstverschuldeter Arbeits- oder Berufsunfähigkeit des HV,[282] einvernehmlicher Vertragsaufhebung zur Vermeidung einer Kündigung,[283] selbst wenn die Initiative vom HV ausgeht,[284] oder der Ablehnung eines Verlängerungsangebots für einen vereinbarungsgemäß endenden HVVertrag (s. RdNr. 45).[285] Die Ablehnung eines zumutbaren Angebots auf Abschluss eines Folgevertrags nach (Änderungs-)Kündigung des HVVertrags durch den Unternehmer kann die Rechtsfolgen des Abs. 3 Nr. 1 ebenfalls nicht auslösen (s. a. RdNr. 66),[286] jedoch im Rahmen der Billigkeitskontrolle von Bedeutung werden.

e) Anspruchserhalt bei vom Unternehmer veranlasster Kündigung. aa) Verhalten des 48 **Unternehmers.** Der in der Praxis wichtigste Fall des Anspruchserhalts nach Nr. 1 ist die wegen eines Verhaltens des Unternehmers gerechtfertigte („begründet veranlasste") Kündigung durch den HV.[287] Die Tatbestandsmerkmale „Verhalten des Unternehmers" und „begründeter Anlass" sind unter Billigkeitsgesichtspunkten zu verstehen (RdNr. 43), unter Berücksichtigung aller auf Seiten des HV bestehenden Umstände zu prüfen[288] und zu seinen Gunsten weit

---

[273] BGH Urt. v. 13. 12. 1995 – VIII ZR 61/95, ZIP 1996, 330 (für durch Kettenverträge auf unbestimmte Zeit begründetes HVVertragsverhältnis); BGH Urt v. 19. 5. 1999 – VIII ZR 354/97, ZIP 1999, 1094, 1095 m. Anm. *Emde* EWiR 1999, 653; Heymann/*Sonnenschein*/Weitemeyer RdNr. 83; MünchKommHGB/*v. Hoyningen-Huene* RdNr. 157; vgl. *Küstner* Ausgleichsanspruch RdNr. 1142; *Westphal* Vertriebsrecht RdNr. 1121.
[274] BGH Urt. v. 10. 12. 1997 – VIII ZR 329/96, ZIP 1998, 420 m. zust. Anm. *v. Hoyningen-Huene* EWiR 1998, 273.
[275] OLG Köln Urt. v. 25. 5. 1959 – 7 U 157/58, HVR Nr. 292; MünchKommHGB/*v. Hoyningen-Huene* RdNr. 155; aA Heymann/*Sonnenschein*/Weitemeyer RdNr. 83; *Schröder* RdNr. 25 a.
[276] BGH Urt. v. 20. 10. 1960 – II ZR 265/58, VersR 1960, 1111; *Hopt* RdNr. 53.
[277] OLG Hamm NJW-RR 1988, 45; Heymann/*Sonnenschein*/Weitemeyer RdNr. 83; MünchKommHGB/*v. Hoyningen Huene* RdNr. 156; *Küstner* Ausgleichsanspruch RdNr. 1143, 1280; *Westphal* Vertriebsrecht RdNr. 905 und 1122.
[278] AA OLG Frankfurt Urt. v. 12. 7. 1960 – 5 U 317/59, HVR Nr. 271; *Hopt* RdNr. 53.
[279] OLG Köln Urt. v. 25. 5. 1959 – 7 U 157/58, HVR Nr. 292; *Konow* NJW 1960, 1655; MünchKommHGB/*v. Hoyningen-Huene* RdNr. 156; Staub/*Brüggemann* RdNr. 102; *Küstner* Ausgleichsanspruch RdNr. 1278; aA OLG Frankfurt NJW 1961, 514 = HVR Nr. 271 m. abl. Anm. *Konow* S. 514; Heymann/*Sonnenschein*/Weitemeyer RdNr. 82 und 88; *Hopt* RdNr. 53; *Schröder* RdNr. 25 a.
[280] BGH Urt. v. 13. 3. 1969 – VII ZR 48/67, BGHZ 52, 12, 15 = NJW 1969, 1023; OLG Nürnberg Urt. v. 16. 9. 1969 – 3 U 118/68, HVR Nr. 401; *Sieg* AG 1964, 293, 296; Heymann/*Sonnenschein*/Weitemeyer RdNr. 83; *Hopt* RdNr. 53; MünchKommHGB/*v. Hoyningen-Huene* RdNr. 158; *Küstner* Ausgleichsanspruch RdNr. 1274; *Alff* RdNr. 300; aA *Schröder* RdNr. 28 a.
[281] BGH Urt. v. 30. 6. 1966 – VII ZR 124/65, BGHZ 45, 385, 386, 387 = NJW 1966, 1965; OLG Köln BB 1997, 61; Heymann/*Sonnenschein*/Weitemeyer RdNr. 83; MünchKommHGB/*v. Hoyningen-Huene* RdNr. 160; *Küstner* Ausgleichsanspruch RdNr. 1269, 1271; anders noch BGH Urt. v. 6. 2. 1964 – VII ZR 100/62, BGHZ 41, 129, 131 = NJW 1964, 915.
[282] Vgl. dazu BGH Urt. v. 13. 3. 1969 – VII ZR 48/67, BGHZ 52, 12, 17 = NJW 1969, 1023.
[283] BGH Urt. v. 13. 3. 1969 – VII ZR 48/67, BGHZ 52, 12, 15 = NJW 1969, 1023; Heymann/*Sonnenschein*/Weitemeyer RdNr. 83; MünchKommHGB/*v. Hoyningen-Huene* RdNr. 158; aA *Schröder* RdNr. 28 a.
[284] Heymann/*Sonnenschein*/Weitemeyer RdNr. 83.
[285] Heymann/*Sonnenschein*/Weitemeyer RdNr. 83; MünchKommHGB/*v. Hoyningen-Huene* RdNr. 159; Staub/*Brüggemann* RdNr. 93.
[286] BGH Urt. v. 28. 2. 2007 – VIII ZR 30/06, ZIP 2007, 970; aA OLG Frankfurt Urt. v. 5. 4. 2006 – 21 U 10/05 und v. 2. 2006 – 21 U 23/05, HVR Nr. 1152 und 1153; *Stumpf/Ströbl* MDR 2004, 1209, 1210 f.
[287] Siehe dazu ausf. *Saenger* DB 2000, 129.
[288] BGH Urt. v. 28. 11. 1975 – I ZR 138/74, NJW 1976, 671.

§ 89 b 49 1. Buch. 7. Abschnitt. Handelsvertreter

auszulegen.[289] Da es um eine Billigkeitsregelung geht, braucht das Verhalten des Unternehmers weder vertragswidrig noch verschuldet zu sein.[290] Es kann sich aus einer Gesamtschau einzelner Umstände ergeben,[291] in welche das eigene Verhalten des Kündigenden ebenfalls einzubeziehen ist.[292] Nach dem eindeutigen Wortlaut des Gesetzes sowie auf Grund des Vergütungscharakters des Ausgleichsanspruchs reicht es aus, dass das die Eigenkündigung des HV rechtfertigende Verhalten des Unternehmers auf Umstände zurückzuführen ist, für welche er im Verhältnis zum HV verantwortlich ist oder die seinem Unternehmerrisiko zuzurechnen sind;[293] hierher gehören jedes dem Unternehmer rechtlich zuzurechnende Tun oder Unterlassen seiner Betriebsangehörigen oder Erfüllungsgehilfen[294] einschließlich der seinem Einfluss unterliegenden Umstände seines Betriebs und/oder Unternehmens;[295] dann kann auch ein vertragsgemäßes oder nicht verschuldetes Verhalten des Unternehmers die Eigenkündigung des HV rechtfertigen.[296] Die an einen **wichtigen Grund iSv. § 89 a** Abs. 1 zu stellenden Anforderungen müssen nicht vorliegen.[297] Nach dem eindeutigen Wortlaut der Vorschrift ist, anders als bei der 2. und 3. Alternative des Abs. 3 Nr. 1, ebenfalls nicht erforderlich, dass eine Fortsetzung des Vertrags für den HV unzumutbar ist[298] oder er in eine nicht mehr hinnehmbare[299] oder haltbare Lage kommt.[300] Bei objektiver Würdigung unter Berücksichtigung der Umstände des Einzelfalls müssen vielmehr die dem Unternehmer anzulastenden Gegebenheiten die einseitige Beendigung des auf unbestimmte Zeit geschlossenen HVVertrags durch den HV gerechtfertigt erscheinen lassen, wozu es ausreicht, dass aus der Sicht eines normalen HV bei gerechter und billiger Abwägung der Gegebenheiten die Gründe für eine Vertragsbeendigung überwiegen und dem Unternehmer danach eine sofortige außerordentliche oder fristgerechte ordentliche Beendigung des Vertrags eher zuzumuten ist als dem HV eine Fortsetzung des Vertrags.[301] Nach diesen Grundsätzen bestimmt sich ebenfalls das Schicksal des Ausgleichsanspruchs, wenn der HVVertrag durch Kündigung infolge Wegfalls der Geschäftsgrundlage sein Ende findet.[302] Haben beide Parteien die Kündigung des Vertrags durch den HV veranlasst,[303] bleibt der Ausgleichsanspruch erhalten, wenn jedenfalls auch der Unternehmer einen hinreichend begründeten Anlass für die Kündigung gegeben hat.[304]

49   bb) **Kenntnis vom begründeten Anlass und Darlegung (Nachschieben) im Prozess.** Wegen des am Billigkeitsgrundsatz ausgerichteten Verständnisses der Vorschrift (RdNr. 43) reicht, wie bei der fristlosen Kündigung nach § 89 a Abs. 1, für den Anspruchserhalt das **objektive Vorliegen des begründeten Anlasses** im Zeitpunkt des durch die Kündigung herbeigeführten oder

---

[289] BGH Urt. v. 13. 3. 1969 – VII ZR 174/66, BGHZ 52, 5, 8, 9 = NJW 1969, 1021; BGH Urt. v. 28. 11. 1975 – I ZR 138/74, NJW 1976, 671; Heymann/Sonnenschein/Weitemeyer RdNr. 80 und 84; MünchKommHGB/v. Hoyningen-Huene RdNr. 163; Schröder RdNr. 26; Küstner Ausgleichsanspruch RdNr. 1146, 1147.
[290] BGH Urt. v. 13. 3. 1969 – VII ZR 174/66, BGHZ 52, 5, 7 = NJW 1969, 1021; BGH Urt. v. 13. 12. 1995 – VIII ZR 61/95, ZIP 1996, 330, 331; BGH Urt. v. 21. 2. 2006 – VIII ZR 61/04, EBE 2006, 122 = HVR Nr. 1139; OLG Bremen Urt. v. 10. 2. 1966 – 2 U 43/65, HVR Nr. 355; OLG Düsseldorf OLGR 2000, 406; Heymann/Sonnenschein/Weitemeyer RdNr. 84; Hopt RdNr. 57; MünchKommHGB/v. Hoyningen-Huene RdNr. 163; Schröder RdNr. 26; Küstner Ausgleichsanspruch RdNr. 1145.
[291] OLG Stuttgart Urt. v. 7. 5. 1985 – 10 U 135/84, HVR Nr. 609; Heymann/Sonnenschein/Weitemeyer RdNr. 84; Küstner Ausgleichsanspruch RdNr. 1149.
[292] BGH Urt. v. 4. 4. 1960 – II ZR 177/58, VersR 1960, 462.
[293] AA Saenger DB 2000, 129, 131.
[294] OLG Düsseldorf NJW 1964, 1963.
[295] Sieg AG 1964, 293, 296; vgl. Heymann/Sonnenschein/Weitemeyer RdNr. 84; MünchKommHGB/v. Hoyningen-Huene RdNr. 163; Küstner Ausgleichsanspruch RdNr. 1145 und 1147; kritisch und aA Staub/Brüggemann RdNr. 96.
[296] Insoweit teilweise aA Saenger DB 2000, 129, 131.
[297] BGH Urt. v. 4. 4. 1960 – II ZR 177/58, VersR 1960, 462 = HVR Nr. 240; BGH Urt. v. 13. 3. 1969 – VII ZR 174/66, BGHZ 52, 5, 7, 8 = NJW 1969, 1021; BGH Urt. v. 29. 5. 1967 – VII ZR 297/64, NJW 1967, 2153; BGH Urt. v. 21. 2. 2006 – VIII ZR 61/04, EBE 2006, 122 = HVR Nr. 1139; OLG Nürnberg Urt. v. 11. 4. 1991 – 12 U 2405/86, HVR Nr. 752; OLG Düsseldorf OLGR 2000, 406; Heymann/Sonnenschein/Weitemeyer RdNr. 84; Hopt RdNr. 57; MünchKommHGB/v. Hoyningen-Huene RdNr. 163; Schröder RdNr. 26; Küstner Ausgleichsanspruch RdNr. 1145, 1153, 1155; Alff RdNr. 300.
[298] Vgl. Staub/Brüggemann RdNr. 95; aA BGH Urt. v. 20. 10. 1960 – II ZR 265/58, VersR 1960, 1111; BGH Urt. v. 28. 11. 1975 – I ZR 138/74, NJW 1976, 671; OLG Zweibrücken Urt. v. 10. 2. 1977 – 6 U 95/76, HVR Nr. 510; Arndt DB 1999, 1789; Heymann/Sonnenschein/Weitemeyer RdNr. 84; MünchKommHGB/v. Hoyningen-Huene RdNr. 163; Schröder RdNr. 26; Küstner Ausgleichsanspruch RdNr. 1145.
[299] So aber BGH Urt. v. 13. 12. 1995 – VIII ZR 61/95, ZIP 1996, 330, 332; BGH Urt. v. 21. 2. 2006 – VIII ZR 61/04, EBE 2006, 122 = HVR Nr. 1139.
[300] So aber BGH Urt. v. 29. 5. 1967 – VII ZR 297/64, NJW 1967, 2153; BGH Urt. v. 6. 11. 1986 – I ZR 51/85, NJW 1987, 778; Arndt DB 1999, 1789; Hopt RdNr. 57; MünchKommHGB/v. Hoyningen-Huene RdNr. 163; Schröder RdNr. 26; Küstner Ausgleichsanspruch RdNr. 1145; Westphal Vertriebsrecht RdNr. 1123; Alff RdNr. 303.
[301] OLG Düsseldorf OLGR 2000, 406, 408, 409; Saenger DB 2000, 129, 131.
[302] Siehe dazu Emde MDR 2002, 190, 191 Fn. 19.
[303] Saenger DB 2000, 129, 134.
[304] Saenger DB 2000, 129, 134.

auf die Kündigungserklärung zurückzuführenden Vertragsendes aus;[305] auf den Zeitpunkt des Zugangs der Kündigung bei dem Unternehmer kommt es nicht an.[306] Solange das Vertragsverhältnis noch nicht beendet ist, kann ein Verhalten des Unternehmers nach Zugang der Kündigungserklärung des HV diesem den Ausgleichsanspruch erhalten.[307] Das Verhalten des Unternehmers muss – anders als bei der Unternehmerkündigung nach Abs. 3 Nr. 2 – weder kausaler Anlass der Kündigung[308] noch dem HV bekannt sein.[309] Die Motive des HV für die Eigenkündigung sind unerheblich.[310] Spätestens im Prozess muss der HV den begründeten Anlass seiner Kündigung als notwendige Voraussetzung seines Ausgleichsanspruchs darlegen (nachschieben, s. § 89 a)[311] und beweisen.[312]

cc) **Fristen und Verwirkung.** Aus Billigkeitsgründen kann ein längere Zeit zurückliegendes 50 oder vom HV hingenommenes Verhalten des Unternehmers den Ausgleichsanspruch erhalten,[313] selbst wenn es eine fristlose Kündigung nicht mehr rechtfertigen kann. Fristen für die Geltendmachung des begründeten Anlasses sind im Gesetz nicht vorgesehen.[314] Die Anforderungen an eine Verwirkung des Rechts auf Erhalt des Ausgleichsanspruchs trotz Eigenkündigung sind weitaus strenger als im Fall des § 89 a Abs. 1 (s. § 89 a).

dd) **Einzelfälle.** Typischerweise fallen unter die 1. Alternative des Abs. 3 Nr. 1[315] die nicht ganz 51 unerheblichen Vertragsverletzungen sowie die vom Vertrag oder der Vertragsfreiheit gedeckten, jedoch die Gewinnchancen des HV nicht unerheblich beeinträchtigenden[316] sonstigen Verhaltensweisen des Unternehmers, ebenso Veränderungen in seinem Betrieb oder Vertriebssystem, welche zu einem nachträglichen Interessenkonflikt des HV[317] oder einer Beeinträchtigung/Gefährdung seiner wirtschaftlichen Existenz führen können, des Weiteren Maßnahmen, welche das persönliche Vertrauensverhältnis belasten[318] oder beeinträchtigen können, wie zB unter strengen Voraussetzungen die Suche des Unternehmers nach einem Nachfolger für des in einem ungekündigten und auch nicht aus anderen Gründen auslaufenden Vertragsverhältnis stehenden HV,[319] oder die Tätigkeit des HV erheblich erschweren können, sowie objektiv unberechtigte Leistungsanforderungen, aber auch die durch eine Teilkündigung des Unternehmers veranlasste Kündigung des Vertragsverhältnisses durch den HV.[320] Die 1. Alternative des Abs. 3 Nr. 1 kann weiterhin bei einer vom **HV ausgesprochenen fristlosen Kündigung**[321] vorliegen, weil alles, was den HV zur fristlosen Kündigung des HVVertrags berechtigt, grds. seinen Ausgleichsanspruch erhält. Wenn eine **fristlose Kündigung des HV unwirksam** ist, weil die dem Unternehmer zuzurechnende Veranlassung der Kündigung die an einen wichtigen Kündigungsgrund iSv. § 89 a zu stellenden Anforderungen nicht erfüllt[322] oder dem HV trotz Vorliegens eines solchen beachtlichen Kündigungsgrundes die Vertragsfortsetzung bis zum ordentlichen Vertragsende

---

[305] *Westphal* Vertriebsrecht RdNr. 1127.
[306] AA MünchKommHGB/*v. Hoyningen-Huene* RdNr. 162; vgl. auch BGH Urt. v. 12. 6. 1963 – VII ZR 272/61, BGHZ 40, 13 = NJW 1963, 2068; BGH Urt. v. 23. 5. 1984 – I ZR 42/82, VersR 1984, 1091, 1092.
[307] *Heymann/Sonnenschein/Weitemeyer* RdNr. 88; *Staub/Brüggemann* RdNr. 101; *Küstner* Ausgleichsanspruch RdNr. 1163 und 1165.
[308] BGH Urt. v. 12. 6. 1963 – VII ZR 272/61, BGHZ 40, 13, 16 = NJW 1963, 2068; BGH Urt. v. 23. 5. 1984 – I ZR 42/82, VersR 1984, 1091, 1092; *Saenger* DB 2000, 129, 131; *Heymann/Sonnenschein/Weitemeyer* RdNr. 84; *Hopt* RdNr. 56; MünchKommHGB/*v. Hoyningen-Huene* RdNr. 162; *Westphal* Vertriebsrecht RdNr. 1127; aA *Küstner* Ausgleichsanspruch RdNr. 1162.
[309] BGH Urt. v. 12. 6. 1963 – VII ZR 272/61, BGHZ 40, 13, 15 = NJW 1963, 2068; BGH Urt. v. 23. 5. 1984 – I ZR 42/82, VersR 1984, 1091, 1092; *Saenger* DB 2000, 129, 131; *Hopt* RdNr. 56; MünchKommHGB/*v. Hoyningen-Huene* RdNr. 162.
[310] MünchKommHGB/*v. Hoyningen-Huene* RdNr. 162.
[311] *Westphal* Vertriebsrecht RdNr. 1128.
[312] BGH Urt. v. 12. 6. 1963 – VII ZR 272/61, BGHZ 40, 13, 17, 18 = NJW 1963, 2068; BGH Urt. v. 23. 5. 1984 – I ZR 42/82, VersR 1984, 1091, 1092; *Heymann/Sonnenschein/Weitemeyer* RdNr. 84; *Hopt* RdNr. 56; MünchKommHGB/*v. Hoyningen-Huene* RdNr. 162; Staub/*Brüggemann* RdNr. 95, 101; *Küstner* Ausgleichsanspruch RdNr. 1160.
[313] Vgl. BGH Urt. v. 16. 2. 1989 – I ZR 185/87, NJW-RR 1989, 862; aA MünchKommHGB/*v. Hoyningen-Huene* RdNr. 164.
[314] MünchKommHGB/*v. Hoyningen-Huene* RdNr. 162; teilweise aA LG Krefeld HVR Nr. 671.
[315] Auf die Übersichten bei *Heymann/Sonnenschein/Weitemeyer* RdNr. 85, MünchKommHGB/*v. Hoyningen-Huene* RdNr. 165, *Schröder* RdNr. 27 a und b, *Küstner* Ausgleichsanspruch RdNr. 1188 bis 1235 und *Westphal* Vertriebsrecht RdNr. 1129–1146 sowie auf die Ausführungen zum wichtigen Grund nach § 89 a wird ergänzend verwiesen.
[316] BGH Urt. v. 19. 5. 1999 – VIII ZR 354/97, ZIP 1999, 1094, 1095 m. Anm. *Emde* EWiR 1999, 653 zur Ablehnung der Vertragsfortsetzung wegen ungünstiger Provisionsbedingungen.
[317] BGH Urt. v. 29. 3. 1962 – VII ZR 193/60, HVR Nr. 277; BGH Urt. v. 6. 11. 1986 – I ZR 51/85, NJW 1987, 778.
[318] BGH Urt. v. 14. 11. 1966 – VII ZR 112/64, NJW 1967, 248.
[319] S. d. die allerdings zu weit gehende Entscheidung des LG Bonn HVR Nr. 840.
[320] BGH Urt. v. 6. 10. 1999 – VIII ZR 125/98, BGHZ 142, 358 = ZIP 2000, 138, 140 f. m. Bspr. *Emde* BB 2000, 63 und EWiR 2000, 153.
[321] OLG München Urt. v. 11. 11. 1998 – 7 U 2577/98, HVR Nr. 894.
[322] S. d. BGH Urt. v. 21. 2. 2006 – VIII ZR 61/04, EBE 2006, 122 = HVR Nr. 1139.

zumutbar ist, kann dennoch wegen der im Zweifel gebotenen Umdeutung in eine wirksame ordentliche Kündigung bei einer zugunsten des HV ausgehenden Gesamtabwägung der Ausgleichsanspruch erhalten bleiben,[323] sofern nicht der Unternehmer die unberechtigte fristlose Kündigung zum Anlass einer von ihm ausgesprochenen außerordentlichen Kündigung nimmt;[324] der nicht zu einer außerordentlichen, sondern nur zu einer ordentlichen Kündigung berechtigte HV darf das Vertragsverhältnis nicht fristlos beenden und seine Tätigkeit für den Unternehmer einstellen;[325] das Nichtentstehen des Ausgleichsanspruchs in diesem Fall setzt allerdings unabdingbar voraus, dass der Unternehmer eine den Anforderungen des Abs. 3 Nr. 2 entsprechende Kündigung ausspricht (RdNr. 61).[326] Entfällt das Recht des HV zu einer fristlosen Kündigung wegen fehlender Abmahnung, wird im Zweifel auch eine berechtigte Eigenkündigung des HV iS des Abs. 3 Nr. 1 mit Anspruchserhalt ausscheiden,[327] sofern nicht der HV (nachweist, dass er) wegen eines dem Unternehmer anzulastenden und nicht abgestellten Umstands die Fortsetzung des HVVertrags sofort oder jedenfalls nach Ablauf der ordentlichen Kündigungsfrist aus objektiv nachvollziehbaren und anerkennenswerten Gründen ablehnt.

52   **ee) Beweislast.** Der HV trägt die Beweislast und das Beweisrisiko dafür, dass im Zeitpunkt des Wirksamwerdens seiner Kündigung ein sie rechtfertigender Anlass vorlag. Die irrtümliche Annahme einer derartigen Veranlassung durch den Unternehmer geht zu Lasten des HV, sofern nicht (der HV beweisen kann, dass) der Unternehmer den Irrtum in vorwerfbarer oder ihm zurechenbarer Weise hervorgerufen oder verursacht hat.[328] Maßgebend für die rechtliche Würdigung sowie die Beweiswürdigung sind die Umstände des jeweiligen Einzelfalls; der Verlust des Anspruchs soll nach der Vorstellung des Gesetzes die Ausnahme sein.

53   **f) Anspruchserhalt bei Kündigung wegen Alters und Krankheit. aa) Allgemeine Bedeutung.** Der Ausgleichsanspruch bleibt dem HV erhalten, wenn (er nachweist,[329] dass) ihm bei objektiver Würdigung der Gegebenheiten[330] im Zeitpunkt seiner Kündigung eine Fortsetzung des Vertragsverhältnisses wegen Alters oder Krankheit nicht mehr zugemutet werden kann.[331] Die konkrete dem Unternehmer vertraglich geschuldete hauptberufliche Tätigkeit darf dem HV insgesamt oder in wesentlichen Teilen objektiv nicht mehr zumutbar sein.[332] Dass dem HV trotz Alters oder Krankheit eine andersartige oder nebenberufliche Tätigkeit möglich bleibt, steht dem Anspruchserhalt nicht entgegen.[333] Der HV ist weder zum Abschluss eines solchen andersartigen, seinen alters- oder krankheitsbedingten Fähigkeiten entsprechenden Vertrags verpflichtet noch zu einer alters- oder krankheitsbedingten Vertragskündigung.[334] Berufs- und Erwerbsunfähigkeit lösen die Rechtsfolge der Nr. 1 ebenfalls aus.[335] Endet der Vertrag ohne Kündigung durch den HV aus anderen rechtlichen Gründen, bleibt der Ausgleichsanspruch erhalten, sofern nicht (der Unternehmer beweist, dass) die Herbeiführung des Vertragsendes einer Kündigung gleichsteht (RdNr. 45) und der HV nicht (nachweisen kann, dass er) wegen Alters oder Krankheit kündigen durfte.[336]

54   **bb) Unzumutbarkeit der Vertragsfortsetzung.** Unzumutbarkeit der Vertragsfortsetzung liegt vor, wenn der HV bei objektiver Würdigung[337] seine vertraglichen Pflichten geistig und/oder körperlich nicht mehr in angemessener Zeit oder nur mit überobligationsmäßigem Einsatz erfüllen kann[338] oder wenn eine Fortsetzung der vertraglich geschuldeten Tätigkeit voraussichtlich zu einer

---

[323] BGH Urt. v. 7. 6. 1984 – I ZR 50/82, BGHZ 91, 321, 323 = NJW 1984, 2529; *Hopt* RdNr. 57; MünchKommHGB/*v. Hoyningen-Huene* RdNr. 162; *Küstner* Ausgleichsanspruch RdNr. 1154; der Leitsatz der Entscheidung des BGH zum Urt. v. 30. 6. 1969 – VII ZR 70/67, HVR Nr. 399 ist rechtlich ungenau und gibt den Inhalt der Entscheidung nicht ganz zutreffend wieder.
[324] BGH Urt. v. 7. 6. 1984 – I ZR 50/82, BGHZ 90, 321, 322; BGH Urt. v. 21. 2. 2006 – VIII ZR 61/04, EBE 2006, 122, 123 = HVR Nr. 1139.
[325] BGH Urt. v. 7. 6. 1984 – I ZR 50/82, BGHZ 90, 321, 322; BGH Urt. v. 21. 2. 2006 – VIII ZR 61/04, EBE 2006, 122, 123 = HVR Nr. 1139.
[326] BGH Urt. v. 7. 6. 1984 – I ZR 50/82, BGHZ 90, 321, 322.
[327] Vgl. auch BGH Urt. v. 21. 2. 2006 – VIII ZR 61/04, EBE 2006, 122, 123 = HVR Nr. 1139.
[328] Ausf. dazu *Saenger* DB 2000, 129, 132 f.
[329] *Schröder* DB 1976, 1269, 1271.
[330] *Schröder* DB 1976, 1269, 1271.
[331] Ausf. *Küstner* BB 1976, 630; *Schröder* DB 1976, 1269; *Hübsch/Hübsch* WM 2005 Sonderbeilage Nr. 1 zu Heft 9 S. 18; zum alten Recht *Schnitzler* DB 1965 Beilage 15/65 zu Heft 37.
[332] *Küstner* Ausgleichsanspruch RdNr. 1250.
[333] OLG Düsseldorf Urt. v. 11. 5. 2001 – 16 U 114/00, HVR Nr. 1078.
[334] OLG München Urt. v. 7. 3. 2001 – 7 U 6132/99, HVR Nr. 990.
[335] Vgl. aber *Küstner* Ausgleichsanspruch RdNr. 1250.
[336] LG Hamburg HVR Nr. 403; vgl auch OLG Nürnberg Beschl. v. 30. 1. 1969 – 2 W 95/68, HVR Nr. 400 und Urt. v. 16. 9. 1969 – 3 U 118/69, HVR Nr. 401.
[337] Vgl. *Schröder* DB 1976, 1269, 1271.
[338] Vgl. *Schröder* DB 1976, 1269, 1271; Heymann/*Sonnenschein/Weitemeyer* RdNr. 87; aA hinsichtlich der Definition der Zumutbarkeit *Westphal* Vertriebsrecht RdNr. 1148.

weiteren Verschlechterung oder Beeinträchtigung des geistigen oder körperlichen Befundes führen wird, was der HV im Zweifelsfall durch Sachverständigengutachten nachzuweisen hat;[339] zur schlüssigen Darlegung dieses Ausnahmefalls genügt jedoch regelmäßig die Vorlage eines ärztlichen Attests, welches dem HV Arbeitsunfähigkeit bescheinigt.[340] Die Fortführung der Berufstätigkeit im bisherigen Umfang nach Beendigung des wegen Alters oder Krankheit gekündigten Vertrags kann im Einzelfall ein, allerdings nicht zwingendes,[341] Indiz für die Zumutbarkeit einer Vertragsfortsetzung sein; Möglichkeit und Zumutbarkeit einer nur noch kurzfristigen Berufstätigkeit oder Erfüllung der vertraglichen Pflichten hindern das Entstehen des Ausgleichsanspruchs nicht.

cc) Vorliegen und Nachschieben der Gründe. Wie bei der ersten Alternative der Nr. 1 genügt 55 das objektive Vorliegen der Tatbestandsvoraussetzungen für den Erhalt des Ausgleichsanspruchs. Bei seiner Kündigung braucht der HV den Grund nicht anzuführen,[342] er muss ihn spätestens mit der Geltendmachung des Ausgleichsanspruchs als notwendige Anspruchsvoraussetzung vortragen; im Prozess kann er ihn nachschieben;[343] das entspricht der den Anspruch beherrschenden Billigkeit (RdNr. 44).

dd) Handelsvertretergesellschaften. Bei Alter und Krankheit handelt es sich um persönliche 56 Eigenschaften des Vertragspartners des Unternehmers. Auf Handelsvertretergesellschaften, Personen- oder Kapitalgesellschaften, ist die Vorschrift grds. unanwendbar.[344] Etwas anderes gilt, wenn (der HV nachweist, dass) die eigentliche Vertriebstätigkeit trotz der scheinbar gegenteiligen Vertragsgestaltung tatsächlich und vereinbarungsgemäß im Wesentlichen ausschließlich von einer bestimmten Person, idR dem „Inhaber", dem Geschäftsführer oder dem Vorstandsmitglied der Gesellschaft, ausgeübt worden ist[345] und deswegen mit dem Ausfall dieser natürlichen Person das Vertretungsverhältnis gleichsam „steht und fällt",[346] sofern der HVVertrag nicht vorsieht, dass entweder solche Gesellschafter oder Gesellschaftsorgane jederzeit ohne Zustimmung des Unternehmers ausgetauscht werden können[347] oder bei dem Ausscheiden solcher Personen der HVVertrag automatisch endet.[348]

ee) Altersbedingte Kündigung. Die altersbedingte Kündigung lässt den Ausgleichsanspruch 57 ohne weiteres entstehen, wenn der HV nach seinem tatsächlichen Lebensalter[349] eine vertraglich vereinbarte Altersgrenze oder bei Fehlen einer solchen Vereinbarung[350] das zum Bezug der gesetzlichen Altersrente berechtigende Alter erreicht;[351] in dieser Weise sind im Zweifel auch auf das Rentenalter abzielende Klauseln in HVVerträgen zu verstehen. Bei altersbedingtem Ausscheiden aus dem Berufsleben oder dem konkreten Vertragsverhältnis zu einem früheren Zeitpunkt entscheiden die Umstände des Einzelfalls, ob dem HV altersbedingt eine Fortsetzung des Vertragsverhältnisses objektiv nicht mehr zugemutet werden kann (RdNr. 53).[352] Je mehr sich der Handelsvertreter der beruflichen Altersgrenze nähert, desto geringer sind die an eine alters- oder krankheitsbedingte Aufgabe seiner HVTätigkeit zu stellenden Anforderungen. Die erst bevorstehende, jedoch mit hoher

---

[339] Vgl. *Küstner* Ausgleichsanspruch RdNr. 1256.
[340] Vgl. dazu auch BGH Urt. v. 16. 10. 2001 – VI ZR 408/00, NJW 2002, 128.
[341] BGH Urt. v. 29. 4. 1993 – I ZR 150/91, NJW-RR 1993, 996, 998; *Maier* BB 1978, 940, 941; vgl. MünchKommHGB/*v. Hoyningen-Huene* RdNr. 171.
[342] Heymann/*Sonnenschein/Weitemeyer* RdNr. 87; aA MünchKommHGB/*v. Hoyningen-Huene* RdNr. 168; *Schröder* Nachtrag 1976 Anm. 3a und DB 1976, 1269, 1270; Staub/*Brüggemann* RdNr. 94, *Küstner* Ausgleichsanspruch RdNr. 1239; *Westphal* Vertriebsrecht RdNr. 1155.
[343] Heymann/*Sonnenschein/Weitemeyer* RdNr. 87; aA: MünchKommHGB/*v. Hoyningen-Huene* RdNr. 168; *Küstner* Ausgleichsanspruch RdNr. 1239.
[344] Vgl. BGH Urt. v. 29. 4. 1993 – I ZR 150/91, NJW-RR 1993, 996, 997; OLG Hamm Urt. v. 12. 7. 1982 – 18 U 5/82, HVR Nr. 1168; Heymann/*Sonnenschein/Weitemeyer* RdNr. 86; MünchKommHGB/*v. Hoyningen-Huene* RdNr. 169; *Küstner* Ausgleichsanspruch RdNr. 1257.
[345] So OLG München DB 2003, 337 = NJW – RR 2003, 541 = HVR Nr. 1106 und Urt. v. 19. 1. 2006 – 23 U 3885/05, HVR Nr. 1168; vgl. auch OLG Hamburg Urt. v. 9. 10. 1985 – 4 U 1/85, HVR Nr. 669; ausf. *Maier* BB 1978, 940, 941; *Arndt* DB 1999, 1789, 1971; *Thume* BB 1999, 2309, 2314; ebenso für Personenhandelsgesellschaft: Heymann/*Sonnenschein/Weitemeyer* RdNr. 86; *Hopt* RdNr. 60; MünchKommHGB/*v. Hoyningen-Huene* RdNr. 169; *Küstner* Ausgleichsanspruch RdNr. 1258.
[346] KG Urt. v. 22. 2. 1985 – 14 U 1051/84, HVR Nr. 659; OLG München Urt. v. 19. 1. 2006 – 23 U 3885/05, HVR Nr. 1168; *Westphal* BB 1999, 2517, 2518; kritisch *Westphal* Vertriebsrecht RdNr. 1156.
[347] So der Lösungsansatz bei *Westphal* Vertriebsrecht RdNr. 1157.
[348] *Westphal* Vertriebsrecht RdNr. 1159.
[349] Hier gilt nicht, was das BAG im Urt. v. 14. 8. 2002 – 7 AZR 329/01 zum Recht auf Bezug von Sozialrenten entschieden hat, dass sich nicht nach dem tatsächlichen Geburtsdatum, sondern der erstmaligen Angabe des angeblichen Geburtsdatums gegenüber dem Sozialleistungsträger richten soll.
[350] Vgl. dazu Staub/*Brüggemann* RdNr. 17; *Küstner* Ausgleichsanspruch RdNr. 1261.
[351] OLG Düsseldorf Urt. v. 11. 5. 2001 – 16 U 114/00, HVR Nr. 1078; ausf. *Maier* BB 1978, 940, *Arndt* DB 1999, 1789, 1790; MünchKommHGB/*v. Hoyningen-Huene* RdNr. 170; *Küstner* Ausgleichsanspruch RdNr. 1243.
[352] Heymann/*Sonnenschein/Weitemeyer* RdNr. 87; *Hopt* RdNr. 61; MünchKommHGB/*v. Hoyningen-Huene* RdNr. 170; *Küstner* Ausgleichsanspruch RdNr. 1241 und 1243; aA *Westphal* Vertriebsrecht RdNr. 1148.

Wahrscheinlichkeit in absehbarer Zeit eintretende alters- oder krankheitsbedingte Unfähigkeit zur weiteren Berufsausübung wird regelmäßig die Rechtsfolge des Abs. 3 Nr. 1 auslösen.[353]

58 **ff) Krankheitsbedingte Kündigung.** Unter den Begriff der Krankheit[354] fallen körperliche Beeinträchtigungen oder Gebrechen, welche dem HV eine Vertragsfortsetzung objektiv unzumutbar machen. Aus der maßgeblichen Sicht des Zeitpunkts der Abgabe der Kündigungserklärung muss es sich um eine voraussichtlich längerfristige und idR schwere Erkrankung handeln,[355] welche den HV am Erbringen seiner vertraglich geschuldeten Leistung hindert.[356] Berufs- oder Erwerbsunfähigkeit sind nicht erforderlich.[357] Behinderung, auch Schwerbehinderung bedeutet nicht notwendigerweise Erkrankung im Sinn der Vorschrift.[358] Die krankheitsbedingte Arbeitsunfähigkeit vor Erreichen einer Altersgrenze gehört hierher (RdNr. 56). Zur Bedeutung der bevorstehenden Altersgrenze oder einer absehbaren krankheitsbedingten Berufsunfähigkeit siehe vorstehende RdNr. Bei **kurzfristigen Erkrankungen** wird es dem HV idR zumutbar sein, seine vertraglichen Pflichten vorübergehend ruhen oder durch Vertreter, Erfüllungsgehilfen oder Ersatzkräfte ausüben zu lassen.[359] Die **Ursachen der Erkrankung** und ein etwaiges (Mit-)Verschulden des HV sind unerheblich.[360] Eine bei Vertragsabschluss **verschwiegene Erkrankung** kann dem Unternehmer theoretisch einen Schadensersatzanspruch gewähren,[361] der allerdings regelmäßig keinen Einfluss auf den Ausgleichsanspruch nehmen kann. Der entsteht vielmehr ohne weiteres, wenn die Erkrankung eine Eigenkündigung des HV rechtfertigt.[362]

59 **gg) Mehrfirmenvertreter.** Bei dem Mehrfirmenvertreter braucht sich die Unzumutbarkeit der Vertragsfortsetzung nur auf eine seiner Handelsvertretungen zu beziehen.[363] Die Beendigung aller HVVerträge ist nicht geboten.[364] Wenn sich die krankheits- oder altersbedingte Unzumutbarkeit nicht auf eine konkrete Vertretungstätigkeit bezieht, darf der HV entscheiden, welche Vertretung er aufgeben will;[365] den berechtigten Interessen seiner Vertragspartner hat er dabei angemessen Rechnung zu tragen.

60 **3. Kündigung des Unternehmers – Abs. 3 Nr. 2. a) Bedeutung der Vorschrift und Verhältnis zu § 89a Abs. 1 Satz 1.** Nach Abs. 3 Nr. 2 entsteht der Ausgleichsanspruch nicht, wenn der Unternehmer das Vertragsverhältnis kündigt und hierfür ein nicht nur aus der Sphäre des HV stammender,[366] sondern von ihm verschuldeter wichtiger Grund vorliegt; ein Schaden muss dadurch nicht entstanden sein.[367] Abs. 3 Nr. 2 verweist zunächst in vollem Umfang auf den Tatbestand des § 89a Abs. 1 Satz 1.[368] Die inhaltlichen und formalen Anforderungen an die Kündigung nach Nr. 2 sind dieselben wie nach § 89a Abs. 1 Satz 1.[369] Hinzukommen muss das Verschulden des HV,

---

[353] Vgl. dazu aus arbeitsrechtlicher Sicht auch BAG Urt. v. 12. 4. 2002 – 2 AZR 148/01, DB 2002, 1943, die dortigen Ausführungen sind auf § 89b nicht direkt anwendbar.
[354] S. d. auch aus arbeitsrechtlicher Sicht *Hoss* MDR 1999, 777.
[355] BGH Urt. v. 29. 4. 1993 – I ZR 150/91, NJW-RR 1993, 996, 997; ausf. *Maier* BB 1978, 940; *Arndt* DB 1999, 1789, 1790; vgl. aber auch Heymann/*Sonnenschein/Weitemeyer* RdNr. 87; *Hopt* RdNr. 62; MünchKommHGB/*v. Hoyningen-Huene* RdNr. 171; *Küstner* Ausgleichsanspruch RdNr. 1246; *Westphal* Vertriebsrecht RdNr. 1149.
[356] MünchKommHGB/*v. Hoyningen-Huene* RdNr. 171; *Küstner* Ausgleichsanspruch RdNr. 1246.
[357] OLG Düsseldorf Urt. v. 11. 5. 2001 – 16 U 114/00, HVR Nr. 1078; *Schröder* Nachtrag 1976 Anm. 2b; Staub/*Brüggemann* RdNr. 18.
[358] BGH Urt. v. 29. 4. 1993 – I ZR 150/91, NJW-RR 1993, 996, 997; MünchKommHGB/*v. Hoyningen-Huene* RdNr. 171; *Küstner* Ausgleichsanspruch RdNr. 1246; zur Abgrenzung von Krankheit und Behinderung siehe auch EuGH Urt. v. 11. 7. 2006 – Rs C – 13/05, ZIP 2006, 1550 (LS) m. Anm. *Kock* ZIP 2006, 1551 u. Anm. *Thüsing/Grosse-Brockhoff* EWiR 2006, 473.
[359] BGH Urt. v. 29. 4. 1993 – I ZR 150/91, NJW-RR 1993, 996, 997; *Arndt* DB 1999, 1789, 1790; MünchKommHGB/*v. Hoyningen-Huene* RdNr. 171; *Westphal* RdNr. 608 und Vertriebsrecht RdNr. 1149.
[360] MünchKommHGB/*v. Hoyningen-Huene* RdNr. 171; *Küstner* Ausgleichsanspruch RdNr. 1246.
[361] Heymann/*Sonnenschein/Weitemeyer* RdNr. 86; *Küstner* Ausgleichsanspruch RdNr. 1249.
[362] BGH Urt. v. 3. 5. 1995 – VIII ZR 95/94, BGHZ 129, 290, 294.
[363] *Westphal* Vertriebsrecht RdNr. 1153.
[364] OLG Düsseldorf Urt. v. 11. 5. 2001 – 16 U 114/00, HVR Nr. 1078; *Küstner* Ausgleichsanspruch RdNr. 1250; *Westphal* RdNr. 610.
[365] OLG Düsseldorf Urt. v. 11. 5. 2001 – 16 U 114/00, HVR Nr. 1078; *Maier* BB 1978, 940; vgl. *Schröder* RdNr. 18; Staub/*Brüggemann* RdNr. 18.
[366] *Küstner* Ausgleichsanspruch RdNr. 1111.
[367] *Küstner* Ausgleichsanspruch RdNr. 1110.
[368] Staub/*Brüggemann* RdNr. 98; vgl. Heymann/*Sonnenschein/Weitemeyer* RdNr. 90; MünchKommHGB/*v. Hoyningen-Huene* RdNr. 178; *Küstner* Ausgleichsanspruch RdNr. 1107 und 1118.
[369] BGH Urt. v. 21. 11. 1960 – VII ZR 235/59, HVR Nr. 299; BGH Urt. v. 13. 3. 1969 – VII ZR 174/66, BGHZ 52, 5, 7 = NJW 1969, 10213; BGH Urt. v. 11. 7. 1975 – I ZR 142/74, WM 1975, 1111; BGH Urt. v. 25. 11. 1998 – VIII ZR 221/97, EBE 1999, 13, 16 = ZIP 1999, 277; BGH Urt. v. 16. 2. 2000 – VIII ZR 134/99, EBE 2000, 109, 112 = ZIP 2000, 618 m. Bspr. *Emde* BB 2000. 738 und Anm. *Böcker* EWiR 2000, 445; vgl. auch OLG Düsseldorf Urt. v. 2. 11. 2001 – 16 U 149/00, HVR Nr. 1043 = OLGR 2002, 164, 168; **die gegenteilige Ansicht** des OLG Bamberg HVR Nr. 874 = NJW-RR 1999, 1195 m. krit. Anm. *Emde* EWiR 1999, 891 entspricht nicht Sinn und Zweck der

wodurch Abs. 3 Nr. 2 zugunsten des HV wesentlich engere Voraussetzungen hat als § 89 a.[370] Nur wenn die Voraussetzungen des § 89 a Abs. 1 vorliegen und den HV hieran ein Verschulden trifft, ist das Nichtentstehen des Ausgleichsanspruchs gerechtfertigt. Die Voraussetzungen für das Nichtentstehen des Ausgleichsanspruchs nach Abs. 3 Nr. 2 sind damit weitaus strenger als nach Abs. 3 Nr. 1.

b) Kündigung und ihr gleichstehende Verhaltensweisen. Nach dem Wortlaut des Gesetzes 61 ist eine wirksame, nicht notwendigerweise fristlose (außerordentliche, s. d. aber auch RdNr. 63),[371] Kündigung des Unternehmers, auch in Form einer Teil- oder Änderungskündigung (s. RdNr. 66), erforderlich.[372] Ihr stehen[373] der fristgerechte Widerspruch gegen eine im Vertrag vorgesehene automatische Verlängerung,[374] die einvernehmliche Vertragsaufhebung zur Vermeidung der Kündigung,[375] nicht aber eine „normale" Vertragsaufhebung,[376] sowie im Einzelfall möglicherweise die Anfechtungserklärung des Unternehmens nach § 123 BGB gleich;[377] in diesen Fällen braucht der Unternehmer zur Verhinderung des Ausgleichsanspruchs nicht förmlich zu kündigen.[378] Wie im Fall des Abs. 3 Nr. 1 (RdNr. 46) hängt der Anspruchsverlust nicht davon, dass der HV Vertrag infolge der Gestaltungswirkung der Kündigung oder der ihr gleichstehenden Verhaltensweise beendet wird; entscheidend ist auch hier, dass der Unternehmer seine auf die Vertragsbeendigung zielende Erklärung abgegeben hat.

c) Beendigung des Vertrags ohne Kündigung des Unternehmers. Unterbleiben die Kündi- 62 gung des Unternehmers oder eine gleichartige Erklärung, ist Abs. 3 Nr. 2 nicht anwendbar; der wichtige Grund und die Kündigung müssen **kumulativ** vorliegen.[379] Ein bestehender wichtiger Kündigungsgrund kann dann allerdings nach Abs. 1 Satz 1 Nr. 3 zu berücksichtigen sein (RdNr. 115).[380]

d) Wichtiger Grund für Kündigung. Der (vom Unternehmer nachzuweisende) wichtige 63 Grund muss den Anforderungen des § 89 a Abs. 1 entsprechen (RdNr. 60),[381] wobei der Wunsch des Unternehmers, der Verpflichtung zur Ausgleichszahlung nach Abs. 3 Nr. 2 zu entgehen, einen wichtigen Grund weder bilden noch unterstützen kann.[382] Der wichtige Grund muss wie nach § 89 a Abs. 1 S. 1 für den Unternehmer eine Fortsetzung des Vertragsverhältnisses mit dem HV unzumutbar machen. Bei zumutbarer Vertragsfortsetzung bleibt der Ausgleichsanspruch erhalten, sofern er sich nicht ausnahmsweise als ganz oder teilweise unbillig erweist.[383] Ist dem Unternehmer eine Fortsetzung des Vertrags bis zu dessen Beendigung durch ordentliche Kündigung zuzumuten, entsteht der Ausgleichsanspruch ebenfalls, soweit nicht Billigkeitsgründe entgegenstehen (RdNr. 60).[384]

Norm und ist vom BGH in seiner aufhebenden Revisionsentscheidung mit Urt. v. 16. 2. 2000 – VIII ZR 134/99 verworfen worden.
[370] *Hopt* RdNr. 65.
[371] BGH Urt. v. 21. 5. 1975 – I ZR 141/74, WM 1975, 856, 857; BGH Urt. v. 24. 9. 1987 – I ZR 243/85, WM 1988, 33, 34; OLG Düsseldorf DB 1956, 376 und OLGR 2000, 354, 355; KG Urt. v. 15. 9. 1994 – 2 U 4002/91, HVR Nr. 811; *Hopt* RdNr. 64; MünchKommHGB/*v. Hoyningen-Huene* RdNr. 173; Staub/*Brüggemann* RdNr. 98; *Westphal* Vertriebsrecht RdNr. 1163.
[372] BGH Urt. v. 12. 4. 1973 – VII ZR 87/72 – BGHZ 60, 350, 352 = NJW 1973, 1121; BGH Urt. v. 7. 6. 1984 – I ZR 50/82, BGHZ 91, 321, 323 = NJW 1984, 2529; BGH Urt. v. 3. 5. 1995 – VIII ZR 95/94, BGHZ 129, 290, 294 = NJW 1995, 1958; BGH Urt. v. 28. 2. 2007 – VIII ZR 30/06 ZIP 2007, 970 für Änderungskündigung; *Hopt* RdNr. 64; *Küstner* Ausgleichsanspruch RdNr. 1156; *Alff* RdNr. 311.
[373] Als „Surrogate" *Sieg* AG 1964, 293.
[374] BGH Urt. v. 7. 3. 1957 – II ZR 261/55, BGHZ 24, 30 = NJW 1957, 871; OLG Stuttgart BB 1960, 957; Heymann/Sonnenschein/Weitemeyer RdNr. 92; *Hopt* RdNr. 64; MünchKommHGB/*v. Hoyningen-Huene* RdNr. 175; *Schröder* RdNr. 32 d; *Küstner* Ausgleichsanspruch RdNr. 1114; aA und weitergehend: *Scherer* DB 1996, 1709, 1714 (jede Vertragsbeendigung ausreichend).
[375] OLG Nürnberg BB 1959, 318; Heymann/Sonnenschein/Weitemeyer RdNr. 92; MünchKommHGB/*v. Hoyningen-Huene* RdNr. 175 und 176; *Schröder* RdNr. 32 c; Staub/*Brüggemann* RdNr. 14; *Westphal* Vertriebsrecht RdNr. 906 und 1166; vgl. auch *Küstner* Ausgleichsanspruch RdNr. 1115.
[376] OLG Düsseldorf Urt. v. 4. 8. 2000 – U 202/99, HVR Nr. 947.
[377] Vgl. *Scherer* DB 1996, 1709, 1712; MünchKommHGB/*v. Hoyningen-Huene* RdNr. 176.
[378] Vgl. BGH Urt. v. 7. 3. 1957 – II ZR 261/55, BGHZ 24, 30, 34 = NJW 1957, 871; MünchKommHGB/*v. Hoyningen-Huene* RdNr. 175.
[379] *Hopt* RdNr. 66.
[380] BGH Urt. v. 30. 6. 1966 – VII ZR 124/65, BGHZ 45, 385, 388 = NJW 1966, 1965; BGH Urt. 16. 2. 2000 – VIII ZR 134/99, EBE 2000, 109, 111 = ZIP 2000, 618; Heymann/Sonnenschein/Weitemeyer RdNr. 94; Staub/*Brüggemann* RdNr. 103; *Westphal* Vertriebsrecht RdNr. 1164.
[381] BGH Urt. v. 21. 11. 1960 – VII ZR 235/59, HVR Nr. 299; BGH Urt. 16. 2. 2000 – VIII ZR 134/99, EBE 2000, 109, 112 = ZIP 2000, 618; OLG Düsseldorf Urt. v. 12. 9. 1972 – 23 U 11/72, HVR Nr. 464.
[382] BGH Urt. v. 16. 2. 2000 – VIII ZR 134/99, EBE 2000, 109, 112 = ZIP 2000, 618.
[383] BGH Urt. v. 16. 2. 2000 – VIII ZR 134/99, EBE 2000, 109, 112 = ZIP 2000, 618.
[384] BGH Urt. v. 16. 2. 2000 – VIII ZR 134/99, EBE 2000, 109, 112 = ZIP 2000, 618 m. Bspr. *Emde* BB 2000, 738 und Anm. *Böcker* EWiR 2000, 445, aufhebende Revisionsentscheidung zu dem Urt. des OLG Bamberg HVR Nr. 874 = NJW-RR 1999, 1195 m. krit. Anm. *Emde* EWiR 1999, 891; vgl. auch OLG Düsseldorf Urt. v. 2. 11. 2001 – 16 U 149/00, HVR Nr. 1043 = OLGR 2002, 164, 168.

§ 89 b 64

Damit wird die Wahl einer nur ordentlichen Kündigung mit Abwarten der vertragsgemäßen Kündigungsfrist anstelle einer möglichen fristlosen Kündigung den Ausgleichsanspruch idR erhalten, weil der Unternehmer regelmäßig auf diese Weise die Zumutbarkeit einer Fortsetzung des Vertrags bis zu dessen erstmöglicher vertragsgemäßer Beendigung dokumentiert (s. § 89 a). Der wichtige Grund muss im Zeitpunkt der Kündigungserklärung vorliegen[385] und im Hinblick auf die Regelung in Art. 18 Nr. a der EG – Richtlinie wegen des Gebots richtlinienkonformer Auslegung des Gesetzes entgegen dessen Wortlaut dem Unternehmer bekannt sowie **ursächlich** für dessen Kündigung geworden sein (RdNr. 61);[386] er braucht allerdings weder ausdrücklich genannt noch bekannt gegeben zu werden (RdNr. 49).[387] Insoweit hindert seine Existenz in Verbindung mit der vom Unternehmer aus diesem Grund herbeigeführten Vertragsbeendigung das Entstehen des Ausgleichsanspruchs.[388] Entsteht der wichtige Grund, nachdem das Vertragsverhältnis ordentlich vom HV gekündigt, aber noch nicht beendet worden ist, muss der Unternehmer die Kündigung aus diesem Grund ebenfalls aussprechen (RdNr. 62).[389] Wegen des fehlenden rechtlich notwendigen Kausalzusammenhangs zwischen wichtigem Grund und Kündigung kann ein nicht verwirkter Grund nach Vertragsende nicht **nachgeschoben** werden,[390] selbst wenn eine ordentliche Kündigung ausgesprochen[391] oder der Vertrag zur Vermeidung einer solchen aufgehoben worden war;[392] ein solcher Grund wird aber bei der Billigkeitsprüfung von Bedeutung werden.[393] Das gilt in gleicher Weise, wenn der Unternehmer wegen eines vom HV verschuldeten wichtigen Grundes gekündigt hat und der Ausgleichsanspruch deswegen nicht entstehen kann, obwohl der HV ebenfalls aus wichtigem Grund hätte kündigen dürfen, dies aber unterlassen hat.[394]

64 e) **Verschulden des Handelsvertreters.** Im Gegensatz zu der Regelung in § 89 a[395] muss der wichtige Grund von dem HV verschuldet sein.[396] Der BGH[397] spricht insoweit auch von einem „qualifizierten Fall des wichtigen Grundes". Das (vom Unternehmer nachzuweisende)[398] Verschulden des HV muss sich auf eine während des Vertrags begangene[399] gegen den Unternehmer gerichtete Vertrags- oder Pflichtverletzung beziehen,[400] weswegen das nach dem früheren § 279 BGB aF[401] zu vertretende Unvermögen der Leistungserbringung nicht ausreichen konnte. Fahrlässigkeit reicht.[402] Im Hinblick auf das Gebot richtlinienkonformer Auslegung des Gesetzes muss zwischen dem schuldhaften Verhalten des HV und der Vertragsbeendigung durch den Unternehmer ein **Kausalzusammenhang** bestehen.[403] Der dem Unternehmer unbekannt gebliebene und deswegen für die Vertragsbeendigung nicht kausal gewordene Schuldvorwurf ist bei der Billigkeitsprüfung

---

[385] KG Urt. v. 15. 9. 1994 – 2 U 4002/91, HVR Nr. 811; aA früher BGH Urt. v. 21. 5. 1975 – I ZR 141/74, WM 1975, 856, 857; Heymann/*Sonnenschein/Weitemeyer* RdNr. 90; *Küstner* Ausgleichsanspruch RdNr. 1112.
[386] *Fischer* ZVerglRWiss 101 (2002), 143, 156; MünchKommHGB/*v. Hoyningen-Huene* RdNr. 173; *Hopt* RdNr. 66; *Canaris* § 15 RdNr. 119; s. d. auch *Thume* BB 2004, 2473, 2476; aA früher BGH Urt. v. 12. 6. 1963 – VII ZR 272/61, BGHZ 40, 13, 16 = NJW 1963, 2068 – BGH Urt. v. 6. 7. 1967 – VII ZR 35/65, BGHZ 48, 222 = NJW 1967, 2154.
[387] BGH Urt. v. 12. 6. 1963 – VII ZR 272/61, BGHZ 40, 13, 15, 16 = NJW 1963, 2068; BGH Urt. v. 6. 7. 1967 – VII ZR 35/65, BGHZ 48, 222, 223 = NJW 1967, 2154.
[388] Vgl. BGH Urt. v. 30. 6. 1969 – VII ZR 70/67, HVR Nr. 399; OLG Nürnberg Urt. v. 1. 12. 1962 – 2 U 219/61, HVR Nr. 342.
[389] OLG München DB 1993, 2280, offengelassen von BGH Urt. v. 6. 7. 1967 – VII ZR 35/65, BGHZ 48, 222, 225 = NJW 1967, 2154; vgl. auch OLG Frankfurt Beschl. v. 15. 10. 2003 – 1 U 159/03, HVR Nr. 1087; Heymann/*Sonnenschein/Weitemeyer* RdNr. 92; MünchKommHGB/*v. Hoyningen-Huene* RdNr. 174; vgl. *Küstner* Ausgleichsanspruch RdNr. 1113.
[390] MünchKommHGB/*v. Hoyningen-Huene* RdNr. 173.
[391] AA früher BGH Urt. v. 6. 7. 1967 – VII ZR 35/65, BGHZ 48, 222 = NJW 1967, 2154; vgl. auch BGH Urt. v. 30. 6. 1969 – VII ZR 70/67, HVR Nr. 399; Heymann/*Sonnenschein/Weitemeyer* RdNr. 90; *Schröder* RdNr. 29; *Küstner* Ausgleichsanspruch RdNr. 1112.
[392] AA früher OLG Nürnberg BB 1959, 318.
[393] *Fischer* ZVerglRWiss 101 (2002), 143, 156; *Hopt* RdNr. 66.
[394] Heymann/*Sonnenschein/Weitemeyer* RdNr. 93; MünchKommHGB/*v. Hoyningen-Huene* RdNr. 174; Staub/*Brüggemann* RdNr. 104.
[395] OLG Hamm Beschl. v. 9. 6. 2004 – 35 W 5/04, HVR Nr. 1095.
[396] *Hopt* RdNr. 65; MünchKommHGB/*v. Hoyningen-Huene* RdNr. 179.
[397] BGH Urt. v. 16. 2. 2000 – VIII ZR 134/99, EBE 2000, 109, 112 = ZIP 2000, 618; *Hübsch/Hübsch* WM 2005 Sonderbeilage Nr. 1 zu Heft 9 S. 18.
[398] OLG München Urt. v. 24. 11. 2004 – 7 U 1518/04, HVR Nr. 1165 (Berufungsurteil zu BGH Urt. v. 28. 6. 2006 – VIII ZR 350/04, EBE 2006, 247); *Hopt* RdNr. 65; MünchKommHGB/*v. Hoyningen-Huene* RdNr. 179.
[399] BGH Urt. v. 23. 5. 1966 – VII ZR 268/64, BGHZ 45, 268, 275 = NJW 1966, 1962; BGH Urt. v. 6. 7. 1967 – VII ZR 35/65, BGHZ 48, 222, 227 = NJW 1967, 2154.
[400] BGH Urt. v. 6. 2. 1964 – VII ZR 100/62, BGHZ 41, 129, 132 = NJW 1964, 915; BGH Urt. v. 6. 7. 1967 – VII ZR 35/65, BGHZ 48, 222, 227, 228 = NJW 1967, 2154.
[401] Aufgehoben durch das Schuldrechtsmodernisierungsgesetz 2001.
[402] BGH Urt. v. 13. 7. 1972 – VII ZR 166/71, WM 1972, 1095, 1096.
[403] *Hopt* RdNr. 66; *Canaris* § 15 RdNr. 119.

zu berücksichtigen.[404] Der Schuldvorwurf muss den HV persönlich treffen.[405] Selbstmord kann ihn nicht begründen,[406] eine Insolvenz des HV muss nicht verschuldet sein.[407] Ein **Verschulden Dritter**, Untervertreter oder Angestellter, für deren Verhalten der HV zB nach § 278 BGB einzustehen hat, genügt nicht,[408] sofern es sich nicht um den rechtsgeschäftlichen Vertreter des HV handelt[409] oder den HV ein eigenes für den wichtigen Grund ursächlich gewordenes Organisations-, Auswahl- oder Überwachungsverschulden trifft.[410] Entscheidend ist das Verhalten des Vertragspartners des Unternehmers; wird bei Vertragsschluss ein Dritter vorgeschoben, kommt es auf das Verschulden dessen an, der die HVTätigkeit tatsächlich ausübt.[411]

4. Eintritt eines Dritten in den Handelsvertretervertrag – Abs. 3 Nr. 3. a) Bedeutung und Zweck der Regelung. Nach Abs. 3 Nr. 3[412] entsteht der Ausgleichsanspruch nicht, wenn durch eine notwendigerweise bei oder ausnahmsweise kurz nach Vertragsende getroffene Vereinbarung ein Dritter an Stelle des HV in den Vertrag mit dem Unternehmer eintritt. Die wenig geglückte und methodisch ungenaue Regelung wird ähnlich wie der Fall der Eigenkündigung nach Nr. 1 durch die nahe liegende Möglichkeit gerechtfertigt, dass der HV mit seinem Nachfolger eine Abfindungsregelung treffen und dieser mit dem Unternehmer eine Ausgleichspflicht hinsichtlich der vom Vorgänger übernommenen Kunden vereinbaren kann.[413] Eine doppelte Abfindung des HV durch Unternehmer und Nachfolger soll ebenso vermieden werden[414] wie eine, rechtlich allerdings kaum mögliche, zweifache Inanspruchnahme des Unternehmers auf Ausgleichszahlung für den erhaltenen Kundenstamm.[415] Ob im Einzelfall solche Absprachen getroffen werden und der ausscheidende HV eine Abfindung erhält oder unentgeltlich seine Rechte aufgibt, ist nach dem eindeutigen Gesetzeswortlaut rechtlich unerheblich.[416] **Ohne solche Vereinbarungen erwerben weder der HV einen Abfindungsanspruch gegen seinen** in das HVVertragsverhältnis eintretenden **Nachfolger noch dieser** bei Beendigung seines Vertrags **einen Ausgleichsanspruch hinsichtlich der vom HV übernommenen Kunden,**[417] bei denen es sich um gesetzlich nicht ausgleichspflichtige Altkunden des Unternehmers handelt (s. RdNr. 80).[418] Wenn allerdings der in den HVVertrag eintretende Nachfolger eine Abfindung an seinen Vorgänger gezahlt und gegen den Unternehmer durch entsprechende Vereinbarung einen Ausgleichsanspruch hinsichtlich der übernommenen Altkunden erworben hat, erlangt er bei einer vorzeitigen Beendigung seines HVVertrags, bevor seine Leistung an den Vorgänger sich **amortisieren** konnte, dieselben Rechte wie sie bei nicht amortisierten Einstands- oder Abwälzungsvereinbarungen infolge vorzeitiger Vertragsbeendigung bestehen können (RdNr. 13 und 14).[419] Nicht entscheidend sind für Abs. 3 Nr. 3 die **Vorstellung oder der Wille des HV, auf seinen Ausgleichsanspruch zu verzichten.** Der eindeutige Gesetzeswortlaut knüpft den Anspruchsverlust an die **Tatsache des Eintritts** des Nachfolgers in die Handelsvertretung **auf Grund** des Abschlusses der mit Zustimmung des ausgeschiedenen HV getroffenen **Eintrittsvereinbarung,**[420] wofür wegen der gesetzlichen Rechtsfolge eine **Individualabsprache** notwendig ist.[421]

---

[404] *Hopt* RdNr. 66; *Canaris* § 15 RdNr. 119.
[405] BGH Urt. v. 5. 2. 1959 – II ZR 107/57, BGHZ 29, 275, 278 = JR 1960, 59; Staub/*Brüggemann* RdNr. 99.
[406] AA *Schröder* KTS 1960, 148, 149 f.
[407] BGH Urt. v. 28. 6. 2006 – VIII ZR 350/04, EBE 2006, 247, 248; OLG München Urt. v. 24. 11. 2004 – 7 U 1518/04, HVR Nr. 1165 (Berufungsurteil zu BGH Urt. v. 24. 11. 2006); OLG Hamm Beschl. v. 9. 6. 2004 – 35 W 5/04, HVR Nr. 1095; OLG München Urt. v. 26. 4. 2006 – 7 U 5350/05, ZIP 2006, 1916 (LS) für Vertragshändlervertrag.
[408] BGH Urt. v. 5. 2. 1959 – II ZR 107/57, BGHZ 29, 275, 278 = JR 1960, 59; *Sieg* AG 1964, 293, 295; Heymann/*Sonnenschein/Weitemeyer* RdNr. 91; MünchKommHGB/*v. Hoyningen-Huene* RdNr. 180; *Schröder* RdNr. 30; Staub/*Brüggemann* RdNr. 99; *Küstner* Ausgleichsanspruch RdNr. 1135, 1136; *Westphal* Vertriebsrecht RdNr. 1161; *Alff* RdNr. 315.
[409] MünchKommHGB/*v. Hoyningen-Huene* RdNr. 180.
[410] MünchKommHGB/*v. Hoyningen-Huene* RdNr. 180; *Schröder* RdNr. 30; *Küstner* Ausgleichsanspruch RdNr. 1137; *Westphal* Vertriebsrecht RdNr. 1161.
[411] BGH Urt. v. 23. 1. 1964 – VII ZR 126/62, VersR 1964, 428; *Sieg* AG 1964, 293, 295; Heymann/*Sonnenschein/Weitemeyer* RdNr. 91; MünchKommHGB/*v. Hoyningen-Huene* RdNr. 180; vgl. *Küstner* Ausgleichsanspruch RdNr. 1138.
[412] Dazu ausf. *Küstner/v. Manteuffel* BB 1990, 1713 und *Kiene* S. 9 f.
[413] *Küstner* Ausgleichsanspruch RdNr. 1096.
[414] *Küstner/v.* Manteuffel BB 1990, 291, 298; vgl. Heymann/*Sonnenschein/Weitemeyer* RdNr. 95; MünchKommHGB/*v. Hoyningen-Huene* RdNr. 182; *Küstner* Ausgleichsanspruch RdNr. 1282.
[415] *Küstner* Ausgleichsanspruch RdNr. 1286.
[416] MünchKommHGB/*v. Hoyningen-Huene* RdNr. 182; *Küstner/Thume* RdNr. 1503; *Westphal* Vertriebsrecht RdNr. 1169; aA mit ausf. Begründung *Kiene* S. 29 f.; *Küstner* Ausgleichsanspruch RdNr. 1289.
[417] Vgl. *Thume* BB 1991, 490, 492; aA *Küstner/v.* Manteuffel BB 1990, 1713, 1715 und ausf. *Kiene* S. 60 f., 70.
[418] Vgl. MünchKommHGB/*v. Hoyningen-Huene* RdNr. 184.
[419] S. d. ausf. *Kiene* S. 70 f.
[420] *Kiene* S. 22, 23; vgl. auch *Küstner* Ausgleichsanspruch RdNr. 1287.
[421] Ausf. dazu *Kiene* S. 77 f., 95, 97.

66 **b) Eintritts- oder Nachfolgevereinbarung.** Für einen „Eintritt" des Dritten in das HVVertragsverhältnis[422] ist es notwendig, dass das Vertragsverhältnisses mit dem Ausscheidenden vollständig oder jedenfalls hinsichtlich eines abtrennbaren Teils beendet wird (s. RdNr. 45)[423] und der Dritte gegenüber dem Unternehmer im Wesentlichen die Rechtsstellung seines Vorgängers erwirbt, was idR durch Vertragsübernahme,[424] dreiseitigen Vertrag[425] oder mit Zustimmung aller Beteiligten getroffene Einzelvereinbarungen erreicht werden kann,[426] nicht aber durch Schuldübernahme.[427] Auf den Fall der Fortsetzung des Vertragsverhältnisses mit geändertem Inhalt nach einer vom Unternehmer ausgesprochenen und vom HV akzeptierten **Änderungskündigung** ist die Vorschrift – auch analog – nicht anwendbar. Damit von der im Gesetz verlangten „Vereinbarung zwischen Unternehmer und HV" gesprochen werden kann, muss der ausscheidende HV den Inhalt der Eintrittsvereinbarung maßgeblich mitbestimmen und dabei seine Rechte und Interessen wahrnehmen können, weswegen der ohne Beteiligung des ausscheidenden HV zustande kommende Neuabschluss eines identischen HVVertrags zwischen Unternehmer und Nachfolger selbst bei nachträglich erteilter Zustimmung des ausscheidenden HV die Rechtsfolge des Nr. 3 im Zweifel nicht auslöst. Einzelne Änderungen in den vertraglichen Beziehungen und Vereinbarungen stehen der Annahme eines „Eintritts in das Vertragsverhältnis" nicht entgegen,[428] wenn die wesentlichen Rechte und Pflichten von HV und Unternehmer erhalten bleiben und auf den Nachfolger übergehen. Abwälzungsvereinbarungen (RdNr. 13) setzen den vom Unternehmer zu erfüllenden Ausgleichsanspruch voraus und fallen daher selbst bei Zustimmung des ausscheidenden HV nicht unter Abs. 3 Nr. 3.[429]

67 **c) Vereinbarung bei Vertragsende.** Die Eintrittsvereinbarung darf nach Abs. 3 Nr. 3 Teilsatz 2 erst im Zeitpunkt der rechtlichen Beendigung des Vertragsverhältnisses zwischen Unternehmer und ausscheidendem HV getroffen werden.[430] Die gesetzliche Regelung ist insoweit mit derjenigen in Abs. 4 Satz 1 identisch, ergänzend wird auf die dortigen Ausführungen verwiesen (RdNr. 136). Die in oder anlässlich einer das Vertragsverhältnis beendenden Absprache getroffene Eintrittsvereinbarung ist wirksam, wenn das HVVertragsverhältnis in demselben Zeitpunkt beendet wird.[431] Bei vor Vertragsende geführten Verhandlungen dürfen die für Vertragsübernahme und Vertragseintritt des Dritten erforderlichen Willenserklärungen erst mit der Beendigung des alten Vertragsverhältnisses wirksam abgegeben werden.[432] Eine vorher rechtverbindlich getroffene Vereinbarung ist jedenfalls gegenüber dem ausscheidenden HV unwirksam,[433] selbst wenn die Eintrittsvereinbarung erst kurz vor Vertragsende geschlossen wird und erst nach Vertragsende wirksam werden soll.[434] Im Zweifel wird davon auszugehen sein, dass die Willenerklärungen der Beteiligten erst zum Zeitpunkt der Vertragsbeendigung aufschiebend bedingt abgegeben werden sollen. Eine Bestätigung der vorzeitig abgeschlossenen Eintrittvereinbarung im Zeitpunkt der Vertragsbeendigung ist unter den Voraussetzungen des § 141 Abs. 1 BGB möglich.

68 **d) Vereinbarung nach Vertragsende.** Eine nach Vertragsende getroffene Eintrittsvereinbarung kann das Entstehen des Ausgleichsanspruchs grds. nicht mehr verhindern; nach Beendigung des alten HVVertrags sind zudem rechtlich weder eine Übernahme noch ein Eintritt in den Vertrag möglich. Bei der nunmehr herrschenden Vertragsfreiheit (RdNr. 136) kann der Ausgleichsanspruch des ausgeschiedenen HV jedoch ausnahmsweise auch ohne einen entsprechenden Verzichtswillen **analog Abs. 3 Nr. 3** entfallen, wenn (der Unternehmer nachweist, dass) die Übernahme der Rechte und Pflichten aus einem HVVertrag auf Grund einer erst nach Vertragsende rechtsverbindlich abge-

---

[422] Ausf. dazu, besonders auch für den Fall des Verkaufs einer Handelsvertretung, *Kiene* NJW 2006, 2007.
[423] Vgl. *Thume* BB 1991, 490, 491 f.; MünchKommHGB/*v. Hoyningen-Huene* RdNr. 216; *Küstner* Ausgleichsanspruch RdNr. 1288.
[424] So *Kiene* S. 24, 25 und NJW 2006, 2007, 2010; MünchKommHGB/*v. Hoyningen-Huene* RdNr. 184; s. a. BGH Urt. v. 20. 6. 1985 – IX ZR 173/84, BGHZ 88, 94 = NJW 1985, 2528; allgemein dazu Bamberger/Roth/*Rohe* BGB § 414 RdNr. 26–29.
[425] So zB LG Wuppertal HVR Nr. 844.
[426] Ausf. *Thume* BB 1991, 490; *Kiene* S. 11 f.; s. a. MünchKommHGB/*v. Hoyningen-Huene* RdNr. 183; *Küstner* Ausgleichsanspruch RdNr. 128.
[427] Vgl. MünchKommHGB/*v. Hoyningen-Huene* RdNr. 215.
[428] *Küstner*/v. Manteuffel BB 1990, 1713, 1714; Heymann/*Sonnenschein/Weitemeyer* RdNr. 95; MünchKommHGB/ *v. Hoyningen-Huene* RdNr. 184; *Westphal* RdNr. 620.
[429] Vgl. auch *Kiene* S. 27 und MünchKommHGB/*v. Hoyningen-Huene* RdNr. 186.
[430] Ausf. dazu *Kiene* S. 34 f.
[431] *Westphal* Vertriebsrecht RdNr. 1171.
[432] S. a. Kiene S. 47 f., 55, 56.
[433] Vgl. BGH Urt. v. 29. 3. 1990 – I ZR 2/89, ZIP 1990, 1197, 1198; KG NJW 1961, 124; aA *Ahle* DB 1964, 611, 612, alle zu Abs. 4 Satz 1.
[434] Vgl. BGH Urt. v. 10. 7. 1996 – VIII ZR 261/95, ZIP 1996, 1549, 1550 (für Abs. 4 Satz 1).

schlossenen Eintrittvereinbarung bei der gebotenen wirtschaftlichen Betrachtung noch als Eintritt des Nachfolgers in das beendete Vertragsverhältnis anzusehen ist; ein verhältnismäßig enger zeitlicher Zusammenhang zwischen Vertragsbeendigung und Eintrittsvereinbarung muss dafür gewahrt bleiben.

5. Anspruchsverlust nach Abs. 4 Satz 2. a) Bedeutung der Vorschrift. Nach Abs. 4 Satz 2 erlischt der Ausgleichsanspruch, wenn der HV ihn nicht innerhalb einer **materiellrechtlichen Ausschlussfrist** einem Jahr geltend macht.[435] Die Frist kann weder verlängert[436] noch verkürzt werden.[437] Mit Ausnahme des § 270 Abs. 3 ZPO (RdNr. 71) sowie des lediglich zugunsten der Erben eines HV geltenden § 211 BGB nF[438] sind die Fristvorschriften der ZPO[439] und die Regelungen des BGB zur Verjährung[440] einschließlich deren Hemmung, Neubeginn[441] und früher deren Aufrechnungserhalt nach § 390 Satz 2 BGB[442] nicht anwendbar. Die rechtzeitige Anmeldung des Anspruchs ist **unabdingbare Anspruchsvoraussetzung,** weswegen der HV im Prozess bei dessen Geltendmachung ganz konkret die Tatsache der rechtzeitigen Anmeldung vortragen muss, um einer sofortigen Abweisung seines Anspruchs zu entgehen, weil der Anspruchsverlust infolge Fristversäumung im Prozess von Amts wegen zu beachten ist.[443] Unter engen Voraussetzungen kann der **Einwand der Fristversäumung** ausnahmsweise **als unzulässige Rechtsausübung** gegen § 242 BGB verstoßen,[444] wenn zB (der HV nachweist, dass) der Unternehmer den Ausgleichsanspruch nach Vertragsende dem Grund nach ausdrücklich und nicht nur durch Leistung einer Abschlagszahlung[445] anerkannt[446] und dadurch oder in sonstiger Weise den HV von der förmlichen Geltendmachung abgehalten hat,[447] oder wenn die Parteien die Frist einvernehmlich „verlängert" haben. Den infolge Fristablaufs erloschenen gesetzlichen Ausgleichsanspruch können die Parteien als vertraglichen Anspruch durch entsprechende Vereinbarung neu begründen (RdNr. 9).

b) Fristbeginn und Fristberechnung. Die Ausschlussfrist beginnt, ohne dass der Unternehmer den HV hierauf hinweisen muss,[448] mit dem Entstehen des Ausgleichsanspruchs am Tag nach der rechtlichen[449] (Teil-)Beendigung des HVVertragsverhältnisses (RdNr. 15).[450] Da es sich bei der Ausschlussfrist nicht um eine Verjährungsfrist handelt, sind Kenntnis des HV von Beendigung des Vertrags und Entstehen des Anspruchs nicht erforderlich und können Unkenntnis oder unverschuldete Fristversäumung[451] den Fristbeginn nicht hinausschieben. Wenn das HVVertragsverhältnis ohne förmliche Vertragsänderung durch tatsächliche Handhabung über längere Zeit hinweg einen anderen rechtlichen Charakter annimmt und dadurch aus dem Anwendungsbereich des § 89 b „heraus fällt", wird die Ausschlussfrist im Zweifel erst mit dem förmlichen Ende des fortgesetzten Vertragsverhältnisses beginnen. Für die Fristberechnung gelten die §§ 186–193 BGB.[452]

---

[435] *Schmidt* BB 1965, 732; *Hopt* RdNr. 77; MünchKommHGB/*v. Hoyningen-Huene* RdNr. 204; Staub/*Brüggemann* RdNr. 108; *Küstner* Ausgleichsanspruch RdNr. 1405.
[436] MünchKommHGB/*v. Hoyningen-Huene* RdNr. 205; *Küstner* Ausgleichsanspruch RdNr. 1405; aA Staub/*Brüggemann* RdNr. 109 für altes Recht (bis zur Verjährungsfrist).
[437] Heymann/*Sonnenschein/Weitemeyer* RdNr. 100; MünchKommHGB/*v. Hoyningen-Huene* RdNr. 205.
[438] BGH Urt. v. 15. 12. 1978 – I ZR 59/77, BGHZ 73, 99 = NJW 1979, 651; Heymann/*Sonnenschein/Weitemeyer* RdNr. 102; *Hopt* RdNr. 79; MünchKommHGB/*v. Hoyningen-Huene* RdNr. 206; *Küstner* Ausgleichsanspruch RdNr. 1420; *Westphal* RdNr. 724.
[439] MünchKommHGB/*v. Hoyningen-Huene* RdNr. 204.
[440] Vgl. BGH Urt. v. 15. 12. 1978 – I ZR 59/77, BGHZ 73, 99, 101 = NJW 1979, 651; MünchKommHGB/*v. Hoyningen-Huene* RdNr. 205; Staub/*Brüggemann* RdNr. 109.
[441] MünchKommHGB/*v. Hoyningen-Huene* RdNr. 206; *Küstner* Ausgleichsanspruch RdNr. 1416.
[442] OLG München Urt. v. 30. 4. 1958 – 7 U 2060/57, HVR Nr. 185; Heymann/*Sonnenschein/Weitemeyer* RdNr. 102; MünchKommHGB/*v. Hoyningen-Huene* RdNr. 204; *Küstner* Ausgleichsanspruch RdNr. 1462; *Westphal* RdNr. 719.
[443] MünchKommHGB/*v. Hoyningen-Huene* RdNr. 208; *Küstner* Ausgleichsanspruch RdNr. 1422; *Westphal* RdNr. 720.
[444] Vgl. BGH Urt. v. 15. 12. 1978 – I ZR 59/77, BGHZ 73, 99, 101 = NJW 1979, 651; MünchKommHGB/*v. Hoyningen-Huene* RdNr. 204; *Küstner* Ausgleichsanspruch RdNr. 1407.
[445] *Küstner* Ausgleichsanspruch RdNr. 1411.
[446] BGH Urt. v. 28. 1. 1965 – VII ZR 120/63, BB 1965, 434; OLG Düsseldorf Urt. v. 14. 4. 2000 – 16 U 67/96, HVR Nr. 944.
[447] *Küstner* Ausgleichsanspruch RdNr. 1409; vgl. BGH Urt. v. 18. 9. 1986 – I ZR 24/85, BB 1987, 22.
[448] *Küstner* Ausgleichsanspruch RdNr. 1408.
[449] Heymann/*Sonnenschein/Weitemeyer* RdNr. 102; *Küstner* Ausgleichsanspruch RdNr. 1413, 1414, 1415.
[450] OLG Düsseldorf Urt. v. 14. 4. 2000 – 16 U 67/96, HVR Nr. 944.
[451] *Küstner* Ausgleichsanspruch RdNr. 1419.
[452] MünchKommHGB/*v. Hoyningen-Huene* RdNr. 205.

71 c) **Geltendmachen des Anspruchs.** Der Anspruch kann formlos,[453] besonders ohne Einschaltung der Gerichte,[454] geltend gemacht werden. Die Erklärung muss lediglich eindeutig und unmissverständlich erkennen lassen, dass der HV seine Rechte aus § 89 b wahrnehmen will;[455] die Erklärung des HV, „sich Schritte vorzubehalten", genügt nicht.[456] Der Ausgleichsanspruch muss weder ausdrücklich als solcher bezeichnet[457] noch beziffert[458] noch durch Darlegung der Anspruchsvoraussetzungen begründet werden. Im Zweifel wird auch durch die Anmeldung eines bestimmten Ausgleichsbetrags der gesamte geschuldete Ausgleich im Sinn von Abs. 4 Satz 1 geltend gemacht,[459] weswegen der HV grds. nach Erhalt einer Zahlung des Unternehmers, welche unter dem objektiv geschuldeten Ausgleich liegt, selbst nach Ablauf der Jahresfrist den Restbetrag verlangen kann, sofern er hierauf nicht eindeutig und rechtswirksam verzichtet hat.[460] Befugt zur Geltendmachung sind der HV, sein Rechtsnachfolger oder Vertreter,[461] dann gelten die §§ 174, 180 und 185 BGB.[462] Die **Erklärung muss** dem Unternehmer, seinem empfangsberechtigten Vertreter oder seinem Rechtsnachfolger **innerhalb der Jahresfrist zugehen.**[463] §§ 130 bis 132 BGB und § 270 Abs. 3 ZPO sind anwendbar,[464] § 270 ZPO aber nur, wenn der Ausgleichsanspruch bereits mit dem Klageantrag der „demnächst" zugestellten Klageschrift rechtshängig gemacht wird. Die **Befugnis zur Entgegennahme der Anmeldung des Ausgleichsanspruchs** kann sich auch ohne ausdrückliche Bevollmächtigung schlüssig aus der Art der Tätigkeit des Empfangsvertreters ergeben; passive Vertretungsbefugnis ohne aktive Vertretungsmacht ist ausreichend; entscheidend sind die Umstände des Einzelfalls.[465] Eine **Anmeldung des Anspruchs vor Vertragsende** ist zulässig, sobald das Ende des Vertrags aus einem bestimmten Grund absehbar ist,[466] also zB mit Ausspruch der ordentlichen Kündigung oder der Erklärung der Nichtverlängerung des Vertrags. Ein vor diesem Zeitpunkt erklärter Vorbehalt des Ausgleichsanspruchs ist wirkungslos.

72 6. **Mehrstufiges Vertretungsverhältnis.** Im mehrstufigen Vertretungsverhältnis wird der Anspruchsverlust nach Abs. 3 und Abs. 4 Satz 2 durch die Gegebenheiten, Verhaltensweisen und rechtlichen Beziehungen in dem jeweiligen Vertragsverhältnis bestimmt.[467] Der echte Untervertreter verliert seinen Ausgleichsanspruch, wenn im Verhältnis zu dem Hauptvertreter die Voraussetzungen des Abs. 3 vorliegen[468] oder der Anspruch nicht rechtzeitig geltend gemacht wird. Hingegen ist es für seinen Anspruch grundsätzlich unerheblich, ob dem Hauptvertreter ein Ausgleichsanspruch gegen den Unternehmer zusteht und er ihn verwirklichen kann,[469] sofern dem Hauptvertreter aus der Tätigkeit des Untervertreters Unternehmervorteile iSv. Abs. 1 Satz 1 Nr. 1 bleiben.[470] Der

---

[453] BGH Urt. v. 29. 4. 1968 – VII ZR 8/66, BGHZ 50, 86, 88 = NJW 1968, 1419; BGH Urt. v. 9. 7. 1962 – VII ZR 49/61, DB 1962, 1404; OLG Düsseldorf Urt. v. 14. 4. 2000 – 16 U 67/96, HVR Nr. 944; Heymann/*Sonnenschein/Weitemeyer* RdNr. 101; MünchKommHGB/*v. Hoyningen-Huene* RdNr. 207; Staub/*Brüggemann* RdNr. 111; *Küstner* Ausgleichsanspruch RdNr. 1425.

[454] BGH Urt. v. 28. 10. 1957 – II ZR 49/56, NJW 1958, 23; OLG Karlsruhe BB 1957, 561; OLG Bremen NJW 1957, 1720; OLG Düsseldorf Urt. v. 30. 10. 1958 – 8 U 57/58, HVR Nr. 192.

[455] BGH Urt. v. 12. 6. 1963 – VII ZR 272/61, BGHZ 40, 13, 18 = NJW 1963, 2068; BGH Urt. v. 29. 4. 1968 – VII ZR 8/66, BGHZ 50, 86, 88 = NJW 1968, 1419; OLG Düsseldorf OLGR 2001, 68; Heymann/*Sonnenschein/Weitemeyer* RdNr. 101; MünchKommHGB/*v. Hoyningen-Huene* RdNr. 207; *Küstner* Ausgleichsanspruch RdNr. 1428.

[456] BGH Urt. v. 22. 9. 1969 – VII ZR 103/67 – DB 1969, 2077.

[457] BGH Urt. v. 29. 4. 1968 – VII ZR 8/66, BGHZ 50, 86, 88 = NJW 1968, 1419; MünchKommHGB/*v. Hoyningen-Huene* RdNr. 207.

[458] BGH Urt. v. 29. 4. 1968 – VII ZR 8/66, BGHZ 50, 86, 88 = NJW 1968, 1419 BGH Urt. v. 23. 10. 1996 – VIII ZR 16/96, BGHZ 133, 391 = ZIP 1996, 2165; KG BB 1960, 1075; OLG Düsseldorf Urt. v. 14. 4. 2000 – 16 U 67/96, HVR Nr. 944; *Fritz* NJW 1960, 1653; Heymann/*Sonnenschein/Weitemeyer* RdNr. 101; MünchKommHGB/*v. Hoyningen-Huene* RdNr. 207; Staub/*Brüggemann* RdNr. 112; *Küstner* Ausgleichsanspruch RdNr. 1427, 1428; *Westphal* RdNr. 722; aA OLG Frankfurt NJW 1960, 630.

[459] Bedenklich deswegen LG Münster VersR 2002, 53.

[460] AA MünchKommHGB/*v. Hoyningen-Huene* RdNr. 209.

[461] Vgl. *Küstner* Ausgleichsanspruch RdNr. 1430.

[462] *Küstner* Ausgleichsanspruch RdNr. 1430.

[463] Dazu ausf. OLG Düsseldorf OLGR 2001, 319.

[464] BGH Urt. v. 16. 3. 1970 – VII ZR 125/68, BGHZ 53, 332, 338 = NJW 1970, 1002; BGH Urt. v. 8. 11. 1979 – VII ZR 86/79, BGHZ 75, 307, 312 = NJW 1980, 455; Heymann/*Sonnenschein/Weitemeyer* RdNr. 102; MünchKommZPO/*Lüke* § 270 RdNr. 21 und – kritisch – 28; *Küstner* Ausgleichsanspruch RdNr. 1426; *Alff* RdNr. 235.

[465] BGH Urt. v. 28. 11. 2001 – VIII ZR 38/01, MDR 2002. 345 (zur Empfangsvertretungsbefugnis des Bezirksleiters eines Mineralölunternehmens gegenüber Tankstellenhalter); *Hübsch/Hübsch* WM 2005 Sonderbeilage Nr. 1 zu Heft 9 S. 19.

[466] BGH Urt. v. 29. 4. 1968 – VII ZR 8/66, BGHZ 50, 86, 89, 90 = NJW 1968, 1419; Staub/*Brüggemann* RdNr. 110; vgl. *Küstner* Ausgleichsanspruch RdNr. 1409.

[467] BGH Urt. v. 23. 5. 1984 – I ZR 42/82, VersR 1984, 1091; Heymann/*Sonnenschein/Weitemeyer* RdNr. 96; MünchKommHGB/*v. Hoyningen-Huene* RdNr. 166.

[468] LG Hamburg HVR Nr. 83.

[469] Vgl. *Küstner* Ausgleichsanspruch RdNr. 1299 und 1302.

[470] AA *Küstner* Ausgleichsanspruch RdNr. 1300.

Anspruch des echten Untervertreters bleibt erhalten, wenn ihm der Hauptvertreter begründete Veranlassung zu seiner Kündigung gegeben hat,[471] wozu jedes Verhalten des Unternehmers gegenüber dem Hauptvertreter ausreichen kann, das sich auf das Untervertretungsverhältnis auswirkt.[472] Die Beendigung des Hauptvertretungsvertrags wird dem Untervertreter regelmäßig begründete Veranlassung zu einer Kündigung geben,[473] sofern der Hauptvertreter dem Untervertreter nicht eine Fortsetzung des Untervertretungsvertrags zu annehmbaren Bedingungen anbietet.[474]

IV. Den Anspruch begründende Tatsachen nach Abs. 1 – Unternehmervorteile, Provisionsverluste und Billigkeit

1. Allgemeine Bedeutung. Der Ausgleich soll ein angemessenes Entgelt für die Leistungen des HV bei Aufbau, Reaktivierung oder Intensivierung von Geschäftsbeziehungen des Unternehmers zu Stammkunden sein, welche der Unternehmer nach Beendigung des HVVertrags weiter nutzen kann. Die damit einhergehenden künftigen Vorteile des Unternehmers iSv. Abs. 1 Satz 1 Nr. 1 verbunden mit entsprechenden Provisionsverlusten des HV iSv. Abs. 1 Satz 1 Nr. 2 rechtfertigen den konkreten Ausgleichsanspruch, wenn und soweit die Zahlung eines Ausgleichs unter Berücksichtigung aller Umstände des Einzelfalls angemessen und billig iSv. Abs. 1 Satz 1 Nr. 3 ist. Da der Ausgleich unmittelbar nach Vertragsende geschuldet wird, muss die nachvertragliche Entwicklung sowohl der **Unternehmervorteile** als auch der **Provisionsverluste** (s. d. aber RdNr. 90) notwendigerweise **mit Hilfe einer Prognose festgestellt** werden, wohingegen Billigkeit und Angemessenheit grds. aus der Sicht bei Vertragsende zu beurteilen sind (RdNr. 25). Für die anzustellende Prognose (RdNr. 26 f.) ist die bis zum Vertragsende eingetretene Entwicklung der Geschäftsbeziehungen für den sich anschließenden Prognosezeitraum fortzuschreiben und dabei der Fortbestand des HVVertrags sowie die beiderseitige ordnungsgemäße Erfüllung der sich daraus ergebenden Pflichten zu fingieren (RdNr. 32), weswegen Unternehmervorteile und Provisionsverluste aus Rechtsgründen nicht am Fehlen notwendiger Mitwirkungshandlungen von Unternehmer oder HV scheitern können. Der nachvertraglichen Entwicklung von Kundenstamm, Unternehmervorteilen, Provisionsverlusten oder für die Billigkeitsprüfung bedeutsamen Umständen kann dagegen Bedeutung nur zukommen, soweit die (der Unternehmer nachweist, dass) sie bei Vertragsende vorhersehbar waren. Die **drei für den konkreten Ausgleichsanspruch entscheidenden Voraussetzungen des Abs. 1 Satz 1 Nr. 1 bis Nr. 3 müssen** nach (dem Wortlaut) der gesetzlichen Regelung in § 89 b **kumulativ** (also nebeneinander) **vorliegen,**[475] um den Anspruch zu begründen;[476] sie haben nach dem Wortlaut des Gesetzes **eigenständige Bedeutung** und **begrenzen den Anspruch,** der nicht höher ausfallen darf, als der niedrigste nach Nr. 1, 2 oder 3 ermittelte Betrag.[477] Allerdings **entspricht diese gesetzliche Regelung nicht** (mehr) der EG – Richtlinie und der gebotenen **richtlinienkonformen Auslegung des Gesetzes,**[478] weil es nach der Richtlinie, und damit jedenfalls für den WarenHV, **nur auf die Unternehmervorteile ankommt,**[479] weswegen fehlende oder nicht feststellbare Provisionsverluste des HV seinen ansonsten auf Grund der Unternehmervorteile bestehenden Ausgleichsanspruch allenfalls im Rahmen der Billigkeitsprüfung beschränken und negativ beeinflussen können; praktische Auswirkungen dürfte dies jedoch regelmäßig nicht haben (s. u. RdNr. 90).[480]

2. Geschäftsverbindung mit neuen Kunden – Abs. 1 Satz 1 und 2. a) Der Kundenbegriff des § 89 b. Die auszugleichenden Unternehmervorteile und Provisionsverluste beruhen auf den vom HV für den Unternehmer geschaffenen oder wiederhergestellten Geschäftsverbindungen mit Kunden, die zu dessen Stammkunden geworden sind. Der Kundenbegriff des § 89 b ist aus Gründen der

---

[471] *Küstner* Ausgleichsanspruch RdNr. 1236.
[472] Vgl. Heymann/*Sonnenschein*/*Weitemeyer* RdNr. 96.
[473] Heymann/*Sonnenschein*/*Weitemeyer* RdNr. 96; MünchKommHGB/*v. Hoyningen-Huene* RdNr. 166; *Küstner* Ausgleichsanspruch RdNr. 1303.
[474] BGH Urt. v. 23. 5. 1984 – I ZR 42/82, VersR 1984, 1091.
[475] So *Hopt* RdNr. 11, 23, 31.
[476] Heymann/*Sonnenschein*/*Weitemeyer* RdNr. 21; *Hopt* RdNr. 45; MünchKommHGB/*v. Hoyningen-Huene* RdNr. 26; *Schröder* RdNr. 20 und DB 1973, 217; Staub/*Brüggemann* RdNr. 11; *Küstner* Ausgleichsanspruch RdNr. 206, 209, 213, 214.
[477] BGH Urt. v. 11. 12. 1958 – II ZR 73/57, BGHZ 29, 83, 93 = NJW 1959, 144; BGH Urt. v. 19. 11. 1970 – VII ZR 47/69, BGHZ 55, 45, 55 = NJW 1971, 462; *Hopt* RdNr. 79; Staub/*Brüggemann* RdNr. 79; *Küstner* Ausgleichsanspruch RdNr. 35 und 893; *Westphal* RdNr. 677; *Alff* RdNr. 237; aA *Schuler* NJW 1958, 1113; *Matthies* DB 1986, 2063, 2064, 2065; MünchKommHGB/*v. Hoyningen-Huene* RdNr. 99.
[478] *Canaris* § 15 RdNr. 110.
[479] *Canaris* § 15 RdNr. 110; ebenso *Thume* BB 2004, 2473, 2474; s. d. auch *Hakenberg* unten RdNr. 187.
[480] *Canaris* § 15 RdNr. 110.

§ 89 b 75   1. Buch. 7. Abschnitt. Handelsvertreter

Rechtsklarheit weder wirtschaftlich[481] noch familienbezogen, sondern **streng rechtlich** zu verstehen. Kunde ist, wer den Vertrag, besonders den Erwerbsvertrag, über das von dem HV vertriebene Produkt mit dem Unternehmer abschließt;[482] zu welchen Zwecken das geschieht, ist unerheblich. Wer das Produkt des Unternehmers nicht selbst abnehmen, sondern bei dem Endabnehmer absetzen will und deswegen den Vertrag mit dem Unternehmer nicht schließt, ist nicht Kunde;[483] das betrifft zB **Propagandisten, Einkaufsorganisationen,** welche für die Endabnehmer Geschäfte anbahnen, vorbereiten oder zwischen Abnehmer und Unternehmer herbeiführen, oder **Zentralstellen** von Konzernen, Muttergesellschaften oder ähnlichen Organisationen, bei denen der Unternehmer lediglich **gelistet** wird;[484] in allen diesen Fällen fehlt es noch an dem für den Kundenbegriff notwendigen Erwerbsvertrag oder Erwerbsvorgang zwischen Endabnehmer und Unternehmer über dessen Produkt. Ebenso entstehen durch den **Aufbau einer Vertriebsorganisation**[485] oder die **Ausgabe von Kundenkarten**[486] ausgleichspflichtige Geschäftsbeziehungen des Unternehmers zu den einzelnen Kunden noch nicht. **Handelt für den tatsächlichen Erwerber ein Dritter** oder Vertreter, kann ausnahmsweise ausgleichsrechtlich derjenige Kunde sein, wer zB wegen der besonderen Sachkenntnis die Entscheidung zum Erwerb des Produkts maßgeblich zu bestimmen hat und deswegen vom HV zum Vertragsschluss mit dem Unternehmer bewogen und geworben werden muss;[487] hingegen wird ein Dritter, der lediglich dem Endabnehmer das vom HV zu vertreibende Produkt empfehlen soll, nicht Kunde des Unternehmers iSv. § 89 b.[488] Unter den aufgezeigten Umständen kann ein **Leasingnehmer** ausgleichsrechtlich der Kunde des Unternehmers sein, wenn ihm die Entscheidung über die Auswahl des Herstellers und des zu leasenden Produkts überlassen wird und das Leasingunternehmen lediglich zur Finanzierung als Erwerber des Leasinggegenstands eingeschaltet wird.[489] Die Vermittlung von Nutzungs- oder Leasingverträgen anstelle von Kaufgeschäften kann bei Einverständnis des Unternehmers ausgleichspflichtige Kundenbeziehungen begründen.[490] Die Kenntnis des Unternehmers von seinen möglichen Abnehmern oder der Besitz von Listen mit ihren Namen und Anschriften, zB infolge der Übernahme eines Kundenstamms, stellt noch keine Geschäftsbeziehung zu diesen Kunden dar.[491]

75 **b) Werbung des Kunden.** Der Kunde muss vom HV durch seine dem Unternehmer[492] vertraglich geschuldete Tätigkeit geworben worden sein.[493] Ohne Kundenwerbung entsteht der Ausgleichsanspruch nicht, wie zB bei Übernahme eines „ausgeschöpften" Bezirks, in dem alle möglichen Abnehmer bereits Kunden des Unternehmers sind.[494] Besondere Anstrengungen, erhöhter Einsatz und gesteigertes Bemühen um den Kunden sind für den Erwerb des Ausgleichsanspruchs nicht erforderlich,[495] vielmehr reicht wie zum Entstehen des Provisionsanspruchs (s. d. § 84 und § 87) als Werbung iSv. § 89 b grds. jede gegenüber dem Endabnehmer ausgeübte und auf ein konkretes Kundengeschäft bezogene Tätigkeit, welche für den Abschluss eines Kundengeschäfts mitursächlich geworden ist.[496] Jeder Kunde, für dessen Geschäftsabschluss mit dem Unternehmer der HV eine

---

[481] So aber OLG Brandenburg Urt. v. 23. 5. 1995 – 6 U 146/94, HVR Nr. 937; Staub/*Brüggemann* RdNr. 31; ebenso *Schmitz* ZIP 2003, 59, 61 f.
[482] BGH Urt. v. 15. 6. 1959 – II ZR 184/57, HVR Nr. 230; *Hübsch/Hübsch* WM 2005 Sonderbeilage Nr. 1 zu Heft 9 S. 12; vgl. Heymann/*Sonnenschein/Weitemeyer* RdNr. 23; MünchKommHGB/*v. Hoyningen-Huene* RdNr. 56; *Küstner* Ausgleichsanspruch RdNr. 374; *Westphal* Vertriebsrecht RdNr. 936.
[483] BGH Urt. v. 15. 6. 1959 – II ZR 184/57, NJW 1959, 1677 m. Anm. *Schuler*; BGH Urt. v. 1. 12. 1983 – I ZR 181/81, NJW 1984, 2695; BGH Urt. v. 31. 1. 1991 – I ZR 142/89, NJW-RR 1991, 1050, 1051; *Neflin* DB 1961, 833, 834; MünchKommHGB/*v. Hoyningen-Huene* RdNr. 56; *Küstner* Ausgleichsanspruch RdNr. 391.
[484] OLG Hamm Urt. v. 21. 11. 1997 – 35 U 55/96, HVR Nr. 959; s. a. LG Mönchengladbach HVR Nr. 779.
[485] Vgl. Heymann/*Sonnenschein/Weitemeyer* RdNr. 29; *Schröder* RdNr. 6; Staub/*Brüggemann* RdNr. 32; *Küstner* Ausgleichsanspruch RdNr. 476; aA OLG München NJW 1958, 1636.
[486] BGH Urt. v. 12. 2. 2003 – VIII ZR 130/01, NJW-RR 2003, 821 = WM 2003, 2095.
[487] Vgl BGH Urt. v. 11. 10. 1990 – I ZR 32/89, NJW-RR 1991, 156, 157, 158; OLG Hamm Urt. v. 26. 10. 1961 – 18 U 146/61, HVR Nr. 321 (für Architekten); Heymann/*Sonnenschein/Weitemeyer* RdNr. 23; *Hopt* RdNr. 14; MünchKommHGB/*v. Hoyningen-Huene* RdNr. 57; *Schröder* RdNr. 5 a; *Küstner* Ausgleichsanspruch RdNr. 391; *Westphal* Vertriebsrecht RdNr. 937.
[488] BGH Urt. v. 15. 6. 1959 – II ZR 184/57, HVR Nr. 230.
[489] OLG Köln Urt. v. 15. 11. 2002 – 19 U 94/02, VersR 2003, 105.
[490] BGH Urt. v. 31. 1. 1991 – I ZR 142/89, NJW-RR 1991, 1050, 1051.
[491] Vgl. *Küstner* Ausgleichsanspruch RdNr. 453 und 557.
[492] Vgl. OLG Köln NJW–RR 2002, 101 (Werbung nicht im Auftrag des Geschäftsherrn).
[493] *Schröder* RdNr. 5 a; *Westphal* Vertriebsrecht RdNr. 941.
[494] *Schröder* RdNr. 5 c.
[495] *Schröder* RdNr. 5 c.
[496] BGH Urt. v. 16. 1. 1986 – I ZR 223/83, DB 1986, 1069, 1070; BGH Urt. v. 6. 8. 1997 – VIII ZR 150/96, ZIP 1997, 1832, 1835 und BGH Urt. v. 6. 8. 1997 – VIII ZR 92/96, ZIP 1997, 1839, 1844; BGH Urt. v. 12. 2. 2003 – VIII ZR 130/01, NJW-RR 2003, 821 = WM 2003, 2095; OLG Koblenz Urt. v. 18. 6. 1998 – 6 U 940/96, HVR Nr. 882; Heymann/*Sonnenschein/Weitemeyer* RdNr. 26; *Hopt* RdNr. 14; MünchKommHGB/*v. Hoyningen-Huene* RdNr. 61 und 62; *Küstner* Ausgleichsanspruch RdNr. 552, 555, 567; *Westphal* Vertriebsrecht RdNr. 933.

erfolgsabhängige Provision nach § 87 Abs. 1 Satz 1 oder Abs. 3 Satz 1 verdient, ist zugleich im Sinn von Abs. 1 Nr. 1 geworben.[497] Aus diesem Grund kann auch im Versandhandel,[498] durch Lagerverkauf des HV sowie durch den Betrieb, das Offenhalten (s. § 87),[499] von (Selbstbedienungs-)Tankstellen[500] (RdNr. 164 f.) oder Toto/Lottoannahmestellen[501] der Ausgleichsanspruch entstehen, jedoch nicht durch bloße Listung oder die Werbung von Personen, welche das Produkt nicht selbst abnehmen (RdNr. 74).[502] Auch mit der Ausgabe von Kundenkarten wird deren Inhaber im Regelfall noch nicht für ein konkretes Kundengeschäft geworben (RdNr. 74). Eine **Monopolstellung des Unternehmers**[503] oder die **Sogwirkung der Marke** seines Produkts können die Werbung des konkreten Kunden für den Unternehmer nicht verhindern, aber bei der Billigkeitsprüfung Bedeutung erlangen (RdNr. 120).[504] Außerdem gelten die im Bezirk des HV ansässigen sog. **Messekunden** ausgleichsrechtlich als von ihm geworben, selbst wenn er deren auf der Messe getätigte Geschäfte weder vermittelt noch veranlasst hat.[505] Die Verhinderung des Abspringens eines Kunden ist keine Werbung iSv. § 89 b.[506] Im **mehrstufigen Vertretungsverhältnis** ist dem Hauptvertreter die (Erst-) Kundenwerbung durch den echten Untervertreter ebenso ausgleichsrechtlich zuzurechnen[507] wie die Werbung durch einen angestellten Reisenden.[508] Für die Kundenwerbung durch den unechten, jedoch dem Hauptvertreter organisatorisch unterstellten **Untervertreter**[509] oder einen dem HV nicht unterstellten Zwischenhändler[510] kann wie bei § 87 Gleiches gelten, wenn der HV auf Grund entsprechender Vereinbarungen an deren Erfolgsprovisionen zu beteiligen ist.[511]

c) Neukunde und Altkunde. Ausgleichsrechtlich ist nur derjenige Neukunde von Bedeutung, welcher dem Unternehmer erstmals vom HV in Erfüllung seiner vertraglichen Pflichten zugeführt wird[512] und welcher vor dem vertragsgemäßen Tätigwerden des HV noch kein Umsatzgeschäft mit dem Unternehmer in dem Bereich abgeschlossen hatte, der dem HV zum Vertrieb übertragen ist,[513] wobei der Begriff der Werbung eines Neukunden streng **personenbezogen** zu verstehen ist. Hierfür ist erforderlich, dass der entscheidende Erstauftrag durch den HV herbeigeführt („hereingeholt") wird.[514] Ein Neukunde kann damit ausgleichsrechtlich grds. nur einmal für denselben Unternehmer und dasselbe Produkt oder dieselbe Produktpalette geworben werden.[515] Der Kunde muss zwar grds. für den Unternehmer neu sein,[516] jedoch ist der ausgleichsrechtliche Begriff des Neukunden **branchenbezogen**,[517] weswegen Neukunde auch sein kann, wer mit dem Unternehmer hinsichtlich andersartiger Produkte in Geschäftsbeziehungen steht; durch Werbung für ein neues Produkt des

---

[497] Vgl. auch *Küstner* Ausgleichsanspruch RdNr. 550, 558.
[498] OLG Hamm Urt. v. 11. 5. 1978 – 18 U 316/76, DB 1979, 304 = HVR Nr. 518.
[499] Kritisch *Canaris* § 15 RdNr. 107.
[500] BGH Urt. v. 29. 11. 1984 – I ZR 149/82, BB 1985, 353; BGH Urt. v. 6. 8. 1997 – VIII ZR 150/96, ZIP 1997, 1832 und BGH Urt. v. 6. 8. 1997 – VIII ZR 92/96, ZIP 1997, 1839; BGH Urt. v. 10. 7. 2002 – VIII ZR 58/00, DB 2002, 2321 = MDR 2002, 1381; ausf. dazu *Semmler* Tankstellenhalter S. 98 f.; aA *Rittner* DB 1998, 457, 460; kritisch auch im Hinblick auf die EG – RILI: *Westphal* OLGR Düsseldorf Heft 12/2002 K 35.
[501] BGH Urt. v. 4. 6. 1975 – I ZR 130/73, WM 1975, 931, 934.
[502] S. d. a. *Westphal* Vertriebsrecht RdNr. 939.
[503] OLG Nürnberg BB 1963, 1313.
[504] Vgl. KG Urt. v. 16. 6. 1969 – 2 U 2756/68, HVR Nr. 397; MünchKommHGB/*v. Hoyningen-Huene* RdNr. 62; *Küstner* Ausgleichsanspruch RdNr. 392, 502, 560 bis 567; *Westphal* Vertriebsrecht RdNr. 938.
[505] Vgl. KG BB 1969, 1062; *Küstner* Ausgleichsanspruch RdNr. 576.
[506] *Heymann/Sonnenschein/Weitemeyer* RdNr. 24; MünchKommHGB/*v. Hoyningen-Huene* RdNr. 58.
[507] BGH Urt. v. 2. 7. 1987 – I ZR 188/85, NJW-RR 1988, 42, 44; BGH Urt. v. 5. 6. 1996 – VIII ZR 7/95, ZIP 1996, 1294, 1297 und VIII ZR 141/95, ZIP 1996, 1299, 1304 mit zust. Anm. *Westphal* EWiR 1996, 747, 748; *Küstner* Ausgleichsanspruch RdNr. 578.
[508] OLG Hamm Urt. v. 14. 11. 1977 – 18 U 51/77, HVR Nr. 514.
[509] BGH Urt. v. 24. 6. 1971 – VII ZR 223/69, BGHZ 56, 290, 293 = NJW 1971, 1610; BGH Urt. v. 22. 6. 1972 – VII ZR 36/71, BGHZ 59, 87, 92 f = NJW 1972, 1662 *Küstner* Ausgleichsanspruch RdNr. 579; *Westphal* Vertriebsrecht RdNr. 988.
[510] Dazu BGH Urt. v. 2. 7. 1987 – I ZR 188/85, NJW-RR 1988, 42, 44.
[511] OLG Karlsruhe Urt. v. 12. 6. 1973 – 8 U 95/72, HVR Nr. 480.
[512] OLG Düsseldorf OLGR 2002, 164, 167; vgl. auch OLG Düsseldorf NJW 1965, 2352; MünchKommHGB/*v. Hoyningen-Huene* RdNr. 58; *Schröder* RdNr. 5; *Küstner* Ausgleichsanspruch RdNr. 541 bis 545; *Westphal* Vertriebsrecht RdNr. 941.
[513] BGH Urt. v. 15. 10. 1964 – VII ZR 150/62, BGHZ 42, 244 = NJW 1965, 248.
[514] *Westphal* Vertriebsrecht RdNr. 933.
[515] *Westphal* Vertriebsrecht RdNr. 931.
[516] Aus diesem Grund lag entgegen der Ansicht des OLG Köln BB 2001, 1601 = OLGR 2001, 205 in dem dort entschiedenen Streitfall eine Neukundenwerbung vor, soweit es sich um Kunden handelte, welche bisher lediglich solche der Gesellschafterin des Vertragspartners des Handelsvertreters gewesen waren.
[517] BGH Urt. v. 5. 9. 1999 – VIII ZR 354/97, ZIP 1999, 1094, 1097; MünchKommHGB/*v. Hoyningen-Huene* RdNr. 60; *Staub/Brüggemann* RdNr. 34; *Küstner* Ausgleichsanspruch RdNr. 386; *Westphal* RdNr. 631; aA wohl *Heymann/Sonnenschein/Weitemeyer* RdNr. 24.

Unternehmers wird der Altkunde insoweit zum Neukunden.[518] Ein HV, der als **„Mann der ersten Stunde"** ein neu gegründetes Unternehmen oder ein neues Produkt erstmalig am Markt vertritt, wirbt notwendigerweise Neukunden.[519] Auf diese Weise kann der Anzeigen-[520] oder Verlagsvertreter einen Ausgleichsanspruch erwerben, wenn er Altkunden für ein neues Verlagsprodukt wirbt.[521] Weil der **Erwerb eines Kundenstamms** mit der Überlassung von Kundenlisten[522] dem Unternehmer nur die Chance einer künftigen Geschäftsverbindung eröffnet, welche erst durch den Abschluss konkreter Geschäfte mit den Kunden verwirklicht wird,[523] werden bei Erwerb des Geschäftsbetriebs eines Unternehmers die Kunden des Veräußerers erst mit Aufnahme oder Fortsetzung der Geschäftsbeziehung zu dem Erwerber dessen Neukunden,[524] sofern nicht die Person des Unternehmers rechtlich identisch bleibt. Entsprechendes gilt, wenn der Betrieb eines Altkunden veräußert oder übertragen wird.[525] Übernimmt ein Altkunde des Unternehmens das Geschäft eines vom HV geworbenen Neukunden, verliert dieser Neukunde wie bei einer endgültigen Geschäftsaufgabe seine ausgleichsrechtliche Bedeutung, weil mit diesem geworbenen Kunden in Zukunft Geschäfte nicht mehr zu erwarten sind (RdNr. 87). Ob es sich bei den Neukunden des Unternehmers um „Altkunden des HV" handelt, ist ausgleichsrechtlich ebenso bedeutungslos[526] wie die Werbung eines Altkunden des Unternehmers durch einen neuen HV.[527] Gleiches gilt im Zweifel bei Übertragung des Kundenstamms eines HV auf seinen Nachfolger.[528] Bei den vom Rechtsvorgänger geworbenen Kunden handelt es sich im Fall der **Rechtsnachfolge** in die Rechtsstellung des HV um Altkunden des Unternehmers; da der HVVertrag mit dem Tod des HV erlischt und zugunsten seiner Erben der Ausgleichsanspruch entsteht (RdNr. 36), gilt dasselbe auch im Fall der **Gesamtrechtsnachfolge**. Hinsichtlich der **Neukundeneigenschaft** besteht in den durch Abs. 4 Satz 1 gezogenen Grenzen **Vertragsfreiheit;**[529] die Vertragspartner können durch Vereinbarung bestimmten Altkunden, vom HV vor Aufnahme seiner vertraglichen Tätigkeit für den Unternehmer geworbenen Kunden[530] oder den vom Rechtsvorgänger/Erblasser des HV geworbenen Kunden die ausgleichsrechtliche Stellung eines Neukunden beilegen. **Veräußert der HV einen** von ihm geworbenen **Kundenstamm** an einen Unternehmer, für welchen er daraufhin als HV tätig wird, werden die „veräußerten" Kunden zwar zu Neukunden des Erwerbers, jedoch wird der Ausgleichsanspruch hinsichtlich dieser Kunden im Zweifel durch die nicht unter Abs. 4 Satz 1 fallende Veräußerungsvereinbarung ausgeschlossen sein.[531] Mit der Zustimmung des Unternehmens zu der **Umwandlung** der Handelsvertretung seines Vertragspartners **in eine Handelsvertreter-GmbH** wird im Zweifel konkludent das Einverständnis damit erklärt, dass die von dem bisherigen HV geworbenen Neukunden ausgleichsrechtlich als von der GmbH geworbene Neukunden gelten sollen.[532]

77   d) **Reaktivierter Altkunde.** Neukunde ist der reaktivierte Altkunde, dessen frühere Geschäftsverbindung zu dem Unternehmer endgültig beendet, also abgebrochen oder in sonstiger Weise zum Erliegen gekommen, („eingeschlafen") war und den der HV von neuem als Abnehmer für die Produkte des Unternehmers wirbt.[533] Von den Umständen es Einzelfalls hängt es ab, ob und ab wann von einer endgültigen Beendigung einer zum Unternehmer bestehenden Geschäftsverbindung aus-

---

[518] OLG Düsseldorf OLGR 2000, 354, 356; ausf. *Schröder* RdNr. 5 und 5 a; *Küstner* Ausgleichsanspruch RdNr. 500; *Westphal* Vertriebsrecht RdNr. 935.
[519] Vgl. OLG Hamburg Urt. v. 9. 12. 1986 – 10 U 57/76, HVR Nr. 509; OLG Düsseldorf Urt. v. 6. 6. 1986 – 16 U 104/85, HVR Nr. 641.
[520] S. d. OLG Frankfurt Urt. v. 3. 6. 1966 – 3 U 147/65, HVR Nr. 365.
[521] *Küstner* Ausgleichsanspruch RdNr. 500, 506.
[522] S. d. OLG München Urt. v. 14. 10. 1987 – 7 U 1642/87, HVR Nr. 640.
[523] *Küstner* Ausgleichsanspruch RdNr. 383, 384; dies verkennt *Schmitz* ZIP 2003, 59, 61 f.
[524] OLG Koblenz Urt. v. 18. 6. 1998 – 6 U 940/96, HVR Nr. 882; OLG Düsseldorf Urt. v. 10. 4. 1992 – 16 U 31/91, HVR Nr. 1077; vgl. auch OLG München Urt. v. 14. 10. 1987 – 7 U 1642/87, HVR Nr. 640; Heymann/Sonnenschein/Weitemeyer RdNr. 24; MünchKommHGB/v. Hoyningen-Huene RdNr. 58; *Westphal* Vertriebsrecht RdNr. 940; aA *Schmitz* ZIP 2003, 59, 61 f.
[525] *Küstner* Ausgleichsanspruch RdNr. 385.
[526] Heymann/Sonnenschein/Weitemeyer RdNr. 24; MünchKommHGB/v. Hoyningen-Huene RdNr. 58.
[527] BGH Urt. v. 10. 5. 1984 – I ZR 36/82, NJW 1985, 58; KG BB 1969, 1062; Heymann/Sonnenschein/Weitemeyer RdNr. 24; *Hopt* RdNr. 12; MünchKommHGB/v. Hoyningen-Huene RdNr. 58; *Küstner* Ausgleichsanspruch RdNr. 150.
[528] AA *Alff* RdNr. 240.
[529] Heymann/Sonnenschein/Weitemeyer RdNr. 24.
[530] *Küstner* Ausgleichsanspruch RdNr. 156.
[531] Vgl. OLG Köln NJW–RR 2003, 538 = HVR Nr. 1098.
[532] Vgl. dazu *Westphal* BB 1999, 2517, 2518, 2819.
[533] So der Fall OLG Nürnberg BB 1964, 1400; Heymann/Sonnenschein/Weitemeyer RdNr. 24; MünchKommHGB/v. Hoyningen-Huene RdNr. 59; *Schröder* RdNr. 5; *Küstner* Ausgleichsanspruch RdNr. 380; vgl. auch OLG Bremen NJW 1957, 1720.

gegangen werden darf;[534] vertreibt der Handelsvertreter Artikel, welche einem ständigen Wechsel unterworfen sind wie zB modische Bekleidung oder Schuhe, kann das Ende der Geschäftsbeziehung bereits anzunehmen sein, wenn (der Handelsvertreter nachweist, dass) der Kunde über einige (etwa 3 bis 5) Jahre oder Orderzeiträume hinweg Geschäfte mit dem Unternehmer nicht mehr getätigt, sondern Konkurrenzartikel vertrieben hat, und Unternehmer sowie seine Vertriebsmittler sich zunächst noch erfolglos um Geschäfte mit dem Kunden bemüht hatten.

e) Intensivierter Altkunde – Abs. 1 Satz 2. Nach Abs. 1 Satz 2 steht dem Neukunden der **78** intensivierte Altkunde gleich, mit welchem der HV die Geschäftsverbindung so wesentlich ausgeweitet hat, dass dies wirtschaftlich der Werbung eines neuen Kunden entspricht.[535] Die Ausweitung der Geschäftsbeziehung kann sich in einer nicht inflations- oder preissteigerungsbedingten[536] erheblichen Umsatzausweitung[537] oder in einer Vervielfachung der – Menge der – vom Kunden in der Zeit zwischen Aufnahme und Beendigung der vertragsgemäßen Tätigkeit des HV abgenommenen Produkte auswirken.[538] Die Umstände des Einzelfalls bestimmen, wann eine wesentliche Erweiterung der jeweiligen einzelnen Geschäftsbeziehung vorliegt;[539] eine Steigerung um rund 100 bis 150% wird im Regelfall notwendig sein,[540] wobei die Umsatzsteigerung auch auf dem Vertrieb neuer Produkte des Unternehmers beruhen kann.[541] Bei sehr geringen Absatz- und/oder Umsatzzahlen können größere Steigerungen erforderlich sein. Bei Rückgang des gesamten vom HV mit einem Kunden vermittelten Umsatzes trotz einer Verdoppelung der abgenommenen Stückzahlen kann dennoch eine Intensivierung der Geschäftsbeziehung vorliegen.[542] Die Intensivierung muss auf die werbende Tätigkeit des HV (in dem oben RdNr. 75 dargestellten Verständnis) zurückzuführen sein,[543] was vermutet wird, wenn der Unternehmer nicht andere ursächlich gewordene Umstände aufzeigt;[544] besondere und erhöhte Anstrengungen des HV sind für die Intensivierung nicht erforderlich.[545]

f) Stammkunde. Der vom HV geworbene Neukunde muss während des bestehenden HVVer- **79** trags zu einem (Mehrfach- oder) Stammkunden des Unternehmers geworden und es bis zum Vertragsende geblieben sein.[546] Ausreichend für die Begründung der Stammkundeneigenschaft ist nach der st. Rspr. des BGH im Regelfall bereits **ein Wiederholungsgeschäft oder eine Nachbestellung,** wenn dieses Zweitgeschäft, wie es im Regelfall anzunehmen ist, auf die im Gesetz geforderte dauerhafte[547] Geschäftsverbindung schließen[548] und künftige Folgegeschäfte iSv. § 87 Abs. 1 erwarten lässt,[549] welche den Ausgleichsanspruch rechtfertigen. Die **Anzahl der geworbenen Stammkunden** ist erst für die Höhe des Anspruchs bedeutsam,[550] allerdings kann bereits die Werbung eines Stammkunden in Ausnahmefällen die Voraussetzungen für einen Ausgleichsanspruch

---

[534] S. d. OLG Schleswig Urt. v. 17. 12. 1957 – 7 U 46/57, HVR Nr. 219; OLG Nürnberg Urt. v. 29, 9. 1964 – 2 U 86/62, HVR Nr. 330 (zur Reaktivierung eines Kunden, mit dem kriegsbedingt über 9 1/2 Jahre eine Geschäftsverbindung nicht mehr bestanden hatte); *Westphal* Vertriebsrecht RdNr. 942, 943.
[535] *Hopt* RdNr. 13.
[536] Heymann/*Sonnenschein/Weitemeyer* RdNr. 25; MünchKommHGB/*v. Hoyningen-Huene* RdNr. 64; *Küstner* Ausgleichsanspruch RdNr. 396, 403, 404; *Westphal* Vertriebsrecht RdNr. 948.
[537] *Westphal* Vertriebsrecht RdNr. 945.
[538] BGH Urt. v. 3. 6. 1971 – VII ZR 23/70, BGHZ 56, 242, 244 = NJW 1971, 1611; Heymann/*Sonnenschein/Weitemeyer* MünchKommHGB/*v. Hoyningen-Huene* RdNr. 64 und 65; *Schröder* RdNr. 5a; *Alff* RdNr. 242; vgl. auch *Küstner* Ausgleichsanspruch RdNr. 402.
[539] MünchKommHGB/*v. Hoyningen-Huene* RdNr. 65; *Küstner* Ausgleichsanspruch RdNr. 399 und 402.
[540] 100% ausreichend: MünchKommHGB/*v. Hoyningen-Huene* RdNr. 65; Staub/*Brüggemann* RdNr. 36; *Küstner* Ausgleichsanspruch RdNr. 399; vgl. a. *Westphal* Vertriebsrecht RdNr. 945; aA: *Schaefer* NJW 2000, 320, 321, seine gegen die Gültigkeit der gesetzlichen Regelung und die Zulässigkeit der Auslegung der Norm vorgebrachten Bedenken sind nicht gerechtfertigt.
[541] *Westphal* Vertriebsrecht RdNr. 946.
[542] MünchKommHGB/*v. Hoyningen-Huene* RdNr. 65; ausf. *Müller* NJW 1997, 3423; *Westphal* Vertriebsrecht RdNr. 949; aA *Küstner* Ausgleichsanspruch RdNr. 405.
[543] BGH Urt. v. 3. 6. 1971 – VII ZR 23/70, BGHZ 56, 242, 244 = NJW 1971, 1611.
[544] Vgl. *Alff* RdNr. 241.
[545] *Küstner* Ausgleichsanspruch RdNr. 394, 395; aA MünchKommHGB/*v. Hoyningen-Huene* RdNr. 64.
[546] Vgl. BGH Urt. v. 28. 3. 1974 – VII ZR 18/73, NJW 1974, 1242, 1243; BGH Urt. v. 6. 8. 1997 – VIII ZR 150/96, ZIP 1997, 1832, 1834 und BGH Urt. v. 6. 8. 1997 – VIII ZR 92, 96, ZIP 1997, 1839, 1844; Heymann/*Sonnenschein/Weitemeyer* RdNr. 23; ausf. Staub/*Brüggemann* RdNr. 37; kritisch *Rittner* DB 1998, 457, 459.
[547] MünchKommHGB/*v. Hoyningen-Huene* RdNr. 67.
[548] BGH Urt. v. 6. 8. 1997 – VIII ZR 150/96, ZIP 1997, 1832, 1834; BGH Urt. v. 10. 7. 2002 – VIII ZR 158/01, EBE 2002, 298, 302 = WM 2003, 499, 299; BGH Urt. v. 12. 2. 2003 – VIII ZR 130/01, NJW-RR 2003, 821 = WM 2003, 2095; vgl. OLG Düsseldorf OLGR 1992, 312 und auch OLG Köln VersR 1998, 451.
[549] BGH Urt. v. 11. 10. 1990 – I ZR 32/89, NJW-RR 1991, 156, 157; BGH Urt. v. 26. 2. 1997 – VIII ZR 272/95, BGHZ 135, 14 = ZIP 1997, 841, 842; BGH Urt v. 19. 5. 1999 – VIII ZR 354/97, ZIP 1999, 1094, 1097; Heymann/*Sonnenschein/Weitemeyer* RdNr. 23; MünchKommHGB/*v. Hoyningen-Huene* RdNr. 67; *Schröder* RdNr. 5; *Küstner* Ausgleichsanspruch RdNr. 407.
[550] *Küstner* Ausgleichsanspruch RdNr. 416.

schaffen (RdNr. 84).[551] Das die Stammkundeneigenschaft begründende Folgegeschäft muss **nicht vom HV herbeigeführt** oder vermittelt worden sein,[552] weswegen auch der bei einem **Rotationssystem** in ständig wechselnden Einsatzgebieten tätige HV Stammkunden werben kann. Jedoch muss das die Stammkundeneigenschaft begründende **Zweitgeschäft bestimmte Anforderungen** in (1) persönlicher, (2) zeitlicher und (3) sachlicher Hinsicht erfüllen. In Ausnahmefällen können (4) Erst- und Zweitgeschäft auch zusammenfallen. Strengere Voraussetzungen sind zu erfüllen, damit (5) typische Laufkunden oder Kunden eines Mehrfirmenvertreters als Stammkunden angesehen werden können, wobei (6) eine Stammkundenbindung zu mehreren unterschiedlichen Unternehmern bestehen kann. Aus Gründen der Rechtsklarheit ist der **Stammkundenbegriff (1) streng personenbezogen** (RdNr. 74), nur der vom HV geworbene Neukunde kann Stammkunde werden. Verträge des Unternehmers mit Dritten können eine Stammkundeneigenschaft nicht begründen, selbst wenn es sich um **Familienangehörige** des bisherigen Einmalkunden handelt.[553] Der **zwischen den** einzelnen **Stammkundengeschäften** liegende **Zeitraum,** der sog. **Wiederholungsintervall,** ist **(2)** ohne Bedeutung, solange bei objektiver Würdigung mit Folgegeschäften gerechnet werden kann[554] und die späteren Geschäfte noch als solche zu werten sind, weswegen ein selbst längere Zeit nach dem Erstgeschäft vorgenommenes Zweitgeschäft ausreichen kann; feste Regeln für den Zeitraum, welcher zwischen Erst- und Zweitgeschäft liegen darf, gibt es nicht.[555] Bei häufig wiederkehrenden Verbrauchsgeschäften des täglichen Lebens wird der Wiederholungsintervall für das Zweitgeschäft sehr viel kürzer zu bemessen sein als bei seltener abgeschlossenen Geschäften über langlebige Wirtschaftsgüter.[556] **In sachlicher Hinsicht** muss sich (3) das Folgegeschäft nicht auf dasselbe Produkte wie das Erstgeschäft beziehen,[557] durch den Abschluss eines Erwerbsvertrags über jedes andere Produkt, welches der HV vertragsgemäß zu vertreiben hat, wird grds. die Stammkundeneigenschaft ebenfalls begründet.[558] Aus bloßen **Nebengeschäften** oder **Hilfsgeschäften** des Einmalkunden mit dem Unternehmer wie zB dem Erwerb von betriebsnotwendigem **Zubehör oder Ersatzteilen** kann im Regelfall noch nicht auf eine bereits bestehende Stammkundengeschäftsverbindung hinsichtlich des vom HV vertriebenen Hauptprodukts geschlossen werden.[559] Bezieht der vom HV geworbene Einmalkunde vom Unternehmer andere, dem HV nicht zum Vertrieb gegebene Produkte, wird er dadurch ebenfalls ausgleichsrechtlich noch nicht zum Stammkunden hinsichtlich des vom HV vertriebenen Produkts, sofern nicht eine Vertragsauslegung ergibt, dass der HV im Zweifel auch den Absatz der sonstigen Unternehmerprodukte fördern soll. Der Kunde eines Kfz-Vertragshändlers wird daher im Zweifel durch den Erwerb von Gebrauchtwagen noch nicht zum Stammkunden des Neuwagenherstellers.[560] Bei Gütern, welche der Kunde nur einmal erwirbt, weil damit sein Bedarf endgültig gedeckt ist, kann er nicht Stammkunde werden.[561] **Mehrfache eigenständig gefasste Kaufentschlüsse** sind **(4)** nicht zwingend erforderlich; so kann bei hochwertigen Wirtschaftsgütern der gleichzeitige Erwerb zweier Produkte des Unternehmers die Stammkundeneigenschaft ebenfalls begründen.[562] Das Zustandebringen eines auf Dauer angelegten Vertrags wie zB eines **Abonnements-** oder **Sukzessivlieferungsvertrags** wird bei rechtlicher wie insoweit ebenfalls gebotener wirtschaftlicher Betrachtungsweise die Annahme der Stammkundeneigenschaft rechtfertigen; bei Abschluss oder Vermittlung eines auf längere Zeit geschlossenen **Bezugsvertrags** ist diese Eigenschaft jedenfalls dann im Zweifel zu bejahen, wenn entweder in diesem Vertrag bereist die

---

[551] OLG Hamburg DB 1980, 972; Heymann/*Sonnenschein/Weitemeyer* RdNr. 24; MünchKommHGB/*v. Hoyningen-Huene* RdNr. 57.
[552] OLG Köln Urt. v. 4. 5. 2001 – 19 U 13/01, HVR Nr. 1049, VersR 2002, 437.
[553] Offengelassen von BGH Urt. v. 5. 6. 1996 – VIII ZR 7/95, ZIP 1996, 1294, 1299; aA: OLG Köln OLGR 2003, 153, 155.
[554] *Ahle* DB 1963, 1703; MünchKommHGB/*v. Hoyningen-Huene* RdNr. 67; *Küstner* Ausgleichsanspruch RdNr. 414.
[555] S. a. *Hübsch/Hübsch* WM 2005 Sonderbeilage Nr. 1 zu Heft 9 S. 12.
[556] BGH Urt. v. 10. 7. 2002 – VIII ZR 158/01, EBE 2002, 298, 299 = WM 2003, 499; OLG Frankfurt Urt. v. 19. 6. 1972 – 5 U 69/71, HVR Nr. 458; s. d. a. *Westphal* Vertriebsrecht RdNr. 959 f.
[557] Vgl. BGH Urt. v. 5. 6. 1996 – VIII ZR 7/95, ZIP 1996, 1294, 1297 und VIII ZR 141/95, ZIP 1996, 1299, 1304 mit zust. Anm. *Westphal* EWiR 1996, 747, 748.
[558] OLG München Urt. v. 19. 9. 1990 – 7 U 2218/90, HVR Nr. 751.
[559] BGH Urt. v. 2. 7. 1987 – I ZR 188/85, ZIP 1987, 1383, 1387; BGH Urt. v. 31. 1. 1991 – I ZR 142/89, NJW-RR 1991, 1050, 1052; s. auch *Stumpf/Jaletzke/Schultze* RdNr. 804; *Genzow* RdNr. 160; *Niebling* RdNr. 246 f.; aA v. *Westphal*en DB 1988 Beilage 8 S. 9 f.
[560] Vgl. dazu *Intveen* BB 1999, 1881, 1883.
[561] BGH Urt. v. 25. 10. 1984 – I ZR 104/82, NJW 1985, 859; LG Frankfurt HVR Nr. 680 (Vertrieb von Immobilien an Privatkunden); MünchKommHGB/*v. Hoyningen-Huene* RdNr. 68; *Küstner* Ausgleichsanspruch RdNr. 408 bis 410; *Westphal* Vertriebsrecht RdNr. 958; vgl. auch OLG Oldenburg Urt. v. 4. 6. 1987 – 1 U 266/86, HVR Nr. 672.
[562] BGH Urt. v. 5. 6. 1996 – VIII ZR 141/95, ZIP 1996, 1299, 1304; BGH Urt. v. 26. 2. 1997 – VIII ZR 272/95, BGHZ 135, 14 = ZIP 1997, 841, 844; OLG Frankfurt Urt. v. 30. 1. 2001 – 5 U 173/99, HVR Nr. 954; *Hübsch/Hübsch* WM 2005 Sonderbeilage Nr. 1 zu Heft 9 S. 12.

mehrfache Abnahme bestimmter vom HV vertriebener Produkte verbindlich festgelegt ist oder aber der Kunde nicht von einer ihm zum ersten Mal rechtlich zustehenden Möglichkeit zur Beendigung des Vertrags Gebrauch gemacht hat, zB durch Unterlassen einer Kündigung oder eines Widerspruchs gegen eine andernfalls vorgesehene automatische Vertragsverlängerung. Wiederholungsgeschäfte eines **typischen Laufkunden** können **(5)** eine Stammkundeneigenschaft[563] erst begründen, wenn sich eine feste geschäftliche Bindung an den Unternehmer und sein Produkt feststellen lässt.[564] Strengere Anforderungen an die Stammkundeneigenschaft sind ebenfalls zu stellen, wenn der **Mehrfirmenvertreter,** wie typischerweise der Inhaber eines Reisebüros,[565] in zulässiger Weise gleichartige Produkte für konkurrierende Unternehmer vertreibt; die wiederholte Buchung bei demselben Reiseveranstalter ist regelmäßig noch kein ausreichendes Indiz für eine bestehende ausgleichsfähige Geschäftsverbindung, die erst bejaht werden darf, wenn die Entscheidung des Kunden für das abzunehmende Produkt durch die Person des Herstellers, Anbieters oder Unternehmers zumindest mitbestimmt wird.[566] Bei häufig benötigten Produkten zB des täglichen Bedarfs kann **(6)** ein Abnehmer gleichzeitig **Stammkunde mehrerer Hersteller oder Unternehmer** sein,[567] wenn (sein Verhalten erkennen lässt, dass) tatsächlich eine Bindung an den Unternehmer und sein Produkt gegeben ist.

g) Abwanderung. Wegen der natürlichen Wanderungsbewegungen eines Kundenstamms kommt es bei den vom HV geschaffenen Kundenbeziehungen erfahrungsgemäß zu Abwanderungen mit Umsatzeinbussen. Für die bei der Bemessung des Ausgleichsanspruchs im Einzelfall anzusetzende Abwanderungsquote[568] gibt es keine allgemeingültigen Erfahrungssätze, weswegen der schematische Ansatz einer Abwanderungsquote unzulässig ist.[569] Die Abwanderung wird nicht nur durch das vertriebene Produkt und die allgemeine Entwicklung am Markt[570] sondern maßgeblich auch durch Einsatz und persönliches Verhalten des HV bestimmt, weswegen die während des bestehenden Vertragsverhältnisses eingetretene konkrete Umsatzminderung[571] durch Abwanderung vom HV geworbener Kunden im Zweifel für die Zukunft prozentual fortzuschreiben ist,[572] sofern nicht ausnahmsweise eine konkrete andersartige Entwicklung bereits bei Vertragsende vorhersehbar ist (RdNr. 26).[573] Letztlich muss die Abwanderungsquote auf der Grundlage möglichst genauer Tatsachenfeststellungen geschätzt werden.[574] Eine in Zukunft mögliche und nicht von vorneherein auszuschließende Konkurrenztätigkeit des HV, für den ein nachvertragliches Wettbewerbsverbot nicht vereinbart worden ist, rechtfertigt noch nicht die Prognose einer Abwanderung von Kunden;[575] hierfür müssen konkrete Anhaltspunkte vorliegen. Ein Zuschlag auf die Abwanderungsquote wegen Wegfalls der betreuenden Tätigkeit des bisherigen HV ist nicht gerechtfertigt, weil insoweit die vertraglichen Verhältnisse fortzuschreiben sind (RdNr. 32); zudem ist es ohnehin Aufgabe des Unternehmers für eine gleichwertige nachvertragliche Betreuung der übernommenen Kunden zu sorgen; der hierfür erforderliche Aufwand beeinträchtigt den Ausgleichsanspruch nicht.[576] Die Entscheidung des Unternehmers, das dem HV zum Vertrieb gegebene **Produkt** durch ein anderes **auszuwechseln,** kann zu einer Teilbeendigung des HVVertrags (RdNr. 41) und zu einer Abwanderung von Stammkunden führen.[577]

---

[563] Vgl. MünchKommHGB/*v. Hoyningen-Huene* RdNr. 67; *Küstner* Ausgleichsanspruch RdNr. 422 bis 424.
[564] BGH Urt. v. 10. 7. 2002 – VIII ZR 158/01, EBE 2002, 298, 299 = WM 2003, 499 (Stammkundeneigenschaft bei mindestens 12maligem Tanken im Jahr).
[565] BGH Urt. v. 28. 3. 1974 – VII ZR 18/73, NJW 1974, 1242.
[566] Vgl. BGH Urt. v. 28. 3. 1974 – VII ZR 18/73, NJW 1974, 1242, 1243; BGH Urt. v. 6. 8. 1997 – VIII ZR 150/96, ZIP 1997, 1832, 1834.
[567] BGH Urt. v. 15. 10. 1964 – VII ZR 150/62, BGHZ 42, 244, 247 = NJW 1965, 247; BGH Urt. v. 6. 8. 1997 – VIII ZR 150/96, ZIP 1997, 1832, 1837 und BGH Urt. v. 6. 8. 1997 – VIII ZR 92/96, ZIP 1997, 1839, 1843.
[568] *Hopt* RdNr. 12.
[569] BGH Urt. v. 15. 9. 1999 – VIII ZR 137/98, NJW-RR 2000, 109; BGH Urt. v. 10. 7. 2002 – VIII ZR 158/01, EBE 2002, 298, 301 = WM 2003, 499.
[570] *Westphal* Vertriebsrecht RdNr. 1011.
[571] BGH Urt. v. 15. 9. 1999 – VIII ZR 137/98, NJW-RR 2000, 109 m. Anm. *Emde* EWiR 2000, 237, 238; OLG Düsseldorf OLGR 2002, 164, 168; *Westphal* Vertriebsrecht RdNr. 1006.
[572] BGH Urt. v. 31. 1. 1991 – I ZR 142/89, NJW-RR 1991, 1050, 1052; BGH Urt. v. 26. 2. 1997 – VIII ZR 272/95, BGHZ 135, 14 = ZIP 1997, 841, 845; BGH Urt. v. 6. 8. 1997 – VIII ZR 150/96, ZIP 1997, 1832, 1837 und VIII ZR 92/96, ZIP1997 1839, 1844; BGH Urt. v. 10. 7. 2002 – VIII ZR 158/01, EBE 2002, 298, 301 = WM 2003, 499; MünchKommHGB/*v. Hoyningen-Huene* RdNr. 133; Staub/*Brüggemann* RdNr. 86; *Küstner* Ausgleichsanspruch RdNr. 641, 642, 645; *Westphal* Vertriebsrecht RdNr. 705 und Vertriebsrecht RdNr. 1007.
[573] BGH Urt. v. 15. 9. 1999 – VIII ZR 137/98, NJW-RR 2000, 109; vgl. auch *Westphal* Vertriebsrecht RdNr. 1011.
[574] BGH Urt. v. 12. 2. 2003 – VIII ZR 130/01, NJW-RR 2003, 821 = WM 2003, 2095.
[575] *Emde* EWiR 2000, 237, 238.
[576] *Schröder* RdNr. 6 a, 7 b; *Küstner* Ausgleichsanspruch RdNr. 629.
[577] OLG München Urt. v. 16. 6. 2005 – 23 U 1933/05, HVR Nr. 1166.

81 **h) Zuwanderung potentieller Stammkunden.** Der Abwanderung entspricht im Regelfall eine Zuwanderung, indem Erstkunden nach Ende des HVVertrags zu Stammkunden werden. Wegen der im Zeitpunkt der Vertragsbeendigung noch nicht bestehenden ausgleichsrechtlich erheblichen Geschäftsverbindung mit solchen potentiellen Stammkunden sind sie in der Vergangenheit bei der Bemessung des Ausgleichsanspruchs unberücksichtigt geblieben.[578] Hier hat der BGH mit den Urteilen vom 5. 6. 1996[579] eine bereits mit dem Urteil vom 31. 1. 1991[580] angedeutete Wende eingeleitet. Im Einzelfall kann, besonders bei nicht häufig angeschafften langlebigen Wirtschaftsgütern und nicht entsprechend langfristigen HVVerträgen, aber zB auch bei kurzfristigen Zeit- oder Saisonverträgen über nicht langfristige Wirtschaftsgüter, die Nichtberücksichtigung der potentiellen Stammkunden zu einem den tatsächlichen Gegebenheiten nicht gerecht werdenden und für den HV unbilligen Ergebnis führen. Die Einbeziehung potentieller Stammkunden in die Prognose zur künftigen Entwicklung der dem Unternehmer überlassenen Kundenbeziehungen setzt allerdings voraus, dass auf Grund der Gegebenheiten während des bestehenden HVVertrags hinreichend sichere und auf den Einzelfall bezogene konkrete Anhaltspunkte für Folgegeschäfte mit bisherigen Erstkunden innerhalb eines überschaubaren und in seinen Entwicklungen noch abschätzbaren Zeitraums[581] bestehen und die Abwanderungsquote nicht bereits um eine Zuwanderungsquote bereinigt worden ist. Bei den potentiellen Stammkunden handelt es sich nicht um konkrete (namentlich zu benennende) Abnehmer, vielmehr ist auf Grund einer pauschalierenden, an der Entwicklung in der Vergangenheit ausgerichteten Betrachtungsweise abzuschätzen, wie viele der bereits geworbenen Kunden während des Prognosezeitraums Stammkunden geworden wären.[582] **Potentielle Erstkunden** und damit die Chance des HV, bei Fortbestand des HVVertrags weitere Neukunden zu werben, sind nicht zu berücksichtigen (RdNr. 27);[583] ihre Werbung ist, anders als bei den potentiellen Stammkunden, erst demjenigen HV ausgleichsrechtlich zuzurechnen, der sie erstmals dem Unternehmer zuführt. Ebenso wenig erlaubt es das Gesetz, allein aus Gründen der allgemeinen wirtschaftlichen und konjunkturellen Entwicklung bei dem Ausgleichsanspruch zusätzliche potentielle Stammkunden zu berücksichtigen.[584]

82 **i) Fortdauer und Beendigung der Geschäftsverbindung.** Die Fortdauer der vom HV geschaffenen Geschäftsverbindung zwischen Unternehmer und Stammkunde nach der Beendigung des HVVertrags wird widerleglich vermutet (RdNr. 33), wenn nicht (der Unternehmer beweist, dass) ausnahmsweise zumindest hinreichend wahrscheinliche besondere Umstände auf eine sofortige oder in absehbarer Zukunft bevorstehende Beendigung der Geschäftsbeziehung hinweisen;[585] das kann zB der Fall sein bei Einstellung des Geschäftsbetriebs von Kunde oder Unternehmer jedenfalls hinsichtlich der vom HV vertriebenen Produkte (Betriebsumstellung),[586] Veräußerung des Betriebs oder Insolvenz eines der Geschäftspartner, feststehender oder mit hinreichender Wahrscheinlichkeit zu erwartender Mitnahme der vom HV geworbenen Kunden zu einem anderen Unternehmen,[587] Beendigung der Geschäftsbeziehung durch den Kunden beispielsweise als Folge des Ausscheidens des HV[588] oder der Entscheidung zu andersartiger Bedarfsdeckung;[589] insoweit kann ergänzend auf die Ausführungen zu Abs. 1 Satz 1 Nr. 1 verwiesen werden. Das Ende der Geschäftsverbindung bedeutet aber nicht notwendig den Verlust von Unternehmervorteilen.

---

[578] So ausdrücklich BGH Urt. v. 11. 12. 1958 – II ZR 73/57, BGHZ 29, 83, 92 = NJW 1959, 144 und noch BGH Urt. v. 2. 7. 1987 – I ZR 188/85, NJW-RR 1988, 42, 43; OLG Köln MDR 1996, 689 und 129 mit abl. Anm. *Westphal* S. 130; vgl. *Küstner* Ausgleichsanspruch RdNr. 643; *Alff* RdNr. 248.
[579] BGH Urt. v. 5. 6. 1996 – VIII ZR 7/95, ZIP 1996, 1294, 1297 und VIII ZR 141/95, ZIP 1996, 1299, 1304 mit zust. Anm. *Westphal* EWiR 1996, 747, 748; danach BGH Urt. v. 26. 2. 1997 – VIII ZR 272/95, BGHZ 135, 14 = ZIP 1997, 841; ebenso *Westphal* MDR 1996, 130 und Vertriebsrecht RdNr. 956; vgl. schon *Meyer* BB 1970, 780; OLG Frankfurt BB 1973, 212; OLG Köln NJW-RR 1998, 101 und 1116 = HVR Nr. 884 sowie OLGR 2003, 153, 155 (wobei fraglich ist, ob im Hinblick auf die Vertragsdauer von 12 Jahren die Notwendigkeit der Einbeziehung von Einmalkunden in die Ausgleichsberechnung bestand).
[580] BGH Urt. v. 31. 1. 1991 – I ZR 142/89, NJW-RR 1991, 1050, 1052.
[581] Vgl. BGH Urt. v. 26. 2. 1997 – VIII ZR 272/95, BGHZ 135, 14 = ZIP 1997, 841, 843; Heymann/*Sonnenschein*/*Weitemeyer* RdNr. 23; *Westphal* Vertriebsrecht RdNr. 957.
[582] OLG Köln BB 1997, 2452; OLG Düsseldorf OLGR 2002, 164, 167.
[583] *Westphal* Vertriebsrecht RdNr. 1008.
[584] AA *Küstner* Ausgleichsanspruch RdNr. 646.
[585] *Schröder* RdNr. 6 a.
[586] Vgl. Heymann/*Sonnenschein*/*Weitemeyer* RdNr. 31; MünchKommHGB/*v. Hoyningen-Huene* RdNr. 72; *Küstner* Ausgleichsanspruch RdNr. 326.
[587] BGH Urt. v. 10. 7. 2002 – VIII ZR 158/01, EBE 2002, 298, 302 = WM 2003, 499; OLG Hamm Urt. v. 14. 3. 2003 – 35 U 39/02, HVR Nr. 1090; MünchKommHGB/*v. Hoyningen-Huene* RdNr. 79; *Küstner* Ausgleichsanspruch RdNr. 430.
[588] Heymann/*Sonnenschein*/*Weitemeyer* RdNr. 29.
[589] *Küstner* Ausgleichsanspruch RdNr. 425.

3. Unternehmervorteil – Abs. 1 Satz 1 Nr. 1. a) Chance der Nutzung der vom HV 83
geschaffenen Geschäftsverbindung mit Stammkunden. Nach Abs. 1 Satz 1 Nr. 1 wird der Ausgleich nicht für eine allgemeine Umsatzsteigerung durch den HV,[590] sondern für die dem Unternehmer nach Ende des HVVertrags voraussichtlich verbleibenden erheblichen Vorteile aus der vom HV geschaffenen konkreten Geschäftsverbindung mit den von ihm geworbenen Stammkunden geschuldet.[591] Dabei liegt der ausgleichspflichtige Unternehmervorteil weder in den vom Unternehmer infolge der Vertragsbeendigung ersparten Provisionen noch in dem überlassenen Kundenstamm,[592] sondern in der für ihn eröffneten Chance, die vom HV geschaffene Kundenbeziehung in gleicher Weise wie bisher zu nutzen. Dass der Erfolg hinter den möglichen und prognostizierten Erwartungen zurückbleibt, mindert den Unternehmervorteil grundsätzlich nicht; mit dem Ausgleichsanspruch wird nicht der Erfolg, sondern die Chance vergütet,[593] die erfolgreich zu verwirklichen Aufgabe und Obliegenheit des Unternehmers ist.[594] Ausbleibende Erfolge werden nur erheblich, wenn und soweit (der Unternehmer nachweisen kann, dass) bei Vertragsende abzusehen war, dass bei Fortdauer des HVVertrags ebenfalls Umsatzeinbußen eingetreten wären.[595] Die so geschaffenen Unternehmervorteile müssen nicht auf besonderen, überdurchschnittlichen Anstrengungen des HV,[596] wohl aber auf der Fortwirkung seiner werbenden Tätigkeit beruhen (RdNr. 75);[597] durch eine Mitwirkung des Unternehmers oder Dritter bei der Werbung des Kunden werden sie nicht ausgeschlossen.[598] Rechtlich unerheblich sind die Entwicklungen und Veränderungen im Bestand oder im Umsatz mit den vom HV betreuten Altkunden sowie die Belastung des Unternehmers mit dem Ausgleichsanspruch; sie können das Entstehen von Unternehmervorteilen nicht hindern.[599] Der Aufbau eines Vertriebssystems oder einer Untervertreterorganisation bedeutet noch keinen ausgleichsfähigen Vorteil für den Unternehmer (RdNr. 75). Vorteile, welche der HV dem Unternehmer auf einer anderen vertraglichen Grundlage, zB als angestellter Reisender, verschafft hat, sind nicht ausgleichsfähig (RdNr. 74 und 76).[600]

b) Erheblichkeit der Vorteile. Jeder Vermögenszuwachs und jede vermögensrechtliche Besser- 84
stellung[601] des Unternehmers aus Geschäften mit dem oder über den vom HV geschaffenen Kundenstamm stellt grds. einen Vorteil dar.[602] Die Verringerung der Verluste des Unternehmers ist ausreichend,[603] einen Gewinn aus den Stammkundengeschäften setzt § 89 b nicht voraus.[604] Um den Ausgleichsanspruch zu begründen, müssen die zu prognostizierenden Unternehmervorteile aus dem Stammkundengeschäft erheblich sein.[605] Maßstab hierfür sind weder die Größe des geschaffenen Kundenstamms noch die Zahl der vermittelten oder voraussichtlich zustande kommenden Geschäfte,[606] noch Gesamtumsatz und Gesamtgewinn des Unternehmers,[607] sondern allein Umsatz und gegebenenfalls Gewinn des Unternehmers aus den ausgleichspflichtigen Geschäften mit vom HV geworbenen Stammkunden.[608] Die gesamten Umsätze und Gewinne des Unternehmers vor Beginn

---

[590] *Schröder* RdNr. 5.
[591] *Schröder* RdNr. 5.
[592] BGH Urt. v. 9. 11. 1967 – VII ZR 40/65, BGHZ 49, 39, 43 = NJW 1968, 394; BGH Urt. v. 30. 1. 1986 – I ZR 185/83, NJW 1986, 1931, 1935; OLG Saarbrücken BB 1997, 1603, 1604; OLG Düsseldorf Urt. v. 12. 3. 2004 – I – 16 U 44/03, HVR Nr. 1085; MünchKommHGB/*v. Hoyningen-Huene* RdNr. 71; *Schröder* RdNr. 6.
[593] OLG Düsseldorf Urt. v. 12. 3. 2004 – I – 16 U 44/03, OLGR 2004, 275, 277 = HVR Nr. 1085; vgl. auch Staub/*Brüggemann* RdNr. 42; *Küstner* Ausgleichsanspruch RdNr. 629; aA offensichtlich MünchKommHGB/*v. Hoyningen-Huene* RdNr. 71.
[594] Staub/*Brüggemann* RdNr. 42; vgl. auch OLG Hamm Urt. v. 11. 5. 1978 – 18 U 316/76, DB 1979, 304 = HVR Nr. 518.
[595] Vgl. *Küstner* Ausgleichsanspruch RdNr. 600.
[596] *Küstner* Ausgleichsanspruch RdNr. 480.
[597] *Schröder* RdNr. 7.
[598] *Küstner* Ausgleichsanspruch RdNr. 481, 482.
[599] OLG Hamm Urt. v. 14. 11. 1977 – 18 U 51/77, HVR Nr. 514; Heymann/*Sonnenschein/Weitemeyer* RdNr. 28.
[600] OLG Düsseldorf NJW 1965, 2352.
[601] OLG Düsseldorf OLGR 2004, 275, 277.
[602] *Schröder* RdNr. 6 f., 7 und ausf. DB 1973, 217 sowie DB 1976, 1897.
[603] *Westphal* Vertriebsrecht RdNr. 972.
[604] BGH Urt. v. 2. 7. 1987 – I ZR 188/85, NJW-RR 1988, 42, 43; MünchKommHGB/*v. Hoyningen-Huene* RdNr. 74; *Küstner* Ausgleichsanspruch RdNr. 478.
[605] *Westphal* Vertriebsrecht RdNr. 972.
[606] BGH Urt. v. 31. 1. 1991 – I ZR 142/89, NJW-RR 1991, 1050 = MDR 1991, 1047; Heymann/*Sonnenschein/Weitemeyer* RdNr. 28; MünchKommHGB/*v. Hoyningen-Huene* RdNr. 80.
[607] BGH Urt. v. 15. 10. 1964 – VII ZR 150/62, BGHZ 42, 244, 247 = NJW 1965, 248; BGH Urt. v. 29. 3. 1990 – I ZR 2/89, ZIP 1990, 1197; BGH Urt. v. 31. 1. 1991 – I ZR 142/89, NJW-RR 1991, 1050; BGH Urt. v. 6. 8. 1997 – VIII ZR 150/96, ZIP 1997, 1832, 1834; *Schröder* RdNr. 8; Heymann/*Sonnenschein/Weitemeyer* RdNr. 30; *Küstner* Ausgleichsanspruch RdNr. 478.
[608] BGH Urt. v. 29. 3. 1990 – I ZR 2/89, ZIP 1990, 1197; BGH Urt. v. 31. 1. 1991 – I ZR 142/89, NJW-RR 1991, 1050; *Schröder* RdNr. 8; *Westphal* Vertriebsrecht RdNr. 972.

§ 89 b 85   1. Buch. 7. Abschnitt. Handelsvertreter

des HVVertrags und bei dessen Beendigung sowie die nach Ablauf des Prognosezeitraums zu prognostizierenden Umsatz- und Gewinnzahlen sind jeweils den entsprechenden Umsätzen und Gewinnen des Unternehmers aus Geschäften mit den vom HV geworbenen Stammkunden gegenüberzustellen.[609] Daran gemessen dürfen die für den Prognosezeitraum verbleibenden Vorteile mit den neuen Stammkunden nicht nur eine zu vernachlässigende Größe sein. Die Umstände des Einzelfalls sind maßgebend.[610] Vorteile in einer Größenordnung von 50 000 Euro sind auch bei Großunternehmen erheblich; die Frage der Unerheblichkeit wird sich im Regelfall erst bei Vorteilen unter 15 000 Euro stellen, für Kleinunternehmer sind bereits sehr viel geringere Beträge erheblich. Wie viele Stammkunden der HV geworben und dem Unternehmer bei Vertragsende belassen muss, um auf diese Weise dem Unternehmer die Chance erheblicher Unternehmervorteile zu verschaffen, hängt von den Umständen des Einzelfalls ab;[611] die Werbung eines Großkunden kann bereits zu erheblichen Vorteilen führen.[612]

85 c) **Prognose zur Ermittlung der Unternehmervorteile.** Das Gesetz geht davon aus, dass die vom HV geschaffene Beziehung des Kunden zu dem Unternehmer und dessen Produkt nach Vertragsende fortbestehen wird und zu idR gewinnbringenden Umsätzen aus bereits abgeschlossenen Stammkundengeschäften sowie noch abzuschließenden Stammkundenfolgegeschäften führen wird, welche dem HV mangels Anspruchs auf Zahlung einer Überhangprovision (RdNr. 90) nicht mehr zu vergüten sind. Den kraft Gesetzes zu prognostizierenden Mindestvorteil des Unternehmers gem. Abs. S. 1 Nr. 1 bilden deswegen die Einnahmen des Unternehmers in Höhe der Provisionen (s. a. RdNr. 138), welche zwar dem ausgeschiedenen HV bei Fortsetzung des HVVertrags zugestanden hätten, nicht aber seinem Nachfolger geschuldet werden.[613] Wegen der Vermutung der Aufrechterhaltung der Geschäftsverbindung mit den gleichen Umsätzen und Gewinnen wie in der Vergangenheit (RdNr. 33) können zur Ermittlung der im Prognosezeitraum erzielbaren Vorteile die Gewinn- und Umsatzzahlen des letzten typischen Vertragsjahres,[614] des sog. **Basisjahres** (RdNr. 129), sowie bei dessen nicht vom HV schuldhaft verursachten[615] untypischen Verlauf diejenigen eines anderen typischen Vertragszeitraumes[616] und bei kürzerer Vertragsdauer die tatsächlich erzielten Einnahmen[617] zugrunde gelegt werden. Unter Berücksichtigung der in der Vergangenheit üblich gewesenen Ab- und Zuwanderung (RdNr. 80 und 81) sind die Zahlen fortzuschreiben; dies ist entbehrlich, wenn im Fall annähernd gleicher Verhältnisse in Vergangenheit und Prognosezeitraum für die Vergangenheit bereits ein um Abwanderung und Zuwanderung bereinigter Stammkundenanteil am Gesamtumsatz ermittelt worden ist (sog. **einfacher Berechnungsansatz** des BGH).[618] *Intveen*[619] lehnt diesen vereinfachten Berechnungsansatz des BGH ab, weil er, wie Vergleichsberechnungen zeigten, zu unberechtigt überhöhten Ausgleichsansprüchen führe; demgegenüber meint *Thume,*[620] dass es sich um eine gerade für langlebige Wirtschaftsgüter zuverlässige Berechnungsmethode handele, wenn alle Kriterien genau beachtet würden; dem ist für den Regelfall zuzustimmen. Bei einem sog. **Rotationssystems**[621] sind ebenfalls die vom HV im letzten Jahr seiner Tätigkeit erzielten Umsätze mit von ihm geworbenen Stammkunden maßgeblich, weil fingiert wird, dass der HV nach Vertragsende diejenigen Bereiche weiter betreut hätte, welche ihm im letzten Jahr vor Vertragsende zur Bearbeitung übertragen waren.[622]

---

[609] Vgl. BGH Urt. v. 6. 8. 1997 – VIII ZR 150/96, ZIP 1997, 1832, 1834; *Rittner* DB 1998, 457, 460; Heymann/ Sonnenschein/*Weitemeyer* RdNr. 30; MünchKommHGB/*v. Hoyningen-Huene* RdNr. 80; *Schröder* RdNr. 8; *Küstner* Ausgleichsanspruch RdNr. 478; vgl. auch *Gaedertz* Markenartikel 1958, 464, 465.
[610] Heymann/Sonnenschein/*Weitemeyer* RdNr. 30.
[611] Vgl. BGH Urt. v. 12. 12. 1963 – VII ZR 47/62, HVR Nr. 319; vgl. auch *Küstner* Ausgleichsanspruch RdNr. 416.
[612] OLG Hamburg DB 1980, 972; Heymann/*Sonnenschein/Weitemeyer* RdNr. 24; MünchKommHGB/*v. Hoyningen-Huene* RdNr. 57.
[613] Vgl. BGH Urt. v. 19. 11. 1970 – VII ZR 47/69, BGHZ 55, 45, 49 = NJW 1971, 462; BGH Urt. v. 6. 8. 1997 – VIII ZR 150/96, ZIP 1997, 1832, 1834; *Reinicke* NJW 1953, 1609, 1611; Heymann/*Sonnenschein/Weitemeyer* RdNr. 28, 71; MünchKommHGB/*v. Hoyningen-Huene* RdNr. 71, 130; Staub/*Brüggemann* RdNr. 83; aA *Schröder* RdNr. 7 a.
[614] *Hopt* RdNr. 29.
[615] *Intveen* BB 1999, 1881, 1882.
[616] BGH Urt. v. 11. 12. 1958 – II ZR 73/57, BGHZ 29, 83, 91 = NJW 1959, 144; BGH Urt v. 19. 5. 1999 – VIII ZR 354/97, ZIP 1999, 1094, 1096; *Küstner* Ausgleichsanspruch RdNr. 685; *Westphal* RdNr. 703.
[617] *Westphal* RdNr. 703.
[618] Dazu ausf. BGH Urt. v. 26. 2. 1997 – VIII ZR 272/95, BGHZ 135, 14 = ZIP 1997, 841, 843, 844; *Hübsch/Hübsch* WM 2005 Sonderbeilage Nr. 1 zu Heft 9 S. 12; vgl. MünchKommHGB/*v. Hoyningen-Huene* RdNr. 129; siehe aber auch OLG Köln OLGR 2003, 153.
[619] BB 1999, 1881.
[620] BB 1999, 2309, 2312.
[621] S. d. auch OLG Celle Urt. v. 1. 2. 2001 – 11 U 110/00, HVR Nr. 1036.
[622] BGH Urt. v. 19. 5. 1999 – VIII ZR 354/97, BGHZ 141, 248 = ZIP 1999, 1094, 1097 m. Anm. *Emde* EWiR 1999, 653.

d) Beendigung der Geschäftbeziehung mit Verwertung (Veräußerung) des Kunden- 86
stamms. Bei einer für die Prognose zu berücksichtigenden Beendigung der Geschäftsbeziehung mit dem Stammkunden[623] fließen dem Unternehmen dennoch ausgleichsrechtlich erhebliche Vorteile zu, wenn er oder der Insolvenzverwalter über sein Vermögen (RdNr. 174)[624] den ihm überlassenen Kundenstamm in sonstiger Weise gewinnbringend verwertet,[625] indem er zB Stilllegungs- oder Abfindungszahlungen für die Aufgabe des Betriebs oder der Kundenbeziehung erhält[626] oder bei Verpachtung,[627] Veräußerung oder Einstellung des Betriebs/Unternehmens den Kundenstamm gegen Entgelt auf einen Dritten überträgt;[628] Gleiches kann gelten, wenn der Kundenstamm von einem konzernangehörigen Unternehmen übernommen wird.[629] Bei **Veräußerung des Kundenstamms** ist für den Unternehmervorteil der Betrag maßgebend, welchen der Unternehmer aus der Sicht bei Vertragsende unter Berücksichtigung der Umstände des Einzelfalls voraussichtlich als Erlös für die Überlassung der Geschäftsbeziehung/Stammkunden erzielen kann;[630] ein später ausgehandelter Preis kann als Anhaltspunkt für den Wert des Kundenstamms dienen. Die bei **Darlegung und Nachweis** des Werts bestehenden Schwierigkeiten werden dadurch erleichtert, dass nach der Rspr. des BGH erfahrungsgemäß bei der Veräußerung eines werbenden Unternehmens, das fortgeführt werden soll, mit dem vereinbarten Übernahmepreis die bestehenden Kundenbeziehungen selbst dann abgegolten werden, wenn die Parteien ein solches Entgelt weder ausdrücklich ausgehandelt noch festgelegt haben; nach der Lebenserfahrung ist im Regelfall davon auszugehen, dass in dem Kauf- oder Übernahmepreis ein Betrag enthalten ist, der denjenigen Unternehmervorteilen entspricht, welche dem Veräußerer bei der Unternehmensfortführung während der Prognosezeitraums zugeflossen wären;[631] der dem Unternehmer obliegende Gegenbeweis[632] dürfte kaum zu führen sein;[633] außerdem wird es gegenüber dem HV willkürlich sein mit der Folge der Schadensersatzpflicht des Unternehmers (s. § 86 a), einen bestehenden Vermögenswert wie den Kundenstamm[634] unentgeltlich aus der Hand zu geben.[635] Diese Grundsätze gelten nicht, wenn anstelle des gesamten Betriebs oder Unternehmens nur eine Produktionsstätte veräußert wird und (der Unternehmer nachweist, dass) der Erwerber eine Fortsetzung der Geschäftsbeziehungen zu den von dem Produktionsübergang betroffenen bisherigen Stammkunden nicht beabsichtigt.[636]

e) Entfallen und Nichtentfallen der Vorteile. Zu prognostizierende Unternehmervorteile 87 können entfallen, **(1)** wenn der Unternehmer seinen Betrieb stilllegt oder einstellt,[637] weil er zB einen Erwerber oder Betriebsnachfolger nicht findet, sofern (er beweist, dass) die Möglichkeit einer Verwertung des Kundenstamms nicht besteht; bei **willkürlicher Betriebseinstellung** werden zwar Unternehmervorteile fehlen,[638] jedoch ein entsprechender Schadensersatzanspruch begründet sein

---

[623] Dazu *Schröder* DB 1967, 2015 und BB 1973, 217.
[624] OLG Karlsruhe ZIP 1985, 235; *Emde/Kelm* ZIP 2005, 58, 63; *Heymann/Sonnenschein/Weitemeyer* RdNr. 32; MünchKommHGB/*v. Hoyningen-Huene* RdNr. 40, vgl. auch RdNr. 73; aA *Hoffstadt* DB 1983, 645, 648; *Küstner* Ausgleichsanspruch RdNr. 315, 316.
[625] BGH Urt. v. 12. 11. 1976 – VII ZR 123/73, WM 1977, 115, 117; ausf. *Schröder* RdNr. 6 f.
[626] BGH Urt. v. 25. 4. 1960 – II ZR 130/58, NJW 1960, 1292; OLG Frankfurt BB 1985, 687; *Hopt* RdNr. 20; MünchKommHGB/*v. Hoyningen-Huene* RdNr. 76; vgl. auch *Heymann/Sonnenschein/Weitemeyer* RdNr. 28; *Alff* RdNr. 246.
[627] *Hopt* RdNr. 18; MünchKommHGB/*v. Hoyningen-Huene* RdNr. 77.
[628] BGH Urt. v. 9. 11. 1967 – VII ZR 40/65, BGHZ 49, 39, 43 = NJW 1968, 394; BGH Urt. v. 25. 4. 1960 – II ZR 130/58, NJW 1960, 1292; BGH Urt. v. 27. 3. 1996 – VIII ZR 116/95, ZIP 1996, 873, 874; OLG Nürnberg Urt. v. 22. 9. 1961 – 1 U 103/60, HVR Nr. 273; OLG Hamm Urt. v. 14. 3. 1977 – 18 U 162/76, HVR Nr. 511; *Heymann/Sonnenschein/Weitemeyer* RdNr. 32; *Hopt* RdNr. 18; MünchKommHGB/*v. Hoyningen-Huene* RdNr. 39, 40 und 77; *Küstner* Ausgleichsanspruch RdNr. 318 und 477; *Alff* RdNr. 245; *Westphal* Vertriebsrecht RdNr. 978.
[629] BGH Urt. v. 30. 1. 1986 – I ZR 185/83, NJW 1986, 1931; OLG Braunschweig NJW 1976, 2022; s. d. auch *Emde* BB 2004, 389, 398 Fn. 130.
[630] OLG Düsseldorf Urt. v. 2. 11. 2001 – 16 U 149/00, HVR Nr. 1043 = OLGR 2002, 164, 168.
[631] BGH Urt. v. 27. 3. 1996 – VIII ZR 116/95, ZIP 1996, 873, 874 m. zust. Anm. *Westphal* EWiR 1996, 561; OLG Düsseldorf Urt. v. 2. 11. 2001 – 16 U 149/00, HVR Nr. 1043 = OLGR 2002, 164, 168; vgl. auch schon OLG Karlsruhe ZIP 1985, 235; *Schröder* RdNr. 6 f.; *Küstner* Ausgleichsanspruch RdNr. 445, 446 und 448; *Westphal* BB 1998, 1432 und Vertriebsrecht RdNr. 979 f.
[632] BGH Urt. v. 27. 3. 1996 – VIII ZR 116/95, ZIP 1996, 873, 874.
[633] Vgl. *Westphal* Vertriebsrecht RdNr. 980.
[634] Vgl. OLG Köln Urt. v. 13. 11. 1996 – 6 U 27/96, HVR Nr. 822.
[635] OLG Düsseldorf Urt. v. 2. 11. 2001 – 16 U 149/00, HVR Nr. 1043 = OLGR 2002, 164, 168; LG Darmstadt HVR Nr. 515; vgl. MünchKommHGB/*v. Hoyningen-Huene* RdNr. 77; *Küstner* Ausgleichsanspruch RdNr. 449.
[636] BGH Urt. v. 9. 11. 1967 – VII ZR 40/65, BGHZ 49, 39, 43 = NJW 1968, 394.
[637] BGH Urt. v. 3. 6. 1971 – VII ZR 23/70, BGHZ 56, 242, 247 = NJW 1971, 1611; OLG Nürnberg BB 1962, 155; OLG München NJW-RR 1989, 163; *Ende* BB 1996, 2260; *Schröder* RdNr. 6 e, g und h und DB 1967, 2015; *Westphal* Vertriebsrecht RdNr. 974 f.
[638] AA *Heymann/Sonnenschein/Weitemeyer* RdNr. 32; *Hopt* RdNr. 20; MünchKommHGB/*v. Hoyningen-Huene* RdNr. 43 und 72; *Staub/Brüggemann* RdNr. 39, 40; vgl. *Küstner* Ausgleichsanspruch RdNr. 325.

(vgl. § 86 a),⁶³⁹ **(2)** wenn der Unternehmer die Herstellung oder den Vertrieb des mit Hilfe des HV abzusetzenden Produkts aufgibt,⁶⁴⁰ weil es zB am Markt nicht mehr abgenommen wird, und er dieses Produkt nicht durch ein anderes aus der Sicht seiner Kunden vergleichbares Produkt, zB eines anderen Herstellers, ersetzt, **(3)** wenn er sein bisheriges Vertriebssystem aufgibt und/oder die Fortführung der Geschäftsverbindung mit den Kunden und deren Belieferung einstellt,⁶⁴¹ sofern die Kunden seine Produkte nicht weiterhin, zB über Großhändler, beziehen (s. a. RdNr. 93),⁶⁴² **(4)** wenn Stammkunden ihren Betrieb einstellen/veräußern,⁶⁴³ sowie möglicherweise **(5)**, wenn der HV seine Kunden nach Vertragsende vorhersehbar, insbesondere als Reaktion oder unmittelbare Folge der Vertragsbeendigung, zu einem anderen Unternehmer mitnimmt (RdNr. 93).⁶⁴⁴ Die **Beweislast** für die Vorhersehbarkeit dieser Umstände bei Vertragsende trägt der Unternehmer (RdNr. 31). **Unternehmervorteile entfallen nicht,** wenn der Unternehmer den Bezirk des ausgeschiedenen HV wegen Unrentabilität nicht mehr bearbeiten und betreuen lässt,⁶⁴⁵ wenn der HV dem Unternehmer nach Beendigung des HV-Vertrags die Betreuung seiner geworbenen Kunden überlässt sowie wenn Geschäftsbetrieb oder Unternehmen eines Stammkunden vorhersehbar nach Vertragsende auf einen anderen Kunden des Geschäftsherrn übergehen, welcher die Geschäftsbeziehung zu dem Unternehmer aufrechterhält und fortsetzt, selbst wenn der Erwerber nicht von dem ausgleichsberechtigten HV geworben worden ist. Unternehmervorteile entfallen im Zweifel auch nicht durch die Verlagerung des Vertriebs oder der Herstellung des zu vertreibenden Produkts auf ein anderes dem Unternehmer nahe stehendes Unternehmen (RdNr. 88),⁶⁴⁶ durch sonstige Änderungen im Vertriebssystem,⁶⁴⁷ oder durch das planmäßige Auswechseln der HV in einem sog. **Rotationssystem** mit laufend wechselnder Einsatz des HV in verschiedenen Gebieten,⁶⁴⁸ durch das Abspringen von Altkunden,⁶⁴⁹ durch Verluste aus dem Altkundengeschäft,⁶⁵⁰ eine negative Entwicklung des Umsatzes mit vom HV betreuten Altkunden,⁶⁵¹ eine Verminderung des Gesamtumsatzes im Vertragsgebiet oder Kundenkreis des HV,⁶⁵² sowie durch Aufwendungen des Unternehmers zur Aufrechterhaltung und Betreuung des übernommenen Kundenstamms (s. RdNr. 32 und 113).⁶⁵³ Allerdings können solche Entwicklungen für die **Billigkeitsprüfung** Bedeutung erlangen.

88 f) Mittelbarer Vorteil bei Drittunternehmen und Konzernverbund. Der Unternehmervorteil muss dem Vertragspartner des HV unmittelbar und konkret zufließen.⁶⁵⁴ Der Vorteil eines selbständigen Drittunternehmens ist ausgleichsrechtlich unerheblich,⁶⁵⁵ sofern nicht (der HV beweist, dass) durch die gewählte rechtliche Konstruktion § 89 b umgangen werden soll. Der Vorteil eines mit dem Vertragspartner des HV konzernrechtlich verbundenen Unternehmens begründet den Ausgleichsanspruch ohne das Hinzutreten weiterer Umstände wie zB die Übernahme des Kundenstamms oder der Vertriebs (s. RdNr. 86 und 87)⁶⁵⁶ ebenfalls noch nicht.⁶⁵⁷

---

⁶³⁹ OLG Düsseldorf Urt. v. 15. 5. 1998 – 16 U 104/97, HVR Nr. 877; *Schröder* RdNr. 6 g; vgl. *Westphal* Vertriebsrecht RdNr. 974.
⁶⁴⁰ BGH Urt. v. 29. 6. 1959 – II ZR 99/58 – NJW 1959, 1964.
⁶⁴¹ BGH Urt. v. 9. 11. 1967 – VII ZR 40/65, BGHZ 49, 39, 43 = NJW 1968, 394; BGH Urt. v. 30. 1. 1986 – I ZR 185/83, NJW 1986, 1931, 1932; s. a. OLG Frankfurt Urt. v. 19. 6. 1972 – 5 U 69/71, HVR Nr. 458; *Steindorff* ZHR 130 (1968), 82, 84 f.
⁶⁴² BGH Urt. v. 12. 7. 1983 – I ZR 181/81, NJW 1984, 2695; BGH Urt. v. 30. 1. 1986 – I ZR 185/83, NJW 1986, 1931, 1932; OLG Frankfurt BB 1973, 212; *Bamberger* NJW 1984, 2670.
⁶⁴³ *Schröder* RdNr. 6 c; *Westphal* Vertriebsrecht RdNr. 967; vgl. *MünchKommHGB/v. Hoyningen-Huene* RdNr. 67 (Konkurs des Kunden); aA wohl BGH Urt. v. 29. 6. 1959 – II ZR 99/58 – NJW 1959, 1964.
⁶⁴⁴ OLG Düsseldorf OLGR 2000, 406, 410, 411; *Intveen* BB 1999, 1881, 1883; aA BGH Urt. v. 12. 12. 1963 – VII ZR 47/62, HVR Nr. 319.
⁶⁴⁵ LG Kaiserslautern HVR Nr. 81.
⁶⁴⁶ OLG München Urt. v. 5. 8. 1988 – 23 U 2392/88, HVR Nr. 675 und Urt. v. 14. 2. 2001 – 7 U 3545/00, HVR Nr. 1052.
⁶⁴⁷ Vgl. *Heymann/Sonnenschein/Weitemeyer* RdNr. 33; *Küstner* Ausgleichsanspruch RdNr. 432, 433.
⁶⁴⁸ BGH Urt. v. 25. 10. 1984 – I ZR 104/82, NJW 1985, 859, 860; BGH Urt. v. 19. 5. 1999 – VIII ZR 354/97, ZIP 1999, 1094; OLG Düsseldorf OLGR 2001, 68; s. d. auch OLG Celle Urt. v. 1. 2. 2001 – 11 U 110/00, HVR Nr. 1036; *Heymann/Sonnenschein/Weitemeyer* RdNr. 29; *Westphal* Vertriebsrecht RdNr. 994.
⁶⁴⁹ *Schröder* RdNr. 10; Staub/*Brüggemann* RdNr. 40.
⁶⁵⁰ BGH Urt. v. 29. 3. 1990 – I ZR 2/89, ZIP 1990, 1197, 1199.
⁶⁵¹ Ausf. *Schröder* RdNr. 10.
⁶⁵² BGH Urt. v. 18. 2. 1982 – I ZR 20/80, WM 1982, 632, 634; BGH Urt. v. 29. 3. 1990 – I ZR 2/89, ZIP 1990, 1197, 1199; *Schröder* RdNr. 5; Staub/*Brüggemann* RdNr. 41.
⁶⁵³ Teilw. aA *Schröder* RdNr. 9.
⁶⁵⁴ *Schröder* RdNr. 6.
⁶⁵⁵ BGH Urt. v. 30. 1. 1986 – I ZR 185/83, NJW 1986, 1931, 1932; *Schröder* RdNr. 6; *Westphal* Vertriebsrecht RdNr. 986.
⁶⁵⁶ *Westphal* Vertriebsrecht RdNr. 986.
⁶⁵⁷ Vgl. OLG München NJW-RR 1989, 163; *MünchKommHGB/v. Hoyningen-Huene* RdNr. 75; *Westphal* Vertriebsrecht RdNr. 986; aA OLG Braunschweig NJW 1976, 2022 = MDR 1976, 934; *Heymann/Sonnenschein/Weitemeyer* RdNr. 28.

Ausgleichsanspruch 89–91 § 89 b

g) Mehrstufiges Vertretungsverhältnis. Voraussetzung des Ausgleichsanspruchs des Untervertreters sind Vorteile des Hauptvertreters aus der vom Untervertreter geschaffenen Geschäftsverbindung mit neuen Kunden; ausreichend hierfür ist jede an den Hauptvertreter gelangende Vergütung für den vom Untervertreter geschaffenen und dem Unternehmer überlassenen Kundenstamm zB in Form von Folgeprovision, Ausgleichsanspruch, Altersrente, sonstiger Abfindung oder Übernahmeentgelt.[658] Hinsichtlich der Prognoseentscheidung gelten dieselben Grundsätze wie für den Anspruch des Hauptvertreters. Entsteht der Ausgleichsanspruch des Hauptvertreters wegen Abs. 3 oder Abs. 4 Satz 2 nicht, entfallen insoweit Unternehmervorteile des Hauptvertreters,[659] jedoch kann er dem Untervertreter schadensersatzpflichtig sein. 89

4. Provisionsverluste – Abs. 1 Satz 1 Nr. 2. a) Bedeutung als eigenständige Anspruchsvoraussetzung. Nach Abs. 1 Satz 1 Nr. 2 sind dem HV[660] die Provisionen auszugleichen, welche er infolge der Vertragsbeendigung nicht mehr erhält. Bei der gebotenen **richtlinienkonformen Auslegung** des Gesetzes **entfallen** die Provisionsverluste allerdings **als eigenständige Anspruchsvoraussetzung,**[661] weil es nach der Richtlinie, und damit jedenfalls für den WarenHV, **nur auf die Unternehmervorteile ankommt.**[662] Möglicherweise fehlende oder nicht konkret feststellbare Provisionsverluste des HV können daher seinen auf Grund bestimmter zu prognostizierender Unternehmervorteile bestehenden Ausgleichsanspruch allenfalls im **Rahmen der Billigkeitsprüfung beschränken oder negativ beeinflussen** (s. o. RdNr. 73) und insoweit weiterhin ausgleichsrechtlich von Bedeutung sein. Auch wenn sich die Richtlinie nicht auf den **Nicht – WarenHV** erstreckt, wird für ihn rechtlich das Gleiche zu gelten haben. **Praktische Auswirkungen** hat diese einschränkende Gesetzesauslegung nicht; die Provisionsverluste decken sich dogmatisch zwar nicht mit den Unternehmervorteilen nach Nr. 1,[663] **entsprechen** aber regelmäßig betragsmäßig **dem Wert der Unternehmervorteile,**[664] die jedenfalls darin liegen, dass der Unternehmer infolge Vertragsbeendigung Provisionszahlungen an den HV nicht mehr schuldet (RdNr. 85 und 182).[665] 90

b) Provisionsverluste. Provisionsverluste sind die zu prognostizierenden Vergütungen, welche der HV bei der vom Gesetz unterstellten Fortsetzung des HVVertrags auf Grund von bereits abgeschlossenen oder künftig zustandegekommenen Geschäften mit von ihm geworbenen Stammkunden verdient hätte, aber infolge der Vertragsbeendigung nicht mehr erhält.[666] Die mit Vertragsende entgehende Möglichkeit der Werbung neuer Kunden oder der Vermittlung neuer und in keiner Weise mehr von dem HV mitsächlich herbeigeführter Geschäfte mit alten Kunden wird nicht ausgeglichen,[667] solche Geschäftsabschlüsse sind dem Nachfolger zu verprovisionieren. Provisionsverluste erleidet der HV damit **aus bereits während der Vertragszeit abgeschlossenen Kundengeschäften,** wenn der Anspruch auf Zahlung echter oder unechter Überhangprovision ausnahmsweise[668] auf Grund zulässiger[669] Provisionsverzichtsvereinbarungen mit dem Ende des HVVertrags entfällt[670] oder wenn bei Fortbestand des HVVertrags weitere erfolgsabhängige Provisionen zB auf Grund der Vermittlung von Dauer- oder Sukzessivlieferungsverträgen (vgl. § 87 b Abs. 3)[671] oder für die Übernahme des Delkredere (vgl. § 86 b)[672] angefallen wären, dem HV jedoch kraft Gesetzes oder 91

---

[658] Vgl. BGH Urt. v. 13. 3. 1969 – VII ZR 174/66, BGHZ 52, 5, 10 = NJW 1969, 1021; Heymann/*Sonnenschein*/ *Weitemeyer* RdNr. 28; MünchKommHGB/*v. Hoyningen-Huene* RdNr. 78; *Schröder* RdNr. 3 e und 6 a; Staub/*Brüggemann* RdNr. 27; *Küstner* Ausgleichsanspruch RdNr. 468 bis 473; *Alff* RdNr. 324; *Westphal* Vertriebsrecht RdNr. 989, 990, 991.
[659] AA *Küstner* Ausgleichsanspruch RdNr. 1299, 1300, 1302.
[660] BGH Urt. v. 22. 12. 2003 – VIII ZR 117/03, ZIP 2004, 1319, 1322 (für den WarenHV).
[661] *Canaris* § 15 RdNr. 110.
[662] *Canaris* § 15 RdNr. 110; ebenso *Thume* BB 2004, 2473, 2474; s. d. auch *Hakenberg* unten RdNr. 187.
[663] BGH Urt. v. 29. 3. 1990 – I ZR 2/89, ZIP 1990, 1197, 1200; MünchKommHGB/*v. Hoyningen-Huene* RdNr. 84, 130; Staub/*Brüggemann* RdNr. 43; *Küstner* Ausgleichsanspruch RdNr. 535.
[664] *Canaris* § 15 RdNr. 110.
[665] BGH Urt. v. 29. 3. 1990 – I ZR 2/89, ZIP 1990, 1197, 1199; MünchKommHGB/*v. Hoyningen-Huene* RdNr. 84, 130; vgl. *Hopt* RdNr. 47.
[666] BGH Urt. v. 24. 6. 1971 – VII ZR 223/69, BGHZ 56, 290, 294 = NJW 1971, 1610; *Schröder* RdNr. 11; *Westphal* Vertriebsrecht RdNr. 998; kritisch zu diesem Tatbestandsmerkmal im Hinblick auf die Regelung der Anspruchsvoraussetzungen in der EG-RiLi *Fischer* ZVerglRWiss 101 (2002), 143, 154.
[667] BGH Urt. v. 13. 5. 1957 – II ZR 19/57, BGHZ 24, 223, 241 = NJW 1957, 1028; *Hopt* RdNr. 27; *Alff* RdNr. 254.
[668] Staub/*Brüggemann* RdNr. 55.
[669] Vgl. OLG Frankfurt BB 1996, 697; *Küstner* VersR 2002, 513, 517.
[670] BGH Urt. v. 11. 7. 1960 – VII ZR 225/59, BGHZ 33, 92, 94 = NJW 1960, 1996; OLG Frankfurt BB 1978, 728; *Habscheid*, FS Schmidt-Rimpler, S. 335, 357; *Hopt* RdNr. 24; MünchKommHGB/*v. Hoyningen-Huene* RdNr. 86; *Schröder* RdNr. 12; Staub/*Brüggemann* RdNr. 56; *Küstner* Ausgleichsanspruch RdNr. 417, 588, 590; *Westphal* RdNr. 672 und Vertriebsrecht RdNr. 999.
[671] *Schröder* RdNr. 12 und 12 b; *Küstner* Ausgleichsanspruch RdNr. 610.
[672] *Schröder* RdNr. 11 a.

§ 89 b 92

Vertrags nicht mehr geschuldet werden. **Aus künftig möglichen und zu erwartenden Geschäftsabschlüssen** („künftig zustandegekommenen Geschäften") entsteht ein Provisionsverlust, wenn dem HV bei der fingierten Fortsetzung des HVVertrags eine Provision aus Geschäften mit den von ihm während der Vertragszeit geworbenen Kunden zugestanden hätte,[673] selbst wenn diese Geschäfte nur infolge einer weiteren notwendigen Vertriebstätigkeit seines Nachfolgers oder des Unternehmens zustande gekommen wären, weil seine fortgesetzte werbende Tätigkeit für die Dauer des Prognosezeitraums ebenfalls fingiert wird.[674] Damit **entgehen dem HV** insoweit nicht nur die Folge- oder Nachbestellungsprovisionen nach § 87 Abs. 1 Satz 1 oder Abs. 3 Satz 1, welche er infolge der Vertragsbeendigung nicht mehr beanspruchen kann,[675] sondern grds. die **Provisionen aus allen nachvertraglichen Geschäften mit den von ihm geworbenen Stammkunden**, weil für diese Kundengeschäfte seine Werbung im Zweifel noch ursächlich geworden ist.[676] Soweit allerdings für ein Kundengeschäft ein durchsetzbarer Provisionsanspruch besteht, scheidet ein Provisionsverlust aus.[677] Rechtlich unerheblich ist, **wie der HV die Provisionszahlungen verwendet** hätte,[678] ob er sie zB an einen Untervertreter hätte weitergeben müssen (RdNr. 95), und ob er bei Fortbestand des Vertragsverhältnisses noch **gewinnbringend hätte arbeiten können** oder zB seine Betriebskosten die Provisionseinnahmen überstiegen hätten; dem Unternehmer kommt das nicht zugute;[679] der Ausgleichsanspruch bemisst sich nicht nach dem betriebswirtschaftlichen Gewinn.[680]

92 c) **Ausgleichsfähige Provision und Höhe der Provisionsverluste.** Auszugleichen sind die dem HV entgehenden **erfolgsabhängigen** Provisionen, welche ihm bei der fingierten Fortdauer des HVVertrags (RdNr. 32) für seine vertraglich geschuldete[681] Vermittlungs- oder Abschlusstätigkeit zu leisten gewesen wären[682] einschließlich Festbeträgen (s. § 87),[683] Tätigkeitsprovisionen für Delkredere, Inkasso,[684] oder die laufende Betreuung der Kunden im Interesse weiterer Vertragsschlüsse[685] sowie Superprovisionen,[686] sofern es sich um erfolgsabhängige Vergütungen handelt.[687] Unabhängig von einer erfolgreichen Abschluss- oder Vermittlungstätigkeit geschuldete Vergütungen wie Verwaltungs-,[688] Kundenschutz- oder Bezirksprovisionen,[689] Rabatte, Bonus- oder Fixumzahlungen, Entgelte für Lagern und Ausliefern von Waren[690] oder Stornoabwehr[691] aber auch Vergütungen für die Eintragung in Kunden- oder Abnehmerlisten (Listung)[692] sowie nicht erfolgsabhängige Regalpflegeprovision[693] sind

---

[673] BGH Urt. v. 13. 5. 1957 – II ZR 19/57, BGHZ 24, 223, 241 = NJW 1957, 1028; *Hopt* RdNr. 26; *Westphal* Vertriebsrecht RdNr. 1000.
[674] BGH Urt. v. 13. 5. 1957 – II ZR 19/57, BGHZ 24, 223, 241 = NJW 1957, 1028; *Hopt* RdNr. 26; *Westphal* Vertriebsrecht RdNr. 1001.
[675] Vgl. *Habscheid*, FS Schmidt-Rimpler, S. 35, 357, 358; Heymann/*Sonnenschein/Weitemeyer* RdNr. 35 und 39; MünchKommHGB/*v. Hoyningen-Huene* RdNr. 87; *Schröder* RdNr. 1, 13, 13 a, 14; Staub/*Brüggemann* RdNr. 47 bis 49; *Küstner* Ausgleichsanspruch RdNr. 596; *Westphal* RdNr. 673, 674 und Vertriebsrecht RdNr. 1001.
[676] BGH Urt. v. 13. 5. 1957 – II ZR 19/57, BGHZ 24, 223, 241 = NJW 1957, 1028; MünchKommHGB/*v. Hoyningen-Huene* RdNr. 87.
[677] BGH Urt. v. 23. 10. 1996 – VIII ZR 16/96, BGHZ 133, 391 = ZIP 1996, 2165; *Schröder* RdNr. 12 a, 13 d, 14; *Küstner* Ausgleichsanspruch RdNr. 595; *Alff* RdNr. 252, 253.
[678] BGH Urt. v. 23. 1. 1964 – VII ZR 126/62, VersR 1964, 428, 429 (Pfändung).
[679] BGH Urt. v. 27. 10. 1960 – II ZR 1/59, NJW 1961, 120; *Schröder* RdNr. 15 a; *Küstner* Ausgleichsanspruch RdNr. 679; aA OLG Bremen BB 1966, 877.
[680] BGH Urt. v. 12. 2. 2003 – VIII ZR 130/01, NJW-RR 2003, 821 = WM 2003, 2095.
[681] Vgl. *Küstner* Ausgleichsanspruch RdNr. 596.
[682] BGH Urt. v. 1. 12. 1960 – VII ZR 215/59, DB 1961, 269; BGH Urt. 6. 7. 1972 – VII ZR 75/71, BGHZ 59, 125, 127 = NJW 1972, 1664; Heymann/*Sonnenschein/Weitemeyer* RdNr. 35 und 36; *Hopt* RdNr. 25; MünchKommHGB/*v. Hoyningen-Huene* RdNr. 91; *Küstner* Ausgleichsanspruch RdNr. 660, 680; *Westphal* Vertriebsrecht RdNr. 1018 und 1019.
[683] BGH Urt. v. 15. 2. 1965 – VII ZR 194/63, BGHZ 43, 154 = NJW 1965, 134; Heymann/*Sonnenschein/Weitemeyer* RdNr. 16 d; *Küstner* Ausgleichsanspruch RdNr. 680.
[684] *Schröder* RdNr. 11; aA BGH Urt. v. 4. 5. 1959 – II ZR 81/57, BGHZ 30, 98 = NJW 1959, 1430.
[685] BAG Urt. v. 21. 5. 1985 – 3 AZR 283/83, DB 1986, 919.
[686] OLG Bamberg Urt. v. 21. 9. 1971 – 5 U 184/70, HVR Nr. 450; OLG Karlsruhe Urt. v. 12. 6. 1973 – 8 U 95/72, HVR Nr. 480; Heymann/*Sonnenschein/Weitemeyer* RdNr. 36; MünchKommHGB/*v. Hoyningen-Huene* RdNr. 93; *Schröder* RdNr. 11; *Westphal* RdNr. 669; *Küstner* Ausgleichsanspruch RdNr. 674.
[687] *Westphal* Vertriebsrecht RdNr. 1027.
[688] BGH Urt. v. 19. 11. 1970 – VII ZR 47/69, BGHZ 55, 45, 49 = NJW 1971, 462; BGH Urt. 6. 7. 1972 – VII ZR 75/71, BGHZ 59, 125, 128 = NJW 1972, 1664; vgl. auch OLG Hamm Urt. v. 21. 11. 1997 – 35 U 55/96, HVR Nr. 959; Staub/*Brüggemann* RdNr. 131; *Westphal* Vertriebsrecht RdNr. 1021.
[689] BGH Urt. v. 12. 3. 1992 – I ZR 117/90 – NJW-RR 1992, 1059, 1061; *Schröder* RdNr. 13 e und BB 1962, 738, 740.
[690] BGH Urt. v. 3. 6. 1971 – VII ZR 23/70, BGHZ 56, 242, 248 = NJW 1971, 1611.
[691] OLG München NJW-RR 1993, 357.
[692] OLG Hamm Urt. v. 21. 11. 1997 – 35 U 55/96, HVR Nr. 959.
[693] OLG Hamm Urt. v. 21. 11. 1997 – 35 U 55/96, HVR Nr. 959.

nicht ausgleichsfähig.[694] Dabei kommt es nicht auf die Bezeichnung, sondern auf den Charakter der geschuldeten Leistung an.[695] Der **Bezirksvertreter** kann Provisionsverluste nur bei den von ihm geworbenen Kunden erleiden.[696] Bei **Mischvergütungen mit erfolgsabhängigen und erfolgsunabhängigen Bestandteilen**[697] ist der (vom Unternehmer darzulegende und zu beweisende)[698] nicht ausgleichsfähige Provisionsanteil herauszurechnen[699] sowie notfalls nach § 287 ZPO zu schätzen,[700] sofern die Vertragspartner nicht die jeweiligen Anteile vertraglich festgelegt haben, was bei Einhalten der durch Abs. 4 Satz 1 gezogenen Grenzen rechtlich zulässig ist.[701] Wenn der HV für **Nebengeschäfte mit Stammkunden** zB über Zubehör oder Ersatzteile ebenfalls eine Provision beanspruchen konnte, sind auch die nachvertraglich entgehenden Provisionen aus solchen Geschäften ausgleichsfähig.[702] Die **Höhe der Provisionsverluste** bestimmt sich nach der gem. § 87 b geschuldeten (Brutto-)Provision einschließlich Umsatzsteuer[703] und in der Provision enthaltenen auf das vermittelte Geschäft bezogenen Unkostenbeträgen;[704] infolge der Vertragsbeendigung ersparte Aufwendungen des HV können in Ausnahmefällen nach Abs. 1 S. 1 Nr. 3 berücksichtigt werden (RdNr. 113).[705]

d) Provisionsverluste infolge Vertragsbeendigung und Entfallen ausgleichsfähiger Verluste. Die Verpflichtung zur Zahlung der prognostizierten ausgleichspflichtigen Provisionen muss infolge der Vertragsbeendigung entfallen, Kausalität ist erforderlich.[706] Bei Fortsetzung des HV-Vertrags nicht geschuldete Provisionen sind nicht ausgleichsfähig,[707] der HV steht nach Vertragsende nicht besser als während des Vertrags.[708] So entfallen ausgleichsfähige Provisionsverluste zB, wenn und soweit (der Unternehmer nachweist, dass) **(1)** der HV nach dem Vertrag einen Anspruch auf eine Provision für ohne sein Zutun zustande kommende Geschäfte nicht erwerben konnte,[709] oder wenn aus der Sicht bei Vertragsende **(2)** nicht mehr mit provisionspflichtigen Geschäften gerechnet werden konnte,[710] weil zB bei Vertragsende davon auszugehen war, dass **(3)** der HV seine Kunden zu einem anderen Unternehmer mitnehmen[711] oder **(4)** unter Ausschluss des Unternehmers selbst nutzen werde;[712] wenn **(5)** der HV nach Vertragsende auf einer anderen Rechtsgrundlage wie zB als angestellter Reisender für den Unternehmer tätig werden soll, entfallen Provisionsnachteile, soweit ihm weiterhin eine Vergütung für die Geschäfte mit seinen Kunden zusteht.[713] Das Gleiche gilt, wenn absehbar ist, dass **(6)** der Erbe[714] oder **(7)** der Untervertreter[715] des HV dessen Handelsvertretung fortführen werde (RdNr. 95). Provisionsverluste können anders als Unternehmervorteile

---

[694] Zum Ganzen: Heymann/Sonnenschein/Weitemeyer RdNr. 36; MünchKommHGB/v. Hoyningen-Huene RdNr. 92; Schröder RdNr. 11 a; Küstner Ausgleichsanspruch RdNr. 668 bis 671, 680; Westphal RdNr. 666; Alff RdNr. 256, 257; s. a. Höft VersR 1966, 104 und 1970, 97.
[695] BGH Urt. v. 1. 12. 1960 – VII ZR 215/59, DB 1961, 269; BGH Urt. v. 21. 3. 1963 – VII ZR 95/61, VersR 1963, 556.
[696] Schröder BB 1962, 738, 740.
[697] S. BGH Urt. v. 4. 5. 1959 – II ZR 81/57, BGHZ 30, 98, 100 = NJW 1959, 1430.
[698] BGH Urt. v. 5. 6. 1996 – VIII ZR 7/95, ZIP 1996, 1294, 1297 und VIII ZR 141/95, ZIP 1996, 1299, 1304 mit zust. Anm. Westphal EWiR 1996, 747, 748; BGH Urt. v. 26. 2. 1997 – VIII ZR 272/95, BGHZ 135, 14 = ZIP 1997, 841, 845, 846; aA wohl OLG München BB 1993, 1754.
[699] BGH Urt. v. 19. 11. 1970 – VII ZR 47/69, BGHZ 55, 45, 51 = NJW 1971, 462; Westphal Vertriebsrecht RdNr. 1024.
[700] Heymann/Sonnenschein/Weitemeyer RdNr. 37; MünchKommHGB/v. Hoyningen-Huene RdNr. 94; Staub/Brüggemann RdNr. 132; Westphal RdNr. 667.
[701] Heymann/Sonnenschein/Weitemeyer RdNr. 37.
[702] MünchKommHGB/v. Hoyningen-Huene RdNr. 92; Küstner Ausgleichsanspruch RdNr. 872, 874 (für Folgemarkt – Shopverkauf einer Tankstelle); offengelassen von BGH Urt. v. 6. 8. 1997 – VIII ZR 150/96, ZIP 1997, 1832, 1838 und VIII ZR 92/96, ZIP 1997, 1839, 1845.
[703] BGH Urt. v. 11. 12. 1958 – II ZR 73/57, BGHZ 29, 83, 92 = NJW 1959, 144; BGH Urt. v. 5. 12. 1968 – VII ZR 102/66, BGHZ 51, 184 = NJW 1969, 504; BGH Urt. v. 6. 8. 1997 – VIII ZR 150/96, ZIP 1997, 1832, 1837; Günther BB 1957, 1058; Gessler BB 1957, 1164; Gaedertz Markenartikel 1958, 464, 465; Heymann/Sonnenschein/Weitemeyer RdNr. 37; MünchKommHGB/v. Hoyningen-Huene RdNr. 136; Schröder RdNr. 11 b; Küstner Ausgleichsanspruch RdNr. 678; aA Eberstein BB 1957, 1059.
[704] Vgl. Heymann/Sonnenschein/Weitemeyer RdNr. 37.
[705] Heymann/Sonnenschein/Weitemeyer RdNr. 37; Küstner Ausgleichsanspruch RdNr. 678.
[706] Heymann/Sonnenschein/Weitemeyer RdNr. 40; MünchKommHGB/v. Hoyningen-Huene RdNr. 97; Schröder RdNr. 16.
[707] MünchKommHGB/v. Hoyningen-Huene RdNr. 97; Staub/Brüggemann RdNr. 58.
[708] Küstner Ausgleichsanspruch RdNr. 626.
[709] Küstner Ausgleichsanspruch RdNr. 626; Westphal Vertriebsrecht RdNr. 1020.
[710] Schröder RdNr. 13 d.
[711] OLG Düsseldorf OLGR 2000, 406, 410, 411; Küstner Ausgleichsanspruch RdNr. 598; vgl. MünchKommHGB/v. Hoyningen-Huene RdNr. 23; Westphal RdNr. 665 und Vertriebsrecht RdNr. 983; Intveen BB 1999, 1881, 1883 (für Kfz-Vertragshändler).
[712] Vgl. Westphal RdNr. 665.
[713] Teilweise aA Westphal Vertriebsrecht RdNr. 1003.
[714] Westphal Vertriebsrecht RdNr. 913.
[715] Westphal Vertriebsrecht RdNr. 992.

(RdNr. 87) ebenfalls entfallen, wenn **(8)** der Kunde seine bisher durch den HV vermittelte Bedarfsdeckung beendet, um künftig die Produkte des Unternehmers bei einem Großhändler zu erwerben,[716] **(9)** der Kunde seinen Sitz aus dem Bezirk des Handelsvertreters verlegt und dieser seither eine Provision für Geschäfte des Unternehmers mit diesem Kunden vertragsgemäß nicht mehr erhält, **(10)** Geschäftsbetrieb oder Unternehmen des vom HV geworbenen Kunden auf einen anderen von ihm geworbenen Kunden des Unternehmers übergehen und der Unternehmer dem HV vertragsgemäß für künftige Geschäfte mit diesem Kunden eine Provision nicht mehr schuldet. Hingegen ist es für das Entstehen von Provisionsverlusten rechtlich unerheblich, **aus welchen Gründen der HVVertrag endet,**[717] ob die Vertragsparteien gewillt und/oder in der Lage gewesen wären, das Vertragsverhältnis fortzusetzen[718] und wie der HV die Provision verwendet hätte (RdNr. 90).[719] Weder Alter oder Krankheit des HV[720] noch Unzumutbarkeit oder Unmöglichkeit der Fortsetzung des HVVertrags hindern das Entstehen von Provisionsverlusten. Entfallen wegen der Besonderheiten der Vertragsbeendigung bereits die Unternehmervorteile, stellt sich die Frage möglicher Provisionsverluste nicht mehr.

94   **e) Prognose zur Ermittlung der Provisionsverluste.** Wie bei die Vorteilsprognose (RdNr. 85) sind wegen der zu unterstellenden gleichmäßigen Fortentwicklung der vertraglichen Verhältnisse während des Prognosezeitraums (RdNr. 32 und 33) für die Verlustprognose die im letzten Vertragsjahr, bei dessen nicht dem HV anzulastenden atypischen Verlauf die im letzten typischen Vertragszeitraum[721] bei der kürzerer Vertragsdauer die insgesamt[722] begründeten Anwartschaften und Ansprüche auf Provision[723] auf Grund des zuletzt geltenden Provisionssatzes[724] fortzuschreiben. Die tatsächliche Entwicklung ist nicht entscheidend. Stammkundengeschäfte, welche zu echten oder unechten **Überhangprovisionen** führen, beruhen auf der erfolgreich abgeschlossenen Tätigkeit des HV und sind in die Prognose einzubeziehen (RdNr. 90);[725] um einen nach Vertragsende voraussichtlich **geschuldeten Überhangprovisionsbetrag** sind die prognostizierten Provisionsverluste zu bereinigen.[726]

95   **f) Mehrstufiges Vertretungsverhältnis.** Die Provisionsverluste bestimmen sich im mehrstufigen Vertretungsverhältnis grds. nach den Gegebenheiten innerhalb des jeweiligen Vertragsverhältnisses. Dem Hauptvertreter entstehen Provisionsverluste selbst bei vollständiger oder anteiliger Provisionsweitergabe an den Untervertreter (RdNr. 90)[727] unabhängig davon, ob er seinem Untervertreter nach Vertragsende seinerseits einen Ausgleich schuldet.[728] Betreut allerdings der echte Untervertreter nach Beendigung seines Untervertretungsvertrags den bisherigen Kundenstamm unmittelbar für den Unternehmer, kann er Provisionsverluste nicht erleiden (RdNr. 93);[729] ein Ausgleichsanspruch gegenüber dem Hauptvertreter entsteht nicht. Das gilt auch dann, wenn die von dem bisherigen Untervertreter geworbenen Kunden nach seinem mit dem Unternehmer geschlossenen HVVertrag provisions- und ausgleichsrechtlich als von dem Untervertreter für den Unternehmer geworbene Kunden zu gelten haben und deswegen im Verhältnis zum Unternehmer Provisionsverluste infolge der Beendigung des Untervertretungsvertrags nicht entfallen können.

---

[716] *Bamberger* NJW 1984, 2670; *Küstner* Ausgleichsanspruch RdNr. 425; vgl. auch OLG Oldenburg Urt. v. 28. 11. 1962 – 2 U 150/62, HVR Nr. 284 (wo jedoch zu Unrecht bereits das Entfallen von Unternehmernehmervorteilen angenommen wird).
[717] BGH Urt. v. 10. 12. 1997 – VIII ZR 329/96, ZIP 1998, 420, 421 m. zust. Anm. *v. Hoyningen-Huene* EWiR 1998, 273, 274; aA *Schröder* RdNr. 16 a (für den Fall des Todes des HV).
[718] BGH Urt. v. 10. 12. 1997 – VIII ZR 329/96, ZIP 1998, 420.
[719] Vgl. aber *Schröder* RdNr. 16 c.
[720] OLG Celle NJW 1968, 1141; Heymann/*Sonnenschein*/*Weitemeyer* RdNr. 34; MünchKommHGB/*v. Hoyningen-Huene* RdNr. 81.
[721] Heymann/*Sonnenschein*/*Weitemeyer* RdNr. 71; MünchKommHGB/*v. Hoyningen-Huene* RdNr. 131; *Westphal* RdNr. 703; *Küstner* Ausgleichsanspruch RdNr. 682 bis 685 und BB 1982, 274, 276.
[722] Heymann/*Sonnenschein*/*Weitemeyer* RdNr. 71; MünchKommHGB/*v. Hoyningen-Huene* RdNr. 131; *Westphal* RdNr. 703.
[723] *Küstner* Ausgleichsanspruch RdNr. 687.
[724] *Küstner* Ausgleichsanspruch RdNr. 687.
[725] *Westphal* Vertriebsrecht RdNr. 1002.
[726] *Westphal* Vertriebsrecht RdNr. 999, 1002, 1096 f.
[727] BGH Urt. v. 7. 3. 1985 – I ZR 204/82, HVR Nr. 605; Heymann/*Sonnenschein*/*Weitemeyer* RdNr. 38; MünchKommHGB/*v. Hoyningen-Huene* RdNr. 93, 95; *Küstner* Ausgleichsanspruch RdNr. 672; *Westphal* Vertriebsrecht RdNr. 993 und 1027; offengelassen von BGH Urt. v. 10. 12. 1997 – VIII ZR 329/96, ZIP 1998, 420, 421; aA BGH Urt. v. 16. 3. 1989 – I ZR 162/87, BB 1989, 1075; aA *Schröder* RdNr. 16 c.
[728] AA *Küstner* Ausgleichsanspruch RdNr. 676; *Westphal* Vertriebsrecht RdNr. 993.
[729] BGH Urt. v. 13. 3. 1969 – VII ZR 174/66, BGHZ 52, 5, 10, 12 = NJW 1969, 1021; Heymann/*Sonnenschein*/*Weitemeyer* RdNr. 38; *Westphal* Vertriebsrecht RdNr. 992 und 1027; aA *Schröder* RdNr. 16, 16 e.

5. Billigkeit – Abs. 1 Satz 1 Nr. 3. a) Allgemeine Bedeutung der Billigkeit. Der in Abs. 1 **96** Satz 1 Nr. 3 niedergelegte Billigkeitsgrundsatz beherrscht das gesamte Recht des Ausgleichsanspruchs[730] und ist bei der Auslegung aller Tatbestandsmerkmale des § 89 b zu beachten (RdNr. 2 und 73).[731] Auszugleichen ist nach dem Gesetz nicht der volle rechnerische Betrag bis zur Höhe der Unternehmervorteile[732] oder auch darunter liegender Provisionsverluste (s. RdNr. 73 und 90). Vielmehr muss der zu zahlende Ausgleich nach Abs. 1 Satz 1 Nr. 3 unter Berücksichtigung aller Umstände des Einzelfalls der Billigkeit entsprechen. Dabei handelt es sich um eine **eigenständige Anspruchsvoraussetzung** (RdNr. 73)[733] zur Korrektur eines nach Nr. 1 und 2 ermittelten Betrags,[734] um im Einzelfall den gerechten, also „richtigen", nämlich angemessenen und billigen Ausgleich zwischen den widerstreitenden Interessen der Vertragsparteien herzustellen,[735] mit der Folge dass der Ausgleichsanspruch im Einzelfall aus Billigkeitsgründen auch ganz entfallen kann.[736] Die Billigkeitsprüfung nach Abs. 1 S. 1 N. 3 findet nach der positiven Feststellung der Tatbestandsvoraussetzungen des Abs. 1 Satz 1 Nr. 1 und 2 statt;[737] sie ersetzt diese nicht und **kann nicht eigenständig einen Ausgleichsanspruch begründen.**[738] Fehlen Unternehmervorteile (zu fehlenden Provisionsverlusten siehe RdNr. 73 und 90), entfällt die Kontrolle nach Nr. 3.[739] Bei **Zusammentreffen mehrerer für die Billigkeitsprüfung erheblicher Umstände** entscheidet eine Gesamtabwägung[740] über eine angebrachte und gebotene Veränderung des zunächst rechnerisch ermittelten Betrags.[741] Zugunsten des HV sprechende (und von ihm nachzuweisende) Gegebenheiten können (von dem Unternehmer nachzuweisende) mindernd wirkende Umstände ausgleichen und den Anspruch ungeschmälert erhalten,[742] jedoch einen über den Betrag der Unternehmervorteile oder der Provisionsverluste hinausgehenden Anspruch nicht begründen (RdNr. 99). Gegenstand der Billigkeitskontrolle als einem **Element des Anspruchsgrundes**[743] ist nach dem eindeutigen Aufbau des Gesetzes der sich aus Abs. 1 Satz 1 Nr. 1 und 2 ergebende rechnerische (Zwischen-)Betrag, nicht der **Höchstbetrag** des Abs. 2 (RdNr. 132), auf den Nr. 3 **nicht mehr anzuwenden** ist.[744] Deswegen wird bei über dem Höchstbetrag liegenden Unternehmervorteilen und Provisionsverlusten der ungeschmälerte Höchstbetrag geschuldet, wenn die Billigkeitskontrolle zu einem über dem Höchstbetrag liegenden angemessenen Ausgleichbetrag führt.[745] Die Billigkeit ist ein vom Tatrichter nach einem objektiven Maßstab[746] auszufüllender[747] unbestimmter Rechtsbegriff, der einer nur eingeschränkten Überprüfung durch das Revisionsgericht unterliegt.[748]

---

[730] *Alff* RdNr. 227.
[731] Heymann/*Sonnenschein/Weitemeyer* RdNr. 42; vgl. *Küstner* Ausgleichsanspruch RdNr. 877.
[732] Heymann/*Sonnenschein/Weitemeyer* RdNr. 42; *Schröder* RdNr. 17.
[733] *Schuler* NJW 1958, 1113; Heymann/*Sonnenschein/Weitemeyer* RdNr. 42; *Hopt* RdNr. 31; MünchKommHGB/*v. Hoyningen-Huene* RdNr. 98, 99; Staub/*Brüggemann* RdNr. 12, 63; *Küstner* Ausgleichsanspruch RdNr. 876, 879; *Westphal* Vertriebsrecht RdNr. 676 und Vertriebsrecht RdNr. 1032; aA *Noetzel* NJW 1958, 1325.
[734] BGH Urt. v. 20. 11. 2002 – VIII ZR 146/01, BGHZ 153, 6 = ZIP 2003, 264; OLG Hamburg DB 1980, 972, 973; Heymann/*Sonnenschein/Weitemeyer* RdNr. 42; MünchKommHGB/*v. Hoyningen-Huene* RdNr. 138.
[735] Vgl. dazu Heymann/*Sonnenschein/Weitemeyer* RdNr. 69; MünchKommHGB/*v. Hoyningen-Huene* RdNr. 100 und 124; *Küstner* Ausgleichsanspruch RdNr. 889.
[736] *Westphal* Vertriebsrecht RdNr. 1032.
[737] BGH Urt. v. 19. 11. 1970 – VII ZR 47/69, BGHZ 55, 45, 55 = NJW 1971, 462; BGH Urt. v. 29. 4. 1993 – I ZR 150/91, NJW-RR 1993, 996, 999; BGH Urt. v. 16. 2. 2000 – VIII ZR 134/99, EBE 2000, 109, 111 = ZIP 2000, 618; BGH Urt. v. 20. 11. 2002 – VIII ZR 146/01, BGHZ 153, 6 = ZIP 2003, 264; *Westphal* Vertriebsrecht RdNr. 1034.
[738] BGH Urt. v. 15. 2. 1965 – VII ZR 194/63, BGHZ 43, 154 = NJW 1965, 134; BGH Urt. v. 10. 5. 1984 – I ZR 36/82, NJW 1985, 58; BGH Urt. v. 17. 10. 1984 – I ZR 95/82, WM 1985, 469; BGH Urt. v. 12. 12. 1985 – I ZR 62/83, WM 1986, 392, 393; BGH Urt. v. 11. 12. 1996 – VIII ZR 22/96 – ZIP 1997, 238, 239; BGH Urt. v. 25. 11. 1998 – VIII ZR 221/97, EBE 1999, 13; BGH Urt. v. 16. 2. 2000 – VIII ZR 134/99, EBE 2000, 109, 111 = ZIP 2000, 618; vgl. MünchKommHGB/*v. Hoyningen-Huene* RdNr. 99; *Hopt* RdNr. 31; *Schröder* RdNr. 2, 17; *Küstner* Ausgleichsanspruch RdNr. 878 und 880.
[739] Heymann/*Sonnenschein/Weitemeyer* RdNr. 21; MünchKommHGB/*v. Hoyningen-Huene* RdNr. 27.
[740] Vgl. MünchKommHGB/*v. Hoyningen-Huene* RdNr. 101, 105.
[741] MünchKommHGB/*v. Hoyningen-Huene* RdNr. 101, 105.
[742] BGH Urt. v. 3. 3. 1969 – VII ZR 174/66, BGHZ 52, 5, 13 = NJW 1969, 102; *Küstner* NJW 1969, 769, 774; *Schröder* RdNr. 17 a; Staub/*Brüggemann* RdNr. 66; *Westphal* RdNr. 697 bis 700 und Vertriebsrecht RdNr. 1033.
[743] MünchKommHGB/*v. Hoyningen-Huene* RdNr. 124.
[744] BGH Urt. v. 19. 11. 1970 – VII ZR 47/69, BGHZ 55, 45, 55 = NJW 1971, 462; BGH Urt. v. 15. 10. 1992 – I ZR 173/91, NJW-RR 1993, 221; BGH Urt. v. 11. 12. 1996 – VIII ZR 22/96 – ZIP 1997, 238, 239; BGH Urt. v. 25. 11. 1998 – VIII ZR 221/97, EBE 1999, 13, 16; BGH Urt. v. 16. 2. 2000 – VIII ZR 134/99, EBE 2000, 109, 111 = ZIP 2000, 618; BGH Urt. v. 20. 11. 2002 – VIII ZR 146/01, BGHZ 153, 6 = ZIP 2003, 264, dazu Anm. *Küstner* EWiR 2003, 229; *Graf v. Westphalen* BB 2001, 1593, 1596, 1597; *Evers/Kiene* ZfV 2001, 765; *Westphal* RdNr. 710 und Vertriebsrecht RdNr. 1035; *Alff* RdNr. 289; aA *Küstner* Ausgleichsanspruch RdNr. 891, 892, 1030 und BB 1994, 1590, 1592.
[745] BGH Urt. v. 20. 11. 2002 – VIII ZR 146/01, BGHZ 153, 6 = ZIP 2003, 264.
[746] MünchKommHGB/*v. Hoyningen-Huene* RdNr. 104.
[747] Vgl. MünchKommHGB/*v. Hoyningen-Huene* RdNr. 101.
[748] Heymann/*Sonnenschein/Weitemeyer* RdNr. 68.

97 **b) Erhebliche Umstände.** In die Billigkeitskontrolle sind nach dem eindeutigen Wortlaut des Gesetzes sämtliche Umstände des Einzelfalls einzubeziehen, welche für die Bemessung des Ausgleichsanspruchs von Bedeutung sein können.[749] Das sind in erster Linie die **mit dem Vertragsverhältnis zusammenhängenden Gegebenheiten,** die Besonderheiten der vertraglichen Regelung,[750] die vertragliche Risikoverteilung im Hinblick auf das vertriebene Produkt und dessen Erfolg oder Misserfolg am Markt, der geschuldete und tatsächlich erbrachte, besonders auch überobligationsmäßige Einsatz und Arbeitsaufwand des HV für den Umsatz des vertriebenen Produkts,[751] sein Erfolg und die dafür vereinbarte Vergütung.[752] Dass diese Umstände sich in höheren Unternehmervorteilen und Provisionsverlusten niedergeschlagen haben, schließt ihre angemessene Berücksichtigung im Rahmen der Billigkeitsprüfung nicht aus. Vertragswidriges, besonders schuldhaftes, Verhalten der Parteien und die **Gründe für die Vertragsbeendigung** fließen ebenso in die Billigkeitsprüfung ein,[753] wie grundsätzlich außervertragliche sog. **vertragsfremde Umstände,**[754] also zB die sozialen und wirtschaftlichen Auswirkungen von Vertragsbeendigung und Ausgleichszahlung für HV, Unternehmer und dessen Betrieb,[755] sowie die Person des Ausgleichsberechtigten im Fall der Rechtsnachfolge (RdNr. 36).[756] Allerdings muss die Berücksichtigung außervertraglicher Umstände mit den Grundgedanken des Ausgleichsrechts in Einklang stehen und darf dem Zweck des Anspruchs nicht widersprechen. Was zum **Tatbestand der** einzelnen **Anspruchsvoraussetzungen** gehört, darf nicht in die Billigkeitsprüfung einbezogen werden.[757] **Sachfremde** oder gar **willkürliche Gesichtspunkte** sind unbeachtlich.[758] Eine abschließende Aufzählung möglicher erheblicher Umstände verbietet sich naturgemäß, wegen einiger besonders wichtiger in die Billigkeitsprüfung gehörender Umstände kann auf die RdNr. 101 f. verwiesen werden.[759]

98 **c) Maßgebender Zeitpunkt für die Billigkeitsprüfung und Berücksichtigung künftiger Umstände.** In die Billigkeitskontrolle sind grds. die Gegebenheiten bei Vertragsende und die mit ihnen in unmittelbarem und engem zeitlichen Zusammenhang stehenden Umstände einzubeziehen. Außerdem sind diejenigen künftigen Umstände zu berücksichtigen, deren Eintritt innerhalb des Prognosezeitraums bei Vertragsende mit hinreichender Wahrscheinlichkeit vorhersehbar und abschätzbar ist (RdNr. 29, 30). Nur mit dieser Einschränkung[760] können Verhalten und Schicksal der Parteien sowie ihre besonderen Lebensumstände nach Vertragsende erheblich werden.

99 **d) Rechtsfolgen der Billigkeitskontrolle.** Im Regelfall entspricht die Leistung des nach Abs. 1 Satz 1 Nr. 1 und 2 ermittelten Ausgleichsbetrags der Billigkeit,[761] sofern nicht (der Unternehmer nachweist, dass) ausnahmsweise Gründe vorliegen, welche die Leistung als unbillig erscheinen

---

[749] BGH Urt. v. 20. 11. 2002 – VIII ZR 146/01, BGHZ 153, 6 = ZIP 2003, 264, 266; Heymann/*Sonnenschein/Weitemeyer* RdNr. 43; MünchKommHGB/*v. Hoyningen-Huene* RdNr. 102, anders RdNr. 121; *Schröder* RdNr. 17 a; teils aA *Küstner* Ausgleichsanspruch RdNr. 898 bis 903.
[750] *Schröder* RdNr. 18.
[751] AA ersichtlich *Küstner* Ausgleichsanspruch RdNr. 902, 903.
[752] Zum Ganzen MünchKommHGB/*v. Hoyningen-Huene* RdNr. 103.
[753] BGH Urt. v. 6. 2. 1964 – VII ZR 100/62, BGHZ 41, 129, 131 = NJW 1964, 915; BGH Urt. v. 30. 6. 1966 – VII ZR 124/65, BGHZ BGH 45, 385, 386, 387 = NJW 1966, 1965; BGH Urt. v. 13. 3. 1969 – VII ZR 48/67, BGHZ 52, 12, 14, 15 = NJW 1969, 1023; BGH Urt. v. 16. 3. 1972 – VII ZR 179/70, VersR 1972, 534 m. Anm. *Höft*; BGH Urt. v. 27. 2. 1981 – I ZR 39/79, WM 1981, 817, 818; BGH Urt. v. 17. 10. 1984 – I ZR 95/82, WM 1985, 469; BGH Urt. v. 2. 7. 1987 – I ZR 188/85, NJW-RR 1988, 42, 43.
[754] BGH Urt. v. 15. 2. 1964 – VII ZR 194/63, BGHZ 43, 154, 161 = NJW 1965, 134; BGH Urt. v. 23. 5. 1966 – VII ZR 268/64, BGHZ 45, 268, 271 = NJW 1966, 1962; BGH Urt. 20. 11. 2002 – VIII ZR 211/01, DB 2003. 144, 145 = MDR 2003, 177 m. Anm. *Emde* EWiR 2003, 229; ausf. *Schröder* RdNr. 17 a; *Alff* RdNr. 282; kritisch *Höft* VersR 1972, 535; aA *Meyer* BB 1956, 299; *Evers/Kiene* ZfV 2001, 62; MünchKommHGB/*v. Hoyningen-Huene* RdNr. 121; Staub/*Brüggemann* RdNr. 67 und 68; *Küstner* Ausgleichsanspruch RdNr. 898, 899, 907, 908, 912, 967; *Westphal* RdNr. 678 und Vertriebsrecht RdNr. 1038.
[755] Zum Ganzen: Heymann/*Sonnenschein/Weitemeyer* RdNr. 43; auch MünchKommHGB/*v. Hoyningen-Huene* RdNr. 102, 103; *Schröder* RdNr. 17 a; einschränkend *Grundmann* S. 570 R 16 und S. 574 R 27.
[756] *Küstner* Ausgleichsanspruch RdNr. 907.
[757] BGH Urt. v. 19. 11. 1970 – VII ZR 47/69, BGHZ 55, 45, 57 = NJW 1971, 462; BGH Urt. v. 29. 3. 1990 – I ZR 2/89, ZIP 1990, 1197, 1199.
[758] MünchKommHGB/*v. Hoyningen-Huene* RdNr. 102.
[759] Siehe dazu auch OLG Frankfurt Urt. v. 8. 12. 1970– 5 U 94/70, HVR Nr. 428; OLG Celle Urt. v. 7. 1. 1971 – 7U 224/69, HVR Nr. 436; OLG Bamberg Urt. v. 21. 9. 1971 – 5 U 184/70, HVR Nr. 450 sowie die Übersichten bei Heymann/*Sonnenschein/Weitemeyer* RdNr. 44 bis 67; MünchKommHGB/*v. Hoyningen-Huene* RdNr. 102 bis 121; *Schröder* RdNr. 18 bis 19 a; Staub/*Brüggemann* RdNr. 68 bis 78; *Küstner* Ausgleichsanspruch RdNr. 896 bis 1001; *Westphal* RdNr. 678 bis 694 und Vertriebsrecht RdNr. 1042 bis 1076; *Alff* RdNr. 264 bis 287; siehe auch *Schneider* MDR 1970, 976; für Vertragshändler: *Stumpf/Jaletzke/Schultze* RdNr. 777 bis 793.
[760] Insoweit teilweise aA MünchKommHGB/*v. Hoyningen-Huene* RdNr. 103; *Schröder* RdNr. 17 a, 18; Staub/*Brüggemann* RdNr. 263; *Westphal* Vertriebsrecht RdNr. 1032.
[761] *Schneider* MDR 1970, 976; *Saenger* DB 2000, 129, 132, *Schröder* RdNr. 17, 20 b; Staub/*Brüggemann* RdNr. 65; *Küstner* Ausgleichsanspruch RdNr. 1568.

lassen,[762] was im Regelfall zu einer prozentualen **Minderung**[763] des sich nach Nr. 1 und 2 ermittelten (Zwischen-)Betrags und damit rechtlich zu einem Entstehen des Anspruchs nur in der gekürzten Höhe[764] sowie ausnahmsweise zum **Nichtentstehen** des Ausgleichsanspruchs führen kann.[765] Allgemeine Regeln oder Grundsätze dazu, wie sich die im Einzelfall gegebenen Umstände auf den jeweiligen Ausgleichsanspruch konkret auswirken, gibt es nicht; hier ist eine konkrete Einzelfallprüfung unter Einbeziehung aller Besonderheiten erforderlich, welche für den konkreten Ausgleichsanspruch von Bedeutung sein können. Eine auf Billigkeitserwägungen beruhende **Überschreitung** des für **Unternehmervorteile** oder **Provisionsverluste** ermittelten Werts oder des **Höchstbetrags** nach Abs. 2 oder 5 ist rechtlich unzulässig (RdNr. 96).[766]

e) Vereinbarungen zur Billigkeit. In den durch Abs. 4 Satz 1 gezogenen Grenzen können die 100 Parteien positive oder negative Billigkeitskriterien verbindlich festlegen,[767] jedoch zu Lasten des HV weder die Billigkeitskontrolle ganz oder teilweise ausschließen noch auf einzelne Billigkeitselemente beschränken.[768] Dem HV günstige (Individual-) Vereinbarungen zu Auslegung und Verständnis des Abs. 1 Satz 1 Nr. 3 sind zulässig. Hingegen werden Regelungen in vom Unternehmer vorgegebeN AGB oder Formularverträgen zu einer generellen Bedeutung bestimmter Umstände, wie zB zur zwingenden Anrechnung einer Altersversorgung auf den Ausgleichsanspruch, regelmäßig unwirksam sein.[769] Selbst ohne rechtsverbindliche Vereinbarung können gemeinsame Vorstellungen beider Parteien zur Bedeutung bestimmter Umstände für die Billigkeitsprüfung erheblich sein.[770] Jedoch ist es mit Abs. 4 Satz 1 nicht in Einklang zu bringen, die Vertragsparteien an nach dieser Vorschrift unwirksamen Vereinbarungen mit der Erwägung festzuhalten, dass die Vertragspartner tatsächlich übereinstimmend das (unwirksam) Vereinbarte als für die Billigkeitsprüfung erheblich angesehen haben.[771]

6. Billigkeitsprüfung in Sonderfällen. a) Ablehnung eines Angebots auf Abschluss eines 101 **Folgevertrags.** Die Ablehnung eines angemessenen und dem HV zumutbaren Angebots auf Abschluss eines Folgevertrags nach einer (Änderungs-)Kündigung des HVVertrags durch den Unternehmer wird regelmäßig bei der Billigkeit anspruchsmindernd zu berücksichtigen sein.[772]

b) Abwanderung von Kunden. Abwanderung von **Altkunden** während der Vertragszeit kann 102 eine Anspruchsminderung aus Billigkeitsgründen rechtfertigen, wenn sie auf Vernachlässigung der Betreuungspflichten des HV zurückzuführen ist (RdNr. 125).[773] Abwanderung von **Neukunden** während der Vertragszeit wirkt sich bereits bei der Feststellung der Anzahl der geworbenen Stammkunden und damit der Unternehmervorteile und der Provisionsverluste aus.[774] Für die Billigkeitskontrolle kann eine vorhersehbare, aber nicht dem Unternehmer anzulastende[775] Minderung des

---

[762] *Schneider* MDR 1970, 976; *Schröder* RdNr. 17.
[763] MünchKommHGB/*v. Hoyningen-Huene* RdNr. 99.
[764] BGH Urt. v. 17. 11. 1983 – I ZR 139/81, WM 1984, 212, 213.
[765] *Emde* BB 2000, 738, 739; MünchKommHGB/*v. Hoyningen-Huene* RdNr. 98, 99; aA Heymann/*Sonnenschein*/*Weitemeyer* RdNr. 42.
[766] *Schröder* RdNr. 17 a; *Küstner* Ausgleichsanspruch RdNr. 893; *Westphal* RdNr. 677; aA offensichtlich MünchKommHGB/*v. Hoyningen-Huene* RdNr. 99; aA *Matthies* DB 1986, 2063, 2064, 2065.
[767] BGH Urt. v. 20. 11. 2002 – VIII ZR 146/01, BGHZ 153, 6 = ZIP 2003, 264, 266; BGH Urt. 20. 11. 2002 – VIII ZR 211/01, DB 2003. 144, 145 = MDR 2003, 277 m. Anm. *Küstner* EWiR 2003, 229; *Emde* EWiR 2001, 765, 766; *Evers*/*Kiene* ZfV 2001, 589; *Küstner* Ausgleichsanspruch RdNr. 895, 1071; vgl. ausf. auch OLG Köln VersR 1999, 615, 616.
[768] BGH Urt. v. 20. 11. 2002 – VIII ZR 146/01, BGHZ 153, 6 = ZIP 2003, 264, 266; *Westphal* Vertriebsrecht RdNr. 1040.
[769] LG München DB 2000, 2423, OLG München DB 2001, 1666 m. Anm. *Emde* EWiR 2001, 765 und das im Wesentlichen bestätigende Revisionsurteil des BGH vom 20. 11. 2002 – VIII ZR 146/01, BGHZ 153, 6 = ZIP 2003, 264 m. Anm. *Küstner* EWiR 2003, 229 (zur Unzulässigkeit von Klauseln in AGB von Versicherungsverträgen über die generelle Anrechnung einer zu leistenden Altersversorgung auf den Ausgleichsanspruch).
[770] BGH Urt. v. 20. 11. 2002 – VIII ZR 211/01, DB 2003, 144, 145 = MDR 2003, 277.
[771] So aber BGH Urt. v. 11. 11. 1983 – I ZR 139/81, BB 1984, 168 = WM 1984, 212, 213; BGH Urt. 20. 11. 2002 – VIII ZR 211/01, DB 2003. 144, 145 und BGH Urt. v. 20. 11. 2002 – ZIP VIII ZR 146/01, BGHZ 153, 6 = ZIP 2003, 264, 266 (für die bestimmte Anrechnung einer Altersversorgung) m. krit. Bspr. beider Urteile von *Löwe*/*Schneider* ZIP 2003, 1129, 1132 f.
[772] OLG Hamm Urt. v. 14. 3. 1977 – 18 U 162/76, HVR Nr. 511; OLG Nürnberg Urt. v. 3. 11. 1982 – 4 U 275/81, HVR Nr. 571; *Stumpf*/*Ströbl* MDR 2004, 1209, 1211; aA *Küstner*/*Thume* Ausgleichsanspruch RdNr. 1150, 1151.
[773] Vgl. BGH Urt. v. 29. 3. 1990 – I ZR 2/89, ZIP 1990, 1197, 1199; Heymann/*Sonnenschein*/*Weitemeyer* RdNr. 56; Hopt RdNr. 21 und 37; MünchKommHGB/*v. Hoyningen-Huene* RdNr. 119; *Küstner* Ausgleichsanspruch RdNr. 975; Staub/*Brüggemann* RdNr. 40.
[774] BGH Urt. v. 29. 3. 1990 – I ZR 2/89, ZIP 1990, 1197, 1199; vgl. auch BGH Urt. v. 12. 2. 2003 – VIII ZR 130/01, NJW-RR 2003, 821; *Emde* BB 2000, 738, 739; vgl. Heymann/*Sonnenschein*/*Weitemeyer* RdNr. 62; Hopt RdNr. 38; *Küstner* Ausgleichsanspruch RdNr. 981, 996; aA wohl MünchKommHGB/*v. Hoyningen-Huene* RdNr. 114.
[775] Vgl. *Westphal* Vertriebsrecht RdNr. 975.

künftigen Umsatzes infolge Kundenabwanderung grds. nur ausnahmsweise anspruchsmindernd bedeutsam werden, wenn sie mit hinreichender Wahrscheinlichkeit bei Fortsetzung des Vertragsverhältnisses mit dem ausgeschiedenen HV dessen Provisionsaufkommen geschmälert hätte und nicht bereits bei der Ermittlung der Provisionsverluste berücksichtigt worden ist.[776]

103 c) **Alter des Handelsvertreters.** Hohes Alter des HV ist grundsätzlich unerheblich.[777]

104 d) **Alters- und Hinterbliebenenversorgung. aa) Anrechenbarkeit ausschließlich vom Unternehmer finanzierter Versorgungsleistung.** Eine dem HV verbindlich zugesagte Alters- und/oder Hinterbliebenenversorgung[778] kann anspruchsmindernde Bedeutung erlangen,[779] wenn und soweit sie **allein von dem Unternehmer finanziert** worden ist,[780] so dass der Unternehmer damit eine dem HV obliegende Aufgabe übernommen hat und nach durch die Berücksichtigung dieser Altersversorgung bei der Ermittlung des Ausgleichsanspruchs eine wirtschaftliche Doppelbelastung des Unternehmers ausscheidet.[781] Im Zweifel wird die Aufnahme des HV in die betriebliche Altersversorgung des Unternehmers mit wirtschaftlichen Einbußen des HV bei seiner laufenden Vergütung, den Provisionen, verbunden und zumindest teilweise von ihm erwirtschaftet sein, selbst wenn formell von dem HV Zahlungen für die Altersversorgung nicht gefordert oder einbehalten werden;[782] Thume[783] unterstellt in seinem Beitrag über die Anrechnung von Versorgungszusagen auf den Ausgleichsanspruch der Versicherungsvertreter zwar eine Alleinfinanzierung dieser Versorgungsleistungen durch die jeweiligen Versicherer, bleibt eine Begründung für diese wirtschaftlich lebensfremde These schuldig; auch die Versicherungsvertreter werden mit den sonstigen Mitarbeitern von Versicherungsunternehmen diejenigen finanziellen Mittel zumindest anteilig mit aufbringen, aus welchen die Versorgungsleistungen aufgebaut und aufgebracht werden. Nur wenn (der Unternehmer nachweist, dass) es sich um eine aus sozialen Gründen erbrachte zusätzliche Leistung[784] und nicht zugleich um eine anteilige Vergütung der vom HV geschuldeten Tätigkeit handelt, ist für eine Anrechnung der vom Unternehmer getätigten Aufwendungen[785] auf den Ausgleichsanspruch Raum.[786] Hingegen dürfte eine vom HV gezeigte **Betriebstreue** zum Unternehmen des Geschäftsherrn nur in seltenen Ausnahmefällen, zB bei einem jahrzehntelang tätigen HV, besonders einem Einfirmenvertreter, der Anrechnung einer vom Unternehmer aufgebrachten Altersversorgungsleistung entgegenstehen.[787]

105 bb) **Zeitlicher Zusammenhang zwischen Vertragsende und Beginn der Versorgungszahlung.** Weitere Voraussetzung für eine Anrechnung ist, dass der HV **in absehbarer Zeit** zumindest mittelbar, zB durch eine ihm rechtlich mögliche anderweitige Verwertung der Altersversorgung,[788] **in deren Genuss kommen wird,**[789] weil die Zusatzversorgung dann die gleichen

---

[776] Vgl. OLG Schleswig Urt. v. 8. 10. 1958 – 3 U 140/57, HVR Nr. 217; Heymann/Sonnenschein/Weitemeyer RdNr. 62; MünchKommHGB/v. Hoyningen-Huene RdNr. 114; Küstner Ausgleichsanspruch RdNr. 979; Westphal Vertriebsrecht RdNr. 976.
[777] Hopt RdNr. 42; Westphal RdNr. 678; vgl. auch Schröder RdNr. 18.
[778] Dazu ausf. v. Westphalen BB 2001, 1593; Fuchs-Baumann DB 2001, 2131; Thume BB 2002, 1325; Emde VersR 2002, 151, 164 und VersR 2003, 549; Hübsch/Hübsch WM 2005 Sonderbeilage Nr. 1 zu Heft 9 S. 15 f.; zu Art und Höhe der vorzunehmenden Anrechnung Löwe/Schneider ZIP 2003, 1129 sowie besonders aus Evers/Kiene ZfV 2001, 585, 618, 765 und DB 2002, 1309.
[779] Kritisch dazu im Hinblick auf die Regelung in der EG-RiLi Fischer ZVerglRWiss 101 (2002), 143, 155.
[780] BGH Urt. v. 23. 5. 1966 – VII ZR 268/64, BGHZ 45, 268, 270 = NJW 1966, 1962 m. Anm. Höft VersR 1966, 842; BGH Urt. v. 19. 11. 1970 – VII ZR 47/69, BGHZ 55, 45, 58 = NJW 1971, 462; BGH Urt. v. 18. 2. 1982 – I ZR 20/80, WM 1982, 632; BGH Urt. v. 11. 11. 1983 – I ZR 139/81, BB 1984, 168 = WM 1984, 212 m. Anm. Honsel BB 1984, 365; BGH Urt. v. 23. 2. 1994 – VIII ZR 94/93, NJW 1994, 1350 = ZIP 1994, 454; OLG Düsseldorf NJW-RR 1996, 225 und OLGR 1996, 128; Schmidt DB 1954, 904; Klinger DB 1958, 1192; Küstner BB 1963, 1147 und BB 1999, 541, 548; Martin DB 1966, 1837 und VersR 1968, 117, 122; Heissmann DB 1967, 395 (in steuerrechtlicher Hinsicht); Höft VersR 1973, 739; Lutz DB 1989, 2345 (in steuerrechtlicher Hinsicht); Flohr DStR 1998, 572, 572 (für Franchiseverträge); v. Westphalen BB 2001, 1593; Fuchs-Baumann DB 2001, 2131 (der davon ausgeht, dass allein der Versicherer die zugesagte Altersrente finanziert); zum Ganzen ausführlich: Evers/Kiene ZfV 2001, 585, 618, 765 und DB 2002, 1309; Thume BB 2002, 1325; Heymann/Sonnenschein/Weitemeyer RdNr. 50; Hopt RdNr. 39; MünchKommHGB/v. Hoyningen-Huene RdNr. 108; Schröder RdNr. 19; Canaris § 15 RdNr. 112; Küstner Ausgleichsanspruch RdNr. 1005 f.; Westphal RdNr. 680 bis 682.
[781] BGH Urt. v. 21. 5. 2003 – VIII ZR 57/02, BB 2003, 1581, 1582 = WM 2003, 2110; Löwe/Schneider ZIP 2003, 1129, 1130 f.; MünchKommHGB/v. Hoyningen-Huene RdNr. 108.
[782] OLG Düsseldorf NJW-RR 1996, 225; Sieg VersR 1968, 105 vgl. dazu auch ausf. Evers/Kiene ZfV 2001, 619 und DB 2002, 1309 f.; aA Behrendt NJW 2003, 1563, 1566.
[783] BB 2002, 1325.
[784] Nach Evers/Kiene DB 2002. 1309 f. muss es sich um eine „besonders günstige Vertragsbedingung" handeln.
[785] Löwe/Schneider ZIP 2003, 1129, 1130 f.
[786] Kritisch Fischer ZVerglRWiss 101 (2002), 143, 155.
[787] So aber Evers/Kiene DB 2002, 1309, 1311.
[788] OLG München Urt. v. 21. 7. 2004 – 7 U 1800/04, HVR Nr. 1164.
[789] BGH Urt. v. 23. 2. 1994 – VIII ZR 94/93, NJW 1994, 1350 = ZIP 1994, 454 m. Anm. Küstner BB 1994, 1590; BGH Urt. v. 20. 11. 2002 – VIII ZR 146/01, BGHZ 153, 6 = ZIP 2003, 264, 266 m. teils krit. Bspr. Löwe/Schneider

Zwecke wie der Ausgleichsanspruch erfüllen[790] und der Existenzsicherung des HV dienen kann.[791] Der Zeitraum bis zu der Zahlung der Altersversorgung wird aus der objektiven Sicht bei Vertragsende weniger als 10 Jahre ausmachen müssen, andernfalls eine Altersversorgung nicht mehr den angemessenen Ausgleich für den überlassenen Kundenstamm darstellen kann.[792] Entgegen der Auffassung des BGH[793] widerspricht es dem Wesen des Ausgleichsanspruchs und der Regelung in Abs. 4 Satz 1, eine Anrechnung auch dann vorzunehmen, wenn der HV nicht mehr in absehbarer Zeit in den Genuss der Altersrente kommen sollte. **Stirbt der HV** während der Vertragszeit, kann eine in noch absehbarer Zeit zu leistende Hinterbliebenenversorgung anzurechnen sein.[794] **Entfällt der Anspruch auf Altersversorgung** wegen begangener oder bei Vertragsende vorhersehbarer **Pflichtverletzungen des HV,** muss die Anrechnung auf einen dennoch entstehenden Ausgleichsanspruch unterbleiben.[795]

cc) Umfang und Höhe der Anrechnung auf den Ausgleichsanspruch. Eine vollständige Anrechnung der allein von dem Unternehmer erwirtschafteten Altersversorgung auf den nach Abs. 1 Satz 1 Nr. 1 und 2 ermittelten Ausgleichsbetrag,[796] jedoch nicht auf den Höchstbetrag des Abs. 2 oder 5 (RdNr. 96, 99),[797] kann gerechtfertigt sein, wenn der Versorgungsfall kurze Zeit nach Vertragsende eintreten soll.[798] Im Übrigen ist der Umfang der Anrechnung von der Art der zugesagten Versorgung[799] (zB **Provisionsrente,**[800] Direktzusage, Direktversicherung[801] oder Leistung durch eigenständige Versorgungseinrichtung)[802] und deren Finanzierung[803] sowie grundsätzlich von der (vom Unternehmer zu beweisenden)[804] Höhe der hierfür getätigten Aufwendungen des Unternehmers abhängig,[805] weil nur diese Aufwendungen anrechnungsfähig sein können.[806] Hingegen ist der Wert der dem HV oder seinen Hinterbliebenen zufließenden Rentenleistung nicht maßgeblich.[807] Die Anrechnung der von beiden Parteien erarbeiteten Altersversorgung bestimmt sich danach, inwieweit die später zu zahlende Rente aus der Sicht bei Vertragsende von HV und Unternehmer anteilig finanziert worden ist.[808] Die voraussichtliche Dauer der unbefristet geschuldeten Versorgungs- oder Rentenzahlung ist für die Bewertung des dem Berechtigten zufließenden Vorteils maßgebend, darüber hinaus aber nicht nach Abs. 1 Satz 1 Nr. 3 zu berücksichtigen.[809] Bei Abschluss einer **Direkt- oder Kapitalversicherung** zugunsten des HV ist für eine Anrechnung deren Rückkaufwert bei Vertragsende maßgeblich,[810] bei einer **Direktzusage** der um die Selbstfinanzierung gekürzte Barwert.[811]

ZIP 2003, 1129, 1132 f.; OLG Düsseldorf NJW-RR 1996, 225; OLG Köln VersR 2001, 1377; ausf. *Küstner* BB 1999, 541, 548; MünchKommHGB/*v. Hoyningen-Huene* RdNr. 108; s. d. auch *Thume* BB 2002, 1325, 1330; aA aber ersichtlich BGH Urt. v. 17. 11. 1983 – I ZR 139/81, WM 1984, 212, 213.
[790] Vgl. BGH Urt. v. 23. 5. 1966 – VII ZR 268/64, BGHZ 45, 268, 273 = NJW 1966, 1962.
[791] OLG München Urt. v. 21. 7. 2004 – 7 U 1800/04, HVR Nr. 1164.
[792] Zeitraum offengelassen von BGH Urt. v. 23. 2. 1994 – VIII ZR 94/93, NJW 1994, 1350 = ZIP 1994, 454 m. Anm. *Küstner* BB 1994, 1590 und *Küstner*/v. *Manteuffel* EWiR 1994, 581; OLG Köln VersR 1997, 615, 616 (13 Jahre zu lang).
[793] BGH Urt. v. 20. 11. 2002 – VIII ZR 211/01, DB 2003, 144, 145 = MDR 2003, 277 m. Anm. *Emde* EWiR 2003, 229 und teils kritischer Besprechung von *Löwe/Schneider* ZIP 2003, 1129, 1133; BGH Urt. v. 20. 11. 2002 – ZIP VIII ZR 146/01, BGHZ 153, 6 = ZIP 2003, 264, 266.
[794] *Küstner* Ausgleichsanspruch RdNr. 1045 bis 1052.
[795] Vgl. auch *Sieg* VersR 1968, 105.
[796] BGH Urt. v. 20. 11. 2002 – VIII ZR 146/01, BGHZ 153, 6 = ZIP 2003, 264 = DB 2003, 142.
[797] AA *Küstner* BB 1994, 1590, 1591, 1592.
[798] *Schröder* RdNr. 19; *Küstner* Ausgleichsanspruch RdNr. 1058.
[799] Zur Bedeutung des BetriebsrentenG siehe *Küstner* BB 1976, 1485; *Loos* BB 1989, 669 und *Höfer/Küpper* BB 1990, 849, 851.
[800] Zur Anrechnung von Provisionsrenten für Versicherungsvertreter auf den Ausgleichsanspruch siehe *Küstner* Ausgleichsanspruch RdNr. 1078 bis 1083 und *Evers/Kiene* ZfV 2001, 622.
[801] OLG Köln Urt. v. 19. 9. 1996 – 18 U 14/96, HVR Nr. 823.
[802] *Löwe/Schneider* ZIP 2003, 1129.
[803] *Löwe/Schneider* ZIP 2003, 1129.
[804] *Löwe/Schneider* ZIP 2003, 1129, 1138.
[805] *Löwe/Schneider* ZIP 2003, 1129.
[806] So *Löwe/Schneider* ZIP 2003, 1129, 1134.
[807] *Löwe/Schneider* ZIP 2003, 1129; MünchKommHGB/*v. Hoyningen-Huene* RdNr. 138 (mit dem Kapitalwert der Versorgung); aA BGH Urt. v. 23. 5. 1966 – VII ZR 268/64, BGHZ 45, 268, 278 = NJW 1966, 1962; OLG München BB 1965, 345, 346; OLG Düsseldorf NJW-RR 1996, 25; vgl. dazu auch ausf. *Evers/Kiene* ZfV 2001, 623 f. und DB 2002. 1309, 1312.
[808] OLG Düsseldorf NJW-RR 1996, 225; dazu ausführlich auch *Evers/KIene* ZfV 2001, 623 f.; aA *Küstner* Ausgleichsanspruch RdNr. 1034.
[809] BGH Urt. v. 23. 5. 1966 – VII ZR 268/64, BGHZ 45, 268, 279 = NJW 1966, 1962.
[810] *Löwe/Schneider* ZIP 2003, 1129 f, 1138; *Küstner* Ausgleichsanspruch RdNr. 1072.
[811] *Löwe/Schneider* ZIP 2003, 1129, 1134 f. (auch zu dessen Berechnung).

| § 89 b | 107–111 | 1. Buch. 7. Abschnitt. Handelsvertreter |

107 **dd) Nachträglich eintretende die Versorgungszusage beeinflussende Umstände.** Nachträglich eintretende Umstände, welche sich auf Grund oder Höhe einer bereits auf den Ausgleichsanspruch angerechneten Versorgungszusage auswirken, können den Anspruch aus § 89 b rechtlich grds. nicht mehr beeinflussen. Bei Vertragsende nicht absehbare Erhöhungen der Versorgungsleistungen können nicht zu einer nachträglichen Minderung des Ausgleichsanspruchs führen.[812] Die im Zeitpunkt des Vertragsendes nicht vorhersehbare Befreiung des Unternehmers von seiner Rentenverpflichtung infolge vorzeitigen Todes des HV lässt den nach Nr. 3 aus Billigkeitsgründen nicht entstandenen oder geminderten Ausgleichsanspruch nicht wieder oder nicht in voller Höhe entstehen.[813] Das Gleiche gilt für einen nachträglichen rechtswirksamen Widerruf der bereits auf den Ausgleichsanspruch angerechneten Versorgungszusage.[814]

108 **ee) Anrechnungsvereinbarungen und Wahlrecht des HV.** Weil die erforderliche Billigkeitsprüfung allen Umständen des Einzelfalls angemessen Rechnung tragen muss, ist es rechtlich grundsätzlich nicht zulässig, durch **AGB oder Formularverträge** die Anrechnung einer dem Handelsvertreter zugesagten Altersversorgung auf dessen Ausgleichsanspruch verbindlich vorzuschreiben.[815] Auch entsprechende **Individualvereinbarungen** sind im Hinblick auf Abs. 4 Satz 1 (und Abs. 5 Satz 1) erst nach Ende des Vertrags zulässig. Erst dann steht es dem HV frei, anstelle des geschuldeten und sofort auszuzahlenden Ausgleichsbetrags die von dem Unternehmer angebotene Altersversorgung als Erfüllungssurrogat zu wählen und auf diese Weise für sein Alter vorzusorgen.[816] Vor Beendigung des HVVertrags besteht ein solches Wahlrecht zwischen Altersversorgung und ungemindertem Ausgleichsanspruch nicht, weil bei der nach Abs. 1 Satz 1 Nr. 3 zwingend gebotenen Anrechnung der ungeschmälerte Ausgleichsanspruch nicht entstehen kann.[817]

109 **ff) Beweislast.** Die Beweislast für sämtliche Voraussetzungen einer Anrechnung auf den Ausgleichsanspruch einschließlich der Höhe des anzurechnenden Betrags trägt der Unternehmer,[818] der dem HV insoweit bereits vorprozessual auskunftspflichtig ist.[819]

110 **e) Arglistiges Verhalten des Handelsvertreters.** Arglistiges Verhalten des Handelsvertreters bei Vertragsabschluss kann sich anspruchsmindernd auswirken, wenn der Ausgleichsanspruch nicht bereits an Abs. 3 Nr. 2 scheitert, verliert aber im Zweifel seine Bedeutung für eine Billigkeitsprüfung, wenn (der HV beweist, dass) der Unternehmer in Kenntnis dieses Verhaltens das Vertragsverhältnis mit dem HV längere Zeit fortgesetzt[820] und/oder den Vertrag gem. § 144 BGB bestätigt hat.

111 **f) Außergewöhnliche Aufwendungen und Kosten der Vertragsparteien.** Infolge der Vertragsbeendigung ersparte besonders hohe umsatzabhängige Kosten und Aufwendungen **des HV**, welche bei Fortsetzung der Vermittlungs- oder Abschlusstätigkeit angefallen wären, sind im Zweifel mit dem das übliche Maß übersteigenden Betrag anspruchsmindernd zu berücksichtigen;[821] Entsprechendes gilt, wenn und soweit die vereinbarte Vergütung den üblichen Provisionssatz im Hinblick auf besonders hohe betriebliche Aufwendungen des HV übersteigt. Der Wegfall vom HV freiwillig

---

[812] *Küstner* Ausgleichsanspruch RdNr. 1074.
[813] *Küstner* Ausgleichsanspruch RdNr. 1027 und 1039; anders RdNr. 1028; vgl. auch BGH Urt. v. 17. 11. 1983 – I ZR 139/81, WM 1984, 212, 214; *Sieg* VersR 1968, 105.
[814] Zum Widerruf einer Versorgungszusage an Bedienstete wegen treuwidrigen Verhaltens des Begünstigten siehe BGH Urt. v. 13. 12. 1999 – II ZR 152/98, ZIP 2000, 380 mwN; die dort niedergelegten allgemeinen Grundsätze können in entsprechender Anwendung für den Widerruf der einem HV erteilten Versorgungszusage herangezogen werden, wenn deren Wegfall/Widerruf vertraglich nicht geregelt ist; den Besonderheiten des HVVertragsverhältnisses und seinen Unterschieden zu einem Dienst- oder Arbeitsverhältnis ist bei der entsprechenden Anwendung Rechnung zu tragen.
[815] LG München DB 2000, 2423, OLG München DB 2001, 1666 m. Anm. *Emde* EWiR 2001, 765, und Revisionsurteil BGH Urt. v. 20. 11. 2002 – VIII ZR 146/01, BGHZ 153, 6 = ZIP 2003, 264 = DB 2003, 142; OLG München NJW-RR 2003, 1286; OLG Celle VersR 2002, 976 m. Bspr. *Küstner* VersR 2002, 980, 981; vgl. dazu aber auch v. *Westphalen* DB 2000, 2255; s. a. MünchKommHGB/v. *Hoyningen-Huene* RdNr. 108 und 193; aA wohl *Thume* BB 2002, 325, 1330 f.
[816] Siehe aber BGH Urt. v. 17. 11. 1983 – I ZR 139/81, WM 1984, 212, 213.
[817] *Küstner* Ausgleichsanspruch RdNr. 1085 f.; aA und weniger streng OLG München Urt. v. 21. 7. 2004 – 7 U 1800/04, HVR Nr. 1164.
[818] *Löwe/Schneider* ZIP 2003, 1129, 1134.
[819] *Löwe/Schneider* ZIP 2003, 1129, 1134.
[820] *Herbert* BB 1997, 1317, 1321.
[821] Vgl. BGH Urt. v. 11. 12. 1958 – II ZR 73/57, BGHZ 29, 83, 93, 94 = NJW 1959, 144; BGH Urt. v. 9. 7. 1959 – II ZR 48/58, VersR 1959, 887; BGH Urt. v. 22. 12. 1960 – VII ZR 247/59, VersR 1961, 222; BGH Urt. v. 6. 2. 1964 – VII ZR 100/62, BGHZ 41, 129 = NJW 1964, 915; BGH Urt. v. 3. 6. 1971 – VII ZR 23/70, BGHZ 56, 242, 249 = NJW 1971, 1611; BGH Urt. v. 12. 2. 2003 – VIII ZR 130/01, NJW-RR 2003, 821; OLG Düsseldorf OLGR 2000, 354; s. d. a. OLG Nürnberg Urt. v. 12. 7. 1966 – 5 U 76/65, HVR Nr. 368; OLG Bamberg Urt. v. 21. 9. 1971 – 5 U 184/70, HVR Nr. 450; ausf. *Schuler* NJW 1958, 113, 115; *Heymann/Sonnenschein/Weitemeyer* RdNr. 51; *Hopt* RdNr. 41; MünchKommHGB/v. *Hoyningen-Huene* RdNr. 112; *Schröder* RdNr. 19 b; *Küstner* Ausgleichsanspruch RdNr. 943 bis 947, 951 und BB 1962, 432; *Westphal* RdNr. 685.

getätigter Aufwendungen, die nach dem Vertrag für die Erfüllung seiner Pflichten nicht erforderlich waren, zB für die Anstellung eines Reisenden, mindert den Ausgleichsanspruch nicht.[822] Außergewöhnliche Kosten und Aufwendungen **des Unternehmers** besonders für die **Werbung seines Produkts** können wie die Sogwirkung der Marke den Ausgleichsanspruch mindern, sofern nicht (der HV nachweist, dass) der ihretwegen zwar erleichterten, jedoch weiterhin unentbehrlichen Vermittlungstätigkeit bereits bei den Vertragsbedingungen und der Provisionsgestaltung Rechnung getragen ist, was im Zweifel regelmäßig der Fall sein wird.[823] Stehen solche außergewöhnlichen Aufwendungen des Unternehmers besonders für Werbung im Zusammenhang mit dem Ausscheiden des HV und sind sie bereits aus der Sicht bei Vertragsende erforderlich, um die nachvertraglichen Unternehmervorteile zu erlangen, können sie anspruchsmindernd wirken,[824] wenn ohne sie die Prognose künftiger Unternehmervorteile geringer ausfiele oder wenn vergleichbare Aufwendungen in der Vergangenheit ebenfalls mittelbar oder unmittelbar von dem HV anteilig getragen worden sind.[825]

g) Dauer des HVVertrags. Die Dauer des HVVertrags ist für die Billigkeitskontrolle grundsätzlich unerheblich.[826] Bei einem langen erfolgreichen Vertragsverhältnis kann eine aus anderen Gründen an sich gerechtfertigte Kürzung des Ausgleichsanspruchs unbillig sein.[827] Bei kurzer Vertragsdauer können erhebliche Vorarbeiten des HV Bedeutung erlangen.[828]

h) Unzureichende Erfolge. Unzureichende Erfolge des HV sind für die Billigkeitskontrolle ohne Bedeutung, sofern nicht zusätzliche Umstände hinzukommen wie zB ein dem HV anzulastender mangelhafter Arbeitseinsatz, welche den errechneten Ausgleichsanspruch als unbillig erscheinen lassen.[829]

i) Nachvertragliche Konkurrenztätigkeit. Vorhersehbare rechtlich zulässige nachvertragliche Konkurrenztätigkeit des HV sowie Mitnahme seiner Kunden zu einem Konkurrenzunternehmer, der vergleichbare Produkte vertreibt,[830] werden regelmäßig bereits Minderung oder Wegfall von Unternehmervorteilen sowie Provisionsverlusten zur Folge haben; für die Billigkeitskontrolle ist beides grundsätzlich ohne eigenständige Bedeutung.[831] Gegen ein nachvertragliches Wettbewerbsverbot vorhersehbar verstoßende Konkurrenztätigkeit kann den Ausgleichsanspruch nach Abs. 1 Satz 1 Nr. 3 mindern,[832] soweit der Unternehmer einen dadurch entstehenden Schaden nicht gesondert geltend macht.

k) Kündigungsgrund und kündigungsbedingte Umstände. Ein wichtiger Kündigungsgrund ist trotz ausgebliebener fristloser Kündigung des Unternehmers im Zweifel selbst dann bei der Billigkeitsprüfung anspruchsmindernd zu berücksichtigen,[833] wenn er dem Unternehmer bekannt war.[834] Ein dem Unternehmer erstmalig nach Ende des Handelsvertretervertrags bekannt werdender

---

[822] OLG Hamm Urt. v. 14. 11. 1977 – 18 U 51/77, HVR Nr. 514; Heymann/*Sonnenschein/Weitemeyer* RdNr. 60.
[823] OLG Schleswig Urt. v. 1. 11. 1957 – 5 U 86/57, HVR Nr. 220.
[824] *Schröder* RdNr. 19 a; vgl. auch BGH Urt. v. 12. 2. 2003 – VIII ZR 130/01, NJW-RR 2003, 821 (Modernisierungsmaßnahmen des Unternehmers); OLG Nürnberg Urt. v. 3. 11. 1982 – 4 U 275/81, HVR Nr. 571.
[825] Vgl. BGH Urt. v. 3. 6. 1971 – VII ZR 23/70, BGHZ 56, 242, 245 = NJW 1971, 1611; BGH Urt. v. 15. 12. 1978 – I ZR 59/77, BGHZ 73, 99, 104 = NJW 1979, 651; OLG Düsseldorf OLGR 2000, 354; Heymann/*Sonnenschein/Weitemeyer* RdNr. 52; *Hopt* RdNr. 35; MünchKommHGB/*v. Hoyningen-Huene* RdNr. 120; *Schröder* RdNr. 5 c, 18; *Küstner* Ausgleichsanspruch RdNr. 960 bis 963; ausf. dazu *Semmler* Tankstellenhalter S. 186 f. und 189 f.; aA *Schneider* MDR 1970, 976, 977.
[826] BGH Urt. v. 12. 12. 1963 – VII ZR 47/62, HVR Nr. 319; BGH Urt. v. 19. 11. 1970 – VII ZR 47/69, BGHZ 55, 45, 56 = NJW 1971, 462; BGH Urt. v. 11. 12. 1996 – VIII ZR 22/96 – ZIP 1997, 239, 238, 239; OLG Nürnberg Urt. v. 12. 7. 1966 – 5 U 76/65, HVR Nr. 368; vgl. Heymann/*Sonnenschein/Weitemeyer* RdNr. 46, 47; *Hopt* RdNr. 36; MünchKommHGB/*v. Hoyningen-Huene* RdNr. 118 a; *Küstner* Ausgleichsanspruch RdNr. 925, 927; *Westphal* RdNr. 683; aA für Versicherungsvertreterverträge Staub/*Brüggemann* RdNr. 138; teils aA *Matthies* DB 1986, 2063, 2065, 2066.
[827] Vgl. *Schröder* RdNr. 18.
[828] *Schröder* RdNr. 18.
[829] *Küstner* Ausgleichsanspruch RdNr. 971, 972.
[830] S. BGH Urt. v. 5. 6. 1996 – VIII ZR 7/95, ZIP 1996, 1294, 1297; BGH Urt. v. 11. 12. 1996 – VIII ZR 22/96 – ZIP 1997, 238, 239; BGH Urt. v. 26. 2. 1997 – VIII ZR 272/95, BGHZ 135, 14 = ZIP 1997, 841, 846; BGH Urt. v. 10. 7. 2002 – VIII ZR 158/01, EBE 2002, 298, 302 = WM 2003, 499, 502.
[831] BGH Urt. v. 12. 12. 1963 – VII ZR 47/62, HVR Nr. 319; OLG Nürnberg Urt. v. 30. 6. 1960 – 3 U 50/60, HVR Nr. 234; OLG Bamberg Urt. v. 21. 9. 1971 – 5 U 184/70, HVR Nr. 450; OLG Düsseldorf OLGR 2000, 406, 411; vgl. auch BGH Urt. v. 28. 6. 2006 – VIII ZR 350/04, EBE 2006, 247, 248; Heymann/*Sonnenschein/Weitemeyer* RdNr. 45; *Hopt* RdNr. 40; *Westphal* RdNr. 694 und Vertriebsrecht RdNr. 982; aA MünchKommHGB/*v. Hoyningen-Huene* RdNr. 111, 115; *Schröder* RdNr. 18 b; *Küstner* Ausgleichsanspruch RdNr. 958, vgl. aber auch RdNr. 913; vgl. dazu auch *Martin* VersR 1988, 117; aA OLG Celle Urt. v. 26. 6. 1959 – 11 U 185/58, HVR Nr. 232.
[832] Vgl. BGH Urt. v. 7. 7. 1960 – II ZR 291/59, VersR 1960, 846.
[833] BGH Urt. v. 30. 6. 1966 – VII ZR 124/65, BGHZ 45, 385, 388 = NJW 1966, 1965; BGH Urt. v. 16. 2. 2000 – VIII ZR 134/99, EBE 2000, 109, 111 = ZIP 2000, 618; Heymann/*Sonnenschein/Weitemeyer* RdNr. 94; Staub/*Brüggemann* RdNr. 103.
[834] Vgl. auch Heymann/*Sonnenschein/Weitemeyer* RdNr. 90; *Küstner* Ausgleichsanspruch RdNr. 1112.

und vom Handelsvertreter zu vertretender Kündigungsgrund führt ohne weiteres zum Erlöschen des Ausgleichsanspruchs aus Billigkeitsgründen, wenn das Vertragsverhältnis wegen dieses Grundes auch ohne Abmahnung fristlos hätte gekündigt werden können, wie in Regelfall bei länger andauernder, dem Unternehmer verheimlichter unzulässiger Vertriebstätigkeit für einen Wettbewerber. Im Übrigen steht die **fehlende Abmahnung** eines verschuldeten Verhaltens des Handelsvertreters dem teilweisen oder völligen Ausschluss des Ausgleichsanspruchs aus Billigkeitsgründen nicht entgegen, wenn die umfassende Abwägung aller Umstände des Einzelfalls die Unbilligkeit der Zahlung eines Ausgleichs ergibt. **Schwere und Dauer der Vertragsverletzung** sowie **deren Verheimlichung** können hier besondere Bedeutung erlangen; der Handelsvertreter darf im Zweifel nicht daraus Vorteile erlangen, dass er dem Unternehmer durch Verheimlichung eines wichtigen Kündigungsgrundes die Möglichkeit einer den Ausgleichsanspruch vernichtenden Kündigung aus wichtigem Grund genommen hat. Regelmäßig in die Billigkeitsprüfung einzubeziehen sind ebenfalls die Gründe, welche eine **fristlose Kündigung nicht rechtfertigen können,** weil sie zB verwirkt oder nicht von dem HV iSv. Abs. 3 Nr. 2 verschuldet sind,[835] dem Unternehmer trotz des Kündigungsgrundes eine Fortsetzung des Vertrags bis zum Ablauf der ordentlichen Kündigungsfrist zuzumuten ist,[836] der HVVertrag vor einer Kündigung des Unternehmers infolge Kündigung oder Todes des HV endet,[837] oder weil der Unternehmer von einer rechtlich zulässigen Kündigung aus wichtigem Grund abgesehen und eine ordentliche Kündigung ausgesprochen hat.[838] Im Übrigen aber muss es nicht in jedem Fall der Billigkeit entsprechen, den für eine außerordentliche Kündigung nicht ausreichenden „wichtigen" Grund anspruchsmindernd zu berücksichtigen. Sonstige mit der Kündigung des Vertragsverhältnisses in Zusammenhang stehende Umstände wie zB das auf Grund des vorangegangenen Verhaltens des Unternehmers berechtigte Vertrauen des HV in einen ungekündigten Fortbestand des Vertrags[839] oder ein Vertragsende erst nach Ablauf einer besonders langen Kündigungsfrist[840] werden regelmäßig im Rahmen der Billigkeitsprüfung von Bedeutung sein. Die rechtmäßige Kündigung oder Nichtverlängerung des HVVertrags sind hierfür hingegen grds. unerheblich.[841]

116 **l) Mehrfirmenvertretung.** Eine zulässige Mehrfirmenvertretung mit dem daraus erzielten Einkommen ist für die Billigkeitskontrolle grundsätzlich ohne Bedeutung,[842] zumal der HV wegen des vertraglichen Konkurrenzverbots (s. § 86) für gleichzeitig vertretene Unternehmer andersartige Produkte vertreiben muss.[843]

117 **m) Besonders hohe Provisionen und sonstige Zahlungen des Unternehmers.** Ausnahmsweise kann es sich anspruchsmindernd auswirken, wenn der Unternehmer (nachweist, dass er) dem HV besonders hohe Provisionen gezahlt[844] oder die erworbenen Provisionsforderungen übersteigende Fix- oder (Mindest-)Garantiezahlungen erbracht, dem HV damit einen Teil des unternehmerischen Risikos abgenommen und die geschaffene Geschäftsverbindung durch die laufenden Zahlungen gleichsam überbezahlt hat.[845] Im Zweifel stellt allerdings die gesamte vereinbarungsgemäß geleistete Vergütung das aus der Sicht des Unternehmers angemessene Entgelt für die geschuldete Leistung des HV dar und kann sich deswegen im Rahmen der Billigkeitskontrolle nicht zum Nachteil

---

[835] BGH Urt. v. 27. 5. 1974 – VII ZR 16/73, WM 1974, 867, 869, 870; BGH Urt. v. 25. 11. 1998 – VIII ZR 221/97, EBE 1999, 13, 16.
[836] Vgl. BGH Urt. v. 14. 4. 1983 – I ZR 37/81, WM 1983, 820, 821; BGH Urt. v. 21. 3. 1985 – I ZR 177/82, WM 1985, 982; Heymann/*Sonnenschein/Weitemeyer* RdNr. 90; MünchKommHGB/*v. Hoyningen-Huene* RdNr. 173, 178; *Küstner* Ausgleichsanspruch RdNr. 1110.
[837] BGH Urt. v. 12. 4. 1973 – VII ZR 87/72 – BGHZ 60, 350, 352 = NJW 1973, 1121; BGH Urt. v. 7. 6. 1984 – I ZR 50/82, BGHZ 91, 321, 323, 324 = NJW 1984, 2529; BGH Urt. v. 3. 5. 1995 – VIII ZR 95/94, BGHZ 129, 290, 294 = NJW 1995, 1958; Heymann/*Sonnenschein/Weitemeyer* RdNr. 94; MünchKommHGB/*v. Hoyningen-Huene* RdNr. 177; *Küstner* Ausgleichsanspruch RdNr. 1116.
[838] *Küstner* Ausgleichsanspruch RdNr. 918.
[839] BGH Urt. v. 22. 12. 1960 – VII ZR 247/59, VersR 1961, 222; Heymann/*Sonnenschein/Weitemeyer* RdNr. 58; *Hopt* RdNr. 34; MünchKommHGB/*v. Hoyningen-Huene* RdNr. 117, 122.
[840] BGH Urt. v. 1. 10. 1970 – VII ZR 171/68, WM 1970, 1513, 1515; Heymann/*Sonnenschein/Weitemeyer* RdNr. 59; *Hopt* RdNr. 34.
[841] Heymann/*Sonnenschein/Weitemeyer* RdNr. 55; MünchKommHGB/*v. Hoyningen-Huene* RdNr. 117; *Küstner* Ausgleichsanspruch RdNr. 982, 983.
[842] *Schneider* MDR 1970, 976, 977; *Küstner* Ausgleichsanspruch RdNr. 915, 916; einschränkend *Schröder* RdNr. 18; aA Heymann/*Sonnenschein/Weitemeyer* RdNr. 13. 3. 1969 – VII ZR 174/66, BGHZ 52, 5 = NJW 1969, 10214; BGH Urt. v. 27. 2. 1981 – I ZR 39/79, WM 1981, 817, 818; MünchKommHGB/*v. Hoyningen-Huene* RdNr. 111.
[843] BGH Urt. v. 22. 9. 1960 – VII ZR 245/59, DB 1960, 1305.
[844] OLG Düsseldorf OLGR 2000, 354; *Schneider* MDR 1970, 976, 977; *Hopt* RdNr. 35; ausf. *Schröder* RdNr. 18; grundsätzlich aA *Küstner* Ausgleichsanspruch RdNr. 920, 929, 930; *Westphal* RdNr. 695.
[845] BGH Urt. v. 15. 2. 1965 – VII ZR 194/63, BGHZ 43, 154, 158 = NJW 1965, 134; OLG München NJW 1957, 1767 und 1961, 1072; OLG Celle BB 1962, 156; OLG Düsseldorf OLGR 2000, 406, 411; aber auch KG BB 1988, 582; Heymann/*Sonnenschein/Weitemeyer* RdNr. 48; MünchKommHGB/*v. Hoyningen-Huene* RdNr. 109; im Ergebnis ebenso *Küstner* Ausgleichsanspruch RdNr. 931 und VersR 2002, 513, 520; vgl. *Neflin* DB 1958, 579.

des HV auswirken.⁸⁴⁶ Außerdem darf die Berücksichtigung von Leistungen des Unternehmers im Rahmen der Billigkeitskontrolle nicht zu einer unzulässigen Anrechnung von Provisionen auf den Ausgleichsanspruch und damit zu einer Umgehung der unabdingbaren Grundsätze für eine Vorauserfüllung des Ausgleichsanspruchs (RdNr. 142) führen. Ist bei Vertragsende absehbar, dass der Unternehmer aus wirtschaftlichen Gründen die Provisionen der verbliebenen HV kürzen muss, kann dies, wenn es nicht bereits bei der Verlustprognose berücksichtigt ist, den Ausgleichsanspruch mindern;⁸⁴⁷ gleiches gilt für Provisionsrenten, wenn sie – wie im Regelfall – keinen Vergütungscharakter haben.⁸⁴⁸ Die Zahlung einer Bezirks-⁸⁴⁹ oder Superprovision kann nur ausnahmsweise bei der Billigkeitsprüfung Bedeutung erlangen.⁸⁵⁰

n) Schadensersatzleistungen an Handelsvertreter. Schadensersatzleistungen, welche der HV von Dritten wegen einer unverschuldeten, zur Beendigung des HVVertrags führenden Arbeitsunfähigkeit erhält, mindern den Ausgleichsanspruch nicht (RdNr. 3).⁸⁵¹ **118**

o) Schmiergeldzahlungen. Ohne Billigung des Unternehmers vorgenommene Schmiergeldzahlungen des HV, um den Kundenstamm aufzubauen und zu erhalten, können eine Herabsetzung des Ausgleichsanspruchs rechtfertigen, wenn sie wirtschaftlich nachteilige Auswirkungen auf das Ansehen und den Betrieb des Unternehmers haben können.⁸⁵² **119**

p) Sogwirkung der Marke. Bei Markenartikeln können die von der Marke ausgehende „Sogwirkung", ihre Bekanntheit sowie der dahinter stehende Werbeaufwand des Unternehmers dem HV die Vermittlungstätigkeit erleichtern,⁸⁵³ weil ihr erhebliche Bedeutung auf den Kaufentschluss der Kunden zukommt oder der vom HV betreute Händler bestimmte Markenartikel in sein Sortiment aufnehmen muss;⁸⁵⁴ daneben bleibt der Einsatz des HV unentbehrlich, um den konkreten Vertragsschluss mit dem Kunden herbeizuführen, besonders bei der Konkurrenz anderer Markenartikel.⁸⁵⁵ Die Sogwirkung der Marke kann den Ausgleichsanspruch mindern,⁸⁵⁶ sofern nicht (der HV nachweist, dass) der ihretwegen erleichterten Vermittlungstätigkeit bereits bei den Vertragsbedingungen und der Provisionsgestaltung Rechnung getragen ist, was im Zweifel regelmäßig der Fall sein wird.⁸⁵⁷ Dass der Markt bei bestimmten Produkten (zB Mineralölen, Kraftfahrzeugen) von Markenunternehmen beherrscht wird, schließt eine Anspruchsminderung infolge Sogwirkung der Marke nicht aus.⁸⁵⁸ **120**

r) Tod des Handelsvertreters. Der Tod des Handelsvertreters,⁸⁵⁹ auch infolge eines selbst verschuldeten Unfalls⁸⁶⁰ oder bei Selbstmord,⁸⁶¹ ist im Rahmen der Billigkeitsprüfung ohne Bedeutung. Ersatzleistungen an den Erben wegen des Todes sind nicht auf den Ausgleichsanspruch anzurechnen. Die Auszahlung des vollen Ausgleichs an entfernte Erben kann allerdings der Billigkeit widersprechen (RdNr. 36). **121**

---

⁸⁴⁶ BGH Urt. v. 16. 2. 2000 – VIII ZR 134/99, EBE 2000, 109, 112 = ZIP 2000, 618.
⁸⁴⁷ Heymann/*Sonnenschein/Weitemeyer* RdNr. 64; MünchKommHGB/*v. Hoyningen-Huene* RdNr. 114.
⁸⁴⁸ *Hopt* RdNr. 93; MünchKommHGB/*v. Hoyningen-Huene* RdNr. 250; *Küstner* Ausgleichsanspruch RdNr. 1078; s. d. a. BFH Urt. v. 18. 12. 1996 – XI R 63/96, HVR Nr. 849.
⁸⁴⁹ Heymann/*Sonnenschein/Weitemeyer* RdNr. 49.
⁸⁵⁰ *Küstner* Ausgleichsanspruch RdNr. 939; aA die Vorauflage.
⁸⁵¹ BGH Urt. v. 9. 4. 1964 – VII ZR 123/62, BGHZ 41, 292 = NJW 1964, 1622.
⁸⁵² Dazu BGH Urt. v. 26. 11. 1976 – I ZR 154/74, NJW 1977, 671; vgl. Heymann/*Sonnenschein/Weitemeyer* RdNr. 57; MünchKommHGB/*v. Hoyningen-Huene* RdNr. 116; *Küstner* Ausgleichsanspruch RdNr. 957, 999; *Westphal* RdNr. 696.
⁸⁵³ BGH Urt. v. 7. 5. 2003 – VIII ZR 263/02, NJW–RR 2003, 1340 = MDR 2003, 942; OLG Karlsruhe Urt. v. 23. 3. 1960 – 2 U 144/58, HVR Nr. 243; zur Sogwirkung bei Franchisenehmern siehe *Flohr* DStR 1998, 572, 574, 575.
⁸⁵⁴ BGH Urt. v. 16. 2. 1961 – VII ZR 239/59, BGHZ 34, 282, 287 = NJW 1961, 662; BGH Urt. v. 14. 4. 1983 – I ZR 20/81, NJW 1983, 2877, 2879; BGH Urt. v. 5. 6. 1996 – VIII ZR 7/95, ZIP 1996, 1294, 1297; BGH Urt. v. 10. 7. 2002 – VIII ZR 158/01, EBE 2002, 298, 302 = WM 2003, 499; MünchKommHGB/*v. Hoyningen-Huene* RdNr. 113; *Küstner* Ausgleichsanspruch RdNr. 986; vgl. auch *Schmidt* DB 1979, 2357, 2362.
⁸⁵⁵ BGH Urt. v. 2. 7. 1987 – I ZR 188/85, NJW-RR 1988, 42, 44; BGH Urt. v. 6. 10. 1993 – VIII ZR 172/92, NJW-RR 1994, 99, 101; BGH Urt. v. 5. 6. 1996 – VIII ZR 7/95, ZIP 1996, 1294, 1298; BGH Urt. v. 26. 2. 1997 – VIII ZR 272/95, BGHZ 135, 14 = ZIP 1997, 841, 845; *Hopt* RdNr. 14; siehe auch *Lange* RdNr. 1411 und 1412.
⁸⁵⁶ BGH Urt. v. 7. 5. 2003 – VIII ZR 263/02, MDR 2003, 942; OLG Karlsruhe Urt. v. 23. 3. 1960 – 2 U 144/58, HVR Nr. 243.
⁸⁵⁷ Ausf. dazu *Semmler* Tankstellenhalter S. 187 f.
⁸⁵⁸ BGH Urt. v. 7. 5. 2003 – VIII ZR 263/02, MDR 2003, 942.
⁸⁵⁹ BGH Urt. v. 2. 10. 1958 – II ZR 113/57, NJW 1958, 1966; *Eberstein* BB 1957, 663; *Schuler* JR 1957, 44, 45 f. und 1958, 94; Heymann/*Sonnenschein/Weitemeyer* RdNr. 14; *Küstner* Ausgleichsanspruch RdNr. 991 f, 995 und 1532; aA *Schröder* RdNr. 32 g.
⁸⁶⁰ BGH Urt. v. 6. 2. 1964 – VII ZR 100/62, BGHZ 41, 129, 133 = NJW 1964, 915.
⁸⁶¹ BGH Urt. v. 30. 6. 1966 – VII ZR 124/65, BGHZ 45, 385, 386 = NJW 1966, 1965; BGH Urt. v. 12. 4. 1973 – VII ZR 87/72 – BGHZ 60, 350 = NJW 1973, 1121; insoweit aA Heymann/*Sonnenschein/Weitemeyer* RdNr. 14, 61; MünchKommHGB/*v. Hoyningen-Huene* RdNr. 117; *Schröder* 32 f. und KTS 1960, 148; *Küstner* Ausgleichsanspruch RdNr. 995, 1272.

§ 89 b   122–127

122 s) Umsatzrückgang. Dem HV anzulastender Umsatzrückgang kann unter denselben Voraussetzungen wie eine Abwanderung von Kunden (RdNr. 102) zu einer Anspruchsminderung führen.

123 t) Ausgleichspflicht gegenüber Untervertreter. Die Ausgleichspflicht des Hauptvertreters gegenüber einem Untervertreter kann einer möglichen Minderung seines gegen den Unternehmer bestehenden Ausgleichsanspruchs aus anderen Billigkeitserwägungen entgegenstehen.[862]

124 u) Besonders günstige Vertragsbedingungen. Besonders günstige Vertragsbedingungen können unter denselben Voraussetzungen wie besonders hohe Provisionszahlungen (RdNr. 117) den Ausgleichsanspruch mindern.[863]

125 v) Vertragsverletzungen. Dem HV oder seinen Erfüllungsgehilfen[864] anzulastende mangelnde Vertragstreue[865] oder schuldhaft begangene Vertragsverletzungen rechtfertigen eine Minderung des Ausgleichsanspruchs[866] auch ohne Abmahnung. Das gilt idR aber nicht bei einmaligen und nicht allzu schwerwiegenden Vorkommnissen[867] oder bei Vertragsverstößen, die bereits zu wirtschaftlich nachteiligen Sanktionen gegen den HV geführt haben.[868] Wenn sich der HV in vertragswidriger Weise weitgehend nur um die Neukundenwerbung bemüht und die Pflege der Altkunden vernachlässigt hat, kann sich das anspruchsmindernd auswirken (RdNr. 102).[869] Das Gleiche gilt für die vertragswidrige Umgehung eines Wettbewerbsverbots durch Vorschieben von Angehörigen oder Strohmännern, wenn es deswegen nicht zu einer fristlosen Vertragskündigung gekommen ist.[870]

126 w) Sonstige im Zusammenhang mit dem Ausgleichsanspruch stehende Zahlungen. Leistungen des Unternehmers an den HV auf Grund unwirksamer, zB gegen Abs. 4 S. 1 verstoßender Absprachen (RdNr. 141), werden sich regelmäßig anspruchsmindernd auswirken, wenn und soweit sie dem HV verbleiben. **Provisionszahlungen** des Unternehmers **an den Nachfolger** des ausgeschiedenen HV für Kundengeschäfte, welche dem Vorgänger gegenüber ausgleichspflichtig sind, können unabhängig von ihrer im Einzelfall bestehenden Rechtsgrundlage den Ausgleichsanspruch grundsätzlich nicht mindern.[871] Das Gleiche gilt grds. für die – interne – **Übernahme der Erfüllung des Ausgleichsanspruchs** durch den Nachfolger,[872] sofern dieser nicht ausnahmsweise verpflichtet ist, den ausgeschiedenen HV an künftigen Provisionen zu beteiligen.[873] Ob der HV bei Vertragsbeginn einen **Einstand** oder Ausgleich an seinen Vorgänger zu leisten hatte, ist für die Billigkeitsprüfung bedeutungslos.[874]

127 7. Angemessenheit. Neben der immer zu prüfenden Billigkeit kommt der im Gesetz ausdrücklich erwähnten Angemessenheit als einem ohnehin notwendigen Element der Billigkeit, eigenständige Bedeutung nicht zu.[875] Der nach Grund, Höhe und Art der Leistung billige Ausgleichsanspruch ist damit zugleich angemessen. Der Streit um die methodische Bedeutung von Billigkeit und Angemessenheit[876] ist müßig und hat für die Praxis keine Bedeutung. Insbesondere ist es nach der Systematik des Gesetzes nicht gerechtfertigt, den Höchstbetrag des Abs. 2 unter dem Gesichtspunkt der Angemessenheit zu kürzen, wenn sich trotz der Billigkeitskontrolle ein über dem Höchstbetrag liegenden Rohausgleich ergibt (RdNr. 132). Was im Einzelfall angemessen und billig ist, wird allein nach Abs. 1 bestimmt.[877]

---

[862] Ausf. *Schröder* RdNr. 19 c.
[863] BGH Urt. v. 15. 2. 1965 – VII ZR 194/63, BGHZ 43, 154, 159 = NJW 1965, 134; *Hopt* RdNr. 35; MünchKommHGB/*v. Hoyningen-Huene* RdNr. 110; *Schröder* RdNr. 18; *Küstner* Ausgleichsanspruch RdNr. 994; *Westphal* RdNr. 695.
[864] Heymann/*Sonnenschein*/*Weitemeyer* RdNr. 65; MünchKommHGB/*v. Hoyningen-Huene* RdNr. 16.
[865] *Schneider* MDR 1970, 976, 977.
[866] BGH Urt. v. 5. 2. 1959 – II ZR 107/57, BGHZ 29, 275, 279, 280 = JR 1960, 59 m. krit. Anm. *Hirsch* JR 1960, 59, 60; BGH Urt. v. 2. 10. 1958 – II ZR 113/57, NJW 1958, 1966, 1967; BGH Urt. v. 29. 3. 1990 – I ZR 2/89, ZIP 1990, 1197, 1200; OLG Hamburg JR 1961, 22.
[867] Heymann/*Sonnenschein*/*Weitemeyer* RdNr. 54; MünchKommHGB/*v. Hoyningen-Huene* RdNr. 116; *Schröder* RdNr. 18 a; *Küstner* Ausgleichsanspruch RdNr. 957; *Westphal* RdNr. 684.
[868] Vgl. Heymann/*Sonnenschein*/*Weitemeyer* RdNr. 54.
[869] *Schröder* RdNr. 18 c.
[870] Vgl. OLG Braunschweig Urt. v. 8. 3. 1968 – 4 U 44/67, HVR Nr. 384.
[871] KG Urt. v. 15. 9. 1994 – 2 U 4002/91, HVR Nr. 811; Heymann/*Sonnenschein*/*Weitemeyer* RdNr. 63; MünchKommHGB/*v. Hoyningen-Huene* RdNr. 121; *Schröder* RdNr. 19 a.
[872] Siehe dazu auch *Küstner* Ausgleichsanspruch RdNr. 984, 985.
[873] BGH Urt. v. 11. 6. 1975 – I ZR 136/74, NJW 1975, 1926.
[874] *Küstner* Ausgleichsanspruch RdNr. 1001; aA Heymann/*Sonnenschein*/*Weitemeyer* RdNr. 67.
[875] *Evers/Kiene* ZfV 2001, 766; aA *Hopt* RdNr. 46; MünchKommHGB/*v. Hoyningen-Huene* RdNr. 124; ausf. Staub/*Brüggemann* RdNr. 12.
[876] Ausf. Staub/*Brüggemann* RdNr. 12; vgl. auch MünchKommHGB/*v. Hoyningen-Huene* RdNr. 124.
[877] So aber aus neuerer Zeit wieder *Küstner* BB 2000, Heft 20, „Die erste Seite".

V. Berechnung des Ausgleichsanspruchs

1. Bedeutung allgemeiner Regeln und Formeln. Verbindliche durch das Gesetz vorgegebene **128** Regeln zur rechnerischen Ermittlung des Ausgleichs bestehen nicht.[878] Grds. hat der Tatrichter frei zu entscheiden, wie der den in dem jeweiligen Einzelfall konkret geschuldeten Ausgleichsbetrag auf der Grundlage der Anspruchsvoraussetzungen des § 89 b feststellt. Wegen der notwendigerweise an den Besonderheiten des Einzelfalls auszurichtenden Ermittlung des Anspruchs ist für **allgemeingültige pauschale Berechnungsweisen** oder **feste Formeln** zur Ermittlung der Höhe des Anspruchs grundsätzlich kein Raum.[879] Deshalb dürfen auch die zur Berechnung einer Vielzahl gleich gelagerter Ausgleichsforderungen (der BMW-Vertragshändler nach der Änderung des Vertriebssystems von BMW) entwickelte sog. **Münchner Formel**[880] sowie die für Peugeot – Vertragshändler angewendete Formel des OLG Saarbrücken[881] lediglich als unverbindlicher Anhaltspunkt bei gleichgelagerten Sachverhalten herangezogen werden.[882]

2. Rechnerische Ermittlung des Ausgleichsbetrags nach Abs. 1 (Rohausgleich). Rech- **129** nerisch kann der Ausgleichsbetrag des Abs. 1 (der sog. Rohausgleich)[883] wie folgt ermittelt werden:[884] Zunächst sind **(1)** der **Prognosezeitraum** festzustellen sowie **(2)** die gegebenenfalls um eine Zuwanderung potentieller Stammkunden bereinigte **Abwanderungsquote** (RdNr. 130) und zwar regelmäßig durch Fortschreiben der tatsächlichen Kundenwanderungen in den letzten 3 bis 5 Vertragsjahren. Danach werden **(3)** für das sog. **Basisjahr** die **ausgleichsfähigen Umsätze** mit den vom HV geworbenen Stammkunden sowie die daraus **verdienten Provisionen** ermittelt,[885] selbst wenn sie noch nicht ausgezahlt oder nicht mehr durchsetzbar sind.[886] Basisjahr ist idR das letzte Vertragsjahr[887] oder ein (vom HV darzulegender)[888] entsprechender Vertragszeitraum mit hinreichend aussagekräftigen Umsatz- und Provisionszahlen;[889] bei kürzerer Vertragsdauer als 1 Jahr sind die tatsächlich erzielten Umsatz und Provisionszahlen ausschlaggebend, eine Hochrechnung auf einen entsprechenden Jahresbetrag ist nicht zulässig,[890] weil dies zu einem überhöhten Ausgangsbetrag führen würde. Im nächsten Schritt sind **(4)** die **ausgleichsfähigen Umsatz- und Provisionszahlen** für die Einzelnen **in den Prognosezeitraum fallenden Jahre** (oder die entsprechenden Zeiträume) zu errechnen; dazu müssen die Umsatz- und Provisionszahlen des Basisjahres jeweils um die Abwanderungsquote berichtigt werden und zwar für jedes Jahr auf der Grundlage der berichtigten Zahl des vorangegangenen Jahres, so dass sich die verbleibenden Umsatz- und Provisionszahlen im Regelfall jährlich entsprechend der laufenden Abwanderung des vom HV geworbenen Stammkundenumsatzes vermindern.[891] Die so ermittelten (Umsatz- und) Provisionszahlen der einzelnen Jahre des Prognosezeitraums werden **(5) zusammengerechnet,** das Ergebnis **(6)** gegebenenfalls **aus Billigkeitsgründen korrigiert** und **(7)** der **verbleibende auszugleichende Unternehmervorteil (Provisionsverlust) abgezinst** (RdNr. 131). Auf diese Weise ergibt sich der den auszugleichenden (Mindest) Unternehmervorteilen entsprechende sog. Rohausgleich. Ist dessen Berechnung auf der Basis der Umsatzzahlen und nicht der Provisionszahlen des letzten Vertragsjahres vorgenommen

---

[878] So auch EuGH Urt. v. 23. 3. 2006, C – 465/04, DStR 2006 Heft 14 S. XIV (LS) = HVR Nr. 1184.
[879] AA MünchKommHGB/*v. Hoyningen-Huene* RdNr. 18.
[880] LG München MDR 1998, 1489, HVR Nr. 909 und *Krainz/Lieber/Puszkajler* BB 1999, 434; s. d. aber auch OLG München Urt. v. 16. 1. 2002 – 7 U 4312/00, HVR Nr. 1053; dazu *Creutzig* DAR 1999, 16, 19; zustimmend: *Kümmel* DB 1998, 2407; ablehnend: *Reufels/Lorenz* MDR 1998, 1490 und BB 2000, 1586.
[881] Urt. v. 5. 2. 2003 – 1 U 924/01, NJW-RR 2003, 900 = HVR Nr. 1110 m. zust. Bspr. *Emde* EWiR 2003, 825.
[882] OLG Köln OLGR 2003, 153; kritisch dazu auch *Intveen* BB 1999, 1881, 1885.
[883] BGH Urt. v. 20. 11. 2002 – VIII ZR 146/01, BGHZ 153, 6, 15 = ZIP 2003, 264, 265; *Hübsch/Hübsch* WM 2005 Sonderbeilage Nr. 1 zu Heft 9 S. 11; MünchKommHGB/*v. Hoyningen-Huene* RdNr. 125 und 126; *Küstner* Ausgleichsanspruch RdNr. 215.
[884] Vgl. BGH Urt. v. 25. 11. 1998 – VIII ZR 221/97, EBE 1999, 13, 16; OLG Hamburg Urt. v. 9. 12. 1986 – 10 U 57/76, HVR Nr. 509; OLG Düsseldorf OLGR 2000, 354, 357, 358; s. auch *Küstner* Ausgleichsanspruch RdNr. 1600 f. und NJW 1969, 769; *Westphal* in Saenger/Schulze, 2000, 30; *Emde* EWiR 2000, 237, 238.
[885] BGH Urt. v. 11. 12. 1958 – II ZR 73/57, BGHZ 29, 83, 91 = NJW 1959, 144; vgl. auch BGH Urt. v. 6. 8. 1997 – VIII ZR 150/96, ZIP 1997, 1832 und BGH Urt. v. 6. 8. 1997 – VIII ZR 92/96, ZIP 1997, 1839; BGH Urt. v. 10. 7. 2002 – VIII ZR 158/01, EBE 2002, 298, 300 = WM 2003, 499.
[886] *Westphal* Vertriebsrecht RdNr. 1084.
[887] BGH Urt. v. 2. 7. 1987 – I ZR 188/85, NJW-RR 1988, 42, 44; BGH Urt. v. 6. 8. 1997 – VIII ZR 150/96, ZIP 1997, 1832, 1834; BGH Urt. v. 10. 7. 2002 – VIII ZR 158/01, EBE 2002, 298, 302 = WM 2003, 499, 299; *Küstner* NJW 1969, 769, 771 und BB 1982, 274, 276; *Evers/Kiene* ZfV 2001, 766; Staub/*Brüggemann* RdNr. 84; *Westphal* RdNr. 702 und Vertriebsrecht RdNr. 1078.
[888] BGH Urt. v. 26. 2. 1997 – VIII ZR 272/95, BGHZ 135, 14 = ZIP 1997, 841, 843.
[889] Staub/*Brüggemann* RdNr. 84, 85; *Westphal* RdNr. 703 und Vertriebsrecht RdNr. 1079 und 1093 f.
[890] AA *Westphal* Vertriebsrecht RdNr. 1080.
[891] *Küstner* BB 1982, 274, 276, 277; *Westphal* RdNr. 706 und Vertriebsrecht RdNr. 1007; vgl. dazu aber auch die sog. einfachere Berechnungsmethode des BGH (oben RdNr. 85).

§ 89 b 130–132   1. Buch. 7. Abschnitt. Handelsvertreter

worden, sind nach der Ermittlung des für den Prognosezeitraum maßgeblichen Umsatzes die dafür geschuldeten Provisions- und Provisionsverluste herauszurechnen.[892] Ist die gesamte Berechnung auf der Grundlage von Nettozahlen erfolgt, wird die Umsatzsteuer hinzugerechnet.[893] (**Berechnungsbeispiel**:[894] Prognosezeitraum 3 Jahre; Abwanderungsquote 25%; Stammkundenumsatz im letzten Vertragsjahr 200 000 € einschließlich Umsatzsteuer; Provisionssatz 15%; Provisionsverluste in den drei Jahren nach Vertragsende: 22 500 €, 16 875 € und 12 656,25 €, zusammenrechnet 52 031,25 €; Abschlag aus Billigkeitsgründen 10% = 46 828 €, abgezinst mit Zinssatz von 4% auf 41 810 €).

130 **3. Abwanderungsquote und Prognosezeitraum.** Abwanderungsquote und Prognosezeitraum sind eigenständige Berechnungsfaktoren. Die vom HV geschaffenen Kundenbeziehungen müssen sich nicht innerhalb des Prognosezeitraums unter Berücksichtigung der angenommenen Abwanderungsquote vollständig verflüchtigt haben. Rechnerisch ist das im Regelfall ohnehin nicht möglich, weil die laufende Abwanderungsquote lediglich auf der Grundlage der am Ende des Vorjahres verbliebenen Umsatz- und/oder Provisionszahl berechnet wird. Allein im Fall einer für das Erste nachvertragliche Jahr anzunehmenden vollständigen Abwanderung sämtlicher Stammkunden kann ein weiteres Prognosejahr nicht mehr berücksichtigt werden.

131 **4. Abzinsung und Verzinsung.** Der nach Abs. 1 rechnerisch ermittelte Ausgleichsbetrag ist auf den Barwert abzuzinsen,[895] weil der Ausgleichsbetrag mit Vertragsende und nicht erst nach Ablauf des Prognosezeitraums geschuldet wird (RdNr. 15), jedoch der Unternehmer die Vorteile aus der vom HV geschaffenen Geschäftsverbindung erst während des Prognosezeitraums erlangt und der HV die ihm entgangenen Provisionen ebenfalls erst während und nach dessen Ablauf verdient und ausbezahlt bekommen hätte.[896] Bei verspäteter Erfüllung des Ausgleichsanspruchs, selbst nach Ablauf des Prognosezeitraums, bleibt es bei der Abzinsung,[897] der Zeitablauf ist ohne Einfluss auf die Höhe des geschuldeten Ausgleichs, dafür ist der Anspruch ab Fälligkeit zu verzinsen (§ 353 S. 1)[898] und ab Rechtshängigkeit oder Verzug hat der Unternehmer nach §§ 286, 288 BGB nF einen Verzögerungsschaden zu ersetzen (RdNr. 17).[899] Allgemein gültige Regeln über Art und Höhe der im Einzelfall vorzunehmenden Abzinsung bestehen nicht,[900] die sog. „**Hoffmannsche Methode**" bietet sich an:[901] [Schuldsumme × 100] ÷ [100 + (Zinssatz × Zahl der abzuzinsenden Jahre des Prognosezeitraums)] = abgezinster Betrag. Andere Abzinsungsmethoden sind gleichermaßen zulässig.[902]

132 **5. Höchstbetrag – Abs. 2. a) Bedeutung der Vorschrift.** Nach Abs. 2 darf der Ausgleichsanspruch das durchschnittliche Jahreseinkommen des HV in den letzten 5 Jahren nicht übersteigen.[903] **In der Beschränkung auf den Höchstbetrag (der Kappungsfunktion)**[904] erschöpft sich die Bedeutung der Vorschrift.[905] Abs. 2 ist weder Anspruchsvoraussetzung noch Bemessungsgrundlage

---

[892] Vgl. *Westphal* RdNr. 702 f.
[893] OLG Frankfurt Urt. v. 8. 12. 1970– 5 U 94/70, HVR Nr. 428.
[894] Ausf. dazu auch MünchKommHGB/*v. Hoyningen-Huene* RdNr. 148 f.; *Westphal* Vertriebsrecht RdNr. 1087 f.
[895] BGH Urt. v. 8. 11. 1990 – I ZR 269/88, NJW-RR 1991, 484 m. Anm. *Schwerdtner* EWiR 1991, 591; BGH Urt. v. 6. 8. 1997 – VIII ZR 150/96, ZIP 1997, 1832, 1838 und BGH Urt. v. 6. 8. 1997 – VIII ZR 92/96, ZIP 1997, 1839, 1844; *Hopt* RdNr. 48; *Westphal* RdNr. 707.
[896] Heymann/*Sonnenschein/Weitemeyer* RdNr. 72; MünchKommHGB/*v. Hoyningen-Huene* RdNr. 139.
[897] BGH Urt. v. 8. 11. 1990 – I ZR 269/88, NJW-RR 1991, 484 = HVR Nr. 700 m. Anm. *Schwerdtner* EWiR 1991, 591; BGH Urt. v. 6. 8. 1997 – VIII ZR 150/96, ZIP 1997, 1832, 1838 und BGH Urt. v. 6. 8. 1997 – VIII ZR 92/96, ZIP 1997, 1839, 1845; *Hopt* RdNr. 48; MünchKommHGB/*v. Hoyningen-Huene* RdNr. 139; *Westphal* RdNr. 709; aA Heymann/*Sonnenschein/Weitemeyer* RdNr. 72; *Küstner* Ausgleichsanspruch RdNr. 662.
[898] BGH Urt. v. 8. 11. 1990 – I ZR 269/88, NJW-RR 1991, 484 = HVR Nr. 700 m. Anm. *Schwerdtner* EWiR 1991, 591.
[899] BGH Urt. v. 8. 11. 1990 – I ZR 269/88, NJW-RR 1991, 484 m. Anm. *Schwerdtner* EWiR 1991, 591; BGH Urt. v. 6. 8. 1997 – VIII ZR 150/96, ZIP 1997, 1832, 1838 und BGH Urt. v. 6. 8. 1997 – VIII ZR 92/96, ZIP 1997, 1839, 1845; MünchKommHGB/*v. Hoyningen-Huene* RdNr. 139.
[900] BGH Urt. v. 6. 8. 1997 – VIII ZR 150/96, ZIP 1997, 1832, 1838 und BGH Urt. v. 6. 8. 1997 – VIII ZR 92/96, ZIP 1997, 1839, 1845; *Hübsch/Hübsch* WM 2005 Sonderbeilage Nr. 1 zu Heft 9 S. 16; MünchKommHGB/*v. Hoyningen-Huene* RdNr. 140; vgl. auch *Intveen* BB 1999, 1881, 1887.
[901] BGH Urt. v. 10. 10. 1991 – III ZR 308/89, BGHZ 115, 307, 310 = NJW 1991, 3274; OLG Düsseldorf OLGR 2000, 354, 358; aA *Emde* EWiR 199, 653, 654.
[902] BGH Urt. v. 10. 7. 2002 – VIII ZR 58/00, DB 2002, 2321.
[903] BGH Urt. v. 23. 10. 1996 – VIII ZR 16/96, BGHZ 133, 391 = ZIP 1996, 2165 m. Anm. *Sellhorst* BB 1997, 2019; Heymann/*Sonnenschein/Weitemeyer* RdNr. 73; vgl. *Küstner* Ausgleichsanspruch RdNr. 1328.
[904] *Westphal* Vertriebsrecht RdNr. 1100.
[905] BGH Urt. v. 3. 6. 1971 – VII ZR 23/70, BGHZ 56, 242, 250 = NJW 1971, 1611; BGH Urt. v. 4. 6. 1975 – I ZR 130/73, WM 1975, 931, 935; BGH Urt. v. 11. 12. 1996 – VIII ZR 22/96 – ZIP 1997, 238, 239; BGH Urt. v. 25. 11. 1998 – VIII ZR 221/97, EBE 1999, 13, 16; *Hopt* RdNr. 49; s. *Schröder* RdNr. 23 a; *Alff* RdNr. 237; *Westphal* Vertriebsrecht RdNr. 1100; vgl. MünchKommHGB/*v. Hoyningen-Huene* RdNr. 127.

Ausgleichsanspruch   133, 134   § 89 b

für den Ausgleichsanspruch und kommt erst zum Zuge, nachdem der Rohausgleich rechnerisch ermittelt und nach Abs. 1 Satz 1 Nr. 3 als billig festgestellt ist.[906] Der Höchstbetrag selbst unterliegt einer Billigkeitskontrolle nicht mehr (RdNr. 102). Übersteigt der nach Abs. 1 Satz 1 Nr. 1 bis Nr. 3 ermittelte Rohausgleich den Höchstbetrag, darf der Höchstbetrag nicht (nochmals) aus Billigkeitsgründen gekürzt werden, auch wenn sich die Minderung aus Billigkeitsgründen in einem solchen Fall nicht auswirkt (RdNr. 127).[907] Liegt der Rohausgleich unter dem Höchstbetrag, ist Abs. 2 bedeutungslos.[908] Der Ausgleichsanspruch entfällt vollständig, wenn ein positiver Höchstbetrag nicht festgestellt werden kann, weil der HV im Berechnungszeitraum eine Vergütung nicht verdient hat. Eine **auf Zahlung des Höchstbetrags gerichtete Ausgleichsklage** ist unschlüssig und unbegründet, wenn der HV nicht im Einzelnen nachprüfbar darlegt, dass der Rohausgleich den Höchstbetrag übersteigt. War der HV **zu unterschiedlichen Zeiten in verschiedenen Bezirken** tätig, kann es angebracht sein, den Höchstbetrag für jeden Bezirk getrennt zu ermitteln.[909]

b) Berechnungszeitraum. In zeitlicher Hinsicht sind für die Berechnung des Höchstbetrags die 133 dem rechtlichen Ende des HVVertrags vorausgegangenen letzten fünf Vertrags- (nicht Kalender-) Jahre entscheidend.[910] War der HV vor dem rechtlichen Vertragsende von seinen Tätigkeitspflichten ohne vollständigen Ausgleich seiner entgangenen Einkünfte freigestellt, sind die letzten fünf Jahre der vertragsgemäßen Tätigkeit für den Unternehmer maßgebend.[911] Bei kürzerer Vertrags- oder Tätigkeitsdauer wird der Höchstbetrag nach der tatsächlichen Vertragszeit bestimmt;[912] einen Mindestzeitraum von einem Jahr für die Ermittlung des Höchstbetrags sieht das Gesetz nicht vor,[913] sie würde den HV, zumal bei sehr kurzen Vertragsverhältnissen, unangemessen bevorzugen. Bei unterschiedlicher Entwicklung des Einkommens des HV in den letzten fünf Jahren ist für die Bestimmung des Höchstbetrags auf einen kürzeren Zeitraum abzustellen, in welchem sich das Provisionseinkommen grundlegend erhöht oder verringert hat,[914] wenn auf diese Weise ein angemessenes Bild des letzten Einkommens gewonnen wird. Das entspricht der gesetzlich gewollten Begrenzung des Ausgleichsanspruchs durch das zuletzt bezogene Einkommen und dem das gesamte Ausgleichsrecht beherrschenden Grundsatz der Billigkeit.

c) Verdiente und gezahlte Vergütung. Grundlage für die Berechnung des Höchstbetrags ist 134 der Gesamtverdienst des HV im Berechnungszeitraum[915] und zwar unabhängig davon, ob die verdiente Vergütung ausgezahlt worden ist;[916] auf die Höhe der tatsächlich vom Unternehmer gezahlten Vergütungen kommt es nicht an.[917] Innerhalb des Berechnungszeitraums muss der HV durch seine vertragsgemäße Tätigkeit[918] den Anspruch oder die Anwartschaft auf die Vergütung erworben haben. Nicht entscheidend für Abs. 2 sind der Zeitpunkt des unbedingten Entstehens des Vergütungsanspruchs, seiner Fälligkeit oder Erfüllung. Damit sind auch nicht ausgezahlte oder dem

---

[906] BGH Urt. v. 11. 12. 1958 – II ZR 73/57, BGHZ 29, 83, 94 = NJW 1959, 144; BGH Urt. v. 19. 11. 1970 – VII ZR 47/69, BGHZ 55, 45, 54 = NJW 1971, 462; BGH Urt. v. 27. 2. 1981 – I ZR 39/79, WM 1981, 817, 818; BGH Urt. v. 8. 11. 1990 – I ZR 269/88, NJW-RR 1991, 484 m. Anm. *Schwerdtner* EWiR 1991, 591; BGH Urt. v. 15. 10. 1992 – I ZR 173/91, MDR 1993, 224; BGH Urt. v. 11. 12. 1996 – VIII ZR 22/96 = ZIP 1997, 238, 239; *Schuler* NJW 1958, 1113; ausf. wie hier v. *Westphalen* BB 2001, 1593, 1596, 1597; *Hopt* RdNr. 49; *Küstner* Ausgleichsanspruch RdNr. 207, 216, 1312, 1314; *Alff* RdNr. 289.
[907] BGH Urt. v. 15. 10. 1992 – I ZR 173/91, HVR Nr. 725; BGH Urt. v. 25. 11. 1998 – VIII ZR 221/97, EBE 1999, 13, 16 m. abl. Anm. *Küstner* BB 2000, Heft 20, „Die erste Seite"; BGH Urt. v. 20. 11. 2002 – VIII ZR 146/01, BGHZ 153, 6 = ZIP 2003, 264, 266; *Hübsch/Hübsch* WM 2005 Sonderbeilage Nr. 1 zu Heft 9 S. 11.
[908] *Küstner/v. Manteuffel* BB 1990, 291, 298; *Küstner* Ausgleichsanspruch RdNr. 1314.
[909] LG Mönchengladbach HVR Nr. 779.
[910] *Heymann/Sonnenschein/Weitemeyer* RdNr. 75; *Küstner* Ausgleichsanspruch RdNr. 1308.
[911] BGH Urt. v. 4. 6. 1975 – I ZR 130/73, WM 1975, 931, 935; *Heymann/Sonnenschein/Weitemeyer* RdNr. 75; MünchKommHGB/*v. Hoyningen-Huene* RdNr. 142; *Küstner* Ausgleichsanspruch RdNr. 1308 und 1309.
[912] *Küstner* Ausgleichsanspruch RdNr. 1307; *Westphal* Vertriebsrecht RdNr. 1116; aA für Tätigkeitsdauer unter einem Jahr: MünchKommHGB/*v. Hoyningen-Huene* RdNr. 143.
[913] *Matthies* DB 1986, 2063, 2065, 2066; Staub/*Brüggemann* RdNr. 89; *Küstner* Ausgleichsanspruch RdNr. 1307; *Westphal* Vertriebsrecht RdNr. 1116; aA *Hopt* RdNr. 49; MünchKommHGB/*v. Hoyningen-Huene* RdNr. 143; *Westphal* RdNr. 718; *Alff* RdNr. 293.
[914] OLG Karlsruhe OLGZ 1984, 483 = HVR Nr. 975; *Heymann/Sonnenschein/Weitemeyer* RdNr. 75; aA MünchKommHGB/*v. Hoyningen-Huene* RdNr. 142; wohl auch *Küstner* Ausgleichsanspruch RdNr. 1319 bis 1322, vgl. auch RdNr. 1332.
[915] LG Duisburg HVR Nr. 903; *Schröder* RdNr. 23 a; *Westphal* Vertriebsrecht RdNr. 1105, 1106; auch BGH Urt. v. 12. 11. 1976 – VII ZR 123/73, WM 1977, 115, 117 enthält keine andere Feststellung.
[916] Vgl. OLG Koblenz Urt. v. 2. 7. 1998 – 6 U 624/96, HVR Nr. 883; *Westphal* Vertriebsrecht RdNr. 1107.
[917] *Thume* BB 2004, 2473, 2475, der darauf hinweist, dass nach der EG-RiLi die gezahlte Vergütung entscheidend sei; *Heymann/Sonnenschein/Weitemeyer* RdNr. 74; MünchKommHGB/*v. Hoyningen-Huene* RdNr. 145; *Schröder* RdNr. 23 a; Staub/*Brüggemann* RdNr. 91; *Küstner* Ausgleichsanspruch RdNr. 1330; *Westphal* RdNr. 712.
[918] BGH Urt. v. 23. 10. 1996 – VIII ZR 16/96, BGHZ 133, 391 = ZIP 1996, 2165, 2167; vgl. auch *Westphal* Vertriebsrecht RdNr. 1110.

HV zu Unrecht vorenthaltene Vergütungen[919] sowie nicht mehr durchsetzbare, zB verjährte, Forderungen[920] bei der Bemessung des Höchstbetrags zu berücksichtigen.[921] Das Gleiche gilt für die während des Berechnungszeitraums im Rechtssinn entstandenen Überhangprovisionen.[922] Vergütungsforderungen, auf welche der HV in rechtswirksamer Weise verzichtet hat, bleiben außer Ansatz.

135   **d) Provision oder sonstige Vergütung.** Entsprechend der sozialen Schutzfunktion der Vorschrift[923] sind in die Berechnung des Höchstbetrags sämtliche Vergütungsforderungen einschließlich der geschuldeten Umsatzsteuer[924] einzubeziehen, welche der HV, gleichgültig aus welchem Rechtsgrund,[925] von dem Unternehmer als Entgelt für die im konkreten Einzelfall vertraglich geschuldete Vertriebsleistung zu erhalten hatte,[926] selbst wenn sie unberechtigterweise noch nicht erfüllt oder mittlerweile einredebehaftet und nicht mehr durchsetzbar sind (RdNr. 134). Zu berücksichtigen sind damit Provisionsforderungen für Geschäfte mit Alt-[927] oder Neukunden, vom Erfolg der Tätigkeit unabhängige Vergütungen wie feste Zahlungen, Bezirks-,[928] Kundenschutz-, Delkredere- oder Regaldienstprovisionen,[929] allgemeine, nicht auf ein konkretes Geschäft oder eine konkrete Tätigkeit des HV bezogene Spesenzuschüsse und Kostenerstattungspauschalen,[930] sonstige dem HV vertraglich geschuldete Entgelte,[931] auch in Form von (umzurechnenden) Sachleistungen,[932] sowie Schadensersatzleistungen für entgangene Vergütungen.[933] Unerheblich ist, ob der HV die Einkünfte zur Deckung seiner Geschäftskosten benötigt hat[934] oder wie er sie verwendet, weswegen die an echte Untervertreter, andere HV oder auch an Kunden[935] weiterzuleitende oder ausgezahlte Provisionsanteile ebenfalls in die Berechnung des Höchstbetrags einfließen.[936] **Unberücksichtigt** bleiben **Aufwendungsersatzleistungen**, welche nicht die vertragliche Vertriebstätigkeit vergüten, sondern den HV von Kosten für eine im Interesse des Unternehmers zusätzlich ausgeübte Einzeltätigkeit freistellen;[937] gehören diese Tätigkeiten allerdings zu den nach dem HVVertrag auf Dauer geschuldeten Leistungen, fällt das dafür geschuldete Entgelt ebenfalls in die Berechnung des Höchstbetrags;[938] nach diesen Kriterien bestimmt zB sich die Berücksichtigung von Forderungen des HV gegen den Unternehmer auf Übernahme der Kosten für die Unterhaltung von Lager-,[939] Büro- sowie Verkaufsräumen, die Auslieferung von Waren[940] oder die Vergütung eines unechten Untervertreters.

---

[919] *Westphal* RdNr. 712.
[920] BGH Urt. v. 22. 5. 1981 – I ZR 34/79, NJW 1982, 235, 236; Staub/*Brüggemann* RdNr. 91; *Westphal* RdNr. 712.
[921] Heymann/*Sonnenschein/Weitemeyer* RdNr. 74; MünchKommHGB/*v. Hoyningen-Huene* RdNr. 145; *Küstner* Ausgleichsanspruch RdNr. 1315, 1330; *Westphal* RdNr. 712.
[922] BGH Urt. v. 23. 10. 1996 – VIII ZR 16/96, BGHZ 133, 391 = ZIP 1996, 2165 m. zust. Anm. *v. Hoyningen-Huene* EWiR 1997, 175 und ausf. Bspr. *Küstner* BB 1999, 541, 544; *Thume* BB 2004, 2473, 2475; *Hübsch/Hübsch* WM 2005 Sonderbeilage Nr. 1 zu Heft 9 S. 17; *Küstner* Ausgleichsanspruch RdNr. 1315; *Westphal* RdNr. 713, 714 und Vertriebsrecht RdNr. 1108 f; aA noch OLG Düsseldorf OLGR 1996, 25.
[923] BGH Urt. v. 19. 11. 1970 – VII ZR 47/69, BGHZ 55, 45, 53, 54 = NJW 1971, 462; *Alff* RdNr. 290; *Küstner* Ausgleichsanspruch RdNr. 1328.
[924] BGH Urt. v. 3. 6. 1971 – VII ZR 23/70, BGHZ 56, 242, 250 = NJW 1971, 1611; BGH Urt. v. 12. 11. 1976 – VII ZR 123/73, WM 1977, 115, 117 = HVR Nr. 542; OLG Düsseldorf Urt. v. 30. 10. 1958 – 8 U 57/58, HVR Nr. 192; Heymann/*Sonnenschein/Weitemeyer* RdNr. 74; *Hopt* RdNr. 51; MünchKommHGB/*v. Hoyningen-Huene* RdNr. 147; *Schröder* RdNr. 24 a; *Küstner* Ausgleichsanspruch RdNr. 1333; s. LG Duisburg HVR Nr. 903.
[925] Heymann/*Sonnenschein/Weitemeyer* RdNr. 74; *Küstner* Ausgleichsanspruch RdNr. 1315.
[926] BGH Urt. v. 19. 11. 1970 – VII ZR 47/69, BGHZ 55, 45, 53 = NJW 1971, 462; BGH Urt. v. 22. 5. 1981 – I ZR 34/79, NJW 1982, 235, 236; BGH Urt. v. 15. 11. 1984 – I ZR 79/82, NJW 1985, 860, 861; *Hopt* RdNr. 51; *Schröder* RdNr. 23 b.
[927] Heymann/*Sonnenschein/Weitemeyer* RdNr. 74; MünchKommHGB/*v. Hoyningen-Huene* RdNr. 144; *Westphal* RdNr. 712; *Küstner* Ausgleichsanspruch RdNr. 1324.
[928] BGH Urt. v. 28. 10. 1957 – II ZR 49/56, VersR 1957, 775.
[929] OLG Celle Urt. v. 22. 4. 1988 – 11 U134/87, HVR Nr. 635; LG Saarbrücken HVR Nr. 566.
[930] MünchKommHGB/*v. Hoyningen-Huene* RdNr. 147; *Schröder* RdNr. 23 a; *Küstner* Ausgleichsanspruch RdNr. 1348.
[931] MünchKommHGB/*v. Hoyningen-Huene* RdNr. 144; *Küstner* Ausgleichsanspruch RdNr. 1325, 1326, 1327.
[932] *Küstner* Ausgleichsanspruch RdNr. 1349.
[933] MünchKommHGB/*v. Hoyningen-Huene* RdNr. 144; *Westphal* RdNr. 712.
[934] *Schröder* RdNr. 23 d; unrichtig insoweit OLG Celle NJW 1968, 1141.
[935] S. BGH Urt. v. 12. 11. 1976 – VII ZR 123/73, WM 1977, 115, 117 = HVR Nr. 542.
[936] Heymann/*Sonnenschein/Weitemeyer* RdNr. 74; Staub/*Brüggemann* RdNr. 90; *Küstner* Ausgleichsanspruch RdNr. 1339 f., 1347; aA ausf. *Schröder* RdNr. 23 c.
[937] *Westphal* Vertriebsrecht RdNr. 1110.
[938] Heymann/*Sonnenschein/Weitemeyer* RdNr. 74; MünchKommHGB/*v. Hoyningen-Huene* RdNr. 146; *Küstner* Ausgleichsanspruch RdNr. 1344 bis 1346; *Westphal* Vertriebsrecht RdNr. 1111; vgl. ausf. *Schröder* RdNr. 23 b.
[939] S. d. OLG Karlsruhe Urt. v. 27. 3. 1981 – 14 U 245/79, HVR Nr. 555; OLG Nürnberg Urt. v. 18. 1. 1984 – 4 U 2211/83, HVR Nr. 583.
[940] OLG Karlsruhe Urt. v. 27. 3. 1981 – 14 U 245/79, HVR Nr. 555.

VI. Unabdingbarkeit – Abs. 4 Satz 1

1. Bedeutung der Vorschrift. Zum Schutz des HV, der im Regelfall und nach der Vorstellung 136 des Gesetzgebers dem Unternehmer wirtschaftlich unterlegen ist, kann der Ausgleichsanspruch nach Abs. 4 Satz 1 nicht im Voraus ausgeschlossen werden, um den HV vor nachteiligen Abmachungen während der vertragsbedingten wirtschaftlichen Abhängigkeit zu bewahren.[941] Die Vorschrift umfasst, wie auch aus dem unmittelbar zur Auslegung heranzuziehenden[942] Art. 19 EG-RiLi folgt, entgegen dem nur scheinbar engeren Wortlaut alle Vereinbarungen, welche **bei einer rein objektiven Würdigung** zum Nachteil des HV von der gesetzlichen Regelung abweichen[943] und dadurch den Ausgleichsanspruch ganz oder teilweise beeinträchtigen, einschränken[944] oder ausschließen können.[945] Ob dies der Fall ist, bestimmt sich nach den Gegebenheiten im Zeitpunkt der Vereinbarung.[946] Lässt sich die Möglichkeit einer künftigen Benachteiligung des HV durch die jeweilige Vereinbarung nicht mit Sicherheit ausschließen, kann sie Rechtswirkungen nicht entfalten und muss unterbleiben.[947] Zulässig sind vom Gesetz abweichende Vereinbarungen nur, wenn „ex ante" feststeht, dass der HV bei Vertragsende jedenfalls einen Ausgleich erhält, welcher den gesetzlichen Mindestanforderungen entspricht.[948] Nur unter diesen Voraussetzungen kann ausnahmsweise der Ausgleichsanspruch durch **AGB** oder einen **Tarifvertrag** verbindlich festgelegt werden.[949] **Die Motive, Absichten und Vorstellungen der Vertragspartner,** welche zu den einzelnen Vereinbarungen geführt haben, sind für die Wertung nach Abs. 4 S. 1 ohne Bedeutung; Wissen, Wollen, Inkaufnahme einer Benachteiligung des HV oder die Absicht, das Gesetz zu umgehen, müssen nicht vorgelegen haben.

2. Vereinbarung vor Vertragsende. Die Vertragsfreiheit der Parteien ist durch Abs. 4 S. 1 137 eingeschränkt, solange der HVVertrag rechtlich besteht, also bis zur vollständigen und endgültigen rechtlichen Beendigung des Vertragsverhältnisses.[950] Die Formulierung „im Voraus" meint dasselbe wie „vor Ablauf des Vertrags" im Sinn von Abs. 3 Nr. 3 und Art. 19 EG-RiLi. Anlässlich der rechtlichen Beendigung des HVVertrags oder danach getroffene Vereinbarungen, zB auch nach einer Aufhebung des HVVertrags,[951] sind ebenso zulässig[952] wie vorher ausgehandelte, wenn der HV seine zustimmende Vertragserklärung rechtswirksam erst bei oder nach Vertragsende abgibt[953] und vorher eine Bindung an das Ausgehandelte für ihn nicht besteht (s. RdNr. 67).[954] Die einvernehmliche Einstellung der Tätigkeit führt bei fortbestehendem Vertragsverhältnis nicht zur Wiederherstellung der Vertragsfreiheit.[955] Gleiches gilt, wenn ein bestehender HVVertrag aufgehoben wird oder ausläuft und gleichzeitig ein neuer Vertrag geschlossen wird. Erst nach dem rechtlichen Vertragsende darf der HV, auch formfrei (RdNr. 139),[956] über den Ausgleichsanspruch verfügen und auf ihn verzichten.[957]

3. Dem Handelsvertreter nachteilige Vereinbarungen. Unter Abs. 4 S. 1 fällt jede Verein- 138 barung, welche bei objektiver Würdigung die Rechte des HV aus § 89 b im Hinblick auf den

---

[941] BGH Urt. v. 10. 7. 1996 – VIII ZR 261/95, ZIP 1996, 1549; MünchKommHGB/*v. Hoyningen-Huene* RdNr. 188; s. EuGH Urt. v. 23. 3. 2006, C – 465/04, DStR 2006 Heft 14 S. XIV (LS) = HVR Nr. 1184.
[942] MünchKommHGB/*v. Hoyningen-Huene* RdNr. 197.
[943] OLG München Urt. v. 20. 10. 2004 – 7 U 3194/04, BB 2005, 630 = HVR Nr. 1124.
[944] LG Waldshut-Tiengen HVR Nr. 843.
[945] *Schröder* RdNr. 34.
[946] EuGH Urt. v. 23. 3. 2006, C – 465/04, DStR 2006 Heft 14 S. XIV (LS) = HVR Nr. 1184.
[947] EuGH Urt. v. 23. 3. 2006, C – 465/04, DStR 2006 Heft 14 S. XIV (LS) = HVR Nr. 1184.
[948] EuGH Urt. v. 23. 3. 2006, C – 465/04, DStR 2006 Heft 14 S. XIV (LS) = HVR Nr. 1184.
[949] EuGH Urt. v. 23. 3. 2006, C – 465/04, DStR 2006 Heft 14 S. XIV (LS) = HVR Nr. 1184.
[950] BGH Urt. v. 14. 11. 1966 – VII ZR 112/64, NJW 1967, 248; BGH Urt. v. 12. 12. 1985 – I ZR 62/83, WM 1986, 392, 393; MünchKommHGB/*v. Hoyningen-Huene* RdNr. 196.
[951] OLG Köln Urt. v. 20. 1. 2006 – 19 U 124/05, HVR Nr. 1163.
[952] BGH Urt. v. 5. 12. 1968 – VII ZR 102/66, BGHZ 51, 184, 188, 189 = NJW 1969, 504; BGH Urt. v. 29. 3. 1990 – I ZR 2/89, ZIP 1990, 1197, 1198; BGH Urt. v. 10. 7. 1996 – VIII ZR 261/95, ZIP 1996, 1549, 1550; Heymann/*Sonnenschein/Weitemeyer* RdNr. 97; MünchKommHGB/*v. Hoyningen-Huene* RdNr. 195; *Schröder* RdNr. 34 a; *Westphal* RdNr. 734.
[953] OLG Köln Urt. v. 20. 1. 2006 – 19 U 124/05, HVR Nr. 1163.
[954] Vgl. BGH Urt. v. 29. 3. 1990 – I ZR 2/89, ZIP 1990, 1197, 1198; BGH Urt. v. 10. 7. 1996 – VIII ZR 261/95, ZIP 1996, 1549, 1550; *Westphal* Vertriebsrecht RdNr. 1180, 1181.
[955] BGH Urt. v. 29. 3. 1990 – I ZR 2/89, ZIP 1990, 1197, 1198 m. zust. Anm. *Küstner/v. Manteuffel* EWiR 1990, 797; MünchKommHGB/*v. Hoyningen-Huene* RdNr. 197; aA früher BGH Urt. v. 30. 12. 1970 – VII ZR 141/68, BGHZ 55, 124, 127 = NJW 1971, 465; für einen Sonderfall; *Hopt* RdNr. 74; Heymann/*Sonnenschein/Weitemeyer* RdNr. 97; *Schröder* RdNr. 34 b; Staub/*Brüggemann* RdNr. 106 bei bevorstehenden Vertragsende infolge Kündigung des HV; differenzierend *Alff* RdNr. 317.
[956] MünchKommHGB/*v. Hoyningen-Huene* RdNr. 198.
[957] LG Wuppertal HVR Nr. 844; teilweise aA KG BB 1960, 1075.

§ 89 b 138

Anspruchsgrund oder die Anspruchshöhe auf irgendeine Weise[958] in materiellrechtlicher, beweisrechtlicher oder prozessualer Hinsicht unmittelbar oder mittelbar beeinträchtigen[959] oder einschränken kann,[960] indem zB der Ausgleichsanspruch und seine Durchsetzung an nicht im Gesetz enthaltene weitergehende Voraussetzungen geknüpft,[961] die den HV treffenden Beweisanforderungen verschärft sowie die materiellrechtliche oder prozessuale Geltendmachung des Anspruchs erschwert werden. Das betrifft zB Vereinbarungen **(1)** über ein Hinausschieben von Entstehen oder Fälligkeit des Anspruchs,[962] **(2)** über vom Gesetz abweichende Berechnungsgrundsätze[963] oder Berechnungsfaktoren,[964] **(3)** über zwingende Billigkeitserwägungen, welche die gebotene umfassende Billigkeitsprüfung beeinträchtigen können (s. a. RdNr. 100),[965] **(4)** über die Beschränkung des Ausgleichsanspruchs auf einen unter dem durchschnittlichen Jahresbetrag des Abs. 2 liegenden Höchstbetrag, **(5)** über vom HV zu erbringende Gegenleistungen,[966] **(6)** über die Erfüllung des Anspruchs durch Ratenzahlungen,[967] seine Verrechnung mit laufenden Einkünften[968] oder mit (dem Teil) einer Altersversorgung (s. RdNr. 104),[969] selbst wenn die Rente erst nach vielen Jahren zu zahlen sein wird,[970] **(7)** über Austausch oder Entlastung des zur Zahlung verpflichteten Schuldners mit befreiender Wirkung (befreiende Abwälzvereinbarungen) (s. RdNr. 13),[971] **(8)** über entgeltlichen oder unentgeltlichen Verzicht auf den Ausgleich während des bestehenden Vertragsverhältnisses,[972] zB für den Fall von Verkleinerung oder Tausch eines dem HV zugewiesenen Bezirks,[973] **(9)** über ein dem Unternehmer eingeräumtes Recht zu einer Teilkündigung,[974] **(10)** über Provisionsverzichtsklauseln für den Fall der Vertragsbeendigung,[975] **(11)** über den Ausschluss des Ausgleichsanspruchs bei gleichzeitigem Abschluss eines neuen HVVertrags (s. RdNr. 136),[976] **(12)** über Beschränkungen der Vererblichkeit,[977] **(13)** über die Notwendigkeit eines Anerkenntnisses des Unternehmers als Anspruchs- oder Klagevoraussetzung,[978] oder **(14)** über die Wahl des Rechts eines Drittstaates, welcher einen Ausgleichsanspruch nicht vorsieht, für den HVVertrag eines vertragsgemäß im EG-Raum tätigen Handelsvertreter (s. vor § 84 und § 92 c).[979] Gegen

---

[958] BGH Urt. v. 30. 12. 1970 – VII ZR 141/68, BGHZ 55, 124, 125 = NJW 1971, 465; BGH Urt. v. 11. 10. 1990 – I ZR 32/89, NJW-RR 1991, 156, 158; Heymann/Sonnenschein/Weitemeyer RdNr. 97; Hopt RdNr. 70, 71; MünchKommHGB/v. Hoyningen-Huene RdNr. 189; Staub/Brüggemann RdNr. 105; vgl. Schröder DB 1967, 1303.
[959] BGH Urt. v. 14. 11. 1966 – VII ZR 112/64, NJW 1967, 248; vgl. auch BGH Urt. v. 21. 5. 2003 – VIII ZR 57/02, BB 2003, 1581, 1582.
[960] BGH Urt. v. 25. 9. 2002 – VIII ZR 253/99, BGHZ 152, 121 = ZIP 2003, 34 m. zust. Anm. Just EWiR 2003, 435; BGH Urt. v. 20. 11. 2002 – VIII ZR 146/01, BGHZ 153, 6 = ZIP 2003, 264, 265; OLG Koblenz Urt. v. 21. 10. 1955 – 2 U 250/55, NJW Nr. 76.
[961] BGH Beschl. v. 4. 11. 1998 – VIII ZB 318/97, BGHR HGB § 89 b Abs. 4 Satz 1 – Formularvertrag 1; BGH Urt. v. 20. 11. 2002 – VIII ZR 146/01, BGHZ 153, 6 = ZIP 2003, 264; BGH Urt. v. 21. 5. 2003 – VIII ZR 57/02, BB 2003, 1581, 1582; vgl. auch Küstner Ausgleichsanspruch RdNr. 1377.
[962] MünchKommHGB/v. Hoyningen-Huene RdNr. 192; Staub/Brüggemann RdNr. 105; aA Wauschkuhn BB 1996, 1517, 1518.
[963] MünchKommHGB/v. Hoyningen-Huene RdNr. 190; Staub/Brüggemann RdNr. 105.
[964] BGH Urt. v. 10. 7. 2002 – VIII ZR 58/00, BGHReport 2002, 1089 = DB 2002, 2321 m. teilw. abl. Anm. Albicker EWiR 2002, 1011; BGH Urt. v. 25. 9. 2002 – VIII ZR 253/99, BGHZ 152, 121= ZIP 2003, 34 m. zust. Anm. Just EWiR 2003, 435 und OLG Hamm EWiR 1999, 1127 (für die verbindliche Festlegung des Anteils werbender und verwaltender Tätigkeit eines Tankstellenhalters durch AGB) m. krit. Anm. v. Manteuffel/Evers aaO; dazu auch kritisch Olzen JR 2002, 45, 46.
[965] BGH Urt. v. 20. 11. 2002 – VIII ZR 146/01, BGHZ 153, 6 = ZIP 2003, 264, 266; BGH Urt. v. 20. 11. 2002 – VIII ZR 211/01, DB 2003. 144, 145 = MDR 2003, 277 m. Anm. Emde EWiR 2003, 229 und teils krit. Bspr. Löwe/Schneider ZIP 2003, 1129, 1133.
[966] BGH Urt. v. 11. 10. 1990 – I ZR 32/89, NJW-RR 1991, 156, 158; MünchKommHGB/v. Hoyningen-Huene RdNr. 192.
[967] MünchKommHGB/v. Hoyningen-Huene RdNr. 192; aA OLG Oldenburg BB 1973, 1281.
[968] MünchKommHGB/v. Hoyningen-Huene RdNr. 193.
[969] BGH Urt. v. 20. 11. 2002 – VIII ZR 146/01, BGHZ 153, 6 = ZIP 2003, 264; BGH Urt. v. 21. 5. 2003 – VIII ZR 57/02, BB 2003, 1581, 1582; OLG München DB 2001, 1666 m. zust. Anm. Emde EWiR 2001, 765; OLG München DB 2003. 1222; LG München 1 EWiR 2000, 1019 m. Anm. v. Hoyningen-Huene; OLG Köln VersR 2001, 1377; ausf. Graf v. Westphalen DB 2000, 2255 und BB 2001, 1593, 1596; Thume BB 2002, 1325, 1329; MünchKommHGB/v. Hoyningen-Huene RdNr. 193.
[970] Vgl OLG München DB 2003, 1222 (für AGB – Klausel); aA BGH Urt. v. 20. 11. 2002 – VIII ZR 146/01, BGHZ 153, 6 = ZIP 2003, 264, 266.
[971] Hopt RdNr. 73; MünchKommHGB/v. Hoyningen-Huene RdNr. 191.
[972] MünchKommHGB/v. Hoyningen-Huene RdNr. 187.
[973] AA Schröder RdNr. 4 c.
[974] Vgl. dazu ausführlich auch BGH Urt. v. 6. 10. 1999 – VIII ZR 125/98, BGHZ 142, 358 = ZIP 2000, 138, 140 f. m. Bspr. Emde BB 2000, 63 und EWiR 2000, 153.
[975] Westphalen DB 2003, 2319, 2321.
[976] Küstner Ausgleichsanspruch RdNr. 1386.
[977] MünchKommHGB/v. Hoyningen-Huene RdNr. 192; Küstner Ausgleichsanspruch RdNr. 1380.
[978] MünchKommHGB/v. Hoyningen-Huene RdNr. 192.
[979] EuGH Urt. v. 9. 11. 2000 – Rs C 381/99, ZIP 2000, 2108 m. Bspr. Kindler BB 2001, 11 sowie krit. und abl. Bspr. Freitag EWiR 2000, 1061; MünchKommHGB/v. Hoyningen-Huene RdNr. 194 und 202 a.

Abs. 4 können **(15)** letztlich auch Vergütungsvereinbarungen verstoßen, bei welchen zB der Unternehmer dem HV neben einem unüblich hohen Fixbetrag als laufenden Beitrag zu dessen Betriebs- und Vertriebskosten nur noch eine unüblich niedrige Erfolgsprovision zu zahlen hat, sofern ein dann lediglich auf der Grundlage der Erfolgsprovision ermittelter Ausgleichsbetrag nicht annähernd dem Wert der mit dem Erwerb des Kundenstamms einhergehenden Unternehmervorteile und damit nicht mehr dem Erfordernis von Billigkeit und Angemessenheit entspricht. Nur diese weite Auslegung des Abs. 4 Satz 1 entspricht dem Sinn und Zweck der gesetzlichen Regelung sowie der EG-RiLi (s. RdNr. 189). Die Absprache in dem Vertrag eines **Versicherungsvertreters,** dass Vermittlungsprovisionen abbedungen und durch Bestandspflege- oder sonstige Verwaltungsprovisionen ersetzt werden, verstößt gegen Abs. 4.[980]

4. Zulässige Vereinbarungen. Zulässig sind Vereinbarungen, welche die Rechtsstellung des HV **139** im Hinblick auf seinen Ausgleichsanspruch nicht beeinträchtigen können, sondern dem HV bei objektiver Wertung ausschließlich zum Vorteil gereichen, oder welche rein deklaratorischen Charakter haben und lediglich gesetzliche Vorgaben wiederholen.[981] So können die Parteien zB **(1)** die Anforderungen an Darlegung, Beweisführung und Durchsetzung des Ausgleichsanspruchs erleichtern oder **(2)** die Voraussetzungen für Nichtentstehen oder Ausschluss des Anspruchs verschärfen. Sie dürfen **(3)** den Höchstbetrag des Abs. 2 als geschuldeten Ausgleichsbetrag festlegen oder einen höheren Ausgleich vereinbaren,[982] **(4)** einen Mindestbetrag für den zu zahlenden Ausgleich[983] oder **(5)** einen mit dem gesetzlichen Ausgleich zu kumulierenden Abfindungsbetrag vereinbaren;[984] die unzulässige Vereinbarung eines festen Ausgleichsbetrags kann mit diesem Verständnis aufrechterhalten werden[985] ebenso jede Vereinbarung über Zubilligung und/oder Ermittlung einer sonstigen Abfindung;[986] solche Vereinbarungen können jedoch den gesetzlichen Ausgleichsanspruch des Handelsvertreter weder ausschließen noch der Höhe nach beschränken. Die Vereinbarung **(5)** einer schematischen Berechnungsklausel, welche ein angemessenes und „richtiges" Ergebnis gewährleistet, ist zulässig,[987] ebenso **(6)** der nicht befreiende Schuldbeitritt Dritter.[988] Nach Abs. 4 Satz 1 zulässige Vereinbarungen können grds. **formlos** getroffen werden, wenn und soweit für den Abschluss des HVVertrags nicht eine bestimmte Form einzuhalten ist (RdNr. 137).[989] Dass eine einzelne Regelung nach Abs. 4 Satz 1 zulässig ist, bedeutet nicht, dass sie deswegen auch durch AGB zum Vertragsinhalt gemacht werden darf,[990] insoweit ist jeweils eine Einzelprüfung und Inhaltskontrolle nach § 307 BGB nF erforderlich.[991] In der nach § 89 b wirksamen Zubilligung eines nach dem Gesetz nicht oder nur in geringerer Höhe geschuldeten Ausgleichs durch eine Kapitalgesellschaft an ihren herrschenden Gesellschafter kann eine **verdeckte Gewinnausschüttung** liegen.[992]

5. Vereinbarungen über nicht in § 89 b geregelte Rechte. Vereinbarungen über Rechte des **140** HV, welche in anderen dispositiven Vorschriften geregelt sind, fallen grds. selbst dann nicht unter Abs. 4 Satz 1, wenn sie die Rechtsstellung des HV nach § 89 b mittelbar beeinträchtigen.[993] Das betrifft zB Vereinbarungen über **(1)** die Provision (s. a. RdNr. 138)[994] und deren Zahlung,[995] **(2)** das Recht zur fristlosen Kündigung,[996] **(3)** die Verjährung des Ausgleichsanspruchs (RdNr. 20),[997] **(4)** die Anrechnung eines objektiv angemessenen und bis Vertragsende gestundeten Übernahmepreises

---

[980] BGH Urt. v. 14. 6. 2006 – VIII ZR 261/04, EBE LS 629/06.
[981] *Evers/Kiene* ZfV 2001, 589.
[982] FG München Urt. v. 28. 4. 2005 – 5 K 2948/03, HVR Nr. 1179.
[983] BGH Urt. v. 11. 10. 1990 – I ZR 32/89, NJW-RR 1991, 156, 158; MünchKommHGB/*v. Hoyningen-Huene* RdNr. 190; *Küstner* Ausgleichsanspruch RdNr. 1387, 1388.
[984] EuGH Urt. v. 23. 3. 2006, C – 465/04, DStR 2006 Heft 14 S. XIV (LS) = HVR Nr. 1184.
[985] Vgl. BGH Urt. v. 11. 10. 1990 – I ZR 32/89, NJW-RR 1991, 156, 158; vgl. auch BGH Urt. v. 5. 6. 1989 – II ZR 227/88, BGHZ 107, 351, 355 = NJW 1989, 2681.
[986] S. MünchKommHGB/*v. Hoyningen-Huene* RdNr. 194.
[987] MünchKommHGB/*v. Hoyningen-Huene* RdNr. 190.
[988] MünchKommHGB/*v. Hoyningen-Huene* RdNr. 191; *Alff* RdNr. 321.
[989] S. d. MünchKommHGB/*v. Hoyningen-Huene* RdNr. 198.
[990] Ausführlich *Evers/Kiene* ZfV 2001, 590 f.
[991] *Westphalen* DB 2003, 2319, 2321.
[992] BFH Beschl. v. 21. 12. 2005 – I B 80/05, HVR Nr. 1180.
[993] BGH Urt. v. 21. 5. 2003 – VIII ZR 57/02, BB 2003, 1581, 1582; MünchKommHGB/*v. Hoyningen-Huene* RdNr. 194.
[994] BGH Urt. v. 25. 9. 2002 – VIII ZR 253/99, BGHZ 152, 121= ZIP 2003, 34 m. zust. Anm. *Just* EWiR 2003, 435.
[995] MünchKommHGB/*v. Hoyningen-Huene* RdNr. 194; *Küstner* Ausgleichsanspruch RdNr. 1365.
[996] BGH Urt. v. 12. 3. 1992 – I ZR 117/90 – NJW-RR 1992, 1059, 1060; MünchKommHGB/*v. Hoyningen-Huene* RdNr. 198.
[997] *Küstner* Ausgleichsanspruch RdNr. 1381, 1439, 1447 bis 1449; aA MünchKommHGB/*v. Hoyningen-Huene* RdNr. 192; Staub/*Brüggemann* RdNr. 105.

für die Handelsvertretung[998] oder einen übernommenen Kundenstamm[999] auf den Ausgleichsanspruch, **(5)** den Verlust oder Verzicht auf eine unternehmensfinanzierte Sonderleistung wie zB eine Altersversorgung oder ein Treugeld bei Geltendmachung des gesetzlichen Ausgleichsanspruchs,[1000] und zwar selbst dann, wenn der Verlust bereits mit der Geltendmachung des Ausgleichsanspruchs eintritt und zu diesem Zeitpunkt noch nicht abschließend feststeht, ob der Ausgleichsanspruch überhaupt zugunsten des HV entstanden ist und welche Höhe er erreicht,[1001] **(6)** die Anrechnung von Leistungen des Unternehmers auf den Ausgleichsanspruch, besonders einer Alters- oder Hinterbliebenenversorgung, wenn (der Unternehmer nachweist, dass) sie deklaratorisch die bestehende Rechtslage wiedergeben oder ausschließlich die Rechtsstellung des HV verbessern, was im Zweifel nicht der Fall ist,[1002] **(7)** die Geltung ausländischen Rechts, das einen Ausgleichsanspruch nicht vorsieht, für einen außerhalb des EG-Raums tätigen HV (RdNr. 139),[1003] sowie **(8)** über den Einsatz des HV in einem sog. Rotationssystem (s. RdNr. 79), sofern dem eine rechtlich zulässige und wirksame Vertragsgestaltung zugrunde liegt,[1004] weil die **Dispositionsfreiheit** des Unternehmers (s. § 86 a) durch § 89 b nicht eingeschränkt wird.[1005] Des Weiteren fallen nicht unter Abs. 4 S. 1 Vereinbarungen **(9)** des HV mit seinem Nachfolger oder **(10)** des seinen Betrieb veräußernden Unternehmers mit dem Betriebserwerber zB zu der Frage, wer im Innenverhältnis einen dem HV geschuldeten Ausgleich zu tragen hat.[1006]

141 **6. Unwirksamkeit unzulässiger Vereinbarungen.** Gegen Abs. 4 Satz 1 verstoßende Vereinbarungen sind grundsätzlich nach **§ 134 BGB nichtig**.[1007] Sie können das uneingeschränkte Entstehen des Ausgleichsanspruchs nicht verhindern,[1008] jedoch nach § 139 BGB hinsichtlich ihres dem HV günstigen Teils wirksam bleiben, weil Abs. 4 Satz 1 ausschließlich dem Schutz des HV dient (RdNr. 136). So kann der HV eine ihm unter Verstoß gegen Abs. 4 S. 1 zugesagte Ausgleichsforderung als Mindestforderung geltend machen, ohne seinen höheren gesetzlichen Ausgleichsanspruch zu verlieren. Dem Unternehmer wird es in solchen Fällen regelmäßig nach Treu und Glauben verwehrt sein, sich auf die Unwirksamkeit einer von ihm in den HVVertrag aufgenommenen unzulässigen, jedoch den HV teilweise begünstigenden Klausel zu berufen. Der Hinweis des HV auf die Unwirksamkeit einzelner Vereinbarungen nach Abs. 4 Satz 1 verstößt grundsätzlich nicht gegen § 242 BGB,[1009] zumal die Vorschrift keine Einrede begründet, sondern (im Rechtsstreit) von Amts wegen zu beachten ist. Vom Unternehmer erbrachte Leistungen auf Grund von Vereinbarungen, die nach Abs. 4 S, 1 nichtig sind, werden im Zweifel bei der Billigkeitsprüfung zu berücksichtigen sein (RdNr. 126).[1010]

142 **7. Vorauserfüllung des Ausgleichsanspruchs.** Vor Vertragsende getroffene Vereinbarungen über eine sog. (Voraus-) Erfüllung des Ausgleichsanspruchs[1011] durch Anrechnung bereits erbrachter Leistungen[1012] sind zulässig, wenn die entsprechenden Abschlagszahlungen auf zusätzlich erbrachten Leistungen des Unternehmers beruhen.[1013] Es muss ausgeschlossen sein, dass dem HV die für seine vertraglich zu erbringende Tätigkeit geschuldeten und damit verdienten Provisionen vorenthalten

---

[998] BGH Urt. v. 24. 2. 1983 – I ZR 14/81, NJW 1983, 1727, 1728.
[999] Hess FG Urt. v. 2. 12. 2003 – 10 K 3677/01, DStRE 2005, 129, 130.
[1000] BGH Urt. v. 21. 5. 2003 – VIII ZR 57/02, BB 2003, 1581, 1582 = DB 2003, 1568, 1569.
[1001] BGH Urt. v. 21. 5. 2003 – VIII ZR 57/02, BGHZ 2003, 1581, 1583.
[1002] Vgl. dazu *Küstner* Ausgleichsanspruch RdNr. 1373 bis 1377.
[1003] BGH Urt. v. 30. 1. 1961 – VII ZR 180/60, NJW 1961, 1061; MünchKommHGB/*v. Hoyningen-Huene* RdNr. 194; aA *Schröder* RdNr. 34 f.
[1004] *Küstner* Ausgleichsanspruch RdNr. 1370; aA *Westphal* RdNr. 731; offengelassen von BGH Urt. v. 25. 10. 1984 – I ZR 104/82, NJW 1985, 859; s. MünchKommHGB/*v. Hoyningen-Huene* RdNr. 84 a und 194.
[1005] *Küstner* Ausgleichsanspruch RdNr. 1370.
[1006] Vgl. *Schmitz* ZIP 2003, 59, 62, 63.
[1007] BGH Urt. v. 13. 1. 1972 – VII ZR 81/70, BGHZ 58, 60 = NJW 1972, 477; BGH Urt. v. 25. 9. 2002 – VIII ZR 253/99, BGHZ 152, 121, 133 = ZIP 2003, 34 m. zust. Anm. *Just* EWiR 2003, 435; BGH Urt. v. 20. 11. 2002 – VIII ZR 146/01, BGHZ 153, 6, 9 f = ZIP 2003, 264, 266; MünchKommHGB/*v. Hoyningen-Huene* RdNr. 187; *Schröder* RdNr. 34; *Alff* RdNr. 317.
[1008] *Schröder* RdNr. 34; *Küstner* Ausgleichsanspruch RdNr. 1362.
[1009] MünchKommHGB/*v. Hoyningen-Huene* RdNr. 199; einschränkend und teilweise aA *Schröder* RdNr. 34 a sowie KG NJW 1961, 124.
[1010] *Küstner* VersR 2002, 513, 520.
[1011] Dazu *Schnitzler* MDR 1958, 556; *Ahle* DB 1962, 1329; *Neflin* DB 1962, 1531 und (bedenklich) DB 1956, 765; *Stötter* DB 1971, 709; *Eberstein* BB 1971, 200; *Westphal* MDR 2005, 421; MünchKommHGB/*v. Hoyningen-Huene* RdNr. 200; *Schröder* RdNr. 34 e; Staub/*Brüggemann* RdNr. 107; *Küstner* Ausgleichsanspruch RdNr. 1393; *Westphal* RdNr. 736; *Alff* RdNr. 318.
[1012] Staub/*Brüggemann* RdNr. 107.
[1013] BGH Urt. v. 13. 1. 1972 – VII ZR 81/70, BGHZ 58, 60, 61 = NJW 1972, 477 m. krit. Bspr. *Stötter* BB 1972, 1036; vgl. auch OLG München NJW 1961, 1972; MünchKommHGB/*v. Hoyningen-Huene* RdNr. 201; *Küstner* Ausgleichsanspruch RdNr. 1394.

sowie zur Vorauserfüllung des Ausgleichsanspruchs verwendet werden (Verstoß gegen § 87 a Abs. 5) und dass infolge der Verrechnung mit bestehenden Provisionsansprüchen der Ausgleichsanspruch teilweise nicht erfüllt wird (Verstoß gegen Abs. 4 Satz 1). Daher ist (die vom Unternehmer nachzuweisende)[1014] eindeutige und unmissverständliche Vereinbarung erforderlich,[1015] dass **(1)** ausgehandelte (Abschlags-)Zahlungen der Vorauserfüllung des Ausgleichsanspruchs dienen sollen, **(2)** die vom HV zurückgezahlt werden müssen, wenn der Ausgleichsanspruch nicht entsteht oder entfällt, und **(3)** laufend ein Gesamtbetrag zu zahlen ist, welcher aus der vereinbarten Abschlagszahlung sowie einer Vergütung für die Vertriebstätigkeit besteht, welche eindeutig und ohne Zweifel die gesamte vertraglich geschuldete Tätigkeit des HV abgelten soll und außerdem der in vergleichbaren Fällen üblicherweise gezahlten (Vertriebs-) Vergütung in vollem Umfang entspricht.[1016] Ausgangspunkt für die Bestimmung der Üblichkeit ist zunächst die bei dem Geschäftsherrn übliche Provisionszahlung; liegt diese unter der allgemein in der Branche üblichen Vergütung, ist auf diese abzustellen. Vorsorglich sollte sich deswegen der Unternehmer zur Zahlung eines „Sicherheitsaufschlags" auf die Vermittlungsprovision verpflichten. Die Vereinbarung der Zahlung einer Sondervergütung zur Abgeltung des Ausgleichsanspruchs genügt diesen Anforderungen nicht.[1017]

8. Anrechnung nachvertraglicher Provisionszahlungen. Nach Vertragsende steht es den **143** Parteien frei, im beiderseitigen Einvernehmen Provisionen oder aus anderem Grund geleistete Zahlungen auf den Ausgleichsanspruch anzurechnen. Einseitig ist es dem Unternehmer nicht möglich, durch solche Zahlungen, selbst wenn sie ohne Rechtsgrund erfolgen, den Ausgleichsanspruch zu erfüllen oder zum Erlöschen zu bringen.[1018]

9. Einstands- und Ablösungsvereinbarung. Bei Einstands- und Ablösungsvereinbarungen **144** (RdNr. 14) kann Abs. 4 Satz 1 Bedeutung erlangen, wenn die vereinbarten Zahlungen mit der Ausgleichsverpflichtung verknüpft werden und sich für den HV nachteilig auswirken können.[1019] So greift Abs. 4 Satz 1 bei der Vereinbarung einer Stundung der Zahlungspflicht des HV bis Vertragsende sowie der Verrechnung mit einem Ausgleichsanspruch ein (RdNr. 14),[1020] wenn durch eine bei objektiver Wertung überhöhte[1021] Einstandszahlung der dem HV zu zahlende Ausgleich geringer ausfallen würde, als er nach Abs. 1 geschuldet wäre,[1022] oder wenn in der zu verrechnenden Einstandszahlung ein Entgelt für die Überlassung eines bestehenden Kundenstamms enthalten ist, obwohl der Kundenstamm ausgleichsrechtlich nicht als von dem HV geworben gelten soll.[1023] Hingegen ist der Erlass der Einstandszahlung für den Fall unbedenklich, dass ein Ausgleichsanspruch nicht oder nicht in der Höhe des geschuldeten Einstands bestehen sollte.[1024]

10. Vergleich über Ausgleichsanspruch. Vor Vertragsende verstößt ein Vergleich nach § 779 **145** BGB über den Ausgleichsanspruch, anders als ein Prozessvergleich (RdNr. 179), gegen Abs. 4 Satz 1, wenn der HVVertrag nicht gleichzeitig aufgehoben wird,[1025] weil das für § 779 BGB notwendige Nachgeben des HV sich im Zweifel nicht mit Abs. 4 Satz 1 vereinbaren lässt. Hingegen hindert das Gesetz die Parteien nicht, einen während des Vertragsverhältnisses geschlossenen und nicht gegen Abs. 4 Satz 1 verstoßenden Vergleich vor Vertragsende wieder anzufechten oder zu widerrufen, wenn auf diese Weise die nach § 89 b bestehende Rechtslage wiederhergestellt wird. Ein vor Vertragsende geschlossener Vergleich „über alle gegenseitigen Ansprüche" der Parteien eines HVVertrags erfasst im Zweifel nicht den Ausgleichsanspruch.[1026]

[1014] BGH Urt. v. 13. 1. 1972 – VII ZR 81/70, BGHZ 58, 60, 61, 69 = NJW 1972, 477; OLG Düsseldorf Urt. v. 6. 2. 2004 – I – 16 U 69/03, HVR Nr. 1084; MünchKommHGB/*v. Hoyningen-Huene* RdNr. 202; *Küstner* Ausgleichsanspruch RdNr. 1401; *Alff* RdNr. 318.
[1015] *Küstner* Ausgleichsanspruch RdNr. 1394 und 1395; vgl. MünchKommHGB/*v. Hoyningen-Huene* RdNr. 201.
[1016] BGH Urt. v. 13. 1. 1972 – VII ZR 81/70, BGHZ 58, 60, 65 f = NJW 1972, 477; OLG Düsseldorf Urt. v. 6. 2. 2004 – I – 16 U 69/03, HVR Nr. 1084; MünchKommHGB/*v. Hoyningen-Huene* RdNr. 201; *Küstner* Ausgleichsanspruch RdNr. 1394 f., 1401; *Westphal* RdNr. 736; *Alff* RdNr. 318; aA: *Evers/Kiene* ZfV 2001, 768
[1017] Vgl. dazu auch *Küstner* Ausgleichsanspruch RdNr. 1399.
[1018] Vgl. OLG Köln NJW-RR 2003, 538 = HVR Nr. 1098; vgl. auch LG Frankfurt HVR Nr. 125.
[1019] *Westphal* MDR 2005, 421, 423 f.; aA *Budde* DB 2005, 2177.
[1020] *Westphal* Vertriebsrecht RdNr. 1185; s. d. a. *Emde* VersR 2003, 549, 552.
[1021] Vgl. OLG Schleswig-Holstein Urt. v. 18. 2. 2000 – 14 U 18/99, HVR Nr. 998; OLG Celle Urt. v. 13. 12. 2001 – 11 U 90/01, HVR Nr. 1038.
[1022] OLG Düsseldorf OLGR 2003, 183, 186; *Westphal* Vertriebsrecht RdNr. 1186.
[1023] Vgl. OLG Düsseldorf Urt. v. 24. 1. 2003 – 16 U 66/02, HVR Nr. 1080; OLG München Urt. v. 20. 10. 2004 – 7 U 3194/04, BB 2005, 630 = HVR Nr. 1124 m. Anm. *Emde* EWiR 2005, 471 und abl. Bspr. *Budde* DB 2005, 2177.
[1024] AA *Westphal* Vertriebsrecht RdNr. 1185.
[1025] S. OLG Stuttgart Urt. v. 14. 9. 1995 – 13 U 84/95, HVR Nr. 837.
[1026] Vgl. OLG Bamberg Urt. v. 10. 6. 1981 – 3 U 22/81, HVR Nr. 564; Heymann/*Sonnenschein/Weitemeyer* RdNr. 79.

VII. Versicherungs- und Bausparkassenvertreter – Abs. 5

146 1. Bedeutung der Vorschrift. Versicherungsvertreter[1027] und die ihnen nach Abs. 5 Satz 3 gleichstehenden Bausparkassenvertreter[1028] stellen keine Geschäftsverbindung mit Stammkunden her, aus welcher durch Nachbestellungen Folgegeschäfte als Grundlage und Rechtfertigung eines Ausgleichsanspruchs entstehen können,[1029] sondern bauen durch Vermittlung einen Bestand von regelmäßig langfristigen Einmalverträgen auf.[1030] Folgegeschäfte der gleichen Art mit demselben Kunden (iSv. § 87 Abs. 1 Satz 1) fallen nicht an;[1031] ein gleichartiger Vertrag kommt mit anderen Kunden, mit demselben Kunden allenfalls ein andersartiges Geschäft zur Deckung eines anderen Risikos oder Bausparbedürfnisses zustande (s. § 92).[1032] Der Ausgleichsanspruch kann deswegen nicht die mit der Schaffung eines Kundenstamms verbundene Möglichkeit zum künftigen Abschluss weiterer (Folge-)Verträge mit den Kunden vergüten;[1033] er tritt vielmehr an die Stelle der dem Vertreter an sich zustehenden, jedoch infolge der Vertragsbeendigung entfallenden,[1034] nicht mehr in voller Höhe entstehenden oder nicht mehr fällig werdenden Forderungen auf Abschluss- oder Abschlussfolgeprovisionen,[1035] in welchen ein, möglicherweise nach und nach geringer werdendes,[1036] jedoch ausgleichspflichtiges restliches Vermittlungsentgelt enthalten ist;[1037] ausgleichsfähig ist allein die Vergütung, welche dem Vertreter für seine vermittelnde, auf den Neuabschluss von Versicherungs- (oder Bauspar-) Verträgen oder deren Erweiterung gerichtete Tätigkeit gezahlt wird,[1038] nicht aber eine mögliche Herbeiführung künftiger, nach seinem Ausscheiden abgeschlossener Folgeverträge mit von ihm geworbenen Kunden.[1039] Wenn der Versicherungsvertreter sämtliche verdienten Vermittlungsprovisionen in vollem Umfang erhalten hat, bleibt kein Raum für einen Ausgleichsanspruch.[1040] Diesen Besonderheiten trägt die gesetzliche Regelung Rechnung: Nach Abs. 5 Satz 1 wird die Herstellung einer Geschäftsverbindung mit neuen Kunden (Abs. 1 Satz 1 Nr. 1) durch die Vermittlung neuer Versicherungs- oder Bausparkassenverträge ersetzt und entspricht die wesentliche Erweiterung eines bestehenden Versicherungsvertrags der Intensivierung einer bestehenden Geschäftsverbindung iSv. Abs. 1 Satz 2; nach Abs. 5 Satz 2 liegt der Ausgleichshöchstbetrag abweichend von Abs. 2 bei drei Jahresprovisionen oder Jahresvergütungen. Weitere Besonderheiten gelten für den Ausgleichsanspruch des Versicherungs- oder Bausparkassenvertreters nicht.[1041] Die allgemeinen Anspruchsvoraussetzungen, also bestehendes Vertragsverhältnis, dessen Beendigung, Nichtvorliegen der Ausschlussgründe des Abs. 3 sowie rechtzeitige Geltendmachung des Anspruchs nach Abs. 4 Satz 2, müssen ebenso vorliegen wie die sonstigen besonderen Voraussetzungen, also Unternehmervorteile nach Abs. 1 Satz 1 Nr. 1 aus Abschluss neuer oder der Intensivierung alter Versicherungsverträge, Provisionsverluste nach Abs. 1 Satz 1 Nr. 2 infolge der Beendigung des Vertragsverhältnisses (wegen der Nichtgeltung der EG-RiLi für den Nichtwaren-HV s. RdNr. 73 und 90), Billigkeit des rechnerisch sich damit ergebenden Betrags nach Abs. 1 Satz 1 Nr. 3 sowie Einhaltung des Höchstbetrags;[1042] ebenso kann der Anspruch nicht im Voraus ausgeschlossen werden.[1043] Er ist wie bei dem

---

[1027] S. BGH Urt. v. 4. 5. 1959 – II ZR 81/57, BGHZ 30, 98 = NJW 1959, 1430; BGH Urt. v. 19. 11. 1970 – VII ZR 47/69, BGHZ 55, 45, 54 = NJW 1971, 462; *Schröder*, FS Nipperdey, S. 715; *Martin* VersR 1968, 117; *Küstner* BB 1975, 493 (Krankenversicherungsvertreter).
[1028] S. BGH Urt. v. 23. 2. 1961 – VII ZR 237/59, BGHZ 34, 310, 319 = NJW 1961, 1059; BGH Urt. v. 10. 7. 1969 – VII ZR 111/67, VersR 1969, 995; BGH Urt. 6. 7. 1972 – VII ZR 75/71, BGHZ 59, 125, 130 = NJW 1972, 1664; *Schröder*, FS Nipperdey, S. 715; *Küstner* BB 1966, 269 und BB 1981 Beilage 12 zu Heft 30.
[1029] MünchKommHGB/*v. Hoyningen-Huene* RdNr. 236; *Schröder* RdNr. 41; *Küstner* Ausgleichsanspruch RdNr. 26.
[1030] *Heymann/Sonnenschein/Weitemeyer* RdNr. 104; MünchKommHGB/*v. Hoyningen-Huene* RdNr 236.
[1031] Vgl. BGH Urt. v. 22. 12. 2003 – VIII ZR 117/03, ZIP 2004, 1319, 1320.
[1032] Vgl. BGH Urt. v. 6. 7. 1972 – VII ZR 75/71, BGHZ 59, 125, 130 = NJW 1972, 1664.
[1033] BGH Urt. v. 1. 6. 2005 – VIII ZR 335/04, NJW-RR 2005, 1274 = HVR Nr. 1136 m. zust. Anm. *Küstner* EWiR 2005, 799; MünchKommHGB/*v. Hoyningen-Huene* RdNr. 237; *Schröder* RdNr. 41; *Küstner* Ausgleichsanspruch RdNr. 31.
[1034] MünchKommHGB/*v. Hoyningen-Huene* RdNr. 237; *Küstner* Ausgleichsanspruch RdNr. 31, 33.
[1035] BGH Urt. v. 1. 6. 2005 – VIII ZR 335/04, NJW-RR 2005, 1274 = HVR Nr. 1136 m. zust. Anm. *Küstner* EWiR 2005, 799; MünchKommHGB/*v. Hoyningen-Huene* RdNr. 237; *Küstner* Ausgleichsanspruch RdNr. 701.
[1036] *Küstner* Ausgleichsanspruch RdNr. 748.
[1037] BGH Urt. v. 1. 6. 2005 – VIII ZR 335/04, NJW-RR 2005, 1274, 1276 = HVR Nr. 1136 m. zust. Anm. *Küstner* EWiR 2005, 799; *Küstner* Ausgleichsanspruch RdNr. 750.
[1038] BGH Urt. v. 1. 6. 2005 – VIII ZR 335/04, NJW-RR 2005, 1274 = HVR Nr. 1136 m. zust. Anm. *Küstner* EWiR 2005, 799.
[1039] BGH Urt. v. 1. 6. 2005 – VIII ZR 335/04, NJW-RR 2005, 1274 = HVR Nr. 1136 m. zust. Anm. *Küstner* EWiR 2005, 799.
[1040] Vgl. *Küstner* Ausgleichsanspruch RdNr. 35.
[1041] Vgl. *Schröder* RdNr. 39, 40.
[1042] Vgl. *Küstner* Ausgleichsanspruch RdNr. 1360, 1361.
[1043] *Heymann/Sonnenschein/Weitemeyer* RdNr. 111.

Warenvertreter durch eine Prognose auf der Grundlage der bei Vertragsende gegebenen sowie vorhersehbaren Umstände und Entwicklungen zu ermitteln.[1044]

2. Besonderheiten des Anspruchs nach Abs. 5. a) Neuer Vertrag – Satz 1 1. Alternative. 147
Die Neuheit in Abs. 5 Satz 1 bezieht sich nicht personenbezogen auf den Versicherungsnehmer,[1045] sondern sachbezogen auf das zu versichernde Risiko oder den abzuschließenden Vertrag.[1046] Neue Versicherungsverträge sind die mit Alt- oder Neukunden des Versicherers während des Vertragsverhältnisses vermittelten[1047] Verträge, durch welche ein Risiko abgedeckt wird, das bei dem Versicherer noch nicht oder nicht mehr versichert war.[1048] Dazu gehört der Neuabschluss eines ausgelaufenen, nicht aber die, gegebenenfalls automatische, Verlängerung eines noch bestehenden Versicherungsvertrags.[1049] Ein dem Vertreter übertragener Bestand an Versicherungen enthält keine neuen Versicherungsverträge.[1050]

b) Wesentliche Erweiterung – Satz 1 2. Alternative. Die Erweiterung (oder Intensivierung) 148
eines bestehenden Versicherungsvertrags wird durch Erhöhung der Versicherungssumme, Ausweitung der Versicherungsleistungen oder Einbeziehung verwandter Risiken in die Deckung vorgenommen. Sie ist wesentlich, wenn sie sich wirtschaftlich für den Versicherer auf Grund des zusätzlichen Beitrags- oder Prämienaufkommens wie der Neuabschluss eines Vertrags auswirkt.[1051]

c) Unternehmervorteile des Versicherers. Vorhersehbare ausgleichspflichtige Unternehmer- 149
vorteile erlangt der Versicherer nach Vertragsende mindestens[1052] in Höhe der infolge Beendigung des Vertreterervertrags eingesparten Provisionszahlungen, welche er bei Fortbestand des Vertrags hätte leisten müssen.[1053] Die freiwillig übernommene Zahlung einer Folgeprovision an den Nachfolger des vermittelnden Versicherervertreters beseitigt die Vorteile nicht.[1054] Die infolge der Werbung des Kunden für den Versicherer eröffnete Möglichkeit des Abschlusses weiterer Versicherungsverträge ist hingegen kein ausgleichsfähiger Unternehmervorteil.[1055]

d) Erheblichkeit der Vorteile. Erheblich sind die dem Versicherer verbleibenden Vorteile, wenn 150
die vermittelten und bei Vertragsende bestehenden Neuverträge seine Einnahmen und Gewinnchancen bei wirtschaftlicher Betrachtungsweise in einer nicht zu vernachlässigenden Weise erhöhen.[1056] Der Versicherungsbestand bei Beginn und Ende des Vertreterervertrags sowie dessen Veränderungen sind ausgleichsrechtlich ohne Bedeutung.[1057] Wenn (der Versicherer nachweist, dass) der Vertreter in vorwerfbar pflichtwidriger Weise[1058] besonders schlechte Risiken mit einem zu erwartendem hohem Schadensverlauf vermittelt hat, kann ausnahmsweise trotz ordnungsgemäßer Prämienzahlung der Unternehmervorteil entfallen.[1059]

e) Provisionsverluste des Versicherungsvertreters. Rechtlich erhebliche (RdNr. 73 und 90) 151
Provisionsverluste infolge der Vertragsbeendigung erleidet der Vertreter, wenn ihm aus den vermittelten Versicherungsverträgen bei Fortbestand des Vertreterervertrags erfolgsabhängige Ansprüche auf Vermittlungs- oder Abschlussprovision, gegebenenfalls auch nach § 92 iVm. § 87 Abs. 3,[1060] zugestanden hätten,[1061] welche er mit Ende des Vertrags verliert,[1062] weil auf Grund entsprechender Vereinbarungen im Vertreterervertrag eine aufschiebende Bedingung oder die Fälligkeit des Provisionsanspruchs nicht mehr eintreten kann oder der Vertreter auf die Zahlung nachvertraglicher Provisionen

---

[1044] *Küstner* Ausgleichsanspruch RdNr. 748.
[1045] Vgl. BGH Urt. 6. 7. 1972 – VII ZR 75/71, BGHZ 59, 125, 131 = NJW 1972, 1664.
[1046] *Schröder* RdNr. 41; Staub/*Brüggemann* RdNr. 126; *Küstner* Ausgleichsanspruch RdNr. 514.
[1047] *Küstner* Ausgleichsanspruch RdNr. 516.
[1048] Heymann/*Sonnenschein*/*Weitemeyer* RdNr. 106; MünchKommHGB/*v. Hoyningen-Huene* RdNr. 238.
[1049] MünchKommHGB/*v. Hoyningen-Huene* RdNr. 238; *Küstner* Ausgleichsanspruch RdNr. 515.
[1050] *Küstner* Ausgleichsanspruch RdNr. 518.
[1051] Heymann/*Sonnenschein*/*Weitemeyer* RdNr. 106; MünchKommHGB/*v. Hoyningen-Huene* RdNr. 239.
[1052] Staub/*Brüggemann* RdNr. 128.
[1053] Heymann/*Sonnenschein*/*Weitemeyer* RdNr. 106; MünchKommHGB/*v. Hoyningen-Huene* RdNr. 241; *Küstner* Ausgleichsanspruch RdNr. 535; weitergehend: Staub/*Brüggemann* RdNr. 127, 128.
[1054] *Küstner* Ausgleichsanspruch RdNr. 536.
[1055] Heymann/*Sonnenschein*/*Weitemeyer* RdNr. 107.
[1056] Vgl. MünchKommHGB/*v. Hoyningen-Huene* RdNr. 240; *Küstner* Ausgleichsanspruch RdNr. 522 bis 524.
[1057] MünchKommHGB/*v. Hoyningen-Huene* RdNr. 240; Staub/*Brüggemann* RdNr. 127; *Küstner* Ausgleichsanspruch RdNr. 525, 526, 528.
[1058] MünchKommHGB/*v. Hoyningen-Huene* RdNr. 242; *Küstner* Ausgleichsanspruch RdNr. 531.
[1059] MünchKommHGB/*v. Hoyningen-Huene* RdNr. 242; Staub/*Brüggemann* RdNr. 129; *Küstner* Ausgleichsanspruch RdNr. 530.
[1060] BGH Urt. v. 23. 2. 1961 – VII ZR 237/59, BGHZ 34, 310, 315 f. = NJW 1961, 1059; vgl. MünchKommHGB/*v. Hoyningen-Huene* RdNr. 246; *Küstner* Ausgleichsanspruch RdNr. 537, 784.
[1061] Vgl. Staub/*Brüggemann* RdNr. 131.
[1062] BGH Urt. v. 4. 5. 1959 – II ZR 81/57, BGHZ 30, 98, 100 = NJW 1959, 1430; vgl. Staub/*Brüggemann* RdNr. 130.

§ 89 b   152   1. Buch. 7. Abschnitt. Handelsvertreter

wirksam verzichtet hat.[1063] Der Fortbestand der vermittelten Versicherungsverträge wird dabei widerleglich vermutet (RdNr. 33).[1064] Der **Prognosezeitraum** wird mitbestimmt und begrenzt durch die bei Vertragsende voraussehbare wahrscheinliche Bestandsdauer der ausgleichspflichtigen Versicherungsverträge (RdNr. 29);[1065] er darf aber wie bei den Warenvertretern nicht allzu lang angesetzt werden, was zu unangemessen hohen Provisionsverlusten führen müsste.[1066] Die Beschränkung der Ausgleichspflicht auf den Verlust von (restlichen) Vermittlungs- oder Abschlussprovisionen folgt aus Sinn und Zweck der gesetzlichen Regelung (RdNr. 146).[1067] Entgehende **Superprovisionen** führen zu einem Provisionsverlust, soweit in ihnen ein anteiliges Vermittlungsentgelt enthalten ist.[1068] Verluste erleidet der Vertreter nicht, wenn er vertragsgemäß eine **Einmalprovision** zu beanspruchen und vollständig erhalten hat.[1069] Eine erhöhte Erstprovision steht der Einmalprovision nicht gleich.[1070]

152   f) **Verwaltungs-, Bestandspflege-, Stornoabwehr- sowie Schadensregulierungsprovisionen.** Verwaltungs-, Kontakt- oder Bestandspflege-,[1071] Stornoabwehr-[1072] sowie Schadensregulierungsprovisionen sind, anders als uU **Inkassoprovisionen,**[1073] nicht ausgleichsfähig,[1074] selbst wenn sie mittelbar positive Auswirkung auf die Werbung neuer Kunden oder den Abschluss neuer Verträge haben können;[1075] der Begriff der werbenden Tätigkeit eines Versicherungs- oder Bausparkassenvertreters ist damit erheblich enger als zB bei dem Warenvertreter und besonders dem Tankstellenhalter.[1076] Diese nicht ausgleichsfähigen Vergütungen haben damit lediglich Bedeutung für die Ermittlung des Höchstbetrags nach § 89 b Abs. 2.[1077] Stellt der Versicherer diese Zahlungen mit Vertragsende ein, kann der Vertreter Provisionen iSv. Abs. 1 Satz 1 Nr. 2 nicht verlieren,[1078] es sei denn (er weist nach),[1079] dass in ihnen ausnahmsweise ein ausgleichspflichtiges (Teil-)Entgelt für Vermittlung oder Abschluss des Versicherungsvertrags enthalten ist,[1080] was nicht unüblich sein muss.[1081] Grundsätzlich wird aber die Vertriebstätigkeit des Versicherungsvertreters durch seine Vermittlungs- oder Abschlussprovision abgegolten.[1082] Bei der **Abgrenzung** zwischen Vermittlungs- und Verwaltungsprovision sind alle Umstände des Einzelfalls einschließlich der gewählten Provisionsstrukturen zu berücksichtigen, die gewählte Bezeichnung ist nicht maßgebend,[1083] ausschlaggebend ist vielmehr, welche Leistung tatsächlich mit der geschuldeten Vergütung abgegolten sein soll.[1084]

[1063] BGH Urt. v. 4. 5. 1959 – II ZR 81/57, BGHZ 30, 98, 107 = NJW 1959, 1430; Heymann/*Sonnenschein/Weitemeyer* RdNr. 108; MünchKommHGB/*v. Hoyningen-Huene* RdNr. 243, 244; Staub/*Brüggemann* RdNr. 130; *Küstner* Ausgleichsanspruch RdNr. 27, 694.
[1064] Vgl. auch *Küstner* Ausgleichsanspruch RdNr. 700.
[1065] Ausf. Staub/*Brüggemann* RdNr. 136; *Küstner* VersR 2002, 513, 518 f.
[1066] *Küstner* EWiR 2004, 387, 388; vgl. auch *Küstner/Thume* Ausgleichsanspruch RdNr. 756.
[1067] BGH Urt. v. 4. 5. 1959 – II ZR 81/57, BGHZ 30, 98, 101 = NJW 1959, 1430; BGH Urt. v. 23. 2. 1961 – VII ZR 237/59, BGHZ 34, 310, 315 = NJW 1961, 1059.
[1068] BGH Urt. 6. 7. 1972 – VII ZR 75/71, BGHZ 59, 125, 127 = NJW 1972, 1664; *Küstner* Ausgleichsanspruch RdNr. 812, 813.
[1069] BGH Urt. 6. 7. 1972 – VII ZR 75/71, BGHZ 59, 125, 126 = NJW 1972, 1664; Heymann/*Sonnenschein/Weitemeyer* RdNr. 107; MünchKommHGB/*v. Hoyningen-Huene* RdNr. 245; *Schröder* RdNr. 41 a; vgl. dazu *Küstner* Ausgleichsanspruch RdNr. 708, 719, 720, 723, 728, 731, 738.
[1070] BGH Urt. v. 22. 12. 2003 – VIII ZR 117/03, ZIP 2004, 1319 = MDR 2004, 402 m. zust. Anm. *Küstner* EWiR 2004, 387; *ders.,* Ausgleichsanspruch RdNr. 749 f., 780.
[1071] BGH Urt. v. 22. 12. 2003 – VIII ZR 117/03, ZIP 2004, 1319 = MDR 2004, 402; *Küstner* VersR 2002, 513, 519.
[1072] BGH Urt. v. 22. 12. 2003 – VIII ZR 117/03, ZIP 2004, 1319 = MDR 2004, 402.
[1073] *Schröder* RdNr. 41 c und d gegen BGH Urt. v. 23. 2. 1961 – VII ZR 237/59, BGHZ 34, 310, 319 = NJW 1961, 1059 und BGH Urt. v. 19. 11. 1970 – VII ZR 47/69, BGHZ 55, 45, 54 = NJW 1971, 462.
[1074] BGH Urt. v. 1. 6. 2005 – VIII ZR 335/04, NJW-RR 2005, 1274, 1275 = HVR Nr. 1136 m. zust. Anm. *Küstner* EWiR 2005, 799.
[1075] BGH Urt. v. 22. 12. 2003 – VIII ZR 117/03, ZIP 2004, 1319, 1322 = MDR 2004, 402 m. zust. Anm. *Küstner* EWiR 2004, 387; BGH Urt. v. 1. 6. 2005 – VIII ZR 335/04, NJW-RR 2005, 1274, 1276 = HVR Nr. 1136 m. zust. Anm. *Küstner* EWiR 2005, 799.
[1076] BGH Urt. v. 1. 6. 2005 – VIII ZR 335/04, NJW-RR 2005, 1274, 1276 = HVR Nr. 1136 m. zust. Anm. *Küstner* EWiR 2005, 799; BGH Urt. v. 22. 12. 2003 – VIII ZR 117/03, ZIP 2004, 1319, 1322, 1323.
[1077] *Küstner* EWiR 2004, 387, 388.
[1078] BGH Urt. v. 4. 5. 1959 – II ZR 81/57, BGHZ 30, 98 = NJW 1959, 1430; BGH Urt. v. 23. 2. 1961 – VII ZR 237/59, BGHZ 34, 310, 319 = NJW 1961, 1059; BGH Urt. v. 19. 11. 1970 – VII ZR 47/69, BGHZ 55, 45, 49 = NJW 1971, 462; Heymann/*Sonnenschein/Weitemeyer* RdNr. 108; MünchKommHGB/*v. Hoyningen-Huene* RdNr. 245; *Schröder* RdNr. 41 c; *Küstner* Ausgleichsanspruch RdNr. 694, 702; aA *Schröder,* FS Nipperdey, S. 715.
[1079] BGH Urt. v. 22. 12. 2003 – VIII ZR 117/03, ZIP 2004, 1319 = MDR 2004, 402.
[1080] BGH Urt. v. 4. 5. 1959 – II ZR 81/57, BGHZ 30, 98, 100, 105 = NJW 1959, 1430; BGH Urt. v. 14. 6. 2006 – VIII ZR 261/04, EBE LS 629/06.
[1081] BGH Urt. v. 22. 12. 2003 – VIII ZR 117/03, ZIP 2004, 1319, 1321.
[1082] *Küstner* EWiR 2004, 387, 388.
[1083] BGH Urt. v. 1. 6. 2005 – VIII ZR 335/04, NJW-RR 2005, 1274, 1276 = HVR Nr. 1136 m. zust. Anm. *Küstner* EWiR 2005, 799.
[1084] Ausf. dazu BGH Urt. v. 22. 12. 2003 – VIII ZR 117/03, ZIP 2004, 1319, 1321; BGH Urt. v. 1. 6. 2005 – VIII ZR 335/04, NJW-RR 2005, 1274, 1277 = HVR Nr. 1136 m. zust. Anm. *Küstner* EWiR 2005, 799; vgl. schon BGH

g) **Nachvertragliche Ergänzungsverträge und Zweitabschlüsse.** Nach Vertragsende geschlossene Ergänzungsverträge und Zweitabschlüsse können hinsichtlich der vertragsbedingt verlorenen Abschlussfolgeprovisionen ausgleichspflichtig sein, wenn sie sich bei natürlicher Betrachtungsweise als Fortsetzung oder Erweiterung früher vermittelter Verträge darstellen, wie es zB bei Vertragsverlängerungen oder Erhöhungen der Vertragssummen der Fall sein kann.[1085] Der dann bestehende enge Zusammenhang zwischen den abgeschlossenen Verträgen rechtfertigt jedenfalls aus Billigkeitsgründen die ausgleichsrechtliche Zuordnung der Einnahmen aus solchen Verträgen zu den Vorteilen iSv. Abs. 1 Satz 1 Nr. 1 aus den früher vermittelten Verträgen.[1086] Nachvertragliche Zweitabschlüsse, welche nicht mehr dasselbe Versicherungs- oder Bausparbedürfnis des Versicherungsnehmers abdecken sollen, sind nicht ausgleichsfähig.[1087]

153

h) **Jahresprovision oder Jahresvergütung – Satz 2.** In die Jahresprovision oder Jahresvergütung nach Abs. 5 Satz 2 fließen, wie in den Höchstbetrag des Abs. 2, sämtliche für die vertraglichen Tätigkeiten des Vertreters geschuldeten Zahlungen einschließlich aller Sonderleistungen ein.[1088] Es gilt dasselbe wie zu Abs. 2 (RdNr. 132 f.).[1089] Die durchschnittliche Jahresprovision oder Jahresvergütung ist wie bei Abs. 2 im Regelfall auf der Grundlage der Letzten 5 Vertragsjahre zu berechnen und dann für den Höchstbetrag zu verdreifachen.[1090]

154

i) **Bausparkassenvertreter.** Bei dem Bausparkassenvertreter tritt an die Stelle des versicherten Risikos das im konkreten Fall abzudeckende Bausparbedürfnis. Die Erhöhung der Bausparsumme stellt die typische Vertragserweiterung dar. Im Übrigen werden Versicherungs- und Bausparkassenvertreter ausgleichsrechtlich gleich behandelt.[1091]

155

k) **Mehrstufiges Vertretungsverhältnis.** Im mehrstufigen Vertretungsverhältnis **(Strukturvertrieb)** bestimmt sich der Ausgleichsanspruch nach den Vereinbarungen und Gegebenheiten im jeweiligen Vertragsverhältnis. Die eingeschalteten Vermittlungsgesellschaften oder Versicherungsagenturen, welche als Hauptvertreter für die Versicherer oder Bausparkassen tätig werden, sind den ihnen vertraglich als Untervertreter verbundenen hauptberuflichen Versicherungsvertretern ausgleichspflichtig.

156

3. Die Grundsätze zur Ermittlung und Berechnung des Ausgleichsanspruchs. a) Die einzelnen Grundsätze. Um eine einheitliche und erleichterte Handhabung zu ermöglichen, haben Versicherungswirtschaft, Versicherungskaufleute und Bausparkassen Grundsätze zur Ermittlung und Berechnung des Ausgleichsanspruchs aufgestellt[1092] und zwar die „**Grundsätze Sach**" zur Errechnung der Höhe des Ausgleichsanspruchs für die Sachversicherung,[1093] die „**Grundsätze Leben**" zur Errechnung der Höhe des Ausgleichsanspruchs für dynamische Lebensversicherungen,[1094] die „**Grundsätze Kranken**" zur Errechnung der Höhe des Ausgleichsanspruchs in der privaten Krankenversicherung,[1095] die „**Grundsätze Bauspar**" zur Errechnung der Höhe des Ausgleichsanspruchs im Bausparbereich[1096]

157

Urt. v. 19. 11. 1970 – VII ZR 47/69, BGHZ 55, 45, 51 = NJW 1971, 462 und jetzt BGH Urt. v. 14. 6. 2006 – VIII ZR 261/04, EBE LS 629/06.

[1085] BGH Urt. v. 23. 2. 1961 – VII ZR 237/59, BGHZ 34, 310, 314. 317 = NJW 1961, 1059 m. Anm. *Höft* VersR 1967, 524; BGH Urt. v. 21. 3. 1963 – VII ZR 95/61, VersR 1963, 556; BGH Urt. v. 10. 7. 1969 – VII ZR 111/67, VersR 1969, 995; BGH Urt. v. 1. 6. 2005 – VIII ZR 335/04, NJW-RR 2005, 1274 = HVR Nr. 1136 m. zust. Anm. *Küstner* EWiR 2005, 799; OLG Stuttgart VersR 1972, 44 m. zust. Anm. *Höft* S. 48; MünchKommHGB/*v. Hoyningen-Huene* RdNr. 241, 247, 248; Staub/*Brüggemann* RdNr. 134; *Küstner* Ausgleichsanspruch RdNr. 787 bis 811.

[1086] BGH Urt. v. 23. 2. 1961 – VII ZR 237/59, BGHZ 34, 310, 317 = NJW 1961, 1059; BGH Urt. v. 3. 4. 1996 – VIII ZR 54/95, MDR 1996, 696; insoweit teilweise weitergehend: MünchKommHGB/*v. Hoyningen-Huene* RdNr. 247, 248 und 241; *Küstner* Ausgleichsanspruch RdNr. 787 bis 811.

[1087] BGH Urt. v. 23. 2. 1961 – VII ZR 237/59, BGHZ 34, 310, 318, 319 = NJW 1961, 1059.

[1088] BGH Urt. v. 19. 11. 1970 – VII ZR 47/69, BGHZ 55, 45, 53 = NJW 1971, 462; Heymann/*Sonnenschein*/*Weitemeyer* RdNr. 109.

[1089] MünchKommHGB/*v. Hoyningen-Huene* RdNr. 251; *Schröder* RdNr. 42.

[1090] MünchKommHGB/*v. Hoyningen-Huene* RdNr. 251.

[1091] *Küstner* Ausgleichsanspruch RdNr. 816, 819; vgl. BGH Urt. v. 23. 2. 1961 – VII ZR 237/59, BGHZ 34, 310 = NJW 1961, 1059.

[1092] S. *Küstner/Thume* Ausgleichsanspruch RdNr. 1841 f.

[1093] Abgedruckt und erläutert bei *Hopt* 3. Aufl. S. 273 f., 278, und 283, bei *Küstner* Ausgleichsanspruch RdNr. 1665 f. und 1859 (Text) sowie bei *Küstner/Thume* Ausgleichsanspruch RdNr. 1900 f. und 2090 f. sowie S. 825 (Text); s. d. auch *Westphal* Vertriebsrecht RdNr. 1234 f.

[1094] Abgedruckt und erläutert bei *Hopt* 3. Aufl. S. 279 und S. 296 f.; bei *Küstner* Ausgleichsanspruch RdNr. 1668 f. und 1860 (Text), sowie bei *Küstner/Thume* Ausgleichsanspruch RdNr. 1985 f. und 2090 f. sowie S. 829 (Text); s. d. auch *Westphal* Vertriebsrecht RdNr. 1263 f.

[1095] Abgedruckt und erläutert bei *Hopt* 3. Aufl. S. 280 und S. 302 f., bei *Küstner* Ausgleichsanspruch RdNr. 1675 f., und 1861 (Text) sowie bei *Küstner/Thume* Ausgleichsanspruch RdNr. 2011 f. und 2090 f. sowie S. 833 (Text); s. d. auch *Westphal* Vertriebsrecht RdNr. 1277 f.

[1096] Abgedruckt und erläutert bei *Hopt* 3. Aufl. S. 282 und S. 307 f., bei *Küstner* Ausgleichsanspruch RdNr. 1678 f. und 1862 (Text) sowie bei *Küstner/Thume* Ausgleichsanspruch RdNr. 2036 f. und 2090 f. sowie S. 836 (Text); s. d. auch *Westphal* Vertriebsrecht RdNr. 1286 f.

sowie die Grundsätze zur Errechnung der Höhe des Ausgleichsanspruchs (§ 89 b) im **Finanzdienstleistungsbereich.**[1097] Diese Grundsätze betreffen nur die Ermittlung der Höhe des jeweiligen Anspruchs, dessen allgemeine Voraussetzungen für seine Entstehung nach Abs. 3 und 4. Satz 2 müssen vorliegen und zunächst festgestellt werden,[1098] wohingegen die Grundsätze davon ausgehen, dass die Voraussetzungen des Abs. 1 Satz 1 Nr. 1, Nr. 2 und Nr. 3 im Zweifel und damit bis zum Beweis des Gegenteils dem Grunde nach vorliegen.[1099]

158 **b) Rechtliche Bedeutung.** Die Grundsätze[1100] können nicht als Vertrag zugunsten Dritter verbindlich werden[1101] und sind bisher von der Rechtsprechung auch nicht als Handelsbrauch anerkannt worden,[1102] wogegen sich *Thume*[1103] mit beachtlichen, allerdings nicht vollkommen überzeugenden Argumenten wendet. Sie beruhen auf jahrzehntelanger Erfahrung der ausgleichspflichtigen Versicherer und Bausparkassen[1104] und geben als **unverbindliche Empfehlung**[1105] wieder, was diese als billig und angemessen werten.[1106] In ihrer Gesamtheit angewendet[1107] führen die Grundsätze im Regelfall[1108] zu allgemein der Billigkeit und Angemessenheit entsprechenden zutreffenden Ergebnissen in den einzelnen Versicherungsbereichen sowie im Bausparwesen[1109] und können daher im Prozess als brauchbare und tragfähige Grundlage für eine Ermittlung des Ausgleichsanspruchs herangezogen werden,[1110] wobei für den Regelfall vom Vorliegen der Tatbestandsvoraussetzungen des Abs. 1 Satz 1 Nr. 1 und 2 ausgegangen werden darf. Sie unterliegen dann jedoch wie die auf ihrer Grundlage gewonnenen Ergebnisse in vollem Umfang sowohl der Billigkeitsprüfung nach Abs. 1 Satz 1 Nr. 3[1111] wie auch der richterlichen Nachprüfung im Einzelfall.[1112]

159 **c) Verbindlichkeit.** Rechtlich verbindlich werden die Grundsätze durch Vereinbarung des Unternehmers mit dem einzelnen Vertreter,[1113] die jederzeit, selbst nach Vertragsende, nachgeholt werden kann. Bedenken gegen eine Vereinbarung bei Vertragsbeginn bestehen nicht,[1114] sofern nicht (der Vertreter nachweist, dass) ein untypisch ausgestaltetes Vertragsverhältnis vereinbart ist, bei welchem die Grundsätze wegen der Besonderheiten des Einzelfalls nicht zu einem angemessenen und zutreffenden Ergebnis führen;[1115] eine Vermutung dafür gibt es nicht.[1116] Die für das **Vermittlungsgewerbe gewählte Rechtsform** ist für die Anwendung und Verbindlichkeit der Grundsätze ohne Bedeutung.[1117]

[1097] Abgedruckt und erläutert bei *Hopt* 3. Aufl. S. 283 und S 312 f. sowie bei *Küstner/Thume* Ausgleichsanspruch RdNr. 2070 f. und 2090 f. sowie S. 839 (Text); s. d. auch *Westphal* Vertriebsrecht RdNr. 1294 f.
[1098] *Westphal* Vertriebsrecht RdNr. 1231.
[1099] *Westphal* Vertriebsrecht RdNr. 1232.
[1100] Zu deren Bedeutung allgemein und ausf. *Küstner* VersR 2002, 513; *Emde* VersR 2003, 550.
[1101] OLG Köln BB 1974, 1093; aA *Schröder* RdNr. 43.
[1102] OLG Frankfurt NJW 1970, 814, VersR 1986, 814, und NJW-RR 1996, 548, 549; OLG Köln BB 1974, 1093; unentschieden OLG Hamburg VersR 1993, 476; aA OLG München VersR 1974, 288; LG Hamburg HVR Nr. 462; *Martin* VersR 1968, 117, 123, VersR 1970, 796 und VersR 1972, 742; zum Ganzen auch *Oswald* VersR 1979, 509; aA *Thume* BB 2002, 1325.
[1103] BB 2002, 1325.
[1104] Vgl. OLG Hamburg VersR 1993, 476; LG München HVR Nr. 660; Staub/*Brüggemann* RdNr. 140; *Küstner* Ausgleichsanspruch RdNr. 1645.
[1105] OLG Frankfurt NJW 1970, 814, 815; MünchKommHGB/*v. Hoyningen-Huene* RdNr. 253; *Küstner* Ausgleichsanspruch RdNr. 1644, 1652; vgl. auch *Graf v. Westphalen* DB 2000, 2258, 2259; Heymann/*Sonnenschein/Weitemeyer* RdNr. 110; *Alff* RdNr. 346.
[1106] *Küstner* Ausgleichsanspruch RdNr. 1641, 1643, 1645.
[1107] *Küstner* Ausgleichsanspruch RdNr. 1641.
[1108] Auch im Ausnahmefall: *Küstner* Ausgleichsanspruch RdNr. 1643; s. a. *Küstner* VersR 2002, 513; aA OLG Celle VersR 2002, 976, 977 mit abl. Bspr. *Thume* VersR 2002, 981 und OLG Celle OLGR 2002, 262 = HVR Nr. 1041.
[1109] Staub/*Brüggemann* RdNr. 140; *Küstner* Ausgleichsanspruch RdNr. 1643 und BB 1976, 664; *Westphal* Vertriebsrecht RdNr. 1233; aA offensichtlich OLG Frankfurt NJW-RR 1996, 548.
[1110] OLG Frankfurt VersR 1986, 814; OLG Düsseldorf OLGR 1996, 159; LG München HVR Nr. 660; *Emde* EWiR 2001, 765, 766; Heymann/*Sonnenschein/Weitemeyer* RdNr. 110; MünchKommHGB/*v. Hoyningen-Huene* RdNr. 253; *Küstner* Ausgleichsanspruch RdNr. 1233; aA offensichtlich OLG Düsseldorf VersR 1979, 837; aA (Unwirksamkeit der Grundsätze) OLG Frankfurt NJW-RR 1986, 458 und NJW-RR 1996, 548; OLG Celle OLGR 2002, 263 (möglicher Verstoß gegen § 138 BGB).
[1111] BGH Urt. v. 21. 5. 1975 – I ZR 141/74, WM 1975, 856, 858; aA *Schröder* RdNr. 44.
[1112] Heymann/*Sonnenschein/Weitemeyer* RdNr. 110; MünchKommHGB/*v. Hoyningen-Huene* RdNr. 253.
[1113] *Graf v. Westphalen* DB 2000, 2258; aA wohl und bedenklich OLG Celle OLGR 2002, 262, 263.
[1114] Heymann/*Sonnenschein/Weitemeyer* RdNr. 110; *Küstner* Ausgleichsanspruch RdNr. 1647, 1648; unentschieden BGH Urt. v. 21. 5. 1975 – I ZR 141/74, WM 1975, 856, 858; aA OLG Frankfurt NJW 1970, 814, 815 und NJW-RR 1986, 458 = BB 1986, 1257; teilweise aA MünchKommHGB/*v. Hoyningen-Huene* RdNr. 253.
[1115] Vgl. MünchKommHGB/*v. Hoyningen-Huene* RdNr. 253.
[1116] *Küstner* Ausgleichsanspruch RdNr. 1646; aA (keine Vermutung für Richtigkeit, Vollständigkeit und Billigkeit) Heymann/*Sonnenschein/Weitemeyer* RdNr. 110; MünchKommHGB/*v. Hoyningen-Huene* RdNr. 253.
[1117] *Küstner* Ausgleichsanspruch RdNr. 1659.

d) Darlegung des Ausgleichsanspruchs im Prozess. Bei Geltung der Grundsätze müssen die **160** Voraussetzungen des Abs. 1 Satz 1 Nr. 1 und 2 weder konkret dargelegt noch festgestellt werden (s. RdNr. 158).[1118] Ermittlung und Errechnung des Ausgleichsanspruchs auf der Grundlage der Grundsätze ist ohnehin auf Grund einer nachvertraglichen Treuepflicht Aufgabe von Versicherer oder Bausparkasse, zumal die einzelnen Versicherungs- oder Bausparkassenvertreter erfahrungsgemäß vielfach mit der Errechnung ihres Ausgleichsanspruchs nach den jeweils anzuwendenden Grundsätzen überfordert sind; die Entscheidung des BGH vom 3. 4. 1996[1119] steht dieser rechtlichen Sicht nicht entgegen. Bei unterbliebener Vereinbarung der Grundsätze hat der Vertreter seinen Ausgleichsanspruch unmittelbar auf der Grundlage des Gesetzes zu ermitteln, darzulegen und zu beweisen.[1120] Der von Versicherer oder Bausparkasse nach den Grundsätzen ermittelte Betrag kann in einem solchen Fall als Mindestausgleich zuerkannt werden. Die Forderung oder Entgegennahme des nach den Grundsätzen ermittelten Ausgleichsbetrags enthält im Zweifel nicht den Verzicht auf einen höheren unmittelbar auf gesetzlicher Grundlage ermittelten Ausgleich.[1121]

VIII. Handelsvertreter mit untypischem Vertragsinhalt und Aufgabenbereich

1. Ausgleichsrechtliche Besonderheiten. Die Regelung in Abs. 1 bis 4 ist auf den typischen **161** Warenhandelsvertreter zugeschnitten, der für den Unternehmer Kundengeschäfte herbeiführt.[1122] Bei HV mit hiervon abweichenden Aufgaben und Vergütungen, zB Betreibern von Tankstellen oder Toto-/Lottoannahmestellen,[1123] muss bei der Ermittlung des Anspruchs den Besonderheiten der Vertriebstätigkeit und der Vergütung Rechnung getragen werden. Der Ausgleichsanspruch ist nach dem Vergütungsanteil aus dem Stammkundengeschäft zu bestimmen, welcher der vom Vertriebserfolg abhängigen Provision des WarenHV aus Stammkundengeschäften entspricht.[1124] Vergütungen für andere vertraglich geschuldete, jedoch nicht auf eine Kundenwerbung gerichtete und damit handelsvertreteruntypische Leistungen sind nicht ausgleichsfähig. Das betrifft HV, welche zusätzlich zu der eigentlichen Vermittlungs- oder Abschlusstätigkeit gegen besondere Vergütung Aufgaben wahrzunehmen haben, welche im Regelfall dem Unternehmer obliegen, wie zB die Verwaltung eines Kundenbestands, Unterhaltung eines Auslieferungs- und Verkaufslagers, Warenverkauf auf Rechnung des Unternehmers, Warenauslieferung, Überwachung und Erledigung von Reklamationen, Werkstattarbeiten[1125] sowie Inkassotätigkeit,[1126] soweit diese Tätigkeiten nicht im Einzelfall für die allgemein geschuldete werbende HVTätigkeit erforderlich sind (RdNr. 163). Nicht ausgleichsfähig sind Vergütungen für Absatz-, Lager-, Kredit-, Preisschwankungsrisiken und sonstige Kosten des Absatzes.[1127] Durch das Vertragsende entgangene Umsätze und Gewinne aus handelsvertreteruntypischen Geschäften dürfen nicht in die Verlustprognose aufgenommen werden.[1128]

2. Bereinigung der Vergütung um die Gegenleistung für nicht werbende Tätigkeiten. **162** Wird die Vergütung für nicht der Kundenwerbung dienende Tätigkeiten des HV nicht gesondert ausgewiesen oder ist die vertragliche Regelung zur Aufteilung der Vergütung auf die einzelnen Tätigkeitsbereiche wegen Verstoßes gegen unabdingbare Vorschriften des HVRechts unwirksam,[1129] ist ihr Anteil aus dem vereinbarten einheitlichen Entgelt herauszurechnen, um die der ausgleichsfähigen Erfolgsprovision vergleichbare Vergütung zu ermitteln,[1130] wobei sich deren Höhe regelmäßig danach bestimmt, was der Unternehmer üblicherweise seinen HV zahlt oder was in der jeweiligen

---

[1118] *Schröder* RdNr. 44, der das allerdings auch auf Nr. 3 erstrecken will.
[1119] Urt. vom 3. 4. 1996 – VIII ZR 54/95, WM 1996, 1817 = MDR 1996, 696; aA wohl *Alff* RdNr. 344.
[1120] *Schröder* RdNr. 44; aA offensichtlich *Küstner* Ausgleichsanspruch RdNr. 1643.
[1121] AA OLG Celle OLGR 2002, 262 = HVR Nr. 1041.
[1122] Vgl. zum Kapitalanlageberater *Melcher* BB 1981, 2101.
[1123] S. BGH Urt. v. 22. 6. 1972 – VII ZR 36/71, BGHZ 59, 87, 92 f. = NJW 1972, 1662; BGH Urt. v. 4. 6. 1975 – I ZR 130/73, WM 1975, 931.
[1124] BGH Urt. v. 11. 2. 1977 – I ZR 185/75, BGHZ 68, 340, 348 = NJW 1977, 896; BGH Urt. v. 15. 11. 1984 – I ZR 79/82, NJW 1985, 860, 861; BGH Urt. v. 2. 7. 1987 – I ZR 188/85, NJW-RR 1988, 42, 44; BGH Urt. v. 28. 4. 1988 – I ZR 66/87, NJW-RR 1988, 1061, 1062; BGH Urt. v. 6. 8. 1997 – VIII ZR 150/96, ZIP 1997, 1832, 1836 und BGH Urt. v. 6. 8. 1997 – VIII ZR 92/96, ZIP 1839, 1841; BGH Urt. v. 12. 1. 2000 – VIII ZR 19/99, EBE 2000, 85, 86 = ZIP 2000, 540; *Küstner* Ausgleichsanspruch RdNr. 847.
[1125] BGH Urt. v. 2. 7. 1987 – I ZR 188/85, NJW-RR 1988, 42.
[1126] BGH Urt. v. 10. 7. 2002 – VIII ZR 58/00, DB 2002, 2321 = MDR 2002, 1381.
[1127] BGH Urt. v. 5. 6. 1996 – VIII ZR 7/95, ZIP 1996, 1294, 1295, 1296.
[1128] BGH Urt. v. 2. 7. 1987 – I ZR 188/85, NJW-RR 1988, 42, 44; aA *Creutzig* DAR 1999, 16, 19.
[1129] Vgl. *Küstner* Ausgleichsanspruch RdNr. 864.
[1130] BGH Urt. v. 11. 2. 1977 – I ZR 185/75, BGHZ 68, 340, 348 = NJW 1977, 896; BGH Urt. v. 5. 6. 1996 – VIII ZR 7/95, ZIP 1996, 1294, 1295, 1296; BGH Urt. v. 12. 1. 1996 – VIII ZR 22/96 – ZIP 1997, 238, 240; BGH Urt. v. 12. 1. 2000 – VIII ZR 19/99, EBE 2000, 85, 86 = ZIP 2000, 540; *Küstner* Ausgleichsanspruch RdNr. 847, 850, 852, 863; vgl. auch *Hoffmann* BB 1985, 1023, 1032 f.; *Küstner/v. Manteuffel* BB 1988, 1972.

Branche üblich ist. Haben die Parteien zum Anteil der Vergütung für vermittlungsfremde Tätigkeiten konkrete Vereinbarungen getroffen, sind diese grundsätzlich maßgebend,[1131] sofern die verschiedenen vom HV geschuldeten Tätigkeiten im Einzelnen aufgeführt und beschrieben werden, damit auf dieser Grundlage die Ausgleichsfähigkeit der jeweils vereinbarten Vergütung nachgeprüft werden kann.[1132] Wegen Verstoßes gegen Abs. 4 Satz 1 ist es rechtlich nicht möglich, bereits im HVVertrag einen bestimmten, nicht durch konkrete Tatsachen belegten und einer Nachprüfung unzugänglichen Prozentsatz für den nicht ausgleichspflichtigen Teil der gezahlten Vergütung verbindlich festzulegen (RdNr. 163).[1133] Bei hinreichenden tatsächlichen Anhaltspunkten ist eine Schätzung nach § 287 ZPO zulässig.[1134] Andernfalls ist zu Lasten des für die heraus zu rechnenden allgemeinen Vergütungsanteile **darlegungs- und beweispflichtigen** Unternehmers[1135] die nicht um streitige Positionen gekürzte Vergütung der Ausgleichsermittlung zugrunde zulegen.[1136] Für die vom HV gegebenenfalls aus seiner Provision gewährten Nachlässe oder Sonderleistungen ist er darlegungs- und beweisbelastet.[1137]

163 **3. Abgrenzung werbender von nicht werbender Tätigkeit.** Bei der für die Herausrechnung handelsvertreteruntypischer Anteile aus einer Gesamtvergütung notwendigen Abgrenzung zwischen werbender und nicht werbender Tätigkeit handelt es sich um eine Rechts- und nicht um eine Tatfrage.[1138] Die Abgrenzung bestimmt sich nach den Umständen des Einzelfalls. Feste Regeln gibt es nicht,[1139] weswegen eine verbindliche Festlegung der beiderseitigen Anteile im HVVertrag[1140] und besonders durch AGB bedenklich (RdNr. 162)[1141] und jedenfalls dann wegen Verstoßes gegen Abs. 4 Satz 1 unwirksam ist, wenn die Vereinbarung sich im Einzelfall für den HV nachteilig auswirken kann (RdNr. 136).[1142] Eine vergütungspflichtige Tätigkeit gehört zu der Kundenwerbung des HV, wenn und soweit sie im Einzelfall für den erfolgreichen Vertrieb des Produkts notwendig oder doch zweckmäßig ist und unmittelbare Auswirkungen auf den Entschluss des Kunden zur Aufnahme der Geschäftsverbindung mit dem Unternehmer haben kann.[1143] Damit können sich Unterhaltung von Auslieferungs- und Verkaufslagern, Kundendienst, Produktwerbung, Service- und Sonderleistungen im Einzelfall als ausgleichspflichtige werbende Tätigkeiten einzelner HV erweisen. Auf diese Weise können zB für einen **Tankstellenhalter** Lagerhaltung und Auslieferung von Kraft- und Schmierstoffen, Pflege der Tankstelle und Marketing, Beschäftigung von Personal für Service und Kundendienst,[1144] aber auch das „Folgemarkt-" oder „Shopgeschäft",[1145] das Betreiben einer Waschstrasse[1146] sowie das Inkasso[1147] der konkreten Kundenwerbung dienen. Unabdingbare Voraussetzung für diese

---

[1131] BGH Urt. v. 12. 2. 2003 – VIII ZR 130/01, NJW-RR 2003, 821.
[1132] BGH Urt. v. 25. 9. 2002 – VIII ZR 253/99, BGHZ 152, 121 = ZIP 2003, 34 m. zust. Anm. *Just* EWiR 2003, 435.
[1133] BGH Urt. v. 25. 9. 2002 – VIII ZR 253/99, BGHZ 152, 121 = ZIP 2003, 34 m. zust. Anm. *Just* EWiR 2003, 435 (für eine entsprechende Formularvereinbarung).
[1134] BGH Urt. v. 6. 8. 1997 – VIII ZR 92/96, ZIP 1997, 1839, 1842; vgl. auch BGH Urt. v. 12. 1. 2000 – VIII ZR 19/99, EBE 2000, 85 = ZIP 2000, 540.
[1135] BGH Urt. v. 12. 1. 2000 – VIII ZR 19/99, EBE 2000, 85, 86 = ZIP 2000, 540; BGH Urt. v. 28. 4. 1988 – I ZR 66/87, NJW-RR 1988, 1061, 1062, 1063; BGH Urt. v. 5. 6. 1996 – VIII ZR 7/95, ZIP 1996, 1294, 1299, 1304 m. zust. Anm. *Westphal* EWiR 1996, 747; BGH Urt. v. 26. 2. 1997 – VIII ZR 272/95, BGHZ 135, 14 = ZIP 1997, 841, 846; BGH Urt. v. 6. 8. 1997 – VIII ZR 150/96, ZIP 1997, 1832, 1836; BGH Urt. v. 6. 8. 1997 – VIII ZR 92/96, ZIP 1997, 1839, 1842; *Küstner* Ausgleichsanspruch RdNr. 865; s. d. auch *Thume* BB 1999, 2309, 2312; aA *Schreiber* NJW 1998, 3737, 3738.
[1136] BGH Urt. v. 6. 8. 1997 – VIII ZR 92/96, ZIP 1997, 1839, 1842.
[1137] BGH Urt. v. 5. 6. 1996 – VIII ZR 7/95, ZIP 1996, 1294, 1297 und BGH Urt. v. 5. 6. 1996 – VIII ZR 141/95, ZIP 1996, 1299, 1303, 1304 mit zust. Anm. *Westphal* EWiR 1996, 747, 748.
[1138] BGH Urt. v. 6. 8. 1997 – VIII ZR 150/96, ZIP 1997, 1832, 1836 und BGH Urt. v. 6. 8. 1997 – VIII ZR 92/96, ZIP 1997, 1839, 1841.
[1139] BGH Urt. v. 6. 8. 1997 – VIII ZR 150/96, ZIP 1997, 1832, 1836 und BGH Urt. v. 6. 8. 1997 – VIII ZR 92/96, ZIP 1997, 1839, 1841.
[1140] So aber BGH Urt. v. 12. 2. 2003 – VIII ZR 130/01, NJW-RR 2003, 821.
[1141] OLG Hamm EWiR 1999, 1227 m. krit. Anm. v. *Manteuffel/Evers* aaO.
[1142] BGH Urt. v. 10. 7. 2002 – VIII ZR 58/00, DB 2002, 2321 = MDR 2002, 1381.
[1143] Vgl. BGH Urt. v. 6. 8. 1997 – VIII ZR 150/96, ZIP 1997, 1832, 1836 und BGH Urt. v. 6. 8. 1997 – VIII ZR 92/96, ZIP 1997, 1839, 1842.
[1144] BGH Urt. v. 6. 8. 1997 – VIII ZR 150/96, ZIP 1997, 1832 und BGH Urt. v. 6. 8. 1997 – VIII ZR 92/96, ZIP 1997, 1839, 1841, 1842 m. krit. Bspr. *Küstner* BB 1999, 541, 546; zustimmend *Thume* BB 1999, 2309, 2312; BGH Urt. v. 12. 2. 2003 – VIII ZR 130/01, NJW – RR 2003, 821; ausf. dazu *Semmler* Tankstellenhalter S. 168 f., 175 f.; aA noch BGH Urt. v. 15. 11. 1984 – I ZR 79/82, NJW 1985, 860, 861; *Rittner* DB 1998, 457; s. a. BGH Urt. v. 28. 4. 1988 – I ZR 66/87, NJW-RR 1988, 1061 m. Anm. *Lindacher* EWiR 1988, 687.
[1145] BGH Urt. v. 12. 2. 2003 – VIII ZR 130/01, NJW – RR 2003, 821(Getränkemarkt); *Küstner* Ausgleichsanspruch RdNr. 872; aA noch OLG München NJW–RR 2003, 537.
[1146] BGH Urt. v. 12. 2. 2003 – VIII ZR 130/01, NJW-RR 2003, 821.
[1147] BGH Urt. v. 10. 7. 2002 – VIII ZR 58/00, DB 2002, 2321 = MDR 2002, 1381; BGH Urt. v. 12. 2. 2003 – VIII ZR 130/01, NJW-RR 2003, 821; OLG Hamm JR 2002, 71; *Semmler* Tankstellenhalter S. 176; kritisch und ablehnend *Olzen* JR 2002, 45, 49; aA auch noch die Vorauflage.

Wertung ist allerdings, dass der Tankstellenhalter auch diese Zusatzleistungen auf Grund seines mit dem Unternehmer geschlossenen HVVertrags zu erbringen hat oder zumindest auf Grund einer Zusatzvereinbarung wie zB eines Vertragshändlervertrags, welche zu seinen Gunsten ebenfalls einen Ausgleichsanspruch begründen kann;[1148] wenn der Tankstellenhalter hingegen nur hinsichtlich des eigentlichen Mineralölgeschäfts HV war und hinsichtlich des Nebengeschäfts, zB des Shopgeschäfts, nicht einmal eine Stellung als Vertragshändler inne hatte, weil er insoweit nicht in die Absatzorganisation des Unternehmers eingebunden war, sondern die im Shop vertriebenen Waren ohne jede Bindung an den Unternehmer frei beziehen und vertreiben durfte, steht ihm ein Ausgleichsanspruch im Hinblick auf Umsätze in dem Shopgeschäft nicht zu.[1149] **Nicht werbend** sind im Zweifel ausschließlich solche Tätigkeiten, welche für den geschuldeten Vertriebserfolg, also Vermittlung und Abschluss eines Kundengeschäfts, und damit auch für das Berufsbild des HV an entscheidender Bedeutung sind.[1150] Letztlich muss die anteilige Berücksichtigung der für die Nebenleistung geschuldeten Vergütung der Billigkeit entsprechen. Wenn in dem HVVertrag eine Aufteilung von Provisionen für werbende und verwaltende, vermittlungsfremde Tätigkeiten nicht ausgewiesen ist, trifft den Unternehmer die **Darlegungs- und Beweislast** für einen höheren als von dem HV behaupteten Anteil der verwaltenden Tätigkeit.[1151]

4. Handelsvertreter mit Verkaufslager, Tankstellenhalter. a) Werbung von Stammkunden. Besondere Probleme wirft der Ausgleichsanspruch, und zwar besonders die dafür notwendige Werbung von Stammkunden auf, wenn der HV für marktbeherrschende Unternehmen Artikel des täglichen Bedarfs aus einem Verkaufslager vertreibt wie typischerweise der Halter,[1152] also Betreiber, Pächter[1153] oder Inhaber, von Tankstellen.[1154] Der von dem Tankstellenhalter für eine neu eröffnete oder übernommene Tankstelle geworbene Stammkunde ist nicht ausgleichsfähiger Neukunde des Mineralölunternehmens, wenn er, was im Zweifel bei einer Vielzahl der Neukunden einer Tankstelle der Fall sein wird, vorher Stammkunde einer anderen Tankstelle desselben Unternehmens war.[1155] Andererseits lässt der vorhersehbare Wechsel zu der Tankstelle eines anderen Herstellers nach dem Ende des Haltervertrags ausgleichsfähige Unternehmervorteile entfallen.[1156]

b) Darlegung und Beweis der Stammkundenwerbung. Nach der gesetzlichen Regelung obliegt es dem HV, zur Darlegung seines Ausgleichsanspruchs dem Unternehmer die Einzelnen von ihm geworbenen Stammkunden zu benennen. Das muss grds. auch für Tankstellenhalter gelten,[1157] zumal dem Mineralölunternehmen die Möglichkeit gegeben werden muss, an Hand erhaltener Kundenlisten zu überprüfen, ob es sich bei den Kunden, für welche der Tankstellenhalter einen Ausgleich begehrt, um Altkunden handelt. Dem Tankstellenhalter ist die Erstellung solcher Kundenlisten zu geworbenen Stammkunden mit zumutbaren Mitteln möglich[1158] und zumutbar, zumal ein immer größer werdender Anteil von Tankstellenkunden mit Kredit-, Bank- oder Unternehmens-

---

[1148] BGH Urt. v. 22. 10. 2003 – VIII ZR 6/03, BB 2004, 461 = MDR 2004, 403, (bestätigendes Revisionsurteil zu) OLG München NJW–RR 2003, 537.
[1149] BGH Urt. v. 22. 10. 2003 – VIII ZR 6/03, BB 2004, 461 = MDR 2004, 403, (bestätigendes Revisionsurteil zu) OLG München NJW–RR 2003, 537.
[1150] BGH Urt. v. 6. 8. 1997 – VIII ZR 150/96, ZIP 1997, 1832, 1836 und BGH Urt. v. 6. 8. 1997 – VIII ZR 92/96, ZIP 1997, 1839, 1841.
[1151] BGH Urt. v. 22. 12. 2003 – VIII ZR 117/03, ZIP 2004, 1319, 1322; ganz allgemein ebenso OLG Hamm Urt. v. 21. 11. 1997 – 35 U 55/96, HVR Nr. 959.
[1152] Zur Abgrenzung seiner Stellung als Handelsvertreter oder Vertragshändler und zur Anwendung des GWB auf Tankstellenhalterverträge siehe OLG Hamburg m. Bspr. *Pohlmann* EWiR 2001, 229; zu den Besonderheiten der Rechtsstellung des Tankstellenhalters gegenüber derjenigen des gesetzestypischen Handelsvertreters siehe *Semmler* Tankstellenhalter S. 106 f.
[1153] BGH Urt. v. 15. 10. 1964 – VII ZR 150/62, BGHZ 42, 244 = NJW 1965, 248.
[1154] Zu deren Ausgleichsanspruch: BGH Urt. v. 15. 10. 1964 – VII ZR 150/62, BGHZ 42, 244 = NJW 1965, 248; BGH Urt. v. 15. 11. 1984 – I ZR 79/82, NJW 1985, 860; BGH Urt. v. 6. 8. 1997 – VIII ZR 150/96, ZIP 1997, 1832 und BGH Urt. v. 6. 8. 1997 – VIII ZR 92/96, ZIP 1997, 1839, dazu kritisch *Schreiber* NJW 1998, 3737; *Küstner* Ausgleichsanspruch RdNr. 863 bis 875 und BB 1985 Beilage 12/85 zu Heft 27/85; s. a. *Veith* DB 1963, 1277 und 1965, 65; *Wittmann* BB 1963, 1457 und BB 1965, 472; *Olzen* JR 2002, 45; ausf. dazu *Semmler* Tankstellenhalter S. 145 f. und 151 f. (besonders zur Ermittlung des Anspruchs, den einzelnen Anspruchsvoraussetzungen sowie zu den bei der Billigkeitsprüfung in Betracht zu ziehenden Kriterien).
[1155] *Staub/Brüggemann* RdNr. 38; *Küstner* Ausgleichsanspruch RdNr. 487, 490; *Westphal* Vertriebsrecht RdNr. 962.
[1156] BGH Urt. v. 15. 11. 1984 – I ZR 79/82, NJW 1985, 860, 861; BGH Urt. v. 10. 7. 2002 – VIII ZR 158/01, EBE 2002, 298, 301, 302 = WM 2003, 499.
[1157] *Westphal* Vertriebsrecht RdNr. 964.
[1158] Vgl. OLG Hamm Urt. v. 11. 2. 2000 – 35 U 45/99, HVR Nr. 972; *Küstner* Ausgleichsanspruch RdNr. 491, 492 und 1566; *v. Manteuffel/Evers* EWiR 1997, 995, 996; *Rittner* DB 1998, 459; aA BGH Urt. v. 6. 8. 1997 – VIII ZR 150/96, ZIP 1997, 1832 und BGH Urt. v. 6. 8. 1997 – VIII ZR 92/96, ZIP 1997, 1839; auch *Semmler* Tankstellenhalter S. 163 (s. d. auch S. 213 f.) hält Kundenlisten für entbehrlich, das Mineralölunternehmen benötige sie nicht, weil die Stammkunden die Tankstelle auch nach einem Pächterwechsel von selbst aufsuchten; dieses Argument kann jedoch den Verzicht auf Kundenlisten als Voraussetzung einer schlüssigen Darlegung des Anspruchs nicht rechtfertigen.

karten bezahlt,[1159] außerdem ist es dem Tankstellenhalter zuzumuten, jedenfalls nach der Kündigung des Vertrags durch gezieltes Ansprechen seiner Stammkunden sich die für die Geltendmachung seines Ausgleichsanspruchs notwendigen Kenntnisse zu verschaffen.[1160] Wegen der Besonderheiten dieser Art der Handelsvertretung muss es allerdings ausreichen, wenn der Tankstellenhalter die Werbung konkreter Kunden darlegt und es dem Unternehmer überlassen bleibt, die Altkundeneigenschaft der benannten Kunden konkret zu belegen. Davon abgesehen ist eine Darlegungs- und Beweiserleichterung für den Ausgleichsanspruch des Tankstellenhalters mit dem Gesetz schwerlich in Einklang zu bringen.[1161] Wenn ein Tankstellenhalter seine Stammkunden nicht kennt, was zB bei anonymen Großtankstellen mit zahlreichen ihre Rechnung bar begleichenden Stammkunden vorkommen kann, und deswegen die Voraussetzungen des Ausgleichsanspruchs nicht durch Kundenlisten schlüssig darlegen und beweisen kann, hat er die, allerdings kostenträchtige, Möglichkeit, durch eine, gegebenenfalls auch nachträglich durchgeführte, Kundenbefragung an seiner Tankstelle die Zahl der von ihm geworbenen Stammkunden zu ermitteln. Allgemeine Marktanalysen und Statistiken über das übliche Verhalten von Tankstellenkunden[1162] können allenfalls weiterhelfen, wenn sie alle diejenigen Besonderheiten des jeweiligen Einzelfalls ausreichend erfassen und berücksichtigen,[1163] welche wie zB örtliche Gegebenheiten und Lage,[1164] Erscheinungsbild, Service, Kundendienst, Öffnungszeiten oder über den Tankbedarf hinausgehendes Warenangebot die Wahl der Tankstelle durch den Kunden entscheidend beeinflussen können.[1165] Die Möglichkeit einer eigenständigen Überprüfung solcher Umfragen oder Statistiken durch den Richter auf ordnungsgemäßes Zustandekommen sowie auf Schlüssigkeit und Plausibilität der Schlussfolgerungen und Ergebnisse ist dabei unabdingbare Voraussetzung für ihre Verwertung als Grundlage einer gerichtlichen Entscheidung zum Ausgleichsanspruch.[1166]

166 c) Die Entwicklung der Rechtsprechung des Bundesgerichtshofs. In einer Entscheidung des Jahres 1964[1167] hat der damals zuständige I. Zivilsenat des BGH[1168] die Vorlage von Kundenlisten gefordert, allerdings konkrete Angaben über die jeweils bezogenen Schmier- und Treibstoffmengen für entbehrlich gehalten, obwohl die allgemeine Umsatzentwicklung hinreichend aussagekräftige Rückschlüsse auf ausgleichspflichtige Unternehmervorteile noch nicht zu lässt.[1169] In zwei Urteilen aus den Jahren 1985 und 1988 hat derselbe Senat wiederum entscheidend auf die Ermittlung von konkreten Unternehmervorteilen durch Neukundenwerbung und entsprechenden Provisionsverlusten abgestellt.[1170] Auf diese Anspruchsvoraussetzungen ist der VIII. Zivilsenat in seinen beiden Entscheidungen vom 6. 8. 1997[1171] nicht mehr eingegangen.[1172] Der Senat hat den Ausgleich ausweislich der Entscheidungsgründe vielmehr offensichtlich auf der Grundlage der Stammkunden des Tankstellenhalters ermittelt,[1173] was zu dem berechtigten Vorwurf geführt hat, die vom BGH

[1159] So jetzt BGH Urt. v. 10. Juli 2002– VIII ZR 58/00, DB 2002, 2321 = MDR 2002, 1381 (im Wesentlichen bestätigendes Revisionsurteil zu OLG Hamm JR 2002, 71) m. zust. Anm. *Albrick* EWiR 2002, 1001 sowie m. Bspr. *Olzen* JR 2002, 45 und BGH Urt v. 10. 7. 2002 – VIII ZR 158/01, EBE 2002, 298, 302 = WM 2003, 499.
[1160] *Westphal* Vertriebsrecht RdNr. 964.
[1161] Vgl. dazu auch *Veith* DB 1963, 1277 und DB 1965, 65; vgl. *Küstner* Ausgleichsanspruch RdNr. 1566; aA *Wittmann* BB 1964, 1400.
[1162] S. d. ausf. *Hübsch/Hübsch* WM 2005 Sonderbeilage Nr. 1 zu Heft 9 S. 21.
[1163] OLG Hamm Urt. v. 11. 2. 2000 – 35 U 45/99, HVR Nr. 972; *Thume* BB 1999, 2309, 2311; *Westphal* OLGR Düsseldorf Heft 12/2002 K 35, 36 f.; kritisch OLG Hamburg JR 2002, 238 m. Bspr. *Olzen* S. 241.
[1164] *Rittner* DB 1998, 457, 459; *Küstner* Ausgleichsanspruch RdNr. 866; vgl. *Westphal* RdNr. 640.
[1165] BGH Urt. v. 29. 11. 1984 – I ZR 149/82, BB 1985, 353.
[1166] Großzügiger insoweit *Westphal* OLGR Düsseldorf 12/2002 K 35; so auch BGH in den Urteilen vom 9. August 1997 und ebenso noch im Urt. v. 12. 2. 2003 – VIII ZR 51/01, NJW 2003, 821. Dass die dem Entscheidungsvom des BGH vom 9. 8. 1997 zugrunde liegenden Unterlagen, die sog. ARAL – Information (S. HVR Nr. 920), den an ein solches Gutachten zu stellenden Anforderungen entsprochen haben, ist den veröffentlichen Entscheidungsgründen in ZIP 1997, 1832 und 1839 nicht zu entnehmen. In der Entscheidung vom 10. 7. 2002 – VIII ZR 158/01, EBE 2002, 298, 302 = WM 2003, 499, 300 hat der BGH die Verwertbarkeit dieser Information für zurückliegende Sachverhalte jedoch noch einmal bestätigt.
[1167] BGH Urt. v. 15. 10. 1964 – VII ZR 150/62, BGHZ 42, 244, 246, 247 = NJW 1965, 248.
[1168] Zu dessen Rechtsprechung auch *Emde* VersR 2003, 549, 553 und *Hübsch/Hübsch* WM 2005 Sonderbeilage Nr. 1 zu Heft 9 S. 20 und 26.
[1169] *Veith* DB 1965, 65; aA *Wittmann* BB 1964, 1000 und BB 1965, 472.
[1170] BGH Urt. v. 15. 11. 1984 – I ZR 79/82, NJW 1985, 860, 861 und BGH Urt. v. 28. 4. 1988 – I ZR 66/87, NJW-RR 1988, 1061.
[1171] BGH Urt. v. 6. 8. 1997 – VIII ZR 150/96, ZIP 1997, 1832 und BGH Urt. v. 6. 8. 1997 – VIII ZR 92/96, ZIP 1997, 1839; grundsätzlich zustimmend *Westphal* OLGR Düsseldorf Heft 12/2002 K 35; kritisch *Rittner* DB 1998, 457, 459.
[1172] Warum bestimmte Altkunden bei der Ermittlung des Ausgleichsanspruchs regelmäßig vernachlässigt werden könnten, wie *Semmler* Tankstellenhalter S. 151, 152 meint, ist nicht einzusehen; im Übrigen aber ist *Semmler* hinsichtlich der Behandlung von Altkunden (S. 152 f.) zuzustimmen.
[1173] Auch *Thume* stellt bei seiner Besprechung der Urteile in BB 1999, 2309, 2311 hierauf ab.

getroffenen Feststellungen zu Vorteils- und Verlustprognose seien „völlig in der Luft hängend" und unzulässig.[1174] In den beiden Urteilen vom 10. Juli 2002 hat der VIII. Zivilsenat[1175] dann eine grundlegende Wende in seiner Rechtsprechung vollzogen und dies durch Urt. v. 12. 2. 2003[1176] bestätigt. Für die Zukunft, also ab Veröffentlichung dieser Urteile, verlangt der BGH nun auch von dem Tankstellenhalter, dass er seine Stammkunden namentlich festhält und in der auf Ausgleich gerichteten Klage namentlich benennt. Die Notwendigkeit eines Rückgriffs auf allgemeine Statistiken und Meinungsumfragen besteht nach der Auffassung des BGH jedenfalls im Regelfall nicht mehr.[1177] Nur wenn der Tankstellenhalter (nachweist, dass er) aus Gründen, die er nicht zu vertreten hat, Kundelisten nicht vorlegen kann, darf auf Gutachten und statistisches Material zurückgegriffen werden, sofern diesen zuverlässige Aussagen über die konkrete Tankstelle zu entnehmen sind.[1178]

d) Ermittlung des Stammkundenumsatzes. In seinen Urteilen vom 10. Juli 2002 **167** (RdNr. 166), bestätigt durch das Urteil vom 12. 2. 2003,[1179] hat der BGH des Weiteren eine Korrektur seiner Rechtsprechung zur Ermittlung des Anteils des Stammkundenumsatzes am Gesamtumsatz der Tankstellen vorgenommen, welche zu überhöhten Ausgleichsbeträgen geführt hatte. Der BGH hat klargestellt, dass der mit Stammkunden erzielte Umsatzanteil nicht deshalb größer sein muss, weil diese an ihrer Tankstelle häufiger tanken als deren Laufkunden. Deren geringere Tankhäufigkeit werde dadurch ausgeglichen, dass eine größere Zahl von Laufkunden die Tankstelle aufsuche. Das ist für den Regelfall zutreffend, schließt aber den Nachweis des Tankstellenhalters nicht aus, dass im konkreten Einzelfall andere Verhältnisse vorgelegen haben.

IX. Analoge Anwendung des § 89 b auf Nichthandelsvertreter (sonstige Vertriebsmittler)

1. Bedeutung des § 89 b für Nichthandelsvertreter. Aufgrund einer analogen Anwendung **168** des § 89 b Abs. 1 bis 4 kann sonstigen Vertriebsmittlern, welche wie zB Kommissionsagenten,[1180] Vertragshändler[1181] und (Subordinations-) Franchisenehmer[1182] die Kundengeschäfte im eigenen Namen und auf eigene Rechnung abschließen sowie ausführen, bei handelsvertretertypisch ausgestalteten Vertragsverhältnissen ein Ausgleichsanspruch zustehen; die EG-Richtlinie und damit auch die europarechtlichen Beschränkungen der Rechtswahlfreiheit (S. § 92 c) gelten für sie allerdings

---

[1174] v. Manteuffel/Evers EWiR 1997, 995, 996; ebenso kritisch *Rittner* DB 1998, 457, 459.
[1175] BGH Urt. v. 10. 7. 2002 – VIII ZR 158/01, EBE 2002, 298, 302 = WM 2003, 499 und BGH Urt. v. 10. 7. 2002 – VIII ZR 58/00, DB 2002, 2321 = MDR 2002, 1381 m. teilw. abl. Anm. *Albicker* EWiR 2002, 1011.
[1176] BGH Urt. v. 12. 2. 2003 – VIII ZR 130/01, NJW-RR 2003, 821.
[1177] Insoweit ablehnend *Albicker* EWiR 2002, 1011.
[1178] Den von *Albicker* EWiR 2002, 1011, 1012 in diesem Zusammenhang angesprochenen Auskunftsanspruch sieht das HVRecht nicht vor, das für die Informationsrechte auch des Tankstellenhalters in § 87 c eine abschließende Regelung enthält.
[1179] BGH Urt. v. 12. 2. 2003 – VIII ZR 130/01, NJW-RR 2003, 821.
[1180] S. d. BGH Urt. v. 12. 3. 2003 – VIII ZR 221/02, NJW-RR 2003, 894 = WM 2003, 2105; BFH Urt. v. 24. 1. 1974 – IV R 76/70, BB 1974, 353; OLG München Urt. v. 18. 2. 1970 – 7 U 910/69, NJW Nr. 430; *Schuler* NJW 1961, 758; Heymann/Sonnenschein/Weitemeyer RdNr. 10; MünchKommHGB/v. Hoyningen-Huene RdNr. 25; *Schröder* RdNr. 3 c; *Küstner* Ausgleichsanspruch RdNr. 128; *Canaris* § 16 RdNr. 13–15; *Küstner/Thume* Vertriebsrecht RdNr. 1568.
[1181] S. d. *Schröder* BB 1958, 252, BB 1961, 809 und DB 1966, 449; *v. Brunn* DB 1961, 429; *Nies* MDR 1961, 566; *Finger* DB 1970, 141; kritisch *Stumpf/Zimmermann* BB 1978, 429; *Schmidt* DB 1979, 2057; ausf. v. *Westphalen* DB 1981 Beilage Nr. 12 zu Heft 22 und DB 1988, Beilage Nr. 8 zu Heft 16; *Werner/Maschinsky* BB 1983, 338; *Veltins* NJW 1984, 2063; *Semler* DB 1985, 2493; *Bamberger* NJW 1985, 23; *Foth* BB 1987, 1686; *Stumpf/Hesse* BB 1987, 1474; *Küstner/v. Manteuffel* BB 1988, 1972; *Horn* ZIP 1988, 137; *Eckert* EM 1991, 1237; *Thume* BB 1994, 2358; *Ende* BB 1996, 2260; ausf. *Kümmel* DB 1997, 27; *Niebling* ZIP 1997, 2388 und WRP 2001, 506; *Intveen* BB 1999, 1881; *Hermes* RIW 1999, 81, 82; *Emde* VersR 2001, 148, 163 und VersR 2003, 549, 554; *Hübsch/Hübsch* WM 2005 Sonderbeilage Nr. 1 zu Heft 9 S. 22; Heymann/Sonnenschein/Weitemeyer RdNr. 8, 9; MünchKommHGB/v. Hoyningen-Huene RdNr. 18; *Küstner* Ausgleichsanspruch RdNr. 847f.; *Canaris* § 17 RdNr. 24–30; *Küstner/Thume* Vertriebsrecht RdNr. 1466–1541; *Westphal*, Vertragshändler RdNr. 163 f., 180 f.; *Alff* RdNr. 328 bis 335; *Genzow* RdNr. 141 bis 173, *Stumpf/Jaletzke/Schultze* RdNr. 726 f., 731 f., *Ullrich* in Martinek/Semler § 20; *Niebling* RdNr. 160 f., *Lange* RdNr. 1400 f.; *Giesler/Nauschütt* § 7 RdNr. 2; kritisch *Sandrock*, FS Fischer, S. 657; *Kroitzsch* BB 1977, 1631; kritisch und ablehnend *Bechtold* NJW 1983, 1393 sowie BB 1984, 1262; aA *Mücke* MDR 1956, 641; *Schuler* NJW 1959, 649 und 1961, 758; *Stumpf* NJW 1998, 12.
[1182] S. d. OLG München BB 2002, 2521 m. Anm. *Dehe/Meeth* BB 2002, 2524; LG Frankfurt Urt. v. 19. 11. 1999 – 3/8 O 28/99, HVR Nr. 1115 m. zust. Anm. *Albicker* EWiR 2004, 69; *Matthiessen* ZIP 1988, 1089, 1095; *Martinek* ZIP 1988, 1362, 1378; ausf. *Kohler* NJW 1990, 1689; *Eckert* WM 1991, 1237, 1241; *Bodewig* BB 1997, 637; *Flohr* DStR 1998, 572 und WM 2001, 1441, 1443; *Haager* NJW 2002, 1463, 1471; *Emde* EWiR 2002, 915, 916 und VersR 2003, 459, 555; MünchKommHGB/v. Hoyningen-Huene RdNr. 24; *Canaris* § 18 RdNr. 25; *Küstner* Ausgleichsanspruch RdNr. 121 bis 124; *Küstner/Thume* Vertriebsrecht RdNr. 1816–1823; *Martinek/Habermeier* in Martinek/Semler § 25 RdNr. 68 f.; offengelassen von BGH Urt. v. 23. 7. 1997 – VIII ZR 130/96, EBE 1997, 290, 293.

§ 89 b 169 — 1. Buch. 7. Abschnitt. Handelsvertreter

nicht.[1183] Da der Ausgleichsanspruch auf der dauerhaften Geschäftsverbindung des Unternehmers mit dem vom Vertriebsmittler neu geworbenen Kunden beruht und die vom typischen WarenHV geworbenen Stammkunden dem Unternehmer durch Vertragsschluss und Geschäftsausführung bekannt sind, muss bei den Nichthandelsvertretern sichergestellt sein, dass der von ihnen neu geworbene Kundenstamm nach Vertragsende dem Unternehmer erhalten bleibt und weiter von ihm genutzt werden kann. Wenn dies der Fall ist, die sonstigen besonderen Voraussetzungen für eine analoge Abwendung des § 89 b auf einen Nichthandelsvertreter (RdNr. 169) sowie die Tatbestandsvoraussetzungen für das Entstehen eines Ausgleichsanspruch nach § 89 b gegeben sind, steht es mit dem Gesetz in Einklang und wird von dessen Sinn und Zweck gedeckt, solchen Nichthandelsvertretern ebenfalls den Ausgleichsanspruch zuzubilligen.[1184] Die **entsprechende Anwendung** des § 89 b auf andere Vertriebsmittler **umfasst** dann **alle Einzelregelungen** der Vorschrift,[1185] neben Abs. 1 und 2 also auch Abs. 3[1186] sowie Abs. 4 Satz 1[1187] und 2.[1188] Bei der Ermittlung des Anspruchs muss den Besonderheiten der Vertriebstätigkeit sowie der Vergütung Rechnung getragen werden;[1189] er ist nach dem Vergütungsanteil zu bestimmen, welcher der vom Vertriebserfolg abhängigen Provision des WarenHV entspricht (RdNr. 172). Der Höchstbetrag des Abs. 2 berechnet sich nach der vorab um handelsvertreteruntypische Vergütungsanteile bereinigten[1190] handelsvertretertypischen Gesamtvergütung.

169   2. Voraussetzungen für analoge Anwendung. a) Die allgemeinen Voraussetzungen. Für eine entsprechende Anwendbarkeit des § 89 b auf sonstige nicht zum Kreis der HV gehörende Vertriebsmittler ist grundlegende und unabdingbare Voraussetzung,[1191] dass **(1)** der Vertriebsmittler selbständig ist, **(2)** sich die vertraglichen Beziehungen zwischen Unternehmer und Vertriebsmittler nicht in einer reinen Verkäufer-Käufer-Beziehung erschöpfen,[1192] **(3)** der Vertriebsmittler vielmehr nach Gestaltung und Handhabung des Vertrags den handelsvertretertypischen Bindungen unterliegt[1193] und außerdem **(4)** durch Pflichten, wie sie in einer Käufer-Verkäufer-Beziehung nicht bestehen, auf Dauer so in die Absatzorganisation des Unternehmens eingegliedert ist (RdNr. 170),[1194] dass er **(5)** wirtschaftlich in großem Umfang einem HV vergleichbare Aufgaben zu erledigen[1195] und **(6)** insbesondere den Absatz des Unternehmens laufend zu fördern hat;[1196] hinzu kommen muss **(7)** spätestens bei Beendigung des Vertriebsvertrags die Überlassung des Kundenstamms an den Unternehmer durch Übermittlung der Kundendaten, so dass dieser dessen Vorteile bei Vertragsende sogleich für sich nutzbar machen kann (RdNr. 171).[1197] Die aufgezeigten Voraussetzungen für den Ausgleichsanspruch eines Nichthandelsvertreters sind vom BGH in ständiger und nunmehr fest-

---

[1183] *Emde* MDR 2002, 196; *Hopt* § 92 c RdNr. 11.
[1184] AA zB *Stumpf* NJW 1998, 12; *Kirsch* NJW 1999, 2779.
[1185] *Schröder* RdNr. 34 g; *Wauschkuhn* BB 1996, 1517.
[1186] BGH Urt. v. 7. 7. 1983 – I ZR 115/81, NJW 1984, 2101; BGH Urt. v. 2. 7. 1987 – I ZR 188/85, NJW-RR 1988, 42, 43; BGH Urt. v. 29. 4. 1993 – I ZR 150/91, NJW-RR 1993, 996.
[1187] BGH Urt. v. 6. 2. 1985 – I ZR 175/82, NJW 1985, 3076; BGH Urt. v. 12. 12. 1985 – I ZR 62/83, WM 1986, 392, 393; OLG München BB 2002, 2521; ausf. *Hepting/Detzer* RiW 1989, 337, 345 f.; *Wauschkuhn* BB 1996, 1517.
[1188] BGH Urt. v. 14. 2. 1996 – VIII ZR 68/95, EBE 1996, 114, 115.
[1189] S. d. auch *Horn* ZIP 1988, 173, 141 f.; *Küstner*/v. *Manteuffel* BB 1988, 1072; nicht im Einklang mit der Rspr. des BGH stehen die Ausführungen von *Ekkenga* AG 1992, 345.
[1190] BGH Urt. v. 7. 11. 1991 – I ZR 51/90, NJW-RR 1992, 421, 423; *Stumpf/Jaletzke/Schultze* RdNr. 814.
[1191] S. dazu allgemein auch *Emde* EWiR 2002, 915, 916.
[1192] BGH Urt. v. 11. 12. 1958 – II ZR 73/57, BGHZ 29, 83, 87 = NJW 1959, 144; BGH Urt. v. 16. 2. 1961 – VII ZR 239/59, BGHZ 34, 282, 286 = NJW 1961, 662; BGH Urt. v. 14. 4. 1983 – I ZR 20/81, NJW 1983, 2877; OLG Köln NJW-RR 1995, 29; Heymann/*Sonnenschein/Weitemeyer* RdNr. 8; MünchKommHGB/v. *Hoyningen-Huene* RdNr. 20; *Alff* RdNr. 328.
[1193] BGH Urt. v. 10. 2. 1993 – VIII ZR 47/92, NJW-RR 1993, 678, 679; OLG München BB 1997, 595.
[1194] Dazu BGH Urt. v. 25. 3. 1998 – VIII ZR 337/96, WM 1998, 1256; OLG München BB 1993, 1472, 1473; Heymann/*Sonnenschein/Weitemeyer* RdNr. 8; MünchKommHGB/v. *Hoyningen-Huene* RdNr. 19 und 20; *Küstner* Ausgleichsanspruch RdNr. 95; kritisch und insoweit aA: *Canaris* § 16 RdNr. 15; § 17 RdNr. 26; § 18 RdNr. 29 (keine eigenständige Anspruchsvoraussetzung).
[1195] Dazu ausf. BGH Urt. v. 21. 1. 1987 – VIII ZR 169/86, WM 1987, 542, 544; OLG Hamm Urt. v. 15. 5. 1995 – 2 U 188/94, HVR Nr. 818; Heymann/*Sonnenschein/Weitemeyer* RdNr. 8; MünchKommHGB/v. *Hoyningen-Huene* RdNr. 20; *Küstner* Ausgleichsanspruch RdNr. 95; ausf. *Alff* RdNr. 329, 330.
[1196] BGH Urt. v. 3. 3. 1983 – I ZR 34/81, NJW 1983, 1789; BGH Urt. v. 10. 2. 1993 – VIII ZR 47/92, NJW-RR 1993, 678, 679; MünchKommHGB/v. *Hoyningen-Huene* RdNr. 18.
[1197] BGH Urt. v. 11. 12. 1958 – II ZR 73/57, BGHZ 29, 83, 90 = NJW 1959, 144; BGH Urt. v. 16. 2. 1961 – VII ZR 239/59, BGHZ 34, 282, 286 = NJW 1961, 662; BGH Urt. v. 1. 6. 1964 – VII ZR 235/62, NJW 1964, 1952; BGH Urt. v. 6. 10. 1993 – VIII ZR 172/92, NJW-RR 1994, 99; BGH Urt. v. 26. 2. 1997 – VIII ZR 272/95, BGHZ 135, 14 = ZIP 1997, 841, 842; BGH Beschl. v. 25. 3. 1998 – VIII ZR 337/96, WM 1998, 1256; BGH Urt. v. 12. 3. 2003 – VIII ZR 221/02, MDR 2003, 758 = NJW-RR 2003, 894; OLG Saarbrücken NJW-RR 1999, 106; *Thume* BB 1999, 2309, 2315; ausf. zu Art und Weise der Überlassung *Hollmann* BB 1995, 1023, 1024 f.; s. a. v. *Manteuffel/Evers* EWiR 2002. 683, 684 unter Hinweis auf Entscheidungen des OGH Wien; Heymann/*Sonnenschein/Weitemeyer* RdNr. 8; MünchKommHGB/v. *Hoyningen-Huene* RdNr. 19, 21, 22; *Küstner* Ausgleichsanspruch RdNr. 99; *Alff* RdNr. 331;

stehender Rspr. zugunsten von Vertragshändlern aufgestellt und fortentwickelt worden.[1198] Die Entscheidungen des BGH und deren Begründungen richten sich zwar jeweils an den Besonderheiten des Einzelfalls aus, weswegen die Begründungen voneinander abweichen und die Schwerpunkte unterschiedlich setzen, sie folgen aber doch insgesamt einer einheitlichen Grundlinie und ermöglichen eine sachgerechte Entscheidung im Einzelfall.[1199] Dazu müssen die beschriebenen Voraussetzungen **kumulativ** vorliegen.[1200] Hingegen sind eine besondere Schutzbedürftigkeit des Vertriebsmittlers,[1201] besonderer Kapitaleinsatz,[1202] Alleinvertriebsrecht,[1203] Gebietsschutz oder Wettbewerbsverbot[1204] sowie Kontroll- und/oder Berichtspflichten[1205] weder erforderlich noch ausreichend für eine analoge Anwendung des § 89 b, stellen aber Indizien für ein handelsvertreterähnlich ausgestaltetes Rechtsverhältnis dar.[1206]

b) Eingliederung in die Absatzorganisation. Die Einbindung oder Eingliederung in die Absatzorganisation des Unternehmers entscheidet sich nach den Umständen des Einzelfalls. Sie zeigt sich besonders in der Verpflichtung des Vertriebsmittlers, dem Unternehmer als Vertragspartner Zutritt zu den Geschäfts- und Lagerräumen sowie Einsicht in Geschäfts- und Betriebsunterlagen zu gewähren, seine Buch- und Kontenführungen derjenigen des Unternehmers anzupassen sowie in Konkurrenzverboten,[1207] Mindestbezugs-, Informations-[1208] und Kundenbetreuungspflichten sowie einer idR mit Weisungsbefugnis[1209] verbundenen Richtlinienkompetenz des Unternehmers.[1210] Der Inhalt der von den Unternehmern üblicherweise entworfenen und verwendeten Formularvertragshändlerverträge führt regelmäßig zu einer Einbindung der Händler in die Absatzorganisation der Unternehmer.[1211] Jedenfalls bei Kommissionsagent und handelsvertreterähnlichem Franchisenehmer wird regelmäßig von einer solchen Eingliederung auszugehen sein.[1212]

c) Pflicht zur Überlassung des Kundenstammes. Die Zubilligung eines Ausgleichsanspruchs zugunsten eines NichtHV ist grds. nur gerechtfertigt, wenn der Vertriebsmittler die Kunden auch für seinen Vertragspartner geworben hat, was immer dann der Fall sein wird, wenn eine **Pflicht zur Überlassung des Kundenstamms** an den Vertragspartner besteht.[1213] Zu Recht sieht der BGH in st. Rspr. in einer solchen Verpflichtung eine zwingende Anspruchsvoraussetzung bei einer analogen Anwendung des § 89 b auf NichtHV.[1214] An das Feststellen einer solchen Pflicht dürfen allerdings keine besonderen Anforderungen gestellt werden, um nicht einem berechtigten Anspruchsinhaber

---

kritisch *Kreifels/Lang* NJW 1970, 1769, 1773; *Martinek* EWiR 1996, 803; aA *Sandrock*, FS Fischer, S. 657, 675 f.; *Wank*, Arbeitnehmer und Selbständige S. 279; *K. Schmidt* HandelsR 5. Aufl. § 28 III 2 a (S. 772 f.).

[1198] Vgl. aus letzter Zeit BGH Urt. v. 12. 1. 2000 – VIII ZR 19/99, EBE 2000, 85, 86 = ZIP 2000, 540; früher: BGH Urt. v. 6. 10. 1999 – VIII ZR 125/98, BGHZ 142, 358 = ZIP 2000, 138, 140; BGH Beschl. v. 25. 3. 1998 – VIII ZR 337/96, WM 1998, 1256; BGH Urt. v. 26. 11. 1997 – VIII ZR 283/96, NJW-RR 1998, 390, 391; BGH Urt. v. 17. 4. 1996 – VIII ZR 5/95, ZIP 1996, 1131; BGH Urt. v. 1. 12. 1993 – VII ZR 41/93, NJW 1994, 657; BGH Urt. v. 6. 10. 1993 – VIII ZR 172/92, NJW-RR 1994, 99; BGH Urt. v. 10. 2. 1993 – VIII ZR 47/92, NJW-RR 1993, 678, 679; BGH Urt. v. 7. 11. 1991 – I ZR 51/90, NJW-RR 1992, 421; BGH Urt. v. 8. 6. 1988 – I ZR 244/86, BGHR § 89 b Eigenhändler 2; BGH Urt. v. 2. 7. 1987 – I ZR 188/85, NJW 1988, 42; BGH Urt. v. 26. 11. 1984 – VIII ZR 214/83, BGHZ 93, 29, 51 f. = NJW 1985, 623; BGH Urt. v. 14. 4. 1983 – I ZR 20/81, NJW 1983, 2877; BGH Urt. v. 3. 3. 1983 – I ZR 34/81, NJW 1983, 1789; BGH Urt. v. 20. 2. 1981 – I ZR 59/79, NJW 1981, 1961; BGH Urt. v. 11. 2. 1977 – I ZR 185/75, BGHZ 68, 340, 342 f. = NJW 1977, 896; BGH Urt. v. 11. 12. 1958 – II ZR 73/57, BGHZ 29, 83, 87 = NJW 1959, 144; vgl. auch OLG Köln VersR 1998, 451.
[1199] Vgl. *K. Schmidt* HandelsR 5. Aufl. § 28 III 2 S. 777.
[1200] *Küstner* Ausgleichsanspruch RdNr. 99.
[1201] BGH Urt. v. 11. 2. 1977 – I ZR 185/75, BGHZ 68, 340, 343 f. = NJW 1977, 896; BGH Urt. v. 3. 3. 1983 – I ZR 34/81, NJW 1983, 1789; BGH Urt. v. 7. 11. 1991 – I ZR 51/90, NJW-RR 1992, 421, 423; *Kreifels/Lang* NJW 1970, 1769; Heymann/*Sonnenschein/Weitemeyer* RdNr. 8; *Küstner* Ausgleichsanspruch RdNr. 110; *Alff* RdNr. 334, 335; *Schröder* BB 1961, 809; aA früher BGH Urt. v. 16. 2. 1961 – VII ZR 239/59, BGHZ 34, 282, 286 = NJW 1961, 662 und BGH Urt. v. 11. 12. 1958 – II ZR 73/57, BGHZ 29, 83, 88 = NJW 1959, 144.
[1202] BGH Urt. v. 11. 2. 1977 – I ZR 185/75, BGHZ 68, 340, 343 f. = NJW 1977, 896; *Alff* RdNr. 334, 335; aA früher BGH Urt. v. 16. 2. 1961 – VII ZR 239/59, BGHZ 34, 282, 292 = NJW 1961, 662.
[1203] BGH Urt. v. 20. 10. 1983 – I ZR 86/82, BB 1984, 167.
[1204] BGH Urt. v. 25. 3. 1982 – I ZR 146/80, NJW 1982, 2819; BGH Urt. v. 14. 4. 1983 – I ZR 20/81, NJW 1983, 2877; MünchKommHGB/*v. Hoyningen-Huene* RdNr. 20; *Küstner* Ausgleichsanspruch RdNr. 97.
[1205] BGH Urt. v. 7. 11. 1991 – I ZR 51/90, NJW-RR 1992, 421, 422.
[1206] BGH Urt. v. 10. 2. 1993 – VIII ZR 47/92, NJW-RR 1993, 678, 680; MünchKommHGB/*v. Hoyningen-Huene* RdNr. 20.
[1207] Vgl. BGH Urt. v. 24. 3. 1960 – VII ZR 207/59, HVR Nr. 237.
[1208] OLG Hamm Urt. v. 15. 5. 1995 – 2 U 188/94, HVR Nr. 818.
[1209] Vgl. BGH Urt. v. 24. 3. 1960 – VII ZR 207/59, HVR Nr. 237.
[1210] Vgl. OLG Hamm Urt. v. 15. 5. 1995 – 2 U 188/94, HVR Nr. 818; OLG München BB 1997, 595.
[1211] OLG Köln Urt. v. 15. 11. 2002 – 19 U 94/02, VersR 2003, 105.
[1212] *Canaris* § 16 RdNr. 15; § 18 RdNr. 29; ebenso für Vertragshändler: § 17 RdNr. 26.
[1213] *Canaris* § 17 RdNr. 25.
[1214] Zuletzt BGH Urt. v. 28. 6. 2006 – VIII ZR 350/04, EBE 2006, 247; *Canaris* § 17 RdNr. 25.

den Anspruch vorzuenthalten.[1215] Grds. wird die tatsächlich erfolgende Überlassung des Kundenstamms auf einer vertraglichen zumindest konkludent[1216] und spätestens bei Vertragsende[1217] begründeten Verpflichtung beruhen, welche im Regelfall bereits aus §§ 675, 666 BGB folgen wird.[1218] Überlässt der Vertriebsmittler dem Unternehmer sämtliche Kundendaten, dürfte dem im Zweifelsfall auch dann eine entsprechende Verpflichtung zugrunde liegen, wenn das **nicht ausdrücklich vereinbart worden oder nachträglich nicht mehr festzustellen** ist;[1219] zumindest aus der von dem Unternehmer akzeptierten Sicht des Vertriebsmittlers wird dieser mit dem vollständigen Überlassen seiner Kundendaten im Zweifel einer bestehenden Verpflichtung nachkommen wollen.[1220] Selbst ohne feststellbare vertraglich wirksame Verpflichtung sollte die tatsächliche und einvernehmliche Übermittlung der Kundendaten mit der Einräumung der Möglichkeit zu deren Kenntnisnahme für die Annahme einer bestehenden Verpflichtung zur Überlassung des Kundenstamms ausreichen,[1221] wenn nicht (der Unternehmer nachweist, dass) **ausnahmsweise** eine dahingehende **Verpflichtung** in eindeutig feststellbarer Weise **vertraglich ausgeschlossen** ist[1222] und sich ein solcher Ausschluss auch nicht als unzulässige Umgehung des Abs. 4 darstellt.[1223] Auf diese Weise kann der Ausgleichsanspruch auch bei Vertriebsverträgen entstehen, welche zB infolge nicht eingehaltener, jedoch unabdingbarer Formvorschriften (wie zB früher nach § 34 GWB aF) nicht wirksam zustande kommen,[1224] jedoch tatsächlich vollzogen und ausgeführt werden. Einer ausdrücklichen oder doch eindeutig feststellbaren vertraglich begründeten Verpflichtung zur Überlassung des Kundenstamms bedarf es ebenfalls nicht, um den Vertriebsmittler an einem nachvertraglichen Zugriff auf diesen Kundenkreis oder dessen Verwertung zu hindern;[1225] diesen Zwecken dient die Überlassung des Kundenstamms an den Unternehmer nicht; der Unternehmer erhält dadurch nur die Chance zu dessen Nutzung und für den HV begründet die auf diese Weise begründete Ausgleichzahlung kein nachvertragliches Wettbewerbsverbot (RdNr. 22); der gleichzeitige Zugriff des HV auf den von ihm geschaffenen Kundenstamm ist lediglich im Rahmen der Billigkeitsprüfung sowie gegebenenfalls auch bei der Festlegung der Abwanderungsquote zu berücksichtigen; das Gleiche gilt, wenn der Vertriebsmittler seine Kundenkartei einem Dritten überlässt, nachdem er zuvor in Erfüllung einer entsprechenden Verpflichtung dem Unternehmer die Daten der von ihm neu geworbenen Kunden bekannt gegeben hat.[1226] Übernimmt der Unternehmer gegenüber dem Vertriebsmittler vertraglich einen Teil der an sich diesem obliegenden Pflichten und erhält er dadurch auf vertraglicher Basis die vollständige Kenntnis aller Kundendaten, wie zB bei der vollständigen Auslieferung der Waren an den Kunden unmittelbar durch den Unternehmer ohne Einschaltung des Vertriebsmittlers, ersetzt das die ausdrücklich vereinbarte Pflicht zur Überlassung der Kundendaten. Nach den aufgezeigten Grundsätzen ist auch zu entscheiden, ob ein nur mittelbar wirkender, nicht auf vertraglicher Vereinbarung beruhender Zwang zur Überlassung der Kundendaten, zB durch die daran geknüpfte Gewährung von Vorteilen, zur Entstehung des Anspruchs genügen kann.[1227] Für die **Überlassung des Kundenstamms** müssen die Kunden dem Unternehmer von dem Vertriebsmittler **unmittelbar zugeführt** werden, was durch die vertraglich begründete regelmäßige Berichtspflicht des Vertriebsmittlers über alle Geschäftsabschlüsse geschehen kann.[1228] Die Weitergabe der Kundendaten zB zu Marketingzwecken **an ein Drittunternehmen,**[1229] welches die Daten, besonders nach Vertragsende, nicht dem Unternehmer auszuhändigen, sondern zurückzugeben oder kraft Gesetzes oder Vertrages

---

[1215] So *Canaris* § 17 RdNr. 25–27.
[1216] Vgl. BGH Urt. v. 16. 1. 1986 – I ZR 223/83, DB 1986, 1069, 1070; vgl. auch BGH Urt. v. 1. 12. 1993 – VII ZR 41/93, NJW 1994, 657, 658; OLG Köln NJW-RR 1996, 58; MünchKommHGB/*v. Hoyningen-Huene* RdNr. 21.
[1217] BGH Urt. v. 7. 11. 1991 – I ZR 51/90, NJW-RR 1992, 421, 423.
[1218] *Canaris* § 17 RdNr. 26.
[1219] So im Ergebnis auch *Canaris* § 17 RdNr. 27.
[1220] OLG Düsseldorf Urt. v. 7. 7. 2000 – 16 U 196/99, HVR Nr. 945.
[1221] *v. Manteuffel/Evers* EWiR 2002, 683, 684 unter Hinweis auf Entscheidungen des OGH Wien; s. d. a. OLG Köln Urt. v. 28. 4. 1995 – 19 U 189/94, HVR Nr. 772.
[1222] *Canaris* § 17 RdNr. 27.
[1223] *Canaris* § 17 RdNr. 27.
[1224] So BGH Urt. v. 11. 12. 1996 – VIII ZR 22/96 – ZIP 1997, 238, 239; vgl. dazu auch *Thume* BB 1999, 2309, 2315 und OLG Düsseldorf OLGR 2001, 121.
[1225] So aber BGH Urt. v. 12. 3. 2003 – VIII ZR 221/02, MDR 2003, 758 = BB 2003, 1089, 1090.
[1226] BGH Urt. v. 28. 6. 2006 – VIII ZR 350/04, EBE 2006, 247 m. krit. Bspr. *Ströbl* BB 2006, 2258.
[1227] S. d. aber BGH Urt. v. 1. 12. 1993 – VII ZR 41/93, NJW 1994, 657; BGH Urt. v. 26. 2. 1997 – VIII ZR 272/95, BGHZ 135, 14 = ZIP 1997, 841, 842; Heymann/*Sonnenschein/Weitemeyer* RdNr. 8; MünchKommHGB/*v. Hoyningen-Huene* RdNr. 21; *Küstner* Ausgleichsanspruch RdNr. 102.
[1228] BGH Urt. v. 12. 1. 2000 – VIII ZR 19/99, EBE 2000, 85, 86; OLG Hamm Urt. v. 15. 5. 1995 – 2 U 188/94, HVR Nr. 818.
[1229] OLG Köln Urt. v. 4. 5. 2001 – 19 U 13/01, HVR Nr. 1049.

Ausgleichsanspruch 172 § 89 b

zu löschen hat, kann den Anspruch nicht entstehen lassen.[1230] Das Gleiche gilt, wenn der Vertriebsmittler seine Kundenkartei nach Vertragsende an ein Drittunternehmen veräußert.[1231] Eine tatsächlich **lückenlose Überlassung** des Kundenstamms ist nicht erforderlich;[1232] es genügt, dass sie ernsthaft gewollt ist, durch die gewählte Übermittlungsmethode grundsätzlich erreicht werden kann[1233] und der Unternehmer nach den Umständen des Einzelfalls in die Lage versetzt wird, den Kundenstamm im Wesentlichen tatsächlich zu nutzen.[1234] Ob der Unternehmer von diesen ihm eingeräumten Möglichkeiten Gebrauch macht[1235] und zu welchen Zwecken dies geschehen soll, ist rechtlich ohne Bedeutung.[1236] Die Nichtanforderung der geschuldeten Übermittlung der Kundendaten bedeutet im Zweifel nicht einen Verzicht; näher liegt die Annahme, dass der Unternehmer sich die erforderliche Kenntnis auf andere Weise verschafft hat.[1237] Allgemein **branchenbekannte Kunden** kann der Vertriebsmittler dem Unternehmer nicht überlassen; für sie entsteht Ausgleichsanspruch idR nicht.[1238] Ebenso kann grds. allein durch eine **faktische Kontinuität des Kundenstamms** ein Ausgleichsanspruch nicht begründet werden;[1239] etwas anderes mag bei **Franchisenehmern**[1240] oder **ähnlichen Vertriebsmittlern** gelten, wenn das gesamte Vertragsverhältnis auf ein solches Verbleiben der vom Vertriebsmittler (Franchisenehmer) geworbenen Kunden bei dem Unternehmer (Franchisegeber) ausgerichtet ist.

3. Ausgleichsfähige Vergütung. Bei den sonstigen Vertriebsmittlern, deren vergütungspflichtige 172 Tätigkeit nicht allein aus der handelsvertretertypischen Werbung von Kunden für das Produkt des Unternehmers besteht, sind nur diejenigen (von Vertriebsmittler darzulegenden und zu beweisenden) Vergütungsanteile ausgleichsfähig, welche der handelsvertretertypischen Erfolgsprovision für werbende (vermittelnde oder abschließende) Tätigkeit entsprechen[1241] und für Stammkundengeschäfte geschuldet werden.[1242] Vergütungen für andere vertraglich geschuldete, jedoch nicht werbende und deswegen handelsvertreteruntypische Leistungen sind nicht ausgleichsfähig; entgangene Umsätze und Gewinne aus handelsvertreteruntypischen Geschäften dürfen nicht in die Verlustprognose aufgenommen werden.[1243] Nicht ausgleichsfähig sind damit zB an den Vertriebsmittler gezahlte Vergütungen für Absatz-, Lager-, Kredit-, Preisschwankungsrisiken und sonstige Kosten des Absatzes[1244] sowie die Umsätze von Zwischenhändlern, welche zB einem Vertragshändler zwar zugeordnet, aber nicht untergeordnet sind.[1245] Wird die Vergütung für solche Sonderleistungen nicht in rechtswirksamer Weise gesondert ausgewiesen, ist ihr Anteil aus dem vereinbarten einheitlichen Entgelt, zB der

---

[1230] BGH Urt. v. 17. 4. 1996 – VIII ZR 5/95, ZIP 1996, 1131; BGH Urt. v. 26. 11. 1997 – VIII ZR 283/96, NJW-RR 1998, 390; BGH Urt. v. 17. 6. 1998 – VIII ZR 102/97, NJW-RR 1998, 1331 gegen OLG Saarbrücken NJW-RR 1997, 1186 m. Bspr. *Thume* BB 1999, 2309, 2315; OLG Köln VersR 2002, 1102.
[1231] OLG München Urt. v. 24. 11. 2004 – 7 U 1518/04, HVR Nr. 1165 (Berufungsurteil zu BGH Urt. v. 28. 6. 2006 – VIII ZR 350/04, EBE 2006, 247 m. krit. Bspr. *Ströbl* BB 2006, 2258).
[1232] BGH Urt. v. 6. 10. 1993 – VIII ZR 172/92, NJW-RR 1994, 99; Heymann/*Sonnenschein/Weitemeyer* RdNr. 8; MünchKommHGB/*v. Hoyningen-Huene* RdNr. 21; *Küstner* Ausgleichsanspruch RdNr. 100.
[1233] MünchKommHGB/*v. Hoyningen-Huene* RdNr. 22.
[1234] BGH Urt. v. 16. 1. 1986 – I ZR 223/83, DB 1986, 1069; BGH Urt. v. 10. 2. 1993 – VIII ZR 47/92, NJW-RR 1993, 678; BGH Urt. v. 12. 1. 2000 – VIII ZR 19/99, EBE 2000, 85, 86 = ZIP 2000, 540; vgl. BGH Urt. v. 16. 2. 1961 – VII ZR 239/59, BGHZ 34, 282, 286 = NJW 1961, 662; *Küstner* Ausgleichsanspruch RdNr. 106, 107.
[1235] BGH Urt. v. 5. 10. 1979 – I ZR 43/78, MDR 1980, 200; BGH Urt. v. 2. 7. 1987 – I ZR 188/85, ZIP 1987, 1383; BGH Urt. v. 27. 3. 1996 – VIII ZR 116/95, ZIP 1996, 873, 875; BGH Urt. v. 26. 2. 1997 – VIII ZR 272/95, BGHZ 135, 14 = ZIP 1997, 841; BGH Urt. v. 17. 6. 1998 – VIII 102/97, NJW-RR 1998, 1331; OLG Düsseldorf Urt. v. 7. 7. 2000 -16 U 196/99, HVR Nr. 945.
[1236] BGH Urt. v. 10. 2. 1993 – VIII ZR 47/92, NJW-RR 1993, 678; BGH Urt. v. 6. 10. 1993 – VIII ZR 172/92, NJW-RR 1994, 99, 100; BGH Urt. v. 1. 12. 1993 – VII ZR 41/93, NJW 1994, 657, 658; BGH Urt. v. 26. 2. 1997 – VIII ZR 272/95, BGHZ 135, 14 = ZIP 1997, 841, 842; BGH Urt. v. 12. 1. 2000 – VIII ZR 19/99, EBE 2000, 85, 86 = ZIP 2000, 540; OLG Düsseldorf Urt. v. 7. 7. 2000 -16 U 196/99, HVR Nr. 945; MünchKommHGB/ *v. Hoyningen-Huene* RdNr. 21 und 22; *Küstner* Ausgleichsanspruch RdNr. 101.
[1237] *Alff* RdNr. 332.
[1238] OLG Hamm NJW-RR 1988, 550, 551; aA OLG Hamburg DB 1980, 972, 973.
[1239] BGH Urt. v. 17. 4. 1996 – VIII ZR 5/95, ZIP 1996, 1131, 1132 m. abl. Anm. *Martinek* EWiR 1996, 803, 804.
[1240] LG Frankfurt Urt. v. 19. 11. 1999 – 3/8 O 28/99, HVR Nr. 1115 m. zust. Anm. *Albicker* EWiR 2004, 69; LG Hanau Urt. v. 28. 5. 2002 – 6 O 106/2001, HVR Nr. 1175; *Kohler* NJW 1990, 1689, 1693 f; *Bodewig* BB 1997, 637, 639; *Flohr* DStR 1998, 572, 574; vgl. dazu auch *Schmidt* DB 1979, 637, 639; *Martinek/Habermeier* in Martinek/Semler § 25 RdNr. 78; *Niebling* RdNr. 205 f.; s. d. auch LG Berlin Urt. v. 6. 9. 2004 – 101 O 23/04, HVR Nr. 1172; offengelassen von BGH Urt. v. 23. 7. 1997 – VIII ZR 130/96, EBE 1997, 290, 294.
[1241] BGH Urt. v. 11. 2. 1977 – I ZR 185/75, BGHZ 68, 340, 348 = NJW 1977, 896; BGH Urt. v. 15. 11. 1984 – I ZR 79/82, NJW 1985, 860, 861; BGH Urt. v. 2. 7. 1987 – I ZR 188/85, NJW-RR 1988, 42, 44; BGH Urt. v. 6. 8. 1997 – VIII ZR 150/96, ZIP 1997, 1832, 1836 und BGH Urt. v. 6. 8. 1997 – VIII ZR 92/96, ZIP 1997, 1839, 1841; *Küstner* Ausgleichsanspruch RdNr. 847.
[1242] BGH Urt. v. 12. 1. 2000 – VIII ZR 19/99, EBE 2000, 85, 86 = ZIP 2000, 540.
[1243] BGH Urt. v. 2. 7. 1987 – I ZR 188/85, NJW-RR 1988, 42, 44; aA *Creutzig* DAR 1999, 16, 19.
[1244] Urt. v. 5. 6. 1996 – VIII ZR 7/95, ZIP 1996, 1294, 1295, 1296.
[1245] BGH Urt. v. 2. 7. 1987 – I ZR 188/85, NJW-RR 1988, 42.

Differenz zwischen Einkaufs- und Verkaufspreis oder einem entsprechenden Rabatt, herauszurechnen.[1246] Allgemeine Erfahrungssätze, Branchenüblichkeit sowie der für die Einzelnen geschuldeten Tätigkeiten erforderliche Einsatz an Kapital und Arbeit[1247] können Anhaltspunkte für deren Bewertung geben. Von der sich auf diese Weise für den Vertriebsmittler ergebenden Vergütung sind dann noch dessen allgemeine Kosten für seinen dem Verkauf der Produkte des Unternehmers dienenden Betrieb, für Werbung, Halten von Vorführwaren und Gewährleistung sowie seine (von ihm darzulegenden und beweisenden)[1248] Aufwendungen zur Förderung seines Umsatzes durch Preisnachlässe, Rabatte, Zugaben, Sonder- oder Kulanzleistungen[1249] abzusetzen, die ebenfalls sein ausgleichsfähiges Entgelt mindern.[1250] Was bleibt, ist die handelsvertretertypische und deswegen ausgleichsfähige Vermittlungsvergütung. Für die zur Herausrechnung handelsvertreteruntypischer Anteile aus einer Gesamtvergütung notwendige Abgrenzung zwischen werbender und nicht werbender Tätigkeit gilt das Gleiche wie für HV mit untypischer Vertragsgestaltung (RdNr. 163).

173 **4. Ausgleichsanspruch des Kraftfahrzeug-Vertragshändlers.** Hat der Hersteller den bisherigen Händlervertrag aus zwingenden Gründen, zB der neuen GVO,[1251] oder wegen der Änderung seines Vertriebssystems[1252] gekündigt, wird der Kfz-Händler[1253] einen Ausgleichsanspruch selbst dann erwerben können, wenn er einen ihm angebotenen neuen Händlervertrag mit angemessenem und zumutbarem Inhalt ablehnt.[1254] Die Ablehnung eines zumutbaren Folgevertrags steht ausgleichsrechtlich im Zweifel einer Eigenkündigung des HV nicht gleich (RdNr. 47).[1255] Voraussetzung des Anspruchs ist allerdings, dass der Vertragshändler wie ein HV in die Absatzorganisation des Herstellers eingegliedert ist und einen an den Hersteller zu überlassenden Kundenstamm aufbaut, was *Siegert* in seinem Aufsatz NJW 2007, 188 im Hinblick auf verbindliche europarechtliche Vorgaben für weitgehend nicht mehr möglich hält. Bei **Insolvenz des Herstellers** vor Vertragsbeendigung entfallen für die Zukunft Unternehmervorteile, wenn der laufende Betrieb des Herstellers auf absehbare Zeit eingestellt wird,[1256] und der Insolvenzverwalter eine Möglichkeit zur Verwertung des Kundenstamms nicht hat. Bei **Insolvenz des Händlers**[1257] werden dessen Kunden im Zweifel zu einem anderen Händler abwandern, was zu entfallenden oder doch geminderten Vorteilen des Herstellers führen kann,[1258] wenn damit ein Marken- und Herstellerwechsel verbunden ist. Eine ausgleichsrechtlich grds. erhebliche **Teilbeendigung des Händlervertrags** liegt vor, wenn der Händler vertraglich nur noch für den Servicebereich tätig werden darf,[1259] sofern in dem Servicebereich überhaupt ein Ausgleichsanspruch anfallen kann, wozu der **Vertrieb von Ersatzteilen** regelmäßig nicht ausreichen wird.[1260] Zur **Ermittlung des Ausgleichsanspruchs** geht der BGH[1261] von einem im Regelfall

---

[1246] BGH Urt. v. 11. 2. 1977 – I ZR 185/75, BGHZ 68, 340, 348 = NJW 1977, 896; BGH Urt. v. 5. 6. 1996 – VIII ZR 7/95, ZIP 1996, 1294, 1295, 1296; BGH Urt. v. 11. 12. 1996 – VIII ZR 22/96 – ZIP 1997, 238, 240; BGH Urt. v. 12. 1. 2000 – VIII ZR 19/99, EBE 2000, 85, 86 = ZIP 2000, 540; ausf. BGH Urt. v. 22. 3. 2006 – VIII ZR 173/04, HVR Nr. 1140; *Küstner* Ausgleichsanspruch RdNr. 847, 850, 852, 863; vgl. auch *Hoffmann* BB 1985, 1023, 1032 f.; *Küstner/v. Manteuffel* BB 1988, 1972.
[1247] BGH Urt. v. 6. 8. 1997 – VIII ZR 150/96, ZIP 1997, 1832, 1836.
[1248] Vgl. BGH Urt. v. 5. 6. 1996 – VIII ZR 7/95, ZIP 1996, 1294, 1297 und BGH Urt. v. 5. 6. 1996 – VIII ZR 141/95, ZIP 1996, 1299, 1303, 1304 mit zust. Anm. *Westphal* EWiR 1996, 747, 748.
[1249] Vgl. BGH Urt. v. 5. 6. 1996 – VIII ZR 7/95, ZIP 1996, 1294, 1297 und BGH Urt. v. 5. 6. 1996 – VIII ZR 141/95, ZIP 1996, 1299, 1301 f. mit zust. Anm. *Westphal* EWiR 1996, 747, 748; BGH Urt. v. 12. 1. 2000 – VIII ZR 19/99, EBE 2000, 85, 86 = ZIP 2000, 540; *Intveen* BB 1999, 1881, 1884.
[1250] Ausf. dazu BGH Urt. v. 22. 3. 2006 – VIII ZR 173/04, HVR Nr. 1140.
[1251] OLG München Urt. v. 26. 2. 2004 – U (K) 5664/03, NJW 2004, 2530; s. d. a. § 84 RdNr. 104 und *Ernsthaler* NJW 2007, 815.
[1252] OLG Frankfurt Urt. v. 1. 2. 2006 – 21 U 21/05 und 21 U 23/05, HVR Nr. 1151 und 1152; s. d. auch EuGH (3. Kammer) – Urt. v. 30. 11. 2006 – C – 376/05 u. a., NJW 2007, 201.
[1253] S. zu dessen Ausgleichsanspruch aus jüngerer Zeit BGH Urt. v. 5. 6. 1996 – VIII ZR 7/95, ZIP 1996, 1294, 1297 und BGH Urt. v. 5. 6. 1996 – VIII ZR 141/95, ZIP 1996, 1299, 1304 mit zust. Anm. *Westphal* EWiR 1996, 747, 748; BGH Urt. v. 26. 2. 1997 – VIII ZR 272/95, BGHZ 135, 14 = ZIP 1997, 841; OLG Köln MDR 1996, 129, 689 und BB 1997, 61 = HVR Nr. 824 und 825; OLG München ZIP 1996, 1550; sowie *v. Westphalen* DB 1981 Beilage 12/81 und DB 1988 Beilage 8/88; *Bechtold* NJW 1983, 1393 und BB 1984, 1262; *Hollmann* BB 1985, 1023; *Foth* BB 1987, 1686; *Eckert* WM 1991, 1237; *Niebling* DAR 1999 8 und WRP 2001, 506; *Creutzig* DAR 1999, 16; *Stumpf/Ströbl* MDR 2004, 1209.
[1254] BGH Urt. v. 28. 2. 2007 – VIII ZR 30/06, ZIP 2007, 970, 972; aA OLG Frankfurt Urt. v. 1. 2. 2006 – 21 U 21/05 und 21 U 23/05, HVR Nr. 1151 und 1152; ausf. *Stumpf/Ströbl* MDR 2004, 1209.
[1255] BGH Urt. v. 28. 2. 2007 – VIII ZR 30/06, ZIP 2007, 970, 972; aA *Stumpf/Ströbl* MDR 2004, 1209, 1210.
[1256] *Stumpf/Ströbl* MDR 2004, 1209, 1211.
[1257] Zum Kündigungsrecht aus wichtigem Grund OLG München Urt. v. 28. 6. 2006 – 7 U 1518/04 (Berufungsurteil zu BGH Urt. v. 28. 6. 2006 – VIII ZR 350/04, EBE 2006, 247) m. Anm. *Pütz* EWiR 2005, 601.
[1258] S. *Stumpf/Ströbl* MDR 2004, 1209, 1211, 1212.
[1259] S. d. *Stumpf/Ströbl* MDR 2004, 1209, 1212; *Emde* BB 2004, 389, 399 Fn. 142.
[1260] S. d. BGH Urt. v. 2. 7. 1987 – I ZR 188/85, MDR 1988, 112; BGH Urt. v. 31. 1. 1991 – I ZR 142/89, MDR 1991, 1047; *Stumpf/Ströbl* MDR 2004, 1209, 1213.
[1261] BGH Urt. v. 22. 3. 2006 – VIII ZR 173/04, HVR Nr. 1140.

anzuwendenden **Prognosezeitraum** von 5 Jahren aus, sofern nicht (der Händler nachweist, dass) ausnahmsweise die Kunden im konkreten Fall tatsächlich im Durchschnitt erst nach einem längeren Zeitraum einen Neuwagen erwerben; den konkreten Ausgleich errechnet der BGH[1262] dann auf der Grundlage der um die nicht handelsvertretertypischen und deswegen nicht ausgleichsfähigen Vergütungsanteile bereinigten **Händlerrabatte,** aus denen daher alles herausgerechnet wird, was nicht seine reine Vermittlungstätigkeit entgelten soll. Eine **Anspruchsminderung** wegen einer **Sogwirkung der Marke** kann sich als unberechtigt erweisen, wenn (der Vertragshändler nachweist, dass) Verkäufe trotz der Attraktivität und Bekanntheit der Marke nur unter Gewährung ungewöhnlich hoher Rabatte möglich waren.[1263] Zur rechtlichen Bedeutung der von den Kammern für Handelssachen des LG München zur Ermittlung des Ausgleichsanspruchs von Kfz-Vertragshändlern entwickelten sog. „Münchener Formel"[1264] wird auf die Ausführungen oben RdNr. 128 verwiesen.

X. Insolvenz und Ausgleichsanspruch

Die Insolvenz jedes Vertragspartners kann zur Beendigung des Vertriebsvertrags führen (RdNr. 38 und § 89) und damit einen Ausgleichsanspruch als Insolvenzforderung (RdNr. 16 und 38) sowie gegebenenfalls nach einer vertragsgemäßen Tätigkeit des HV für den Insolvenzverwalter als Masseforderung (RdNr. 38) entstehen lassen, sofern der Insolvenzmasse[1265] aus der Sicht bei Vertragsende Unternehmervorteile zuflößen werden, weil der Insolvenzverwalter den Betrieb des Gemeinschuldners fortführt oder den vom HV aufgebauten Kundenstamm verwertet (RdNr. 86).[1266] Die Insolvenz des HV ist im Zweifel, und damit anders als möglicherweise die Insolvenz eines Vertragshändlers (RdNr. 173), ohne Auswirkungen auf den damit gegebenenfalls entstehenden Ausgleichsanspruch (s. a. RdNr. 64).

C. Steuerrecht und Bilanzierung

I. Steuerrecht

Das Entstehen des Ausgleichsanspruchs löst idR für beide Vertragspartner steuerrechtliche Folgen aus.[1267] Die **Zahlung des Ausgleichs,** auch durch einen den Anspruch ablösenden Nachfolgevertreter,[1268] unterliegt der Einkommen- und Gewerbesteuer (§ 7 GewStG)[1269] sowie nach § 1 und § 4 Nr. 5 UStG der Umsatzsteuer,[1270] wenn der Unternehmer seinen Sitz im Inland hat und die dem Anspruch zugrunde liegenden Vertriebsleistungen ebenfalls umsatzsteuerpflichtig waren.[1271] Die Steuerschuld bestimmt sich nach dem im Zeitpunkt des Entstehens des Anspruchs geltenden Steuersatz; ein im Zeitpunkt der Geltendmachung oder Titulierung des Anspruchs geltender höherer Steuersatz kann zu einem Anspruch des HV auf Ausgleich dieser steuerrechtlichen Mehrbelastung führen (vgl. § 29 UStG).[1272] Bei dem HV führt die Ausgleichszahlung des § 89 b – anders als die

---

[1262] Ausf. dazu BGH Urt. v. 22. 3. 2006 – VIII ZR 173/04, HVR Nr. 1140.
[1263] OLG Köln Urt. v. 15. 11. 2002 – 19 U 94/02, VersR 2003, 105.
[1264] *Kainz/Lieber/Puszkajler* BB 1999, 434; *Reufels/Lorenz* BB 2000, 1586; s. a. *Niebling* RdNr. 222 f.
[1265] *Emde/Kelm* ZIP 2005, 58, 63.
[1266] Ausf. dazu *Emde/Kelm* ZIP 2005, 58, 62, 63.
[1267] S. d. *Theis* DB 1955, 248; HK/*Russ* § 84 RdNr. 12 bis 16; MünchKommHGB/*v. Hoyningen-Huene* RdNr. 228 bis 234; Staub/*Brüggemann* RdNr. 141 bis 143; *Alff* RdNr. 347 bis 361; *Küstner* Ausgleichsanspruch RdNr. 1690 bis 1854 sowie *Otto* in *Küstner/Thume,* Ausgleichsanspruch RdNr. 2251–2397.
[1268] BFH Beschl. v. 23. 10. 1998 – VIII B 10/98, HVR Nr. 1011; FG Rheinland-Pfalz Urt. v. 15. 11. 2004 – 5 K 2526/02, DStR 2005 Heft 34 S. VIII; s. BFH Urt. v. 25. 7. 1990 – X R 111/88, HVR Nr. 696.
[1269] BFH Urt. v. 21. 1. 1965 – IV 310/64 U, HVR Nr. 379; BFH Urt. v. 5. 12. 1968 – IV R 270/66, BStBl. 1969 II S. 196; BFH Urt. v. 25. 7. 1990 – X R 111/88 – BStBl. 1991 II S. 218, 219; BFH Beschl. v. 17. 8. 1995 – XI B 73/95, HVR Nr. 852; vgl. auch BFH Urt. v. 10. 7. 1973 – VII R 34/71, BStBl. 1973 II S. 786; FG Münster Urt. v. 30. 5. 1968 – 3272/66 E, HVR Nr. 413; FG München Urt. v. 28. 4. 2005 – 5 K 2948/03, HVR Nr. 1179; *Winter* GmbHR 1999 R 151 unter Hinweis auf BFH Beschl. v. 23. 10. 1998 – VIII B 10/98; *Frieseke* DB 1962, 8, 10; *Kluge* BB 1972, 441; HK/*Russ* § 84, RdNr. 12; MünchKommHGB/*v. Hoyningen-Huene* RdNr. 233; ausführlich dazu Staub/*Brüggemann* RdNr. 141; *Alff* RdNr. 357; *Küstner* Ausgleichsanspruch RdNr. 1746 bis 1762.
[1270] BGH Urt. v. 5. 12. 1968 – VII ZR 102/66, BGHZ 51, 184 = NJW 1969, 504; BFH Urt. v. 27. 6. 1957 – V 106/57, BStBl. 1957 III S. 282 = HVR Nr. 137; BFH Urt. v. 6. 10. 1966 – V 79/64, HVR Nr. 362; BFH Urt. v. 26. 6. 1968 – V 196/65, HVR Nr. 410; FG Baden-Württemberg Urt. v. 11. 12. 1992 – 9 K 40/92, HVR Nr. 789; *Frieseke* DB 1962, 8, 9; MünchKommHGB/*v. Hoyningen-Huene* RdNr. 234; *Westphal* RdNr. 368; ausf. dazu *Alff* RdNr. 359 bis 361; *Küstner* Ausgleichsanspruch RdNr. 1763 bis 1791.
[1271] BFH Beschl. v. 28. 7. 1993 – V B 29/93, HVR Nr. 787; BFH Urt. v. 25. 6. 1998 – V R 57/97, BB 1998, 2297 = HVR Nr. 916 m. Bspr. *Winter* GmbHR 1999, R 89; FG Baden-Württemberg Urt. v. 11. 12. 1992 – 9 K 40/92, HVR Nr. 789.
[1272] OLG Köln OLGR Köln 2002, 221 = VersR 2002, 886.

hieraufgeleistete Vorauserfüllungszahlung –[1273] nicht zu einem Veräußerungsgewinn nach § 16 EStG[1274] und auch nicht zu einer steuerfreien Einnahme nach dem bisherigen[1275] § 3 Nr. 9 EStG,[1276] sondern zu gemäß § 24 Abs. 1 Buchst. c iVm. § 2 Abs. 1 und 34 Abs. 2 Nr. 2 EStG[1277] **tarifbegünstigten außerordentlichen Einkünften des HV,**[1278] selbst wenn der Ausgleich anlässlich der Aufgabe der gewerblichen Tätigkeit,[1279] einer Teilbeendigung des HVVertrags[1280] oder des Todes des HV gezahlt wird;[1281] Erbschaftsteuer fällt dann für den Ausgleichsanspruch nicht an.[1282] Allerdings gilt gemäß § 34 Abs. 3 EStG insoweit nicht mehr der halbe Steuersatz.[1283] **Für die Tarifbegünstigung**[1284] muss der Unternehmer die Ausgleichszahlung bei oder nach Vertragsende schulden, darf sie aber ratenweise zu erbringen haben;[1285] Vorauszahlungen[1286] oder laufende Zahlungen während des Bestehens des HVVertrags,[1287] Schuldumwandlung,[1288] Zahlungspflicht eines Dritten anstelle des Unternehmers, wenn zB der Nachfolger durch selbständigen Vertrag die Handelsvertretung von seinem Vorgänger erwirbt,[1289] führen nicht zu tarifbegünstigten Einkünften; das Gleiche gilt bei der Anspruchsberechtigung einer nicht der Einkommensteuer, sondern der Körperschaftssteuer unterliegenden HVGesellschaft mit juristischer Persönlichkeit.[1290] Die durch eine **Abwälzungsvereinbarung**[1291] herbeigeführte, im Innenverhältnis wirkende Freistellung des Unternehmers von der Pflicht zur Ausgleichszahlung durch den Nachfolger des ausgleichsberechtigten HV steht der Anwendung des § 24 Abs. 1 Buchst. c EStG nicht entgegen.[1292] Die Aufgabe einzelner Bezirke soll keine **Teilbeendigung** des HVVertrags im Sinn des Steuerrechts darstellen (s. aber RdNr. 41).[1293] Bei **Eintritt eines Dritten in den HVVertrag** nach Abs. 3 Nr. 3 entsteht ein steuerbegünstigter Ausgleich nicht; gibt der HV gleichzeitig mit dem Vollzug der sog. Dreiervereinbarung nach Abs. 3 Nr. 3 seinen Betrieb auf, stellt der Zahlungsbetrag des Nachfolgers an ihn einen Veräußerungsgewinn im Sinn der §§ 16 Abs. 1 Nr. 1, 34 Abs. 2 Nr. 1. EStG dar.[1294] § 24 Abs. 1 Buchst. c EStG gilt analog für in entsprechender Anwendung des § 89 b geleistete Ausgleichszahlungen[1295] an Nichthandelsvertreter wie zB an einen Kommissionsagenten[1296] oder Vertragshändler.[1297] Der den Ausgleich zahlende Unternehmer hat Anspruch auf eine Rechnung des HV, welche die in dem Ausgleichsbetrag enthaltene Umsatzsteuer ausweist.[1298] Der **Erwerb des Kundenstamms** bedeutet für den Unternehmer grds. ein steuerrechtlich selbständig zu bewertendes immaterielles Wirtschafts-

---

[1273] BFH Urt. v. 20. 7. 1988 – I R 250/83, HVR Nr. 652.
[1274] S. d. *Schmidt/Wacker* EStG § 16 RdNr. 577–579; ausf. auch *Küstner* Ausgleichsanspruch RdNr. 1728 bis 1739 sowie *Otto* in *Küstner/Thume* Ausgleichsanspruch RdNr. 2306 f.; aA für § 16 Abs. 4 mit ausf. Begründung *Dahl* BB 2005, 245.
[1275] Durch Gesetz v. 22. 12. 2005 – BGBl. I S. 3682 aufgehoben.
[1276] *Kirchhof/von Beckerath* EStG § 3 RdNr. 38.
[1277] In der Fassung der Gesetze vom 24. 3. 1999 – BGBl. I S. 402 und vom 23. 10. 2000 – BGBl. I S. 1433.
[1278] FG München Urt. v. 9. 1. 1991 – 1 K 2436/88, HVR Nr. 788; FG Düsseldorf Urt. v. 4. 9. 1996 – 0 K 1725/91, HVR Nr. 854 (für Vertragshändler); zur **Berücksichtigung der Gewerbesteuer** siehe BFH Urt. v. 26. 1. 1984 – IV R 236/80, HVR Nr. 584; FG Hamburg Urt. v. 13. 10. 1980 – II 26/79, HVR Nr. 454.
[1279] BFH Urt. v. 5. 12. 1968 – IV R 270/66, BStBl. 1969 II S. 196; BFH Urt. v. 14. 10. 1980 – VIII R 184/78, HVR Nr. 544; vgl. aber auch BFH Urt. v. 4. 3. 1998 – XI R 46/97, BB 1998, 1347; *Felix* BB 1987, 870; *Alff* RdNr. 347, 348.
[1280] FG Rheinland-Pfalz DSTRE 2004, 751.
[1281] BFH Urt. v. 9. 2. 1983 – I R 94/79, BStBl. 1983 II S. 271; HK/*Russ* § 84 RdNr. 13, 14; *Alff* RdNr. 348.
[1282] *Kopp* DB 1959, 242.
[1283] *Kirchhof/Mellinghoff* EStG § 24 RdNr. 30 f., § 34 RdNr. 35 f. und 70 f.; *Hagen/Schynol* DB 2001, 397, 401.
[1284] S. d. auch MünchKommHGB/*v. Hoyningen-Huene* RdNr. 228.
[1285] Ausf. *Küstner* Ausgleichsanspruch RdNr. 1712 bis 1717.
[1286] BFH Urt. v. 20. 7. 1988 – I R 250/83, BB 1988, 2158; *Küstner* Ausgleichsanspruch RdNr. 1403.
[1287] *Küstner* Ausgleichsanspruch RdNr. 1709; *Alff* RdNr. 352, 353.
[1288] Ausf. *Küstner* Ausgleichsanspruch RdNr. 1718 bis 1723.
[1289] BFH Urt. v. 31. 5. 1972 – IV R 44/69, DB 1972, 1807; HVR Nr. 457; s. d. auch BFH Urt. v. 25. 7. 1990 – X R 111/88, BStBl. 1991 II S. 218 = HVR Nr. 696.
[1290] MünchKommHGB/*v. Hoyningen-Huene* RdNr. 229; *Küstner* Ausgleichsanspruch RdNr. 1727.
[1291] Zur steuerrechtlichen Behandlung solcher Vereinbarungen sowie der Zahlungen an den Vorgänger durch den eintretenden HV siehe oben RdNr. 13.
[1292] BFH Urt. v. 31. 5. 1972 – IV R 44/69, BStBl. 1972, 899 = HVR Nr. 457; BFH Urt. v. 25. 7. 1990 – X R 111/88, BStBl. 1991 II S. 218 = HVR Nr. 696.
[1293] *Schmidt/Wacker* EStG § 16 Stichwort „HV"; vgl auch FG Saarland Urt. v. 25. 9. 2002 -1 K 145/99, HVR Nr. 1121 (zur Abgrenzung zwischen Betriebsaufgabe und Fortführung eines verkleinerten Betriebs).
[1294] FG Rheinland-Pfalz, Urt. v. 11. 3. 2004 – 6 K 1295/02 + 1299/02, HVR Nr. 1120.
[1295] BFH Urt. v. 1999 – VIII R 21/97, BB 2000, 545 m. zust. Anm. *Stigler/Bist* BB 2000, 548 (für Vertragshändler).
[1296] BFH Urt. v. 24. 1. 1974 – IV R 76/70, BStBl. 1974 II S. 295; BFH Urt. 19. 2. 1987 – IV R 72/83, BStBl. 1987 II S. 570.
[1297] BFH Urt. v. 31. 5. 1972 – IV R 44/69, BB 1972, 1083; BFH Urt. v. 1999 – VIII R 21/97, BB 2000, 545; *Gertner* BB 1960, 314; *Winter* GmbHR 1999, R 151; *Schmidt/Seeger* EStG § 24 RdNr. 65 f; *Kirchhof/Mellinghoff* EStG § 24 RdNr. 33 sowie *Kirchhof/Crezelius* EStG § 4 RdNr. 251 „Ausgleichszahlungen an HV".
[1298] OLG Köln OLGR 2003, 153, 156.

gut.[1299] Der rechtlich allerdings erst bei oder nach Vertragsende zulässige **Verzicht** des HV auf einen Teil seines Ausgleichsanspruchs als Entgelt für einen vom Unternehmer erworbenen Kundenstamm hängt von dem künftigen Entstehen des Ausgleichsanspruchs ab und ist deswegen erst mit dessen Entstehen steuerrechtlich relevant und aktivierungsfähig.[1300]

II. Bilanzierung

Für den Ausgleichsanspruch[1301] darf der Unternehmer vor Beendigung des HVVertragsverhältnisses eine Rückstellung nach stRspr. der Finanzgerichte nicht vornehmen;[1302] danach ist ein Wert anzusetzen, welchen ein vorsichtiger ordentlicher Kaufmann am Bilanzstichtag als angemessen ansehen würde.[1303] Der HV hat den Ausgleichsanspruch im Zeitpunkt des Vertragendes in der geltend gemachten oder geltend zu machenden angemessenen Höhe[1304] zu aktivieren; der Anspruch gehört nach Ansicht des BFH als letzte Position in die Bilanz des Jahres, in welchem das Vertragsverhältnis endet,[1305] obwohl er bei Zusammenfallen von Vertrags- und Jahresende erst im Folgejahr entsteht (RdNr. 15). Die dem HV von dem Unternehmer zugesagte Altersversorgung stellt ebenfalls vor der tatsächlichen Rentenzahlung kein zu aktivierendes Wirtschaftsgut dar.[1306] Für den nicht bilanzierenden, den Gewinn nach § 4 Abs. 3 EStG ermittelnden HV gilt § 11 Abs. 1 EStG.[1307] Löst ein HV durch Vereinbarung mit dem Unternehmer den Ausgleichsanspruch seines Vorgängers ab, erwirbt er damit ein zu aktivierendes immaterielles „Vertreterrecht".[1308] Das Gleiche gilt grds., wenn der HV eine Handelsvertretung von seinem Vorgänger gegen Entgelt übernimmt.[1309]

176

D. Ausgleichsanspruch im Prozess

I. Prozessuale Fragen

1. Klage, Klageantrag, notwendige Klagebegründung und Auskunftsanspruch. Solange der HV oder sonstige Vertriebsmittler eine restliche Vergütung oder Provision fordert und eine abschließende Einigung über die Tätigkeitsvergütung des HV nicht vorliegt (s. § 87 c), kann der Ausgleichsanspruch im Weg der **Stufenklage** gem. § 254 ZPO gemeinsam mit den Rechten aus § 87 c rechtshängig gemacht[1310] und seine Bezifferung bis zur Erfüllung der titulierten Informationspflicht vorbehalten werden. Im Übrigen muss der HV sämtliche seinen Ausgleichsanspruch nach Grund und konkreter Höhe begründenden Tatsachen in der Klage[1311] schlüssig vortragen. Die zur Darlegung des Ausgleichsanspruchs notwendigen Tatsachen kennt der HV jedenfalls nach der gebotenen Geltendmachung der für seine Provisionsforderungen bestehenden Informations-

177

[1299] HessFG Urt. v. 2. 12. 2003 – 10 K 3677/01, DStRE 2005, 129; aA BGH Urt. v. 31. 1. 1974 – II R 135/73, DB 1975, 190.
[1300] S. d. HessFG Urt. v. 2. 12. 2003 – 10 K 3677/01, DStRE 2005, 129, 130, 131.
[1301] Ausf. behandelt *Beiser* in DB 2002, 2176 den „Ausgleichsanspruch in der Handels- und Steuerbilanz".
[1302] BFH Beschl. v. 4. 12. 1980 – IV B 35/80, BB 1981, 474 = HVR Nr. 546; BFH Urt. v. 20. 1. 1983 – IV R 168/81, BStBl. 1983 II S. 375 = HVR Nr. 572; BFH Urt. v. 24. 1. 2001 – I R 39/00, DB 2001, 1227, 1228; s. a. BFH Beschl. v. 4. 2. 1999 – VIII B 31/98, HVR Nr. 1012; OFD Freiburg BB 1956, 132; siehe dazu auch OLG Stuttgart Beschl. v. 1. 1. 2003 – 4 W 34/93, HVR Nr. 1112; Slomma BB 1981, 1498; MünchKommHGB/*v. Hoyningen-Huene* RdNr. 232; *Schröder* RdNr. 1 d; Staub/*Brüggemann* RdNr. 142; *Küstner* Ausgleichsanspruch RdNr. 1801 bis 1851; *Alff* RdNr. 355; Schmidt/*Weber-Grellet* EStG § 5 RdNr. 550; aA BGH Urt. v. 11. 7. 1966 – II ZR 134/65, HVR Nr. 367.
[1303] BFH Urt. v. 17. 5. 1978 – I R 89/76, HVR Nr. 519.
[1304] BFH Urt. v. 23. 3. 1969 – I R 141/66, BB 1969, 862, 863; BFH Urt. v. 17. 5. 1978 – I R 89/76, BStBl. 1978 S. 497; *Küstner* Ausgleichsanspruch RdNr. 1707; *Alff* RdNr. 350.
[1305] BFH Urt. v. 26. 3. 1969 – I R 141/66, BB 1969, 862; BFH Urt. v. 16. 8. 1989 – III B 14/89, HVR Nr. 913; MünchKommHGB/*v. Hoyningen-Huene* RdNr. 231; *Alff* RdNr. 348, 349; Schmidt/*Weber-Grellet* EStG § 5 RdNr. 270; Schmidt/*Wacker* EStG § 16 RdNr. 325; teilweise aA *Küstner* Ausgleichsanspruch RdNr. 1705 für den Fall eines Streits um den Ausgleichsanspruch, dann soll der Anspruch erst nach Beilegung der Meinungsverschiedenheiten zu bilanzieren sein; vgl. auch *Friesecke* DB 1962, 8, 9; *Heuer* DB 1963, 1738.
[1306] Vgl. BFH Urt. v. 14. 12. 1988 – I R 44/83, HVR Nr. 654; FG Köln Urt. v. 3. 11. 1988 – 5 K 313/84, HVR Nr. 653.
[1307] Vgl. BFH Urt. v. 10. 7. 1973 – VII R 34/71, BStBl. 1973 II S. 786; BFH Urt. v. 13. 10. 1989 – III R 30/85, BStBl. 1990 II S. 287; BFH Urt. v. 24. 3. 1993 – X R 55/91 – BStBl. 1993 II S. 499; *Küstner* Ausgleichsanspruch RdNr. 1710; *Alff* RdNr. 351.
[1308] BFH Urt. v. 18. 1. 1989 – X R 19/86, HVR Nr. 661.
[1309] BFH Urt. v. 4. 5. 1977 – I R 192/74, HVR Nr. 563.
[1310] BGH Urt. v. 4. 11. 1998 – VIII ZR 248/97, ZIP 1998, 2152, 2153; MünchKommHGB/*v. Hoyningen-Huene* RdNr. 223; *Küstner* Ausgleichsanspruch RdNr. 1541.
[1311] Wegen zum **Streitwert** auftauchender Fragen wird verwiesen auf *Schneider* BB 1976, 1298.

rechte aus § 87 c[1312] und nachvertragliche Tatsachen hat er grds. nicht darzulegen (RdNr. 25 f); aus diesem Grund bestehen für ihn weder die Rechte des § 87 c[1313] (s. § 87 c) noch ein allgemeiner aus § 242 BGB hergeleiteter **Auskunftsanspruch**[1314] allein zu dem Zweck, Kenntnis der Voraussetzungen für eine schlüssige Darlegung des Ausgleichsanspruchs zu erlangen;[1315] unverschuldete Unkenntnis als Voraussetzung des aus § 242 BGB folgenden Auskunftsanspruchs kann bei einem Handelsvertreter im Hinblick auf die Rechte der §§ 87 c und 89 b ohnehin nicht vorliegen. Ein **unbezifferter Klageantrag** ist zulässig, wenn der HV die zur Ermittlung des konkreten Anspruchs erforderlichen Tatsachen im Einzelnen vollständig vorträgt und die Größenordnung des nach seiner Auffassung angemessenen Ausgleichsbetrags angibt.[1316] Für eine **Klage auf Feststellung des Anspruchs** fehlt wegen der Möglichkeit der Leistungsklage regelmäßig das erforderliche rechtliche Interesse iSv. § 256 ZPO.[1317]

178 **2. Anforderungen an die Beweisanführung.** Die den Anspruchsgrund rechtfertigenden Tatsachen aus der Zeit vor der Beendigung des HV- oder sonstigen Vertriebsvertrags müssen im Rechtsstreit gem. **§ 286 ZPO** positiv bewiesen sowie festgestellt[1318] und dürfen nicht lediglich nach **§ 287 ZPO** geschätzt werden.[1319] Erst im Rahmen der Prognoseentscheidung ist eine Schätzung regelmäßig unerlässlich.[1320] Dabei müssen diejenigen Tatsachen, auf welchen die Prognose aufbauen soll, also besonders die Entwicklung der Kundenbeziehung mit ihren Vorteilen für Unternehmer und HV in der Vergangenheit[1321] grundsätzlich konkret nach § 286 ZPO nachgewiesen werden, bevor die künftige Entwicklung auf dieser Grundlage geschätzt werden kann. Wenn allerdings feststeht, dass ein Ausgleichsanspruch dem Grunde nach entstanden ist, es jedoch an ausreichenden Anhaltspunkten für eine Schätzung der gesamten Unternehmervorteile sowie der damit einhergehenden Provisionsverluste und damit auch für eine Feststellung des Anspruchs in der beantragten Höhe fehlt, kann ein unter dem Klageantrag liegender Geldbetrag als **Mindestausgleich** zuerkannt werden, wenn und soweit der feststehende Sachverhalt hinreichende Anhaltspunkte sowie eine ausreichende Grundlage für dessen Schätzung bietet.[1322] Darüber hinaus darf die Darlegungs- und Beweisführungslast des Anspruchstellers für die seinen Anspruch rechtfertigenden Tatsachen aus der Zeit des bestehenden Vertragsverhältnisses grds. nicht erleichtert werden und § 287 ZPO über die reine Prognose hinaus Anwendung finden, weil dies mit dem rechtlichen Charakter des Ausgleichsanspruchs nicht zu vereinbaren ist. Wenn allerdings **der Unternehmer** dem HV **pflichtwidrig Abrechnungen nicht erteilt** hat oder **nicht über** ausreichende **Geschäftsunterlagen verfügt,** um die Informationsrechte des § 87 c ordnungsgemäß zu erfüllen, und der HV aus dem Grund zu einer ausreichenden Darlegung der Anspruchsvoraussetzungen nicht in der Lage ist, kann ein Ausgleichsanspruch als entsprechender auf entgangenen Gewinn gerichteter Schadensersatzanspruch nach § 287 ZPO geschätzt werden (s. § 87 c).[1323]

179 **3. Urteil und Prozessvergleich.** Ein **Teilurteil** nach § 301 Abs. 1 ZPO[1324] ist grundsätzlich unzulässig,[1325] weil die nach Abs. 1 Satz 1 Nr. 3 notwendige Billigkeitsprüfung erst vorgenommen werden kann, wenn sämtliche für den konkreten Anspruch maßgebenden Tatsachen und der sich

---

[1312] OLG Hamm VersR 2001, 1154.
[1313] OLG Düsseldorf Urt. v. 11. 4. 2003 – I – 16 U 81/02, HVR Nr. 1082; *Wolff* BB 1978, 1246; *Emde* NJW 2000, 796.
[1314] OLG Düsseldorf Urt. v. 11. 4. 2003 – I – 16 U 81/02, HVR Nr. 1082; aA OLG Hamm Urt v. 15. 12. 2000 – 35 U 77/99, HVR Nr. 42; Heymann/*Sonnenschein/Weitemeyer* RdNr. 79.
[1315] Das gilt auch für den vom BGH im Urt. v. 10. 3. 1960 – VII ZR 246/59, BB 1960, 796 behandelten Anspruch auf Auskunft über die Jahresprovisionen der Letzten 5 Jahre.
[1316] MünchKommHGB/*v. Hoyningen-Huene* RdNr. 222; vgl. auch *Küstner* Ausgleichsanspruch RdNr. 1541.
[1317] BGH Urt. v. 4. 11. 1998 – VIII ZR 248/97, ZIP 1998, 2152, 2154.
[1318] *Intveen* BB 1999, 1881, 1885.
[1319] *Schröder* RdNr. 23; so wohl auch MünchKommHGB/*v. Hoyningen-Huene* RdNr. 90; *Alff* RdNr. 345 für Abs. 5; aA für Tankstellenhalterverträge BGH Urt. v. 10. 7. 2002 – VIII ZR 158/01, EBE 2002, 298, 299, 300 = WM 2003, 499; ausf. zur Möglichkeit der Schätzung der Voraussetzungen des Ausgleichsanspruchs eines Tankstellenhalters auch *Semmler* Tankstellenhalter S. 222; differenzierend und einschränkend: *Hopt* RdNr. 22, *Schröder* RdNr. 2 b für Sonderfälle; vgl. auch BGH Urt. v. 23. 2. 1961 – VII ZR 237/59, BGHZ 34, 310, 320 = NJW 1961, 1059; BGH Urt. v. 15. 11. 1984 – I ZR 79/82, NJW 1985, 860, 861.
[1320] BGH Urt. v. 29. 3. 1990 – I ZR 2/89, ZIP 1990, 1197, 1199; BGH Urt. v. 10. 7. 2002 – VIII ZR 158/01, EBE 2002, 298, 301 = WM 2003, 499.
[1321] BGH Urt. v. 10. 7. 2002 – VIII ZR 158/01, EBE 2002, 298, 301 = WM 2003, 499, 301.
[1322] BGH Urt. v. 12. 1. 2000 – VIII ZR 19/99, BGH EBE 2000, 85, 87; ebenso *Hübsch/Hübsch* WM 2005 Sonderbeilage Nr. 1 zu Heft 9 S. 14.
[1323] OLG Düsseldorf OLGR 1993, 197.
[1324] IdF des Gesetzes vom 30. 3. 2000, BGBl. I S. 330, 332.
[1325] Vgl. OLG München Urt. v. 15. 1. 1992 – 7 U 6923/90, HVR Nr. 754; OLG Düsseldorf Urt. v. 24. 1. 2003 – 16 U 66/02, HVR Nr. 1080.

danach ergebende rechnerische Ausgleichsbetrag festgestellt sind.[1326] Ebenso darf regelmäßig ein Zwischenurteil über den Grund des Anspruchs nach § 304 ZPO (**Grundurteil**) nicht ergehen;[1327] auch dafür müssen nicht nur sämtliche Voraussetzungen des Abs. 1 dem Grunde nach,[1328] sondern zudem erhebliche, selbst durch eine Billigkeitskontrolle nicht gänzlich entwertete und deswegen einen konkreten Mindestausgleichsbetrag mit hoher Wahrscheinlichkeit rechtfertigende Unternehmervorteile festgestellt werden.[1329] Etwas anderes kann ausnahmsweise nach § 304 und damit auch nach § 301 Abs. 1 S. 2 ZPO gelten, wenn vor der endgültigen Klärung aller Tatsachen bereits mit hinreichend hoher Wahrscheinlichkeit[1330] festgestellt werden kann, dass die einen Anspruch rechtfertigenden Tatsachen gegeben sind und auch bei einer umfassenden Billigkeitsprüfung die Ausgleichsklage jedenfalls mit einem Mindestbetrag Erfolg haben wird;[1331] das Grundurteil steht dann einer späteren endgültigen Klageabweisung nicht entgegen.[1332] Die gleichzeitige **Abweisung** des in letzter Stufe **einer Stufenklage** anhängig gemachten Ausgleichsanspruchs mit dem in der ersten Stufe gestellten Informationsantrag ist möglich, wenn die allgemeinen Anspruchsvoraussetzungen des § 89 b nicht gegeben sind, weil zB ein ausgleichsfähiges HVVertragsverhältnis nicht besteht, ein Ausschlussgrund eingreift, der Anspruch nicht rechtzeitig angemeldet ist, oder wenn endgültig und unabänderlich feststeht, dass der HV ohne die eingeklagten, jedoch nicht geschuldeten Informationen nicht in der Lage sein wird, die Anspruchsvoraussetzungen für einen Ausgleichsbetrag schlüssig vorzutragen, was im Zweifel jedoch nicht angenommen werden darf. In diesen Ausnahmefällen darf die Stufenklage im ersten Rechtszug vollständig abgewiesen werden, wenn der klagende HV trotz Erhebung einer Stufenklage den Antrag auf Zahlung des Ausgleichs in der mündlichen Verhandlung – systemwidrig – gleichzeitig mit den auf Information gerichteten Anträgen verliest; der Abweisungsantrag des Unternehmers kann hingegen eine gleichzeitige vollständige Abweisung der Stufenklage prozessual nicht rechtfertigen;[1333] das Rechtsmittelgericht darf die Stufenklage in diesen Fällen ebenfalls insgesamt abweisen, wenn der Beklagte ein auf vollständige Klageabweisung gerichtetes Rechtsmittel einlegt[1334] oder mit dem Antrag auf Zurückweisung des gegnerischen Rechtsmittels ein die Klage vollständig abweisendes Urteil verteidigt. Die Bestimmung des konkreten Ausgleichsbetrags und die seiner Ermittlung zugrunde liegende Prognose sind als tatrichterliche Würdigung nur in engen Grenzen durch das **Revisionsgericht** nachprüfbar.[1335] Ein **Prozessvergleich** über den Ausgleichsanspruch ist, anders als ein materiellrechtlicher Vergleich (RdNr. 145), wegen der fehlenden Schutzbedürftigkeit des HV im Prozess bereits vor Vertragsende zulässig,[1336] wenn zB über die Wirksamkeit einer Kündigung gestritten und vom HV zugleich der Ausgleichsanspruch eingeklagt wird.

II. Beweislast

1. Allgemeine Grundsätze und Beweislastregeln. Für HV und sonstige Vertriebsmittler[1337] **180** gelten in grds. gleicher Weise die allgemeinen Grundsätze und Regeln zur Beweislast, allerdings wird der komplizierten gesetzlichen Regelung mit ihren Darlegungs- und Beweisschwierigkeiten für den

---

[1326] OLG München NJW-RR 1992, 1191; *Küstner* Ausgleichsanspruch RdNr. 1579.
[1327] BGH Urt. v. 29. 5. 1967 – VII ZR 297/64, NJW 1967, 2153, 2154; BGH Urt. v. 11. 3. 1982 – I ZR 27/80, NJW 1982, 1757, 1758; OLG Frankfurt Urt. v. 11. 6. 1968 – 5 U 25/68, HVR Nr. 381; Heymann/*Sonnenschein/Weitemeyer* RdNr. 79; MünchKommZPO/*Musielak* § 304 RdNr. 9.
[1328] BGH Urt. v. 11. 3. 1982 – I ZR 27/80, NJW 1982, 1757, 1758; BGH Urt. v. 16. 1. 1986 – I ZR 223/83, DB 1986, 1069; BGH Urt. v. 4. 6. 1986 – I ZR 161/84, VersR 1986, 1072, 1073; vgl. auch allgemein BGH Urt. v. 23. 9. 1998 – VIII ZR 61/97, EBE 1999, 32.
[1329] BGH Urt. v. 29. 5. 1967 – VII ZR 297/64, NJW 1967, 2153, 2154; BGH Urt. v. 11. 3. 1982 – I ZR 27/80, NJW 1982, 1757, 1758; BGH Urt. v. 4. 6. 1986 – I ZR 161/84, VersR 1986, 1072, 1073; BGH Urt. v. 13. 12. 1995 – VIII ZR 61/95, ZIP 1996, 330, 332; LG Tübingen HVR Nr. 783.
[1330] BGH Urt. v. 6. 2. 1986 – III ZR 109/84, BGHZ 97, 97, 109; BGH Urt. v. 4. 4. 1990 – VIII ZR 71/89, BGHZ 111, 125, 133.
[1331] BGH Urt. v. 26. 1. 1984 – I ZR 188/81, WM 1984, 556, 558; vgl. auch OLG Frankfurt Urt. v. 5. 4. 2006 – 21 U 10/05 und v. 1. 2. 2006 – 21 U 23/05, HVR Nr. 1152 und 1153; MünchKommHGB/*v. Hoyningen-Huene* RdNr. 224; *Küstner* Ausgleichsanspruch RdNr. 1575 bis 1578.
[1332] *Küstner* Ausgleichsanspruch RdNr. 1580; MünchKommZPO/*Musielak* § 304 RdNr. 34.
[1333] Im Einzelnen streitig; siehe OLG München NJW-RR 1990, 709; MünchKommZPO/*Lüke* § 254 RdNr. 18 f., 27 f.; *Zöller* ZPO § 254 RdNr. 9 und 14; Musielak/*Foerste* ZPO § 254 RdNr. 5 und 8; s. auch BGH Urt. v. 22. 5. 1981 – I ZR 34/79, NJW 1982, 235, 236.
[1334] BGH Urt. v. 3. 7. 1959 – I ZR 169/55, MDR 1959, 909; BGH Urt. v. 8. 5. 1985 – IVa ZR 138/83, BGHZ 94, 268, 274, 275 = NJW 1985, 2405.
[1335] BGH Urt. v. 15. 12. 1978 – I ZR 59/77, BGHZ 73, 99, 103 = NJW 1979, 651; MünchKommHGB/*v. Hoyningen-Huene* RdNr. 225; ausf. *Alff* RdNr. 238.
[1336] Ausf. zu einem Vergleich *Küstner* Ausgleichsanspruch RdNr. 1486 bis 1497.
[1337] Zu den Beweisschwierigkeiten des Tankstellenhalters im Ausgleichsprozess nehmen *Semmler* Tankstellenhalter S. 213 f. und S. 223 f. sowie *Westphal* OLGR Düsseldorf Heft 12/2002 K 35, 36 ausführlich Stellung.

§ 89 b 181

HV durch Fiktionen (RdNr. 32), tatsächliche auf der Lebenserfahrung beruhende Vermutungen (RdNr. 33) sowie durch eine großzügige Anwendung des Rechts zum Anscheinsbeweis Rechnung getragen;[1338] bei der materiellrechtlichen Kommentierung ist hierauf weitgehend eingegangen. Damit hat der HV diejenigen Tatsachen darzulegen und zu beweisen, welche als allgemeine und besondere Anspruchsvoraussetzungen für die Ermittlung des konkreten Ausgleichsanspruchs einschließlich der anzustellenden Prognose erheblich sein können.[1339] Dazu gehört die Beweisführung, dass er eine Geschäftsverbindungen geschaffen hat, indem er neue konkret zu benennende Kunden[1340] als Stammkunden geworben hat (RdNr. 181), dass die Geschäftsverbindungen mit ihnen im Zeitpunkt des ebenfalls von ihm zu beweisenden Vertragsendes noch bestanden haben, wofür ebenso wie für die Kausalität seines Handelns[1341] regelmäßig eine widerlegbare tatsächliche Vermutung oder ein Anscheinsbeweis sprechen,[1342] und dass Unternehmer sowie HV während der Vertragszeit aus diesen Stammkundengeschäften die im Einzelnen konkret aufzuzeigenden und nachzuweisenden Vorteile erzielt haben (RdNr. 182). Der HV ist weiter beweispflichtig für die tatsächlichen Voraussetzungen des Abs. 3 Nr. 1 Halbsatz 2,[1343] für die rechtzeitige Geltendmachung des Anspruchs nach Abs. 4 Satz 2 und für den Höchstbetrag des Abs. 2, weil es sich dabei um eine Anspruchsvoraussetzung handelt.[1344] Der Unternehmer hat die Voraussetzungen des Abs. 3 Nr. 1 Halbsatz 1, Nr. 2 und Nr. 3 zu beweisen. Wer wegen besonderer Umstände des Einzelfalls eine untypische Entwicklung oder Abzinsung begehrt, hat deren Berechtigung und Voraussetzungen nachzuweisen. Eine von dem Unternehmer vorgenommene und dem HV zur Verfügung gestellte Berechnung des Ausgleichsanspruchs wird im Zweifel ein Schuldanerkenntnis darstellen und den Unternehmer zur Zahlung des errechneten Betrags verpflichten, ohne dass der HV Weiteres vorzutragen hat.[1345]

181 **2. Werbung von Stammkunden.** Für die Werbung des neuen Stammkunden muss der HV das von ihm herbeigeführte Erstgeschäft sowie das erforderliche Folgegeschäft für jeden einzelnen Kunden konkret und nachprüfbar darlegen und beweisen;[1346] dem Unternehmer obliegt die substantiierte Darlegung, dass es sich um Altkunden gehandelt habe;[1347] darüber hat der HV Beweis zu erheben, sofern die Behauptung nicht offensichtlich ins Blaue hinein aufgestellt ist; die Beweislast liegt bei dem HV. Zum Nachweis der Werbung neuer Stammkunden genügt grundsätzlich nicht eine stichprobenartige Überprüfung einzelner streitiger Fälle,[1348] sofern die Stichproben nicht ausnahmsweise hinreichend beweiskräftige Rückschlüsse auf die zu beweisende Tatsache[1349] oder eine bereits durchgeführte Beweisaufnahme ein rechtsmissbräuchliches Bestreiten durch den Unternehmer ergeben haben. Pauschale oder prozentuale Angaben zur Werbung von Stammkunden reichen aus, wenn der Anspruchsgegner sie nicht bestreitet.[1350] Wird das zu vertreibende, idR preiswerte, Produkt massenhaft bei im Regelfall anonym bleibenden Kunden abgesetzt, kann ausnahmsweise die Vorlage von in sich schlüssigem und beweisbarem Zahlenmaterial als Nachweis dafür ausreichen, dass der Kundenstamm durch die werbende Tätigkeit des HV in einer ganz bestimmten Weise vergrößert worden ist,[1351] wenn der Beweis erfahrungsgemäß auf andere Weise nicht zu führen ist. Bringt es die Besonderheit des Vertriebssystems mit sich, dass der Unternehmer

---

[1338] *Baumgärtel* RdNr. 1 und 2 1. Absatz; *Hopt* RdNr. 22, 30, 44; MünchKommHGB/*v. Hoyningen-Huene* RdNr. 226; Staub/*Brüggemann* RdNr. 118; *Westphal* RdNr. 653, 654.
[1339] BGH Urt. v. 3. 4. 1996 – VIII ZR 54/95, MDR 1996, 696; BGH Urt. v. 10. 7. 2002 – VIII ZR 158/01, EBE 2002, 298, 300 = WM 2003, 499; ausf. OLG Düsseldorf OLGR 2000, 406, 409 f und OLGR 2001, 68, 69; OLG Köln NJW-RR 2003, 538 = HVR Nr. 1098.
[1340] Vgl. *Stumpf/Jaletzke/Schultze* RdNr. 873 (für Vertragshändler).
[1341] *Heymann/Sonnenschein/Weitemeyer* RdNr. 25; MünchKommHGB/*v. Hoyningen-Huene* RdNr. 66; *Küstner* Ausgleichsanspruch RdNr. 394; kritisch: Staub/*Brüggemann* RdNr. 118.
[1342] OLG Düsseldorf OLGR 2002, 164, 167; MünchKommHGB/*v. Hoyningen-Huene* RdNr. 69; *Westphal* RdNr. 654; vgl. auch Staub/*Brüggemann* RdNr. 118, 19.
[1343] BGH Urt. v. 6. 10. 1999 – VIII ZR 125/98, BGHZ 142, 358 = ZIP 2000, 138, 141 m. Bspr. *Emde* BB 2000, 63 und EWiR 2000, 153; *Saenger* DB 2000, 129, 131 f.; *Baumgärtel* RdNr. 4; MünchKommHGB/*v. Hoyningen-Huene* RdNr. 161; *Küstner* Ausgleichsanspruch RdNr. 1245, 1574.
[1344] AA OLG Frankfurt Urt. v. 30. 1. 2001 – 5 U 173/99, HVR Nr. 954; Beweislast bei Unternehmer: *Baumgärtel* RdNr. 3; MünchKommHGB/*v. Hoyningen-Huene* RdNr. 147; Staub/*Brüggemann* RdNr. 121.
[1345] S. d. OLG Koblenz Urt. v. 2. 7. 1998 – 6 U 624/96, HVR Nr. 883.
[1346] BGH Urt. v. 19. 11. 1970 – VII ZR 47/69, BGHZ 55, 45, 52 = NJW 1971, 462; BGH Urt. v. 11. 10. 1990 – I ZR 32/89, NJW-RR 1991, 156, 157; OLG Celle U v. 29. 3. 1963 – 11 U 234/62, HVR Nr. 285; OLG Düsseldorf OLGR 1992, 332, 323; *Küstner* Ausgleichsanspruch RdNr. 1553; aA *Matthies* DB 1986, 2063, 2064.
[1347] Vgl. aber *Heymann/Sonnenschein/Weitemeyer* RdNr. 27; MünchKommHGB/*v. Hoyningen-Huene* RdNr. 63; vgl. auch *Küstner* Ausgleichsanspruch RdNr. 1552.
[1348] AA MünchKommHGB/*v. Hoyningen-Huene* RdNr. 63; *Westphal* Vertriebsrecht RdNr. 964.
[1349] BGH Urt. v. 15. 11. 1984 – I ZR 79/82, NJW 1985, 860, 861.
[1350] BGH Urt. v. 12. 1. 2000 – VIII ZR 19/99, EBE 2000, 85, 86 = ZIP 2000, 540.
[1351] *Baumgärtel* RdNr. 2 2. Absatz; vgl. auch OLG Düsseldorf Urt. v. 21. 12. 1979 – 16 U 38/79, HVR Nr. 535.

anders als der HV auf Grund einer umfassenden Unterrichtung über den Vertrieb der Produkte ohne weiteres festzustellen kann, ob ein vom HV geworbener Kunde bereits Altkunde war oder Stammkunde geworden und gegebenenfalls bis Vertragsende geblieben ist,[1352] wie zB auch bei einem sog. **Rotationssystem** (RdNr. 79),[1353] muss der HV lediglich die Werbung des Kunden sowie gegebenenfalls die Intensivierung oder Reaktivierung eines Altkunden[1354] darlegen und beweisen, dem Unternehmer obliegt die Beweisführung, dass der Geworbene bereits Altkunde war oder nicht Stammkunde geworden ist.[1355] Eine tatsächliche Vermutung kann dafür sprechen, dass der bei Vertragsende vorhandene Kundenkreis von einem **jahrelang ununterbrochen tätigen HV** geworben worden ist.[1356] Der HV als sog. **„Mann der ersten Stunde"** (RdNr. 76)[1357] braucht nur die Werbung der Kunden darzulegen und zu beweisen.[1358] Für die im Einzelfall konkret mit Zahlenangaben darzulegende und nachzuweisende[1359] **Reaktivierung** oder **Intensivierung** von Altkunden[1360] trägt der HV die Beweislast.

3. Unternehmervorteile und Provisionsverluste. Für die Unternehmervorteile und die ihnen regelmäßigen entsprechenden Provisionsverluste[1361] sowie deren Höhe hat der hinsichtlich der Voraussetzungen seines Anspruchs darlegungsbelastete[1362] HV im Einzelnen mit konkreten Zahlenangaben aufzuzeigen und zu beweisen,[1363] welche konkreten Stammkundengeschäfte mit welchen Einzelumsätzen er im Basisjahr (Rdnr. 129) herbeigeführt hat, welche Provisionen er für diese Geschäfte verdient hat und wie hoch nach den tatsächlichen Erfahrungen der Vergangenheit die Abwanderungs- und gegebenenfalls eine Zuwanderungsquote anzusetzen sind.[1364] Der dafür notwendige auf die konkreten Umstände des Einzelfalls bezogene schlüssige Klagevortrag lässt sich regelmäßig nicht durch eine Bezugnahme auf Statistiken oder allgemeine Meinungsumfragen ersetzen (RdNr. 30, 165, 166).[1365] Jedoch genügt der HV regelmäßig seiner Darlegungslast, wenn er die entsprechenden Vorteile des Unternehmers darlegt und beweist.[1366] Will der Unternehmer geltend machen, dass dem HV trotz dieser Unternehmervorteile nur geringere Provisionsverluste entstanden sein sollen (s. dazu aber RdNr. 73 und 90), was im Regelfall aber nicht den Tatsachen entsprechen wird,[1367] trägt er hierfür die Beweislast, wenn diese Tatsache (jedenfalls bei dem Waren – HV) nur im Rahmen der Billigkeitsprüfung von rechtlicher Bedeutung sein kann (RdNr. 90). Lässt sich anhand eines längeren Zeitraums vor Vertragsende feststellen, dass der von einem HV herbeigeführte Umsatz des Unternehmers mit bestimmten Mehrfach- oder Stammkunden des HV einen gleich bleibenden Anteil am Gesamtumsatz ausgemacht hat, spricht vieles dafür, dass dieser Anteil bei Fortsetzung des Vertragsverhältnisses auch innerhalb des Prognosezeitraums konstant geblieben wäre;[1368] in dem so ermittelten Stammkundenanteil am Gesamtumsatz sind dann Abwanderung und Zuwanderung bereits berücksichtigt (RdNr. 85). Dieser vom BGH[1369] für einen Kraftfahrzeughändlervertrag aufgestellte Grundsatz muss ebenso für einen HVVertrag mit gleichen Verhältnissen gelten. Will der Handelsvertreter wegen einer untypischen Umsatzentwicklung im letzten

---

[1352] Vgl. BGH Urt. v. 12. 1. 2000 – VIII ZR 19/99, EBE 2000, 85, 86, 87 = ZIP 2000, 540.
[1353] S. d. OLG Hamburg Urt. v. 19. 11. 1997 – 8 U 160/96, HVR Nr. 880.
[1354] OLG Düsseldorf OLGR 2001, 68 = HVR Nr. 947; s. auch OLG Celle Urt. v. 1. 2. 2001 – 11 U 110/00, HVR Nr. 1036.
[1355] OLG Düsseldorf OLGR 1992, 322; *Emde* EWiR 1999, 653, 654; ausf. *Küstner* Ausgleichsanspruch RdNr. 1562.
[1356] OLG Celle Urt. v. 7. 1. 1971 – 7 U 224/69, HVR Nr. 436; OLG Köln Urt. v. 27. 1. 2000 – 12 U 95/99, HVR Nr. 989.
[1357] BGH Urt. v. 12. 1. 2000 – VIII ZR 19/99, EBE 2000, 85, 86 = ZIP 2000, 540; *Küstner* Ausgleichsanspruch RdNr. 378, 1561; *Westphal* RdNr. 653.
[1358] OLG Düsseldorf Urt. v. 6. 6. 1986 – 16 U 104/85, HVR Nr. 641.
[1359] *Küstner* Ausgleichsanspruch RdNr. 1560.
[1360] *Küstner* Ausgleichsanspruch RdNr. 1560.
[1361] MünchKommHGB/*v. Hoyningen-Huene* RdNr. 90 für dahingehende Vermutung.
[1362] BGH Urt. v. 19. 11. 1970 – VII ZR 47/69, BGHZ 55, 45, 52 = NJW 1971, 462; OLG Düsseldorf OLGR 2001, 68, 69.
[1363] *Schneider* MDR 1970, 976; *Schröder* RdNr. 13, 20 b; *Alff* RdNr. 238.
[1364] BGH Urt. v. 11. 10. 1990 – I ZR 32/89, NJW-RR 1991, 156, 157; BGH Urt. v. 15. 10. 1992 – I ZR 173/91, NJW-RR 1993, 221; BGH Urt. v. 15. 9. 1999 – VIII ZR 137/98, NJW-RR 2000, 109; OLG Düsseldorf OLGR 1992, 322, 323.
[1365] Vgl. *Schreiber* NJW 1998, 3737, 3741; aA für Tankstellenhalter BGH Urt. v. 6. 8. 1997 – VIII ZR 92/96, ZIP 1997, 1839 und BGH Urt. v. 6. 8. 1997 – VIII ZR 150/96, ZIP 1997, 1832 sowie für Versicherungsvertreter, bei denen ein Rückgriff auf aussagekräftiges statistisches Material vielfach möglich sein wird, BGH Urt. v. 23. 2. 1961 – VII ZR 237/59, BGHZ 34, 310, 319 = NJW 1961, 1059; BGH Urt. 6. 7. 1972 – VII ZR 75/71, BGHZ 59, 125, 130 = NJW 1972, 1664.
[1366] Vgl. MünchKommHGB/*v. Hoyningen-Huene* RdNr. 90; *Canaris* § 15 RdNr. 110.
[1367] Vgl. *Canaris* § 15 RdNr. 110.
[1368] BGH Urt. v. 11. 10. 1990 – I ZR 32/89, NJW-RR 1991, 156, 157.
[1369] BGH Urt. v. 26. 2. 1997 – VIII ZR 272/95, BGHZ 135, 14 = ZIP 1997, 841, 844.

§ 89 b 183–187   1. Buch. 7. Abschnitt. Handelsvertreter

Vertragsjahr den Ausgleichsanspruch auf der Grundlage der Umsatz- oder Provisionszahlen eines anderen Zeitraums ermitteln (RdNr. 89, 100, 129), muss er die tatsächliche Umsatzentwicklung bis zum Vertragsende konkret und vollständig aufzeigen, damit die Voraussetzungen für ein Abgehen von dem Regelfall der Ausgleichsermittlung auf der Grundlage des letzten Vertragsjahres festgestellt werden können.

183 **4. Prognoseentscheidung.** Wegen der Darlegungs- und Beweislast hinsichtlich der tatsächlichen Grundlagen für die Prognoseentscheidung wird verwiesen auf RdNr. 31.

184 **5. Billigkeitsprüfung.** Wer bei der Billigkeitsprüfung bestimmte Umstände zu seinen Gunsten berücksichtigt wissen will, muss deren Vorliegen beweisen.[1370] Für Umstände, welche den Ausgleich in voller Höhe erhalten sollen, trägt der HV, für den Anspruch mindernde Umstände trägt der Unternehmer die Beweislast,[1371] weil bei Vorliegen der Voraussetzungen des Abs. 1 Satz 1 Nr. 1 und 2 zunächst eine Vermutung für die Billigkeit des sich danach rechnerisch ergebenden Anspruchs spricht (RdNr. 99).

185 **6. Versicherungs- und Bausparkassenvertreter – Abs. 5.** Für den Ausgleichsanspruch der Versicherungs- und Bausparkassenvertreter nach Abs. 5 gelten die gleichen Beweislastgrundsätze wie für den WarenHV.[1372] Allerdings darf hier verstärkt auf statistisches Material zurückgegriffen werden.[1373] Für einen von den „Grundsätzen" abweichenden höheren Anspruch trägt der Vertreter die volle Darlegungs- und Beweislast (RdNr. 160). Die von der Rechtsprechung für Tankstellenhalter anerkannte Ausnahmeregelung zur Darlegungs- und Beweislast für die Aufteilung einer einheitlichen Vergütung in solche für vermittelnde und für werbende Tätigkeit gilt ebenfalls für Versicherungsvertreter; den Versicherer trifft die volle Darlegungs- und Beweislast dafür, dass und in welchem Umfang eine ausgehandelte Provision die Vergütung für eine Abschluss- und Vermittlungstätigkeit darstellt oder durch sie vermittlungsfremde Tätigkeiten des Vertreters abgegolten werden.[1374]

E. Europarecht

186 **Allgemeine Ausführungen und Text der HV-RiLi s. Vor § 84 Anh.**
Die Regelung des Ausgleichsanspruchs in Art. 17 bis 19 HV-RiLi war deren zentrales Thema. Weitreichende Neuerungen ergaben sich allerdings überwiegend für die anderen Mitgliedstaaten, da sich die Regelung in der Richtlinie ohnehin sehr stark am deutschen Modell orientiert. Auf Wunsch Frankreichs wurde als Alternative zum Ausgleichsanspruch zusätzlich dem Recht dieses Landes entlehnte Schadensersatzanspruch vorgesehen (dieser ist in der Praxis meist doppelt so hoch wie der Ausgleichsanspruch nach deutschem Recht); tatsächlich hat außer Frankreich kein anderes Land diese Alternative gewählt. Lediglich das Vereinigte Königreich hat eine Zwischenlösung eingeführt, wonach die Wahl zwischen den beiden Alternativen zur Parteidisposition steht.[1375]

187 Die Formulierungen in § 89 b Abs. 1 weichen zum Teil von denjenigen in der HV-RiLi ab. Art. 17 HV-RiLi nennt lediglich zwei Tatbestandsvoraussetzungen, nämlich Vorteile aus der Tätigkeit des HV sowie die Billigkeit, während § 89 b Abs. 1 Nr. 2 den Provisionsverlust als gesonderte Voraussetzung aufführt, die von der HV-RiLi ihrerseits in das Billigkeitsmoment miteinbezogen wird. Obwohl sich in der praktischen Anwendung kaum Unterschiede ergeben dürften, woraus überwiegend der Schluss auf eine richtliniengemäße Umsetzung gezogen wird,[1376] ist doch zu bedenken, dass die HV-RiLi den HV insoweit besser stellt, als er, im Gegensatz zur deutschen

---

[1370] Ausf. dazu *Evers/Kiene* ZfV 2001, 770 f.; *Staub/Brüggemann* RdNr. 120.
[1371] BGH Urt. v. 30. 6. 1966 – VII ZR 124/65, BGHZ 45, 385, 386, 387 = NJW 1966, 1965; BGH Urt. v. 15. 12. 1978 – I ZR 59/77, BGHZ 73, 99, 105 = NJW 1979, 651; BGH Urt. v. 29. 3. 1990 – I ZR 2/89, ZIP 1990, 1197; *Schröder* RdNr. 20 b; *Baumgärtel* RdNr. 2 5. Abs.; *Küstner* Ausgleichsanspruch RdNr. 1568.
[1372] Vgl. MünchKommHGB/v. *Hoyningen-Huene* RdNr. 249; ausf. *Küstner* Ausgleichsanspruch RdNr. 1563 bis 1565; *Alff* RdNr. 344, 345.
[1373] BGH Urt. v. 23. 2. 1961 – VII ZR 237/59, BGHZ 34, 310, 319 = NJW 1961, 1059; BGH Urt. 6. 7. 1972 – VII ZR 75/71, BGHZ 59, 125, 130 = NJW 1972, 1664.
[1374] BGH Urt. v. 1. 6. 2005 – VIII ZR 335/04, NJW-RR 2005, 1274 = HVR Nr. 1136 m. zust. Anm. *Küstner* EWiR 2005, 799 in Abgrenzung zu BGH Urt. v. 22. 12. 2003 – VIII ZR 117/03, ZIP 2004, 1319, 1322, 1323 und BGH Urt. 19. 11. 1970 – VII ZR 47/69, BGHZ 55, 45, 52 = NJW 1971, 462.
[1375] Zu den Besonderheiten in den einzelnen Mitgliedstaaten der EG s. *Westphal* EWS 1996, 43, 48; *Martinek*, FS Lüke, 1997, S. 439 f.; sowie die Länderübersichten bei *v. Westphal*en.
[1376] *Westphal*, FS Meyer-Marsilius, 1993, S. 12; *Küstner/v. Manteuffel* BB 1990, 291, 297; *Ankele* DB 1989, 2211, 2212.

Regelung, keine konkreten Provisionsverluste zu beweisen hat (s. d. aber auch RdNr. 182). § 89 b Abs. 1 Nr. 2 müsste also richtlinienkonform dahingehend ausgelegt werden (s. hierzu Anh. 1 Vor § 84 RdNr. 10), dass auf einen Nachweis der ziffernmäßigen Provisionsverluste verzichtet wird.[1377]

Von der Möglichkeit, dass die HV-RiLi den Mitgliedstaaten in Art. 17 Abs. 2 a) 2. Gedankenstrich S. 2 einräumt, nämlich das Vorhandensein einer Wettbewerbsabrede in das Billigkeitselement einzubeziehen, hat die Bundesrepublik keinen Gebrauch gemacht. Art. 17 Abs. 4 HV-RiLi (der Anspruch besteht auch, wenn das Vertragsverhältnis durch Tod des HV endet), ist eine im deutschen Recht ohnehin anerkannte Rechtsfolge. Art. 17 Abs. 5 (einjährige Ausschlussfrist) entspricht § 89 b Abs. 4 S. 2. Art. 18 HV-RiLi (Ausschlussgründe) entspricht § 89 b Abs. 3, wobei Nr. 3 eine Neuerung gegenüber der früheren Rechtslage darstellt, die Richtlinie aus dem französischen Recht übernommen hat. Die Vorschrift hat Fälle im Auge, in denen der HV mit seinem Nachfolger vertragliche Vereinbarungen getroffen hat, und soll insoweit Missbräuchen vorbeugen. Art. 17 Abs. 2 b) HV-RiLi (Ausgleichshöhe) entspricht § 89 b Abs. 2.

188

Nicht hinreichend umgesetzt wurde Art. 19 HV-RiLi zum Ausschluss von abweichenden Parteivereinbarungen. Während die Richtlinienvorschrift sämtliche Modalitäten des Anspruchs begreift, also auch seine Höhe, bezieht sich § 89 b Abs. 4 S. 1 lediglich auf den Ausschluss des Anspruchs als ganzem. Zwar scheint die deutsche Rspr. die Vorschrift so auszulegen, dass auch eine vertragliche Begrenzung der Ausgleichshöhe unwirksam ist,[1378] doch sieht der EuGH grundsätzlich eine bestehende Rechtsprechung nicht als korrekte Richtlinienumsetzung an.[1379]

189

Der in Art. 17 Abs. 6 HV-RiLi angesprochene Bericht der Kommission wurde am 23. 7. 1996 vorgelegt.[1380] Danach haben sich die Mitgliedstaaten in überwiegender Mehrheit für die Ausgleichslösung entschieden, was sowohl von den HV als auch den Unternehmern befürwortet worden sei. Nach Auffassung der Kommission ist es wünschenswert, in der Zukunft eine klare und genaue Berechnungsmethode des Anspruches vorzugeben, da hierüber in vielen Mitgliedstaaten Unsicherheiten bestehen. Insoweit wird eine neue Initiative des europäischen Gesetzgebers erwogen. Von der Kommission wird einstweilen die in Deutschland angewandte Berechnungsmethode als Vorbild für andere Mitgliedstaaten empfohlen.

190

§ 90 [Geschäfts- und Betriebsgeheimnisse]

Der Handelsvertreter darf Geschäfts- und Betriebsgeheimnisse, die ihm anvertraut oder als solche durch seine Tätigkeit für den Unternehmer bekanntgeworden sind, auch nach Beendigung des Vertragsverhältnisses nicht verwerten oder anderen mitteilen, soweit dies nach den gesamten Umständen der Berufsauffassung eines ordentlichen Kaufmannes widersprechen würde.

Schrifttum: Siehe zunächst Schrifttumsverzeichnis vor § 84: *Mautz/Löblich,* Nachvertraglicher Verrat von Betriebs- und Geschäftsgeheimnissen, MDR 2000, 67.

Übersicht

	RdNr.		RdNr.
1. Bedeutung der Vorschrift	1	a) Dauer der Geheimhaltung	8
2. Geschäfts- und Betriebsgeheimnis	2	b) Verwertungs- und Mitteilungsverbot	9
3. Geheimhaltungspflicht	3–7	c) Unterlassungs-, Schadensersatz- und Herausgabepflicht	10
a) Vertragsverhältnis und vorvertragliches Vertrauensverhältnis	3	d) Entschädigung	11
b) Anvertrauen oder Bekanntwerden	4	5. Geheimhaltungspflichtige Vertriebsmittler	12
c) Entfallen nach Vertragsende – § 90	5	6. Abdingbarkeit	13
d) Kunden als Geschäftsgeheimnis	6	7. Beweislast	14
e) Verbot der Eigennutzung geworbener Kunden und Kundenschutzvereinbarung	7	8. Europarecht	15
4. Rechtsfolgen und Pflichtverletzung	8–11		

[1377] So auch *Kindler* RIW 1990, 358, 362.
[1378] S. o. RdNr. 137; s. im Übrigen die Nachweise bei *Kindler* S. 362, Fn. 49.
[1379] EuGH, Urt. v. 19. 9. 1996 – Rs. C-236/95, „Kommission/Griechenland", EuGHE 1996 I, 4459.
[1380] KOM (96) 364 endg.

1. Bedeutung der Vorschrift. Der HV muss zur ordnungsgemäßen Erfüllung seiner vertraglichen Pflichten in Geschäfts- und Betriebsgeheimnisse des Unternehmers eingeweiht werden; auf Grund seiner Interessenwahrungs- und Treuepflicht (§ 86)[1] schuldet er im Zweifelsfall[2] deren Geheimhaltung (s. § 86). **§ 90 stellt klar,** dass die **Geheimhaltungspflicht nach Vertragsende** und unabhängig von dessen Gründen[3] **fortbesteht,** soweit sie im Einzelfall auf Grund der gegebenen Umstände nicht ausnahmsweise der Berufsauffassung eines ordentlichen Kaufmanns widerspricht.[4] Von dieser Einschränkung abgesehen unterscheiden sich die Voraussetzungen der vertraglichen und der nachvertraglichen Verschwiegenheitspflicht, also besonders des Geschäfts- und Betriebsgeheimnisses sowie des Anvertrauens, grds. nicht voneinander.[5]

2. Geschäfts- und Betriebsgeheimnis. Geschäfts- und Betriebsgeheimnis sind Tatsachen oder Rechte, welche in einem Zusammenhang zu dem Gewerbe des Unternehmers stehen, nur einem eng begrenzten Personenkreis bekannt sind und nach dem erklärten oder den Umständen nach zu vermutenden[6] Willen des Unternehmers, dem ein berechtigtes wirtschaftliches Interesse zugrundeliegen muss, nicht bekannt werden sollen.[7] Die geheimzuhaltenden Umstände müssen nicht aus der Sphäre des Unternehmers stammen; was dem HV aus seiner Vertragstätigkeit für den Unternehmer bekannt wird und zB unter die Herausgabepflicht des § 667 BGB fällt, kann selbst bei rechtswidriger Kenntniserlangung[8] ein Geschäftsgeheimnis bilden.[9] Der **Unternehmer bestimmt, was Geschäftsgeheimnis sein soll;**[10] seine entsprechende Absicht muss er dem HV eindeutig und unmißverständlich, jedoch ohne Bindung an Formvorschriften, mitteilen, sofern sich die Geheimhaltungsbedürftigkeit nicht – etwa bei gewerblichen Schutzrechten oder idR bei vom Unternehmer zur Verfügung gestellten Kundenanschriften (RdNr. 7) –[11] aus der Natur der Sache ergibt.[12] Die Bestimmung kann der Unternehmer einseitig jederzeit bis zum Vertragsende treffen. Geschäftsgeheimnis kann nicht sein, was allgemeinkundig,[13] branchenkundig oder dem HV persönlich bekannt ist, bevor er von dem Geheimhaltungsinteresse des Unternehmers erfährt, jedoch kann hinsichtlich solcher Umstände eine Geheimhaltung im Sinn des § 90 sowie des § 90a vereinbart werden. Kunden des Unternehmers und Interessenten, die für die Abnahme des Produkts in Betracht kommen, sowie Tatsachen, welche der HV zur Ausübung seines Berufs kennen muss, können im Regelfall nicht zum Geschäftsgeheimnis gemacht werden, weil dies zu einer Beschränkung der nachvertraglichen Berufsbetätigung des HV führen müsste.

3. Geheimhaltungspflicht. a) Vertragsverhältnis und vorvertragliches Vertrauensverhältnis. Die Geheimhaltungspflicht setzt ein – zumindest durch tatsächlichen Vollzug begründetes – HVVertragsverhältnis voraus.[14] Sie kann durch die Aufnahme von Vertragsverhandlungen begründet werden,[15] sobald der Unternehmer dem HV in Erwartung des künftigen Abschlusses eines HVVertrags ein Geheimnis anvertraut oder der HV für ihn tätig wird. Ein späteres Scheitern des Vertragsschlusses beseitigt die Geheimhaltungspflicht nicht.[16]

b) Anvertrauen oder Bekanntwerden. Das Geschäfts- und Betriebsgeheimnis muss dem HV vom Unternehmer oder seinen dafür zuständigen Mitarbeitern anvertraut worden sein. Das erfordert die Unterrichtung über das Geheimnis mit dem nicht ausdrücklichen, jedoch eindeutig erkennbaren Hinweis auf die zu wahrende Vertraulichkeit.[17] Ohne ausdrückliches Anvertrauen erstreckt sich die Geheimhaltung auf alle Umstände, welche dem HV in Verbindung mit seiner vertraglichen Tätigkeit

---

[1] *Hopt* RdNr. 1.
[2] *Heymann/Sonnenschein/Weitemeyer* RdNr. 3; MünchKommHGB/*v. Hoyningen-Huene* RdNr. 3; *Schröder* RdNr. 5; *Emde* S. 180 bis 188 zur Verschwiegenheitspflicht des HV.
[3] *Hopt* RdNr. 4.
[4] Vgl. MünchKommHGB/*v. Hoyningen-Huene* RdNr. 2; *Schröder* RdNr. 8; *Küstner* HVR 1201; vgl. auch *Grundmann* S. 574, R 24.
[5] AA *Hopt* RdNr. 2 und 6.
[6] MünchKommHGB/*v. Hoyningen-Huene* RdNr. 7; *Schröder* RdNr. 3.
[7] OLG Koblenz NJW-RR 1987, 95, 97; LAG Köln MDR 2002. 590, 591; *Mautz/Löblich* MDR 2000, 67, 70; *Heymann/Sonnenschein/Weitemeyer* RdNr. 3, 4; MünchKommHGB/*v. Hoyningen-Huene* RdNr. 7, 9; *Schröder* RdNr. 3, 4; *Staub/Brüggemann* RdNr. 1 jeweils zu einzelnen Geschäftsgeheimnissen; vgl. auch BGH Urt. v. 20. 5. 1996 – II ZR 190/95, ZIP 1996, 1341, 1342.
[8] MünchKommHGB/*v. Hoyningen-Huene* RdNr. 13; *Schröder* RdNr. 7.
[9] BGH Urt. v. 28. 1. 1993 – I ZR 294/90, ZIP 1993, 703.
[10] *Küstner* HVR RdNr. 2104.
[11] *Küstner* HVR RdNr. 2105.
[12] Vgl. *Hopt* RdNr. 5; *Küstner* HVR RdNr. 2105.
[13] MünchKommHGB/*v. Hoyningen-Huene* RdNr. 8.
[14] Vgl. *Heymann/Sonnenschein/Weitemeyer* RdNr. 5; MünchKommHGB/*v. Hoyningen-Huene* RdNr. 4.
[15] *Hopt* RdNr. 1; MünchKommHGB/*v. Hoyningen-Huene* RdNr. 4.
[16] *Schröder* RdNr. 14, 15.
[17] *Staub/Brüggemann* RdNr. 2, a; aA MünchKommHGB/*v. Hoyningen-Huene* RdNr. 12; *Schröder* RdNr. 6.

für den Unternehmer oder bei Gelegenheit ihrer Erledigung unmittelbar oder mittelbar bekannt werden, und zwar unabhängig von der Art der Kenntniserlangung,[18] sofern er weiß oder bei Beachtung der Sorgfalt eines ordentlichen Kaufmanns in seiner Situation wissen muss,[19] dass der Unternehmer sie geheim halten will; das gilt dann auch grds. für die Zeit nach Vertragsende.[20]

c) Entfallen nach Vertragsende – § 90. Die zeitlich vom Grundsatz her unbeschränkt fortbestehende Geheimhaltungspflicht[21] entfällt nach Vertragsende ausnahmsweise gemäß § 90, wenn und soweit sie bei objektiver Würdigung unter Berücksichtigung aller Umstände mit der Berufsauffassung eines ordentlichen Kaufmanns, insbesondere eines HV, nicht zu vereinbaren ist.[22] Durch diese Einschränkung gewährleistet § 90 die für die Zeit nach Vertragsende **notwendige Abwägung** zwischen dem möglichst weitgehenden Geheimhaltungsinteresse des Unternehmers und dem in gleicher Weise berechtigten Interesse des HV, seine während der vorangegangenen Tätigkeit gewonnenen Kenntnisse und Erfahrungen bei der Ausübung seines Gewerbes für einen neuen Auftraggeber nutzen zu können.[23] Um die nachvertragliche Geheimhaltung zu rechtfertigen, müssen die berechtigten Belange des Unternehmers diejenigen des HV erheblich überwiegen,[24] was zB bei Verstößen gegen § 17 UWG der Fall ist.[25] Die wirtschaftliche Lage des HV, eine erhaltene Abfindungs- oder Ausgleichszahlung können für die Abwägung ebenso von Bedeutung sein wie der Umstand, dass der HV für seine weitere Berufsausübung auf die Ausnutzung der erworbenen Kenntnisse angewiesen ist.[26]

d) Kunden als Geschäftsgeheimnis. Die dem HV vom Unternehmer zur Verfügung gestellten **Kundenanschriften** oder **Kundenlisten** sind hinsichtlich „aktiver" Kunden, welche die Geschäftsbeziehungen zu dem Unternehmer fortsetzen wollen,[27] regelmäßig sowie im Zweifel Geschäftsgeheimnis (s. § 86) und auch nach Vertragsende geheim zu behandeln.[28] Gleiches gilt für Kunden, mit denen der Unternehmer in Verhandlungen über konkrete Geschäftsabschlüsse steht.[29] Geheimhaltungsbedürftig sind grds. auch Kundenlisten, welche der HV unbefugt an sich gebracht hat.[30] Erstmals vom HV geworbene Kunden, welche während der Vertragszeit bereits zu Stammkunden (Mehrfachkunden) des Unternehmers geworden sind (s. § 89 b), können durch Vereinbarung in den Schutzbereich des § 90 einbezogen werden, die Geheimhaltung kann hier aber nicht einseitig vom Unternehmer vorgegeben werden.[31] Nicht unter den Geheimnisschutz fallen Kunden, welche wegen einer besonderen Branchenzugehörigkeit zum potentiellen und als allgemein bekannt anzusehenden Abnehmerkreis des HV/seines neuen Auftraggebers gehören.[32] Das Gleiche gilt, wenn der HV die Kundenanschriften für die Anbahnung und Vermittlung solcher Geschäfte verwendet, hinsichtlich derer eine Konkurrenzlage zu den von dem (bisherigen) Geschäftsherrn des HV vertriebenen Produkten nicht bestehen kann (s. d. § 86).[33]

e) Verbot der Eigennutzung geworbener Kunden und Kundenschutzvereinbarung. Ein Verbot der Eigennutzung geworbener Kunden greift schwerwiegend in die Berufsausübung des HV ein, dessen Kundenstamm die Grundlage seiner beruflichen Tätigkeit ist, weswegen er grundsätzlich berechtigt ist, nach Vertragsende diese Kunden des bisherigen Geschäftsherrn für einen Konkurrenzunternehmer zu werben,[34] ohne dadurch gegen die Berufsauffassung ordentlicher HV zu verstoßen.[35]

---

[18] MünchKommHGB/*v. Hoyningen-Huene* RdNr. 13.
[19] MünchKommHGB/*v. Hoyningen-Huene* RdNr. 13; *Schröder* RdNr. 7; aA *Hopt* RdNr. 6.
[20] Teilweise aA *Hopt* RdNr. 2 (soll nur für die Verschwiegenheitspflicht während der Vertragszeit gelten).
[21] *Hopt* RdNr. 4.
[22] *Hopt* RdNr. 7; *Schröder* RdNr. 8; vgl. MünchKommHGB/*v. Hoyningen-Huene* RdNr. 21.
[23] OLG Koblenz NJW-RR 1987, 95, 97; *Schröder* RdNr. 11 und 12.
[24] Vgl. *Schröder* RdNr. 12; aA wohl *Küstner* HVR RdNr. 2108.
[25] *Schröder* RdNr. 12.
[26] *Schröder* RdNr. 12; ausführlich *Küstner* HVR RdNr. 2108 bis 2124.
[27] Vgl. BGH Urt. v. 10. 5. 1995 – VIII ZR 144/94, ZIP 1995, 1260, 1262; BGH Urt. v. 14. 1. 1999 – I ZR 2/97, EBE 1999, 204, 206; OLG Koblenz NJW-RR 1987, 95; *Hopt* RdNr. 7.
[28] BGH Urt. v. 28. 1. 1993 – I ZR 294/90, ZIP 1993, 703, 705; ausf. *Küstner* HVR RdNr. 2100 bis 2125; MünchKommHGB/*v. Hoyningen-Huene* RdNr. 23.
[29] *Schröder* RdNr. 13.
[30] OLG Saarbrücken Urt. v. 24. 7. 2002, 1 U 901/01–205, HVR Nr. 1057.
[31] BGH Urt. v. 14. 1. 1999 – I ZR 2/97, EBE 1999, 204, 206; OLG Koblenz NJW-RR 1987, 95, 97, 98; *Schröder* RdNr. 7 b; vgl. *Westphal* RdNr. 187; noch weitergehend *Küstner* HVR RdNr. 2117, vgl. aber auch RdNr. 2104; MünchKommHGB/*v. Hoyningen-Huene* RdNr. 25; Staub/*Brüggemann* RdNr. 4 und 5; *Westphal* Vertriebsrecht RdNr. 265.
[32] Heymann/*Sonnenschein/Weitemeyer* RdNr. 4; MünchKommHGB/*v. Hoyningen-Huene* RdNr. 24; Staub/*Brüggemann* RdNr. 1; *Küstner* HVR RdNr. 2103.
[33] Ähnlich *Hopt* RdNr. 7, der auf die Branchenfremdheit abstellt.
[34] BGH Urt. v. 28. 1. 1993 – I ZR 294/90, ZIP 1993, 703; LG Leipzig Urt. v. 30. 9. 2005 – 6 HK O 4539/03, HVR Nr. 1176; *Schröder* RdNr. 13; *Westphal* RdNr. 186.
[35] LG Leipzig Urt. v. 30. 9. 2005 – 6 HK O 4539/03, HVR Nr. 1176; *Westphal* RdNr. 186.

Für eine dem zuwiderlaufende Vereinbarung, die im Zweifel nicht durch AGB/Formularvertrag getroffen werden kann,[36] zB eine den HV in seiner nachvertraglichen Berufstätigkeit beschränkende **Kundenschutzklausel**, muss daher ein besonderes rechtlich beachtenswertes Interesse bestehen, welches jedenfalls entfällt, wenn die Kunden ihre Geschäftsbeziehung zu dem Unternehmer endgültig beenden.[37] Außerdem kann eine solche Vereinbarung, welche regelmäßig ein unter **§ 90 a** fallendes nachvertragliches Wettbewerbsverbot enthält,[38] nur dann und nur für solche Kunden angenommen werden, hinsichtlich derer die Voraussetzungen eines nach § 90 zu schützenden Geschäfts- oder Betriebsgeheimnisses vorliegen (RdNr. 4 bis 6), sofern nicht (der Geschäftsherr den Nachweis führt, dass) der HV einem weitergehenden Kundenschutz rechtsverbindlich zugestimmt hat.

8 **4. Rechtsfolgen und Pflichtverletzung. a) Dauer der Geheimhaltung.** Geschäfts- und Betriebsgeheimnisse sind vom HV während des bestehenden Vertragsverhältnisses entsprechend den getroffenen Vereinbarungen sowie auf Grund der bestehenden Treue- und Interessenwahrungspflicht streng und uneingeschränkt zu wahren (s. § 86),[39] bis die Geheimhaltungspflicht vom Unternehmer ausdrücklich oder durch schlüssiges Verhalten aufgehoben wird, Offenkundigkeit oder allgemeine Branchenkundigkeit eintritt[40] und damit der Geheimhaltungszweck entfällt.[41] Über das Vertragsende hinaus dauert die Geheimhaltungspflicht – unabhängig von den hierfür maßgeblichen Gründen[42] sowie vom Bestehen etwaiger Schadensersatz- oder Ausgleichsansprüche –[43] vom Grundsatz her zeitlich unbeschränkt fort, sofern sie nicht ausnahmsweise entfällt (RdNr. 5).[44] Die Eröffnung eines **Insolvenzverfahrens** über das Vermögen von Unternehmer oder HV lässt die Geheimhaltungspflicht unberührt. Sie endet mit dem endgültigen Untergang des Betriebs/Unternehmens des Geschäftsherrn, sofern die geschützten Rechte nicht an einen Dritten übertragen worden sind.

9 **b) Verwertungs- und Mitteilungsverbot.** Der HV darf die unter § 90 fallenden Geschäfts- und Betriebsgeheimnisse weder für sich noch für Dritte in irgendeiner Weise, insbesondere wirtschaftlich, ausnutzen und verwerten,[45] also wirtschaftlich nutzen,[46] noch offenbaren oder weitergeben.[47] Er hat für den Schutz der Geheimhaltung, auch durch seine Untervertreter und Angestellten, zu sorgen; die pflichtwidrige Unterlassung gebotener Vorkehrungen zur Geheimhaltung kann die Rechtsfolgen des § 90 auslösen.[48] Die Verwertung von **Kundenanschriften**, welche der HV **im Gedächtnis behalten** hat, verstößt nicht gegen § 1 UWG aF[49] oder gegen §§ 3, 17 UWG nF, kann aber vertragswidrig sein, wenn sie unter § 90 fallen; das Gleiche muss für Kundenanschriften gelten, hinsichtlich derer sich der HV eigene **Aufzeichnungen gemacht** hat;[50] auch hier ist nach § 90 zu beurteilen, ob infolge einer Pflicht zur Rückgabe der vom Unternehmer erhaltenen Kundenlisten zugleich eine andauernde Pflicht zur Geheimhaltung besteht, was im Zweifel nicht der Fall sein kann.[51] Die **Veräußerung** der (Anschriften von) Kunden durch den HV ist nur insoweit zulässig, als eine Geheimhaltungspflicht hinsichtlich der Kunden nach Vertragsende nicht besteht.[52]

10 **c) Unterlassungs-, Schadensersatz- und Herausgabepflicht.** § 90 gewährt keinen **Unterlassungsanspruch**,[53] ist aber Schutzgesetz nach § 823 Abs. 2 BGB und fällt unter § 1 UWG aF[54] sowie jetzt unter §§ 3, 8, 9 und 17 UWG nF. Der Geheimnisverrat, nicht aber der nachvertragliche Verstoß gegen § 90, kann einen fristlosen Kündigungsgrund bilden,[55] wobei es von der Schwere der Vertrags-

---

[36] LG Leipzig Urt. v. 30. 9. 2005 – 6 HK O 4539/03, HVR Nr. 1176.
[37] BGH Urt. v. 28. 1. 1993 – I ZR 294/90, ZIP 1993, 703; OLG Koblenz NJW-RR 1987, 95; aA und weitergehend OLG Naumburg Urt. v. 8. 7. 2004 – 7 U (Hs) 59/03, HVR Nr. 1132.
[38] OLG Koblenz NJW-RR 1987, 95, 97; *Schröder* RdNr. 13; *Küstner* HVR RdNr. 2125; *Westphal* RdNr. 186, 187.
[39] *Hopt* RdNr. 2; *Schröder* RdNr. 10.
[40] MünchKommHGB/*v. Hoyningen-Huene* RdNr. 15; Heymann/Sonnenschein/Weitemeyer RdNr. 2; Staub/*Brüggemann* RdNr. 3.
[41] *Hopt* RdNr. 4.
[42] MünchKommHGB/*v. Hoyningen-Huene* RdNr. 16.
[43] *Hopt* RdNr. 7; *Schröder* RdNr. 1.
[44] MünchKommHGB/*v. Hoyningen-Huene* RdNr. 15; *Schröder* RdNr. 16; Staub/*Brüggemann* RdNr. 3.
[45] *Hopt* RdNr. 3; *Schröder* RdNr. 8 a; vgl. MünchKommHGB/*v. Hoyningen-Huene* RdNr. 18.
[46] OLG Saarbrücken Urt. v. 24. 7. 2002, 1 U 901/01–205, HVR Nr. 1057.
[47] *Hopt* RdNr. 4; *Schröder* RdNr. 9.
[48] MünchKommHGB/*v. Hoyningen-Huene* RdNr. 20; *Schröder* RdNr. 9.
[49] BGH Urt. v. 14. 1. 1999 – I ZR 2/97, EBE 1999, 204, 206; BAG Urt. v. 15. 12. 1987 – 3 AZR 474/86, MDR 1988, 607; OLG Düsseldorf OLGR 2003, 252, 259.
[50] OLG Brandenburg Urt. v. 8. 9. 1998 – 6 U 131/98, HVR Nr. 939.
[51] OLG Brandenburg Urt. v. 8. 9. 1998 – 6 U 131/98, HVR Nr. 939.
[52] Vgl. BGH Urt. v. 19. 12. 2002 – I ZR 119/00, HVR Nr. 1062; *Schröder* RdNr. 13; aA *Westphal* Vertriebsrecht RdNr. 270.
[53] Vgl. *Schröder* RdNr. 17; aA MünchKommHGB/*v. Hoyningen-Huene* RdNr. 26.
[54] OLG Koblenz NJW-RR 1987, 95, 97; MünchKommHGB/*v. Hoyningen-Huene* RdNr. 26, 27.
[55] *Schröder* RdNr. 17.

verletzung abhängt, ob eine Abmahnung ausnahmsweise entbehrlich ist (§ 89 a); außerdem macht sich der HV – wie uU auch der dritte Nutzer des Geheimnisses – dem Unternehmer schadensersatz- und nach §§ 667, 687 Abs. 2 BGB herausgabepflichtig.[56]

d) Entschädigung. Die nachvertragliche Pflicht zur Wahrung von Geschäfts- und Betriebs- **11** geheimnissen folgt unmittelbar aus dem Gesetz und ist deswegen auch nicht von einer Entschädigungsleistung an den HV abhängig; anders als § 90 a sieht § 90 eine Entschädigung nicht vor. Wenn die Vertragspartner allerdings eine über die gesetzliche Regelung hinaus gehende Geheimhaltungspflicht vereinbaren, wird darin regelmäßig eine nachvertragliche Wettbewerbsvereinbarung nach § 90 a liegen (RdNr. 6), welche bei Vorliegen der Tatbestandsvoraussetzungen dieser Norm den gesetzlichen Anspruch auf Entschädigung begründet.

5. Geheimhaltungspflichtige Vertriebsmittler. § 90 gilt für HV sowie, in entsprechender **12** Anwendung, für **Vertragshändler, Franchisenehmer** und **Kommissionsagenten**[57] mit einer handelsvertreterähnlichen Rechtsstellung. Seinem **Untervertreter** muss der HV die für ihn selbst bestehenden Geheimhaltungspflichten verbindlich auferlegen; für Verstöße des Untervertreters gegen das Geheimhaltungsgebot ist der HV dem Unternehmer verantwortlich (RdNr. 8).

6. Abdingbarkeit. § 90 enthält abdingbares Recht. Durch **AGB**/Formularvertrag kann eine **13** Erweiterung der Geheimhaltung über § 90 hinaus zu Lasten des HV nicht wirksam begründet werden, weil solches im Regelfall dem gesetzlichen Leitbild des HV widerspricht und ihn damit unangemessen benachteiligt iSv § 307 Abs. 2 BGB.[58]

7. Beweislast. Der Unternehmer muss die tatsächlichen Voraussetzungen (des Entstehens) der **14** Geheimhaltungspflicht, besonders das dem HV anvertraute oder durch seine Tätigkeit bekannt gewordene Geheimnis, und deren Verletzung beweisen,[59] der HV den nachträglichen Wegfall der Geheimhaltungspflicht, also diejenigen Umstände, aus denen sich ausnahmsweise die nicht mehr gegebene Geheimhaltungsbedürftigkeit und/oder die Berechtigung zur Aufhebung oder zum nachvertraglichen Entfallen der Geheimhaltung ergeben sollen; beiden kann der Anscheinsbeweis zugute kommen.[60]

8. Europarecht. Allgemeine Ausführungen und Text der HV-RiLi s. Vor § 84 Anh. § 90 hat **15** keine Entsprechung in der HV-RiLi.

§ 90 a [Wettbewerbsabrede]

(1) ¹**Eine Vereinbarung, die den Handelsvertreter nach Beendigung des Vertragsverhältnisses in seiner gewerblichen Tätigkeit beschränkt (Wettbewerbsabrede), bedarf der Schriftform und der Aushändigung einer vom Unternehmer unterzeichneten, die vereinbarten Bestimmungen enthaltenden Urkunde an den Handelsvertreter.** ²**Die Abrede kann nur für längstens zwei Jahre von der Beendigung des Vertragsverhältnisses an getroffen werden; sie darf sich nur auf den dem Handelsvertreter zugewiesenen Bezirk oder Kundenkreis und nur auf die Gegenstände erstrecken, hinsichtlich deren sich der Handelsvertreter um die Vermittlung oder den Abschluß von Geschäften für den Unternehmer zu bemühen hat.** ³**Der Unternehmer ist verpflichtet, dem Handelsvertreter für die Dauer der Wettbewerbsbeschränkung eine angemessene Entschädigung zu zahlen.**

(2) Der Unternehmer kann bis zum Ende des Vertragsverhältnisses schriftlich auf die Wettbewerbsbeschränkung mit der Wirkung verzichten, daß er mit dem Ablauf von sechs Monaten seit der Erklärung von der Verpflichtung zur Zahlung der Entschädigung frei wird.

(3) Kündigt ein Teil das Vertragsverhältnis aus wichtigem Grund wegen schuldhaften Verhaltens des anderen Teils, kann er sich durch schriftliche Erklärung binnen einem Monat nach der Kündigung von der Wettbewerbsabrede lossagen.

(4) Abweichende für den Handelsvertreter nachteilige Vereinbarungen können nicht getroffen werden.

---

[56] MünchKommHGB/*v. Hoyningen-Huene* RdNr. 28; *Schröder* RdNr. 17 bis 21.
[57] MünchKommHGB/*v. Hoyningen-Huene* RdNr. 6.
[58] BGH Urt. v. 28. 1. 1993 – I ZR 294/90, ZIP 1993, 703, 704; OLG Koblenz NJW-RR 1987, 95; *Westphal* RdNr. 186, 187 – jeweils für Geheimhaltung von Kundenanschriften.
[59] *Mautz/Löblich* MDR 2000, 67, 71, 72.
[60] *Baumgärtel* RdNr. 1; *Schröder* RdNr. 5; Staub/*Brüggemann* RdNr. 1; *Küstner* HVR RdNr. 2126.

§ 90 a

Schrifttum: Siehe zunächst Schrifttumsverzeichnis vor § 84; wegen des älteren Schrifttums aus der Zeit vor 1990 wird auf das Schrifttumsverzeichnis der Vorauflage verwiesen: *Bauer/Diller,* Nachvertragliche Wettbewerbsverbote: Änderungen durch die Schuldrechtsreform, NJW 2002, 1609; *Flatten,* Nachvertragliche Wettbewerbsverbote aus Unternehmersicht, ZIP 1999, 1701; *Gaul/Khanian,* Zulässigkeit und Grenzen arbeitsrechtlicher Regelungen zu Wettbewerbsverboten, MDR 2006, 181; *Gutbrod,* Zulässigkeit des nachvertraglichen Wettbewerbsverbots ohne Karenzentschädigung, DB 1990, 1806; *Hermes,* Grundrechtsschutz durch Privatrecht auf neuer Grundlage, NJW 1990, 1764; *Hillgruber,* Grundrechtsschutz im Vertragsrecht, AcP 191 (1991), 69; *Küstner,* Zur Wirksamkeit eines Wettbewerbsverbots nach § 90 a HGB, wenn kein Bezirk ausgewiesen ist, BB 1997, 1753; *Mautz/Löblich,* Nachvertraglicher Verrat von Betriebs- und Geschäftsgeheimnissen, MDR 2000, 67.

Übersicht

	RdNr.		RdNr.
I. Geltungsbereich und Bedeutung der Vorschrift	1–4	**IV. Wegfall von Wettbewerbsverbot und Entschädigungspflicht**	28–38
1. Nachvertraglicher Wettbewerb	1	1. Die einzelnen Gründe	28
2. Bedeutung des § 90 a	2	2. Verzicht nach Abs. 2	29, 30
3. Änderungsgesetz 1989	3	a) Fristgerechter Zugang einer Verzichtserklärung	29
4. Neuregelung HRefG 1998	4	b) Wirkung und Rechtsfolgen	30
II. Wettbewerbsvereinbarung nach § 90 a	5–19	3. Vertragsaufhebung	31
1. Vertrag auf Unterlassung künftigen Wettbewerbs	5–12	4. Lossagen von der Wettbewerbsabrede nach Abs. 3	32–34
a) Unterlassungsvereinbarung	5	a) Entstehungsgeschichte	32
b) Vertragliche und nachvertragliche Vereinbarung	6	b) Fristgerechter Zugang einer Lossagungserklärung	33
c) Verbot für die Zeit nach Vertragsende	7	c) Analoge Anwendung des Abs. 3 ohne fristlose Kündigung	34
d) Beschränkung künftiger Berufsausübung	8	5. Tod, Arbeitsunfähigkeit, Geschäftsaufgabe	35
e) Verbot an sich zulässiger Tätigkeiten	9	6. Insolvenz	36
f) Berechtigtes Interesse des Unternehmers	10	7. Verstoß gegen Wettbewerbsverbot	37
g) Notwendiger Inhalt und Auslegung der Vereinbarung	11	8. Nichtvollzug des Vertrags	38
h) Nichtige Vereinbarung	12	**V. Unabdingbarkeit – Abs. 4**	39, 40
2. Die Besonderheiten des Abs. 1 S. 1 und 2	13–19	1. Bedeutung und Wirkung	39
a) Allgemeine Bedeutung	13	2. Unabdingbare Regeln, wirksame Absprachen, Umgehung	40
b) Schriftform – Abs. 1 S. 1	14	**VI. Rechtsfolgen und Tragweite des Wettbewerbsverbots**	41–43
c) Aushändigung der Urkunde – Abs. 1 S. 1	15	1. Verbotene Wettbewerbshandlung	41
d) Verbotszeitraum – Abs. 1 S. 2 1. HS	16	2. Rechtsfolgen	42
e) Bezirk oder Kundenkreis – Abs. 1 S. 2 2. HS	17	3. Verstoß gegen gesetzliches Wettbewerbsrecht	43
f) Gegenstand des Verbots – Abs. 1 S. 2 2. HS	18	**VII. Persönlicher Geltungsbereich**	44–47
g) Verstoß gegen Abs. 1 S. 2 2. HS	19	1. HV und gleichstehende Vertriebsmittler	44
III. Entschädigungspflicht – Abs. 1 S. 3	20–27	2. Wettbewerbsbeschränkende Absprachen zwischen Unternehmern	45
1. Wesen und Bedeutung	20	3. Vertragsübernahme	46
2. Art der Entschädigung	21	4. Übernahme der Handelsvertretung durch eine Kapitalgesellschaft	47
3. Angemessenheit	22–24	**VIII. Beweislast**	48
a) Bestimmung und Überprüfbarkeit	22	**IX. Europarecht**	49, 50
b) Maßgebliche Umstände	23		
c) Berechnung	24		
4. Entstehen, Fälligkeit und Vorwegerfüllung	25		
5. Steuerliche Behandlung	26		
6. Nichtzahlung	27		

I. Geltungsbereich und Bedeutung der Vorschrift

1 **1. Nachvertraglicher Wettbewerb.** Der HV unterliegt während der Dauer seines Vertrages mit dem Unternehmer einem gesetzlichen entschädigungslosen Wettbewerbsverbot aus § 86. Nach Beendigung des Vertragsverhältnisses (RdNr. 6) wirkt ein vertragliches Wettbewerbsverbot nicht fort (RdNr. 7) und ist es dem HV – auch bei Zahlung des Ausgleichs nach § 89 b –[1] **kraft Gesetzes nicht verwehrt, dem Unternehmer Konkurrenz zu machen.**[2] Allerdings hat er dabei die durch

---

[1] *Ebenroth* S. 215; *Hohn* DB 1967, 1897; *Schröder* DB 1964, 324; *Küstner* HVR RdNr. 2090; *Westphal* RdNr. 737; vgl. auch MünchKommHGB/*v. Hoyningen-Huene* RdNr. 40.
[2] OLG Düsseldorf OLGR 2003, 252 = HVR Nr. 1081; *Hohn* DB 1963, 1540; *Hopt* RdNr. 2; MünchKommHGB/*v. Hoyningen-Huene* RdNr. 2; vgl. dazu auch für Arbeitnehmer – BAG Urt. v. 19. 5. 1998 – 9 AZR 394/97, ZIP 1999, 295.

Wettbewerbsabrede 2, 3 § 90 a

die §§ 90 HGB, 3 und 4 UWG[3] (früher §§ 1 und 17 UWG aF), 138 und 242 BGB gezogenen **rechtlichen Grenzen und Schranken zu beachten,**[4] weswegen der HV auch ohne vereinbartes Wettbewerbsverbot **(1)** Geschäftsgeheimnisse nicht offenbaren, **(2)** in laufende Vertragsverhandlungen seines bisherigen Geschäftsherrn mit Kunden, mögen sie auch von dem HV geworben sein, nicht mit dem Ziel des Abwerbens[5] noch **(3)** in die Abwicklung der vom Unternehmer mit den Kunden geschlossenen Geschäfte eingreifen darf,[6] und er **(4)** jeden sonstigen unlauteren Wettbewerb wie zB das Verleiten der Kunden zum Vertragsbruch zu unterlassen hat.[7] Das Abwerben von nicht in konkreten Vertragsverhandlungen mit dem bisherigen Geschäftsherrn stehenden Kunden durch den nicht mehr durch ein Wettbewerbsverbot gebundenen HV ist rechtlich grds. zulässig,[8] allerdings muss der HV zur Vermeidung von Täuschungen darauf hinweisen, dass er für einen anderen Unternehmer tätig wird.[9] Durch das in § 90 a geregelte Wettbewerbsverbot wird grds. nur der Vertragspartner geschützt, zu dessen Gunsten bereits das vertragliche Wettbewerbsverbot bestanden hat. Die Parteien dürfen aber durch entsprechende eindeutige Absprachen das nachvertragliche Wettbewerbsverbot auf mit dem Unternehmer **verbundene** oder einem gemeinsamen **Konzern angehörende Drittunternehmen** erstrecken (s. § 84); im Zweifel ist solches nicht gewollt und vereinbart.[10]

2. Bedeutung des § 90 a. Den Vertragspartnern eines HVVertrags steht es grds. frei, durch Vereinbarung eines Wettbewerbsverbots, die sog Wettbewerbsabrede, den nachvertraglichen Wettbewerb des HV über das gesetzlich bereits Verbotene (RdNr. 1) hinaus ganz oder teilweise zu untersagen.[11] Vor oder während der Vertragszeit ist das allerdings nur nach § 90 a möglich.[12] Die 1953 in das Gesetz eingefügte Vorschrift schränkt zum Schutz des HV[13] die Vertragsfreiheit ein und regelt für den nicht unter § 92 c fallenden HV[14] in abschließender Weise die unabdingbaren Mindestvoraussetzungen eines vor Vertragsende vereinbarten Verbots nachvertraglichen Wettbewerbs und dessen Rechtsfolgen mit dem Grundsatz der bezahlten Karenz;[15] das Verbot kann nicht in anderer Weise als nach § 90 a begründet werden und deswegen auch nicht die Rechtsfolge eines Schadensersatzanspruchs wegen vom HV verschuldeter vorzeitiger Vertragsbeendigung bilden (s. § 89 a).[16] § 90 a betrifft nur zu Lasten des HV gehende Vereinbarungen. Die Aufhebung einer nachvertraglichen Wettbewerbsabrede durch eine noch während der Vertragszeit getroffene mündliche Vereinbarung wird durch § 90 a nicht ausgeschlossen;[17] den nachvertraglichen Wettbewerb des HV erleichternde oder ihm in sonstiger Weise günstige Abweichungen von § 90 a sind – ebenso wie ergänzende Abmachungen – jederzeit formlos sowie unabhängig von daraus folgenden nachteiligen Auswirkungen auf die (Karenz-)Entschädigung zulässig.[18] Nach Vertragsende können die Parteien ohne die Beschränkungen des § 90 a – insbesondere formlos – getroffene Wettbewerbsvereinbarungen ändern, Wettbewerbsverbot und Entschädigungspflicht aufheben oder modifizieren sowie entschädigungslose Wettbewerbsverbote begründen (RdNr. 6).[19] Auf das nach Vertragsende vereinbarte Wettbewerbsverbot finden jedoch die allgemeinen die Vertragsfreiheit einschränkenden Regelungen, besonders des Schuldrechts des BGB, Anwendung.[20]

3. Änderungsgesetz 1989. Durch das Gesetz von 1989 (Vor § 84 RdNr. 1) ist Abs. 1 S. 2 geändert worden. Ursprünglich bestand Satz 2 nur aus dem heutigen Teilsatz 1 mit der Beschränkung des Verbots auf höchstens auf 2 Jahre. Die Neufassung mit ihren weiteren Einschränkungen für die Vereinbarung nachvertraglicher Wettbewerbsverbote gilt seit dem 1. Januar 1994 für alle an diesem

---

[3] IdF des Gesetzes vom 3. 7. 2004 – BGBl. I S. 1414.
[4] BGH Urt. v. 14. 1. 1999 – I ZR 2/97, MDR 1999, 1341; OLG Düsseldorf OLGR 2003, 252; OLG Naumburg Urt. v. 8. 7. 2004 – 7 U (Hs) 59/03, HVR Nr. 1132; MünchKommHGB/*v. Hoyningen-Huene* RdNr. 13, 76; vgl. auch *Flatten*, ZIP 1999, 1701 und ausf., allerdings mehr aus arbeitsrechtlicher Sicht, *Mautz/Löblich* MDR 2000, 67.
[5] AA *Küstner* HVR RdNr. 2136.
[6] *Küstner* HVR RdNr. 2136.
[7] OLG Düsseldorf Urt. v. 11. 4. 2003 – I – 16 U 81/02, HVR Nr. 1082; *Küstner* HVR RdNr. 2138.
[8] Vgl. BGH Urt. v. 7. 4. 2005 – I ZR 140/02, ZIP 2005, 1380; LG Frankfurt HVR Nr. 475; LG Leipzig Urt. v. 30. 9. 2005 – 6 HK O 4539/03, HVR Nr. 1176.
[9] *Hopt* RdNr. 2.
[10] So für Arbeitsvertrag: *Gaul/Khanian* MDR 2006, 181, 186.
[11] *Hopt* RdNr. 1.
[12] MünchKommHGB/*v. Hoyningen-Huene* RdNr. 11.
[13] *Hopt* RdNr. 2.
[14] *Staub/Brüggemann* RdNr. 2; aA Heymann/*Sonnenschein/Weitemeyer* RdNr. 4; MünchKommHGB/*v. Hoyningen-Huene* RdNr. 5.
[15] *Hopt* RdNr. 1.
[16] MünchKommHGB/*v. Hoyningen-Huene* RdNr. 2.
[17] *Schröder* RdNr. 22; Heymann/*Sonnenschein/Weitemeyer* RdNr. 25; *Küstner* HVR RdNr. 2241; *Westphal* RdNr. 766.
[18] *Küstner* HVR RdNr. 2241, 2242.
[19] *Schröder* RdNr. 15.
[20] S. d. *Bauer/Diller* NJW 2002, 1609.

Tag bestehenden HVVerträge. Die Altfassung blieb für die Abwicklung der bis zum 31. Dezember 1993 ausgelaufenen Altverträge erheblich.

4. Neuregelung HRefG 1998. Durch das insoweit am 1. Juli 1998 in Kraft getretene HRefG vom 22. Juni 1998 (BGBl. I S. 1474) sind nach dem Vorschlag der Bundesregierung[21] der bisherige Abs. 2 S. 2 aufgehoben und Abs. 3 neu gefasst worden. Die **bisherige Gesetzesfassung** lautete:
„(Abs. 2 S. 2:) Kündigt der Unternehmer das Vertragsverhältnis aus wichtigem Grund wegen schuldhaften Verhaltens des Handelsvertreters, so hat dieser keinen Anspruch auf Entschädigung.
(Abs. 3:) Kündigt der Handelsvertreter das Vertragsverhältnis aus wichtigem Grund wegen schuldhaften Verhaltens des Unternehmers, so kann er sich durch schriftliche Erklärung binnen einem Monat nach der Kündigung von der Wettbewerbsabrede lossagen."
Mit der Neufassung des Gesetzes ist die **Verfassungswidrigkeit** des bisherigen Abs. 2 S. 2[22] **beseitigt** worden. Durch Erstreckung des bisher für den HV geltenden Abs. 3 auf den Unternehmer werden **beide Vertragsparteien** für den Fall der außerordentlichen Kündigung des HVVertrags aus wichtigem von der Gegenpartei zu vertretendem Grund **gleich gestellt**. Beide Neuregelungen sind infolge gleichzeitiger Änderung des Art. 29 a EGHGB auf Ansprüche aus **vor dem 1. Juli 1998 begründeten HVVertragsverhältnissen** anzuwenden, über welche an diesem Tag noch nicht rechtskräftig entschieden ist; damit gilt die Neufassung für alle Rechtsstreitigkeiten, sofern nicht spätestens am 30. Juni 1998 Rechtskraft eingetreten war.[23]

II. Wettbewerbsvereinbarung nach § 90 a

1. Vertrag auf Unterlassung künftigen Wettbewerbs. a) Unterlassungsvereinbarung. § 90 a greift ein, wenn die Vertragspartner durch eine Wettbewerbsvereinbarung oder Wettbewerbsabrede die Unterlassung oder Einschränkung von nachvertraglichem Wettbewerb des HV unmittelbar in der Weise verbindlich festlegen,[24] dass ein vertraglicher Unterlassungsanspruch begründet wird;[25] eine für die Dauer des HVVertrags geschlossene Vereinbarung zur Regelung des vertraglichen Wettbewerbs enthält im Zweifel nicht zugleich eine Wettbewerbsabrede im Sinn von § 90 a.[26] Ob ein nachvertragliches Wettbewerbsverbot vereinbart sein soll, ist Frage der Auslegung im Einzelfall.[27] Weder der einseitige Vorbehalt des Unternehmers[28] oder seine Ankündigung, den HV nach Vertragsende auf Unterlassung von Wettbewerb in Anspruch nehmen zu wollen, noch eine im HVVertrag vorgesehene Möglichkeit einer Inanspruchnahme des HV auf Wettbewerbsunterlassung stellen im Zweifel eine wirksame Wettbewerbsvereinbarung dar;[29] im Hinblick auf Abs. 4 kann der Unternehmer Rechte auch aus einer solchen Abrede/Erklärung nicht herleiten.[30] Im Rahmen des rechtlich Zulässigen kann das Wettbewerbsverbot durch **AGB/Formularvertrag** begründet, im Einzelnen ausgestaltet und durch eine **Vertragsstrafe** gesichert werden;[31] für das nachvertragliche **Verbot einer andersartigen Tätigkeit,** als sie der HV für den bisherigen Geschäftsherrn ausgeübt hat – besonders für das Verbot einer nicht auf die Vermittlung/den Abschluss von Kundengeschäften als selbständiger Kaufmann gerichteten Betätigung – bedarf es einer Individualvereinbarung, in welcher den durch Abs. 1 Satz gezogenen Einschränkungen Rechnung getragen wird (RdNr. 17 und 18). Unmittelbar aus dem Gesetz folgende Wettbewerbsverbote oder nur **mittelbar wettbewerbsbeschränkend wirkende** vertragliche **Absprachen** – zB die vereinbarte Pflicht zur Rückgewähr erhaltener Leistungen bei nachvertraglichem Wettbewerb des HV – fallen nicht unter § 90 a Abs. 1 bis 3,[32] letztere können allerdings wegen Umgehung des Abs. 4 unwirksam sein (RdNr. 37).[33]

---

[21] BR-Drucks. 340/97 – auszugsweise ZIP 1997, 942.
[22] Vgl. BVerfG Urt. v. 7. 2. 1990 – I BvR 26/84, BVerfGE 81, 242 = NJW 1990, 1469.
[23] Siehe dazu ausf. *Schaefer,* HRefG 1999 S. 52 f., 215, 216.
[24] Heymann/*Sonnenschein/Weitemeyer* RdNr. 7.
[25] Vgl. BGH Urt. v. 16. 11. 1972 – VII ZR 53/72, BGHZ 59, 387 = NJW 1973, 144; aA *Schwerdtner* JR 1973, 200.
[26] *Hopt* RdNr. 4.
[27] MünchKommHGB/*v. Hoyningen-Huene* RdNr. 16.
[28] *Hopt* RdNr. 23.
[29] LG Tübingen BB 1977, 671; *Küstner* HVR RdNr. 2177 ff.
[30] *Küstner* HVR RdNr. 2180.
[31] Vgl. BGH Urt. v. 28. 1. 1993 – I ZR 294/90, ZIP 1993, 703; OLG München DB 1996, 422; Heymann/*Sonnenschein/Weitemeyer* RdNr. 31; *Hopt* RdNr. 30; MünchKommHGB/*v. Hoyningen-Huene* RdNr. 67; siehe dazu auch *Bauer/Diller* NJW 2002, 1609, 1613, 1614 und (aus arbeitsrechtlicher Sicht) *Lohr* MDR 2000, 429; *Gaul/Khanian* MDR 2006, 181, 186, 187; s. a. OLG Naumburg Urt. v. 8. 7. 2004 – 7 U (Hs) 59/03, HVR Nr. 1132 (Vertragsstrafe für nachvertragliche Kundenschutzklausel).
[32] AA *Westphal* Vertriebsrecht RdNr. 303.
[33] BGH Urt. v. 16. 11. 1972 – VII ZR 53/72, BGHZ 59, 387 = NJW 1973, 144; *Küstner* HVR RdNr. 2175; *Schröder* RdNr. 7 a; aA *Schwerdtner* JR 1973, 200.

b) Vertragliche und nachvertragliche Vereinbarung. § 90 a gilt für vor[34] oder während des 6 bestehenden HVVertragsverhältnisses getroffene,[35] jedoch nicht für nach Vertragsende geschlossene Verbotsvereinbarungen; diese sind in den allgemeinen Grenzen des Zivilrechts frei aushandelbar; der HV gilt nicht mehr als schutzbedürftig (RdNr. 4).[36] Entscheidend ist, ob im Zeitpunkt der Verabredung des Verbots das Vertragsverhältnis rechtlich[37] noch besteht.[38] Wird die Wettbewerbsabrede **gleichzeitig mit einer sofort wirksam werdenden** oder einer **rückwirkenden Beendigung/Aufhebung** des Vertretervertrags vereinbart, greift § 90 a nicht ein,[39] die Parteien müssen nicht im Anschluss an die Vertragsaufhebung eine gesonderte Wettbewerbsvereinbarung treffen. Die gleichzeitig mit einer **erst zukünftig wirksam werdenden** Vertragsaufhebung vereinbarte Wettbewerbsabrede fällt unter § 90 a.[40]

c) Verbot für die Zeit nach Vertragsende. § 90 a betrifft Vereinbarungen, die für die Zeit nach 7 Ende des HVVertrags gelten sollen; das für die Vertragszeit vereinbarte Wettbewerbsverbot wirkt grundsätzlich nicht nach Vertragsende fort.[41] Grds. ist die Vereinbarung eines nachvertraglichen Wettbewerbsverbots **bedingungsfeindlich;**[42] lediglich das Inkrafttreten des Verbots darf von einer aufschiebenden Bedingung oder Zeitbestimmung abhängig gemacht werden.[43] Dem HV steht es allerdings frei, das in rechtlich unzulässiger Weise **bedingt vereinbarte Wettbewerbsverbot** dadurch zu akzeptieren, dass er nachvertraglichen Wettbewerb unterlässt und die ihm zustehende Karenzentschädigung in Anspruch nimmt; es gilt dann § 90 a; auf Verlangen hat der HV dem Unternehmer seine Bindung an das Verbot zu bestätigen.[44] Ein während der Vertragszeit in rechtlich zulässiger Weise bedingt vereinbartes nachvertragliches Wettbewerbsverbot, zB für den Fall einer Kündigung nach § 89 a, fällt unabhängig vom Eintritt der Bedingung ebenfalls unter § 90 a.[45] Eine **Freistellung** des Handelsvertreters von seiner Tätigkeitspflicht für die restliche Zeit seines bestehenden Vertragsverhältnisses löst die Rechtsfolge des § 90 a nicht aus. Wegen der Fortgeltung des bestehenden Wettbewerbsverbots nach einer Freistellung wird verwiesen auf die Kommentierung zu § 89.

d) Beschränkung künftiger Berufsausübung. § 90 a betrifft jede Vereinbarung zwischen HV 8 und Unternehmer, welche den HV nach Vertragsende in seiner beruflichen Tätigkeit nicht ganz unerheblich einschränken kann.[46] Erfasst werden künftige Tätigkeiten als HV, selbständiger Unternehmer, unselbständiger Angestellter,[47] als Organ von Handels-[48] oder Kapitalgesellschaften[49] sowie die Beteiligung an ihnen.[50] Ausreichend für die Anwendbarkeit des § 90 a ist die Möglichkeit, dass der HV durch die vereinbarungsgemäß zu unterlassende künftige Berufsausübung in irgendeiner – auch nur indirekten – Weise dem Unternehmen seines früheren Geschäftsherrn, wie es sich bei Vertragsende mit seinen absehbaren Entwicklungen darstellt, Konkurrenz machen kann; dafür können Minderbeteiligungen oder untergeordnete Tätigkeiten ausreichen.[51] Die künftige Berufsausübung braucht bei Abschluss der Wettbewerbsvereinbarung nicht beabsichtigt zu sein. Eine Frage der Auslegung im Einzelfall ist es, ob völlig unerwartet eintretende und nicht vorausgesehene **künftige Entwicklungen** von einer Wettbewerbsvereinbarung erfasst sein sollen; gleiches gilt hinsichtlich vom HV nicht vertriebener neuer Produkte des Unternehmers.

---

[34] *Hopt* RdNr. 11; *Schröder* RdNr. 4.
[35] MünchKommHGB/*v. Hoyningen-Huene* RdNr. 11.
[36] *Hopt* RdNr. 11; MünchKommHGB/*v. Hoyningen-Huene* RdNr. 13.
[37] AA wohl *Alff* RdNr. 77.
[38] BGH Urt. v. 5. 12. 1968 – VII ZR 102/66, BGHZ 51, 184 = NJW 1969, 504; BGH Urt. v. 24. 11. 1969 – VII ZR 146/67, BGHZ 53, 89 = NJW 1970, 420; *Rietschel* LM HGB § 90 a Nr. 3; *Alff* RdNr. 76; zum Ganzen ausführlich *Küstner* HVR RdNr. 2196 bis 2206.
[39] BGH Urt. v. 5. 12. 1968 – VII ZR 102/66, BGHZ 51, 184 = NJW 1969, 504; BGH Urt. v. 24. 11. 1969 – VII ZR 146/67, BGHZ 53, 89 = NJW 1970, 420; *Hopt* RdNr. 11; MünchKommHGB/*v. Hoyningen-Huene* RdNr. 13; aA OLG Hamburg MDR 1968, 53; *Küstner* HVR RdNr. 2200; etwas unklar Staub/*Brüggemann* RdNr. 6.
[40] BGH Urt. v. 24. 11. 1969 – VII ZR 146/67, BGHZ 53, 89 = NJW 1970, 420; MünchKommHGB/*v. Hoyningen-Huene* RdNr. 13.
[41] OLG Düsseldorf OLGR 2003, 252; LG Krefeld NJW-RR 1988, 1063 = HVR Nr. 644; Heymann/*Sonnenschein/Weitemeyer* RdNr. 8; *Küstner* HVR RdNr. 2090; differenzierend MünchKommHGB/*v. Hoyningen-Huene* RdNr. 16; vgl. auch OLG Brandenburg VersR 2002, 759.
[42] So für Arbeitsvertrag: *Gaul/Khanian* MDR 2006, 181, 184.
[43] So für Arbeitsvertrag: *Gaul/Khanian* MDR 2006, 181, 184.
[44] So für Arbeitsvertrag: *Gaul/Khanian* MDR 2006, 181, 184.
[45] OLG München Urt. v. 1. 6. 1956 – 6 U 1032/56, HVR Nr. 152.
[46] *Schröder* RdNr. 7; *Westphal* Vertriebsrecht RdNr. 302.
[47] Heymann/*Sonnenschein/Weitemeyer* RdNr. 10; *Schröder* RdNr. 7.
[48] Heymann/*Sonnenschein/Weitemeyer* RdNr. 10.
[49] MünchKommHGB/*v. Hoyningen-Huene* RdNr. 21.
[50] Heymann/*Sonnenschein/Weitemeyer* RdNr. 10; *Hopt* RdNr. 12; *Schröder* RdNr. 10; Staub/*Brüggemann* RdNr. 3; *Westphal* RdNr. 739.
[51] MünchKommHGB/*v. Hoyningen-Huene* RdNr. 21; vgl. Staub/*Brüggemann* RdNr. 3.

9 e) Verbot an sich zulässiger Tätigkeiten. Dem HV trotz Beendigung des Vertrags mit dem Unternehmer bereits kraft Gesetzes verbotene Betätigungen können die Rechtsfolgen des § 90 a nicht auslösen.[52] Die unter § 90 a fallende Vereinbarung muss vielmehr eine an sich zulässige künftige Tätigkeit untersagen,[53] zB durch die Vereinbarung der Weitergeltung des für die Vertragszeit geltenden gesetzlichen oder eines vertraglichen Wettbewerbsverbots, einer nicht unter § 90 fallenden Geheimhaltungs- oder Verschwiegenheitspflicht, durch das vereinbarte Verbot, Kenntnisse über Kunden auszunutzen,[54] ehemalige Kunden abzuwerben,[55] ihnen Hilfe bei der Abwanderung zu einem anderen Unternehmer zu leisten,[56] oder sich an ehemalige Kunden mit dem Hinweis auf die Tätigkeit für einen neuen Geschäftsherrn zu wenden.[57]

10 f) Berechtigtes Interesse des Unternehmers. Wegen der mit einem nachvertraglichen Wettbewerbsverbot verbundenen beruflichen Einschränkungen des HV ist für dessen Wirksamkeit erforderlich, dass (der Unternehmer nachweisen kann, dass) es dem Schutz eines berechtigten Interesses des Unternehmers dienen soll,[58] im Regelfall also dem Schutz des Unternehmers vor einem vorzeitigen Eingreifen des HV in seinen Geschäftsbetrieb mit dem Kunden- und Lieferantenstamm des Unternehmers.[59] Grds. muss dabei das berechtigte Interesse des Unternehmers höher zu bewerten sein als das Interesse des HV an einer ungehinderten Berufsausübung nach Vertragsende.[60] Das Interesse des Unternehmers, den HV nach Vertragsende von einem sofortigen Wechsel zu einem Konkurrenten abzuhalten, kann das Wettbewerbsverbot rechtfertigen.[61]

11 g) Notwendiger Inhalt und Auslegung der Vereinbarung. Inhalt und Tragweite des Wettbewerbsverbots richten sich, soweit § 90 a nicht eingreift, nach den Vereinbarungen der Parteien. Die für Handlungsgehilfen geltenden **§§ 74 bis 75 d** sind wegen der unterschiedlichen rechtlichen und wirtschaftlichen Stellung – auch analog – **nicht anwendbar,**[62] und im Zweifel auch nicht zur Auslegung des § 90 a heranzuziehen.[63] Hingegen finden §§ 138, 242 BGB Anwendung, soweit nicht in § 90 a eine – dann vorrangige und grds. abschließende[64] – Sonderregelung enthalten ist.[65] Damit ist es grundlegende **Aufgabe der Vertragsparteien,** im Rahmen des gesetzlich Zulässigen **das Wettbewerbsverbot in allen Einzelheiten** so bestimmt, eindeutig und unmissverständlich[66] vertraglich **festzulegen,** dass es Grundlage einer titulierbaren und vollstreckungsfähigen Unterlassungspflicht sein kann. Der HV muss dem Vertrag genau und zweifelsfrei entnehmen können, was er zu unterlassen hat;[67] Unklarheiten gehen zu Lasten des Unternehmers. Ein im HVVertrag nicht näher umschriebenes „nachvertragliches Wettbewerbsverbot" umfasst im Zweifel alles, was dem HV während des HVVertrags kraft Gesetzes (§ 86) untersagt ist. Die Vereinbarung einer **Kundenschutzklausel** enthält im Zweifel noch kein nachvertragliches Wettbewerbsverbot, jedoch kann ein Kundenkreis unter den Schutzbereich des § 90 fallen.[68]

12 h) Nichtige Vereinbarung. Wettbewerbsabreden können nach den allgemeinen Regeln des BGB nichtig und anfechtbar sein;[69] ein Irrtum des Unternehmers über die kraft Gesetzes eintretende Entschädigungspflicht (RdNr. 29) kann weder ein Anfechtungsrecht noch einen Dissens (§§ 154, 155 BGB) begründen.[70] Bei Umgehung der zwingenden Regelungen des § 90 a kann Nichtigkeit

---

[52] *Hopt* RdNr. 6.
[53] *Hopt* RdNr. 6; *Schröder* RdNr. 8.
[54] Vgl. BGH Urt. v. 28. 1. 1993 – I ZR 294/90, ZIP 1993, 703; BGH Urt v. 10. 5. 1995 – VIII 144/94, ZIP 1995, 1260.
[55] *Hohn* DB 1967, 1897; *Küstner* HVR RdNr. 2127; vgl. *Schröder* DB 1964, 324.
[56] *Küstner* HVR RdNr. 2127.
[57] *Küstner* HVR RdNr. 2139 ff.
[58] BezG Dresden DB 1991, 1620; MünchKommHGB/*v. Hoyningen-Huene* RdNr. 23; Staub/*Brüggemann* RdNr. 4; vgl. OLG Nürnberg BB 1960, 1261; aA *Küstner* HVR RdNr. 2221; vgl. auch LAG Erfurt ZIP 2002, 587 m. zust. Anm. *Ingenfeld* EWiR 2002, 437 (für Arbeitsvertrag).
[59] S. d. a. aus arbeitsrechtlicher Sicht: *Gaul/Khanian* MDR 2006, 181, 182.
[60] S. d. a. aus arbeitsrechtlicher Sicht: *Gaul/Khanian* MDR 2006, 181, 182.
[61] So für Arbeitsverträge: *Gaul/Khanian* MDR 2006, 181, 182; aA – für Arbeitsverträge – LAG Erfurt ZIP 2002, 587 m. zust. Anm. *Ingenfeld* EWiR 2002, 437.
[62] BAG Urt. v. 20. 4. 1964 – 5 AZR 278/63, NJW 1964, 1641; Heymann/*Sonnenschein/Weitemeyer* RdNr. 5; *Schröder* RdNr. 1; teilweise aA *Hopt* RdNr. 8 und 9.
[63] Heymann/*Sonnenschein/Weitemeyer* RdNr. 5.
[64] *Hopt* RdNr. 7; MünchKommHGB/*v. Hoyningen-Huene* RdNr. 10 a.
[65] *Hopt* RdNr. 7; MünchKommHGB/*v. Hoyningen-Huene* RdNr. 10 a.
[66] OLG Düsseldorf OLGR 2003, 252, 258.
[67] Vgl. BAG Urt. v. 5. 9. 1995 – 9 AZR 718/93, ZIP 1996, 558; vgl. LAG Düsseldorf BB 1997, 319; *Küstner* HVR RdNr. 2154 bis 2156.
[68] OLG Düsseldorf OLGR 2003, 252, 258.
[69] Staub/*Brüggemann* RdNr. 15.
[70] *Hopt* RdNr. 18.

nach Abs. 4 iVm. § 134 BGB eintreten (RdNr. 36 und 37).[71] Obwohl dann ein Wettbewerbsverbot nicht besteht,[72] kann dem HV ein Schadensersatzanspruch nach § 122 BGB und gegebenenfalls aus positiver Vertragsverletzung – in der Regel begrenzt auf die Höhe einer angemessenen Karenzentschädigung – zustehen, wenn er auf Grund einer nichtigen Abrede Wettbewerb unterlassen und auf mögliche anderweitige Einnahmen verzichtet hat. Die **Nichtigkeit des HVVertrags** berührt bei tatsächlich in Vollzug gesetztem HVVerhältnis die Wirksamkeit einer in zulässiger Weise geschlossenen Wettbewerbsabrede nicht,[73] wie auch die Nichtigkeit dieser Abrede im Zweifel nach § 139 BGB keine Auswirkungen auf die sonstigen vertraglichen Vereinbarungen der Parteien haben wird,[74] soweit diese dem Schutz des HV dienen und in seinem Interesse liegen.[75] Das mit einem **minderjährigen HV** vereinbarte Wettbewerbsverbot fällt unter § 112 BGB.[76] Nach § 90 a zulässige Wettbewerbsabreden verstoßen regelmäßig nicht gegen das **GWB** (s. § 84)[77] noch gegen § 138 BGB.[78] Wirkt sich das vereinbarte Wettbewerbsverbot wie ein (vorübergehendes) **Berufsverbot** für den betroffenen HV aus, weil ihm zB der Bereich der Bundesrepublik Deutschland als Tätigkeitsbereich zugewiesen war (RdNr. 17) und die gesamte von ihm bisher vertriebene Produktpalette von dem Verbot erfasst wird (RdNr. 18), ist diesem Umstand bei der Bemessung der Karenzentschädigung angemessen Rechnung zu tragen (RdNr. 23); die Wettbewerbsvereinbarung bleibt trotz dieser Auswirkungen auf die Berufstätigkeit des HV grundsätzlich wirksam,[79] wenn (und soweit) sie dem Schutz eines berechtigten Interesses des Unternehmers dienen soll (RdNr. 10).

2. Die Besonderheiten des Abs. 1 S. 1 und 2. a) Allgemeine Bedeutung. Vereinbarungen **13** über nachvertraglichen Wettbewerb des HV unterliegen nach Abs. 1 Einschränkungen der Vertragsfreiheit in förmlicher (Abs. 1 S. 1), zeitlicher (Abs. 1 S. 2 HS 1) und seit der Neufassung des Gesetzes im Jahr 1989 zudem in inhaltlicher (sachlicher oder gegenständlicher) Hinsicht (Abs. 1 S. 2 HS 2). Die genaue Beachtung des Gesetzes ist **Voraussetzung der Wirksamkeit** des vereinbarten Wettbewerbsverbots.[80]

b) Schriftform – Abs. 1 S. 1. Sämtliche zwischen den Parteien getroffenen Abmachungen über **14** die Beschränkung der nachvertraglichen gewerblichen Tätigkeit des HV müssen nach Abs. 1 schriftlich niedergelegt und von beiden Parteien unterzeichnet werden;[81] es gelten § 126 BGB[82] sowie § 126 a,[83] nicht aber § 126 b BGB.[84] Stellvertretung ist zulässig.[85] Das Schriftformerfordernis erstreckt sich im Zweifel nicht auf den gesamten HVVertrag, sondern nur auf die Wettbewerbsabrede. **Regelungen zur Entschädigung** braucht die Urkunde nicht zu enthalten.[86] Wenn allerdings nach dem Willen der Parteien eine Regelung über die Höhe der kraft Gesetzes geschuldeten Entschädigung getroffen und schriftlich niedergelegt werden soll, wird vorher im Hinblick auf § 154 Abs. 2 BGB eine rechtsgültige Wettbewerbsvereinbarung nicht vorliegen. Im HVVertrag darf die Karenzentschädigung nicht ausdrücklich ausgeschlossen werden.[87] Eine eigenständige Urkunde ist nicht erforderlich; Vereinbarung durch **AGB** ist zulässig, ebenso durch Briefwechsel, wenn inhaltlich gleich lautende und unterschriebene Erklärungen ausgetauscht werden.[88] Ein einseitiges kaufmännisches **Bestätigungsschreiben** entspricht den Anforderungen des Abs. 1 S. 1 nicht.[89] Ist das Wettbewerbsverbot in einer selbständigen Anlage zu dem HVVertrag niederlegt, muss diese der Schriftform genügen.[90] Wird ein **neuer HVVertrag** abgeschlossen, bedarf es im Zweifel einer erneuten schrift-

---

[71] Staub/Brüggemann RdNr. 15; vgl. Staudinger/Sack § 134 RdNr. 157, 250; aA Hillgruber AcP 191 (1991), 69, 77.
[72] Schröder RdNr. 21 bis 21 b.
[73] Schröder RdNr. 6.
[74] BGH Urt. v. 25. 11. 1963 – VII ZR 29/62, BGHZ 40, 235, 239 = NJW 1964, 350; Schröder RdNr. 6; Staub/Brüggemann RdNr. 16.
[75] Hopt RdNr. 31.
[76] Schröder RdNr. 5 b; vgl. BAG Urt. v. 20. 4. 1964 – 5 AZR 278/63, NJW 1964, 1641; Hohn DB 1967, 1899.
[77] Hopt § 86 RdNr. 37.
[78] Hopt RdNr. 7; MünchKommHGB/v. Hoyningen-Huene RdNr. 10.
[79] AA Flatten ZIP 1999, 1791, 1705, der den Unterschieden zwischen unselbständigem Arbeitnehmer und HV nicht hinreichend Rechnung trägt.
[80] MünchKommHGB/v. Hoyningen-Huene RdNr. 37.
[81] Vgl. Schröder RdNr. 12 a.
[82] Hopt RdNr. 14; MünchKommHGB/v. Hoyningen-Huene RdNr. 30.
[83] Vgl. Bamberger/Roth/Wendtland § 126 a RdNr. 1.
[84] Vgl. Bamberger/Roth/Wendtland § 126 b RdNr. 1.
[85] OLG Düsseldorf BB 1962, 731; Hopt RdNr. 14; MünchKommHGB/v. Hoyningen-Huene RdNr. 30.
[86] OLG Düsseldorf BB 1962, 731; MünchKommHGB/v. Hoyningen-Huene RdNr. 32.
[87] Vgl. MünchKommHGB/v. Hoyningen-Huene RdNr. 33.
[88] Schröder RdNr. 12 a; vgl. MünchKommHGB/v. Hoyningen-Huene RdNr. 31.
[89] Heymann/Sonnenschein/Weitemeyer RdNr. 13; MünchKommHGB/v. Hoyningen-Huene RdNr. 31; Staub/Brüggemann RdNr. 8; Küstner HVR RdNr. 2165.
[90] Hopt RdNr. 14; vgl. LAG Hamm DB 1974, 1532.

lich abzuschließenden Wettbewerbsabrede, sofern nicht die Weitergeltung eines bereits schriftlich vorliegenden Verbots zumindest mündlich vereinbart wird. Vereinbarungen zur **Fortgeltung** eines auf bestimmte Zeit geschlossenen HVVertrags erfassen idR auch die im Vertrag enthaltene Wettbewerbsabrede. Bei Nichteinhaltung der Schriftform, die jederzeit **nachgeholt** werden kann,[91] ist die Wettbewerbsvereinbarung nach § 125 Abs. 1 BGB unwirksam.[92]

15 **c) Aushändigung der Urkunde – Abs. 1 S. 1.** Ein von ihm unterzeichnetes vollständiges Exemplar der über die Wettbewerbsabrede erstellten Urkunde muss der Unternehmer dem HV gemäß Abs. 1 S. 1 in angemessener Zeit nach Abschluss der Vereinbarung[93] (vgl. § 148 BGB) zum dauernden Verbleib[94] aushändigen, damit das Verbot wirksam werden kann.[95] Zugang iSv. § 130 Abs. 1 S. 1 BGB reicht nicht, der HV muss tatsächlich in den Besitz der Urkunde kommen, was der Unternehmer zu beweisen hat. Die unberechtigte Weigerung des zur Entgegennahme der Urkunde verpflichteten HV[96] steht der Aushändigung gleich;[97] bei berechtigter **Annahmeverweigerung** kommt die Wettbewerbsabrede nicht zustande.[98]

16 **d) Verbotszeitraum – Abs. 1 S. 2 1. HS.** Das nachvertragliche Wettbewerbsverbot darf nach Abs. 1 S. 2 1. HS höchstens für einen Zeitraum von zwei Jahren vereinbart werden, gerechnet von dem rechtlichen Ende des HVVertragsverhältnisses mit dem Auslaufen des gesetzlichen Wettbewerbsverbots nach § 86. Die Höchstfrist kann weder verlängert noch (unterbrochen,) gehemmt oder hinausgeschoben werden.[99] Wenn eine längere als die gesetzliche Höchstfrist vereinbart wird, gilt – auch bei AGB – im Zweifel über § 139 BGB die Zweijahresfrist.[100] Eine kürzere Frist muss eindeutig bestimmt sein; Unklarheiten gehen zu Lasten dessen, der die Frist vorgegeben hat; es kann – auch wegen der Entschädigungspflicht – nicht davon ausgegangen werden, dass im Zweifelsfall die Zweijahresfrist gewollt ist.[101]

17 **e) Bezirk oder Kundenkreis – Abs. 1 S. 2 2. HS.** Seit der Neufassung des Gesetzes im Jahr 1989 darf gemäß Abs. 1 S. 2 2. HS das nachvertragliche Wettbewerbsverbot bei dem HV, dessen Tätigkeit auf einen bestimmten Bezirk oder Kundenkreis beschränkt war, nur noch für diesen potentiellen Kundenkreis vereinbart werden.[102] Eine dagegen verstoßende Wettbewerbsvereinbarung ist unwirksam. Maßgebend sind grds. Bezirk oder Kundenkreis, der dem HV bei Vertragsende zugewiesen war. Eine Bezirkszuweisung iSv. § 87 Abs. 2 ist nicht erforderlich;[103] es reicht aus, dass der HV nach den Vorstellungen beider Vertragspartner in einem bestimmten Bezirk/Kundenkreis tätig werden sollte und seine Tätigkeit hierauf beschränkt hat.[104] In dem Bereich darf sich das Verbot auf alle tatsächlichen oder potentiellen Kunden erstrecken, welche nach den vertraglichen Absprachen oder verbindlich gewordenen Vorstellungen der Vertragspartner zu dem Kundenkreis des HV gehören sollten; der potentielle Abnehmerkreis kann nach § 90 a geschützt werden. Maßgebend ist der Inhalt des HVVertrags, nicht dessen einseitige – vertragswidrige – Handhabung oder Auslegung durch den HV noch dessen Meinung über die zu werbenden Kunden. War dem HV in einem Vertrag aus der Zeit vor dem 1. Juli 1990 „**Deutschland**" oder die „**Bundesrepublik**" als Bezirk zugewiesen, sind damit im Zweifel die fünf neuen Länder nicht gemeint (s. § 87 auch zur Zuweisung der ehemaligen „**UdSSR**").[105] Bei einem **Bezirks- und Kundenwechsel in der Vergangenheit** kann sich der Unternehmer frühere Tätigkeitsbereiche des HV schützen lassen, soweit er daran ein berechtigtes Interesse nachweisen kann; das wird regelmäßig bei Einsatzgebieten fehlen, hinsichtlich derer die Tätigkeit des HV längere Zeit zurückliegt; in Anlehnung an die gesetzliche Regelung zur nachvertraglichen Beschränkung des Wettbewerbs werden idR die in den letzten beiden Jahren vor Vertragsende bearbeiteten Arbeitsgebiete unter den nachvertraglichen Kundenschutz fallen. Wenn

---

[91] Vgl. *Schröder* RdNr. 13 a.
[92] *Schröder* RdNr. 13 a.
[93] MünchKommHGB/*v. Hoyningen-Huene* RdNr. 35; *Schröder* RdNr. 12 b; Staub/*Brüggemann* RdNr. 9; *Westphal* RdNr. 750; *Küstner* HVR RdNr. 2167.
[94] *Küstner* HVR RdNr. 2171.
[95] MünchKommHGB/*v. Hoyningen-Huene* RdNr. 34, 37.
[96] *Küstner* HVR RdNr. 2168.
[97] MünchKommHGB/*v. Hoyningen-Huene* RdNr. 36; Koller/*Roth*/Morck RdNr. 5; *Westphal* RdNr. 750.
[98] *Hopt* RdNr. 15.
[99] *Schröder* RdNr. 15; Staub/*Brüggemann* RdNr. 4; vgl. MünchKommHGB/*v. Hoyningen-Huene* RdNr. 18.
[100] MünchKommHGB/*v. Hoyningen-Huene* RdNr. 19; *Schröder* RdNr. 15; Heymann/*Sonnenschein*/*Weitemeyer* RdNr. 12.
[101] Vgl. aber Heymann/*Sonnenschein*/*Weitemeyer* RdNr. 12.
[102] MünchKommHGB/*v. Hoyningen-Huene* RdNr. 24, 25.
[103] *Küstner* BB 1997, 1753, 1754.
[104] *Küstner* BB 1997, 1753, 1754; *Westphal* Vertriebsrecht RdNr. 310.
[105] MünchKommHGB/*v. Hoyningen-Huene* § 87 RdNr. 84 a; *Westphal* RdNr. 54; aA wohl LAG Berlin DB 1991, 1287; vgl. auch OLG Hamm GRUR 1991, 907; OLG Frankfurt WRP 1992, 331.

ein HV laufend in wechselnden Gebieten – sog. **Rotationssystem** – eingesetzt wird, kann sich der Unternehmer hinsichtlich aller möglichen Kunden aus den Bezirken vor Wettbewerb schützen,[106] welche der HV vertragsgemäß bereist hat;[107] eine Auslegung der Vertragserklärungen kann allerdings ergeben, dass nur das in einem bestimmten Zeitraum vor Vertragsende bearbeitete Gebiet geschützt sein soll. Bei **Fehlen einer bestimmten Zuweisung** darf ein örtlich und persönlich uneingeschränktes Wettbewerbsverbot festgelegt werden.[108]

f) Gegenstand des Verbots – Abs. 1 S. 2 2. HS. Letztlich darf sich das nachvertragliche Wettbewerbsverbot gemäß Abs. 1 S. 2 2. HS (letzte Alternative) nur auf Gegenstände erstrecken, welche der HV nach dem HVVertrag bei Vertragsende oder in den letzten beiden Jahren zuvor für den Unternehmer abzusetzen hatte.[109] Das Verbot erfasst – auch bei Markenartikeln – jeweils den Waren- oder Leistungstyp, der Vertragsgegenstand war, also die Produkte, welche bei objektiv vernünftiger und wirtschaftlicher Betrachtungsweise aus der Sicht des Marktes ein Austausch- oder Konkurrenzprodukt darstellen können (s. § 86). Die normale Fortentwicklung des Unternehmerprodukts ist regelmäßig in den Schutzbereich des § 90 a einbezogen. **18**

g) Verstoß gegen Abs. 1 S. 2 2. HS. Verstößt das vereinbarte Verbot gegen Abs. 1 S. 2 2. HS, ist es eine Frage der Auslegung, ob die zu weitgehende Vereinbarung unwirksam ist oder ihr ein Sach- und/oder Personenbereich entnommen werden kann, der in rechtlich zulässiger Weise zu schützen ist.[110] Soweit für Altverträge ab 1. Januar 1994 das neue Recht gilt (RdNr. 3), werden nicht mit § 90 a Abs. 1 S. 2 in Einklang stehende Wettbewerbsabreden nicht unwirksam, sondern bestehen mit dem gesetzlich zulässigen Inhalt fort;[111] eine Karenzentschädigung war gegebenenfalls herabzusetzen, wenn der HV deswegen nur noch einem weniger weit reichenden Wettbewerbsverbot unterlag.[112] **19**

III. Entschädigungspflicht – Abs. 1 S. 3

1. Wesen und Bedeutung. Als **Gegenleistung** für die vom HV freiwillig durch Vertrag übernommene Pflicht zum Unterlassen von Wettbewerb[113] hat der Unternehmer ihn kraft Gesetzes (Abs. 1 S. 3) zu entschädigen (Karenzentschädigung). Die Entschädigungspflicht ist **weder Entgelt** für einen später entstehenden Einkommensverlust des HV infolge pflichtgemäß unterlassenen Wettbewerbs[114] **noch Schadensersatz**[115] und hängt deshalb nicht davon ab, ob sowie in welchem Umfang der HV zu der ihm untersagten Wettbewerbstätigkeit bereit, willens und in der Lage ist (s. a. RdNr. 35)[116] und/oder ob er anderweit Einkünfte in gleicher Höhe wie bisher erzielt;[117] selbst ein nachvertragliches höheres Einkommen des HV auf Grund einer nicht unter das Wettbewerbsverbot zulässigen Erwerbstätigkeit steht der Entschädigungspflicht grds. nicht entgegen, weil es nicht um den Ausgleich eines Schadens des HV geht.[118] Die **Entschädigungspflicht ist**[119] Rechtsfolge, nicht Wirksamkeitsvoraussetzung der Wettbewerbsvereinbarung,[120] braucht in der nach Abs. 1 S. 1 zu erstellenden Urkunde nicht vorgesehen zu sein und kann nicht ausgeschlossen werden. Der **ausdrückliche Ausschluss** der Entschädigung in dem HVVertrag hat idR die Nichtigkeit der gesamten Wettbewerbsvereinbarung zur Folge.[121] Der Entschädigungsanspruch ist übertragbar und pfändbar.[122] **20**

2. Art der Entschädigung. Die Entschädigung kann in Geld, Sachwerten oder jeder sonstigen sich für den HV objektiv als Vorteil darstellenden Weise gewährt werden;[123] eine Verbesserung seiner **21**

---

[106] So: MünchKommHGB/*v. Hoyningen-Huene* RdNr. 27; *Küstner* HVR RdNr. 2152; *Küstner/Thume* RdNr. 2222.
[107] AA: MünchKommHGB/*v. Hoyningen-Huene* RdNr. 27; *Küstner/Thume* RdNr. 2222.
[108] *Westphal* RdNr. 747 und Vertriebsrecht RdNr. 309; *Küstner* HVR RdNr. 2150; aA *Küstner* BB 1997, 1753, 1754.
[109] MünchKommHGB/*v. Hoyningen-Huene* RdNr. 28.
[110] BezG Dresden DB 1991, 1620; *Westphal* RdNr. 748.
[111] MünchKommHGB/*v. Hoyningen-Huene* RdNr. 29.
[112] Vgl. *Küstner* HVR RdNr. 2161, 2162.
[113] BGH Urt. v. 16. 11. 1972 – VII ZR 53/72, BGHZ 59, 387 = NJW 1973, 144; BGH Urt. v. 12. 11. 1986 – I ZR 209/84, WM 1987, 512; *Hopt* RdNr. 18; MünchKommHGB/*v. Hoyningen-Huene* RdNr. 5.
[114] BGH Urt. v. 19. 12. 1974 – VII ZR 2/74, BGHZ 63, 353 = NJW 1975, 388.
[115] BGH Urt. v. 19. 12. 1974 – VII ZR 2/74, BGHZ 63, 353 = NJW 1975, 388; BGH Urt. v. 12. 11. 1986 – I ZR 209/84, WM 1987, 512.
[116] BGH Urt. v. 19. 12. 1974 – VII ZR 2/74, BGHZ 63, 353, 356 = NJW 1975, 388; *Ordemann* BB 1965, 933; *Hopt* RdNr. 18; *Schröder* RdNr. 16 a; *Küstner* HVR RdNr. 2210.
[117] *Schröder* RdNr. 16 a.
[118] Vgl. LAG Rheinland-Pfalz Urt. v. 25. 11. 2004 – 4 Sa 618/04, DStR 2005 Heft 33 S. XIV.
[119] Anders als nach § 74 Abs. 2, s. d. *Gaul/Khanian* MDR 2006, 181, 183.
[120] BAG Urt. v. 20. 4. 1964 – 5 AZR 278/63, NJW 1964, 1641; OLG Nürnberg BB 1960, 1261; MünchKommHGB/*v. Hoyningen-Huene* RdNr. 39.
[121] MünchKommHGB/*v. Hoyningen-Huene* RdNr. 33.
[122] *Küstner* HVR RdNr. 2234.
[123] MünchKommHGB/*v. Hoyningen-Huene* RdNr. 46; *Westphal* Vertriebsrecht RdNr. 326.

rechtlichen Stellung auf Grund eines Zugeständnisses des Unternehmers kann als rechtlicher Vorteil ausreichen.[124]

22 **3. Angemessenheit. a) Bestimmung und Überprüfbarkeit.** Die Entschädigung muss nach Art, Höhe sowie Zeitpunkt der Leistung eine angemessene Gegenleistung für die übernommene Pflicht zum Unterlassen von Wettbewerb bilden.[125] Die Angemessenheit ist nach objektiven Kriterien aus der Sicht bei Vertragsende zu bestimmen, im Rechtsstreit durch das Gericht voll zu überprüfen und gegebenenfalls festzusetzen.[126] Die geschuldete Entschädigung wird grds. durch die Höhe der Vergütung begrenzt, welche der HV in den letzten Vertragsjahren verdient hat, sofern diese nicht einen völlig untypischen Verlauf vernommen haben (s. RdNr. 24), und wird regelmäßig unter diesem Betrag liegen.[127] Eine von den Parteien **bei Vertragsschluss festgelegte Entschädigung** ist als Mindestbetrag verbindlich, sofern nicht (der Unternehmer beweist, dass) nachträglich eingetretene Umstände ausnahmsweise den vereinbarten Betrag als unangemessen hoch erscheinen lassen.[128] Im Übrigen ist die Vereinbarung eines unangemessenen Entschädigungsbetrags rechtlich ohne Bedeutung.[129]

23 **b) Maßgebliche Umstände.** Maßgebend für die Angemessenheit sind die Umstände des Einzelfalls in dem Zeitpunkt, zu welchem der HVVertrag endet und der Anspruch entsteht. Angemessen ist die Entschädigung,[130] welche nach Art, Höhe und Zeitpunkt der Leistung am ehesten die Nachteile ausgleicht, welche der HV aus der Sicht bei Vertragsende durch die eingegangene Unterlassungsverpflichtung erleidet,[131] dabei den Umständen auf Seiten des Unternehmers – besonders dessen durch das Wettbewerbsverbot bedingten Vorteilen –[132] sowie des HV – einschließlich des Umstands einer Ein- oder Mehrfirmenvertretung –[133] Rechnung trägt und insgesamt unter Berücksichtigung aller Umstände der Billigkeit entspricht.[134] Einkommensvor- und -nachteile, welche in **Entschließungen oder persönlichen Umständen des HV nach Vertragsende** ihren Grund haben – zB der Entscheidung, während der Karenzzeit anstelle der Berufsausübung die Familienversorgung zu übernehmen und andernfalls anfallende Fremdbetreuungskosten einzusparen –, sind regelmäßig nicht bei der Ermittlung der Entschädigung zu berücksichtigen, weil der HV als selbständiger Kaufmann weder gehalten noch verpflichtet ist, seine Erwerbstätigkeit nach Vertragsende fortzuführen.[135] Gleiches gilt für die anderen Zwecken dienende **Ausgleichszahlung** nach § 89 b.[136] Ein **während der Karenzzeit erzieltes Einkommen** des HV soll nach hM[137] auf die Entschädigung angemessen angerechnet werden. Das ist zutreffend, wenn es sich um Einkommen aus einer zulässigen und dem HV zumutbaren, nicht überobligationsmäßigen Fortsetzung seiner Berufstätigkeit (für einen anderen Unternehmer) handelt und die Parteien vereinbart haben, dass die Entschädigung erst nach Ablauf – eines Teils – der Karenzzeit festzusetzen ist. Im Regelfall der bei Vertragsende geschuldeten und fälligen Entschädigung (RdNr. 25) geht es um voraussichtlich künftig erzielbares Einkommen; es darf im Einzelfall geringfügig auf die Entschädigung angerechnet werden, wenn bei Vertragsende absehbar und zumutbar ist, dass der HV seine bisherige Berufstätigkeit ohne überobligationsmäßige Belastungen infolge des Wettbewerbsverbots fortführen kann und wird. Dieses Einkommen ist zu schätzen (§ 287 ZPO), im Zeitpunkt der Schätzung verdiente Einkünfte dürfen als Anhaltspunkt für das erzielbare Einkommen berücksichtigt werden. Gleiches gilt für eine vom Unternehmer für die Zeit nach Vertragsende geschuldete und gezahlte **Altersrente**, soweit sie nicht vom HV selbst erarbeitet

---

[124] BGH Urt. v. 30. 4. 1962 – VII ZR 21/61, LM Nr. 2; *Schröder* RdNr. 18 a; *Westphal* RdNr. 759.
[125] Ausf. dazu *Westphal* Vertriebsrecht RdNr. 315 f.
[126] BGH Urt. v. 30. 4. 1962 – VII ZR 21/61, LM Nr. 2; *Schröder* RdNr. 17 a.
[127] *Hopt* RdNr. 19.
[128] Vgl. dazu Heymann/*Sonnenschein*/*Weitemeyer* RdNr. 18; Staub/*Brüggemann* RdNr. 14; *Westphal* RdNr. 758; *Ordemann* BB 1965, 933; MünchKommHGB/*v. Hoyningen-Huene* RdNr. 41; teilweise aA *Schröder* RdNr. 17 b; *Küstner* HVR RdNr. 2226 bis 2228.
[129] BAG Urt. v. 20. 4. 1964 – 5 AZR 278/63, NJW 1964, 1641; *Westphal* Vertriebsrecht RdNr. 325.
[130] Ausf. dazu *Westphal* Vertriebsrecht RdNr. 315 f.
[131] MünchKommHGB/*v. Hoyningen-Huene* RdNr. 42; ausführlich *Schröder* RdNr. 17.
[132] *Ordemann* BB 1965, 933.
[133] *Küstner* RdNr. 2212, 2215; vgl. auch *Schaefer* HRefG 1999 S. 197, 198.
[134] *Hohn* DB 1967, 1898.
[135] BGH Urt. v. 19. 12. 1974 – VII ZR 2/74, BGHZ 63, 353 = NJW 1975, 388 mit Anm. *Doerry* LM Nr. 6; *Westphal* RdNr. 756.
[136] *Weber* BB 1961, 1221; *Ordemann* BB 1965, 934; *Schröder* DB 1964, 325; *Hohn* DB 1967, 1898; Heymann/*Sonnenschein*/*Weitemeyer* RdNr. 18; *Hopt* RdNr. 20; *Schröder* RdNr. 17; Staub/*Brüggemann* RdNr. 10; *Küstner* HVR RdNr. 2217; aA für Versicherungsvertreter: *Martin* VersR 1968, 120.
[137] Vgl. BGH Urt. v. 19. 12. 1974 – VII ZR 2/74, BGHZ 63, 353, 356 = NJW 1975, 388; *Hohn* DB 1967, 1898; Heymann/*Sonnenschein*/*Weitemeyer* RdNr. 18; *Hopt* RdNr. 20; MünchKommHGB/*v. Hoyningen-Huene* RdNr. 45; *Westphal* RdNr. 755; *Küstner* HVR RdNr. 2218; teilweise aA *Schröder* RdNr. 19; Staub/*Brüggemann* RdNr. 10; einschränkend *Ordemann* BB 1965, 934.

worden ist (s. d. § 89 b). Ferner sind das Ausmaß des vom HV übernommenen Wettbewerbsverbots, dessen inhaltlicher, räumlicher und persönlicher Bereich in die Billigkeitsprüfung einzubeziehen. Hält der Unternehmer an der Wettbewerbsvereinbarung fest, obwohl er sie wegen schuldhaften Verhaltens des HV aus wichtigem Grund kündigen dürfte, ist dieser Umstand für die Bemessung der Karenzentschädigung ebenfalls von Bedeutung.[138] Das Gleiche kann für sonstige gravierende Vertragsverletzungen der Parteien, besonders wenn sie zu einem vorzeitigen Vertragsende geführt haben, sowie für den Wegfall des Interesses oder der Möglichkeit zu Wettbewerb gelten (s. RdNr. 25). Eine sich wegen **nachträglich** eintretender Umstände **als zu hoch erweisende** Festsetzung kann über §§ 313, 242 BGB herabgesetzt und der gezahlte Mehrbetrag nach § 812 BGB zurückverlangt werden.

c) Berechnung. Rechnerische Grundlage für die Ermittlung der geschuldeten Entschädigung 24 können regelmäßig die (durchschnittlichen) Vergütungen – Provisionen sowie zusätzliche Leistungen – sein, welche der HV in den letzten 2 bis höchstens 5 Jahren verdient hat (RdNr. 22), sofern nicht (der HV nachweist, dass) ihm durch das Wettbewerbsverbot die ganz konkrete Chance zu erheblich höheren Verdienstmöglichkeiten genommen wird,[139] oder (der Unternehmer den Nachweis führt, dass) der HV ohnehin nur noch geringere Einkünfte erzielt haben würde. Bei sehr kurzer Vertragsdauer wird es angemessen sein, die tatsächlich erhaltenen Leistungen wenigstens auf einen Jahresbetrag hochzurechnen und hiernach die Entschädigung zu bestimmen. Eine feste Quote für die Ermittlung der Entschädigung gibt es nicht, ebenso wenig eine gesetzliche Mindestentschädigung.[140] §§ 74 b und 74 c und die hierzu ergangene, besonders arbeitsgerichtliche, Rechtsprechung sind ohne ausdrückliche Vereinbarung der Parteien weder direkt noch analog anwendbar (RdNr. 11).[141]

4. Entstehen, Fälligkeit und Vorwegerfüllung. Wie der Ausgleichsanspruch des § 89 b ent- 25 steht die Entschädigungspflicht als sofort fälliger Anspruch in voller Höhe[142] bei Fehlen besonderer Absprachen mit dem Ende des HVVertrags,[143] also unmittelbar im Anschluss an dessen rechtliche Beendigung; § 187 Abs. 1 BGB gilt. Der Unternehmer muss sie dem HV ohne besondere Aufforderung von sich aus anbieten,[144] Verhandlungen über die – Art und Höhe der – Entschädigung hat er vor Vertragsende mit dem HV zu führen. Im Einzelfall kann eine erst nach längeren Zeiträumen geschuldete Leistung angemessen sein. Zu **Raten-** oder **Rentenzahlungen** ist der Unternehmer bei entsprechender Vereinbarung berechtigt.[145] Eine Vorwegerfüllung der Karenzentschädigung durch Zahlungen während der Vertragszeit widerspricht dem Wesen dieser Leistung und ist deswegen grds. ausgeschlossen (s. RdNr. 40);[146] ausnahmsweise kann unter denselben Voraussetzungen wie bei dem Ausgleichsanspruch nach § 89 b eine Vorwegerfüllung rechtlich anzuerkennen sein.[147]

5. Steuerliche Behandlung. Die Entschädigung ist im Zweifelsfall wie Provision und Aus- 26 gleichsanspruch ein Bruttoentgelt, ihrer Bemessung sind die Bruttoprovisionen zugrunde zu legen.[148] Für sie fallen Einkommen-, Umsatz- und Gewerbesteuer an.[149] Jedoch gehört die Karenzentschädigung zu den steuerbegünstigten Entschädigungen nach § 34 iVm. § 24 Abs. 1 Buchst. b EStG.[150]

6. Nichtzahlung. Die Weigerung des Unternehmers, die geschuldete Entschädigung zu zahlen, 27 befreit nicht von dem Wettbewerbsverbot;[151] der HV hat weder ein Leistungsverweigerungsrecht noch darf er sich einseitig über das Verbot hinwegsetzen.[152] Die Einforderung einer Vertragsstrafe wegen einer verbotenen Wettbewerbshandlung des HV kann in diesem Fall allerdings eine unzulässige Rechtsausübung darstellen.[153] Außerdem darf der HV, anstatt die Entschädigung einzuklagen,

---

[138] *Hopt* RdNr. 25; vgl. BR-Drucks. 340/97 S. 44; zum Ganzen: *Schaefer* HRefG 1999, S. 197, 198.
[139] *Schröder* RdNr. 17; vgl. *Westphal* RdNr. 757.
[140] *Heymann/Sonnenschein/Weitemeyer* RdNr. 6.
[141] BGH Urt. v. 19. 12. 1974 – VII ZR 2/74, BGHZ 63, 353, 355 = NJW 1975, 388; *Küstner* HVR RdNr. 2208, 2219; vgl. aber auch *Schröder* RdNr. 17.
[142] *Heymann/Sonnenschein/Weitemeyer* RdNr. 16; *Hopt* RdNr. 18; MünchKommHGB/*v. Hoyningen-Huene* RdNr. 49; Staub/*Brüggemann* RdNr. 13.
[143] Vgl. a. BFH Urt. v. 29. 10. 1969 – IV R 175/65, HVR Nr. 422.
[144] OLG Karlsruhe VersR 1973, 857.
[145] MünchKommHGB/*v. Hoyningen-Huene* RdNr. 48.
[146] *Westphal* Vertriebsrecht RdNr. 322.
[147] *Westphal* Vertriebsrecht RdNr. 323, 324; zur steuerlichen Behandlung der Vorwegerfüllung siehe BFH Urt. v. 20. 7. 1988 – I R 250/83, HVR Nr. 652.
[148] BGH Urt. v. 19. 12. 1974 – VII ZR 2/74, BGHZ 63, 353 = NJW 1975, 388; *Hopt* RdNr. 19.
[149] *Alff* RdNr. 83 bis 85; *Küstner* RdNr. 2236 bis 2240.
[150] Vgl. *Schmidt/Seeger*, EStG § 24 RdNr. 7, 16, 25 und 68; *Kirchhof/Mellinghoff* EStG § 24 RdNr. 24; BFH Urt. v. 23. 2. 1999 – IX R 86/95, DB 1999, 1583; aA früher BFH Urt. v. 29. 10. 1969 – IV R 175/65, HVR Nr. 422.
[151] MünchKommHGB/*v. Hoyningen-Huene* RdNr. 74.
[152] AA OLG Karlsruhe DB 1971, 572 und VersR 1973, 857 mit abl. Anm. *Höft* VersR 1973, 861.
[153] BAG Urt. v. 20. 4. 1964 – 5 AZR 278/63, NJW 1964, 1641.

durch hinreichend eindeutige Erklärung nach § 323 BGB von der Wettbewerbsvereinbarung zurücktreten.[154]

IV. Wegfall von Wettbewerbsverbot und Entschädigungspflicht

28 **1. Die einzelnen Gründe.** Die Regelung der rechtlichen Möglichkeiten für ein Entfallen von Wettbewerbsverbot und Entschädigungspflicht in Abs. 2 und 3 ist nicht abschließend. Das Vorliegen eines wichtigen Kündigungsgrundes kann über die gesetzliche Regelung hinaus Auswirkungen auf Wettbewerbsverbot und Entschädigungspflicht entfalten. Soweit § 90 a nicht unabdingbares Recht enthält, können die Parteien durch Vereinbarung die eingegangenen Verpflichtungen aufheben[155] oder auf die dadurch begründeten Rechte verzichten.[156] Letztlich können tatsächliche Entwicklungen die Rechte und Pflichten aus § 90 a gegenstandslos machen oder ein Recht zum Lossagen/ Rücktritt von eingegangenen Verpflichtungen begründen. Hingegen können **Vertragsverletzungen** der Parteien, ein ihnen zustehender **Schadensersatzanspruch** sowie der nachträgliche **Wegfall des Interesses** oder der **Möglichkeit zu Wettbewerb** grds. nicht zum vorzeitigen Ende von Wettbewerbsverbot und Entschädigungspflicht führen.[157]

29 **2. Verzicht nach Abs. 2. a) Fristgerechter Zugang einer Verzichtserklärung.** Unter den Voraussetzungen des Abs. 2 kann sich der Unternehmer **einseitig** von der Entschädigungspflicht befreien, indem er eindeutig und unmissverständlich den HV aus der nachvertraglichen Wettbewerbsunterlassungspflicht entlässt und auf die Rechte aus der Wettbewerbsvereinbarung verzichtet. **Verzicht** nach Abs. 2 ist – anders als nach § 397 BGB – die einseitig wirkende empfangsbedürftige, rechtsgestaltende und deswegen bedingungsfeindliche sowie nach Zugang nicht mehr einseitig zurücknehmbare,[158] jedoch anfechtbare[159] Willenserklärung.[160] Ein **Teilverzicht** ist zulässig,[161] soweit die Unterlassungspflicht teilbar ist, der Vertrag einen Teilverzicht nicht ausschließt und dieser für den HV zumutbar ist. Erforderlich ist nach Abs. 2 eine schriftliche Verzichtserklärung iSv. §§ 126, 126 a BGB, welche dem HV zugehen muss, solange das HVVertragsverhältnis rechtlich noch besteht.[162] § 193 BGB gilt nicht. Fristgerechter Zugang eines Telefaxschreibens genügt, wenn das Schreiben mit der Originalunterschrift in der postüblichen Laufzeit nachfolgt. **Nach Ende des HVVertrags** ist ein einseitiger Verzicht auf das Wettbewerbsverbot nicht möglich.

30 **b) Wirkung und Rechtsfolgen.** Der vor Vertragsende erklärte Verzicht verhindert das Inkrafttreten des nachvertraglichen Wettbewerbsverbots.[163] Die Entschädigungspflicht entsteht nicht, wenn der Verzicht dem HV 6 Monate vor Vertragsende zugegangen ist, andernfalls wird der Unternehmer mit Ablauf von 6 Monaten nach Zugang der Erklärung von dem HV von der Leistungspflicht frei; es gelten § 188 Abs. 2 und 3 BGB; für die Zwischenzeit ist – trotz Wegfalls der Wettbewerbsunterlassungspflicht – die angemessene Entschädigung zu zahlen.[164] Ein Widerspruch des HV gegen den wirksam erklärten Verzicht ist bedeutungslos.

31 **3. Vertragsaufhebung.** Dieselben Wirkungen wie der Verzicht hat die jederzeit zulässige[165] einvernehmliche Aufhebung der Wettbewerbsvereinbarung.[166] Ein bei oder nach Vertragsende vereinbarter Verzicht der Vertragspartner auf die Rechte aus dem Wettbewerbsverbot und/oder der Entschädigungsverpflichtung, führt im Zweifel zum sofortigen Erlöschen von Wettbewerbsverbot und Entschädigungspflicht.[167] Der in einem späteren Rechtsstreit geschlossene Prozessvergleich mit

---

[154] (Zum früheren Schuldrecht): *Höft* VersR 1973, 861; *Heymann/Sonnenschein/Weitemeyer* RdNr. 21; *Schröder* RdNr. 10 a, 20; *Staub/Brüggemann* RdNr. 26 und 27; *Westphal* RdNr. 772; *Küstner* HVR RdNr. 2274; aA OLG Karlsruhe DB 1971, 572 und VersR 1973, 857.
[155] So für Arbeitsvertrag: *Gaul/Khanian* MDR 2006, 181, 185.
[156] So für Arbeitsvertrag: *Gaul/Khanian* MDR 2006, 181, 184.
[157] *Küstner* HVR RdNr. 2269, 2270 und 2274.
[158] *Hopt* RdNr. 23; MünchKommHGB/*v. Hoyningen-Huene* RdNr. 53; *Schröder* RdNr. 24 b.
[159] *Hopt* RdNr. 23; *Heymann/Sonnenschein/Weitemeyer* RdNr. 23; MünchKommHGB/*v. Hoyningen-Huene* RdNr. 53.
[160] MünchKommHGB/*v. Hoyningen-Huene* RdNr. 53; *Schröder* RdNr. 23.
[161] *Schröder* RdNr. 22; *Staub/Brüggemann* RdNr. 20; *Westphal* RdNr. 765.
[162] *Schröder* RdNr. 23.
[163] Vgl. *Hohn* DB 1967, 1898.
[164] *Schröder* RdNr. 24; vgl. auch *Staub/Brüggemann* RdNr. 19.
[165] *Heymann/Sonnenschein/Weitemeyer* RdNr. 25; MünchKommHGB/*v. Hoyningen-Huene* RdNr. 56; so für Arbeitsvertrag: *Gaul/Khanian* MDR 2006, 181, 185.
[166] *Heymann/Sonnenschein/Weitemeyer* RdNr. 25; MünchKommHGB/*v. Hoyningen-Huene* RdNr. 55; so für Arbeitsvertrag: *Gaul/Khanian* MDR 2006, 181, 185.
[167] S. d. auch aus arbeitsrechtlicher Sicht: *Gaul/Khanian* MDR 2006, 181, 185.

Ausgleichsklausel entfaltet im Zweifel die gleichen Wirkungen.[168] In einer unwirksamen Verzichtserklärung kann der Antrag auf Abschluss zu einem Aufhebungsvertrag liegen.[169]

4. Lossagen von der Wettbewerbsabrede nach Abs. 3. a) Entstehungsgeschichte. Die Entschädigungspflicht war früher nach Abs. 2 S. 2 aF (RdNr. 4) ausgeschlossen, wenn der Unternehmer das Vertragsverhältnis wegen eines vom HV verschuldeten wichtigen Grundes iSv. § 89 a fristlos gekündigt hatte; das Wettbewerbsverbot sollte dann für die vereinbarte Zeit entschädigungsfrei fortbestehen. Die Regelung war verfassungswidrig, weil der generelle Ausschluss der Entschädigungspflicht nicht mit Art. 12 Abs. 1 GG vereinbar war. Dies hat das BVerfG mit Beschluss v. 7. 2. 1990 für die bis 1989 geltende Fassung des Gesetzes ausgesprochen.[170] Durch das Gesetz von 1989 war die Verfassungswidrigkeit nicht beseitigt worden;[171] Abs. 2 S. 2 aF war unverändert geblieben. Durch das HRefG[172] ist Abs. 2 geändert und dem Unternehmer in Abs. 3 das gleiche Lossagungsrecht zugebilligt worden, wie es bisher schon dem HV nach Abs. 3 aF zustand.[173] Bis zum Inkrafttreten des HRefG war im Hinblick auf die Verfassungswidrigkeit der gesetzlichen Regelung Abs. 3 aF analog auf den Unternehmer anzuwenden, der wegen eines wichtigen vom HV verschuldeten Grundes den HVVertrag gekündigt hatte;[174] auf derselben Erwägung beruht die Übergangsregelung des Art. 29 a EGHGB in der Neufassung.

b) Fristgerechter Zugang einer Lossagungserklärung. Endet das Vertragsverhältnis wegen eines von Unternehmer oder HV verschuldeten, gegebenenfalls nach §§ 31, 278, 831 BGB zu vertretenden,[175] wichtigen Grundes im Sinn des § 89 a durch fristlose Kündigung, bleiben Wettbewerbsverbot und Entschädigungspflicht bestehen, sofern sich nicht die zur außerordentlichen Kündigung berechtigte Vertragspartei binnen eines Monats nach Zugang der Kündigungserklärung bei dem Vertragspartner von der Wettbewerbsabrede nach Abs. 3 lossagt.[176] Das **Lossagen** ist wie der Verzicht nach Abs. 2 eine schriftlich abzugebende, einseitig wirksame, empfangsbedürftige, rechtsgestaltende und bedingungsfeindliche sowie nicht rücknehmbare oder widerrufliche Willenserklärung.[177] Mit rechtzeitigem Zugang der Erklärung innerhalb des Monatsfrist des Abs. 3 enden Wettbewerbsverbot und Entschädigungspflicht.[178] Die nach § 188 Abs. 2 und 3 BGB zu berechnende **Monatsfrist** beginnt mit Zugang und Wirksamwerden der Kündigungserklärung bei dem Gekündigten. Wird die fristlose Kündigung wiederholt oder erneut ausgesprochen, kann eine erneute Lossagungserklärung entbehrlich sein, wenn eindeutig erkennbar ist, dass der Kündigende an der Loslösung von der Wettbewerbsabrede festhalten will.[179] Der Begriff des schuldhaften Verhaltens deckt sich mit der Regelung des § 89 b Abs. 3 Nr. 2.[180] **Liegt ein wichtiger Kündigungsgrund nicht vor,** können sich weder HV noch Unternehmer einseitig von dem Wettbewerbsverbot lösen.[181] Die zB wegen Nichtvorliegens eines wichtigen Kündigungsgrundes oder wegen Verfristung unberechtigte Lossagungserklärung lässt Wettbewerbsverbot und grds. auch Entschädigungspflicht weiter bestehen.

c) Analoge Anwendung des Abs. 3 ohne fristlose Kündigung. Trotz seines Ausnahmecharakters darf Abs. 3 analog auf eine **Vertragsaufhebung**[182] oder eine trotz Vorliegens eines verschuldeten wichtigen Grundes ausgesprochene **ordentliche Kündigung** angewendet werden,[183] wenn diese Vertragsauflösung gewählt wird, um im Interesse des Gekündigten den Ausspruch einer außer-

---

[168] Vgl. BAG Urt. v. 31. 7. 2002 – 10 AZR 513/01, ZIP 2002, 2271 = MDR 2003. 93 (zu §§ 74 f.) m. Bspr. *Weber* GmbHR 2003, R 31; s. d. a. BAG Urt. v. 8. 3. 2006 – 10 AZR 349/05, MDR 2006, 1298 (LS) und *Gaul/Khanian* MDR 2006, 181, 185.
[169] Heymann/*Sonnenschein*/Weitemeyer RdNr. 25.
[170] BVerfG Urt. v. 7. 2. 1990 – I BvR 26/84, BVerfGE 81, 242 = NJW 1990, 1469; kritisch dazu *Hillgruber* AcP 191 (1991), 69; vgl. auch *Hermes* NJW 1990, 1764; *Gutbrod* DB 1990, 1806.
[171] Heymann/*Sonnenschein*/Weitemeyer RdNr. 26; Koller/*Roth*/Morck RdNr. 10; MünchKommHGB/*v. Hoyningen-Huene* RdNr. 1 a; *Westphal* RdNr. 767.
[172] Vgl. BR-Drucks. 340/97 S. 43; s. d auch *Bauer/Diller* NJW 2002, 1609, 1612.
[173] BR-Drucks. 340/97 S. 6 und 43, teilweise abgedr. in ZIP 1997, 953; ausführlich dazu Heymann/*Sonnenschein*/Weitemeyer RdNr. 26; *Küstner* HVR RdNr. 2264 bis 2266; *Westphal* RdNr. 767; *Schaefer* HRefG 1999 S. 197, 198.
[174] MünchKommHGB/*v. Hoyningen-Huene* 1. Aufl. RdNr. 61; vgl. OLG Braunschweig NJW-RR 1996, 1316, 1318; aA Heymann/*Sonnenschein*/Weitemeyer RdNr. 26; *Schaefer* HRefG 1999 S. 215.
[175] Vgl. Staub/*Brüggemann* RdNr. 23.
[176] MünchKommHGB/*v. Hoyningen-Huene* RdNr. 62.
[177] MünchKommHGB/*v. Hoyningen-Huene* RdNr. 61; vgl. *Schröder* RdNr. 28.
[178] Heymann/*Sonnenschein*/Weitemeyer RdNr. 29; MünchKommHGB/*v. Hoyningen-Huene* RdNr. 61.
[179] BAG Urt. v. 19. 5. 1998 – 9 AZR 327/96, ZIP 1999, 152, 153 für § 75 HGB.
[180] *Westphal* Vertriebsrecht RdNr. 340.
[181] BGH Urt. v. 29. 3. 1995 – VIII ZR 102/94, ZIP 1995, 839, 842.
[182] Vgl. Heymann/*Sonnenschein*/Weitemeyer RdNr. 27, 29; Koller/*Roth*/Morck RdNr. 10; MünchKommHGB/*v. Hoyningen-Huene* RdNr. 59; *Schröder* RdNr. 26; *Westphal* RdNr. 768.
[183] Vgl. MünchKommHGB/*v. Hoyningen-Huene* RdNr. 59.

ordentlichen Kündigung aus wichtigem Grund zu vermeiden.[184] Entscheidend ist das Vorliegen eines rechtzeitig geltend gemachten, also nicht verfristeten (s. § 89a), wichtigen Kündigungsgrundes. Die Monatsfrist beginnt dann mit Wirksamwerden der Kündigung oder dem Abschluss der Aufhebungsvereinbarung.[185] Gleiches gilt, wenn das Vertragsverhältnis durch § 23 KO/§§ 115, 116 InsO aufgelöst wird und die Voraussetzungen des Abs. 3 vorgelegen haben.[186]

35   **5. Tod, Arbeitsunfähigkeit, Geschäftsaufgabe.** Geschäftsaufgabe oder Tod des HV lassen Wettbewerbsverbot und Entschädigungspflicht erlöschen, sofern nicht ein Rechtsnachfolger das Geschäft fortführt,[187] für welchen das Verbot im Zweifel fortgilt.[188] Hingegen lässt die Arbeitsunfähigkeit des HV seinen Anspruch auf Karenzentschädigung grds. nicht entfallen (RdNr. 20).[189] Tod, endgültige Einstellung oder Umstellung des Betriebs des Unternehmers können ausnahmsweise über die Grundsätze des Wegfalls der Geschäftsgrundlage nach §§ 313, 314 BGB ein Auslaufen von Wettbewerbsverbot und Entschädigungspflicht herbeiführen.[190]

36   **6. Insolvenz.** Wurde das Vertragsverhältnis durch **Konkurs** des Unternehmers beendet, konnte der Konkursverwalter analog § 17 KO auf Einhaltung des Wettbewerbsverbots gegen Zahlung der Entschädigung bestehen, andernfalls beide Pflichten nach § 23 KO untergingen; Konkurseröffnung nach Vertragsende löste die Rechtsfolgen des § 17 KO aus.[191] § 17 KO ist durch § 103 InsO, § 23 durch §§ 115, 116 InsO ersetzt worden. Der HVV fällt zwar unter § 116 InsO,[192] die Wettbewerbsvereinbarung hingegen unter § 103.[193] Das noch bestehende HVVertragsverhältnis wird durch die **Insolvenzeröffnung** über das Vermögen **des Unternehmers** beendet, womit grds. Wettbewerbsverbot und Entschädigungspflicht entstehen;[194] der HV kann das Recht aus Abs. 3 wahrnehmen, was zum Verlust des Entschädigungsanspruchs führt.[195] Die Insolvenzeröffnung nach Ende des HVVertrags ist ohne unmittelbaren Einfluss auf ein wirksam bestehendes Wettbewerbsverbot mit Entschädigungspflicht, jedoch kann der Insolvenzverwalter die ihm nach § 103 InsO zustehenden Rechte ausüben. Die im Fall des § 103 Abs. 1 InsO fortbestehende Entschädigungspflicht begründet eine Masseverbindlichkeit nach § 55 InsO;[196] im Fall des § 103 Abs. 2 tritt an die Stelle der mit dem Wettbewerbsverbot entfallenden Entschädigungsforderung eine einfache auf Schadensersatz gerichtete Insolvenzforderung (§ 103 Abs. 2 S. 1 InsO).[197] Die **Insolvenzeröffnung** über das Vermögen **des HV** nach Beendigung des HVVertrags lässt Wettbewerbsverbot und Entschädigungspflicht unberührt. Solange der HVVertrag noch besteht, kann der Unternehmer auf das Wettbewerbsverbot nach Abs. 2 verzichten; ein Recht zur fristlosen Kündigung des HVVertrags mit dem Lossagungsrecht nach Abs. 3 besteht hingegen nur, wenn der insolvente HV aus von ihm verschuldeten Gründen nicht mehr in der Lage ist, seine vertraglichen Pflichten gegenüber dem Unternehmer zu erfüllen.

37   **7. Verstoß gegen Wettbewerbsverbot.** Bei längere Zeit andauernden Verstößen des HV gegen das Wettbewerbsverbot entfiel nach altem Schuldrecht (§§ 323, 325 BGB aF) die Entschädigungspflicht für die Dauer der Vertragsverletzung.[198] Nach neuem Schuldrecht kann unter den Voraussetzungen des § 326 BGB nF die Entschädigungspflicht ebenfalls entfallen, im Übrigen kann dem Unternehmer nach § 323 ein Rücktrittsrecht von der Wettbewerbsvereinbarung zustehen. Bei gelegentlichen, besonders unverschuldeten, Verstößen besteht die Entschädigungspflicht weiterhin, wenn und soweit eine Entschädigungsleistung bei Abwägung aller Umstände angemessen ist. Mit der **Rückkehr** des HV **zu vertragsgemäßem Verhalten** lebt bei fortbestehendem Wettbewerbsverbot die Entschädigungspflicht wieder auf, sofern nicht der durch das Wettbewerbsverbot bezweckte

---

[184] *Westphal* Vertriebsrecht RdNr. 340.
[185] MünchKommHGB/*v. Hoyningen-Huene* RdNr. 60.
[186] Vgl. *Küstner* HVR RdNr. 2255 zu § 23 KO.
[187] *Hopt* RdNr. 16; vgl. Staub/*Brüggemann* RdNr. 25; *Küstner* HVR RdNr. 2272.
[188] *Hopt* RdNr. 16; *Küstner* HVR RdNr. 2272.
[189] So für arbeitsrechtliche Karenzentschädigung: BAG Urt. v. 23. 11. 2004 – 9 AZR 595/03, ZIP 2005, 823, 825 m. Anm. *Wank* EWiR 2005, 569.
[190] *Westphal* RdNr. 761; *Küstner* HVR RdNr. 2278 bis 2280; aA – Erlöschen beider Pflichten –: Staub/*Brüggemann* RdNr. 25; aA – § 242 nicht anwendbar – *Ordemann* BB 1965, 933.
[191] Ausführlich *Küstner* HVR RdNr. 2275 bis 2279.
[192] MünchKommInsO/*Hefermehl* § 55 RdNr. 192; Uhlenbruck/*Berscheid* InsO § 103 RdNr. 42 und §§ 115, 116 RdNr. 42.
[193] MünchKommInsO/*Huber* § 103 RdNr. 84; Uhlenbruck/*Berscheid* InsO § 103 RdNr. 33.
[194] AA *Hopt* RdNr. 16; *Küstner*/*Thume* RdNr. 232 o f.
[195] Zum Ganzen *Emde*/*Kelm* ZIP 2005, 58, 62; MünchKommInsO/*Hefermehl* § 55 RdNr. 192; teilweise aA *Küstner*/*Thume* RdNr. 2319 f.; 2321 m. Nw.
[196] MünchKommInsO/*Hefermehl* § 55 RdNr. 192; Uhlenbruck/*Berscheid* InsO § 103 RdNr. 33.
[197] *Emde*/*Kelm* ZIP 2005, 58, 62; MünchKommInsO/*Hefermehl* § 55 RdNr. 192; *Küstner*/*Thume* RdNr. 2322.
[198] BGH Urt. v. 19. 12. 1974 – VII ZR 2/74, BGHZ 63, 353, 355 = NJW 1975, 388; BAG Urt. v. 20. 4. 1964 – 5 AZR 278/63, NJW 1964, 1641; MünchKommHGB/*v. Hoyningen-Huene* RdNr. 71; *Schröder* RdNr. 10 a; Staub/*Brüggemann* RdNr. 26; *Westphal* Vertriebsrecht RdNr. 335; *Alff* RdNr. 82.

Wettbewerbsabrede 38–40 § 90 a

Erfolg der weiteren ungestörten Bindung der Kunden an den Unternehmer infolge der vorangegangenen unzulässigen Wettbewerbstätigkeit des HV endgültig oder doch jedenfalls für die verbleibende Karenzzeit unwiederbringlich vereitelt worden ist.

8. Nichtvollzug des Vertrags. Wird das Vertragsverhältnis nicht in Vollzug gesetzt, weil der HV **38** seine Tätigkeit für den Unternehmer nicht aufnimmt, entstehen Wettbewerbsverbot und Entschädigungspflicht nicht,[199] selbst wenn der HV dem Unternehmer zum Schadensersatz verpflichtet ist.

V. Unabdingbarkeit – Abs. 4

1. Bedeutung und Wirkung. Vor Ende des HVVertrags getroffene[200] Vereinbarungen, **39** welche bei objektiver Würdigung unmittelbar oder mittelbar **zu Lasten des HV** von den Regeln des § 90 a[201] abweichen, indem sie seine Rechtslage nachteilig beeinflussen und damit gegen den mit der Norm bezweckten Schutz des HV verstoßen,[202] sind unabhängig davon, ob der HV im Einzelfall schutzbedürftig oder schutzwürdig ist,[203] nach § 134 BGB **nichtig,**[204] entfalten unter keinem rechtlichen Gesichtspunkt Wirkungen und entfallen ersatzlos,[205] selbst wenn der HV bereit und gewillt ist, sich an die gesetzwidrige Regelung mit ihren Folgen zu halten (RdNr. 40).[206] Zum Schutz des HV ist allerdings § 139 BGB nicht anwendbar.[207] Die Rechtswirksamkeit des Vertrags im Übrigen bleibt von der Nichtigkeit nach § 134 BGB unberührt;[208] im Weg einer **geltungserhaltenden Reduktion**[209] des unzulässig Vereinbarten auf das gesetzlich Zulässige gilt insoweit die gesetzliche Regelung.[210] Für Verfallklauseln, wie sie zu § 74 c zulässig sind,[211] ist rechtlich kein Raum. Nicht unter Abs. 4 fallen Vereinbarungen, welche § 90 a lediglich **ergänzen,**[212] indem sie zB eine **Vertragsstrafe** für den Fall der Zuwiderhandlung gegen ein Wettbewerbsverbot vorsehen,[213] oder welche erst **nach Beendigung des HVVertrags getroffen** werden; solche nachträglich vereinbarten Wettbewerbsverbote können nach § 138 BGB sittenwidrig und nichtig sein (Willkürgrenze),[214] wenn sie zB ohne sie rechtfertigende Umstände und ohne Entschädigung nachhaltig in die Freiheit des HV zu Wahl und Ausübung seines Berufs eingreifen.[215]

2. Unabdingbare Regeln, wirksame Absprachen, Umgehung. Unabdingbar sind die gesetz- **40** liche Ausgestaltung der Wettbewerbsabrede in förmlicher, zeitlicher, persönlicher oder gegenständlicher Hinsicht (Abs. 1 S. 1 und 2), die Entschädigungspflicht nach Grund und Höhe (Abs. 1 S. 3), die gesetzlichen Voraussetzungen des Verzichts (Abs. 2) sowie das Lossagungsrecht (Abs. 3), dessen Voraussetzungen nicht zu Lasten des HV erschwert werden dürfen. **Indirekt wie ein Wettbewerbsverbot wirkende Vereinbarungen,** durch welche § 90 a umgangen wird, sind nach Abs. 4 nichtig, sofern nicht ausdrücklich eine Entschädigung vorsehen; die gesetzliche Entschädigungspflicht des Abs. 1 S. 3 können derartige Vereinbarungen – im Gegensatz zu der Wettbewerbsvereinbarung nach Abs. 1 – nicht auslösen. So sind Vereinbarungen unwirksam, dass der HV bei unzulässigem nachvertraglichem Wettbewerb erhaltene Provisionen zurückzahlen muss[216] oder dass er bei von ihm verschuldeter fristloser Kündigung des HVVertrags das nachvertragliche Wettbewerbsverbot entschä-

---

[199] BAG Urt. v. 26. 5. 1992 – 9 AZR 27/91, VersR 1993, 382.
[200] MünchKommHGB/*v. Hoyningen-Huene* RdNr. 64.
[201] *Hopt* RdNr. 27.
[202] *Hopt* RdNr. 27.
[203] BGH Urt. v. 5. 12. 1968 – VII ZR 102/66, BGHZ 51, 184, 188 = NJW 1969, 504; BGH Urt. v. 24. 11. 1969 – VII ZR 146/67, BGHZ 53, 89, 92 = NJW 1970, 420; Heymann/*Sonnenschein*/*Weitemeyer* RdNr. 30; MünchKommHGB/*v. Hoyningen-Huene* RdNr. 63.
[204] MünchKommHGB/*v. Hoyningen-Huene* RdNr. 68; Staub/*Brüggemann* RdNr. 15; vgl. Staudinger/*Sack* § 134 RdNr. 157, 250; *Canaris* § 15 RdNr. 125; aA *Hillgruber* AcP 191 (1991), 69, 77.
[205] BGH Urt. v. 16. 11. 1972 – VII ZR 53/72, BGHZ 59, 387, 391 = NJW 1973, 144; Heymann/*Sonnenschein*/*Weitemeyer* RdNr. 32.
[206] *Hopt* RdNr. 32.
[207] *Hopt* RdNr. 31.
[208] BGH Urt. v. 25. 11. 1963 – VII ZR 29/62, BGHZ 40, 235, 239 = NJW 1964, 350; MünchKommHGB/*v. Hoyningen-Huene* RdNr. 68; *Hopt* RdNr. 31; *Canaris* § 15 RdNr. 125.
[209] *Canaris* § 15 RdNr. 125.
[210] BGH Urt. v. 25. 11. 1963 – VII ZR 29/62, BGHZ 40, 235, 239 = NJW 1964, 350; Heymann/*Sonnenschein*/*Weitemeyer* RdNr. 32; *Hopt* RdNr. 31; MünchKomm HGB/*v. Hoyningen-Huene* RdNr. 68; *Schröder* RdNr. 31; *Canaris* § 15 RdNr. 125.
[211] Vgl. BAG Urt. v. 17. 6. 1997 – 9 AZR 80/95, ZIP 1998, 439.
[212] *Hopt* RdNr. 30.
[213] Heymann/*Sonnenschein*/*Weitemeyer* RdNr. 31; *Hopt* RdNr. 30; MünchKommHGB/*v. Hoyningen-Huene* RdNr. 67; vgl. auch BGH Urt. v. 21. 11. 1991 – I ZR 87/90, WM 1992, 829.
[214] *Westphal* Vertriebsrecht RdNr. 301.
[215] OLG Köln VersR 1998, 97, 98.
[216] Vgl. MünchKommHGB/*v. Hoyningen-Huene* RdNr. 66.

digungslos zu befolgen hat.[217] Unwirksam ist weiter die Klausel, dass **der HV erhaltene Leistungen zurückgewähren muss,** wenn er nach Vertragsende dem Unternehmer Wettbewerb macht, obwohl eine Wettbewerbsabrede nach § 90a nicht getroffen worden ist; eine solche Klausel begründet weder eine Rückzahlungs- noch eine Entschädigungspflicht.[218] Gleiches gilt für Klauseln, nach denen eine vom Unternehmer zugesagte **Altersversorgung** bei nachvertraglichem Wettbewerb **gekürzt oder entzogen** werden kann, sofern ein rechtswirksames Wettbewerbsverbot nicht vereinbart wird.[219] Weil nur der generelle Ausschluss der **Entschädigung** durch Gesetz verfassungswidrig ist, können die Vertragspartner eine dem Abs. 2 S. 2 idF des Gesetzes von 1953 entsprechende Regelung herbeiführen, wenn durch die Ausgestaltung ihrer Wettbewerbsvereinbarung die Grundrechte des HV sowie die Grundsätze der Entscheidung des BVerfG (RdNr. 32) in ausreichendem Maß beachtet und berücksichtigt werden.[220] Im Übrigen können die Vertragspartner Absprachen über die zu erbringende Entschädigungsleistung treffen, solange die Angemessenheit gewahrt bleibt;[221] hingegen darf die Entschädigung grds. nicht mit bereits während des Vertragsverhältnisses geschuldeten und geleisteten Zahlungen **verrechnet** werden (s. aber auch RdNr. 25 zur Vorwegerfüllung).[222] Ein Verzicht ist rechtlich erst zulässig, wenn und soweit der Anspruch auf Karenzentschädigung bereits entstanden ist,[223] also nach Vertragsende (RdNr. 29 und 31).[224] Rechtlich unbedenklich ist es, das **Wettbewerbsverbot nur für bestimmte Tatbestände** – zB das Ende des Vertrags infolge vom HV verschuldeten wichtigen Grundes – zu vereinbaren; die Unsicherheit für den HV, ob ein solcher Fall gegeben ist, steht der Wirksamkeit der Abrede nicht entgegen.[225] Unwirksam ist ein dem Unternehmer eingeräumtes **Wahlrecht,** erst nach Vertragsende oder später als 6 Monate vor Vertragsende zu entscheiden, ob er von einem Wettbewerbsverbot Gebrauch machen will.[226] Dem HV räumt das Gesetz ebenfalls nicht das Wahlrecht zugunsten einer nach Abs. 4 unwirksamen Regelung ein.[227]

VI. Rechtsfolgen und Tragweite des Wettbewerbsverbots

41 **1. Verbotene Wettbewerbshandlung.** Das Wettbewerbsverbot des § 90a ahndet die **nach Ende des HVVertrags begangenen Wettbewerbshandlungen,** nicht aber vorausgegangene Verstöße gegen das gesetzliche Wettbewerbsverbot, mögen sie auch erst nach Vertragsende bekannt werden. Die Aufrechterhaltung des Kontakts zu den bisherigen Kunden ohne Bemühung um konkrete Geschäftsabschlüsse ist noch kein verbotener Wettbewerb,[228] ebenso nicht die Vorbereitung einer neuen Tätigkeit für die Zeit nach Auslaufen des Verbots,[229] wohl aber das Umgehungsgeschäft durch Einschalten Dritter, die dem HV verbunden sind,[230] oder durch Gründung eines (Schein-)Unternehmens, welches die dem HV verbotenen Geschäfte ausführt.[231] Wenn der HV in seinem bisherigen Geschäftsbereich tätig bleibt, muss er durch Kontrolle und Vorsorgemaßnahmen sicherstellen, dass nicht – versehentlich – gegen das vereinbarte Wettbewerbsverbot verstoßen wird.

42 **2. Rechtsfolgen.** Das vertragliche Wettbewerbsverbot wird wirksam, sobald der HVVertrag mit dem gesetzlichen Wettbewerbsverbot rechtlich endet.[232] Der HV schuldet **Unterlassung** und bei schuldhaftem Verstoß **Schadensersatz** wegen Vertragsverletzung, gegebenenfalls eine ausbedungene

---

[217] MünchKommHGB/*v. Hoyningen-Huene* RdNr. 66.
[218] BGH Urt. v. 16. 11. 1972 – VII ZR 53/72, BGHZ 59, 387 = NJW 1973, 144 mit abl. Anm. *Schwerdtner* JR 1973, 200; wie BGH *Westphal* RdNr. 740; aA *Martin* VersR 1968, 123; *Blomberg* VersR 1968, 329, 330; vgl. auch MünchKommHGB/*v. Hoyningen-Huene* RdNr. 66.
[219] Teilweise *v. Küstner* HVR RdNr. 2192, 2193; aA *Martin* VersR 1968, 123.
[220] BVerfG Urt. v. 7. 2. 1990 – I BvR 26/84, BVerfGE 81, 242 = NJW 1990, 1469; aA *Hopt* 1. Aufl. RdNr. 25, jedoch unter Hinweis auf die vom BVerfG aufgehobene Entscheidung des BGH vom 6. 10. 1983 – I ZR 127/81, LM Nr. 7 = MDR 1984, 287; ebenso *Hillgruber* S. 78; *Hermes* NJW 1990, 1764; Staub/*Brüggemann* RdNr. 11.
[221] Vgl. *Hopt* RdNr. 29.
[222] BGH Urt. v. 16. 11. 1972 – VII ZR 53/72, BGHZ 59, 387, 390 = NJW 1973, 144; *Alff* RdNr. 78; aA *Martin* VersR 1968, 123; *Blomberg* VersR 1968, 330, 331.
[223] So wohl *Flatten* ZIP 1999, 1701, 1704.
[224] Insoweit bedenklich OLG Oldenburg Urt. v. 9. 12. 1993 – 1 U 113/93, HVR Nr. 994.
[225] BGH Urt. v. 6. 10. 1983 – I ZR 127/81, LM Nr. 7; OLG Düsseldorf BB 1962, 731.
[226] Vgl. dazu auch *Küstner*/*v. Manteuffel* BB 1987, 413; *Westphal* RdNr. 765 und Vertriebsrecht RdNr. 334.
[227] *Hopt* RdNr. 32; *Canaris* § 15 RdNr. 125.
[228] *Schröder* RdNr. 10 und DB 1964, 324; *Hohn* DB 1967, 1897; aA Heymann/*Sonnenschein*/*Weitemeyer* RdNr. 20; Staub/*Brüggemann* RdNr. 26; sehr viel enger auch OLG Nürnberg BB 1960, 1261.
[229] *Alff* RdNr. 80.
[230] Heymann/*Sonnenschein*/*Weitemeyer* RdNr. 20; MünchKommHGB/*v. Hoyningen-Huene* RdNr. 73; Staub/*Brüggemann* RdNr. 26; vgl. BGH Urt. v. 6. 7. 1970 – II ZR 18/69, BB 1970, 1374.
[231] OLG Hamm NJW-RR 1987, 1114.
[232] LAG München BB 1977, 1049; Heymann/*Sonnenschein*/*Weitemeyer* RdNr. 14.

und verwirkte **Vertragsstrafe**,[233] nicht aber Rückzahlung verdienter Provisionen[234] oder **Auskehrung** eines vertragswidrig erzielten Verdienstes an den Unternehmer, weil der HV mit der unzulässigen Wettbewerbshandlung ein eigenes Geschäft ausführt (§ 687 Abs. 2 BGB).[235] Für die Dauer des verbotenen Wettbewerbs entfällt im Zweifel die Entschädigungspflicht (RdNr. 37);[236] die ersparte Entschädigung ist auf eine Schadensersatzleistung[237] oder Vertragsstrafe anzurechnen; durch AGB/ Formularvertrag kann die **Anrechnung** nicht abbedungen werden.[238] Für die Unterlassungspflicht und den Grund der Entschädigungspflicht ist es – von den Ausnahmen des Abs. 2 und 3 abgesehen – grundsätzlich unerheblich, aus welchem Grund das Vertragsverhältnis endet.[239] Die auf Grund einer Wettbewerbsvereinbarung zugunsten beider Vertragspartner entstandenen gegenseitigen Ansprüche sind **gerichtlich durchsetzbar,** Karenzentschädigung und (gegebenenfalls vorbeugend) Unterlassung auch im Weg der einstweiligen Verfügung.[240]

3. Verstoß gegen gesetzliches Wettbewerbsrecht. Handlungen des HV, die nicht gegen § 90 oder 90a verstoßen, können auch die Rechtsfolgen des UWG nicht auslösen.[241] Der Kundenstamm ist nicht ein geschütztes Rechtsgut des Unternehmers, vielmehr gehört das Abwerben von Kunden zum Wesen des Wettbewerbs, selbst wenn die Kunden an einen Mitbewerber gebunden sind.[242] Erst das Hinzutreten besonderer unlauterer Umstände kann eine solche Wettbewerbshandlung wettbewerbswidrig machen.[243]

VII. Persönlicher Geltungsbereich

1. HV und gleichstehende Vertriebsmittler. § 90a gilt für alle nicht unter § 92c fallenden HV[244] einschließlich Versicherungs- und Bausparkassenvertreter,[245] selbst wenn das Vertragsverhältnis bereits während einer Probezeit beendet wird,[246] und unabhängig von der Rechtsform, in welcher die Handelsvertretung betrieben wird.[247] Auf handelsvertreterähnlich ausgestaltete Vertragsverhältnisse mit Kommissionsagenten,[248] Vertragshändlern[249] sowie Franchisenehmern,[250] nicht aber (selbst bei gleicher Interessenlage mit freien Mitarbeitern[251] oder nicht unter §§ 84f. fallenden Angestellten oder Arbeitnehmern,[252] ist § 90a analog anzuwenden. Der HV darf mit seinem **Untervertreter** ein nachvertragliches Wettbewerbsverbot mit den Rechtsfolgen des § 90a vereinbaren. Sein mit dem Unternehmer verabredetes Wettbewerbsverbot muss er dem Untervertreter auferlegen, weil er sich dessen Vertragsverletzungen und nachträglich wettbewerbswidriges Verhalten zurechnen lassen muss. Die berechtigte Lossagung des Untervertreters von dem Wettbewerbsverbot oder der Verzicht des HV gegenüber dem Untervertreter bleiben ohne Wirkung für das dem Unternehmer gegenüber bestehende Verbot. Als Schutznorm zugunsten des HV lässt sich § 90a nicht auf eine nachvertragliche **Wettbewerbsbeschränkung** übertragen, welche der **Unternehmer gegenüber dem** wirtschaftlich stärkeren **HV** eingeht.[253]

---

[233] BGH Urt. v. 21. 11. 1991 – I ZR 87/90, WM 1992, 829; MünchKommHGB/*v. Hoyningen-Huene* RdNr. 71.
[234] *Westphal* Vertriebsrecht RdNr. 303.
[235] *Hohn* DB 1967, 1899.
[236] *Hopt* RdNr. 21; *Westphal* Vertriebsrecht RdNr. 335.
[237] BGH Urt. v. 21. 11. 1991 – I ZR 87/90, WM 1992, 829; OLG Karlsruhe DB 1972, 771; MünchKommHGB/ *v. Hoyningen-Huene* RdNr. 71; *Schröder* RdNr. 10a.
[238] BGH Urt. v. 21. 11. 1991 – I ZR 87/90, WM 1992, 829.
[239] *Schröder* RdNr. 25.
[240] Vgl. *Flatten* ZIP 1999, 1701, 1706; *Küstner* HVR RdNr. 2282.
[241] OLG Düsseldorf OLGR 2003, 252, 259.
[242] BGH Urt. v. 8. 11. 2001 – I ZR 129/99, GRUR 2002, 548, 549; OLG Düsseldorf OLGR 2003, 252, 259.
[243] BGH Urt. v. 14. 1. 1999 – I ZR 2/97, MDR 1999, 1341; BAG Urt. v. 15. 12. 1987 – 3 AZR 474/86, MDR 1988, 607; OLG Düsseldorf OLGR 2003, 252, 259.
[244] *Staub/Brüggemann* RdNr. 2; aA MünchKommHGB/*v. Hoyningen-Huene* RdNr. 5; differenzierend Heymann/*Sonnenschein/Weitemeyer* RdNr. 4.
[245] *Martin* VersR 1968, 118.
[246] Vgl. BAG Urt. v. 10. 5. 1971 – 3 AZR 126/70, BB 1971, 1196; vgl. auch BAG Urt. v. 28. 6. 2006 – 10 AZR 407/05, GmbHR 2006 R 306.
[247] MünchKommHGB/*v. Hoyningen-Huene* RdNr. 5.
[248] *Ebenroth* S. 216, 217; *Canaris* § 16 RdNr. 12.
[249] *Hopt* RdNr. 5; MünchKommHGB/*v. Hoyningen-Huene* RdNr. 6; *Canaris* § 17 RdNr. 23.
[250] BGH Urt. v. 12. 11. 1986 – I ZR 209/84, NJW-RR 1987, 612; KG MDR 1974, 144; OLG München BB 1963, 1194; MünchKommHGB/*v. Hoyningen-Huene* RdNr. 6; *Canaris* § 18 RdNr. 26.
[251] BAG Urt. v. 21. 1. 1997 – 9 AZR 778/95, ZIP 1997, 1601, 1603 mit zust. Anm. *Bormann* EWiR 1997, 941; aA OLG München BB 1997, 1015 mit krit. Anm. *Zimmermann* EWiR 1997, 467.
[252] Vgl. *Düwell* DB 2002, 2270, 2271.
[253] AA *Küstner* RdNr. 2194, 2195.

45 **2. Wettbewerbsbeschränkende Absprachen zwischen Unternehmern.** Absprachen zwischen Unternehmern oder zwischen Unternehmer und HV, welche den Wettbewerb früherer HV/Untervertreter – zB durch Vereinbarung von **Beschäftigungsverboten** – beeinträchtigen, sind, sofern sie nicht ein nach Abs. 4 unwirksames Umgehungsgeschäft darstellen,[254] nach dem Recht des HGB grundsätzlich zulässig, können aber im Einzelfall nach § 138 BGB nichtig sein und dem betroffenen HV Rechte aus § 826 gewähren.[255] Die Errichtung von **Auskunftsstellen,** denen die Unternehmer das Ausscheiden des HV sowie die dafür maßgeblichen Gründe melden (s. § 89 RdNr. 31), verstößt nicht gegen § 90 a, jedoch dürfen nur wahrheitsgemäße Auskünfte erteilt und weitergegeben werden; der HV ist davon zu unterrichten.[256]

46 **3. Vertragsübernahme.** Geht ein HVVertragsverhältnis mit nachvertraglichem Wettbewerbsverbot im Weg der Vertragsübernahme auf einen Dritten, eine Mehrheit von HV oder eine HVGesellschaft über,[257] müssen die Vertragspartner festlegen, für wen und in welcher Weise das Verbot weitergelten soll; die von dem Verbot künftig Betroffenen müssen diesem zustimmen. Im Zweifel wird der Übergang auf denjenigen gewollt sein, der rechtlich an die Stelle des bisherigen Vertragspartners tritt.

47 **4. Übernahme der Handelsvertretung durch eine Kapitalgesellschaft.** Bei Übernahme der Handelsvertretung durch eine Kapitalgesellschaft/GmbH erstreckt sich das Wettbewerbsverbot auf die übernehmende Gesellschaft, ohne entsprechende Vereinbarung aber nicht auf deren Gesellschafter oder Organmitglieder/Geschäftsführer. Die Änderung der Zahl unterlassungspflichtiger Personen, denen der Unternehmer Entschädigung schuldet, bedarf seiner Zustimmung.

VIII. Beweislast

48 Der aus einem nachvertraglichen Wettbewerbsverbot vorgehende Unternehmer muss die Voraussetzungen für die wirksame Wettbewerbsvereinbarung sowie die Vertragsverletzung beweisen,[258] der HV den Verzicht des Unternehmers, ein rechtzeitiges Lossagen vom Verbot oder einen sonstigen zum Wegfall des Wettbewerbsverbots führenden Tatbestand. Der Entschädigung fordernde HV trägt die Beweislast für eine wirksame Wettbewerbsabrede und die Höhe der geforderten Leistung, der Unternehmer für Verzicht oder Lossagen nach Abs. 3 mit den jeweiligen Voraussetzungen sowie gegebenenfalls für einen sonstigen zum Wegfall der Entschädigungspflicht führenden Tatbestand. Wenn (der HV nachweist, dass) der Unternehmer von ihm Unterlassung nachvertraglichen Wettbewerbs verlangt hat, muss der Unternehmer im Entschädigungsprozess beweisen, dass eine wirksame Wettbewerbsabrede nicht vorliegt, er darauf verzichtet oder sich in wirksamer Weise von ihr losgesagt hat; wenn (der Unternehmer nachweist, dass) der HV sich von dem Verbot losgesagt hat, obliegt ihm die Beweisführung, dass die Voraussetzungen hierfür nicht vorgelegen haben. Den wichtigen Grund einer Kündigung nach § 89 a hat immer der Kündigende zu beweisen (vgl. § 89 a RdNr. 81).

IX. Europarecht

49 Allgemeine Ausführungen und Text der HV-RiLi s. Vor § 84 Anh.

Die Formulierung des § 90 Abs. 1 entspricht weitgehend Art. 20 Abs. 1 bis 3 HV-RiLi. Diese hat als Neuregelung vor allem mit sich gebracht, dass sich die Wettbewerbsabrede auf den Bezirk oder Kundenkreis des Vertreters zu beschränken hat. Im Übrigen schreibt die HV-RiLi außer dem Schriftformerfordernis keine weiteren Voraussetzungen einer Wettbewerbsabrede vor, sondern überlässt diese gem. Art. 20 Abs. 4 den mitgliedstaatlichen Rechten. Insbesondere wurde keine Regelung über die kartellrechtliche Zulässigkeit gemäß Art. 81 EGV getroffen (s. hierzu *Lange* in der ersten Aufl. Vor § 84 Anh. II). Auch auf die nach deutschem Verfassungsrecht problematische Situation bei Kündigung aus wichtigem Grund (s. o. RdNr. 34) wurde im Rahmen der HV-RiLi nicht eingegangen.

50 Die Kommission hatte ursprünglich vorgeschlagen, in der HV-RiLi einen nicht abdingbaren Entschädigungsanspruch festzulegen, was jedoch von den meisten Mitgliedstaaten abgelehnt wurde.[259] Tatsächlich kennen nur die Bundesrepublik und Portugal überhaupt eine Karenzentschädigungspflicht.

---

[254] *Schröder* RdNr. 4.
[255] *Schröder* RdNr. 32 bis 36.
[256] *Schröder* RdNr. 37.
[257] S. d. auch (aus arbeitsrechtlicher Sicht) *Bauer/Diller* NJW 2002, 1609, 1615.
[258] Ausf. zu Fragen der Beweislast *Bauer/Diller* NJW 2002, 1609, 1611.
[259] Ankele DB 1987, 569, 571.

§ 91 [Vollmachten des Handelsvertreters]

(1) § 55 gilt auch für einen Handelsvertreter, der zum Abschluß von Geschäften von einem Unternehmer bevollmächtigt ist, der nicht Kaufmann ist.

(2) [1] Ein Handelsvertreter gilt, auch wenn ihm keine Vollmacht zum Abschluß von Geschäften erteilt ist, als ermächtigt, die Anzeige von Mängeln einer Ware, die Erklärung, daß eine Ware zur Verfügung gestellt werde, sowie ähnliche Erklärungen, durch die ein Dritter seine Rechte aus mangelhafter Leistung geltend macht oder sich vorbehält, entgegenzunehmen; er kann die dem Unternehmer zustehenden Rechte auf Sicherung des Beweises geltend machen. [2] Eine Beschränkung dieser Rechte braucht ein Dritter gegen sich nur gelten zu lassen, wenn er sie kannte oder kennen mußte.

Schrifttum: Siehe zunächst Schrifttumsverzeichnis vor § 84: *Fricke*, Die Empfangsvollmacht des Vermittlungsagenten bei der Antragsaufnahme und die vergessene Risikoanzeige, VersR 1993, 399; *Luckey*, Der Ausschluss der Empfangsvollmacht des Versicherungsvertreters, VersR 1993, 151.

Übersicht

	RdNr.		RdNr.
1. Bedeutung der Vorschrift	1	b) Recht und Pflicht zur Entgegennahme von Erklärungen – Abs. 2	8
2. Vertretungsmacht des Abschlussvertreters	2–6	c) Beweissicherung – Abs. 2 S. 1 2. Halbsatz	9
a) Bevollmächtigung nach BGB	2	4. Erlöschen und Widerruf der Vollmacht	10
b) Art und Umfang der erteilten Vollmacht	3	5. Insolvenz	11
c) Gesetzliche Vertretungsmacht nach §§ 54, 55	4	6. Untervertreter und andere Vertriebsvermittler	12
d) Abschlussvertreter nach Abs. 1	5	7. Beweislast	13
e) Versicherungsvertreter	6	8. Europarecht	14
3. Vertretungsmacht des Vermittlungsvertreters	7–9		
a) Eingeschränkte Vertretungsmacht	7		

1. Bedeutung der Vorschrift. Das HGB regelt in §§ 54 und 55 den gesetzlichen Umfang der Vertretungsmacht des von einem kaufmännischen Unternehmer bestellten Abschlussvertreters. Ihm wird durch § 91 Abs. 1 der für einen **nichtkaufmännischen Unternehmer** (s. a. § 84 RdNr. 19) tätige Abschlussvertreter gleichgestellt.[1] Zugunsten des Vermittlungsvertreters wird die Abschlussvollmacht begründet § 91 Abs. 2 S. 1 dieselbe – eingeschränkte – Vertretungsbefugnis, wie sie der Abschlussvertreter nach der gleich lautenden Vorschrift des § 55 Abs. 4 innehat. Bei Missbrauch der Vertretungsmacht kann § 91 a eingreifen. 1

2. Vertretungsmacht des Abschlussvertreters. a) Bevollmächtigung nach BGB. Der HV ist nach § 84 als bloßer Vermittlungsvertreter nicht berechtigt, im Namen des Unternehmers und mit Wirkung für ihn rechtsverbindlich Verträge („Geschäfte") abzuschließen; weder § 84 noch § 55 verleihen ihm Vertretungsmacht. Diese Befugnis müssen der kaufmännische[2] wie der nichtkaufmännische Unternehmer dem HV durch Bevollmächtigung zum rechtsgeschäftlichen Vertreter nach den Regeln des BGB besonders einräumen, wozu im Regelfall – wie § 55 Abs. 1 klarstellt – die ausdrückliche Bestellung zum Abschlussvertreter ausreicht. Durch Duldung oder zurechenbar veranlassten Rechtsschein kann dem HV ebenfalls Vertretungsmacht zum Vertragsschluss zukommen (s. zum Ganzen auch § 84). 2

b) Art und Umfang der erteilten Vollmacht. Art und Umfang der dem Abschlussvertreter erteilten Vollmacht[3] richten sich nach den Erklärungen und Handlungen des Unternehmers, der die Ausgestaltung der Vertretungsmacht bestimmt (s. a. § 84), sowie in Zweifelsfällen oder bei Fehlen konkreter Vorgaben gemäß § 91 Abs. 1 oder § 55 Abs. 1 nach den §§ 54, 55 Abs. 2 bis 4. Die kraft Gesetzes bestehenden **Einschränkungen der Vertretungsmacht** des Abschlussvertreters wirken gegen jedermann ohne Rücksicht auf dessen Kenntnis;[4] weitergehende Einschränkungen, auch durch AGB/Formularvertrag, sind zulässig, der Dritte braucht sie gemäß § 54 Abs. 3 nur bei Kenntnis oder Kennenmüssen gegen sich gelten zu lassen.[5] Von den gesetzlichen Beschränkungen 3

---

[1] *Hopt* RdNr. 1; MünchKommHGB/*v. Hoyningen-Huene* RdNr. 1, 3; *Westphal* Vertriebsrecht RdNr. 68.
[2] AA MünchKommHGB/*v. Hoyningen-Huene* RdNr. 6.
[3] Dazu ausführlich *Schröder* § 84 RdNr. 21 bis 30 a.
[4] *Schröder* RdNr. 13; *Küstner* HVR RdNr. 365.
[5] *Schröder* RdNr. 13.

kann der Unternehmer den HV entbinden und ihm weitergehende Vertretungsbefugnisse übertragen.[6]

4 **c) Gesetzliche Vertretungsmacht nach §§ 54, 55.** Die gesetzlich vorgegebene Vertretungsmacht des Abschlussvertreters bestimmt sich nach §§ 54, 55 Abs. 2 bis 4; auf die dortige Kommentierung wird verwiesen.[7] Für § 54 Abs. 1 kommt es auf die Geschäfte und Rechtshandlungen an, welche der Betrieb oder Betriebsteil des Unternehmers, in welchem der HV vereinbarungsgemäß tätig wird, gewöhnlich mit sich bringt; hierbei sind die Besonderheiten des Betriebs, die Umstände des Einzelfalls[8] sowie gegebenenfalls die Üblichkeit in der Branche des Unternehmers zu berücksichtigen.[9] So wird der HV bei entsprechender Branchenüblichkeit befugt sein, dem Kunden bei Vertragsschluss Ratenzahlungen oder Zahlungsfristen einzuräumen[10] sowie Altgeräte in Zahlung zu nehmen.[11] Einer **Klage des HV** gegen den Kunden steht § 54 Abs. 2 nicht entgegen, wenn der HV das Recht des Unternehmers in gewillkürter Prozessstandschaft geltend machen kann, wozu ihn sein Provisionsinteresse allerdings nicht berechtigt.[12] **Nachträgliche Vertragsänderungen** kann der Abschlussvertreter nach § 55 Abs. 2 selbst dann nicht wirksam vereinbaren, wenn er den Gegenstand der Änderung bei Vertragsschluss in den Vertrag hätte einbeziehen können. Zahlungen mit Erfüllungswirkung für den Unternehmer darf der Abschlussvertreter nur bei besonders erteilter **Inkassovollmacht** entgegennehmen;[13] sie kann stillschweigend erteilt werden durch die widerspruchslose Entgegennahme der von den Kunden an den HV geleisteten Zahlungen,[14] durch die Aushändigung einer Quittung gemäß § 370 BGB[15] oder durch Hinweise in den Bestellscheinen auf die Möglichkeit der Zahlung an den HV.[16] Als **Erklärungsempfänger** und **Beweissicherungsberechtigter** gemäß § 55 Abs. 4 hat der Abschlussvertreter dieselbe Rechtsstellung wie der Vermittlungsvertreter nach § 91 Abs. 2 (RdNr. 8 und 9).

5 **d) Abschlussvertreter nach Abs. 1.** § 55 Abs. 1 gilt für den von einem Kaufmann beauftragten HV. Weil der Kunde vielfach nicht weiß, ob der HV ein kaufmännisches Unternehmen vertritt und deswegen die Vertretungsbefugnis nach §§ 54 und 55 besitzt, stellt § 91 Abs. 1 mittels einer nicht abdingbaren **Fiktion** den **von einem Nichtkaufmann betrauten Abschlussvertreter** dem Vertreter nach § 55 Abs. 1 in vollem Umfang rechtlich gleich.[17]

6 **e) Versicherungsvertreter.** Der gesetzliche Umfang der Vertretungsmacht von haupt- oder nebenberuflich tätigen[18] Versicherungsvertretern sowie deren Wirkungen richten sich zunächst nach den Sondervorschriften der §§ 43 bis 48 VVG.[19] Diese gesetzlich vorgegebene Vertretungsmacht kann durch AGB/Formularvertrag beschränkt werden.[20] Das Verhalten des Versicherungsvertreters gegenüber dem Kunden, seine Erklärungen diesem gegenüber sowie deren Entgegennahme durch den Vertreter muss der Versicherungsunternehmer sich grundsätzlich zurechnen lassen;[21] insoweit kann auf die Ausführungen zu § 84 ergänzend verwiesen werden. Im Übrigen gelten Versicherungsvertreter ab dem 22. 5. 2007 mit Inkrafttreten der §§ 42f und 42i VVG idF des Gesetzes zur Neuregelung Versicherungsvermittlerrechts vom 19. 12. 2006 – BGBl. I. 3232, 3238 – grundsätzlich und unabdingbar als bevollmächtigt, in Zusammenhang mit der Vermittlung oder dem Abschluss eines Versicherungsvertrags stehende Zahlungen des Versicherungsnehmers für den Versicherer entgegenzunehmen.

7 **3. Vertretungsmacht des Vermittlungsvertreters. a) Eingeschränkte Vertretungsmacht.** Der Vermittlungsvertreter verfügt auf Grund seiner Bestellung zum HV insoweit über Vertretungsmacht zur Vornahme von Rechtshandlungen im Namen und mit Wirkung für den Unternehmer,[22] als sie zur Ausübung seiner Vermittlungstätigkeit notwendig ist; dabei ist es rechtlich unerheblich, ob

---

[6] *Schröder* RdNr. 4 und 5.
[7] Ausf. dazu *Westphal* Vertriebsrecht RdNr. 67 f.
[8] *Schröder* RdNr. 3; vgl. *Küstner* HVR RdNr. 363.
[9] Vgl. *Küstner* RdNr. 367.
[10] *Küstner* HVR RdNr. 367; *Westphal* RdNr. 113.
[11] *Westphal* RdNr. 113.
[12] *Schröder* RdNr. 6 a.
[13] *Schröder* RdNr. 8 a und § 87 RdNr. 51.
[14] *Schröder* RdNr. 8 a.
[15] *Schröder* RdNr. 8.
[16] *Schröder* RdNr. 8 b.
[17] *Schröder* RdNr. 2; Staub/*Brüggemann* RdNr. 2; *Küstner* HVR RdNr. 362.
[18] *Westphal* Vertriebsrecht RdNr. 83.
[19] *Fricke* VersR 1993, 399; *Luckey* VersR 1993, 151; *Hopt* RdNr. 2; MünchKommHGB/*v. Hoyningen-Huene* RdNr. 13; dazu ausführlich *Schröder* § 92 RdNr. 12 bis 23 und *Westphal* Vertriebsrecht RdNr. 84 f.
[20] BGH Urt. v. 10. 2. 1999 – IV ZR 324/97, ZIP 1999, 1008, 1011.
[21] BGH Urt. v. 30. 1. 2002 – IV ZR 23/01, MDR 2002. 760.
[22] S. *Hopt* RdNr. 2.

der ihn beauftragende Unternehmer Kaufmann oder Nichtkaufmann ist. Regelmäßig ist der Vermittlungsvertreter daher berechtigt, Vertragsangebote iSv. § 145 BGB für den Unternehmer rechtsverbindlich entgegenzunehmen (RdNr. 8).[23] Was der HV im Rahmen der Verhandlungen/Vermittlungsgespräche von dem Kunden erfahren hat oder was ihm dabei hätte bekannt werden müssen, ist dem Unternehmer nach § 166 BGB zuzurechnen[24] ebenso das Verhalten des HV gegenüber dem Kunden.[25]

b) Recht und Pflicht zur Entgegennahme von Erklärungen – Abs. 2. § 91 Abs. 2 begründet für den Vermittlungsvertreter dieselben Befugnisse, wie sie der Abschlussvertreter nach § 55 Abs. 4 besitzt[26] (s. a. § 55). Er ist als **Empfangsvertreter** des Unternehmers iSv. § 164 Abs. 3 BGB[27] zur rechtsverbindlichen Entgegennahme von Erklärungen befugt, mit welchen ein Kunde des Unternehmers Rechte wegen mangelhafter Lieferung geltend machen oder sich vorbehalten will.[28] Das auf diese Weise erlangte Wissen ist dem Unternehmer regelmäßig nach § 166 BGB zuzurechnen.[29] Fristen werden mit dem Zugang der Erklärung an den HV oder dessen Angestellte gewahrt, wenn diese üblicherweise zur Entgegennahme derartiger Erklärungen für den HV befugt sind.[30] Aus der Berechtigung des Abs. 2 folgt die **Pflicht** gegenüber dem Unternehmer **zur Entgegennahme der Erklärung;** der HV darf sie nicht verweigern, selbst wenn er das Geschäft, auf Grund dessen die Erklärung abgegeben werden soll, nicht vermittelt hat noch in sonstiger Weise damit befasst gewesen ist.[31] Jeder HV des Unternehmers ist gegenüber dessen Kunden berechtigt und verpflichtet, die unter § 55 Abs. 4 und § 91 Abs. 2 fallenden Erklärungen entgegenzunehmen[32] und an den Unternehmer weiterzuleiten.[33] Als **Ausnahmevorschrift** ist Abs. 2 eng auszulegen. Sie gilt **für Erklärungen des Kunden,** die sich auf dem Vertrag mit dem Kunden zu liefernden oder gelieferten Produkte/Waren, also auf die Ausführung des Vertrags, nicht aber auf den Vertrag selbst, „das (Kunden-) Geschäft", beziehen.[34] Ebenso ist der HV nach Abs. 2 weder berechtigt noch verpflichtet, die Ware zurückzunehmen oder Erklärungen für den Unternehmer hinsichtlich der erhobenen Rügen abzugeben.[35] Die Regelung in Abs. 2 ist abdingbar; ein Dritter braucht die Einschränkung der Vertretungsmacht nach § 55 Abs. 4 oder § 91 Abs. 2 nur gegen sich gelten zu lassen, wenn er sie kennt oder kennen musste (Abs. 2 S. 2, § 54 Abs. 3).[36]

c) Beweissicherung – Abs. 2 S. 1 2. HS. Das Recht zur Beweissicherung (Abs. 2 S. 1 2. Halbsatz) umfasst alle vorgerichtlichen oder – in zulässiger gesetzlicher Prozessstandschaft (RdNr. 4) – gerichtlichen Maßnahmen, welche der Unternehmer ergreifen dürfte; die entstehenden **Kosten** fallen regelmäßig nicht unter § 87 d, der Unternehmer schuldet dem HV Aufwendungsersatz nach § 670 BGB[37] und gegebenenfalls Vorschuss nach § 669 BGB.

4. Erlöschen und Widerruf der Vollmacht. Das Erlöschen der Vertretungsmacht richtet sich nach den allgemeinen Regeln des BGB (vgl. § 168). Der Widerruf der Vollmacht ist grundsätzlich jederzeit zulässig[38] mit Ausnahme der allgemeinen Vermittlungsvollmacht, ohne welche die Vermittlungstätigkeit nicht ausgeübt werden kann;[39] sie darf nur mit der Kündigung des Vermittlungsvertrags entzogen werden.[40] In der **fristlosen Kündigung** des HVVertrags nach § 89 a liegt regelmäßig der Widerruf einer dem HV eingeräumten Vertretungsmacht, selbst wenn die Kündigung wegen Fehlens eines sie rechtfertigenden Grundes unwirksam ist.[41] Ein **wichtiger,** zur fristlosen Vertragskündigung berechtigender **Grund** ist für den einseitigen Entzug der dem HV eingeräumten Vertretungsmacht im Allgemeinen dann erforderlich, wenn die Vollmacht ausnahmsweise den Interessen des HV dienen soll,

---

[23] BGH Urt. v. 19. 11. 1981 – VII ZR 238/80, BGHZ 82, 219, 221 = NJW 1982, 377.
[24] BGH Urt v. 14. 6. 1957 – VIII ZR 73/56, LM BGB § 307 Nr. 1; Staub/*Brüggemann* RdNr. 2.
[25] BGH Urt. v. 9. 5. 1951 – II ZR 8/51, BB 1951, 488.
[26] MünchKommHGB/*v. Hoyningen-Huene* RdNr. 12.
[27] LG Frankfurt NJW 1985, 1167, 1168; Heymann/*Sonnenschein*/*Weitemeyer* RdNr. 6; MünchKommHGB/*v. Hoyningen-Huene* RdNr. 11.
[28] BGH Urt v. 22. 10. 1987 – VII ZR 5/87, BGHZ 102, 80, 83 = NJW 1988, 488.
[29] BGH Urt v. 14. 6. 1957 – VIII ZR 73/56, LM BGB § 307 Nr. 1.
[30] *Schröder* RdNr. 9.
[31] Vgl. MünchKommHGB/*v. Hoyningen-Huene* RdNr. 12.
[32] Heymann/*Sonnenschein*/*Weitemeyer* RdNr. 7; *Hopt* RdNr. 2; Koller/*Roth*/Morck RdNr. 3; einschränkend noch *Schröder* RdNr. 9 a, 13, 13 a, 14; Staub/*Brüggemann* RdNr. 3 und 4.
[33] LG Frankfurt NJW 1985, 1167.
[34] *Schröder* RdNr. 10.
[35] *Schröder* RdNr. 9 b.
[36] MünchKomm/HGB/*v. Hoyningen-Huene* RdNr. 14.
[37] *Schröder* RdNr. 11.
[38] *Schröder* § 84 RdNr. 26; *Westphal* Vertriebsrecht RdNr. 75.
[39] Vgl. *Westphal* Vertriebsrecht RdNr. 75.
[40] *Küstner* HVR RdNr. 384; *Westphal* RdNr. 125; vgl. *Schröder* § 89 RdNr. 3.
[41] *Hopt* § 89 a RdNr. 5; *Schröder* § 89 a RdNr. 19 c.

§ 91a
1. Buch. 7. Abschnitt. Handelsvertreter

wesentlicher Bestandteil/Geschäftsgrundlage des Vertrags geworden ist,[42] oder die Parteien den Widerruf in sonstiger Weise – ausdrücklich oder stillschweigend – ausgeschlossen haben,[43] indem zB dem inkassobefugten HV das Recht eingeräumt ist, sich wegen seiner fälligen Provisionsforderungen aus den eingezogenen Geldern durch Verrechnung zu befriedigen.[44] Der ohne beachtliche Gründe erklärte Widerruf der Vollmacht/Entzug der Vertretungsmacht kann einen wichtigen Kündigungsgrund iSv. § 89a bilden und zur Schadensersatzverpflichtung aus positiver Vertragsverletzung führen (s. § 89a).[45]

11 **5. Insolvenz.** Die Insolvenz des Unternehmers als Vollmachtgeber führt grds. zum Erlöschen der dem HV erteilten Vollmacht, soweit sie die Insolvenzmasse betrifft und nicht der Ausnahmefall des § 117 Abs. 2 InsO vorliegt.[46] Die Insolvenz des HV berührt seine Bevollmächtigung grds. nicht.[47]

12 **6. Untervertreter und andere Vertriebsvermittler.** Für die Vertretungsmacht des nicht in vertraglichen Beziehungen zu dem Unternehmer stehenden echten Untervertreters gelten § 91 sowie §§ 54 und 55 entsprechend; den Umfang seiner Vollmacht bestimmt der Hauptvertreter; er kann dem Untervertreter nicht mehr Rechte einräumen, als ihm gegenüber dem Unternehmer zustehen. Auf die handelsvertreterähnlich ausgestalteten Verträge mit Vertragshändlern, Franchisenehmern oder Kommissionsagenten ist die Sonderregelung des § 91 nicht entsprechend anwendbar.

13 **7. Beweislast.** Wer Rechte auf Grund bestehender Vertretungsmacht herleitet, hat deren Voraussetzungen und Bestehen zu beweisen.[48] Den Unternehmer trifft die Beweislast für die Tatsachen, aus denen sich eine Beschränkung der Vertretungsmacht des HV oder eine Kenntnis/fahrlässige Unkenntnis des Kunden hinsichtlich der Beschränkung ergeben soll.[49]

14 **8. Europarecht.** Allgemeine Ausführungen und Text der HV-RiLi s. Vor § 84 Anh. § 91 hat keine Entsprechung in der HV-RiLi.

§ 91a [Mangel der Vertretungsmacht]

(1) Hat ein Handelsvertreter, der nur mit der Vermittlung von Geschäften betraut ist, ein Geschäft im Namen des Unternehmers abgeschlossen, und war dem Dritten der Mangel an Vertretungsmacht nicht bekannt, so gilt das Geschäft als von dem Unternehmer genehmigt, wenn dieser nicht unverzüglich, nachdem er von dem Handelsvertreter oder dem Dritten über Abschluß und wesentlichen Inhalt benachrichtigt worden ist, dem Dritten gegenüber das Geschäft ablehnt.

(2) Das gleiche gilt, wenn ein Handelsvertreter, der mit dem Abschluß von Geschäften betraut ist, ein Geschäft im Namen des Unternehmers abgeschlossen hat, zu dessen Abschluß er nicht bevollmächtigt ist.

Schrifttum: Siehe Schrifttumsverzeichnis vor § 84.

Übersicht

	RdNr.		RdNr.
1. Bedeutung der Vorschrift	1	b) Überlegungsfrist	8
2. Persönlicher Geltungsbereich	2	c) Ablehnungserklärung	9
3. Anwendungsbereich des § 91a	3–6	d) Unverzüglicher Zugang und rechtzeitige Ablehnung	10
a) Vertragsschluss ohne Vertretungsmacht	3	e) Genehmigung des Vertrags	11
b) Unkenntnis des Vertragspartners	4	5. Verhältnis zu §§ 177 bis 179 BGB	12
c) Vermittlungsvertreter – Abs. 1	5	6. Beweislast	13
d) Abschlussvertreter – Abs. 2	6	7. Europarecht	14
4. Genehmigung nach § 91a	7–11		
a) Benachrichtigung	7		

1 **1. Bedeutung der Vorschrift.** § 91a regelt den Sonderfall fehlender oder missbräuchlich genutzter[1] Vertretungsmacht des mit Vermittlung oder Abschluss von Kundengeschäften betrauten

---

[42] OLG Celle DB 1961, 369; *Küstner* HVR RdNr. 383.
[43] *Küstner* HVR RdNr. 383; *Westphal* RdNr. 125.
[44] OLG Celle DB 1961, 369; *Westphal* RdNr. 125.
[45] *Schröder* § 84 RdNr. 26.
[46] Bamberger/Roth/*Habermeier* BGB § 168 RdNr. 17; MünchKommInsO/*Ott* § 117 RdNr. 4f., 12f., 16f.
[47] Bamberger/Roth/*Habermeier* BGB § 168 RdNr. 7; BGB – RGRK/*Steffen* § 168 RdNr. 9 aE.
[48] *Schröder* § 86 RdNr. 10; *Baumgärtel* BGB § 164 RdNr. 1.
[49] *Baumgärtel* § 54 HGB RdNr. 3.
[1] *Westphal* Vertriebsrecht RdNr. 81.

HV, der im Namen und mit Wirkung für den Unternehmer einen Vertrag („Geschäft") mit einem Dritten (Kunden) abschließt, welcher den Mangel der Vertretungsmacht nicht kennt. Die Vorschrift schafft einen zusätzlichen handelsrechtlichen Vertrauenstatbestand[2] zu der Regelung in §§ 177 f. BGB (RdNr. 12). § 177 Abs. 2 BGB wird im Interesse des auf das Vorhandensein der Vertretungsmacht vertrauenden Vertragspartners (Kunden)[3] dahin ergänzt, dass der – im Gegensatz zu dem Kunden bei Vorliegen der Voraussetzungen des § 91 a nicht schutzbedürftige –[4] Unternehmer den Vertrag unverzüglich nach Kenntniserlangung „ablehnen" muss, andernfalls er als genehmigt gilt. Das Schweigen des Unternehmers bedeutet – anders als bei § 177 Abs. 2 S. 2 BGB – Zustimmung, weil der Kunde eine unverzügliche ablehnende Antwort erwarten darf, wenn der Unternehmer den Vertragsschluss nicht billigt. Der insoweit durch § 91 a geschaffene besondere handels(vertreter)rechtliche Vertrauenstatbestand greift allerdings nur ein, wenn und soweit der HV im Rahmen seines HVVertrags und damit innerhalb seiner vertraglichen Vertriebsbefugnis tätig wird (RdNr. 5 und 6), weswegen auch nur Kundengeschäfte erfasst werden können, welche nach Art, Umfang oder Risiko für den Betrieb des Unternehmers nicht außergewöhnlich sind.[5]

2. Persönlicher Geltungsbereich. § 91 a gilt für den HV sowie den ihn beauftragenden kaufmännischen oder nichtkaufmännischen Unternehmer[6] und betrifft – mit Auswirkungen auf das Vertragsverhältnis zwischen HV und Unternehmer (RdNr. 10 und 11) –[7] dessen Rechtsverhältnis zu dem Vertragspartner (Kunden). Auf das Rechtsverhältnis zwischen Unternehmer und Vertragshändler, Franchisenehmer oder Kommissionsagenten[8] sowie zwischen HV und Untervertreter ist die Norm nicht übertragbar. Jedoch kann der für den HV tätig gewordene Untervertreter durch Benachrichtigung des Unternehmers die Rechtsfolgen des § 91 a auslösen.[9]

3. Anwendungsbereich des § 91 a. a) Vertragsschluss ohne Vertretungsmacht. § 91 a setzt voraus, dass der HV im Namen[10] und mit Wirkung für den Unternehmer einen nicht unter dem Vorbehalt dessen Genehmigung stehenden, sondern nach dem Willen beider Verhandlungspartner bereits rechtsverbindlichen[11] Vertrag abschließt, obwohl ihm hierzu Vertretungsmacht fehlt, weil ihm Abschlussvollmacht nicht erteilt ist, eine eingeräumte Bevollmächtigung den Vertragsschluss wegen nach außen wirkender Beschränkungen nicht deckt[12] oder sonstige Gründe einer wirksamen Vertretungsbefugnis entgegenstehen. Für § 91 a ist kein Raum, wenn eine auf Duldung, Rechtsschein,[13] oder Unkenntnis einer bestehenden Beschränkung gemäß § 54 Abs. 3 beruhende Vertretungsmacht gegeben ist, oder wenn der nach außen unbeschränkt vertretungsberechtigte HV lediglich eine im Innenverhältnis bestehende Beschränkung seiner Vollmacht überschreitet (s. a. § 54).[14]

b) Unkenntnis des Vertragspartners. Das Fehlen der Vertretungsmacht darf der Vertragspartner (Dritte) im Zeitpunkt des Vertragsschlusses nicht positiv kennen; bei Kenntnis gilt § 177 Abs. 2 BGB.[15] Fahrlässige Unkenntnis oder nach Abschluss des Vertrags erlangte positive Kenntnis stehen der Anwendbarkeit des § 91 a nicht entgegen.[16]

c) Vermittlungsvertreter – Abs. 1. Abs. 1 betrifft das von dem Vermittlungsvertreter (s. § 84 RdNr. 45, 46) ohne Vertretungsmacht mit einem Kunden im Inland[17] verbindlich abgeschlossene Geschäft über ein Produkt, welches er nach dem HVVertrag für den Unternehmer zu vermitteln hat,[18] oder ein Geschäft, das von § 54 erfasst wäre, wenn der Vermittlungsvertreter Abschlussvoll-

---

[2] BGH Urt. v. 21. 12. 2005 – VIII ZR 88/05, EBE 2006, 54, 56; *Hopt* RdNr. 1 und 2; MünchKommHGB/ *v. Hoyningen-Huene* RdNr. 3; *Westphal* Vertriebsrecht RdNr. 81.
[3] Heymann/*Sonnenschein/Weitemeyer* RdNr. 3.
[4] MünchKommHGB/*v. Hoyningen-Huene* RdNr. 3.
[5] BGH Urt. v. 21. 12. 2005 – VIII ZR 88/05, EBE 2006, 54, 56.
[6] Staub/*Brüggemann* RdNr. 4.
[7] Vgl. Heymann/*Sonnenschein/Weitemeyer* RdNr. 3.
[8] MünchKommHGB/*v. Hoyningen-Huene* RdNr. 4.
[9] Ausf. *Schröder* § 84 RdNr. 37.
[10] *Schröder* RdNr. 5.
[11] Heymann/*Sonnenschein/Weitemeyer* RdNr. 7 und 13; MünchKommHGB/*v. Hoyningen-Huene* RdNr. 6; *Schröder* RdNr. 4 und 21; Staub/*Brüggemann* RdNr. 5.
[12] *Hopt* RdNr. 1; vgl. MünchKommHGB/*v. Hoyningen-Huene* RdNr. 2.
[13] Heymann/*Sonnenschein/Weitemeyer* RdNr. 6; *Schröder* RdNr. 1; Staub/*Brüggemann* RdNr. 7 und ausf. RdNr. 18; *Westphal* Vertriebsrecht RdNr. 82.
[14] Heymann/*Sonnenschein/Weitemeyer* RdNr. 13; *Hopt* RdNr. 3; *Schröder* RdNr. 1 a und 20; *Küstner* HVR RdNr. 377; *Westphal* Vertriebsrecht RdNr. 682; aA Staub/*Brüggemann* RdNr. 6.
[15] MünchKommHGB/*v. Hoyningen-Huene* RdNr. 8.
[16] Heymann/*Sonnenschein/Weitemeyer* RdNr. 7; *Hopt* RdNr. 3; MünchKommHGB/*v. Hoyningen-Huene* RdNr. 8; *Schröder* RdNr. 6 und 20; Staub/*Brüggemann* RdNr. 7; *Westphal* RdNr. 116 und Vertriebsrecht RdNr. 77.
[17] HansOLG Hamburg DB 1959, 1396.
[18] *Schröder* RdNr. 4.

§ 91a 6, 7   1. Buch. 7. Abschnitt. Handelsvertreter

macht besäße.[19] Schließt der Vermittlungsvertreter Verträge mit Kunden, die nach seinem HVVertrag nicht zu seinem Kundenkreis gehören, oder über Gegenstände, die er nicht zu vermitteln hat, greift – der Vertrauensschutz des – § 91a nicht ein (RdNr. 1), es gilt § 177 BGB.[20]

6   **d) Abschlussvertreter – Abs. 2.** Abs. 2 stellt dem nicht vertretungsberechtigten Vermittlungsvertreter nach Abs. 1 den Abschlussvertreter (s. § 84 RdNr. 47, 48) gleich, dem für das konkrete Geschäft die Vertretungsmacht fehlt.[21] Bei ihm muss das abgeschlossene Geschäft ebenfalls in den Rahmen seiner allgemeinen Vertriebs- und Vertretungsbefugnis (RdNr. 1) und damit im Zweifel unter § 54 fallen, seine Vertretungsmacht jedoch auf bestimmte Kunden, Bezirke, Geschäfte oder in sonstiger Weise wirksam beschränkt sein.[22]

7   **4. Genehmigung nach § 91a. a) Benachrichtigung.** Das ohne Vertretungsmacht abgeschlossene Geschäft (Vertrag) gilt nach § 91a kraft Gesetzes als genehmigt, wenn der HV, sein Untervertreter (RdNr. 2) oder der Vertragspartner den Unternehmer von Abschluss und Inhalt des Geschäfts benachrichtigen[23] und dieser es nicht unverzüglich ablehnt. Benachrichtigung ist die formlose[24] empfangsbedürftige und unter die Vorschriften des BGB (§§ 104f., §§ 116f.) fallende **Willenserklärung**[25] des HV oder seines Vertragspartners,[26] die sich bei ihrer Abgabe nach §§ 164f. BGB vertreten lassen dürfen; sie muss dem Unternehmer, mit dem der Vertrag zustande kommen soll, oder seinem für die Entgegennahme derartiger Erklärungen bestellten Vertreter gemäß § 130 BGB zugehen; tatsächliche Kenntnisnahme ist nicht erforderlich.[27] **Inhaltlich** muss die Benachrichtigung den Unternehmer von dem verbindlichen Abschluss des Vertrags durch den HV mit dem genau bezeichneten Vertragspartner und von dem wesentlichen Inhalt der getroffenen Vereinbarung unterrichten; sie muss alles enthalten, was bei objektiver Würdigung nach der Lage des Einzelfalls für die Entscheidung des Unternehmers über die Erteilung oder Versagung der Genehmigung von Bedeutung sein kann.[28] Dazu gehören[29] Angaben zu Gegenstand des Vertrags, zu Leistung und Gegenleistung, zu Zeitpunkt und Ort der Lieferung, zu Preis und Lieferbedingungen, zu Anforderungen an die Qualität der vom Unternehmer zu erbringenden Leistung, zur Person des dem Unternehmer bisher nicht bekannten Vertragspartners sowie zu Abweichungen des Vertragsinhalts von sonst Üblichem,[30] zB hinsichtlich einer Gewährleistungspflicht.[31] Fehlende Vertretungsmacht und Genehmigungsbedürftigkeit brauchen nicht mitgeteilt zu werden,[32] jedoch muss der Unternehmer auf Grund der Benachrichtigung erkennen können, dass der HV seine Vertretungsbefugnis überschritten hat.[33] Ein an den Unternehmer gerichtetes **kaufmännisches Bestätigungsschreiben** des Vertragspartners enthält die notwendige Benachrichtigung, wenn aus ihm die Einzelheiten des Vertragsschlusses sowie die Person des Vertragspartners hinreichend deutlich hervorgehen;[34] zum Zustandekommen eines Vertrags durch kaufmännisches Bestätigungsschreiben enthält § 91a eine **Sonderregelung**. Eine nicht den Anforderungen genügende, **inhaltlich unzureichende**[35] oder **nicht von einem hierzu Berechtigten**, also HV, Untervertreter oder Vertragspartner, stammende Benachrichtigung löst die Rechtsfolgen des § 91a nicht aus;[36] der Unternehmer darf hierauf schweigen.[37] Die unzureichende Benachrichtigung kann allerdings jederzeit ergänzt und vervollständigt werden. Was der Unternehmer hätte erfahren können[38] oder tatsächlich von dritter Seite erfährt,[39] ist für § 91a ohne rechtliche Bedeutung.

---

[19] Heymann/Sonnenschein/Weitemeyer RdNr. 6; MünchKommHGB/v. Hoyningen-Huene RdNr. 7.
[20] Vgl. MünchKommHGB/v. Hoyningen-Huene RdNr. 7.
[21] MünchKommHGB/v. Hoyningen-Huene RdNr. 21.
[22] Schröder RdNr. 21.
[23] Hopt RdNr. 5.
[24] BGH Urt. v. 21. 12. 2005 – VIII ZR 88/05, EBE 2006, 54, 56; MünchKommHGB/v. Hoyningen-Huene RdNr. 10.
[25] Schröder RdNr. 11.
[26] MünchKommHGB/v. Hoyningen-Huene RdNr. 9.
[27] Vgl. Hopt RdNr. 5; Schröder RdNr. 8, 9 und 11.
[28] Vgl. Hopt RdNr. 6; MünchKommHGB/v. Hoyningen-Huene RdNr. 10; Schröder RdNr. 8, 10, 10a; Staub/Brüggemann RdNr. 8; Westphal Vertriebsrecht RdNr. 78.
[29] S. d. BGH Urt. v. 21. 12. 2005 – VIII ZR 88/05, EBE 2006, 54, 56.
[30] Schröder RdNr. 10a.
[31] BGH Urt. v. 21. 12. 2005 – VIII ZR 88/05, EBE 2006, 54, 56.
[32] Schröder RdNr. 8.
[33] Vgl. Staub/Brüggemann RdNr. 8.
[34] Staub/Brüggemann RdNr. 8.
[35] MünchKommHGB/v. Hoyningen-Huene RdNr. 10.
[36] Hopt RdNr. 5; Schröder RdNr. 8 und 10b; Staub/Brüggemann RdNr. 9.
[37] Staub/Brüggemann RdNr. 9.
[38] Schröder RdNr. 10b.
[39] MünchKommHGB/v. Hoyningen-Huene RdNr. 9.

b) Überlegungsfrist. Obwohl das Gesetz eine unverzügliche Ablehnung verlangt, steht dem **8** Unternehmer eine kurze, mit dem Zugang der vollständigen Benachrichtigung bei ihm beginnende[40] Frist zur Prüfung und Entscheidung zu, ob er den Vertrag genehmigen will.[41] Diese Entscheidung muss der Unternehmer unverzüglich iSv. § 121 BGB treffen. Die Länge der ihm einzuräumenden Überlegungsfrist bestimmt sich unter Beachtung des § 121 BGB nach den Umständen des Einzelfalls[42] und dem Umfang der bei objektiver Würdigung gebotenen Prüfung, zB der Leistungsfähigkeit und Kreditwürdigkeit des Kunden.[43] Überlegungs- und Ablehnungsfrist sind grundsätzlich kürzer als die nicht anwendbare[44] Zweiwochenfrist des § 177 Abs. 2 BGB.[45] Bei außergewöhnlich umfangreichen, schwierigen oder risikobehafteten Verträgen kann ausnahmsweise ein Zeitraum von mehr als zwei Wochen angemessen sein, der Unternehmer hat den Vertragspartner dann allerdings unverzüglich von der noch nicht abgeschlossenen Prüfung der Genehmigung und deren voraussichtlicher Dauer zu unterrichten.[46] Nur ein solcher **Zwischenbescheid** erhält dem Unternehmer für einen weiteren angemessenen Zeitraum das Ablehnungsrecht.[47] Eine **Verlängerung** der objektiv angemessenen Überlegungsfrist aus betriebsinternen Gründen des Unternehmers ist rechtlich grds. nicht möglich.[48]

c) Ablehnungserklärung. Nach ordnungsgemäßer Benachrichtigung muss der Unternehmer **9** das Geschäft innerhalb der Überlegungsfrist[49] ablehnen, wenn er es nicht gegen sich gelten lassen will. Ablehnung ist die nicht an eine Form gebundene,[50] grundsätzlich unter das Recht des BGB einschließlich der §§ 164 f. BGB fallende, einseitige, empfangsbedürftige[51] und nicht widerrufliche **Willenserklärung**, die rechtswirksam gegenüber dem Vertragspartner abgegeben werden und ihm – oder seinem bestellten Empfangsvertreter – unverzüglich und damit innerhalb der dem Unternehmer zustehenden Überlegungsfrist (RdNr. 8) zugehen muss,[52] selbst wenn die Benachrichtigung von dem HV stammt; dieser ist nicht der richtige Adressat.[53] Die Ablehnungserklärung muss **nicht begründet** werden.[54] Der HV ist von der Ablehnung zu unterrichten, hat jedoch wegen der Dispositionsfreiheit des Unternehmers (§ 86 a) grundsätzlich ebenfalls keinen Anspruch auf Mitteilung der Gründe für die Ablehnung.[55] Die Ablehnungserklärung ist **nicht anfechtbar**,[56] ihre rechtsgestaltende Wirkung kann nicht nachträglich beseitigt werden; der Unternehmer ist – bei fortbestehender Bereitschaft des Vertragspartners – auf den Neuabschluss des Vertrags oder gegebenenfalls auf Schadensersatzansprüche angewiesen. Wenn **der HV** entsprechende Vertretungsmacht für den Unternehmer besitzt, kann er selbst **die Ablehnung** des zuvor von ihm ohne Vertretungsmacht geschlossenen Vertrags **erklären**; er handelt dann im Regelfall weder pflicht- noch treuwidrig;[57] wenn allerdings der Unternehmer bereits benachrichtigt ist, wird dem HV regelmäßig die Befugnis zur Ablehnung des Geschäfts nicht mehr zustehen.

d) Unverzüglicher Zugang und rechtzeitige Ablehnung. Der Unternehmer hat für den **10** unverzüglichen Zugang der Ablehnungserklärung Sorge zu tragen; er trägt das Zugangsrisiko;[58] Verzögerungen bei der Übermittlung gehen unabhängig vom Verschulden zu seinen Lasten.[59] Mit dem unverzüglich nach Benachrichtigung und Ablauf der Überlegungsfrist bewirkten und damit rechtzeitigen Zugang der Ablehnungserklärung bei dem vom HV vermittelten Vertragspartner des

---

[40] BGH Urt. v. 21. 12. 2005 – VIII ZR 88/05, EBE 2006, 54, 56; *Schröder* RdNr. 14; vgl. MünchKommHGB/*v. Hoyningen-Huene* RdNr. 12.
[41] BGH Urt. v. 21. 12. 2005 – VIII ZR 88/05, EBE 2006, 54, 56; *Westphal* Vertriebsrecht RdNr. 79.
[42] BGH Urt. v. 21. 12. 2005 – VIII ZR 88/05, EBE 2006, 54, 56.
[43] MünchKommHGB/*v. Hoyningen-Huene* RdNr. 12; *Schröder* RdNr. 14; Staub/*Brüggemann* RdNr. 10.
[44] *Hopt* RdNr. 8; MünchKommHGB/*v. Hoyningen-Huene* RdNr. 12; aA Heymann/Sonnenschein/Weitemeyer RdNr. 10; wohl auch Staub/*Brüggemann* RdNr. 10; vgl. auch *Schröder* RdNr. 14.
[45] Insoweit **aA** BGH Urt. v. 21. 12. 2005 – VIII ZR 88/05, EBE 2006, 54, 56.
[46] *Schröder* RdNr. 16; Staub/*Brüggemann* RdNr. 10.
[47] *Schröder* RdNr. 16.
[48] Offengelassen von BGH Urt. v. 21. 12. 2005 – VIII ZR 88/05, EBE 2006, 54, 56.
[49] BGH Urt. v. 21. 12. 2005 – VIII ZR 88/05, EBE 2006, 54, 56.
[50] *Hopt* RdNr. 7.
[51] BGH Urt. v. 21. 12. 2005 – VIII ZR 88/05, EBE 2006, 54, 56.
[52] BGH Urt. v. 21. 12. 2005 – VIII ZR 88/05, EBE 2006, 54, 56.
[53] Zum Ganzen: Heymann/*Sonnenschein/Weitemeyer* RdNr. 10; *Hopt* RdNr. 7; MünchKommHGB/*v.Hoyningen-Huene* RdNr. 11 und 12; *Schröder* RdNr. 13; Staub/*Brüggemann* RdNr. 15.
[54] *Hopt* RdNr. 7.
[55] *Schröder* RdNr. 14.
[56] *Schröder* RdNr. 14; ausf. Staub/*Brüggemann* RdNr. 17; aA *Hopt* RdNr. 7; Heymann/*Sonnenschein/Weitemeyer* RdNr. 10; MünchKommHGB/*v.Hoyningen-Huene* RdNr. 13.
[57] Vgl. auch *Hopt* RdNr. 7.
[58] Staub/*Brüggemann* RdNr. 12 und 15.
[59] *Schröder* RdNr. 13; vgl. *Hopt* RdNr. 8.

Unternehmers wird die Ablehnung rechtswirksam. Der Kundenvertrag kommt nicht zustande. Der HV bleibt dem Unternehmer schadensersatzpflichtig, jedoch nicht hinsichtlich des Nichterfüllungsschadens; dem Vertragspartner haftet er nach § 179 BGB.[60] Rechtsfolge eines **Schadensersatzanspruchs** kann allerdings nicht die Genehmigung sein. Ein auf Erteilung der Genehmigung gerichteter Schadensersatzanspruch steht dem Dritten gegen den Unternehmer selbst dann nicht zu, wenn der HV als dessen Erfüllungsgehilfe gegen seine Pflichten verstoßen haben sollte.[61] Ebenso kann der HV, dem gegenüber sich der Unternehmer zum Abschluss des Geschäfts (Kundenvertrags) verpflichtet hatte, ohne ihm Abschlussvollmacht zu erteilen, von dem Unternehmer als Schadensersatz wegen Nichterfüllung der eingegangenen Verpflichtung nicht die Genehmigung des Kundenvertrags beanspruchen.

11   e) **Genehmigung des Vertrags.** Schweigt der Unternehmer auf die Benachrichtigung oder geht seine Ablehnungserklärung dem Vertragspartner nicht mehr innerhalb der im Einzelfall geltenden Frist und damit nicht mehr unverzüglich zu, steht die Genehmigung auf Grund **unwiderleglicher Rechtsvermutung**[62] für Vertragspartner, Unternehmer und HV fest.[63] Sie ist unwiderruflich[64] und nicht nach § 119 BGB wegen Irrtums über Voraussetzungen oder Bedeutung der gesetzlichen Rechtsfolge anfechtbar,[65] selbst wenn der Unternehmer bewusst von der Abgabe einer Ablehnungserklärung abgesehen hat.[66] Mit dem Einwand, durch Stillschweigen habe eine Genehmigung nicht erklärt werden sollen, kann der Unternehmer nicht gehört werden.[67] Der **Vertrag kommt zustande,** wie er zwischen HV und Vertragspartner im Einzelnen ausgehandelt und abgeschlossen worden ist. Absprachen, welche nicht in die Benachrichtigung an den Unternehmer aufzunehmen waren, werden **Vertragsinhalt,** selbst wenn sie ihm nicht bekannt geworden sind.[68] Einseitige Erklärungen und Zusagen des HV muss der Unternehmer gegen sich gelten lassen. § 166 BGB gilt. Mit der Genehmigung erwirbt der HV die **Provisionsanwartschaft** für das vermittelte Geschäft (s. a. § 87),[69] sein vertragswidriges Verhalten kann nicht mehr Grundlage eines Schadensersatzanspruchs wegen **Vertragsverletzung** sein.[70] Ein auf die Pflichtverletzung gestütztes fristloses **Kündigungsrecht** bleibt dem Unternehmer allerdings erhalten,[71] solange die Frist zur Geltendmachung dieses Kündigungsgrundes noch läuft (s. § 89 a) und sofern dem Unternehmer eine Fortsetzung des HVVertrags tatsächlich nicht mehr zumutbar ist.

12   5. **Verhältnis zu §§ 177 bis 179 BGB.** § 177 bis § 179 BGB sind neben § 91 a anwendbar.[72] Das Widerrufsrecht des Vertragspartners nach § 178 BGB besteht, solange der Vertrag nicht nach § 91 a als genehmigt gilt.[73] Die Haftung nach § 179 BGB trifft den HV und uU den Untervertreter.[74] § 177 Abs. 2 S. 1 BGB entspricht der Regelung in § 91 a. § 177 Abs. 2 S. 2 BGB ergänzt § 91 a. Zu einer **Konkurrenz** beider Vorschriften kann es bei Vorliegen der Besonderheiten des § 91 a kommen (RdNr. 1); der Vertragspartner hat die Wahl eines Vorgehens nach § 91 a oder nach § 177 Abs. 2 BGB.[75] Auf die nicht den Anforderungen an eine Benachrichtigung gemäß § 91 a entsprechende (RdNr. 7) Aufforderung nach § 177 Abs. 2 BGB muss der Unternehmer – anders als bei § 91 a – reagieren, wenn er das Geschäft genehmigen will; die notwendigen Informationen muss er sich beschaffen, hat dazu aber 2 Wochen Zeit. Erfüllt die Aufforderung nach § 177 Abs. 2 BGB zugleich die Voraussetzungen einer ordnungsgemäßen Benachrichtigung nach § 91 a, muss der Unternehmer

---

[60] *Schröder* RdNr. 18.
[61] *Staub/Brüggemann* RdNr. 13.
[62] *Heymann/Sonnenschein/Weitemeyer* RdNr. 11; MünchKommHGB/*v.Hoyningen-Huene* RdNr. 15; *Staub/Brüggemann* RdNr. 12.
[63] Vgl. *Hopt* RdNr. 9; MünchKommHGB/*v. Hoyningen-Huene* RdNr. 15.
[64] *Westphal* Vertriebsrecht RdNr. 80.
[65] *Heymann/Sonnenschein/Weitemeyer* RdNr. 12; *Hopt* RdNr. 10; MünchKommHGB/*v. Hoyningen-Huene* RdNr. 14; *Staub/Brüggemann* RdNr. 12; vgl. BGH Urt. v. 28. 4. 1954 – II ZR 8/53, BGHZ 13, 179, 187 = NJW 1954, 1155.
[66] AA MünchKommHGB/*v. Hoyningen-Huene* RdNr. 14; *Schröder* RdNr. 16.
[67] *Hopt* RdNr. 10; MünchKommHGB/*v. Hoyningen-Huene* RdNr. 15.
[68] *Heymann/Sonnenschein/Weitemeyer* RdNr. 12; *Schröder* RdNr. 15; Staub/*Brüggemann* RdNr. 12; *Westphal* Vertriebsrecht RdNr. 81; vgl. MünchKommHGB/*v. Hoyningen-Huene* RdNr. 15.
[69] *Hopt* RdNr. 9; MünchKommHGB/*v. Hoyningen-Huene* RdNr. 16.
[70] *Heymann/Sonnenschein/Weitemeyer* RdNr. 12; *Hopt* RdNr. 9 und 10; *Schröder* RdNr. 17; MünchKommHGB/*v. Hoyningen-Huene* RdNr. 14.
[71] *Schröder* RdNr. 17; Staub/*Brüggemann* RdNr. 14.
[72] *Hopt* RdNr. 2; MünchKommHGB/*v. Hoyningen-Huene* RdNr. 19; *Schröder* RdNr. 2a; Staub/*Brüggemann* RdNr. 22 und 23.
[73] Vgl. zum Ganzen Heymann/*Sonnenschein/Weitemeyer* RdNr. 5; MünchKommHGB/*v. Hoyningen-Huene* RdNr. 20; *Schröder* RdNr. 2a; Staub/*Brüggemann* RdNr. 22.
[74] BGH Urt. v. 25. 5. 1977 – VIII ZR 18/76, BGHZ 68, 391 = NJW 1977, 1535; *Karsten Schmidt* HandelsR § 27 VI 1 c und d.
[75] MünchKommHGB/*v. Hoyningen-Huene* RdNr. 19.

unverzüglich ablehnen, weil sein Schweigen andernfalls zur Genehmigung nach § 91 a führt; insoweit ist die Vorschrift vorrangig.[76]

6. Beweislast. Die Vertretungsmacht des HV muss grundsätzlich beweisen, wer Rechte aus einem wirksamen Vertretergeschäft geltend macht – § 164 Abs. 2 BGB (vgl. § 91 RdNr. 13). Lässt sich die Vertretungsmacht des HV nicht positiv feststellen, greift § 91 a ein. Wer aus dem nach § 91 a zustandegekommenen Kundenvertrag Rechte herleiten will, muss dann die inhaltlich ausreichende Benachrichtigung an den Unternehmer, dessen – aus objektiver Sicht – nicht rechtzeitige Ablehnung des Kundengeschäfts sowie die Unkenntnis des Vertragspartners von der fehlenden Vertretungsmacht beweisen.[77] Der Anspruchsgegner hat lediglich die Umstände darzulegen, aus denen sich die Kenntnis des Vertragspartners ergeben soll,[78] außerdem trägt er die Beweislast für die Unverzüglichkeit einer aus objektiver Sicht scheinbar verspätet (verzögert) abgegebenen Ablehnungserklärung des Unternehmers.[79]

7. Europarecht. Allgemeine Ausführungen und Text der HV-RiLi s. Vor § 84 Anh. § 91 a hat keine Entsprechung in der HV-RiLi.

13

14

§ 92 [Versicherungs- und Bausparkassenvertreter]

(1) Versicherungsvertreter ist, wer als Handelsvertreter damit betraut ist, Versicherungsverträge zu vermitteln oder abzuschließen.

(2) Für das Vertragsverhältnis zwischen dem Versicherungsvertreter und dem Versicherer gelten die Vorschriften für das Vertragsverhältnis zwischen dem Handelsvertreter und dem Unternehmer vorbehaltlich der Absätze 3 und 4.

(3) ¹ In Abweichung von § 87 Abs. 1 Satz 1 hat ein Versicherungsvertreter Anspruch auf Provision nur für Geschäfte, die auf seine Tätigkeit zurückzuführen sind. ² § 87 Abs. 2 gilt nicht für Versicherungsvertreter.

(4) Der Versicherungsvertreter hat Anspruch auf Provision (§ 87 a Abs. 1), sobald der Versicherungsnehmer die Prämie gezahlt hat, aus der sich die Provision nach dem Vertragsverhältnis berechnet.

(5) Die Vorschriften der Absätze 1 bis 4 gelten sinngemäß für Bausparkassenvertreter.

Schrifttum: Siehe zunächst Schrifttumsverzeichnis vor § 84; wegen des älteren Schrifttums aus der Zeit vor 1990 wird auf das Schrifttumsverzeichnis der Vorauflage verwiesen: *Behrendt*, Aktuelle handelsvertreterrechtliche Fragen in Rechtsprechung und Praxis, NJW 2003, 1563; *Dreher*, Die europa- und verfassungsrechtliche Beurteilung des Provisionsabgabeverbots in der Lebensversicherung, VersR 2001, 1; *Kieninger*, Informations-, Aufklärungs- und Beratungspflichten beim Abschluss von Versicherungsverträgen, AcP 199 (1999), 190; *Loritz*, Provisionen beim Abschluss von Lebensversicherungsverträgen, VersR 2004, 405.

Übersicht

	RdNr.		RdNr.
1. Bedeutung der Vorschrift	1	d) Enger wirtschaftlicher Zusammenhang zweier Verträge	9
2. Gesetz zur Neuregelung des Versicherungsvermittlerrechts von 2006	2	e) Verwaltungs- und Bestandspflegeprovision	10
3. Versicherungs- und Bausparkassenvertreter nach § 92 Abs. 1 und 5	3	f) Abdingbarkeit	11
4. Regelung des Innenverhältnisses – Abs. 2	4	g) Folgeverträge nach § 87 Abs. 3	12
5. Aufklärungs- und Beratungspflichten	5	7. Bezirksvertretung – Abs. 3 S. 2	13
6. Provisionspflichtige Geschäfte – Abs. 3 S. 1	6–12	8. Entstehen und Höhe des Provisionsanspruchs – Abs. 4	14–18
a) Vom Vertreter herbeigeführter Vertrag	6	a) Für Provisionsanspruch maßgebliche Prämienzahlung	14
b) Nach- und Folgeprovision	7	b) Berechnung der Provision	15
c) Änderung, Erweiterung oder Verlängerung des Vertrags, Gruppenversicherung, Rahmenvertrag	8	c) Zahlung der Versicherungsprämie	16
		d) Teilleistung, Teilprovision, Vorschuss, Garantiebeträge	17

---

[76] Vgl. Heymann/*Sonnenschein*/*Weitemeyer* RdNr. 5; *Hopt* RdNr. 2; *Schröder* RdNr. 2 a; Staub/*Brüggemann* RdNr. 19 bis 21.
[77] *Baumgärtel* RdNr. 1; *Schröder* RdNr. 17; Staub/*Brüggemann* RdNr. 24.
[78] *Baumgärtel* RdNr. 1.
[79] *Baumgärtel* RdNr. 2; *Schröder* RdNr. 17; Staub/*Brüggemann* RdNr. 24.

§ 92 1, 2   1. Buch. 7. Abschnitt. Handelsvertreter

	RdNr.		RdNr.
e) Vertragsfreiheit	18	b) Prämienklage	26
9. Nichtzahlung der maßgeblichen Prämie	19–28	c) Provisionsanspruch bei Nichtzahlung und Teilzahlung	27
a) Nachbearbeitung	19–25	d) § 87 a Abs. 3 bei Vorschusszahlung	28
aa) Bedeutung der Nachbearbeitung	19	10. Provisionsweitergabe und Provisionsteilung mit dem Kunden	29
bb) Nachbearbeitung bei mehrstufigem Vertretungsverhältnis	20	11. Untervertreter	30
cc) Nachbearbeitung durch Versicherungsvertreter	21	12. Darlegungs- und Beweislast	31–33
dd) Nachbearbeitung durch Unternehmer	22	a) Provisionsklage	31
ee) Entbehrlichkeit einer Nachbearbeitung	23	b) Rückzahlung von Provisionsvorschüssen und Auszahlung der Stornoreserve	32
ff) Vereinbarungen über Nachbearbeitung	24	c) Gesamtabrechnung	33
gg) Nachbearbeitung bei sonstigen Dauerschuldverhältnissen	25	13. Europarecht	34

1 **1. Bedeutung der Vorschrift.** § 92, seit 1953 unverändert, gibt eine Legaldefinition (s. a. RdNr. 2) für den Versicherungsvertreter (Abs. 1), die entsprechend für den Bausparkassenvertreter gilt (Abs. 5), und stellt klar, dass für beide, soweit sie unter § 84 fallen, im Verhältnis zu dem Unternehmer die Vorschriften des HVRechts gelten (Abs. 2 und 5).[1] Wie §§ 84 f. regelt auch § 92 nur das Innenverhältnis zwischen Versicherer und Versicherungsvertreter. Im Hinblick auf die Eigenart von Versicherungs- und Bausparverträgen enthält § 92 **Sonderregelungen** zu § 87 Abs. 1 S. 1 hinsichtlich der Folgeprovision (Abs. 3 S. 1), zu § 87 Abs. 2 hinsichtlich der Zuweisung eines Vertretungsbezirks (Abs. 3 S. 2) sowie zu § 87 a Abs. 1 hinsichtlich des Entstehens des unbedingten Provisionsanspruchs (Abs. 4).[2] Die übrigen Regelungen der §§ 87 und 87 a bleiben anwendbar.[3] § 92 enthält nicht zwingendes, **abdingbares Recht.**[4]

2 **2. Gesetz zur Neuregelung des Versicherungsvermittlerrechts von 2006.** Durch die europäische Richtlinie 2002/92/EG vom 9. Dezember 2002/15. 1. 2003 – ABl. L 9/3 v. 15. 1. 2003 –[5] sind Reformen im Gebiet der Versicherungsvermittlung angestoßen und notwendig geworden, weil die Richtlinie verbindliche Mindestanforderungen an die Berufsausübung als Versicherungsvermittler aufstellt (Art. 3, 4 und 6 der Richtlinie) und Informationspflichten gegenüber dem Kunden begründet (Art. 12 und 13 der Richtlinie).[6] Die Richtlinie betrifft allerdings nicht unmittelbar den das Innenverhältnis zwischen Versicherungsvertreter und Versicherer regelnden Versicherungsvertretervertrag oder das HVRecht des HGB. Das die Richtlinie in deutsches Recht umsetzende und am 22. 5. 2007 in Kraft tretende Gesetz zur Neuregelung des Versicherungsvermittlerrechts vom 19. 12 2006 –BGBl. I. 3222 – hat zu Änderungen der Gewerbeordnung (GewO), des Versicherungsvertragsgesetzes (VVG) sowie des Versicherungsaufsichtsgesetzes (VAG) geführt.[7] Das VVG enthält in § 42 a Abs. 2 nunmehr eine für dieses Gesetz geltende **Legaldefinition** des Versicherungsvertreters; die gesetzliche Regelung in § 84 und die an einen selbstständigen Versicherungsvertreter zu stellenden unabdingbaren Anforderungen nach § 84 werden hiervon nicht berührt. **§ 34 d GewO** macht die Tätigkeit als Versicherungsvertreter grds. von der persönlichen und finanziell-wirtschaftlichen Zuverlässigkeit des Vermittlers, dem Abschluss einer ausreichenden Berufshaftpflichtversicherung, einer erfolgreich abgelegten Sachkundeprüfung sowie der danach von der Industrie- und Handelskammer erteilten **Erlaubnis** abhängig (Abs. 1 und 2), wobei unter engen Voraussetzungen Ausnahmen und Befreiungen von der Erlaubnispflicht möglich sind (Abs. 3, 4 und 5 sowie Abs. 9); nach § 34 d Abs. 6 dürfen Versicherungsvertreter direkt bei der Vermittlung mitwirkende Personen nur beschäftigen, wenn diese zuverlässig sind und über die für die Vermittlung der jeweiligen Versicherung angemessene Qualifikation verfügen; letztlich müssen sich die Versicherungsvermittler nach

---

[1] MünchKommHGB/v. Hoyningen-Huene RdNr. 2; Staub/Brüggemann RdNr. 19.
[2] Westphal Vertriebsrecht RdNr. 640, 641.
[3] BGH Urt. v. 19. 11. 1982 – I ZR 125/80, VersR 1983, 371, 372; BGH Urt. v. 25. 5. 2005 –VIII ZR 237/04; OLG Koblenz VersR 1980, 623, 624; Heymann/Sonnenschein/Weitemeyer RdNr. 8; Hopt RdNr. 3; MünchKommHGB/v. Hoyningen-Huene RdNr. 2; Schröder RdNr. 10; Staub/Brüggemann RdNr. 9; Küstner HVR RdNr. 934, 1197; einschränkend Franke Anm. zu OLG Oldenburg VersR 1961, 658.
[4] Westphal Vertriebsrecht RdNr. 642.
[5] S. d. auch Emde VersR 2003, 419, 425; MünchKommHGB/v. Hoyningen-Huene RdNr. 9 a.
[6] S. d. a. Emde BB 2004, 389; Reiff VersR 2004, 142; Abram VersR 2005, 43.
[7] Zur Entstehungsgeschichte des Gesetzes auf der Grundlage des Referentenentwurfs vom 24. 3. 2006 siehe DStR 2006 Heft 14 S. XII sowie MDR – Report Gesetzgebung: Neues Versicherungsvertragsrecht vorgestellt, MDR 2006 Heft 5 R 8; NZG 2006 Heft 21 S. VII; ausf. dazu auch Thiel, Die Haftung der Anlageberater und Versicherungsvermittler, 16, 129 f.; 152 f., 173 f.

§ 34 d Abs. 7 unverzüglich nach Aufnahme ihrer Tätigkeit in das durch § 11 a GewO neu geschaffene **Vermittlerregister eintragen** lassen. Die neuen **§§ 42 c bis 42 i VVG** verpflichten den Versicherungsvertreter zu einer nach den Umständen des Einzelfalls angebrachten und gebotenen umfassenden **Aufklärung, Information und Beratung** des künftigen Versicherungsnehmers vor Abgabe seiner Vertragserklärung mit entsprechender **Dokumentation,** wobei der Vermittler die bei der umfassenden Beratung zu berücksichtigenden erheblichen Umstände, besonders die Erfahrungen, Kenntnisse und Bedürfnisse des künftigen Versicherungsnehmers, gegebenenfalls zunächst durch dessen Befragung zu ermitteln hat; andernfalls kann der Vermittler nach § 42 e VVG einen **Schadensersatzanspruch** des Versicherungsnehmers ausgesetzt sein. Diese durch das VVG erstmals gesetzlich normierten Pflichten des Versicherungsvertreters sind nach § 42 i VVG **unabdingbar.** Jedoch gelten sie **ausnahmsweise nicht** bei der Vermittlung von Versicherungsverträgen über sog. Großrisiken (§ 42 g VVG) sowie für die nebenberuflich ausgeübte Vermittlung von Versicherungsverträgen mit kurzer Vertragsdauer bis zu 5 Jahren und Jahresprämien bis zu 500 €, wenn die Verträge nicht auf den Abschluss von Lebens- oder Haftpflichtversicherungen gerichtet sind und für ihre sachgerechte Vermittlung nur die Kenntnisse des angebotenen Versicherungsschutzes erforderlich sind, wie zB bei der Vermittlung von Versicherungen als Zusatzleistung zu einer anderen Hauptleistung (§ 42 h VVG iVm § 34 d Abs. 9 GewO). Im Übrigen gelten Versicherungsvertreter ab dem 22. 5. 2007 mit Inkrafttreten der §§ 42 f und 42 i VVG grundsätzlich und unabdingbar als bevollmächtigt, in Zusammenhang mit der Vermittlung oder dem Abschluss eines Versicherungsvertrags stehende Zahlungen des Versicherungsnehmers für den Versicherer entgegenzunehmen. Letztlich verpflichtet die Neuregelung des **§ 80 VAG** die **Versicherungsunternehmen** dazu, nur mit Versicherungsvertretern zusammenzuarbeiten, welche die nach § 34 d GewO erforderliche Erlaubnis besitzen oder von der Erlaubnispflicht befreit oder ausgenommen sind, sofern diese zuverlässig sind und über die angemessene Qualifikation für die jeweilige Vermittlungstätigkeit verfügen.

3. Versicherungs- und Bausparkassenvertreter nach § 92 Abs. 1 und 5. Versicherungs- und Bausparkassenvertreter nach § 92 müssen, auch als Untervertreter, neben den Anforderungen des § 34 d GewO (s. vorstehende Rn.) sämtliche Voraussetzungen des § 84 Abs. 1, 3 und 4 erfüllen, mithin auf Grund eines auf Dauer angelegten Vertragsverhältnisses als selbständige (s. d. § 84)[8] Kaufleute ständig mit Vermittlung oder Abschluss von Verträgen[9] für einen Versicherer gemäß VVG, eine Bausparkasse gemäß BausparkassenG vom 15. 2. 1991 (BGBl. I S. 454) oder – als Untervertreter,[10] zB im sog. Strukturvertrieb (s. d. § 84) – für ein Unternehmen betraut sein, das seinerseits als HV iSv. §§ 92, 84 ständig für einen Versicherer oder eine Bausparkasse Verträge vermittelt oder abschließt.[11] Einfirmen- oder Einkonzernvertretung ist vielfach üblich, aber nicht notwendig[12] und steht der rechtlichen Einordnung als selbständiger Kaufmann (HV) nicht entgegen (s. § 92 a).[13] Auf **unselbständige Vermittler** iSv. § 65 ist § 92 analog anwendbar.[14] Der Vertragspartner des Vertreters muss nicht Kaufmann sein.[15] Die von dem HV nach dem Vertrag zu führende Bezeichnung ist rechtlich ohne Bedeutung.[16]

4. Regelung des Innenverhältnisses – Abs. 2. Abs. 2 stellt – ohne eigenen Regelungsgehalt – klar,[17] dass auf das Rechtsverhältnis zwischen Versicherungs-/Bausparkassenvertreter und Versicherer/Bausparkasse, also auf das Innenverhältnis sowie auf Vertretungsbefugnis und Vertretungsmacht (s. d. § 91), sämtliche für das Handelsvertreterverhältnis geltenden gesetzlichen Bestimmungen anzuwenden sind[18] mit Ausnahme der in Abs. 3 und 4 genannten Vorschriften. Insoweit gilt für die unter § 92 fallenden Vertreter ein den Besonderheiten ihrer vertraglich geschuldeten Tätigkeit Rechnung tragendes **Sonderrecht.**[19] Ausdrückliche Sonderbestimmungen enthalten außerdem § 89 b Abs. 5, § 92 a Abs. 2, § 92 b Abs. 4 sowie §§ 42 a bis 42 i und 43 bis 48 VVG.

---

[8] MünchKommHGB/*v. Hoyningen-Huene* RdNr. 6.
[9] OLG Frankfurt VersR 1987, 985; OLG Nürnberg NJW-RR 1995, 227, 229; Heymann/*Sonnenschein*/*Weitemeyer* RdNr. 2 und 3; MünchKomm HGB/*v. Hoyningen-Huene* RdNr. 6, 7; *Schröder* RdNr. 2; Staub/*Brüggemann* RdNr. 3.
[10] MünchKommHGB/*v. Hoyningen-Huene* RdNr. 5 a.
[11] Vgl. *Schröder* RdNr. 4; Staub/*Brüggemann* RdNr. 2.
[12] OLG Nürnberg NJW-RR 1995, 227.
[13] Ausf. LAG Nürnberg ZIP 1999, 769 m. Anm. *Plagemann* EWiR 1999, 363.
[14] MünchKommHGB/*v. Hoyningen-Huene* RdNr. 5.
[15] Heymann/*Sonnenschein*/*Weitemeyer* RdNr. 2; *Schröder* RdNr. 2; Staub/*Brüggemann* RdNr. 2.
[16] BFH Urt. v. 29. 1. 1998 – V R 41/96, HVR Nr. 914 (zur Handelsvertretereigenschaft eines Bezirksleiters), BFH Urt. v. 10. 6. 1999 – V R 10/98, DB 1999, 1988, 1989; *Schröder* RdNr. 2; Staub/*Brüggemann* RdNr. 3.
[17] *Hopt* RdNr. 5; MünchKommHGB/*v. Hoyningen-Huene* RdNr. 2 und 16.
[18] OLG Zweibrücken NJW-RR 1996, 285; MünchKommHGB/*v. Hoyningen-Huene* RdNr. 8.
[19] *Westphal* Vertriebsrecht RdNr. 135, 640.

5. Aufklärungs- und Beratungspflichten. Wegen der regelmäßig auf längere Dauer angelegten und auf besonderem gegenseitigem Vertrauen beruhenden Vertragsbeziehungen, welche der Versicherungs- und Bausparkassenvertreter zwischen Kunde und Unternehmer herbeiführen soll, kommen der sachgerechten sowie vollständigen Aufklärung, Information und Beratung des Kunden durch den Vertreter, der insoweit als Erfüllungsgehilfe des Unternehmers tätig wird, besondere Bedeutung zu (s. d. auch zu § 84 und zu § 86).[20] Aufgrund der EG-Richtlinie von 2002 ist durch die §§ 42b bis 42i VVG idF durch Art. 2 des Gesetzes zur Neuregelung des Versicherungsvermittlerrechts vom 19. 12. 2006 – BGBl. l. 3232, 3237 – (RdNr. 2) insoweit inhaltlich im Ergebnis und besonders aus der Sicht des Versicherungsnehmers weitgehend bereits jetzt geltendes Recht kodifiziert worden; bestimmte Informationen sind nunmehr zwingend vorgeschrieben, ohne dass damit eine abschließende Regelung hinsichtlich der im Einzelfall geschuldeten Kundenaufklärung vorgegeben wird. Allerdings treffen die nunmehr im Gesetz normierten Pflichten den Versicherungsvertreter unmittelbar sowie persönlich, und nicht mehr wie nach bisherigem Recht lediglich als Erfüllungsgehilfen des gegenüber dem Versicherungsnehmer zu Aufklärung und Information sowie gegebenenfalls zu Schadensersatz verpflichteten Versicherungsunternehmens.

6. Provisionspflichtige Geschäfte – Abs. 3 S. 1. a) Vom Vertreter herbeigeführter Vertrag. Die provisionspflichtigen Geschäfte und das Entstehen der Provisionsanwartschaft des Versicherungs-/Bausparkassenvertreters bestimmen sich grundsätzlich nach § 87. Jedoch wird § 87 Abs. 1 S. 1 durch die Sonderregelung des § 92 Abs. 3 S. 1 ersetzt. Danach erhält der Versicherungs-/Bausparkassenvertreter Provision nur für Verträge, deren Abschluss auf seine Tätigkeit zurückzuführen ist. Seine Vermittlungs- oder Abschlusstätigkeit muss unmittelbar fördernd und (zumindest mit-)ursächlich für den konkreten Vertragsschluss geworden sein,[21] braucht sich aber nicht in der Unterzeichnung des Vertragsantrags oder dessen Weiterleitung an den Unternehmer zu dokumentieren.[22] Für die Mitverursachung gilt dasselbe wie zu § 87.[23] Mittelbare, nicht auf den konkreten Vertragsschluss gerichtete Verursachungsbeiträge wie das Werben des Kunden für einen anderen Vertrag reichen nicht,[24] weil der unter § 92 fallende Vertreter bestimmte Verträge herbeizuführen, nicht aber einen Kundenstamm aufzubauen hat (RdNr. 7).[25]

b) Nach- und Folgeprovision. Eine Nach- oder Folgeprovision fällt kraft Gesetzes nicht an. Anders als nach § 84 ist die Tätigkeit des Versicherungs- und Bausparkassenvertreters nicht auf die Werbung von Stammkunden, sondern auf den Abschluss langfristiger Verträge gerichtet;[26] (Folge-)Geschäfte der gleichen Art mit denselben Kunden, wie sie § 87 Abs. 1 S. 1 voraussetzt, gibt es regelmäßig nicht;[27] ein gleichartiger Vertrag kommt mit anderen Kunden zustande, mit demselben Kunden allenfalls ein andersartiges Geschäft, das die Deckung eines anderen Risikos oder Bausparbedürfnisses zum Inhalt hat.[28]

c) Änderung, Erweiterung oder Verlängerung des Vertrags, Gruppenversicherung, Rahmenvertrag. Für eine während der Vertragszeit ohne seine unmittelbare Mitwirkung vereinbarte Vertragsänderung oder Vertragserweiterung, zB Erhöhung der Versicherungs- und Bausparsumme, Anpassung an veränderte Umstände[29] oder Vertragsverlängerung,[30] erhält der Vertreter nach § 92 Abs. 3 S. 1 Provision, wenn er die konkrete Vertragsänderung bei den Verhandlungen über den von ihm herbeigeführten Ursprungsvertrag bereits verbindlich festgelegt hat, so dass weitere Vermittlungsbemühungen für die Durchführung der Änderung nicht mehr erforderlich

---

[20] Ausf. *Kieninger* AcP 199 (1999), 190.
[21] BGH Urt. v. 6. 7. 1972 – VII ZR 75/71, BGHZ 59, 125, 127 = NJW 1972, 1664; BGH Urt. v. 24. 4. 1986 – I ZR 83/84, NJW-RR 1986, 1477, 1478; vgl. auch BGH Urt. v. 23. 2. 1961 – VII ZR 237/59, BGHZ 34, 310, 316 = NJW 1961, 1059; OLG Stuttgart NJW-RR 1998, 1192, 1193; Heymann/*Sonnenschein*/*Weitemeyer* RdNr. 5; *Hopt* RdNr. 4; MünchKommHGB/*v. Hoyningen-Huene* RdNr. 13; *Schröder* RdNr. 8; Staub/*Brüggemann* RdNr. 6.
[22] MünchKommHGB/*v. Hoyningen-Huene* RdNr. 13; *Schröder* RdNr. 7.
[23] MünchKommHGB/*v. Hoyningen-Huene* RdNr. 13, vgl. auch *Westphal* Vertriebsrecht RdNr. 647.
[24] BGH Urt. v. 24. 4. 1986 – I ZR 83/84, NJW-RR 1986, 1477, 1478; Heymann/*Sonnenschein*/*Weitemeyer* RdNr. 5; *Hopt* RdNr. 4; MünchKommHGB/*v. Hoyningen-Huene* RdNr. 10; *Schröder* RdNr. 7b; Staub/*Brüggemann* RdNr. 6.
[25] *Westphal* Vertriebsrecht RdNr. 645.
[26] BGH Urt. v. 4. 5. 1959 – II ZR 81/57, BGHZ 30, 98, 102 = NJW 1959, 1430; BGH Urt. v. 23. 2. 1961 – VII ZR 237/59, BGHZ 34, 310, 316 = NJW 1961, 1059; MünchKommHGB/*v. Hoyningen-Huene* RdNr. 11, § 87 RdNr. 4; *Küstner* HVR RdNr. 880; *Westphal* RdNr. 589; vgl. *Höft* VersR 1976, 207.
[27] MünchKommHGB/*v. Hoyningen-Huene* RdNr. 11; Staub/*Brüggemann* RdNr. 6; *Küstner* HVR RdNr. 880; *Westphal* Vertriebsrecht RdNr. 134; vgl. vom Ansatz her auch OLG Celle VersR 2002, 976 m. zust. Bspr. *Küstner* VersR 2002, 980.
[28] *Höft* VersR 1976, 207; *Küstner* HVR RdNr. 867, 880, 883; *Westphal* Vertriebsrecht RdNr. 134.
[29] Staub/*Brüggemann* RdNr. 7; *Küstner* HVR RdNr. 888 bis 890; vgl. MünchKommHGB/*v. Hoyningen-Huene* RdNr. 14.
[30] *Westphal* Vertriebsrecht RdNr. 654.

sind,³¹ wie bei der Aufbauversicherung mit einer sich aus dem Ursprungsvertrag zwangsläufig ergebenden Erhöhung der Vertragssumme.³² Bedarf es noch (der Herbeiführung) einer Entscheidung des Kunden darüber, ob oder in welcher Weise der Vertrag geändert werden soll, erwirbt der Vertreter ohne weitere Tätigkeit nach § 92 Abs. 3 S. 1 einen Provisionsanspruch nicht.³³ Gleiches gilt bei Vermittlung einer Gruppenversicherung. Nur wenn in dem sog. echten Gruppenversicherungsvertrag der Abschluss des Einzelversicherungsvertrags mit dem später hinzutretenden Gruppenmitglied verbindlich und ohne Wahlrecht für diesen festgelegt worden ist, entsteht für die während der Dauer des Vertretungsvertrags ohne Mitwirkung des Vertreters geschlossenen einzelnen Gruppenmitgliedsverträge ein Provisionsanspruch nach § 92 Abs. 3 S. 1³⁴ sowie möglicherweise nach § 87 Abs. 3 Nr. 1 oder Nr. 2 (s. unten RdNr. 12).³⁵ Sind die Gruppenmitglieder in ihrer Entscheidung über Abschluss und Inhalt des Versicherungsvertrags frei, kann der Vertreter Provision ebenso wenig beanspruchen³⁶ wie bei Vermittlung eines bloßen Rahmenvertrags ohne verbindliche Festlegung der abzuschließenden Einzelverträge.³⁷

d) Enger wirtschaftlicher Zusammenhang zweier Verträge. Ein enger wirtschaftlicher Zu- 9
sammenhang zwischen einem von dem Vertreter herbeigeführten und einem später ohne seine Mitwirkung zustandegekommenen Anschlussvertrag reicht nach der insoweit klaren gesetzlichen Regelung entgegen der Ansicht des BGH³⁸ für § 92 Abs. 3 S. 1 nicht aus,³⁹ zumal der Begriff als Abgrenzungskriterium ohnehin wenig eindeutig und aussagekräftig ist. Das Gleiche gilt für den ursprünglich nicht abgesprochenen Neuabschluss eines ausgelaufenen oder gekündigten Versicherungsvertrags zu gleichen Bedingungen,⁴⁰ sofern nicht (der Vertreter nachweist, dass) Kündigung und Neuabschluss ausschließlich dem rechtsmissbräuchlichen Zweck dienen, den Vertreter auszuschalten und ihm eine Provision vorzuenthalten, auf die er ohne die Kündigung Anspruch hätte.⁴¹

e) Verwaltungs- und Bestandspflegeprovision. Abs. 3 S. 1 regelt die dem Vertreter kraft 10
Gesetzes zustehende Vermittlungs- oder Abschlussprovision einschließlich der Superprovision aus Verträgen, die ihm organisatorisch unterstellte Vertreter herbeiführen.⁴² Das dem Vertreter für sonstige, an sich dem Unternehmer obliegende, Tätigkeiten vertraglich geschuldete Entgelt⁴³ wie zB die Verwaltungs- oder Bestandspflegeprovision⁴⁴ ist nicht Gegenstand der gesetzlichen Regelung;⁴⁵ im Einzelfall kann in derartigen Vergütungen anteilig eine Vermittlungs- oder Abschlussprovision enthalten sein;⁴⁶ dann kann insoweit die gesetzliche Regelung eingreifen, sofern die von den Parteien für diese Vergütung vereinbarte Regelung nicht auch solche Provisionsanteile erfassen soll, was im Zweifel gewollt sein wird.

f) Abdingbarkeit. Abs. 3 S. 1 ist abdingbar.⁴⁷ § 87a Abs. 5 gilt nicht, weil es um eine abwei- 11
chende Regelung zu § 87 geht. Folgeprovisionen können frei vereinbart werden.⁴⁸ Ebenso ist die

---

³¹ BGH Urt. v. 24. 4. 1986 – I ZR 83/84, NJW-RR 1986, 1477, 1478; *Schröder* RdNr. 7 c; *Heymann/Sonnenschein/Weitemeyer* RdNr. 5; *Westphal* Vertriebsrecht RdNr. 653.
³² BAG Urt. v. 28. 2. 1984 – 3 AZR 472/81, VersR 1984, 897; BAG Urt. v. 30. 7. 1985 – 3 AZR 405/83, VersR 1986, 251; MünchKommHGB/*v. Hoyningen-Huene* RdNr. 15, § 87 RdNr. 61; *Schröder* RdNr. 7 c.
³³ *Westphal* Vertriebsrecht RdNr. 651, 652.
³⁴ BGH Urt. v. 1. 12. 1960 – VII ZR 215/59, DB 1961, 269; *Staub/Brüggemann* RdNr. 7; vgl. auch MünchKommHGB/*v. Hoyningen-Huene* RdNr. 15; *Westphal* Vertriebsrecht RdNr. 649, 650.
³⁵ BGH Urt. v. 1. 12. 1960 – VII ZR 215/59, DB 1961, 269.
³⁶ *Westphal* Vertriebsrecht RdNr. 651.
³⁷ *Hopt* RdNr. 4; ausf. zum Ganzen: *Schröder* RdNr. 7 b und c; *Küstner* HVR RdNr. 886, 887.
³⁸ BGH Urt. v. 6. 7. 1972 – VII ZR 75/71, BGHZ 59, 125, 130 = NJW 1972, 1664 (für Bausparverträge); vgl. auch BGH Urt. v. 23. 2. 1961 – VII ZR 237/59, BGHZ 34, 310, 319 = NJW 1961, 1059; BGH Urt. v. 19. 11. 1970 – VII ZR 47/69, BGHZ 55, 45, 46 = NJW 1971, 462; BGH Urt. v. 3. 4. 1996 – VIII ZR 54/95, MDR 1996, 696; vgl. auch BGH Urt. v. 22. 12. 2003 – VIII ZR 117/03, ZIP 2004, 1319, 1322; OLG Celle VersR 2002, 976 m. zust. Bspr. *Küstner* VersR 2002, 980.
³⁹ AA – wie BGH –: MünchKommHGB/*v. Hoyningen-Huene* RdNr. 16; *Staub/Brüggemann* RdNr. 7; Koller/Roth/Morck RdNr. 4; *Küstner* HVR RdNr. 889 bis 891 sowie ausf. *Küstner* Ausgleichsanspruch RdNr. 787 bis 807.
⁴⁰ OLG Köln VersR 1978, 511; *Heymann/Sonnenschein/Weitemeyer* RdNr. 5; aA MünchKommHGB/*v. Hoyningen-Huene* RdNr. 16; *Staub/Brüggemann* RdNr. 7.
⁴¹ Vgl. BGH Urt. v. 2. 10. 1985 – IV a ZR 249/83, VersR 1986, 58; OLG Köln VersR 1978, 511; *Heymann/Sonnenschein/Weitemeyer* RdNr. 6.
⁴² BGH Urt. v. 19. 11. 1970 – VII ZR 47/69, BGHZ 55, 45 = NJW 1971, 462; BGH Urt. v. 6. 7. 1972 – VII ZR 75/71, BGHZ 59, 125, 128 f = NJW 1972, 1664; *Höft* VersR 1976, 207.
⁴³ *Westphal* Vertriebsrecht RdNr. 698.
⁴⁴ Siehe dazu *Westphal* Vertriebsrecht RdNr. 690 f.
⁴⁵ Siehe dazu BGH Urt. v. 4. 5. 1959 – II ZR 81/57, BGHZ 30, 98, 102 = NJW 1959, 1430; OLG Schleswig VersR 1977, 1002; *Höft* VersR 1976, 206; *Schröder* RdNr. 7 a; *Küstner* HVR RdNr. 952; *Westphal* Vertriebsrecht RdNr. 698.
⁴⁶ BGH Urt. v. 2. 10. 1985 – IV a ZR 249/83, VersR 1986, 58; BGH Urt. v. 1. 12. 1960 – VII ZR 215/59, DB 1961, 269.
⁴⁷ MünchKommHGB/*v. Hoyningen-Huene* RdNr. 4, 18.
⁴⁸ *Heymann/Sonnenschein/Weitemeyer* RdNr. 6; *Hopt* RdNr. 5; *Schröder* RdNr. 8.

Abrede zulässig, dass dem HV nach Ende des Vertretervertrags Provisionen nicht mehr zustehen sollen,[49] allerdings ist für einen solchen Verzicht eine Individualvereinbarung erforderlich.[50] Nur durch eine eindeutige Individualvereinbarung kann mit dem HV kann die Provisionszahlungspflicht von Versicherer oder Bausparkasse auf den Kunden abgewälzt und der Versicherungsvertreter verpflichtet werden, mit dem Kunden eine eigenständige Provisionsvereinbarung abzuschließen (S. § 84 RdNr. 40 und 81 sowie § 87).[51]

12 **g) Folgeverträge nach § 87 Abs. 3.** § 87 Abs. 3 bleibt anwendbar.[52] Für Verträge, welche erst nach Ende seines Vertragsverhältnisses mit dem Versicherer zustande kommen, erhält der unter § 92 fallende Vertreter eine – gegebenenfalls der Provisionsteilung mit seinem Nachfolger unterliegende[53] – Provision, wenn entweder die besonderen Voraussetzungen des § 87 Abs. 3 Nr. 1 vorliegen – weil dann der Tatbestand des § 92 Abs. 3 S. 1 ebenfalls erfüllt ist – oder dem Vertreter oder Unternehmer bereits vor Ende des Versicherungsvertretervertrags das auf eine Tätigkeit iSd. § 92 Abs. 3 S. 1 zurückzuführende Angebot des Kunden zum Abschluss eines Versicherungs-/Bausparvertrags zugegangen ist. Unter diesen Voraussetzungen kann der Vertreter einen Provisionsanspruch erwerben für einen nach der Vertragszeit geschlossenen Vertrag,[54] sofern die Kausalkette nicht durch die Vermittlungstätigkeit eines anderen Vertreters vollständig unterbrochen worden ist.[55] Die gleichen Grundsätze gelten für nach Beendigung des Vertretervertrags erfolgende Erhöhungen bei dynamischen Lebensversicherungsverträgen.[56]

13 **7. Bezirksvertretung – Abs. 3 S. 2.** Nach Abs. 3 S. 2 sind Versicherungs- und Bausparkassenvertreter nicht Bezirksvertreter iSv. § 87 Abs. 2. Die vertragliche Zuweisung eines bestimmten Bezirks legt nur den Bereich fest, in dem sie Vertragsschlüsse herbeizuführen haben,[57] regelmäßig verbunden mit dem Verbot einer Tätigkeit außerhalb ihres Vertragsgebiets. Für Versicherungsvertreter beschränkt die Gebietszuweisung zudem ihre gesetzliche Vollmacht nach § 46 sowie nach § 42 f, § 42 i VVG.[58] Eine Bezirksprovision ist schon nach Abs. 3 S. 1 ausgeschlossen.[59] Die Bestimmung ist abdingbar,[60] der Unternehmer kann dem Vertreter vertraglich eine Bezirksprovision zubilligen.[61] Eine Alleinvertretung mit Ausschluss des Vertriebsrechts des Versicherungsunternehmers darf dem Versicherungsvertreter nicht eingeräumt werden.[62]

14 **8. Entstehen und Höhe des Provisionsanspruchs – Abs. 4. a) Für Provisionsanspruch maßgebliche Prämienzahlung.** Weil § 87 a Abs. 1 auf Versicherungs- und Bausparverträge nicht passt,[63] enthält Abs. 4 eine § 87 a Abs. 1 S. 1 bis 3 ausschließende Sonderregelung[64] hinsichtlich des Zeitpunkts, in welchem der Provisionsanspruch des Vertreters unbedingt entsteht und nach § 87 c abzurechnen ist, nachdem er den Abschluss eines Versicherungs- oder Bausparvertrags herbeigeführt und dadurch einen aufschiebend bedingten Provisionsanspruch (Provisionsanwartschaft) erworben hat (s. § 87 a RdNr. 2, 11).[65] Entscheidend ist die Zahlung derjenigen Prämie, aus welcher sich nach dem Vertrag zwischen Vertreter und Unternehmer die Provision errechnen soll;[66] in dem Vertrag muss neben der Höhe der Provision und ihrer Ermittlung im Einzelnen festgelegt werden, auf Grund welcher von dem Versicherungsnehmer zu zahlenden Prämie(n) der Provisionsanspruch endgültig entstehen soll.[67] Bei einer **einmal zu zahlenden Prämie** entsteht dann auch ein einmaliger

---

[49] OLG Frankfurt NJW-RR 1986, 782 = BB 1986, 697.
[50] Vgl. *Graf von Westphalen* DB 2003, 2319.
[51] AA *Loritz* VersR 2004, 405, 410 f., 413 m. Nw aus der Rspr.
[52] MünchKommHGB/*v. Hoyningen-Huene* § 87 RdNr. 22; *Schröder* RdNr. 10.
[53] AA wohl: *Westphal* Vertriebsrecht RdNr. 647.
[54] Vgl. BGH Urt. v. 6. 7. 1972 – VII ZR 75/71, BGHZ 59, 125, 127 = NJW 1972, 1664.
[55] *Küstner* HVR RdNr. 889, 890.
[56] OLG Köln OLGR 2003, 326 = VersR 2004, 907.
[57] *Höft* VersR 1976, 205, 207; *Heymann/Sonnenschein/Weitemeyer* RdNr. 7, § 87 RdNr. 22; *Küstner* HVR RdNr. 892, 894; *Westphal* Vertriebsrecht RdNr. 644.
[58] Vgl. *Höft* VersR 1976, 205, 207.
[59] MünchKommHGB/*v. Hoyningen-Huene* RdNr. 12, § 87 RdNr. 71; *Schröder* § 87 RdNr. 42; *Westphal* Vertriebsrecht RdNr. 644.
[60] *Heymann/Sonnenschein/Weitemeyer* RdNr. 7; *Hopt* RdNr. 6; MünchKommHGB/*v. Hoyningen-Huene* RdNr. 18; *Staub/Brüggemann* RdNr. 8; *Küstner* HVR RdNr. 892, 894; *Westphal* Vertriebsrecht RdNr. 644; *Hopt* ZIP 1996, 1533, 1543.
[61] *Westphal* Vertriebsrecht RdNr. 644.
[62] *Höft* VersR 1976, 205, 207.
[63] MünchKommHGB/*v. Hoyningen-Huene* RdNr. 20.
[64] BGH Urt. v. 19. 11. 1982 – I ZR 125/80, DB 1983, 2135; BAG Urt. v. 25. 10. 1967 – 3 AZR 453/66, NJW 1968, 518; OLG Zweibrücken NJW-RR 1996, 285; LG Karlsruhe VersR 1980, 1121; *Heymann/Sonnenschein/Weitemeyer* RdNr. 12; *Küstner* HVR RdNr. 933; vgl. MünchKommHGB/*v. Hoyningen-Huene* RdNr. 19, 20.
[65] *Heymann/Sonnenschein/Weitemeyer* RdNr. 8; *Küstner* HVR RdNr. 1194, 1195.
[66] BGH Urt. v. 25. 5. 2005 – VIII ZR 237/04.
[67] OLG Stuttgart NJW-RR 1998, 1192, 1193 (Lebensversicherung); MünchKommHGB/*v. Hoyningen-Huene* RdNr. 22; *Staub/Brüggemann* RdNr. 11; vgl. BAG Urt. v. 25. 10. 1967 – 3 AZR 453/66, NJW 1968, 518, 519.

Provisionsanspruch in voller Höhe, bei **laufend zu leistenden Prämienzahlungen** erwirbt der Vertreter jeweils entsprechende Teilprovisionsforderungen.[68] Schweigt der Vertrag hierzu, bedarf er ergänzender Auslegung,[69] bei welcher auf allgemeine Üblichkeit in der Versicherungs- oder Bausparbranche[70] sowie auf allgemeine Versicherungs- oder Bausparbedingungen zurückgegriffen werden kann. Danach bestimmt sich, ob der Provisionsanspruch mit der Zahlung der Erstprämie unbedingt entsteht und es sich bei dieser um eine Jahresprämie handelt; beides ist bei Versicherungsverträgen, ersteres bei Bausparverträgen die Regel.[71] Bleiben Zweifel, kann auf den in § 87 a Abs. 1 S. 3 enthaltenen Grundgedanken zurückgegriffen werden;[72] mit der Zahlung jeder einzelnen Prämie des Kunden an den Unternehmer wird der dann auf Grund dieser Zahlung zu ermittelnde (anteilige) Provisionsanspruch unbedingt fällig.[73]

b) Berechnung der Provision. Die Provision berechnet sich, wenn der Vertrag nichts anderes 15 vorsieht, regelmäßig nach einem im Vertrag festzulegenden Bruchteil der Versicherungs- oder Bausparsumme; das frühere Bundesaufsichtsamt für das Versicherungswesen[74] (jetzt Bundesanstalt für Finanzdienstleistungen)[75] hat für Lebensversicherungen einen Provisionshöchstbetrag von 70% der zu zahlenden Jahresprämie festgelegt.[76] Die daneben einem Versicherungsvertreter gezahlte Vergütung („Provision") für Verwaltung und Pflege eines ihm überlassenen Bestands an Versicherungen fällt nicht unter § 92, für sie sind die vertraglichen Abmachungen maßgebend (RdNr. 10).

c) Zahlung der Versicherungsprämie. Die nach dem Vertretervertrag maßgebliche Prämie 16 muss vollständig mit Erfüllungswirkung an den Versicherer/Bausparkasse oder einen Empfangsberechtigten, zB inkassobevollmächtigten Vertreter, gezahlt werden,[77] um den Provisionsanspruch auszulösen. Die Zahlung des vorleistungspflichtigen Versicherungsnehmers[78] entspricht der Ausführung des Geschäfts iSv. § 87 a Abs. 1 S. 3.[79] Eine vorherige Leistung des Unternehmers an den Kunden, zB seine sofortige **Deckungszusage**, lässt den Provisionsanspruch unberührt.[80]

d) Teilleistung, Teilprovision, Vorschuss, Garantiebeträge. Teilleistung, Teilprovision, Vor- 17 schusszahlung oder Garantiebeträge[81] sieht § 92 nicht vor,[82] können jedoch zwischen Vertreter und Unternehmer vereinbart werden (RdNr. 18). Andernfalls muss die im Vertretervertrag als Bezugspunkt festgelegte Prämie voll erbracht sein, um einen Zahlungsanspruch des Vertreters zu begründen.[83]

e) Vertragsfreiheit. Da nach Abs. 4 der zwischen Vertreter und Versicherer/Bausparkasse ge- 18 schlossene Vertrag für Ermittlung und Zahlung der Provision maßgeblich ist, können die Vertragsparteien im Rahmen des gesetzlich Zulässigen die Voraussetzungen für Höhe, Berechnung sowie Unbedingtheit des Provisionsanspruchs einschließlich der Möglichkeit von Vorschüssen und Teilprovisionen frei aushandeln und festlegen.[84] Ebenso herrscht hinsichtlich der Voraussetzungen zu Entstehen und Wegfall des Provisionsanspruchs Vertragsfreiheit,[85] begrenzt allerdings durch den für Versicherungs- und Bausparkassenvertreter ebenfalls unabdingbar geltenden § 87 a Abs. 5 sowie die sonstigen zwingenden Regeln des HVRechts.[86] Eine Vereinbarung über den Wegfall des als Anwartschaft bedingt entstandenen Provisionsanspruchs für den Fall, dass die maßgebliche Prämie nicht bis zum Vertragsende gezahlt wird, ist wegen Verstoßes gegen § 87 a Abs. 3 iVm. Abs. 5 unwirksam; der

---

[68] Ausf. dazu *Westphal* Vertriebsrecht RdNr. 660 f. und 663 f.
[69] OLG Stuttgart BB 1977, 565.
[70] Heymann/*Sonnenschein*/*Weitemeyer* RdNr. 10.
[71] *Hopt* RdNr. 7 und 9.
[72] OLG Stuttgart BB 1977, 565; *Hopt* RdNr. 8; Staub/*Brüggemann* RdNr. 11; *Küstner* HVR RdNr. 934; teilweise aA Heymann/*Sonnenschein*/*Weitemeyer* RdNr. 10.
[73] *Küstner* HVR RdNr. 940.
[74] S. d. Art. 4 Nr. 1 VAG idF des Gesetzes vom 29. August 2005 – BGBl. I S. 2546, 2554.
[75] Art. 1 §§ 1 und 4, Art. 3 Gesetz über die integrierte Finanzdienstaufsicht v. 22. April 2002 – BGBl. I S. 1310.
[76] Dazu *Küstner* HVR RdNr. 2548, 2549.
[77] OLG Karlsruhe VersR 1989, 511, 512; OLG Stuttgart NJW-RR 1998, 1192; Heymann/*Sonnenschein*/*Weitemeyer* RdNr. 9; 22; Staub/*Brüggemann* RdNr. 12.
[78] BGH Urt. v. 19. 11. 1982 – I ZR 125/80, VersR 1983, 371, 372; *Stötter* MDR 1981, 269, 270; *Küstner* HVR RdNr. 936 und 1196.
[79] Heymann/*Sonnenschein*/*Weitemeyer* RdNr. 9.
[80] Vgl. BGH Urt. v. 19. 11. 1982 – I ZR 125/80, VersR 1983, 371, 372; *Schröder* RdNr. 9; *Küstner* HVR RdNr. 936.
[81] Dazu v. *Blomberg* VersR 1968, 328.
[82] MünchKommHGB/*v. Hoyningen-Huene* RdNr. 19, 22–24.
[83] BAG Urt. v. 25. 10. 1967 – 3 AZR 453/66, NJW 1968, 519, 520; Heymann/*Sonnenschein*/*Weitemeyer* RdNr. 9 und 11; *Hopt* RdNr. 7 und 9; Staub/*Brüggemann* RdNr. 10 und 12; *Küstner* HVR RdNr. 948.
[84] Heymann/*Sonnenschein*/*Weitemeyer* RdNr. 10; *Hopt* RdNr. 9; *Westphal* Vertriebsrecht RdNr. 664 f.
[85] MünchKommHGB/*v. Hoyningen-Huene* RdNr. 4, 35.
[86] Heymann/*Sonnenschein*/*Weitemeyer* RdNr. 11; Staub/*Brüggemann* RdNr. 11 und 12; *Küstner* HVR RdNr. 1232, 1234.

§ 92 19, 20   1. Buch. 7. Abschnitt. Handelsvertreter

Vertreter büßt seinen Provisionsanspruch nur ein, wenn Versicherer oder Bausparkasse die unterbliebene Zahlung des Kunden nicht im Sinn von § 87a Abs. 3 S. 2 zu vertreten haben (RdNr. 19 f.).[87] **Provisionsverzichtsklauseln** in vorformulierten Versicherungsvertreterverträgen verstoßen regelmäßig nicht nur gegen § 89b Abs. 5 iVm. Abs. 4 S. 1 und möglicherweise gegen § 87a Abs. 5, sondern werden im Regelfall auch einer Inhaltskontrolle nach § 307 BGB im Hinblick auf die gesetzliche Regelung des § 92 Ab s. 4 nicht standhalten können;[88] über §§ 89b Abs. 4 S. 1 und 87a Abs. 5 können sich die Parteien auch durch Individualvereinbarung nicht hinwegsetzen.

19 **9. Nichtzahlung der maßgeblichen Prämie. a) Nachbearbeitung. aa) Bedeutung der Nachbearbeitung.** Bei Nichtzahlung der für die Provision maßgeblich vertraglich geschuldeten Prämie ist zwar für § 87a Abs. 2 kein Raum, da der Provisionsanspruch bei den unter § 92 fallenden Verträgen erst mit der Zahlung dieser Prämie unbedingt entsteht;[89] jedoch gilt dann § 87a Abs. 3,[90] allerdings nur in analoger Anwendung, weil Versicherer/Bausparkasse vor Zahlung der Erstprämie eine „Ausführung des Geschäfts" iSv. § 87a Abs. 3 regelmäßig nicht schulden (RdNr. 16).[91] Versicherer und Bausparkasse obliegt, nachdem sie aus freien Stücken den ihnen angetragenen Vertrag mit dem Kunden abgeschlossen haben, aus dem Rechtsgedanken der § 87a Abs. 3 und § 162 Abs. 1 BGB sowie wegen der bestehenden Treuepflicht gegenüber ihrem Versicherungs- und Bausparkassenvertreter eine Nachbearbeitung des wegen der ausbleibenden Prämienzahlung auflösungsgefährdeten Vertrags,[92] selbst wenn es sich um die ausstehende Erstprämie handelt.[93] Sie haben die Wahl, die Nachbearbeitung dem Vertreter zu überlassen oder – insbesondere nach Beendigung des Vertretungsverhältnisses – selbst vorzunehmen.[94] Mit jeder dieser beiden Nachbearbeitungsmöglichkeiten kann der Unternehmer seine bestehenden Pflichten nach § 87a Abs. 3 S. 2 zur Abwehr einer Stornogefahr erfüllen.[95] Der Versicherungsvertreter hat weder bei noch bestehendem Vertragsverhältnis noch nach Vertragsende einen Anspruch darauf, dass ihm die Nachbearbeitung übertragen wird.[96] Ist dem Versicherungsvertreter eine Nachbearbeitung ausnahmsweise unmöglich oder nicht zuzumuten, obliegt sie im Rahmen des objektiv Zumutbaren dem Unternehmer. Machen Versicherer oder Bausparkasse von gesetzlichen oder vertraglichen Möglichkeiten zur Aufhebung des mit dem Kunden geschlossenen Vertrags ohne vorherige Nachbearbeitung Gebrauch, erwirbt der Vertreter nach § 87a Abs. 3 S. 1 den unbedingten Provisionsanspruch, sofern nicht (Versicherer oder Bausparkasse beweisen, dass) ausnahmsweise eine Nachbearbeitung erfolglos geblieben wäre.[97]

20 **bb) Nachbearbeitung bei mehrstufigem Vertretungsverhältnis.** Die Obliegenheit zur Nachbearbeitung besteht bei mehrstufigen Vertretungsverhältnissen, wie sie in der Versicherungsbranche üblich sind, gegenüber jedem Vertreter, der auf Grund des auflösungsgefährdeten Vertrags einen Anspruch gegen den Versicherer/die Bausparkasse auf eine – im Fall einer Vertragsstornierung gegebenenfalls zurückzuzahlende – Provision erworben haben kann.[98] Versicherer, Bausparkasse oder

---

[87] AA und weitergehend *Hopt* RdNr. 9; Heymann/*Sonnenschein/Weitemeyer* RdNr. 11.
[88] *Graf von Westphal*en DB 2003, 2319.
[89] Staub/*Brüggemann* RdNr. 14; *Bonvie* VersR 1986, 121; *Stötter* MDR 1981, 269, 270, 271; vgl. OLG Köln VersR 1978, 920; vgl. auch MünchKommHGB/*v. Hoyningen-Huene* RdNr. 26; aA *Fleischmann* VersR 1957, 10; *Sundermann* BB 1958, 543.
[90] BGH Urt. v. 21. 3. 2001 – VIII ZR 149/99, ZIP 2001, 876, 879; BGH Urt. v. 19. 11. 1982 – I ZR 125/80, DB 1983, 2135; BGH Urt. v. 25. 5. 2005 – VIII ZR 279/04, EBE 2005, 218 = HVR Nr. 1135; OLG Frankfurt DB 1983, 1591, 1592; *Bonvie* VersR 1986, 121; *Hans* BB 1958, 544; vgl. auch MünchKommHGB/*v. Hoyningen-Huene* RdNr. 25.
[91] *Küstner* HVR RdNr. 1202.
[92] BGH Urt. v. 19. 11. 1982 – I ZR 125/80, VersR 1983, 371, 372; BGH Urt. v. 12. 11. 1987 – I ZR 3/86, NJW-RR 1988, 546; BGH Urt. v. 21. 3. 2001 – VIII ZR 149/99, ZIP 2001, 876, 879; BGH Urt. v. 25. 5. 2005 – VIII ZR 279/04, EBE 2005, 218 = HVR Nr. 1135; BAG Urt. v. 25. 10. 1967 – 3 AZR 453/66, NJW 1968, 519, 520; OLG Düsseldorf OLGR 1999, 202; OLG Frankfurt VersR 1986, 461, 462 und 1991, 1135; OLG Karlsruhe VersR 1989, 511, 512; OLG Köln VersR 1976, 87; LAG München VersR 1992, 183; *Behrendt* NJW 2003, 1563, 1566; Heymann/*Sonnenschein/Weitemeyer* RdNr. 16 und 17; MünchKommHGB/*v. Hoyningen-Huene* RdNr. 28 f.; Staub/*Brüggemann* RdNr. 4, 15 und für Bausparkassenvertreter RdNr. 20; *Küstner* HVR RdNr. 1203, 1204, 1213, 1221 bis 1225; einschränkend *Höft* VersR 1976, 208.
[93] OLG Zweibrücken NJW-RR 1996, 285.
[94] BGH Urt. v. 25. 5. 2005 – VIII ZR 279/04, EBE 2005, 218 = HVR Nr. 1135; BGH Urt. v. 25. 5. 2005 –VIII ZR 237/04; OLG Düsseldorf OLGR 1999, 202 und 469, 470; OLG Frankfurt VersR 1997, 875; OLG Karlsruhe VersR 1989, 511, 512; OLG Koblenz VersR 1980, 623, 624; OLG Köln NJW 1978, 327 = VersR 1978, 920; LAG Hamm VersR 1981, 1054; *Bonvie* VersR 1986, 121; *Behrendt* NJW 2003, 1563, 1566; vgl. auch BGH Urt. v. 19. 11. 1982 – I ZR 125/80, VersR 1983, 371, 372; MünchKommHGB/*v. Hoyningen-Huene* RdNr. 33; aA ersichtlich OLG Zweibrücken NJW-RR 1996, 285.
[95] BGH Urt. v. 25. 5. 2005 – VIII ZR 279/04, EBE 2005, 218= HVR Nr. 1135; BGH Urt. v. 25. 5. 2005 –VIII ZR 237/04.
[96] BGH Urt. v. 25. 5. 2005 – VIII ZR 279/04, EBE 2005, 218= HVR Nr. 1135; OLG Saarbrücken VersR 2000, 1017; *Westphal* Vertriebsrecht RdNr. 675; aA und insoweit unrichtig LG Mainz NJW-RR 2000, 915.
[97] LAG München VersR 1992, 183; vgl. BAG Urt. v. 25. 10. 1967 – 3 AZR 453/66, NJW 1968, 519, 520.
[98] OLG Köln Urt. v. 9. 9. 2005 – 19 U 174/04 HVR Nr. 1161.

Hauptvertreter, die nicht selbst nacharbeiten, müssen jedem vertraglich mit ihnen verbundenen HV/Untervertreter, dem sie einen Teil der Gesamtprovision auszuzahlen haben, Gelegenheit zu einer Nachbearbeitung geben.[99] Dritten, die zB ohne Pflicht zur Vermittlung von Versicherungs-/Bausparverträgen lediglich die (Mit-) Haftung für einen Rückzahlungsanspruch des Vertreters gegenüber dem Unternehmer übernommen haben, wird eine Nachbearbeitung nicht geschuldet.

cc) Nachbearbeitung durch Versicherungsvertreter. Dem Vertreter obliegt die Nachbearbeitung auch nach Ende des Vertretervertrags im eigenen Provisionsinteresse; ein Recht auf nachvertragliche Nachbearbeitung hat er nicht (RdNr. 19).[100] Der Unternehmer (Versicherer/Bausparkasse), der dem Vertreter Gelegenheit zur Nachbearbeitung geben will, hat ihn durch sog. **Stornogefahrmitteilungen** so rechtzeitig von der Nichtzahlung der Prämie und deren Gründen – soweit sie dem Unternehmer bekannt sind – zu unterrichten, dass der Vertreter sich mit Aussicht auf Erfolg um eine Rettung des Vertrags bemühen kann.[101] Für den Zugang der Mitteilung bei dem Vertreter ist der Unternehmer verantwortlich (und beweisbelastet). Eine bestimmte Form ist nicht vorgeschrieben; der Vertreter muss diejenigen Informationen erhalten, die er – aus objektiver Sicht – für eine sachgerechte und erfolgreiche Nachbearbeitung benötigt;[102] dazu gehört die Unterrichtung über das vom Unternehmer zur Rettung des Versicherungs-/Bausparvertrags bereits Unternommene sowie dessen Ergebnis. Im Einzelfall kann die Kopie eines Mahnschreibens ausreichen.[103] Kennt der Vertreter die Stornogefährdung – zB bei nicht gezahlten Prämien auf eigene oder von Familienangehörigen mit dem Unternehmer geschlossene Versicherungs-/Bausparverträge – ist die Stornogefahrmitteilung entbehrlich.[104] Mit der (von ihm nachzuweisenden) ordnungsgemäßen rechtzeitigen Stornogefahrmitteilung erfüllt der Unternehmer seine unabdingbare Verpflichtung aus § 87 a Abs. 3.[105] Es ist Sache des Vertreters, den gefährdeten Vertrag zu retten und den Unternehmer vom Ergebnis seiner Nachbearbeitung zu unterrichten (sowie beides im Streitfall nachzuweisen). Wird der erfolgreich nachgearbeitete Vertrag später erneut stornogefährdet, entsteht die Obliegenheit des Unternehmers zur Nachbearbeitung von neuem.

dd) Nachbearbeitung durch Unternehmer. Übernimmt der Unternehmer die Nachbearbeitung, muss er aktiv tätig werden und im Rahmen der Zumutbarkeit alles nach den Umständen des Einzelfalls objektiv Erforderliche unternehmen,[106] um die geschuldete Prämie einzutreiben und den gefährdeten Vertrag zu retten,[107] möglicherweise zu anderen Bedingungen, sei es durch Herabsetzen der Versicherungs- oder Bausparsumme, Hinausschieben des Vertragsbeginns oder vorübergehendes Aussetzen der Prämienzahlungen.[108] Im Interesse des Vertreters ist der Unternehmer gehalten, die Gründe für die Nichtzahlung zu erforschen und nach einer Lösung gemeinsam mit dem Prämienschuldner zu suchen. Dafür werden regelmäßig – wie bei der Werbung des Kunden – eine persönliche Rücksprache mit dem Schuldner sowie eine nachdrückliche Zahlungsaufforderung erforderlich sein.[109] Mit einer im Einzelfall von ihm **nachzuweisenden**[110] ordnungsgemäßen und ausreichenden Nachbearbeitung erfüllt der Unternehmer seine unabdingbare Verpflichtung nach § 87 a Abs. 3 Satz 2;[111] daneben ist eine **Stornogefahrmitteilung** an den HV oder eine an ihn gerichtete Aufforderung, selbst zur Rettung eines stornogefährdeten Vertrags tätig zu werden, selbst dann weder

---

[99] OLG Köln Urt. v. 9. 9. 2005 – 19 U 174/04 HVR Nr. 1161.
[100] OLG Karlsruhe VersR 1984, 935, 936; vgl. auch OLG Köln VersR 1978, 920 mit abl. Anm. *Goertz* ebenda und *Herzog* VersR 1979, 797; OLG Frankfurt DB 1983, 1591, 1592; LAG Frankfurt NJW 1982, 254; aA MünchKommHGB/*v. Hoyningen-Huene* RdNr. 32.
[101] Vgl. BGH Urt. v. 19. 11. 1982 – I ZR 125/80, VersR 1983, 371, 373; OLG Düsseldorf OLGR 1999, 202, 204; OLG Frankfurt VersR 1981, 480; LAG Hamm VersR 1981, 1054; LAG München VersR 1992, 183; *Stötter* MDR 1981, 269, 271; *Platz* VersR 1985, 621, 623; *Bonvie* VersR 1986, 121; MünchKommHGB/*v. Hoyningen-Huene* RdNr. 32; einschränkend aA *Herzog* VersR 1979, 797, 798.
[102] BGH Urt. v. 12. 11. 1987 – I ZR 3/86, NJW-RR 1988, 546; OLG Karlsruhe VersR 1989, 511, 512; LAG München VersR 1992, 183.
[103] MünchKommHGB/*v. Hoyningen-Huene* RdNr. 33.
[104] OLG Frankfurt VersR 1997, 1015.
[105] *Heymann*/*Sonnenschein*/*Weitemeyer* RdNr. 16; vgl. auch BGH Urt. v. 25. 5. 2005 – VIII ZR 279/04, EBE 2005, 218 = HVR Nr. 1135.
[106] BGH Urt. v. 25. 5. 2005 – VIII ZR 279/04, EBE 2005, 218 = HVR Nr. 1135.
[107] OLG Düsseldorf OLGR 1999, 202, 205 und 469, 470; OLG Koblenz VersR 1980, 624; LAG Hamm VersR 1981, 1054; vgl. BAG Urt. v. 25. 10. 1967 – 3 AZR 453/66, NJW 1968, 519, 520; *Bonvie* VersR 1986, 121; *Küstner* HVR RdNr. 1205.
[108] OLG Düsseldorf OLGR 1999, 202, 205 und 469, 470; OLG Karlsruhe VersR 1989, 511, 512; *Bonvie* VersR 1986, 121; MünchKommHGB/*v. Hoyningen-Huene* RdNr. 30; Staub/*Brüggemann* RdNr. 16; *Schröder* RdNr. 5.
[109] OLG Düsseldorf OLGR 1999, 202, 205 und 469, 470; OLG Köln Urt. v. 9. 9. 2005 – 19 U 174/04 HVR Nr. 1161; differenzierend LAG München VersR 1992, 183; aA OLG Frankfurt VersR 1991, 1135; vgl. *Bonvie* VersR 1986, 121.
[110] BGH Urt. v. 25. 5. 2005 – VIII ZR 279/04, EBE 2005, 218 = HVR Nr. 1135.
[111] BGH Urt. v. 25. 5. 2005 – VIII ZR 279/04, EBE 2005, 218 = HVR Nr. 1135.

erforderlich noch rechtlich geboten, wenn die Nachbearbeitung des Unternehmers erfolglos geblieben ist.[112] Bloße **Mahnungen,** wie sie insbesondere nach §§ 38, 39 VVG als Voraussetzung für die Auflösung des Vertragsverhältnisses erforderlich sind, genügen den an eine Nachbearbeitung zu stellenden Anforderungen nicht.[113]

23 ee) **Entbehrlichkeit einer Nachbearbeitung.** Ausnahmsweise kann eine von vornherein aussichtslose Nachbearbeitung entbehrlich sein, wenn (was der Unternehmer nachzuweisen hat) endgültig und unabänderlich feststeht, dass der Schuldner nicht zahlen wird, so zB bei unbekanntem und mit zumutbaren Mitteln nicht aufzuklärendem Aufenthalt, feststehender Zahlungsunfähigkeit[114] oder endgültigen Lossagen vom Vertrag wegen eines wichtigen Kündigungs- oder Anfechtungsgrundes.[115] Bei geringwertigen Verträgen und entsprechend geringfügigen Prämienbeträgen kann eine Nachbearbeitung unwirtschaftlich sein, der Unternehmer braucht sie nicht selbst vorzunehmen, muss dann aber auch nach Ende des Vertretervertrags den Vertreter davon unterrichten und ihm Gelegenheit zur Nachbearbeitung geben; die Unternehmerinteressen können durch eine solche Einschaltung des ehemaligen Vertreters nicht mehr beeinträchtigt werden. Der Vertreter kann – allerdings nicht durch vom Unternehmer/Versicherer vorgegebene AGB oder Formularverträge – auf Nachbearbeitung und Stornogefahrmitteilungen verzichten (vgl. auch § 87a).[116]

24 ff) **Vereinbarungen über Nachbearbeitung.** Vereinbarungen über die Ausgestaltung der unter § 87a Abs. 3 fallenden Pflicht zur Nachbearbeitung sind wegen des – für Verträge nach § 92 ebenfalls unabdingbar geltenden – § 87a Abs. 5 nur wirksam, wenn sie den Umfang der im Einzelfall erforderlichen Maßnahmen erweitern. Der vereinbarte Ausschluss einer bestimmten im Einzelfall objektiv gebotenen und zumutbaren Nachbearbeitung ist unwirksam.[117]

25 gg) **Nachbearbeitung bei sonstigen Dauerschuldverhältnissen.** Gegenüber dem Vermittler von sonstigen Dauerschuldverhältnissen – zB von Kreditverträgen – gelten die Grundsätze zur Nachbearbeitung in gleicher Weise (s. § 87a).

26 b) **Prämienklage.** Im Hinblick auf das mit dem Abschluss eines Versicherungs- oder Bausparvertrags regelmäßig angestrebte langfristige, auf beiderseitigem Vertrauen beruhende Vertragsverhältnis ist der Unternehmer grundsätzlich nicht verpflichtet, gegen den Schuldner, der bereits die für die Provision maßgebliche Prämie trotz Nachbearbeitung nicht zahlt, zu klagen, zumal dies bei nur verhältnismäßig geringen Prämienbeträgen regelmäßig unwirtschaftlich sein und ohnehin zu einer Vertragskündigung zum nächstmöglichen Zeitpunkt führen wird.[118] Etwas anderes gilt bei willkürlicher Abstandnahme von einer wirtschaftlich sinnvollen Klage[119] zB bei Lebens- oder Sachversicherungsverträgen[120] mit besonders hohen Prämien oder Einmalprämien; hier wird der Unternehmer allerdings auch ein eigenes Interesse an einer Klage haben. **Klageverzichtsklauseln** in Verträgen zwischen Vertreter und Unternehmer sind ohne rechtliche Bedeutung, weil eine ausnahmsweise gemäß § 87a Abs. 5 bestehende Obliegenheit zur Prämienklage vertraglich nicht abbedungen werden kann; solche Klauseln können allenfalls klarstellende, nicht aber rechtsbegründende Bedeutung haben.[121] Die Kosten einer von ihm erhobenen Prämienklage kann der Unternehmer nicht auf den HV abwälzen.

---

[112] BGH Urt. v. 25. 5. 2005 – VIII ZR 279/04, EBE 2005, 218 = HVR Nr. 1135.
[113] BAG Urt. v. 25. 10. 1967 – 3 AZR 453/66, NJW 1968, 519, 520; OLG Karlsruhe VersR 1989, 511, 512 und VersR 1989, 511, 512; OLG Köln Urt. v. 9. 9. 2005 – 19 U 174/04 VersR Nr. 1161; Staub/*Brüggemann* RdNr. 4; *Küstner* HVR RdNr. 1205; aA OLG Schleswig MDR 1984, 760; OLG Frankfurt BB 1977, 1170, 1171, DB 1983, 1592, VersR 1978, 326, 327 und VersR 1991, 1135; ersichtlich auch *Westphal* Vertriebsrecht RdNr. 673.
[114] LAG München VersR 1992, 183; LAG Frankfurt NJW 1982, 254, 255; *Hans* BB 1957, 1061; MünchKommHGB/*v. Hoyningen-Huene* RdNr. 30; *Küstner* HVR RdNr. 1205, 1210.
[115] BAG Urt. v. 25. 10. 1967 – 3 AZR 453/66, NJW 1968, 519.
[116] Vgl. BGH Urt v. 19. 11. 1982 – I ZR 125/80, VersR 1983, 371, 373; OLG Karlsruhe VersR 1989, 511, 512.
[117] *Stötter* MDR 1981, 269, 271; aA OLG Frankfurt DB 1983, 1592 und VersR 1978, 326; OLG Karlsruhe VersR 1982, 267.
[118] BGH Urt. v. 25. 5. 2005 – VIII ZR 279/04, EBE 2005, 218 = HVR Nr. 1135; BGH Urt. v. 25. 5. 2005 – VIII ZR 237/04; BAG Urt. v. 25. 10. 1967 – 3 AZR 453/66, NJW 1968, 519, 520; OLG Frankfurt VersR 1981, 480 und DB 1983, 1592; OLG Karlsruhe VersR 1989, 511, 512 und 1982, 267; OLG Koblenz VersR 1980, 623, 624; OLG Köln VersR 1976, 87; OLG München VersR 1958, 599; OLG Oldenburg VersR 1961, 658 m. Anm. *Franke*; LAG Frankfurt NJW 1982, 254, 255; *Müller* VersR 1974, 950; *Sundermann* BB 1958, 544 und 546; Heymann/*Sonnenschein/Weitemeyer* RdNr. 16; MünchKommHGB/*v. Hoyningen-Huene* RdNr. 31; Staub/*Brüggemann* RdNr. 16; *Küstner* HVR RdNr. 1211, 1212; aA *Hans* BB 1957, 1061 und 1958, 545.
[119] OLG Hamm Urt. v. 24. 10. 1955 – 18 U 127/55, HVR Nr. 156; OLG Frankfurt VersR 1978, 326 und VersR 1969, 510; OLG Koblenz VersR 1980, 623, 624; OLG München VersR 1958, 599; Staub/*Brüggemann* RdNr. 16.
[120] OLG Frankfurt VersR 1986, 461, 462.
[121] Vgl. OLG Köln VersR 1976, 87; *Westphal* Vertriebsrecht RdNr. 679; vgl. aber LG Regensburg VersR 1973, 710 mit Anm. *Höft* VersR 1973, 1119; Heymann/*Sonnenschein/Weitemeyer* RdNr. 16; *Schröder* RdNr. 9; Staub/*Brüggemann*

c) **Provisionsanspruch bei Nichtzahlung und Teilzahlung.** Steht iSv. § 87a fest, dass die für 27 die Provision maßgebliche Prämie nicht gezahlt wird und der Unternehmer dies auch nicht gemäß § 87a Abs. 3 zu vertreten hat, kann der Vertreter einen unbedingten Provisionsanspruch nicht erwerben.[122] Hat der Unternehmer Teilzahlungen erhalten, die er nicht zurückzuzahlen hat, wird eine Auslegung des Vertrags ergeben, dass dem Vertreter eine den Teilzahlungen entsprechende Teilprovision zusteht.[123] Die gleichen Grundsätze sind anzuwenden, wenn für die Provision laufende Prämienzahlungen maßgebend sein sollen.[124] Es gilt der Satz, dass bei § 92 Abs. 4 **die Provision das Schicksal der Prämie teilt.**[125] Nach Zahlung der für die Provision maßgebenden Prämie besteht der Provisionsanspruch unbedingt und endgültig, selbst wenn der Vertrag mit dem Kunden kurzfristig danach scheitert.[126]

d) **§ 87a Abs. 3 bei Vorschusszahlung.** § 87a Abs. 3 gilt, wenn dem Vertreter nach dem 28 Vertrag ein Vorschuss zu zahlen ist (s. § 87a), bevor die maßgebliche Prämie voll entrichtet worden ist. Der Provisionsanspruch entfällt und der Vorschuss ist zurückzuzahlen, wenn der Unternehmer die Nichtzahlung der Prämie nicht zu vertreten hat – § 87a Abs. 3 S. 2.[127] Der Rückzahlungsanspruch ergibt sich aus dem Vertrag und aus § 87a Abs. 3, nicht aus ungerechtfertigter Bereicherung nach § 812 BGB.[128] Durch eine Individualabsprache oder eine der Inhaltskontrolle standhaltende hinreichend klare und den Vertreter nicht unangemessen benachteiligende Regelung in AGB oder einem Formularvertrag[129] kann zur Sicherung des Rückzahlungsanspruchs vereinbart werden, dass ein Bruchteil des zu zahlenden Vorschusses einem von dem Unternehmer zu führenden **Stornoreservekonto** gutzuschreiben und erst nach Ablauf der vertraglich festgelegten **Stornohaftzeit** auszuzahlen ist. Dem seinen Gewinn nach § 4 Abs. 3 EStG ermittelnden Versicherungsvertreter fließen **steuerrechtlich** die seinem Stornoreservekonto gutgeschriebenen Beträge nicht zu, wenn sie im Zeitpunkt der Gutschrift nicht zur Auszahlung fällig sind und das Guthaben nicht verzinst wird.[130] Für das Schicksal der Prämie bei Nichtigkeit und Anfechtung des Versicherungsvertrags durch den Versicherer enthält § 40 VVG eine Sonderregelung.

10. **Provisionsweitergabe und Provisionsteilung mit dem Kunden.** Eine Provisionsweiter- 29 gabe an den Kunden[131] oder Provisionsteilung mit ihm[132] ist dem Versicherungsvertreter durch die Aufsichtsbehörden untersagt (s. d. § 87b RdNr. 34).[133] Allerdings bestehen erhebliche Zweifel an der Rechtmäßigkeit dieser behördlichen Untersagung, bei der es sich nicht um ein gesetzliches Verbot iSv § 134 BGB handelt,[134] und ihrer Vereinbarkeit mit geltendem Europarecht.[135]

11. **Untervertreter.** Der (echte) Untervertreter erwirbt den unbedingten Provisionsanspruch 30 gegen den Hauptvertreter ebenfalls erst mit Zahlung der maßgeblichen Prämie an den Unternehmer. Der Anspruch kann nicht entstehen, wenn der Unternehmer die Nichtzahlung der Prämie gegenüber dem Hauptvertreter gemäß § 87a Abs. 3 S. 2 nicht zu vertreten hat, weil dann der Hauptvertreter als Vertragspartner des Untervertreters eine Provision nicht erhält, aus welcher der Untervertreter zu vergüten wäre; insoweit gilt der Rechtsgedanke des § 87a Abs. 2 (s. a. RdNr. 19). Die dem Vertreter obliegende Nachbearbeitung kann der Hauptvertreter dem Untervertreter übertragen, er nimmt gegenüber dem Untervertreter insoweit die Stellung des Unternehmers ein. Echte Untervertretung in dem Sinn liegt nicht vor, wenn – bei **dreistufigem Organisationsaufbau** – der

---

RdNr. 17; *Küstner* HVR RdNr. 1216, 1218 bis 1220; aA OLG Frankfurt VersR 1991, 1135, DB 1983, 1592, VersR 1978, 326 und 1960, 510; OLG Schleswig MDR 1984, 760; *Fleischmann* VersR 1957, 11; *Franke* VersR 1961, 660.
[122] *Heymann/Sonnenschein/Weitemeyer* RdNr. 10 und 15; *Küstner* HVR RdNr. 1200; vgl. BGH Urt. v. 19. 11. 1982 – I ZR 125/80, VersR 1983, 371, 372.
[123] Vgl. *Höft* VersR 1976, 209; *Heymann/Sonnenschein/Weitemeyer* RdNr. 15.
[124] OLG Köln VersR 1974, 287; *Heymann/Sonnenschein/Weitemeyer* RdNr. 10; *Küstner* HVR RdNr. 1233 bis 1235.
[125] OLG Frankfurt VersR 1978, 326; OLG Karlsruhe VersR 1982, 267; OLG Köln VersR 1974, 287; OLG München VersR 1975, 150; *Höft* VersR 1973, 1119 und 1976, 209; *Küstner* HVR RdNr. 1198.
[126] *Küstner* HVR RdNr. 1229, 1231.
[127] Vgl. *Heymann/Sonnenschein/Weitemeyer* RdNr. 15; *Küstner* HVR RdNr. 948.
[128] OLG München VersR 1975, 150; aA *Heymann/Sonnenschein/Weitemeyer* RdNr. 15; offenbar auch OLG Köln VersR 1976, 87 und 1974, 287; OLG Frankfurt DB 1977, 1170; *Hopt* RdNr. 10: Anspruch aus § 87a Abs. 2 HS 2 analog.
[129] OLG Köln NJW-RR 2002, 1464 = VersR 2002, 355.
[130] BFH Urt. v. 12. 11. 1997 – XI R 30/97, BB 1998, 303 m.N.
[131] Zur **steuerlichen Behandlung** solcher Zahlungen bei dem Empfänger siehe Finanzgerichte Hamburg, München und Münster in DStRE 2003, 210, 211 und 340.
[132] S. d. auch *Lange* in der 1. Aufl. Vor § 84 Anh. II RdNr. 22.
[133] S. d. OLG Hamburg NJW-RR 1997, 1381 und die Revisionsentscheidung des BGH Urt. v. 28. 11. 1996 – IX ZR 204/95, NJW-RR 1997, 1381, 1382 sowie OLG Saarbrücken OLGR 2002, 273; vgl. auch *Emde* VersR 2002, 151, 152.
[134] BGH Urt. v. 17. 6. 2004 – III ZR 271/03, BGHZ 158, 334 = MDR 2004, 1104.
[135] *Dreher* VersR 2001, 1.

Unternehmer sowohl mit dem Hauptvertreter als auch dem Untervertreter einen Vertretervertrag abschließt, den Untervertreter dem Hauptvertreter organisatorisch unterstellt und dieser eine **Superprovision** für die von dem Untervertreter herbeigeführten Verträge erhält.[136] Hier bestehen Provisions- und Nachbearbeitungspflicht des Unternehmers unmittelbar gegenüber Haupt- und Untervertreter (RdNr. 20).[137] Zum **Strukturvertrieb** siehe zu § 84.

31 **12. Darlegungs- und Beweislast. a) Provisionsklage.** Der seine Provision einklagende Vertreter hat die Voraussetzungen des § 92 Abs. 3 S. 1 oder abweichende vertragliche Abmachungen, die seinen Anspruch stützen, zu beweisen. Versicherer oder Bausparkasse, die sich zur Verteidigung gegen den Provisionsanspruch auf § 87 a Abs. 3 berufen, müssen die Voraussetzungen des § 87 a Abs. 3 S. 2 beweisen.[138] Weil jeder einzelne rückabzuwickelnde Vertrag einen eigenständigen Rückzahlungsanspruch begründet, gehört dazu für **jeden einzelnen rückabzuwickelnden Versicherungs- oder Bausparvertrag**[139] die konkrete Darlegung und Beweisführung, dass und mit welchem Inhalt eine ausreichende Nachbearbeitung durchgeführt worden,[140] jedoch ohne Erfolg geblieben[141] oder ausnahmsweise wegen Aussichtslosigkeit entbehrlich gewesen ist.[142] War dem Vertreter die Nachbearbeitung überlassen, müssen Versicherer/Bausparkasse nur die ordnungsgemäße, besonders rechtzeitige, Übermittlung von ausreichenden Stornogefahrmitteilungen beweisen,[143] der Beweis erfolgreicher Nachbearbeitung ist Sache des Vertreters.

32 **b) Rückzahlung von Provisionsvorschüssen und Auszahlung der Stornoreserve.** Dieselben Grundsätze wie für die Provisionsklage gelten, wenn Versicherer oder Bausparkasse auf Rückzahlung von Vorschüssen klagen,[144] welche sie dem Vertreter auf die vermittelten Verträge gezahlt haben, oder der Vertreter auf Auszahlung eines Stornoreserveguthabens, welchem vereinbarungsgemäß ein Anteil der auszuzahlenden Vorschüsse gutgebracht worden ist; **für jede einzelne Provisionsrückforderung** muss der Versicherer die Voraussetzungen des § 87 a Abs. 3 Satz 2 darlegen und beweisen.[145] Weil der Vertreter mit dem Abschluss des auf seine Tätigkeit zurückzuführenden Vertrags bereits einen aufschiebend bedingten Provisionsanspruch erwirbt, braucht er – anders als bei Vorschüssen im eigentlichen Sinn (s. § 87 a) – nicht die Berechtigung des erhaltenen Vorschusses nachzuweisen (s. § 87 a RdNr. 60).[146] Erhält der Vertreter in Erwartung entstehender Provisionsansprüche einen nicht auf einen konkret herbeigeführten Vertrag bezogenen Vorschuss, zB in Form eines **monatlichen Pauschal- oder Garantiebetrags**,[147] müssen der auf Rückzahlung verklagte Vertreter die Berechtigung der erhaltenen Pauschalzahlung, der Versicherer/die Bausparkasse gegebenenfalls die Voraussetzungen des § 87 a Abs. 3 beweisen. Eine allgemeine **tatsächliche Vermutung für** eine bestimmte Anzahl von berechtigten **Stornierungen** oder eine bestimmte Quote **erfolgloser Nachbearbeitungen** gibt es nicht. Im Einzelfall können jedoch konkrete, vom Unternehmer/Versicherer zu beweisende Anhaltspunkte dafür vorliegen, dass bei einer hohen Anzahl von Vertragsstornierungen die Nachbearbeitung nach der Lebenserfahrung mit hoher Wahrscheinlichkeit bei einer bestimmten Prozentzahl nicht zum Erfolg geführt haben würde, sofern der Vertreter einen solchen allgemeinen Erfahrungssatz für den konkreten Fall nicht entkräften kann. Außerdem gilt das ohnehin nicht bei Verträgen über hohe Versicherungs- oder Bausparsummen.[148]

33 **c) Gesamtabrechnung.** Ist die einzelne Rückzahlungsforderung wie im Regelfall in eine Gesamtabrechnung eingestellt worden, muss der wegen seiner Abrechnungspflicht nach § 87 c Abs. 1 ohnehin für die Richtigkeit seiner Abrechnung verantwortliche Unternehmer im Streitfall die

---

[136] Vgl. BGH Urt. v. 6. 7. 1972 – VII ZR 75/71, BGHZ 59, 125, 128 f = NJW 1972, 1664.
[137] Zur **steuerrechtlichen Behandlung** von Superprovisionen, welche Versicherungsvermittler als Hauptvertreter erhalten, siehe OFD Cottbus Vfg. vom 22. 12. 1997, DB 1998, 284 sowie oben besonders § 87 RdNr. 10.
[138] BGH Urt. v. 19. 11. 1982 – I ZR 125/80, VersR 1983, 371, 372; BGH Urt. v. 12. 11. 1987 – I ZR 3/86, NJW-RR 1988, 546; BGH Urt. v. 21. 3. 2001 – VIII ZR 149/99, ZIP 2001, 876, 879; OLG Koblenz VersR 1980, 623, 625; OLG Zweibrücken NJW-RR 1996, 285; vgl. OLG Düsseldorf OLGR 1999, 203, 204, 205; Bonvie VersR 1986, 121.
[139] Siehe BGH Urt. v. 21. 3. 2001 – VIII ZR 149/99, ZIP 2001, 876, 879.
[140] Vgl. BGH Urt. v. 21. 3. 2001 – VIII ZR 149/99, ZIP 2001, 876.
[141] BGH Urt. v. 19. 11. 1982 – I ZR 125/80, VersR 1983, 371, 372; BGH Urt. v. 12. 11. 1987 – I ZR 3/86, NJW-RR 1988, 546, 547; OLG Düsseldorf OLGR 1995, 19, 20 und OLGR 1999, 202, 469, 470; OLG Frankfurt VersR 1997, 875; OLG Koblenz VersR 1980, 623; OLG Zweibrücken NJW-RR 1996, 285; Bonvie VersR 1986, 121.
[142] Bonvie VersR 1986, 122.
[143] Zum Ganzen OLG Düsseldorf OLGR 1995, 20.
[144] OLG Düsseldorf OLGR 1999, 202, 203 f.
[145] OLG Hamm NJW – RR 2004, 1266; insoweit ersichtlich aA und nicht richtig: OLG Saarbrücken VersR 2000, 1017.
[146] AA OLG Karlsruhe VersR 1984, 935, 936; Jestaedt VersR 1981, 613.
[147] Vgl. v. Blomberg VersR 1968, 328.
[148] BGH Urt. v. 19. 11. 1982 – I ZR 125/80, VersR 1983, 371, 373 BGH Urt. v. 12. 11. 1987 – I ZR 3/86, NJW-RR 1988, 546; Bonvie VersR 1986, 122.

Berechtigung seiner gesamten Abrechnung im Einzelnen darlegen und nachweisen, soweit nicht eine rechtswirksam anerkannte Zwischenabrechnung vorliegt.

13. Europarecht. Allgemeine Ausführungen und Text der HV-RiLi s. Vor § 84 Anh. Versicherungs- und Bausparkassenvertreter sind von der HV-RiLi grundsätzlich nicht erfasst (zu trotzdem möglichen Wirkungen des Gemeinschaftsrechts s. Vor § 84 Anh. RdNr. 4). Ein gesonderter Richtlinienvorschlag zu dieser Vertretergruppe ist geplant, aber bisher noch nicht verabschiedet worden. **34**

§ 92 a [Mindestarbeitsbedingungen]

(1) ¹ Für das Vertragsverhältnis eines Handelsvertreters, der vertraglich nicht für weitere Unternehmer tätig werden darf oder dem dies nach Art und Umfang der von ihm verlangten Tätigkeit nicht möglich ist, kann das Bundesministerium der Justiz im Einvernehmen mit dem Bundesministerium für Wirtschaft und Technologie nach Anhörung von Verbänden der Handelsvertreter und der Unternehmer durch Rechtsverordnung, die nicht der Zustimmung des Bundesrates bedarf, die untere Grenze der vertraglichen Leistungen des Unternehmers festsetzen, um die notwendigen sozialen und wirtschaftlichen Bedürfnisse dieser Handelsvertreter oder einer bestimmten Gruppe von ihnen sicherzustellen. ² Die festgesetzten Leistungen können vertraglich nicht ausgeschlossen oder beschränkt werden.

(2) ¹ Absatz 1 gilt auch für das Vertragsverhältnis eines Versicherungsvertreters, der auf Grund eines Vertrages oder mehrerer Verträge damit betraut ist, Geschäfte für mehrere Versicherer zu vermitteln oder abzuschließen, die zu einem Versicherungskonzern oder zu einer zwischen ihnen bestehenden Organisationsgemeinschaft gehören, sofern die Beendigung des Vertragsverhältnisses mit einem dieser Versicherer im Zweifel auch die Beendigung des Vertragsverhältnisses mit den anderen Versicherern zur Folge haben würde. ² In diesem Falle kann durch Rechtsverordnung, die nicht der Zustimmung des Bundesrates bedarf, außerdem bestimmt werden, ob die festgesetzten Leistungen von allen Versicherern als Gesamtschuldnern oder anteilig oder nur von einem der Versicherer geschuldet werden und wie der Ausgleich unter ihnen zu erfolgen hat.

Schrifttum: Siehe zunächst Schrifttumsverzeichnis vor § 84; wegen des älteren Schrifttums aus der Zeit vor 1990 wird auf das Schrifttumsverzeichnis der Vorauflage verwiesen: *Buchner*, Das Recht der Arbeitnehmer, der Arbeitnehmerähnlichen und der Selbständigen – jedem das Gleiche oder jedem das Seine, NZA 1998, 1144; *Reiserer*, Schluss mit dem Missbrauch der Scheinselbständigkeit, BB 1999, 366.

Übersicht

	RdNr.		RdNr.
1. Bedeutung der Vorschrift	1	d) Rechtsform der Handelsvertretung	5
2. Unter § 92 a fallende Handelsvertreter	2–5	3. Bedeutung für ArbGG und KO	6
a) Einfirmenvertreter nach Abs. 1	2	4. Gegenstand der Verordnungsermächtigung	7
b) Versicherungs- und Bausparkassenvertreter nach Abs. 2	3	5. Europarecht	8
c) Analoge Anwendung	4		

1. Bedeutung der Vorschrift. Die Bestimmung stammt aus dem Jahr 1953. Durch die VO vom 29. Oktober 2001 (Art. 91 Nr. 1) – BGBl. I S. 2785, 2803 – sind die Namen der im Gesetz in Abs. 1 Satz 1 erwähnten Bundesministerien den seinerzeit geltenden offiziellen Bezeichnungen („Bundesministerium der Justiz im Einvernehmen mit den Bundesministerien für Wirtschaft und Technologie und für Arbeit und Sozialordnung" anstelle der früheren Bezeichnung „der Bundesminister der Justiz im Einvernehmen mit den Bundesministern für Wirtschaft und für Arbeit") angepasst worden, ohne dass dies zu einer sachlichen Änderung geführt hat. Infolge des Organisationserlasses des Bundeskanzlers vom 22. Oktober 2002 – BGBl. I S. 4206 – unter I Nr. 1 und 3 wurde das Bundesministerium für Wirtschaft und Arbeit zuständig und durch Art. 69 Nr. 1 der 8. Zuständigkeitsverordnung vom 25. November 2003 – BGBl. I S. 2304, 2312 – der Gesetzeswortlaut dieser Rechtslage angepasst; durch Artikel 99 der Zuständigkeitsanpassungsverordnung vom 31. 10. 2006 – BGBl. I S. 2407, 2418 – sind die Wörter „Wirtschaft und Arbeit" ersetzt worden durch „Wirtschaft und Technologie". Die Vorschrift ist ohne unmittelbare Bedeutung für das Rechtsverhältnis des HV zu dem Unternehmer; sie enthält eine **Ermächtigungsgrundlage** für den Gesetzgeber **zum Erlass bestimmter Rechtsverordnungen,** von der bisher nicht Gebrauch gemacht **1**

worden ist, noch ist solches offenbar beabsichtigt.[1] **Mittelbare Bedeutung** erlangt § 92 a dadurch, dass in § 5 Abs. 3 ArbGG sowie früher in § 59 Abs. 1 Nr. 3 c KO und § 61 Abs. 1 Nr. 3 c KO Sonderregelungen für solche HV enthalten gewesen sind, welche die Voraussetzungen des § 92 a erfüllen (RdNr. 6); die InsO enthält vergleichbare Vorschriften nicht mehr. Außerdem stellt das Gesetz ausdrücklich klar, dass die Tätigkeit für nur einen Unternehmer als Auftraggeber und Vertragspartner mit der **Selbständigkeit** eines HV zu vereinbaren ist (s. d. zu § 84).[2] Jedoch ist bei dem unter § 92 a fallenden HV im Einzelfall sehr genau zu prüfen, ob seine Selbständigkeit gewährleistet ist und es sich nicht um einen unselbständigen Arbeitnehmer handelt, bei dem der – rechtlich unwirksame – Versuch unternommen worden ist, ihm vertraglich die Stellung eines HV einzuräumen (s. d. zu § 84).[3] Wenn bei dem von § 92 a erfassten HV die Voraussetzungen des § 84 Abs. 1, 3 und 4 vorliegen, er eine **arbeitnehmerähnliche Rechtsstellung** also **nicht inne hat,**[4] können auf sein Rechtsverhältnis die Sondervorschriften des Arbeitsrechts auch im Weg verfassungskonformer Auslegung[5] nicht angewendet werden (s. d. zu § 84).[6] Das Gleiche gilt hinsichtlich des unter § 92 a fallenden und damit notwendigerweise selbständigen[7] HV, dessen Vergütung die Grenze des § 5 Abs. 3 ArbGG nicht übersteigt; auch für diesen HV gilt das Recht der §§ 84 f. (RdNr. 6). § 5 Abs. 3 ArbGG stellt diese HV lediglich prozessual Arbeitnehmern gleich,[8] indem sie ausnahmsweise dem **Rechtsweg zu den Arbeitsgerichten** mit den sich daraus für solche Geringverdiener ergebenden prozessualen Vorteilen zugewiesen werden;[9] eine Erstreckung des **materiellen Arbeitsrechts** auf solche wegen der Höhe ihrer Vergütung unter § 92 a fallende HV ist damit nicht verbunden, in § 5 Abs. 3 ArbGG mit seiner **in sich abgeschlossenen Zuständigkeitsregelung für HV**[10] nicht vorgesehen und vom Gesetzgeber auch nicht gewollt.[11] Den Gerichten ist es deswegen verwehrt, die unterbliebene Festsetzung von Mindestarbeitsbedingungen durch Rechtsverordnung zum Anlass zu nehmen, solche Geringverdiener im Weg ergänzender lückenausfüllender Gesetzesauslegung dem Arbeitsrecht zu unterstellen.[12]

2. Unter § 92 a fallende Handelsvertreter. a) Einfirmenvertreter nach Abs. 1. Abs. 1 erfasst den sog. Einfirmenvertreter[13] einschließlich des Einfirmen-Versicherungs- oder Bausparkassenvertreters,[14] dem die Tätigkeit für einen anderen Unternehmer entweder auf Grund seines HVVertrags verboten („Einfirmenvertreter kraft Vertrags")[15] oder wegen Art und Umfang der von ihm geschuldeten Dienstleistungen tatsächlich nicht möglich ist („Einfirmenvertreter kraft Weisung").[16] Im Fall des **„Einfirmenvertreters kraft Vertrags"** muss der HVVertrag eine weitere gewerbliche und unter § 84 fallende Betätigung[17] ausdrücklich untersagen[18] oder von einer Genehmigung des Unternehmers abhängig machen,[19] zu deren Erteilung er nicht verpflichtet ist.[20] Mit der Genehmigung durch den Unternehmer verliert der HV den Status als Einfirmenvertreter kraft Vertrags,[21] selbst wenn er eine Zweitvertretung (noch) nicht übernimmt.[22] Nur **mittelbar wirkende vertragliche Einschränkungen** einer weiteren Vertriebstätigkeit wie ein Wettbewerbs-

---

[1] *Buchner* NZA 1999, 1144, 1149; *Heymann/Sonnenschein/Weitemeyer* RdNr. 4; MünchKommHGB/*v. Hoyningen-Huene* RdNr. 4; *Westphal* Vertriebsrecht RdNr. 120.
[2] *Buchner* NZA 1998, 1144, 1149; *Reiserer* BB 1999, 368, 369, 370.
[3] Vgl. *Schröder* RdNr. 1.
[4] Vgl. dazu *Niessen* DB 1963, 308 und 1120; *Diekhoff* DB 1963, 1120; *Ludwig* DB 1977, 1185 sämtlich zu § 2 BUrlG.
[5] So aber Staub/*Brüggemann* RdNr. 1 und *Westphal* Vertriebsrecht RdNr. 123.
[6] BAG Urt. v. 20. 4. 1964 – 5 AZR 278/63 – NJW 1964, 1641, 1642; MünchKommHGB/*v. Hoyningen-Huene* RdNr. 7; vgl. auch ErfK/*Schaub* § 5 ArbGG RdNr. 17.
[7] OLG Saarbrücken EWiR 2005, 147 m. zust. Anm. *Rouvray* S. 148.
[8] BAG Beschl. v. 15. 2. 2005 – 5 AZB 13/04, MDR 2005, 758 („gilt" als Arbeitnehmer).
[9] BAG Urt. v. 24. 10. 2002 – 6 AZR 632/00, DB 2003, 1633 = MDR 2003, 814, 815; OLG Düsseldorf Beschl. v. 1. 6. 2005 – I 16 W 24/05, HVR Nr. 1149.
[10] BAG Urt. v. 24. 10. 2002 – 6 AZR 632/00, DB 2003, 1633 = MDR 2003, 814, 815; MünchKommHGB/*v. Hoyningen-Huene* RdNr. 6.
[11] BAG Urt. v. 24. 10. 2002 – 6 AZR 632/00, DB 2003, 1633 = MDR 2003, 814, 815.
[12] BGH Urt. v. 21. 5. 2003 – VIII ZR 57/02, DB 2003, 1633, 1634; aA *Westphal* Vertriebsrecht RdNr. 123.
[13] Staub/*Brüggemann* RdNr. 5.
[14] LAG Düsseldorf BB 1956, 593; *Trinkhaus* BB 1956, 594.
[15] MünchKommHGB/*v. Hoyningen-Huene* RdNr. 8.
[16] OLG Köln VersR 2001, 894; MünchKommHGB/*v. Hoyningen-Huene* RdNr. 8.
[17] OLG Köln Beschl. v. 6. 4. 2005 – 19 W 8/05, HVR Nr. 1159.
[18] *Heymann/Sonnenschein/Weitemeyer* RdNr. 6; *Schröder* RdNr. 3; vgl. BGH Urt. v. 17. 1. 2001 – VIII ZR 186/99, EBE 2001, 58, 59.
[19] *Heymann/Sonnenschein/Weitemeyer* RdNr. 6; *Schröder* RdNr. 3; Staub/*Brüggemann* RdNr. 3; aA MünchKommHGB/*v. Hoyningen-Huene* RdNr. 11.
[20] OLG Stuttgart BB 1966, 1396; OLG Düsseldorf OLGR 1997, 128; OLG Köln VersR 2001, 894.
[21] *Hopt* RdNr. 3; MünchKommHGB/*v. Hoyningen-Huene* RdNr. 10.
[22] LAG Köln Urt. v. 23. 1. 1990 – 11 Sa 917/89, HVR Nr. 686; aA MünchKommHGB/*v. Hoyningen-Huene* RdNr. 10.

verbot[23] oder das Gebot, die volle Arbeitskraft der Erfüllung des Vertrags zu widmen,[24] begründen die Eigenschaft als Einfirmenvertreter kraft Vertrags nicht.[25] Bloße Obliegenheiten des HV, deren Befolgung in seinem eigenen Interesse liegt und deren Nichterfüllung den Erfolg seiner Tätigkeit beeinträchtigt, können die Rechtsfolgen der Norm ebenfalls nicht auslösen.[26] Ebenso wenig reichen eine besondere Schutzbedürftigkeit des Mehrfirmenvertreters im Einzelfall[27] oder die tatsächliche Beschränkung des HV auf eine Einfirmenvertretung[28] für eine Anwendung des § 92 a aus. Andererseits berühren eine nicht unter § 84 fallende Betätigung[29] oder eine vertragswidrig ausgeübte Mehrfirmenvertretung die Rechtsstellung als Einfirmenvertreter Kraft Vertrags nicht,[30] solange der Unternehmer sie nicht – zumindest konkludent – genehmigt hat.[31] Bei der zweiten Alternative des **„Einfirmenvertreters kraft Weisung"** ist entscheidend, ob aus der Sicht eines durchschnittlich befähigten HV[32] seiner Branche, der sich in objektiv gebotener Weise für den Unternehmer einsetzt, ohne Verletzung seiner vertraglichen Pflichten noch Raum für eine weitere gewerbliche Tätigkeit in abhängiger oder unabhängiger Stellung bleibt.[33] Eine überobligationsmäßige Tätigkeit für einen weiteren Unternehmer lässt die Anwendbarkeit des § 92 a nicht entfallen.[34] Die **Beweislast** für die Tatsachen, welche eine Einfirmenvertretung kraft Vertrags oder Weisung begründen sollen, trägt die Prozesspartei, welche aus der Ausnahmeregelung des § 92 a Rechte herleiten will, regelmäßig also der Handelsvertreter, der sich auf § 5 Abs. 3 Satz 1 ArbGG berufen und den Rechtsweg zu den Arbeitsgerichten beschreiten will.

b) Versicherungs- und Bausparkassenvertreter nach Abs. 2. Abs. 2 erweitert die Anwendbarkeit des § 92 a auf solche Versicherungsvertreter, die ihnen im HVRecht gleichstehenden (§ 92 Abs. 5) Bausparkassenvertreter[35] sowie auf „Einkonzernvertreter",[36] die zwar für mehrere Versicherer tätig sind,[37] bei denen jedoch nach der Gestaltung der einzelnen Vertreterverträge bei objektiver Würdigung aus der Sicht bei Vertragsschluss ernsthaft damit gerechnet werden muss, dass die Beendigung eines Vertrages auch zur Auflösung der übrigen Vertragsverhältnisse führen wird.[38] Eine ausdrückliche dahingehende Regelung ist nicht erforderlich. Trotz dieser gesetzlichen Vorgaben liegen bei dem typischen Versicherungs- oder Bausparkassenvertreter nach der üblichen Vertragsgestaltung weder eine Einfirmenvertretung kraft Vertrags noch eine solche kraft Weisung vor; der typische Versicherungs- und Bausparkassenvertreter ist selbständiger Handelsvertreter iSv. §§ 84, 92 (s. d. zu § 84).

c) Analoge Anwendung. Die analoge Anwendung des § 92 a auf andere HV, welche sich in vergleichbarer Lage befinden und in besonderem Maß schutzbedürftig sind,[39] ist wegen des Ausnahmecharakters der Norm nicht zulässig.[40]

d) Rechtsform der Handelsvertretung. Die Rechtsform der Handelsvertretung ist für die Einordnung nach § 92 a grds. ohne Bedeutung.[41] Die Vorschrift gilt daher an sich in gleicher Weise, wenn die Handelsvertretung von einer HVGesellschaft, einer juristischen Person[42] oder im Nebenberuf ausgeübt wird.[43] Vom Sinn und Zweck betrachtet passt die Vorschrift jedoch nicht auf juristische Personen.

---

[23] LAG Düsseldorf BB 56, 593; OLG Saarbrücken EWiR 2005, 147 m. zust. Anm. *Rouvray* S. 148; Heymann/*Sonnenschein*/*Weitemeyer* RdNr. 6; *Hopt* RdNr. 3; MünchKommHGB/*v. Hoyningen-Huene* RdNr. 11; *Schröder* RdNr. 3.
[24] OLG Frankfurt MDR 1979, 761 = DB 1979, 1178; MünchKommHGB/*v. Hoyningen-Huene* RdNr. 13; vgl. BGH Urt. v. 17. 1. 2001 – VIII ZR 186/99, EBE 2001, 58, 59.
[25] Heymann/*Sonnenschein*/*Weitemeyer* RdNr. 6; *Hopt* RdNr. 3; Staub/*Brüggemann* RdNr. 4.
[26] OLG Saarbrücken m. zust. Anm. *Rouvray* EWIR 2005, 147.
[27] Heymann/*Sonnenschein*/*Weitemeyer* RdNr. 9; MünchKommHGB/*v. Hoyningen-Huene* RdNr. 21.
[28] Heymann/*Sonnenschein*/*Weitemeyer* RdNr. 5.
[29] OLG Köln Beschl. v. 6. 4. 2005 – 19 W 8/05, HVR Nr. 1159.
[30] OLG Stuttgart BB 1966, 1396; MünchKommHGB/*v. Hoyningen-Huene* RdNr. 10.
[31] MünchKommHGB/*v. Hoyningen-Huene* RdNr. 10.
[32] MünchKommHGB/*v. Hoyningen-Huene* RdNr. 13.
[33] Vgl. LAG Düsseldorf BB 1956, 593 mit zust. Anm. *Trinkhaus* BB 1956, 594; Heymann/*Sonnenschein*/*Weitemeyer* RdNr. 7; MünchKommHGB/*v. Hoyningen-Huene* RdNr. 12; *Schröder* RdNr. 4; Staub/*Brüggemann* RdNr. 2 und 4; *Küstner* HVR RdNr. 207, 208.
[34] Staub/*Brüggemann* RdNr. 4.
[35] LAG Nürnberg BB 1993, 1087; Heymann/*Sonnenschein*/*Weitemeyer* RdNr. 8; *Schröder* RdNr. 3; Staub/*Brüggemann* RdNr. 6.
[36] *Trinkhaus* BB 1956, 594.
[37] Siehe dazu im Einzelnen MünchKommHGB/*v. Hoyningen-Huene* RdNr. 16.
[38] Vgl. MünchKommHGB/*v. Hoyningen-Huene* RdNr. 17; *Schröder* RdNr. 10.
[39] MünchKommHGB/*v. Hoyningen-Huene* RdNr. 21.
[40] MünchKommHGB/*v. Hoyningen-Huene* RdNr. 18.
[41] *Hopt* RdNr. 3.
[42] Heymann/*Sonnenschein*/*Weitemeyer* RdNr. 9; *Hopt* RdNr. 3; MünchKommHGB/*v. Hoyningen-Huene* RdNr. 20; aA Staub/*Brüggemann* RdNr. 5; *Emde* S. 66 bis 69 für HV-GmbH.
[43] BAG Beschl. v. 15. 2. 2005 – 5 AZB 13/04, MDR 2005, 758 m. zust. Anm. *Emde* EWiR 2005, 505; *Hopt* RdNr. 3; Heymann/*Sonnenschein*/*Weitemeyer* RdNr. 9; MünchKommHGB/*v. Hoyningen-Huene* RdNr. 19.

6   3. Bedeutung für ArbGG und KO. Soweit ArbGG und früher KO[44] (RdNr. 1) auf **die zuletzt bezogene Vergütung** abstellen, ist der Betrag entscheidend, welchen der HV für die der Klageerhebung oder dem Vertragsende vorausgehenden letzten sechs Monate,[45] in denen er für den Unternehmer vertragsgemäß[46] tätig war,[47] nach dem Vertrag als Provision und sonstige Zuwendung[48] zuzüglich Umsatz-(Mehrwert-)Steuer[49] **zu beanspruchen hatte.**[50] Rechtlich unerheblich ist, was er tatsächlich in diesem Zeitraum erhalten hat,[51] weswegen Vorschusszahlungen auf noch nicht verdiente Provisionen, noch nicht unbedingt entstandene oder nachträglich entfallende Provisionsansprüche (vgl. § 87 a Abs. 1 bis 3) unberücksichtigt bleiben;[52] ebenso ist unerheblich was ihm – nach Abzug seiner Kosten/Aufwendungen – an Gewinn verbliebe. Durch vertragswidrige Untätigkeit des HV vor Vertragsende[53] oder durch Vorenthaltung ihm zustehender Vergütungsleistungen kann für den HV nicht die prozessuale Eigenschaft als arbeitnehmerähnliche Person begründet werden, noch kann er dem Anwendungsbereich der Norm dadurch entzogen werden, dass der Unternehmer ihm unberechtigterweise überhöhte Zahlungen zukommen lässt, welche der HV nicht auf Dauer behalten darf.[54] Wenn der HV Erfüllungsgehilfen oder echte **Untervertreter** für sich tätig werden lässt, ist diejenige Vergütung in voller Höhe maßgebend, welche der Unternehmer ihm nach den vertraglichen Abmachungen schuldet; der den Hilfspersonen geschuldete Anteil an der Provision/dem sonstigen Entgelt des HV mindert seine Vergütung im Sinn von § 5 Abs. 3 ArbGG nicht. Bei **kürzerer Vertragszeit** sind die in dieser Zeit erworbenen Ansprüche maßgebend.[55] Das gilt auch dann, wenn der HV in dieser Zeit nicht mehr gearbeitet und nichts verdient hat.[56] War der HV zuletzt jedoch nicht mehr für den Unternehmer tätig, hatte dieser ihn freigestellt oder der HV seine Tätigkeit endgültig aufgegeben, um seinen Lebensunterhalt anderweit zu verdienen, oder wird der HV während des noch bestehenden Vertrags für einen Konkurrenzunternehmer tätig, sind die letzten 6 Monate **vor der** – vertragswidrigen – **Arbeitseinstellung** maßgebend.[57] Der unter § 92 a fallende Vertriebsmittler gilt dann zwar gemäß **§ 5 Abs. 3 ArbGG** als Arbeitnehmer,[58] bleibt dennoch aber rechtlich selbständiger HV iSv. § 84 (RdNr. 1).[59]

7   4. Gegenstand der Verordnungsermächtigung. Zu Umfang und Gegenstand des Verordnungsrechts siehe ausführlich Heymann/*Sonnenschein/Weitemeyer* RdNr. 10 und 11, MünchKomm-HGB/*v. Hoyningen-Huene* RdNr. 22 bis 27 sowie *Schröder* RdNr. 6 und 11.

8   5. Europarecht. Allgemeine Ausführungen und Text der HV-RiLi s. Vor § 84 Anh. § 92 a hat keine Entsprechung in der HV-RiLi.

§ 92 b [Handelsvertreter im Nebenberuf]

(1) ¹ Auf einen Handelsvertreter im Nebenberuf sind §§ 89 und 89 b nicht anzuwenden. ² Ist das Vertragsverhältnis auf unbestimmte Zeit eingegangen, so kann es mit einer Frist

---

[44] Dazu *Hopt* § 84 RdNr. 48 bis 51; ErfK/*Schaub* § 92 a HGB RdNr. 3.
[45] Staub/*Brüggemann* RdNr. 9; *Küstner* HVR RdNr. 217.
[46] Vgl. OLG Celle Beschl. v. 22. 11. 2004 – 11 W 97/04, HVR Nr. 1145.
[47] AA BAG Beschl. v. 15. 2. 2005 – 5 AZB 13/04, HVR Nr. 1181; OLG Stuttgart BB 1966, 1396; OLG Hamm Beschl. v. 20. 2. 2006 – 18 U 40/05, HVR Nr. 1155.
[48] MünchKommHGB/*v. Hoyningen-Huene* RdNr. 5; *Küstner* HVR RdNr. 210 und 224; ErfK/*Schaub* § 5 ArbGG RdNr. 17; vgl. ArbG Rheine BB 1965, 710.
[49] *Hopt* § 84 RdNr. 46 und 47; *Küstner* HVR RdNr. 211.
[50] OLG Frankfurt Urt. v. 1. 12. 1970 – 5 U 183/70, HVR Nr. 434; OLG Düsseldorf OLGR 2000, 454; *Hopt* § 84 RdNr. 46 und 47; MünchKommHGB/*v. Hoyningen-Huene* RdNr. 6; Staub/*Brüggemann* RdNr. 9; aA LG Baden-Baden HVR Nr. 784; *Oberthür/Lohr* NZA 2001, 126, 134, 135.
[51] OLG Frankfurt Urt. v. 1. 12. 1970 – 5 U 183/70, HVR Nr. 434; OLG Düsseldorf OLGR 2000, 454; aA LAG Düsseldorf BB 1957, 614; *Oberthür/Lohr*, NZA 2001, 126, 134, 135; *Schaub*, Arbeitsrechts – Handbuch, § 11 RdNr. 4; *Küstner* HVR Nr. 212.
[52] BGH Urt v. 9. 12. 1963 – VII ZR 113/62, NJW 1964, 497; OLG Hamm Beschl. v. 20. 2. 2006 – 18 U 40/05, HVR Nr. 1155; *Hopt* § 84 RdNr. 46 und 47; *Küstner* RdNr. 215 und 216.
[53] OLG Celle Beschl. v. 22. 11. 2004 – 11 W 97/04, HVR Nr. 1145; aA BAG Beschl. v. 15. 2. 2005 – 5 AZB 13/04, HVR Nr. 1181; ersichtlich auch OLG Hamm Beschl. v. 20. 2. 2006 – 18 U 40/05, HVR Nr. 1155.
[54] OLG Düsseldorf OLGR 2000, 454; s. a. BAG Beschl. v. 15. 2. 2005 – 5 AZB 13/04, MDR 2005, 758 m. zust. Anm. *Emde* EWiR 2005, 505; vgl. auch MünchKommHGB/*v. Hoyningen-Huene* RdNr. 6.
[55] BAG Beschl. v. 15. 2. 2005 – 5 AZB 13/04, MDR 2005, 758 m. zust. Anm. *Emde* EWiR 2005, 505; MünchKommHGB/*v. Hoyningen-Huene* RdNr. 5, 6; ErfK/*Schaub* § 5 ArbGG RdNr. 17.
[56] BAG Beschl. v. 15. 2. 2005 – 5 AZB 13/04, MDR 2005, 758 m. zust. Anm. *Emde* EWiR 2005, 505.
[57] OLG Frankfurt MDR 1997, 885; aA BAG Beschl. v. 15. 2. 2005 – 5 AZB 13/04, MDR 2005, 758 m. zust. Anm. *Emde* EWiR 2005, 505; wohl OLG Stuttgart BB 1966, 1396.
[58] BAG Beschl. v. 15. 2. 2005 – 5 AZB 13/04, MDR 2005, 758.
[59] BAG Urt. v. 24. 10. 2002 – 6 AZR 632/00, DB 2003, 1633 = MDR 2003, 814, 815; *Emde* EWiR 2005, 505.

von einem Monat für den Schluß eines Kalendermonats gekündigt werden; wird eine andere Kündigungsfrist vereinbart, so muß sie für beide Teile gleich sein. ³ Der Anspruch auf einen angemessenen Vorschuß nach § 87 a Abs. 1 Satz 2 kann ausgeschlossen werden.

(2) Auf Absatz 1 kann sich nur der Unternehmer berufen, der den Handelsvertreter ausdrücklich als Handelsvertreter im Nebenberuf mit der Vermittlung oder dem Abschluß von Geschäften betraut hat.

(3) Ob ein Handelsvertreter nur als Handelsvertreter im Nebenberuf tätig ist, bestimmt sich nach der Verkehrsauffassung.

(4) Die Vorschriften der Absätze 1 bis 3 gelten sinngemäß für Versicherungsvertreter und für Bausparkassenvertreter.

EG-RL 86/653 EWG Art. 2 Abs. 2 s. Vor § 84 Anh.

Schrifttum: Siehe zunächst Schrifttumsverzeichnis vor § 84; wegen des älteren Schrifttums aus der Zeit vor 1990 wird auf das Schrifttumsverzeichnis der Vorauflage verwiesen: *Küstner,* Aktuelle Probleme des Vertriebsrechts, BB 1999, 541.

Übersicht

	RdNr.		RdNr.
1. Bedeutung der Vorschrift	1	a) Allgemeine Bedeutung	8
2. Anwendungsbereich	2	b) Vereinbarung	9
3. Handelsvertretung im Nebenberuf	3–5	6. Sonderregelung nach Abs. 1	10–12
a) Allgemeine Voraussetzungen	3	a) Kündigung nach Abs. 1 S. 1 und 2	10
b) Einzelfälle	4	b) Ausgleichsanspruch nach Abs. 1 S. 1	11
c) Wirtschaftlicher Zusammenhang mit Hauptberuf und Mehrfachvertretung	5	c) Vorschussanspruch nach Abs. 1 S. 3	12
		7. Nachträgliche Veränderungen	13, 14
4. Bedeutung der Verkehrsauffassung – Abs. 3	6, 7	a) Vom Hauptberuf zum Nebenberuf	13
a) Ermittlung der Verkehrsauffassung	6	b) Vom Nebenberuf zum Hauptberuf	14
b) Rechtsfolgen	7	8. Beweislast	15
5. Bestellung zum Handelsvertreter im Nebenberuf – Abs. 2	8, 9	9. Europarecht	16

1. Bedeutung der Vorschrift. Die Bedeutung der 1953 in das Gesetz aufgenommenen wenig gelungenen und zahlreiche Rechtsfragen aufwerfenden Vorschrift liegt darin, dass für den vom Gesetzgeber als weniger schutzbedürftig angesehenen[1] HV im Nebenberuf nicht die gesetzlichen Kündigungsfristen des § 89 gelten (Abs. 1 S. 1 und 2), der Ausgleichsanspruch nach § 89 b ausgeschlossen ist (Abs. 1 S. 1) und der Anspruch auf Vorschuss nach § 87 a Abs. 1 S. 2 abbedungen werden kann (Abs. 1 S. 3). Voraussetzung hierfür ist *kumulativ,* dass der Handelsvertreter nach der Verkehrsauffassung im Nebenberuf tätig wird (Abs. 3) und der Unternehmer ihn ausdrücklich als solchen bestellt hat (Abs. 2). Die übrigen Vorschriften des HVRechts gelten für den HV im Nebenberuf,[2] sofern nicht – im Rahmen des rechtlich Zulässigen – Abweichendes vereinbart ist. **Zwingendes Recht** enthält § 92 b nur in Abs. 2. 1

2. Anwendungsbereich. Jeder HV, der die Voraussetzungen des § 84 Abs. 1, 3 und 4 erfüllt,[3] also nicht der Gelegenheitsvermittler,[4] kann unabhängig von der Rechtsform, in der das Gewerbe betrieben wird, im Nebenberuf tätig werden, so HVGesellschaften, juristische Personen,[5] Minderkaufleute nach früherem Recht,[6] Versicherungs- und Bausparkassenvertreter gemäß § 92[7] – für die § 92 b Abs. 4 nur klarstellende Bedeutung hat –[8] oder öffentliche Bedienstete/Beamte.[9] Für die nebenberuflich ausgeübte **Vermittlung von Versicherungsverträgen** gilt die Sonderregelung des § 42 h VVG iVm. § 34 d Abs. 9 GewO, jeweils idF des Gesetzes zur Neuregelung des Versicherungsvermittlerrechts vom 19. 12. 2006 – BGBl. I. S. 3232 –; danach ist weder die gewerberechtliche 2

---

[1] Ausführlich *Baums* BB 1986, 892 f.; *Heymann/Sonnenschein/Weitemeyer* RdNr. 1; MünchKommHGB/*v. Hoyningen-Huene* RdNr. 3.
[2] *Heymann/Sonnenschein/Weitemeyer* RdNr. 6; MünchKommHGB/*v. Hoyningen-Huene* RdNr. 4; *Schröder* RdNr. 1.
[3] *Küstner* HVR RdNr. 146.
[4] *Küstner* HVR RdNr. 146.
[5] *Emde* S. 69, 70; *Heymann/Sonnenschein/Weitemeyer* RdNr. 5; MünchKommHGB/*v. Hoyningen-Huene* RdNr. 12; *Schröder* RdNr. 1; *Staub/Brüggemann* RdNr. 1; ausf. *Küstner* HVR RdNr. 168 bis 179 und BB 1966, 1213.
[6] *Küstner* RdNr. 146.
[7] *Höft* Urteilsanm. VersR 1973, 154; *Heymann/Sonnenschein/Weitemeyer* RdNr. 16; *Schröder* RdNr. 9; *Küstner* HVR RdNr. 161 und BB 1966, 1213, 1214.
[8] *Hopt* RdNr. 6; MünchKommHGB/*v. Hoyningen-Huene* RdNr. 14; aA offenbar *Baums* BB 1986, 891.
[9] Ausf. *Küstner* HVR RdNr. 162 bis 167; *Baums* BB 1986, 893; MünchKommHGB/*v. Hoyningen-Huene* RdNr. 9.

§ 92 b 3–5

Erlaubnis der Industrie- und Handelskammer nach § 34 d Abs. 1 GewO erforderlich noch gelten für sie die Informations-, Aufklärungs-, Beratungs- und Dokumentationspflichten der §§ 42 b bis 42 i VVG, wenn es um die Vermittlung von Versicherungsverträgen mit kurzer Vertragsdauer bis zu 5 Jahren und Jahresprämien bis zu 500 € geht, die Verträge nicht auf den Abschluss von Lebens- oder Haftpflichtversicherungen gerichtet sind und für ihre sachgerechte Vermittlung nur die Kenntnisse des angebotenen Versicherungsschutzes erforderlich sind, wie zB bei der Vermittlung von Versicherungen als Zusatzleistung zu einer anderen Hauptleistung. Auf **Vertragshändler** oder **Franchisenehmer** ist § 92 b nicht anwendbar, wohl aber auf einen **Kommissionsagenten** im Nebenberuf.

3 **3. Handelsvertretung im Nebenberuf. a) Allgemeine Voraussetzungen.** Schon vom Wortlaut fordert die im Gesetz bewusst nicht definierte (RdNr. 6) Handelsvertretung im Nebenberuf, dass der HV über eine weitere selbständige oder unselbständige,[10] dem Nebenberuf übergeordnete Beschäftigung als Hauptberuf verfügt, dem er sich nach Zeit, Art und Ausmaß seines Arbeitseinsatzes überwiegend widmet („Übergewichtstheorie"),[11] wobei der Zeitaufwand nicht das entscheidende Kriterium sein muss.[12] Dass der HV aus dem Hauptberuf seine überwiegenden Erwerbseinkünfte[13] erzielt und dieser seine Existenzgrundlage bildet, ist ein Indiz, aber nicht in jedem Fall ausschlaggebendes Kriterium.[14] Ohne Entgelt geleistete und damit nicht auf Erwerb gerichtete Tätigkeiten können Hauptberuf sein,[15] der auch nicht zeitgleich mit dem Nebenberuf ausgeübt werden muss;[16] die nebenberufliche Tätigkeit kann anlässlich und gelegentlich der Betätigung im Hauptberuf anfallen.[17] Die Vorbereitung auf einen Hauptberuf[18] oder dessen Nichtausübung aus Alters-/Krankheitsgründen schließen eine Tätigkeit nach § 92 b nicht aus.[19]

4 **b) Einzelfälle.** Aus den aufgezeigten Gründen können Angestellte,[20] Studenten,[21] Rentner oder Pensionäre,[22] Hausfrauen,[23] Saisonarbeiter[24] oder Kaufleute, welche für ihre veräußerten Gegenstände Versicherungen vermitteln,[25] HV im Nebenberuf sein.

5 **c) Wirtschaftlicher Zusammenhang mit Hauptberuf und Mehrfachvertretung.** Für eine nebenberufliche Betätigung ist im Zweifel kein Raum, wenn das handelsvertreterähnliche Vermittlungsgeschäft in engem wirtschaftlichen Zusammenhang mit dem Hauptberuf steht,[26] ein Großhändler zB die Vermittlung des Versandes seiner Waren übernimmt,[27] der Geschäftsführer einer GmbH zugleich durch gesonderte (Provisions-)Vereinbarung mit dem Vertrieb der Produkte der Gesellschaft betraut wird, oder ein selbständiger HV als Mehrfachvertreter von mehreren Unternehmern mit Abschluss oder Vermittlung von Geschäften betraut ist, mögen diese auch unterschiedlichen Wirtschaftszweigen angehören;[28] die Höhe der jeweils erzielten Einkünfte ist ohne Bedeutung für die Einordnung als Hauptberuf (RdNr. 3).[29] Bei einer Mehrfachvertretung des für Unternehmer

---

[10] *Baums* BB 1986, 893; MünchKommHGB/*v. Hoyningen-Huene* RdNr. 6; *Schröder* RdNr. 2 c.
[11] *Höft* Urteilsanm. VersR 1973, 154; *Alff* RdNr. 20; Heymann/*Sonnenschein/Weitemeyer* RdNr. 3; *Hopt* RdNr. 2; *Schröder* RdNr. 2 a; Staub/*Brüggemann* RdNr. 2 und 4; *Westphal* RdNr. 75; *Küstner* HVR RdNr. 150 und 157; teilweise aA MünchKommHGB/*v. Hoyningen-Huene* RdNr. 7.
[12] *Baums* BB 1986, 893; aA MünchKommHGB/*v. Hoyningen-Huene* RdNr. 7.
[13] Vgl. dazu *Küstner* HVR RdNr. 151.
[14] *Schröder* RdNr. 2 a; MünchKommHGB/*v. Hoyningen-Huene* RdNr. 9; teilweise aA *Höft* Urteilsanm. VersR 1973, 154; *Baums* BB 1986, 893; Heymann/*Sonnenschein/Weitemeyer* RdNr. 3; *Hopt* RdNr. 2; Koller/*Roth*/Morck RdNr. 2; Staub/*Brüggemann* RdNr. 2 und 4; *Küstner* HVR RdNr. 150 und 157.
[15] Heymann/*Sonnenschein/Weitemeyer* RdNr. 3; Koller/*Roth*/Morck RdNr. 2; MünchKommHGB/*v. Hoyningen-Huene* RdNr. 6; Staub/*Brüggemann* RdNr. 2.
[16] Heymann/*Sonnenschein/Weitemeyer* RdNr. 3; Staub/*Brüggemann* RdNr. 2.
[17] Heymann/*Sonnenschein/Weitemeyer* RdNr. 3; Staub/*Brüggemann* RdNr. 2; ausf. *Küstner* HVR RdNr. 176 bis 179.
[18] *Schröder* RdNr. 2 c; Staub/*Brüggemann* RdNr. 2.
[19] *Baums* BB 1986, 893; *Schröder* RdNr. 2 d; vgl. Staub/*Brüggemann* RdNr. 2.
[20] *Baums* BB 1986, 893; MünchKommHGB/*v. Hoyningen-Huene* RdNr. 9.
[21] Heymann/*Sonnenschein/Weitemeyer* RdNr. 3; *Hopt* RdNr. 2; MünchKommHGB/*v. Hoyningen-Huene* RdNr. 9; Staub/*Brüggemann* RdNr. 2; *Westphal* RdNr. 75; *Küstner* HVR RdNr. 151.
[22] Heymann/*Sonnenschein/Weitemeyer* RdNr. 3; *Hopt* RdNr. 2; MünchKommHGB/*v. Hoyningen-Huene* RdNr. 9; Staub/*Brüggemann* RdNr. 2; *Westphal* RdNr. 75; *Küstner* HVR RdNr. 151.
[23] Heymann/*Sonnenschein/Weitemeyer* RdNr. 3; *Hopt* RdNr. 2; MünchKommHGB/*v. Hoyningen-Huene* RdNr. 9; Staub/*Brüggemann* RdNr. 2; *Schröder* RdNr. 2 c; *Westphal* RdNr. 75; *Küstner* HVR RdNr. 151.
[24] Heymann/*Sonnenschein/Weitemeyer* RdNr. 3; MünchKommHGB/*v. Hoyningen-Huene* RdNr. 9; Staub/*Brüggemann* RdNr. 2.
[25] Heymann/*Sonnenschein/Weitemeyer* RdNr. 3; Staub/*Brüggemann* RdNr. 2.
[26] *Küstner* BB 1966, 1213; MünchKommHGB/*v. Hoyningen-Huene* RdNr. 11; *Westphal* RdNr. 76.
[27] Heymann/*Sonnenschein/Weitemeyer* RdNr. 4; *Hopt* RdNr. 2; ausf. *Schröder* RdNr. 2 c; *Westphal* RdNr. 76; *Küstner* HVR RdNr. 155.
[28] OLG Stuttgart VersR 1957, 329; *Baums* BB 1986, 893; Heymann/*Sonnenschein/Weitemeyer* RdNr. 4; *Hopt* RdNr. 2; MünchKommHGB/*v. Hoyningen-Huene* RdNr. 10; ausf. *Schröder* RdNr. 2 b; Staub/*Brüggemann* RdNr. 3; *Küstner* HVR RdNr. 152 bis 153; aA *Brunn* NJW 1954, 57.
[29] *Schröder* RdNr. 2 c.

verschiedener Wirtschaftszweige tätigen HV kann eine Handelsvertretung im Nebenberuf in Betracht kommen, wenn der – besonders auf eine bestimmte Branche spezialisierte – HV sich in nur unbedeutendem Umfang branchenfremd betätigt,[30] was in der Regel der Fall sein wird, wenn ein Warenvertreter nebenbei Versicherungen vermittelt.[31]

4. Bedeutung der Verkehrsauffassung – Abs. 3. a) Ermittlung der Verkehrsauffassung. Der Gesetzgeber hat bewusst von einer Definition des Begriffs des HV im Nebenberuf abgesehen[32] und die Entscheidung, ob eine Tätigkeit im Haupt- oder Nebenberuf vorliegt, der Verkehrsauffassung der beteiligten Wirtschaftskreise[33] im jeweiligen Einzelfall[34] überlassen. Sie ist von dem im Streitfall angerufenen Gericht festzustellen. Da **Abs. 3 nicht zwingendes Recht** enthält, können die Vertragsparteien die Betätigung des HV im Haupt- oder Nebenberuf, und damit eine bestimmte Verkehrsauffassung, unstreitig stellen.[35] Bei der übereinstimmenden Erklärung der Vertragsparteien, dass eine Handelsvertretung im Neben- oder Hauptberuf ausgeübt werde, handelt es sich um eine tatsächliche Feststellung und nicht um eine unzulässige,[36] auf die Begründung von Rechten gerichtete Vereinbarung.[37] Bereits feststehende, inhaltlich hinreichende Indizien für eine bestimmte Verkehrsauffassung (RdNr. 3–5) können ebenfalls die gerichtliche Ermittlung der Verkehrsauffassung entbehrlich machen.[38] Von diesen Sonderfällen abgesehen muss die für den konkreten Fall bestehende Verkehrsauffassung – im Zweifel durch ein Sachverständigengutachten –[39] aufgeklärt werden; die gerichtliche Feststellung einer bestimmten Verkehrsanschauung ist dann verbindlich, auch wenn einzelne Kriterien auf eine andere Verkehrsanschauung hindeuten mögen.

b) Rechtsfolgen. Ist der HV nach der Verkehrsauffassung im Nebenberuf tätig, kann er ohne weitere Voraussetzungen den Vorschussanspruch 87 a Abs. 1 Satz 2 geltend machen, das Kündigungsrecht nach Abs. 1 S. 2[40] oder nach § 89 ausüben sowie den Ausgleich nach § 89 b beanspruchen. Dass nach der Verkehrsanschauung eine Handelsvertretung im Nebenberuf vorliegt, führt trotz der scheinbar gegenteiligen Formulierung in Abs. 1 Satz 1 nicht bereits zum Ausschluss der in Abs. 1 genannten Rechte, weil der Unternehmer nach Abs. 2 allein aus der Tatsache der nebenberuflichen Handelsvertretung Rechte nicht herleiten kann. Hingegen kann der nur im Nebenberuf tätige HV sich immer darauf berufen, dass die Sondervorschriften des Abs. 1 gelten.[41]

5. Bestellung zum Handelsvertreter im Nebenberuf – Abs. 2. a) Allgemeine Bedeutung. Nach Abs. 2 darf der Unternehmer die sich aus Abs. 1 zu seinen Gunsten ergebenden Rechtsfolgen – vereinfachtes Kündigungsrecht, Wegfall des Ausgleichsanspruchs und Möglichkeit zum Ausschluss des Vorschussanspruchs – nur wahrnehmen, wenn er den Abs. 1 im Nebenberuf tätigen HV nach Abs. 2 ausdrücklich zum HV im Nebenberuf bestellt hat.[42] Damit soll der wirtschaftlich schwächere HV in eindeutiger Weise auf seine nur eingeschränkten Rechte hingewiesen werden.[43] Der Einwand des Unternehmers, der nicht nach Abs. 2 betraute HV sei nur im Nebenberuf tätig geworden, ist rechtlich unerheblich. Selbst die Tatsache, dass die Betätigung im Nebenberuf unstreitig ist und/oder beide Parteien sich über die Ausübung der Handelsvertretung im Nebenberuf stillschweigend im klaren sind, kann nach dem klaren Wortlaut des Gesetzes und der damit bezweckten Schutzfunktion[44] die Bestellung nach Abs. 2 nicht entbehrlich

---

[30] *Schröder* RdNr. 2 b.
[31] *Baums* BB 1986, 893; MünchKommHGB/*v. Hoyningen-Huene* RdNr. 10; *Schröder* RdNr. 2 b; *Küstner* HVR RdNr. 178.
[32] *Brunn* NJW 1954, 56; ausf. *Baums* BB 1986, 892; Heymann/*Sonnenschein*/*Weitemeyer* RdNr. 2; MünchKommHGB/*v. Hoyningen-Huene* RdNr. 5.
[33] BGH Urt. v. 21. 1. 1965 – VII ZR 22/63, BGHZ 43, 108, 114 = NJW 1965, 1132; vgl. BGH Urt. v. 4. 11. 1998 – VIII ZR 248/97, ZIP 1998, 2152, 2154, 2155 m. zust. Bspr. *Escher* BB 1999, 72 und *Küstner* BB 1999, 541, 543; *Schröder* RdNr. 2.
[34] Heymann/*Sonnenschein*/*Weitemeyer* RdNr. 4.
[35] BGH Urt. v. 21. 1. 1965 – VII ZR 22/63, BGHZ 43, 108, 114 = NJW 1965, 1132; *Küstner* HVR RdNr. 183 und BB 1966, 1214; aA MünchKommHGB/*v. Hoyningen-Huene* RdNr. 30.
[36] Vgl. MünchKommHGB/*v. Hoyningen-Huene* RdNr. 5.
[37] Vgl. Heymann/*Sonnenschein*/*Weitemeyer* RdNr. 10.
[38] *Alff* RdNr. 21.
[39] Siehe Gutachten des DIHT v. 23. 1. 1957 zur Abgrenzung von haupt- und nebenberuflicher HVTätigkeit, HVR Nr. 145.
[40] *Baumgärtel* RdNr. 1; *Hopt* RdNr. 4; MünchKommHGB/*v. Hoyningen-Huene* RdNr. 24; *Schröder* RdNr. 7; Staub/*Brüggemann* RdNr. 6.
[41] *Hopt* RdNr. 4.
[42] MünchKommHGB/*v. Hoyningen-Huene* RdNr. 23; Staub/*Brüggemann* RdNr. 7; *Küstner* HVR RdNr. 181.
[43] *Westphal* Vertriebsrecht RdNr. 129.
[44] *Westphal* Vertriebsrecht RdNr. 129.

machen.⁴⁵ Abs. 2 ist **zwingendes Recht** und nicht abdingbar;⁴⁶ die Vertragsparteien können die Rechtsfolgen des § 92 b nicht durch Vertrag⁴⁷ oder unzutreffende Bezeichnung des HV herbeiführen.⁴⁸ Handelt es sich **nach der Verkehrsauffassung nicht um eine Handelsvertretung im Nebenberuf,** bleibt eine Vereinbarung nach Abs. 2 ohne rechtliche Wirkung. Die zu Unrecht herbeigeführte Bestellung nach Abs. 2 kann Anfechtungs- und Schadensersatzrechte auslösen.⁴⁹

9 b) **Vereinbarung.** Die Bestellung nach Abs. 2 muss durch Vereinbarung bei Vertragsschluss, auch durch AGB,⁵⁰ in der für den Vertrag vorgesehenen Form, andernfalls formlos,⁵¹ oder nachträglich durch Vertragsänderung erfolgen. Durch einseitige Erklärung kann der Unternehmer die Rechtsfolgen des Abs. 2 nicht begründen.⁵² Die Formulierung „HV im Nebenberuf" sollte gewählt werden, sonst ist eine eindeutige und unmissverständliche Bezeichnung nötig.⁵³ Zweifel gehen zu Lasten des Unternehmers. Die unstreitige Vorstellung beider Vertragspartner, dass die Handelsvertretung tatsächlich nur im Nebenberuf ausgeübt werde, kann für die Bestellung iSd. Abs. 2 weder ausreichen noch sie ersetzen (RdNr. 8).

10 6. **Sonderregelung nach Abs. 1. a) Kündigung nach Abs. 1 S. 1 und 2.** Für das im Regelfall weder auf Dauer angelegte noch der Existenzsicherung dienende HVVerhältnis im Nebenberuf ist die Regelung in § 89 zur Kündigung auf unbestimmte Zeit geschlossener HVVerträge nicht angebracht und daher – bei Vorliegen der Voraussetzungen des Abs. 3 und 2 – unanwendbar.⁵⁴ Der Vertrag kann nach Abs. 1 S. 2 mit einer einheitlichen und von der Vertragsdauer unabhängigen⁵⁵ Frist von einem Monat zum Monatsende gekündigt werden. Die Vorschrift ist **abdingbar,** durch AGB/Formularvertrag jedoch nur, wenn die Abweichung von der gesetzlichen Regelung noch mit dem gesetzlichen Leitbild einer HVertretung im Nebenberuf gem. § 92 b zu vereinbaren ist (vgl. § 307 Abs. 1 und 2 BGB nF).⁵⁶ Längere oder kürzere Fristen sowie andere Endzeitpunkte können vereinbart werden. Sie müssen zwingend in gleicher Weise für beide Vertragsparteien gelten; andernfalls ist die getroffene Vereinbarung unwirksam und es gilt wie auch in Zweifelsfällen die gesetzliche Regelung des § 92 b Abs. 1 S. 2,⁵⁷ der Vertrag im Übrigen bleibt von der Unwirksamkeit unberührt.⁵⁸ Bei Verträgen auf **bestimmte Zeit** gilt die vereinbarte Regelung.

11 b) **Ausgleichsanspruch nach Abs. 1 S. 1.** Nach Abs. 1 S. 1 erwirbt der HV im Nebenberuf bei entsprechender Vereinbarung gem. Abs. 2 nicht den Ausgleichsanspruch nach § 89 b. Die Regelung ist nicht unbedenklich,⁵⁹ aber wohl nicht verfassungswidrig. Da § 92 Abs. 1 S. 1 **nicht zwingendes Recht** enthält, können die Parteien die Zahlung eines Ausgleichs vereinbaren,⁶⁰ für dessen Ermittlung die getroffenen Absprachen⁶¹ und, wenn dies dem Willen der Vertragsparteien entspricht, die Grundsätze des § 89 b in entsprechender Anwendung gelten.

12 c) **Vorschussanspruch nach Abs. 1 S. 3.** Durch Vereinbarung mit dem HV im Nebenberuf kann, wenn die Voraussetzung des Abs. 2 erfüllt ist, der gesetzliche Vorschussanspruch des § 87 a Abs. 1 S. 2 jederzeit ausgeschlossen werden.⁶² § 92 Abs. 1 S. 3 ist **abdingbar.** Die Parteien können

---

⁴⁵ MünchKommHGB/*v. Hoyningen-Huene* RdNr. 30; *Westphal* Vertriebsrecht RdNr. 129; aA *Küstner* HVR RdNr. 183 und BB 1966, 1214; vgl. auch Heymann/*Sonnenschein*/*Weitemeyer* RdNr. 10 mit dem Hinweis auf die prozessuale Bedeutung der Vorschrift; aA auch die Vorauflage.
⁴⁶ BGH Urt. v. 4. 11. 1998 – VIII ZR 248/97, ZIP 1998, 2152, 2154, 2155; Heymann/*Sonnenschein*/*Weitemeyer* RdNr. 15; Koller/*Roth*/*Morck* RdNr. 4; MünchKommHGB/*v. Hoyningen-Huene* RdNr. 32.
⁴⁷ BGH Urt. v. 4. 11. 1998 – VIII ZR 248/97, ZIP 1998, 2152, 2154, 2155; *Baums* BB 1986, 891; Heymann/*Sonnenschein*/*Weitemeyer* RdNr. 12, vgl. auch RdNr. 14; *Schröder* RdNr. 7; Staub/*Brüggemann* RdNr. 8; *Küstner* HVR RdNr. 180; vgl. auch BGH Urt. v. 21. 1. 1965 – VII ZR 22/63, BGHZ 43, 108, 114, 115 = NJW 1965, 1132.
⁴⁸ MünchKommHGB/*v. Hoyningen-Huene* RdNr. 22.
⁴⁹ *Höft* Urteilsanm. VersR 1973, 154.
⁵⁰ *Baums* BB 1986, 891; vgl. BGH Urt. v. 21. 1. 1965 – VII ZR 22/63, BGHZ 43, 108, 113 f. = NJW 1965, 1132.
⁵¹ *Westphal* Vertriebsrecht RdNr. 128;
⁵² Heymann/*Sonnenschein*/*Weitemeyer* RdNr. 11; MünchKommHGB/*v. Hoyningen-Huene* RdNr. 23; aA *Hopt* RdNr. 3.
⁵³ Heymann/*Sonnenschein*/*Weitemeyer* RdNr. 1; MünchKommHGB/*v. Hoyningen-Huene* RdNr. 23; *Schröder* RdNr. 7; Staub/*Brüggemann* RdNr. 7.
⁵⁴ Heymann/*Sonnenschein*/*Weitemeyer* RdNr. 7; MünchKommHGB/*v. Hoyningen-Huene* RdNr. 16 und § 89 a RdNr. 8; *Küstner* HVR RdNr. 144.
⁵⁵ Heymann/*Sonnenschein*/*Weitemeyer* RdNr. 7; Staub/*Brüggemann* RdNr. 5.
⁵⁶ OLG Celle Beschl. v. 9. 6. 2005 – 11 U 110/05, HVR Nr. 1147.
⁵⁷ Heymann/*Sonnenschein*/*Weitemeyer* RdNr. 7; MünchKommHGB/*v. Hoyningen-Huene* RdNr. 15; *Schröder* RdNr. 3; Staub/*Brüggemann* RdNr. 5; *Küstner* HVR RdNr. 143.
⁵⁸ Heymann/*Sonnenschein*/*Weitemeyer* RdNr. 7.
⁵⁹ Ausführlich MünchKommHGB/*v. Hoyningen-Huene* RdNr. 18 und 19.
⁶⁰ Heymann/*Sonnenschein*/*Weitemeyer* RdNr. 8; MünchKommHGB/*v. Hoyningen-Huene* RdNr. 17.
⁶¹ *Schröder* RdNr. 4; MünchKommHGB/*v. Hoyningen-Huene* RdNr. 17.
⁶² Vgl. dazu Heymann/*Sonnenschein*/*Weitemeyer* RdNr. 9; Staub/*Brüggemann* RdNr. 5; *Küstner* HVR RdNr. 145.

andere Regelungen zum Vorschussanspruch treffen.[63] Schweigt der HVVertrag zu dem Punkt, gilt § 87 a Abs. 1 S. 2.[64]

7. Nachträgliche Veränderungen. a) Vom Hauptberuf zum Nebenberuf. Eine **nachträgliche Änderung der Verhältnisse** führt – von der Ausnahme unten RdNr. 14 abgesehen – **nicht automatisch zu einer Änderung der Rechtsstellung** des HV.[65] Sinkt die Handelsvertretung nach der maßgeblichen Verkehrsanschauung nachträglich zu einem Nebenberuf herab, muss der HV den Unternehmer von der veränderten Sachlage unterrichten und ihm Gelegenheit geben, das Vertragsverhältnis zu kündigen[66] oder die Bestellung nach Abs. 2 herbeizuführen.[67] Der HV muss der Vertragsänderung zustimmen, andernfalls der Unternehmer den Vertrag fristlos kündigen darf.[68] Unterlässt der HV die gebotene Unterrichtung, kann er gegenüber dem Unternehmer schadensersatzpflichtig werden.[69] Mit (dem vom HV zu beweisenden) Zugang der Information bei dem Unternehmer erwirbt der HV das Kündigungsrecht des Abs. 1; eine bereits nach § 89 erklärte Kündigung bleibt wirksam, jedoch gelten First, beginnend mit dem Wirksamwerden der Rechtsänderung, und Endtermin gemäß § 92 b Abs. 1 S. 2, sofern das Vertragsverhältnis nicht schon vorher nach § 89 endet. Der Ausgleichsanspruch ist für die Vergangenheit fristgerecht geltend zu machen;[70] für die Zukunft entsteht er nicht mehr, sofern die Bestellung gemäss Abs. 2 erfolgt ist. **Vereinbaren die Parteien die Umwandlung** einer bisher hauptberuflich ausgeübten Betätigung in eine nebenberufliche Handelsvertretung, tritt mit dieser Vereinbarung die Rechtsänderung nach Abs. 1 ein, weil eine solche Vereinbarung im Zweifel die Voraussetzungen der Absätze 3 und 2 erfüllt.[71]

b) Vom Nebenberuf zum Hauptberuf. Weitet sich die Handelsvertretung nachträglich zu einem Hauptberuf aus, kommt es ebenfalls **nicht automatisch zu einer Änderung der Rechtsstellung** des HV, wenn der Unternehmer von dem Recht nach Abs. 2 Gebrauch gemacht hatte.[72] Der HV kann den besonderen Kündigungsschutz des § 89, den Ausgleichsanspruch und den unabdingbaren Vorschussanspruch erst durch eine von ihm herbeizuführende,[73] auch durch schlüssiges Handeln mögliche Vertragsänderung erwerben, die vorliegen kann, wenn (er nachweist, dass) der Unternehmer in Kenntnis der veränderten Umstände das Vertragsverhältnis fortsetzt.[74] War der HV nicht nach Abs. 2 zum HV im Nebenberuf bestellt, ist eine nachträgliche Ausweitung der Handelsvertretung zum Hauptberuf rechtlich nur insoweit von Bedeutung, als der HV sein vereinfachtes Kündigungsrecht nach Abs. 1 verliert; der Unternehmer muss ihn ohnehin als Vertreter im Hauptberuf behandeln. Hier vollzieht sich die Anpassung des Vertragsinhalts an die veränderten Umstände kraft Gesetzes nach Abs. 3.[75] Mit dem **Wirksamwerden der Vertragsänderung** durch Vereinbarung oder kraft Gesetzes gelten die Kündigungsregeln des § 89; eine bereits erklärte **Kündigung** wirkt mit den Fristen, berechnet ab Kündigungserklärung, und Endtermin des § 89 fort; in die Berechnung der für die Kündigungsfrist maßgeblichen Vertragsdauer wird die Zeit der nebenberuflichen Tätigkeit einbezogen. Der HV erwirbt den **Ausgleichsanspruch** hinsichtlich aller von ihm seit Aufnahme seiner nebenberuflichen Tätigkeit für den Unternehmer geworbenen Stamm-(Mehrfach-)Kunden, jedoch berechnet auf der Grundlage der mit diesen Kunden in der Zeit seiner hauptberuflichen Betätigung vermittelten Umsätze, sofern die Parteien nicht für die Zeit der nebenberuflichen Tätigkeit etwas anderes vereinbart haben.[76] Dieses Verständnis der §§ 89, 89 b und 92 b im Fall der Entwicklung einer nebenberuflichen zur hauptberuflichen Handelsvertretung entspricht

---

[63] MünchKommHGB/*v. Hoyningen-Huene* RdNr. 20.
[64] MünchKommHGB/*v. Hoyningen-Huene* RdNr. 20.
[65] Heymann/*Sonnenschein*/*Weitemeyer* RdNr. 13; *Schröder* § 89 b RdNr. 19; *Westphal* RdNr. 78 und Vertriebsrecht RdNr. 132; aA MünchKommHGB/*v. Hoyningen-Huene* RdNr. 26 bis 28; offengelassen in BGH Urt. v. 4. 11. 1998 – VIII ZR 248/97; ZIP 1998, 2152, 2154.
[66] *Höft* Urteilsanm. VersR 1973, 155.
[67] Heymann/*Sonnenschein*/*Weitemeyer* RdNr. 13; Koller/*Roth*/Morck RdNr. 4.
[68] *Höft* Urteilsanm. VersR 1973, 155; Heymann/*Sonnenschein*/*Weitemeyer* RdNr. 13; Koller/*Roth*/Morck RdNr. 4.
[69] *Höft* Urteilsanm. VersR 1973, 155.
[70] Vgl. *Westphal* Vertriebsrecht RdNr. 131.
[71] Vgl. auch *Westphal* Vertriebsrecht RdNr. 131.
[72] *Hopt* RdNr. 5; MünchKommHGB/*v. Hoyningen-Huene* RdNr. 27; vgl. Heymann/*Sonnenschein*/*Weitemeyer* § 89 b RdNr. 19.
[73] Vgl. *Küstner* BB 1999, 541, 544.
[74] BGH Urt. v. 4. 11. 1998 – VIII ZR 248/97, ZIP 1998, 2152, 2154 m. Bspr. *Escher* BB 1999, 72 und *Küstner* BB 1999, 541, 543; OLG Bamberg Urt. v. 26. 2. 1999 – 6 U 6/97, HVR Nr. 935; LG Hannover VersR 1973, 153; *Höft* Urteilsanm. VersR 1973, 154, 155; Koller/*Roth*/Morck RdNr. 4; Staub/*Brüggemann* RdNr. 10; aA MünchKommHGB/*v. Hoyningen-Huene* RdNr. 27.
[75] Koller/Roth/Morck RdNr. 4; so wohl auch Staub/*Brüggemann* RdNr. 9; aA Heymann/*Sonnenschein*/*Weitemeyer* RdNr. 13; *Küstner* HVR RdNr. 188; wohl auch *Schröder* RdNr. 6 und 7.
[76] Streitig; aA *Küstner* Ausgleichsanspruch RdNr. 546; vgl. zum Ganzen *Schröder* RdNr. 6 und 8 a; Staub/*Brüggemann* RdNr. 9.

§ 92 c

dem wohlverstandenen Interesse des HV, dessen Belange durch die angeführten Vorschriften in besonderem Maße gewahrt werden sollen; überwiegende Interessen des Unternehmers stehen dem nicht entgegen. Eine nach § 85 erstellte Vertragsurkunde, in welche die Bestellung nach Abs. 2 gehört, ist zu berichtigen.[77]

15 **8. Beweislast.** Die Beweislast für eine bestimmte **Verkehrsanschauung** trägt unabhängig von seiner Parteirolle in einem Rechtsstreit derjenige, welcher zu seinen Gunsten Rechte aus § 92 b herleiten will. Lässt sich eine bestimmte Verkehrsauffassung nicht feststellen, ist § 92 b nicht anzuwenden.[78] Kündigt der HV nach Abs. 1 S. 2, hat er seine Betätigung im Nebenberuf aus der Sicht der Verkehrsauffassung sowie gegebenenfalls die dafür notwendige Information und Vertragsänderung (RdNr. 13) zu beweisen.[79] Der nach Abs. 1 S. 2 kündigende Unternehmer muss beweisen, dass der HV nach der Verkehrsauffassung im Nebenberuf tätig und als solcher nach Abs. 2 bestellt worden ist. Dem trotz Bestellung nach Abs. 2 Ausgleich oder Vorschuss fordernden HV obliegt der Nachweis, dass die Vereinbarung nach Abs. 2 nicht den Tatsachen entsprochen hat oder die Handelsvertretung nachträglich zum Hauptberuf geworden und der Unternehmer hiervon in Kenntnis gesetzt worden ist.[80]

16 **9. Europarecht.** Allgemeine Ausführungen und Text der HV-RiLi s. Vor § 84 Anh. Art. 2 Abs. 2 HV-RiLi räumt den Mitgliedstaaten der EG ausdrücklich die Option ein, nebenberufliche HV vom Anwendungsbereich der Richtlinie auszunehmen. Dies ist auch nur teilweise möglich, wie in § 92 b geschehen.

§ 92 c [Handelsvertreter außerhalb der EG, Schiffahrtsvertreter]

(1) Hat der Handelsvertreter seine Tätigkeit für den Unternehmer nach dem Vertrag nicht innerhalb des Gebietes der Europäischen Gemeinschaft oder der anderen Vertragsstaaten des Abkommens über den Europäischen Wirtschaftsraum auszuüben, so kann hinsichtlich aller Vorschriften dieses Abschnittes etwas anderes vereinbart werden.

(2) Das gleiche gilt, wenn der Handelsvertreter mit der Vermittlung oder dem Abschluß von Geschäften betraut wird, die die Befrachtung, Abfertigung oder Ausrüstung von Schiffen oder die Buchung von Passagen auf Schiffen zum Gegenstand haben.

Schrifttum: Siehe zunächst Schrifttumsverzeichnis vor § 84; wegen des älteren Schrifttums aus der Zeit vor 1990 wird auf das Schrifttumsverzeichnis der Vorauflage verwiesen: *Bälz*, Der Ausschluss des Ausgleichsanspruchs in internationalen Handelsvertreterverträgen, NJW 2003, 1559; *Emde*, Handelsvertreterrecht – Relevante Normen bei nationalen und internationalen Verträgen, MDR 2002, 190; *ders.*, Heimatgerichtsstand für Handelsvertreter und andere Vertriebsmittler, RIW 2003, 505; *Freitag/Leible*, Internationaler Anwendungsbereich der Handelsvertreterrichtlinie – Europäisches Handelsvertreterrecht weltweit?, RIW 2001, 287; *Fuchs*, § 92 c Abs. 1 HGB aF verstößt gegen den EG-Vertrag, IPRax 1997, 32; *Hagemeister*, Die Abdingbarkeit des Ausgleichsanspruchs bei ausländischen Handelsvertretern und Vertragshändlern, RIW 2006, 498; *Hermes*, Beendigung des Vertragshändlervertrags im deutschen und niederländischen Recht, RIW 1999, 81; *Karztke*, Alleinvertriebsrecht, in Reithmann/Martiny, Internationales Handelsvertreterrecht, RdNr. 1427; *Kindler*, Neues deutsches Handelsvertreterrecht aufgrund der EG-Richtlinie, RIW 1990, 358; *Kocher*, Analoge Anwendung des Handelsvertreterrechts auf Vertragshändler in Europa, RIW 2003, 512; *Küstner/v. Manteuffel*, Die Änderungen des Handelsvertreterrechts aufgrund der EG-Harmonisierungsrichtlinie vom 18. 12. 1986, BB 1990, 291; *Mankowski*, Der Ausgleichsanspruch des international tätigen Handelsvertreters, MDR 2002, 1352; *Müller*, Ausschluß des Ausgleichsanspruchs des Handelsvertreters nach § 92 c Abs. 1 HGB, NJW 1998, 17; *Staudinger* Die ungeschriebenen kollisionsrechtlichen Regelungsverbote der Handelsvertreter-, Haustürwiderrufs- und Produkthaftungsrichtlinie, NJW 2001, 1974; *Thume*, Der Ausgleichsanspruch des Handelsvertreters gem. § 89 b im Lichte der Europäischen Union, BB 2004, 2473; *Wittmann*, Zum Ausgleichsanspruch von Handelsvertretern im EG-Ausland nach dem 31. 12. 1993, BB 1994, 2295.

Übersicht

	RdNr.		RdNr.
1. Entstehungsgeschichte	1	a) Anwendbarkeit Deutschen Handelsvertreterrechts	4
2. Bedeutung der Vorschrift	2	b) Art. 27 EGBGB	5–8
3. Räumlicher und zeitlicher Anwendungsbereich	3	aa) Grundsatz der freien Rechtswahl	5
		bb) Indizien für Rechtswahl	6
4. Sachlicher Anwendungsbereich	4–9	cc) Wahl eines Drittstaatenrechts	7

---

[77] Staub/*Brüggemann* RdNr. 10.
[78] *Baums* BB 1986, 893.
[79] Heymann/*Sonnenschein*/*Weitemeyer* RdNr. 12.
[80] Vgl. LAG Hamm BB 1971, 439; *Baumgärtel* RdNr. 1; *Hopt* RdNr. 3; Staub/*Brüggemann* RdNr. 8 und 10; *Küstner* HVR RdNr. 180 und BB 1966, 1214; aA MünchKommHGB/*v. Hoyningen-Huene* RdNr. 30.

		RdNr.			RdNr.
	dd) Grenzen der freien Rechtswahl	8		d) Schifffahrtsvertreter – Abs. 2	14
	c) Art. 28 EGBGB	9	6.	Rechtsfolgen für Vertragsschluss	15–17
5.	Persönlicher Anwendungsbereich	10–14		a) Vertragsfreiheit	15
	a) Handelsvertreter – Abs. 1	10		b) Ausschluss unabdingbarer Rechte	16
	b) Tätigkeit außerhalb von EG und EWR	11		c) Geltung ausländischen Rechts	17
	c) Nachträgliche Änderungen	12, 13	7.	Beweislast	18
	aa) Im Tätigkeitsbereich des HV	12	8.	Europarecht	19–21
	bb) Im Kreis der Vertragsstaaten	13			

1. Entstehungsgeschichte. Die Vorschrift stammt aus dem Jahr 1953. Bis zu dem ÄnderungsG **1** von 1989 (s. vor § 84 RdNr. 1) war Tatbestandsvoraussetzung, dass der HV ohne Niederlassung im Inland war. Mit Inhalt und Rechtswirksamkeit dieser Regelung hat sich der BGH im Urteil vom 17. 12. 1997[1] befasst; ob sie mit dem Europäischen Recht in Einklang stand,[2] hat der BGH offengelassen und einer Entscheidung des EuGH vorbehalten. Seit dem 1. Januar 1994 gilt die Neuregelung nach Art. 29 EGHGB in der Fassung des Gesetzes von 1989 auch für alle vor dem 1. Januar 1990 geschlossenen Verträge.

2. Bedeutung der Vorschrift. Durch § 92 c Abs. 1 werden – nach der seinerzeitigen Vorstellung **2** des deutschen Gesetzgebers – HV, welche vertragsgemäß ihre Tätigkeit außerhalb der EG und des EWR auszuüben haben, **von den zwingenden** und an sich nach den §§ 84 f. unabdingbaren[3] **Vorschriften des Deutschen HVRechts freigestellt**,[4] so dass die Vertragspartner von zwingendem nationalem deutschem Recht abweichen dürfen.[5] Ein Abweichen von zwingenden nationalen Vorschriften des Rechts des Tätigkeitsstaates verbietet das Gesetz nicht, wenn der Vertrag dem Recht dieses Staates nicht unterfällt; eine solche teleologisch reduzierende Auslegung der Norm ist mit dem eindeutigen Wortlaut des Gesetzes nicht zu vereinbaren.[6] Durch diese Freistellung soll eine Anpassung der HVVerträge an die Verhältnisse des Orts ermöglicht werden, an welchem der HV tätig werden soll,[7] um auf diese Weise zugleich die deutsche Exportwirtschaft zu fördern[8] und eine missbräuchliche Gründung von Niederlassungen im Gebiet der Vertragsstaaten zu vermeiden.[9] Dem unter § 92 c fallenden HV werden zur Ermöglichung einer Angleichung der Vertragsbestimmungen an internationale Gepflogenheiten[10] die in Abs. 2 genannten Schifffahrtsvertreter gleichgestellt. Wegen der sachlichen Gründe für die Ungleichbehandlung der unter § 92 c fallenden HV und ihrer geringeren Schutzbedürftigkeit[11] sind verfassungsrechtliche Bedenken gegen die gesetzliche Regelung nicht begründet.[12]

3. Räumlicher und zeitlicher Anwendungsbereich. Das Gebiet der **ehemaligen DDR 3** einschließlich Ostberlins steht für die Anwendung des § 92 c gemäß Art. 29 a EGHGB in der damaligen Fassung des Gesetzes zu dem Vertrag vom 18. 5. 1990 (BGBl. II S. 518, 525) dem Gebiet der Europäischen Gemeinschaft gleich; die Regelung gilt nach dem EinigungsV Anl. I Kap. III Sachgebiet D Abschn. III Nr. 2 b für die in der ehemaligen DDR nach dem 30. Juni 1990 geschlossenen Neuverträge und seit dem 1. Januar 1994 für alle Altverträge. Durch das Gesetz zur Ausführung des Abkommens vom 2. Mai 1992 über den **Europäischen Wirtschaftsraum** (EWR-Ausführungsgesetz) vom 27. April 1993 (BGBl. I S. 512) sind den im Gebiet der **Europäischen Gemeinschaft** tätigen HV diejenigen gleichgestellt worden, welche in einem anderen Vertragsstaat des Abkommens ihre Tätigkeit ausüben, also bis 30. April 2004 in den Ländern Deutschland, Belgien, Dänemark, Finnland, Frankreich, Griechenland, Großbritannien, Irland, Italien, Luxemburg, Niederlande, Österreich, Portugal, Schweden, Spanien sowie Irland, Liechtenstein und Nor-

---

[1] VIII ZR 235/96, EBE 1998, 76, 78, 79.
[2] So zB *Hopt* RdNr. 1.
[3] Vgl. OLG München Urt. v. 11. 1. 2002 – 23 U 4416/01, NJW-RR 2003, 471 = MDR 2002, 1385 für § 89 b m. Bspr. *Bälz* NJW 2003, 1559.
[4] *Hopt* RdNr. 1, 6; aA jedenfalls für Vertragshändlerverträge: *Kocher* RIW 2003, 512, 518.
[5] *Bälz* NJW 2003, 1559; vgl. OLG München Urt. v. 11. 1. 2002 – 7 U 4416/01, NJW-RR 2003, 471 = MDR 2002, 1385 und OLG München Urt. v. 20. 11. 2002 – 7 U 5609/01, HVR Nr. 1105 m. Anm. *Evers* EWiR 2003, 527.
[6] *Bälz* NJW 2003, 1559 m. w. Nw; aA *Emde* EWiR 2003, 527, 528; *Küstner/Thume* RdNr. 2424; Martinek/Semler/Oechsler § 60 RdNr. 14.
[7] *Neflin* DB 1956, 589; Heymann/*Sonnenschein/Weitemeyer* RdNr. 3; MünchKommHGB/*v. Hoyningen-Huene* RdNr. 5.
[8] *Mankowski* MDR 2002, 1352.
[9] MünchKommHGB/*v. Hoyningen-Huene* RdNr. 2.
[10] *Belgard* DB 1966, 1640.
[11] Kritisch *Kocher* RIW 2003, 512, 518, der in § 92 c eine „fragwürdige Regelung" sieht.
[12] Heymann/*Sonnenschein/Weitemeyer* RdNr. 3; MünchKommHGB/*v. Hoyningen-Huene* RdNr. 18; Staub/*Brüggemann* RdNr. 1; vgl. auch BAG Urt. v. 16. 10. 1980 – 3 AZR 202/79, NJW 1981, 1174, 1175; aA *Wengler* ZHR 146 (1982), 42, 43.

§ 92 c   4–6   1. Buch. 7. Abschnitt. Handelsvertreter

wegen, seit 1. Mai 2004 zusätzlich in den Ländern Estland, Lettland, Litauen, Malta, Polen, Slowenien, Slowakei, Tschechien, Ungarn und des griechischen Teils von Zypern sowie ab 1. Januar 2007 des Weiteren in Bulgarien und Rumänien. Diese Gesetzesänderung ist am 1. Januar 1994 ohne weitergehende Übergangsregelung (vgl. Art. 115 Nr. 2 des Gesetzes vom 27. April 1993) in Kraft getreten (Art. 117 des Gesetzes iVm. der Bek. vom 16. Dezember 1993 – BGBl. I S. 2436).

4   **4. Sachlicher Anwendungsbereich. a) Anwendbarkeit Deutschen Handelsvertreterrechts.** § 92 c erfasst nur Verträge, für welche Deutsches HVRecht gilt.[13] Das richtet sich, da es sich bei § 92 c nicht um eine Kollisionsnorm handelt,[14] nach Art. 27 und 28 EGBGB.[15] Insoweit wird ergänzend verwiesen auf die Kommentierung von *Kindler* im Anhang zu § 92 c. Untersteht ein HVVertrag danach nicht dem Deutschen Recht, gelten für diesen Vertrag auch nicht diejenigen Bestimmungen des HVRechts, welche bei Geltung Deutschen Rechts nach den §§ 84 f. unabdingbar sind; die Vorschriften der §§ 84 bis 92 c verfolgen zudem nicht öffentliche Gemeinwohlinteressen und gehören deswegen nach bisherigem im Deutschen Recht vorherrschendem Verständnis nicht zu den zwingenden Normen iSv. Art. 34 EGBGB (s. a. ausf. *Kindler* § 92 c Anh. RdNr. 12 f.);[16] hier kann allerdings nach der Entscheidung des EuGH vom 9. 11. 2000 eine engere Betrachtung geboten sein (RdNr. 8).

5   **b) Art. 27 EGBGB. aa) Grundsatz der freien Rechtswahl.** Nach Art. 27 EGBGB haben die Vertragsparteien grundsätzlich die freie Rechtswahl[17] (s. aber RdNr. 7 am Ende; ausf. dazu auch *Kindler* § 92 c Anh. RdNr. 4 f.). Sie ist jederzeit, auch nachträglich[18] und abändernd,[19] ausdrücklich oder in anderer mit hinreichender Sicherheit feststellbarer Weise, auch stillschweigend,[20] zulässig (Art. 27 Abs. 1 S. 2 EGBGB) und muss nach Art. 27 Abs. 1 S. 3 EGBGB nicht den gesamten Vertrag betreffen,[21] wofür aber allerdings grds. eine Individualvereinbarung erforderlich ist.[22] Der Rechtsbindungswille der Parteien zu einer Rechtswahlvereinbarung muss sich mit hinreichender Sicherheit aus den Bestimmungen des Vertrags, ausgehend von dessen Wortlaut, sowie den Umständen des Einzelfalls ergeben,[23] wobei auch außerhalb des Erklärungsakts/der Vertragsurkunde liegende Begleitumstände in die Auslegung einzubeziehen sind und die Anforderungen an die Eindeutigkeit einer Rechtswahlvereinbarung oder deren Änderung nicht überspannt werden dürfen.[24] Entscheidend ist, was die Parteien tatsächlich übereinstimmend gewollt und praktiziert haben, eine wirksame schriftliche Niederlegung der nach deutschem Recht grds. formfreien Vereinbarung ist nicht erforderlich.[25] Soll die Rechtswahl durch von einer Vertragspartei vorgegebene AGB/Formularverträge getroffen werden, muss der Verwender dafür Sorge tragen, dass der Vertragspartner in zumutbarer Weise von den AGB/Formularverträgen, gegebenenfalls in seiner Sprache, Kenntnis nehmen kann.[26]

6   **bb) Indizien für Rechtswahl.** Indizien für den bei Fehlen einer ausdrücklichen Entscheidung maßgebenden tatsächlichen Parteiwillen zur Wahl des Rechts eines bestimmten Staates können sein:[27] Die Bezugnahme auf das Recht des Staates[28] bei Vertragsschluss oder im Verlauf eines Rechts-

---

[13] *Kindler* RIW 1990, 363; Heymann/*Sonnenschein*/*Weitemeyer* RdNr. 4; *Hopt* RdNr. 1; MünchKommHGB/ *v. Hoyningen-Huene* RdNr. 7; Staub/*Brüggemann* RdNr. 2; *Küstner* HVR RdNr. 2396; *Martiny* in Reithmann/Martiny RdNr. 1415.
[14] *Sura* DB 1981, 1270; *Ebenroth* RIW 1984, 167; *Kindler* RIW 1990, 363; *Freitag*/*Leible* RIW 2001, 287, 288; *Balz* NJW 2003, 1559, HK-HGB/*Russ* RdNr. 1; Heymann/*Sonnenschein*/*Weitemeyer* RdNr. 4; *Hopt* RdNr. 1; MünchKommBGB/*Martiny* Art. 28 EGBGB RdNr. 158 a; *Schröder* RdNr. 3 f.; Staub/*Brüggemann* RdNr. 2; *Martiny* in Reithmann/Martiny RdNr. 1415.
[15] *Hopt* RdNr. 1; vgl. MünchKommHGB/*v. Hoyningen-Huene* RdNr. 6; dazu ausf. *Stumpf*/*Ullrich*, Internationales Handelsvertreterrecht, 6. Aufl. 1987, RdNr. 17 f.
[16] *Martiny* in Reithmann/Martiny RdNr. 1415; s. a. *Emde* MDR 2002, 190, 197.
[17] *Grundmann* S. 564 RdNr. 4, 566 RdNr. 7; zum Gestaltungsspielraum: *Kocher* RIW 2003, 512, 513.
[18] *Schröder* RdNr. 3 a und 3 d; *Westphal* Vertriebsrecht RdNr. 19; *Küstner* HVR RdNr. 2375; *Martiny* in Reithmann/Martiny RdNr. 1409.
[19] BGH Urt. v. 22. 1. 1997 – VIII ZR 339/95, HVR Nr. 799; BGH Urt. v. 19. 1. 2000 – VIII ZR 275/98, MDR 2000, 692; *Küstner* HVR RdNr. 2375.
[20] BGH Urt. v. 21. 11. 1960 – VII ZR 235/59, HVR Nr. 299.
[21] *Küstner* HVR RdNr. 2374; s. d. auch – kritisch – *Emde* MDR 2002, 190, 199.
[22] *Emde* MDR 2002, 190, 199.
[23] *Emde* MDR 2002, 190, 195.
[24] BGH Urt. v. 19. 1. 2000 – VIII ZR 275/98, MDR 2000, 692.
[25] BGH Urt. v. 22. 1. 1997 – VIII ZR 339/95, HVR Nr. 799; KG Urt. v. 14. 5. 1999 – 14 U 4505/97, HVR Nr. 1003.
[26] OLG Köln Urt. v. 1. 7. 2005 – 19 U 194/04, HVR Nr. 1160.
[27] Allgemein OLG Düsseldorf OLGR 2003, 252, 256; *Emde* MDR 2002, 190, 195.
[28] BGH Urt. v. 19. 1. 2000 – VIII ZR 275/98, MDR 2000, 692; *Hopt* RdNr. 5; *Küstner* HVR RdNr. 2370 und 2371.

streits,[29] die Abfassung des Vertrags in der Landessprache,[30] die Vereinbarung der Zahlung der Provision in Landeswährung,[31] eines in dem Land gelegenen Ortes als Erfüllungsort,[32] Gerichtsstand[33] oder Sitz eines anzurufenden Schiedsgerichts[34] sowie die rügelose Verhandlung vor einem Gericht auf der Grundlage des von dem Gericht angewendeten Rechts.[35] Die Geltung Deutschen Rechts wird gewollt sein, wenn der Unternehmer einen in Deutschland bereits für ihn tätigen HV zusätzlich mit seiner Vertretung im Ausland betraut oder dorthin sendet.[36] Der Sitz des Unternehmers im Inland ist hingegen selbst dann kein hinreichender Anknüpfungspunkt für die Wahl Deutschen Rechts, wenn der Unternehmer in verschiedenen Staaten HV beschäftigt;[37] er kann erheblich werden, wenn der HV bisher im Inland nicht tätig war und noch nicht über einen Geschäftssitz im Ausland verfügt.[38] Dass einem HV nach Deutschem Recht der Ausgleichsanspruch zusteht, ist kein hinreichendes Indiz für die Wahl Deutschen Rechts.[39] Betraut ein ausländisches Unternehmen einen deutschen HV mit einer HVTätigkeit im Inland, wird für das Vertragsverhältnis Deutsches Recht gewollt sein.[40] Bei Beauftragung eines im Ausland tätigen ausländischen HV wird das Recht des Staates gelten sollen, in welchem der HV tätig zu werden hat.[41] Wird im Vertrag mit einem unter § 92 c fallenden Auslandsvertreter „Deutsches Recht" vereinbart, bedeutet das im Zweifel die Vereinbarung des durch § 92 c geschaffenen Sonderrechts.[42]

cc) **Wahl eines Drittstaatenrechts.** Selbst für reine Inlandsgeschäfte/Verträge kann nach 7 innerdeutschem Recht grundsätzlich – vorbehaltlich zwingenden EG-Rechts – anstelle des Deutschen Rechts das Recht eines Drittstaates gewählt werden.[43] Da § 92 c nur gilt, wenn der Vertrag dem Deutschen HVRecht untersteht (RdNr. 4), sind die Vertragsparteien durch diese Vorschrift nicht daran gehindert, sich für ihr Vertragsverhältnis insgesamt oder für einzelne Bereiche/Teilregelungen (RdNr. 4)[44] auf das Recht eines Staates zu einigen, welches den HV schlechter als das Deutsche Recht stellt, ihm insbesondere einen Ausgleichsanspruch oder eine Entschädigung für die Unterlassung nachvertraglichen Wettbewerbs nicht gewährt.[45] Wenn allerdings jeglicher gewichtige Bezug zu dem gewählten – besonders ausländischen – Recht fehlt, ist dafür grds. eine Individualvereinbarung erforderlich.[46] Sie ist ebenfalls notwendig, wenn das zu wählende Drittstaatenrecht einen solchen abbedungenen Anspruch ebenfalls vorsieht.[47] Durch eine entsprechende Individualvereinbarung[48] kann der Ausgleichsanspruch des § 89 b grds. selbst dann abbedungen werden,[49] wenn das nationale Recht des Staates, in welchem der HV verein-

---

[29] OLG Köln OLGR 2002, 441, 442.
[30] BGH Urt. v. 19. 1. 2000 – VIII ZR 275/98, MDR 2000, 692; *HK-HGB/Russ* RdNr. 3; *Hopt* RdNr. 5. aA *Emde* MDR 2002, 190, 195.
[31] *HK-HGB/Russ* RdNr. 3; *Hopt* RdNr. 5.
[32] *Hopt* RdNr. 3; *Küstner* HVR RdNr. 2369; *Martiny* in Reithmann/Martiny RdNr. 1409.
[33] BGH Urt. v. 30. 1. 1961 – VII ZR 180/60, NJW 1961, 1061, 1062; vgl. auch BGH Urt. v. 16. 3. 1970 – VII ZR 125/68, BGHZ 53, 332 = NJW 1970, 1002; *HK-HGB/Russ* RdNr. 3; *Hopt* RdNr. 3; *Schröder* RdNr. 3 b; *Westphal* Vertriebsrecht RdNr. 22; *Küstner* HVR RdNr. 2367; *Martiny* in Reithmann/Martiny RdNr. 1409; ausf. dazu *Kindler* § 92 c Anh. RdNr. 27 f.; aA *Emde* MDR 2002, 190, 195.
[34] *Küstner* HVR RdNr. 2368; aA *Neflin* DB 1956, 589.
[35] OLG Köln VersR 2002, 1374.
[36] *Neflin* DB 1956, 589; *Schröder* RdNr. 3 d.
[37] *Hopt* RdNr. 2; vgl. *Sura* DB 1981, 1269; aA *Beitzke* DB 1961, 530.
[38] *Hopt* RdNr. 3; vgl. dazu *Ebenroth* RIW 1984, 167.
[39] MünchKommBGB/*Martiny* Art. 28 EGBGB RdNr. 158 a.
[40] OLG Düsseldorf Urt. v. 11. 4. 2003 – I – 16 U 81/02, HVR Nr. 1082; *Schröder* RdNr. 3 c.
[41] *Neflin* DB 1956, 589; *Hopt* RdNr. 4 und 7; *Schröder* RdNr. 3 c.
[42] MünchKommBGB/*Martiny* Art. 28 EGBGB RdNr. 158 b; *Martiny* in Reithmann/Martiny RdNr. 1415; aA *Wengler* ZHR 146 (1982), 37.
[43] *Hopt* RdNr. 1; ausführlich *Küstner* HVR RdNr. 2379 bis 2395; einschränkend *Sura* DB 1981, 1269; aA *Schröder* § 89 b RdNr. 34 f.; *Kindler* RIW 1987, 661; vgl. auch *Wengler* ZHR 146 (1982), 37.
[44] *Hermes* RIW 1999, 81, 86; MünchKomm-BGB/*Martiny* Art. 27 EGBGB RdNr. 60 (vgl. auch Fn. 10).
[45] BGH Urt. v. 30. 1. 1961 – VII ZR 180/60, NJW 1961, 1061, 1062; OLG Frankfurt BB 1960, 836; *Sura* DB 1981, 1269; *Ankele* DB 1987, 571 und DB 1989, 2213; *Küstner/v. Manteuffel* BB 1990, 299; *Bälz* NJW 2003, 1559; *Hopt* RdNr. 6, 10; MünchKommBGB/*Martiny* Art. 28 EGBGB RdNr. 158 d; MünchKommHGB/*v. Hoyningen-Huene* RdNr. 15 bis 17; *Martiny* in Reithmann/Martiny RdNr. 1418; vgl. auch OLG Karlsruhe WuW 1971, 70 = WuWE OLG 2340; OLG München IPRax 1997, 44 m. Bspr. *Fuchs* IPRax 1997, 32; *Hepting/Detzer* RiW 1989, 337; aA *Kindler* RiW 1987, 662, 664; *Hermes* RIW 1999, 81, 85 f; *Grundmann* S. 566 RdNr. 7; *Schröder* § 89 b RdNr. 34 f.; *Westphal* Vertriebsrecht RdNr. 20 (anders aber RdNr. 30).
[46] *Ebenroth* 56; ausf. dazu auch *Emde* MDR 2002, 190, 198; aA *Bälz* NJW 2003, 1559, 1560 (Ausschluss durch AGB).
[47] OLG München Urt. v. 11. 1. 2002 – 23 U 4416/01, NJW-RR 2003, 471 = MDR 2002, 1385 für § 89 b m. krit. u. teilw. ablehnender Anm. *Emde* EWiR 2003, 485, 486; zustimmend *Mankowski* MDR 2002, 1352, 1354, 1355; aA *Bälz* NJW 2003, 1559, 1560 und *Hagemeister* RIW 2006, 498, 501(Ausschluss durch AGB).
[48] AA *Bälz* NJW 2003, 1559, 1560, 1561 und *Hagemeister* RIW 2006, 498, 501 (Ausschluss durch AGB).
[49] Vgl. *Emde* EWiR 2003, 527; teilweise aA OLG München NJW–RR 2003, 201 und 471, HVR Nr. 1105.

barungsgemäß tätig zu werden hat, einen solchen Anspruch zwingend vorschreibt (s. a. folgende RdNr.).[50]

8   **dd) Grenzen der freien Rechtswahl.** Bei jeder Rechtswahlvereinbarung müssen jedoch die durch **Art. 6, 27 Abs. 3**[51] und **34 EGBGB** gezogenen Grenzen eingehalten werden (ausf. dazu auch *Kindler* § 92 c Anh. RdNr. 11 f.).[52] Die Vorschrift Art. 30 EGBGB ist auf HVVerträge weder direkt noch entsprechend anzuwenden,[53] sofern nicht durch die Vertragsgestaltung zwingendes Arbeitnehmerrecht umgangen werden soll.[54] Das Fehlen eines Ausgleichsanspruchs in einer fremden Rechtsordnung bedeutet noch keinen Verstoß gegen Art. 6 EGBGB.[55] Das gilt grundsätzlich auch für Art. 34 EGBGB,[56] der nicht jede vertraglich unabdingbare Norm des Deutschen Rechts erfasst; nach bisher herrschender Auffassung[57] dient § 89 b dem Individualschutz des HV, verfolgt aber nicht öffentliche Gemeinwohlinteressen,[58] weswegen der Ausgleichsanspruch grundsätzlich im Rahmen des § 92 c auch der freien Rechtswahl unterliegen sollte. Der **EuGH** hat allerdings mit **Urteil vom 9. 11. 2000**[59] entschieden, dass Art. 17 und 18 HV-Richtlinie von 1986, welche dem HV nach Vertragsbeendigung selbständige Ansprüche gewähren, auch dann anzuwenden sind, wenn der HV seine Tätigkeit in einem Mitgliedstaat ausgeübt hat, der Unternehmer seinen Sitz aber in einem Drittland hat und der Vertrag vereinbarungsgemäß dem Recht dieses Drittlandes unterliegt; nach dieser Entscheidung kann zugunsten der im EG-Raum tätigen HV[60] der Ausgleichsanspruch des § 89 b HGB nicht mehr durch freie Rechtswahl ausgeschlossen werden und die unabdingbaren Regelungen der HV – Richtlinie von 1986 sowie die damit übereinstimmenden Regelungen im nationalen Recht dürften nunmehr unter Art. 34 fallen,[61] sofern der HV in Deutschland tätig wird;[62] bei der Tätigkeit in einem anderen zu EG/EWS gehörenden Staat gilt im Zweifel das am Ort der Niederlassung oder des Tätigwerdens des HV geltende nationale Recht mit dem notfalls unmittelbar auf der EG – RiLi beruhenden Ausgleichsanspruch, selbst wenn diese nationale mit der EG – RiLi in Einklang stehende Regelung für den HV ungünstiger ist als die deutsche Regelung nach § 89 b.[63] Eine gegenteilige Regelung in einem HVVertrag ist zwar unwirksam, lässt aber den übrigen Inhalt des Vertrags unberührt; die unwirksame Regelung wird durch das für den Vertrag maßgebende staatliche Recht, letztlich durch die HV – Richtlinie von 1986 ergänzt.[64] Das aus diesem Urteil des EuGH folgende Verbot der Wahl des Rechts eines Drittstaats greift bei der gleichzeitigen Wahl des Gerichtsstands eines Drittstaats (s. a. ausf. *Kindler* § 92 c Anh. RdNr. 27 f.) unter Ausschluss der Deutschen Gerichtsbarkeit (als **Derogationsverbot**) bereits dann ein, wenn die nahe liegende Gefahr besteht, dass das Gericht des Drittstaats in einer aus seiner Sicht vertretbaren Rechtsauslegung zwingendes deutsches Recht zur Anwendung bringt, ohne dass dies bereits positiv feststehen muss.[65] Die Folgen aus diesem Urteil des EuGH für grenzüberschreitende Handelsvertreterverträge und die durch das Urteil aufgeworfenen Fragen behandeln ausführlich und kritisch *Freitag/Leible* RIW 2001, 287 sowie *Staudinger* NJW 2001, 1974, der sich besonders mit der Frage auseinandersetzt, ob infolge dieser Rechtsprechung des EuGH § 89 b nunmehr als international zwingend iSv. Art. 34 EGBGB angesehen werden muss.

9   **c) Art. 28 EGBGB.** Fehlt eine Rechtswahl nach Art. 27 EGBGB (s. a. *Kindler* § 92 c Anh. RdNr. 21 f.), greift Art. 28 EGBGB ein.[66] Da der HV bei einem HVVertrag die charakteristi-

---

[50] OLG München NJW-RR 2003, 201 und 471; HVR Nr. 1105 m. abl. Anm. *Emde* EWiR 2003, 527; im Ergebnis wie hier auch *Hagemeister* RIW 2006, 498, 500.
[51] Zur Bedeutung des Art. 27 Abs. 3 EGBGB siehe *Emde* MDR 2002, 190, 196.
[52] HK-HGB/*Russ* RdNr. 4; *Küstner* HVR RdNr. 2381; vgl. auch *Schröder* RdNr. 3.
[53] *Mankowski* MDR 2002, 1352, 1353; *Hopt* RdNr. 1.
[54] *Küstner* HVR RdNr. 2378.
[55] BGH Urt. v. 30. 1. 1961 – VII ZR 180/60, NJW 1961, 1061, 1062; OLG Frankfurt BB 1960, 836; *Beitzke* DB 1961, 531; *Ebenroth* RIW 1984, 165; *Martiny* in Reithmann/Martiny RdNr. 1418; *Karsten Schmidt* HandelsR § 28 IV; vgl. auch *Sura* DB 1981, 1269; *Freitag/Leible* RIW 2001, 287, 289; aA *Maier* NJW 1958, 1327.
[56] Vgl. dazu *Kocher* RIW 2003, 512, 514.
[57] *Martiny* in Reithmann/Martiny RdNr. 1415; s. a. *Emde* MDR 2002, 190, 197; *Bälz* NJW 2003, 1559, 1561; aA *Hopt* RdNr. 10.
[58] Vgl. dazu MünchKommBGB/*Martiny* Art 34 EGBGB RdNr. 6 f.; *Erman*/*Hohloch*, BGB, 10. Aufl., Art. 34 EGBGB RdNr. 13; BAG Urt. v. 12. 12. 2001 – 5 AZR 255/00, MDR 2002, 950, 952 (für Arbeitsverträge).
[59] Rs. C – 381/98, ZIP 2000, 2108 Bspr. *Kindler* BB 2001, 11; *Emde* VersR 2002, 151, 163 f.; zustimmend *Staudinger* NJW 2001, 1974; krit. *Leible* JA 2001, 270, 272 sowie m. krit. und abl. Anm. *Freitag* EWiR 2000, 1061 und *Freitag/Leible* RIW 2001, 287.
[60] So wohl *Hopt* RdNr. 10; noch weitergehend: MünchKommHGB/*v. Hoyningen-Huene* RdNr. 16 a.
[61] *Emde* MDR 2002, 190, 196, der diese Regelungen als nunmehr „rechtswahlfest" für unter die HV – Richtlinie von 1986 fallende HV bezeichnet.
[62] *Hopt* RdNr. 10.
[63] S. dazu aber auch *Hopt* RdNr. 10.
[64] *Emde* RIW 2003, 505, 506.
[65] OLG München Urt. v. 17. 5. 2006 – 7 U 1781/06, WM 2006, 1556 m. Anm. *Emde* EWIR 2006, 621.
[66] *Kindler* § 92 c Anh. RdNr. 21.

sche Leistung erbringt, gilt nach Art. 28 Abs. 1 S. iVm Abs. 2 S. 1 im Zweifel das Recht des Staates, in welchem der HV seinen geschäftlichen Sitz hat,[67] weil er von dort aus tätig werden soll,[68] oder in welchem er ohne anderweitigen Sitz seine Arbeit zu leisten hat.[69] Gleiches gilt im Zweifel für Vertragshändler.[70] Aus Art. 28 Abs. 5 kann sich die Geltung des Rechts eines Drittstaates ergeben, wenn die Gesamtheit der Umstände des Einzelfalls auf engere Verbindungen zu dem Drittstaat weist.[71]

5. Persönlicher Anwendungsbereich. a) Handelsvertreter – Abs. 1. § 92 c Abs. 1 gilt für **10** alle haupt- oder nebenberuflichen **HV** einschließlich der echten und unechten Untervertreter, für Versicherungs- oder Bausparkassenvertreter sowie für die einem HV gleichstehenden **Vertragshändler**[72] und Kommissionsagenten.[73] Auf **Franchisenehmer** mit einer Rechtsstellung, die in den wesentlichen Punkten in besonderem Maß derjenigen eines HV angenähert und gleichzusetzen ist, kann § 92 c anzuwenden sein.

b) Tätigkeit außerhalb von EG und EWR. Die nach dem HVVertrag geschuldete Tätigkeit **11** muss **ausschließlich** außerhalb der EG und des EWR zu erbringen sein,[74] wobei die Hauptverpflichtung entscheidend ist.[75] Nebenpflichten können vertragsgemäß im Inland oder innerhalb der Vertragsstaaten zu erfüllen, überobligationsmäßige Leistungen dort zu erbringen[76] oder Vorbereitungs- und Nachbearbeitungshandlungen dort auszuführen sein.[77] Eine Aufspaltung des HVVertrags in eine nicht unter § 92 c fallende ausländische und eine innervertragsstaatliche Tätigkeit ist nicht zulässig.[78] Durch Abschluss verschiedener Verträge mit demselben HV darf § 92 c nicht umgangen werden.[79] Der Ort der Niederlassung des HV ist für § 92 c nicht mehr entscheidend.[80]

c) Nachträgliche Änderungen. aa) Im Tätigkeitsbereich des HV. Die nachträglich – **12** stillschweigend oder durch schlüssiges Verhalten – **vereinbarte** Ausweitung der Haupttätigkeit auf ein Land der EG oder des EWR[81] bewirkt, dass von diesem Zeitpunkt § 92 c nicht mehr anzuwenden ist. Für den auf diese Weise geänderten HVVertrag gelten nunmehr zwingend die nicht mehr nach § 92 c abdingbaren Rechte der §§ 84 f. und der HV erwirbt als Folge der getroffenen Änderungsvereinbarung mit deren Wirksamwerden kraft Gesetzes insbesondere den Ausgleichsanspruch; die dem entgegenstehenden bisherigen Vereinbarungen treten gem. § 92 c außer Kraft.[82] Bei nachträglicher Vereinbarung einer ausschließlichen Tätigkeit außerhalb von EG und EWR kommt es dagegen nicht automatisch zu einer Änderung in der Rechtsstellung des HV; hier muss die nunmehr zulässig gewordene Aufhebung oder Änderung bislang unabdingbarer Rechte des HV in eindeutiger Weise vereinbart werden. Die **tatsächliche Ausweitung der Tätigkeit** des HV in das Gebiet der Vertragsstaaten ist rechtlich unerheblich, solange sie ohne Kenntnis und Duldung des Unternehmers und damit nicht auf vertraglicher Grundlage ge-

---

[67] BGH Urt. v. 15. 3. 1962 – VII ZR 217/60, HVR Nr. 264; BGH Urt. v. 28. 11. 1980 – I ZR 122/78, HVR Nr. 536; OLG Düsseldorf Urt. v. 4. 6. 1993 – 17 U 13/93, HVR Nr. 760; *Emde* MDR 2002, 190, 194.
[68] BGH Urt. v. 15. 3. 1962 – VII ZR 217/60, HVR Nr. 264; *Emde* MDR 2002, 190, 194.
[69] **Zum Ganzen**: BGH Urt. v. 12. 5. 1993 – VIII ZR 110/92, NJW 1995, 2753; vgl. auch BGH Urt. v. 11. 2. 1988 – I ZR 201/86, NJW 1988, 1466, 1467; BGH Urt. v. 16. 3. 1970 – VII ZR 125/68, BGHZ 53, 332 = NJW 1970, 1002Z; OLG Koblenz EWiR 1996, 305; OLG Schleswig RIW 1989, 308; OLG Düsseldorf OLGR 2003, 252, 256; *Ebenroth* RIW 1984, 167; *Kindler* RIW 1987, 663, 664; *Ankele* DB 1989, 2213; *Kocher* RIW 2003, 512, 513; *HK-HGB/Russ* RdNr. 2; *Hopt* RdNr. 2; MünchKommBGB/*Martiny* Art. 28 EGBGB RdNr. 158; *Martiny* in Reithmann/Martiny RdNr. 1410; vgl. auch *Sura* DB 1981, 1271; einschränkend *Beitzke* DB 1981, 530.
[70] OLG Düsseldorf DB 1997, 326 = EWiR 1996, 843; *Ebenroth* RIW 1984, 169; *Sturm*, FS Wahl S. 207.
[71] Vgl. BGH Urt. v. 26. 7. 2004 – VIII ZR 273/03, ZIP 2004, 2007, 2011.
[72] S. d. besonders *Hagemeister* RIW 2006, 498, 501 f. sowie ausf. *Kindler* § 92 c Anh. RdNr. 44 f.
[73] Vgl. *Ebenroth* RIW 1984, 168; *Kindler* RIW 1987, 664, 664; *Hepting/Detzer* RIW 1989, 344; *Karztke* in Reithmann/Martiny RdNr. 1446; für Vertragshändler kritisch und differenzierend *Stumpf/Jaletzke/Schultze* RdNr. 886; *Küstner/Thume* Vertriebsrecht RdNr. 1214–1216; aA für Vertragshändler: *Kocher* RIW 2003, 512, 515, 518 f.
[74] *Heymann/Sonnenschein/Weitemeyer* RdNr. 7; *Hopt* RdNr. 6; *Koller/Roth/Morck* RdNr. 2; MünchKommHGB/*v. Hoyningen-Huene* RdNr. 8, 9 und 11; *Westphal* Vertriebsrecht RdNr. 29; vgl. *Küstner* HVR RdNr. 2403, 2404; aA *Müller* NJW 1998, 17; *Hagemeister* RIW 2006, 498, 499; *Semler* in Martinek/Semler § 15 RdNr. 55.
[75] OLG München Urt. v. 11. 1. 2002 – 23 U 4416/01, NJW-RR 2003, 471 = MDR 2002, 1385 = HVR Nr. 1030 für § 89 b m. Bspr. *Bälz* NJW 2003, 1559.
[76] OLG München Urt. v. 11. 1. 2002 – 23 U 4416/01, HVR Nr. 1030 (Begleitung der außereuropäischen Kunden an den inländischen Sitz des Unternehmers; s. d. auch *Emde* VersR 2003, 549, 553.
[77] *Heymann/Sonnenschein/Weitemeyer* RdNr. 7.
[78] *Hopt* RdNr. 6; aA *Müller* NJW 1998, 17; *Hagemeister* RIW 2006, 498, 499; *Semler* in Martinek/Semler § 15 RdNr. 55.
[79] S. d. auch *Hopt* RdNr. 6.
[80] *Heymann/Sonnenschein/Weitemeyer* RdNr. 5 und 7; *Hopt* RdNr. 6; MünchKommHGB/*v. Hoyningen-Huene* RdNr. 9; aA *Küstner* RdNr. 2401 und 2402.
[81] *Heymann/Sonnenschein/Weitemeyer* RdNr. 7. s. d auch *Emde* MDR 2002, 190, 200.
[82] **AA:** Vorauflage und MünchKommHGB/*v. Hoyningen-Huene* RdNr. 13; vgl. auch *Heymann/Sonnenschein/Weitemeyer* RdNr. 7.

§ 92 c 13, 14   1. Buch. 7. Abschnitt. Handelsvertreter

schieht.[83] Ebensowenig kann eine nicht auf Vertrag beruhende und nicht geschuldete Tätigkeit außerhalb von EG und EWR die Rechtsfolgen des § 92 c auslösen,[84] sofern sie nicht in Erwartung eines Vertragsschlusses, insbesondere im Vorgriff oder in Vorbereitung einer beiderseits ernsthaft beabsichtigter Handelsvertretung, geleistet wird. Wird dem nachträglichen „Herausfallen" eines HV aus dem Anwendungsbereich des § 92 c durch Änderung des HVVertrags Rechnung getragen, gilt für eine bereits ausgesprochene Kündigung und den Ausgleichsanspruch das Gleiche wie für den hauptberuflichen HV, der bisher nebenberuflich tätig war; auf die Ausführungen zu § 92 b wird verwiesen. In die Berechnung der Mindestvertragsdauer nach § 89 ist die bisherige Vertragstätigkeit einzubeziehen; die bisher bereits geworbenen Stamm-(Mehrfach-)Kunden sind bei der Berechnung des Ausgleichsanspruchs nach § 89 b mit den seit Änderung des Vertrags getätigten Umsätzen zu berücksichtigen (s. folgende RdNr.).[85]

13   bb) **Im Kreis der Vertragsstaaten.** Die vorstehenden Grundsätze zu nachträglichen örtlichen Veränderungen der Tätigkeit des HV aufgrund schlüssiger oder ausdrücklicher Vereinbarung der Vertragspartner gelten in gleicher Weise, wenn Vertragsstaaten EG oder EWR **beitreten**[86] oder **verlassen** oder wenn für Altverträge spätestens mit Ablauf des 31. Dezember 1993 die jetzige gesetzliche Regelung verbindlich geworden ist.[87] Der in einem der EG oder dem EWR beitretenden Land vertragsgemäß tätige HV erwirbt durch dem Beitritt automatisch die unabdingbaren Rechte der §§ 84 f. mit dem nun nicht mehr abdingbaren **Ausgleichsanspruch**[88] hinsichtlich aller von ihm seit Aufnahme seiner Tätigkeit als HV in dem Drittstaat für den Unternehmer geworbenen Stamm-(Mehrfach-)Kunden, jedoch berechnet auf der Grundlage der mit diesen Kunden in der Zeit seit dem Beitritt des Drittstaats vermittelten Umsätze, sofern die Parteien nicht für diesen Fall im Rahmen des rechtlich Zulässigen etwas anderes vereinbart haben.[89] Dieses Verständnis der §§ 89 b und 92 c entspricht dem wohlverstandenen Interesse des HV, dessen Belange durch die angeführten Vorschriften in besonderem Maße gewahrt werden sollen; überwiegende Interessen des Unternehmers stehen dem nicht entgegen. **Im Übrigen kann** wegen der Folgen eines Beitritts des Drittstaats für die Rechtsstellung des dort tätigen HV **auf** die Ausführungen zu der Rechtsstellung des bisher nach **§ 92 b** nebenberuflich tätigen und HV **verwiesen werden,** der seine Tätigkeit in Zukunft hauptberuflich ausüben soll. Für den HV sind die Rechtsfolgen eines **Ausscheidens des Drittstaats aus EG und EWR** ebenfalls denen bei Herabstufen einer bisher hauptberuflichen HVTätigkeit zu einem Nebenberuf vergleichbar. Es kommt nicht zu einer automatischen Änderung der Rechtsstellung des HV; eine nunmehr nach § 92 c zulässige Abweichung von bisher unabdingbaren Rechten muss vielmehr in eindeutiger Weise vereinbart werden.

14   d) **Schifffahrtsvertreter – Abs. 2.** Abs. 2 enthält eine Rechtsfolgenverweisung auf Abs. 1[90] für Schifffahrtsvertreter und die ihnen gleichstehenden Agenten, die – wie zB verschiedene Reedereien vertretende Reedereiagenten –[91] im Bereich von – nicht notwendigerweise grenzüberschreitender –[92] Binnen- oder Hochseeschifffahrt[93] vertragsgemäß Geschäfte über Befrachtung, Abfertigung oder Ausrüstung von Schiffen oder die Buchung[94] von Passagen auf Schiffen – also jede Beförderung zu Wasser unabhängig von ihrem Zweck, und damit nicht nur im Linienverkehr – zu vermitteln oder abzuschließen haben.[95] Wegen des Ausnahmecharakters ist Abs. 2 nicht entsprechend auf Agenten anzuwenden, welche gleichartige Verträge für andere Verkehrsmittel – zB den Luftverkehr – herbeizuführen haben.[96] Bei den unter Abs. 2 fallenden HV müssen die besonderen

---

[83] Vgl. *Neflin* DB 1956, 589; *Heymann/Sonnenschein/Weitemeyer* RdNr. 7; *Hopt* RdNr. 6.
[84] *Heymann/Sonnenschein/Weitemeyer* RdNr. 7; vgl. schon *Neflin* DB 1956, 589.
[85] *Ankele* DB 1989, 2211, 2213; *Wittmann* BB 1994, 2296; HK-HGB/*Russ* RdNr. 7; vgl. aber auch *Kindler* RIW 1990, 364, aA KG Urt. v. 4. 4. 2003 – 14 U 260/01, HVR Nr. 1114.
[86] S. d. auch KG Urt. v. 4. 4. 2003 – 14 U 260/01, HVR Nr. 1114.
[87] Vgl. dazu auch *Ankele* DB 1989, 2211, 2213; *Wittmann* BB 1994, 2296; auch *Küstner* HVR RdNr. 2301 für den Fall einer verspäteten Umsetzung der EG-Richtlinie; aA *Kindler* RIW 1990, 364; *Thume* BB 2004, 2473, 2477.
[88] *Thume* BB 2004, 2473, 2477.
[89] Streitig; aA *Küstner* Ausgleichsanspruch RdNr. 546; vgl. zum Ganzen *Schröder* RdNr. 6 und 8 a und Staub/*Brüggemann* RdNr. 9.
[90] *Belgard* DB 1966, 1641; MünchKommHGB/*v. Hoyningen-Huene* RdNr. 21.
[91] HansOLG Hamburg MDR 1973, 140.
[92] OLG Köln OLGZ 1966, 533; Heymann/*Sonnenschein/Weitemeyer* RdNr. 9.
[93] OLG Köln OLGZ 1966, 533; *Belgard* DB 1966, 1641; Heymann/*Sonnenschein/Weitemeyer* RdNr. 9; *Hopt* RdNr. 13; MünchKommHGB/*v. Hoyningen-Huene* RdNr. 19; *Schröder* RdNr. 5; Staub/*Brüggemann* RdNr. 5.
[94] Siehe dazu *Belgard* DB 1966, 1640 sowie *Prüssmann/Rabe*, Seehandelsrecht, 3. Aufl. 1992, Vorbemerkungen vor § 664 HGB und *Schaps/Abraham*, Das Seerecht in der Bundesrepublik Deutschland, Vorbemerkungen vor § 664 HGB zu den Beförderungsverträgen.
[95] *Belgard* DB 1966, 1640.
[96] *Hopt* RdNr. 13; Heymann/*Sonnenschein/Weitemeyer* RdNr. 9; Koller/*Roth/Morck* RdNr. 3; MünchKommHGB/*v. Hoyningen-Huene* RdNr. 20; *Schröder* RdNr. 5; aA Staub/*Brüggemann* RdNr. 5.

Voraussetzungen des Abs. 1 nicht gegeben sein,[97] weswegen es rechtlich unerheblich ist, wo sie tätig werden, ob das zu vermittelnde oder abzuschließende Geschäft im In- oder Ausland abzuwickeln ist[98] und wo der HV seine Niederlassung hat.[99] Vertritt der unter § 92 c fallende HV denselben Unternehmer in mehreren, nicht sämtlich unter Abs. 2 fallenden Geschäftszweigen, kommt es bei einheitlicher, nicht hinsichtlich einzelner Geschäftszweige aufzuteilender Vertragsgestaltung darauf an, wo das Schwergewicht der Tätigkeit nach dem Vertrag liegen soll („Überwiegensprinzip");[100] bleiben Zweifel, gilt § 92 c nicht.[101]

6. Rechtsfolgen für Vertragsschluss. a) Vertragsfreiheit. Für Verträge mit HV, bei denen die Voraussetzungen des § 92 c vorliegen, herrscht grundsätzlich – jedoch vorbehaltlich geltenden EU – Rechts (RdNr. 8) – volle Vertragsfreiheit hinsichtlich aller Vorschriften der §§ 84 bis 92 b[102] und die getroffene Rechtswahl ist auch für Gerichte und Schiedsgerichte verbindlich;[103] die sonstigen zwingenden Vorschriften des Deutschen Rechts[104] – zB des Dienstvertragsrechts – und damit auch des EG-Vertrags[105] sind einzuhalten. Diese Vertragsfreiheit lässt bei einem dem Deutschen HVRecht unterstehenden HVVertrag den Ausschluss von Rechten des HV zu, welche ihm nach den §§ 84 bis 92 b oder nach dem Recht am Ort seines Tätigwerdens zustünden, wenn § 92 c nicht anzuwenden wäre.[106] Zum rechtlich zulässigen und zweckmäßigen **Inhalt des Vertrags mit im Ausland tätigen Handelsvertretern** wird verwiesen auf *Detzer/Ullrich,* Gestaltung von Verträgen mit ausländischen Handelsvertretern und Vertragshändlern, 2000. Die nach deutschem Recht wirksame Vertragskonstruktion mit Ausschluss zB des Ausgleichsanspruchs kann allerdings, worauf *Mankowski*[107] zu Recht hinweist, den Unternehmer nicht davor schützen, dass ein am Geschäftssitz des HV angerufenes Gericht seine Zuständigkeit sowie die Geltung des dortigen materiellen Rechts bejahen und dem HV einen danach gegebenen Ausgleichsanspruch zuerkennen könnte. Lediglich die Vereinbarung des ausschließlichen Gerichtsstands deutscher Gerichte kann nach *Mankowski*[108] die Anerkennung und Vollstreckbarerklärung eines solchen ausländischen Urteils in Deutschland verhindern, wenn es dieser **Gerichtsstandsvereinbarung** zuwider erstritten wird. Eine solche Vereinbarung ist in einem HVVertrag mit Auslandsberührung grds. zulässig.[109]

b) Ausschluss unabdingbarer Rechte. Der vertragliche Ausschluss von Rechten des HV, die nach den §§ 84 f. unabdingbar sind, muss im Vertrag eindeutig und unmissverständlich zum Ausdruck kommen. Das Vorliegen der Voraussetzungen des § 92 c bedeutet nicht, dass schon deswegen die an sich zwingenden Regelungen des HVRechts abbedungen sein sollen, vielmehr gelten ohne entsprechende Vereinbarung die §§ 84 bis 92 b.[110] Die für den Ausschluss erforderliche Vereinbarung kann – anders als gegebenenfalls die Rechtswahl (RdNr. 7) – durch Formularvertrag oder **AGB** getroffen werden (s. ausf. *Kindler* § 92 c Anh. RdNr. 42, 43);[111] da § 92 c die Vertragsparteien von allen Beschränkungen der §§ 84 f. freistellt und volle Vertragsfreiheit einräumt, kann eine Regelung, welche die an sich unabdingbaren Rechte des HV nach §§ 84 f. ausschließt, solange nicht gegen das

---

[97] *Belgard* DB 1966, 1641.
[98] Heymann/*Sonnenschein*/*Weitemeyer* RdNr. 9; *Schröder* RdNr. 5.
[99] Heymann/*Sonnenschein*/*Weitemeyer* RdNr. 9; *Schröder* RdNr. 5.
[100] MünchKommHGB/*v. Hoyningen-Huene* RdNr. 22.
[101] MünchKommHGB/*v. Hoyningen-Huene* RdNr. 22; Staub/*Brüggemann* RdNr. 6; vgl. Heymann/*Sonnenschein*/*Weitemeyer* RdNr. 9.
[102] *Hopt* RdNr. 1; MünchKommHGB/*v. Hoyningen-Huene* RdNr. 3, 15; vgl. OLG München Urt. v. 20. 11. 2002 – 7 U 5609/01, HVR Nr. 1105 m. abl. Anm. *Evers* EWiR 2003, 527.
[103] ICC Schiedsspruch v. 2. 8. 2004 – Case No. 12245/DK, HVR Nr. 1185.
[104] *Hepting/Detzer* RIW 1989, 339; MünchKommHGB/*v. Hoyningen-Huene* RdNr. 4; *Westphal* Vertriebsrecht RdNr. 28.
[105] OLG München IPRax 1997, 44 m. Bspr. *Fuchs* IPRax 1997, 32.
[106] OLG München Urt. v. 11. 1. 2002 – 23 U 4416/01, NJW-RR 2003, 471 = MDR 2002, 1385 für § 89 b m. Bspr. *Bälz* NJW 2003, 1559 und abl. Anm. *Evers* EWiR 2003, 527 (für § 89 b); *Mankowski* Heymann/*Sonnenschein*/*Weitemeyer* RdNr. 8.
[107] MDR 2002, 1352, 1355, 1356.
[108] MDR 2002, 1352, 1355, 1356 m. zahlr. Nw.
[109] OLG Hamburg Urt. v. 14. 4. 2004 – 13 U 76/03, NJW 2004, 3126; s. a. OLG München Beschl. v. 1. 3. 2000 – 7 U 5080/99, HVR Nr. 986; Martinek/Semler/*Oechsler* § 61 RdNr. 6 f.; zu der Bedeutung und den besonderen Folgen einer **Gerichtsstandsvereinbarung** in einem **Handelsvertretervertrag mit Auslandsberührung** wird verwiesen auf *Kindler* § 92 c Anh. RdNr. 27 f.; *Emde* RIW 2003, 505, *Kocher* RIW 2003, 512, *Krusche* MDR 2000, 677; s. d. a. MünchKommHGB/*v. Hoyningen-Huene* § 89 b RdNr. 221.
[110] *Neflin* DB 1956, 589; MünchKommHGB/*v. Hoyningen-Huene* RdNr. 3; *Schröder* RdNr. 4.
[111] OLG München Urt. v. 11. 1. 2002 – 23 U 4416/01, NJW-RR 2003, 471 = MDR 2002, 1385 für § 89 b m. Bspr. *Bälz* NJW 2003, 1559; OLG München Urt. v. 20. 11. 2002 – 7 U 5609/01, HVR Nr. 1105 m. Anm. Evers EWiR 2003, 527; *Mankowski* MDR 2002, 1352, 1355; MünchKommHGB/*v. Hoyningen-Huene* RdNr. 16; *Semler* in Martinek/ Semler § 15 RdNr. 56; vgl. *Stumpf/Jaltzke/Schultze* RdNr. 891; teilweise aA *Westphal* Vertriebsrecht RdNr. 30.

Recht der AGB verstoßen,[112] als die Grenzen der zwingend einzuhaltenden §§ 138 und 242 BGB nicht überschritten werden.[113]

17 **c) Geltung ausländischen Rechts.** Soweit für den HVVertrag ausländisches Recht gilt, kann nicht ergänzend auf Deutsches HVRecht zurückgegriffen werden.[114] Ebenso scheidet nach Art. 35 EGBGB eine Rückverweisung auf Deutsches Recht über Art. 4 EGBGB aus. Ansprüche, welche nur das Deutsche HVRecht gewährt, müssen im Rahmen des nach dem fremden Recht Zulässigen ausdrücklich vertraglich begründet werden.[115] Zwingende ausländische Vorschriften über die Berufsausübung sind für den im Ausland tätigen HV beachtlich.[116]

18 **7. Beweislast.** Wenn der HV Rechte auf Grund von unabdingbaren Bestimmungen der §§ 84–92b HGB einklagt oder einwendet, welche in dem Vertrag der Parteien im Hinblick auf § 92c ausgeschlossen sein sollen, muss der Unternehmer diese Ausschlussvereinbarung sowie die tatsächlichen Voraussetzungen des § 92c als einer Ausnahmevorschrift beweisen.[117] Der HV hat zuvor darzulegen, auf Grund welcher vertraglich geschuldeten Tätigkeit in einem zu EG oder EWR gehörenden Land § 92c nicht anwendbar sein soll. Kenntnis oder Duldung des Unternehmers von einer nachträglich in einem EG- oder EWR-Land ausgeübten Tätigkeit sowie eine nachträgliche Vertragsänderung aus diesem Grund hat der HV zu beweisen ebenso die Voraussetzungen anderer Rechte, deren Bestehen nicht von § 92c berührt wird.

19 **8. Europarecht.** Allgemeine Ausführungen und Text der HV-RiLi s. Vor § 84 Anh. I. § 92c Abs. 1 wird allenthalben als **wichtigste Neuerung** angesehen, die das deutsche Recht in Umsetzung der HV-RiLi erfahren hat. Zentraler Punkt war es, die im früheren Recht bestehende Schlechterbehandlung der EG-ausländischen bzw. der im EWR (EG + Norwegen, Island und Liechtenstein) ansässigen HV abzuschaffen. Die frühere Rechtslage, wonach die gesamten Vorschriften des allgemeinen HV-Rechts dispositiv waren, wenn der HV keine **Niederlassung** im Inland hatte, musste daher aufgegeben werden. Die nunmehrige Regelung sieht vor, dass die Vorschriften lediglich dann abbedungen werden können, wenn der HV seine **Tätigkeit** außerhalb der EG bzw. des EWR auszuüben hat. Es ist höchst fraglich, ob diese Regelung gemeinschaftsrechtskonform ist. Zwar ist nicht eine bestimmte Vorschrift der HV-RiLi hiervon betroffen, doch ist deren allgemeinen Vorschriften (insbes. Art. 1 Abs. 1, 1. bis 3. Erwägungsgrund) zu entnehmen, dass das harmonisierte Recht für alle Rechtsbeziehungen zu gelten hat, die den jeweiligen nationalen Rechten unterfallen. Eine Abweichung, wenn im Rahmen einer solchen Rechtsbeziehung eine Tätigkeit über die Grenzen erfolgt, ist in der HV-RiLi nicht vorgesehen und dürfte **gemeinschaftsrechtswidrig** sein.[118]

20 § 92c Abs. 1 ist des Weiteren nicht eindeutig zu entnehmen, was gelten soll, wenn eine Tätigkeit des HV sowohl **innerhalb** von EG/EWR als auch **außerhalb** erfolgt (zB wenn ein österreichischer HV für einen deutschen Unternehmer auch einige Kantone in der Schweiz mitbetreut). Nach einer Wortlautinterpretation ergäbe sich, dass die gesetzlichen Vorschriften dann insgesamt abbedungen werden können. Dies wäre allerdings ebenfalls gemeinschaftsrechtswidrig.[119] Es muss daher eine richtlinienkonforme Auslegung vorgenommen werden, die dazu führt, dass in einem solchen Fall die gesetzlichen Vorschriften nicht dispositiv sind.[120]

21 **Kollisionsrechtliche** Fragen werden von § 92c nicht betroffen. Zum internationalen HV-Recht s. *Kindler* § 92c Anh.

---

[112] Zweifelnd für den Ausschluss des Ausgleichsanspruchs MünchKommHGB/*v. Hoyningen-Huene* RdNr. 16; teilweise aA für den Fall, dass das Recht am Tätigkeitsort einen zwingenden Ausgleichsanspruch gewährt: *Hepting/Detzer* RIW 1989, 340 bis 344; *Westphal* Vertriebsrecht RdNr. 30; *Karztke* in Reithmann/Martiny RdNr. 1447; aA *Küstner* HVR RdNr. 2406 bis 2410.
[113] *Schröder* RdNr. 4; vgl. dazu auch *Hopt* RdNr. 1.
[114] *Schröder* RdNr. 3 e.
[115] *Schröder* RdNr. 3 e.
[116] MünchKommBGB/*Martiny* Art. 34 EGBGB RdNr. 84; vgl. auch EuGH Urt. V. 6. 3. 2003 – RS C – 485/01, HVR Nr. 1123.
[117] S. d. auch *Emde* MDR 2002, 190, 200.
[118] So auch *Kindler* RIW 1990, 358, 363.
[119] *Kindler* RIW 1990, 363, Fn. 62.
[120] *Ankele* DB 1989, 2211, 2212, ist der Ansicht, dass die deutsche Vorschrift ohnehin nur anwendbar ist, wenn der Handelsvertreter ausschließlich außerhalb von EG/EWR tätig wird. Dies findet jedoch keine Stütze im Wortlaut.

Anhang

Handelsvertreter- und Vertragshändlerverträge im Internationalen Privatrecht

Schrifttum: *Ankele,* Harmonisiertes Handelsvertreterrecht für die Europäische Gemeinschaft, DB 1987, 569; *Baldi,* Das Recht des Warenvertriebs in der Europäischen Gemeinschaft, 1988; *Basedow,* Das Vertretungsrecht im Spiegel konkurrierender Harmonisierungsentwürfe, RabelsZ 45 (1981), 196; *Baumert,* Abschlußkontrolle bei Rechtswahlvereinbarungen, RIW 1997, 805; *Bälz,* Der Ausschluss des Ausgleichsanspruchs in internationalen Handelsvertreterverträgen, NJW 2003, 1559; *Beitzke,* Das anwendbare Recht beim Handelsvertretervertrag, DB 1961, 528; *Birk,* Das Handelsvertreterrecht im deutsch-italienischen Wirtschaftsverkehr, ZVglRWiss (1980), 268; *Bräutigam,* Franchise-Verträge im deutschen internationalen Privatrecht, WiB 1997, 897; *Detzer/Zwernemann,* Ausländisches Recht der Handelsvertreter und Vertragshändler, 1997; *Detzer/Ullrich,* Gestaltung von Verträgen mit ausländischen Handelsvertretern und Vertragshändlern, 2000; *Dietze/Schnichels,* Die aktuelle Rechtsprechung des EuGH zum EuGVÜ, EuZW 2004, 717 ff.; *Ebenroth,* Das kaufmännische Bestätigungsschreiben im internationalen Handelsverkehr, ZVglRWi 77 (1978), 161; *ders.,* Kollisionsrechtliche Anknüpfung der Vertragsverhältnisse von Handelsvertretern, Kommissionsagenten, Vertragshändlern und Handelsvertretern, RIW 1984, 165; *S. Eberl,* Die Abdingbarkeit des Ausgleichsanspruchs des Handelsvertreters bei internationalen Handelsvertreterverträgen, Diss. Bochum, 2005; *W. Eberl,* Ausländische Handelsvertreter: Vertraglicher Ausschluss des Ausgleichsanspruchs nach § 92 c HGB, RIW 2002, 305; *Eckert,* Das neue Recht der Handelsvertreter – Die Umsetzung der EG-Richtlinie in deutsches Recht, NZA 1990, 384; *Emde,* Besprechung zu OLG München Urt. v. 29. 5. 1998 – 23 U 2481/98, EWiR 1999, 1119 (Deutsches Vertriebsbüro als Niederlassung i. S. von Art. 5 Nr. 5 EuGVÜ); *ders.,* Handelsvertreterrecht – Relevante Vorschriften bei nationalen und internationalen Verträgen, MDR 2002, 190; *ders.,* Heimatgerichtsstand für Handelsvertreter und andere Vertriebsmittler?, RIW 2003, 505; *ders.,* Besprechung zu OLG München Urt. v. 17. 5. 2006 – 7 U 1781/06, EWiR 2006, 621 (Handelsvertreterausgleich und Gerichtsstandsvereinbarung); *Ferid,* Internationales Handelsvertreterrecht im Lichte der deutsch-österreichischen Rechtsbeziehungen, AWD 1964, 197; *Freitag,* Besprechung zu EuGH Urt. v. 9. 11. 2000 – Rs. C-381/98 („Ingmar"), EWiR 2000, 1061; *ders./Leible,* Internationaler Anwendungsbereich der Handelsvertreterrichtlinie – Europäisches Handelsvertreterrecht weltweit?, RIW 2001, 287; *Gottwald,* Grenzen internationaler Gerichtsstandsvereinbarungen, FS Firsching, 1985, S. 89; *Grieben,* Der Handelsvertretervertrag im Internationalen Privatrecht, 1997; *Grüter,* Gerichtsstandsvereinbarungen durch Korrespondenz im EWG-Handel, DB 1978, 381; *Gunst,* Die charakteristische Leistung. Zur funktionellen Anknüpfung im internationalen Vertragsrecht Deutschlands, der Schweiz und der Europäischen Gemeinschaft, Diss. Konstanz, 1994; *Hagemeister,* Die Abdingbarkeit des Ausgleichsanspruchs bei ausländischen Handelsvertretern und Vertragshändlern, RIW 2006, 498; *Häuslschmid,* Handelsvertretervertrag, in Reithmann/Martiny (Hrsg.), Internationales Vertragsrecht, 6. Aufl. 2004, RdNr. 2026; *Hepting/Detzer,* Die Abdingbarkeit des Ausgleichsanspruchs ausländischer Handelsvertreter und Vertragshändler, insbesondere durch Allgemeine Geschäftsbedingungen, RIW 1989, 337; *Hermes,* Beendigung des Vertragshändlervertrags im deutschen und niederländischen Recht, RIW 1999, 81, 84; *Herschel,* Die arbeitnehmerähnliche Person, DB 1977, 1185; *Hiestand,* Die international-privatrechtliche Beurteilung von Franchiseverträgen ohne Rechtswahlklausel, RIW 1993, 173; *v. Hoffmann,* Zur Auslegung von Formularbedingungen des internationalen Handelsverkehrs, AWD 1970, 247; *ders.,* Vertragsannahme durch Schweigen im internationalen Schuldrecht, RabelsZ 36 (1972), 510; *Hopt,* Die Selbständigkeit von Handelsvertretern und anderen Vertriebspersonen – Handels- und arbeitsrechtliche Dogmatik und Vertragsgestaltung, DB 1998, 863; *Jayme,* Rechtswahlklausel und zwingendes ausländisches Recht beim Franchise-Vertrag, RIW 1983, 105; *ders.,* Betrachtungen zur »dépeçage« im internationalen Privatrecht, FS Kegel, 1987, S. 253; *ders.,* Inhaltskontrolle von Rechtswahlklauseln in Allgemeinen Geschäftsbedingungen, FS Werner Lorenz, 1991, S. 435; *ders.,* Zum Internationalen Geltungswillen der Europäischen Regeln über den Handelsvertreterausgleich, IPRax 2001, 190; *ders./Kohler,* Das Internationale Privat- und Verfahrensrecht der EG 1991 – Harmonisierungsmodell oder Mehrspurigkeit des Kollisionsrechts, IPRax 1991, 361; *ders./Kohler,* Das Internationale Privat- und Verfahrensrecht der EG nach Maastricht, IPRax 1992, 346; *Kindler,* Der Ausgleichsanspruch des Handelsvertreters im deutsch-italienischen Warenverkehr, 1987; *ders.,* Zur Anknüpfung von Handelsvertreter- und Vertragshändlerverträgen im neuen bundesdeutschen IPR, RIW 1987, 660; *ders.,* Neues deutsches Handelsvertreterrecht aufgrund der EG-Richtlinie 86/653, RIW 1990, 358; *ders.,* Umsetzung der EG-Richtlinie 653/86: Harmonisiertes Handelsvertreterrecht in der Bundesrepublik Deutschland und in Italien?, Jahrbuch für italienisches Recht 4 (1991), 25; *ders./Haneke,* Gerichtsstandsvereinbarungen in Rahmenverträgen, IPRax 1999, 435; *ders.,* Besprechung zu EuGH Urt. v. 9. 11. 2000 – Rs. C-381/98 („Ingmar"), BB 2001, 11; *ders.,* Der Rechtsangleichungserfolg der EG-Handelsvertreterrichtlinie – Eine deutsch-italienische Zwischenbilanz, in: Canaris/Zaccaria (Hrsg.), Die Umsetzung von zivilrechtlichen Richtlinien der Europäischen Gemeinschaft in Italien und Deutschland, 2002, S. 79; *ders.,* L'arrêt optelec – Deutsch-französisches zur objektiven Anknüpfung des Vertragshändlervertrages, FS Sonnenberger, 2004, S. 433; *ders.,* Die Entwicklung des Handelsrechts seit 1998, JZ 2006, 176, 183; *Klima,* Zur Frage der Vereinbarkeit von § 92 c HGB mit Art. 30 des Gesetzes zur Neuregelung des Internationalen Privatrechts, RIW 1987, 796; *Koch,* AGB-Klauseln über Gerichtsstand und Erfüllungsort im europäischen Zivilrechtsverkehr: Größere Gerechtigkeit ohne Parteivereinbarung?, IPRax 1997, 405; *Kocher,* Analoge Anwendung des Handelsvertreterrechts auf Vertragshändler in Europa, RIW 2003, 512; *Kohler,* Internationale Gerichtsstandsvereinbarungen: Liberalität und Rigorismus im EuGVÜ, IPRax 1983, 265; *Kränzlin,* Das deutsche internationale Handelsvertreterrecht im Rechtsverkehr mit den USA, ZVglRWiss. 83 (1984), 257; *Krüger,* Schiedsklauseln in Verträgen mit libanesischen Handelsvertretern, IPRax 2006, 305; *Küstner,* Der Ausgleichsanspruch des Handelsvertreters bei grenzüberschreitenden Vertreterverträgen, AWD 1966, 51; *Küstner/v. Manteuffel,* Handbuch des gesamten Außendienstrechts, Bd. 1, 3. Aufl. 2000; *Küstner/Thume,* Handbuch des gesamten Außendienstrechts, Bd. 3, 2. Aufl. 1998; *Landfermann,* AGB-Gesetz und Auslandsgeschäfte, RIW 1977, 445; *Lando,* The EEC Convention on the Law applicable to Contractual Obligations, C. M. L. Rev. 24 (1987), 159; *Lange,* Das Recht der Netzwerke. Moderne Formen der Zusammenarbeit in Produktion und Vertrieb, 1998; *Leipold,* Zur internationalen Zuständigkeit im Insolvenzrecht, FS Baumgärtel, 1990, S. 291; *E. Lorenz,* Die Auslegung schlüssiger und ausdrücklicher Rechtswahlerklärungen im internationalen Schuldvertragsrecht, RIW 1992, 697; *W. Lorenz,* Vom alten zum neuen internationalen Schuldvertragsrecht, IPRax 1987, 269; *Luther,* Probleme bei deutsch-italienischen Handelsvertreterverträgen, RIW 1985, 620; *ders.,* Nochmals: Deutsch-italienische Handelsvertreterverträge, RIW 1985, 965; *Maier,* Der Ausgleichsanspruch des Handels-

§ 92 c Anh.

vertreters und Eigenhändlers und der ordre public, NJW 1958, 1327; *Mankowski*, Der Ausgleichsanspruch des international tätigen Handelsvertreters, MDR 2002, 1352; *ders.*, Der Vorschlag für die Rom I–Verordnung, IPRax 2006, 101, 103; *Mansel*, Kollisions- und zuständigkeitsrechtlicher Gleichlauf der vertraglichen und deliktischen Haftung, ZVglRWiss. 86 (1987), 1; *Martinek/Semler/Habermeier* (Hrsg.), Handbuch des Vertriebsrechts, 2. Aufl. 2003; *Martiny*, Zustandekommen von Gerichtsstandsvereinbarungen und stillschweigende Rechtswahl bei Vertragshändlerverträgen, AWD 1972, 165; *ders.*, Internationales Vertragsrecht im Schatten des Europäischen Gemeinschaftsrechts, ZEuP 2001, 308, 330 (zum „Ingmar"-Urteil des EuGH); *Meyer-Sparenberg*, Rechtswahlvereinbarungen in Allgemeinen Geschäftsbedingungen, RIW 1989, 347; *Michaels/Kamann*, Besprechung zu EuGH Urt. v. 9. 11. 2000 – Rs. C-381/98 („Ingmar"), EWS 2001, 301; *Müller*, Ausschluss des Ausgleichsanspruchs des Handelsvertreters nach § 92 c I HGB, NJW 1998, 17; *Müller-Feldhammer*, Der Ausgleichsanspruch des Vertragshändlers im deutsch-schweizerischen Handelsverkehr, RIW 1994, 928; *Müller-Freienfels*, Der Haager Konventionsentwurf über das auf die Stellvertretung anwendbare Recht, RabelsZ 43 (1979), 80; *Oechsler*, Internationales Vertriebsrecht und internationale Zuständigkeit, in: Martinek/Semler/Habermeier (Hrsg.), Handbuch des Vertriebsrechts, 2. Aufl. 2003, S. 1405 = §§ 60, 61; *Preis/Stoffels*, Die Inhaltskontrolle der Verträge selbständiger und unselbständiger Handelsvertreter, ZHR 160 (1996), 442; *Reich*, Grundgesetz und internationales Vertragsrecht, NJW 1994, 2128; *ders.*, Besprechung zu EuGH Urt. v. 9. 11. 2000 – Rs. C-381/98 („Ingmar") EuZW 2001, 51; *Rühl*, Die Wirksamkeit von Gerichtsstands- und Schiedsvereinbarungen im Lichte der Ingmar-Entscheidung des EuGH, IPRax 2007, 294; *Samtleben*, Internationale Gerichtsstandsvereinbarungen nach dem EWG-Übereinkommen und nach der Gerichtsstandsnovelle, NJW 1974, 1590; *Schiller*, Gerichtsstandsklauseln in AGB zwischen Vollkaufleuten und das AGB-Gesetz, NJW 1979, 636; *M. Schmidt*, Kann Schweigen auf eine Gerichtsstandsklausel in AGB einen Gerichtsstand nach Art. 17 EuGVÜ/ LuganoÜ begründen?, RIW 1992, 173; *Schwartze*, Die „Ingmar"-Entscheidung des Europäischen Gerichtshofes, FS Kilian, 2004, S. 783; *Schurig*, Schiffbruch beim Eigentumsvorbehalt – Sachenrechtsstatut, Vertragsstatut, Sprachenrisiko –, IPRax 1994, 27; *ders.*, „Ingmar" und die „international zwingende" Handelsvertreter-Richtlinie oder: Die Urzeugung einer Kollisionsnorm, FS Jayme, 2004, S. 837; *Schwarz*, Das internationale Handelsvertreterrecht im Lichte von „Ingmar" – Droht das Ende der Parteiautonomie im Gemeinschaftsprivatrecht?, ZVglRWiss. 101 (2002), 45; *Sieg*, Allgemeine Geschäftsbedingungen im grenzüberschreitenden Geschäftsverkehr, RIW 1997, 811; *ders.*, Internationale Gerichtsstands- und Schiedsklauseln in Allgemeinen Geschäftsbedingungen, RIW 1998, 102; *A. Staudinger*, Die ungeschriebenen kollisionsrechtlichen Regelungsgebote der Handelsvertreter-, Haustürwiderrufs- und Produkthaftungsrichtlinie, NJW 2001, 1974; *Stoll*, Internationalprivatrechtliche Probleme bei Verwendung Allgemeiner Geschäftsbedingungen, FS Beitzke, 1979, S. 759; *Stumpf/Fichna/Dircks*, Internationales Handelsvertreterrecht, Bd. 2, 4. Aufl. 1986; *Stumpf/Ulrich*, Internationales Handelsvertreterrecht, Bd. 1, 6. Aufl. 1987; *Sturm*, Der Eigenhändler im Außenprivatrecht, FS Wahl, 1973, S. 207; *Sura*, Die Anknüpfung des internationalen Handelsvertretervertrages, DB 1981, 1269; *Thorn*, Entwicklungen des Internationalen Privatrechts 2000–2001, IPRax 2002, 349, 359 (zum internationalen Handelsvertreterrecht); *Tiedemann*, Kollidierende AGB-Rechtswahlklauseln im österreichischen und deutschen IPR, IPRax 1991, 424; *Vetter*, Akzessorische Anknüpfung von Subunternehmerverträgen bei internationalen Bau- und Industrieanlagen-Projekten, NJW 1987, 2124; *ders.*, Kollisionsrechtliche Fragen bei grenzüberschreitenden Subunternehmerverträgen im Industrieanlagenbau, ZVglRWiss. 87 (1988), 248; *Wauschkuhn/Meese*, Die standardvertragliche Abdingbarkeit zwingender Vorschriften des Handelsvertreterrechts, insbesondere: Abdingbarkeit des Ausgleichsanspruchs bei außerhalb der EG und des EWR tätigen Handelsvertreters, RIW 2002, 301; *Wegen*, Fallstudie zur Abdingbarkeit des Ausgleichsanspruchs eines deutschen Handelsvertreters durch Vereinbarung eines Drittstaatsrechts mit Unternehmenssitz, WiB 1994, 255; *Wengler*, Zum Internationalen Privatrecht des Handelsvertretervertrages, ZHR 146 (1982), 30; *Graf v. Westphalen* (Hrsg.), Handbuch der Handelsvertreterrechts in EU-Staaten und der Schweiz, 1995; *Wittmann*, Zum Ausgleichsanspruch von Handelsvertretern im EG-Ausland nach dem 31. 12. 1993, BB 1994, 2295; *Wolf*, Auslegung und Inhaltskontrolle von AGB im internationalen kaufmännischen Verkehr, ZHR 153 (1989), 300.

Übersicht

	RdNr.		RdNr.
I. Einführung	1–3	**III. Mangels Rechtswahl anzuwendendes Recht**	21–26
1. Rechtsangleichung durch die Europäische Gemeinschaft	1, 2	1. Geschäftssitz des Handelsvertreters	21–23
2. Internationales Handelsvertreterrecht	3	2. Handelsvertreter ohne eigenen Geschäftssitz	24
II. Wahl des Vertragsstatuts	4–20	3. Andere Hinweise	25, 26
1. Ausdrückliche Rechtswahl	4–9	**IV. Gerichtsstandsvereinbarungen**	27–43
a) Rechtswahl durch Individualvereinbarung	4, 5	1. Vereinbarung nach Art. 23 EuGVO	27–37
b) Rechtswahl durch Allgemeine Geschäftsbedingungen	6–9	a) Regelungsbedarf im Vertretervertrag	27
2. Stillschweigende Rechtswahl	10	b) Voraussetzungen	28–37
3. Grenzen der Rechtswahlfreiheit	11–18	aa) Anwendungsbereich	28, 29
a) Reine Inlandsgeschäfte	11	bb) EuGVO und nationales Recht	30, 31
b) International zwingendes Recht	12	cc) Voraussetzungen für Gerichtsstandsvereinbarungen	32–37
c) Zwingendes EG-Richtlinienprivatrecht („Ingmar")	13–15	2. Gerichtsstandsvereinbarungen nach deutschem Prozessrecht	38–43
d) Arbeitnehmerschutz	16	a) Regelungsbedarf im Vertretervertrag	38
e) Umgehung des gemeinsamen Minimalstandards der sachlich beteiligten Rechtsordnungen	17	b) Zulässigkeit	39, 40
		c) Bestimmtheit	41
f) Abgrenzung zu § 92 c	18	d) AGB-Kontrolle	42, 43
4. Wirksames Zustandekommen der Rechtswahl		**V. Vertragshändler**	44–53
a) Einigung und Wirksamkeit	19, 20	1. Begriff und Rechtsgrundlagen	44
	19	2. Ausdrückliche Rechtswahl	45
b) Form	20	3. Stillschweigende Rechtswahl	46, 47

	RdNr.		RdNr.
4. Grenzen der Rechtswahlfreiheit............	48–51	5. Mangels Rechtswahl anzuwendendes Recht.......................................	52, 53
a) Reine Inlandsgeschäfte.................	48	a) Geschäftssitz des Vertragshändlers........	52
b) International zwingendes Recht........	49	b) Vertragshändler ohne eigenen Geschäfts-	
c) Umgehung des gemeinsamen Minimal- standards der sachlich beteiligten Rechtsordnungen......................	50	sitz; andere Hinweise	53
d) Abgrenzung zu § 92 c...................	51		

I. Einführung

1. Rechtsangleichung durch die Europäische Gemeinschaft. Auf dem Gebiet des Handels- **1** vertreterrechts hat es in der Gemeinschaft durch die Verabschiedung einer entsprechenden Richtlinie erhebliche Harmonisierungsfortschritte gegeben. Die **Handelsvertreter-Richtlinie**[1] sieht zwingende Regelungen für Handelsvertreterverträge vor, insbesondere den verbindlichen nachvertraglichen Ausgleichsanspruch. Die Richtlinie bezweckt unter anderem die Angleichung der Wettbewerbsbedingungen für solche Unternehmer, die auf dem Gemeinsamen Markt oder Teilen desselben ihre Waren durch Handelsvertreter anbieten.[2]

Die Richtlinie hat zwar zu einer weitgehenden Rechtsangleichung, nicht aber zu einer vollkom- **2** menen Deckungsgleichheit der nationalen Gesetze geführt, so dass auch künftig für das Recht der Handelsvertreter gewisse Unterschiede innerhalb der EG bestehen bleiben. Es ist daher nach wie vor von grundlegender Bedeutung, welchem nationalen Recht das einzelne Vertragsverhältnis untersteht. Dies gilt erst recht für Verträge mit Handelsvertretern außerhalb der Gemeinschaft bzw. des EWR und für Vertragshändlerverträge, da insoweit die Richtlinie nicht eingreift und andere Vorschriften nicht existieren.

2. Internationales Handelsvertreterrecht. Aufgabe des internationalen Handelsvertreterrechts **3** ist es, bei Handelsvertreterverträgen mit einer Verbindung zum Recht eines ausländischen Staates die anwendbare Rechtsordnung zu bestimmen (vgl. Art. 3 Abs. 1 S. 1 EGBGB). Als **Anwendungsfall des Internationalen Vertragsrechts** ist das internationale Handelsvertreterrecht in **Art. 27 ff. EGBGB** geregelt. Auch hier ist – wie im Sachrecht (o. RdNr. 1 f.) – ein gewisser **Gleichklang mit den anderen EU-Staaten** erreicht, weil die genannten Vorschriften des EGBGB dem Römischen Schuldvertragsübereinkommen (EVÜ) vom 19. 6. 1980[3] nachgebildet sind.[4] Die Ablösung des EVÜ und damit der Art. 27 ff. EGBGB durch eine **EG-Verordnung über das auf vertragliche Schuldverhältnisse anwendbare Recht** ist geplant.[5] Nicht Teil des deutschen internationalen Handelsvertreterrechts ist das **Haager Übereinkommen über das auf die Vertreterverträge und die Stellvertretung anzuwendende Recht** vom 14. 3. 1978. Es gilt seit dem 1. 5. 1992 für Argentinien, Frankreich und Portugal, sowie seit dem 1. 10. 1992 auch für die Niederlande.[6] Das Übereinkommen ist aus der Sicht des deutschen IPR nicht von Bedeutung, wegen Art. 35 Abs. 1 EGBGB auch nicht mittelbar. Auch die **EU-Handelsvertreterrichtlinie** enthält keine kollisionsrechtlichen Regelungen. Daher beschäftigt sich die hierzu ergangene EuGH-Rspr. – bis auf eine Ausnahme –[7] mit rein sachrechtlichen Auslegungsfragen.[8]

---

[1] Richtlinie des Rates vom 18. 12. 1986 zur Koordinierung der Rechtsvorschriften der Mitgliedstaaten betreffend die selbständigen Handelsvertreter (86/653/EWG), ABl. EG 1986, Nr. L 382 S. 17 ff. Vgl. dazu: *Hakenberg* Vor § 84 Anh. I RdNr. 2.; zur Umsetzung in deutsches Recht *Kindler* RIW 1990, 358 ff.

[2] 2. Erwägungsgrund der Handelsvertreter-Richtlinie; EuGH Urt. v. 9. 11. 2000 – Rs. C-381/98, „Ingmar", EuGHE 2000, I-9325 = NJW 2001, 2007 = BB 2001, 9 m. Anm. *Kindler* (Tz. 23); zu diesem Urteil auch *Jayme* IPRax 2001, 190; weitere Schrifttumsangaben zu Ingmar oben vor RdNr. 1.

[3] BGBl. 1986 II S. 810; idF des 4. Beitrittsübereinkommens v. 14. 4. 2005, BGBl. 2006 II S. 348; Textabdruck bei Jayme/Hausmann (Hrsg.), Textausgabe Internationales Privat- und Verfahrensrecht, 13. Aufl. 2006, Nr. 70.

[4] Näheres über das Verhältnis des Übereinkommens zum EGBGB bei MünchKommBGB/*Martiny*, Vor Art. 27 EGBGB RdNr. 22 ff.

[5] Vgl. den Vorschlag der „Rom-I-Verordnung" v. 15. 12. 2005 in IPRax 2006, 193 ff. mit Aufsatz *Mankowski*, S. 101 ff.

[6] Der Text ist in englischer und französischer Sprache abgedruckt in RabelsZ 43 (1979), 176 ff.; näher *Basedow* RabelsZ 45 (1981), 196 ff.; Soergel/*v. Hoffmann* Art. 28 EGBGB RdNr. 257; MünchKommBGB/*Martiny* Art. 28 EGBGB RdNr. 218; *Müller-Freienfels* RabelsZ 43 (1979), 80 ff.

[7] Vgl. das Urteil „Ingmar" (Fn. 2), dazu nachfolgend RdNr. 14 ff.

[8] Vgl. EuGH Urt. v. 12. 12. 1996, Rs. C-104/95, – Kontogeorgas, EuGHE 1996, I-6643 = EuZW 1997, 248 = RIW 1997, 163 (Direktprovision); EuGH Urt. v. 30. 4. 1998, Rs. C-215/97, – Bellone, EuGHE 1998, I-2191 = EuZW 1998, 409 = EWS 1998, 215 (Registerpflicht); EuGH Urt. v. 13. 7. 2000 Rs. C-456/98, – Centrosteel, EuGHE 2000, I-6007 = EuZW 2000, 671 = RIW 2000, 790 (Registerpflicht); EuGH Urt. v. 6. 3. 2003 Rs. C-485/01, – Caprini, EuGHE 2003, I-2371 = EWS 2003, 187 = RIW 2003, 540 (Registerpflicht); EuGH Urt. v. 16. 3. 2006, Rs. C-3/04 – Poseidon, BeckRS 2006 70462 (Begriff des Handelsvertreters); EuGH Urt. v. 23. 3. 2006, Rs. C-465/04 – Honyvem, EuGHE 2006, I-2879 = EuZW 2006, 341 = RIW 2006, 459 (Tarifdispositivität des Ausgleichsanspruchs).

II. Wahl des Vertragsstatuts

4   1. Ausdrückliche Rechtswahl. a) Rechtswahl durch Individualvereinbarung. Sowohl die ausdrückliche als auch die stillschweigende Wahl des auf den Handelsvertretervertrag anzuwendenden Rechts sind zulässig, vgl. **Art. 27 Abs. 1 EGBGB.**[9] Für den Auslandsvertreter eines deutschen Geschäftsherrn kann beispielsweise die Geltung deutschen Rechts vereinbart werden.[10] Eine Rechtswahlvereinbarung ist nicht notwendigerweise schon bei Vertragsschluss zu treffen, sondern kann **auch nachträglich** erfolgen, **Art. 27 Abs. 2 EGBGB.** Hierbei hat vor allem das Verhalten der Parteien im Prozess eine indizielle Bedeutung, insbesondere die beiderseitige Behandlung der Sache einheitlich nach ausländischem[11] oder einheitlich nach deutschem Recht.[12] Beide Parteien müssen allerdings das Erklärungsbewusstsein für eine Rechtswahl besitzen, weshalb das irrtümliche Anführen deutscher Normen für eine Rechtswahl zugunsten des deutschen Rechts nicht ausreicht.[13] Ferner können die Parteien ein einmal gewähltes Recht jederzeit wieder ändern, Art. 27 Abs. 2 EGBGB.[14] Dabei ist im Zweifel eine ex-nunc-Wirkung beabsichtigt; es kann aber auch ausnahmsweise eine Rückwirkung gewollt sein.[15]

5   Nach Art. **27 Abs. 1 S. 3 EGBGB** haben die Parteien die Möglichkeit, statt des gesamten Vertrags nur einen Teil aller Regelungsgegenstände der Rechtswahl zu unterwerfen, wobei die Teilverweisung sowohl für einen Teil der gegenseitigen Rechtsbeziehungen als auch für bestimmte Passagen eines Vertrages gelten kann.[16] Die Parteien haben es somit in der Hand, unterschiedliche Teile des Absatzmittlungsvertrages verschiedenen Rechtsordnungen zu unterwerfen. Solche Abspaltungen sind eher selten anzutreffen und nicht unbedingt empfehlenswert, da sie zu in sich widersprüchlichen Verträgen führen können. Bei Austauschverträgen besteht ein unauflöslicher Zusammenhang der gegenseitigen Leistungspflichten. Dieses Synallagma muss einem einzigen Recht unterstehen. Art. 27 Abs. 1 S. 3 EGBGB gestattet es daher nicht, die jeweiligen Pflichten der Vertragsparteien verschiedenen Rechten zu unterstellen.[17]

6   b) Rechtswahl durch Allgemeine Geschäftsbedingungen. Neben der ausdrücklichen oder konkludenten Individualvereinbarung kommt die Rechtswahl mittels Allgemeiner Geschäftsbedingungen in Betracht. Mit der ersatzlosen Streichung von § 10 Nr. 8 AGBG fiel eine wichtige Begrenzung der kollisionsrechtlichen Privatautonomie weg. Damit besteht AGB-rechtlich gegenwärtig keine spezielles Klauselverbot mehr, das es bei den Rechtswahlklauseln unter Kaufleuten in Allgemeinen Geschäftsbedingungen zu beachten gilt.[18] Die Einbeziehung einer Rechtswahlklausel in den Vertrag unterliegt nach Art. 27 Abs. 4, 31 Abs. 1 EGBGB nur dann den Voraussetzungen der §§ 305, 305 a BGB, wenn deutsches Recht Vertragsstatut ist.[19] Auch einer **Inhaltskontrolle** nach §§ 307 ff. BGB unterliegen Rechtswahlklauseln nur dann, wenn sie die Geltung deutschen Rechts vorsehen.[20] Bei Anwendung deutschen Rechts sind Rechtswahlklauseln im kaufmännischen Ge-

---

[9] Vgl. etwa BGH Urt. v. 21. 11. 1960 – VII ZR 235/59, VersR 1961, 52; Urt. v. 17. 12. 1997 – VIII ZR 235/96, NJW 1998, 1860; *v. Hoffmann/Thorn* IPR § 10 RdNr. 31 f.; *Lange,* Recht der Netzwerke, RdNr. 905; Reithmann/Martiny 83 ff.

[10] OLG Schleswig-Holstein Urt. v. 29. 7. 1988 – 14 U 251/87, RIW 1989, 308 f. (in NJW 1988, 3104 nicht abgedruckt); Baumbach/*Hopt* § 92 c RdNr. 5.

[11] BGH Urt. v. 24. 11. 1989 – V ZR 248/88, NJW-RR 1990, 248, 249; OLG Celle Urt. v. 24. 10. 1989 – 16 U 77/87, RIW 1990, 320, 322; Soergel/*v. Hoffmann* Art. 27 EGBGB RdNr. 52.

[12] BGH Urt. v. 5. 10. 1993 – XI ZR 200/92, NJW 1994, 187; Beschl. v. 6. 3. 1995 – II ZR 37/94, RIW 1995, 410, 412 f.; *Mansel* ZVglRWiss. 86 (1987), 1, 11.

[13] OLG Köln Urt. v. 26. 6. 1986 – 1 U 12/86, NJW 1987, 1151, 1152; MünchKommBGB/*Martiny* Art. 27 RdNr. 55.

[14] BGH Urt. v. 12. 12. 1990 – VIII ZR 332/89, NJW 1991, 1292, 1293 = WM 1991, 464 ff.; OLG Hamm Urt. v. 30. 7. 1993 – 10 U 174/92, RIW 1993, 940; Soergel/*v. Hoffmann* Art. 27 EGBGB RdNr. 67; Erman/*Hohloch* Art. 27 EGBGB RdNr. 22–24.

[15] OLG Frankfurt a. M. Urt. v. 13. 2. 1992 – 16 U 229/88, IPRax 1992, 314, 317; Küstner/*v. Manteuffel* RdNr. 2375; *W. Lorenz* IPRax 1987, 269, 273.

[16] Palandt/*Heldrich* Art. 27 EGBGB RdNr. 9; Soergel/*v. Hoffmann* Art. 27 EGBGB RdNr. 53; *Kropholler* IPR § 52 II 2 b; Reithmann/*Martiny* RdNr. 64 ff.

[17] Palandt/*Heldrich* Art. 27 EGBGB RdNr. 9; Soergel/*v. Hoffmann* Art. 27 EGBGB RdNr. 59 f.; *Jayme,* FS Kegel, S. 253, 261 ff.; *W. Lorenz* IPRax 1987, 269, 272.

[18] *Jayme,* FS Lorenz, S. 435, 437 ff.; *Meyer-Sparenberg* RIW 1989, 347; *Wolf* ZHR 153 (1989), 300, 302. AA *Oechsler* in Martinek/Semler/Habermeier Vertriebsrechtshandbuch, § 60 RdNr. 4.

[19] OLG Hamm Urt. v. 1. 12. 1988 – 4 U 120/88, NJW-RR 1989, 496, 497; MünchKommBGB/*Basedow* § 307 RdNr. 309; *Tiedemann* IPRax 1991, 424, 425. AA *Meyer-Sparenberg* RIW 1989, 347, 348: unmittelbare Geltung von §§ 2, 3 AGBG (Vorläufer zu §§ 305, 305 a BGB) auch bei Geltung ausländischen Rechts.

[20] OLG Hamm Urt. v. 1. 12. 1988 – 4 U 120/88, NJW-RR 1989, 496, 497; MünchKommBGB/*Basedow* § 307 BGB RdNr. 316.

schäftsverkehr regelmäßig wirksam, wenn sie die Geltung einer Rechtsordnung vorsehen, der eine der Vertragsparteien angehört.[21]

Das **Zustandekommen** einer Rechtswahlvereinbarung, die auf ausländisches Recht verweist, richtet sich gemäß **Art. 27 Abs. 4, 31 Abs. 1 EGBGB** nach der in Bezug genommenen Rechtsordnung. Eine **Ausnahme** sieht Art. 31 Abs. 2 EGBGB vor, wenn es nach den Umständen nicht gerechtfertigt wäre, die Wirkung des zustimmenden Verhaltens des Kunden nach dem ausländischen Recht zu bestimmen. Bedeutung kommt dieser Ausnahmeregelung vor allem bei der rechtlichen Beurteilung des **Schweigens auf ein kaufmännisches Bestätigungsschreiben** zu.[22] 7

Umstritten ist, ob bei Rechtswahlklauseln in AGB **strengere Anforderungen** an die Einbeziehung zu stellen sind als bei anderen Klauseln. Teilweise wird bei der Bezugnahme auf ausländisches Recht wegen der weitreichenden Folgen gefordert, dass die andere Partei der Klausel tatsächlich zugestimmt haben müsse. Zudem lägen regelmäßig besondere Umstände vor, die eine gesteigerte Schutzbedürftigkeit auslösen würden. Hierzu sollen die fremde Sprache oder die für ein fremdes Recht typischen Besonderheiten gehören. Nach dieser Auffassung ist eine entsprechende Klausel nur dann wirksam, wenn eine sinnerfassende Kenntnisnahme durch die andere Partei nachweisbar zu erwarten sei. Dazu müsse die Vertragsurkunde nur wenige Klauseln enthalten, die Rechtswahlklausel drucktechnisch besonders hervorgehoben sein oder es sich um branchenübliche Bedingungen handeln.[23] 8

Gelegentlich wird in diesem Zusammenhang die Entscheidung des **BGH vom 26. 9. 1989** herangezogen, in der eine Rechtswahlklausel für unwirksam erklärt wurde.[24] Es ging um die Rechtswahl zwischen den Vertragsparteien, die gegenüber einem Dritten Wirksamkeit beanspruchte. In diesem Sonderfall argumentierte der BGH damit, dass die Rechtswahl die Rechte Dritter berührte und deshalb zu beanstanden gewesen war. Für die Wirksamkeit der Rechtswahlklausel in Handelsvertreterverträgen kann aus dieser Entscheidung keine allgemein gültige Aussage abgeleitet werden, weil es zumeist an einer vergleichbaren Dreiecksbeziehung fehlt. Unabhängig von der Frage, ob man mit der Meinung von der **gesteigerten Schutzbedürftigkeit** die Anforderungen an die Einbeziehung von AGB nicht zu hoch steckt, wird man unter Kaufleuten die Auffassung vertreten können, dass die Parteien über eine gewisse Geschäftserfahrung verfügen, die Kenntnisnahme aller Klauseln ökonomisch besonders sinnvoll ist und daher regelmäßig erwartet werden kann. Ferner ist darauf hinzuweisen, dass auch im nationalen Recht Klauseln bekannt sind, die schwerwiegende Folgen für die andere Vertragspartei haben können, ohne dass man bislang aus diesem Grund für eine Verschärfung der Voraussetzungen an die Einbeziehung eingetreten wäre. 9

2. Stillschweigende Rechtswahl. Fehlt es an einer ausdrücklichen Rechtswahl, ist nach Indizien zu suchen, die auf eine stillschweigende Rechtswahl hindeuten und aus denen sich „mit hinreichender Sicherheit" auf den entsprechenden Parteiwillen schließen lässt (Art. 27 Abs. 1 S. 2 EGBGB). Solche **Hinweise** können einzelne Vertragsbestimmungen sein oder sich aus den Umständen des Falles ergeben, die gegeneinander abgewogen werden.[25] Indizielle Wirkung kommt etwa der Vereinbarung eines bestimmten einheitlichen **Gerichtsstandes** zu, da die Parteien im Allgemeinen davon ausgehen, dass das zur Entscheidung berufene Gericht das Recht seines Landes anwendet.[26] Entsprechendes gilt für die Vereinbarung eines gemeinsamen **Erfüllungsorts,** vor allem, wenn er vom tatsächlichen Leistungsort abweicht.[27] Die Vereinbarung eines **Schiedsgerichts** indiziert eine Rechtswahl nur dann, wenn aus den Umständen der Wahl hervorgeht, dass der Schiedsrichter das an diesem Ort geltende Recht anwenden wird.[28] Bei der Erforschung des tatsächlichen Willens der 10

---

[21] LG Rottweil Urt. v. 8. 12. 1986 – 4 O 865/86, IPRax 1989, 45, 46; *Sieg* RIW 1997, 811, 816.
[22] MünchKommBGB/*Basedow* § 307 BGB RdNr. 311 f.; *Ebenroth* ZVglRWiss. 77 (1978), 161 ff.
[23] So *Lindacher* in Wolf/Horn/Lindacher, Anh. § 2 RdNr. 35; dagegen: *v. Hoffmann* RabelsZ 36 (1972), 510, 519 ff.; *H. Schmidt*, in Ulmer/Brandner/Hensen, AGB-Recht, 10. Aufl. 2006 Anh. § 2 RdNr. 3; *Sieg* RIW 1997, 811, 815 f.; *Stoll*, FS Beitzke, S. 759, 771.
[24] BGH Urt. v. 26. 9. 1989 – XI ZR 178/88, BGHZ 108, 353, 361 ff. = NJW 1990, 242, 244.
[25] BGH Urt. v. 6. 2. 1970 – V ZR 158/66, BGHZ 53, 189, 191 ff. = NJW 1970, 999 f.; *Meyer-Sparenberg* RIW 1989, 347, 348.
[26] BGH Urt. v. 30. 1. 1961 – VII ZR 180/60, NJW 1961, 1061, 1062: „Im Zweifel wird der Wille der Parteien dahin gehen."; BGH Urt. v. 1. 7. 1964 – VIII ZR 266/62, WM 1964, 1023 f.; Urt. v. 21. 1. 1991 – II ZR 50/90, NJW 1991, 1419, 1420; OLG Hamburg Urt. v. 30. 12. 1985 – 11 U 159/85, RIW 1986, 462 f.; OLG München Urt. v. 17. 5. 2006 – 7 U 1781/06, WM 2006, 1556, 1557 f.; MünchKommBGB/*Martiny* Art. 27 EGBGB RdNr. 48; *Kegel/Schurig* IPR § 18 I 1 c; MünchKommHGB/*v. Hoyningen-Huene* § 84 RdNr. 108; *Oechsler* in Martinek/Semler/Habermeier Vertriebsrechtshandbuch, § 60 RdNr. 3; abl. *Emde* MDR 2002, 190, 195.
[27] Soergel/*v. Hoffmann* Art. 27 EGBGB RdNr. 49 f. u. Art. 28 RdNr. 258; MünchKommBGB/*Martiny* Art. 27 EGBGB RdNr. 65.
[28] BGH Urt. v. 19. 12. 1968 – VII ZR 83 u. 84/66, BGHZ 51, 255, 257 ff. = AWD 1970, 31 = DB 1969, 653; OLG Hamburg Urt. v. 8. 5. 1969 – 6 U 189/68, WM 1969, 709, 711; abl. *Emde* MDR 2002, 190, 195.

Parteien zur Rechtswahl kommt es auf den **Zeitpunkt ihrer Einigung** über die Rechtswahl an.[29] Als **weitere Indizien,** die im Einzelfall zu berücksichtigen sind, kommen in Betracht: die Bezugnahme auf das Recht eines Staates[30] oder die Abfassung des Vertrags in der Landessprache,[31] ferner die gemeinsame Staatsangehörigkeit von Unternehmer und Handelsvertreter.[32] Sehr weit ging der BGH in einem Urteil aus dem Jahr 1996. Danach bestehen bei Abschluss eines Vertrages in Deutschland zwischen im Inland ansässigen Deutschen in deutscher Sprache ausreichende Indizien für die konkludente Wahl deutschen Rechts.[33]

11 3. **Grenzen der Rechtswahlfreiheit. a) Reine Inlandsgeschäfte.** Grundsätzlich sind die Parteien wegen ihrer Parteiautonomie nach Art. 27 Abs. 1 S. 1 EGBGB in der Rechtswahl frei; es findet keine Inhaltskontrolle statt.[34] Die Parteien können allerdings nicht reine Inlandsverträge, die keinerlei Berührungspunkte iSv. Art. 28 EGBGB[35] zu irgendeiner ausländischen Rechtsordnung aufweisen, einem ausländischen Recht unterstellen.[36] Dies folgt schon aus Art. 3 Abs. 1 S. 1 EGBGB. Daher kann bei Sachverhalten ohne Auslandsberührung auch das nachgiebige inländische Recht nicht kollisionsrechtlich abgewählt, sondern nur im Rahmen der sachrechtlichen Privatautonomie abbedungen werden. Die „Rechtswahl" wirkt nur auf der sachrechtlichen Ebene; das „gewählte" Recht wird Vertragsbestandteil.[37] Die anderslautende hM stellt auf **Art. 27 Abs. 3** EGBGB ab, der bei reinen Inlandsverträgen die zwingenden Bestimmungen des inländischen Rechts unberührt lässt.[38] Auch nach hM kann beim reinen Inlandsfall zwingendes Inlandsrecht nicht umgangen werden. Denn nach Art. 27 Abs. 3 EGBGB gelten die zwingenden Vorschriften (Art. 34 EGBGB) einer Rechtsordnung, wenn der Sachverhalt nur zu dieser Beziehungen aufweist. **Zwingende Bestimmungen** sind nicht nur die international zwingenden Vorschriften (Art. 34 EGBGB), sondern alle Normen des Sachrechts, die nicht parteidispositiv sind.[39] Zu diesen zwingenden Vorschriften zählt etwa das AGB-Recht (§§ 305 ff. BGB).[40] Auf diese Weise wird nach hM die Rechtswahlfreiheit immerhin mittelbar eingeschränkt, da die zwingenden Vorschriften eines Staates ohne Rücksicht auf das gewählte Vertragsstatut angewendet werden müssen, wenn im Zeitpunkt der Rechtswahl nur zu diesem einen Staat eine Verbindung besteht. Bei reinen Inlandsverträgen zwischen einem in Deutschland ansässigen Unternehmer und einem ebenfalls dort ansässigen Handelsvertreter oder Vertragshändler, der seine Tätigkeit vertragsgemäß im Inland ausübt, überlagern daher nach hM die zwingenden innerstaatlichen Bestimmungen das gewählte ausländische Recht.

12 b) **International zwingendes Recht.** Zwar begründet die Wahl eines ausländischen Rechts keinen Verstoß gegen den ordre public (Art. 6 EGBGB).[41] Unabhängig von der Rechtswahl durch die Parteien gelten aber in jedem Fall die **international zwingenden Vorschriften** des deutschen

---

[29] MünchKommBGB/*Martiny* Art. 27 EGBGB RdNr. 45.
[30] OLG Köln Urt. v. 23. 2. 1983 – 16 U 136/82, RIW 1984, 314, 315; *Westphal* in Graf v. Westphalen, Handbuch des Handelsvertreterrechts, Deutschland RdNr. 89.
[31] BGH Urt. v. 19. 1. 2000 – VIII ZR 275/98, MDR 2000, 692 = JZ 2000, 1115 m. Anm. *Sandrock* = IPRax 2002, 37 m. Anm. *Hohloch/Kjelland* 30.
[32] LG Hamburg Urt. v. 19. 6. 1980 – 21 O 10/80, IPRax 1981, 174; Reithmann/Martiny/*Häuslschmid* RdNr. 2032; *Birk* ZVglRWiss. 79 (1980), 268, 280; *Oechsler* in Martinek/Semler/Habermeier Vertriebsrechtshandbuch, § 60 RdNr. 3.
[33] BGH Urt. v. 28. 1. 1997 – XII ZR 42/96, RIW 1997, 426 = NJW-RR 1997, 686.
[34] *Mankowski* Anm. zu OLG Düsseldorf Urt. v. 14. 1. 1994 – 17 U 129/93, RIW 1994, 420, 422; Soergel/*v. Hoffmann* Art. 27 EGBGB RdNr. 7.
[35] Vgl. MünchKommBGB/*Martiny* Art. 27 EGBGB RdNr. 95.
[36] *Kindler* RIW 1987, 660, 661 mit Fn. 12; *ders.* RabelsZ 61 (1997), 227, 232; *W. Lorenz* IPRax 1987, 269, 271 mit Fn. 19; analog dazu für Gerichtsstandsvereinbarungen: *Kropholler* Europäisches Zivilprozessrecht, 8. Aufl. 2005, Art. 23 EuGVO RdNr. 89; aA die hM: Palandt/*Heldrich* Art. 27 EGBGB RdNr. 3; MünchKommHGB/*v. Hoyningen-Huene* § 84 RdNr. 106; Küstner/*v. Manteuffel* RdNr. 2379–2381; MünchKommBGB/*Martiny* Art. 27 EGBGB RdNr. 19 ff.; *Meyer-Sparenberg* RIW 1989, 347; *Oechsler* in Martinek/Semler/Habermeier Vertriebsrechtshandbuch, § 60 RdNr. 7.
[37] Staudinger/*Magnus* Art. 27 EGBGB RdNr. 115.
[38] OLG Frankfurt a. M. Urt. v. 1. 6. 1989 – 6 U 76/88, RIW 1989, 646, 648 = NJW-RR 1989, 1018 ff. = EWiR 1989, 995 f. mit Anm. *Huff*; OLG Celle Urt. v. 28. 8. 1990 – 20 U 85/89, RIW 1991, 421; *v. Hoffmann/Thorn* IPR § 10 RdNr. 29–30; *Oechsler* in Martinek/Semler/Habermeier Vertriebsrechtshandbuch, § 60 RdNr. 6–7.
[39] BGH Urt. v. 26. 10. 1993 – XI ZR 42/93, BGHZ 123, 380, 384 = NJW 1994, 262; OLG Frankfurt a. M. Urt. v. 1. 6. 1989 – 6 U 76/88, RIW 1989, 646, 648 = NJW-RR 1989, 1018 ff. = EWiR 1989, 995 f. mit Anm. *Huff*; *v. Bar* IPR, Bd. 2, RdNr. 417–419; Palandt/*Heldrich* Art. 27 EGBGB RdNr. 4; Soergel/*v. Hoffmann* Art. 27 EGBGB RdNr. 85.
[40] OLG Frankfurt a. M. Urt. v. 1. 6. 1989 – 6 U 76/88, RIW 1989, 646, 648 = NJW-RR 1989, 1018 ff. = EWiR 1989, 995 f. mit Anm. *Huff*; MünchKommBGB/*Martiny* Art. 27 EGBGB RdNr. 90; *Wolf* ZHR 153 (1989), 300, 302 f.
[41] Vgl. zum fehlenden ordre public-Charakter des deutschen Handelsvertreterrechts BGH Urt. v. 30. 1. 1961 – VII ZR 180/60, NJW 1961, 1061, 1062; *Ebenroth* RIW 1984, 165; *Kindler* RIW 1987, 660, 662 Fn. 19; ferner etwa *Emde* MDR 2002, 190, 196.

Rechts kraft Sonderanknüpfung nach Art. 34 EGBGB.[42] Unter den dort genannten Voraussetzungen kann von diesen Vorschriften nicht durch die Wahl eines ausländischen Rechts abgewichen werden. Insbesondere die Frage, ob der Ausgleichsanspruch des Handelsvertreters nach § 89 b – bzw. in Analogie derjenige des Vertragshändlers – wegen Art. 34 EGBGB rechtswahlfest ist, wird im Schrifttum uneinheitlich beantwortet. Nach einer Meinung ist § 89 b als zwingende Vorschrift iSv. Art. 34 EGBGB anzusehen, so dass Handelsvertreter und Vertragshändler mit Niederlassung im Inland davor geschützt sind, den Ausgleichsanspruch durch eine Rechtswahl zu verlieren.[43] Die überwiegende Auffassung geht indessen davon aus, dass der Unternehmer durch die Wahl eines ausländischen Rechts, das keinen Ausgleichsanspruch kennt, der Anwendung des § 89 b entgehen kann.[44] Die darin liegende – grundsätzlich zutreffende – Ablehnung einer Sonderanknüpfung von § 89 b ist freilich nur gerechtfertigt, soweit die Vorschrift dispositiv ist, und dies trifft allein in dem von § 92 c Abs. 1 geregelten Fall zu, d. h. bei Handelsvertretern, die *außerhalb* des EWR tätig sind.[45] Bei einer Tätigkeit *innerhalb* des EWR kommt die „Ingmar"-Entscheidung des EuGH[46] zum Zuge, die für die von ihr erfassten Fälle zu einer Sonderanknüpfung des zwingenden EU-Handelsvertreterrechts nach Art. 34 EGBGB/Art. 7 Abs. 2 EVÜ führt. Dazu sogleich RdNr. 13 ff.

c) Zwingendes EG-Richtlinienprivatrecht („Ingmar"). Aus Art. 34 EGBGB/Art. 7 **13** Abs. 2 EVÜ folgt kollisionsrechtlich die **Rechtswahlfestigkeit des Ausgleichsanspruchs** in Verträgen mit Handelsvertretern, die in der Gemeinschaft tätig sind.[47] Denn Grundlage des Ausgleichsanspruchs aus § 89 b HGB ist die Richtlinie 86/653/EWG. In der Rechtssache „Ingmar" entschied der EuGH zugunsten eines in Großbritannien tätigen Handelsvertreters, dass ein Ausgleich nach Art. 17 bis 19 der Richtlinie auch dann geschuldet sei, wenn dem Handelsvertretervertrag eine Rechtswahlklausel zugrunde liegt, wonach das Recht eines Drittstaates maßgeblich ist und das zur Anwendung berufene ausländische Recht – hier: das Recht des US-Bundesstaates Kalifornien – keinen Handelsvertreterausgleich kennt.[48] Denn bei Art. 17 und 19 der Richtlinie handele es sich um zwingende Vorschriften.[49] Art. 3 Abs. 5 der geplanten EG-Verordnung über das auf vertragliche Schuldverhältnisse anwendbare Recht bestätigt diese Rspr.[50]

Der EuGH ging im Urteil „Ingmar" offenbar davon aus, dass es sich bei den *mitgliedstaatlichen* **14** *Durchführungsbestimmungen* zu der Richtlinie – also z. B. der britischen Handelsvertreterverordnung, den „Commercial Agents (Council Directive) Regulations 1993" – um national zwingendes Recht handelt.[51] Dies trifft zwar wegen der zu Art. 19 der Richtlinie vorhandenen mitgliedstaatlichen Durchführungsbestimmungen (im deutschen Recht § 89 b Abs. 4 S. 1 HGB) zu, rechtfertigt nach Europäischem internationalen Vertragsrecht aber noch nicht allein den Geltungsvorrang gegenüber einem von den Parteien gewählten drittstaatlichen Recht. Dazu müsste es sich um *international* zwingendes Recht i. S. d. Art. 7 Abs. 2 EVÜ/Art. 34 EGBGB („Eingriffsnormen") handeln. Dass der EuGH genau das gemeint hat,[52] wird aus den Schlussanträgen des Generalanwalts zwar deutlich,[53] doch wünscht man sich hier künftig Urteile, die für jeden Juristen – und nicht nur den Spezialisten des internationalen und europäischen Privatrechts – aus sich heraus verständlich sind.[54]

Nach „Ingmar" setzt sich zwingendes Richtlinienprivatrecht gegen ein gewähltes drittstaatliches **15** Vertragsstatut durch, wenn die in Rede stehenden Normen den Grundfreiheiten dienen, einen unverfälschten Wettbewerb im Binnenmarkt schützen und der Sachverhalt einen starken Gemein-

---

[42] BGH Urt. v. 26. 10. 1993 – XI ZR 42/93, BGHZ 123, 380, 391 = NJW 1994, 262 ff.
[43] *Reich* NJW 1994, 2128, 2130 f.; für Anwendung des Art. 34 EGBGB auf § 89 b: *Maier* NJW 1958, 1327, 1329.
[44] BGH Urt. v. 30. 1. 1961 – VII ZR 180/60, NJW 1961, 1061, 1062; OLG Frankfurt Urt. v. 14. 6. 1960 – 5 U 243/59, BB 1960, 836; *Beitzke* DB 1961, 528, 531; *Birk* ZVglRWiss. 79 (1980), 268, 284; *Ebenroth* RIW 1984, 165; *Hepting/Detzer* RIW 1989, 337, 338 f.; *Baumbach/Hopt* § 92 c RdNr. 10; MünchKommHGB/*v. Hoyningen-Huene* § 92 c RdNr. 16–18; *Küstner* AWD 1966, 65, 66; *Oechsler*, in Martinek/Semler/Habermeier Vertriebsrechtshandbuch, § 60 RdNr. 15; *Sura* DB 1981, 1269.
[45] Vgl. schon *Kindler*, Der Ausgleichsanspruch des Handelsvertreters im deutsch-italienischen Warenverkehr, 1987, S. 179 f.
[46] O. Fn. 2.
[47] *Kindler* BB 2001, 11 ff.; *ders.* JZ 2006, 176, 183 f.; *Emde* MDR 2002, 190, 196.
[48] EuGH Urt. v. 9. 11. 2000 (Fn. 2).
[49] EuGH Urt. v. 9. 11. 2000 (Fn. 2) Nr. 21–22.
[50] Näher *Mankowski* IPRax 2006, 101, 102 f. und o. RdNr. 3.
[51] *Kindler* BB 2001, 11, 12; *Jayme* IPRax 2001, 190.
[52] HM, vgl. nur *Rühl* IPRax 2007, 294 f.; aA *v. Bar/Mankowski*, IPR, Bd. 1, 2. Aufl. 2003, § 4 RdNr. 103: Durchsetzung des EG-Handelsvertreterrechts analog Art. 29 a EGBGB; s. a. *ders.* MDR 2002, 1352, 1353.
[53] *Reich* EuZW 2001, 51 mit Verweis auf Nr. 88 der Schlussanträge.
[54] Seit dem 1. 8. 2004 besitzt der EuGH die Auslegungszuständigkeit für das EVÜ, und die Umwandlung in eine EU-Verordnung ist geplant: *Jayme/Kohler* IPRax 2004, 481, 491 f.; *Mankowski* IPRax 2006, 101 ff.

schaftsbezug aufweist.⁵⁵ Dieser Gemeinschaftsbezug ist bei einem Handelsvertreter mit Geschäftssitz in der Gemeinschaft gegeben,⁵⁶ ferner auch bei Bearbeitung des Marktes eines EG-Mitgliedstaates bei Niederlassung des Handelsvertreters in einem Nicht-EG-Staat.⁵⁷ Zwingenden Charakter hat das Richtlinien-Privatrecht allerdings nur für den Mindeststandard, nicht für etwaige Schutzverstärkungen durch das mitgliedstaatliche Recht.⁵⁸

16   **d) Arbeitnehmerschutz.** Sollte der Handelsvertreter ausnahmsweise als **Arbeitnehmer** einzustufen sein (vgl. § 5 Abs. 3 ArbGG), ist Art. 30 Abs. 1 EGBGB zu beachten. Nach dieser Vorschrift darf die Rechtswahl der Parteien bei Arbeitsverträgen und Arbeitsverhältnissen nicht dazu führen, dass dem Arbeitnehmer der Schutz entzogen wird, der ihm durch zwingende Bestimmungen des Rechts zustehen würde, das auf Grund objektiver Anknüpfung nach Art. 30 Abs. 2 EGBGB anzuwenden wäre.⁵⁹ Vertragshändler und Handelsvertreter sind selbständige Kaufleute und keine Arbeitnehmer. In seltenen Ausnahmefällen können sie aber wirtschaftlich und sozial arbeitnehmerähnlich gestellt sein,⁶⁰ mit der Folge, dass einzelne arbeitsrechtliche Normen zu ihrem Schutz analog angewandt werden. Die Abgrenzung zwischen Selbständigkeit und Abhängigkeit ist anhand einer wertenden Betrachtung anzustellen. Als wichtigste Abgrenzungskriterien sind zu nennen: die Art und Weise der Tätigkeit, hierzu zählen auch Ort und Zeit; die Eingliederung in die Organisation des Unternehmers; das Unternehmerrisiko und die Vergütung.

17   **e) Umgehung des gemeinsamen Minimalstandards der sachlich beteiligten Rechtsordnungen.** Eine weitere Schranke der Rechtswahlfreiheit ergibt sich für den Fall, dass bei einem grenzüberschreitenden Handelsvertretervertrag weder das Ortsrecht des Unternehmers noch das des Handelsvertreters gewählt wird, sondern eine dritte Rechtsordnung, und zwar um zwingende Ausgleichsansprüche kollisionsrechtlich auszuschließen, die nach beiden sachlich beteiligten Rechtsordnungen bestehen. Gedacht ist etwa an den Fall, dass ein Unternehmer mit Sitz in Deutschland mit seinem schweizerischen Handelsvertreter⁶¹ als Vertragsstatut das Recht des US-Bundesstaates Kalifornien⁶² vereinbart. Hier sollen die gemeinsamen Schutzstandards der beiden sachlich beteiligten Rechtsordnungen – des schweizerischen und des deutschen Rechts – kollisionsrechtlich ausgeschaltet werden. Derartige Rechtswahlvereinbarungen sind als Rechtsumgehung einzustufen und daher unbeachtlich.⁶³

18   **f) Abgrenzung zu § 92 c.** Keine Begrenzung der Rechtswahlfreiheit ergibt sich aus § 92 c. Nach dieser Vorschrift sind die §§ 84 ff. abdingbar, wenn der Handelsvertreter seine Tätigkeit für den Unternehmer nach dem Vertrag nicht innerhalb des Gebiets der Europäischen Gemeinschaft oder der anderen Staaten des EWR auszuüben hat. § 92 c verfolgt den **Zweck, die Vertragsfreiheit** bei Auslandsverträgen gegenüber Binnenvereinbarungen **zu erweitern**. Die Parteien sollen das Vertragsverhältnis frei ausgestalten können, ohne durch die zwingenden Schutznormen des deutschen Rechts eingeschränkt zu sein.⁶⁴ § 92 c ist **keine Kollisionsvorschrift,** sondern befreit nur vom zwingenden deutschen Recht. Voraussetzung ist, dass der Handelsvertreter seine Tätigkeit nach dem Vertrag nicht innerhalb der EG oder des EWR auszuüben hat,⁶⁵ und – dies ist streitig – dass das Recht am Vertriebsort keine Entsprechung zu den zwingenden Vorschriften des HGB kennt.⁶⁶

---

⁵⁵ EuGH Urt. v. 9. 11. 2000 (Fn. 2) Nr. 24, 25; zu den – weitreichenden – Konsequenzen aus „Ingmar" *Wendehorst* in Langenbucher (Hrsg.), Europarechtliche Bezüge des Privatrechts, § 7 RdNr. 43, 44 ff.; für das int. Gesellschaftsrecht MünchKommBGB/*Kindler,* IntGesR RdNr. 9.
⁵⁶ Näher *S. Eberl* S. 160 ff., 199.
⁵⁷ *Kindler* BB 2001, 11, 12 f.; *Emde* MDR 2002, 190, 196.
⁵⁸ BGH Urt. v. 13. 12. 2005 – XI ZR 82/05 Tz. 29, BGHZ 165, 248 = RIW 2006, 389 = NJW 2006, 762 = IPRax 2006, 272 m. Anm. *Pfeiffer* 238.
⁵⁹ Soergel/*v. Hoffmann* Art. 30 EGBGB RdNr. 3; Erman/*Hohloch* Art. 30 EGBGB RdNr. 1; MünchKommHGB/*v. Hoyningen-Huene* § 84 RdNr. 139 f.; *Westphal* in Graf v. Westphalen, Handbuch des Handelsvertreterrechts, Deutschland RdNr. 88.
⁶⁰ *Herschel* DB 1977, 1185 ff.; *Hopt* DB 1998, 863 ff.; *Klima* RIW 1987, 796 f.; *Preis/Stoffels* ZHR 160 (1996), 442, 446 ff.; vgl. auch ArbG Lübeck Beschl. v. 26. 10. 1995 – 2 Ca 2046/95, BB 1996, 177 f. Siehe ferner BAG Beschl. v. 16. 7. 1997 – 5 AZB 29/96, ZIP 1997, 1714 f. zur Arbeitnehmerstellung eines Franchisenehmers.
⁶¹ Zum Handelsvertreterausgleich im schweizerischen Recht vgl. Art. 418 u OR.
⁶² Zum Fehlen eines Ausgleichsanspruchs nach dortigem Recht vgl. EuGH Urt. v. 9. 11. 2000 (Fn. 2) und OLG München Urt. v. 17. 5. 2006 – 7 U 1781/06, WM 2006, 1559 = EWiR 2006, 621 m. Anm. *Emde.*
⁶³ Näher *Kindler* (Fn. 45) S. 140–145; *ders.* RIW 1987, 660, 662; i. Erg. auch Martinek/Semler/*Dechsler* § 60 RdNr. 8; *K. Schmidt* HandelsR § 28 IV (S. 779); abl. z B MünchKommBGB/*Martiny* Art. 27 EGBGB RdNr. 11 f.
⁶⁴ OLG München Urt. v. 11. 1. 2002 – 23 U 4416/01, NJW-RR 2003, 471; OLG München Urt. v. 20. 11. 2002 – 7 U 5609/01, NJW-RR 2003, 201; dazu *Ferid* AWD 1964, 197; *Hepting/Detzer* RIW 1989, 339, 341; *S. Eberl* S. 200 ff.; *Mankowski* MDR 2002, 1352 ff.; *W. Eberl* RIW 2002, 305 ff.; *Hagemeister* RIW 2006, 498 ff.; Reithmann/*Häuslschmid* RdNr. 2035; *Oechsler* in Martinek/Semler/Habermeier Vertriebsrechtshandbuch, § 60 RdNr. 13; Heymann/*Sonnenschein/Weitemeyer* § 92 c RdNr. 3.
⁶⁵ Vgl. Kommentierung von *Löwisch*; ferner *Müller* NJW 1998, 17 ff.
⁶⁶ Zur teleologischen Reduktion des § 92 c vgl. *Kindler* RIW 1987, 660, 662 mit Fn. 24; *ders.* RIW 1990, 358, 363; Röhricht/*v. Westphalen*/Küstner § 92 c RdNr. 6 a; *S. Eberl* S. 228 ff.; 260; Martinek/Semler/*Oechsler* § 60 RdNr. 14 f.;

4. Wirksames Zustandekommen der Rechtswahl. a) Einigung und Wirksamkeit. Bei 19
Hauptvertrag und Rechtswahlvereinbarung handelt es sich um zwei selbständige Verträge, die
unterschiedlichen Zwecken dienen. Der Bestand der Rechtswahlvereinbarung bleibt vom Schicksal
des Hauptvertrags unberührt. Gemäß **Art. 31 Abs. 1** EGBGB, auf den Art. 27 Abs. 4 EGBGB
verweist, ist das Zustandekommen und die Wirksamkeit der Rechtswahlvereinbarung nach dem
Recht zu beurteilen, das anzuwenden wäre, wenn diese Klausel wirksam wäre. Das Zustandekommen
der erforderlichen Einigung und ihre materielle Wirksamkeit richten sich also nach dem – die
Wirksamkeit der Rechtswahl unterstellt – für den Hauptvertrag maßgeblichen Vertragsstatut.[67] Für
die **konkludente Rechtswahl** gelten diese Grundsätze nicht, da Art. 27 Abs. 1 S. 2 EGBGB diesen
Fall regelt.[68] Ferner wird in Art. 27 Abs. 4 EGBGB auch auf Art. 31 Abs. 2 EGBGB Bezug
genommen, wonach sich die Wirkung des Verhaltens einer Partei, also beispielsweise ihr **Schweigen
auf ein Angebot,** nicht nach dem gewählten Recht, sondern nach dem Recht des Staates ihres
gewöhnlichen Aufenthaltsorts bestimmt, wenn es nicht gerechtfertigt wäre, die Wirkung ihres
Verhaltens nach dem gewählten Recht zu bestimmen.

b) Form. Unterliegen Rechtswahlverträge dem deutschen Kollisionsrecht, bedürfen sie auf dem 20
Gebiet des Schuldrechts nicht der Form. Die Rechtswahl ist, wie aus **Art. 27 Abs. 1 S. 2** EGBGB
zu entnehmen ist, nicht formbedürftig. Da Verweisungs- und Hauptvertrag eigenständige Verträge
sind, ist auch die Formfrage selbständig zu beurteilen.[69] Ist deutsches Recht anzuwenden, kann der
Verweisungsvertrag unabhängig von der für den Hauptvertrag maßgeblichen Form formfrei abgeschlossen
werden. Gilt eine ausländische Rechtsordnung, sieht **Art. 27 Abs. 4** EGBGB für Formfragen
keine besonderen Vorgaben vor, sondern verweist auf die Art. 11, 12 und 29 Abs. 3 EGBGB.
Art. 11 EGBGB spricht von der Form, der ein Rechtsgeschäft bedarf, um wirksam zu sein. In diesem
Fall müssen Rechtswahl- und Hauptvertrag die dortigen Formerfordernisse beachten.[70]

III. Mangels Rechtswahl anzuwendendes Recht

1. Geschäftssitz des Handelsvertreters. Fehlt es an einer wirksamen Rechtswahl durch die 21
Parteien, ist das Vertragsstatut durch objektive Anknüpfung zu ermitteln, wobei gleichermaßen auf
individuelle und typische Umstände abgestellt wird. Dabei unterliegt der Handelsvertretervertrag
nach **Art. 28 Abs. 1 S. 1** EGBGB dem Recht desjenigen Staates, mit dem er die **engsten
Verbindungen** aufweist. Das Kriterium der engsten Verbindung ist jedoch ausfüllungsbedürftig,
weshalb zur Konkretisierung in den nachfolgenden Absätzen des Art. 28 EGBGB Vermutungsregeln
aufgestellt werden. **Art. 28 Abs. 2 S. 2** EGBGB präzisiert die Anknüpfung dahingehend, dass ein
Vertrag, der in Ausübung einer beruflichen oder gewerblichen Tätigkeit derjenigen Partei geschlossen
worden ist, die die charakteristische Leistung erbringt, die engste Verbindung zu dem Staat
aufweist, in dem sich deren **Hauptniederlassung** befindet. Der Vertrag untersteht also grundsätzlich
dem Recht desjenigen Landes, in dem die Partei ansässig ist, die die charakteristische Leistung zu
erbringen hat. Unter vertragscharakteristischer Leistung ist diejenige Pflicht zu verstehen, die dem
Vertrag seine Eigenart verleiht und seine Unterscheidung von anderen Vertragstypen ermöglicht.[71]

Art. 28 Abs. 2 S. 2 EGBGB führt bei fehlender Rechtswahl durch die Parteien dazu, dass das 22
Recht am **Niederlassungsort des Handelsvertreters** maßgeblich ist, denn der **Handelsvertreter
erbringt** die **charakteristische Leistung.**[72] Sie besteht in der **Vermittlungs- und Abschlusstätigkeit**
sowie dem **Kundendienst.** Demgegenüber ist die Zahlung des Entgelts durch den
Geschäftsherrn zu wenig aussagekräftig, um als vertragscharakteristisch angesehen werden zu können.[73]
Liegen Sitz, Tätigkeitsgebiet und gewerbliche Niederlassung des ausländischen Handelsvertreters
in ein und demselben Staat, ist das Recht dieses Staates auf das Absatzmittlungsverhältnis

---

Küstner/*Thume* Bd. 1 RdNr. 2424; anders die zitierten Urteile des OLG München (Fn. 64) und etwa *W. Eberl* RIW 2002, 305 ff.; *Bälz* NJW 2003, 1559 ff.

[67] BGH Urt. v. 26. 10. 1993 – XI ZR 42/93, BGHZ 123, 380, 383 = NJW 1994, 262 ff.; Urt. v. 9. 3. 1994 – VIII ZR 185/92, NJW 1994, 2699, 2700; *Wolf* ZHR 153 (1989), 300, 302.
[68] *Jayme,* FS Lorenz, S. 435, 438; *Lorenz, E.* RIW 1992, 697, 698.
[69] MünchKommBGB/*Martiny* Art. 27 EGBGB RdNr. 105 f.
[70] *v. Bar* IPR, Bd. 2, RdNr. 487; *Meyer-Sparenberg* RIW 1989, 347, 349.
[71] Soergel/*v. Hoffmann* Art. 28 EGBGB RdNr. 22–34; *Gunst,* Charakteristische Leistung, S. 29 ff.
[72] BGH Urt. v. 12. 5. 1993 – VIII ZR 110/92, NJW 1993, 2753, 2754; Urt. v. 9. 11. 1994 – VIII ZR 41/94, BGHZ 127, 368, 371 = NJW 1995, 318, 319; BGH Urt. v. 8. 5. 2002 – I ZR 28/00, NJW-RR 2002, 1433, 1434; *Kindler,* FS Sonnenberger, 2004, S. 433, 437 f.; ders. RIW 1990, 358, 363; Palandt/*Heldrich* Art. 28 EGBGB RdNr. 15; MünchKommBGB/*Martiny* Art. 28 EGBGB RdNr. 221; Soergel/*v. Hoffmann* Art. 28 EGBGB RdNr. 258 für den Handelsvertreter und RdNr. 265 für den Vertragshändler; *Emde* MDR 2002, 190, 194. Differenzierend *Oechsler* in Martinek/Semler/Habermeier Vertriebsrechtshandbuch, § 60 RdNr. 18–22.
[73] *Kindler* RIW 1987, 660, 662; Küstner/*v. Manteuffel* RdNr. 2417.

§ 92 c Anh. 23–25

anwendbar. Bei einer ausländischen Niederlassung des Handelsvertreters gilt ausländisches Sachrecht,[74] und zwar ohne Rücksicht auf eine durch das ausländische IPR etwa ausgesprochene Rück- oder Weiterverweisung (Art. 35 Abs. 1 EGBGB). Diese Auffassung hat der EuGH im Urteil „Ingmar" mittelbar bestätigt.[75] Das Gesagte gilt auch für den Vertragshändler[76] und den Handelsmakler.[77]

23 Liegen **Tätigkeitsgebiet** und **Niederlassung** in **verschiedenen Staaten** oder wird der Handelsvertreter vom Ort seiner Niederlassung aus in mehreren Ländern tätig, bleibt es bei dem genannten Grundsatz, weil der Handelsvertreter typischerweise seine Tätigkeit – die Bearbeitung des Marktes – von seiner Niederlassung aus organisiert und koordiniert.[78] Entgegen *Schurig*[79] folgt aus dem Urteil „Ingmar"[80] nicht die kollisionsrechtliche Unbeachtlichkeit der Niederlassung des Handelsvertreters. Denn der EuGH hat dort nicht ausgesprochen, dass der Handelsvertreter seine Tätigkeit am Sitz der Kunden ausübt. Das ist auch in der Rechtswirklichkeit regelmäßig nicht der Fall, seit dem Aufkommen der elektronischen Fernkommunikation in Echtzeit (e-mail) umso weniger.[81] Verfügt der Handelsvertreter neben der Hauptniederlassung zusätzlich noch über eine oder mehrere **Zweigniederlassungen**, gelten für die jeweiligen Tätigkeitsgebiete unterschiedliche Anknüpfungspunkte. Art. 28 Abs. 1 S. 2 EGBGB sieht vor, dass bei Trennbarkeit eines Teils des Vertrags vom Rest des Vertrags dann das Recht des anderen Staates angewandt wird, wenn dieser Teil eine engere Verbindung mit einem anderen Staat aufweist. Bei Absatzmittlungstätigkeiten in verschiedenen Staaten mit eigenen Niederlassungen liegt eine solche engere Verbindung vor.[82] Auch Art. 4 Abs. 1 lit. b der geplanten EG-Verordnung über das auf vertragliche Schuldnerverhältnisse anwendbare Recht (o. RdNr. 3) beruft das Recht des Staates zur Anwendung, in dem der Handelsvertreter als Dienstleistungsverpflichteter seinen gewöhnlichen Aufenthalt oder seine Hauptverwaltung (Art. 18) hat. Das Marktortrecht kommt danach nicht mehr in Betracht.[83]

24 **2. Handelsvertreter ohne eigenen Geschäftssitz.** Verfügt der Handelsvertreter nicht über einen eigenen Geschäftssitz, etwa weil er vom Geschäftsherrn erst in ein anderes Land gesandt wird, ist nach hM auf das Recht der Niederlassung des Unternehmers abzustellen, wie sich aus dem Rechtsgedanken des Art. 30 Abs. 2 Nr. 2 EGBGB ergeben soll.[84] Diese Ersatzregel ist indessen abzulehnen. Die engste Verbindung (Art. 28 Abs. 1 EGBGB) besteht hier zu dem vom Handelsvertreter bearbeiteten Markt.[85] Der von der hM herangezogene Art. 30 Abs. 2 Nr. 2 EGBGB setzt voraus, dass die Einsatzgebiete ständig wechseln, und dieser Fall ist mit der einmaligen Entsendung nicht vergleichbar. Ein Rückgriff auf den Unternehmersitz wegen des Parteiinteresses an der Stetigkeit der Rechtsbeziehungen ist hier nicht geboten.[86]

25 **3. Andere Hinweise.** Die Vermutungsregelung des **Art. 28 Abs. 2** EGBGB kann gemäß **Abs. 5** korrigiert werden. Danach gelten die Vermutungen der Abs. 2, 3 und 4 nicht, wenn sich aus der **Gesamtheit aller Umstände** ergibt, dass der Vertrag engere Verbindungen mit einem anderen Staat aufweist. Dies dürfte beim Handelsvertretervertrag die Ausnahme bleiben. Als Hinweis iSv. Abs. 5 wird zT die gemeinsame Staatsangehörigkeit von Unternehmer und Handelsvertreter angesehen.[87]

---

[74] BGH Urt. v. 16. 3. 1970 – ZR 125/68, BGHZ 53, 332, 334 ff. = NJW 1970, 1002 ff.; Urt. v. 9. 11. 1994 – VIII ZR 41/94, BGHZ 127, 368, 371 = NJW 1995, 318, 319; *Ebenroth* RIW 1984, 165, 167; *Kindler* RIW 1987, 660, 662 f.; *Müller-Feldhammer* RIW 1994, 926, 928 f.
[75] EuGH Urt. v. 9. 11. 2000 (Fn. 2), *Kindler*, FS Sonnenberger, 2004, S. 433, 441.
[76] Zum Vertragshändler eingehend *Kindler* RIW 1987, 660, 665; *ders.*, FS Sonnenberger, 2004, S. 433, 438 ff. sowie näher unten RdNr. 44 ff.
[77] OLG Düsseldorf Urt. v. 11. 7. 1996 – 6 U 152/95, DB 1997, 326 f. = EWiR 1996, 843 f. mit Anm. *Schlechtriem*; *Ebenroth* RIW 1984, 165, 169; *Erman/Hohloch* Art. 28 EGBGB RdNr. 53; MünchKommBGB/*Martiny* Art. 28 RdNr. 159; *Sturm*, FS Wahl, S. 207 ff.
[78] OLG Koblenz Urt. v. 19. 10. 1995 – 6 U 1441/92, RIW 1996, 151, 152 l. Sp.; *Kindler* RIW 1987, 660, 664; *ders.*, FS Sonnenberger, 2004, S. 433, 438; ferner *Birk* ZVglRWiss. 79 (1980), 268, 282; *Kocher* RIW 2003, 512, 513; Soergel/*v. Hoffmann* Art. 28 EGBGB RdNr. 259; Baumbach/*Hopt* § 92 c RdNr. 2; MünchKommHGB/ *v. Hoyningen-Huene* § 84 RdNr. 113; *Kränzlin* ZVglRWiss. 83 (1984), 257, 277 f.; MünchKommBGB/*Martiny* Art. 28 EGBGB RdNr. 222; Reithmann/Martiny/*Häuslschmid* RdNr. 2031; *Sura* DB 1981, 1269, 1271.
[79] FS Jayme, 2004, S. 837, 845 f.
[80] O. Fn. 2.
[81] Zutreffend *Emde* MDR 2002, 190, 194.
[82] *Kindler* RIW 1987, 660, 664 f.; *Küstner/v. Manteuffel* RdNr. 2419; *Emde* MDR 2002, 190, 194; *Westphal*, in Graf v. Westphalen, Handbuch des Handelsvertreterrechts, Deutschland RdNr. 95.
[83] *Mankowski* IPRax 2006, 101, 103 f.
[84] *Ebenroth* RIW 1984, 167; Baumbach/*Hopt* § 92 c RdNr. 3; Reithmann/Martiny/*Häuslschmid* RdNr. 2033. AA Soergel/*v. Hoffmann* Art. 28 EGBGB RdNr. 259 aE (Manipulationsgefahr).
[85] *Emde* MDR 2002, 190, 194.
[86] Vgl. zu diesem Normzweck des Art. 30 Abs. 2 Nr. 2 EGBGB MünchKommBGB/*Martiny* Art. 30 EGBGB RdNr. 63.
[87] LG Hamburg Urt. v. 19. 6. 1980 – 21 O 10/88, IPRax 1981, 174 mit krit. Anm. *v. Hoffmann*; Reithmann/ Martiny/*Häuslschmid* RdNr. 2032. AA Soergel/*v. Hoffmann* Art. 28 EGBGB RdNr. 260; unhaltbar LG Nürnberg

Die geplante EG-Verordnung über das auf vertragliche Schuldverhältnisse anzuwendende Recht (o. RdNr. 3) soll keine Ausweichklausel nach Art des Art. 28 Abs. 5 EGBGB mehr enthalten.[88]

Das einzelne Rechtsverhältnis zwischen Unternehmer und Handelsvertreter bzw. Vertragshändler kann Bestandteil einer **umfassenden Vertriebsstrategie** sein. Dann ist nach einem Teil des Schrifttums an den Sitz des Prinzipals anzuknüpfen, da die Absatzmittlungsverträge im Gesamtzusammenhang als **Vertriebsnetzwerk** zu begreifen seien.[89] Seien Verträge dergestalt miteinander verbunden, dass sie untereinander in einem inhaltlichen Zusammenhang stehen und eine größere Einheit bilden, komme in Abweichung von der für einzelne Vertragsarten maßgeblichen Regelanknüpfung eine Anknüpfung an den Sitz des Unternehmers in Betracht. Das sogenannte **Uniformitätsinteresse** sei bei Netzwerken für den hochintegrierten Vertrieb besonders ausgeprägt. Es beuge Unzufriedenheiten über eine ungleiche Behandlung vor, sorge für eine prinzipielle Chancengleichheit und damit für die notwendige innere Stabilität des Netzwerks.[90] Diese Auffassung ist **abzulehnen**. Das Uniformitätsinteresse ist kollisionsrechtlich indifferent, da es nicht bei allen Beteiligten des Netzwerks vorhanden sein wird, und jedenfalls nicht auf die Anwendung des Rechts des Prinzipals gerichtet sein wird, sondern auf die Anwendung des dem einzelnen Handelsvertreter inhaltlich möglichst günstigen Rechts. Ferner kann die Berücksichtigung des Uniformitätsgrundsatzes zu einer gewissen Einseitigkeit zugunsten des Unternehmers führen, zumal umgekehrt der Handelsvertreter bzw. Vertragshändler auch zu mehreren Unternehmen Geschäftsbeziehungen unterhalten kann.[91] **26**

IV. Gerichtsstandsvereinbarungen

1. Vereinbarung nach Art. 23 EuGVO. a) Regelungsbedarf im Vertretervertrag. Gerichtsstandsvereinbarungen in internationalen Handelsvertreterverträgen sind schon deshalb von zentraler Bedeutung, weil die nationalen Gerichte diesen Vertragstyp uneinheitlich anknüpfen.[92] Abhilfe schafft hier zwar eine Rechtswahlklausel, doch behebt diese nicht das weitere Problem, dass die gesetzliche Zuständigkeitsregelung nach der EuGVO im Einzelfall möglicherweise dem Parteiinteresse widerspricht. Neben dem **allgemeinen Beklagtengerichtsstand** nach Art. 2 EuGVO kommt danach vor allem der **Gerichtsstand des Erfüllungsorts** nach Art. 5 Nr. 1 EuGVO in Betracht.[93] Noch zum EuGVÜ hat der EuGH für den unselbständigen Handelsvertreter den Erfüllungsort an dessen Sitz anerkannt.[94] Art. 5 Nr. 1 lit. b EuGVO bestätigt diese Rechtsprechung. Der Begriff des Vertrags in Art. 5 Nr. 1 EuGVO ist für das Abkommen autonom auszulegen. Der EuGH hat entschieden, dass ein Anspruch auf Zahlung von Provisionen auf Grund eines Handelsvertretervertrages und auf Zahlung von Schadensersatz wegen missbräuchlicher Auflösung eines solchen Vertrags im Hinblick auf die Nichteinhaltung der Kündigungsfrist unter diesen Begriff fällt.[95] Auch eine Klage des Handelsvertreters gegen den Unternehmer an dessen inländischem Agenturgerichtsstand (Art. 5 Nr. 5 EuGVO) kommt in Betracht.[96] **27**

b) Voraussetzungen. aa) Anwendungsbereich. Damit Art. 23 EuGVO **anwendbar** ist, muss der Sitz mindestens einer Partei in einem Vertragsstaat liegen. Ferner muss eine Prorogation auf ein Gericht eines Vertragsstaats erfolgt sein. Nicht von Art. 23 EuGVO werden reine Inlandssachverhalte erfasst; der Wortlaut ist diesbezüglich zu weit formuliert.[97] Anerkannt hat der EuGH jedoch, dass die Verordnung auf solche Sachverhalte anwendbar ist, die einen Auslandsbezug ausschließlich zu einem Drittstaat aufweisen.[98] **28**

Urt. v. 6. 11. 2003 – 3 HKO 7267/02, DB 2003, 2765 = Zahlungspflicht des Unternehmers ausnahmsweise als charakteristische Leistung angesehen.
[88] Dazu *Mankowski* IPRax 2006, 101, 104 f.
[89] Zum Phänomen der Vertriebsnetzwerke siehe: *Lange,* Recht der Netzwerke, RdNr. 930 ff.
[90] *Beitzke* DB 1961, 528, 530; *Lange,* Recht der Netzwerke, RdNr. 903–904; *Oechsler,* in Martinek/Semler/Habermeier Vertriebsrechtshandbuch, § 60 RdNr. 24 f.
[91] Vgl. nur *Ebenroth* RIW 1984, 165, 167; *Weitnauer,* Der Vertragsschwerpunkt, 1981, S. 181.
[92] Vgl. für das deutsch-französische Verhältnis *Kindler,* FS Sonnenberger, 2004, S. 433 ff. (bei gleichem Normtext: Art. 28 EGBGB/Art. 4 EVÜ!).
[93] Dazu umfassend *Emde* RIW 2003, 505 ff.
[94] *EuGH* Urt. v. 26. 5. 1982, Rs. 133/81 – Ivenel/Schwab, EuGHE 1982, 1891.
[95] *EuGH* Urt. v. 8. 3. 1988, Rs. 9/87 – Arcado/Haviland, EuGHE 1988, 1539.
[96] OLG München Urt. v. 29. 5. 1998 – 23 U 2481/98, RIW 1999, 872 EWiR 1999, 1119 m. Anm. *Emde.*
[97] Reithmann/Martiny/*Hausmann* RdNr. 2971; *v. Hoffmann* AWD 1973, 57, 58; *Samtleben* NJW 1974, 1590, 1596.
[98] *EuGH* Urt. v. 1. 3. 2005, Rs. C-281/02, Owusu, EuGHE 2005, I-1383 = IPRax 2005, 244 Nr. 28; *Kropholler,* Europäisches Zivilprozessrecht, 8. Aufl. 2005, Art. 23 EuGVO RdNr. 4; Reithmann/Martiny/*Hausmann* RdNr. 2972 ff.; *Samtleben* NJW 1974, 1590, 1593; Stein/Jonas/*Bork* § 38 RdNr. 22; jeweils mit Nachweisen zu beiden Ansichten.

§ 92 c Anh. 29–33 1. Buch. 7. Abschnitt. Handelsvertreter

29 Der **räumliche Geltungsbereich** der EuGVO erstreckt sich auf alle EU-Mitgliedstaaten mit Ausnahme Dänemarks (Art. 1 Abs. 3 EuGVO).[99] Parallel dazu besteht zwischen den EG-Staaten und den EFTA-Staaten seit 1988 das sogenannte Lugano-Übereinkommen über die gerichtliche Zuständigkeit und die Vollstreckung gerichtlicher Entscheidungen in Zivil- und Handelssachen (LugÜ). Das Lugano-Übereinkommen entspricht weitgehend dem EuGVÜ in der Fassung des 3. Beitrittsübereinkommens, insbesondere auch dessen Art. 17.[100]

30 **bb) EuGVO und nationales Recht.** Art. 23 EuGVO **verdrängt** in seinem Anwendungsbereich die Regelung über Gerichtsstandsvereinbarungen in § 38 ZPO.[101] Daneben geht er auch den Einbeziehungsvoraussetzungen der §§ 305, 305 a BGB vor; dies gilt insbesondere für die Besonderheiten im kaufmännischen Verkehr. Umstritten ist, ob Art. 23 Abs. 1 EuGVO auch die Inhaltskontrolle nach § 307 BGB verdrängt,[102] oder ob § 307 BGB neben Art. 23 Abs. 1 EuGVO anwendbar bleibt.[103] Entgegen einer verbreiteten Ansicht verdrängt Art. 23 EuGVO die Inhaltskontrolle nach § 307 BGB, da nur so dem Ziel des Abkommens nach Rechtsvereinheitlichung wirksam entsprochen werden kann.[104] Im kaufmännischen Verkehr kommt es darauf an, dass nicht mittels AGB-rechtlicher Inhaltskontrolle die Geltung von an sich gebräuchlichen vorformulierten Gerichtsstandsklauseln vereitelt wird. Es kann im kaufmännischen Bereich nur darum gehen, ob einige Sachnormen die Vorschriften der EuGVO ergänzen oder ob man sich für den uneingeschränkten Vorrang der EuGVO ausspricht. Andere Lösungen, die aus § 307 BGB das Erfordernis einer besonderen Rechtfertigung für die Prorogation des gesetzlichen Gerichtsstandes ableiten, sind mit dem Zweck der EuGVO nicht in Einklang zu bringen. Die Anforderungen an den Inhalt einer Gerichtsstandsvereinbarung werden durch die EuGVO abschließend geregelt.

31 In diesem Zusammenhang wird gelegentlich auf die Entwicklung einer **einheitlichen europäischen Missbrauchskontrolle** durch den EuGH hingewiesen, die insbesondere den Missbrauch wirtschaftlicher Macht oder die Anwendung unlauterer Mittel verhindern möchte.[105] Die Wirksamkeit einer solchen Kontrolle ist allerdings gering, da der EuGH keinen objektiven Zusammenhang zwischen dem streitigen Rechtsverhältnis und dem vereinbarten Gericht verlangt.[106] Auch die „forum non conveniens"-Lehre lehnt er ausdrücklich ab.[107]

32 **cc) Voraussetzungen für Gerichtsstandsvereinbarungen.** Die EuGVO lässt Gerichtsstandsvereinbarungen grundsätzlich zu, sofern nicht ausdrücklich in der Verordnung selbst etwas anderes bestimmt ist. Völlig ausgeschlossen sind Gerichtsstandsvereinbarungen gemäß Art. 23 Abs. 5 EuGVO in den Fällen der ausschließlichen internationalen Zuständigkeit nach dem Katalog des Art. 22 EuGVO. Darüber hinaus bestehen teilweise erhebliche Beschränkungen bei bestimmten Vertragsarten, wie Verbraucher- oder Arbeitsverträgen, vgl. Art. 15 ff., 18 ff. EuGVO. Diese Beschränkungen finden auf Handelsvertreterverträge keine – auch keine analoge – Anwendung.[108]

33 **Art. 23 Abs. 1 EuGVO** verlangt, dass sich die Zuständigkeitsvereinbarung auf eine bereits entstandene oder auf eine künftige, aus einem bestimmten Rechtsverhältnis entspringende Rechtsstreitigkeit bezieht.[109] Sie ist nur wirksam, wenn das zuständige Gericht sich unmittelbar aus der

---

[99] Im Rechtsverkehr mit Dänemark findet derzeit noch das EuGVÜ Anwendung, demnächst ein mit der EuGVO weitgehend identisches Abkommen v. 19. 10. 2005, ABl. EG 2005 Nr. L 299, S. 62; ABl. EG 2006 Nr. L 120, S. 22; *Jayme/Kohler* IPRax 2006, 537, 549.

[100] Weiterführend *Kropholler*, Europäisches Zivilprozessrecht, Einl. RdNr. 51 ff.; *Jayme/Kohler* IPRax 2006, 537, 549; Text: Jayme/Hausmann (Hrsg.), Textausgabe Internationales Privat- und Verfahrensrecht, 13. Aufl. 2006, Nr. 152.

[101] OLG Bamberg Urt. v. 5. 11. 1976 – 3 U 46/76, NJW 1977, 505, 506; OLG Karlsruhe Urt. v. 30. 12. 1981 – 14 U 4/81, NJW 1982, 1950 f.; OLG Hamm Urt. v. 10. 10. 1988 – 2 U 96/87, IPRax 1991, 324, 325; OLG München Urt. v. 28. 9. 1989 – 24 U 391/87, IPRax 1991, 46, 47; OLG Saarbrücken Urt. v. 2. 10. 1991 – 5 U 21/91, NJW 1992, 987 f.

[102] *Gottwald*, FS Firsching, S. 89, 103 f.; MünchKommZPO/*Gottwald* IZPR Art. 17 EuGVÜ RdNr. 49; *Grüter* DB 1978, 381, 384.

[103] OLG Karlsruhe Urt. v. 30. 12. 1981 – 14 U 4/81, NJW 1982, 1950 f.; OLG Düsseldorf Urt. v. 6. 1. 1989 – 16 U 77/88, NJW-RR 1989, 1330, 1332 f.; *Landfermann* RIW 1977, 445, 448.

[104] So auch: OLG München Urt. v. 8. 3. 1989 – 15 U 5989/88, RIW 1989, 901, 902; MünchKommBGB/*Basedow* § 307 BGB RdNr. 323; *Jayme/Kohler* IPRax 1992, 346, 353; *Kohler* IPRax 1983, 265, 270 f.; *Kropholler*, Europäisches Zivilprozessrecht, Art. 23 EuGVO RdNr. 19.

[105] MünchKommBGB/*Basedow* § 307 BGB RdNr. 324; *Kohler* IPRax 1983, 265, 270 ff.; *Kropholler*, Europäisches Zivilprozessrecht, 8. Aufl. 2005, Art. 23 EuGVO RdNr. 86 ff.; *Samtleben* NJW 1974, 1590, 1596.

[106] EuGH Urt. v. 14. 12. 1976, Rs. 24/76 – Estasis Safotti/RÜWA, EuGHE 1976, 1831, 1841 = NJW 1977, 494; Urt. v. 19. 6. 1984, Rs. 71/83, IPRax 1985, 152, 153; Reithmann/Martiny/*Hausmann* RdNr. 3066; *Kohler* IPRax 1983, 265, 271.

[107] EuGH Urt. v. 1. 3. 2005, Rs.C-281/02 – Owusu, EuGHE 2005, I-1383 = IPRax 2005, 244 m. Anm. *Heinze/Dutta*, S. 224 ff. = JZ 2005, 887 m. Anm. *Bruns*.

[108] OLG Hamburg Urt. v. 14. 4. 2004 – 13 U 76/03, NJW 2004, 3126, 3127 f.

[109] Zum Bestimmtheitserfordernis bei Art. 23 EuGVO näher *Kindler/Haneke* IPRax 1999, 435, 436 (Vertragshändlervertrag).

Klausel ergibt, oder es wenigstens bei Klageerhebung aus den Umständen hinreichend eindeutig zu bestimmen ist. Um zu gewährleisten, dass Gerichtsstandsabreden tatsächlich vom beiderseitigen Willen der Vertragsparteien gedeckt sind, stellt Art. 23 EuGVO besondere Voraussetzungen für die Wirksamkeit einer internationalen Prorogation auf.[110] Danach sind nur wirksam: (1) eine schriftliche Vereinbarung, (2) eine „mündliche, schriftlich bestätigte Vereinbarung" oder (3) der Abschluss einer Vereinbarung „im internationalen Handel in einer Form, die einem Handelsbrauch entspricht, den die Parteien kannten oder kennen mussten und den Parteien von Verträgen dieser Art in dem betreffenden Geschäftszweig allgemein kennen und regelmäßig beachten".[111] Schließlich wird der Abschluss von Gerichtsstandsvereinbarungen in einer Form zugelassen, die den Gepflogenheiten entspricht, die zwischen den Parteien entstanden sind, Art. 23 Abs. 1 S. 3 lit. b EuGVO.

(1) Eine **schriftliche Vereinbarung** iSv. Art. 23 Abs. 1 S. 3 lit. a, 1. Var. EuGVO liegt vor, wenn jede Partei ihre Willenserklärung schriftlich abgegeben hat; eine beiderseitig unterzeichnete Urkunde iSv. § 126 Abs. 2 BGB ist nicht erforderlich.[112] Bei Gerichtsstandsbestimmungen in AGB muss neben einem unzweideutigen Hinweis auf die Allgemeinen Geschäftsbedingungen die Möglichkeit zumutbarer Kenntnisnahme in Form des Zugänglichmachens des Klauselwerks bestehen. Dazu reicht es nicht aus, dass die AGB auf der Rückseite eines Geschäftsschreibens abgedruckt werden; vielmehr muss die Bezugnahme eindeutig erfolgen.[113] **34**

(2) Für die **mündliche Vereinbarung mit nachfolgender schriftlicher Bestätigung** nach Art. 23 Abs. 1 S. 3 lit. a, 2. Var. EuGVO genügt es, dass die Partei, der die Zuständigkeitsbestimmung entgegengehalten werden soll, die Gerichtsstandsvereinbarung schriftlich bestätigt. Diese „halbe Schriftlichkeit" verlangt, dass sich die Parteien bei dem mündlichen Vertragsschluss auch über die Zuständigkeitsregelung geeinigt haben.[114] Eine solche Bestätigung kann sogar von der sich auf die Gerichtsstandsabrede berufenden Partei ausgehen. Dann muss aber die mündliche Vereinbarung noch genau nachgewiesen werden.[115] Bei einer Gerichtsstandsvereinbarung in **Allgemeinen Geschäftsbedingungen** ist daneben sicherzustellen, dass eine **Kenntnisnahme** vom Inhalt der einzelnen Klauseln möglich ist,[116] weshalb es nicht ausreicht, dass die AGB der Gegenseite erst später zugänglich gemacht werden.[117] **35**

(3) Für den **Vertragsschluss gemäß internationalen Handelsbräuchen, Art. 23 Abs. 1 S. 3 lit. c EuGVO**, ist stets der Zweck der Norm zu beachten. Die Vorschrift möchte sicherstellen, dass die Prorogation in jedem Fall vom Willen beider Vertragsparteien getragen wird. Zugleich wird der Zweck verfolgt, die formellen Anforderungen an Gerichtsstandsvereinbarungen zu lockern, umso den Gepflogenheiten des internationalen Handelsverkehrs besser Rechnung zu tragen.[118] Um der Zielsetzung von Art. 23 Abs. 1 S. 3 lit. c EuGVO gerecht zu werden, sollten die Anforderungen an die Branchenüblichkeit nicht überspannt werden. Vor diesem Hintergrund kann **auch das Schweigen auf ein kaufmännisches Bestätigungsschreiben** zu einer wirksamen Zuständigkeitsvereinbarung führen.[119] **36**

Auch **Gerichtsstandsvereinbarungen in fremdsprachigen AGB** sind unter bestimmten Voraussetzungen bindend. Diese sind allerdings vom EuGH noch nicht geklärt.[120] Die deutschen **37**

---

[110] EuGH Urt. v. 14. 12. 1976, Rs. 24/76 – Estasis Safotti/RÜWA, EuGHE 1976, 1831, 1841 = NJW 1977, 494; Urt. v. 14. 12. 1976, Rs. 25/76, NJW 1977, 495; Urt. v. 6. 5. 1980, Rs. 784/79, RIW 1981, 58; Urt. v. 14. 7. 1983, Rs. 201/82, RIW 1984, 62, 64.
[111] EuGH Urt. v. 14. 12. 1976, Rs. 24/76 – Estasis Safotti/RÜWA, EuGHE 1976, 1831, 1841 = NJW 1977, 494; Urt. v. 6. 5. 1980, Rs. 784/79, RIW 1981, 58; Urt. v. 14. 12. 1976, Rs. 201/82, RIW 1984, 62, 64; Urt. v. 20. 2. 1997, Rs. C-106/95 – MSG eV/Les Gravières Rhénanes SARL, NJW 1997, 1431, 1432.
[112] EuGH Urt. v. 14. 12. 1976, Rs. 24/76 – Estasis Safotti/RÜWA, EuGHE 1976, 1831, 1841 f. = NJW 1977, 494; so auch BGH Urt. v. 9. 3. 1994 – VIII ZR 185/92, RIW 1994, 508, 509; *Kohler* IPRax 1983, 265, 269.
[113] EuGH Urt. v. 14. 12. 1976, Rs. 24/76 – Estasis Safotti/RÜWA, EuGHE 1976, 1831, 1841 = NJW 1977, 494; BGH Urt. v. 26. 3. 1992 – VII ZR 258/91, RIW 1992, 756, 758; Reithmann/Martiny/*Hausmann* RdNr. 3001 ff.
[114] EuGH Urt. v. 14. 12. 1976 – Rs. 25/76, NJW 1977, 495; BGH Urt. v. 9. 3. 1993 – VIII ZR 185/92, NJW 1994, 2699, 2700; *Kropholler*, Europäisches Zivilprozessrecht, Art. 23 EuGVO RdNr. 42; *Sieg* RIW 1998, 102, 103.
[115] EuGH Urt. v. 11. 7. 1985, Rs. 221/84 – Berghoefer/ASA, EuGHE 1985, 2699, 2708 f. = RIW 1985, 736, 737; Reithmann/Martiny/*Hausmann* RdNr. 3019.
[116] BGH Urt. v. 28. 3. 1996 – III ZR 95/95, NJW 1996, 1819 = IPRax 1997, 416 m. Anm. *Koch* 405; ferner Anm. *Müller* zu EuGH Urt. v. 14. 12. 1976 – Rs. 24/76, RIW 1977, 163, 165; Reithmann/Martiny/*Hausmann* RdNr. 3012.
[117] EuGH Urt. v. 14. 12. 1976 – Rs. 24/76 – Estasis Safotti/RÜWA, EuGHE 1976, 1831, 1841 f. = NJW 1977, 494; Urt. v. 14. 12. 1976 – Rs. 25/76, NJW 1977, 495; *Sieg* RIW 1998, 102 f.
[118] EuGH Urt. v. 20. 2. 1997, Rs. C-106/95 – MSG eV/Les Gravières Rhénanes SARL, NJW 1997, 1431, 1432.
[119] EuGH Urt. v. 20. 2. 1997, Rs. C-106/95 – MSG eV/Les Gravières Rhénanes SARL, NJW 1997, 1431 ff.; BGH Urt. v. 9. 3. 1994 – VIII ZR 185/92, NJW 1994, 2699, 2700; OLG Köln Urt. v. 16. 3. 1988 – 24 U 182/87, NJW 1988, 2182 f.; OLG Hamburg Urt. v. 8. 3. 1996 – 14 U 86/95, EWS 1996, 365, 366; LG Essen Urt. v. 12. 12. 1990 – 41 O 122/89, WM 1992, 1208, 1209 f.; *Kropholler*, Europäisches Zivilprozessrecht, Art. 23 RdNr. 61; *Schmidt, M. J.* RIW 1992, 173, 177.
[120] Vgl. EuGH Urt. v. 29. 6. 1994, Rs. C-288/92 – Custom Made Commercial, EuGHE 1994, I-2913 = IPRax 1995, 31 m. Anm. *Jayme* 13. Dazu auch *Geimer* JZ 1995, 244 ff.; *R. Koch* RIW 1996, 379 ff.

Gerichte erachten die fremdsprachige AGB als wirksam einbezogen, wenn in der Verhandlungs- und Vertragssprache auf die AGB hingewiesen wurde und der Vertragspartner des Verwenders eine uneingeschränkte Annahmeerklärung abgegeben hat; dies gilt auch bei dessen völliger Sprachunkenntnis.[121]

38 **2. Gerichtsstandsvereinbarungen nach deutschem Prozessrecht. a) Regelungsbedarf im Vertretervertrag.** Außerhalb des Anwendungsbereichs von EuGVO (o. RdNr. 28), EuGVÜ (betreffend den Rechtsverkehr mit Dänemark[122]) und LugÜ ergibt sich die internationale Zuständigkeit der deutschen Gerichte aus einer analogen Anwendung der Vorschriften über die örtliche Zuständigkeit (Grundsatz der Doppelfunktionalität der Gerichtsstandsnormen).[123] Neben dem allgemeinen Gerichtsstand am Sitz des Beklagten (§§ 12, 13, 17 ZPO) kommen danach vor allem ein inländischer Gerichtsstand am Erfüllungsort (§ 29 ZPO), an der Niederlassung (§ 21 ZPO) und am Ort der Vermögensbelegenheit (§ 23 ZPO)[124] in Betracht. Meist wird eine Gerichtsstandsvereinbarung zweckmäßig sein, auch zur Vermeidung eines forum shopping. Zulässigkeit, Form und Wirkung der Vereinbarung beurteilen sich nach §§ 38–40 ZPO, während für Fragen des Zustandekommens und der Auslegung die lex causae maßgeblich ist.[125]

39 **b) Zulässigkeit.** Ist deutsches autonomes Sachrecht anzuwenden, muss die maßgebliche Regelungsnorm für eine internationale Gerichtsstandsvereinbarung ermittelt werden. Hier kommt zunächst **§ 38 Abs. 2 ZPO** in Betracht. Allerdings ist diese Vorschrift nur für die internationale nicht-kaufmännische Prorogation einschlägig. Die **Prorogation unter Kaufleuten**[126] bestimmt sich nach hM wie im innerstaatlichen Bereich nach **§ 38 Abs. 1 ZPO,** was sich aus der Entstehungsgeschichte und dem Wortlaut dieser Vorschrift ergibt.[127] Durch das HRefG wurde § 38 Abs. 1 ZPO ohne sachliche Änderung an die Neuregelung angepasst. Daraus folgt, dass internationale Gerichtsstandsklauseln – wie jede andere AGB-Klausel auch – nach den allgemeinen Grundsätzen Vertragsbestandteil werden können.[128] Zudem lässt die hM – anders als bei Art. 23 EuGVO – internationale Gerichtsstandsvereinbarungen auch **formlos** zu.[129]

40 Eine besondere Schranke für die Zulässigkeit von Gerichtsstandsvereinbarungen ergibt sich bei der Vereinbarung der ausschließlichen internationalen Zuständigkeit der **Gerichte eines Nicht-EU-Staates,** wenn die Gefahr besteht, dass im dortigen Verfahren zwingende Durchführungsbestimmung zur EU-Handelsvertreterrichtlinie (o. Rdnr. 1 f.) nicht zur Anwendung kommen. Gegenüber einem Handelsvertreter mit Tätigkeit und Sitz im Gebiet der EU sind derartige Klauseln unwirksam, soweit sie die Zuständigkeit der Gerichte am Sitz des Handelsvertreters derogieren. Die Rspr. hat dies für einen deutsch-us-amerikanischen Handelsvertretervertrag so angenommen.[130] Dahinter steht die zutreffende Überlegung, dass es sich jedenfalls bei den Durchführungsbestimmungen zu Art. 17–19 der Richtlinie über Ausgleich und Entschädigung nach Vertragsbeendigung um zwingendes inländisches Recht i. S. v. Art. 34 EGBGB/Art. 7 Abs. 1 EVÜ handelt,[131] dessen Durchsetzung nicht im Wege der Vereinbarung eines ausschließlichen Gerichtsstandes in einem Drittstaat vereitelt werden darf.

41 **c) Bestimmtheit.** Das Erfordernis der hinreichenden Bestimmtheit des Rechtsverhältnisses sorgt für eine gegenständliche Begrenzung internationaler Gerichtsstandsvereinbarungen. Die Klausel kann die gesetzliche Zuständigkeitsordnung nicht pauschal, also etwa für alle Klagen aus den bestehenden

---

[121] BGH Urt. v. 31. 10. 1989 – VIII ZR 330/88, WM 1989, 1941 = IPRax 1991, 326 m. Anm. *Kohler* 299; OLG Hamm Urt. v. 28. 6. 1994 – 19 U 179/93, NJW-RR 1995, 188, 189 = RIW 1994, 877.
[122] Bis zum In-Kraft-Treten des Abkommens v. 19. 10. 2005, ABl.EG 2005 Nr. L 299 S. 62.
[123] BGH Urt. v. 25. 1. 1989 – IVb ZR 29/88, BGHZ 106, 300 = NJW 1989, 1356; zum Grundsatz der Doppelfunktionalität näher MünchKommBGB/*Martiny*, Vor Art. 27 EGBGB RdNr. 53; Reithmann/Martiny/*Hausmann* RdNr. 3104.
[124] Dazu OLG München Urt. v. 17. 5. 2006 – 7 U 1781/06, WM 2006, 1556 = EWiR 2006, 621 m. Anm. *Emde*: Kundenforderungen des ausländischen Unternehmens als inlandsbelegenes Vermögen.
[125] BGH Urt. v. 17. 5. 1972 – VIII ZR 76/71, BGHZ 59, 23, 27 = NJW 1972, 1622 ff.; Urt. v. 20. 1. 1986 – II ZR 56/85, NJW 1986, 1438, 1439 mit Anm. *Geimer*; Urt. v. 24. 11. 1988 – III ZR 150/87, NJW 1989, 1431 f.; Urt. v. 21. 11. 1996 – IX ZR 264/95, ZIP 1996, 2184, 2186 ff.; Urt. v. 18. 3. 1997 – XI ZR 34/96, RIW 1997, 778 f.; Reithmann/Martiny/*Hausmann* RdNr. 3119 ff.
[126] Zur Kaufmannseigenschaft ausländischer Gebilde vgl. Vor § 1 RdNr. 113 ff.
[127] OLG Saarbrücken Urt. v. 21. 9. 1988 – 5 U 8/88, NJW-RR 1989, 828, 829; *Samtleben* NJW 1974, 1590, 1595; *Sieg* RIW 1998, 102, 104. AA OLG Nürnberg Urt. v. 28. 11. 1984 – 9 U 3061/84, NJW 1985, 1296 f.; Reithmann/Martiny/*Hausmann* RdNr. 3106 ff.
[128] Stein/Jonas/*Borg*, § 38 RdNr. 10; MünchKommZPO/*Patzina* § 38 RdNr. 20–21.
[129] OLG Saarbrücken Urt. v. 21. 9. 1988 – 5 U 8/88, NJW-RR 1989, 828; Reithmann/Martiny/*Hausmann* RdNr. 3139; *Linke*, Internationales Zivilprozessrecht, 4. Aufl. 2005, RdNr. 186.
[130] OLG München Urt. v. 17. 5. 2006 – 7 U 1781/06, WM 2006, 1556 = EWiR 2006, 621 m. Anm. *Emde* = IPRax 2007, 322 m. Anm. *Rühl* S. 294 ff.
[131] OLG München Urt. v. 17. 5. 2006 (vorige Fn.) im Anschluss an EuGH Urt. v. 9. 11. 2000 (Fn. 2); dazu o. RdNr. 14 ff.

Geschäftsbeziehungen der Parteien oder für alle künftigen Rechtsstreitigkeiten modifizieren.[132] Vielmehr muss nach § 40 Abs. 1 ZPO eine **Konkretisierung** erfolgen. Ferner muss die Vereinbarung auf ein zumindest bestimmbares Gericht verweisen. Dazu soll es ausreichen, dass an den Sitz einer Partei angeknüpft wird.[133] Schließlich sind die Schranken des § 40 Abs. 2 ZPO auch im internationalen Verkehr zu beachten, wonach es sich um eine vermögensrechtliche Streitigkeit handeln muss und die im deutschen Verfahrensrecht begründeten ausschließlichen Gerichtsstände nicht derogiert werden können.

d) **AGB-Kontrolle.** Regelmäßig liegt im internationalen Rechtsverkehr bei Gerichtsstandsklauseln kein Fall einer überraschenden Klausel iSv. **§ 305 c Abs. 1 BGB** vor. Gerichtsstandsklauseln sind nur in seltenen Situationen ungewöhnlich, etwa wenn nicht rechtzeitig auf sie hingewiesen wurde.[134] Uneinheitlich wird hingegen die Frage beantwortet, ob und wie unter Kaufleuten eine **Inhaltskontrolle** vorformulierter Gerichtsstandsabreden vorzunehmen ist. Teilweise wird aus § 38 Abs. 1 ZPO eine regelmäßige Wirksamkeit der Prorogation abgeleitet, weshalb eine Inhaltskontrolle gar nicht mehr, oder nur in Ausnahmefällen, eingreifen soll.[135] Andere Stimmen wollen diese Ausnahme machen, wenn es sich für einen der kaufmännischen Vertragspartner um ein Privatgeschäft handelt oder der vorgeschriebene Gerichtsort keine ausreichende Beziehung zum Rechtsgeschäft aufweist.[136]

Stellungnahme: Zwischen Kaufleuten sind Gerichtsstandsklauseln weit verbreitet; dies gilt erst recht im internationalen Verkehr. Eine Inhaltskontrolle muss sich vor diesem Hintergrund darauf beschränken, eine unangemessene Benachteiligung der anderen Vertragspartei zu verhindern. Eine solche Benachteiligung durch Gerichtsstandsklauseln liegt – wegen deren weitgehender Akzeptanz – nur dann vor, wenn zusätzliche Umstände hinzutreten, die nicht durch das berechtigte Interesse des Klauselverwenders ausgeglichen werden.[137]

V. Vertragshändler

1. Begriff und Rechtsgrundlagen. Unter einem Vertragshändlervertrag – auch: Eigenhändlervertrag – versteht die Rspr. einen auf gewisse Dauer gerichteten Rahmenvertrag eigener Art, durch den sich der Vertragshändler verpflichtet, Waren des Herstellers im eigenen Namen und auf eigene Rechnung zu vertreiben, und durch den der Händler in die Verkaufsorganisation des Herstellers eingegliedert wird.[138] Gemeinsam ist dem Vertragshändler mit dem Handelsvertreter die **Absatzförderungspflicht** als zentrale Vertragspflicht, weshalb die kollisionsrechtliche Behandlung grundsätzlich bei den Regeln anknüpfen kann, die für den **Handelsvertreter als Prototyp des Absatzmittlervertrages** gelten.[139] Die EG-Handelsvertreterrichtlinie (o. RdNr. 1 f.) gilt nicht – auch nicht analog – für Vertragshändler, so dass es insoweit auch im innergemeinschaftlichen Rechtsverkehr bei den mitgliedstaatlich geregelten Vertragsrechtsordnungen bleibt.[140]

2. Ausdrückliche Rechtswahl. Auch für den Vertragshändlervertrag gilt der allgemeine Grundsatz der **Parteiautonomie** nach Art. 27 EGBGB.[141] Eine ausdrückliche Rechtswahlklausel empfiehlt sich hier – wegen der stark divergierenden nationalen Rechtsordnungen (soeben RdNr. 44) – noch dringender als für Handelsvertreterverträge. Die Ausführungen o. RdNr. 4–9 gelten entsprechend.

---

[132] Näher Reithmann/Martiny/*Hausmann* RdNr. 3151.
[133] OLG Bremen Urt. v. 18. 7. 1985 – 2 U 29/85, RIW 1985, 894, 895 = VersR 1985, 987 f.
[134] Stein/Jonas/*Bork* § 38 RdNr. 10; Reithmann/Martiny/*Hausmann* RdNr. 3131.
[135] OLG Köln Urt. v. 28. 4. 1975 – 10 U 195/74, VersR 1976, 537 f.; ähnlich LG Bielefeld Urt. v. 27. 1. 1977 – 13 S 74/76, MDR 1977, 672; MünchKommBGB/*Basedow* § 307 BGB RdNr. 327; wohl auch Baumbach/Lauterbach/*Hartmann* § 38 RdNr. 10–12.
[136] OLG Karlsruhe Urt. v. 30. 12. 1981 – 14 U 4/81, NJW 1982, 1950 f.; LG Karlsruhe Beschl. v. 3. 9. 1973 – 5 O 142/73, BB 1973, 1604; *Schiller* NJW 1979, 636, 637.
[137] OLG Hamburg Urt. v. 30. 12. 1985 – 11 U 159/85, RIW 1986, 462, 464; MünchKommBGB/*Basedow* § 307 BGB RdNr. 327; wohl auch MünchKommZPO/*Patzina* § 38 RdNr. 21. Vgl. ferner BGH Urt. v. 30. 5. 1983 – II ZR 135/82, NJW 1983, 2772 f.
[138] BGH Urt. v. 21. 10. 1970 – VIII ZR 255/68, BGHZ 54, 338, 340 f. = NJW 1971, 29; BGH Urt. v. 4. 4. 1979 – VIII ZR 199/78, BGHZ 74, 136, 139 f. = NJW 1979, 1782; OLG Hamm Urt. v. 5. 11. 1997 – XI U 41/97, IP-Rspr. 1997 Nr. 160 A, S. 323, 326; OLG Düsseldorf Urt. v. 11. 7. 1996 – 6 U 152/96, NJW-RR 1997, 822 = RIW 1996, 958 = DZWiR 1997, 77 mit Anm. *Aden* S. 81 ff. = EWiR 1996, 843 mit Anm. *Schlechtriem*; *Ebenroth* RIW 1984, 165, 168; *Kindler*, FS Sonnenberger, 2004, S. 533.
[139] Vgl. *Kindler*, FS Sonnenberger, 2004, S. 433, 437 f.
[140] Vgl. dazu etwa den rechtsvergleichenden Kurzüberblick bei *Kocher*, RIW 2003, 512, 515 ff.; umfassend Martinek/Semler/Habermeier §§ 45–59 (zu Ägypten, Belgien, Dänemark, Finnland, Frankreich, Japan, Niederlande, Norwegen, Österreich, Polen, Schweden, Schweiz, Spanien, Vereinigte Staaten von Amerika, Vereinigtes Königreich).
[141] Vgl. BGH Urt. v. 17. 12. 1997 – VIII ZR 235/96, NJW 1998, 1860, 1861.

§ 92 c Anh. 46–52

46 **3. Stillschweigende Rechtswahl.** Hinsichtlich der stillschweigenden Rechtswahl (Art. 27 Abs. 1 S. 2 EGBGB) gelten grundsätzlich die Ausführungen o. zu RdNr. 10 entsprechend. Speziell für den Vertragshändlervertrag wird vertreten, aus dem **Zusammenspiel von Rahmenvertrag und Einzelverträgen** Anhaltspunkte für eine stillschweigende Rechtswahl herzuleiten. So sollen Rechtswahlklauseln in Einzelverträgen, die alle dasselbe unvereinheitlichte Recht bestimmen, auf eine konkludente Rechtswahl der Parteien auch für den Rahmenvertrag hindeuten.[142]

47 Problematisch hieran ist, dass die Einzelverträge – meist Kaufverträge über die Belieferung des Händlers durch den Hersteller – zeitlich dem Rahmenvertrag nachfolgen. Zwar lässt das Gesetz auch eine nachträgliche stillschweigende Rechtswahl zu (Art. 27 Abs. 2 i. V. m. Abs. 1 S. 2 EGBGB), doch wird man einen entsprechenden Geschäftswillen der Parteien selten annehmen können.[143]

48 **4. Grenzen der Rechtswahlfreiheit. a) Reine Inlandsgeschäfte.** Bei reinen Inlandsverträgen zwischen einem in der Bundesrepublik Deutschland ansässigen Lieferanten und einem ebenfalls dort ansässigen Vertragshändler, der seine Tätigkeit vertragsgemäß im Inland ausübt, ist eine **Rechtswahl zugunsten des ausländischen Rechts unzulässig.**[144] Insoweit gelten die Ausführungen zu o. RdNr. 11 entsprechend. Daher kann etwa ein Ausgleichsanspruch des Vertragshändlers analog §§ 89 b Abs. 4 S. 1, 92 c Abs. 1 HGB nicht durch die Wahl ausländischen Rechts ausgeschlossen werden.

49 **b) International zwingendes Recht.** In grenzüberschreitenden Sachverhalten – d. h. bei Tätigkeit eines inlandsansässigen Vertragshändlers für einen auslandsansässigen Hersteller – ist fraglich, ob sich Schutzbestimmungen des inländischen Rechts nach Art. 34 EGBGB gegenüber dem gewählten ausländischen Vertragsstatut durchsetzen. Dies ist zu verneinen, da es sich bei § 89 b HGB nicht um eine international zwingende Norm handelt (o. RdNr. 12) und die „Ingmar"-Rspr. des EuGH (o. RdNr. 13 ff.) nicht analog auf Vertragshändlerverträge übertragen werden kann. Denn § 89 b HGB hat – jedenfalls soweit die Vorschrift analog auf Vertragshändlerverträge angewandt wird – keine wirtschaftspolitische Zielsetzung i. S. v. Art. 34 EGBGB, sondern bezweckt allein Vertragsgerechtigkeit.[145]

50 **c) Umgehung des gemeinsamen Minimalstandards der sachlich beteiligten Rechtsordnungen.** Eine Rechtswahl ist unter dem Gesichtspunkt der Umgehung unzulässig, wenn bei einem grenzüberschreitenden Vertragshändlervertrag eine dritte Rechtsordnung zum Vertragsstatut berufen wird, um Ausgleichsansprüche, die nach den sachlich beteiligten Rechtsordnungen bestehen, auszuschließen.[146] Sachlich beteiligt sind hier die beiden Rechtsordnungen am jeweiligen Niederlassungsort von Lieferant und Vertragshändler.[147] Näher o. RdNr. 17.

51 **d) Abgrenzung zu § 92 c.** Vergleiche zunächst o. RdNr. 18. Wie dort ausgeführt, ergibt sich aus § 92 c Abs. 1 keine Begrenzung der Rechtswahlfreiheit, sondern eine **Erweiterung der Privatautonomie** in bestimmten Fallkonstellationen, soweit deutsches Recht nach Art. 27 ff. EGBGB überhaupt Anwendung findet. Gegenüber seinem Vertragshändler im Ausland kann ein inlandsansässiger Hersteller daher – bei Geltung deutschen Vertragsstatuts – von den zwingenden Vorschriften in §§ 84 f. abweichen, z. B. den Ausgleichsanspruch analog § 89 b ausschließen. Dabei kann § 92 c Abs. 1 jedoch nur in modifizierter Form angewandt werden. Zum einen ist der Anwendungsbereich der Vorschrift territorial **auch auf die außerhalb des Gebietes der Europäischen Gemeinschaft oder der anderen Vertragsstaaten des EWR tätigen Vertragshändler** zu erstrecken, da für Vertragshändler – wie dargestellt (o. RdNr. 44) – gerade kein europarechtlich vorgegebener zwingender Schutzstandard besteht.[148] Einzuschränken ist der Anwendungsbereich des § 92 c Abs. 1 auf der anderen Seite aber anhand der o. RdNr. 18 entwickelten Kriterien, weshalb eine Erweiterung der Privatautonomie **nur** dann greift, **wenn das Recht am Vertriebsort keine Entsprechung zu den zwingenden Vorschriften des HGB** kennt.[149]

52 **5. Mangels Rechtswahl anzuwendendes Recht. a) Geschäftssitz des Vertragshändlers.** Für das mangels Rechtswahl objektiv zu ermittelnde Vertragsstatut ist an die engste Verbindung des

---

[142] So Reithmann/Martiny/*Häuslschmid* RdNr. 2048; OLG Frankfurt v. 21. 3. 1961 – V U 137/60, AWD 1961, 236.
[143] So auch *Martiny* AWD 1972, 165, 170 zu Fn. 51.
[144] *Kindler* RIW 1987, 661, 664.
[145] So im Ergebnis auch Reithmann/Martiny/*Häuslschmidt* RdNr. 2066.
[146] *Kindler* RIW 1987, 660, 664.
[147] Wie vorige Fn.; abl. Reithmann/Martiny/*Häuslschmidt* RdNr. 2066.
[148] AA *Hagemeister* RIW 2006, 498, 502 mit Fn 43.
[149] AA Reithmann/Martiny/*Häuslschmidt* RdNr. 2060; unschlüssig *Kocher* RIW 2003, 512, 518 f.; wie im Text i. Erg. *Hagemeister* RIW 2006, 498, 502 ff., 504 (aber nur für die in einem anderen EG/EWR-Mitgliedstaat tätigen Vertragshändler und auf der Grundlage von Art. 12 EGV).

Vertrages mit einem Staat anzuknüpfen (Art. 28 Abs. 1 S. 1 EGBGB). Enge Verbindungen hat der Vertragshändlervertrag mit dem Niederlassungsort des Händlers, dem ihm zur Vertriebstätigkeit zugewiesenen Gebiet sowie mit dem Niederlassungsort des Lieferanten. Welche von diesen drei Verbindungen die engste i. S. v. Art. 28 Abs. 1 EGBGB ist, beurteilt sich nach der in Art. 28 Abs. 2 EGBGB aufgestellten Vermutung. Danach kommt es auf die Niederlassung derjenigen Vertragspartei an, die die **charakteristische Leistung** erbringt. Beim Vertragshändlervertrag ist dies der **Händler,** weil dessen **Absatzförderungspflicht** den Vertrag charakterisiert (RdNr. 44).[150] Dies gilt selbst bei Vertriebs*tätigkeit* in einem dritten Staat, da im Regelfall der Vertragshändler seiner Absatzförderungspflicht auch in diesem Fall überwiegend von seiner Niederlassung aus nachkommen wird (vgl. schon o. RdNr. 23).[151] Träfe dies nicht zu, würde er als vernünftiger Kaufmann seine Niederlassung unmittelbar am Vertriebsort errichten. Auch die geplante Rom-I–Verordnung[152] (Art. 4 Abs. 1 Buchst. h, Art. 18) verwendet den Niederlassungsort des Händlers als das Einzige objektive Anknüpfungskriterium.

Für eine abweichende Anknüpfung an das Tätigkeitsgebiet des Vertragshändlers kann schließlich nicht ein BGH-Urteil vom 7. 11. 1991 herangezogen werden,[153] wo das Gericht einen Alleinvertriebsvertrag aus dem Jahr 1978 zwischen einem Lieferanten mit Niederlassung in Frankreich und einem Alleinvertriebshändler mit vertraglichem Tätigkeitsgebiet im Inland nach deutschem Recht beurteilt hat.[154] Denn dieses Urteil erging zu einem Vertrag aus der Zeit vor Inkrafttreten des Art. 28 EGBGB am 1. 9. 1986.[155] Ferner enthält sich das Urteil jeder Aussage zum Kollisionsrecht, und dem Sachverhalt ist nicht zu entnehmen, dass sich die Niederlassung des Händlers außerhalb des deutschen Staatsgebiets befunden hätte.

b) Vertragshändler ohne eigenen Geschäftssitz; andere Hinweise. Für Vertragshändler ohne eigenen Geschäftssitz gelten die Ausführungen o. RdNr. 24 entsprechend. Eine vom Händlersitz abweichende Anknüpfung auf Grund der Gesamtheit aller Umstände (Art. 28 Abs. 5 EGBGB) dürfte im Regelfall ausscheiden. Insbesondere kommt eine akzessorische Anknüpfung des Vertragshändlervertrages als Rahmenvertrag an das Statut der Einzellieferungsverträge nicht in Betracht (vgl. o. RdNr. 47).

---

[150] OLG Koblenz Urt. v. 16. 1. 1992 – 5 U 534/91, IPRax 1994, 46, 47; OLG Düsseldorf Urt. v. 4. 6. 1993 – 17 U 13/93, RIW 1993, 761, 762; OLG Düsseldorf Urt. v. 11. 7. 1996 (Fn. 138); OLG Hamm Urt. v. 5. 11. 1997 (Fn. 138); OLG Stuttgart Urt. v. 7. 8. 1998 – 5 W 26/98, IPRax 1999, 103 = RIW 1999, 782; *Kindler,* FS Sonnenberger, 2004, S. 433, 438 ff., 440; *ders.* RIW 1987, 660, 664 f.; MünchKommBGB/*Martiny* Art. 28 EGBGB RdNr. 227.
[151] Vgl. OLG Koblenz Urt. v. 19. 10. 1995 – 6 U 1441/92, RIW 1996, 151, 152 (zum Handelsvertreter).
[152] O. RdNr. 3 zu Fn. 5.
[153] So aber offenbar Reithmann/Martiny/*Häuslschmidt* RdNr. 2052.
[154] BGH Urt. v. 7. 11. 1991 – I ZR 51/90, NJW-RR 1992, 421 = WM 1992, 825.
[155] Vgl. für die Fortgeltung des früheren Vertragskollisionsrechts für Verträge aus der Zeit vor diesem Datum *Kindler* RIW 1987, 660, 665 f.

Achter Abschnitt. Handelsmakler*

Schrifttum: *Abram,* Geplante Berufsausübungsregelungen für Versicherungsvermittler: Der Referentenentwurf eines Ersten Gesetzes zur Neuregelung des Versicherungsvermittlungsrechts, VersR 2005, 1318; *ders.,* Informations- und Beratungspflichten des Versicherungsvermittlers nach dem Vorschlag der Kommission zur Reform des Versicherungsvertragsrechts, VersR 2005, 43; *Die* Auswirkungen des Schuldrechtsmodernisierungsgesetzes auf die Haftung des Versicherers und der Versicherungsvermittler, VersR 2002, 1331; *ders.,* Der Vorschlag für eine Versicherungsvermittlerrichtlinie, NVersZ 2001, 49; *Altmeppen,* Provisionsansprüche bei Vertragsauflösung, 1987; *Bemm,* Die Haftung des Schiffsmaklers, TranspR 1997, 6; *Beenken/Sandkühler,* Das neue Versicherungsvermittlergesetz: Die Anpassung an die EU-Versicherungsvermittler-Richtlinie, 2006; *Boesen,* Die rechtliche Zulässigkeit der Einschaltung von Versicherungsmaklern in das Verfahren zur Vergabe von Versicherungsleistungen, VersR 2000, 1063; *Chinwuba,* Makler – Vertragsrecht und Rechtsprechung: eine kritische Auseinandersetzung mit der in der Maklerrechtsliteratur festgestellten Sprachverwirrung zum Makler- und Vertragsrecht, 2. Aufl. 1993; *Collisi,* Grundzüge des Maklerrechts, 5. Aufl. 2005; *Deckers,* Die Abgrenzung des Versicherungsvertreters vom Versicherungsmakler, Karlsruhe 2004; *Demme,* Handbuch für den Makler, 3. Aufl. 1997; *Ebenroth,* Kollisionsrechtliche Anknüpfung der Vertragsverhältnisse von Handelsvertretern, Kommissionsagenten, Vertragshändlern und Handelsmaklern, RIW 1984, 165; *Frank,* Kann ein Versicherungsmakler überhaupt noch provisionspflichtig Versicherungen vermitteln? Makler im öffentlich-rechtlichen Vergabeverfahren, VersR 2005, 592; *Führich,* Zweite Novelle des Reisevertragsrechts zur Verbesserung der Insolvenzsicherung und der Gastschulaufenthalte, NJW 2001 3083; *Gauer,* Der Versicherungsmakler und seine Stellung in der Versicherungswirtschaft, 1951; *Habersack/ Schürnbrand,* Der Darlehensvermittlungsvertrag nach neuem Recht, WM 2003, 261; *Hopt,* Interessenwahrung und Interessenkonflikte im Aktien-, Bank- und Berufsrecht: zur Dogmatik des modernen Geschäftsbesorgungsrechts, ZGR 2004, 1; *Keim,* Maklerprovision bei arglistiger Wandelung des Hauptvertrags, NJW 2001, 3168; *Koch,* Aktuelle Fragen des Versicherungsmaklerrechts, VersR 1997, 1200 ff.; *Kock,* Informationsweitergaben und personelle Kongruenz im Maklerrecht, 1990; *Krehl,* Die Pflichtverletzungen des Maklers, 1989; *Krüger-Doyé,* Der Alleinauftrag im Maklerrecht, 1977; *Lutter,* Zur Haftung des Emissionsgehilfen im grauen Kapitalmarkt, FS Bärmann, 1975, S. 605; *Matusche,* Pflichten und Haftung des Versicherungsmaklers, 4. Aufl. 1993; *Matusche/Beckmann,* Probleme bei der Abgrenzung des Versicherungsagenten vom Versicherungsmakler, VersR 1995, 1391; *Pauge,* Handelsvertreter und Makler: Prokura und Handlungsvollmacht, 2. Aufl. 1991; *Petri/Wieseler,* Handbuch des Maklerrechts: für Makler und deren Rechtsberater, 1998; *Reuter,* Das Maklerrecht als Sonderrecht der Maklertätigkeit, NJW 1990, 1321; *Rieble,* Maklerprovisionen für Personalvermittler: Ihre Begrenzung durch die AVermV und ihre Ermäßigung nach § 655 BGB, DB 1994, 1776; *Schwerdtner,* Maklerrecht, 4. Aufl. 1999; *Stötter,* Anfechtung eines Darlehensvertrages bei Täuschung durch Repräsentanten der Bank, NJW 1983, 1302; *Thiel,* Die Haftung der Anlageberater und Versicherungsvermittler: Risikoerkennung, Risikomanagement, 2005; *Wagner,* Neue Entwicklungen zur Anlagevermittler-/Anlageberaterhaftung, DStR 2004, 1836 (Teil I), 1883 (Teil II); *Wegener/Sailer/Raab,* Der Makler und sein Auftraggeber, 5. Aufl. 1997; *Wegschneider,* Die Rechtsstellung des Versicherungsmaklers, ZfVW 1986, 509; *Werber,* Zur Rechtsstellung des Versicherungsmaklers in heutiger Zeit, VW 1988, 1159; *Zopfs,* Die Rechtsstellung des Versicherungsmaklers, VersR 1986, 747.

§ 93 [Begriff des Handelsmaklers]

(1) Wer gewerbsmäßig für andere Personen, ohne von ihnen auf Grund eines Vertragsverhältnisses ständig damit betraut zu sein, die Vermittlung von Verträgen über Anschaffung oder Veräußerung von Waren oder Wertpapieren, über Versicherungen, Güterbeförderungen, Schiffsmiete oder sonstige Gegenstände des Handelsverkehrs übernimmt, hat die Rechte und Pflichten eines Handelsmaklers.

(2) Auf die Vermittlung anderer als der bezeichneten Geschäfte, insbesondere auf die Vermittlung von Geschäften über unbewegliche Sachen, finden, auch wenn die Vermittlung durch einen Handelsmakler erfolgt, die Vorschriften dieses Abschnitts keine Anwendung.

(3) Die Vorschriften dieses Abschnittes finden auch Anwendung, wenn das Unternehmen des Handelsmaklers nach Art oder Umfang einen in kaufmännischer Weise eingerichteten Geschäftsbetrieb nicht erfordert.

Übersicht

	RdNr.		RdNr.
A. Regelungszweck	1–7	1. Begriff der Vermittlung	11–15
B. Begriff des Handelsmaklers	8–65	a) Abgrenzung zu anderen Arten der Intermediation	12, 13
I. Vermittlung von Verträgen	11–23	b) Abgrenzung zum Nachweis	14, 15

---

* Für die wertvolle Unterstützung bei der Aktualisierung der §§ 93–104 für die 2. Aufl. danke ich meiner Mitarbeiterin Frau Ass. jur. *Kim Ribbe.*

	RdNr.		RdNr.
2. Fehlen von „strukturellen" Interessenkonflikten gegenüber dem Auftraggeber	16–23	2. Formloses Zustandekommen des Maklervertrags	51–54
a) Abgrenzung zwischen „strukturellen" und „fallbezogenen" Interessenkonflikten	16–18	a) Konkludenter Maklervertrag	52, 53
		b) Ausnahmen von der Formfreiheit	54
b) Einzelheiten zum „strukturellen" Interessenkonflikt	19–22	3. Beendigung des Maklervertrags	55–60
		a) Beendigung durch einseitigen Widerruf	56–58
c) Abdingbarkeit der Neutralitätsverpflichtung	23	b) Beendigung durch Tod	59
		c) Einvernehmliche Beendigung	60
II. Verträge über Gegenstände des Handelsverkehrs	24–36	IV. Gewerbsmäßigkeit der Vermittlung	61–64
		V. Kein ständiges Betrautsein auf Grund eines Vertragsverhältnisses	65
1. Waren	26		
2. Wertpapiere	27	C. Abgrenzung zu anderen Intermediären	66–69
3. Versicherungen	28		
4. Sonstige Gegenstände des Handelsverkehrs	29–36	I. Handelsvertreter (HV)	66, 67
a) Grundsatz	29	1. Begriffliche Abgrenzung zum HV im Allgemeinen	66
b) Beispiele	30, 31		
c) Negative Abgrenzung	32–36	2. Inkompatibilität der gleichzeitigen Funktion als HM und HV	67
III. Übernahme der Vermittlung (Maklervertrag)	37–60	II. Kommissionär	68
1. Maklervertrag grundsätzlich mit beiden Parteien des Hauptvertrags	38–50	III. Berater	69
a) Grundsatz der Doppelstellung des HM	38	D. Rechtsquellen des Handelsmaklerrechts	70, 71
b) Vertraglicher Charakter des Maklerverhältnisses auch mit dem „Gegenkontrahenten"	39–50	E. Wirksamkeit des Maklervertrags	72–74
aa) Meinungsstand	39–43	F. Europarechtliche Vorgaben für den Maklervertrag	75
α) Vertragsrechtlich begründetes (dh. normales) Vertragsverhältnis	40	G. IPR des Handelsmaklervertrags	76–83
β) Vertragsähnliches gesetzliches Verhältnis	41, 42	I. Grundsatz der freien Rechtswahl	76, 77
γ) Vermittelnde Ansicht: „Gesetzlich begründetes" Vertragsverhältnis	43	II. Vertragsstatut bei fehlender Rechtswahl	78–81
bb) Stellungnahme	44–50	III. Sonderanknüpfungen	82, 83

A. Regelungszweck

Die Vorschrift des § 93 definiert den Begriff des Handelsmaklers (HM) und eröffnet damit den Anwendungsbereich für die §§ 94–104. Die §§ 94 ff. sind Ausdruck des Prinzips des Privat-HM im Gegensatz zum amtlich bestellten HM. Sie enthalten, mit Ausnahme der Haftungsnorm des § 98 sowie bestimmter Vorschriften über das Tagebuch, durchgehend gesetzliche Vertragsergänzungsregeln iS dispositiven Rechts, die das Gesetz im Interesse der Vereinfachung und Beschleunigung des Wirtschaftsverkehrs bereithält.[1] Das schließt allerdings nicht aus, dass dem HM im Einzelfall durch besondere Normen zusätzliche öffentlich-rechtliche Funktionen übertragen werden können. Dies gilt etwa für den Skontroführer nach dem BörsG 2002, für den zu Käufen und Verkäufen öffentlich ermächtigten HM im Rahmen des Selbsthilfeverkaufs (§§ 385 BGB und 373 Abs. 2 HGB), des Deckungskaufs/-verkaufs (§ 376 Abs. 3) sowie des Freihandverkaufs des Pfandgläubigers (§ 1221 BGB).[2] 1

Der Begriff des HM iS der §§ 93 ff. ist zugleich institutioneller und funktioneller Natur. Während sich die institutionelle Seite des HM-Begriffs bereits aus dem Wortlaut der Begriffsbestimmung in § 93 Abs. 1 ergibt, ist dessen funktionelle Seite aus dem Sinn und Zweck der Vorschriften zu erschließen. **Institutionell** ist der Begriff des HM insofern, als er Personen, die abstrakt und generell einer Tätigkeit nachgehen, die den in § 93 Abs. 1 beschriebenen Kriterien genügt, als HM qualifiziert (HM als Bezeichnung einer Institution, als Träger einer generalisierten persönlichen Eigenschaft). 2

---

[1] Vgl. MünchKommHGB/v. *Hoyningen-Huene* RdNr. 85: Die §§ 93 ff. sowie ihre Ergänzung im allgemeinen Maklerrecht (§§ 652 ff. BGB) könnten „grundsätzlich" vertraglich ausgeschlossen oder abgeändert werden (durch Individualvereinbarung oder durch AGB).

[2] Nähere Einzelheiten zur Bestellung des öffentlich ermächtigten Maklers bei Staub/*Brüggemann* Vor § 93 RdNr. 26.

3 **Funktionell** ist der HM-Begriff insofern, als die Vorschriften der §§ 94 ff. auf das einzelne Vermittlungsverhältnis mit dem Auftraggeber (siehe zur begrifflichen Unterscheidung zwischen Auftraggeber und Gegenkontrahent unten RdNr. 49) nur unter der *zusätzlichen* Voraussetzung anwendbar sind, dass der Vermittler diesem gegenüber im konkreten Einzelfall speziell in seiner Funktion als HM auftritt, und zwar gerade in dem Geschäftsbereich, in dem sich der Kunde wegen der Vermittlung eines Vertrages an den HM wendet. Die Bezeichnung „HM" ist dann über die institutionelle Bedeutung hinaus Ausdruck einer speziellen Tätigkeit, nämlich der „Handelsmakelei" oder „handelsmaklerischen Vermittlung". Lediglich die §§ 100–103) widmen sich allgemein der Person des „HM" und nicht (nur) seiner konkreten Dienstleistung (Tätigkeit) iS des funktionellen Ansatzes.[3]

4 Aus der funktionellen Seite des HM-Begriffs ergibt sich insbesondere, dass die §§ 94 ff. *insoweit* nicht anwendbar sind, als ein HM, dh. jemand, der ständig Verträge über bestimmte Gegenstände des Handelsverkehrs vermittelt (HM iS des § 93 Abs. 1), daneben Geschäfte vermittelt, die nicht dem Handelsverkehr zuzuordnen sind (§ 93 Abs. 2), wie zB bei der kombinierten Vermittlung von Immobilien und Finanzdienstleistungen der Fall ist. Solche nicht von § 93 erfassten Geschäfte sind, neben den allgemeinen handels- und zivilrechtlichen Vorschriften, allein nach dem Recht der Zivilmakler (§§ 652 ff. BGB) zu beurteilen.[4]

5 Der Rechtsgedanke des § 93 Abs. 2 ist auf den Fall übertragbar, dass jemand, der seine Qualifikation als HM aus der Vermittlung einer bestimmten Art von Geschäften bezieht, nebenbei im *Einzelfall* einen branchenfremden Vertrag vermittelt, selbst wenn es sich dabei um einen Gegenstand des Handelsverkehrs handeln sollte.

6 § 93 Abs. 2 soll auch für sog. **„gemischte Geschäfte"** gelten, die sich sowohl auf Gegenstände des Handelsverkehrs als auch auf sonstige Gegenstände beziehen. Danach sollen die §§ 94 ff. nur auf denjenigen Teil des Maklervertrages anwendbar sein, der die Vermittlung von Gegenständen des Handelsverkehrs betrifft, während in Bezug auf die übrigen Vermittlungsgegenstände ausschließlich das Recht des Zivilmaklers[5] sowie ggf. die sonstigen handelsrechtlichen Regeln außerhalb der §§ 93–104 gelten soll. Zugestimmt werden kann dieser Ansicht, soweit sich der Vertragsgegenstand ohne weiteres teilen lässt, wenn also z.B. der vermittelte Vertrag zusätzlich zum Abschluss einer Versicherung den Verkauf einer Immobilie bestimmt. Hierzu wird man auch die Gewährung eines Hypothekarkredits rechnen können (siehe § 93 RdNr. 31). Bedenken bzgl. einer gespaltenen Anwendung von Zivil- und Handelsmaklerrecht ergeben sich aber dort, wo beide Vertragsgegenstände aus wirtschaftlicher Sicht untrennbar miteinander verflochten sind. Die Anwendung der unterschiedlichen Provisionsregeln des § 99 einerseits und des § 653 BGB andererseits auf ein und denselben wirtschaftlichen Sachverhalt kann hier zu Inkonsistenzen führen, die sich dann uU nur durch eine einheitliche Anwendung des Zivilmaklerrechts auf gemischte Geschäfte lösen lassen.

7 Nach § 93 Abs. 3 (eingefügt durch HRefG mit Wirkung vom 1. 7. 1998) ist die Anwendung des Handelsmaklerrechts unabhängig von der Kaufmannseigenschaft des Vermittlers, so dass HM selbst derjenige sein kann, dessen Unternehmen einen in kaufmännischer Weise eingerichteten Geschäftsbetrieb nicht erfordert. Die Ergänzung des § 93 um Abs. 3 wurde vorgenommen, um trotz der Abschaffung der Kategorie der Minderkaufleute und des Ausschlusses von Kleinbetrieben aus dem Kaufmannsbegriff (§ 1 Abs. 1, Abs. 2) in Bezug auf den Anwendungsbereich der §§ 93 ff. die alte Rechtslage beizubehalten. Nach früherem Recht war der HM nämlich bereits nach § 1 Abs. 2 Nr. 7 HGB aF („die Geschäfte der Handelsvertreter oder der Handelsmakler") (Muss-)Kaufmann. Selbst wenn „deren Gewerbebetrieb nach Art und Umfang keinen in kaufmännischer Weise eingerichteten Geschäftsbetrieb" erforderte (vgl. § 4 Abs. 1 HGB aF), blieben die §§ 93–104 auf solche „Minderkaufleute" anwendbar.

B. Begriff des Handelsmaklers

8 Der HM ist ein Zivilmakler (§§ 652 ff. BGB) besonderer Art.[6] In Gegensatz zum reinen Zivilmakler besteht seine (provisionspflichtige) Tätigkeit ausschließlich in der **Vermittlung** von Verträgen

---
[3] Zu pauschal aber MünchKommHGB/*v. Hoyningen-Huene* RdNr. 3: Die Vorschrift des § 93 enthalte eine Definition des HM, die „allein" auf dessen Funktion abstelle.
[4] HK-HGB/*Ruß* RdNr. 6.
[5] MünchKommHGB/*v. Hoyningen-Huene* RdNr. 41; Heymann/*Herrmann* RdNr. 3.
[6] MünchKommHGB/*v. Hoyningen-Huene* RdNr. 1; vgl. auch *Canaris* Handelsrecht, 24. Aufl. 2006 § 19 I RdNr. 7: „*besondere Erscheinungsform des allgemeinen Maklervertrags*".

und nicht im bloßen Nachweis der Gelegenheit zum Vertragsschluss. Ferner ist er notwendigerweise **gewerblich** tätig, vermittelt **Gegenstände des Handelsverkehrs** und ist idR für beide Parteien des vermittelten Vertrags gleichzeitig tätig **(Doppelfunktion)**.

In dem Maße, wie der Begriff der „Gegenstände des Handelsverkehrs" im Laufe der Zeit Wandlungen unterworfen ist (siehe RdNr. 24), ist auch der HM ein offener Begriff. Eine angesichts des eindeutigen Gesetzeswortlauts de lege lata unüberwindliche Grenze für eine Erweiterung des Begriffs des Handelsverkehrs ergibt sich allerdings aus § 93 Abs. 2 in Bezug auf Geschäfte über „unbewegliche Sachen" (hierzu RdNr. 32 f.). 9

Auf andere Vermittler wie Kommissionäre (§§ 383 ff. HGB), Handelsvertreter (§§ 84 ff. HGB) oder Versicherungsvertreter (§ 92 HGB) ist das Handelsmaklerrecht nicht anwendbar, ebenso wie die genannten Sonderrechte ihrerseits nicht auf den HM anwendbar sind.[7] 10

I. Vermittlung von Verträgen

1. Begriff der Vermittlung. Die makroökonomische Aufgabe des (Handels-)Maklers besteht darin, im Wege der Intermediation Verbindungen zwischen Angebot und Nachfrage herzustellen.[8] Die Marktteilnehmer bedienen sich der Vermittlung durch HM, um sich deren überlegene Marktkenntnis zunutze zu machen.[9] 11

a) Abgrenzung zu anderen Arten der Intermediation. Der Begriff der Vermittlung nach § 93 bezeichnet nicht jede Art von Intermediation, insbesondere nicht die „Vermittlung" durch Eigen- und Kommissionsgeschäfte. Gemeint sind nur Tätigkeiten, bei denen der Akteur nicht selbst Partei des Geschäfts wird, bei denen er auch nicht – ohne Partei des Hauptvertrags zu werden – das Erfüllungsrisiko für das vermittelte Geschäfte übernimmt[10] und bei denen er zudem das Geschäft nicht als Vertreter eines Dritten abschließt. Dies ergibt sich aus dem Begriff des „Maklers" sowie aus der Systematik des Gesetzes, insbesondere aus der Definition des HV (§ 84 Abs. 1) und aus der Abgrenzung zum Kommissionär. 12

Nicht notwendig, aber auch nicht schädlich für den Begriff der Vermittlung ist es, wenn der Vermittler in **Vertretung** der Vertragsparteien des Hauptvertrags die notwendigen Willenserklärungen abgibt (§ 164 Abs. 1 BGB) oder empfängt (§ 164 Abs. 2 BGB). Dies setzt voraus, dass der Vermittler über eine **besondere Vollmacht** zur Abgabe bzw. zum Empfang von Willenserklärungen verfügt.[11] In der Praxis des HM stellt der zuerst genannte Fall (Vollmacht zur Abgabe von Willenserklärungen) die Ausnahme dar, abgesehen von bestimmten Branchen mit speziellen Handelsbräuchen[12] oder Gewohnheiten unterhalb der Schwelle des Handelsbrauchs bzw. der Verkehrssitte.[13] Dagegen ist der zuletzt genannte Fall (Vollmacht zum *Empfang* von Willenserklärungen), abhängig von der jeweiligen Branche und uU in konkludenter Form, häufiger anzutreffen, aber von der Situation abzugrenzen, dass der Zugang der Annahmeerklärung für das Zustandekommen des Hauptvertrags nach der Verkehrssitte (§ 151 BGB) bzw. (zwischen Kaufleuten) nach Handelsbrauch (§ 346) gar nicht erforderlich ist.[14] Von der rechtsgeschäftlichen (Abgabe- oder Empfangs-)Vollmacht zu 13

---

[7] Vgl. Palandt/*Sprau* Einf vor § 652 RdNr. 17.
[8] Vgl. zB die Satzung des Bundesverbands der Deutschen Versicherungsmakler e. V. (http://www.bdvm.de/), § 3 („Berufsbild des Versicherungsmaklers"), Abs 1, Satz 5: Der Versicherungsmakler habe „wegen seiner besonderen Aufgabenstellung auch zur Funktionstüchtigkeit des gesamten Versicherungsmarktes beizutragen".
[9] Heymann/*Herrmann* Vor § 93 RdNr. 2.
[10] Siehe BGH Urt. v. 21. 12. 1973 – IV ZR 158/72, BGHZ 62, 71, unter 3., zur Vermittlung von Luftbeförderungsverträgen durch eine Passageverkaufsagentur: Nach dem „Leitbild des Maklers" trage dieser „grundsätzlich nicht das Erfüllungsrisiko für das vermittelte Geschäft" und nehme auch dem Geschäftsherrn nicht die Abwicklung des Geschäfts – wie das Inkasso – ab.
[11] Vgl. GK-HGB/*Achilles* § 94 RdNr. 1: Der HM vermittle das zu schließende Geschäft nur, habe aber ohne weiteres keine Vollmacht, die Parteien zu vertreten.
[12] Vgl. zB die umfassende Vollmacht des Schiffsmaklers zum Abschluss von zur Durchführung seines Auftrags „erforderlich erscheinenden" Verträgen mit Dritten „zu üblichen Bedingungen" nach § 2 Abs. 1 der „Unverbindlichen Empfehlungen von Allgemeinen Geschäftsbedingungen für Schiffsmakler und Schiffsagenten in der Bundesrepublik Deutschland" des Zentralverbands Deutscher Schiffsmakler e. V. vom August 1993, http://www.zvds.de/agb.html, abgerufen am 6. 4. 2006); vgl. aber BGH Urt. v. 17. 1. 1974 – II ZR 103/72, VersR 1974, 590: Danach ist der Schiffsmakler, der im Bestimmungshafen für den Verfrachter tätig wird, nicht bereits deshalb zugleich Vertreter des Befrachters, weil er *in der Charterpartie* als Agent vertraglich vorgesehen ist.
[13] Vgl. zum Versicherungsmakler BGH Urt. v. 25. 3. 1987 – IVa ZR 224/85, NJW 1988, 60–63, unter II. b.: Danach ist es für die Stellung eines Versicherungsmaklers typisch, dass er dem Versicherungsnehmer bei Abschluss des Versicherungsvertrages vertritt (nicht dagegen bei der Entgegennahme von an den Versicherungsnehmer gerichteten Willenserklärungen). Diese Abschlussvollmacht soll sich aber nicht bereits aus Handelsbrauch oder Verkehrssitte ergeben, sondern der BGH (aaO) verlangt besondere Anhaltspunkte für das Vorliegen einer schlüssigen Ermächtigung, sofern keine ausdrückliche Ermächtigung des Versicherungsmaklers zum Abschluss des Versicherungsvertrags erfolgt.
[14] Vgl. Heymann/*Herrmann* § 94 RdNr. 1; Staub/*Brüggemann* § 94 RdNr. 1.

unterscheiden ist der in der Praxis ebenfalls regelmäßig anzutreffende Einsatz des HM als (**Erklärungs- oder Empfangs-)Bote** einer oder beider Parteien.[15] In dieser Funktion bedarf er grundsätzlich eines besonderen (ausdrücklichen oder konkludenten) Bestellungsaktes (siehe zB unten § 95 RdNr. 5). Demgemäß gehört der HM zB regelmäßig nicht zum Kreis der im Lager des Verkäufers stehenden empfangsberechtigten Adressaten einer kaufmännischen Mängelrüge.[16] S. zur Abgrenzung des HM zu anderen Intermediären auch unten RdNr. 66 ff.; zum HM als Boten siehe § 94 RdNr. 14, § 95 RdNr. 5, 9, 15; § 97 RdNr. 2.

14 b) **Abgrenzung zum Nachweis.** Die besondere rechtliche Bedeutung der Abgrenzung der **Vermittlung** zum bloßen Nachweis liegt darin, dass sie (bei Erfolg) Tatbestandsvoraussetzung für das Entstehen des Provisionsanspruchs nach § 652 BGB ist (siehe § 99 RdNr. 20 ff.). **Vermitteln** iS des § 93 bedeutet Verhandeln mit beiden Parteien des Hauptvertrags mit dem Ziel, einen Vertrag zustande zu bringen. Erforderlich hierzu ist, dass der HM Verbindung zum Dritten aufnimmt und auf diesen dahingehend einwirkt, einen Vertrag mit dem Auftraggeber zu schließen.[17] Vermitteln ist demnach das **finale Einwirken des HM auf die Willenserklärung** des Vertragspartners[18] und, sofern nötig, auf den Auftraggeber[19] zur Herbeiführung der Bereitschaft zum Abschluss des Vertrags.[20] Der Makler muss die **Abschlussbereitschaft fördern** und ein **Motiv setzen**, das für den Vertragsabschluss nicht völlig unbedeutend ist.[21] Geeignete Handlungen hierzu sind zB die Annahme und Weiterleitung von Angeboten, die Durchführung vorbereitender Besprechungen mit den Parteien einzeln oder gemeinsam sowie sonstige Maßnahmen kommunikativen Verhaltens.

15 Die dem Nachweismakler obliegende Leistung besteht demgegenüber lediglich in einer Mitteilung an seinen Kunden, durch die Letzterer in die Lage versetzt wird, in konkrete Verhandlungen über den von ihm angestrebten Hauptvertrag einzutreten.[22] Selbst nimmt der Nachweismakler keinen unmittelbaren Einfluss auf die Verhandlungen zwischen den Vertragsparteien. Seine Rolle beschränkt sich auf deren Zusammenführen.[23] S. auch bei § 99 RdNr. 20.

16 2. **Fehlen von „strukturellen" Interessenkonflikten gegenüber dem Auftraggeber.** a) **Abgrenzung zwischen „strukturellen" und „fallbezogenen" Interessenkonflikten.** Der Begriff der (provisionsbegründenden) „Vermittlung" setzt grundsätzlich (zur Abdingbarkeit s. RdNr. 23) voraus, dass der Vermittler **im Interesse seines Auftraggebers** handelt. Dies ergibt sich aus der Regelung des § 654 BGB („Verwirkung des Lohnanspruchs"). Diese ist zwar nicht auf den Handelsmakler anwendbar (siehe unten RdNr. 20.). Ihr liegt aber der (auf den HM übertragbare) Gedanke zugrunde, dass ein Provisionsanspruch dann nicht gerechtfertigt ist, wenn der Makler seine Loyalitätspflicht gegenüber dem Auftraggeber vorsätzlich, mindestens aber in einer dem Vorsatz nahekommenden leichtfertigen Weise verletzt.[24] Von einer solchen Verletzung der Loyalitätspflicht ist nicht nur dann auszugehen, wenn der Makler den Interessen des Auftraggebers nachweisbar zuwiderhandelt, sondern schon dann, wenn er sich in einer Situation befindet oder sich in eine solche begibt (Interessenkonflikt), in der auf Grund seiner bestehenden Eigeninteressen die erhebliche und konkrete Gefahr besteht, dass er bei der Vermittlung nicht in gebührendem Maße die Interessen seines Auftraggebers verfolgt. Anders ist es, wenn der Makler den Auftraggeber bis zum Abschluss des

---

[15] Vgl. Heymann/*Herrmann* § 94 RdNr. 1: Oftmals werde der HM als Vermittler zwischen den Parteien eingeschaltet, ohne dass es zu einer direkten Kontaktaufnahme der Vertragsschließenden komme.
[16] LG Kassel Urt. v. 15. 2. 1996 – 11 O 4185/95, NJW-RR 1996, 1146, 1147, im konkreten Fall zu Art. 39 CISG.
[17] BGH Urt. v. 6. 12. 1967 – VIII ZR 289/64, LM BGB § 652 Nr. 28 = BB 1968, 148, zum entsprechenden Begriff des § 652 BGB; OLG Koblenz Urt. v. 19. 9. 1991 – 5 U 1867/90, NJW-RR 1992, 891, unter 1.b.
[18] BGH Urt. v. 4. 7. 1990 – IV ZR 174/89, BGHZ 112, 59, unter I.2.
[19] OLG Koblenz Urt. v. 19. 9. 1991 – 5 U 1867/90, NJW-RR 1992, 891, unter 1.b., zu § 652 BGB: Der Makler brauche nicht mit beiden Seiten gleichzeitig zu verhandeln. Mit dem Auftraggeber sei vielmehr eine weitere Verhandlung, als sie in der Übertragung und Annahme des Auftrags, d.h. in dem Abschluss des Maklervertrages liege, nicht erforderlich. Entscheidend sei die Aufnahme des Kontaktes mit der Gegenseite.
[20] BGH Urt. v. 24. 5. 1967 – VIII ZR 40/65, LM BGB § 652 Nr. 25; OLG Koblenz Urt. v. 19. 9. 1991 – 5 U 1867/90, NJW-RR 1992, 891, unter 1.b.; *Brox* 18. Aufl. RdNr. 226.
[21] OLG Koblenz Urt. v. 6. 5. 1994 – 2 U 1568/92, AIZ A 103 Bl. 68, zu § 652 BGB.
[22] BGH Urt. v. 15. 6. 1988 – IVa ZR 170/87, NJW-RR 1988, 1397; OLG Koblenz 19. 9. 1991 – 5 U 1867/90, NJW-RR 1992, 891, unter 1.
[23] BGH Urt. v. 12. 3. 1998 – III ZR 14/97, ZIP 1998, 653, 655, bezogen auf den Grundstücksmakler.
[24] BGH Urt. v. 13. 3. 1985 – IVa ZR 222/83, NJW 1986, 2573; OLG Hamm 1. 6. 1995 – 18 U 126/94, BB 1995, 1977: Ihrem Wortlaut nach betreffe die Vorschrift des § 654 BGB nur den Fall, dass der Makler vertragswidrig auch für den anderen Teil tätig geworden sei. Die Rechtsnorm drücke aber einen der Treue- und Sorgfaltspflicht des Maklers ausgehenden allgemeinen Rechtsgedanken aus und sei auch in anderen Fällen anzuwenden, in denen der Makler seine Treuepflicht gegenüber dem Auftraggeber vorsätzlich, mindestens aber in einer dem Vorsatz nahekommenden leichtfertigen Weise verletze und deshalb den Maklerlohn nach allgemeinen Rechts- und Billigkeitsempfinden nicht verdient *habe*.

vermittelten Vertrags über den Interessenkonflikt informiert.²⁵ Dann wird man regelmäßig von einer konkludenten Vereinbarung über die Abbedingung der Neutralitätsverpflichtung ausgehen können (unten RdNr. 24). Ob dies auch so ist, wenn der Auftraggeber auf sonstige Weise rechtzeitig vor Abschluss des Hauptvertrags von der Befangenheit des Maklers erfährt, ist eine Frage des Einzelfalles.

Es lassen sich zwei Arten von (dem Auftraggeber unbekannten) Interessenkonflikten voneinander **17** unterscheiden, nämlich strukturelle (abstrakte, generelle) und fallbezogene (konkrete) Interessenkonflikte: Mit **strukturellem Interessenkonflikt (= „institutionalisiertem Interessenkonflikt")**²⁶ ist eine Situation gemeint, in der es dem HM generell unmöglich ist, bei der Vermittlung eines Vertrages der gewünschten Art für den Auftraggeber nicht in einen Interessenkonflikt zu geraten. Wegen der generellen Unmöglichkeit der (loyalen) Vermittlung steht in solchen Fällen von vornherein fest, dass kein Provisionsanspruch entstehen kann. Denkbar ist zudem eine Haftung des HM wegen Verletzung seiner Pflicht zur Aufklärung des Vertragspartners über den strukturellen Interessenkonflikt vor Annahme der Auftrags (§§ 280 Abs. 1, 241 Abs. 2). Zu ersetzen ist dem Auftraggeber dann z. B. der Schaden (etwa die Folgen des Zeitverlustes), der ihm dadurch entstanden ist, dass er nicht von vornherein einen anderen Makler beauftragt hat. Zu ersetzen kann aber auch der Schaden sein, der dem Auftraggeber durch den Abschluss eines nachteiligen Hauptvertrags entstanden ist, auf den er sich bei gehöriger Aufklärung über die Befangenheit des Maklers nicht eingelassen hätte. Auf die Wirksamkeit des Maklervertrags hat der strukturelle Interessenkonflikt grundsätzlich keine Auswirkungen.²⁷ Der Begriff des **fallbezogenen Interessenkonflikts** soll demgegenüber eine Situation bezeichnen, in der nicht generell, sondern nur speziell bezogen auf den konkret vermittelten Vertragspartner ein Interessenkonflikt vorliegt. Die einzelfallbezogene führt wie bei der strukturellen Interessenkollision dazu, dass der vom HM geförderte Abschluss des Vertrags mit einem Vertragspartner, in Bezug auf den eine solche Interessenkollision besteht, keine Vermittlung iS des § 93 ist und daher keinen Provisionsanspruch begründet (hierzu § 99 RdNr. 23 ff.). Ein Bedürfnis, die Loyalitätspflicht des Maklers als Verbotsgesetz iS des § 134 BGB anzusehen und den gesamten Maklervertrag für nichtig zu erklären,²⁸ besteht nicht. Im Gegenteil würde diese Rechtsfolge ihre eigene Voraussetzung, die (verletzte) Loyalitätspflicht, rückwirkend beseitigen.

In Rspr. und Schrifttum lässt sich bei den Rechtsfolgen von Interessenkonflikten eine Unterschei- **18** dung zwischen dem (bloßen) Ausschluss des Provisionsanspruchs und der pauschalen Verneinung der Maklereigenschaft des befangenen Vermittlers ausmachen, deren Abgrenzung unklar bleibt. So soll etwa eine (provisionspflichtige) Makler*tätigkeit* im Sinne des § 652 Abs. 1 BGB voraussetzen, dass der vom Auftraggeber des Maklers angestrebte Vertragsschluss mit einem Dritten und nicht mit dem Makler selbst oder einer Person zustande kommt, an der der Makler rechtlich oder wirtschaftlich beteiligt sei (betrifft den fallbezogenen Interessenkonflikt).²⁹ Gleichzeitig soll aber derjenige bereits kein *Makler* sein können, der zum Vertragsgegner seines Kunden in einer solchen Beziehung steht, dass er sich im Streitfall bei regelmäßigem Verlauf auf die Seite des Vertragsgegners stellt, wobei immerhin die Wirksamkeit dieses Maklervertrags „ohne Makler" idR (im Ergebnis zu Recht) nicht in Zweifel gezogen wird (betrifft ebenfalls den fallbezogenen Interessenkonflikt).³⁰ Neben der unsicheren Abgrenzung der Fallgruppen wird ferner nicht deutlich, welchen über den Ausschluss der Provisionspflicht hinausgehenden Nutzen es für den (schutzwürdigen) Auftraggeber haben soll, dem

---

²⁵ Vgl. BVerfG Urt. v. 26. 4. 1988 – 1 BvR 1264/87, NJW 1988, 2663, unter II.: Danach ist es nach Art. 3 Abs. 1, 6 Abs. 1 GG verfassungswidrig, dem (Zivil-)Makler einen Provisionsanspruch gegen den Mieter zu versagen, weil er mit der Vermieterin verheiratet ist, wenn die Ehe dem Mieter (Auftraggeber) bekannt ist. Der Auftraggeber sei dann nicht schutzwürdig; BGH Urt. v. 3. 12. 1986 – IVa ZR 87/85, NJW 1987, 1008; BGH Urt. v. 24. 4. 1985 – IVa ZR 211/83, WM 1985, 946, 948; aA MünchKommHGB/*v. Hoyningen-Huene* RdNr. 52: Der Verlust des Lohnanspruchs trete selbst dann ein, wenn der HM seinem Auftraggeber die Umstände der Verflechtung mit dem Gegenkontrahenten (seinem Auftraggeber) bekannt gebe; ebenso Heymann/*Herrmann* Vor § 93 RdNr. 27. Dem ist zu entgegnen, dass es dem Auftraggeber grundsätzlich frei steht, ob er – im Bewusstsein des bestehenden Interessenkonflikts – den ihm vom HM vermittelten Vertrag abschließt oder nicht. Tut er dies, übernimmt er damit wissentlich und willentlich das Risiko, dass der Vertragsinhalt als Folge der Befangenheit des HM nicht völlig seinen Interessen entspricht.
²⁶ So die Begrifflichkeit in BGH Urt. v. 1. 4. 1992 – IV ZR 154/91, NJW 1992, 2818, unter 2.b.: Ein „institutionalisierter Interessenkonflikt" sei insbesondere im Fall des HV zu bejahen, der vorgebe, Makler zu sein.
²⁷ Anders noch die Vorauflage unter Berufung auf § 306 BGB aF.
²⁸ So OLG München Urt. v. 2. 12. 1992 – 3 U 3073/92, OLG-Rp München 1993, 65, für die Nichtigkeit eines mündlich geschlossenen Maklervertrags mit dem Käufer einer Immobilie, nach § 134 BGB auf Grund der Tatsache, dass der alleinvertretungsberechtigte Geschäftsführer der mäkelnden Gesellschaft zugleich Veräußerer der Kaufsache war (fallbezogener Interessenkonflikt).
²⁹ BGH Urt. v. 1. 4. 1992 – IV ZR 154/91, NJW 1992, 2818, unter 2.a.; MünchKommHGB/*v. Hoyningen-Huene* RdNr. 51 f. („Verlust des Lohnanspruchs").
³⁰ BGH (Fn. 29) NJW 1992, 2818, unter 2.b.; ebenso OLG Karlsruhe Urt. v. 31. 3. 1995 – 15 U 180/94, NJW-RR 1996, 629 f.; zust. GK-HGB/*Achilles* Vor §§ 93–104 RdNr. 11; MünchKommHGB/*v. Hoyningen-Huene* RdNr. 51 f.

befangenen Vermittler schon von vornherein die Qualifikation als Makler zu verweigern. Schließlich liegen die §§ 94 ff. mit Ausnahme des § 99 (Maklerlohn) im Interesse des Auftraggebers.

19 **b) Einzelheiten zum „strukturellen" Interessenkonflikt.** Bei einem strukturellen Interessenkonflikt ist eine (von Interessenkonflikten freie) Vermittlungstätigkeit von Anfang an unmöglich. Diese Situation ist gegeben, wenn auf Grund der Interessenlage die erhebliche und konkrete Gefahr besteht, dass der Vermittler in keinem Fall, dh. unabhängig davon, welchen Vertrag er vermitteln wird, die Interessen (seines bzw.) seiner Vertragspartner(s)[31] in ausreichendem, vertragsmäßigem Maße verfolgen wird. Die Interessenbildung auf Seiten des Vermittlers muss dabei so institutionalisiert sein, dass sie ihn – unabhängig von seinem Verhalten im Einzelfall – als ungeeignet für eine dem gesetzlichen Leitbild des Maklers entsprechende Tätigkeit erscheinen lässt.[32]

20 Die genannten, zu einem strukturellen Interessenkonflikt führenden Eigeninteressen des HM können sich auf den **Gegenstand** des zu vermittelnden Geschäfts, aber auch auf die **Person** des bzw. der möglichen Vertragspartner beziehen. In Bezug auf die **personenbezogenen strukturellen Interessenkonflikte** ist an den Fall zu denken, dass der HM mit allen in Betracht kommenden Vertragspartnern oder einem wesentlichen, die Vertragsinteressen des Auftraggebers gefährdenden Teil von ihnen persönlich oder wirtschaftlich verbunden ist. Denkbar ist ferner, dass der HM Eigeninteressen in einem wichtigen Konkurrenzunternehmen seines Auftraggebers verfolgt und dass er aus diesem Grunde nicht daran interessiert ist, für den Auftraggeber einen möglichst vorteilhaften Vertrag zu vermitteln. Ein weiteres Bsp. bildet der Fall, dass der HM „Vertrauensmakler" einer Vertragsseite ist.[33] Die Tatsache, dass der HM mit *beiden* Parteien des zu vermittelnden Vertrags (also aus der Sicht des Auftraggebers auch mit dem Gegenkontrahenten, zur Begrifflichkeit s. unten RdNr. 49 f.) einen Maklervertrag abgeschlossen hat oder dies, sollte es in Bezug auf den Gegenkontrahenten noch nicht geschehen sein, zumindest zu tun beabsichtigt, begründet demgegenüber noch keinen (strukturellen personellen) Interessenkonflikt. Vielmehr entspricht sie sogar dem gesetzlichen Leitbild von der Stellung des HM als eines neutralen, beiden Parteien gleichermaßen verbundenen Mittlers (s. unten RdNr. 38) und prägt damit den besonderen Charakter des HM gegenüber dem Zivilmakler. Die Vorschrift des § 654 BGB sowie die hierzu ergangene Rspr.[34] ist deshalb nicht auf den HM anwendbar. Anders ist es nur, wenn sich der HM ausnahmsweise gegenüber seinem Auftraggeber vertraglich dazu verpflichtet hat, dessen alleiniger Interessenvertreter sein zu wollen.[35]

21 Praktisch bedeutsamer als die personenbezogenen sind diejenigen **Interessenkonflikte,** die sich auf den **Vertragsgegenstand** beziehen. Hier ist etwa an den Fall zu denken, dass der HM selbst (sofern ihm Eigengeschäfte erlaubt sind) bzw. ein mit ihm persönlich oder wirtschaftlich verbundener Dritter an einem Vertragsschluss über einen gleichartigen Gegenstand (zB börsennotierte Wertpapiere) interessiert ist und für sich negative Auswirkungen des zu vermittelnden Geschäfts auf den Marktpreis zu befürchten hat. Der Umstand allein, dass der HM Eigengeschäfte über dieselbe Art von Gegenständen abzuschließen beabsichtigt, auf die sich seine Vermittlungstätigkeit bezieht, begründet allerdings wegen der Vertretbarkeit von Gegenständen des Handelsverkehrs (§ 93 Abs. 1) und der idR gegebenen Liquidität des Marktes im Gegensatz zum Zivilmakler[36] noch keinen Interessenkonflikt.[37]

22 Eine weitere Fallgruppe betrifft die Funktion des sog. „Managers" bei der Zusammenstellung (Vermittlung) von Konsortialkrediten. „Syndicated loan agreements" sind Kredite an einen staatlichen oder privaten Kreditnehmer, an dem mehrere Banken aus verschiedenen Ländern beteiligt sind.[38] Sie kommen dadurch zustande, dass eine vom Kreditnehmer beauftragte Bank („leader" oder „lead manager") sich um die Vermarktung, dh. Vermittlung des ausgehandelten Kreditvertrags bemüht. Der Manager unterzeichnet den Konsortialkredit regelmäßig neben den anderen, von ihm

---

[31] Siehe unten RdNr. 44 ff. zur rechtlichen Qualifizierung des Rechtsverhältnisses des HM mit dem Gegenkontrahenten und dazu, dass der HM idR mit beiden Seiten des vermittelten Vertrags in einem Auftragsverhältnis steht.
[32] So BGH (Fn. 29) NJW 1992, 2828, unter 2.b., in Bezug auf den (fallbezogenen) Interessenkonflikt eines als Makler auftretenden HV.
[33] BGH Urt. v. 26. 3. 1998 – III ZR 206/97, NJW-RR 1998, 992, als *obiter dictum* zum Grundstücksmakler.
[34] ZB BGH Urt. v. 26. 1. 1983 – IVa ZR 158/81, LM BGB § 652 Nr. 82 = NJW 1983, 1847 = WM 1983, 385.
[35] Vgl. Heymann/*Herrmann* Vor § 93 RdNr. 24: Im Verhältnis zum zuerst Beauftragten greife bei treuwidriger Doppeltätigkeit der Verwirkungstatbestand des § 654 BGB ein.
[36] Vgl. BGH (Fn. 34) unter 3.b., zum „deutlichen Eigeninteresse" des Verkäufermaklers mit Alleinauftrag an dem zu verkaufenden Einfamilienhaus.
[37] Vgl. als beeindruckenden Beleg für das Interesse der Auftraggeber am Eigenhandel der Börsenmakler Freihube/Kehr/Krahnen/Theissen, Was leisten die Kursmakler? Eine empirische Untersuchung am Beispiel der Frankfurter Wertpapierbörse, Kredit und Kapital, 1999, S. 426 ff.: Die Eigengeschäfte der (früheren) Kursmakler im Präsenzhandel machten über 20% des Handelsvolumens zu gerechneten Kursen und über 40% des Handelsvolumens im variablen Handel aus. Bei Letzteren trage die Tätigkeit der Makler zu einer deutlichen Reduktion der Geld-Brief-Spannen bei.
[38] *König*, Die internationalprivatrechtliche Anknüpfung von Syndicated Loan Agreements, 1983, S. 15, mwN.

vermittelten Kreditgebern auf der Gegenseite seines Auftraggebers als Kreditgeber. Er nimmt somit im Gegensatz zum typischen Makler am vermittelten Geschäft teil, was dem Leitbild des Maklervertrags nach § 652 BGB (sowie nach § 93) widerspricht.[39] Die wirtschaftliche Verflechtung des „Managers" mit dem Vertragsgegner soll deshalb ebenso wie beim Eigengeschäft zu einer provisionsausschließenden Interessenkollision führen,[40] falls überhaupt ein Maklervertrag besteht.

c) Abdingbarkeit der Neutralitätsverpflichtung. Entsprechend dem Grundsatz der Vertragsfreiheit können die Parteien in Abweichung vom gesetzlichen Leitbild des Vermittlers vereinbaren, dass eine im Sinne des Maklervertrags vertragsgemäße Vermittlung unabhängig von der Tatsache vorliegen soll, dass in der Person des (Handels-)Maklers ein Interessenkonflikt besteht.[41] Eine solche Vereinbarung lässt sich ausdrücklich oder konkludent treffen. Für die Annahme einer konkludenten Einwilligung des Auftraggebers in eine Maklertätigkeit trotz (institutionellen) Interessenkonflikts wird man aber idR den Nachweis verlangen müssen, dass der Auftraggeber sich über das Bestehen dieses Interessenkonflikts voll im Klaren war.[42] 23

II. Verträge über Gegenstände des Handelsverkehrs

Die §§ 93 ff. sind nur dann und insoweit anwendbar, als Verträge über **„Gegenstände des Handelsverkehrs"** vermittelt werden. Entsprechend der Entwicklung des Wirtschaftsverkehrs mit der Kommerzialisierung von immer neuen Waren und Dienstleistungen ist der Begriff des „Gegenstands des Handelsverkehrs" im Laufe der Zeit Wandlungen unterworfen. § 93 Abs. 1 nennt als Verträge über Gegenstände des Handelsverkehrs beispielhaft Verträge über die Anschaffung oder Veräußerung von Waren (Warenmakler) oder Wertpapieren (Finanzmakler, Börsenmakler), über Versicherungen (Versicherungsmakler), Güterbeförderungen sowie die Schiffsmiete (Schiffsmakler). 24

Verträge über Gegenstände des Handelsverkehrs sind von **Handelsgeschäften** zu unterscheiden.[43] Die vermittelten Geschäfte brauchen keine Handelsgeschäfte iS des § 343,[44] die Parteien des vermittelten Geschäfts (Auftraggeber des Maklers und dessen Vertragspartner) brauchen keine Kaufleute zu sein.[45] 25

1. Waren. Die in § 93 Abs. 1 beispielhaft genannte Vermittlung von „Waren" betrifft Verträge über **bewegliche Sachen** (iS des § 90 BGB), wie sich aus der früheren Legaldefinition des Begriffs der Waren in § 1 Abs. 2 Nr. 1 aF ergibt. Durch die Änderung des § 1 Abs. 2 im Rahmen der Handelsrechtsreform 1998 sollte der Begriff der Waren iS des § 93 nicht geändert werden. In Betracht kommen alle Arten von Waren, besondere Bedeutung kommt der Vermittlung durch HM auf den Märkten für Getreide, Kaffee, Kakao, Baumwolle, Südfrüchte sowie sonstige Rohstoffe zu. 26

2. Wertpapiere. Die Kategorie der Wertpapiere betrifft **Finanzmakler** für außerbörsliche Geschäfte ebenso wie **Börsenmakler** nach § 16 Abs. 2 Satz 1 Nr. 3 BörsG 2002, nicht dagegen die sog. Propremakler nach § 16 Abs. 2 Satz 1 Nr. 1 BörsG 2002, die Eigenhändler und keine Vermittler sind. Bis zur Reform durch das 4. Finanzmarktförderungsgesetz 2002[46] gab es in den §§ 30 ff. BörsG aF spezielle Regelungen für amtlich bestellte sog. „Kursmakler", denen die sog. „Freimakler" gegenübergestellt wurden. Deren Aufgabe bestand darin, amtliche Börsenkurse festzustellen oder bei dieser Feststellung mitzuwirken. Um einen Missbrauch dieser amtlichen, monopolartigen Stellung zu verhindern, waren Kursmakler nach dem BörsG besonderen öffentlich-rechtlichen Pflichten unterworfen (hierzu Vorauflage, § 93 RdNr. 27; § 95 RdNr. 3, § 100 RdNr. 11). Die bisherigen Bestellungen als Kursmakler und als Kursmaklerstellvertreter sind nach § 64 Abs. 5 BörsG 2002 am 1. 7. 27

---

[39] *Hinsch/Horn*, Das Vertragsrecht der internationalen Konsortialkredite und Projektfinanzierungen, 1985, S. 33.
[40] *Hinsch/Horn* (Fn. 39) S. 34.
[41] *Hinsch/Horn* (Fn. 39) S. 35, speziell zur Frage, ob der Manager eines Konsortialkredits Vermittler iS des § 652 BGB sein kann, wobei die Autoren eine entsprechende Vereinbarung als „unabhängiges Provisionsversprechen" bezeichnen.
[42] Vgl. BGH Urt. v. 16. 4. 1975 – IV ZR 21/74, NJW 1975, 1215, zu § 652 BGB: Der Geschäftsführer einer GmbH könne für den Verkauf von Gesellschaftsgrundstücken keine Maklerdienste für den Käufer leisten. Wolle er sich für seine Bemühungen dennoch vom Käufer eine Provision versprechen lassen, sei eine entsprechende Vereinbarung nur gültig, wenn er diesem zuvor seine Beziehungen zu der GmbH klar und eindeutig aufgedeckt habe; ebenso OLG München Urt. v. 2. 12. 1992 – 3 U 3073/92, OLG-Rp München 1993, 65; *Hinsch/Horn* (Fn. 39) S. 35 f., zum Sonderfall des Konsortialkredits: An das Bestehen eines „unabhängigen Provisionsversprechens" seien „strenge Anforderungen" zu stellen.
[43] *Brox* RdNr. 226.
[44] Die Handelsmaklerverträge selbst sind allerdings Handelsgeschäfte (z. B. *K. Schmidt*, „Unternehmer" – „Kaufmann" – „Verbraucher": Schnittstellen im „Sonderprivatrecht" und Friktionen zwischen §§ 13, 14 BGB und §§ 1 ff., BB 2005, 837, 841).
[45] *Brox* RdNr. 226.
[46] Gesetz zur weiteren Fortentwicklung des Finanzplatzes Deutschland (4. Finanzmarktförderungsgesetz) vom 21. 6. 2002, BGBl. I S. 2010.

2002 erloschen.[47] Die Preisfestlegung erfolgt nun gemäß den §§ 24–29 BörsG 2002 in nicht amtlicher Weise[48] entweder im elektronischen Handel oder durch „zur Feststellung des Börsenpreises zugelassene Unternehmen" („Skontroführer").

27a Eigengeschäfte darf der Börsenmakler ohne gesetzliche Einschränkungen tätigen.[49] Insofern handelt er aber nicht als Makler.[50] Nicht nur die Vermittler von Sekundär-, sondern auch diejenigen von Primärgeschäften (Emission von Wertpapieren) sind als HM zu qualifizieren. Bei diesen sog. „Emissionshelfern" („Emissionshäuser") handelt es sich idR um Kreditinstitute.[51]

28 **3. Versicherungen.** Weiter nennt § 93 als Gegenstände des Handelsverkehrs ausdrücklich „Versicherungen".[52] Die Versicherungsvermittlung unterliegt in einigen Punkten besonderen vom Verkehrssitte und Handelsbräuchen geprägten Regeln, auf die bei § 98 RdNr. 30 ff. und § 99 RdNr. 73 f. näher eingegangen wird. Ferner gibt es gesetzliche Sonderregeln, die bis 2006 nur vereinzelten Charakter hatten (zB § 104 Abs. 2), mit Umsetzung der EU-Versicherungsvermittlerrichtlinie 2002/92/EG vom 9. 12. 2002[53] in deutsches Recht aber stark zunehmen werden (hierzu unten § 98 RdNr. 32).[54]

Zur Abgrenzung des Versicherungsmaklers zum Versicherungsvertreter s. unten RdNr. 66.

29 **4. Sonstige Gegenstände des Handelsverkehrs. a) Grundsatz.** Neben Güterbeförderungen und Schiffsmiete verweist das Gesetz auf Verträge über „sonstige Gegenstände des Handelsverkehrs". Dies sind **Veräußerungsgeschäfte** über handelsmäßige Gegenstände, die **keine Waren** (beweglichen Sachen, vgl. § 1 Abs. 2 Nr. 1 aF) sind (zB Energie), sowie Geschäfte, die keine Veräußerungsgeschäfte sind, insbesondere Geschäfte über **Dienstleistungen**. Entscheidend ist die wirtschaftliche Zugehörigkeit der übernommenen Tätigkeit oder des sonstigen Vertragsinhalts zum **Handel**[55] oder, allgemeiner formuliert, die Zugehörigkeit des vermittelten Geschäfts zum Handelsverkehr im wirtschaftlichen Sinne. Die Vermittlung von Handelsgeschäften ist weder erforderlich noch ausreichend.[56] Das vermittelte Geschäft muss so beschaffen sein, dass es bei gewerbsmäßigem Betrieb als **Grundlage eines Handelsgewerbes** dienen kann. Diese Voraussetzungen erfüllen alle Geschäfte über Wirtschaftsgüter, für die ein Markt besteht und die deshalb über einen **Marktpreis** verfügen[57] oder, sofern sie individuell maßgeschneidert sind, Geschäfte, für die zumindest anhand objektiver Kriterien ein solcher Marktpreis ermittelbar ist.[58] Das Kriterium der Existenz eines (zumindest theoretisch ermittelbaren) Marktpreises erklärt, warum der HM nach dem gesetzlichen Leitbild idR gleichzeitig für beide Parteien des vermittelten Vertrags tätig werden kann (siehe RdNr. 38), ohne sich bereits im Hinblick auf die Einigung über den Preis notwendigerweise einem (strukturellen) Interessenkonflikt auszusetzen.[59] Die

---

[47] Siehe BVerfG Beschl. v. 21. 8. 2002 – 1 BvR 1444/02, NJW 2002, 3460: Danach verstößt die Beendigung der Tätigkeit der Kursmakler im Präsenzhandel nicht gegen Art. 12 Abs. 1, 14 Abs. 1 S. 1 GG. Vgl. aber § 268 Abs. 3 UmwG, wo immer noch von „Kursmaklern" die Rede ist.

[48] Vgl. Schwark/*Beck* KMRK § 26 BörsG RdNr. 6.

[49] Für börsenautonome Beschränkungen siehe zB § 37 Abs. 3 der Börsenordnung für die Frankfurter Wertpapierbörse vom 2. 9. 2002: Danach sind Eigengeschäfte des Skontroführers sowie die Eingabe von Eigen-, Geschäftsdaten, die zu Eigen- oder Aufgabegeschäften des Skontroführers führen können, für die Börsen-EDV „besonders zu kennzeichnen".

[50] Für nähere Einzelheiten vgl. *Schlüter*, Die Rechtsstellung des Freien Börsenmaklers an den deutschen Wertpapierbörsen, in: Hadding/Schneider (Hrsg.), Beiträge zum Börsenrecht, 1987, S. 81 ff. (noch zum sog. „Freimakler" alten Börsenrechts).

[51] Vgl. für den amtlichen Markt § 30 Abs. 2 BörsG 2002 sowie für den geregelten Markt § 49 Abs. 2 BörsG 2002: Die Zulassung zum Handel ist jeweils vom Emittenten der Wertpapiere zusammen mit einem Finanzinstitut zu beantragen; hierzu auch *Claussen* 3. Aufl. 2003, § 9 RdNr. 46.

[52] Vgl. allgemein zum Versicherungsmakler (Assekuranzmakler) Prölss/Martin/*Kollhosser* 27. Aufl. 2004, Nach § 48 VVG („Der Versicherungsmakler"), RdNr. 1–65.

[53] Richtlinie 2002/92/EG des Europäischen Parlaments und des Rates vom 9. 12. 2002 über Versicherungsvermittlung, ABl. EU Nr. L 9 S. 3 vom 15. 1. 2003.

[54] Siehe den RegE vom 22. 6. 2006 eines Gesetzes „zur Neuregelung des Versicherungsvermittlerrechts", BT-Drucks. 16/1935, sowie den überarbeiteten RefE für eine „Verordnung über die Versicherungsvermittlung (Versicherungsvermittlungsverordnung – VersVermV)" vom 3. 5. 2006.

[55] *Heymann* in Ehrenbergs Hdb Bd. V, I. Abt., 1. Hälfte, 1. Lfg., S. 363; *Brox* RdNr. 226: Verträge über sonstige Sachen und Rechte, die nach der Verkehrsauffassung als Gegenstände des Handelsverkehrs anzusehen sind (zB Patente, Inserate, Bankkredite).

[56] *Heymann* (Fn. 55) S. 361.

[57] Vgl. Staub/*Brüggemann* RdNr. 5: „Sachen und Rechte, die einen Handelswert repräsentieren"; ebenso HK-HGB/*Ruß* RdNr. 1.

[58] ZB Over-the-Counter (OTC) Derivate (Swaps, Optionen, Forwards etc.), für die sich ein theoretischer Wert der zukünftigen, aus dem Geschäft resultierenden stochastischen Zahlungsströme anhand finanzwirtschaftlicher Modelle errechnen lässt. Hierzu *Reiner*, Derivative Finanzinstrumente im Recht, Baden-Baden 2002, http://www.gunterreiner.de/reiner2002_derivative-finanzinstrumente-im-recht.pdf, S. 60 ff.

[59] MünchKommHGB/*v. Hoyningen-Huene* RdNr. 49: Der Marktpreis bilde für beide Seiten des Geschäfts eine „kontrollierbare Verhandlungsbasis". Diese Basis ermögliche es dem HM, grundsätzlich für beide Parteien des vermittelten Vertrags tätig zu werden, ohne seine (jeweiligen) Neutralitäts- und Loyalitätspflichten zu verletzen.

Liquidität des Marktes für das betreffende Wirtschaftsgut ist nur in dem Maße von Bedeutung, wie sie eine Voraussetzung für die Existenz eines Marktpreises darstellt.[60] Momentane Liquiditätsstörungen zum Zeitpunkt der Beauftragung des HM schaden als solche jedenfalls nicht; schließlich ist es gerade eine der Aufgaben des Maklers, für die Liquidität des Marktes zu sorgen.

b) Beispiele. Verträge über **sonstige Sachen und Rechte** sind zB solche über gewerbliche 30 Schutzrechte, Lizenzen, Berechtigungen zur Emission von Treibhausgasen iS des § 7 Zuteilungsgesetz[61] sowie Beteiligungen an Publikumsgesellschaften.[62] Bei der Vermittlung des Sekundär- oder Primärerwerbs von *nicht* verbrieften Gesellschaftsanteilen (also keine Aktien) ist nach allgemeiner Ansicht danach zu differenzieren, ob es sich um individuelle, nicht auf dem Kapitalmarkt gehandelte Beteiligungen, zB Beteiligungen an typischen Personengesellschaften (vgl. § 719 BGB) oder an GmbHs (vgl. § 15 Abs. 5 GmbHG) oder um „genormte" Beteiligungen (Publikumsgesellschaften) handelt (zu den nicht „genormten" Beteiligungen sowie zum direkten Unternehmenskauf siehe RdNr. 34).[63] Während sich die höchstrichterliche Rspr. zur Behandlung von Kommanditanteilen an Publikumsgesellschaften noch nicht geäußert hat (ausdrücklich offen gelassen in BGH Urt. v. 29. 2. 1984 – IVa ZR 107/82, WM 1984, 667, 668), schließt sich das Schrifttum[64] der Entscheidung des OLG Frankfurt a. M. vom 26. 10. 1978[65] an, wo solche Beteiligungen als Gegenstände des Handelsverkehrs iS des § 93 betrachtet wurden.

Beispiele für sonstige Geschäfte ohne Veräußerungscharakter **(Dienstleistungen)** sind die han- 31 delsmäßige Personenbeförderung,[66] die Vermittlung von Reisen durch freie Reisebüros, soweit sie nicht durch einen Agenturvertrag an einen Reiseveranstalter gebunden sind (dann: HV),[67] die Annoncenaufnahme in Zeitungen,[68] die Lieferung von Strom sowie **Finanzdienstleistungen** (Finanzmakler).[69] Einen wichtigen Bereich stellt hier die **Kreditvermittlung** dar.[70] Nach § 1 Abs. 2 Nr. 4 HGB aF iVm. §§ 1 Abs. 1 Satz 2 Nr. 2 KWG („Gewährung von Gelddarlehen und Akzeptkrediten (Kreditgeschäft)") galten Darlehen sogar *ausdrücklich* als Gegenstände des Handelsverkehrs.[71] Das HRefG 1998 hat an dieser Rechtslage nichts geändert. Die Qualifizierung als Gegenstand des Handelsverkehrs soll auch für dinglich gesicherte Kredite (im Gegensatz zu Hypothekengeschäften im Allgemeinen) gelten.[72] Der „Darlehensvermittlungsvertrag" zwischen einem Unternehmer (§ 14 BGB) und einem Verbraucher (§ 13 BGB) bzw. Existenzgründer (§ 655 e Abs. 2 BGB) ist durch §§ 655 a – 655 e BGB im Titel 10 des besonderen Schuldrechts („Mäklervertrag") als eigenständiger Vertragstyp geregelt (zuvor §§ 15–17 VerbrKrG: „Kreditvermittlungsvertrag"). Der Untertitel umfasst sowohl die Vermittlung als auch den bloßen Nachweis (oben RdNr. 14 f.) von Darlehen und enthält Bestimmungen zur Schriftform des Vertrags,[73] Provisionsanspruch und Nebenentgelten. Im Reisegewerbe ist die für den Darlehensnehmer entgeltliche Darlehensvermittlung nach

---

[60] Vgl. MünchKommHGB/*v. Hoyningen-Huene* RdNr. 36: Sonstige Gegenstände des Handelsverkehrs seien „alle Vermögensobjekte, die einen Handelswert" darstellten *und* „durch die Möglichkeit leichten Umschlags gekennzeichnet" seien; ebenso auf die Umschlagsfähigkeit abstellend *ders.* RdNr. 39.
[61] Gesetz „über den nationalen Zuteilungsplan für Treibhausgas-Emissionsberechtigungen in der Zuteilungsperiode 2005 bis 2007" vom 26. 8. 2004, BGBl I 2004, 2211. Zur freien Übertragbarkeit der Berechtigungen siehe § 6 Abs. 3 und 16 ff. des Gesetzes „über den Handel mit Berechtigungen zur Emission von Treibhausgasen" vom 8. 7. 2004, BGBl I 2004, 1578.
[62] MünchKommHGB/*v. Hoyningen-Huene* RdNr. 37 (ohne Nennung der Emissions-Berechtigungen).
[63] Der Begriff der „genormten" Beteiligung findet sich bei Baumbach/*Hopt* RdNr. 12 (in Bezug auf die Kommanditbeteiligung bei der PublikumsKG); ebenso Röhricht/Graf v. Westphalen/*Röhricht* RdNr. 5 mwN.
[64] Nachweise bei Röhricht/Graf v. Westphalen/*Röhricht* RdNr. 5; Baumbach/*Hopt* RdNr. 12; grundlegend *Lutter* FS Bärmann, 1975, S. 705, 714; vgl. auch *Grießenbeck*, BB 1988, 2188 ff.
[65] OLG Frankfurt Urt. v. 26. 10. 1978 – 1 U 235/77, WM 1979, 1393, 1396.
[66] *Heymann* (Fn. 55) S. 363.
[67] *Führich*, Zweite Novelle des Reisevertragsrechts zur Verbesserung der Insolvenzsicherung und der Gastschulaufenthalte, NJW 2001, 3083, 3085.
[68] *Heymann* (Fn. 55) S. 363; *Brox* RdNr. 226.
[69] Vgl. MünchKommHGB/*v. Hoyningen-Huene* RdNr. 11.
[70] Vgl. OLG München Urt. v. 8. 8. 1970 – 12 U 2360/65, NJW 1970, 1924, 1925, zur Kaufpreisfinanzierung: Der Finanzmakler (Kreditmakler) sei HM; zustimmend MünchKommHGB/*v. Hoyningen-Huene* RdNr. 11; ebenso bereits *Heymann* (Fn. 55) S. 382; differenzierend Baumbach/*Hopt* RdNr. 5: Darlehensvermittler sei „idR HM"; LG Darmstadt Urt. v. 23. 2. 2000 – 21 S 170/99, NJW-RR 2002, 351: Kreditvermittler iS des § 1 III VerbrKrG seien „grundsätzlich Handels- oder Zivilmakler"; aA Palandt/*Sprau* Vor § 652 RdNr. 7: Die Finanzierungsvermittlung im Rahmen eines Bauherrenmodells sei „idR Geschäftsbesorgung (§ 675 BGB) mit Werkvertragscharakter".
[71] Hierauf verweist *Ulmer* in *Ulmer/Habersack* § 1 VerbrKG RdNr. 76.
[72] Heymann/*Herrmann* RdNr. 1, unter Hinweis auf RGZ 76, 250, 252; OLG München Urt. v. 8. 8. 1970 – 12 U 2560/65, NJW 1970, 1924, 1925.
[73] Streitig ist, ob das Schriftformerfordernis des § 655 b BGB analog § 492 Abs. 4 BGB auch auf die Vollmacht zu erstrecken ist, die der Kunde dem Kreditmakler erteilt. Für eine „Übertragung des Rechtsgedankens des § 492 Abs. 4 BGB" *Habersack/Schürnbrand* WM 2003, 261, 262 f.; dagegen Palandt/*Sprau* § 655 b BGB RdNr. 2.

§ 56 Abs. 1 Nr. 6 GewO unzulässig. Ein Verstoß gegen diese Vorschrift führt nach § 134 BGB zur Nichtigkeit des Maklervertrags.[74]

32 **c) Negative Abgrenzung.** Auf die (gewerbsmäßige) Vermittlung von Gegenständen, die nicht dem Handelsverkehr unterliegen, sind die §§ 93–104 nicht anwendbar. Welche möglichen Vertragsgegenstände (trotz der immer weiter gehenden Kommerzialisierung der Bedürfnisbefriedigung) noch als solche zu betrachten sind, die nicht dem Handelsverkehr unterliegen, ergibt sich aus der Verkehrsanschauung sowie aus dem eindeutigen, insofern selbst durch eine Änderung der Verkehrsanschauung nicht überwindbaren Wortlaut des § 93 Abs. 2. Danach sind ausgeschlossen, **„Geschäfte über unbewegliche Sachen"** als Verträge über Gegenstände des Handelsverkehrs zu betrachten (Immobilienmakler). Zu verstehen ist der Begriff der unbeweglichen Sache in Abgrenzung zur Legaldefinition der „beweglichen Sache" in § 1 Abs. 2 aF, der nicht identisch ist mit demjenigen der §§ 929 ff. BGB. Auch Schiffe (vgl. die Schiffsmiete, die in § 93 Abs. 1 ausdrücklich als Gegenstand des Handelsverkehrs genannt wird) und Luftfahrzeuge jeder Art etwa sind bewegliche Sachen in diesem Sinne, obwohl sie nach dem SchiffRG bzw. LuftfzRG teilweise ähnlich wie Grundstücke behandelt werden.[75] Geschäfte über unbewegliche Sachen betreffen nicht nur die Veräußerung von Grundstücken bzw. Wohnungen, sondern auch ihre Belastung (selbst wenn sie zur Besicherung eines Darlehens erfolgt, s. oben RdNr. 6, 31), Vermietung, Verpachtung oder sonstige Nutzung (Leasing, Time-Sharing).

33 Aus rechtspolitischer Sicht mag man den Standpunkt des Gesetzgebers, Immobilien seien keine Gegenstände des Handelsverkehrs (siehe auch §§ 3, 49 Abs. 2), bis zu einem gewissen Grad kritisieren angesichts der eingetretenen Kommerzialisierung, wie sie nicht zuletzt beim Erwerb von Immobilien zu Anlagezwecken, insbesondere durch geschlossene oder offene Immobilienfonds, zutage tritt.[76] Rechtfertigen lässt sich die rechtliche Sonderbehandlung des Immobilienmaklers im Vergleich zum HM jedenfalls noch insoweit, wie die Existenz eines objektiven Marktpreises der grundstücksbezogenen Vertragsleistung angesichts der mangelnden Liquidität des Marktes nicht (mit ausreichender Sicherheit) feststellbar ist.[77]

34 Keine Gegenstände des Handelsverkehrs sollen ferner Verträge über die Veräußerung ganzer **Unternehmen** (in Abgrenzung zur Veräußerung „genormter" Gesellschaftsanteile, s. oben § 93 RdNr. 30) sein.[78] Dabei bleibt unklar, was die Befürworter dieser Auffassung im Einzelnen unter der Veräußerung eines „Unternehmens" verstehen. Zuzustimmen ist sicherlich insoweit, als sich diese Aussage auf die Veräußerung eines Betriebs im Wege der Einzelrechtsnachfolge in die Gesamtheit der Gegenstände des Betriebsvermögens bezieht. Abzulehnen ist diese Auffassung, soweit sie sich auch auf die Veräußerung der *Gesamtheit* (oder ganz überwiegenden Mehrheit[79]) der Gesellschaftsanteile einer Publikumsgesellschaft (in Abgrenzung zur als Geschäft über Gegenstände des Handelsverkehrs anerkannten Veräußerung einzelner Anteile) bezieht. Denn eine quantitative Differenzierung nach der *Menge* der veräußerten/vermittelten Gesellschaftsanteile (einzelne bzw. alle) ist aus der Sicht des Regelungszwecks des § 93 nicht einsichtig. Dies wird insbesondere dann deutlich, wenn man sich vergegenwärtigt, dass je nach wirtschaftlichem Ziel der bloße Erwerb einer Kontrollmehrheit für den Käufer den gleichen wirtschaftlichen Effekt haben kann wie der Erwerb sämtlicher Anteile.

35 Ebenfalls keine Gegenstände des Handelsverkehrs sind **Dienstverträge** im Sinne von Beschäftigungs- oder Berufsausbildungsverhältnissen[80] sowie Dienst- oder Werkverträge über freie Mitarbeiter.[81] Der Begriff des Dienstvertrags ist erheblich enger als der Begriff des Vertrags über eine Dienstleistung, wie er oben (RdNr. 31) benutzt wird. Es ist deshalb missverständlich, wenn im Schrifttum

---

[74] BGH Urt. v. 2. 2. 1999 – XI ZR 74/98, NJW 1999, 1636, unter II.3.a.aA seit dem SMG *Habersack/Schürnbrand* WM 2003, 261, 264.
[75] MünchKommHGB/*v. Hoyningen-Huene* RdNr. 39.
[76] Vgl. bereits aus damaliger Sicht *Heymann* (Fn. 55) S. 361: Geschäfte über Immobilien seien in § 93 Abs. 2 ausdrücklich ausgeschieden, obwohl nicht zu verkennen sei, dass heute (1926!) nach der im „modernen städtischen Verkehr zur Geltung gebrachten Auffassung" Immobilien und immobiliare Rechte, insbesondere Hypotheken, vielfach Gegenstände des Handels seien.
[77] Vgl. *Heymann* (Fn. 55) S. 361 f.: Im Immobilienverkehr hätten sich gewisse Gebräuche entwickelt, die mit dem Grundgedanken des Handelsmaklerrechts nicht recht übereinzustimmen schienen, insb. sei der Immobilienmakler regelmäßig vorwiegend im Interesse der einen Partei (Verkäufer, Vermieter) tätig.
[78] Baumbach/*Hopt* RdNr. 11; MünchKommHGB/*v. Hoyningen-Huene* RdNr. 38; *K. Schmidt* HandelsR § 25 I 1 a.; Heymann/*Herrmann* RdNr. 2.
[79] Zur verwandten Frage der kaufrechtlichen Gleichstellung von Asset Deal und Share Deal beim Unternehmenserwerb siehe *Reiner*, Schuldrechtsmodernisierung, in Semler/Volhard (Hrsg.), Arbeitshandbuch Unternehmensübernahmen, Bd. 2, § 56, RdNr. 46 ff.
[80] Zur Vermittlung solcher Verträge siehe § 296 SGB III.
[81] Vgl. speziell hierzu sowie allgemein zur Rechtslage der Personalvermittlung seit der Novellierung des § 4 AFG durch das BeschFG 1994 (*BGBl. I* S. 1786) *Rieble* DB 1994, 1776 ff.

bisweilen behauptet wird, (sämtliche) „Dienstleistungen" seien aus dem Anwendungsbereich der §§ 93 ff. ausgeschlossen.[82] Beispiele für nicht unter § 93 fallende (vermittelte) Dienstverträge sind solche mit Künstlern, Artisten,[83] Fotodesignern[84] oder Spielern im Bereich des Sports.

Makler, die Verträge über Gegenstände vermitteln, die nicht dem Handelsverkehr zuzurechnen 36 sind, sind *insoweit* als Zivilmakler zu behandeln, dh. nicht die Maklerregeln der §§ 93 ff., sondern ausschließlich diejenigen der §§ 652 ff. BGB sowie ggf. die allgemeinen Vorschriften des HGB für Kaufleute (s. RdNr. 7) sind anwendbar. Dies gilt nach § 93 Abs. 2 selbst dann, wenn diese Makler daneben auch Geschäfte über Gegenstände des Handelsverkehrs vermitteln und insoweit den Status eines HM besitzen.

III. Übernahme der Vermittlung (Maklervertrag)

Die Übernahme der Vermittlung von Verträgen beruht entweder auf einem einseitigen Rechts- 37 geschäft des Interessenten (Auslobung nach 657 BGB) oder, was die Regel ist, auf einem Vertrag zwischen dem Makler und dem Interessenten.[85]

1. Maklervertrag grundsätzlich mit beiden Parteien des Hauptvertrags. a) Grundsatz 38 **der Doppelstellung des HM.** Im Gegensatz zum Zivilmakler kommt beim HM nach dem gesetzlichen Leitbild (vgl. insbes. §§ 94, 96, 98, 99, 101) ein (vertragliches, hierzu RdNr. 39 ff.) **Maklerverhältnis** grundsätzlich **mit beiden Parteien** des vermittelten Vertrags zustande. Der Makler unterliegt dann beiden Parteien gegenüber bestimmten Pflichten, kann aber auch von beiden Seiten (einen Teil der) Provision verlangen (§ 99).[86] Die Rspr. zum Doppelauftrag beim *Zivil*makler ist deshalb auf den HM nicht ohne weiteres übertragbar.[87] Der Umstand, dass die vom HM vermittelten Verträge über Gegenstände des Handelsverkehrs, dh. über Gegenstände mit einem bestimmten oder bestimmbaren Marktpreis abgeschlossen werden, verhindert, dass der HM bereits allein wegen widerstreitender Preisinteressen seiner beiden Auftraggeber in einen unlösbaren, eine auftragsgemäße Vermittlung von vornherein ausschließenden (strukturellen, siehe RdNr. 16 ff.) Interessenkonflikt gerät.[88] Zwar lässt sich in der Praxis der Zivilmakler ebenfalls gerne von beiden Parteien beauftragen,[89] soweit dies auf Grund der Marktsituation gelingt. Hierzu ist aber im Unterschied zum HM eine besondere Einwilligung des jeweiligen Gegenkontrahenten erforderlich.[90] Für bestimmte Wirtschaftszweige können auf Grund örtlicher oder branchentypischer Verkehrssitte bzw. auf Grund Handelsbrauchs Ausnahmen vom Grundsatz der Doppeltätigkeit bestehen. Ferner kann dem Makler bei (strukturellen) Interessenkonflikten (oben RdNr. 16 ff.) eine Doppeltätigkeit, ohne die betroffenen Parteien über seine Befangenheit aufzuklären, untersagt sein.[91] Folge der Doppeltätigkeit des Maklers ist seine Pflicht zu „strenger Unparteilichkeit".[92]

b) Vertraglicher Charakter des Maklerverhältnisses auch mit dem „Gegenkontrahen- 39 **ten". aa) Meinungsstand.** Zum Rechtscharakter des Maklerverhältnisses mit dem Gegenkontrahenten werden unterschiedliche Konzeptionen vertreten. Die Endpunkte des Meinungsspektrums werden auf der einen Seite durch einen ausschließlich vertragsrechtlichen und auf der anderen Seite durch einen ausschließlich gesetzlichen Ansatz markiert. Der BGH hat bisher noch nicht in eindeutiger Weise Stellung bezogen.

α) Vertragsrechtlich begründetes (dh. normales) Vertragsverhältnis. Nur eine Minderheit 40 im (älteren) Schrifttum vertritt einen rein vertraglichen Ansatz. Danach besteht ein maklerrechtliches

---

[82] So etwa HK-HGB/*Ruß* RdNr. 1; vgl. auch MünchKommHGB/*v. Hoyningen-Huene* RdNr. 40 („Dienst- und Arbeitsleistungen").
[83] ZB MünchKommHGB/*v. Hoyningen-Huene* RdNr. 40; *Brox* RdNr. 226.
[84] OLG Hamburg Urt. v. 28. 10. 2005 – 11 U 169/04, GRUR 2006, 788, unter II.2.b.
[85] *Brox* RdNr. 227.
[86] Vgl. MünchKommHGB/*v. Hoyningen-Huene* RdNr. 49, 50: Das Gesetz gehe von der Annahme einer „Doppeltätigkeit" des HM als Umkehrung des für den Zivilmakler geltenden (§ 654 BGB) Regel-/Ausnahmeverhältnisses aus.
[87] So aber zB HK-HGB/*Ruß*, RdNr. 3; vgl. demgegenüber insofern zutreffend MünchKommHGB/*v. Hoyningen-Huene* RdNr. 49: Im Unterschied zum Zivilmakler sei der HM im Regelfall zu einer Doppeltätigkeit für beide Parteien *berechtigt*. Mangels einer Treuwidrigkeit verliere der HM daher im Falle der Doppeltätigkeit üblicherweise - vorbehaltlich der sog. Verflechtungsfälle (hierzu unten RdNr. 67) – nicht nach § 654 BGB seinen Provisionsanspruch.
[88] Vgl. MünchKommHGB/*v. Hoyningen-Huene* RdNr. 48.
[89] *Altmeppen* S. 12 Fn. 46.
[90] Siehe zB BGH Urt. v. 30. 4. 2003 – III ZR 318/02, NJW-RR 2003, 991, unter II.1.: Wenn der Zivilmakler für *beide* Auftraggeber eine Vermittlungstätigkeit (im Gegensatz zu bloßer Nachweistätigkeit) ausübe, müsse der Doppelauftrag für beide Seiten „wenigstens eindeutig erkennbar oder absehbar" sein; zuvor bereits BGH Urt. v. 26. 3. 1998 – III ZR 206/97, NJW-RR 1998, 992; BGH Urt. v. 25. 10. 1967 – VIII ZR 215/66, BGHZ 48, 344.
[91] BGH Urt. v. 26. 3. 1998 – III ZR 206/97, NJW-RR 1998, 992, unter 2.b.; Baumbach/*Hopt* RdNr. 33.
[92] So zB BGH Urt. v. 25. 10. 1967 – VIII ZR 215/66, BGHZ 48, 344, unter II.1.d., zum Zivil-, nämlich Immobilienmakler (§ 654 BGB). Zu dieser Entscheidung siehe auch unten § 98 RdNr. 27.

(von den Rechten und Pflichten der §§ 94 ff. geprägtes) Rechtsverhältnis des HM zur Gegenpartei des Auftraggebers nur unter der Voraussetzung, dass der HM mit dieser Gegenpartei ebenso wie mit seinem (anderen) Auftraggeber einen Maklervertrag abgeschlossen hat.[93] Von einer solchen Doppelbeauftragung soll „im Zweifel" ausgegangen werden können.[94]

41 β) **Vertragsähnliches gesetzliches Verhältnis.** Dem vertragsrechtlichen Ansatz wird entgegengehalten, es handle sich hierbei um eine Zweckkonstruktion, eine Unterstellung, nur um dem Provisionsanspruch gegen den Geschäftsgegner eine Rechtsgrundlage zu geben. Dies „verbiege" den Sinn dessen, worin sich der HM sich vom Zivilmakler unterscheide. § 99 diene gerade dazu, der Rspr. zu ersparen, „stillschweigende Beauftragungen" durch die andere Partei „in Form eines Sich-Gefallen-Lassens von Maklerdiensten" anzunehmen, „um zu einem Provisionsanspruch zu gelangen.[95] Wer sich in Vertragsverhandlungen mit einem HM einlasse, trete zu ihm in ein „Vertrauensverhältnis besonderer Art – ein vertragsähnliches", dessen Folgen er sich nicht entziehen könne. Selbst ein Protest, eine Verwahrung oder ein Vorbehalt nütze ihm nichts.[96]

42 *Ausnahmen* vom Bestehen eines (vertragsähnlichen) gesetzlichen Geschäfts- und Vertrauensverhältnisses des HM gegenüber dem Vertragspartner (und umgekehrt) werden für zwei Fälle anerkannt, nämlich zum einen für den Fall, dass der HM *erkennbar* als alleiniger Interessenvertreter des Auftraggebers auftritt[97] und zum anderen für den Fall, dass der Gegenkontrahent durch schlüssiges Verhalten zu erkennen gibt, dass er kein Rechtsverhältnis mit dem HM wünscht, etwa wenn er bereits einen eigenen HM beauftragt hat.[98] Die Haftung des HM wegen Verschuldens bei Vertragsschluss sowie die deliktische Haftung soll dagegen bestehen bleiben.[99]

43 γ) **Vermittelnde Ansicht: „Gesetzlich begründetes" Vertragsverhältnis.** Eine vermittelnde Ansicht behauptet ohne weitere Begründung, es werde in den §§ 93 ff. „kraft Gesetzes ein vertragliches Schutz- und Nebenpflichtverhältnis" begründet, das dem Vertrauensschutz des Dritten diene.[100]

44 bb) **Stellungnahme.** Das Rechtsverhältnis des Maklers zum sog. Gegenkontrahenten (oder gleichbedeutend: Gegenpartei, Dritten) sollte entsprechend der oben in RdNr. 40 dargestellten Meinung ebenso wie dasjenige zum Auftraggeber als **vertragliches,** der HM somit als ein idR im **Doppelauftrag** handelnder Vermittler betrachtet werden. Nur die Annahme einer vertraglichen Beziehung des HM zu beiden Parteien erlaubt einen sachgerechten Interessenausgleich zwischen HM und Gegenkontrahent.

45 Die Auffassung von der zwar gesetzlichen, gleichzeitig aber „vertragsähnlichen", „quasivertraglichen" Natur dieses Rechtsverhältnisses hat gegenüber der vertraglichen Betrachtungsweise keinen erhöhten Erkenntniswert und führt zu unnötigen Abweichungen von den anerkannten Grundsätzen des Schuldrechts. Dies zeigt sich zB daran, dass die Vertreter der gesetzlichen Natur des Rechtsverhältnisses zur Gegenpartei im Rahmen der Haftung nach § 98 eine Anwendung des § 278 BGB, nicht aber, wie es im Rahmen eines außervertraglichen Schuldverhältnisses konsequenter wäre, des § 831 BGB befürworten.[101] Die Kritik *Brüggemanns* am vertragsrechtlichen Ansatz („Zweckkonstruk-

---

[93] In diesem Sinne Schlegelberger/*Schröder* § 99 RdNr. 9, bezogen auf den Provisionsanspruch des § 99; ebenso Gierke/*Sandrock* § 29 II c ß; *Canaris* Handelsrecht, 24. Aufl. 2006, § 19 II RdNr. 29: Entgegen der hL setze § 99 (entgegen § 98) einen Vertragsschluss mit beiden Parteien voraus.
Nicht nur zum Auftraggeber, sondern auch zum Dritten trete der HM in ein Vertragsverhältnis ein „oder doch in ein Rechtsverhältnis mit Vertragswirkungen"; wohl auch OLG München Urt. v. 8. 8. 1970 – 12 U 2560/65, NJW 1970, 1925.
[94] Schlegelberger/*Schröder* § 99 RdNr. 9.
[95] Staub/*Brüggemann* § 99 RdNr. 7.
[96] Staub/*Brüggemann* § 99 RdNr. 7; GK-HGB/*Achilles* § 98 RdNr. 1, zu Unrecht unter Berufung auf OLG München Urt. v. 8. 8. 1970 – 12 U 2560/65, NJW 1970, 1924, 1925, wo das Gericht von einer – vertraglichen – Einschaltung des HM durch das Kreditinstitut ausgeht; ebenso Röhricht/Graf v. Westphalen/*Röhricht* § 98 RdNr. 1 („vertragsähnliches Geschäfts- und Vertrauensverhältnis"); Baumbach/*Hopt* § 98 RdNr. 1, § 99 RdNr. 1 („gesetzliches Schuldverhältnis"); MünchKommHGB/*v. Hoyningen-Huene* RdNr. 61 („vertragsähnliche" Stellung des Dritten); *Brox* RdNr. 227 („kraft Gesetzes in einem vertragsähnlichen Verhältnis zur anderen Partei" unter Hinweis auf die §§ 94, 96, 98, 99); HK-HGB/*Ruß* RdNr. 3.
[97] Siehe nur GK-HGB/*Achilles* § 98 RdNr. 1: § 98; HK-HGB/*Ruß* § 98 RdNr. 2; *Brox* RdNr. 227; *Canaris* Handelsrecht, 24. Aufl. 2006, § 19 II RdNr. 27.
[98] HK-HGB/*Ruß* § 98 RdNr. 2: Eine Haftung gegenüber beiden Parteien entfalle idR, wenn jede Partei einen eigenen HM eingeschaltet habe.
[99] HK-HGB/*Ruß* § 98 RdNr. 2; Röhricht/Graf v. Westphalen/*Röhricht* § 98 RdNr. 4.
[100] Heymann/*Herrmann* RdNr. 12, wohl zu Unrecht unter Berufung auf OLG München Urt. v. 8. 8. 1970 – 12 U 2560/65, NJW 1970, 1924, 1925; scheinbar widersprüchlich MünchKommHGB/*v. Hoyningen-Huene* RdNr. 61: „kraft Gesetzes in einem vertraglichen Schutz- und Nebenpflichtverhältnis, das dem Vertrauensschutz des Dritten diene; andererseits aber abweichend ders. aaO: Der Dritte erlange eine „vertrags*ähnliche*" [Hervorhebung durch den Verfasser] Stellung.
[101] So Röhricht/Graf v. Westphalen/*Röhricht* § 98 RdNr. 2. Hierzu auch unten § 98 RdNr. 4.

tion") vermag nicht zu überzeugen. Durch die Behauptung eines *gesetzlichen* Rechtsverhältnisses zwischen HM und Gegenkontrahent unabhängig vom Willen der Beteiligten wird diesen ein weitaus größerer Zwang angetan als bei einer angesichts der Verkehrssitte gerechtfertigten und widerlegbaren, dennoch als „Unterstellung" kritisierten (s. oben RdNr. 41) Annahme des Bestehens eines konkludenten Vertrags. Dabei bestehen keinerlei übergeordnete öffentliche Interessen, die ein Übergehen des Parteiwillens (zB wenn die Beteiligten durch ihr Verhalten zum Ausdruck bringen, dass sie keine Rechtsbeziehung wünschen) erforderlich machen würden.

Die Annahme, dass kein maklerrechtliches (§§ 94 ff.) Rechtsverhältnis zwischen dem HM und **46** dem Gegenkontrahenten zustande kommt, wenn der HM gegenüber dem letzteren als einseitiger Interessenvertreter des Auftraggebers auftritt (s. oben RdNr. 42 sowie 17), dass aber Ansprüche aus allgemeinem Deliktsrecht bestehen bleiben, zwingt die Verfechter des gesetzlichen Ansatzes dazu, vom Vorliegen einer (selbst aus ihrer Perspektive nicht überzeugend begründbaren) *Ausnahme* auszugehen. Aus dem vertragsrechtlichen Ansatz lässt sich das Fehlen eines Maklerverhältnisses demgegenüber zwanglos ableiten. In diesen Fällen liegt nämlich offensichtlich kein Rechtsbindungswille des HM gegenüber dem Gegenkontrahenten vor. Entsprechendes gilt für die zweite, von den Vertretern des gesetzlichen Ansatzes als „Ausnahme" betrachtete Fallgruppe, dass der Gegenkontrahent bereits einen eigenen, für ihn in dieser Angelegenheit tätig werdenden HM beauftragt hat. Von einem solchen Gegenkontrahenten kann nicht angenommen werden, dass er ohne Not einen zweiten, ihn zur Zahlung von Provision verpflichtenden Maklervertrag abschließen will.

Schließlich müsste man die Rechtsposition des HM gegenüber dem Gegenkontrahenten, wenn **47** man sie als gesetzliche versteht, zugleich als vom Rechtsverhältnis des HM mit dem Auftraggeber *abgeleitete* betrachten, denn Entstehensvoraussetzung des gesetzlichen Rechtsverhältnisses mit dem Gegenkontrahenten müsste ja wohl, soll dessen Begründung nicht vollständig in der Luft hängen, das Bestehen eines „originären" Maklervertrags mit dem Auftraggeber im Sinne einer genetischen Konnexität sein. Möglicherweise müsste man konsequenterweise sogar von einer funktionellen Konnexität iS eines Einwendungsdurchgriffs, zB bei vertraglichem Haftungsausschluss zwischen HM und Auftraggeber ausgehen. Wie widersinnig solche Annahmen sind, wird deutlich, wenn man sich die Spiegelbildlichkeit des Dreiecksverhältnisses zwischen dem HM und den Parteien des vermittelten Vertrags sowie die Austauschbarkeit (Subjektivität) der Begriffe „Auftraggeber und „Gegenkontrahent" verdeutlicht (s. RdNr. 49).

Die vermittelnde Ansicht mit ihrer Deutung des Rechtsverhältnisses als gesetzlich begründeter **48** Vertrag ist aus rechtstechnischen Gründen abzulehnen, da die Konstruktion in sich widersprüchlich ist. Denn ein sog. „Vertrag", der nicht auf dem Willen der Parteien beruht, ist eben kein echter Vertrag. Wesensmerkmal des Vertrags ist ja gerade der Umstand, dass nicht das Gesetz, sondern der übereinstimmende Wille der Parteien Geltungsgrund des zwischen ihnen bestehenden Rechtsverhältnisses ist. Der einzige gesetzestechnische Weg zur Herstellung eines (echten) Vertragsverhältnisses gegen den Willen einer Partei ist der Abschlusszwang. Dessen Bestehen behauptet aber in Bezug auf das Rechtsverhältnis des HM zur Gegenpartei grundsätzlich niemand.[102]

Das im Schrifttum verwendete Begriffspaar **„Auftraggeber"** und **„Gegenkontrahent"**, das hier **49** aus Gründen der Übersichtlichkeit übernommen wird, bezieht sich angesichts der Gleichheit der (vertraglichen) Rechtsnatur des Maklerverhältnisses zu beiden Parteien des vermittelten Vertrags immer auf den spezifischen Betrachtungswinkel *einer* der beiden Parteien des vermittelten Vertrags, wie er zB in einem Rechtsstreit mit dem HM zum Tragen kommen kann. Aus objektiver Sicht sind nach dem Gesagten idR immer beide Parteien gleichzeitig Auftraggeber (des HM) und Gegenkontrahent des jeweils anderen Auftraggebers.

Eine Rolle spielt die begriffliche Unterscheidung zwischen Auftraggeber und Gegenkontrahent **50** aus rechtlicher Sicht höchstens insoweit, als das gesamte Dreiecksverhältnis zwischen dem HM und den Parteien des vermittelten Vertrags Gegenstand der Betrachtung ist. Dies gilt zB für die Frage nach dem Bestehen von Interessenkonflikten (siehe unten zum Konflikt zwischen Aufklärungs- und Verschwiegenheitspflicht § 98 RdNr. 26 ff.).

2. Formloses Zustandekommen des Maklervertrags. Der Maklervertrag (mit dem Auftrag- **51** geber gleichermaßen wie mit dem Gegenkontrahenten) bedarf entsprechend den allgemeinen Grundsätzen des Vertragsrechts grundsätzlich (Ausnahmen unten RdNr. 54) keiner besonderen Form (**Formfreiheit** des Handelsmaklervertrags).[103]

---

[102] Eine Ausnahme soll für den anonymen Börsenhandel bestehen. Hier soll für die Skontroführer (§ 26 BörsG 2002) wegen ihrer „Monopolstellung" Kontrahierungszwang bestehen (*Claussen* 3. Aufl. 2003, § 9 RdNr. 230).
[103] ZB *Koller* § 93 RdNr. 13.

52 a) Konkludenter Maklervertrag. Der Maklervertrag kann dementsprechend auch **konkludent** zustande kommen. In der Praxis häufig ist das konkludente Zustandekommen des Maklervertrags in Zusammenhang mit der Erteilung einer Schlussnote (s. §§ 94, 95). Allein die Tatsache, dass der Empfänger des Maklerangebotes dieses entgegengenommen und davon Kenntnis erhalten hat, reicht allerdings in aller Regel nicht dafür aus, dessen stillschweigende Annahme zu bejahen.[104] Nach der Rspr. des BGH kommt der Annahme der Dienste des Maklers durch den Interessenten ein Erklärungswert iS eines Provisionsversprechens nur zu, wenn der Makler den Interessenten vor Erbringen seiner Dienste vor die *klare* Alternative gestellt hat, die ihm *gegen Entgelt* angebotenen Dienste in Anspruch zu nehmen oder zurückzuweisen. Andernfalls, so der BGH, handle der Makler, soweit ihn die Erwartung einer späteren Provisionszusage leite, auf eigenes Risiko.[105] Das geeignete Mittel zur Vermeidung dieses Risikos sei ein ausdrückliches Provisionsverlangen.[106] Der Hinweis des Maklers auf Fälligkeit und Höhe des Provisionsanspruchs braucht dabei nicht unbedingt schon als Provisionsverlangen ausgelegt zu werden, wenn aus Sicht des Interessenten die Umstände dafür sprechen, der Makler wolle lediglich auf Vereinbarungen hinweisen, die er aus seiner (irrigen) Sicht mit dem Interessenten bereits getroffen habe.[107]

Ein Interessent, der in Kenntnis des eindeutigen Provisionsverlangens weiterhin die Dienste des Maklers in Anspruch nimmt, gibt demgemäß grundsätzlich in schlüssiger Weise zu erkennen, dass er in den Abschluss des Maklervertrags einwilligt.[108] Anders ist es aber, wenn der Interessent vor Entgegennahme der Dienste ausdrücklich erklärt, dem Makler keine Provision zahlen zu wollen.[109] Jede Unklarheit über einen stillschweigenden Vertragsschluss geht wegen der Beweislast des Maklers zu seinen Lasten.[110]

53 Der **Zugang** der Annahme des Angebots zum Abschluss eines Maklervertrags kann uU nach der Verkehrssitte **entbehrlich** sein (§ 151 BGB). Beim Börsenmakler etwa kommt der Maklervertrag (§§ 675, 611 ff. BGB) mit der mündlichen, elektronischen oder telefonischen Ordererteilung zustande.[111] Sind sowohl der Auftraggeber als auch der HM Kaufleute, kann unter den Voraussetzungen des § 362 Abs. 1 Satz 2 das **Schweigen** des HMs auf einen Antrag des Auftraggebers als Annahme gelten.[112] Ebenfalls möglich ist dann eine Anwendung der Grundsätze über das kaufmännische Bestätigungsschreiben.[113]

54 b) Ausnahmen von der Formfreiheit. Ausnahmen vom Grundsatz der Formfreiheit können sich aus Spezialregelungen außerhalb des zivil- und handelsrechtlichen Maklerrechts sowie des allgemeinen Zivilrechts ergeben. Für Verträge zwischen einem **Kreditvermittler** und einem Verbraucher über die Vermittlung (bzw. den Nachweis des Abschlusses) eines Kredits (Darlehensvermittlungsverträge, §§ 655a ff. BGB) ist das Formerfordernis des § 655b Abs. 1 BGB zu beachten.[114] Ein Verstoß gegen die dort angeordnete Schriftform (§ 126 BGB) oder die inhaltlichen Vorgaben (Informationspflichten, Koppelungsverbot) zieht nach § 655b Abs. 2 BGB die Nichtigkeit des Darlehensvermittlungsvertrages nach sich mit der Folge, dass Provisionsansprüche des Vermittlers trotz erfolgreicher Vermittlung ausgeschlossen sind. Auch außerhalb der Darlehensvermittlung können die besonderen Formerfordernisse des Verbraucherdarlehensrechts zur Anwendung gelangen, wenn der HM einem Verbraucher-Kunden für die Zahlung der Maklerprovision einen **Zahlungsaufschub** gewährt (§§ 491, 499 Abs. 1 und 2 BGB).[115] Gesetzliche Schriftformerfordernisse für den *Hauptvertrag* können uU **Reflexwirkungen** auf den Maklervertrag entfalten. Dies ist insbesondere denkbar bei atypischen Maklerverträgen, die über eine entsprechende Gestaltung der Provisionspflicht einen mittelbaren Zwang zum Abschluss des Hauptvertrags ausüben.[116]

---

[104] BGH Urt. v 25. 5. 1983 – IVa ZR 26/82, NJW 1984, 232; BGH Urt. v. 12. 12. 1957 – II ZR 244/56, LM BGB § 652 Nr. 5 = NJW 1958, 298 f., jeweils zum zivilen Nachweismaklervertrag nach § 652 BGB.
[105] BGH Urt. v. 25. 9. 1985 – IVa ZR 22/84, BGHZ 95, 393, 395 = LM BGB § 652 Nr. 97 = NJW 1986, 177; bestätigt durch BGH Urt. v. 17. 9. 1998 – III ZR 174/97, WM 1998, 2295, unter II.1. und BGH Urt. v. 4. 11. 1999 – III ZR 223/98, NJW 2000, 282, unter I.1.
[106] BGH Urt. v. 4. 11. 1999 – III ZR 223/98, NJW 2000, 282, unter I.1.; BGH Urt. v. 4. 10. 1995 – IV ZR 163/94, NJW-RR 1996, 114, zu § 652 BGB; ebenso BGH Urt. v. 2. 7. 1986 – IVa ZR 246/84, NJW-RR 1986, 1497.
[107] BGH 4. 11. 1999 (Fn. 106), unter I.1.b.
[108] BGH Urt v. 4. 10. 1995 (Fn. 106); BGH Urt. v. 11. 4. 2002 – III ZR 37/01, NJW 2002, 1945, unter II.1.
[109] BGH (Fn. 106).
[110] BGH Urt. v. 25. 5. 1983 – VIa ZR 26/82, NJW 1984, 232, unter 2.
[111] *Claussen* 3. Aufl. 2003, § 9 RdNr. 227.
[112] *Brox* RdNr. 227.
[113] *Baumbach/Hopt* RdNr. 16, unter Hinweis auf OLG Bamberg AIZ 1975, 147; zust. MünchKommHGB/ *v. Hoyningen-Huene* RdNr. 14; s. § 346 RdNr. 49–76.
[114] Dazu, dass die Kreditvermittlung unter § 93 fällt, siehe oben § 93 RdNr. 31.
[115] So zB BGH Urt. v. 9. 5. 2005 – III ZR 240/04, NJW-RR 2005, 1141, unter II.5.
[116] Vgl. für den Immobilienmaklervertrag (Zivilmakler) BGH Urt. v. 24. 6. 1981 – IVa ZR 159/80, NJW 1981, 2293, speziell zur Reflexwirkung des § 313 S. 1 BGB aF (= § 311b Abs. 1 BGB nF): Das im Maklervertrag festgelegte

3. Beendigung des Maklervertrags. Unter „Beendigung des Maklervertrags" wird üblicher- 55
weise die Beendigung der vertraglichen Hauptpflicht(en) verstanden. Die (bedingte) Hauptpflicht
des/der Auftraggeber(s) des HM zur Bezahlung der Provision sowie ggf. die Pflicht des HM zum
Tätigwerden (s. § 98 RdNr. 16 ff.) enden, sofern sie nicht durch Erfüllung (§ 362 BGB) untergehen,
mit Ablauf der Zeitspanne, für die diese Pflichten ursprünglich vereinbart wurden. Darüber hinaus
sind verschiedene Szenarien vorstellbar, in denen diese Hauptpflichten vorzeitig enden können. Die
Beendigung schließt dagegen, ebenso wie bei anderen Verträgen, nicht aus, dass nach Erlöschen der
Hauptpflichten noch sog. „nachvertragliche" Nebenpflichten (zB Verschwiegenheitspflichten, s. § 98
RdNr. 20) fortbestehen oder entstehen können.

a) Beendigung durch einseitigen Widerruf. Der Handelsmaklervertrag kann, *sofern* er keine 56
atypischen, vom gesetzlichen Leitbild abweichenden Sondervereinbarungen (zB durch Annahme
einer anonymen Schlussnote, siehe § 95) enthält, von beiden Seiten jederzeit durch einseitige
Erklärung („Widerruf", „Kündigung", vgl. § 671 Abs. 1 BGB) beendet werden. Der Widerruf des
Maklerauftrags durch den Auftraggeber führt dazu, dass der HM dem Auftraggeber keine (weiteren)
Vermittlungsvorschläge unterbreiten darf. Er führt aber nicht dazu, dass der Auftraggeber für bereits
getätigte Vermittlungsbemühungen des HM, die erst nach dem Widerruf zu einem kausalen Vermittlungserfolg führen, keine Provision mehr zu bezahlen hätte (§ 99).[117]

Für den/die *Auftraggeber* ergibt sich das Widerrufsrecht aus einer zweckgerechten, erweiterten 57
Auslegung des Rechts zur willkürlichen, einen Provisionsanspruch ausschließenden Zurückweisung
von Vermittlungsvorschlägen des HM (s. § 99 RdNr. 4 ff.).[118] In diesem Sinne lässt sich die Beendigung des Maklerauftrags durch Widerruf als pauschale antizipierte Zurückweisung aller möglichen
zukünftigen Vermittlungsvorschläge deuten. Für den *HM* ergibt sich das Beendigungsrecht aus dem
Umstand, dass er nach dem gesetzlichen Leitbild nicht zum Tätigwerden verpflichtet ist (s. § 98
RdNr. 14).

Das beiderseitige Widerrufsrecht kann ausgeschlossen sein, sofern der Auftraggeber nach dem 58
Vertrag Vermittlungsvorschläge nicht willkürlich zurückweisen darf bzw. der HM zum Tätigwerden
verpflichtet ist.[119] Ob und in welchem Umfang dies zutrifft, ist durch Auslegung der Vereinbarungen
zu ermitteln.[120] Die rechtlichen Grenzen zum **Ausschluss des Widerrufsrechts,** insbesondere
durch AGB des HM, entsprechen denjenigen Grenzen, die für den Ausschluss des Rechts der freien,
provisionsausschließenden Ablehnung von Vermittlungsvorschlägen des HM bestehen (siehe unten
§ 99 RdNr. 59 ff.).[121]

b) Beendigung durch Tod. Der Maklervertrag wird im Zweifel ferner durch den Tod des 59
Maklers beendet (§§ 675, 673 BGB). Bei Tod des Auftraggebers erlischt der Maklervertrag zwar im
Zweifel nicht (§§ 675, 672 S. 1 BGB); das Widerrufsrecht des Auftraggebers geht aber auf die Erben
über.[122] Provisionsansprüche (ggf. der Erben), die sich auf Grund von bereits erbrachten (kausalen)
Vermittlungsbemühungen des HM ergeben, bleiben von der Beendigung des Maklervertrags im
Zusammenhang mit dem Tod des HM[123] bzw. des Auftraggebers unberührt.[124]

c) Einvernehmliche Beendigung. Der Maklervertrag kann schließlich durch **Aufhebungsver-** 60
trag beendet werden. Welchen Einfluss diese Aufhebung auf den Provisionsanspruch hat, ist durch
Auslegung zu ermitteln.[125]

Vertragsstrafeversprechen übe einen „mittelbaren Zwang zum Grundstückserwerb" auf den Maklerkunden aus und sei
Grund der Formbedürftigkeit des Maklervertrages.
[117] BGH Urt. v. 2. 4. 1969 – IV ZR 786/68, BB 1969, 934, zum Nachweismakler nach § 652 BGB.
[118] Vgl. *Capelle/Canaris* Handelsrecht, 21. Aufl. 1989 § 19 VIII.: Ein „Rücktritt" vom Maklervertrag sei aus den
gleichen Gründen wie die Ablehnung des einzelnen Geschäfts jederzeit willkürlich zulässig.
[119] Vgl. MünchKommHGB/*v. Hoyningen-Huene* RdNr. 17: Der Maklervertrag sei grundsätzlich frei „widerruflich".
Besonderheiten gälten nur beim Alleinauftrag (Festofferte). Zu Letzterem siehe § 99 RdNr. 62 ff.
[120] Vgl. MünchKommHGB/*v. Hoyningen-Huene* RdNr. 22: Der Alleinauftrag, bei dem sich der Auftraggeber verpflichte, keine weiteren Makler einzuschalten (str., siehe unten § 99 RdNr. 63), sei im Regelfall mit einem Verzicht auf
den Widerruf des Auftrags verbunden.
[121] Vgl. BGH Urt. v. 22. 2. 1967 – VIII ZR 215/64, NJW 1967, 1225, zu § 652 BGB: Ein Makler könne sich nicht
durch bloße Bezugnahme auf seine AGB ausbedingen, dass ihm sein Auftraggeber auch dann Provision zahlen solle, wenn
Letzterer es ablehne, das Geschäft mit dem ihm zugeführten Interessenten abzuschließen, oder wenn er den Festauftrag
und Alleinauftrag während der Auftragsfrist kündige.
[122] Vgl. zum Widerrufsrecht der Erben des Auftraggebers BGH Urt. v. 30. 10. 1974 – IV ZR 172/73, NJW 1975,
382, 383 f.
[123] BGH Urt. v. 3. 3. 1965 – VIII ZR 266/63, NJW 1965, 964, zum Tod eines Zivilmaklers.
[124] MünchKommHGB/*v. Hoyningen-Huene* RdNr. 17.
[125] BGH Urt. v. 26. 1. 1983 – IVa ZR 158/81, NJW 1983, 1847, 1848.

IV. Gewerbsmäßigkeit der Vermittlung

61 Der Begriff der „Gewerbsmäßigkeit" nach § 93 Abs. 1 korrespondiert mit dem Begriff des „Gewerbebetriebs" nach § 1 Abs. 1 nF („Handelsgewerbe ist jeder *Gewerbebetrieb*..."). Durch das HRefG 1998 ist insofern sowie in Bezug auf den Begriff des Gewerbebetriebs keine Rechtsänderung eingetreten. Die Tatbestandselemente der Gewerbsmäßigkeit sind demnach eine **auf Dauer** (Fortsetzung) gerichtete Tätigkeit (Abgrenzung zum Gelegenheitsmakler), die **Selbständigkeit** des HM (Abgrenzung vom angestellten Handlungsgehilfen, § 59 Abs. 1 Satz 1) sowie die **Absicht der Einnahmen- bzw. Gewinnerzielung.**

62 **Neben***berufliche* ist ebenso wie hauptberufliche Tätigkeit gewerblicher Natur. Gewerblich bedeutet etwas anderes als hauptberuflich.[126] HM kann deshalb auch derjenige sein, dessen berufliche Hauptbeschäftigung nicht in der Vermittlung von Verträgen, sondern zB in Dienstleistungen anderer Art besteht wie es etwa bei Banken der Fall ist.

63 Die nur **gelegentliche** Vermittlungstätigkeit, dh. die nur zufällige Annahme von Vermittlungsaufträgen, vermag demgegenüber die Eigenschaft als HM iS des § 93 nicht zu begründen.[127] Gerade die im Kriterium der Gewerbsmäßigkeit zum Ausdruck kommende Professionalität der Vermittlungstätigkeit des HM bildet einen der Gründe für die Anwendung von spezifischen Regeln im Vergleich zum Zivilmakler. Hierin liegt ein Unterschied etwa zu Gelegenheitskommissionären, auf die das Kommissionsrecht nach § 406 Abs. 1 Satz 2 ebenfalls anwendbar ist. Dies bedeutet, dass zB ein HV, wenn er außerhalb seines HV-Verhältnisses (vgl. zum Kriterium des nicht ständigen Betrautseins unten § 93 RdNr. 65) gelegentlich einen Vertrag zwischen zwei Dritten vermittelt, allein hierdurch im Hinblick auf diese Verträge nicht zum HM wird.

64 Ob die Vermittlungstätigkeit gewerblicher Natur ist, ist ausschließlich nach den **tatsächlichen Umständen** zu beurteilen.[128] Die Rechtmäßigkeit der Gewerblichkeit der Vermittlungstätigkeit, zB das Vorliegen einer erforderlichen gewerblichen Erlaubnis, ist für die Betrachtung im Rahmen des § 93 ohne Bedeutung.[129] Abzulehnen ist eine im Schrifttum vertretene Auffassung, nach der speziell **standesrechtliche** (im Unterschied zB zu gewerberechtlichen) Schranken (zB für Steuerberater und Rechtsanwälte, siehe RdNr. 74) eine gewerbsmäßige Tätigkeit ausschließen sollen.[130] Sachgerechter Maßstab für eine Berücksichtigung der im Standesrecht[131] oder auch in gewerberechtlichen Beschränkungen zum Ausdruck kommenden Wertungen im Rahmen des Maklervertrags, sofern die einschlägigen Normen selbst keine spezifischen vertragsrechtlichen Folgen vorsehen, die Vorschriften der §§ 134, 138 BGB.[132] Außerhalb dieses Rahmens bleiben standeswidrige Schranken ohne Auswirkungen auf die Wirksamkeit des Vertrags.[133]

V. Kein ständiges Betrautsein auf Grund eines Vertragsverhältnisses

65 Nach § 93 Abs. 1 darf der HM nicht von seinen Auftraggebern „auf Grund eines Vertragsverhältnisses ständig" mit der Vermittlung von Verträgen „betraut" sein. In diesem Sinne ist der Handelsmaklervertrag kein „Dauerrechtsverhältnis";[134] der HM wird vielmehr auf Grund von **Einzelaufträgen** tätig.[135] Sollte der Vermittler de facto (auf Grund fallweiser Einzelbeauftragung) häufig,

---

[126] GK-HGB/*Achilles* RdNr. 4.
[127] *Brox* RdNr. 226.
[128] So auch MünchKommHGB/*v. Hoyningen-Huene* RdNr. 44 f., der aber für standeswidrige Vermittlung eine Ausnahme machen möchte (siehe unten Fn. 130).
[129] Heymann/*Herrmann* RdNr. 4: Gewerblichkeit liege unabhängig vom Erlaubtsein vor; MünchKommHGB/*v. Hoyningen-Huene* RdNr. 4.
[130] BGH Urt. v. 8. 6. 2000 – III ZR 186/99, NJW 2000, 3067, MünchKommHGB/*v. Hoyningen-Huene* RdNr. 45: Standeswidrige Vermittlung bleibe zwar ohne Einfluss auf die Wirksamkeit des Maklervertrags, schließe aber eine gewerbsmäßige Vermittlung aus.
[131] Vgl. zB den Versagungsgrund der unvereinbaren Tätigkeit gem. § 7 Nr. 8 BRAO, der es ausschließt, einen Versicherungsmakler als Rechtsanwalt zuzulassen (BGH Urt. v. 13. 2. 1995 – AnwZ (B) 71/94, NJW 1995, 2357).
[132] Im Ergebnis ebenso Röhricht/Graf v. Westphalen/*Röhricht* RdNr. 4: Entscheidend sei, ob das Gewerbe tatsächlich ausgeübt werde. Auf das Erlaubtsein nach öffentlich-rechtlichen oder standesrechtlichen Vorschriften komme es nicht an. Siehe auch unten RdNr. 74.
[133] Vgl. BGH Urt. v. 8. 6. 2000 – III ZR 186/99, NJW 2000, 3067, unter 2., zur Verwirkung des Anspruchs auf Vermittlungsmaklerprovision bei Tätigkeit als Rechtsanwalt für die Gegenseite: Nicht schon jeder Standesverstoß eines an eine Standesordnung gebundenen Vertragsteils mache das Rechtsgeschäft sittenwidrig; vielmehr komme es stets auf alle Umstände des Einzelfalls an.
[134] *Brox* RdNr. 228; ebenso, allerdings auf der Basis eines engeren Begriffs des „Dauerschuldvertrags" *Oetker*: Das Dauerschuldverhältnis und seine Beendigung, Tübingen 1994, S. 158: Der Maklervertrag gehöre nicht zur Gruppe der „Dauerschuldverträge", da der Vergütungsanspruch des Maklers typischerweise nicht zeitproportional, sondern erfolgsbezogen sei.
[135] Vgl. *K. Schmidt* HandelsR § 25 I e, der den HM anschaulich als „Augenblicksvermittler" bezeichnet.

vielleicht sogar überwiegend für einen bestimmten Auftraggeber tätig sein, steht dies seiner Qualifizierung als HM nicht entgegen. Entscheidend ist, dass er nicht *auf Grund eines Vertrages* zu ständiger, dh. wiederholter und andauernder Vermittlungstätigkeit *verpflichtet* ist.[136] Die fehlende Dauerbeauftragung ist entscheidendes Kriterium für die Abgrenzung des HM zum HV.[137] Siehe § 93 RdNr. 66 ff.

C. Abgrenzung zu anderen Intermediären

I. Handelsvertreter (HV)

1. Begriffliche Abgrenzung zum HV im Allgemeinen. Für die Abgrenzung des HM zum 66 HV[138] ist das Gesamtbild der Ausgestaltung des Vertragsverhältnisses des Vermittlers zu seinem Auftraggeber und nicht ausschließlich die Wortwahl entscheidend.[139] Vom HV unterscheidet sich der HM in erster Linie dadurch, dass Letzterer niemals **ständig** mit dem Abschluss einer unbestimmten Anzahl von Verträgen iS des § 84 Abs. 1 S. 1 **betraut** sein kann (absolutes Ausschlusskriterium). Während es dem Unternehmer (Auftraggeber) bei der Handelsvertretertätigkeit typischerweise darum geht, mit Hilfe des HV „immer wieder neu" Geschäfte abzuschließen, ist die Maklertätigkeit auf ein **bestimmtes Geschäft** bezogen.[140] Die „Unbestimmtheit und Vielzahl" der zu vermittelnden Geschäfte[141] und das „Interesse an Umsatzförderung" sprechen für eine Einordnung als HV und gegen Maklertätigkeit.[142] Die auf Seiten des HV bestehende **Abschlussvollmacht** sowie seine **Verpflichtung zum Tätigwerden** sind lediglich zusätzliche Indizien, die die Unterscheidung erleichtern, aber nicht den Ausschlag geben können, da diese Kriterien beim HM ebenfalls vorliegen können, aber nicht müssen. Der Versicherungsmakler hat typischerweise wie der Versicherungsvertreter (§ 92) Vertretungsmacht, allerdings nicht wie Letzterer für den Versicherer, sondern für den Versicherungsnehmer.[143] Nicht nur der HV, sondern auch der Verkäufermakler kann ausnahmsweise seinem Kunden gegenüber zum Tätigwerden verpflichtet sein, wenn er von diesem einen Alleinauftrag erhalten hat.[144] Der Versicherungsmakler soll sogar unabhängig von einem Alleinauftrag tätig werden müssen.[145] In gleicher Weise sind auf Seiten des HM die **Weisungsunabhängigkeit** sowie das typische Tätigwerden für eine **Vielzahl von Auftraggebern** nur Indizien, nicht aber Ausschlusskriterien. Für die Weisungsunabhängigkeit wird dies durch das Verhältnis des Versicherungsmaklers zum Auftraggeber und für die Vielzahl von Auftraggebern durch die Existenz von Mehrfachagenten im Bereich der HV belegt.[146] Ebenfalls lediglich Indizcharakter hat schließlich der Zeitpunkt, wann der Provisionsanspruch fällig wird, nämlich der Abschluss (spricht für HM) bzw. Ausführung des vermittelten Geschäfts (spricht für HV, § 87 Abs. 1).

---

[136] MünchKommHGB/*v. Hoyningen-Huene* RdNr. 46.
[137] Missverständlich ist eine gängige Terminologie, was den Begriff des Schiffsmaklers angeht. Vgl. § 1 Abs. 2 der „Unverbindlichen Empfehlungen von Allgemeinen Geschäftsbedingungen für Schiffsmakler und Schiffsagenten in der Bundesrepublik Deutschland" des Zentralverbands Deutscher Schiffsmakler e. V. vom August 1993, http://www.zvds.de/agb.html, abgerufen am 6. 4. 2006, wonach die AGB unabhängig davon gelten sollen, „ob der Schiffs*makler* [Hervorhebung vom Verfasser] jeweils ständig (§ 84 HGB) oder nur gelegentlich als solcher betraut wird oder betraut worden ist".
[138] Vgl. zur Abgrenzung speziell bei Versicherungsvermittlern *Werber,* Zur Rechtsstellung des Versicherungsmaklers in heutiger Zeit, VW 1988, 1159 ff.
[139] Vgl. OLG Düsseldorf Urt. v. 29. 11. 1996 – 16 U 18/96, VW 1998, 388, zur Anwendung der Vorschriften über HV auf den Vermittler von Lebensversicherungen trotz der Verwendung des Wortes „HM" angesichts der Tatsache, dass Versicherung und Versicherungsvermittler vereinbart hatten, der Vermittler solle ein prozentuales Bestandspflegegeld und eine Abschlussprovision gemäß § 92 Abs. 3 erhalten.
[140] BGH Urt. v. 1. 4. 1992 – IV ZR 154/91, NJW 1992, 2818, unter 2.d., zur Vermittlung von Veräußerungsgeschäften.
[141] Weil der HM im Gegensatz zum HV nicht an einen bestimmten Auftraggeber gebunden ist, ist das Wissen des HM dem Auftraggeber auch nicht zuzurechnen. Vgl. hierzu BGH 22. 9. 1999 – IV ZR 15/99, NJW-RR 2000, 316, unter 2.c. wonach (speziell beim Versicherungsmakler) nur in Ausnahmefällen das Wissen des Maklers dem Versicherer (analog § 43 VVG) zuzurechnen ist.
[142] BGH (Fn. 140), NJW 1992, 2818, unter 2.d.
[143] BGH Urt. v. 25. 3. 1987 – IVa ZR 224/85, NJW 1988, 60–63, unter II. b.; BGH Urt. v. 22. 5. 1985, IVa ZR 190/83, NJW 1985, 2595, unter II.1.: Der Versicherungsmakler werde „regelmäßig vom VN beauftragt und als sein Interessen- oder sogar Abschlussvertreter angesehen" (mwN aus dem Schrifttum).
[144] BGH (Fn. 140) NJW 1992, 2818, unter 2.d.
[145] Hierzu § 98 RdNr. 31.
[146] Vgl. zum Mehrfachagenten BGH (Fn. 140), NJW 1992, 2818, unter 2.d.; OLG Nürnberg Urt. v. 27. 1. 1994, 8 U 1184/93, VersR 1995, 94 f.: Der Versicherungsvertreter sei nicht notwendigerweise „Einfirmenvertreter". Eine Versicherungsvermittlungs-GmbH, die auf Grund einer ständigen Betrauung für einen Krankenversicherer Verträge „veranlasse", sei auch dann „Versicherungsvertreter und nicht Makler (§ 93 HGB)", wenn sie gleichzeitig – mit Einverständnis des Versicherers – auch für andere Krankenversicherer Verträge vermittle.

67 **2. Inkompatibilität der gleichzeitigen Funktion als HM und HV.** Die Tätigkeit des HV ist mit derjenigen eines HM nicht bereits als solche,[147] sondern nur *insoweit* inkompatibel, als ein (fallbezogener) Interessenkonflikt (hierzu RdNr. 17) besteht.[148]

Dies ist dann der Fall, wenn und soweit der HV in seiner Funktion als HM einen Vertrag mit demjenigen Unternehmen vermittelt, für das er als HV tätig ist. Dies ergibt sich aus der „Verflechtungsrechtsprechung" des BGH.[149] In diesen Fällen des fallbezogenen Interessenkonflikts entsteht mangels (unbefangener) Vermittlung kein Provisionsanspruch trotz Zustandekommens des Hauptvertrags. Bezweifelt werden muss aber, ob man, wie die Formulierung des BGH, der Vermittler könne nicht Makler sein,[150] suggeriert, von einem provisionsausschließenden Interessenkonflikt selbst dann ausgehen muss, wenn der HM im Einzelfall einen Vertrag mit einem anderen Unternehmen vermittelt als demjenigen, für das er als HV tätig ist, insbesondere, wenn HV- und HM-Tätigkeit unterschiedliche Branchen betreffen. Die der Verflechtungsrechtsprechung (s. § 99 RdNr. 25) zugrunde liegende Argumentation, dass in Wirklichkeit ein Eigengeschäft vorliegt, lässt sich in einem solchem Fall jedenfalls nicht anführen. Besser wäre es deshalb, HV, die gleichzeitig als HM tätig werden, nach den Grundsätzen zum fallbezogenen Interessenkonflikt zu behandeln (s. § 99 RdNr. 23 ff.).

II. Kommissionär

68 Der Kommissionär unternimmt es gewerbsmäßig, Waren oder Wertpapiere für Rechnung eines anderen im eigenen Namen zu kaufen oder zu verkaufen (§ 383). Im Gegensatz zum HM ist der Kommissionär nicht nur am Vertragsschluss beteiligt (als Bote oder ggf. als Vertreter, siehe oben RdNr. 13), sondern wird selbst, dh. in eigenem Namen, Vertragspartei. Nach BGH Urt. v. 11. 6. 1964[151] soll allerdings ein Makler, der einen Bankkredit aufgenommen hat, um seinerseits einem Dritten Kredit zu gewähren, von diesem Dritten ohne (zumindest ausdrücklichen) Maklerauftrag nach § 354 Abs. 1 eine Provision in Höhe der üblichen Vergütung fordern können. Der Makler habe nämlich unter Übernahme eigener Haftung gegenüber der Bank dem Dritten einen „mittelbaren Bankkredit" verschafft. Bei der im Rahmen des § 354 gebotenen wirtschaftlichen Betrachtungsweise sei er praktisch nicht Darlehensgeber, sondern nur *Vermittler* des Bankkredits. Das Gericht vermeidet es mit dieser Lösung, die verdiente Provision vom Bestehen eines Makler- (§ 652 BGB,[152] § 99) oder Kommissionsvertrags (§ 396) abhängig zu machen. Nicht HM (im Gegensatz zu den Darlehensvermittlern), sondern Kommissionäre sollen die Pfandvermittler (§ 34 Abs. 1 Satz 1 Fall 2 GewO) sein, die die ihnen übergebenen Vermögensstücke bei einem Pfandleiher oder Leihhaus verpfänden und das Darlehen dem Auftraggeber übermitteln.[153] Ein weiterer, nicht zwingender, aber typischer Unterschied zwischen HM und Kommissionär besteht darin, dass der HM nicht zur Vermittlung oder zum Bemühen um Vermittlung verpflichtet ist, wohingegen der Kommissionsvertrag idR ein auf Geschäftsbesorgung gerichteter Dienstvertrag (§ 675 BGB), gelegentlich auch ein Werkvertrag ist.[154]

III. Berater

69 Im Unterschied zur reinen Vermittlung, die bei den Parteien bereits den allgemeinen Willen zum Abschluss eines Vertrages voraussetzt, ist die Beratung (zB Anlageberatung) auf die Mitwirkung bei der Entscheidung gerichtet, ob überhaupt ein Vertrag der in Frage stehenden Art geschlossen werden soll. In der Praxis ist der Berater freilich häufig gleichzeitig auch Vermittler (HV oder HM), dh. er führt den Beratenden mit einem Vertragspartner zusammen für den Fall, dass sich der Beratene unter dem Einfluss der Beratung für den Abschluss eines bestimmten Vertrages (zB Vermögensanlage)

---

[147] Vgl. OLG Frankfurt Urt. v. 12. 11. 1993 – 10 U 29/91, VersR 1995, 92, für das Beispiel eines HM (Versicherungsmakler), der gleichzeitig durch einen Handelsvertretervertrag an ein bestimmtes Versicherungsunternehmen gebunden ist.
[148] Anders, nämlich ohne weitere Differenzierung *für* die Vereinbarkeit beider Funktionen MünchKommHGB/ v. Hoyningen-Huene RdNr. RdNr. 28: Der HV könne zugleich „für den jeweiligen Dritten" als HM tätig werden (zu Unrecht unter Berufung auf BGH 21. 12. 1973 – IV ZR 158/72, BGHZ 62, 71, 78, oben Fn. 10); siehe auch BGH 18. 11. 1971 – VII ZR 102/70, BB 1972, 11 (= NJW 1972, 251).
[149] Siehe zur Verflechtungsrechtsprechung § 99 RdNr. 23 ff.
[150] BGH (Fn. 140) NJW 1992, 2818, unter 2., Einleitung: Der Vermittler könne nach den Grundsätzen der Verflechtungsrechtsprechung nicht Makler sein, wenn er „in Wirklichkeit" HV gewesen sei.
[151] BGH Urt. v. 11. 6. 1964 – VII ZR 191/62, LM HGB § 354 Nr. 4 = NJW 1964, 2343–2343.
[152] Der Provisionsanspruch nach § 652 Abs. 1 BGB setzt trotz § 653 Abs. 1 BGB einen wirksamen Maklervertrag voraus (zB *Heße* NJW 2002, 1835).
[153] *Heymann* in Ehrenbergs Hdb Bd. V, I. Abt., 1. Hälfte, 1. Lfg., S. 364 Fn. 17.
[154] MünchKommHGB/v. Hoyningen-Huene RdNr. 33; Baumbach/Hopt § 383 RdNr. 6.

D. Rechtsquellen des Handelsmaklerrechts

Der spezifische Charakter des Rechtsverhältnisses des HM zu seinen Auftraggebern (vgl. oben RdNr. 44 ff., zum vertraglichen Charakter des Rechtsverhältnisses zum Gegenkontrahenten) im Vergleich zum Zivilmakler wird geprägt von den §§ 94–104. Die dort beschriebenen gegenseitigen Rechte und Pflichten sind ganz überwiegend (Ausnahmen: §§ 100, 103, siehe dort RdNr. 2 bzw. RdNr. 1) **dispositiver Natur** und können sowohl durch eine besondere Abrede, und zwar einzelvertraglich oder in AGB,[155] **abbedungen** als auch durch besondere Verkehrssitten oder Handelsbräuche (zB beim Versicherungs- und Schiffsmakler, siehe § 98 RdNr. 30, § 99 RdNr. 8, 73) überlagert werden. 70

Ergänzend, dh. soweit sie nicht vom speziellen Regelungsgefüge der §§ 94 ff. verdrängt werden, finden die Vorschriften über den **Zivilmakler** (§§ 652 ff. BGB) Anwendung.[156] Nicht anwendbar ist das Zivilmaklerrecht allerdings, soweit es sich speziell auf den Nachweismakler bezieht. Ebenfalls keine Anwendung findet § 656 BGB (Heiratsvermittlung). § 654 BGB ist nur indirekt von Bedeutung, nämlich insoweit, als diese Vorschrift deutlich macht, was das Gesetz unter einer provisionspflichtigen „Vermittlung" versteht (siehe oben RdNr. 16 sowie § 99 RdNr. 37 f.). Überdies sind, soweit sie nicht von den §§ 93 ff. sowie von den §§ 652 ff. BGB verdrängt werden, die Vorschriften des BGB über die **entgeltliche Geschäftsbesorgung** sowie diejenigen des **allgemeinen Schuldrechts** anwendbar.[157] Aus dem Handelsrecht können, aber müssen nicht,[158] neben den §§ 93–104 auch **sonstige Vorschriften des HGB** zur Anwendung kommen (insbes. §§ 346, 354). Dies hängt davon ab, ob der HM einen „in kaufmännischer Weise eingerichteten Geschäftsbetrieb" (§ 1 Abs. 2) unterhält bzw. ob er sein Unternehmen freiwillig im Handelsregister eintragen lassen hat (§ 2)[159] und der Vertragspartner (des Maklervertrags) ggf. seinerseits die notwendigen Voraussetzungen zur Anwendung des Handelsrechts erfüllt. 71

E. Wirksamkeit des Maklervertrags

Das (Handels-)Maklerrecht stellt an die Wirksamkeit des Handelsmaklervertrags keine besonderen Anforderungen. Die Unwirksamkeit des Vertrags kann sich aber aus sonstigen Normen außerhalb des Maklerrechts ergeben. Neben der Möglichkeit des Verstoßes gegen **sondergesetzliche Formerfordernisse** (s. RdNr. 54) ist hier insbesondere an die allgemeinen zivilrechtlichen Vorschriften der §§ 138 BGB und 134 BGB zu denken. 72

Die **Sittenwidrigkeit** eines Maklervertrags wurde zB von der Rspr. für den Fall bejaht, dass ein Bankangestellter von einem Bankkunden für die von der Bank erbetene Vermittlung eines Vertragspartners eine private Honorierung verlangt.[160] Ebenfalls Sittenwidrigkeit wurde angenommen bei der Provisionszusage des Vertreibers einer Vermögensanlage gegenüber einem Steuerberater des Interessenten, weil bei dem Versprechen in Kauf genommen wurde, dass der steuerliche Berater seine Provisionsaussicht seinem Mandanten verschweigen würde.[161] 73

---

[155] Vgl. zu den Grenzen, die sich für die Gestaltungsfreiheit des HM aus den §§ 305 ff. BGB ergeben, unten die Einzelkommentierung zu den §§ 94 ff.; vgl. zur Abgrenzung zwischen AGB und Individualvereinbarung beim Zivilmaklervertrag BGH Urt. v. 15. 12. 1976 – IV ZR 197/75, NJW 1977, 624: Sei der von einer Vertragspartei vielfach verwendete AGB-Text unverändert als Vertragsbestandteil übernommen worden, so seien die vorformulierten Vertragsbedingungen nur dann als individuelle Vertragsabreden iS des § 1 Abs. 2 AGBG (= § 305 Abs. 1 S. 3 BGB) ausgehandelt worden, wenn und soweit die eine Vertragspartei zur Abänderung der Bedingungen bereit und dies dem Geschäftspartner bei Vertragsschluss bewusst gewesen sei; siehe zu dieser Frage speziell bei Alleinaufträgen § 99 RdNr. 68.
[156] BGH Urt. v. 27. 10. 1951 – II ZR 102/50, BB 1952, 44; im Schrifttum (zB Palandt/*Sprau* Einf Vor § 652 RdNr. 3; HK-HGB/*Ruß* RdNr. 4) ist diesbezüglich häufig von der „subsidiären" Anwendung der §§ 652 ff. BGB die Rede. Dies ist ungenau, denn die Verdrängungswirkung der §§ 94 ff. ist zwar auf deren (fragmentarischen) sachlichen Anwendungsbereich beschränkt, in diesem Rahmen aber erschöpfend (Spezialität).
[157] HK-HGB/*Ruß* RdNr. 4, der insofern wiederum zu Unrecht (Fn. 156) von „Subsidiarität" spricht.
[158] Umgekehrt kann auch der Zivilmakler Kaufmann sein (Palandt/*Sprau* Einf Vor § 652 RdNr. 3.
[159] Vgl. § 93 Abs. 3 zur Anwendung der §§ 93 ff. auf solchen HM, die nach § 1 Abs. 2 nicht als Kaufleute zu qualifizieren sind; hierzu RdNr. 7.
[160] BGH Urt. v. 13. 10. 1976 – IV ZR 91/75, LM BGB § 138 Nr. 24, BB 1977, 264, zur Grundstücksvermittlung.
[161] BGH Urt. v. 19. 6. 1985 – IVa ZR 196/83, BGHZ 95, 81, 85 = LM BGB § 138 Nr. 13 = NJW 1985, 2523.

74 Die Nichtigkeit des Maklervertrags nach § 134 BGB kommt zB bei einem Verstoß gegen öffentliches Gewerbe- und Aufsichtsrecht in Betracht. Richtet sich das verletzte Verbotsgesetz gegen beide Vertragspartner, neigt die Rspr. idR zur Annahme der Nichtigkeit des verbotenen Rechtsgeschäftes; richtet es sich dagegen nur gegen einen Partner, geht sie idR von der Wirksamkeit aus, sofern nicht Sinn und Zweck des Verbots bzw. das Allgemeininteresse gebieten, den Vertragspartner von seinen Vertragspflichten zu befreien.[162] Verstöße des HM gegen eine ggf. bestehende **gewerberechtliche Erlaubnispflicht** für Darlehensvermittler und Vermögensanlagevermittler (sowie Immobilienmakler) nach § 34 c GewO bewirken keine Nichtigkeit des Maklervertrags nach § 134 BGB.[163] Ferner wirksam sind Maklerverträge mit Vermittlern im Finanzbereich, die keine nach § 32 KWG erforderliche **bankenaufsichtsrechtliche** Erlaubnis vorweisen können.[164] Für den Fall, dass der Maklervertrag zwischen einem Versicherungsunternehmen und einem Versicherungsmakler **versicherungsrechtlich** unzulässig hohe Vermittlungsprovisionen vereinbart, ist festgestellt worden, dass dieser preisrechtliche Verstoß nicht zur Nichtigkeit des Rechtsgeschäfts als Ganzem oder zur Teilnichtigkeit des das Entgelt betreffenden Regelungskomplexes, sondern vielmehr nur zur Anpassung des Entgelts an das Maß des gesetzlich Zulässigen führt.[165] Verstößt ein Steuerberater gegen das **standesrechtliche** Verbot der Aufnahme einer gewerblichen Vermittlungstätigkeit nach § 57 Abs. 4 StBG, führt dies nicht zur Nichtigkeit des Vermittlungsvertrags nach § 134 BGB.[166] Entsprechendes muss für Rechtsanwälte[167] und Wirtschaftsprüfer gelten. Wirksam dürften – vorbehaltlich eines kollusiven Verhaltens – auch Maklerverträge mit solchen Vermittlern sein, die im Öffentlichen Dienst tätig sind und über die erforderliche **Nebentätigkeitsgenehmigung** verfügen.[168] Bei der Vermittlung von Finanztermingeschäften (früher: „Börsentermingeschäfte", §§ 53 ff. BörsG aF) sind zur Zeit noch die Sondervorschriften der §§ 37 d ff. WpHG zu berücksichtigen.[169] Nach § 37 d Abs. 1 WpHG haben Unternehmen, die „gewerbsmäßig oder in einem Umfang, der einen in kaufmännischer Weise eingerichteten Geschäftsbetrieb erfordert", Finanztermingeschäfte u. a. „vermitteln", vor dem Vertragsabschluss Verbrauchern (§ 13 BGB) eine standardisierte schriftliche Risikobelehrung zu erteilen, die inhaltlich der Unterrichtungsschrift nach dem sog. „Informationsmodell" des § 53 Abs. 2 BörsG aF im Rahmen des früheren Börsentermineinwands gleicht. Im Gegensatz zum alten Recht führt der Verstoß gegen die Informationspflicht nicht mehr automatisch zur Unverbindlichkeit des Maklervertrags,[170] sondern zu

---

[162] BGH Urt. v. 23. 10. 1980 – IVa ZR 28/80, BGHZ 78, 263, unter I.1.b., mwN.
[163] Vgl. BGH Urt. v. 23. 10. 1980 – IVa ZR 33/80, BGHZ 78, 269, 271 = LM BGB § 134 Nr. 94 BGB = NJW 1981, 387, zu einem Vertrag mit einem Nachweismakler trotz fehlender Gewerbeerlaubnis nach § 34 c Abs. 1 Nr. 1 a GewO; BGH Urt. v. 23. 10. 1980 – IVa ZR 33/80, BGHZ 78, 269 = LM BGB § 134 Nr. 94 = NJW 1981, 387, zur Kreditvermittlung im Reisegewerbe ohne Gewerbeerlaubnis nach § 34 c Abs. 1 Nr. 1 a GewO.
[164] Eine Erlaubnispflicht kommt seit der 6. KWG-Novelle (1997) mit der Einführung der aufsichtspflichtigen Kategorie der „Finanzdienstleistungsinstitute" (relevante Unterart ist die Gruppe der „Wertpapierhandelsbanken" nach § 1 Abs. 3 d Satz 3 KWG) in § 1 Abs. 1 a in Betracht für die Vermittlung von Geschäften über die Anschaffung und die Veräußerung von Finanzinstrumenten (Satz 2 Nr. 1: Anlagevermittlung; Satz 2 Nr. 2: Abschlussvermittlung, jeweils vorbehaltlich der Ausnahmen nach § 2 Abs. 6 Nr. 8 KWG) sowie der Drittstaateneinlagenvermittlung (Satz 2 Nr. 5). Wird der HM im Ausland für eine der Aufsicht nach dem KWG unterworfenes Institut tätig, ist in Ausnahmefällen eine Anzeigepflicht des *Instituts* (nicht des HM) nach § 24 Abs. 1 Nr. 7 KWG denkbar, sofern der HM als ausländische „Zweigstelle" des Kreditinstituts bewertet werden muss. Darlehensvermittler, die auf Grund besonderer Vereinbarung mit dem Institut ermächtigt sind, Darlehensanträge nach eigener Prüfung zu entscheiden, die Darlehensvaluta für das Institut auszuzahlen oder Tilgungsleistungen für das Institut entgegenzunehmen, sind als „Zweigstellen" einzustufen (Verlautbarung des BAKred – jetzt: BAFin – vom 24. 8. 1979 – I-5-211-3/76, zitiert nach *Braun* in Boos/Fischer/Schulte-Mattler, KWG, 2. Aufl. 2004, § 24 RdNr. 112).
[165] OLG Frankfurt Urt. v. 18. 4. 1997 – 24 U 115/95, OLGRspr. Frankfurt 1997, 133.
[166] Vgl. BGH Urt. v. 23. 10. 1980 – IVa ZR 28/80, BGHZ 78, 263, 264 für den Steuerberater: „Keine Nichtigkeit von Maklerverträgen, weil Steuerberater gewerbsmäßig als Makler tätig"; bestätigt durch BGH Urt. v. 19. 6. 1985 – IVa ZR 196/83, BGHZ 95, 81, 85 = LM BGB § 138 Nr. 13 = NJW 1985, 2523, unter II.1., wobei zusätzlich klargestellt wird, dass das standesrechtliche Verbot ohnehin nicht die gelegentliche Vermittlung von Finanzierungsgeschäften im Rahmen der steuerberatenden Tätigkeit ausschließt.
[167] Vgl. für Rechtsanwälte BGH Urt. v. 13. 10. 2003 – AnwZ (B) 79/02, NJW 2004, 212–213; BGH Urt. v. 8. 6. 2000 – III ZR 186/99, NJW 2000, 3068; ferner BGH Urt. v. 10. 11. 1975 – AnwZ (B) 12/75, NJW 1976, 628 dazu, dass die Ausübung des Berufs eines Maklers mit dem Beruf des Rechtsanwalts nicht vereinbar ist; vgl. aber zum umgekehrten Fall der verbotenen Rechtsberatung durch einen Makler BGH Urt. v. 17. 3. 1998 – XI ZR 59/97, = NJW 1998, 1955 = BB 1998, 1656, mit Anm. *Cordes*: Art. 1 § 1 RBerG enthalte ein gesetzliches Verbot iS des § 134 BGB mit der Folge, dass Geschäftsbesorgungsverträge (hier: Maklerdienstvertrag), deren unzulässige Rechtsbesorgung zum Gegenstand hätten, nichtig seien; ebenso bereits BGH Urt. v. 25. 6. 1962 – VII ZR 120/61, BGHZ 37, 258, 261 ff. = NJW 1962, 2010.
[168] Vgl. OVG Lüneburg Urt. v. 10. 5. 1994 – 5 L 2520/91, ND MBl 1995, 113 dazu, dass die beamtenrechtliche Nebentätigkeitsgenehmigung für eine Tätigkeit als Vermittler von Kapitalanlagen, Bauspar- und Versicherungsverträgen einem Regierungsamtsrat zu Recht versagt wurde.
[169] Siehe aber den RegE des Finanzmarkt-Richtlinie-Umsetzungsgesetzes, der auf die Aufhebung der §§ 37 d und 37 f WpHG gerichtet ist (BT-Drucks. 16/ 4028, S. 4).
[170] Hierzu zB BGH Urt. v. 19. 5. 1980 – II ZR 269/79, NJW 1980, 1957, zur Unverbindlichkeit des Auftrags zwischen einem Privatanleger und Vermittlungsgesellschaft über die Vermittlung von Warenterminoptionen an der *Warenterminbörse in London*. Ein Anspruch des Anlegers nach §§ 675, 667 BGB sei deshalb abzulehnen.

Begriff des Handelsmaklers   75 § 93

einem (nach altem Recht im Rahmen der c. i. c. regelmäßig ebenfalls gegebenen) Anspruch des Verbrauchers gegen den Makler auf Ersatz seines kausalen Schadens.

F. Europarechtliche Vorgaben für den Maklervertrag

Mit Ausnahme der in §§ 491–505 BGB (bis 2001: VerbrKG) umgesetzten (siehe § 98 RdNr. 22, **75** § 99 RdNr. 1, 8) Verbraucherkredit-Richtlinie,[171] der Pauschalreiserichtlinie,[172] der Versicherungsvermittlungsrichtlinie[173] sowie der Richtlinie über Märkte für Finanzinstrumente[174] beeinflusst das Europarecht das zivile Maklerrecht bislang nicht in direkter Weise.[175] Die bestehenden europarechtlichen Regelungen in Gestalt der Handelsvertreterrichtlinie,[176] der Versicherungsvertreterrichtlinie,[177] der Kohlenvermittlerrichtlinie[178] sowie der Reisevermittlerrichtlinie[179] betreffen hauptsächlich die Konkretisierung der Niederlassungsfreiheit als Recht, sich unter den gleichen Bedingungen und mit den gleichen Rechten wie Inländer im Aufnahmeland niederzulassen oder dort Dienstleistungen zu erbringen (Inländerbehandlung), nicht aber das Recht, im Ausland Dienstleistungen zu erbringen, die nicht den ausländischen Vorschriften, sondern nur den Heimatvorschriften genügen (Herkunftsprinzip).[180] Auch die allgemeine Dienstleistungsrichtlinie, an der derzeit gear-

---

[171] Richtlinie 87/102/EWG des Rates vom 22. 12. 1986 zur Angleichung der Rechts- und Verwaltungsvorschriften der Mitgliedstaaten über den Verbraucherkredit, ABl. EG Nr. L 042 v. 12. 2. 1987 S. 48. Derzeit arbeitet die EU-Kommission an einer neuen Verbraucherkredit-Richtlinie. Siehe den geänderten Vorschlag für eine Änderungsrichtlinie vom 7. 10. 2005, KOM(2005) 483 endgültig 2002/0222(COD).

[172] Richtlinie 90/314/EWG des Rates vom 13. 6. 1990, ABl. EG Nr. L 158 vom 23. 6. 1990 S. 59; vgl. die Pflichten des Vermittlers zur Erteilung schriftlicher Informationen in Bezug auf die vermittelte Reise nach Art. 4 der Richtlinie. Weitere Pflichten betreffen solche Vermittler, die Vertragspartei des Reisevertrags werden (Art. 5 ff.).

[173] Richtlinie 2002/92/EG des Europäischen Parlaments und des Rates vom 9. 12. 2002 über Versicherungsvermittlung, ABl. EU Nr. L 9 S. 3 vom 15. 1. 2003.

[174] Richtlinie 2004/39/EG des Europäischen Parlaments und des Rates vom 21. 4. 2004 über Märkte für Finanzinstrumente, zur Änderung der Richtlinien 85/611/EWG und 93/6/EWG des Rates und der Richtlinie 2000/12/EG des Europäischen Parlaments und des Rates und zur Aufhebung der Richtlinie 93/22/EWG des Rates, ABl. EU Nr. L 145/1 vom 30. 4. 2004.

[175] EU-Kommission, Grünbuch „Finanzdienstleistungen", Mai 1996, S. 11 f., mit dem Hinweis, die Kommission prüfe „das Problem nicht beaufsichtigter Kreditvermittler", um zu sehen, welche Maßnahmen legislativer oder nicht legislativer Art ergriffen „werden müssten".

[176] Richtlinie des Rates vom 25. 2. 1964 über die „Verwirklichung der Niederlassungsfreiheit und des freien Dienstleistungsverkehrs für die Vermittlertätigkeiten in Handel, Industrie und Handwerk", 64/224/EWG, ABl. EG 869/64 v. 4. 4. 1964. Nach Art. 4 Abs. 1 findet diese Richtlinie u. a. keine Anwendung auf Versicherungsmakler, Vermittlungstätigkeiten auf dem Gebiet der Kreditinstitute und anderer finanzieller Einrichtungen (insbesondere Börsen- und Wertpapiermakler, Hypotheken- und andere Darlehnsmakler), des Verkehrs (insbesondere Schiffsfrachtenmakler) sowie auf dem Gebiet von Giftstoffen und Krankheitserregern, Medikamenten und pharmazeutischen Erzeugnissen sowie von Kohle.

[177] Richtlinie 77/92/EWG des Rates vom 13. 12. 1976 über „Maßnahmen zur Erleichterung der tatsächlichen Ausübung der Niederlassungsfreiheit und des freien Dienstleistungsverkehrs für die Tätigkeiten des Versicherungsagenten und des Versicherungsmaklers (aus ISIC-Gruppe 630), insbesondere Übergangsmaßnahmen für solche Tätigkeiten": Die Richtlinie schafft über die Gewährung der Niederlassungsfreiheit in der jeweiligen Vorschriften des Gastlandes hinaus gewisse Erleichterungen bezüglich des Nachweises von solchen persönlichen Zulassungsvoraussetzungen, die im Heimatland erworben wurden. Sie schafft aber keine gegenseitige Anerkennung von Diplomen bzw. Rechtsangleichung der Zulassungsvoraussetzungen; vgl. die an die Mitgliedstaaten gerichtete unverbindliche Empfehlung der EU-Kommission von 1992 über Versicherungsvermittler (betrifft Versicherungsvertreter und Versicherungsmakler) vom 18. 12. 1991, ABl. EG Nr. L 019 vom 28. 1. 1992 S. 32: Danach sollen die Mitgliedstaaten sicherstellen, dass für die auf ihrem Gebiet niedergelassenen Versicherungsvermittler bestimmte berufliche Anforderungen und eine Eintragungspflicht gelten. Vgl. auch *Werber* VW 1988, 1159–1167, zur Einordnung des Versicherungsmaklers unter dem Aspekt der Dienstleistungsfreiheit in der EG.

[178] Richtlinie 70/522/EWG des Rates vom 30. 11. 1970 „über die Verwirklichung der Niederlassungsfreiheit und des freien Dienstleistungsverkehrs für die selbständigen Tätigkeiten des Kohlengroßhandels und für Vermittlungstätigkeiten auf dem Sektor Kohle (ex CITI-Gruppe 6112)", ABl. EG Nr. L 267/14 v. 10. 12. 1970: Nach Art. 3 gilt die Richtlinie u. a. auf dem Gebiet des Kohlenhandels für die Berufstätigkeit des selbständigen Vermittlers, „der auf Grund eines oder mehrerer Auftragsverhältnisse damit betraut ist, in fremdem Namen und für fremde Rechnung Geschäfte zu vermitteln oder abzuschließen".

[179] Richtlinie 82/470/EWG des Rates vom 29. 6. 1982 „über Maßnahmen zur Förderung der tatsächlichen Ausübung der Niederlassungsfreiheit und des freien Dienstleistungsverkehrs für die selbständigen Tätigkeiten bestimmter Hilfsgewerbetreibender des Verkehrs und der Reisevermittler (ISIC-Gruppe 718) sowie der Lagerhalter (ISIC-Gruppe 720)", ABl. EG Nr. L 213 vom 21. 7. 1982 S. 1.

[180] Lediglich einen Ausschnitt des umfassenden Herkunftsprinzips betrifft die gegenseitige Anerkennung von Diplomen. Siehe hierzu die Richtlinie 1999/42/EG des Europäischen Parlaments und des Rates vom 7. 6. 1999 „über ein Verfahren zur Anerkennung der Befähigungsnachweise für die unter die Liberalisierungs- und Übergangsrichtlinien fallenden Berufstätigkeiten in Ergänzung der allgemeinen Regelung zur Anerkennung der Befähigungsnachweise", ABl. EG Nr. L 201 vom 31. 7. 1999. Die Richtlinie zielt auf die gegenseitige Anerkennung von Diplomen in Bereichen, die bis dahin nicht erfasst wurden von der Richtlinie 89/48/EWG des Rates vom 21. 12. 1988 über eine allgemeine Regelung zur Anerkennung der Hochschuldiplome, die eine mindestens dreijährige Berufsausbildung abschließen, und

beitet wird, wird nach der neuesten politischen Entwicklung keine entsprechende Liberalisierung bringen.[181]

G. IPR des Handelsmaklervertrags

I. Grundsatz der freien Rechtswahl

76 Maßgeblich für die Bestimmung der anwendbaren Rechtsordnung bei Maklerverträgen mit Auslandsberührung ist grundsätzlich der ausdrückliche oder stillschweigende Parteiwille (**Grundsatz der freien Rechtswahl,** Art. 27 EGBGB).[182] Auf der Basis der hier vertretenen Auffassung vom vertraglichen Charakter der Rechtsbeziehung des HM zum „Gegenkontrahenten" (s. oben RdNr. 44 ff.) gilt das Vertragsstatut nach dem gesetzlichen Leitbild gleichermaßen gegenüber beiden Parteien des vermittelten Vertrags. Die hier abgelehnte Auffassung vom gesetzlichen Charakter dieses Rechtsverhältnisses führt demgegenüber zu Qualifikationsproblemen, zu denen bislang von deren Anhängern noch keine Stellung bezogen worden ist.

77 Die Zulässigkeit von **Rechtswahlklauseln in AGB** beurteilt sich gemäß Art. 31 EGBGB grundsätzlich nach dem in der Rechtswahlklausel bezeichneten Recht (Art. 31 Abs. 1 EGBGB), es sei denn, es ergebe sich aus den Umständen, dass eine Anwendung dieses Rechts nicht gerechtfertigt wäre (Art. 31 Abs. 2 EGBGB). Der letztere Fall ist zB anzunehmen, wenn die Rechtswahl dazu führen würde, dass einem Verbraucher der durch die zwingenden Bestimmungen des Rechts des Staates, in dem er seinen gewöhnlichen Aufenthalt hat, gewährte Schutz, auch was die Einbeziehung der AGB in den Vertrag angeht, entzogen wird (vgl. Art. 29 EGBGB).

II. Vertragsstatut bei fehlender Rechtswahl

78 Soweit eine ausdrückliche oder stillschweigende Rechtswahl fehlt, kommt es auf den **hypothetischen Parteiwillen** oder, wenn auch hiernach eine Anknüpfung nicht möglich ist, letztlich auf den Erfüllungsort an.[183] Der hypothetische Parteiwille wird nicht durch die subjektiven Vorstellungen der Parteien bestimmt; vielmehr sind die Interessen der Beteiligten auf objektiver Grundlage abzuwägen, und es ist zu ermitteln, ob der Schwerpunkt des Vertragsverhältnisses auf eine bestimmte Rechtsordnung hinweist.[184] Nach Art. 28 Abs. 2 EGBGB wird grundsätzlich – vorbehaltlich des Bestehens engerer Verbindungen mit einem anderen Staat (Art. 28 Abs. 5 EGBGB) – vermutet, dass der Vertrag die engsten Verbindungen mit dem Staat aufweist, in dem die Partei, welche die **charakteristische Leistung** zu erbringen hat, im Zeitpunkt des Vertragsabschlusses ihren gewöhnlichen Aufenthalt bzw. ihren Verwaltungssitz oder bei gewerblicher Tätigkeit ihre Niederlassung hat, über die die Leistung zu erbringen ist.[185]

---

die Richtlinie 92/51/EWG des Rates vom 18. 6. 1992 über eine zweite allgemeine Regelung zur Anerkennung beruflicher Befähigungsnachweise in Ergänzung zur Richtlinie 89/48/EWG. Dazu zählen ausweislich des Anhangs A, Erster Teil der Richtlinie auch bestimmte Vermittlungstätigkeiten wie die Vermittlung von Reisen (Anhang A, Erster Teil, Liste II), die Vermittlung im Bereich des Transportgewerbes (Anhang A, Erster Teil, Liste IV), die Vermittlung des An- und Verkaufs von Schiffen (Anhang A, Erster Teil, Liste VI) sowie allgemein die Berufstätigkeit eines Vermittlers, der, ohne ständig damit betraut zu sein, Verbindungen zwischen Personen herstellt, die Verträge unmittelbar miteinander abzuschließen wünschen, oder der deren Geschäfte vorbereitet oder bei ihrem Abschluss mithilft (Anhang A, Erster Teil, Liste V). Die Richtlinie tritt am 20. 10. 2007 außer Kraft und wird durch die Richtlinie 2005/36/EG ersetzt.
[181] Nach Art. 16 Abs. 1 des im Februar 2006 gescheiterten Kommissionsentwurfs für eine Richtlinie des Europäischen Parlaments und des Rates über Dienstleistungen im Binnenmarkt vom 25. 2. 2004 (KOM(2004) 2 endg./2–2004/0001 (COD)) sollten die Mitgliedstaaten noch dafür Sorge tragen, „dass Dienstleistungserbringer lediglich den Bestimmungen ihres Herkunftsmitgliedstaates unterfallen, die vom koordinierten Bereich erfasst sind". Mit ihrem neuen Richtlinienentwurf, den sie dem Europäischen Parlament im April 2006 vorgelegt hat, kehrt die Kommission vom umstrittenen Herkunftslandprinzip ab.
[182] Allgemeine Meinung, siehe nur GK-HGB/*Achilles* Vor §§ 93–104 RdNr. 20; *Heymann/Herrmann* Vor § 93 RdNr. 38; für die Rechtslage vor der IPR-Reform von 1986 bereits *Ebenroth* RIW 1984, 165, 169.
[183] ZB BGH Urt. v. 13. 6. 1996 – IX ZR 172/95, LM EGBGB 1986 Art. 28 Nr. 3 (10/1996) = NJW 1996, 2569, unter II.1.a., unter Berufung auf die stRspr.
[184] ZB BGH Urt. v. 13. 6. 1996 – IX ZR 172/95, LM EGBGB 1986 Art. 28 Nr. 3 (10/1996) = NJW 1996, 2569, zur Auslegung des hypothetischen Parteiwillens hinsichtlich der Rechtswahlvereinbarung in einem Vertrag, durch den jemand, der die Beteiligung an einer im Ausland ansässigen Anlagegesellschaft in Deutschland vermittelt hat, die Garantie für bestimmte Mindestausschüttungen aus der Beteiligung übernimmt (mwN).
[185] Vgl. aber OLG Düsseldorf Urt. v. 20. 6. 1997 – 7 U 195/95, RIW 1997, 780, zum Vertrag eines deutschen Maklers mit einer niederländischen Gesellschaft: Bei Fehlen einer von den Parteien getroffenen Rechtswahl unterliege ein Vertrag nach Art 28 Abs. 1 EGBGB dem Recht des Staates, mit dem er die engste Verbindung aufweise. Wichtigster Anhaltspunkt hierfür sei der *Ort der Erbringung* der für den Vertrag charakteristischen Leistung.

Die (allseitigen) Kollisionsnormen des Haager Abkommens über das auf Vermittlungsgeschäfte **79** und auf die Stellvertretung anzuwendende Recht („Convention on The Law Applicable to Agency") vom 14. 3. 1978[186] können auf den Maklervertrag nur insoweit zur Anwendung gelangen, als dieser über die spezifische Maklerleistung hinaus bestimmte sonstige Dienstleistungen (insbesondere den Auftrag zur Durchführung des Vertragsschlusses in Vertretung des Auftraggebers) zum Gegenstand hat. Dies ergibt sich aus Art. 7 der Konvention, der ausdrücklich klarstellt, dass die Kollisionsregeln der Art. 5 und 6 ausschließlich auf die „agency relationship", nicht aber auf sonstige Vertragsteile Anwendung finden sollen.

Charakteristische Leistung des Handelsmaklervertrags iS des Art. 28 Abs. 2 EGBGB ist die **Ver-** **80** **mittlungsleistung.**[187] Daran ändert der Umstand nichts, dass diese Leistung idR nicht auf einer entsprechenden Rechtspflicht beruht (s. § 98 RdNr. 14). Vertragsrechtlich zu qualifizierende Streitigkeiten aus dem Maklervertrag werden grundsätzlich erst dann entstehen, wenn der Makler tätig geworden ist oder wenn dies von einer der Parteien zumindest behauptet wird. Die ältere Rspr. zur Bestimmung der hypothetischen Rechtswahl beim Handelsmaklervertrag aus der Zeit vor Inkrafttreten der IPR-Reform von 1986[188] ist angesichts des klaren Wortlauts des Art. 28 Abs. 2 EGBGB zumindest in Bezug auf ihre jeweilige Begründung insofern überholt, als nunmehr vorrangig auf die charakteristische Leistung des HM abzustellen ist und von der danach bestimmten Rechtsordnung nur unter den Voraussetzungen des Art. 28 Abs. 5 abgewichen werden darf.[189]

Bestreitet eine Partei, sich mit der anderen über den Abschluss des Maklervertrages (zB kon- **81** kludent) geeinigt zu haben, so ist bei der Prüfung des Vertragsschlusses neben dem Vertragsstatut im Wege einer ergänzenden Sonderanknüpfung auch das **Recht am gewöhnlichen Aufenthaltsort** derjenigen Partei zu berücksichtigen, die das Zustandekommen der Einigung bestreitet.[190] Auf einen Vertrag zwischen einem deutschen Hauptmakler und einem ausländischen Untermakler über die Beteiligung des Untermaklers an der Durchführung eines Maklergeschäfts mit einem deutschen Auftraggeber soll das Recht des Hauptvertrages Anwendung finden.[191]

III. Sonderanknüpfungen

Von einer Sonderanknüpfung ist bezüglich der **Tagebuchpflicht** des § 100 angesichts ihres **82** öffentlich-rechtlichen Charakters (vgl. § 103) auszugehen. Es wäre widersinnig, die Frage, ob ein (im Inland tätiger ausländischer oder ein im Ausland tätiger deutscher) HM den Bußgeldtatbestand nach § 103 verwirklicht hat, von der Rechtswahl der Parteien abhängig zu machen und nicht von objektiven Kriterien, die sich am öffentlichen Interesse und an den Grenzen der nationalen Souveränität orientieren. Sachgerecht erscheint es, bei § 103 auf den Geschäftssitz des HM abzustellen. Eine

---

[186] In Kraft seit Mai 1992 für Argentinien, Frankreich, Portugal und die Niederlande, nicht aber bislang für Deutschland; abgedruckt in Englisch und Französisch in RabelsZ 43 (1979) 176 ff.; in Englisch ebenso im Internet unter http://www.hcch.net/.

[187] *Baumbach/Hopt* RdNr. 67: Der Ort der charakteristischen Leistung sei der Ort der gewerblichen Niederlassung des Maklers; *v. Bar*, Bd. II, 1991, RdNr. 496: Der Maklervertrag unterliege nach dem Grundsatz der vertragscharakteristischen Leistung dem „jeweils maßgebenden Umweltrecht" des (Zivil-)Maklers (unter Berufung auf OLG München IPRspr. 1974 Nr. 146, zu einem deutschen Grundstücksmakler, sowie auf LG Oldenburg RIW 1985, 576); vgl. bereits (vor der IPR-Reform von 1986) *Ebenroth* RIW 1984, 165, 169: Bei „fehlender Rechtswahl" müsse das Recht der gewerblichen Niederlassung des Maklers angewandt werden, da der Makler die charakteristische Leistung erbringe (mwN).

[188] Vgl. BGH Urt. v. 9. 3. 1977 – IV ZR 112/76, NJW 1977, 1586: Die Rspr. des BGH zur Bestimmung des Schwerpunkts des Vertrages bei HV-Verträgen (Schwerpunkt im Bereich der Niederlassung des Handelsvertreters) sei wegen der unterschiedlichen Interessenlage nicht auf den HM-Vertrag übertragbar, weil der HM im Gegensatz zum HV nicht ständig damit betraut sei, Geschäfte für den Auftraggeber zu vermitteln, zu einer Tätigkeit für den Auftraggeber nicht verpflichtet sei und daher auch nicht ohne weiteres als wirtschaftlich von dem Vertragspartner abhängige Vertragspartei angesehen werden könne. Als Umstände, die für die Bestimmung des hypothetischen Parteiwillens geeignet sind, anerkennt der BGH in der genannten Entscheidung (die noch vor der IPR-Reform von 1986 ergangen ist) u. a. die Herkunft der zu vermittelnden Waren, die Staatsangehörigkeit der Verkäuferin, die Sprache, in der die Geschäftskorrespondenz gehalten wurde, als auch für die Provision vereinbarte Währung sowie als für die vermittelten Verträge maßgebliches Vertragsstatut; vgl. LG Essen Urt. v. 10. 1. 1983 – 42 HO 223/76, RIW 1983, 619: Zur Bestimmung des hypothetischen Parteiwillens bei einem Vertrag mit einem irakischen Makler sei zu untersuchen, ob sich nach der Eigenart des Sachverhalts ein Schwerpunkt des Schuldverhältnisses bestimmen lasse, der auf eine bestimmte Rechtsordnung hinweise, insbesondere ob die verschiedenen räumlichen Beziehungen des Vertrages ein so verschiedenes Gewicht hätten, dass eine von ihnen den Ausschlag gebe (im Ergebnis irakisches Vertragsstatut angenommen); vgl. LG Hamburg Urt. v. 23. 4. 1954 – 62 O 31/54, MDR 1954, 422, wo ein Vertrag mit einem Schiffsmakler in Rotterdam u. a. deswegen nach deutschem Recht beurteilt wird, weil für den vermittelten Seefrachtvertrag deutsches Recht gilt.

[189] Von einem „Meinungsstreit", wie ihn Heymann/*Herrmann* Vor § 93 RdNr. 38, behauptet, kann insofern keine Rede sein, als die von *Herrmann* zitierten Ansichten zur unmittelbaren Maßgeblichkeit der Gesamtbetrachtungsweise ohne Berücksichtigung der charakteristischen Leistung auf die alte Rechtslage beziehen.

[190] OLG Düsseldorf Urt. v. 20. 6. 1997 – 7 U 196/95, RIW 1997, 780.

[191] OLG Düsseldorf (Fn. 190).

entsprechende Anwendung des § 92c ist nicht möglich, weil diese Vorschrift auf das einzelne Geschäft abstellt, die Tagebuchpflicht der §§ 100, 103 aber geschäftsübergreifend wirkt und ihren Sinn nicht zuletzt aus der lückenlosen Dokumentierung sämtlicher Geschäfte bezieht.

83 Weitere Sonderanknüpfungen hinsichtlich einzelner Rechtsfragen aus dem Maklervertrag können sich unter dem Gesichtspunkt des **Vertrauensschutzes** und des **Verbraucherschutzes** ergeben. Nicht nach dem Vertragsstatut, sondern nach dem Heimatrecht des Empfängers richtet sich die Frage, ob das Schweigen auf eine Schlussnote (§ 94) als Zustimmung gilt.[192] Nach Art. 29a EGBGB sind bei Verträgen mit Verbrauchern u.a. die AGB-rechtlichen Schutzvorschriften der §§ 305 ff. BGB trotz ausländischen Vertragsstatuts anzuwenden, wenn der Vertrag einen „engen Zusammenhang" (Art. 29a Abs. 2 EGBGB) mit dem Gebiet der BRep aufweist. Nach **§ 37d Abs. 6 WpHG** wirken bei der Vermittlung von Finanztermingeschäften durch in-[193] oder ausländische Unternehmen die speziellen, dem § 53 Abs. 2 BörsG aF nachgebildeten Informationspflichten des § 37d Abs. 1 WpHG (siehe hierzu oben RdNr. 74) zugunsten von Verbrauchern, die bei Vertragsschluss[194] ihren „gewöhnlichen Aufenthalt" oder – was immer auch damit gemeint sein mag – „ihre Geschäftsleitung" im Inland haben, auch dann, wenn das Vertragsstatut auf eine andere als die deutsche Rechtsordnung verweist. Eine allseitige Sonderanknüpfung enthält **Art. 29 EGBGB,** wonach unter bestimmten Voraussetzungen bei Verbraucherverträgen eine Rechtswahl der Parteien nicht dazu führen darf, dass dem Verbraucher der durch die zwingenden Bestimmungen des Rechts des Staates, in dem er seinen gewöhnlichen Aufenthalt hat, gewährte Schutz entzogen wird. Für in Deutschland ansässige Verbraucher (als Auftraggeber des Maklers) stellen die Schutzvorschriften der §§ 655a BGB zwingende Bestimmungen in diesem Sinne dar, wie in § 655e Abs. 1 BGB ausdrücklich klargestellt wird.

§ 94 [Schlussnote nach Abschluss des Geschäfts]

(1) Der Handelsmakler hat, sofern nicht die Parteien ihm dies erlassen oder der Ortsgebrauch mit Rücksicht auf die Gattung der Ware davon entbindet, unverzüglich nach dem Abschlusse des Geschäfts jeder Partei eine von ihm unterzeichnete Schlußnote zuzustellen, welche die Parteien, den Gegenstand und die Bedingungen des Geschäfts, insbesondere bei Verkäufen von Waren oder Wertpapieren deren Gattung und Menge sowie den Preis und die Zeit der Lieferung, enthält.

(2) Bei Geschäften, die nicht sofort erfüllt werden sollen, ist die Schlußnote den Parteien zu ihrer Unterschrift zuzustellen und jeder Partei die von der anderen unterschriebene Schlußnote zu übersenden.

(3) Verweigert eine Partei die Annahme oder Unterschrift der Schlußnote, so hat der Handelsmakler davon der anderen Partei unverzüglich Anzeige zu machen.

Übersicht

	RdNr.		RdNr.
I. Zweck der Vorschrift	1	1. Bedeutung des Schweigens	12
II. Begriff der „Zustellung" der Schlussnoten	2	2. Bedeutung der Verweigerung der Annahme oder Unterschrift	13
III. Frist für die Zustellung der Schlussnote	3	3. Widerspruch gegen die Schlussnote	14–17
IV. Inhalt und Form der Schlussnote	4–7	4. Anzeigepflicht des HM nach § 94 Abs. 3	18–21
V. Funktion und rechtliche Bedeutung der Schlussnote(n)	8–10	VII. Bestätigungsvorbehalt	22
VI. Rechtliche Bedeutung der Reaktion der Parteien auf die Schlussnoten	11–21	VIII. Geschäfte, die nicht sofort erfüllt werden sollen (Abs. 2)	23, 24
		IX. Entbehrlichkeit der Schlussnote	25–27

---

[192] Schiedsgericht des Waren-Vereins der Hamburger Börse e. V., Schiedsspruch vom 19. 12. 1984 – 43/83, Jahresbericht 1984 Anhang S. 37, abgedruckt bei *Straatman/Ulmer/Timmermann*, Rechtsprechung kaufmännischer Schiedsgerichte, Bd. 4, 1988, B 1 Nr. 51.
[193] Assmann/Schneider/*Mülbert*, 4. Aufl. 2006, § 37d WpHG RdNr. 85.
[194] Maßgeblicher Vertragsschluss iS des § 37d Abs. 1 WpHG ist der Abschluss des Finanztermingeschäfts (Assmann/Schneider/*Mülbert*, 4. Aufl. 2006, § 37d WpHG RdNr. 20.

I. Zweck der Vorschrift

Sinn der Pflicht des HM zur Zustellung (Erteilung) von Schlussnoten (oder gleichbedeutend: Schlussscheinen)[1] ist die (privatrechtliche) Beurkundung und beweismäßige Fixierung des vermittelten Vertragsschlusses. Die Zustellung der Schlussnoten darf deshalb erst „nach dem Abschlusse des Geschäfts" erfolgen.[2] Der historische Ursprung dieser Pflicht liegt im Charakter des HM als Urkundsperson begründet, der seit dem Ende des Mittelalters das Maklerverhältnis bis zum Ende des letzten Jahrhunderts überlagert hat.[3] Es handelt sich bei § 94 Abs. 1, Abs. 2 um einklagbare[4] Nebenleistungspflichten, deren Nicht- oder Schlechterfüllung (zB durch Ausstellung einer unrichtigen bzw. unvollständigen Schlussnote) eine sekundäre Leistungspflicht in Form des Anspruchs auf Ersatz des kausalen Schadens nach § 98[5] nach sich zieht. Die früher parallel zu § 94 bestehende öffentlich-rechtliche Pflicht des HM zur Zustellung von mit speziellen Steuermarken versehenen Schlussnoten nach den §§ 21, 31 ff. KVStDV wurde mit der Aufhebung des KVStG (idF der Bek. der Neufassung v. 17. 11. 1972) und der KVStDV durch das Kapitalmarktföderungsgesetz vom 22. 2. 1990 (BGBl. I S. 266) mit Wirkung vom 1. 1. 1992 beseitigt.

II. Begriff der „Zustellung" der Schlussnoten

Der Begriff der Zustellung iS des Abs. 1 ist nicht im formellen Sinne der §§ 132 BGB, 166 ff., 181 ff. ZPO zu verstehen.[6] Bereits mit dem Absenden eines einfachen, nicht eingeschriebenen Briefes erfüllt der HM seine Zustellungspflicht nach § 94 Abs. 1.[7]

III. Frist für die Zustellung der Schlussnote

Nach Abs. 2 hat die Zustellung „unverzüglich", dh. nach § 121 Abs. 1 Satz 1 BGB ohne schuldhaftes Zögern zu erfolgen. Dies bedeutet regelmäßig noch am Tage des Geschäftsabschlusses, im Börsenverkehr nach Schluss der Börse.[8]

IV. Inhalt und Form der Schlussnoten

Inhaltlich sind die Schlussnoten für beide Vertragsparteien gleich lautend[9] (zum Sonderfall des sog. Bestätigungsvorbehalts siehe RdNr. 22). Die Schlussnoten geben den Inhalt des vermittelten Vertrages, so wie ihn die Parteien vereinbart haben, vollständig wieder.[10] Dazu gehören neben der Bezeichnung der Parteien (Ausnahme: anonyme Schlussnote nach § 95, siehe dort) und dem Inhalt der Hauptleistungspflichten (zB Warengattung und -menge, Preis, Leistungszeit) auch die sonstigen vereinbarten Vertragsbedingungen. Die beiden Schlussnoten erfüllen damit die beweismäßige Funktion von Vertragsurkunden (siehe zur Beweisfunktion der Schlussnoten RdNr. 8 ff.). Zulässig sind Verweisungen auf frühere (ausreichend, zB in Schlussnoten, dokumentierte) Verträge zwischen den Parteien,[11] auf AGB oder auf sonstige Regelwerke (zB Incoterms), sofern diese Verweisungen eindeutig sind und die eindeutige Bestimmung des Vertragsinhalts erlauben. In der Praxis enthält die Schlussnote bisweilen zusätzlich die Höhe der Maklerprovision.

---

[1] Siehe die Musterschlussnoten bei MünchKommHGB/*v. Hoyningen-Huene* RdNr. 19 (Holzhandel) sowie GK-HGB/*Achilles* RdNr. 13; siehe auch Muster 7 der Anlage zur seit dem 31. 12. 1991 außer Kraft befindlichen KVStDV.
[2] Vgl. *Heymann* in: Ehrenbergs Hdb, Bd. V., I. Abt., 1. Hälfte, 1. Lfg., S. 402: Die Schlussnoten würden grundsätzlich erst nach dem erfolgten Abschluss ausgehändigt (§ 94 Abs. 1); doch sei eine gleichzeitige Ausstellung möglich in dem Sinne, dass das Geschäft durch Aushändigung und Empfangnahme der Noten zum Abschluss komme; *ders.* S. 441: In der Praxis falle der Abschluss des Maklervertrags oft mit der Notenaushändigung zusammen.
[3] Vgl. noch Art. 66 ADHGB von 1861, wonach der HM amtlich bestellter Vermittler war; vgl. *Heymann* (Fn. 2) S. 397.
[4] So bereits *Heymann* (Fn. 2) S. 400.
[5] GK-HGB/*Achilles* RdNr. 11.
[6] Vgl. GK-HGB/*Achilles* RdNr. 5: Dies könne a majore ad minus aus § 94 Abs. 2 abgeleitet werden, dem ersichtlich ein anderes Begriffsverständnis als § 132 BGB zugrunde liege; ähnlich MünchKommHGB/*v. Hoyningen-Huene* RdNr. 11; HK-HGB/*Ruß* RdNr. 1.
[7] Röhricht/Graf v. Westphalen/*Röhricht* RdNr. 10, unter Berufung auf die „hM"; anders noch *Heymann* (Fn. 2) S. 397: Zustellen bedeutet „aushändigen".
[8] So bereits *Heymann* (Fn. 2) S. 403, trotz damals noch weniger gut entwickelter Kommunikationsmöglichkeiten.
[9] Vgl. *Heymann* (Fn. 2) S. 399: Die Schlussnote bestehe idP aus gleich lautenden Hälften; die Schlussnote werde durchgerissen und es würden so zwei gleiche Teilexemplare hergestellt für Käufer und Verkäufer. Vgl. auch den am 31. 12. 1991 außer Kraft getretenen § 31 Abs. 1 KVStDV: „Die Schlussnote besteht aus zwei übereinstimmenden Hälften. Für jeden Vertragsteil ist eine Hälfte bestimmt."
[10] Siehe nur GK-HGB/*Achilles* RdNr. 3.
[11] GK-HGB/*Achilles* RdNr. 3; MünchKommHGB/*v. Hoyningen-Huene* RdNr. 7; vgl. auch *Heymann* (Fn. 2) S. 398: Bezugnahme „zu gehabten Konditionen" sei zulässig, sofern keine Unklarheit entstehe.

5 **Formelle** Anforderungen enthält Abs. 1 insofern, als die Schlussnoten den HM als Aussteller erkennen lassen müssen[12] und deshalb vom HM zu **unterzeichnen** sind. Ein einfaches Handzeichen genügt hierfür. § 126 BGB („notariell beglaubigtes Handzeichen") ist schon deshalb nicht anwendbar, weil die Schlussnote keine Willenserklärung ist. Eine elektronische Unterschrift (unter eine in elektronischer Form erteilte Schlussnote) ist ausreichend, wenn sie den Anforderungen des Signaturgesetzes vom 22. 7. 1997 (BGBl. I S. 1870, 1872) sowie der dazu ergangenen Signaturverordnung, in Kraft seit dem 1. 11. 1997, genügt. Unter dieser Voraussetzung ist zB auch die Erteilung einer Schlussnote in Form eines elektronischen Briefs („Email") denkbar.

6 Die Pflicht zur Unterzeichnung ist abdingbar und kann durch entgegengesetzte Handelsbräuche verdrängt werden,[13] wie sie zB für Börsenmakler (Skontroführer) bestehen. Das EDV-System („Börsengeschäftsabwicklungssystem – BÖGA") der Deutschen Börse Systems AG (DBS; ehemals: Deutsche Wertpapierdatenzentrale GmbH – DWZ), einer in Frankfurt ansässigen hundertprozentigen Tochtergesellschaft der Deutschen Börse AG, erstellt die Schlussnote,[14] die der Makler dann an die beteiligten Banken übersendet. Die elektronische Schlussnote dient zugleich als Lieferliste für die Abwicklung des Geschäfts.[15] Der Makler speichert die Lieferlisten über sämtliche Abschlüsse des Börsentags in das Datensystem der DBS ein. Der Computer der DBS erstellt das nach § 100 notwendige Maklerbuch.[16]

7 Zusätzliche Formerfordernisse betreffen nach Abs. 2 Geschäfte, die nicht sofort zu erfüllen sind. Hierzu unten RdNr. 23 f.

V. Funktion und rechtliche Bedeutung der Schlussnote(n)

8 Die Funktion der Schlussnote(n) besteht entsprechend derjenigen, die die Vertragsurkunde bzw. das kaufmännischen Bestätigungsschreiben[17] bei einem direkt, dh. ohne Vermittler ausgehandeltem Vertrag erfüllt, in der Klarstellung und ggf. (mit ausdrücklicher Zustimmung der Vertragsparteien) Gestaltung des Vertragsinhalts (zB durch Aufnahme von Nebenpunkten wie die ergänzende Bezugnahme auf AGB) sowie in der Erleichterung des Beweises des Vertragsinhalts.[18] Die Schlussnote ist keine Willenserklärung[19] und kein Dispositivpapier, also keine Urkunde, die die Willenserklärungen der an einem Rechtsverhältnis Beteiligten mit konstitutiver Wirkung wiedergibt, sondern bloßes **Beweispapier**[20] in Bezug auf das Wissen des HM über die von den Parteien des vermittelten Geschäfts erklärte vertragliche Einigung.[21] Das gilt selbst dann, wenn das Geschäft erst im Augenblick der Zustellung der Schlussnote (zum Begriff RdNr. 2) durch vorbehaltlose Annahme geschlossen wird.[22] Vom Vorliegen eines Dispositivpapiers kann man ausnahmsweise nur dann ausgehen, wenn der HM auf beiden Seiten des Geschäfts als echter Stellvertreter (§ 164 Abs. 1 Satz 1 BGB) handelt,[23] was eine entsprechende Genehmigung nach § 181 BGB voraussetzt.[24]

9 Die Schlussnote ist eine **privatrechtliche**[25] Beweisurkunde nach § 416 ZPO, und zwar selbst dann, wenn sie entsprechend dem jeweiligen Handelsbrauch nicht unterzeichnet sein sollte.[26] Die **förmliche Beweiskraft** der Schlussnote(n) nach § 416 ZPO beschränkt sich auf die in ihr verkörperte Erklärung des HM,[27] also auf das, was der HM über den Vertragsschluss und -inhalt zu wissen vorgibt.

---

[12] GK-HGB/*Achilles* § 94 RdNr. 3.
[13] Vgl. *Heymann* (Fn. 2) S. 398: Die Unterzeichnung falle vielfach usancemäßig fort.
[14] *Kümpel*, Bank- und Kapitalmarktrecht, 3. Aufl. 2004, RdNr. 17706.
[15] *Claussen* 3. Aufl. 2003, § 9 RdNr. 229.
[16] *Claussen* 3. Aufl. 2003, § 9 RdNr. 255; siehe auch § 100 RdNr. 5.
[17] Koller/*Roth*/Morck RdNr. 1.
[18] BGH Urt. v. 20. 9. 1955 – I ZR 139/54, LM HGB § 346 (D) Nr. 6 = NJW 1955, 1916, 1917; *Heymann* (Fn. 2) S. 402; MünchKommHGB/*v. Hoyningen-Huene* RdNr. 3 mwN.
[19] Vgl. Heymann/*Herrmann* RdNr. 7: „Keine empfangsbedürftigen Willenserklärungen iS des § 130 BGB".
[20] *Heymann* (Fn. 2) S. 402; Baumbach/*Hopt* RdNr. 1: „bloßes Beweismittel für Abschluss und Inhalt des vermittelten Geschäfts"; vgl. auch GK-HGB/*Achilles* RdNr. 2.
[21] BGH Urt. v. 20. 9. 1955 (Fn. 18).
[22] *Capelle/Canaris* Handelsrecht, 21. Aufl. 1989, S. 217, unter Berufung auf BGH (Fn. 21).
[23] MünchKommHGB/*v. Hoyningen-Huene* RdNr. 4.
[24] So etwa erteilt in § 2 Abs. 3 der „Unverbindlichen Empfehlungen von Allgemeinen Geschäftsbedingungen für Schiffsmakler und Schiffsagenten in der Bundesrepublik Deutschland" des Zentralverbands Deutscher Schiffsmakler e. V. vom August 1993, http://www.zvds.de/agb.html, abgerufen am 6. 4. 2006.
[25] Der HM ist keine Behörde iS des § 415 Abs. 1 ZPO. Vgl. auch MünchKommHGB/*v. Hoyningen-Huene* RdNr. 1.
[26] *Heymann* (Fn. 2) S. 402.
[27] Baumbach/*Hopt* RdNr. 1; MünchKommHGB/*v. Hoyningen-Huene* RdNr. 4.

Über ihre Funktion als Beweis*urkunde* hinaus kann der Schlussnote aber nach dem Grundsatz der **10** freien Beweiswürdigung (§ 286 ZPO) zusätzliche Beweisbedeutung zukommen,[28] vor allem eine angesichts der konstitutiven Wirkung des Schweigens auf eine unzutreffende Schlussnote (siehe unten RdNr. 12) besonders starke Indizwirkung in Bezug auf das, was die Parteien tatsächlich vereinbart haben. Insofern besteht wie bei einer Vertragsurkunde eine **Vermutung der Vollständigkeit und Richtigkeit.**[29]

VI. Rechtliche Bedeutung der Reaktion der Parteien auf die Schlussnoten

Nicht die Schlussnote selbst, sondern die (fehlende) Reaktion der Parteien auf die Schlussnoten ist **11** in der Lage, eine **konstitutive Wirkung** für den Vertragsschluss bzw. -inhalt zu entfalten.[30]

1. Bedeutung des Schweigens. Das Schweigen einer Partei auf eine ihr nach vorausgegangenen **12** Vertragsverhandlungen[31] vom HM zugestellte Schlussnote ist, sofern diese Partei Kaufmannseigenschaft hat, kraft Handelsbrauchs (§ 346) grundsätzlich als **Genehmigung** des Inhalts der Schlussnote zu betrachten.[32] Dieser Effekt kann verhindert werden, wenn die Partei gegenüber der Gegenseite **Widerspruch** gegen den Inhalt des Schlussscheins erhebt (s. unten RdNr. 14 ff.). Ein Widerspruch gegenüber dem HM reicht als solcher (dh. sofern der HM den Widerspruch nicht weiterleitet) nicht aus, wenn nichts anderes vereinbart ist oder keine anderweitigen Handelsbräuche bestehen.[33] Der HM ist aber gehalten, den empfangenen Widerspruch unverzüglich an die Gegenseite weiterzuleiten (Abs. 3, RdNr. 18). Tut er dies nicht, kann er sich nach § 98 schadensersatzpflichtig machen (RdNr. 20). Schweigen beide Parteien auf die ihnen übersandten Schlussnoten, kommt der Vertrag zum Inhalt der Schlussnote(n) zustande.[34] Die Schlussnoten wirken dann wie ein unwidersprochen gebliebenes kaufmännisches Bestätigungsschreiben;[35] die zum kaufmännischen Bestätigungsschreiben entwickelten Grundsätze (s. § 346 RdNr. 49–76) sind entsprechend[36] anwendbar.[37] Dies gilt sogar, wenn die Schlussnoten den Parteien *vor* Geschäftsabschluss zugehen.[38] Von praktischer Bedeutung ist die konstitutive Wirkung des Schweigens auf die Schlussnoten dann, wenn der Inhalt der Schlussnote vom Verhandlungsergebnis abweicht oder darüber hinausgeht oder wenn dies zumindest von einer der Parteien behauptet wird. Bei ausländischen Parteien darf deren Schweigen auf die Schlussnote nicht ohne weiteres als Genehmigung gedeutet werden, da sich die Rechtswirkungen der Schlussnote nach dem Heimatrecht des Empfängers richten (Sonderanknüpfung, oben § 93 RdNr. 83). In solchen Fällen ist aber denkbar, dass sich die Billigung des Inhalts der Schlussnote aus (sonstigem) schlüssigen Verhalten ergibt.[39]

2. Bedeutung der Verweigerung der Annahme oder Unterschrift. Wollen die Parteien die **13** konstitutiven Wirkungen eines Schweigens auf die Urkunde vermeiden, müssen sie die „**Annahme**" der Schlussnote **verweigern** (vgl. Abs. 3 Var. 1), dh. deutlich machen, dass sie mit dem Inhalt der Schlussnote nicht einverstanden sind. Dies kann, muss aber nicht, durch die Verweigerung der

---

[28] *Heymann* (Fn. 2) S. 402; vgl. auch HK-HGB/*Ruß* RdNr. 1: Die Schlussnoten des HM seien einfache, nicht förmliche (§ 416 ZPO) Beweismittel über den Inhalt des abgeschlossenen Geschäfts; vgl. aus der Rspr. als Beispiel für die Indizwirkung der Schlussnote BGH Urt. v. 3. 4. 1996 – VIII ZR 51/95, BGHZ 132, 290–305 = NJW 1996, 2364, unter II.2.c.dd.bbb, zum Beweis der vertraglich geschuldeten Beschaffenheit der vermittelten Ware.
[29] *Capelle/Canaris* Handelsrecht, 21. Aufl. 1989, § 19 V.2.; ebenso – in Bezug auf die Vollständigkeit der in der Schlussnote wiedergegebenen Vereinbarung – *Heymann* (Fn. 2) S. 403 und Baumbach/*Hopt* RdNr. 1 („Vollständigkeitsvermutung") sowie MünchKommHGB/*v. Hoyningen-Huene* RdNr. 10 (Letzterer unter Berufung auf die allgemeine Meinung).
[30] Ähnlich GK-HGB/*Achilles* RdNr. 7.
[31] *Heymann* (Fn. 2) S. 402: Der bloße Nichtwiderspruch gegenüber einer *ohne vorhergegangene Verhandlungen* oder nach Ablehnung des Geschäfts übersandten Note könne nicht die Wirkung einer Genehmigung haben.
[32] Vgl. RGZ 58, 367; RGZ 105, 205; OLG Hamburg Urt. v. 13. 8. 1955 – 1 U 91/55, BB 1955, 847; GK-HGB/*Achilles* RdNr. 7; HK-HGB/*Ruß* RdNr. 1.
[33] BGH Urt. v. 13. 4. 1983 – VIII ZR 33/82, WM 1983, 684, zum Holzmaklerschlussschein.
[34] *Heymann/Herrmann* RdNr. 2; vgl. auch *Capelle/Canaris* Handelsrecht, 21. Aufl. 1989, § 19 V2: Schweigen auf eine vom Vertrag abweichende Schlussnote bedeute idR eine „entsprechende Umgestaltung des Vertrages im Sinne der Schlussnote".
[35] BGH Urt. v. 20. 9. 1955 – I ZR 139/54, NJW 1955, 1916, 1917; BGH Urt. v. 13. 4. 1983 – VIII ZR 33/82, WM 1983, 684; GK-HGB/*Achilles* RdNr. 7.
[36] Die Besonderheit gegenüber dem kaufmännischen Bestätigungsschreiben liegt im Dreiecksverhältnis. Nicht der Vertragspartner, sondern der HM gibt Anlass zum Widerspruch.
[37] *Heymann/Herrmann* RdNr. 2.
[38] BGH Urt. v. 20. 9. 1955 – I ZR 139/54, NJW 1955, 1916; HK-HGB/*Ruß* RdNr. 2. Für den Sonderfall des Bestätigungsvorbehalts siehe unten RdNr. 22.
[39] Vgl. Schiedsgericht des Waren-Vereins der Hamburger Börse e. V., Schiedsspruch vom 3. 11. 1980 – 2/80, Jahresbericht 1980 Anhang S. 18, zit. nach *Straatman/Timmermann*, Handelsrechtliche Schiedsgerichts-Praxis, Bd. 3, 1984, D 1 b Nr. 32: Der in Österreich niedergelassene Käufer hatte nach Empfang der Schlussnote die gelieferte Ware angenommen und über sie verfügt.

körperlichen Entgegennahme der Schlussnote geschehen. Es reicht aus, wenn, wie in der Praxis üblich, im Anschluss an die körperliche Entgegennahme der Schlussnote rechtzeitig (siehe unten RdNr. 15) Widerspruch erhoben wird.[40] Bei Geschäften, die nicht sofort erfüllt werden und bei denen nach Abs. 2 die Unterschrift der Parteien unter die Schlussnote erforderlich ist, reicht zur Vermeidung eines konstitutiven Effekts die Verweigerung der Unterschrift (vgl. Abs. 3 Var. 2) aus.[41] Ein bereits vor der Zustellung der Schussnoten mit einem bestimmten Inhalt zustande gekommener Vertrag wird allerdings durch die Verweigerung der Schlussnotenannahme (bzw. der Unterschriftsleistung nach Abs. 2) nicht aufgehoben.[42] Nach Abs. 3 (siehe unten RdNr. 18 ff.) hat der HM die jeweils andere Partei unverzüglich von einer Verweigerung der Annahme der Schlussnote bzw. der Unterschrift (Abs. 2) in Kenntnis zu setzen.

14   **3. Widerspruch gegen die Schlussnote.** Der Widerspruch gegen die Schlussnote ist im Gesetz als solcher nicht geregelt, sondern nur allgemein mit dem Begriff der „Verweigerung" der Annahme der Schlussnote umschrieben. Die Voraussetzungen und Wirkungen des Widerspruchs ergeben sich aus allgemeinen Überlegungen des Rechts der Willenserklärungen. Aus dem Erklärungscharakter des Schweigens auf eine Schlussnote ergibt sich, dass der Widerspruch **gegenüber der Gegenpartei** geäußert werden muss.[43] Eine Erklärung gegenüber dem HM erlangt grundsätzlich erst dann rechtliche Bedeutung, wenn dieser den Widerspruch an die Gegenpartei weitergeleitet hat. Nach Abs. 3 ist dies seine Pflicht (s. RdNr. 18 ff.). Ausreichend ist eine Erklärung gegenüber dem HM als solche nur, wenn die Parteien dies so vereinbart haben, wenn dies einem Handelsbrauch entspricht oder wenn der HM auf Grund besonderer Erklärung zum Empfangsvertreter oder Boten der Gegenpartei bestellt wurde.[44]

15   Der Widerspruch gegen die Schlussnote bedarf keiner besonderen **Form,**[45] kann also durch schriftliche, mündliche, elektronische Erklärung oder durch ein sonstiges, eindeutiges Verhalten zum Ausdruck gebracht werden. Es besteht keine ausdrückliche **Frist** für das Erheben des Widerspruchs, man wird aber in Anlehnung an die Grundsätze zum kaufmännischen Bestätigungsschreiben ein „unverzügliches" (§ 121 BGB) Vorgehen verlangen müssen.[46] Nach der (älteren) Rspr. des BGH zum kaufmännischen Bestätigungsschreiben kann ein Zugang des Widerspruchs erst nach drei Tagen uU noch ausreichend sein.[47] Mittlerweile wird man unter Berücksichtigung der heute zur Verfügung stehenden Kommunikationsmittel (zB Telefon, Fax, Email) uU einen Zugang des Widerspruchs schon bis zum darauf folgenden Werktag verlangen können.[48] Verfehlt dürfte es sein, den Widerspruch gegen die Schlussnote sowie die Unterschriftsverweigerung als (empfangsbedürftige) Willenserklärungen zu betrachten.[49] Im Gegenteil handelt es sich hier um ein Verhalten, das die Abgabe einer (konkludenten) Willenserklärung (in Form der Zustimmung zur Schlussnote) gerade ausschließen soll. Die Rechtsfolgen des Widerspruchs – Zerstören des Rechtsscheins des Schweigens – treten auch dann ein, wenn die subjektiven Voraussetzungen einer Willenserklärung (zB Geschäftsfähigkeit) nicht erfüllt sind. Anders als die Rechtsfolgen des Schweigens benötigen sie zu ihrer Rechtfertigung nicht die Anbindung an den privatautonomen Willen des Verbrauchers.[50] Der Widerspruch ist aber **geschäftsähnliche Handlung** iS einer auf einen tatsächlichen Erfolg gerichteten Erklärung, deren Rechtsfolgen kraft Gesetzes eintreten.

---

[40] Staub/*Brüggemann* § 95 RdNr. 5: Annahme bedeutet nicht nur körperliche Entgegennahme, sondern Konsens; zust. Heymann/*Herrmann* RdNr. 9.
[41] Ebenso Heymann/*Herrmann* RdNr. 9: Im Falle des § 94 Abs. 2 dürfte die bloße Unterschriftenverweigerung genügen; aA Röhricht/Graf v. Westphalen/*Röhricht* RdNr. 9, unter Berufung auf RGZ 59, 350.
[42] *Heymann* (Fn. 2) S. 402 f.
[43] GK-HGB/*Achilles* RdNr. 7; MünchKommHGB/*v. Hoyningen-Huene* RdNr. 13.
[44] Vgl. BGH Urt. v. 13. 4. 1983 – VIII ZR 33/82, WM 1983, 684: Die Parteien könnten eine Vereinbarung dahingehend treffen, dass der Widerspruch dem Makler gegenüber zu erfolgen habe; ebenso auf das Einverständnis der Parteien abstellend MünchKommHGB/*v. Hoyningen-Huene* RdNr. 13; GK-HGB/*Achilles* RdNr. 7.
[45] BGH Urt. v. 13. 4. 1983 – VIII ZR 33/82, WM 1983, 684, zu den Wirksamkeitsvoraussetzungen eines gegenüber einem Holzmaklerschlussschein erklärten Widerspruchs.
[46] Vgl. Koller/Roth/*Morck* § 346 RdNr. 31: Im Handelsverkehr sei schnell zu entscheiden; siehe auch § 346 RdNr. 70.
[47] BGH Urt. v. 20. 11. 1961 – VIII ZR 126/60, NJW 1962, 246.
[48] Vgl. zB Heymann/*Horn* § 346 RdNr. 54, der auf die „Geschäftsart" und darauf abstellen möchte, ob es sich um „Märkte mit besonders raschen Umsätzen" wie etwa bei Kapitalmarktgeschäften handelt.
[49] So aber Heymann/*Herrmann* RdNr. 10; ferner (nur zum Widerspruch) MünchKommHGB/*v. Hoyningen-Huene* RdNr. 13, zu Unrecht unter Berufung auf den *Verf.* in der Vorauflage (dort RdNr. 13).
[50] Siehe zur entsprechenden Situation beim verbraucherschützenden Widerruf nach dem „Unwirksamkeitsmodell" *Reiner* AcP 203 (2003), 1, 21 f. Gemäß dem Unwirksamkeitsmodell (§ 1 b I AbzG 1974; § 7 I VerbrKrG aF 1990; § 1 I HWiG aF 1986; § 5 I TzWrG aF 1996) wurde die Willenserklärung des Verbrauchers „erst wirksam", wenn dieser sie nicht fristgerecht widerrief.

Ebenfalls auf den Schlussschein übertragbar sind die Grundsätze zur **Entbehrlichkeit** des Widerspruchs gegen ein kaufmännisches Bestätigungsschreiben.[51] Das bedeutet, dass das Schweigen einer Partei auf einen Schlussschein dann nicht als Zustimmung gewertet werden kann, wenn die Schlussnote des HM bewusst (arglistig) unrichtig ist, wenn sie so stark vom Verhandlungsergebnis abweicht, dass mit einem Einverständnis nicht zu rechnen ist oder wenn die Partei zwar nicht direkt auf den Schlussschein antwortet, stattdessen aber der Gegenpartei ein eigenes, inhaltlich vom Schlussschein abweichendes Bestätigungsschreiben übermittelt.[52]

Vom an den Vertragspartner zu richtenden Widerspruch gegen die Schlussnote zu unterscheiden ist ein an den HM zu richtendes bloßes **Berichtigungsverlangen**. Dies betrifft den Fall, dass sich der HM bei der Abfassung der Schlussnote (nachweisbar bzw. nach übereinstimmendem Bekunden der Parteien) geirrt und die von den Vertragsparteien vereinbarten Bedingungen in der Schlussnote nicht richtig wiedergegeben hat.

4. Anzeigepflicht des HM nach § 94 Abs. 3. Nach Abs. 3 hat der HM der Gegenpartei unverzüglich von der Verweigerung der Annahme der Schlussnote sowie im Falle des Abs. 2 von der Unterschriftsverweigerung des Empfängers der Schlussnote Anzeige zu machen. „Annahmeverweigerung" ist nicht nur Ablehnen der physischen Entgegennahme der Schlussnote, sondern auch die Verweigerung des Einverständnisses in Form eines Widerspruchs.[53] **Nicht** gefolgt werden kann der im Schrifttum vertretenen Auffassung, nach der die Anzeige nach Abs. 3 eine empfangsbedürftige **Willenserklärung** sein soll.[54] Die Begründung, die Eigenschaft der Anzeige als Willenserklärung folge aus deren Zweck, den Parteien die sofortige Möglichkeit zu verschaffen, das Zustandekommen des Geschäfts zu überprüfen,[55] überzeugt nicht, denn ein reiner Realakt ohne Rechtsbindungswille erfüllt diese Funktion ebenso gut. Unklar ist ferner, welche konkreten Rechtsfolgen aus der genannten Qualifikation abgeleitet werden sollen. Das Argument, der Makler sei „deshalb" (also wegen der Eigenschaft der Anzeige als Willenserklärung) „verpflichtet, die Umstände darzulegen, weshalb er vom Geschäftsabschluss überzeugt" gewesen sei „und daher an beide Vertragsteile die Schlussnote zugestellt" habe,[56] vermag nicht zu überzeugen.

„**Unverzüglich**" iS des Abs. 3 bedeutet nach § 121 BGB ohne schuldhaftes Zögern. Insofern kann auf die Ausführungen zur Unverzüglichkeit des Widerspruchs gegen die Schlussnote verwiesen werden (s. RdNr. 15).

Ein **Verstoß** gegen die Mitteilungspflicht des Abs. 3 führt bei Verschulden nach § 98 gegenüber beiden Parteien zur Haftung des HM für den diesen Parteien jeweils kausal entstandenen Schaden.[57] Ein solcher Schaden kann sich insbesondere aus der durch die unterbliebene Weiterleitung des Widerspruchs gegen die Schlussnote ausgelösten Genehmigungsfiktion des Schweigens ergeben.[58] In einem solchen Fall wird sich die betroffene Partei aber idR ein Mitverschulden (§ 254 BGB) anrechnen lassen müssen, weil sie den Widerspruch an den HM und nicht direkt an die Gegenpartei gerichtet hat.

Neben der Verweigerung von Annahme oder Unterschrift der Schlussnote (vgl. Wortlaut des Abs. 3) hat der HM der Gegenseite (in analoger Anwendung) auch **sonstige Umstände** unverzüglich mitzuteilen, die von Bedeutung für den Geschäftsabschluss sein könnten.[59]

VII. Bestätigungsvorbehalt

Die Schlussnote des HM kann den Vermerk enthalten, dass sich die andere Seite die Bestätigung der Vertragsbedingungen durch eine separate Erklärung vorbehält (sog. „Bestätigungsvorbehalt").[60]

---

[51] Vgl. zu Letzterem unten § 346 RdNr. 62 sowie zB Koller/*Roth*/Morck § 346 RdNr. 30.
[52] Kritisch zur letzteren Variante GK-HGB/*Achilles* RdNr. 7: Dies erscheine ohne Feststellung eines dahingehenden Handelsbrauchs fraglich, da das Schweigen als solches bei der notwendigen Gesamtbetrachtung als widersprüchlich zu werten sei und deshalb nicht ohne weiteres auf einen in bestimmte Richtung gehenden Aussagegehalt schließen lasse. Diesem Argument ist zu entgegnen, dass hier bei genauer Betrachtung gar kein Schweigen der Partei auf den Schlussschein vorliegt, sondern ein konkludenter Widerspruch.
[53] MünchKommHGB/*v. Hoyningen-Huene* RdNr. 15 (sinngemäß).
[54] Staub/*Brüggemann* RdNr. 8; MünchKommHGB/*v. Hoyningen-Huene* RdNr. 15 (beide ohne Begründung und Letzterer unter fälschlicher Berufung auf Heymann/*Herrmann* RdNr. 10).
[55] HK-HGB/*v. Hoyningen-Huene* RdNr. 15.
[56] MünchKommHGB/*v. Hoyningen-Huene* RdNr. 15.
[57] Heymann/*Herrmann* RdNr. 10, mit Hinweis auf einen Schiedsspruch des Schiedsgerichts der Hamburger freundschaftlichen Arbitratur vom 15. 1. 1976, in *Straatman/Ulmer/Timmermann*, Handelsrechtliche Schiedsgerichts-Praxis, Bd. 2, 1982, D 1 b Nr. 26; MünchKommHGB/*v. Hoyningen-Huene* RdNr. 13 und 15; Baumbach/*Hopt* RdNr. 3.
[58] MünchKommHGB/*v. Hoyningen-Huene* RdNr. 13; GK-HGB/*Achilles* RdNr. 11.
[59] HK-HGB/*Ruß* RdNr. 1.
[60] Eine mögliche Formulierung ist zB „Schlussschein des Verkäufers folgt" (BGH Urt. v. 20. 9. 1955 – I ZR 139/54, LM HGB § 346 (D) Nr. 6 = NJW 1955, 1916, 1917).

Dies bedeutet, dass die Seite, die den Bestätigungsvorbehalt erklärt, das bisherige Verhandlungsergebnis noch nicht als endgültig und ausreichend ansieht. Der Vertrag kommt dann nicht schon mit der schweigenden Hinnahme des Maklerschlussscheins seitens der Vertragsparteien zustande. Hierzu ist vielmehr erforderlich, dass die Vertragspartei, die sich die Bestätigung vorbehalten hat, der anderen Seite eine Vertragsbestätigung übersendet und die Gegenseite dieser Bestätigung nicht widerspricht mit der Folge, dass der Inhalt dieser Bestätigung dann für das Vertragsverhältnis maßgebend ist.[61] Der Bestätigungsvorbehalt ist somit der Sonderfall einer bereits *vor* Vertragsschluss übersandten Schlussnote.[62] Unter besonderen Umständen kann davon ausgegangen werden, dass die „Bestätigung" des HM noch gar keinen Schlussschein darstellt.[63]

VIII. Geschäfte, die nicht sofort erfüllt werden sollen (Abs. 2)

23 Bei Geschäften, die „nicht sofort erfüllt werden sollen", sind nach Abs. 2 beide **Schlussnoten** von den beiden Parteien in der Weise zu **unterschreiben,** dass jede Partei die von der anderen Partei unterschriebene Niederschrift erhält.[64] Der **Grund** für diese zusätzlichen Formvoraussetzungen an die Schlussnoten bei Geschäften, die „nicht sofort erfüllt werden sollen", liegt in dem mit der längeren Vertragsdauer verbundenen erhöhten Beweisbedürfnis[65] sowie wohl auch in der erhöhten Gefährlichkeit dieser Geschäfte auf Grund der mit der erst zukünftigen Erfüllung verbundenen Unsicherheiten und eines damit ggf. verbundenen Schutzbedürfnisses der Parteien. Dementsprechend genügt die Verweigerung der Unterschrift unter die Schlussnote zur Verhinderung der konstitutiven Wirkung eines Schweigens auf die Schlussnote (s. oben RdNr. 12). Die Unterschrift der Parteien hat in Bezug auf den der Schlussnote zugrunde liegenden Vertragsinhalt die Bedeutung und Wirkung einer tatsächlichen Anerkennung.[66] Dennoch ist die Schlussnote auch in diesem Falle kein Dispositivpapier, sofern der Vertrag schon vor Erteilung der Schlussnoten zustande gekommen ist. Bei einer zutreffend abgefassten Schlussnote sind die Parteien gegenseitig zur Unterschrift verpflichtet. Die Weigerung zu unterzeichnen, kann bei erfolglosem Ablauf einer zuvor gesetzten Frist zur Nachholung der Unterschrift als Leistungsverweigerung gedeutet werden und die Gegenpartei zum Rücktritt berechtigen (§ 323 Abs. 1, Abs. 2 Nr. 3 BGB).[67]

24 Zu den **Geschäften, die nicht sofort erfüllt werden sollen,** muss man alle Verträge zählen, bei denen zumindest eine der Hauptleistungen nicht sofort, sondern erst zu einem späteren, uU vom Eintritt eines noch ungewissen Ereignisses abhängenden Zeitpunkts zu erfüllen ist.[68] Hierzu zählen bedingte und befristete Geschäfte, insbesondere Termingeschäfte wie Forwards, Futures, Optionen und Swaps.[69] Die **Form** der Unterschrift ist an keine besonderen Voraussetzungen gebunden. § 126 BGB ist nicht anwendbar. Wie bei der Unterschrift des HM unter die Schlussnote nach § 94 Abs. 1 reicht es vielmehr aus, wenn sich die jeweilige Partei als Urheber der Unterzeichnung identifizieren lässt, so dass eine einfache Abzeichnung mit Handzeichen genügt.[70] Nach Abs. 3 muss der HM bei der **Unterschriftsverweigerung** ebenso wie beim Widerspruch der jeweils anderen Partei unverzüglich eine entsprechende Anzeige machen. Die Vorschrift des Abs. 2 findet keine Anwendung bei entgegenstehender Parteivereinbarung sowie dann, wenn **anderslautende Handelsbräuche** bestehen.[71]

---

[61] BGH (Fn. 55) in Bezug auf einen maklervermittelten Kaufvertrag; vgl. für einen entgegenstehenden Ortsbrauch Hamburger freundschaftliches Schiedsgericht, Schiedsspruch v. 1. 11. 1954, BB 1955, 396.
[62] Vgl. GK-HGB/*Achilles* RdNr. 8: Die Schlussnote sei „verfrüht".
[63] Heymann/*Herrmann* RdNr. 4, unter Hinweis auf einen Schiedsspruch des Schiedsgerichts der Hamburger freundschaftlichen Arbitrage vom 6. 11. 1978, in: *Straatman/Ulmer/Timmermann,* Handelsrechtliche Schiedsgerichts-Praxis, Bd. 21982, D 1 b Nr. 30.
[64] Vgl. *Heymann* (Fn. 2) S. 399.
[65] Baumbach/*Hopt* RdNr. 5; MünchKommHGB/*v. Hoyningen-Huene* RdNr. 17; HK-HGB/*Ruß* RdNr. 1.
[66] *Heymann* (Fn. 2) S. 403.
[67] Schiedsspruch des Schiedsgerichts des Waren-Vereins der Hamburger Börse e. V. vom 7. 9. 1982 – 5/82, Jahresbericht 1982 Anhang S. 10, abgedruckt bei *Straatman/Timmermann,* Handelsrechtliche Schiedsgerichts-Praxis, Bd. 31984, D 1 b Nr. 37 (noch zum altem Schuldrecht).
[68] Vgl. *Heymann* (Fn. 2) S. 399; Heymann/*Herrmann* RdNr. 6.
[69] Vgl. *Heymann* (Fn. 2) S. 399; Heymann/*Herrmann* RdNr. 6; Röhricht/Graf v. Westphalen/*Röhricht* RdNr. 9. Zu den Erscheinungsformen der verschiedenen Finanzderivate s. unten BankR VIII 33 ff.; zu ihrer rechtssystematischen Einordnung ferner grundlegend *Reiner,* Derivative Finanzinstrumente im Recht, Baden-Baden 2002, http://www.gunterreiner.de/reiner2002_derivative-finanzinstrumente-im-recht.pdf, S. 63 ff.
[70] MünchKommHGB/*v. Hoyningen-Huene* RdNr. 17.
[71] MünchKommHGB/*v. Hoyningen-Huene* RdNr. 17: Abs. 2 werde „in der Praxis häufig nicht angewendet"; *Capelle/Canaris* Handelsrecht, 21. Aufl. 1989, § 19 V.2.: Eine Unterzeichnung der Schlussnote durch die Parteien nach § 94 Abs. 2 sei „vielfach nicht üblich"; *Achilles* RdNr. 9; Staub/*Brüggemann* RdNr. 7.

IX. Entbehrlichkeit der Schlussnote

Die Pflicht des HM zur Zustellung von Schlussnoten ist abdingbar (vgl. § 94 Abs. 1: „sofern nicht 25 die Parteien ihm dies erlassen"); jede Partei des vermittelten Vertrags kann für sich auf die Schlussnote ganz **verzichten** oder dem HM zumindest Erleichterungen in Bezug auf die inhaltlichen Anforderungen an die Schlussnote zugestehen. Die im Schrifttum überwiegend vertretene Ansicht ist abzulehnen, nach der die Parteien angesichts ihres Interesses an der Zustellung der Schlussnote an die jeweilige Gegenpartei entweder nur gemeinsam oder aber nur dann auf die Schlussnote verzichten können, wenn ein vom Gegner für seine eigene Person ausgesprochener Verzicht dahin ausgelegt werden kann, dass die für die Gegenseite ausgestellte Schlussnote die von ihr ausgehenden Rechtswirkungen gleichermaßen für den Verzichtenden entfalten soll.[72] Diese Auffassung lässt sich mit der hier vertretenen Sichtweise vom ausschließlich vertraglichen Charakter der Rechtsbeziehungen des HM zu den beiden Parteien des vermittelten Vertrags (s. oben § 93 RdNr. 44 ff.) nicht vereinbaren, wenn man nicht, was abwegig erscheint und auch niemand behauptet, die Konstruktion eines Maklervertrags zugunsten Dritter (nämlich des jeweiligen Gegenkontrahenten) bemühen möchte. Der Handelsbrauch, der der Schlussnote in Verbindung mit dem Schweigen des (kaufmännischen) Empfängers eine konstitutive Funktion beimisst, kommt zwar de facto dem Vertragspartner zugute, begründet für ihn aber keine gesetzlich geschützte und einem Verzicht des Auftraggebers auf die Schlussnote entgegenstehende Position. Im Übrigen steht es dem Vertragspartner frei, dem Auftraggeber selbst eine Bestätigung des Verhandlungsergebnisses zuzusenden und so nach den Grundsätzen des kaufmännischen Bestätigungsschreibens zu versuchen, den Vertragsinhalt in eindeutiger Weise zu fixieren.

Der Verzicht auf die Schlussnote kann **ausdrücklich** oder **stillschweigend** erfolgen,[73] und zwar 26 entweder als Teil des ursprünglichen Maklervertrags oder im Rahmen einer nachträglichen Vertragsänderung. Von einem konkludenten, nachträglichen Verzicht ist zB dann auszugehen, wenn die Parteien nach einleitender Vermittlung durch den HM die Vertragsverhandlungen in der Folge ohne Beisein des Maklers selbständig weiterführen und das Verhandlungsergebnis in einer Vertragsurkunde fixieren. Ein nachträgliches Zustellen von Schlussnoten wäre unter diesen Voraussetzungen überflüssig. Weiter kann sich die Entbehrlichkeit der Schlussnote aus einem entsprechenden orts- oder branchenabhängigen **Handelsbrauch** ergeben.[74] Die im Schrifttum vertretene Ansicht, ein Ortsgebrauch könne immer nur in Bezug auf eine bestimmte Warengattung, nicht aber für alle Warengattungen von der Pflicht zur Erteilung der Schlussnoten entbinden,[75] vermag nicht zu überzeugen. Richtig daran ist nur, dass bei der Bestimmung der Frage, ob ein bestimmter Handelsbrauch besteht, zuvor der für diesen Brauch relevante Markt abzugrenzen ist.

Eine **gesetzliche Befreiung** von der Pflicht nach § 94 ergibt sich schließlich nach § 104 Satz 1 27 für Krämermakler (s. dort RdNr. 1 f.).

§ 95 [Schlussnote mit Vorbehalt der Bezeichnung der anderen Partei]

(1) Nimmt eine Partei eine Schlußnote an, in der sich der Handelsmakler die Bezeichnung der anderen Partei vorbehalten hat, so ist sie an das Geschäft mit der Partei, welche ihr nachträglich bezeichnet wird, gebunden, es sei denn, daß gegen diese begründete Einwendungen zu erheben sind.

(2) Die Bezeichnung der anderen Partei hat innerhalb der ortsüblichen Frist, in Ermangelung einer solchen innerhalb einer den Umständen nach angemessenen Frist zu erfolgen.

(3) ¹Unterbleibt die Bezeichnung oder sind gegen die bezeichnete Person oder Firma begründete Einwendungen zu erheben, so ist die Partei befugt, den Handelsmakler auf die Erfüllung des Geschäfts in Anspruch zu nehmen. ²Der Anspruch ist ausgeschlossen, wenn sich die Partei auf die Aufforderung des Handelsmaklers nicht unverzüglich darüber erklärt, ob sie Erfüllung verlange.

---

[72] *Heymann* (Fn. 2); zust. Staub/*Brüggemann* RdNr. 6; Baumbach/*Hopt* RdNr. 4; Heymann/*Herrmann* RdNr. 5; GK-HGB/*Achilles* RdNr. 5; MünchKommHGB/*v. Hoyningen-Huene* RdNr. 5; Röhricht/Graf v. Westphalen/*Röhricht* RdNr. 12.
[73] *Heymann* (Fn. 2) S. 401.
[74] *Heymann* (Fn. 2) S. 401; GK-HGB/*Achilles* RdNr. 5.
[75] Ohne Begründung Baumbach/*Hopt* RdNr. 4; MünchKommHGB/*v. Hoyningen-Huene* RdNr. 6: Ein „pauschaler, für alle Warengattungen von der Pflicht zur Erteilung der Schlussnote entbindender Ortsgebrauch" wäre „wirkungslos".

Übersicht

	RdNr.		RdNr.
I. Zweck der Vorschrift	1–3	VI. Begründete Einwendungen gegen die Person des Vertragspartners	12–16
II. Rechtssystematische Einordnung der anonymen Schlussnote und ihrer Annahme	4–6	1. Objektivität der Einwendungen	12 a
		2. Begründetheit der Einwendungen	13, 14
III. Formelle und inhaltliche Anforderungen an die anonyme Schlussnote	7	3. Erhebung der Einwendungen	15, 16
		VII. Selbsteintritt des HM (Abs. 3)	17–21
IV. Formelle und inhaltliche Anforderungen an die Annahme der anonymen Schlussnote	8	VIII. Anwendbarkeit des § 95 in Sonderfällen	22–24
V. Bezeichnung der anderen Partei (Abs. 2)	9–11		

I. Zweck der Vorschrift

1 § 95 regelt eine bestimmte Art des Abschlusses bzw. der nachträglichen **Modifizierung** des gegenseitigen Pflichtengefüges beim Maklervertrag durch die die Erfolgschancen der Vermittlungsbemühungen (und damit gleichzeitig des Entstehens eines Provisionsanspruchs) des HM erhöht werden. Dabei erklärt sich der Auftraggeber mit einer Beschränkung seines Rechts zur (das Entstehen eines Provisionsanspruchs verhindernden) freien Ablehnung von Vermittlungsvorschlägen des HM einverstanden. Im Gegenzug gewährt der HM dem Auftraggeber die Option, bei Fehlschlagen bzw. nicht rechtzeitigem (Abs. 2) Erfolg der Bemühungen zur Vermittlung eines nach sachlichen Kriterien einwandfreien (Abs. 1, letzter HS) Vertragspartners (sog. Aufgabe) den Selbsteintritt des HM in das gewünschte Geschäft zu verlangen (Abs. 3). Im Gegensatz zum Kommissionär (§ 400) hat der HM aber kein eigenes *Recht* zum Selbsteintritt, das er gegen den Willen des Auftraggebers durchsetzen könnte (vgl. Abs. 3: Partei „ist befugt ...", aber nicht verpflichtet). Zu unterscheiden ist diese Selbsteintrittspflicht des HM ferner vom Maklerdienst- oder -werkvertrag (hierzu § 98 RdNr. 18 f.), wo sich der HM dazu verpflichtet, eine Gegenpartei (sog. Aufgabe) zu beschaffen oder sich darum zu bemühen.[1] Die in § 95 geregelte Annahme einer *anonymen* Schlussnote (sog. Schlussnote mit Vorbehalt der Aufgabe, etwas missverständlich „Schlussnote unter Annahmevorbehalt" genannt[2]), schafft also lediglich eine „Aufgabelast",[3] nicht aber eine Aufgabepflicht. Entsprechend der Spiegelbildlichkeit des Maklerverhältnisses gegenüber beiden (zukünftigen) Parteien des zu vermittelnden Vertrages (siehe § 93 RdNr. 49 f.) kann die Aufgabe beiden Parteien gegenüber **wechselseitig vorbehalten** sein.[4] Der HM muss dann ggf. in zwei verschiedene Verträge selbst eintreten.

2 Die Regelung des § 95 ist **abdingbar** und deshalb nach dem Grundsatz des vorrangigen Parteiwillens nicht anwendbar bei atypischen Maklerverträgen, in denen der Auftraggeber von vornherein sein Ablehnungsrecht beschränkt bzw. in denen der HM sich zum Selbsteintritt verpflichtet hat.

3 Der erstere Fall kann zB gegeben sein, wenn der Auftraggeber dem HM Abschlussvollmacht erteilt hat. Soweit der HM von seiner Vollmacht innerhalb des Rahmens des zugrunde liegenden Auftrags Gebrauch macht, schuldet der Auftraggeber selbst für solche Verträge Provision, die ihm nicht zusagen. Sollte ein HM, der über eine Vollmacht verfügt, dennoch eine anonyme Schlussnote erteilen, wird man kaum davon ausgehen können, dass er damit eine auf die Rechtsfolgen des § 95 Abs. 1 (und Abs. 3) gerichtete Erklärung abgeben wollte, soweit sie lediglich zu einer Verschlechterung seiner Position führen würde. Sinn würde eine solche Vertragsänderung für den HM allenfalls in den Fällen machen, in denen der Umfang seiner Vertretungsmacht im Vergleich zu seinem Vermittlungsauftrag beschränkt war und sich der HM durch die anonyme Schlussnote eine größere Freiheit verschaffen will. Pauschale, die konkreten Umstände des Einzelfalles außer Acht lassende Lösungen, etwa in dem Sinne, dass § 95 bei Bestehen einer Vollmacht überhaupt nicht oder nur im Hinblick auf Abs. 3 anwendbar ist,[5] verbieten sich.[6]

---

[1] Dies wird augenscheinlich von Heymann/*Herrmann* RdNr. 9 übersehen, wenn er ausführt, der HM übernehme mit dem Aufgabevorbehalt die Pflicht, sich gewissenhaft um einen von ihm selbst verschiedenen Geschäftsgegner zu bemühen.
[2] MünchKommHGB/*v. Hoyningen-Huene* RdNr. 1.
[3] *Capelle/Canaris* Handelsrecht, 21. Aufl. 1989, § 19 VII.
[4] *Heymann* in: Ehrenbergs Hdb Bd. V., I. Abt., 1. Hälfte, 1. Lfg. S. 441.
[5] In letzterem Sinne Staub/*Brüggemann* RdNr. 10.
[6] In diese Richtung wohl Röhricht/Graf v. Westphalen/*Röhricht* RdNr. 5.

II. Rechtssystematische Einordnung der anonymen Schlussnote und ihrer Annahme

Durch die **Zustellung der anonymen Schlussnote** macht der HM der Partei, an die diese Schlussnote gerichtet ist, ein Angebot zur Änderung bzw. (sofern bis dahin noch kein Maklerrechtsverhältnis bestanden hat) zum Abschluss eines Maklervertrags.[7] Nach **Annahme der anonymen Schlussnote** und vorbehaltlich des Widerspruchsrechts nach Abs. 1 letzter HS hängt das Zustandekommen des zu vermittelnden Vertrages dann nur noch vom Handeln des HM (und natürlich des Vertragspartners) ab. Die Annahme der anonymen Schlussnote ist nicht (nur) körperliche Entgegennahme, sondern inhaltliche Billigung und Willenserklärung.[8] Sie erfüllt dabei rechtsgeschäftlich eine **mehrfache Funktion**. Zunächst bedeutet sie die Annahme des in der anonymen Schlussnote liegenden Angebots des HM zur Änderung bzw. zum Abschluss des Maklervertrags.[9]

Darüber hinaus enthält die Annahme der anonymen Schlussnote in Erfüllung des so geänderten bzw. abgeschlossenen Maklervertrags ein bindendes, an eine vom HM (noch) zu bestimmende Person gerichtetes **Vertragsangebot zum Abschluss des zu vermittelnden Hauptvertrags** mit gleichzeitiger Bestellung des HM zum **Erklärungsboten** für dieses bindende Vertragsangebot.[10] Abzulehnen ist die im älteren Schrifttum vertretene Auffassung, nach der der HM den Abschluss des vermittelten Vertrags nicht mittelbar durch die Übermittlung eines bindenden Vertragsangebots bewirkt, sondern unmittelbar auf Grund einer ihm konkludent mit der Annahme der anonymen Schlussnote erteilten besonderen Vertretungsmacht, deren Reichweite genau auf den Inhalt der Schlussnote beschränkt sein soll.[11] Die Vertretungskonstruktion überlastet die Auslegung des in der Annahme der anonymen Schlussnote liegenden Erklärungsgehalts, ohne dass hiermit im Ergebnis gegenüber der Botenkonstruktion nennenswerte Erkenntnisvorteile verbunden wären.

Demnach kommt der vermittelte Vertrag erst mit dem **Zugang** der Parteibezeichnung beim Auftraggeber – und zwar ohne Rückwirkung – zustande,[12] vorausgesetzt, es sind keine begründeten Einwendungen gegen die Person des Geschäftspartners zu erheben (Abs. 1 letzter HS). Bestätigt wird der hier vertretene (im Vergleich zur Vertretungskonstruktion spätere) Zeitpunkt für das Zustandekommen des Vertrags durch die Regelung des Abs. 2 iVm. Abs. 3 Satz 1, die der Mitteilung der vermittelten Gegenpartei an den Auftraggeber offensichtlich konstitutive Bedeutung beimisst.[13]

III. Formelle und inhaltliche Anforderungen an die anonyme Schlussnote

Wie bei der gewöhnlichen Schlussnote nach § 94 muss der **Vertragsinhalt** zunächst so genau **präzisiert** werden, dass der Vertrag ohne weitere Verhandlungen durch die bloße Zustimmung der Parteien zustande kommen kann.[14] Darüber hinaus muss die Schlussnote einen **eindeutigen Zusatz** enthalten, aus dem sich ihre besondere Eigenschaft als anonyme, dh. auf die Rechtsfolgen des § 95 gerichtete Schlussnote ergibt.[15] In der Praxis üblich sind Zusätze wie „Aufgabe vorbehalten", „in Aufgabe", „an Aufgabe, „für Aufgabe", „Aufgabe folgt"; ausreichend ist eine Schlussnote mit Freilassung des Namens der Gegenpartei (auf dem Formular),[16] wobei man hier einschränkend wohl verlangen muss, dass der Empfänger der Schlussnote (Auftraggeber) Kaufmann ist. Behält sich der HM die Benennung der Gegenpartei zwar nicht in der Schlussnote, aber in anderer Weise vor, ist § 95 analog anwendbar.[17] Zur analogen Anwendung des § 95 siehe auch unten RdNr. 24.

---

[7] Vgl. *Heymann* (Fn. 4) S. 411.
[8] ZB MünchKommHGB/*v. Hoyningen-Huene* RdNr. 7.
[9] *Heymann* (Fn. 4) S. 441 f.: Die Partei akzeptiere die Offerte stillschweigend durch die Annahme der Note.
[10] Siehe nur *Heymann/Herrmann* RdNr. 4; MünchKommHGB/*v. Hoyningen-Huene* RdNr. 1; ebenso noch *Capelle/Canaris* § 19 VII Handelsrecht, 21. Aufl. 1989; aA *Canaris* Handelsrecht, 24. Aufl. 2006, § 19 II, RdNr. 16, unter Hinweis auf die botenuntypische eigene Entscheidungsmacht des HM bei der Auswahl der Zweitpartei.
[11] *Canaris* Handelsrecht, 24. Aufl. 2006, § 19 II, RdNr. 17; Schlegelberger/*Schröder* RdNr. 7.
[12] *Heymann/Herrmann* RdNr. 4; *Staub/Brüggemann* RdNr. 7; aA auf der Basis seines vertretungsrechtlichen Ansatzes Schlegelberger/*Schröder* RdNr. 7.
[13] Schlegelberger/*Schröder* RdNr. 8 sieht sich deshalb dazu veranlasst, die konstitutive Rechtsfolge einer unterlassenen oder verspäteten Mitteilung als nachträgliche Aufhebung des bereits zustande gekommenen vermittelten Vertrags zu deuten. Eine solche Konstruktion erscheint doch ziemlich gekünstelt. Kritisch auch *Heymann/Herrmann* RdNr. 4.
[14] Vgl. MünchKommHGB/*v. Hoyningen-Huene* RdNr. 1: Die anonyme Schlussnote müsse den „Mindestinhalt" nach § 94 enthalten.
[15] RGZ 97, 262.
[16] *Heymann* (Fn. 4) S. 441.
[17] *Canaris* Handelsrecht, 24. Aufl. 2006, § 19 II, RdNr. 25; *Staub/Brüggemann* RdNr. 1.

IV. Formelle und inhaltliche Anforderungen an die Annahme der anonymen Schlussnote

8 Die **Form** der Annahme der anonymen Schlussnote ist nach den Regeln des allgemeinen Rechts der Willenserklärungen frei. Eine körperliche Entgegennahme der Schlussnote ist weder notwendig[18] noch hinreichend. Das bloße Schweigen auf die Zustellung der anonymen Schlussnote kann bei einem nicht kaufmännischen Auftraggeber nicht ohne weiteres als Annahme der Rechtsfolgen nach § 95 gedeutet werden, vielmehr muss man zusätzlich das Bestehen einer speziell hierauf gerichteten (branchen- oder ortsabhängigen) allgemeinen Verkehrsauffassung verlangen.[19] Nur dem kaufmännischen Empfänger einer anonymen Schlussnote kann nach allgemeinem Handelsbrauch zugemutet werden, unverzüglich hiergegen zu protestieren, wenn er die Rechtsfolgen des § 95 vermeiden will. Der Unterschied zur Wirkung des Schweigens auf eine „gewöhnliche" Schlussnote nach § 94 liegt darin, dass sich bei § 95 die konstitutive Wirkung nicht auf den (noch gar nicht) vermittelten Vertrag, sondern auf das Maklerverhältnis bezieht. Deshalb lässt sich hier auch nicht wie bei § 94 mit einer entsprechenden Anwendung der Grundsätze über das kaufmännische Bestätigungsschreiben argumentieren. Da nämlich im nach § 95 maßgeblichen Verhältnis zwischen HM und Auftraggeber der Übersendung der Schlussnote idR keine inhaltlich auf die Änderung des Maklervertrags bzw. des Abschlusses eines solchen Vertrages gerichteten Vertragsverhandlungen vorausgegangen sind, enthält die anonyme Schlussnote insofern keine bloße „Bestätigung".

V. Bezeichnung der anderen Partei (Abs. 2)

9 Mit dem rechtzeitigen Zugang der Bezeichnung der anderen Partei nach Abs. 2 beim Auftraggeber kommt der Hauptvertrag zustande.[20] Der HM fungiert in Bezug auf die Annahmeerklärung des Gegenkontrahenten als dessen **Erklärungsbote**.[21] Er hat dem Auftraggeber die Person des Vertragsgegners so genau zu bezeichnen, dass der Auftraggeber in der Lage ist, sich über mögliche, iS des Abs. 1 letzter Hs begründete Einwendungen gegen den Vertragsgegner von sich aus zu informieren.[22] Der bezeichnete Vertragspartner muss seinerseits gegenüber dem HM die Angebotsannahme bei Zugang seiner Bezeichnung durch den HM beim Auftraggeber nach Abs. 2 bereits erklärt haben,[23] und zwar ohne Abweichungen von den Bedingungen der Schlussnote.[24]

10 Die Grenzen der zeitlichen Bindung des Auftraggebers an seine in der Annahme der anonymen Schlussnote enthaltenen Angebotserklärung ergeben sich aus Abs. 2. Rechtzeitig ist danach die Bezeichnung der Gegenpartei, wenn sie innerhalb der „ortsüblichen" bzw. „einer den Umständen nach angemessenen" **Frist** erfolgt. In direkter, zumindest aber in analoger[25] Anwendung des § 149 BGB genügt es zur Fristwahrung, dass die Mitteilung nach § 95 Abs. 2 dergestalt abgesendet wird, dass sie bei regelmäßiger Beförderung dem Auftraggeber rechtzeitig zugegangen wäre. Der Auftraggeber muss demnach in einem solchen Fall die Verspätung unverzüglich nach dem Empfang dem Vertragspartner anzeigen, ansonsten kann er sich später nicht mehr auf die Verspätung berufen. Nach § 150 BGB kann eine Annahmeerklärung des Vertragspartners, die der HM dem Auftraggeber nur verspätet mitteilt, als **neuer Antrag** des Vertragspartners gedeutet werden.[26] Die Frist nach § 95 ist **dispositiv**[27] und kann somit – durch Vereinbarung zwischen Auftraggeber und Vertragspartner – verlängert oder verkürzt werden.[28] Darüber hinaus folgt aus der Dispositivität des § 95 Abs. 2, dass

---

[18] MünchKommHGB/*v. Hoyningen-Huene* RdNr. 7.
[19] Röhricht/Graf v. Westphalen/*Röhricht* RdNr. 7; aA Staub/*Brüggemann* RdNr. 4, der im Falle des Schweigens eine „analoge" Anwendung des § 95 erwägt; ebenso Heymann/*Herrmann* RdNr. 2. Diesem Ansatz ist zu entgegnen, dass es eine „Analogie" zu einem Vertragsschluss bzw. zur Abgabe einer Willenserklärung kaum geben kann. Entweder geht man vom Vorliegen eines rechtsgeschäftlichen Willens (bei objektiver Auslegung) aus, dann ist § 95 anwendbar, oder man tut dies nicht, dann scheidet die Anwendung des § 95 aus; vgl. auch Heymann (Fn. 2) S. 441 f., der, ohne auf die Notwendigkeit eines entsprechenden Handelsbrauchs abzuheben, für die Ablehnung der anonymen Schlussnote eine „unverzügliche Zurückweisung, insbesondere durch einfache Zurücksendung" der Note verlangt.
[20] Heymann/*Herrmann* RdNr. 4; HK-HGB/*Ruß* RdNr. 2.
[21] Heymann/*Herrmann* RdNr. 4; scheinbar widersprüchlich allerdings *ders.* RdNr. 3 („Empfangsbevollmächtigter" des Auftraggebers für die Annahmeerklärung des Vertragspartners).
[22] Heymann/*Herrmann* RdNr. 3.
[23] Heymann/*Herrmann* RdNr. 3 unter Berufung auf OLG Hamburg HansRGZ 1923, 540.
[24] Heymann/*Herrmann* RdNr. 3.
[25] Für die Analogie Heymann/*Herrmann* RdNr. 5; GK-HGB/*Achilles* RdNr. 4. Für eine direkte Anwendung spricht demgegenüber der Umstand, dass die Bezeichnung der Gegenpartei nach § 95 Abs. 2 unmittelbar den Zugang der Annahmeerklärung des Vertragspartners bewirkt.
[26] GK-HGB/*Achilles* RdNr. 4; *Ruß* RdNr. 2.
[27] RGZ 20, 37.
[28] Heymann/*Herrmann* RdNr. 5.

eine **verspätete Benennung** vom Auftraggeber (ausdrücklich oder konkludent) **genehmigt** werden kann,[29] wobei das bloße Schweigen des Auftraggebers auf die verspätete Anzeige nicht als Zustimmung ausgelegt werden darf.[30]

Entgegen einer im Schrifttum vertretenen Auffassung ist die (entsprechend ihrer Funktion notwendigerweise empfangsbedürftige) Mitteilung nach Abs. 2 **keine Willenserklärung** iS des § 130 BGB.[31] Sie ist zwar auf die Kundgabe einer Willenserklärung (nämlich diejenige des Gegenkontrahenten) gerichtet, enthält selbst aber keinen rechtsgeschäftlichen Bindungswillen des Mitteilenden. **11**

VI. Begründete Einwendungen gegen die Person des Vertragspartners

Ein Auftraggeber, der eine anonyme Schlussnote angenommen hat, kann den Vertragsschluss mit einem vom HM vermittelten, ihm nach § 95 Abs. 2 rechtzeitig bezeichneten Dritten nur dann ablehnen, wenn gegen dessen Person „begründete Einwendungen" zu erheben sind. Nur für diesen Fall entfaltet die in der Annahme der Schlussnote enthaltene Angebotserklärung keine Bindungswirkung. **12**

1. Objektivität der Einwendungen. Die Erklärung richtet sich **ausschließlich an Personen,** gegen die keine Einwendungen bestehen.[32] Der Ansicht, die Annahme der Schlussnote sei insoweit „auflösend bedingt",[33] wird nicht länger gefolgt. Das Gesetz stellt nach seinem klaren Wortlaut auf das **objektive Vorliegen von Einwendungen** („zu erheben sind", Abs. 1 letzter HS), nicht aber auf das (subjektive) Erheben dieser Einwendungen durch den Auftraggeber ab; das Vorliegen begründeter Einwendungen lässt sich aber kaum als zukünftiges ungewisses „Ereignis" iS des § 158 Abs. 2 BGB begreifen.[34] Die hier nunmehr vertretene objektive Sichtweise bedeutet keineswegs, dass eine mit Einwendungen belastete, vom Auftraggeber zunächst aber nicht beanstandete Gegenseite zu befürchten hätte, dass sich der Auftraggeber später zu ungelegener Zeit doch noch auf die Unwirksamkeit des Vertrages beruft. Die erforderliche Rechtssicherheit lässt sich vielmehr ohne weiteres aus dem Gesichtspunkt des nachgeholten konkludenten Vertragsschlusses ableiten. **12 a**

2. Begründetheit der Einwendungen. „Begründete" Einwendungen können sich angesichts der Bindungswirkung des Vertragsangebots des Auftraggebers nicht aus dem Vertragsinhalt (identisch mit dem Inhalt der anonymen Schlussnote), sondern nur aus der **Person des Bezeichneten** und nur insoweit ergeben, als es sich um sachliche, dh. objektiv nachvollziehbare, die Eignung des Vertragspartners für die Erfüllung des Vertragszwecks betreffende, geschäftsrelevante[35] Einwendungen handelt. Der Auftraggeber hat ggf. die seinen Einwendungen zugrunde liegenden Tatsachenbehauptungen zu beweisen, wie sich aus der Regel-/Ausnahme-Formulierung des Gesetzeswortlauts (§ 95 Abs. 1: „es sei denn ...") ergibt.[36] **13**

Als begründete Einwendungen können in Betracht kommen, je nach Vertragszweck, zB Bedenken gegen die finanzielle Leistungsfähigkeit, insb. die Zahlungsunfähigkeit des Vertragspartners,[37] dessen schlechter, das eigene Image schädigender Geschäftsruf,[38] die mangelnde Fachkompetenz[39] oder der Umstand, dass der Geschäftspartner als sehr unzuverlässig oder als Schikaneur[40] bekannt ist. Die Interessenlage beim Kriterium der begründeten Einwendungen gegen die Person des Vertragspartners ist ähnlich wie beim Irrtum über die Eigenschaft der Person des Vertragspartners nach § 119 Abs. 2 BGB, so dass man sich an der Rspr. zum Eigenschaftsirrtum[41] orientieren kann.[42] Stellt der Auftrag- **14**

---

[29] Schlegelberger/*Schröder* RdNr. 8 b.
[30] Heymann/*Herrmann* RdNr. 5; Baumbach/*Hopt* RdNr. 2: Das „Schweigen des Auftraggebers auf eine solche verspätete Bezeichnung" gelte nicht als Zustimmung.
[31] So aber ohne Begründung Heymann/*Herrmann* RdNr. 3: Die Mitteilung sei eine empfangsbedürftige Willenserklärung (§ 130 BGB).
[32] Vgl. *Canaris* Handelsrecht, 24. Aufl. 2006, § 19 II, RdNr. 20: Das Fehlen von Einwendungen sei „(negative) gesetzliche Tatbestandsvoraussetzung". Diese sei „dogmatisch" als „Einschränkung der Vollmacht des Maklers bzw. – nach der [hier vertretenen] Botenkonstruktion – des Kreises der Personen, an die sich das Angebot" richte, „zu qualifizieren".
[33] So noch Vorauflage, RdNr. 6; ferner zB MünchKommHGB/*v. Hoyningen-Huene* RdNr. 2; Baumbach/*Hopt* RdNr. 1.
[34] So zu Recht *Canaris* Handelsrecht, 24. Aufl. 2006, § 19 II, RdNr. 20.
[35] RGZ 24, 64, 67; Staub/*Brüggemann* RdNr. 11; aA Heymann/*Herrmann* RdNr. 6, ohne weitere Präzisierung: „nicht nur geschäftsrelevante Gründe".
[36] RGZ 35, 105, 106.
[37] Heymann/*Herrmann* RdNr. 6; HK-HGB/*Ruß* RdNr. 2; *Canaris* Handelsrecht, 24. Aufl. 2006, § 19 II, RdNr. 21: „unzureichende Bonität der Zweitpartei".
[38] Vgl. RGZ 24, 64, 69 f.; HK-HGB/*Ruß* RdNr. 2.
[39] *Canaris* Handelsrecht, 24. Aufl. 2006, § 19 II, RdNr. 21.
[40] Capelle/*Canaris* Handelsrecht, 21. Aufl. 1989, § 19 VII.
[41] Hierzu Palandt/*Heinrichs* § 119 BGB RdNr. 24 ff.
[42] So zu Recht GK-HGB/*Achilles* RdNr. 7.

geber an die Person des Vertragspartners Anforderungen, die über das Verkehrsübliche hinausgehen, begründet dies den Verdacht, dass sie als Vorwand für eine nachträgliche Ablehnung des Vertragsinhalts bzw. des Vertragsschlusses dienen. Sie sind deshalb regelmäßig nur gelten zu lassen, wenn sie besonders vereinbart worden sind.[43] Keinen begründeten Einwand stellt insbesondere der Hinweis des Auftraggebers dar, er habe mittlerweile selbst ohne Hilfe des HM einen anderen Vertragspartner gefunden.

15 **3. Erhebung der Einwendungen.** Der Auftraggeber hat seine Einwendungen gegen die Person des Vertragspartners in **eindeutiger** Form und, soll das endgültige Wirksamwerden des Vertrags verhindert werden, **unverzüglich** geltend zu machen.[44] Das Gesetz äußert sich zwar nicht direkt zu den zeitlichen Anforderungen an das Erheben der Einwendungen; die Notwendigkeit eines unverzüglichen Handelns entspricht aber dem Bedürfnis des Rechts- und Handelsverkehrs nach Klarheit und Rechtssicherheit. Zuständiger Adressat der Einwendungen ist allein der Vertragspartner, nicht aber der HM. Letzterer kann hierbei höchstens als (besonders zu bestellender) Erklärungsbote des Auftraggebers fungieren.[45] Eine analoge Anwendung des § 177 Abs. 2 BGB, wie sie im Schrifttum[46] vorgeschlagen wird, um dem Interesse des Vertragspartners an Rechtsklarheit gerecht zu werden, ist dagegen nicht erforderlich und abzulehnen. Der in diesem Zusammenhang vorgebrachte Hinweis auf die in Rspr. und Literatur teilweise anerkannte analoge Anwendung des § 177 BGB auf den vorsätzlich falsch übermittelnden Boten überzeugt nicht, weil der HM ja nicht etwa falsch übermittelt, sondern der Vertragspartner die übermittelte Erklärung des Auftraggebers (aus der Sicht des Letzteren) falsch verstanden hat. Eine direkte Anwendung nicht nur von § 177 Abs. 2 BGB, sondern auch von § 179 BGB ist möglich, wenn man mit Schlegelberger/*Schröder* unterstellt, dass der HM mit der Annahme der anonymen Schlussnote durch den Auftraggeber von diesem gleichzeitig eine Abschlussvollmacht erhält.[47]

16 Die Mitteilung der Einwendungen kann man, anders als die schweigende Unterlassung von Einwendungen,[48] als Willenserklärung betrachten.[49] Mit der Geltendmachung begründeter Einwendungen wird der Vertrag rückwirkend unwirksam. Solange noch nicht mit der Erfüllung des Vertrages begonnen wurde, wirkt die Erhebung von Einwendungen im praktischen Ergebnis wie die Ausübung eines Rücktrittsrechts[50] oder, abgesehen von der Rechtsfolge des § 122 BGB, eines Anfechtungsrechts.

VII. Selbsteintritt des HM (Abs. 3)

17 Nach Abs. 3 kann der Empfänger der anonymen Schlussnote (Auftraggeber) vom HM **Erfüllung des Geschäfts** (zu den in der Schlussnote niedergelegten Bedingungen)[51] verlangen, falls es dem HM nicht gelingt, rechtzeitig eine Aufgabe zu bezeichnen, gegen die keine begründeten Einwendungen erhoben werden können und – der Wortlaut der Norm ist insofern missverständlich – gegen die auch keine solchen Einwendungen erhoben worden sind.[52] Abgesehen vom Sonderfall des Abs. 3 Satz 2, wenn also der HM den Auftraggeber ausdrücklich zu einer entsprechenden Stellungnahme auffordert, sieht das Gesetz für die Geltendmachung des Erfüllungsanspruchs gegen den HM **keine** besondere **Frist** vor, so dass für die Option nach Abs. 3 Satz 1 die allgemeinen Vorschriften über die Verjährung (§§ 194 ff. BGB) zur Anwendung gelangen. Für die im Schrifttum vertretene, auf § 242 BGB gestützte zeitliche Beschränkung des Anspruchs auf den Ablauf einer angemessenen Prüfungs- und Überlegungsfrist[53] bzw. auf eine Frist, in der eine solche Erklärung „unter Berücksichtigung von Verkehrsüblichkeit und Handelsbrauch den Umständen nach zu erwarten ist",[54] besteht kein Anlass, da der HM durch die ihm in § 95 Abs. 3 Satz 2 gewährte Möglichkeit, den Auftraggeber zu einer unverzüglichen Stellungnahme zu zwingen, ausreichend geschützt ist.

---

[43] RGZ 33, 131, 133; Heymann/*Herrmann* RdNr. 6.
[44] HK-HGB/*Ruß* RdNr. 2; Heymann/*Herrmann* RdNr. 8.
[45] AA GK-HGB/*Achilles* RdNr. 6; Heymann/*Herrmann* RdNr. 7: Erklärung der Einwendungen sowohl gegenüber Geschäftsgegner als auch HM möglich.
[46] Heymann/*Herrmann* RdNr. 7.
[47] Siehe zu dieser (abzulehnenden) Ansicht RdNr. 5.
[48] MünchKommHGB/*v. Hoyningen-Huene* RdNr. 14.
[49] Heymann/*Herrmann* RdNr. 7, allerdings unter fälschlicher Berufung auf Schlegelberger/*Schröder* RdNr. 9.
[50] Vgl. Schlegelberger/*Schröder* RdNr. 9.
[51] HK-HGB/*Ruß* RdNr. 2.
[52] Siehe nur HK-HGB/*Achilles* RdNr. 6.
[53] GK-HGB/*Achilles* RdNr. 6; HK-HGB/*Ruß* RdNr. 2.
[54] Röhricht/Graf v. Westphalen/*Röhricht* RdNr. 10.

Rechtsgrundlage des Erfüllungsanspruchs des Auftraggebers gegen den HM ist der Maklervertrag in der Gestalt, die er durch die Annahme der anonymen Schlussnote angenommen hat. Die in Abs. 3 beschriebene Pflicht des HM zum Selbsteintritt ist dabei nicht etwa sekundärer Schadensersatzanspruch für die Verletzung irgendeiner Vertragspflicht (zB einer Pflicht zur erfolgreichen Vermittlung), sondern (aufschiebend bedingte) **primäre** Leistungspflicht des Maklers. Der Makler hat nach Abs. 3 in den Vertrag einzutreten, weil er sich hierzu unter den genannten Voraussetzungen iS einer bedingten, aber *primären* Vertragspflicht verpflichtet hat, und nicht etwa, wie teilweise behauptet, weil er sich mit dem Aufgabevorbehalt zur erfolgreichen Vermittlung verpflichtet[55] und diese Verpflichtung verletzt hat. Betrachtet man die Erfüllungshaftung des HM aber nur als *sekundäre* Leistungspflicht, muss man konsequenterweise dem Auftraggeber bei verschuldeter Nicht- oder Spätbenennung zusätzlich einen Schadensersatzanspruch nach § 98 zuerkennen.[56] Das ist mit der Gesetzessystematik, nach der sich § 95 Abs. 3 eher als abschließender Rechtsbehelf darstellt, kaum zu vereinbaren. Im Übrigen ist es auch gar nicht klar, inwiefern überhaupt ein (am in der Schlussnote definierten Erfüllungsinteresse des Auftraggebers zu messender) Erfüllungs- bzw. Verzögerungsschaden denkbar sein soll, wenn sich der Auftraggeber unmittelbar nach Ablauf der Frist an den HM hält. Der BGH hat eine direkte Stellungnahme zur Frage der rechtlichen Qualifizierung des Anspruchs nach Abs. 3 bislang zwar vermieden,[57] aber festgestellt, dass die Erfüllungshaftung des HM nach Abs. 3 kein Verschulden voraussetzt.[58] Diese Erkenntnis, die im Schrifttum unbestritten ist, qualifiziert die Eintrittspflicht des HM nicht nur als **Garantiehaftung,**[59] sondern bestätigt zugleich ihre Einstufung als primäre Leistungspflicht.

Nicht mehr mit dem Inhalt der vom HM mit der anonymen Schlussnote übernommenen Selbstbindung zu begründen ist es allerdings, wenn dessen Verpflichtung auf solche **Vertragsbedingungen** ausgedehnt wird, die nicht in der **Schlussnote** nieder- oder zumindest angelegt sind, sondern erst später in einen im Rahmen der Vermittlungsbemühungen vorbereiteten, letztlich aber gescheiterten Vertragsentwurf aufgenommen wurden. Die Entscheidung BGH Urt. v. 5. 5. 1977,[60] in der ein nach § 95 Abs. 3 HGB in Anspruch genommener HM einer im (gescheiterten) Vertrag enthaltenen Schiedsabrede unterworfen wurde, dürfte diese Grenze überschritten haben.[61] Eindeutig zu weit gehen dürfte die Bejahung der in der genannten Entscheidung[62] offen gelassenen Frage, ob dasselbe zu gelten habe, wenn eine Schiedsabrede nicht in dem einzelnen Vertrag enthalten sei, sondern zwischen den vorgesehenen Vertragspartnern etwa ein allgemeiner Schiedsvertrag bestehe.

Der Selbsteintritt des HM nach Abs. 3 auf Verlangen des Auftraggebers führt zum Entstehen eines **Provisionsanspruchs.**[63] Dies folgt aus der Überlegung, dass der HM mit dem Selbsteintritt seinerseits seine vertragliche Hauptpflicht erfüllt hat und somit die Voraussetzungen für das Entstehen des Gegenleistungsanspruchs gegeben sind. Nach der Gegenauffassung, die einen Provisionsanspruch ablehnt, soll die Situation bei § 95 Abs. 3 mit derjenigen bei einem Eigengeschäft des HM[64] bzw. bei

---

[55] So aber wohl *Heymann* (Fn. 4) S. 435: Die Selbsteintrittspflicht folge ohne weiteres aus der Erteilung der Schlussnote. Eine besondere diesbezügliche Vereinbarung sei nicht erforderlich; *Heymann*/*Herrmann* RdNr. 11: Der Makler erfülle mit seiner Eigenhaftung nicht den Maklervertrag, sondern sein Einstehenmüssen stelle einen (von *Herrmann* nicht weiter qualifizierten) „Notbehelf" dar.
[56] So *Heymann*/*Herrmann* RdNr. 9, RdNr. 12; wohl auch GK-HGB/*Achilles* RdNr. 8: „Sonstige Schadensersatzansprüche" würden durch § 95 Abs. 3 nicht ausgeschlossen.
[57] Vgl. BGH Urt. v. 5. 5. 1977 – III ZR 177/74, BGHZ 68, 356–368 = LM Nr. 1 = NJW 1977, 1397, unter III.1.
[58] Vgl. BGH (Fn. 57): Anders als der vollmachtlose Vertreter müsse der Makler nach § 95 Abs. 3 stets (gemeint ist: unabhängig von der Frage des Verschuldens im Gegensatz zur „abgestuften Garantiehaftung" nach § 179 Abs. 2 BGB) auf Erfüllung in Anspruch genommen werden; ebenso bereits RG 24. 10. 1921 RGZ 103, 68, 69 f.; vgl. *K. Schmidt* HandelsR § 26 II 3.a.: § 95 Abs. 3 erinnere zwar an § 179 BGB, aber nach hM handle es sich nicht nur um eine Haftung auf das positive Interesse (gemeint ist: des Hauptvertrags), sondern der HM werde „Selbstkontrahent" seines Auftraggebers.
[59] ZB MünchKommHGB/*v. Hoyningen-Huene* RdNr. 15; GK-HGB/*Achilles* RdNr. 6; Staub/*Brüggemann* RdNr. 11.
[60] BGH (Fn. 57).
[61] Der BGH beruft sich, ohne Bezugnahme auf den konkreten Inhalt der Schlussnote, darauf, Inhalt und Wert der ausbedungenen Vertragsrechte und Vertragspflichten werde von der Geltung der Schiedsabrede mitbestimmt, weil es dem Handelsverkehr auf die vereinfachte und beschleunigte Prozessführung vor allem mit der Materie vertrauten Schiedsgericht besonders ankomme. Der Sachverhalt ist in der Revisionsentscheidung allerdings nicht ausreichend wiedergegeben, um eine abschließende Beurteilung vornehmen zu können. Zustimmend zu dieser Entscheidung, jedoch ohne weitere Analyse, die gängige Kommentarliteratur, zB GK-HGB/*Achilles* RdNr. 8; MünchKommHGB/*v. Hoyningen-Huene* RdNr. 18.
[62] BGH (Fn. 57).
[63] *Heymann* (Fn. 4) S. 454 ff.; ihm folgend Staub/*Brüggemann* RdNr. 13, Abs. 2: Da „eine Art Erfüllung" des Maklervertrags vorliege, habe der Makler die Provision zu beanspruchen; wohl ebenfalls zust. HK-HGB/*Ruß* RdNr. 2.
[64] GK-HGB/*Achilles* RdNr. 8; Baumbach/*Hopt* RdNr. 3 iVm. § 93 RdNr. 46; wohl auch Heymann/*Herrmann* RdNr. 11, wenn er äußert, § 93 Abs. 3 entspreche der Rechtslage beim Maklervertrag ohne Aufgabevorbehalt; vgl. insoweit widersprüchlich aber *ders.* § 95 RdNr. 9: Werde der HM auf Grund einer Zustimmung des Auftraggebers Vertragspartei, stehe ihm auch die Provision zu.

der Vermittlung eines Vertragspartners vergleichbar sein, mit dem der Makler wirtschaftlich oder persönlich verbunden ist (zur fallbezogenen Interessenverflechtung siehe § 99 RdNr. 23 ff.).[65] Diese Argumentation verkennt die Rechtsnatur des Anspruchs nach § 95 Abs. 3 als primären Erfüllungsanspruch (oben RdNr. 18). Anders als in den Fällen der Verflechtungsrechtsprechung liegt hier eben gerade kein typischer, sondern ein modifizierter Maklervertrag mit einer im Hinblick auf ihre Voraussetzungen modifizierten Provisionspflicht vor.

21 Der HM hat nach § 95 Abs. 3 zwar (auf Verlangen des Auftraggebers) die Pflicht, **nicht** aber das **Recht** zum Selbsteintritt.[66] Vom fehlenden Recht des HM auf Selbsteintritt zu unterscheiden ist sein **Recht, sich selbst als Aufgabe** zu bezeichnen, um sich den Provisionsanspruch zu sichern.[67] Dabei verbleibt dem Auftraggeber die Möglichkeit, begründete Einwendungen nach § 95 Abs. 1 letzter HS zu erheben. Das von der Gegenansicht vorgebrachte Argument eines Gegenschlusses aus § 400, der für den Kommissionär ein Selbsteintrittsrecht ausdrücklich regelt, überzeugt nicht. Die Situation ist nicht vergleichbar, denn das Eigengeschäft des Kommissionärs ist mit dem gesetzlichen Leitbild des Kommissionärs nach § 383 unvereinbar, da man nicht mit sich selbst einen Kaufvertrag (für Rechnung eines anderen) abschließen kann. Deshalb war im Kommissionsrecht eine ausdrückliche Regelung des Eigengeschäfts erforderlich. Demgegenüber lässt sich die Selbstbenennung des HM bereits unter den Wortlaut des § 95 Abs. 3 subsumieren.

VIII. Anwendbarkeit des § 95 in Sonderfällen

22 Streitig ist es, ob § 95 in den (atypischen) Fällen anwendbar ist, wenn der HM eine **anonyme Schlussnote** erteilt, obwohl er den (möglichen) **Geschäftspartner bereits gefunden** hat, zB weil er dessen Identität (noch) nicht preisgegeben möchte. Gegen eine („analoge") Anwendung des § 95 wird angeführt, der HM gehe hier nicht mehr das Risiko ein, eine geeignete Person zu finden (gemeint ist: so dass es nicht gerechtfertigt wäre, dem Auftraggeber gleichzeitig das Risiko des Nichtgefallens des Vertragspartners aufzubürden).[68] Richtig an dieser Ansicht ist, dass nicht jede Schlussnote, die nicht den Namen des Vertragspartners nennt, eine „anonyme" Schlussnote iS des § 95 ist. Die sachgerechte Lösung besteht wohl darin, nach den Umständen des Einzelfalles zu differenzieren und durch Auslegung zu ermitteln, ob die Parteien mit Zustellung und Annahme der Schlussnote gerade die Rechtsfolgen des § 95 erreichen wollten. Davon dürfte in den Fällen nicht auszugehen sein, wo der Auftraggeber weiß, dass der HM bereits einen geeigneten Vertragspartner gefunden hat, wo es vielleicht sogar bereits zu einem Vertragsschluss gekommen ist, wo der Name des Vertragspartners aber mit Einverständnis des Auftraggebers geheimgehalten und deshalb nicht in die Schlussnote aufgenommen wird.[69]

23 *Anders* sind aber diejenigen Fälle zu behandeln, in denen das Risiko des Findens eines geeigneten Vertragspartners bewusst von den Parteien zum Vertragsgegenstand gemacht wird. Es ist durchaus denkbar, dass der HM, obwohl er bereits einen konkreten Vertragspartner in Sicht hat, das verbleibende Restrisiko einer willkürlichen Ablehnung durch den Auftraggeber durch die Zustellung einer anonymen Schlussnote beseitigen will, bevor er den Namen des Interessenten offenbart.[70] Missbraucht der HM zu Lasten des Auftraggebers seinen Informationsvorsprung bezüglich des Umfangs des von ihm nach Abs. 3 übernommenen Risikos (als Ausgleich für das vom Auftraggeber nach Abs. 1 übernommene Risiko), kann der Auftraggeber dies ggf. nach § 123 BGB korrigieren bzw. unter dem Gesichtspunkt der Verletzung von Aufklärungspflichten durch das Verlangen nach Schadensersatz (§§ 280 Abs. 1, 241 Abs. 2 BGB) sanktionieren.

---

[65] Röhricht/Graf v. Westphalen/*Röhricht* RdNr. 14; Baumbach/*Hopt* RdNr. 3 iVm. § 93 RdNr. 47.
[66] GK-HGB/*Achilles* RdNr. 8, unter Hinweis auf OLG Hamburg Urt. 4. 1. 1918, OLGE 36, 268; ebenso Staub/*Brüggemann* RdNr. 13, OLG Hamburg v. 4. 1. 1918; ferner *ders.*, aaO, Vor § 93 RdNr. 15: „kein Selbsteintrittsrecht, höchstens eine Selbsteintrittslast nach § 95 Abs. 3".
[67] So *Capelle/Canaris* Handelsrecht, 21. Aufl. 1989 § 19 VII.; aA HK-HGB/*Ruß* RdNr. 2; Heymann/*Herrmann* RdNr. 9; Staub/*Brüggemann* RdNr. 13 (unter Hinweis auf RG JW 1937, 1306): Der HM dürfe das Geschäft mit dem Auftraggeber selbst abschließen, könne dafür aber keine Provision verlangen.
[68] Heymann/*Herrmann* RdNr. 2; GK-HGB/*Achilles* RdNr. 2; MünchKommHGB/*v. Hoyningen-Huene* RdNr. 3; jeweils unter Berufung auf RG Urt. v. 9. 12. 1919, RGZ 97, 260, 262.
[69] Um einen solchen Fall geht es in RG Urt. v. 9. 12. 1919 (Fn. 69); zust. zu dieser Entscheidung Staub/*Brüggemann* RdNr. 3; Baumbach/*Hopt* RdNr. 1; ebenso OLG Hamburg Urt. v. 1. 3. 1955 – 2 U 2/55, MDR 1955, 363.
[70] Vgl. *Heymann* (Fn. 4) S. 436: Über § 95 hinaus werde man die besondere Gebundenheit des HM und der Partei – wegen der Gleichheit des inneren Grundes – überall dort annehmen müssen, wo die Partei (auch ohne Schlussnotenempfang) dem vermittelten Geschäft zustimme, für das der HM eine Gegenpartei erst bezeichnen wolle, sei es, dass er sie erst beschaffen wolle, sei es, dass er sie vorläufig nur nicht bezeichnen möge; vgl. auch BGH (Fn. 57) aaO: Es sei im Falle des *§ 95 HGB* „typischerweise" [also nicht notwendigerweise] offen, ob der HM einen Vertragspartner finde.

Eine analoge Anwendung des § 95, **ohne** dass überhaupt eine (**anonyme**) **Schlussnote** zugestellt 24
wurde, ist möglich, wenn das ausdrückliche oder konkludente Verhalten des HM sowie des Auftraggebers auf einen entsprechenden rechtsgeschäftlichen Willen schließen lassen.[71] Dies gilt zB für den Fall, dass sich der HM ohne Ausstellung einer Schlussnote auf eine sonstige Weise die Aufgabe vorbehält.[72] Zur analogen Anwendung des § 95 auf eine Schlussnote ohne Aufgabenvorbehalt siehe oben RdNr. 7.

§ 96 [Aufbewahrung von Proben]

¹ Der Handelsmakler hat, sofern nicht die Parteien ihm dies erlassen oder der Ortsgebrauch mit Rücksicht auf die Gattung der Ware davon entbindet, von jeder durch seine Vermittlung nach Probe verkauften Ware die Probe, falls sie ihm übergeben ist, so lange aufzubewahren, bis die Ware ohne Einwendung gegen ihre Beschaffenheit angenommen oder das Geschäft in anderer Weise erledigt wird. ² Er hat die Probe durch ein Zeichen kenntlich zu machen.

I. Zweck der Vorschrift und Rechtsnatur der Pflichtbindung

Die Vorschrift des § 96 bezieht sich auf die Vermittlung einer besonderen Art von Kaufverträgen 1
über Waren, nämlich eines (unbedingten) **Kaufs *nach* Probe**,[1] der nicht zu verwechseln ist mit dem im Zweifel nur aufschiebend bedingten Kauf *auf* Probe des § 454 BGB (nF). Beim Kauf nach Probe wird die (sprachliche) Beschreibung der Beschaffenheit der Kaufsache durch eine Probe (Muster) ersetzt. Beim Kauf nach Probe kann der HM deshalb seiner **Beweissicherungsfunktion** allein durch die Zustellung der Schlussnoten nach § 94 nicht mehr in ausreichender Weise gerecht werden. Diesem Umstand trägt die Vorschrift des § 96 Rechnung. Sie begründet zu Lasten des HM besondere (abdingbare) Pflichten für den Fall, dass ihm die Probe **übergeben** wurde. Diese Pflichten sind vertraglicher Natur[2] und bestehen gegenüber beiden Parteien des vermittelten Vertrags, sofern der HM zu beiden in einem Maklerverhältnis steht (siehe oben § 93 RdNr. 44 ff.).[3] So weit, wie das Beweisinteresse des Auftraggebers reicht, bindet der Maklervertrag den HM gegenüber dem Auftraggeber allerdings auch in Bezug auf die ihm von der Gegenseite übergebenen Proben, selbst wenn er mit Letzterer in keinem Vertragsverhältnis steht.

II. Pflichten des HM

Die **Übergabe** der Probe an den HM begründet für diesen eine Reihe von Pflichten. Unter Übergabe 2
ist die willentliche Verschaffung des Besitzes durch oder auf Geheiß der Vertragspartei(en) zu verstehen. Nach Erhalt der Probe hat der HM diese zu **kennzeichnen** (§ 96 Satz 2). Die Pflicht zur (sorgfältigen) **Aufbewahrung** der Probe nach § 96 Satz 1 beginnt mit der Übergabe[4] und dauert solange, bis die Ware ohne Einwendung (Vorbehalt) gegen ihre Beschaffenheit **angenommen** (vgl. § 442 Abs. 1 BGB; § 377 Abs. 2) oder das Geschäft in sonstiger Weise erledigt wird (§ 96 S. 1 letzter HS Fall 2).

Der Begriff der „**Erledigung in anderer Weise**" ist entsprechend dem Beweissicherungszweck 3
der Aufbewahrungspflicht auszulegen. Demnach ist die Probe (mindestens) solange aufzubewahren, wie nicht auszuschließen ist, dass es noch zu einem Streit über die vertragsmäßige Beschaffenheit der Ware kommen könnte.[5] Dabei setzt das Gesetz dem Beweissicherungsinteresse der Parteien für den Fall der vorbehaltlosen Annahme der Ware eine absolute Grenze (vgl. § 363 BGB), obwohl natürlich

---

[71] RG Urt. v. 24. 10. 1921 – VI 155/21, RGZ 103, 68; OLG Hamburg OLGE 36, 268; ebenso Heymann/*Herrmann* RdNr. 2; *Capelle/Canaris* Handelsrecht, 21. Aufl. 1989, § 19 VII., unter Berufung auf die „feste Praxis"; Baumbach/ *Hopt* RdNr. 5.
[72] RG Urt. v. 24. 10. 1921, RGZ 103, 68, 69 f.; OLG Hamburg Urt. v. 23. 11. 1954, MDR 1955, 234.
[1] Siehe § 494 BGB aF. Die Vorschrift ist mit dem SMG ersatzlos weggefallen. Der Gesetzgeber hielt diese Vorschrift für entbehrlich und § 434 Abs. 1 BGB nF für ausreichend, soweit danach die Beschaffenheit einer Probe oder eines Musters als vereinbart anzusehen war. Die über die Beschaffenheitsvereinbarung hinausgehende Eigenschaftszusicherung beim Kauf „nach Probe", die einen Schadensersatzanspruch nach § 463 BGB aF eröffnete, passte nicht mehr zur Systematik des neuen Kaufrechts (Begr. RegE SMG, Drucks. 14/6040 S. 207).
[2] Vgl. demgegenüber Röhricht/Graf v. Westphalen/*Röhricht* RdNr. 2: Die Aufbewahrungspflicht sei eine eigene gesetzliche Pflicht des HM.
[3] Anders Heymann/*Herrmann* RdNr. 1, auf der Grundlage seines Ansatzes vom gesetzlichen Charakter des Rechtsverhältnisses zum Gegenkontrahenten (siehe § 93 RdNr. 41 f.): Die Aufbewahrungspflicht bestehe auch der nicht beauftragenden Partei gegenüber.
[4] Heymann/*Herrmann* § 95 RdNr. 2.
[5] Röhricht/Graf v. Westphalen/*Röhricht* RdNr. 1.

trotz einer vorbehaltlosen Annahme in der Folge immer noch Streitigkeiten über die Vertragsmäßigkeit der Ware entstehen können (vgl. § 442 Abs. 1 BGB; § 377 Abs. 2).

4   Soweit eine solche vorbehaltlose Annahme nicht erfolgt ist, kann von einer „Erledigung in anderer Weise" nur dann ausgegangen werden, wenn ein Rechtsstreit über die vertragsmäßige Beschaffenheit der Ware nicht mehr denkbar ist. Dies kann zB – vorbehaltlich des § 390 S. 2 BGB – bei Verjährung der Mängelansprüche (zB § 438 BGB) der Fall sein,[6] bei einer unterbliebenen Mängelanzeige und Eintreten der Genehmigungsfiktion nach § 377,[7] bei einer abschließenden Streitentscheidung durch Urteil oder Vergleich,[8] bei einer einvernehmlichen Vertragsaufhebung[9] und wohl ebenfalls bei Ausübung eines vertraglichen, nicht ohne weiteres dagegen eines gesetzlichen (vgl. § 437 Nr. 2, §§ 323, 313 Abs. 3 S. 1, 326 Abs. 5 BGB) Rücktrittsrechts, oder bei Eintritt einer auflösenden (nicht an die Qualität der verkauften Ware gebundenen) Bedingung. Längere Aufbewahrungsfristen können sich im Einzelfall aus dem Gesichtspunkt des Grundsatzes von Treu und Glauben ergeben, etwa wenn die betreffende Partei kurzfristig nicht in der Lage ist, die Probe zurückzunehmen.

5   Während der Aufbewahrungszeit ist der HM entsprechend dem Beweissicherungszweck der Aufbewahrung auf Grund der §§ 809 ff. BGB auf Verlangen zur **Vorlage** bzw. **vorübergehenden Herausgabe** der Probe an diejenigen Parteien verpflichtet, denen gegenüber die Aufbewahrungspflicht besteht (s. RdNr. 1).[10] Der maßgebliche Ort der Vorlage, die Gefahr- sowie die Kostentragung richten sich nach § 811 BGB.[11] Nach Beendigung der Aufbewahrungszeit hat der HM die Probe gemäß den §§ 667, 675 BGB an die Partei herauszugeben, von der er sie erhalten hat (**Rückgabepflicht**).[12] Steht der HM nur mit einer der Parteien in einem Maklerverhältnis, wird er die Probe idR von dieser Partei erhalten haben. Sollte dennoch diejenige Partei die Probe an den HM übergeben haben, die mit diesem nicht in einem Maklerverhältnis steht, muss davon ausgegangen werden, dass der Übergabe der Probe dann ein separater Verwahrungsvertrag (§ 688 BGB) zugrunde liegt, auf den sich die Aufbewahrungs- und Rückgabepflicht stützt.

6   **Vernichten** darf der HM die Probe nach dem Ablauf der Aufbewahrungszeit nur mit Einwilligung der betroffenen Partei. Für die Konstruktion eines „Rechts" des HM zur Vernichtung der Probe bei ersichtlicher Wertlosigkeit[13] besteht kein Anlass, da selbst aus objektiver Sicht „wertlose" Gegenstände für den Auftraggeber einen subjektiven, vom HM als Beauftragter zu respektierenden Wert haben können und es dem HM idR zumutbar ist, vor der Vernichtung die Einwilligung des Auftraggebers einzuholen.

7   Verletzt der HM seine (vertraglichen) Pflichten aus § 96 schuldhaft (zB bei unsachgemäßer Aufbewahrung,[14] **haftet** er seinem/seinen Auftraggeber(n) nach §§ 280 Abs. 1, 3, 281 ff. BGB (Nichterfüllung)[15] bzw. § 98 (Schlechterfüllung) auf Schadensersatz (s. § 98 RdNr. 1 ff.).[16] Gemäß den allgemeinen Grundsätzen des Haftungsrechts ist das Mitverschulden des Geschädigten zu berücksichtigen.[17]

III. Rechte des HM

8   Die Aufbewahrungspflicht des HM (anders die Vorlagepflicht, siehe oben RdNr. 5) ist über den Provisionsanspruch hinaus **nur** bei besonderer Vereinbarung zu **vergüten**.[18] Ebenso besteht **keine Pflicht** der Parteien zur **Erstattung der Aufbewahrungskosten**.[19] Das Auftragsrecht (§§ 675, 670 BGB) sowie das allgemeine Handelsrecht (§ 354) wird insofern von den Besonderheiten des HM-Verhältnisses überlagert.

---

[6] Vgl. Heymann/*Herrmann* § 95 RdNr. 2.
[7] MünchKommHGB/*v. Hoyningen-Huene* RdNr. 2.
[8] GK-HGB/*Achilles* RdNr. 2.
[9] Vgl. Röhricht/Graf v. Westphalen/*Röhricht*, § 96 RdNr. 1.
[10] Röhricht/Graf v. Westphalen/*Röhricht* RdNr. 1.
[11] Heymann/*Herrmann* RdNr. 1; MünchKommHGB/*v. Hoyningen-Huene* RdNr. 8.; Röhricht/Graf v. Westphalen/*Röhricht* RdNr. 2 (Letzterer speziell zu den Kosten).
[12] Röhricht/Graf v. Westphalen/*Röhricht* RdNr. 3.
[13] So Röhricht/Graf v. Westphalen/*Röhricht* RdNr. 3; GK-HGB/*Achilles* RdNr. 3, der „im Zweifel" verlangt, dass der HM die Vernichtung ankündigt und eine angemessene Widerspruchsfrist abwartet; MünchKommHGB/ *v. Hoyningen-Huene* RdNr. 4.
[14] Heymann/*Herrmann* RdNr. 1, 3.
[15] Noch zu § 280 Abs. 1 BGB aF Heymann/*Herrmann* RdNr. 3.
[16] Röhricht/Graf v. Westphalen/*Röhricht* RdNr. 4: Schuldhafte Verletzung der Aufbewahrungspflicht führe zu Schadensersatz nach § 98.
[17] OLG Hamburg Urt. v. 26. 3. 1935 – 2 U 19/35, JW 1935, 1581.
[18] Röhricht/Graf v. Westphalen/*Röhricht* RdNr. 2; HK-HGB/*Ruß* RdNr. 1; Heymann/*Herrmann* § 95 RdNr. 3.
[19] Heymann/*Herrmann* § 95 RdNr. 3.

§ 97 [Keine Inkassoermächtigung]

Der Handelsmakler gilt nicht als ermächtigt, eine Zahlung oder eine andere im Vertrage bedungene Leistung in Empfang zu nehmen.

Ebenso wenig wie der HM als solcher über eine Vertretungsmacht zum Abschluss des zu vermittelnden Vertrags im Namen des Auftraggebers verfügt (s. § 93 RdNr. 13), hat er grundsätzlich (zur Disponibilität des § 97 s. RdNr. 3) im Rahmen der Erfüllung des von ihm vermittelten Vertrages die Rechtsmacht zur (den Schuldner befreienden) Entgegennahme von Zahlungen oder sonstigen Leistungen, und zwar weder in der Form einer Ermächtigung zum Handeln in eigenem Namen (so der von § 97 ausdrücklich erfasste Fall) noch, über den Wortlaut des § 97 hinausgehend,[1] in Gestalt einer (gesetzlichen oder rechtsgeschäftlichen) Vertretungsmacht zum Handeln in fremdem Namen. 1

Die Regelung des § 97 ist Ausdruck des gesetzlichen Leitbilds vom HM als zwischen den Parteien stehendem neutralen Vermittler, dessen Aufgabe sich grundsätzlich auf die Förderung der Abschlussbereitschaft der Parteien beschränkt.[2] Der primäre Funktionsbereich des HM endet (abgesehen von vertraglichen Nebenpflichten, zB nach § 106), anders als etwa beim HV (vgl. § 91 Abs. 2), mit der erfolgreichen **Vermittlung** und **Dokumentation** des Geschäfts; die Abwicklung des Vertrags einschließlich der Geltendmachung von Rechtsbehelfen bei Willens- oder Leistungsmängeln bleibt (vorbehaltlich anderslautender Verkehrssitten und Handelsbräuche)[3] den Parteien überlassen.[4] Dies schließt allerdings nicht aus, dass der HM die Parteien bei der Erfüllung des Vertrags als **Bote** von Leistungen[5] oder Erklärungen[6] (ohne Vollmacht[7] oder Ermächtigung) unterstützt. Tut er dies, ist er zur **Weiterleitung** der Leistung oder Erklärung an die Gegenseite verpflichtet.[8] 2

Die Vorschrift des § 97 ist **dispositiv**,[9] so dass die Parteien dem HM jederzeit ausdrücklich oder stillschweigend[10] eine Ermächtigung zur Entgegennahme von Leistungen (§§ 362 Abs. 2, 185 BGB) oder eine Vollmacht zur Abgabe oder zum Empfang der zur Erfüllung des Geschäfts erforderlichen Willenserklärungen erteilen können. In gleicher Weise sind von § 97 abweichende Verkehrssitten oder Handelsbräuche denkbar.[11] Nicht anwendbar ist § 97 ferner bei Reisevermittlern, sofern sie Reisen iS des § 651 a Abs. 1 BGB (Gesamtheit von Reiseleistungen) vermitteln. In diesen Fällen wird § 97 von der Sonderregelung des § 651 k Abs. 4 Satz 2 BGB verdrängt,[12] wonach der Reisevermittler als vom Reiseveranstalter zur Annahme von Zahlungen auf den Reisepreis ermächtigt gilt, wenn er einen Sicherungsschein übergibt oder sonstige dem Reiseveranstalter zuzurechnende Umstände ergeben, dass er von diesem damit betraut ist, Reiseverträge für ihn zu vermitteln. 3

§ 98 [Haftung des Handelsmaklers]

Der Handelsmakler haftet jeder der beiden Parteien für den durch sein Verschulden entstehenden Schaden.

Übersicht

	RdNr.		RdNr.
I. Grundlagen der Haftung	1–12	1. Ausnahmsweise Pflicht des HM zum Tätigwerden	14–19
II. Vertragspflichten des HM im Einzelnen	13–29	a) Maklerdienstvertrag	18
		b) Maklerwerkvertrag	19

---

[1] Ungenau insofern MünchKommHGB/*v. Hoynigen-Huene* RdNr. 1, der behauptet, § 97 regele ausdrücklich, dass dem HM „keine gesetzliche Vollmacht" zur Entgegennahme von Zahlungen oder zum Empfang einer anderen im Vertrag vereinbarten Leistung zukomme; ebenfalls ungenau HK-HGB/*Ruß* RdNr. 1: Die Bestimmung des § 97 sei eine Folge der Tatsache, dass der HM nicht Vertreter der Vertragsparteien sei.
[2] Vgl. Röhricht/Graf v. Westphalen/*Röhricht* RdNr. 1; MünchKommHGB/*v. Hoynigen-Huene* RdNr. 1.
[3] Vgl. § 98 RdNr. 34 zu den Ausnahmen für Versicherungsmakler.
[4] GK-HGB/*Achilles* RdNr. 1.
[5] HK-HGB/*Ruß* RdNr. 1: Nehme der HM Leistungen in Empfang, sei er nur Bote.
[6] Staub/*Brüggemann* § 97.
[7] Für die Funktion als Empfangsbote ist allerdings die Erteilung einer Empfangsvollmacht nach § 164 Abs. 3 BGB erforderlich.
[8] GK-HGB/*Achilles* RdNr. 1, der diese Pflicht mit einer „nachwirkenden Treuepflicht" aus dem Maklervertrag begründet.
[9] MünchKommHGB/*v. Hoynigen-Huene* RdNr. 4.
[10] *Brox* RdNr. 236.
[11] Röhricht/Graf v. Westphalen/*Röhricht* RdNr. 2; GK-HGB/*Achilles* RdNr. 1; HK-HGB/*Ruß* RdNr. 1; Heymann/*Herrmann* RdNr. 1, unter Hinweis auf die Entscheidung RGZ 97, 215, 218, die sich allerdings nicht auf die Erfüllungs-, sondern die Abschlussvollmacht bezieht.
[12] Begr. RegE, BT-Drucks. 14/5944 S. 12; *Führich* NJW 2001, 3083, 3085.

§ 98 1

	RdNr.		RdNr.
2. Ungeschriebene Nebenpflichten	20–25	**IV. Besonderheiten bei Anlagevermittlern**	35–41
3. Loyalitätskonflikte bei Doppelfunktion	26–29	1. Aufklärungspflichten	35–39
III. Besonderheiten bei Versicherungsmaklern	30–34	2. Beratungspflichten	40, 41

I. Grundlagen der Haftung

1   Die Vorschrift des § 98 ist Ausdruck des allgemeinen, mittlerweile in § 280 Abs. 1 BGB fixierten Grundsatzes, wonach schuldhafte Pflichtvertragsverletzungen in einem bestehenden Schuldverhältnis (angedeutet in § 98 durch die Worte „durch sein Verschulden") eine Schadensersatzhaftung nach sich ziehen.[1] Die Haftung nach § 98 ist eine **vertragliche**, nicht eine gesetzliche; sie besteht nur gegenüber solchen Parteien des vermittelten Vertrags, mit denen der HM in einem wirksamen[2] vertraglichen Maklerverhältnis steht.[3] Nach dem gesetzlichen Leitbild des HM, auf den sich der Wortlaut des § 98 bezieht, trifft dies idR für beide Parteien zu (s. § 93 RdNr. 38, 44 ff.). Eine Partei des vermittelten Vertrages, mit der der HM *nicht* in einem Vertragsverhältnis steht, kann gegen diesen wegen Schadensersatzes (auf der Basis des hier vertretenen Ansatzes) nicht per se, sondern nur unter den besonderen Voraussetzungen der außervertraglichen bzw. vertragsähnlichen Haftung vorgehen. Hierzu gehören zB das Deliktsrecht (§§ 823 ff. BGB), die Sachwalterhaftung unter dem Gesichtspunkt der c. i. c. (§§ 280 Abs. 1, 241 Abs. 2, 311 Abs. 3 BGB),[4] der Vertrag mit Schutzwirkung zugunsten Dritter[5] und die Geschäftsführung ohne Auftrag.[6] Die (abzulehnende, siehe oben § 93 RdNr. 45 ff.) **Gegenauffassung**, die das Rechtsverhältnis des HM zum Gegenkontrahenten als ein solches gesetzlicher Natur betrachtet, muss demgegenüber konsequenterweise vom gesetzlichen Charakter der Haftung nach § 98, zumindest gegenüber dem Gegenkontrahenten, ausgehen[7] mit der Folge, dass sie weder ein Vertragsverhältnis noch die Verletzung einer vertraglichen Pflicht voraussetzt.[8] Zugunsten des gesetzlichen Charakters der Haftung gemäß § 98 wird vorgetragen, die Vorschrift spräche bei einer Deutung im hier vertretenen Sinne lediglich eine keiner klarstellenden Regelung bedürftige „triviale" Selbstverständlichkeit aus.[9] Diesem Argument ist entgegen zu halten, dass es dann aus Sicht des Gesetzgebers konsequent gewesen wäre, in § 98 von vornherein *nur* die Haftung gegenüber dem Gegenkontrahenten, nicht aber gleichzeitig die wohl unstreitig vertragliche Haftung des HM gegenüber seinem (annahmegemäß einzigen) Auftraggeber zu regeln („jeder der beiden Parteien"). Im Übrigen ist der Grundsatz, dass schuldhafte Vertragsverletzungen Schadens-

---

[1] So auch Koller/*Roth*/Morck § 98 RdNr. 1, § 93 RdNr. 26: § 98 sei eine Spezialregelung zu § 280 Abs. 1 BGB (früher pFV) (wobei er allerdings die Haftung des HM gegenüber dem Vertragspartner des Auftraggebers nur mittelbar vertraglich, nämlich über die Rechtsfigur der pFV mit Schutzwirkung für Dritte erklärt); unklar BGH Urt. v. 4. 11. 1987 – IVa ZR 145/86, WM 1988, 41, 42 = NJW-RR 1988, 365, unter I.2., zur Haftung des Kreditmaklers wegen der Verletzung von Aufklärungspflichten, wo – ohne nähere Ausführungen zur Rechtsnatur – von der „besonderen Haftung des § 98 HGB" die Rede ist.

[2] Vgl. zu den Wirksamkeitsvoraussetzungen § 93 RdNr. 72 ff.

[3] OLG München Urt. v. 8. 8. 1970 – 12 U 2560/65, NJW 1970, 1925; LG Hamburg Urt. v. 10. 9. 1985 – 30 O 92/84, TranspR 1986, 155: Danach haftet der Schiffsmakler, der erkennbar einseitig die Interessen der Reederei als Vercharterer vertritt, nicht aus § 98 (hier: wegen Nichterfüllung des Vertrages durch den Vercharterer). Bei erkennbarer einseitiger Vertretung der Interessen einer Partei, könne, so das Gericht, nicht vom Zustandekommen eines konkludenten Maklervertrags ausgegangen werden.

[4] Vgl. BGH (Fn. 1) zur Möglichkeit einer Haftung des HM als Sachwalter unter dem Gesichtspunkt der c. i. c. (noch nach altem Schuldrecht).

[5] Siehe jüngst zB BGH Urt. v. 24. 1. 2006 – XI ZR 384/03, NJW 2006, 830, unter II. A.3.a.cc., zu einem Darlehensvertrag zwischen einer Bank und einer GmbH in Bezug auf deren Alleingesellschafter und Geschäftsführer (nicht drittbezogen).

[6] Vgl. BGH Urt. v. 21. 2. 1996 – IV ZR 261/94, BGHR BGB § 677 Maklertätigkeit 1, unter 2.a., zur Haftung eines HM gegenüber einem Verkäufer, mit dem er in einer jahrelangen Geschäftsbeziehung stand, für die Vermittlung eines Kaufvertrags, für die er im konkreten Fall keinen Auftrag hatte und in deren Rahmen er die Übersendung einer Schlussnote an den Verkäufer versäumt hatte.

[7] Vgl. nur MünchKommHGB/*v. Hoyningen-Huene* RdNr. 1: Die für den HM geltende besondere Haftungsregelung beruhe auf dem spezifischen (gemeint ist: „vertragsähnlichen") Verhältnis des HM zu beiden Parteien; ähnlich Röhricht/Graf v. Westphalen/*Röhricht* RdNr. 1, 3; *ders.* § 100 RdNr. 4; siehe auch *Canaris* Handelsrecht, 24. Aufl. 2006, § 19 II, RdNr. 26: Haftung „aus Schutzpflichtverletzung" (ähnlich wie bei der c. i. c. in § 311 Abs. 3 Satz 2 geregelt); tragender Grundgedanke sei die Inanspruchnahme von Vertrauen.

[8] Anscheinend ohne Vertragshaftung ohne Vertrag ausgehend Baumbach/*Hopt* RdNr. 1: Der HM hafte nicht nur der Partei, die ihn zugezogen habe, sondern auch der Partei, mit der er den Vertrag zu vermitteln begonnen oder vermittelt habe; auch dies sei Vertragshaftung (unter Berufung auf OLG München NJW 1970, 1925); für eine mittelbar begründete vertragliche Haftung *Schmidt* HandelsR § 26 II 3.c., der die Haftung des HM gegenüber einer Partei (des Hauptvertrags), die ihn nicht beauftragt hat, mit der Rechtsfigur des Vertrags mit Schutzwirkung für Dritte begründet.

[9] *Canaris* Handelsrecht, 24. Aufl. 2006, § 19 II, RdNr. 26.

ersatzansprüche des Gläubigers nach sich ziehen, in allgemeiner Form erst seit der Schuldrechtsreform 2002 in Gestalt des § 280 Abs. 1 BGB gesetzlich niedergelegt, so dass eine entsprechende Klarstellung in § 98 aus Sicht des historischen Gesetzgebers keineswegs so überflüssig erscheinen musste wie dies heute der Fall ist. **Wieder andere** betrachten § 98 in Bezug auf die mit dem HM nicht vertraglich verbundene Gegenpartei des Hauptvertrags als gesetzlichen Anwendungsfall des Vertrags mit Schutzwirkung für Dritte.[10] Diese Konstruktion überzeugt schon deshalb ebenso wenig wie die zuvor dargestellte Meinung vom gesetzlichen Schuldverhältnis, weil sie in gleicher Weise dazu führt, dass der HM selbst solchen Parteien gegenüber haftet, von denen er mangels Auftrags keine Provision verlangen kann.[11]

Auf schuldhafte Vertragsverletzungen des **Auftraggebers** gegenüber dem HM kommt nicht § 98, sondern § 280 Abs. 1 BGB zur Anwendung (siehe § 99 RdNr. 69 ff.). 2

Der **Umfang der Pflichtbindung** des HM im Rahmen des Maklervertrags gegenüber dem/den Auftraggeber(n), deren Verletzung zur Haftung nach § 98 führt, ergibt sich nicht aus § 98, sondern aus den §§ 94–97, den §§ 100, 101 sowie im Übrigen aus § 241 Abs. 2 BGB, der insoweit den Grundsatz von Treu und Glauben (§ 242 BGB) konkretisiert.[12] Zusätzliche Voraussetzung für das Entstehen solcher Pflichten ist neben der Existenz eines Maklervertrags idR, dh. sofern sich der HM nicht zur Vermittlung oder zum Bemühen um Vermittlung verpflichtet hat (s. § 98 RdNr. 16 ff.), der Umstand, dass der HM **überhaupt tätig wird.** 3

Der für die Haftung maßgebliche **Verschuldensmaßstab** folgt aus den allgemeinen Vorschriften der §§ 276, 278 BGB[13] sowie aus § 347.[14] § 831 BGB spielt allenfalls bei konkurrierenden deliktischen Ansprüchen des Auftraggebers,[15] nicht aber im Rahmen des § 98[16] eine Rolle. Im Rahmen der Sorgfalt eines ordentlichen Kaufmanns sind – gegenüber kaufmännischen Auftraggebern – die im Handelsverkehr geltenden **Gewohnheiten und Gebräuche** zu berücksichtigen (§ 346). Ein **Mitverschulden** des Auftraggebers bei der Entstehung des Schadens wirkt gemäß § 254 BGB anspruchsmindernd.[17] Handelt der HM bei der Herbeiführung der Abschlussbereitschaft in betrügerischer Täuschungsabsicht, braucht sich die getäuschte Partei ein insofern nur fahrlässiges Verhalten nicht entgegenhalten zu lassen.[18] 4

Der zu ersetzende **Schaden** bestimmt sich gemäß § 249 Abs. 1 BGB durch einen Vergleich der bestehenden Situation mit dem Zustand, der bestehen würde, wenn die Vertragsverletzung nicht eingetreten wäre, dh. wenn der HM seine Vertragspflichten erfüllt hätte. Hat das Verschulden des HM dazu geführt, dass ein ansonsten vermittelter Vertrag nicht zustande gekommen ist, kann der Schadensersatz das positive Interesse an Erfüllung dieses zu vermittelnden Vertrags umfassen. Ist dem HM umgekehrt vorzuwerfen, dass er unter Verletzung seiner Aufklärungspflichten (s. RdNr. 20 ff., 32 f., 35 ff.) die Partei zum Abschluss eines Vertrages veranlasst hat, den sie ansonsten nicht geschlossen hätte, ist der Schadensersatzanspruch (negativ) auf Freistellung von den entsprechenden Vertragspflichten gerichtet.[19] Sollte der Partei durch die Vertragsverletzung des HM (zB Zustellen einer unvollständigen 5

---

[10] *K. Schmidt* HandelsR § 26 II 3.d.; ablehnend gegenüber der Deutung als Vertrag mit Schutzwirkung für Dritte *Canaris* Handelsrecht, 24. Aufl. 2006, § 19 II, RdNr. 26.
[11] So ausdrücklich *K. Schmidt* HandelsR § 26 II 3.d.
[12] § 241 Abs. 2 BGB der Grundsatz von Treu und Glauben ist ebenfalls Grundlage für die Bestimmung der umgekehrten Sorgfaltspflichten des Auftraggebers gegenüber dem HM. Vgl. zB (noch zu § 242 BGB) OLG Frankfurt Urt. v. 18. 4. 1997 24 U 115/95, OLG-Rp Frankfurt 1997, 133–135, zur Versicherungsvermittlung: Im Einzelfall könne eine an Treu und Glauben orientierte Auslegung der vertraglichen Vereinbarung zwischen Versicherer und Makler ergeben, dass der Versicherer dem Makler Stornogefahrmitteilungen machen oder sich unter Umständen sogar um die Rücknahme einer bereits erklärten Kündigung bemühen müsse. Zur Frage der Qualifizierung des Rechtsverhältnisses zwischen Versicherer und HM siehe unten § 99 RdNr. 73 f.
[13] Siehe zur Haftung eines Maklers für einen Untermakler (Zwischenmakler) nach § 278 BGB die Entscheidung OLG Hamburg OLGE 36, 268.
[14] ZB OLG Hamburg Urt. v. 3. 7. 2002 – 14 U 36/02, VersR 2002, 1507, unter 1; Röhricht/Graf v. Westphalen/*Röhricht* RdNr. 2; HK-HGB/*Ruß* RdNr. 1.
[15] Siehe zB BGH Urt. v. 5. 5. 1970 – VI ZR 1/69, BB 1970, 863 = NJW 1970, 1314, zur Haftung des Inhabers eines Maklergeschäfts für Straftaten seines Geschäftsführers.
[16] So aber anscheinend MünchKommHGB/*v. Hoyningen-Huene* RdNr. 4, unter (dann wohl) fälschlicher Berufung auf BGH BB 1970, 863 (Fn. 15).
[17] Vgl. OLG München Urt. v. 8. 8. 1970 – 12 U 2560/65, NJW 1970, 1924, 1925, zum mitwirkenden Verschulden einer kreditgewährenden Bank im Rahmen der Haftung des Kreditmaklers.
[18] Vgl. OLG Köln Urt. v. 16. 9. 1987 – 13 U 44/87, zur Haftung eines Finanzmaklers wegen vorsätzlicher Verwendung eines Architektengutachtens, das den Verkehrswert des beliehenen Grundstücks zu hoch auswies.
[19] Vgl. Röhricht/Graf v. Westphalen/*Röhricht* RdNr. 2, der, wohl als Folge der missverständlichen Verwendung des Begriffspaars „positives" und „negatives" Interesse, den Anspruch auf den Ersatz des Erfüllungsschadens in dem zuletzt genannten Beispiel damit begründet, dass es sich um eine Haftung aus einem „vertragsähnlichen" Verhältnis handele, die auch auf das positive Interesse gehen könne. Der Fehler dieser Argumentation liegt darin, dass der Begriff des (im Rahmen der Vertragshaftung zu ersetzenden) positiven Interesses üblicherweise den Schadensersatz wegen Nichterfüllung

Schlussnote) kein Schaden entstanden sein, steht ihr kein Schadensersatzanspruch zu. Denkbar ist hier aber eine Verwirkung des Provisionsanspruchs entsprechend § 654 BGB (s. § 99 RdNr. 37 f.).

6 Das Verhältnis des § 98 zu sonstigen Haftungsansprüchen (**Konkurrenzen**) gestaltet sich wie folgt: Für einen Haftungsanspruch aus **§ 280 Abs. 1 BGB** ist neben § 98 *insoweit* kein Platz und kein Bedarf, als § 98 nichts anderes ist als die inhaltlich auf den Handelsmaklervertrag beschränkte Verkörperung des Grundgedankens, dass die schuldhafte Verletzung von Vertragspflichten Schadensersatzansprüche des Verletzten nach sich zieht (bereits vor 2002 bekannt als Rechtsinstitut der pFV).[20] Bedeutung bei der Verletzung von Maklerpflichten kann die pFV neben § 98 im Einzelfall nur für die Begründung eines Rücktrittsrechts des Auftraggebers erlangen, was angesichts des grundsätzlich bestehenden Rechts zum freien Widerruf des Maklerauftrags (s. § 93 RdNr. 56 ff.) nur in Sonderfällen, insbesondere bei Alleinauftrag praktisch relevant werden dürfte. Dann besteht wegen der Verpflichtung des Maklers zum Tätigwerden (§ 93 RdNr. 66) auch die für § 323 BGB erforderliche Gegenseitigkeit der beiderseitigen Vertragspflichten. Darüber hinaus, dh. außerhalb des Maklervertrags anwendbar bleibt § 280 BGB auf sonstige Verträge zwischen dem HM und dem Auftraggeber. Dies betrifft im Bereich der Finanzmakler insbesondere die Haftung wegen fehlerhafter Anlageberatung bei Bestehen eines selbständigen Beratungsvertrags (siehe unten RdNr. 40 f.).

7 Eine Haftung des HM gegenüber dem Auftraggeber aus den §§ 280 Abs. 1, 241 Abs. 2, 311 Abs. 2 BGB (vor 2002 bereits als Haftung aus **c. i. c.** bekannt) ist unabhängig von § 98 immer dann denkbar, wenn es um die Verletzung von vorvertraglichen Sorgfaltspflichten geht, wobei „vorvertraglich" sich hier auf den Maklervertrag, nicht aber auf den zu vermittelnden Vertrag bezieht. Vermittelt also der HM dem Auftraggeber auf der Grundlage eines bestehenden Maklervertrags einen Hauptvertrag, den der Auftraggeber nie abgeschlossen hätte, wenn ihn der HM pflichtgemäß aufgeklärt hätte, so ist dies kein Fall der c. i. c., sondern des § 98 (siehe RdNr. 40). Eine völlig andere Frage, die mit der Konkurrenz des § 98 zu den allgemeinen Haftungsnormen nichts zu tun hat, betrifft die Haftung des HM gegenüber einem vermittelten oder zu vermittelnden Vertragspartner, mit dem er nicht in einem Maklerverhältnis steht (und dies auch nicht zu tun beabsichtigt). Hier kann eine Anwendung der allgemeinen Grundsätze zur Sachwalterhaftung des Vertreters wegen der Inanspruchnahme besonderen Vertrauens bzw. wegen des Bestehens eines besonderen wirtschaftlichen Eigeninteresses in Betracht kommen, die ebenfalls auf den Gesichtspunkt der c. i. c. gestützt wird[21] und mittlerweile in § 311 Abs. 3 BGB ihren ausdrücklichen gesetzlichen Niederschlag gefunden hat. Versicherungsmakler gelten nach der Rspr. für den Bereich der Versicherungsverhältnisse der von ihnen betreuten Versicherungsnehmer als deren „treuhänderähnliche Sachwalter".[22]

8 **Deliktische** Ansprüche können ggf. mit dem Anspruch aus § 98 konkurrieren. In Betracht kommen insbesondere Ansprüche aus § 826 BGB[23] sowie aus § 823 Abs. 2 BGB in Verbindung mit § 100[24] oder mit anderen Schutzgesetzen,[25] insbesondere strafrechtlichen Normen.[26] Ebenfalls mit § 98 konkurrierende Schadensersatzpflichten können sich speziell für als Emissionshelfer tätige Anlagevermittler aus den §§ 44, 45 BörsG 2002 (Prospekthaftung i. e. S.) ergeben, sofern sie für die Herausgabe des Emissionsprospekts verantwortlich sind (zB als Initiatoren der Anlage oder Gründer, Gestalter oder Beherrscher der Anlagegesellschaft) oder sofern sie „auf Grund ihrer beruflichen und wirtschaftlichen Stellung oder auf Grund ihrer Fachkunde eine Art Garantenstellung einnehmen und durch ihre Mitwirkung an der Prospektgestaltung nach außen hin in Erscheinung getreten sind".[27]

---

einer Hauptleistungspflicht gerade aus dem Vertrag meint, dessen Verletzung den Schadensersatzanspruch begründet. Dies aber ist der Maklervertrag und nicht der zu vermittelnde Hauptvertrag als Vertrag, auf dessen Erfüllungsinteresse der Schadensersatzanspruch gerichtet ist.

[20] Vgl. demgegenüber MünchKommHGB/*v. Hoyningen-Huene* § 93 RdNr. 62, der von einer parallelen Haftung aus § 98 und § 280 BGB auszugehen scheint.

[21] Vgl. OLG Hamm Urt. v. 11. 11. 1992 – 20 U 129/92, RuS 1993, 439–440, wo klargestellt wird, dass das Provisionsinteresse eines HV noch nicht solches wirtschaftliches „Eigeninteresse" darstellt.

[22] BGH Urt. v. 22. 5. 1985 – IVa ZR 190/83, BGHZ 94, 356, unter II.1.

[23] Hierzu jüngst *Sack*, Der subjektive Tatbestand des § 826 BGB, NJW 2006, 945.

[24] Vgl. MünchKommHGB/*v. Hoyningen-Huene* RdNr. 10; Heymann/*Herrmann* RdNr. 3; Baumbach/*Hopt* RdNr. 2, die entsprechend ihrer Ansicht vom gesetzlichen Charakter des Rechtsverhältnisses des HM zum Gegenkontrahenten neben dem § 100 die §§ 94–96 sowie 101, zumindest in Bezug auf den Gegenkontrahenten, ebenfalls als Schutzgesetze betrachten.

[25] Siehe zB OLG Hamburg Urt. v. 3. 7. 2002 – 14 U 36/02, VersR 2002, 1507, unter 2., zur Haftung des Versicherungsmaklers nach § 823 Abs. 2 BGB iVm. § 144a VAG wegen der Vermittlung eines Versicherungsvertrags mit einem Unternehmen, das den Betrieb von Versicherungsgeschäften erforderliche Erlaubnis nicht besaß.

[26] Vgl. OLG Köln Urt. v. 16. 9. 1987 – 13 U 44/87, zur Haftung des Finanzmaklers wegen betrügerischer Verwendung eines Architektengutachtens, das den Verkehrswert des zu beleihenden Grundstücks zu hoch ausweist, nach § 823 Abs. 2 BGB iVm. § 263 StGB.

[27] ZB BGH Urt. v. 12. 2. 2004 – III ZR 359/02, NJW 2004, 1732, unter II.a., mwN; hierzu Allgem. Bankvertrag X, RdNr. 182.

Dazu gehört insbesondere die Unterzeichnung des Prospekts entsprechend den § 5 Abs. 3 WpPG.

Schützen kann sich der HM gegen Haftungsansprüche in einem gewissen Umfang durch den 9 Abschluss einer entsprechenden **Berufshaftpflichtversicherung** für Vermögensschäden. Die **Verjährung** des Anspruchs nach § 98 richtet sich nach den allgemeinen Vorschriften der §§ 194 ff. BGB. Maßgebend ist die dreijährige Verjährungsfrist des § 195 BGB.[28]

Die Vorschrift des § 98 ist **abdingbar,** die Haftung des HM kann somit durch Vertrag – in den 10 Grenzen des § 276 Abs. 3 BGB, also soweit sie fahrlässiges Verhalten betrifft – ausdrücklich oder konkludent ausgeschlossen bzw. beschränkt werden.[29]

Nicht verwechselt werden darf die Frage, ob ein Haftungs- (und ggf. Provisions-)Ausschluss verein- 11 bart wurde, mit der logisch vorrangigen Frage, ob überhaupt ein Maklervertrag zustande gekommen ist. Für die Anhänger der Ansicht vom gesetzlichen Charakter des Rechtsverhältnisses des HM mit dem „Gegenkontrahenten" (s. § 93 RdNr. 41 f.) ist die Annahme eines Haftungs- und Provisionsausschlusses allerdings die einzige Möglichkeit, um dem Willen der Beteiligten gerecht zu werden, falls diese gerade *nicht* miteinander in maklerrechtliche Rechtsbeziehungen treten wollen.[30] Hier zeigt sich die Überlegenheit des hier vertretenen vertraglichen Ansatzes (s. § 93 RdNr. 44) besonders deutlich, weil es eleganter und einfacher ist, davon auszugehen, dass kein Maklerverhältnis entstanden ist, als den vertraglichen Ausschluss einer gesetzlichen Haftung zu „konstruieren" (s. § 93 RdNr. 41 zum entsprechenden, gegen den vertraglichen Ansatz erhobenen Vorwurf der „Zweckkonstruktion").

Die Reichweite des Haftungsausschlusses bzw. der Haftungsbeschränkung für konkurrierende 12 deliktische Ansprüche ist durch Auslegung zu ermitteln.[31] Falsch wäre es, generell davon auszugehen, dass konkurrierende Ansprüche nie erfasst werden.[32] Eine Haftungsfreizeichnung oder -beschränkung in **AGB** ist in den Grenzen der §§ 307 und 309 Nr. 7 BGB (kein Ausschluss der Haftung für grobe Fahrlässigkeit gegenüber Nichtkaufleuten)[33] grundsätzlich zulässig.[34] Nach § 307 BGB unwirksam dürfte es aber zB sein, wenn ein HM seine Fahrlässigkeitshaftung für den ordnungsgemäßen Inhalt der Schlussnoten in seinen AGB vollständig ausschließt, da hier wesentliche Vertragspflichten betroffen sind, für deren Erfüllung der HM ein besonderes Vertrauen in Anspruch nimmt.[35] Ebenfalls unzulässig ist speziell beim Versicherungsmakler (hierzu noch unten RdNr. 30 ff.) der formularmäßige Ausschluss aller Beratungspflichten.[36] Bei Haftungsausschlüssen bzw. -beschränkungen in AGB sind entsprechend der Unklarheitenregel (§ 305 c Abs. 2 BGB) ferner höhere Anforderungen an die Deutlichkeit des zum Ausdruck gebrachten Willens zur Einbeziehung konkurrierender Ansprüche zu stellen als bei Individualvereinbarungen.[37]

II. Vertragspflichten des HM im Einzelnen[38]

Nach der hier vertretenen Konzeption ist das Maklerverhältnis rein vertraglicher Natur (s. § 93 13 RdNr. 44 ff.). Besteht ein Makler*vertrag* mit dem „Gegenkontrahenten" (aus der Sicht des ursprüng-

---

[28] MünchKommHGB/*v. Hoyningen-Huene* RdNr. 7; ebenso noch zu den Regeln des alten Schuldrechts Staub/*Brüggemann* RdNr. 1 und Vor § 93 RdNr. 23.
[29] Röhricht/Graf v. Westphalen/*Röhricht* RdNr. 3, der diese Aussage aus dem Blickwinkel seiner Ansicht vom gesetzlichen Charakter des Rechtsverhältnisses zwischen HM und „Gegenkontrahent" ausdrücklich auch auf die (aus seiner Sicht gesetzliche „quasivertragliche") Haftung gegenüber Letzterem erstreckt.
[30] Vgl. zB Röhricht/Graf v. Westphalen/*Röhricht* RdNr. 3: Für einen konkludenten Ausschluss des § 98 sei zu verlangen, dass der HM gegenüber dem Vertragspartner verbal oder durch sein Auftreten deutlich mache, dass er ausschließlich und einseitig Interessenwahrer der Gegenseite sein wolle. Ähnliches werde man annehmen müssen, wenn der Vertragspartner von sich aus die Mitwirkung des von der anderen Seite beauftragten Maklers ablehne.
[31] Vgl. Palandt/*Heinrichs* § 276 RdNr. 35 ff. (mwN aus der stRspr.), zur Zulässigkeit vertraglicher Haftungsmilderungen, die sich auf konkurrierende Ansprüche aus unerlaubter Handlung erstrecken.
[32] So wohl aber noch Röhricht/Graf v. Westphalen/*Röhricht* 1. Aufl., 1998, § 99 RdNr. 4.
[33] Vgl. aber die „Unverbindlichen Empfehlungen für AGB für Schiffmakler und Schiffsagenten des Zentralverbands Deutscher Schiffmakler" (http://www.zvds.de/agb.html): Nach § 3 Abs. 1 der AGB haftet der Schiffmakler seinem Auftraggeber gegenüber für Schäden und Verluste nur, sofern diese durch Vorsatz oder grobe Fahrlässigkeit entstanden sind.
[34] BGH Urt. v. 3. 12. 1985 – VI ZR 182/83, VersR 1985, 595.
[35] Vgl. Palandt/*Heinrichs* § 307 BGB RdNr. 46, allgemein zur Unwirksamkeit des Haftungsausschlusses in AGBG, wenn der Verwender in besonderer Weise Vertrauen für sich in Anspruch genommen hat oder kraft seines Berufes eine qualifizierte Vertrauensstellung einnimmt.
[36] BGH Urt. v. 20. 1. 2005 – III ZR 251/04, BGHZ 162, 67, unter III., = NJW 2005, 1357, zu § 9 AGBG.
[37] Vgl. BGH (Fn. 34) zur Zulässigkeit des Haftungsausschlusses für konkurrierende deliktische Ansprüche in AGB; vgl. BGH Urt. v. 7. 2. 1979 – VIII ZR 305/77, NJW 1979, 2148–2149, zur Frage, wann eine in AGB enthaltene Freizeichnung des Verkäufers bzw. Werkunternehmers von der Schadensersatzpflicht auch Schadensersatzansprüche aus unerlaubter Handlung erfasst.
[38] Vgl. zu den besonderen Auskunfts-, Organisations- und Dokumentationspflichten des Schiffmaklers K. *Schmidt*/*Blaschczok* VersR 1981, 393 ff.; *Bemm* TranspR 1997, 6 ff.

§ 98 14–18   1. Buch. 8. Abschnitt. Handelsmakler

lichen Auftraggebers), gelten diesem gegenüber grundsätzlich dieselben Rechte und Pflichten wie gegenüber dem Auftraggeber.[39] Im Folgenden wird deshalb auf eine weitere Differenzierung zwischen Auftraggeber und Gegenkontrahent verzichtet. Zur Frage der Behandlung von möglichen Interessenkonflikten, die sich aus der (nach dem gesetzlichen Leitbild) doppelten vertraglichen Bindung des HM gegenüber beiden Parteien ergeben, siehe unten RdNr. 26 ff.

14   **1. Ausnahmsweise Pflicht des HM zum Tätigwerden.** Grundsätzlich steht es dem HM **frei**, ob er es für lohnenswert hält, sich um den Abschlusserfolg zu bemühen, der Voraussetzung für das Entstehen seines Provisionsanspruchs ist. Der typische Maklervertrag ist dadurch gekennzeichnet, dass auf Seiten des HM keine (nicht einmal bedingte) Hauptleistungspflicht zur Herbeiführung des Vertragszwecks (Vermittlungserfolg) besteht[40] und dass die Hauptleistungspflicht auf Seiten des Auftraggebers nur aufschiebend bedingt ist. Damit weicht der Maklervertrag ab vom gesetzlichen Modell des gegenseitigen Vertrags, so dass auf ihn die §§ 320 ff. BGB grundsätzlich nicht anwendbar sind.

15   Wird der HM tätig, treffen ihn die **Pflichten der §§ 94 ff.** (insbesondere Zustellung der Schlussnoten nach § 94, Aufbewahrung von Proben nach § 96, Führung und Vorlage des Tagebuchs nach §§ 100 f.) sowie darüber hinaus eine Reihe von ungeschriebenen Nebenpflichten, die sich aus der Verkehrssitte (§ 276 BGB, § 347),[41] aus den Handelsbräuchen (unter Kaufleuten, § 346) sowie aus § 242 BGB ergeben können (s. RdNr. 3). **Ungeschriebene Nebenpflichten** können sich für den HM selbst dann ergeben, wenn bzw. solange er (noch) *nicht* tätig geworden ist. Dies betrifft insbesondere Unterlassenspflichten (zB Geheimhaltungspflichten).

16   Den HM trifft eine **Pflicht zum Tätigwerden** und zur Herbeiführung des vom Auftraggeber erstrebten Vermittlungserfolgs **nur ausnahmsweise bei besonderer Vereinbarung.** In Betracht kommt dabei sowohl eine vertragliche Pflicht zum *Bemühen* um eine erfolgreiche Vermittlung (Maklerdienstvertrag) als auch eine erfolgsbezogene Pflicht zum *Herbeiführen* eines Vertragsschlusses (Maklerwerkvertrag).[42]

17   Darüber hinaus kann der Maklervertrag wie jeder Vertrag mit Elementen anderer Vertragstypen kombiniert werden. Insoweit finden dann die Grundsätze über die rechtliche Behandlung von Typenkombinationsverträgen Anwendung, dh. jedes abtrennbare, einem bestimmten Typus zuordnungsfähige Vertragselement wird entsprechend den für diesen Typus geltenden Regeln behandelt. Besonders häufig in der Praxis ist die Kombinierung des Maklervertrags mit dem Geschäftsbesorgungsvertrag (§ 675 BGB).[43]

18   **a) Maklerdienstvertrag.** Verpflichtet sich der HM dazu, sich um einen Vertragsabschluss zu bemühen, findet insofern ergänzend zum Maklerrecht[44] Dienstvertragsrecht (§§ 611 ff. BGB) Anwendung.[45] Der **Börsenmaklervertrag** ist regelmäßig Maklerdienstvertrag, da der Börsenmakler

---

[39] Im Ergebnis ebenso, aber aus der Sicht des Ansatzes von der gesetzlichen Natur des Rechtsverhältnisses zum Gegenkontrahenten MünchKommHGB/*v. Hoyningen-Huene* § 93 RdNr. 61: Der HM schulde die Erfüllung der Treuepflichten nicht nur gegenüber dem Auftraggeber, sondern auch dem Dritten; *ders.* § 93 RdNr. 59, speziell zur Verschwiegenheitspflicht des HM; Baumbach/*Hopt* RdNr. 1: Die Verhaltenspflichten des HM gegenüber der anderen Partei seien denen gegenüber dem Auftraggeber „entsprechend, aber nicht unbedingt deckungsgleich".
[40] Siehe nur MünchKommHGB/*v. Hoyningen-Huene* § 93 RdNr. 55; Heymann/*Herrmann* § 93 RdNr. 7; Baumbach/*Hopt* § 93 RdNr. 23.
[41] Vgl. zu den Anforderungen an die Bildung von Verkehrssitten OLG Koblenz Urt. v. 10. 3. 1988 – 6 U 1286/85, NJW-RR 1988, 1306, am Beispiel der „Gebräuche für die Vermittlung von Holzgeschäften" (Anhang zu den „Gebräuchen im inländischen Handel mit Rundholz, Schnittholz, Holzwerkstoffen und anderen Holzwerkstoffen"), unter http://www.holz.net/documents/downloads_gesetze/tegernseer_gebraeche.pdf, Abruf vom 14. 5. 2007: Zur Bildung einer Verkehrssitte als die im Verkehr tatsächlich herrschende Übung bedürfe es eines gewissen Zeitraumes, einheitlicher Auffassung aller Beteiligten und allgemeiner tatsächlicher Übung. Eine solche allgemeine tatsächliche Übung, die sich auf einen bestimmten Berufs- oder Geschäftszweig beschränken könne, liege vor, wenn nach ihr in einer größeren Zahl gleichartiger Fälle verfahren worden sei. Die Verkehrssitte sei auch dann maßgeblich, wenn sie den Vertragsparteien nicht bekannt gewesen sei.
[42] BGH Urt. v. 23. 10. 1980 – IVa ZR 39/80, LM BGB § 652 Nr. 69 = WM 1981, 42, zu § 652 BGB; MünchKommHGB/*v. Hoyningen-Huene* § 93 RdNr. 55.
[43] Vgl. zB den Schiffsmaklervertrag, der neben der Vermittlung der Veräußerung von neuen und gebrauchten Schiffen und Schiffsteilen, des Abschlusses von Versicherungen für Schiff und Ladung sowie von Seefrachtverträgen und Schiffsmieten typischerweise eine ganze Reihe *weiterer Dienstleistungen* des Schiffsmaklers vorsieht wie zB den Abschluss von Verträgen im Namen des Auftraggebers, die Erledigung des Verkehrs mit den Hafen- und Zollbehörden (Einklarieren), das Besorgen aller erforderlichen Dokumente, die Organisation von Reparaturarbeiten etc. (vgl. *Heymann* in Ehrenbergs Hdb Bd. V, I. Abt., 1. Hälfte, 1. Lfg., S. 364).
[44] Vgl. BGH Urt. v. 20. 3. 1985 – IVa ZR 223/83, NJW 1985, 2477 = WM 1985, 751, 752, zum Zivilmaklervertrag: Auch ein Maklerdienstvertrag bleibe in seinem Kern ein Maklervertrag und sei daher an dem gesetzlichen Leitbild des § 652 BGB zu messen; widersprüchlich MünchKommHGB/*v. Hoyningen-Huene*, unter einerseits § 93 RdNr. 35 (Maklerrecht sei „ergänzend" anwendbar) und andererseits § 93 RdNr. 55 (Maklerdienst- und -werkvertrag unterlägen nicht den Regeln der §§ 93 ff.).
[45] So auch MünchKommHGB/*v. Hoyningen-Huene* § 93 RdNr. 35.

(nach der Verkehrssitte) dazu verpflichtet ist, sich um das Zustandekommen des Abschlusses zu bemühen.[46] Auch der **Versicherungsmakler** verpflichtet sich zum Tätigwerden, wenn nicht sogar zum Abschluss (s. RdNr. 19).[47] Bei der Vereinbarung eines „Alleinauftrags" (s. § 99 RdNr. 62 ff.) ist idR unabhängig von der Art des vermittelten Vertragsgegenstands vom Vorliegen eines Maklerdienstvertrags auszugehen.[48]

b) Maklerwerkvertrag. Möglich ist ferner, dass sich der HM verpflichtet, einen Vermittlungserfolg herbeizuführen (Maklerwerkvertrag). Neben dem Maklerrecht kann dann, soweit es speziell diese Erfolgsverpflichtung betrifft, Werkvertragsrecht zur Anwendung gelangen (§§ 631 ff. BGB). Entscheidend ist der Parteiwille. Soweit die Parteien keine ausdrücklichen oder stillschweigenden Vereinbarungen getroffen haben, sind diejenigen Vorschriften über den Maklervertrag oder den Werkvertrag heranzuziehen, die dem Wesen des Maklerwerkvertrages am besten entsprechen.[49] Der Auftraggeber verzichtet mit dem Abschluss eines Maklerwerkvertrags, sofern nicht Besonderes vereinbart wird, nicht auf sein Recht, Vermittlungsvorschläge zurückzuweisen und dadurch das Entstehen des Provisionsanspruchs zu verhindern.[50] Allerdings wird man in Anlehnung an § 95 Abs. 1 letzter Hs die Erhebung **begründeter Einwendungen** verlangen müssen, und zwar sowohl, was die Person des vorgeschlagenen Vertragspartners, als auch, was den vorgeschlagenen Vertragsinhalt (bei § 95 Abs. 1 sind inhaltliche Einwendung ausgeschlossen, siehe § 95 RdNr. 13) angeht. Der **Versicherungsmakler** verpflichtet sich meistens zum Abschluss des gewünschten Versicherungsvertrags.[51]

2. Ungeschriebene Nebenpflichten. Bei den ungeschriebenen Nebenpflichten sind neben der **Pflicht zur Verschwiegenheit** über erkennbar geheimhaltungsbedürftige Umstände[52] gegenüber dem Vertragspartner des Auftraggebers[53] und Dritten vor allem die **Aufklärungspflichten** des HM zu nennen.

Der HM hat seine(n) Auftraggeber auf solche Umstände hinzuweisen, deren „Bedeutung für den Entschluss des Auftraggebers" für ihn erkennbar ist und hinsichtlich derer der Auftraggeber „offenbar belehrungsbedürftig" ist.[54] Sind die betreffenden Umstände dem Makler selbst mangels Prüfung nicht bekannt, entgeht er einer Haftung nur dann, wenn er den/die Auftraggeber darauf hinweist, dass er keine Prüfung vorgenommen hat.[55] Eine Nachprüfungspflicht gibt es für den Makler aber grundsätzlich nicht.[56] Zu den aufklärungspflichtigen, für die Entscheidung des Auftraggebers über den Vertragsschluss wesentlichen Umständen gehören insbesondere sämtliche **wertbildenden Faktoren**.[57] Im Gegensatz zum Zivilmakler wird man vom HM, zumindest wenn er über einen Alleinauftrag verfügt, verlangen müssen, dass er den Auftraggeber ggf. darüber aufklärt, dass die Vertragsbedingungen des von ihm unterbreiteten Vermittlungsvorschlags **nicht dem Marktniveau** entsprechen, sondern schlechter sind.[58] Dies ergibt sich aus der Funktion des HM als Kenner des Marktes, für die er besonderes Vertrauen in Anspruch nimmt.[59]

---

[46] *Claussen* 3. Aufl. 2003, RdNr. 227: „Geschäftsbesorgung gemäß §§ 675, 611 ff. BGB", zum Skontroführer.
[47] BGH Urt. v. 22. 5. 1985 – IVa ZR 190/83, BGHZ 94, 356 = NJW 1985, 2595; siehe im Übrigen unten RdNr. 31.
[48] Vgl. BGH Urt. v. 20. 3. 1985 – IVa ZR 223/83, NJW 1985, 2477, 2478, unter II.: Nach der stRspr. sei der alleinbeauftragte Makler abweichend von § 652 BGB verpflichtet, in angemessener Weise tätig zu werden; MünchKommHGB/*v. Hoyningen-Huene* § 93 RdNr. 35.
[49] BGH Urt. v. 21. 10. 1987 – IVa ZR 103/86, NJW 1988, 967, 968.
[50] Baumbach/*Hopt* § 93 RdNr. 10 Der Auftraggeber bleibe beim Maklerwerkvertrag frei, ob er den Vertrag mit dem Dritten abschließen wolle, unter Berufung auf BGH NJW 1966, 1404, 1405.
[51] BGH Urt. v. 22. 5. 1985 – IVa ZR 190/83, BGHZ 94, 356 = NJW 1985, 2595.
[52] MünchKommHGB/*v. Hoyningen-Huene* § 93 RdNr. 59; Heymann/*Herrmann* § 93 RdNr. 11.
[53] Vgl. unten RdNr. 26 ff. zur Frage der Behandlung von Interessenkonflikten, wenn der HM mit dem Vertragspartner ebenfalls in einem Maklerverhältnis steht.
[54] BGH Urt. v. 8. 7. 1981 – IVa ZR 244/80, NJW 1981, 2685; BGH 28. 9. 2000 – III ZR 43/99, NJW 2000, 3642; Heymann/*Herrmann* § 93 RdNr. 12; vgl. auch BGH Urt. v. 25. 2. 1962 – VII ZR 248/60, BGHZ 36, 323, 328, unter 2.: Der Makler habe dem Auftraggeber im Allgemeinen nur ihm selbst bekannt gewordene Umstände, die für die Entschließung des Letzteren bedeutsam sein könnten, zu offenbaren.
[55] BGH Urt. 31. 1. 2003 – V ZR 389/01, NJW-RR 2003, 700, unter II.2.b., zum Immobilienmakler.
[56] BGH Urt. v. 25. 2. 1962 – VII ZR 248/60, BGHZ 36, 323, unter 5. (zur Vermittlung des Verkaufs von GmbH-Geschäftsanteilen): „Anerkanntermaßen" sei der Makler nicht verpflichtet, „alle Umstände des vermittelten Geschäfts auf ihre Zweckmäßigkeit und Nützlichkeit für seinen Auftraggeber zu prüfen und diesen darüber zu beraten"; aus dem Schrifttum zB MünchKommHGB/*v. Hoyningen-Huene* § 93 RdNr. 57, mwN.
[57] BGH Urt. v. 4. 11. 1987 – IVa ZR 145/86, WM 1988, 41–44 = NJW-RR 1988, 365, speziell zur Kreditvermittlung.
[58] Anders wohl Heymann/*Herrmann* § 93 RdNr. 10: Der Makler brauche sein Provisionsinteresse durch Informationen über Preisumstände nicht zu gefährden, dürfe aber keine irreführenden Anpreisungen machen (unter Berufung auf das Schrifttum zum Zivilmakler).
[59] Vgl. Heymann/*Herrmann* Vor § 93 RdNr. 2: Der HM sei bedingt durch seine Spezialisierung und die damit verbundenen Marktkenntnisse auch bei „schwer durchschaubaren Märkten" in der Lage, „Marktfunktionen und Marktchancen" auszunutzen. Der Auftraggeber mache sich die besonderen Kenntnisse des HM über spezialisierte und schwer

22 Vorbehaltlich des vorstehend Gesagten schuldet der HM seinem Auftraggeber grundsätzlich keine Aufklärung darüber, dass seine von der Gegenseite an ihn zu entrichtende Provision bereits im Preis der vermittelten Ware oder Dienstleistung enthalten ist (sog. **Packing**). Etwas anderes gilt, wenn der HM seinen Auftraggeber über diesen Punkt arglistig täuscht, etwa dadurch, dass er irreführende Angaben hinsichtlich seines Maklerverhältnisses mit der Gegenseite[60] oder hinsichtlich der angeblichen Notwendigkeit eines Zwischenerwerbs des nachgewiesenen Objekts durch eine ihm nahe stehende Person macht.[61] Eine spezialgesetzliche, durch Nichtigkeit sanktionierte Pflicht zur schriftlichen Aufklärung über jede Art von Packing unterhalb der Schwelle der Arglistigkeit soll sich für Verbraucherkredite aus § 655b Abs. 1 S. 3, Abs. 2 BGB ergeben.[62]

23 Behauptet der Auftraggeber die Verletzung einer Aufklärungspflicht seitens des HM, muss er dies beweisen, sofern der HM substantiiert bestreitet. Zumindest bei Versicherungsmaklern verlangt die Rechtsprechung für das substantiierte Bestreiten „konkrete Angaben über den Inhalt des Beratungsgesprächs".[63] Im Falle einer (bewiesenen oder unstreitigen) Verletzung der Aufklärungspflicht trägt der HM, will er eine Schadensersatzklage abwehren, die Darlegungs- und Beweislast dafür, dass der aufklärungsbedürftige Auftraggeber sich in gleicher Weise bei Kenntnis der zu offenbarenden Umstände verhalten hätte (Umkehr der Beweislast bzgl. der Kausalität).[64]

24 Pflichten zur **Beratung** des Auftraggebers, verstanden als Erteilung von über eine bloße, wertfreie Aufklärung hinausgehenden, wertenden Verhaltensempfehlungen, bestehen für den HM, soweit sie nicht ausdrücklich vereinbart werden oder – wie bei Versicherungsmaklern – entsprechende Handelsbräuche oder Verkehrssitten bestehen,[65] **nicht**.[66] Zu Unrecht wird im Schrifttum eine Pflicht des HM zur Rechtsberatung (im Rahmen des nach Art. 1 § 5 Nr. 1 RBerG Erlaubten) behauptet.[67] In den zur Unterstützung dieser Behauptung herangezogenen Gerichtsentscheidungen geht es gar nicht um eine Beratung in Rechtsangelegenheiten, sondern lediglich um eine Pflicht zur Aufklärung über rechtliche Eigenschaften des Vertragsgegenstands (nämlich über den Vertragsgegenstand betreffende Rechtsnormen), also um einen Anwendungsfall der Aufklärungspflichten (siehe oben RdNr. 20ff. sowie unten RdNr. 32f., 35ff.).[68]

25 Eine andere Frage ist, inwieweit der HM Rechtsberatung nach öffentlichem Recht überhaupt leisten dürfte, selbst wenn er dazu vertraglich verpflichtet wäre. Nach der Rspr.[69] verstößt ein Vermittlungsmakler nicht gegen das RBerG, wenn er im Rahmen seiner Vermittlungstätigkeit den an dem Vertragsabschluss interessierten Personen von ihm selbst ausgearbeitete Vertragsentwürfe zur Verfügung stellt, da diese Tätigkeit als Erledigung einer rechtlichen Angelegenheit anzusehen ist, die mit einem Geschäft seines Gewerbes „in unmittelbarem Zusammenhang" steht (Art. 1 § 5 Nr. 1 RBerG). Voraussetzung ist nach Art. 1 § 5 Nr. 1 RBerG die Kaufmannseigenschaft, die beim HM jedoch in aller Regel gegeben sein wird. Darüber hinausgehende Rechtsberatung des HM ist zulässig, soweit sie noch dem Berufsbild des HM entspricht.[70]

überschaubare Märkte zu Nutze, um entweder überhaupt einen Vertragspartner zu seinen Konditionen oder einen zu marktgängigen Konditionen zu finden; ähnlich MünchKommHGB/*v. Hoyningen-Huene* § 93 RdNr. 12.

[60] OLG Stuttgart Urt. v. 26. 5. 1981 – 6 U 20/81, NJW 1982, 1599, unter III., zur Anfechtung des Maklervertrags nach § 123 BGB wegen arglistiger Täuschung eines Bankkunden (Darlehensnehmer) durch einen Darlehensvermittler (ob als HM oder HV bleibt offen), der sich gegenüber dem Darlehensnehmer als „Repräsentant" der Bank ausgewiesen und verschwiegen hatte, dass er, zusätzlich zu dem vom Kunden kassierten „Honorar", von der Bank eine Provision erhalten sollte, die im Zinssatz „versteckt" war; vgl. dasselbe Urteil, unter IV., wo subsidiär eine Haftung nach c. i. c. für möglich gehalten wird; vgl. auch die Urteilsbesprechung von *Stötter*, NJW 1983, 1302.

[61] OLG Zweibrücken Urt. v. 28. 6. 2001 – 4 U 130/00, NJW-RR 2002, 418.

[62] Palandt/*Sprau* § 655b BGB RdNr. 4ff.; *Ulmer/Habersack/Habersack* § 15 VerbrKG RdNr. 13f., noch zu § 15 Abs. 1 Satz 2, Abs. 2 VerbrKG.

[63] OLG Köln Urt. v. 7. 5. 2004 – 9 U 105/03, VersR 2005, 789.

[64] BGH Urt. v. 4. 11. 1987 – IVa ZR 145/86, NJW-RR 1988, 365 = WM 1988, 41, zur Aufklärungspflicht des Kreditmaklers; BGH Urt. v. 22. 5. 1985 – IVa ZR 190/83, BGHZ 94, 356 = NJW 1985, 2595, zu den Aufklärungs- und Beratungspflichten des Versicherungsmaklers.

[65] Vgl. unten RdNr. 32 zur Beratungspflicht von Versicherungsmaklern.

[66] Vgl. BGH Urt. v. 25. 2. 1962 – VII ZR 248/60, BGHZ 36, 323, 328, unter 2.: Der Makler sei, auch wenn er das Geschäft vermittelt habe, anerkanntermaßen nicht verpflichtet, alle Umstände des vermittelten Geschäfts auf ihre Zweckmäßigkeit und Nützlichkeit für seinen Auftraggeber zu prüfen und mit diesem darüber zu beraten.

[67] MünchKommHGB/*v. Hoyningen-Huene* § 93 RdNr. 56: Eine wichtige Beratungspflicht des HM sei die Pflicht zur Rechtsberatung. Unter Beratung versteht *v. Hoyningen-Huene* aaO RdNr. 57 ausdrücklich eine „eigene (sachliche) Stellungnahme des Maklers" in Abgrenzung zu „reinen Aufklärungs- und Informationspflichten".

[68] Vgl. BGH Urt. v. 8. 7. 1981 – IVa ZR 244/80, NJW 1981, 2685, 2686, unter II.2.b., zur Hinweispflicht des Maklers auf eine bestehende Mietbindung beim Kauf einer Eigentumswohnung.

[69] BGH Urt. v. 19. 4. 1974 – I ZR 100/73, NJW 1974, 1328.

[70] OLG Düsseldorf Urt. v. 18. 9. 1990 – 20 U 4/90, NJW-RR 1991, 115, zur Wettbewerbswidrigkeit des Verhaltens eines Versicherungsmaklers, der seinen Kunden in einem gegen Letzteren geführten Haftpflichtprozess vertritt; vgl. für eine verbotene Rechtsberatung gänzlich außerhalb des Gegenstands und Zwecks des vom HM vermittelten Vertrags BGH Urt. v. 5. 4. 1967 – Ib ZR 56/65, VersR 1967, 686, zur Rechtsberatung eines Versicherungsmaklers für einen von

3. Loyalitätskonflikte bei Doppelfunktion. Steht der HM mit beiden Parteien des zu vermit- 26
telnden Vertrags in einem Rechtsverhältnis (Auftragsverhältnis), können für ihn Loyalitätskonflikte
entstehen. Das Problem stellt sich insbesondere im Spannungsverhältnis zwischen Aufklärungspflichten gegenüber der einen und Verschwiegenheitspflichten gegenüber der anderen Seite des vermittelten Vertrags in Bezug auf ein und denselben vertragsrelevanten Umstand.[71]

Soweit sich die vertragsrelevanten Informationen auf die Frage beziehen, ob die Vertragsbedingun- 27
gen marktgerecht sind, geht die Aufklärungspflicht der Verschwiegenheitspflicht wohl vor; andernfalls könnte der HM seine Doppelfunktion als *Handels*makler überhaupt nicht erfüllen. Die Verschwiegenheitspflicht tritt zurück. Es besteht insofern auch kein Schutzinteresse desjenigen der
beiden Auftraggeber des HM, zu dessen Gunsten die in Verhandlung stehenden Vertragsbedingungen
von den Marktbedingungen abweichen. Jeder Auftraggeber muss nämlich wissen, dass es die Aufgabe
eines HM ist, einen marktgerechten Vertrag zu vermitteln.[72] Die zum Zivilmaklerrecht ergangene
Entscheidung BGH Urt. v. 25. 10. 1967,[73] nach der ein Makler mit ihm von beiden Vertragsteilen
gestattetem Doppelauftrag angesichts des Gebots strenger Unparteilichkeit idR dem Käufer ohne
Erlaubnis des Verkäufers nicht erklären darf, der geforderte Preis sei zu hoch, ist auf den Ausgleich
des Interessenkonflikts beim HM angesichts der besonderen Funktion des HM als Vermittler von
Gegenständen des *Handelsverkehrs* nicht ohne weiteres übertragbar.[74]

Anders ist es nur, wenn sich der HM gegenüber einem seiner Auftraggeber besonders dazu 28
verpflichtet hatte, einseitig dessen Interessen zu vertreten. Dann ist der HM diesem (ersten) Auftraggeber zur Verschwiegenheit verpflichtet. Diese Tatsache hat aber wegen des *pacta-tertiis*-Grundsatzes
keinen einschränkenden Einfluss auf die Pflichtbindung des HM gegenüber dem anderen (zweiten)
Auftraggeber. Im Gegenteil haftet der HM gegenüber Letzterem (Gegenseite) für die nachteiligen
Folgen des vermittelten Vertragsschlusses, weil er ihm die Nachteiligkeit des Geschäfts und zudem
seine besondere, ihn zur Parteilichkeit verpflichtende Abrede mit dem ersten Auftraggeber verschwiegen hat. Der HM kann in einem solchen Falle von dem zweiten Auftraggeber mangels
(unbefangener) Vermittlung auch keine Provision verlangen (siehe unten § 99 RdNr. 23 ff. zum
provisionsausschließenden fallbezogenen Interessenkonflikt).

Weiß oder erfährt der HM von **sonstigen**, nicht die Marktkonformität der in Frage stehenden 29
Vertragsbedingungen betreffenden, aber vertragsrelevanten (dh. nach den allgemeinen Kriterien eine
Aufklärungspflicht begründenden), vertraulichen Tatsachen, die er im Rahmen seiner Rechtsbeziehung zum anderen Auftraggeber erfahren hat, so hat er, sofern sich der Interessenkonflikt nicht in
anderer Weise lösen lässt, seine **Vermittlungsbemühungen** für einen Vertragsschluss speziell zwischen *diesen* Parteien **aufzugeben**.[75] Andersfalls macht er sich schadensersatzpflichtig. Je nach Art
der vertraulichen Information ist es denkbar, dass die Gefahr einer unlösbaren Pflichtenkollision es
dem HM generell unmöglich macht, bei der Vermittlung eines Vertragsschlusses in Doppelfunktion
aufzutreten (struktureller Interessenkonflikt, s. § 93 RdNr. 19 ff.).

III. Besonderheiten bei Versicherungsmaklern

Die Rechtsstellung des Versicherungsmaklers[76] gegenüber den Parteien des Versicherungsvertrags 30
ist, folgt man dem wohl herrschenden Ansatz in Rspr. und Schrifttum, von der Eigenart geprägt, dass

---

ihm geworbenen Kunden einer Haftpflichtversicherung bei der Geltendmachung von Schadensersatzansprüchen gegen
einen Schädiger.
[71] Vgl. *Capelle/Canaris* Handelsrecht, 21. Aufl. 1989, § 19 V: Der HM müsse auf „lockende Verdienstmöglichkeiten"
verzichten können und „den schmalen Pfad zwischen Bruch der Verschwiegenheitspflicht und Verletzung der Informationspflicht zu wandeln verstehen".
[72] Im Ergebnis ebenso *Capelle/Canaris* Handelsrecht, 21. Aufl. 1989, § 19 V: Einen Abschluss, der, wie er wisse,
keinen angemessenen Interessenausgleich darstelle, „solle" der HM nicht fördern. Kenne der Makler den Wert des
Objekts, so müsse er ihn beiden Teilen nennen auf die Gefahr hin, dass dann der Vertrag nicht zustande komme; nicht
weiterführend dagegen MünchKommHGB/*v. Hoyningen-Huene* § 93 RdNr. 59: Die Verschwiegenheitspflicht gelte insbesondere für ungünstige Umstände, soweit die Stellung des HM als neutraler Sachwalter nicht ausnahmsweise eine
Bekanntgabe erfordere oder diese wegen einer zulässigen Doppeltätigkeit geboten sei.
[73] BGH Urt. v. 25. 10. 1967 – VIII ZR 215/66, BGHZ 48, 344.
[74] Vgl. demgegenüber offensichtlich für eine Übertragung der Entscheidung BGH Urt. v. 25. 10. 1967 – VIII ZR
215/66, BGHZ 48, 344, 348, auf den HM Heymann/*Herrmann* § 93 RdNr. 10: Bei „erlaubter Doppeltätigkeit" dürfe
der Makler zumindest dann nicht mehr in die Preisverhandlungen eingreifen, wenn er etwa schon den Verkäufer zum
Preis beraten habe; ebenso Baumbach/*Hopt* § 93 RdNr. 33; *ders.* ZGR 2004, 1, 41.
[75] Ähnlich Heymann/*Herrmann* § 93 RdNr. 8 zu den Informations- und Beratungspflichten des HM: Erfahre der
HM Entscheidungserhebliches, das er auf Grund einer anderweitigen Pflichtbindung oder auf Grund seiner zugleich
bestehenden Vertragsbeziehung zum Partner des vermittelten Geschäfts nicht mitteilen dürfe, so müsse er seine Tätigkeit
aufgeben. Dabei dürfe er seine Gründe verdeckt halten (unter Hinweis auf BGH Urt. v. 14. 5. 1969 – IV ZR 792/68,
BB 1969, 894).
[76] Vgl. *Zopfs*, VersR 1986, 747.

sich der Versicherungsmakler zwar zu beiden Parteien in einem *Rechts*verhältnis befindet (sog. „Doppelrechtsverhältnis" des Versicherungsmaklers),[77] dass aber ein Maklervertrag angeblich nur mit dem Versicherungskunden besteht,[78] wohingegen die Pflichten und Rechte (insbesondere der Provisionsanspruch, siehe § 99 RdNr. 73) gegen den Versicherer vage mit „Gewohnheitsrecht" begründet werden.[79] Überzeugender und im Vergleich zum gewohnheitsrechtlichen Ansatz in ihren Auswirkungen kalkulierbarer ist eine **vertragsrechtliche** Konstruktion des Rechtsverhältnisses des Versicherungsmaklers zum Versicherer, wobei man für das Zustandekommen dieses Vertrags entsprechend Verkehrssitte bzw. Handelsbrauch erleichterte Voraussetzungen annehmen darf.

31   Der Versicherungsmaklervertrag ist ein gemischttypischer Vertrag, der neben maklervertraglichen auftragsrechtliche und dienstvertragliche Elemente enthält, wobei letztere im Unterschied zum „normalen" Maklerdienstvertrag (siehe oben RdNr. 18) über den Zweck der Vermittlung eines Vertrages hinausgehen. Nach der Rspr. gehen die Pflichten des Versicherungsmaklers „weit".[80] Er ist üblicherweise anders als sonstige (Handels- oder Zivil-) Makler dem ihm durch einen Geschäftsbesorgungsvertrag verbundenen Versicherungsnehmer gegenüber „zur **Tätigkeit,** meist zum **Abschluss** des gewünschten Versicherungsvertrags verpflichtet".[81]

32   Den Versicherungsmakler treffen besondere **Aufklärungs-** (Informations-) und darüber hinaus (ausnahmsweise) sogar **Beratungspflichten.** Der Versicherungsmakler, so der BGH, untersuche von sich aus das Risiko, prüfe das Objekt und müsse den Versicherungsnehmer als seinen Auftraggeber „ständig, unverzüglich und ungefragt über die für ihn wichtigen Zwischen- und Endergebnisse seiner Bemühungen, das aufgegebene Risiko zu platzieren, unterrichten". Ferner muss er, wenn seine Dienste in Anspruch genommen werden, auf eventuelle Deckungslücken und die Möglichkeit der Abhilfe hinweisen.[82] Wegen dieser „umfassenden Pflichten", so der BGH, könne der Versicherungsmakler für den Bereich der Versicherungsverhältnisse des von ihm betreuten Versicherungsnehmers als „dessen **treuhänderischer Sachwalter**" bezeichnet und insoweit mit „sonstigen **Beratern**" verglichen werden.[83] Zukünftig werden die Beratungs-, Mitteilungs- und Dokumentationspflichten der Versicherungsmakler im Einzelnen in den §§ 42 b – 42 d VVG nF geregelt und durch einen eigenen Schadensersatzanspruch (§ 42 e VVG nF) flankiert sein.[84]

33   Vertragliche **Aufklärungspflichten** des Versicherungsmaklers bzgl. aller vertragsrelevanten Tatsachen bestehen nicht nur gegenüber dem Kunden, sondern auch gegenüber dem **Versicherer.** Letzterem sind insbesondere alle für die Bewertung des versicherten Risikos bedeutsamen Umstände weiterzuleiten, die der Makler vom Kunden erfährt (siehe oben zur Abwägung von Verschwiegenheits- und Aufklärungspflichten RdNr. 26 ff.).

34   Im Anschluss an eine erfolgreiche Vermittlung treffen den Versicherungsmakler regelmäßig **Betreuungspflichten** in Bezug auf die Abwicklung (zB Verwaltungsarbeiten, Schadensregulierung)[85]

---

[77] BGH Urt. v. 19. 10. 1994 – IV ZR 39/94, BGHR BGB § 626 Abs. 1 Versicherungsmakler 1; *Werber,* Von der Unabhängigkeit eines Versicherungsmaklers im Doppelrechtsverhältnis, Heft 13 der Veröffentlichungen der Hamburger Gesellschaft zur Förderung des Versicherungswesens mbH, 1993, S. 185, 200.
[78] BGH Urt. v. 22. 5. 1985 – IVa ZR 190/83, BGHZ 94, 356 = LM BGB § 652 Nr. 93 = NJW 1985, 2595: Der Versicherungsmakler werde regelmäßig vom Versicherungsnehmer beauftragt und sei seinem Interessen- oder sogar Abschlussvertreter angesehen. Aus der neueren Rspr. BGH 20. 1. 2005 – III ZR 251/04, BGHZ 162, 67, unter II.3.a.: „Nach der herkömmlichen Übung" schließe der Versicherungsmakler „ausdrücklich oder konkludent" einen Maklervertrag „stets mit dem Versicherungsnehmer". Ein Missverständnis liegt vor, wenn das Gericht *in diesem Punkt* die Ansicht des Verf. (Vorauflage) als „abweichend" zitiert.
[79] Vgl. BGH (Fn. 78) unter II.1, wo in Bezug auf den Provisionsanspruch gegen den Versicherer von einer in vielen Ländern gleichförmig bestehenden „Übung des Versicherungsvertragsrechts" die Rede ist. Dabei stellt sich die Frage, wie eine internationale Übung nationales Gewohnheitsrecht zu schaffen vermag; aA, allerdings ebenfalls unter Berufung auf die genannte Entscheidung, Prölss/Martin/*Kollhosser* 27. Aufl. 2004, Nach § 48 VVG RdNr. 29: Der Autor favorisiert „den Versicherungsvertrag als konkludenten Vertrag zugunsten Dritter" (§ 328 BGB) als Rechtsgrund für den Provisionsanspruch des Maklers. Das Bestehen von Treuepflichten des Versicherungsmaklers gegenüber dem Versicherer lässt sich auf diese Weise allerdings nicht begründen.
[80] BGH (Fn. 78), unter II.1.
[81] BGH (Fn. 78) mwN aus dem Schrifttum; ähnlich OLG Hamm Urt. v. 8. 3. 1996 – 20 U 229/95, VersR 1996, 697, unter II.3.b.aa.; OLG Hamm Urt. v. 11. 11. 1992 – 20 U 129/92, RuS 1993, 439, unter 2.: „Anders als bei sonstigen Handelsmaklern" entstehe „für den Versicherungsmakler gegenüber seinem Vertragspartner eine Betätigungspflicht". Er sei „daher gehalten, in einer wunschgemäßen Abschluss zu bemühen".
[82] OLG Köln 7. 5. 2004 – 9 U 105/03, VersR 2005, 789.
[83] BGH (Fn. 78) unter II.1.; siehe auch LG Aachen Urt. v. 8. 4. 2003 – 10 O 99/02, VersR 2003, 1440: Der Versicherungsmakler habe als „treuhänderischer Sachwalter", „Vertrauter und Berater" des Versicherungsnehmers „den passenden Versicherungsvertrag auszuwählen und den Versicherungsnehmer umfassend zu beraten (mwN)".
[84] Siehe den RegE vom 22. 6. 2006 eines Gesetzes „zur Neuregelung des Versicherungsvermittlerrechts", BT-Drucks. 16/1935, zur Umsetzung der Versicherungsvermittlungsrichtlinie 2002/92/EG vom 9. 12. 2002, ABl. EU Nr. L 9 S. 3 vom 15. 1. 2003.
[85] Siehe Prölss/Martin/*Kollhosser* 27. Aufl. 2004, Nach § 43 RdNr. 5 (mwN aus der instanzgerichtlichen Rspr.): Nach Vertragsabschluss habe der Makler die Versicherungsverträge weiter zu betreuen und „zu verwalten". Er habe zB

sowie ggf. auf die Erteilung von Hinweisen für die risikogerechte Anpassung des vermittelten Versicherungsvertrags.[86] Diese Pflichten entsprechen auch dem ausdrücklichen Selbstverständnis des Versicherungsmaklergewerbes.[87]

IV. Besonderheiten bei Anlagevermittlern

1. Aufklärungspflichten. Ebenso wie bei der Vermittlung sonstiger Gegenstände des Handelsverkehrs trifft den HM bei der Anlagevermittlung eine Pflicht zur **Aufklärung** über alle erkennbaren entscheidungserheblichen, vertragsrelevanten Umstände, sofern ein Aufklärungsbedarf erkennbar ist (s. RdNr. 21). Speziell für die Vermögensanlage bedeutet dies, dass über alle Umstände aufzuklären ist, die für die Beurteilung der Ertragschancen und Verlustrisiken von Bedeutung sind.[88] Zur Haftung von Anlagevermittlern wegen der Verletzung (vor-)vertraglicher Aufklärungspflichten existiert eine umfangreiche Rspr., die allerdings ganz überwiegend nicht zu § 98,[89] sondern, ohne das Vorliegen eines Handelsmaklervertrags überhaupt zu problematisieren, auf den Gesichtspunkt der pFV und/oder c. i. c. (seit 2002: § 280 BGB[90]) gestützt ist.[91] Inwieweit dies im Einzelfall zu Recht geschehen ist, soll bei der Darstellung der Rspr. im Folgenden nicht weiter erörtert werden,[92] da jedenfalls die festgestellten Aufklärungspflichten des Vermittlers ohne weiteres auf die Haftung nach § 98 übertragbar sind. 35

Nach der vom BGH geprägten Formel ist der Vermittler von Anlagegeschäften zu einer gleichermaßen anleger- und objektgerechten Aufklärung gehalten.[93] Der Vermittler muss dabei diejenigen **Informationen**, die ihm zugänglich sind, **verwerten** und den Kunden **auf Gefahren hinweisen**.[94] Bei der Vermittlung von Industrieanleihen ist, sofern es Hinweise auf eine drohende Insolvenz des Anleiheschuldners gibt, über das Insolvenzrisiko aufzuklären.[95] Ein Aufklärungsbedarf des Anlegers besteht insbesondere, wenn dieser seine Anlageentscheidung auf für den HM auf Grund seiner Fachkunde erkennbar unrichtige Informationen stützt. Nicht ausreichend ist es, wenn der Vermittler den Anleger zwar in einer allgemeinen Weise über die Risiken der vermittelten Anlageinstrumente informiert, die Warnfunktion dieser Aufklärung aber dadurch relativiert, dass er den (unzutreffenden) Eindruck erweckt, er sei dank seiner Betreuung und Beratung dazu in der Lage, diese Risiken zu 36

---

den Zahlungsverkehr zu fördern, im Schadensfall sachkundig zu beraten, für sachgerechte Schadensanzeigen zu sorgen und bei der Schadensregulierung die Interessen des Versicherungsnehmers wahrzunehmen. Vorsichtiger formulierend in Bezug auf die Existenz von Betreuungspflichten MünchKommHGB/*v. Hoyningen-Huene* § 93 RdNr. 71: „Nicht selten" übernehme der Versicherungsmakler die weitere Betreuung des Vertragsverhältnisses. Siehe als Anhaltspunkt für weitere Pflichten des Versicherungsmaklers nach Abschluss des Versicherungsvertrags auch § 28 Nr. 6 und 7 des österreichischen Maklergesetzes von 1996: „Unterstützung des Versicherungskunden bei der Abwicklung des Versicherungsverhältnisses vor und nach Eintritt des Versicherungsfalls, namentlich auch bei Wahrnehmung aller für den Versicherungskunden wesentlichen Fristen".

[86] So Prölss/Martin/*Kollhosser* (Fn. 85): Der Versicherungsmakler habe die Verträge ungefragt auf erforderliche Anpassungen und Verlängerungen zu überprüfen und den Versicherungsnehmer rechtzeitig hierauf hinzuweisen. Die Entscheidung des BGH (BGH Urt. v. 10. 5. 2000 – IV ZR 297/98, VersR 2000, 846, unter 1.c., zu einer Feuerversicherung), auf die sich *Kollhosser* dabei bezieht, betrifft allerdings einen Sonderfall: Dort hatte der Versicherungsmakler den Versicherungsschein, aus dem sich der Vertragsende ergab, erst sechs Wochen vor Ablauf der Versicherung übergeben. Aus „diesem zeitlichen Zusammenhang" leitet das Gericht die Hinweispflicht des Maklers ab.

[87] Vgl. die Satzung des Bundesverbands der Deutschen Versicherungsmakler e. V. (http://www.bdvm.de/), § 3 („Berufsbild des Versicherungsmaklers"), Abs 1, Satz 2 Nr. 1: Der Versicherungsmakler sei „treuhänderischer Sachverwalter der Versicherungsnehmers" und damit sein Berater, Betreuer und Vertreter in allen relevanten Risiko- und Versicherungsangelegenheiten". Er sei „mit der Verwaltung von Versicherungsverträgen beauftragt"; hierzu gehöre „insbesondere die Wahrnehmung der Interessen des Versicherungsnehmers im Schadensfall".

[88] Treffend formuliert bei *v. Heymann* in *Assmann/Schütze* (Hrsg.), Hdb. Kapitalanlagerechts, 2. Aufl. 1997, § 5 („Anlageberatung und Anlagevermittlung"), RdNr. 22: Dem Anleger werde das wirtschaftliche Risiko der Anlage nicht abgenommen; er solle aber die Möglichkeit erhalten, das Risiko seiner Kapitalinvestition zu erkennen.

[89] So aber OLG Köln Urt. v. 7. 5. 2004 – 9 U 105/03, VersR 2005, 789, im konkreten Fall einen Schadensersatzanspruch gegen einen Versicherungsmakler mangels Pflichtverletzung verneinend.

[90] Siehe zB OLG München Urt. v. 11. 1. 2006 – 7 U 3183/05, OLGR München 2006, 232, zur Risikoaufklärung bei der Vermittlung von Beteiligungen an einem geschlossenen Immobilienfonds.

[91] Vgl. allgemein zur Haftung der Banken bei der Anlagevermittlung unter dem Gesichtspunkt der c. i. c., der unerlaubten Handlung sowie des selbständigen Auskunfts- (und Beratungs-)vertrags BankR-HdB. 2. Aufl. Siol § 45 RdNr. 2–24, mwN. Siehe ferner zB BGH Urt. v. 12. 2. 2004 – III ZR 359/02, BGHZ 158, 110 = NJW 2004, 1732, unter II.2.b.: Der Anlagevermittler sei „im Rahmen des zwischen ihm und dem Anlageinteressenten stillschweigend zustande gekommenen Vertrags auf Auskunftserteilung zu richtiger und vollständiger Information über alle tatsächlichen Umstände verpflichtet", die „für den Anlageinteressenten von besonderer Bedeutung" seien.

[92] Zum Konkurrenzverhältnis des § 98 zu § 280 BGB (bzw. pFV und c. i. c.) siehe RdNr. 6.

[93] BGH Urt. v. 11. 3. 1997 – XI ZR 92/96, NJW 1997, 2171 = WM 1997, 811 = ZIP 1997, 782, zur Vermittlung von Börsentermingeschäften.

[94] BGH Urt. v. 6. 7. 1993 – XI ZR 12/93, „Bond"-Urteil, BGHZ 123, 126 = NJW 1993, 2433.

[95] OLG Nürnberg Urt. v. 28. 1. 1998, ZIP 1998, 380 = EWiR BGB § 675 3/98, 255 (*Schwark*); LG Duisburg Urt. v. 5. 2. 1997, WM 1997, 574, zur „Fokker"-Anleihe.

vermeiden.[96] Die Informationsverantwortung des Anlagevermittlers gebietet es, dem Kunden einen ggf. existierenden Beteiligungsprospekt unaufgefordert so rechtzeitig zur Verfügung zu stellen, dass er vom Inhalt des Prospekts noch vor Zeichnung der Anlage Kenntnis nehmen kann.[97]

37 Der Vermittler braucht den Wissensstand seines Auftraggebers nicht zu überprüfen und die unterschiedlichen Anlagemöglichkeiten nicht zu erläutern, wenn Letzterer von einem Vermögensberater betreut wird und an Ersteren mit konkreten Vorstellungen über die von ihm gewünschte Anlage herantritt[98] oder wenn er sich gegenüber dem Vermittler als in der betreffenden Anlage „erfahren" ausgibt.[99]

38 Im Vergleich zu sonstigen Finanzinstrumenten noch gesteigerte Anforderungen an die Aufklärungspflichten stellt die Rspr. speziell bei der **Vermittlung von Termingeschäften**, die auf Grund ihres Hebeleffekts im Vergleich zu Anlagen in die zugrunde liegenden Basiswerte mit einem erhöhten Verlustrisiko verbunden sind. Dies zeigt sich bereits in formeller Hinsicht daran, dass die Aufklärung über die Risiken von Börsentermingeschäften **schriftlich** zu erfolgen hat.[100] **Inhaltlich** gehen die Anforderungen der Rspr. weit über die nach § 37 d Abs. 2 WpHG zu erteilenden Basisinformationen (hierzu oben § 93 RdNr. 74) hinaus.[101] Von gewerblichen Vermittlern von Termingeschäften wird insbesondere eine Aufklärung „über die wesentlichen Grundlagen, die wirtschaftlichen Zusammenhänge, die damit verbundenen Risiken und die Verminderung der Gewinnchancen" verlangt. Der Umfang des dem Anleger aufgebürdeten Verlustrisikos sowie der Umstand der Verringerung der Gewinnchancen durch die Höhe der Vermittlungsprämie sei selbst dem flüchtigen Leser in unmissverständlicher Weise und in auffälliger Form ohne jede Beschönigung deutlich zu machen.[102] Besonderer Wert wird bei Optionen auf die (schriftliche) Offenlegung des Anteils gelegt, den die Vermittlungskommission an dem vom Anleger bezahlten Optionspreis ausmacht,[103] sowie darauf, dass optionsunerfahrene Kunden unmissverständlich und in auffälliger Form darauf hingewiesen werden, dass Aufschläge auf die Börsenoptionsprämie das Chancen-Risiko-Verhältnis aus dem Gleichgewicht bringen und dazu führen, dass die verbliebene, bei höheren Aufschlägen geringe Chance, insgesamt einen Gewinn zu erzielen, mit jedem Optionsgeschäft abnimmt.[104]

39 Überlagert und weiter konkretisiert werden die vertragsrechtlichen ggf. durch **öffentlich-rechtliche Aufklärungpflichten** (s. Allgem. Bankvertrag VI RdNr. 183 ff.). Nach § 31 Abs. 2 WpHG sind **Wertpapierdienstleistungsunternehmen** verpflichtet, von ihren Kunden Angaben über ihre Erfahrungen oder Kenntnisse in Geschäften, die Gegenstand von Wertpapierdienstleistungen oder Wertpapiernebendienstleistungen sein sollen, über ihre mit den Geschäften verfolgten Ziele und über ihre finanziellen Verhältnisse zu verlangen (Nr. 1) und den Kunden „alle zweckdienlichen Informationen mitzuteilen" (Nr. 2), „soweit dies zur Wahrung der Interessen der Kunden und im Hinblick auf Art und Umfang der beabsichtigten Geschäfte erforderlich ist." **Wertpapierdienstleistungsunternehmen** sind – vorbehaltlich der Ausnahmen in § 2 a WpHG – gemäß § 21 Abs. 4 WpHG Kreditinstitute, Finanzdienstleistungsinstitute und nach § 53 Abs. 1 Satz 1 KWG tätige Unternehmen, die Wertpapierdienstleistungen allein oder zusammen mit Wertpapiernebendienstleistungen gewerbsmäßig oder in einem Umfang erbringen, der einen in kaufmännischer Weise eingerichteten Geschäftsbetrieb erfordert. Zu den **Wertpapierdienstleistungen** zählt nach § 2

---

[96] BGH Urt. v. 6. 6. 1991 – III ZR 116/90, LM 1992, Nr. 1, § 276 (Fb) = NJW-RR 1991, 1243 = WM 1991, 1410, zur Haftung wegen c. i. c. bei der Vermittlung von Warenterminoptionen.
[97] OLG Hamburg Urt. v. 29. 8. 2005 – 11 U 189/04, ZIP 2006, 20.
[98] BGH Beschl. v. 12. 3. 1996 – XI ZR 232/95, ZIP 1996, 872 = WM 1996, 906.
[99] BGH Urt. v. 14. 5. 1996 – XI ZR 188/95, WM 1996, 1214 = ZIP 1996, 1761.
[100] BGH Urt. v. 22. 11. 2005 – XI ZR 76/05, WM 2006, 84, zur Vermittlung von Optionskontrakten; BGH Urt. v. 9. 6. 1998 – XI ZR 220/97, ZIP 1998, 1306, 1307; BGH Urt. v. 14. 5. 1996 (Fn. 99), zu Termindirektgeschäften; BGH Urt. v. 1. 2. 1994, WM 1994, 453; BGH Urt. v. 16. 11. 1993, WM 1994, 148, zu Terminoptionen; OLG Düsseldorf Urt. v. 14. 1. 1994, ZIP 1994, 288, 289.
[101] Vgl. BGH Urt. v. 11. 3. 1997 (Fn. 93), unter 2.a., zur Vermittlung von Optionsscheinen: Das von den Banken benützte Informationsblatt „Verlustrisiken bei Börsentermingeschäften" genüge zwar den Anforderungen des § 53 Abs. 2 Satz 1 BörsG aF zur Herstellung der Börsentermingeschäftsfähigkeit kraft Information (unter Berufung auf BGH Urt. v. 14. 2. 1995 – XI ZR 218/93, WM 1995, 658, und BGH Urt. v. 11. 6. 1996 – XI ZR 172/95, WM 1996, 1260). Es leiste aber „nur die erforderliche Grundaufklärung über Funktionsweise und Risiken der verschiedenen Arten von Börsentermingeschäften"; ebenso zur entsprechenden, von den Sparkassen verwendeten Broschüre „Basisinformationen über Börsentermingeschäfte" OLG Düsseldorf Urt. v. 8. 6. 1995 – 6 U 147/94, WM 1995, 1710, 1711, 1713, zur Vermittlung von US-Treasury Bond-Derivaten.
[102] BGH Urt. v. 9. 6. 1998 (Fn. 100); ebenso BGH Urt. v. 14. 5. 1996 (Fn. 99), ZIP 1996, 1161, 1162, jeweils zu Termindirektgeschäften; BGH Urt. v. 1. 2. 1994 – XI ZR 125/93, NJW 1994, 997 = WM 1994, 453; BGH Urt. v. 16. 11. 1993, WM 1994, 148 = ZIP 1994, 116, zur Vermittlung von Terminoptionen.
[103] BGH Urt. v. 5. 11. 1984 – II ZR 38/84, LM BGB § 276 (Fb) Nr. 33 = NJW 1986, 123, BGH Urt. v. 16. 2. 1981 – II ZR 179/80, BGHZ 80, 80 = LM BörsG Nr. 5 = NJW 1981, 1266.
[104] ZB BGH Urt. v. 1. 2. 1994 – XI ZR 125/93, NJW 1994, 997; BGH Urt. v. 22. 11. 2005 – XI ZR 76/05, WM 2006, 84, unter II.1.a.

Abs. 3 Nr. 4 WpHG u. a. „die Vermittlung oder der Nachweis von Geschäften über die Anschaffung und die Veräußerung von Finanzinstrumenten" (Wertpapiere, Geldmarktinstrumente, Derivate, Rechte auf Zeichnung von Wertpapieren, § 2 Abs. 2 b WpHG), zu den **Wertpapiernebendienstleistungen** nach § 2 Abs. 3 a Nr. 3 WpHG u. a. die „Beratung bei der Anlage in Finanzinstrumenten".

2. Beratungspflichten. Anlageberatung und Anlagevermittlung sind keine Gegensätze.[105] Bei der Anlagevermittlung können (ungeschriebene) Beratungspflichten bestehen. Umgekehrt vermittelt auch jeder Berater, der eine Empfehlung abgibt,[106] mit der Folge, dass ihn die Aufklärungspflichten des Vermittlers (RdNr. 35 ff.) treffen.[107] Pflichten des Anlagevermittlers zur **Beratung** iS eines über die bloße, wertfreie Aufklärung hinausgehenden Erteilens von Verhaltensempfehlungen[108] nimmt die Rspr. im Gegensatz zu den Versicherungsmaklern, aber ebenso wie bei sonstigen HM nicht per se,[109] sondern nur dann an, wenn besondere Anhaltspunkte für das Bestehen eines **speziellen Beratungsvertrags** neben dem eigentlichen Maklervertrag anzutreffen sind. Für das Zustandekommen eines konkludenten Beratungsvertrags soll es ausreichend sein, wenn der Anlageinteressent an den Vermittler oder der Vermittler an den Kunden herantritt, um über die Anlage eines Geldbetrages beraten zu werden bzw. zu beraten.[110] Inhalt und Umfang der Beratungspflicht sind dabei „von einer Reihe von Faktoren" abhängig, „die sich einerseits auf die Person des Kunden und andererseits auf das Anlageobjekt" beziehen (sog. **„anlegergerechte"** und **„objektgerechte"** Beratung).[111] Im Übrigen differenziert die Rspr. zu Recht danach, ob der Anlageberater offen auf der Anbieterseite auftritt oder sich als unabhängig geriert.[112] Bei Verletzung seiner Beratungspflichten haftet der Anlagevermittler dem Anleger nach § 280 Abs. 1 BGB (früher: pFV) auf Schadensersatz. Beide Ansprüche, derjenige aus Vertragsverletzung des Beratungsvertrags und derjenige aus Verletzung (vor-)vertraglicher Aufklärungspflichten, können parallel nebeneinander stehen.[113]

40

Nach öffentlichem Recht gibt es speziell für Wertpapierdienstleistungsunternehmen und mit diesen verbundene Unternehmen nach § 32 Abs. 1 WpHG **negative Beratungspflichten** iS des Verbotes einer bestimmten Art von Beratung in Ergänzung der Aufklärungspflichten nach § 31 WpHG (s. RdNr. 39). Danach ist es den genannten Unternehmen verboten, ihren Kunden den Ankauf oder Verkauf von Wertpapieren, Geldmarktinstrumenten oder Derivaten zu empfehlen, wenn und soweit die Empfehlung nicht mit den Interessen der Kunden übereinstimmt (Nr. 1) oder wenn dies zu dem Zweck geschieht, für Eigengeschäfte dieser Unternehmen Preise in eine bestimmte Richtung zu lenken (Nr. 2).

41

§ 99 [Lohnanspruch des Handelsmaklers]

Ist unter den Parteien nichts darüber vereinbart, wer den Maklerlohn bezahlen soll, so ist er in Ermangelung eines abweichenden Ortsgebrauchs von jeder Partei zur Hälfte zu entrichten.

---

[105] Siehe auch den Überblick bei *Wagner* DStR 2004, 1836 ff. (schwerpunktmäßig zur Anlagevermittlung) sowie DStR 2004, 1883 ff. (schwerpunktmäßig zur Anlageberatung). Der *Autor* bestätigt die im Text getroffene Aussage allerdings nicht und scheint implizit nur solche Personen, die Anlagen vermitteln, als „Anlagevermittler" zu betrachten, die nicht gleichzeitig Beratungspflichten übernommen haben.
[106] OLG Hamburg Urt. v. 29. 8. 2005 – 11 U 189/04, ZIP 2006, 20, unter II.1.
[107] Siehe zB Palandt/*Heinrichs* § 280 BGB RdNr. 53 (mwN): Der Vermittler müsse den Kunden ebenso wie ein Berater richtig und vollständig über alle für die Anlage wichtigen Umstände informieren.
[108] Vgl. den Überblick bei *v. Heymann* (Fn. 88) § 5 („Anlageberatung und Anlagevermittlung"), S. 166 ff., insb. RdNr. 4, 22–24, 75–94, 102–173.
[109] Vgl. *v. Heymann* (Fn. 88) § 5 („Anlageberatung und Anlagevermittlung"), RdNr. 4: Von einem Anlagevermittler würden regelmäßig nur Auskünfte erwartet; *aaO*, RdNr. 22: Der Anlagevermittler sei regelmäßig zu richtiger und vollständiger Information über die für den Anlageschluss wesentlichen tatsächlichen Umstände verpflichtet, nicht jedoch zu einer *Bewertung* dieser Umstände.
[110] Grundlegend BGH Urt. v. 22. 3. 1979 – VII ZR 259/77, BGHZ 74, 103, unter I.1.a., zur Vermittlung der Beteiligung an einer Publikums-KG; ferner zB BGH Urt. v. 6. 7. 1993 (Fn. 78), BGHZ 123, 126, 128 vgl. auch OLG Köln Urt. v. 26. 6. 1997 ZIP 1997 – 7 U 154/95, 1372, für die Annahme eines konkludenten Beratungsvertrags zwischen einer Bank und einem erfahrenen Kunden im Zusammenhang mit der Vermittlung des Kaufs hochspekulativer Aktien.
[111] BGH Urt. v. 6. 7. 1993 – XI ZR 12/93, BGHZ 123, 126, 128; bestätigt zB durch BGH 28. 1. 2003 – XI ZR 176/02, BGHR ZPO § 543 Abs 2 S 1 Nr 1 Rechtliches Gehör 1.
[112] Hierzu *Wagner* DStR 2004, 1883 mwN.
[113] BGH Urt. v. 22. 3. 1979 – VII ZR 259/77, BGHZ 74, 103, unter I.2., mwN, speziell zur Vermittlung der Beteiligung an einer Publikums-KG; OLG Hamburg Urt. v. 29. 8. 2005 – 11 U 189/04, ZIP 2006, 20, unter II.1.

Übersicht

	RdNr.		RdNr.
A. Rechtsgrundlage des (bedingten) Vergütungsanspruchs	1	**V. Gründe für den Ausschluss des Provisionsanspruchs trotz Vermittlung**	35–39
B. Bedingungen für das Entstehen des Provisionsanspruchs	2–39	1. Abbedingung des Provisionsanspruchs	35, 36
		2. Lohnunwürdigkeit (Verwirkung)	37, 38
I. Wirksames Zustandekommen des vermittelten Vertrages	3–12	3. Sittenwidrigkeit der Provisionsabrede	39
1. Freies Ablehnungsrecht des Auftraggebers	4–6	**C. Fälligkeit des Provisionsanspruchs**	40–42
2. Schuldrechtlicher Vertrag als Gegenstand der Vermittlung	7–9	**D. Höhe des Provisionsanspruchs**	43–47
		E. Beteiligung mehrerer HM	48–52
3. Bedeutung des weiteren Schicksals des Hauptvertrags für den Provisionsanspruch	10–12	**F. Verjährung des Provisionsanspruchs nach § 99**	53
II. Ursächlichkeit der Vermittlungstätigkeit des HM	13–19	**G. Kein Anspruch des HM auf Aufwendungsersatz**	54–56
1. Grundlagen	13–15	**H. Vereinbarungen zur Erfolgsabhängigkeit des Provisionsanspruchs**	57–68
2. Vorkenntnis des Auftraggebers	16–19		
III. Vorliegen einer vermittelnden Tätigkeit	20–25	I. Hintergrund	57, 58
1. Vermittlung unabhängig vom Maß der vom HM aufgewendeten Mühe	20–22	II. Abschlussbindungsklausel	59–61
2. Vermittlung als Interessenvertretung	23–25	III. Hinzuziehungs- und Verweisungsklausel („Alleinauftrag")	62–68
IV. Kongruenz zwischen vermitteltem Vertrag und Maklervertrag	26–34	I. Schadensersatz in Höhe der Provision	69–72
1. Sachliche Abweichungen	28, 29		
2. Personelle Abweichungen	30–32	**J. Besonderheiten bei Versicherungsmaklern**	73, 74
3. Genehmigung der Abweichung	33, 34		

A. Rechtsgrundlage des (bedingten) Vergütungsanspruchs

1 Im Gegensatz zum HM trifft den/die Auftraggeber nach dem gesetzlichen Leitbild eine (aufschiebend bedingte) einklagbare vertragliche Hauptpflicht zur Bezahlung des Maklerlohns („Provision", „Courtage"), die mit dem Zustandekommen des vermittelten Geschäfts entsteht.[1] Rechtsgrundlage des Provisionsanspruchs des HM gegen den/die Auftraggeber (siehe oben § 93 RdNr. 44 ff. zum Rechtsverhältnis des HM zum Vertragspartner des Auftraggebers) ist der mit diesem/diesen bestehende (wirksame, siehe § 93 RdNr. 72 ff.) Maklervertrag. Parteien des vermittelten Vertrags, die mit dem HM nicht in einer Vertragsbeziehung stehen, schulden diesem gegenüber keine Provision.[2] § 99 hat in diesem Zusammenhang die Funktion einer gesetzlichen **Auslegungsregel** über die Aufteilung des ortsüblichen Maklerlohnes unter den beiden Parteien des vermittelten Vertrages für den Fall, dass der HM mit beiden Parteien in einem Maklerverhältnis steht. Als solche ist die Vorschrift eine Ergänzung der Auslegungsregel des § 653 BGB sowie § 354.[3] Sie trägt der Tatsache Rechnung, dass der HM im Gegensatz zum Zivilmakler idR von beiden Parteien, und zwar entgeltlich, beauftragt wird. Im Anwendungsbereich der §§ 491 ff. BGB wird § 99 in Bezug auf den Provisionsanspruch des *Darlehensvermittlers* gegen den Verbraucher durch §§ 655 c und 655 d BGB verdrängt.[4] Die Regelung des § 99 ist **abdingbar** und kann durch

---

[1] Vgl. MünchKommHGB/*v. Hoyningen-Huene* § 93 RdNr. 65: „vertragliche Hauptpflicht"; anders aber *ders.*, aaO § 99 RdNr. 4: Die Verpflichtung der Parteien zur Maklerlohnzahlung je zur Hälfte nach § 99 sei eine „gesetzliche Schuld".

[2] Vgl. *Altmeppen* S. 12: § 99 gelte nur, wenn der HM – „wie häufig" – zu beiden Parteien in ein Vertragsverhältnis getreten sei; *Canaris* Handelsrecht 24. Aufl. 2006, § 19 II, RdNr. 29: § 99 setze („entgegen der hL") „einen Vertragsschluss des Maklers mit beiden Parteien voraus"; Schlegelberger/*Schröder* RdNr. 9; *Gierke/Sandrock* § 29 II 1 c β.; *K. Schmidt* HandelsR § 26 II 3 d; aA demgegenüber Röhricht/Graf v. Westphalen/*Röhricht* RdNr. 1: Der Provisionsanspruch gegen den „Vertragsgegner" setze entweder voraus, dass der Makler von beiden Seiten beauftragt sei oder jedenfalls zum Vertragsgegner seines Auftraggebers in einem „quasi-vertraglichen Pflichten- und Auftragsverhältnis" stehe. Zur Kritik dieses Ansatzes siehe oben § 93 RdNr. 44 ff.

[3] Vgl. allerdings die (in ihrer Weite problematische) Auslegung des § 354 durch die Rspr. des BGH, nach der die Provisionspflicht nicht notwendigerweise einen wirksamen Vertrag voraussetzen soll, sondern nur, „dass zwischen Makler und Kaufinteressent ein Verhältnis besteht, das die Tätigkeit des Maklers rechtfertigt". Dazu, so der BGH, reiche es aus, wenn dem Interessenten erkennbar sei, dass die Maklerdienste gerade für ihn geleistet würden (BGH Urt. v. 25. 9. 1985 – IVa ZR 22/84, BGHZ 95, 393, 398 = NJW 1986, 177, unter III., für den Zivilmakler).

[4] Ulmer/Habersack/*Ulmer* § 1 VerbrKG RdNr. 76, zur Vorgängerregelung in den §§ 16 und 17 VerbrKG.

B. Bedingungen für das Entstehen des Provisionsanspruchs

Die Voraussetzungen des Vergütungsanspruchs ergeben sich aus dem für den HM wie für den Zivilmakler einschlägigen § 652 BGB.[5] 2

I. Wirksames Zustandekommen des vermittelten Vertrages

Der vom HM vermittelte Vertrag muss wirksam zustande gekommen sein (zur Abdingbarkeit dieser Voraussetzung, insbesondere in AGB, s. RdNr. 57 ff.). 3

1. Freies Ablehnungsrecht des Auftraggebers. Der Auftraggeber verfügt gegenüber dem HM grundsätzlich über die Möglichkeit („das Recht"), Vermittlungsvorschläge, die letzterer unterbreitet, **jederzeit ohne Angabe von Gründen abzulehnen** mit der Folge, dass Provisionsansprüche nicht entstehen können.[6] Dabei spielt es keine Rolle, ob der Auftraggeber den Vertragsschluss ablehnt, weil er mit dem Vertragsinhalt nicht einverstanden ist, weil er noch andere HM mit der Vermittlung betraut hat oder weil er selbst bereits einen passenden Vertragspartner gefunden hat.[7] Der HM kann sich in diesen Fällen nicht auf den Grundsatz der missbräuchlichen Bedingungsvereitelung (§ 162 BGB) berufen. Eine absolute Grenze der Ablehnungsfreiheit bildet nur die Arglist, die zu einem auf das Provisionsinteresse gerichteten deliktischen Schadensersatzanspruch (insb. § 826 BGB) des HM führen kann.[8] 4

Das Recht des Auftraggebers zur willkürlichen Ablehnung besteht nur dann nicht, wenn die Parteien etwas anderes vereinbart haben[9] oder wenn entgegenstehende Verkehrssitten oder Handelsbräuche existieren. Im Börsenhandel bspw. kann kein Börsenmitglied die Annahme eines vom Börsenmakler vermittelten Angebots eines anderen (für den Auftraggeber anonymen) Börsenmitglieds zurückweisen.[10] Nach OLG Hamm 19. 5. 1994[11] soll sich der Grundsatz der Abschlussfreiheit des Auftraggebers nicht ohne weiteres in jedem Fall auf den Versicherungsmakler übertragen lassen, nämlich dann nicht, wenn Letzterer zu dem Versicherer in laufender Geschäftsbeziehung steht und diese den wesentlichen Teil seiner Vermittlertätigkeit ausmacht, so dass seine Stellung der des Versicherungsvertreters (§ 92) angenähert ist. 5

Schadensersatzpflichtig nach § 280 Abs. 1 BGB gegenüber dem HM in Bezug auf dessen Vertrauensschaden macht sich der Auftraggeber trotz seines Ablehnungsrechts, wenn er nicht mehr an einem Vertragsschluss interessiert ist, etwa weil er selbst einen Vertragspartner gefunden hat oder weil er seine Pläne geändert hat, und den HM hierüber nicht rechtzeitig unterrichtet, obwohl ihm dies möglich gewesen wäre.[12] 6

2. Schuldrechtlicher Vertrag als Gegenstand der Vermittlung. Entscheidend für den Erfolg der Vermittlung und das Entstehen des Provisionsanspruchs ist nicht die wirtschaftliche Vollziehung des Geschäfts, sondern das Zustandekommen des schuldrechtlichen Verpflichtungsvertrags.[13] Ist der Abschluss des Vertrags *aufschiebend* bedingt (zB Kauf auf Probe, §§ 454 f. BGB), entsteht der Provisionsanspruch erst mit Eintreten der Bedingung (§ 652 Abs. 1 Satz 2 BGB). Ob und wann die schuldrechtlichen Pflichten aus dem vermittelten Vertrag erfüllt werden, zB durch wirksames Zustandekommen der dinglichen Erfüllungsgeschäfte, ist für den Provisionsanspruch des HM im Unterschied zum HV (§ 87a Abs. 1 Satz 1) sowie zum Kommissionär (§ 396 Abs. 1) grundsätzlich ohne Relevanz.[14] Die Vorschrift des § 87a Abs. 1 Satz 1 ist auf den HM nicht 7

---

[5] *Altmeppen* S. 12; Schlegelberger/*Schröder* Anm. 2, 6.
[6] Vgl. BGH Urt. v. 22. 2. 1967 – VIII ZR 215/64, NJW 1967, 1225 = LM BGB § 652 Nr. 23.
[7] MünchKommHGB/*v. Hoyningen-Huene* § 93 RdNr. 66.
[8] Ähnlich *Capelle/Canaris* Handelsrecht, 21. Aufl. 1989, § 19 VIII.
[9] Zur Wirksamkeit von sog. Abschlussbindungsklauseln in AGB siehe unten RdNr. 60.
[10] *Claussen* 3. Aufl. 2003, § 9 RdNr. 230, mit dem Hinweis, dass zum Ausgleich die Vertragserfüllung durch die Börsenmitglieder gewährleistet werde.
[11] OLG Hamm Urt. v. 19. 5. 1994 – 18 U 64/93, OLGRspr. Hamm 1994, 133 = NJW-RR 1994, 1306.
[12] Vgl. MünchKommHGB/*v. Hoyningen-Huene* § 93 RdNr. 84: Der Auftraggeber sei verpflichtet, dem Makler mitzuteilen, wenn er von Abschluss und Durchführung des zu vermittelnden Geschäfts Abstand nehmen wolle.
[13] BGH Urt. v. 20. 2. 1997 – III ZR 208/95, NJW 1997, 1581, unter 2.a., mwN; MünchKommHGB/*v. Hoyningen-Huene* § 93 RdNr. 65; Palandt/*Sprau* § 652 RdNr. 19.
[14] BGH Urt. v. 11. 11. 1992 – IV ZR 218/91, NJW-RR 1993, 248, zur Entstehung des Vergütungsanspruchs nach § 652 BGB trotz nachträglicher Beseitigung der Leistungspflicht aus dem wirksam zustande gekommenen Hauptvertrag.

analog anwendbar.[15] Dies entspricht der Funktion des HM und des Maklers im Allgemeinen, die sich auf den Abschluss, nicht aber auf den Erfolg des Geschäfts bezieht. Das Risiko der Erfüllung des Geschäfts will der Makler idR nicht übernehmen,[16] weil die Erfüllung außerhalb seines Einflussbereichs steht.

8 Denkbar ist allerdings, dass das Entstehen des Provisionsanspruchs im Einzelfall auf Grund einer **besonderen Abrede** oder auf Grund **Verkehrssitte** oder **Handelsbrauchs** entgegen dem dargelegten Grundsatz von der Erfüllung des Geschäfts abhängig gemacht wird.[17] Dies wurde etwa für den Provisionsanspruch des **Schiffsmaklers** angenommen.[18] Der Provisionsanspruch des **Darlehensvermittlers** soll im Zweifel noch nicht mit der Begründung eines klagbaren Anspruchs des Darlehensnehmers auf Valutierung entstehen, weil regelmäßig die Kosten des Darlehensvermittlers erst aus der Valutierung beglichen und insoweit in einen Zusammenhang mit der Durchführung des Darlehensvertrags gebracht werden.[19] Nach OLG Hamm Urt. v. 19. 5. 1994[20] verdient der **Versicherungsmakler** abweichend von § 652 BGB seine Provision (gegenüber dem Versicherer, hierzu unten RdNr. 73) ebenfalls nicht schon mit dem Abschluss des von ihm vermittelten Versicherungsvertrages, sondern erst mit der Ausführung des Versicherungsvertrages, dh. mit der Prämienzahlung durch den Versicherungsnehmer.[21] Im Fachbereich des Waren-Vereins der Hamburger Börse e. V. besteht nach Ansicht des Schiedsgerichts dieses Vereins kein Handelsbrauch dahingehend, dass die Provision nur verlangt werden könnte, soweit der Kaufvertrag abgewickelt wird.[22]

9 In den Fällen, in denen das Entstehen des Provisionsanspruchs spezialgesetzlich, vertraglich oder gemäß Verkehrssitte oder Handelsbrauch von der Erfüllung des vermittelten Vertrags abhängig gemacht wird, kann der Auftraggeber im Einzelfall *trotz* Scheiterns der Erfüllung dem HM eine Provision dann schulden, wenn er die Erfüllung wider Treu und Glauben (im Verhältnis zum HM) verhindert (§ 162 BGB).[23] Eine analoge Anwendung der Vorschrift des § 87a Abs. 3, nach der bereits bloßes Vertretenmüssen der Nichterfüllung (gegenüber dem Vertragspartner) für das Entstehen des (grundsätzlich ebenfalls von der Erfüllung abhängigen) Provisionsanspruchs des HV ausreicht, ist nicht möglich.[24]

10 **3. Bedeutung des weiteren Schicksals des Hauptvertrags für den Provisionsanspruch.** Aus dem Umstand, dass es für den Provisionsanspruch nicht darauf ankommt, ob und wann die schuldrechtlichen Pflichten aus dem vermittelten Vertrag erfüllt werden, folgt, dass nur Umstände, die das wirksame Zustandekommen des Hauptvertrages verhindern oder den Hauptvertrag als von Anfang an unwirksam erscheinen lassen, die Entstehung des Provisionsanspruchs ausschließen. Dazu gehören die Formnichtigkeit, Gesetzwidrigkeit, Sittenwidrigkeit und die Anfechtung wegen Irrtums oder arglistiger Täuschung.[25]

11 Dagegen haben Umstände, die nur die Leistungspflichten aus dem wirksam zustande gekommenen (Haupt-)Vertrag (nachträglich) beseitigen – wie einverständliche Aufhebung des Vertrages, Unmöglichkeit, Kündigung und insbesondere Rücktritt – keinen Einfluss auf die Provisionspflicht.[26] Das

---

[15] BGH (Fn. 14); OLG Frankfurt Urt. v. 18. 4. 1997 – 24 U 115/95, OLG-Rp Frankfurt 1997, 133.
[16] *Capelle/Canaris* Handelsrecht, 21. Aufl. 1989, § 19 VI 1 a.
[17] Vgl. RdNr. 41 f. zur Abgrenzung solcher Klauseln von bloßen Fälligkeitsabreden.
[18] BGH Urt. v. 13. 6. 1951 – II ZR 107/50, BGHZ 2, 281; BGH Urt. v. 17. 4. 1956 – I ZR 184/54, NJW 1956, 1197 f. = LM BGB § 652 Nr. 3, zur vertraglichen Bindung des Provisionsanspruchs für die Vermittlung eines Schiffsfrachtvertrags an die Verschiffung der Ladung bzw. an den Empfang eines entsprechenden Schadensersatzes wegen Nichterfüllung; *Capelle/Canaris* Handelsrecht, 21. Aufl. 1989, § 19 VI 1.
[19] OLG Karlsruhe Urt. v. 3. 6. 1988 – 15 U 147/87, NJW-RR 1989, 1069, 1070; aA Heymann/*Herrmann* § 93 RdNr. 19: Auch beim Darlehen komme es nur auf den Vertragsschluss und nicht auf die Auszahlung der Valuta an, zu Unrecht unter Berufung auf BGH Urt. v. 7. 7. 1982 – IVa ZR 50/81, NJW 1982, 2662, 2663 = LM BGB § 652 Nr. 80, wo in den AGB der Maklerin *ausdrücklich* vereinbart worden war, dass die Maklergebühr bereits mit Abschluss eines bindenden Darlehensvertrages fällig werden sollte.
[20] OLG Hamm Urt. v. 9. 5. 1994 – 18 U 64/93, OLG-Rp Hamm 1994, 133 = NJW-RR 1994, 1306.
[21] In die gleiche Richtung gehend OLG Saarbrücken Urt. v. 9. 7. 1997 – 1 U 355/96-61, OLGR Saarbrücken 1997, 334: Für den Zeitraum bis Vertragsablauf könne das Versicherungsunternehmen, sofern es den HM durch Stornogefahrmitteilungen unterrichte, wegen notleidender Verträge Rückprovisionen beanspruchen.
[22] Schiedsspruch vom 4. 6. 1992 – 11/92, Jahresbericht 1992 Anhang S. 3; Schiedsspruch vom 8. 3. 1988 – 1/87, Jahresbericht 1988 Anhang S. 13 (zum Handel mit Tiefkühl-Obst/Gemüse), jeweils zit. nach *Straatman/Ulmer/Timmermann*, Rechtsprechung kaufmännischer Schiedsgerichte, Bd. 5, 1994, G 2 Nr. 17 bzw. Nr. 15.
[23] BGH Urt. v. 18. 4. 1966 – VIII ZR 111/64, NJW 1966, 1404; OLG Hamm (Fn. 20); GK-HGB/*Achilles* RdNr. 6; MünchKommHGB/*v. Hoyningen-Huene* § 93 RdNr. 31.
[24] BGH (Fn. 23); Röhricht/Graf v. Westphalen/*Röhricht* Vor § 93 RdNr. 83.
[25] BGH Urt. v. 14. 7. 2005 – III ZR 45/05, NJW-RR 2005, 1506, unter 3.; ebenso zur Anfechtung MünchKommHGB/*v. Hoyningen-Huene* § 93 RdNr. 73; *Brox* RdNr. 235; vgl. auch *Altmeppen* S. 19–48.
[26] BGH Urt. v. 14. 7. 2005 – III ZR 45/05, NJW-RR 2005, 1506, unter 3., wobei sich das Gericht – aus Sicht des neuen Schuldrechts zu Unrecht – auf die *nachträgliche* Unmöglichkeit beschränkt; BGH Urt. v. 11. 11. 1992 – IV ZR 218/91, NJW-RR 1993, 248.

spätere Schicksal des Vertrags (oder wirtschaftlich verbundener Verträge[27]) nach Abschluss ist ohne Belang für den Provisionsanspruch, soweit der Vertrag erst einmal rechtlich wirksam zustande gekommen ist.[28] Dies betrifft zB den Eintritt einer auflösenden Bedingung,[29] die Wiederaufhebung des Vertrags,[30] die Vertragsauflösung wegen Wegfalls der Geschäftsgrundlage,[31] den gesetzlichen Rücktritt bei Leistungsstörungen (§§ 325, 326 BGB)[32] sowie die Ausübung eines vertraglichen Rücktrittsrechts,[33] sofern der Rücktrittsvorbehalt nicht einer *aufschiebenden* Bedingung gleichkommt (§ 652 Abs. 1 S. 2 BGB),[34] dh. falls nach Inhalt und Zweck der Rücktrittsklausel der Hauptvertrag nicht von vornherein bis zur endgültigen Entscheidung in der Schwebe bleiben sollte.[35] Letzteres ist zB der Fall, wenn die Vertragsparteien im vom Makler vermittelten Hauptvertrag ein zwar befristetes, aber im Übrigen vorbehaltloses Rücktrittsrecht vereinbart haben. Hier entsteht, falls sich aus dem Maklervertrag nichts anderes ergibt, der Lohnanspruch des Maklers erst, wenn der Rücktritt in der vorgesehenen Frist nicht ausgeübt wird oder seine Ausübung nicht mit Sicherheit zu erwarten ist.[36] Entsprechendes gilt, wenn ein vermittelter Kaufvertrag eine Rücktrittsklausel enthält für den Fall, dass der Verkäufer die Kaufsache nicht rechtzeitig von den vorhandenen Pfandrechten und einem Zwangsversteigerungsvermerk freistellen kann,[37] oder – vorbehaltlich einer gegenteiligen Auslegung des Maklervertrags im Einzelfall – wenn der vorgesehenen Nutzung der Kaufsache öffentlich-rechtliche Hindernisse entgegenstehen.[38]

Im Einzelfall kann die Abgrenzung zwischen nachträglich eintretenden Ereignissen, die den Vermittlungserfolg als solchen in Frage stellen, und Ereignissen, die lediglich dem für das Entstehen des Provisionsanspruchs unbeachtlichen Bereich des nachträglichen Schicksals des Hauptvertrags zuzuordnen sind, Schwierigkeiten bereiten. Entscheidend ist hier nicht eine formalistische, sondern eine teleologische, am Zweck des im Maklervertrag definierten Vermittlungserfolgs orientierte und damit regelmäßig **wirtschaftliche Betrachtungsweise**.[39]

II. Ursächlichkeit der Vermittlungstätigkeit des HM

1. Grundlagen. Der Provisionsanspruch entsteht nur, wenn die Vermittlungsbemühungen des HM ursächlich (kausal) für den Abschluss des Hauptvertrags waren (§ 652 Abs. 1 Satz 1 BGB: „*infolge der Vermittlung des Mäklers zustande kommt*").[40] Der Begriff der Ursächlichkeit ist dabei (ausgehend vom naturwissenschaftlichen Verständnis eines reproduzierbaren Geschehensablaufs) in einer normativen, am Austauschzweck des Maklervertrags orientierten Weise entsprechend der **Adäquanztheorie** einzuschränken.[41] Eine Anwendung der auf die Sanktionierung rechtswidrigen

---

[27] Vgl. BGH (Fn. 19), NJW 1982, 2662, 2663, unter I.4.; OLG Karlsruhe (Fn. 19): Danach entfällt der Provisionsanspruch des Kreditmaklers nicht dadurch, dass bezüglich des Grundstücks, dessen Kaufpreis finanziert werden sollte, ein Vorkaufsrecht ausgeübt wird.
[28] MünchKommHGB/*v. Hoyningen-Huene* § 93 RdNr. 72.
[29] BGH Urt. v. 21. 4. 1971 – IV ZR 66/69, WM 1971, 905; MünchKommHGB/*v. Hoyningen-Huene* § 93 RdNr. 72; *Capelle/Canaris* Handelsrecht, 21. Aufl. 1989, § 19 VI.1.a.; anders der Nichteintritt einer aufschiebenden Bedingung, siehe oben RdNr. 7.
[30] BGH Urt. v. 5. 5. 1976 – IV ZR 63/75, BGHZ 66, 270; OLG Hamburg Urt. v. 23. 4. 1997 – 13 U 40/96, AIZ A 137 Bl 17.
[31] OLG Hamburg Urt. v. 23. 4. 1997 – 13 U 40/96, AIZ A 137 Bl 17; vgl. auch *Altmeppen* S. 96–100.
[32] BGH Urt. v. 9. 1. 1974 – IV ZR 71/73, LM BGB § 652 Nr. 49 = NJW 1974, 694–696; BGH Urt. v. 15. 1. 1986 – IVa ZR 46/84, LM BGB § 652 Nr. 101 = NJW 1986, 1165, 1166; OLG Hamburg (Fn. 31).
[33] BGH Urt. v. 10. 11. 1976 – IV ZR 129/75, WM 1977, 21, 23; MünchKommHGB/*v. Hoyningen-Huene* § 93 RdNr. 72.
[34] BGH (Fn. 30).
[35] OLG Hamburg (Fn. 31).
[36] BGH (Fn. 26); BGH Urt. v. 6. 3. 1991 – IV ZR 53/90, NJW-RR 1991, 820; BGH Urt. v. 9. 1. 1974 – IV ZR 71/73, NJW 1974, 694; bestätigt in BGH Urt. v. 13. 1. 2000 – III ZR 294/98, NJW-RR 2000, 1302, unter 4.
[37] BGH Urt. v. 26. 2. 1997 – III ZR 81/96, NJW 1997, 1583–1584, zum Grundstückskauf.
[38] BGH Beschl. 29. 1. 1998, III ZR 76/97, BB 1998, 1028 = NJW-RR 1998, 1205: Die Vereinbarung eines Rücktrittsvorbehaltes in einem Grundstückskaufvertrag, der von der Bebaubarkeit des Grundstücks abhängig gemacht werde, komme einer aufschiebenden Bedingung iS von § 652 Abs. 1 S. 2 BGB gleich, wenn der Auftraggeber dem Makler nur eine Provision für den Nachweis von Baugelände versprochen habe. Siehe auch LG Frankfurt 23. 6. 1987 – 2/26 O 23/87, NJW-RR 1988, 688: Danach stellt ein im Zusammenhang mit einem Grundstückskaufvertrag vereinbartes Rücktrittsrecht dann eine aufschiebende Bedingung dar, wenn das Rücktrittsrecht davon abhängt, dass der Kaufpreis aus der Veräußerung des Grundstücks innerhalb einer bestimmten Frist eingeht.
[39] Vgl. *Altmeppen* S. 186: Die Tauglichkeit der allgemeinen aus § 652 Abs. 1 BGB abgeleiteten Formel, der Makler habe mit dem Erfüllungsrisiko des Hauptvertrages grundsätzlich nichts zu tun, müsse in zahlreichen Einzelfällen durchbrochen werden, da sie weder den Vorstellungen noch den Interessen der Parteien entspreche.
[40] Vgl. zur Kausalität zwischen Maklerleistung und Vertragsschluss den Überblick bei Palandt/*Sprau* § 652 RdNr. 47 ff.
[41] BGH Urt. v. 15. 6. 1988 – IVa ZR 170/87, WM 1988, 1492 = NJW-RR 1988, 1397, zum Nachweismakler („adäquat kausal"); *Capelle/Canaris* Handelsrecht, 21. Aufl. 1989, § 19 VI 1c.

Verhaltens zugeschnittenen Äquivalenztheorie kommt nicht in Betracht. Der Umstand, dass der Hauptvertrag selbst ohne die Vermittlung des HM zustande gekommen wäre (hypothetischer Kausalverlauf), ist nicht zu berücksichtigen.[42]

14 Der HM braucht nicht die alleinige Ursache für den Vertragsschluss gesetzt zu haben,[43] so dass auch die **sukzessive Mitwirkung weiterer Makler** die Kausalitätskette im Hinblick auf den Beitrag des ersten HM nicht unterbricht.[44] Der Abschluss des Hauptvertrages muss sich aber „als Ergebnis einer für den Erwerb wesentlichen Maklerleistung" darstellen. Der Makler wird nicht „für den Erfolg schlechthin, sondern für einen Arbeitserfolg" entlohnt. „Maklertätigkeit und darauf begründeter Erfolgseintritt haben als Anspruchsvoraussetzungen gleiches Gewicht".[45] Es reicht dabei aus, wenn der Auftraggeber alle wesentlichen, seinen Entschluss zum Vertragsschluss bestimmenden Einzelheiten unmittelbar durch die Bemühungen des Erstmaklers erfahren hat. Unschädlich ist es, wenn die Verhandlungen über den Kaufpreis noch nicht abgeschlossen waren, sofern das Interesse des Auftraggebers durch das vorläufige Scheitern der Verhandlungen nicht ganz erloschen ist. Dass der „Durchbruch" bei den Verhandlungen erst durch den Zweitmakler bewirkt wird, beseitigt die Kausalität nicht, sofern die Beeinflussung des Auftraggebers durch den Erstmakler zu diesem Zeitpunkt „noch wirksam" gewesen ist. Dies gilt zumindest dann, wenn der Auftraggeber dem Erstmakler durch die Einschaltung des Zweitmaklers gar nicht die Chance gewährt, seine Vermittlung erfolgreich zu Ende zu führen.[46] Neben dem Erstmakler kann der Auftraggeber dann zusätzlich dem Zweitmakler provisionspflichtig sein.[47] Ein Provisionsanspruch entfällt demgegenüber, wenn der HM seine Vermittlungsbemühungen von sich aus aufgibt. Hier fehlt es bereits am Tatbestandsmerkmal einer (vollendeten) Vermittlung.

15 Die Kausalität von Vermittlungsbemühungen wird ebenfalls nicht unterbrochen, wenn nicht die Bemühungen des HM, sondern erst **nachfolgende direkte Vertragsverhandlungen zwischen den Parteien** den Vertragsschluss herbeiführen, sofern der HM dem Kunden den Anstoß dazu gegeben hat, sich konkret um das in Rede stehende Objekt zu bemühen („wesentliche" Maklerleistung).[48]

16 **2. Vorkenntnis des Auftraggebers.** Die Vorkenntnis des Auftraggebers schließt einen Provisionsanspruch dann nicht aus, wenn der HM über die Vorkenntnis hinaus einen eigenen wesentlichen Beitrag zum Vertragsschluss geleistet hat, zB durch die Lieferung zusätzlicher Informationen,[49] selbst wenn der Vertrag uU auch ohne diesen Beitrag auf Grund eigener Bemühungen der Parteien zustande gekommen wäre. Besonders gefährlich ist der Einwand der Vorkenntnis vor allem beim (zivilen) Nachweismakler,[50] weil sich die für das Entstehen des Provisionsanspruchs entscheidende Kausalität der Maklertätigkeit auf die Verschaffung der bloßen Kenntnis von der Gelegenheit zum Abschluss eines Vertrages bezieht. Beim Vermittlungsmakler, insbesondere beim HM, ist demgegenüber über die Verschaffung der Kenntnis von der Abschlussmöglichkeit hinaus zusätzlich für das Entstehen des Provisionsanspruchs eine Vermittlungstätigkeit (s. RdNr. 20 ff.) zur Begründung des Provisionsanspruchs erforderlich, so dass der Einwand der Vorkenntnis hier nur dann die Kausalität beseitigt, wenn über die Vorkenntnis hinaus dargelegt wird, dass der Vertrag auch ohne Vermittlung ohne weiteres zustande gekommen wäre.

17 Um aus der Sicht des HM jeder Gefahr zu begegnen, Zeit und Geld in das Bemühen um eine erfolgreiche Vermittlung zu investieren, im Falle einer erfolgreichen Vermittlung von Seiten des Auftraggebers dann aber dem Einwand ausgesetzt zu sein, die Vermittlung sei wegen dessen Vorkenntnis von der Abschlussbereitschaft des Vertragspartners nicht kausal gewesen, behilft sich die

---

[42] Vgl. OLG Karlsruhe Urt. v. 3. 11. 1995 – 15 U 5/95, NJW-RR 1996, 628, mit einer entsprechenden Aussage zum Provisionsanspruch des Nachweismaklers (Immobilienmaklers); zust. GK-HGB/*Achilles* RdNr. 3.
[43] MünchKommHGB/*v. Hoyningen-Huene* § 93 RdNr. 74.
[44] BGH Urt. v. 26. 9. 1979 – IV ZR 92/78, NJW 1980, 123 f., zur Frage der (Mit-)Ursächlichkeit der Tätigkeit eines Nachweismaklers in einem Fall, wo der Auftraggeber nach Entgegennahme des Nachweises der Gelegenheit zum Abschluss eines Kaufvertrages über ein Hausgrundstück und vor Abschluss dieses Vertrages noch einen weiteren Nachweismakler eingeschaltet hatte; OLG Hamm Urt. v. 1. 6. 1995 – 18 U 126/94, BB 1995, 1977, 1978.
[45] BGH Urt. v. 15. 6. 1988 (Fn. 41), unter 2.
[46] Vgl. BGH Urt. v. 23. 10. 1980 – IVa ZR 33/80, BGHZ 78, 269 = LM BGB § 134 Nr. 94 = NJW 1981, 387, 388, unter 4.; ebenso bereits BGH (Fn. 45).
[47] KG Urt. v. 31. 8. 2000 – 10 U 8710/99, Grundeigentum 2001, 1197, zum Zivilmakler.
[48] BGH Urt. v. 20. 4. 1983 – IVa ZR 232/81, NJW 1983, 1849 = LM BGB § 652 Nr. 83; ebenso BGH Urt. v. 4. 10. 1995 – IV ZR 163/94, NJW-RR 1996, 114; BGH Urt. v. 15. 6. 1988 – IVa ZR 170/87, WM 1988, 1492 = NJW-RR 1988, 1397; vgl. auch BGH Urt. v. 25. 2. 1999 – III ZR 191/98, NJW 1999, 1255, unter 4. b., zum Provisionsanspruch des Nachweismaklers des Käufers, wenn der Kaufvertrag nach Verhandlungsabbruch erst auf Grund einer Annonce des Verkäufers zustande kommt.
[49] BGH Urt. v. 4. 10. 1995 (Fn. 48).
[50] *Vgl.* zum Meinungsstand MünchKommBGB/*Roth* § 652 RdNr. 158 f., mwN.

Praxis mit sog. **Vorkenntnisklauseln.** Diese erlegen dem Auftraggeber die Last auf, innerhalb einer bestimmten Frist den HM über eine vorhandene Vorkenntnis zu informieren bzw. weiteren Vermittlungsbemühungen unter Hinweis auf seine Vorkenntnis zu widersprechen (Widerruf des Auftrags),[51] andernfalls er die Möglichkeit eines späteren Einwands der Vorkenntnis gegenüber dem Provisionsbegehren verliert.[52] Denkbar ist ferner eine Vereinbarung, die dem Auftraggeber eine echte, mit einem Schadensersatzanspruch aus § 280 Abs. 1 sanktionierte Vertragspflicht zur Offenbarung von Vorkenntnissen auferlegt.

Keinen Sinn dürfte es machen, Vorkenntnisklauseln in einem Handelsmaklervertrag dahingehend **18** auszulegen, dass der Auftraggeber nicht seinen materiell-rechtlichen Vorkenntniseinwand aufgibt, sondern nur die Beweislast dafür übernimmt, dass der Vertrag angesichts der Vorkenntnis auch ohne die Vermittlung des HM zustande gekommen wäre. Hierfür trägt der Auftraggeber nämlich nach allgemeinen zivilprozessualen Grundsätzen ohnehin die Beweislast.[53] Die Situation liegt beim Vermittlungsmakler insofern anders als beim Nachweismakler, bei dem bei nachgewiesener Vorkenntnis eine tatsächliche Vermutung dafür spricht, dass seine Nachweistätigkeit nicht kausal war,[54] mit der Folge, dass er diese Vermutung im Rahmen seiner Last zum Nachweis der Kausalität[55] zu widerlegen hat. Im Gegensatz zum Vermittlungsmaklervertrag kann der beweisrechtliche Nutzen einer Vorkenntnisklausel im Nachweismaklervertrag somit darin liegen, die Vermutungswirkung der Vorkenntnis zu entkräften und dem Auftraggeber den Nachweis aufzuerlegen, dass der Vertrag angesichts der Vorkenntnis ohne die Hilfe des Maklers zustande gekommen wäre.[56] Die Rspr. zur Auslegung der Vorkenntnisklauseln beim Nachweismakler iS einer Beweislastregel ist insofern nicht auf den Vermittlungsmakler übertragbar.[57]

Vorkenntnisklauseln in **AGB,** die einen Verzicht auf den Einwand der Vorkenntnis bewirken, sind **19** nach § 307 BGB, und damit auch gegenüber Unternehmern (§ 310 BGB), unwirksam.[58] Eine andere Variante der Vorkenntnisklauseln schützt nicht das Provisions-, sondern das Integritätsinteresse des Maklers vor vergeblichen Bemühungen und Aufwendungen für den Fall, dass die Vorkenntnis die Kausalität seiner Bemühungen ausschließt. Zu diesem Zweck verpflichten diese Klauseln den Auftraggeber dazu, den HM rechtzeitig auf eine ggf. bestehende Vorkenntnis hinzuweisen, wobei es sich hier um eine echte, bei Verletzung mit einem Schadensersatzanspruch aus § 280 Abs. 1 BGB sanktionierte vertragliche Nebenpflicht handelt.[59]

III. Vorliegen einer vermittelnden Tätigkeit

1. Vermittlung unabhängig vom Maß der vom HM aufgewendeten Mühe. Nicht jedes **20** kausale Tätigwerden des HM begründet einen Provisionsanspruch, sondern nur ein solches, das in einer Vermittlung der Vertragsparteien des Hauptvertrags besteht. Für die Abgrenzung der Vermittlung zum bloßen Nachweis ist das **Herbeiführen der Abschlussbereitschaft** das entscheidende Kriterium (siehe § 93 RdNr. 14).

---

[51] OLG Koblenz Urt. v. 6. 7. 1989 – 5 U 278/89, OLGZ 1991, 320 = NJW-RR 1991, 248, 249, stellt zu Recht fest, dass die Inanspruchnahme von Maklerdiensten ohne Hinweis auf die Vorkenntnis entgegen einer in der Rspr. und Schrifttum vereinzelt vertretenen Auffassung *nicht* als konkludenter *Verzicht* auf den Einwand der Vorkenntnis zu werten ist.
[52] Vgl. zu dieser Praxis Baumbach/*Hopt* § 93 RdNr. 66.
[53] Ebenso (in Bezug auf die Beweislast) Baumbach/*Hopt* § 93 RdNr. 66.
[54] BGH Urt. v. 10. 2. 1971 – IV ZR 85/69, LM BGB § 652 Nr. 40 = NJW 1971, 1133, 1135; vgl. auch OLG Koblenz Urt. v. 6. 7. 1989 – 5 U 278/89, OLGZ 1991, 320 = NJW-RR 1991, 248, 249: Bei Vorkenntnis des Kaufinteressenten erbringe der Nachweismakler grundsätzlich keine provisionspflichtige Leistung, weil der Kaufvertrag nicht „infolge" der Nachweistätigkeit des Maklers zustande gekommen sei.
[55] Dazu, dass der Makler für die Kausalität beweispflichtig ist BGH Urt. v. 10. 2. 1971 (Fn. 54); BGH Urt. v. 6. 12. 1978 – IV ZR 28/78, NJW 1979, 869, zum Nachweismakler; BGH Urt. v. 26. 9. 1979 – IV ZR 92/78, NJW 1980, 123.
[56] Abgesehen davon, dass er seine Aussage zu Unrecht auf den Vermittlungsmakler bezieht, zu pauschal Heymann/*Herrmann* Vor § 93 RdNr. 35: Vorkenntnisklauseln dienten dem Zweck, dem Makler seine [gemeint ist: gesamte] Beweislast für die Kausalität der Vermittlung abzunehmen.
[57] So aber Baumbach/*Hopt* § 93 RdNr. 66; MünchKommHGB/*v. Hoyningen-Huene* § 93 RdNr. 93.
[58] *BGH* (Fn. 54), zu § 9 AGBG; BGH Urt. v. 7. 7. 1976 – IV ZR 229/74, LM BGB § 652 Nr. 56 = NJW 1976, 2345, zur insoweit vergleichbaren Frage der Wirksamkeit einer Klausel, die bei nicht rechtzeitiger Offenbarung der Vorkenntnis eine *unwiderlegbare* Vermutung zugunsten der Kausalität der Maklertätigkeit begründet; Baumbach/*Hopt* § 93 RdNr. 66.
[59] Im Schrifttum wird teilweise die Ansicht vertreten, dass sich eine solche Nebenpflicht des Auftraggebers bereits als ungeschriebene aus dem Grundsatz von Treu und Glauben ergibt (Palandt/*Sprau* § 652 BGB RdNr. 49); die Rspr. ist ablehnend (BGH Urt. v. 9. 11. 1983 – IVa ZB 60/82, WM 1984, 62, 63; OLG Koblenz Urt. v. 6. 7. 1989 – 5 U 278/89, OLGZ 1991, 320 = NJW-RR 1991, 248, 249).

21 Von einer provisionspflichtigen Vermittlungsleistung sollte man aber selbst dann ausgehen, wenn die Abschlussbereitschaft im Einzelfall bereits durch das einfache Zusammenführen der Parteien[60] oder sogar, etwa wenn sich die Parteien bereits von anderen Geschäften her kennen, durch den bloßen Nachweis begründet wird.[61] Auf das *Maß* der aufzuwendenden Vermittlungstätigkeit stellt § 93 nämlich nicht ab.[62] Die Vermittlungstätigkeit als Provisionsvoraussetzung ist kein Selbstzweck. Zweck der Beauftragung des HM zur Vermittlung (im Gegensatz zum Nachweis) ist es, die Chancen eines erfolgreichen Abschlusses dadurch zu erhöhen, dass dem HM ein weiterer Tätigkeitsspielraum gewährt wird als dies beim reinen Nachweismakler der Fall ist, nicht aber, den HM dazu zu veranlassen, mehr als zur Herbeiführung des Vertragsabschlusses nötig zu tun. Es wäre deshalb widersinnig, den HM in Fällen, in denen sich beide Parteien sofort nach ihrer Zusammenführung durch ihn einig sind, dazu zu veranlassen, sich dennoch um jeden Preis in den Vertragsschluss einzumischen und vielleicht sogar auf Änderungen der Vertragsbedingungen hinzuwirken, nur um die Voraussetzungen für das Entstehen eines Provisionsanspruchs zu erfüllen. Es ist nicht nachvollziehbar, warum in einem solchen Fall die Annahme einer (erfolgreichen) Vermittlung „nicht mit den spezifischen Pflichten des HM" vereinbar sein soll.[63] Besteht man darauf, dass der HM selbst in den genannten Fällen mehr tun muss, als die Parteien zusammenzuführen, könnte dies sogar einen kontraproduktiven Effekt haben und dazu führen, dass der HM im Widerspruch zum Interesse seines Auftraggebers solche Adressen von potentiellen Vertragspartnern im Zweifel zurückhält, bei denen er „befürchten" muss, dass über die Zusammenführung der Parteien hinaus keine weitere „Vermittlung" notwendig sein wird. Bezeichnenderweise wollen selbst diejenigen, die bei einem bloßen Nachweis eine Vermittlungstätigkeit nach § 93 verneinen, den HM nicht völlig von einem Provisionsanspruch ausschließen und verweisen darauf, dass dem HM dann statt einer Provision nach § 99 eine Nachweisprovision nach Zivilmaklerrecht zustehen kann.[64] Mit dem erklärten Willen von HM und Auftraggeber zum Abschluss eines HM- und nicht eines zivilen Nachweismaklervertrags ist diese Auffassung nicht zu vereinbaren.

22 Völlig anders liegt der Fall, wenn der Makler sich von sich aus auf das Zusammenführen der Partei oder gar auf den bloßen Nachweis beschränkt, und die Parteien dann, sich selbst überlassen, erst nach mühsamen Verhandlungen oder uU unter Einschaltung eines weiteren Maklers zum Abschluss gelangen.[65] Eine Vermittlung liegt begrifflich ebenfalls nicht vor, wenn der Hauptvertrag im Wege der Zwangsversteigerung zustande kommt.[66] Dies schließt aber nicht aus, dass die Parteien (zumindest individualvertraglich) vereinbaren, dass eine Provision – insofern über die Funktion des Vermittlungsmaklers hinausgehend – auch für die (kausale) Mitteilung über ein Zwangsversteigerungsverfahren geschuldet sein soll.[67]

23 **2. Vermittlung als Interessenvertretung.** Der Begriff der (provisionsbegründenden) „Vermittlung" setzt grundsätzlich (zur Abdingbarkeit s. RdNr. 57 ff.) voraus, dass der vermittelte Vertragspartner mit dem Makler **nicht** (tatsächlich – wie beim Eigengeschäft – oder wirtschaftlich) **identisch** ist[68] und dass in der Person des Vermittlers keine (dem Auftraggeber verschwiegenen) sonstigen erheblichen und konkreten Interessenkonflikte bestehen, die den „Vermittler" aus der Sicht des Auftraggebers als *befangen* und – soweit, wie die Befangenheit reicht – zur Vermittlung ungeeignet kennzeichnen. Die Rspr. verwendet zur Unterscheidung des Identitätskriteriums von demjenigen des Bestehens sonstiger Interessenkonflikte die Begriffe der **echten** und **unechten Verflechtung**,

---

[60] So zu Recht Schlegelberger/*Schröder* § 93 RdNr. 6; zustimmend *Brox* RdNr. 226.
[61] Zu sehr verallgemeinernd jedoch Schlegelberger/*Schröder* § 93 RdNr. 6: Praktisch habe der gesetzgeberische Unterschied zwischen Nachweis- und Vermittlungsmaklern nach § 652 BGB und reinen Vermittlungsmaklern nach § 93 keine erhebliche Bedeutung.
[62] So zu Recht Schlegelberger/*Schröder* § 93 RdNr. 6; ähnlich GK-HGB/*Achilles* RdNr. 2: Der Umfang der vom Makler aufgewendeten Mühe sei ohne Bedeutung.
[63] MünchKommHGB/*v. Hoyningen-Huene* § 93 RdNr. 25, der in den genannten Fällen für die Annahme einer provisionspflichtigen Vermittlungstätigkeit zusätzlich zum (kausalen) Nachweis zwingend „Vorklärungen, Terminsvereinbarungen und Verhandlungen" verlangt.
[64] Vgl. MünchKommHGB/*v. Hoyningen-Huene* § 93 RdNr. 65; ebenso Heymann/*Herrmann* § 93 RdNr. 14.
[65] Vgl. BGH Urt. v. 27. 10. 1976 – IV ZR 149/75, LM BGB § 652 Nr. 58 = NJW 1977, 41, für den Zivilmakler.
[66] BGH Urt. v. 4. 7. 1990 – IV ZR 174/89, BGHZ 112, 59, unter I.2.: Ein etwaiger Versuch des Maklers, den Willen des Eigentümers des zu versteigernden Grundstücks zu beeinflussen, könne beim Erwerb in der Zwangsversteigerung niemals ursächlich sein, da es für den Eigentumsübergang im Zwangsversteigerungsverfahren auf die Willensrichtung des Eigentümers nicht ankomme; bestätigt von BGH Urt. v. 20. 2. 1997 – III ZR 208/95, LM BGB § 652 Nr. 139 (8/1997) = NJW 1997, 1581, unter 1.
[67] BGH Urt. v. 4. 7. 1990 – IV ZR 174/89, BGHZ 112, 59, unter II., zum Zivilmakler. Die Frage der Zulässigkeit einer entsprechenden Klausel in AGB wird in dieser Entscheidung – in Distanzierung zu BGH Urt. v. 2. 4. 1969 (IV ZR 786/68, WM 1969, 884) – offen gelassen, in BGH Urt. v. 24. 6. 1992 – IV ZR 240/91, BGHZ 119, 32–34 = LM BGB § 652 Nr. 130 (4/1993) = NJW 1992, 2568–2569, aber verneint.
[68] *BGH* Urt. v. 1. 4. 1992 – IV ZR 154/91, NJW 1992, 2818, unter 2.a., zu § 652 Abs. 1 BGB.

Lohnanspruch des Handelsmaklers 24–26 § 99

wobei die Abgrenzungsmerkmale ineinander übergehen.[69] Während strukturelle Interessenkonflikte bewirken, dass der HM unter keinen Umständen zu einer unbefangenen Vermittlung in der Lage ist, betrifft der im Folgenden zu erörternde fallbezogene Interessenkonflikt (siehe zur Unterscheidung oben § 93 RdNr. 17 f.) die Situation, dass der HM nur speziell in Bezug auf den für den Auftraggeber[70] konkret beschafften Vertragspartner des Hauptvertrags auf Grund besonderer eigener Interessen befangen ist, mit der Folge, dass nicht vom Vorliegen einer provisionspflichtigen Vermittlungstätigkeit ausgegangen werden kann.

Die Tatsache, dass der HM zum Vertragspartner seines Auftraggebers ebenfalls in einem Auftragsverhältnis (Maklervertrag) steht, kann als solche nicht bereits als Ursache von Interessenkonflikten der genannten Art betrachtet werden (s. § 93 RdNr. 20). Von einer echten Verflechtung iS des Identitätskriteriums geht die Rspr. etwa aus, wenn der Makler das beabsichtigte Geschäft mit seinen **Verwandten**[71] als Vertragspartner des Auftraggebers zustande bringt. 24

Zur näheren Kennzeichnung des provisionsausschließenden Interessenkonflikts iS der sog. „unechten Verflechtung" verwendet die Rspr. die Formel von der notwendigen **Institutionalisierung** der anderweitigen Interessenbindung des Maklers in einem solchen Maße, dass sie ihn – unabhängig von seinem Verhalten im Einzelfall – als ungeeignet für die dem gesetzlichen Leitbild entsprechende Tätigkeit des Maklers erscheinen lässt.[72] Eine provisionsschädliche unechte Verflechtung iS eines institutionalisierten Interessenkonflikts soll vorliegen, wenn der Vertragsgegner des Maklerkunden an dem Unternehmen des Maklers mit Beherrschungsmöglichkeit oder der Makler an dem Unternehmen des Vertragsgegners seines Kunden mit oder ohne Beherrschungsmöglichkeit **beteiligt** ist.[73] Darüber hinaus wird ein institutionalisierter Interessenkonflikt im Falle eines Maklers bejaht, der für den vermittelten Vertragspartner gleichzeitig die Funktion eines HV ausübt.[74] Diese zum Zivilmakler ergangene Rspr. ist auf den HM übertragbar, weil zwar nicht die Doppeltätigkeit als solche, aber die Pflicht des HV zum Tätigwerden gegenüber dem von ihm vertretenen Unternehmen eine erhebliche und konkrete Gefahr der Befangenheit begründet. Nicht übertragbar auf den HM dürfte aber die Rspr. sein, die vom Vorliegen eines institutionalisierten Interessenkonflikts bereits dann ausgeht, wenn der Makler als (gesetzlicher oder bevollmächtigter) **Stellvertreter der Gegenseite** selbständig über den Abschluss des von ihm vermittelten Hauptvertrags entscheidet.[75] Dies gilt zumindest soweit, wie diese Vollmacht im Rahmen eines gleichzeitig mit der Gegenseite bestehenden Maklerverhältnisses und nicht auf der Grundlage darüber hinaus gehender vertraglicher Bindungen erteilt wurde. Anders liegt der Fall, wenn sich der HM gegenüber der Gegenseite vertraglich dazu verpflichtet hat, dessen alleiniger Interessenvertreter sein zu wollen. Eine solche Vereinbarung begründet gegenüber dem (anderen) Auftraggeber immer eine provisionsausschließende Befangenheit. Zum darüber hinaus möglichen Schadensersatzanspruch des Auftraggebers s. § 98 RdNr. 28. 25

IV. Kongruenz zwischen vermitteltem Vertrag und Maklervertrag

Der vom HM vermittelte, von den Parteien abgeschlossene Hauptvertrag muss **in allen wesentlichen Punkten** mit dem vom provisionspflichtigen Auftraggeber beabsichtigten, im Maklerauftrag konkretisierten Vertrag übereinstimmen.[76] Eine vollständige Identität des zustande gekommenen 26

---

[69] Ausführlich zum Wegfall des Vergütungsanspruchs des (Zivil-)Maklers in Verflechtungsfällen BGH Urt. v. 26. 3. 1998 – III ZR 206/97, NJW-RR 1998, 992–993 = WM 1998, 1188, unter 2.; vgl. auch BGH (Fn. 67) NJW 1992, 2818, unter 2.b., wo in Bezug auf die Rechtsfolge der Verflechtung noch (zu Unrecht, siehe § 93 RdNr. 17 f.) vom Wegfall der gesamten Maklereigenschaft (und nicht nur des Vergütungsanspruchs) die Rede war.
[70] Vgl. zur Subjektivität (Spiegelbildlichkeit) des Begriffs des Auftraggebers oben § 93 RdNr. 49 f. Der *eine* Auftraggeber des Maklers ist idR gleichzeitig Vertragspartner des *anderen* Auftraggebers. In diesem (allseitigen) Sinne sollte es verstanden werden, wenn es etwa bei *Brox* RdNr. 235 heißt, sei der HM nicht als unparteiischer Vermittler, sondern „allein als Interessenvertreter des Auftraggebers" „tätig geworden", sei § 99 nicht auf den Gegenkontrahenten anwendbar.
[71] BGH Urt. v. 3. 12. 1986, IVa ZR 87/85, NJW 1987, 1008, zum Provisionsanspruch des Maklers bei Vermittlung eines Vertrags mit seinem Ehegatten; demgegenüber wurde in BGH Urt. v. 24. 6. 1981 – IVa ZR 159/80, NJW 1981, 2293, 2294, die Tatsache, dass der Zivilmakler zur Geschäftsführerin der Vertragspartnerin eine enge persönliche Beziehung unterhalten hatte, für eine Anwendung der „Verflechtungsrechtsprechung" mangels einer unmittelbaren wirtschaftlichen Beteiligung des Maklers am Vertragspartner nicht für ausreichend gehalten.
[72] BGH Urt. v. 26. 3. 1998 – III ZR 206/97, NJW-RR 1998, 992–993 = WM 1998, 1188, unter 2., mwN, zum Zivilmakler; ferner zB BGH 6. 2. 2003 – III ZR 287/02, NJW 2003, 1249, unter II.1., zu einer Immobilienmaklerin, die den Kauf einer Eigentumswohnung vermittelt hat und gleichzeitig Verwalterin der Wohnungseigentumsanlage war; *Wank*, NJW 1979, 190 f.
[73] OLG Karlsruhe Urt. v. 31. 3. 1995 – 15 U 180/94, NJW-RR 1996, 629 f., zu §§ 652, 654 BGB.
[74] BGH Urt. v. 26. 3. 1998 – III ZR 206/97, NJW-RR 1998, 992–993 = WM 1998, 1188, unter 2.
[75] BGH (Fn. 74) unter 2.
[76] *Capelle/Canaris* Handelsrecht, 21. Aufl. 1989, § 19 VI 1 b; ähnlich *Brox* RdNr. 235: „im Wesentlichen mit dem übereinstimmen, mit dessen Vermittlung der Makler betraut war".

Reiner

Vertrages mit dem beabsichtigten Hauptvertrag hinsichtlich der rechtlichen Ausgestaltung ist nicht erforderlich. Entscheidend ist, ob durch den Hauptvertrag der vom Auftraggeber des HM „erstrebte wirtschaftliche Erfolg" eintritt.[77]

27 Rechtlich erhebliche, den Provisionsanspruch ausschließende **Abweichungen** zwischen abgeschlossenem und beabsichtigtem Vertrag können sowohl im Bereich des Vertragsinhalts (sachliche Abweichungen) als auch im Hinblick auf die Identität der Vertragsparteien bestehen (personelle Abweichungen). Ob eine relevante Abweichung vorliegt oder nicht, ist nach der Rspr. des BGH eine Frage der tatrichterlichen Beurteilung, bei der es stets auf die Umstände des Einzelfalles ankommt.[78] Dies bedeutet, dass man mit Verallgemeinerungen der einschlägigen Rspr. sehr vorsichtig sein muss, weil ein und dieselbe Abweichung je nach dem Zweck des Hauptvertrags in einem Fall relevant und im anderen Fall nicht relevant sein kann.

28 **1. Sachliche Abweichungen.** Bei der Vermittlung eines Mietvertrags durch den Vermietermakler etwa kann die Provision selbst dann verdient sein, wenn dem Mieter ein im Maklerauftrag nicht vorgesehenes Vorkaufsrecht an der Mietsache eingeräumt wird.[79] Auch ein niedrigerer als der ursprünglich verlangte Kaufpreis stellt die Kongruenz zwischen nachgewiesenem und geschlossenem Vertrag nicht in Frage.[80] Nicht ausreichend für die Kongruenz ist es aber, sofern (durch Invididualabrede) nichts anderes vereinbart ist, wenn statt des erwünschten Vertrags nur ein Vorvertrag abgeschlossen wird.[81] Bei der Vermittlung eines Darlehens, dessen Höhe unterhalb der in Auftrag gegebenen **Darlehenssumme** bleibt, liegt eine *wesentliche* Abweichung vor, wenn der zu finanzierende Betrag (dh. der Zweck des Darlehens) nicht erreicht wurde oder der Auftraggeber ersichtlich ein einheitliches Darlehen von exakt bestimmter Höhe wollte. Von einer *unwesentlichen* Abweichung ist auszugehen, wenn nach der Vorstellung der Parteien des Maklervertrages die dort angegebene Summe nur Richtschnur war und die Einzelheiten der zu vermittelnden Darlehensvereinbarung noch ausgehandelt werden sollten.[82] Eine tatsächliche, widerlegbare Vermutung zugunsten der wirtschaftlichen Identität zwischen dem in Auftrag gegebenen Kauf eines Gegenstands und dem stattdessen vermittelten Kauf der **Gesellschaftsanteile** einer GmbH, deren einziges Aktivvermögen aus einem Gegenstand der gewünschten Art besteht, soll dann vorliegen, wenn für die zustande gekommene Vertragsgestaltung allein steuerliche Gründe ausschlaggebend gewesen sind.[83] Der Kauf eines Gegenstands durch den Maklerkunden **zur ideellen Hälfte** soll für sich allein noch nicht bedeuten, dass der Kaufvertrag dem nach dem Maklervertrag beabsichtigten Hauptvertrag wirtschaftlich nicht gleichzustellen ist.[84] Nicht die rechtliche Ausgestaltung des vermittelten Geschäfts ist entscheidend, sondern die Frage, ob der von den Parteien angestrebte Zweck erreicht ist.[85] Speziell bei der Anlagevermittlung kann deshalb die finanzwirtschaftliche Gleichwertigkeit von „natürlichen" und „synthetischen" Positionen zum Tragen kommen.[86] So ist es denkbar, dass ein HM, der mit der Vermittlung des Kaufs bestimmter Aktien beauftragt wird, die Provision auch dann fordern kann, wenn es letztlich (uU auf Empfehlung des HM) nicht zum Erwerb dieser Aktien, sondern zum Aufbau einer unter Anlagegesichtspunkten gleichwertigen, **„synthetischen" Position** im Wege des Kaufs von Zerobonds und Call-Optionen auf den Erwerb dieser Aktien und des gleichzeitigen Verkaufs entsprechender Put-Optionen kommt.

29 Für (adäquat kausale) **Folgeverträge**[87] ist ebenfalls nur dann eine Provision zu entrichten, wenn die Vermittlung dieser Verträge noch vom Maklerauftrag für den Erstvertrag (zumindest unter dem Gesichtspunkt der wirtschaftlichen Identität) gedeckt ist.[88] Für im Verhältnis zum auftragsgemäß vermittelten Erstgeschäft rechtlich und wirtschaftlich selbständige Folgegeschäfte, die die Parteien im Anschluss an das vermittelte Geschäft ohne Mitwirkung des HM abschließen, ist somit grundsätzlich

---

[77] BGH Urt. v. 7. 5. 1998 – III ZR 18/97, NJW 1998, 2277–2279 = BB 1998, 1333, zum Zivilmakler.
[78] BGH (Fn. 77).
[79] OLG Zweibrücken Urt. v. 4. 6. 1976 – 1 U 239/75, OLGZ 1977, 212, zur Vermietung eines Gewerbegrundstücks.
[80] OLG Koblenz Urt. v. 27. 11. 2003 – 5 U 547/03, MDR 2004, 562, unter II.1.c.cc.
[81] BGH Urt. v. 18. 12. 1974 – IV ZR 89/73, NJW 1975, 647, wo festgehalten wird, dass entsprechende AGB-Klauseln unwirksam sind.
[82] BGH Urt. v. 7. 7. 1982 – IVa ZR 50/81, NJW 1982, 2662, 2663, unter I.3. (im Maklervertrag vorgegebener Darlehensbetrag in Höhe von DM 100 000, tatsächlich vermitteltes Darlehen in Höhe von DM 96 000).
[83] BGH (Fn. 77) unter I.2.b., zum Grundstückskauf.
[84] BGH Urt. v. 4. 10. 1995 – IV ZR 73/94, NJW-RR 1996, 113, zum Grundstückskaufvertrag.
[85] Vgl. *Capelle/Canaris* Handelsrecht, 21. Aufl. 1989, § 19 VI 1 b, mit dem Beispiel der Vermittlung eines Tauschs anstelle eines in Auftrag gegebenen Kaufs.
[86] Hierzu *Reiner*, Derivative Finanzinstrumente im Recht, Baden-Baden 2002, http://www.gunterreiner.de/reiner2002_derivative-finanzinstrumente-im-recht.pdf, S. 50 ff.
[87] Vgl. zur Folgecourtage des Versicherungsmaklers *Werber* VW 1988, 1159 ff.
[88] *BGH* Urt. v. 27. 11. 1985 – IVa ZR 68/84, NJW 1986, 1036 f., am Beispiel des Versicherungsmaklers.

keine Provision zu entrichten, sofern nicht etwas anderes vereinbart ist oder anderslautende Handelsbräuche[89] existieren.[90] Insofern fehlt es nämlich an der Kongruenz zwischen Maklerauftrag und Vermittlungserfolg. Die Vereinbarung der Provisionspflichtigkeit von Folgegeschäften in **AGB** kann, muss aber nicht nach dem §§ 305 ff. unwirksam sein. In Betracht kommt insbesondere eine Anwendung der Überraschungsklausel des § 305 c BGB.[91]

2. Personelle Abweichungen. Die Problematik der personellen Kongruenz betrifft die Frage, 30 unter welchen Umständen eine Provision selbst dann zu entrichten ist, wenn *entweder* der vermittelte Vertrag nicht zwischen dem Auftraggeber und dem Vertragsgegner (Dritter), sondern zwischen zwei verschiedenen „Dritten" untereinander abgeschlossen wird, *oder* wenn der Hauptvertrag zwischen dem Auftraggeber und einem Dritten zustande kommt, der mit der vom Makler kontaktierten Person nicht identisch ist. Grundsätzlich gilt, dass der HM seine Provision nur verdient, wenn der Vertrag zwischen dem Auftraggeber und dem von ihm vermittelten Dritten zustande kommt.[92] Was den *ersteren* Fall eines Vertragsschlusses zwischen zwei „Dritten" angeht, werden Ausnahmen von diesem Grundsatz dann anerkannt, wenn das vom Auftraggeber gewünschte wirtschaftliche Ergebnis ebenso durch den Vertragsschluss zwischen zwei „Dritten" untereinander erreicht wird. Hiervon ist bei einem besonders engen persönlichen oder wirtschaftlichen Verhältnis[93] iS „wirtschaftlicher Identität" des Auftraggebers mit einem der Vertragspartner des vermittelten Vertrags auszugehen, wie es etwa zwischen Eheleuten[94] oder Schwestergesellschaften desselben Konzerns bestehen kann.[95] Für wirtschaftliche Identität kann es ebenfalls sprechen, wenn der Auftraggeber wirtschaftlich in den Genuss des Vermittlungserfolges kommt, etwa weil er die dem Dritten vermittelte Kaufsache zu mieten beabsichtigt, insbesondere wenn darüber hinaus noch weitere Verbindungen zwischen dem Auftraggeber und dem Dritten bestehen, zB wenn Ersterer für den Letzteren als Vertreter tätig ist.[96] Sinnvoller als die Fiktion einer „Identität" iS des Kongruenzgebots wäre es wohl, den Provisionsanspruch des HM in den genannten Fällen als Schadensersatzanspruch gegen den Auftraggeber wegen positiver Verletzung der Letzterem (ebenfalls) obliegenden Verschwiegenheitspflicht zu konstruieren (siehe unten RdNr. 70 f.), wobei die Tatsache, dass der Abschluss durch eine (persönlich oder gesellschaftsrechtlich) nahe stehende Person erfolgt ist, den Beweis des ersten Anscheins für eine kausale Verletzung der Verschwiegenheitspflicht begründet.

Im *zweiten* Fall, dass der Hauptvertrag zwischen dem Auftraggeber und einem Dritten zustande 31 kommt, der mit der vom HM kontaktierten Person nicht identisch ist, kann ein Provisionsanspruch dann entstehen, wenn zwischen beiden Interessenten („Dritten") in dem Zeitpunkt, in dem der HM vermittelnd tätig wird, eine feste, auf Dauer angelegte, idR familien- oder gesellschaftsrechtliche Bindung besteht. Dann nämlich kann man die Einwirkung des HM auf den ersten Interessenten als mittelbare Einwirkung auf die Willensentschließung des zweiten Interessenten betrachten, mit dem der Vertrag letztlich zustande gekommen ist.[97]

Kein Fall der mangelnden Kongruenz zwischen Auftrag und Vermittlungserfolg ist es, wenn der 32 Makler den Vertrag nach dem Inhalt des Auftrags gerade für einen Dritten zustande bringen soll und der Makler dies mit Erfolg tut. Hier ergibt sich die Provisionspflicht unmittelbar aus dem Parteiwillen (s. RdNr. 34).

---

[89] Vgl. § 4 („Kunden- bzw. Lieferantenschutz") der Tegernseer „Gebräuche für die Vermittlung von Holzgeschäften" (Anhang zu den „Gebräuchen im inländischen Handel mit Rundholz, Schnittholz, Holzwerkstoffen und anderen Holzwerkstoffen"), unter http://www.holz.net/documents/downloads_gesetze/tegernseer_gebraeuche.pdf, Abruf vom 14. 5. 2007: Danach liegt eine provisionspflichtige Vermittlung von Verträgen auch dann vor, wenn die Vertragspartner unter Verzicht auf die weitere Hinzuziehung des Holzmaklers innerhalb von zwei Jahren nach Abschluss des letzten maklervermittelten Vertrags unmittelbar Abschlüsse tätigen.
[90] MünchKommHGB/*v. Hoyningen-Huene* § 93 RdNr. 71; AG Köln Urt. v. 21. 10. 1994 – 120 C 171/94, RuS 1995, 359, zum Provisionsanspruch eines Versicherungsmaklers.
[91] Für eine generelle Unwirksamkeit MünchKommHGB/*v. Hoyningen-Huene* § 93 RdNr. 90; vgl. für den umgekehrten Fall OLG Saarbrücken Urt. v. 9. 7. 1997 – 1 U 355/96–61, 1 U 355/96, OLGR Saarbrücken 1997, 334: Vertragsklauseln in AGB des Auftraggebers, die nach Vertragsende den Anspruch des Maklers auf Folgecourtagen ausschlössen, seien am Maßstab des § 9 AGBG nicht zu beanstanden.
[92] BGH Urt. v. 4. 3. 1992 – IV ZR 267/90, NJW-RR 1992, 687.
[93] BGH Urt. v. 12. 10. 1983 – IVa ZR 36/82, NJW 1984, 358, unter II.
[94] OLG Koblenz Urt. v. 27. 11. 2003 (Fn. 80) unter II.1.c.bb., mwN.
[95] BGH Urt. v. 5. 10. 1995 – III ZR 10/95, NJW 1995, 3311, zum Kauf eines einer GmbH durch einen Makler nachgewiesenen Grundstücks durch eine andere GmbH, die im Anschluss an den Nachweis von denselben Gesellschaftern mit demselben Gesellschaftszweck gegründet wurde; ebenso bereits in der Vorinstanz OLG Koblenz Urt. v. 14. 1. 1993 – 5 U 1137/92, OLGZ 1994, 177–180 = NJW-RR 1994, 180; vgl. auch *Kock* S. 13–50.
[96] BGH Urt. v. 20. 11. 1997 – III ZR 57/96, NJW-RR 1998, 411, unter 3.b., zum Vergütungsanspruch eines zivilen Nachweismaklers für die Vermittlung eines Grundstücks.
[97] BGH Urt. v. 12. 10. 1983 – IVa ZR 36/82, NJW 1984, 358 = WM 1984, 60, zum Zivilmakler.

33 **3. Genehmigung der Abweichung.** Die provisionsausschließende Wirkung von wesentlichen Abweichungen zwischen dem im Maklerauftrag beschriebenen und dem letztlich vermittelten Vertrag kann durch die Genehmigung der Abweichungen durch den Auftraggeber unterbunden werden. In Verbindung mit der Zustimmung des HM, von der man regelmäßig ausgehen kann, stellt diese Genehmigung eine nachträgliche Änderung des Maklervertrags dar.[98] Die Änderung des Maklervertrags kann stillschweigend erfolgen, zB wenn der Auftraggeber eine Maklertätigkeit widerspruchslos entgegennimmt, die erkennbar zum Abschluss eines im Verhältnis zum Auftrag abweichenden Geschäfts führt.[99]

34 Denkbar ist ferner, dass die Parteien *von vornherein* die Provisionspflicht unter näher zu bestimmenden Voraussetzungen auf solche vermittelte Verträge ausdehnen, die dem Kongruenzerfordernis des § 652 BGB nicht mehr entsprechen.[100]

V. Gründe für den Ausschluss des Provisionsanspruchs trotz Vermittlung

35 **1. Abbedingung des Provisionsanspruchs.** Die Provisionsregelung des § 99 ist dispositiv. Das bedeutet zunächst, dass der HM frei ist, mit einem seiner beiden Auftraggeber oder mit beiden eine abweichende Provisionshöhe oder sogar die gänzliche Befreiung von der Provisionspflicht zu vereinbaren.[101] Aus Verkehrssitten bzw. Handelsbräuchen können sich Vorgaben für eine entsprechende, den § 99 überlagernde Auslegung des Parteiwillens ergeben.[102] Unzutreffend ist demgegenüber die auf BGH Urt. v. 25. 5. 1983[103] gestützte Auffassung, der Handelsmaklervertrag komme nur zustande, wenn der HM mindestens konkludent zum Ausdruck bringe, dass er seine Vermittlungsleistung nur gegen Entgelt erbringen wolle.[104] Die genannte Entscheidung, bei der es um die Klage eines Immobilienmaklers auf Bezahlung der Provision geht, verneint zwar für den konkreten Einzelfall das Zustandekommen eines Maklervertrags mit der Begründung, der Makler könne den Abschluss des Hauptvertrages durch den Kunden nach Treu und Glauben nicht als stillschweigende *Annahme* seines Angebotes auffassen, weil er nicht davon ausgehen könne, dass der Kunde ohne weiteres bereit sei, an ihn als Makler der Gegenseite eine Provision zu zahlen. Der Grund hierfür liegt aber nicht darin, dass ein Maklervertrag notwendigerweise eine Provisionsvereinbarung enthalten müsste, sondern in dem einzelfallbezogenen Umstand, dass bereits das Maklervertrags*angebot* des Maklers nur iS einer provisionspflichtigen Tätigkeit ausgelegt werden konnte.

36 Hat eine Partei eine höhere oder niedrigere Provision als die Hälfte des ortsüblichen Lohns (unten RdNr. 43 ff.) versprochen, braucht sich die andere Partei diese Vereinbarung nicht entgegenhalten zu lassen.[105] § 99 begründet insbesondere keine wechselseitige Mithaftung der Vertragsparteien in Höhe der Gesamtprovision im Sinne einer Gesamtschuld.[106]

37 **2. Lohnunwürdigkeit (Verwirkung).** Hinausgehend über den Sonderfall einer zugunsten der Gegenseite einseitigen, befangenen Maklertätigkeit, die bereits begrifflich das Vorliegen einer Vermittlung ausschließt (s. RdNr. 23 ff.), hat die Rspr. aus dem Rechtsgedanken des § 654 BGB[107] für besonders schwere Fälle von Pflichtverletzungen durch den Makler das Rechtsinstitut der **Verwirkung des Provisionsanspruchs** wegen Lohnunwürdigkeit (Verletzung der sog. Maklertreue) entwickelt. Von praktischer Bedeutung gegenüber einem Schadensersatzanspruch aus § 98 oder aus

---

[98] Vgl. BGH Urt. v. 7. 7. 1982 – IVa ZR 50/81, NJW 1982, 2662, unter I.3., der darauf abstellt, ob die Parteien des Maklervertrages das zustande gekommene Geschäft als gleichwertig mit dem beabsichtigten Geschäftsabschluss ansehen.
[99] Vgl. GK-HGB/*Achilles* RdNr. 5; MünchKommHGB/*v. Hoyningen-Huene* § 93 RdNr. 69.
[100] BGH Urt. v. 18. 9. 1985 – IVa ZR 139/83, WM 1985, 1422, 1423 = NJW-RR 1986, 50, unter I.1.: Wenn die Parteien ausdrücklich eine Provisionspflicht für wirtschaftlich gleichwertige Verträge vereinbart hätten, spreche dies dafür, dass sie die Provisionspflicht über den gesetzlichen Rahmen erweitern, zumindest aber eine von dem Gesetz unabhängige, eigenständige Regelung der Provisionspflicht treffen hätten wollen.
[101] Vgl. BGH Urt. v. 28. 5. 1969 – IV ZR 790/68, LM BGB § 652 Nr. 31 = NJW 1969, 1627, zum Zivilmakler: Danach ist es keine widerrechtliche Drohung iS des § 123 BGB, wenn der Auftraggeber dem Makler erklärt, er werde den Grundstückskauf nur abschließen, wenn der Makler auf die Verkäuferprovision verzichte und sich mit der Käuferprovision begnüge.
[102] Vgl. MünchKommHGB/*v. Hoyningen-Huene* RdNr. 1; *Brox* RdNr. 235; zu einem abweichenden Ortsgebrauch vgl. LG Hamburg Urt. v. MDR 1961, 945; vgl. auch unten RdNr. 73 zur fehlenden Provisionspflicht des Versicherungskunden gegenüber dem Versicherungsmakler.
[103] BGH Urt. v. 25. 5. 1983 – IVa ZR 26/82, NJW 1984, 232, unter 2., zum Zivilmakler.
[104] Heymann/*Hermann* Vor § 93 RdNr. 1.
[105] Vgl. HK-HGB/*Ruß* RdNr. 1.
[106] Vgl. *Ruß* (Fn. 105) RdNr. 1.
[107] Vgl. auch OLG Karlsruhe Urt. v. 13. 10. 2000 – 15 U 59/99, VersR 2003, 592, unter 3.: „Lohnunwürdigkeit i. S. v. § 654 BGB"; *Capelle/Canaris* Handelsrecht, 21. Aufl. 1989, § 19 VI 1 c: Das Prinzip der „Lohnunwürdigkeit" sei in *§ 654 BGB* angedeutet.

Delikt[108] ist die Lohnunwürdigkeit in den Fällen, in denen das lohnunwürdige Verhalten des Maklers dem Auftraggeber keinen messbaren Schaden zugefügt hat.[109] Nach der Rspr. hat die Bestimmung des **§ 654 BGB** „offensichtlich" Strafcharakter und soll den Makler bei Vermeidung des Verlustes seiner Vergütung dazu anhalten, die ihm gegenüber seinem Auftraggeber obliegende Treupflicht zu wahren.[110] Dementsprechend verlangen die Gerichte für die Feststellung der **Lohnunwürdigkeit** eine vorsätzliche, wenn nicht arglistige, mindestens aber dem Vorsatz nahekommende grob leichtfertige Verletzung einer Treupflicht gegenüber dem Auftraggeber.[111] Als Beispiele für lohnunwürdiges Verhalten des HM außerhalb des Verheimlichens von Verflechtungslagen (s. RdNr. 23) kommt die schuldhafte (grob fahrlässige) Falschinformation des Auftraggebers[112] oder der Missbrauch einer dem Makler erteilten Vertretungsmacht in Betracht.[113]

Da § 654 BGB keinen Schadensersatzanspruch begründet, soll eine Anwendung des **§ 254 BGB** im Hinblick auf ein mitwirkendes Verschulden des Auftraggebers *nicht* in Betracht kommen.[114] Nicht zur Lohnunwürdigkeit führen solche Treupflichtverletzungen des Maklers, die **zeitlich** nach dem Abschluss des Hauptvertrages liegen.[115] Dasselbe soll für Pflichtverletzungen gelten, die vor dem Abschluss des Maklervertrags begangen wurden.[116] Ob eine solche Situation aber jemals praktisch relevant werden könnte, ist zweifelhaft. Denkbar ist eine die sachlichen Kriterien der Lohnunwürdigkeit erfüllende Verletzung vorvertraglicher Pflichten des *Makler*vertrags (c. i. c.) eigentlich nur dann, wenn der Makler es bei Abschluss des Maklervertrags versäumt hat, den Auftraggeber auf das Bestehen eines strukturellen Interessenkonflikts hinzuweisen. Dann aber besteht ohnehin bereits wegen der generellen Unmöglichkeit der (loyalen) Vermittlung kein Provisionsanspruch (s. oben § 93 RdNr. 17). **38**

3. Sittenwidrigkeit der Provisionsabrede. Ein Provisionsanspruch des HM kann ferner entfallen, wenn die Provisionsabrede unwirksam ist (zur Unwirksamkeit des gesamten Maklervertrags s. § 93 RdNr. 72 ff.). In der instanzgerichtlichen Rspr. wurde bereits seit längerem die Nichtigkeit einer Provisionsabrede für die Vermittlung eines Kreditvertrags unter dem Gesichtspunkt einer im Vergleich zur ortsüblichen Provision unangemessenen Höhe der Provision nach **§ 138 BGB** festgestellt,[117] wobei eine Anlehnung an die Maßstäbe der obergerichtlichen Rspr. zu Ratenkreditverträgen für möglich gehalten wurde.[118] Mit seinem Urteil vom 30. 5. 2000 hat der BGH nun ausdrücklich bestätigt, dass die Provisionsvereinbarung sittenwidrig ist, „wenn zwischen der Höhe der versprochenen Vergütung und der dafür zu erbringenden Leistung ein auffälliges Missverhältnis besteht und weitere Umstände hinzutreten, beispielsweise eine verwerfliche Gesinnung des Maklers oder eine Ausnutzung der schwierigen Lage des Geschäftspartners".[119] **39**

---

[108] Der Schadensersatzanspruch führt zwar, sofern der Schaden im Abschluss des vermittelten Vertrages besteht, nicht unmittelbar zu einer Beseitigung des Provisionsanspruchs, aber zu einem Anspruch auf Befreiung von diesem Anspruch. Vgl. BGH Urt. v. 18. 12. 1981 – V ZR 207/80, NJW 1982, 1145, zum Schadensersatzanspruch des Zivilmaklers aus pFV; hierzu auch Palandt/*Sprau* § 654 RdNr. 4.
[109] Vgl. BGH Urt. v. 25. 2. 1962 – VII ZR 248/60, BGHZ 36, 323, unter 3.: In Fällen schwerer Treupflichtverletzung sei die Verwirkung der Provision auch dann „gerecht", wenn dem Auftraggeber kein oder nur ein geringer Schaden entstanden sei oder jedenfalls der Nachweis eines bestimmten Schadens nicht möglich sei. In der Erfassung dieser Fälle liege die eigentliche Bedeutung des § 654 BGB; OLG Düsseldorf Urt. v. 4. 12. 1998 – 7 U 59/98, NJW-RR 1999, 848, unter I; OLG Hamburg Urt. v. 3. 9. 1997 – 13 U 12/97, NJW-RR 1998, 1206: Verwirkung des Lohnanspruchs, wenn der Makler den Auftraggeber grob leichtfertig über einen wichtigen Faktor der wirtschaftlichen Kalkulation im Unklaren gelassen hat.
[110] BGH (Fn. 109); OLG Karlsruhe Urt. v. 10. 6. 1999 – 15 U 23/99, AIZ A 146 Bl 47: Dem Verlust des Provisionsanspruchs bei Lohnunwürdigkeit komme „Strafwirkung" zu.
[111] BGH (Fn. 109) unter 3.; vgl. auch BGH Urt. v. 24. 6. 1981 – IVa ZR 225/80, NJW 1981, 2297: Ob der Makler sich seines Lohnes unwürdig erwiesen habe, sei in erster Linie nach dem subjektiven Tatbestand der ihm zur Last gelegten Treupflichtverletzung zu entscheiden.
[112] BGH Urt. v. 24. 6. 1981 – IVa ZR 225/80, NJW 1981, 2297.
[113] BGH Urt. v. 25. 6. 1969 – IV ZR 793/68, NJW 1969, 1628 = LM BGB § 652 Nr. 34: Der Makler verwirke seinen Provisionsanspruch, wenn er durch Verheimlichung der von ihm in Vollmacht des Auftraggebers mit dem Erwerber getroffenen Sonderabmachungen den Bestand des von dem Auftraggeber mit dem Erwerber abgeschlossenen Vertrages gefährde, seinen gutgläubigen Auftraggeber dem Verdacht der Steuerhinterziehung aussetze und ohne Wissen des Auftraggebers den den Vertrag beurkundenden Notar über die wirklich gewollten Erklärungen der Vertragspartner täusche.
[114] BGH (Fn. 109) unter 2.
[115] BGH Urt. v. 26. 9. 1984 – IVa ZR 162/82, BGHZ 92, 184, 186 f. = NJW 1985, 45.
[116] GK-HGB/*Achilles* RdNr. 10 mwN.
[117] Vgl. OLG Oldenburg Urt. v. 12. 3. 1986 – 3 U 186/85, NJW-RR 1986, 857, wo die ortsübliche Provision um mindestens das Sechsfache überstiegen wurde („wucherähnliches Geschäft"); vgl. LG Aachen Urt. v. 4. 2. 1987 – 4 O 286/86, NJW-RR 1987, 741, wo die Vermittlungsprovision mehr als das Siebenfache der ortsüblichen Provision betrug. Das Gericht orientiert sich für die Ermittlung der Ortsüblichkeit an den Feststellungen einer derjenigen Berufsverbände, wo Makler der gleichen Branche zusammengeschlossen sind (hier: Landesverband im Ring Deutscher Makler).
[118] LG Aachen (Fn. 117).
[119] BGH Urt. v. 30. 5. 2000 – IX ZR 121/99, BGHZ 144, 343, unter II.1.: Im Streitfall betrug die vom Käufer einer Immobilie zu entrichtende Maklerprovision „etwa das Fünffache der im Regelfall üblichen Provision".

C. Fälligkeit des Provisionsanspruchs

40 Der Provisionsanspruch wird, sofern nichts anderes vereinbart ist und keine besonderen Verkehrssitten oder Handelsbräuche bestehen, gleichzeitig mit seinem Entstehen, dh. regelmäßig im Augenblick des Abschlusses des vermittelten schuldrechtlichen Verpflichtungsvertrags (s. RdNr. 7), fällig.[120] Ebenso wie der *Zeitpunkt des Entstehens* des Provisionsanspruchs durch Individualvereinbarung oder AGB[121] modifiziert, insbesondere nach hinten verschoben werden kann (s. RdNr. 8), gilt dies für den *Fälligkeitszeitpunkt*. Im Gegensatz zur Vereinbarung einer Vertragsbedingung, die das Entstehen des Provisionsanspruchs von der Erfüllung des vermittelten Hauptvertrags abhängig macht, kann eine bloße **Fälligkeitsabrede** idR nicht dahingehend ausgelegt werden, dass der Makler überhaupt keine Provision erhält, falls es nicht zu einer Ausführung des Hauptvertrages gekommen ist.[122] Vielmehr wird hier eine Vertragslücke angenommen, was bedeutet, dass der Fälligkeitszeitpunkt nach Treu und Glauben im Wege der ergänzenden Vertragsauslegung zu bestimmen ist.[123] Nach Ansicht des BGH soll der Maklerlohn idR nach Ablauf derjenigen Zeitspanne als fällig angesehen werden können, innerhalb der die Ausführung des Hauptvertrages erwartet werden kann.[124]

41 Sofern der Wortlaut der Vereinbarung nicht ausdrücklich auf die „Fälligkeit" bzw. das „Entstehen" des Anspruchs Bezug nimmt, zB wenn von „Stundung" der Provision oder nur allgemein davon die Rede ist, wann die Provision „gefordert" werden kann, kann die **Abgrenzung** zwischen Fälligkeitsabrede und Bedingung für das Entstehen des Anspruchs im Einzelfall Schwierigkeiten bereiten.[125] Diese sind durch Auslegung zu lösen.[126]

42 Nicht gefolgt werden kann einer im Schrifttum geäußerten Ansicht,[127] „im Zweifel" werde man von einer (für den Makler günstigeren) bloßen Fälligkeitsvereinbarung auszugehen haben, denn bereits die Fälligkeitsabrede sei eine verschärfende Sonderabrede zugunsten des Auftraggebers, die den Makler „regelmäßig" zu „Mehranstrengungen" veranlasse. Es wäre daher eine „Treu und Glauben" widersprechende einseitige Berücksichtigung der Interessen des Auftraggebers, würde der Makler bei jedem Desinteresse seines Vertragspartners am Vollzug des vermittelten abgeschlossenen Geschäfts seinen Provisionsanspruch nicht durchsetzen können. Bei dieser Argumentation handelt es sich nämlich nicht mehr um eine die Interessen *beider* Vertragsparteien sowie ihr Kräfteverhältnis untereinander berücksichtigende Vertragsauslegung, sondern um eine versteckte, am Ziel eines „angemessenen" Austauschverhältnisses orientierte und die engen Grenzen des § 138 BGB sowie der AGB-Kontrolle (§§ 305 ff. BGB) unzulässigerweise überschreitende Inhaltskontrolle.

D. Höhe des Provisionsanspruchs

43 Die Höhe der Provision ist primär dem Maklervertrag zu entnehmen, wo entsprechend der Auslegungsregel des § 99 für den gesetzlichen Normalfall der Doppeltätigkeit des HM davon auszugehen ist, dass sich die vereinbarte Provision als von beiden Parteien zu entrichtende Gesamtprovision versteht und deshalb jede Partei nur **die Hälfte** zu entrichten hat. Rechtsmängel des Maklervertrags mit einer Partei des Hauptvertrags haben, sofern dies nicht ausdrücklich in anderer

---

[120] Vgl. MünchKommHGB/*v. Hoyningen-Huene* § 93 RdNr. 82.
[121] Im Sinne der Zulässigkeit einer Fälligkeitsklausel in AGB MünchKommHGB/*v. Hoyningen-Huene* § 93 RdNr. 89, mwN.
[122] BGH Urt. v. 19. 6. 1980 – IVa ZR 11/80, WM 1980, 1071.
[123] BGH (Fn. 606).
[124] BGH (Fn. 606); BGH Urt. v. 18. 4. 1966 – VIII ZR 111/64, NJW 1966, 1404; zust. Röhricht/Graf v. Westphalen/*Röhricht* Vor § 93 RdNr. 83.
[125] Vgl. als Beispiel für eine klare Entstehens- und Fälligkeitsbestimmung § 3 („Maklerlohn") Satz 3 der Tegernseer „Gebräuche für die Vermittlung von Holzgeschäften" (Anhang an den „Gebräuchen im inländischen Handel mit Rundholz, Schnittholz, Holzwerkstoffen und anderen Holzwerkstoffen"), unter http://www.holz.net/documents/downloads_gesetze/tegernseer_gebraeuche.pdf, Abruf vom 14. 5. 2007: „Der Anspruch auf den Maklerlohn ist mit dem Abschluss des vermittelten Vertrages entstanden, jedoch erst fällig, wenn die dem Makler verpflichtete Partei in den Besitz der ihr vertraglich zugesicherten Leistung gelangt."
[126] Vgl. BGH Urt. v. 18. 4. 1966 – VIII ZR 111/64, NJW 1966, 1404; vgl. BGH Urt. v. 27. 2. 1985 – IVa ZR 121/83, NJW 1986, 1035, zur Auslegung einer widersprüchlichen Stundungsabrede. Siehe zB auch OLG Koblenz Urt. v. 22. 9. 1999 – 5 U 2036/98, juris Nr: KORE410622001: Werde die Provision für die Vermittlung eines Bauvorhabens versprochen und ferner vereinbart, ein Teil der Provision werde sofort, der Rest entsprechend den Zahlungseingängen gezahlt, und sei zum Zeitpunkt des Versprechens die Maklerleistung bereits erbracht worden, handle es sich um eine Fälligkeitsabrede.
[127] MünchKommHGB/*v. Hoyningen-Huene* § 93 RdNr. 32.

Weise vereinbart ist, keinen Einfluss auf die Höhe des von der anderen Partei zu bezahlenden Provisionsanteils.

Lassen sich dem Maklervertrag, trotz Auslegung, keine eindeutigen Aussagen über die Höhe der **44** (Gesamt-)Provision entnehmen, gilt hilfsweise der taxmäßige und hierzu wieder hilfsweise der ortsübliche Lohn (§ 653 Abs. 2 BGB, § 354).[128] Lässt sich auch keine feste Übung für die genaue Bemessung des Maklerlohnes, sondern nur feststellen, dass sich die Vergütung üblicherweise in einem bestimmten Rahmen bewegt, kann der Makler seine Vergütung im Allgemeinen nicht selbst nach § 316 BGB bestimmen, sondern ist diese Bestimmung vielmehr vom Richter im Wege ergänzender Vertragsauslegung vorzunehmen.[129] Die Anwendung des § 315 BGB kommt nur in Frage, wenn die Parteien ein entsprechendes Bestimmungsrecht vereinbart haben.[130]

In der Praxis wird die Provision meistens über einen **Prozentsatz** vom Wert des Geschäfts **45** bestimmt.[131] Der Wert des Geschäfts wird idR am Wert der zu erbringenden Geldleistung gemessen, wobei das vom HM vermittelte, verbindliche Verhandlungsergebnis maßgebend ist. Spätere, unmittelbar zwischen den Parteien in Nachverhandlungen vereinbarte Vertragsänderungen bleiben daher unberücksichtigt.[132] Hat der HM die Vertragsverhandlungen nicht selbst bis zu Ende begleitet, soll zu seinen Lasten das von ihm eingeholte Angebot die Obergrenze der Provisionsberechnung bilden, so dass etwaige in den nachfolgenden Direktverhandlungen zwischen den Parteien vereinbarte Preiserhöhungen nicht berücksichtigt werden, obwohl sie kausal auf die Vermittlung des HM zurückgeführt werden können (s. RdNr. 15).[133]

Im Rahmen der Vertragsfreiheit denkbar ist ferner, dass sich der HM als Lohn den Unterschieds- **46** betrag zwischen den Preisvorstellungen des Auftraggebers und dem tatsächlich vereinbarten Preis (aus der Sicht des Verkäufers: sog. **Übererlös**) versprechen lässt.[134] Hierbei ist zu beachten, dass die Rspr. solche Abreden bei der Frage, ob ein **auffälliges Missverhältnis** zwischen Leistung und Vergütung iS des § 138 BGB besteht, gleichermaßen an den ortsüblichen, nach Prozentsätzen bestimmten Provisionen misst. Die Vereinbarung eines Übererlöses, der im konkreten Fall zu einem prozentual ausgedrückten Lohn in Höhe von über 27% des Verkaufspreises geführt hatte, wurde beispielsweise als Wucher eingestuft.[135]

Sieht der Maklervertrag eine Provision in bestimmter Höhe vor und ist hierbei die Mehrwertsteuer **47** nicht erwähnt, so kann der HM die Mehrwertsteuer nicht zusätzlich zur vereinbarten Provision verlangen, und zwar nicht einmal unter Berufung auf einen Handelsbrauch.[136]

E. Beteiligung mehrerer HM

Sofern im Maklervertrag nichts anderes vereinbart ist (zB bei Alleinauftrag), darf der Auftraggeber **48** parallel oder (zB nach Widerruf des Auftrags, siehe oben § 93 RdNr. 56 ff.) sukzessive mehrere HM mit der Vermittlung des gewünschten Geschäfts beauftragen, ebenso wie es einem HM grundsätzlich frei steht, sich im Rahmen seiner Vermittlungsbemühungen für den Auftraggeber im Wege des Unterauftrags der Hilfe anderer Makler zu bedienen.[137] Die auftragsrechtliche Vorschrift des § 664 Abs. 1 Satz 1 BGB, die vom Grundsatz der höchstpersönlichen Ausführung des Auftrags ausgeht, dürfte auf den HM nicht anwendbar sein („im Zweifel"), sofern der HM, was die Regel ist, nicht zur Tätigkeit und der Auftraggeber nicht zur provisionsbegründenden Annahme von Vermittlungsvor-

---

[128] BGH Urt. v. 13. 3. 1985 – IVa ZR 211/82, BGHZ 94, 98 = NJW 1985, 1895; Baumbach/*Hopt* § 93 RdNr. 55.
[129] BGH (Fn. 128) BGHZ 94, 98, 102 ff.
[130] BGH (Fn. 128) BGHZ 94, 98, 102, unter 3 c; aA, zu Unrecht unter Berufung auf BGH (Fn. 123), MünchKomm/HGB/*v. Hoyningen-Huene* § 93 RdNr. 81: Kämen die Beurteilungsmöglichkeiten nach § 653 Abs. 2 BGB nicht in Betracht, sei das Gericht analog § 315 Abs. 3 BGB zur billigen Preisbestimmung befugt.
[131] Capelle/*Canaris* Handelsrecht, 21. Aufl. 1989, § 19 VI.1.
[132] Vgl. BGH Urt. v. 10. 11. 1976, WM 1977, 21, 23, wonach eine nachträgliche Preisminderung wegen eines Mangels die Höhe der zu zahlenden Provision nicht berührt.
[133] Vgl. OLG Nürnberg Urt. v. 5. 8. 1976, OLGZ 1977, 219, 221 = MDR 1977, 52; Heymann/*Herrmann* § 93 RdNr. 23.
[134] BGH (Fn. 113).
[135] BGH Urt. v. 16. 2. 1994 – IV ZR 35/93, BGHZ 125, 135 = NJW 1994, 1475, 1476. Das OLG Düsseldorf hat es in einem Urt. v. 5. 2. 1999 (7 U 132/98, NJW-RR 1999, 1140) ausdrücklich offen gelassen, ob Übererlösabreden nicht unabhängig von der sich daraus ergebenden Höhe der Provision „stets nach § 138 Abs. 1 BGB nichtig sind, weil sie idR von geschäftlich unerfahrenen Auftraggebern zugestanden werden, oder, weil mit der Funktion des Maklers unvereinbar, generell für unzulässig erachtet werden sollten".
[136] OLG Zweibrücken Urt. v. 4. 6. 1976 – 1 U 239/75, OLGZ 1977, 212, zum Zivilmakler; OLG Düsseldorf Urt. v. 21. 5. 1993 – 7 U 126/92, OLGR Düsseldorf 1993, 317.
[137] Vgl. MünchKommHGB/*v. Hoyningen-Huene* § 93 RdNr. 18.

schlägen des HM verpflichtet ist.[138] Denn in diesem Fall besteht überhaupt kein schutzwürdiges Interesse des Auftraggebers daran, dass sich der HM höchstpersönlich bemüht.

49 Bei der **sukzessiven Einschaltung verschiedener HM** stellt sich die Frage, inwieweit die Bemühungen von HM, die ihre Vermittlungstätigkeit, aus welchen Gründen auch immer, nicht zu Ende geführt haben, in einem provisionsbegründenden Sinne kausal für den später unter Mitwirkung nachfolgend beauftragter HM eingetretenen Vermittlungserfolg geworden sind. Insofern kann auf die Ausführungen oben unter RdNr. 14 verwiesen werden.

50 Werden mehrere HM **nebeneinander** tätig, hängt es von der Ausgestaltung der Vertragsbeziehungen der HM mit dem Auftraggeber bzw. ggf. der HM untereinander ab, welcher der HM vom Auftraggeber bzw. vom Maklerkollegen in welcher Höhe Provision bzw. Provisionsanteile verlangen kann. Einfach ist der Fall, dass der *Auftraggeber* mehrere HM beauftragt, die unabhängig voneinander tätig werden und vielleicht sogar voneinander nichts wissen. Hier beurteilt sich jedes Maklerverhältnis nach § 99, so dass sämtliche Makler, sollte ihr jeweiliger Beitrag *mit*ursächlich für den Vermittlungserfolg geworden sein, vom Auftraggeber aus eigenem Recht grundsätzlich die Hälfte der jeweils mit ihm vereinbarten Provision verlangen können.[139]

51 Beauftragt der Auftraggeber mehrere HM, die *untereinander in Kontakt* stehen und vielleicht sogar durch Kooperationsverträge miteinander verbunden sind, ist es eine Frage der Auslegung der Maklerverträge im Einzelfall, ob sich die jeweils vertraglich vereinbarte Provision nur auf den betreffenden Vertrag bezieht oder ob sie die Gesamthöhe der den beteiligten HM zu zahlenden, in ihrem Innenverhältnis aufzuteilenden Provision bezeichnet. Pauschale Lösungen verbieten sich hier.[140]

52 Beauftragt der Auftraggeber nur einen HM, leitet letzterer aber seinen Auftrag im Wege des Unterauftrags an einen weiteren HM **(Untermakler, Zubringermakler)**[141] weiter, der mit dem Auftraggeber selbst nicht in einem Vertragsverhältnis steht,[142] beeinflusst dies die (ausschließliche) Provisionspflicht des Auftraggebers gegenüber dem von ihm beauftragten HM nicht. Dies gilt unabhängig davon, ob dieser HM intern dem Untermakler Provisionsanteile oder die Bezahlung eines Übererlöses versprochen hat.[143] Von einem **„Gemeinschaftsgeschäft"** spricht man idR, wenn der vom (Handels- oder Zivil-)Makler unterbeauftragte Makler seinerseits mit der Gegenpartei in einem provisionspflichtigen Auftragsverhältnis steht.[144] Ob und in welchem Umfang bei Gemeinschaftsgeschäften der Untermakler an der Provision zu beteiligen ist, die der Hauptmakler von seinem Auftraggeber erhält, bzw. den von ihm erzielten Übererlös verlangen kann,[145] ist eine Frage der Auslegung des zwischen den Gemeinschaftsmaklern bestehenden, uU konkludent zustande gekommenen[146] Vertrags-

---

[138] So aber Baumbach/*Hopt* § 93 RdNr. 34; ihm folgend MünchKommHGB/*v. Hoyningen-Huene* § 93 RdNr. 18.

[139] Vgl. BGH Urt. v. 27. 10. 1976 – IV ZR 149/75, NJW 1977, 41, 429, wonach der Anspruch eines Nachweismaklers auf Provision grundsätzlich nicht dadurch gehindert oder beseitigt wird, dass der Auftraggeber, um zum Vertragsschluss zu gelangen, sich der ihrerseits provisionspflichtigen Dienste eines für den Vertragsgegner auftretenden Vermittlungsmaklers bedient; vgl. MünchKommHGB/*v. Hoyningen-Huene* § 93 RdNr. 75: Jede Vermittlungstätigkeit eines einzelnen Maklers könne zur Entstehung eines Provisionsanspruchs führen, da es nur auf eine Mitursächlichkeit ankomme; aA wohl *Capelle/Canaris* Handelsrecht, 21. Aufl. 1989, § 19 IX.: Betraue der Auftraggeber in der gleichen Angelegenheit mehrere HM unabhängig voneinander, sei bei Zustandekommen des Geschäfts mangels besonderer Abrede die Provision unter den HM, den den Abschluss gefördert hätten, gleichmäßig zu verteilen, es sei denn, ein HM habe nachweislich „überwiegend" gewirkt.

[140] Vgl. MünchKommHGB/*v. Hoyningen-Huene* RdNr. 10: Eine Vereinbarung über die Provisionshöhe komme nicht zwingend einer Vereinbarung über den oder die Schuldner des Provisionsanspruchs gleich; vgl. auch *Knütel* ZHR 144 (1980), 289 ff.

[141] Der Begriff des Zubringermaklers wird teilweise ebenfalls für den Fall verwendet, dass ein Makler (Zubringer), ohne mit dem Interessenten in einem Auftragsverhältnis zu stehen, einen anderen Makler mit diesem Interessenten in Kontakt bringt. Vgl. BGH Urt. v. 22. 5. 1963 – VIII ZR 254/61, DB 1963, 1215.

[142] BGH Urt. v. 28. 2. 1968 – VIII ZR 6/66, BB 1968, 729, zu BGB § 652: Die Zuführung von Kreditbeschaffungsaufträgen gegen Bewilligung eines Provisionsanteils sei als Untermaklervertrag anzusehen.

[143] Vgl. OLG Karlsruhe Urt. v. 7. 8. 1997 – 19 U 22/96, NJW-RR 1998, 996: Ein Maklerlohn entstehe grundsätzlich nicht, wenn der Makler ohne Wissen seines Auftraggebers einen Dritten in Form eines „Gemeinschaftsgeschäfts" einschalte, der für die Gegenseite des Auftraggebers als Makler tätig sei und den Abschluss des Vertrages vermittle.

[144] Vgl. *Demme* S. 216, zum Immobilien- und Finanzierungsmakler: Nach der Usance sei es für ein Gemeinschaftsgeschäft erforderlich, dass der eine Makler von der Verkäuferseite und ein anderer Makler von der Erwerberseite beauftragt sei und beide Makler zusammenwirken träfen mit dem Ziel, durch das Zusammenwirken den Hauptvertrag zustande zu bringen; vgl. *ders.*, aaO, zum Zustandekommen der vertraglichen Vereinbarung zwischen den beiden Maklern, sowie S. 218 ff., zu den gegenseitigen „Treuepflichten" der Makler einschließlich des Kundenschutzes.

[145] Vgl. KG Berlin Urt. v. 23. 3. 1998 – 10 U 8769/96, KG-Rp Berlin 1998, 237, wonach ein Gemeinschaftsgeschäft auch dann anzunehmen ist, wenn die Parteien eine Mehrerlösbeteiligung vereinbart haben.

[146] Vgl. OLG Frankfurt Urt. v. 1. 12. 1981 – 5 U 186/80: Ein Gemeinschaftsgeschäft unter Maklern könne dadurch vereinbart werden, dass ein Makler die Weiterleitung seines Auftrags davon abhängig mache, dass das Geschäft als Gemeinschaftsgeschäft behandelt werde, und der andere Makler daraufhin den Anbietenden zur Zuführung des Interessenten auffordere.

verhältnisses bzw. ggf. existierender Handelsbräuche.[147] **Fällig** wird der interne Ausgleichsanspruch zwischen Gemeinschaftsmaklern, wenn nichts anderes vereinbart ist oder wenn keine anderslautenden Handelsbräuche bestehen, idR nicht bereits mit Fälligkeit des Provisionsanspruchs des Hauptmaklers gegen seinen Auftraggeber, sondern erst in dem Augenblick, wo der Hauptmakler seine Provision tatsächlich erhalten hat.[148]

F. Verjährung des Provisionsanspruchs nach § 99

Der Provisionsanspruch nach § 99 verjährt nach §§ 195, 199 BGB einheitlich in drei Jahren ab dem Zeitpunkt, wo der Anspruch fällig geworden ist („entstanden ist", § 199 Abs. 1 Nr. 1 BGB[149]) und der HM von den Umständen, die die Fälligkeit begründen, erfahren hat oder grob fahrlässig in Unkenntnis geblieben ist. Die bisherige Differenzierung danach, ob der Auftraggeber die Maklerleistung zu privaten oder gewerblichen Zwecken entgegen genommen hat (hierzu Vorauflage, RdNr. 53), ist durch die Reform des Verjährungsrechts – vorbehaltlich der Übergangsregeln in Art. 229, § 6 EGBGB – zum 1. 1. 2002 entfallen. 53

G. Kein Anspruch des HM auf Aufwendungsersatz

Da der HM nach dem gesetzlichen Normalfall nicht zum Tätigwerden verpflichtet ist, gewährt ihm das Gesetz auch keinen Anspruch auf Ausgleich seiner Bemühungen oder Ersatz seiner Aufwendungen.[150] Einen Anspruch auf Aufwendungsersatz hat der HM deshalb nur, wenn dies vereinbart ist (§ 652 Abs. 2 Satz 1 BGB).[151] 54

Die Schranken der Wirksamkeit von sog. **Aufwandentschädigungsklauseln** in AGB hat der BGH in seiner Entscheidung vom 28. 1. 1987[152] dargelegt. Danach verbietet das gesetzliche Leitbild des Maklers die Vereinbarung eines Aufwendungsersatzanspruches in AGB nicht.[153] Die AGB-Klausel darf sich jedoch ausschließlich auf den Ersatz von *konkretem* Aufwand beziehen.[154] Diese Grenze wird überschritten, wenn die Höhe des Auslagenersatzes als Anteil auf die Preisvorstellung, den Wert oder den letztlich erzielten Preis bestimmt wird und damit im Ergebnis auf eine nach § 307 Abs. 2 BGB unzulässige erfolgsunabhängige Provision (hierzu unten RdNr. 58) hinausläuft.[155] 55

Vom auftragsrechtlichen Aufwandsersatzanspruch zu unterscheiden ist ein auf Wiedergutmachung unnötiger Aufwendungen gerichteter Schadensersatzanspruch des HM gegen den Auftraggeber aus § 280 Abs. 1 BGB, zB wegen Verletzung einer entsprechenden Vorkenntnisklausel (siehe oben RdNr. 17). 56

---

[147] Vgl. BGH Urt. v. 22. 5. 1963 – VIII ZR 254/61, BB 1963, 835–836: Wenn gewerbsmäßige Makler Nachweise über Objekte und Interessenten gegenseitig austauschten, oder wenn ein Hauptmakler, der allein mit dem Auftraggeber in Verbindung stehe, einen Untermakler beauftrage, könne auch ohne ausdrückliche Vereinbarung im Hinblick auf etwaige am Ort geltende Handelsgebräuche ein Anspruch auf hälftige Teilung der Provision entstehen; vgl. die „Geschäftsgebräuche für Gemeinschaftsgeschäfte unter Maklern", inzwischen herausgegeben vom Immobilienverband Deutschland IVD Bundesverband e. V., die nach Ansicht der Rspr. (noch) keinen Handelsbrauch widerspiegeln und deshalb besonders vereinbart werden müssen (OLG Düsseldorf Urt. v. 19. 12. 1997 – 7 U 119/97, OLG-Rp Düsseldorf 1998, 233 = AIZ A 175 Bl. 15, zur Vorgängerregelung des damaligen VDM e. V. in der Fassung vom 17. Oktober 1981). Sachlich kann dieses Regelwerk für den HM insofern relevant werden, als es neben der Vermittlung von Immobilien (Zivilmakler) für die Vermittlung von Finanzierungen im Zusammenhang mit dem Erwerb von Grundstücken (zB Kreditvermittlung, siehe oben § 93 RdNr. 31) Bedeutung beansprucht.
[148] Vgl. KG Berlin (Fn. 145).
[149] Palandt/*Heinrichs* § 199 BGB RdNr. 3; aus der Rechtsprechung zum *neuen* Verjährungsrecht zB OLG Saarbrücken Urt. v. 21. 10. 2004 – 8 U 623/04 u. a., OLGR Saarbrücken 2006, 204, unter B.3.b.
[150] Vgl. nur Heymann/*Herrmann* Vor § 93 RdNr. 1, RdNr. 26.
[151] *Brox* RdNr. 236 Baumbach/*Hopt* § 93 RdNr. 39.
[152] BGH Urt. v. 28. 1. 1987 – IVa ZR 173/85, BGHZ 99, 374 = NJW 1987, 1634.
[153] BGH (Fn. 152) unter III 2; vgl. auch LG Kiel Urt. v. 21. 9. 1984 – 1 S 125/84, VersR 1985, 1167; aA MünchKommHGB/*v. Hoyningen-Huene* § 93 RdNr. 87: Verstoß gegen § 9 Abs. 2 Nr. 1 AGBG; Heymann/*Herrmann* Vor § 93 RdNr. 34.
[154] BGH (Fn. 152) unter III 3.
[155] BGH (Fn. 152) unter III 3 b, in Bezug auf einen vereinbarten Auslagenersatz in Höhe von 0,4% + Mehrwertsteuer aus der Preisvorstellung; vgl. OLG Hamburg Urt. v. 25. 3. 1983 – 11 U 246/82, NJW 1983, 1502, für die Unwirksamkeit einer Aufwandersatzklausel in Höhe von einem Viertel der Provision (jeweils noch zu § 9 Abs. 2 AGBG).

H. Vereinbarungen zur Erfolgsabhängigkeit des Provisionsanspruchs

I. Hintergrund

57 Nach dem gesetzlichen Leitbild entsteht die Provisionspflicht des Auftraggebers nur bei erfolgreicher Vermittlungstätigkeit des HM. Der HM trägt somit das Risiko vergeblicher Bemühungen und Auslagen, weil er zudem keinen Anspruch auf Aufwendungsersatz hat (s. RdNr. 54 ff.). Zu dem Risiko, keinen geeigneten Vertragspartner zu finden, kommt grundsätzlich (zum Sonderfall der Annahme einer anonymen Schlussnote siehe bei § 95) noch das Risiko, dass der Auftraggeber die Vermittlungsvorschläge des HM in Ausübung seines freien Ablehnungsrechts selbst dann zurückweist, wenn diese sachlich den im Maklerauftrag definierten Voraussetzungen entsprechen und somit auch gegen die Person des vorgeschlagenen Vertragspartners aus objektiver Sicht keine Einwendungen erhoben werden können. Weitere Risiken betreffen rechtliche Hindernisse für ein wirksames, provisionsbegründendes Zustandekommen des vermittelten Vertrags, zB beim Versagen einer behördlichen Genehmigung.

58 Der Makler hat deshalb – vor allem, wenn er sich dazu verpflichtet, sich um einen Vermittlungserfolg zu bemühen oder diesen Erfolg sogar garantiert – ein legitimes Interesse daran, sein Risiko vergeblicher Aufwendungen (bzw. sein Haftungsrisiko) durch geeignete **Vereinbarungen** zur **Erhöhung der Chancen** eines (eigenen) **Vermittlungserfolgs** oder aber durch den Ausschluss der **Abhängigkeit des Provisionsanspruchs** zu reduzieren. Als Ansatzpunkte für die Erhöhung der Erfolgschancen bieten sich das Recht des Auftraggebers zur willkürlichen Ablehnung sowie dessen Freiheit zum jederzeitigen Widerruf des Maklerauftrags, zur parallelen Beauftragung weiterer HM oder zum eigenen Direktgeschäft an. Das ist der Hintergrund gebräuchlicher Vertragsklauseln, die die Selbstbestimmung des Auftraggebers beschränken, in Gestalt der Abschlussbindungsklausel oder der Hinzuziehungs- und Verweisungsklausel.[156] Man spricht hier von „**erfolgsunabhängigem Provisionsversprechen**", obwohl der Provisionsanspruch im Grundsatz nach wie vor vom Zustandekommen eines Hauptvertrags abhängig ist. Echte Vereinbarungen des Inhalts, dass die Provision auch bei Scheitern der (mehr oder weniger umfangreichen) Vermittlungsbemühungen geschuldet wird, dürften in der Praxis sehr selten sein und allenfalls versteckt in Form von „Beraterverträgen" auftauchen.[157] In AGB sind Klauseln, wonach dem Makler unabhängig von dem Erfolg seiner Tätigkeit eine Vergütung zustehen soll, nach § 307 Abs. 2 Nr. 1 BGB unwirksam.[158]

II. Abschlussbindungsklausel

59 Mit der sog. Abschlussbindungsklausel verzichtet der Auftraggeber auf sein Recht, Vermittlungsvorschläge des HM willkürlich abzulehnen.[159] Eine solche Klausel ist individualvertraglich solange zulässig (am Maßstab des § 138 BGB), wie dem Auftraggeber die Möglichkeit verbleibt, den Geschäftsabschluss aus sachlichen, gegen den Inhalt des Vertrags oder die Person des Vertragspartners gerichteten Gründen in einer provisionsausschließenden Weise zu verweigern.[160] Dies ergibt sich aus der Wertung des § 95 Abs. 1, der den Fall der Annahme einer anonymen Schlussnote betrifft. **Sittenwidrig** dürfte eine Vereinbarung sein, die dem Auftraggeber jede Möglichkeit der Zurückweisung eines Vermittlungsvorschlags nimmt.

60 Abschlussbindungsklauseln in **AGB** sollen generell nach § 307 Abs. 2 Nr. 1 BGB unter dem Gesichtspunkt einer Gefährdung des Vertragszwecks unwirksam sein, da sie den HM dazu veranlassen, die Sorgfalt bei der Auswahl von Geschäftsgegenständen und Partnern außer Acht zu lassen.[161] Diese Argumentation trifft jedoch für solche Klauseln nicht zu, die dem Auftraggeber das Recht zur Zurückweisung von Vermittlungsvorschlägen aus sachlichen Gründen, insbesondere wegen unzurei-

---

[156] Zur grundsätzlichen Zulässigkeit des Ausschlusses der Erfolgsabhängigkeit der Provision des Zivilmaklers durch Individualvereinbarung vgl. BGH Urt. v. 6. 11. 1985 – IVa ZR 266/83, WM 1986, 209, 211 = NJW-RR 1986, 346–348; BGH Urt. v. 20. 10. 1982 – IVa ZR 97/81, WM 1983, 42; BGH Urt. v. 15. 12. 1976 – IV ZR 197/75, NJW 1977, 624; MünchKommHGB/*v. Hoyningen-Huene* § 93 RdNr. 65.
[157] So in OLG Düsseldorf Urt. v. 10. 11. 2000 – 7 U 69/00, OLGR Düsseldorf 2001, 131 (Darlehensvermittlung). Dort trug die Vermittlungsvereinbarung die Bezeichnung „Beratervertrag" und enthielt eine Klausel, nach der der Auftraggeber mit Abschluss des Beratervertrages „eine nicht rückzahlbare Anzahlung" zu leisten hatte.
[158] OLG Düsseldorf (Fn. 157), noch zu § 9 Abs. 2 Nr. 1 BGB.
[159] Vgl. MünchKommHGB/*v. Hoyningen-Huene* § 93 RdNr. 86.
[160] Vgl. MünchKommHGB/*v. Hoyningen-Huene* § 93 RdNr. 86, allerdings ohne Differenzierung nach dem Inhalt der Klausel; differenzierend Heymann/*Herrmann* Vor § 93 RdNr. 31.
[161] MünchKommHGB/*v. Hoyningen-Huene* § 93 RdNr. 86; vgl. BGH Urt. v. 22. 2. 1967 – VIII ZR 215/64, NJW 1967, 1225, zu § 9 AGBG (Zivilmakler).

chender Berücksichtigung der vertragsbezogenen Interessen des Auftraggebers, belassen. Klauseln dieser Art sollten deshalb als mit § 307 BGB vereinbar angesehen werden.

Vertragsrechtlich ähnlich zu bewerten wie Abschlussbindungsklauseln (ohne Möglichkeit des 61 Erhebens sachlicher Einwendungen) sind Vereinbarungen, wonach die **Namhaftmachung** geeigneter Interessenten für die Begründung des Provisionsanspruchs ausreicht. Der BGH hat entsprechende Klauseln in AGB dementsprechend für unwirksam erklärt.[162]

III. Hinzuziehungs- und Verweisungsklausel („Alleinauftrag")

Mit der sog. **Hinzuziehungs- und Verweisungsklausel**[163] wird vereinbart, dass der Auftrag- 62 geber durch Vermittlung eines anderen Maklers oder selbst keine Vertragsverhandlungen mit einem Interessenten führen darf, ohne den HM hinzuzuziehen, bzw. idR gleichbedeutend, dass die Provision mangels Hinzuziehung selbst dann zu bezahlen ist, wenn das gewünschte Geschäft nicht durch die Bemühungen des HM, sondern in anderer Weise, insbesondere durch einen anderen Makler und/oder durch ein Direktgeschäft des Auftraggebers zustande kommt.

In der Praxis häufig ist in diesem Zusammenhang die Vereinbarung eines **„Alleinauftrags"** 63 („Festofferte"). Regelmäßig verpflichtet sich der HM im Alleinauftrag zum Tätigwerden iS eines Maklerdienstvertrags (s § 98 RdNr. 18).[164] Wozu sich der Auftraggeber im Gegenzug verpflichtet, variiert nach Art des Alleinauftrags und ist durch Auslegung zu ermitteln. Mit dem Begriff „allein" kann *entweder* gemeint sein, dass der Auftraggeber lediglich zusichert, keine weiteren Makler zu beauftragen bzw. dem HM selbst dann Provision (als primäre Vertragsleistung oder als Schadensersatz[165]) zu bezahlen, wenn das gewünschte Geschäft durch die Tätigkeit eines anderen Maklers zustande kommt, *oder* aber, dass der Auftraggeber zusätzlich auf einen (provisionsausschließenden[166]) direkten Vertragsschluss ohne Mitwirkung von Maklern (bisweilen als „Eigen- oder Direktgeschäft" bezeichnet) verzichtet (sog. **erweiterter** oder **qualifizierter Alleinauftrag**).[167] Nach Ansicht des BGH ist im Zweifel der engeren Auslegungsmöglichkeit der Vorzug zu geben.[168] Sog. **„Projektschutzabreden"** sind iS eines erweiterten Alleinauftrags auszulegen.[169]

Der Alleinauftrag kann ausdrücklich, aber auch stillschweigend zustande kommen, wobei an die 64 Voraussetzungen eines **konkludenten** Willens strenge Anforderungen zu stellen sind.[170] In dem einem Makler erteilten Auftrag, ein bestimmtes Geschäft mit einem bestimmten Interessenten zu fördern, und in der Abrede, zu diesem Zweck über das Geschäft Stillschweigen zu bewahren, liegt grundsätzlich weder ein Alleinauftrag, noch macht sich der Auftraggeber schadensersatzpflichtig, wenn er einen weiteren Makler damit beauftragt, das Geschäft mit einem anderen Interessenten zustande zu bringen.[171] Trotz ausdrücklicher Verwendung des Begriffs „Alleinauftrag" kommt gemäß den allgemeinen Grundsätzen über die Auslegung von Willenserklärungen kein wirksamer Alleinauftrag zustande, wenn der Makler auf die Frage nach der Notwendigkeit der Unterzeichnung eines entsprechenden Schriftstücks erklärt, es handele sich nur um eine Formsache und „er sei nicht so".[172]

Entsprechend seinem beiderseitig bindenden Charakter ist der Alleinauftrag regelmäßig mit dem 65 **Ausschluss des Widerrufsrechts** (s § 93 RdNr. 56 ff.) für die Zeitdauer dieser Sondervereinbarung[173] bzw. – gleichbedeutend – mit der Verpflichtung des Auftraggebers zur Bezahlung der Provision bei vorzeitigem Widerruf („Kündigung") verbunden.[174] Alleinaufträge, die ausdrücklich

---

[162] BGH Urt. v. 20. 3. 1985 – IVa ZR 223/83, NJW 1985, 2477, 2478, unter II.; BGH Urt. v. 4. 11. 1964 – VIII ZR 46/63, LM BGB § 652 Nr. 14 = NJW 1965, 246, zur Vermittlung von Krediten, noch zur Rechtslage vor Inkrafttreten des AGBG (§ 242 BGB).
[163] Zum Begriff MünchKommHGB/*v. Hoyningen-Huene* § 93 RdNr. 91.
[164] BGH Urt. v. 20. 3. 1985 – IVa ZR 223/83, NJW 1985, 2477, 2478, unter II.; BGH Urt. v. 8. 3. 1973 – IV ZR 158/71, BGHZ 60, 377, 381; MünchKommHGB/*v. Hoyningen-Huene* § 93 RdNr. 35.
[165] Vgl. zu dieser Unterscheidung BGH Urt. v. 9. 11. 1966 – VIII ZR 170/64, NJW 1967, 198; OLG Frankfurt Urt. v. 24. 1. 1992 – 24 U 297/90, OLG-Rp Frankfurt 1992, 2; OLG Zweibrücken Urt. v. 11. 6. 1991 – 8 U 121/90, AIZ A 101 Bl 5, jeweils zum Zivilmakler.
[166] Nach BGH Urt. v. 22. 2. 1967 – VIII ZR 215/64, LM BGB § 652 Nr. 23 = NJW 1967, 1225, behält der Auftraggeber trotz „Alleinauftrags" seine Abschlussfreiheit. S. oben RdNr. 58.
[167] Zur Begrifflichkeit *Demme* S. 158; OLG Zweibrücken Urt. v. 11. 6. 1991 – 8 U 121/90, AIZ A 101 Bl 5.
[168] BGH Urt. v. 17. 11. 1960 – VII ZR 236/59, LM BGB § 652 Nr. 8 = NJW 1961, 307; BGH Urt. v. 4. 2. 1976 – IV ZR 156/73, WM 1976, 532, 533 f.
[169] OLG Düsseldorf Urt. v. 28. 4. 1981 – 7 U 21/81, NJW 1982, 1231, 1232, wobei das Gericht offen lässt, ob das konkrete Vermittlungsverhältnis als Handelsvertretervertrag oder als Maklervertrag zu qualifizieren ist (aaO, S. 1231).
[170] Vgl. MünchKommHGB/*v. Hoyningen-Huene* § 93 RdNr. 223.
[171] BGH Urt. v. 9. 11. 1966 – VIII ZR 170/64, NJW 1967, 198, zum Zivilmakler.
[172] BGH Urt. v. 23. 4. 1969 – IV ZR 780/64, LM BGB § 652 Nr. 32 = NJW 1969, 1625 f.
[173] Vgl. MünchKommHGB/*v. Hoyningen-Huene* § 93 RdNr. 22.
[174] Vgl. BGH Urt. v. 22. 2. 1967 – VIII ZR 215/64, NJW 1967, 1225.

unbefristet sind, sind grundsätzlich sittenwidrig iS des § 138 BGB und daher nichtig.[175] Trifft der Alleinauftrag keine Regelung über die Dauer der Bindung, geht die Rspr. unter Berufung auf § 157 BGB von einer „angemessenen" Frist aus,[176] wobei sechs Monate als angemessen betrachtet wurden.[177]

66 Gemäß § 314 BGB kann ein befristeter Alleinauftrag vorzeitig und fristlos **gekündigt** werden, wenn hierfür ein wichtiger Grund vorliegt. Einen wichtigen Kündigungsgrund iS des § 314 Abs. 1 S. 2 BGB auf Seiten des Auftraggebers stellt es dar, wenn der Makler untätig geblieben ist oder seine Verkaufsbemühungen vernachlässigt hat und dadurch die Interessen des Auftraggebers so sehr gefährdet hat, dass diesem die weitere Bindung an den Alleinauftrag nicht zuzumuten ist.[178]

67 Für die Vereinbarung einer Hinzuziehungs- und Verweisungsklausel im Rahmen eines Alleinauftrags oder in sonstiger Weise durch **AGB** sind die Beschränkungen der §§ 305 ff. BGB zu beachten. Jedenfalls erweiterte (qualifizierte) Alleinaufträge (oben RdNr. 63) können nach der Rspr. nicht wirksam durch AGB erteilt werden. AGB-Klauseln, nach denen der Kunde im Rahmen eines Alleinauftrages kein Eigengeschäft abschließen darf, ohne provisionspflichtig zu werden, sind nach § 307 BGB unwirksam.[179] Einfache Alleinaufträge, die dem Auftraggeber lediglich den Vertragsschluss unter Vermittlung anderer Makler untersagen bzw. ihn in diesen Fällen zur Zahlung der Provision verpflichten, dürften als solche demgegenüber dem Maßstab des § 307 BGB standhalten, sofern sie keine unangemessen lange Bindungsfrist vorsehen.

68 Zur Abgrenzung einer AGB von einer ausgehandelten Individualvereinbarung (§ 305 Abs. 1 S. 3 BGB) ist im Zusammenhang mit Alleinaufträgen festgestellt worden, dass es für das Aushandeln nicht genügt, wenn lediglich die Höhe der in der Klausel vorgesehenen Provision zur Disposition gestellt wird.[180] Auf der anderen Seite setzt das Aushandeln einer vorformulierten Vertragsbedingung nicht voraus, dass die betreffende Klausel, die zum Bestandteil des Einzelvertrags gemacht werden soll, an irgendeiner Stelle äußerlich sichtbar abgeändert oder ergänzt worden ist. Notwendig ist aber, dass die eine Vertragspartei zur Abänderung der Bedingung bereit und dies dem Geschäftspartner bei Vertragsschluss bewusst gewesen ist.[181] Es reicht nicht aus, wenn der Makler dem Kunden nur zwei unabänderliche Vertragsgestaltungen gegenüberstellt, insbesondere wenn er ihm lediglich die Alternative offen hält, zwischen dem Alleinauftrag mit Hinzuziehungsklausel und einer schlichten, preisgünstigen Karteiverwaltung zu wählen.[182]

I. Schadensersatz in Höhe der Provision

69 Keinen Provisionsanspruch nach § 99, aber einen auf Ersatz des Provisionsausfalls gerichteten Schadensersatzanspruch aus § 280 Abs. 1 BGB in Höhe der Provision hat der HM gegen den Auftraggeber, wenn Letzterer durch eine schuldhafte Verletzung vertraglicher Nebenpflichten das **Scheitern der Vermittlungsbemühungen** des Maklers verursacht. Relevant dürfte dieser Fall nur werden, soweit der Auftraggeber sein Recht zur freien Ablehnung von Vermittlungsvorschlägen des HM vertraglich beschränkt hat, da es dem HM andernfalls unmöglich sein dürfte, dem Auftraggeber eine für das Scheitern der Vermittlung kausale Pflichtverletzung nachzuweisen.

70 Ein Schadensersatzanspruch des HM aus § 280 Abs. 1 BGB in Höhe der Provision ist ebenfalls denkbar, wenn der Auftraggeber in pflichtwidriger Weise seine vom HM erhaltenen Informationen, insbesondere Vermittlungsvorschläge, an Dritte weitergibt und dadurch ausschließt, dass der HM

---

[175] MünchKommHGB/*v. Hoyningen-Huene* § 93 RdNr. 23.
[176] BGH Urt. v. 2. 2. 1994 – IV ZR 24/93, WM 1994, 799.
[177] OLG Hamm Urt. v. 25. 11. 1965 – 19 U 129/65, NJW 1966, 887.
[178] BGH Urt. v. 14. 5. 1969 – IV ZR 787/68, LM BGB § 652 Nr. 30 = NJW 1969, 1626, noch zur Rechtslage vor Einführung des § 314 BGB.
[179] BGH Urt. v. 27. 3. 1991 – IV ZR 90/90, LM AGBG § 1 Nr. 14 = NJW 1991, 1678–1679; BGH Urt. v. 2. 11. 1983 – IVa ZR 86/82, BGHZ 88, 368–372 = NJW 1984, 360; BGH Urt. v. 8. 5. 1973 – IV ZR 158/71, BGHZ 60, 377, 381; OLG Frankfurt Urt. v. 24. 1. 1992 – 24 U 297/90, OLG-Rp Frankfurt 1992, 2; OLG Zweibrücken Urt. v. 11. 6. 1991 – 8 U 121/90, AIZ A 101 Bl 5 (alle noch zu § 9 AGBG); OLG Jena Urt. v. 8. 12. 2004 – 2 U 559/04, OLG-NL 2005, 5 (zu § 307 BGB).
[180] BGH Urt. v. 27. 3. 1991 (Fn. 179), NJW 1991, 1678 f.
[181] BGH Urt. v. 15. 12. 1976 – IV ZR 197/75, LM BGB § 652 Nr. 61 = NJW 1977, 624, zum erfolgsunabhängigen Provisionsversprechen; vgl. auch OLG Frankfurt (Fn. 174), zum Alleinauftrag: Der Makler müsse die wesentlichen Regelungen seiner AGB ernstlich zur Disposition stellen und die Einflussnahme des Maklerkunden dürfe sich nicht in nebensächlichen Änderungen und Ergänzungen erschöpfen.
[182] BGH Urt. v. 3. 7. 1985 – IVa ZR 246/83, NJW-RR 1986, 54, unter II.2.; OLG Jena Urt. v. 8. 12. 2004 (Fn. 179).

diese Informationen noch für andere Auftraggeber in provisionsbegründender Weise verwertet. Dies betrifft zB den Fall, dass es unter Ausnützen des weitergegebenen Vermittlungsvorschlags zum Vertragsschluss durch den Dritten kommt.[183] Nicht nur den HM (s. § 98 RdNr. 20), sondern auch den **Auftraggeber** trifft nämlich eine aus dem Grundsatz von Treu und Glauben abzuleitende vertragliche Nebenpflicht zur **Verschwiegenheit**[184] gegenüber Dritten.[185] Einen besonderen Nachweis des Umstands, dass er, wäre die Information nicht pflichtwidrig weitergegeben worden, diese selbst zur Begründung eines Provisionsanspruchs (gegenüber einem anderen Auftraggeber) verwertet hätte (hypothetischer Kausalverlauf, § 249 Abs. 1 BGB), braucht der HM idR nicht zu erbringen. Bei liquiden, marktgängigen Vertragsgegenständen, mit denen man es im Bereich der HM idR (abgesehen von vorübergehenden Liquiditätsengpässen) zu tun hat, darf man von einer entsprechenden tatsächlichen Vermutung ausgehen. Ebenfalls eine Vermutung besteht für die Kausalität der Informationsweitergabe für den Vertragsschluss des Informierten mit der vom HM benannten Person.

Im Schrifttum wird vereinzelt die Auffassung vertreten, *jede* Weitergabe von Informationen müsse die Provisionspflicht des Auftraggebers begründen,[186] weil der Auftraggeber durch die Informationsweitergabe zu erkennen gebe, dass er den Geschäftsabschluss durch den Hintermann für gleichwertig erachte,[187] und weil der Makler andernfalls die Vertraulichkeit seiner Angebote nicht sichern könne.[188] Diesem Ansatz ist zu widersprechen. Zum einen geht die Annahme einer „Kongruenz" des Vertragsschlusses zwischen zwei Dritten über die von der Rspr. aufgezeigten Grenzen hinaus (s. RdNr. 30) und ist mit der Vertragsautonomie nicht mehr vereinbar. Zum anderen ist dem Schutzbedürfnis des HM bereits auf der Grundlage des allgemeinen Schadensersatz- und Beweisrechts Genüge getan. In Beweisnot könnte der HM nach den dargelegten Grundsätzen (s. RdNr. 70) hauptsächlich in Bezug auf die Tatsache der Verschwiegenheitsverletzung als solche sowie, was hiermit zusammenhängt, in Bezug auf den Adressaten der offenbarten Informationen geraten. In dieser Beziehung führt aber der dargestellte Ansatz nicht weiter, da er ebenfalls auf dem Nachweis einer Verschwiegenheitsverletzung aufbaut.

Möglich ist es allerdings, dass die Parteien in den Maklervertrag eine Klausel aufnehmen, nach der die Provision, unabhängig vom Vorliegen der sonstigen Provisionsvoraussetzungen, auch dann zu entrichten ist, wenn der Auftraggeber unbefugt Informationen, die er vom HM erhalten hat, an Dritte weiterleitet **(Weitergabeklausel)**. Bei entsprechenden Klauseln in **AGB** sind die Grenzen der §§ 305 ff. BGB zu beachten. Für zulässig anhand des Maßstabs des § 307 Abs. 2 Nr. 1 BGB befunden wurde eine Klausel, nach der der Auftraggeber einem Makler u. a. dann Provision schuldet, wenn er die erhaltene Information an einen Dritten weitergibt und dieser den Hauptvertrag mit der vom HM bezeichneten Person abschließt.[189] Klauseln, die demgegenüber allein an die Verletzung der Verschwiegenheitspflicht anknüpfen ohne Berücksichtigung der Frage, ob diese Verletzung zu einem Vertragsschluss zwischen den beiden Dritten unter Ausschluss des Maklers geführt hat, sind im Verhältnis zu nicht-unternehmerischen Auftraggebern (vgl. § 310 Abs. 1 S. 1 BGB) an § 309 Nr. 6 BGB („Vertragsstrafe") zu messen.[190] Maßstab für entsprechende Klauseln gegenüber kaufmännischen Auftraggebern ist § 307 BGB, wobei es hier auf die jeweiligen Umstände des Einzelfalles ankommt. Zu weit dürfte es angesichts der klaren Regelung des § 310 Abs. 1 S. 1 BGB gehen, die Wertung des § 309 Nr. 6 BGB ohne Einschränkungen auf die Generalklausel des § 307 Abs. 2 Nr. 1 BGB zu projizieren.[191] Freilich liegen die Befürworter dieser Ansicht im Einklang mit einer entsprechenden

---

[183] OLG Hamburg Urt. v. 13. 2. 1997 – 6 U 271/96, MDR 1997, 544, zum Zivilmakler (noch zum Rechtsinstitut der pFV).
[184] *Heymann/Herrmann* § 93 RdNr. 25; Baumbach/*Hopt* § 93 RdNr. 39; vgl. auch *Kock* S. 50–70.
[185] Die Rspr. zur (provisionsbegründenden) wirtschaftlichen „Identität" des Auftraggebers mit Personen, mit denen er persönlich oder gesellschaftsrechtlich verbunden ist (s. RdNr. 30), führt dazu, dass man eine Verschwiegenheitspflicht speziell den genannten Personen gegenüber nicht annehmen kann. Denn es kann nicht verboten sein, eine Information an „sich selbst" weiterzugeben. Zur Kritik an dieser Rspr. s. RdNr. 30.
[186] MünchKommBGB/*Schwerdtner* 2. Aufl. 1986, § 652 RdNr. 95; in diese Richtung wohl auch MünchKommHGB/*v. Hoyningen-Huene* § 93 RdNr. 83, wenn er die Weitergabe von Informationen unter der Voraussetzung zulassen will, dass der Auftraggeber dem HM hierüber Mitteilung macht, und wenn er gleichzeitig auf eine „Entschärfung" der Kongruenzanforderungen verweist; offen gelassen in BGH Urt. v. 14. 12. 1959 – II ZR 241/58, MDR 1960, 283, 283.
[187] MünchKommBGB/*Schwerdtner* (Fn. 186).
[188] *Schwerdtner* Maklerrecht, 3. Aufl. 1987, RdNr. 141.
[189] BGH Urt. v. 14. 1. 1987 – IVa ZR 130/85, NJW 1987, 2431 = WM 1987, 632, 633, zum Nachweismakler (noch unter der Geltung von § 9 Abs. 2 Nr. 1 AGBG).
[190] Vgl. MünchKommHGB/*v. Hoyningen-Huene* § 93 RdNr. 92; Heymann/*Herrmann* Vor § 93 RdNr. 34, noch zu § 11 Nr. 6 AGBG.
[191] So aber MünchKommHGB/*v. Hoyningen-Huene* § 93 RdNr. 92.

§ 100

J. Besonderheiten bei Versicherungsmaklern

73 Abweichend von § 99 HGB schuldet der Versicherungsnehmer nach Verkehrssitte bzw. Handelsbrauch dem HM keine Provision. Vielmehr ist die Provision nach allgemeiner Meinung in voller Höhe vom *Versicherer* zu tragen,[192] obwohl angeblich kein Maklervertrag zwischen HM und Versicherer bestehen soll.[193] Anders ist es bei den sog. „Nettopolicen", wo die Versicherungsprämie keinen Provisionsanteil für die Vermittlung des Vertrags enthält und der Makler mit dem Kunden eine spezielle Vermittlungsgebührenvereinbarung abschließt.[194] Wird die Provision nicht auf einmal, sondern jährlich bezahlt, ist sie Entgelt für die Vermittlung und die spätere Betreuung, und zwar so, dass auch in der Provision ab dem zweiten Versicherungsjahr noch Vermittlungsentgelt enthalten ist. Mangels abweichender Vereinbarung soll der Vermittlungsanteil im Allgemeinen mit 50% der Gesamtcourtage anzusetzen sein.[195] Die Bedeutung dieser Feststellung kommt im Falle eines Maklerwechsels nach erfolgreichem Vertragsschluss zur Geltung, weil der erste Makler hier grundsätzlich weiterhin von dem Versicherer 50% der Gesamtcourtage als Entgelt für seine Vermittlungsleistung verlangen kann.[196]

74 Wird die Provision auf einmal (aus der ersten Versicherungsprämie) bezahlt, wie es zB bei Lebensversicherungen üblich ist, setzt die zusätzliche Bezahlung eines „Bestandspflegegelds" für die Verwaltung und Betreuung des Versicherungsnehmers durch den HM, sofern keine entsprechenden Verkehrssitten bzw. Handelsbräuche (in Bezug auf das Maklerverhältnis mit dem Versicherer) bestehen, eine besondere **Bestandspflegevereinbarung** voraus,[197] die in den Maklervertrag integriert sein kann.[198] Im Übrigen gilt im Verhältnis Makler/Versicherer der sog. **„Schicksalsteilungsgrundsatz"**. Danach teilt die Provision das Schicksal der Versicherungsprämie „im Guten wie im Schlechten" mit der Folge, dass der in den künftigen Prämien enthaltene Anteil der Maklerprovision entfällt, wenn der Versicherungsnehmer den Versicherungsvertrag vor dessen Ablauf kündigt.[199]

§ 100 [Tagebuch]

(1) ¹Der Handelsmakler ist verpflichtet, ein Tagebuch zu führen und in dieses alle abgeschlossenen Geschäfte täglich einzutragen. ²Die Eintragungen sind nach der Zeitfolge zu bewirken; sie haben die in § 94 Abs. 1 bezeichneten Angaben zu enthalten. ³Das Eingetragene ist von dem Handelsmakler täglich zu unterzeichnen oder gemäß § 126 a Abs. 1 des Bürgerlichen Gesetzbuchs elektronisch zu signieren.

(2) Die Vorschriften der §§ 239 und 257 über die Einrichtung und Aufbewahrung der Handelsbücher finden auf das Tagebuch des Handelsmaklers Anwendung.

---

[192] Vgl. BGH Urt. v. 22. 5. 1985 – IVa ZR 190/83, BGHZ 94, 356 = LM BGB § 652 Nr. 93 = NJW 1985, 2595, unter II.1., unter Hinweis auf eine entsprechende „in vielen Ländern gleichförmige bestehende Übung des Versicherungsvertragsrechts"; jüngst bestätigt durch BGH Urt. v. 20. 1. 2005 – III ZR 251/04, BGHZ 162, 67, unter II.3.a.; Prölss/Martin/*Kollhosser* 27. Aufl. 2004, Nach § 48 VVG RdNr. 28 ff.
[193] Zur Kritik an dieser Konzeption siehe oben § 98 RdNr. 30.
[194] So zB die Sachlage in BGH Urt. v. 20. 1. 2005 (Fn. 192) sowie LG Rottweil Urt. v. 22. 1. 2002 – 1 S 145/01, MDR 2002, 572.
[195] OLG Hamm Urt. v. 8. 12. 1994 – 18 U 279/93, VersR 1995, 658 = RuS 1995, 479.
[196] OLG Hamm (Fn. 195), wo offen gelassen wird, ob insoweit ein Ausgleichsanspruch gegen den zweiten Makler besteht.
[197] OLG Frankfurt Urt. v. 12. 11. 1993 – 10 U 29/91, VersR 1995, 92; entsprechend dem allgemeinen Ansatz zur (außervertraglichen) Qualifizierung des Maklerverhältnisses des Versicherungsmaklers zum Versicherer verlangt das Gericht bei Fehlen einer Bestandspflegevereinbarung nicht Verkehrssitte oder Handelsbrauch, sondern konstatiert das Bestehen einer entsprechenden „auf Gewohnheitsrecht beruhenden Vereinbarung".
[198] Bezeichnenderweise schließt BGH Urt. v. 19. 10. 1994 (IV ZR 39/94, BGHR BGB § 626 Abs. 1 Versicherungsmakler 1) aus dem „Doppelrechtsverhältnis des Versicherungsmaklers" „zwingend" auf die Beschränkung der Möglichkeit einer Kündigung der vereinbarten Betreuungs- und Bestandspflegetätigkeiten durch den Versicherer nach § 626 BGB. Damit stellt der BGH seine Differenzierung zwischen dem nicht-vertraglichen Maklerrechtsverhältnis des HM zum Versicherer und der ausdrücklich vertraglichen Betreuungs- und Bestandspflegepflicht des HM selbst in Frage.
[199] BGH Urt. v. 20. 1. 2005 (Fn. 192), unter II.3.a.

I. Zweck und Rechtsgrund der Vorschrift

Die Vorschrift des § 100 verpflichtet jeden HM einschließlich Nichtkaufleute (§ 93 Abs. 3) mit Ausnahme des Krämermaklers (§ 104 Satz 1) sowie – unabhängig von ihrem Geschäftsumfang – des Versicherungs- oder Bausparkassenmaklers (§ 104 Satz 2[1]) zum Führen eines Tagebuchs als in sich geschlossene und vollständige Dokumentation sowie zur täglichen Dokumentierung neu abgeschlossener Geschäfte in der Reihenfolge des Abschlusses bzw. der Kenntniserlangung von ihrem Abschluss.[2] Die Tagebuchpflicht dient dem **Beweisinteresse der Parteien** sowie darüber hinaus dem **öffentlichen Beweisinteresse** (vgl. § 103).[3] Sie ist einerseits vertraglicher Natur und besteht insofern gegenüber beiden Parteien (§ 101), soweit diese in einem (vertraglichen, s. § 93 RdNr. 44 ff., § 101 RdNr. 2) Maklerverhältnis mit dem HM stehen.[4] Sie ist andererseits (ebenso wie die Pflicht des HM nach § 102) öffentlich-rechtlicher Natur[5] und wird bei Verletzung mit Bußgeld sanktioniert (§ 103). Insofern stellen die §§ 100, 103 einen Überrest der historischen Funktion des HM als Urkundsperson[6] dar, den man heute als Fremdkörper im Handelsmaklerrecht empfinden mag. **1**

Aus dieser Doppelnatur des § 102 folgt, dass die Parteien des Handelsmaklervertrags die Tagebuchpflicht nicht vollständig, sondern nur insoweit **abbedingen** dürfen, als diese vertraglichen Charakters ist.[7] Eine vertragliche Abbedingung der Tagebuchpflicht hat zur Folge, dass die Partei, mit der die Abbedingung vereinbart ist, keine Tagebuchauszüge nach § 101 sowie keinen Schadensersatz nach § 98 (sowie nach § 823 Abs. 2 BGB iVm. § 100, siehe unten RdNr. 8) wegen Verletzung der Tagebuchpflicht verlangen kann. Die Bußgeldvorschrift des § 103 bleibt dagegen anwendbar. **2**

II. Gegenstand der Tagebuchpflicht

Aufzeichnungspflichtig nach § 100 sind sämtliche erfolgreich vermittelten Verträge, unabhängig vom Bestehen eines Provisionsanspruchs[8] und unabhängig von der Wirksamkeit des betreffenden Vertrages,[9] dh. unabhängig davon, ob der Vertrag bedingt ist, ob er noch einer behördlichen oder rechtsgeschäftlichen Genehmigung bedarf, ob die Erfüllung sonstiger Wirksamkeitsvoraussetzungen noch aussteht oder ob Anfechtungs- oder Nichtigkeitsgründe gegeben sind. Dies ergibt sich aus dem **Vollständigkeitsgrundsatz** des § 100 Abs. 2 iVm. § 239 Abs. 2. Ferner wird man die Tagebuchpflicht auf solche Verträge erstrecken müssen, die noch am selben Tag bzw. noch vor Kenntniserlangung des HM vom Vertragsschluss wieder einvernehmlich aufgehoben werden.[10] Denn die Beweisfunktion des Tagebuchs kann auch insofern Bedeutung erlangen, insbesondere wenn später Zweifel über die Wirksamkeit der Aufhebung auftreten. **3**

In Übereinstimmung mit dem Wortlaut des § 100 und entsprechend dem Beweiszweck des Tagebuchs, der sich ebenfalls auf den negativen Beweis darüber erstreckt, dass im Einzelfall *kein* Geschäft für den/die Auftraggeber vermittelt wurde,[11] muss die Eintragungspflicht ferner Eigengeschäfte des HM erfassen.[12] Dies gilt zumindest soweit, wie der HM über eine entsprechende Vertretungsmacht verfügt und wie sich die Eigengeschäfte innerhalb des vom HM bearbeiteten Geschäftsbereichs bewegen. In diesem Umfang nämlich besteht die abstrakte Gefahr des Auftretens von späteren Unklarheiten darüber, ob der HM im Einzelfall für sich selbst oder für seine(n) Auftraggeber abgeschlossen hat. **4**

---

[1] Eingefügt durch Gesetz vom 23. 10. 1989 (BGBl. I S. 1910), in Kraft seit dem 1. 1. 1990.
[2] Röhricht/Graf v. Westphalen/*Röhricht* RdNr. 2; Schlegelberger/*Schröder* RdNr. 4.
[3] GK-HGB/*Achilles* RdNr. 1, der darauf hinweist, dass die Tagebucheintragung genauso wie die Schlussnote keine konstitutive Wirkung hat.
[4] Schlegelberger/*Schröder* RdNr. 1, 8: Die Verpflichtung zur Führung eines Tagebuchs treffe den HM als vertragliche Pflicht den Parteien gegenüber.
[5] Röhricht/Graf v. Westphalen/*Röhricht* RdNr. 1; Schlegelberger/*Schröder* RdNr. 1, 8.
[6] Vgl. die Stellung des HM als amtlich bestellter Vermittler für Handelsgeschäfte nach Art. 66 ADHGB.
[7] Röhricht/Graf v. Westphalen/*Röhricht* RdNr. 3: Ein Verzicht der Parteien oder ein entsprechender Ortsgebrauch entbinde nicht von der öffentlich-rechtlichen Pflicht zur Führung des Tagebuchs; den vertraglichen Charakter der Tagebuchpflicht vernachlässigend GK-HGB/*Achilles* RdNr. 1: Auf die Tagebucheintragung könnten die Parteien wegen des damit verfolgten öffentlichen Beweisinteresses nicht verzichten.
[8] GK-HGB/*Achilles* RdNr. 3; Heymann/*Herrmann* RdNr. 3; Baumbach/*Hopt* RdNr. 1.
[9] Röhricht/Graf v. Westphalen/*Röhricht* RdNr. 3.
[10] Heymann/*Herrmann* RdNr. 3; Baumbach/*Hopt* RdNr. 1; Schlegelberger/*Schröder* RdNr. 2; aA MünchKommHGB/*v. Hoyningen-Huene* RdNr. 3; GK-HGB/*Achilles* RdNr. 3; Staub/*Brüggemann* RdNr. 2.
[11] Dieser Aspekt kommt insbesondere im Vollständigkeitsgrundsatz des § 100 Abs. 2 iVm. § 239 Abs. 2 zum Ausdruck.
[12] Ebenso wohl Röhricht/Graf v. Westphalen/*Röhricht* RdNr. 2: „alle vom HM vermittelten oder selber abgeschlossenen Geschäfte"; aA Staub/*Brüggemann* RdNr. 1.

III. Inhalt und Form der Eintragungen

5 Für den Inhalt der Eintragungen verweist § 100 Abs. 1 Satz 2 auf die in § 94 Abs. 1 für die Schlussnoten bezeichneten Angaben. Im Gegensatz zur Schlussnote ist nicht jede einzelne Eintragung vom HM zu unterzeichnen, sondern es genügt eine tägliche **Unterzeichnung** des Tagebuchs. Im Gegensatz zur Eintragungspflicht ist die Unterzeichnungspflicht höchstpersönlich und kann nicht an Hilfspersonen delegiert werden.[13]

Nach Abs. 1 Satz 3 reicht jetzt ausdrücklich auch die elektronische Unterzeichnung iS des § 126 a Abs. 1 BGB, dh. durch „qualifizierte elektronische Signatur" nach dem Signaturgesetz. Der Zusatz „oder gemäß § 126 a Abs. 1 des Bürgerlichen Gesetzbuchs elektronisch zu signieren" wurde durch das Gesetz zur Anpassung der Formvorschriften des Privatrechts und anderer Vorschriften an den modernen Rechtsgeschäftsverkehr vom 13. 7. 2001[14] eingefügt. Die Zulässigkeit der elektronischen Unterzeichnung des Tagebuchs ergibt sich nicht bereits aus § 126 Abs. 3 BGB.[15] Zwar ist § 126 Abs. 3 BGB nach dem Willen des historischen Gesetzgebers „auf die eigenhändige Unterzeichnung einer Erklärung" entsprechend anwendbar.[16] Das Tagebuch des HM besitzt aber keinen vergleichbaren Erklärungscharakter. Im Gegensatz zu § 126 BGB geht § 100 Abs. 1 Satz 3 nicht auf europarechtliche Vorgaben zurück. Art. 9 der Richtlinie 2000/31/EG über den elektronischen Geschäftsverkehr[17] betrifft nur den Abschluss von Verträgen. Soweit es softwaretechnisch im Einzelfall nicht anders möglich sein sollte, können die täglichen Eintragungen jeweils in separate Dateien gespeichert und elektronisch signiert werden. Bei Börsenmaklern erstellt der Computer der Deutschen Börse Systems AG (DBS) das Tagebuch (§ 100) auf der Basis der elektronischen Lieferlisten über sämtliche Abschlüsse des Börsentags.[18]

IV. Aufbewahrungspflicht

6 Gemäß § 100 iVm. § 257 Abs. 1 Nr. 1, Abs. 4, Abs. 5 sind die Tagebücher 10 Jahre vom Schluss des Kalenderjahrs der letzten Eintragung **aufzubewahren**.[19]

V. Sanktionen

7 Entsprechend ihrer doppelten (vertragsrechtlichen und öffentlich-rechtlichen) Rechtsnatur führt die Verletzung der Tagebuchpflicht sowohl zu vertragsrechtlichen als auch zu öffentlich-rechtlichen und – als zivilrechtlicher Reflex – deliktsrechtlichen Sanktionen. Die **vertragsrechtliche Sanktion** der schuldhaften Verletzung der vertraglichen (abdingbaren) Tagebuchpflicht ist die Schadensersatzpflicht nach § 98. Der vom HM zu ersetzende, kausal auf die Pflichtverletzung zurückzuführende Schaden wird idR in dem hierdurch für den Auftraggeber verursachten Beweisnachteil sowie dessen wirtschaftlichen Folgen bestehen.[20]

8 Konkurrierend zum vertragsrechtlichen besteht ein **deliktsrechtlicher Schadensersatzanspruch** nach § 823 Abs. 2 BGB iVm. § 100. Die Tagebuchpflicht ist im Hinblick auf ihre öffentlich-rechtliche, in § 103 sanktionierte Seite **Schutzgesetz** nicht nur zugunsten des (der) Auftraggeber(s) sowie solcher Parteien des vermittelten Vertrags, die mit dem HM nicht in einem Vertragsverhältnis stehen,[21] sondern wohl auch sonstiger Dritter, die mit dem HM im Rahmen seiner Tätigkeit in Berührung kommen und ein berechtigtes Interesse an der lückenlosen Dokumentation der vermittelten Geschäfte besitzen. Zu denken ist hier etwa an nicht mit dem HM durch ein Auftragsverhältnis verbundene Interessenten, mit denen der HM erfolglos verhandelt hat und die später möglicherweise beweisen wollen, dass sie mit dem Auftraggeber des HM *keinen* Vertrag abgeschlossen haben.[22] Der Umstand, dass die Rspr. für die Pflicht zur Führung von *Handels*büchern

---

[13] Röhricht/Graf v. Westphalen/*Röhricht* RdNr. 2; ähnlich GK-HGB/*Achilles* RdNr. 2.
[14] BGBl. I S. 1542. Dazu z. B. *Bieser*, Das neue Signaturgesetz – Die digitale Signatur im europäischen und internationalen Kontext, DStR 2001, 27.
[15] So auch die Begr. RegE, BT-Drucks. 14/4987 S. 28.
[16] Begr. RegE, BT-Drucks. 14/4987 S. 14, unter Hinweis auf §§ 18 Abs. 1 BRAGO und 408 Abs. 2 HGB.
[17] ABl. EG Nr. L 178 S. 1.
[18] *Claussen* 3. Aufl. 2003, § 9 RdNr. 255.
[19] GK-HGB/*Achilles* RdNr. 2; HK-HGB/*Ruß* RdNr. 1.
[20] Vgl. GK-HGB/*Achilles* RdNr. 4.
[21] In Bezug auf Letztere Baumbach/*Hopt* RdNr. 2; Röhricht/Graf v. Westphalen/*Röhricht* RdNr. 4.
[22] Vgl. Heymann/*Herrmann* RdNr. 3: „Dritten" (in Abgrenzung zu den Parteien des vermittelten Vertrags) gegenüber könne die Sanktion des § 823 Abs. 2 BGB iVm. §§ 100, 103 eingreifen; ebenso MünchKommHGB/*v. Hoyningen-Huene* RdNr. 8, jeweils unter – in dieser Weite – unberechtigter Berufung auf Baumbach/*Hopt* RdNr. 2.

die Schutzgesetzeigenschaft verneint,[23] spricht nicht gegen eine Haftung des HM gegenüber bestimmten sonstigen Dritten, weil die Situationen *insofern* nicht vergleichbar sind.[24] Bei der Buchführung ist der Kreis der schutzwürdigen Dritten (Gläubiger, Anleger), die durch ihr Vertrauen auf eine unvollständige oder fehlerhafte Dokumentation einen Schaden erleiden könnten, im Gegensatz zum Tagebuch des HM unüberschaubar, und die Haftungsfolgen wären für den HM somit nicht kalkulierbar.

Als spezielle **öffentlich-rechtliche Sanktion** beschreibt § 103 fahrlässige oder vorsätzliche Verstöße gegen die Pflicht zum Führen und Aufbewahren des Tagebuchs als bußgeldbewehrte Ordnungswidrigkeiten (s. § 103 RdNr. 1 ff.). 9

VI. Verhältnis zu sonstigen Dokumentationspflichten

Das Tagebuch gehört selbst nicht zu den (kaufmännischen) Handelsbüchern, so dass die §§ 238 ff. 10 nicht direkt auf das Tagebuch anwendbar sind (vgl. aber die analoge Anwendung über die Verweisung in § 100 Abs. 2). Wenn der HM, was idR der Fall sein wird, jedoch Kaufmann ist, trifft ihn die **Buchführungspflicht** der §§ 238 ff. (sowie des § 140 AO) einschließlich der Aufbewahrungspflicht bzgl. der Buchführungsunterlagen nach § 257 (bzw. § 147 AO) unabhängig von der Tagebuchpflicht des § 100.[25] Das Tagebuch des HM dürfte selbst zu den „sonstigen Organisationsunterlagen" iS des § 257 Abs. 1 Nr. 1 zählen.

Besondere Aufzeichnungs- und Aufbewahrungspflichten bestehen für **Wertpapierdienstleistungsunternehmen** (zum Begriff siehe § 98 RdNr. 39) bei der Vermittlung von Geschäften über die Anschaffung und die Veräußerung von Wertpapieren, Geldmarktinstrumenten oder Derivaten (sog. Wertpapierdienstleistungen, oben § 98 RdNr. 39). Nach § 34 Abs. 1 WpHG haben diese Unternehmen u. a. den Auftrag und hierzu erteilten Anweisungen des Kunden sowie die Ausführung des Auftrags (Nr. 1), den Namen des Angestellten, der den Auftrag des Kunden angenommen hat und die Uhrzeit der Erteilung und Ausführung des Auftrags (Nr. 2) sowie die dem Kunden für den Auftrag in Rechnung gestellten Provisionen und Spesen (Nr. 3) aufzuzeichnen. 11

§ 101 [Auszüge aus dem Tagebuch]

Der Handelsmakler ist verpflichtet, den Parteien jederzeit auf Verlangen Auszüge aus dem Tagebuche zu geben, die von ihm unterzeichnet sind und alles enthalten, was von ihm in Ansehung des vermittelten Geschäfts eingetragen ist.

I. Zweck der Vorschrift

Der Tagebuchauszug dient der Realisierung des vertraglichen Beweisinteresses der Parteien. 1

II. Rechtscharakter der Auszugerteilungspflicht und Anspruchsberechtigte

Die klag- und vollstreckbare (s. RdNr. 4) Pflicht zur Erteilung von Tagebuchauszügen ist vertrag- 2 licher Natur (selbständige, bedingte Nebenleistungspflicht) und besteht nur gegenüber solchen **Parteien des vermittelten Vertrags,** die – was die Regel sein wird – mit dem HM (ausdrücklich oder konkludent) einen Maklervertrag abgeschlossen haben (Auftraggeber des HM).[1] **Dritte,** die nicht Parteien des vermittelten Vertrags sind, können keinen Tagebuchauszug verlangen,[2] selbst wenn sie mit dem HM einen Maklervertrag abgeschlossen haben. Damit ist nicht gesagt, dass eine Gegenpartei, die mit dem HM nicht vertraglich verbunden ist, bzw. (sonstige) Dritte nicht in indirekter Weise von der Beweiskraft des an eine der Parteien erteilten Auszugs oder vom Anspruch der Parteien auf Erteilung eines Auszugs profitieren könnten. Dies ergibt sich aus § 810 BGB (s.

---

[23] ZB BGH Urt. v. 13. 4. 1994 – II ZR 16/93, BGHZ 125, 366–382 = NJW 1994, 1801; implizit bestätigt durch BGH 14. 11. 2005 – II ZR 178/03, ZIP 2006, 467, unter III.3.b.; ferner KG Urt. v. 20. 7. 2001 – 9 U 1912/00, AG 2003, 324, unter III.2. C.
[24] So aber GK-HGB/*Achilles* RdNr. 4: Die Pflicht zur Führung von Handelsbüchern sei ähnlich gelagert.
[25] Vgl. GK-HGB/*Achilles* RdNr. 1.
[1] AA die (zahlenmäßig) überwiegende Meinung, insb. alle diejenigen, die davon ausgehen, dass den §§ 93 ff. die Konzeption eines gesetzlichen („vertragsähnlichen") Rechtsverhältnisses des HM zur Gegenpartei des (einen) Auftraggebers zugrunde liegt (s. § 93 RdNr. 41 f.), zB Röhricht/Graf v. Westphalen/*Röhricht* RdNr. 1; MünchKommHGB/ *v. Hoyningen- Huene* RdNr. 3; HK-HGB/*Ruß* RdNr. 1; Staub/*Brüggemann* RdNr. 3; selbst Schlegelberger/*Schröder* RdNr. 1.
[2] GK-HGB/*Achilles* RdNr. 2.

RdNr. 5), aus § 102 sowie aus allgemeinen zivilprozessrechtlichen Beweisgrundsätzen, die dem Auftraggeber in einem Rechtsstreit mit der Gegenpartei oder einem Dritten wegen seiner rechtlichen Möglichkeit, einen Auszug aus dem Tagebuch zu beschaffen, eine erhöhte Substantiierungslast auferlegen, die sich gegebenenfalls zu einer sog. „sekundären Behauptungslast" verdichten kann. Dem Prozessgegner obliegt nach st. Rspr. eine sekundäre Behauptungslast, wenn die darlegungspflichtige Partei außerhalb des von ihr darzulegenden Geschehensablaufs steht und keine nähere Kenntnis der maßgebenden Tatsachen besitzt, während der Gegner sie hat und ihm nähere Angaben zumutbar sind".[3]

III. Inhalt und Form des Auszugs

3   Der Tagebuchauszug muss alle, aber auch nur solche **Informationen** enthalten, die der HM über das betreffende von ihm vermittelte Geschäft eingetragen hat. Der HM darf also nicht nachträglich Informationen hinzufügen, die nicht im Tagebuch enthalten sind, selbst wenn sie zutreffend sind und bei pflichtgemäßem Verhalten des HM (§ 100 Abs. 1) ins Tagebuch hätten eingetragen werden müssen.[4] Der HM hat den Tagebuchauszug persönlich zu **unterzeichnen**. Der Begriff der Unterzeichnung entspricht demjenigen in § 94 (s. § 94 RdNr. 5) und umfasst somit auch die elektronische Form. Stirbt der HM oder veräußert er sein Unternehmen, besteht der Anspruch auf Erstellung eines unterzeichneten Tagebuchauszugs gegenüber dem Rechtsnachfolger.[5]

IV. Rechtsfolgen bei Nichterfüllung

4   Weigert sich der HM, einen Auszug zu erstellen, muss der Anspruchsberechtigte zunächst auf Erfüllung klagen. Der Anspruch ist nach § 887 ZPO als vertretbare Handlung zu **vollstrecken**, wobei das Prozessgericht den Anspruchsberechtigten zur Fertigung des Auszugs durch einen Dritten ermächtigt.[6] **Schadensersatz statt der Leistung** kann, solange (noch) keine Unmöglichkeit besteht, nur unter den Voraussetzungen des §§ 281, 280 Abs. 1 BGB, idR also nach Fristsetzung, verlangt werden. Wird oder ist die Ausstellung eines Tagebuchauszugs unmöglich oder ist der Auszug fehlerhaft (Schlechtleistung), entsteht bei entsprechendem Verschulden ein Schadensersatzanspruch nach §§ 283, 280 Abs. 1 BGB bzw. § 98.

V. Verhältnis zum allgemeinen bürgerlichrechtlichen Einsichtsrecht

5   Neben § 101 können bei entsprechendem rechtlichen Interesse die Parteien, die mit dem HM in einem Vertragsverhältnis stehen, darüber hinaus Parteien, die nicht gleichzeitig dessen Auftraggeber sind,[7] sowie sonstige Dritte gegen den HM ein **Einsichtsrecht** nach **§ 810 BGB** geltend machen, sofern die übrigen Voraussetzungen dieser Vorschrift erfüllt sind.[8] Für Dritte könnte insbesondere § 810 Fall 3 BGB (evtl. iVm. §§ 421 f. ZPO) von Bedeutung sein, wenn sie beweisen wollen, dass die vom HM vermittelten Vertragsverhandlungen nicht zu einem Vertragsschluss geführt haben.

6   **Inhaltlich** geht das Einsichtsrecht des § 810 BGB über den Inhalt des Tagebuchs hinaus und erfasst zusätzlich den vor oder nach Geschäftsabschluss geführten Schriftwechsel (im Original oder in Kopie) der Parteien über den Vertragsschluss,[9] soweit er sich in den Händen des HM befindet.

7   Für Parteien, die mit dem HM in einem Vertragsverhältnis stehen, kann das Vorliegen eines ausreichenden **rechtlichen Interesses** nur angenommen werden, wenn aus besonderen Gründen der vom HM nach § 101 zu erteilende Auszug nicht ausreicht, zB wenn begründete Zweifel an seiner Vollständigkeit[10] oder Richtigkeit bestehen[11] oder wenn ein solcher Auszug aus besonderen Gründen, zB wegen vorübergehender oder endgültiger Unpässlichkeit des HM,[12] nicht erlangt

---

[3] BGH Urt. v. 18. 5. 1999 – X ZR 158/97, NJW 1999, 2887, unter 2.c.; bestätigt zB in BGH Urt. v. 14. 11. 2005 – II ZR 178/03, ZIP 2006, 467, unter III.3.b.
[4] GK-HGB/*Achilles* RdNr. 1.
[5] Vgl. Röhricht/Graf v. Westphalen/*Röhricht* RdNr. 1.
[6] Röhricht/Graf v. Westphalen/*Röhricht* RdNr. 1 mwN, unter Berufung auf die „ganz hM."
[7] Röhricht/Graf v. Westphalen/*Röhricht* RdNr. 2; GK-HGB/*Achilles* RdNr. 2; HK-HGB/*Ruß* RdNr. 1.
[8] AA, was das Einsichtsrecht Dritter anbelangt, Röhricht/Graf v. Westphalen/*Röhricht* RdNr. 2; GK-HGB/*Achilles* RdNr. 2.
[9] Palandt/*Thomas* § 810 RdNr. 9.
[10] Röhricht/Graf v. Westphalen/*Röhricht* RdNr. 2.
[11] Vgl. die Vorschrift des § 87c Abs. 4, an der man sich insoweit orientieren kann, als sie (freilich in anderem Zusammenhang) das Verhältnis zwischen einem Recht auf Erteilung von Auszügen und einem Einsichtsrecht regelt; so auch GK-HGB/*Achilles* RdNr. 2.
[12] Vgl. Baumbach/*Hopt* RdNr. 1: Ein rechtliches Interesse bestehe, wenn ein Nicht-Makler-Rechtsnachfolger den Auszug gebe; zust. Heymann/*Herrmann* § 101 RdNr. 2.

Vorlegung des Tagebuchs im Rechtsstreit 1–3 § 102

werden kann.[13] Insofern ist der Anspruch nach § 810 BGB gegenüber demjenigen nach § 101 **subsidiär**.[14]

§ 102 [Vorlegung des Tagebuchs im Rechtsstreit]
Im Laufe eines Rechtsstreits kann das Gericht auch ohne Antrag einer Partei die Vorlegung des Tagebuchs anordnen, um es mit der Schlußnote, den Auszügen oder anderen Beweismitteln zu vergleichen.

I. Bedeutung der Vorschrift

Die Vorschrift des § 102 enthält eine handelsrechtliche **Sonderregelung des zivilprozessualen** 1 **Beweisrechts**, und zwar speziell für den auf der Grundlage des Tagebuchs des HM geführten Urkundenbeweis (§§ 415 ff. ZPO). Ihre Bedeutung besteht darin, dass das Tagebuch unter bestimmten Voraussetzungen selbst ohne entsprechenden Antrag einer der Streitparteien (vgl. § 421 ZPO) in den Prozess eingeführt werden kann, und zwar in Ergänzung zu § 142 ZPO selbst dann, wenn sich der HM in seinem prozessualen Vorbringen nicht auf das in seinen Händen befindliche Tagebuch bezogen hat.[1] § 102 stellt somit eine Modifizierung der Verhandlungsmaxime dar, nach der es grundsätzlich den Parteien eines Rechtsstreits (Prozessparteien) überlassen bleibt, Beweismittel zu bezeichnen und Beweisanträge zu stellen (vgl. §§ 139 Abs. 1, 253 ZPO).

II. Personeller Anwendungsbereich

Die Vorschrift des § 102 betrifft den Fall des **Rechtsstreits** einer der beiden Parteien des 2 vermittelten Vertrags (Vertragsparteien) **mit dem HM**. Hier braucht der Richter nicht erst ein entsprechendes Beweisangebot des HM selbst oder einen entsprechenden Beweisantrag der Vertragspartei (§§ 421, 422 ZPO iVm. 810 BGB) abzuwarten, sondern kann die Einführung des Tagebuchs als Beweismittel unmittelbar selbst bestimmen.

Die Frage, ob und inwieweit § 102 darüber hinaus anwendbar ist, stößt auf Auslegungsschwierig- 3 keiten, die ihren Grund in der doppeldeutigen Verwendung des Begriffs „Partei" (Vertragspartei des vermittelten Vertrags einerseits, Prozesspartei andererseits) finden. **Nicht anwendbar** sein dürfte § 102 wohl, wenn der **HM** selbst **nicht Prozesspartei** ist, insbesondere im Rechtsstreit der Vertragsparteien untereinander, und erst recht nicht, wenn dann nur eine oder gar keine Prozesspartei Vertragspartei ist. Die beweisrechtlichen Regeln der ZPO gehen davon aus, dass sich die Herausgabe von Urkunden, die sich bei außerhalb des Prozesses stehenden Dritten befinden, zum Zweck ihrer Einführung als Beweismittel in einen Prozess nach materiellem Recht bestimmt (§§ 428, 429, 422 ZPO). Demnach kann eine in den Händen Dritter befindliche Urkunde dann nicht eingeführt werden, wenn die Prozesspartei, die den Beweisantrag stellt, über keinen materiell-rechtlichen Herausgabeanspruch bzgl. dieser Urkunde verfügt. Würde § 102 dem Richter das Recht gewähren, gegen den außerhalb des Prozesses stehenden HM eine Anordnung auf Vorlage des Tagebuchs zu erlassen, würde der Grundsatz der materiell-rechtlichen Neutralität des zivilprozessualen Beweisrechts ohne Not und in empfindlicher Weise gestört. Hätte das Gesetz in § 102 tatsächlich einen derart starken Eingriff in die Freiheitsrechte des HM (als außerhalb des Prozesses stehender Dritter) zugunsten der Interessen der Streitparteien eines Prozesses, der ihn unmittelbar nicht berührt, gewollt, hätte es dies deutlicher zum Ausdruck gebracht und insbesondere begleitende Regeln zum Schutz seiner Interessen (zB Auslagenersatz; vgl. § 379 ZPO für den Zeugenbeweis) normiert. Bestätigt wird diese Auslegung durch einen Vergleich des § 102 mit der (bis auf den Zusatz in § 102 Hs. 2) ganz entsprechenden Regelung in § 258 zur Anordnung der Vorlage von Handelsbüchern „einer Partei". Bei § 258 nämlich bestehen keine Zweifel darüber, dass diejenige Person, die die vorzulegenden Dokumente besitzt, *Prozess*partei sein muss.[2]

---

[13] Schlegelberger/*Schröder* § 100 RdNr. 8.
[14] Siehe MünchKommHGB/*v. Hoyningen-Huene* RdNr. 6: „AllgM".
[1] GK-HGB/*Achilles* § 101 RdNr. 2: § 102 sei nur als Ergänzung zu § 142 Abs. 1 ZPO anzusehen; insofern widersprüchlich aber *ders.,* aaO, RdNr. 3, wenn er von einer (materiell-rechtlichen) „Vorlegungspflicht" des § 102 spricht, die durch § 98 sanktioniert werde.
[2] Wie hier GK-HGB/*Achilles* § 101 RdNr. 2: Es erscheine zweifelhaft, ob § 102 auch in Rechtsstreitigkeiten mit oder sogar nur zwischen Dritten zur Anwendung komme und eine Vorlegungspflicht im Rahmen der §§ 422, 429 ZPO begründe. Richtiger sei es, dem Begriff der Partei die gleiche Bedeutung wie auch sonst in den Bestimmungen des 8. Abschnitts (§§ 94–96, 98 f., 101) beizulegen; aA Röhricht/Graf v. Westphalen/*Röhricht* § 102: § 102 sei auch bei

4   Im **Prozess des HM gegen Dritte,** die nicht Vertragsparteien des vermittelten Vertrags sind, erscheint eine Anwendung des § 102 ebenfalls problematisch. Hierzu müsste man nämlich in diese Vorschrift entsprechend der zivilprozessualen Konzeption des Urkundenbeweises eine materiellrechtliche, von den Voraussetzungen des § 810 BGB unabhängige Vorlagepflicht des HM hineininterpretieren, die nach der Systematik der §§ 100 ff. an sich in § 101 hätte geregelt werden müssen.[3]

III. Sachlicher Anwendungsbereich

5   Sachlich setzt die gerichtliche Anordnung der Vorlegung des Tagebuchs nach § 102 HS 2 einschränkend voraus, dass diese Vorlegung dem **Zweck** dient, das Tagebuch „mit der Schlussnote, den Auszügen oder anderen Beweismitteln zu vergleichen". Dies bedeutet, dass die Anordnung nur dann zulässig ist, wenn nach allgemeinem zivilprozessualen Beweisrecht bereits andere Beweismittel in Bezug auf die streitige Tatsachenfrage in den Prozess eingeführt worden sind. Das auf gerichtliche Anordnung nach § 102 vorgelegte Tagebuch kann somit nicht alleiniges Beweismittel sein.

§ 103 [Ordnungswidrigkeiten]

(1) Ordnungswidrig handelt, wer als Handelsmakler
1. vorsätzlich oder fahrlässig ein Tagebuch über die abgeschlossenen Geschäfte zu führen unterläßt oder das Tagebuch in einer Weise führt, die dem § 100 Abs. 1 widerspricht oder
2. ein solches Tagebuch vor Ablauf der gesetzlichen Aufbewahrungsfrist vernichtet.

(2) Die Ordnungswidrigkeit kann mit einer Geldbuße bis zu fünftausend Euro geahndet werden.

I. Tathandlung

1   Der Tatbestand des § 103 deklariert Verstöße des HM gegen seine Pflichten aus § 100 Abs. 1 und Abs. 2 zur Führung und Aufbewahrung des Tagebuchs zu bußgeldbewehrten Ordnungswidrigkeiten iS des OWiG in der Neufassung v. 19. 2. 1987 (BGBl. I S. 602). Während für das ordnungswidrige Unterlassen des **Führens eines Tagebuchs** (§ 103 Abs. 1 Nr. 1) Fahrlässigkeit ausreicht, kann der HM wegen vorzeitiger Vernichtung des Tagebuchs (§ 103 Abs. 1 Nr. 2), dh. wegen Verstoßes gegen seine **Aufbewahrungspflicht,** nur bei entsprechendem Vorsatz (§ 10 OWiG) bzw., wenn in den Fällen des § 130 OWiG nicht er selbst, sondern ein Mitarbeiter das Tagebuch vorsätzlich vernichtet hat, bei fahrlässiger Verletzung seiner Aufsichtspflicht geahndet werden. Die Vorschrift des § 103 macht deutlich, dass speziell die Tagebuchpflichten nicht nur vertragsrechtlichen, sondern zusätzlich öffentlich-rechtlichen und insofern zwingenden, nicht durch Parteivereinbarung abdingbaren Charakters sind.

II. Täter

2   Nach § 130 Abs. 1 OWiG braucht der HM den Tatbestand der Ordnungswidrigkeit nach § 103 nicht eigenhändig zu erfüllen, sondern es reicht aus, wenn er seine (bis auf die HM-Eigenschaft) tatbestandsmäßig handelnden Hilfspersonen nicht ausreichend überwacht.[1] Die Hilfsperson selbst kann nach § 9 Abs. 2 OWiG nur belangt werden, wenn sie innerhalb der Betriebsorganisation des HM über eine ausreichende Selbständigkeit verfügt hat. Die Vorschrift des § 130 Abs. 2 OWiG dehnt den Geltungsbereich des Zurechnungstatbestands des § 130 Abs. 1 OWiG auf Personen aus, die selbst nicht HM sind, vorausgesetzt, sie bekleiden eine leitende Funktion innerhalb eines HM-Unternehmens. Nach § 30 Abs. 1 OWiG können rechtlich selbständige Maklergesellschaften ebenfalls Täter des § 103 sein. Die Vertretungsorgane bzw. die vertretungsberechtigten Gesellschafter

---

Prozessen *unter* Dritten anwendbar; ebenso Heymann/*Herrmann* RdNr. 1; Baumbach/*Hopt* RdNr. 1; Schlegelberger/ Schröder RdNr. 1; wohl auch MünchKommHGB/*v. Hoyningen-Huene* RdNr. 2.
    [3] Im Ergebnis wie hier GK-HGB/*Achilles* RdNr. 2; aA Röhricht/Graf v. Westphalen/*Röhricht* § 102: § 102 auch bei Prozessen *mit* Dritten anwendbar; ebenso Heymann/*Herrmann* RdNr. 1; Baumbach/*Hopt* RdNr. 1; Schlegelberger/ Schröder RdNr. 1.
    [1] Wohl zu weit gehend und in ausdrücklicher Abgrenzung zur hier vertretenen Ansicht MünchKommHGB/ *v. Hoyningen-Huene* RdNr. 2: Bußgeldfällig sei der Makler als solcher, auch wenn für ihn eine Hilfsperson gehandelt habe.

fallen unter die Bußgeldandrohung des § 103, obwohl sie selbst gar nicht HM sind (§ 9 Abs. 1 OWiG).

III. Sanktion

Die zu verhängende Geldbuße beträgt nach § 103 Abs. 2 bis zu Euro 5000; gemäß § 17 Abs. 4 OWiG kann dieser Betrag aber sogar noch überschritten werden, wenn er nicht ausreicht, um den wirtschaftlichen Vorteil auszugleichen, den der Täter aus der Ordnungswidrigkeit gezogen hat. **3**

§ 104 [Krämermakler]

¹ Auf Personen, welche die Vermittlung von Warengeschäften im Kleinverkehre besorgen, finden die Vorschriften über Schlußnoten und Tagebücher keine Anwendung. ² Auf Personen, welche die Vermittlung von Versicherungs- oder Bausparverträgen übernehmen, sind die Vorschriften über Tagebücher nicht anzuwenden.

I. Bedeutung

Die Vorschrift des § 104 schließt die Reihe der speziell auf den HM bezogenen Normen des HGB ab. Sie regelt den **Anwendungsbereich** speziell der §§ 94, 95 sowie der §§ 100–103. Dabei schließt § 104 Satz 1 für HM im Kleinverkehr sämtliche genannten Normen und § 104 Satz 2 für Versicherungs- und Bausparmakler die §§ 100–103 aus. Die Vorschriften der §§ 93, 96–99 bleiben für alle Arten von HM weiterhin anwendbar. Systematisch könnte man sich den § 104 ebenso gut als zusätzlichen Absatz des § 93 vorstellen. **1**

II. Begriff des Vermittlers von Warengeschäften im Kleinverkehr

HM im Kleinverkehr (sog. Krämermakler) iS des § 104 Satz 1 vermitteln Warengeschäfte, die dem Kleinverkehr angehören, dh. überschaubare **Geschäfte von relativ geringem Umfang**.¹ Nicht der Geschäftsbetrieb des Krämermaklers muss also klein sein, sondern die Art der von ihm vermittelten Geschäfte. Deshalb kann ein Krämermakler durchaus einen in kaufmännischer Weise eingerichteten Geschäftsbetrieb führen und somit Kaufmann (§ 1 Abs. 2) sein, so wie umgekehrt ein HM iS des § 93 Abs. 3 kein Krämermakler zu sein braucht. Der Kleinverkehr iS des § 104 betrifft ausschließlich Geschäfte über die Anschaffung und Veräußerung von **Waren**, dh. von beweglichen Sachen (§ 1 Abs. 2 Nr. 1 HGB aF). Vermittler von anderen Gegenständen des Handelsverkehrs (Dienstleistungen, zB Kleinkredite) können somit nicht Krämermakler sein.² Den Parteien eines Krämermaklervertrags steht es frei, entgegen § 104 eine **Schlussnoten- und Tagebuchpflicht** entsprechend dem gesetzlichen Modell zu **vereinbaren**.³ **2**

III. Analoge Anwendung der §§ 94 f., 100 ff. auf Krämermakler

Die §§ 94, 95 bzw. die §§ 100 ff. (mit Ausnahme der Ordnungswidrigkeitenvorschrift des § 103) sollen auf den Krämermakler ferner dann anwendbar sein, wenn dieser auf Grund besonderer vertraglicher Verpflichtung oder freiwillig Schlussnoten erteilt bzw. Tagebuch führt.⁴ In dieser Allgemeinheit kann der Aussage freilich nicht gefolgt werden. §§ 94 und 100 passen auf freiwilliges Verhalten von vornherein insoweit nicht, als sie eine *Pflicht* zur Erteilung von Schlussnoten bzw. zum Führen von Tagebüchern begründen. Ihre Anwendung auf den Krämermakler würde § 104 widersprechen. Ein Krämermakler, der freiwillig eine Schlussnote erteilt, begründet hierdurch nicht eine (rückwirkende) Pflicht, dies zu tun. Das Gleiche muss für diejenigen Regelungen gelten, die die inhaltlichen Anforderungen an Schlussnote und Tagebuch betreffen. Einem Krämermakler, der freiwillig ein Tagebuch führt, steht es frei, dort nur bestimmte Geschäfte oder nur bestimmte Merkmale der vermittelten Geschäfte, zB nur die Namen der Parteien, einzutragen oder das Tagebuch am Ende des Jahres zu vernichten. Die gegenteilige Auffassung würde gegen § 104 verstoßen. **3**

---

¹ GK-HGB/*Achilles* RdNr. 1.
² Vgl. Röhricht/Graf v. Westphalen/*Röhricht* RdNr. 1.
³ Vgl. GK-HGB/*Achilles* RdNr. 2.
⁴ Röhricht/Graf v. Westphalen/*Röhricht* RdNr. 2; GK-HGB/*Achilles* RdNr. 2; HK-HGB/*Ruß* RdNr. 1; wohl einschränkend MünchKommHGB/*v. Hoyningen-Huene* RdNr. 3, der die genannte Aussage nur auf die vertragliche Verpflichtung des Krämermaklers bezieht.

4 Verwendbar für den Fall des freiwilligen Verhaltens, ohne mit der Wertung des § 104 in Konflikt zu geraten, sind nur diejenigen Regelungen, die bestimmten Verhaltensweisen des HM einen rechtsgeschäftlichen Erklärungswert zuweisen oder die sich als Folge eines schutzwürdigen Vertrauenstatbestands darstellen, den der HM durch sein Verhalten erzeugt hat. In die erstere Kategorie fällt § 95, der eine gesetzliche Auslegungsregel des (auch beim „normalen" HM freiwilligen) Übersendens bzw. der Annahme einer anonymen Schlussnote enthält, die sich auf den Krämermakler ohne Probleme übertragen lässt. In die letztere Kategorie fällt § 94 Abs. 3. Wer (freiwillig oder auf Grund einer Rechtspflicht) Schlussnoten versendet, darf das damit üblicherweise bei den Adressaten erzeugte Vertrauen nicht enttäuschen.

5 Die Vorschriften über Tagebücher sind jedoch in ihrer Gesamtheit ungeeignet für eine (analoge) Anwendung auf den freiwillig handelnden Krämermakler. Nur wenn sich der Krämermakler vertraglich hierzu verpflichtet hat, können die §§ 100, 101 Bedeutung erlangen, und zwar indirekt als Auslegungshilfe.

IV. Versicherungs- und Bausparmakler (Satz 2)

6 § 104 Satz 2 ist im Rahmen der Handelsvertreternovelle durch Gesetz vom 23. 10. 1989 (BGBl. I S. 1910) eingefügt worden (in Kraft seit dem 1. 1. 1990) und befreit Versicherungs- und Bausparmakler von der Tagebuch-, nicht aber von der Schlussnotenpflicht. Der Hintergrund dieser Regelung liegt in dem Umstand begründet, dass die vermittelten Versicherungs- und Bausparverträge bereits auf Seiten der beteiligten Versicherungen und Bausparkassen in den Geschäftsakten ausreichend dokumentiert werden.[5] Ausweislich der Regierungsbegründung[6] wollte der Gesetzgeber insbesondere überregionale Versicherungsmakler von der als „unangemessene Belastung" empfundenen Pflicht zur täglichen Unterschriftsleistung nach § 100 Abs. 1 Satz 3 befreien.

---

[5] Begr. RegE eines Gesetzes zur Durchführung der EG-Richtlinie zur Koordinierung des Rechts der Handelsvertreter vom 12. 8. 1988, BR-Drucks. 339/88 S. 11.
[6] BR-Drucks. 339/88 S. 11.

Neunter Abschnitt. Bußgeldvorschriften

§ 104 a Bußgeldvorschrift

(1) ¹Ordnungswidrig handelt, wer vorsätzlich oder entgegen § 8 b Abs. 3 Satz 1 Nr. 2 dort genannte Daten nicht, nicht richtig oder nicht vollständig übermittelt. ²Die Ordnungswidrigkeit kann mit einer Geldbuße bis zu zweihunderttausend Euro geahndet werden.

(2) Verwaltungsbehörde im Sinne des § 36 Abs. 1 Nr. 1 des Gesetzes über Ordnungswidrigkeiten ist die Bundesanstalt für Finanzdienstleistungsaufsicht.

Durch das Gesetz zur Umsetzung der Richtlinie 2004/109/EG des Europäischen Parlaments und des Rates vom 15. Dezember 2004 zur Harmonisierung der Transparenzanforderungen in Bezug auf Informationen über Emittenten, deren Wertpapiere zum Handel auf einem geregelten Markt zugelassen sind, und zur Änderung der Richtlinie 2001/34/EG (Transparenzrichtlinie-Umsetzungsgesetz – TUG) vom 5. 1. 2007 (BGBl I S. 10) ist das erste Buch des HGB mit Wirkung zum 20. 1. 2007 um einen neunten Abschnitt erweitert worden. In dem neuen § 104 a ist ein Bußgeldtatbestand geschaffen worden, der sich auf die Übermittlungspflichten des § 8 b Abs. 3 Satz 1 Nr. 2 bezieht. Wer die danach dem Unternehmensregister zu übermittelnden Daten nicht, nicht richtig oder nicht vollständig übermittelt, handelt ordnungswidrig und kann mit einer Geldbuße belegt werden. Die Vorschrift dient dazu, die **Vollständigkeit, Zuverlässigkeit und Aktualität des Unternehmensregisters** sicherzustellen. Der Gesetzgeber hat damit Art. 28 der Transparenzrichtlinie (ABl. EG Nr. L 390 S. 38) umgesetzt. Danach ist sicherzustellen, dass bei Verstößen gegen die gemäß der Richtlinie erlassenen Vorschriften geeignete Verwaltungsmaßnahmen gegen die verantwortlichen Personen ergriffen oder zivil- und/oder verwaltungsrechtliche Sanktionen verhängt werden können.

Die Vorschrift ist im Zusammenhang mit **§ 8 b Abs. 3 Satz 3 und 4** zu lesen. Danach hat die Bafin die Übermittlung der nach § 8 b Abs. 2 Nr. 9 zu veröffentlichenden oder der Öffentlichkeit zur Verfügung zu stellenden kapitalmarktrelevanten Informationen an das Unternehmensregister zu überwachen. Wird die Übermittlungspflicht nicht, nicht richtig, nicht vollständig oder nicht in der vorgeschriebenen Weise erfüllt, kann die Bafin die Übermittlung auf Kosten des Pflichtigen selbst vornehmen. Dazu wird sie aufgrund der Mitteilungen, die sie nach dem WpHG erhält, regelmäßig in der Lage sein. Diese Möglichkeit der **Ersatzvornahme** wird ergänzt durch den Bußgeldtatbestand des § 104 a. Danach ist der Verstoß gegen die Übermittlungspflichten, die auf dem WpHG beruhen, bußgeldbewehrt (wegen der Einzelheiten s. die Kommentierung zu § 8 b). Nicht sanktioniert sind dagegen Verstöße gegen die Bestimmungen der Wertpapierhandelsanzeige- und Insiderverzeichnisverordnung (BGBl 2004 I S. 3376, idF des TUG) über die Art und Weise der Übermittlung.

Die Vorschrift ist weiter im Zusammenhang mit den **Bußgeldtatbeständen des WpHG** zu lesen. Danach sind Verstöße gegen die Pflicht zur aktiven Verbreitung kapitalmarktrelevanter Informationen (**zweite „Säule"** der Publikation von Kapitalmarktinformationen neben der Pflicht zur Übermittlung an das Unternehmensregister, s. Reg.Begr., BT-Drucks. 16/2498 S. 26) und zur Unterrichtung der Bafin ebenfalls bußgeldbewehrt. Der Bußgeldrahmen des § 104 a – bis zweihunderttausend Euro – entspricht dem in § 39 Abs. 4 WpHG für die vergleichbaren Tatbestände vorgesehenen Rahmen.

Indem der Gesetzgeber in Abs. 2 – ebenso wie in § 40 WpHG – die Bafin zur nach § 36 Abs. 1 Nr. 1 OWiG zuständigen **Verwaltungsbehörde** bestimmt hat, ist sichergestellt, dass die Durchsetzung und Sanktionierung der kapitalmarktrechtlichen Publikationspflichten in einer Hand bleibt.

Zweites Buch. Handelsgesellschaften und stille Gesellschaft

Erster Abschnitt. Offene Handelsgesellschaft

Erster Titel. Errichtung der Gesellschaft

§ 105 [Begriff der OHG; Anwendbarkeit des BGB]

(1) Eine Gesellschaft, deren Zweck auf den Betrieb eines Handelsgewerbes unter gemeinschaftlicher Firma gerichtet ist, ist eine offene Handelsgesellschaft, wenn bei keinem der Gesellschafter die Haftung gegenüber den Gesellschaftsgläubigern beschränkt ist.

(2) [1] Eine Gesellschaft, deren Gewerbebetrieb nicht schon nach § 1 Abs. 2 Handelsgewerbe ist oder die nur eigenes Vermögen verwaltet, ist offene Handelsgesellschaft, wenn die Firma des Unternehmens in das Handelsregister eingetragen ist. [2] § 2 Satz 2 und 3 gilt entsprechend.

(3) Auf die offene Handelsgesellschaft finden, soweit nicht in diesem Abschnitt ein anderes vorgeschrieben ist, die Vorschriften des Bürgerlichen Gesetzbuchs über die Gesellschaft Anwendung.

Neueres Schrifttum zum Recht der OHG (Auswahl):

Monographien: Dauner-Lieb, Unternehmen in Sondervermögen – Haftung und Haftungsbeschränkung (zugleich ein Beitrag zum Unternehmen im Erbgang), 1998; *Hallerbach,* Die Personengesellschaft im Einkommensteuerrecht, 1999; *U. Huber,* Vermögensanteil, Kapitalanteil und Gesellschaftsanteil an Personengesellschaften des Handelsrechts, 1970; *A. Hueck,* Das Recht der OHG, 4. Aufl. 1971; *Hüttemann,* Leistungsstörungen bei Personengesellschaften, 1998; *Lieb* (Hrsg.), Die Reform des Handelsstandes und der Personengesellschaften, 1999; *C. Schäfer,* Die Lehre vom fehlerhaften Verband, 2002; *K. Schmidt,* Zur Stellung der OHG im System der Handelsgesellschaften, 1972; *Sudhoff,* Personengesellschaften, 8. Aufl. 2005; *Teichmann,* Gestaltungsfreiheit in Gesellschaftsverträgen, 1980; *Ulmer,* Richterrechtliche Entwicklungen im Gesellschaftsrecht 1971–1985, 1986; *Wertenbruch,* Die Haftung von Gesellschaften und Gesellschaftsanteilen in der Zwangsvollstreckung, 2000; *H. P. Westermann,* Vertragsfreiheit und Typengesetzlichkeit im Recht der Personengesellschaften, 1970.

Aufsätze: Fett/Brand, Die sog. Einmann-Personengesellschaft, NZG 1999, 45; *Lutter,* Theorie der Mitgliedschaft AcP 180 (1980), 84; *Sprockhoff,* Auswirkungen der Europäischen Währungsunion auf das Personengesellschaftsrecht, NZG 1999, 17; *Ulmer,* Hundert Jahre Personengesellschaftsrecht: Rechtsfortbildung bei OHG und KG, ZHR 161 (1997), 102; *Wiedemann,* Der Gesellschaftsvertrag der Personengesellschaften, WM 1990, Sonderbeil. Nr. 8; *ders.,* Rechte und Pflichten des Personengesellschafters, WM 1992, Sonderbeil. Nr. 7; *ders.,* Die Personengesellschaft – Vertrag oder Organisation, ZGR 1996, 286; *Wertenbruch,* Die Parteifähigkeit der GbR – die Änderungen für die Gerichts- und Vollstreckungspraxis, NJW 2002, 324; *ders.,* Rückabwicklung einer Kapitalanlage in Form einer stillen Gesellschaft – Urteilskomplex „Göttinger Gruppe", NJW 2005, 2823; *ders.,* Gewinnausschüttung und Entnahmepraxis in der Personengesellschaft, NZG 2005, 665; *ders.,* Beschlussfassung in Personengesellschaft und KG-Konzern, ZIP 2007, 798; *ders.,* Begründung von Nachschusspflichten in der Personengesellschaft, DStR 2007, Heft 38.

Rechtsprechungsübersichten: Brandes, WM 1986, Sonderbeil. Nr. 1; WM 1990, 1221; WM 1994, 569; WM 1998, 261; WM 2000, 385; *Hirte,* NJW 2005, 718; NJW 2003, 1090; 1285; NJW 2000, 3321; 3531; *Hüffer,* 100 Bände BGHZ: Personengesellschaftsrecht, ZHR 151 (1987), 396; *Kellermann/Stodolkowitz,* Höchstrichterliche Rechtsprechung zum Personengesellschaftsrecht, RWS-Skript 20, 4. Aufl. 1994; *Wertenbruch,* Rechtsprechung zum Personengesellschaftsrecht in den Jahren 2003 bis 2005, NZG 2006, 408.

Übersicht

	RdNr.		RdNr.
A. Einleitung	1–3	1. Generelle Begriffsumschreibung	4
I. Regelungsgegenstand des 2. Buches und Inhalt der Kommentierung	1	2. Rechtsformzwang	5
		3. Die OHG als kaufmännische Sonderform der GbR	6
II. Rechtliche und tatsächliche Bedeutung der OHG	2, 3	II. Die Rechtsnatur der OHG	7–10
B. Der Begriff der OHG als Gesamthandsgesellschaft	4–30	1. Die OHG als rechtsfähige Gesamthandsgesellschaft	7
I. Allgemeines	4–6	2. Exkurs: Die Rechtsnatur der GbR	8–10

§ 105

III. Die einzelnen Begriffsmerkmale der OHG ... 11–30
1. Gesellschaftsvertrag als Grundvoraussetzung ... 11
2. Gemeinsamer Zweck ... 12
3. Beitragspflicht ... 13
4. Betrieb eines Handelsgewerbes ... 14–16
   a) Gewerbebegriff ... 14
   b) Einordnung der ARGE als OHG ... 15
   c) Vermutung des § 1 Abs. 2 ... 16
5. Öffnung der OHG/KG für Kleingewerbe ... 17, 18
   a) Grundsatz ... 17
   b) Wahlmöglichkeiten ... 18
6. Veränderung der Eintragungsvoraussetzungen nach Eintragung ... 19, 20
   a) Absinken auf Kleingewerbe oder Vermögensverwaltung ... 19
   b) Löschungsmöglichkeit bei Veränderung der Eintragungsvoraussetzungen ... 20
7. Land- und forstwirtschaftliche Unternehmen ... 21
8. Die vermögensverwaltenden Gesellschaften ... 22–25
   a) Neues Regelungskonzept ... 22
   b) Der Anwendungsbereich des § 105 Abs. 2 Satz 1 Alt. 2 ... 23, 24
   c) Behandlung von Altfällen ... 25
9. Registereintragung und Entstehung der OHG nach außen ... 26–28
10. Gemeinschaftliche Firma als Begriffsmerkmal der OHG? ... 29
11. Unbeschränkte Haftung der Gesellschafter ... 30

C. Einheitlicher Gesellschaftsanteil; Kaufmannseigenschaft der Gesellschafter ... 31–37

I. Erfordernis mehrerer Gesellschafter ... 31

II. Einheitlichkeit des Gesellschaftsanteils ... 32–36
1. Grundsatz ... 32
2. Frage der Anerkennung von Ausnahmen ... 33–36

III. Kaufmannseigenschaft der Gesellschafter ... 37

D. Der Gesellschaftsvertrag ... 38–87

I. Entstehung der OHG – Rechtsnatur des Gesellschaftsvertrags ... 38, 39

II. Vertragsschluss ... 40–59
1. Abschlusstatbestand ... 40, 41
2. Inhalt des Vertrags ... 42
3. Nebenabreden der Gesellschafter ... 43
4. Form ... 44–55
   a) Grundsatz ... 44
   b) Formbedürftigkeit nach § 313 S. 1 BGB ... 45–50
      aa) Grundsätzliches ... 45
      bb) Grundstücksgesellschaft ... 46
      cc) Grundstückserwerb durch Treuhänder ... 47
      dd) Umfang des Formzwangs und Heilung eines Formmangels ... 48, 49
      ee) Rechtsfolgen des Formverstoßes ... 50
   c) Schenkungsversprechen (§ 518 Abs. 1 S. 1 BGB) ... 51
   d) Formbedürftigkeit nach § 15 Abs. 4 S. 1 GmbHG ... 52
   e) Andere Formvorschriften ... 53
   f) Vereinbarter Formzwang (§ 127 BGB) ... 54
   g) Form von Schiedsvereinbarungen ... 55

5. Genehmigungserfordernisse ... 56–59
   a) Minderjähriger Gesellschafter ... 56
   b) Grundstücksverfügungen der OHG mit minderjährigem Gesellschafter ... 57
   c) Ehegatten ... 58
   d) Öffentliches Recht ... 59

III. Die Auslegung des Gesellschaftsvertrags ... 60–64
1. Allgemeines ... 60
2. Besonderheiten ... 61, 62
3. Ergänzende Vertragsauslegung ... 63
4. Prüfung der tatrichterlichen Auslegung in der Revision ... 64

IV. Änderungen des Gesellschaftsvertrags ... 65–71
1. Grundsätze ... 65
2. Gemeinsame Vertragsdurchbrechungen ... 66
3. Formgebote ... 67
4. Genehmigungserfordernisse ... 68
5. Pflicht zur Vertragsänderung ... 69–71
   a) Grundsätze ... 69
   b) Einzelfälle ... 70
   c) Durchsetzung von Ansprüchen auf Vertragsänderung ... 71

V. Allgemeine Vorschriften und Prinzipien des Vertragsrechts – Leistungsstörungen ... 72–83
1. Privatautonomie ... 72–75
   a) Grundsatz der Vertragsfreiheit ... 72
   b) Grenzen der Vertragsfreiheit ... 73
   c) Keine allgemeine Inhaltskontrolle ... 74
   d) Keine AGB-Kontrolle nach §§ 307 ff. BGB ... 75
2. Teilnichtigkeit des Gesellschaftsvertrages ... 76
3. Anwendbarkeit des allgemeinen Schuldrechts, insbes. des Leistungsstörungsrechts ... 77–83
   a) Grundsatz ... 77
   b) Vorrang des Gesellschaftsrechts nach Invollzugsetzen – Grundsatz ... 78
   c) Einzelfragen zur Anwendung des § 320 BGB ... 79
   d) Verzug des OHG-Gesellschafters mit der Beitragsleistung ... 80
   e) Unmögliche Beitragsleistung ... 81
   f) Sach- und Rechtsmängel der Einlage ... 82
   g) Leistungsstörungen bei separaten Einbringungsverträgen ... 83

VI. Entstehung der Gesellschaft durch Umwandlung ... 84–87
1. Allgemeines ... 84
2. Identitätswahrender Formwechsel (§§ 190 ff. UmwG) ... 85, 86
3. Umwandlungen/Rechtsformwechsel außerhalb des UmwG ... 87

E. Gesellschafterfähigkeit ... 88–100

I. Natürliche Personen ... 88–91
1. Grundsatz ... 88
2. Nicht voll Geschäftsfähige ... 89, 90
3. Ehegatten ... 91

II. Juristische Personen ... 92–95

III. Gesamthandsgesellschaften ... 96–100
1. OHG/KG als Gesellschafterin einer OHG ... 96
2. GbR als Gesellschafterin einer OHG ... 97

	RdNr.		RdNr.
3. Beteiligung eines nichtrechtsfähigen Vereins	98	2. Anwendungsbereich	147
4. Innengesellschaft, stille Gesellschaft und Bruchteilsgemeinschaft	99	3. Befugnisse im Rahmen der actio pro socio	148
5. Erbengemeinschaft und Gütergemeinschaft	100	4. Kein Erfordernis der Mitwirkung der übrigen Gesellschafter	149
F. Sondergestaltungen	101–118	5. Subsidiarität der actio pro socio	150
I. Treuhand am Gesellschaftsanteil	101–109	6. Verfahrensfragen	151
1. Gestaltungsformen	101	**I. Änderungen im Gesellschafterbestand und Verfügungen über den Gesellschaftsanteil**	152–173
2. Begründung der Treuhand	102		
3. Rechtsstellung des Treuhänders	103, 104	**I. Aufnahme eines Gesellschafters (Eintritt)**	152–154
4. Veräußerungsverbot für den Treuhänder	105	1. Grundsätze	152
5. Innenverhältnis	106	2. Aufnahmevertrag	153
6. Der treuhänderisch gehaltene Anteil in Zwangsvollstreckung und Insolvenz	107	3. Rechtsfolgen des Eintritts	154
7. Verhältnis des Treugebers zur Gesellschaft und den anderen Gesellschaftern	108	**II. Ausscheiden eines Gesellschafters**	155–158
		1. Grundsätze	155
8. Beendigung des Treuhandverhältnisses	109	2. Vereinbarung des Ausscheidens	156
II. Nießbrauch	110–118	3. Rechtsfolgen des Ausscheidens	157, 158
1. Grundsätze	110	**III. Übertragung von Gesellschaftsanteilen (Gesellschafterwechsel)**	159–166
2. Bestellung des Nießbrauchs	111	1. Allgemeines	159, 160
3. Rechtsstellung des Nießbrauchers	112–115	2. Zustimmung der Mitgesellschafter	161
a) Vermögensrechte des Nießbrauchers	112, 113	3. Formfreiheit der Anteilsübertragung	162
b) Verwaltungsrechte	114	4. Rechtsfolgen der Anteilsübertragung	163–165
c) Außergewöhnliche Maßnahmen	115	5. Teilübertragung	166
4. Keine Außenhaftung des Nießbrauchers	116	**IV. Verfügungen über Gegenstände des Gesamthandsvermögens**	167
5. Sonderformen des Nießbrauchs	117	**V. Rechtsgeschäftliche Verpfändung und Pfändung des Gesellschaftsanteils (der Mitgliedschaft)**	168–173
III. Unterbeteiligung	118		
G. Verweisung auf das Recht der GbR (§ 105 Abs. 3)	119–121		
I. Anwendbare Vorschriften	119, 120	1. Allgemeines	168
II. Die Regelung des § 713 BGB	121	2. Form	169
H. Mitgliedschaft, mitgliedschaftliche Rechte und Pflichten	122–151	3. Rechte des Pfandgläubigers vor Eintritt der Pfandreife	170
I. Die Mitgliedschaft	122–134	4. Rechte des Pfandgläubigers nach Eintritt der Pfandreife	171
1. Grundlagen	122	5. Verpfändung der vermögensrechtlichen Ansprüche (§ 717 S. 2 BGB)	172
2. Rechtsstreitigkeiten aus dem Mitgliedschaftsverhältnis	123–126		
a) Gestaltungsklagen und Statusfeststellung	123	6. Pfändung des Gesellschaftsanteils	173
b) Sonstige Klagen	124–126	**J. Die fehlerhafte Gesellschaft**	174–211
3. Drittgeschäfte der Gesellschafter	127, 128	**I. Grundsätze**	174, 175
4. Individual- und Sozialbeziehungen	129	1. Inhalt und Zweck des Rechtsinstituts	174
5. Arten der Mitgliedschaftsrechte	130	2. Fehlerhafte Gesellschaft und Teilnichtigkeit des Gesellschaftsvertrags	175
6. Haftung für eigenübliche Sorgfalt (§ 708 BGB)	131–134	**II. Tatbestandliche Voraussetzungen der fehlerhaften Gesellschaft**	176–189
II. Die Beitragspflicht	135–144		
1. Begriff des Beitrags	135	1. Gesellschaftsvertrag	176
2. Gegenstand des Beitrags	136	2. Gründe der Fehlerhaftigkeit des Gesellschaftsvertrags	177
3. Arten der Einbringung	137–140	3. Vollzug der Gesellschaft – Grundsätze	178
a) Grundlagen	137	4. Beispiele für die Invollzugsetzung	179–181
b) Einbringung zu Eigentum (quoad dominum)	138	5. Vorrang entgegenstehender Schutzinteressen	182
c) Einbringung dem Werte nach (quoad sortem)	139	6. Fehlerhafte Gesellschaft mit minderjährigen Gesellschaftern	183
d) Einbringung zum Gebrauch (quoad usum)	140	7. Weitere Einzelfälle	184–188
4. Höhe und Leistung der Beiträge	141	a) Täuschung, Drohung und Sittenwidrigkeit	184
5. Nachträgliche Erhöhung des Beitrags	142–144		
III. Die actio pro socio	145–151		
1. Grundsätze und dogmatische Einordnung	145, 146		

	RdNr.		RdNr.
b) Fehlerhafte Gesellschaft und schadensersatzrechtliche Naturalrestitution	185	5. Fehlerhafte Inhaltsänderungen	204
c) § 1365 BGB	186	6. Die fehlerhafte Auflösung	205
d) Vertreter ohne Vertretungsmacht (§ 177 BGB)	187	7. Fehlerhafte Erbfolge in den Gesellschaftsanteil	206
e) Fehlende Geschäftsgrundlage	188	**V. Die Schein-OHG**	207–211
8. Erstreckung auf Innengesellschaften (insbes. stille Gesellschaften)	189	1. Grundsätze	207
		2. Rechtsfolgen der Scheingesellschaft im Innenverhältnis	208
III. Rechtsfolgen der fehlerhaften Gesellschaft	190–194	3. Haftung der Schein-OHG – Prozess und Zwangsvollstreckung	209
1. Grundsätze	190	4. Außenhaftung der Gesellschafter aus veranlasstem Rechtsschein	210
2. Geltendmachung des Mangels des Gesellschaftsvertrags	191–194	5. Scheingesellschafter einer wirksamen OHG	211
a) Auflösungs- und Ausschließungsklage	191	**K. Internationales Recht der Personenhandelsgesellschaften**	212–214
b) Kündigung	192		
c) Auseinandersetzung	193	I. Personalstatut (Gesellschaftsstatut)	212, 213
d) Schadensersatz	194	1. Geltung der Gründungstheorie – Aufgabe der Sitztheorie	212
IV. Anwendung der Regeln der fehlerhaften Gesellschaft auf Vertragsänderungen	195–206		
1. Allgemeines	195	2. Folgerungen für Zuzug und Wegzug	213
2. Fehlerhafte Beitrittsvereinbarung	196, 197	II. Reichweite des Personalstatuts	214
3. Fehlerhaftes Ausscheiden	198–201		
4. Fehlerhafte Anteilsübertragung	202, 203		

A. Einleitung

I. Regelungsgegenstand des 2. Buches und Inhalt der Kommentierung

1   Das Zweite Buch des HGB hat die **Personengesellschaften**[1] des Handelsrechts[2] (OHG, KG; zu den Sondertypen der GmbH & Co. KG und der Publikums-KG s. Anhang A und B nach § 177 a) **und die Stille Gesellschaft,** die als Innengesellschaft keine Handelsgesellschaft ist (§ 230 RdNr. 2), zum Gegenstand. Weitere im Verhältnis zum BGB sondergesetzlich geregelte Personengesellschaften sind die **Freiberufliche Partnerschaft** (PartGG vom 25. 7. 1994, BGBl. I S. 1744), die kein Handelsgewerbe ausübt (§ 1 Abs. 1 S. 2 PartGG), und die **Europäische Wirtschaftliche Interessenvereinigung** – EWiV – (Rechtsgrundlagen: VO der EG vom 25. 7. 1985 [ABl. EG Nr. L 199/1 vom 31. 7. 1985, S. 1] sowie EWiV-Ausführungsgesetz vom 14. 4. 1988, BGBl. I S. 514), die als Handelsgesellschaft im Sinne des HGB gilt (§ 1 EWiV-AusführungsG). Die für beide Sonderrechtstypen maßgebenden Rechtsvorschriften werden, da auf die Partnerschaft zum Teil (vgl. § 6 Abs. 3, § 7 Abs. 2, § 8 Abs. 1, § 9 Abs. 1, § 10 PartGG) und auf die EWiV weitgehend (vgl. § 1 EWiV-AusführungsG) das Recht der OHG Anwendung findet, im Anhang zu § 160 erläutert. Das Recht der **verbundenen Personenhandelsgesellschaften** wird (auch in kollisionsrechtlicher Hinsicht) im Anhang nach § 105 behandelt.

II. Rechtliche und tatsächliche Bedeutung der OHG

2   Die OHG, für deren Rechtsverhältnisse die §§ 105 bis 160 und über § 105 Abs. 3 grundsätzlich das Recht der GbR (§§ 705 bis 740 BGB) gilt (vgl. RdNr. 119 ff.), stellt im Verhältnis zur KG die **gesetzliche Grundform der Personenhandelsgesellschaft** dar. Wenn der Tatbestand des § 105 Abs. 1 vorliegt, besteht kraft Gesetzes eine OHG, auch wenn der Wille der Gesellschafter nicht auf diese Rechtsfolge gerichtet ist.[3] Entsprechendes gilt, wenn eine ursprünglich bestehende GbR nunmehr ein Handelsgewerbe betreibt.[4] Auf die KG findet das Recht der OHG Anwendung, soweit

---

[1] Zur Unterscheidung zwischen Personen- und Kapitalgesellschaften vgl. Staub/*Ulmer* Vor § 105 RdNr. 6 f.; *Wiedemann* § 2 I 1, 3; *G. Hueck/Windbichler* GesR § 2 IV.
[2] Zum System der Handelsgesellschaften Staub/*Ulmer* Vor § 105 RdNr. 1 ff.; Erläuterungen zu § 6.
[3] BGH Urt. v. 17. 6. 1953 – II ZR 205/52, BGHZ 10, 91, 97 = NJW 1953, 1217; BGH Urt. v. 29. 11. 1956 – II ZR 282/55, BGHZ 22, 240, 244 f. = NJW 1957, 218; BGH Urt. v. 19. 5. 1960 – II ZR 72/59, BGHZ 32, 307, 310 = NJW 1960, 1664; BGH v. 23. 11. 1978 – II ZR 20/78, NJW 1979, 1705 f.; MünchKommHGB/*K. Schmidt* RdNr. 10; Koller/Roth/Morck RdNr. 8; Röhricht/Graf v. Westphalen/*v. Gerkan* RdNr. 1; *K. Schmidt* GesR § 5 II 3; H. P. Westermann RdNr. I 131 b.
[4] Vgl. zu diesem Rechtsformwechsel kraft Gesetzes RdNr. 5, 87.

die §§ 161 ff. keine Sonderregeln enthalten (§ 161 Abs. 2). – Zur Anwendbarkeit von OHG-Recht auf die Partnerschaft und die EWiV s. RdNr. 1.

An dieser systematischen Bedeutung des OHG-Rechts ändert auch der Umstand nichts, dass heute **in der Rechtswirklichkeit der GmbH** und der **GmbH & Co. KG** ein stärkeres wirtschaftliches Gewicht zukommt.[5] Die Ursache für diese Entwicklung liegt vor allem in dem zunehmenden Bestreben, die wachsenden Risiken der unbeschränkten Haftung der Gesellschafter zu vermeiden.[6] Andererseits ist der **Gründungsaufwand** für eine OHG im Vergleich zu anderen Handelsgesellschaften sehr gering. Es ist weder eine notarielle Beurkundung noch der Nachweis eines Mindestkapitals erforderlich. Eine OHG kann auch durch Übernahme eines Unternehmens durch mehrere Erben beim Tod eines bisherigen Einzelkaufmanns (vgl. RdNr. 100) oder durch Aufnahme von Familienmitgliedern oder bisherigen Angestellten in das kaufmännische Einzelunternehmen entstehen.[7]

B. Der Begriff der OHG als Gesamthandsgesellschaft

I. Allgemeines

1. Generelle Begriffsumschreibung. Nach der Begriffsbestimmung des § 105 Abs. 1 ist die OHG eine Gesellschaft, deren Zweck auf den **Betrieb eines Handelsgewerbes unter gemeinschaftlicher Firma** gerichtet ist, wenn bei **keinem** der **Gesellschafter** die **Haftung** gegenüber den Gesellschaftsgläubigern **beschränkt** ist. Vgl. zu den einzelnen Begriffsmerkmalen RdNr. 11 ff. Der BGH bezeichnet die OHG als eine „Arbeits- und Haftungsgemeinschaft" und charakterisiert sie als den „Zusammenschluss mehrerer Personen, bei dem diese ihre Arbeitskraft und die verfügbaren Teile ihres Vermögens einem gemeinsamen Unternehmen widmen und bei dem durch die Geschäftsführungsbefugnisse aller Gesellschafter die Leitung bei diesen liegt, aber auch die volle Verantwortung für das Unternehmen durch ihre unbeschränkte persönliche Haftung".[8]

2. Rechtsformzwang. Wenn die einzelnen Begriffsmerkmale des § 105 Abs. 1 **objektiv vorliegen**, besteht auf Grund des erwähnten Rechtsformzwangs (vgl. RdNr. 2) **ohne weiteres eine OHG,** auch wenn die Gesellschafter diese Rechtsform nicht wollten.[9] Daher gilt das Recht der OHG (insbes. § 128), wenn die Gesellschafter ein Handelsgewerbe betreiben, aber nicht wirksam eine andere Handelsgesellschaft errichtet haben. Umgekehrt ist eine Gesellschaft des bürgerlichen Rechts gegeben, wenn eine OHG errichtet werden soll, aber kein Handelsgewerbe betrieben wird.[10] Nimmt eine GbR ein Handelsgewerbe unter einer gemeinsamen Firma auf, so wird die Gesellschaft unter Wahrung ihrer Identität eine OHG.[11] Entfallen nachträglich die Voraussetzungen einer OHG (zB durch dauernde Aufgabe des Betriebs eines Handelsgewerbes), so wandelt sich die Gesellschaft automatisch ohne Identitätsänderung in eine GbR um.[12] Es ist jedoch § 5 zu beachten (vgl. § 1 RdNr. 4).

3. Die OHG als kaufmännische Sonderform der GbR. Die OHG stellt, wie auch die Verweisung in § 105 Abs. 3 zeigt, einen Sonderfall der GbR iS des § 705 BGB dar.[13] Deshalb setzt die OHG zunächst die Merkmale einer GbR voraus, nämlich einen auf einem Gesellschaftsvertrag beruhenden Zusammenschluss mehrerer Personen zur Förderung eines gemeinsamen Zwecks. Spezialisierungsmerkmale der OHG gegenüber der GbR sind der auf den Betrieb eines Handelsgewerbes gerichtete Zweck und die Benutzung einer gemeinschaftlichen Firma. Da die OHG immer Gesamthandsvermögen bildet, ist sie notwendig **Außengesellschaft.**[14]

---

[5] Vgl. zur Statistik MünchHdbGesR/*Happ* § 46 III.
[6] Staub/*Ulmer* Vor § 105 RdNr. 9, § 105 RdNr. 12; *K. Schmidt* GesR § 46 I 2 b.
[7] Gummert/*Mutter* § 1 RdNr. 189 ff.
[8] BGH Urt. v. 6. 12. 1962 – KZR 4/62, BGHZ 38, 306, 312 = NJW 1963, 646, 648.
[9] Vgl. BGH Urt. v. 17. 6. 1953 – II ZR 205/52, BGHZ 10, 91, 97 = NJW 1953, 1217; BGH Urt. v. 29. 11. 1956 – II ZR 282/55, BGHZ 22, 240, 244 f. = NJW 1957, 218; BGH Urt. v. 19. 5. 1960 – II ZR 72/59, BGHZ 32, 307, 310 = NJW 1960, 1664; BGH v. 23. 11. 1978 – II ZR 20/78, NJW 1979, 1705 f.; *K. Schmidt* GesR § 5 II 3; ferner Staub/*Ulmer* RdNr. 14 a; Baumbach/*Hopt* RdNr. 7.
[10] BGH Urt. v. 15. 12. 1955 – II ZR 204/54, BGHZ 19, 269 = NJW 1956, 297; Baumbach/*Hopt* RdNr. 7; Koller/Roth/Morck RdNr. 8; MünchHdbGesR/*Happ* § 46 II RdNr. 11.
[11] BGH Urt. v. 21. 12. 1966 – VIII ZR 195/64, NJW 1967, 821.
[12] BGH Urt. v. 19. 5. 1960 – II ZR 72/59, BGHZ 32, 307, 310 f. = NJW 1960, 1664 f.; Baumbach/*Hopt* RdNr. 8; Röhricht/Graf v. Westphalen/*v. Gerkan* RdNr. 8 a; K. Schmidt GesR § 5 II 3 d.
[13] Schlegelberger/*K. Schmidt* RdNr. 3; Staub/*Ulmer* RdNr. 15; MünchKommHGB/*K. Schmidt* RdNr. 4; Röhricht/Graf v. Westphalen/*v. Gerkan* RdNr. 3; *H. P. Westermann* RdNr. I 77.
[14] BGH Urt. v. 13. 5. 1953 – II ZR 157/52, BGHZ 10, 44, 48 = NJW 1953, 1548, 1549; Staub/*Ulmer* RdNr. 45; *Wiedemann* GesR II § 8 I 2; vgl. zur Abgrenzung zwischen Außen- und Innengesellschaft *K. Schmidt* GesR § 43 II 3; *Flume* Personengesellschaften S. 5 ff.

II. Die Rechtsnatur der OHG

7 **1. Die OHG als rechtsfähige Gesamthandsgesellschaft.** Die OHG ist ebenso wie die GbR eine rechtsfähige Gesamthandsgesellschaft.[15] Die OHG ist als Trägerin eigener Rechte und Pflichten Rechtssubjekt und handelt im Rechtsverkehr als Organisationseinheit durch ihre Organe.[16] § 124 Abs. 1 als Nachfolgevorschrift von Art. 111 ADHGB hat daher nur klarstellende Bedeutung.[17]

8 **2. Exkurs: Die Rechtsnatur der GbR.** Die GbR ist als Gesamthandsgesellschaft **rechts- und parteifähig.**[18] Die Rechts- und Parteifähigkeit der GbR beruht nicht auf einer analogen Anwendung des § 124, sondern auf der Rechtsnatur der Gesamthandsgesellschaft. Die Regelung des § 124 ist auch bei der OHG nicht konstitutiv für deren Rechts- und Parteifähigkeit.[19] Die OHG des ADHGB von 1861 war ebenfalls nicht auf Grund der Regelung des Art. 111 ADHGB (§ 124) rechtsfähig. Das ROHG und das RG haben die Rechts- und Parteifähigkeit der OHG/KG aus der Rechtsnatur der Gesamthand gefolgert.[20] Das Gleiche galt bereits vor 1900 für die nicht kaufmännischen Zivilgesellschaften.[21] Nach dem ersten, auf der Grundlage des römischen Rechts erarbeiteten BGB-Entwurf von 1888 war die Gesellschaft eine nicht rechtsfähige Bruchteilsgemeinschaft. Mit dem zweiten Entwurf wurde das deutschrechtliche Gesamthandsprinzip eingeführt. In den §§ 705 ff. BGB wurde aber nur die gesamthänderische Vermögensbindung (§§ 718, 719 BGB), nicht aber die Rechtsnatur der Gesellschaft geregelt. Diese Frage wurde Rechtsprechung und Wissenschaft überlassen.[22] Auch die Regelung des **§ 736 ZPO** steht der Rechts- und Parteifähigkeit der GbR nicht entgegen.[23] Diese ursprünglich als § 719 Abs. 3 BGB vorgesehene Regelung bringt nur zum Ausdruck, dass der Gläubiger eines einzelnen Gesellschafters der GbR nicht direkt in Gegenstände des Gesellschaftsvermögens vollstrecken kann, sondern auf eine Pfändung des Anteils nach § 725 BGB angewiesen ist.

9 Der BGH[24] gebraucht zu Recht den Begriff „**Rechtsfähigkeit**" anstelle des in der Literatur[25] verwendeten Begriffs „Teilrechtsfähigkeit". Denn es ist weder nur ein Teil der GbR rechtsfähig noch die Rechtsfähigkeit nur teilweise gegeben.[26] GbR und OHG/KG sind nach außen ebenso rechtsfähig wie die juristische Person. Nur nach innen fehlt die Verselbständigung der Gesellschaft als solcher gegenüber der Gesamtheit der Gesellschafter. Deshalb ist die rechtsfähige Gesamthandsgesellschaft nichts anderes als die „Gesellschafter in ihrer Verbundenheit".[27] Die Rechts- und Parteifähigkeit gilt für alle BGB-(Außen-)gesellschaften und nicht nur für sog. Mitunternehmer-Gesellschaften. Für die BGB-**Innengesellschaft** stellt sich die Frage der Rechts- und Parteifähigkeit nicht, weil sie nicht nach außen als solche auftritt. Tritt sie nach außen als Gesellschaft auf, so begründet sie Gesamthandsvermögen und ist als rechtsfähige Außengesellschaft anzusehen.

---

[15] BGH Urt. v. 16. 2. 1961 – III ZR 71/60, BGHZ 34, 293, 296 = NJW 1961, 1022; *Flume* Personengesellschaft S. 50 ff.; Staub/*Ulmer* RdNr. 41 f.; Staub/*Habersack* § 124 RdNr. 3; H. P. Westermann/*Wertenbruch* RdNr. I 684; Röhricht/Graf v. Westphalen/*v. Gerkan* RdNr. 3; MünchKommHGB/*K. Schmidt* RdNr. 7; *K. Schmidt* GesR § 46 II 1.

[16] Vgl. *Flume* Personengesellschaft S. 54 ff., § 5 S. 68 ff.; Staub/*Habersack* § 124 RdNr. 3 f.; 6; Schlegelberger/*K. Schmidt* RdNr. 6 f., § 124 RdNr. 1; Heymann/*Emmerich* § 124 RdNr. 3 f.; Koller/Roth/Morck § 124 RdNr. 1; MünchKommHGB/*K. Schmidt* § 125 RdNr. 1 ff.; s. auch *K. Schmidt* GesR § 8 III, § 46 II 1; Wiedemann GesR II § 8 II 2.

[17] *Flume* Personengesellschaft S. 69; Baumbach/*Hopt* § 124 RdNr. 1; *Wertenbruch,* Haftung von Gesellschaften, S. 46 ff.

[18] BGH Urt. v. 29. 1. 2001 – II ZR 331/00, BGHZ 146, 341, 343 ff. = NJW 2001, 1056. Zustimmend *K. Schmidt* NJW 2001, 993 ff.; *Westermann* NZG 2001, 289 ff.; *Ulmer* ZIP 2001, 585 ff.; *Wertenbruch* NJW 2002, 324 ff. So bereits vor dieser BGH-Entscheidung Soergel/*Hadding* Vor § 705 RdNr. 21; *Hüffer,* FS Stimpel, S. 165, 168 ff.; *Wiedemann* WM 1994, Sonderbeilage 4, S. 6, 9 f.; *Wertenbruch,* Haftung von Gesellschaften, S. 211 ff.; MünchKommZPO/*Lindacher* § 50 Rz 23 ff.; Musielak/*Weth* ZPO, 2. Aufl. 2000, § 50 RdNr. 22.

[19] Vgl. *Wertenbruch,* Haftung von Gesellschaften, S. 90 ff.

[20] ROHG v. 17. 2. 1871 – Rep. 55/71, ROHGE 2, 36, 39; ROHG v. 14. 2. 1872 – Rep. 755/71, ROHGE 5, 204, 205; ROHG v. 28. 1. 1873 – Rep. 866/72, ROHGE 9, 16, 17 f.; ROHG v. 12. 2. 1879 – Rep. 1638/78, ROHGE 25, 158, 161; *Wertenbruch,* Haftung von Gesellschaften, S. 58 ff.

[21] ROHG Urt. v. 1. 12. 1871 – Rep. 660/71, ROHGE 4, 199, 201 ff.; ROHG Urt. v. 5. 12. 1871 – Rep. 574/71, ROHGE 4, 208, 212; RG Urt. v. 30. 4. 1881 – I 106/80, RGZ 4, 155 f.; RG Urt. v. 25. 9. 1880 – IV 139/90, RGZ 27, 183, 185 ff.; *Wertenbruch,* Haftung von Gesellschaften, S. 112 ff.

[22] Protokolle Mugdan Band 2 S. 990; *Wertenbruch,* Haftung von Gesellschaften, S. 165 ff.

[23] BGH Urt. v. 29. 1. 2001 – II ZR 331/00, BGHZ 146, 341, 353 = NJW 2001, 1056, 1059; *Wertenbruch,* Haftung von Gesellschaften, S. 122 ff.

[24] BGH Urt. v. 29. 1. 2001 – II ZR 331/00, BGHZ 146, 341 = NJW 2001, 1056.

[25] Vgl. MünchKommBGB/*Ulmer,* 3. Aufl. 1997, § 705 BGB RdNr. 131 ff., 208; *Flume* Personengesellschaft S. 90.

[26] Vgl. *U. Huber,* FS Lutter, S. 107, 115 f.; *Wertenbruch,* Haftung von Gesellschaften, S. 211 ff.; H. P. Westermann/*Wertenbruch* RdNr. I 842.

[27] BGH v. 29. 1. 2001 – II ZR 331/00, BGHZ 146, 341, 347 = NJW 2001, 1056, 1058; *Flume* Personengesellschaft S. 56 f.; *U. Huber,* FS Lutter, S. 107, 123; *Wertenbruch,* Haftung von Gesellschaften, S. 211; H. P Westermann/*Wertenbruch* RdNr. I 843.

Begriff der OHG; Anwendbarkeit des BGB   10–14 § 105

Vertreten wird die GbR durch ihre Gesellschafter. Sie sind organschaftliche und damit gesetzliche 10
Vertreter. Es gilt das Prinzip der **Selbstorganschaft.** Anders als bei der OHG gilt hier aber grundsätzlich das Prinzip der **Gesamtvertretung** (§§ 709, 710 BGB). Aufgrund des fehlenden Gesellschaftsregisters kann der Nachweis der Vetretungsmacht gegenüber dem Rechtsverkehr zu Schwierigkeiten und zur Anwendung von Rechtsscheinsgrundsätzen führen.[28] Der wesentliche Unterschied zwischen einer OHG und einer GbR besteht nicht hinsichtlich der Rechts- und Parteifähigkeit, sondern bei der Vertretung und der Eintragung in das Handelsregister. Denn auch die persönliche Haftung der Gesellschafter der GbR hat ihre Grundlage nunmehr in der **Akzessorietätstheorie** (§§ 128, 129 analog).

III. Die einzelnen Begriffsmerkmale der OHG

1. Gesellschaftsvertrag als Grundvoraussetzung. Die OHG als Spezialfall der GbR (oben 11
RdNr. 6) muss zunächst **alle Merkmale des § 705 BGB** erfüllen. Es bedarf also der Grundvoraussetzung des Abschlusses eines Gesellschaftsvertrages, durch den sich mindestens zwei Gesellschafter verpflichten, den gemeinsamen Zweck durch Beitragsleistung zu fördern (Einzelheiten zum Vertragsabschluss s. RdNr. 40 ff.). – Zur fehlerhaften Gesellschaft bei unwirksamem Gesellschaftsvertrag vgl. RdNr. 174 ff. Zur Entstehung der OHG durch Umwandlung s. RdNr. 84 ff. Zur Fortführung eines Handelsgeschäfts durch eine Erbengemeinschaft vgl. RdNr. 100.

2. Gemeinsamer Zweck. Im Gesellschaftsvertrag müssen sich die Parteien auf einen gemein- 12
samen Zweck iS eines **überindividuellen Verbandszwecks**[29] geeinigt haben, was nicht ausschließt, dass jede Partei auch eigennützige Zwecke zu erreichen sucht.[30] Der in § 105 Abs. 1 für die OHG als notwendiges Begriffsmerkmal vorgeschriebene Betrieb eines Handelsgewerbes unter gemeinschaftlicher Firma als Gesellschaftszweck ist stets zugleich ein gemeinsamer Zweck iS des § 705 BGB.[31] Der gemeinsame Zweck erfordert nicht die Gewinn- und Verlustbeteiligung aller Gesellschafter.[32] Von dem gemeinsamen Zweck der Gesellschaft ist der **Unternehmensgegenstand zu unterscheiden,** der den im Gesellschaftsvertrag festgelegten konkreten Tätigkeitsbereich der Gesellschaft umschreibt und ua für das Wettbewerbsverbot des § 112 Abs. 1[33] von Bedeutung ist.

3. Beitragspflicht. Zum notwendigen Inhalt des Gesellschaftsvertrags gehört die in § 705 BGB 13
normierte Verpflichtung der Gesellschafter, den gemeinsamen Zweck durch **Leistung von Beiträgen** zu fördern. Die gesetzliche Bezeichnung „Beitrag" ist der Oberbegriff für Einlagen und sonstige Beiträge. Der Gesellschafter muss nicht unbedingt eine Einlage leisten, da es bei den Personengesellschaften kein gesetzliches Mindestkapital gibt.[34] Bei fehlender Einlage handelt es sich um sog. Gesellschafter ohne Kapitalanteil (vgl. dazu RdNr. 154). Nur Kommanditisten müssen eine Einlage leisten, wobei eine Mindesthöhe nicht vorgeschrieben ist (vgl. § 171 RdNr. 3). Sonstige Beiträge sind beispielsweise Dienstleistungen. Einen Gesellschafter ohne Beitragsverpflichtung gibt es nicht. Denn auch bei fehlender Einlage- und Geschäftsführungspflicht bestehen unabdingbare Förderpflichten.[35] Art und Umfang der Beiträge können durch den Gesellschaftsvertrag frei bestimmt werden; § 706 Abs. 1, 2 BGB iVm. § 105 Abs. 2 findet nur subsidiär Anwendung. Einzelheiten zu den Beiträgen RdNr. 135 ff.

4. Betrieb eines Handelsgewerbes. a) Gewerbebegriff. Für die OHG ist gemäß § 105 14
Abs. 1 das Betreiben eines Handelsgewerbes als gemeinsamer Zweck der Gesellschaft begriffswesentlich. **Handelsgewerbe kraft Gesetzes** ist nach der Definition des § 1 Abs. 2 in der Fassung des HRefG vom 22. 6. 1998 jeder Gewerbebetrieb, es sei denn, dass das Unternehmen nach Art und Umfang einen in kaufmännischer Weise eingerichteten Gewerbebetrieb nicht erfordert. Von einer Legaldefinition des Begriffs „Gewerbe" im HGB hat auch das HRefG abgesehen und grundsätzlich die von der Rspr. entwickelten Kriterien übernommen.[36] Danach erfordert der **Betrieb eines Gewerbes** eine in Gewinnerzielungsabsicht vorgenommene erlaubte Tätigkeit, die selbständig, auf

---

[28] Vgl. H. P. Westermann/*Wertenbruch* RdNr. I 373 b ff.; *Berghoff,* Die organschaftliche Vertretung der GbR, 2005, S. 113 ff.; *Wertenbruch* DB 2003, 1099.
[29] Staub/*Ulmer* RdNr. 20; *K. Schmidt* GesR § 4 I 2.
[30] BGH Urt. v. 26. 10. 1959 – KZR 2/59, NJW 1960, 145, 147.
[31] Schlegelberger/*K. Schmidt* RdNr. 29.
[32] BGH Urt. v. 6. 4. 1987 – II ZR 101/86, NJW 1987, 3124, 3125; Staub/*Ulmer* RdNr. 22; Heymann/*Emmerich* § 105 RdNr. 28; MünchKommBGB/*Ulmer* § 705 RdNr. 149 ff.; H. P. Westermann RdNr. I 38; *Flume* Personengesellschaft S. 39 ff.
[33] Vgl. § 112 RdNr. 9; H. P. Westermann/*Wertenbruch* RdNr. I 449 ff.
[34] H. P. Westermann/*Wertenbruch* RdNr. I 378 f.
[35] MünchKommHGB/*K. Schmidt* § 105 RdNr. 177; H. P. Westermann/*Wertenbruch* RdNr. I 379.
[36] Begr. RegE, BT-Drucks. 13/8444 S. 24.

Dauer angelegt und planmäßig betrieben wird, am Markt nach außen erkennbar in Erscheinung tritt und wirtschaftlicher, aber nicht freiberuflicher, wissenschaftlicher oder künstlerischer Art ist.[37] Vgl. die Umschreibung der freien Berufe in § 1 Abs. 2 S. 1 PartGG. Im neueren Schrifttum wird zu Recht nicht mehr auf die Gewinnerzielungsabsicht, sondern auf die wirtschaftliche Tätigkeit am Markt abgestellt.[38] Es genügt daher eine auf laufende Einnahmen gerichtete Tätigkeit. Daher kann auch eine von einer Gruppe von Unternehmen zum Zwecke der Durchführung von Hilfsaufgaben auf Kostendeckungsbasis betriebene Personengesellschaft eine OHG sein.[39]

15 **b) Einordnung der ARGE als OHG.** Nach ständiger Rechtsprechung des BGH[40] sind die insbesondere bei großen Bauprojekten üblichen Arbeitsgemeinschaften (ARGE) mangels Gewerbeeigenschaft als GbR einzuordnen. Die Entscheidungen des BGH betrafen aber ARGE-Fälle vor Erlass des HRefG von 1998. Nach § 1 HGB nF setzt die Kaufmannseigenschaft kein besonders definiertes Grundhandelsgewerbe, sondern einen nach Art und Umfang in kaufmännischer Weise eingerichteten Gewerbebetrieb voraus. Nunmehr kommt es also insbesondere auf die Größe des Unternehmens und weniger auf die Art der Geschäfte an. Nach § 1 HGB aF war dagegen die Bautätigkeit kein Grundhandelsgewerbe. In Abkehr von der BGH-Rechtsprechung ordnen die Instanzgerichte die ARGE daher jetzt zu Recht als OHG ein.[41] Da eine ARGE in der Regel gebildet wird, weil das Geschäftsvolumen die Kapazität eines einzelnen Bauunternehmens übersteigt, kann das Erfordernis eines kaufmännischen Geschäftsbetriebs jedenfalls für die Dauer des Vorhabens nicht zweifelhaft sein. Dass die ARGE nicht auf unbestimmte Dauer, sondern meist für zwei bis fünf Jahre gegründet wird, spricht nicht gegen das Vorliegen eines Handelsgewerbes. Denn ein solcher Zeitraum erfüllt das nach h. M.[42] erforderliche Tatbestandsmerkmal der „gewissen Dauer". Die Einordnung der ARGE als OHG folgt insbesondere auch aus dem Zweck der einzelnen HGB-Vorschriften über Handelsgeschäfte. Dies gilt insbesondere für die Rügepflicht des § 377 HGB. Insoweit wäre es nicht nachvollziehbar, bei Großbauvorhaben mit einem Volumen von mehreren hundert Millionen Euro die Anwendung des § 377 HGB davon abhängig zu machen, ob eine Projektdauer von zwei oder fünf Jahren vorgesehen ist. Das Gleiche gilt für andere HGB-Vorschriften.[43]

16 **c) Vermutung des § 1 Abs. 2.** § 1 Abs. 2 ist im Interesse der Rechtssicherheit als **gesetzliche Beweislastregel** ausgestaltet, die im Hinblick auf den Amtsermittlungsgrundsatz des § 12 FGG allerdings nicht im Verfahren vor den Registergerichten gilt.[44] Die Vorschrift stellt für den Rechtsverkehr die ausdrückliche Vermutung auf, dass bei dem Vorliegen eines Gewerbes grundsätzlich auch von der Eigenschaft als Handelsgewerbe – und damit auch vom Kaufmannsstatus des Unternehmens – ausgegangen werden kann.[45] Ein Gewerbetreibender, der geltend macht, sein Gewerbebetrieb erfordere nach Art oder Umfang keinen in kaufmännischer Weise eingerichteten Geschäftsbetrieb, ist dafür **darlegungs- und beweispflichtig.**[46] Wenn der Gewerbebetrieb im Handelsregister eingetragen ist, kann er sich nicht darauf berufen, kein Handelsgewerbe zu betreiben (§ 1 RdNr. 4).

---

[37] Vgl. etwa BGH Urt. v. 7. 7. 1960 – VIII ZR 215/59, BGHZ 33, 321, 324 = NJW 1961, 725, 726; BGH Urt. v. 2. 7. 1985 – X ZR 77/84, BGHZ 95, 155, 157 f. = NJW 1985, 2063 mwN; OLG Düsseldorf Beschl. v. 6. 6. 2003 – 3 Wx 108/03, NJW-RR 2003, 1120 f.; § 1 RdNr. 9, 20 ff.
[38] So etwa MünchKommHGB/*K. Schmidt* § 1 RdNr. 23; Staub/*Ulmer* RdNr. 23; Heymann/*Emmerich* § 1 RdNr. 12; Koller/*Roth*/Morck § 1 RdNr. 10; Canaris HandelsR § 2 RdNr. 14; *H. P. Westermann* RdNr. I 81; die Frage ist in der Begründung zum HRefG (BT-Drucks. 13/8444 S. 24) offengeblieben.
[39] Vgl. *H. P. Westermann* RdNr. I 81.
[40] BGH Urt. v. 15. 10. 1973 – II ZR 149/71, BGHZ 61, 338, 344 ff. = NJW 1974, 451; BGH Urt. v. 17. 3. 1975 – VIII ZR 245/73, BGHZ 64, 122 ff. = NJW 1975, 1121; BGH Urt. v. 8. 11. 1978 – VIII ZR 190/77, BGHZ 72, 267, 271 = NJW 1979, 308; BGH Urt. v. 24. 1. 1983 – VIII ZR 353/81, BGHZ 86, 300, 307 = NJW 1986, 300; BGH Urt. v. 8. 7. 1991 – VIII ZR 164/90, NJW-RR 1991, 1381 f.; BGH Beschl. v. 24. 4. 1990 – VI ZR 358/89, NJW 1992, 41 f.; BGH Urt. v. 22. 9. 1993 – IV ZR 183/92, NJW-RR 1993, 1443 f.; BGH Urt. v. 15. 7. 1997 – XI ZR 154/96, NJW 1997, 2754. In seinem Urt. v. 29. 1. 2001 – II ZR 331/00, BGHZ 146, 341 = NJW 2001, 1056 knüpft der BGH zwar stillschweigend an die bisherige Rechtsprechung an, indem er davon ausging es aber ersichtlich um die Grundsatzfrage, ob die GbR – im Fall des BGH die ARGE „Weißes Ross" – rechts- und parteifähig ist. Die Frage der Einordnung der ARGE hat der BGH nicht erörtert.
[41] KG Beschl. v. 22. 8. 2001 – 29 AR 54/01, BauR 2001, 1790; OLG Dresden Urt. v. 20. 11. 2001 – 2 U 1928/01, NZG 2003, 124; OLG Frankfurt a. M. Beschl. v. 10. 12. 2004 – 21 AR 138/04, OLGR 2005, 257; *Wertenbruch* NZG 2006, 408.
[42] Baumbach/*Hopt* § 1 RdNr. 13; MünchKommHGB/*K. Schmidt* § 1 RdNr. 22; § 1 RdNr. 23 ff.; Staub/*Brüggemeier* § 1 RdNr. 7.
[43] Vgl. dazu OLG Dresden Urt. v. 20. 11. 2001 – 2 U 1928/01, NZG 2003, 124, 125 f.
[44] Begr. RegE, BT-Drucks. 13/8444 S. 48.
[45] Begr. RegE, BT-Drucks. 13/8444 S. 48; § 1 RdNr. 41.
[46] Begr. RegE, BT-Drucks. 13/8444 S. 48; *C. Schaefer* DB 1998, 1269, 1270.

5. Öffnung der OHG/KG für Kleingewerbe. a) Grundsatz. Nach dem vor dem Inkrafttreten des HRefG geltenden Rechtszustand setzte die OHG und damit auch die KG den Betrieb eines vollkaufmännischen Gewerbes voraus. Wenn die Gesellschaft ein Grundhandelsgewerbe (§ 1 Abs. 2 HGB aF) ausübte, das lediglich minderkaufmännischer Natur war, lag nach § 4 Abs. 2 HGB aF keine OHG, sondern vielmehr eine GbR vor.

§ 2 HGB nF räumt einem gewerblichen Unternehmen, dessen Gewerbebetrieb nach Art oder Umfang einen in kaufmännischer Weise eingerichteten Geschäftsbetrieb nicht erfordert und das daher nicht schon kraft Gesetzes (§ 1 Abs. 2) Kaufmann ist („Minderkaufmann"), die Möglichkeit ein, die Kaufmannseigenschaft durch konstitutive Eintragung im Handelsregister zu erlangen. Den **Kleingewerbetreibenden** eröffnet § 2 die Option, **freiwillig** die Eintragung im Handelsregister herbeizuführen und damit konstitutiv die Kaufmannseigenschaft zu erwerben.[47] Praktische Bedeutung hat die Wahlmöglichkeit insbesondere für minderkaufmännische Unternehmen, die wegen der Haftungsbeschränkung der Kommanditisten eine KG anstreben. Die OHG bietet in Bezug auf die Haftung keine Vorteile gegenüber der GbR. Es kann aber von einer OHG Prokura erteilt werden, und insbesondere die Vertretungsverhältnisse sind aus dem Handelsregister ersichtlich.[48] Der Unterschied zwischen § 105 und § 2 besteht darin, dass die reine **Vermögensverwaltung** nur bei Gesellschaften (§ 105 Abs. 2 S. 1 Alt. 2), nicht aber bei Einzelunternehmen eine Handelsregistereintragung ermöglicht.

b) Wahlmöglichkeiten. Die Öffnung der OHG/KG für Kleingewerbetreibende gewährt eine **Wahlmöglichkeit**; für solche Vereinigungen besteht aber **kein Zwang**, diese Rechtsform anzunehmen.[49] Die Umwandlung der GbR in eine OHG oder KG setzt, falls nicht im Gesellschaftsvertrag in zulässiger Weise (§ 119 RdNr. 46 ff.) eine Mehrheitsentscheidung vorgesehen ist (vgl. § 217 Abs. 1 S. 2 UmwG), einen einstimmigen Gesellschafterbeschluss voraus; auf Grund dessen sind alle Gesellschafter verpflichtet, bei der Handelsregisteranmeldung mitzuwirken.[50]

6. Veränderung der Eintragungsvoraussetzungen nach Eintragung. a) Absinken auf Kleingewerbe oder Vermögensverwaltung. Nach erfolgter Eintragung des kleingewerblichen Unternehmens als OHG/KG bleibt, solange die Eintragungsvoraussetzungen im Übrigen fortbestehen, diese Rechtsform erhalten.[51] Das gilt auch, wenn die Personengesellschaft im Zeitpunkt der Eintragung die Voraussetzung eines in kaufmännischer Weise eingerichteten Gewerbebetriebs nach § 1 Abs. 2 erfüllt und damit die Eintragung deklaratorisch ist, nachträglich aber diese Größenordnung unterschreitet. Diese Rückentwicklung führt nicht zur Amtslöschung der OHG, weil kleingewerbliche Unternehmen mit der Eintragung den OHG/KG-Status erlangen.[52] Das Gleiche gilt, wenn durch Veräußerung des Geschäfts nur noch eine Vermögensverwaltung besteht. Die Auffassung, nach der die Gesellschafter analog § 105 Abs. 2 einer Amtslöschung widersprechen und auf Grund einer solchen „Beharrungserklärung" als OHG im Register verbleiben können, ist m. E. mit der formellen Natur des Registerrechts und § 105 Abs. 2 nicht vereinbar.[53] Denn nach dieser Vorschrift genügt die Eintragung unabhängig davon, ob die Gesellschafter mit dem Eintragungsantrag eine Option ausüben wollen oder nicht.

b) Löschungsmöglichkeit bei Veränderung der Eintragungsvoraussetzungen. Die auf kleingewerbliches Niveau geschrumpfte OHG/KG kann ihre **Löschung** im Handelsregister **beantragen** und damit den Verlust der Kaufmannseigenschaft (§ 6 Abs. 1) herbeiführen. Entsprechendes gilt bei Entstehung einer reinen Vermögensverwaltung als Gesellschaftszweck (vgl. RdNr. 19). Diese Löschungsmöglichkeit wird durch § 105 Abs. 2 S. 2 iVm. § 2 S. 3 ausdrücklich eröffnet.[54] Infolge der Löschung wandelt sich die OHG/KG **in eine GbR** um.[55] Die Rechts- und Parteifähigkeit der Gesamthandsgesellschaft wird dadurch nicht berührt.[56] Der Löschungsantrag der Gesellschaft setzt innergesellschaftlich einen entsprechenden **Gesellschafterbeschluss**

---
[47] Begr. RegE, BT-Drucks. 13/8444 S. 31 ff., 49.
[48] Vgl. zu den diesbezüglichen Publizitätsdefiziten bei der GbR *Wertenbruch* DB 2003, 1099 ff.; H. P. *Westermann*/*Wertenbruch* RdNr. I 369 b.
[49] Begr. RegE, BT-Drucks. 13/8444 S. 63; H. P. *Westermann* RdNr. I 82.
[50] *Baumbach/Hopt* RdNr. 14; *MünchKommHGB/K. Schmidt* RdNr. 69; H. P. *Westermann* RdNr. I 82; *Schön* DB 1998, 1169, 1175; *K. Schmidt* DB 1998, 61; *Schlitt* NZG 1998, 580, 581.
[51] Vgl. Begr. RegE, BT-Drucks. 13/8444 S. 63 f.; H. P. *Westermann* RdNr. I 82.
[52] H. P. *Westermann* RdNr. I 82. Zu dieser umstrittenen Frage § 2 RdNr. 30–32 mwN und § 5 RdNr. 12 ff.
[53] So aber *Roth*, Handels- u. GesR, § 9 2 c; Begr. RegE, BT-Drucks. 13/8444 S. 64; *Schmitt* WiB 1997, 1113, 1117; wie hier i. E. *Baumbach/Hopt* RdNr. 14; vgl. auch § 2 RdNr. 33.
[54] Vgl. dazu Begr. RegE, BT-Drucks. 13/8444 S. 64; H. P. *Westermann* RdNr. I 82; *C. Schaefer* DB 1998, 1269, 1270.
[55] Begr. RegE, BT-Drucks. 13/8444 S. 64.
[56] BGH Urt. v. 29. 1. 2001 – II ZR 331/00, BGHZ 146, 341 ff.; *Wertenbruch*, Haftung von Gesellschaften, S. 259 ff.

§ 105   21–25   2. Buch. 1. Abschnitt. Offene Handelsgesellschaft

voraus, der vorbehaltlich einer abweichenden Regelung im Gesellschaftsvertrag der Einstimmigkeit bedarf.[57]

21 **7. Land- und forstwirtschaftliche Unternehmen.** Bereits nach § 3 Abs. 2 S. 1 HGB aF konnten land- und forstwirtschaftliche Unternehmen, die nach Art und Umfang einen in kaufmännischer Weise eingerichteten Geschäftsbetrieb erforderten, durch **fakultative Eintragung** in das Handelsregister die Kaufmannseigenschaft erwerben. In diesem Fall stand ihnen auch der Zugang zur OHG offen (§ 105 Abs. 1). Daran hat das HRefG nichts geändert. Zu beachten ist aber, dass nach § 3 Abs. 2 HGB nF bei Eintragung eines „vollkaufmännischen" land- und forstwirtschaftlichen Unternehmens die Löschungsmöglichkeit des § 2 S. 2 nicht besteht, solange das Handelsgewerbe besteht. Nur bei einem kleingewerblichen land- und forstwirtschaftlichen Unternehmen besteht nach einer freiwilligen Eintragung die Löschungsmöglichkeit nach § 2 (§ 3 Abs. 2 iVm. § 2 S. 3).

22 **8. Die vermögensverwaltenden Gesellschaften. a) Neues Regelungskonzept.** Nach § 105 Abs. 2 idF des HRefG von 1998 steht auch Gesellschaften, die nur eigenes Vermögen verwalten, die Rechtsform der OHG und der KG (§ 161 Abs. 2) offen. Diese Regelung betrifft insbesondere **Immobilienverwaltungs-, Objekt- und Besitzgesellschaften** nach erfolgter Betriebsaufspaltung sowie **Holdinggesellschaften**.[58] Für diese Gesellschaften begründet § 105 Abs. 2 eine **Eintragungsoption,** aber keinen Zwang zur Eintragung, soweit die vermögensverwaltende Gesellschaft nicht schon als vollkaufmännischer Gewerbebetrieb nach § 1 Abs. 2 im Handelsregister einzutragen ist.[59] Wird die Option ausgeübt, so hat die Eintragung **konstitutive Wirkung.**[60] Durch Beantragung der Löschung im Handelsregister kann aber (wieder) die Rechtsform der GbR gewählt werden.

23 **b) Der Anwendungsbereich des § 105 Abs. 2 S. 1 Alt. 2.** Unter den Begriff der Verwaltung eigenen Vermögens fallen nicht „völlig unbedeutende und wirtschaftlich nicht über den alltäglichen privaten Bereich herausreichende Betätigungen".[61] Daher können zB Ehegatten, die ein Familienheim in der Rechtsform einer Grundstücks-GbR halten,[62] nicht die Eintragungsoption des § 105 Abs. 2 nF wahrnehmen.[63] Zu den vermögensverwaltenden Gesellschaften, die nunmehr als OHG oder KG eingetragen werden können, gehören neben den oben (RdNr. 22) genannten Vereinigungen auch **Komplementär-Personengesellschaften in der doppelstöckigen GmbH & Co. KG.**[64]

24 § 105 Abs. 2 S. 1 HGB nF macht die Eintragung als OHG davon abhängig, dass die Gesellschaft „**nur eigenes Vermögen verwaltet**". Damit tritt keine Öffnung ein für Personengesellschaften, die „auch" eigenes Vermögen verwalten, im Übrigen aber zusätzlich nichtgewerbliche Zwecke anderer Art verfolgen, etwa eine freiberufliche oder künstlerische Erwerbstätigkeit.[65] Das entspricht dem klaren Wortlaut der Vorschrift und dem in der Gesetzesbegründung zum Ausdruck gebrachten Willen des Gesetzgebers,[66] nur die Rechtsunsicherheit zu beseitigen, die für rein vermögensverwaltende Gesellschaften im Hinblick auf die Zweifel an dem gewerblichen Charakter ihrer Unternehmenstätigkeit bestand.[67]

25 **c) Behandlung von Altfällen.** Nach altem Rechtszustand sind auf Grund der unterschiedlichen Praxis bei den Registergerichten nicht selten vermögensverwaltende Personengesellschaften eingetragen worden. Es handelt sich wegen Nichtvorliegens eines Handelsgewerbes um Schein-Handelsgesellschaften (dazu RdNr. 207 ff.), die in Wirklichkeit als GbR zu qualifizieren waren. Sie galten, soweit sie nicht die Voraussetzungen eines Gewerbes erfüllten, nicht als Kaufmann kraft Eintragung nach § 5 HGB aF.[68] Solche Altgesellschaften sind nunmehr auf Grund der Registereintragung gem. § 105 Abs. 2 **OHG oder KG.**[69] Es bedurfte hierzu weder einer erneuten Anmeldung zum Handels-

---

[57] Baumbach/Hopt RdNr. 14; MünchKommHGB/K. Schmidt RdNr. 73; H. P. Westermann RdNr. I 82; Schlitt NZG 1998, 580, 581.
[58] Begr. RegE, BT-Drucks. 13/8444 S. 40.
[59] Begr. RegE, BT-Drucks. 13/8444 S. 41, 63.
[60] Begr. RegE, BT-Drucks. 13/8444 S. 63, 64.
[61] Begr. RegE, BT-Drucks. 13/8444 S. 41; zustimmend K. Schmidt NJW 1998, 2161, 2165.
[62] Vgl. BGH Urt. v. 20. 5. 1981 – V ZB 25/79, NJW 1982, 170 f.
[63] H. P. Westermann RdNr. I 80 e; Schön DB 1998, 1169, 1174; Schmitt WiB 1997, 1113, 1116; aA Baumbach/Hopt RdNr. 13; K. Schmidt GesR § 46 I 1 c bb.
[64] Baumbach/Hopt RdNr. 13; MünchKommHGB/K. Schmidt RdNr. 63; H. P. Westermann RdNr. I 80 e; K. Schmidt NJW 1998, 2161, 2164; ders. DB 1998, 61 f.; Schön DB 1998, 1169, 1174; Schlitt NZG 1998, 580, 581.
[65] H. P. Westermann RdNr. I 80 e; Schön DB 1998, 1169, 1174; Schäfer DB 1998, 1269, 1273 f.; aA Baumbach/Hopt RdNr. 13; K. Schmidt DB 1998, 61, 62; ders. NJW 1998, 2161, 2165.
[66] Begr. RegE, BT-Drucks. 13/8444 S. 40 f.
[67] Vgl. Schön DB 1998, 1169, 1174; Schäfer DB 1998, 1269, 1273 f.
[68] BGH Urt. v. 19. 5. 1960 – II ZR 72/59, BGHZ 32, 307, 313 f. = NJW 1960, 1964, 1965; Röhricht/Graf v. Westphalen § 5 RdNr. 3; Begr. RegE, BT-Drucks. 13/8444 S. 41.
[69] H. P. Westermann RdNr. I 80 f; Schön DB 1998, 1169, 1175 f.; K. Schmidt DB 1998, 61, 62; Schlitt NZG 1998, 580, 581.

register noch eines Umwandlungsbeschlusses.[70] Die automatische Konvaleszenz trat auch ein, wenn die Gesellschaft zunächst ein Handelsgewerbe betrieb und daher rechtmäßig eingetragen war, später aber unter Verlust des gewerblichen Charakters zur Holding- oder Besitzgesellschaft wurde und daher trotz Registereintragung bis zur Gesetzesänderung nur eine GbR vorlag.[71] Auch in den genannten **Altfällen** kann die Gesellschaft, die nach wie vor nur ihr eigenes Vermögen verwaltet, nach § 105 Abs. 2 S. 2 iVm. § 2 S. 3 auf ihren Antrag im Handelsregister **gelöscht** werden[72] (vgl. auch RdNr. 20). Dadurch wird sie im Falle der Fortführung (wieder) zur GbR.

9. Registereintragung und Entstehung der OHG nach außen. Im **Innenverhältnis** entsteht 26 die OHG mit dem Abschluss des Gesellschaftsvertrages (RdNr. 38). Für die Entstehung im **Außenverhältnis** ist zu unterscheiden: Vermögensverwaltende und kleingewerbetreibende Personengesellschaften entstehen im Verhältnis zu Dritten erst mit der Eintragung in das Handelsregister (§ 123 Abs. 1).[73] Die Eintragung hat hier – wie ausgeführt (RdNr. 17, 22) – konstitutive Wirkung. Das gilt bei solchen Gesellschaften auch für den Fall, dass sie ihre Geschäfte nach außen schon vorher beginnen.[74] Bis zur Eintragung handelt es sich um eine GbR.[75] – Zur Bedeutung der Handelsregistereintragung nach § 5 vgl. dort RdNr. 20 ff.

Diese Grundsätze finden auch auf **Land- und Forstwirtschaft** betreibende Personengesellschaften, die auf Grund der ihnen in § 3 Abs. 2 eingeräumten Option eingetragen werden, Anwendung.[76] Denn diese Gesellschaften sind trotz Vorliegens eines Handelsgewerbes wegen § 3 Abs. 1 nicht per se OHG. 27

Für die ein Handelsgewerbe – aber keine Land- und Forstwirtschaft – betreibenden Personengesellschaften wird die Wirksamkeit nach außen **auf den Geschäftsbeginn vorverlegt,** wenn dieser vor der Eintragung erfolgt. Das ergibt sich aus § 123 Abs. 2.[77] Vgl. im Übrigen die Erläuterungen zu § 123. 28

10. Gemeinschaftliche Firma als Begriffsmerkmal der OHG? Das Tatbestandsmerkmal 29 „gemeinschaftliche Firma" beruht darauf, dass bei der Beratung des ADHGB von 1861 die Rechtsnatur der OHG und damit die Frage der Rechtsfähigkeit offen gelassen wurde.[78] Mit der Formulierung „gemeinschaftlich" wurde der Auffassung Rechnung getragen, nach der die einzelnen Gesellschafter die Rechtsträger sind, die nach außen nur durch eine einheitliche Firma verbunden sind. Vor Anerkennung der Parteifähigkeit führte das Erfordernis der gemeinschaftlichen Firma zu einer wesentlichen Erleichterung bei der Parteibezeichnung. Nach Anerkennung der Rechts- und Parteifähigkeit der OHG setzt die OHG eine **„eigene" Firma** voraus. Dadurch wird die OHG von der Innengesellschaft und damit auch von der stillen Gesellschaft abgegrenzt.[79] Nicht zutreffend ist die Auffassung,[80] nach der die „gemeinschaftliche Firma" Folge des gemeinschaftlichen Betriebs eines Handelsgewerbes sein soll. Der Begriff „gemeinschaftliche Firma" ist insoweit nunmehr irreführend.[81] Dem Vorliegen einer OHG steht nicht entgegen, dass eine unzulässige Firma geführt wird.[82] Fehlt es an einer zulässigen Firma (vgl. §§ 18, 19 Abs. 1 Nr. 2) darf keine Eintragung erfolgen; gegen unzulässigen Firmengebrauch hat der Registerrichter nach § 37 Abs. 1 einzuschreiten.[83] Die Gesellschafter können dann untereinander verpflichtet sein, sich auf eine zulässige Firma zu einigen.

11. Unbeschränkte Haftung der Gesellschafter. Die **persönliche Haftung** aller Gesellschafter ist die Regel bei der Personengesellschaft.[84] Die in § 105 Abs. 1 vorausgesetzte fehlende Haftungsbeschränkung ist im Zusammenhang zu sehen mit der Regelung des § 161 Abs. 1, wonach 30

---

[70] *H. P. Westermann* RdNr. I 80 f.; *Schön* DB 1998, 1169, 1175 f.; *Schlitt* NZG 1998, 580, 581.
[71] *H. P. Westermann* RdNr. I 80 f.; *Schön* DB 1998, 1169, 1176; im Ergebnis ebenso *Roth*, Handels- u. GesR, § 9 2 c, S. 122 f., der allerdings § 5 analog anwenden will.
[72] *H. P. Westermann* RdNr. I 80 f; *Schön* DB 1998, 1169, 1176.
[73] Staub/*Habersack* § 123 RdNr. 24; *H. P. Westermann* RdNr. I 156.
[74] Begr. RegE, BT-Drucks. 13/8444 S. 64, 65; *H. P. Westermann* RdNr. I 156; *Schön* DB 1998, 1169, 1174.
[75] Begr. RegE, BT-Drucks. 13/8444 S. 64, 65; *Schön* DB 1998, 1169, 1174; *H. P. Westermann* RdNr. I 154 b.
[76] Begr. RegE, BT-Drucks. 13/8444 S. 64, 65; *Schön* DB 1998, 1169, 1174; *H. P. Westermann* RdNr. I 156.
[77] Begr. RegE, BT-Drucks. 13/8444 S. 64, 65; Staub/*Habersack* § 123 RdNr. 24; *H. P. Westermann* RdNr. I 156.
[78] Vgl. *Wertenbruch*, Haftung von Gesellschaften, S. 46 ff.
[79] Staub/*Ulmer* RdNr. 32; MünchKommHGB/*K. Schmidt* RdNr. 43; Baumbach/*Hopt* RdNr. 5.
[80] Staub/*Ulmer* RdNr. 32, 36; MünchKommHGB/*K. Schmidt* RdNr. 43; Baumbach/*Hopt* RdNr. 5; Koller/Roth/Morck § 105 RdNr. 11.
[81] OLG Dresden Urt. v. 20. 11. 2001 – 2 U 1928/01, NJW-RR 2003, 257 ff. m. Bspr. *Weipert* EWiR 2003, 123 f.
[82] Schlegelberger/*K. Schmidt* RdNr. 40 ff.; Staub/*Ulmer* RdNr. 32, 34, 36; vgl. MünchKommHGB/*K. Schmidt* RdNr. 43 ff.; *H. P. Westermann* RdNr. I 83.
[83] Schlegelberger/*K. Schmidt* RdNr. 43; Staub/*Ulmer* RdNr. 34, 36; vgl. MünchKommHGB/*K. Schmidt* RdNr. 43 ff.; *H. P. Westermann* RdNr. I 83.
[84] BGH v. 27. 9. 1999 – II ZR 371/98, BGHZ 142, 315, 318 ff.; BGH v. 29. 1. 2001 – II ZR 331/00, BGHZ 146, 341, 358.

bei betragsmäßiger Beschränkung der Haftung eines oder mehrerer Gesellschafter eine KG vorliegt. Insoweit ist das Fehlen einer Kommanditistenstellung negative Voraussetzung des § 105 Abs. 1 für das Vorliegen einer OHG. Eine Gesellschaft, deren Zweck auf den gemeinschaftlichen Betrieb eines Handelsgewerbes gerichtet ist, ohne dass die Beteiligten durch die Wahl der Rechtsform einer anderen Handelsgesellschaft (KG, GmbH, AG) rechtswirksam ihre Haftung beschränkt haben, stellt stets eine OHG dar.[85] Die **Beweislast** für das Vorliegen einer mit einer Haftungsbeschränkung verbundenen Gesellschaftsform trifft den Gesellschafter, der sich darauf beruft.[86]

C. Einheitlicher Gesellschaftsanteil; Kaufmannseigenschaft der Gesellschafter

I. Erfordernis mehrerer Gesellschafter

31 Die OHG setzt das Vorhandensein von **mindestens zwei Gesellschaftern** voraus, die sich durch Gesellschaftsvertrag zusammengeschlossen haben.[87] Dies folgt aus § 705 BGB. Wenn sich nachträglich alle Gesellschaftsanteile in der Hand eines Gesellschafters vereinigen, erlischt die Gesellschaft ohne Liquidation.[88] Es gibt grundsätzlich **keine Einmann-Gesamthandsgesellschaft**.[89] Zur Frage von Ausnahmen für die Fälle der Vorerbschaft, Testamentsvollstreckung usw. vgl. RdNr. 33 ff. Ist eine Gesamthand Gesellschafterin der OHG (zur Zulässigkeit RdNr. 96 ff.), besteht ein einheitlicher ungeteilter Anteil, so dass für den Entstehungstatbestand der OHG das Hinzutreten eines weiteren Gesellschafters erforderlich ist.[90] Es gibt keine Höchstzahl von Gesellschaftern.[91]

II. Einheitlichkeit des Gesellschaftsanteils

32 **1. Grundsatz.** Bei der Gesamthandsgesellschaft ist der Anteil eines Gesellschafters notwendig und durch Gesellschaftsvertrag nicht abänderbar ein einheitlicher, der in der Hand eines Gesellschafters **keiner Aufspaltung** zugänglich ist.[92] Es gibt in der Personengesellschaft auf Grund des Gesamthandsprinzips nur eine **einheitliche Mitgliedschaft.** In der Gruppe der verbundenen Gesellschafter kann ein und dieselbe Person nur einmal Mitglied sein.[93] Wenn ein Gesellschafter einen Anteil hinzuerwirbt, vereinigen sich beide zu einem vergrößerten einheitlichen Anteil.[94] Übernimmt der Komplementär zusätzlich einen Kommanditanteil, geht dieser unter Wegfall der Haftungsbeschränkung in dem bestehenden Komplementäranteil auf.[95]

33 **2. Frage der Anerkennung von Ausnahmen.** In einigen Ausnahmefällen ist der Fortbestand selbständiger Gesellschaftsanteile in der Hand eines Gesellschafters anzuerkennen. Erbt ein Mitgesellschafter den der **Testamentsvollstreckung** unterliegenden Anteil eines bisherigen Gesellschafters (vgl. zur Frage der Zulässigkeit der Testamentsvollstreckung an Personengesellschaftsanteilen § 139 RdNr. 62 ff.), so tritt – anders als bei einer Vorerbschaft – keine uneingeschränkte Vereinigung des

---

[85] BGH Urt. v. 23. 11. 1978 – II ZR 20/78, NJW 1979, 1705, 1706; Staub/*Ulmer* RdNr. 37; Heymann/*Emmerich* RdNr. 27; vgl. MünchKommHGB/*K. Schmidt* RdNr. 47; *H. P. Westermann* RdNr. I 84.
[86] BGH Urt. v. 23. 11. 1978 – II ZR 20/78, NJW 1979, 1705, 1706; Staub/*Ulmer* RdNr. 37; *Koller/Roth/Morck* RdNr. 12; vgl. MünchKommHGB/*K. Schmidt* RdNr. 47.
[87] Staub/*Ulmer* RdNr. 69; Röhricht/Graf v. Westphalen/*v. Gerkan* RdNr. 4; *H. P. Westermann* RdNr. I 30, 78; *Fett/Brand* NZG 1999, 45.
[88] BGH Urt. v. 10. 5. 1978 – VIII ZR 32/77, BGHZ 71, 296, 300 = NJW 1978, 1525; BGH Urt. v. 19. 2. 1990 – II ZR 42/89, NJW-RR 1990, 798; *H. P. Westermann* RdNr. I 78.
[89] BGH Urt. v. 10. 7. 1975 – II ZR 154/72, BGHZ 65, 79, 82 f. = NJW 1975, 1774, 1775; OLG Hamm Urt. v. 8. 6. 1999 – 27 U 18/99, NJW-RR 2000, 482; Staub/*Ulmer* RdNr. 69; Baumbach/*Hopt* RdNr. 18; *Flume* Personengesellschaft S. 99; *K. Schmidt* GesR § 8 IV 2 b; *H. P. Westermann* RdNr. I 78; *Siebert*, Einmann-Personengesellschaften, 2005, S. 129 ff.; aA *Raiser* AcP 194 (1994), 495, 509 f.; *Weimar* ZIP 1997, 1769 ff; *Priester* DB 1998, 55 ff.; *Baumann* BB 1998, 225 ff.
[90] Schlegelberger/*K. Schmidt* RdNr. 25; Röhricht/Graf v. Westphalen/*v. Gerkan* RdNr. 4; vgl. auch BGH Urt. v. 19. 2. 1990 – II ZR 42/89, NJW-RR 1990, 798.
[91] Staub/*Ulmer* RdNr. 70; Schlegelberger/*K. Schmidt* RdNr. 24.
[92] BGH Urt. v. 11. 4. 1957 – II ZR 182/66, BGHZ 24, 106, 108 = NJW 1957, 1026, 1027; BGH Urt. v. 20. 4. 1972 – II ZR 143/69, BGHZ 58, 316, 318 = NJW 1972, 1755, 1756; BGH Urt. v. 10. 6. 1963 – II ZR 88/61, WM 1963, 989; BGH Urt. v. 22. 5. 1989 – II ZR 211/88, NJW-RR 1989, 1259; Staub/*Ulmer* RdNr. 71; MünchKommHGB/*K. Schmidt* RdNr. 75 ff.; *H. P. Westermann* RdNr. I 78; *Sieveking*, FS Schippel, S. 505 ff.; *Wiedemann*, FS Zöllner, S. 635, 639 ff; *Ulmer* ZHR 167 (2003), 103 ff.
[93] *Wertenbruch*, Haftung von Gesellschaften, S. 520; *H. P. Westermann* RdNr. I 78.
[94] BGH Urt. v. 10. 6. 1963 – II ZR 88/61, WM 1963, 989; *Flume* Personengesellschaft S. 99; MünchKommHGB/*K. Schmidt* RdNr. 77; *Wertenbruch*, Haftung von Gesellschaften, S. 521; *H. P. Westermann* RdNr. I 78.
[95] BGH Urt. v. 1. 6. 1987 – II ZR 259/86, BGHZ 101, 123, 129 f. = NJW 1987, 3184, 3186; BayObLG Beschl. v. 29. 1. 2003 – 3Z BR 5/03, ZIP 2003, 1443 f.; Staub/*Ulmer* RdNr. 71; MünchKommHGB/*K. Schmidt* RdNr. 77; *H. P. Westermann/Aderhold* RdNr. I 2303; aA *Priester* DB 1998, 55, 59 f.

bisher schon gehaltenen mit dem hinzuerworbenen Anteils ein.[96] Auch die Vereinigung sämtlicher Geschäftsanteile in einer Hand führt nicht zum Erlöschen der Gesellschaft, falls für den ererbten Anteil Testamentsvollstreckung angeordnet war.[97]

Der Ausnahmetatbestand getrennter Anteile ist auch zu bejahen, wenn **Nachlassinsolvenz oder Nachlassverwaltung** angeordnet worden ist.[98] Denn der Insolvenzverwalter und der Nachlassverwalter sind ebenso wie der Testamentsvollstrecker materiellrechtlich verfügungsbefugt und im Prozess in Bezug auf den Gesellschaftsanteil Partei kraft Amtes. Dem Gesellschafter fehlt auf Grund der Fremdverwaltung die gesamthänderische Verfügungsbefugnis. Diese Voraussetzungen fehlen bei **Treuhandverhältnissen,** so dass hier eine Selbständigkeit abzulehnen ist.[99]

Zu den anzuerkennenden Ausnahmen gehört auch nicht der Fall, dass ein Mitgesellschafter zum **Vorerben** eingesetzt wird.[100] Zum Schutze des Nacherben (vgl. §§ 2113 Abs. 2, 2115, 2130 BGB) bedarf es nicht der unterschiedlichen Zuordnung des vorvererbten und des eigenen Anteils.[101] Der Fortbestand der Vorerben-Beteiligung und der Eigenbeteiligung des einzigen verbleibenden Gesellschafters ist im Übrigen auch praktisch nicht durchführbar.[102] Wird in einer zweigliedrigen OHG der Mitgesellschafter zum Vorerben berufen, ist in dessen Person **nicht von zwei selbständigen Gesellschaftsanteilen** auszugehen.[103] Es entsteht schon gar nicht eine Einmann-OHG.[104] Wenn der Nacherbfall eintritt, muss der Nacherbe so gestellt werden wie bei einem Fortbestand der Vorerben-Beteiligung bis zum Nacherbfall.[105] Die auf die untergegangene Vorerben-Beteiligung entfallenden Nutzungen gebühren den Nacherben; es handelt sich im Ergebnis um eine atypisch stille Beteiligung.[106] Mit dem Nacherbfall lebt die Vorerben-Beteiligung gem. § 2143 wieder auf.[107]

Die Selbständigkeit geht auch verloren bei der Übertragung eines mit einem **Nießbrauch** oder einem **Pfandrecht** belasteten Anteils auf einen Mitgesellschafter.[108] **Nicht möglich** ist es, durch **Gesellschaftsvertrag** mehrere – rechtlich gleichartig oder auch verschieden ausgestaltete – Anteile in der Hand eines Gesellschafters, eine Vorratsteilung und eine Zusammenlegung der Anteile zuzulassen.[109] Eine solche Mehrfachbeteiligung ist mit dem Gesamthandsprinzip nicht vereinbar (vgl. RdNr. 32).

---

[96] BGH Beschl. v. 10. 1. 1996 – IV ZB 21/94, NJW 1996, 1284, 1286 (Erbrechtssenat) unter Auseinandersetzung mit der Rspr. des Gesellschaftsrechtssenats in BGHZ 24, 106, 113 = NJW 1957, 1026 und BGHZ 108, 187, 199 = NJW 1989, 3152; MünchKommHGB/*K. Schmidt* RdNr. 78; MünchKommBGB/*Ulmer* § 705 RdNr. 181 f.; *K. Schmidt* GesR § 45 I 2 b, V 8; *Söring,* Die Zulässigkeit der Mehrfachbeteiligung an einer Personengesellschaft, Diss. Bonn, 1997, S. 78 ff., 136 f., 138 f.; *Lüttge* NJW 1994, 5, 8; *Esch* BB 1993, 664, 665 f., 668; *ders.* BB 1996, 1621, 1625 f.; *Priester* DB 1998, 55, 58 ff.

[97] BGH Beschl. v. 10. 1. 1996 – IV ZB 21/94, NJW 1996, 1284, 1286; vgl. auch BGH Urt. v. 14. 5. 1986 – IVa ZR 155/84, BGHZ 98, 48, 57 = NJW 1986, 2431; *H. P. Westermann* RdNr. I 78 b; *H. P. Westermann*/*Aderhold* RdNr. I 2303; MünchKommHGB/*K. Schmidt* RdNr. 78.

[98] Schlegelberger/*K. Schmidt* RdNr. 26; MünchKommHGB/*K.Schmidt* RdNr. 78; *H. P. Westermann* RdNr. I 78 b; *Priester* DB 1998, 55, 58 ff.; dem zuneigend Röhricht/Graf v. Westphalen/*v. Gerkan* RdNr. 5; offen gelassen von BGH Urt. v. 10. 12. 1990 – II ZR 256/89, BGHZ 113, 132, 137 = NJW 1991, 844, 845.

[99] Röhricht/Graf v. Westphalen/*v. Gerkan* RdNr. 5; aA Schlegelberger/*K. Schmidt* RdNr. 26; *K. Schmidt* GesR § 45 I 2 b bb; *Söring,* Die Zulässigkeit der Mehrfachbeteiligung an einer Personengesellschaft, Diss. Bonn, 1997, S. 60 ff., 113, 138.

[100] *Flume* Personengesellschaft S. 99 ff.; *Stimpel,* FS Rowedder, S. 477 ff.; *Sieveking,* FS Schippel, S. 505 ff.; aA MünchKommHGB/*K. Schmidt* RdNr. 78; *K. Schmidt* GesR § 45 I 2 b bb; Röhricht/Graf v. Westphalen/*v. Gerkan* RdNr. 5; *Baur/Grunsky* ZHR 133 (1970), 209, 217 ff., 228; *Söring,* Die Zulässigkeit der Mehrfachbeteiligung an einer Personengesellschaft, Diss. Bonn, 1997, S. 96 ff., 112, 114; vgl. auch *Lüttge* NJW 1994, 5, 9; *Priester* DB 1998, 55, 58 ff.; unentschieden *Ulmer* ZHR 167 (2003), 103, 115.

[101] *Stimpel,* FS Rowedder, S. 477 ff.; *Flume* Personengesellschaft S. 102 f.

[102] *Flume* Personengesellschaft S. 101 f.

[103] Staub/*Ulmer* RdNr. 69; Heymann/*Emmerich* RdNr. 33 a; aA *K. Schmidt* GesR § 45 I 2 b bb; *Baur/Grunsky* ZHR 133 (1970), 209, 217 ff., 228.

[104] *Flume* Personengesellschaft S. 99 ff.; *K. Schmidt* GesR § 45 I 2 b bb; aA *Baur/Grunsky* ZHR 133 (1970), 209, 217 ff., 228; *Söring,* Die Zulässigkeit der Mehrfachbeteiligung an einer Personengesellschaft, Diss. Bonn, 1997, S. 106 ff.

[105] *Flume* Personengesellschaft S. 102.

[106] *Flume* Personengesellschaft S. 102.

[107] *Flume* Personengesellschaft S. 102; *Stimpel,* FS Rowedder, S. 477, 482; *H. P. Westermann*/*Wertenbruch* RdNr. I 78 b.

[108] Vgl. auch BGH Urt. v. 20. 4. 1972 – II ZR 143/69, BGHZ 58, 316, 318 ff.; aA MünchKommBGB/*Ulmer* § 705 RdNr. 63; *H. P. Westermann* RdNr. I 78 a; *Lamprecht,* Die Zulässigkeit der mehrfachen Beteiligung an einer Personengesellschaft, 2002, S. 147 ff.; *Söring,* Die Zulässigkeit der Mehrfachbeteiligung an einer Personengesellschaft, Diss. Bonn, 1997, S. 23 ff., 39 ff., 138; *Esch* BB 1963, 664, 666, 668.

[109] So aaR *Priester* DB 1998, 55, 60; vgl. dagegen BGH Urt. v. 11. 4. 1957 – II ZR 182/55, BGHZ 24, 106, 108; BGH Urt. v. 1. 6. 1987 – II ZR 259/86, BGHZ 101, 123, 129; *Ulmer* ZHR 167 (2003) 103, 116; *Flume* Personengesellschaft S. 98 f.; *Wertenbruch,* Haftung von Gesellschaften, S. 520.

III. Kaufmannseigenschaft der Gesellschafter

37 Die OHG (KG) ist nach § 6 Abs. 1 Kaufmann. Nach herrschender Auffassung sind auch die **Gesellschafter einer OHG** (auch die nicht geschäftsführenden) und die Komplementäre einer KG Kaufleute,[110] nicht dagegen die **Kommanditisten**.[111] Diese Auffassung muss auf Grund der Anerkennung der Rechts- und Parteifähigkeit der Gesamthandsgesellschaft als **überholt** angesehen werden.[112] Das Handelsgewerbe wird nicht von den einzelnen Gesellschaftern, sondern von der Gesellschaft als solcher betrieben. Die einzelnen Gesellschafter sind, sofern sie nicht von der Vertretung ausgeschlossen sind, (nur) organschaftliche Vertreter des „Kaufmanns".[113] Auch die Tatsache, dass die Gesellschafter gem. § 128 für die Gesellschaftsschulden persönlich haften, spricht nicht für ihre Kaufmannseigenschaft.[114] Denn insoweit handelt es sich um eine gesetzlich angeordnete akzessorische Haftung und nicht um eine Mitverpflichtung („Doppelverpflichtung") im Rahmen der einzelnen Handelsgeschäfte iSd. § 343. Eine andere Frage ist, ob einzelne Vorschriften des HGB, die eine Kaufmannseigenschaft voraussetzen, nach ihrem Normzweck **analog auf die persönlich haftenden Gesellschafter anzuwenden** sind. In Bezug auf die Formfreiheit nach § 350 ist eine analoge Anwendung zu bejahen.[115] Bei Abschluss eines auf die persönliche Gesellschafterstellung bezogenen Schiedsvertrages ist der Gesellschafter kein Verbraucher iS des § 1031 Abs. 5 ZPO.[116]

D. Der Gesellschaftsvertrag

I. Entstehung der OHG – Rechtsnatur des Gesellschaftsvertrags

38 Die OHG entsteht durch Gründung, die durch Abschluss des **Gesellschaftsvertrags** (dazu RdNr. 40 ff.) erfolgt, durch **Umwandlung** kraft Gesetzes (RdNr. 87) oder durch formwechselnde Umwandlung, Verschmelzung oder Spaltung nach dem UmwG (RdNr. 84 ff.). Zur Fortführung eines Handelsgeschäfts durch eine Erbengemeinschaft vgl. RdNr. 100. Für die Entstehung einer OHG ist der Abschluss eines Gesellschaftsvertrags unerlässlich.[117] Das gilt auch für die Fälle der sog. fehlerhaften Gesellschaft (RdNr. 176). Der Gesellschaftsvertrag der OHG/KG ist ein Vertrag iS des § 705 BGB[118] (vgl. auch RdNr. 6, 11).

39 Seiner Rechtsnatur nach ist der **Gesellschaftsvertrag** zum einen ein **Schuldvertrag**,[119] und zwar ein gegenseitiger Vertrag der Gesellschafter.[120] Zur Frage der Anwendbarkeit der §§ 320 ff. BGB vgl. RdNr. 77 ff. Zum anderen ist er als **Organisationsvertrag** zu qualifizieren, weil er auch darauf gerichtet ist, die Gesamthand als rechtsfähige Wirkungseinheit (RdNr. 7) zu errichten, die durch Organe handelt und über eigenes, gesamthänderisch gebundenes Gesellschaftsvermögen verfügt.[121]

---

[110] BGH Urt. v. 16. 2. 1961 – III ZR 71/60, BGHZ 34, 293, 296 f. = NJW 1961, 1022; BGH Urt. v. 5. 5. 1960 – II ZR 128/58, NJW 1960, 1852 f.; *Röhricht/Graf v. Westphalen* Vor §§ 1–7 RdNr. 46; *Heymann/Emmerich* RdNr. 3 b, 31; *Canaris* HandelsR § 2 RdNr. 20; *Flume* Personengesellschaft S. 59 ff.

[111] BGH Urt. v. 2. 6. 1966 – VII ZR 292/64, BGHZ 45, 282, 284 f. = NJW 1966, 1960, 1961; BGH Urt. v. 22. 10. 1981 – III ZR 149/80, NJW 1982, 569, 570; ebenso *Röhricht/Graf v. Westphalen* Vor §§ 1–7 RdNr. 46; *Heymann/Emmerich* RdNr. 3 b, 31; *Canaris* HandelsR § 2 RdNr. 21; *Flume* Personengesellschaft S. 59 ff.

[112] So auch MünchKommHGB/*K. Schmidt* § 1 RdNr. 54; Staub/*Ulmer* RdNr. 76 ff.; Koller/Roth/Morck § 1 RdNr. 23.

[113] MünchKommHGB/*K. Schmidt* § 1 RdNr. 54; *ders.* GesR § 10 II 1; Staub/*Ulmer* RdNr. 76 ff., jew. mwN.

[114] So aber *Canaris* HandelsR § 2 RdNr. 20.

[115] *K. Schmidt* HandelsR § 18 III 2 c; Baumbach/*Hopt* RdNr. 22; *H. P. Westermann* RdNr. I 237 a.

[116] OLG Karlsruhe Urt. v. 19. 10. 1990 – 15 U 150/90, DB 1991, 903; MünchKommHGB/*K. Schmidt* RdNr. 17; *H. P. Westermann* RdNr. I 237 d.

[117] AllgM, vgl. etwa Staub/*Ulmer* RdNr. 15, 16, 48, 138; *H. P. Westermann* RdNr. I 120 ff.

[118] Staub/*Ulmer* RdNr. 15, 16, 48, 138; Schlegelberger/*K. Schmidt* RdNr. 28; MünchKommHGB/*K. Schmidt* RdNr. 27.

[119] Staub/*Ulmer* RdNr. 139; Schlegelberger/*K. Schmidt* RdNr. 96; MünchKommHGB/*K. Schmidt* RdNr. 114; *H. P. Westermann* RdNr. I 136; *Wiedemann* WM Sonderbeil. 8/1990, S. 2 ff.; *Wertenbruch* ZIP 2007, 798.

[120] So die st. Rspr.: RG v. 29. 4. 1911 – I 160/10, RGZ 76, 276, 279; RG v. 5. 4. 1935 – II 327/34, RGZ 147, 340, 341 f.; BGH v. 29. 1. 1951 – IV ZR 171/50, NJW 1951, 308; *Hüttemann* 5 ff.; *U. Huber* Leistungsstörungen II S. 487; *H. P. Westermann* RdNr. I 136; *H. P. Westermann/Wertenbruch* HdPersGes I 391; *Wertenbruch* ZIP 2007, 798.

[121] *Flume* Personengesellschaft S. 4, 61; *Wiedemann* WM Sonderbeil. 8/1990, S. 2 ff.; Staub/*Ulmer* RdNr. 141 f.; Heymann/*Emmerich* RdNr. 3, 3 a; *K. Schmidt* GesR § 59 I 2 c; *Hüffer* GesR § 8 1.; vgl. auch BGH Urt. v. 2. 7. 1990 – II ZR 243/89, BGHZ 112, 40, 45 = NJW 1990, 2616, 2618 („Gemeinschaftsverhältnis"); zur Bedeutung organisationsrechtlicher Elemente s. *Wiedemann* ZGR 1996, 286 ff.

II. Vertragsschluss

Neueres Schrifttum (Auswahl): *Baier,* Die Lehre vom Wegfall der Geschäftsgrundlage im Recht der Personengesellschaften, 2001; *Engländer,* Die Lehren vom Gesellschaftsvertrag, Jura 2002, 381; *Lettl,* Die Anpassung von Personengesellschaftsverträgen (GbR, OHG) aufgrund von Zustimmungspflichten der Gesellschafter, AcP 202 (2002), 3; *Römermann,* Schriftformerfordernisse bei Gesellschaftsverträgen, NZG 1998, 978.

1. Abschlusstatbestand. Auf den Abschluss des Gesellschaftsvertrags, der sich (ebenso wie Änderungen) zwischen den Gesellschaftern vollzieht, finden die **Vorschriften des BGB über Geschäftsfähigkeit** (§§ 104 ff. BGB) und grundsätzlich auch **die Regeln über Verträge** (§§ 145 ff. BGB) Anwendung.[122] Es gelten allerdings gewisse Modifikationen. Der Vertrag kommt grundsätzlich erst zustande, wenn Beitrittserklärungen aller als Gesellschafter vorgesehenen Personen allen anderen Vertragspartnern zugegangen sind.[123] Die Beitrittserklärungen können nacheinander abgegeben werden.[124] Zulässig ist auch der Abschluss des Vertrages zwischen einzelnen Beteiligten, dem die übrigen später beitreten (Stufengründung).[125] Voraussetzung dafür ist aber, dass das Wirksamwerden des Gesellschaftsvertrags vor dem Beitritt der weiteren Gesellschafter gewollt ist. Der Vertrag kann unter einer aufschiebenden oder auflösenden **Bedingung** oder Zeitbestimmung geschlossen werden.[126] Eine Rückdatierung des Gesellschaftsvertrags oder des Beitritts eines neuen Gesellschafters ist nicht mit Außenwirkung, wohl aber für das Innenverhältnis möglich.[127] **Vertretung** beim Vertragsabschluss ist zulässig,[128] bei der Vertretung durch einen Mitgesellschafter ist § 181 BGB zu beachten. Der Gesellschaftsvertrag kann geschäftsführende Gesellschafter ermächtigen, weitere Gesellschafter aufzunehmen.[129] Diese Vorgehensweise ist bei der Aufnahme neuer Mitglieder durch eine Publikums-KG unumgänglich.

Der Gesellschaftsvertrag kann wegen fehlender Formvorschriften grundsätzlich **auch konkludent** abgeschlossen werden.[130] Die Annahme eines stillschweigenden Vertragsschlusses liegt nahe bei einverständlichem Geschäftsbeginn[131] oder gemeinsamer Anmeldung zum Handelsregister[132] vor Abfassung und Unterzeichnung eines Vertrags. Das gilt auch dann, wenn sich die Parteien noch nicht über alle als klärungsbedürftig angesehenen Punkte des Vertrags geeinigt haben, sich im Übrigen aber schon vertraglich binden wollten und die Gesellschaft einvernehmlich in Vollzug gesetzt haben. Die Auslegungsvorschrift des § 154 Abs. 1 BGB findet dann keine Anwendung.[133] Es muss allerdings eine Einigung über den Mindestinhalt des Vertrags (RdNr. 42) vorliegen. Kommt eine nachträgliche Einigung über die noch offenen Punkte nicht zustande, sind verbleibende Lücken durch ergänzende Vertragsauslegung, notfalls durch Rückgriff auf das dispositive Recht zu füllen.[134]

2. Inhalt des Vertrags. Zum **Mindestinhalt** des Gesellschaftsvertrages gehören die Einigung über den gemeinsamen Zweck, der im Betrieb eines Handelsgewerbes besteht (RdNr. 12), über die Leistung von Beiträgen (RdNr. 13) und das Auftreten nach außen unter einer eigenen Firma der OHG/KG (RdNr. 29). Dagegen ist die Einigung über die Rechtsform der OHG nicht zum Mindestinhalt des Gesellschaftsvertrages zu rechnen.[135] Zwar enthält der Vertrag in der Regel eine Einigung über die Rechtsform, aber das ist wegen des oben dargestellten Rechtsformzwangs (RdNr. 2, 5) kein notwendiger Bestandteil des Vertrags. Eine von den Gesellschaftern gewollte GbR ist automatisch eine OHG, wenn ein Handelsgewerbe betrieben wird (vgl. RdNr. 5). Das Gleiche

---

[122] *Wiedemann* WM Sonderbeil. 8/1990, S. 4 ff.; Staub/*Ulmer* RdNr. 145, 156.
[123] Staub/*Ulmer* RdNr. 156; *Koller*/Roth/Morck RdNr. 5.
[124] *Wiedemann* WM Sonderbeil. 8/1990, S. 6; Staub/*Ulmer* RdNr. 156.
[125] *Wiedemann* WM Sonderbeil. 8/1990, S. 6.
[126] AllgM, vgl. etwa Staub/*Ulmer* RdNr. 164 f.
[127] BGH Urt. v. 24. 5. 1976 – II ZR 207/74, LM Nr. 39; BGH Urt. v. 29. 9. 1977 – II ZR 214/75, NJW 1978, 264, 266 f.; BGH Urt. v. 19. 2. 1979 – II ZR 225/77, WM 1979, 889, 891; *Wiedemann* WM Sonderbeil. 8/1990, S. 6; *A. Hueck* OHG § 5 I 3.
[128] Schlegelberger/*K. Schmidt* RdNr. 111; Baumbach/*Hopt* RdNr. 50; MünchKommHGB/*K. Schmidt* RdNr. 128.
[129] *Wiedemann* WM Sonderbeil. 8/1990, S. 6; MünchKommHGB/*K. Schmidt* RdNr. 220.
[130] Staub/*Ulmer* RdNr. 157; Schlegelberger/*K. Schmidt* RdNr. 32; MünchKommHGB/*K. Schmidt* RdNr. 126; Heymann/*Emmerich* RdNr. 8; Baumbach/*Hopt* RdNr. 54; *Koller*/Roth/Morck RdNr. 5; *H. P. Westermann* RdNr. 162.
[131] BGH Urt. v. 28. 11. 1953 – II ZR 188/52, BGHZ 11, 190, 192 = NJW 1954, 231; OLG Bremen Urt. v. 13. 7. 2001 – 4 U 6/01, NZG 2002, 173, 174; *H. P. Westermann* RdNr. I 121 a.
[132] BGH Urt. v. 17. 9. 1984 – II ZR 208/84, WM 1984, 1605, 1606; BGH Urt. v. 13. 5. 1985 – II ZR 196/84, WM 1985, 1229.
[133] BGH Urt. v. 23. 11. 1959 – II ZR 187/58, NJW 1960, 430; BGH Urt. v. 28. 6. 1982 – II ZR 226/81, NJW 1982, 2816 f.; OLG Bremen Urt. v. 13. 7. 2001 – 4 U 6/01, NZG 2002, 173, 174; Staub/*Ulmer* RdNr. 162.
[134] OLG Bremen Urt. v. 13. 7. 2001 – 4 U 6/01, NZG 2002, 173, 174; Heymann/*Emmerich* RdNr. 9.
[135] Staub/*Ulmer* RdNr. 160; MünchKommHGB/*K. Schmidt* RdNr. 10; *H. P. Westermann* RdNr. I 131 a.

gilt umgekehrt, wobei allerdings durch eine konstitutive Handelsregistereintragung unter den Voraussetzungen des § 105 Abs. 2 der OHG-Status erzielt werden kann. Über den unerlässlichen Mindestinhalt hinaus werden im Gesellschaftsvertrag üblicherweise eine Reihe **weiterer Punkte** geregelt wie zB Gesellschaftssitz, Geschäftsführung, Vertretung, Gewinn- und Verlustbeteiligung, Entnahmerecht, Ausscheiden von Gesellschaftern, Auflösung der Gesellschaft, Kündigungsrecht, Folgen des Versterbens eines Gesellschafters usw.[136]

43   **3. Nebenabreden der Gesellschafter.** Die Gesellschafter können sich grundsätzlich auch durch schuldrechtliche **Nebenabreden** zum Gesellschaftsvertrag (zB Andienungspflicht zugunsten von Mitgesellschaftern bei zulässiger Anteilsübertragung) binden.[137] Sind alle Gesellschafter an einer solchen Abrede beteiligt, so liegt die Annahme nahe, dass es sich in Wirklichkeit um einen Teil des Gesellschaftsvertrags handelt. Denn anders als bei den Kapitalgesellschaften ist für den Gesellschaftsvertrag keine besondere Form erforderlich. Die formlosen Nebenabreden aller Gesellschafter sind in Wahrheit ein Problem der Kapitalgesellschaften. Daher muss auch bei nachträglichen „Nebenabreden" aller Gesellschafter geprüft werden, ob nicht in Wirklichkeit eine Änderung des Gesellschaftsvertrags gewollt ist. Das im Recht der Kapitalgesellschaften umstrittene Problem, ob eine Beschlussfassung unter Verstoß gegen eine alle Gesellschafter bindende Nebenabrede die Anfechtungsklage begründet,[138] tritt bei der OHG ohnehin deshalb nicht auf, weil hier der Rechtsschutz gegen Beschlussmängel anders ausgestaltet ist (vgl. § 119 RdNr. 76). – Zum Anwendungsfall des Stimmbindungsvertrags vgl. § 119 RdNr. 21.

44   **4. Form. a) Grundsatz.** Der Abschluss des Gesellschaftsvertrags einer OHG oder KG ist **grundsätzlich formfrei** und kann daher – wie ausgeführt (RdNr. 41) – auch konkludent geschlossen werden.[139] Aus Gründen der Rechtssicherheit und -klarheit empfiehlt es sich aber, den Vertragsinhalt schriftlich zu fixieren. Ein Formerfordernis kann sich jedoch ausnahmsweise aus dem konkreten Inhalt des Gesellschaftsvertrages im Hinblick auf die Eingehung formbedürftiger Verpflichtungen ergeben.

45   **b) Formbedürftigkeit nach § 311 b Abs. 1 S. 1 BGB. aa) Grundsätzliches.** Der Gesellschaftsvertrag bedarf der **notariellen Beurkundung,** wenn ein beteiligter Gesellschafter verpflichtet ist, das Eigentum an einem **Grundstück** zu übertragen oder zu erwerben. So unterliegt dem Formzwang die Vereinbarung, dass ein Grundstück als Einlage zu Eigentum in die Gesellschaft eingebracht werden soll.[140] Einem Grundstück stehen Miteigentumsanteile an Grundstücken (§ 747 BGB), Erbbaurechte (§ 11 Abs. 2 ErbbauVO) und Wohnungseigentum (§ 4 Abs. 3 WEG) gleich. Nicht formbedürftig ist dagegen die Abrede über die Einbringung zur Nutzung oder die Einbringung dem Werte nach, wenn das Grundstück dem Gesellschafter im Falle des Ausscheidens oder bei Liquidation der Gesellschaft verbleibt.[141] Unter § 311 b Abs. 1 S. 1 BGB fällt dagegen die Vereinbarung, dass der Gesellschafter beim Ausscheiden oder bei Liquidation ein der Gesellschaft gehörendes Grundstück erwerben muss.[142] Formbedürftig ist auch die Vereinbarung, dass sich der Gesellschafter – wenn auch nur bedingt – zum Erwerb eines Grundstücks für Zwecke der Gesellschaft und/oder zur Wiederveräußerung[143] verpflichtet. Das Gleiche gilt für die Verpflichtung der Gesellschaft zum Erwerb von Grundeigentum von Gesellschafter oder einem Dritten. Die Form des § 311 b Abs. 1 S. 1 BGB ist auch für Gesellschaftsverträge einzuhalten, die durch Festlegung von Vertragsstrafen oder sonstigen Rechtsnachteilen einen **faktischen Erwerbs- oder Veräußerungszwang** in Bezug auf Grundbesitz auf die Gesellschafter ausüben.[144]

---

[136] Wegen des typischen Inhalts wird auf die Musterverträge für die OHG im Münchener Vertragshandbuch, Bd. 1, GesR, 5. Aufl. unter II und III sowie auf die Formulare von H. P. Westermann/*Heckschen* II M 1 verwiesen.
[137] Röhricht/Graf v. Westphalen/*Gerkan* RdNr. 20; *K. Schmidt* GesR § 5 I 5; eingehend *Joussen,* Gesellschafterabsprachen neben Satzung und Gesellschaftsvertrag, 1995.
[138] S. BGH Urt. v. 27. 10. 1986 – II ZR 240/85, NJW 1987, 1890, 1892.
[139] AllgM, vgl. etwa Staub/*Ulmer* RdNr. 169; *H. P. Westermann* RdNr. I 121.
[140] BGH Urt. v. 5. 12. 1956 – V ZR 61/56, BGHZ 22, 312, 317 = NJW 1957, 459, 460; H. P. Westermann/*Wertenbruch* RdNr. I 382; allgM.
[141] BGH Urt. v. 25. 3. 1965 – II ZR 203/62, WM 1965, 744, 745; BGH Urt. v. 1. 6. 1967 – II ZR 198/65, WM 1967, 951, 952; OLG Hamburg Urt. v. 7. 2. 1994 – 2 V 7/93, NJW-RR 1996, 803 f.; MünchKommHGB/*K. Schmidt* RdNr. 135; Staub/*Ulmer* RdNr. 174a; MünchKommBGB/*Kanzleiter* § 311 b RdNr. 39; H. P. Westermann/*Wertenbruch* RdNr. I 382.
[142] BGH Urt. v. 10. 4. 1978 – II ZR 61/77, NJW 1978, 2505, 2506; Staub/*Ulmer* RdNr. 173; MünchKommHGB/*K. Schmidt* RdNr. 135; MünchKommBGB/*Kanzleiter* § 311 b RdNr. 39; *H. P. Westermann* RdNr. I 126.
[143] BGH Urt. v. 22. 10. 1990 – II ZR 247/89, NJW-RR 1991, 613, 614; MünchKommHGB/*K. Schmidt* RdNr. 135; MünchKommBGB/*Kanzleiter* § 311 b RdNr. 39; *H. P. Westermann* RdNr. I 126; *Petzold* BB 1975, 905.
[144] BGH Urt. v. 6. 12. 1979 – VII ZR 313/78, BGHZ 76, 43, 46 = NJW 1980, 829; Staub/*Ulmer* RdNr. 173a; MünchKommHGB/*K. Schmidt* RdNr. 135; MünchKommBGB/*Kanzleiter* § 311 b RdNr. 36.

bb) Grundstücksgesellschaften. Ein Gesellschaftsvertrag, der den Zweck einer Grundstücks- 46 gesellschaft mit „Verwaltung und Verwertung" bezeichnet, einen Erwerb oder Verkauf der Gesellschaftsgrundstücke aber nicht bindend festlegt, unterliegt **nicht dem Formzwang des § 311 b Abs. 1 S. 1 BGB.**[145] Entscheidend für die Verneinung des Beurkundungszwanges ist hier, dass sich die Gesellschafter weder unmittelbar noch auch nur mittelbar zum Erwerb oder zur Veräußerung eines bestimmten Grundstücks verpflichten.[146] Diese Grundsätze gelten auch für die Verpflichtung zum Beitritt zu oder Ausscheiden aus einer solchen Grundstücksgesellschaft.[147] Eigentümer eines Gesellschaftsgrundstücks ist die rechtsfähige Gesamthandsgesellschaft als solche.[148] Dem einzelnen Gesellschafter steht in Bezug auf einzelne Gegenstände des Gesellschaftsvermögens keine Berechtigung zu. Daher bedarf auch die Verpflichtung, **Mitgliedschaftsrechte** an einer Personengesellschaft zu übertragen oder zu erwerben, grundsätzlich auch dann nicht der notariellen Form, wenn das Gesellschaftsvermögen im Wesentlichen aus Grundbesitz besteht; anders verhält es sich allenfalls bei einer bewussten Umgehung des § 311 b Abs. 1 S. 1 BGB.[149] **Formbedürftig** ist die Vereinbarung der Gesellschafter, ein Gesellschaftsgrundstück von einer Personengesellschaft auf eine andere, wenn auch personengleiche Gesamthandsgemeinschaft zu übertragen.[150] Mangels Änderung der Eigentumszuordnung ist auch die Gründung einer bloßen „Innengesellschaft", sofern der bisherige Grundeigentümer sein Alleineigentum behält, nicht formbedürftig.[151]

cc) Grundstückserwerb durch Treuhänder. Die Verpflichtung eines Gesellschafters, ein 47 Grundstück im eigenen Namen auf Rechnung der Gesellschaft zu erwerben und an sie weiterzuveräußern, wird im Hinblick auf die gesetzliche Herausgabepflicht nach § 667 BGB nicht von § 311 b Abs. 1 S. 1 BGB erfasst.[152] Formbedürftig ist der Gesellschaftsvertrag dagegen dann, wenn er – wie regelmäßig – eine unmittelbare Erwerbspflicht der Gesellschaft oder des als Treuhänder eingeschalteten Gesellschafters begründet.[153]

dd) Umfang des Formzwangs und Heilung eines Formmangels. Das Formerfordernis 48 erfasst den **gesamten** Gesellschafts- oder Beitrittsvertrag, also alle Teile der Vereinbarung, aus denen sich nach dem Willen der Beteiligten der Vertrag zusammensetzt.[154]

Die **Heilung** des Formmangels tritt nach § 311 b Abs. 1 S. 2 BGB mit der Auflassung und 49 Eintragung in das Grundbuch ein. Geheilt wird nur der das konkrete Grundstück betreffende Formmangel nach § 311 b Abs. 1 S. 1 BGB, nicht aber ein sonstiger zusätzlicher Mangel des Gesellschaftsvertrags.[155] Die Heilungswirkung erstreckt sich – vorbehaltlich des Vorliegens zusätzlicher Mängel – auf den gesamten Gesellschaftsvertrag mit seinen Nebenabreden. Das gilt auch für Abreden, die einem geringeren Formerfordernis (zB nach § 761 BGB) unterliegen.[156]

ee) Rechtsfolgen des Formverstoßes. Wird der Formmangel nicht geheilt und ist eine Um- 50 deutung nach § 140 BGB[157] nicht möglich, so ist das formbedürftige Rechtsgeschäft nach § 125 S. 1 BGB **nichtig**. Nach der hM bezieht sich die Nichtigkeitsfolge zunächst auf die formwidrige (Einbringungs- oder Erwerbs-)Verpflichtung, während sich die Frage der Nichtigkeit des gesamten Gesellschaftsvertrages nach § 139 BGB beurteilt.[158] Dem nach dieser Vorschrift maßgeblichen Par-

---

[145] BGH Urt. v. 13. 2. 1996 – XI ZR 239/94, NJW 1996, 1279, 1280; BGH Urt. v. 2. 10. 1997 – II ZR 249/96, NJW 1998, 376 f.; *H. P. Westermann* RdNr. I 126.
[146] BGH Urt. v. 13. 2. 1996 – XI ZR 239/94, NJW 1996, 1279, 1280.
[147] BGH Urt. v. 13. 2. 1996 – XI ZR 239/94, NJW 1996, 1279, 1280; BGH Urt. v. 2. 10. 1997 – II ZR 249/96, NJW 1998, 376 f.
[148] *Wertenbruch* WM 2003, 1785; *H. P. Westermann/Wertenbruch* RdNr. I 381.
[149] BGH Urt. v. 31. 1. 1983 – II ZR 288/81, BGHZ 86, 367, 369 ff. = NJW 1983, 1110; BGH Urt. v. 2. 10. 1997 – II ZR 249/96, NJW 1998, 376 f.
[150] MünchKommBGB/*Kanzleiter* § 311 b RdNr. 17; Staub/*Ulmer* RdNr. 173 a; *H. P. Westermann* RdNr. I 128; *Wiedemann* WM Sonderbeil. 8/1990, S. 8; vgl. auch RG Beschl. v. 4. 6. 1932 – V B 6/32, RGZ 136, 402, 405.
[151] BGH Urt. v. 9. 10. 1974 – IV ZR 164/73, NJW 1974, 2278, 2279; MünchKommBGB/*Kanzleiter* § 311 b RdNr. 17; hM.
[152] BGH Urt. v. 7. 10. 1994 – V ZR 102/93, BGHZ 127, 168, 170 = NJW 1994, 3346; BGH Urt. v. 5. 11. 1982 – V ZR 228/80, BGHZ 85, 245, 249 = NJW 1983, 566 f.
[153] BGH Urt. v. 5. 11. 1982 – V ZR 228/80, BGHZ 85, 245, 251 = NJW 1983, 566 f.; BGH Urt. v. 7. 10. 1994 – V ZR 102/93, BGHZ 127, 168, 175 = NJW 1994, 3346, 3347; MünchKommBGB/*Kanzleiter* § 311 b RdNr. 22.
[154] BGH Urt. v. 10. 4. 1978 – II ZR 61/77, NJW 1978, 2505, 2506; *Wiedemann* WM Sonderbeil. 8/1990, S. 8; MünchKommHGB/*K. Schmidt* RdNr. 137; Staub/*Ulmer* RdNr. 171.
[155] MünchKommHGB/*K. Schmidt* RdNr. 138; MünchKommBGB/*Kanzleiter* § 311 b RdNr. 84; vgl. auch BGH Urt. v. 8. 11. 1968 – V ZR 60/65, DNotZ 1969, 350.
[156] BGH Urt. v. 17. 3. 1978 – V ZR 121/75, NJW 1978, 1577.
[157] Dazu BGH Urt. v. 1. 6. 1967 – II ZR 198/65, WM 1967, 951, 952 (Umdeutung einer Vereinbarung „zum Eigentum" in Vereinbarung „dem Werte nach").
[158] BGH Urt. v. 20. 6. 1980 – V ZR 84/79, NJW 1981, 222; BGH Urt. v. 16. 11. 1981 – II ZR 213/80, NJW 1982, 877, 879; BGH Urt. v. 27. 10. 1982 – V ZR 131/81, NJW 1983, 565; s. ferner BGH Urt. v. 29. 6. 1960 – V ZR 68/65, BGHZ 45, 376, 377 ff. = NJW 1966, 1747; MünchKommHGB/*K. Schmidt* RdNr. 137; aA Staub/*Ulmer* RdNr. 172,

teilwillen wird es in der Regel entsprechen, eine Nichtigkeit des gesamten Gesellschaftsvertrages bis zur Invollzugsetzung der Gesellschaft anzunehmen und ab diesem Zeitpunkt die Regeln der fehlerhaften Gesellschaft (dazu RdNr. 174 ff.) anzuwenden.[159]

51 c) **Schenkungsversprechen (§ 518 Abs. 1 S. 1 BGB).** Ein der notariellen Beurkundung bedürftiges Schenkungsversprechen kann in der unentgeltlichen **Zuwendung einer Beteiligung** als Gesellschafter einer OHG oder KG (auch im Wege der sog. „Einbuchung") liegen.[160] Entscheidend für die Beurkundungspflicht ist, ob ein bestehender Gesellschaftsanteil mit Kapitalanteil, also mit einer verbuchten Einlage, **unentgeltlich** übertragen wird. Die Einräumung der Stellung eines persönlich haftenden Gesellschafters durch Aufnahme in die Gesellschaft stellt im Hinblick auf seine Tätigkeitspflichten und die Übernahme der persönlichen Haftung nicht ohne weiteres eine Schenkung dar.[161] Auch hier kommt es darauf an, ob der Gesellschafter eine Beteiligung am Gesellschaftsvermögen unentgeltlich erhält oder selbst eine Einlage leisten muss. Die reine Einräumung der Mitgliedschaft ist keine Schenkung. Wenn ein formbedürftiges Schenkungsversprechen vorliegt, tritt eine **Heilung** des Formmangels mit dem Abschluss des Gesellschaftsvertrages ein, sofern durch den Gesellschaftsvertrag das Schenkungsversprechen vollzogen wird (Beispiel: Ein Einzelkaufmann verschenkt eine Kommanditbeteiligung an der noch zu gründenden KG).[162] Im Übrigen tritt bei Schenkung eines Gesellschaftsanteils die Heilung dadurch ein, dass das schuldrechtliche Schenkungsversprechen durch Abtretung des Anteils gem. §§ 398, 413 BGB vollzogen wird. – Zur Schenkung einer **Unterbeteiligung** § 230 RdNr. 86; zur schenkweisen Zuwendung einer **stillen Beteiligung** vgl. § 230 RdNr. 23.

52 d) **Formbedürftigkeit nach § 15 Abs. 4 S. 1 GmbHG.** Wenn der Gesellschaftsvertrag einer OHG eine Verpflichtung zur Abtretung (Einbringung) von GmbH-Anteilen enthält, ist gem. § 15 Abs. 4 S. 1 GmbHG seine notarielle Beurkundung erforderlich. Das Formgebot des § 15 Abs. 3 GmbHG gilt auch für die Abtretung des Anspruchs auf Übertragung eines GmbH-Anteils.[163] Der Formmangel wird durch Abtretung des GmbH-Anteils, die ihrerseits formbedürftig ist (§ 15 Abs. 3 GmbHG), geheilt (§ 15 Abs. 4 S. 2 GmbHG).

53 e) **Andere Formvorschriften.** Ein Formzwang kann sich bei der **Verpflichtung zur Vermögensübertragung** (§ 311b Abs. 2 BGB) ergeben.[164] In **Gütergemeinschaft** lebende Ehegatten können unter sich eine OHG rechtswirksam nur durch Begründung von Vorbehaltsgut errichten, wozu es eines notariellen Ehevertrags (§ 1410 BGB) bedarf.[165]

54 f) **Vereinbarter Formzwang (§ 127 BGB).** Der Mangel der durch Rechtsgeschäft festgelegten Form führt gem. § 125 S. 2 BGB im Zweifel zur Nichtigkeit der Vereinbarung. Die Vorschrift ist vor allem für Schriftformklauseln, die Vertragsänderungen betreffen, relevant (vgl. RdNr. 65, 67). Für den in Schriftform vorgesehenen Vertragsabschluss gilt die **Auslegungsregel des § 154 Abs. 2 BGB**,[166] die nach allgemeiner Meinung nicht nur für die (notarielle) Beurkundung, sondern auch auf jede andere Form (zB Schriftform) Anwendung findet. Wenn aber vor Beurkundung iS des § 154 Abs. 2 BGB die Gesellschaft im allseitigen Einverständnis bereits auf Grund einer Einigung über den Mindestinhalt des Vertrags (RdNr. 42) in Vollzug gesetzt wird, so wird in der Regel das zunächst beabsichtigte Formerfordernis später wieder außer Kraft gesetzt.[167] § 154 Abs. 2 BGB ist im Übrigen dann nicht anwendbar, wenn die Beurkundung nicht konstitutiv wirken, sondern nur zu Beweiszwecken erfolgen sollte.[168]

175: Gesamtnichtigkeit, keine Anwendung des § 139 BGB; vgl. auch Baumbach/*Hopt* RdNr. 57: Der nicht formwidrige Vertragsinhalt bleibt in der Regel gültig.
[159] MünchHdbGesR/*Happ* § 47 RdNr. 73; *H. P. Westermann* RdNr. I 125 a; s. ferner BGH Urt. v. 9. 2. 1970 – II ZR 76/68, BB 1970, 897; BGH Urt. v. 8. 4. 1976 – II ZR 203/74, DB 1976, 2106.
[160] HM, vgl. zB BGH Urt. v. 2. 7. 1990 – II ZR 243/89, BGHZ 112, 40, 44 ff. = NJW 1990, 2616 ff.; *U. Huber* Vermögensanteil S. 202 ff.
[161] BGH Urt. v. 25. 1. 1965 – II ZR 233/62, WM 1965, 359; BGH Urt. v. 13. 6. 1977 – II ZR 150/76, LM § 142 Nr. 20 = WM 1977, 862, 864; s. ferner BGH Urt. v. 26. 3. 1981 – IVa ZR 154/80, NJW 1981, 1956; vgl. auch BGH Urt. v. 2. 7. 1990 – II ZR 243/89, BGHZ 112, 40, 44 ff. = NJW 1990, 2616 ff.; kritisch MünchKommBGB/*Kollhosser* § 516 RdNr. 88.
[162] BGH Urt. v. 2. 7. 1990 – II ZR 243/89, BGHZ 112, 40, 46 = NJW 1990, 2616, 2618; Staub/*Ulmer* RdNr. 177; *Wiedemann* WM Sonderbeil. 8/1990, S. 9.
[163] BGH Urt. v. 5. 11. 1979 – II ZR 83/79, BGHZ 75, 352, 354 = NJW 1980, 1100.
[164] MünchKommHGB/*K. Schmidt* RdNr. 142.
[165] BGH Urt. v. 10. 7. 1975 – II ZR 154/72, BGHZ 65, 79, 81 = NJW 1975, 1774 f; Palandt/*Brudermüller* § 1416 RdNr. 1; aA *Flume* Personengesellschaft S. 65 ff.; MünchKommHGB/*K. Schmidt* RdNr. 143.
[166] MünchKommHGB/*K. Schmidt* RdNr. 144; Staub/*Ulmer* RdNr. 178.
[167] Vgl. BGH Urt. v. 30. 9. 1992 – VIII ZR 196/91, BGHZ 119, 283, 291 f. = NJW 1993, 64, 65 f.; BGH Urt. v. 27. 1. 1997 – II ZR 213/95, NJW-RR 1997, 669, 670.
[168] BGH Urt. v. 12. 11. 1992 – IX ZR 237/91, NJW-RR 1993, 235, 236 = WM 1993, 265, 267.

g) **Form von Schiedsvereinbarungen.** Eine Schiedsvereinbarung kann auch in einem Gesell- 55 schaftsvertrag enthalten sein (vgl. § 1029 Abs. 2 ZPO). Es handelt sich dann um eine sog. Schiedsklausel. Möglich ist auch eine selbständige Vereinbarung (sog. Schiedsabrede). Schiedsklauseln in Gesellschaftsverträgen der OHG fallen nicht unter die Vorschrift des § 1066 ZPO, da sie auf einer Vereinbarung beruhen.[169] Die Form der Schiedsvereinbarung richtet sich nach **§ 1031 ZPO.** Eine dem § 1027 Abs. 2 ZPO aF entsprechende Regelung, wonach Vollkaufleute Schiedsvereinbarungen auch mündlich schließen konnten, sieht die ZPO nicht mehr vor. § 1031 ZPO unterscheidet in Bezug auf die Form danach, ob ein **Verbraucher** an der Schiedsgerichtsvereinbarung beteiligt ist (§ 1031 Abs. 5 ZPO). Da der Abschluss des Gesellschaftsvertrags der OHG trotz fehlender Kaufmannseigenschaft der Gesellschafter (vgl. dazu RdNr. 37) fast immer dem gewerblichen oder selbständigen beruflichen Tätigkeitsbereich der Gesellschafter zuzurechnen ist, gelten insoweit neben der Regelform des § 1031 Abs. 1 ZPO die Formerleichterungen der Abs. 2 und 3 der Vorschrift.[170] Aufgrund der Übernahme eines unternehmerischen Risikos und insbesondere der Haftung nach § 128 sind die Gesellschafter der OHG nicht Verbraucher. Bei der **Übertragung** einer OHG-Beteiligung und der Übertragung eines Kommanditanteils gehen die Rechte und Pflichten aus einer mit dem Gesellschaftsvertrag verbundenen Schiedsklausel als Bestandteil der Mitgliedschaft formfrei auf den neuen Gesellschafter über, ohne dass es eines förmlichen Beitritts zum Schiedsvertrag bedarf.[171] Wird ein Gesellschafter durch **Beitrittsvereinbarung** aufgenommen, so gilt eine im Gesellschaftsvertrag enthaltene Schiedsklausel auch für ihn. In Bezug auf eine selbständige Schiedsabrede neben dem Gesellschaftsvertrag ist allerdings eine gesonderte Beitrittsvereinbarung erforderlich.[172] – Der Mangel der Form wird durch rügelose Einlassung auf die schiedsgerichtliche Verhandlung **geheilt** (§ 1031 Abs. 6 ZPO). – Zur Frage der Wirksamkeit von Schiedsvereinbarungen aus der Zeit **vor dem 1. 1. 1998** (Inkrafttreten des SchiedsVfG vom 22. 12. 1997, BGBl. I S. 3224) vgl. Vor § 1 RdNr. 68.

5. Genehmigungserfordernisse. a) Minderjähriger Gesellschafter. Der Genehmigung des 56 Familiengerichts bedarf nach §§ 1643 Abs. 1, 1822 Nr. 3 BGB der zum Betrieb eines Erwerbsgeschäfts eingegangene **Gesellschaftsvertrag einer OHG oder KG,** wenn der Minderjährige dabei durch seine Eltern vertreten wird. Eine Genehmigung des Vormundschaftsgerichts ist gem. § 1822 Nr. 3 erforderlich, wenn der Minderjährige durch einen Vormund vertreten wird. Das gilt auch, wenn der vertretene minderjährige **Kommanditist** wird.[173] Genehmigungspflichtig sind für persönlich haftende Gesellschafter und Kommanditisten auch der spätere Beitritt zu einer bestehenden Gesellschaft,[174] der Anteilserwerb[175] und das vertragliche Ausscheiden aus der Gesellschaft.[176] Auch der Beitritt des Minderjährigen **zu einer GbR** ist genehmigungspflichtig.[177] Keine Genehmigungspflicht besteht dagegen, wenn ein voll Geschäftsfähiger einer Gesellschaft mit einem Minderjährigen beitritt oder aus einer solchen austritt (RdNr. 153, 156). Die für die Beteiligung eines Minderjährigen bestehenden Genehmigungserfordernisse gelten gem. § 1908 i BGB auch für die **Betreuung** von Erwachsenen. Auf die Frage der Entgeltlichkeit oder Unentgeltlichkeit kommt es nicht an.[178] Ebenso ist gleichgültig, ob eine Berechtigung oder Verpflichtung zum Abschluss des Gesellschaftsvertrags mit dem Vertretenen (zB auf Grund einer gesellschaftsrechtlichen Eintrittsklausel) besteht.[179] Zur Fortführung eines ererbten Erwerbsgeschäfts sowie zum Erwerb eines Geschäftsanteils von Todes wegen durch **minderjährige Miterben** vgl. § 1629 a BGB. Zur **Auflösung** vgl. § 131 RdNr. 17; zur Fortsetzung der aufgelösten Gesellschaft vgl. § 131 RdNr. 37; zu Vertragsänderungen RdNr. 65 ff. Nach § 1822 Nr. 10 BGB sind weiterhin genehmigungsbedürftig die **Umwandlung der Beteiligung** eines nicht voll geschäftsfähigen Komman-

---

[169] *Ebbing* NZG 1998, 281, 282; *Schwab/Walter,* Schiedsgerichtsbarkeit, 7. Aufl. 2005, Kap 32 RdNr. 3; Thomas/Putzo/*Reichold* ZPO § 1066 RdNr. 2; aA MünchKommHGB/*K. Schmidt* RdNr. 121; *K. Schmidt* ZHR 162 (1998), 265, 277 ff.: mindestens für die Mehrheitsbeschlüsse zulassenden Gesellschaftsverträge.
[170] S. dazu *Schütze,* Schiedsgericht und Schiedsverfahren, 3. Aufl. 1999, RdNr. 104; Thomas/Putzo/*Reichold* ZPO § 1031 RdNr. 2 ff.; *Schwab/Walter,* Schiedsgerichtsbarkeit, 7. Aufl. 2005, Kap. 5 RdNr. 20.
[171] BGH Urt. v. 2. 10. 1997 – III ZR 2/96, NJW 1998, 371; kritisch *K. Schmidt* ZHR 162 (1988), 265, 279 f.
[172] Vgl. hierzu MünchKommHGB/*K. Schmidt* RdNr. 121 ff.
[173] BGH Urt. v. 30. 4. 1955 – II ZR 202/53, BGHZ 17, 160 = NJW 1955, 1067; *H. P. Westermann* RdNr. I 145 a.
[174] Staub/*Ulmer* RdNr. 85; Schlegelberger/*K. Schmidt* RdNr. 127; MünchKommHGB/*K. Schmidt* RdNr. 129; Heymann/*Emmerich* RdNr. 35.
[175] BGH Urt. v. 20. 9. 1962 – II ZR 209/61, BGHZ 38, 26, 27 = NJW 1962, 2344 f.; Staub/*Ulmer* RdNr. 85; MünchKommHGB/*Schwab* § 1822 RdNr. 17.
[176] BGH Urt. v. 30. 4. 1955 – II ZR 202/53, BGHZ 17, 160 = NJW 1955, 1067; BGH Urt. v. 26. 1. 1961 – II ZR 240/59, NJW 1961, 724, 725; Röhricht/Graf v. Westphalen/*v. Gerkan* RdNr. 26.
[177] *H. P. Westermann* RdNr. I 145 a; *Wertenbruch* FamRZ 2003, 1714, 1715 f.
[178] Schlegelberger/*K. Schmidt* RdNr. 127; MünchKommBGB/*Schwab* § 1822 RdNr. 23.
[179] KG JW 1933, 118; MünchKommBGB/*Schwab* § 1822 RdNr. 23; MünchKommBGB/*K. Schmidt* RdNr. 145.

ditisten in die eines Komplementärs und die **Erhöhung der Haftsumme** eines Kommanditisten.[180]

57 **b) Grundstücksverfügungen der OHG mit minderjährigem Gesellschafter.** Verfügt eine OHG, an der ein Minderjähriger beteiligt ist, über ein zum Gesellschaftsvermögen gehörendes Grundstück, so ist **keine Genehmigung** des Familien- bzw. des Vormundschaftsgerichts erforderlich.[181] Denn Verfügende ist hier auf Grund ihrer Rechtsfähigkeit die Gesellschaft als solche. Der einzelne Gesellschafter hat keinen Anteil an den einzelnen zum Gesellschaftsvermögen gehörenden Gegenständen.[182] Auch bei der GbR greift auf Grund ihrer Rechtsfähigkeit das Genehmigungserfordernis des § 1821 Abs. 1 Nr. 1 BGB nicht ein, wenn die Gesellschaft mit Beteiligung eines Minderjährigen über ein Grundstück verfügt.[183]

58 **c) Ehegatten.** Nach § 1365 Abs. 1 BGB ist, wenn die Eheleute im Güterstand der **Zugewinngemeinschaft** leben, die Einwilligung des anderen Ehegatten erforderlich, wenn die Einlagepflicht das wesentliche Vermögen des Gesellschafter-Ehegatten betrifft und dies den übrigen Gesellschaftern bekannt ist. Wegen der Einzelheiten wird auf die Kommentare zu § 1365 BGB verwiesen.

59 **d) Öffentliches Recht.** Öffentlich-rechtliche, insbes. gewerberechtliche Genehmigungen sind regelmäßig **nicht Wirksamkeitsvoraussetzungen** des Gesellschaftsvertrages, sondern betreffen nur die Tätigkeit der Gesellschaft (vgl. jedoch zur Problematik des Verstoßes gegen berufsrechtliche Regelungen mit der Folge der Nichtigkeit des Gesellschaftsvertrages nach § 134 BGB unten RdNr. 177, 182). Der Gesellschaftsvertrag kann allerdings die Erteilung der Genehmigung als **aufschiebende Bedingung** vorsehen.[184] Das Vorliegen einer öffentlich-rechtlichen Genehmigung ist nach § 7 grundsätzlich auch für die Kaufmannseigenschaft und die Eintragung in das Handelsregister ohne Bedeutung.[185] – Im Einzelfall können kartellrechtliche Grenzen der Vertragsfreiheit für Personenhandelsgesellschaften zu beachten sein[186] (vgl. auch zur Frage der fehlerhaften Gesellschaft bei Verstoß gegen § 1 GWB RdNr. 182).

III. Die Auslegung des Gesellschaftsvertrags

Neueres Schrifttum (Auswahl): *Grunewald,* Die Auslegung von Gesellschaftsverträgen und Satzungen, ZGR 1995, 68.

60 **1. Allgemeines.** Für die Auslegung von Personengesellschaftsverträgen gelten grundsätzlich die **allgemeinen Regeln der §§ 133, 157 BGB.**[187] Ausgangspunkt ist der Vertragswortlaut. Ist dieser unklar, sind vor allem Entstehungsgeschichte, Systematik, Sinn und Zweck des Vertrages sowie die Interessenlage der Beteiligten heranzuziehen, um den wirklichen Willen der Parteien zu ermitteln.[188] Dabei kommt es auch auf die Bedeutung an, die die Vertragschließenden selbst den von ihnen gewählten Formulierungen des Vertrags beigelegt haben.[189] Ein übereinstimmender Wille der Vertragspartner geht dem Vertragswortlaut oder einer anderen Auslegung vor.[190] Es findet (anders als bei körperschaftlichen Bestandteilen von Satzungen juristischer Personen) grundsätzlich eine **subjektive Auslegung** statt.[191] Bei einer auf ständigen Mitgliederwechsel angelegten Familiengesellschaft ist der Inhalt des Gesellschaftsvertrags in erster Linie nach dem objektiven Inhalt zu bestimmen.[192] Eine **objektive Auslegung** erfolgt auch bei Gesellschaftsverträgen von Publikumspersonengesellschaften[193] (näher dazu Anh. B zu § 177 a RdNr. 20 ff.). Die Feststellung der auslegungserheblichen

---

[180] BGH Urt. v. 7. 10. 1991 – II ZR 194/90, NJW 1992, 300, 301; Heymann/*Emmerich* RdNr. 35 a; MünchKommBGB/*Schwab* § 1822 RdNr. 64.
[181] OLG Schleswig Beschl v. 21. 6. 2001 – 2 W 133/01; *Dümig* FamRZ 2003, 1 f.; *Wertenbruch* FamRZ 2003, 1714.
[182] Vgl. *Flume* Personengesellschaften S. 119; *Wertenbruch,* Haftung von Gesellschaften, S. 169.
[183] *Wertenbruch* FamRZ 2003, 1714; aA OLG Koblenz Beschl. v. 22. 8. 2002 – 9 UF 397/02, NJW 2003, 1401; diese Entscheidung ist mit BGH Urt. v. 29. 1. 2001 – II ZR 331/00, BGHZ 146, 341 ff. nicht vereinbar.
[184] Staub/*Ulmer* RdNr. 164; MünchKommHGB/*K. Schmidt* RdNr. 147.
[185] MünchKommHGB/*Bokelmann* § 7 RdNr. 1 ff. unter Hinweis auf Ausnahmen RdNr. 6; MünchHdbGesR/*Keul* § 51 RdNr. 20 f.
[186] Vgl. dazu MünchHdbGesR/*Mattfeld* § 52.
[187] AllgM; vgl. etwa BGH Urt. v. 27. 1. 1975 – II ZR 170/73, WM 1975, 662; MünchHdbGesR/*Schücking* § 1 RdNr. 11; MünchKommHGB/*K. Schmidt* RdNr. 149; *Grunewald* ZGR 1995, 68.
[188] Vgl. *Grunewald* ZGR 1995, 68 f.
[189] BGH Urt. v. 23. 2. 1956 – II ZR 207/54, BGHZ 20, 109, 110 = NJW 1956, 665.
[190] BGH Urt. v. 29. 3. 1996 – II ZR 263/94, NJW 1996, 1678, 1679.
[191] *Wiedemann* WM Sonderbeil. 8/1990, S. 15; Staub/*Ulmer* RdNr. 197.
[192] BGH Urt. v. 22. 5. 1989 – II ZR 211/88, NJW-RR 1989, 1259, 1260.
[193] BGH Urt. v. 30. 4. 1979 – II ZR 57/78, NJW 1979, 2102; Baumbach/*Hopt* Anh. § 177 a RdNr. 67; *Grunewald* ZGR 1995, 68, 89.

Tatsachen erfolgt nach den Grundsätzen der Darlegungs- und Beweislast; diese sind für die Auslegung selbst als Teil der Rechtsanwendung unerheblich.[194]

2. Besonderheiten. Bei der Auslegung von Gesellschaftsverträgen greifen einige Besonderheiten ein. Vor allem ist zu berücksichtigen, dass Gesellschaftsverträge meist die Grundlage für eine längerfristige Zusammenarbeit der Gesellschafter bilden. Daher kann es einen wesentlichen Auslegungsgesichtspunkt darstellen, wie die Gesellschafter die Anwendung einer umstrittenen Klausel über längere Zeit einverständlich **praktiziert** haben.[195] Auch die Treuepflicht (vgl. § 109 RdNr. 20 ff.) und der Gleichbehandlungsgrundsatz (§ 109 RdNr. 27 ff.) können für die Auslegung eine Rolle spielen.[196]

Für **schriftliche** Gesellschaftsverträge gilt die Vermutung der **Richtigkeit und Vollständigkeit** der Urkunde.[197] Bei der Auslegung **formbedürftiger Verträge** können auch außerhalb der Urkunde liegende Umstände herangezogen werden. Die sog. Andeutungstheorie, nach der dies nur möglich sein soll, wenn die Umstände in der Urkunde – wenn auch nur unvollkommen – Ausdruck gefunden haben, gilt bei Gesellschaftsverträgen nicht.[198] Die Andeutungstheorie wird vom BGH nur beim Testament, also bei einseitigen Rechtsgeschäften, vertreten.[199] Bei Grundstückskaufverträgen wird die Andeutungstheorie dagegen nach ständiger Rechtsprechung[200] nicht angewandt. Das Gleiche gilt für ausnahmsweise formbedürftige Gesellschaftsverträge.

3. Ergänzende Vertragsauslegung. Lücken in Gesellschaftsverträgen sind in erster Linie im Wege der ergänzenden Vertragsauslegung auszufüllen. Diese hat **Vorrang** vor dem dispositiven Gesetzesrecht, auf das nur als Notbehelf zurückzugreifen ist.[201] Bei der Lückenschließung im Wege der ergänzenden Vertragsauslegung werden die Grundzüge des konkreten Vertrages „zu Ende gedacht". Dabei sind vor allem Anhaltspunkte heranzuziehen, die sich aus dem sonstigen Vertragsinhalt und den Begleitumständen des Vertragsschlusses ergeben und Rückschlüsse auf den tatsächlichen Willen der Parteien gestatten. Der maßgebliche **hypothetische Parteiwille** ist unter Einbeziehung der beiderseitigen Interessen zu ermitteln.[202] Im Wege einer ergänzenden Vertragsauslegung darf allerdings nicht eine den Rahmen des § 157 BGB überschreitende richterliche Vertragsgestaltung vorgenommen werden.[203]

4. Prüfung der tatrichterlichen Auslegung in der Revision. Die **subjektive Auslegung** von Gesellschaftsverträgen kann ebenso wie bei sonstigen Rechtsgeschäften in der Revisionsinstanz nur darauf überprüft werden, ob gesetzliche Auslegungsregeln, allgemein anerkannte Auslegungsgrundsätze, Denkgesetze, Erfahrungssätze oder Verfahrensvorschriften verletzt und alle wesentlichen Tatsachen berücksichtigt worden sind.[204] Wenn ausnahmsweise eine **objektive Auslegung** stattfindet (RdNr. 60), ist diese revisionsrechtlich voll nachprüfbar.[205]

IV. Änderungen des Gesellschaftsvertrags

1. Grundsätze. Für die Änderung eines Gesellschaftsvertrags gelten grundsätzlich dieselben Regeln wie für den Vertragsschluss. Die Vertragsänderung erfordert die **Zustimmung aller Gesellschafter**, sofern nicht der Gesellschaftsvertrag eine Mehrheitsentscheidung vorsieht; zu dem in diesem Zusammenhang zu beachtenden Bestimmtheitsgrundsatz (formelle Ermächtigungsgrundlage) und zur zweistufigen Beschlusskontrolle § 119 RdNr. 48 ff., 59. Die Änderung kann ausdrücklich,

---

[194] BGH Urt. v. 23. 2. 1956 – II ZR 207/44, BGHZ 20, 109, 110 = NJW 1956, 665.
[195] MünchHdbGesR/*Schücking* § 1 RdNr. 11; MünchKommHGB/*K. Schmidt* RdNr. 149; Staub/*Ulmer* RdNr. 198; Heymann/*Emmerich* RdNr. 18; vgl. auch BGH Urt. v. 11. 3. 1989 – II ZR 193/88, NJW-RR 1989, 993, 994.
[196] Schlegelberger/*K. Schmidt* RdNr. 131; MünchKommHGB/*K. Schmidt* RdNr. 150; Staub/*Ulmer* RdNr. 198 f.; Koller/*Roth*/Morck RdNr. 7.
[197] Vgl. MünchKommBGB/*Einsele* § 125 RdNr. 36 f.
[198] AA MünchKommHGB/*K. Schmidt* RdNr. 150; Staub/*Ulmer* RdNr. 200; *Michalski* RdNr. 25.
[199] BGH Beschl. v. 9. 4. 1981 – IVa ZB 4/80, BGHZ 80, 242 = NJW 1981,1737; BGH Beschl. v. 8. 12. 1982 – IVa ZB 4/80, BGHZ 86, 41.
[200] BGH Urt. v. 25. 3. 1983 – V ZR 268/81, BGHZ 87, 150 = NJW 1983, 1610; BGH Urt. v. 21. 2. 1986 – V ZR 246/84, NJW 1986, 1868; BGH Urt. v. 7. 12. 2001 – V ZR 65/01, NJW 2002, 1038.
[201] BGH Urt. v. 20. 9. 1993 – II ZR 104/92, BGHZ 123, 281, 285 f. = NJW 1993, 3193, 3194; BGH Urt. v. 23. 11. 1978 – II ZR 20/78, NJW 1979, 1705, 1706; MünchKommHGB/*K. Schmidt* RdNr. 152; Baumbach/*Hopt* RdNr. 59.
[202] Zum Ganzen BGH Urt. v. 20. 9. 1993 – II ZR 104/92, BGHZ 123, 281, 285 f. = NJW 1993, 3193, 3194; s. ferner BGH Urt. v. 23. 11. 1978 – II ZR 20/78, NJW 1979, 1705, 1706.
[203] MünchKommHGB/*K. Schmidt* RdNr. 152; Schlegelberger/*K. Schmidt* RdNr. 152; Staub/*Ulmer* RdNr. 203; *Wiedemann* WM Sonderbeil. 8/1990, S. 15 f.
[204] AllgM., vgl. etwa BGH Urt. v. 14. 11. 1960 – II ZR 55/59, WM 1961, 303, 304; *Michalski* RdNr. 27; Staub/*Ulmer* RdNr. 204; MünchKommHGB/*K. Schmidt* RdNr. 153.
[205] BGH Urt. v. 13. 7. 1967 – II ZR 238/64, BGHZ 48, 141, 144 = NJW 1967, 2159 f.; MünchKommHGB/*K. Schmidt* RdNr. 153.

aber – soweit nicht Formerfordernisse einzuhalten sind – auch konkludent[206] erfolgen. Wenn alle Gesellschafter eine Änderung zur Eintragung in das Handelsregister anmelden, so ist darin in der Regel zugleich eine einvernehmliche Änderung des Gesellschaftsvertrags zu sehen.[207] Die **langjährige einvernehmliche Übung** einer vom Gesellschaftsvertrag abweichenden Praxis kann zu einer stillschweigenden Abänderung des Vertrags führen; hierfür besteht zumindest eine tatsächliche Vermutung.[208] Das gilt auch, wenn der Gesellschaftsvertrag für Änderungen die Schriftform vorsieht; die konkludente Vertragsänderung erfasst auch eine sog. einfache Schriftformklausel.[209] Eine konkludente Abänderung ist dagegen nicht möglich, wenn der Vertrag vorsieht, dass die Schriftformklausel nur durch schriftliche Vereinbarung abgeändert werden kann (sog. doppelte Schriftformklausel).[210]

66 **2. Gemeinsame Vertragsdurchbrechungen.** Die Gesellschafter einer Personengesellschaft können den Gesellschaftsvertrag (auch eine Formvorschrift) wirksam in der Weise durchbrechen, dass sie (auch mündlich oder konkludent) im allseitigen Einvernehmen für den Einzelfall eine abweichende Handhabung vereinbaren.[211] Diese Möglichkeit beruht auf dem Gesamthandsprinzip und dem Prinzip der Selbstorganschaft. Alle Gesellschafter gemeinsam sind unabhängig vom Gesellschaftsvertrag immer verfügungsbefugt. In der Regel liegt allerdings in einer abweichenden Handhabung des Gesellschaftsvertrags eine konkludente Abänderung des Vertrags (vgl. RdNr. 65).

67 **3. Formgebote.** Die Änderung des Gesellschaftsvertrags ist wie der Abschluss (RdNr. 44) **grundsätzlich nicht formgebunden.** Gesetzliche Formerfordernisse müssen eingehalten werden, wenn ihre Voraussetzungen im Zeitpunkt der Vertragsänderung gegeben sind, zB wenn nunmehr ein Grundstück eingebracht werden soll (§ 311 b Abs. 1 S. 1 BGB).[212] Hat sich ein für die Gründung bestehender Formzwang erledigt (etwa bei vollzogener Schenkung oder Pflicht zur Einlage von Grundstücken), entfällt das Formerfordernis für die Änderung.[213] Eine gesellschaftsvertragliche **Schriftformklausel** kann im allseitigen Einverständnis formfrei (auch konkludent) geändert oder durchbrochen werden, sofern es sich um eine sog. einfache Schriftformklausel handelt (RdNr. 65).

68 **4. Genehmigungserfordernisse.** Eine **familien- oder vormundschaftsgerichtliche Genehmigung** nach §§ 1643, 1822 Nr. 3 BGB ist für die Vertragsänderung regelmäßig nicht erforderlich, auch wenn sich die Rechtsstellung des nicht voll geschäftsfähigen Gesellschafters inhaltlich verändert.[214] Das Erfordernis späterer Vertragsänderungen muss vom Familien- bzw. Vormundschaftsgericht schon bei der Genehmigung des Beitritts berücksichtigt werden. Eine familien- bzw. vormundschaftsgerichtliche Genehmigung ist bei Beteiligung eines nicht voll Geschäftsfähigen an der Gesellschaft auch dann entbehrlich, wenn nicht dieser selbst (dazu RdNr. 56), sondern eine andere Person ausscheidet oder aufgenommen wird.[215] – Zur Umwandlung der Kommanditistenstellung des nicht voll Geschäftsfähigen in die eines Komplementärs und zur Erhöhung der Haftsumme vgl. RdNr. 56.

69 **5. Pflicht zur Vertragsänderung. a) Grundsätze.** Eine Verpflichtung der Gesellschafter, an einer **Anpassung** des Gesellschaftsvertrags **an veränderte Umstände** mitzuwirken, kann sich im

---

[206] BGH v. 18. 4. 2005 – II ZR 55/03, NZG 2005, 625; MünchKommHGB/*K. Schmidt* RdNr. 163; Koller/Roth/Morck RdNr. 7, 40; Röhricht/Graf v. Westphalen/*v. Gerkan* RdNr. 30; Heymann/*Emmerich* RdNr. 19; *H. P. Westermann* RdNr. I 151; Wertenbruch NZG 2005, 665, 666; ders. NZG 2006, 408 ff.
[207] BGH Urt. v. 17. 9. 1984 – II ZR 208/83, WM 1984, 1605, 1606; BGH Urt. v. 13. 5. 1985 – II ZR 196/84, WM 1985, 1229; MünchKommHGB/*K. Schmidt* RdNr. 163.
[208] BGH Urt. v. 21. 2. 1978 – KZR 6/77, BGHZ 70, 331, 332 = NJW 1978, 1001; BGH Urt. v. 29. 3. 1996 – II ZR 263/94, BGHZ 132, 263, 271 = NJW 1996, 1678, 1680; BGH Urt. v. 18. 4. 2005 – II ZR 55/03, NZG 2005, 625; MünchHdbGesR/*Happ* § 5 RdNr. 73; H. P. Westermann/*Wertenbruch* RdNr. I 373 s; MünchKommHGB/*K. Schmidt* RdNr. 165, 666; anders bei Publikumsgesellschaften BGH Urt. v. 5. 2. 1990 – II ZR 94/89, NJW 1990, 2684, 2685; *Wertenbruch* NZG 2006, 408, 410.
[209] BGH Urt. v. 29. 3. 1996 – II ZR 263/94, BGHZ 132, 263, 270 = NJW 1996, 1678, 1680; MünchHdbGesR/*Happ* § 5 RdNr. 73; *H. P. Westermann* RdNr. I 151.
[210] BGH Urt. v. 2. 6. 1976 – VIII ZR 97/74, BGHZ 66, 378 (Vereinbarung unter Kaufleuten); BFH 31. 7. 1991 – I S 1/91, BFHE 165, 256 (zum GmbH-Geschäftsführervertrag); BAG v. 24. 6. 2003 – 9 AZR 302/02, NJW 2003, 3750 (zum Arbeitsvertrag).
[211] BGH Urt. v. 7. 2. 1972 – II ZR 169/96, NJW 1972, 623 f.; MünchHdbGesR/*Happ* § 5 RdNr. 73.
[212] MünchKommHGB/*K. Schmidt* RdNr. 161; Staub/*Ulmer* RdNr. 192; *H. P. Westermann* RdNr. I 126, 151.
[213] BayObLG Beschl. v. 20. 11. 1986 – BReg 3 Z 107/86, BB 1987, 711, 712 f.; Schlegelberger/*K. Schmidt* RdNr. 139; Staub/*Ulmer* RdNr. 192; MünchKommHGB/*K. Schmidt* RdNr. 161; *H. P. Westermann* RdNr. I 151.
[214] BGH Urt. v. 30. 4. 1955 – II ZR 202/53, BGHZ 17, 160, 163 = NJW 1955, 1069, 1070; BGH Urt. v. 20. 9. 1962 – II ZR 209/61, BGHZ 38, 26, 28 = NJW 1962, 2344; BGH Urt. v. 7. 10. 1991 – II ZR 194/90, NJW 1992, 300, 301; Staub/*Ulmer* RdNr. 85 und Schlegelberger/*K. Schmidt* RdNr. 138, jew. mwN von Gegenstimmen; MünchKommHGB/*K. Schmidt* RdNr. 159; Heymann/*Emmerich* RdNr. 36; *H. P. Westermann* RdNr. I 152 a.
[215] BGH Urt. v. 26. 1. 1961 – II ZR 240/59, NJW 1961, 724 f.; MünchKommHGB/*K. Schmidt* RdNr. 164; Heymann/*Emmerich* RdNr. 36.

Einzelfall aus der gesellschaftsrechtlichen **Treuepflicht** (vgl. dazu § 109 RdNr. 20 ff.) ergeben.[216] Eine solche Pflicht hat zur Voraussetzung, dass sie mit Rücksicht auf das Gesellschaftsverhältnis oder die Rechtsbeziehungen der Gesellschafter zueinander, insbesondere zur Erhaltung des gemeinsamen Geschaffenen oder der Vermeidung wesentlicher Verluste, dringend geboten und den Gesellschaftern unter Berücksichtigung ihrer eigenen schutzwerten Belange zumutbar ist.[217] Bei der Auferlegung zusätzlicher Gesellschafterlasten ist Zurückhaltung geboten.[218]

b) Einzelfälle. In der Rechtsprechung ist zB eine Zustimmungspflicht bejaht worden zum vorzeitigen Ausscheiden eines in persönliche Zahlungsschwierigkeiten geratenen Gesellschafters,[219] zur Ausschließungsklage nach § 140 bei Vorliegen eines wichtigen Grundes in der Person des Gesellschafters auch ohne eine entsprechende gesellschaftsvertragliche Regelung,[220] zur vorübergehenden Aufhebung einer Verzinsungspflicht zwecks Abwendung der Insolvenz,[221] zur Schaffung sachgemäßer Nachfolgeregelungen für den Fall des Todes[222] oder der schweren Erkrankung eines Gesellschafters, zur Erhöhung der gesellschaftsvertraglich zugesagten Vergütung für einen geschäftsführenden Gesellschafter[223] oder zur Einschränkung von Informationsrechten eines Gesellschafters.[224]

c) Durchsetzung von Ansprüchen auf Vertragsänderung. Gegen einen Gesellschafter, der die Zustimmung zu Unrecht verweigert, bedarf es **grundsätzlich** einer **Klage** auf Abgabe der Zustimmungserklärung. Die Vollstreckung des Urteils richtet sich nach § 894 ZPO, dh., mit Rechtskraft des Urteils gilt die Willenserklärung als abgegeben.[225] Noch nicht abschließend geklärt ist die Frage, unter welchen Voraussetzungen die Klage entbehrlich ist und die treuwidrig verweigerte Zustimmung als erteilt gilt. Das ist für die Publikums-KG[226] angenommen worden, aber auch für eine dem gesetzlichen Leitbild entsprechende Gesellschaft, wenn die Zustimmung für die Gesellschaft von existenzieller Bedeutung ist, um ihre Funktionsfähigkeit zu erhalten oder ihre werbende Tätigkeit fortzusetzen.[227]

V. Allgemeine Vorschriften und Prinzipien des Vertragsrechts – Leistungsstörungen

1. Privatautonomie. a) Grundsatz der Vertragsfreiheit. Im Innenverhältnis unter den Gesellschaftern besteht weitgehend Vertragsfreiheit (§ 109 RdNr. 2). Auch die Regelungen über die Auflösung (§§ 131 ff.) und die Liquidation der Gesellschaft (§§ 145 ff.) sind weitgehend dispositiver Natur (vgl. § 131 RdNr. 5, 8; § 145 RdNr. 15 ff.). Dagegen enthalten die Vorschriften über das Außenverhältnis (§§ 123 ff.), also insbesondere über die Verpflichtung der Gesellschaft und die persönliche Haftung der Gesellschafter, im Interesse des Verkehrsschutzes überwiegend zwingendes Recht.

---

[216] BGH Urt. v. 28. 4. 1975 – II ZR 16/73, BGHZ 64, 253, 257 = NJW 1975, 1410, 1411; BGH Urt. v. 25. 9. 1986 – II ZR 262/85, BGHZ 98, 276, 279 = NJW 1987, 189, 190, stRspr; *H. P. Westermann* RdNr. I 530 ff.; Staub/*Ulmer* RdNr. 194, 244 ff.

[217] BGH Urt. v. 25. 9. 1986 – II ZR 262/85, BGHZ 98, 276, 279 = NJW 1987, 189, 190; BGH Urt. v. 5. 11. 1984 – II ZR 111/84, NJW 1985, 974 f.; BGH Urt. v. 26. 1. 1961 – II ZR 240/59, NJW 1961, 724 f.; vgl. auch *Zöllner*, Die Anpassung von Personengesellschaftsverträgen an veränderte Umstände, 1979, S. 25 ff. mit Ausführungen zur Geschäftsgrundlagenanpassung ebenda S. 53 ff.; *H. P. Westermann* RdNr. I 532.

[218] Vgl. BGH Urt. v. 4. 7. 2005 – II ZR 354/03, WM 2005, 1608, 1610; BGH Urt. v. 23. 1. 2006 – II ZR 126/04, NZG 2006, 379, 380; BGH Urt. v. 23. 1. 2006 – II ZR 306/04, NZG 2006, 306, 308; BGH Urt. v. 5. 3. 2007 – II ZR 282/05, NZG 2007, 381; BGH Urt. v. 19. 3. 2007 – II ZR 73/06, WM 2007, 835, 837; Staub/*Ulmer* RdNr. 245; *H. P. Westermann*/*Wertenbruch* RdNr. I 398; *Wertenbruch* NZG 2006, 408, 410.

[219] BGH Urt. v. 26. 1. 1961 – II ZR 240/59, NJW 1961, 724 f.

[220] BGH Urt. v. 28. 4. 1975 – II ZR 16/73, BGHZ 64, 253, 257 = NJW 1975, 1410, 1411; vgl. auch zum Ausscheiden eines Gesellschafters, der an der Fortsetzung der Gesellschaft nicht interessiert ist BGH Urt. v. 21. 10. 1985 – II ZR 57/85, NJW-RR 1986, 256 f.

[221] BGH Urt. v. 5. 11. 1984 – II ZR 111/84, NJW 1985, 974 f.

[222] BGH Urt. v. 18. 3. 1974 – II ZR 80/72, NJW 1974, 1656 f.; BGH Urt. v. 20. 10. 1986 – II ZR 86/85, NJW 1987, 952 f.

[223] BGH Urt. v. 10. 6. 1965 – II ZR 6/63, BGHZ 44, 40 = NJW 1965, 1960; BGH Urt. v. 4. 10. 2004 – II ZR 356/02, ZIP 2004, 2282, 2283.

[224] BGH Urt. v. 10. 10. 1994 – II ZR 18/94, NJW 1995, 194, 195.

[225] BGH Urt. v. 25. 9. 1986 – II ZR 262/85, BGHZ 98, 276, 279 = NJW 1987, 189, 190; Staub/*Ulmer* RdNr. 249; MünchKommHGB/*K. Schmidt* RdNr. 166; Röhricht/Graf *v. Westphalen*/*v. Gerkan* RdNr. 33; *H. P. Westermann* RdNr. I 536.

[226] BGH Urt. v. 5. 11. 1984 – II ZR 111/84, NJW 1985, 974 f.

[227] BGH Urt. v. 29. 9. 1986 – II ZR 285/85, NJW-RR 1987, 285 = WM 1986, 1556, 1557; OLG München Urt. v. 26. 4. 1991 – 23 U 5879/90, DStR 1992, 1102, 1103; *Brandes* WM 1990, 1221, 1222; *H. P. Westermann* RdNr. I 536; zustimmend wohl Heymann/*Emmerich* § 119 RdNr. 20; nach Schlegelberger/*Martens* § 119 RdNr. 48 ist die ablehnende Stimmabgabe des zustimmungspflichtigen Gesellschafters nur bei Abstimmungen über Maßnahmen der Geschäftsführung unbeachtlich; nach Staub/*Ulmer* RdNr. 250 beschränkt sich die Unbeachtlichkeit der treuwidrigen Stimmabgabe auf Beschlüsse ohne Außenwirkung, dh. insbes. solche über Geschäftsführungsmaßnahmen oder Vertragsänderungen mit lediglich innerer (schuldvertraglicher) Wirkung.

73 b) Grenzen der Vertragsfreiheit.[228] Aber auch in dem an sich der Gestaltungsfreiheit der Gesellschafter unterliegenden Bereich existieren allgemeine Schranken (vgl. zB §§ 134, 138 BGB) und spezifisch gesellschaftsrechtliche Grenzen der Vertragsfreiheit (zB Abspaltungsverbot, Verbot der freien Hinauskündigung eines Gesellschafters, Abfindungsbeschränkungen, vgl. § 109 RdNr. 5 ff.; § 140 RdNr. 53 ff.).

74 c) Keine allgemeine Inhaltskontrolle. Die Gesellschaftsverträge der OHG und KG unterliegen keiner allgemeinen Angemessenheitskontrolle im Sinne einer richterlichen Inhaltskontrolle.[229] Anders verhält es sich aber bei den Publikumsgesellschaften (dazu Anhang B zu § 177 a RdNr. 24 ff.). Die Ablehnung einer allgemeinen Angemessenheitskontrolle schließt es nicht aus, im Einzelfall Vertragsbestimmungen (zB Hinauskündigungsklauseln, Abfindungsbeschränkungen) anhand von Generalklauseln (etwa §§ 138, 242 BGB) zu überprüfen.

75 d) Keine AGB-Kontrolle nach §§ 307 ff. BGB. Vorformulierte Gesellschaftsverträge fallen nach der Bereichsausnahmeregelung des § 310 Abs. 4 S. 1 BGB nicht in den Anwendungsbereich der §§ 305 ff. BGB. Der Begriff des Gesellschaftsrechts iS dieser Vorschrift ist in einem umfassenden Sinne zu verstehen und bezieht sich jedenfalls auf die Personenhandelsgesellschaften.[230]

76 2. Teilnichtigkeit des Gesellschaftsvertrags. Wenn ein Nichtigkeitsgrund bzw. Unwirksamkeitsgrund sich nur auf einzelne Vertragsbestimmungen bezieht, tritt regelmäßig nur Teilnichtigkeit ein. Die Vorschrift des **§ 139 BGB** wird in Gesellschaftsverträgen meist durch sog. **salvatorische Klauseln abbedungen,** wonach bei Unwirksamkeit einzelner Bestimmungen der übrige Vertragsinhalt unberührt bleiben soll. Auch bei Fehlen einer salvatorischen Klausel ist für Personengesellschaftsverträge grundsätzlich davon auszugehen, dass die Parteien aus Gründen des Bestandsschutzes die Gültigkeit der übrigen Vertragsbestimmungen wollen.[231] Eine **Gesamtnichtigkeit** ist **nur in Ausnahmefällen** zu bejahen, etwa wenn die nichtige Vereinbarung von zentraler Bedeutung ist, zB der Gesellschaftszweck gegen § 134 oder § 138 BGB verstößt.[232] Zur fehlerhaften Gesellschaft und zur Abgrenzung von den Fällen der Teilnichtigkeit des Gesellschaftsvertrags vgl. RdNr. 175. Im Falle der Teilnichtigkeit kann eine Lücke u. U. im Wege der ergänzenden Vertragsauslegung geschlossen werden. Bei einer inhaltlich zu weit gehenden und deshalb unwirksamen Klausel (sog. qualitative Teilnichtigkeit) kann eine Zurückführung auf einen rechtlich zulässigen Inhalt (sog. **geltungserhaltende Reduktion**) in Betracht kommen.[233] Dies gilt insbesondere für Abfindungsregelungen.[234]

77 3. Anwendbarkeit des allgemeinen Schuldrechts, insbes. des Leistungsstörungsrechts

Literatur: Eberl-Borges, Die Leistungsverzögerung bei mehrseitigen Vertragsverhältnissen AcP 203 (2003), 633; *Hüttemann,* Leistungsstörungen bei Personengesellschaften, 1998; *Hüttemann* in Dauner-Lieb/Konzen/K. Schmidt, Das neue Schuldrecht in der Praxis, 2003, S. 690; *U. Huber,* Leistungsstörungen, Bd. II, 1999, S. 483 ff.; *H.P. Westermann/ Wertenbruch,* Handbuch der Personengesellschaften, 38. Lieferung 2007, RdNr. I 391 ff.

a) Grundsatz. Die Vorschriften des allgemeinen Schuldrechts finden auf den Gesellschaftsvertrag der OHG Anwendung, soweit nicht Sonderregelungen der §§ 105 ff. oder der §§ 705 bis 740 BGB eingreifen.[235] Der Gesellschaftsvertrag ist ein **gegenseitiger Vertrag** iSd. §§ 320 ff. BGB.[236] Es handelt sich aber nicht um einen Austauschvertrag.[237] Die Einordnung des Gesellschaftsvertrages als gegenseitiger Vertrag führt allerdings nicht zur uneingeschränkten Anwendung der §§ 280 ff. und der §§ 320 ff. BGB.

---

[228] Allgemein dazu etwa *Lutter/Wiedemann* (Hrsg.), Gestaltungsfreiheit im Gesellschaftsrecht, ZGR-Sonderheft 13, 1998; *Wiedemann* WM Sonderbeil. 8/1990, S. 16 ff.; *K. Schmidt* GesR § 5 III 1, 2, 3.
[229] § 109 RdNr. 31; Staub/*Ulmer* § 109 RdNr. 44; MünchKommHGB/*K. Schmidt* RdNr. 155; Schlegelberger/*Martens* § 109 RdNr. 3.
[230] Vgl. BGH Urt. v. 10. 10. 1994 – II ZR 32/94, BGHZ 127, 176, 183 = NJW 1995, 192, 193.
[231] BGH Urt. v. 5. 2. 1968 – II ZR 85/67, BGHZ 49, 365 f. = NJW 1968, 1378 f.; BGH Urt. v. 8. 4. 1976 – II ZR 203/74, WM 1976, 1027, 1029; Staub/*Ulmer* RdNr. 185; Schlegelberger/*K. Schmidt* RdNr. 136; Röhricht/Graf v. Westphalen/*v. Gerkan* RdNr. 29.
[232] Staub/*Ulmer* RdNr. 185; *Michalski* RdNr. 24.
[233] BGH Urt. v. 19. 9. 1988 – II ZR 329/87, BGHZ 105, 213, 220 f. = NJW 1989, 834, 835 f.; BGH Urt. v. 5. 6. 1989 – II ZR 227/88, BGHZ 107, 351, 355 ff. = NJW 1989, 2681, 2682.
[234] Vgl. BGH Urt. v. 5. 6. 1989 – II ZR 227/88, BGHZ 107, 351, 355 ff. = NJW 1989, 2681, 2682; MünchKommHGB/*K. Schmidt* RdNr. 156; *H. P. Westermann* RdNr. I 1155 ff.
[235] Staub/*Ulmer* RdNr. 146; MünchKommHGB/*K. Schmidt* RdNr. 156; *H. P. Westermann* RdNr. I 436.
[236] RG v. 29. 4. 1911 – I 160/10, RGZ 76, 276, 279; RG v. 9. 4. 1920 – II 480/19, RGZ 98, 303, 305; RG v. 5. 4. 1935 – II 327/34, RGZ 147, 340, 341 f.; BGH v. 29. 1. 1951 – IV ZR 171/50, NJW 1951, 308; *Hüttemann* Leistungsstörungen S. 5 ff.; *U. Huber* Leistungsstörungen II, S. 487; *H. P. Westermann* RdNr. I 136; *H. P. Westermann/Wertenbruch* RdNr. I 391.
[237] *Hüttemann* Leistungsstörungen S. 5 ff.; *U. Huber* Leistungsstörungen II S. 487; *H. P. Westermann/Wertenbruch* RdNr. I 391.

Begriff der OHG; Anwendbarkeit des BGB

b) Vorrang des Gesellschaftsrechts nach Invollzugsetzen – Grundsatz. Nach hM[238] finden 78
auf eine in Vollzug gesetzte Personengesellschaft die Einrede des nicht erfüllten Vertrages (§ 320
BGB) und die Vorschriften über die Aufhebung eines gegenseitigen Vertrags bei verspäteter oder
unmöglicher Leistung (§§ 323 ff., 281, 283, 311 a Abs. 2 BGB) keine Anwendung. Das allgemeine
Leistungsstörungsrecht wird insoweit durch die spezielleren Vorschriften über die Auflösungsklage
aus wichtigem Grund (§ 133) und den Ausschluss eines Gesellschafters gem. § 140 verdrängt. Wird
abweichend von § 133 durch Gesellschaftsvertrag die Kündigung der Gesellschaft aus wichtigem
Grund und/oder abweichend von § 140 der Ausschluss eines Gesellschafters durch Beschluss der
übrigen Gesellschafter zugelassen, so gilt für das Verhältnis zum allgemeinen Leistungsstörungsrecht
Entsprechendes. Der Vorrang des Gesellschaftsrechts greift auch dann Platz, wenn die OHG nur aus
zwei Gesellschaftern besteht.[239] Der Grund für den Vorrang des Gesellschaftsrechts vor dem allgemeinen Leistungsstörungsrecht besteht darin, dass der Gesellschaftsvertrag zu einem Dauerschuldverhältnis führt, das insbesondere wegen der notwendigen Verteilung von Gewinn und Verlust nicht ex tunc
abgewickelt werden kann.[240] Da der genaue Zeitpunkt des Invollzugsetzens im konkreten Einzelfall
nur schwer feststellbar ist und das Gesellschaftsvermögen bereits ab Begründung der Einlageforderungen durch den Gesellschaftsvertrag entsteht, ist entgegen der hM der Vorrang des Gesellschaftsrechts
bereits ab Vertragsschluss anzunehmen.[241]

c) Einzelfragen zur Anwendung des § 320 BGB. In Bezug auf seine Verpflichtung zur **Leis-** 79
tung eines Beitrags kann ein Gesellschafter der OHG die Einrede des nicht erfüllten Vertrages aus
§ 320 BGB **nicht geltend machen**.[242] Ein Gesellschafter kann also die Leistung des im Gesellschaftsvertrag vereinbarten Beitrags nicht deshalb unter Hinweis auf § 320 BGB verweigern, weil ein
oder mehrere andere Gesellschafter ihre Einlage noch nicht geleistet haben.[243] Das Gleiche gilt, wenn
die OHG einen Sozialanspruch des Gesellschafters nicht erfüllt hat. Der Gesellschafter ist hier
auf die Kündigung aus wichtigem Grund und die Geltendmachung von Schadensersatzansprüchen
beschränkt.[244] Andererseits kann die OHG ihrerseits die Erfüllung von Sozialansprüchen (zB Gewinnauszahlung) gegenüber einem Gesellschafter gem. § 320 BGB verweigern, solange dieser eine
fällige Beitragsleistung nicht erbracht hat.[245]

d) Verzug des OHG-Gesellschafters mit der Beitragsleistung. Im Falle des Verzugs des 80
Gesellschafters mit der Beitragsleistung sind eine Aufhebung des Gesellschaftsvertrages nach § 323
BGB sowie ein Anspruch auf Schadensersatz statt der Leistung (§ 281 BGB) wegen Vorrangs der
gesellschaftsrechtlichen Auflösungs- und Kündigungsregelungen ausgeschlossen (vgl. RdNr. 78).
Für einen Anspruch der Gesellschaft auf Ersatz eines **Verzugsschadens** gilt der Vorrang allerdings
nicht.[246] Für die Frage des Verschuldens ist der Verschuldensmaßstab des § 708 BGB zugrundezulegen.[247]

e) Unmögliche Beitragsleistung. Ist dem Gesellschafter die Leistung des vereinbarten Beitrags 81
unmöglich, so wird er nach **§ 275 Abs. 1 BGB** von der Verpflichtung zur Leistung frei.[248] Dies gilt
nach der Neufassung des § 275 BGB unabhängig davon, ob die Leistung schon bei Abschluss des
Gesellschaftsvertrages unmöglich war oder nachträglich unmöglich geworden ist. Es kommt nunmehr auch nicht darauf an, ob der Gesellschafter die Unmöglichkeit zu vertreten hat.[249] Bei der
Anwendung des **§ 275 Abs. 2 BGB** sind bezüglich der Frage eines unverhältnismäßigen Aufwandes
neben der Treuepflicht die Umstände des konkreten Gesellschaftsverhältnisses zu berücksichtigen.[250]
Ein Rücktritt nach § 326 Abs. 5 iVm. § 323 BGB ist zwar ebenso wie Schadensersatz statt der

---

[238] RG v. 29. 4. 1911 – I 160/10, RGZ 76, 276, 279; RG v. 9. 4. 1920 – II 480/19, RGZ 98, 303, 305; RG v. 5. 4. 1935 – II 327/34, RGZ 147, 340, 341 f.; BGH v. 29. 1. 1951 – IV ZR 171/50, NJW 1951, 308; zustimmend Erman/*Westermann* § 705 RdNr. 43; MünchKommBGB/*Ulmer* § 705 RdNr. 165; *Hüttemann* Leistungsstörungen S. 5 ff.; *U. Huber* Leistungsstörungen II S. 487; H. P. Westermann/*Wertenbruch* RdNr. I 391; *Wertenbruch* NZG 2001, 306 ff.
[239] BGH Urt. v. 16. 2. 1967 – II ZR 171/65, WM 1967, 419, 420; MünchKommBGB/*Ulmer* § 706 RdNr. 19; Staudinger/*Habermeier* § 706 RdNr. 16; H. P. Westermann/*Wertenbruch* RdNr. I 391.
[240] *U. Huber* Leistungsstörungen II S. 485; H. P. Westermann/*Wertenbruch* RdNr. I 391 a.
[241] *U. Huber* Leistungsstörungen II S. 484; H. P. Westermann/*Wertenbruch* RdNr. I 391 a.
[242] H. P. Westermann/*Wertenbruch* RdNr. I 392; MünchKommHGB/*K. Schmidt* RdNr. I 185; Baumbach/*Hopt* RdNr. 48; *Koller*/Roth/Morck RdNr. 31.
[243] H. P. Westermann/*Wertenbruch* RdNr. I 392; MünchKommHGB/*K. Schmidt* RdNr. 186.
[244] H. P. Westermann/*Wertenbruch* RdNr. I 392.
[245] H. P. Westermann/*Wertenbruch* RdNr. I 392.
[246] H. P. Westermann/*Wertenbruch* RdNr. I 393; MünchKommBGB/*Ulmer* § 706 RdNr. 25.
[247] H. P. Westermann/*Wertenbruch* RdNr. I 393; Baumbach/*Hopt* § 109 RdNr. 5.
[248] H. P. Westermann/*Wertenbruch* RdNr. I 393; MünchKommHGB/*K. Schmidt* RdNr. 184.
[249] Vgl. zu dieser Frage im Zusammenhang mit § 275 BGB aF *U. Huber* Leistungsstörungen II S. 644.
[250] H. P. Westermann/*Wertenbruch* RdNr. I 394.

Leistung (§ 283 BGB) ausgeschlossen, die Unmöglichkeit der Beitragsleistung kann aber für beide Seiten ein **Kündigungsrecht** und auch ein **Ausschließungsrecht** der Gesellschaft begründen.[251] Ist dem Gesellschafter die Leistung einer **Sacheinlage** unmöglich, so kommt eine Differenzhaftung analog § 9 GmbHG nicht in Betracht, weil es bei der OHG – anders als bei der GmbH – kein gesetzlich garantiertes Mindestkapital gibt.[252] Die konkrete Rechtsfolge ist im Wege der Auslegung des Gesellschaftsvertrages zu ermitteln, sofern sie nicht vertraglich festgelegt ist.[253] In Betracht kommen die Leistung eines Ersatzgegenstandes, Wertersatz in Geld sowie die Herabsetzung des Gewinnanteils.[254]

82   **f) Sach- und Rechtsmängel der Einlage.** Ist der Einlagegegenstand mit einem Sach- und Rechtsmangel behaftet, so sind die §§ 434 ff. BGB entsprechend anzuwenden.[255] Es besteht damit grundsätzlich analog § 437 Nr. 1 BGB eine Verpflichtung zur Nacherfüllung.[256] Schäden, die der OHG unmittelbar durch die mangelhafte Einlage entstehen, hat der betreffende Gesellschafter nach §§ 437 Nr. 3, 280 BGB zu ersetzen, wobei in Bezug auf den Verschuldensmaßstab § 708 BGB anzuwenden ist.[257] Inwieweit der Gesellschafter im Falle der Unmöglichkeit oder des Fehlschlagens der Nacherfüllung auf Schadensersatz statt der Leistung haftet, hängt von einer Auslegung der Einlagevereinbarung ab.[258] Anders als beim Kaufvertrag als Austauschvertrag garantiert der Gesellschafter nicht in jeder Hinsicht die Mangelfreiheit des Einlagegegenstandes.

83   **g) Leistungsstörungen bei separaten Einbringungsverträgen.** Der Gesellschaftsvertrag der OHG kann vorsehen, dass ein Gesellschafter eine Einlage (zB ein Grundstück) auf der Grundlage eines noch abzuschließenden gesonderten Vertrags leistet.[259] Insoweit liegt kein Drittgeschäft in Form eines Kaufvertrags, sondern ein sog. Einbringungsvertrag vor.[260] Auf diesen Vertrag, der vom Gesellschaftsvertrag zu trennen ist, findet das allgemeine Leistungsstörungsrecht uneingeschränkt Anwendung.[261] In der Insolvenz der Gesellschaft ist § 103 InsO auf den Einbringungsvertrag anwendbar.[262] Das gilt auch für die Vorschriften über die Aufhebung eines gegenseitigen Vertrages (§§ 323 ff., 281, 283, 311 a Abs. 2 BGB). Die Aufhebung des Einbringungsvertrages beeinflusst zwar zunächst den Gesellschaftsvertrag nicht, sie kann aber einen wichtigen Grund für eine Kündigung oder Ausschließung begründen.[263]

VI. Entstehung der Gesellschaft durch Umwandlung

Neueres Schrifttum (Auswahl): *Beuthien/Helios,* Die Umwandlung als transaktionslose Rechtsträgertransformation, NZG 2006, 369; *Kießling,* Der Rechtsformwechsel zwischen Personengesellschaften, WM 1999, 2391; *Scholz,* Akzessorietätstheorie und Formwechsel, NZG 2002, 414.

84   **1. Allgemeines.** Eine OHG kann nicht nur durch Abschluss eines auf den Betrieb eines Handelsgewerbes gerichteten Gesellschaftsvertrags, sondern auch im Wege der Umwandlung nach dem UmwG sowie durch identitätswahrenden Rechtsformwechsel aus einer anderen Gesamthandsgesellschaft entstehen. Dieser Rechtsformwechsel der Gesamthandsgesellschaften untereinander (dazu oben RdNr. 5) ist strikt zu trennen vom Formwechsel nach §§ 190 ff. UmwG (vgl. RdNr. 85 f.). Nach UmwG kommen nach § 1 Abs. 1 UmwG die Umwandlungsarten der Verschmelzung, der Spaltung und des Formwechsels in Betracht.[264] – Zur Änderung der Rechtsform

---

[251] H. P. Westermann/*Wertenbruch* RdNr. I 394; MünchKommBGB/*Ulmer* § 706 RdNr. 25.
[252] H. P. Westermann/*Wertenbruch* RdNr. I 394 a; Soergel/*U. Huber,* BGB, 12. Aufl. 1991, § 445 RdNr. 10.
[253] H. P. Westermann/*Wertenbruch* RdNr. I 394 b; Staub/*Ulmer* RdNr. 159.
[254] H. P. Westermann/*Wertenbruch* RdNr. I 394 b.
[255] Soergel/*U. Huber* § 445 aF RdNr. 10; H. P. Westermann/*Wertenbruch* RdNr. I 395; Dauner-Lieb/Konzen/K. Schmidt/*Hüttemann* S. 693 f.; aA MünchKommHGB/*K. Schmidt* RdNr. 187.
[256] Staudinger/*Habersack* § 706 RdNr. 23; Erman/*Westermann* § 706 RdNr. 10; H. P. Westermann/*Wertenbruch* RdNr. I 395.
[257] H. P. Westermann/*Wertenbruch* RdNr. I 395; MünchKommHGB/*K. Schmidt* RdNr. 184; Baumbach/*Hopt* § 109 RdNr. 5.
[258] H. P. Westermann/*Wertenbruch* RdNr. I 396; vgl. auch K. Schmidt GesR § 20 III 3 d; Staudinger/*Habersack* § 706 RdNr. 23.
[259] OLG München v. 28. 7. 2000 – 23 U 4359/99, NZG 2000, 1124; H. P. Westermann/*Wertenbruch* RdNr. I 396; *Wertenbruch* NZG 2001, 306 ff.
[260] OLG München v. 28. 7. 2000 – 23 U 4359/99, NZG 2000, 1124; H. P. Westermann/*Wertenbruch* RdNr. I 396; *Wertenbruch* NZG 2001, 306 ff.
[261] H. P. Westermann/*Wertenbruch* RdNr. I 396; *Wertenbruch* NZG 2001, 306 ff.; K. Schmidt GesR § 20 III 1 c; aA OLG München v. 28. 7. 2000 – 23 U 4359/99, NZG 2000, 1124.
[262] Kübler/Prütting/*Tintelnot,* InsO, 24. Lieferung 2006, § 103 RdNr. 30.
[263] H. P. Westermann/*Wertenbruch* RdNr. I 396.
[264] S. dazu näher die Kommentierungen zum UmwG.

einer Gesellschaft in eine OHG auf Grund der Vorschriften außerhalb des UmwG vgl. unten RdNr. 87.

2. Identitätswahrender Formwechsel (§§ 190 ff. UmwG). Beim Formwechsel nach dem Umwandlungsgesetz erhält ein Rechtsträger eine andere Rechtsform (§ 190 Abs. 1 UmwG). Für den Formwechsel ist die **Wahrung der Identität** des Rechtsträgers charakteristisch.[265] Da der Rechtsträger identisch bleibt, findet keine Rechtsnachfolge und damit auch kein Vermögensübergang statt. Es ändert sich nur die Rechtsform und damit auch die Organisations- und Haftungsstruktur.[266] Im Falle der Beteiligung der formwechselnden Gesellschaft an einem laufenden **Prozess** erfolgt daher kein Parteiwechsel, sondern nur eine Rubrumsberichtigung bezüglich der Rechtsform.[267] Für den Formwechsel in eine OHG kommen als Ausgangsform nur Kapitalgesellschaften (AG, KGaA, GmbH) in Betracht (§§ 226, 228 Abs. 1 UmwG). Nicht zu den zugelassenen formwechselnden Rechtsträgern gehören dagegen der Geschäftsbetrieb eines Einzelkaufmanns[268] und die GbR.[269] Ebensowenig ist nach dem UmwG eine Umwandlung in eine OHG aus einer Vor-AG oder Vor-GmbH zulässig.[270] Auch eine Erbengemeinschaft ist nach dem UmwG nicht umwandlungsfähig.[271] Vgl. zur Fortführung einer Erbengemeinschaft als OHG RdNr. 100.

85

Voraussetzungen und Vollzug der formwechselnden Umwandlung sind im Einzelnen in den §§ 190 ff., 226, 228 ff. UmwG geregelt. Vgl. zu den Einzelheiten *Kallmeyer* UmwG, 3. Aufl. 2006; *Schmitt/Hörtnagl/Stratz* UmwG, 4. Aufl. 2006; *Semler/Stengel* UmwG, 2003.

86

3. Umwandlungen/Rechtsformwechsel außerhalb des UmwG. Außerhalb des UmwG kann es kraft Gesetzes zu einem identitätswahrenden Rechtsformwechsel zwischen zwei Arten aus dem Kreis der Gesamthandsgesellschaften kommen. Erfüllt eine bestehende Gesamthandsgesellschaft durch Änderung des Gesellschaftsvertrags oder Änderung der tatsächlichen Verhältnisse nunmehr die Voraussetzungen einer anderen Form, so tritt grundsätzlich unmittelbar der Rechtsformwechsel ein, sofern sich nicht auf Grund einer Handelsregistereintragung etwas anderes ergibt. So kann es zur Umwandlung **einer KG in eine OHG** kommen, wenn die Kommanditisten ausscheiden oder Kommanditbeteiligungen in Komplementärbeteiligungen umgewandelt werden.[272] Eine **GbR** wird durch Aufnahme eines vollkaufmännischen Handelsgewerbes **zur OHG** (vgl. oben RdNr. 5). Entsprechendes gilt für den umgekehrten Fall, sofern die Firma im Handelsregister gelöscht wird. Eine **Vor-GmbH** ist zwar grundsätzlich keine **OHG**, eine solche entsteht aber bei Fortführung des vollkaufmännischen Betriebs nach Aufgabe der Eintragungsabsicht.[273] Eine OHG entsteht von Anfang an, wenn schon bei Errichtung keine Eintragungsabsicht bestand.[274]

87

E. Gesellschafterfähigkeit

I. Natürliche Personen

1. Grundsatz. Jede natürliche Person kann Gesellschafter einer OHG sein. Zu Fragen des Internationalen Gesellschaftsrechts vgl. unten RdNr. 212 ff. Die Gesellschafterstellung setzt Rechts-

88

---

[265] Kallmeyer/*Meister*/*Klöcker* UmwG, 3. Aufl. 2006, § 190 RdNr. 6; Schmitt/Hörtnagl/Stratz/*Stratz* UmwG, 4. Aufl. 2006, § 190 RdNr. 1; Semler/Stängel/*Stengel*/*Schwanna* UmwG, 2003, § 190 RdNr. 3; *K. Schmidt* GesR § 12 IV 2, 13 II 1 a; H. P. Westermann/*Heckschen* RdNr. I 3890.
[266] Kallmeyer/*Meister*/*Klöcker* UmwG, 3. Aufl. 2006, § 190 RdNr. 6; *K. Schmidt* GesR § 12 IV 2 b; H. P. Westermann/*Heckschen* RdNr. I 3890.
[267] H. P. Westermann/*Wertenbruch* RdNr. I 724 b; Stöber NZG 2006, 574, 576 f.
[268] Kallmeyer/*Meister*/*Klöcker* UmwG, 3. Aufl. 2006, § 191 RdNr. 3; *K. Schmidt* GesR § 13 II 1 a.
[269] Kallmeyer/*Meister*/*Klöcker* UmwG, 3. Aufl. 2006, § 191 RdNr. 4; Schmitt/Hörtnagl/Stratz/*Stratz* UmwG, 4. Aufl. 2006, § 191 RdNr. 33; Semler/Stängel/*Stengel*/*Schwanna* UmwG, 2003, § 191 RdNr. 11.
[270] Schmitt/Hörtnagl/Stratz/*Stratz* UmwG, 4. Aufl. 2006, § 191 RdNr. 14; Semler/Stängel/*Stengel*/*Schwanna* UmwG, 2003, § 191 RdNr. 11; *K. Schmidt* GesR § 13 II 1 b) bb.
[271] Kallmeyer/*Marsch-Barner* UmwG, 3. Aufl. 2006, § 3 RdNr. 2; Kallmeyer/*Meister*/*Klöcker* UmwG, 3. Aufl. 2006, § 191 RdNr. 3 f.; Semler/Stängel/*Stengel*/*Schwanna* UmwG, 2003, § 191 RdNr. 11.
[272] BGH Urt. v. 23. 11. 1978 – II ZR 20/78, NJW 1979, 1705, 1706; *Wertenbruch*, Haftung von Gesellschaften, S. 259 ff.
[273] BGH Urt. v. 28. 11. 1997 – V ZR 178/96, NJW 1998, 1079 f.; BAG Urt. v. 27. 5. 1997 – 9 AZR 483/96, NZG 1998, 103 f.; BAG Urt. v. 15. 12. 1999 – 10 AZR 165/98, NJW 2000, 2915, 2917; BGH Urt. v. 4. 11. 2002 – II ZR 204/00, BGHZ, 152, 290, 294 f. = NJW 2003, 429, 430 f.; Baumbach/Hueck/*Fastrich* GmbH-Gesetz, 18. Auflage 2006, § 11 RdNr. 26; GroßkommGmbHG/*Ulmer*, 2005, §11 RdNr. 27 f.;*Goette* ZNotP 1997, 82, 85 f.
[274] BGH Urt. v. 9. 3. 1981 – II ZR 54/90, BGHZ 80, 129, 142 = NJW 1981, 1373, 1376; BGH Urt. v. 18. 1. 2000 – XI ZR 71/99, BGHZ 143, 314, 319 = NJW 2000, 1193, 1194; GroßkommGmbHG/*Ulmer*, 2005, § 11 RdNr. 26.

fähigkeit (§ 1 BGB) voraus. Die Erbfähigkeit eines nasciturus beurteilt sich auch in Bezug auf die Gesellschaftserstellung nach § 1923 Abs. 2 BGB.[275]

89 **2. Nicht voll Geschäftsfähige.** Auch geschäftsunfähige (§ 104 BGB) und beschränkt geschäftsfähige Personen (§ 106 BGB) können Gesellschafter einer OHG sein. Der Beitritt oder Anteilserwerb durch nicht voll Geschäftsfähige bedarf grundsätzlich der Mitwirkung des **gesetzlichen Vertreters** (bei minderjährigen Kindern der Eltern, § 1629 Abs. 1 BGB) und daneben in der Regel der familien- bzw. vormundschaftsgerichtlichen Genehmigung (s. dazu oben RdNr. 56). Wenn ein oder beide Elternteile selbst an der Gesellschaft beteiligt und daher an der Vertretung gehindert sind (§ 1629 Abs. 2 S. 1 iVm. § 1795 Abs. 1 Nr. 1, Abs. 2 BGB),[276] muss ein Ergänzungspfleger (§ 1909 BGB) bestellt werden.[277] Zwar greift § 181 BGB nicht ein, wenn der Vertretene lediglich einen rechtlichen Vorteil erlangt. Der Erwerb eines Anteils an einer Personengesellschaft, auch eines Kommanditanteils, ist wegen der Übernahme von Pflichten als Bestandteil der Mitgliedschaft **nicht lediglich rechtlich vorteilhaft**.[278] Das gilt beim Erwerb des Kommanditanteils auch dann, wenn die Hafteinlage schon geleistet ist.[279]

90 Die **Beschränkung der Haftung** des volljährig gewordenen Kindes aus Verbindlichkeiten, die Eltern und andere vertretungsberechtigte Personen im Rahmen ihrer gesetzlichen Vertretungsmacht begründet haben, regelt § 1629 a BGB (s. auch § 1 RdNr. 62 und § 139 RdNr. 14 ff.).

91 **3. Ehegatten.** Bei Beteiligung von Ehegatten ist im Fall der Zugewinngemeinschaft § 1365 BGB zu beachten (vgl. oben RdNr. 58). Dies gilt insbesondere bei Einbringung eines Grundstücks. Keine familienrechtlichen Probleme treten auf, wenn die Ehegatten Gütertrennung (§ 1414 BGB) vereinbart haben. Bei der Gütergemeinschaft (§§ 1415 ff. BGB) ergeben sich Schwierigkeiten, wenn die Gründung der Gesellschaft mit Mitteln des Gesamtguts erfolgen soll (s. zur notwendigen Bildung von Vorbehaltsgut RdNr. 53).

II. Juristische Personen

92 Grundsätzlich kann **jede juristische Person** Gesellschafterin einer OHG oder KG sein.[280] Das gilt zunächst für juristische Personen des Privatrechts (AG, KGaA, GmbH, rechtsfähiger Verein, eingetretene Genossenschaft ua). Auch eine rechtsfähige Stiftung kann Gesellschafterin einer OHG sein.[281] Umstritten ist die Zulässigkeit der Stiftung & Co. KG.[282]

93 Auch juristische Personen des **öffentlichen Rechts** können sich grundsätzlich an einer OHG (KG) beteiligen.[283] Eine andere Frage ist, ob die juristische Person des öffentlichen Rechts sich **nach öffentlichem Recht** als voll haftende Gesellschafterin an einer Handelsgesellschaft beteiligen darf. Ist dies zu bejahen, so ändern öffentlich-rechtliche Bindungen nichts an der Beteiligungsfähigkeit.[284] Diese Bindungen müssen allerdings mit den Pflichten des Gesellschafters nach dem HGB und dem Gesellschaftsvertrag vereinbar sein.

94 Auch werdende juristische Personen (sog. **Vorgesellschaften**) können sich als Gesellschafter an einer OHG (KG) beteiligen. Das ist vor allem für die Vor-GmbH[285] von Bedeutung, die zwischen der Errichtung durch notariellen Gesellschaftsvertrag und Handelsregistereintragung besteht. Eine wirksame Beteiligung der Vor-GmbH setzt allerdings eine entsprechende Erweiterung der Vertretungsmacht des Geschäftsführers durch die Gründungsgesellschafter

---

[275] MünchHdbGesR/*Happ* § 5 RdNr. 15.
[276] Staub/*Ulmer* RdNr. 84; Heymann/*Emmerich* RdNr. 39; H. P. *Westermann* RdNr. I 145 a.
[277] OLG Zweibrücken Beschl. v. 14. 1. 1999 – 3 W 253/98, NZG 1999, 717 f.; Palandt/*Diederichsen* § 1629 RdNr. 22 f.; H. P. *Westermann* RdNr. I 145 a.
[278] BGH Urt. v. 10. 2. 1977 – II ZR 120/75, BGHZ 68, 225, 231 f. = NJW 1977, 1339, 1341; Schlegelberger/*Martens* § 161 RdNr. 53; Heymann/*Horn* § 161 RdNr. 35; Röhricht/Graf v. Westphalen/*v. Gerkan* § 161 RdNr. 9.
[279] Schlegelberger/*Martens* § 161 RdNr. 53; Heymann/*Horn* § 161 RdNr. 35; Röhricht/Graf v. Westphalen/*v. Gerkan* § 161 RdNr. 9; aA MünchKommHGB/*Grunewald* § 161 RdNr. 23.
[280] MünchKommHGB/*K. Schmidt* RdNr. 84; Staub/*Ulmer* RdNr. 91; Heymann/*Emmerich* RdNr. 43; Baumbach/Hopt RdNr. 28; MünchHdbGesR/*Happ* § 5 RdNr. 16; H. P. *Westermann* RdNr. I 163; *Flume* Personengesellschaft S. 63.
[281] Schlegelberger/*K. Schmidt* RdNr. 57; Staub/*Ulmer* RdNr. 92; Heymann/*Emmerich* RdNr. 44; aA Röhricht/Graf v. Westphalen/*v. Gerkan* RdNr. 58: nur Kommanditisten einer KG; krit. auch MünchKommHGB/*K. Schmidt* RdNr. 88.
[282] *K. Schmidt* GesR § 56 VII 3; MünchKommHGB/*K. Schmidt* RdNr. 88; H. P. *Westermann* RdNr. I 163 c.
[283] Schlegelberger/*K. Schmidt* RdNr. 59; MünchKommHGB/*K. Schmidt* RdNr. 90; Staub/*Ulmer* RdNr. 92; Heymann/*Emmerich* RdNr. 43; Baumbach/Hopt RdNr. 28; MünchHdbGesR/*Happ* § 5 RdNr. 17; H. P. *Westermann* RdNr. I 163; zur Beteiligung an einer GbR RG Beschl. v. 1. 4. 1940 – V 174/39, RGZ 163, 142, 149.
[284] Heymann/*Emmerich* RdNr. 44; aA BayObLG Beschl. v. 5. 10. 1989 – BReg. 3 Z 114/89, NJW-RR 1990, 476 ff.
[285] BGH Urt. v. 9. 3. 1981 – II ZR 54/80, BGHZ 80, 129, 132 = NJW 1981, 1373, 1374; BGH Beschl. v. 12. 11. 1984 – II ZB 2/84, NJW 1985, 736, 737.

Begriff der OHG; Anwendbarkeit des BGB   95–97 § 105

voraus.[286] Auch die Vor-AG ist beteiligungsfähig.[287] Ferner kann eine **juristische Person in Liquidation** Gesellschafterin einer OHG (KG) sein.[288]

Eine **ausländische juristische Personen** kann sich unter bestimmten Voraussetzungen, unabhängig von ihrem Sitz, an einer inländischen OHG (KG) als Gesellschafterin beteiligen.[289] Sie muss in Anwendung der jetzt herrschenden Gründungstheorie nach ihrem ausländischen Personalstatut[290] fähig sein, sich an einer deutschen Personenhandelsgesellschaft zu beteiligen (vgl. RdNr. 213 f.).[291] Erforderlich ist also die Rechtsfähigkeit nach dem betreffenden Personalstatut.   95

III. Gesamthandsgesellschaften

1. OHG (KG) als Gesellschafterin einer OHG. OHG und KG können Gesellschafterin einer   96
anderen OHG oder KG sein.[292] Dies ist auch den §§ 125a Abs. 1 S. 3, 129a S. 2, 172 Abs. 6, 172a S. 2 zu entnehmen. Mitglied der OHG (KG) wird aber nur die sich beteiligende Gesellschaft als solche, nicht aber zugleich deren Gesellschafter.[293] OHG und KG können sich auch wechselseitig aneinander beteiligen.[294] Ebenso wie die OHG und die KG sind die **Partenreederei,**[295] die **EWiV**[296] und die **Partnerschaftsgesellschaft**[297] beteiligungsfähig.

2. GbR als Gesellschafterin einer OHG. Nach früher hM fehlte einer GbR mangels   97
Registerpublizität und wegen der daraus für die Rechtsverfolgung nach den §§ 128, 171 resultierenden Schwierigkeiten die Fähigkeit, Gesellschafterin einer OHG (KG) zu werden.[298] Diese Auffassung ist seit der Anerkennung der Rechts- und Parteifähigkeit der GbR durch den BGH[299] (vgl. dazu oben RdNr. 8 f.) überholt.[300] Als rechtsfähige Personengesellschaft kann auch die GbR Gesellschafterin einer OHG sein. Vor BGHZ 146, 341[301] hatte der BGH bereits die Beteiligung der GbR als Kommanditistin an einer KG zugelassen.[302] Der Gesetzgeber hat dies mit der Neuregelung des § 162 Abs. 1 S. 2 bestätigt. Ein fehlendes Mindestkapital kann nicht gegen die Beteiligung der GbR an einer OHG vorgebracht werden, weil alle GbR-Gesellschafter analog § 128 persönlich haften. Auch die fehlende Registrierung der GbR ist letztlich nur ein Problem der Bezeichnung im Handelsregister. Die GbR ist als OHG-Gesellschafterin ebenso wie als Kommanditistin (vgl. § 162 Abs. 1 S. 2) und als Grundstückseigentümerin (§ 47 GBO)[303] unter Angabe der Namen aller Gesellschafter mit Rechtsformzusatz (Bsp.: Fantasia GbR, beste-

---

[286] BGH Urt. v. 9. 3. 1981 – II ZR 54/80, BGHZ 80, 129, 139 = NJW 1981, 1373, 1375; Staub/*Ulmer* RdNr. 93 mit weit. Nachweis; aA MünchKommHGB/*K. Schmidt* RdNr. 86.
[287] Staub/*Ulmer* RdNr. 93; *Hüffer*, AktG, 7. Aufl. 2006, § 41 RdNr. 10.
[288] BGH Urt. v. 8. 10. 1979 – II ZR 257/78, BGHZ 75, 178, 181 f. = NJW 1980, 233; Röhricht/Graf v. Westphalen/*v. Gerkan* RdNr. 61; teilw. abweichend Schlegelberger/*K. Schmidt* RdNr. 60: automatische Auflösung auch der OHG (KG) bei Auflösung der einzigen geschäfts- und vertretungsberechtigten Gesellschafterin; MünchKommHGB/*K. Schmidt* RdNr. 91.
[289] Baumbach/*Hopt* RdNr. 28.
[290] Dazu Palandt/*Heldrich* Anh. zu Art. 12 EGBGB RdNr. 2 ff., 6.
[291] BayObLG Beschl. v. 21. 3. 1986 – BReg. 3 Z 148/85, NJW 1986, 3029 ff.; OLG Saarbrücken Beschl. v. 21. 4. 1989 – 5 W 60/88, NJW 1990, 647 (beide Urteile zu ausländischen Gesellschaften mit Sitz im Ausland); OLG Frankfurt Beschl. v. 28. 7. 2006 – 20 W 191/06, NZG 2006, 830 f.; Schlegelberger/*K. Schmidt* RdNr. 58; MünchHdbGesR/*Happ* § 47 RdNr. 41 ff.; Röhricht/Graf v. Westphalen/*v. Gerkan* RdNr. 59; *Koller*/Roth/Morck RdNr. 17.
[292] Heute allg. Meinung, vgl. Schlegelberger/*K. Schmidt* RdNr. 65; MünchKommHGB/*K. Schmidt* RdNr. 92; H. P. *Westermann* RdNr. I 165.
[293] Heymann/*Emmerich* RdNr. 45.
[294] BGH Beschl. v. 6. 10. 1992 – KVR 24/91, BGHZ 119, 346, 356 = NJW 1993, 1265, 1267; Schlegelberger/*K. Schmidt* RdNr. 65; Staub/*Ulmer* RdNr. 95.
[295] Schlegelberger/*K. Schmidt* RdNr. 77; Röhricht/Graf v. Westphalen/*v. Gerkan* RdNr. 64.
[296] Schlegelberger/*K. Schmidt* RdNr. 77; Röhricht/Graf v. Westphalen/*v. Gerkan* RdNr. 64; Baumbach/*Hopt* RdNr. 28; *Koller*/Roth/Morck RdNr. 18.
[297] *Koller*/Roth/Morck RdNr. 18.
[298] Vgl. hierzu BGH Urt. v. 12. 12. 1966 – II ZR 41/65, BGHZ 46, 291, 296 = NJW 1967, 826; BGH Urt. v. 7. 7. 1986 – II ZR 167/85, WM 1986, 1280; s. ferner BGH Urt. v. 19. 2. 1990 – II ZR 42/89, NJW-RR 1990, 798, 799 = LM BGB § 705 Nr. 55.
[299] BGH Urt. v. 29. 1. 2001 – II ZR 331/00, BGHZ 146, 341 ff. = NJW 2001, 1056 ff.
[300] Vgl. *K. Schmidt* GesR § 46 I 1 b; MünchKommHGB/*K. Schmidt* RdNr. 96 ff.; H. P. *Westermann* RdNr. I 166; vgl. auch LG Berlin Beschl. v. 8. 4. 2003 – 102 T 6/03, NZG 2003, 580 f.: GbR als Komplementärin einer KG; hierzu auch *C. Schmidt*/*Bierly* NJW 2004, 1210 ff.; *Wertenbruch* NZG 2004, 408, 413.
[301] BGH Urt. v. 29. 1. 2001 – II ZR 331/00, BGHZ 146, 341 ff. = NJW 2001, 1056 ff.
[302] BGH Beschl. v. 16. 7. 2001 – II ZB 23/00, BGHZ 148, 291 = ZIP 2001, 1713 (1714); *Wertenbruch* BB 2001, 740 f.
[303] Vgl. dazu *Flume* Personengesellschaft S. 70; H. P. *Westermann*/*Wertenbruch* RdNr. I 231 ff.; *Wertenbruch* WM 2003, 1785 ff.

hend aus den Gesellschaftern A, B und C)³⁰⁴ einzutragen. Eingetragen ist dann die GbR als solche.

98   **3. Beteiligung eines nichtrechtsfähigen Vereins.** Die Beteiligungsfähigkeit liegt auch beim nichtrechtsfähigen Verein vor.³⁰⁵ Dies folgt unmittelbar aus der nunmehr anerkannten Rechts- und Parteifähigkeit der GbR und der Verweisung des § 54 BGB auf das Recht der GbR.³⁰⁶ Für die Eintragung des nichtrechtsfähigen Vereins in das Handelsregister gilt das Gleiche wie für die Eintragung der GbR als Gesellschafterin der OHG (vgl. RdNr. 97). Der nichtrechtsfähige Verein muss unter dem Namen aller Mitglieder eingetragen werden.³⁰⁷ Dass dies bei großer Mitgliederzahl zu praktischen Schwierigkeiten führt, ändert zum einen – wie bei der GbR – nichts an der generellen Beteiligungsfähigkeit. Zum anderen rechtfertigen die praktischen Schwierigkeiten nicht die Handelsregistereintragung nur unter einem eigenen Namen des seinerseits nicht registrierten Vereins.³⁰⁸ Denn die persönlich haftenden „Gesellschafter" des Vereins müssen ersichtlich sein.

99   **4. Innengesellschaft, stille Gesellschaft und Bruchteilsgemeinschaft.** Die Frage der Beteiligungsfähigkeit einer BGB-Innengesellschaft stellt sich in Wirklichkeit nicht. Tritt nämlich eine Innengesellschaft als solche einer OHG bei, so begründet sie nach außen ein Rechtsverhältnis mit Rechten und Pflichten mit der unmittelbaren Folge der Bildung eines Gesamthandsvermögens. Die Innengesellschaft wird daher unmittelbar mit dem Beitritt zu einer Außen-GbR.³⁰⁹ Die stille Gesellschaft ist eine Innengesellschaft.³¹⁰ Tritt der Inhaber des Handelsgeschäfts im Rahmen seines Gewerbebetriebs einer OHG bei, so ist der stille Gesellschafter weiterhin nur schuldrechtlich am Geschäft des Kaufmanns beteiligt. Die Bruchteilsgemeinschaft führt nicht zu einer personenrechtlichen Einheit, so dass im Falle des Beitritts einer solchen Gemeinschaft zu einer OHG in Wirklichkeit jeder einzelne Beteiligte der Gemeinschaft beitritt.³¹¹

100   **5. Erbengemeinschaft und Gütergemeinschaft.** Die Erbengemeinschaft ist – anders als die GbR – nicht rechtsfähig.³¹² Sie kann daher als solche nicht Gesellschafterin einer OHG/KG sein.³¹³ Bei Vererbung der Mitgliedschaft in einer OHG an mehrere Erben in ungeteilter Erbengemeinschaft tritt daher in Bezug auf jeden Erben eine Einzelrechtsnachfolge ein.³¹⁴ Von der Frage der Beteiligungsfähigkeit ist die Frage der Fortführung eines ererbten Handelsgeschäfts durch mehrere Miterben zu unterscheiden. Miterben können auch ohne gesellschaftlichen Zusammenschluss ein ererbtes Handelsgeschäft in ungeteilter Erbengemeinschaft ohne zeitliche Begrenzung fortführen. Die Erben können allerdings, um das Geschäft weiterzubetreiben, auch eine OHG gründen. Allein in dem Entschluss zur Geschäftsfortführung kann noch nicht der Abschluss eines Gesellschaftsvertrages gesehen werden. Es findet auch keine automatische Umwandlung in eine OHG statt.³¹⁵ Wenn der Erbengemeinschaft Elternteile und minderjährige Kinder angehören, ergeben sich Fragen des Minderjährigenschutzes, die in den §§ 1629a, 1793 Abs. 2 BGB geregelt sind. Im Übrigen wird auf § 1 RdNr. 62 und § 139 RdNr. 14 ff. verwiesen. Auch die Gütergemeinschaft kann sich mangels Rechtsfähigkeit nicht an einer OHG beteiligen.³¹⁶

---

³⁰⁴ Vgl. zu den Einzelheiten der Bezeichnung H. P. Westermann/*Wertenbruch* § 10; a. A. OLG Stuttgart Beschl. v. 9. 1. 2007 – 8 W 223/06, NZG 2007, 263 ff.
³⁰⁵ MünchKommHGB/*K. Schmidt* RdNr. 87; Baumbach/*Hopt* RdNr. 29; H. P. Westermann RdNr. I 167.
³⁰⁶ Baumbach/*Hopt* RdNr. 28; MünchHdbGesR/*Happ* § 47 RdNr. 37.
³⁰⁷ H. P. Westermann RdNr. I 167; MünchKommHGB/*K. Schmidt* RdNr. 87.
³⁰⁸ H. P. Westermann RdNr. I 167; MünchHdbGesR/*Happ* § 47 RdNr. 37; aA MünchKommHGB/*K. Schmidt* RdNr. 87 für nicht rechtsfähige Großvereine.
³⁰⁹ Vgl. Baumbach/*Hopt* RdNr. 29 („kann zu Außen-GbR werden").
³¹⁰ MünchHdbGesR/*Happ* § 47 RdNr. 40.
³¹¹ Schlegelberger/*K. Schmidt* RdNr. 79; MünchHdbGesR/*Happ* § 47 RdNr. 38.
³¹² BGH Urt. v. 11. 9. 2002 – XII ZR 187/00, NJW 2002, 3389; LG Berlin Urt. v. 8. 7. 2003 – 64 S 106/03, ZEV 2004, 428; Staudinger/*Werner* § 2032 RdNr. 4; MünchKommBGB/*Heldrich* § 2032 RdNr. 12; aA *Flume* Personengesellschaft S. 59 Fn. 48; *Grunewald* AcP 97 (1997), S. 305 ff.; *Ann*, Die Erbengemeinschaft, 2001, S. 394 ff.
³¹³ BGH Urt. v. 22. 11. 1956 – II ZR 222/55, BGHZ 22, 186, 192 = NJW 1957, 180; BGH Urt. v. 10. 2. 1977 – II ZR 120/75, BGHZ 68, 225, 237 = NJW 1977, 1339; 1342; BGH Urt. v. 4. 5. 1983 – IVa 229/81, NJW 1983, 2376, 2377; Staub/*Ulmer* RdNr. 98 f.; MünchHdbGesR/*Happ* § 47 RdNr. 35 f.; H. P. Westermann RdNr. I 170; aA Schlegelberger/*K. Schmidt* RdNr. 78; MünchKommHGB/*K. Schmidt* RdNr. 104.
³¹⁴ BGH Urt. v. 10. 2. 1977 – II ZR 120/75, BGHZ 68, 225, 237 = NJW 1977, 1339, 1342.
³¹⁵ Zum Ganzen BGH Urt. v. 8. 10. 1984 – II ZR 223/83, BGHZ 92, 259, 262 ff. = NJW 1985, 136 ff.; Staub/*Ulmer* RdNr. 55 ff.; Röhricht/Graf v. Westphalen/*v. Gerkan* RdNr. 37; *K. Schmidt* HandelsR § 5 I 3 b.
³¹⁶ BayObLG Beschl. v. 22. 1. 2003 – 3Z BR 238/02, ZIP 2003, 480; MünchKommHGB/*K. Schmidt* RdNr. 105; Staub/*Ulmer* RdNr. 100; Baumbach/*Hopt* RdNr. 29.

F. Sondergestaltungen

Neueres Schrifttum (Auswahl):

Zur Treuhand: *Armbrüster,* Die treuhänderische Beteiligung an Gesellschaften, 2001; *Blaurock,* Unterbeteiligung und Treuhand an Gesellschaftsanteilen, 1981; *Brömmelmeyer,* Fehlerhafte Treuhand? – Die Haftung der Treugeber bei der mehrgliedrigen Treuhand an Beteiligungen, NZG 2006, 529; *Eden,* Treuhandschaft an Unternehmen und Unternehmensanteilen, 2. Aufl. 1989; *Mathews/Liebich,* Treuhand und Treuhänder in Recht und Wirtschaft, 2. Aufl. 1983; *Tebben,* Die qualifizierte Treuhand im Personengesellschaftsrecht, ZGR 2001, 586.

Zum Nießbrauch: *Baumann,* Der Nießbrauch am Anteil einer Einmann-Personengesellschaft, NZG 2005, 919; *Gschwendtner,* Nießbrauchsbestellung am Anteil einer Personengesellschaft, NJW 1995, 1875; *Hepp-Schwab,* Die Mitgliedschaft des Personengesellschafters und der Nießbrauch an seinem Gesellschaftsanteil, 1998; *U. Huber,* Vermögensanteil, Kapitalanteil und Gesellschaftsanteil an Personengesellschaften des Handelsrechts, 1970, S. 413; *Kruse,* Nießbrauch an der Beteiligung an einer Personengesellschaft, RNotZ 2002, 69; *Petzold,* Nießbrauch an Personengesellschaftsanteilen, DStR 1992, 1171; *K. Schmidt,* Stimmrecht beim Anteilsnießbrauch, ZGR 1999, 601; *Schön,* Der Nießbrauch am Gesellschaftsanteil, ZHR 158 (1994), 229; H. P. Westermann/*Wertenbruch,* Handbuch der Personengesellschaften, 38. Lieferung 2007, RdNr. I 676 ff.

I. Treuhand am Gesellschaftsanteil

1. Gestaltungsformen. Treuhandverhältnisse an Personengesellschaftsanteilen bestehen in verschiedenen Formen.[317] Der Funktion nach sind vor allem die uneigennützige oder Verwaltungstreuhand und die eigennützige oder Sicherungstreuhand[318] zu unterscheiden. In der Rechtspraxis steht die **Verwaltungstreuhand in der Form der fiduziarischen Vollrechtstreuhand im Vordergrund.** Diese liegt vor, wenn einem Treuhänder eine Beteiligung übertragen wird mit der Maßgabe, dass er die Rechte daraus nur nach den Vorgaben eines mit dem Treugeber geschlossenen schuldrechtlichen Treuhandvertrags ausüben darf.[319] Es ist weiter zwischen **offener und verdeckter Treuhand** zu unterscheiden, je nachdem, ob das Treuhandverhältnis gegenüber den Mitgesellschaftern offengelegt worden ist oder nicht.[320]

2. Begründung der Treuhand. Bei der von der Vereinbarungstreuhand und Erwerbstreuhand[321] zu unterscheidenden **Übertragungstreuhand** bedarf die „dingliche" Übertragung (Abtretung gem. §§ 398, 413) des Anteils der Zustimmung der Mitgesellschafter, sofern nicht schon der Gesellschaftsvertrag eine Übertragung ohne eine besondere Zustimmung gestattet.[322] Der schuldrechtliche Treuhandvertrag stellt einen **Geschäftsbesorgungsvertrag** mit Dienstvertragscharakter oder einen Auftrag (§§ 675 Abs. 1, 662 ff. BGB) dar.[323] Der Treuhandvertrag ist grundsätzlich nicht formbedürftig, vgl. aber für die Schenkung § 518 BGB.[324] Bei minderjährigen Treugebern kann gem. § 1822 Nr. 3 BGB eine Genehmigung des Familien- bzw. Vormundschaftsgerichts erforderlich sein.[325]

3. Rechtsstellung des Treuhänders. Der Treuhänder ist bei der fiduziarischen Vollrechtstreuhand **Gesellschafter,** so dass er grundsätzlich ohne Einschränkung Zuordnungssubjekt für die Rechte und Pflichten aus der Mitgliedschaft ist.[326] Er hat daher auch Treuepflichten (§ 109 RdNr. 20 ff.) gegenüber der Gesellschaft und den Mitgesellschaftern zu beachten. Die persönliche Haftung nach § 128 trifft unmittelbar den Treuhänder. Aus dem **Innenverhältnis** ergibt sich jedoch in aller Regel ein Anspruch des Treuhänders gegen den Treugeber auf **Freistellung bzw. Aufwen-**

---

[317] Vgl. zu den Arten der Treuhand: *Eden* Treuhandschaft, S. 174 f.; MünchKommHGB/*K. Schmidt* Vor § 230 RdNr. 34 ff.
[318] Bei der Sicherungstreuhand dient die Beteiligung als Kreditsicherungsmittel. Zur Sicherungstreuhand an einem Kommanditanteil vgl. BGH Urt. v. 30. 6. 1980 – II ZR 219/79, BGHZ 77, 392 = NJW 1980, 2708.
[319] MünchKommHGB/*K. Schmidt* Vor § 230 RdNr. 36.
[320] MünchKommHGB/*K. Schmidt* Vor § 230 RdNr. 43; Heymann/*Emmerich* RdNr. 47.
[321] Vgl. dazu MünchKommHGB/*K. Schmidt* Vor § 230 RdNr. 52.
[322] BGH Urt. v. 11. 4. 1957 – II ZR 182/55, BGHZ 24, 106, 114 = NJW 1957, 1025, 1028; MünchKommHGB/*K. Schmidt* Vor § 230 RdNr. 53; Staub/*Ulmer* RdNr. 106; Heymann/*Emmerich* RdNr. 50; Baumbach/*Hopt* RdNr. 32.
[323] BGH Urt. v. 26. 10. 1993 – XI ZR 42/93, WM 1994, 14, 16; MünchKommHGB/*K. Schmidt* Vor § 230 RdNr. 51; *Eden* Treuhandschaft S. 39 f.; Heymann/*Emmerich* RdNr. 51.
[324] Heymann/*Emmerich* RdNr. 51.
[325] Heymann/*Emmerich* RdNr. 51; Baumbach/*Hopt* RdNr. 32.
[326] BGH Urt. v. 10. 11. 1951 – II ZR 111/50, BGHZ 3, 354, 360 = NJW 1952, 178; BGH Urt. v. 30. 6. 1980 – II ZR 219/79, BGHZ 77, 392, 395 = NJW 1980, 2708; BGH Urt. v. 23. 6. 2003 – II ZR 46/02, ZIP 2003, 1702 = NJW-RR 2003, 1392; MünchKommHGB/*K. Schmidt* Vor § 230 RdNr. 57; Heymann/*Emmerich* RdNr. 52.

dungsersatz.[327] Die Eintragung eines **Treuhandvermerks** in das Handelsregister ist nicht zulässig.[328] Der Treuhänder übt als Gesellschafter das Stimmrecht aus.[329] Eine im Treuhandvertrag enthaltene **Stimmrechtsbindung** wirkt grundsätzlich nur im Innenverhältnis, nicht gegenüber der Gesellschaft.[330] Für die Zulässigkeit der Stimmrechtsbindung gelten die allgemeinen Grundsätze (vgl. § 119 RdNr. 21 f.). Die Stimmabgabe nach Maßgabe der Treuhandabrede kann gegen die gesellschaftsrechtliche Treuepflicht verstoßen.[331]

104 Aufgrund seiner Gesellschafterstellung stehen dem Treuhänder ferner die mitgliedschaftlichen **Informationsrechte** (§§ 118, 166) zu.[332] Zudem ist er für Gestaltungsklagen (§§ 117, 127, 133, 140) aktiv- und passivlegitimiert.[333] Der Treuhänder kann als Vollrechtsinhaber mit Zustimmung der Mitgesellschafter oder auf Grund Gestattung im Gesellschaftsvertrag über den Anteil **verfügen.**[334]

105 **4. Veräußerungsverbot für den Treuhänder.** Ein im Treuhandvertrag vereinbartes Veräußerungsverbot hat gem. § 137 BGB nur schuldrechtliche Wirkung.[335] Der Treugeber wird danach im Verhältnis zum Erwerber nur im Rahmen der §§ 138, 823 Abs. 2, 826 BGB geschützt.[336] Nach den genannten deliktischen Anspruchsgrundlagen kann der Treugeber auch vom Dritten Naturalrestitution, dh. Rückübertragung an den Treuhänder verlangen. Die Regeln über den Missbrauch der Vertretungsmacht sind dagegen nicht anwendbar.[337] Denn die Befugnis zur Verfügung über ein eigenes Recht kann bis zur Grenze der §§ 138, 826 BGB nicht durch vertragliche Vereinbarungen beschränkt werden. Das Erkennenmüssen einer schuldrechtlichen Bindung genügt daher nicht. Der Anspruch des Treugebers auf Unterlassung einer Veräußerung kann nach allgemeinen Grundsätzen durch ein gerichtliches Veräußerungsverbot gesichert werden.[338]

106 **5. Innenverhältnis.** Der Treuhänder ist auf Grund des Treuhandvertrags an **Weisungen des Treugebers** gebunden, soweit deren Ausführung nicht gegen Gesetz, Gesellschaftsvertrag oder die Treuepflicht verstößt. Er schuldet dem Treugeber Auskunft und Rechenschaft. Der Treugeber ist zur Leistung von Vorschüssen und zum Ersatz von Aufwendungen verpflichtet. Für die schuldhafte **Verletzung seiner Pflichten** aus dem Treuhandvertrag haftet der Treuhänder dem Treugeber aus § 280 Abs. 1.[339]

107 **6. Der treuhänderisch gehaltene Anteil in Zwangsvollstreckung und Insolvenz.** Gegen eine Zwangsvollstreckung in das Treugut durch Privatgläubiger des Treuhänders wird der Treugeber durch die Möglichkeit einer Drittwiderspruchsklage (§ 771 ZPO) geschützt.[340] Der treuhänderisch gehaltene Gesellschaftsanteil ist haftungsrechtlich dem Treugeber zuzuordnen. Die Drittwiderspruchsklage kann allerdings dann nicht erfolgreich erhoben werden, wenn Gläubiger des Treugebers den Gesellschaftsanteil pfänden. Im Insolvenzverfahren des Treuhänders steht dem Treugeber ein Aussonderungsrecht (§ 47 InsO) zu.[341]

---

[327] BGH Urt. v. 28. 1. 1980 – II ZR 250/78, BGHZ 76, 127, 130 f. = NJW 1980, 1163; Schlegelberger/*K. Schmidt* Vor § 230 RdNr. 52, 53; MünchKommHGB/*K. Schmidt* Vor § 230 RdNr. 58, 59; Staub/*Ulmer* RdNr. 105; Heymann/*Emmerich* RdNr. 52.

[328] MünchKommHGB/*K. Schmidt* Vor § 230 RdNr. 57; Staub/*Ulmer* RdNr. 105.

[329] BGH Urt. v. 10. 11. 1951 – II ZR 111/50, BGHZ 3, 354, 360 = NJW 1952, 178; Schlegelberger/*K. Schmidt* Vor § 230 RdNr. 54; MünchKommHGB/*K. Schmidt* Vor § 230 RdNr. 61.

[330] Schlegelberger/*K. Schmidt* Vor § 230 RdNr. 56; MünchKommHGB/*K. Schmidt* Vor § 230 RdNr. 63; Baumbach/*Hopt* RdNr. 33.

[331] BGH Urt. v. 10. 11. 1951 – II ZR 111/50, BGHZ 3, 354, 360; *Blaurock,* Unterbeteiligung, S. 134; MünchKommHGB/*K. Schmidt* Vor § 230 RdNr. 72.

[332] Schlegelberger/*K. Schmidt* Vor § 230 RdNr. 60; MünchKommHGB/*K. Schmidt* Vor § 230 RdNr. 67; *Koller*/Roth/Morck RdNr. 20.

[333] Schlegelberger/*K. Schmidt* Vor § 230 RdNr. 59; MünchKommHGB/*K. Schmidt* Vor § 230 RdNr. 66.

[334] Schlegelberger/*K. Schmidt* Vor § 230 RdNr. 62; MünchKommHGB/*K. Schmidt* Vor § 230 RdNr. 69; Staub/*Ulmer* RdNr. 107.

[335] BGH Urt. v. 4. 4. 1968 – II ZR 26/67, NJW 1968, 1471; vgl. auch Urt. v. 4. 11. 1976 – II ZR 50/75, WM 1977, 525, 527.

[336] BGH Urt. v. 4. 4. 1968 – II ZR 26/67, NJW 1968, 1471; BGH Urt. v. 4. 11. 1976 – II ZR 50/75, WM 1977, 525, 527.

[337] BGH Urt. v. 4. 4. 1968 – II ZR 26/67, NJW 1968, 1471; BGH Urt. v. 4. 11. 1976 – II ZR 50/75, WM 1977, 525, 527; BGH Urt. v. 5. 2. 1990 – II ZR 309/88, NJW-RR 1990, 737 = WM 1990, 638, 639; aA MünchKommHGB/*K. Schmidt* Vor § 230 RdNr. 69; *K. Schmidt* GesR § 61 III 3 a; Staub/*Ulmer* RdNr. 107; Baumbach/*Hopt* RdNr. 33.

[338] BGH Beschl. v. 6. 2. 1962 – V BLw 26/61, LM § 137 BGB Nr. 2; BayObLG Beschl. v. 16. 11. 1977 – BReg. 2 Z 62/77, NJW 1978, 700; Palandt/*Heinrichs* § 137 RdNr. 6.

[339] MünchKommHGB/*K. Schmidt* Vor § 230 RdNr. 72 ff.; Heymann/*Emmerich* RdNr. 53; Baumbach/*Hopt* RdNr. 35.

[340] BGH Urt. v. 28. 6. 1978 – VII ZR 60/77, BGHZ 72, 141, 143 ff. = NJW 1978, 1859 f.; Musielak/*Lackmann* ZPO, 3. Aufl. 2005, § 771 RdNr. 21; Baumbach/Lauterbach/Albers/*Hartmann* § 771 ZPO RdNr. 22; MünchKommHGB/*K. Schmidt* Vor § 230 RdNr. 80; Heymann/*Emmerich* RdNr. 55; Baumbach/*Hopt* RdNr. 36.

[341] BGH Urt. v. 19. 11. 1992 – IX ZR 219/57, ZIP 1993, 213, 214; BGH Urt. v. 7. 4. 1959 – VIII ZR 219/57, WM 1959, 686, 687; BGH Urt. v. 3. 3. 1969 – AnwSt (R) 5/68, NJW 1969, 942; *Uhlenbruck,* InsO, 12. Aufl. 2003, § 47

7. Verhältnis des Treugebers zur Gesellschaft und den anderen Gesellschaftern. Zwischen dem Treugeber und der Gesellschaft sowie den anderen Gesellschaftern bestehen bei der **verdeckten Treuhand** grundsätzlich keine Rechtsbeziehungen.[342] Dagegen können bei der **offenen Treuhand** dem Treugeber durch den Gesellschaftsvertrag oder mit (nachträglicher) Zustimmung sämtlicher Gesellschafter unmittelbare Rechte und Ansprüche gegen die Gesellschaft (zB Kontroll- und Überwachungsrechte, Anweisungsbefugnisse) zugebilligt und sogar der Treugeber so gestellt werden, als wäre er Gesellschafter.[343] Ein Verstoß gegen das Abspaltungsverbot (dazu § 109 RdNr. 8 ff.) liegt nicht vor.[344]

8. Beendigung des Treuhandverhältnisses. Die Beendigung des Treuhandverhältnisses richtet sich in erster Linie nach dem schuldrechtlichen Vertrag und tritt auf Grund Zeitablaufs, Eintritts einer vereinbarten Bedingung oder auf Grund ordentlicher oder außerordentlicher Kündigung ein.[345] Der Treuhänder ist zur **Rückübertragung** des Gesellschaftsanteils an den Treugeber verpflichtet. Ein automatischer Rückfall findet – außer bei Vereinbarung einer aufschiebend bedingten Rückübertragung oder auflösend bedingten Übertragung – nicht statt.[346] In der Zustimmung der Mitgesellschafter zur treuhänderischen Übertragung des Gesellschaftsanteils liegt zugleich die unwiderrufliche Einwilligung zur Rückübertragung auf den Treugeber.[347]

II. Nießbrauch

1. Grundsätze. Der Nießbrauch an Gesellschaftsanteilen einer OHG oder KG ist zulässig.[348] Es handelt sich um einen **Nießbrauch an einem Recht** iS der §§ 1068 ff. BGB. Das Abspaltungsverbot des § 717 BGB (§ 109 RdNr. 8 ff.) bildet kein Hindernis für den Nießbrauch am Anteil einer Personengesellschaft.[349] Der Nießbraucher erhält ein dingliches Nutzungsrecht (vgl. zum Umfang RdNr. 112 ff.). Er wird aber nicht Gesellschafter. Ist er schon Mitglied einer Personengesellschaft, so kommen zu den Rechten aus der Gesellschafterstellung die Rechte aus dem Nießbrauch hinzu. Dem Nießbraucher stehen seine Rechte aus dem Nießbrauch nicht nur gegen den Besteller, sondern auch gegen dessen Mitgesellschafter zu. Von der Treuhand unterscheidet sich der Nießbrauch dadurch, dass er nur eine **dingliche Belastung** des Gesellschaftsanteils, nicht aber eine Vollrechtsübertragung darstellt.[350] Allerdings kann der Besteller, über die gesetzliche Ausgestaltung des Nießbrauchs hinausgehend, mit Zustimmung der übrigen Gesellschafter für die Dauer des Nießbrauchs seine volle Rechtsstellung als Gesellschafter auf den Nießbraucher übertragen.[351] Es handelt sich dann aber nicht um einen echten Nießbrauch nach den §§ 1030, 1068 ff. BGB, sondern um eine Variante der eigennützigen Treuhand.[352] Die **Unterbeteiligung** (§ 230 RdNr. 91 ff.) ist anders als der Nießbrauch keine dingliche Belastung, sondern begründet nur ein Schuldverhältnis zwischen dem Gesellschafter und dem Unterbeteiligten.

RdNr. 33; MünchKommInsO/*Ganter* § 47 RdNr. 359; MünchKommHGB/*K. Schmidt* Vor § 230 RdNr. 81; Heymann/*Emmerich* RdNr. 55; Baumbach/*Hopt* RdNr. 36.

[342] Schlegelberger/*K. Schmidt* Vor § 230 RdNr. 69; MünchKommHGB/*K. Schmidt* Vor § 230 RdNr. 78; Staub/*Ulmer* RdNr. 102 f.; Heymann/*Emmerich* RdNr. 49.

[343] BGH Urt. v. 13. 5. 1953 – II ZR 157/52, BGHZ 10, 44, 49 f. = NJW 1953, 1548; BGH Urt. v. 30. 3. 1987 – II ZR 163/86, NJW 1987, 2677; BGH Urt. v. 23. 6. 2003 – II ZR 46/02, DB 2003, 2278 = NJW-RR 2003, 1392; MünchKommHGB/*K. Schmidt* Vor § 230 RdNr. 78; Staub/*Ulmer* RdNr. 106; Heymann/*Emmerich* RdNr. 49; Baumbach/*Hopt* RdNr. 34.

[344] BGH Urt. v. 30. 3. 1987 – II ZR 163/86, NJW 1987, 2677; MünchKommHGB/*K. Schmidt* Vor § 230 RdNr. 62; Staub/*Ulmer* RdNr. 106; MünchKommHGB/*Ulmer* § 705 RdNr. 91 f.; Baumbach/*Hopt* RdNr. 34.

[345] Schlegelberger/*K. Schmidt* Vor § 230 RdNr. 78 f.; MünchKommHGB/*K. Schmidt* Vor § 230 RdNr. 87; Heymann/*Emmerich* RdNr. 56; Baumbach/*Hopt* RdNr. 37.

[346] BGH Urt. v. 30. 6. 1980 – II ZR 219/79; BGHZ 77, 392, 395 = NJW 1980, 2708; Schlegelberger/*K. Schmidt* Vor § 230 RdNr. 82, 83; MünchKommHGB/*K. Schmidt* Vor § 230 RdNr. 91, 92; Baumbach/*Hopt* RdNr. 37.

[347] BGH Urt. v. 22. 4. 1985 – II ZR 151/84, WM 1985, 1143, 1144; Schlegelberger/*K. Schmidt* Vor § 230 RdNr. 85; MünchKommHGB/*K. Schmidt* Vor § 230 RdNr. 93; Baumbach/*Hopt* RdNr. 37.

[348] BGH Urt. v. 20. 4. 1972 – II ZR 143/69, BGHZ 58, 316, 318 f. = NJW 1972, 1755 f.; BGH Urt. v. 12. 12. 1974 – II ZR 166/72, LM § 109 Nr. 12 = BB 1975, 295; BGH Urt. v. 9. 11. 1998 – II ZR 213/97, NJW 1999, 571, 572; *U. Huber* Vermögensanteil S. 413 ff.; MünchKommHGB/*K. Schmidt* Vor § 230 RdNr. 14; Staub/*Ulmer* RdNr. 119; Heymann/*Emmerich* RdNr. 65; Baumbach/*Hopt* RdNr. 44; H. P. Westermann/*Wertenbruch* RdNr. I 677; *Schön* ZHR 158 (1994), 229, 236 ff.

[349] BGH Beschl. v. 3. 7. 1989 – II ZB 1/89, BGHZ 108, 187, 199 = NJW 1989, 3152, 3155; *U. Huber* Vermögensanteil S. 416; *Flume* Personengesellschaft S. 221, 361 ff.; *K. Schmidt* GesR § 19 III 4 b; Staub/*Ulmer* RdNr. 114; H. P. Westermann/*Wertenbruch* RdNr. I 681; *Schön* ZHR 158 (1994), 229, 252 f.

[350] *K. Schmidt* GesR § 61 II 1 b; Staub/*Ulmer* RdNr. 116.

[351] BGH Urt. v. 12. 12. 1974 – II ZR 166/72, LM § 109 Nr. 12 = BB 1975, 295 unter 3; H. P. Westermann/*Wertenbruch* RdNr. I 681.

[352] Schlegelberger/*K. Schmidt* Vor § 230 RdNr. 7; MünchKommHGB/*K. Schmidt* RdNr. 12 .

111 **2. Bestellung des Nießbrauchs.** Die Bestellung des Nießbrauchs erfolgt **formlos** nach § 1069 Abs. 1 BGB. Sie muss – wie eine Anteilsübertragung – im Gesellschaftsvertrag zugelassen sein oder im konkreten Fall mit **Zustimmung aller Gesellschafter** erfolgen. Für die Zulässigkeit der Nießbrauchsbestellung genügt es nicht, dass der Gesellschaftsvertrag die Übertragung des Anteils gestattet. Denn die mit dem Nießbrauch verbundene Aufspaltung der Mitverwaltungsrechte zwischen Nießbraucher und Besteller (Gesellschafter) berührt die Interessen der Mitgesellschafter in anderer Weise als die Vollrechtsübertragung.[353] Der Gesellschaftsvertrag kann eine Mehrheitsentscheidung vorsehen.[354] Die Begründung des Nießbrauchs am Gesellschaftsanteil eines **Minderjährigen** bedarf der Genehmigung des Familiengerichts bzw. des Vormundschaftsgerichts nach § 1822 Nr. 3 BGB.[355]

112 **3. Rechtsstellung des Nießbrauchers. a) Vermögensrechte des Nießbrauchers.** Diesem steht das Recht zu, die Erträge und sonstige Vorteile zu ziehen, die der Personengesellschaftsanteil bestimmungsgemäß gewährt (§§ 1068 Abs. 2, 1030 BGB iVm. §§ 99 Abs. 2, 100 Alt. 2 BGB). Dazu gehören die nach Gesetz und Gesellschaftsvertrag sowie festgestelltem Jahresabschluss **entnahmefähigen Gewinne**[356] einschließlich Zinsen, die von der Gesellschaft zu Lasten des Gesellschaftsvermögens auf die Guthaben von Gesellschafterforderungskonten gewährt werden.[357] Dagegen hat der Nießbraucher keinen Anspruch auf nicht entnahmefähige Gewinne, die als Rücklage auf ein Kapitalkonto (Rücklagekonto) gebucht oder zur Kapitalerhöhung aus Gesellschaftsmitteln verwendet werden.[358] **Außerordentliche Erträge** aus der Veräußerung von Anlagevermögen können durch Gesellschafterbeschluss von der Ausschüttung ausgenommen und auf Rücklagekonten gebucht werden. Der Nießbraucher hat insoweit kein Widerspruchsrecht, er wird nur durch § 138 BGB geschützt.[359] Bei einer **Erhöhung des Kapitalanteils** (Stand der Einlage[360]) aus Gesellschaftsmitteln oder durch Erbringung von Einlagen kann der Nießbraucher nicht den „zusätzlichen" Anteil für sich beanspruchen.[361] Im Falle der Erhöhung des Kapitalanteils (Einlage) aus Gesellschaftsmitteln gebühren dem Nießbraucher allerdings auch die Erträge des erhöhten Anteils, während sie im Zweifel dem belasteten Gesellschafter zustehen, wenn er die Erhöhung durch Einzahlung bewirkt hat.[362] Abweichende Vereinbarungen können im Rahmen der Nießbrauchsbestellung getroffen werden.[363] Das gewinnunabhängige **Entnahmerecht** nach § 122 Abs. 1[364] betrifft nicht den Ertrag des Gesellschaftsanteils und steht daher nur dem Gesellschafter zu.[365]

113 Die **Lasten des Anteils** hat – vorbehaltlich abweichender Vereinbarungen – der Nießbraucher zu tragen (vgl. § 1047 BGB).[366] **Verluste** treffen den Gesellschafter als Besteller des Nießbrauchs.[367] Wenn die Gesellschaft liquidiert wird oder der Besteller ausscheidet, setzt sich der Nießbrauch nicht generell entsprechend §§ 1074, 1075 BGB kraft Surrogation am **Auseinandersetzungsguthaben** des Bestellers fort.[368]

---

[353] Schön ZHR 158 (1994), 229, 253 f.; Staub/*Ulmer* RdNr. 119; MünchKommBGB/ *Pohlmann* § 1068 RdNr. 33; Baumbach/*Hopt* RdNr. 44; H. P. Westermann/*Wertenbruch* RdNr. I 678 a; aA MünchKommHGB/ *K. Schmidt* Vor § 320RdNr. 16; Heymann/*Emmerich* RdNr. 66.
[354] Vgl. MünchKommBGB/*Pohlmann* § 1068 RdNr. 33; vgl. zur Ermächtigungsgrundlage BGH Urt. v. 15. 1. 2007 – II ZR 245/05, NZG 2007, 259 ff.; Wertenbruch ZIP 2007, 798,799.
[355] MünchHdbGesR/*Hohaus* § 66 RdNr. 17; H. P. Westermann/*Wertenbruch* RdNr. I 679 b mit weit. Nachw.
[356] BGH Urt. v. 20. 4. 1972 – II ZR 143/69, BGHZ 58, 316, 320 f. = NJW 1972, 1755, 1756 unter II 2; allgM., vgl. etwa Schön ZHR 158 (1994), 229, 240; H. P. Westermann/*Wertenbruch* RdNr. I 682 a.
[357] BGH Urt. v. 20. 5. 1985 – II ZR 259/84, WM 1985, 1343 f.; H. P. Westermann/*Wertenbruch* RdNr. I 682 a.
[358] BGH Urt. v. 20. 4. 1972 – II ZR 143/69, BGHZ 58, 316, 320 = NJW 1972, 1755, 1756; BGH Urt. v. 12. 12. 1974 – II ZR 166/72, LM § 109 Nr. 12 = BB 1975, 295; U. Huber Vermögensanteil S. 416; Staub/*Ulmer* RdNr. 121; Heymann/*Emmerich* RdNr. 67 a; Baumbach/*Hopt* RdNr. 45; H. P. Westermann/*Wertenbruch* RdNr. I 682 h; aA Schön ZHR 158 (1994), 229, S. 241 ff., der dem Nießbraucher einen Wertausgleich analog § 1049 Abs. 1 BGB gewähren will; dagegen MünchKommBGB/*Ulmer* § 705 RdNr. 103; H. P. Westermann/*Wertenbruch* RdNr. I 682 h.
[359] BGH Urt. v. 12. 12. 1974 – II ZR 166/72, LM § 109 Nr. 12 = BB 1975, 295.
[360] U. Huber Vermögensanteil S. 150.
[361] BGH Urt. v. 20. 4. 1972 – II ZR 143/69, BGHZ 58, 316, 320 f. = NJW 1972, 1755, 1756; U. Huber Vermögensanteil S. 416; Staub/*Ulmer* RdNr. 121; H. P. Westermann/*Wertenbruch* RdNr. I 682 f. mit weit. Nachw.
[362] BGH Urt. v. 27. 9. 1982 – II ZR 140/81, GmbHR 1983, 148, 149; Staub/*Ulmer* RdNr. 121; MünchKommBGB/ *Pohlmann* § 1068 RdNr. 42 betr. KG-Anteil; Heymann/*Emmerich* RdNr. 67 b; MünchHdbGesR/*Hohaus* § 66 RdNr. 21; H. P. Westermann/*Wertenbruch* RdNr. I 682 g.
[363] Staub/*Ulmer* RdNr. 121; H. P. Westermann/*Wertenbruch* RdNr. I 682 g.
[364] Vgl. dazu § 122 RdNr. 25 ff. und H. P. Westermann/*Wertenbruch* RdNr. I 632 ff.
[365] Staub/*Ulmer* RdNr. 122; H. P. Westermann/*Wertenbruch* RdNr. I 682 d, e; bei Ausübung aber Erfassung durch Nießbrauch H. P. Westermann/*Wertenbruch* RdNr. I 682 d mit weit. Nachw.
[366] Heymann/*Emmerich* RdNr. 67 c.
[367] Staub/*Ulmer* RdNr. 121; Heymann/*Emmerich* RdNr. 67 c; MünchKommBGB/*Pohlmann* § 1068 RdNr. 67 betr. KG.
[368] H. P. Westermann/*Wertenbruch* RdNr. I 682 j; MünchKommHGB/*K. Schmidt* Vor § 230 RdNr. 19; für generelle Erstreckung: Staub/*Ulmer* RdNr. 123; MünchKommBGB/*Ulmer* § 705 RdNr. 105; MünchHdbGesR/*Hohaus* § 66

b) Verwaltungsrechte. Das Gesetz enthält – von der Ausnahmevorschrift des § 1071 BGB abgesehen – keine Regelungen über die Aufteilung der Befugnisse zwischen Nießbraucher und Gesellschafter. Für die Vertragsgestaltung zu empfehlen sind daher Abgrenzungen im Gesellschaftsvertrag oder im Rahmen der Nießbrauchsbestellung. Soweit dem Nießbraucher Verwaltungsbefugnisse eingeräumt werden, ist allerdings eine Zustimmung der anderen Gesellschafter erforderlich. Bei Fehlen solcher Vereinbarungen gilt der **Grundsatz,** dass die Verwaltungsrechte **ausschließlich dem Gesellschafter** zustehen.[369] Dies folgt auch daraus, dass die persönliche Haftung aus § 128 den Gesellschafter trifft (vgl. RdNr. 116). Dies gilt auch für laufende Angelegenheiten.[370] Auch insoweit steht das Stimmrecht ausschließlich dem Gesellschafter zu.[371] Das Gleiche gilt für die Beschlussfassung über den Jahresabschluss.[372] Dem Nießbraucher stehen allerdings **Informations- und Kontrollrechte** zur Sicherung seines Fruchtziehungsrechts zu.[373] Der Verbleib der Verwaltungs- und Stimmrechte beim Gesellschafter ändert aber nichts daran, dass der Nießbrauch – ebenso wie ein Pfandrecht (vgl. dazu RdNr. 168 ff.) – den gesamten Gesellschaftsanteil erfasst. 114

c) Außergewöhnliche Maßnahmen. Bei außergewöhnlichen Beschlüssen und sonstigen Maßnahmen ist trotz alleiniger Zuständigkeit des Gesellschafters zusätzlich gem. § 1071 BGB die Zustimmung des Nießbrauchers erforderlich, wenn der Nießbrauch unmittelbar in seinem Bestand nachteilig betroffen wird. Der Nießbraucher hat aber solche Beschlüsse der Gesellschafter ohne seine Zustimmung hinzunehmen, die von der Gesellschaftermehrheit auch ohne oder gegen die Stimme des Gesellschafters gefasst werden können.[374] Insoweit stehen dem Nießbraucher nicht mehr Rechte zu als dem Gesellschafter. 115

4. Keine Außenhaftung des Nießbrauchers. Die persönliche Haftung gem. § 128 trifft nur den Gesellschafter. Der Nießbraucher unterliegt im Außenverhältnis keiner Mithaftung und ist daher auch **nicht im Handelsregister einzutragen.**[375] 116

5. Sonderformen des Nießbrauchs. An den nach § 717 S. 2 BGB **selbständig übertragbaren** vermögensrechtlichen Ansprüchen, also insbesondere bezüglich des entnahmefähigen Gewinns, kann ein Nießbrauch ohne Zustimmung der Mitgesellschafter bestellt werden.[376] Denn insoweit ist der Gesellschafter auch ohne weiteres zur Abtretung befugt. Dagegen ist ein separater Nießbrauch an einem **„Gewinnstammrecht"** als Bestandteil des Mitgliedschaftsrechts nicht anzuerkennen.[377] Im Ergebnis besteht ein Nießbrauch am Gewinnbezugsrecht dadurch, dass der Nießbrauch so nunmehr hM zwar am gesamten Anteil besteht, dem Nießbraucher aber nur die ausgeschütteten Gewinne gebühren (vgl. oben RdNr. 112). 117

RdNr. 23; abweichend *Schön* ZHR 158 (1994), 229, 245 ff.: Bei Mehrheitsgesellschaftsanteil steht Nießbraucher der bei der Abfindung oder Auseinandersetzung anfallende Überschuss selbst zu.

[369] Ebenso OLG Koblenz Urt. v. 16. 1. 1992 – 6 U 963/91, NJW 1992, 2163, 2164 f. *H. P. Westermann/Wertenbruch* RdNr. I 683; *K. Schmidt* ZGR 1999, 601, 609 f.; MünchHdbGesR/*Hohaus* § 66 RdNr. 30; MünchKommBGB/*Pohlmann* § 1068 RdNr. 82; aA MünchKommBGB/*Ulmer* § 705 RdNr. 99 ff.; Staub/*Ulmer* RdNr. 124 ff.; Baumbach/*Hopt* RdNr. 46; für gemeinschaftliche Ausübung des Stimmrechts *Schön* ZHR 158 (1994), 229, 261 f. Vgl. dazu auch BGH Urt. v. 9. 11. 1998 – II ZR 213/97, NJW 1999, 571 f.

[370] OLG Koblenz Urt. v. 16. 1. 1992 – 6 U 963/91, NJW 1992, 2163, 2164 f.; *H. P. Westermann/Wertenbruch* RdNr. I 683; *K. Schmidt* ZGR 1999, 601, 609 f.; aA MünchKommBGB/*Ulmer* § 705 RdNr. 99 ff.; Staub/*Ulmer* RdNr. 124 ff.; Baumbach/*Hopt* RdNr. 46; vgl. auch BGH Urt. v. 9. 11. 1998 – II ZR 213/97, NJW 1999, 571 f.

[371] MünchHdbGesR/*Hohaus* § 66 RdNr. 28: Gesellschafter hat alleiniges Stimmrecht; ebenfalls MünchKommBGB/*Pohlmann* § 1068 RdNr. 81; *H. P. Westermann/Wertenbruch* RdNr. I 683; aA BFH Urt. v. 1. 3. 1994 – VIII R 35/92, NJW 1995, 1918, 1919 f. unter bbb; Staub/*Ulmer* RdNr. 126; Baumbach/*Hopt* RdNr. 46.

[372] BGH Urt. v. 9. 11. 1998 – II ZR 213/97, NJW 1999, 571, 572; zustimmend *Noack* LM, BGB § 705 Nr. 72 (Anm.); kritisch *K. Schmidt* ZGR 1999, 601, 609 f.; MünchHdbGesR/*Hohaus* § 66 RdNr. 27.

[373] BFH Urt. v. 1. 3. 1994 – VIII R 35/92, NJW 1995, 1918, 1919 f.; Staub/*Ulmer* RdNr. 127; Schlegelberger/*K. Schmidt* Vor § 230 RdNr. 16; Heymann/*Emmerich* RdNr. 68; MünchHdbGesR/*Hohaus* § 66 RdNr. 31; MünchKommBGB/*Pohlmann* § 1068 RdNr. 82; *H. P. Westermann/Wertenbruch* RdNr. I 683 d.

[374] BFH Urt. v. 1. 3. 1994 – VIII R 35/92, NJW 1995, 1918, 1919 f.; Staub/*Ulmer* RdNr. 120, 125; Baumbach/*Hopt* RdNr. 46; *Schön* ZHR 158 (1994), 229, 266 ff.; MünchHdbGesR/*Hohaus* § 66 RdNr. 34; vgl. zu mittelbarer Beeinträchtigung H. P. Westermann/*Wertenbruch* RdNr. I 683 e.

[375] *K. Schmidt* GesR § 61 II 3; Baumbach/*Hopt* RdNr. 44; Heymann/*Emmerich* RdNr. 68; H. P. Westermann/*Wertenbruch* RdNr. I 681 a; *Teichmann* ZGR 1972, 1, 14; aA (Außenhaftung und konsequenterweise Registereintragung): Staub/*Ulmer* RdNr. 128; MünchKommBGB/*Ulmer* § 705 RdNr. 106; *Koller/Roth/Morck* RdNr. 22; *Schön* ZHR 158 (1994), 229, 256; differenzierend MünchKommBGB/*Pohlmann* § 1068 RdNr. 83 f. und MünchHdbGesR/*Hohaus* § 66 RdNr. 36: Außenhaftung richtet sich nach Maß der Mitverwaltungsrechte.

[376] Staub/*Ulmer* RdNr. 129; *Michalski* RdNr. 76, 81; MünchHdbGesR/*Hohaus* § 66 RdNr. 7; MünchKommBGB/*Pohlmann* § 1068 RdNr. 28; vgl. zu den „Rangnachteilen" H. P. Westermann/*Wertenbruch* RdNr. I 677 b.

[377] Staub/*Ulmer* RdNr. 131 f.; MünchKommBGB/*Ulmer* § 705 RdNr. 108; *Michalski* RdNr. 77; MünchHdbGesR/*Hohaus* § 66 RdNr. 9; MünchKommBGB/*Pohlmann* § 1068 RdNr. 29; H. P. Westermann/*Wertenbruch* RdNr. I 677 b.

III. Unterbeteiligung

118 Insoweit wird auf die Darstellung zu § 230 RdNr. 91 bis 104 verwiesen.

G. Verweisung auf das Recht der GbR (§ 105 Abs. 3)

I. Anwendbare Vorschriften

119 Nach **§ 105 Abs. 3** gelten für die OHG, soweit nicht in den §§ 105 bis 160 etwas anderes bestimmt ist, subsidiär die Vorschriften über die GbR. Es geht hier im Wesentlichen um die Anwendung von Vorschriften über das Innenverhältnis der Gesellschafter, dh. das Schuldverhältnis der Gesellschafter untereinander.

120 **Anwendbar** sind: § 705 Abs. 1 BGB zum Gesellschaftsvertrag als Grundlage für das Entstehen der Gesellschaft (vgl. RdNr. 11), §§ 706, 707 BGB zur Leistung von Beiträgen, § 708 BGB als Haftungsprivilegierung (eigenübliche Sorgfalt) gegenüber § 276 BGB (vgl. RdNr. 131 ff.). § 712 Abs. 2 BGB über Kündigung der Geschäftsführungspflicht (vgl. § 117 RdNr. 41 f.), das sog. Abspaltungsverbot des § 717 BGB, die §§ 718 bis 720 BGB über die gesamthänderische Vermögensbindung (Gesamthandsvermögen, vgl. § 124 RdNr. 2), die Auslegungsregel des § 722 Abs. 2 BGB zur Übereinstimmung von Gewinn und Verlust (s. § 121 RdNr. 19), § 725 Abs. 2 BGB zu den Rechten des Pfandgläubigers (s. § 135 RdNr. 1), § 729 BGB zur Fortdauer der Geschäftsführungsbefugnis bei Auflösung der Gesellschaft, § 732 BGB bezüglich der Rückgabe von der Gesellschaft zur Benutzung überlassenen Gegenständen (vgl. RdNr. 140), § 735 BGB über die Nachschusspflicht der Gesellschafter bei Verlust nach Liquidation (s. § 156 RdNr. 8), §§ 738 bis 740 BGB zu den Rechtsfolgen des Ausscheidens aus fortbestehender Gesellschaft (s. § 131 RdNr. 55).

II. Die Regelung des § 713 BGB

121 Nach § 713 BGB ergeben sich die Rechte und Pflichten der geschäftsführenden Gesellschafter aus den §§ 664 bis 670 BGB, soweit sich aus dem Gesellschaftsvertrag nichts Abweichendes ergibt. Die Vorschrift hat sowohl bei der OHG/KG als auch bei der GbR nur eine **geringe Bedeutung,** weil die Gesamthandsgesellschaften rechtsfähig sind und sich die Rechte und Pflichten der Geschäftsführer gegenüber der Gesellschaft regelmäßig aus dem Gesellschaftsverhältnis ergeben.[378] Die Regelung des § 713 BGB stammt aus dem ersten BGB-Entwurf, nach dem die GbR ein reines Schuldverhältnis war. Über § 108 Abs. 3 iVm. § 713 BGB kann aber § 667 BGB beispielsweise dann anwendbar sein, wenn der OHG-Gesellschafter einen Gegenstand im Rahmen seiner Geschäftsführungstätigkeit ausnahmsweise im eigenen Namen erwirbt.[379]

H. Mitgliedschaft, mitgliedschaftliche Rechte und Pflichten

I. Die Mitgliedschaft

122 **1. Grundlagen.** Die Mitgliedschaft in der Gesamthandsgesellschaft ist der Inbegriff der aus der Beteiligung hervorgehenden Rechte und Pflichten des Gesellschafters.[380] Die Mitgliedschaft stellt ein **Rechtsverhältnis** dar, das Rechtsbeziehungen der Gesellschafter zur OHG und zu den Mitgesellschaftern begründet.[381] Sie ist zugleich als **subjektives Recht** des Gesellschafters einzustufen.[382] Sie ist ein sonstiges Recht iS des § 823 Abs. 1 BGB und in ihrem Kern deliktsrechtlich geschützt.[383] Die

---

[378] Vgl. zu den Einzelheiten Staub/*Ulmer* RdNr. 67, 68; H. P. Westermann/*Wertenbruch* RdNr. I 371 ff.
[379] Staub/*Ulmer* RdNr. 348; H. P. Westermann/*Wertenbruch* RdNr. I 371 f.
[380] *Flume* Personengesellschaft S. 125; Staub/*Ulmer* RdNr. 208; MünchKommHGB/*K Schmidt* RdNr. 169; H. P. Westermann/*Wertenbruch* RdNr. I 639.
[381] *K. Schmidt* GesR § 19 I 3 ; Staub/*Ulmer* RdNr. 210; MünchKommHGB/*K. Schmidt* RdNr. 169; H. P. Westermann/*Wertenbruch* RdNr. I 374, 420.
[382] Staub/*Ulmer* RdNr. 210; MünchKommHGB/*K.Schmidt* RdNr. 169; *H. P. Westermann* RdNr. I 1; *Habersack*, Die Mitgliedschaft – subjektives und sonstiges Recht, 1996, S. 62 ff.
[383] BGH Urt. v. 12. 3. 1990 – II ZR 179/89, BGHZ 110, 323, 327 f., 334 = NJW 1990, 2877 (Verein); *Habersack*, Die Mitgliedschaft – subjektives und sonstiges Recht, 1996, S. 113 ff.; MünchKommHGB/*K. Schmidt* RdNr. 169; MünchKommBGB/*Ulmer* § 705 RdNr. 180 a.

Begriff der OHG; Anwendbarkeit des BGB   123–126 § 105

Mitgliedschaft ist ferner Rechtsobjekt, soweit sie Gegenstand von Veräußerungen oder Belastungen sein kann (vgl. RdNr. 159 ff., 168 ff.).

2. Rechtsstreitigkeiten aus dem Mitgliedschaftsverhältnis. a) Gestaltungsklagen und 123 **Statusfeststellung.** Prozesse, die **Gestaltungsklagen** nach den §§ 117, 127, 133, 140 zum Gegenstand haben, sind auf Grund gesetzlicher Regelung unter den Gesellschaftern auszutragen. Mehrere auf der Kläger- oder Beklagtenseite beteiligte Gesellschafter sind notwendige Streitgenossen.[384] Das Gleiche gilt für eine **Feststellungsklage,** wenn durch Regelung im Gesellschaftsvertrag die gesetzliche Gestaltungsklage durch einen Gesellschafterbeschluss ersetzt worden ist.

b) Sonstige Klagen. Rechtsstreitigkeiten über die Grundlagen des Gesellschaftsverhältnisses, den 124 Gesellschaftsvertrag und seine Kündigung, über den Inhalt der Gesellschafterrechte, die Wirksamkeit von Gesellschafterbeschlüssen und über die Zugehörigkeit einer Person zur Gesellschaft (auch Feststellungsklagen) können ebenfalls **nur unter den Gesellschaftern** geführt werden; eine gegen die Gesellschaft selbst gerichtete Klage ist abzuweisen.[385] Es ist allerdings eine Regelung im **Gesellschaftsvertrag** zulässig, nach der ein derartiger Prozess **mit der Gesellschaft** geführt werden muss und der Ausgang alsdann für die Gesellschafter verbindlich ist.[386] Eine solche Regelung kann dem Gesellschaftsvertrag auch im Wege der Auslegung zu entnehmen sein.[387] Fehlt eine entsprechende Regelung im Gesellschaftsvertrag, so kann eine solche – gegebenenfalls unter stillschweigender Aufhebung eines vertraglichen Formerfordernisses – in Abänderung oder Ergänzung des Gesellschaftsvertrags auch durch formlosen **Gesellschafterbeschluss** getroffen werden.[388] Enthält der Gesellschaftervertrag keine Klausel, wonach der Prozess mit der Gesellschaft auszutragen ist, so kann sie von den übrigen Gesellschaftern auch nicht ermächtigt werden, für sie als gewillkürte Prozessstandschafterin aufzutreten.[389] In den hier behandelten Fällen sind (im Gegensatz zu den unter RdNr. 123 genannten Gestaltungsklagen) mehrere auf der Aktiv- und Passivseite beteiligte Gesellschafter **keine notwendigen Streitgenossen.**[390] Die Entscheidung kann zwar auch hier in der Regel nur einheitlich für oder gegen die Streitgenossen ergehen, eine notwendige Streitgenossenschaft aus materiell-rechtlichen Gründen liegt aber gleichwohl nicht vor, wenn nicht alle anderen Gesellschafter auf Kläger- oder Beklagtenseite beteiligt sein müssen.

Ein im Prozess unter den Gesellschaftern ergangenes rechtskräftiges Urteil über die Grundlage des 125 Gesellschaftsverhältnisses ist **auch für die Gesellschaft** maßgebend.[391] Im Gesellschaftsvertrag einer Personengesellschaft kann zur Geltendmachung von Beschlussmängeln eine angemessene **Frist** festgelegt werden. Ist eine solche Frist zu kurz bemessen, so gilt eine angemessene Frist, die die als Leitbild heranzuziehende Monatsfrist des § 246 AktG nicht unterschreiten darf.[392] – Zur Geltendmachung von Beschlussmängeln s. ferner § 119 RdNr. 75 ff.

Zwischen der Gesellschaft und einem einzelnen Gesellschafter sind Rechtsstreitigkeiten über 126 **Leistungsansprüche** der Gesellschaft gegen den Gesellschafter (Klagen auf Leistung der Einlage) auszutragen (vgl. RdNr. 129). – Zur actio pro socio RdNr. 145 ff. Vgl. zum **Gesellschafts- und Gesellschafterprozess** ferner § 124 RdNr. 14, 15.

---

[384] BGH Urt. v. 15. 6. 1959 – II ZR 44/58, BGHZ 30, 195, 197 f. = NJW 1959, 1683, 1684; *Flume* Personengesellschaft S. 129; H. P. Westermann/*Wertenbruch* RdNr. I 430.
[385] BGH Urt. v. 5. 6. 1967 – II ZR 128/65, BGHZ 48, 175, 176 f. = NJW 1967, 2159; BGH Urt. v. 13. 7. 1981 – II ZR 58/80, BGHZ 81, 263, 264 f. = NJW 1981, 2565; BGH Urt. v. 2. 5. 1983 – II ZR 94/82, WM 1983, 785; BGH Urt. v. 30. 4. 1984 – II ZR 293/83, BGHZ 91, 132, 133 = NJW 1984, 2104; BGH Urt. v. 11. 12. 1989 – II ZR 61/89, NJW-RR 1990, 474 = WM 1990, 675, 676; BGH Urt. v. 9. 11. 1998 – II ZR 213/97, ZIP 1999, 68; BGH Urt. v. 24. 3. 2003 – II ZR 4/01, NJW-RR 2003, 820; BGH Urt. v. 8. 3. 2004 – II ZR 165/02, NJW 2004, 958; BGH Urt. v. 20. 6. 2005 – II ZR 252/03, NZG 2005, 1552; BGH Urt. v. 4. 7. 2005 – II ZR 354/03, NZG 2005, 753 = NJW-RR 2005, 1347; H. P. Westermann/*Wertenbruch* RdNr. I 430; *Wertenbruch* NZG 2006, 408, 412.
[386] BGH Urt. v. 30. 4. 1984 – II ZR 293/83, BGHZ 91, 132, 133 = NJW 1984, 2104; BGH Urt. v. 11. 12. 1989 – II ZR 302/88, WM 1990, 309 f.; BGH Urt. v. 11. 12. 1989 – II ZR 61/89, NJW-RR 1990, 474 = WM 1990, 675, 676; BGH Urt. v. 13. 2. 1995 – II ZR 15/94, NJW 1995, 1218; BGH Urt. v. 24. 3. 2003 – II ZR 4/01, NJW-RR 2003, 820; *Wiedemann* GesR II § 3 I 1 d; H. P. Westermann/*Wertenbruch* RdNr. I 432; *Wertenbruch* NZG 2006, 408, 412.
[387] BGH Urt. v. 11. 12. 1989 – II ZR 61/89, NJW-RR 1990, 474 = WM 1990, 675, 676; BGH Urt. v. 7. 6. 1999 – II ZR 278/98, ZIP 1999, 1391 ff.; BGH Urt. v. 24. 3. 2003 – II ZR 4/01, NZG 2003, 525 f.
[388] BGH Urt. v. 6. 11. 1989 – II ZR 302/88, WM 1990, 309 f.; BGH Urt. v. 11. 12. 1989 – II ZR 61/89, NJW-RR 1990, 474 = WM 1990, 675, 676; *Wiedemann* GesR II § 3 I 1 d; H. P. Westermann/*Wertenbruch* RdNr. I 432.
[389] BGH Urt. v. 6. 11. 1989 – II ZR 302/88, WM 1990, 309 f.
[390] BGH Urt. v. 15. 6. 1959 – II ZR 44/58, BGHZ 30, 195, 197 f. = NJW 1959, 1683, 1684; BGH Urt. v. 9. 11. 1998 – II ZR 213/97, ZIP 1999, 68, 69 unter III 1, vgl. aber auch III 2 und die dort zitierte Entscheidung des BGH v. 29. 3. 1996 – II ZR 263/94, WM 1996, 772, 776 f. Staub/*Ulmer* RdNr. 212; MünchKommHGB/*K. Schmidt* RdNr. 174; Baumbach/*Hopt* § 109 RdNr. 40.
[391] BGH Urt. v. 5. 6. 1967 – II ZR 302/88, WM 1990, 309 f.; H. P. Westermann/*Wertenbruch* RdNr. I 433.
[392] BGH Urt. v. 13. 2. 1995 – II ZR 15/94, NJW 1995, 1218; vgl. auch BGH Urt. v. 7. 6. 1999 – II ZR 278/98, ZIP 1999, 1391 ff.

127 **3. Drittgeschäfte der Gesellschafter.** Die Drittgeschäfte zwischen einem einzelnen Gesellschafter und der Gesellschaft sind von den Mitgliedsrechten und -pflichten zu unterscheiden. Die Gesellschafter können **außerhalb des Gesellschaftsverhältnisses,** also wie ein Dritter, mit der Gesellschaft Rechtsgeschäfte abschließen (zB Kauf-, Darlehens-, Miet-, Dienstverträge usw.).[393] Die Gesellschafterstellung kann sich aber auf die Ausübung der Rechte aus dem Drittvertrag auswirken.[394] Die **Treuepflicht** (§ 109 RdNr. 20 ff.) des Gesellschafters kann es mit Rücksicht auf die Belange der Gesellschaft und/oder der Mitgesellschafter erforderlich machen, dass Drittansprüche gestundet werden, soweit dies ohne Gefährdung des Anspruchs möglich ist.[395] Unabhängig davon muss der Gesellschafter auf Grund der Treuepflicht **zunächst Befriedigung bei der Gesellschaft** suchen (§ 128 RdNr. 10). Hat er damit keinen Erfolg, so kann er die Mitgesellschafter in Anspruch nehmen, muss sich aber seine eigene Haftungsquote anrechnen lassen (§ 128 RdNr. 10). Die Anrechnung der eigenen Haftungsquote erfolgt aber dann nicht, wenn die anderen Gesellschafter bei Abschluss des Drittvertrages darauf verzichten.

128 Durch ein Drittgeschäft darf ein Gesellschafter nicht unter Verstoß gegen den **Gleichbehandlungsgrundsatz** (§ 109 RdNr. 27 ff.) begünstigt werden.[396] Bei Verletzung dieses Grundsatzes kommen Schadensersatzansprüche wegen Verletzung des Gesellschaftsvertrages, Rückerstattungs- oder Ausgleichsansprüche in Betracht.[397]

129 **4. Individual- und Sozialbeziehungen.** Neben den Drittgeschäften (RdNr. 127 f.) gibt es **Individualansprüche (-pflichten),** dh. mitgliedschaftliche Pflichten und Ansprüche der **Gesellschafter untereinander** (zB Treuepflicht gegenüber Mitgesellschaftern). Der Gesellschaftsvertrag iS des § 705 BGB begründet auch ein Schuldverhältnis der Gesellschafter untereinander. **Sozialansprüche und -verpflichtungen** bestehen auf der Grundlage der Mitgliedschaft im Verhältnis zwischen der rechtsfähigen Gesamthandsgesellschaft als solcher und dem einzelnen Gesellschafter. Sozialansprüche der **Gesellschaft gegen einen einzelnen Gesellschafter** beziehen sich beispielsweise auf die Leistung von Einlagen, die Unterlassung von Wettbewerb und die Leistung von Schadensersatz bei Verletzung von Pflichten des Gesellschafters aus dem Schuldverhältnis. Zu den Sozialansprüchen des einzelnen **Gesellschafters gegen die Gesellschaft** zählen insbesondere die Beteiligung am Gewinn, die Leistung von Aufwendungsersatz oder die Auszahlung des Auseinandersetzungsguthabens. Sozialansprüche und Sozialverbindlichkeiten sind grundsätzlich von und gegenüber der Gesellschaft, vertreten durch ihre vertretungsberechtigten Geschäftsführer, geltend zu machen.[398] Zur hilfsweisen Verfolgung von Sozialansprüchen durch einen Gesellschafter gegen einen Mitgesellschafter im Wege der **actio pro socio** vgl. RdNr. 145 ff. Für Sozialansprüche haften die Gesellschafter grundsätzlich nicht nach § 128 (s. § 128 RdNr. 11 f.). Mitverwaltungs- und Informationsrechte können auch gegen widersprechende Mitgesellschafter eingeklagt werden, da diese in ihrer Eigenschaft als Partner des Gesellschaftsvertrags betroffen sind.[399]

130 **5. Arten der Mitgliedschaftsrechte.** Herkömmlich wird bei den Mitgliedschaftsrechten der Funktion nach zwischen Mitverwaltungs- oder Teilhaberechten und Vermögensrechten der Gesellschafter unterschieden.[400] Zu den **Mitverwaltungsrechten** gehören etwa die Rechte zur Geschäftsführung (§§ 114 ff.) und Vertretung der Gesellschaft (§§ 125 ff.), das Stimmrecht und das Informationsrecht (§ 118). Diese Rechte können grundsätzlich nicht unabhängig von der Mitgliedschaft übertragen werden (vgl. § 717 S. 1 BGB; zum sog. Abspaltungsverbot § 109 RdNr. 8 ff.). Zu den **Vermögensrechten** zählen vor allem die Ansprüche auf Gewinn (§§ 120 f.), auf Entnahmen (§ 122) sowie auf das Auseinandersetzungs- oder Abfindungsguthaben. Diese Rechte können nach § 717 S. 2 BGB selbständig übertragen werden. Die Ausübung gesellschaftsrechtlicher Befugnisse unterliegt der **Treuepflicht** (§ 109 RdNr. 20 ff.) und dem Gleichbehandlungsgrundsatz (§ 109 RdNr. 27 ff.).

131 **6. Haftung für eigenübliche Sorgfalt (§ 708 BGB).** Über § 105 Abs. 2 BGB findet auf das Innenverhältnis der OHG (KG) auch die Vorschrift des § 708 BGB als Privilegierung gegenüber § 276 BGB Anwendung. Danach haben die Gesellschafter bei der Erfüllung der ihnen gegenüber der Gesellschaft und den Mitgesellschaftern obliegenden Verpflichtungen nur für die Sorgfalt einzuste-

---

[393] Vgl. etwa *Wiedemann* WM-Sonderbeilage 7/1992, S. 8 ff.; MünchKommBGB/*Ulmer* § 705 RdNr. 202.
[394] Eingehend *Wiedemann* WM-Sonderbeilage 7/1992, S. 10 ff.
[395] *Staub/Ulmer* RdNr. 217; *Wiedemann* WM-Sonderbeilage 7/1992, S. 8 ff.
[396] Vgl. *Wiedemann* WM-Sonderbeilage 7/1992, S. 10 f.
[397] *Wiedemann* WM-Sonderbeilage 7/1992, S. 10 f.; vgl. auch § 109 RdNr. 29.
[398] *Wiedemann* WM-Sonderbeilage 7/1992, S. 4 f.; *Staub/Ulmer* RdNr. 213; H. P. Westermann/*Wertenbruch* RdNr. I 372.
[399] BGH Urt. v. 29. 9. 1955 – II ZR 66/54, WM 1955, 1585, 1586; BGH Urt. v. 28. 5. 1962 – II ZR 156/61, WM 1962, 883; *Wiedemann* WM-Sonderbeilage 7/1992, S. 6; *Staub/Ulmer* RdNr. 214.
[400] *K. Schmidt* GesR § 19 III 3 c nennt als weitere Gruppe die Schutzrechte (zB Klagerechte).

hen, die sie in eigenen Angelegenheiten anzuwenden pflegen (§ 277 BGB). § 708 BGB beruht auf dem Gedanken, dass die Gesellschafter sich wechselseitig so akzeptieren müssen, wie sie sind. Sie lässt sich aber nicht dadurch rechtfertigen, dass Gesellschaftsangelegenheiten stets auch eigene Angelegenheiten der Gesellschafter seien.[401] Diese Sichtweise ist mit der Rechtsfähigkeit der Gesellschaft und der daraus folgenden Organstellung der Gesellschafter nicht vereinbar. Es gelten aber die allgemeinen Einschränkungen des § 708 BGB. Die Vorschrift kommt daher **nicht** zur Anwendung, wenn der Gesellschafter durch Teilnahme am **Straßenverkehr** einen Schaden verursacht.[402] Das Haftungsprivileg des § 708 BGB gilt nicht nur für vertragliche Ansprüche, sondern auch für die mit der Vertragsverletzung zugleich begründeten **deliktischen Ansprüche.** Andernfalls würde die Privilegierung weitgehend leerlaufen.[403] Die Vorschrift findet auch auf die Verletzung von vertraglichen Schutz- und Nebenpflichten Anwendung.[404]

Die Haftungsbegrenzung des § 708 BGB kommt bei einer **Publikums-OHG (KG)** nicht zum Zuge.[405] In der **GmbH & Co. KG** ist die Vorschrift nicht generell, sondern nur bei kapitalistischer Struktur der Gesellschaft unanwendbar.[406] Die Auffassung,[407] nach der § 708 BGB auf kapitalistisch strukturierte Personengesellschaften mit fehlenden persönlichen Bindungen nicht anwendbar sein soll, ist nur schwer auf die OHG übertragbar, weil die Gesellschafter kraft Selbstorganschaft Vertreter der Gesellschaft sind und persönlich haften. **132**

§ 708 BGB greift ua **bei Verstößen gegen Wettbewerbsverbote,** Verletzungen der **Treuepflicht** und **Leistungsstörungen** bei der Erfüllung von **Beitragspflichten** ein. Auch eine Überschreitung der **Geschäftsführungsbefugnis** ist nach dem Sorgfaltsmaßstab des § 708 BGB zu beurteilen; die Regeln der Geschäftsführung ohne Auftrag finden keine Anwendung.[408] Haftungserleichterungen nach den arbeitsrechtlichen Grundsätzen der Haftung des Arbeitnehmers und des innerbetrieblichen Schadensausgleichs[409] gelten hier nicht.[410] **133**

§ 708 BGB befreit den Gesellschafter nicht von der Haftung für **grobe Fahrlässigkeit** (§ 277 BGB). Die Haftung kann im Gesellschaftsvertrag allgemein auf Vorsatz beschränkt werden. § 708 BGB ist **dispositives Recht.** Den in Anspruch genommenen Gesellschafter trifft die **Darlegungs- und Beweislast** dafür, dass er in eigenen Angelegenheiten eine geringere als die im Verkehr erforderliche Sorgfalt anzuwenden pflegt. An diesen Beweis sind strenge Anforderungen zu stellen.[411] Der Umstand, dass sich der haftende Gesellschafter zugleich selbst geschädigt hat, reicht zum Nachweis der Entlastungsvoraussetzungen des § 708 BGB nicht aus.[412] **134**

II. Die Beitragspflicht

1. Begriff des Beitrags. Zu den Wesensmerkmalen der Personengesellschaft gehört es, den Gesellschaftszweck ua durch die Leistung der im Gesellschaftsvertrag vereinbarten Beiträge zu fördern (RdNr. 13). Der Begriff des Beitrags ist von dem der Einlage abzugrenzen. Beiträge sind alle auf der Grundlage des Mitgliedsverhältnisses von dem Gesellschafter zur Förderung des gemeinschaftlichen Zwecks erbrachten Leistungen. **Einlagen** (oder Beiträge im engeren Sinne) sind nur diejenigen Beiträge, die in das Gesellschaftsvermögen übergehen und die Haftungsmasse vermehren können.[413] **135**

---

[401] So aber MünchKommBGB/*Ulmer* § 708 RdNr. 1; kritisch zu diesem Aspekt *Wiedemann* WM-Sonderbeilage 7/1992, S. 16, Fn. 20.
[402] Baumbach/*Hopt* § 109 RdNr. 5; Palandt/*Sprau* § 708 RdNr. 3; BGH Urt. v. 20. 12. 1966 – VI ZR 53/65, BGHZ 46, 313, 316 f.= NJW 1967, 558; MünchKommBGB/*Ulmer* § 708 RdNr. 12 mit Streitstand in Fn. 39.
[403] BGH Urt. v. 20. 12. 1966 – VI ZR 53/65, BGHZ 46, 313, 316 f.= NJW 1967, 558; MünchKommBGB/*Ulmer* § 708 RdNr. 4.
[404] MünchKommBGB/*Ulmer* § 708 RdNr. 7.
[405] BGH Urt. v. 12. 11. 1979 – II ZR 174/77, BGHZ 75, 321, 327 f. = NJW 1980, 589, 591; MünchKommHGB/ *Rawert* § 114 RdNr. 59; Baumbach/*Hopt* § 109 RdNr. 5.
[406] MünchKommBGB/*Ulmer* § 708 RdNr. 5; Schlegelberger/*Martens* § 114 RdNr. 34; Baumbach/*Hopt* Anh § 177 a RdNr. 26.
[407] Schlegelberger/*Martens* § 114 RdNr. 34; MünchKommBGB/*Ulmer* § 708 RdNr. 5; Baumbach/*Hopt* § 109 RdNr. 5; *K. Schmidt* HandelsR § 59 III 2 b.
[408] BGH Urt. v. 11. 1. 1988 – II ZR 192/78, NJW-RR 1988, 995 = LM § 115 Nr. 5 unter Ziffer 4 a; BGH Urt. v. 12. 6. 1989 – II ZR 334/87, NJW-RR 1989, 1255 = LM GmbHG § 43 Nr. 16 unter Ziffer II 2 b; BGH Urt. v. 4. 11. 1996 – II ZR 48/95, NJW 1997, 314.
[409] S. dazu Palandt/*Weidenkaff* § 611 RdNr. 156 ff.
[410] Schlegelberger/*Martens* § 114 RdNr. 35; MünchKommHGB/*Rawert* § 114 RdNr. 60; Röhricht/Graf v. Westphalen/*v. Gerkan* § 114 RdNr. 19; s. auch § 114 RdNr. 39.
[411] BGH Urt. v. 26. 6. 1989 – II ZR 128/88, NJW 1990, 573, 575.
[412] BGH Urt. v. 26. 6. 1989 – II ZR 128/88, NJW 1990, 573, 575.
[413] *Wiedemann* WM-Sonderbeilage 7/1992, S. 14; *K. Schmidt* GesR § 20 II 1; MünchHdbGesR/ *v. Falkenhausen/ Schneider* § 60 RdNr. 24; H. P. Westermann/*Wertenbruch* RdNr. I 376; *Bork* ZHR 154 (1990), 205, 206 f.

136 **2. Gegenstand des Beitrags.** Die Gesellschafter sind in der Bestimmung der gesellschaftsvertraglich zu vereinbarenden Beiträge frei. Bei der Frage nach den tauglichen Beiträgen ist zu beachten, dass bei der OHG auf Grund der persönlichen Haftung der Gesellschafter nicht die Aufbringung eines Mindestkapitals erforderlich ist. Zur Rechtslage in der KG vgl. § 171 RdNr. 1 ff. Als Beitrag kommt **jedes erlaubte Tun oder Unterlassen** in Betracht, das den Gesellschaftszweck fördert. Gegenstand des Beitragsversprechens können zB sein: die Leistung von Geld, die Gewährung eines Darlehens an die OHG,[414] die Verpflichtung zum Vertragsschluss mit der Gesellschaft,[415] Sachen, Sachgesamtheiten (zB Unternehmen), Forderungen, Beteiligungen (auch im Falle schenkweiser „Einbuchung"), Gebrauchsüberlassungen (etwa von Geschäftsräumen), Geschäftsverbindungen, Immaterialgüterrechte,[416] eine Unterlassungsverpflichtung (zB in Gestalt eines Wettbewerbsverbots),[417] die Gestattung der Benutzung des Namens eines Gesellschafters für die Firma der Gesellschaft,[418] Know-how und Goodwill eines Unternehmens,[419] schuldrechtliche Nutzungsrechte,[420] Dienstleistungen der Gesellschafter, zB die Verpflichtung zur Geschäftsführung (vgl. § 706 Abs. 3 BGB).[421] – Zur Frage der Einlagefähigkeit von Dienstleistungen und Gebrauchsüberlassungen vgl. § 171 RdNr. 55.

137 **3. Arten der Einbringung. a) Grundlagen.** Die Einbringung vermögenswerter Leistungen in das Gesellschaftsvermögen kann als Einbringung **zu Eigentum** (quoad dominum), als Einbringung **dem Werte nach** (quoad sortem) oder als Einbringung **zum Gebrauch** (quoad usum) erfolgen. Die Festlegung der Einbringungsart wird im Gesellschaftsvertrag getroffen. Welche Art gewollt ist, wird im Zweifel durch Auslegung ermittelt. Die bilanzielle Behandlung ist nicht ausschlaggebend. Zur Auslegungsregel des § 706 Abs. 2 BGB s. RdNr. 138. Die Unterschiede zwischen den drei genannten Einbringungsformen bestehen in der dinglichen Güterzuordnung, der Gefahrtragung und in der Behandlung des Gegenstandes oder seines Wertes im Falle der Liquidation.[422]

138 **b) Einbringung zu Eigentum (quoad dominum).** Im Regelfall der Einbringung zu Eigentum ist eine Übereignung oder Abtretung an die OHG nach den allgemeinen Vorschriften erforderlich. § 105 Abs. 2 iVm. **§ 706 Abs. 2 BGB** stellt die widerlegbare **Vermutung** auf, dass vertretbare und verbrauchbare Sachen zu Eigentum eingebracht werden. Dies gilt auch für nicht vertretbare und nicht verbrauchbare Sachen, die nach einer – nicht nur für die Gewinnverteilung bestimmten – Schätzung eingebracht werden. Die Gefahr des zufälligen Untergangs der Sache geht mit der Beitragsleistung auf die Gesellschaft über.[423] Bei der Auseinandersetzung oder dem Ausscheiden aus der Gesellschaft hat der Gesellschafter grundsätzlich keinen Anspruch auf Rückübertragung.[424] – Zur Frage des Formzwangs nach § 311 b Abs. 1 S. 1 BGB vgl. RdNr. 45 ff.

139 **c) Einbringung dem Werte nach (quoad sortem).** Bei der Einbringung dem Werte nach bleibt der **Gesellschafter nach außen Rechtsinhaber**. Im Innenverhältnis wird die Sache auf **obligatorischer** Grundlage als **Teil des Gesellschaftsvermögens** behandelt. Nutzungen und Wertsteigerungen gebühren dem Gesellschaftsvermögen. Dieses trägt auch die Lasten und die Sachgefahr.[425] Beim Ausscheiden des einbringenden Gesellschafters oder in der Liquidation hat der Gesellschafter analog § 732 S. 1 BGB einen Anspruch auf Rückgabe der Sache. Wertsteigerungen kommen aber bei der Berechnung des Auseinandersetzungsguthabens der Gesellschaft zugute und

---

[414] *MünchHdbGesR/v. Falkenhausen/Schneider* § 60 RdNr. 24.
[415] *Wiedemann* WM-Sonderbeilage 7/1992, S. 15.
[416] *Wiedemann* WM-Sonderbeilage 7/1992, S. 15; *K. Schmidt* GesR § 20 II 2 a.
[417] *K. Schmidt* GesR § 20 II 2 a; *MünchHdbGesR/v. Falkenhausen/Schneider* § 60 RdNr. 24.
[418] LG Köln v. 26. 2. 1959 – 24 T 6/68, GmbHR 1959, 133, 134 (Einbringung einer OHG); *K. Schmidt* § 20 II 2 a; MünchHdbBGB/*K. Schmidt* § 54 RdNr. 15; H. P. Westermann/*Wertenbruch* RdNr. I 389.
[419] RG v. 17. 9. 1935 – II 71/35, JW 1936, 42 (Fabrikationsverfahren); KG v. 28. 12. 1913 – 1 a X 211/13, KGJ 45, 175 ff. (Einbringung einer patentierten Erfindung als Sacheinlage in eine GmbH); *MünchHdbGesR/v. Falkenhausen/Schneider* § 60 RdNr. 21; für Know-how auch Staub/*Ulmer* RdNr. 18; H. P. Westermann/*Wertenbruch* RdNr. I 389.
[420] BGH v. 15. 5. 2000 – II ZR 359/98, BGHZ 144, 290, 294 = NJW 2000, 2356, 2357 (Recht eines Sportartikelherstellers aus Sponsorenvertrag zur Verwertung der Namen und Logos von Sportvereinen); *Bork*, ZHR 154 (1990), 205 ff.; H. P. Westermann/*Wertenbruch* RdNr. I 389 a.
[421] *Wiedemann* WM-Sonderbeilage 7/1992, S. 15; *K. Schmidt* GesR § 20 II 2 b; Staub/*Ulmer* RdNr. 18, 227; Schlegelberger/*K. Schmidt* RdNr. 154; *MünchHdbGesR/v. Falkenhausen/Schneider* § 60 RdNr. 22 f.; H. P. Westermann/*Wertenbruch* RdNr. I 390.
[422] *K. Schmidt* GesR § 20 II 2 d; H. P. Westermann/*Wertenbruch* RdNr. I 380.
[423] *K. Schmidt* GesR § 20 III 3 b; Staub/*Ulmer* RdNr. 229; H. P. Westermann/*Wertenbruch* RdNr. I 382; s. ferner oben RdNr. 138.
[424] *Wiedemann* WM-Sonderbeilage 7/1992, S. 14; § 131 RdNr. 60; § 155 RdNr. 13; H. P. Westermann/*Wertenbruch* RdNr. I 382.
[425] Staub/*Ulmer* RdNr. 230; *MünchHdbGesR/v. Falkenhausen/Schneider* § 60 RdNr. 17, H. P. Westermann/*Wertenbruch* RdNr. I 384.

Wertverluste gehen zu ihren Lasten.[426] Eine am Mangel des § 311 b Abs. 1 S. 1 BGB gescheiterte Grundstückseinbringung zu Eigentum kann u. U. in eine Einbringung dem Werte nach **umgedeutet** werden.[427]

d) Einbringung zum Gebrauch (quoad usum). Bei der Einbringung zum Gebrauch wird das Wirtschaftsgut in mietähnlicher Weise der Gesellschaft **zur Nutzung überlassen**.[428] Auch **Rechte** des Gesellschafters an einer Erfindung können zur Benutzung eingebracht werden.[429] Eigentum und Verfügungsbefugnis sowie die Sachgefahr bleiben beim einbringenden Gesellschafter.[430] Wertänderungen der Sache berühren die Gesellschaft nicht. Die Verteilung der **Unterhaltungskosten** und sonstigen laufenden Lasten der Sache ist dem Gesellschaftsvertrag (erforderlichenfalls im Wege der Auslegung) zu entnehmen.[431] Im Rahmen der Liquidation oder bei Ausscheiden kann der Gesellschafter Rückgabe der Sache verlangen.[432] Ein Wertersatzanspruch des Gesellschafters ist nach § 105 Abs. 3 iVm. § 733 Abs. 2 S. 3 BGB ausgeschlossen. 140

4. Höhe und Leistung der Beiträge. Die Höhe des zu leistenden Beitrags bestimmt sich nach dem **Gesellschaftsvertrag.** Soweit dieser die Frage weder ausdrücklich regelt noch Anhaltspunkte für den Willen der Gesellschafter enthält, greift die Auslegungsregel des § 706 Abs. 1 BGB ein, wonach die Gesellschafter mangels einer abweichenden Abrede **gleiche Beiträge** zu leisten haben. Bei der **Bewertung** der Beiträge im Innenverhältnis sind die Gesellschafter grundsätzlich frei.[433] Der Beitrag kann auch **durch einen Dritten** (§ 267 Abs. 1 BGB) geleistet werden, zB durch einen Mitgesellschafter aus dessen Vermögen.[434] Die Leistung des Dritten muss aber aus dem eigenen Vermögen auf die Einlageleistung des Gesellschafters erfolgen. Es liegt daher keine wirksame Einlageleistung vor, wenn der Mitgesellschafter für die Einlageleistung ein Darlehen aufnimmt, das mit Gegenständen des Gesellschaftsvermögens abgesichert wird.[435] Wenn ein Gesellschafter einen **Gläubiger der Gesellschaft befriedigt** oder dies durch einen Dritten für Rechnung des Gesellschafters geschieht, so stellt das nur im Falle der Vereinbarung mit der Gesellschaft eine Leistung an Erfüllungs Statt dar, durch die der Gesellschafter von seiner Beitragsschuld befreit wird.[436] Ohne eine derartige Vereinbarung erwirbt der Gesellschafter gegen die Gesellschaft einen Erstattungsanspruch (§ 110) gegen die Gesellschaft, mit dem er gegen einen Anspruch auf Leistung der Bareinlage aufrechnen kann.[437] 141

5. Nachträgliche Erhöhung des Beitrags. Nach § 105 Abs. 3 iVm. § 707 BGB ist der Gesellschafter **grundsätzlich nicht zu Nachschüssen** zwecks Erhöhung der Beiträge oder Ausgleichs von Verlusten verpflichtet.[438] Zur Nachschusspflicht in der Auseinandersetzung gemäß § 735 BGB s. § 156 RdNr. 8. Die Regelung des § 707 BGB ist **abdingbar**.[439] Zur Frage, ob und unter welchen Voraussetzungen auf Grund einer Mehrheitsklausel im Gesellschaftsvertrag eine Beitragserhöhung beschlossen werden kann, vgl. § 119 RdNr. 61. Keine nachträgliche Erhöhung des Beitrags iS des § 707 BGB liegt vor, wenn schon im Gesellschaftsvertrag zwar nicht zahlenmäßig festgelegte, aber anhand objektiver Kriterien bestimmbare Nachleistungen oder begrenzte Nachschusspflichten der Gesellschafter 142

---

[426] MünchKommBGB/*Ulmer* § 732 RdNr. 8 ff.; Staub/*Habersack* § 149 RdNr. 42; *Wiedemann* WM-Sonderbeilage 7/1992, S. 14; H. P. Westermann/*Wertenbruch* RdNr. I 384; aA BGH v. 25. 3. 1965 – II ZR 203/62, WM 1965, 744, 745 f.; Palandt/*Sprau* § 732 RdNr. 1.
[427] BGH Urt. v. 9. 10. 1974 – IV ZR 164/73, NJW 1974, 2278, 2279; BGH Urt. v. 28. 3. 1977 – II ZR 230/75, WM 1977, 784, 785; Staub/*Ulmer* RdNr. 230; MünchHdbGesR/*v. Falkenhausen/Schneider* § 60 RdNr. 16; s. ferner *Wiedemann* WM-Sonderbeilage 7/1992, S. 14 Fn. 4; vgl. auch H. P. Westermann/*Wertenbruch* RdNr. I 382.
[428] Gebrauchsüberlassungen können unstreitig von den Gesellschaftern als Beiträge vereinbart werden, vgl. *Bork* ZHR 154 (1990), 205, 206; K. *Schmidt* ZHR 154 (1990), 237, 241.
[429] BGH Urt. v. 16. 11. 1954 – I ZR 40/53, NJW 1955, 541, 542 unter 2.
[430] *Wiedemann* WM-Sonderbeilage 7/1992, S. 14; Staub/*Ulmer* RdNr. 231; MünchKommBGB/*Ulmer* § 706 RdNr. 13; H. P. Westermann/*Wertenbruch* RdNr. I 383.
[431] Vgl. BGH Urt. v. 2. 6. 1986 – II ZR 169/85, WM 1986, 1109 f., vgl. hierzu H. P. Westermann/*Wertenbruch* RdNr. I 383 in Fn. 3.
[432] *Wiedemann* WM-Sonderbeilage 7/1992, S. 14; Staub/*Ulmer* RdNr. 231; *Wiedemann* GesR II § 3 II 1 b; H. P. Westermann/*Wertenbruch* RdNr. I 383.
[433] MünchHdbGesR/*v. Falkenhausen/Schneider* § 60 RdNr. 33 ff.; Baumbach/*Hopt* § 109 RdNr. 9, § 120 RdNr. 17.
[434] Vgl. BGH Urt. v. 30. 4. 1984 – II ZR 132/83, NJW 1984, 2290, 2291; MünchHdbGesR/*v. Falkenhausen/Schneider* § 60 RdNr. 40.
[435] Vgl. BGH Urt. v. 21. 5. 1973 – II ZR 22/72, LM BGB § 706 Nr. 1.
[436] Vgl. BGH Urt. v. 30. 4. 1984 – II ZR 132/83, NJW 1984, 2290, 2291; H. P. Westermann/*Wertenbruch* RdNr. I 386.
[437] Vgl. BGH BGH Urt. v. 30. 4. 1984 – II ZR 132/83, NJW 1984, 2290, 2291; H. P. Westermann/*Wertenbruch* RdNr. I 386; zur Zulässigkeit der Aufrechnung und ihren Grenzen vgl. MünchHdbGesR/*v. Falkenhausen/Schneider* § 60 RdNr. 43, 51–53.
[438] AllgM, vgl. etwa Staub/*Ulmer* RdNr. 19; H. P. Westermann/*Wertenbruch* RdNr. I 397.
[439] BGH Urt. v. 4. 7. 2005 – II ZR 354/03, WM 2005, 1608, 1609; BGH Urt. v. 23. 1. 2006 – II ZR 306/04, NZG 2006, 306, 307; BGH Urt. v. 23. 1. 2006 – II ZR 126/04, NZG 2006, 379; MünchKommBGB/*Ulmer* § 707 RdNr. 6; H. P. Westermann/*Wertenbruch* RdNr. I 397; *Wertenbruch* NZG 2006, 408, 410.

vereinbart worden sind.[440] Mit § 707 BGB vereinbar ist auch eine Vereinbarung der Gesellschafter, sich zur Verwirklichung eines sachlich und wirtschaftlich begrenzten Projekts zusammenzuschließen und keine der Höhe nach festgelegten Beträge zu versprechen, sondern entsprechend ihrer Beteiligung an der Gesellschaft das zur Zweckerreichung Erforderliche beizutragen.[441] Die Abweichung von § 707 BGB muss aber aus dem Gesellschaftsvertrag in verständlicher und nicht nur in versteckter Weise hervorgehen.[442] Da die Nachschusspflicht den Gesellschaftsvertrag abändert und § 707 BGB als „mitgliedschaftliches Grundrecht" anzusehen ist, muss die gesellschaftsvertragliche Regelung eindeutig sein und den Umfang der möglichen zusätzlichen Belastung erkennen lassen.[443] Diesen Anforderungen genügt beispielsweise eine gesellschaftsvertragliche Regelung nicht, nach der Gesellschafter zu Nachzahlungen verpflichtet sind, „soweit bei der laufenden Bewirtschaftung eines Grundstücks Unterdeckungen auftreten".[444] Entsprechendes gilt, wenn bei anderen Gesellschaftszwecken pauschal auf die Möglichkeit der Entstehung von Verlusten hingewiesen wird.[445] Eine gesellschaftsvertragliche Klausel, wonach Gewinne und Verluste auf einem Gesellschafter-Privatkonto verbucht werden, begründet allein keine Verpflichtung zum Verlustausgleich außerhalb des § 735 BGB.[446]

143 Aus der **Treuepflicht** der Gesellschafter (§ 109 RdNr. 20 ff.) kann sich nur unter ganz besonderen Umständen eine Pflicht zur nachträglichen Erhöhung des Beitrags ergeben.[447] Hierfür genügt nicht, dass das Unternehmen sanierungsbedürftig ist, auch wenn der Gesellschafter zur Nachschussleistung in der Lage wäre.[448] Eine freiwillige Beitragserhöhung bedarf der Zustimmung der Mitgesellschafter. Diese können aber unter Treuepflichtgesichtspunkten ausnahmsweise zustimmungspflichtig sein, wenn die Gesellschaft dringenden Kapitalbedarf hat, der anders nicht befriedigt werden kann.[449]

144 Zu **Leistungsstörungen** im Rahmen der Beitragspflicht und zur Frage der Anwendung des kaufrechtlichen Gewährleistungsrechts vgl. oben RdNr. 80 ff.

III. Die actio pro socio

Neueres Schrifttum (Auswahl): *Bork,* Die Parteirollen im Streit um die Zugehörigkeit zu einer Personenhandelsgesellschaft, ZGR 1991, 125; *Grunewald,* Die Gesellschafterklage in der Personengesellschaft und der GmbH, 1990; *Hartmann,* Zur actio pro socio im Recht der Personengesellschaften, ZSchR 2005, 397; *Schütz,* Sachlegitimation und richtige Prozeßpartei bei innergesellschaftlichen Streitigkeiten in der Personengesellschaft, 1994.

145 **1. Grundsätze und dogmatische Einordnung.** Sozialansprüche der Gesellschaft gegen ihre Gesellschafter (RdNr. 129) werden primär von der OHG als solcher, vertreten durch ihre vertretungsberechtigten Gesellschafter (§ 125) geltend gemacht. Subsidiär ist **jeder Gesellschafter,** unabhängig von einer Geschäftsführungsbefugnis, berechtigt, im Wege der actio pro socio von seinen Mitgesellschaftern die **Erfüllung von Sozialansprüchen** der Gesellschaft zu verlangen und im eigenen Namen auf Leistung an die Gesellschaft zu klagen (Vgl. zur Subsidiarität RdNr. 150).[450]

146 In Bezug auf die **dogmatische Einordnung** wird die actio pro socio zum Teil als Verfolgung eines eigenen materiell-rechtlichen Anspruchs[451] und zum Teil als Fall der gesetzlichen Prozessstand-

---

[440] MünchKommBGB/*Ulmer* § 707 RdNr. 2; H. P. Westermann/*Wertenbruch* RdNr. I 397; vgl. zu aufschiebend bedingten Nachschusspflichten *Wertenbruch* DStR 2007, Heft 38.
[441] BGH Urt. v. 2. 7. 1979 – II ZR 132/78, NJW 1980, 339, 340 = WM 1979, 1282, 1283; BGH Urt. v. 4. 7. 2005 – II ZR 354/03, WM 2005, 1608, 1609.
[442] BGH Urt. v. 27. 9. 1982 – II ZR 241/81, NJW 1983, 164; BGH Urt. v. 23. 1. 2006 – II ZR 306/04, NZG 2006, 306, 307; BGH Urt. v. 23. 1. 2006 – II ZR 126/04, NZG 2006, 379, 380; OLG Celle, Urt. v. 17. 8. 2005 – 9 U 33/05, WM 2006, 30, 31 = WuB II E. § 707 BGB 1.06 m. Anm. *Stöber*; *Wertenbruch* NZG 2006, 408, 410.
[443] BGH Urt. v. 12. 4. 1996 – V ZR 310/94, BGHZ 132, 263, 268 = NJW 1996, 1678; BGH Urt. v. 23. 1. 2006 – II ZR 306/04, NZG 2006, 306, 307; BGH Urt. v. 23. 1. 2006 – II ZR 126/04, NZG 2006, 379, 380; BGH Urt. v. 5. 3. 2007 – II ZR 282/05, NZG 2007, 381; *Wiedemann* GesR I § 7 I 1, IV 1 a; MünchKommBGB/*Ulmer* § 707 RdNr. 1; *Goette* DStR 2007, 773; *Wertenbruch* DStR 2007, Heft 38.
[444] BGH Urt. v. 23. 1. 2006 – II ZR 306/04, NZG 2006, 306 f.
[445] BGH Urt. v. 23. 1. 2006 – II ZR 126/04, NZG 2006, 379 f.: („soweit die laufenden Einnahmen die laufenden Ausgaben nicht decken"); vgl. dazu und zu ähnlichen Formulierungen *Wertenbruch* DStR 2007, Heft 38.
[446] BGH Urt. v. 27. 9. 1982 – II ZR 241/81, NJW 1983, 164.
[447] BGH Urt. v. 4. 7. 2005 – II ZR 354/03, WM 2005, 1608, 1610; BGH Urt. v. 5. 3. 2007 – II ZR 282/05, NZG 2007, 381; H. P. Westermann/*Wertenbruch* RdNr. I 398.
[448] OLG Celle Urt. v. 17. 8. 2005 – 9 U 33/05, WM 2006, 30, 31 = WuB II E. § 707 BGB 1.06 m. Anm. *Stöber*; *K. Schmidt* GesR § 5 IV 5 b; MünchKommBGB/*Ulmer* § 707 RdNr. 1; MünchHdbGesR/v. *Falkenhausen*/*Schneider* 60 RdNr. 110; Baumbach/*Hopt* § 109 RdNr. 12; H. P. Westermann/*Wertenbruch* RdNr. I 398; *Wertenbruch* NZG 2006, 408, 410.
[449] MünchKommBGB/*Ulmer* § 707 RdNr. 7; MünchHdbGesR/v. *Falkenhausen*/*Schneider* § 54 RdNr. 109; Baumbach/*Hopt* § 109 RdNr. 13; H. P. Westermann/*Wertenbruch* RdNr. I 398 a.
[450] BGH Urt. v. 17. 6. 1953 – II ZR 205/52, BGHZ 10, 91, 101 f. = NJW 1953, 1217; BGH Urt. v. 27. 6. 1957 – II ZR 15/56, BGHZ 25, 47, 49 f. = NJW 1957, 1358; BGH Urt. v. 13. 5. 1985 – II ZR 170/84, NJW 1985, 2830, 2831, stRspr; Schlegelberger/*K. Schmidt* RdNr. 172; Staub/*Ulmer* RdNr. 262; MünchKommHGB/*K. Schmidt* RdNr. 198; H. P. Westermann/*Wertenbruch* RdNr. I 425.
[451] BGH Urt. v. 17. 6. 1953 – II ZR 205/52, BGHZ 10, 91, 101 f. = NJW 1953, 1217; BGH Urt. v. 2. 7. 1973 – II ZR 94/71, NJW 1973, 2198 f.; *A. Hueck* OHG § 18 II 3; *Altmeppen,* FS Musielak, 2004, S. 16.

schaft angesehen.[452] Aufgrund der Doppelnatur des Gesellschaftsvertrags ist beides richtig.[453] Denn der Gesellschaftsvertrag ist zum einen in organisationsrechtlicher Hinsicht Grundlage für das Entstehen einer rechtsfähigen Gesellschaft und zum anderen begründet er ein Schuldverhältnis zwischen den einzelnen Gesellschaftern. Die Geltendmachung eines Sozialanspruchs ist daher im Verhältnis zur rechtsfähigen Gesellschaft als Gläubigerin des Anspruchs eine gesetzliche Prozessstandschaft und zugleich die Verfolgung eines eigenen Anspruchs aus dem durch Gesellschaftsvertrag begründeten Schuldverhältnis.[454]

2. Anwendungsbereich. Die actio pro socio kommt **nur bei Sozialansprüchen** (insbes. bei Beitragsforderungen und Schadensersatzansprüchen der Gesellschaft), nicht aber bei Ansprüchen der Gesellschaft gegen Mitgesellschafter aus Drittgeschäften (RdNr. 127) in Betracht.[455] Beispiele sind außer dem Anspruch auf Beitragsleistung[456] vor allem Schadensersatzforderungen wegen Nichterfüllung der Beitragspflicht,[457] Schadensersatzansprüche wegen pflichtwidriger Geschäftsführung,[458] Ansprüche wegen Verletzung von Wettbewerbsverboten,[459] Ansprüche auf Erfüllung von mitgliedschaftlichen Auskunftsrechten,[460] Ansprüche wegen Verletzung der Treuepflicht,[461] Ansprüche wegen Schädigung des Gesellschaftsvermögens durch unerlaubte Handlungen.[462] Dagegen können nach Ansicht des BGH Unterlassungsansprüche der Gesellschaft in Bezug auf **Geschäftsführungsmaßnahmen nicht** mit der actio pro socio durchgesetzt werden, weil das auf einen Eingriff in das Geschäftsführungsrecht hinauslaufe.[463] Überschreitet ein Geschäftsführer seine Geschäftsführungsbefugnis (vgl. dazu § 114 RdNr. 36), so steht jedem anderen Gesellschafter ein Unterlassungsanspruch zu.

3. Befugnisse im Rahmen der actio pro socio. Im Wege der actio pro socio kann der Gesellschafter nur **Leistung an die Gesellschaft** verlangen (zu Ausnahmen im Liquidationsverfahren vgl. § 156 RdNr. 11). Das Rechtsinstitut vermittelt dem Gesellschafter nur die **Einziehungs- und Prozessführungsbefugnis zugunsten der Gesamthand**.[464] Das Recht, über den Anspruch **materiell** zu verfügen (zB durch Stundung oder Verzicht), steht **nur der Gesellschaft** zu.[465] Der Gesellschafter kann daher auch keinen Prozessvergleich schließen.[466] Denn der Prozessvergleich ist nicht nur ein Prozessvertrag, sondern zugleich ein materiell-rechtlicher Vertrag über den Streitgegenstand.[467] Der Gesellschafter kann den im Wege der actio pro socio geltend gemachten Anspruch **auch nach Abtretung seines Gesellschaftsanteils** nach § 265 ZPO weiterverfolgen.[468] Wenn sich der Anspruch gegen eine OHG (KG) als Mitgesellschafterin richtet, können auch deren (persönlich haftende) Gesellschafter im Wege der actio pro socio in Anspruch genommen werden.[469] Eine Regelung im Gesellschaftsvertrag, nach der die Sozialansprüche nur von der Gesellschaft geltend zu machen sind, ist nur eine klarstellende Zuständigkeitsregel, die das Institut der actio pro socio nicht ausschließt.

4. Kein Erfordernis der Mitwirkung der übrigen Gesellschafter. Die Klage des einzelnen Gesellschafters auf Leistung an die Gesellschaft ist, außer wenn dies im Gesellschaftsvertrag oder gesetzlich (zB § 113 Abs. 2) vorgeschrieben ist,[470] **nicht** an die **Zustimmung der übrigen Gesell-**

---

[452] *K. Schmidt* GesR § 21 IV 4 a; Staub/*Ulmer* RdNr. 262; MünchKommBGB/*Ulmer* § 705 RdNr. 207; Röhricht/Graf v. Westphalen/*v. Gerkan* RdNr. 78; Heymann/*Emmerich* § 109 RdNr. 21, 25 a; Baumbach/*Hopt* § 109 RdNr. 32; MünchHdbGesR/*v. Ditfurth* § 53 RdNr. 70; MünchHdbGesR/*K. Schmidt* § 205 RdNr. 198.
[453] H. P. Westermann/*Wertenbruch* RdNr. I 426.
[454] H. P. Westermann/*Wertenbruch* RdNr. I 426.
[455] BGH Urt. v. 2. 7. 1973 BGH – II ZR 94/71, NJW 1973, 2198 f.; BGH Urt. v. 13. 5. 1985 – II ZR 170/84, NJW 1985, 2830, 2831.
[456] AllgM, s. etwa Baumbach/*Hopt* § 109 RdNr. 34.
[457] Baumbach/*Hopt* § 109 RdNr. 34.
[458] BGH Urt. v. 2. 7. 1973 – II ZR 94/71, NJW 1973, 2198 f.; BGH Urt. v. 13. 5. 1985 – II ZR 170/84, NJW 1985, 2830, 2831.
[459] BGH Urt. v. 5. 12. 1983 – II ZR 242/82, BGHZ 89, 162, 172 = NJW 1984, 1351, 1353 unter III 2 b.
[460] BGH Urt. v. 1. 12. 1969 – II ZR 224/67, WM 1970, 249; BGH Urt. v. 22. 2. 1971 – II ZR 100/68, WM 1971, 723, 725.
[461] BGH Urt. v. 22. 2. 1971 – II ZR 100/68, WM 1971, 723.
[462] BGH Urt. v. 17. 6. 1953 – II ZR 205/52, BGHZ 10, 91, 101 f. = NJW 1953, 1217.
[463] BGH Urt. v. 11. 2. 1980 – II ZR 41/79, BGHZ 76, 160, 168 = NJW 1980, 1463, 1465; aA Baumbach/*Hopt* § 116 RdNr. 4.
[464] Baumbach/*Hopt* § 109 RdNr. 32; H. P. Westermann/*Wertenbruch* RdNr. I 425.
[465] BGH Urt. v. 13. 5. 1985 – II ZR 170/84, NJW 1985, 2830, 2831; MünchHdbGesR/*v. Ditfurth* § 53 RdNr. 68; Heymann/*Emmerich* § 109 RdNr. 24; Baumbach/*Hopt* § 109 RdNr. 32.
[466] MünchKommBGB/*Ulmer* § 705 RdNr. 213; Heymann/*Emmerich* § 109 RdNr. 24.
[467] BGH Urt. v. 21. 3. 2000 – IX ZR 39/99, BGH NJW 2000, 1942, 1943; Thomas/*Putzo* ZPO § 794 RdNr. 3.
[468] BGH Urt. v. 11. 2. 1960 – II ZR 198/59, NJW 1960, 964; aA MünchKommBGB/*Ulmer* § 705 RdNr. 210.
[469] BGH Urt. v. 2. 7. 1973 – II ZR 94/71, NJW 1973, 2198 f.
[470] MünchKommBGB/*Ulmer* § 705 RdNr. 211.

schafter gebunden.[471] Die actio pro socio kommt vielmehr gerade dann zum Zuge, wenn ein Teil der Gesellschafter die Mitwirkung bei der Einziehung des Sozialanspruchs verweigert und daher die Vertretungsorgane den Anspruch für die Gesellschaft nicht geltend machen (vgl. zur Subsidiarität RdNr. 150). Die Gesellschafter können allerdings durch wirksamen Gesellschafterbeschluss den eingeklagten Anspruch stunden oder auf ihn verzichten und dadurch der Klage den Boden entziehen.[472] Der **Verzicht** durch Mehrheitsbeschluss im Einzelfall bedarf allerdings einer eindeutigen, dem Bestimmtheitsgrundsatz entsprechenden Regelung im Gesellschaftsvertrag.[473]

150 5. **Subsidiarität der actio pro socio.** Der BGH[474] und Teile des Schrifttums[475] sehen eine Schranke der Klagebefugnis nur in der Treuepflicht. Diese Auffassung ist nicht mit der Rechtsfähigkeit der Gesamthandsgesellschaft und dem daraus folgenden Grundsatz vereinbar, dass die Ansprüche der Gesellschaft primär von dieser selbst, vertreten durch die Geschäftsführer, geltend zu machen sind. Daher gewährt die **actio pro socio** dem einzelnen Gesellschafter **nur eine Hilfszuständigkeit** für den Fall, dass die primär zuständigen Organe den Anspruch nicht geltend machen.[476] Diese Voraussetzung muss der klagende Gesellschafter nachweisen. An diesen Nachweis sind jedoch keine hohen Anforderungen zu stellen.[477] Die Subsidiarität der actio pro socio ändert nichts daran, dass es sich um ein Recht des Gesellschafters aus dem Mitgliedschaftsverhältnis handelt, das durch den Gesellschaftsvertrag zwar eingeschränkt, aber nicht ganz beseitigt werden kann.[478]

151 6. **Verfahrensfragen.** Der klagende Gesellschafter ist **Kostenschuldner** und hat im Falle des Unterliegens grundsätzlich auch keinen Ersatzanspruch gegen die Gesellschaft.[479] Die actio pro socio hindert die Gesellschaft nicht, den Anspruch trotz rechtshängiger Klage des Gesellschafters noch selbst einzuklagen. Der Einwand der **Rechtshängigkeit** greift insoweit **nicht** durch. Die Gesellschafterklage ist nunmehr mangels Prozessführungsbefugnis als unzulässig abzuweisen,[480] falls der Kläger nicht den Rechtsstreit für in der Hauptsache erledigt erklärt. Das die actio pro socio abweisende Urteil entfaltet keine Rechtskraftwirkung im Verhältnis zur Gesellschaft.[481] – Die actio pro socio ist auch noch im **Liquidationsstadium** der Gesellschaft möglich.[482]

I. Änderungen im Gesellschafterbestand und Verfügungen über den Gesellschaftsanteil

I. Aufnahme eines Gesellschafters (Eintritt)

152 1. **Grundsätze.** Der Eintritt in eine bestehende OHG (KG) erfolgt durch einen **Aufnahmevertrag** zwischen dem Eintretenden und **allen Gesellschaftern,** nicht aber durch Vereinbarung mit den für die OHG als solche handelnden Geschäftsführern.[483] Der Aufnahmevertrag ist eine Änderung des bestehenden Gesellschaftsvertrages.[484] Der Gesellschaftsvertrag einer **KG** kann die Neuaufnahme von Gesellschaftern dadurch erleichtern, dass die Komplementäre ermächtigt werden, den Aufnah-

---

[471] BGH Urt. v. 27. 6. 1957 – II ZR 15/56, BGHZ 25, 47, 49 f. = NJW 1957, 1358.
[472] BGH Urt. v. 27. 6. 1957 – II ZR 15/56, BGHZ 25, 47, 49 f. = NJW 1957, 1358.
[473] BGH Urt. v. 13. 5. 1985 – II ZR 170/84, NJW 1985, 2830, 2831.
[474] BGH Urt. v. 27. 6. 1957 – II ZR 15/56, BGHZ 25, 47, 49 f. = NJW 1957, 1358; BGH Urt. v. 13. 5. 1985 – II ZR 170/84, NJW 1985, 2830, 2831.
[475] Vgl. etwa *A.* Hueck OHG § 18 II 3; Baumbach/*Hopt* § 109 RdNr. 32; *Koller*/Roth/Morck RdNr. 34.
[476] *K. Schmidt* GesR § 21 IV 4 a, b; Schlegelberger/*K. Schmidt* RdNr. 175; MünchKommBGB/*Ulmer* § 705 RdNr. 210 f. unter Betonung des Charakters als Minderheitenrecht; MünchKommHGB/*K. Schmidt* RdNr. 201; Staub/*Ulmer* RdNr. 268 a; Röhricht/Graf v. Westphalen/*v. Gerkan* RdNr. 80; Heymann/*Emmerich* RdNr. 25; H. P. Westermann/*Wertenbruch* RdNr. I 427.
[477] MünchKommBGB/*Ulmer* § 705 RdNr. 210 f.; Heymann/*Emmerich* RdNr. 25.
[478] MünchKommBGB/*Ulmer* § 705 RdNr. 208; Baumbach/*Hopt* § 109 RdNr. 37; s. auch Schlegelberger/*K. Schmidt* RdNr. 174; (auch beim Einschränkung) Heymann/*Emmerich* § 109 RdNr. 26; die Frage der Unentziehbarkeit und Unverzichtbarkeit ist offen geblieben in BGH Urt. v. 13. 5. 1985 – II ZR 170/84, NJW 1985, 2830, 2831.
[479] AllgM, vgl. etwa Staub/*Ulmer* RdNr. 269.
[480] MünchKommBGB/*Ulmer* § 705 RdNr. 213; MünchKommHGB/*K. Schmidt* RdNr. 203; s. auch Schlegelberger/ *K. Schmidt* RdNr. 177; Heymann/*Emmerich* § 109 RdNr. 25 a.
[481] MünchKommBGB/*Ulmer* § 705 RdNr. 217; MünchKommHGB/*K. Schmidt* RdNr. 203; Schlegelberger/ *K. Schmidt* RdNr. 177; Baumbach/*Hopt* § 109 RdNr. 35.
[482] BGH Urt. v. 17. 6. 1953 – II ZR 205/52, BGHZ 10, 91, 101 f. = NJW 1953, 1217; Heymann/*Emmerich* § 109 RdNr. 25 b.
[483] BGH Urt. v. 6. 2. 1958 – II ZR 210/56, BGHZ 26, 330, 333 = NJW 1958, 668, 669; BGH Urt. v. 17. 11. 1975 – II ZR 120/74, WM 1976, 15 f.; MünchKommBGB/*K. Schmidt* RdNr. 180; Heymann/*Emmerich* § 109 RdNr. 28; MünchKommHGB/*K. Schmidt* RdNr. 206; H. P. Westermann RdNr. I 1001.
[484] Baumbach/*Hopt* RdNr. 67; MünchKommHGB/*K. Schmidt* RdNr. 206; H. P. Westermann RdNr. I 1001.

mevertrag mit den neu eintretenden Gesellschaftern auch im Namen der übrigen Gesellschafter (Kommanditisten) abzuschließen.[485] Im Gesellschaftsvertrag einer **Publikums-KG** kann auch die Gesellschaft selbst ermächtigt werden, den Aufnahmevertrag im Namen aller Gesellschafter oder im eigenen Namen mit Wirkung für alle Gesellschafter zu schließen.[486] In der Publikumsgesellschaft können die Gesellschafter grundsätzlich einen Dritten (zB einen Treuhänder) zum Abschluss der Aufnahmeverträge bevollmächtigen.[487] Die Vollmachtserteilung kann aber wegen Verstoßes gegen das RBerG nichtig sein.[488] Es ist auch zulässig, im Gesellschaftsvertrag die Aufnahme neuer Gesellschafter mittels **Mehrheitsbeschlusses** zu gestatten.[489] Der Vollzug des Beschlusses durch Aufnahmevertrag bleibt aber auch in diesem Falle grundsätzlich Sache aller Gesellschafter. Wenn für die Aufnahme eines Gesellschafters nach dem Gesellschaftsvertrag ein Auswahlrecht besteht, können sich im Einzelfall Schranken aus der Treuepflicht ergeben. Wenn in Bezug auf die Person des Aufzunehmenden ein wichtiger Grund iS des § 140 vorliegt, kann die Aufnahme verweigert werden.[490] – Zur Aufnahme auf Grund einer **Eintrittsklausel** vgl. § 139 RdNr. 38 ff.

2. Aufnahmevertrag. Für den Abschluss des Aufnahmevertrages gelten grundsätzlich die für den Abschluss des Gesellschaftsvertrages maßgebenden Regeln. Der Eintritt kann unter einer **Bedingung** oder Befristung erfolgen. Ein rückwirkender Eintritt ist nur mit schuldrechtlicher Wirkung möglich.[491] Die Haftung für Altverbindlichkeiten trifft den neuen Gesellschafter nach § 130 ohnehin, und in Bezug auf die interne Verteilung von Gewinn und Verlust gilt der Grundsatz der Vertragsfreiheit. Der Beitritt unterliegt den für den Abschluss des Gesellschaftsvertrages geltenden **Formvorschriften** (vgl. RdNr. 44 ff.). Der Formzwang des § 311 b Abs. 1 S. 1 BGB greift ein, wenn der Eintretende in Bezug auf Grundstücke selbst verpflichtet wird (vgl. RdNr. 45). Die Aufnahmevereinbarung bezüglich einer Gesellschaft, die Grundbesitz hält, löst den Formzwang des § 311 b Abs. 1 S. 1 BGB nicht aus (RdNr. 46). Zum Erfordernis einer familien- oder vormundschaftsgerichtlichen **Genehmigung** beim Eintritt eines Minderjährigen vgl. RdNr. 56. Der Eintritt eines Volljährigen in eine Gesellschaft, an der ein Minderjähriger beteiligt ist, bedarf für diesen als bloße Vertragsänderung nicht der familien- bzw. vormundschaftsgerichtlichen Genehmigung nach § 1822 Nr. 3 BGB.[492] Das Familien- bzw. Vormundschaftsgericht muss bei der Frage der Genehmigung des Beitritts berücksichtigen, dass sich der Gesellschafterbestand ändern kann. Eltern als Mitgesellschafter sind von der Vertretung des Kindes ausgeschlossen (RdNr. 89).

3. Rechtsfolgen des Eintritts. Eintritt und Austritt lassen die Identität der Gesellschaft unberührt.[493] Dies ist eine wesentliche Folge der Rechtsfähigkeit der Gesellschaft. Der Gesellschafterwechsel durch Anteilsübertragung ist kein kombinierter Ein- und Austritt. Der Beitretende erwirbt eine **neue Mitgliedschaft**. Im Wege der **Anwachsung** erhält der neue Gesellschafter einen Anteil am Gesellschaftsvermögen; bei den Altgesellschaftern tritt insoweit eine sog. Abwachsung[494] ein. Das ist die gesetzliche Folge des Beitritts. Im Allgemeinen hat der Eintretende eine Einlage zu leisten, weil er ansonsten keinen Kapitalanteil erwirbt. Zulässig ist aber auch eine Gesellschaftsbeteiligung ohne Einlage (sog. Gesellschafter ohne Kapitalanteil).[495] Die für die Einlage erforderlichen Geldmittel können dem Gesellschafter von einem Dritten zur Verfügung gestellt werden.[496] – Zur **Eintragung** des Beitritts vgl. §§ 107, 162 Abs. 3; zur **Haftung** des Eintretenden vgl. §§ 128–130; zur **fehlerhaften Aufnahme** s. RdNr. 196 f.

---

[485] BGH Urt. v. 17. 11. 1975 – II ZR 120/74, WM 1976, 15 f.; MünchHdbGesR/*Piehler/Schulte* § 72 RdNr. 6; *K. Schmidt* § 57 II 1 a; *H. P. Westermann* RdNr. I 1012.
[486] BGH Urt. v. 14. 11. 1977 – II ZR 95/76, NJW 1978, 1000; BGH Urt. v. 10. 12. 1984 – II ZR 28/84, NJW 1985, 1468, 1469; MünchKommHGB/*K. Schmidt* § 105 RdNr. 220; *H. P. Westermann* RdNr. I 1012.
[487] BGH Urt. v. 16. 11. 1981 – II ZR 213/80, NJW 1982, 877, 879; *H. P. Westermann* RdNr. I 1013.
[488] BGH v. 16. 12. 2002 – II ZR 109/01, BGHZ 153, 214 = DStR 2003, 1038; *Wertenbruch* DStR 2004, 917; *Wertenbruch* NZG 2006, 408, 421.
[489] MünchHdbGesR/*Piehler/Schulte* § 72 RdNr. 6; Heymann/*Emmerich* § 109 RdNr. 29; Baumbach/*Hopt* RdNr. I 1017; aA MünchKommBGB/*Wagenitz* § 1822 RdNr. 28.
[490] Baumbach/*Hopt* RdNr. 68; MünchHdbGesR/*Piehler/Schulte* § 72 RdNr. 7; Heymann/*Emmerich* RdNr. 31; s. auch BGH Urt. v. 14. 11. 1960 – II ZR 55/59, WM 1961, 303, 305.
[491] MünchKommHGB/*K. Schmidt* RdNr. 206.
[492] BGH Urt. v. 20. 9. 1962 – II ZR 209/61, BGHZ 38, 26 ff. = NJW 1962, 2344 ff.; *H. P. Westermann* RdNr. I 1017; aA MünchKommBGB/*Wagenitz* § 1822 RdNr. 28.
[493] *K. Schmidt* GesR § 45 II 4; *Grunewald* RdNr. 1 A, 128 f., 143; *H. P. Westermann* RdNr. I 1022.
[494] Zur Dogmatik der An- und Abwachsung vgl. *K. Schmidt* GesR § 45 II 5 sowie MünchKommBGB/*Ulmer* § 718 RdNr. 6 ff.
[495] *K. Schmidt* GesR § 47 III 1 b; *U. Huber* Vermögensanteil S. 290; *Wertenbruch*, Haftung von Gesellschaften, S. 514.
[496] BGH Urt. v. 2. 7. 1990 – II ZR 243/89, BGHZ 112, 40, 44 ff. = NJW 1990, 2616.

II. Ausscheiden eines Gesellschafters

155   **1. Grundsätze.** Das Ausscheiden kann auf unterschiedlichen Gründen beruhen. Zunächst kann die Mitgliedschaft eines Gesellschafters mit Ablauf der hierfür vereinbarten Frist enden (vgl. auch § 131 Abs. 1 Nr. 1).[497] Ferner kann einer der **gesetzlichen Gründe** des § 131 Abs. 3 S. 1 Nr. 1–6 für die Beendigung der Mitgliedschaft eintreten (vgl. Erläuterungen zu § 131). Daneben können weitere Gründe für das Ausscheiden des Gesellschafters **im Gesellschaftsvertrag** festgelegt werden.[498] Außerdem führt die wirksame **Ausschließung** eines Gesellschafters nach § 140 zum Ausscheiden aus der Gesellschaft (s. Kommentierung zu § 140). Schließlich ist das Ausscheiden auf Grund einer **Austrittsvereinbarung** zwischen dem Ausscheidenden und den übrigen Gesellschaftern möglich.

156   **2. Vereinbarung des Ausscheidens.** Für die Austrittsvereinbarung gelten die für den Aufnahmevertrag dargestellten Grundsätze (RdNr. 153) entsprechend. Aus der gesellschaftsrechtlichen **Treuepflicht** kann sich eine Rechtspflicht der übrigen Gesellschafter ergeben, dem Ausscheiden zuzustimmen.[499] Scheidet ein **Minderjähriger** als persönlich haftender Gesellschafter oder Kommanditist aus der Gesellschaft aus, so bedarf dies als (Teil-)Veräußerung eines Erwerbsgeschäfts der familien- bzw. vormundschaftsgerichtlichen Genehmigung nach § 1822 Nr. 3 BGB; eine solche ist dagegen entbehrlich, wenn ein Volljähriger ausscheidet und ein Minderjähriger in der Gesellschaft verbleibt.[500] Der einzelne Gesellschafter hat zwar keinen Anteil an den einzelnen Gegenständen des Gesellschaftsvermögens. Er ist aber auf Grund seines Anteils am Gesellschaftsvermögen wertmäßig an diesem Vermögen und damit auch wertmäßig am Erwerbsgeschäft beteiligt. Nach dem Schutzzweck des § 1822 Nr. 3 BGB ist auch die wertmäßige Übertragung eines Teils des Erwerbsgeschäfts genehmigungspflichtig.

157   **3. Rechtsfolgen des Ausscheidens.** Der Vermögensanteil des Ausscheidenden wächst nach § 105 Abs. 3 iVm. § 738 Abs. 1 S. 1 BGB den verbleibenden Gesellschaftern an. Der Ausscheidende erlangt dafür einen **Abfindungsanspruch** (§ 738 Abs. 1 S. 2 BGB), über dessen Höhe und Fälligkeit grundsätzlich bis zur Grenze des groben Missverhältnisses zwischen Abfindung und wahrem Anteilswert Vereinbarungen getroffen werden können.[501] Die Identität der Gesellschaft bleibt gewahrt. Der Ausscheidende verliert seine Mitgliedschaftsrechte. Es können aber nachwirkende Treuepflichten bestehen bleiben (vgl. § 109 RdNr. 20 ff.).

158   Wenn ein Gesellschafter aus einer **zweigliedrigen Gesellschaft** ausscheidet, erlischt diese. Das Gesellschaftsvermögen geht im Wege der **Gesamtrechtsnachfolge** auf den verbliebenen Gesellschafter über, der gem. § 738 BGB den Ausscheidenden abzufinden hat.[502] Es steht den Gesellschaftern frei, eine andere Regelung als die Übernahme zu treffen, zB eine gemeinsame Liquidation zu vereinbaren und/oder Höhe bzw. Berechnung der Abfindung festzulegen. Eine solche Regelung kann schon in dem Gesellschaftsvertrag aufgenommen werden. – Zu vertraglichen **Übernahmerechten** vgl. § 131 RdNr. 55 und § 140 RdNr. 48 f. Zur **Anmeldung** des Ausscheidens zwecks Eintragung in das Handelsregister vgl. § 143 Abs. 2 und die Erläuterungen dazu. Zur **Haftung** des ausgeschiedenen Gesellschafters s. § 128 RdNr. 40 ff. Zum **fehlerhaften Ausscheiden** s. unten RdNr. 198 ff.

III. Übertragung von Gesellschaftsanteilen (Gesellschafterwechsel)

159   **1. Allgemeines.** Eintritt und Ausscheiden von Gesellschaftern können in Form eines **Doppelvertrages** miteinander verbunden werden, wobei ausscheidender und neu eintretender Gesellschafter jeweils für sich mit den übrigen Gesellschaftern entsprechende Vereinbarungen treffen.[503] So wurde vor Anerkennung der direkten Anteilsübertragung ein Gesellschafterwechsel vollzogen.[504] Mit der Einordnung der Mitgliedschaft in der Personengesellschaft als übertragbares subjektives Recht ist

---

[497] Schlegelberger/K. Schmidt RdNr. 181; MünchKommHGB/K. Schmidt RdNr. 207.
[498] Begründung zur Neufassung des § 131 durch das HRefG, BT-Drucks. 13/8444 S. 65 f.; H. P. Westermann RdNr. I 1086, 1095; vgl. auch § 131 RdNr. 53.
[499] BGH Urt. v. 26. 1. 1961 – II ZR 240/59, NJW 1961, 724 f.; vgl. auch RdNr. 69, 70.
[500] BGH Urt. v. 26. 1. 1961 – II ZR 240/59, NJW 1961, 724 f.; MünchHdbGesR/Piehler/Schulte § 72 RdNr. 10.
[501] Vgl. dazu BGH Urt. v. 16. 12. 1991 – II ZR 58/91, BGHZ 116, 359, 368 ff.; H. P. Westermann RdNr. I 1151 ff.; MünchKommBGB/Ulmer § 738 RdNr. 39 ff.; Stöber/Rafiqpoor GmbHR 2003, 872, 873 ff.
[502] BGH Urt. v. 13. 7. 1967 – II ZR 268/64, BGHZ 48, 203, 206; BGH Urt. v. 14. 11. 1988 – II ZR 77/88, NJW 1989, 1030; MünchHdbGesR/Piehler/Schulte § 72 RdNr. 35; vgl. auch BT-Drucks. 13/8444 S. 66.
[503] BGH Urt. v. 8. 11. 1965 – II ZR 223/64, BGHZ 44, 229, 231 = NJW 1966, 499; BGH Urt. v. 18. 11. 1974 – II ZR 70/73, NJW 1975, 166, 167; H. P. Westermann/Wertenbruch RdNr. I 640 mit weit. Nachw.
[504] Vgl. dazu Flume Personengesellschaft S. 346; H. P. Westermann/Wertenbruch RdNr. I 640.

diese Konstruktion allerdings **überholt**.[505] Heute wird der Gesellschaftsanteil durch Rechtsgeschäft zwischen dem Altgesellschafter und dem Neugesellschafter, dh. durch Abtretung nach §§ 398, 413, übertragen.[506] In diesem Fall geht die Mitgliedschaft im Wege dieses Verfügungsgeschäfts über. Es findet eine Rechtsnachfolge statt.

Die Anteilsübertragung setzt allerdings voraus, dass sie **im Gesellschaftsvertrag zugelassen** ist 160 oder **alle Mitgesellschafter** ihr im konkreten Einzelfall **zustimmen**.[507] Die Mitgliedschaft in der Personengesellschaft ist damit unter der Voraussetzung der Zustimmung aller Gesellschafter frei übertragbar, während bei der GmbH und der AG der umgekehrte Grundsatz gilt: Die Zustimmung der Gesellschaft ist nur erforderlich, wenn die Anteile ausnahmsweise vinkuliert sind (§ 15 Abs. 5 GmbHG; § 68 Abs. 2 AktG). Zustimmungsbedürftig ist allein die Abtretung als dingliches Verfügungsgeschäft, nicht aber das zugrundeliegende Verpflichtungsgeschäft.[508] Der Gesellschaftsvertrag kann die Anteilsübertragung erleichtern (zB durch Zulassung von Mehrheitsbeschlüssen) oder von vornherein den Kreis der potentiellen Erwerber beschränken.[509] Wird die Anteilsübertragung zugelassen, ohne die Person des Aufzunehmenden näher zu bestimmen, sind die aus der **Treuepflicht** folgenden Schranken zu beachten. Ein Verstoß des übertragenden Gesellschafters gegen die Treuepflicht führt zur Unwirksamkeit der Anteilsübertragung (zB bei Unzumutbarkeit der Person des Erwerbers, weil in Bezug auf ihn ein Ausschließungsgrund besteht).[510] Sind nach dem Gesellschaftsvertrag die Beteiligungen frei übertragbar, so kann gleichwohl mangels abweichender Regelung grundsätzlich ein Anteil nicht wirksam auf jemanden übertragen werden, der bereits Gesellschafter ist, seine Mitgliedschaft aber vorher auf einen nach der Anteilsübertragung liegenden Zeitpunkt **gekündigt** hat.[511] Entsprechendes gilt, wenn bezüglich der Person des Erwerbers ein Ausschlussgrund besteht.

2. Zustimmung der Mitgesellschafter. Auf die Zustimmung der Mitgesellschafter zur Anteils- 161 übertragung finden die **§§ 182 ff. BGB** Anwendung. Solange nicht alle Mitgesellschafter zugestimmt haben, ist die Übertragung schwebend unwirksam.[512] Die Übertragung wird endgültig unwirksam, sobald auch nur ein Gesellschafter die Zustimmung verweigert.[513] Die vorherige Zustimmung ist bis zur Vornahme der Verfügung grundsätzlich frei **widerruflich.** Der Widerruf ist ausgeschlossen, wenn die Einwilligung unwiderruflich erteilt worden ist.[514] Bei Vorliegen eines wichtigen Grundes ist die Einwilligung allerdings auch hier widerruflich.[515] Wenn der Zustimmungsbeschluss zunächst nur von einem Teil der Gesellschafter gefasst wird, können diese auf Grund ausdrücklicher oder stillschweigender Erklärung bis zur Entscheidung aller Gesellschafter an ihre Zustimmung gebunden sein.[516] Die Verweigerung der Genehmigung ist unwiderruflich.[517] Das Verfügungsgeschäft kann aber erneut vorgenommen werden.

3. Formfreiheit der Anteilsübertragung. Die Anteilsübertragung und das zugrundeliegende 162 Verpflichtungsgeschäft sind grundsätzlich **formlos** gültig. Das gilt im Grundsatz auch, wenn das Gesellschaftsvermögen ganz oder teilweise aus Grundstücken[518] oder GmbH-Anteilen (vgl. § 15 Abs. 3, 4 GmbHG)[519] besteht. Es handelt sich nicht um die Verfügung über ein **Grundstück,** weil die einzelnen Gesellschafter insoweit nicht Miteigentümer, sondern nur am gesamten Gesellschafts-

---

[505] So zutreffend *Flume* Personengesellschaft S. 349 ff.; *U. Huber* Vermögensanteil S. 369 ff.; *Wiedemann* GesR II § 5 II 4.
[506] StRspr. des BGH, vgl. zB Urt. v. 29. 6. 1981 – II ZR 142/80, BGHZ 81, 82, 84 = NJW 1981, 2747; Urt. v. 14. 5. 1986 – IVa ZR 155/84, BGHZ 98, 48, 50 = NJW 1986, 2431, 2432; MünchKommHGB/*K. Schmidt* RdNr. 210; Staub/*Ulmer* RdNr. 302; Baumbach/*Hopt* RdNr. 69; *H. P. Westermann/Wertenbruch* RdNr. I 639, 640.
[507] AllgM, vgl. etwa BGH Urt. v. 29. 6. 1981 – II ZR 142/80, BGHZ 81, 82, 84 = NJW 1981, 2747; *K. Schmidt* GesR § 45 III 2 b; *H. P. Westermann/Wertenbruch* RdNr. I 641.
[508] BGH Urt. v. 14. 10. 1957 – II ZR 109/56, WM 1958, 49; Heymann/*Emmerich* § 109 RdNr. 35; MünchHdbGesR/*Piehler/Schulte* § 73 RdNr. 5; *H. P. Westermann/Wertenbruch* RdNr. I 644.
[509] Staub/*Ulmer* RdNr. 307; Heymann/*Emmerich* § 109 RdNr. 34; MünchHdbGesR/*Piehler/Schulte* § 73 RdNr. 6; *H. P. Westermann/Wertenbruch* RdNr. I 641.
[510] BGH Urt. v. 14. 12. 1981 – II ZR 200/80, WM 1982, 234, 235.
[511] BGH Urt. v. 22. 5. 1989 – II ZR 211/88, NJW-RR 1989, 1259 = LM BGB § 719 Nr. 5; OLG München Urt. v. 24. 9. 2003 – 7 U 2469/03, NJW-RR 2004, 334; *Wertenbruch* NZG 2006, 408, 417.
[512] BGH Urt. v. 28. 4. 1954 – II ZR 8/53, BGHZ 13, 179, 185 f. = NJW 1954, 1155 f.; BGH Urt. v. 15. 6. 1964 – VIII ZR 7/63, WM 1964, 878, 879; *H. P. Westermann/Wertenbruch* RdNr. I 641 b.
[513] Heymann/*Emmerich* § 109 RdNr. 39 a.
[514] BGH Urt. v. 30. 6. 1980 – II ZR 219/79, BGHZ 77, 392, 396 = NJW 1980, 2708, 2709.
[515] BGH Urt. v. 12. 5. 1969 – VII ZR 15/67, WM 1969, 1009 f.
[516] BGH Urt. v. 19. 2. 1990 – II ZR 42/89, NJW-RR 1990, 798, 799 f. = LM BGB § 705 Nr. 55.
[517] BGH Urt. v. 28. 4. 1954 – II ZR 8/53, BGHZ 13, 179, 187 = NJW 1954, 1155 f.
[518] BGH Urt. v. 31. 1. 1983 – II ZR 288/81, BGHZ 86, 367, 369 f. = NJW 1983, 1110; *H. P. Westermann/Wertenbruch* RdNr. I 643.
[519] *K. Schmidt* GesR § 45 III 3 a; Staub/*Ulmer* RdNr. 311 f.; Heymann/*Emmerich* § 109 RdNr. 35; *H. P. Westermann/Wertenbruch* RdNr. I 645.

vermögen wertmäßig beteiligt sind. Veräußerung und Erwerb eines Anteils an einer OHG durch einen **Minderjährigen** bedürfen daher nicht der familien- bzw. vormundschaftsgerichtlichen Genehmigung nach § 1822 Nr. 1 BGB (vgl. dazu RdNr. 56), sondern wegen (Teil-) Veräußerung des Erwerbsgeschäfts der Genehmigung nach § 1822 Nr. 3 BGB (vgl. RdNr. 156). Hierfür genügt eine wertmäßige Beteiligung (vgl. RdNr. 156).

163   **4. Rechtsfolgen der Anteilsübertragung.** Die Identität der Gesellschaft bleibt auch bei gleichzeitiger Übertragung aller Anteile unberührt.[520] Der Erwerber erlangt durch **Einzelrechtsnachfolge** die Mitgliedschaft des Veräußerers. Der Erwerber rückt grundsätzlich voll in die Rechtsstellung des Veräußerers ein.[521] Für die selbständig übertragbaren Vermögensrechte (§ 717 S. 2 BGB) können Erwerber und Veräußerer grundsätzlich frei vereinbaren, inwieweit die Rechte mit übergehen oder beim Veräußerer verbleiben sollen.[522] Die künftigen Forderungen (insbes. der **Gewinnanspruch**) und Verpflichtungen entstehen aus der Mitgliedschaft in der Hand des neuen Gesellschafters. Hinsichtlich des Gewinns für ein Geschäftsjahr, in dem der Veräußerer noch der Gesellschaft angehörte, können Ausgleichsansprüche gem. § 101 BGB bestehen.[523] Im Zweifel gehen die zum Zeitpunkt der Übertragung schon entstandenen und auf Gesellschafter-Privatkonten gebuchten Forderungen mit auf den Erwerber über.[524] Daher erstreckt sich eine **Verpfändung oder Pfändung** in der Regel auch auf diese Forderungen. Von der übertragenen Mitgliedschaft grundsätzlich nicht erfasst werden dagegen Drittgläubigerforderungen des Veräußerers.[525] Denn diese beruhen nicht auf der Mitgliedschaft, sondern auf separaten Austauschverträgen.

164   **Mitverwaltungsrechte** gehen ohnehin als nicht abspaltbarer Bestandteil der Mitgliedschaft auf den Erwerber über.[526] **Höchstpersönliche Rechte** des Veräußerers entfallen mit der Anteilsübertragung.[527] Aus dem Grundsatz der Selbstorganschaft und aus den §§ 114, 125 folgt, dass der Erwerber grundsätzlich geschäftsführungs- und vertretungsbefugt ist. Es stellt sich daher im gesetzlichen Regelfall nicht die Frage, ob eine **Geschäftsführungs- und Vertretungsbefugnis** auf den Erwerber übergeht. Etwas anderes kann sich ausnahmsweise im Wege der Auslegung des Gesellschaftsvertrages ergeben, wenn dem Veräußerer durch besondere Vereinbarung nur auf Grund spezieller Qualifikationen die Geschäftsführungs- und Vertretungsbefugnis belassen wurde.[528] Umgekehrt kann eine auf persönlichen Gründen beruhende Entziehung dieser Befugnisse mit Wirksamwerden der Anteilsübertragung entfallen.[529]

165   Eine etwaige **Gegenleistung** erhält der Veräußerer nach Maßgabe des Grundgeschäfts nur vom Erwerber; die §§ 738, 739 BGB finden hier keine Anwendung.[530] Es scheidet kein Gesellschafter mit der Folge einer Anwachsung aus der OHG aus. – Zum Übergang von **Schiedsabreden** vgl. RdNr. 55. Zur fehlerhaften Anteilsübertragung vgl. RdNr. 202 f.

166   **5. Teilübertragung.** Sie ist nach den **Regeln der Vollübertragung** mit Zustimmung der Mitgesellschafter oder auf Grund Gestattung im Gesellschaftsvertrag zulässig.[531] Im Ergebnis wird eine bestehende Mitgliedschaft geteilt. Allerdings muss sich die Zustimmung zweifelsfrei gerade auf die Teilübertragung beziehen, da die Zahl der Gesellschafter erweitert wird.[532] Diese Erweiterung kann insbes. im Hinblick auf das Einstimmigkeitsprinzip nicht im Interesse der anderen Gesellschafter liegen. Die **Verwaltungsrechte** bestimmen sich auch bei der Teilübertragung nach dem Gesellschaftsvertrag und den Vereinbarungen mit den Mitgesellschaftern. Mangels besonderer Abmachungen stehen die Verwaltungsrechte Erwerber und Veräußerer jeweils ungeteilt auf der Grundlage der

---

[520] BGH Urt. v. 8. 11. 1965 – II ZR 223/64, BGHZ 44, 229; *K. Schmidt* GesR § 45 II 4; *Wertenbruch*, Haftung von Gesellschaften, S. 218.
[521] BGH Urt. v. 29. 6. 1981 – II ZR 142/80, BGHZ 81, 82, 84 = NJW 1981, 2747; MünchKommHGB/*K. Schmidt* § 105 RdNr. 222; Staub/*Ulmer* RdNr. 315; Heymann/*Emmerich* § 109 RdNr. 40; *H. P. Westermann/Wertenbruch* RdNr. I 645.
[522] BGH Urt. v. 25. 4. 1966 – II ZR 120/64, BGHZ 45, 221, 222 f. = NJW 1966, 1307 ff.; *H. P. Westermann/Wertenbruch* RdNr. I 645 a; *Wertenbruch*, Haftung von Gesellschaften, S. 510.
[523] BGH Urt. v. 30. 6. 2004 – VIII ZR 349/03, ZIP 2004, 1551; *Rödder/Hötzel/Müller-Thuns*, Unternehmensverkauf, § 7 RdNr. 50.
[524] BGH Urt. v. 25. 4. 1966 – II ZR 120/64, BGHZ 45, 221, 222 f. = NJW 1966, 1307 ff.; BGH Urt. v. 7. 12. 1972 – II ZR 98/70, NJW 1973, 328, 329; BGH Urt. v. 5. 5. 1986 – II ZR 163/85, WM 1986, 1314, 1315; Staub/*Ulmer* § 105 RdNr. 320; Erman/*H. P. Westermann* § 719 RdNr. 11; *H. P. Westermann/Wertenbruch* RdNr. I 645 a.
[525] BGH Urt. v. 23. 2. 1978 – II ZR 145/76, BB 1978, 630 = LM § 120 Nr. 5.
[526] Heymann/*Emmerich* § 109 RdNr. 41; *H. P. Westermann/Wertenbruch* RdNr. I 645.
[527] Staub/*Ulmer* RdNr. 317.
[528] So im Ergebnis auch Heymann/*Emmerich* § 109 RdNr. 41; Staub/*Ulmer* RdNr. 317; *H. P. Westermann/Wertenbruch* Rd.Nr. I 645.
[529] Staub/*Ulmer* RdNr. 317; Baumbach/*Hopt* RdNr. 72.
[530] Heymann/*Emmerich* § 109 RdNr. 35; Baumbach/*Hopt* RdNr. 72.
[531] Staub/*Ulmer* RdNr. 324; Heymann/*Emmerich* § 109 RdNr. 36.
[532] Staub/*Ulmer* RdNr. 324; *Michalski* § 109 RdNr. 69; *H. P. Westermann/Wertenbruch* Rd.Nr I 648.

nunmehr selbständig bestehenden Gesellschaftsanteile zu, während **Gewinnansprüche** nach den neuen Beteiligungsquoten zu bestimmen und damit im Ergebnis „aufzuteilen" sind.[533]

IV. Verfügungen über Gegenstände des Gesamthandsvermögens

Verfügungen über Gegenstände des Gesellschaftsvermögens sind nur der ordnungsgemäß vertretenen Gesellschaft als der Berechtigten möglich. Entgegen der mißverständlichen Formulierung des § 719 Abs. 1 BGB gibt es keinen Anteil des Gesellschafters an den zum Gesamthandsvermögen gehörenden Gegenständen.[534] Deshalb ist das in § 719 Abs. 1 Alt. 2 BGB geregelte Verfügungsverbot zwingender Natur.[535]

V. Rechtsgeschäftliche Verpfändung und Pfändung des Gesellschaftsanteils (der Mitgliedschaft)

Neueres Schrifttum (Auswahl): *H. Roth*, Pfändung und Verpfändung von Gesellschaftsanteilen, ZGR 2000, 187; H. P. *Westermann/Wertenbruch*, Handbuch der Personengesellschaften, 38. Lieferung 2007, RdNr. I 650 ff.; *Wertenbruch*, Haftung von Gesellschaften und Gesellschaftsanteilen in der Zwangsvollstreckung, 2000.

1. Allgemeines. Die **Verpfändung** der Mitgliedschaft ist als Verpfändung eines Rechts nach den §§ 1273, 1274 BGB möglich. Da nach § 1274 Abs. 2 BGB die Übertragbarkeit des Rechts Voraussetzung für die Bestellung eines Pfandrechts ist, ist die Verpfändung eines Gesellschaftsanteils nur wirksam, wenn sie **im Gesellschaftsvertrag zugelassen** ist oder die Mitgesellschafter im Einzelfall zustimmen.[536] Ob eine Zulassung der Übertragung des Anteils im Gesellschaftsvertrag auch die Verpfändung abdeckt, ist Auslegungsfrage und wird im Zweifel zu verneinen sein.[537] Fehlt es an einer gesellschaftsvertraglichen Zulassung oder einer ad hoc erteilten Zustimmung der Mitgesellschafter, kommt nur die Möglichkeit der Verpfändung der nach § 717 S. 2 BGB übertragbaren **Einzelansprüche** (zB auf Gewinn, Abfindung oder das Auseinandersetzungsguthaben) in Betracht (dazu RdNr. 172).[538]

2. Form. Die Verpfändung des Anteils und die Zustimmung der Mitgesellschafter sind **nicht formgebunden.** Da es sich nicht um die Verpfändung einer Forderung handelt, ist § 1280 BGB unanwendbar, so dass es keiner Anzeige der Verpfändung an Mitgesellschafter oder Geschäftsführer bedarf.[539] Es findet auch keine Eintragung ins Handelsregister statt.

3. Rechte des Pfandgläubigers vor Eintritt der Pfandreife. Das Pfandrecht erfasst ebenso wie ein Pfändungspfandrecht die **gesamte Mitgliedschaft**.[540] Die Verwaltungsrechte und insbes. das Stimmrecht verbleiben allerdings dem verpfändenden Gesellschafter.[541] Bei nachträglichen Verfügungen des verpfändenden Gesellschafters über seinen Anteil bleibt das Pfandrecht aufrechterhalten. Es umfasst dann automatisch auch die Surrogate der Mitgliedschaft, insbes. den Abfindungsanspruch.[542] Verfügungen der Gesellschaft über Gegenstände des Gesellschaftsvermögens bleiben möglich, weil sie vom Pfandrecht am Gesellschaftsanteil nicht erfasst werden. Daher kann **im Grundbuch kein Verpfändungsvermerk** eingetragen werden, wenn zum Gesellschaftsvermögen Grundstücke gehören.[543] Der Pfandgläubiger ist gegen ihn mittelbar benachteiligende Gesellschafterbeschlüsse nicht

---

[533] Staub/*Ulmer* RdNr. 325; Heymann/*Emmerich* § 109 RdNr. 36.
[534] *Flume* Personengesellschaft, S. 351; MünchKommBGB/*Ulmer* § 719 RdNr. 8; *Wertenbruch*, Haftung von Gesellschaften, S. 188.
[535] *Flume* Personengesellschaft, S. 351; MünchKommBGB/*Ulmer* § 719 RdNr. 8; *Wertenbruch*, Haftung von Gesellschaften, S. 188 ff.
[536] *H. Roth* ZGR 2000, 187, 209; Schlegelberger/*K. Schmidt* § 135 RdNr. 34; Staub/*Ulmer* RdNr. 291; Heymann/*Emmerich* § 135 RdNr. 22; MünchKommHGB/*K. Schmidt* RdNr. 225; H. P. *Westermann/Wertenbruch* RdNr. I 668.
[537] Heymann/*Emmerich* § 135 RdNr. 22; Röhricht/Graf v. Westphalen/v. Gerkan § 135 RdNr. 6; Baumbach/*Hopt* § 135 RdNr. 15; MünchKommHGB/*K. Schmidt* § 135 RdNr. 34; H. P. *Westermann/Wertenbruch* RdNr. I 668; aA Staub/*Ulmer* RdNr. 291.
[538] Staub/*Ulmer* RdNr. 291; Heymann/*Emmerich* § 135 RdNr. 22.
[539] Staub/*Ulmer* RdNr. 291; MünchKommHGB/*K. Schmidt* § 135 RdNr. 34; MünchHdbGesR/*Hohaus* § 66 RdNr. 63; H. P. *Westermann/Wertenbruch* RdNr. I 669 a.
[540] BGH Urt. v. 8. 12. 1971 – VIII ZR 113/70, WM 1972, 81; MünchKommBGB/*Ulmer* § 719 RdNr. 52; *Wertenbruch*, Haftung von Gesellschaften, S. 487 ff.; H. P. *Westermann/Wertenbruch* RdNr. I 667.
[541] *H. Roth* ZGR 2000, 187, 210; Staub/*Ulmer* RdNr. 291; MünchKommHGB/*K. Schmidt* § 135 RdNr. 35; MünchHdbGesR/*Hohaus* § 66 RdNr. 64; H. P. *Westermann/Wertenbruch* RdNr. I 670 a, c; *Wertenbruch*, Haftung von Gesellschaften, S. 525; vgl. auch für die GmbH BGH Urt. v. 13. 7. 1992 – II ZR 251/91, BGHZ 119, 191, 194 f. = NJW 1992, 3035, 3036.
[542] MünchKommHGB/*K. Schmidt* § 135 RdNr. 36; H. P. *Westermann/Wertenbruch* RdNr. I 671 c.
[543] MünchKommBGB/*Ulmer* § 719 RdNr. 56; MünchKommHGB/*K. Schmidt* § 135 RdNr. 37; H. P. *Westermann/Wertenbruch* RdNr. I 669 c.

geschützt; § 1276 BGB findet (ebenso wie § 1258 BGB) keine Anwendung.[544] Die gesellschaftsrechtlichen **Informations- und Kontrollrechte** stehen dem Pfandgläubiger nicht zu.[545] Er kann aber auf der Grundlage der Verpfändungsabrede diejenigen Informationen verlangen, die für die Verwertung des Pfandrechts erforderlich sind.[546]

171 **4. Rechte des Pfandgläubigers nach Eintritt der Pfandreife.** Nach § 1277 BGB kann der Pfandgläubiger mit Vorrang vor den nachfolgenden Gläubigern die Zwangsvollstreckung in den Anteil betreiben (vgl. § 859 Abs. 1 S. 1 ZPO). Der Pfandgläubiger muss zusätzlich den Anteil pfänden, um nach § 135 kündigen und auf das Auseinandersetzungsguthaben zugreifen zu können.[547] Eine Überweisung der Mitgliedschaft ist dafür weder notwendig noch möglich.[548] Zur Einziehung überwiesen werden können nur einzelne übertragbare Vermögensrechte aus der Mitgliedschaft.[549]

172 **5. Verpfändung der vermögensrechtlichen Ansprüche (§ 717 S. 2 BGB).** Diese ist im Wege der **Forderungsverpfändung** durch Vereinbarung zwischen dem Gesellschafter und dem Pfandgläubiger ohne Zustimmung der anderen Gesellschafter möglich. Die Zustimmung der Mitgesellschafter ist nur dann erforderlich, wenn der Gesellschaftsvertrag die Abtretbarkeit dieser Ansprüche ausschließt.[550] Die Verpfändung der Einzelansprüche ist der Gesellschaft nach § 1280 BGB anzuzeigen.

173 **6. Pfändung des Gesellschaftsanteils.** Für die Pfändung als Zwangsverfügung gelten die gleichen Prinzipien wie für die Verpfändung als freiwillige Verfügung des Berechtigten. Pfändungsgegenstand ist die Mitgliedschaft (Gesellschaftsanteil) als solche.[551] Der Wortlaut des § 135 ist insoweit überholt (vgl. § 135 RdNr. 12). Die am Wortlaut des § 135 orientierten Pfändungsbeschlüsse sind im Sinne einer Pfändung der Mitgliedschaft auszulegen.[552] Die Pfändung der Mitgliedschaft umfasst auch die Gesellschafter-Privatkonten des Schuldners.[553] Die Verwaltungsrechte und das Stimmrecht verbleiben ohne Einschränkung dem Gesellschafter.[554] Die Pfändung der Mitgliedschaft hat als Stammrechtsverfügung Vorrang vor einer Vorausabtretung einzelner Ansprüche aus der Mitgliedschaft.[555] Die Verwertung des gepfändeten Gesellschaftsanteils erfolgt durch Kündigung gem. § 135 oder durch Veräußerung nach § 844 ZPO. Die Veräußerung nach § 844 ZPO setzt allerdings voraus, dass der Gesellschaftsanteil nach dem Gesellschaftsvertrag frei veräußerlich ist oder die anderen Gesellschafter ad hoc zustimmen.[556] Die Guthaben auf Gesellschafter-Privatkonten sowie den Kapitalentnahmeanspruch nach § 122 kann der Gläubiger sich separat überweisen lassen.[557]

J. Die fehlerhafte Gesellschaft

Neueres Schrifttum (Auswahl): *Geibel,* Die Lehre von der fehlerhaften Gesellschaft als Beschränkung von Schadensersatzansprüchen?, BB 2005, 1009; *Goette,* Fehlerhafte Personengesellschaftsverhältnisse in der jüngeren Rechtsprechung des BGH, DStR 1996, 266; *Paschke,* Die fehlerhafte Korporation, ZHR 155 (1991), 1; *C. Schäfer,* Der täuschungsbedingte Beitritt zur (Personen-)Gesellschaft und die Lehre vom fehlerhaften Verband-Vorrang von Schadensersatzansprüchen?, ZHR 170 (2006), 373; *C. Schäfer,* Die Lehre vom fehlerhaften Verband, 2002; *K. Schmidt,* „Fehlerhafte Gesellschaft" und allgemeines Verbandsrecht, AcP 186 (1986), 421; *ders.,* Grenzen des Minderjährigenschutzes im Handels- und Gesellschaftsrecht, JuS 1990, 517; *Schubert,* Die Lehre von der fehlerhaften Gesellschaft und das Haustürwiderrufsrecht, WM 2006, 1328; *Schwintowski,* Grenzen der Anerkennung fehlerhafter Gesellschaften, NJW 1988, 937; *Wertenbruch,* Rückabwicklung einer Kapitalanlage in Form einer stillen Gesellschaft – Urteilskomplex „Göttinger Gruppe", NJW 2005, 2823; *Wiesner,* Die Lehre von der fehlerhaften Gesellschaft, 1980.

---

[544] Heymann/*Emmerich* § 135 RdNr. 24; MünchKommHGB/*K. Schmidt* § 135 RdNr. 36; MünchHdbGesR/*Hohaus* § 66 RdNr. 65; Baumbach/*Hopt* § 135 RdNr. 16; *H. P. Westermann/Wertenbruch* RdNr. I 672; aA *H. Roth* ZGR 2000, 187, 191, 210; Staub/*Ulmer* RdNr. 291; vgl. auch MünchKommHGB/*Ulmer* § 719 RdNr. 53 ff.
[545] MünchKommBGB/*Ulmer* § 705 RdNr. 55; Schlegelberger/*K. Schmidt* § 135 RdNr. 35; *H. P. Westermann/Wertenbruch* RdNr. I 670 d; *Wertenbruch,* Haftung von Gesellschaften, S. 533 f.
[546] MünchKommBGB/*Ulmer* § 705 RdNr. 55; Schlegelberger/*K. Schmidt* § 135 RdNr. 35; *H. P. Westermann/Wertenbruch* RdNr. I 670 d; *Wertenbruch,* Haftung von Gesellschaften, S. 534 f.
[547] Vgl. zur Verwertung *H. P. Westermann/Wertenbruch* RdNr. I 673; *H. Roth* ZGR 2000, 187, 211 f.
[548] *Wertenbruch,* Haftung von Gesellschaften, S. 505.
[549] Staub/*Ulmer* § 105 RdNr. 292; *Wertenbruch,* Haftung von Gesellschaften, S. 504 f.
[550] MünchHdbGesR/*Hohaus* § 66 RdNr. 73.
[551] BGH Urt. v. 8. 12. 1971 – VIII ZR 113/70, WM 1972, 81; Staub/*Ulmer* § 105 RdNr. 289; *H. P. Westermann/Wertenbruch* RdNr. I 650; *Wertenbruch,* Haftung von Gesellschaften, S. 487 ff.
[552] *H. P. Westermann/Wertenbruch* RdNr. I 651; *Wertenbruch,* Haftung von Gesellschaften, S. 505 f.
[553] *H. P. Westermann/Wertenbruch* RdNr. I 654 c; *Wertenbruch,* Haftung von Gesellschaften, S. 508 ff.
[554] *H. P. Westermann/Wertenbruch* RdNr. I 653; *Wertenbruch,* Haftung von Gesellschaften, S. 525.
[555] *Flume* Personengesellschaft S. 354; *H. P. Westermann/Wertenbruch* RdNr. I 657; *Wertenbruch,* Haftung von Gesellschaften, S. 515 ff.
[556] MünchKommHGB/*K. Schmidt* § 135 RdNr. 39; *H. P. Westermann/Wertenbruch* RdNr. I 662; *Wertenbruch,* Haftung von Gesellschaften, S. 560.
[557] *H. P. Westermann/Wertenbruch* RdNr. I 654 c; *Wertenbruch,* Haftung von Gesellschaften, S. 561.

Begriff der OHG; Anwendbarkeit des BGB

I. Grundsätze

1. Inhalt und Zweck des Rechtsinstituts. Nach dem heute erreichten Stand[558] von Rechtsprechung und Lehre kann eine in Vollzug gesetzte Personengesellschaft, deren Gesellschaftsvertrag nichtig oder unwirksam ist, nicht mit rückwirkender Kraft (ex tunc) beseitigt werden. Das Gesellschaftsverhältnis wird vielmehr aus Gründen des Bestandsschutzes der Gesellschaft und des Schutzes Dritter als bislang wirksam behandelt und durch Auflösung und Liquidation beendet.[559] Das Institut der fehlerhaften Gesellschaft ist vor allem das Ergebnis einer richterlichen Rechtsfortbildung.

2. Fehlerhafte Gesellschaft und Teilnichtigkeit des Gesellschaftsvertrags. Kein Fall der fehlerhaften Gesellschaft liegt vor, wenn nicht der gesamte Gesellschaftsvertrag, sondern nur **einzelne Teile oder Klauseln** unwirksam sind. Denn die Errichtung und der Bestand der Gesellschaft werden durch die Teilnichtigkeit nicht in Frage gestellt. Bei einer solchen Teilnichtigkeit wird die Wirksamkeit des Restvertrages vielfach durch eine sog. salvatorische Klausel im Gesellschaftsvertrag erreicht (vgl. RdNr. 76). Fehlt eine solche, so wird die Vertragsauslegung häufig dazu führen, den übrigen Vertragsinhalt aufrechtzuerhalten (RdNr. 60f.). – Zur Lückenfüllung durch ergänzende Vertragsauslegung und zur geltungserhaltenden Reduktion s. RdNr. 63, 76.

II. Tatbestandliche Voraussetzungen der fehlerhaften Gesellschaft

1. Gesellschaftsvertrag. Grundlegende Voraussetzungen für die Annahme einer fehlerhaften Gesellschaft ist das Vorliegen von – wenn auch fehlerhaften – Willenserklärungen zwischen den Beteiligten, die auf den Abschluss eines Gesellschaftsvertrags gerichtet sind.[560] Die fehlerhafte Gesellschaft ist damit ein Zusammenschluss, der auf einem geschlossenen, aber fehlerbehafteten Gesellschaftsvertrag beruht.[561] Auch bei einem versteckten Dissens kommt eine Anwendung der Regeln über die fehlerhafte Gesellschaft in Betracht. Es genügt der **übereinstimmende Wille** der Parteien, ihre Rechtsbeziehung nach gesellschaftsrechtlichen Gesichtspunkten zu regeln.[562] Zum fehlerhaften Beitritt, wenn ein Teil der Gesellschafter nicht mitwirkt oder ein Mitgesellschafter seine Vollmacht überschritten hat, vgl. RdNr. 181, 187. Setzen die Beteiligten ohne vertragliche Grundlage durch rein faktische Zusammenarbeit in zurechenbarer Weise den Rechtsschein, es bestehe eine Personengesellschaft, so liegt keine fehlerhafte Gesellschaft vor. Es kommt dann eine **Scheingesellschaft** (RdNr. 207 ff.) in Betracht.[563]

2. Gründe der Fehlerhaftigkeit des Gesellschaftsvertrags. Es kommen grundsätzlich alle Mängel in Betracht, die nach bürgerlichem Recht zur Unwirksamkeit eines Vertrags führen. Hierunter fallen vor allem die **Anfechtungstatbestände** wegen Irrtums (§ 119 BGB),[564] arglistiger Täuschung oder Drohung (§ 123 BGB),[565] ferner die Fälle des **Formmangels** (soweit keine Heilung eingetreten ist),[566] des **Gesetzes- oder Sittenverstoßes** (§§ 134, 138 BGB),[567] des offenen oder versteckten **Dissenses** (§ 154 f. BGB)[568] und der auflösenden Bedingung.[569] Weil die **anfängliche Unmöglichkeit** der Erreichung des Gesellschaftszwecks – anders als nach früherem Recht (vgl.

---

[558] Zur Entwicklung des Rechtsinstituts in Judikatur und Wissenschaft vgl. etwa *Ulmer* ZHR 161 (1997), 102, 116 ff.; *Goette* DStR 1996, 266 f.

[559] BGH Urt. v. 29. 6. 1970 – II ZR 158/69, BGHZ 55, 5, 8 f. = NJW 1971, 375, 376; BGH Urt. v. 10. 12. 1973 – II ZR 53/72, BGHZ 62, 20, 26 f. = NJW 1974, 498, 501; BGH Urt. v. 25. 3. 1974 – II ZR 63/72, BGHZ 62, 234, 241 = NJW 1974, 1201, 1202; BGH Urt. v. 14. 10. 1991 – II ZR 212/90, NJW 1992, 1501, 1502; BGH Urt. v. 21. 3. 2005 – II ZR 310/03, NJW 2005, 1784, 1785; MünchKommHGB/*K. Schmidt* RdNr. 229 ff.; Staub/*Ulmer* RdNr. 327 ff.; Röhricht/Graf v. Westphalen/*v. Gerkan* RdNr. 38 ff.; Heymann/*Emmerich* RdNr. 69 f.; Baumbach/*Hopt* RdNr. 75 ff; *Wertenbruch* NZG 2006, 408, 421.

[560] BGH Urt. v. 28. 11. 1953 – II ZR 188/52, BGHZ 11, 190, 191 = NJW 1954, 231; BGH Urt. v. 14. 10. 1991 – II ZR 212/90, NJW 1992, 1501, 1502; *Goette* DStR 1996, 266, 268; Heymann/*Emmerich* RdNr. 80; MünchKommHGB/*K. Schmidt* RdNr. 234.

[561] BGH Urt. v. 14. 10. 1991 – II ZR 212/90, NJW 1992, 1501, 1502; *Wiedemann* WM-Sonderbeilage 8/1990, S. 23.

[562] BGH Urt. v. 14. 10. 1991 – II ZR 212/90, NJW 1992, 1501, 1502.

[563] *Goette* DStR 1996, 266, 268; Schlegelberger/*K. Schmidt* RdNr. 207; MünchKommHGB/*K. Schmidt* RdNr. 234, 258.

[564] MünchHdbGesR/*Bälz* § 100 RdNr. 37; *Michalski* RdNr. 92; *H. P. Westermann* RdNr. I 174a.

[565] BGH Urt. v. 19. 12. 1974 – II ZR 27/73; BGHZ 63, 338, 344 = NJW 1975, 1022, 1024; MünchHdbGesR/*Bälz* § 100 RdNr. 136; Staub/*Ulmer* RdNr. 341; *H. P. Westermann* RdNr. I 174a.

[566] BGH Urt. v. 29. 6. 1992 – II ZR 284/91, NJW 1992, 2696, 2697 f.; MünchHdbGesR/*Bälz* § 100 RdNr. 136; Staub/*Ulmer* RdNr. 341; *H. P. Westermann* RdNr. I 174.

[567] *Goette* DStR 1996, 266, 269; MünchHdbGesR/*Bälz* § 100 RdNr. 136.

[568] BGH Urt. v. 21. 2. 1992 – V ZR 268/90, NJW 1992, 1501, 1502; MünchHdbBGB/*Bälz* § 100 RdNr. 37; *H. P. Westermann* RdNr. I 174; vgl. zum versteckten Dissens auch RdNr. 176; abweichend *C. Schäfer* S. 215 ff.

[569] *Goette* DStR 1996, 266, 269.

§ 306 BGB aF)[570] – die Wirksamkeit des Gesellschaftsvertrages nach § 311 a Abs. 1 BGB nicht mehr berührt, wird man diesen Sachverhalt nach neuem Recht nicht mehr als Anwendungsfall der Lehre von der fehlerhaften Gesellschaft einordnen können.[571] Fehlen und Wegfall der **Geschäftsgrundlage** sind differenziert zu betrachten und werden unten (RdNr. 188) erörtert.

178   **3. Vollzug der Gesellschaft – Grundsätze.** Der Tatbestand der fehlerhaften Gesellschaft setzt voraus, dass die Beteiligten mit der **Durchführung des Gesellschaftsvertrags begonnen,** die Gesellschaft also in Vollzug gesetzt haben.[572] Vor der Invollzugsetzung finden die allgemeinen Vorschriften über Rechtsgeschäfte Anwendung. Die Gesellschafter sind dann in der rückwirkenden Geltendmachung von Mängeln des Gesellschaftsvertrags nicht beschränkt.[573] Die Rechtslage ist insoweit anders als bei Leistungsstörungen auf der Grundlage eines wirksamen Gesellschaftsvertrags (RdNr. 77 ff.). Zur Invollzugsetzung reicht es aus, wenn das durch die Gesellschaftsgründung geschaffene Organisationsgefüge „in Gang gesetzt" worden ist, also der **Geschäftsbetrieb aufgenommen** wurde.[574] Eine andere Formulierung der Rechtsprechung für die Invollzugsetzung geht dahin, „dass Rechtstatsachen geschaffen worden sind, an denen die Rechtsordnung nicht vorbeigehen kann."[575] An das Merkmal der Invollzugsetzung sind letztlich keine hohen Anforderungen zu stellen.

179   **4. Beispiele für die Invollzugsetzung.** Ein Vollzug liegt zweifelsfrei vor, wenn die fehlerhafte Gesellschaft **nach außen** hin ihre **Geschäftstätigkeit aufgenommen** hat, zB durch den Abschluss von Rechtsgeschäften mit Dritten.[576] Dabei genügen auch Vorbereitungsgeschäfte.[577] Die Eintragung der Gesellschaft im Handelsregister reicht dagegen allein noch nicht aus;[578] sie indiziert aber den Vollzug.[579] Die Frage dürfte im Übrigen nur von geringer praktischer Bedeutung sein, weil in der Regel zugleich mit der Anmeldung zum Handelsregister Maßnahmen getroffen werden, die sich zweifelsfrei als Vollzugsakte darstellen.[580]

180   Auch durch **Handlungen im Innenverhältnis** kann die Gesellschaft bereits in Vollzug gesetzt werden. Das ist der Fall, wenn die Gesellschafter Leistungen auf ihre Verpflichtungen erbracht und auf diese Weise Gesamthandsvermögen gebildet haben.[581] Eine Invollzugsetzung liegt auch dann vor, wenn die Gesellschaft innere Verbandsakte vornimmt, zB Beschlüsse fasst.[582] Dagegen reichen der Abschluss des Gesellschaftsvertrages und reine Planungsmaßnahmen nicht aus.[583]

181   Die Regeln der fehlerhaften Gesellschaft greifen nur ein, wenn der Vollzug den **Beteiligten zuzurechnen** ist. Wird der Gesellschaftsvertrag von einem Vertreter ohne Vertretungsmacht (§ 177 BGB) abgeschlossen und in Vollzug gesetzt, so entsteht gegenüber den angeblich Vertretenen, solange sie dem Vertragsschluss und Vollzug nicht zumindest konkludent zugestimmt haben, keine fehlerhafte Gesellschaft. Ein Vertreter ohne Vertretungsmacht kann eine Gesellschaft nicht in Vollzug setzen.[584]

---

[570] S. dazu *Goette* DStR 1996, 266, 269.
[571] AA wohl *H. P. Westermann* RdNr. I 174.
[572] AllgM, vgl. etwa BGH Urt. v. 21. 3. 2005 – II ZR 310/03, NJW 2005, 1784, 1785; *Goette* DStR 1996, 266, 268; *Wiedemann* WM-Sonderbeilage 8/1990, S. 26; MünchHdbGesR/*Bälz* § 100 RdNr. 143 ff.; *H. P. Westermann* RdNr. I 184; *Wertenbruch* NJW 2005, 2823, 2824; *Wertenbruch* NZG 2006, 408, 421.
[573] Staub/*Ulmer* RdNr. 358; Baumbach/*Hopt* RdNr. 81.
[574] BGH Urt. v. 11. 11. 1991 – II ZR 287/90, BGHZ 116, 37, 40 = NJW 1992, 505; *K. Schmidt* GesR § 6 III 1; Erman/*H. P. Westermann* § 705 RdNr. 79; *H. P. Westermann* RdNr. I 184; *C. Schäfer* S. 160 f.
[575] BGH Urt. v. 14. 10. 1991 – II ZR 212/90, NJW 1992, 1501, 1502; *H. P. Westermann* RdNr. I 184.
[576] BGH Urt. v. 24. 10. 1951 – II ZR 18/51, BGHZ 3, 285, 288 = NJW 1952, 97; allgM im Schrifttum, vgl. etwa Heymann/*Emmerich* RdNr. 78; *H. P. Westermann* RdNr. I 184.
[577] BGH Urt. v. 12. 5. 1954 – II ZR 167/53, BGHZ 13, 320, 321 = NJW 1954, 1562; BGH Urt. v. 21. 3. 2005 – II ZR 310/03, NJW 2005, 1784, 1785; MünchHdbGesR/*Bälz* § 100 RdNr. 144; MünchKommHGB/*K. Schmidt* RdNr. 236; *Wertenbruch* NZG 2006, 408, 421.
[578] *Goette* DStR 1996, 266, 268; Staub/*Ulmer* RdNr. 343; Schlegelberger/*K. Schmidt* RdNr. 209; Heymann/*Emmerich* RdNr. 78; Röhricht/Graf v. Westphalen/*v. Gerkan* RdNr. 41; aA *Wiedemann* WM-Sonderbeilage 8/1990, S. 26; *A. Hueck* OHG § 7 III 6; Baumbach/*Hopt* RdNr. 82; *Koller*/Roth/Morck RdNr. 26; MünchKommHGB/ *K. Schmidt* RdNr. 236 (unter Berufung auf § 105 Abs. 2 HGB nF).
[579] Schlegelberger/*K. Schmidt* RdNr. 209; Staub/*Ulmer* RdNr. 343; MünchHdbBGB/*Bälz* § 100 RdNr. 144.
[580] So zutreffend *Goette* DStR 1996, 266, 268.
[581] BGH Urt. v. 12. 5. 1954 – II ZR 167/53, BGHZ 13, 320, 321 = NJW 1954, 1562; BGH Urt. v. 11. 11. 1991 – II ZR 287/90, BGHZ 116, 37, 40 = NJW 1992, 505; *Goette* DStR 1996, 266, 268; *Wiedemann* WM-Sonderbeilage 8/1990, S. 26; Staub/*Ulmer* RdNr. 343; MünchKommHGB/*K. Schmidt* RdNr. 236.
[582] Röhricht/Graf v. Westphalen/*v. Gerkan* RdNr. 41; Heymann/*Emmerich* RdNr. 79; MünchKommHGB/ *K. Schmidt* RdNr. 236.
[583] *Wiedemann* WM-Sonderbeilage 8/1990, S. 26.
[584] BGH v. 16. 12. 2002 – II ZR 109/01, BGHZ 153, 214, 221 = DStR 2003, 1038, 1039 = NJW 2003, 1252; Heymann/*Emmerich* RdNr. 81; MünchKommHGB/*K. Schmidt* RdNr. 236; *Koller*/Roth/Morck RdNr. 28; *H. P. Westermann* RdNr. I 177; *Wertenbruch* NZG 2006, 408, 421.

5. Vorrang entgegenstehender Schutzinteressen. Der Geltungsbereich der Regeln über die 182 fehlerhafte Gesellschaft wird **entgegen der hM**[585] nicht durch **gewichtige Interessen der Allgemeinheit oder** bestimmter **schutzwürdiger Personen** eingeschränkt.[586] Denn der Bestandsschutz nach außen darf nicht allein dadurch zu Lasten des gutgläubigen Rechtsverkehrs entfallen, dass die Gesellschafter durch den Abschluss des Gesellschaftsvertrages gegen ein gesetzliches Verbot verstoßen. Einem gutgläubigen Dritten, der die Gesellschaft auf Leistung verklagt, kann im Prozess nicht entgegengehalten werden, die Beklagte existiere in Wirklichkeit nicht. Der von der hM mit der Einschränkung verfolgte Schutz der Allgemeinheit und bestimmter schutzwürdiger Personen würde bei Nichtanerkennung als fehlerhafte Gesellschaft ins Gegenteil verkehrt. Die Aussagen des BGH zur Frage der Einschränkung sind entweder obiter dicta oder betreffen Streitigkeiten im Innenverhältnis der Gesellschafter. Der Zweck des gesetzlichen Verbots wird dadurch erfüllt, dass die Gesellschaft ex nunc abgewickelt wird und die Gesellschafter wegen etwaiger Straftaten oder Ordnungswidrigkeiten belangt werden.[587] Dies gilt auch bei Verstößen gegen das RBerG[588] und gegen das deutsche oder europäische Kartellverbot (§ 1 GWB; Art. 81 EG).[589]

6. Fehlerhafte Gesellschaft mit minderjährigen Gesellschaftern. Die **hM** räumt auch den 183 Belangen des Schutzes nicht voll Geschäftsfähiger den Vorrang vor der Anerkennung der fehlerhaften Gesellschaft und dem damit verbundenen Verkehrs- und Vertrauensschutz ein.[590] Auch diese Einschränkung ist **abzulehnen**.[591] Es muss vielmehr der Minderjährigenschutz mit dem Institut der fehlerhaften Gesellschaft in Einklang gebracht werden.[592] Die hM führt hier – wie bei Verstößen gegen gesetzliche Verbote – zu Nachteilen für gutgläubige Dritte, obwohl der Minderjährigenschutz dies nicht erfordert. Bei Beteiligung eines Minderjährigen an einer Gesellschaft, an der nur noch ein weiterer Gesellschafter beteiligt ist, liegt eine **fehlerhafte Gesellschaft** vor, die liquidiert werden muss und bis zur Vollbeendigung Prozesspartei ist. Dem Minderjährigenschutz wird dadurch hinreichend Rechnung getragen, dass der **Minderjährige nicht persönlich haftet** und ihm auch keine sonstigen Rechtsnachteile entstehen.[593] Der Minderjährige ist bei fehlender Genehmigung des Beitritts weder an Gewinnen noch an Verlusten der Gesellschaft beteiligt.[594] Er erhält eine geleistete Einlage zurück. Dieser Forderung gebührt in der Liquidation aus Gründen des Minderjährigenschutzes der Vorrang vor Forderungen der Gesellschaftsgläubiger.

7. Weitere Einzelfälle. a) Täuschung, Drohung und Sittenwidrigkeit. In einigen Entschei- 184 dungen hat der BGH in nicht tragenden Erwägungen angenommen, dass die Grundsätze der fehlerhaften Gesellschaft keine Anwendung finden, wenn sich ein Gesellschafter durch arglistige Täuschung oder widerrechtliche Drohung besonders große Vorteile verschafft hat, die durch Schadensersatzansprüche im Rahmen der Auseinandersetzung nicht genügend kompensiert werden.[595] Auch diese Rechtsprechung überzeugt nicht. Sie kann als überholt angesehen werden, weil der BGH vor allem in späteren Entscheidungen angenommen hat, dass auch in den Fällen arglistiger Täuschung und widerrechtlicher Drohung sowie sittenwidriger Übervorteilung die **Regeln der fehlerhaften Ge-**

---

[585] BGH Urt. v. 25. 3. 1974 – II ZR 63/72, BGHZ 62, 234, 241 = NJW 1974, 1201, 1202; BGH Urt. v. 24. 9. 1979 – II ZR 95/78, BGHZ 75, 214, 217 f. = NJW 1980, 638, 639; BGH Urt. v. 20. 3. 1986 – II ZR 75/85, BGHZ 97, 243, 250 = NJW 1987, 65, 67; BGH Urt. v. 17. 2. 1992 – II ZR 100/91, NJW 1992, 1503, 1504; BGH Urt. v. 21. 3. 2005 – II ZR 310/03, NJW 2005, 1784, 1785; *Goette* DStR 1996, 266, 270; *Wiedemann* WM-Sonderbeilage 8/1990, S. 26 f.; Staub/*Ulmer* RdNr. 345; Röhricht/Graf v. Westphalen/*v. Gerkan* RdNr. 42 ff.; Heymann/*Emmerich* RdNr. 82; MünchHdbGesR/*Bälz* § 100 RdNr. 216 ff.; Baumbach/*Hopt* RdNr. 83.
[586] *Schwintowski* NJW 1988, 937 ff.; *K. Schmidt* GesR § 6 III 3; *Grunewald* GesR 1 A RdNr. 162 f; *Wertenbruch*, Die Rechtsfolgen der Doppelkontrolle von Gemeinschaftsunternehmen nach GWB, 1990, S. 55 ff.; *ders.* NJW 2005, 2823, 2825; *C. Schäfer* S. 257 ff.
[587] *K. Schmidt* GesR § 6 III 3 c; *Wertenbruch* NJW 2005, 2823, 2826.
[588] *Wertenbruch* NJW 2005, 2823, 2826, *ders.* DStR 2004, 917, 921; aA BGH v. 16. 12. 2002 – II ZR 109/01, BGHZ 153, 214, 221 = DStR 2003, 1038, 1039 = NJW 2003, 1252.
[589] *K. Schmidt* GesR § 6 III 3 c; H. P. Westermann RdNr. I 199; *Wertenbruch*, Die Rechtsfolgen der Doppelkontrolle von Gemeinschaftsunternehmen nach dem GWB, S. 55 ff.; *C. Schäfer* S. 264 ff.; *Wertenbruch* NJW 2005, 2823, 2826; *Schwintowski* NJW 1988, 937; aA OLG Hamm Urt. v. 27. 5. 1986 – KZR 32/84, NJW-RR 1986, 1487; OLG Hamm Beschl. v. 7. 7. 1987 – 4 W 11/87, WuW/E OLG 4033.
[590] BGH Urt. v. 30. 4. 1955 – II ZR 202/53, BGHZ 17, 160, 165 ff. = NJW 1955, 1067, 1069; BGH Urt. v. 30. 9. 1982 – III ZR 58/81, NJW 1983, 748; BGH Urt. v. 17. 2. 1992 – II ZR 100/91, NJW 1992, 1503, 1504; *Goette* DStR 1996, 266, 270; Staub/*Ulmer* RdNr. 346 ff.; Heymann/*Emmerich* RdNr. 87, 87 a; Röhricht/Graf v. Westphalen/*v. Gerkan* RdNr. 44; Baumbach/*Hopt* RdNr. 84; Koller/Roth/Morck RdNr. 28.
[591] So auch *K. Schmidt* GesR § 6 III c cc; MünchKommHGB/*K. Schmidt* RdNr. 238; *C. Schäfer*, S. 278.
[592] Vgl. *K. Schmidt* GesR § 6 III c cc.
[593] *K. Schmidt* GesR § 6 III c cc; H. P. Westermann RdNr. I 177.
[594] *K. Schmidt* GesR § 6 III c cc; H. P. Westermann RdNr. I 177.
[595] BGH Urt. v. 12. 5. 1954 – II ZR 167/53, BGHZ 13, 320, 323 = NJW 1954, 1562; BGH Urt. v. 29. 6. 1970 – II ZR 158/69, BGHZ 55, 5, 8 f. = NJW 1971, 375, 376; vgl. auch BGH Urt. v. 6. 2. 1958 – II ZR 210/56, BGHZ 26, 330, 335 = NJW 1958, 668, 669.

sellschaft gelten.[596] Auf diesem Standpunkt steht auch die Literatur.[597] Das hat zur Folge, dass der getäuschte oder bedrohte Gesellschafter **im Außenverhältnis haftet**. – Vgl. zur Schadensersatzhaftung im Innenverhältnis RdNr. 185.

185 **b) Fehlerhafte Gesellschaft und schadensersatzrechtliche Naturalrestitution.** Wird der Beitretende bei der Aufnahme durch Repräsentanten der Gesellschaft getäuscht oder sittenwidrig übervorteilt, so steht ihm ein Schadensersatzanspruch aus culpa in contrahendo (§§ 280 Abs. 1, 311 Abs. 2, 3 BGB) und/oder § 826 BGB gegen den Repräsentanten zu.[598] Der Schadensersatzanspruch besteht aber nicht gegen die (fehlerhafte) Gesellschaft, sondern nur gegen den Gesellschafter oder sonstigen Repräsentanten, dem das rechtswidrige Verhalten zuzurechnen ist. Der Beigetretene muss im Rahmen der Naturalrestitution so gestellt werden, als hätte er sich nicht beteiligt.[599] Er erhält also von der fehlerhaften Gesellschaft seine Einlage zurück und vom haftenden Repräsentanten seinen Schaden ersetzt. Der Schaden kann insbesondere in einer Schmälerung oder vollständigen Aufzehrung der Einlage durch Verluste der fehlerhaften Gesellschaft liegen. Die Grundsätze der fehlerhaften Gesellschaft werden durch die persönliche Haftung des Repräsentanten nicht berührt.[600]

186 **c) § 1365 BGB.** Bei einem Verstoß des Einlageversprechens gegen § 1365 BGB ist der Gesellschaftsvertrag nur insoweit unwirksam. Ob die dadurch entstandene Lücke im Wege der Vertragsanpassung geschlossen oder aber die Geschäftsgrundlage für den Beitritt des durch § 1365 BGB beschränkten Ehegatten entfallen und die Gesellschaft in ihrer ursprünglichen Zusammensetzung fehlerhaft geworden ist, bestimmt sich nach den allgemeinen Regeln (vgl. RdNr. 58, 63, 188).[601]

187 **d) Vertreter ohne Vertretungsmacht (§ 177 BGB).** Das Handeln eines Vertreters ohne Vertretungsmacht kann, soweit es nicht von dem vertretenen Gesellschafter genehmigt wird, diesem nicht zugerechnet werden. Daher finden die **Regeln der fehlerhaften Gesellschaft grundsätzlich keine Anwendung**.[602] Anders verhält es sich beim Beitritt neuer Gesellschafter, wenn der Beitretende und die für den Beitritt stimmenden Gesellschafter diesen für wirksam gehalten haben.[603]

188 **e) Fehlende Geschäftsgrundlage.** Das **anfängliche Fehlen** der Geschäftsgrundlage des Gesellschaftsvertrages ist grundsätzlich nach den Regeln der fehlerhaften Gesellschaft zu behandeln.[604] Das gilt bei Vertragsänderungen aber nur, wenn ausnahmsweise ein Bedürfnis an Bestandsschutz besteht.[605] Der **nachträgliche Wegfall** der Geschäftsgrundlage für die Gesellschaft insgesamt oder die Beteiligung eines Gesellschafters führt zur Anwendung der Regeln über die fehlerhafte Gesellschaft. Die Gesellschafter können die Auflösung der Gesellschaft oder die Ausschließung des Gesellschafters betreiben, für dessen Beteiligung die Geschäftsgrundlage entfallen ist.[606] Betrifft der Wegfall der Geschäftsgrundlage **nur einzelne Vertragsteile,** ist, soweit nicht schon durch ergänzende Vertragsauslegung Abhilfe zu schaffen ist, grundsätzlich gem. § 313 Abs. 1 BGB eine Anpassung an die veränderte Sachlage vorzunehmen[607] (vgl. zu Mitwirkungspflichten bei der Vertragsanpassung RdNr. 69 f.).

---

[596] BGH Urt. v. 8. 11. 1965 – II ZR 267/64, BGHZ 44, 235, 236 = NJW 1966, 107, 108; BGH Urt. v. 19. 12. 1974 – II ZR 27/73, BGHZ 63, 338, 345 f. = NJW 1975, 1022, 1024; BGH Urt. v. 13. 3. 1975 – II ZR 154/73, BB 1975, 758, 759 (sittenwidrige Übervorteilung); BGH Urt. v. 9. 2. 1976 – II ZR 65/75, NJW 1976, 894; BGH Urt. v. 16. 11. 1981 – II ZR 213/80, NJW 1982, 877, 879 unter III.
[597] Staub/*Ulmer* RdNr. 353; MünchHdbGesR/*Bälz* § 100 RdNr. 229; Baumbach/*Hopt* RdNr. 80; MünchKommHGB/ *K. Schmidt* RdNr. 240; *H. P. Westermann* RdNr. I 178.
[598] BGH Urt. v. 19. 7. 2004 – II ZR 354/02, ZIP 2004, 1706; BGH Urt. v. 29. 11. 2004 – II ZR 6/03, ZIP 2005, 254, 256; BGH Urt. v. 21. 3. 2005 – II ZR 149/03, ZIP 2005, 763; *H. P. Westermann* RdNr. I 178; *Wertenbruch* NJW 2005, 2823, 2824; *ders.* NZG 2006, 408 ff. Vgl. zum Anspruch des stillen Gesellschafters gegen eine Gesellschaft BGH Urt. v. 21. 3. 2005 – II ZR 310/03, NZG 2005, 467, 469; *Wertenbruch* NJW 2005, 2823, 2824 f.
[599] BGH Urt. v. 19. 7. 2004 – II ZR 354/02, ZIP 2004, 1706; BGH Urt. v. 29. 11. 2004 – II ZR 6/03, ZIP 2005, 254, 256; BGH Urt. v. 21. 3. 2005 – II ZR 149/03, ZIP 2005, 763; *H. P. Westermann* RdNr. I 178; *Wertenbruch* NJW 2005, 2823, 2825; *ders.* NZG 2006, 408 ff.
[600] BGH Urt. v. 19. 7. 2004 – II ZR 354/02, ZIP 2004, 1706; BGH Urt. v. 29. 11. 2004 – II ZR 6/03, ZIP 2005, 254, 256; BGH Urt. v. 21. 3. 2005 – II ZR 149/03, ZIP 2005, 763; *H. P. Westermann* RdNr. I 178; *Wertenbruch* NJW 2005, 2823, 2824; *ders.* NZG 2006, 408 ff.
[601] Zum Ganzen Staub/*Ulmer* RdNr. 352; Schlegelberger/*K. Schmidt* RdNr. 213; *H. P. Westermann* RdNr. I 179.
[602] BGH Urt. v. 14. 10. 1991 – II ZR 212/90, NJW 1992, 1501, 1502 unter 2 c; MünchKommBGB/*Ulmer* § 705 RdNr. 327; Baumbach/*Hopt* § 105 RdNr. 80; *C. Schäfer*, S. 208 ff.; MünchHdbGesR/*Bälz* § 100 RdNr. 137; *H. P. Westermann* RdNr. I 174 b.
[603] BGH Urt. v. 14. 10. 1991 – II ZR 212/90, NJW 1992, 1501, 1502 unter 2 c; BGH Urt. v. 12. 10. 1987 – II ZR 251/86, NJW 1988, 1321, 1323; Heymann/*Emmerich* RdNr. 81; *H. P. Westermann* RdNr. I 174 b.
[604] BGH Urt. v. 10. 12. 1973 – II ZR 53/72, BGHZ 62, 20, 26 ff. = NJW 1974, 498 f.; Baumbach/*Hopt* RdNr. 80.
[605] BGH Urt. v. 10. 12. 1973 – II ZR 53/72, BGHZ 62, 20, 26 ff. = NJW 1974, 498 f.; Heymann/*Emmerich* RdNr. 110.
[606] BGH Urt. v. 13. 5. 1953 – II ZR 157/52, BGHZ 10, 44, 51 = NJW 1953, 1548; BGH Urt. v. 23. 1. 1967 – II ZR 166/65, NJW 1967, 1081, 1082; Heymann/*Emmerich* RdNr. 110; Baumbach/*Hopt* RdNr. 80.
[607] BGH Urt. v. 18. 3. 1974 – II ZR 80/72, NJW 1974, 1656, 1657.

8. Erstreckung auf Innengesellschaften (insbes. stille Gesellschaften).
Die Grundsätze über die fehlerhafte Gesellschaft sind nach der Rspr. auch auf stille Gesellschaften und sonstige Innengesellschaften anwendbar.[608] Die Literatur stimmt dem überwiegend zu.[609] Für die Anwendung auf die stille Gesellschaft kommt es nicht darauf an, ob es sich um eine typische oder atypische stille Gesellschaft handelt.[610] Dem beitretenden Gesellschafter kann aber – insbesondere bei arglistiger Täuschung oder Aufklärungspflichtverletzung – ein Schadensersatzanspruch auf ungeschmälerte Rückzahlung der Einlage zustehen[611] (vgl. dazu auch oben RdNr. 185). Eine solche Naturalrestitution kann verlangt werden, wenn die Pflichtverletzung dem Geschäftsinhaber zurechenbar ist

III. Rechtsfolgen der fehlerhaften Gesellschaft

1. Grundsätze. Vor der Invollzugsetzung der Gesellschaft können Mängel des Gesellschaftsvertrages mit Rückwirkung geltend gemacht werden (RdNr. 178). **Nach Invollzugsetzung** ist die fehlerhafte Gesellschaft nach innen und außen bis zur Vollbeendigung als wirksam anzusehen.[612] Die Gesellschaft kann auf Grund des Fehlers nur mit **Wirkung für die Zukunft** aufgelöst und abgewickelt werden[613] (dazu RdNr. 191 ff.). Zur Fehlerhaftigkeit einzelner Vertragsklauseln vgl. RdNr. 175. Die Gesellschaft ist bis zur Vollbeendigung rechts- und parteifähig sowie insolvenz- und wechselfähig. Die Außenhaftung der Gesellschafter richtet sich nach den §§ 128, 130, ohne dass es auf den guten Glauben betroffener Dritter als Gläubiger ankäme.[614]

2. Geltendmachung des Mangels des Gesellschaftsvertrags. a) Auflösungs- und Ausschließungsklage. Die Geltendmachung des Mangels erfolgt grundsätzlich durch **Auflösungsklage** nach § 133 oder **Ausschließungsklage** nach § 140.[615] Die Ausschließungsklage kommt in Betracht, wenn der Vertragsmangel nur die Beteiligung eines Gesellschafters betrifft oder der Mangel von einem Gesellschafter zu vertreten ist (zB bei arglistiger Täuschung).[616] Die Ausschließungsklage ist auch in der zweigliedrigen Gesellschaft möglich (§ 140 Abs. 1 S. 2). Das Gesellschaftsvermögen fällt dann durch Anwachsung dem verbleibenden Gesellschafter zu.[617] Der für die §§ 133 und 140 erforderliche **wichtige Grund** liegt bereits in dem Vertragsmangel.[618] Die Berufung auf den Mangel kann allerdings gegen die gesellschaftsrechtliche Treuepflicht verstoßen.[619]

b) Kündigung. Für die Geltendmachung des Vertragsmangels genügt die bloße Äußerung eines Auflösungs- oder Austrittsverlangens grundsätzlich nicht.[620] **Anstelle einer Gestaltungsklage** nach

§ 133 oder § 140 genügt eine Kündigungserklärung, sofern der **Gesellschaftsvertrag** eine dahingehende Abweichung von den dispositiven Regelungen der §§ 133, 140 vorsieht oder dies ihm in ergänzender Vertragsauslegung entnommen werden kann.[621] Eine **ergänzende Vertragsauslegung** in diesem Sinne kommt insbesondere dann in Betracht, wenn der Abschluss des Gesellschaftsvertrags oder der Beitritt eines Gesellschafters auf Grund arglistiger Täuschung oder widerrechtlicher Drohung erfolgt ist und dem betroffenen Gesellschafter nicht zugemutet werden kann, bis zum Eintritt der Rechtskraft eines Gestaltungsurteils zuzuwarten.[622] Für Klageerhebungen und Gestaltungserklärungen sind die **Fristen** der §§ 121, 124 BGB (analog) einzuhalten, wenn die Fehlerhaftigkeit auf Irrtum, Täuschung oder Drohung beruht.[623]

193 c) **Auseinandersetzung.** Im Falle der wegen eines Vertragsmangels aufgelösten Gesellschaft richtet sich die Auseinandersetzung in erster Linie nach dem Gesellschaftsvertrag, hilfsweise nach den §§ 145 ff.[624] Der Gesellschaftsvertrag kann aber nicht angewandt werden, soweit mit einzelnen Bestimmungen ein gesetzlich mißbilligter Zweck herbeigeführt würde, was insbes. in den Fällen der durch Täuschung und/oder Drohung erlangten besonders günstigen Gewinnverteilung oder Liquidationsbeteiligung relevant werden kann. An die Stelle einer solchen Klausel tritt dann im Wege der ergänzenden Vertragsauslegung eine angemessene oder die gesetzliche Regelung (vgl. auch RdNr. 192).[625] Zu Publikumsgesellschaften vgl. Anhang B nach § 177 a RdNr. 114 f.

194 d) **Schadensersatz.** Neben den behandelten Rechtsfolgen können im Verhältnis der Gesellschafter untereinander Ansprüche auf Ersatz eines persönlichen Schadens entstehen. Rechtsgrundlage können etwa die Regeln der c. i. c., § 826 BGB oder die Verletzung gesellschaftsrechtlicher Treuepflichten sein.[626]

IV. Anwendung der Regeln der fehlerhaften Gesellschaft auf Vertragsänderungen

195 1. **Allgemeines.** Vertragsänderungen der verschiedensten Art können unter denselben Fehlern leiden wie der ursprüngliche Gesellschaftsvertrag. Im Grundsatz gelten für fehlerhafte Vertragsänderungen dieselben Regeln wie für fehlerhafte Gründungen.[627]

196 2. **Fehlerhafte Beitrittsvereinbarung.** Der BGH[628] wendet unter weitgehender Zustimmung der Literatur[629] die Grundsätze der fehlerhaften Gesellschaft auch auf den fehlerhaften Beitritt eines weiteren Gesellschafters zu einer Personengesellschaft an. Voraussetzung ist zunächst, dass die für den Abschluss des Beitrittsvertrags (vgl. RdNr. 152 f.) zuständigen oder hierzu bevollmächtigten Mitgesellschafter mitgewirkt haben. Zu den Fällen des Fehlens oder der Überschreitung der Vollmacht vgl. RdNr. 187. Der erforderliche Vollzug (RdNr. 178 ff.) des Beitritts liegt erst dann vor, wenn der Beitretende Beiträge geleistet und/oder gesellschaftsvertragliche Rechte ausgeübt hat. Letzteres ist zB zu bejahen, wenn der fehlerhaft Beigetretene den Geschäftsführer der Gesellschaft monatelang für diese und damit auch für sich handeln lässt, ohne sich darauf zu berufen, sein Beitritt sei mangelhaft.[630]

---

[621] BGH Urt. v. 30. 3. 1967 – II ZR 102/65, BGHZ 47, 293, 300 ff. = NJW 1967, 1961; Schlegelberger/*K. Schmidt* RdNr. 219; Staub/*Ulmer* RdNr. 362; Röhricht/Graf v. Westphalen/*v. Gerkan* RdNr. 46; Heymann/*Emmerich* RdNr. 96.
[622] BGH Urt. v. 30. 3. 1967 – II ZR 102/65, BGHZ 47, 293, 300 ff. = NJW 1967, 1961; Staub/*Ulmer* RdNr. 362; Baumbach/*Hopt* RdNr. 88; *H. P. Westermann* RdNr. I 190 b; Bedenken unter dem Gesichtspunkt der Rechtssicherheit bei MünchKommHGB/*K. Schmidt* RdNr. 247.
[623] *A. Hueck* OHG § 7 III 1 b; Heymann/*Emmerich* RdNr. 96; Baumbach/*Hopt* RdNr. 88.
[624] Staub/*Ulmer* RdNr. 363; Heymann/*Emmerich* RdNr. 98; Baumbach/*Hopt* RdNr. 90; *H. P. Westermann* RdNr. I 192.
[625] BGH Urt. v. 30. 3. 1967 – II ZR 102/65, BGHZ 47, 293, 300 ff. = NJW 1967, 1961; BGH Urt. v. 10. 7. 1975 – II ZR 154/72, BGHZ 65, 79, 85 = NJW 1975, 1774, 1776; Heymann/*Emmerich* RdNr. 94, 98; Baumbach/*Hopt* RdNr. 90.
[626] BGH Urt. v. 24. 5. 1993 – II ZR 136/92, NJW 1993, 2107; BGH Urt. v. 21. 3. 2005 – II ZR 310/03, NJW 2005, 1784, 1786 ff. mwN; MünchHdbBGB/*Bälz* § 100 RdNr. 274 f.; Baumbach/*Hopt* RdNr. 89; Wertenbruch NZG 2006, 408, 421.
[627] *Goette* DStR 1996, 266, 271; *C. Schäfer* S. 289 ff.; Staub/*Ulmer* RdNr. 364 ff.; Baumbach/*Hopt* RdNr. 91; *H. P. Westermann* RdNr. I 193.
[628] BGH Urt. v. 19. 12. 1974 – II ZR 27/73, BGHZ 63, 338, 344 = NJW 1975, 1022, 1024; BGH Urt. v. 18. 1. 1988 – II ZR 140/87, NJW 1988, 1324; BGH Urt. v. 14. 10. 1991 – II ZR 212/90, NJW 1992, 1501, 1502; BGH Urt. v. 16. 12. 2002 – II ZR 109/01, ZIP 2003, 165, 168; BGH Urt. v. 21. 7. 2003 – II ZR 387/02, NJW 2003, 2821, 2823.
[629] Staub/*Ulmer* RdNr. 368 ff.; Röhricht/Graf v. Westphalen/*v. Gerkan* RdNr. 48; Baumbach/*Hopt* RdNr. 92; MünchKommHGB/*K. Schmidt* RdNr. 248; *H. P. Westermann* RdNr. I 193; *C. Schäfer* S. 302 ff.; Kritik aber bei Heymann/*Emmerich* RdNr. 103.
[630] BGH Urt. v. 14. 10. 1991 – II ZR 212/90, NJW 1992, 1501, 1502.

Die **Rechtsfolgen des fehlerhaften Beitritts** richten sich nach den allgemein für die fehlerhafte 197
Gesellschaft geltenden Grundsätzen (RdNr. 190 ff.). Der Beitretende hat die **Einlage** zu leisten. Ein
Leistungsverweigerungsrecht kann ihm nur dann zugebilligt werden, wenn die Erfüllung der Einlageverpflichtung im Wesentlichen dem täuschenden Gesellschafter selbst zugute käme; anders verhält
es sich, wenn alle oder die Mehrzahl der Gesellschafter getäuscht worden sind.[631] Eine noch nicht
erfüllte Einlageforderung ist als unselbständiger Rechnungsposten[632] in die Abschichtungsbilanz
aufzunehmen[633] und geht im Anspruch auf Ausgleich eines etwaigen Fehlbetrags auf.[634] Der fehlerhafte Beigetretene haftet grundsätzlich für Altschulden nach § 130 (RdNr. 190).[635]

3. Fehlerhaftes Ausscheiden. Auch auf das auf einem Vertrag beruhende fehlerhafte Ausschei- 198
den eines Gesellschafters (einschließlich der Fälle einer einseitigen Hinauskündigung) sind die für die
fehlerhafte Gesellschaft entwickelten Regeln anzuwenden.[636] Bezieht sich der Mangel nur auf
Vereinbarungen über das Abfindungsguthaben und nicht auf die Abreden über das Ausscheiden selbst,
so finden die Regeln der fehlerhaften Gesellschaft keine Anwendung, da nur die schuldrechtlichen
(vermögensrechtlichen) Verhältnisse der Gesellschafter untereinander betroffen sind.[637] Die **fehlerhafte Abfindungsvereinbarung** ist grundsätzlich im Wege der **ergänzenden Vertragsauslegung**
durch eine angemessene wirksame Regelung zu ersetzen.[638] Ist dies nicht möglich, so gelten die
gesetzlichen Vorschriften.

Der Austritt ist **vollzogen,** sobald die Beteiligung des Ausscheidenden auf Grund seiner Mit- 199
wirkungshandlungen den anderen Gesellschaftern angewachsen ist.[639] Dies wird insbesondere durch
die Umbuchungen bei den Kapitalkonten sichtbar. Eine unwirksame einseitige Hinauskündigung
ohne Mitwirkungshandlung reicht zum Vollzug nicht aus.[640]

Der vollzogene fehlerhafte Austritt führt zunächst zur **Beendigung der Mitgliedschaft** des 200
Ausgeschiedenen, zur **Anwachsung** seines Anteils bei den Mitgesellschaftern und zur Entstehung
des **Abfindungsanspruchs.**[641] Der fehlerhaft Ausgeschiedene hat, wenn ihm der Fehler nicht
anzulasten ist, einen Anspruch auf **Wiederaufnahme** in die Gesellschaft.[642] Dabei ist ihm grundsätzlich seine frühere Rechtsstellung wieder zu gewähren.[643]

Der Schutz des **nicht voll Geschäftsfähigen** genießt (auch im Falle des § 105 Abs. 2 BGB) 201
Vorrang. Sein Ausscheiden ist daher nicht wirksam, er **bleibt Mitglied** der Gesellschaft und nimmt
an den Gewinnen weiterhin teil.[644]

4. Fehlerhafte Anteilsübertragung. Die vorstehend behandelten Grundsätze über den fehler- 202
haften Beitritt und das fehlerhafte Ausscheiden finden auch Anwendung, wenn entgegen der
gängigen Praxis der Gesellschafterwechsel durch **kombinierte Vereinbarungen zwischen Ausscheidendem und Beitretendem** mit den übrigen Gesellschaftern vollzogen wird (Doppelvertrag,

---

[631] BGH Urt. v. 6. 2. 1958 – II ZR 210/56, BGHZ 26, 330, 334 ff. = NJW 1958, 668.
[632] Vgl. § 155 RdNr. 16.
[633] Staub/*Ulmer* RdNr. 372; BGH Urt. v. 15. 5. 2000 – II ZR 6/99, NJW 2000, 2586.
[634] BGH Urt. v. 14. 12. 1972 – II ZR 82/70, NJW 1973, 1604.
[635] Vgl. BGH Urt. v. 8. 11. 1965 – II ZR 267/64, BGHZ 44, 235, 236 f. = NJW 1966, 107; MünchHdbGesR/*Bälz* § 101 RdNr. 96; *C. Schäfer* S. 310 ff.; *Wiedemann* WM-Sonderbeilage 8/1990, S. 27; vgl. ferner BGH Urt. v. 19. 12. 1974 – II ZR 27/73, BGHZ 63, 338, 344 = NJW 1975, 1022, 1024.
[636] BGH Urt. v. 14. 4. 1969 – II ZR 142/67, NJW 1969, 1483; BGH Urt. v. 13. 3. 1975 – II ZR 154/73, WM 1975, 512, 513 f. = LM GmbHG § 15 Nr. 12; BGH Urt. v. 18. 1. 1988 – II ZR 140/87, NJW 1988, 1324 f.; BGH Urt. v. 17. 2. 1992 – II ZR 100/91, NJW 1992, 1503, 1504; BGH Urt. v. 1. 3. 2003 – II ZR 58/00, NJW-RR 2003, 533; MünchHdbGesR/*Bälz* § 101 RdNr. 124 ff.; Röhricht/Graf v. Westphalen/*v. Gerkan* RdNr. 49; Heymann/*Emmerich* RdNr. 105; *H. P. Westermann* RdNr. I 193 a; *Wertenbruch* NZG 2006, 408, 421.
[637] Staub/*Ulmer* RdNr. 373; MünchKommBGB/*Ulmer* § 705 RdNr. 370; differenzierend *H. P. Westermann* RdNr. I 193 a.
[638] BGH Urt. v. 24. 5. 1993 – II ZR 36/92, BGHZ 123, 281, 285 f. = NJW 1993, 3193, 3194; BGH Urt. v. 9. 6. 1994 – IX ZR 125/93, BGHZ 126, 226, 242 f. = NJW 1994, 2536, 2540; BGH Urt. v. 20. 9. 1993 – II ZR 104/92, NJW 1993, 2101, 2102; vgl. dazu auch *Stöber/Rafiqpoor* GmbHR 2003, 872, 877 ff.
[639] Schlegelberger/*K. Schmidt* RdNr. 221; Röhricht/Graf v. Westphalen/*v. Gerkan* RdNr. 49; Baumbach/*Hopt* RdNr. 95.
[640] Schlegelberger/*K. Schmidt* RdNr. 221; Röhricht/Graf v. Westphalen/*v. Gerkan* RdNr. 49; Baumbach/*Hopt* RdNr. 95.
[641] BGH Urt. v. 14. 4. 1969 – II ZR 142/67, NJW 1969, 1483; BGH Urt. v. 13. 3. 1975 – II ZR 154/73, WM 1975, 512, 513 f. = LM GmbHG § 15 Nr. 12; Staub/*Ulmer* RdNr. 375; MünchHdbGesR/*Bälz* § 101 RdNr. 129; *H. P. Westermann* RdNr. I 193 a.
[642] BGH Urt. v. 14. 4. 1969 – II ZR 142/67, NJW 1969, 1483; BGH Urt. v. 13. 3. 1975 – II ZR 154/73, WM 1975, 512, 513 f. = LM GmbHG § 15 Nr. 12; Staub/*Ulmer* RdNr. 375; MünchHdbGesR/*Bälz* § 101 RdNr. 132; Heymann/*Emmerich* RdNr. 105.
[643] Zu Einzelheiten vgl. *A. Hueck* OHG § 7 III 7 b; MünchHdbGesR/*Bälz* § 101 RdNr. 132; Staub/*Ulmer* RdNr. 375; *H. P. Westermann* RdNr. I 193 a.
[644] BGH Urt. v. 17. 2. 1992 – II ZR 100/91, NJW 1992, 1503, 1504; Baumbach/*Hopt* RdNr. 95; aA MünchKommBGB/*Ulmer* § 705 RdNr. 370; *H. P. Westermann* RdNr. I 193 b.

vgl. RdNr. 159).[645] Es liegen zwei Vereinbarungen, gerichtet auf Austritt und auf Beitritt, vor, wobei die Fehlerhaftigkeit der einen Vereinbarung gem. § 139 BGB notwendig auch diejenige der anderen zur Folge hat. Denn eine Erweiterung des Gesellschafterkreises durch Bildung eines neuen Gesellschaftsanteils ist von allen Beteiligten nicht gewollt.

203 Die Regeln der fehlerhaften Gesellschaft gelten auch für die Fälle der **unmittelbaren Anteilsübertragung** vom Veräußerer auf den Erwerber nach §§ 398, 413 BGB.[646] Dem steht die abweichende Auffassung des BGH[647] zur Abtretung eines GmbH-Anteils auf Grund arglistiger Täuschung oder widerrechtlicher Drohung nicht entgegen, da sie auf den Besonderheiten des § 16 Abs. 1 GmbHG beruht.[648] Auch das Urteil des BGH[649] zur Übertragung des Anteils an einer Vorgesellschaft steht der Anwendung der Regeln über die fehlerhafte Gesellschaft auf die Anteilsübertragung der Vorgesellschaft nicht entgegen. Bei der Personengesellschaft besteht – anders als bei der Kapitalgesellschaft – eine unmittelbare Außenhaftung nach § 128. Der Anteilerwerber muss daher zum Schutz der Gläubiger auch bei fehlerhaftem Erwerb so lange als Gesellschafter behandelt werden, bis die Unwirksamkeit endgültig geklärt ist. Die Mitgliedschaft wird also ex nunc beendet. Für die **Anwendung der Regeln über die fehlerhafte Gesellschaft** spricht zudem das Prinzip der Selbstorganschaft, nach dem jeder Gesellschafter ohne weiteres organschaftlicher Vertreter der Gesamthandsgesellschaft ist. Auch diese Stellung kann nicht zum Nachteil des Rechtsverkehrs mit Wirkung ex tunc beseitigt und dann durch eine Rechtsscheinhaftung im Einzelfall ersetzt werden. Bei der GmbH/AG spielt auch dieser Gesichtspunkt wegen des dort geltenden Prinzips der Drittorganschaft keine Rolle.

204 **5. Fehlerhafte Inhaltsänderungen.** Auf fehlerhafte inhaltliche Änderungen eines Gesellschaftsvertrags sind die Regeln der fehlerhaften Gesellschaft, **soweit** ein **Bedürfnis nach Bestandsschutz** besteht, anwendbar.[650] Dies ist zum einen der Fall bei Änderungen des Vertragsinhalts, die den „**Status der Gesellschaft**" (die Verbandsverfassung) betreffen,[651] wie etwa bei Änderungen der Geschäftsführungsbefugnis, der Hafteinlagen usw. Erfasst werden alle Änderungen, die auch zu Folgen für die Organisation geführt haben.[652] Betrifft die fehlerhafte Änderung das Innenverhältnis, also beispielsweise die Gewinn- und Verlustverteilung, so ist die Lücke im Wege der ergänzenden Vertragsauslegung zu schließen (vgl. oben RdNr. 63, 175). Ist dies nicht möglich, so gelten die gesetzlichen Regelungen.

205 **6. Die fehlerhafte Auflösung.** Auf die fehlerhafte Auflösung sind die Grundsätze über die fehlerhafte Gesellschaft **nicht anwendbar**.[653] Denn die OHG verliert durch den Übergang in das **Liquidationsstadium** nicht ihre Rechtsfähigkeit. Es ändert sich nur der Zweck, nicht aber die Struktur und die Organisation der Gesellschaft.[654] Die Gesellschaft ist daher als werbende fortzusetzen, und bereits vorgenommene Liquidationsmaßnahmen sind wieder rückgängig zu machen.[655] Eine eingetretene **Vollbeendigung** mit Löschung der Firma im Handelsregister ist dagegen **endgültig**.[656] Es kann hier aber u. U. ein Anspruch einzelner Gesellschafter auf „Fortsetzung" der Gesellschaft durch Neugründung bestehen.

206 **7. Fehlerhafte Erbfolge in den Gesellschaftsanteil.** Im Falle einer gesellschaftsvertraglichen **Nachfolgeklausel** (§ 139 RdNr. 2) wird der vermeintliche Erbe (Scheinerbe) zwar nicht Gesellschafter, auch wenn ihn die Mitgesellschafter so behandeln. Es finden aber – wie bei der fehlerhaften Anteilsübertragung (vgl. RdNr. 202 f.) – die **Regeln der fehlerhaften Gesellschaft** An-

---

[645] Staub/*Ulmer* RdNr. 376; MünchHdbGesR/*Bälz* § 101 RdNr. 141; *H. P. Westermann* RdNr. I 196 a.
[646] BGH Urt. v. 4. 2. 1968 – II ZR 68/66, WM 1968, 892, 893; BGH Urt. v. 13. 3. 1975 – II ZR 154/73, WM 1975, 512, 513 f. = LM GmbHG § 15 Nr. 12; BGH Urt. v. 18. 1. 1988 – II ZR 140/87, NJW 1988, 1324 f.; *Wiedemann* GesR II § 2 V 5; aA Baumbach/*Hopt* RdNr. 94; MünchKommHGB/*K. Schmidt* Rdnr. 256; Schlegelberger/*K. Schmidt* RdNr. 227; MünchHdbGesR/*Bälz* § 101 RdNr. 142 ff.; Heymann/*Emmerich* RdNr. 106; Röhricht/Graf v. Westphalen/*v. Gerkan* RdNr. 53; differenzierend *H. P. Westermann* RdNr. I 196 a.
[647] BGH Urt. v. 22. 1. 1990 – II ZR 25/89, NJW 1990, 1915, 1916.
[648] AA MünchKommBGB/*Ulmer* § 705 RdNr. 374; Baumbach/*Hopt* RdNr. 94.
[649] BGH Urt. v. 13. 12. 2004 – II ZR 409/02, WM 2005, 282.
[650] BGH Urt. v. 10. 12. 1973 – II ZR 53/72, BGHZ 62, 20, 26 ff. = NJW 1974, 498.
[651] BGH Urt. v. 14. 4. 1969 – II ZR 142/67, NJW 1969, 1483; vgl. auch BGH Urt. v. 10. 12. 1973 – II ZR 53/72, BGHZ 62, 20, 26 ff. = NJW 1974, 498.
[652] Staub/*Ulmer* RdNr. 366; MünchKommBGB/*Ulmer* § 705 RdNr. 362; MünchHdbGesR/*Bälz* § 101 RdNr. 152 ff., insbes. 156; MünchKommHGB/*K. Schmidt* RdNr. 252.
[653] MünchKommHGB/*K. Schmidt* RdNr. 251; *K. Schmidt* GesR § 6 IV 6; *H. P. Westermann* RdNr. I 194; *C. Schäfer* S. 401 f.; aA *A. Hueck* OHG § 7 III 8; Staub/*Ulmer* RdNr. 367; MünchHdbGesR/*Bälz* § 101 RdNr. 160; Röhricht/Graf v. Westphalen/*v. Gerkan* RdNr. 50; Baumbach/*Hopt* RdNr. 91.
[654] *K. Schmidt* GesR § 6 IV 6.
[655] *K. Schmidt* GesR § 6 IV 6.
[656] *K. Schmidt* GesR § 6 IV 6.

Begriff der OHG; Anwendbarkeit des BGB

wendung.[657] Gesellschafter ist der wahre Erbe. Der Grund für die Anwendung dieser Regeln besteht auch hier darin, dass der OHG-Gesellschafter organschaftlicher Vertreter ist und nach außen gem. § 128 haftet. Davor kann sich auch der Scheinerbe bis zur Feststellung der Unwirksamkeit der Nachfolge nur durch Ausübung des Wahlrechts nach § 139 und die erbrechtlichen Beschränkungsmöglichkeiten schützen. Ab Kenntnis der Unwirksamkeit muss die fehlerhafte Beteiligung mit Wirkung ex nunc beendet werden. § 139 ist ab Kenntnis der Fehlerhaftigkeit selbstverständlich nicht mehr anwendbar. Wenn auf Grund einer **Eintrittsklausel** (§ 139 RdNr. 38 ff.) ein Scheinerbe eine rechtsgeschäftliche Beitrittsvereinbarung mit den Mitgesellschaftern trifft, gelten die Regeln der fehlerhaften Gesellschaft (zu den Rechtsfolgen des fehlerhaften Beitritts vgl. RdNr. 196 f.).[658]

V. Die Schein-OHG

1. Grundsätze. Eine Scheingesellschaft liegt zum einen vor, wenn mehrere Personen durch ihr Auftreten nach außen den **Rechtsschein einer OHG oder KG** hervorrufen, obwohl sie ein Gesellschaftsverhältnis nicht gewollt haben.[659] Es geht also insbesondere um ein Scheingeschäft iS des § 117 BGB. Die Einschaltung eines Treuhänders oder Strohmannes in die Gesellschaftsgründung führt nicht zu einem Scheingeschäft, wenn die – wie in der Regel – die Rechtsfolgen einer Gesellschaftsgründung von den Beteiligten gewollt sind.[660] In der Praxis häufig anzutreffen ist dagegen der Fall, dass eine in Wirklichkeit vorliegende **GbR als OHG** auftritt. Die Problematik der Schein-OHG/KG wurde durch die Einfügung des § 105 Abs. 2 wesentlich entschärft, weil eine GbR, die nur ein Kleingewerbe betreibt oder nur ihr eigenes Vermögen verwaltet, durch Eintragung zur OHG wird. Der Tatbestand der Scheingesellschaft liegt daher insbesondere dann vor, wenn eine in Wirklichkeit vorliegende GbR als OHG/KG auftritt, **ohne im Handelsregister eingetragen** zu sein.

2. Rechtsfolgen der Scheingesellschaft im Innenverhältnis. Die Grundsätze der fehlerhaften Gesellschaft finden bei **fehlendem Vertragsschluss** keine Anwendung.[661] Das Innenverhältnis bestimmt sich nicht nach Gesellschaftsrecht, sofern nicht zumindest eine GbR vorliegt. Es entsteht kein Gesellschaftsvermögen und es findet keine Liquidation (§§ 145 ff.) statt.[662] Leistungen im Innenverhältnis sind nach Bereicherungsrecht abzuwickeln, soweit nicht Herausgabeansprüche nach § 985 BGB gegeben sind.[663] Ist die Schein-OHG/KG in Wirklichkeit eine GbR, so finden im Innenverhältnis die §§ 705 ff. BGB Anwendung.

3. Haftung der Schein-OHG – Prozess und Zwangsvollstreckung. Die Schein-OHG/KG kann nur bis zur Aufdeckung des Scheins als solche in Anspruch genommen werden. Ab Aufdeckung des Scheins können diejenigen **Scheingesellschafter** entsprechend § 128 in Anspruch genommen werden, die den Rechtsschein in zurechenbarer Weise veranlasst haben. Steht hinter der Schein-OHG/KG eine GbR, so kann diese als wahrer Rechtsträger in Anspruch genommen und verklagt werden.[664] Die Schein-OHG/KG als solche ist nicht parteifähig. Für die Klageerhebung gilt § 17 Abs. 2, dh., eine gegen die Schein-OHG/KG erhobene Klage richtet sich in Wirklichkeit gegen die dahinter stehende GbR.[665] Ein gegen die Scheingesellschaft begonnener Prozess ist ohne weiteres gegen die GbR fortzusetzen. Erforderlich ist nur eine Rubrumsberichtigung. Entsprechendes gilt für die Aufdeckung des Rechtsscheins nach Beginn der Zwangsvollstreckung.[666]

4. Außenhaftung der Gesellschafter aus veranlasstem Rechtsschein. Gegenüber Dritten gelten die Grundsätze der Rechtsscheinhaftung, soweit nicht als Spezialvorschrift § 15 (vgl. die dortigen Erläuterungen) anzuwenden ist. Gutgläubige Dritte, die im Vertrauen auf die Existenz einer OHG oder KG mit dieser kontrahiert haben, können **Scheingesellschafter,** die den Rechtsschein zurechenbar hervorgerufen haben, so in Anspruch nehmen, als seien sie wirkliche Gesellschafter; die

---

[657] Baumbach/Hopt RdNr. 79; Konzen ZHR 145 (1981), 61 ff.; aA K. Schmidt GesR § 6 V 2 a bb; MünchKommHGB/K. Schmidt RdNr. 255; Schlegelberger/K. Schmidt RdNr. 226; Staub/Ulmer RdNr. 379; MünchHdbGesR/Bälz § 101 RdNr. 150; H. P. Westermann RdNr. I 197.
[658] K. Schmidt GesR § 6 V 2 a bb; Staub/Ulmer RdNr. 380; MünchKommBGB/Ulmer § 705 RdNr. 376; H. P. Westermann RdNr. I 197.
[659] BGH Urt. v. 27. 5. 1953 – II ZR 171/52, NJW 1953, 1220; BGH Urt. v. 28. 11. 1953 – II ZR 188/52, BGHZ 11, 190, 191 = NJW 1954, 231; Staub/Ulmer RdNr. 381; MünchHdbGesR/Bälz § 100 RdNr. 34 ff.; Koller/Roth/Morck RdNr. 29; H. P. Westermann RdNr. I 159.
[660] Staub/Ulmer RdNr. 383; MünchHdbGesR/Bälz § 100 RdNr. 35.
[661] BGH Urt. v. 27. 5. 1953 – II ZR 171/52, NJW 1953, 1220; BGH Urt. v. 28. 11. 1953 – II ZR 188/52, BGHZ 11, 190, 191 = NJW 1954, 231; Staub/Ulmer RdNr. 384.
[662] BGH Urt. v. 27. 5. 1953 – II ZR 171/52, NJW 1953, 1220.
[663] Staub/Ulmer RdNr. 385; MünchHdbGesR/Bälz § 100 RdNr. 37.
[664] Wertenbruch, Haftung von Gesellschaften, S. 300, 305 ff.
[665] Wertenbruch, Haftung von Gesellschaften, S. 300, 305 ff.
[666] Wertenbruch, Haftung von Gesellschaften, S. 300, 305 ff.

Scheingesellschafter haften also nach § 128.[667] Der Rechtsschein einer Handelsgesellschaft kann auch durch eine **GbR** (§ 705 BGB) erzeugt werden, die in Wahrheit kein Handelsgewerbe (§ 1 Abs. 2) betreibt, soweit nicht eine Registereintragung erfolgt ist und die Voraussetzungen des § 105 Abs. 2 oder § 5 vorliegen.[668] **§ 5,** dem nach dem Inkrafttreten des HRefG nur noch geringe Bedeutung zukommt, erstreckt sich **nicht** auf den Fall, dass die eingetragene OHG oder KG **kein Gewerbe** betreibt.[669] Zur Eintragung vermögensverwaltender Gesellschaften auf fehlerhafter Willensgrundlage vgl. § 5 RdNr. 22 ff.

211   **5. Scheingesellschafter einer wirksamen OHG/KG.** Wer durch sein Auftreten im Geschäftsverkehr den Anschein hervorruft, er sei persönlich haftender Gesellschafter einer Handelsgesellschaft, haftet für Verbindlichkeiten aus Geschäften, die ein Dritter im Vertrauen auf diesen Rechtsschein abschließt.[670] Die allgemeine Rechtsscheinhaftung greift ein, wenn keine Eintragung des Gesellschafters in das Handelsregister erfolgt ist. Ist der Scheingesellschafter in das Handelsregister eingetragen worden, so haftet er gem. § 15 Abs. 3 iVm. § 128. Entsprechendes gilt gem. § 15 Abs. 1, wenn das Ausscheiden eines Gesellschafters nicht oder nicht rechtzeitig in das Handelsregister eingetragen wird. Wer als Kommanditist den Anschein unbeschränkter Haftung erzeugt, haftet nach Rechtsscheingrundsätzen in vollem Umfange persönlich.[671]

K. Internationales Recht der Personenhandelsgesellschaften

Schrifttum (Auswahl): *Altmeppen,* Schutz vor europäischen Kapitalgesellschaften, NJW 2004, 99; *Dammann,* Amerikanische Gesellschaften mit Sitz in Deutschland, RabelsZ 2004, 607; *Eidenmüller,* Gesellschaftsstatut und Insolvenzstatut, RabelsZ 2006, 474; *Eidenmüller/Rehm,* Niederlassungsfreiheit versus Schutz des inländischen Rechtsverkehrs: Konturen des Europäischen Internationalen Gesellschaftsrechts, ZGR 2004, 165; *Goette,* Wo steht der BGH nach Centros und Inspire Art?, DStR 2005, 197; *Habersack,* Europäisches Gesellschaftsrecht, 2. Aufl. 2003; *Kersting,* Rechtswahlfreiheit im Europäischen Gesellschaftsrecht nach Überseering, NZG 2003, 9; *Kindler,* Auf dem Weg zur Europäischen Briefkastengesellschaft?, NJW 2003, 1073; *Kleinert/Probst,* Erneute klare Absage an Wegzugsbeschränkungen durch EuGH und Kommission, NJW 2004, 2425; *Leible,* Niederlassungsfreiheit und Sitzverlegungsrichtlinie, ZGR 2004, 530; *Leible/Hoffmann,* „Überseering" und das deutsche Gesellschaftskollisionsrecht, ZIP 2003, 925; *Michalski,* Grundzüge des internationalen Gesellschaftsrechts, NZG 1998, 762; *Palandt/Heldrich,* BGB, 65. Aufl. 2006, Anhang zu Art. 12 EGBGB, Juristische Personen und Gesellschaften; *W.-H. Roth,* „Das Wandern ist des Müllers Lust..." – Zur Auswanderungsfreiheit für Gesellschaften in Europa, FS Heldrich, 2005, S. 973; *Sandrock,* Sitzrecht contra Savigny?, BB 2004, 897; *Sandrock/Wetzler,* Deutsches Gesellschaftsrecht im Wettbewerb der Rechtsordnungen, 2004; *Spahlinger/Wegen,* Internationales Gesellschaftsrecht in der Praxis, 2005; *Staudinger/Großfeld,* Internationales Gesellschaftsrecht, Neubearbeitung 1998; *Ulmer,* Gläubigerschutz bei Scheinauslandsgesellschaften, NJW 2004, 1201; *Wernicke,* Die Niederlassung der ausländischen Gesellschaft als Hauptniederlassung: Zwangsweise Durchsetzung ihrer Eintragung als Zweigniederlassung widerspricht der Rechtsfähigkeit, BB 2006, 843; *Wertenbruch,* Der Abschluß des „Überseering"-Verfahrens durch den BGH – Folgerungen, NZG 2003, 618; *H. P. Westermann/Paefgen,* Handbuch der Personengesellschaften, § 60; *Zimmer,* Internationales Gesellschaftsrecht, 1996; *Zimmer,* Nach „Inspire Art" – Grenzenlose Gestaltungsfreiheit für deutsche Unternehmen?, NJW 2003, 3585.

I. Personalstatut (Gesellschaftsstatut)

212   **1. Geltung der Gründungstheorie – Aufgabe der Sitztheorie.** Das Personalstatut bezeichnet die nationale Rechtsordnung, die für die Rechtsverhältnisse der Gesellschaft maßgebend ist. Da das deutsche IPR **keine gesetzlichen Kollisionsnormen für OHG und KG** enthält, muss das Personalstatut durch Rechtsprechung und Rechtslehre bestimmt werden. Nach der von der Rechtsprechung des BGH[672] für Kapitalgesellschaften und Personenhandelsgesellschaften lange vertretenen

---

[667] BGH Urt. v. 25. 6. 1973 – II ZR 133/70, BGHZ 61, 59, 64 f. (Scheinkommanditist); BGH Urt. v. 26. 11. 1979 – II ZR 256/78, NJW 1980, 784, 785; Staub/*Ulmer* RdNr. 386 f.; Röhricht/Graf v. Westphalen/*v. Gerkan* RdNr. 54, 55; Koller/Roth/Morck RdNr. 29; *H. P. Westermann* RdNr. I 160; zur Scheingesellschaft in Prozess und Zwangsvollstreckung s. RdNr. 209.
[668] Koller/Roth/Morck RdNr. 29.
[669] § 5 RdNr. 20 f.; *Ammon* DStR 1998, 1474, 1476; im Ergebnis auch *Schäfer* DB 1998, 1269, 1271; wohl auch Koller/Roth/Morck § 5 RdNr. 9; aA *K. Schmidt* NJW 1998, 2161, 2164 f.; *ders.* ZHR 163 (1999), 87, 96 ff.; zur Frage der Anwendbarkeit des § 5, wenn der Gewerbebetrieb nach Eintragung zum Kleingewerbe herabsinkt oder die tatbestandlichen Voraussetzungen des § 5 Abs. 2 entfallen sind: oben RdNr. 19 f., 21.
[670] BGH Urt. v. 11. 3. 1955 – I ZR 82/53, BGHZ 17, 13, 15 = NJW 1955, 985 f. mit Ausführungen zur Beendigung der Rechtsscheinwirkung und zur Beweislast für das Vertrauen auf den Rechtsschein beim Geschäftsabschluss.
[671] Vgl. BGH Urt. v. 5. 5. 1978 – II ZR 97/77, BGHZ 71, 354, 356 f.; BGH Urt. v. 1. 6. 1978, NJW 1978, 2030; BGH Urt. v. 8. 5. 1972 – II ZR 170/69, NJW 1972, 1418, 1419; BGH Urt. v. 6. 10. 1977 – II ZR 4/77, LM ZPO § 546 Nr. 87 = WM 1977, 1405, 1406 f.; Baumbach/*Hopt* § 128 RdNr. 5.
[672] BGH Urt. v. 30. 1. 1970 – V ZR 139/68, BGHZ 53, 181, 183 = NJW 1970, 998 f.; BGH Urt. v. 5. 11. 1980 – VIII ZR 230/79, BGHZ 78, 318, 334 = NJW 1981, 522, 525; BGH Urt. v. 21. 3. 1986 – V ZR 10/85, BGHZ 97, 269, 271 = NJW 1986, 2194 f; BGH Urt. v. 21. 11. 1996 – IX ZR 148/95, BGHZ 134, 116, 118 = NJW 1997, 657, 658;

Sitztheorie, die inzwischen auf Grund der Rechtsprechung des EuGH[673] als überholt anzusehen ist, beurteilt sich das Personalstatut nach demjenigen Recht, das am **Ort des tatsächlichen Verwaltungssitzes** der Gesellschaft gilt. Auch der BGH geht jetzt unter Aufgabe der Sitztheorie von der Gründungstheorie aus.[674] Die neuere Literatur stimmt dem zu.[675] Die **Gründungstheorie** gilt nicht nur für die Kapitalgesellschaften, sondern auch für Personengesellschaften.[676] Denn Grundlage für die Rechtsprechung des EuGH ist neben der Niederlassungsfreiheit (Art. 43, 48 EG) die Rechtsfähigkeit der Gesellschaft. Insoweit ist die OHG/KG und auch die GbR ebenso rechtsfähig wie die AG und die GmbH. Die Gründungstheorie findet auch dann Anwendung, wenn der tatsächliche Gesellschaftssitz von Anfang an außerhalb des Gründungsstaats liegt.[677]

2. Folgerungen für Zuzug und Wegzug. Aus den Urteilen des EuGH[678] folgt unmittelbar, dass der Zuzugstaat im Falle einer grenzüberschreitenden Sitzverlegung eine nach dem Recht des Gründungsstaats bestehende Rechtsfähigkeit und darüber hinaus das gesamte Gesellschaftsstatut anerkennen muss.[679] Der grenzüberschreitende Wegzug führt nicht zum Verlust der Rechtsfähigkeit.[680] Aus der Niederlassungsfreiheit folgt auch hier, dass kein Statutenwechsel eintritt.[681] Das Kollisionsrecht des aufnehmenden Staates muss auf das Recht des Gründungsstaates verweisen, nach dessen Recht die Gesellschaft gegründet wurde.[682]

II. Reichweite des Personalstatuts

Das **Personalstatut** ist inhaltlich **umfassend** auf die gesamten Rechtsverhältnisse der OHG (KG) anzuwenden.[683] Es entscheidet über Gründung (zur Formgültigkeit vgl. Art. 11 EGBGB), Rechtsfähigkeit, Partei- und Prozessfähigkeit der Gesellschaft sowie die Geschäftsführung, die Vertretungsmacht[684] und Haftung der Gesellschafter.[685] Zum Personalstatut gehört darüber hinaus das Erlöschen der Gesellschaft.[686]

BGH Urt. v. 1. 7. 2002 – II ZR 380/00, BGHZ 151, 204, 206 ff.; BayObLG Beschl. v. 26. 8. 1998 – 3 Z 78/98, NZG 1998, 936.
[673] EuGH Urt. v. 5. 11. 2002 – Rs C-208/00, NJW 2002, 3614 („Überseering"); EuGH Urt. v. 30. 9. 2003 – Rs. C-167/01, NJW 2003, 3331 („Inspire Art"); vgl. auch EuGH Urt. v. 11. 3. 2004 – C-9/02, NJW 2004, 2439 („Hughes de Lasteyrie du Saillant").
[674] BGH Urt. v. 13. 3. 2003 – VII ZR 370/98, NJW 2003, 1461 ff.; BGH Urt. v. 19. 9. 2005 – II ZR 372/03, NJW 2005, 1648, 1649; Wertenbruch NZG 2003, 618 f.; BGH Urt. v. 5. 2. 2007 – II ZR 84/05, NJW 2007, 1529, 1530.
[675] Vgl. etwa Palandt/*Heldrich* Anh. zu Art. 12 EGBGB RdNr. 6; Baumbach/*Hopt* Einl. v. § 105 RdNr. 29; H. P. Westermann/*Paefgen* RdNr. I 4104, 4111 ff.; MünchKommBGB/*Kindler* IntGesR RdNr. 407; *Hirte/Bücker/Forsthoff* § 2 RdNr. 4, 37; *Eidenmüller* JZ 2003, 526, 528 f.; *Rehm* JZ 2005, 304 f.; *Wertenbruch* NZG 2003, 618 f.; *Zimmer* ZHR 168 (2004), 355, 359 ff.
[676] Baumbach/*Hopt* Einl. v. § 105 RdNr. 29; *Spahlinger/Wegen* RdNr. 111; H. P. Westermann/*Paefgen* RdNr. I 4113, 4120; *Wertenbruch* NZG 2003, 618 ff.; aA *Leible/Hoffmann* RIW 2002, 933.
[677] OLG Zweibrücken Beschl. v. 26. 3. 2003 – 3 W 21/03, NZG 2003, 537; LG Trier Beschl. v. 3. 4. 2003 – 7 HK T 1/03, NZG 2003, 778; LG Bielefeld Beschl. v. 8. 7. 2004 – 24 T 7/04, GmbHR 2005, 98, 99; H. P. Westermann/*Paefgen* RdNr. I 4114; Palandt/*Heldrich* Anh. zu Art. 12 EGBGB RdNr. 7.
[678] EuGH Urt. v. 30. 9. 2003 – Rs. C-167/01, NJW 2003, 3331 („Inspire Art"); EuGH Urt. v. 5. 11. 2002 – Rs C-208/00, NJW 2002, 3614 („Überseering").
[679] BGH Urt. v. 13. 3. 2003 – VII ZR 370/98, NJW 2003, 1461 ff.; *Spahlinger/Wegen* RdNr. 217; H. P. Westermann/*Paefgen* RdNr. I 4129 f.; Palandt/*Heldrich* Anh. zu Art. 12 EGBGB RdNr. 7; *Behrens* IPRax 2004, 25; *Eidenmüller* JZ 2004, 25; *Eidenmüller/Rehm* ZGR 2004, 165; *Ulmer* NJW 2004, 1205; *Sandrock* BB 2004, 897; aA *Kindler* NJW 2003, 1077; *Altmeppen* NJW 2004, 99.
[680] EuGH Urt. v. 11. 3. 2004 – C-9/02, NJW 2004, 2439 („Hughes de Lasteyrie du Saillant"); AG Heidelberg Urt. v. 3. 3. 2000 – HRB 831-SNH, NZG 2000, 927, 929; Palandt/*Heldrich* Anh. zu Art. 12 EGBGB RdNr. 7; *Sandrock/Wetzler/Sandrock*, 33, 89 ff.; *Kleinert/Probst* NJW 2004, 2425, 2427 f.; *W.-H. Roth*, FS Heldrich, 2005, S. 973 ff.; *Wertenbruch* NZG 2003, 618, 619 f.; *Zimmer* BB 2003, 1, 3; *ders.* NJW 2003, 3585, 3592; aA OLG Brandenburg Beschl. v. 30. 11. 2004 – 6 Wx 4/04, BB 2005, 849, 850 f.; BayObLG Beschl. v. 11. 2. 2004 – 3Z BR 175/03, NJW-RR 2004, 836, 837 f.; Voraufl. RdNr. 221; MünchKommAktG/*Altmeppen* Europäisches Aktienrecht B. 2. Kap. III. RdNr. 172; *Eidenmüller* ZIP 2002, 2233, 2243; *Forsthoff* DB 2002, 2471 f.; *Geyrhalter/Gänßler* NZG 2003, 409, 411; *Kindler* NJW 2003, 1073, 1077; *Leible/Hoffmann* RiW 2002, 925, 930 f.; *dies.* ZIP 2003, 925, 929 f.
[681] Baumbach/*Hopt* Einl. v. § 105 RdNr. 29; *Kleinert/Probst* NJW 2004, 2425, 2427 f.; *Wertenbruch* NZG 2003, 618, 619 f.; *Zimmer* BB 2003, 1, 3; *ders.* NJW 2003, 3585, 3592.
[682] *W.-H. Roth* IPRax 2003, 117, 120; *Eidenmüller* ZIP 2002, 2233, 2241; *Großerichter* DStR 2003, 159, 164; *Leible/Hoffmann* RIW 2002, 925, 928; *Wertenbruch* NZG 2003, 618, 620.
[683] MünchKommBGB/*Kindler* IntGesR RdNr. 412 ff.; *Spahlinger/Wegen* RdNr. 261; Staudinger/*Großfeld* IntGesR, 1998, RdNr. 746, 755 ff.; H. P. Westermann/*Paefgen* RdNr. I 4129; *Michalski* NZG 1998, 762, 763.
[684] BGH Urt. v. 13. 3. 2003 – VII ZR 370/98, NJW 2003, 1461 ff.; BGH Urt. v. 19. 9. 2005 – II ZR 372/03, NJW 2005, 1648, 1649; OLG München Beschl. v. 17. 8. 2005 – 31 Wx 049/05, DB 2005, 1955; LG Freiburg Beschl. v. 22. 7. 2004 – 10 T 5/04, NJW-RR 2004, 1686; *Spahlinger/Wegen* RdNr. 288 ff.; H. P. Westermann/*Paefgen* RdNr. I 4129.
[685] BGH Urt. v. 14. 3. 2005 – II ZR 5/03, NJW 2005, 1648, 1649; *Spahlinger/Wegen* RdNr. 324 ff.; H. P. Westermann/*Paefgen* RdNr. I 4129; Palandt/*Heldrich* Anh. zu Art. 12 EGBGB RdNr. 7; Staudinger/*Großfeld* IntGesR, 1998, RdNr. 755 ff.; *Michalski* NZG 1998, 762, 763 f., jew. mwN.
[686] AG Duisburg Beschl. v. 14. 10. 2003 – 63 IN 48/03, NZG 2003, 1167; H. P. Westermann/*Paefgen* RdNr. I 4129; Palandt/*Heldrich* Anh. zu Art. 12 EGBGB RdNr. 7.

§ 105 Anh.
2. Buch. 1. Abschnitt. Offene Handelsgesellschaft

Anhang
Das Recht der verbundenen Personenhandelsgesellschaften

Schrifttum: *Altmeppen,* Gesellschafterhaftung und „Konzernhaftung" bei der GmbH, NJW 2002, 321; *Amman/Hucke,* Haftungsrecht, Arbeitsrecht und Rechnungslegung im Konzern in rechtlich-betriebswirtschaftlicher Sicht, DStR 1998, 1391; *Bälz,* Verbundene Unternehmen, AG 1992, 277; *Baumgartl,* Die konzernbeherrschte Gesellschaft, Diss. Gießen 1986; *Bitter,* Konzernrechtliche Durchgriffshaftung bei Personengesellschaften, Diss. Hamburg 1999; *Burbach,* Das Recht der konzernabhängigen Personenhandelsgesellschaft, Diss. Erlangen-Nürnberg 1989; *Cahn,* Verlustübernahme und Einzelausgleich im qualifizierten faktischen Konzern, ZIP 2001, 2159; *Döser,* Der faktische Konzern – Ein Nachruf, AG 2003, 406; *Drygala,* Abschied vom qualifizierten faktischen Konzern – oder Konzernrecht für alle?, GmbHR 2003, 729; *ders.,* Gesellschafterregress im Personengesellschaftskonzern, FS Thomas Raiser, 2005, S. 63; *Ebenroth,* Kritische Bemerkungen zur Ausgestaltung der Kontrolle der GmbH-Geschäftsführer im Regierungsentwurf eines GmbH-Gesetzes, ZGR 1972, 427; *ders.,* Die Konzernierung der Personengesellschaft zwischen Vertragsfreiheit und Minderheitenschutz, FS Boujong, 1996, S. 99; *Eberl-Borges,* Die Haftung des herrschenden Unternehmens für Schulden einer konzernabhängigen Gesellschaft, FS Pleyer, 1986, S. 301; *Emmerich,* Das Konzernrecht der Personengesellschaften – Rückblick und Ausblick, FS Stimpel, 1985, S. 743; *ders.,* Erfüllungstheorie oder Haftungstheorie – Zur Auslegung der §§ 126 und 128 HGB, FS Lukes, 1989, S. 639; *ders.,* Konzernbildungskontrolle, AG 1991, 303; *Fleck,* Die Rechtsprechung des Bundesgerichtshofes zum Recht der verbundenen Unternehmen, WM 1986, 1205; *Flume,* Allgemeiner Teil des Bürgerlichen Rechts, Bd. 1, 1. Teil, Die Personengesellschaft, 1977; *Gekeler,* Der personengesellschaftsrechtliche Konzern im Licht des aktienrechtlichen Konzernmodells, Diss. Tübingen 1993; *Goette,* Wo steht der BGH nach „Centros" und „Inspire Art", DStR 2005, 197; *Heck,* Personengesellschaften im Konzern, Diss. Osnabrück 1986; *Henssler,* Die Betriebsaufspaltung – Konzernrechtliche Durchgriffshaftung im Gleichordnungskonzern?, ZGR 2000, 479; *Henze,* Gesichtspunkte des Kapitalerhaltungsgebotes und seiner Ergänzung im Kapitalgesellschaftsrecht in der Rechtsprechung des BGH, NZG 2003, 649; *Hepting,* Die Personengesellschaft als Konzernobergesellschaft: Informationsrechte des außenstehenden Gesellschafters, FS Pleyer, 1986, S. 301; *Hösch,* Konzernbildung und zwingende gesetzliche Kompetenzverteilung in AG, der GmbH und bei Personengesellschaften, WiB 1997, 231; *Hommelhoff,* Der Verlustausgleich im Mehrmütter-Vertragskonzern, FS Goerdeler, 1987, S. 221; *Huber,* Betriebsführungsverträge zwischen selbständigen Unternehmen, ZHR 152 (1988), 1; *Jäger,* Personengesellschaften als herrschende Unternehmen, DStR 1997, 1770; *ders.,* Personengesellschaften als abhängige Unternehmen, DStR 1997, 1813; *Kaufmann,* Personengesellschaften als Konzernspitze, Diss. Bern 1988; *Kleindiek,* Strukturvielfalt im Personengesellschaftskonzern, Diss. Bielefeld 1991; *Kort,* Der „private" Großaktionär als Unternehmen?, DB 1986, 1909; *ders.,* Das Informationsrecht der Gesellschafters der Personengesellschaftsobergesellschaft, ZGR 1987, 46; *Kronstein,* Die abhängige juristische Person, 1931, Nachdr. 1973; *Lange,* Das Recht der Netzwerke. Moderne Formen der Zusammenarbeit in Produktion und Vertrieb, 1998; *Laule,* Der herrschende Kommanditist als unbeschränkt haftendes Unternehmen?, FS Semler, 1993, S. 541; *Liebscher,* Konzernbildungskontrolle, Diss. Mannheim 1995; *Limmer,* Haftung im qualifiziert faktischen Personengesellschaftskonzern, GmbHR 1992, 265; *Löffler,* Die abhängige Personengesellschaft. Beherrschender Einfluß und Konzernherrschaft bei Personengesellschaften, Diss. Tübingen 1988; *Löw,* Die Abhängigkeit der Personenhandelsgesellschaft – Voraussetzungen und Kontrolle, Diss. Frankfurt a. M. 1987; *Lutter,* Zur Binnenstruktur des Konzerns, FS Westermann, 1974, S. 347; *ders.,* Anwendungsbereich des Mitbestimmungsgesetzes, Koreferat, ZGR 1977, 195; *Mestmäcker,* Zur Systematik des Rechts der verbundenen Unternehmen im neuen Aktiengesetz, FS Kronstein, 1967, S. 129; *Michalski,* OHG-Recht, 2000; *Mülbert,* Abschied von der „TBB"-Haftungsregel für den qualifiziert faktischen GmbH-Konzern, DStR 2001, 1937; *Raiser,* Beherrschungsvertrag im Recht der Personengesellschaften, ZGR 1980, 558; *ders.,* Wettbewerbsverbote als Mittel des konzernrechtlichen Präventivschutzes, FS Stimpel, 1985, S. 855; *ders.,* Konzernhaftung und Unterkapitalisierungshaftung, ZGR 1995, 156; *Reuter,* Die Personengesellschaft als abhängiges Unternehmen, ZHR 146 (1982), 1; *ders.,* Ansätze eines Konzernrechts der Personengesellschaft in der höchstrichterlichen Rechtsprechung, AG 1986, 130; *Schießl,* Die beherrschte Personengesellschaft, Diss. München 1985; *Schilling,* Grundlagen eines GmbH-Konzernrechts, FS Hefermehl, 1976, S. 383; *Schmidt,* Abhängigkeit, faktischer Konzern, Nichtaktienkonzern und Divisionalisierung im Bericht der Unternehmensrechtskommission, ZGR 1981, 455; *ders.,* Die GmbH Co – eine Zwischenbilanz, GmbHR 1984, 272; *ders.,* Mehrheitsregelungen in GmbH & Co.-Verträgen, ZHR 158 (1994), 205; *Schneider,* Die Änderung des Gesellschaftsvertrages einer Personengesellschaft durch Mehrheitsbeschluss, ZGR 1972, 357; *ders.,* Die Auskunfts- und Kontrollrechte des Gesellschafters in der verbundenen Personengesellschaft, BB 1975, 1353; *ders.,* Personengesellschaft als verbundenes Unternehmen, ZGR 1975, 253; *ders.,* Zur Wahrnehmung von Mitgliedschaftsrechten an Tochtergesellschaften einer Personengesellschaft, FS Bärmann, 1975, S. 873; *ders.,* Die Personengesellschaft als herrschendes Unternehmen im Konzern, ZHR 143 (1979), 485; *ders.,* Konzernbildung, Konzernleitung und Verlustausgleich im Konzernrecht der Personengesellschaften, ZGR 1980, 510; *ders.,* Die Personengesellschaft als Konzernunternehmen, BB 1980, 1057; *Semler,* Fehlerhafte Geschäftsführung in der Einmann-GmbH, FS Goerdeler, 1987, S. 551; *Stehle,* Gesellschafterschutz gegen fremdunternehmerischen Einfluss in der Personenhandelsgesellschaft, Diss. Konstanz 1986; *Stimpel,* Rückblick auf das „Gervais"-Urteil, in Ulmer (Hrsg.), Probleme des Konzernrechts, 1989, S. 12; *ders.,* Die Rechtsprechung des Bundesgerichtshofes zur Innenhaftung des herrschenden Unternehmens im Aktienrecht, AG 1986, 117; *Sura,* Fremdeinfluß und Abhängigkeit im Aktiengesetz, Diss. Konstanz 1980; *Torggler,* Zum Informationsrecht der Kommanditisten insbesondere im Konzern, GesRZ 1994, 102; *Ulmer,* Aktienrechtliche Beherrschung durch Leistungsaustauschbeziehungen, ZGR 1978, 457; *ders.,* Grundstrukturen eines Personengesellschaftskonzernrechts, in Ulmer (Hrsg.), Probleme des Konzernrechts, 1989, S. 26; *Weimar,* Haftung und Verlustbeteiligung der Kommanditisten, DStR 1997, 1730; *Wertenbruch,* Beschlussfassung in Personengesellschaft und KG-Konzern, ZIP 2007, 798; *Wiedemann,* Beschränkte und unbeschränkte Kommanditistenhaftung, FS Bärmann, 1975, S. 1036; *ders.,* Personengesellschaften in der Fusionskontrolle, ZHR 146 (1982), 296; *ders.,* Rechte und Pflichten des Personengesellschafters, WM 1992 Sonderbeil. 7, S. 1; *ders.,* Reflexionen zur Durchgriffshaftung, ZGR 2003, 283; *Wilhelm,* Konzernrecht und allgemeines Haftungsrecht, DB 1986, 2113; *Zorn,* Wettbewerbsbeschränkungen bei Kommanditisten, Diss. Erlangen-Nürnberg 1996.

Übersicht

	RdNr.		RdNr.
I. Einführung	1, 2	cc) Konzernleitungskontrolle	40
II. Grundbegriffe	3–14	c) Vertragskonzern	41–57
1. Der Unternehmensbegriff	3–5	aa) Zulässigkeit	41
a) Bedeutung und Definition	3, 4	bb) Gesellschaftsvertrag und Beherrschungsvertrag	42–45
b) Besonderheiten bei der GmbH & Co. KG	5	cc) Abschluss des Beherrschungsvertrags	46, 47
2. Der Abhängigkeitsbegriff	6–9	dd) Form und Eintragungspflicht	48
a) Bedeutung und Definition	6–8	ee) Weisungsrecht	49, 50
b) Die Vermutungsregel	9	ff) Gesellschafts- und Gesellschafterschutz	51–56
3. Der Konzernbegriff	10–14	gg) Gläubigerschutz	57
a) § 18 Abs. 1 S. 1 AktG	10	d) Qualifizierter faktischer Konzern	58–65
b) § 18 Abs. 1 S. 2 AktG	11	aa) Zulässigkeit	58, 59
c) § 18 Abs. 1 S. 3 AktG	12, 13	bb) Voraussetzungen	60–63
d) Besonderheiten bei der GmbH & Co. KG	14	cc) Rechtsfolgen	64, 65
		3. Mehrstufige Konzernierung	66, 67
III. Die beherrschte Personenhandelsgesellschaft	15–69	4. Personenhandelsgesellschaft im Gleichordnungskonzern	68, 69
1. Einfache Abhängigkeit	15–31		
a) Bedeutung	15	**IV. Die Personenhandelsgesellschaft als Obergesellschaft**	70–84
b) Begründung der Abhängigkeit	16–22	1. Einführung	70–72
aa) Anfänglich begründete Abhängigkeit	16	2. Mitwirkungsrechte	73–84
bb) Nachträglich begründete Abhängigkeit	17–22	a) Zustimmungserfordernis	73–77
c) Grenzen des beherrschenden Einflusses	23–31	aa) Grundsätze	73
aa) Schädigungsverbot	23–26	bb) Einzelfragen	74–77
bb) Kontroll-, Informations- und sonstige Schutzrechte	27–29	(1) Beteiligungserwerb	74
cc) Gläubigerschutz	30, 31	(2) Ausgliederung	75
2. Konzernabhängigkeit	32–65	(3) Begründung der Abhängigkeit und Konzernierung	76
a) Zulässigkeit der Konzernierung einer Personenhandelsgesellschaft	32	(4) Ausübung der Beteiligungsrechte	77
b) Nicht beherrschungsvertraglich begründete Konzernierung	33–40	b) Einsichts- und Auskunftsrechte	78–84
aa) Konzerneingangskontrolle	33–36	aa) Grundsätze	78–80
bb) Rechtsfolgen	37–39	bb) Inhalt des Einsichtsrechts	81–83
		cc) Inhalt des Auskunftsrechts	84

I. Einführung

Obwohl das kodifizierte Recht der Personenhandelsgesellschaften von der konzernfreien Gesellschaft ausgeht, sind Strukturen denkbar, in denen Personenhandelsgesellschaften als abhängige oder aber als herrschende Unternehmen auftreten. **Gegenstände** des Rechts der verbundenen Personenhandelsgesellschaften (nachfolgend auch Personengesellschaftskonzernrecht) als einem gesetzlich nicht geregelten Teil des Konzerngesellschaftsrechts sind demnach die Unternehmensverbindungen gemäß § 15 AktG unter Beteiligung mindestens einer Personenhandelsgesellschaft und das Schicksal der beteiligten Personenhandelsgesellschaft selbst. Das Personengesellschaftskonzernrecht ist selten Gegenstand gerichtlicher Entscheidungen; dementsprechend spärlich ist das **rechtstatsächliche Material**.[1] Es ist daher davon auszugehen, dass das Personengesellschaftskonzernrecht nur eine eingeschränkte **praktische Bedeutung** besitzt, wobei die GmbH & Co. KG noch am bedeutsamsten ist. Wegen der weitgehenden Gestaltungsfreiheit beruht die Beherrschung einer Personenhandelsgesellschaft regelmäßig auf einer entsprechenden Gestaltung des Gesellschaftsvertrags (§§ 109, 163), weshalb zumeist kein Beherrschungsvertrag iSd. § 291 Abs. 1 S. 1 Var. 1 AktG geschlossen werden muss. Relativ häufiger ist der Fall der Personenhandelsgesellschaft als Obergesellschaft.[2] Das Personengesellschaftskonzernrecht hat im Wesentlichen zwei **Aufgaben** zu erfüllen: es muss das Recht der Obergesellschaft regeln und zugleich die Gesellschafter und die Gläubiger einer abhängigen Gesellschaft vor einer vermögensmäßigen Benachteiligung durch das herrschende Unternehmen schützen.[3]

Weitgehend geklärt ist die Notwendigkeit der Unterscheidung zwischen herrschender und beherrschter Gesellschaft und der Differenzierung zwischen abhängiger und konzernierter Personen-

---
[1] Einen vorsichtigen und nicht repräsentativen Überblick gibt *Löw* S. 2–4.
[2] Vgl. die Beispiele bei MünchKommHGB/*Mülbert* KonzernR RdNr. 6.
[3] *Habersack* in Emmerich/Habersack Einl. RdNr. 1; *Lutter*, FS Westermann, 1974, S. 347 ff.; *Mestmäcker*, FS Kronstein, 1967, S. 129, 131. Grundlegend: *Kronstein* S. 1 ff.

handelsgesellschaft. Zunehmend setzt sich die Erkenntnis durch, dass bei der Konzernierung von Personenhandelsgesellschaften in Bezug auf deren Schutzbedürftigkeit **Besonderheiten gegenüber dem Aktienrecht** zu beachten sind.[4] Es muss daher geprüft werden, ob und in welchem Umfang Prinzipien aus dem Aktienrecht auf das Personengesellschaftskonzernrecht angewandt werden können. In diesem Zusammenhang sind in der wissenschaftlichen Diskussion derzeit drei Strömungen auszumachen: Teilweise wird versucht, für die Personen(handels)gesellschaft an die bekannte Differenzierung zwischen Abhängigkeit, faktischem Konzern und Vertragskonzern anzuknüpfen.[5] Das Konzernrecht des AktG teilt Unternehmensverbindungen bekanntlich in die Eingliederung, §§ 319 ff. AktG, den faktischen Konzern, §§ 311 ff. AktG, und den Vertragskonzern, §§ 291 ff. AktG, ein. In deutlicher Abgrenzung dazu steht der Ansatz, den Gesellschaftsvertrag der abhängigen Personenhandelsgesellschaft als einen Beherrschungsvertrag zu begreifen.[6] Jede beherrschte Personenhandelsgesellschaft wird dann als Vertragskonzern qualifiziert. Ein dritter Ansatz möchte an der Unterscheidung zwischen Abhängigkeit und Konzernierung festhalten, sieht aber in der Ausübung der konzernstiftenden einheitlichen Leitung eine Überlagerung des Gesellschaftsinteresses durch das Konzerninteresse und will das herrschende Unternehmen zum Verlustausgleich verpflichten.[7]

II. Grundbegriffe

3   **1. Der Unternehmensbegriff. a) Bedeutung und Definition.** Den allgemeinen Vorschriften des ersten Buchs des AktG über verbundene Unternehmen, §§ 15 ff. AktG, kommt grundlegende Bedeutung auch für das Personengesellschaftskonzernrecht zu. Über den Anwendungsbereich des AktG hinaus können sie selbst dann berücksichtigt werden, wenn an der konkreten Unternehmensverbindung keine AG oder KGaA beteiligt ist. Die Vorschriften sind daher grundsätzlich auf solche Unternehmensverbindungen anwendbar, an denen Personenhandelsgesellschaften beteiligt sind.[8] Nur **Unternehmen iSd. § 15 AktG** können eine konzernrechtsrelevante Unternehmensverbindung begründen. Der Unternehmensbegriff ist rechtsformneutral und macht eine Differenzierung zwischen AG, GmbH und Personengesellschaften entbehrlich.

4   Der Unternehmensbegriff orientiert sich am Gesetzeszweck der §§ 15 ff. AktG. Der BGH stellt seit 1977 durchweg darauf ab, ob der in Frage stehende Gesellschafter außerhalb der Gesellschaft **anderweitige unternehmerische Interessen** verfolgt. Daraus entstehen seiner Ansicht nach typischerweise die Konfliktlagen, denen das Konzernrecht begegnen soll. Bei einer solchen Konstellation ist zu befürchten, dass der Gesellschafter sein Handeln nicht mehr ausschließlich am Gesellschaftsinteresse ausrichtet, sondern seinen Einfluss zumindest auch zur Verfolgung seiner weitergehenden, externen Unternehmensinteressen ausüben wird. Dementsprechend gilt jeder Gesellschafter als Unternehmen im Sinne des Konzernrechts, bei dem zu seiner Beteiligung an der Gesellschaft eine wirtschaftliche Interessenbindung hinzukommt, die stark genug ist, um die ernste Besorgnis zu begründen, der Gesellschafter könne ihretwillen seinen Einfluss zum Nachteil der Gesellschaft geltend machen.[9] Diese Rechtsprechung ist im Schrifttum überwiegend auf Zustimmung gestoßen.[10]

5   **b) Besonderheiten bei der GmbH & Co. KG.** Aus dieser Definition des Unternehmensbegriffs folgen hinsichtlich der Frage, unter welchen Voraussetzungen bei der **GmbH & Co. KG** von einem herrschenden Unternehmen auszugehen ist, gewisse Besonderheiten. Die GmbH hat durch ihre Stellung als Komplementärin ausreichende Leitungsbefugnisse über die KG. Entscheidend für die Qualifizierung als Konzern ist daher, ob die GmbH als Unternehmen anzusehen ist. Dazu muss sie wirtschaftliche Ziele verfolgen, die über die Führung der KG hinausgehen und von ihr zu trennen sind. Beschränkt sie sich hingegen ausschließlich auf die Führung der KG, liegt keine Interessenkol-

---

[4] Ausführlich dazu MünchKommHGB/*Mülbert* KonzernR RdNr. 30–47.
[5] *Bälz* AG 1992, 277, 295 f.; *Emmerich*, FS Stimpel, 1985, S. 743, 750 ff.; Heymann/*Emmerich* § 105 Anh. RdNr. 7 ff., 14 ff., 19 ff.; *Schießl* S. 40 ff.; zurückhaltend *Stehle* S. 21 ff.
[6] *Baumgartl* S. 53 ff.; *Raiser* ZGR 1980, 558, 561; differenzierend *Jäger* DStR 1997, 1813.
[7] Staub/*Ulmer* § 105 Anh. RdNr. 22 u. 33; *ders.* in Ulmer (Hrsg.), Probleme des Konzernrechts, S. 26, 34 u. 38.
[8] *Emmerich* in Emmerich/Habersack, § 15 RdNr. 5; *Emmerich/Sonnenschein/Habersack* Konzernrecht § 2 II 1; *Michalski* § 105 Anh I RdNr. 1; *Ulmer* ZGR 1978, 457, 459.
[9] BGH Urt. v. 13. 10. 1977 – II ZR 123/76, BGHZ 69, 334, 335 ff. = NJW 1978, 104 f.; Beschl. v. 8. 5. 1979 – KVR 1/78, BGHZ 74, 359, 364 f. = NJW 1979, 2401 ff.; Urt. v. 2. 9. 1982 – I ZR 88/80, BGHZ 85, 84, 90 f. = NJW 1983, 569 ff.; Urt. v. 16. 9. 1985 – II ZR 275/84, BGHZ 95, 330, 337 = NJW 1986, 188 ff.; Urt. v. 22. 4. 1991 – II ZR 231/90, BGHZ 114, 203, 213 = NJW 1991, 2765 ff.; Urt. v. 23. 9. 1991 – II ZR 135/90, BGHZ 115, 187, 189 ff. = NJW 1991, 3142 ff.; Urt. v. 29. 3. 1992 – II ZR 265/91, BGHZ 122, 123, 127 f. = NJW 1993, 1200 ff.; Urt. v. 18. 6. 2001 – II ZR 212/99, NJW 2001, 2973, 2974.
[10] *Emmerich* in Emmerich/Habersack § 15 RdNr. 10; *Burbach* S. 8 f.; *Fleck* WM 1986, 1205, 1206; Baumbach/*Hopt* § 105 RdNr. 101; *Hüffer* § 15 AktG RdNr. 8; *Kort* DB 1986, 1909, 1910 f.; *Raiser* ZGR 1995, 156 ff.; *Semler*, FS Goerdeler, 1987, S. 551, 569 f.

lision vor.[11] Entsprechendes gilt für den Gesellschafter der Komplementär-GmbH ohne anderweitige unternehmerische Betätigung selbst dann, wenn er zugleich eine Beteiligung an der KG als Kommanditist hält.[12] Unterhält die Komplementär-GmbH hingegen zugleich einen eigenen Geschäftsbetrieb, ist sie als herrschendes Unternehmen anzusehen.[13] Gleiches gilt für den Gesellschafter dieser Komplementär-GmbH, der zugleich eine Beteiligung an der KG als Kommanditist hält. Bei ihm liegt eine anderweitige unternehmerische Interessenbindung vor mit der Folge, dass er als (mittelbar) herrschendes Unternehmen einzustufen ist.[14]

2. Der Abhängigkeitsbegriff. a) Bedeutung und Definition. Nach § 17 AktG ist ein Unternehmen abhängig, wenn ein anderes Unternehmen unmittelbar oder mittelbar einen **beherrschenden Einfluss** ausüben kann und in der Lage ist, ihm seinen Willen aufzuzwingen. Es reicht aus, dass wesentliche Bereiche der Geschäftsführung innerhalb des abhängigen Unternehmens beständig und maßgeblich beeinflusst werden können; eine einheitliche Konzernleitung muss nicht erreicht werden.[15] Abhängigkeit setzt nicht eine Mehrheitsbeteiligung voraus, sondern kann auch durch eine Minderheitsbeteiligung begründet werden, solange diese in Verbindung mit verlässlichen Umständen rechtlicher und tatsächlicher Art den erforderlichen Einfluss sichert.[16] Allerdings muss der Einfluss immer noch **gesellschaftsrechtlich vermittelt** sein. Rein tatsächliche oder rechtliche Umstände sonstiger Art, wie etwa Lizenz- oder Kreditverträge, die gesellschaftsrechtlich nicht abgesichert sind, reichen nicht aus, um eine Abhängigkeit iSv. § 17 AktG zu begründen; bloße Lieferbeziehungen genügen ebenso wenig.[17] Solche Sachverhalte sind nach allgemeinem Zivil- und Wirtschaftsrecht zu beurteilen. Daneben wird eine zufällige oder freiwillige Mitwirkung Dritter ebenfalls nicht als ausreichend erachtet.[18]

Für den **Abhängigkeitstatbestand des § 17 Abs. 1 AktG** ist keine einheitliche Konzernleitung erforderlich. Die abhängige Gesellschaft behält mangels Ausrichtung auf das Konzerninteresse ihre wirtschaftliche Selbstständigkeit. Bei der einheitlichen Konzernleitung hingegen nimmt das herrschende Unternehmen zumindest partiell auf die Geschäftsführung der abhängigen Gesellschaft Einfluss. Diese aus dem Aktiengesellschaftsrecht stammende Unterscheidung zwischen Abhängigkeit und Konzern ist für das Personenhandelsgesellschaftsrecht nicht unproblematisch. Einzelnen Gesellschaftern wird häufig ein wesentlicher Einfluss auf die Geschäftsführung eingeräumt. Solange allerdings kein anders lautender Gesellschafterbeschluss vorliegt, sind sämtliche Gesellschafter strikt an das Unternehmensinteresse gebunden. Die erhebliche Einflussnahme allein ist daher – anders als im Aktienrecht – nicht geeignet, eine einheitliche Konzernleitung auszuüben. Wegen des Widerspruchsrechts nach § 115 Abs. 1 Halbs. 2 etwa fehlt in der Regel die Möglichkeit zur Ausübung des beherrschenden Einflusses auf den finanzwirtschaftlichen Bereich, wenn neben dem Unternehmen noch ein weiterer alleingeschäftsführungsberechtigter Gesellschafter vorhanden ist. Umgekehrt reicht auch die negative Einflussmöglichkeit zur Begründung der Abhängigkeit allein nicht aus, wie sie durch die Zustimmungsvorbehalte der §§ 116 Abs. 2, 164 S. 1 vermittelt wird.

Während der Abhängigkeitsbegriff des Aktienrechts an den Einfluss anknüpft, den die Mehrheitsbeteiligung an einer AG ermöglicht, basiert der beherrschende Einfluss in einer Personenhandelsgesellschaft auf der konkreten Ausgestaltung des Gesellschaftsvertrags. Wegen der weitgehenden „**Konzernresistenz**" der Personenhandelsgesellschaft wird überwiegend davon ausgegangen, dass die konzernrechtlich relevante Abhängigkeit grundsätzlich einer gesellschaftsrechtlichen Grundlage bedarf.[19] Entscheidend ist daher, inwieweit im **Gesellschaftsvertrag** vom gesetzlichen Leitbild der betroffenen Personenhandelsgesellschaft abgewichen wird; dabei sind vor allem die Geschäftsführungs- und Ver-

---

[11] *Baumgartl* S. 24; *Gekeler* S. 128; *Röhricht/Graf v. Westphalen/v. Gerkan* § 105 RdNr. 108; *Löffler* S. 9; *Schießl* S. 5 f.; *Schmidt* ZGR 1981, 455, 478.

[12] BSG Urt. v. 27. 9. 1994 – 10 RAr 1/92, AG 1995, 279, 282; MünchKommAktG/*Bayer* § 15 RdNr. 46; Baumbach/*Hopt* § 105 RdNr. 103; MünchKommHGB/*Mülbert* KonzernR RdNr. 53. AA OLG Düsseldorf Urt. v. 29. 11. 2000 – 5 U 104/99, NZG 2001, 368, 369. Anders soll die Rechtslage in Fällen der Betriebsaufspaltung sein, vgl. BAG Urt. v. 8. 9. 1998 – 3 AZR 185/97, ZIP 1999, 723; *Henssler* ZGR 2000, 479.

[13] *Schneider* ZGR 1975, 253, 263; *Schmidt* GmbHR 1984, 272, 284.

[14] MünchKommHGB/*Mülbert* KonzernR RdNr. 54. AA *Bitter* S. 60.

[15] BGH Beschl. v. 17. 3. 1997 – II ZB 3/96, NJW 1997, 1855, 1856; *Emmerich* in Emmerich/Habersack § 17 RdNr. 9, 10; *Hüffer* § 17 AktG RdNr. 4; KK/*Koppensteiner* § 17 RdNr. 13 ff.; *Sura* S. 53.

[16] BGH Urt. v. 13. 10. 1977 – II ZR 123/76, BGHZ 69, 334, 347 = NJW 1978, 104 ff.; OLG Düsseldorf Urt. v. 19. 11. 1999 – 17 U 46/99, AG 2000, 365; *Emmerich*, FS Stimpel, 1985, S. 743, 745.

[17] BGH Urt. v. 26. 3. 1984 – II ZR 171/83, BGHZ 90, 381, 394 ff. = NJW 1984, 1893 ff.; Beschl. v. 19. 1. 1993 – KVR 32/91, NJW 1993, 2114, 2115; BAG Beschl. v. 18. 6. 1970 – 1 ABR 3/70, BAGE 22, 390, 393 ff. = DB 1970, 1595 ff.; OLG Frankfurt/Main Beschl. v. 22. 12. 2003 – 19 U 78/03, AG 2004, 567, 568; *Hüffer* § 17 AktG RdNr. 8; KK/*Koppensteiner* § 291 RdNr. 29; *Lange* RdNr. 978 ff.; *Michalski* § 105 Anh. I RdNr. 5.

[18] BGH Urt. v. 16. 2. 1981 – II ZR 168/79, BGHZ 80, 69, 73 = NJW 1981, 1512 ff.

[19] *Emmerich*, FS Stimpel, 1985, S. 743, 745; *Löffler* S. 11 ff.; MünchKommHGB/*Mülbert* KonzernR RdNr. 58; *Schneider* ZGR 1975, 253, 265 ff.

tretungsbefugnisse zu beachten. Bedeutsam ist auch, ob der Gesellschaftsvertrag die Möglichkeit vorsieht, den Katalog der in die Zuständigkeit der Gesellschafter fallenden außergewöhnlichen Geschäftsführungsmaßnahmen durch einfachen Mehrheitsbeschluss auszuweiten. Beherrschender Einfluss kommt dem Mehrheitsgesellschafter ferner dann zu, wenn der Gesellschafterversammlung wesentliche Entscheidungen der laufenden Geschäftsführung (§ 116 Abs. 1) übertragen sind. Besitzt ein Gesellschafter Alleinvertretungsbefugnis, kann eine Abhängigkeit der Personenhandelsgesellschaft dadurch erreicht werden, dass das Widerspruchsrecht der übrigen Geschäftsführer abbedungen wird, § 115 Abs. 1 Halbs. 2. In der KG kann Abhängigkeit dadurch hergestellt werden, dass nur der alleinige Komplementär zur Geschäftsführung befugt ist.[20] Selbst ein Kommanditist kann zum beherrschenden Gesellschafter werden, wenn ihm durch Gesellschaftsvertrag die alleinige Geschäftsführung übertragen wird.[21] Vor allem bei der GmbH & Co. KG kann schließlich die **mittelbare Abhängigkeit** eine Rolle spielen. Sie liegt vor, wenn ein Unternehmen die als einzige Komplementärin fungierende GmbH beherrscht.

9   **b) Die Vermutungsregel. § 17 Abs. 2 AktG** stellt die **widerlegbare Vermutung** auf, dass im Falle des Mehrheitsbesitzes von Abhängigkeit auszugehen ist. Anders als bei Aktiengesellschaften besteht bei Personenhandelsgesellschaften kein notwendiger Zusammenhang zwischen Stimmrecht, Kapitalanteil und Entscheidungsmacht, weshalb der Mehrheitsbesitz an einer Personenhandelsgesellschaft nicht typischerweise zur Beherrschung der Geschäftsführung führt. Nach den §§ 114, 164 sind alle persönlich haftenden Gesellschafter zur Geschäftsführung berechtigt und verpflichtet. Für alle Entscheidungen gilt regelmäßig das Einstimmigkeitsprinzip. § 119 Abs. 1 ist damit ebenso wie § 709 Abs. 1 BGB Ausdruck der Personengesellschaft als Gesamthandsgesellschaft. Eine Mehrheitsbeteiligung allein ist vor diesem Hintergrund nicht in der Lage, einen beherrschenden Einfluss auf die Personenhandelsgesellschaft zu vermitteln. Zwar ist ein Gesellschafterbeschluss über die Erweiterung der Zuständigkeit des oder der geschäftsführenden Gesellschafter zulässig. Ein Eingriff in die Zuständigkeitsordnung stellt jedoch ein „Grundlagengeschäft" dar, für das ein einstimmiger Gesellschafterbeschluss erforderlich ist.[22] Außerdem können die Gesellschafter einer Personenhandelsgesellschaft die innergesellschaftliche Machtverteilung in großem Umfang privatautonom und völlig unabhängig von der Höhe ihrer jeweiligen Beteiligung gestalten. Grundlage der Abhängigkeit ist bei Personenhandelsgesellschaften daher regelmäßig der Gesellschaftsvertrag. Damit geht die Vermutungsregel des § 17 Abs. 2 AktG im Bereich der Personenhandelsgesellschaften von einer falschen Basis aus.[23]

10 **3. Der Konzernbegriff. a) § 18 Abs. 1 S. 1 AktG.** Eine Personenhandelsgesellschaft ist gemäß § 18 Abs. 1 S. 1 AktG dann als Konzernunternehmen anzusehen, wenn sie mit einem anderen Unternehmen unter **einheitlicher Leitung** zusammengefasst wird. Dieser Grundsatz gilt auch für das Personengesellschaftskonzernrecht.[24] Der Begriff des Konzerns nach § 18 Abs. 1 S. 1 AktG und derjenige der Abhängigkeit gemäß § 17 AktG unterscheiden sich dadurch, dass beim Konzern der beherrschende Einfluss vorausgesetzt wird und auch tatsächlich ausgeübt werden muss; Abhängigkeit setzt hingegen lediglich die Möglichkeit der beherrschenden Einflussnahme voraus. Die Konzernierung führt zu einer erheblichen Steigerung des Schutzbedürfnisses der Gesellschafter und der Gläubiger. Aus konzernrechtlicher Sicht liegen die entscheidenden Schlüsselpositionen zur Durchsetzung der einheitlichen Leitung im Personal- und im Finanzsektor.[25]

11 **b) § 18 Abs. 1 S. 2 AktG.** Nach § 18 Abs. 1 S. 2 AktG wird das Vorliegen eines Konzerntatbestands unwiderleglich vermutet, wenn ein **Beherrschungsvertrag** geschlossen wurde. Ob diese Vermutungsregel uneingeschränkt auf die Personenhandelsgesellschaften übertragen werden kann, ist umstritten.[26] Wie noch im Einzelnen dargelegt wird (vgl. RdNr. 33–36 u. 46 f.), ist für das Zustandekommen eines Konzerns bei Personenhandelsgesellschaften die vorherige Zustimmung aller

---

[20] *Emmerich/Sonnenschein/Habersack* Konzernrecht § 33 III 1; MünchKommHGB/*Mülbert* KonzernR RdNr. 58.
[21] BGH Urt. v. 17. 3. 1966 – II ZR 282/63, BGHZ 45, 204 ff.; *Laule*, FS Semler, 1993, S. 541, 543 ff.; *Löffler* S. 12; *Weimar* DStR 1997, 1730, 1732 f.; *Zorn* S. 138–146. Zur Zulässigkeit der Übertragung der Geschäftsführung auf den Kommanditisten: BGH Urt. v. 27. 6. 1955 – II ZR 232/54, BGHZ 17, 392, 394 f. = Rpfleger 1959, 238; Urt. v. 9. 12. 1968 – II ZR 33/67, BGHZ 51, 198, 201 = JZ 1969, 469; Kommentierung zu § 164 RdNr. 19.
[22] Kritisch zum Begriff BGH ZIP 2007, 475, 477.
[23] *Burbach* S. 97–99; *Gekeler* S. 137 ff.; *Kleindiek* Strukturvielfalt S. 5 f.; *Liebscher* S. 304; *Schießl* S. 8–10; *Ulmer*, in Ulmer (Hrsg.), Probleme des Konzernrechts, S. 26, 34 f.; *Wiedemann* ZHR 146 (1982), 296, 301. Im Ergebnis zustimmend: *Löw* S. 88–94. AA wohl *Jäger* DStR 1997, 1770.
[24] *Gekeler* S. 149 f.; *Löffler* S. 14 ff.; Staub/*Ulmer* § 105 Anh. RdNr. 29.
[25] MünchKommAktG/*Bayer* § 18 RdNr. 30; *Kleindiek* Strukturvielfalt S. 44, *Löffler* S. 14 ff.
[26] Für die Anwendung des § 18 Abs. 1 S. 2 AktG auf die Personengesellschaft: *Jäger* DStR 1997, 1770; Baumbach/Hopt § 105 RdNr. 101; *Ulmer* in Ulmer (Hrsg.), Probleme des Konzernrechts, S. 26, 35; *ders.* in Staub § 105 Anh. RdNr. 30. MünchKommHGB/*Mülbert* KonzernR RdNr. 63 will zwar ebenfalls § 18 Abs. 1 S. 2 AktG anwenden, muss aber einräumen, dass stets ein wirksamer Beherrschungsvertrag und ein entsprechender Konzernierungsbeschluss vorliegen müssen.

Gesellschafter erforderlich. Ohne einen solchen Konzernierungsbeschluss ist grundsätzlich davon auszugehen, dass keine Konzernierung, sondern allenfalls eine Abhängigkeit gegeben ist. Dementsprechend wird argumentiert, die Vermutungsregel des § 18 Abs. 1 S. 2 AktG gehe für Personenhandelsgesellschaften von einem falschen Ansatzpunkt aus, da es ohne Gesellschafterbeschluss nicht zu einer Änderung der Interessen und damit zu einer Konzernierung kommen könne. Fehle es an einem Konzernierungsbeschluss, müsse daher davon ausgegangen werden, dass die Gesellschaft nicht konzerniert sei, sondern allenfalls eine Abhängigkeit iSv. § 17 AktG vorliege.[27] Dieser Meinung ist zuzustimmen. Die Anwendung der Vermutungsregel des § 18 Abs. 1 S. 2 AktG würde die Abgrenzung zwischen Abhängigkeit und Konzern im Personengesellschaftskonzernrecht zu sehr verwischen.

c) § 18 Abs. 1 S. 3 AktG. Von einem abhängigen Unternehmen wird vermutet, dass es mit dem herrschenden Unternehmen einen Konzern bildet, **§ 18 Abs. 1 S. 3 AktG**. Die hM wendet die **Vermutungsregel** des § 18 Abs. 1 S. 3 AktG uneingeschränkt auf Personenhandelsgesellschaften an.[28] Dagegen ist vorgebracht worden, dass auf Grund zahlreicher Besonderheiten im Recht der Personenhandelsgesellschaften die rechtlichen und tatsächlichen Widerstände gegen eine Fremdsteuerung im Konzerninteresse erheblich stärker ausgeprägt seien als bei Aktiengesellschaften. Zudem sei für die Personenhandelsgesellschaften eine wesentlich differenziertere Unterscheidung zwischen bloßer Abhängigkeit einerseits und Konzernierung andererseits erforderlich. Einzelnen Gesellschaftern könne ein erheblicher Einfluss auf die Geschäftsführung eingeräumt werden, was dazu führen könne, dass die Voraussetzungen einer Abhängigkeit iSv. § 17 AktG vorliegen würden. Durch die Anwendung der Vermutungsregel des § 18 Abs. 1 S. 3 AktG auf Personenhandelsgesellschaften wäre damit von der Abhängigkeit auf die Konzernierung zu schließen. Ohne Konzernierungsbeschluss könne aber aus der Abhängigkeit noch nicht auf die Konzernvermutung nach § 18 Abs. 1 S. 3 AktG geschlossen werden. Es sei daher stets der konkrete Nachweis zu fordern, dass eine Konzernierung vorliege.[29] – Obwohl dieser Meinung zuzugeben ist, dass die Personenhandelsgesellschaften relativ konzernresistent sind, besteht durchaus ein Bedürfnis für die Vermutungsregelung des § 18 Abs. 1 S. 3 AktG. Auch bei Personenhandelsgesellschaften liegt der Erfahrungssatz nahe, dass von einer bestehenden Einflussmöglichkeit in der Praxis tatsächlich Gebrauch gemacht wird.[30]

Die Konzervermutung des § 18 Abs. 1 S. 3 AktG kann entweder dadurch **angegriffen** werden, dass es schon an einer Abhängigkeit iSv. § 17 AktG fehlt oder aber dass ein Konzernverhältnis nicht besteht. Dazu soll die Feststellung ausreichen, dass eine finanzielle Koordination in wesentlichen Bereichen nicht erfolgt ist.[31]

d) Besonderheiten bei der GmbH & Co. KG. Eine als herrschendes Unternehmen zu qualifizierende **Komplementär-GmbH**[32] wird nicht schon allein deshalb **konzernleitend** tätig, weil sie über die gesetzlichen Befugnisse eines persönlich haftenden Gesellschafters verfügt.[33] Liegt eine mittelbare Abhängigkeit einer Personenhandelsgesellschaft von einem herrschenden Unternehmen vor, wobei entweder das herrschende Unternehmen eine konzernstiftende einheitliche Leitung ausübt oder die Vermutung des § 18 Abs. 1 S. 3 AktG nicht widerlegt werden kann, liegt ein mittelbares Konzernverhältnis vor. Eine solche Konstellation hat Bedeutung für die GmbH & Co. KG, deren Komplementär-GmbH ihrerseits einer – tatsächlich bestehenden oder vermuteten – einheitlichen Leitung eines herrschenden Unternehmens unterliegt.

III. Die beherrschte Personenhandelsgesellschaft

1. Einfache Abhängigkeit. a) Bedeutung. Zur Abhängigkeit einer Personenhandelsgesellschaft von einem anderen Unternehmen kann es insbesondere dadurch kommen, dass ein Gesellschafter der Personenhandelsgesellschaft unmittelbar oder mittelbar maßgeblichen Einfluss auf die Geschäftsführung erlangt.[34] Allerdings bietet das in § 112 HGB niedergelegte Wettbewerbsverbot

---

[27] *Löffler* S. 20 f.; *Schießl* S. 13. Teilweise anders: *Baumgartl* S. 79–81. Gegen ihn *Burbach* S. 139 ff.
[28] *Baumgartl* S. 78–81; *Gekeler* S. 150–152; *Röhricht/Graf v. Westphalen/v. Gerkan* § 105 RdNr. 110; *Kleindiek* Strukturvielfalt S. 67 f.; *Löffler* S. 19 f.; *Schießl* S. 13; Staub/*Ulmer* § 105 Anh. RdNr. 31; *ders.*, in Ulmer (Hrsg.), Probleme des Konzernrechts, S. 26, 35 f. Ähnlich BGH Urt. v. 5. 12. 1983 – II ZR 242/82, BGHZ 89, 162, 167 = NJW 1984, 1351 ff., danach begründet „die Lebenserfahrung die tatsächliche Vermutung dafür, dass von den bestehenden Einflussmöglichkeiten tatsächlich Gebrauch gemacht wird". Wohl auch *Reuter* ZHR 146 (1982), 1, 13.
[29] *Laule*, FS Semler, 1993, S. 541, 553 f.; *Schilling*, FS Hefermehl, 1976, S. 383, 403 (betr. die GmbH).
[30] MünchKommHGB/*Mülbert* KonzernR RdNr. 64, geht davon aus, dass dies bei Personengesellschaften noch eher anzutreffen sei als bei AG.
[31] BayObLG Beschl. v. 6. 3. 2002 – 3Z BR 343/00, BayObLGZ 2002, 46, 52 ff.; *Hüffer* § 18 AktG RdNr. 19.
[32] Zu den Voraussetzungen siehe oben RdNr. 5.
[33] MünchKommHGB/*Mülbert* KonzernR RdNr. 61. AA OLG Celle Beschl. v. 30. 8. 1979 – 9 Wx 8/78, BB 1979, 1577, 1578.
[34] Zum Abhängigkeitsbegriff siehe oben RdNr. 6–8.

einen gewissen Schutz vor einer konkurrierenden Tätigkeit des Gesellschafters. Die **Folgen der Abhängigkeit** einer Personenhandelsgesellschaft von einem anderen Unternehmen können für die Gesellschafter der abhängigen Gesellschaft wegen ihrer unbeschränkten persönlichen Haftung nach §§ 128, 161 Abs. 2 sehr gravierend sein.[35] Besonders problematisch wirkt sich in diesem Zusammenhang die schleichende Einflussnahme auf die Geschäftspolitik der Personenhandelsgesellschaft zugunsten eines anderen Unternehmens aus. Ein messbarer und zurechenbarer Gesellschaftsschaden ist meist gar nicht oder nur sehr schwer nachweisbar, da sich die Veränderungen erst langfristig auswirken. Zudem fehlt es häufig an einem objektiven Maßstab, anhand dessen die jeweilige Maßnahme sachgerecht beurteilt werden kann. Ferner besteht die Möglichkeit, dass die Abhängigkeit einer Personenhandelsgesellschaft eine Vorstufe zur späteren Konzernierung ist.

16   b) **Begründung der Abhängigkeit. aa) Anfänglich begründete Abhängigkeit.** Die **anfängliche Abhängigkeit** einer Personenhandelsgesellschaft beruht auf einer entsprechenden Gestaltung ihres Gesellschaftsvertrags. Wird schon bei Abschluss des Gesellschaftsvertrags ein Gesellschafter mit beherrschendem Einfluss anderweitig unternehmerisch tätig, so ist die Gesellschaft **von Anfang an als abhängige gegründet** worden. Aus dem Rechtsgedanken des § 112 Abs. 2 ist bei einer solchen Konstellation zu folgern, dass die Mitgesellschafter, die in Kenntnis sämtlicher Umstände den Gesellschaftsvertrag abschließen, damit zugleich in die Abhängigkeit einwilligen. Dies gilt jedoch nicht, wenn nachträglich Änderungen hinsichtlich der Abhängigkeitslage auftreten.[36]

17   bb) **Nachträglich begründete Abhängigkeit.** Ist die Personenhandelsgesellschaft mit gesetzestypischem Gesellschaftszweck gegründet worden, ist für die nachträgliche Entstehung der Abhängigkeit **nicht per se ein Gesellschafterbeschluss notwendig.**[37] Der bis dahin geltende Verbandszweck und die sich darauf beziehende Pflichtenbindung der Gesellschafter werden durch die Tatsache, dass das herrschende Unternehmen die Möglichkeit erlangt, auf die abhängige Personenhandelsgesellschaft einzuwirken und seine Sonderinteressen durchzusetzen, nicht berührt. Ein Präventivschutz ist insoweit nicht erforderlich. Die Mitwirkung der außen stehenden Gesellschafter ist dementsprechend nur dann und in dem Umfang notwendig, wie der abhängigkeitsbegründende Vorgang als solcher nach den **allgemeinen Regeln des Gesellschaftsrechts** ihrer Mitwirkung bedarf. Dies gilt etwa für den Fall, dass die Abhängigkeitsbegründung einer einstimmigen Änderung des Gesellschaftsvertrags bedarf.

18   Personenhandelsgesellschaften sind nach dem (dispositiven) Recht weitgehend resistent gegen Abhängigkeitslagen (s. dazu RdNr. 8). Wie § 119 Abs. 2 zu entnehmen ist, kann aber gesellschaftsvertraglich das Mehrheitsprinzip eingeführt werden. Damit besteht für einzelne Gesellschafter die Gefahr einer umfassenden Fremdbestimmung.[38] Auch wenn der Abhängigkeitstatbestand die Ausrichtung der Gesellschaft auf das Gesellschaftsinteresse des herrschenden Unternehmens und die damit verbundenen Änderungen der Sorgfaltspflichten unberührt lässt, so greift doch die Begründung der Abhängigkeit nachhaltig in die mitgliedschaftlichen Rechte der betroffenen Gesellschafter ein. Ein Beschluss, durch den die Personenhandelsgesellschaft ihre Selbstständigkeit aufgibt, führt zu erheblichen Gefahren für die Minderheitsgesellschafter; ein **Mehrheitsbeschluss** ist daher grundsätzlich rechtswidrig.[39] Etwas anderes gilt nur für den Fall, dass der mit dem Mehrheitsbeschluss einhergehende Eingriff in die Rechte der Minderheit (ausnahmsweise) gerechtfertigt ist, etwa weil so die Leistungs- und Wettbewerbsfähigkeit der Personenhandelsgesellschaft gesichert werden kann.[40]

19   Auch im Rahmen der nachträglichen Begründung der Abhängigkeit einer Personenhandelsgesellschaft durch die **Befreiung eines Gesellschafters vom Wettbewerbsverbot** kann die Abhängigkeit nur bei **Zustimmung aller Gesellschafter** zulässig sein.[41] Über den Wortlaut der §§ 112, 165 hinaus gilt das Wettbewerbsverbot, und damit das Einwilligungserfordernis, für alle herrschenden Gesellschafter, also insbesondere auch für den herrschenden Kommanditisten einer KG.[42]

---

[35] BGH Urt. v. 16. 2. 1981 – II ZR 168/79, BGHZ 80, 69, 74 = NJW 1981, 1512 ff.; Urt. v. 5. 12. 1983 – II ZR 242/82, BGHZ 89, 162, 166 = NJW 1984, 1351 ff.; *Raiser*, FS Stimpel, 1985, S. 855 ff.
[36] MünchKommHGB/*Mülbert* KonzernR RdNr. 256; Staub/*Ulmer* § 105 Anh. RdNr. 38.
[37] Str., wie hier Röhricht/Graf v. Westphalen/*v. Gerkan* § 105 Anh. RdNr. 112; MünchKommHGB/*Mülbert* KonzernR RdNr. 258; Staub/*Ulmer* § 105 Anh. RdNr. 40. AA Baumbach/*Hopt* § 105 Anh. RdNr. 102 f.; *Schmidt* GesR § 43 III 3 a.
[38] Zur Zulässigkeit und den Schranken von Mehrheitsbeschlüssen siehe Kommentierung zu § 119 RdNr. 45–67
[39] *Emmerich*/*Sonnenschein*/*Habersack* Konzernrecht, § 8 I 2; Röhricht/Graf v. Westphalen/*v. Gerkan* § 105 RdNr. 112. AA MünchKommHGB/*Mülbert* KonzernR RdNr. 260.
[40] BGH Urt. v. 16. 2. 1981 – II ZR 168/79, BGHZ 80, 69, 74 f. = NJW 1981, 1512 ff. (für die GmbH).
[41] So: *Emmerich*, FS Stimpel, 1985, S. 743, 748 ff.; Röhricht/Graf v. Westphalen/*v. Gerkan* § 105 RdNr. 112; *Kleindiek* Strukturvielfalt S. 255 ff.; *Löw* S. 136–138; *Michalski* § 105 Anh. I RdNr. 17; Staub/*Schilling* § 163 RdNr. 7 a.
[42] BGH Urt. v. 5. 12. 1983 – II ZR 242/82, BGHZ 89, 162, 166 f. = NJW 1984, 1351 ff.

Eine **Ausdehnung des Wettbewerbsverbots** auf sämtliche unternehmerischen Aktivitäten des 20 betroffenen Gesellschafters, unabhängig davon ob sie den Handelszweig der Gesellschaft betreffen oder nicht, wird zu Recht überwiegend abgelehnt.[43] § 112 Abs. 1 verlangt für den Regelfall nur dann eine Zustimmung der Mitgesellschafter, wenn ein Mehrheitsgesellschafter ein Konkurrenzunternehmen übernehmen bzw. betreiben will. Möchte er ausschließlich auf einem dritten Markt unternehmerisch tätig werden, ist eine Zustimmung nicht vorgesehen. Das Wettbewerbsverbot des § 112 Abs. 1 greift nur ein, wenn eine Betätigung des Gesellschafters im Handelszweig der Gesellschaft vorliegt. Zustimmungsbeschlüsse sind ferner erforderlich, falls ein Gesellschafter seinen Geschäftsanteil an ein Unternehmen verkaufen will oder ein neuer Gesellschafter in die Gesellschaft aufgenommen werden soll.

Nach Ansicht des BGH liegt in einer **personalistischen GmbH** die Befreiung von einem 21 gesellschaftsvertraglichen Wettbewerbsverbot nicht im freien Ermessen der Mehrheit, wenn die Befreiung zur Entstehung einer Abhängigkeitslage führen würde. Die Zustimmung zur Befreiung stellt einen rechtswidrigen Missbrauch des Stimmrechts dar, wenn sie nicht durch „sachliche Gründe im Interesse der Gesellschaft" gerechtfertigt wird.[44] Diese Grundsätze sind auf die Personenhandelsgesellschaften zu übertragen, soweit der Gesellschaftsvertrag die Befreiung vom Wettbewerbsverbot durch einen Mehrheitsbeschluss zulässt.[45]

Enthält der Gesellschaftsvertrag eine **Nachfolgeklausel,** liegt grundsätzlich eine antizipierte 22 Zustimmung zur Übertragung des Anteils vor. Im Hinblick auf die weite Verbreitung solcher Klauseln führt dies zwar zu einer Verengung der vorbeugenden Sicherung vor einer Abhängigkeitsbegründung, rechtfertigt eine einschränkende Auslegung der Klausel aber nicht. Die Gesellschafter müssen vielmehr die Klausel ausdrücklich beschränken.[46]

c) Grenzen des beherrschenden Einflusses. aa) Schädigungsverbot. In Personenhandels- 23 gesellschaften verfolgen die Gesellschafter einen gemeinsamen Zweck. Mit der Zweckverfolgung korrespondiert die Förderungspflicht: Liegt ein gemeinsamer Zweck vor, hat jeder Gesellschafter entsprechende Förderungsbeiträge zu erbringen, §§ 705, 242 BGB. Für das herrschende Unternehmen wird hieraus, bzw. aus der Treuepflicht, ein **umfassendes Schädigungsverbot** abgeleitet. Es muss jede nachteilige Einflussnahme auf die abhängige Gesellschaft unterlassen und macht sich bei einem Verstoß gegen das Schädigungsverbot schadensersatzpflichtig. Jeder Mitgesellschafter hat die Möglichkeit, die Ersatzansprüche der Gesellschaft im Wege der actio pro socio gegen das herrschende Unternehmen geltend zu machen. Überwiegend wird in diesem Zusammenhang die Auffassung vertreten, dass jede Schädigung der abhängigen Gesellschaft ausnahmslos verboten ist.

Eine Anwendung der **Haftungsmilderung nach § 708 BGB** kommt wegen der besonderen 24 Gefährlichkeit der Abhängigkeit und wegen Fehlens der von dieser Vorschrift vorausgesetzten Interessenparallelität nicht in Betracht. Ferner führt die Beherrschung zu einer Störung des gegenseitigen Vertrauensverhältnisses. Die übrigen Gesellschafter müssen befürchten, dass der beherrschende Einfluss nicht uneingeschränkt im Interesse der Gesellschaft ausgeübt wird. Das herrschende Unternehmen hat für die im Verkehr erforderliche Sorgfalt nach Maßgabe des § 276 Abs. 1 BGB einzustehen, ohne sich auf die Privilegierung des § 708 BGB berufen zu können.[47]

Da das Schädigungsverbot nicht durch die Einschaltung von Zwischenholdings umgangen werden 25 kann, gelten diese Grundsätze auch in **mehrstufigen Konzernen.** In mehrstufigen Abhängigkeitsverhältnissen bereitet die Herleitung des Schädigungsverbots aus der Treuepflicht allerdings gewisse Schwierigkeiten, sofern das herrschende Unternehmen nur mittelbar über Tochtergesellschaften beteiligt ist. Gelegentlich wird daher ein Durchgriff der Treuepflicht auf den mittelbar herrschenden Gesellschafter angenommen.[48] Letztlich besteht weitgehend Einigkeit darin, dass das Schädigungsverbot konzernweit gilt.[49]

---

[43] *Baumgartl* S. 29 ff.; *Emmerich* AG 1991, 303, 309; MünchKommHGB/*Langhein* § 112 RdNr. 16; *Schneider* ZGR 1975, 253, 280; *ders.* ZGR 1980, 510, 528 ff.; *Stehle* S. 66 ff.; Staub/*Ulmer* § 105 Anh. RdNr. 40 f. Teilweise weitergehend *Löw* S. 130–135.
[44] BGH Urt. v. 16. 2. 1981 – II ZR 168/79, BGHZ 80, 69, 74 = NJW 1981, 1512 ff.; Urt. v. 5. 12. 1983 – II ZR 242/82, BGHZ 89, 162, 166 f. = NJW 1984, 1351 ff.
[45] *Löffler* S. 67. Weitergehend: *Reuter* ZHR 146 (1982) 1, 8.
[46] Im Ergebnis ebenso HdbPersG/*Tröger* § 59 RdNr. 4030.
[47] Heymann/*Emmerich* § 105 Anh. RdNr. 8; *Emmerich/Sonnenschein/Habersack* Konzernrecht, § 34 I 1; *Jäger* DStR 1997, 1813, 1815; *Löffler* S. 156 f.; *Reuter* ZHR 146 (1982), 1, 6; *ders.* AG 1986, 130, 131; Staub/*Ulmer* § 105 Anh. RdNr. 51; *Wiedemann*, FS Bärmann, 1975, S. 1036, 1051.
[48] *Reuter* AG 1986, 130, 131.
[49] *Burbach* S. 345 ff.; *Löffler* S. 156. AA *Schießl* S. 94 ff.

26   Umstritten ist, ob die **umfassende Beweislastumkehr,** die der BGH im Gervais-Fall angenommen hat,[50] auf die bloße Abhängigkeit zu übertragen ist. Dies wird zum Teil mit der vergleichbaren Schutzwürdigkeit begründet.[51] Dagegen ist einzuwenden, dass bei der bloßen Abhängigkeit die für den Konzern typische Eingliederung der Personenhandelsgesellschaft in den Herrschafts- und Organisationsbereich des herrschenden Unternehmens fehlt. Das Vorliegen einer schädigenden Handlung muss daher von der Personenhandelsgesellschaft oder einem Gesellschafter, der die Ansprüche im Wege der actio pro socio einklagt, nachgewiesen werden.[52]

27   **bb) Kontroll-, Informations- und sonstige Schutzrechte.** Zur Durchsetzung von Ersatzansprüchen gegen das herrschende Unternehmen muss das Schädigungsverbot institutionell abgesichert werden, um wirksam sein zu können. Zum Schutz der Minderheitsgesellschafter werden die außerordentlichen **Kontroll- und Informationsrechte** nach § 118 Abs. 1 der Abhängigkeitssituation angepasst. Der herrschende Gesellschafter ist aus seiner Treuepflicht zur umfassenden Information darüber verpflichtet, welche unternehmerischen Aktivitäten er außerhalb des Unternehmens verfolgt.[53] Auf diese Weise soll sichergestellt werden, dass keine vollendeten Tatsachen geschaffen werden und dass rechtzeitig Schutzmaßnahmen ergriffen werden können. Der Auskunftsanspruch der übrigen Gesellschafter erstreckt sich auf die wesentlichen Angelegenheiten der sonstigen unternehmerischen Tätigkeiten des herrschenden Gesellschafters, soweit deren Kenntnis für die eigene Gesellschaft von Bedeutung ist. Klauseln in Gesellschaftsverträgen, die das Auskunfts- und Einsichtsrecht einschränken, sind unwirksam, § 118 Abs. 2 analog, da die Abhängigkeit der Gesellschaft von einem anderen Unternehmen stets einen wichtigen Grund darstellt.[54] Zum Geltendmachen der zwingenden Mindestrechte, §§ 118 Abs. 2, 166 Abs. 3, ist nach allgemeinem Gesellschaftsrecht ein konkreter Verdacht unredlicher Geschäftsführung erforderlich. Bei einer abhängigen Gesellschaft hingegen reicht das Vorliegen eines abstrakten Verdachts wegen der besonderen Gefährlichkeit der Abhängigkeit bei Personenhandelsgesellschaften aus.[55]

28   Sind weitere **Geschäftsführer** vorhanden, ist das herrschende Unternehmen zudem verpflichtet, sie von jedem geplanten Geschäftsabschluss in **Kenntnis** zu setzen, um ihnen Gelegenheit zum Widerspruch nach § 115 Abs. 1 zu geben.[56] Zudem wird das Widerspruchs- bzw. Zustimmungsrecht nach § 116 Abs. 2 bzw. § 164 S. 1 den besonderen Gefahren der Abhängigkeitslage angepasst.[57] Danach ist bei sämtlichen *wichtigen* Geschäften in Abhängigkeitsverhältnissen zusätzlich die **Zustimmung der übrigen Gesellschafter** erforderlich.[58] Einschränkend wird man aber nur solche Handlungen als *wichtig* qualifizieren können, die wegen ihrer Art oder ihres Umfangs ungewöhnlich sind und damit Abhängigkeitsbedeutung besitzen. Abzustellen ist darauf, ob eine Nachteilsgefahr für die Gesellschaft durch das Geschäft wegen der Interessenkollision beim herrschenden Unternehmen droht. Andernfalls würde der gesamte Geschäftsverkehr zwischen der Gesellschaft und den mit dem herrschenden Gesellschafter verbundenen Unternehmen der Zustimmungspflicht der Gesellschafter unterworfen.[59]

29   Bei **Pflichtverletzung des herrschenden Unternehmens** in Abhängigkeitsverhältnissen können unter den Voraussetzungen der §§ 117, 127 die Geschäftsführungs- und die Vertretungsbefugnis entzogen werden; in besonders schwerwiegenden Fällen kommt auch der Ausschluss aus der Gesellschaft oder gar deren Auflösung in Frage, vgl. §§ 133, 140.[60]

30   **cc) Gläubigerschutz.** In **einfachen Abhängigkeitsverhältnissen** einer Personenhandelsgesellschaft besteht grundsätzlich keine Notwendigkeit für besondere Vorkehrungen zum Schutz der Gesellschaftsgläubiger. Bei bloßer Abhängigkeit bleibt das Eigeninteresse der Gesellschaft uneingeschränkt gewahrt, so dass die Ausübung eines beherrschenden Einflusses keinen ausreichenden Grund für eine Haftungsverschärfung darstellt. Regelmäßig steht dem Gläubiger zudem die persönliche, unbegrenzte Haftung der einzelnen Gesellschafter gemäß §§ 128, 161 Abs. 2 zur Verfügung.[61]

---

[50] BGH Urt. v. 5. 2. 1979 – II ZR 210/76, NJW 1980, 231 ff.
[51] *Emmerich/Sonnenschein/Habersack* Konzernrecht, § 34 I 1; *Jäger* DStR 1997, 1813, 1815.
[52] *Baumbach/Hopt* § 105 RdNr. 103; *Löffler* S. 157; *Staub/Ulmer* § 105 Anh. RdNr. 52.
[53] *Heymann/Emmerich* § 105 Anh. RdNr. 10; *Schießl* S. 72 f.; *Schneider* BB 1975, 1353, 1356 f.; *ders.* ZGR 1975 253, 291; *Staub/Ulmer* § 105 Anh. RdNr. 50.
[54] *Schießl* S. 71 ff.; *Schneider* BB 1975, 1353, 1355 ff.; *ders.* ZGR 1975, 253, 289 ff.
[55] *Reuter* ZHR 146 (1982), 1, 7; *Schneider* ZGR 1975, 253, 290 f.; *Staub/Ulmer* § 105 Anh. RdNr. 50; vgl. auch *Torggler* GesRZ 1994, 102, 105 ff.
[56] *Emmerich/Sonnenschein/Habersack* Konzernrecht § 34 I 2.
[57] *Löffler* S. 157 f.; *Reuter* AG 1986, 130, 131.
[58] BGH Urt. v. 9. 5. 1974 – II ZR 84/72, NJW 1974, 1555 f.; *Kleindiek* Strukturvielfalt S. 305 ff.; *Löffler* S. 157 f.; *Reuter* AG 1986, 130, 131.
[59] *Staub/Ulmer* § 105 Anh. RdNr. 47.
[60] *Emmerich/Sonnenschein/Habersack* Konzernrecht § 34 I 2; *MünchKommHGB/Mülbert* KonzernR RdNr. 267.
[61] *Emmerich/Sonnenschein/Habersack* Konzernrecht § 34 I 3; *MünchKommHGB/Mülbert* KonzernR RdNr. 243.

Einen gewissen Sonderfall stellt der so genannte **beherrschende Kommanditist** dar.[62] Beteiligt 31
sich das herrschende Unternehmen nur als Kommanditist neben anderen unbeschränkt persönlich
haftenden Gesellschaftern an der abhängigen Personenhandelsgesellschaft, wird die Auffassung vertreten,
den Kommanditisten selbst unbeschränkt persönlich haften zu lassen, wenn er einen schädigenden
Einfluss auf die abhängige Gesellschaft genommen hat.[63] Dagegen spricht, dass gemäß § 163
die Entmachtung der Komplementäre durch den Kommanditisten grundsätzlich zulässig ist und nicht
zu einem Wegfall der Haftungsbeschränkung führt. Wie der BGH für die unabhängige KG zu Recht
betont, kennt das deutsche Gesellschaftsrecht kein zwingendes materiell-rechtliches Prinzip des
Gleichlaufs von Haftung und Herrschaft.[64] Selbst wenn der herrschende Kommanditist eine
vermögenslose Person als Komplementär vorschiebt, haftet er nur, wenn „durch das Hinzutreten
bestimmter Umstände bei Außenstehenden ein falscher Eindruck oder irrige Vorstellungen über den
Umfang der Haftung oder über die Vermögensverhältnisse der Gesellschafter erweckt werden".[65] Die
Abhängigkeit allein begründet solche Umstände noch nicht, da beide nicht zu unzutreffenden
Vorstellungen beim Gesellschaftsgläubiger über die Haftungsverhältnisse führen.[66] Im Konzern ist
selbst dann an der Haftungstrennung festzuhalten, wenn die abhängige Gesellschaft vollkommen
eingegliedert ist.[67] Eine unbeschränkte persönliche Haftung des Kommanditisten kommt daher nur
in seltenen Ausnahmefällen in Betracht, etwa wenn die Vermögensmassen auf unzulässige Weise
miteinander vermischt werden[68] oder ein Rechtsformmissbrauch vorliegt (s. § 171 RdNr. 29 ff.).

2. Konzernabhängigkeit. a) Zulässigkeit der Konzernierung einer Personenhandels- 32
gesellschaft. Voraussetzung für das Entstehen eines Konzerns ist gemäß § 18 AktG die Unterstellung
der Gesellschaft unter die von einem oder mehreren anderen Unternehmen **ausgeübte einheitliche
Leitung**. Unproblematisch zulässig ist das Auftreten einer Personenhandelsgesellschaft als herrschendes
Unternehmen (s. RdNr. 70 ff.). Umstritten ist, ob eine Personenhandelsgesellschaft als konzernabhängiges
Unternehmen geführt werden kann, wenn an ihm natürliche Personen als Gesellschafter
beteiligt sind. Grundsätzliche **Bedenken gegen die Konzernierung einer Personenhandelsgesellschaft**
werden aus dem Gebot der Selbstorganschaft, der Verbandssouveränität, der Unvereinbarkeit
mit der am Konzerninteresse ausgerichteten einheitlichen Leitung, dem Verbot wirtschaftlicher
Selbstentmündigung und der Unvereinbarkeit von Fremdbestimmung mit persönlicher
Haftung abgeleitet.[69] Sämtliche genannten Einwände können letztlich nicht überzeugen.[70] So verbietet
der Grundsatz der Selbstorganschaft nur, dass sämtliche Gesellschafter von der Geschäftsführung
und der Vertretung ausgeschlossen sind und beide Funktionen vollständig auf Dritte übertragen
werden.[71] Selbst der Mitwirkung Dritter in den Organen der Gesellschaft steht dieses Prinzip
nicht generell entgegen. Der Grundsatz der Selbstorganschaft beschränkt sich vielmehr darauf, die
Befugnisse zur Geschäftsführung und Vertretung in der werbenden Gesellschaft den Gesellschaftern
vorzubehalten. Zudem ist die Weisungsfreiheit des Organs keine zwingende Voraussetzung der im
Wesentlichen formal verstandenen Selbstorganschaft. Ferner wird nicht verlangt, dass eine Personenhandelsgesellschaft
nur wirtschaftlich und rechtlich unverbunden geführt werden darf. Zunehmend
setzt sich daher die Erkenntnis durch, dass ein generelles Verbot konzernierter Personenhandelsgesellschaften
nicht besteht. Insgesamt bestehen keine durchgreifenden Bedenken gegen die Konzernierung
einer Personenhandelsgesellschaft.[72]

---

[62] Vgl. dazu etwa *Bitter* S. 208 ff.
[63] *Emmerich/Sonnenschein/Habersack* Konzernrecht § 34 I 3; *Jäger* DStR 1997, 1813, 1815; *Wiedemann*, FS Bärmann, 1975, S. 1036, 1051 f.; vorsichtig auch *Ulmer* in Ulmer (Hrsg.), Probleme des Konzernrechts, S. 26, 44 f.
[64] BGH Urt. v. 17. 3. 1966 – II ZR 282/63, BGHZ 45, 204, 206 f.; ebenso: *Flume*, Die Personengesellschaft, S. 244; *Laule*, FS Semler, 1993, S. 541, 551; *Schießl* § 105 f.; *Weimar* DStR 1997, 1730, 1732.
[65] BGH Urt. v. 17. 3. 1966 – II ZR 282/63, BGHZ 45, 204, 208.
[66] MünchKommHGB/*Mülbert* KonzernR RdNr. 244; *Laule*, FS Semler, 1993, S. 541, 551 f.; *Schießl* S. 106; *Schneider* ZGR 1975, 253, 286.
[67] BGH Urt. v. 29. 11. 1956 – II ZR 156/55, BGHZ 22, 226, 234; Urt. v. 4. 5. 1977 – VIII ZR 298/75, BGHZ 68, 312, 320 f. = NJW 1977, 1449 ff. AA *Flume*, Die Personengesellschaft, S. 86 ff.; *Wiedemann*, FS Bärmann, 1975, S. 1036, 1051 f.
[68] BGH Urt. v. 9. 7. 1979 – II ZR 211/76, NJW 1979, 1823, 1828 (in BGHZ 75, 96 ff. nicht abgedruckt); Urt. v. 12. 11. 1984 – II ZR 250/83, NJW 1985, 740 f.
[69] Aus der umfangreichen Literatur vgl. *Flume*, Die Personengesellschaft, S. 255; *Löffler* S. 26 f.; *Reuter* ZHR 146 (1982), 1, 15 f.; *Schmidt* ZGR 1981, 455, 477 f.; *Schneider* ZGR 1975, 253, 270; ders. ZGR 1980, 510, 517 ff.
[70] *Baumgartl* S. 43 ff.; *Röhricht/Graf v. Westphalen/v. Gerkan* § 105 RdNr. 115; *Jäger* DStR 1997, 1813, 1814; *Michalski* § 105 Anh. I RdNr. 35; *Stimpel* in Ulmer (Hrsg.), Probleme des Konzernrechts, S. 12, 16 f.; Staub/*Ulmer* § 105 Anh. RdNr. 13 ff. Vgl. ferner BayObLG Beschl. v. 10. 12. 1992 – 3 Z BR 130/92, NJW 1993, 1804 f.
[71] BGH Urt. v. 16. 11. 1981 – II ZR 213/80, NJW 1982, 877, 878, zur GbR; Staub/*Ulmer* § 109 RdNr. 34. Enger: *Schmidt* GesR § 14 II 2, wonach nur persönlich haftende Gesellschafter die Gesellschaft vertreten dürfen.
[72] *Baumgartl* S. 43 ff.; *Emmerich* AG 1991, 303, 319; *Heymann/ders.* § 105 Anh. RdNr. 15 u. 19; Baumbach/*Hopt* § 105 RdNr. 105; *Lutter* ZGR 1977, 195, 209 f.; HdbPersG/*Tröger* § 59 RdNr. 4033–4039.

33 **b) Nicht beherrschungsvertraglich begründete Konzernierung. aa) Konzerneingangskontrolle.** Gemäß § 18 Abs. 1 S. 1 AktG ist für die Konzernierung erforderlich, dass das herrschende Unternehmen die Geschäftspolitik der abhängigen Gesellschaft unter einer **einheitlichen Leitung** zusammenfasst und dazu auf ihre Geschäftsführung Einfluss nimmt. Für das Konzernverhältnis ist es daher kennzeichnend, dass der Wille der abhängigen Gesellschaft zumindest partiell hinter dem des herrschenden Unternehmens zurücktritt. Während die Personenhandelsgesellschaft bisher im gemeinsamen Interesse aller Gesellschafter betrieben wurde (§ 705 BGB), wird sie nunmehr auf den Zweck des Konzerns ausgerichtet.

34 Im Personengesellschaftskonzernrecht ist die Grundlage für das Zustandekommen jedes Konzerns eine entsprechende gesellschaftsvertragliche Konzernierungsregelung. Nach hM ist dafür die **Zustimmung aller Gesellschafter** erforderlich.[73] **Einfache Mehrheitsklauseln,** durch die das Einstimmigkeitsprinzip allgemein vertraglich abbedungen wird, reichen für die Unterstellung einer Personenhandelsgesellschaft unter die einheitliche Leitung eines herrschenden Unternehmens nicht aus.[74] Ansonsten bestünde die Gefahr, dass der Mehrheit im Wege einer Generalklausel Kompetenzen eingeräumt werden, die für die Minderheitsgesellschafter nicht von vornherein erkennbar und abschätzbar sind. Eine **qualifizierte Mehrheitsklausel,** die sich generell auf Vertragsänderungen bezieht, kann die Unterstellung einer Personenhandelsgesellschaft unter eine einheitliche Leitung ebenfalls nicht rechtfertigen, da die Auswirkungen auf die Mitgliedschaft der Minderheitsgesellschafter durch den strukturändernden Konzernierungsbeschluss zu gravierend sind.[75]

35 Eine **einfache Konzernierungsklausel** im Gesellschaftsvertrag soll es ermöglichen, die Personenhandelsgesellschaft durch Mehrheitsbeschluss der einheitlichen Leitung eines herrschenden Unternehmens zu unterstellen. Da diese Klausel regelmäßig nicht bestimmt genug ist, stellt sie ebenfalls keine ausreichende Grundlage für eine so schwerwiegende Strukturveränderung wie die Konzernbildung dar.[76]

36 Umstritten ist jedoch, ob eine **qualifizierte Konzernierungsklausel** ausreichend ist. Der BGH hat den Anwendungsbereich allgemeiner Mehrheitsklauseln auf „gewöhnliche" Beschlussgegenstände beschränkt; Vertragsänderungen und ähnliche die Grundlagen der Gesellschaft berührende oder in Rechtspositionen der Gesellschafter eingreifende Maßnahmen bedürfen einer dem **Bestimmtheitsgrundsatz** genügenden Legitimation im Gesellschaftervertrag.[77] Die formelle Ermächtigungsgrundlage muss so konkret sein, das Art und Umfang der Maßnahme und damit ihre volle Tragweite erkennbar sind. Um den Anforderungen des Bestimmtheitsgrundsatzes zu genügen, muss eine solche Klausel den Beschlussgegenstand hinreichend konkretisieren.[78] Ferner muss sich aus dem Gesellschaftsvertrag zweifelsfrei ergeben, dass ein Mehrheitsbeschluss gerade für die Konzernbildung zulässig sein soll.[79] Bei der Frage, ob eine qualifizierte Konzernierungsklausel mit der Kernbereichslehre vereinbart werden kann, ist zunächst festzuhalten, dass der Kernbereich der wichtigsten Mitgliedsrechte eines Gesellschafters grundsätzlich mehrheitsfest ist[80] und nur aus wichtigem Grund ohne Zustimmung des Betroffenen gegenüber dem gesellschaftsvertraglichen status quo reduziert werden kann. Umfang und Bedeutung der Kernbereichslehre sind jedoch umstritten. Der BGH fordert in Übereinstimmung mit Literaturstimmen nicht nur das Vorliegen einer formellen Ermächtigungsgrundlage, sondern auch eine **Inhaltskontrolle,** also die Überprüfung der korrekten Anwendung einer solchen Klausel.[81] Ein Mehrheitsbeschluss über den Entzug oder die Einschränkung einer unverzichtbaren mitgliedschaftlichen Rechtsposition ist trotz formell ordnungsgemäßer Ermächtigungsgrundlage unwirksam. Letztlich handelt es sich um eine Wertungsfrage, bei der sich Privatautonomie und Minderheitenschutz gegenüberstehen.[82] Das stärkste Argument für das Zulassen von Mehrheitsentscheidungen ist die drohende Unbeweglichkeit, die mit der Einstimmigkeit zwangsläufig einhergeht. Ferner ist auf die Privatautono-

---

[73] Vgl. nur *Emmerich/Sonnenschein/Habersack* Konzernrecht § 34 II 1; Röhricht/Graf v. Westphalen/*v. Gerkan* § 105 RdNr. 116; Baumbach/*Hopt* § 105 RdNr. 102; *Kleindiek* Strukturvielfalt S. 256–258; *Schießl* S. 33 f.
[74] *Schießl* S. 28; *Schneider* ZGR 1972, 357, 371 ff.; Staub/*Ulmer* § 105 Anh. RdNr. 60; *ders.* in Ulmer (Hrsg.), Probleme des Konzernrechts, S. 26, 50 f.
[75] *Ebenroth,* FS Boujong, 1996, S. 99, 106 f.; *Löffler* S. 69; Staub/*Ulmer* § 105 Anh. RdNr. 60.
[76] *Ebenroth,* FS Boujong, 1996, S. 99, 107; *Schießl* S. 33; HdbPersG/*Tröger* § 59 RdNr. 4040.
[77] BGH ZIP 2007, 475, 476; dazu *Wertenbruch* ZIP 2007, 798, 799; vgl. ferner BGH ZIP 1983, 303, 304; 1994, 1942 mit Anm. *Flume.*
[78] BGH Urt. v. 7. 12. 1972 – II ZR 131/68, NJW 1973, 1602; Urt. v. 15. 6. 1987 – II ZR 216/86, WM 1987, 1102, 1103.
[79] *Flume,* Die Personengesellschaft, S. 220; *Schmidt* ZHR 158 (1994), 205, 214 u. 218.
[80] BGH Urt. v. 5. 11. 1984 – II ZR 111/84, NJW 1985, 974; Urt. v. 19. 11. 1984 – II ZR 102/84, NJW 1985, 972, 975 zur Publikumsgesellschaft.
[81] BGH ZIP 2007, 475, 477; zustimmend *Wertenbruch* ZIP 2007, 798, 799. Vgl. Kommentierung zu § 119 RdNr. 45–67.
[82] *Ebenroth,* FS Boujong, 1996, S. 99, 112 f.; Baumbach/*Hopt* § 119 RdNr. 36; *Schmidt* GesR § 16 III 3; Staub/*Ulmer* § 109 RdNr. 37. Wohl auch *Gekeler* S. 194–196.

mie hinzuweisen, die es grundsätzlich jedem Wirtschaftssubjekt ermöglicht, im Rahmen seiner Vertragsfreiheit auf eigene Rechte zu verzichten. Gelegentlich kann die Konzernierung einer Personenhandelsgesellschaft die einzige Möglichkeit darstellen, eine Gesellschaft vor dem Konkurs zu retten.[83] Die **hM** geht hingegen zu Recht davon aus, dass bei den betroffenen Vereinbarungen vielfach nicht die üblicherweise bei Rechtsgeschäften vorhandene Richtigkeitsgewähr gegeben ist. Zumeist stehen sich ungleichgewichtige Partner gegenüber, mit der Folge, dass der schwächere Partner nicht in der Lage ist, seine Interessen vollständig zu wahren. Überdies wird man die Konzernbildung einem Grundlagengeschäft gleichstellen müssen. Ferner ist erneut auf die gravierenden Folgen hinzuweisen, die eine Konzernierung für die Gesellschaft und die Gesellschafter bedeutet. Ein ausreichender Schutz der Minderheitsgesellschafter kann nur dadurch erreicht werden, dass die Konzernbildung an die **Zustimmung aller Gesellschafter geknüpft** wird.[84]

bb) Rechtsfolgen. Fehlt es an der erforderlichen Zustimmung zur Konzernbildung, steht der 37 beherrschten Gesellschaft ein **Anspruch auf Unterlassung** der einheitlichen Leitung und auf Rückgängigmachung etwaiger konzernintegrierender Maßnahmen zu. Einzelne Gesellschafter können diesen Anspruch im Wege der actio pro socio geltend machen.[85] Gegebenenfalls kann dem herrschenden Gesellschafter die Geschäfts- und Vertretungsbefugnis entzogen werden.[86] Der herrschende Unternehmensgesellschafter unterliegt einem aus der mitgliedschaftlichen Treuepflicht abgeleiteten **Schädigungsverbot.** Er ist verpflichtet, bei der Ausübung seiner Leitungsbefugnisse die Interessen der konzernierten Personenhandelsgesellschaft zu berücksichtigen. Wird die abhängige Gesellschaft durch eine objektiv und subjektiv pflichtwidrige Leitungsmaßnahme geschädigt, ist der herrschende Gesellschafter zum **Schadensersatz** verpflichtet.[87]

Hinsichtlich des anzulegenden Sorgfaltsmaßstabs kann das **Haftungsprivileg des § 708 BGB** 38 wegen der besonderen Gefährlichkeit der Konzernierung und wegen Fehlens der von dieser Vorschrift vorausgesetzten Interessenparallelität nicht angewendet werden (s. RdNr. 24); überdies liegt eine Störung des gegenseitigen Vertrauensverhältnisses vor.[88] Bei der Verfolgung der **Schadensersatzansprüche** gegen das herrschende Unternehmen kommen der abhängigen Gesellschaft bzw. den einzelnen Gesellschaftern gewisse Beweiserleichterungen zugute. So ist der in § 280 Abs. 1 S. 2 BGB zum Ausdruck kommende Gedanke einer Beweislastverteilung nach Gefahr- und Verantwortungsbereichen in Sonderrechtsbeziehungen zu beachten. In seiner Gervais-Entscheidung ist der BGH sogar davon ausgegangen, dass die abhängige Personenhandelsgesellschaft nicht in der Lage ist festzustellen, ob und welche pflichtwidrigen Handlungen vorgenommen worden sind und zu einer Schädigung geführt haben. Es ist daher Aufgabe des beherrschenden Unternehmens, darzustellen und zu beweisen, dass die vom abhängigen Unternehmen behauptete schädigende Handlung entweder nicht vorgenommen worden oder jedenfalls nicht pflichtwidrig gewesen ist.[89]

In Literatur und Rechtsprechung wird die analoge Anwendung der Vorschriften über den Verlust- 39 ausgleich, **§§ 302, 303 AktG,** auf die Fälle der qualifizierten Konzernierung beschränkt.[90] Dem ist zuzustimmen; es würde den Wertungen des Konzernrechts widersprechen, wenn bereits die Konzernierung ohne Beherrschungsvertrag die Pflicht zum Verlustausgleich auslösen würde.

cc) Konzernleitungskontrolle. Ein wirksamer Konzernierungsbeschluss führt zu einem Wei- 40 sungsrecht des herrschenden Unternehmens. Die Zustimmung aller Gesellschafter zu dieser Konzernierung macht eine **Konzernleitungskontrolle** nicht vollkommen entbehrlich. Darunter werden diejenigen Bestimmungen und Institute verstanden, mit denen die Interessen der Betroffenen im Verbund sichergestellt werden sollen. Dabei bildet die **Treuepflicht** gegenüber dem Verband und den Mitgesellschaftern die wohl wichtigste Schranke, zumal ein Verstoß dagegen ein umfassendes Schädigungsverbot begründet.[91] Daneben spielt der **Bestandsschutz** der abhängigen Personenhan-

---

[83] *Ebenroth,* FS Boujong, 1996, S. 99, 115 f.
[84] *Baumgartl* S. 122; *Kleindiek* Strukturvielfalt S. 5 f.; *Schießl* S. 27; *HdbPersG/Tröger* § 59 RdNr. 4040.
[85] *Emmerich,* FS Stimpel, 1995, S. 743, 749, 754; *Löffler* S. 139; *Schneider* ZGR 1980, 510, 531; Staub/*Ulmer* § 105 Anh. RdNr. 67; *ders.,* in Ulmer (Hrsg.), Probleme des Konzernrechts, S. 26, 53.
[86] Vgl. dazu *Löffler* S. 140 f.; *Schießl* S. 73 ff.
[87] Zur Anwendung des § 128 im Konzern siehe *Drygalla,* FS Raiser, 2005, S. 63, 75 ff.
[88] BGH Urt. v. 5. 6. 1975 – II ZR 23/74, NJW 1976, 191, 192 mit Anm. *Ulmer* (in BGHZ 65, 15 ff. insoweit nicht abgedruckt); Urt. v. 5. 2. 1979 – II ZR 210/76, NJW 1980, 231, 232; *Baumgartl* S. 136 ff.; *Löffler* S. 107 f.; *Schießl* S. 79 f.; HdbPersG/*Tröger* § 59 RdNr. 4057; Staub/*Ulmer* § 105 Anh. RdNr. 51, 67.
[89] BGH Urt. v. 5. 2. 1979 – II ZR 210/76, NJW 1980, 231, 232.
[90] BGH Urt. v. 5. 2. 1979 – II ZR 210/76, NJW 1980, 231 f.; BAG Urt. v. 15. 1. 1991 – 1 AZR 94/90, NJW 1991, 2923, 2926; *Burbach* S. 414 f.; Baumbach/*Hopt* § 105 RdNr. 104; *Limmer* GmbHR 1992, 265, 270 ff. AA Heymann/ *Emmerich* § 105 Anh. RdNr. 17; Röhricht/Graf v. Westphalen/v. *Gerkan* § 105 RdNr. 117 (Verlustausgleichspflicht bei jeder Art von Konzernabhängigkeit). S. dagegen § 171 RdNr. 32: nur Haftung wegen existenzvernichtendem Eingriff.
[91] HdbPersG/*Tröger* § 59 RdNr. 4051 f.

delsgesellschaft eine Rolle, der bestandsgefährdende Maßnahmen der Obergesellschaft verbietet.[92] Aus der Bindung des herrschenden Unternehmens an den geänderten Verbandszweck wird zudem vereinzelt geschlossen, dass es von der ihm eröffneten Leitungsbefugnis auch tatsächlich Gebrauch machen müsse, um eine die Verbundinteressen fördernde Geschäftstätigkeit zu veranlassen.[93] Dagegen wird aber zu Recht eingewandt, dass aus der Pflicht zur Förderung der Verbundinteressen allein nicht schon eine Pflicht zur aktiven Verbundleitung geschlossen werden kann, zumal Art und Umfang der zu erbringenden Förderungsbeiträge sehr unterschiedlich ausgestaltet sein können.[94]

41 **c) Vertragskonzern. aa) Zulässigkeit.** Gegen die Zulassung der Konzernierung von Personenhandelsgesellschaften durch den Abschluss von Beherrschungsverträgen bestehen keine durchgreifenden Bedenken.[95] Die Gesellschafter sind in der Lage, durch einen so genannten Konzernierungsbeschluss der Eingliederung ihrer Gesellschaft in einen fremden Konzern zuzustimmen. Dann aber ist es nur konsequent, den Gesellschaftern zu gestatten, den **Abschluss eines Beherrschungsvertrags** mit dem herrschenden Unternehmen zu billigen. Umstritten ist lediglich, ob eine Haftungsfreistellung im Innenverhältnis gewährt werden muss, sofern es sich bei den persönlich haftenden Gesellschaftern um natürliche Personen handelt.[96] Die Rechtsprechung hat zu dieser Frage bislang nicht eindeutig und abschließend Stellung genommen.[97] Unter einem **Beherrschungsvertrag** wird ein Vertrag verstanden, der dem herrschenden Unternehmen unmittelbare Weisungs- und/oder Geschäftsführungsbefugnisse zuerkennt. Der **Betriebsführungsvertrag** ist dementsprechend kein Beherrschungsvertrag. Durch einen Betriebsführungsvertrag überträgt eine Gesellschaft lediglich die Führung ihres Unternehmens einem außen stehenden Dritten, ohne ihm eigene Leitungs- oder Weisungsrechte in der Gesellschaft einzuräumen. Im Gegensatz zu einem Beherrschungsvertrag wird dem Dritten auf diese Weise jedoch keine Organstellung eingeräumt, sondern eine von den vertretungsbefugten Gesellschaftern abgeleitete Vollmacht.[98]

42 **bb) Gesellschaftsvertrag und Beherrschungsvertrag.** Weil für jede Konzernierung ein Gesellschafterbeschluss erforderlich ist, wird in der Literatur die Auffassung vertreten, bereits der **Gesellschaftsvertrag** der beherrschten Gesellschaft sei **als Beherrschungsvertrag zu werten.** Verfüge der herrschende Unternehmensgesellschafter schon kraft Gesellschaftsvertrags über die entsprechende Geschäftsführungs- und Vertretungsmacht in der abhängigen Gesellschaft, sei es sinnlos, zusätzlich ein beherrschungsvertraglich begründetes Weisungsrecht zu fordern.[99] Vor diesem Hintergrund wird argumentiert, es sei widersprüchlich, zugleich einen Beherrschungsvertrag mit eigenständiger, den Gesellschaftsvertrag überlagernder Regelungsbedeutung anzuerkennen. Der Beherrschungsvertrag könne nicht außerhalb einer gesellschaftsvertraglichen Konzernierungsregelung stehen. Zudem bestehe für eine solche Eigenständigkeit des Beherrschungsvertrags ohnehin kein Anlass. Vielmehr stelle der Beherrschungsvertrag nichts anderes als die gesellschaftsvertragliche Konzernierungsregelung dar.[100]

43 In Abgrenzung zum einfachen Konzern, bei dem die einheitliche Leitung nur unter strikter Wahrung des Eigeninteresses der Gesellschaft ausgeübt werden darf, wird im Vertragskonzern das Eigeninteresse der abhängigen Gesellschaft vom Konzerninteresse verdrängt. Grundlage für diese **Interessenänderung** ist der wirksame Abschluss eines Beherrschungsvertrags, kraft dessen das herrschende Unternehmen von seinen Leitungsmöglichkeiten auch zum Nachteil der abhängigen Gesellschaft Gebrauch machen darf. Der Beherrschungsvertrag kann die gesellschaftsvertraglich begründete **Leitungsmacht** in denjenigen Fällen **intensivieren,** in denen der herrschende Unternehmensgesellschafter nicht unmittelbar geschäftsführungs- und vertretungsbefugt ist.

44 Zu einer erheblichen Vereinfachung der Herrschaftsverhältnisse führt der Abschluss eines Beherrschungsvertrags auch bei der **GmbH & Co. KG,** wenn er dem herrschenden Unternehmensgesell-

---

[92] BGH Urt. v. 5. 2. 1979 – II ZR 210/76, NJW 1980, 231, 232; Röhricht/Graf v. Westphalen/*v. Gerkan* § 105 RdNr. 119; MünchKommHGB/*Mülbert* KonzernR RdNr. 226. Teilweise anders HdbPersG/*Tröger* § 59 RdNr. 4051 (keine eigenständige Bedeutung).
[93] Bejahend *Schneider* ZHR 143 (1979), 485, 508 ff.; *ders.* BB 1980, 1057, 1064; *ders.* ZGR 1980, 510, 533 ff.
[94] MünchKommHGB/*Mülbert* KonzernR RdNr. 229–231; HdbPersG/*Tröger* § 59 RdNr. 4052.
[95] *Burbach* S. 215 ff.; *Emmerich/Sonnenschein/Habersack* Konzernrecht § 34 III 1; Heymann/*Emmerich* § 105 Anh. RdNr. 20; *Gekeler* S. 189 f.; *Schießl* S. 53. AA *Heck* S. 113–140.
[96] *Schmidt* GesR § 43 III 4 a; HdbPersG/*Tröger* § 59 RdNr. 4052.
[97] Die Entscheidung BGH Urt. v. 5. 2. 1979 – II ZR 210/76, NJW 1980, 231, betraf – entgegen der dort verwendeten Begrifflichkeit – keinen organisationsrechtlichen Beherrschungsvertrag. Das BayObLG hat Beherrschungs- und Gewinnabführungsverträge zugelassen, wenn keine natürliche Person als Gesellschafter in der abhängigen Personengesellschaft beteiligt ist, Beschl. v. 10. 12. 1992 – 3 Z BR 130/92, NJW 1993, 1804 f.
[98] Heymann/*Emmerich* § 105 Anh. RdNr. 25; *Huber* ZHR 152 (1988), 1, 13 ff. u. 19 ff.; HdbPersG/*Tröger* § 59 RdNr. 4081; Staub/*Ulmer* § 105 Anh. RdNr. 70.
[99] *Baumgartl* S. 53 ff.; *Raiser* ZGR 1980, 558, 561.
[100] Im Ergebnis ebenso *Baumgartl* S. 75 ff.

schafter ein unmittelbares Weisungsrecht gegenüber der geschäftsführenden Komplementär-GmbH gewährt. Zudem können die Leitungsmöglichkeiten des allein geschäftsführungs- und vertretungsberechtigten Unternehmensgesellschafters durch den Abschluss eines Beherrschungsvertrags noch gesteigert werden. Der Beherrschungsvertrag unterwirft die Leitung der Gesellschaft dem Willen des herrschenden Unternehmens. Dementsprechend erstreckt sich dessen Weisungsrecht auf sämtliche Geschäftsführungsmaßnahmen. Der Beherrschungsvertrag mit einer Personengesellschaft kann daher auch alle Mitentscheidungsbefugnisse der übrigen Gesellschafter bei ungewöhnlichen Geschäftsführungsmaßnahmen außer Kraft setzen.[101] Das beherrschungsvertraglich begründete Weisungsrecht endet erst dort, wo der Rahmen der Geschäftsführung überschritten ist. Dies ist bei Maßnahmen der Fall, die ihrem Inhalt nach als Änderung des Gesellschaftsvertrags anzusehen sind, weil sie die Grundlagen der Gesellschaft berühren.

Auch aus anderen Gründen ist zwischen **Beherrschungsvertrag** und **Gesellschaftsvertrag** zu **45 unterscheiden:** Der organisationsrechtliche Beherrschungsvertrag ist von seiner Konzeption auf Zeit angelegt.[102] Zwar ist grundsätzlich auch ein Vertragsabschluss auf unbestimmte Zeit möglich; das Recht auf außerordentliche Kündigung des Beherrschungsvertrags ist aber unabdingbar. Mit der Kündigung des Beherrschungsvertrags lebt die ursprüngliche Bedeutung des Gesellschaftsvertrags wieder auf. Der zeitabhängige Charakter des Beherrschungsvertrags ist mit einer Integration in den Gesellschaftsvertrag kaum zu vereinbaren. Die Notwendigkeit zur Trennung von Gesellschaftsvertrag und Beherrschungsvertrag wird schließlich besonders deutlich, wenn der Vertragspartner kein Gesellschafter ist.[103] Ein Vertrag, mit dem sich eine Gesellschaft im Rahmen einer **Austauschbeziehung** verpflichtet, einen Teil ihres Gewinns an ein anderes Unternehmen abzuführen, stellt keinen Gewinnabführungsvertrag dar.[104]

cc) Abschluss des Beherrschungsvertrags. Bis zum Abschluss des Beherrschungsvertrags be- **46** steht das Gesellschaftsinteresse in der unabhängigen Führung der Personenhandelsgesellschaft. Diese qualifizierte Form der Konzernierung führt dazu, dass die ursprünglich selbstständige, unabhängige Personenhandelsgesellschaft nunmehr die Interessen des Konzerns zu verfolgen hat. Mit der Übertragung von Geschäftsführungskompetenzen geht bei der qualifizierten Konzernierung eine Änderung des Gesellschaftszwecks der Personengesellschaft einher. Die Gesellschafter müssen daher den Gesellschaftsvertrag abändern. Zudem stellt die Konzernbildung ein **Grundlagengeschäft** dar. Die Veränderung des Interessenmaßstabs, der bei der Ausübung der Gesellschaftskompetenzen zu beachten ist, stellt den eigentlichen Eingriff in die Struktur der Personenhandelsgesellschaft durch den Beherrschungsvertrag dar.

Zum Schutz der außenstehenden Gesellschafter vor den erheblichen Gefahren der qualifizierten **47** Konzernierung bedarf der Abschluss eines Beherrschungsvertrags mit einer Personenhandelsgesellschaft der **Zustimmung aller Gesellschafter;** gegen den Willen einzelner Gesellschafter ist die vertragliche Konzernierung nicht möglich.[105] Zur Unzulässigkeit von Mehrheits- bzw. Konzernierungsklauseln kann auf das oben Gesagte verwiesen werden (vgl. RdNr. 35 f.). Da der Abschluss eines Beherrschungsvertrags in jedem Fall der Zustimmung aller Gesellschafter bedarf, sind keine weitergehenden Schutzvorschriften zugunsten der **Minderheitsgesellschafter** bei der Konzernbildung erforderlich.[106] Sie haben es selbst in der Hand, ihre Zustimmung zur Bildung eines Vertragskonzerns von angemessenen Gegenleistungen abhängig zu machen. Ohne die Zustimmung sämtlicher Gesellschafter fehlt dem Beherrschungsvertrag die erforderliche Grundlage. Wird er von der Mehrheit der Gesellschafter dennoch durchgeführt, entstehen Unterlassungs- und Schadensersatzansprüche. Diese können durch die actio pro socio von den übrigen Gesellschaftern durchgesetzt werden.[107]

dd) Form und Eintragungspflicht. Beherrschungsverträge mit abhängigen Personengesellschaf- **48** ten bedürfen zum Schutz der Mitgesellschafter **nicht der Schriftform analog § 293 Abs. 3 AktG.**[108] Diese Vorschrift findet auf Grund ihrer spezifisch aktienrechtlichen Prägung keine Anwendung auf

---

[101] *Kleindiek* Strukturvielfalt S. 29–32.
[102] BGH Beschl. v. 24. 10. 1988 – II ZB 7/88, BGHZ 105, 324, 339 = NJW 1989, 295 ff. (zur GmbH); im Ergebnis wie hier auch HdbPersG/*Tröger* § 59 RdNr. 4084.
[103] *Kleindiek* Strukturvielfalt S. 72 f. Im Ergebnis ebenso: *Bälz* AG 1992, 277, 288; *Emmerich/Sonnenschein/Habersack* Konzernrecht § 34 III 2; Staub/*Ulmer* § 105 Anh. RdNr. 69; *Gekeler* S. 164–169.
[104] BayObLG Beschl. v. 18. 2. 2003 – 3Z BR 233/02, NZG 2003, 636 = ZIP 2003, 845, 847.
[105] *Kleindiek* Strukturvielfalt S. 85 f.; *Schießl* S. 27 f.; vgl. ferner *Löffler* S. 68 ff.
[106] *Heymann/Emmerich* § 105 Anh. RdNr. 23, zum Abschluss eines Beherrschungsvertrags; *Löffler* S. 116 ff.; Staub/*Ulmer* § 105 Anh. RdNr. 67. Für eine analoge Anwendung der Ausgleichsregelung nach § 304 AktG hingegen: *Baumgartl* S. 120 ff.
[107] So *Reuter* AG 1986, 130, 138. Staub/*Ulmer* § 105 Anh. RdNr. 66, 77, geht von einem Unrechtstatbestand aus.
[108] MünchKommHGB/*Mülbert* KonzernR RdNr. 152. AA *Emmerich/Sonnenschein/Habersack* Konzernrecht § 34 III 3; *Heymann/Emmerich* § 105 Anh. RdNr. 22.

§ 105 Anh. 49–52   2. Buch. 1. Abschnitt. Offene Handelsgesellschaft

Personenhandelsgesellschaften. Umstritten ist, ob die Unternehmensverträge auch **analog § 294 AktG** in das Handelsregister einzutragen sind.[109] Eine ausdrückliche gesetzliche Pflicht besteht nicht. Gelegentlich wird darauf hingewiesen, dass die Publizitätsgrundsätze in Personen- und Kapitalgesellschaften zu unterschiedlich ausgeprägt seien, als dass man eine entsprechende Pflicht aus einer Analogie zu § 294 AktG ableiten könne.[110] Dem wird zu Recht die überragende Bedeutung der Unternehmensverträge für die Struktur der Personenhandelsgesellschaft und die Interessen außen stehender Dritter entgegengehalten. Das Publizitätsinteresse hinsichtlich der Konzernierung durch Abschluss eines Beherrschungsvertrags ist für Personenhandelsgesellschaften wegen der Änderung der Interessenausrichtung so bedeutsam, dass eine Eintragung in das Handelsregister geboten ist. Die Eintragung ist jedoch keine Wirksamkeitsvoraussetzung, sondern hat nur **deklaratorischen Charakter.**[111]

49   ee) **Weisungsrecht.** Auf Grund des wirksamen Beherrschungsvertrags ist das herrschende Unternehmen berechtigt und in der Lage, die konzernrechtliche Leitungsmacht auszuüben. Durch den Beherrschungsvertrag wird das beherrschte Unternehmen dem Konzerninteresse unterworfen. Der **Umfang des Weisungsrechts** richtet sich hauptsächlich nach dem Inhalt des Beherrschungsvertrags. Grenzen werden ihm daneben dadurch gesetzt, dass **keine Grundlagengeschäfte** getätigt werden dürfen.[112]

50   Gelegentlich wird in der Literatur dafür plädiert, das **Weisungsrecht weiter einzuschränken** als im Aktienrecht, da die Risiken jeder nachteiligen Weisung für die Gesellschafter im Personengesellschaftsrecht angesichts der unbeschränkten Haftung besonders groß seien.[113] Andere möchten zwar nicht das Weisungsrecht einschränken, aber die Haftung des herrschenden Unternehmens strenger ausgestalten bzw. einen umfassenden Liquiditätsschutz etablieren. Neben der Verlustausgleichspflicht (s. RdNr. 51 ff.) müsse das herrschende Unternehmen sicherstellen, dass die abhängige Personenhandelsgesellschaft stets über die zur Aufrechterhaltung ihrer Zahlungsfähigkeit notwendige Liquidität verfüge.[114] Wieder andere favorisieren eine verschuldensunabhängige Verhaltenshaftung des herrschenden Unternehmens.[115] Einigkeit besteht in der Literatur insoweit, als dass das herrschende Unternehmen gegenüber der konzernierten Personenhandelsgesellschaft einer umfassenden Schutz- und Erhaltungspflicht unterliegt. Für die verschuldensunabhängige Verhaltenshaftung spricht in diesem Zusammenhang aus der Sicht eines Teils der Literatur deren überzeugende Herleitung aus der **Treuepflicht.**[116] Die Geschäftsführung ist in sämtlichen Angelegenheiten an den geänderten Gesellschaftszweck gebunden. Verstöße hiergegen können als Treuepflichtverletzung angesehen werden und führen zu einem Schadensersatzanspruch der konzernabhängigen Personengesellschaft. Wird aktiv in die Geschäftsführung der Personenhandelsgesellschaft eingegriffen, müssen insbesondere die Sorgfaltspflichten eines geschäftsführenden Gesellschafters beachtet werden. Vor diesem haftungsrechtlichen Hintergrund ist es nicht notwendig, das Weisungsrecht des herrschenden Unternehmens weiter einzuschränken.

51   ff) **Gesellschafts- und Gesellschafterschutz.** Der personengesellschaftsrechtliche Beherrschungsvertrag verleiht dem herrschenden Unternehmen die Befugnis, die abhängige Gesellschaft zu Lasten ihres Eigeninteresses dem Konzerninteresse zu unterstellen. Zum Schutz der beherrschten Gesellschaft ist im Aktienrecht die **Verlustübernahmepflicht gemäß §§ 302, 303 AktG** durch das herrschende Unternehmen angeordnet. Zahlreiche Stimmen in der Literatur plädieren für eine analoge Anwendung der Normen auf den Personengesellschaftskonzern und verweisen auf die Rechtsprechung zum GmbH-Recht.[117] Sie gehen davon aus, dass der BGH die Verlustübernahmepflicht gegenüber einer konzernierten Personengesellschaft künftig ebenfalls auf die entsprechende Anwendung der §§ 302, 303 AktG stützen wird, da § 302 Abs. 1 AktG einen allgemeinen, von der Rechtsform der beherrschten Gesellschaft unabhängigen Rechtssatz normiere.[118]

52   **Gegen eine analoge Anwendung** der §§ 302, 303 AktG wird eingewandt, dass mit dieser Vorschrift zumindest auch die durch die Konzernierung außer Kraft gesetzten Kapitalerhaltungs-

---

[109] Dafür *Gekeler* S. 200; *Jäger* DStR 1997, 1813, 1814; *Kleindiek* Strukturvielfalt S. 240; *Raiser* ZGR 1980, 558, 561.
[110] *Baumgartl* S. 90 ff.; *Gekeler* S. 201 f. Ähnlich Staub/*Ulmer* § 105 Anh. RdNr. 62, zum Konzernierungsbeschluss.
[111] *Kleindiek* Strukturvielfalt S. 241–245; HdbPersG/*Tröger* § 59 RdNr. 4086. AA Baumbach/*Hopt* § 105 RdNr. 105 (Unternehmensverträge sind „zwingend" einzutragen); MünchKommHGB/*Mülbert* KonzernR RdNr. 153 (keine Pflicht zur Herbeiführung einer Handelsregistereintragung).
[112] MünchKommHGB/*Mülbert* KonzernR RdNr. 239; HdbPersG/*Tröger* § 59 RdNr. 4088.
[113] *Emmerich/Sonnenschein/Habersack* Konzernrecht § 34 III 3. Differenzierend *Gekeler* S. 230–234.
[114] *Kleindiek* Strukturvielfalt S. 163–201.
[115] *Löffler* S. 101 ff.; *Reuter* AG 1986, 130, 138; *Schießl* S. 78 ff.
[116] *Baumgartl* S. 134; *Löffler* S. 102 f.; *Schießl* S. 78 ff.
[117] Vgl. BGH Urt. v. 16. 9. 1985 – II ZR 275/84, BGHZ 95, 330, 346 ff. = NJW 1986, 188 ff.; Urt. v. 20. 2. 1989 – II ZR 167/88, BGHZ 107, 7, 16 ff. = NJW 1989, 1800 ff.
[118] *Baumgartl* S. 113 ff.; Heymann/*Emmerich* § 105 Anh. RdNr. 24; *Gekeler* S. 253 ff.; *Hommelhoff*, FS Goerdeler, 1987, S. 221, 227 ff.; *Kleindiek* Strukturvielfalt S. 129–161; MünchKommHGB/*Mülbert* KonzernR RdNr. 147–254; *Stimpel* in Ulmer (Hrsg.), Probleme des Konzernrechts, S. 11, 23 ff.

vorschriften der §§ 57, 58 und 60 AktG kompensiert werden sollen. Bei Personenhandelsgesellschaften existieren aber keine Kapitalerhaltungsvorschriften. Überdies enthalte § 302 AktG Einzelregelungen, die sich für eine Analogie nicht eignen.[119] Andere Autoren argumentieren deshalb mit der Treuepflicht und wollen die Verlustausgleichspflicht auf den Treuepflichtgedanken stützen.[120] Ferner wird in der bürgerlich-rechtlichen Risikohaftung des Geschäftsherrn ein geeigneter dogmatischer Ansatz gesehen und die Verlustausgleichspflicht aus einer analogen Anwendung des § 670 BGB abgeleitet.[121] Schließlich wird für eine entsprechende Anwendung der §§ 311 ff. AktG plädiert.[122]

Der **BGH** hat in seiner Gervais-Entscheidung die Übertragung der §§ 302 f. AktG auf den Personengesellschaftskonzern ausdrücklich offen gelassen und bezüglich der Haftung auf allgemeine Rechtsgrundsätze verwiesen.[123] Gleichzeitig hat er in seiner Entscheidung die Schutzbedürftigkeit der abhängigen Gesellschaft vor den nachteiligen Folgen der Konzernierung ausdrücklich anerkannt. Betrachtet man die Rechtsprechung des BGH zum Vertragskonzern im Aktien- und im GmbH-Recht, liegt es nahe, auch die Verlustübernahmepflicht des herrschenden Unternehmens gegenüber der konzernierten Personenhandelsgesellschaft auf eine analoge Anwendung der §§ 302, 303 AktG zu stützen. Der BGH hat zum GmbH-Konzern entschieden, dass derjenige, der eine GmbH beherrscht, entsprechend den §§ 302, 303 AktG haftet, wenn er die Konzernleitungsmacht in einer Weise ausübt, die keine angemessene Rücksicht auf die eigenen Belange der abhängigen Gesellschaft nimmt, ohne dass sich der ihr insgesamt zugefügte Nachteil durch Einzelausgleichsmaßnahmen kompensieren ließe.[124] Die durch die Konzernierung drohende Beeinträchtigung der Interessen der abhängigen Gesellschaft soll verhindert bzw. ausgeglichen werden. 53

Dieser Ansatz ist auf die Personenhandelsgesellschaft übertragbar, weshalb die **§§ 302, 303 AktG analog** anzuwenden sind. Das Gebot der Substanzerhaltung korrespondiert mit den beherrschungsvertraglich begründeten Einflussmöglichkeiten des herrschenden Unternehmens und den damit einhergehenden Gefährdungen. Auf eine ausdrückliche Fixierung im Beherrschungsvertrag kommt es nicht an. 54

In diesem Zusammenhang ist darauf hinzuweisen, dass der BGH in der Gervais-Entscheidung die **Unanwendbarkeit des § 708 BGB** damit begründet hat, dass Gervais-Danone mit dem Beherrschungsvertrag „besondere, über das Gesellschaftsverhältnis hinausgehende Verpflichtungen übernommen hat". Die Haftung wegen des Fehlverhaltens soll sich daher an dem Maßstab der §§ 276, 278 BGB orientieren.[125] 55

Da die Konzernierung mittels Beherrschungsvertrag eines einstimmigen Beschlusses aller Gesellschafter der Personenhandelsgesellschaft bedarf, hat es jeder Gesellschafter selbst in der Hand, mittels **Vetorecht** seine eigenen Schutzinteressen durchzusetzen. Ein weitergehender Minderheitenschutz in Form von Ausgleichs- und Abfindungsansprüchen entsprechend §§ 304, 305 AktG ist daneben nicht erforderlich.[126] Zudem werden die Minderheitsrechte, wie etwa die Informationsrechte, von der Konzernierung nicht berührt. Notfalls kann auf die Rechte aus §§ 117, 127, 133 und 140 zurückgegriffen werden. 56

gg) Gläubigerschutz. Die Verpflichtung zum Verlustausgleich durch das herrschende Unternehmen sichert auch die Interessen der Gesellschaftsgläubiger der beherrschten Personenhandelsgesellschaft ab. Sie dient dem Bestandsschutz der konzernierten Gesellschaft und kommt daher unmittelbar den Gläubigern zugute. Für die Gläubiger besteht ferner die Möglichkeit, den Anspruch der Gesellschaft pfänden und sich überweisen zu lassen. Darüber hinaus hat das herrschende Unternehmen den Gläubigern analog § 303 AktG auf deren Verlangen Sicherheiten zu leisten. Schließlich dient die hier angenommene Pflicht zur (deklaratorischen) Eintragung des Beherrschungsvertrags im Handelsregister (vgl. RdNr. 48) ebenfalls dem Schutz der Gesellschaftsgläubiger.[127] 57

d) Qualifizierter faktischer Konzern. aa) Zulässigkeit. Von einem **qualifizierten faktischen Konzern** spricht man, wenn das Eigeninteresse der abhängigen Gesellschaft nachhaltig beeinträchtigt wird, weil das herrschende Unternehmen einen sachlich umfassenden und zeitlich andauernden Einfluss ausübt. Die nachteiligen Folgen der Konzernierung sind dann keinen isolier- 58

---

[119] *Eberl-Borges* WM 2003, 104, 111 ff.; *Laule*, FS Semler, 1993, S. 541, 556 f.
[120] *Löffler* S. 92 ff.; *Stimpel* AG 1986, 117, 118 ff.
[121] *Reuter* ZHR 146 (1982), 1, 21; *Wilhelm* DB 1986, 2113, 2116.
[122] *Bälz* AG 1992, 277, 295.
[123] BGH Urt. v. 5. 2. 1979 – II ZR 210/76, NJW 1980, 231, 232 f.; *Laule*, FS Semler, 1993, S. 541, 542.
[124] BGH Urt. v. 11. 11. 1991 – II ZR 287/90, BGHZ 116, 37, 39 = NJW 1992, 505; Urt. v. 29. 3. 1992 – II ZR 265/91, BGHZ 122, 123 ff. = NJW 1993, 1200 ff.; Urt. v. 13. 12. 1993 – II ZR 89/93, NJW 1994, 446 f. mit Anm. *Schmidt*. Zum GmbH 8. 9. 1998 – 3 AZR 185/97, GmbHR 1999, 658.
[125] Vgl. auch *Baumgartl* S. 136 ff.; *Baumbach/Hopt* § 105 RdNr. 105.
[126] *Löffler* S. 116 f. Für die Übernahme der Ausgleichsansprüche analog § 304 AktG aber: *Baumgartl* S. 120 ff.; *Gekeler* S. 202–206.
[127] *Heymann/Emmerich* § 105 Anh. RdNr. 22.

baren Veranlassungen der Leitung mehr zuzuordnen bzw. entziehen sich einer exakten Quantifizierung. Die aktienrechtlichen Regelungen der §§ 311 ff. AktG müssen daher versagen. Von einem qualifiziert faktischen Konzern spricht man bei **Kapitalgesellschaften** somit regelmäßig dann, wenn das Eigeninteresse der abhängigen Gesellschaft infolge eines von dem herrschenden Unternehmen sachlich umfassend und zeitlich andauernd ausgeübten Einflusses nachhaltig beeinträchtigt wird.[128]

59 Gegen die qualifizierte Beherrschung einer **Personenhandelsgesellschaft** werden dieselben Argumente vorgebracht wie gegen die Konzernierung mittels Beherrschungsvertrags, weshalb auf das oben Gesagte verwiesen werden kann (s. RdNr. 38 f.). Letztlich bestehen **keine durchgreifenden Bedenken** gegen diese Form der Konzernierung. Besonderheiten sind insoweit zu beachten, als dass gelegentlich nur der Vertragskonzern als zulässige Form der qualifizierten Konzernierung von Personenhandelsgesellschaften angesehen wird.[129] Ausgangspunkt einer jeder Konzernierung ist der Gesellschaftsvertrag der betroffenen Personenhandelsgesellschaft. Die abhängige Gesellschaft muss durch die konkrete gesellschaftsvertragliche Gestaltung ihre vom Gesetz vorgesehene Konzernresistenz verloren haben. Auf diese Weise ist sie für die Beeinträchtigung ihres Eigeninteresses anfällig geworden. Wie die qualifizierte Abhängigkeit im Einzelfall zustande kommt, durch Beherrschungsvertrag oder durch eine besonders dichte Leitungsmacht, kann für die Zulässigkeit der Konzernierung keinen Unterschied machen.

60 **bb) Voraussetzungen.** Derzeit ist nicht hinreichend geklärt, welche Auswirkungen die **neue Rechtsprechung des BGH** zur Durchgriffshaftung bei der GmbH[130] auf das Konzernrecht der Personenhandelsgesellschaft haben wird.[131] Der BGH hat in der Entscheidung Bremer Vulkan für die abhängige Einmann-GmbH die Durchgriffshaftung bei einem existenzvernichtenden Eingriff aufgegeben und auf eine konzernunabhängige Grundlage gestellt. Diese neue Haftung knüpft an den Missbrauch der Rechtsform der GmbH an, der darin liegt, dass der Gesellschafter durch den Zugriff auf das als Haftungsfonds benötigte Vermögen die GmbH in die Lage bringt, ihre Verbindlichkeiten nicht mehr erfüllen zu können. Damit hat sich die Figur des qualifizierten faktischen Konzerns für die GmbH erledigt.[132] Sowohl bei der Einpersonen-GmbH als auch bei der mehrgliedrigen GmbH, deren Schädigung im Einverständnis aller Gesellschafter erfolgt, gründet die Gesellschafterhaftung nicht länger auf einer analogen Anwendung der §§ 302, 303 AktG, sondern auf allgemeinen Erwägungen. Bei der GmbH mit Minderheitsgesellschaftern hingegen, die der fraglichen Maßnahme nicht zugestimmt haben, wird aber ein im Vorfeld der Existenzvernichtung eingreifendes Schutzinstrumentarium gefordert.[133] Dies ist nicht zuletzt darauf zurückzuführen, dass die ersten vom BGH entschiedenen Fälle nur den Schutz der Gläubiger einer insolventen Einmann-GmbH betrafen. Ein typischer Konzerntatbestand mit einer daraus folgenden Haftung analog §§ 302, 303 AktG lag somit gar nicht vor.

61 Bereits vor der Entscheidung Bremer Vulkan wurde in der Literatur die Auffassung vertreten, dass die für das GmbH-Konzernrecht entwickelte **Differenzierung zwischen einfachem und qualifiziertem Konzern** für die Personenhandelsgesellschaft ohne Belang sei, da schon die einfache Konzernierung einen Unrechtstatbestand darstelle. Die Besonderheit der Konzernierung gegenüber der Abhängigkeit liege bei Personenhandelsgesellschaften in der Ersetzung oder Überlagerung des Gesellschaftsinteresses durch das Konzerninteresse als Richtschnur für die Unternehmensleitung. Die nachteilige Beeinträchtigung des Eigeninteresses präge die Konzernabhängigkeit überhaupt.[134]

62 Die Frage nach einem Festhalten an der Figur der qualifiziert faktischen Konzernierung von Personenhandelsgesellschaften muss sich daran orientieren, ob bei Personenhandelsgesellschaften eine qualifizierte Leitungsdichte denkbar ist, ohne dass zugleich ein Vertragskonzern besteht. Im Rahmen der qualifiziert faktischen Konzernierung kann man es bei einer pauschalen Übernahme der Grundsätze aus dem Recht der Kapitalgesellschaften nicht belassen, da die **Strukturunterschiede** zwischen der **Personenhandelsgesellschaft** und den **Kapitalgesellschaften** zu gravierend sind. Eine umfassende Verletzung des Eigeninteresses der Gesellschaft im Sinne einer dauerhaft nachteiligen Konzernleitung ist bei einer beherrschten Personenhandelsgesellschaft nicht schon immer dann erfüllt,

---

[128] BGH Urt. v. 16. 9. 1985 – II ZR 275/84, BGHZ 95, 330, 342 f. = NJW 1986, 188 ff.; Urt. v. 20. 2. 1989 – II ZR 167/88, BGHZ 107, 7, 17 ff. = NJW 1989, 1800 ff.
[129] *Schmidt* GesR § 43 III 4.
[130] Vgl. BGH, Urt. v. 17. 9. 2001 – II ZR 178/99, BGHZ 149, 10 = NJW 2001, 3622; Beschl. v. 19. 2. 2002 – 1 StR 5/02, BGHZ 150, 61 = NJW 2002, 1813; Urt. v. 24. 6. 2002 – II ZR 300/00, BGHZ 151, 181, = NJW 2002, 3024; Urt. v. 13. 12. 2004 – II ZR 256/02, BB 2005, 286.
[131] Zurückhaltend auch Baumbach/*Hopt* § 105 RdNr. 104.
[132] *Altmeppen* NJW 2002, 321; *Habersack* in Emmerich/Habersack Anh. § 318 Rn. 3.
[133] Vgl. etwa *Cahn* ZIP 2001, 2159, 2160; *Mülbert* DStR 2001, 1937, 1944 ff.; *Wiedemann* ZGR 2003, 283, 296 f. AA *Drygalla* GmbHR 2003, 729, 739; *Henze* NZG 2003, 649, 654 f.
[134] Staub/*Ulmer* § 105 Anh. RdNr. 22 u. 33; *ders.* in Ulmer (Hrsg.), Probleme des Konzernrechts, S. 26, 34 u. 38; ähnlich wohl auch *Reuter* ZHR 146 (1982), 1, 10. Auch *Schmidt* GesR § 43 III 4 a, geht davon aus, dass die qualifizierte Beherrschung einer Personengesellschaft nur in Form eines Vertragskonzerns zulässig ist.

wenn das herrschende Unternehmen die Geschäftsführungs- und die Vertretungsbefugnis besitzt. Der Zustand einer dichten Konzernleitung allein reicht daher nicht aus. Vielmehr muss die abhängige Personenhandelsgesellschaft durch die gesellschaftsvertragliche Gestaltung ihre vom Gesetz vorgesehene Konzernresistenz verloren haben und dadurch für die Beeinträchtigung ihres Eigeninteresses anfällig geworden sein, da für die qualifizierte Form der Konzernierung die Änderung der Interessenausrichtung notwendig ist.

Der BGH hat in seiner Entscheidung Bremer Vulkan die Unanwendbarkeit der aktienkonzernrechtlichen Regeln damit begründet, dass die abhängige Einmann-GmbH nur beschränkt geschützt sei, nämlich in Bezug auf die Erhaltung ihres Stammkapitals und in Bezug auf die Unterlassung bestandsvernichtender Eingriffe, die die GmbH außerstande setze, ihren Verbindlichkeiten nachzukommen. Die Haftung wegen Existenzvernichtung zielt somit darauf ab, das bestehende **Kapitalschutzsystem der GmbH** zu ergänzen.[135] Dieses System dient nicht zuletzt dem Schutz der Gesellschaftsgläubiger.[136] Im Einzelfall ist daher festzustellen, ob erstens die gesellschaftsvertragliche Ausgestaltung der betroffenen Personenhandelsgesellschaft überhaupt eine nachhaltige Beeinträchtigung des Eigeninteresses zulässt und ob zweitens ein Zustand entstanden ist, bei dem das Eigeninteresse zugunsten des Interesses des herrschenden Unternehmens überlagert wird.[137] Eine Verlustausgleichspflicht ist **solange nicht gerechtfertigt**, als sich die Vereinbarkeit jeder einzelnen Geschäftsführungsmaßnahme in der Gesellschaft mit dem Gesellschaftsinteresse überprüfen lässt und die schädigenden Folgen konkretisiert werden können. Wie bei den anderen Konzernierungsformen, ist auch hier die **Zustimmung aller Gesellschafter** erforderlich.

cc) **Rechtsfolgen.** Der BGH hatte früher zum GmbH-Konzern entschieden, dass derjenige, der eine GmbH beherrscht, entsprechend den §§ 302, 303 AktG haftet, wenn er die Konzernleitungsmacht in einer Weise ausübt, die keine angemessene Rücksicht auf die eigenen Belange der abhängigen Gesellschaft nimmt, ohne dass sich der ihr insgesamt zugefügte Nachteil durch Einzelausgleichsmaßnahmen kompensieren ließe.[138] Die durch die Konzernierung drohende Beeinträchtigung der Interessen der abhängigen Gesellschaft soll verhindert bzw. ausgeglichen werden. Ob dieser Ansatz auf die qualifizierte vertraglose Konzernierung einer Personenhandelsgesellschaft übertragbar ist und damit die **§§ 302, 303 AktG analog** anzuwenden sind, war schon vor dem Wandel der Rechtsprechung umstritten.[139] M. E. besteht in denjenigen Fällen, in denen eine Verletzung des Interesses der abhängigen Personenhandelsgesellschaft durch vom herrschenden Unternehmen veranlasste Geschäftsleitungsmaßnahmen vorliegt, dann eine Verlustausgleichspflicht, wenn die Nachteile nicht durch Einzelmaßnahmen kompensierbar sind (s. auch § 171 RdNr. 32).

Daneben haftet das herrschende Unternehmen der abhängigen Personenhandelsgesellschaft für jeden Eingriff in ihre Substanz und für jede nicht durch überwiegende Konzerninteressen gerechtfertigte Verletzung ihrer Interessen nach den §§ 280, 276, 278 BGB, wobei § 708 BGB keine Anwendung findet.[140] Aus § 280 Abs. 1 S. 2 BGB folgt zugleich, dass die Beweislast bei der Obergesellschaft dafür liegt, das sie keine schädigende Handlung vorgenommen hat bzw. dass diese nicht pflichtwidrig war. Eine gesellschaftsvertragliche Befreiung von der Verlustausgleichspflicht oder durch einen einstimmigen Beschluss soll nach wohl überwiegender Ansicht in engen Grenzen möglich sein.[141]

3. **Mehrstufige Konzernierung.** Ausgehend von der Heumann-Ogilvy-Entscheidung des BGH[142] wird diskutiert, ob die Treuepflicht auf **mittelbar herrschende Unternehmen** auszudehnen ist.[143] Dabei ist zu beachten, dass die Einbindung des mittelbar herrschenden Unternehmens in die **Treuepflicht** eine erhebliche Belastung darstellt, zumal die Treuepflicht bei Personenhandelsgesellschaften besonders vielfältig ausgeprägt ist. Die konzerndimensionale Ausdehnung bedarf daher

---

[135] Goette DStR 2005, 197, 200; wohl auch Döser AG 2003, 406, 414 f.
[136] Vgl. dazu BGH, Urt. v. 13. 12. 2004 – II ZR 256/02, ZIP 2005, 250, 252 f.
[137] Kleindiek Strukturvielfalt S. 273 ff.; Limmer GmbHR 1992, 265, 270. Ähnlich Jäger DStR 1997, 1813, 1816, der mit dem Begriff „faktischer Konzern" alle Sachverhalte erfassen will, in denen die abhängige Personengesellschaft durch das herrschende Unternehmen einheitlich geführt wird, ohne dass dies auf einen gesonderten organisationsrechtlichen Beherrschungsvertrag zurückzuführen ist.
[138] BGH Urt. v. 23. 9. 1991 – II ZR 135/90, BGHZ 115 187, 197 f. = NJW 1991, 3142 ff.; Urt. v. 29. 3. 1992 – II ZR 265/91, BGHZ 122, 123 ff. = NJW 1991, 1200 ff.; Urt. v. 13. 12. 1993 – II ZR 89/93, NJW 1994, 446 f. mit Anm. Schmidt; Urt. v. 25. 11. 1996 – II ZR 352/95, NJW 1997, 943 ff. Beschl. v. 20. 3. 2000 – II ZR 322/98, DStR 2000, 1065 mit Anm. Goette.
[139] Vgl. dazu HdbPersG/Tröger § 59 RdNr. 4068 ff. Nach wie vor bejahend: Baumbach/Hopt § 105 RdNr. 104.
[140] Baumbach/Hopt § 105 RdNr. 104; iE ebenso MünchKommHGB/Mülbert KonzernR RdNr. 172, 180 ff., der die Rechtsgrundlage in der Treuepflicht des herrschenden Unternehmens gegenüber der Gesellschaft sieht.
[141] Sehr str., bejahend Baumbach/Hopt § 105 RdNr. 104; Staub/Ulmer § 105 Anh. RdNr. 76; verneinend Schmidt GesR § 43 III 4 b.
[142] BGH Urt. v. 5. 12. 1983 – II ZR 242/82, BGHZ 89, 162 ff. = NJW 1984, 1351 ff.
[143] Löffler S. 143–154; Schießl S. 98 ff. jeweils mwN.

einer besonderen Rechtfertigung. Wird das Interesse der abhängigen bzw. der einfach konzernierten Gesellschaft durch das mittelbar herrschende Unternehmen gewahrt, kann eine Ausdehnung der Treuepflicht auf die mittelbar herrschende Gesellschaft nicht begründet werden, da es insoweit am erforderlichen Eingriffstatbestand fehlt. In einem einmaligen Fehlverhalten wird man ebenfalls keinen ausreichenden Zurechnungsgrund sehen können. Etwas anderes gilt für den Fall, dass das unmittelbar herrschende Unternehmen von dessen Muttergesellschaft bei der Ausübung des Einflusses gleichsam instrumentalisiert wird.

67 Übt die unmittelbar herrschende Gesellschaft lediglich die Funktion einer **Zwischenholding** aus oder ist es in das mittelbar herrschende Unternehmen eingegliedert, kann die Ausdehnung der Treuepflicht auf das mittelbar herrschende Unternehmen gerechtfertigt sein.[144] In diesen Fällen kann sich das mittelbar herrschende Unternehmen nicht (mehr) auf seine rechtliche Selbstständigkeit berufen. Kann danach eine Ausdehnung der Treuepflicht im Konzern auf das mittelbar herrschende Unternehmen bejaht werden, entsteht ein Schadensersatzanspruch, der auch von den außen stehenden Gesellschaftern der konzernierten Gesellschaft im Wege der actio pro socio geltend gemacht werden kann. Ferner stehen ihnen die Rechte nach den §§ 117, 127 und 140 zu.[145]

68 **4. Personenhandelsgesellschaft im Gleichordnungskonzern.** Im Gegensatz zu einem Unterordnungskonzern wird von einem **Gleichordnungskonzern** gesprochen, wenn sich mehrere Unternehmen ganz oder teilweise einer einheitlichen Leitung unterstellen, ohne dass zwischen den Konzernunternehmen und der Konzernleitung Abhängigkeiten entstehen, § 18 Abs. 2 AktG. Als Koordinierungsmittel kommen vertragliche Absprachen, finanzielle und/oder personelle Verflechtungen oder die Schaffung von Gemeinschaftsorganen in Betracht.[146] Die Zulässigkeit der Gründung von Gleichordnungskonzernen unter Beteiligung von Personenhandelsgesellschaften wird überwiegend bejaht. **Bedenken** können sich aus dem Grundsatz der Selbstorganschaft ergeben. Danach kann ein Dritter zwar mit Geschäftsführungsaufgaben betraut werden. Dies gilt jedoch nur, solange nicht sämtliche Gesellschafter von der Geschäftsführung ausgeschlossen sind. Alternativ können die Gesellschafter einem Dritten die Geschäftsführungsbefugnis übertragen, wenn sie in der Lage sind, bei Vorliegen eines wichtigen Grundes zu kündigen und dem geschäftsführenden Dritten Weisungen zu erteilen.[147] Entscheidend für die Zulässigkeit eines Gleichordnungskonzerns ist daher die Ausgestaltung des Kündigungsrechts im konkreten Einzelfall.

69 Nach § 291 Abs. 2 AktG handelt es sich bei dem Vertrag, durch den die einheitliche Leitung begründet wird, nicht um einen Beherrschungsvertrag, mit der Folge, dass die Vorschriften über den Abschluss von Unternehmensverträgen nicht zur Anwendung kommen. Das **Schriftformerfordernis des § 293 AktG gilt nicht.**[148] Die Zustimmung aller Gesellschafter wird für erforderlich gehalten, wenn zu den beteiligten Unternehmen Personenhandelsgesellschaften gehören.[149] Dem ist zuzustimmen, da die Gründung von Gleichordnungskonzernen vergleichbare Gefahren für die beteiligten Gesellschafter und ihre Unternehmen enthalten, wie die Unterordnungskonzerne.

IV. Die Personenhandelsgesellschaft als Obergesellschaft

70 **1. Einführung.** Die gesetzlichen Regelungen über verbundene Unternehmen erfassen im Aktienrecht hauptsächlich die Situation in der beherrschten AG, während Vorschriften über die Konzernleitung durch die Gesellschafter der **Obergesellschaft** nur sehr vereinzelt anzutreffen sind. Durch die beherrschende Stellung, die die Personenhandelsgesellschaft bei einem anderen Unternehmen einnimmt, erweitert sich ihr Zuständigkeits- und Entscheidungsbereich. Die **Leitung** eines Unterordnungskonzerns durch eine Personenhandelsgesellschaft ist unproblematisch zulässig. Dabei richtet sich die Beteiligung einer herrschenden Personenhandelsgesellschaft an einem Aktien- oder GmbH-Konzern nach den allgemeinen konzernrechtlichen Vorschriften, die auf die AG bzw. die GmbH anwendbar sind.[150]

71 Im Zentrum der Betrachtungen zur herrschenden Personenhandelsgesellschaft stehen gegenwärtig zwei Fragen. Zum einen geht es darum, wie die **Mitverwaltungsrechte** der Gesellschafter in die

---

[144] Staub/*Ulmer* § 105 Anh. RdNr. 52 f.
[145] *Löffler* S. 153 f.; Staub/*Ulmer* § 105 Anh. RdNr. 52.
[146] *Ammann/Hucke* DStR 1998, 1391, 1392.
[147] MünchKommHGB/*Mülbert* KonzernR RdNr. 314; HdbPersG/*Tröger* § 59 RdNr. 4030.
[148] Teilweise anders *Hösch* WiB 1997, 231: Für Personenhandelsgesellschaften solle § 293 AktG aber zumindest dann gelten, wenn sich die Leitung auf eine Gewinnverteilung erstrecke.
[149] Röhricht/v. Westphalen/*v. Gerkan* § 105 RdNr. 121. AA *Hösch* WiB 1997, 231, 233.
[150] *Heck* S. 8–11; *Jäger* DStR 1997, 1770, 1771–1774. Zum schweizerischen Recht: *Kaufmann*, Personengesellschaften als Konzernspitze, S. 33 ff.

Tochtergesellschaft hineinreichen können, was maßgeblich durch die Rechtsform der Untergesellschaft bestimmt wird. Zum anderen muss die Situation der Minderheits- bzw. der von der Geschäftsführung ausgeschlossenen **Gesellschafter der herrschenden Personenhandelsgesellschaft** betrachtet werden. Dabei ist zu beachten, dass die Gesellschafter der herrschenden Personenhandelsgesellschaft – anders als bei der Aktiengesellschaft – schon kraft Gesetzes Mitsprache- und Informationsrechte besitzen, §§ 116 Abs. 2, 164, 118, 166. Es muss aber sichergestellt werden, dass die Rechte der Minderheitsgesellschafter im Rahmen der Konzernbildung und -leitung nicht geschmälert werden.

Nimmt eine konzernleitende Personengesellschaft als reine Holding lediglich Aufgaben der Verwaltung und Koordinierung wahr und betreibt daneben kein **Handelsgewerbe** iSv. § 1 Abs. 2, liegt bei fehlender Eintragung eine GbR vor.[151] Der nach innen gerichteten Konzernleitung fehlt es an einem unmittelbaren Marktbezug, wie er für das Handelsgewerbe erforderlich ist.[152]

2. Mitwirkungsrechte. a) Zustimmungserfordernis. aa) Grundsätze. Wird eine Personenhandelsgesellschaft zur Obergesellschaft, verändert und erweitert sich der Aufgaben- und Entscheidungsbereich der für die Obergesellschaft handelnden Geschäftsführer und der Gesellschafter. Anders als das Aktien- und Umwandlungsrecht kennt das Personengesellschaftskonzernrecht keine besonderen Vorschriften für diese Konstellation. Darüber hinaus unterscheidet sich der rechtliche Ausgangspunkt erheblich von den aktienrechtlichen Vorstellungen, da grundsätzlich allen Gesellschaftern einer Personen(handels)gesellschaft die Geschäftsführungsbefugnis gemeinschaftlich zusteht (§ 709 BGB) bzw. die Einzelgeschäftsführungsbefugnis auf die **gewöhnlichen Geschäfte** begrenzt ist (§ 116 Abs. 1). Die Gesellschafter, einschließlich derjenigen, die von der Geschäftsführung ausgeschlossen sind, sind in ihrer Gesamtheit nach dem gesetzlichen Modell immer dann entscheidungsbefugt, wenn die Angelegenheiten der Gruppenbildung und der Gruppenleitung **keine gewöhnlichen Geschäfte** iSd. § 116 Abs. 1 darstellen. Nach richtiger Auffassung kommt es in diesem Zusammenhang auf die Bedeutung der konkreten Maßnahme für die herrschende Personenhandelsgesellschaft an. Dabei ist zu prüfen, wie sich die jeweilige Einzelmaßnahme auf die Rechtsstellung der Gesellschafter des herrschenden Unternehmens auswirkt. Damit das Zustimmungsrecht nach §§ 116 Abs. 2, 164 auf Angelegenheiten der Tochtergesellschaft ausgeweitet werden kann, muss somit eine mitgliedschaftliche Betroffenheit vorliegen, die vor allem unter haftungsrechtlichen, aber auch strukturellen Gesichtspunkten festzustellen ist.[153] Daneben sind Mitspracherechte auch der nicht geschäftsführungsbefugten Gesellschafter im Hinblick auf die **Grundlagengeschäfte** iS. der §§ 116 Abs. 2, 164 S. 1 denkbar.[154] Die Zustimmungsrechte der §§ 116 Abs. 2, 164 S. 1 sind grundsätzlich **abdingbar** oder lassen sich auf bestimmte, im Gesellschaftsvertrag genauer beschriebene Rechtsgeschäfte reduzieren, §§ 109, 163.

bb) Einzelfragen. (1) Beteiligungserwerb. Ob der Erwerb einer Beteiligung noch zur gewöhnlichen Geschäftsführung zu zählen ist, wird weniger von der Branchenzugehörigkeit als vielmehr von den konkreten Umständen abhängen. Grundsätzlich gehört in Personenhandelsgesellschaften die Verwaltung von Unternehmensbeteiligungen zu den gewöhnlichen Geschäften. So kann eine kurzfristige **Finanzbeteiligung** noch den Charakter einer Anlageverwaltung besitzen.[155] Umgekehrt wird man nicht mehr von einem gewöhnlichen Geschäft sprechen, wenn es sich um eine langfristige Beteiligung handelt, die erhebliche Mittel bindet. Bewegt sich eine **unternehmerische Beteiligung** innerhalb des vom Unternehmensgegenstand umfassten Tätigkeitsbereichs, liegt zumeist ein gewöhnliches Geschäft vor. Der Fall liegt jedoch anders, wenn die erworbene unternehmerische Beteiligung den Unternehmensgegenstand überschreitet.

(2) Ausgliederung. Auch bei der Ausgliederung von Vermögenswerten im Wege der **Einzelrechtsübertragung** auf eine Tochtergesellschaft wird es sich zumeist um eine gewöhnliche Maßnahme iSv. § 116 Abs. 1 handeln. Eine außergewöhnliche Maßnahme wird erst dann vorliegen, wenn nahezu das gesamte Vermögen übertragen wird oder der Vorgang den Kernbereich der Unternehmenstätigkeit betrifft.[156] Erfolgt die Ausgliederung im Wege der **Gesamtrechtsnachfolge** auf eine Tochtergesellschaft nach dem UmwG, ist grundsätzlich die Zustimmung aller Gesellschafter erforderlich, §§ 123 Abs. 3, 125, 43 Abs. 1 UmwG.

---

[151] BGH Urt. v. 19. 2. 1990 – II ZR 42/89, ZIP 1990, 505, 506; OLG Hamm Beschl. v. 21. 6. 1993 – 15 W 75/93, ZIP 1993, 1310, 1311.
[152] MünchKommHGB/*Mülbert* KonzernR RdNr. 65. AA *Schneider* ZHR 143 (1979), 485, 496.
[153] *Emmerich* AG 1991, 303, 310; Heymann/*Horn* § 161 RdNr. 27; *Liebscher* Konzernbildungskontrolle S. 119, 123; 155, 159; *Reuter* AG 1986, 130, 131 f.; *Schneider*, FS Bärmann, 1975, S. 873, 887 ff.; ders. BB 1975, 1353, 1357; ders. ZHR 143 (1979), 485, 496 ff.; Staub/*Ulmer* § 105 Anh. RdNr. 83 ff.; ders. in Ulmer (Hrsg.), Probleme des Konzernrechts, S. 26, 59. Weitergehend *Jäger* DStR 1997, 1770, 1775 f., der jede Strukturentscheidung erfasst sehen will.
[154] Zu den Begrifflichkeiten siehe Kommentierung zu § 116 RdNr. 2–8 u. 9–19.
[155] *Schneider* ZHR 143 (1979), 485, 516; ders. BB 1980, 1057, 1058.
[156] Röhricht/v. Westphalen/*v. Gerkan* § 105 RdNr. 123; MünchKommHGB/*Mülbert* KonzernR RdNr. 80.

76 **(3) Begründung der Abhängigkeit und Konzernierung.** Die Begründung der **Abhängigkeitslage** stellt in der Regel keine außergewöhnliche Geschäftsführungsmaßnahme iS. der §§ 116 Abs. 2, 164 S. 1 dar. Anders verhält es sich bei der **Konzernbildung,** bei der regelmäßig eine außergewöhnliche, die einstimmige Zustimmung aller Gesellschafter erforderliche Maßnahme gegeben ist.[157] Dies gilt vor allem für Konstellationen, in denen die Konzernierung mit einer Pflicht zum Verlustausgleich für die herrschende Personenhandelsgesellschaft einhergeht.

77 **(4) Ausübung der Beteiligungsrechte.** Die Ausübung der Beteiligungsrechte fällt unter die **Vertretung der Gesellschaft nach außen** und ist damit grundsätzlich Aufgabe der vertretungsberechtigten Gesellschafter, **§§ 126, 161 Abs. 2, 170**. Die gerade entwickelte Bindung der vertretungsberechtigten Gesellschafter an die Zustimmung der übrigen Gesellschafter berührt deren unbeschränkte Vertretungsmacht nicht, da sie nur interne Bedeutung besitzt, vgl. § 126 Abs. 2. Eine Ausnahme wird für das Verhältnis der Gesellschaft zu solchen Tochtergesellschaften diskutiert, die sich im alleinigen Beteiligungsbesitz des herrschenden Unternehmens befinden. Kommt dem Gesellschafterbeschluss keine über das abhängige Unternehmen hinausgehende Bedeutung zu, kann sich die Tochtergesellschaft nicht auf die mit der unbeschränkten Vertretungsbefugnis bezweckten Verkehrsschutz berufen.[158] Hundertprozentige Tochterunternehmen müssen sich grundsätzlich wie die Gesellschafter im Geschäftsverkehr mit der Gesellschaft alle internen Beschränkungen der Vertretungsmacht entgegenhalten lassen. Eine **pflichtwidrige Stimmabgabe** der Geschäftsführer in der Gesellschafterversammlung der Tochtergesellschaft ist daher unwirksam.[159] Eine über diese Konstellation hinausgehende, weitergehende Durchbrechung der unbeschränkten Vertretungsbefugnis kommt nur unter außergewöhnlichen Umständen in Betracht.[160]

78 **b) Einsichts- und Auskunftsrechte. aa) Grundsätze.** Damit der einzelne Gesellschafter seine gesellschaftsvertraglichen und gesetzlichen Rechte ausüben kann, muss er über die erforderlichen Informationen verfügen. Ansprüche der Gesellschafter auf individuelle **Einsichtnahme** und ggf. auch auf **Auskunftserteilung** folgen aus den Bestimmungen des Gesellschaftsvertrages, der Treuepflicht und aus den §§ 118, 166. Die Informations- und Einsichtsrechte beziehen sich grundsätzlich nur auf die eigene Gesellschaft und nicht auf die Angelegenheiten anderer Gesellschaften. Allerdings gehören die Beziehungen der Gesellschaft zu den mit ihr verbundenen Gesellschaften zur Geschäftsführung der Gesellschaft. Die Gesellschafter können daher die Verwaltung des Beteiligungsbesitzes kontrollieren. Mit der gerade geschilderten inhaltlichen Ausweitung der Entscheidungsbefugnisse geht daher eine entsprechende Erweiterung der Informationsrechte einher, ohne die eine sachverständige Beschlussfassung nicht möglich wäre. Gleichzeitig wird durch die Ausdehnung der Informationsrechte die Kontrollmöglichkeit der Gesellschafter über die Beteiligungen ihrer Gesellschaft verbessert.

79 **Adressat** der mitgliedschaftlichen Individualansprüche ist allein die Obergesellschaft bzw. deren Geschäftsführer. Ein direkter Anspruch auf Auskunft und Einsichtnahme gegenüber der Tochtergesellschaft (Informationsdurchgriff) besteht nicht, da es sich bei den Beteiligungsgesellschaften um eigene Rechtssubjekte handelt.[161] Das Einsichtsrecht erstreckt sich daher grundsätzlich nur auf Unterlagen, die sich im Besitz der eigenen Gesellschaft befinden.[162]

80 Diese Einschränkungen gelten grundsätzlich auch in **Konzernen.** Auch dort richtet sich der **Informationsanspruch** gegen die eigene Gesellschaft, also das herrschende Unternehmen, nicht jedoch gegen die Untergesellschaft.[163] Allerdings hat der BGH im Falle einer hundertprozentigen, nur mit Verkaufsaufgaben betrauten Tochtergesellschaft entschieden, dass die Einsichtnahme in deren Unterlagen verlangt werden kann, weil ein Berufen auf die rechtliche Selbstständigkeit in diesem Fall unzulässig ist.[164]

81 **bb) Inhalt des Einsichtsrechts.** Das **Einsichtsrecht nach § 118 Abs. 1** („Angelegenheiten der Gesellschaft") der unbeschränkt persönlich haftenden Gesellschafter betrifft auch die Beziehung der

---

[157] MünchKommHGB/*Mülbert* KonzernR RdNr. 82; Staub/*Ulmer* § 105 Anh. RdNr. 83.
[158] BGH Urt. v. 25. 2. 1982 – II ZR 174/80, BGHZ 83, 122, 132 f. = NJW 1982, 1703 ff.; *Emmerich/Sonnenschein/Habersack* Konzernrecht § 28 II 2; *Schießl* S. 67 f.; *Schneider,* FS Bärmann, 1975, S. 873, 890 f. Im Ergebnis wohl auch *Heck* S. 89–92.
[159] *Emmerich,* FS Lukes, 1989, S. 639, 645; *Schießl,* Beherrschte Personengesellschaft, S. 67 f.; *Schneider,* FS Bärmann, 1975, S. 873, 889 ff.; wohl auch OLG Koblenz Urt. v. 9. 8. 1990 – 6 U 888/90, NJW-RR 1991, 487, 490.
[160] Staub/*Ulmer* § 105 Anh. RdNr. 83.
[161] *Heck* S. 98; *Hepting,* FS Pleyer, 1986, S. 301, 324 ff.; *Kort* ZGR 1987, 46, 52 f.; *Baumbach/Hopt* § 166 RdNr. 16, zur herrschenden KG; *Michalski* § 105 Anh. I RdNr. 12; *Schneider* BB 1975, 1353, 1358; *ders.* ZGR 1975, 253, 289 ff.; *ders.* ZHR 143 (1979), 485, 503; *ders.* BB 1980, 1057, 1058 ff.
[162] Vgl. BGH Urt. v. 20. 6. 1983 – II ZR 85/82, WM 1983, 910, 911 = ZIP 1983, 935, 936; Urt. v. 16. 1. 1984 – II ZR 36/83, NJW 1984, 2470.
[163] *Hepting,* FS Pleyer, 1986, S. 301, 313 ff.; *Schneider* ZHR 149 (1979), 485, 503.
[164] BGH Urt. v. 8. 7. 1957 – II ZR 54/56, BGHZ 25, 115, 117 f. = NJW 1957, 1555; *Baumbach/Hopt* § 166 RdNr. 16, zur herrschenden KG.

Obergesellschaft zu gruppenzugehörigen Unternehmen.[165] Neben den verbundenen Unternehmen iS. der §§ 15 ff. AktG sind auch Beziehungen zu Tochter- und Enkelgesellschaften sowie sonstige Beteiligungen erfasst, sofern sie bedeutsam sind. Das Einsichtsrecht umfasst alle Papiere und Bücher im Besitz der Obergesellschaft, die die genannten Beziehungen betreffen. Stammen die bei der Obergesellschaft verwahrten Dokumente von der Untergesellschaft, erstreckt sich das Einsichtsrecht auch auf diese Unterlagen, wenn sie auch Angelegenheiten der Obergesellschaft behandeln.[166] Im Gegensatz dazu ist das Einsichtsrecht des **Kommanditisten** funktional begrenzt. So besteht das Recht aus § 118 Abs. 1 nur in dem Umfang, wie die Einsichtnahme dem Zweck dient, ihm eine sachgerechte Prüfung des Jahresabschlusses zu ermöglichen.[167]

Komplexer gestaltet sich die Situation in Fällen, in denen ein bestehendes Informationsrecht in eine **verbundene Gesellschaft** verlängert werden soll, die keine hundertprozentige Tochter ist. Der BGH hat dazu ausgeführt, dass sich ein Informationsrecht auch auf die Beziehungen zu den verbundenen Unternehmen erstreckt. Eine **Informationsbeschaffungspflicht** der geschäftsführenden Gesellschafter ist aber nur unter Berücksichtigung des berechtigten Geheimhaltungsinteresses der Beteiligungsgesellschaft und den immanenten Schranken des gesetzlichen Einsichtsrechts zulässig. Sie erfasst grundsätzlich nicht auch die Bücher und Papiere der verbundenen Gesellschaft selbst. Die mitgliedschaftlichen Informationsrechte stehen nur der beteiligten Gesellschaft als solcher zu und können nur von deren geschäftsführendem Gesellschafter geltend gemacht werden.[168] Ein direkter Informationsanspruch gegen die Untergesellschaft lässt sich auch nicht aus einer Analogie des § 51 a GmbHG entwickeln.[169] 82

Ein sog. Verschaffungsanspruch kann sich aus den §§ 118 Abs. 1, 166 Abs. 1 u. 3 hinsichtlich solcher Unterlagen ergeben, sie sich **bei Dritten** befinden. Die damit einhergehende **Verlängerung des Informationsrechts** wird vom BGH für den Fall zugelassen, dass der unverzichtbar geschützte Bereich des außenstehenden Gesellschafters tangiert wird. Er wägt dabei das Informationsbedürfnis des außenstehenden Gesellschafters mit dem schutzwürdigen Interesse der Mitbeteiligten ab. Ansatzpunkte hierfür sieht er in dem „wichtigen Grund" in § 166 Abs. 3.[170] Allerdings legt er sich bei der Frage, was als wichtiger Grund im Sinne dieser Vorschriften zu interpretieren ist, nicht fest. In der Literatur wird bei Konzernbeziehungen zudem für eine verstärkte Dokumentationspflicht der Geschäftsführung über die Angelegenheiten abhängiger Konzerngesellschaften plädiert.[171] 83

cc) **Inhalt des Auskunftsrechts.** Unbeschränkt persönlich haftenden Gesellschaftern steht ein **Auskunftsanspruch über die Angelegenheiten der Gesellschaft** zu, der das Einsichtsrecht ergänzt. Es spielt eine Rolle, wenn das Informationsbedürfnis des Gesellschafters nicht angemessen befriedigt wird. Es ist gegenwärtig nicht abschließend geklärt, in welchem Umfang eine inhaltliche Ausweitung des Auskunftsrechts auf Angelegenheiten verbundener Unternehmen anzuerkennen ist. Zum Teil wird eine Gleichbehandlung der Angelegenheiten abhängiger Unternehmen mit denen der herrschenden Gesellschaft vertreten.[172] Dem wird zu Recht entgegengehalten, dass eine solche Gleichbehandlung besonderer Voraussetzungen bedarf.[173] Zudem handelt es sich bei den abhängigen Gesellschaften um rechtlich selbstständige Unternehmen, denen ein gewisser (Mindest-) Schutz ihrer vertraulichen Unterlagen nicht versagt werden kann.[174] Der Auskunftsanspruch der Gesellschafter ist daher auf solche Angelegenheiten der abhängigen Gesellschaft zu beschränken, die für die Beurteilung der eigenen Gesellschaft von erheblicher Bedeutung sind. Anders als die Literatur[175] sieht der BGH das Auskunftsrecht als Hilfsmittel des vorgegebenen Informationsrechts an; damit kann es nur dann bestehen, wenn das Einsichtsrecht überhaupt besteht.[176] 84

---

[165] BGH Urt. v. 20. 6. 1983 II ZR 85/82, WM 1983, 910, 911 = ZIP 1983, 935, 936; OLG Hamm Beschl. v. 6. 2. 1986 – 8 W 52/85, NJW 1986, 1693, 1694.
[166] *Kort* ZGR 1987, 46, 73 f.; *Wiedemann* WM 1992 Sonderbeil. 7, S. 1, 46.
[167] BGH Urt. v. 8. 7. 1957 – II ZR 54/56, BGHZ 25, 115, 120 = NJW 1957, 1555; siehe ferner die Kommentierung zu § 166 RdNr. 24–28.
[168] BGH Urt. v. 8. 7. 1957 – II ZR 54/56, BGHZ 25, 115, 122 ff. = NJW 1957, 1555; Urt. v. 20. 6. 1983 – II ZR 85/82, WM 1983, 910, 911 = ZIP 1983, 935, 936; Urt. v. 16. 1. 1984 – II ZR 36/83, NJW 1984, 2470; OLG Köln Beschl. v. 26. 4. 1985 – 24 W 54/84, ZIP 1985, 800, 804; Baumbach/*Hopt* § 166 RdNr. 16.
[169] OLG Karlsruhe Beschl. v. 26. 7. 1984 – 4 W 70/84, DB 1984, 2016; *Hepting*, FS Pleyer, 1986, S. 301, 303 f.
[170] BGH Urt. v. 16. 1. 1984 – II ZR 36/83, NJW 1984, 2470 f.; *Hepting*, FS Pleyer, 1986, S. 301, 307; Staub/*Ulmer* § 105 Anh. RdNr. 85.
[171] Weiterführend MünchKommHGB/*Mülbert* KonzernR RdNr. 106 f.
[172] OLG Hamm Beschl. v. 6. 2. 1986 – 8 W 52/85, NJW 1986, 1693, 1694.
[173] Vgl. OLG Düsseldorf Beschl. v. 5. 11. 1987 – 19 W 6/87, DB 1987, 2512 ff., wonach zumindest Fragen, die die Geschäftsführung durch den Vorstand betreffen und deshalb mit dem Tagesordnungspunkt „Vorstandsentlastung" im Zusammenhang stehen, eine Angelegenheit der Muttergesellschaft darstellen.
[174] BGH Urt. v. 20. 6. 1983 – II ZR 85/82, WM 1983, 910, 911 = ZIP 1983, 935, 936; Röhricht/Graf v. Westphalen/*v. Gerkan* § 105 RdNr. 126.
[175] *Ebenroth* ZGR 1972, 427, 437 f. zu GmbH; *Hepting*, FS Pleyer, 1986, S. 301, 308–311.
[176] BGH Urt. v. 20. 6. 1983 – II ZR 85/82, WM 1983, 910, 911 = ZIP 1983, 935, 936.

§ 106 [Anmeldung der Gesellschaft]

(1) Die Gesellschaft ist bei dem Gericht, in dessen Bezirke sie ihren Sitz hat, zur Eintragung in das Handelsregister anzumelden.

(2) Die Anmeldung hat zu enthalten:
1. den Namen, Vornamen, Geburtsdatum und Wohnort jedes Gesellschafters;
2. die Firma der Gesellschaft und den Ort, wo sie ihren Sitz hat;
3. (aufgehoben)
4. die Vertretungsmacht der Gesellschafter.

Neueres Schrifttum (Auswahl): *Ammon*, Anmeldungen zum Handelsregister, DStR 1993, 1023; *Baums*, Eintragung und Löschung von Gesellschafterbeschlüssen, 1981; *Bergmann*, Die BGB-Gesellschaft als persönlich haftender Gesellschafter in oHG und KG, ZIP 2003, 2231; *Busch*, Die Vertretung der OHG und KG – Anmeldungsinhalt und Eintragungstext, Rpfleger 2003, 329; *Gustavus*, Handelsregister-Anmeldungen, 6. Aufl. 2005; *ders.*, Änderungen bei Handelsregister-Anmeldungen durch das ERJuKoG, NotBZ 2002, 77; *K. Müller*, Zur Prüfungspflicht des Handelsregisterrichters und -rechtspflegers, Rpfleger 1970, 375; *Servatius*, Zur Eintragung organschaftlicher Vertretungsmacht ins Handelsregister, NZG 2002, 456.

Übersicht

	RdNr.		RdNr.
I. Normzweck und Anwendungsbereich	1, 2	b) Sitz	13
II. Anmeldepflicht	3–7	c) Bedeutung des Sitzes	14
1. Beginn	3, 4	3. Nicht mehr anzugeben: Beginn der Gesellschaft (Abs. 2 Nr. 3 aF)	15
2. Ende	5		
3. Rücknahme des Antrags	6	4. Vertretungsmacht der Gesellschafter (Abs. 2 Nr. 4)	16
4. Zuständiges Registergericht	7	5. Ergänzende Angaben (Geschäftsanschrift, Unternehmensgegenstand)	17
III. Inhalt der Anmeldung	8–17		
1. Angaben über die Gesellschafter (Abs. 2 Nr. 1)	8–11	IV. Eintragung sonstiger Tatsachen	18, 19
a) Allgemeines	8	1. Nicht eintragungsfähige Tatsachen	18
b) Natürliche Personen	9	2. Eintragungsfähige Tatsachen	19
c) Juristische Personen, Personengesellschaften	10	V. Eintragungsverfahren	20–23
d) Mitberechtigte am Gesellschaftsanteil	11	1. Prüfung durch das Registergericht	20
2. Firma und Sitz der Gesellschaft (Abs. 2 Nr. 2)	12–14	2. Eintragung, Bekanntmachung, Amtslöschung	21–23
a) Firma	12		

I. Normzweck und Anwendungsbereich

1 Die §§ 106 bis 108 regeln die **Anmeldung der OHG zum Handelsregister** und gleichen die §§ 29, 31 den Besonderheiten der OHG an. Die Vorschriften finden nach § 161 Abs. 2 auch auf die KG Anwendung; insoweit enthält § 162 aber eine Modifikation. Die §§ 106 bis 108 stellen keine abschließende Regelung dar. Vielmehr gelten für OHG und KG außerdem § 143 Abs. 1, § 144 Abs. 2, §§ 148, 157, für die KG zusätzlich § 175. Daneben finden die allgemeinen Vorschriften über Handelsregistereintragungen (§§ 8 bis 16) und die Handelsfirma (§§ 18 bis 28, § 31) sowie die Eintragung des Insolvenzverfahrens (§ 32) und der Prokura (§ 53) Anwendung, soweit keine Sondervorschriften eingreifen.

2 Die Vorschrift des § 106 dient dem Schutz des Rechtsverkehrs und ist **zwingender Natur**. Es handelt sich um eine öffentlich-rechtliche Pflicht; diese kann nach § 14 durch Festsetzung von Zwangsgeld gegenüber jedem Gesellschafter erzwungen werden. Davon zu unterscheiden ist die auf dem Gesellschaftsvertrag beruhende privatrechtliche Verpflichtung der Gesellschafter untereinander, bei den erforderlichen Anmeldungen mitzuwirken.

II. Anmeldepflicht

3 **1. Beginn.** Die Anmeldepflicht nach § 106 entsteht für die unter § 105 Abs. 1 fallenden Gesellschaften mit dem Zeitpunkt der Geschäftsaufnahme iSd. § 123 Abs. 2.[1] Die Anmeldung ist unverzüglich nach der Geschäftsaufnahme vorzunehmen. Berechtigt zur freiwilligen und nicht nach § 14

---

[1] MünchKommHGB/*Langhein* RdNr. 9; Staub/*Ulmer* RdNr. 7; Baumbach/*Hopt* RdNr. 5; *Koller*/Roth/Morck RdNr. 2.

erzwingbaren Anmeldung sind die Gesellschafter schon vor Geschäftsaufnahme mit dem Abschluss eines Gesellschaftsvertrages.[2] Ein aufschiebend bedingter Vertrag oder ein Vorvertrag genügt nicht. Eine vorzeitige Anmeldung und Eintragung kommt vor allem für die KG in Betracht, um die Haftungsrisiken der Kommanditisten nach § 176 Abs. 1 abzuwenden.

In den Fällen des § 105 Abs. 2 besteht eine **Eintragungsoption** (§ 105 RdNr. 17 f., 22), keine Eintragungspflicht (§ 105 Abs. 2 S. 2 iVm. § 2 S. 2). Wenn der Gesellschaftsvertrag eine Pflicht zur zulässigen Anmeldung vorsieht, müssen die Gesellschafter an der Anmeldung mitwirken.[3] In den Fällen des § 105 Abs. 2 entfällt die Möglichkeit einer Anmeldung und Eintragung vor Geschäftsaufnahme; bis zur Eintragung besteht nur eine Gesellschaft bürgerlichen Rechts.

2. Ende. Die Anmeldepflicht des § 106 endet erst mit der **Vollbeendigung** der Gesellschaft oder ihrer Umwandlung in eine andere Gesellschaftsform. Der Eintritt in das Liquidationsstadium beseitigt dagegen die Anmeldepflicht noch nicht.[4] Die eintragungsbedürftige Auflösung (§ 143) setzt die vorherige Eintragung der Gesellschaft voraus, sodass diese notfalls nach Anmeldung nachgeholt werden muss, bevor auf Grund der Anmeldung die Auflösung eingetragen werden kann.[5] Die Eintragung der Auflösung ist im Hinblick auf die fünfjährige Sonderverjährung des § 159 (vgl. dessen Abs. 2) bedeutsam.

3. Rücknahme des Antrags. Die Anmeldung kann als **verfahrensrechtliche Erklärung** bis zur Eintragung ohne Angabe von Gründen formlos widerrufen werden.[6] Ist aber nach wie vor eine Pflicht zur Anmeldung gegeben, so muss diese nach § 14 erzwungen werden.[7]

4. Zuständiges Registergericht. Für das Eintragungsverfahren sind die Amtsgerichte sachlich zuständig (§ 8 HGB, § 125 FGG). Die funktionelle Zuständigkeit ist dem Rechtspfleger übertragen (§ 3 Nr. 2 d RPflG). Die örtliche Zuständigkeit des Registergerichts richtet sich gemäß § 106 Abs. 1 nach dem Sitz (RdNr. 13) der Gesellschaft. Das Sitzgericht ist vorbehaltlich abweichender Regelungen (vgl. zB § 13 d) für Eintragungen, die eine OHG betreffen, ausschließlich zuständig. Das führt dazu, dass eine OHG ein andernorts erworbenes Handelsgeschäft, das sie unter der bisherigen Firma fortführen will, nur beim Sitzgericht der OHG anmelden muss.[8] Eine Anmeldung beim Registergericht des erworbenen Handelsgeschäfts ist zurückzuweisen.[9] Der Wohnort der Gesellschafter ist für die örtliche Zuständigkeit des Sitzgerichts unerheblich.[10] – Zur Zuständigkeit für Anmeldungen, die eine **Zweigniederlassung** zum Gegenstand haben, vgl. §§ 13, 13 d–13 g; zur Zuständigkeit bei Sitzverlegungen im Inland s. § 13 h.

III. Inhalt der Anmeldung

1. Angaben über die Gesellschafter (Abs. 2 Nr. 1). a) Allgemeines. Die Anmeldung muss den Namen, Vornamen, Geburtsdatum und Wohnort jedes Gesellschafters enthalten. Die Eintragung der Gesellschafter und ihrer Personalien hat den Zweck, den Gesellschaftsgläubigern die Durchsetzung ihrer Forderungen gegen die persönlich haftenden Gesellschafter zu erleichtern. Deshalb ist die Eintragung aller Gesellschafter erforderlich. Eine Vereinbarung der Gesellschafter, dass einer oder einzelne von ihnen nicht in das Handelsregister eingetragen werden und nur nach außen als Träger der Gesellschaft in Erscheinung treten sollen, ist unzulässig.[11]

b) Natürliche Personen. Bei natürlichen Personen ist der **bürgerliche Name** (Familienname in der sich aus dem Personenstandsregister ergebenden Form, auch Doppelnamen) anzugeben.[12] Bei den Vornamen genügt die Angabe des Rufnamens, wenn dadurch die Unterscheidbarkeit gegenüber anderen Personen mit gleichem Familiennamen und Wohnort gesichert bleibt.[13] Bei einem Gesell-

---

[2] MünchKommHGB/*Langhein* RdNr. 10; Staub/*Ulmer* RdNr. 7; Heymann/*Emmerich* RdNr. 3; Röhricht/Graf v. Westphalen/*v. Gerkan* RdNr. 2.
[3] *Koller*/Roth/Morck RdNr. 2.
[4] AllgM, vgl. etwa MünchKommHGB/*Langhein* RdNr. 13.
[5] MünchKommHGB/*Langhein* RdNr. 13; Staub/*Ulmer* RdNr. 10; Heymann/*Emmerich* RdNr. 5.
[6] BayObLG Beschl. v. 9. 11. 1989 – 3 Z 17/89, DB 1990, 168, 169.
[7] MünchKommHGB/*Langhein* RdNr. 14; Heymann/*Emmerich* RdNr. 6; Röhricht/Graf v. Westphalen/*v. Gerkan* RdNr. 5.
[8] BayObLG Beschl. v. 1. 10. 1970 – BReg 2 Z 36/70, BayObLGZ 1970, 235, 238 = NJW 1971, 147; MünchKommHGB/*Langhein* RdNr. 15; Heymann/*Emmerich* RdNr. 9.
[9] BayObLG (Fn. 8) BayObLGZ 1970, 235, 238.
[10] Heymann/*Emmerich* RdNr. 9.
[11] BGH Urt. v. 13. 5. 1953 – II ZR 157/52, BGHZ 10, 44, 48 = NJW 1953, 1548; MünchKommHGB/*Langhein* RdNr. 16.
[12] Zur Eintragungsfähigkeit von Künstlernamen und Pseudonymen vgl. OLG Frankfurt aM Beschl. v. 18. 11. 2002 – 20 W 319/02, NJW 2003, 364 (betr. Partnerschaftsgesellschaft).
[13] MünchKommHGB/*Langhein* RdNr. 17; Staub/*Ulmer* RdNr. 15.

schafter, der noch ein anderes einzelkaufmännisches Unternehmen betreibt, bedarf es ebenfalls der Angabe des Vor- und des Familiennamens; die Angabe der Firma, ergänzt durch den Familiennamen, ist wegen der Verwirrungsgefahr im Blick auf die Firmenfortführung durch einen Dritten (§ 22) nicht statthaft.[14] Das **Geburtsdatum** ist anzugeben, um Verwechslungen auszuschließen; außerdem kann es im Hinblick auf die Beschränkung der Minderjährigenhaftung nach § 1629 a BGB eine für den Rechtsverkehr erhebliche Tatsache darstellen. **Wohnort** ist der Ort des tatsächlichen dauernden Aufenthalts. Straße und Hausnummer brauchen, da sie nicht eingetragen werden, auch nicht angegeben zu werden.

10 c) **Juristische Personen, Personengesellschaften.** Hier sind die zur Identifizierung nötigen Angaben anzumelden. Das sind bei **Handelsgesellschaften** Firma und Sitz, beim rechtsfähigen **Verein** Name und Sitz. Die gesetzlichen Vertreter werden nicht angegeben.[15] Die Vor-GmbH kann unter der Firma der GmbH mit dem Zusatz „iG" in das Handelsregister eingetragen werden.[16] Bei Personenhandelsgesellschaften als Gesellschafter einer OHG oder KG wird nur die Firma eingetragen, nicht aber die Gesellschafter.[17] Allerdings bedarf es zusätzlich zu der Firma der Eintragung der Gesellschafter, wenn eine OHG das Geschäft eines Einzelkaufmanns erwirbt und unter der bisherigen Firma fortführen will.[18] Bei der **Gesellschaft bürgerlichen Rechts,** deren Fähigkeit zur Mitgliedschaft in OHG und KG anzuerkennen ist (§ 105 RdNr. 97), sind neben dieser selbst auch deren Gesellschafter und etwaige spätere Änderungen im Gesellschafterbestand entsprechend den Vorgaben des § 106 Abs. 2 anzugeben[19] (vgl. § 162 Abs. 1 S. 2 zum Kommanditisten).

11 d) **Mitberechtigte am Gesellschaftsanteil.** Den **Nießbraucher** trifft im Außenverhältnis keine Mithaftung nach § 128, sodass er auch nicht zum Handelsregister anzumelden und dort einzutragen ist (§ 105 RdNr. 116). Soweit **Testamentsvollstreckung** die Rechtsstellung des Erben am Gesellschaftsanteil beschränkt, ist die Testamentsvollstreckung zum Handelsregister anzumelden und dort zu vermerken[20] (vgl. auch § 177 Abs. 22). Ein **Treuhandvermerk** wird nicht im Handelsregister eingetragen (§ 105 RdNr. 103). Auch für die Eintragung der Unterbeteiligung ist kein Raum.[21]

12 2. **Firma und Sitz der Gesellschaft (Abs. 2 Nr. 2).** a) **Firma.** Deren Führung bestimmt sich nach allgemeinem Firmenrecht (vgl. §§ 19, 22, 24). Die angemeldete Firma muss mit der tatsächlich verwendeten übereinstimmen.

13 b) **Sitz.** Der Sitz der Gesellschaft ist der Ort, von dem aus **tatsächlich** die **Geschäfte geleitet** werden und an dem sich der Schwerpunkt der unternehmerischen Betätigung befindet. Das ist der Ort der Hauptverwaltung, wenn die Gesellschaft von mehreren Orten aus geleitet wird.[22] Die Gesellschafter können den Sitz nicht frei bestimmen. Der tatsächliche Sitz ist maßgebend, auch wenn der angemeldete und eingetragene Sitz davon abweicht.[23] Die OHG (KG) kann **nur einen Sitz** haben; ein Doppelsitz scheidet bei Personenhandelsgesellschaften grundsätzlich aus.[24] Im Liquidationsstadium können die Liquidatoren eine Sitzverlegung nur beschließen, wenn der Liquidationszweck sie erfordert.[25]

14 c) **Bedeutung des Sitzes.** Der Sitz der Gesellschaft ist rechtlich in verschiedener Hinsicht von Bedeutung. Von ihm hängt die Zuständigkeit des Registergerichts ab (oben RdNr. 7); nach ihm bestimmt sich ferner der allgemeine Gerichtsstand der OHG oder KG (§ 17 Abs. 1 ZPO). Anders als

---

[14] Staub/*Ulmer* RdNr. 15; Röhricht/Graf v. Westphalen/*v. Gerkan* RdNr. 6; MünchKommHGB/*Langhein* RdNr. 18; aA BayObLG Beschl. v. 16. 2. 1973 – 2 Z 4/73, BB 1973, 397; Baumbach/*Hopt* RdNr. 6.
[15] MünchKommHGB/*Langhein* RdNr. 20; Staub/*Ulmer* RdNr. 14; Röhricht/Graf v. Westphalen/*v. Gerkan* RdNr. 7; aA für ausländische juristische Personen: BayObLG Beschl. v. 21. 3. 1986 – BReg 3 Z 148/85, NJW 1986, 3029, 3032.
[16] BGH Beschl. v. 12. 11. 1984 – II ZB 2/84, NJW 1985, 736, 737.
[17] Staub/*Ulmer* RdNr. 16; MünchKommHGB/*Langhein* RdNr. 19; Röhricht/Graf v. Westphalen/*v. Gerkan* RdNr. 7.
[18] BayObLG Beschl. v. 1. 10. 1970 – BReg 2 Z 36/70, BayObLGZ 1970, 235, 237 = NJW 1971, 147; MünchKommHGB/*Langhein* RdNr. 19; Röhricht/Graf v. Westphalen/*v. Gerkan* RdNr. 7.
[19] BGH Beschl. vom 16. 7. 2001 – II ZB 23/00, BGHZ 148, 291, 294 f. = NJW 2001, 3121 (zum Kommanditisten); *Bergmann* ZIP 2003, 2231, 2235 ff.; MünchKommHGB/*Langhein* RdNr. 19; Baumbach/*Hopt* RdNr. 6.
[20] *Ulmer* NJW 1990, 73, 82; MünchKommHGB/*K. Schmidt* § 177 RdNr. 37; MünchKommBGB/*Zimmermann* § 2205 RdNr. 23, 37; Palandt/*Edenhofer* Vor § 2197 RdNr. 7; aA KG Beschl. v. 4. 7. 1995 – 1 W 5374/92, WM 1995, 1890, 1891; offen geblieben in BGH Beschl. v. 3. 7. 1989 – II ZB 1/89, BGHZ 108, 187, 190 = NJW 1989, 3152.
[21] MünchKommHGB/*Langhein* RdNr. 24; aA Staub/*Ulmer* RdNr. 17, der entgegen der hier (§ 230 RdNr. 97) vertretenen Auffassung von einer Haftung des Unterbeteiligten ausgeht.
[22] Zum Ganzen BGH Urt. v. 27. 5. 1957 – II ZR 317/55, WM 1957, 999, 1000; BGH Beschl. v. 9. 1. 1969 – IX ZB 567/66, LM Nr. 1; MünchKommHGB/*Langhein* RdNr. 26; Heymann/*Emmerich* RdNr. 7; Röhricht/Graf v. Westphalen/*v. Gerkan* RdNr. 9.
[23] BGH (Fn. 22) WM 1957, 999, 1000; BGH (Fn. 22) LM Nr. 1; aA Staub/*Ulmer* RdNr. 5.
[24] Heymann/*Emmerich* RdNr. 7; Röhricht/Graf v. Westphalen/*v. Gerkan* RdNr. 9; Baumbach/*Hopt* RdNr. 9; aA Staub/*Ulmer* RdNr. 22; MünchKommHGB/*Langhein* RdNr. 27: bei berechtigtem Interesse ausnahmsweise zulässig.
[25] BGH Beschl. v. 9. 1. 1969 – IX ZB 567/66, LM Nr. 1.

Anmeldung der Gesellschaft 15–17 § 106

unter der früher als Personalstatut im internationalen Privatrecht herrschenden Sitztheorie (vgl. noch Voraufl. RdNr. 13) führt nach der nunmehr anzuwendenden Gründungstheorie[26] eine Verlegung des Sitzes ins Ausland nicht mehr zu einem Statutenwechsel bzw. zur Auflösung der Gesellschaft (§ 105 RdNr. 213).

3. Nicht mehr anzugeben: Beginn der Gesellschaft (Abs. 2 Nr. 3 aF). Die frühere Bestimmung des Abs. 2 Nr. 3, wonach auch der Zeitpunkt des Beginns der Gesellschaft anzugeben war, ist durch das Justizmodernisierungsgesetz[27] mit Wirkung vom 1. 9. 2004 aufgehoben worden.[28] 15

4. Vertretungsmacht der Gesellschafter (Abs. 2 Nr. 4). Nach der mit Wirkung vom 11. 12. 2001[29] an die Stelle von § 125 Abs. 4 aF getretenen Bestimmung des § 106 Abs. 2 Nr. 4 ist bei jeder Anmeldung[30] die Vertretungsmacht der Gesellschafter kundzutun. Anzugeben ist nunmehr auch der **gesetzliche Regelfall** der Einzelvertretung durch jeden persönlich haftenden Gesellschafter (§ 125 Abs. 1)[31] und – wie bisher – jegliche gesellschaftsvertragliche **Abweichung** hiervon (dazu § 125 RdNr. 20 ff.), sei sie abstrakter Natur oder auf bestimmte Gesellschafter bezogen.[32] Ein Hinweis auf die grundsätzlich bestehende Möglichkeit einer abweichenden gesellschaftsvertraglichen Regelung ist nicht geboten.[33] Nicht anzugeben sind Ermächtigungen gemäß § 125 Abs. 2 S. 2.[34] Bei der KG sind Angaben über die zwingend von der organschaftlichen Vertretung ausgeschlossenen **Kommanditisten** (§ 170 RdNr. 1) nicht erforderlich.[35] Die einem Kommanditisten erteilte rechtsgeschäftliche Vertretungsmacht ist nicht anzugeben.[36] Gehört eine **Gesellschaft bürgerlichen Rechts** zu den vertretungsbefugten Gesellschaftern, ist auch die Vertretungsmacht deren Gesellschafter entsprechend Abs. 2 Nr. 4 mitzuteilen.[37] Die **Befreiung vom Verbot des Selbstkontrahierens** gemäß § 181 BGB gehört spätestens nach der Ausweitung der Anmeldepflicht durch Abs. 2 Nr. 4 zu den Pflichtangaben,[38] weil dem Rechtsverkehr anhand der Registereintragung eine umfassende Information über die Vertretungsverhältnisse der Gesellschaft ermöglicht werden soll.[39] Eintragungspflichtig ist die Befreiung von § 181 BGB auch dann, wenn sie einer nach englischem Recht errichteten Private Company limited by shares (Ltd.) als Komplementärin erteilt worden ist.[40] 16

5. Ergänzende Angaben (Geschäftsanschrift, Unternehmensgegenstand). Die auf Grund der Ermächtigung in § 125 Abs. 3 FGG erlassene Handelsregisterverordnung (HRV) sieht in § 24 Abs. 2 vor, dass bei der Anmeldung die **Lage der Geschäftsräume** (dh. die Geschäftsanschrift) anzugeben und eine Änderung der Geschäftsanschrift dem Registergericht unverzüglich mitzuteilen ist. Ferner ist nach § 24 Abs. 4 HRV darauf hinzuwirken, dass bei Anmeldungen auch der **Unternehmensgegenstand**,[41] soweit er sich nicht aus der Firma ergibt, angegeben wird. Diese Angaben sind nach § 34 HRV bekannt zu machen, aber nicht im Handelsregister einzutragen (vgl. § 40 Nr. 2 lit. b) HRV, wonach nur Ort und Postleitzahl der Niederlassung oder des Sitzes eingetragen werden). Für Publizität wird dadurch gesorgt, dass die Geschäftsanschrift zum Sonderband der Handelsregisterakten zu nehmen ist, der dem Einsichtsrecht nach § 9 HGB unterliegt.[42] Die Mitteilung der Geschäftsanschrift oder ihrer Änderung kann nach § 14 HGB erzwungen werden.[43] 17

---

[26] BGH Urt. v. 19. 9. 2005 – II ZR 372/03, BGHZ 164, 148 = NJW 2005, 2373.
[27] Gesetz vom 24. 8. 2004, BGBl. I S. 2198.
[28] Kritisch hierzu *Ries* BB 2005, 790, 791.
[29] Durch das Gesetz über elektronische Register und Justizkosten für Telekommunikation (ERJuKoG) vom 10. 12. 2001, BGBl. I S. 3422.
[30] Zum Überleitungsrecht für bereits eingetragene Gesellschaften s. Art. 52 EGHGB; dazu *Gustavus* NotBZ 2002, 77, 78; *Servatius* NZG 2002, 456, 457 f.; *Busch* Rpfleger 2003, 329, 335.
[31] Begr. RegE zum ERJuKoG, BT-Drucks. 14/6855 S. 19; OLG Köln Beschl. v. 24. 5. 2004 – Wx 16/04, NZG 2004, 666, 667; *Gustavus* NotBZ 2002, 77; *Servatius* NZG 2002, 456; *Busch* Rpfleger 2003, 329, 332; MünchKommHGB/*Langhein* RdNr. 4.
[32] Formulierungsvorschläge für diverse Einzelfälle bei *Busch* Rpfleger 2003, 329, 330 ff.
[33] OLG Köln (Fn. 31) NZG 2004, 666, 667; *Wächter* DStR 2004, 1665; aA *H. Schmidt* ZNotP 2002, 306, 309.
[34] *Baumbach/Hopt* RdNr. 12; *Koller*/Roth/Morck RdNr. 2; aA *Servatius* NZG 2002, 456, 458 hinsichtlich „Artermächtigung".
[35] Begr. RegE zum ERJuKoG, BT-Drucks. 14/6855 S. 19; *Gustavus* NotBZ 2002, 77, 79; *Servatius* NZG 2002, 456; aA *Bergmann* ZIP 2006, 2064, der die Erteilung organschaftlicher Vertretungsmacht an den Kommanditisten für möglich hält.
[36] OLG Frankfurt aM Beschl. v. 26. 9. 2005 – 20 W 192/05, NZG 2006, 262, 263.
[37] *Bergmann* ZIP 2003, 2231, 2237 f.; *Baumbach/Hopt* RdNr. 12.
[38] OLG Frankfurt aM Beschl. v. 28. 7. 2006 – 20 W 191/06, NZG 2006, 830, 831; *Servatius* NZG 2002, 456, 457; MünchKommHGB/*K. Schmidt* § 125 RdNr. 57; *Baumbach/Hopt* RdNr. 12; *Koller*/Roth/Morck RdNr. 2; ebenso bereits unter der Geltung von § 125 Abs. 4 aF: Voraufl. § 125 RdNr. 53 mwN zum früheren Meinungsstand.
[39] Vgl. Begr. RegE zum ERJuKoG, BT-Drucks. 14/6855 S. 19.
[40] OLG Frankfurt aM (Fn. 38) NZG 2006, 830, 831.
[41] Bis zur Änderung des § 24 Abs. 4 HRV durch VO vom 11. 12. 2001 (BGBl. I S. 3688): „Geschäftszweig".
[42] Vgl. Begr. RegE zum HRefG, BT-Drucks. 13/8444 S. 86.
[43] Vgl. Begr. RegE zum HRefG, BT-Drucks. 13/8444 S. 87.

IV. Eintragung sonstiger Tatsachen

18 **1. Nicht eintragungsfähige Tatsachen.** Nicht einzutragen sind solche Tatsachen, die lediglich das **Innenverhältnis** der Gesellschafter oder Umstände in ihrer Person berühren, aber nicht das Außenverhältnis betreffen. Hierzu gehören: Geschäftsunfähigkeit oder beschränkte Geschäftsfähigkeit von Gesellschaftern, güterrechtliche Verfügungsbeschränkungen, die Beteiligungsverhältnisse, Art und Höhe der Beiträge, deren Leistung, die Gewinnverteilung usw.[44]

19 **2. Eintragungsfähige Tatsachen.** Über den Kreis der eintragungspflichtigen Tatsachen hinaus ist die Anmeldung und Eintragung sonstiger für den Rechtsverkehr bedeutsamer Tatsachen zulässig, wenn und soweit hierfür im Blick auf die Publizitätsfunktion des Handelsregisters ein **Bedürfnis** besteht.[45] Hiernach ist eintragungsfähig zB ein Fortsetzungsbeschluss nach Auflösung der Gesellschaft,[46] ein Unternehmensvertrag (Anhang § 105 RdNr. 48), ein klarstellender Vermerk über einen Gesellschafterwechsel durch Gesamtrechtsnachfolge oder durch Anteilsübertragung.[47] In diesen Fällen ist auch eine Anmeldepflicht zu bejahen.[48] – Zur Eintragung von Mitberechtigungen an Gesellschaftsanteilen s. RdNr. 11; zur Befreiung vom Selbstkontrahierungsverbot s. RdNr. 16.

V. Eintragungsverfahren

20 **1. Prüfung durch das Registergericht.** In der Regel erstreckt sich die Prüfung nur auf die **Plausibilität, Schlüssigkeit und Glaubhaftigkeit** des Inhalts der Anmeldung. Eine intensivere Prüfung ist nur dann erforderlich, wenn sich Anhaltspunkte für sachliche Unrichtigkeiten oder das Fehlen notwendiger Angaben ergeben.[49] In diesem Falle kann der Registerrichter Ermittlungen vornehmen (§ 12 FGG) und von den Beteiligten weitere Aufklärungen verlangen. In zweifelhaften Fällen hat er das Gutachten der Industrie- und Handelskammer einzuholen (§ 23 S. 2 HRV). **Prüfungsgegenstand** sind die wirksame Gründung der OHG und die wirksame Beteiligung der Gesellschafter an ihr.[50]

21 **2. Eintragung, Bekanntmachung, Amtslöschung.** Die **Eintragung** der OHG (KG) und der sie betreffenden eintragungsfähigen Tatsachen erfolgt in Abteilung A des Handelsregisters (§§ 3 Abs. 2, 40 ff. HRV). Wegen registertechnischer Einzelheiten ist auf die §§ 12 ff., 40 ff. HRV zu verweisen.

22 Die **Bekanntmachung** richtet sich nach § 10. Mangels abweichender Vorschriften (wie § 162 Abs. 2) ist die Eintragung ihrem gesamten Inhalt nach (§ 10 S. 2) in dem in § 10 S. 1 bezeichneten elektronischen Informations- und Kommunikationssystem bekannt zu machen. Zur Bekanntmachung der Geschäftsanschrift und des Unternehmensgegenstands nach § 34 HRV vgl. RdNr. 17.

23 Zur **Amtslöschung** inhaltlich unzutreffender Eintragungen nach § 142 FGG vgl. § 12 RdNr. 13 ff. Zur Löschung vermögensloser Gesellschaften nach § 141 a FGG s. § 12 RdNr. 12.

§ 107 [Anzumeldende Änderungen]

Wird die Firma einer Gesellschaft geändert oder der Sitz der Gesellschaft an einen anderen Ort verlegt, tritt ein neuer Gesellschafter in die Gesellschaft ein oder ändert sich die Vertretungsmacht eines Gesellschafters, so ist dies ebenfalls zur Eintragung in das Handelsregister anzumelden.

---

[44] MünchKommHGB/*Langhein* RdNr. 36; Staub/*Ulmer* RdNr. 13, 26; Röhricht/Graf v. Westphalen/*v. Gerkan* RdNr. 19.
[45] BGH Beschl. v. 24. 10. 1988 – II ZB 7/88, BGHZ 105, 324, 343 f. = NJW 1989, 295, 299; MünchKommHGB/*Langhein* RdNr. 37 f.; Staub/*Ulmer* RdNr. 12; Röhricht/Graf v. Westphalen/*v. Gerkan* RdNr. 15 ff.
[46] MünchKommHGB/*Langhein* RdNr. 38; Staub/*Ulmer* RdNr. 12; Röhricht/Graf v. Westphalen/*v. Gerkan* RdNr. 17.
[47] RG WM 1964, 1130, 1131; BGH Urt. v. 29. 6. 1981 – II ZR 142/80, BGHZ 81, 82, 86 = NJW 1981, 2747; BGH Urt. v. 19. 9. 2005 – II ZB 11/04, NZG 2006, 15; MünchKommHGB/*Langhein* RdNr. 37; Röhricht/Graf v. Westphalen/*v. Gerkan* RdNr. 15.
[48] Staub/*Ulmer* RdNr. 12 iVm Staub/*Schilling* § 173 RdNr. 7; MünchKommHGB/*Langheim* RdNr. 37; in der Tendenz auch Röhricht/Graf v. Westphalen/*v. Gerkan* RdNr. 18.
[49] BGH Beschl. v. 4. 7. 1977 – II ZB 4/77, NJW 1977, 1879, 1880; BayObLG Beschl. v. 3. 3. 1988 – BReg 3 Z 184/87, WM 1988, 710, 711.
[50] Staub/*Ulmer* RdNr. 29; MünchKommHGB/*Langhein* RdNr. 40.

Anzumeldende Änderungen 1–6 § 107

Übersicht

	RdNr.		RdNr.
I. Normzweck und Anwendungsbereich..	1, 2	b) Umwandlung einer Beteiligung	8
II. Anmeldepflicht.........................	3–12	c) Umwandlung der Rechtsform der Gesellschaft	9
1. Dauer	3	6. Änderung der Vertretungsmacht eines Gesellschafters	10
2. Formalien der Anmeldung.................	4	7. Zwischeneintragungen	11
3. Firmenänderung............................	5	8. Änderung der Geschäftsanschrift............	12
4. Sitzverlegung................................	6	III. Nicht anmeldepflichtige Änderungen	13–15
5. Veränderungen im Gesellschafterbestand....	7–9		
a) Eintritt von Gesellschaftern	7		

I. Normzweck und Anwendungsbereich

Die Vorschrift **ergänzt** die für die erstmalige Eintragung der OHG (KG) geltende Regelung des 1
§ 106 und bestimmt, welche **späteren Veränderungen** der Gesellschaft bis zu ihrer Vollbeendigung zur Eintragung in das Handelsregister anzumelden sind. Dadurch soll zum Schutz des Rechtsverkehrs die **Aktualität des Handelsregisters** gewahrt bleiben. Es handelt sich auch um eine Ergänzung des § 31, der zB im Falle des Wechsels der Inhaberschaft bei der Gesellschaft gilt.[1] § 107 ist ebenso wie die §§ 106 und 108 **zwingender Natur**. Weitere Anmeldungspflichten bei Veränderungen ursprünglich anmeldepflichtiger Tatsachen enthalten § 143 Abs. 1 und 2 sowie die §§ 148, 157. Zur Anmeldung des Formwechsels vgl. § 198 UmwG.

§ 107 **beschränkt die Anmeldepflicht** auf Änderungen der Firma oder des Sitzes der Gesell- 2
schaft, der Vertretungsmacht der Gesellschafter und auf den Eintritt eines neuen Gesellschafters. Zur Anmeldung einer Änderung der Geschäftsanschrift vgl. RdNr. 12. Zur freiwilligen Anmeldung von Veränderungen s. RdNr. 13 f.

II. Anmeldepflicht

1. Dauer. Die Anmeldepflicht erstreckt sich auf Änderungen, die schon eingetreten sind oder mit 3
der Eintragung eintreten. Künftige Änderungen unterliegen nicht der Anmeldung.[2] § 107 findet (ebenso wie § 106) auch im **Liquidationsstadium** bis zur Beendigung der Gesellschaft Anwendung.[3]

2. Formalien der Anmeldung. Die Form der Anmeldung bestimmt sich nach § 12, ihre 4
zwangsweise Durchsetzung nach § 14. Zuständig ist das Registergericht am Sitz der Gesellschaft (§ 106 RdNr. 7, 13). Anmeldepflichtig sind sämtliche Gesellschafter (näher dazu Erläuterungen zu § 108). Zur Löschung unzulässig gewordener Eintragungen und zur Löschung vermögensloser Gesellschaften vgl. § 106 RdNr. 23.

3. Firmenänderung. Hierher gehören unabhängig vom Anlass alle Änderungen der Firma. 5
Dabei spielt es keine Rolle, ob die Änderung sich auf die ganze Firma, den Firmenkern oder Firmenbestandteile bezieht.[4] Die Zulässigkeit der Änderung beurteilt sich nach allgemeinem Firmenrecht (§§ 17 ff., für OHG und KG vor allem nach § 19). Das Registergericht hat im Rahmen seiner Kontrollaufgabe (§ 106 RdNr. 20) vor der Eintragung die Zulässigkeit der Firmenänderung zu prüfen.

4. Sitzverlegung. Maßgebend ist die Verlegung des tatsächlichen Schwerpunktes der unterneh- 6
merischen Tätigkeit an einen anderen Ort (§ 106 RdNr. 13). Die Eintragung der Sitzverlegung hat nur deklaratorische Bedeutung.[5] Das Verfahren richtet sich nach § 13 h. Wegen eines Verstoßes gegen firmenrechtliche Vorschriften kann die Eintragung der Sitzverlegung nicht abgelehnt werden. Der unzulässige Firmengebrauch bildet kein Eintragungshindernis; das Registergericht kann nach § 37 HGB, § 140 FGG einschreiten; unter Umständen kommt auch ein Amtslöschungsverfahren nach § 142 FGG in Betracht.[6] – Zur Reihenfolge der Erledigung von Anmeldungen, die vor oder mit der Sitzverlegung eingehen, vgl. KG (Fn. 5).

---

[1] BayObLG Beschl. v. 19. 12. 1989 – BReg 3 Z 102/89, BayObLGZ 1989, 474, 477 = NJW-RR 1990, 868, 869.
[2] BayObLG Beschl. v. 21. 5. 1970 – BReg 2 Z 24/70, NJW 1970, 1796; MünchKommHGB/*Langhein* RdNr. 12; Staub/*Ulmer* RdNr. 3.
[3] MünchKommHGB/*Langhein* RdNr. 2; Staub/*Ulmer* RdNr. 11; Heymann/*Emmerich* RdNr. 6.
[4] MünchKommHGB/*Langhein* RdNr. 4; Staub/*Ulmer* RdNr. 4.
[5] BGH Urt. v. 27. 5. 1957 – II ZR 317/55, WM 1957, 999, 1000; KG Beschl. v. 22. 10. 1996 – 1 AR 30/96, Rpfleger 1997, 217; MünchKommHGB/*Langhein* RdNr. 5.
[6] BGH Beschl. v. 4. 7. 1977 – II ZB 4/77, NJW 1977, 1879, 1880; BayObLG Beschl. v. 3. 3. 1988 – BReg 3 Z 184/87, WM 1988, 710, 711.

§ 107 7-10

7 **5. Veränderungen im Gesellschafterbestand. a) Eintritt von Gesellschaftern.** Anmeldezwang nach § 107 besteht für den Eintritt jedes neuen Gesellschafters. Tritt ein Gesellschafter in eine **OHG (KG)** ein, die ihrerseits Gesellschafterin einer anderen OHG (KG) ist, wird der Eintritt nur in das Register der unmittelbar betroffenen OHG eingetragen.[7] Der Eintritt in eine **Gesellschaft bürgerlichen Rechts** ist hingegen in das Register der OHG (KG) einzutragen, in der sie (die GbR) Gesellschafterin ist (§ 106 RdNr. 10).[8] Die rechtliche Grundlage des Gesellschaftereintritts ist unerheblich. § 107 erstreckt sich auf den Neueintritt, den Eintritt im Rahmen eines Gesellschafterwechsels und die Übertragung der Mitgliedschaft (Anteilsübertragung).[9] Im letzteren Fall wird ein Rechtsnachfolgevermerk eingetragen (§ 106 RdNr. 19).[10] Der anmeldepflichtige Eintritt kann sich auch auf Grund einer erbrechtlichen oder sonstigen Gesamtrechtsnachfolge vollziehen.[11] – Zur Anmeldung des Austritts eines Gesellschafters vgl. § 143 Abs. 2.

8 **b) Umwandlung einer Beteiligung.** Der Anmeldepflicht unterliegt auch die Umwandlung der Stellung eines persönlich haftenden Gesellschafters in die eines Kommanditisten und umgekehrt.[12] Es genügt die Anmeldung, dass ein namentlich bezeichneter persönlich haftender Gesellschafter die Rechtsstellung eines Kommanditisten erlangt hat.[13] Der Erwerb eines Kommanditanteils durch einen persönlich haftenden Gesellschafter ist wegen der einheitlichen Mitgliedschaft (§ 105 RdNr. 32) nicht eintragungsfähig.[14] Anders verhält es sich dagegen, wenn ein Kommanditist den Betrag der nach § 162 Abs. 1 anzumeldenden Hafteinlage durch einen Beteiligungserwerb aufstockt (vgl. § 175).

9 **c) Umwandlung der Rechtsform der Gesellschaft.** Der Anmeldung zur Eintragung bedarf auch die Umwandlung einer OHG in eine KG oder umgekehrt auf Grund Ausscheidens oder Beitritts eines Kommanditisten oder auf Grund vertraglicher Umwandlung der Beteiligung von Gesellschaftern.[15] In diesen Fällen sind zwei Ereignisse anzumelden, und zwar der Ein- und Austritt des Gesellschafters sowie die dadurch bewirkte Änderung der Rechtsform der Gesellschaft.[16] Die vorstehend erörterten Fälle werden nicht vom Umwandlungsgesetz erfasst.[17] Zur Anmeldung des unter das Umwandlungsgesetz fallenden Formwechsels s. §§ 198, 199 UmwG.

10 **6. Änderung der Vertretungsmacht eines Gesellschafters.** Die Anmeldepflicht für Veränderungen der Vertretungsmacht der Gesellschafter ist zum 11. 12. 2001 durch das ERJuKoG[18] korrespondierend zur Erweiterung der Erstanmeldepflicht der Vertretungsverhältnisse gemäß § 106 Abs. 2 Nr. 4 (dort RdNr. 16) von § 125 Abs. 4 aF in die Bestimmung des § 107 verlagert worden. Anzumelden ist **jegliche Veränderung** der Vertretungsverhältnisse der Gesellschafter, gleichviel ob sie die abstrakte Vertretungsstruktur oder die Vertretungsbefugnis bestimmter Gesellschafter betrifft.[19] Anmeldepflichtig sind deshalb beispielsweise auch Vereinbarungen in Zusammenhang mit der Einführung oder Veränderung einer Regelung über eine Gesamtvertretung (§ 125 RdNr. 20 ff.) oder über eine gemischte Gesamtvertretung (§ 125 RdNr. 38 ff.).[20] Bei Eintritt eines **neuen Gesellschafters** ist dessen Vertretungsbefugnis anzumelden, falls die bisher eingetragene Vertretungsregelung durch eine diesen betreffende Vereinbarung unzutreffend oder unvollständig wird.[21] In Entsprechung zur Erstanmeldung gemäß § 106 Abs. 2 Nr. 4 (vgl. dort RdNr. 16) sind anmeldepflichtig auch Veränderungen in den Vertretungsverhältnissen einer **Gesellschaft bürgerlichen Rechts,** die ihrerseits vertretungsbefugtes Mitglied einer OHG (KG) ist. Für Änderungen, die ausschließlich eine Prokura betreffen, gilt § 53.

---

[7] MünchKommHGB/*Langhein* RdNr. 7; Staub/*Ulmer* RdNr. 6.
[8] *Bergmann* ZIP 2003, 2231, 2238; Baumbach/*Hopt* RdNr. 1.
[9] MünchKommHGB/*Langhein* RdNr. 7, 9; Staub/*Ulmer* RdNr. 6.
[10] MünchKommHGB/*Langhein* RdNr. 9; Röhricht/Graf v. Westphalen/*v. Gerkan* RdNr. 6.
[11] BGH Beschl. v. 3. 7. 1989 – II ZB 1/89, BGHZ 108, 187, 189 f. = NJW 1989, 3152; Staub/*Ulmer* RdNr. 6; Röhricht/Graf v. Westphalen/*v. Gerkan* RdNr. 6; Heymann/*Emmerich* RdNr. 4.
[12] BayObLG Beschl. v. 3. 3. 1988 – BReg 3 Z 184/87, WM 1988, 710, 711; Staub/*Ulmer* RdNr. 7; Röhricht/Graf v. Westphalen/*v. Gerkan* RdNr. 7; Baumbach/*Hopt* RdNr. 2; aA MünchKommHGB/*Langhein* RdNr. 10, der die Umwandlung nur für anmeldepflichtig hält, wenn sie zu einer Änderung der Rechtsform der Gesellschaft führt.
[13] BayObLG Beschl. v. 21. 5. 1970 – BReg 2 Z 24/70, NJW 1970, 1796.
[14] BayObLG Beschl. v. 10. 12. 1982 – BReg 98/92, WM 1983, 279, 281; MünchKommHGB/*Langhein* RdNr. 11.
[15] MünchKommHGB/*Langhein* RdNr. 10; Staub/*Ulmer* RdNr. 8, Röhricht/Graf v. Westphalen/*v. Gerkan* RdNr. 9.
[16] Staub/*Ulmer* RdNr. 8.
[17] Vgl. Lutter/*Decher* UmwG § 190 RdNr. 14 ff.
[18] Gesetz über elektronische Register und Justizkosten für Telekommunikation (ERJuKoG) vom 10. 12. 2001, BGBl. I S. 3422.
[19] Vgl. Beispiele bei *Busch* Rpfleger 2003, 329, 332 f.
[20] Baumbach/*Hopt* RdNr. 1.
[21] Vgl. *Busch* Rpfleger 2003, 329, 334.

7. Zwischeneintragungen. Wenn im Handelsregister noch der Rechtsvorgänger eines Kommanditisten eingetragen ist, der seinerseits durch Tod oder Übertragung seines Kommanditanteils inzwischen aus der Gesellschaft ausgeschieden ist, so kann der Gesamt- oder Sonderrechtsnachfolger des zuletzt Ausgeschiedenen erst nach der Zwischeneintragung seines Rechtsvorgängers im Handelsregister eingetragen werden.[22] Die Zwischeneintragung ist anzumelden. Auch wenn ein Kommanditist schon vor der Eintragung der KG in das Handelsregister aus der Gesellschaft ausgeschieden ist, kann er verlangen, dass sein Eintritt in die KG und sein Ausscheiden aus ihr in das Handelsregister eingetragen wird.[23] Zum **Nachweis der Rechtsnachfolge** nach einem verstorbenen Kommanditisten ist für Anmeldungen zum Handelsregister in der Regel die Vorlage eines Erbscheins erforderlich.[24] Bei öffentlich beurkundeten Verfügungen von Todes wegen genügt – wenn sie inhaltlich eindeutig sind – entsprechend § 35 Abs. 1 S. 2 GBO deren Vorlage zusammen mit dem Eröffnungsprotokoll.[25]

8. Änderung der Geschäftsanschrift. Sie ist nach der Neufassung des § 24 Abs. 2 HRV durch das HRefG ebenfalls anmeldepflichtig.[26] Ergänzend wird auf § 106 RdNr. 17 hingewiesen. Auch die Änderung der Geschäftsanschrift einer Zweigniederlassung unterliegt der Anmeldepflicht (§ 24 Abs. 3 HRV).

III. Nicht anmeldepflichtige Änderungen

Keine Anmeldepflicht besteht hinsichtlich **Änderungen** der in § 106 Abs. 2 Nr. 1 genannten **Personalien** eines Gesellschafters (Name, Vorname, Wohnort); diese Änderungen können aber freiwillig angemeldet und zum Zwecke der Klarstellung in das Handelsregister eingetragen werden.[27] Anders als nach § 108 genügt jedoch die Anmeldung durch den betroffenen Gesellschafter, der die Änderungen dem Registergericht durch öffentliche Urkunden nachzuweisen hat.[28]

Wird die **Änderung des Unternehmensgegenstandes** (früher: Geschäftszweig) – soweit er sich nicht aus der Firma ergibt – angemeldet (§ 106 RdNr. 17), so hat das Registergericht auch auf die Anmeldung der Änderung hinzuwirken (§ 24 Abs. 4 HRV analog) und ihre Bekanntmachung zu veranlassen.[29]

Zum **Hinzuerwerb einer Beteiligung** vgl. RdNr. 8.

§ 108 [Anmeldepflicht sämtlicher Gesellschafter]

Die Anmeldungen sind von sämtlichen Gesellschaftern zu bewirken.

Übersicht

	RdNr.		RdNr.
I. Normzweck und Regelungsinhalt......	1, 2	3. Verfahrensfragen	7, 8
II. Die Anmeldepflicht.....................	3–8	III. Die anmeldepflichtigen Personen	9–13
1. Rechtsnatur...............................	3–5	1. Gesellschafter	9
a) Öffentlich-rechtliche Pflicht	3, 4	2. Erben, Testamentsvollstrecker............	10, 11
b) Gesellschaftsvertragliche Verpflichtung...	5	3. Bevollmächtigte.............................	12, 13
2. Sachlicher Geltungsbereich	6		

I. Normzweck und Regelungsinhalt

Die **Anmeldepflicht** sämtlicher Gesellschafter einer OHG bzw. KG (§ 161 Abs. 2) soll für den Regelfall gewährleisten, dass die angemeldeten Tatsachen **wahrheitsgemäß** sind. Die Gesellschafter brauchen grundsätzlich keine weiteren Urkunden einzureichen (RdNr. 7). Daher greift die Amts-

---

[22] OLG Hamm Beschl. v. 7. 1. 1993 – 15 W 103/92, DB 1993, 876 ff.
[23] OLG Oldenburg Beschl. v. 20. 3. 1987 – 5 W 9/87, DB 1987, 1527 f.
[24] OLG Hamm Beschl. v. 12. 12. 1985 – 15 W 443/85, Rpfleger 1986, 139, 140; OLG Frankfurt aM Beschl. v. 30. 8. 1993 – 20 W 336/93, Rpfleger 1994, 67, 68; KG Beschl. v. 30. 5. 2000 – 1 W 931/99, NZG 2000, 1167; OLG Köln, Beschl. v. 9. 9. 2004 – 2 Wx 22/04, NZG 2005, 37, 38.
[25] KG Beschl. v. 30. 5. 2000 – 1 W 931/99, NZG 2000, 1167, 1168 (obiter); KG Beschl. v. 5. 10. 2006 – 1 W 146/06 NZG 2007, 101; MünchKommHGB/*Langhein* § 108 RdNr. 12; vgl. auch allgemein zum Erbschaftsnachweis BGH Urt. v. 7. 6. 2005 – XI ZR 311/04, NJW 2005, 2779.
[26] Vgl. dazu Begr. RegE zum HRefG, BT-Drucks. 13/8444 S. 86 ff.
[27] MünchKommHGB/*Langhein* RdNr. 14; Staub/*Ulmer* RdNr. 9; Heymann/*Emmerich* RdNr. 1; Röhricht/Graf v. Westphalen/*v. Gerkan* RdNr. 11; Baumbach/*Hopt* RdNr. 3.
[28] Staub/*Ulmer* RdNr. 9; MünchKommHGB/*Langhein* RdNr. 14; Heymann/*Emmerich* RdNr. 1.
[29] Vgl. Staub/*Ulmer* RdNr. 10; MünchKommHGB/*Langhein* RdNr. 14.

§ 108 2–7　　　　　　　　　　　　2. Buch. 1. Abschnitt. Offene Handelsgesellschaft

ermittlungspflicht (§ 12 FGG) des Registergerichts nur bei Vorliegen begründeter Zweifel ein.[1] Ferner bezweckt die Anmeldung durch alle Gesellschafter, ihnen die etwaige Unrichtigkeit einer Eintragung im Rahmen des **§ 15 Abs. 3 zuzurechnen**.[2] Außerdem kommt der Vorschrift im Hinblick auf die Eintragungsoption des durch das HRefG neu gefassten § 105 Abs. 2 eine **Warnfunktion** zu.[3]

2　Der **frühere Absatz 2** der Vorschrift, der den vertretungsberechtigten Gesellschaftern auferlegte, ihre Namensunterschrift unter Angabe der Firma zur Aufbewahrung beim Registergericht zu zeichnen (Zeichnungspflicht) wurde durch Art. 1 Nr. 15 des Gesetzes über elektronische Handelsregister und Genossenschaftsregister sowie das Unternehmensregister (EHUG)[4] mit Wirkung vom 1. Januar 2007 ersatzlos aufgehoben.

II. Die Anmeldepflicht

3　**1. Rechtsnatur. a) Öffentlich-rechtliche Pflicht.** Die Anmeldepflicht ist eine öffentlich-rechtliche Pflicht, die jeden einzelnen Gesellschafter gegenüber dem Registergericht trifft (vgl. auch § 106 RdNr. 2). Sie kann, soweit erforderlich, nach § 14 HGB, § 132 FGG zwangsweise durchgesetzt werden. Zwangsmaßnahmen richten sich gegen den säumigen Gesellschafter persönlich, nicht gegen die OHG (KG).[5] Allerdings kann die Gesellschaft ihrerseits Rechtsmittel gegen die Zwangsgeldfestsetzung gegenüber einem Gesellschafter einlegen.[6] Wenn es sich bei dem säumigen Gesellschafter um eine juristische Person oder eine Personengesellschaft handelt, wird das Ordnungsverfahren gegen deren gesetzlichen Vertreter betrieben.[7]

4　Die öffentlich-rechtliche Anmeldepflicht ist **zwingender Natur**. Einwendungen aus dem Innenverhältnis der Gesellschafter sind irrelevant. Es ist nur der Einwand zulässig, es fehle an den Voraussetzungen der §§ 106, 107.

5　**b) Gesellschaftsvertragliche Verpflichtung.** Neben der öffentlich-rechtlichen besteht auch eine gesellschaftsvertragliche Verpflichtung der Gesellschafter untereinander, bei der Anmeldung mitzuwirken.[8] Die Gesellschaft selbst kann diesen Anspruch nicht geltend machen.[9] Vielmehr steht der Anspruch den einzelnen Mitgesellschaftern zu[10] und kann von ihnen im Wege der actio pro socio (§ 105 RdNr. 145 ff.) verfolgt werden.[11] Der auf Mitwirkung verklagte Gesellschafter kann nur solche Einwendungen erheben, die er auch der öffentlich-rechtlichen Anmeldungspflicht entgegensetzen könnte; er kann sich also nicht auf ein Zurückbehaltungsrecht gegenüber Mitgesellschaftern berufen.[12] Zur Bindung des Registergerichts an Entscheidungen des Prozessgerichts vgl. § 16. – Zur Beteiligung am Anmeldeverfahren als materiellrechtliche Billigung der in der Anmeldung enthaltenen Erklärungen vgl. § 105 RdNr. 41.

6　**2. Sachlicher Geltungsbereich.** Dieser umfasst nur die nach den §§ 106, 107 anmeldepflichtigen Tatsachen.[13] Alle sonst gesetzlich vorgeschriebenen Anmeldungen können durch die vertretungsberechtigten Gesellschafter vorgenommen werden, sofern das Gesetz nicht im Einzelfall die Mitwirkung aller Gesellschafter anordnet (so zB § 143 Abs. 1, § 144 Abs. 2, § 148 Abs. 1).

7　**3. Verfahrensfragen.** Für die Anmeldung zuständig ist das Registergericht am Sitz der Gesellschaft. Die Form der Anmeldung bestimmt sich nach § 12 Abs. 1. Ein besonderer Wortlaut ist nicht vorgeschrieben; es reicht aus, wenn sich aus der Anmeldung die einzutragenden Tatsachen für das

---

[1] BayObLG Beschl. v. 20. 6. 1974 – BReg 2 Z 2/74, DB 1974, 1521, 1522; BayObLG Beschl. v. 28. 3. 1977 – BReg 3 Z 24/76, DB 1977, 1085; BayObLG Beschl. v. 4. 4. 1978 – 1 Z 15/78, Rpfleger 1978, 254, 255; Staub/*Ulmer* RdNr. 1.
[2] MünchKommHGB/*Langhein* RdNr. 1; Staub/*Ulmer* RdNr. 1.
[3] MünchKommHGB/*Langhein* RdNr. 1; Koller/Roth/Morck RdNr. 1.
[4] Gesetz vom 10. 11. 2006, BGBl. I S. 2553; zu den Gründen für den Wegfall der Zeichnungspflicht vgl. Begr. RegE BT-Drucks. 16/960 S. 47 f.
[5] MünchKommHGB/*Langhein* RdNr. 4; Staub/*Ulmer* RdNr. 6.
[6] BGH Beschl. v. 11. 7. 1957 – II ZB 6/57, BGHZ 25, 154, 157 = NJW 1957, 1558; BayObLG Beschl. v. 12. 11. 1987 – BReg 3 Z 130/87, BB 1988, 88, 89.
[7] BayObLG Beschl. v. 20. 6. 1974 – BReg 2 Z 2/74, DB 1974, 1521; MünchKommHGB/*Langhein* RdNr. 4; Röhricht/Graf v. Westphalen/*v.* Gerkan RdNr. 1.
[8] BGH Urt. v. 15. 6. 1959 – II ZR 44/58, BGHZ 30, 195, 197 f. = NJW 1959, 1683, 1684; BGH Urt. v. 2. 5. 1983 – II ZR 94/82, WM 1983, 785, 786; BGH Urt. v. 17. 12. 2001 – II ZR 31/00, NJW-RR 2002, 538, 539.
[9] BGH Urt. v. 2. 5. 1983 – II ZR 94/82, WM 1983, 785, 786.
[10] BGH Urt. v. 10. 12. 1973 – II ZR 53/72, NJW 1974, 498, 499.
[11] Heymann/*Emmerich* RdNr. 10.
[12] BGH Urt. v. 10. 12. 1973 – II ZR 53/72, NJW 1974, 498, 499; MünchKommHGB/*Langhein* RdNr. 6; Röhricht/Graf v. Westphalen/*v.* Gerkan RdNr. 5; teilw. abweichend Baumbach/*Hopt* RdNr. 6.
[13] MünchKommHGB/*Langhein* RdNr. 1, Staub/*Ulmer* RdNr. 9; Heymann/*Emmerich* RdNr. 1; Röhricht/Graf v. Westphalen/*v.* Gerkan RdNr. 2.

Registergericht eindeutig ergeben.[14] Die Gesellschafter brauchen ihre Anmeldungen nicht gleichzeitig abzugeben.[15] Wegen des Zwecks der Mitwirkungspflicht aller Gesellschafter, hinreichend sichere Tatsachengrundlagen für die Anmeldung zu schaffen (RdNr. 1), sind die Gesellschafter grundsätzlich nicht verpflichtet, weitere urkundliche Nachweise vorzulegen.[16] Zur Vertretung bei der Anmeldung s. RdNr. 12 f.

Die Anmeldung ist als **Verfahrenshandlung** zu qualifizieren, so dass die Regeln über Willenserklärungen grundsätzlich nicht anzuwenden sind. Die Anmeldung kann aber bis zum Vollzug der Eintragung formlos und ohne Begründung **widerrufen** werden.[17] Mängel des Anmeldungsverfahrens (zB fehlende Mitwirkung einzelner Gesellschafter, Vertretungs- oder Formmängel) spielen nach gleichwohl erfolgter Eintragung keine Rolle mehr; eine Amtslöschung nach § 142 FGG kommt nur in Betracht, wenn der Mangel (auch) zu einer inhaltlich unrichtigen Eintragung führt.[18] 8

III. Die anmeldepflichtigen Personen

1. Gesellschafter. Anmeldepflichtig sind **sämtliche Gesellschafter** der OHG (KG, vgl. § 161 Abs. 2) einschließlich der Kommanditisten. Unerheblich ist, ob die Gesellschafter geschäftsführungs- oder vertretungsberechtigt sind oder nicht. Die Anmeldungspflicht trifft grundsätzlich alle Gesellschafter, die der Gesellschaft im Zeitpunkt des anmeldepflichtigen Ereignisses angehören. An der Anmeldung des Eintritts muss somit auch der Neueintretende, an der des Ausscheidens auch der ausgeschiedene Gesellschafter mitwirken.[19] **Juristische Personen** oder **Personengesellschaften** (einschließlich Gesellschaften bürgerlichen Rechts),[20] die an der OHG (KG) beteiligt sind, handeln durch ihre organschaftlichen Vertreter in vertretungsberechtigter Zahl; die Anmeldung braucht nicht durch alle Organmitglieder vorgenommen zu werden.[21] Für **geschäftsunfähige** oder in der Geschäftsfähigkeit beschränkte (Ausnahme § 112 BGB) Gesellschafter wirken ihre gesetzlichen Vertreter bei der Anmeldung mit. § 181 BGB findet keine Anwendung.[22] Beim rechtsgeschäftlichen Beitritt eines Minderjährigen in die Gesellschaft ist der Nachweis der erforderlichen familien- oder vormundschaftsgerichtlichen Genehmigung (§ 105 RdNr. 56) in Form öffentlicher Urkunden zu erbringen.[23] – Im **Insolvenzverfahren** über das Vermögen eines Gesellschafters ist der Insolvenzverwalter anmeldepflichtig (vgl. § 146 Abs. 3). 9

2. Erben, Testamentsvollstrecker. Im Erbfall geht zunächst die **Anmeldungspflicht des Erblassers** bezüglich aller nach den §§ 106, 107 eintragungspflichtigen, aber noch nicht angemeldeten Tatsachen auf alle Erben über, auch wenn sie nicht nach Erbrecht Nachfolger des Erblassers als Gesellschafter geworden sind. **Ferner** haben neben den verbliebenen Gesellschaftern alle Erben **das Ausscheiden** des verstorbenen Gesellschafters **und den Eintritt** neuer Erben anzumelden; diese Pflicht trifft auch die Erben, die dem Erblasser nicht in die Gesellschafterstellung nachfolgen.[24] Zum Nachweis der Erbfolge vgl. § 107 RdNr. 11. 10

Bei zulässiger Testamentsvollstreckung ist der **Testamentsvollstrecker,** soweit seine Befugnisse reichen, zur Anmeldung berechtigt und verpflichtet (vgl. auch § 177 RdNr. 22).[25] Der Erbe hat insoweit kein Anmelderecht.[26] Auch soweit der Kernbereich der Rechtsstellung des Gesellschafters 11

---

[14] MünchKommHGB/*Langhein* RdNr. 18; Heymann/*Emmerich* RdNr. 5.
[15] AllgM, vgl. etwa MünchKommHGB/*Langhein* RdNr. 18; Staub/*Ulmer* RdNr. 7.
[16] BayObLG Beschl. v. 28. 3. 1977 – BReg 3 Z 24/76, DB 1977, 1085; BayObLG Beschl. v. 4. 4. 1978 – 1 Z 15/78, Rpfleger 1978, 254, 255; Heymann/*Emmerich* RdNr. 11; Röhricht/Graf v. Westphalen/*v. Gerkan* RdNr. 1.
[17] BayObLG Beschl. v. 9. 11. 1989 – BReg 3 Z 17/89, DB 1990, 168, 169; MünchKommHGB/*Langhein* § 106 RdNr. 14; Heymann/*Emmerich* RdNr. 8.
[18] Staub/*Ulmer* RdNr. 7; Heymann/*Emmerich* RdNr. 9.
[19] BayObLG Beschl. v. 28. 3. 1977 – BReg 3 Z 24/76, DB 1977, 1085; MünchKommHGB/*Langhein* RdNr. 9; Staub/*Ulmer* RdNr. 10; Heymann/*Emmerich* RdNr. 1.
[20] *Bergmann* ZIP 2003, 2231, 2239; Baumbach/*Hopt* RdNr. 3.
[21] MünchKommHGB/*Langhein* RdNr. 18; Staub/*Ulmer* RdNr. 11.
[22] BayObLG Beschl. v. 28. 3. 1977 – BReg 3 Z 24/76, DB 1977, 1085; MünchKommHGB/*Langhein* RdNr. 8, 13; Staub/*Ulmer* RdNr. 11; Heymann/*Emmerich* RdNr. 2.
[23] Staub/*Ulmer* RdNr. 11.
[24] BayObLG Beschl. v. 10. 12. 1978 – BReg 1 Z 102/78, DB 1979, 86; OLG Hamm Beschl. v. 12. 12. 1985 – 15 W 443/85, Rpfleger 1986, 139, 140; OLG Hamm Beschl. v. 20. 2. 1989 – 15 W 5/88, WM 1989, 830, 831; Staub/*Ulmer* RdNr. 14; MünchKommHGB/*Langhein* RdNr. 10; Heymann/*Emmerich* RdNr. 3.
[25] BGH Beschl. v. 3. 7. 1989 – II ZB 1/89, BGHZ 108, 187, 190 = NJW 1989, 3152, 3153.
[26] *Brandner,* FS Kellermann, 1991, S. 37, 48 f.; MünchKommHGB/*Langhein* RdNr. 10; MünchKommHGB/*K.Schmidt* § 177 RdNr. 36; Röhricht/Graf v. Westphalen/*v. Gerkan* § 177 RdNr. 18; offen gelassen vom BGH (Fn. 25) BGHZ 108, 187, 190 – dort wird ein alleiniges Anmelderecht des Testamentsvollstreckers bezüglich einer Einlageerhöhung verneint, wenn der Gesellschafter/Erbe dem Erhöhungsbeschluss nicht zugestimmt hat und dieser deshalb unwirksam ist.

§ 109　　　　　　　　2. Buch. 1. Abschnitt. Offene Handelsgesellschaft

betroffen ist, hat dieser kein Mitwirkungsrecht bei der Anmeldung, sondern nur ein Recht auf Anhörung durch das Registergericht.[27]

12　**3. Bevollmächtigte.** Die anmeldepflichtigen Personen brauchen nicht höchstpersönlich tätig zu werden, sondern können sich gemäß § 13 S. 2 FGG iVm. § 12 Abs. 2 S. 1 HGB auf Grund einer öffentlich beglaubigten Vollmacht vertreten lassen.[28] Ein Vertreter, der selbst Gesellschafter ist, kann in eigenem Namen und zugleich als Bevollmächtigter die Anmeldung vornehmen, da § 181 BGB keine Anwendung findet.[29] Die Vollmacht ist ohne besondere Vereinbarung grundsätzlich widerruflich. Unwiderruflichkeit wird anzunehmen sein, wenn sich die Bevollmächtigung auf eine bestimmte Rechtsänderung bezieht, an deren Eintragung der Bevollmächtigte ein eigenes Interesse hat.[30] Aus wichtigem Grund kann auch eine sonst unwiderrufliche Vollmacht widerrufen werden.[31]

13　Der **Prokurist eines Gesellschafters** bedarf einer besonderen Vollmacht in der Form des § 12 Abs. 2 S. 1, da die Anmeldung zum Handelsregister nicht zum Betrieb des Handelsgewerbes gehört, für das der Prokurist seine Prokura erhalten hat.[32] Zum Teil wird es für zulässig gehalten, dass ein Gesellschafter bereits beim Eintritt in die Gesellschaft (im Gesellschaftsvertrag oder isoliert) **Generalvollmacht** für die nach § 108 vorgeschriebenen Anmeldungen erteilt.[33] Hiergegen bestehen jedoch im Hinblick auf den Normzweck (Richtigkeitsgewähr, vgl. RdNr. 1) durchgreifende Bedenken; eine Ausnahme ist aus praktischen Gründen nur für Publikumsgesellschaften zu machen, und für Anmeldungen, die die Grundlagen des Gesellschaftsverhältnisses betreffen oder die Rechtsstellung des Vollmachtgebers unmittelbar im Kern berühren.[34]

Zweiter Titel. Rechtsverhältnis der Gesellschafter untereinander

§ 109 [Gesellschaftsvertrag]

Das Rechtsverhältnis der Gesellschafter untereinander richtet sich zunächst nach dem Gesellschaftsvertrage; die Vorschriften der §§ 110 bis 122 finden nur insoweit Anwendung, als nicht durch den Gesellschaftsvertrag ein anderes bestimmt ist.

Schrifttum: *Coester-Waltjen*, Die Inhaltskontrolle von Verträgen außerhalb des AGBG, AcP 190 (1990), 1, 8; *Henze*, Treupflichten der Gesellschafter im Kapitalgesellschaftsrecht, ZHR 162 (1998), 186; *Hermanns*, Bestimmtheitsgrundsatz und Kernbereichslehre – Mehrheit und Minderheit in der Personengesellschaft, ZGR 1996, 103; *ders.*, Übertragung von Mitgliedschaftsrechten an Dritte – Gestaltungsmöglichkeiten und -grenzen, ZIP 2005, 2284; *Hüffer*, 100 Bände BGHZ: Personengesellschaftsrecht, ZHR 151 (1987), 396; *Korehnke*, Treuwidrige Stimmen im Personengesellschafts- und GmbH-Recht. Sanktionen und prozessuale Behandlung, Diss. jur. 1996; *Lockowandt*, Stimmrechtsbeschränkungen im Recht der Personengesellschaften, Kernbereichslehre und Stimmrechtsausschluss, 1996; *Loritz*, Vertragsfreiheit und Individualschutz im Gesellschaftsrecht, JZ 1986, 1073; *Lutter*, Theorie der Mitgliedschaft, AcP 180 (1980), 84; *ders.*, Treupflichten und ihre Anwendungsprobleme, ZHR 162 (1998), 164; *Michalski*, Treupflichten persönlich haftender Gesellschafter (OHG, KG), NZG 1998, 460; *Nassall*, Die Inhaltskontrolle des Gesellschaftsvertrages der „kupierten" Publikums-Kommanditgesellschaft, BB 1988, 286; *Röttger*, Die Kernbereichslehre im Recht der Personenhandelsgesellschaften, 1989; *K. Schmidt*, Mehrheitsregelungen in GmbH & Co.-Verträgen, Verständnis oder Missverständnis des „Bestimmtheitsgrundsatzes"?, ZHR 158 (1994), 205; *Schön*, Der Nießbrauch am Gesellschaftsanteil, ZHR 158 (1994), 229; *Teichmann*, Gestaltungsfreiheit in Gesellschaftsverträgen, 1970; *Ulmer*, Richterrechtliche Entwicklungen im Gesellschaftsrecht 1971–1985, 1986; *ders.*, Hundert Jahre Personengesellschaftsrecht: Rechtsfortbildung bei OHG und KG, ZHR 161 (1997), 102; *Voormann*, Der Beirat im Gesellschaftsrecht, 2. Aufl. 1990; *H. P. Westermann*, Vertragsfreiheit und Typengesetzlichkeit im Recht der Personengesellschaften, 1970; *ders.*, Die Gestaltungsfreiheit im Personengesellschaftsrecht in den Händen des BGH in: 50 Jahre Bundesgerichtshof, Festgabe der Wissenschaft Bd. II, 2000, S. 245; *Wiedemann*, Der Gesellschaftsvertrag der Personengesellschaften, WM 1990, Sonderbeil. Nr. 8; *ders.*, Rechte und Pflichten des Personengesellschafters, WM 1992, Sonderbeil. Nr. 7; *Zinn*, Abschied vom Grundsatz der Selbstorganschaft bei Personengesellschaften? Umgehung durch Gestaltung und ihre Bedeutung für die Zulässigkeit einer sogenannten Selbstorganschaft, Diss. jur. 1997; *Zöllner*, Die Schranken mitgliedschaftlicher Stimmrechtsmacht bei den privatrechtlichen Personenverbänden, 1963.

---

[27] *Brandner*, FS Kellermann, 1991, S. 37, 49; MünchKommHGB/*Langhein* RdNr. 10; aA Schlegelberger/*Martens* RdNr. 11.
[28] AllgM, vgl. etwa MünchKommHGB/*Langhein* RdNr. 14; zu den Anforderungen an den Inhalt der Vollmacht vgl. KG Beschl. v. 1. 3. 2005 – 1 W 4/04, NZG 2005, 626.
[29] MünchKommHGB/*Langhein* RdNr. 14; Röhricht/Graf v. Westphalen/*v. Gerkan* RdNr. 11.
[30] Staub/*Ulmer* RdNr. 12.
[31] BGH Urt. v. 9. 5. 2005 – II ZR 29/03, NZG 2005, 722, 725; BGH Urt. v. 17. 7. 2006 II ZR 242/04, NZG 2006, 703 = NJW 2006, 2854; MünchKommHGB/*Langhein* RdNr. 14.
[32] BGH Beschl. v. 12. 6. 1991 – II ZB 13/91, BGHZ 116, 190, 193 = NJW 1992, 975; MünchKommHGB/*Langhein* RdNr. 16; Röhricht/Graf v. Westphalen/*v. Gerkan* RdNr. 13.
[33] BayObLG Beschl. v. 9. 5. 1977 – 3 Z 29/76, WM 1978, 70; OLG Frankfurt aM Beschl. v. 23. 3. 1973 – 20 W 209/73, OLGZ 1973, 270, 271; MünchKommHGB/*Langhein* RdNr. 15; Baumbach/*Hopt* RdNr. 3; für eine Publikums-KG: BGH (Fn. 31) NZG 2005, 722, 725; NZG 2006, 703.
[34] Staub/*Ulmer* RdNr. 13; Schlegelberger/*Martens* RdNr. 13; Röhricht/Graf v. Westphalen/*v. Gerkan* RdNr. 12.

Übersicht

	RdNr.		RdNr.
I. Normzweck	1	3. Ungeschriebene gesellschaftsrechtliche Schranken	14–29
II. Vertragsfreiheit im Innenverhältnis	2–4	a) Grundsatz der Selbstorganschaft	15
1. Vorrang des Gesellschaftsvertrages	2	b) Grundsatz der Verbandssouveränität	16
2. Dispositives Gesetzesrecht	3, 4	c) Schutz des mitgliedschaftlichen Kernbereichs	17
III. Schranken der Vertragsfreiheit	5–31	d) Bestimmtheitsgrundsatz	18, 19
1. Allgemeine Schranken	5	e) Treuepflicht	20–24
2. Gesetzlich normierte gesellschaftsrechtliche Schranken	6–13	f) Verhältnismäßigkeitsgrundsatz	25, 26
a) Mindestinformationsrechte (§ 118 Abs. 2)	7	g) Gleichbehandlungsgrundsatz	27–29
b) Abspaltungsverbot (§ 717 Satz 1 BGB)	8–12	4. Inhaltskontrolle	30, 31
c) Vertragsbeendigungsfreiheit (§§ 723 Abs. 3 BGB, 133 Abs. 3 HGB)	13	a) Nach §§ 305 ff. BGB	30
		b) Inhaltskontrolle anhand allgemeiner Maßstäbe	31

I. Normzweck

Die Vorschrift betont den Vorrang der **privatautonomen Gestaltung** der Rechtsbeziehungen 1 der Gesellschafter untereinander. Damit gilt im Innenverhältnis der Gesellschaft in erster Linie der Gesellschaftsvertrag. Erst in zweiter Linie kommen die §§ 110 bis 122 HGB zur Anwendung. Die besondere Bedeutung der Vorschrift zeigt sich daran, dass die Parteien in der Kautelarpraxis von der ihnen eingeräumten Vertragsfreiheit umfassend Gebrauch machen.

II. Vertragsfreiheit im Innenverhältnis

1. Vorrang des Gesellschaftsvertrages. Die Rechtsbeziehungen der Gesellschafter untereinan- 2 der richten sich in erster Linie nach dem zwischen ihnen geschlossenen Gesellschaftsvertrag.[1] Dabei billigt das Gesetz den Gesellschaftern bei der Regelung ihres Verhältnisses zueinander grundsätzlich **Gestaltungsfreiheit** zu, soweit nicht ausnahmsweise zwingendes Recht entgegensteht. Diese Regelungsfreiheit erstreckt sich nicht nur auf die in § 109 genannten §§ 110 bis 122. Gestaltungsfreiheit besteht, sofern nicht aus Gründen des Gläubigerschutzes zwingendes Recht entgegensteht, vielmehr auch bei Vereinbarungen zur Auflösung und Liquidation der Gesellschaft.[2] Auch die in diesem Zusammenhang stehenden Regelungen sind weitgehend dispositiv.

2. Dispositives Gesetzesrecht. Auf das dispositive Gesetzesrecht ist erst dann zurückzugreifen, 3 wenn eine – notfalls auch ergänzende – **Vertragsauslegung** (s. § 105 RdNr. 63) des Gesellschaftsvertrages keinen abweichenden Parteiwillen erkennen lässt.[3] Nur in diesem Fall kommen die das Innenverhältnis der Gesellschafter betreffenden Vorschriften der §§ 110 ff. zur Anwendung.

Maßgebliche Bedeutung für die Rechtsverhältnisse der Gesellschafter untereinander kommt auch 4 den über § 105 Abs. 3 subsidiär geltenden Vorschriften zum Recht der Gesellschaft bürgerlichen Rechts zu. Namentlich der Haftungsmaßstab des **§ 708 BGB,** nach welchem ein Gesellschafter bei der Erfüllung der ihm obliegenden Verpflichtungen nur für die eigenübliche Sorgfalt einzustehen hat, sei in diesem Zusammenhang genannt.[4]

III. Schranken der Vertragsfreiheit

1. Allgemeine Schranken. Der gesellschaftsrechtlichen Regelungsfreiheit werden zunächst 5 durch die allgemeinen **zwingenden Vorschriften** des Privatrechts Grenzen gesetzt. Unabdingbare Grenznormen sind vor allem die §§ 118, 166, 134, 138 BGB. Als **Verstoß gegen** ein **Verbotsgesetz** kommt in erster Linie die Verfolgung eines verbotswidrigen Gesellschaftszweckes in Betracht.[5] Der Vorwurf der **Sittenwidrigkeit** kann auf einer groben Ungleichbehandlung der Gesellschafter unter Ausnutzung der wirtschaftlichen Vormachtstellung des einen oder der Unerfahrenheit und des

---

[1] Vgl. im Einzelnen zum Gesellschaftsvertrag § 105 RdNr. 38 ff.
[2] MünchKommHGB/*Enzinger* RdNr. 3; Röhricht/Graf v. Westphalen/*v.Gerkan* RdNr. 2.
[3] Vgl. Staub/*Ulmer* RdNr. 9.
[4] Vgl. BGH Urt. v. 4. 11. 1996 – II ZR 48/95, NJW 1997, 314; nähere Einzelheiten zur Anwendung des § 708 BGB bei § 105 RdNr. 131 ff.
[5] BGH Urt. v. 25. 3. 1974 – II ZR 63/72, BGHZ 62, 234, 240 = NJW 1974, 1201 (Verstoß gegen Rechtsberatungsgesetz); Urt. v. 24. 9. 1979 – II ZR 95/78, BGHZ 75, 214, 217 = NJW 1980, 638; weitere Nachweise bei Staub/*Ulmer* § 105 Fn. 734, 735, 736.

Vertrauens des anderen beruhen, so etwa bei einem groben Missverhältnis zwischen dem tatsächlichen Wert der Einlagen und den hierfür vereinbarten Wertansätzen.[6] Sittenwidrig sind auch Klauseln, die einen Teil der Gesellschafter im Wesentlichen rechtlos stellen – wie zB bei der Möglichkeit des Ausschlusses ohne sachlichen Grund[7] – oder Bedingungen unterwerfen, die einer Knebelung gleichkommen.[8] Von § 738 BGB abweichende gesellschaftsvertragliche Abfindungsklauseln können wegen Benachteiligung der Gesellschaftsgläubiger oder des ausscheidenden Gesellschafters sittenwidrig sein (§ 131 RdNr. 120 ff.). Allerdings führt die Sittenwidrigkeit einzelner Bedingungen im Allgemeinen nach dem anzunehmenden Parteiwillen nicht zur Nichtigkeit des gesamten Vertrages, sondern nur zur **Unwirksamkeit** der **einzelnen Klausel**.[9]

6   **2. Gesetzlich normierte gesellschaftsrechtliche Schranken.** Größere praktische Bedeutung für die Begrenzung der Vertragsgestaltungsfreiheit kommt den gesellschaftsrechtsspezifischen Schranken zu. Auch diese beruhen teilweise auf zwingendem Gesetzesrecht.

7   **a) Mindestinformationsrechte (§ 118 Abs. 2).** Durch § 118 Abs. 2 wird den Gesellschaftern ein **unverzichtbarer Mindestbestand** an Kontroll- und Informationsrechten für den Fall gewährleistet, dass Grund zur Annahme unredlicher Geschäfte besteht. In diesem Fall stehen die Kontrollrechte auch den von der Geschäftsführung ausgeschlossenen Gesellschaftern uneingeschränkt zu, selbst wenn der Vertrag eine anders lautende Regelung enthält. Wegen der weiteren Einzelheiten ist auf die Kommentierung zu § 118 zu verweisen.

8   **b) Abspaltungsverbot (§ 717 Satz 1 BGB).** Dieses Verbot untersagt die Abspaltung **mitgliedschaftlicher Verwaltungsrechte** vom Stammrecht der Mitgliedschaft. Es hat für die Personengesellschaft seinen positiv rechtlichen Niederschlag in § 717 S. 1 BGB gefunden. Diese Regelung, die über § 105 Abs. 3 auch für die OHG gilt, ist (vorbehaltlich der im Folgenden aufgezeigten Grenzen) zwingend.[10] Danach sind die Verwaltungsrechte mit dem Gesellschafteranteil notwendig verbunden und können nicht von ihm losgelöst und selbständig übertragen werden.[11] Der Gesellschaftsvertrag kann daher nicht wirksam bestimmen, dass Verwaltungsrechte, etwa das **Stimmrecht** des Gesellschafters, an andere Gesellschafter oder Nichtgesellschafter übertragen werden können. Es handelt sich hierbei nicht um eine ausschließlich im Interesse der übrigen Gesellschafter liegende und damit abdingbare Vorschrift. Demzufolge kann die Übertragung einzelner Verwaltungsrechte beim Fehlen einer Zustimmung seitens der übrigen Gesellschafter auch nicht etwa nur als relativ unwirksam (§ 135 BGB) angesehen werden.[12]

9   Das Abspaltungsverbot steht allerdings einer **Überlassung** der Verwaltungsrechte an Mitgesellschafter oder Dritte **zur Ausübung** nicht entgegen. Sie kann wirksam vereinbart werden, wenn dies der Gesellschaftsvertrag zulässt oder alle Gesellschafter einverstanden sind.[13] Bei entsprechender Zustimmung der Mitgesellschafter ist es daher zulässig, einen Dritten mit der Wahrnehmung der Kontrollrechte oder des Stimmrechts des auftraggebenden Gesellschafters zu betrauen, ohne dass es darauf ankommt, ob der Dritte im eigenen oder im fremden Namen auftritt.[14] Ist der Ermächtigte selbst Gesellschafter, so steht dem Stimmrechtsgebrauch bei Maßnahmen der Geschäftsführung das Selbstkontrahierungsverbot nicht entgegen, es sei denn, es geht um eine Änderung des Gesellschaftsvertrages.[15]

10   Eine gegen das Abspaltungsverbot verstoßende und damit nichtige Übertragung eines Verwaltungsrechts kann in eine wirksame Überlassung zur Ausübung **umzudeuten** sein (§ 140 BGB).[16]

---

[6] BGH Urt. v. 5. 12. 1974 – II ZR 24/73, WM 1975, 325, 327; OLG Schleswig Urt. v. 13. 6. 2002 – 5 U 78/01, ZIP 2002, 1244, 145 f.; vgl. auch *Kuhn* WM 1975, 718, 723 mwN; MünchKommBGB/*Ulmer* § 705 RdNr. 134.

[7] Vgl. BGH Urt. v. 13. 7. 1981 – II ZR 56/80, BGHZ 81, 263, 266 ff.; BGH Urt. v. 25. 3. 1985 – II ZR 240/84, NJW 1985, 2421, 2422; BGH Urt. v. 8. 3. 2004 – II ZR 165/02, NZG 2004, 569, 570; zur Zulässigkeit von Gesellschafterstellungen auf Zeit in sog. Manager- oder Mitarbeitermodellen: BGH Urt. v. 19. 9. 2005 – II ZR 173/04, BGHZ 164, 98 = NJW 2005, 3641; BGH Urt. v. 19. 9. 2005 – II ZR 342/03, BGHZ 164, 107 = NJW 2005, 3644 (jeweils zur GmbH).

[8] So etwa BGH Urt. v. 12. 7. 1965 – II ZR 118/63, BGHZ 44, 158, 161 = NJW 1965, 2147 (Ausschluss sämtlicher Verwaltungsrechte eines Gesellschafters der OHG trotz Fortbestehens der persönlichen Haftung).

[9] BGH Urt. v. 5. 2. 1968 – II ZR 85/67, BGHZ 49, 364, 365 = NJW 1968, 1378; BGH Urt. v. 8. 4. 1976 – II ZR 203/74, WM 1976, 1027, 1029.

[10] BGH Urt. v. 10. 11. 1951 – II ZR 111/50, BGHZ 3, 354, 357 = NJW 1952, 178; BGH Urt. v. 14. 5. 1956 – II ZR 229/54, BGHZ 20, 363, 364 = NJW 1956, 1198; BGH Urt. v. 15. 12. 1969 – II ZR 69/67, NJW 1970, 468.

[11] BGH (Fn. 10) BGHZ 3, 354, 357.

[12] BGH (Fn. 10) BGHZ 3, 354, 357; MünchKommBGB/*Ulmer* § 717 RdNr. 7.

[13] BGH (Fn. 10) BGHZ 3, 354, 357; *Hermanns* ZIP 2005, 2284, 2288.

[14] *H. P. Westermann* (Vertragsfreiheit) S. 398 ff.; MünchKommHGB/*Enzinger* RdNr. 13; Staub/*Ulmer* RdNr. 28 mwN.

[15] BGH Beschl. v. 18. 9. 1975 – II ZB 6/74, BGHZ 65, 93, 95 f., 99 f. = NJW 1976, 49; Röhricht/Graf v. Westphalen/*v. Gerkan* RdNr. 7.

[16] BGH Urt. v. 14. 5. 1956 – II ZR 229/54, BGHZ 20, 363, 366 ff. = NJW 1956, 1198.

Auch alle der Übertragung inhaltlich gleichwertigen **Absprachen sonstiger Art** werden vom Abspaltungsverbot erfasst. Das gilt vor allem für die unwiderrufliche Bevollmächtigung mit verdrängender Wirkung durch Verzicht auf persönliche Rechtsausübung,[17] aber auch bei entsprechenden Ermächtigungen zur Rechtsausübung im eigenen Namen.[18] Soweit der VII. Zivilsenat des Bundesgerichtshofes in einer Entscheidung aus dem Jahr 1960[19] die Auffassung vertreten hat, einem Dritten könne im Gesellschaftsvertrag ein eigenes Stimmrecht eingeräumt werden, weil hierdurch die Stimmrechte der Gesellschafter nicht berührt würden, ist dem nicht zu folgen.[20] Die Begründung von Rechten für Nichtgesellschafter im Wege einer Vereinbarung zugunsten Dritter nach § 328 BGB ist wegen Verstoßes gegen das Abspaltungsverbot unzulässig. Dies folgt aus der unselbständigen, von der Mitgliedschaft abgeleiteten Natur der Verwaltungsrechte und der legitimierenden Funktion des Stimmrechts als Instrument innergesellschaftlicher Willensbildung. Sieht der Gesellschaftsvertrag daher Mitwirkungsrechte Dritter vor, kann es sich jeweils nur um abgeleitete Befugnisse handeln, die den Dritten von den Gesellschaftern grundsätzlich jederzeit wieder entzogen werden können.[21] 11

Das Abspaltungsverbot steht der Einräumung von Mitverwaltungsrechten an **Treugeber, Nießbraucher und Testamentsvollstrecker** nicht entgegen.[22] Dies beruht darauf, dass die jeweils Begünstigten der Gesellschaft nicht wie beliebige Dritte gegenüberstehen, sondern an dem jeweiligen Gesellschaftsanteil Rechte besitzen. Damit erfolgt keine Abspaltung der Mitgliedschaftsrechte vom Gesellschaftsanteil. Vielmehr kommt es in diesen Fällen zu einer im Einzelnen zu definierenden – von der Zustimmung der Mitgesellschafter abhängigen – Aufteilung zwischen Gesellschafter (Treuhänder, Nießbrauchsbesteller und Erbe) und Begünstigtem (Treugeber, Nießbraucher, Testamentsvollstrecker).[23] 12

c) **Vertragsbeendigungsfreiheit (§§ 723 Abs. 3 BGB, 133 Abs. 3 HGB).** Diese Vorschriften dienen der Sicherung der Vertragsbeendigungsfreiheit. Sie stellen sicher, dass jedem Gesellschafter das unentziehbare Recht zusteht, innerhalb überschaubarer Zeit oder aus wichtigem Grund aus der Gesellschaft auszuscheiden. Die Vorschriften sind zwingendes Recht und können nicht abbedungen werden. Wegen der Einzelheiten vgl. die Kommentierung zu §§ 132, 133. 13

3. Ungeschriebene gesellschaftsrechtliche Schranken. Die Regelungsautonomie der Gesellschafter wird nicht nur durch zwingende Rechtsnormen beschränkt. Vielmehr wird sie auch in dem grundsätzlich disponiblen Regelungsbereich durch ungeschriebene gesellschaftsrechtliche Schranken begrenzt. Diese Schranken, denen große praktische Bedeutung zukommt, dienen insbesondere dem wegen der unbeschränkten Gesellschafterhaftung besonders wichtigen Minderheitenschutz. Teilweise begrenzen sie bereits die **Vereinbarungsbefugnis.** Dies gilt für die Grundsätze der Selbstorganschaft, der Verbandssouveränität, den Schutz des mitgliedschaftlichen Kernbereichs und das Bestimmtheitsgebot. Demgegenüber wirken sich andere Prinzipien wie die Treuepflichten, der Verhältnismäßigkeitsgrundsatz und das Gleichbehandlungsgebot als ungeschriebene Schranken der **Rechtsausübung** aus. 14

a) **Grundsatz der Selbstorganschaft.** Die organschaftliche **Geschäftsführungs- und Vertretungsbefugnis** ist zwingend den persönlich haftenden **Gesellschaftern vorbehalten.** Außenstehende Dritte können nicht Träger dieser Organbefugnisse sein. Grund hierfür ist der Rücksicht auf die persönliche Haftung der Gesellschafter (§§ 128 ff.) gebotene Gesellschafterschutz.[24] Es handelt sich um ein Verbot der Selbstentmachtung.[25] Allerdings schließt das Prinzip der Selbstorganschaft die Mitwirkung Dritter – etwa eines Beirats – nicht generell aus, sofern die Letztverantwortung in den Händen der Gesellschafter bleibt.[26] Vergleiche zu den Einzelheiten der Auswirkungen des Prinzips 15

---

[17] So für das Stimmrecht BGH Urt. v. 10. 11. 1951 – II ZR 111/50, BGHZ 3, 354, 359 = NJW 1952, 178; BGH (Fn. 16) BGHZ 20, 363, 365; *Teichmann* S. 225; MünchKommHGB/*Enzinger* RdNr. 13.
[18] BGH (Fn. 16) BGHZ 20, 363, 365 f.
[19] BGH Urt. v. 22. 2. 1960 – VII ZR 83/59, NJW 1960, 963; zustimmend MünchKommHGB/*Enzinger* RdNr. 12.
[20] Ablehnend auch *Priester*, FS Werner, 1984, S. 657, 664; *Teichmann* S. 218 ff.; Schlegelberger/*Martens* RdNr. 14; Röhricht/Graf v. Westphalen/*v. Gerkan* RdNr. 7; MünchKommBGB/*Ulmer* § 717 RdNr. 10.
[21] So zutreffend MünchKommBGB/*Ulmer* § 717 RdNr. 10.
[22] Vgl. zum Testamentsvollstrecker BGH Beschl. v. 3. 7. 1989 – II ZB 1/89, BGHZ 108, 187, 199 = NJW 1989, 3152; BGH Beschl. v. 10. 1. 1996 – IV ZB 21/94, NJW 1996, 1284, 1285 f.; BGH Beschl. v. 12. 1. 1998 – II ZR 23/97, NJW 1998, 1313, 1314; zum Nießbraucher: BGH Urt. v. 9. 11. 1998 – II ZR 213/97, NJW 1999, 571, 572; *Schön* ZHR 158 (1994), 229, 251 ff.; zum Treugeber: BGH Urt. v. 23. 6. 2003 – II ZR 46/02, NJW-RR 2003, 1392, 1393.
[23] MünchKommHGB/*Enzinger* RdNr. 13; Staub/*Ulmer* RdNr. 29; *Schön* ZHR 158 (1994), 229, 251 ff.; *Wiedemann* GesR II § 3 III 2 c aa; vgl. auch § 105 RdNr. 101 ff. u. § 119 RdNr. 16 ff.
[24] MünchKommHGB/*Enzinger* RdNr. 19; *Wiedemann* WM SB 8/1990 S. 20.
[25] *Hüffer* ZHR 151 (1987), 396, 408.
[26] BGH Urt. v. 16. 11. 1981 – II ZR 213/80, NJW 1982, 877; BGH Urt. v. 22. 3. 1982 – II ZR 74/81, NJW 1982, 2495; Staub/*Ulmer* RdNr. 35; *Wiedemann* GesR II § 4 II 2 b bb; zur Beteiligung von Beiräten: *Voormann* S. 112 ff.; zur

der Selbstorganschaft und insbesondere zu den Möglichkeiten einer Mitwirkung Dritter die Kommentierung zu den §§ 114 ff. und 125 ff.

16 **b) Grundsatz der Verbandssouveränität.** Auch dieser Grundsatz bezweckt die **Sicherung des Selbstbestimmungsrechts der Gesellschafter** vor einem übermäßigen Einfluss außenstehender Dritter. Der Grundsatz gewährleistet, dass allein die Gesellschafter zur Entscheidung über die Rechtsgrundlagen der Gesellschaft, insbesondere den Gesellschaftsvertrag, befugt sind.[27] Nur sie können Änderungen des Gesellschaftsvertrages vereinbaren.[28] Regelungen, die die Entscheidung über den Inhalt und die Wirksamkeit des Gesellschaftsvertrages letztlich in die Hände Dritter legen, sind ausgeschlossen. Auch ein Zustimmungsrecht kann Dritten nicht eingeräumt werden. Soweit Dritten Rechte in Angelegenheiten der Gesellschaft eingeräumt werden, stehen diese Rechte stets unter dem kompetenzrechtlichen Vorbehalt einer Änderung des Gesellschaftsvertrages durch die Gesellschafter, können also jederzeit wieder beseitigt werden.[29]

17 **c) Schutz des mitgliedschaftlichen Kernbereichs.** Eine weitere gesellschaftsrechtliche Schranke der Vertragsfreiheit folgt aus den Grundsätzen zum Schutz des Kernbereichs der mitgliedschaftlichen Rechtsstellung eines Gesellschafters. Diese Schranke sichert die Gewährleitung eines **Mindeststandards** an Gesellschafterrechten und dient damit dem unabdingbaren **Minderheitenschutz**. Unzulässig und unwirksam sind danach Regelungen, die ohne dessen Zustimmung in den Kernbereich der Mitgliedschaftsrechte eines Gesellschafters eingreifen.[30] Der Kreis der nicht ohne weiteres durch Mehrheitsbeschluss entziehbaren Rechte lässt sich nur unter Berücksichtigung der Besonderheiten der jeweiligen Gesellschaftsform und der besonderen Stellung des jeweiligen Gesellschafters festlegen.[31] Der Bundesgerichtshof hat diesen Kernbereich der Mitgliedschaft so umschrieben, dass er neben den wenigen unverzichtbaren und schon deshalb unentziehbaren Rechten auch die individuellen, dem Gesellschafter nach Gesetz und Gesellschaftsvertrag zustehenden wesentlichen Gesellschafterrechte umfasst, die die Stellung des Gesellschafters in der Gesellschaft maßgeblich prägen. Hierzu hat er neben dem Informationsrecht[32] des Gesellschafters beispielsweise das Stimm-,[33] das Gewinn- und das Geschäftsführungsrecht, das Recht auf Beteiligung am Liquidationserlös,[34] und auch das mitgliedschaftliche Mitarbeitsrecht[35] gezählt. Nicht zum Kernbereich gehört die Feststellung des Jahresabschlusses.[36] Im Einzelnen sind Umfang und Bedeutung des Kernbereichs streitig. Wegen der Einzelheiten ist auf die Kommentierung zu § 119 RdNr. 48 ff. zu verweisen.

18 **d) Bestimmtheitsgrundsatz.** Dieser bereits vom Reichsgericht und sodann vom Bundesgerichtshof vertretene Grundsatz ist jedenfalls nach herkömmlichem Verständnis ein wesentliches Instrument des **Minderheitenschutzes**.[37] Er begrenzt die Reichweite gesellschaftsvertraglicher Mehrheitsklauseln.[38] In seiner bislang praktizierten Form lässt er sich wie folgt umschreiben: Sofern im Gesellschaftsvertrag nur allgemein vorgesehen ist, dass für Gesellschafterbeschlüsse die einfache Mehrheit genügen soll, erstreckt sich die Regelung nur auf Geschäftsführungsfragen und laufende Angelegenheiten; erstreckt sich die Mehrheitskompetenz auch auf Änderungen des Gesellschaftsvertrages, so werden davon nur Beschlüsse über gewöhnliche Vertragsänderungen erfasst; ein Gesellschafterbeschluss ungewöhnlicher Art ist demgegenüber selbst dann, wenn der Gesellschaftsvertrag Vertragsänderungen durch Mehrheitsbeschluss zulässt, nur wirksam, wenn der Beschlussgegenstand sich unzweideutig – sei es auch durch Auslegung – aus dem Gesellschaftsvertrag ergibt.[39]

Geschäftsführung durch Treuhänder bei Publikumsgesellschaft: *Ulmer* ZIP 2005, 1341, 1343 f.; *Altmeppen* ZIP 2006, 1, 3 f.
[27] Näher *Teichmann* S. 189 ff., 217 ff.; MünchKommHGB/*Enzinger* RdNr. 15 ff.
[28] BGH Urt. v. 11. 7. 1960 – II ZR 260/59, BGHZ 33, 105, 109 = NJW 1960, 1997.
[29] Staub/*Ulmer* RdNr. 32 f.; MünchKommHGB/*Enzinger* RdNr. 16.
[30] BGH Urt. v. 13. 7. 1981 – II ZR 56/80, BGHZ 81, 263, 266 = NJW 1981, 2565; BGH Urt. v. 5. 11. 1984 – II ZR 111/84, NJW 1985, 974, 975; BGH Urt. v. 10. 10. 1994 – II ZR 18/94, NJW 1995, 194; *Hüffer* ZHR 151 (1987), 396, 406; *Hermanns* ZIP 2005, 2284, 2286 f.
[31] BGH (Fn. 30) NJW 1995, 194; *Wiedemann* GesR II § 3 III 2 d.
[32] BGH (Fn. 30) NJW 1995, 194.
[33] Hierzu BGH Urt. v. 24. 5. 1993 – II ZR 73/92, NJW 1993, 2100; *Brandes* WM 1994, 569, 575.
[34] BGH (Fn. 30) NJW 1995, 194 mwN.
[35] BGH Urt. v. 17. 12. 1973 – II ZR 124/72, WM 1974, 177; BGH Urt. v. 4. 10. 2004 – II ZR 356/02, NZG 2005, 33, 34 f.
[36] BGH Urt. v. 15. 1. 2007 – II ZR 245/05, NZG 2007, 259, 260; anders noch BGH Urt. v. 29. 3. 1996 – II ZR 263/94, BGHZ 132, 263, 268 = NJW 1996, 1678.
[37] BGH Urt. v. 15. 11. 1982 – II ZR 62/82, BGHZ 85, 350, 356 = NJW 1983, 1056; *Hüffer* ZHR 151 (1987), 396, 406.
[38] Röhricht/Graf v. Westphalen/*v. Gerkan* RdNr. 9.
[39] BGH (Fn. 37) BGHZ 85, 350, 355 f. mwN; BGH Urt. v. 15. 1. 2007 – II ZR 245/05, NZG 2007, 259, 260; vgl. im Einzelnen hierzu *Hermanns* ZGR 1996, 103, 104 ff.

Die **Berechtigung dieses Grundsatzes** wird allerdings in Zweifel gezogen: Der Bundesgerichts- 19 hof hat ihn für die Publikumsgesellschaft sowie für die kapitalistische KG jedenfalls im Falle eines einstimmigen Verzichts aller Gesellschafter auf die Anwendung des Bestimmtheitsgrundsatzes für nicht einschlägig erachtet.[40] Im Übrigen misst er ihm aber als Element des Minderheitenschutzes neben der Kernbereichslehre (Rd.Nr. 17) weiterhin eine eigenständige Bedeutung bei.[41] In der Literatur ist der Bestimmtheitsgrundsatz auf Kritik gestoßen. Er sei dogmatisch nicht fundiert, weil es keine vom jeweiligen Beschlussinhalt abstrahierte vorweggenommene Zustimmung gebe; auch sei er nicht für den bezweckten Minderheitenschutz geeignet, weil die Vertragspraxis den Schutzgedanken durch entsprechende Kataloge ohne weiteres unterlaufen könne; der Minderheitenschutz werde durch andere Instrumente besser gewährleistet.[42] Die Kritik überzeugt letztlich nicht.[43] Sie engt die Bedeutung des Bestimmtheitsgrundsatzes zu stark auf den Schutz der Minderheitsrechte ein und berücksichtigt die besondere Funktion des Grundsatzes nicht ausreichend: Er soll den Selbstschutz der Gesellschafter vor übereilter Aufgabe von Regelungsbefugnissen gewährleisten, die in ihren Auswirkungen nicht ohne weiteres überschaubar sind.[44] *K. Schmidt*[45] hat in diesem Zusammenhang überzeugend nachgewiesen, dass die besondere Bedeutung des Bestimmtheitsgrundsatzes in der geforderten Eindeutigkeit gesellschaftsvertraglicher Ermächtigungen für Mehrheitsentscheidungen liegt. Damit aber zwingt der Grundsatz bei richtigem Verständnis nicht zur Erstellung der kritisierten Kataloge von Mehrheitsklauseln, sondern lediglich zur Eindeutigkeit.[46] Das dem Bestimmtheitsgrundsatz darüber hinaus zugedachte Anliegen des materiellen Minderheitenschutzes wird bereits durch andere Instrumente – namentlich durch das Belastungsverbot (vgl. § 707 BGB) und die Kernbereichslehre – gesichert.[47] Wegen weiterer Einzelheiten zu den im Zusammenhang mit dem Bestimmtheitsgrundsatz stehenden Fragen wird auf die Kommentierung zu § 119 RdNr. 48 ff. verwiesen.

e) Treuepflicht. Die Treuepflicht ist mittlerweile auch in der Rechtsprechung des Bundes- 20 gerichtshofes als rechtsformübergreifendes Verbandsprinzip anerkannt.[48] Ihr Anwendungsbereich erstreckt sich sowohl auf das Verhältnis zwischen den Gesellschaftern und der Gesellschaft als auch auf das Verhältnis der Gesellschafter untereinander.[49] Der Gesellschafter hat sowohl eine **Förderpflicht gegenüber der Gesellschaft** als auch eine **Rücksichtnahmepflicht gegenüber dem Mitgesellschafter**.[50] Auch der mittelbare Gesellschafter kann Adressat von Treuepflichten sein.[51] Der Kern des Treuepflichtgedankens besteht darin, dass dem Maß des Einflusses des Gesellschafters das Maß seiner Verantwortung mit der sich daraus ergebenden Pflicht zur Rücksichtnahme auf die Interessen der Gesellschaft und die gesellschaftsbezogenen Belange entspricht,[52] oder, wie es an anderer Stelle in der Rechtsprechung heißt, dass die Möglichkeit, durch Einflussnahme die gesellschaftsbezogenen Interessen der Mitgesellschafter zu beeinträchtigen, als Gegengewicht die gesellschaftsrechtliche Pflicht verlangt, auf ihre Interessen Rücksicht zu nehmen.[53] Die Wirkungen, die die Treuepflicht im Einzelfall entfaltet, hängen von der Realstruktur der Gesellschaft ab.[54] Der Inhalt der Pflicht besteht einerseits in Handlungs- und Unterlassungspflichten; zum anderen entfaltet die Pflicht auch Schrankenfunktion, die zur Unbeachtlichkeit und Undurchsetzbarkeit treuwidrig ausgeübter Gesellschafter-

---

[40] BGH (Fn. 37) BGHZ 85, 350, 355 ff. (Familien-KG mit 133 Gesellschaftern).
[41] BGH Urt. v. 15. 1. 2007 – II ZR 245/05, NZG 2007, 259, 260; offen lassend noch BGH Urt. v. 10. 10. 1994 – II ZR 18/94, NJW 1995, 194, 195; BGH Urt. v. 29. 3. 1996 – II ZR 263/94, BGHZ 132, 263, 268 f.
[42] *Hüffer* ZHR 151 (1987), 396, 407; *H. P. Westermann* (Die Gestaltungsfreiheit), S. 265; MünchKommHGB/*Enzinger* § 119 RdNr. 81; MünchKommBGB/*Ulmer* § 709 RdNr. 90, jeweils mwN.
[43] Wie hier beispielsweise Baumbach/*Hopt* § 119 RdNr. 39; Heymann/*Emmerich* § 119 RdNr. 34; Schlegelberger/*Martens* § 119 RdNr. 19 f.; *Wiedemann* GesR II § 4 I 3 a.
[44] Schlegelberger/*Martens* § 119 RdNr. 23.
[45] *K. Schmidt* ZHR 158 (1994), 205, 214 ff; *ders.* GesR § 16 II 2 c, d.
[46] Ebenso BGH Urt. v. 15. 1. 2007 – II ZR 245/05, NZG 2007, 159, 160; *Hermanns* ZGR 1996, 103, 108, 114; Röhricht/Westphalen/*v. Gerkan* § 119 RdNr. 19 f. mwN.
[47] *K. Schmidt* ZHR 158 (1994), 205, 214 ff.; *Hermanns* ZGR 1996, 103, 114 f.; Röhricht/Graf v. Westphalen/*v. Gerkan* § 119 RdNr. 19.
[48] BGH Urt. v. 15. 6. 1959 – II ZR 44/58, BGHZ 30, 195, 201 = NJW 1959, 1683; BGH Urt. v. 28. 4. 1975 – II ZR 16/73, BGHZ 64, 253, 257 = WM 1975, 774; BGH Urt. v. 25. 9. 1986 – II ZR 262/85, BGHZ 98, 276, 278 = NJW 1987, 189 (zur GmbH); BGH Urt. v. 20. 3. 1995 – II ZR 205/94, BGHZ 129, 136, 142 = NJW 1995, 1739 (zur AG); *Henze* ZHR 162 (1998), 186; *Lutter* ZHR 162 (1998), 164, 167 f.; vgl. auch *Michalski* NZG 1998, 460 f.; *Wiedemann* WM SB 7/1992 S. 17 ff.; *ders.* GesR II § 3 II 3; MünchKommBGB/*Ulmer* § 705 RdNr. 221.
[49] BGH Urt. v. 20. 3. 1995 – II ZR 205/94, BGHZ 129, 136, 142 = NJW 1995, 1739 (zur AG).
[50] *Lutter* ZHR 162 (1998), 164, 177.
[51] OLG Stuttgart, Urt. v. 18. 3. 2006 – 14 U 18/05, ZIP 2006, 2031 (LS): Treuhandbeteiligter an Publikums-OHG.
[52] BGH (Fn. 49) BGHZ 129, 136, 143 mwN.
[53] BGH Urt. v. 5. 6. 1975 – II ZR 23/74, BGHZ 65, 15, 19 = NJW 1976, 191; Urt. v. 1. 2. 1988 – II ZR 75/87, BGHZ 103, 184, 195 = NJW 1988, 1579; vgl. auch BGH Urt. v. 29. 3. 1996 – II ZR 263/94, BGHZ 132, 263, 273 f. = NJW 1996, 1678.
[54] *Henze* ZHR 162 (1998), 186.

rechte führen kann.⁵⁵ Entscheidend für die Beurteilung ist jeweils eine Einzelfallbetrachtung unter Abwägung aller in Betracht kommenden Interessen; auch die Verhältnismäßigkeit von Mittel und Zweck ist zu berücksichtigen.⁵⁶

21 Als **Beispiele** für Treuepflichten seien die Pflicht zur Zustimmung zu außergewöhnlichen Maßnahmen nach § 116 Abs. 2,⁵⁷ zur Zustimmung zu im Gesamtinteresse der Gesellschaft liegenden Vorhaben⁵⁸ (etwa ein beabsichtigter Wechsel im Gesellschafterbestand⁵⁹ oder die Aufnahme eines neuen persönlich haftenden Gesellschafters⁶⁰) und zu gebotenen und zumutbaren Änderungen des Gesellschaftsvertrages im Übrigen⁶¹ genannt. Die Änderung muss mit Rücksicht auf das bestehende Gesellschaftsverhältnis oder im Hinblick auf die Rechtsbeziehungen der Gesellschafter zueinander, etwa zur Erhaltung wesentlicher Werte, die die Gesellschafter in gemeinsamer Arbeit geschaffen haben, oder zur Vermeidung erheblicher Verluste, die die Gesellschaft oder die Gesellschafter erleiden können, erforderlich sein.⁶² Ferner kann eine Pflicht bestehen, sich nicht an der Bestellung eines Geschäftsführers zu beteiligen, der eine Gefahr für die Gesellschaftsinteressen darstellt und deshalb für die Gesellschaft untragbar ist.⁶³ Im Gegenzug kann es die gesellschaftliche Treuepflicht auch gebieten, bei Vorliegen eines wichtigen Grundes an der Ablösung des Geschäftsführers mitzuwirken.⁶⁴ Bei Vorliegen eines Ausschließungsgrundes kann der einzelne Gesellschafter verpflichtet sein, seine Zustimmung zu einer Ausschließungsklage gegen den betreffenden Gesellschafter zu erteilen.⁶⁵ Des Weiteren ist die Pflicht zur Unterlassung willkürlicher Widersprüche gegen Geschäftsführungsmaßnahmen Dritter zu nennen.⁶⁶ Der Gesellschafter ist insgesamt verpflichtet, seine Mitverwaltungs- und Kontrollrechte unter angemessener Berücksichtigung der gesellschaftsbezogenen Interessen der anderen Gesellschafter auszuüben.⁶⁷ Auch unterliegen die Gesellschafter bei der Wahrnehmung der Ansatz- und Bewertungsrechte wechselseitigen Treuepflichten.⁶⁸ Zustimmungs- und Mitwirkungspflichten können unter Umständen auch im Zusammenhang mit einer erforderlich werdenden Sanierungsmaßnahme oder der Liquidation entstehen.⁶⁹ An eine aus der Treuepflicht abgeleitete Verpflichtung, einer Beitragserhöhung zuzustimmen, sind allerdings besonders hohe Anforderungen zu stellen.⁷⁰

22 Das **Wettbewerbsverbot** gemäß § 112 ist ebenfalls Ausfluss der Treuepflicht.⁷¹ Aber auch wenn der Gesellschafter keinem Wettbewerbsverbot unterliegt (vgl. § 165 für Kommanditisten), darf er auf Grund der Treuepflicht keine Geschäfte an sich ziehen, die in den Geschäftsbereich der Gesellschaft fallen und dieser auf Grund bestimmter konkreter Umstände bereits zugeordnet sind. Das ist grundsätzlich dann der Fall, wenn die Gesellschaft als erste mit dem Geschäft in Berührung gekommen ist und der Gesellschafter die näheren Umstände in seiner Gesellschaftereigenschaft erfahren hat.⁷² Schließlich

---

⁵⁵ *Henze* ZHR 162 (1998), 186; Heymann/*Emmerich* RdNr. 6.
⁵⁶ BGH Urt. v. 16. 2. 1981 – II ZR 168/79, BGHZ 80, 69, 74 = NJW 1981, 1512.
⁵⁷ BGH Urt. v. 2. 7. 1973 – II ZR 94/71, WM 1973, 1291, 1294 (insoweit nicht in NJW 1973, 2198); Heymann/*Emmerich* RdNr. 8 und § 116 RdNr. 9.
⁵⁸ BGH Urt. v. 28. 5. 1979 – II ZR 172/78, WM 1979, 1058, 1059; BGH Urt. v. 20. 10. 1986 – II ZR 86/85, NJW 1987, 952, 953.
⁵⁹ BGH (Fn. 58) NJW 1987, 952, 953.
⁶⁰ BGH (Fn. 58) WM 1979, 1058, 1059.
⁶¹ BGH (Fn. 58) NJW 1987, 952, 953; BGH Urt. v. 10. 10. 1994 – II ZR 18/94, NJW 1995, 194, S. 195 mwN; zur GmbH: BGH Urt. v. 25. 9. 1986 – II ZR 262/85, BGHZ 98, 276, 279 ff. = NJW 1987, 189; *Henze* ZHR 162 (1998), 186, 191 f.; vgl. auch MünchKommBGB/*Ulmer* § 705 RdNr. 231 mwN.
⁶² Vgl. nur BGH (Fn. 58) NJW 1987, 952, 953 mwN.
⁶³ BGH Urt. v. 19. 11. 1990 – II ZR 88/89, NJW 1991, 846 (Wiederbestellung eines GmbH-Geschäftsführers, der aus wichtigem Grund abberufen worden war).
⁶⁴ BGH Urt. v. 9. 11. 1987 – II ZR 100/87, BGHZ 102, 172, 176 = NJW 1988, 969; BGH (Fn. 63) NJW 1991, 846.
⁶⁵ BGH Urt. v. 28. 4. 1975 – II ZR 16/73, BGHZ 64, 253, 256 ff. = NJW 1975, 1410; BGH Urt. v. 18. 10. 1976 – II ZR 98/75, BGHZ 68, 81, 82 = NJW 1977, 1013.
⁶⁶ Weitere Beispiele bei MünchKommBGB/*Ulmer* § 705 RdNr. 226 ff.
⁶⁷ Vgl. zur entsprechenden Treuepflicht des Minderheitsaktionärs: BGH Urt. v. 20. 3. 1995 – II ZR 205/94, BGHZ 129, 136, 142 ff. = NJW 1995, 1739.
⁶⁸ BGH Urt. v. 29. 3. 1996 – II ZR 263/94, BGHZ 132, 263, 273 = NJW 1996, 1678.
⁶⁹ BGH Urt. v. 17. 12. 1959 – II ZR 81/59, NJW 1960, 434, 435; BGH Urt. v. 5. 11. 1984 – II ZR 111/84, NJW 1985, 974, 975; BGH (Fn. 67) BGHZ 129, 136, 151 ff. zur entsprechenden Treuepflicht unter den Aktionären; vgl. auch *Lutter* ZHR 162 (1998), 164, 170.
⁷⁰ BGH Urt. v. 4. 7. 2005 – II ZR 354/03, NZG 2005, 753, 754 = NJW-RR 2005, 1347; BGH Urt. v. 23. 1. 2006 – II ZR 306/04, NZG 2006, 306, 308 = NJW-RR 2006, 827 BGH Urt. v. 5. 3. 2007 – II ZR 282/05, NZG 2007, 381 = NJW-RR 2007, 757.
⁷¹ BGH Urt. v. 5. 12. 1983 – II ZR 242/82, BGHZ 89, 162, 165 = NJW 1984, 1351; vgl. zum Umfang des Wettbewerbsverbots auch BGH Urt. v. 3. 2. 1997 – II ZR 71/96, NJW-RR 1997, 925; BGH Urt. v. 3. 11. 1997 – II ZR 353/96, NJW 1998, 1225, 1226 (kein Verstoß gegen § 112, wenn der Gesellschafter einer KG, der Gesellschaft einen von ihm gepachteten Gegenstand unterverpachtet, die Differenz zwischen der von ihm gezahlten Pacht und der vereinnahmten Unterpacht für sich behält).
⁷² BGH Urt. v. 8. 5. 1989 – II ZR 229/88, NJW 1989, 2687, 2688; BGH Urt. v. 23. 9. 1985 – II ZR 257/84, NJW 1986, 584, 585.

haben auch die Schutzmechanismen zugunsten von Minderheitsgesellschaftern im **Konzernrecht** der Personenhandelsgesellschaften (§ 105 Anh. RdNr. 15 ff.) ihre Grundlage in der Treuepflicht.

Die während der **Liquidation** der Gesellschaft bestehenden Treuepflichten[73] sind inhaltlich auf den geänderten Gesellschaftszweck (Auseinandersetzung) ausgerichtet. So entfällt das Wettbewerbsverbot (§ 112), wenn die Gesellschaft nicht mehr werbend tätig ist;[74] das Verbot der Nutzung von Gesellschaftsvermögen (zB Vertriebsrechte und Geschäftsverbindungen) ohne Ausgleich besteht demgegenüber weiter.[75] **23**

Als **Rechtsfolge der Verletzung** von Treuepflichten kommt zum einen die Unwirksamkeit eines treuwidrig getroffenen Beschlusses in Betracht. Ferner können klagbare Ansprüche, gerichtet auf ein bestimmtes Verhalten, entstehen. Stimmen, die in der Gesellschafterversammlung unter Verstoß gegen die Treuepflicht abgegeben worden sind, können zudem rechtsmissbräuchlich und deshalb nichtig sein; bei Feststellung des Beschlussergebnisses sind sie nicht mitzuzählen.[76] Ausnahmsweise kann eine nicht oder pflichtwidrig abgegebene Zustimmung auch so zu behandeln sein, als ob sie entsprechend der bestehenden Verpflichtung abgegeben worden wäre.[77] Schuldhafte Treuepflichtverletzungen können Schadensersatzverpflichtungen begründen (§§ 280, 708 BGB).[78] Bei der treuwidrigen Ausnutzung von Erwerbschancen der Gesellschaft (RdNr. 22) kommt auch ein Eintrittsrecht der Gesellschaft analog § 113 Abs. 1 in Betracht.[79] In schweren Fällen kann die Entziehung der Geschäftsführungs- und Vertretungsbefugnis oder der Ausschluss des verantwortlichen Gesellschafters aus der Gesellschaft (§ 140) gerechtfertigt sein. In Betracht kommen zudem ein Austrittsrecht der anderen Gesellschafter und schließlich sogar die Auflösung der Gesellschaft (§ 133).[80] **24**

f) Verhältnismäßigkeitsgrundsatz. Dieser Grundsatz ist vor allem im Kapitalgesellschaftsrecht allgemein anerkannt.[81] Ihm kommt aber auch im Personengesellschaftsrecht erhebliche Bedeutung zu. Im Gesellschaftsinteresse liegende Maßnahmen, die die Interessen einzelner Gesellschafter berühren, sind nur unter drei **Voraussetzungen** zulässig: Sie müssen zum Erreichen des angestrebten Ziels geeignet sein, also insbesondere tatsächlich im Interesse der Gesellschaft liegen, wobei der Gesellschaftermehrheit insoweit ein erheblicher Ermessensspielraum zusteht; sie müssen sich ferner als erforderlich erweisen, das heißt insbesondere auch nicht durch für den betreffenden Gesellschafter weniger einschneidende Maßnahmen ersetzt werden können; schließlich ist stets eine Angemessenheitsprüfung durchzuführen. Nur wenn diese ergibt, dass die beabsichtigten Vorteile für die Gesellschaft in einem angemessenen Verhältnis zu den für den Gesellschafter mit dem Eingriff verbundenen Nachteilen stehen, ist die Maßnahme verhältnismäßig.[82] **25**

Rechtsfolge einer unverhältnismäßigen Maßnahme ist in der Regel die Unwirksamkeit der Rechtsausübung. Insbesondere der Gesellschafterbeschluss ist in einem solchen Fall unwirksam. Im Einzelfall kann ein Verstoß gegen den Verhältnismäßigkeitsgrundsatz – in Verbindung mit der Treuepflicht – auch eine Schadensersatzverpflichtung begründen. **26**

g) Gleichbehandlungsgrundsatz. Dieser gewohnheitsrechtlich verankerte Grundsatz findet auch im Personengesellschaftsrecht Anwendung.[83] Er verbietet eine **willkürliche,** sachlich nicht gerechtfertigte **Ungleichbehandlung** der Gesellschafterinteressen, verpflichtet also nicht etwa zu einer totalen Gleichstellung aller Gesellschafter. Die Gewährung unterschiedlicher Rechte im Gesellschaftsvertrag muss nur sachlich berechtigt sein und darf nicht den Charakter der Willkür tragen. Eine sachlich vertretbare Ungleichbehandlung, etwa eine solche, die daran anknüpft, dass die Gesellschafter unterschiedliche Beiträge zahlen, bleibt deshalb möglich.[84] Der Gleichheitsgrundsatz als solcher steht grundsätzlich nicht zur Disposition der Gesellschafter. Im Rahmen der Privatautonomie ist es aber in den oben RdNr. 5 ff. aufgezeigten Grenzen zulässig, im Gesellschaftsvertrag bestimmte Rechte und Pflichten ungleich zu verteilen. Allerdings darf hierbei die Minderheit niemals schran- **27**

---

[73] BGH Urt. v. 11. 1. 1971 – II ZR 143/68, NJW 1971, 802.
[74] BGH Urt. vom 14. 1. 1980 – II ZR 218/78, NJW 1980, 1628, 1629; *Brandes* WM 1994, 569, 574.
[75] BGH (Fn. 74) NJW 1980, 1628.
[76] BGH Urt. v. 19. 11. 1990 – II ZR 88/89, NJW 1991, 846.
[77] Vgl. zB BGH Urt. v. 5. 11. 1984 – II ZR 111/84, NJW 1985, 974; Baumbach/*Hopt* RdNr. 28.
[78] RGZ 89, 398, 400; Röhricht/Graf v. Westphalen/*v. Gerkan* RdNr. 16.
[79] Baumbach/*Hopt* RdNr. 26, 28; *Wiedemann* GesR II § 3 II 3 e bb.
[80] Baumbach/*Hopt* RdNr. 28; Röhricht/Graf v. Westphalen/*v. Gerkan* RdNr. 16.
[81] BGH Urt. v. 13. 3. 1978 – II ZR 142/76, BGHZ 71, 40, 46 = NJW 1978, 1316; BGH Urt. v. 19. 4. 1982 – II ZR 55/81, BGHZ 83, 319, 321 = NJW 1982, 2444 (jeweils zum Bezugsrechtsausschluss bei Kapitalerhöhung in der AG).
[82] *Zöllner* S. 351.
[83] BGH Urt. v. 18. 12. 1954 – II ZR 222/53, BGHZ 16, 59, 70; BGH Urt. v. 14. 5. 1956 – II ZR 229/54, BGHZ 20, 363, 369 = NJW 1956, 1198; *Zöllner* S. 301 ff.; MünchKommHGB/*Enzinger* RdNr. 20 f.; MünchKommBGB/*Ulmer* § 705 RdNr. 244.
[84] BGH Urt. v. 16. 12. 1991 – II ZR 58/91, BGHZ 116, 359, 373 = NJW 1992, 892 (zur GmbH).

kenlos der Willkür der Mehrheit unterworfen werden. Außerdem muss der Minderheit in einem solchen Fall ein Austrittsrecht zu angemessenen Bedingungen eingeräumt werden, sofern die beschlossenen zusätzlichen Pflichten für sie nicht mehr tragbar sind.[85]

28 Der Gleichbehandlungsgrundsatz ist namentlich im Zusammenhang mit der **Einforderung** rückständiger Einlagen oder Beiträge, mit der Gewinnverteilung und dem Entnahmerecht[86] sowie im Zusammenhang mit einer etwaigen **Veränderung von Kapitalanteilen**[87] von erheblicher Bedeutung. Aus ihm folgt etwa, dass es der Gesellschaft verwehrt ist, nur von einem Gesellschafter, nicht aber von den anderen Mitgesellschaftern die Leistung der Beiträge zu verlangen oder nur von einem Gesellschafter die Zahlung von Nachschüssen einzufordern.[88]

29 Ein **Verstoß** gegen den Gleichbehandlungsgrundsatz hat die Unwirksamkeit des entsprechenden Gesellschafterbeschlusses zur Folge. Zugleich stellen Maßnahmen der Mehrheit unter Verstoß gegen den Gleichbehandlungsgrundsatz Vertragsverletzungen dar, auf Grund derer die benachteiligten Gesellschafter Unterlassung und Schadensersatz verlangen können. Unter Umständen besteht auch ein Anspruch auf Ausgleich, das heißt auf Einräumung derselben Vorteile, die den bevorzugten Gesellschaftern bewilligt wurden, oder auf Aufteilung der Vorteile, die bestimmten Gesellschaftsmitgliedern gewährt wurden, unter allen.[89]

30 4. Inhaltskontrolle. a) Nach §§ 305 ff. BGB. Rechtsverhältnisse der OHG und ihrer Gesellschafter, die unmittelbar auf dem Gesellschaftsvertrag beruhen, mitgliedschaftlicher Natur sind und dazu dienen, den Gesellschaftszweck zu verwirklichen, unterliegen grundsätzlich **nicht** der Inhaltskontrolle nach den §§ 305 ff. BGB (vormals AGBG).[90] Diese Regeln finden gemäß § 310 Abs. 4 S. 1 BGB (früher: § 23 Abs. 1 AGBG) keine Anwendung bei Verträgen auf dem Gebiet des Gesellschaftsrechts. Grund für diese Bereichsausnahme ist, dass der den Vorschriften der §§ 305 ff. BGB zugrunde liegende Austauschcharakter dem Gesellschaftsvertrag und den dort geregelten gesellschaftsrechtlich geprägten Mitgliedschaftsrechten nicht gerecht wird.[91] Etwas anderes gilt für Klauseln im Gesellschaftsvertrag, die die Verpflichtung zur Erbringung von Dienstleistungen außerhalb des eigentlichen Gesellschaftszwecks zum Gegenstand haben und deshalb nicht von der Bereichsausnahmeregelung des § 310 Abs. 4 S. 1 BGB erfasst werden.[92] Nach einer in der obergerichtlichen Rechtsprechung vertretenen Auffassung soll die Bereichsausnahme nach an der Richtlinie 93/13 EWG orientierter Auslegung auch nicht greifen, soweit es um den Erwerb von Gesellschaftsanteilen zum Zwecke der **Vermögensanlage** ohne unternehmerische Befugnisse durch Verbraucher geht.[93]

31 b) Inhaltskontrolle anhand allgemeiner Maßstäbe. Auch eine an allgemeinen Maßstäben – etwa jenem von **Treu und Glauben** – ausgerichtete generelle Inhaltskontrolle[94] kommt bei OHG-Gesellschaftsverträgen nicht in Betracht.[95] Zwar ist eine allgemeine Inhaltskontrolle bei Personenhandelsgesellschaften nicht grundsätzlich ausgeschlossen, wie die zutreffende Rechtsprechung zu Publikumsgesellschaften zeigt.[96] Wegen ihrer personalistischen Struktur besteht bei der OHG für eine solche generelle Inhaltskontrolle jedoch **kein Bedürfnis**. Die Regelungen des Gesellschaftsvertrages sind hier vielmehr Ausdruck eines Vertragskompromisses, von dem grundsätzlich eine angemessene Berücksichtigung der Interessen aller Beteiligter erwartet werden kann, soweit er die oben aufgezeigten gesetzlichen und ungeschriebenen Grenzen der Vertragsfreiheit im Personengesellschaftsrecht (RdNr. 5 ff., 14 ff.) beachtet.

---

[85] Heymann/*Emmerich* RdNr. 15.
[86] BGH Urt. v. 2. 6. 1977 – II ZR 126/75, WM 1977, 1022 ff.
[87] BGH Urt. v. 30. 9. 1974 – II ZR 148/72, WM 1974, 1151, 1153.
[88] BGH Urt. v. 18. 12. 1954 – II ZR 222/53, BGHZ 16, 59, 70 = NJW 1955, 384; BGH (Fn. 83) BGHZ 20, 363, 369 f.
[89] BGH Urt. v. 7. 7. 1970 – V ZR 110/67, NJW 1970, 1917, 1919 (zur eingetragenen Genossenschaft).
[90] Vgl. BGH Urt. v. 8. 2. 1988 – II ZR 228/87, BGHZ 103, 219, 222 f. = NJW 1988, 1729; BGH Urt. v. 5. 10. 1992 – II ZR 172/91, BGHZ 119, 305, 312 = NJW 1993, 57; BGH Urt. v. 10. 10. 1994 – II ZR 32/94, BGHZ 127, 176, 182 ff. = NJW 1995, 192 (zur Stillen Gesellschaft); MünchKommHGB/*Enzinger* RdNr. 8; Heymann/*Emmerich* RdNr. 4 a.
[91] BGH (Fn. 90) BGHZ 127, 176, 184 ff. (stille Gesellschaft); vgl. auch BGH (Fn. 90) BGHZ 119, 305, 312.
[92] BGH Urt. v. 11. 1. 1991 – II ZR 44/91, WM 1992, 99, 100; *Brandes* WM 1994, 569; MünchKommHGB/*Enzinger* RdNr. 8.
[93] KG Urt. v. 17. 9. 1997 – Kart U 1885/97, WM 1999, 731, 733; OLG Oldenburg Urt. v. 20. 5. 1999 – 1 U 24/99, NZG 1999, 896, 897; OLG Frankfurt aM Urt. v. 4. 2. 2004 – 23 U 66/03, NJW-RR 2004, 991, 992; ebenso Palandt/*Heinrichs* § 310 RdNr. 50; aA *Drygala* ZIP 1997, 968, 970; offen lassend BGH Urt. v. 27. 11. 2000 – II ZR 218/00, NJW 2001, 1270, 1271.
[94] Hierzu *Wiedemann* WM SB 8/1990 S. 16, 21; *ders.* GesR II § 2 IV.
[95] *Coester-Waltjen* AcP 190 (1990), 1, 8; MünchKommHGB/*Enzinger* RdNr. 8; Staub/*Ulmer* RdNr. 44; Heymann/*Emmerich* RdNr. 4 a.
[96] Vgl. BGH Urt. v. 14. 4. 1975 – II ZR 147/73, BGHZ 64, 238, 241 = NJW 1975, 1318; BGH Urt. v. 22. 3. 1982 – II ZR 74/81, NJW 1982, 2495; BGH (Fn. 93) NJW 2001, 1270, 1271; näher hierzu § 177 a Anh. B RdNr. 24 ff.

§ 110 [Ersatz für Aufwendungen und Verluste]

(1) Macht der Gesellschafter in den Gesellschaftsangelegenheiten Aufwendungen, die er den Umständen nach für erforderlich halten darf, oder erleidet er unmittelbar durch seine Geschäftsführung oder aus Gefahren, die mit ihr untrennbar verbunden sind, Verluste, so ist ihm die Gesellschaft zum Ersatze verpflichtet.

(2) Aufgewendetes Geld hat die Gesellschaft von der Zeit der Aufwendung an zu verzinsen.

Übersicht

	RdNr.		RdNr.
I. Normzweck	1, 2	c) Durch Geschäftsführung/untrennbare Gefahr	21–24
II. Ersatzpflicht der Gesellschaft	3–34	d) Kein Verschulden, Interessenausgleich	25
1. Normadressaten	3	5. Rechtsfolge: Ersatzanspruch	26–34
2. Rechtsnatur	4	a) Gegen Gesellschaft	27–29
3. Aufwendungen im Gesellschaftsinteresse (1. Fall)	5–15	b) Volle Höhe	30
		c) Übertragbarkeit	31
a) Gesellschafter	6–8	d) Buchung	32
b) Aufwendung	9–13	e) Form der Erfüllung	33
c) Gesellschaftsangelegenheit	14	f) Vorschuss	34
d) Erforderlich	15	III. Verzinsung (Abs. 2)	35–37
4. Verluste durch Geschäftsführung (2. Fall)	16–25	IV. Vereinbarungen	38
a) Gesellschafter	17	V. Andere auftragsrechtliche Ansprüche	39
b) Verlust	18–20		

I. Normzweck

1 Die Vorschrift enthält im Anschluss an Art. 93 ADHGB eine Sonderregelung auftragsrechtlicher Art, indem sie – gegenüber den allgemeinen bürgerlichrechtlichen Bestimmungen – **eigenständig**[1] festlegt, dass der Gesellschafter, der im Interesse der Gesellschaft Aufwendungen macht oder Verluste erleidet, hierfür aus der Gesellschaftskasse Ersatz verlangen kann. Der Sache nach handelt es sich um die Behandlung eines Teilausschnitts[2] des **Auftragsrechts,** zu der sich der historische Gesetzgeber deswegen veranlasst gesehen hat, weil seinerzeit[3] überwiegend angenommen wurde, ein Ersatzanspruch des in fremdem Interesse Handelnden sei nur für **freiwillig** eingegangene Vermögensopfer gegeben. Für die enge Personen- und Interessengemeinschaft einer Personenhandelsgesellschaft empfand man diese Einschränkung als unpassend.[4] Nachdem heute – teilweise unter Heranziehung eines übergreifenden Prinzips der Risikozurechnung[5] – für das allgemeine Auftragsrecht weitgehende Einigkeit besteht, dass die Freiwilligkeit des Vermögensopfers nicht konstitutiv für den Ersatzanspruch ist,[6] ist der Anlass zu der Sonderregelung in § 110 HGB eigentlich entfallen;[7] soweit sie reicht, macht sie jedoch den Rückgriff auf die allgemeinen Vorschriften entbehrlich und trifft zugleich eine Eingrenzung hinsichtlich des Kreises der denkbaren Anspruchsinhaber.

2 Nach der gesetzlichen Regelung besteht die Ersatzpflicht der Gesellschaft in **zwei Fällen,** nämlich für in ihrem Interesse gemachte Aufwendungen – also für freiwillig übernommene Vermögensminderungen (wegen Dienstleistungen vgl. RdNr. 10, 13) – und für unfreiwillig eingetretene Vermögensnachteile, die in engem Zusammenhang mit der Geschäftsführung stehen.

II. Ersatzpflicht der Gesellschaft

3 **1. Normadressaten.** Entgegen dem durch die Überschrift des Zweiten Titels, in den § 110 eingestellt ist, nahegelegten Verständnis sind Normadressaten der hier geregelten Ansprüche nicht die

---

[1] Vgl. Düringer/Hachenburg/*Flechtheim* RdNr. 1.
[2] Staub/*Ulmer* RdNr. 5; Baumbach/*Hopt* RdNr. 1.
[3] Denkschrift zum Entwurf eines HGB S. 83; vgl. ferner zur Entstehungsgeschichte *Genius* AcP 173 (1973), 481, 506 ff. und *Fitz*, Risikozurechnung bei Tätigkeit im fremden Interesse, 1985, S. 139 ff. mwN.
[4] Denkschrift (Fn. 3) S. 83; *Hueck* A. OHG § 15 II 2 S. 213; anders aber noch die Begr. des Reg.Entw. S. 70 f., die für eine Angleichung an die Regelungen des bürgerlichen Rechts eingetreten ist, weil „es nicht gerechtfertigt (sei), für die offene Handelsgesellschaft einen abweichenden Grundsatz aufzustellen".
[5] Vgl. zB Schlegelberger/*Martens* RdNr. 2; Baumbach/*Hopt* RdNr. 1 unter Hinweis auf § 59 RdNr. 106; MünchKommHGB/*Langhein* RdNr. 1 f.; *Hennrichs* LM § 105 Nr. 5; *Fitz* (Fn. 3) S. 139 ff.
[6] Vgl. dazu zB BGH Urt. v. 30. 5. 1960 – II ZR 113/58, NJW 1960, 1568, 1569; eingehend *Genius* AcP 173 (1973), 481, 486 ff.; MünchKommBGB/*Seiler* § 670 RdNr. 14 mwN.
[7] Staub/*Ulmer* RdNr. 1; Schlegelberger/*Martens* RdNr. 2.

Gesellschafter untereinander. Die Forderungen richten sich vielmehr gegen die **Gesellschaft**.[8] Anspruchsinhaber sind die **Gesellschafter,** wobei nach dem Wortlaut der Bestimmung zwischen dem Aufwendungsersatz, der jedem Gesellschafter zustehen soll, der in Gesellschaftsangelegenheiten tätig geworden ist, und dem Ersatz für Verluste unterschieden wird, der danach nur den zur Geschäftsführung[9] berufenen Gesellschaftern zustehen soll. Diese vom Wortlaut der Norm nahegelegte Unterscheidung ist jedoch nicht zu billigen (vgl. näher RdNr. 6 f.), weil sie den hier verwandten Begriff der Geschäftsführung zu eng – nämlich in dem in § 114 verwandten Sinne,[10] statt im auftragsrechtlich üblichen Sprachgebrauch[11] – interpretiert und der ratio legis (vgl. RdNr. 1) nicht gerecht werden kann. **Dritte** dagegen können originär keinen auf § 110 gestützten Ersatzanspruch erwerben. Etwas anderes gilt ausnahmsweise nur für den durch §§ 844, 845 BGB geschützten Personenkreis (vgl. dazu RdNr. 17).

4 **2. Rechtsnatur.** Seiner Rechtsnatur nach ist der gegen die Gesellschaft gerichtete Anspruch in beiden Fallgestaltungen auf **Aufwendungsersatz** gerichtet. Auch soweit es um den Ersatz von erlittenen Verlusten geht, wird zwar uU ein bei dem Gesellschafter eingetretener **Schaden** ausgeglichen,[12] im Verhältnis zur Gesellschaft beruht der Ersatzanspruch aber nicht etwa auf einer schuldhaften Verletzung von gegenüber dem Gesellschafter bestehenden Pflichten; vielmehr geht es um den gesellschaftsinternen Ausgleich dafür, dass der betroffene Gesellschafter ein **Sonderopfer**[13] im Interesse der OHG gebracht hat, für das er bislang, etwa von dem Schädiger, keinen Ersatz erlangt hat.

5 **3. Aufwendungen im Gesellschaftsinteresse (1. Fall).** Der **gesetzliche** Aufwendungsersatzanspruch besteht, da § 110 dispositiv ist, nur, soweit nicht die Gesellschafter abweichende Vereinbarungen (vgl. RdNr. 38) getroffen haben. Dies muss nicht in formalisierter Weise, sondern kann ebenso wie bei anderen gesellschaftsvertraglichen Regelungen auch konkludent,[14] beispielsweise durch ständige Übung,[15] geschehen.

6 **a) Gesellschafter.** Nach dem durch den Wortlaut der Vorschrift nahegelegten Verständnis wird jedenfalls der **geschäftsführende Gesellschafter** von § 110 erfasst. Für die von der Geschäftsführung **ausgeschlossenen** Gesellschafter könnte man erwägen, sie auf die Vorschriften des BGB, die das gesellschaftsrechtlich nicht gerechtfertigte Verhalten regeln, also die Bestimmungen über die Geschäftsführung ohne Auftrag zu verweisen. Dies hätte zur Folge, dass die Ersatzpflicht der Gesellschaft als Geschäftsherrin nicht wie bei § 110 von einem objektiv/subjektiven Maßstab,[16] sondern davon abhängt, ob das Handeln des nicht geschäftsführungsbefugten Gesellschafters objektiv im Interesse der OHG lag (§§ 683, 679 BGB). Auf diese Sicht läuft im Ergebnis die Auffassung[17] hinaus, die – für den von der Geschäftsführung ausgeschlossenen, wie für den geschäftsführenden Gesellschafter – die Ersatzpflicht der Gesellschaft nach § 110 davon abhängig macht, dass „**befugt**" gehandelt wird. Diese Voraussetzung soll nur dann erfüllt sein, wenn sich der geschäftsführende Gesellschafter in den Grenzen seiner Kompetenzen hält, während der von der Geschäftsführung ausgeschlossene Gesellschafter sich allein auf § 110 soll stützen dürfen, wenn er im Gesellschaftsvertrag, durch Beschluss der Gesellschafter oder durch den geschäftsführenden Gesellschafter hierzu beauftragt worden ist oder in Notgeschäftsführung gehandelt hat. In diesen besonderen Fallgestaltungen wird man allerdings schon in der Auftragserteilung die – jedenfalls stillschweigend gegebene – Zusage sehen müssen, dass etwaige Aufwendungen nach Maßgabe des § 110 erstattet werden. Einen gesetzlichen Anwendungsfall der Bestimmung auf den nicht geschäftsführenden Gesellschafter wird man dagegen hier kaum finden können.

---

[8] Vgl. BGH Urt. v. 2. 7. 1962 – II ZR 204/60, BGHZ 37, 299 = NJW 1962, 1863.
[9] Die Frage war schon unter dem ADHGB umstritten, vgl. *Puchelt*, Comm. zum ADHGB, 1874, Art. 93 Anm. 2 mwN, der den nicht zur Geschäftsführung berufenen Gesellschafter auf die Regressvorschriften des allgemeinen Zivilrechts verweisen wollte.
[10] Paradigmatisch schon *Puchelt* (Fn. 8) zu Artt. 93 und 99 ADHGB.
[11] *Schlegelberger/Martens* RdNr. 14.
[12] Dies scheint Staub/*Fischer* RdNr. 12 zu meinen, wenn er in diesem Zusammenhang von einem durch das „Gesetz bestimmten Schadensersatzanspruch" spricht; für Einordnung als „echten Schadensersatzanspruch" mit der unzutreffenden Behauptung, dies sei nie streitig gewesen, aber *Genius* AcP 173 (1973), 481 ff., 516.
[13] BGH Urt. v. 17. 12. 2001 – II ZR 382/99, NZG 2002, 232; BGH Urt. v. 20. 6. 2005 – II ZR 252/03, NZG 2005, 807; Staub/*Ulmer* RdNr. 21; *Reichert/Winter* BB 1988, 981 ff, 991.
[14] Vgl. BGH Urt. v. 2. 7. 1979 – II ZR 132/78, NJW 1980, 339, 340 für eine BGB-Gesellschaft ohne bezifferte Beitragspflicht; BGH Urt. v. 15. 10. 1990 – II ZR 25/90, NJW-RR 1991, 422 für den stillschweigenden Abschluss eines BGB-Gesellschaftsvertrages.
[15] Vgl. BGH Urt. v. 17. 1. 1966 – II ZR 8/64, NJW 1966, 826 für eine stillschweigende Änderung des Gewinnverteilungsschlüssels.
[16] Vgl. dazu Staub/*Ulmer* RdNr. 14 mwN.
[17] Vgl. Staub/*Ulmer* RdNr. 6 und 9 f. mwN; *Hueck A.* OHG § 15 I S. 211; Heymann/*Emmerich* RdNr. 5.

Der genannten, den Anwendungsbereich des § 110 allein auf **befugtes Handeln** beschränkenden Auffassung ist indessen nicht zu folgen,[18] vielmehr steht der Anspruch auf Ersatz von im Gesellschaftsinteresse gemachten Aufwendungen **jedem Gesellschafter** zu. Schon der Text der Vorschrift bietet für die genannte Einschränkung keinen Anhaltspunkt. Vielmehr spricht die bewusste Abkoppelung (vgl. RdNr. 1) der Regelung von den allgemeinen Auftragsvorschriften dafür, dass in § 110 die Problematik eigenständig hat behandelt werden sollen. Das hier aufgenommene einschränkende Tatbestandsmerkmal „den Umständen nach für erforderlich halten durfte", gewährleistet, dass die Gesellschaft nicht für jedes Handeln eines ihrer Gesellschafter soll aufkommen müssen, womit dem Anliegen Rechnung getragen ist, welches die Gegenmeinung zu ihrem einschränkenden Verständnis bewogen hat. Liegt der Sinn der Vorschrift darin, den für die Gruppe Handelnden davor zu bewahren, ein Sonderopfer für ein im Interesse der Gesellschaft liegendes Tätigwerden erbringen zu müssen, so ist eine Differenzierung danach, ob befugt oder unbefugt, mit oder ohne Geschäftsführungsbefugnis für die Gesellschaft gehandelt wird, auch der Sache nach nicht zu rechtfertigen.

Diese Voraussetzung eines Handelns als Mitglied der Gesellschaft und in deren Interesse fehlt allerdings, soweit der Gesellschafter **ausgeschieden**[19] ist oder wenn er auf Grund einer **Drittbeziehung**, zB eines Dienstvertrages (vgl. RdNr. 10), tätig geworden ist. Hier bewendet es bei der Anwendung der allgemeinen Vorschriften.

b) Aufwendung. Unter **Aufwendungen,** deren Begriff nicht nur im BGB,[20] sondern auch in § 110 nicht definiert wird, sind Auslagen des Gesellschafters, die Übernahme von Verbindlichkeiten und die Tilgung von Gesellschaftsschulden durch ihn zu verstehen. Kennzeichnend ist, dass das Vermögensopfer bewusst und aus freien Stücken[21] von dem Gesellschafter erbracht worden ist. Soweit es an einer derartigen Freiwilligkeit fehlt, kann es sich nur um einen – bei Vorliegen der weiteren Voraussetzungen – nach § 110 zu ersetzenden **Verlust** (vgl. dazu RdNr. 18) handeln.

Ob der Gesellschafter in diesem Sinne **freiwillig** handelt, richtet sich allein nach seinem **Verhältnis zu der Gesellschaft,** in deren Interesse er das Vermögensopfer bringt: Ist er kraft Gesellschaftsvertrages oder auf Grund einer mit der OHG getroffenen Abrede verpflichtet, wie geschehen zu handeln, so scheidet § 110 als Anspruchsgrundlage für einen Ersatzanspruch aus. Vielmehr richtet es sich dann nach den jeweiligen Rechtsbeziehungen, ob und in welchem Umfang die Gesellschaft Ersatz zu leisten hat. Das spielt vor allem in den Fällen ein Rolle, in denen der Gesellschafter für die Gesellschaft **Dienste** erbringt, die üblicherweise, vor allem weil sie zum Beruf oder Gewerbe des Gesellschafters gehören, nur gegen Entgelt versehen werden: Ist Grundlage dieser Dienstleistung, wie vor allem bei dem geschäftsführenden Gesellschafter, der Gesellschaftsvertrag, so wird es sich um die Erfüllung einer Beitragspflicht[22] handeln, für die mangels abweichender Bestimmungen kein Entgelt gezahlt wird. Bei Aktivitäten, die auf einen Dienstvertrag zurückgehen, wird sich aus demselben – notfalls auf Grund einer Auslegung – ergeben, ob und in welchem Umfang die Aufwendungen des Gesellschafters ersetzt werden müssen. Ähnliches gilt bei auf Grund eines Beschlusses der Gesellschafterversammlung erbrachten Vermögensopfern. Dagegen steht der Annahme der Freiwilligkeit nicht entgegen, dass der Gesellschafter nach § 128 im **Außenverhältnis** für die Verbindlichkeiten der OHG persönlich haftet, weil er im Innenverhältnis zur Begleichung dieser Gesellschaftsschuld regelmäßig nicht verpflichtet ist.[23]

---

[18] Vgl. Staub/*Fischer* RdNr. 2; Schlegelberger/*Martens* RdNr. 14; MünchKommHGB/*Langhein* RdNr. 6; Röhricht/Graf v. Westphalen/*v.Gerkan* RdNr. 7; *Koller*/Roth/Morck RdNr. 2; *Reichert/Winter* BB 1988, 981 ff., 991.
[19] Vgl. für den ausgeschiedenen Kommanditisten, der einen Gesellschaftsgläubiger befriedigt hat: BGH Urt. v. 9. 5. 1963 – II ZR 124/61, BGHZ 39, 319, 324 f. = NJW 1963, 1873; BGH Urt. v. 14. 11. 1977 – II ZR 35/77, DB 1978, 627; aA *Flume* § 16 II 2 c S. 296–298.
[20] Vgl. BGH Urt. v. 12. 10. 1972 – VII ZR 51/72 = NJW 1973, 46; BGH Urt. v. 24. 2. 1983 – VII ZR 87/82, BGHZ 87, 43, 50 = NJW 1983, 1556; BGH Urt. v. 26. 4. 1989 – IVb ZR 42/88, NJW 1989, 2816, 2818; ferner paradigmatisch MünchKommBGB/*Krüger* § 256 RdNr. 2 mwN.
[21] AllgM., vgl. RG Urt. v. 5. 4. 1909 – 195/08 VI, JW 1909, 311 Nr. 7 zu § 670 BGB; RG Urt. v. 9. 7. 1910 – 298/09 I, JW 1910, 803 Nr. 11 zu § 256 BGB; RG Urt. v. 19. 11. 1928 – VI 216/28, RGZ 122, 298, 303 zu § 670 BGB; BGH Urt. v. 30. 5. 1960 – II ZR 113/58, NJW 1960, 1565 f.; BGH Urt. v. 20. 6. 2005 – II ZR 252/03, NZG 2005, 807.
[22] Vgl. die ausdrückliche Regelung in Art. 93 Abs. 3 ADHGB; ferner zB BGH Urt. v. 13. 5. 1953 – II ZR 157/52, BGHZ 10, 44, 55 = NJW 1953, 1548; BGH Urt. v. 21. 5. 1955 – IV ZR 7/55, BGHZ 17, 299, 301 = NJW 1955, 1227; BGH Urt. v. 10. 6. 1965 – II ZR 6/63, BGHZ 44, 40, 41 f. = NJW 1965, 1960; *Hueck A.* OHG § 15 II 1 S. 212; Staub/*Fischer* § 114 RdNr. 13; ferner BFH Urt. v. 7. 3. 1996 – V R 29/93, BFH/NV 1996, 858 f.; BFH Urt. v. 15. 11. 1967 – IV R 139/67, BFHE 90, 399 f.; LAG Köln Urt. v. 12. 8. 1994, LAGE BGB § 611 Nr. 1.
[23] *Hueck A.* OHG § 15 II 1 S. 212; Staub/*Ulmer* RdNr. 16; Schlegelberger/*Martens* RdNr. 15; MünchKommHGB/*Langhein* RdNr. 11; vgl. näher RdNr. 12.

11 Nach diesen Maßstäben sind **Beispiele** für Aufwendungen im Sinne von § 110 der Kauf von Waren für die Gesellschaft,[24] die Übernahme von Portokosten[25] oder die Durchführung einer Geschäftsreise[26] für die OHG. Dasselbe gilt für Versicherungsprämien, die der Gesellschafter – auch der geschäftsführende – aus eigenen Mitteln getragen hat, wenn es Sache der Gesellschaft ist, diese Versicherung zu nehmen.[27] Überlässt der Gesellschafter der OHG Vermögensgegenstände[28] – etwa Maschinen, Immobilien oder gewerbliche Schutzrechte –, ohne dass hierfür eine gesellschaftsvertragliche oder sonstige Verpflichtung besteht, kann er in gleicher Weise Ersatz fordern wie für die Gewährung von üblicherweise vergüteten Dienstleistungen (s. RdNr. 10), die er ohne dazu gegenüber der Gesellschaft verpflichtet zu sein, leistet. Im Interesse der OHG wird der Gesellschafter auch dann aus freien Stücken tätig, wenn er Gefahren von ihr abwendet,[29] Registerpflichten[30] erfüllt, Geschäftsführungsmaßnahmen vorbereitet[31] oder eine Noteinberufung[32] der Gesellschafterversammlung in die Wege leitet. Ob auch die Kosten zu den nach § 110 zu erstattenden Aufwendungen gehören, die dem Gesellschafter entstehen, weil er an einer Gesellschafterversammlung teilnimmt, wird nicht ohne Blick auf den Gegenstand dieser Zusammenkunft zu entscheiden sein: Jedenfalls sofern der Gegenstand der Beratung und Beschlussfassung nicht laufende Angelegenheiten der Gesellschaft, sondern das Verhältnis der Gesellschafter zueinander betrifft – bei Änderungen des Gesellschaftsvertrages wird man dies anzunehmen haben[33] –, steht die eigene Interessenwahrnehmung derart im Vordergrund, dass die Anwendung des § 110 ausscheiden muss;[34] allerdings werden sich uU Anhaltspunkte aus der Verfahrensweise in der Vergangenheit dahin ergeben, dass die Kostenerstattung als gesellschaftsvertraglich vereinbart gilt.[35] Auch die Übernahme von Verbindlichkeiten[36] oder die Eingehung einer Bürgschaft[37] für die Gesellschaft, löst einen – uU im Wege der Freistellung (vgl. RdNr. 33) zu verfolgenden – Aufwendungsersatzanspruch des Gesellschafters aus.

12 Um ein freiwilliges Vermögensopfer handelt es sich auch dann, wenn der Gesellschafter – sei es von sich aus, sei es auf Veranlassung eines Gläubigers der Gesellschaft – deren **Schulden tilgt**.[38] Dass der Gesellschafter jedenfalls in dem zweitgenannten Fall auch zur Erfüllung einer ihn treffenden Pflicht zahlt, nimmt seinem Handeln nicht den Charakter der Freiwilligkeit, weil es insofern allein auf das Innenverhältnis, nämlich die Frage ankommt, ob dem Gesellschafter durch die Bezahlung der Gesellschaftsschuld ein Sonderopfer abverlangt wird.[39] An einem solchen, die Anwendbarkeit des § 110 auslösenden Sonderopfer fehlt es allerdings dann, wenn der Gesellschafter, uU neben der Gesellschaft – von Bedeutung ist dies zB bei der Bezahlung von Steuern[40] und Abgaben – selbst Schuldner der Leistung ist.

13 Dagegen besteht nach § 110 **keine Ersatzpflicht** für die von einem geschäftsführenden Gesellschafter erbrachten Dienstleistungen (vgl. RdNr. 10), für Erfindungen, welche er der Gesellschaft als Beitrag zu überlassen oder als geschäftsführender Gesellschafter entwickelt hat,[41] oder für die Kosten,

---

[24] RG Urt. v. 11. 2. 1927 – 129/26 II, RG JW 1927, 1089; Staub/*Fischer* RdNr. 3; Heymann/*Emmerich* RdNr. 7; Schlegelberger/*Martens* RdNr. 12; MünchKommHGB/*Langhein* RdNr. 11.
[25] Düringer/Hachenburg/*Flechtheim* RdNr. 4.
[26] RG Urt. v. 1. 2. 1911 – V 122/10, RGZ 75, 208, 213; Schlegelberger/*Martens* RdNr. 12.
[27] Düringer/Hachenburg/*Flechtheim* RdNr. 19.
[28] Staub/*Fischer* RdNr. 3; Staub/*Ulmer* RdNr. 15; MünchKommHGB/*Langhein* RdNr. 11.
[29] Heymann/*Emmerich* RdNr. 6; Schlegelberger/*Martens* RdNr. 12; Staub/*Ulmer* RdNr. 13.
[30] Staub/*Ulmer* RdNr. 6.
[31] RG Urt. v. 1. 2. 1911 – V 122/10, RGZ 75, 208, 213; Schlegelberger/*Martens* 12.
[32] Reichert/*Winter* BB 1988, 981, 991.
[33] Vgl. Schlegelberger/*Martens* RdNr. 12 mit übertriebener Abgrenzung zu Staub/*Ulmer* RdNr. 7.
[34] So iE übereinstimmend Staub/*Ulmer* RdNr. 7 und Schlegelberger/*Martens* RdNr. 12.
[35] Zutr. Staub/*Ulmer* RdNr. 7 unter Hinweis auf § 105 RdNr. 191; vgl. oben RdNr. 5.
[36] AllgM, vgl. schon RG Urt. v. 12. 6. 1893 – VI 82/93, RGZ 31, 139, 141 zu Art. 93 ADHGB; Staub/*Ulmer* RdNr. 15.
[37] Vgl. BGH Urt. v. 18. 11. 1996 – II ZR 207/95, NJW 1997, 740; ferner BFH Urt. v. 19. 1. 1993 – VIII R 128/84, BFHE 170, 511 ff. = BB 1993, 1926; Entsprechendes gilt für die Stellung anderer Sicherheiten, z. B. für die Belastung des Privatgrundstücks des Gesellschafters für einen Gesellschaftskredit, BGH Urt. v. 17. 12. 2001 – II ZR 382/99, NZG 2002, 232.
[38] Vgl. BGH Urt. v. 2. 7. 1962 – II ZR 204/60, BGHZ 37, 299, 302 = NJW 1962, 1863; BGH Urt. v. 9. 5. 1963 – II ZR 124/61, BGHZ 39, 319, 324 NJW 1963, 1873; BGH Urt. v. 28. 1. 1980, II ZR 250/78, BGHZ 76, 127, 130 = NJW 1980, 1163; BGH Urt. v. 14. 11. 1977 – II ZR 35/77, DB 1978, 627; BGH Urt. v. 30. 4. 1984 – II ZR 132/83, WM 1984, 893, 895; BGH Urt. v. 14. 1. 1985 – II ZR 103/84, WM 1985, 455 f; BGH Urt. v. 20. 9. 1993 – II ZR 151/92, BGHZ 123, 289, 296 = NJW 1993, 3265; BGH Urt. v. 27. 3. 1995 – II ZR 30/94, NJW 1995, 1960; ferner Baumbach/*Hopt*; Staub/*Ulmer* RdNr. 16 f.
[39] Vgl. RdNr. 10; auch BGH Urt. v. 17. 12. 2001 – II ZR 382/99, NZG 2002, 232.
[40] Vgl. BGH Urt. v. 14. 11. 1977 – II ZR 35/77, DB 1978, 627; ferner Schlegelberger/*Martens* RdNr. 16; Staub/*Ulmer* RdNr. 17; MünchKommHGB/*Langhein* RdNr. 11.
[41] Vgl. BGH Urt. v. 16. 11. 1954 – I ZR 40/53, LM PatG § 3 Nr. 1; Düringer/Hachenburg/*Flechtheim* RdNr. 4; Staub/*Fischer* RdNr. 3; MünchKommHGB/*Langhein* RdNr. 11.

welche bei der Wahrnehmung von allein in seinem Interesse wahrgenommenen Mitgliedschaftsrechten – zB des Informations- oder Kontrollrechts[42] – entstanden sind. Eine Erstattung der Aufwendungen ist ferner dann ausgeschlossen, wenn der Gesellschafter sich der Gesellschaft gegenüber verpflichtet, die Einlage eines anderen Gesellschafters[43] zu erbringen, denn auch dies geschieht – ähnlich wie bei dem eigenen Beitrag – in Erfüllung einer gesellschaftsrechtlich begründeten Pflicht. Zweifelhaft ist, ob man auch für im Ausland bewirkte Schmiergeldzahlungen[44] eine Ersatzpflicht anerkennen kann.

c) Gesellschaftsangelegenheit. Dass Aufwendungsersatz nur bei einem Tätigwerden in Gesellschaftsangelegenheiten verlangt werden kann, soll den zur Schaffung der Vorschrift Anlass gebenden Gedanken (vgl. RdNr. 1) besonders zum Ausdruck bringen; die Formulierung ist allerdings nicht sehr präzise. Dieses Tatbestandsmerkmal ist einerseits nicht nur dann erfüllt, wenn das Handeln des Gesellschafters unmittelbar der Verfolgung des Gesellschaftszwecks dient. Vielmehr werden auch Aktivitäten erfasst, die darauf abzielen, Schaden oder Gefahren von der Gesellschaft abzuwenden (s. RdNr. 11). Es kommt darauf an, ob der Gesellschafter objektiv zweifelsfrei im Geschäftskreis der Gesellschaft handelt und dabei auch die Vorstellung verfolgt, deren und nicht etwa seine eigenen Angelegenheiten zu betreiben. Auch wenn es an einer Befugnis zum Handeln für die Gesellschaft fehlt, ist die Anwendung des § 110 nicht ausgeschlossen (s. RdNr. 6 f.). Handelt andererseits der Gesellschafter zur Erfüllung eigener gegenüber der Gesellschaft bestehender Pflichten (vgl. RdNr. 10), dann ist § 110 unanwendbar, auch wenn damit zugleich Gesellschaftsangelegenheiten gefördert werden.

d) Erforderlich. Ähnlich wie in den Fällen des § 670 BGB[45] beurteilt sich die Frage der Erforderlichkeit nach einem objektiv/subjektiven Maßstab.[46] Es kommt zwar nicht darauf an, ob die Maßnahme im Gesellschaftsinteresse objektiv erforderlich war. Vielmehr ist von der Sicht des Handelnden im Zeitpunkt der Aufwendung auszugehen; diese Betrachtungsweise wird jedoch nicht ungeprüft hingenommen, sondern gefragt, ob der Gesellschafter – nach dem Maßstab eines sorgfältig im Sinne von § 708 BGB handelnden Mitglieds einer OHG – hat annehmen dürfen, dass sein Tun erforderlich war. Die Antwort hängt von den Umständen des Einzelfalls ab; in Zweifelsfällen – etwa, wenn es um die Begleichung von Gesellschaftsschulden geht – wird sich der Gesellschafter durch Erkundigung Gewissheit verschaffen müssen und nur zahlen dürfen, wenn die Verbindlichkeiten wirklich bestehen und fällig sind.[47]

4. Verluste durch Geschäftsführung (2. Fall). Der historische Gesetzgeber hat die schon unter dem ADHGB umstrittene, bei Erlass des BGB für das Auftragsrecht bewusst offengelassene Frage,[48] ob auch **unfreiwillig** für die Gesellschaft erbrachte Vermögensopfer einem Gesellschafter von der OHG auch ohne Vorliegen von Verschulden ersetzt werden sollen, im positiven Sinn geregelt (vgl. RdNr. 1). Der handelnde Gesellschafter soll davor bewahrt werden, mit einem **Sonderopfer** (vgl. RdNr. 4 und 7) belastet zu werden, wenn er im Interesse der Gesellschaft gehandelt hat. Dabei meint das Tatbestandsmerkmal **Geschäftsführung,** mit dem der Anwendungsbereich der Bestimmung hat eingegrenzt werden sollen, nicht das organschaftliche Tätigwerden, sondern ist weitergehend als Geschäftsbesorgung[49] zu verstehen.

a) Gesellschafter. Außer **allen Gesellschaftern** (s. RdNr. 7 f.) sind hinsichtlich des Anspruchs auf Ersatz von Verlusten ausnahmsweise die durch **§§ 844, 845 BGB** begünstigten Personen **originär** anspruchsberechtigt. Das ist heute – abweichend von der früher[50] überwiegend vertretenen verneinenden Auffassung – mit Recht allgemein anerkannt.[51] Es wäre ein Wertungswiderspruch,

---

[42] Vgl. Staub/*Ulmer* RdNr. 7; Schlegelberger/*Martens* § 12; MünchKommHGB/*Langhein* RdNr. 11.
[43] Vgl. RG Urt. v. 6. 7. 1928 – 103/28 II, JW 1928, 2368 [BGB-Gesellschaft]; Staub/*Fischer* RdNr. 3 MünchKommHGB/*Langhein* RdNr. 11.
[44] Erwogen für Handelsvertreter bei BGH Urt. v. 8. 5. 1985 – IVa ZR 138/83, BGHZ 94, 268, 272 = NJW 1985, 2405; vgl. Schlegelberger/*Martens* RdNr. 19; MünchKommHGB/*Langhein* RdNr. 13; vgl. ferner zum Aktienrecht kritisch zur BGH-Rechtsprechung *Fleischer* ZIP 2005, 139, 145; zu § 4 Abs. 5 Nr. 10 EStG *Gotzens* DStR 2005, 673 ff.
[45] Vgl. zB MünchKommBGB/*Seiler* § 670 RdNr. 9 mwN.
[46] Staub/*Ulmer* RdNr. 13; Düringer/Hachenburg/*Flechtheim* RdNr. 6; Schlegelberger/*Martens* RdNr. 19; MünchKommHGB/*Langhein* RdNr. 16.
[47] Vgl. Düringer/Hachenburg/*Flechtheim* RdNr. 10; Staub/*Ulmer* RdNr. 13; MünchKommHGB/*Langhein* RdNr. 16.
[48] Vgl. Mot. und Prot. bei *Mugdan* II S. 541, 951–953; *Genius* AcP 173 (1973), 481 ff.; MünchKommBGB/*Seiler* § 670 RdNr. 14 ff. mwN.
[49] Baumbach/*Hopt* RdNr. 12; Schlegelberger/*Martens* RdNr. 4; Staub/*Fischer* RdNr. 14.
[50] Vgl. zur Entwicklung *Hueck A.* OHG § 15 II 2 Fn. 12 S. 213 f.; Staub/*Fischer* RdNr. 14.
[51] Vgl. RG Urt. v. 7. 5. 1941 – VI 72/40, RGZ 167, 85, 89; BGH Urt. v. 19. 6. 1952 – III ZR 295/51, BGHZ 7, 30, 34 = NJW 1952, 1249 [beide zu § 670 BGB]; BGH Urt. v. 9. 2. 1955 – VI ZR 286/53, BGHZ 16, 265 ff. = NJW 1955, 785 [zum Dienstvertragsrecht]; *Hueck A.* OHG § 15 II 2 S. 213; Staub/*Fischer* RdNr. 14; Staub/*Ulmer* RdNr. 11;

§ 110 18–20   2. Buch. 1. Abschnitt. Offene Handelsgesellschaft

demjenigen, der im fremden Interesse handelt und dabei körperlichen Schaden nimmt, einen Ersatzanspruch nach § 670 BGB bzw. § 110 zuzubilligen, seinen Hinterbliebenen aber einen entsprechenden Anspruch zu versagen, wenn er nicht nur seine Gesundheit, sondern sogar sein Leben geopfert hat.[52]

18   **b) Verlust.** Mit den Verlusten, welche die Gesellschaft zu ersetzen hat, sind – in Abgrenzung zu den von der ersten Fallgruppe (vgl. RdNr. 9) erfassten Aufwendungen – **unfreiwillig** erlittene **Vermögensnachteile** zu verstehen.[53] Nicht anders als bei den zu ersetzenden Aufwendungen geht es darum, den handelnden Gesellschafter davor zu bewahren, bei seiner Tätigkeit für die Gesellschaft ein Sonderopfer erbringen zu müssen. Ob sich der Nachteil unmittelbar in dem Vermögen des Gesellschafters – etwa wegen der Zerstörung seines Fahrzeuges bei einer Geschäftsreise – niederschlägt oder ob er dadurch mittelbar eintritt, dass infolge des bei dieser Geschäftsreise erlittenen Unfalls ein Verdienstausfall eingetreten ist, spielt deswegen keine Rolle.[54] Nicht ersatzfähig nach dieser Vorschrift sind indessen immaterielle Nachteile; vor allem **Schmerzensgeld**[55] kann nur bei Vorliegen der besonderen Voraussetzungen des § 253 Abs. 2 BGB verlangt werden. Ebenso fehlt es an dem erforderlichen Sonderopfer, wenn **Gewinnchancen**[56] durch die Geschäftsführung für die Gesellschaft zerstört werden, weil derartige Nachteile von allen Gesellschaftern getragen werden müssen.

19   Vermögensnachteile wegen **strafrechtlicher Sanktionen,** die mit einer Tätigkeit für die Gesellschaft verbunden sind, muss die Gesellschaft nach überwiegender Auffassung nicht ersetzen.[57] Die dafür gegebenen Begründungen sind unterschiedlich, teils wird auf den Rechtsgedanken des § 254 BGB abgehoben,[58] der indessen auf den Charakter der Vorschrift als Interessenausgleich (s. RdNr. 4) nicht ohne weiteres passt, überwiegend und zutreffend wird der auf § 110 gestützte Ersatzanspruch deswegen abgelehnt, weil es dem Zweck des Straf- und Ordnungswidrigkeitenrechts widerspräche, wenn die Gesellschaft an Stelle des Täters die Sanktionsfolgen trüge.[59] Ob etwas anderes gelten muss, wenn das Verhalten ausschließlich den Tatbestand einer **ausländischen**[60] Norm erfüllt und dort geahndet worden ist, erscheint jedenfalls dann zweifelhaft, wenn die Bestrafung im Ausland nicht hinsichtlich des Verfahrens oder des Tatbestandes grob von den in Westeuropa üblichen rechtsstaatlichen Standards abweicht.

20   Umstritten ist allerdings die weitere Frage, ob ein Erstattungsanspruch dann anerkannt werden kann, wenn das Vorgehen des Gesellschafters einstimmig gebilligt[61] worden ist. Soweit es um Sanktionen wegen strafbarer Handlungen geht, kann man jedenfalls vorherige Zusagen nicht zulassen, weil sonst der Präventionszweck verfehlt wird. Bei nachträglicher Billigung stellt sich die Frage einer Strafvereitelung, für welche allerdings der 2. Strafsenat des Bundesgerichtshofs[62] unter Kritik eines Teils des Schrifttums[63] ausgesprochen hat, eine nachträgliche Erstattung des nach der Tat gegebene Zusage hierfür erfüllten nicht den Tatbestand des § 258 StGB. Umso weniger kann man aber eine entsprechende nachträgliche Entschließung hinsichtlich einer im Ordnungswidrigkeitenverfahren verhängten Geldbuße verworfen werden.[64] Ob das Gleiche im Personengesellschaftsrecht

---

Schlegelberger/*Martens* RdNr. 5; Baumbach/*Hopt* RdNr. 2; *Fitz* (Fn. 3) S. 139; *Genius* AcP 173 (1973), 481, 518 f. mwN.
[52] So RG Urt. v. 7. 5. 1941– VI 72/40, RGZ 167, 85, 89.
[53] AllgM, vgl. Staub/*Ulmer* RdNr. 21; Schlegelberger/*Martens* RdNr. 20; MünchKommHGB/*Langhein* RdNr. 17; Baumbach/*Hopt* RdNr. 11; Heymann/*Emmerich* RdNr. 9; Röhricht/Graf v. Westphalen/*v. Gerkan* RdNr. 11.
[54] Vgl. zu § 670 BGB: BGH Urt. v. 7. 11. 1960 – VII ZR 82/59, BGHZ 33, 251, 257 = NJW 1961, 359; Baumbach/*Hopt* RdNr. 11; Schlegelberger/*Martens* RdNr. 20; Röhricht/Graf v. Westphalen/*v. Gerkan* RdNr. 11.
[55] Staub/*Fischer* RdNr. 7; Staub/Ulmer RdNr. 21; Schlegelberger/*Martens* RdNr. 20; ungenau MünchKommHGB/*Langhein* RdNr. 17.
[56] Staub/*Ulmer* RdNr. 21; Schlegelberger/*Martens* RdNr. 20; ungenau Düringer/Hachenburg/*Flechtheim* RdNr. 7.
[57] Vgl. *Hueck A.* OHG § 15 II 2 Fn. 13 S. 214 mwN; Staub/*Ulmer* RdNr. 25; Röhricht/Graf v. Westphalen/*v. Gerkan* RdNr. 14; Schlegelberger/*Martens* RdNr. 25; MünchKommHGB/*Langhein* RdNr. 21; vgl. ferner dazu BGH Urt. v. 31. 1. 1957 – II ZR 41/56, BGHZ 23, 222, 224 = NJW 1957, 586 [Steuerstrafe im Rahmen eines Bankvertrages]; BGH Urt. v. 6. 4. 1964 – II ZR 11/62, BGHZ 41, 223, 228 f. = NJW 1964, 1270 [Übernahme einer Steuerstrafe für Vorstandsmitglied einer AG]; wegen der Prozesskosten s. RdNr. 24; MünchKommHGB/*Langhein* RdNr. 23.
[58] ZB *Hueck A.* OHG (Fn. 57).
[59] Vgl. zB Staub/*Ulmer* RdNr. 25; Staub/*Fischer* RdNr. 7.
[60] So Schlegelberger/*Martens* RdNr. 25; wie hier Baumach/*Hopt* RdNr. 14; tendenziell großzügiger MünchKommHGB/*Langhein* RdNr. 22.
[61] Vgl. Staub/*Ulmer* RdNr. 25; Staub/*Fischer* RdNr. 7; Schlegelberger/*Martens* RdNr. 25 f.; Röhricht/Graf v. Westphalen/*v. Gerkan* RdNr. 14; Baumbach/*Hopt* RdNr. 14; *Rehbinder* ZHR 148 (1984), 555 ff., 565 ff.
[62] Urt. v. 7. 11. 1990 – 2 StR 439/90, BGHSt 37, 226, 229 ff. = NJW 1991, 990.
[63] Vgl. Tröndle/*Fischer* StGB, 53. Aufl. § 258 RdNr. 16; Schönke/Schröder/*Stree* StGB, 27. Aufl. § 258 RdNr. 28 a je mwN.
[64] Vgl. näher *Rehbinder* ZHR 148 (1984), 555 ff., 574; Schlegelberger/*Martens* RdNr. 26.

auch für im Voraus gegebene Zusagen – zB hinsichtlich der Sanktionen wegen eines Verstoßes gegen bei einer Geschäftsreise begangene Straßenverkehrsvorschriften – gilt[65] oder ob nicht hier §§ 134, 138 BGB entgegenstehen,[66] ist eine bisher offene Frage; da es im Ordnungswidrigkeitenrecht vornehmlich um Repression geht, erscheint es hier wenig einleuchtend, vorher gegebenen Erstattungszusagen die Anerkennung zu verweigern. Die Streitfrage wird allerdings deswegen nicht von großer praktischer Bedeutung sein, weil derartige Zusagen der Zustimmung aller Gesellschafter bedürfen[67] und – soweit es um einen etwaigen Anspruch auf Abgabe einer Zustimmungserklärung eines dissentierenden Gesellschafters gehen sollte – in aller Regel nicht wird bejaht werden können, dass der erforderliche enge (s. RdNr. 21–24) Zusammenhang zwischen der Geschäftsbesorgung für die Gesellschaft und der mit einer Sanktion belegten Verhaltensweise des Gesellschafters vorhanden ist.

c) Durch Geschäftsführung/untrennbare Gefahr. Die Erstattungspflicht der Gesellschaft besteht allerdings nur, wenn der Vermögensnachteil **unmittelbar durch die Geschäftsführung** oder auf Grund einer mit ihr **untrennbar verbundenen Gefahr** entstanden ist. Beide Tatbestandsmerkmale[68] zielen darauf ab, das Haftungsrisiko der OHG überschaubar zu halten. Der Gesellschafter soll nicht mit einem Sonderopfer belastet werden, es soll aber andererseits vermieden werden, dass die Gesellschaft auch für solche Verluste eintreten muss, die der handelnde Gesellschafter nur gelegentlich eines Handelns für sie erlitten hat, bei denen sich also nur sein eigenes Lebensrisiko verwirklicht hat, oder die er bei sorgfältigerem Vorgehen hätte vermeiden können. Funktional entspricht dem bei den in § 110 Abs. 1, 1. Fall geregelten Aufwendungen das subjektiv/objektiv (s. RdNr. 15) zu interpretierende Tatbestandsmerkmal „den Umständen nach für erforderlich halten darf". Nicht abstrakt, sondern nur von Fall zu Fall wertend lässt sich entscheiden, ob sich in dem jeweils erlittenen Vermögensnachteil ein tätigkeitsspezifisches Risiko verwirklicht hat und deswegen ein im Interesse der Gesellschaft erbrachtes, nach § 110 zu ersetzendes Sonderopfer vorliegt, oder ob der Gesellschafter ein vermeidbares Risiko eingegangen ist. 21

Dabei wird uU der enge Zusammenhang zwischen der Geschäftsbesorgung und dem Verlusteintritt nicht ausreichen, um ein solches unvermeidbares Sonderopfer bejahen zu können. Vorgeschaltet ist nämlich die Frage, ob der Gesellschafter gerade in der **konkreten Art und Weise** hat handeln müssen,[69] bei welcher er den Vermögensnachteil erlitten hat. Ist dies zu verneinen, ist beispielsweise objektiv die Durchführung einer Reise im Interesse der Gesellschaft nicht erforderlich, in deren Verlauf der Gesellschafter bei einem Hotelbrand verletzt worden ist und sein Gepäck verloren hat, dann ist für die hierbei erlittenen Vermögensnachteile die Gesellschaft, obwohl das Handeln des Gesellschafters ihr objektiv nützlich war, nicht ersatzpflichtig. Andererseits führt es zu weit, bei einer notwendigen Reise die Ersatzpflicht für die bei einem Hotelbrand oder einem Hoteldiebstahl erlittenen Verluste zu verneinen, weil es sich hierbei um die Verwirklichung eines allgemeinen Lebensrisikos[70] handele, vielmehr hat in diesem Fall der Gesellschafter ein unvermeidbares Sonderopfer[71] erbracht. 22

Nach denselben Kriterien ist auch zu entscheiden, ob bei der Teilnahme am **Straßenverkehr**[72] erlittene Einbußen zu ersetzen sind: Konnte die Geschäftsbesorgung nur in der geschehenen Weise erledigt werden oder entsprach dieses Vorgehen – heute wird dies, auch ohne dass ein Dienstwagen zur Verfügung gestellt worden ist, oftmals der Fall sein[73] – der Übung in der Gesellschaft, dann handelt es sich grundsätzlich um das Eingehen eines tätigkeitsspezifischen Risikos; einer zusätzlichen Gefahrerhöhung bedarf es dann nicht.[74] Nicht gedeckt sind jedoch hierbei erlittene Schäden, die der Gesellschafter bei Beachtung der Verkehrsregeln hätte vermeiden können. Wegen Vermeidbarkeit fehlt es an einem Sonderopfer in dem beschriebenen Sinn ferner dann, wenn der Gesellschafter **eigene** und Gesellschaftsangelegenheiten miteinander verbindet und er hierbei einen Verlust erleidet.[75] 23

---

[65] Vgl. *Rehbinder* ZHR 148 (1984), 566 f.; Baumbach/*Hopt* RdNr. 14.
[66] Vgl. zB Schlegelberger/*Martens* RdNr. 26.
[67] Zutr. Staub/*Ulmer* RdNr. 25.
[68] Vgl. zur Entstehungsgeschichte *Genius* AcP 173 (1973), 481 ff., 508–510.
[69] Zutr. Schlegelberger/*Martens* RdNr. 22; vgl. auch MünchKommHGB/*Langhein* RdNr. 19.
[70] So aber Schlegelberger/*Martens* RdNr. 22.
[71] Düringer/Hachenburg/*Flechtheim* RdNr. 8.
[72] Vgl. dazu Düringer/Hachenburg/*Flechtheim* RdNr. 8; Staub/*Ulmer* RdNr. 22; Baumbach/*Hopt* RdNr. 13; Schlegelberger/*Martens* RdNr. 22.
[73] Enger Schlegelberger/*Martens* RdNr. 22 f., der nur bei einer notwendigen Reise in Krisengebiete die Ersatzpflicht bejahen will.
[74] Strenger Staub/*Ulmer* RdNr. 22; Schlegelberger/*Martens* RdNr. 22.
[75] BGH Urt. v. 30. 5. 1960 – II ZR 113/58, NJW 1960, 1568 f.; Röhricht/Graf v. Westphalen/*v. Gerkan* RdNr. 12; Schlegelberger/*Martens* RdNr. 22; MünchKommHGB/*Langhein* RdNr. 19.

§ 110 24–27   2. Buch. 1. Abschnitt. Offene Handelsgesellschaft

24   Ein Ersatz für durch tätigkeitsspezifische Gefahren verursachte Verluste kommt **beispielsweise** weiterhin auch dann in Betracht, wenn durch einen Zivilprozess[76] oder ein strafrechtliches Verfahren[77] Kosten entstehen, wenn der Gesellschafter bei seiner Tätigkeit einen Gefährdungshaftungstatbestand[78] verwirklicht oder sich im Interesse der Gesellschaft selbst schädigt.[79] Selbst die Schädigung Dritter[80] im Rahmen einer tätigkeitsspezifischen Risikolage kann Ersatzansprüche auslösen.

25   **d) Kein Verschulden, Interessenausgleich.** Entsprechend dem Charakter der Bestimmung als auf **Interessenausgleich**, nicht auf Schadenersatz gerichtet (vgl. RdNr. 4) kommt es auf ein **Verschulden** der anderen Gesellschafter[81] nicht an. Der Nachweis fehlenden eigenen Verschuldens kann den Ersatzanspruch deswegen nicht zu Fall bringen. Anders liegt es wegen der entsprechenden Anwendbarkeit des in § 254 BGB niedergelegten Gedankens, wenn die OHG beweisen kann, dass den Gesellschafter selbst ein Verschulden trifft; dann wird uU schon die Ersatzpflicht als solche wegen Vermeidbarkeit des Verlustes entfallen (vgl. RdNr. 22) oder aber jedenfalls der Höhe[82] nach gemindert sein.

26   **5. Rechtsfolge: Ersatzanspruch.** Als Rechtsfolge in beiden Fallgestaltungen entsteht ein Ersatzanspruch des Gesellschafters gegen die Gesellschaft. Er ist – auch soweit es um den Ausgleich von Verlusten geht – kein Schadenersatz-, sondern ein Aufwendungsersatzanspruch (vgl. RdNr. 4), der dem Interessenausgleich unter den Gesellschaftern dient: Kein Gesellschafter soll über seine Beitragspflicht hinaus mit einem finanziellen Sonderopfer (vgl. RdNr. 1, 7) belastet werden, wenn er bei einem Handeln im Interesse des Ganzen – nach dem zu beachtenden objektiv/subjektiven Maßstab (vgl. RdNr. 15) – erforderliche Aufwendungen macht oder unvermeidbare (vgl. RdNr. 21–23) Verluste erleidet. Auch wenn danach die allgemeinen Bestimmungen über Schadenersatz nicht unmittelbar anwendbar sind, ist eine Übertragung der dort, etwa in § 254 BGB (vgl. RdNr. 25), niedergelegten Rechtsgedanken auf den Aufwendungsersatzanspruch des § 110 nicht schlechthin ausgeschlossen.

27   **a) Gegen Gesellschaft.** Der Ersatzanspruch richtet sich gegen die Gesellschaft. Seinem Charakter als Ausgleich für ein von dem Gesellschafter erbrachtes Sonderopfer entsprechend handelt es sich um einen Sozialanspruch,[83] der aus dem Gesellschaftsvermögen zu befriedigen ist und dementsprechend bei bestehender Gesellschaft grundsätzlich **jederzeit** geltend gemacht werden kann (vgl. dazu näher § 105 RdNr. 132). Abweichungen ergeben sich im Liquidationsverfahren, weil dort nach den allgemein anerkannten Grundsätzen[84] derartige Ansprüche regelmäßig[85] nicht mehr selbständig geltend gemacht werden können, sondern als unselbständige Rechnungsposten in die Schlussabrechnung eingestellt werden müssen. Im Konkurs der Gesellschaft ist der Gesellschafter nicht gehindert, seinen Aufwendungsersatzanspruch zur Tabelle anzumelden.[86]

---

[76] Vgl. BGH Urt. v. 30. 5. 1960 – II ZR 113/58, NJW 1960, 1568 f.; Staub/*Ulmer* RdNr. 24; Schlegelberger/*Martens* RdNr. 23.

[77] Vgl. für Organmitglieder, soweit sie nicht gleichzeitig pflichtwidrig im Verhältnis zur Gesellschaft handeln: zB Hachenburg/*Stein* § 35 RdNr. 307; KK/*Mertens* § 84 RdNr. 80; *Rehbinder* ZHR 148 (1984), 555, 557; Schlegelberger/ *Martens* RdNr. 23; MünchKommHGB/*Langhein* RdNr. 23; ferner BGH Urt. v. 24. 1. 1990 – IV ZR 270/88, BGHZ 110, 127 = NJW 1990, 1181; (zur Frage einer etwaigen Untreue:) BGH Beschl. v. 3. 2. 1987 – 5 StR 603/86, wistra 1987, 216.

[78] Vgl. BGH Urt. v. 30. 10. 1962 – VI ZR 4/62, NJW 1963, 251, 252 [zu § 670 BGB, Abschleppen aus Gefälligkeit]; Staub/*Ulmer* RdNr. 24.

[79] BGH Urt. v. 27. 11. 1962 – VI ZR 217/61, BGHZ 38, 270, 277 = NJW 1963, 390 [zu § 670 BGB]; Staub/*Ulmer* RdNr. 24.

[80] BGH Urt. v. 5. 12. 1983 – II ZR 252/82, BGHZ 89, 153, 157 f. = NJW 1984, 789; Staub/*Ulmer* RdNr. 24; Schlegelberger/*Martens* RdNr. 23.

[81] AllgM, vgl. zB Düringer/Hachenburg/*Flechtheim* RdNr. 9; Staub/*Ulmer* RdNr. 24; Schlegelberger/*Martens* RdNr. 24; MünchKommHGB/*Langhein* RdNr. 20; Heymann/*Emmerich* RdNr. 11.

[82] Staub/*Fischer* RdNr. 8; Staub/*Ulmer* RdNr. RdNr. 19; Röhricht/Graf v. Westphalen/*v. Gerkan* RdNr. 12; MünchKommHGB/*Langhein* RdNr. 20.

[83] AllgM, vgl. BGH Urt. v. 2. 7. 1962 – II ZR 204/60, BGHZ 37, 299, 301 = NJW 1962, 1863; schon ROHG Urt. v. 11. 2. 1874 – 16/74, ROHGE 12, 273 f.; RG Urt. v. 12. 6. 1893 – VI 82/93, RGZ 31, 139, 141 (jeweils zu Art. 93 ADHGB); BFH Urt. v. 7. 1974 – IV R 166/70, BFHE 113, 30 = NJW 1975, 1148; Düringer/Hachenburg/ *Flechtheim* RdNr. 11 f.; Staub/*Fischer* RdNr. 18; Schlegelberger/*Martens* RdNr. 6; Staub/*Ulmer* RdNr. 29.

[84] Vgl. zB (BGB-Gesellschaft) BGH Urt. v. 2. 10. 1997 – II ZR 249/96, NJW 1998, 376; BGH Urt. v. 24. 10. 1994 – II ZR 231/93, NJW 1995, 188; BGH Urt. v. 10. 5. 1993 – II ZR 111/92, NJW-RR 1993, 1187; BFH Urt. v. 19. 1. 1993 – VIII R 128/84, BFHE 170, 511 ff. = BB 1993, 1926.

[85] Ausnahme aber, wenn die Gefahr des Hin- und Herzahlens nicht besteht, weil ein bestimmter Betrag dem fordernden Gesellschafter mit Sicherheit zusteht, oder wenn die gesellschaftliche Treuepflicht verletzt ist, vgl. BGH Urt. v. 24. 10. 1994 – II ZR 231/93, NJW 1995, 188; BGH Urt. v. 10. 5. 1993 – II ZR 111/92, NJW-RR 1993, 1187; s. auch Staub/*Ulmer* RdNr. 31; zu den evtl. eintretenden grunderwerbsteuerlichen Folgen vgl. BFH Urt. v. 22. 9. 1982 – II R 97/80 [iuris].

[86] Vgl. Staub/*Ulmer* RdNr. 30 mwN, dort auch zur Frage der dadurch eintretenden Erhöhung der Passivmasse und *der Folgen für die Haftung der Gesellschafter nach § 128*.

Entgegen einer früher vertretenen Ansicht[87] ist der Ersatzanspruch **nicht subsidiär**. Der Gesellschafter ist also insbesondere nicht verpflichtet, zunächst zu versuchen, Schadensersatz oder Ausgleich – zB durch Inanspruchnahme einer Versicherung – von dritter Seite zu erlangen, ehe er an die Gesellschaft herantreten kann.[88] Allerdings kann sich aus den gesellschaftsvertraglichen Beziehungen die besondere Pflicht des Gesellschafters zur Rücksichtnahme auf die Belange der OHG ergeben. Wie der Gesellschafter unter besonderen Umständen ausnahmsweise gehalten sein kann, auf die Verfolgung seines Ausgleichsanspruchs zeitweise ganz oder zum Teil zu verzichten, etwa indem er der Gesellschaft Stundung gewährt oder sich mit ratenweise zu erbringenden Teilleistungen begnügt, kann die gesellschaftliche **Treuepflicht**[89] gebieten, die angespannte finanzielle Lage der OHG zu schonen und zunächst dritte Ersatzpflichtige in Anspruch zu nehmen.

Die **Mitgesellschafter** sind nicht Schuldner des Aufwendungsersatzanspruchs. Anderenfalls würde 29 das Prinzip des § 707 BGB ausgehöhlt, nach dem kein Gesellschafter während des Bestehens der Gesellschaft gegen seinen Willen gezwungen werden kann, über seine Einlage hinaus Beiträge zu leisten.[90] Eine Ausnahme wird allerdings dann gemacht und dem leistenden Gesellschafter die Möglichkeit einer anteiligen Regressnahme gegen seine Mitgesellschafter eröffnet, wenn er freiwillig oder gezwungen einen Gesellschaftsgläubiger aus eigenen Mitteln befriedigt.[91] Voraussetzung ist aber dann, dass das Gesellschaftsvermögen erschöpft oder die Gesellschaft nicht bereit ist, den Anspruch nach § 110 HGB zu erfüllen[92] und man den zufällig Zahlenden nicht „auf der Schuld sitzen" lassen will. Hier findet sich derselbe Gedanke wieder, nach dem im Liquidationsverfahren – in teilweiser Vorwegnahme der Schlussabrechnung[93] – ausnahmsweise die Verfolgung eines Einzelanspruchs zulässig ist; verallgemeinerungsfähig ist die Richtung, dass der Gesellschafter auch bei Vorhandensein hinreichenden Gesellschaftsvermögens seine Mitgesellschafter pro rata belangen könnte, ist er jedoch nicht.[94] Konstruktiv geht es auch nicht um einen auf § 110 gestützten Ersatzanspruch, sondern um die Verfolgung des nur subsidiär bestehenden und nicht in voller Höhe des Aufwandes bestehenden, sondern auf den Verlustanteil der Mitgesellschafter beschränkten Anspruchs des zahlenden Gesellschafters gegen seine gesamtschuldnerisch mit ihm haftenden Mitgesellschafter (§ 426 Abs. 1 BGB).[95]

b) Volle Höhe. Den Aufwendungsersatzanspruch nach § 110 kann der Gesellschafter während 30 des Bestehens der Gesellschaft wie grundsätzlich auch im Liquidationsverfahren[96] in voller Höhe – also ohne Abzug seines Verlustanteils[97] – geltend machen. Das ist die Konsequenz seines Charakters als Schutzvorschrift vor der Belastung des betroffenen Gesellschafters mit einem § 707 BGB widersprechenden Sonderopfer. Allerdings hat der Gesellschafter, sofern er von der Gesellschaft vollen Ausgleich erhält, seine etwa gegen Dritte bestehenden Ersatzansprüche an die OHG abzutreten; das ergibt sich schon aus den gesellschaftsvertraglichen Beziehungen, ohne dass es des von der hM[98] befürworteten Rückgriffs auf § 255 BGB[99] bedürfte.

c) Übertragbarkeit. Der Aufwendungsersatzanspruch ist nach § 717 Satz 2 BGB **übertragbar** 31 und **vererblich**. Er kann verpfändet und gepfändet werden. Hieraus ergibt sich die Möglichkeit eines derivativen Erwerbs dieses gesellschaftsrechtlich begründeten Anspruchs.

---

[87] Vgl. Düringer/Hachenburg/*Flechtheim* RdNr. 9; weit. Nachw. auch bei *Hueck A.* OHG § 15 II 2 S. 214 Fn. 14.
[88] Staub/*Fischer* RdNr. 11; Staub/*Ulmer* RdNr. 30; Schlegelberger/*Martens* RdNr. 27; Baumbach/*Hopt* RdNr. 6.
[89] *Hueck A.* OHG § 15 II 2 S. 214 f.; Staub/*Ulmer* RdNr. 20 und 30; Schlegelberger/*Martens* RdNr. 27; indem Staub/*Fischer* RdNr. 11 regelmäßig von einer entsprechenden Treuepflicht ausgeht, gelangt er mit anderer dogmatischer Begründung letztlich zu demselben Ergebnis wie die Subsidiarität des Ersatzanspruchs postulierende Ansicht.
[90] Vgl. dazu BGH Urt. v. 2. 7. 1962 – II ZR 204/60, BGHZ 37, 299, 301 f. = NJW 1962, 1863; Staub/*Fischer* RdNr. 20 mwN; Staub/*Ulmer* RdNr. 31; aA *Wiedemann* § 5 III 2 a S. 270 f. unter Hinweis auf die Inkonsequenz der hM, die einen Regress gegen die Mitgesellschafter pro rata bei der Bezahlung von Gesellschaftsschulden zulässt.
[91] Staub/*Ulmer* RdNr. 31; Schlegelberger/*Martens* RdNr. 7; Baumbach/*Hopt* RdNr. 5; Röhricht/Graf v. Westphalen/*v. Gerkan* RdNr. 5.
[92] BGH Urt. v. 2. 7. 1962 – II ZR 204/60, BGHZ 37, 299, 301 f. = NJW 1962, 1863; BGH Urt. v. 17. 12. 2001 – II ZR 382/99, NZG 2002, 232; *Flume* § 16 II 2 c S. 298; Schlegelberger/*Martens* RdNr. 8.
[93] Zutr. Staub/*Ulmer* RdNr. 31.
[94] AA *Wiedemann* GesR I § 5 III 2 a S. 271.
[95] Vgl. BGH Urt. v. 17. 12. 2001 – II ZR 382/99, NZG 2002, 232; BGH Urt. v. 2. 7. 1962 – II ZR 204/60, BGHZ 37, 299, 301 f. = NJW 1962, 1863; BGH Urt. v. 2. 7. 1979 – II ZR 132/78, NJW 1980, 339 f.; BGH Urt. v. 15. 1. 1988 – V ZR 183/86, BGHZ 103, 72, 76 = NJW 1988, 1375; Staub/*Ulmer* RdNr. 32; Staub/*Fischer* RdNr. 21; Heymann/*Emmerich* RdNr. 15; *K. Schmidt* NJW-RR 2002, 455 ff.; grundsätzlich mit anderem Ansatz *Flume* § 16 II 2 c S. 296 ff.; s. im Übrigen § 128 RdNr. 32 f.
[96] Vgl. RG Urt. v. 11. 2. 1927 – 129/26 II, RG JW 1927, 1089; s. näher RdNr. 27.
[97] BGH Urt. v. 17. 12. 2001 – II ZR 382/99, NZG 2002, 232.
[98] Vgl. Staub/*Ulmer* RdNr. 4 und 20; Staub/*Fischer* RdNr. 13; Röhricht/Graf v. Westphalen/*v. Gerkan* RdNr. 15.
[99] Vgl. dazu gegen die hM *Goette*, Gesamtschuldbegriff und Regressproblem, 1974, S. 154 ff.

32   d) **Buchung.** Da es sich bei dem Aufwendungsersatzanspruch um eine echte Individualforderung handelt, wird er nicht auf dem Kapitalkonto, sondern auf dem Privatkonto des Gesellschafters verbucht.[100]

33   e) **Form der Erfüllung.** Als Form der Erfüllung kommt neben der Zahlung oder Verrechnung[101] mit Gegenforderungen auch in Betracht, dass der Gesellschafter nach § 257 BGB – soweit es um den Ausgleich für Verluste geht: in entsprechender Anwendung dieser Vorschrift – Sicherstellung oder Freistellung[102] erhält. Derartige Befreiungsansprüche sind in der höchstrichterlichen Rechtsprechung wiederholt[103] herangezogen worden, wenn zu begründen war, dass bei einer GmbH & Co. KG ohne natürliche Person als Komplementär eine Zahlung aus dem Vermögen der KG an die Kommanditisten zugleich das Stammkapital der Komplementär-GmbH in einer §§ 30, 31 GmbHG verletzenden Weise angriff.

34   f) **Vorschuss.** Läßt sich bereits im Voraus absehen, dass eine Tätigkeit des Gesellschafters für die Gesellschaft zu Aufwendungen führt – erörtert wird dies beispielhaft für Geschäftsreisen[104] –, kann der betroffene Gesellschafter von der OHG uU die Zahlung eines Vorschusses fordern; für Verluste stellt sich die Frage dagegen nicht. Rechtsgrundlage für die Vorschussgewährung ist dann allerdings die §§ 105 Abs. 2 iVm. 713, 669 BGB, so dass das in Aussicht genommene Handeln für die Gesellschaft objektiv erforderlich sein muss. Andererseits ist der Gesellschafter grundsätzlich nicht verpflichtet, für Maßnahmen im Interesse der Gesellschaft in Vorlage zu treten, so dass er bei grundloser Weigerung der Vorschusszahlung von seinem Vorhaben Abstand nehmen kann.[105] Nach den allgemeinen Vorschriften bestimmt sich in diesen Fällen, ob sich der ablehnende Gesellschafter schadenersatzpflichtig macht.[106]

III. Verzinsung (Abs. 2)

35   Parallel zu der in § 111 für die Verbindlichkeiten des Gesellschafters niedergelegten Zinspflicht (vgl. § 111 RdNr. 1) ordnet § 110 Abs. 2 die **Pflicht zur Verzinsung** auch der Aufwendungsersatzforderungen des Gesellschafters gegen die Gesellschaft an. Dem Grunde nach ergäbe sich dies für die Aufwendungen schon aus § 256 BGB. Die Bedeutung der eigenständigen Regelung im HGB liegt aber in dem erhöhten Zinssatz (§ 352 Abs. 2). Damit erstreckt der Gesetzgeber den für den kaufmännischen Verkehr typischen Gedanken (vgl. § 111 RdNr. 1), dass Kaufleute frei verfügbares Geld zinsbringend anlegen, auch auf den Gesellschafter, der in dieser Eigenschaft[107] nicht selbst Kaufmann ist.

36   Über den **zu engen Wortlaut** hinaus erstreckt sich die Zinspflicht auch auf Aufwendungsersatzansprüche, die wegen eines in Gesellschaftsangelegenheiten erlittenen **Verlustes** entstanden sind.[108] Allein dieses Verständnis wird dem Sinn der Vorschrift gerecht. Ebenso ist der im Gesetz verwandte Begriff des aufgewendeten „Geldes" nur paradigmatisch zu verstehen;[109] seiner Bedeutung als Ausgleich für übernommene Sonderopfer entsprechend ist jeder in Geld ausdrückbare Vermögensnachteil erfasst.

37   **Verzinsungsbeginn** ist der Zeitpunkt der Aufwendung bzw. der des Eintritts des Verlustes.

IV. Vereinbarungen

38   Da § 110 dispositiv ist, kann gesellschaftsvertraglich in jeder Hinsicht **Abweichendes** bestimmt werden. So kann die Aufwendungsersatzpflicht nach Grund und Höhe wie nach der Verfolgung des Anspruchs anderweit geregelt werden.[110] Es können auch Vermögensopfer, die eigentlich nicht unter den Tatbestand des § 110 fallen, den nach den gesetzlichen Regeln zu ersetzenden Aufwendungen bzw. Verlusten gleichgestellt werden. Formvorschriften für eine derartige Abrede bestehen nicht (vgl. RdNr. 5). Mit Recht ist darauf hingewiesen worden, dass abweichende Abreden ihrer Tragweite

---

[100] Düringer/Hachenburg/*Flechtheim* RdNr. 13; Staub/*Fischer* RdNr. 18; Schlegelberger/*Martens* RdNr. 31.
[101] Vgl. zur Verrechnung mit einer Einlageforderung BGH Urt. v. 30. 4. 1984 – II ZR 132/83, WM 1984, 893, 895; ferner OLG Dresden Beschl. v. 24. 6. 2004 – 7 W 554/04, NZG 2004, 1156.
[102] Vgl. Schlegelberger/*Martens* RdNr. 30; Staub/*Ulmer* RdNr. 28.
[103] Vgl. BGH Urt. v. 20. 9. 1993 – II ZR 151/92, BGHZ 123, 189 = NJW 1993, 3265; BGH Urt. v. 27. 3. 1995 – II ZR 30/94, NJW 1995, 1960; BGH Urt. v. 6. 7. 1998 – II ZR 284/94, NJW 1998, 3273.
[104] Düringer/Hachenburg/*Flechtheim* RdNr. 18; ferner Staub/*Fischer* RdNr. 17.
[105] Staub/*Ulmer* RdNr. 41.
[106] Düringer/Hachenburg/*Flechtheim* RdNr. 18.
[107] Staub/*Ulmer* RdNr. 26; aA *Hueck* A. OHG § 15 II 3 S. 215; Staub/*Fischer* RdNr. 15.
[108] Schlegelberger/*Martens* RdNr. 29; Staub/*Ulmer* RdNr. 29; MünchKommHGB/*Langhein* RdNr. 25.
[109] Staub/*Ulmer* RdNr. 26; Schlegelberger/*Martens* RdNr. 29; MünchKommHGB/*Langhein* RdNr. 25.
[110] Vgl. paradigmatisch Staub/*Ulmer* RdNr. 40; MünchKommHGB/*Langhein* RdNr. 28.

nach besonders bedacht und spätere Auseinandersetzungen ausschließende klare Regelungen – auch im Hinblick auf Ausstrahlungswirkung auf andere Anspruchsgrundlagen – enthalten sollten.[111]

V. Andere auftragsrechtliche Ansprüche

Da § 110 nur einen Teilausschnitt des Auftragsrechts eigenständig regelt (s. RdNr. 1), gelten, soweit nicht die spezielleren Anordnungen reichen, über die Generalverweisung des § 105 Abs. 2 die **allgemeinen zivilrechtlichen** Bestimmungen. Für den Vorschuss (RdNr. 34) ist dies schon erörtert worden. Dasselbe gilt aber auch für die Pflicht zur Auskunft, Rechenschaft oder Herausgabe (§§ 713, 666, 667 BGB). Dabei ist – nicht anders als bei § 110 – im Grundsatz davon auszugehen, dass ungeachtet der einschränkenden Formulierung des § 713 BGB diese Bestimmungen auch auf nichtgeschäftsführende Gesellschafter[112] anzuwenden sind. Es wird im Übrigen von der Lage des Einzelfalls[113] abhängen, ob und inwieweit es des Rückgriffs auf diese allgemeinen Vorschriften bedarf und ob sich nicht schon aus dem Gesellschaftsvertrag oder aus der konkreten Pflichtenstellung des betroffenen Gesellschafters die anzuwendenden Regeln ergeben. 39

§ 111 [Verzinsungspflicht]

(1) Ein Gesellschafter, der seine Geldeinlage nicht zur rechten Zeit einzahlt oder eingenommenes Gesellschaftsgeld nicht zur rechten Zeit an die Gesellschaftskasse abliefert oder unbefugt Geld aus der Gesellschaftskasse für sich entnimmt, hat Zinsen von dem Tage an zu entrichten, an welchem die Zahlung oder die Ablieferung hätte geschehen sollen oder die Herausnahme des Geldes erfolgt ist.

(2) Die Geltendmachung eines weiteren Schadens ist nicht ausgeschlossen.

Übersicht

	RdNr.		RdNr.
I. Normzweck	1, 2	c) Unbefugte Entnahme	13–19
II. Verzinsungspflicht	3–25	5. Verzinsungsbeginn	20–24
1. Normadressaten	3	a) Ausstehende Einlagen	21, 22
2. Geldleistung	4	b) Nichtablieferung	23
3. Gesellschaftskasse	5	c) Unbefugte Entnahme	24
4. Einzelfälle der Zinspflicht	6–19	6. Zinshöhe	25
a) Ausstehende Einlage	6–9	III. Andere Konsequenzen	26, 27
b) Nicht rechtzeitig abgeliefertes Geld	10–12	IV. Vereinbarungen	28

I. Normzweck

Die Vorschrift bestimmt – ähnlich wie dies in § 110 Abs. 2 für den Aufwendungsersatzanspruch des Gesellschafters (s. § 110 RdNr. 35 ff.) geschieht –, dass auch die Gesellschaft für bestimmte gegen den Gesellschafter bestehende Forderungen **Zinsen** verlangen kann, **ohne** dass die Voraussetzungen des **Verzuges** oder der Rechtshängigkeit vorliegen müssen. Damit wird dem – auch sonst im Gesetz (§§ 353, 354 Abs. 2) zum Ausdruck gekommenen – Grundsatz Rechnung getragen, dass Kaufleute ihnen zur Verfügung stehendes Geld gewinnbringend anlegen. In Verbindung mit § 352 ist dadurch gewährleistet, dass die Gesellschaft für bestimmte Forderungen vom Zeitpunkt der Fälligkeit an 5% Zinsen als Mindestvergütung verlangen kann; für einen darüber hinaus gehenden Anspruch bedarf es dagegen entweder einer Vereinbarung oder des Vorliegens der Tatbestandsvoraussetzungen der jeweiligen Anspruchsnorm (Abs. 2). 1

Nach dem Wortlaut erfasst sind nur **drei Fälle,** in denen der Gesellschaft durch Handlungen oder Unterlassungen des Gesellschafters Geldleistungen nicht zur eigenen Nutzung zur Verfügung stehen: Es handelt sich um den Rückstand mit der Erfüllung der versprochenen Geldeinlage, die nicht rechtzeitige Abführung von für die Gesellschaft vereinnahmten Geldern sowie die unbefugten Entnahmen. Abweichend von der hM im Schrifttum[1] wird vertreten, diese Regelung sei nicht enumerativ, sondern lediglich beispielhaft zu verstehen und müsse immer dann herangezogen wer- 2

---

[111] Vgl. MünchKommHGB/*Langhein* RdNr. 28.
[112] Staub/*Ulmer* RdNr. 34; Schlegelberger/*Martens* RdNr. 34.
[113] Vgl. eingehend Staub/*Ulmer* RdNr. 35–39.
[1] *Hueck* A. OHG § 14 III; Staub/*Ulmer* RdNr. 3.

den, wenn Geldleistungen auf gesellschaftsrechtlicher Grundlage geschuldet werden.² Dem ist nicht zu folgen. Die Frage war bereits Gegenstand der Beratungen zu der entsprechenden Bestimmung im ADHGB;³ die Mehrheit hat sich seinerzeit für eine enumerative Regelung und gegen den allgemeinen Satz ausgesprochen, jede in Geld zu begleichende Gesellschafterschuld sei ab Fälligkeit mindestens mit dem handelsgesetzlichen Satz zu verzinsen. Offensichtlich hat die Bestimmung seit Erlass des Gesetzes nicht zu Schwierigkeiten geführt, so dass für die extensive Interpretation kein Bedürfnis besteht; die **dispositive** Natur der Vorschrift lässt im übrigen Raum für gesellschaftsvertragliche Regelungen, sofern die Beteiligten hierfür eine Notwendigkeit sehen.

II. Verzinsungspflicht

3   **1. Normadressaten.** Die Gesellschaft ist Inhaberin des Zinsanspruchs, Anspruchsgegner ist der Gesellschafter, in dessen Person eine der drei Tatbestandsvarianten verwirklicht ist. Wie insbesondere der erste Fall – rückständige Geldeinlage – zeigt, trifft die Verzinsungspflicht jeden, nicht nur den geschäftsführenden Gesellschafter, der allerdings in den beiden anderen Varianten regelmäßig der Betroffene sein wird. Wie andere Gesellschaftsansprüche kann auch der Zinsanspruch ggf. im Wege der actio pro socio⁴ verfolgt werden.

4   **2. Geldleistung.** Alle drei Tatbestandsvarianten setzen voraus, dass der Gesellschafter eine Geldleistung schuldet. Was der Gesetzgeber hierunter versteht, ist auch im HGB nicht geregelt;⁵ die Frage lässt sich nur nach dem Sinn der Norm beantworten. Da es um den Ausgleich einer der Gesellschaft vorenthaltenen oder entzogenen Kapitalnutzung geht, beschränkt sich der Anwendungsbereich nicht auf die in § 54 Abs. 3 AktG⁶ geregelten Formen, in denen Bareinlagen erbracht werden können. Erfasst sind vielmehr alle „liquiden Kapitalien",⁷ also neben inländischem oder ausländischem Bargeld fällige Schecks oder Wechsel, in Geld kurzfristig umsetzbare Wertpapiere und ähnliche einer Geldleistung gleichstehende Gegenstände.⁸ Soweit es um der Gesellschaft unbefugt entzogene Mittel geht, gehört hierzu auch die Belastung eines Bankkontos der Gesellschaft oder die Inanspruchnahme von deren Bankkredit für Belange des Gesellschafters. Andere Gegenstände, wie zB Waren, Dienst- oder Sachleistungen, Sacheinlagen oder Gerätschaften, welche der Gesellschaft vorenthalten oder unbefugt entnommen bzw. für Privatzwecke eingesetzt⁹ werden, unterfallen § 111 nicht.¹⁰

5   **3. Gesellschaftskasse.** Die Gesellschaftskasse, an die der eingenommene Betrag hätte abgeführt werden sollen bzw. aus der unbefugt Geld entnommen worden ist, darf nicht gegenständlich, sondern muss – so wie auch die höchstrichterliche Rechtsprechung¹¹ den Begriff verwendet – bildlich verstanden werden. Hebt der Gesellschafter demgemäß einen Betrag für sich von dem Bankkonto¹² der Gesellschaft ab, so handelt es sich ebenso um eine Entnahme aus der Gesellschaftskasse als wenn er auf das in den Gesellschaftsräumen vorhandene Bargeld zugreift. Es kommt in diesem Zusammenhang im Übrigen nicht darauf an, ob Bargeld vorenthalten oder entnommen wird, entscheidend ist vielmehr, dass der Gesellschafter für eigene Zwecke die liquiden Mittel der Gesellschaft verringert. Deswegen ist die Vorschrift auch anwendbar, wenn er zB Schecks oder Wechsel der Gesellschaft für sich einlöst oder ihn persönlich treffende Schulden durch Überweisung vom Bankkonto der Gesellschaft begleicht.

6   **4. Einzelfälle der Zinspflicht. a) Ausstehende Einlage.** Art und Umfang der – als Geldleistung (s. RdNr. 4) zu erbringenden – ausstehenden Einlage ergeben sich aus dem gesellschaftsvertraglichen Versprechen; das kann neben einer Bareinlage im klassischen Sinn zB auch ein zu gewährendes Gesellschafterdarlehen sein, eine für sog. gesplittete Einlagen¹³ typische Fallgestaltung.

---

² *Schlegelberger/Martens* RdNr. 1 f.; *Röhricht/Graf v. Westphalen/v. Gerkan* RdNr. 2, allerdings zu Unrecht seine Ansicht als herrschend reklamierend.
³ Art. 95, vgl. *Lutz* S. 182.
⁴ Vgl. dazu § 105 RdNr. 149 ff.; MünchKommHGB/*Langhein* RdNr. 5.
⁵ Vgl. allg. MünchKommBGB/*Grundmann* § 244 RdNr. 1 ff.
⁶ S. *Hüffer*, AktG, 7. Aufl., § 54 RdNr. 12 ff.
⁷ *Düringer/Hachenburg/Flechtheim* RdNr. 4.; MünchKommHGB/*Langhein* RdNr. 2.
⁸ AllgM vgl. Staub/*Ulmer* RdNr. 3 f.; Schlegelberger/*Martens* RdNr. 6.
⁹ Vgl. zB der Einsatz von Personal und Gerätschaften für einen privaten Hausbau in BGH Urt. v. 2. 6. 1997 – II ZR 101/96, DStR 1997, 1338 (GmbH-Geschäftsführer).
¹⁰ Vgl. zB Schlegelberger/*Martens* RdNr. 5; Staub/*Ulmer* RdNr. 3 f., 15.; MünchKommHGB/*Langhein* RdNr. 2 und 6.
¹¹ ZB BGH Urt. v. 26. 3. 1990 – II ZR 123/89, WM 1990, 1960; BGH Urt. v. 30. 5. 1994 – II ZR 205/93, NJW-RR 1994, 996 (BGB-Gesellschaft); BGH Urt. v. 27. 3. 1995 – II ZR 30/94, NJW 1995, 1960 (Vergütung für GmbH-Geschäftsführer).
¹² Schlegelberger/*Martens* RdNr. 5.
¹³ Vgl. dazu BGH Urt. v. 28. 11. 1977 – II ZR 235/75, BGHZ 70, 61 ff. = NJW 1978, 376; BGH Urt. v. 21. 3. 1988 – II ZR 238/87, BGHZ 104, 33, 38 = NJW 1988, 1841; BGH Urt. v. 28. 6. 1999 – II ZR 272/98, DStR 1999, 1198;

Verzinsungspflicht 7–11 § 111

Leistungsansprüche, auch soweit sie in Geld oder geldähnlicher Form zu erfüllen sind, werden 7
hingegen dann von § 111 nicht erfasst, wenn sie – **negativ abgegrenzt** – keine gesellschaftsvertragliche Grundlage haben. So liegt es typischerweise bei den sog. Drittgeschäften, etwa Kauf,[14] Miete, Pacht oder Dienstleistungen,[15] die zwischen Gesellschaft und Gesellschafter nicht causa societatis eingegangen werden.

Hat der Gesellschafter seine Einlage ordnungsgemäß erbracht, ist dieselbe aber ganz oder teilweise 8
im Wege **verbotener Kapitalrückzahlung** mit der Folge zurückgewährt worden, dass die Einlagepflicht wieder auflebt, dann ist § 111 gleichfalls einschlägig;[16] dies gilt auch im Verhältnis zum Kommanditisten (§ 172 Abs. 5).[17] Durch dieses Verständnis der Norm wird der Gesellschaft ein Mindestzinsanspruch auch in den Fällen gewährt, in denen die Einlagenrückgewähr nicht als unbefugte Entnahme zu qualifizieren ist.[18]

Werden **andere Einlagegegenstände,** die nicht als Bareinlage oder in Form einer geldähnlichen 9
Leistung erbracht werden müssen, der Gesellschaft nicht rechtzeitig zur Verfügung gestellt, ist § 111 weder unmittelbar, noch entsprechend anwendbar (s. oben RdNr. 2). Das gilt nicht nur bei verspäteter Erfüllung einer Sacheinlageverpflichtung,[19] sondern auch hinsichtlich der an ihrer Stelle ggf. in Geld zu bewirkenden Sekundärverbindlichkeit, wenn also zB der Gesellschafter entgegen seinem Versprechen das Warenlager nicht einbringen oder die versprochenen Dienste nicht leisten kann.[20]

b) Nicht rechtzeitig abgeliefertes Geld. Die Hauptverbindlichkeit für nicht rechtzeitig abge- 10
liefertes Geld ergibt sich – nicht anders als bei unbefugter Entnahme (s. RdNr. 13) – nicht aus § 111, sie wird vielmehr als solche vorausgesetzt und findet ihre Grundlage letztlich – sei es bei Befugnis zur Entgegennahme von Gesellschaftsgeld über § 105 Abs. 2 iVm. § 713 BGB, oder bei fehlender Befugnis über §§ 687, 677, 681 BGB – in § 667 BGB.[21] Inwiefern demgegenüber etwas damit gewonnen ist, den Rechtsgrund im Gesellschaftsvertrag zu finden, aus dem sich die die Ersatzpflicht ggf. auslösende Verpflichtung ergibt, sich eines Eingriffs in den Geschäftsbereich der Gesellschaft zu enthalten,[22] ist nicht ersichtlich; entscheidend ist jedenfalls, dass es für diese Fallgestaltung des § 111 unerheblich ist, ob der Gesellschafter das Geld befugt oder unbefugt eingenommen hat.

Dem Wortlaut des § 111 nach handelt es sich bei dem **eingenommenen** wie bei dem **abzulie-** 11
fernden Gesellschaftsgeld um Barbeträge, die der Gesellschafter vereinnahmt und so, wie empfangen, in die Kasse einzulegen hat. Bei diesem Wortverständnis kann man jedoch nicht stehen bleiben, vielmehr ist für die Auslegung dieses Tatbestandsmerkmals auf den Sinn und Zweck der Vorschrift abzustellen: Die Zinspflicht knüpft daran an, dass der Gesellschaft Geld oder eine geldähnliche Leistung vorenthalten wird, die sie anderenfalls hätte zinsbringend nutzen können (s. RdNr. 1). Ob sie von dieser Nutzungsmöglichkeit Gebrauch gemacht hätte, ist ebenso wenig erheblich wie die Frage, ob der Gesellschafter Nutzen aus dem vorenthaltenen Geld gezogen hat; ist dies geschehen, so kann ein weitergehender Anspruch nach Maßgabe von Abs. 2 bestehen. Ist deswegen darauf abzustellen, dass durch die nicht rechtzeitige Ablieferung eine Nutzung des Betrages durch die Gesellschaft unmöglich gemacht wird, ist es ohne Bedeutung, ob das Gesellschaftsgeld bar eingenommen oder als Bargeld der Verfügung durch die Gesellschaft zugänglich gemacht wird. Bar eingenommene Beträge können deswegen auch auf ein Konto der Gesellschaft eingezahlt werden; ebenso kann der Gesellschafter die Ablieferungspflicht durch Überweisung von seinem Konto auf das der Gesellschaft oder dadurch erfüllen, dass er fällige Verbindlichkeiten der Gesellschaft bei einem außenstehenden Dritten begleicht oder zB mit einem zu seinen Gunsten bestehenden Aufwendungsersatzanspruch nach § 110 die Aufrechnung erklärt.[23] Abzuliefern sind nicht nur Bargeld, sondern alle „liquiden

---

BGH Urt. v. 23. 1. 2006 – II ZR 126/04, DStR 2006, 611 und II ZR 306/04, DStR 2006, 624; kritisch dazu zB *Joost* ZGR 1987, 370, 397 und ZGR 1990, 220, 240 f.
[14] Vgl. zB BGH Urt. v. 27. 6. 1988 – II ZR 143/87, NJW 1989, 166 f.
[15] Vgl. zB BGH Urt. v. 15. 6. 1991 – II ZR 88/91, NJW 1991, 2894, 2896 für Dienstleistung gegenüber GmbH.
[16] Vgl. Staub/*Ulmer* RdNr. 8; Schlegelberger/*Martens* RdNr. 10; Röhricht/Graf v. Westphalen/*v. Gerkan* RdNr. 4; MünchKommHGB/*Langhein* RdNr. 7; aA *Koller*/Roth/Morck RdNr. 1 unter Bezugnahme auf *K. Schmidt* BB 1984, 1588, 1592.
[17] Vgl. zur Kommanditistenhaftung BGH Urt. v. 12. 7. 1982 – II ZR 201/81, BGHZ 84, 383 = NJW 1982, 2500 und dazu ablehnend *K. Schmidt* BB 1984, 1588, 1592; dagegen zutreffend Schlegelberger/*Martens* § 169 RdNr. 17 f.; Staub/*Ulmer* RdNr. 1 und 8 mwN; Baumbach/*Hopt* RdNr. 1.
[18] Wird, wie *K. Schmidt* BB 1984, 1588, 1592 fordert, nur der bösgläubige Kommanditist der Rückzahlungspflicht gegenüber der Gesellschaft unterworfen, liegen stets die die Zinspflicht auslösenden Voraussetzungen einer unbefugten Entnahme vor.
[19] Staub/*Ulmer* RdNr. 9.
[20] Vgl. Staub/*Ulmer* RdNr. 2; aA Schlegelberger/*Martens* RdNr. 1, 5.
[21] HM, vgl. Staub/*Ulmer* RdNr. 12; Heymann/*Emmerich* RdNr. 5.
[22] Schlegelberger/*Martens* RdNr. 11 und 17; unklar Heymann/*Emmerich* RdNr. 5.
[23] Vgl. Staub/*Ulmer* RdNr. 13.

Kapitalien" wie zB Schecks, Wechsel, sofort umsetzbare Wertpapiere usw. (s. RdNr. 4) und zwar unabhängig davon, ob sie von dem Gesellschafter eingelöst werden oder nicht. Die Ablieferungspflicht erstreckt sich auch auf solche Zahlungen, die für die Gesellschaft bestimmt sind, welche der Gesellschafter aber auf sein Privatkonto bewirken lässt; dieser Vorgang muss deswegen nicht als entnahmeähnlich qualifiziert werden.[24] Eine bloß interne Belastung des Gesellschafters mit dem vereinnahmten Betrag, also etwa die Buchung auf seinem bei der Gesellschaft geführten Konto reicht nicht aus,[25] weil dieser Vorgang lediglich zu einer Kreditgewährung führt und die Einzahlungspflicht des Gesellschafters nicht zum Erlöschen bringt.

12   **Rechtzeitig** wird die Ablieferungspflicht dann erfüllt, wenn der Gesellschafter unverzüglich von der tatsächlich bestehenden Handlungsmöglichkeit Gebrauch macht, was nur nach Maßgabe der Umstände des Einzelfalls beurteilt werden kann. An Sonn- und Feiertagen wird es hieran fehlen; auch während einer kurzen Geschäftsreise eingenommenes Geld braucht der Gesellschafter regelmäßig erst bei der Rückkehr abzuliefern.[26]

13   c) **Unbefugte Entnahme.** Dass unbefugte Entnahmen der von der Bestimmung allein erfassten Gegenstände (s. RdNr. 4) eine Rückzahlungspflicht auslösen, wird in § 111 nicht geregelt, sondern – ebenso wie die Ablieferungspflicht bei eingenommenem Geld (s. RdNr. 10) – vorausgesetzt. Im Vordergrund steht dabei die aus der Verletzung des Gesellschaftsvertrages[27] folgende Ersatzpflicht, daneben kann sich dieselbe – nach Tatbestandsvoraussetzungen und Rechtsfolgen konkurrierend – aus allgemeinen Regeln wie angemaßter Eigengeschäftsführung, Delikt oder Bereicherung ergeben.

14   **Entnommen** ist das Geld oder die im gleichstehende „liquide Kapitalie" (s. RdNr. 4), wenn der Gesellschaft die Nutzungsmöglichkeit an dem Gegenstand entzogen worden ist. Dies muss entgegen dem zu engen Wortlaut der Vorschrift nach dem Sinn der Verzinsungspflicht (s. RdNr. 1 und 11) weder gegenständlich noch durch eigenhändiges Tätigwerden des Gesellschafters geschehen. Es reicht aus, dass auf seine Veranlassung ein Mitgesellschafter oder ein Dritter handelt. Der unberechtigt durch den geschäftsführenden Gesellschafter ausgezahlte Gewinn ist deswegen ebenso entnommen wie der Betrag, mit dem die Hausbank der Gesellschaft deren im Haben geführtes Konto wegen einer Zahlung im Interesse des Gesellschafters belastet.

15   Erst recht **wie eine Entnahme zu behandeln** sind die Fälle, in denen sich der Gesellschafter auf Kosten der Gesellschaft Kredit verschafft, also zB deren Bankkonto für eigene Belange in Anspruch nimmt und dadurch einen Schuldsaldo verursacht oder vergrößert. Das Gleiche trifft zu für die Ausstellung von Schecks zu Lasten der Gesellschaft oder die Belastung derselben mit einer Wechselverbindlichkeit. Die Umleitung von für die Gesellschaft bestimmten Zahlungen auf ein privates Konto des Gesellschafters[28] muss nicht hierunter gefasst werden, weil sie schon die Voraussetzungen der Verletzung der Ablieferungspflicht (s. RdNr. 11) erfüllt.

16   **Unbefugt** ist die Entnahme, wenn der Gesellschafter sich weder im Rahmen der gesetzlichen oder ihm gesellschaftsvertraglich eingeräumten Befugnisse hält, noch mit Zustimmung der Gesellschafterversammlung oder der – hierbei rechtmäßig handelnden – geschäftsführenden Gesellschafter handelt.[29] Es gilt ein objektiver Maßstab, auf Verschulden kommt es nicht an.

17   Über die genannten Fälle hinaus wird eine Entnahme des Gesellschafters mit Recht auch dann nicht als unbefugt angesehen,[30] wenn diese dazu dient, einen ihm gegen die Gesellschaft zustehenden **Anspruch** – gleichgültig, ob er aus dem Gesellschaftsverhältnis oder aus einem Drittgeschäft herzuleiten ist – zu **befriedigen.** Zumindest nach dem Sinn der Vorschrift passt eine Verzinsungspflicht in diesen Fällen nicht, denn der Gesellschafter entzieht der Gesellschaft nicht die Nutzungsmöglichkeit, sondern begleicht deren fällige Verbindlichkeiten; deswegen steht auch § 181 BGB nicht entgegen. Dass es sich dabei um eine ihm gegenüber bestehende Schuld handelt, rechtfertigt die Zinspflicht ebenso wenig wie bei der Ablieferung eingenommenen Gesellschaftsgeldes durch Aufrechnung (s. RdNr. 11). Soweit die Gegenforderung des Gesellschafters ihre Grundlage in § 110 findet, stünden sich – wollte man § 111 anwenden – sinnwidrig[31] zwei jeweils zu verzinsende Forderungen gegenüber. Soweit der entnommene Betrag als Vorschuss für künftige

---

[24] So Staub/*Ulmer* RdNr. 14, vgl. unten RdNr. 15.
[25] Vgl. Düringer/Hachenburg/*Flechtheim* RdNr. 3; Schlegelberger/*Martens* RdNr. 12.
[26] Staub/*Ulmer* RdNr. 13; Schlegelberger/*Martens* RdNr. 12; i. E. ähnlich MünchKommHGB/*Langhein* RdNr. 10.
[27] Schlegelberger/*Martens* RdNr. 17.
[28] So Staub/*Ulmer* RdNr. 14.
[29] AllgM vgl. zB Düringer/Hachenburg/*Flechtheim* RdNr. 4; Schlegelberger/*Martens* RdNr. 14; Staub/*Ulmer* RdNr 16; MünchKommHGB/*Langhein* RdNr. 11.
[30] AllgM vgl. zB Staub/*Ulmer* RdNr. 16 iVm. 13; Düringer/Hachenburg/*Flechtheim* RdNr. 4; Schlegelberger/*Martens* RdNr. 14.
[31] Zutreffend Schlegelberger/*Martens* RdNr. 14.

Aufwendungen dient und sich in den Grenzen des § 669 BGB hält, tritt ebenfalls keine Zinspflicht ein.[32]

18 Hinsichtlich der **Darlegungs-** und **Beweislast** ist zu differenzieren: Sie liegt bei der Gesellschaft, soweit es um die Frage geht, ob Beträge aus der Gesellschaftskasse entnommen worden sind. Dagegen ist es Sache des Gesellschafters vorzutragen und ggf. nachzuweisen, dass er befugt gehandelt hat.[33] Soweit das unbefugte Handeln daran scheitern soll, dass der Gesellschafter einen fälligen Gegenanspruch gegen die Gesellschaft hatte, dessen Erfüllung die Entnahme dienen sollte (s. RdNr. 17), erstreckt sich die Darlegungs- und Beweislast des Gesellschafters auch auf sämtliche Tatbestandsvoraussetzungen dieses Gegenanspruchs.

19 Der Gesellschafter muss die Leistung **für sich** entnommen haben, das erfordert keine eigennützige Absicht, sondern ist – als negative Abgrenzung – dahin zu verstehen, dass die entnommenen Mittel nicht für Belange der Gesellschaft, also zB nicht zur Bezahlung von deren Schulden verwendet worden sind.

20 5. **Verzinsungsbeginn.** Die **Verzinsung beginnt** generell nicht vor der Fälligkeit der Forderung der Gesellschaft. Sie ist ausgeschlossen, wenn sich die Gesellschaft in Gläubigerverzug (§ 301 BGB) befindet.[34] Weiterer Maßnahmen der Gläubigerin bedarf es für den aus § 111 hergeleiteten Anspruch nicht, insbesondere ist Verzug nicht erforderlich.[35] Die Zinspflicht **endet,** sobald der Gesellschaft die Möglichkeit – ggf.: wieder – eröffnet ist, über die ihr zustehenden Beträge zu verfügen.

21 a) **Ausstehende Einlagen.** Bei ausstehenden Einlagen setzt die Zinspflicht zu dem Zeitpunkt ein, zu dem der Betrag der Gesellschaft zur Verfügung stehen soll. Das wird sich regelmäßig aus dem Gesellschaftsvertrag ergeben; bei dessen Schweigen ist nach § 271 BGB sofort zu leisten. Nur wenn ganz ausnahmsweise[36] der Gesellschafter berechtigt ist, seine Einlage zurückzuhalten, entfällt auch die Pflicht, Zinsen zu zahlen.

22 Während im Regelfall die Einlage zu dem bestimmten Termin zu leisten ist, soll bei der Rückführung einer **unzulässigen Kapitalrückzahlung** (s. RdNr. 8) die Zinspflicht erst mit der Aufforderung seitens der Gesellschaft einsetzen;[37] nach aA soll dies jedenfalls gelten, sofern der Gesellschafter die Auszahlung guten Glaubens entgegen genommen hat.[38] Bei Kenntnis des Empfängers von der mangelnden Berechtigung hingegen steht der Vorgang einer unbefugten Entnahme so nahe, dass der Rückzahlungsanspruch sofort und ohne weiteres zu erfüllen und dementsprechend zu verzinsen ist.[39] Demgegenüber sprechen die besseren Gründe[40] dafür, hinsichtlich des Beginns der Zinspflicht auf eine Differenzierung nach Gut- oder Bösgläubigkeit des Empfängers ebenso zu verzichten wie auf eine Aufforderung seitens der geschäftsführenden Gesellschafter. Denn das Gesetz trifft eine derartige Unterscheidung auch sonst nicht – s. RdNr. 8 –, und § 111 HGB kann der Gedanke entnommen werden, dass die Gesellschaft jedenfalls die Mindestverzinsung für ausstehende Einlagen – mögen sie niemals geleistet oder unberechtigt zurückgezahlt worden sein – erhalten soll.[41]

23 b) **Nichtablieferung.** Bei der Ablieferung eingenommenen Gesellschaftsgeldes setzt die Zinspflicht sofort, dh mit Ablauf der Frist ein, die noch als rechtzeitig gilt. Da diese Frist nicht starr ist, sondern sich nach den Umständen des jeweiligen Falles bestimmt (s. RdNr. 12), besteht eine gewisse Variationsbreite, innerhalb derer der Empfänger handeln kann, ohne sich begründeten Zinsansprüchen der Gesellschaft ausgesetzt zu sehen.

24 c) **Unbefugte Entnahme.** Bei **unbefugter Entnahme** wird der Rückzahlungsanspruch der Gesellschaft und mit ihm zugleich der Zinsanspruch sofort fällig; auf die Kenntnis des Empfängers kommt es nicht an.[42]

25 6. **Zinshöhe.** Die Zinshöhe ergibt sich, wenn der Gesellschaftsvertrag hierüber nichts Abweichendes bestimmt, in Höhe von 5% aus § 352. Der so berechnete Anspruch ist in voller Höhe zu

---

[32] Staub/*Ulmer* RdNr. 16; Schlegelberger/*Martens* RdNr. 14; MünchKommHGB/*Langhein* RdNr. 12; aA Düringer/Hachenburg/*Flechtheim* RdNr. 4.
[33] Vgl. für BGB-Gesellschaft BGH Urt. v. 30. 5. 1994 – II ZR 205/93, NJW-RR 1994, 996; BGH Urt. v. 8. 11. 1999 – II ZR 187/98, DStR 2000, 34 m. Anm. *Goette*.
[34] Staub/*Ulmer* RdNr. 6; MünchKommHGB/*Langhein* RdNr. 14.
[35] MünchKommHGB/*Langhein* RdNr. 14.
[36] Vgl. Staub/*Ulmer* RdNr. 7 und § 105 RdNr. 150, der eine Verletzung des Gleichbehandlungsgrundsatzes bei der Einforderung der Einlagen oder den Missbrauchseinwand erwähnt; ähnlich MünchKommHGB/*Langhein* RdNr. 14.
[37] So vor allem Staub/*Ulmer* RdNr. 10.
[38] Schlegelberger/*Martens* RdNr. 7.
[39] AllgM, vgl. nur MünchKommHGB/*Langhein* RdNr. 14.
[40] Anders noch Vorauflage RdNr. 22.
[41] MünchKommHGB/*Langhein* RdNr. 14.
[42] Vgl. Staub/*Ulmer* RdNr. 17; Schlegelberger/*Martens* RdNr. 7.

§ 112 1

begleichen und insbesondere nicht um den eventuellen Gewinnanteil des betroffenen Gesellschafters zu kürzen.[43] Eine Aufrechnung der auf dem Privat- und nicht auf dem Kapitalkonto[44] zu verbuchenden Zinsschuld kommt erst nach Feststellung des Gewinnanteils des Gesellschafters in Betracht.

III. Andere Konsequenzen

26 § 111 bestimmt nur den Mindestersatz, den der Gesellschafter für die der Gesellschaft vorenthaltene oder entzogene Nutzungsmöglichkeit von Geld oder liquidem Kapital zu leisten hat. Nach **Abs. 2** hat er, soweit die entsprechenden tatbestandlichen Voraussetzungen – etwa des Verzuges oder aus deliktischen Vorschriften – vorliegen, auch einen darüber hinaus gehenden **Schaden** zu ersetzen. Soweit der Anspruch aus § 111 erfüllt ist, ist in Höhe der entsprechenden Beträge der nach den anderen Bestimmungen zu ersetzende Schaden entfallen.

27 Daneben muss der Gesellschafter wegen seines Verhaltens mit **weitergehenden Konsequenzen**[45] rechnen: Ausstehende Einlagen hat er zu bewirken, Kapitalrückzahlungen zurückzugewähren. Eingenommenes Gesellschaftsgeld ist an die Gesellschaft abzuführen, unbefugt entnommene Beträge sind zu erstatten. Soweit der Gesellschafter Nutzungen mit den nicht abgelieferten oder unbefugt entnommenen liquiden Kapitalien gezogen hat, sind diese nach den allgemeinen Vorschriften herauszugeben. Die Gesellschafter können ferner das Verhalten zum Anlass für die Entziehung der Vertretungsmacht oder/und der Geschäftsführungsbefugnis des Betroffenen, für seine Ausschließung aus der Gesellschaft oder sogar für die Erhebung der Auflösungsklage nehmen. Daneben tritt die Möglichkeit, dass sich der Gesellschafter in den Fällen der Nichtablieferung und der unbefugten Entnahme für sein Handeln strafrechtlich verantworten muss.

IV. Vereinbarungen

28 § 111 ist **dispositiv,** im Gesellschaftsvertrag können deswegen nach Grund und Höhe des Zinsanspruchs Milderungen und Verschärfungen, ferner auch verfahrensrechtliche Voraussetzungen für das Entstehen dieses, ggf. durch weitere Sanktionen flankierten Anspruchs niedergelegt werden.

§ 112 [Wettbewerbsverbot]

(1) **Ein Gesellschafter darf ohne Einwilligung der anderen Gesellschafter weder in dem Handelszweig der Gesellschaft Geschäfte machen noch an einer anderen gleichartigen Handelsgesellschaft als persönlich haftender Gesellschafter teilnehmen.**

(2) **Die Einwilligung zur Teilnahme an einer anderen Gesellschaft gilt als erteilt, wenn den übrigen Gesellschaftern bei Eingehung der Gesellschaft bekannt ist, daß der Gesellschafter an einer anderen Gesellschaft als persönlich haftender Gesellschafter teilnimmt, und gleichwohl die Aufgabe dieser Beteiligung nicht ausdrücklich bedungen wird.**

Übersicht

	RdNr.		RdNr.
I. Normzweck	1–3	3. Zeitlich	18–20
II. Normadressaten	4–7	4. Nachvertragliches Wettbewerbsverbot	21–23
III. Inhalt und Umfang	8–23	IV. Einwilligung	24–34
1. Gegenständlich	8–15	1. Erteilte Einwilligung (Abs. 1)	25–29
a) Geschäftemachen in demselben Handelszweig	9–13	2. Fiktion (Abs. 2)	30–34
b) Teilnahme als persönlich haftender Gesellschafter an gleichartiger Handelsgesellschaft	14, 15	V. Verhältnis zum Kartellrecht	35–39
		VI. Abweichende Vereinbarungen	40
2. Räumlich	16, 17	VII. Rechtsfolgen	41

I. Normzweck

1 Damit der mit dem Abschluss des Gesellschaftsvertrages bezweckte Erfolg, die Führung eines Handelsbetriebes als Erwerbs- und Haftungsgemeinschaft erreicht wird, unterliegen die Gesell-

---
[43] Vgl. Düringer/Hachenburg/*Flechtheim* RdNr. 5.
[44] Vgl. Düringer/Hachenburg/*Flechtheim* RdNr. 5; Staub/*Fischer* RdNr. 6.
[45] Schlegelberger/*Martens* RdNr. 18; Staub/*Ulmer* RdNr. 19; MünchKommHGB/*Langhein* RdNr. 16 ff.

schafter einer besonderen **Förderpflicht** (vgl. dazu § 105 RdNr. 9, 139 ff.). Ihr werden sie nicht allein dadurch gerecht, dass sie sich aktiv in den Dienst der Zweckverfolgung stellen, indem sie die vereinbarten Beiträge oder Arbeitskraft und Ideenreichtum einbringen; in **negativer** Hinsicht bedeutet diese Förderpflicht vielmehr, alles zu **unterlassen**, was die Erreichung des Gesellschaftszwecks hindern oder gefährden könnte.[1] Dieser zweite Aspekt ist in § 112 angesprochen, wenn dem Gesellschafter, solange die Gesellschaft auf diesen Schutz nicht verzichtet, untersagt wird, zu ihr in Konkurrenz zu treten. Das an Art. 96 ADHGB anschließende, positivrechtlich geregelte Wettbewerbsverbot lässt sich also letztlich auf **Treuepflichterwägungen**[2] zurückführen, wie sie der weiter ausgreifenden und auch für andere Gesellschaftsformen herangezogenen Geschäftschancenlehre[3] zugrundeliegen, es ist indessen für die OHG in seinen beiden geregelten Verhaltensvarianten teilweise enger[4] gefasst. In der höchstrichterlichen Rechtsprechung finden sich zu ähnlichen Sachverhalten mitunter verschiedene Lösungsansätze, indem teilweise auf § 112,[5] teilweise aber auf eine zum Schadenersatz verpflichtende Treuepflichtverletzung[6] abgehoben wird.

Verhindert werden soll mit dem Wettbewerbsverbot die **illoyale**,[7] eigensüchtige Ausnutzung des auf Grund der Gesellschafterstellung bestehenden Einflusses und der durch sie erlangten Informationen.[8] Ob daneben mit dem Wettbewerbsverbot auch bezweckt wird, die **Arbeitskraft** des Gesellschafters für die Gesellschaft zu sichern, ist umstritten.[9] Die **Parallelvorschriften** in § 60 HGB[10] und § 88 AktG[11] zielen zwar nicht nur darauf ab, die illoyale Ausnutzung von Einfluss und der in dem Unternehmen erworbenen Kenntnisse zu verhindern, sie bezwecken auch sicherzustellen, dass der Betroffene seine Arbeitskraft ausschließlich seinem Prinzipal oder der Gesellschaft widmet. Ungeachtet der ähnlichen Formulierung und des Umstandes, dass der historische Gesetzgeber[12] die Regelung des jetzigen § 60 zum Vorbild für § 112 genommen hat, geht es bei der letztgenannten Bestimmung darum, die Erfüllung **mitgliedschaftlicher**[13] Pflichten zu gewährleisten. Die schuldhafte Verletzung dieser für die OHG als Arbeits- und Haftungsgemeinschaft typischen Arbeitspflicht löst Schadenersatzansprüche nach allgemeinen Regeln aus, eines Rückgriffs auf § 113 bedarf es nicht.[14] Im Übrigen spricht gegen die Mindermeinung, dass auch solche Gesellschafter den Bindungen des § 112 unterliegen, die dem gesetzlichen Modell zuwider nicht ihre Arbeitskraft dem von der Gesellschaft geführten Unternehmen zur Verfügung stellen müssen.[15]

Die Fassung der Vorschrift als Verbot mit Erlaubnisvorbehalt macht deutlich, dass der Schutz der Gesellschaft nicht erst einsetzt, wenn ein Schaden eingetreten[16] ist, vielmehr soll schon im Vorfeld

---

[1] Vgl. BGH Urt. v. 21. 2. 1978 – KZR 6/77, BGHZ 70, 331, 333 = NJW 1978, 1001; *Lutter* AcP 180 (1980), 84, 110 [„passive Förderpflicht"].
[2] Vgl. etwa Staub/*Ulmer* RdNr. 3; Schlegelberger/*Martens* RdNr. 2 je mwN; HdbPersG/*Wertenbruch* I RdNr. 446; *Kardaras*, Das Wettbewerbsverbot in den Personalgesellschaften, 1967, S. 19 f.
[3] S. RdNr. 11; vgl. dazu aus jüngerer Zeit näher *Weisser*, Corporate Opportunities, 1991; *Polley*, Wettbewerbsverbot und Geschäftschancenlehre, 1993 – beide auch rechtsvergleichend angelegt; ferner *Timm* GmbHR 1981, 177 ff. mwN; Baumbach/*Hopt* RdNr. 1.
[4] *Weisser* (Fn. 3) S. 147 f.
[5] Vgl. BGH Urt. v. 27. 6. 1957 – II ZR 37/56, WM 1957, 1128.
[6] BGH Urt. v. 23. 9. 1985 – II ZR 257/84, NJW 1986, 584 f.
[7] Zum Gesichtspunkt des illoyalen Verhaltens bei nachvertraglich wirkenden wettbewerblichen Regelungen vgl. zB BGH Urt. v. 12. 5. 1998 – KZR 18/97, ZIP 1998, 1159, 1161; BGH Urt. v. 14. 7. 1997 – II ZR 238/96, NJW 1997, 3089.
[8] Vgl. BGH Urt. v. 5. 12. 1983 – II ZR 242/82, BGHZ 89, 162, 166 = NJW 1984, 1351; Staub/*Ulmer* RdNr. 1; *Hueck A.* OHG § 13 II 1 S. 196; Baumbach/*Hopt* RdNr. 1; Heymann/*Emmerich* RdNr. 3; Schlegelberger/*Martens* RdNr. 2; MünchKommHGB/*Langhein* RdNr. 2; anders akzentuierend, nämlich auf den Gesellschafter als „Unternehmensleiter" abstellend Wiedemann/*Hirte* ZGR 1986, 163 ff., 166 f.
[9] Ablehnend die hM, vgl. zB Düringer/Hachenburg/*Flechtheim* RdNr. 1; Baumbach/*Hopt* RdNr. 1; Staub/*Ulmer* RdNr. 2 mwN; HdbPersG/*Wertenbruch* I RdNr. 446; MünchKommHGB/*Langhein* RdNr. 2; *Armbrüster* ZIP 1997, 261 f.; bejahend von ihrem Verständnis als „amtsbezogene" Norm Wiedemann/*Hirte* ZGR 1986, 163 ff., 166 f.
[10] Vgl. Düringer/Hachenburg/*Flechtheim* RdNr. 1; Staub/*Ulmer* RdNr. 2; anders wohl MünchKommHGB/*v. Hoyningen-Huene* § 60 RdNr. 2.
[11] Vgl. *Hüffer* § 88 RdNr. 1; BGH Urt. v. 17. 2. 1997 – II ZR 278/95, DStR 1997, 1053; BGH Urt. v. 2. 4. 2001 – II ZR 217/99, DStR 2001, 949.
[12] Vgl. Entw.Begr. S. 72; Denkschrift S. 84.
[13] Ebenso Staub/*Ulmer* RdNr. 2.
[14] So schon *Puchelt*, Comm. zum ADHGB, 1874, Art. 96 Anm. 5; Schlegelberger/*Martens* § 114 RdNr. 19 f.; vgl. ferner BGH Urt. v. 3. 2. 1997 – II ZR 71/96, NJW-RR 1997, 925; RG Urt. v. 10. 10. 1933 – II 148/33 RGZ 142, 13, 18.
[15] S. RdNr. 4; HdbPersG/*Wertenbruch* I RdNr. 447.
[16] In dieser Richtung noch BGH Urt. v. 27. 6. 1957 – II ZR 37/56, WM 1957, 1128; anderer Lösungsansatz – Treuepflichtverletzung – aber BGH Urt. v. 23. 9. 1985 – II ZR 257/84, NJW 1986, 584 f.

„einer gefährlichen Concurrenz"[17] begegnet werden. Insofern kann man die Regelung als **Gefährdungstatbestand**[18] ansehen, der gewährleistet, dass vorab durch die Mitgesellschafter als die potentiell Betroffenen in jedem Einzelfall darüber befunden wird, ob sie überhaupt eine Wettbewerbssituation befürchten bzw. ob sie durch das wettbewerbliche Handeln des Gesellschafters die Belange der Gesellschaft gefährdet oder beeinträchtigt sehen.

II. Normadressaten

4   **Alle Gesellschafter** – nicht nur die zur Geschäftsführung berufenen – haben sich an das Wettbewerbsverbot zu halten.[19] Bei den nicht geschäftsführenden Gesellschaftern ist es zwar nicht der Einfluss, den sie auf die Geschicke der Gesellschaft ausüben können, welcher ihre Einbeziehung in den Anwendungsbereich der Vorschrift rechtfertigt. Sie, die auch als nicht an der Geschäftsführung beteiligte Mitglieder der Gesellschaft die gemeinsamen Zweckverfolgung verpflichtet sind, erhalten aber bei der Beteiligung an der Beschlussfassung über ungewöhnliche Maßnahmen (§ 116 Abs. 2) oder bei der Wahrnehmung ihrer Informations- und Kontrollrechte (§ 118) soviel **Einblick** in die Gesellschaftsinterna, dass auch bei ihnen die Gefahr besteht, sie könnten von diesen Informationen illoyal zu ihrem eigenen Vorteil Gebrauch machen. Die **Rechtsform** des persönlich haftenden Gesellschafters spielt nach dem Normzweck für die Anwendbarkeit des § 112 keine Rolle; deswegen unterliegen auch die organschaftlichen Vertreter der Komplementär-GmbH dem gesetzlichen Wettbewerbsverbot.[20]

5   Soweit der Normzweck reicht, können auch **Dritte** dem Wettbewerbsverbot unterliegen. Das ist jedenfalls dann anzunehmen, wenn sie im Verhältnis zu den Mitgesellschaftern einem persönlich haftenden Gesellschafter gleichstehen und dessen Mitgliedschaftsrechte wahrnehmen. Auf Treugeber und Unterbeteiligte oder Nießbraucher, denen von den Mitgesellschaftern Stimm-, Mitsprache- oder Informationsrechte eingeräumt worden sind, ist im Interesse des erforderlichen Schutzes der Gesellschaft vor illoyalem Verhalten dieser Personen das Wettbewerbsverbot zu erstrecken. Nicht weniger besteht dieselbe Gefährdungslage in anderen **untypischen** Fallgestaltungen, etwa wenn einem an sich nach § 165 von dem Wettbewerbsverbot kraft Gesetzes befreiten Kommanditisten oder einem stillen Gesellschafter intern Rechte eingeräumt sind, die denjenigen eines persönlich haftenden Gesellschafters entsprechen.[21] Auch wenn man hier entgegen der überwiegenden Meinung § 112 nicht entsprechend anwendet, gelangt man unter dem Gesichtspunkt der Verantwortlichkeit für Treupflichtverstöße zu keinen abweichenden Ergebnissen,[22] allerdings ist der konstruktive Weg für das Eintrittsrecht der Gesellschaft (§ 113) bei diesem Ansatz schwieriger, so dass die besseren Gründe für die hM sprechen.

6   Handelt für den Gesellschafter ein **Vertreter,** unterliegt dieser **selbst**[23] nicht dem Verbot des § 112, kann aber aus anderen Gründen wegen der eigensüchtigen Ausnutzung der in seiner Vertretereigenschaft erlangten Kenntnisse schadenersatzpflichtig sein.[24] Die Mitgesellschafter müssen sich die Präsentation eines solchen Vertreters nicht gefallen lassen.[25] Inwieweit der **Gesellschafter** selbst sich das wettbewerbswidrige Verhalten des Vertreters zurechnen lassen muss, wird im Schrifttum nicht einheitlich beantwortet. Teilweise wird angenommen, der Vertretene habe dafür wohl dann einzustehen, wenn der Vertreter die erlangten Informationen allein für seine eigenen Zwecke ausnutze.[26] Andere wollen die Zurechnung des wettbewerblich relevanten Vertreterhandelns auf die

---

[17] So *Puchelt,* Comm. zum ADHGB, 1874, Art. 96 Anm. 3 unter Hinweis auf die Motive zum Preußischen Entwurf mit der allerdings mißverständlichen Formulierung, es gehe um die „Beseitigung" – gemeint ist: Vermeidung – jener Konkurrenz.
[18] Staub/*Ulmer* RdNr. 1 iVm. RdNr. 3; MünchKommHGB/*Langhein* RdNr. 3.
[19] Vgl. BGH Urt. v. 5. 12. 1983 – II ZR 242/83, BGHZ 89, 162, 165 = NJW 1984, 3151; Düringer/Hachenburg/*Flechtheim* RdNr. 6; Staub/*Ulmer* RdNr. 1; Baumbach/*Hopt* RdNr. 2; Schlegelberger/*Martens* RdNr. 3; HdbPersG/*Wertenbruch* I RdNr. 447; MünchKommHGB/*Langhein* RdNr. 5.
[20] *Riegger* BB 1983, 90; HdbPersG/*Wertenbruch* I RdNr. 448 a; Schlegelberger/*Martens* RdNr. 3; *Löffler* NJW 1986, 223, 227 f.
[21] BGH Urt. v. 5. 12. 1983 – II ZR 242/82, BGHZ 89, 162, 165 f. = NJW 1984, 1351; BGH Urt. v. 8. 5. 1989 – II ZR 229/88, NJW 1989, 2687; Staub/*Ulmer* RdNr. 8; Schlegelberger/*Martens* RdNr. 3; MünchKommHGB/*Langhein* RdNr. 6; Heymann/*Emmerich* RdNr. 6; Baumbach/*Hopt* RdNr. 2 iVm. § 165 RdNr. 3; *Löffler* NJW 1986, 223, 227 f.
[22] Vgl. HdbPersG/*Westermann* I RdNr. 455; anders jetzt offenbar HdbPersG/*Wertenbruch* I RdNr. 447.
[23] AllgM Schlegelberger/*Martens* RdNr. 3; Staub/*Ulmer* RdNr. 10; *Hueck* A. OHG § 13 II 2 S. 196; HdbPersG/*Wertenbruch* I RdNr. 448; aA für den Geschäftsführer der GmbH
[24] *Hueck* A. OHG § 13 II 2 S. 196; Schlegelberger/*Martens* RdNr. 3.
[25] Staub/*Ulmer* RdNr. 10; Schlegelberger/*Martens* RdNr. 3; MünchKommHGB/*Langhein* RdNr. 9; schärfer HdbPersG/*Wertenbruch* I RdNr. 448 b, wenn er auf die Pflicht des Gesellschafters abstellt, einen solchen Vertreter von vornherein nicht einzusetzen.
[26] Vgl. zB Staub/*Ulmer* RdNr. 10; Baumbach/*Hopt* RdNr. 2; MünchKommHGB/*Langhein* RdNr. 9.

Fälle beschränken, in denen der Vertreter nicht in seinem eigenen, sondern im Interesse des vertretenen Gesellschafters der Gesellschaft unerlaubt Konkurrenz macht.[27] Für die letztgenannte Ansicht spricht, dass allein in diesem Fall der mitgliedschaftliche[28] Bezug zu dem Wettbewerbsverbot besteht, während den Interessen der Mitgesellschafter dadurch genügt wird, dass sie den Vertreter selbst auf Unterlassung oder Schadenersatz in Anspruch nehmen, ihn zurückweisen oder von dem Vertretenen – notfalls unter Androhung der Ausschließung[29] – verlangen können, für die Berufung eines anderen Vertreters zu sorgen.

Für eine bestimmte **Konzernsituation** hat der II. Zivilsenat[30] ebenfalls die Geltung des § 112 angenommen und dies in Anlehnung an die Grundsätze, die für die untypischerweise mit maßgeblichem Einfluss auf die Geschäftsführung ausgestatteten Kommanditisten, stillen Gesellschafter oder GmbH-Gesellschafter entwickelt worden sind, damit begründet, dass auch bei einer die Gesellschaft beherrschenden Obergesellschaft die Gefährdungslage bestehe, welche Anlass zu der gesetzlichen Regelung gegeben hat. Das Schrifttum, das dieser Entscheidung überwiegend[31] im Ergebnis folgt, ist sich in der Begründung nicht einig. Teilweise wird eine Lösung aus dem vertraglichen Verhältnis zwischen Mutter- und Tochtergesellschaft – die Enkelgesellschaft soll zum Schutz vor wettbewerblichen Nachteilen in dasselbe nach den Regeln über den Vertrag mit Schutzwirkungen für Dritte einbezogen sein – gesucht.[32] Überwiegend werden jedoch konzernrechtliche Gründe mit unterschiedlicher[33] Akzentuierung angeführt.

III. Inhalt und Umfang

1. Gegenständlich. Das Gesetz unterscheidet dem Gegenstand nach zwei Fälle, auf die sich das Wettbewerbsverbot bezieht. Einmal wird erfasst das Geschäftemachen in demselben Handelszweig der Gesellschaft; zum anderen ist die Teilnahme als persönlich haftender Gesellschafter an einer anderen gleichartigen Handelsgesellschaft verboten.

a) Geschäftemachen in demselben Handelszweig. Das Wettbewerbsverbot darf nicht zu einer übermäßigen Einschränkung der freien Betätigung[34] der Gesellschafter führen. Seine Rechtfertigung findet es allein als Ausdruck der den Gesellschafter treffenden Förderpflicht.[35] Deswegen bestimmt der mit der Gesellschaft verfolgte Zweck die Grenzen des Wirkungsbereichs des Wettbewerbsverbots. In der ersten Variante des § 112 ist dies mit dem Tatbestandsmerkmal **Handelszweig**[36] umschrieben. Das darf indessen nicht zu dem Missverständnis führen, es sei allein auf die entsprechende Formulierung des Unternehmensgegenstandes in dem Gesellschaftsvertrag abzustellen;[37] sie ist nur eine **Auslegungshilfe** bei der im Einzelfall zu treffenden, dabei auch die konkrete Vorgehensweise der Beteiligten einbeziehenden Feststellung dessen, was sich die Gesellschafter als gemeinsam zu verfolgenden Zweck vorgenommen haben. Eine zu weitgehende Umschreibung ist deswegen so lange unbeachtlich, wie nicht festgestellt werden kann, dass die Gesellschafter sie bewusst gewählt haben, um **Entwicklungsmöglichkeiten** der Gesellschaft in andere Marktbereiche offen zu halten.[38] Ist letzteres anzunehmen, haben sich die Gesellschafter schon im Vorhinein damit einverstanden erklärt, auch einen weitergehenden Gesellschaftszweck zu fördern, so dass gegen eine faktische Ausweitung

---

[27] Vgl. Schlegelberger/*Martens* RdNr. 2; wohl auch *Hueck A.* OHG § 13 II 2 S. 196.
[28] Vgl. auch Staub/*Fischer* RdNr. 2.
[29] Vgl. Schlegelberger/*Martens* RdNr. 3; Staub/*Fischer* RdNr. 2.
[30] Urt. v. 5. 12. 1983 – II ZR 242/83, BGHZ 89, 162 = NJW 1984, 1351; dazu *Brandes* LM Nr. 4.
[31] Gegen Herleitung aus der Treuepflicht aber zB *Schießl*, Die beherrschte Personengesellschaft, 1985, S. 98 f.; MünchKommHGB/*Langhein* RdNr. 7; kritisch ferner *Stehle*, Gesellschafterschutz gegen fremdunternehmerischen Einfluss in der Personenhandelsgesellschaft, 1986, S. 76 ff.; vgl. auch Röhricht/Graf v. Westphalen/*v. Gerkan* RdNr. 1.
[32] Vgl. zB *Stimpel* AG 1986, 117, 118 f.; *Paschke* AG 1988, 196, 203.
[33] Vgl. zB Staub/*Ulmer* Anh. § 105 RdNr. 53: „Zurechnungsdurchgriff"; ähnlich wohl auch *Wiedemann*/*Hirte* ZGR 1986, 163, 165 f.; Schlegelberger/*Martens* RdNr. 5: „Tochtergesellschaft als mittelbar(es) Geschäftsführungsorgan der Muttergesellschaft"; *Löffler* NJW 1986, 223 ff.; *Emmerich*, FS Stimpel, S. 743, 748 f. „faktische Beeinflussung der Geschäftsführung"; *Reuter* JZ 1986, 16, 20.
[34] Vgl. schon *Lutz* S. 183 f. mit der Diskussion um die Frage, ob jedwede anderweite Handelstätigkeit verboten werden solle.
[35] BGH Urt. v. 21. 2. 1978 – KZR 6/77, BGHZ 70, 331, 333 = NJW 1978, 1001; BGH Urt. v. 5. 12. 1983 – II ZR 242/82, BGHZ 89, 162, 170 = NJW 1984, 1351; Staub/*Ulmer* RdNr. 15; Schlegelberger/*Martens* RdNr. 14.
[36] *Mitunter* wird dies im Schrifttum gleichgesetzt mit dem „relevanten Markt", vgl. zB Baumbach/*Hopt* RdNr. 5 und, in gleicher Weise verwendet, RdNr. 7 für die Beteiligung an einer „gleichartigen Handelsgesellschaft".
[37] Vgl. BGH Urt. v. 14. 12. 1981 – II ZR 200/80, WM 1982, 234, 235: „... dass die KG in Übereinstimmung mit dem Gesellschaftsvertrag mit elektronischen Geräten Handel treibt"; enger an die gesellschaftsvertragliche Umschreibung des Unternehmensgegenstandes anknüpfend *Röhricht* WPG 1992, 766, 769; vgl. auch MünchKommHGB/*Langhein* RdNr. 11, der in diesem Zusammenhang mit Recht auf die Folgen von Rechtsunkenntnis, „Aufschneiderei" und anglo-amerikanischen Einfluss hinweist.
[38] So auch Staub/*Ulmer* RdNr. 15; enger aber *Röhricht* WPG 1992, 766, 769.

10 Formulierungen, wie sie mitunter in höchstrichterlichen Entscheidungen anzutreffen sind, es komme nicht allein auf den im Gesellschaftsvertrag festgelegten Gegenstand des Unternehmens an, vielmehr könne dieser nachträglich **eingeschränkt** oder **erweitert** worden sein,[40] befördern allerdings das Missverständnis, es könne rein faktisch zu einer Erweiterung des Handelszweiges kommen. Die entschiedenen Fälle[41] belegen indessen, dass jeweils die beanstandete Tätigkeit des Mitgesellschafters schon von dem Gesellschaftszweck umfasst war und es deswegen nicht um eine faktische Ausweitung des Unternehmensgegenstandes ging, sondern die geschützte Gesellschaft bisher den vereinbarten Tätigkeitsbereich noch nicht ganz ausgeschöpft hatte.

11 Die vor allem im Bereich des GmbH-Rechts[42] erörterte **Geschäftschancenlehre**,[43] die sich an die im US-amerikanischen Recht entwickelte, die Treuepflicht vor allem des Leitungsorgans konkretisierende corporate opportunities Doktrin anlehnt, ersetzt nicht das Wettbewerbsverbot des § 112, sondern kann im Personengesellschaftsrecht allenfalls herangezogen werden, um Treupflichtbindungen auch gegenüber solchen Gesellschaftern durchzusetzen, die – zB als Kommanditisten mit gesetzestypischer Stellung nach § 165 – dem Wettbewerbsverbot des § 112 nicht unterliegen.[44]

12 Das zweite Tatbestandsmerkmal, durch welches der der Gesellschaft vorbehaltene von dem der freien Betätigung des Gesellschafters eröffneten Bereich abgegrenzt wird, ist das **Geschäftemachen**. Immer dann, wenn der Gesellschafter bei Abschluss des konkreten – nicht notwendig im Rahmen des § 343 bleibenden,[45] etwa auch in der Beteiligung an einer anderen Handelsgesellschaft[46] bestehenden – Geschäfts zu Erwerbszwecken, d. h. in der für die Teilnahme am Handelsverkehr typischen spekulativen Absicht handelt,[47] begibt er sich in die verbotene Konkurrenzsituation. Daran fehlt es regelmäßig, wenn er zur Deckung des **eigenen Lebensbedarfs** handelt, selbst wenn dies in dem Geschäftsbereich der Gesellschaft geschieht.[48] Bei der **Anlage von Kapital** zur Vermögensmehrung oder zur Altersvorsorge, die als solche[49] ebenfalls nicht unter das Wettbwerbsverbot fällt, kann sich allerdings eine Konfliktsituation ergeben, wenn der Gesellschafter auf dem Geschäftsgebiet der Gesellschaft handelt und dabei sein in der Gesellschaft erworbenes Wissen ausnutzt. In einem solchen Fall sprechen die besseren Gründe dafür, schon ein Geschäftemachen und damit einen Verstoß gegen § 112 zu bejahen,[50] statt die Gesellschaft auf Schadenersatzansprüche wegen Treuepflichtverletzung zu verweisen.[51]

---

[39] Sehr weitgehend BGH Urt. v. 21. 2. 1978 – KZR 6/77, BGHZ 70, 331, 333 = NJW 1978, 1001; mit Recht kritisch Schlegelberger/*Martens* RdNr. 16.

[40] BGH Urt. v. 5. 12. 1983 – II ZR 242/82, BGHZ 89, 162, 170 = NJW 1984, 1351; BGH Urt. v. 21. 2. 1978 – KZR 6/77, BGHZ 70, 331, 333 = NJW 1978, 1001.

[41] In BGH Urt. v. 5. 12. 1983 – II ZR 242/82, BGHZ 89, 162, 170 = NJW 1984, 1351 umfasste der Gesellschaftszweck Werbemittlung, Werbeberatung und die Vornahme aller mit der Werbung zusammenhängenden Geschäfte, der Schwerpunkt der Tätigkeit lag aber zunächst bei der Direktwerbung. In der Entscheidung BGH Urt. v. 21. 2. 1978 – KZR 6/77, BGHZ 70, 331, 333 = NJW 1978, 1001 gehörte die Vermietung von Gabelstaplern von Anfang an zum Geschäftsbetrieb des Transportunternehmens, das sich nach dem Gesellschaftsvertrag u. a. mit dem „Verleih" von Transportgeräten „für alle Zwecke" befasste. In der Entscheidung vom 27. 6. 1957 – II ZR 37/56, WM 1957, 1128 gehörte die Schleppschiffahrt, die tunlich mit eigenen, statt gemieteten Schiffen durchgeführt werden sollte, zum Unternehmensgegenstand.

[42] Vgl. BGH Urt. v. 8. 5. 1967 – II ZR 126/65, WM 1967, 679; BGH Urt. v. 10. 2. 1977 – II ZR 79/75, WM 1977, 361; BGH Urt. v. 16. 2. 1981 – II ZR 168/79, BGHZ 80, 69 = NJW 1981, 1512; BGH Urt. v. 23. 9. 1985 – II ZR 246/86, NJW 1986, 585; *Timm* GmbHR 1981, 177 ff.; *Haas* DStR 2001, 1042; *Steck* GmbHR 2005, 1157; *Fleischer* WM 2003, 1045 und AG 2005, 336.

[43] Vgl. *Weißer*, Corporate Opportunities, 1991, S. 15 ff., 147 ff., 179 ff., 191 ff.; *Polley*, Wettbewerbsverbot und Geschäftschancenlehre, 1993, S. 21 ff., 84 ff., 126 ff.; *Kübler/Waltermann* ZGR 1991, 162 ff.; kritisch zur Übertragung auf das Personengesellschaftsrecht HdbPersG/*Wertenbruch* I RdNr. 451.; *Röhricht* WPg 1992, 766, 774 f.; MünchKommHGB/*Langhein* RdNr. 36.

[44] Vgl. BGH Urt. v. 8. 5. 1989 – II ZR 229/88, NJW 1989, 2687 mwN; dazu *Kübler/Waltermann* ZGR 1991, 162 ff.; vgl. ferner *Röhricht* WPg 1992, 766, 771.

[45] HM, vgl. zB Staub/*Fischer* RdNr. 5 a; aA *Kardaras*, Das Wettbewerbsverbot in den Personalgesellschaften, 1967, S. 51 f.

[46] Vgl. BGH Urt. v. 5. 12. 1983 – II ZR 242/82, BGHZ 89, 162, 170 = NJW 1984, 1351; BGH Urt. v. 6. 12. 1962 – KZR 4/62, BGHZ 38, 306 = NJW 1963, 646.

[47] *Lutz* S. 986; Düringer/Hachenburg/*Flechtheim* RdNr. 4; Staub/*Fischer* RdNr. 5 a; *Hueck A.* OHG § 13 II 3 S. 196.

[48] AllgM, vgl. Düringer/Hachenburg/*Flechtheim* RdNr. 4; Staub/*Ulmer* RdNr. 21.

[49] *Lutz* S. 987 f.; Düringer/Hachenburg/*Flechtheim* RdNr. 4; *Hueck A.* OHG § 13 II 3 a S. 196; Staub/*Fischer* RdNr. 5 a; Staub/*Ulmer* RdNr. 21.

[50] Staub/*Ulmer* RdNr. 21; zu § 88 AktG vgl. BGH Urt. v. 17. 2. 1997 – II ZR 278/95, DStR 1997, 1053; BGH Urt. v. 2. 4. 2001 – II ZR 217/99, DStR 2001, 949.

[51] So aber BGH Urt. v. 23. 9. 1985 – II ZR 257/84, NJW 1986, 584 f.; Schlegelberger/*Martens* RdNr. 9.

Mit Rücksicht auf den Normzweck spielt es keine Rolle, ob der Gesellschafter bei dem Geschäf- 13
temachen auf **eigene** oder auf **fremde Rechnung** oder im eigenen oder fremden **Namen** handelt.[52]
Denn entscheidend ist nicht, dass er sich selbst auf Kosten der Gesellschaft einen Vermögenswert
zuführt, sondern dass er unter Ausnutzung seiner Einfluss und Kenntnisse vermittelnden Stellung als
Gesellschafter die Erwerbschancen der Gesellschaft durch konkurrierende Geschäftstätigkeit schmälert. Erfasst wird deswegen auch ein Geschäftemachen im Handelszweig der Gesellschaft als Handelsvertreter,[53] Makler, Kommissionär, Treuhänder, als Leitungsorgan einer Kapitalgesellschaft oder
Angestellter eines anderen Unternehmens.[54] Dabei sind aber uU Besonderheiten zu beachten, die
sich etwa aus der zeitlichen Abfolge eines Geschäftsabschlusses und einer anschließenden Gesellschaftsgründung ergeben, so dass sowohl ein Verstoß gegen § 112 wie eine Verletzung der gesellschafterlichen Treuepflicht ausgeschlossen sein kann.[55]

b) Teilnahme als persönlich haftender Gesellschafter an gleichartiger Handelsgesell- 14
schaft. Verboten ist dem Gesellschafter ferner die Teilnahme als persönlich haftender Gesellschafter
an einer gleichartigen Handelsgesellschaft. Nach der Vorstellung des historischen Gesetzgebers[56] war
dies die neben dem Geschäftemachen im selben Handelszweig vor allem in Betracht zu ziehende
Form der konkurrierenden Betätigung eines Gesellschafters, vor der die Gesellschaft zu schützen war.
Denn auch hier besteht dieselbe, zu dem Wettbewerbsverbot Anlass gebende **Gefährdungslage** für
die Gesellschaft, dass Einfluss und Informationen nicht im Sinne der Förderpflicht zugunsten der
eigenen Unternehmens verwandt werden. Der Wortlaut ist allerdings – wie schon die Diskussion
während der Gesetzesberatungen gezeigt hat[57] – zu eng: Es kommt nicht auf die **formale** Stellung als
persönlich haftender Gesellschafter an, sondern auf die tatsächliche Rechtsmacht, die der Gesellschafter in seinem Unternehmen hat. Soweit er hinsichtlich seines Informationsstandes und seines
Einflusses auf die Geschicke der Gesellschaft einem persönlich haftenden Gesellschafter **gleichsteht,**
ist auch er dem Wettbewerbsverbot unterworfen.[58] Ein Kommanditist[59] oder stiller Gesellschafter[60]
mit der Rechtsmacht eines Komplementärs untersteht § 112. Umgekehrt wird man beim Fehlen der
genannten Voraussetzungen für einen geschäftsführenden Gesellschafter, der materiell nur die Befugnisse eines nach § 165 von der Geltung der §§ 112, 113 ausgenommenen Kommanditisten hat, die
Anwendbarkeit des § 112 verneinen müssen.[61]

Das Verbot, sich an einer **gleichartigen** Gesellschaft zu beteiligen, ist nicht vordringlich in einem 15
am Gesellschaftstypus orientierten Sinn,[62] sondern dahin zu verstehen, dass zwischen den beiden
gesetzestypisch jeweils über persönlich haftende Gesellschafter verfügenden Gesellschaften eine wettbewerbliche Konkurrenzsituation besteht. Insofern zielt dieses Tatbestandsmerkmal ebenso wie
„Handelszweig" auf eine nähere Abgrenzung des für die geschäftliche Betätigung des Gesellschafters
reservierten und des für ihn zugänglichen Bereichs ab.[63] Eine rein **kapitalistische Beteiligung** als
typischer Kommanditist, stiller Gesellschafter, Aktionär oder GmbH-Gesellschafter wird von dieser
Tatbestandsvariante dagegen nicht erfasst. Konkurrierende Verhaltensweisen solcher Gesellschafter
können deswegen allein unter dem Gesichtspunkt der Verletzung der gesellschafterlichen Treuepflicht
erfasst werden, sofern nicht wegen einer zugleich bestehenden faktischen Leitungsmacht des Gesellschafters ein Fall des verbotenen Geschäftemachens gegeben ist.[64]

---

[52] AllgM *Hueck A.* OHG § 13 II 3 S. 197; Düringer/Hachenburg/*Flechtheim* RdNr. 4; Staub/*Ulmer* RdNr. 23; Schlegelberger/*Martens* RdNr. 10.
[53] BGH Urt. v. 22. 6. 1972 – II ZR 67/70, WM 1972, 1229.
[54] Vgl. Schlegelberger/*Martens* RdNr. 10; Staub/*Fischer* RdNr. 5 a; Heymann/*Emmerich* RdNr. 11; HdbPersG/*Wertenbruch* I RdNr. 450 mit zutreffendem Hinweis auf die Notwendigkeit eines lückenlosen Schutzes der Gesellschaft.
[55] Vgl. BGH Urt. v. 3. 11. 1997 – II ZR 353/96, NJW 1998, 1225 ff.
[56] Vgl. *Lutz* S. 184 f.
[57] Vgl. *Lutz* S. 184 f., 986–988.
[58] Staub/*Ulmer* RdNr. 24; Schlegelberger/*Martens* RdNr. 11; *Hueck A.* OHG § 13 II 3 b S. 197; MünchKommHGB/*Langhein* RdNr. 17.
[59] BGH Urt. v. 5. 12. 1983 – II ZR 242/82, BGHZ 89, 162, 166 = NJW 1984, 1351; BGH Urt. v. 8. 5. 1989 – II ZR 229/88, NJW 1989, 2687; BFH Urt. v. 23. 3. 1995 – IV R 94/93, BFHE 177, 408 ff.; Staub/*Ulmer* RdNr. 7 f.; MünchKommHGB/*Langhein* RdNr. 17; Schlegelberger/*Martens* RdNr. 3 und 11; Heymann/*Emmerich* RdNr. 6; Baumbach/*Hopt* RdNr. 2 iVm. § 165 RdNr. 3; *Löffler* NJW 1986, 223, 227 f.; anders akzentuierend *Kardaras*, Das Wettbewerbsverbot in den Personalgesellschaften, 1967, S. 33 ff.
[60] Schlegelberger/*Martens* RdNr. 11, aA *Lutz* S. 988.
[61] Vgl. BGH Urt. v. 6. 12. 1962 – KZR 4/62, BGHZ 38, 306, 313 f. = NJW 1963, 646; Schlegelberger/*Martens* RdNr. 11; Staub/*Ulmer* RdNr. 24; MünchKommHGB/*Langhein* RdNr. 17.
[62] Schlegelberger/*Martens* RdNr. 11.
[63] Baumbach/*Hopt* RdNr. 7; Schlegelberger/*Martens* RdNr. 13; Staub/*Ulmer* RdNr. 14.
[64] S. RdNr. 13; Staub/*Ulmer* RdNr. 25; MünchKommHGB/*Langhein* RdNr. 18; zur GmbH vgl. BGH Urt. v. 9. 3. 1987 – II ZR 215/86, GmbHR 1987, 302, 303.

16 **2. Räumlich.** Der Schutzzweck des § 112 ist – selbst wenn der Gesellschafter in demselben Handelszweig Geschäfte macht – dann nicht berührt, wenn Gesellschaft und Gesellschafter auf räumlich voneinander getrennten Märkten tätig sind. Der Wortlaut der Vorschrift berücksichtigt dies nicht; gleichwohl besteht kein Grund, den Gesellschafter in seiner gewerblichen Freiheit weitergehend zu beschränken, als dies nach der durch die gemeinsame Zweckverfolgung begründeten Förderpflicht notwendig ist. Im Grundsatz greift § 112 deswegen nur bei sich räumlich **überschneidender** Konkurrenztätigkeit ein.[65]

17 In der Praxis kann es allerdings dann zu Schwierigkeiten kommen, wenn die Gesellschaft **expandiert** und ihren Tätigkeitsbereich – uU zugleich durch Erwerb von Beteiligungen an anderen Gesellschaften – räumlich ausdehnt und nunmehr eine Wettbewerbssituation eintritt. Wenn sich nicht ausnahmsweise aus dem Gesellschaftsvertrag Anhaltspunkte dafür ergeben, dass eine solche Ausdehnung von vornherein vorgesehen war und dem Gesellschafter nur für die Übergangszeit eine Tätigkeit in demselben Handelszweig gestattet war, führt die Anwendung des § 112 nicht zu sachgerechten Ergebnissen; vielmehr sind dann – ähnlich wie im Falle des Erwerbs eines Konkurrenzunternehmens im Wege der Erbfolge[66] – unter Heranziehung von **Treupflichterwägungen** Lösungen zu entwickeln, die nicht einseitig zu Lasten des Gesellschafters gehen.[67]

18 **3. Zeitlich.** Versteht man das Wettbewerbsverbot als Ausdruck der passiven Förderpflicht des Gesellschafters, ergeben sich die zeitlichen Grenzen der aus § 112 folgenden Bindungen – soweit nicht abweichende Vereinbarungen getroffen worden sind – aus der Stellung des Mitglieds zu der Gesellschaft. Solange die **Gesellschaft** – und sei es mit dem geänderten Zweck der Herbeiführung der Liquidation – **besteht** und der **Gesellschafter** ihr **angehört**, unterliegt er dem gesetzlichen Wettbewerbsverbot.[68] Wie bei sachlich oder räumlich expandierendem Geschäftsbetrieb dieses Verbot für den Gesellschafter größere Einschränkungen mit sich bringen kann, so kann umgekehrt eine planmäßig fortschreitende Reduzierung der Teilnahme der Gesellschaft am Handelsverkehr auch zur Wiedererlangung größerer Betätigungsfreiheit des Gesellschafters führen. Das ist vor allem von Bedeutung im Rahmen der **Liquidation,** in der das Wettbewerbsverbot grundsätzlich ebenfalls gilt,[69] inhaltlich aber wegen des anders gearteten Gesellschaftszwecks nicht dieselben Beschränkungen mit sich bringen muss, wie sie bei werbender Tätigkeit der Gesellschaft bestanden haben.[70]

19 Weil mit der Beendigung der Gesellschafterstellung die Förderpflicht endet, wird ein Gesellschafter mit dem **Ausscheiden** aus der Gesellschaft grundsätzlich von wettbewerblichen Beschränkungen frei.[71] Anderes gilt – allerdings nicht unter dem Gesichtspunkt des § 112 – nur bei einem nachvertraglichen Wettbewerbsverbot, das besonders, wenngleich uU auch konkludent,[72] verabredet sein muss. Ähnlich kann es ausnahmsweise[73] liegen, wenn ein Gesellschafter aus wichtigem Grund ausgeschlossen wird und übergangsweise das Wettbewerbsverbot zum Schutz der Gesellschaft aufrechtzuerhalten ist.

20 Maßnahmen, die der **Vorbereitung**[74] künftigen, nach dem Ausscheiden zulässigen Wettbewerbs dienen, darf der Gesellschafter nur in engen Grenzen vornehmen, nämlich soweit es sich um untergeordnete **Hilfsgeschäfte** wie die Anmietung von Geschäftsräumen und ihre Ausstattung mit den erforderlichen Einrichtungen oder den Druck von Geschäftspapieren handelt. Dagegen fällt jede

---

[65] Staub/*Ulmer* RdNr. 19; Schlegelberger/*Martens* RdNr. 17; MünchKommHGB/*Langhein* RdNr. 14; auch Heymann/*Emmerich* RdNr. 14 a; Röhricht/Graf v. Westphalen/*v. Gerkan* RdNr. 5.
[66] Vgl. *Hueck A.* OHG § 13 II 3 b S. 198; Staub/*Fischer* RdNr. 9.
[67] Vgl. Schlegelberger/*Martens* RdNr. 17; Röhricht/Graf v. Westphalen/*v. Gerkan* RdNr. 5; MünchKommHGB/*Langhein* RdNr. 15.
[68] Schlegelberger/*Martens* RdNr. 7; Röhricht/Graf v. Westphalen/*v. Gerkan* RdNr. 2; Baumbach/*Hopt* RdNr. 3; MünchKommHGB/*Langhein* RdNr. 19; HdbPersG/*Wertenbruch* I RdNr. 453.
[69] Vgl. BGH Urt. v. 16. 3. 1961 – II ZR 14/59, WM 1961, 629, 631; nicht auf § 112, sondern auf Treuepflichtbindungen abstellend: BGH Urt. v. 11. 1. 1971 – II ZR 143/68, NJW 1971, 802; RG Urt. v. 14. 9. 1938 – II 17/38, JW 1938, 3180, 3185 m. Anm. *Boeseeck*; *Hueck A.* OHG § 13 II 8 S. 204 iVm. § 32 II 2 S. 482 f.; Schlegelberger/*Martens* RdNr. 8; Staub/*Ulmer* RdNr. 12 mwN; MünchKommHGB/*Langhein* RdNr. 19; HdbPersG/*Wertenbruch* I RdNr. 453 a; zu undifferenziert Düringer/Hachenburg/*Flechtheim* RdNr. 3.
[70] Vgl. zB BGH Urt. v. 16. 3. 1961 – II ZR 14/59, WM 1961, 629, 631; BGH Urt. v. 11. 1. 1971 – II ZR 143/68, NJW 1971, 802; Schlegelberger/*Martens* RdNr. 8; Baumbach/*Hopt* RdNr. 3.
[71] BGH Urt. v. 18. 2. 1965 – II ZR 205/61, WM 1965, 626, 627; Schlegelberger/*Martens* RdNr. 7; Baumbach/*Hopt* RdNr. 3; Staub/*Ulmer* RdNr. 11; Heymann/*Emmerich* RdNr. 7; MünchKommHGB/*Langhein* RdNr. 19.
[72] RG Urt. v. 31. 5. 1927 – II 517/26, RGZ 117, 176, 180; für das BGB-Gesellschaftsrecht vgl. hierzu BGH Urt. v. 29. 1. 1996 – II ZR 286/94, NJW-RR 1996, 741.
[73] Vgl. Staub/*Fischer* RdNr. 12; Heymann/*Emmerich* RdNr. 7.
[74] RG Urt. v. 23. 10. 1913 – 353/13, JW 1914, 142, 143 [zu § 339 BGB]; RG Urt. v. 27. 3. 1917 – Rep. II 318/16, RGZ 90, 98, 100 [für GmbH]; *Hueck A.* OHG § 13 II 8 S. 204; Staub/*Ulmer* RdNr. 11; Schlegelberger/*Martens* RdNr. 7.

4. Nachvertragliches Wettbewerbsverbot. Wenn der ausscheidende Gesellschafter mit dem 21
Ende seiner Mitgliedschaft von den Förderpflichten und damit auch von dem gesetzlichen Wettbewerbsverbot frei wird, ist die Gefahr, die Anlass zur Schaffung des § 112 gegeben hat, nur insofern behoben, als er keinen Einfluss mehr auf die Geschicke der Gesellschaft nehmen kann; dagegen verfügt er weiter über die während seiner Zugehörigkeit zur Gesellschaft gewonnenen Kenntnisse zB über Know How, Verfahrensabläufe, erfolgreiche Vertriebsstrategien und über die Namen von Lieferanten und von Kunden. Ihn an der Ausnutzung dieser Kenntnisse zu hindern, kann Anlass für die **Verabredung** eines nachvertraglich wirkenden Wettbewerbsverbots sein. Soweit sich dieses nicht ausnahmsweise konkludent aus den Modalitäten des Ausscheidens herleiten lässt – zB kann die Art und Höhe der Abfindung nur bei stillschweigender Abrede einer solchen Verpflichtung verständlich sein (vgl. Fn. 74) oder wie sich auch aus der Natur des Ausscheidens[76] ergeben – bedarf es einer ausdrücklichen Vereinbarung.

Diese ist allerdings nicht nur an **§ 1 GWB** (s. dazu RdNr. 34 ff.) zu messen, die höchstrichterliche 22
Rechtsprechung[77] verwirft derartige Vereinbarungen als **sittenwidrig,** wenn das Wettbewerbsverbot nicht gegenständlich, räumlich und zeitlich begrenzt ist. Da der verständliche Wunsch der verbleibenden Gesellschafter, sich, wenn schon nicht vor jeder Konkurrenz, dann zumindest aber vor einer illoyalen Ausnutzung der erworbenen Kenntnisse ihres früheren Mitgesellschafters zu schützen, mit dessen Interesse kollidiert, seinen Beruf frei ausüben zu können, kommt es auf eine Abwägung an, die in den nicht eindeutigen Fällen[78] regelmäßig eher zugunsten des ehemaligen Gesellschafters ausfallen wird. Dabei hat sich als äußerste hinzunehmende zeitliche Grenze eine Frist von **zwei Jahren** herausgebildet, während die räumlichen und gegenständlichen Grenzen fallbezogen davon abhängen, welcher Gesellschaftszweck verfolgt wird und wie weit die entsprechende geschäftliche Tätigkeit räumlich ausgedehnt ist. Gegenüber einer Anwendung des § 139 BGB bei Überschreitung der hinnehmbaren Grenzen in gegenständlicher, räumlicher und zeitlicher Hinsicht ist die höchstrichterliche Rechtsprechung sehr zurückhaltend; nur wenn einzig die zeitlichen Grenzen überschritten ist und kein weiterer Verstoß gegen die guten Sitten[79] vorliegt, kann im Wege der **geltungserhaltenden Reduktion** das Wettbewerbsverbot auf das zeitlich hinnehmbare Maß zurückgeführt und die Klausel gehalten werden.[80]

Hinsichtlich der **Rechtsfolgen** solcher nachvertraglicher Wettbewerbsabreden findet nicht § 113 23
Anwendung, es gelten vielmehr, soweit nicht etwas anderes vereinbart ist, die allgemeinen bürgerlich-rechtlichen Regeln über Unterlassen, Schadenersatz oder Gewinnherausgabe.[81]

IV. Einwilligung

Die Gesellschafter selbst können am ehesten beurteilen, ob und inwieweit eine konkurrierende 24
Tätigkeit eines Mitgesellschafters die verabredete gemeinsame Zweckverfolgung gefährdet oder stört. Deswegen legt der als **Verbot mit Erlaubnisvorbehalt** konzipierte § 112 die Entscheidung über den Verzicht auf die Erfüllung der passiven Förderpflicht des Mitgesellschafters in ihre Hände. Formvorschriften bestehen nicht, so dass sich – über den gesondert geregelten Fall des Abs. 2 hinaus – das Einverständnis der Mitgesellschafter auch aus den Umständen ergeben kann

1. Erteilte Einwilligung (Abs. 1). Da die Einwilligung den begünstigten Gesellschafter von 25
der Wahrung der alle Gesellschafter in gleicher Weise treffenden Förderpflicht – partiell – entbindet, bedarf sie der Erteilung durch jeden Gesellschafter, mag er an der Geschäftsführung beteiligt sein oder nicht. Streit besteht über die Frage, ob es sich hierbei um einen – nur einstimmig wirksam zustandekommenden und obendrein der sachlichen Rechtfertigung im Interesse der

---

[75] Vgl. zum GmbH-Recht BGH Beschl. v. 19. 6. 1995 – II ZR 228/94, DStR 1995, 1359 m. Anm. *Verf.*; zur Freiberuflersozietät vgl. BGH Urt. v. 8. 2. 2000 – II ZR 308/98, DStR 2000, 1021 m. Anm. *Verf.*
[76] RG Urt. v. 27. 3. 1977 – Rep. II 318/16, RGZ 90, 98, 100 [für GmbH].
[77] Vgl. zuletzt für BGB-Gesellschaft: BGH Urt. v. 14. 7. 1997 – II ZR 238/96, NJW 1997, 3089 mwN; ferner BGH Urt. v. 13. 3. 1979 – KZR 23/77 NJW 1977, 1605.
[78] Vgl. zB BGH Urt. v. 12. 5. 1998 – KZR 18/97, ZIP 1998, 1159.
[79] Vgl. BGH Urt. v. 13. 3. 1979 – KZR 23/77, NJW 1977, 1605; für BGB-Gesellschaft: BGH Urt. v. 14. 7. 1997 – II ZR 238/96, NJW 1997, 3089 mwN; BGH Urt. v. Urt. v. 12. 5. 1998 – KZR 18/97, ZIP 1998, 1159.
[80] Vgl. BGH Urt. v. 14. 7. 1997 – II ZR 238/96, NJW 1997, 3089 mwN; BGH Beschl. v. 17. 11. 1997 – II ZR 327/96, DStR 1997, 20338 m. Anm. *Verf.*; BGH Urt. v. 8. 2. 2000 – II ZR 308/98, DStR 2000, 1021 m. Anm. *Verf.*; BGH Urt. v. 18. 7. 2005 – II ZR 159/03, DStR 2005, 1657; teilweise weitergehend *Traub* WRP 1994, 802, 806; *Melullis* WRP 1994, 686, 691 f.; *Hirte* ZHR 154 [1990] 443, 459 f.
[81] Staub/*Ulmer* RdNr. 13; Schlegelberger/*Martens* RdNr. 7; MünchKommHGB/*Langhein* RdNr. 22.

Gesellschaft[82] bedürfenden – **Gesellschafterbeschluss**[83] oder aber um je einzelne einseitige, empfangsbedürftige **Willenserklärungen** iSd. entsprechend anwendbaren §§ 182 ff. BGB[84] handelt. Dabei versteht sich, dass es nicht auf die äußere Erscheinungsform ankommt und auch in einem förmlich gefassten einstimmigen Gesellschafterbeschluss ggfs. die gebündelten individuellen Willenserklärungen der betroffenen Gesellschafter liegen können.[85] Für die Erteilung der Einwilligung ist der Streit deswegen ohne praktische Relevanz; es ist auch nicht zu erkennen, warum ein derartiger nur mit Zustimmung aller Gesellschafter wirksam zustandekommender Beschluss zusätzlich der sachlichen Rechtfertigung bedürfen soll.[86] Anders soll dies für die Lösung von dieser Erklärung, für den **Widerruf** zu sehen sein.[87] In der Tat scheint es für die Berechtigung zur Ausübung dieses Widerrufsrechts darauf anzukommen, ob es sich um individuelle – wenn auch gebündelt in Erscheinung tretende – Erklärungen jedes einzelnen Gesellschafters, der dann auch individuell über die Lösung von seiner Einwilligung zu befinden hätte, oder um einen einstimmig zu fassenden Gesellschafterbeschluss handelt, der wiederum nur einstimmig – selbst eine den Anforderungen des Bestimmtheitsgrundsatzes[88] entsprechende Mehrheitsklausel könnte hiervon nicht entbinden[89] – aufgehoben werden kann. Indessen besteht die Gefahr[90] einer übergroßen Bindung des einzelnen Gesellschafters nicht, wenn man die Entscheidung über die Erteilung der Einwilligung der Gesellschafterversammlung zuweist. Denn die Frage, ob ein Recht zum Widerruf besteht, stellt sich ohnehin erst, wenn nicht die **Auslegung** der Zustimmungserklärung ergibt, dass die konkrete wettbewerbsrelevante Betätigung des Mitgesellschafters von ihr nicht (mehr) erfasst wird. Deckt die erteilte Einwilligung auch das nunmehr nicht mehr akzeptierte Konkurrenzverhalten des Gesellschafters ab, kommt ein Widerruf nur in Ausnahmefällen in Betracht; hier wird der einzelne Gesellschafter durch die aus der Treuepflicht[91] des Gesellschafters folgende Pflicht zur Zustimmung[92] des die Einwilligung aufhebenden Beschlusses hinreichend in seinen berechtigten Belangen geschützt. Ungeachtet dessen, dass die Streitfrage kaum praktische Relevanz haben wird, sprechen die besseren Gründe – weil es in der Sache um einen Eingriff in die gesellschaftsvertragliche Zweckverfolgungsvereinbarung geht und auch die Sanktionierung nach § 113 Abs. 2 eine Beschlussfassung der Gesellschafter voraussetzt – dafür, die **Gesellschafterversammlung** darüber befinden zu lassen, ob überhaupt und in welchen gegenständlichen, zeitlichen und räumlichen Grenzen ein Mitgesellschafter von der gesellschaftsvertraglich begründeten passiven Förderpflicht freigestellt werden soll.

26 **Inhaltlich** kann die Einwilligung beliebig gestaltet sein, sich also auf einzelne oder bestimmte Arten von Konkurrenzgeschäften beziehen, sie kann zeitlich oder/und räumlich begrenzt, unter bestimmte Bedingungen und unter Widerrufsvorbehalt gestellt werden. Teilweise wird ein Unterschied zwischen der Einwilligung und einer – generell wirkenden – Befreiung vom Wettbewerbsverbot gesehen.[93] Diese Differenzierung führt nicht nur zu schwer lösbaren Abgrenzungsproblemen, sondern ist – da in § 112 weder nach dem Wortlaut noch dem Sinn angelegt – verzichtbar.

27 Über die äußere **Form** der Erteilung enthält das Gesetz keine Vorschriften. Die allgemein[94] anerkannte Möglichkeit, die Einwilligung auch konkludent zu erteilen, oder aus den Umständen herzuleiten, dass ein derartiges Einverständnis besteht, birgt für den konkurrierenden Gesellschafter

---

[82] Vgl. BGH Urt. v. 16. 2. 1981 – II ZR 168/79, BGHZ 80, 69, 74 = NJW 1981, 1512; so interpretiert von Staub/*Ulmer* RdNr. 31 für die allgemeine Befreiung vom Wettbewerbsverbot; aA Schlegelberger/*Martens* RdNr. 27.
[83] *Kardaras*, Das Wettbewerbsverbot in den Personalgesellschaften, 1967, S. 66, 68 f.; unklar *Hueck A.* OHG § 13 II 4 S. 198.
[84] So Staub/*Fischer* RdNr. 10; Staub/*Ulmer* RdNr. 26; Baumbach/*Hopt* RdNr. 9; MünchKommHGB/*Langhein* RdNr. 24.
[85] Möglicherweise will so *Hueck A.* OHG § 13 II 4 S. 198 verstanden werden; vgl. auch Schlegelberger/*Martens* RdNr. 19.
[86] Vgl. iE ebenfalls gegen die Heranziehung der eine ganz andere Fallgestaltung betreffenden Grundsätze von BGH Urt. v. 16. 2. 1981 – II ZR 168/79, BGHZ 80, 69, 74 = NJW 1981, 1512; Schlegelberger/*Martens* RdNr. 27.
[87] Vgl. Schlegelberger/*Martens* RdNr. 19.
[88] S. näher § 119 RdNr. 49 ff.
[89] Mit anderer Begründung ebenso Staub/*Ulmer* RdNr. 28; aA *Hueck A.* OHG § 13 II 4 S. 198.
[90] Explizit herausgestellt von Schlegelberger/*Martens* RdNr. 19.
[91] Hierauf hebt – von anderem Ausgangspunkt – auch *Hueck A.* OHG § 13 II 4 S. 119 ab.
[92] Vgl. allgemein hierzu: § 119 RdNr. 26 f.; s. betr. die Zustimmungspflicht zur Ausschließung wegen Verstoßes gegen das Wettbewerbsverbot BGH Urt. v. 3. 2. 1997 – II ZR 71/96, NJW-RR 1997, 925; Schlegelberger/*Martens* § 119 RdNr. 45 mwN; *Zöllner*, Die Schranken mitgliedschaftlicher Stimmrechtsmacht bei den privatrechtlichen Personenverbänden, 1963, § 30 IV S. 353 ff.; dogmatisch anders ansetzend, aber zu gleichen Ergebnissen führend *Flume* § 15 IV S. 278 ff.
[93] Staub/*Ulmer* RdNr. 32 f., nach dessen Lösung für die Befreiung andere formelle und materielle Regelungen gelten sollen als für die Einwilligung, vgl. dazu oben RdNr. 25; wie hier aber auch MünchKommHGB/*Langhein* RdNr. 25.
[94] Düringer/Hachenburg/*Flechtheim* RdNr. 8; Schlegelberger/*Martens* RdNr. 21; Staub/*Ulmer* RdNr. 27; Heymann/*Emmerich* RdNr. 17; MünchKommHGB/*Langhein* RdNr. 26.

wie für seine Mitgesellschafter Risiken, denen die Beteiligten tunlich durch ein formalisiertes Handeln entgehen. Wie die finanzgerichtliche Rechtsprechung[95] zeigt, können sich Unklarheiten in diesem Feld auch in der Weise auswirken, dass der betroffene Gesellschafter sich der Frage ausgesetzt sieht, ob der Verzicht der Gesellschaft auf die Verfolgung von Schadensersatzansprüchen wegen verbotener Konkurrenztätigkeit eine steuerpflichtige Entnahme darstellt.

28 Nicht jede **widerspruchslose Hinnahme** einer Konkurrenztätigkeit kann als Einwilligung verstanden werden;[96] es muss vielmehr hinzukommen, dass dies nicht nur im Einzelfall, sondern über einen längeren Zeitraum geschieht und der konkurrierende Gesellschafter daraus die berechtigte Überzeugung gewinnen kann, die übrigen Gesellschafter seien mit seinem Verhalten einverstanden. Ein Kriterium, das dabei besondere Bedeutung gewinnen wird, ist, ob die Wettbewerbssituation von Anfang an bestanden hat oder erst später eingetreten ist.[97] Für die erste Fallgestaltung wird man entsprechend der Bewertung, die das Gesetz in § 112 Abs. 2 für eine andere Gestaltung getroffen hat, von den Mitgesellschaftern, welche mit der ihnen bekannten Konkurrenzsituation nicht einverstanden sind, mehr an Aktivitäten verlangen müssen, als in dem zweiten Fall. Bei ihm wird zwar die Erteilung eines konkludenten Einverständnisses nicht schlechthin ausscheiden, es ist aber hier noch größere Zurückhaltung geboten, als dies der Ausnahmecharakter der Einwilligung in wettbewerbliches Handeln von Gesellschaftern ohnehin angezeigt sein lässt. Derartige Situationen können sich ergeben, wenn etwa ein Gesellschafter von Todes wegen[98] ein Handelsgeschäft, das in Wettbewerb mit der Gesellschaft steht, erwirbt, oder wenn jemand als bisheriger Wettbewerber Mitglied der Gesellschaft wird.[99] Hier wird in aller Regel kaum angenommen werden können, dass die übrigen Gesellschafter mit der konkurrierenden Tätigkeit einverstanden sind, so dass besondere Anforderungen an die den begünstigten Gesellschafter treffende Darlegungs- und Beweislast zu stellen sind, wenn er ohne Erteilung einer ausdrücklichen Einwilligung geltend machen will, befugtermaßen in Wettbewerb zu der Gesellschaft zu stehen.

29 Auch der **Zeitpunkt** der Einwilligung ist nicht geregelt. Die Gesellschafter können ihre Zustimmung im Voraus erteilen oder das Verhalten des Mitgesellschafters genehmigen.[100] Vor allem, wenn die Gesellschafter den für die Verfolgung der sich aus § 113 Abs. 1 ergebenden Ansprüche notwendigen Beschluss (§ 113 Abs. 2) ausdrücklich nicht fassen, kann darin uU eine Genehmigung zum Ausdruck kommen.

30 **2. Fiktion (Abs. 2).** Für einen bestimmten **Sonderfall** vermutet das Gesetz die Erteilung der Einwilligung unwiderleglich.[101] Die Vorschrift betrifft nur einen kleinen Ausschnitt der möglichen unter § 112 Abs. 1 fallenden Wettbewerbssituationen. Denn einmal wird nur die Phase der Errichtung der Gesellschaft erfasst, zum anderen betrifft die Regelung nur die durch die Teilnahme als persönlich haftender Gesellschafter an einer anderen Personenhandelsgesellschaft begründete potentielle Konkurrenzlage. Sie dient dem Schutz des wettbewerblich anderweit tätigen Gesellschafters, der darauf soll vertrauen dürfen, dass er seine bisherige Tätigkeit fortsetzen kann, wenn nicht seine Beteiligung an der Gesellschaft davon abhängig gemacht wird, dass er die konkurrierende Tätigkeit aufgibt.

31 Voraussetzung für das Eingreifen der Fiktion ist zunächst, dass der an der Errichtung beteiligte Gesellschafter die Stellung eines **persönlich haftenden Gesellschafters** in einer OHG, KG oder KGaA innehat, die die Voraussetzungen der Gleichartigkeit des § 112 Abs. 1 erfüllt, und dass die Mitgesellschafter hiervon **Kenntnis** haben. Kennenmüssen reicht nicht aus, es kann das Vertrauen des Betroffenen, von der passiven Förderpflicht partiell entbunden zu sein, nicht begründen. Es reicht auch nicht Kenntnis einzelner Gesellschafter aus, was sich nicht nur aus der Formulierung („den übrigen Gesellschaftern") ergibt, sondern in der Konsequenz der Struktur der Vorschrift als Verbot liegt, von dem nur durch einstimmige (s. RdNr. 25) zu erteilende Erlaubnis befreit werden kann. Soweit an der Aufnahme eines neuen Gesellschafters nicht notwendigerweise sämtliche Gesellschafter beteiligt sind und ihr zustimmen müssen, kann schon deshalb Abs. 2 nicht auf den Fall der späteren Beteiligung eines konkurrierenden Gesellschafters erstreckt werden.[102]

---

[95] Vgl. BFH Urt. v. 23. 3. 1995 – IV R 94/93, BFHE 177, 408 = NJW 1996, 279.
[96] AA *Löffler* NJW 1986, 223, 229; dies mit Recht ablehnend MünchKommHGB/*Langhein* RdNr. 26.
[97] Vgl. BGH Urt. v. 6. 12. 1962 – KZR 4/62, BGHZ 38, 306 = NJW 1963, 646; Schlegelberger/*Martens* RdNr. 21.
[98] Vgl. *Hueck A.* OHG § 13 II 3 S. 198; Staub/*Fischer* RdNr. 9.
[99] Vgl. BGH Urt. v. 3. 2. 1997 – II ZR 71/96, NJW-RR 1997, 925; Düringer/Hachenburg/*Flechtheim* RdNr. 8; in diesem Fall für rechtsgeschäftliche Aufnahme aA Staub/*Ulmer* RdNr. 27, der § 112 Abs. 2 entsprechend anwenden will.
[100] Düringer/Hachenburg/*Flechtheim* RdNr. 8; Schlegelberger/*Martens* RdNr. 21.
[101] HdbPersG/*Wertenbruch* I RdNr. 456.
[102] So wohl auch Staub/*Ulmer* RdNr. 29 („rechtsgeschäftliche Aufnahme").

32 Negative Voraussetzung für die genannte unwiderlegliche Vermutung ist ferner, dass die übrigen Gesellschafter die Aufgabe jener Beteiligung nicht **ausdrücklich bedungen** haben. Da die Vorschrift auf den Fall der Gesellschaftsgründung abhebt, an der notwendigerweise alle künftigen Gesellschafter beteiligt werden müssen, stellt sich das Problem nicht, wie hinsichtlich des Abs. 2 zu verfahren ist, wenn nur ein Teil, aber nicht alle Beteiligten sich gegen die Fortsetzung der konkurrierenden Betätigung eines Gründers aussprechen.[103] Derjenige künftige Gesellschafter, der sich mit seinem Wunsch, den Konkurrenten zur Aufgabe seiner bisherigen Tätigkeit zu veranlassen, nicht durchsetzen kann, wird von einer Beteiligung an der Gesellschaft absehen, wenn er den anderweiten Wettbewerb seines möglichen Mitgesellschafters für nicht hinnehmbar hält. Beteiligt er sich aber gleichwohl an der Gesellschaft, so muss angenommen werden, dass ihm die Teilnahme an der zu gründenden Gesellschaft so wichtig ist, dass er die potentielle Beeinträchtigung ihrer Interessen durch konkurrierendes Verhalten des Mitgesellschafters hinzunehmen bereit ist, er also die Aufgabe der anderen Beteiligung nicht zur Bedingung des Vertragsschlusses machen will.

33 **Ausdrücklich** ist die Aufgabe der Beteiligung an der anderen Gesellschaft nicht nur dann zur Bedingung gemacht, wenn dies in einer formalisierten Weise, etwa mit einer bestimmten Wortwahl verlangt wird. Es soll lediglich konkludentes Erklärungsverhalten nicht ausreichen, so dass jede zweifelsfreie Kundgabe des Verlangens nach Aufgabe der anderweiten Beteiligung ausreicht.[104]

34 **Analog** anwendbar ist Abs. 2 nach allgemeiner Ansicht nicht.[105] Nicht nur die lediglich einen engen Ausschnitt möglichen Wettbewerbs regelnde Fassung der Vorschrift zeigt ihren Ausnahmecharakter, vielmehr spricht auch die besondere Bedeutung, die die Wahrung der passiven Förderpflicht für die Gesellschaft besitzt und die zu einer Verbotsnorm mit Erlaubnisvorbehalt geführt hat, für diese restriktive Anwendung. In dem von Abs. 2 nicht erfassten Bereich – zB Konkurrenz durch Führung eines Einzelhandelsgeschäfts, Erwerb einer Mitgliedschaft im Erbwege durch einen Konkurrenten – gilt demnach Abs. 1, und eine nicht ausdrücklich erklärte Einwilligung kann sich deswegen auch schon aus den Umständen ergeben;[106] der Annahme einer widerleglichen Vermutung, dass die Mitgesellschafter in die Fortsetzung der ihnen bekannten Konkurrenztätigkeit eingewilligt haben,[107] bedarf es nicht, sie ist auch sachlich nicht gerechtfertigt.[108] Der Streit ist im Übrigen nicht von großer praktischer Relevanz, weil auch die Gegenansicht letztlich auf die Verhältnisse des Einzelfalls abstellt.

V. Verhältnis zum Kartellrecht

35 § 112 und § 1 GWB hat der Gesetzgeber weder bei Schaffung des GWB noch bei späteren Änderungen dieses Gesetzes aufeinander abgestimmt. Da nach dem Wortlaut der jeweiligen Bestimmung der Gesellschafter einerseits Wettbewerb zu unterlassen hat, andererseits das derartig begründete Verbot, sofern es zu einer spürbaren[109] Marktbeeinflussung führt, unwirksam ist, entsteht ein **Konfliktfall.** Nach den in Rechtsprechung[110] und Schrifttum[111] entwickelten Lösungen besteht heute Übereinstimmung, dass dieser Konflikt **nicht generell** zugunsten des gesellschaftsrechtlichen Wettbewerbsverbots oder des Verbots wettbewerbsbeschränkender Abreden gelöst werden kann, sondern dass jeweils im Einzelfall entschieden werden muss, welches gesetzliche Prinzip sich durchsetzt, um die mit beiden Normen verfolgten Ziele sachgerecht zu verwirklichen.

36 Ob man dazu im Wege einer „harmonisierenden Auslegung"[112] oder entsprechend dem Vorgehen der höchstrichterlichen Rechtsprechung mit Hilfe einer zweistufigen Prüfungsmethode[113] gelangt, ist mit Rücksicht auf die identischen **Ergebnisse** von eher untergeordneter Bedeutung. Einigkeit besteht jedenfalls darüber, dass für die **typische** – als Arbeits- und Haftungsgemeinschaft der Mit-

---

[103] Vgl. dazu Schlegelberger/*Martens* RdNr. 22.
[104] Staub/*Ulmer* RdNr. 29; Schlegelberger/*Martens* RdNr. 22.
[105] *Hueck* A. OHG § 13 II 4 S. 197; Schlegelberger/*Martens* RdNr. 23; Baumbach/*Hopt* RdNr. 10 f.; HdbPersG/*Wertenbruch* I RdNr. 456 a, b; Staub/*Ulmer* RdNr. 30; MünchKommHGB/*Langhein* RdNr. 28.
[106] Vgl. BGH Urt. v. 6. 12. 1962 – KZR 4/62, BGHZ 38, 306 = NJW 1963, 646; ferner RdNr. 28.
[107] Staub/*Ulmer* RdNr. 30; *Löffler* NJW 1986, 223 ff. 229.
[108] MünchKommHGB/*Langhein* RdNr. 28; HdbPersG/*Wertenbruch* I RdNr. 456 a, b.
[109] Vgl. BGH Urt. v. 19. 3. 1993 – KZR 3/92, NJW 1994, 384, 386 mwN; MünchKommHGB/*Langhein* RdNr. 32.
[110] Vgl. BGH Urt. v. 6. 12. 1962 – KZR 4/62, BGHZ 38, 306 = NJW 1963, 646; BGH Urt. v. 21. 2. 1978 – KZR 6/77, BGHZ 70, 331 = NJW 1978, 1001; BGH Beschl. v. 1. 12. 1981 – KRB 5/79, BGHSt 30, 270 = NJW 1982, 938; BGH Urt. v. 5. 12. 1983 – KZR 242/82, BGHZ 89, 262, 269 = NJW 1984, 1351; für GmbH: BGH Urt. v. 3. 5. 1988 – KZR 18/87, BGHZ 104, 246 = NJW 1988, 2737; BGH Urt. v. 19. 3. 1993 – KZR 3/92, NJW 1994, 384; für Subunternehmervertrag: BGH Urt. v. 12. 5. 1998 – KZR 18/97, ZIP 1988, 1159.
[111] Vgl. *Immenga*/Mestmäcker, GWB, 3. Aufl., § 1 RdNr. 282ff. mwN; Langen/*Bunte*, Kommentar zum deutschen und europäischen Kartellrecht, 10. Aufl. § 1 RdNr. 130; Schlegelberger/*Martens* RdNr. 31; Staub/*Ulmer* RdNr. 40ff.
[112] Staub/*Ulmer* RdNr. 41–43; MünchKommHGB/*Langhein* RdNr. 32.
[113] Es wird zunächst § 112 geprüft und anschließend untersucht, ob § 1 GWB der Geltung des gesellschaftsrechtlichen Wettbewerbsverbots entgegensteht, vgl. Staub/*Ulmer* RdNr. 5; MünchKommHGB/*Langhein* RdNr. 32.

glieder organisierte – **Personenhandelsgesellschaft** die Beachtung des § 112 unverzichtbar ist, will man verhindern, dass sie von einem durch einen der Gesellschafter ausgehöhlt wird.[114] Für diese Fallgestaltung ist die Unanwendbarkeit des § 1 GWB im Prinzip anerkannt.

Eine Einschränkung muss jedoch, weil anderenfalls das Verbot wettbewerbsbeschränkender Abreden umgangen werden und § 1 GWB partiell funktionslos werden könnte, dann gemacht werden, wenn sich die Konkurrenten zu einer Personenhandelsgesellschaft zusammenschließen, um aktuellen oder potentiellen Wettbewerb zwischen ihnen auszuschalten oder zu regulieren; dann liegt schon in dem Vertragsschluss selbst der Kartellrechtsverstoß. Ist der Vertrag nicht „kartellrechtsneutral"[115] in diesem Sinn, weicht das gesellschaftsrechtliche Wettbewerbsverbot dem § 1 GWB.[116] **37**

Zwischen diesen Extremen, dass entweder § 112 oder § 1 GWB sich durchsetzen, um die Funktionsfähigkeit der Gesellschaftsform oder die des Verbots wettbewerbsbeschränkender Vereinbarungen durchzusetzen, liegen die Fälle, in denen gesellschaftsvertragliche Abreden zwar die Funktion der gesetzestypischen Gesellschaft gewährleisten sollen, aber über diesen Zweck hinaus den Wettbewerb beschränken. In plastischer Weise[117] hat der Kartellsenat des Bundesgerichtshof dies für den Fall der Vereinbarung eines nachvertraglich wirkenden Wettbewerbsverbots anlässlich des Ausscheidens eines Gesellschafter aus der Gesellschaft ausgesprochen: Soweit diese Abrede notwendig ist, den kartellrechtsneutralen Zweck der Regelungen über das Ausscheiden und die zu zahlende Abfindung zu gewährleisten, ist § 1 GWB unanwendbar. Bei Überschreiten der „immanenten"[118] Grenzen – etwa wenn das Verbot räumlich oder zeitlich weit über das anerkennenswerte Interesse der verbleibenden Gesellschafter hinausgeht, sich vor illoyaler Ausnutzung der erworbenen Kenntnisse zu schützen – ist, falls es zu einer spürbaren Beeinflussung der Marktverhältnisse kommt, § 1 GWB verletzt, so dass es ggfs. zu einer Anwendbarkeit sowohl des § 112 als auch des § 1 GWB kommen kann. **38**

Ist dagegen die Struktur der konkreten Gesellschaft **untypisch,** steht also im Vordergrund eine kapitalistische Beteiligung eines der Gesellschafter,[119] dann darf dieser nicht wettbewerbsbeschränkenden Abreden unterworfen werden, weil das Wettbewerbsverbot für den Bestand und Erhalt des Gesellschaftsunternehmens nicht notwendig ist. Demgegenüber wird für den umgekehrten Fall, dass zB der nach § 165 vom Wettbewerbsverbot kraft Gesetzes freigestellte Kommanditist auch über maßgeblichen Einfluss auf die Geschäftsführung der Gesellschaft verfügt (s. RdNr. 5), die gesellschaftsrechtliche Zielsetzung des Wettbewerbsverbots, im Interesse der Funktionsfähigkeit der Gesellschaft eine Aushöhlung von innen zu verhindern, sich gegenüber der Heranziehung des § 1 GWB durchsetzen.[120] Ungeklärt ist dagegen die Behandlung der Fälle, in denen Gesellschafter ohne besonderen Einfluss auf die Geschäftsführung sind, aber wegen ihres umfassenden Einblicks in die Gesellschaftsinterna gesellschaftsvertraglich einem besonderen Wettbewerbsverbot unterworfen werden (s. RdNr. 4). Überwiegend wird für diese Fallgestaltung ein Zurücktreten des § 1 GWB und die Wirksamkeit derartiger Vertragsklauseln angenommen.[121] Richtigerweise sollte aber auch hier auf den Einzelfall[122] abgestellt und geprüft werden, ob und in welchem Umfang die entsprechende Abrede erforderlich ist, um die Funktionsfähigkeit der konkreten Gesellschaft zu gewährleisten; im Übrigen dürfte ein Eingreifen des § 1 GWB oftmals schon daran scheitern, dass die Spürbarkeit der wettbewerbsbeschränkenden Vereinbarung nicht bejaht werden kann. **39**

VI. Abweichende Vereinbarungen

§ 112 ist **keine zwingende** Vorschrift. Die Gesellschafter können in den durch § 138 BGB und § 1 GWB gezogenen Grenzen deswegen schon im Gesellschaftsvertrag abweichende Regelungen **40**

---

[114] Vgl. BGH Urt. v. 6. 12. 1962 – KZR 4/62, BGHZ 38, 306 = NJW 1963, 646; BGH Urt. v. 21. 2. 1978 – KZR 6/77, BGHZ 70, 331 = NJW 1978, 1001; BGH Urt. v. 19. 3. 1993 – KZR 3/92, NJW 1994, 384.
[115] Vgl. zB BGH Urt. v. 3. 5. 1988 – KZR 17/87, BGHZ 104, 246 = NJW 1988, 2737.
[116] Vgl. BGH Beschl. v. 1. 12. 1981 – KRB 5/79 BGHSt 30, 270 = NJW 1982, 938.
[117] BGH Urt. v. 19. 3. 1993 – KZR 3/92, NJW 1994, 534.
[118] Dieser an die sog. Immanenztheorie anknüpfende Begriff taucht auch sonst in diesem Zusammenhang in Entscheidungen des Kartellsenats der BGH auf, vgl. zB BGH Urt. v. 3. 5. 1988 – KZR 17/87, BGHZ 104, 246 = NJW 1988, 2737; s. ferner *Immenga*/Mestmäcker, GWB, 3. Aufl. § 1 RdNr. 271 ff.; *K. Schmidt* zuletzt AG 1998, 551 ff., 557 f.; MünchKommHGB/*Langhein* RdNr. 32.
[119] BGH Urt. v. 6. 12. 1962 – KZR 4/62, BGHZ 38, 306, 314 ff. = NJW 1963, 646.
[120] Vgl. BGH Urt. v. 3. 5. 1988 – KZR 17/87, BGHZ 104, 246, 251 ff. = NJW 1988, 2737 betr. einen mit 50% beteiligten Gesellschafter einer GmbH, der zugleich das Sonderrecht auf Benennung und Abberufung eines Geschäftsführers besaß – für eine entsprechende Gestaltung in der KG kann nichts anderes gelten.
[121] Vgl. Staub/*Ulmer* RdNr. 47; Schlegelberger/*Martens* RdNr. 33 mwN; *Wiedemann* GesR I § 13 II 1 b S. 734 f.; aA *Immenga*/Mestmäcker, GWB, 3. Aufl. § 1 RdNr. 283.
[122] So auch Staub/*Ulmer* RdNr. RdNr. 47; Schlegelberger/*Martens* RdNr. 34; MünchKommHGB/*Langhein* RdNr. 34.

vereinbaren, die etwa – was allerdings nur ausnahmsweise in Betracht kommen wird – das gesetzliche Wettbewerbsverbot gänzlich außer Kraft setzen oder die passive Förderpflicht zB nach Gegenstand, Zeit und räumlicher Geltung oder für später eintretende Konkurrenzverhältnisse näher bestimmen. Ferner können grundsätzlich Verfahrensregeln über die Art und Weise der Einwilligung in den Gesellschaftsvertrag aufgenommen sein. Klauseln, dass durch Mehrheitsbeschluss das Wettbewerbsverbot ausgedehnt oder eingeschränkt werden kann, müssen wegen ihrer weitreichenden Auswirkungen auf die gemeinschaftlich verabredete Zweckverfolgung nicht nur den Anforderungen entsprechen, die generell (s. § 119 RdNr. 45 ff.) an mehrheitlich getroffene Entscheidungen zu stellen sind; sie unterliegen außerdem im Einzelfall der Kontrolle, ob die Mehrheit von den ihr nach dem Gesellschaftsvertrag eingeräumten Befugnissen ordnungsgemäß Gebrauch gemacht hat.[123] Schließlich ist denkbar, dass hinsichtlich der möglichen Sanktionen oder bezüglich des Widerrufs einer erteilten Einwilligung nähere Bestimmungen getroffen werden.

VII. Rechtsfolgen

41 Die **Rechtsfolgen** eines Verstoßes gegen das gesetzliche Wettbewerbsverbot ergeben sich zunächst aus § 113. Die dort in Abs. 1 statuierte Schadensersatzpflicht und das Eintrittsrecht haben reaktiven Charakter, sie behandeln nur die Abwicklung bereits begangener Wettbewerbsverstöße. Die Verfolgung der insofern bestehenden Befugnisse ist zeitlich begrenzt (§ 113 Abs. 3) und von einer Beschlussfassung der Gesellschafter abhängig. Künftige Verletzungen des Wettbewerbsverbotes kann die Gesellschaft durch die **Unterlassungsklage**[124] unterbinden. Schließlich ergeben sich über die in § 113 Abs. 4 genannte Auflösung hinaus weitere nach allgemeinen gesellschaftsrechtlichen Regeln zur Verfügung stehende Reaktionsmöglichkeiten, wie die Entziehung der Geschäftsführungsbefugnis oder der Vertretungsmacht oder die Ausschließung des betreffenden Gesellschafters.

§ 113 [Verletzung des Wettbewerbsverbots]

(1) Verletzt ein Gesellschafter die ihm nach § 112 obliegende Verpflichtung, so kann die Gesellschaft Schadensersatz fordern; sie kann statt dessen von dem Gesellschafter verlangen, daß er die für eigene Rechnung gemachten Geschäfte als für Rechnung der Gesellschaft eingegangen gelten lasse und die aus Geschäften für fremde Rechnung bezogene Vergütung herausgebe oder seinen Anspruch auf die Vergütung abtrete.

(2) Über die Geltendmachung dieser Ansprüche beschließen die übrigen Gesellschafter.

(3) Die Ansprüche verjähren in drei Monaten von dem Zeitpunkt an, in welchem die übrigen Gesellschafter von dem Abschluss des Geschäfts oder von der Teilnahme des Gesellschafters an der anderen Gesellschaft Kenntnis erlangen oder ohne grobe Fahrlässigkeit erlangen müssten; sie verjähren ohne Rücksicht auf diese Kenntnis oder grob fahrlässige Unkenntnis in fünf Jahren von ihrer Entstehung an.

(4) Das Recht der Gesellschafter, die Auflösung der Gesellschaft zu verlangen, wird durch diese Vorschriften nicht berührt.

Übersicht

	RdNr.		RdNr.
I. Normzweck	1–6	6. Delikt	27
II. Reaktionen auf einen Verstoß gegen § 112	7–27	III. Geltendmachung der Rechte (Abs. 2)	28–39
1. Schadensersatz	7–9	1. Sinn und Zweck	28
2. Eintrittsrecht	10–21	2. Inhalt	29–34
a) Grundlagen	10, 11	a) Gegenstand	29–31
b) Geschäft	12	b) Eintritt	32
c) „Statt dessen"	13	c) Schadensersatz	33
d) Rechtsfolgen	14–21	d) Unterlassung	34
3. Unterlassung	22	3. Form	35, 36
4. Vertragsstrafe	23–25	4. Umsetzung	37, 38
5. Angemaßte Eigengeschäftsführung	26	5. Liquidation/Insolvenz	39

---

[123] Vgl. Schlegelberger/*Martens* RdNr. 29.
[124] Vgl. BGH Urt. v. 21. 2. 1978 – KZR 6/77, BGHZ 70, 331 = NJW 1978, 1001; BGH Urt. v. 22. 6. 1972 – II ZR 67/70, *WM 1972*, 1229.

Verletzung des Wettbewerbsverbots 1–3 § 113

	RdNr.		RdNr.
IV. Verjährung (Abs. 3)	40–45	4. Fünfjährige Frist	45
1. Sinn und Zweck	40	V. Andere Rechte (Abs. 4)	46
2. Anwendungsbereich	41	VI. Vereinbarungen	47
3. Kenntnis	42–44		

I. Normzweck

Ein schuldhafter[1] Verstoß eines der von § 112 erfassten Normadressaten (vgl. § 112 RdNr. 4 ff.) gegen die in dieser Vorschrift niedergelegten Pflichten erfordert Sanktionen (vgl. § 112 RdNr. 40). Mit § 113 Abs. 1, einer Bestimmung, welche auf Art. 97 ADHGB zurückgeht und Parallelen u. a. in § 61[2] oder § 88 AktG[3] findet, sind den Gesellschaftern **zwei Instrumente** in die Hand gegeben worden, die schädlichen **Folgen** einer Zuwiderhandlung eines Mitgesellschafters gegen das Wettbewerbsverbot zu beseitigen oder jedenfalls zu mildern: Die Gesellschaft kann von ihm **Schadensersatz** verlangen oder aber durch das sog. **Eintrittsrecht** die wirtschaftlichen Vorteile des Konkurrenzgeschäfts an sich ziehen. Beide – vornehmlich reaktiv wirkenden – Maßnahmen enthalten auch ein gewisses präventives Element, weil durch sie der Anreiz[4] genommen werden soll, sich gegenüber der Gesellschaft wettbewerbswidrig zu verhalten. Sie richten sich ausschließlich gegen den Mitgesellschafter, wirken also nur **gesellschaftsintern;**[5] weder verstößt das dem Verbot des § 112 zuwider geschlossene Geschäft mit dem Dritten gegen ein gesetzliches Verbot, noch kann der Dritte selbst – abgesehen von den durch das UWG[6] oder in krassen Fällen durch § 826 BGB[7] eröffneten Möglichkeiten – von der Gesellschaft in Anspruch genommen werden. 1

Das dogmatische **Verhältnis**, in dem das Schadenersatzverlangen und das Eintrittsrecht zueinander stehen, ist – abgesehen davon, dass das Eintrittsrecht nicht voraussetzt, dass auch ein Schadensersatzanspruch begründet wäre (s. RdNr. 13) – umstritten.[8] Das hat Auswirkungen hinsichtlich der Widerruflichkeit eines gefassten und bekannt gegebenen Gesellschafterbeschlusses, auf die etwaige Befugnis der betroffenen Gesellschafter, die anderen Mitglieder zu einer Wahl zu zwingen und sogar schon auf die vereinzelt gestellte Frage, ob es eines Gesellschafterbeschlusses nur für die Wahrnehmung des Eintrittsrechts bedarf, während die Verfolgung des Schadensersatzanspruchs ohne Beschluss nach Abs. 2 möglich[9] sein soll. 2

Die Charakterisierung des Wahlrechts als **Ersetzungsbefugnis**, als **Wahlschuld** oder als **elektive Konkurrenz**[10] birgt die Gefahr, dass die praktischen Probleme deduktiv abgeleitet werden und das mit § 113 verfolgte Ziel verfehlen. Nach dessen Zweck ist es ausgeschlossen, dass der **betroffene Gesellschafter** an Stelle der Gesellschaft sollte bestimmen dürfen,[11] ob sein Verstoß gegen das Wettbewerbsverbot im Interesse der Gruppe besser durch die Leistung von Schadenersatz oder dadurch sanktioniert wird, dass er die Früchte seines konkurrierenden Verhaltens an die Gesellschaft herausgibt. Für eine entsprechende Befugnis des Gesellschafters ist im Übrigen auch deswegen kein Raum, weil in die Hand der übrigen Mitglieder der Gesellschaft nicht nur die Frage des „Wie" der Sanktion gelegt ist, sondern dieser Wahl die Entscheidung über das „Ob" vorauszugehen hat (RdNr. 28 f.). Die **hM**[12] nimmt an, dass die Gesellschaft an einen einmal gefassten Beschluss, ob sie 3

---

[1] AllgM Düringer/Hachenburg/*Flechtheim* RdNr. 1; *Hueck* A. OHG § 13 II 5 S. 199; Staub/*Ulmer* RdNr. 1 und 14; Schlegelberger/*Martens* RdNr. 3; MünchKommHGB/*Langhein* RdNr. 1.
[2] Vgl. MünchKommHGB/*v. Hoyningen-Huene* § 61 RdNr. 9 ff.
[3] S. KK/*Mertens* § 88 RdNr. 14 ff.
[4] RGZ 8, 49 f. [für Handlungsgehilfen]; BGH Urt. v. 6. 12. 1962 – KZR 4/62, BGHZ 38, 306, 309 = NJW 1963, 646; Staub/*Ulmer* RdNr. 1.
[5] BGH Urt. v. 5. 12. 1983 – II ZR 242/82, BGHZ 89, 162, 171 = NJW 1984, 1351; Schlegelberger/*Martens* RdNr. 4; Staub/*Ulmer* RdNr. 7 und 18; MünchKommHGB/*Langhein* RdNr. 2.
[6] Staub/*Ulmer* RdNr. 7.
[7] Vgl. [zu § 60] OLG Dresden OLGR 22, 1.
[8] Vgl. Schlegelberger/*Martens* RdNr. 19 f.; Staub/*Fischer* RdNr. 4; Staub/*Ulmer* RdNr. 9 ff.; MünchKommHGB/*Langhein* RdNr. 10; HdbPersG/*Wertenbruch* I RdNr. 463; Baumbach/*Hopt* RdNr. 8; *Kardaras*, Das Wettbewerbsverbot in den Personalgesellschaften, 1967, S. 95 f.
[9] So Düringer/Hachenburg/*Flechtheim* RdNr. 6 mwN; mit Recht ablehnend *Hueck* A. OHG § 13 II 6 S. 203; Staub/*Ulmer* RdNr. 7.
[10] Vgl. dazu näher Staub/*Ulmer* RdNr. 9 f.; Schlegelberger/*Martens* RdNr. 20; MünchKommHGB/*Langhein* RdNr. 10; Baumbach/*Hopt* RdNr. 8.
[11] Heute allgM, dass § 264 Abs. 2 BGB unanwendbar ist, vgl. zB *Hueck* A. OHG § 13 II 7 S. 204 mwN der früheren gegenteiligen Ansicht; Staub/*Ulmer* RdNr. 10; Schlegelberger/*Martens* RdNr. 20; Heymann/*Emmerich* RdNr. 13; KK/*Mertens* § 88 RdNr. 16.
[12] Vgl. Schlegelberger/*Martens* RdNr. 20; Staub/*Fischer* RdNr. 4; MünchKommHGB/*Langhein* RdNr. 10; *Hueck* A. OHG § 13 II 6 S. 204; KK/*Mertens* § 88 RdNr. 16; zu § 61 OLG Hamburg OLGR 7, 149; differenzierend nach dem Verhalten des Inanspruchgenommenen HdbPersG/*Wertenbruch* I RdNr. 463.

§ 113 4–7 2. Buch. 1. Abschnitt. Offene Handelsgesellschaft

Schadenersatz fordern oder von dem Eintrittsrecht Gebrauch machen will, **gebunden** ist. Demgegenüber wird von den Befürwortern der Qualifizierung des Wahlrechts als elektive Konkurrenz[13] vertreten, nur die Entscheidung für das Eintrittsrecht sei bindend, während vom Schadenersatz auch später noch auf die andere Befugnis übergegangen werden könne. Im Ergebnis ist der hM zu folgen, ohne dass allerdings zur Begründung auf den in § 264 Abs. 2 BGB[14] niedergelegten Rechtsgedanken zurückgegriffen werden muss: Die Rechtsstellung des gegen das Wettbewerbsverbot verstoßenden Gesellschafters ist unterschiedlich, je nachdem welches der beiden zur Wahl stehenden Rechte die anderen Gesellschafter ausüben. Muß der Betroffene gewärtigen, auf Schadenersatz belangt zu werden, bleibt er doch in der weiteren Handhabung des gegen das Wettbewerbsverbot verstoßenden Geschäfts frei, er kann das Risiko seines Handelns und die ihm dadurch drohenden Gefahren selbst abschätzen. Stellt er sich hierauf bei der weiteren Abwicklung des konkurrierenden Geschäfts ein, ist es unangemessen, ihn – nach Übergang zum Eintrittsrecht – wie einen Auftragnehmer zu behandeln, von dem mit Sanktionsfolgen erwartet wird, dass er Weisungen beachtet und strikt im Interesse der Gesellschaft agiert. Das **Risiko einer Fehlbeurteilung,** welche der beiden Sanktionsmöglichkeiten die Gesellschaft besser stellt, haben – richtige Unterrichtung des Mitgesellschafters über das Konkurrenzgeschäft vorausgesetzt (s. RdNr. 15 und 21) – die Gesellschafter zu tragen, die für ihre Entscheidung die Dreimonatsfrist des Abs. 3 ausschöpfen können. Im Übrigen wird schon wegen dieser kurzen Verjährungsfrist – ihren Lauf kann der gegen § 112 verstoßende Gesellschafter durch Information seiner Mitgesellschafter selbst steuern – die Frage eines Übergangs vom Schadenersatzverlangen zum Eintrittsrecht in der Praxis kaum auftreten.[15]

4 **Reaktiv** wirken ferner das in Abs. 4 besonders – allerdings nur als Beispiel – genannte Recht, die Auflösung der Gesellschaft zu verlangen, oder die dieser Maßnahme als milderes Mittel vorgehende Ausschließung des betroffenen Gesellschafters. Auch wenn im Gesetz nicht besonders erwähnt, bleibt der Gesellschaft u. a. als weitere Reaktionsmöglichkeit das Recht, die Geschäftsführungsbefugnis oder die Vertretungsmacht zu entziehen (§§ 117, 127).[16]

5 Dagegen ist die Wettbewerbsverstößen in erster Linie präventiv begegnende Befugnis, **Unterlassung** von dem betroffenen Mitgesellschafter zu verlangen, in § 113 nicht geregelt. Dass dieses Recht durch § 113 Abs. 1 nicht ausgeschlossen werden sollte, versteht sich;[17] indessen bereitet das Schweigen des Gesetzes in diesem Zusammenhang deswegen Abgrenzungsprobleme, weil für das Schadenersatzverlangen und das Eintrittsrecht in **Abs. 2** und **Abs. 3** zusätzliche Regelungen getroffen worden sind, mit denen der besonderen, rechtlich geprägten Beziehung der Gesellschafter Rechnung getragen werden soll, und die Frage zu entscheiden ist, ob die diesen Anordnungen des Gesetzgebers zugrundeliegenden Erwägungen eine Anwendung der Abs. 2 und 3 auch für das Unterlassungsbegehren erfordern (vgl. hierzu RdNr. 34 und 41).

6 Die Regelungen über das Schadenersatzverlangen und das Eintrittsrecht sind weder **abschließend** noch **zwingend.** Nach hM gelten sie allein für die von § 112 erfassten Fälle von Wettbewerbsverstößen, ohne entsprechenden Abreden dagegen nicht für vertraglich begründete Wettbewerbsverbote.[18]

II. Reaktionen auf einen Verstoß gegen § 112

7 **1. Schadenersatz.** Vorausgesetzt, der Gesellschafter hat **schuldhaft**[19] gegen das nach § 112 bestehende Wettbewerbsverbot verstoßen oder die Wettbewerbswidrigkeit zu vertreten (§ 278 BGB), kann die Gesellschaft von ihm nach Maßgabe der §§ 249 ff. BGB Schadenersatz fordern. Der Verschuldensmaßstab ergibt sich dabei bei eigenem Handeln aus § 708 BGB;[20] wie allgemein bei einem Verstoß gegen Unterlassungspflichten hat der Gesellschafter, dessen ggf. von der Gesellschaft zu beweisender Verstoß gegen das Wettbewerbsverbot feststeht, sein fehlendes Verschulden nachzuweisen (§ 280 Abs. 1 S. 2 BGB).[21] Mangels eines Verstoßes gegen § 112 scheidet § 113 als

---

[13] Staub/*Ulmer* RdNr. 11; Baumbach/*Hopt* RdNr. 8.
[14] So in anderem Zusammenhang etwa KK/*Mertens* § 88 RdNr. 16; OLG Hamburg OLGR 7, 149.
[15] Zutreffend Schlegelberger/*Martens* RdNr. 20; MünchKommHGB/*Langhein* RdNr. 10.
[16] AllgM vgl. zB Düringer/Hachenburg/*Flechtheim* RdNr. 5; *Hueck* A. OHG § 13 II 5 S. 199 f.; Schlegelberger/*Martens* RdNr. 32.
[17] BGH Urt. v. 22. 6. 1972 – II ZR 67/70, WM 1972, 1229; BGH Urt. v. 21. 2. 1978 – KZR 6/77, BGHZ 70, 331, 336 = NJW 1978, 1001; BGH Urt. v. 5. 12. 1983 – II ZR 242/82, BGHZ 89, 162, 170 = NJW 1984, 1351.
[18] Schlegelberger/*Martens* RdNr. 1; Staub/*Fischer* RdNr. 2; Staub/*Ulmer* RdNr. 4; MünchKommHGB/*Langhein* RdNr. 4, 11 ff.; *Kardaras,* Das Wettbewerbsverbot in den Personalgesellschaften, 1967, S. 95.
[19] AllgM Düringer/Hachenburg/*Flechtheim* RdNr. 1; *Hueck* A. OHG § 13 II 5 S. 199; Staub/*Ulmer* RdNr. 1 und 14; Schlegelberger/*Martens* RdNr. 3; Heymann/*Emmerich* RdNr. 1.
[20] Heymann/*Emmerich* RdNr. 1; Staub/*Ulmer* RdNr. 14; HdbPersG/*Wertenbruch* I RdNr. 461.
[21] MünchKommBGB/*Ernst* § 280 RdNr. 31; Staub/*Ulmer* RdNr. 14; HdbPersG/*Wertenbruch* I RdNr. 461.

Anspruchsgrundlage aus, wenn der Gesellschafter für Rechnung der Gesellschaft Geschäfte macht, sich aber von dem anderen Teil eine Provision[22] o. ä. zahlen lässt; deren Herausgabe kann die Gesellschaft allein nach § 105 iVm. §§ 713, 667 BGB fordern.

Einen **Schaden,** den die Gesellschaft darzulegen und zu beweisen hat, hat sie einmal dann erlitten, **8** wenn sie das Konkurrenzgeschäft in derselben Weise hätte schließen und abwickeln können wie der Gesellschafter.[23] In diesem Fall läuft die Schadensersatzpflicht – im wirtschaftlichen Ergebnis ähnlich wie beim Eintrittsrecht – auf eine Abschöpfung des **Gewinns** heraus. Denkbar ist aber auch, dass der Gesellschaft nicht nur ein Gewinn entgangen ist, sondern dass sie einen weitergehenden Schaden dadurch erlitten hat, dass zB Kunden abspringen, eine Verschlechterung der Umsatz- oder Ertragssituation eintritt oder allgemein eine Störung des Geschäftsbetriebs hervorgerufen wird.[24] Ersatz dieser – auch bei Heranziehung des § 287 ZPO uU nicht leicht nachweisbaren – **Vermögensnachteile** kann die Gesellschaft ebenfalls verlangen.

Die Ersatzpflicht besteht in **voller Höhe,** insbesondere ist der Schuldner bei nicht aufgelöster **9** Gesellschaft nicht berechtigt, den zu leistenden Betrag um die intern auf ihn entfallende Quote[25] oder um seine Aufwendungen zu kürzen;[26] diese können aber uU bei der Berechnung des Schadens zu berücksichtigen sein, wenn auch der Gesellschaft – hätte sie das Geschäft selbst gemacht – dieselben Kosten ganz oder teilweise entstanden wären.[27]

2. Eintrittsrecht. a) Grundlagen. Der Begriff ist irreführend, weil er die Vorstellung nahelegt, **10** die Gesellschaft könne – den konkurrierenden Gesellschafter verdrängend – an dessen Stelle Vertragspartner der von ihm eingegangenen Beziehung mit dem Dritten werden. Es geht indessen bei dem Eintrittsrecht **nicht** um diese **Außenbeziehung,** geregelt werden allein die **internen Folgen** eines Wettbewerbsverstoßes unter den Mitgliedern der Gesellschaft.[28] Selbst Kenntnis des Dritten von dem Wettbewerbsverstoß führt nicht zu unmittelbaren Vertragsbeziehungen zu der Gesellschaft.[29] Anders ist dies nur, wenn der Gesellschafter seine Ansprüche gegen den Dritten abtritt oder dieser sich mit einer Schuldübernahme durch die Gesellschaft einverstanden erklärt.[30]

Der **Grundgedanke,** der diesem Eintrittsrecht zugrundeliegt, geht dahin, dass die Gesellschaft in **11** die Lage versetzt wird, dem konkurrierenden Gesellschafter die Früchte seines **schuldhaft** begangenen Verstoßes gegen das mitgliedschaftlich begründete Wettbewerbsverbot auch dann nicht belassen zu müssen, wenn sie einen eigenen Schaden nicht erlitten hat oder nicht nachweisen kann.[31] Wegen dieses **Abschöpfungsgedankens** und der nur internen Wirkung des Eintrittsrechts, kommt es nicht darauf an, ob die Gesellschaft selbst das Konkurrenzgeschäft in gleicher Weise ausgeführt hätte.[32] Insofern wirkt das Eintrittsrecht auch **präventiv** und hat einen gewissen Sanktionscharakter.[33]

b) Geschäft. Kein Streit besteht über die Frage, dass sich das Eintrittsrecht jedenfalls auf die **12** **Geschäfte** bezieht, die der Gesellschafter dem § 112 zuwider „gemacht" hat.[34] Der Wortlaut des § 113, nach dem sich das Eintrittsrecht auf die „gemachten Geschäfte" bezieht, hat früher zu der Ansicht geführt, allein bei dieser Variante des nach § 112 verbotenen Konkurrenzverhaltens sei das Eintrittsrecht gegeben, während bei der **verbotenen Beteiligung** die Gesellschaft darauf verwiesen sei, Schadenersatz zu fordern.[35] Mit Recht wird dies im Anschluss an eine grundlegende Wende in der höchstrichterlichen Rechtsprechung[36] heute praktisch einhellig anders beur-

---

[22] Vgl. RG Urt. v. 14. 5. 1915 – Rep. III. 398/14, RGZ 82, 10 ff.; RG Urt. v. 27. 4. 1920 – III 411/19, RGZ 99, 31 ff.
[23] RG Urt. v. 17. 11. 1916 – Rep. II. 315/16, RGZ 89, 99, 104; OLG Hamburg OLGR 36, 252 f.; Düringer/Hachenburg/*Flechtheim* RdNr. 2; Staub/*Fischer* RdNr. 3; Staub/*Ulmer* RdNr. 15; Heymann/*Emmerich* RdNr. 4.
[24] Düringer/Hachenburg/*Flechtheim* RdNr. 2; Schlegelberger/*Martens* RdNr. 3; Staub/*Ulmer* RdNr. 15.
[25] Vgl. zur ähnlichen Frage beim Eintrittsrecht schon *Lutz* S. 186 f.
[26] Staub/*Ulmer* RdNr. 16; Schlegelberger/*Martens* RdNr. 3; HdbPersG/*Wertenbruch* I RdNr. 461 a.
[27] HdbPersG/*Wertenbruch* I RdNr. 461 a; MünchKommHGB/*Langhein* RdNr. 6.
[28] BGH Urt. v. 5. 12. 1983 – II ZR 242/82, BGHZ 89, 162, 171 = NJW 1984, 1353; s. auch Baumbach/*Hopt* RdNr. 3; HdbPersG/*Wertenbruch* I RdNr. 462; MünchKommHGB/*Langhein* RdNr. 7.
[29] Vgl. [zu 61] OLG Dresden OLGR 22, 1; *Hueck A.* OHG § 13 II 5 S. 202; s. auch RdNr. 1.
[30] Düringer/Hachenburg/*Flechtheim* RdNr. 3; Staub/*Fischer* RdNr. 3; Staub/*Ulmer* RdNr. 18.
[31] BGH Urt. v. 6. 12. 1962 – KZR 4/62, BGHZ 38, 306, 309 = NJW 1963, 646; Düringer/Hachenburg/*Flechtheim* RdNr. 3; Staub/*Ulmer* RdNr. 1; Schlegelberger/*Martens* RdNr. 4; MünchKommHGB/*Langhein* RdNr. 7.
[32] RG Recht 1917 Nr. 1711; RG Urt. v. 19. 12. 1924 – III 144/24, RGZ 109, 355, 356 f.; Düringer/Hachenburg/*Flechtheim* RdNr. 3; Staub/*Ulmer* RdNr. 17; MünchKommHGB/*Langhein* RdNr. 7.
[33] BGH Urt. v. 6. 12. 1962 – KZR 4/62, BGHZ 38, 306, 309 = NJW 1963, 646; Düringer/Hachenburg/*Flechtheim* RdNr. 3; Staub/*Ulmer* RdNr. 1; Schlegelberger/*Martens* RdNr. 8; MünchKommHGB/*Langhein* RdNr. 7; vgl. zu § 61 auch RGZ 73, 423, 425.
[34] Vgl. Düringer/Hachenburg/*Flechtheim* RdNr. 3; *Hueck A.* OHG § 13 II 5 S. 200; Staub/*Ulmer* RdNr. 19 f.
[35] Vgl. in jüngerer Zeit besonders *Hueck A.* OHG § 13 II 5 mwN in Fn. 25 zur früher hM.
[36] BGH Urt. v. 6. 12. 1962 – KZR 4/62, BGHZ 38, 306, 309 f. = NJW 1963, 646; BGH Urt. v. 5. 12. 1983 – II ZR 242/82, BGHZ 89, 162, 171 = NJW 1984, 1353.

teilt.[37] Die gegenteilige frühere Ansicht im Schrifttum war wesentlich von zwei zu § 61 ergangenen Entscheidungen des Reichsgerichts[38] geprägt, die aber wegen der bei §§ 60, 61 anders gearteten, sozialpolitische Aspekte besonders berücksichtigenden Rechtslage auf die §§ 112, 113 nicht übertragen werden können. Demgegenüber erfordert der mit der Schaffung des Eintrittsrechts verfolgte Zweck (s. RdNr. 10) auch die Einbeziehung einer verbotenen Beteiligung in den Anwendungsbereich der Norm.[39]

13 c) „Statt dessen". Auch wenn über das dogmatische Verhältnis von Schadenersatzverlangen und Eintrittsrecht Streit besteht (s. RdNr. 2 f.), wird **nicht** vertreten, es müssten die Voraussetzungen für einen durchsetzbaren **Schadenersatzanspruch**[40] vorliegen, ehe die Gesellschafter sich für den Eintritt entscheiden können. Mit einem solchen Erfordernis würde der Zweck der Vorschrift verfehlt, der die Gesellschaft gerade von dem Nachweis eines erlittenen Schadens freistellen und ihr die – auch präventiv wirkende – Sanktionsmöglichkeit in die Hand geben soll, die Vorteile des Konkurrenzgeschäfts dem wettbewerbswidrig handelnden Gesellschafter zu entziehen und auf sich überzuleiten.

14 d) **Rechtsfolgen.** Mit der Erklärung des Eintritts entstehen – Abweichendes gilt nur im Falle der Abtretung oder der Schuldübernahme unter Einbeziehung des Dritten[41] – keine Rechtsbeziehungen mit dem Geschäftspartner des konkurrierenden Gesellschafters. Letzterer bleibt Vertragspartner, muss sich jedoch im Verhältnis zu der Gesellschaft ähnlich einem **Auftragnehmer** behandeln lassen, wie dies in der in Abs. 2 2. Halbs. geregelten, die erlangte **Vergütung** betreffenden Herausgabepflicht zum Ausdruck kommt. Der Gesellschafter hat fortan das Geschäft im Interesse der Gesellschaft und nach Maßgabe der ihm erteilten **Weisungen**[42] auszuführen und ist **rechenschafts-** und auch im Übrigen – etwa hinsichtlich von Urkunden, Kundenkarteien, Know how[43] – **herausgabepflichtig.** Auf der anderen Seite hat er nach Maßgabe von § 110[44] Anspruch auf Ersatz von **Aufwendungen** und **Verlusten.**

15 Handelt es sich bei der verbotenen Konkurrenztätigkeit um **Geschäftemachen,** ist danach zu unterscheiden, ob der Gesellschafter für **eigene** oder **fremde Rechnung** tätig geworden ist. Im ersten Fall führt der Eintritt zu einem Anspruch auf **Gewinnherausgabe,** hat andererseits aber zur Folge, dass die Gesellschaft nicht nur die Aufwendungen, sondern auch etwaige Verluste aus jener Konkurrenztätigkeit tragen muss. Kommt es allerdings zu derartigen **Verlusten,** wird nicht nur zu prüfen sein, ob der Gesellschafter das Konkurrenzgeschäft im Interesse der eingetretenen Gesellschaft sachgerecht geführt hat, sondern uU Anlass zu der Untersuchung bestehen, ob die Gesellschaft sich für das Eintrittsrecht auf Grund vollständiger und richtiger Auskünfte (s. RdNr. 21) entschieden hat. Eine Verletzung der Auskunftspflicht kann ebenso wie die unsachgemäße Abwicklung des Geschäfts[45] Schadenersatzansprüche gegen den konkurrierenden Gesellschafter auslösen.

16 Bei Geschäftemachen auf **fremde Rechnung** hat der Gesellschafter die bezogene Vergütung herauszugeben oder den entsprechenden Anspruch gegen den Dritten abzutreten. Dass ein derartiger Vergütungsanspruch – etwa für die **Tätigkeit** als Vorstand oder Geschäftsführer einer konkurrierenden Gesellschaft – auch Entgeltcharakter hat, steht der Herausgabe- bzw. Abtretungspflicht nicht entgegen; als Aufwendung kann der Wert dieser erbrachten Tätigkeit regelmäßig nicht abgesetzt werden.[46]

17 Was als **Geschäft** im Sinne des § 113 anzusehen ist, bestimmt sich auf Grund **wirtschaftlicher Betrachtungsweise.**[47] Es können deswegen eine Reihe von einzelnen wettbewerbswidrigen Ver-

---

[37] Staub/*Fischer* RdNr. 8; Staub/*Ulmer* RdNr. 21; Schlegelberger/*Martens* RdNr. 8 f.; MünchKommHGB/*Langhein* RdNr. 8; Baumbach/*Hopt* RdNr. 8; Heymann/*Emmerich* RdNr. 6; Röhricht/Graf v. Westphalen/*v. Gerkan* RdNr. 4; *Kardaras,* Das Wettbewerbsverbot in den Personalgesellschaften, 1967, S. 111 ff.
[38] RG Urt. v. 27. 5. 1910 – Rep. III. 324/09, RGZ 73, 423, 425; RG Urt. v. 25. 10. 1910 – III 386/09, JW 1911, 57 Nr. 59; s. ferner BAG AP Nr. 1; ebenso MünchArbR/*Blomeyer* § 50 RdNr. 36; zutreffend aA MünchKommHGB/*v. Hoyningen-Huene* § 60 RdNr. 19 f.
[39] BGH Urt. v. 6. 12. 1962 – KZR 4/62, BGHZ 38, 306, 309 f. = NJW 1963, 646; BGH Urt. v. 5. 12. 1983 – II ZR 242/82, BGHZ 89, 162, 171 = NJW 1984, 1353; wegen der Rechtsfolgen s. RdNr. 18 ff.
[40] BGH Urt. v. 6. 12. 1962 – KZR 4/62, BGHZ 38, 306, 309 = NJW 1963, 646; Staub/*Fischer* RdNr. 4; Staub/*Ulmer* RdNr. 17; Schlegelberger/*Martens* RdNr. 4; MünchKommHGB/*Langhein* RdNr. 10.
[41] S. RdNr. 10; Düringer/Hachenburg/*Flechtheim* RdNr. 3.
[42] Das kann auch die Wahrnehmung des Selbsteintrittsrechts nach § 400 betreffen, vgl. Staub/*Ulmer* RdNr. 20.
[43] Staub/*Ulmer* RdNr. 19; MünchKommHGB/*Langhein* RdNr. 8.
[44] S. § 110 RdNr. 7; ferner Düringer/Hachenburg/*Flechtheim* RdNr. 3; Staub/*Ulmer* RdNr. 22; aA Staub/*Fischer* RdNr. 5: Aufwendungsersatz nur über §§ 687 Abs. 2, 684 S. 1 BGB nach Bereicherungsrecht.
[45] Staub/*Ulmer* RdNr. 23.
[46] Vgl. § 110 RdNr. 10, 13; Staub/*Ulmer* RdNr. 20, 22.
[47] Vgl. [zu §§ 60, 61] RG Urt. v. 25. 10. 1910 – III 386/09, JW 1911, 57 Nr. 59; Schlegelberger/*Martens* RdNr. 6; Düringer/Hachenburg/*Flechtheim* RdNr. 3.

tragen, zB der Erwerb einer größeren Warenmenge und die Veräußerung derselben in kleineren Partien an verschiedene Interessenten, ein einheitliches Geschäft mit der Folge darstellen, dass die Gesellschaft das Eintrittsrecht nur insgesamt ausüben kann und gehindert ist, die verlustbringenden Rechtsgeschäfte auszunehmen. Andererseits kann sich ergeben, dass die mehreren gegen § 112 verstoßenden Geschäfte – zB bei dem Kauf und der Weiterveräußerung verschiedener Schiffsladungen – auch unter wirtschaftlicher Betrachtung isolierbar sind.[48] Auch im Rahmen von Abs. 2 und 3 spielt diese Betrachtung eine wesentliche Rolle.

Hinsichtlich der Abschöpfung der Vorteile aus einer **verbotswidrigen Beteiligung** (s. RdNr. 12) ist zu beachten, dass das Eintrittsrecht auch hier niemals dazu führen kann, dass die Gesellschaft den Gesellschafter aus seiner Beteiligung verdrängen und an seiner Stelle Mitglied der konkurrierenden Gesellschaft werden oder gar in die von dieser abgeschlossenen Geschäfte eintreten kann.[49] **18**

Deswegen **beschränken** sich die Folgen eines erklärten Eintritts in diesen Fällen auf die Herausgabe- bzw. Abtretungspflicht hinsichtlich der etwa bezogenen oder zustehenden **Vergütung** und – soweit es um das Geschäftemachen geht – auf die Abschöpfung des dem sich verbotswidrig an einer konkurrierenden Gesellschaft Beteiligenden zugeflossenen **Gewinns**. **19**

Dieser **Abschöpfungsanspruch,** dem nach den allgemeinen für das Eintrittsrecht entwickelten Regeln (s. RdNr. 14) ein Anspruch auf Aufwendungsersatz entgegengesetzt werden kann, kann uU nur mit Schwierigkeiten ermittelt werden. Unproblematisch ist die Fallgestaltung, in der sich die jeweiligen Tätigkeitsbereiche der beiden Gesellschaften decken und der festgestellte Gewinn vollständig ausgezahlt wird. Soweit dieser Gewinn dagegen **einbehalten** wird, kann die Erklärung des Eintritts nicht zu einer Änderung des in der konkurrierenden Gesellschaft getroffenen Gewinnverwendungsbeschlusses führen;[50] der Herausgabeanspruch gegen den Mitgesellschafter, der sich verbotswidrig anderweit beteiligt hat, kann dann nur dessen bestehende Vermögensrechte im Falle seines – ggf. von den Mitgliedern der OHG erzwungenen[51] – Ausscheidens aus der anderen Gesellschaft erfassen. Soweit Gewinne auch für solche Geschäfte bezogen werden, die auf einem Markt erzielt werden, auf dem die eingetretene Gesellschaft nicht tätig ist, ist **streitig,** ob die Abschöpfung in voller Höhe[52] oder nur anteilig[53] – nämlich soweit es um den in demselben Markt erzielten Gewinn geht – greift. Die zuletzt genannte Auffassung wird, auch wenn sie wegen der notwendigerweise entstehenden Abgrenzungsprobleme zu erheblichen praktischen Schwierigkeiten führt, dem mit § 113 verfolgten Zweck besser gerecht. Denn mit dem Eintrittsrecht soll der Gesellschaft allein das Recht gegeben werden, dem das Wettbewerbsverbot verletzenden Gesellschafter die durch diesen Wettbewerbsverstoß erlangten Vorteile zu entziehen und sie auf die Gesellschaft überzuleiten, der sie nach den mitgliedschaftlichen Bindungen gebühren. Auch die auf anderen Märkten erzielten Gewinne abzuschöpfen, bedeutet eine **Überdehnung** des in § 113 – auch – enthaltenen Sanktionsgedankens. Soll ein solches, nicht als Konkurrenztätigkeit zu qualifizierendes Verhalten unterbunden werden, mag im Gesellschaftsvertrag Entsprechendes vereinbart und dies ggf. mit einem Vertragsstrafeversprechen flankiert werden. **20**

Von der nach Erklärung des Eintritts entstehenden auftragsähnlichen Pflichtenlage zu unterscheiden sind die der **Vorbereitung** der Entscheidung der Gesellschafter dienenden Befugnisse.[54] Die insofern bestehende **Auskunftspflicht** des Gesellschafters über Art und Umfang des unter Verstoß gegen § 112 betriebenen Wettbewerbs – sie erstreckt sich uU auch auf die Einsichtnahme in Bücher und Urkunden[55] – ist **mitgliedschaftlich** begründet und folgt nicht aus § 113. Sie unterliegt deswegen auch nicht den durch Abs. 2 aufgestellten Erfordernissen.[56] **21**

---

[48] Vgl. Düringer/Hachenburg/*Flechtheim* RdNr. 3; Staub/*Fischer* RdNr. 5; *Hueck A*. OHG § 13 II 5 S. 202 f.; Schlegelberger/*Martens* RdNr. 6.
[49] BGH Urt. v. 6. 12. 1962 – KZR 4/62, BGHZ 38, 306, 310 = NJW 1963, 646; *Kardaras*, Das Wettbewerbsverbot in den Personalgesellschaften, 1967, S. 115 ff.; Staub/*Fischer* RdNr. 8; MünchKommHGB/*Langhein* RdNr. 8.
[50] Vgl. auch *Hueck A*. OHG § 13 II 5 Fn. 25 S. 201.
[51] S. RdNr. 22; Staub/*Ulmer* RdNr. 21.
[52] So BGH Urt. v. 6. 12. 1962 – KZR 4/62, BGHZ 38, 306, 310 f. = NJW 1963, 646; BGH Urt. v. 5. 12. 1983 – II ZR 242/82, BGHZ 89, 162, 171 f. = NJW 1984, 1351; *Fischer* Anm. zu LM § 113 Nr. 1; Staub/*Ulmer* RdNr. 21; Baumbach/*Hopt* RdNr. 3; unklar Heymann/*Emmerich* RdNr. 11 a.
[53] So Schlegelberger/*Martens* RdNr. 9; *Kardaras*, Das Wettbewerbsverbot in den Personalgesellschaften, 1967, S. 116; Röhricht/Graf v. Westphalen/*v. Gerkan* RdNr. 4; HdbPersG/*Wertenbruch* I RdNr. 462.
[54] Vgl. OLG Hamburg Urt. v. 9. 11. 1907 – VI ZS, OLGR 16, 90 f.; [zu §§ 60 f.] RG Urt. v. 15. 5. 1928 – II 191/28, JW 1928, 2092 f. m. Anm. *Titze*; KG Urt. v. 19. 1. 1921 – 8. ZS, OLGR 41, 197; Staub/*Fischer* RdNr. 6; Staub/*Ulmer* RdNr. 13; *Kardaras*, Das Wettbewerbsverbot in den Personalgesellschaften, 1967, S. 110; s. oben RdNr. 3 und 15.
[55] Vgl. OLG Hamburg Urt. v. 9. 11. 1907 – VI ZS, OLGR 16, 90 f.; [zu §§ 60 f.] RG Urt. v. 15. 5. 1928 – II 191/28, JW 1928, 2092 f. m. Anm. *Titze*; KG Urt. v. 19. 1. 1921 – 8. ZS, OLGR 41, 197.
[56] Vgl. *Kardaras*, Das Wettbewerbsverbot in den Personalgesellschaften, 1967, S. 110.

§ 113 22–26　　　　　　2. Buch. 1. Abschnitt. Offene Handelsgesellschaft

22　　3. **Unterlassung.** Hierzu schweigt das Gesetz. Das heißt indessen nicht, dass die Gesellschafter die Einhaltung des gesetzlichen Wettbewerbsverbots nicht verlangen könnten und auf Sanktionen gegen einen Verstoß verwiesen wären.[57] Es entspricht deswegen allgemeiner Ansicht,[58] dass die Gesellschaft[59] die Unterlassung jedes dem § 112 widersprechenden Konkurrenzverhaltens verlangen und notfalls klageweise durchsetzen kann.[60] Dies bezieht sich nicht allein auf das verbotene **Geschäftemachen**, sondern in gleicher Weise auch auf die verbotene **Beteiligung** im Sinne von § 112 Abs. 1. Deswegen kann von dem betreffenden Gesellschafter nicht nur die Aufgabe seines Einzelhandelsgeschäfts, sondern uU auch die Trennung von der Beteiligung an der konkurrierenden Gesellschaft etwa durch Kündigung oder Erhebung der Auflösungsklage verlangt werden.[61]

23　　4. **Vertragsstrafe.** Ein Mittel, die Befolgung von Unterlassungspflichten zu gewährleisten, ist die Vereinbarung von Vertragsstrafen. Soweit der Gesellschaftsvertrag hinsichtlich der aus § 112 folgenden Pflichten entsprechende Regelungen enthält, können bezüglich der Anwendbarkeit des § 113 **Abgrenzungsprobleme** entstehen, weil der allerdings nicht zwingende[62] § 340 Abs. 1 BGB den Erfüllungsanspruch – hier also den nach § 113 wahlweise bestehenden Schadenersatzanspruch und das Eintrittsrecht – ausschließt, wenn das Vertragsstrafeverlangen gestellt wird. Die Beteiligten sind, um ggf. Streit über die nach § 340 BGB vorrangige **Auslegung** der Strafklausel zu vermeiden, deswegen gut beraten, durch zweifelsfreie Formulierungen deutlich zu machen, dass abweichend von der gesetzlichen Regel die Vertragsstrafe nur die Erfüllung des Verbots unterstützen soll, die Rechte aus § 113 aber unberührt bleiben.[63]

24　　Wenn die Auslegung ergibt, dass die Vertragsstrafe zusätzlich geschuldet wird, ist nach § 340 Abs. 2 S. 2 BGB die gezahlte Strafe auf den geschuldeten Schadenersatz **anzurechnen,** soweit nicht die Anrechnungspflicht vertraglich[64] ausgeschlossen ist.

25　　**Herabsetzung** der Vertragsstrafe (§ 343 BGB) kann der Gesellschafter nach dem jedenfalls entsprechend anzuwendenden § 348 grundsätzlich nicht verlangen,[65] weil er zumindest einem Kaufmann gleichzustellen ist.[66] Liegt ein Grund für diese Gleichstellung im Zeitpunkt der Vereinbarung nicht vor – zB weil der Gesellschafter nicht zu den mit der Geschäftsführung betrauten Mitgliedern gehörte – bewendet es bei der Anwendbarkeit des § 343 BGB.[67]

26　　5. **Angemaßte Eigengeschäftsführung.** Während die Geltendmachung eines auf angemaßte Eigengeschäftsführung gestützten Schadenersatzanspruchs (§§ 687 Abs. 2, 679 BGB) bei Verletzung des gesetzlichen Wettbewerbsverbots daran scheitert, dass § 113 eine **abschließende** Regelung[68] enthält, ist eine Heranziehung des § 687 Abs. 2, 681, 667 BGB und damit ein Konkurrenzverhältnis zu dem auf **Gewinnabschöpfung** zielenden Eintrittsrecht nach § 113 nicht von vornherein ausgeschlossen.[69] Nach der höchstrichterlichen Rechtsprechung setzt dies tatbestandlich aber mehr voraus, als dass der Gesellschafter das mitgliedschaftlich begründete Wettbewerbsverbot verletzt, weil er insofern nicht auftragslos handelt, sondern die gegenüber der Gesellschaft eingegangenen Unter-

---

[57] Vgl. schon ROHG Urt. v. 22. 12. 1975 – Rep. 1326/75, ROHGE 19, 136, 138 [zu Art. 97 ADHGB]; *Lutz* Protokolle S. 187.
[58] Vgl. BGH Urt. v. 21. 2. 1978 – KZR 6/77, BGHZ 70, 331 = NJW 1978, 1001; BGH Urt. v. 22. 6. 1972 – II ZR 67/70, WM 1972, 1229; RG Urt. v. 1. 5. 1906 – Rep. III. 478/05, RGZ 63, 252, 254 [zu § 61]; RG Urt. v. 27. 5. 1910 – Rep. III. 324/09, RGZ 73, 423, 426 [zu § 61]; *Hueck A.* OHG § 13 II 5 S. 199; Düringer/Hachenburg/*Flechtheim* RdNr. 4; Staub/*Fischer* RdNr. 12; Schlegelberger/*Martens* RdNr. 14 f.; Staub/*Ulmer* RdNr. 5 iVm. § 112 RdNr. 38; MünchKommHGB/*Langhein* RdNr. 11.
[59] Bei den Gesetzesberatungen – vgl. *Lutz* Protokolle S. 187 – ist sogar erwogen worden, ob jeder einzelne Gesellschafter befugt sei, die Einhaltung der wettbewerblichen Pflichten klageweise fordern zu können. Davon zu unterscheiden ist die Frage, ob ein einzelner Gesellschafter – auf der Grundlage eines entsprechenden Gesellschafterbeschlusses (RdNr. 34) – den Anspruch mit der Begründung der actio pro socio geltend machen kann, s. RdNr. 37.
[60] Zur Frage, ob es dazu eines Beschlusses nach Abs. 2 bedarf, vgl. RdNr. 34.
[61] *Hueck A.* OHG § 13 II 5 S. 199; Staub/*Ulmer* RdNr. 21.
[62] BGH Urt. v. 27. 11. 1974 – VIII ZR 9/73, BGHZ 63, 256, 258 mwN = NJW 1975, 163.
[63] Vgl. RG Urt. v. 31. 3. 1909 – Rep. I. 276/08, RGZ 70, 439, 441 f. mwN; vgl. ferner RG Urt. v. 23. 1. 1926 – I 252/25, RGZ 112, 361, 366; Schlegelberger/*Martens* RdNr. 34; Staub/*Ulmer* RdNr. 26; MünchKommBGB/*Gottwald* § 340 RdNr. 1; MünchKommHGB/*Langhein* RdNr. 11.
[64] Nur durch individuelle, nicht durch formularmäßige Abrede möglich, vgl. BGH Urt. v. 27. 11. 1974 – VIII ZR 9/73, BGHZ 63, 256, 260 mwN = NJW 1975, 163.
[65] Vgl. BGH Urt. v. 13. 2. 1952 – II ZR 91/51, BGHZ 5, 133, 136 f. = NJW 1992, 623; Staub/*Ulmer* RdNr. 27.
[66] Vgl. dazu näher § 105 RdNr. 36; Schlegelberger/*K. Schmidt* § 105 RdNr. 16.
[67] Staub/*Ulmer* RdNr. 27; Schlegelberger/*Martens* RdNr. 34 unter Hinweis auf Schlegelberger/*K. Schmidt* § 105 RdNr. 16.
[68] Vgl. Staub/*Ulmer* RdNr. 6; im Ergebnis ebenso Schlegelberger/*Martens* RdNr. 16; Röhricht/Graf v. Westphalen/*v. Gerkan* RdNr. 5; MünchKommHGB/*Langhein* RdNr. 13.
[69] Die Frage wird vor allem unter dem Gesichtspunkt erörtert, dass für einen derartigen, weil nicht mitgliedschaftlich begründeten Anspruch die Abs. 2 und 3 nicht gelten sollen – vgl. dazu Staub/*Ulmer* RdNr. 6, Schlegelberger/*Martens* RdNr. 16 und unten RdNr. 33 und 41.

lassungspflichten mißachtet[70] und es außerdem – was für erforderlich erachtet wird – an der Fremdheit des Geschäfts fehlt.[71] Für die Anwendbarkeit des § 687 Abs. 2 BGB soll danach nämlich allein dann Raum sein, wenn das Geschäft, das der Konkurrierende an sich zieht, bereits der Gesellschaft in einer Weise zugeordnet war, dass es auch äußerlich als für ihn fremd in Erscheinung getreten ist.[72] Insofern besteht eine Parallele zu krassen Fällen von **Treupflichtverstößen** eines Gesellschafters, die über das „bloße" Wettbewerbshandeln hinausgehen und für die der II. Zivilsenat die Heranziehung der kurzen Verjährungsfrist des Abs. 3 für unangemessen erachtet hat.[73]

6. Delikt. Für auf Deliktsvorschriften gestützte Schadenersatzansprüche ist neben der als abschließend[74] gedachten Regelung des § 113 **grundsätzlich kein Raum**. Insbesondere ist § 112 nicht als gesetzliches Verbot iSv. § 823 Abs. 2 BGB zu verstehen.[75] Unter engen Voraussetzungen kommt allein die Heranziehung des **§ 826 BGB** in Betracht, wie der II. Zivilsenat hinsichtlich wettbewerbswidrigen Verhaltens eines GmbH-Geschäftsführers entschieden hat.[76] Die tatbestandlichen Voraussetzungen gehen über einen einfachen Verstoß gegen § 112 hinaus und sind gesondert zu prüfen.[77] 27

III. Geltendmachung der Rechte (Abs. 2)

1. Sinn und Zweck. Das Schadenersatzverlangen und das Eintrittsrecht nach Abs. 1 setzen einen schuldhaften Verstoß gegen das Wettbewerbsverbot nach § 112 voraus. Daran fehlt es von vornherein, wenn die Gesellschafter – mögen sie dies im Voraus oder nachträglich zum Ausdruck bringen (s. § 112 RdNr. 28) – mit der konkurrierenden Tätigkeit ihres Mitgesellschafters einverstanden (s. § 112 RdNr. 24 ff.) sind. Diesen Gedanken nimmt Abs. 2 auf, wenn es um die Frage der **Sanktionen** wegen einer Verletzung des Wettbewerbsverbotes geht: Sie sollen nach dem Willen des Gesetzes **nicht automatisch** eintreten, vielmehr sollen die übrigen Gesellschafter als die von der Vertragsverletzung unmittelbar Betroffenen über die Reaktion entscheiden, ob es insbesondere das **Interesse der Gesellschaft** erfordert, den Konflikt mit dem betroffenen Mitgesellschafter auszutragen und dadurch uU den Fortbestand der Gesellschaft in der bisherigen Zusammensetzung und vielleicht im Übrigen wertvolle Mitwirkung dieses Gesellschafters aufs Spiel zu setzen.[78] In dieser Regelung liegt, ebenso wie in der kurzen Verjährungsfrist des Abs. 3, eine Erschwerung der Rechtsverfolgung für die Gesellschaft, durch die, jedenfalls wenn es nicht um schwerwiegende Verstöße geht, der Zusammenhalt der Gesellschafter gestärkt werden kann.[79] 28

2. Inhalt. a) Gegenstand. Die Entschließung der Gesellschafter geht inhaltlich in zwei Richtungen: Es muss nicht nur, wie die Formulierung des Abs. 2 nahelegt, darüber befunden werden, **welche** der beiden in Abs. 1 aufgeführten Reaktionsmöglichkeiten **gewählt** wird, sondern vorgelagert ist die Frage, **ob**[80] überhaupt die dort zur Wahl gestellten Sanktionen – Schadenersatzverlangen oder Eintritt – ergriffen werden sollen oder ob man sich mit weniger einschneidenden Reaktionen, etwa einem Unterlassungsbegehren (s. RdNr. 22) oder/und einer Abmahnung begnügen oder aber sogar das wettbewerbswidrige Verhalten genehmigen (s. § 112 RdNr. 28) will. 29

Inaktivität führt angesichts der kurzen Verjährungsfrist des Abs. 3 alsbald zum Verlust des Schadenersatz- und des Eintrittsrechts, nicht anders als ein förmlicher **Verzicht** oder die **Genehmigung** des Wettbewerbsverstoßes. Dabei sind regelmäßig die Konsequenzen für die Gesellschaft im letztgenannten Fall weitergehend, weil diese Reaktionsweise zukunftsgerichtet ist und im Allgemeinen auch künftige gleichartige Konkurrenzgeschäfte erfassen wird, während das schlichte Verstreichenlassen der Frist des Abs. 3 oder der Verzicht allein vergangenheitsbezogen wirken und sich auf 30

---

[70] Vgl. für den Geschäftsführer einer GmbH: BGH Urt. v. 12. 6. 1989 – II ZR 334/87, LM GmbHG § 43 Nr. 16 = NJW-RR 1989, 1255 mwN.
[71] BGH Urt. v. 12. 6. 1989 – II ZR 334/87, LM GmbHG § 43 Nr. 16 = NJW-RR 1989, 1255 mwN.
[72] BGH Urt. v. 12. 6. 1989 – II ZR 334/87, LM GmbHG § 43 Nr. 16 = NJW-RR 1989, 1255 mwN; weniger eng dagegen Staub/*Ulmer* RdNr. 6; Schlegelberger/*Martens* RdNr. 16; Röhricht/Graf v. Westphalen/*v. Gerkan* RdNr. 5.
[73] Vgl. BGH Urt. v. 11. 1. 1971 – II ZR 143/68, NJW 1971, 802; BGH Urt. v. 22. 6. 1972 – II ZR 67/70, WM 1972, 1229 f.; mit Recht zurückhaltend gegenüber einer verallgemeinernden Ausdehnung *Stimpel* ZGR 1973, 73, 78 f.; vgl. ferner Schlegelberger/*Martens* RdNr. 27 f.
[74] Staub/*Ulmer* RdNr. 6; s. unten RdNr. 33 und 41.
[75] Vgl. Schlegelberger/*Martens* RdNr. 18.
[76] BGH Urt. v. 12. 6. 1989 – II ZR 334/87, LM GmbHG § 43 Nr. 16 = NJW-RR 1989, 1255 mwN; Schlegelberger/*Martens* RdNr. 18; Röhricht/Graf v. Westphalen/*v. Gerkan* RdNr. 6.
[77] Zur Frage, ob Abs. 2 und 3 anwendbar sind – verneinend Schlegelberger/*Martens* RdNr. 18; Röhricht/Graf v. Westphalen/*v. Gerkan* RdNr. 6 – s. u. RdNr. 33 und 41.
[78] Vgl. die ähnliche Regelung in § 46 Nr. 8 GmbHG und dazu BGH Urt. v. 20. 11. 1958 – II ZR 17/57, BGHZ 28, 355, 357 = NJW 1959, 194; BGH Urt. v. 21. 4. 1986 – II ZR 165/85, BGHZ 97, 382, 390 = NJW 1986, 2250.
[79] Vgl. Staub/*Ulmer* RdNr. 1.
[80] Vgl. BGH Urt. v. 27. 6. 1957 – II ZR 37/56, WM 1957, 1128, 1130; BGH Urt. v. 16. 2. 1989 – II ZR 168/79, BGHZ 80, 69, 76 = NJW 1981, 1512; Staub/*Ulmer* RdNr. 32; MünchKommHGB/*Langhein* RdNr. 19.

§ 113 31–34 2. Buch. 1. Abschnitt. Offene Handelsgesellschaft

das bis dahin abgeschlossene[81] Konkurrenzverhalten erstrecken. Entgegen einer früher vertretenen Meinung,[82] die von einer zu engen Interpretation des Wortes „**statt dessen**" in Abs. 1 ausgehend die Bedeutung der Wahl auf das **Wie** beschränkte, scheidet bei nicht zustande gekommener Einigung, ob von dem Eintrittsrecht Gebrauch gemacht werden solle, auch die Möglichkeit aus, Schadenersatz zu fordern, falls nicht diese Reaktionsweise beschlossen wird.[83]

31 Bei ihrer Entscheidung haben sich die Gesellschafter nicht, wie dies noch in den Gesetzesberatungen[84] erwogen worden ist, von ihrem eigenen, sondern von dem **Interesse** der Gesellschaft[85] leiten zu lassen. Dass der betroffene Gesellschafter hierzu imstande sein könnte, hat der Gesetzgeber für undenkbar erachtet und ihn deswegen von der Mitwirkung an der Beschlussfassung ausgeschlossen.[86] Nach dem Sinn des der Gesellschaft zukommenden Entschließungsrechts ist nicht allein auf den **finanziellen Vorteil** der Gesellschaft abzustellen, auch andere Gesichtspunkte, wie die Fortführung der im Übrigen bewährten Zusammenarbeit oder die Vermeidung einer durch eine etwaige gerichtliche Auseinandersetzung eintretenden Ansehensschädigung können in die Interessenabwägung eingehen. Nur in besonders gelagerten, eindeutigen Fällen wird deswegen eine **Zustimmungspflicht**[87] für den einzelnen Gesellschafter bestehen, die indessen mit Rücksicht auf die kurzen Fristen im Allgemeinen nur zu einem Schadenersatzanspruch gegen den dissentierenden Gesellschafter oder zu dessen Ausschließung aus der Gesellschaft wird führen können.[88] Umgekehrt wird der Gesellschafter, der sich mit seinem berechtigten Verlangen nach Sanktionen gegen die Mehrheit nicht hat durchsetzen können, ggf. das Recht zum Austritt aus der im Übrigen nach dem Gesellschaftsvertrag fortgeführten Gesellschaft aus wichtigem Grund geltend machen dürfen.

32 **b) Eintritt.** Treffen die Gesellschafter die Entscheidung, den Wettbewerbsverstoß nicht hinzunehmen, werden sie unter den beiden in Abs. 1 aufgeführten Reaktionsmöglichkeiten dann das **Eintrittsrecht** wählen, wenn der Nachweis eines Schadens Schwierigkeiten bereitet und sie damit rechnen können, dass das Konkurrenzgeschäft des Mitgesellschafters unter Abzug der Aufwendungen zu einem Gewinn führen wird, den sie auf diese Weise auf die Gesellschaft überleiten.

33 **c) Schadenersatz.** Soweit im Ausnahmefall mit dem in Abs. 1 erwähnten Schadenersatzanspruch, für dessen Geltendmachung eine Entschließung der Gesellschafter erforderlich ist, auf **andere Anspruchsgrundlagen** – etwa aus § 826 BGB oder aus angemaßter Eigengeschäftsführung – gestützte Ersatzansprüche konkurrieren (s. RdNr. 26 f.), wird allgemein vertreten, dass es für die Verfolgung dieser Ansprüche keines Gesellschafterbeschlusses bedürfe.[89] Dies entspricht zwar dem Wortlaut der Vorschrift, welcher ersichtlich auf die in Abs. 1 genannten Ansprüche abstellt; nach dem Sinn des Beschlusserfordernisses (RdNr. 28) könnte man erwägen, auch in diesen Fällen Abs. 2 – erweiternd – anzuwenden. Indessen spricht der Umstand, dass, anders als bei § 46 Nr. 8 GmbHG, im Recht der OHG die Verfolgung von Forderungen gegen Mitgesellschafter nicht schlechthin von einem Beschluss der übrigen Gesellschafter abhängt, dafür, § 113 Abs. 2 als eine die Verletzung mitgliedschaftlich begründeter Rechte sanktionierende Sondervorschrift anzuwenden, zumal die Haftung aus Delikt oder aus § 687 Abs. 2 BGB voraussetzt, dass der betreffende Gesellschafter sich in weit größerem Maße gesellschaftswidrig verhält, als bei einem normalen Wettbewerbsverstoß.

34 **d) Unterlassung.** Auch für den in § 113 nicht geregelten Unterlassungsanspruch wird die Heranziehung des **Abs. 2** abgelehnt.[90] Das erscheint sehr am Gesetzeswortlaut orientiert und im Hinblick darauf nicht ohne weiteres einsichtig, dass es auch für die vorgelagerte Frage, ob die

---

[81] S. RdNr. 17, was uU auch wirtschaftlich zusammenhängende Geschäfte einschließen kann.
[82] Düringer/Hachenburg/*Flechtheim* RdNr. 6 mwN.
[83] *Hueck A.* OHG § 13 II 6 S. 203; Staub/*Ulmer* RdNr. 8 und 29; Schlegelberger/*Martens* RdNr. 23; Baumbach/Hopt RdNr. 7 und 9; Röhricht/Graf v. Westphalen/*v. Gerkan* RdNr. 9.
[84] Vgl. *Lutz* Protokolle S. 186 f.
[85] AllgM Staub/*Ulmer* RdNr. 28; *Koller*/Roth/Morck RdNr. 4.
[86] Vgl. *Lutz* Protokolle S. 188.
[87] Vgl. allgemein hierzu: § 119 RdNr. 26 f.; zuletzt betr. die Zustimmungspflicht zur Ausschließung wegen Verstoßes gegen das Wettbewerbsverbot BGH Urt. v. 3. 2. 1997 – II ZR 71/96, NJW-RR 1997, 925; Schlegelberger/*Martens* § 119 RdNr. 45 mwN; *Zöllner*, Die Schranken mitgliedschaftlicher Stimmrechtsmacht bei den privatrechtlichen Personenverbänden, 1963, § 30 IV S. 353 ff.; dogmatisch anders ansetzend, aber zu gleichen Ergebnissen führend *Flume* § 15 IV S. 278 ff.
[88] So auch Schlegelberger/*Martens* RdNr. 22; MünchKommHGB/*Langhein* RdNr. 18.
[89] Vgl. zB Schlegelberger/*Martens* RdNr. 18; Röhricht/Graf v. Westphalen/*v. Gerkan* RdNr. 6; Staub/*Ulmer* RdNr. 14 und 29; Baumbach/*Hopt* RdNr. 9; s. oben RdNr. 27.
[90] Vgl. Baumbach/*Hopt* RdNr. 9; Staub/*Ulmer* RdNr. 5; Schlegelberger/*Martens* RdNr. 14; HdbPersG/*Wertenbruch* I RdNr. 464; *Kardaras*, Das Wettbewerbsverbot der Personalgesellschaften, 1967, S. 93; aA wohl MünchKommHGB/*Langhein* RdNr. 11, der aber – insofern wenig konsequent – eine Verfolgung des Anspruchs auf dem Wege der actio pro socio ohne Beschränkung (s. dazu RdNr. 22 und 37) zulassen will.

Gesellschafter mit der konkurrierenden, mitgliedschaftliche Rechte verletzenden Tätigkeit des Mitgesellschafters einverstanden sind, nicht auf die Meinung des einzelnen Mitglieds, sondern auf eine Entschließung der Gesellschafterversammlung ankommt (vgl. § 112 RdNr. 25). Es wäre wenig sachgerecht, könnte der Einzelne – weil vielleicht in der Minderheit gebliebene – Gesellschafter unabhängig von der Willensbildung der übrigen Gesellschafter gegen den betreffenden Mitgesellschafter im Wege der Unterlassungsklage vorgehen und dadurch Zwietracht in die Gesellschaft und den Konflikt durch die gerichtliche Verfolgung in die Öffentlichkeit tragen.[91] Deswegen sprechen die besseren Gründe dafür, auch die Verfolgung des mit den in § 113 Abs. 1 geregelten Sanktionen eng zusammenhängenden Unterlassungsanspruchs von einer vorherigen **Entschließung** aller übrigen Gesellschafter abhängig zu machen.

3. Form. Einer besonderen Form bedarf der Beschluss der Gesellschafter nach dem Gesetz nicht, er kann mangels entgegenstehender Bestimmungen im Gesellschaftsvertrag auch stillschweigend zustandekommen. Entscheidend ist allein, dass er nach außen **verlautbart** wird. Deswegen kann eine solche stillschweigende Beschlussfassung in der klageweisen Geltendmachung der Ansprüche durch alle übrigen Gesellschafter,[92] in der gemeinsamen Beauftragung eines Rechtsanwaltes[93] oder sogar in einem Schweigen auf einen entsprechenden Vorschlag[94] liegen.

Bei der Beschlussfassung hat der betroffene Gesellschafter **kein Stimmrecht**.[95] Im Übrigen wirken jedoch sämtliche Mitglieder der Gesellschaft mit, weil es nicht um Geschäftsführungsangelegenheiten, sondern um die Reaktion auf Verstöße gegen mitgliedschaftliche Pflichten geht. Soweit der Gesellschaftsvertrag zulässigerweise (s. § 119 RdNr. 45 ff.) Mehrheitsentscheidungen zulässt, ist das sonst geltende Einstimmigkeitsprinzip suspendiert.

4. Umsetzung. Der ordnungsgemäß zustandegekommene Beschluss bedarf der Umsetzung. Das bedeutet zunächst, dass gegenüber dem betroffenen Gesellschafter eine entsprechende **Erklärung** abzugeben ist; erforderlichenfalls sind die bestehenden Ansprüche gerichtlich zu verfolgen. Zuständig sind für diese Umsetzungsmaßnahmen vorrangig die geschäftsführenden Gesellschafter, uU können auch einzelne Gesellschafter im Wege der actio pro socio[96] vorgehen. Es können auch Erklärung und Rechtsverfolgung in einen Akt[97] zusammenfallen.

Mit der **Verlautbarung** der von den Gesellschaftern gefassten Entschließung wird die getroffene Wahl bindend, auch für einen Übergang vom Schadenersatzverlangen zum Eintrittsrecht ist kein Raum (s. näher RdNr. 3).

5. Liquidation/Insolvenz. Im **Liquidationsverfahren**[98] verdient die Gesellschaft Schutz vor wettbewerbswidrigem Verhalten des einzelnen Mitglieds, soweit der Zweck der ergriffenen Abwicklungsmaßnahmen dies erfordert. Wird etwa nur das Gesellschaftsvermögen versilbert, ohne dass die Liquidationsgesellschaft noch werbend tätig ist, wird ein Wettbewerbsverstoß regelmäßig zu verneinen und für Maßnahmen nach § 113 kein Raum sein. Zuständig für die Beurteilung dieser Frage bleiben aber die übrigen Gesellschafter,[99] die Liquidatoren haben deren Beschlüsse lediglich auszuführen. Dagegen geht in der **Insolvenz** die Entscheidungsbefugnis auf den Verwalter[100] über, der allein darüber befinden kann, ob und in welcher Form die in die Insolvenzmasse fallenden Ansprüche wegen des Wettbewerbsverstoßes eines Gesellschafters geltend zu machen sind; die Gründe, die für die Schaffung des Abs. 2 maßgeblich waren (s. RdNr. 28), sind in dieser Situation obsolet.[101]

---

[91] S. auch Denkschrift S. 84, die zu der Regelung des Abs. 2 ausdrücklich darauf verweist, dass die Entscheidung über die „Geltendmachung der Ansprüche ..., die im Falle der Zuwiderhandlung gegen die erwähnte Verpflichtung" bestehen, nicht dem Belieben des einzelnen Gesellschafters überlassen bleiben können, andererseits aber auch keine Maßnahme der Geschäftsführung darstellt; ferner *Lutz* Protokolle S. 186 f. zur Ablehnung des Antrags, die Entschließung generell in die Hand des einzelnen Gesellschafters als des „in seinem Recht Gekränkten" zu geben.
[92] BGH Urt. v. 5. 12. 1983 – II ZR 242/82, BGHZ 89, 162, 172 = NJW 1984, 1353; ferner BGH Urt. v. 27. 6. 1957 – II ZR 37/56, WM 1957, 1128, 1130.
[93] Staub/*Ulmer* RdNr. 30.
[94] BGH Urt. v. 27. 6. 1957 – II ZR 37/56, WM 1957, 1128, 1130 betr. die Entscheidung für das Eintrittsrecht, nachdem ein genereller Sanktionsbeschluss gefasst war.
[95] Vgl. schon *Lutz* Protokolle S. 188.
[96] AllgM vgl. nur *Hueck A.* OHG § 13 II 6 S. 204; *Koller*/Roth/Morck RdNr. 4.
[97] Vgl. zur Frage der ausdrücklichen oder stillschweigenden Erklärung schon *Lutz* Protokolle S. 190.
[98] Vgl. *Hueck A.* OHG § 32 II 2 S. 482 f.
[99] Schlegelberger/*Martens* RdNr. 25.
[100] Schlegelberger/*Martens* RdNr. 25; Staub/*Ulmer* RdNr. 34; *Hueck A.* OHG § 13 II 6 Fn. 31; MünchKommHGB/Langhein RdNr. 19.
[101] Vgl. zu § 46 Nr. 8 GmbHG Hachenburg/*Hüffer* § 46 RdNr. 89; Ulmer/*Hüffer* GmbHG § 46 RdNr. 92.

IV. Verjährung (Abs. 3)

40 **1. Sinn und Zweck.** Die enge Beziehung unter den Gesellschaftern verträgt eine längere Ungewissheit darüber nicht, wie die übrigen Gesellschafter auf den Wettbewerbsverstoß ihres Mitgesellschafters reagieren wollen. Außerdem muss der konkurrierende Gesellschafter wissen, nach welchen Maßstäben er das Geschäft zu führen, insbesondere ob er wie ein Beauftragter die Interessen der Gesellschaft zu wahren hat oder ob er auf eigenes Risiko mit der Gefahr handelt, schadensersatzpflichtig zu werden (s. RdNr. 3). Die kurze dreimonatige Frist soll beiden Gesichtspunkten Rechnung tragen; sie hat damit – ähnlich wie das Beschlusserfordernis in Abs. 2 – eine **Befriedungsfunktion**.[102]

41 **2. Anwendungsbereich.** Abs. 3 gilt zunächst für die in **Abs. 1** aufgeführten Ansprüche der Gesellschaft. Nach überwiegender Meinung[103] ist die kurze Verjährungsfrist – anders als dies für das Beschlusserfordernis nach Abs. 2 vertreten wird[104] – auch für den **Unterlassungsanspruch** maßgeblich. Das ist nach der hier (s. RdNr. 34) vertretenen Auffassung schon deswegen zu billigen, weil für diesen Anspruch nicht anders als für die in Abs. 1 geregelten Befugnisse das Beschlusserfordernis und die kurze Verjährungsfrist als zusammengehörige Regelungen anzusehen sind, mit welchen den Interessen der auf dauerhaftes Zusammenwirken angelegten Verbindung der mehreren Personen sachgerecht entsprochen wird. Für **deliktische**[105] oder auf **Treupflichtverletzung**[106] oder auf **angemaßte Eigengeschäftsführung** (s. RdNr. 26) gestützte Ersatzansprüche passt dagegen die kurze Frist ebenso wenig wie auf den **Vertragsstrafenanspruch**.[107]

42 **3. Kenntnis.** Die **kurze Frist** beginnt mit der Kenntnis – Kennenmüssen reicht nicht aus – **aller Gesellschafter** zu laufen. Nach der Neufassung der Verjährungsvorschrift[108] ist aber auch eine grob fahrlässige Unkenntnis[109] schädlich. Sind nur die geschäftsführenden oder einzelne Gesellschafter informiert, setzt dies die Dreimonatsfrist nicht in Lauf.[110] Eine spezielle Informationspflicht unter den Gesellschaftern wird man nicht anerkennen können, zumal der konkurrierende Gesellschafter nicht besonders schutzwürdig ist. Er kann zwar die Auswahlentscheidung der Mitgesellschafter nicht erzwingen (s. RdNr. 3), hat es aber in der Hand, die Verjährungsfrist in Lauf zu setzen, indem er alle Gesellschafter von dem Wettbewerbsverstoß in Kenntnis setzt und sie dadurch mittelbar dazu veranlasst, sich über ihre Reaktion schlüssig zu werden.[111]

43 Alle **Einzelheiten** des gegen das Wettbewerbsverbot verstoßenden Geschäfts müssen die übrigen Gesellschafter nicht kennen; es reicht aus, dass sie sachgerecht die ihnen nach Abs. 2 zukommende Entscheidung treffen können. Das erfordert zumindest, dass sie über Art und Umfang des Konkurrenzgeschäfts, über die dadurch für die Gesellschaft eintretenden Nachteile und Gefahren und über die dem konkurrierenden Gesellschafter zufließenden Vorteile informiert sind.[112] Ggf. können sie auf Grund ihres mitgliedschaftlich begründeten Auskunftsrechts (s. RdNr. 21) von dem Betreffenden nähere Einzelheiten erfragen.

44 Die Frist ist **gewahrt,** wenn die übrigen Gesellschafter den Beschluss nach Abs. 2 fassen und ihn vor Ablauf von drei Monaten – von dem maßgeblichen Zeitpunkt an gerechnet – dem anderen Teil in geeigneter Weise[113] – uU auch durch Klageerhebung – zur Kenntnis bringen. Wird während des Fristlaufs zwischen der Gesellschaft und dem betroffenen Gesellschafter über die aus dem Wettbewerbsverstoß zu ziehenden Folgerungen verhandelt, wird man in entsprechender Anwendung von § 203 BGB von einer Hemmung[114] der Verjährung ausgehen dürfen.

---

[102] Vgl. Staub/*Ulmer* RdNr. 1; MünchKommHGB/*Langhein* RdNr. 20.
[103] RG Urt. v. 1. 5. 1906 – Rep. III. 478/05, RGZ 63, 252, 255 [zu § 61 Abs. 2]; Staub/*Fischer* unter IV.; *Hueck* A. OHG § 13 II 7 S. 204; Staub/*Ulmer* RdNr. 37; aA MünchKommHGB/*Langhein* RdNr. 20.
[104] Auf diese Inkonsequenz weist Schlegelberger/*Martens* RdNr. 15 mit Recht hin, der Widerspruch ist allerdings in der anderen Richtung, als er vorschlägt, aufzulösen – s. oben RdNr. 34.
[105] BGH Urt. v. 22. 6. 1972 – II ZR 67/70, WM 1972, 1229, 1230; Staub/*Ulmer* RdNr. 14 und 37; s. oben RdNr. 27.
[106] BGH Urt. v. 22. 6. 1972 – II ZR 67/70, WM 1972, 1229, 1230; vgl. dazu *Stimpel* ZGR 1973, 73, 78 f.; Heymann/*Emmerich* RdNr. 18.
[107] Vgl. OLG Dresden, SeuffA 67 Nr. 61; Düringer/Hachenburg/*Flechtheim* RdNr. 7.
[108] BGBl. 2004 I S. 214, 3216.
[109] Dazu *Wagner* ZIP 2005, 558 ff.; Bamberger/Roth/*Henrich* § 199 RdNr. 18 ff. mwN zur Entstehungsgeschichte und Auswertung der nach wie vor einschlägigen Judikatur zum früheren Recht.
[110] Düringer/Hachenburg/*Flechtheim* RdNr. 7; Staub/*Ulmer* RdNr. 35 und 39; Schlegelberger/*Martens* RdNr. 29; Baumbach/*Hopt* RdNr. 10; HdbPersG/*Wertenbruch* I RdNr. 466; MünchKommHGB/*Langhein* RdNr. 21.
[111] Vgl. Schlegelberger/*Martens* RdNr. 29; Staub/*Ulmer* RdNr. 35.
[112] Staub/*Ulmer* RdNr. 39.
[113] Vgl. *Lutz* Protokolle S. 190.
[114] S. Staub/*Ulmer* RdNr. 35.

4. Fünfjährige Frist. Unabhängig von der Kenntnis beträgt die Verjährungsfrist fünf Jahre. **Entstanden** (§ 200 BGB) mit der Folge des Fristbeginns sind die in Abs. 1 geregelten Ansprüche dann, wenn die Möglichkeit der Klageerhebung und Verjährungsunterbrechung besteht; dies erfordert hinsichtlich eines wenigstens im Wege der Feststellungsklage[115] zu verfolgenden **Schadenersatzanspruchs,** dass ein Schaden zumindest dem Grunde nach entstanden ist. Für Dauerverstöße wird teilweise vertreten, bei sukzessiv eintretenden Schäden dürfe die Verjährung nicht vor der Entstehung des konkreten Teilschadens[116] bzw. nur für die in der Vergangenheit abgeschlossenen Teilakte des auf Dauer angelegten Wettbewerbsverstoßes einsetzen.[117] Diese Auffassung führt zu einer Ausweitung des Schwebezustandes, der – wie vor allem die kurze Regelverjährungsfrist zeigt – nicht im Sinne des Gesetzes liegt; deswegen ist der hM[118] zu folgen, welche die nur ersatzweise heranzuziehende fünfjährige Verjährungsfrist bei einem Dauerverstoß mit der ersten Teilhandlung, auf Grund deren wenigstens eine Feststellungsklage erhoben werden könnte, beginnen lässt. Der Verjährungsbeginn für das **Eintrittsrecht** wird regelmäßig schon mit der Zuwiderhandlung zusammenfallen, weil es nur das Vorhandensein eines Geschäfts voraussetzt, dessen Ergebnis die Gesellschaft auf sich überleiten kann.[119] Der **Unterlassungsanspruch** ist bereits mit der Zuwiderhandlung entstanden,[120] so dass diese konkrete konkurrierende Tätigkeit spätestens fünf Jahre später nicht mehr mit der Unterlassungsklage angegriffen werden kann. Der auf Dauer angelegte Wettbewerbsverstoß wirkt sich spiegelbildlich zu der wirtschaftlichen Betrachtungsweise bei Ausübung der Rechte nach Abs. 1 (s. RdNr. 17) hier zugunsten des konkurrierenden Gesellschafters aus.[121] Anders wird dies zu beurteilen sein, wenn der Gesellschafter sich einer anderen gegen das Wettbewerbsverbot verstoßenden Tätigkeit zuwendet; sie kann untersagt werden.[122]

V. Andere Rechte (Abs. 4)

Es hat lediglich klarstellende und vor allem keine abschließende Bedeutung, dass in Abs. 4 ausgesprochen wird, dass für das **Auflösungsrecht** die Anordnungen in den Abs. 2 und 3 nicht gelten. Auch andere Maßnahmen – zB die **Entziehung** der Geschäftsführungs- oder der Vertretungsbefugnis, die **Ausschließung** des betroffenen Gesellschafters oder die Ausübung des **Übernahmerechts** – können auf den Wettbewerbsverstoß gestützt werden. Dafür ist insbes. die Wahrung der Fristen des Abs. 3 nicht erforderlich.[123]

VI. Vereinbarungen

§ 113 ist **dispositiv.**[124] Der Gesellschaftsvertrag kann in den durch § 138 BGB und § 1 GWB gezogenen Grenzen abweichende Bestimmungen nach der Art der Sanktion, hinsichtlich der Geltendmachung der Rechte und der dabei zu wahrenden Formen und Fristen, bezüglich der Zuständigkeit eines Teilorgans der Gesellschafterversammlung und des Stimmenquorums wie auch betreffend die zeitliche Ausdehnung der wettbewerblichen Bindungen im Sinne nachvertraglich wirkender Regelungen vorsehen.

---

§ 114 [Geschäftsführung]

(1) Zur Führung der Geschäfte der Gesellschaft sind alle Gesellschafter berechtigt und verpflichtet.

(2) Ist im Gesellschaftsvertrage die Geschäftsführung einem Gesellschafter oder mehreren Gesellschaftern übertragen, so sind die übrigen Gesellschafter von der Geschäftsführung ausgeschlossen.

---

[115] Vgl. BGH Urt. v. 23. 3. 1987 – II ZR 190/86, BGHZ 100, 228, 231 f. = NJW 1987, 1887.
[116] Staub/*Fischer* unter IV; Röhricht/Graf v. Westphalen/*v. Gerkan* RdNr. 12; unentschieden MünchKommHGB/*Langhein* RdNr. 21.
[117] So Schlegelberger/*Martens* RdNr. 31, dem jedoch schon deswegen nicht zu folgen ist, weil er in diesem Zusammenhang den sonst propagierten wirtschaftlichen Zusammenhang – s. oben RdNr. 17 – auflöst; ferner Koller/Roth/Morck RdNr. 4.
[118] Staub/*Ulmer* RdNr. 36 mwN auch zu § 88 AktG.
[119] Teilweise aA Staub/*Ulmer* RdNr. 38.
[120] Vgl. RG Urt. v. 1. 5. 1906 – Rep. III. 478/05, RGZ 63, 252, 255 f.
[121] AA Röhricht/Graf v. Westphalen/*v. Gerkan* RdNr. 12 mit der den Regelungszusammenhang außer acht lassenden Qualifizierung „unhaltbares Ergebnis".
[122] So wohl auch Staub/*Ulmer* § 112 RdNr. 39.
[123] Schlegelberger/*Martens* RdNr. 32; Staub/*Ulmer* RdNr. 4.
[124] AllgM vgl. nur Schlegelberger/*Martens* RdNr. 33; Staub/*Ulmer* RdNr. 25.

Schrifttum: *Altmeppen,* Die Publikums-Fonds-Gesellschaft und das Rechtsberatungsgesetz, ZIP 2006, 1; *Bastuck,* Enthaftung des Managements, 1986; *Baums,* Der Geschäftsleitervertrag, 1987; *Borsche,* Die Entlastung im Recht der Personengesellschaft, Diss. jur. 1989; *Dänzer-Vanotti,* Herabsetzung der Vergütung des geschäftsführenden Gesellschafters bei OHG und KG, BB 1983, 999; *Dellmann,* Die Einräumung von Vertretungs- und Geschäftsführungsbefugnissen in Personenhandelsgesellschaften an gesellschaftsfremde Personen, Freundesgabe für Hengeler, 1972, S. 64; *Emde,* Die Klage des Kommanditisten auf Rücknahme kompetenzwidrig vorgenommener Geschäftsführungsmaßnahmen, WM 1996, 1205; *Fleck,* Zur Beweislast für pflichtwidriges Organhandeln, GmbHR 1997, 237; *Ganssmüller,* Die Tätigkeitsvergütung geschäftsführender Gesellschafter der OHG und KG, 1961; *v. Gerkan,* Die Beweislastverteilung beim Schadensersatzanspruch der GmbH gegen ihre Geschäftsführer, ZHR 154 (1990), 39; *Goette,* Die Verteilung der Darlegungs- und Beweislast der objektiven Pflichtwidrigkeit bei der Organhaftung, ZGR 1995, 648; *Gogos,* Die Geschäftsführung der OHG, 1953; *Habersack,* Die Besorgung von Rechtsangelegenheiten durch beauftragte Geschäftsführer – Kein Problem des RBerG?, BB 2005, 1695; *Helm/Wagner,* Fremdgeschäftsführung und -vertretung bei Personenhandelsgesellschaften, BB 1979, 225; *Huber,* Betriebsführungsverträge zwischen selbständigen Unternehmen, ZHR 152 (1988), 1; *A. Hueck,* Das Recht der OHG 4. Aufl. 1971; *Korehnke,* Treuwidrige Stimmen im Personengesellschafts- und GmbH-Recht. Sanktionen und prozessuale Behandlung, 1997; *Kübler,* Erwerbschancen und Organpflichten, FS Werner, 1984, S. 437; *Kübler-Waltermann,* Geschäftschancen der Kommanditgesellschaft – Besprechung der Entscheidung BGH ZIP 1989, 986 ff.; *Kust,* ZIP 1991, 162; *Kust,* Zur Sorgfaltspflicht und Verantwortlichkeit eines ordentlichen und gewissenhaften Geschäftsleiters, WM 1980, 758; *Löffler,* Betriebsführungsverträge mit Personengesellschaften, NJW 1983, 2920; *Martens,* Die Entscheidungsautonomie des Vorstands und die „Basisdemokratie", ZHR 147 (1983), 377; *Reuter,* Der Beirat der Personengesellschaften, FS Steindorf, 1990, S. 229; *Schimansky,* Unerlaubte Rechtsberatung durch beauftragte Geschäftsführer einer Publikums-GbR?, WM 2005, 2207; *K. Schmidt,* Entlastung, Entlastungsrecht und Entlastungsklage des Geschäftsführers einer GmbH – Versuch einer Neuorientierung, ZGR 1978, 425; *ders.,* Die obligatorische Gruppenvertretung im Recht der Personengesellschaften und der GmbH – Probleme der sog. Vertreterklausel, ZHR 146 (1982), 525; *ders.,* „Kündigung der Geschäftsführung und Vertretung" durch den Personengesellschafter, DB 1988, 2241; *U. Schneider,* Konzernbildung, Konzernleitung und Verlustausgleich im Konzernrecht der Personengesellschaften, ZGR 1980, 511; *Schulze-Osterloh,* Das Grundlagengeschäft zwischen Geschäftsführungsmaßnahme und Änderung des Gesellschaftsvertrages, FS Hadding, 2004, S. 637; *Ulmer,* Zur Anlegerhaftung im Rahmen geschlossener (Alt-)Immobilienfonds, ZIP 2005, 1341; *Voormann,* Der Beirat im Gesellschaftsrecht, 2. Aufl. 1990; *Werra,* Zum Stand der Diskussion um die Selbstorganschaft, 1991; *H. P. Westermann/Pöllath,* Abberufung und Ausschließung von Gesellschaftern/Geschäftsführern in Personenhandelsgesellschaften und GmbH, RWS-Skript, 4. Aufl. 1988; *Zöllner,* Die Anpassung von Personengesellschaftsverträgen an veränderte Umstände, 1979.

Übersicht

	RdNr.		RdNr.
I. Bedeutung der Norm	1–3	IV. Rechte und Pflichten der geschäftsführenden Gesellschafter	28–56
II. Begriff der Geschäftsführung	4–9	1. Ausübung der Geschäftsführungsbefugnis	28–33
1. Grundsatz	4	a) Rechtsgrundlage	28
2. Abgrenzung zum Vertretungsbereich	5	b) Persönliche Rechtsausübung	29
3. Abgrenzung zum Grundlagenbereich	6–8	c) Umfang der Geschäftsführungsbefugnis	30, 31
a) Grundsatz	6	d) Inhaltliche Maßstäbe für die Ausübung	32
b) Beispiele	7	e) Pflichten des Geschäftsführers	33
c) Abweichende Regelungen	8	2. Haftung der geschäftsführenden Gesellschafter	34–47
4. Geschäftsführungsfremde Tätigkeiten	9	a) Pflichtwidriges Verhalten	35–38
III. Verteilung der Geschäftsführungsbefugnis	10–27	b) Verschulden	39
1. Gesetzliche Regelung	10–14	c) Schaden	40
a) Einzelgeschäftsführung durch alle Gesellschafter (Abs. 1)	10, 11	d) Beweislast	41
b) Ausschluss von der Geschäftsführung (Abs. 2)	12–14	e) Geltendmachung der Ansprüche	42, 43
		f) Entlastung des Geschäftsführers	44–47
2. Abweichende Vereinbarungen innerhalb der Gesellschaft	15–27	3. Vergütungsanspruch des geschäftsführenden Gesellschafters	48–54
a) Grundsatz	15	a) Anspruchsbegründung	48–50
b) Abspaltungsverbot	16	b) Anpassung der Vergütung	51, 52
c) Mitwirkung Dritter	17–20	c) Fortzahlung bei Verhinderung	53, 54
d) Beiräte	21–26	4. Herausgabepflicht	55
e) Vertreterklauseln	27	5. Kündigung des Geschäftsführers	56

I. Bedeutung der Norm

1 Das HGB sieht in den §§ 114 ff. im Gegensatz zu der Rechtslage bei der BGB-Gesellschaft (§ 709 Abs. 1 BGB) die **Einzelgeschäftsführungsbefugnis aller Gesellschafter** als Regelfall vor. § 114 besagt, wer von den Geschäftsführern an der Geschäftsführung teilnimmt. Ausgangspunkt ist dabei das gesetzliche Leitbild der OHG als Haftungs- und Arbeitsgemeinschaft. Hiernach sind **alle** Gesellschafter in gleicher Weise zur Ausübung der Organbefugnisse berechtigt und verpflichtet.[1] Es bedarf

---

[1] *MünchKommHGB/Rawert* RdNr. 1; *Schlegelberger/Martens* RdNr. 1.

deshalb keines besonderen Anstellungsvertrages, und dienst- sowie arbeitsvertragliche Vorschriften sind grundsätzlich nicht anwendbar.[2]

Die Vorschrift ist dispositiv. **Abweichende Regelungen** durch den Gesellschaftsvertrag sind **möglich:** So können etwa einzelne Geschäftsführer von der Geschäftsführung ausgeschlossen werden; auch die Geschäftsführerstellung kann modifiziert werden; schließlich ist die Einrichtung eines Beirates oder sonstiger Kontroll- und Beratungsgremien möglich. Grenze der weitgehenden Regelungsfreiheit ist stets die Beachtung des Grundsatzes der Selbstorganschaft.[3] 2

Die Vorschrift des § 114 wird durch die nachstehenden Regelungen über die Einzelgeschäftsführung (§ 115), den Umfang der Geschäftsführungsbefugnis (§ 116) und deren Entziehung (§ 117) **ergänzt.** Zudem gelten ergänzend die §§ 709 bis 713 BGB und damit gemäß § 713 BGB auch die §§ 664 bis 670 BGB, soweit nicht das HGB Sonderregelungen enthält. 3

II. Begriff der Geschäftsführung

1. Grundsatz. Geschäftsführung ist jede rechtsgeschäftliche und tatsächliche Handlung der Gesellschafter, die auf die Verwirklichung des Gesellschaftszweckes gerichtet ist und nicht die Grundlagen der Gesellschaft berührt.[4] Ohne Bedeutung ist, ob es sich um rechtsgeschäftliche oder tatsächliche, gewöhnliche oder außergewöhnliche (§ 116) Maßnahmen handelt.[5] Als **Beispiele** sind alle wirtschaftlichen Tätigkeiten in Betrieb und Unternehmen zu nennen, zB die Organisation, die Anstellung, der Einsatz und die Entlassung des Personals, die Buchführung, die Aufstellung des Jahresabschlusses (siehe aber RdNr. 7) und die Verwaltung des Gesellschaftervermögens einschließlich der Geltendmachung der Gesellschaftsforderungen[6] sowie der Ausübung des Besitzes an den Gegenständen des Gesellschaftsvermögens.[7] Auch eine höchstpersönliche Arbeit, zB als Erfinder, kann Teil der Geschäftsführung sein.[8] 4

2. Abgrenzung zum Vertretungsbereich. Das HGB trennt die Regelungen der Geschäftsführung von denen der Vertretung (§§ 125 bis 127). Dennoch handelt es sich bei der Geschäftsführung und der Vertretung gegenüber Dritten nicht um verschiedene Tätigkeitsbereiche der Gesellschafter.[9] Vielmehr lässt sich die Vertretung der Gesellschaft gegenüber Dritten als der **Teilbereich der Geschäftsführung** kennzeichnen, der das rechtsgeschäftliche Außenhandeln der Geschäftsführer umfasst. Die Gegenüberstellung von Geschäftsführung als Handeln im Innenverhältnis und Vertretung als Außenhandeln ist daher nicht zutreffend.[10] Auch das Außenhandeln ist ein Akt der Geschäftsführung. Entscheidend ist die Kompetenzabgrenzung zwischen der in den §§ 114 ff. geregelten Geschäftsführungsbefugnis, die das „**rechtliche Dürfen**" der Geschäftsführer umschreibt und der in den §§ 125 ff. geregelten Vertretungsmacht, die deren „**rechtliches Können**" kennzeichnet.[11] Im Einzelfall kann dies dazu führen; dass ein Geschäftsführer zwar seine Geschäftsführungsbefugnis überschritten, gleichwohl die Gesellschaft aber nach außen wirksam vertreten hat. Geschäftsführungsbefugnis und Vertretungsmacht sind insoweit nicht deckungsgleich. Während die Vertretungsbefugnis unbeschränkt und unbeschränkbar ist (§ 126 Abs. 1, 2), erstreckt sich die – ohnedies frei regelbare – Geschäftsführungsbefugnis nach § 116 Abs. 1 nur auf die Handlungen, die der gewöhnliche Betrieb des Handelsgewerbes der Gesellschaft mit sich bringt. 5

3. Abgrenzung zum Grundlagenbereich. a) Grundsatz. Die Kennzeichnung, welche Handlungen des Geschäftsführers die Grundlagen der Gesellschaft berühren, ist von großer Bedeutung, weil **Grundlagengeschäfte nicht** vom Begriff der Geschäftsführung **umfasst** werden. Es handelt sich hierbei um Maßnahmen, die in die Rechtsverhältnisse der Gesellschafter untereinander, insbesondere in die Zusammensetzung und Organisation der Gesellschaft eingreifen.[12] Diese Geschäfte 6

---

[2] RG Urt. v. 10. 10. 1933 – II 148/33, RGZ 142, 13, 18; MünchKommHGB/*Rawert* RdNr. 1.
[3] Schlegelberger/*Martens* RdNr. 2.
[4] MünchKommHGB/*Rawert* RdNr. 6; MünchKommBGB/*Ulmer* § 709 RdNr. 7; Schlegelberger/*Martens* RdNr. 4.
[5] BGH Urt. v. 10. 10. 1994 – II ZR 32/94, NJW 1995, 192.
[6] BGH Urt. v. 2. 7. 1973 – II ZR 94/71, NJW 1973, 2198.
[7] Vgl. BGH Urt. v. 24. 1. 1983 – VIII ZR 353/81, BGHZ 86, 300, 307 = NJW 1983, 1114 und Urt. v. 26. 1. 1983 – VIII ZR 257/81, BGHZ 86, 340, 343 = NJW 1983, 1123 zur GbR; weitere Nachweise bei Heymann/*Emmerich* RdNr. 2 bei Fn. 3.
[8] Vgl. Baumbach/*Hopt* RdNr. 2; Schlegelberger/*Martens* RdNr. 9.
[9] Heymann/*Emmerich* § 125 RdNr. 3.
[10] In diesem Sinn wohl Baumbach/*Hopt* RdNr. 1; MünchKommHGB/*Rawert* RdNr. 15.
[11] MünchKommHGB/*Rawert* RdNr. 7, 15; Schlegelberger/*Martens* RdNr. 4; *Ulmer* (Fn. 4) § 709 RdNr. 9; ebenso Röhricht/Graf v. Westphalen/*v. Gerkan* RdNr. 1.
[12] AllgM; vgl. nur *Ulmer* (Fn. 4) § 709 RdNr. 10; vgl. zur Abgrenzung Grundlagengeschäfte – außergewöhnliche Geschäfte auch *Schulze-Osterloh*, FS Hadding, 2004, S. 637 ff. und MünchKommHGB/*Jickeli* § 116 RdNr. 6 ff.

bedürfen grundsätzlich der Zustimmung aller Gesellschafter, sofern nicht im Gesetz oder im Gesellschaftsvertrag etwas anderes vorgesehen ist.[13]

7 b) Beispiele. Zu den Grundlagengeschäften gehören insbesondere alle Änderungen des Gesellschaftsvertrages, aber auch die sonstigen Geschäfte, die schwerwiegend in die Struktur der Gesellschaft eingreifen. Zu nennen sind etwa die Aufnahme und Ausschließung von Gesellschaftern,[14] die Organisation der Geschäftsführung sowie Verleihung und Entziehung der Geschäftsführungs- und Vertretungsbefugnis (§§ 117, 127), die Vergütung der Geschäftsführung,[15] die Entscheidung über die Geltendmachung von Ansprüchen wegen einer Verletzung des Wettbewerbsverbotes (§ 113), die Übertragung des gesamten Vermögens der Gesellschaft auf Dritte,[16] der Erlass von Ersatzansprüchen gegen Gesellschafter aus pflichtwidriger Geschäftsführung,[17] die Auflösung und Abwicklung der Gesellschaft.[18] Beim Jahresabschluss gehört die Aufstellung der Bilanz bis zur Beschlussreife zur Geschäftsführung, die Wahl der Abschlussprüfer und die Feststellung der Bilanz hingegen ist ein Grundlagengeschäft.[19] Für Bilanzierungsentscheidungen heißt das, dass eine Entscheidung aller Gesellschafter erforderlich ist.[20] Schließlich kommen als Grundlagengeschäfte wesentliche Struktur- und Organisationsänderungen in Betracht, auch wenn dafür keine Änderungen des Gesellschaftsvertrages erforderlich sind.[21]

8 c) Abweichende Regelungen. Die Unterscheidung zwischen Grundlagenbereich und Geschäftsführung ist kein zwingendes Recht. Deshalb können die Geschäftsführer auch zur Durchführung von Grundlagengeschäften ermächtigt werden.[22] Die Grenzen für eine solche Ermächtigung werden durch den Kernbereich unverzichtbarer Regelungsbefugnisse bestimmt.

9 4. Geschäftsführungsfremde Tätigkeiten. Nicht zur Geschäftsführung gehören Tätigkeiten, die **keinen Bezug zum Gesellschaftszweck** besitzen. Sie werden auch nicht dadurch zur Geschäftsführung, dass ein geschäftsführender Gesellschafter sie vornimmt. Vielmehr können sich Geschäftsführer gegenüber der Gesellschaft in einer Doppelrolle befinden und neben ihrer Geschäftsführertätigkeit auch geschäftsführerfremde Aufgaben übernehmen. Dies kann etwa in Betracht kommen, wenn ein Geschäftsführer die Gesellschaft zugleich als Anwalt, Steuerberater, Treuhänder oder Wirtschaftsprüfer berät. In einem solchen Fall ist genau zu untersuchen, ob diese Tätigkeit nach dem Gesellschaftsvertrag noch Ausfluss der Geschäftsführung ist oder ob der Geschäftsführer sie nicht als solcher, sondern als Dritter auf Grund besonderen Vertrags mit der Gesellschaft erbringt; unter Umständen kann auch ein von der Geschäftsführung verselbständigter Gesellschafterbeitrag vorliegen.[23]

III. Verteilung der Geschäftsführungsbefugnis

10 1. Gesetzliche Regelung. a) Einzelgeschäftsführung durch alle Gesellschafter (Abs. 1). Zur Geschäftsführung sind nach der gesetzlichen Regel des § 114 Abs. 1 grundsätzlich – das heißt vorbehaltlich einer abweichenden Regelung im Gesellschaftsvertrag – **alle Gesellschafter** befugt und verpflichtet, wobei jeder Gesellschafter **Einzelgeschäftsführungsbefugnis** hat (§ 115 Abs. 1). Auch ein **Minderjähriger** kann Geschäftsführer sein, bedarf aber, sofern nicht eine Ermächtigung nach § 112 BGB vorliegt, für rechtsgeschäftliches Handeln der Zustimmung seines gesetzlichen Vertreters, der die dem Minderjährigen zustehenden Geschäftsführungsbefugnisse ohne Zustimmung der Mitgesellschafter auch selbst wahrnehmen darf, sofern der Gesellschaftsvertrag keine abweichende Bestimmung enthält.[24] Sind juristische Personen Gesellschafter, handeln für sie ihre organschaftlichen Vertreter.[25]

---

[13] Vgl. etwa zur Ermächtigung der Komplementäre einer KG, weitere Kommanditisten aufzunehmen BGH Urt. v. 14. 11. 1977 – II ZR 95/76, NJW 1978, 1000; vgl. auch BGH Urt. v. 14. 12. 1972 – II ZR 82/70, NJW 1973, 1604.
[14] BGH Urt. v. 11. 2. 1980 – II ZR 41/79, BGHZ 76, 160, 164 = NJW 1980, 1463, 1464.
[15] *Goette*, Anmerkung zu BGH Beschl. v. 14. 6. 1993 – II ZR 152/92, DStR 1993, 1229.
[16] BGH Urt. v. 9. 1. 1995 – II ZR 24/94, NJW 1995, 596; RG Urt. v. 20. 12. 1939 – II 88/39, RGZ 162, 370, 372; zur Veräußerung von Unternehmensteilen: *Schulze-Osterloh* (Fn. 12) S. 646.
[17] BGH Urt. v. 13. 5. 1985 – II ZR 170/84, NJW 1985, 2830.
[18] RG (Fn. 16) S. 374.
[19] BGH Urt. v. 24. 3. 1980 – II ZR 88/79, BGHZ 76, 338, 342 = NJW 1980, 1689; Urt. v. 29. 3. 1996 – II ZR 263/94, BGHZ 132, 263 = NJW 1996, 1678.
[20] BGH Urt. v. 29. 3. 1996 (Fn. 19).
[21] Im Einzelnen str.; vgl. MünchKommHGB/*Rawert* RdNr. 11, 12 und Schlegelberger/*Martens* RdNr. 7 mwN.
[22] So zur Aufnahme von Gesellschaftern BGH Urt. v. 14. 11. 1977 (Fn. 13); BGH (Fn. 14) S. 164.
[23] Vgl. zu den geschäftsführungsfremden Tätigkeiten auch Baumbach/*Hopt* RdNr. 2, § 110 RdNr. 21; MünchKommHGB/*Rawert* RdNr. 16; Schlegelberger/*Martens* RdNr. 9; vgl. im übrigen Fn. 39 und die Kommentierung bei § 116 RdNr. 4.
[24] Str., wie hier: RG Urt. v. 12. 2. 1929 – II 295/28, RGZ 123, 289, 299; Baumbach/*Hopt* RdNr. 4; MünchKommHGB/*Rawert* RdNr. 35 f.; Staub/*Ulmer* RdNr. 27, 32; Staub/*Habersack* § 125 RdNr. 30; *Hueck* A. OHG § 20 V 1a; aA Röhricht/Graf v. Westphalen/*v. Gerkan* RdNr. 10 und Schlegelberger/*Martens* RdNr. 13, die ein Tätigwerden des Vertreters, der nicht selbst Geschäftsführer ist, nur bei Zustimmung der Gesellschafter für zulässig halten.
[25] AllgM; vgl. nur RG (Fn. 24); Baumbach/*Hopt* RdNr. 4; MünchKommHGB/*Rawert* RdNr. 37.

Im Falle des Todes eines Gesellschafters ist im Zweifel dessen **Erbe** wie der Erblasser zur Geschäfts- 11
führung (und Vertretung) berechtigt, wenn die Gesellschaft mit dem Gesellschaftererben als persönlich haftendem Gesellschafter fortgesetzt wird. Der Gesellschaftsvertrag kann aber etwas anderes bestimmen, so etwa, wenn dem Erblasser die Geschäftsführungsbefugnis auf Grund seiner besonderen Vertrauensstellung und seiner fachlichen Qualifikation, also als persönliche Rechtsbefugnis eingeräumt worden war.[26]

b) Ausschluss von der Geschäftsführung (Abs. 2). Da die §§ 114 bis 117 dispositiv sind 12
(§ 109), kann die Geschäftsführung durch Gesellschaftsvertrag einem oder mehreren Gesellschaftern übertragen werden. Für diesen Fall enthält § 114 Abs. 2 eine Auslegungsregel dahin, dass dann die **übrigen Gesellschafter** von der Geschäftsführung **ausgeschlossen** sind. Die Vorschrift findet auch Anwendung, wenn den geschäftsführenden Gesellschaftern im Gesellschaftsvertrag einzelne Geschäftsführungsbereiche zugewiesen sind. In diesem Fall darf der betreffende Geschäftsführer nach der Auslegungsregel des § 114 Abs. 2 nur in diesem Bereich geschäftsführend tätig werden; die anderen Geschäftsführer sind insoweit ausgeschlossen.[27] Sie dürfen ihre Befugnis nur in den Grenzen und unter den Voraussetzungen ausüben, die der Gesellschaftsvertrag aufstellt und haben demgemäss insbesondere die gesellschaftsvertraglich festgelegte Organisationsordnung zu beachten.[28]

Auch die von der Geschäftsführung ausgeschlossenen Gesellschafter haben die Befugnis, im Innen- 13
verhältnis im Wege der **Notgeschäftsführung** ohne Zustimmung der anderen notwendige Maßnahmen zur Erhaltung von Gegenständen des Gesellschaftsvermögens (§ 744 Abs. 2 BGB) oder der Gesellschaft selbst zu treffen.[29] Aus § 744 Abs. 2 BGB folgt aber keine Vertretungsbefugnis im Außenverhältnis.[30]

Nehmen die von der Geschäftsführung ausgeschlossenen Gesellschafter maßgeblichen Einfluss auf 14
die geschäftsführenden Gesellschafter, etwa um sie zu einem Pflichtverstoß zu veranlassen, können sie gegenüber der Gesellschaft **ersatzpflichtig** sein.[31] Bei schuldhaft pflichtwidriger Notgeschäftsführung hat die Gesellschaft einen Ersatzanspruch gegen den handelnden Gesellschafter.

2. Abweichende Vereinbarungen innerhalb der Gesellschaft. a) Grundsatz. In der Praxis 15
finden sich zahlreiche von der gesetzlichen Regelung zT erheblich abweichende Gestaltungen der Geschäftsführung bis hin zu körperschaftlich geprägten Varianten. Solche abweichenden Vereinbarungen im Gesellschaftsvertrag sind mit Rücksicht auf die Dispositivität der gesetzlichen Regelungen über die Geschäftsführung (§ 109) – vgl. hierzu § 109 RdNr. 2 ff. – grundsätzlich zulässig. Allerdings müssen jeweils die bereits im Zusammenhang mit § 109 aufgezeigten Grenzen der Vertragsfreiheit, das heißt insbesondere die Grenzen, die sich aus dem Abspaltungsverbot, dem Gebot der Selbstorganschaft und dem Verbot des Eingriffs in den Kernbereich ergeben,[32] beachtet werden.

b) Abspaltungsverbot. Aus dem Abspaltungsverbot (§ 109 RdNr. 8 ff.) folgt, dass die eigene 16
Geschäftsführungsmacht nicht, auch nicht teilweise, auf einen anderen übertragen werden kann.[33] Ausgeschlossen ist daher auch die vorübergehende echte Vertretung in der Geschäftsführung durch einen Mitgesellschafter; zulässig ist aber die Übertragung der Geschäftsführung zur **Ausübung** durch Gesellschaftsvertrag oder mit **Zustimmung** der Gesellschafter (vgl. § 109 RdNr. 9). In besonderen Fällen können die Mitgesellschafter auf Grund der sie treffenden Treuepflichten zur Erteilung der Zustimmung verpflichtet sein; das ist etwa der Fall, wenn einerseits ein Gesellschafter aus nicht abwendbaren Gründen – Krankheit oder längere Abwesenheit[34] – gehindert ist, in der Gesellschafterversammlung zu erscheinen und für seine Belange zu sorgen, und es andererseits bei objektiver Abwägung der widerstreitenden Interessen der übrigen Gesellschafter und der Gesellschaft zumutbar erscheint, dass ein anderer Gesellschafter oder ein vertrauenswürdiger Dritter vorübergehend die Mitgliedschaftsrechte des verhinderten Mitgesellschafters wahrnimmt.[35]

---

[26] BGH Urt. v. 6. 11. 1958 – II ZR 146/57, NJW 1959, 192; allgM, vgl. MünchKommHGB/*Rawert* RdNr. 33 und Schlegelberger/*Martens* RdNr. 14.
[27] Ebenso MünchKommHGB/*Rawert* RdNr. 20; Schlegelberger/*Martens* RdNr. 49 mwN; vgl. aber auch unten RdNr. 30 und § 115 RdNr. 4.
[28] BGH Urt. v. 25. 4. 1983 – II ZR 170/82, NJW 1984, 173, 174.
[29] BGH Urt. v. 4. 5. 1955 – IV ZR 185/54, BGHZ 17, 181, 183 = NJW 1955, 1027; vgl. zur Notgeschäftsführung auch § 116 RdNr. 19.
[30] BGH (Fn. 29) S. 184 f.
[31] BGH Urt. v. 5. 6. 1975 – II ZR 23/74, BGHZ 65, 15, 19 = NJW 1976, 191 mit Anm. *Ulmer*; BGH Urt. v. 12. 11. 1979 – II ZR 174/77, BGHZ 75, 321, 328 = NJW 1980, 589; BGH Urt. v. 5. 12. 1983 – II ZR 242/82, BGHZ 89, 162, 168 = NJW 1984, 1351.
[32] Vgl. zu den Grenzen der Vertragsfreiheit im Einzelnen § 109 RdNr. 5 ff.
[33] BGH Urt. v. 22. 1. 1962 – II ZR 11/61, BGHZ 36, 292, 293 = NJW 1962, 738.
[34] Heymann/*Emmerich* RdNr. 25.
[35] BGH Urt. v. 1. 12. 1969 – II ZR 14/68, NJW 1970, 706.

17 **c) Mitwirkung Dritter.** Nach dem Grundsatz der **Selbstorganschaft** (vgl. § 109 RdNr. 15) ist die organschaftliche Geschäftsführung zwingend den Gesellschaftern vorbehalten. Anders als bei den Kapitalgesellschaften ist bei der werbenden OHG oder KG eine Drittorganschaft ausgeschlossen.[36] Die Übertragung der Geschäftsführung auf Dritte scheidet aus.[37] Auch im Hinblick auf den Grundsatz der Selbstorganschaft bleibt aber eine **Überlassung** der Geschäftsführungsbefugnisse **zur Ausübung** zulässig, allerdings nur, wenn diese nicht so geregelt ist, dass sie einer Übertragung im Ergebnis gleichkommt, wie etwa im Falle einer unwiderruflichen Vollmacht unter gleichzeitigem Verzicht auf die eigene Rechtsausübung.[38] Bei Berücksichtigung dieser Vorgabe ist es mit dem Grundsatz der Selbstorganschaft vereinbar, wenn die Gesellschafter durch Gesellschafterbeschluss oder von vornherein im Gesellschaftsvertrag einen Dritten in weitem Umfang mit Geschäftsführungsaufgaben betrauen und mit einer umfassenden Vollmacht ausstatten.[39]

18 Dies kann etwa durch den Abschluss eines Management- oder **Betriebsführungsvertrages** geschehen.[40] Derartige Verträge sind jedenfalls dann zulässig, wenn sie die Organstellung der Gesellschafter rechtlich unangetastet lassen und auch nicht anderweitig in ihrem Wesensgehalt beeinträchtigen.[41] Die gesellschaftliche Geschäftsführung als solche muss stets bei den geschäftsführenden Gesellschaftern verbleiben; dem Dritten stehen die ihm eingeräumten Befugnisse nicht kraft eigenen, sondern nur kraft abgeleiteten Rechts der Gesellschafter zu.[42] Zur Frage, wann mit derartigen Verträgen die Grenzen zulässiger Gestaltung überschritten werden, hat sich der Bundesgerichtshof bislang nicht abschließend geäußert. Als **zulässig** hat er entsprechende Vertragsgestaltungen erachtet, in denen den Gesellschaftern gegenüber dem Dritten ein weitgehendes Weisungsrecht zustand sowie – neben dem Recht zur ordentlichen Kündigung – ein Recht zur fristlosen Kündigung aus wichtigem Grund zugebilligt wurde.[43] Als zulässig wurden auch Vertragsgestaltungen erachtet, bei denen das Anstellungsverhältnis durch Mehrheitsbeschluss aus wichtigem Grund gekündigt werden konnte.[44] Gleiches gilt für Vertragsgestaltungen, bei denen die Leitungsbefugnisse des Dritten auf die „laufende Geschäftsführung innerhalb der die Unternehmenspolitik verwirklichenden Richtlinien des Managementvertrages" beschränkt waren und den Gesellschaftern umfassende Informations-, Eingriffs- und Gestaltungsrechte zustanden, um die Einhaltung der vertraglich festgelegten Geschäftsführungsaufgaben zu erreichen oder das Vertragsverhältnis beenden zu können.[45] Mit dem Grundsatz der Selbstorganschaft sind danach sogar solche Regelungen vereinbar, in denen die Gesellschafter dem Dritten nicht jederzeit ohne wichtigen Grund die Geschäftsführungsmacht entziehen kann.[46] Ein völliger Ausschluss der Kontroll- und Informationsrechte ist hingegen nicht zulässig.[47]

19 Bei der Frage, welche Geschäftsführungsbefugnisse den Gesellschaftern **neben** dem mit der Geschäftsführung betrauten Dritten zustehen, ist zu unterscheiden: Sind die Gesellschafter nach dem Gesellschaftsvertrag neben dem Dritten nicht von der Geschäftsführung ausgeschlossen, kann jeder geschäftsführungsbefugte Gesellschafter dem Dritten Weisungen erteilen (§§ 114 ff., §§ 675, 665 BGB).[48] Haben alle Gesellschafter einen Dritten zur Geschäftsführung ermächtigt, muss

---

[36] BGH Urt. v. 6. 2. 1958 – II ZR 210/56, BGHZ 26, 330, 333 = NJW 1958, 668; Urt. v. 11. 7. 1960 – II ZR 260/59, BGHZ 33, 105, 108 = NJW 1960, 1997; Urt. v. 25. 5. 1964 – II ZR 42/62, BGHZ 41, 367, 369 = NJW 1964, 1624; Urt. v. 9. 12. 1968 – II ZR 33/67, BGHZ 51, 198 = NJW 1969, 507; vgl. auch Einzelheiten bei MünchKommHGB/*Rawert* RdNr. 24 bei Fn. 58.
[37] HM, vgl. grundlegend BGH (Fn. 33) S. 293; siehe aber auch BGH Urt. v. 21. 4. 1986 – II ZR 198/85, NJW 1986, 1991, 1992, wo ohne nähere Ausführungen eine Drittgeschäftsführung unbeanstandet blieb; vgl. ferner Heymann/*Emmerich* RdNr. 26 mwN.
[38] StRspr. seit BGH Urt. v. 10. 11. 1951 – II ZR 111/50, BGHZ 3, 354, 359 = NJW 1952, 178; vgl. auch § 109 RdNr. 9, 11.
[39] BGH (Fn. 33); BGH Urt. v. 16. 11. 1981 – II ZR 213/80, NJW 1982, 877, 878; Urt. v. 22. 3. 1982 – II ZR 74/81, NJW 1982, 2495; BGH Urt. v. 20. 9. 1993 – II ZR 204/92, NJW-RR 1994, 98 = WM 1994, 237, 238; BGH Urt. v. 15. 2. 2005 – XI ZR 396/03, WM 2005, 1698, 1700; vgl. hierzu auch im Einzelnen Heymann/*Emmerich* RdNr. 26 bis 30 und Schlegelberger/*Martens* RdNr. 50 bis 54; zum Spezialproblem der Anwendbarkeit des Rechtsberatungsgesetzes bei umfassender Übertragung der Aufgaben der Geschäftsführung auf einen Nichtgesellschafter vgl. BGH Urt. v. 15. 2. 2005 – XI ZR 396/03, WM 2005, 1698, 1700 und vom 18. 7. 2006 – XI ZR 143/05, WM 2006, 1673, 1674 ff.; *Altmeppen* ZIP 2006, 1; *Habersack* BB 2005, 1695; *Schimansky* WM 2005, 2209; *Ulmer* ZIP 2005, 1341.
[40] Hierzu BGH Urt. v. 5. 10. 1981 – II ZR 203/80, NJW 1982, 1817.
[41] BGH (Fn. 33).
[42] BGH Urt. v. 16. 11. 1981 (Fn. 39).
[43] BGH Urt. v. 16. 11. 1981 (Fn. 39).
[44] BGH Urt. v. 22. 3. 1982 (Fn. 39).
[45] BGH (Fn. 40) S. 1818.
[46] BGH (Fn. 40); ebenso Baumbach/*Hopt* RdNr. 25; kritisch Heymann/*Emmerich* RdNr. 28 und MünchKommHGB/*Rawert* RdNr. 26.
[47] Schlegelberger/*Martens* RdNr. 53.
[48] Ebenso Heymann/*Emmerich* RdNr. 29.

jedenfalls der Gesamtheit der Gesellschafter dem Dritten gegenüber eine Weisungsbefugnis zustehen.[49]

Da auch bei der Überlassung der Geschäftsführung an einen Dritten die mit der Geschäftsführung verbundenen Rechte und Pflichten und damit auch weiterhin die Gesamtverantwortung für die Geschäftsführung durch den Dritten bei den Gesellschaftern verbleibt, trifft diese bei Übertragung der Geschäftsführungsbefugnisse auf einen Dritten neben den genannten Informations-, Kontroll- und Weisungs**befugnissen** auch eine **Aufsichtspflicht.** Sie haften daher grundsätzlich für Auswahl- und Aufsichtsverschulden.[50]

d) Beiräte. Der Gesellschaftsvertrag kann einen Beirat mit Kompetenzen bezüglich der Geschäftsführung der Gesellschaft vorsehen. In der Praxis finden sich Beiräte häufig bei der KG und vor allem bei der GmbH & Co sowie der Publikumsgesellschaft. Rechtlich zulässig sind sie aber auch bei der OHG.

Mit der Geschäftsführung kann ohne weiteres ein **ausschließlich mit Gesellschaftern** besetzter Beirat betraut werden. Gegen die Zulässigkeit von Beiräten bestehen mit Rücksicht auf § 109 grundsätzlich keine Bedenken.[51] Ihnen können deshalb sämtliche Aufgaben übertragen werden, die nicht kraft Gesetzes oder nach der Natur der Sache zwingend der Gesellschafterversammlung vorbehalten sind.[52] Als **Beispiele** sind zu nennen: Überwachung der Geschäftsführung,[53] Bestellung und Abberufung des Geschäftsführers, Aufnahme neuer Gesellschafter, Feststellung des Jahresabschlusses und Entlastung der Geschäftsführer sowie Entscheidung über die Gewinnverteilung,[54] gegebenenfalls auch Änderungen des Gesellschaftsvertrages, wenn die Gesellschafter einer entsprechenden Änderung auf Grund ihrer Treuepflicht ohnedies zustimmen müssten.[55]

Zuzustimmen ist allerdings den Stimmen im Schrifttum, ausweislich derer einem **für Außenstehende offenen Beirat** wegen der Prinzipien der Verbandssouveränität und der Selbstorganschaft nicht die Geschäftsführung und Weisungsrechte übertragen werden können.[56] Etwas anderes kann gelten, wenn die Gesellschafter mit der nötigen Mehrheit die Beschlüsse des Beirates korrigieren können.[57] Übertragen werden können hingegen Beratungs-, Schlichtungs-, Kontrollfunktionen[58] und die Zustimmung zu Geschäftsführungsmaßnahmen.[59] Beschlüsse, mit denen der Beirat seine Kompetenzen überschreitet, sind unwirksam, es sei denn, die Gesellschafter hätten die Beschlüsse nachträglich gebilligt.[60]

Werden **Dritte** als Mitglieder eines Beirates berufen, stehen sie in einem besonderen Vertragsverhältnis zur Gesellschaft, nach welchem sich auch ihre Abberufung richtet.[61] Wird die Zusammensetzung des Beirates unmittelbar durch den Gesellschaftsvertrag geregelt, können Beiratsmitglieder vorzeitig nur im Wege einer Änderung des Gesellschaftsvertrages abberufen werden.[62] Mit Rücksicht auf die unbeschränkte persönliche Haftung der Gesellschafter ist zudem jeder Gesellschafter befugt, bei Vorliegen wichtiger Gründe von den anderen Gesellschaftern die Mitwirkung bei der Abberufung untragbar gewordener Beiratsmitglieder oder bei der Abschaffung des Beirates zu verlangen.[63]

Wirksame Beiratsbeschlüsse sind sowohl für die Beiratsmitglieder[64] als auch für die Gesellschafter verbindlich.[65] Letztere können die Einhaltung der Beschlüsse sowohl gegenüber der Gesell-

---

[49] So wohl BGH Urt. v. 20. 9. 1993 (Fn. 39); vgl. auch BGH (Fn. 14) S. 164 f.; Heymann/*Emmerich* RdNr. 29.
[50] Schlegelberger/*Martens* RdNr. 12, 53; Röhricht/Graf v. Westphalen/*v. Gerkan* RdNr. 7.
[51] Vgl. im Einzelnen zur Zulässigkeit und Bedeutung von Beiräten *Voormann, Der Beirat im Gesellschaftsrecht*, 2. Aufl. 1990, S. 12 ff.; Staub/*Ulmer* § 109 RdNr. 51 ff.; siehe auch wegen weiterer Einzelheiten Koller/Roth/Morck RdNr. 4.
[52] BGH Urt. v. 27. 5. 1982 – III ZR 157/80, BGHZ 84, 209, 214 = WM 1982, 955; kritisch hinsichtlich der OHG Heymann/*Emmerich* RdNr. 32 mwN.
[53] BGH Urt. v. 23. 3. 1992 – II ZR 128/91, NJW 1992, 1890, 1891; OLG Düsseldorf Urt. v. 13. 3. 1985 – 15 U 173/84, GmbHR 1985, 334; Heymann/*Emmerich* RdNr. 32.
[54] BGH Urt. v. 25. 2. 1965 – II ZR 287/63, BGHZ 43, 261, 264 ff. = NJW 1965, 1378; Urt. v. 1. 12. 1969 – II ZR 224/67, WM 1970, 249; Urt. v. 1. 12. 1969 (Fn. 35) S. 706; Urt. v. 4. 7. 1977 – II ZR 150/75, BGHZ 69, 207 = NJW 1977, 2311; Urt. v. 22. 10. 1979 – II ZR 151/77, BB 1980, 546; Urt. v. 27. 5. 1982 – III ZR 157/80, BGHZ 84, 209, 213 f. = WM 1982, 955; BGH Urt. v. 29. 3. 1996 (Fn. 19) S. 263 ff.
[55] BGH Urt. v. 19. 11. 1984 – II ZR 102/84, NJW 1985, 972, 973.
[56] Heymann/*Emmerich* RdNr. 33; Staub/*Ulmer* § 109 RdNr. 55 mwN; siehe auch unten § 117 RdNr. 40; aA *Voormann* (Fn. 51) S. 117 f.
[57] BGH (Fn. 55) S. 973.
[58] BGH Urt. v. 22. 10. 1984 – II ZR 2/84, NJW 1985, 1900.
[59] BGH Urt. v. 22. 2. 1960 – VII ZR 83/59, NJW 1960, 963, 964.
[60] BGH Urt. v. 2. 2. 1961 – K ZR 3/60, BB 1961, 304.
[61] BGH Urt. v. 4. 7. 1977 (Fn. 54) S. 208; Urt. v. 22. 10. 1984 (Fn. 58).
[62] BGH Urt. v. 1. 12. 1969 (Fn. 54) S. 249.
[63] Heymann/*Emmerich* RdNr. 35 mwN.
[64] BGH Urt. v. 23. 3. 1992 (Fn. 53) S. 1891.
[65] BGH Urt. v. 1. 12. 1969 (Fn. 54) S. 251.

schaft als auch im Wege der actio pro socio von den übrigen Gesellschaftern verlangen.[66] Fehlerhafte Beiratsbeschlüsse sind demgegenüber nichtig.[67]

26 Die Beiratsmitglieder müssen die ihnen übertragenen Aufgaben mit der Sorgfalt eines ordentlichen und gewissenhaften Geschäftsleiters erfüllen und sich hierbei allein von den Interessen der Gesellschaft leiten lassen.[68] Externe Beiratsmitglieder **haften** auf Grund der zwischen ihnen und der Gesellschaft bestehenden Vertragsbeziehung nach den allgemeinen Vorschriften der §§ 675, 276 BGB; die Haftungserleichterung des § 708 BGB kommt ihnen nicht zugute.[69] Für die Verteilung der **Beweislast** kann in entsprechender Anwendung auf die in den §§ 116, 93 Abs. 2 Satz 2 AktG für die Sorgfaltspflicht der aktienrechtlichen Aufsichtsratsmitglieder geregelten Grundsätze zurückgegriffen werden.[70] Hiermit werden die Beiratsmitglieder nicht unzumutbar belastet, da sie in der Lage sein müssen, darzulegen und gegebenenfalls zu beweisen, was sie von sich aus unternommen haben, um ihre Pflichten als Beiratsmitglied gewissenhaft zu erfüllen.[71]

27 e) **Vertreterklauseln.** Hiervon spricht man, wenn im Gesellschaftsvertrag vorgesehen ist, dass sich bestimmte Gesellschaftergruppen in der Gesellschafterversammlung durch einen **gemeinsamen Vertreter** vertreten lassen müssen. Die Zulässigkeit derartiger Klauseln wird bei der OHG – im Gegensatz zur KG[72] – überwiegend verneint.[73] Dem ist mit Rücksicht auf die unbeschränkte persönliche Haftung aller Gesellschafter jedenfalls hinsichtlich grundlegender Beschlüsse zuzustimmen. In diesen Fällen muss dem persönlich haftenden Gesellschafter das Stimmrecht verbleiben; auch muss er jedenfalls das Recht haben, den gemeinsamen Vertreter aus wichtigem Grund abzuberufen.[74]

IV. Rechte und Pflichten der geschäftsführenden Gesellschafter

28 1. **Ausübung der Geschäftsführungsbefugnis.** a) **Rechtsgrundlage.** Gemäß § 114 Abs. 1 sind die geschäftsführenden Gesellschafter unmittelbar auf Grund des Gesellschaftsvertrages zur Geschäftsführung berechtigt und verpflichtet.[75] Ihre Rechte und Pflichten folgen daher grundsätzlich unmittelbar aus dem Gesellschaftsvertrag. Der Abschluss eines gesonderten **Dienstvertrages** ist nicht erforderlich.[76] Allerdings steht es den Gesellschaftern frei, gleichwohl einen Dienstvertrag mit ihren Geschäftsführern abzuschließen. Ist kein Dienstvertrag abgeschlossen worden, besteht auch kein Raum für die Anwendung des Dienstvertragsrechts. Da die rechtliche Beziehung zwischen Geschäftsführer und Gesellschaft auf dem Gesellschaftsvertrag beruht, bestimmt sich dieses Rechtsverhältnis nach Gesellschaftsrecht.[77] Ist hingegen ein Anstellungsvertrag abgeschlossen worden, bestimmt sich das Rechtsverhältnis zwischen Gesellschaft und Geschäftsführern nach dessen Inhalt und den dienstvertraglichen Regelungen der §§ 611 ff. BGB. Ist zwar ein Vertrag abgeschlossen worden, erweist sich dieser aber als unwirksam, muss für die Rechtsfolgen danach unterschieden werden, ob der Geschäftsführer seine Tätigkeit bereits aufgenommen hat. Vor der Aufnahme der Dienstgeschäfte kann sich jede Seite jederzeit auf die Vertragsunwirksamkeit berufen. Hat der Geschäftsführer seine Tätigkeit aber auf der Grundlage des unwirksamen Anstellungsvertrages aufgenommen und geschah dies mit Wissen und Wollen der Gesellschaft, wird die Vereinbarung für die Dauer der tatsächlichen Beschäftigung des Geschäftsführers gleichwohl als wirksam behandelt, so dass der auf der Grundlage dieses unwirksamen Vertrages tätige Geschäftsführer zB die im Vertrag vereinbarte Vergütung verlangen kann.[78] Ihm stehen für die Dauer seiner Beschäftigung Bezüge in der versprochenen und nicht nur in angemessener Höhe zu.[79]

---

[66] BGH Urt. v. 1. 12. 1969 (Fn. 54) S. 249 f.
[67] Vgl. OLG Karlsruhe Urt. v. 30. 12. 1997 – 19 U 205/96, GmbHR 1998, 645, 646.
[68] BGH Urt. v. 4. 7. 1977 (Fn. 54) S. 213 ff.; Urt. v. 22. 10. 1979 – II ZR 151/77, WM 1979, 1425, 1426 f.
[69] BGH Urt. v. 4. 7. 1977 (Fn. 54) S. 209 f.
[70] BGH Urt. v. 4. 7. 1977 (Fn. 54) S. 213 ff.; BGH Urt. v. 22. 10. 1979 (Fn. 68) S. 1428.
[71] BGH Urt. v. 22. 10. 1979 (Fn. 68) S. 1428.
[72] Grundlegend BGH Urt. v. 12. 12. 1966 – II ZR 41/65, BGHZ 46, 291 = NJW 1967, 826.
[73] Vgl. K. Schmidt ZHR 146 (1982), 525, 527–529; weitere Nachw. bei Heymann/Emmerich RdNr. 41; offen gelassen bei BGH (Fn. 72) S. 297.
[74] Ebenso Baumbach/Hopt RdNr. 26; Heymann/Emmerich RdNr. 42 mwN.
[75] Vgl. schon RG (Fn. 2) S. 18.
[76] RG (Fn. 2).
[77] Ebenso für den Fall der Leistungsstörungen BGH Urt. v. 4. 3. 1976 – II ZR 178/74, BB 1976, 526; zum Teil abweichend BGH Urt. v. 5. 2. 1963 – VI ZR 33/62, NJW 1963, 1051; ebenso Heymann/Emmerich RdNr. 8 iVm. § 110 RdNr. 25.
[78] So zur AG: BGH Urt. v. 6. 4. 1964 – II ZR 75/62, BGHZ 41, 282, 287 f. = NJW 1964, 1367; ebenso zur GmbH & Co KG: BGH Urt. v. 16. 1. 1995 – II ZR 290/93, NJW 1995, 1158, 1159.
[79] BGH Urt. v. 6. 4. 1964 (Fn. 78) S. 289 f.; BGH Urt. v. 16. 1. 1995 (Fn. 78); Baums, Der Geschäftsleitervertrag, S. 195 ff.

b) Persönliche Rechtsausübung. Die (organschaftliche) Geschäftsführungsbefugnis ist an die 29 Person der einzelnen Gesellschafter gebunden und nicht übertragbar (siehe oben RdNr. 16 f.). Der Geschäftsführer muss die mit der Geschäftsführung verbundenen Aufgaben grundsätzlich persönlich wahrnehmen. Er kann sich nicht durch einen anderen – auch nicht durch einen Mitgesellschafter oder für kurze Zeit – vertreten lassen.[80] Dies schließt allerdings eine Delegation von Aufgaben an einen **Mitarbeiter** der Gesellschaft während einer vorübergehenden Verhinderung des Geschäftsführers oder auch eine Einschaltung **Dritter** nicht aus. Entscheidend ist stets, dass die organrechtliche Leitungskompetenz des Geschäftsführers unberührt bleibt.[81] Die Hilfspersonen stehen in aller Regel nicht zu dem Geschäftsführer, sondern zu der Gesellschaft in unmittelbaren Vertragsbeziehungen. Sie sind weder Vertreter des Geschäftsführers noch seine Erfüllungsgehilfen. Soweit dem geschäftsführenden Gesellschafter im Gesellschaftsvertrag die Befugnis eingeräumt wird, einen **Dritten** mit der Ausübung der Geschäftsführungsbefugnisse zu betrauen, handelt es sich nicht um die Übertragung der Geschäftsführung im Sinne des § 114. Der Dritte erwirbt nicht die organschaftliche Stellung eines Geschäftsführers. Er wird vielmehr idR auf der Grundlage eines Anstellungsvertrages tätig, ist im Rahmen seines Vertrages (und nicht gemäß § 117) abberufbar und an die Weisungen der geschäftsführenden Gesellschafter gebunden, die ihrerseits weiterhin die Gesamtverantwortung für die Geschäftsführung durch den Dritten tragen.[82]

c) Umfang der Geschäftsführungsbefugnis. Die Geschäftsführungsbefugnis erstreckt sich, so- 30 fern der Gesellschaftsvertrag keine anders lautende Regelung enthält, auf den gesamten Tätigkeitsbereich der Gesellschaft. Im Gegensatz zu einer im Gesellschaftsvertrag vorgesehenen Zuweisung von Geschäftsführungsbereichen auf einzelne Geschäftsführer (vgl. oben RdNr. 12) werden die Geschäftsführer durch eine von ihnen selbst vorgenommene **interne Arbeitsteilung** nicht von der Gesamtverantwortung und damit von der Verantwortung für die übrigen Tätigkeitsbereiche der Gesellschaft befreit.[83]

Die Geschäftsführer üben das Geschäftsführungsrecht in eigener Verantwortung aus. Eine **Be-** 31 **schränkung** ist nur in den Fällen des § 117 oder – da § 117 kein zwingendes Recht ist – durch eine Änderung des Gesellschaftsvertrages möglich. Abgesehen hiervon sind Eingriffe in die Geschäftsführung – insbesondere durch Mehrheitsbeschlüsse – nicht zulässig, sofern der Gesellschaftsvertrag keine andere Regelung enthält.[84] Insbesondere sind die geschäftsführenden Gesellschafter nicht an Weisungen der übrigen Gesellschafter, auch nicht der anderen Geschäftsführer, gebunden; Einzelmaßnahmen können deshalb nicht mittels der actio pro socio durchgesetzt werden.[85]

d) Inhaltliche Maßstäbe für die Ausübung. Die Befugnis zur Geschäftsführung ist ein so 32 genanntes **uneigennütziges** Recht, dessen Ausübung am Interesse der Gesellschaft auszurichten ist. Daraus folgt, dass die Geschäftsführer die Geschäfte der Gesellschaft ordentlich zu führen und dabei das Wohl der Gesellschaft und nicht den eigenen Nutzen zu verfolgen haben; zudem haben sie die gesellschaftsvertraglich festgelegte Organisationsordnung zu beachten.[86] Die Geschäftsführer sind insofern strikt an den vom Gesellschaftsvertrag umschriebenen Gesellschaftszweck und die hierin zum Ausdruck gekommenen Gesellschafterinteressen gebunden.[87] Ihnen wird aber bei den Entscheidungen ein weiter **unternehmerischer Ermessensspielraum** zugebilligt, der neben dem bewussten Eingehen geschäftlicher Risiken grundsätzlich auch die Gefahr von Fehlbeurteilungen und Fehleinschätzungen umfasst, der jeder Unternehmensleiter, mag er auch noch so verantwortungsbewusst handeln, ausgesetzt ist. Die Geschäftsführer dürfen allerdings weder die Grenzen, in denen sich ein von Verantwortungsbewusstsein getragenes, ausschließlich am Unternehmenswohl orientiertes, auf sorgfältiger Ermittlung der Entscheidungsgrundlagen beruhendes unternehmerisches Handeln bewegen muss, deutlich überschreiten noch dürfen sie die Bereitschaft, unternehmerische Risiken einzugehen, in unverantwortlicher Weise überspannen. Nach der Business Judgement Rule in § 93 Abs. 1 Satz 2 AktG idF des UMAG sind unternehmerische Entscheidungen auf der Grundlage angemessener Informationen zum Wohle der Gesellschaft zu treffen. Der Handlungsspielraum ist

---

[80] RG Urt. v. 12. 2. 1929 – II 295/28, RGZ 123, 289, 299.
[81] Ebenso Schlegelberger/*Martens* RdNr. 12.
[82] Vgl. im Einzelnen oben RdNr. 17 ff.; ebenso zB Baumbach/*Hopt* RdNr. 11; Schlegelberger/*Martens* RdNr. 12.
[83] BGH Urt. v. 1. 3. 1993 – II ZR 61/92, WM 1994, 1030, 1032; RG Urt. v. 3. 2. 1920 – II 272/19, RGZ 98, 98, 100; s. auch RdNr. 12 u. § 115 RdNr. 4.
[84] BGH (Fn. 14) S. 164 ff.; enger BGH Urt. v. 25. 2. 1982 – II ZR 174/80, BGHZ 83, 122, 132 ff. = NJW 1982, 1703 (Erforderlichkeit der Zustimmung der AG-Hauptversammlung bei schwerwiegenden Eingriffen in die Rechte und Interessen der Aktionäre); vgl. auch BGH Urt. v. 26. 4. 2004 – II ZR 155/02, BGHZ 159, 30, 37 ff. = NJW 2004, 1860; siehe auch Schlegelberger/*Martens* RdNr. 18 ff.
[85] BGH (Fn. 14) S. 164 f.; siehe aber oben RdNr. 19.
[86] BGH (Fn. 28).
[87] BGH Urt. v. 24. 1. 1972 – II ZR 3/69, NJW 1972, 862; vgl. auch nähere Ausführungen bei Schlegelberger/*Martens* RdNr. 15 ff.

überschritten, wenn aus der Sicht eines ordentlichen und gewissenhaften Geschäftsführers das hohe Risiko eines Schadens unabweisbar ist und keine vernünftigen geschäftlichen Gründe dafür sprechen, es dennoch einzugehen, so etwa bei einem Verstoß gegen die in der Branche anerkannten Erkenntnisse und Erfahrungssätze oder bei der Zuerkennung von Anerkennungsprämien, die ohne zukunftsbezogenen Nutzen für die Gesellschaft sind.[88]

33   e) **Pflichten des Geschäftsführers.** Die Pflichten des geschäftsführenden Gesellschafters bestimmen sich in erster Linie nach den Regelungen des Gesellschaftsvertrages sowie hilfsweise (§ 105 Abs. 3) nach dem Auftragsrecht des BGB (§§ 713, 664 bis 670 BGB). Die Generalpflicht des geschäftsführenden Gesellschafters besteht in der Verfolgung des Gesellschaftszwecks durch den erfolgreichen Betrieb eines Handelsgewerbes. Ausgehend hiervon lassen sich zahlreiche Einzelpflichten konkretisieren.[89] Neben den schon genannten Pflichten zur persönlichen Wahrnehmung der Geschäftsführungsbefugnis (vgl. Fn. 80) und zur Führung der Geschäfte im Interesse der Gesellschaft (vgl. RdNr. 32) kommen insbesondere vielfältige Sorgfalts-, Interessenwahrungs- und sonstige Loyalitätspflichten in Betracht, etwa die Pflicht, **Geschäftschancen der Gesellschaft** nicht für sich oder andere, sondern nur für die Gesellschaft zu nutzen.[90] Bei ungenügenden Mitteln ist der Geschäftsführer verpflichtet, sich um Kredite zu bemühen, muss aber jedenfalls zunächst eine Entscheidung der Gesellschafterversammlung herbeiführen.[91] Den Geschäftsführer trifft des Weiteren die Pflicht, nicht entgegen den Vorgaben des Gesellschaftsvertrages[92] oder dem Widerspruch eines Mitgeschäftsführers (§ 115 Abs. 1 Halbs. 2) zu handeln. Aufgrund ihrer **Auskunftspflicht** sind die Geschäftsführer verpflichtet, allen Mitgesellschaftern regelmäßig (ohne besondere Aufforderung) Bericht sowie auf besonderes Verlangen Auskunft zu erteilen und nach Beendigung der Geschäftsführung Rechenschaft abzulegen.[93]

34   **2. Haftung der geschäftsführenden Gesellschafter.** Eine gesetzliche Haftungsregelung für das Geschäftsführerverhalten existiert nicht. Die geschäftsführenden Gesellschafter haften bei schuldhafter Verletzung ihrer Geschäftsführerpflichten daher nach allgemeinen Grundsätzen auf **Schadensersatz,** sofern der Pflichtverstoß ursächlich für einen der Gesellschaft entstandenen Schaden ist. Ferner haften sie auf **Rückgängigmachung** der pflichtwidrig ausgeführten Handlungen. Dieser vom BGH zum Aktienrecht entwickelte Anspruch[94] findet als rechtsformübergreifender Schutzanspruch im gesamten Gesellschaftsrecht Anwendung.[95] Zur Frage eines Anspruchs auf **Unterlassung** der pflichtwidrigen Handlung vgl. die Kommentierung zu § 116 RdNr. 18.

35   a) **Pflichtwidriges Verhalten.** Der Schadensersatzanspruch setzt den Verstoß gegen eine den Geschäftsführer treffende Pflicht voraus. Von besonderer Bedeutung sind in diesem Zusammenhang Pflichtverletzungen, die zugleich einen Verstoß gegen die Treuepflicht darstellen, aber auch Verletzungen der Pflicht zu einer sachgerechten und verantwortungsbewussten Führung der Gesellschaft.[96] **Beispiele** für schadensersatzauslösende Pflichtverstöße sind das Übergehen eines gesellschaftsvertraglich vorgesehenen Zustimmungserfordernisses der Mitgesellschafter,[97] das Handeln entgegen dem Widerspruch eines Mitgeschäftsführers (§ 115),[98] der Verstoß gegen die in der betreffenden Branche anerkannten Erkenntnisse und Erfahrungssätze[99] sowie Handeln zum eigenen Vorteil entgegen den Interessen der Gesellschaft.[100] In Betracht kommen auch die unberechtigte Entnahme von Geld aus

---

[88] BGH Urt. v. 21. 4. 1997 – II ZR 175/95, BGHZ 135, 244, 253 = NJW 1997, 1926 (AG); Urt. v. 3. 12. 2001 – II ZR 308/99, WM 2002, 220, 221 = BKR 2002, 168 (Genossenschaft); Urt. v. 21. 3. 2005 – II ZR 54/03, WM 2005, 933, 934 (Genossenschaft); Urt. v. 12. 12. 2005 – 3 StR 470/04, WM 2006, 276, 277 f. = NJW 2006, 522 (AG; Gesamtbezüge der Vorstandsmitglieder müssen in einem angemessenen Verhältnis zu ihren Aufgaben und zur Lage der Gesellschaft stehen); Staub/*Ulmer* RdNr. 40, 55.
[89] Schlegelberger/*Martens* RdNr. 29.
[90] BGH Urt. v. 23. 9. 1985 – II ZR 257/84, NJW 1986, 584, 585; Urt. v. 8. 5. 1989 – II ZR 229/88, NJW 1989, 2687 f.; weitere Einzelheiten bei Schlegelberger/*Martens* RdNr. 30.
[91] BGH Urt. v. 23. 9. 1985 (Fn. 90) S. 585.
[92] Hierzu BGH Urt. v. 4. 11. 1996 – II ZR 48/95, NJW 1997, 314; vgl. auch BGH Urt. v. 3. 2. 1997 – II ZR 71/96, NJW-RR 1997, 925 (Handeln gegen im Gesellschaftsvertrag vorgesehenes Wettbewerbsverbot).
[93] Vgl. im Einzelnen *Ulmer* (Fn. 4) § 713 RdNr. 8 ff.; vgl. auch *Brandes* WM 1994, 569, 576 und MünchKommHGB/*Rawert* RdNr. 51 sowie zum Informationsanspruch des Kommanditisten BGH (Fn. 53) S. 1891 f.; siehe auch unten § 118 RdNr. 41.
[94] BGH Urt. v. 25. 2. 1982 (Fn. 84) S. 133 f.
[95] *Emde* WM 1996, 1205, 1208; Scholz/*K. Schmidt* § 45 Anh. RdNr. 15.
[96] Vgl. ie RdNr. 32; MünchKommHGB/*Rawert* RdNr. 42 ff., 56; Röhricht/Graf v. Westphalen/*v. Gerkan* RdNr. 15; Schlegelberger/*Martens* RdNr. 32.
[97] BGH Urt. v. 4. 11. 1996 (Fn. 92) S. 314.
[98] BGH Urt. v. 10. 12. 2001 – II ZR 139/00, WM 2002, 342, 344 = NJW-RR 2002, 540; RG Urt. v. 10. 10. 1924 – II 456/23, RGZ 109, 56, 60 f.
[99] BGH Urt. v. 3. 12. 2001 (Fn. 88).
[100] BGH Urt. v. 23. 9. 1985 (Fn. 90); Urt. v. 17. 5. 1988 – VI ZR 233/87, NJW 1989, 26, 27 (Vereinbarung eines überhöhten Kaufpreises durch den Komplementär zum Nachteil der KG); Urt. v. 8. 5. 1989 (Fn. 90).

der Gesellschaftskasse[101] und die mangelhafte Überwachung der Mitarbeiter der Gesellschaft[102] sowie die vom Gesellschaftsvertrag nicht gedeckte Übertragung einzelner Zuständigkeiten auf Mitarbeiter der Gesellschaft.[103]

Pflichtwidrig ist schließlich ein **kompetenzwidriges Verhalten** durch Überschreitung der durch §§ 115, 116 begrenzten Geschäftsführungsbefugnis. Nach der Rechtsprechung des Reichsgerichts waren auf die Fälle schuldhafter Überschreitung der Geschäftsführungsbefugnis die Vorschriften über die Geschäftsführung ohne Auftrag (§§ 677 ff. BGB) anzuwenden.[104] Bei der Überschreitung von Geschäftsführungsbefugnissen geht es jedoch um – wenn auch fehlerhaftes – Geschäftsführerhandeln, für das der Geschäftsführer nach den §§ 276, 708 BGB einzustehen hat.[105] Dabei begründet allein die schuldhafte Überschreitung der dem Geschäftsführer nach dem Gesellschaftsvertrag eingeräumten Befugnisse die Haftung; die Überschreitung stellt einen schweren Bruch der gesellschaftsrechtlichen Treuepflicht dar[106] und hat bereits zur Folge, dass der pflichtwidrig handelnde Gesellschafter für den gesamten Schaden ersatzpflichtig ist.[107] Eine zusätzliche Pflichtwidrigkeit beim Ausführungshandeln ist nicht erforderlich.[108]

Nicht in jedem Fall führt die Nichterfüllung einer Pflicht zum Schadensersatz. Einschränkungen können sich etwa aus der Person des Geschäftsführers ergeben. Dieser ist von der ihn grundsätzlich treffenden Tätigkeitspflicht wegen Unmöglichkeit der Leistungserbringung befreit, wenn er beispielsweise erkrankt oder aus anderen Gründen an der Wahrnehmung seiner Pflichten gehindert ist. Schadensersatzpflichten können in diesen Fällen nur entstehen, wenn der Geschäftsführer die **Verhinderung** zu vertreten hat. Die Einzelheiten bestimmen sich nach den im Arbeitsrecht entwickelten Regelungsstandards.[109]

Auch bei Vorliegen eines Pflichtverstoßes entfällt ein Schadensersatzanspruch, wenn die Gesellschafter mit der für eine Änderung des Gesellschaftsvertrages erforderlichen Mehrheit das fragliche Verhalten des Geschäftsführers in Kenntnis der Zusammenhänge gebilligt oder dem Geschäftsführer nachträglich Entlastung erteilt haben. Die vorherige **Billigung** führt im Wege der Einwilligung zu einer Rechtfertigung des Verhaltens, die bereits die Pflichtwidrigkeit entfallen lässt.[110] Die nachträgliche Entlastung stellt eine Billigung dar, verbunden mit einem **Verzicht** auf etwaige Schadensersatzansprüche aus dem Gesellschaftsverhältnis, sofern sich solche aus der ordnungsgemäß vorgelegten Rechnung ergeben können.[111]

b) Verschulden. Ein Schadensersatzanspruch entsteht nur bei schuldhaftem Verhalten des Geschäftsführers. Der **Verschuldensmaßstab** richtet sich (über § 105 Abs. 3) – außer in der Publikumsgesellschaft, für die der uneingeschränkt der Maßstab der verkehrsüblichen Sorgfalt nach § 276 BGB gilt[112] – nach **§ 708 BGB** (vgl. § 109 RdNr. 4). In Fällen von Pflichtverletzungen im Straßenverkehr hat der BGH den sachlichen Anwendungsbereich des § 708 BGB allerdings eingeschränkt.[113] Eine über das Haftungsprivileg des § 708 BGB hinausgehende Haftungserleichterung nach den arbeitsrechtlichen Haftungsgrundsätzen kommt für Organpersonen – auch in Personengesellschaften – nicht in Betracht.[114]

---

[101] BGH Urt. v. 12. 11. 1970 – II ZR 171/68, WM 1971, 125; Urt. v. 20. 3. 1972 – II ZR 160/69, WM 1972, 1121.
[102] Vgl. schon RG Urt. v. 21. 11. 1883 – Rep. I 373/83, RGZ 13, 61, 65; hierzu auch Schlegelberger/*Martens* RdNr. 11, 32.
[103] Heymann/*Emmerich* RdNr. 21.
[104] RG Urt. v. 22. 10. 1938 – II 58/38, RGZ 158, 302, 312 f.
[105] BGH Urt. v. 11. 1. 1988 – II ZR 192/87, WM 1988, 968, 969 f. = NJW-RR 1988, 995; str., wegen der Einzelheiten vgl. MünchKommHGB/*Rawert* RdNr. 61 ff. und Schlegelberger/*Martens* RdNr. 36 f.
[106] *Emde* (Fn. 95) S. 1208.
[107] BGH (Fn. 105) S. 970; Urt. v. 4. 11. 1996 (Fn. 92); str., ablehnend zB Schlegelberger/*Martens* RdNr. 37 mwN; diff. *Ulmer* (Fn. 4) § 708 RdNr. 11; vgl. auch *Martens* ZHR 147 (1983), 377, 397 ff.
[108] BGH Urt. v. 4. 11. 1996 (Fn. 92); ebenso: Röhricht/Graf v. Westphalen/*v. Gerkan* RdNr. 16.
[109] Vgl. näher hierzu Schlegelberger/*Martens* RdNr. 20.
[110] Vgl. BGH Urt. v. 7. 4. 2003 – II ZR 193/02, WM 2003, 1018, 1019 = NJW-RR 2003, 895 (zu § 43 Abs. 2 GmbHG); vgl. auch Röhricht/Graf v. Westphalen/*v. Gerkan* RdNr. 17.
[111] BGH Urt. v. 20. 6. 1983 – II ZR 85/82, WM 1983, 910, 912; Urt. v. 2. 4. 1987 – IX ZR 68/86, WM 1987, 725 = NJW-RR 1987, 869; vgl. auch Heymann/*Emmerich* RdNr. 14, 19; siehe ferner unten RdNr. 44.
[112] BGH Urt. v. 4. 7. 1977 – II ZR 150/75, BGHZ 69, 207, 209 = NJW 1977, 2311; Urt. v. 12. 11. 1979 – II ZR 174/77, BGHZ 75, 321, 327 = NJW 1980, 589.
[113] BGH Urt. v. 20. 12. 1966 – VI ZR 53/65, BGHZ 46, 313, 317 f. = NJW 1967, 558; ebenso zu dem parallel gelagerten Problem der Ehegattenhaftung bei § 1359 BGB zB BGH Urt. v. 11. 3. 1970 – IV ZR 772/68, BGHZ 53, 352, 354 f.; Urt. v. 10. 7. 1974 – IV ZR 212/72, BGHZ 63, 51, 57 = NJW 1974, 2124; kritisch dazu *Ulmer* (Fn. 4) § 708 RdNr. 12 ff.
[114] BGH Urt. v. 27. 2. 1975 – II ZR 112/72, WM 1975, 467, 469; str., wie hier Heymann/*Emmerich* RdNr. 17a mwN, MünchKommHGB/*Rawert* RdNr. 60, Röhricht/Graf v. Westphalen/*v. Gerkan* RdNr. 19 und Schlegelberger/*Martens* RdNr. 35 mwN; aA Canaris RdA 1966, 41, 45 ff.; vgl. abweichend zum Vereinsrecht BGH Urt. v. 13. 12. 2004 – II ZR 17/03, NJW 2005, 981.

40 **c) Schaden.** Der Ersatzanspruch umfasst den gesamten, durch die Pflichtverletzung verursachten Schaden, der der Gesellschaft entstanden ist. Die Entstehung und der Schadensumfang richten sich nach den allgemeinen Vorschriften der **§§ 249 ff. BGB.** Erfasst wird auch der entgangene Gewinn (§ 252 BGB). Der Einwand rechtmäßigen Alternativverhaltens schließt die Schadensentstehung als solche nicht aus; der ersatzpflichtige Gesellschafter kann sich nicht ohne weiteres auf die Gleichwertigkeit von Leistung und Gegenleistung in dem pflichtwidrig abgeschlossenen Vertrag berufen; er muss vielmehr stets den Nachweis erbringen, dass die Gesellschaft die Gegenleistung ganz oder zum Teil ohnehin beansprucht hätte, oder dass sie aus der pflichtwidrigen Maßnahme andere vermögenswerte Vorteile erlangt hat, die ihr sonst vorenthalten geblieben wären.[115]

41 **d) Beweislast.** Die Gesellschaft trägt die Beweislast für den Schadenseintritt und die Ursächlichkeit des Geschäftsführerverhaltens, wobei ihr die Beweiserleichterungen des § 287 ZPO zugute kommen.[116] Demgegenüber muss der geschäftsführende Gesellschafter nach zutreffender Auffassung darlegen und beweisen, dass sein Verhalten pflichtgemäß und von ihm nicht zu vertreten war,[117] oder dass der Schaden auch bei pflichtgemäßem Alternativverhalten eingetreten wäre.[118] Das schließt gegebenenfalls den Nachweis der Einhaltung seines grundsätzlich weiten unternehmerischen Ermessensspielraums ein.[119]

42 **e) Geltendmachung der Ansprüche.** Bei Vorliegen der Voraussetzungen ist der **geschäftsführende Gesellschafter** zum Schadensersatz **verpflichtet.** Er kann gegebenenfalls auch auf Rücknahme der kompetenzwidrig vorgenommenen Geschäftsführungsmaßnahme in Anspruch genommen werden.[120] Soweit der BGH im Falle der Aktiengesellschaft nur die Gesellschaft für einen solchen Anspruch als passiv legitimiert erachtet hat,[121] lässt sich dies nicht auf das Personenhandelsgesellschaftsrecht übertragen. Die dort bestehenden vielfältigen Treuepflichten der Gesellschafter untereinander, seien sie geschäftsführungsbefugt oder nicht, begründen einen Anspruch auf Rücknahme auch gegenüber dem kompetenzwidrig handelnden geschäftsführenden Gesellschafter.[122]

43 Zur Geltendmachung der Ansprüche gegen den Geschäftsführer sind die **übrigen geschäftsführenden Gesellschafter** zuständig. Mit Rücksicht auf die Bedeutung einer Schadensersatzklage gegen den Geschäftsführer wegen Verletzung seiner Geschäftsführerpflichten ist für die Rechtsverfolgung gemäß § 116 Abs. 2 ein **Beschluss sämtlicher Gesellschafter** erforderlich.[123] Dies gilt insbesondere auch für die Entscheidung über einen Verzicht auf die Forderung oder den Abschluss eines Vergleichs über den Schadensersatzanspruch.[124] Bei der Beschlussfassung ist der zum Ersatz verpflichtete Geschäftsführer nicht stimmberechtigt.[125] Solange die Gesellschaft auf den Anspruch nicht verzichtet oder einen Vergleich hierüber abgeschlossen hat, steht neben der Rechtsverfolgung durch die Gesellschaft gleichrangig die Rechtsverfolgung durch die einzelnen Gesellschafter mittels der actio pro socio.[126] Für die **Verjährung** des Schadensersatzanspruches gilt § 199 Abs. 2 und 3 BGB.[127]

44 **f) Entlastung des Geschäftsführers.** Entlastung ist die einseitige verbindliche **Billigung** der Amtsführung des Geschäftsführers für die Dauer der zurückliegenden Entlastungsperiode (vgl. § 120

---

[115] BGH (Fn. 105) S. 970; vgl. zum rechtmäßigen Alternativverhalten auch *v. Gerkan* ZHR 154 (1990), 39, 48 f.
[116] BGH Urt. v. 13. 1. 1954 – II ZR 6/53, BB 1954, 143; Urt. v. 8. 7. 1985 – II ZR 198/84, NJW 1986, 54 f. (GmbH); Urt. v. 8. 5. 1989 (Fn. 90) S. 2688; Urt. v. 4. 11. 2002 – II ZR 224/00, BGHZ 152, 280, 283 f., 287 = NJW 2003, 358 (GmbH).
[117] BGH Urt. v. 8. 7. 1985 (Fn. 116); BGH Urt. v. 4. 11. 2002 (Fn. 116) S. 284 (GmbH); ebenso für die Haftung eines herrschenden Unternehmer-Gesellschafters, der im Rahmen eines Beherrschungsvertrages mit einer KG das Unternehmen der abhängigen Gesellschaft in das eigene Unternehmen eingliedert BGH Urt. v. 5. 2. 1979 – II ZR 210/76, NJW 1980, 231, 232; Baumgärtel/*Wittmann* Band 4 HGB 1. Aufl. § 116 RdNr. 3; Schlegelberger/*Martens* RdNr. 38.
[118] BGH Urt. v. 4. 11. 2002 (Fn. 116) S. 284 (GmbH); Röhricht/Graf v. Westphalen/*v. Gerkan* RdNr. 20.
[119] BGH Urt. v. 4. 11. 2002 (Fn. 116) S. 284; vgl. oben RdNr. 32.
[120] Näher hierzu *Emde* (Fn. 95) S. 1210.
[121] BGH Urt. v. 25. 2. 1982 (Fn. 84) S. 133 f.
[122] *Emde* (Fn. 95) S. 1211; vgl. auch Scholz/*K. Schmidt* (Fn. 95).
[123] BGH Urt. v. 4. 11. 1982 – II ZR 210/81, WM 1983, 60; Beschl. v. 12. 6. 1997 – IX ZR 172/96, WM 1997, 1431.
[124] Ebenso GroßkommHGB/*Fischer* Anm. 2 b; Schlegelberger/*Martens* RdNr. 41; aA Baumbach/*Hopt* RdNr. 17 und Staub/*Ulmer* RdNr. 64 (Mehrheitsbeschluss ausreichend, wenn zugelassen).
[125] MünchKommHGB/*Rawert* RdNr. 67; Schlegelberger/*Martens* RdNr. 41.
[126] BGH Urt. v. 27. 6. 1957 – II ZR 15/56, BGHZ 25, 47, 50 = NJW 1957, 1358; Urt. v. 13. 5. 1985 – II ZR 170/84, NJW 1985, 2830, 2831; aA *Emde* (Fn. 95) S. 1211, 1212, der ein eigenes Recht des klagenden Gesellschafters annimmt; vgl. zur actio pro socio die Kommentierung bei § 105.
[127] Ebenso MünchKommHGB/*Rawert* RdNr. 70, der zu Recht darauf hinweist, dass es für die von Staub/*Ulmer* RdNr. 65 auf der Grundlage der bis zum 31. 12. 2001 geltenden Regelungen des BGB (30 Jahre ab Anspruchsentstehung, §§ 195, 198 ff. BGB aF) befürwortete Analogie zu §§ 93 Abs. 6 AktG, 43 Abs. 4 GmbHG (Verjährungsfrist 5 Jahre) an einer planwidrigen Regelungslücke fehlt.

Abs. 2 AktG). Über die Billigung hinaus liegt in der Entlastung typischerweise auch eine Vertrauenskundgabe für die künftige Verwaltung der Gesellschaft.[128] Anders als bei der Aktiengesellschaft (§ 120 Abs. 2 Satz 2 AktG) hat die Entlastung ferner zur Folge, dass die OHG mit Ersatzansprüchen und Kündigungsgründen ausgeschlossen ist, die der Gesellschafterversammlung bei sorgfältiger Prüfung aller Vorlagen und Berichte erkennbar sind oder von denen alle Gesellschafter privat Kenntnis haben.[129] Der **Verzicht** erfasst solche Ersatzansprüche nicht, die auf Vorfällen beruhen, die aus der Bilanz oder der sonstigen Rechnung für die übrigen Gesellschafter nicht ohne weiteres ersichtlich sind[130] oder die auf sonstige Rechtsbeziehungen zwischen den Beteiligten zurückgehen.[131] Der Begriff des Ersatzanspruchs umfasst auch Ansprüche gegen den Geschäftsführer aus ungerechtfertigter Bereicherung, sofern die die Bereicherung begründende Vermögensverschiebung auf Maßnahmen der Geschäftsführung zurückzuführen ist.[132]

Die Entlastung wird grundsätzlich durch **Beschluss** ausgesprochen, liegt aber spätestens in der gemeinsamen Unterzeichnung der Bilanz durch alle Gesellschafter (§ 245 S. 2).[133] **45**

Ein **Anspruch auf Entlastung** des geschäftsführenden Gesellschafters besteht nicht. Nach der Rechtsprechung des Bundesgerichtshofes gilt dies jedenfalls für das Recht der Aktiengesellschaften und für das GmbH-Recht.[134] Der Ansicht ist auch für das Personenhandelsgesellschaftsrecht zu folgen.[135] Die Situation ist insoweit der bei der GmbH bestehenden vergleichbar. Entgegen einer in der Literatur vertretenen Ansicht[136] sprechen auch die Gesellschafter einer OHG dem Geschäftsführer für die künftige Geschäftsführung ihr Vertrauen aus.[137] Soweit es um dieses Vertrauen geht, versteht sich auch bei der OHG – ebenso wie bei der GmbH – von selbst, dass es nicht erzwungen werden kann. Nichts anderes gilt für die Billigung der Geschäftsführung für die zurückliegende Entlastungsperiode. Auch bei der OHG ist insoweit nicht nur zu prüfen, ob der Geschäftsführer in Angelegenheiten der Gesellschaft die Sorgfalt eines ordentlichen Kaufmannes angewandt und über sie ordnungsgemäß Rechnung gelegt hat. Da auch der geschäftsführende Gesellschafter einer OHG über einen erheblichen Entscheidungsspielraum unternehmerischen Ermessens verfügt,[138] enthält die Entlastung vielmehr zugleich die Erklärung der Gesellschafter, dass der Geschäftsführer seine unternehmerischen Entscheidungen zweckmäßig getroffen hat. Ebenso wie bei der GmbH kommt den Gesellschaftern bei der Beurteilung dieser Frage ein weiter Ermessensspielraum zu. Soweit die Entlastung bei der OHG die bereits erwähnte Verzichtswirkung zur Folge hat, begründet dieser Rechtsverlust aus den entsprechend geltenden Gründen der bereits genannten Entscheidung des Bundesgerichtshofes im 94. Band der amtlichen Sammlung ebenfalls keinen Rechtsanspruch auf Entlastung.[139] Dem Geschäftsführer steht bei Verweigerung der Entlastung vielmehr nur die Möglichkeit der Erhebung einer **negativen Feststellungsklage** offen, sofern die allgemeinen Voraussetzungen für eine solche Klage vorliegen.[140] **46**

Von der Entlastung ist die so genannte **Generalbereinigung** abzugrenzen. Generalbereinigung und Entlastung unterscheiden sich dadurch, dass bei der Entlastung nur auf diejenigen Ansprüche verzichtet wird, die den Gesellschaftern zurzeit der Fassung des Entlastungsbeschlusses bekannt oder jedenfalls auf Grund der Rechenschaftslegung sowie aus den ihnen zugänglich gemachten Unterlagen erkennbar sind. Dagegen wird bei einer Generalbereinigung im Rahmen des rechtlich Zulässigen auf sämtliche denkbaren Ersatzansprüche verzichtet.[141] **47**

3. Vergütungsanspruch des geschäftsführenden Gesellschafters. a) Anspruchsbegründung. Da die Geschäftsführung eine gesellschaftsvertragliche Pflicht und daher keine freiwillige Aufwendung im Sinne des § 110 ist, scheidet ein Aufwendungsersatz im Sinne der genannten **48**

---

[128] HM; vgl. statt aller BGH Urt. v. 20. 6. 1983 (Fn. 111) S. 912; Urt. v. 20. 5. 1985 – II ZR 165/84, BGHZ 94, 324, 326 = NJW 1986, 129; Urt. v. 14. 11. 1994 – II ZR 160/93, NJW 1995, 1353, 1356.
[129] So zur GmbH BGH Urt. v. 20. 5. 1985 (Fn. 128) S. 326 mwN.
[130] BGH Urt. v. 21. 4. 1986 – II ZR 165/85, BGHZ 97, 382, 384 ff. = NJW 1986, 2250; Urt. v. 14. 11. 1994 (Fn. 128); Urt. v. 3. 12. 2001 (Fn. 88) S. 222 (Genossenschaft); Urt. v. 21. 3. 2005 (Fn. 88) S. 935.
[131] BGH Urt. v. 2. 4. 1987 (Fn. 111) S. 727.
[132] BGH Urt. v. 21. 4. 1986 (Fn. 130) S. 386.
[133] Baumbach/Hopt RdNr. 16; Heymann/Emmerich RdNr. 14; vgl. zur Anfechtbarkeit eines Entlastungsbeschlusses wegen sittenwidriger Schädigung BGH Urt. v. 7. 4. 2003 (Fn. 110) S. 1020 (GmbH).
[134] BGH Urt. v. 20. 5. 1985 (Fn. 128) S. 325 ff.
[135] Ebenso Baumbach/Hopt RdNr. 16; MünchKommHGB/Rawert RdNr. 72 ff. mwN; aA überwM, vgl. statt aller Schlegelberger/Martens RdNr. 43 f. mwN.
[136] Schlegelberger/Martens RdNr. 44.
[137] BGH Urt. v. 20. 6. 1983 (Fn. 111) S. 912.
[138] So ausdrücklich Schlegelberger/Martens RdNr. 19; vgl. hierzu oben RdNr. 32.
[139] BGH Urt. v. 20. 5. 1985 (Fn. 128) S. 326.
[140] BGH Urt. v. 20. 5. 1985 (Fn. 128) S. 328 ff.
[141] BGH Urt. v. 21. 4. 1986 (Fn. 130) S. 384; Urt. v. 7. 4. 2003 (Fn. 110) S. 1019 f. (GmbH).

Vorschrift aus. Da zudem in Fällen, in denen die Gesellschaft mit dem Geschäftsführer keinen Dienstvertrag abgeschlossen hat, kein Raum für die Anwendung des Dienstvertragsrechts ist (siehe oben RdNr. 28), ist auch die Vergütungsregelung des § 612 Abs. 1 BGB nicht anwendbar. Nach der Vorstellung des Gesetzgebers ist der Anteil der geschäftsführenden Gesellschafter am Gewinn der Gesellschaft grundsätzlich zugleich die Gegenleistung für die Geschäftsführertätigkeit.[142] Ein darüber hinausgehender gesonderter Vergütungsanspruch des Geschäftsführers setzt daher voraus, dass entweder der Gesellschaftsvertrag eine entsprechende **Vereinbarung** enthält oder ein gesonderter Gesellschafterbeschluss getroffen worden ist.[143] Zuständig für derartige Absprachen sind grundsätzlich alle Gesellschafter.[144] Auch **stillschweigend** getroffene Regelungen sind möglich und als Anspruchsgrundlage ausreichend. Nach der Rechtsprechung soll eine konkludente Einigung regelmäßig schon dann vorliegen, wenn die Geschäftsführer eine über das übliche Maß hinausgehende Tätigkeit verrichten, die eine besondere Fähigkeit erfordert.[145] Dies ist mit Rücksicht auf die Bedeutung der Privatautonomie als Regelannahme zweifelhaft. Eine solche Annahme darf nicht zu einer verschleierten Fiktion nicht ernstlich gewollter Vergütungsregelungen führen.[146] Es erscheint andererseits auch nicht gerechtfertigt, in diesen Fällen stets die Frage nach einer Zustimmungspflicht der übrigen Gesellschafter zur Regelung einer gesonderten Vergütung als maßgeblich zu erachten.[147] Mit Rücksicht auf die strengen Voraussetzungen, die für die Annahme einer Zustimmungspflicht bestehen,[148] ist vielmehr in erster Linie eine Auslegung der wechselseitigen – gegebenenfalls auch durch konkludentes Verhalten abgegebenen – Erklärungen unter Berücksichtigung aller Besonderheiten des Einzelfalles vorzunehmen. Ohne ausdrückliche Vertragsregelung besteht ein Vergütungsanspruch nur dann, wenn er sich im Wege einer solchen einfachen oder ergänzenden Vertragsauslegung ermitteln lässt oder wenn die Grundsätze über den Wegfall der Geschäftsgrundlage Anwendung finden.[149] Eine über das Maß des Üblichen hinausgehende Leistung des Geschäftsführers genügt daher für sich zwar nicht, um einen gesonderten Vergütungsanspruch zu begründen; im Einzelfall kann ihr aber im Rahmen der vorzunehmenden Auslegung durchaus ausschlaggebende Bedeutung zukommen.

49 Möglich ist auch die Regelung der Vergütung in einem gesonderten **Dienstvertrag.** Sie bestimmt sich in diesem Fall nach den §§ 611 ff. BGB. Es handelt sich bei einer solchen Vereinbarung um ein Drittgeschäft, das wegen seiner grundsätzlichen Bedeutung keine Angelegenheit der Geschäftsführung darstellt; nicht anders als bei der gesellschaftsrechtlichen Vergütungsregelung sind vielmehr auch für die dienstvertragliche Vereinbarung grundsätzlich alle Gesellschafter zuständig.

50 Die Vergütung kann entweder in einer entsprechenden Erhöhung des prozentualen Gewinnanteils des Geschäftsführers bestehen oder aber als **gewinnabhängige oder gewinnunabhängige** periodische Zahlung vereinbart werden.[150] Bei einer gewinnabhängigen Regelung entfällt ein Anspruch, wenn kein Gewinn erzielt wird. Wird eine Festvergütung vereinbart, handelt es sich im Falle einer dienstvertraglichen Abrede stets, bei einer gesellschaftsvertraglichen Abrede jedenfalls im Zweifel um eine gewinnunabhängige Vereinbarung.[151]

51 **b) Anpassung der Vergütung.** Die Notwendigkeit einer Anpassung der Vergütung kann sich aus unterschiedlichen Gründen ergeben. Eine **Heraufsetzung** der Vergütung kommt bei einer wesentlichen Änderung der Verhältnisse in Betracht. Zu denken ist etwa an die Ausweitung der Geschäftsführungsaufgaben oder auch an die Veränderung der Lebenshaltungskosten. Da die Änderung der Vergütung nicht Geschäftsführung, sondern Vertragsänderung ist, erfordert sie grundsätzlich die Zustimmung aller Gesellschafter.[152] Eine Zustimmungspflicht besteht allerdings nur in engen Grenzen. Eine Verpflichtung zur Zustimmung kommt nur in Betracht, wenn sie von dem Interesse aller Gesellschafter an der Erhaltung und sachgerechten Fortführung des gemeinsamen Unterneh-

---

[142] BGH Urt. v. 21. 5. 1955 – IV ZR 7/55, BGHZ 17, 299, 301 = NJW 1955, 1227; Urt. v. 10. 6. 1965 – II ZR 6/63, BGHZ 44, 40, 41 f. = NJW 1965, 1960.
[143] BGH Urt. v. 21. 5. 1955 u. 10. 6. 1965 (Fn. 142); Schlegelberger/*Martens* RdNr. 22 mwN.
[144] BGH Urt. v. 6. 7. 1967 – II ZR 218/65, WM 1967, 1099.
[145] BGH Urt. v. 21. 5. 1955 (Fn. 142); RG Urt. v. 4. 3. 1943 – II 113/42, RGZ 170, 392, 396; OLG Koblenz Urt. v. 14. 2. 1986 – 2 U 1603/84, NJW-RR 1987, 24; KG Urt. v. 4. 5. 1992 – 2 U 4536/91, GmbHR 1993, 818, 820; Heymann/*Emmerich* § 110 RdNr. 21.
[146] Ebenso MünchKommHGB/*Rawert* RdNr. 78; Röhricht/Graf v. Westphalen/*v. Gerkan* RdNr. 22; Schlegelberger/*Martens* RdNr. 22 f.
[147] So Schlegelberger/*Martens* RdNr. 23.
[148] Hierzu etwa BGH Urt. v. 10. 6. 1965 (Fn. 142) und BGH Urt. v. 3. 7. 1978 – II ZR 140/77, WM 1978, 1232, 1233; Schlegelberger/*Martens* RdNr. 23.
[149] BGH Urt. v. 4. 7. 1977 – II ZR 91/76, NJW 1977, 2362 (LS) = WM 1977, 1140.
[150] Zu Ausgestaltung und Inhalt von Vergütungsansprüchen vgl. nähere Einzelheiten bei *Ganssmüller* S. 4 ff. und *Hueck* A. OHG § 17 II 3.
[151] Schlegelberger/*Martens* RdNr. 24; vgl. auch MünchKommHGB/*Rawert* RdNr. 80 f.
[152] BGH (Fn. 72), BB 1967, 143 (insoweit in BGHZ 46 nicht abgedruckt).

mens gefordert wird. Dies ist nicht ohne weiteres im Falle einer Erhöhung der Lebenshaltungskosten oder bei entsprechender Entwicklung der Gehälter leitender Angestellter der Fall, wohl aber, wenn die Erhöhung erforderlich ist, um den für die Entwicklung des Unternehmens verdienten Geschäftsführer zum Verbleib in der Gesellschaft zu veranlassen.[153] Diese restriktive Beurteilung ist berechtigt. Die Vergütungsabrede ist letztlich eine Gewinnverteilungsabrede und betrifft damit einen grundlegenden Bereich der Gesellschafterrechte.[154] Eine Anpassungspflicht kann sich im Einzelfall auch durch Auslegung der Vergütungsregelung ergeben,[155] so etwa, wenn eine angemessene Vergütung vereinbart worden war. In diesem Fall kann eine Pflicht zur fortlaufenden Anpassung gemäß § 315 Abs. 1 BGB bestehen. Auch aus einer wiederholten Anpassungsübung in der Vergangenheit kann unter Umständen eine Anpassungspflicht für die Zukunft entstehen.[156]

Bei einer wesentlichen Veränderung der Verhältnisse kommt auch eine **Herabsetzung** der Vergütung in Betracht. Dies gilt schon nach der vertraglichen Regelung für den Fall, dass eine angemessene Vergütung vereinbart worden ist. In Betracht kommt aber auch die Anpassung einer vereinbarten Festvergütung. Eine solche Anpassung kann nach den Grundsätzen über den Wegfall der Geschäftsgrundlage gerechtfertigt sein, so etwa bei einer wesentlichen Einschränkung des Tätigkeitsumfanges der Geschäftsführeraufgaben. Auch können die Geschäftsführer auf Grund ihrer Treuepflicht gehalten sein, in eine Herabsetzung der Bezüge einzuwilligen, so etwa bei einer erheblichen Verschlechterung der wirtschaftlichen Situation der Gesellschaft.[157] 52

c) **Fortzahlung bei Verhinderung.** Dem Geschäftsführer steht grundsätzlich nur für die Zeit 53 ein Anspruch auf Tätigkeitsvergütung zu, in der er **tatsächlich** für die Gesellschaft tätig geworden ist. Bei einer Verhinderung, die nicht nur vorübergehender Natur ist, entfällt daher grundsätzlich der Vergütungsanspruch.[158] Trotz fehlender Tätigkeit für die Gesellschaft kann er im Einzelfall hingegen bestehen, wenn es sich nur um eine vorübergehende, nicht zu vertretende Verhinderung – zB Urlaub, Erkrankung – handelt. Da auf die Geschäftsführertätigkeit das Dienstvertragsrecht ohne Abschluss eines Dienstvertrages keine Anwendung findet (siehe oben RdNr. 28), folgt dies, sofern kein Dienstvertrag besteht, nicht aus § 616 BGB, sondern aus dem Grundsatz der gesellschaftsvertraglichen Treuepflicht, die es gebietet, auf die berechtigten Interessen des Geschäftsführers Rücksicht zu nehmen.[159]

Hat ein **Dritter** die Verhinderung des Geschäftsführers schuldhaft verursacht, wird er nach den 54 allgemein für Vorteilsausgleichung geltenden Grundsätzen nicht etwa mit Rücksicht auf die Fortzahlung der Vergütung durch die Gesellschaft von seiner Ersatzpflicht gegenüber dem Geschäftsführer frei. Auch bei Fortzahlung einer gewinnunabhängigen Vergütung bleibt der Schadensersatzanspruch gegen den Dritten bestehen, ist aber entsprechend § 255 BGB an die Gesellschaft abzutreten.[160] Bei gewinnabhängiger Vergütung des Geschäftsführers wird der Dritte nach zutreffender Auffassung ebenfalls nicht entlastet.[161]

4. **Herausgabepflicht.** Über § 105 Abs. 3, der auf § 713 BGB und damit auf die §§ 664–670 55 BGB verweist, ist die Vorschrift des § 667 BGB auch auf den Geschäftsführer der OHG entsprechend anzuwenden. Er muss hiernach alles, was er aus der Geschäftsführung erlangt hat, an die Gesellschaft herausgeben. Hierzu gehören auch Sonderprovisionen und **Schmiergelder**.[162]

5. **Kündigung des Geschäftsführers.** Der Gesellschafter kann die Geschäftsführung bei Vor- 56 liegen eines **wichtigen Grundes** kündigen (§ 105 Abs. 3, § 712 Abs. 2 BGB). Dies gilt sowohl bei vertraglicher als auch bei gesetzlicher Geschäftsführungsbefugnis.[163] Wirksamkeitsvoraussetzung der Kündigung ist das Vorliegen eines wichtigen Grundes. Ein wichtiger Grund kann etwa bei tiefgreifenden Zerwürfnissen oder dringenden persönlichen Anlässen vorliegen.[164] Fehlt ein derartiger wichtiger Grund, ist die Kündigung unwirksam und kann Schadensersatzansprüche wegen Verlet-

---

[153] BGH Urt. v. 10. 6. 1965 (Fn. 142) S. 42; BGH Urt. v. 7. 2. 1974 – II ZR 140/72, WM 1974, 375, 376; Urt. v. 15. 6. 1978 – II ZR 146/77, WM 1978, 1230, 1231; Urt. v. 3. 7. 1978 (Fn. 148); ebenso Schlegelberger/*Martens* RdNr. 23, 25 mwN; kritisch und hinsichtlich der Anpassung der Geschäftsführervergütung großzügiger *Zöllner* S. 57 ff.
[154] Ebenso Schlegelberger/*Martens* RdNr. 23.
[155] BGH (Fn. 149).
[156] MünchKommHGB/*Rawert* RdNr. 82; Schlegelberger/*Martens* RdNr. 25.
[157] Heymann/*Emmerich* § 110 RdNr. 23; MünchKommHGB/*Rawert* RdNr. 84; weitere Einzelheiten bei Schlegelberger/*Martens* RdNr. 26.
[158] BGH Urt. v. 13. 5. 1953 – II ZR 157/52, BGHZ 10, 44, 53 = NJW 1953, 1548.
[159] Vgl. näher hierzu Schlegelberger/*Martens* RdNr. 27.
[160] BGH Urt. v. 14. 10. 1969 – VI ZR 55/68, NJW 1970, 95, 96.
[161] Str., ebenso wie hier Röhricht/Graf v. Westphalen/*v. Gerkan* RdNr. 24; Schlegelberger/*Martens* RdNr. 28 mwN.
[162] RG Urt. v. 27. 4. 1920 – III 411/19, RGZ 99, 31, 32; Urt. v. 30. 4. 1940 – V 204/39, RGZ 164, 98, 102 f.
[163] *K. Schmidt* DB 1988, 2241 f.; Baumbach/*Hopt* RdNr. 19; Schlegelberger/*Martens* § 117 RdNr. 56.
[164] Röhricht/Graf v. Westphalen/*v. Gerkan* § 117 RdNr. 10; Schlegelberger/*Martens* § 117 RdNr. 57.

zung der Pflicht zur Geschäftsführung auslösen. Die Kündigung darf auch bei Vorliegen eines wichtigen Grundes nicht zur Unzeit ausgesprochen werden (§§ 671 Abs. 2, 712 Abs. 2). Sie ist deshalb unzulässig, wenn die Gesellschafter nicht angemessen für die Weiterführung der Geschäfte sorgen können. Durch den Gesellschaftsvertrag kann die Kündigung zwar erleichtert, nicht aber erschwert werden (§§ 712 Abs. 2, 671 Abs. 3 BGB).

§ 115 [Geschäftsführung durch mehrere Gesellschafter]

(1) Steht die Geschäftsführung allen oder mehreren Gesellschaftern zu, so ist jeder von ihnen allein zu handeln berechtigt; widerspricht jedoch ein anderer geschäftsführender Gesellschafter der Vornahme einer Handlung, so muß diese unterbleiben.

(2) Ist im Gesellschaftsvertrage bestimmt, daß die Gesellschafter, denen die Geschäftsführung zusteht, nur zusammen handeln können, so bedarf es für jedes Geschäft der Zustimmung aller geschäftsführenden Gesellschafter, es sei denn, daß Gefahr im Verzug ist.

Schrifttum: Siehe oben bei § 114 sowie *A. Hueck*, Inwieweit besteht eine gesellschaftliche Pflicht des Gesellschafters einer Handelsgesellschaft zur Zustimmung zu Gesellschafterbeschlüssen?, ZGR 1972, 237; *Lutter*, Theorie der Mitgliedschaft, AcP 180 (1980), 84 ff.; *Schmidt-Rimpler*, Zum Problem der Vertretungsmacht des zur Einzelgeschäftsführung befugten Gesellschafters beim Widerspruch eines anderen in der bürgerlichrechtlichen Gesellschaft, FS A. Knur, 1972, S. 235; *Schwamberger*, Teilung des Geschäftsführungsbefugnis und Geschäftsverteilung in den Personengesellschaften des Handelsrechts, BB 1963, 279; *Weygand*, Der Widerspruch des geschäftsführenden Gesellschafters einer OHG (KG) nach § 115 HGB, AcP 158 (1959/60), 150.

Übersicht

	RdNr.		RdNr.
I. Normzweck	1, 2	g) Rechtswirkungen	21–23
II. Einzelgeschäftsführung und Widerspruchsrecht (Abs. 1)	3–23	III. Gesamtgeschäftsführung (Abs. 2)	24–34
1. Einzelgeschäftsführungsbefugnis als Regelfall (Abs. 1 HS 1)	3–5	1. Regelung durch Gesellschaftsvertrag	24
2. Widerspruchsrecht (Abs. 1 HS 2)	6–23	2. Zustimmung	25–31
a) Grundsatz	6	a) Grundsatz	25
b) Zuständigkeit	7	b) Gegenstand	26
c) Gegenstand	8, 9	c) Ausübung	27
d) Voraussetzungen	10–13	d) Grenzen	28–31
e) Ausübung	14, 15	3. Gefahr im Verzug	32–34
f) Grenzen	16–20	IV. Abweichende Vereinbarungen	35, 36

I. Normzweck

1 § 115 betrifft die **Kompetenzverteilung** zwischen den geschäftsführenden Gesellschaftern. Das HGB geht anders als das BGB (§ 709) von der Einzelgeschäftsführungsbefugnis aller Gesellschafter aus (§§ 114 Abs. 1, 115 Abs. 1 HS 1). Dies dient der Flexibilität und Effizienz innerhalb der Gesellschaft. Wegen des unbeschränkten Haftungsrisikos für die übrigen Gesellschafter (§ 128) enthält § 115 Abs. 1 HS 2 zum Ausgleich ein Widerspruchsrecht der anderen geschäftsführenden Gesellschafter und schützt vor der Gefahr unkontrollierter Entscheidungen. § 115 Abs. 2 enthält eine Auslegungsregel für den Fall der Gesamtgeschäftsführung aller oder mehrerer Gesellschafter. Die Regelung bestätigt die grundsätzliche Gleichberechtigung aller geschäftsführenden Gesellschafter der OHG.

2 Die Vorschrift ist **dispositiv**. Abweichende Regelungen durch den Gesellschaftsvertrag sind möglich. Die geschäftsführenden Gesellschafter können von den gesetzlichen Einschränkungen befreit werden. Sie können andererseits auch noch stärker an die Zustimmung der anderen Geschäftsführer oder der übrigen Gesellschafter gebunden werden.[1]

II. Einzelgeschäftsführung und Widerspruchsrecht (Abs. 1)

3 **1. Einzelgeschäftsführungsbefugnis als Regelfall (Abs. 1 HS 1).** Sofern der Gesellschaftsvertrag keine abweichende Regelung enthält, sieht das Gesetz als Regelfall bei der OHG die Einzel-

---

[1] Schlegelberger/*Martens* RdNr. 1; siehe unten RdNr. 35 f.

geschäftsführungsbefugnis der geschäftsführenden Gesellschafter vor. Danach ist **jeder geschäftsführende** Gesellschafter grundsätzlich für den gesamten Geschäftsführungsbereich der Gesellschaft zuständig und allein entscheidungsberechtigt. Sofern nicht ein außergewöhnliches Geschäft im Sinne des § 116 Abs. 2 vorliegt, unterliegt der geschäftsführende Gesellschafter keinem Weisungsrecht und keinem Zustimmungsvorbehalt der Mitgesellschafter.[2]

Die Einzelgeschäftsführung erstreckt sich, sofern der Gesellschaftsvertrag keine anders lautende Regelung enthält, auf den gesamten Tätigkeitsbereich der Gesellschaft. Dies gilt auch, wenn die geschäftsführenden Gesellschafter eine interne **Ressortaufteilung** vorgesehen haben. Eine solche geschäftsführerinterne Abrede berührt nicht die gesellschaftsrechtliche Verantwortung aller geschäftsführenden Gesellschafter für den Gesamtbereich der Geschäftsführung (siehe § 114 RdNr. 12, 30). Die Geschäftsführer bleiben daher auch außerhalb ihres Ressorts zum Widerspruch berechtigt und gegebenenfalls verpflichtet.[3] Anders liegt es, wenn die Ressortaufteilung bereits im Gesellschaftsvertrag vorgesehen ist. In diesem Fall ist grundsätzlich davon auszugehen, dass nicht eine bloße interne Ressortverteilung gewollt ist, sondern eine generelle Einschränkung der Einzelgeschäftsführungsbefugnis. Der geschäftsführende Gesellschafter ist dann nur für den ihm im Gesellschaftsvertrag übertragenen Bereich verantwortlich. Dies hat zur Folge, dass er nur in diesem Bereich sein Widerspruchsrecht ausüben kann und muss.[4] Für ressortübergreifende Grundsatzfragen der Geschäftsführung bleibt aber auch in diesem Fall eine Zuständigkeit aller Geschäftsführer (in Form einer Gesamtgeschäftsführung) bestehen.[5]

Die Einzelgeschäftsführungsbefugnis deckt nicht das bewusste **Übergehen eines Mitgesellschafters,** von dem Widerspruch zu erwarten ist.[6] Die Rechtsprechung hat das etwa bei dem Fall der Kündigung des Sohnes des Mitgesellschafters angenommen[7] und bei Vornahme eines großen bedeutsamen Geschäfts.[8] Zweifelt ein Geschäftsführer in einem solchen Fall, ob er die Zustimmung der Gesellschafter erhalten wird, darf er seine Geschäftsführungsbefugnis nicht gegen den mutmaßlichen Willen der Gesellschafter gebrauchen. Das Geschäft muss vielmehr zur Not unterbleiben.[9]

2. Widerspruchsrecht (Abs. 1 HS 2). a) Grundsatz. § 115 Abs. 1 HS 2 gewährt den anderen geschäftsführenden Gesellschaftern ein Widerspruchsrecht. Widerspricht ein zur Einzelgeschäftsführung berechtigter Gesellschafter einer Handlung eines anderen geschäftsführenden Gesellschafters, so muss diese unterbleiben. Die gesetzliche Regelung hat ihren Grund in der **Gleichberechtigung** der geschäftsführenden Gesellschafter. Bestehen unterschiedliche Auffassungen über die Frage, ob bestimmte geschäftsführende Maßnahmen getroffen werden sollen, so verdient keine den Vorzug; bei Widerspruch darf deshalb die gesamte Maßnahme nicht vorgenommen werden.[10]

b) Zuständigkeit. Das Widerspruchsrecht steht im Falle der Einzelgeschäftsführung **nur** den anderen **Geschäftsführern,** das heißt nicht den von der Geschäftsführung ausgeschlossenen Gesellschaftern zu. Es knüpft ausschließlich an den dem jeweiligen Geschäftsführer von Gesetzes wegen oder vertraglich eingeräumten Zuständigkeitsbereich an. Ist einem Geschäftsführer nach dem Gesellschaftsvertrag nur ein begrenzter **Tätigkeitsbereich** zugewiesen, steht ihm das Widerspruchsrecht auch nur für diesen Bereich zu. Anders liegt es bei nur geschäftsführerinterner Ressortaufteilung (oben RdNr. 4). Allein die Billigung einer Maßnahme durch die übrigen Gesellschafter schließt das Widerspruchsrecht **nicht** aus, wohl aber eine frühere Zustimmung des Widersprechenden, anders nur bei wichtigem Grund.[11] Die individuelle Ausübung des Widerspruchsrechts ist ausgeschlossen in Fällen der Gesamtgeschäftsführung mehrerer Gesellschafter. Diese können das Widerspruchsrecht nur gemeinsam ausüben.[12] Durch den Gesellschaftsvertrag kann das Widerspruchsrecht auch auf Dritte oder auf einen Beirat übertragen werden (§ 109).[13]

---

[2] BGH Urt. v. 11. 2. 1980 – II ZR 41/79, BGHZ 76, 160, 164 = NJW 1980, 1463, 1464.
[3] RG Urt. v. 10. 2. 1914 – II 502/13, RGZ 84, 136, 138; *Hueck A.* OHG § 10 II 2; Schlegelberger/*Martens* RdNr. 3.
[4] Staub/*Ulmer* RdNr. 10; siehe auch weitere Einzelheiten bei MünchKommHGB/*Rawert* RdNr. 7 f., 12 und Schlegelberger/*Martens* RdNr. 3 f. mwN.
[5] Schlegelberger/*Martens* RdNr. 4.
[6] Baumbach/*Hopt* RdNr. 1.
[7] BGH Urt. v. 19. 4. 1971 – II ZR 159/68, NJW 1971, 1613 LS = WM 1971, 819.
[8] BGH Urt. v. 5. 12. 1983 – II ZR 56/82, NJW 1984, 1461, 1462.
[9] BGH (Fn. 8) S. 1462.
[10] BGH Urt. v. 8. 7. 1985 – II ZR 4/85, NJW 1986, 844.
[11] Baumbach/*Hopt* RdNr. 2.
[12] HM, vgl. etwa Heymann/*Emmerich* RdNr. 3; MünchKommHGB/*Rawert* RdNr. 11; Schlegelberger/*Martens* RdNr. 5 mwN.
[13] BGH Urt. v. 22. 2. 1960 – VII ZR 83/59, NJW 1960, 963 (für das Stimmrecht); vgl. auch § 114 RdNr. 21 ff.

8 c) **Gegenstand.** Das Widerspruchsrecht beschränkt sich auf **Maßnahmen der Geschäftsführung.** Gegen die Ausübung sonstiger Gesellschafterrechte – etwa das Stimmrecht, das Einsichtsrecht oder die actio pro socio – ist ein Widerspruch nicht möglich.[14]

9 Das Widerspruchsrecht besteht grundsätzlich nur gegen **konkrete Einzelmaßnahmen** der Geschäftsführung. Daher ist der pauschale Widerspruch gegen die gesamte Geschäftsführung eines anderen Gesellschafters unzulässig.[15] Dies gilt ebenso für den systematischen Widerspruch gegen jede Maßnahme eines anderen Geschäftsführers. Beide Fälle liefen auf eine faktische Entziehung der Geschäftsführungsbefugnis und damit auf eine Umgehung des § 117 hinaus. Andererseits dürfen mit Rücksicht auf die Bedeutung der Kontrollfunktion des Widerspruchsrechts (siehe RdNr. 1) keine zu strengen Anforderungen an die erforderliche Konkretheit der Maßnahme gestellt werden. Die Abgrenzung ist im Einzelfall schwierig und hat sich daran auszurichten, ob dem jeweiligen Geschäftsführer noch ein nennenswerter Bereich eigenverantwortlicher Geschäftsführung verbleibt.[16] Ist das der Fall, kann sich das Widerspruchsrecht auch auf planerische Gesamtentscheidungen beziehen und damit alle dafür erforderlichen Einzelmaßnahmen erfassen.[17]

10 d) **Voraussetzungen.** Voraussetzung für die Ausübung des Widerspruchsrechts ist die **vorherige Kenntnis** der übrigen Geschäftsführer von der beabsichtigten Maßnahme. Aus diesem Grund müssen sie rechtzeitig vorab unterrichtet werden. Dies gilt jedenfalls für wichtige und weitreichende Maßnahmen. Eine vorherige **Unterrichtung** kann lediglich in Fällen unterbleiben, in denen wegen der minderen Bedeutung der anstehenden Maßnahme ein Vorabinformationsinteresse der anderen Geschäftsführer nicht anzunehmen ist oder – wie sich aus dem Gedanken des § 115 Abs. 2 ergibt – Gefahr im Verzug besteht.[18]

11 Die rechtzeitige Unterrichtung von wichtigen Geschäftsführungsmaßnahmen ist deshalb von besonderer Bedeutung, weil der Widerspruch nach der zutreffenden hM nur **vor Durchführung** der beabsichtigten Maßnahme erklärt werden kann.[19] Entscheidend ist, ob die Maßnahme noch ohne Schaden für die Gesellschaft rückgängig gemacht werden kann.[20] Gefahr im Verzug schließt das Widerspruchsrecht nicht aus.[21]

12 Ist ein Widerspruch nicht mehr möglich, weil ein Geschäft **ohne** die erforderliche rechtzeitige **Unterrichtung** der anderen Geschäftsführer durchgeführt worden ist, stellt dies eine Vertragsverletzung dar, die zum Schadensersatz und zur **Rückgängigmachung** der Maßnahme verpflichten kann, wenn tatsächlich widersprochen worden wäre (§§ 242, 249, 705 BGB).[22]

13 Ein Widerspruchsrecht kann grundsätzlich auch gegenüber Maßnahmen bestehen, von denen der widersprechende Gesellschafter **persönlich betroffen** wird. Ein genereller Ausschluss des Widerspruchsrechts kommt nur unter den engen Voraussetzungen in Betracht, unter denen auch die Ausübung des Stimmrechts ausgeschlossen ist. So entfällt ein Widerspruchsrecht etwa, wenn gegen den geschäftsführenden Gesellschafter gerichtete Ansprüche verfolgt werden sollen.[23] Auch ein Widerspruch gegen den Widerspruch eines anderen Geschäftsführers scheidet aus, weil andernfalls die Ausübung des Widerspruchsrechts unterlaufen würde.[24]

14 e) **Ausübung.** Das Widerspruchsrecht ist durch **empfangsbedürftige Willenserklärung** gegenüber dem Geschäftsführer auszuüben, gegen dessen beabsichtigte Geschäftsmaßnahme sich der Widerspruch richtet. Eine besondere Form ist zwar nicht vorgeschrieben.[25] Da das Widerspruchsrecht aber nicht nach freiem Belieben, sondern nur im Rahmen ordnungsgemäßer Geschäftsführung ausgeübt werden darf, ist grundsätzlich von einer **Begründungspflicht** des widersprechenden Gesellschafters auszugehen, jedenfalls dann, wenn der Widerspruch für den anderen Geschäftsführer überraschend kommt oder wenn der betroffene Geschäftsführer eine Begründung

---

[14] MünchKommHGB/*Rawert* RdNr. 14; Schlegelberger/*Martens* RdNr. 6.
[15] RG (Fn. 3) S. 139; MünchKommHGB/*Rawert* RdNr. 17.
[16] RG (Fn. 3) S. 139 f.
[17] Hierzu RG (Fn. 3) S. 139; MünchKommHGB/*Rawert* RdNr. 18; vgl. nähere Ausführungen auch bei Schlegelberger/*Martens* RdNr. 7.
[18] BGH (Fn. 7); Heymann/*Emmerich* RdNr. 8; Schlegelberger/*Martens* RdNr. 10.
[19] BGH Urt. v. 11. 1. 1988 – II ZR 192/87, NJW-RR 1988, 995, 996; ebenso MünchKommHGB/*Rawert* RdNr. 25; *Hueck A.* OHG § 10 III 4; diff. Schlegelberger/*Martens* RdNr. 8.
[20] Schlegelberger/*Martens* RdNr. 8.
[21] RG Urt. v. 10. 10. 1924 – II 456/23, RGZ 109, 56, 60.
[22] BGH (Fn. 7) S. 819 und (Fn. 8) S. 1461 f.; *Emde* WM 1996, 1205 ff.; MünchKommHGB/*Rawert* RdNr. 28; aA zB *Gogos*, Die Geschäftsführung der OHG, 1953, S. 45 (nur Schadensersatzpflicht).
[23] BGH Urt. v. 9. 5. 1974 – II ZR 84/72, NJW 1974, 1555; Schlegelberger/*Martens* RdNr. 9.
[24] BGH (Fn. 7).
[25] *RG* (Fn. 21) S. 58 f.

verlangt.²⁶ Die Begründung ist entbehrlich, wenn sie bereits bekannt oder anderweitig offensichtlich ist. Unterbleibt die erforderliche Begründung, ist der Widerspruch unbeachtlich.²⁷

Hat ein Geschäftsführer anstelle des Widerspruchs zu der beabsichtigten Maßnahme ausdrücklich seine **Zustimmung** erklärt, scheidet ein nachträglicher Widerspruch aus. Etwas anderes gilt nur bei einer nachträglichen Veränderung der Verhältnisse, die zu einem Wegfall der Geschäftsgrundlage für die Zustimmung führt. Ein einmal erklärter **Widerspruch** ist demgegenüber grundsätzlich frei **widerrufbar.** Wird der Widerspruch widerrufen, kann die Maßnahme, gegen die er sich richtete, sodann durchgeführt werden.²⁸

f) **Grenzen.** Die Ausübung des Widerspruchsrechts steht nicht im freien Ermessen der geschäftsführenden Gesellschafter. Das Widerspruchsrecht darf vielmehr nur in den Grenzen **ordnungsgemäßen Ermessens** und nicht willkürlich oder für persönliche Belange ausgeübt werden. Die Ermessensbindung wirkt sich in zwei Richtungen aus: Zum einen kann gegebenenfalls eine Pflicht zur Ausübung des Widerspruchsrechts bestehen; zum anderen kann ein auf ermessenswidrigen Erwägungen beruhender Widerspruch pflichtwidrig und damit unbeachtlich sein.

Eine **Pflicht** zum Widerspruch kann namentlich entstehen, wenn eine bevorstehende Maßnahme erkennbar den Gesellschaftsinteressen nicht entspricht und für die Gesellschaft offensichtlich nachteilig ist.²⁹ Um dieser Verpflichtung genügen zu können, muss sich der Geschäftsführer gegebenenfalls die erforderlichen Informationen beschaffen. Welche Handlungen ihm zumutbar sind, hängt von den Umständen des Einzelfalles ab, insbesondere davon, ob das bisherige Informationssystem verlässlich war. War das der Fall, besteht eine **Nachforschungs**pflicht nur bei Vorliegen eines konkreten objektiven Anlasses. Fehlte es bereits in der Vergangenheit an einem ausreichenden Informationsfluss, trifft den Geschäftsführer generell eine Pflicht zur eigenen Informationsbeschaffung. Nur so kann das Widerspruchsrecht als wirksames Instrument der Kontrolle und Überwachung sachgerecht ausgeübt werden.³⁰

Die **Befugnis** zur Erhebung des Widerspruchs besteht nur im Rahmen pflichtgemäßen Ermessens. Dies bedeutet zunächst, dass für die Anwendung des Widerspruchsrechts dort kein Raum ist, wo kein Ermessensspielraum der Gesellschafter oder der Gesellschaft besteht.³¹ Ein Widerspruch gegen **notwendige Maßnahmen,** etwa solche, zu denen die Gesellschaft verpflichtet ist, scheidet aus.³²

Soweit **Ermessen** besteht, muss es **pflichtgemäß** ausgeübt werden. Dabei ist die Grenze der Pflichtwidrigkeit nicht erst dort erreicht, wo ein Widerspruch willkürlich oder schikanös ist; ausreichend für die Annahme einer pflichtwidrigen Ausübung ist vielmehr bereits, wenn die Erklärung des Widerspruchs unter den gegebenen Umständen einen schuldhaften Verstoß des Gesellschafters gegen seine Treuepflichten darstellt. Das ist etwa der Fall, wenn das Widerspruchsrecht aus eigennützigen Gründen unter Verstoß gegen das Gesellschaftsinteresse wahrgenommen wird.³³ Der Widerspruch ist dann unbeachtlich. Allerdings ist bei der Frage, wann ein Widerspruch pflichtwidrig ausgeübt wird, stets der – gerichtlich nur eingeschränkt überprüfbare³⁴ – große **Beurteilungsspielraum** zu berücksichtigen, der den Geschäftsführern in allen kaufmännischen Ermessensfragen verbleibt; erst eine Überschreitung dieses Spielraums macht den Widerspruch unwirksam, wobei sich die Prüfungskompetenz der Gerichte nicht etwa auf die Zweckmäßigkeit des Widerspruchs erstreckt, sondern allein auf die Einhaltung des vom Gesellschaftszweck und dem Interesse der Gesellschaft bestimmten weiten Ermessensrahmens.³⁵ Die Einschränkung der richterlichen Kontrolle hat zur Folge, dass sich ein Widerspruch letztlich nur dann als pflichtwidrig und damit unbeachtlich darstellt, wenn die beabsichtigte Maßnahme ersichtlich im Gesellschaftsinteresse erforderlich ist.³⁶

---

²⁶ BGH Urt. v. 24. 1. 1972 – II ZR 3/69, NJW 1972, 862, 863; Heymann/*Emmerich* RdNr. 7; Schlegelberger/*Martens* RdNr. 11.
²⁷ Str., wie hier: Röhricht/Graf v. Westphalen/*v. Gerkan* RdNr. 5; Schlegelberger/*Martens* RdNr. 11; aA MünchKommHGB/*Rawert* RdNr. 24 (Wirksamkeit des unbegründeten Widerspruchs, uU Schadensersatz bei zu Unrecht verweigerter Begründung).
²⁸ Heymann/*Emmerich* RdNr. 10; Schlegelberger/*Martens* RdNr. 17.
²⁹ MünchKommHGB/*Rawert* RdNr. 39; Röhricht/Graf v. Westphalen/*v. Gerkan* RdNr. 4; Schlegelberger/*Martens* RdNr. 13; MünchKommBGB/*Ulmer* § 711 RdNr. 10.
³⁰ So zu Recht Schlegelberger/*Martens* RdNr. 13.
³¹ BGH Urt. v. 28. 11. 1955 – II ZR 16/54, WM 1956, 29, 30; BGH (Fn. 23) S. 1556.
³² Siehe weitere Einzelheiten bei Heymann/*Emmerich* RdNr. 11 und MünchKommHGB/*Rawert* RdNr. 40.
³³ BGH Urt. v. 28. 11. 1955 (Fn. 31); Urt. v. 8. 7. 1985 (Fn. 10).
³⁴ BGH (Fn. 26) S. 863; Urt. v. 8. 7. 1985 (Fn. 10); Urt. v. 11. 1. 1988 (Fn. 19) S. 996.
³⁵ BGH Urt. v. 8. 7. 1985 (Fn. 10); Urt. v. 11. 1. 1988 (Fn. 19) S. 996; vgl. § 114 RdNr. 32, die dort dargestellten Grundsätze zum Ermessensspielraum gelten entsprechend; ebenso MünchKommHGB/*Rawert* RdNr. 37; vgl. weiter Schlegelberger/*Martens* RdNr. 14 f.
³⁶ So zu Recht Schlegelberger/*Martens* RdNr. 15.

20 Wer die Unwirksamkeit des Widerspruchs behauptet, trägt hierfür die **Beweislast**.[37]

21 **g) Rechtswirkungen.** Ist der Widerspruch bei Berücksichtigung der vorgenannten Gesichtspunkte **pflichtwidrig**, entfaltet er keine Wirkung. Der geschäftsführende Gesellschafter darf die Maßnahme trotz des Widerspruchs durchführen. Der Widersprechende kann der Gesellschaft bei schuldhaftem Treuepflichtverstoß auf Schadensersatz haften. Bei **berechtigtem Widerspruch** muss die Maßnahme unterbleiben (§ 115 Abs. 1 HS 2).[38] Wird sie gleichwohl vollzogen, macht sich der geschäftsführende Gesellschafter ersatzpflichtig und muss – sofern dies möglich ist und im Interesse der Gesellschaft liegt – die Folgen seines Handelns beseitigen (zB einen entlassenen Angestellten wieder einstellen) oder anderweitig Schadensersatz wegen Kompetenzverstoßes leisten.[39] Die Folgenbeseitigung können auch die übrigen geschäftsführenden Gesellschafter vornehmen, weil hiergegen wegen des kompetenzwidrigen Vorverhaltens ein Widerspruch nicht möglich ist.[40]

22 Die **gerichtliche Klärung** der Wirksamkeit des Widerspruchs bzw. der beabsichtigten Maßnahme kann im Wege der Feststellungs- oder Unterlassungsklage geschehen. Bei Vorliegen der sonstigen Voraussetzungen kommt auch die Inanspruchnahme einstweiligen Rechtsschutzes gegen den geschäftsführenden Gesellschafter in Betracht, der die Geschäftsmaßnahme durchführen möchte. Zur Klageerhebung oder Antragstellung sind nur die geschäftsführenden, nicht aber die von der Geschäftsführung ausgeschlossenen Gesellschafter – sofern nicht die Voraussetzungen des § 116 Abs. 2 vorliegen – befugt.[41]

23 Der Widerspruch entfaltet als Geschäftsführungsmaßnahme grundsätzlich nur **interne Wirkung**.[42] Er berührt daher in der Regel nicht die Vertretungsmacht des geschäftsführenden Gesellschafters, gegen den sich der Widerspruch richtet. Allerdings können dem Dritten gegenüber im Einzelfall die Regeln über den Missbrauch der Vertretungsmacht eingreifen.[43] Außenwirkung hat der Widerspruch ferner, wenn die beabsichtigte Maßnahme gegenüber einem Gesellschafter vorgenommen werden sollte. Dieser unterliegt innergesellschaftlichen Bindungen und kann sich daher nicht auf eine bestehende Vertretungsbefugnis gemäß § 126 berufen.[44]

III. Gesamtgeschäftsführung (Abs. 2)

24 **1. Regelung durch Gesellschaftsvertrag.** Der Gesellschaftsvertrag kann abweichend von der gesetzlich geregelten Einzelgeschäftsführung in beliebiger Weise **Gesamtgeschäftsführung aller oder einiger Gesellschafter** anordnen. Möglich ist auch eine differenzierende Behandlung, nach welcher beispielsweise bezüglich einiger Gesellschafter Gesamtgeschäftsführung und hinsichtlich anderer Einzelgeschäftsführung vorgesehen ist. Eine Differenzierung zwischen Einzel- und Gesamtgeschäftsführungsbefugnis kann auch nach bestimmten Geschäftsbereichen oder Geschäften vorgenommen werden.[45] Soweit Gesamtgeschäftsführung angeordnet worden ist, bedarf es – außer bei Gefahr im Verzug – zur Vornahme der jeweiligen Maßnahme der Zustimmung der nach dem Gesellschaftsvertrag gesamtgeschäftsführungsbefugten Gesellschafter. Im Zweifel ist nach der gesetzlichen Regelung des § 115 Abs. 2 die Zustimmung **aller** Gesellschafter erforderlich.[46] Ohne Vorliegen der erforderlichen Zustimmung muss die Maßnahme unterbleiben. Von der Gesamtgeschäftsführungsbefugnis ist die Gesamtvertretungsbefugnis (§ 125 Abs. 2) zu unterscheiden. Die Anordnung der Letzteren lässt nicht ohne weiteres auf die Anordnung der Ersteren schließen. Vielmehr kann es gerade im Hinblick auf die fehlende Außenwirkung des Widerspruchsrechts (siehe RdNr. 23) durchaus sinnvoll sein, den zur Einzelgeschäftsführung befugten Gesellschafter jedenfalls hinsichtlich der Vertretungsbefugnis an die Zustimmung anderer Gesellschafter zu binden.[47]

25 **2. Zustimmung. a) Grundsatz.** Soweit Gesamtgeschäftsführung angeordnet ist, bedarf die **Vornahme jeder Einzelmaßnahme** – außer bei Gefahr im Verzug – der Zustimmung aller gesamtgeschäftsführungsbefugten Gesellschafter. Bei ungewöhnlichen Maßnahmen ist – vorbehaltlich

---

[37] Baumbach/*Hopt* RdNr. 3; Baumgärtel/*Wittmann* Band 4 HGB 1. Aufl. RdNr. 1.
[38] Näher hierzu BGH (Fn. 10).
[39] Siehe auch Nachweise bei Fn. 22 und Kommentierung zu § 114 RdNr. 34 sowie § 116 RdNr. 18.
[40] BGH (Fn. 7) S. 820; MünchKommHGB/*Rawert* RdNr. 33.
[41] Schlegelberger/*Martens* RdNr. 19.
[42] BGH Urt. v. 6. 2. 1958 – II ZR 210/56, BGHZ 26, 330, 332 f. = NJW 1958, 668.
[43] BGH Urt. v. 10. 3. 1955 – II ZR 309/53, BGHZ 16, 394, 398 = NJW 1955, 825; Urt. v. 9. 5. 1974 (Fn. 23); MünchKommHGB/*Rawert* RdNr. 30.
[44] BGH Urt. v. 20. 9. 1962 – II ZR 209/61, BGHZ 38, 26, 34 = NJW 1962, 2344; Urt. v. 5. 4. 1973 – II ZR 45/71, NJW 1973, 1278 LS = WM 1973, 637, 638; Urt. v. 9. 5. 1974 (Fn. 23).
[45] Einzelheiten bei Schlegelberger/*Martens* RdNr. 22.
[46] Heymann/*Emmerich* RdNr. 16.
[47] MünchKommHGB/*Rawert* RdNr. 48; Schlegelberger/*Martens* RdNr. 22.

einer abweichenden Regelung im Gesellschaftsvertrag – ein Beschluss aller Gesellschafter erforderlich (§ 116 Abs. 2). Fehlt die Zustimmung, muss die beabsichtigte Maßnahme unterbleiben. Das Zustimmungserfordernis stellt sicher, dass jede Maßnahme bereits zuvor im Kreis der Geschäftsführer beraten wird. Damit wird mit der Anordnung der Gesamtgeschäftsführung zugleich eine **Konsultationspflicht** der geschäftsführenden Gesellschafter statuiert.[48]

b) Gegenstand. Die Zustimmung kann sowohl für **konkrete** Einzelmaßnahmen, aber auch für eine Reihe oder für eine bestimmte **Gattung** von Geschäften erteilt werden.[49] Nicht möglich ist die Voraberteilung der Zustimmung für alle künftigen Geschäftsführungsmaßnahmen, da hierdurch das Wesen der Gesamtgeschäftsführung unterlaufen würde.[50] 26

c) Ausübung. Die Zustimmung ist von den übrigen gesamtgeschäftsführungsbefugten Gesellschaftern gegenüber demjenigen, der die Maßnahme durchführen will, durch **empfangsbedürftige Willenserklärung** zu erteilen. Die Erklärung kann ausdrücklich, aber auch stillschweigend erfolgen. Sie kann sowohl vor Durchführung der betreffenden Maßnahme als auch – als Billigung der schon vollzogenen Maßnahme – im Nachhinein erklärt werden. Bei Vorliegen wichtiger Gründe kann die im Voraus erklärte Zustimmung **widerrufen** werden; dasselbe gilt für den Fall, in dem die Zustimmung pflichtgemäß zu verweigern gewesen wäre.[51] Eine Pflicht zum Widerruf der Zustimmung kann entstehen, wenn nur hierdurch Schaden von der Gesellschaft abgewendet werden kann.[52] Als Folge eines zulässigen Widerrufs muss die beabsichtigte Maßnahme unterbleiben; bereits umgesetzte Vorbereitungshandlungen müssen beseitigt werden.[53] 27

d) Grenzen. Ebenso wie das Widerspruchsrecht ist die Entscheidung über die Zustimmung zu einzelnen Maßnahmen Teil der Geschäftsführung. Sie unterliegt daher denselben Bindungen wie das Widerspruchsrecht im Falle der Einzelgeschäftsführung (siehe oben RdNr. 16 ff.). Insbesondere darf das Zustimmungsrecht ebenfalls nur im Rahmen **pflichtgemäßen Geschäftsführerermessens** ausgeübt werden. 28

Hieraus kann im Einzelfall eine **Pflicht** zur Verweigerung oder auch zur Erteilung der Zustimmung folgen. Die gesamtgeschäftsführungsbefugten Gesellschafter sind zur Zustimmung verpflichtet, wenn die in Rede stehende Maßnahme im Interesse der Gesellschaft geboten ist oder ein Fall des § 744 Abs. 2 BGB vorliegt.[54] Im Gegenzug besteht eine Pflicht zur Verweigerung der Zustimmung, wenn die Maßnahme offensichtlich gegen das Gesellschaftsinteresse verstößt. Ebenso wie bei der Beurteilung des Widerspruchsrechts ist aber auch im Zusammenhang mit dem Zustimmungsrecht auf den weiten **kaufmännischen Ermessensspielraum** zu verweisen, der dem Geschäftsführer zusteht (siehe oben RdNr. 19). Damit die Mitgeschäftsführer die Pflichtgemäßheit der Verweigerung der Zustimmung im Einzelfall beurteilen können, muss der die Zustimmung verweigernde Geschäftsführer seine Entscheidung **begründen** (siehe oben RdNr. 14). Eine ohne Begründung verweigerte Zustimmung ist jedenfalls dann unbeachtlich, wenn sich der Grund der Zustimmungsverweigerung nicht zumindest aus den Umständen entnehmen lässt.[55] 29

Die **pflichtwidrige Verweigerung** der Zustimmung ist unbeachtlich.[56] Die Maßnahme kann trotz Fehlens der Zustimmung durchgeführt werden; ferner können die anderen Geschäftsführer den die Zustimmung verweigernden Geschäftsführer klageweise auf Zustimmung in Anspruch nehmen[57] oder auf Ersatz des der Gesellschaft infolge der pflichtwidrigen Verweigerung entstandenen Schadens. 30

Die spätere Berufung auf die fehlende Zustimmung kann **treuwidrig** und damit unbeachtlich sein, wenn die übrigen Gesellschafter von dem kompetenzwidrigen Verhalten Kenntnis hatten, ohne zu widersprechen. Haben die anderen Geschäftsführer hingegen erst im Nachhinein von der kompetenzwidrigen Maßnahme erfahren, bedarf es keines ausdrücklichen Widerspruchs, um den Eindruck einer nachträglichen Billigung zu zerstören.[58] Ein Geschäftsführer kann sein Zustimmungsrecht 31

---

[48] Heymann/*Emmerich* RdNr. 16.
[49] Ebenso GroßkommHGB/*Fischer* Anm. 19; Heymann/*Emmerich* RdNr. 17; Röhricht/Graf v. Westphalen/*v. Gerkan* RdNr. 9; enger Schlegelberger/*Martens* RdNr. 24; vgl. auch Staub/*Ulmer* RdNr. 34.
[50] BGH Urt. v. 12. 12. 1960 – II ZR 255/59, BGHZ 34, 27, 30 f. = NJW 1961, 506 (zur Gesamtvertretungsbefugnis bei der GmbH).
[51] MünchKommHGB/*Rawert* RdNr. 55; Schlegelberger/*Martens* RdNr. 27; Staub/*Ulmer* RdNr. 35.
[52] Heymann/*Emmerich* RdNr. 17.
[53] Schlegelberger/*Martens* RdNr. 27.
[54] BGH Urt. v. 12. 10. 1959 – II ZR 237/57, NJW 1960, 91; Urt. v. 24. 1. 1972 (Fn. 26) S. 862; Urt. v. 9. 6. 1982 – I ZR 5/80, NJW 1983, 1192, 1193, jeweils zu § 709 BGB; Urt. v. 2. 10. 1981 – I ZR 81/79, NJW 1982, 641 (zu § 626 BGB).
[55] So zu Recht Schlegelberger/*Martens* RdNr. 25; aA MünchKommHGB/*Rawert* RdNr. 52.
[56] Schlegelberger/*Martens* RdNr. 25.
[57] BGH Urt. v. 12. 10. 1959 (Fn. 54) S. 91.
[58] Schlegelberger/*Martens* RdNr. 26.

§ 116　　　　　　　　　　2. Buch. 1. Abschnitt. Offene Handelsgesellschaft

auch **verwirken,** wenn er systematisch jede Mitwirkung bei der Geschäftsführung ablehnt und jeder Gesellschafterversammlung fernbleibt.[59]

32　**3. Gefahr im Verzug.** Bei Gefahr im Verzug ist die **Zustimmung** nach § 115 Abs. 2 **entbehrlich.** Gefahr im Verzug liegt vor, wenn die konkrete Gefahr besteht, dass der Gesellschaft bis zur Einholung der Zustimmung der anderen gesamtgeschäftsführungsbefugten Gesellschafter bereits ein Schaden entstanden ist.[60] Allerdings muss sich jeder Mitgesellschafter auch bei Gefahr im Verzug – soweit dies angesichts der Gefahrenlage ohne Schädigung der Gesellschaft möglich ist – zunächst um eine Zustimmung der Mitgeschäftsführer bemühen, bevor er allein tätig werden darf.[61] Hat einer der gesamtgeschäftsführenden Gesellschafter seine Zustimmung bereits rechtswirksam verweigert, muss die Maßnahme auch bei Bestehen einer Gefahrenlage unterbleiben.[62] Gefahr im Verzug **legitimiert** nur im **Innenverhältnis,** ersetzt aber nicht die fehlende Mitwirkung eines weiteren Vertreters bei Gesamtvertretungsmacht.[63]

33　Die Regelung des § 115 Abs. 2 ist auf die Vornahme **betriebsgewöhnlicher** Maßnahmen beschränkt. Im Anwendungsbereich des § 116 Abs. 2 scheidet auch eine analoge Anwendung der Regelung über die Gesamtgeschäftsführung bei Gefahr im Verzug aus.[64]

34　Die Entbehrlichkeit der Zustimmung durch alle gesamtgeschäftsführungsbefugten Gesellschafter nach § 115 Abs. 2 ist von dem Recht zur **Notgeschäftsführung** aller Gesellschafter nach § 744 Abs. 2 BGB zu unterscheiden (dazu § 116 RdNr. 19).

IV. Abweichende Vereinbarungen

35　Da § 115 dispositives Recht ist, kann der Gesellschaftsvertrag die **Geschäftsführung** im Rahmen der bei § 109 behandelten Schranken (siehe § 109 RdNr. 5 ff.) abweichend regeln. So kann etwa die Gesamtgeschäftsführungsbefugnis einiger und die Einzelgeschäftsführungsbefugnis anderer vorgesehen werden; möglich sind auch Regelungen über die Befugnis zu einer Mehrheitsentscheidung der Geschäftsführer; denkbar ist ferner die Aufteilung nach Arten von Geschäften oder Ressorts unter Ausschluss der jeweils anderen geschäftsführenden Gesellschafter; auch die Bindung einzelner Gesellschafter an die Mitwirkung von Mitgeschäftsführern, Prokuristen und Dritten kommt in Betracht.[65] Sofern Dritte in den Bereich der Geschäftsführung einbezogen werden, sind allerdings stets die Grundsätze der Selbstorganschaft und des Abspaltungsverbots zu beachten (siehe hierzu § 109 RdNr. 8 ff., 15). Dies schließt nicht aus, einem Dritten das Widerspruchsrecht wirksam einzuräumen.[66]

36　Auch das **Widerspruchsrecht** kann abweichend von § 115 geregelt werden. Es kann ganz ausgeschlossen oder auf bestimmte Geschäfte beschränkt werden; auch kann der Gesellschaftsvertrag es an die gemeinsame Ausübung aller oder mehrerer geschäftsführender Gesellschafter binden; ferner kann der Gesellschaftsvertrag vorsehen, dass über die Berechtigung eines Widerspruchs mit der Mehrheit der geschäftsführenden Gesellschafter entschieden werden kann.[67]

§ 116 [Umfang der Geschäftsführungsbefugnis]

(1) Die Befugnis zur Geschäftsführung erstreckt sich auf alle Handlungen, die der gewöhnliche Betrieb des Handelsgewerbes der Gesellschaft mit sich bringt.

(2) Zur Vornahme von Handlungen, die darüber hinausgehen, ist ein Beschluß sämtlicher Gesellschafter erforderlich.

(3) [1] **Zur Bestellung eines Prokuristen bedarf es der Zustimmung aller geschäftsführenden Gesellschafter, es sei denn, daß Gefahr im Verzug ist.** [2] **Der Widerruf der Prokura kann von jedem der zur Erteilung oder zur Mitwirkung bei der Erteilung befugten Gesellschafter erfolgen.**

---

[59] BGH (Fn. 26) S. 862; MünchKommHGB/*Rawert* RdNr. 53.
[60] Vgl. BGH Urt. v. 4. 5. 1955 – IV ZR 185/54, BGHZ 17, 181, 185 f. = NJW 1955, 1027.
[61] Heymann/*Emmerich* RdNr. 20; MünchKommHGB/*Rawert* RdNr. 57; Schlegelberger/*Martens* RdNr. 28.
[62] So zum – abgelehnten – Klagerecht eines Gesellschafters im Namen der Gesellschaft ohne Zustimmung BGH (Fn. 60) S. 185 f.
[63] BGH Urt. v. 25. 5. 1964 – II ZR 42/62, BGHZ 41, 367, 369; MünchKommHGB/*Rawert* RdNr. 59.
[64] Schlegelberger/*Martens* RdNr. 28; vgl. auch unten § 116 RdNr. 9.
[65] Baumbach/*Hopt* RdNr. 7; Schlegelberger/*Martens* RdNr. 22, 30.
[66] BGH (Fn. 13) S. 963.
[67] Schlegelberger/*Martens* RdNr. 30.

Übersicht

	RdNr.		RdNr.
I. Normzweck	1	c) Wirkungen	14, 15
II. Umfang der Geschäftsführungsbefugnis (Abs. 1)	2–8	2. Fehlen eines Gesellschafterbeschlusses	16–19
		a) Ausführungsverbot als Grundsatz	16–18
1. Grundsatz	2	b) Notgeschäftsführungsrecht	19
2. Gewöhnliche Geschäfte	3	**IV. Erteilung und Widerruf der Prokura (Abs. 3)**	20–27
3. Ungewöhnliche Geschäfte	4	1. Grundsatz	20
4. Beispiele	5–7	2. Erteilung der Prokura	21–24
a) Gewöhnliche Geschäfte	5	a) Grundsatz: durch alle Gesellschafter	21, 22
b) Ungewöhnliche Geschäfte	6, 7	b) Ausnahme bei Gefahr im Verzug	23, 24
5. Beweislast	8	3. Widerruf der Prokura	25, 26
III. Zustimmungserfordernis (Abs. 2)	9–19	4. Erweiterung und Beschränkung der Prokura	27
1. Zustimmungsbeschluss	9–15	**V. Abweichende Vereinbarungen**	28
a) Erforderlichkeit	9		
b) Beschlussfassung	10–13		

I. Normzweck

§ 116 enthält eine **Kompetenzregelung** zwischen den geschäftsführenden und den anderen Gesellschaftern. Angesichts der unbeschränkten Haftung der Gesellschafter nach § 128 begrenzt § 116 die Geschäftsführungsbefugnis. Die nicht an der Geschäftsführung beteiligten Gesellschafter sollen an allen Entscheidungen beteiligt werden, die wegen ihrer Art oder ihres Umfangs von besonderer haftungsrechtlicher Bedeutung sind.[1] Im Gegensatz zu der begrenzten Geschäftsführungsbefugnis steht die unbeschränkte und unbeschränkbare Vertretungsbefugnis. Auch unter Überschreitung der Geschäftsführungsbefugnis vorgenommene Geschäfte sind daher – bis zur Grenze des Missbrauchs der Vertretungsmacht[2] – wirksam. 1

II. Umfang der Geschäftsführungsbefugnis (Abs. 1)

1. Grundsatz. § 116 beschränkt die Geschäftsführungsbefugnis grundsätzlich – das heißt vorbehaltlich abweichender Regelungen im Gesellschaftsvertrag (§ 109) – auf die Handlungen, die der **gewöhnliche** Geschäftsbetrieb mit sich bringt (Abs. 1). Darüber hinausgehende Handlungen bedürfen eines Beschlusses aller Gesellschafter (Abs. 2). Hiervon zu unterscheiden sind Grundlagengeschäfte. Diese gehören von vornherein nicht zu den dem Geschäftsführer obliegenden Geschäftsführungsmaßnahmen (vgl. näher § 114 RdNr. 4 ff.), sind also weder gewöhnliche noch außergewöhnliche Geschäfte im Sinne des § 116 und setzen daher grundsätzlich den Vertragsschluss mit allen Gesellschaftern voraus.[3] 2

2. Gewöhnliche Geschäfte. Gewöhnliche Geschäfte sind solche, die bei einem Handelsgewerbe, wie es die konkrete OHG betreibt, normalerweise vorkommen können. Es ist daher nicht allein maßgeblich, ob die Maßnahme dem gewöhnlichen Betrieb eines derartigen Handelsgewerbes generell entspricht. Entscheidend ist vielmehr des Weiteren, dass sie auch gerade nach Art und Größe des **konkreten** Unternehmens typisch oder üblich ist.[4] Im Rahmen dieser konkreten Betrachtung sind als Kriterien für die Einordnung insbesondere zu nennen der Inhalt des Gesellschaftsvertrages, Art und Umfang der OHG, die bisherige Entscheidungspraxis in der Gesellschaft sowie Art, Größe, Bedeutung und Risiko des Geschäfts für den konkreten Betrieb.[5] Dies bedeutet, dass alle Geschäfte, die immer wieder einmal in dem Geschäftsbetrieb der konkreten OHG vorkommen, im Regelfall als übliche Geschäfte im Sinne des § 116 anzusehen sind.[6] Sofern die konkrete Betrachtung zu keinem klaren Ergebnis führt, ist entscheidend, ob das Geschäft in dem Handelszweig, der den Gegenstand des Unternehmens bildet, üblicherweise vorkommt.[7] 3

3. Ungewöhnliche Geschäfte. Ungewöhnlich sind Geschäfte, die nach Inhalt, Zweck und Umfang oder nach ihrer Bedeutung und den mit ihnen verbundenen Gefahren über den gewöhnli- 4

---

[1] MünchKommHGB/*Jickeli* RdNr. 2; Schlegelberger/*Martens* RdNr. 2.
[2] Vgl. im Einzelnen zum Missbrauch der Vertretungsmacht MünchKommBGB/*Schramm* § 164 RdNr. 106 ff.
[3] BGH Urt. v. 11. 2. 1980 – II ZR 41/79, BGHZ 76, 160, 164 = NJW 1980, 1463, 1464; vgl. auch § 114 RdNr. 6.
[4] BGH Urt. v. 13. 1. 1954 – II ZR 6/53, BB 1954, 143; Schlegelberger/*Martens* RdNr. 4 mwN; für eine großzügige Betrachtungsweise MünchKommHGB/*Jickeli* RdNr. 8, 22 ff.
[5] Schlegelberger/*Martens* RdNr. 4.
[6] Heymann/*Emmerich* RdNr. 2 a.
[7] BGH (Fn. 4) S. 143.

§ 116 5–7　　　2. Buch. 1. Abschnitt. Offene Handelsgesellschaft

chen Rahmen des bisherigen Geschäftsbetriebs der Gesellschaft hinausgehen und damit **Ausnahmecharakter** besitzen.[8] Soweit vor allem früher unter Hinweis auf Art. 103 Abs. 1 ADHGB auch Geschäfte, die dem Zweck der Gesellschaft fremd sind, als ungewöhnliche Geschäfte bezeichnet wurden,[9] steht dies im Widerspruch zum Verständnis, dass die Geschäftsführung generell durch den Gesellschaftszweck begrenzt wird; vom Gesellschaftszweck nicht umfasste Geschäfte sind daher keine ungewöhnlichen Akte der Geschäftsführung, sondern berühren den Grundlagenbereich der Gesellschaft.[10]

5　**4. Beispiele. a) Gewöhnliche Geschäfte.** Zur gewöhnlichen Geschäftstätigkeit wurden je nach Ausgestaltung der Gesellschaft etwa gerechnet: Verträge mit Architekten und Bauunternehmern,[11] die Verlagerung von Warenbeständen, wenn diesen unmittelbare Gefahr droht,[12] die Einholung von Auskünften über die Kreditwürdigkeit von Geschäftspartnern[13] sowie die Stellung von Sicherheiten bei einer Betriebsaufspaltung durch die Besitzgesellschaft für Kredite, die der Betriebsgesellschaft gewährt wurden.[14] Unter Umständen kann auch die Gründung oder Auflösung von Zweigniederlassungen zu den gewöhnlichen Geschäften zu rechnen sein sowie die Veräußerung von Vermögensgegenständen, sofern diese zum Betriebsvermögen gehören und keinen ungewöhnlichen Wert aufweisen.[15] Zu den gewöhnlichen – und damit nicht zustimmungsbedürftigen – Geschäften wurde schließlich die Erhebung einer Schadensersatzklage gegen einen von mehreren persönlich haftenden Gesellschaftern im Falle eines von ihm eingegangenen Drittgeschäfts gerechnet.[16]

6　**b) Ungewöhnliche Geschäfte.** Als ungewöhnliche Geschäfte kommen in Betracht: langfristige Bindung von Betriebsmitteln und Kreditgeschäfte von besonderer Tragweite,[17] Erweiterungsinvestitionen, die über den bisherigen Geschäftsbetrieb hinaus gehen,[18] ungewöhnlich umfangreiche Investitionen wie etwa besonders umfangreiche Baumaßnahmen[19] und der Einkauf von Filmen für mehrere hundert Millionen DM durch eine Fernsehgesellschaft.[20] Als ungewöhnlich wurden auch Geschäfte eingestuft, die die Gefahr einer erheblichen Interessenkollision zwischen dem handelnden Geschäftsführer und der Gesellschaft mit sich bringen[21] sowie Klagen gegen einen persönlich haftenden Gesellschafter auf Schadensersatz wegen schuldhafter Verletzung von Geschäftsführerpflichten.[22]

7　Die Frage, wie Maßnahmen einer Konzernbildung, etwa die Ausgliederung von Unternehmensfunktionen auf selbständige Tochtergesellschaften und der Erwerb solcher Tochtergesellschaften oder Maßnahmen innerhalb eines von der OHG abhängigen Unternehmens einzuordnen sind, hängt von den Umständen des Einzelfalls ab. Im Rahmen der **Tochtergesellschaft** als ungewöhnlich zu qualifizierende Maßnahmen lassen sich nicht ohne weiteres auch im Rahmen der herrschenden Gesellschaft als derartige Geschäfte einordnen. Entscheidend sind jeweils die Art der Verflechtung der Gesellschaften und die Bedeutung des Geschäfts für die Obergesellschaft.[23] Zum Schutze der Gesellschafter müssen Maßnahmen bei den Tochtergesellschaften auf der Ebene der Muttergesellschaft erneut darauf überprüft werden, ob sie sich dort als außergewöhnlich erweisen; ist das der Fall, dürfen die Geschäftsführer der Tochtergesellschaften die betreffenden Maßnahmen nicht ohne vorherige Zustimmung der Muttergesellschaft ergreifen.[24]

---

[8] BGH (Fn. 4) S. 143; BGH (Fn. 3) S. 162 f.; vgl. ie MünchKommHGB/*Jickeli* RdNr. 13 ff., 31 ff.
[9] Vgl. RG Urt. v. 22. 10. 1938 – II 58/38, RGZ 158, 302, 308; GroßkommHGB/*Fischer* Anm. 2 a.
[10] Ebenso Heymann/*Emmerich* RdNr. 3; MünchKommHGB/*Jickeli* RdNr. 7; Staub/*Ulmer* RdNr. 8; siehe wegen weiterer Einzelheiten Schlegelberger/*Martens* RdNr. 5 f.; vgl. auch Kommentierung bei § 114 RdNr. 9.
[11] BGH (Fn. 3) S. 162 f.
[12] BGH (Fn. 4) S. 143.
[13] RG Urt. v. 21. 4. 1888 – I. 68/88, RGZ 20, 190, 194.
[14] RG (Fn. 9) S. 308 ff.
[15] Schlegelberger/*Martens* RdNr. 10.
[16] BGH Beschl. v. 12. 6. 1997 – IX ZR 172/96, WM 1997, 1431; zum abweichenden Fall einer Klage gegen den geschäftsführenden Gesellschafter auf Schadensersatz wegen schuldhafter Verletzung von Geschäftsführpflichten vgl. Nachweise bei Fn. 22.
[17] Röhricht/Graf v. Westphalen/*v. Gerkan* RdNr. 2; Schlegelberger/*Martens* RdNr. 11.
[18] MünchKommHGB/*Jickeli* RdNr. 31; weitergehend Schlegelberger/*Martens* RdNr. 11 (jede Erweiterungsmaßnahme).
[19] Heymann/*Emmerich* RdNr. 5.
[20] OLG Koblenz Urt. v. 9. 8. 1990 – 6 U 888/90, NJW-RR 1991, 487, 489.
[21] BGH Urt. v. 8. 5. 1972 – II ZR 108/70, WM 1973, 170, 171 = NJW 1973, 465 LS.
[22] BGH Urt. v. 4. 11. 1982 – II ZR 210/81, WM 1983, 60; Beschl. v. 12. 6. 1997 (Fn. 16); RG Urt. v. 1. 4. 1943 – II 138/42, RGZ 171, 51, 54; Schlegelberger/*Martens* RdNr. 12.
[23] Vgl. etwa BGH Urt. v. 8. 5. 1972 (Fn. 21) S. 172; nähere Einzelheiten bei *Emde* WM 1996, 1205 und Schlegelberger/*Martens* RdNr. 7 ff.
[24] Zu einem solchen Fall vgl. BGH Urt. v. 25. 2. 1982 – II ZR 174/80, BGHZ 83, 122, 136 ff. „Holzmüller" = NJW 1982, 1703 (Übertragung des wertvollsten Teils des Betriebsvermögens auf eine Tochtergesellschaft durch den Vorstand; offengelassen für den Fall, dass die Hauptversammlung der Ausgliederung vorher oder nachher mit satzungsändernder

5. Beweislast. Mit der Frage, ob eine konkrete Geschäftsführungsmaßnahme noch zum gewöhnlichen Betrieb des Handelsgewerbes der Gesellschaft gehört oder der Zustimmung aller Gesellschafter bedarf, ist zugleich die Frage nach einem möglichen Kompetenzverstoß des Geschäftsführers aufgeworfen. Insofern gelten die allgemeinen Grundsätze, nach denen der **Geschäftsführer** nachweisen muss, dass er pflichtgemäß – also innerhalb der ihm zustehenden Geschäftsführungsbefugnis – gehandelt hat.[25]

III. Zustimmungserfordernis (Abs. 2)

1. Zustimmungsbeschluss. a) Erforderlichkeit. Ungewöhnliche Geschäfte bedürfen nach § 116 Abs. 2 der Zustimmung aller Gesellschafter. Das Gesetz geht also grundsätzlich davon aus, dass zur Vornahme entsprechender Geschäfte ein **einstimmiger Beschluss** erforderlich ist. Die Regelung ist aber **dispositiv**. Der Gesellschaftsvertrag kann auch die Möglichkeit der Entscheidung mit Stimmenmehrheit oder die Beschlussfassung lediglich durch die geschäftsführenden Gesellschafter vorsehen. Anders als bei § 115 Abs. 2 (hierzu § 115 RdNr. 32 ff.) ist ein Beschluss der Gesellschafter auch bei **Gefahr im Verzug** erforderlich, sofern sich das Handeln des Geschäftsführers nicht ausnahmsweise angesichts der konkreten Gefahrensituation als betriebsgewöhnliche Abwehrmaßnahme darstellt.[26] Darüber hinaus steht jedem Gesellschafter und damit auch den geschäftsführenden Gesellschaftern das Notgeschäftsführungsrecht gemäß § 744 Abs. 2 BGB zu (siehe hierzu RdNr. 19).

b) Beschlussfassung. Zur Beschlussfassung nach Abs. 2 sind **alle** Gesellschafter berechtigt und **verpflichtet**. Sie dürfen sich nicht grundlos der Stimme enthalten oder der Gesellschafterversammlung ohne wichtigen Grund fernbleiben, weil andernfalls der nach Abs. 2 erforderliche einstimmige Beschluss verhindert würde.[27] Wiederholtes pflichtwidriges Verhalten dieser Art kann zur Verwirkung des Stimmrechts führen.[28]

Da der Beschluss nach Abs. 2 eine Maßnahme der Geschäftsführung ist, unterliegen die Gesellschafter denselben Bindungen und Beschränkungen wie sonst die Geschäftsführer. Auch die Gesellschafter dürfen die Beschlussfassung nicht zur Durchsetzung individueller Belange benutzen, die dem **Gesellschaftsinteresse** widerstreiten.[29]

Im Hinblick hierauf kann sich auf Grund des Gesellschaftsvertrages auch ausnahmsweise eine **Zustimmungspflicht** der Gesellschafter zu Maßnahmen ergeben, die im Interesse der Gesellschaft unerlässlich sind.[30] Umgekehrt kann auch eine **Ablehnungspflicht** entstehen, wenn der Gesellschafter erkennt, dass der Gesellschaft durch die von der Geschäftsführung vorgeschlagenen Maßnahmen Schäden drohen.[31] Die Ablehnung ist mit Rücksicht auf die Treuepflicht der Gesellschafter regelmäßig zu begründen,[32] es sei denn die Begründung ist bereits bekannt oder anderweitig offensichtlich. Bei der Beurteilung, ob im Einzelfall eine Pflicht der Gesellschafter zu einer bestimmten Entscheidung besteht, ist der auch ihnen zur Verfügung stehende erhebliche **Ermessensspielraum** zu berücksichtigen. Die gerichtliche Prüfungskompetenz erstreckt sich nicht auf die Zweckmäßigkeit der Maßnahme und des Abstimmungsverhaltens, sondern allein auf die äußerste Ermessensgrenze, wenn sich das Ermessen auf „Null" reduziert hat.[33]

Eine **Stimmenthaltung** wird verschiedentlich als grundsätzlich pflichtwidrig angesehen.[34] Diese Auffassung überzeugt für den Fall des Bestehens einer Pflicht zur Zustimmung oder zur Verweigerung der Zustimmung im oben genannten Sinn. Für die Fälle, in denen **keine** derartige Pflicht besteht, berücksichtigt die strenge Auffassung aber weder ausreichend den Grund für die Betei-

---

Mehrheit zustimmt); Urt. v. 8. 5. 1972 (Fn. 21) S. 172; vgl. auch BGH Urt. v. 26. 4. 2004 – II ZR 155/02, BGHZ 159, 30 ff. „Gelatine" = NJW 2004, 1860; OLG Koblenz (Fn. 20) S. 489.
[25] Vgl. im Einzelnen die Kommentierung zu § 114 RdNr. 41; ebenso wohl auch Röhricht/Graf v. Westphalen/*v. Gerkan* § 114 RdNr. 16, 20 und Schlegelberger/*Martens* § 114 RdNr. 36, 38; aA Baumgärtel/*Wittmann* Band 4 HGB 1. Aufl. RdNr. 1 (Beweispflicht für Überschreiten der Geschäftsführungsbefugnis trifft die Mitgesellschafter).
[26] Vgl. BGH (Fn. 4) S. 143; Röhricht/Graf v. Westphalen/*v. Gerkan* RdNr. 3; Schlegelberger/*Martens* RdNr. 13.
[27] *Hueck A.* ZGR 1972, 237, 240 ff.; Schlegelberger/*Martens* RdNr. 13.
[28] So für das Recht, die Zustimmung aus Zweckmäßigkeitsgründen zu versagen, BGH Urt. v. 24. 1. 1972 – II ZR 3/69, NJW 1972, 862, 864.
[29] BGH Urt. v. 8. 7. 1985 – II ZR 4/85, NJW 1986, 844 und § 115 RdNr. 16 ff., 28 ff.; vgl. auch MünchKommHGB/*Jickeli* RdNr. 41.
[30] So zB BGH (Fn. 28) S. 863; Urt. v. 2. 7. 1973 – II ZR 94/71, WM 1973, 1291, 1294, insoweit nicht abgedruckt in NJW 1973, 2198.
[31] Näher hierzu Schlegelberger/*Martens* RdNr. 17; enger MünchKommHGB/*Jickeli* RdNr. 40.
[32] BGH (Fn. 28) S. 863.
[33] Schlegelberger/*Martens* RdNr. 14; ebenso zu § 115 BGH (Fn. 29); vgl. auch § 115 RdNr. 19.
[34] *Hueck* ZGR 1972, 237, 241 (sofern ein Beschluss einstimmig gefasst werden muss).

ligungspflicht der Gesellschafter an der Beschlussfassung noch die unterschiedlichen Gründe, die einen Gesellschafter zu einer Enthaltung veranlassen können. Die Beteiligungspflicht der Gesellschafter folgt aus der Notwendigkeit, im Falle des § 116 Abs. 2 im Interesse der Gesellschaft Klarheit über die Zulässigkeit einer geplanten Maßnahme herbeizuführen. Zu diesem Zweck trifft jeden Gesellschafter die Pflicht, sich zur Vorbereitung der Entscheidung ausreichend sachkundig zu machen.[35] Im Hinblick hierauf ist eine Enthaltung mangels Sachkunde nicht gerechtfertigt. Demgegenüber bestehen keine Bedenken, wenn sich die Enthaltung nur als das gegenüber der ausdrücklichen Ablehnung mildere Mittel darstellt. In diesem Fall führt das Abstimmungsverhalten des Gesellschafters zu der von § 116 Abs. 2 gewünschten Klarheit der Beschlussfassung. Hätte der Gesellschafter die Zustimmung auch ausdrücklich verweigern können, ist die Stimmenthaltung nur die weniger einschneidende Maßnahme, die im Einzelfall, beispielsweise aus Rücksichtnahme auf andere Gesellschafter oder den Betriebsfrieden, sogar geboten sein kann.[36]

14 c) **Wirkungen.** Eine pflichtwidrig oder **grundlos verweigerte Zustimmung** ist – ebenso wie der pflichtwidrige Widerspruch nach § 115 Abs. 1 (siehe oben § 115 RdNr. 21) – unbeachtlich; die Mitgesellschafter dürfen sie als unwirksam behandeln und die Maßnahme gleichwohl durchführen.[37] Ferner können die Gesellschaft, vertreten durch die geschäftsführenden Gesellschafter, oder die Gesellschafter selbst im Wege der actio pro socio von dem pflichtwidrig die Zustimmung verweigernden Mitgesellschafter klageweise die Zustimmung verlangen.[38] Sofern die Verweigerung der Zustimmung auf einem pflichtwidrigen Verhalten des Mitgesellschafters beruht, kommt gegen ihn auch ein Schadensersatzanspruch wegen Verhinderung oder Verzögerung der ins Auge gefassten Maßnahme in Betracht.[39]

15 Ein **wirksamer Zustimmungsbeschluss** ist für die geschäftsführenden Gesellschafter **bindend**. Sie müssen die beschlossene Maßnahme entsprechend den Weisungen des Beschlusses ausführen. Gleichzeitig werden sie zur Vornahme des ungewöhnlichen Geschäfts ermächtigt und können auf Ersatz nur in Anspruch genommen werden, wenn sie den Gesellschaftern vor der Beschlussfassung wesentliche Informationen vorenthalten haben.[40] Die Bindungswirkung des Beschlusses erstreckt sich auch auf den einzelnen Gesellschafter. Er kann seine Zustimmung nur noch aus wichtigem Grund widerrufen.[41] Möglich bleibt aber in jedem Fall ein Einwirken auf die anderen Gesellschafter zwecks Herbeiführung eines neuen Gesellschafterbeschlusses zur Korrektur der ursprünglichen Beschlussfassung.[42]

16 2. **Fehlen eines Gesellschafterbeschlusses.** a) **Ausführungsverbot als Grundsatz.** Fehlt ein Gesellschafterbeschluss, muss die über den gewöhnlichen Rahmen hinausgehende Maßnahme grundsätzlich **unterbleiben.** Nur solche außergewöhnlichen Erhaltungsmaßnahmen, die sich als unerlässlich erweisen, sind bei Unmöglichkeit rechtzeitiger Beschlussfassung ohne Beschluss erlaubt. Ohne Beschluss kann eine Maßnahme auch durchgeführt werden, wenn die Zustimmung entgegen einer bestehenden Pflicht verweigert worden ist.[43] In diesem Fall wäre die Berufung auf die fehlende Zustimmung treuwidrig. Allerdings handelt der Geschäftsführer, der eine solche Maßnahme durchführt, auf eigene Gefahr. Er ist also schadensersatzpflichtig, wenn sich herausstellt, dass eine Zustimmungspflicht des Mitgesellschafters nicht bestand.[44]

17 Handelt der Geschäftsführer ohne den erforderlichen Beschluss nach Abs. 2, macht das die Maßnahme im Außenverhältnis nicht ohne weiteres unwirksam. Das Beschlusserfordernis hat lediglich für das **Innenverhältnis** Bedeutung. Die Wirksamkeit der Maßnahme im Außenverhältnis bestimmt sich demgegenüber allein nach der Vertretungsmacht des Geschäftsführers.

18 Bei pflichtwidrig vorgenommenen Geschäften haftet der geschäftsführende Gesellschafter auf **Schadensersatz.**[45] Der Bundesgerichtshof hat die Frage, ob dem nicht geschäftsführungsberechtigten Gesellschafter darüber hinaus ein **Anspruch auf Unterlassung** der Maßnahme zusteht, der im Wege des vorbeugenden Rechtsschutzes klageweise geltend gemacht werden kann, für den Regelfall

---

[35] Schlegelberger/*Martens* RdNr. 18.
[36] Ebenso MünchKommHGB/*Jickeli* RdNr. 36 und Schlegelberger/*Martens* RdNr. 18.
[37] Schlegelberger/*Martens* RdNr. 16; siehe auch unten RdNr. 16.
[38] Heymann/*Emmerich* RdNr. 9; Schlegelberger/*Martens* RdNr. 16.
[39] Schlegelberger/*Martens* RdNr. 16.
[40] So zu Recht Schlegelberger/*Martens* RdNr. 20.
[41] Baumbach/*Hopt* RdNr. 6; Röhricht/Graf v. Westphalen/*v. Gerkan* RdNr. 4; vgl. insbesondere auch wegen weiterer Einzelheiten Schlegelberger/*Martens* RdNr. 19; aA Heymann/*Emmerich* RdNr. 10 (jederzeitiges Widerrufsrecht bis zur Durchführung der Maßnahme).
[42] Schlegelberger/*Martens* RdNr. 19 aE.
[43] BGH Urt. v. 2. 7. 1973 (Fn. 30) S. 1294.
[44] Baumbach/*Hopt* RdNr. 5; Schlegelberger/*Martens* RdNr. 21.
[45] BGH Urt. v. 4. 11. 1996 – II ZR 48/95, NJW 1997, 314, vgl. auch § 114 RdNr. 34 ff.

verneint.[46] Diese auf die Eigenverantwortlichkeit des Geschäftsführers gestützte Entscheidung überzeugt jedenfalls bei kompetenzwidrigem Verhalten des Geschäftsführers der Personenhandelsgesellschaft nicht, da es hier nicht um die Autonomie des Geschäftsführers, sondern um das Überschreiten der Geschäftsführungskompetenz geht. Jedenfalls in einem derartigen Fall kompetenzwidrigen Verhaltens muss der Personenhandelsgesellschaft ein – auch von dem einzelnen Gesellschafter mittels actio pro socio geltend zu machender – vorbeugender Unterlassungsanspruch zustehen[47] wie ihn der Bundesgerichtshof mittlerweile für das Kapitalgesellschaftsrecht ausdrücklich bejaht hat.[48]

b) Notgeschäftsführungsrecht. Auch bei Fehlen der Zustimmung steht **jedem** – auch dem **19** nicht zur Geschäftsführung befugten – **Gesellschafter** unter den Voraussetzungen des § 744 Abs. 2 BGB ein Notgeschäftsführungsrecht zu. Da es sich hierbei um zwingendes Recht handelt, sind sowohl Widersprüche anderer Gesellschafter als auch ein entgegenstehender Beschluss der Gesellschafterversammlung unwirksam. Das Notgeschäftsführungsrecht begründet allerdings keine Vertretungsmacht nach außen.[49] Der Gesellschafter kann zwar im Innenverhältnis verlangen, dass die Gesellschaft die Maßnahme gelten lässt; im Außenverhältnis handelt er auf eigene Gefahr.[50]

IV. Erteilung und Widerruf der Prokura (Abs. 3)

1. Grundsatz. Wegen der weitreichenden Vertretungsmacht eines Prokuristen (§ 49), die **beson-** **20** **deres Vertrauen** der von der Prokura betroffenen Personen voraussetzt, enthält Abs. 3 eine – dispositive (§ 109)[51] – besondere Regelung über die Erteilung und den Widerruf der Prokura: Der Bestellung eines Prokuristen müssen alle geschäftsführenden Gesellschafter zustimmen, für den Widerruf ist demgegenüber bereits die Erklärung eines Geschäftsführers ausreichend. Für die **Erteilung** der Prokura wird daher **Gesamtgeschäftsführung** – auch bei Geltung von Einzelgeschäftsführungsbefugnis der Gesellschaft im Übrigen – angeordnet. Demgegenüber gilt für den **Widerruf** – auch bei Gesamtgeschäftsführung im Übrigen – **Einzelgeschäftsführungsbefugnis.** Hiermit macht Abs. 3 den Fortbestand der Prokura davon abhängig, dass der Prokurist das Vertrauen aller geschäftsführenden Gesellschafter genießt.[52] Die Regelung bezieht sich ausschließlich auf die Prokura und ist nicht auf die Erteilung oder den Widerruf anderer Vollmachten zu übertragen.[53]

2. Erteilung der Prokura. a) Grundsatz: durch alle Gesellschafter. Die Erteilung der **21** Prokura bedarf grundsätzlich – das heißt auch im Falle einer Einzelgeschäftsführungsbefugnis – der **Zustimmung aller** geschäftsführenden Gesellschafter. Handelt es sich im Einzelfall bei der Erteilung der Prokura um eine außergewöhnliche Maßnahme im Sinne des § 116 Abs. 2, ist zusätzlich die Zustimmung der nicht an der Geschäftsführung beteiligten Gesellschafter einzuholen.[54] Deren aus Abs. 2 folgende Kompetenz soll durch Abs. 3, der nur die Einschränkung der Einzelgeschäftsführungsbefugnis bezweckt, nicht beschnitten werden. Ist ein Minderjähriger an der Gesellschaft beteiligt, so bedarf der für ihn als Geschäftsführer handelnde Vertreter zur Erteilung der Prokura keiner vormundschaftsgerichtlichen Genehmigung nach §§ 1822 Nr. 11, 1643 Abs. 1 BGB. Die Prokura wird nämlich nicht für den Minderjährigen, sondern für die Gesellschaft erteilt, die ihrerseits – auch wenn ihr ein Minderjähriger angehört – nicht unter Vormundschaft steht.[55]

Abs. 3 betrifft unmittelbar nur die Erteilung der Prokura, nicht aber den Abschluss des Anstel- **22** lungsvertrages mit dem Prokuristen. Allerdings wird bei Bestehen eines engen wirtschaftlichen und rechtlichen Zusammenhangs zwischen Erteilung der Prokura und **Anstellungsvertrag** zu Recht angenommen, dass auch für die Anstellungskompetenz das Zustimmungserfordernis des § 116 Abs. 3 Satz 1 gilt.[56] Das betrifft allerdings nur das Innenverhältnis; für das Außenverhältnis bleibt allein die

---

[46] BGH (Fn. 3) S. 164 ff., insbes. 167 f.
[47] Ebenso zB *Lutter* AcP 180 (1980), 84, 139 f.; Baumbach/*Hopt* RdNr. 4; MünchKommHGB/*Jickeli* RdNr. 46; Röhricht/Graf v. Westphalen/*v. Gerkan* RdNr. 5; Schlegelberger/*Martens* RdNr. 22; vgl. zu Ansprüchen in Zusammenhang mit kompetenzwidrig vorgenommenen Geschäftsführungsmaßnahmen auch *Emde* WM 1996, 1205 ff.
[48] BGH Urt. v. 25. 2. 1982 (Fn. 24) S. 133 ff.; Urt. v. 10. 10. 2005 – II ZR 90/03, WM 2005, 2388, 2390 = NJW 2006, 374 (AG).
[49] BGH Urt. v. 4. 5. 1955 – IV ZR 185/54, BGHZ 17, 182, 183 f. = NJW 1955, 1027.
[50] Schlegelberger/*Martens* RdNr. 23; vgl. zur Notgeschäftsführung auch oben § 114 RdNr. 13 f.
[51] BGH Urt. v. 2. 7. 1973 (Fn. 30) S. 1293 f. = NJW 1973, 2198, 2199.
[52] Schlegelberger/*Martens* RdNr. 24.
[53] Heymann/*Emmerich* RdNr. 13.
[54] Baumbach/*Hopt* RdNr. 8; Heymann/*Emmerich* RdNr. 16; Röhricht/Graf v. Westphalen/*v. Gerkan* RdNr. 7; Schlegelberger/*Martens* RdNr. 25.
[55] BGH Urt. v. 20. 9. 1962 – II ZR 209/61, BGHZ 38, 26, 30 = NJW 1962, 2344; vgl. auch Urt. v. 29. 6. 1970 – II ZR 158/69, NJW 1971, 375, 376 (stille Gesellschaft).
[56] *Hueck A.* OHG § 10 II 4 Fn. 21; Röhricht/Graf v. Westphalen/*v. Gerkan* RdNr. 7; Schlegelberger/*Martens* RdNr. 27.

organschaftliche Vertretungsbefugnis (§ 126 Abs. 1) maßgeblich.[57] Die von einem vertretungsberechtigten Gesellschafter erteilte Prokura ist daher auch ohne die im Innenverhältnis notwendige Zustimmung der übrigen Geschäftsführer wirksam; das **Registergericht** darf deshalb bei Anmeldung der erteilten Prokura die Eintragung grundsätzlich nicht wegen der fehlenden Zustimmung der anderen Geschäftsführer verweigern.[58] Etwas anderes kann nur gelten, wenn für das Registergericht offensichtlich ist, dass die Prokura kompetenzwidrig erteilt wurde und wegen des ersichtlichen Widerstandes der anderen Geschäftsführer mit ihrem alsbaldigen Widerruf zu rechnen ist.[59]

23   b) **Ausnahme bei Gefahr im Verzug.** Bei Gefahr im Verzug kann **jeder geschäftsführungsbefugte Gesellschafter** die Prokura auch ohne die in Abs. 3 Satz 1 grundsätzlich vorgesehene Zustimmung aller Gesellschafter erteilen. Gefahr im Verzug besteht nur, wenn der Gesellschaft infolge ungenügender Vertretung, die allein durch die sofortige Erteilung der Prokura behoben werden kann, ernsthaft Schaden droht.[60] Soweit teilweise angenommen wird, es handele sich bei einer solchen ausnahmsweise zu erteilenden Prokura nur um eine vorläufige Maßnahme, so dass der Geschäftsführer jedenfalls unverzüglich (im Nachhinein) die Zustimmung der übrigen geschäftsführenden Gesellschafter einzuholen habe,[61] wird dem mit Recht entgegengehalten, dass die übrigen geschäftsführenden Gesellschafter durch das ihnen gemäß Abs. 3 zustehende Widerrufsrecht ausreichend geschützt sind; da den geschäftsführenden Gesellschafter, der bei Gefahr im Verzug Prokura erteilt hat, jedenfalls die Pflicht zur unverzüglichen Benachrichtigung der anderen Geschäftsführer trifft, können diese selbst über den Fortbestand der erteilten Prokura entscheiden.[62]

24   Die Bestellungsbefugnis bei Gefahr im Verzug gilt nicht in Fällen des **§ 116 Abs. 2**. Zur Vornahme ungewöhnlicher Geschäfte bedarf es auch bei Gefahr im Verzug grundsätzlich der Zustimmung aller Gesellschafter (siehe oben RdNr. 9).

25   **3. Widerruf der Prokura.** Die Prokura kann in Abweichung von § 115 Abs. 1 und 2 **von jedem Geschäftsführer** widerrufen werden. Auch bei Gesamtgeschäftsführungsbefugnis ist daher jeder Geschäftsführer für sich allein zum Widerruf der Prokura befugt. Die Regelung betrifft wiederum nicht das Innenverhältnis. Die Wirksamkeit des Widerrufs nach außen gegenüber dem Prokuristen hängt allein von der Vertretungsmacht des Geschäftsführers ab. Hat der widerrufende Gesellschafter nicht die erforderliche Vertretungsmacht, so kann er von den vertretungsberechtigten Mitgesellschaftern die Mitwirkung am Ausspruch des Widerrufs verlangen.[63]

26   Im Falle eines nach außen wirksamen Widerrufs der Prokura können die übrigen vertretungsberechtigten Gesellschafter, sofern sie mit dem Widerruf nicht einverstanden sind, dem Prokuristen **erneut Prokura** erteilen.[64]

27   **4. Erweiterung und Beschränkung der Prokura.** Die Regelung des Abs. 3 Satz 1 **gilt auch entsprechend** für eine Erweiterung der Prokura.[65] Nicht zuletzt aus Gründen der Gleichbehandlung ist zudem nach richtiger Auffassung[66] Abs. 3 Satz 2 entsprechend auf nachträgliche Beschränkungen der Prokura anzuwenden. Andernfalls würde man den Geschäftsführer, aus dessen Sicht eine Beschränkung der Prokura ausreichend wäre, gleichwohl zum Widerruf zwingen. Zu beachten ist sowohl bei Erweiterungen als auch Beschränkungen der Prokura, dass sie nur im Rahmen des gesetzlich normierten Umfangs der Prokura in Betracht kommen.

V. Abweichende Vereinbarungen

28   § 116 ist insgesamt **dispositiv** (§ 109). Der Gesellschaftsvertrag kann daher beliebig von der gesetzlichen Regelung abweichen.[67] Der Umfang der Geschäftsführungsbefugnis kann abweichend von Abs. 1 geregelt werden; das in Abs. 2 vorgesehene Erfordernis eines Zustimmungsbeschlusses kann beschränkt – zB auf außergewöhnliche Geschäfte bestimmter Art – oder auch erweitert werden,

---

[57] BGH Beschl. v. 14. 2. 1974 – II ZB 6/73, BGHZ 62, 166, 169 = NJW 1974, 1194.
[58] BGH (Fn. 57) S. 169; RG Urt. v. 12. 12. 1931 – II B 30/31, RGZ 134, 303, 307.
[59] Baumbach/*Hopt* RdNr. 9; Heymann/*Emmerich* RdNr. 14; Schlegelberger/*Martens* RdNr. 27.
[60] Baumbach/*Hopt* RdNr. 8; Heymann/*Emmerich* RdNr. 15.
[61] So zB Baumbach/*Hopt* RdNr. 8.
[62] So zu Recht Schlegelberger/*Martens* RdNr. 29 mwN.
[63] Heymann/*Emmerich* RdNr. 18.
[64] RG Urt. v. 26. 5. 1880 – Rep. I. 807/80, RGZ 2, 30, 35; Urt. v. 27. 1. 1940 – II 151/39, RGZ 163, 35, 38 f.; Heymann/*Emmerich* RdNr. 19.
[65] AllgM, vgl. nur Baumbach/*Hopt* RdNr. 10 und MünchKommHGB/*Jickeli* RdNr. 54.
[66] Baumbach/*Hopt* RdNr. 10; Heymann/*Emmerich* RdNr. 17; MünchKommHGB/*Jickeli* RdNr. 58; Staub/*Ulmer* RdNr. 36; im Einzelnen auch Schlegelberger/*Martens* RdNr. 32; str., aA GroßkommHGB/*Fischer* Anm. 13.
[67] Hierzu Baumbach/*Hopt* RdNr. 11; MünchKommHGB/*Jickeli* RdNr. 60 ff.; Schlegelberger/*Martens* RdNr. 35 f.

zB auf bestimmte nicht außergewöhnliche Geschäfte. Eine von § 116 abweichende Regelung kann auch hinsichtlich Erteilung und Widerruf der Prokura getroffen werden. So können die Gesellschafter bestimmen, dass ein Widerruf nur mit Zustimmung aller Gesellschafter möglich sein soll; in diesem Fall muss jeder geschäftsführende Gesellschafter seine Mitgesellschafter vor Ausspruch des Widerrufs informieren und ihnen Gelegenheit zur Stellungnahme geben.[68]

§ 117 [Entziehung der Geschäftsführungsbefugnis]

Die Befugnis zur Geschäftsführung kann einem Gesellschafter auf Antrag der übrigen Gesellschafter durch gerichtliche Entscheidung entzogen werden, wenn ein wichtiger Grund vorliegt; ein solcher Grund ist insbesondere grobe Pflichtverletzung oder Unfähigkeit zur ordnungsmäßigen Geschäftsführung.

Schrifttum: *Damm*, Einstweiliger Rechtsschutz im Gesellschaftsrecht, ZHR 154 (1990), 413; *Erman*, Eilmaßnahmen aus §§ 117, 127 HGB und Schiedsvertrag, FS Möhring, 1965, S. 3; *R. Fischer*, Die Entziehung der Geschäftsführungs- und Vertretungsbefugnis in der OHG, NJW 1959, 1057; *v. Gerkan*, Gesellschafterbeschlüsse, Ausübung des Stimmrechts und einstweiliger Rechtsschutz, ZGR 1985, 167; *Gogos*, Die Geschäftsführung der OHG, 1953; *Hopt*, Zur Abberufung des GmbH-Geschäftsführers bei der GmbH & Co., insbesondere der Publikumskommanditgesellschaft, ZGR 1979, 1; *Kohler*, Die Klage auf Zustimmung zum Ausschluss eines Gesellschafters, NJW 1951, 5; *Kollhosser*, Zustimmungspflicht zur Abänderung von Gesellschaftsverträgen bei Personenhandelsgesellschaften?, FS Westermann, 1974, S. 275; *Korehnke*, Treuwidrige Stimmen in Personengesellschafts- und GmbH-Recht. Sanktionen und prozessuale Behandlung, 1997; *Lindacher*, Die Klage auf Ausschließung eines OHG – bzw. KG-Gesellschafters, FS Paulick, 1973, S. 73; *ders.*, Schiedsgerichtliche Kompetenz zur vorläufigen Entziehung der Geschäftsführungs- und Vertretungsbefugnisse bei Personengesellschaften, ZGR 1979, 201; *Lunk*, Rechtliche und taktische Erwägungen bei Kündigung und Abberufung des GmbH-Geschäftsführers, ZIP 1999, 1777; *Merle*, Die Verbindung von Zustimmungs- und Ausschlussklage bei den Personenhandelsgeschäften, ZGR 1979, 67; *Pabst*, Mitwirkungspflichten bei Klagen nach §§ 117, 127, 140 HGB und bei der Anpassung von Verträgen im Recht der Personenhandelsgesellschaften, BB 1977, 1524; *ders.*, Prozessuale Probleme bei Rechtsstreitigkeiten wegen Entziehung von Geschäftsführungs- bzw. Vertretungsbefugnis sowie Ausschließung eines Gesellschafters, BB 1978, 892; *Reichert/Winter*, Die „Abberufung" und Ausschließung des geschäftsführenden Gesellschafters der Publikums-Personengesellschaft, BB 1988, 981; *K. Schmidt*, „Kündigung und Abberufung der Geschäftsführung und Vertretung" durch den Personengesellschafter, DB 1988, 2241; *ders.*, Mehrseitige Gestaltungsprozesse bei Personengesellschaften, 1992; *ders.*, Ausschließungs- und Entziehungsklagen gegen den einzigen Komplementär, ZGR 2004, 227; *Semler*, Einstweilige Verfügungen bei Gesellschafterauseinandersetzungen, BB 1979, 1533; *Ulmer*, Gestaltungsklagen im Personengesellschaftsrecht und notwendige Streitgenossenschaft, FS Geßler, 1971, S. 269; *H. P. Westermann/Pöllath*, Abberufung und Ausschließung von Gesellschaftern/Geschäftsführern in Personenhandelsgesellschaften und GmbH, RWS-Skript, 4. Aufl. 1988.

Übersicht

	RdNr.		RdNr.
I. Normzweck	1	a) Urteil	23, 24
II. Entziehung der Geschäftsführungsbefugnis	2–14	b) Einstweilige Verfügung	25–27
		c) Schiedsgerichtliche Entscheidung	28
1. Grundsatz	2, 3	IV. Wirkung der Entziehung	29–34
2. Gegenstand der Entziehung	4–6	1. Gegenüber dem betroffenen Geschäftsführer	29
3. Wichtiger Grund	7–13		
a) Allgemeines	7–9	2. Neuordnung der Geschäftsführung	30–34
b) Grobe Pflichtverletzung	10, 11	a) Einigung bei Entfallen eines Geschäftsführers	31
c) Unfähigkeit	12	b) Fehlende Einigung	32, 33
d) Gesamtabwägung	13	c) Entfallen des einzigen Geschäftsführers	34
4. Mildere Mittel	14	V. Abweichende Vertragsregelung	35–40
III. Das Entziehungsverfahren	15–28	1. Grundsatz	35
1. Klage der übrigen Gesellschafter	15–17	2. Regelungen zum Entziehungsgrund	36, 37
a) Gestaltungsklage	15	a) Erschwerung	36
b) Mitwirkungspflicht	16, 17	b) Erleichterung	37
2. Klageverfahren	18–22	3. Regelungen zum Verfahren	38–40
a) Gerichtsstand und Frist	19	a) Erschwerung	38
b) Notwendige Streitgenossenschaft	20	b) Erleichterung	39, 40
c) Verbindung der Verfahren gegen mehrere Gesellschafter	21	VI. Niederlegung der Geschäftsführung	41–43
d) Andere Klageverbindungen	22		
3. Gerichtliche Entscheidung	23–28		

---

[68] BGH Urt. v. 2. 7. 1973 (Fn. 30) S. 1293 f. = NJW 1973, 2199.

I. Normzweck

1 Die Vorschrift dient der Sicherung einer angemessenen Geschäftsführung der Gesellschaft. Mit Rücksicht auf die große Bedeutung, die die Entziehung der Geschäftsführungsbefugnis gerade für ein kaufmännisch betriebenes Unternehmen und die betroffenen Gesellschafter hat, sieht das Gesetz aus Gründen der Rechtssicherheit – anders als § 712 BGB – nur die Möglichkeit einer Entziehung im Wege der Gestaltungsklage vor. Bei einem kaufmännisch betriebenen Unternehmen besteht ein besonderes Bedürfnis nach **Klarheit** über die Besetzung der organrechtlichen Unternehmensführung. Diesem Bedürfnis wird mit dem Erfordernis einer gerichtlichen Entscheidung Rechnung getragen. Hierdurch soll einerseits die Rechtsstellung des Geschäftsführers gesichert werden, der nur bei Vorliegen eines wichtigen Grundes abberufen werden darf. Andererseits sollen die mit der Ungewissheit über das Vorliegen der Abberufungsgründe einhergehenden Belastungen innerhalb der Gesellschaft so gering wie möglich gehalten werden.[1]

II. Entziehung der Geschäftsführungsbefugnis

2 **1. Grundsatz.** Gemäß HS 1 kann die Geschäftsführung nur durch gerichtliche Entscheidung entzogen werden. Die Vorschrift gilt für **jede organschaftliche Geschäftsführung** in Personenhandelsgesellschaften. Sie ist daher sowohl in der OHG als auch in der KG und der GmbH & Co. KG (§ 161 Abs. 2) anwendbar, selbst wenn die Geschäftsführung nach dem Gesellschaftsvertrag abweichend von der gesetzlichen Regelung ausgestaltet ist.[2] Daher kann auch dem als Geschäftsführer tätigen Kommanditisten die in Abänderung des § 164 verliehene Geschäftsführungsbefugnis nur mittels Gestaltungsklage entzogen werden, sofern der Gesellschaftsvertrag nichts anderes vorsieht.[3] Bei dem einzigen persönlich haftenden Gesellschafter richtet sich die Entziehung der Geschäftsführungsbefugnis ebenfalls nach § 117.[4] Dasselbe gilt bei der GmbH & Co. KG für die Komplementär-GmbH,[5] nicht aber für deren GmbH-Geschäftsführer.[6] Dessen Verhalten muss sich die GmbH allerdings zurechnen lassen.[7]

3 **Keine Anwendung** findet die Vorschrift auf Dritte, die auf Grund eines Vertrages mit der Geschäftsführung beauftragt worden sind. Ihnen kann die Geschäftsführungsbefugnis nach Maßgabe des mit ihnen abgeschlossenen Geschäftsbesorgungsvertrages durch Abberufungsbeschluss der übrigen Gesellschafter oder durch Kündigung des Anstellungsvertrages entzogen werden; eines Entziehungsverfahrens nach § 117 bedarf es nicht.[8]

4 **2. Gegenstand der Entziehung.** Die Vorschrift ermöglicht die Entziehung **jeder** Art von Geschäftsführungsbefugnis, unabhängig davon, ob sie auf Gesetz oder Gesellschaftsvertrag beruht[9] und ob sie gegenüber der gesetzlichen Regelung erweitert oder eingeschränkt worden ist.[10]

5 Eine entsprechende Anwendung auf **sonstige Mitverwaltungsrechte** scheidet nach zutreffender Ansicht[11] aus. Diese anderen Mitwirkungs-, Kontroll- und Informationsrechte können den Gesellschaftern – wenn überhaupt – nur durch Änderung des Gesellschaftsvertrages entzogen werden. Für das Informationsrecht nach § 118 folgt dies bereits aus Wortlaut, Sinn und Zweck des § 118 Abs. 2; für die weiteren Mitverwaltungsrechte gilt nichts anderes; sie entsprechen schon deshalb nicht der organschaftlichen Geschäftsführung, weil es sich um überwiegend dem Interesse des einzelnen Gesellschafters dienende Befugnisse handelt.[12]

---

[1] Schlegelberger/*Martens* RdNr. 2.
[2] RG Urt. v. 28. 4. 1925 – II 290/24, RGZ 110, 418, 421; OLG Köln Urt. v. 14. 7. 1976 – 2 U 7/76, BB 1977, 464, 465.
[3] BGH Urt. v. 27. 6. 1955 – II ZR 232/54, BGHZ 17, 392, 395 = NJW 1955, 1394; offengelassen in BGH Urt. v. 17. 12. 1973 – II ZR 124/72, WM 1974, 177, 178.
[4] BGH Urt. v. 11. 7. 1960 – II ZR 260/59, BGHZ 33, 105, 107 = NJW 1960, 1997; Urt. v. 9. 12. 1968 – II ZR 33/67, BGHZ 51, 198, 201 f. = NJW 1969, 507; Urt. v. 25. 4. 1983 – II ZR 170/82, NJW 1984, 173.
[5] BGH Urt. v. 25. 4. 1983 (Fn. 4); Röhricht/Graf v. Westphalen/*v. Gerkan* RdNr. 1.
[6] *Hopt* ZGR 1979, 1, 9.
[7] BGH Urt. v. 25. 4. 1983 (Fn. 4) mwN.
[8] BGH Urt. v. 22. 1. 1962 – II ZR 11/61, BGHZ 36, 292, 294 = NJW 1962, 738; Schlegelberger/*Martens* RdNr. 5; vgl. zur ordentlichen Kündigung eines Geschäftsführers BGH Urt. v. 26. 1. 1998 – II ZR 243/96, WM 1998, 714 ff.; siehe zu Anstellungsverträgen mit Dritten die Kommentierung bei § 114 RdNr. 18.
[9] Anders die üL zu der Parallelregelung des § 712 BGB, nach welcher die gesetzliche Gesamtgeschäftsführungsmacht im Rahmen dieser Vorschrift unentziehbar sei; hiergegen zu Recht kritisch MünchKommBGB/*Ulmer* § 712 RdNr. 5 f. mwN.
[10] RGZ 110 (Fn. 2) S. 420 f.; OLG Köln (Fn. 2); Schlegelberger/*Martens* RdNr. 4.
[11] Heymann/*Emmerich* RdNr. 4 a; MünchKommHGB/*Jickeli* RdNr. 9; Schlegelberger/*Martens* RdNr. 6; aA OLG Köln (Fn. 2); differenzierend Baumbach/*Hopt* RdNr. 3.
[12] So zu Recht Schlegelberger/*Martens* RdNr. 6.

Die Entziehung der Geschäftsführungsbefugnis ist von der **Entziehung der Vertretungsmacht** 6 (§ 127) zu unterscheiden. In der Regel ist jedoch ein auf Entziehung der Geschäftsführungsbefugnis lautender Klageantrag dahin auszulegen, dass er sinngemäß auch den Antrag auf Entziehung der Vertretungsbefugnis einschließt.[13] Umgekehrt ist der Antrag auf Entziehung der Vertretungsmacht zugleich als solcher auf Entziehung der Geschäftsführungsbefugnis auszulegen.[14]

3. Wichtiger Grund. a) Allgemeines. Die Entziehung der Geschäftsführungsbefugnis setzt das 7 Vorhandensein eines wichtigen Grundes voraus (HS 1). Als solchen nennt das Gesetz in HS 2 beispielhaft die grobe Pflichtverletzung sowie die Unfähigkeit zu einer ordnungsgemäßen Geschäftsführung. Allgemein formuliert liegt ein wichtiger Grund vor, wenn die Geschäftsführung das **Vertrauensverhältnis** zwischen den Gesellschaftern nachhaltig **zerstört** hat und den übrigen Gesellschaftern daher bei der gebotenen Gesamtbetrachtung unter Berücksichtigung der Interessen aller Beteiligten eine weitere Ausübung der Geschäftsführungsbefugnisse durch den geschäftsführenden Gesellschafter nicht mehr **zuzumuten** ist.[15] Mit Rücksicht auf die Bedeutung des Eingriffs ist ein **strenger Maßstab** anzulegen. Die Annahme eines wichtigen Grundes setzt daher regelmäßig voraus, dass eine gedeihliche Zusammenarbeit der Gesellschafter im Interesse der Gesellschaft bei unveränderter Belassung der Geschäftsführung nicht mehr möglich ist.[16] Der wichtige Grund muss grundsätzlich auf die Geschäftsführung zurückgehen; bei entsprechendem Gewicht können aber auch außerhalb der Geschäftsführung liegende Umstände, etwa aus dem privaten Lebensbereich, die Entziehung rechtfertigen.[17] Auf ein Verschulden des Geschäftsführers kommt es nicht notwendig an, wie die beispielhafte Nennung der Unfähigkeit zur ordnungsgemäßen Geschäftsführung in HS 2 zeigt.

Die Voraussetzungen für das Vorliegen eines wichtigen Grundes bestimmen sich im Rahmen des 8 § 117 im Wesentlichen nach **denselben Maßstäben,** die für eine Entziehung der Vertretungsmacht (§ 127), die Ausschließung von Gesellschaftern (§ 140) und die Auflösung der Gesellschaft (§ 133) gelten.

Ob im Einzelfall ein wichtiger Grund vorliegt, ist eine Frage **tatrichterlicher Würdigung,** die in 9 der Revisionsinstanz nur beschränkt darauf überprüft werden kann, ob der Tatrichter den Rechtsbegriff verkannt, das ihm eingeräumte Ermessen überschritten oder wesentliche Tatsachen außer acht gelassen beziehungsweise nicht vollständig gewürdigt hat.[18] Die **Beweislast** für das Vorliegen eines wichtigen Grundes tragen die Gesellschafter, die die Klage auf Entziehung der Geschäftsführung erheben.[19]

b) Grobe Pflichtverletzung. Der vom Gesetz beispielhaft genannte wichtige Grund der groben 10 Pflichtverletzung ist zugleich der praktisch bedeutsamste Entziehungsgrund. Er setzt ein **schuldhaftes Verhalten** des Geschäftsführers **von einigem Gewicht** voraus.[20] Je größer der Schuldvorwurf ist, desto eher wird das Vorliegen eines wichtigen Grundes zu bejahen sein.[21] Dies gilt etwa für ein beharrliches und hartnäckiges Fehlverhalten des Geschäftsführers.[22] Andererseits muss eine einmalige Pflichtverletzung, selbst wenn sie als grob zu bezeichnen ist, nicht stets die Voraussetzungen eines wichtigen Grundes erfüllen, so etwa bei fehlender Wiederholungsgefahr.[23]

Als **Beispiele**[24] sind zu nennen: Verstöße gegen die gesellschaftsvertragliche Organisationsordnung[25] und hartnäckige Nichtbeachtung der Mitwirkungsrechte anderer Gesellschafter,[26] anhaltende 11

---

[13] BGH Urt. v. 9. 12. 1968 (Fn. 4) S. 199.
[14] MünchKommHGB/*Jickeli* RdNr. 13; Schlegelberger/*Martens* RdNr. 7.
[15] Vgl. statt aller BGH Urt. v. 25. 4. 1983 (Fn. 4) S. 174.
[16] Heymann/*Emmerich* RdNr. 5.
[17] RG Urt. v. 27. 6. 1940 – II 31/39, RGZ 164, 257, 260 f. zu § 61 GmbHG (Vorliegen eines wichtigen Grundes, wenn persönliche Spannungen zu wirtschaftlichen Nachteilen führen); Schlegelberger/*Martens* RdNr. 16.
[18] BGH Urt. v. 25. 2. 1991 – II ZR 76/90, NJW 1991, 1681 f.; Urt. v. 25. 3. 1993 – X ZR 17/92, NJW 1993, 1972, 1973; Urt. v. 15. 9. 1997 – II ZR 97/96, NJW 1998, 146.
[19] Baumgärtel/*Wittmann* Band 4 HGB 1. Aufl. RdNr. 1.
[20] BGH Urt. v. 25. 4. 1983 (Fn. 4) S. 173, wo das Vorliegen eines wichtigen Grundes für den Fall eines entschuldbaren Irrtums des geschäftsführenden Gesellschafters abgelehnt wird.
[21] BGH Urt. v. 18. 10. 1976 – II ZR 98/75, WM 1977, 500, 502 (insoweit in BGHZ 68, 81 = NJW 1977, 1013 nicht abgedruckt); Heymann/*Emmerich* RdNr. 7.
[22] BGH Urt. v. 25. 4. 1983 (Fn. 4) S. 174.
[23] BGH Urt. v. 31. 3. 2003 – II ZR 8/01, WM 2003, 1084, 1086 (zu § 737 BGB); Schlegelberger/*Martens* RdNr. 18; vgl. auch BGH Urt. v. 25. 2. 1991 (Fn. 18) S. 1682, wo zwar Einzelverstöße gegen die Zuständigkeit der Gesellschafterversammlung nicht ohne weiteres als ausreichend erachtet werden, wohl aber dann, wenn sie Teilakte einer geplanten Neuorientierung der Geschäftspolitik der Gesellschaft darstellen.
[24] Siehe auch die Zusammenstellung von weiteren Beispielen bei *Reichert/Winter* BB 1988, 981, 988 f.
[25] BGH Urt. v. 25. 4. 1983 (Fn. 4) S. 173 f.; Urt. v. 25. 2. 1991 (Fn. 18).
[26] BGH Urt. v. 25. 4. 1983 (Fn. 4) S. 173 f.

Verweigerung der Mitwirkung bei der Geschäftsführung und daraus folgende Blockierung der Geschäftsführung,[27] dauernde Störung der gesellschaftlichen Zusammenarbeit durch Erhebung ungerechtfertigter Widersprüche oder treuwidrige Verweigerung der erforderlichen Zustimmung zu Geschäftsführungsmaßnahmen,[28] Vernachlässigung der gesellschaftlichen Pflichten und Unredlichkeit bei der Geschäftsführung sowie eigenmächtiger Abschluss ungewöhnlicher Kreditverträge,[29] Verfolgung eigener Interessen zum Nachteil der Gesellschaft, etwa durch missbräuchliche Ausnutzung von Erwerbschancen der Gesellschaft zum eigenen Vorteil,[30] Straftaten – etwa Untreue und Unterschlagung – zu Lasten der Gesellschaft,[31] Verstöße gegen ein Wettbewerbsverbot und vorsätzliche Umleitung von Zahlungen auf das Konto des Einzelbetriebs anstelle des Kontos der Gesellschaft.[32] In Betracht kommen ferner schwere Beleidigungen oder Tätlichkeiten gegen andere Gesellschafter[33] und unter Umständen schwere Zerwürfnisse zwischen den Gesellschaftern, die jede weitere Zusammenarbeit ausschließen.[34] Im zuletzt genannten Fall genügt allerdings die schwerwiegende Zerstrittenheit für sich allein noch nicht; notwendig ist vielmehr zugleich ein schuldhaft verursachtes Zerwürfnis, das nachhaltige schädliche Auswirkungen auf das Gesellschaftsverhältnis hat.[35]

12   c) **Unfähigkeit.** Der zweite vom Gesetz genannte wichtige Grund ist die Unfähigkeit des Geschäftsführers zur **ordnungsgemäßen Geschäftsführung.** Dieser Entziehungstatbestand setzt kein schuldhaftes Verhalten des Geschäftsführers voraus. Entscheidend ist allein die objektiv fehlende Eignung zur Unternehmensführung.[36] Als mögliche Ursachen kommen **beispielhaft** in Betracht: lange Abwesenheit,[37] dauerhafte Verhinderung,[38] dauernde schwere Erkrankung,[39] unter Umständen Altersabbau infolge hohen Alters[40] sowie schließlich mangelnde Fortbildung und dadurch ausgelöste Unfähigkeit, den kaufmännischen und technischen Anforderungen gerecht zu werden.[41]

13   d) **Gesamtabwägung.** Die Einordnung eines bestimmten Verhaltens als wichtiger Grund setzt eine **umfassende Prüfung** aller Umstände des Einzelfalles und eine **Gesamtabwägung** der beteiligten Interessen sowie des Verhaltens aller Beteiligten voraus.[42] Von Bedeutung können in diesem Zusammenhang die Auswirkungen des Entziehungsverfahrens auf andere Gesellschafter, aber auch deren eigenes Fehlverhalten sein.[43] Ebenso können die Auswirkungen der Entscheidung auf den betroffenen Gesellschafter selbst zu berücksichtigen sein sowie dessen frühere Verdienste und langjährige Tätigkeit.[44] Soll einer juristischen Person die Geschäftsführung entzogen werden, kommt es auf das Verhalten ihrer Geschäftsführer und maßgeblichen Gesellschafter an, deren Verhalten sie sich zurechnen lassen muss.[45]

---

[27] BGH Urt. v. 24. 1. 1972 – II ZR 3/69, NJW 1972, 862, 863.
[28] Schlegelberger/*Martens* RdNr. 18.
[29] OLG Nürnberg Urt. v. 27. 3. 1958 – 3 U 227/54, WM 1958, 710, 713 zu § 140; vgl. auch BGH Urt. v. 28. 10. 2002 – II ZR 353/00, WM 2002, 2465, 2466 f. = NJW 2003, 431 (kein wichtiger Grund, wenn Geschäftsführer sich von der Gesellschaft offen ausgewiesene Spesen erstatten lässt, welche die Gesellschaft nicht für erstattungsfähig hält).
[30] BGH Urt. v. 19. 11. 1990 – II ZR 88/89, NJW 1991, 846, 847; Urt. v. 13. 2. 1995 – II ZR 225/93, NJW 1995, 1358, 1359.
[31] BGH Urt. v. 14. 6. 1999 – II ZR 193/98, NJW 1999, 2820, 2821; OLG Nürnberg (Fn. 29); *Reichert/Winter* (Fn. 24) S. 988.
[32] BGH Urt. v. 3. 2. 1997 – II ZR 71/96, NJW-RR 1997, 925 f. zu § 140; vgl. aber zu den Grenzen des § 112 BGH Urt. v. 3. 11. 1997 – II ZR 353/96, NJW 1998, 1225, 1226 (kein Verstoß gegen § 112 und damit kein Ausschluss aus der Gesellschaft aus wichtigem Grund, wenn Gesellschafter einer KG, der einen von ihm angepachteten Gegenstand der Gesellschaft unterverpachtet, die Differenz zwischen der von ihm gezahlten Pacht und der vereinnahmten Unterpacht für sich behält).
[33] Vgl. zu einem Fall verunglimpfender öffentlicher Vorwürfe gegen den Vertreter der Mehrheitsgesellschafterin einer GmbH BGH Urt. v. 15. 6. 1998 – II ZR 318/96, NJW 1998, 3274, 3276; siehe auch RG Urt. v. 17. 1. 1940 – II 126/39, RGZ 162, 388, 392; vgl. ferner BGH Urt. v. 15. 9. 1997 (Fn. 18) S. 147, wonach Vorwürfe nicht ausreichend sind, die sich als durch Tatsachen gestützte Meinungsäußerungen darstellen.
[34] Vgl. BGH Urt. v. 15. 9. 1997 (Fn. 18) S. 147 zur §§ 133, 140 und RG (Fn. 17) S. 258 (zu § 61 GmbHG).
[35] BGH Urt. v. 12. 12. 1994 – II ZR 206/93, NJW 1995, 597; Urt. v. 15. 9. 1997 (Fn. 18) S. 147.
[36] BGH Urt. v. 12. 12. 1951 – II ZR 42/51, JZ 1952, 276; Schlegelberger/*Martens* RdNr. 19.
[37] Heymann/*Emmerich* RdNr. 6.
[38] Vgl. zur Übernahme eines politischen Mandats als Auflösungsgrund im Sinne des § 133 BGH Urt. v. 2. 5. 1985 – III ZR 4/84, BGHZ 94, 248, 250 ff. = NJW 1985, 2635.
[39] BGH (Fn. 36) S. 276.
[40] BGH (Fn. 36) S. 276.
[41] Heymann/*Emmerich* RdNr. 6; Schlegelberger/*Martens* RdNr. 19.
[42] BGH Urt. v. 25. 4. 1983 (Fn. 4) S. 174; Urt. v. 13. 2. 1995 (Fn. 30) S. 1359; Urt. v. 15. 9. 1997 (Fn. 18) S. 146; Urt. v. 31. 3. 2003 (Fn. 23) S. 1085.
[43] BGH Urt. v. 25. 4. 1983 (Fn. 4) S. 174; Urt. v. 13. 2. 1995 (Fn. 30) S. 1359; Urt. v. 15. 9. 1997 (Fn. 18) S. 147.
[44] BGH (Fn. 36) S. 277; Urteil vom 18. 10. 1976 (Fn. 21) WM 1977, 500, 502 (insoweit in BGHZ 68, 81 = NJW 1977, 1013 nicht abgedruckt); Schlegelberger/*Martens* RdNr. 20.
[45] BGH (Fn. 21) S. 502 (zu 2 a, insoweit nicht abgedruckt in BGHZ 68, 81 = NJW 1977, 1013); Urt. v. 25. 4. 1983 (Fn. 4) S. 173.

Entziehung der Geschäftsführungsbefugnis 14–16 § 117

4. Mildere Mittel. Wenn sich im Rahmen der anzustellenden Gesamtbetrachtung erweist, dass 14 eine weniger einschneidende, den Beteiligten aber gleichwohl zumutbare Lösung in Betracht kommt, so sind die Mitgesellschafter nach allgemeinen Grundsätzen – insbesondere dem Grundsatz der **Verhältnismäßigkeit** – auf diese zu verweisen.[46] Anstelle der völligen Entziehung der Geschäftsführungsbefugnis ist in diesen Fällen lediglich eine **Beschränkung** zulässig. In Betracht kommt jede Maßnahme, die im Vergleich zur Entziehung der Geschäftsführungsbefugnis eine weniger weitreichende Eingriffswirkung hat.[47] Zu nennen sind etwa die Umwandlung einer Einzelgeschäftsführung in eine Gesamtgeschäftsführung[48] oder die Einschränkung der Geschäftsführungsbefugnis in sachlicher, zeitlicher oder räumlicher Hinsicht.[49] Die Teilentziehung der Geschäftsführung durch das Gericht setzt stets einen entsprechenden **Klageantrag** der Mitgesellschafter voraus (siehe unten RdNr. 24).

III. Das Entziehungsverfahren

1. Klage der übrigen Gesellschafter. a) Gestaltungsklage. Die Entziehung der Geschäfts- 15 führungsbefugnis erfolgt nach § 117 durch Gestaltungsurteil auf Antrag der übrigen Gesellschafter. **Alle übrigen Gesellschafter** – auch die von der Geschäftsführung und Vertretung ausgeschlossenen – müssen eine entsprechende Gestaltungsklage erheben.[50] Die Klage ist keine Maßnahme der Geschäftsführung; sie betrifft vielmehr die Grundlagen des Rechtsverhältnisses unter den Gesellschaftern. Aus diesem Grund ist die Mitwirkung aller übrigen Gesellschafter auch bei Gefahr im Verzug erforderlich.[51] Auf diese Weise wird sowohl deren Anhörung sichergestellt als auch die Herbeiführung einer einheitlichen Entscheidung innerhalb der Gesellschaft und damit zugleich der Schutz des von der Entziehung bedrohten Gesellschafters vor Missbrauch.[52] Bei einer Publikumsgesellschaft genügt allerdings abweichend hiervon zum Schutz der Anleger zwingend ein einfacher Mehrheitsbeschluss für die Erhebung der Klage, auch wenn im Gesellschaftsvertrag eine qualifizierte Mehrheit oder Einstimmigkeit verlangt wird.[53]

b) Mitwirkungspflicht. Eine früher verbreitete Ansicht billigte dem Gesellschafter bei seiner 16 Entscheidung freies Ermessen zu und lehnte eine Pflicht zur Mitwirkung bei der Klage daher ab.[54] Diese Auffassung kommt aber zu dem unverhältnismäßigen und der Sachproblematik nicht angemessenen Ergebnis, dass bei Weigerung eines Gesellschafters die Entziehungsklage unterbleiben muss und den übrigen Gesellschaftern nur die Möglichkeit einer Auflösung der Gesellschaft oder des Ausschlusses des unwilligen Gesellschafters bleibt.[55] Zu Recht bejaht daher die heute überwiegende Ansicht eine **Pflicht** des Gesellschafters **zur Mitwirkung** an der Klage, wenn dies im Interesse der Gesellschaft auf Grund der gesellschafterlichen **Treuepflicht** geboten ist.[56] Der betreffende Gesellschafter kann in diesem Fall auf Zustimmung verklagt werden,[57] wobei das Zustimmungsurteil nach § 894 ZPO die Mitwirkung an der Entziehungsklage ersetzt.[58] Für das Klageverfahren gegen den nicht zur Mitwirkung bereiten Mitgesellschafter bedarf es nicht notwendig der Mitwirkung aller sonstigen Gesellschafter.[59] Im Unterschied zur Klage auf Entziehung der Geschäftsführungsbefugnis genügt zur **Zustimmungsklage** der Antrag eines einzelnen Gesellschafters. Insoweit handelt es sich nämlich nicht um die Durchsetzung eines Rechts, das den Gesellschaftern nur gemeinschaftlich

---

[46] AllgM, vgl. nur BGH Urt. v. 9. 12. 1968 (Fn. 4) S. 203; BGH Urt. v. 18. 10. 1976 (Fn. 21) BGHZ 68, 81, 86 = NJW 1977, 1013; Urt. v. 25. 4. 1983 (Fn. 4) S. 174; Urt. v. 31. 3. 2003 (Fn. 23) S. 1085; Schlegelberger/*Martens* RdNr. 8 ff.; zum Verhältnismäßigkeitsgrundsatz siehe die Kommentierung oben § 109 RdNr. 25.
[47] So zu Recht Schlegelberger/*Martens* RdNr. 9; vgl. auch MünchKommHGB/*Jickeli* RdNr. 19 ff.
[48] Ebenso Baumbach/*Hopt* RdNr. 5; MünchKommHGB/*Jickeli* RdNr. 22 aE; Röhricht/Graf v. Westphalen/*v. Gerkan* RdNr. 8; Schlegelberger/*Martens* RdNr. 9.
[49] BGH Urt. v. 31. 3. 2003 (Fn. 23) S. 1085; Baumbach/*Hopt* RdNr. 5; Schlegelberger/*Martens* RdNr. 9.
[50] BGH Urt. v. 28. 4. 1975 – II ZR 16/73, BGHZ 64, 253, 255 = NJW 1975, 1410; BGH Urt. v. 18. 10. 1976 (Fn. 21, 46) S. 82 (zu § 140).
[51] OLG Köln (Fn. 2) S. 465; MünchKommHGB/*Jickeli* RdNr. 59; Schlegelberger/*Martens* RdNr. 23.
[52] BGH Urt. v. 18. 10. 1976 (Fn. 21, 46) S. 84; Schlegelberger/*Martens* RdNr. 23.
[53] BGH Urt. v. 9. 11. 1987 – II ZR 100/87, BGHZ 102, 172, 178 f. = NJW 1988, 969; Baumbach/*Hopt* RdNr. 6; Heymann/*Emmerich* Fn. 36 iVm. RdNr. 3.
[54] ZB *Gogos* S. 68; *Hueck A.* OHG § 10 VII 4; *Kollhosser*, FS Westermann, 1974, S. 284 f.
[55] So zu Recht Schlegelberger/*Martens* RdNr. 26.
[56] BGH Urt. v. 28. 4. 1975 (Fn. 50) S. 257 ff.; BGH Urt. v. 18. 10. 1976 (Fn. 21, 46) S. 82; Urt. v. 25. 4. 1983 (Fn. 4) S. 174; BGH (Fn. 53) S. 176; Baumbach/*Hopt* RdNr. 6; Heymann/*Emmerich* RdNr. 12; MünchKommHGB/*Jickeli* RdNr. 62; Röhricht/Graf Westphalen/*v. Gerkan* RdNr. 12; Schlegelberger/*Martens* RdNr. 25 f.
[57] BGH Urt. v. 28. 4. 1975 (Fn. 50) S. 256 ff.; Urt. v. 25. 4. 1983 (Fn. 4) S. 173.
[58] BGH Urt. v. 28. 4. 1975 (Fn. 50) S. 257, 259 und BGH Urt. v. 18. 10. 1976 (Fn. 21, 46) S. 82 f. zu der insoweit gleich liegenden Ausschließungsklage nach § 140; Urt. v. 25. 4. 1983 (Fn. 4) S. 173.
[59] BGH Urt. v. 28. 4. 1975 (Fn. 50) S. 256.

zusteht, sondern um einen Individualanspruch, der sich aus dem Gesellschaftsvertrag ergibt und von jedem Gesellschafter – als Partner des Gesellschaftsvertrages – geltend gemacht werden kann.[60]

17 Die Rechtsprechung[61] und die überwiegende Auffassung in der Literatur[62] lassen aus Gründen der Prozessökonomie zu Recht die **Verbindung von Zustimmungs- und Entziehungsklage** zu, so dass über beide Klagen gleichzeitig entschieden werden kann. Die gegenteilige Auffassung, nach welcher zunächst über den Zustimmungsantrag zu entscheiden ist,[63] würde zu einer erheblichen Verlängerung der Verfahrensdauer führen und widerspricht damit dem dringenden Interesse der Gesellschaft und des Rechtsverkehrs an einer baldigen Entscheidung über die Entziehung der Geschäftsführung.[64] Das – praktisch kaum relevante – Problem unterschiedlicher Rechtsmittel in den beiden Prozessen lässt sich in analoger Anwendung der §§ 280, 304 ZPO auf dem – allerdings nicht unproblematischen – Weg einer Verknüpfung der beiden Urteile über eine **auflösende Bedingung** lösen: Das Gestaltungsurteil wäre analog §§ 280, 304 ZPO als auflösend bedingt durch die rechtskräftige Abweisung der Mitwirkungsklage zu behandeln.[65] Werden die Klagen verbunden, sind **beide** bereits dann **abzuweisen,** wenn entweder das Vorliegen eines wichtigen Grundes oder einer Zustimmungspflicht des auf Zustimmung verklagten Gesellschafters verneint wird.[66]

18 **2. Klageverfahren.** Die Entziehungsklage richtet sich gegen den Geschäftsführer mit dem Antrag auf Entziehung der Befugnis zur Geschäftsführung.[67] In der Regel wird hiermit zugleich die Entziehung der Vertretungsmacht (§ 127 HGB) angestrebt (siehe oben RdNr. 6).

19 **a) Gerichtsstand und Frist.** Der **Gerichtsstand** für die Entziehungsklage richtet sich nach allgemeinen Regeln (§§ 12, 22 ZPO). Das Gesetz sieht keinen besonderen Gerichtsstand vor. Die Klage ist grundsätzlich nicht an eine **Frist** gebunden. Längeres Zuwarten kann allerdings gegen die Unzumutbarkeit einer weiteren Geschäftsführungstätigkeit und damit gegen das Vorliegen eines wichtigen Grundes sprechen. Übermäßige Verzögerung der Klageerhebung kann bei Vorliegen der sonstigen Voraussetzungen auch zur Verwirkung führen.[68] Die Klage setzt jedenfalls das Bestehen der Gesellschaft und die Stellung des Abzuberufenden als Geschäftsführer voraus. Nach Auflösung der Gesellschaft scheidet sie aus.[69]

20 **b) Notwendige Streitgenossenschaft.** Die klagenden Gesellschafter sind **notwendige Streitgenossen** gemäß § 62 ZPO.[70] Beteiligt sich ein Gesellschafter von vornherein nicht am Prozess oder nimmt er die Klage später zurück, muss die Klage mangels Aktivlegitimation der übrigen Gesellschafter abgewiesen werden.[71] Etwas anderes gilt aus Gründen der Prozessökonomie, wenn die übrigen Gesellschafter den Nachweis erbringen, dass sich der nicht an der Klage mitwirkende Gesellschafter außergerichtlich bindend mit der Klageerhebung einverstanden erklärt hat.[72] In diesem Fall liegen die Voraussetzungen einer **gewillkürten Prozessstandschaft** vor, da ein solches Einverständnis eine Ermächtigung des nicht am Prozess beteiligten Gesellschafters an seine den Prozess führenden Mitgesellschafter darstellt.[73]

21 **c) Verbindung der Verfahren gegen mehrere Gesellschafter.** Soll mehreren Geschäftsführern die Geschäftsführungsbefugnis entzogen werden, kann dies in **einem** Klageverfahren geschehen. Notwendig ist nur, dass die Klage von sämtlichen übrigen Gesellschaftern erhoben wird.[74] Die Entziehungsgründe müssen nach überwiegender und zutreffender Auffassung nicht identisch sein und auch nicht sachlich zusammenhängen.[75] Dem Erfordernis der Rechtskraftwirkung gegenüber

---

[60] BGH Urt. v. 28. 4. 1975 (Fn. 50) S. 256 (zu § 140).
[61] BGH Urt. v. 18. 10. 1976 (Fn. 21, 46) S. 83 ff. (zu § 140); Urt. v. 25. 4. 1983 (Fn. 4) S. 173.
[62] Baumbach/*Hopt* RdNr. 7; Heymann/*Emmerich* RdNr. 13; MünchKommHGB/*Jickeli* RdNr. 63 f.; Röhricht/Graf v. Westphalen/*v.* Gerkan RdNr. 13; Schlegelberger/*Martens* RdNr. 27 f. mwN.
[63] ZB *Ulmer,* FS Geßler, 1971, S. 281 f. (zumindest im Wege des Teilurteils); weitere Nachweise bei Schlegelberger/ *Martens* RdNr. 27.
[64] BGH Urt. v. 18. 10. 1976 (Fn. 21, 46) S. 86 (zu § 140); vgl. weitere Einzelheiten bei Schlegelberger/*Martens* RdNr. 28.
[65] *Merle* ZGR 1979, 78 ff.; Westermann/*Pöllath* S. 26 f.; Heymann/*Emmerich* RdNr. 13; Schlegelberger/*Martens* RdNr. 28.
[66] BGH Urt. v. 18. 10. 1976 (Fn. 21, 46) S. 84 (zu § 140); Heymann/*Emmerich* RdNr. 13.
[67] Zu einem möglichen Antrag auf bloße Beschränkung der Geschäftsführungsbefugnisse siehe unten RdNr. 24.
[68] Schlegelberger/*Martens* RdNr. 32.
[69] Schlegelberger/*Martens* RdNr. 33.
[70] BGH Urt. v. 15. 6. 1959 – II ZR 44/58, BGHZ 30, 195, 197 = NJW 1959, 1683.
[71] BGH (Fn. 70).
[72] BGH Urt. v. 18. 10. 1976 (Fn. 21, 46) S. 83; Urt. v. 15. 9. 1997 (Fn. 18) S. 146 (zu §§ 133, 140); hM, wie hier Röhricht/Graf v. Westphalen/*v. Gerkan* RdNr. 11; Schlegelberger/*Martens* RdNr. 24; aA *Ulmer* (Fn. 63) S. 279.
[73] Reichert/*Winter* BB 1988, 981; Schlegelberger/*Martens* RdNr. 24.
[74] BGH Urt. v. 28. 4. 1975 (Fn. 50) S. 255; BGH Urt. v. 18. 10. 1976 (Fn. 21, 46) S. 83 f. (zu § 140).
[75] Heymann/*Emmerich* RdNr. 14; Röhricht/Graf v. Westphalen/*v. Gerkan* RdNr. 14; Schlegelberger/*Martens* RdNr. 30; aA zB *Hueck A.* OHG § 10 VII 4.

allen Gesellschaftern wird dadurch ausreichend Rechnung getragen, dass alle Gesellschafter an dem Klageverfahren – als Kläger oder Beklagte – beteiligt sind.[76] Allerdings ist eine solche Klage bereits dann **gegen sämtliche Geschäftsführer** abzuweisen, wenn nur bei einem einzigen ein Entziehungsgrund fehlt, da in diesem Fall auf der Klägerseite nicht „alle übrigen" Gesellschafter beteiligt sind.[77]

d) Andere Klageverbindungen. Der auf Entziehung verklagte Geschäftsführer kann seinerseits neben dem Klageabweisungsantrag im Wege der **Widerklage** die Auflösung der Gesellschaft gemäß § 133 verlangen.[78] Umgekehrt können die übrigen Gesellschafter mit ihrer Entziehungsklage **hilfsweise** den Antrag auf Ausschließung des geschäftsführenden Gesellschafters (§ 140) und auf Auflösung der Gesellschaft (§ 133) stellen.[79] Möglich ist auch die Verbindung der Klage auf Entziehung mit derjenigen auf Zustimmung zu einer bestimmten Neuordnung der Gesellschaftsorganisation.[80] Zur Verbindung von Entziehungs- und Mitwirkungsklage vgl. RdNr. 17.

3. Gerichtliche Entscheidung. a) Urteil. Die Entziehung der Geschäftsführungsbefugnis erfolgt durch Urteil. Da es sich um ein **Gestaltungsurteil** handelt, tritt die Wirkung von selbst mit Rechtskraft des Urteils ein.

Liegen die Voraussetzungen des § 117 vor, **muss** das Gericht der Entziehungsklage stattgeben,[81] sofern nicht eine weniger einschneidende Maßnahme ausreicht und den Beteiligten zumutbar ist[82] Das Gericht kann eine derartige **mildere** Maßnahme – etwa die Beschränkung der Befugnis des Geschäftsführers auf bestimmte Tätigkeitsbereiche oder die Anordnung von Gesamtgeschäftsführung anstelle von Einzelgeschäftsführung (hierzu oben RdNr. 14) – aber nur aussprechen, wenn die klagenden Gesellschafter dies **beantragt** haben.[83] Haben sie trotz Hinweises des Gerichts (§ 139 ZPO) nicht einmal einen entsprechenden Hilfsantrag gestellt, so muss die Entziehungsklage abgewiesen werden. Bei der vollständigen und der teilweisen Entziehung der Geschäftsführungsbefugnis handelt es sich um verschiedene Streitgegenstände. Da der Gesellschaftsvertrag durch eine Teilentziehung in andere Weise umgestaltet wird als der klagende Gesellschafter es beantragt hat, stellt die Teilentziehung nicht etwa nur ein „Minus" dar.[84] Einem gerichtlichen Eingriff in den privatautonom gestalteten Grundlagenbereich der Gesellschaft stehen vielmehr die Verhandlungs- und insbesondere die Dispositionsmaxime entgegen.[85]

b) Einstweilige Verfügung. Unter den Voraussetzungen der §§ 935 und 940 ZPO kann die Geschäftsführungsbefugnis auf Antrag aller übrigen Gesellschafter auch durch einstweilige Verfügung ganz oder teilweise entzogen werden.[86] Ein Antrag aller übrigen Gesellschafter ist jedenfalls erforderlich, wenn das Hauptsacheverfahren noch nicht anhängig ist. In Ausnahmefällen kann es mit Rücksicht auf den Zweck einer Eilentscheidung und deren nur **vorläufige Wirkung** ausreichen, wenn glaubhaft gemacht wird, dass der nicht beteiligte Gesellschafter tatsächlich verhindert ist und dem Antrag zugestimmt hätte, sofern ihm die Situation bekannt wäre.[87]

Das Gericht kann im Rahmen der beantragten Eilentscheidung **alle erforderlichen Anordnungen** treffen; insbesondere kann es auch einen Dritten für die Zeit des Rechtsstreits mit der – notfalls sogar alleinigen – Führung der Geschäfte betrauen.[88]

In Betracht kommen auch **andere Eilanträge,** so etwa auf Untersagung der Wahrnehmung von Geschäftsführungsaufgaben oder auf Zustimmung,[89] die – ebenso wie im Hauptsacheverfahren – mit

---

[76] *Fischer* NJW 1959, 1057, 1059; ebenso Heymann/*Emmerich* RdNr. 14; Schlegelberger/*Martens* RdNr. 30.
[77] BGH Urt. v. 28. 4. 1975 (Fn. 50) S. 255 (zu § 140); Heymann/*Emmerich* RdNr. 14; Schlegelberger/*Martens* RdNr. 31.
[78] *Hueck A.* OHG § 10 VII 9; Schlegelberger/*Martens* RdNr. 34; aA *Fischer* NJW 1959, 1057, 1063; Staub/*Ulmer* RdNr. 60.
[79] Röhricht/Graf v. Westphalen/*v. Gerkan* RdNr. 15; Schlegelberger/*Martens* RdNr. 34.
[80] BGH Urt. v. 9. 12. 1968 (Fn. 4) S. 202 f.; Heymann/*Emmerich* RdNr. 24; Schlegelberger/*Martens* RdNr. 45; siehe auch unten RdNr. 32.
[81] RG Urt. v. 23. 11. 1928 – II 221/28, RGZ 122, 312, 314 (zu §§ 133, 140); MünchKommHGB/*Jickeli* RdNr. 2.
[82] BGH Urt. v. 9. 12. 1968 (Fn. 4) S. 203; BGH Urt. v. 18. 10. 1976 (Fn. 21, 46) S. 86; Urt. v. 25. 4. 1983 (Fn. 4) S. 174; siehe dazu auch oben RdNr. 14.
[83] BGH Urt. v. 10. 12. 2001 – II ZR 139/00, WM 2002, 342, 343 = NJW-RR 2002, 540; Baumbach/*Hopt* RdNr. 5; Heymann/*Emmerich* RdNr. 18 f.; MünchKommHGB/*Jickeli* RdNr. 20; Schlegelberger/*Martens* RdNr. 12 f.; aA zB *Hueck A.* OHG § 10 VII 8.
[84] BGH Urt. v. 10. 12. 2001 (Fn. 83).
[85] BGH Urt. v. 10. 12. 2001 (Fn. 83); ebenso zutreffend Pabst BB 1978, 892, 896; Schlegelberger/*Martens* RdNr. 13.
[86] BGH Urt. v. 11. 7. 1960 (Fn. 4) S. 107; BGH Urt. v. 20. 12. 1982 – II ZR 110/82, BGHZ 86, 177, 180 = NJW 1983, 938 f.
[87] Schlegelberger/*Martens* RdNr. 36; Staub/*Ulmer* RdNr. 66.
[88] BGH Urt. v. 11. 7. 1960 (Fn. 4) S. 108 ff.
[89] Vgl. *v. Gerkan* ZGR 1985, 167, 179 ff.

dem Entziehungsantrag verbunden werden können.⁹⁰ Der von der Entziehung bedrohte Geschäftsführer kann sich seinerseits mit einem Antrag auf Erlass einer einstweiligen Verfügung wehren.⁹¹

28 **c) Schiedsgerichtliche Entscheidung.** Die Gesellschafter haben die Möglichkeit, sich einem schiedsgerichtlichen Verfahren zu unterwerfen. An die Stelle des rechtskräftigen Urteils tritt in diesem Fall ein **Schiedsspruch,** der Wirkungen allerdings erst mit der Vollstreckbarerklärung durch ein Gericht (§§ 1060 ff. ZPO) entfaltet.⁹² Soweit in der Vergangenheit streitig war, ob das Schiedsgericht **Eilmaßnahmen** nach §§ 916 ff. ZPO treffen kann,⁹³ bzw. unter welchen Voraussetzungen das möglich ist,⁹⁴ ist dies durch die seit 1. 1. 1998 in Kraft getretene Neuregelung des schiedsrichterlichen Verfahrens nunmehr zugunsten des Schiedsgerichts geklärt.⁹⁵ Nach § 1041 Abs. 1 ZPO nF kann das Schiedsgericht, sofern die Parteien nichts anderes vereinbart haben, auf Antrag einer Partei vorläufige oder sichernde Maßnahmen anordnen, die es in Bezug auf den Streitgegenstand für erforderlich hält. Wahlweise kann der Antrag auch an ein Gericht gestellt werden (§ 1033 ZPO nF). Auf Antrag einer Partei kann das Gericht die Vollziehung der vom Schiedsgericht angeordneten Eilmaßnahme nach Maßgabe des § 1041 Abs. 2 ZPO nF zulassen.

IV. Wirkung der Entziehung

29 **1. Gegenüber dem betroffenen Geschäftsführer.** Das nach § 117 ergehende Urteil hat gegenüber dem beklagten Geschäftsführer zur Folge, dass ihm die Geschäftsführungsbefugnis entzogen wird. Er hat ab Rechtskraft des Urteils nur noch die Rechtsstellung eines **von der Geschäftsführung ausgeschlossenen** Gesellschafters. Gleichzeitig erlischt sein Anspruch auf die zugesagte **Vergütung.** Sofern diese nach dem Gesellschaftsvertrag in einer besonders festgesetzten Gewinnbeteiligung bestand, ist allerdings meist eine Änderung des Gesellschaftsvertrages erforderlich; in diesem Fall steht es den Mitgesellschaftern offen, auf Änderung des Gesellschaftsvertrages zu klagen.⁹⁶ Ist im Gesellschaftsvertrag keine besondere Vergütung vorgesehen und waren zuvor alle Gesellschafter geschäftsführungsbefugt, so bedarf es mit Rücksicht auf das Entziehungsurteil und den Umstand, dass der beklagte Geschäftsführer von nun an nicht mehr an der Geschäftsführung beteiligt ist, gegebenenfalls einer Änderung der Gewinnverteilung zugunsten der nunmehr allein geschäftsführungsbefugten Gesellschafter.⁹⁷ Haben die Parteien einen zusätzlichen **Dienstvertrag** geschlossen, wird der wichtige Grund im Sinne des § 117 in der Regel zugleich die fristlose Kündigung gemäß § 626 BGB rechtfertigen. Es ist auch möglich, den Dienstvertrag so auszugestalten, dass seine Beendigung an die Entziehung oder das sonstige Erlöschen der Geschäftsführungsbefugnis gekoppelt wird.⁹⁸

30 **2. Neuordnung der Geschäftsführung.** Die durch das Gestaltungsurteil erfolgte Entziehung der Geschäftsführungsbefugnis hat unmittelbar nur Wirkung auf den betreffenden Geschäftsführer. Die künftige Geschäftsführungsregelung in der Gesellschaft wird durch das Urteil **nicht automatisch** umgestaltet. Das Urteil kann jedoch eine Neuordnung der Geschäftsführung notwendig machen, wenn es zur Folge hat, dass die bisherige Regelung nicht mehr durchführbar ist. Das ist etwa der Fall, wenn der Gesellschaftsvertrag zwei Gesamtgeschäftsführer vorsieht, da bei Entfallen eines der Geschäftsführer die Gesamtgeschäftsführungsbefugnis des anderen nicht etwa zur Einzelgeschäftsführungsbefugnis erstarkt.⁹⁹

31 **a) Einigung bei Entfallen eines Geschäftsführers.** Entfällt ein Geschäftsführer, muss zunächst durch **Auslegung** des Gesellschaftsvertrages ermittelt werden, ob und welche Rechtsfolgen dort für diesen Fall vorgesehen sind.¹⁰⁰ Bleibt dies ergebnislos, so sind die Gesellschafter in erster Linie aufgerufen, sich auf eine entsprechende Änderung des Gesellschaftsvertrages zu **einigen.** Alle Gesell-

---

⁹⁰ *Semler* BB 1979, 1533, 1534.
⁹¹ OLG Köln (Fn. 2) S. 465; *v. Gerkan* ZGR 1985, 167, 177; vgl. auch zur GmbH *Lunk* ZIP 1999, 1777, 1786.
⁹² RG Urt. v. 22. 5. 1909 – I 464/08, RGZ 71, 254, 256; BayObLG Urt. v. 24. 2. 1984 – 3 Z 197/83, WM 1984, 809, 810 zu § 133; str., wie hier zB Baumbach/*Hopt* RdNr. 8; aA MünchKommHGB/*Jickeli* RdNr. 87 und *Lindacher* ZGR 1979, 201, 209.
⁹³ Verneinend die hM, vgl. etwa BGH Urt. v. 22. 5. 1957 – V ZR 236/56, WM 1957, 932, S. 934; Schlegelberger/*Martens* RdNr. 40; aA *Lindacher* ZGR 1979, 201, 206 ff.
⁹⁴ Hierzu BGH (Fn. 93); Heymann/*Emmerich* RdNr. 21.
⁹⁵ *Kreindler/Mahlich* NJW 1998, 563, 567; Baumbach/Lauterbach/*Albers* § 1041 RdNr. 1.
⁹⁶ *Fischer* NJW 1959, 1057, 1063; Schlegelberger/*Martens* RdNr. 42.
⁹⁷ So zu Recht Baumbach/*Hopt* RdNr. 9; Schlegelberger/*Martens* RdNr. 42.
⁹⁸ BGH Urt. v. 29. 5. 1989 – II ZR 220/88, NJW 1989, 2683 f.
⁹⁹ BGH Urt. v. 25. 5. 1964 – II ZR 42/62, BGHZ 41, 367, 368 f. = NJW 1964, 1624; Heymann/*Emmerich* RdNr. 23; Schlegelberger/*Martens* RdNr. 44.
¹⁰⁰ BGH Urt. v. 9. 12. 1968 (Fn. 4) S. 201; Heymann/*Emmerich* RdNr. 24; Schlegelberger/*Martens* RdNr. 44.

schafter – auch der beklagte Geschäftsführer – müssen hieran auf Grund ihrer gesellschafterlichen Treuepflicht mitwirken.[101]

b) Fehlende Einigung. Scheitert eine Einigung der Gesellschafter über die Neuordnung daran, dass sich zwar die **übrigen Gesellschafter** auf eine Lösung verständigen, der beklagte Gesellschafter seine Zustimmung aber verweigert, so kann die gegen ihn gerichtete Entziehungsklage mit der Klage auf Zustimmung zur Neuordnung der Geschäftsführung verbunden werden (siehe oben RdNr. 22 bei Fn. 80). Gelingt es den Gesellschaftern **insgesamt** nicht, sich auf eine Neuordnung zu einigen, ist es dem Gericht aus den oben RdNr. 24 näher dargelegten Gründen, die auch hier entsprechend anwendbar sind, nicht gestattet, von sich aus eine Neuregelung anzuordnen.[102] Eine solche Anordnung würde in die Grundlagen der Gesellschaft eingreifen und damit die **Privatautonomie** der Gesellschafter verletzen. Nach richtiger Auffassung steht allerdings die fehlende Einigung über die Neuordnung der Gesellschaft dem Erlass eines Entziehungsurteils **nicht** entgegen; es ist zum einen nicht Aufgabe des Gerichts, für die Durchführbarkeit der Entscheidung zu sorgen;[103] zum anderen erscheint es unbillig, die Rechtsstellung des ungeeigneten Geschäftsführers unangreifbar zu machen.[104] 32

Jeder Gesellschafter kann für den Fall, dass eine Einigung über die Neuordnung nicht zustande kommt, unter den Voraussetzungen des § 140 die **Ausschließung** des die Neuordnung vereitelnden Gesellschafters verlangen sowie unter den Voraussetzungen des § 133 die **Auflösung** der Gesellschaft. 33

c) Entfallen des einzigen Geschäftsführers. Wird die Geschäftsführungsbefugnis dem einzigen Geschäftsführer entzogen und sieht der Gesellschaftsvertrag keine Ersatzlösung vor, so fällt das Recht, Maßnahmen der Geschäftsführung zu treffen, ohne weiteres an die Gesamtheit **aller Gesellschafter** zurück.[105] 34

V. Abweichende Vertragsregelung

1. Grundsatz. § 117 ist in weitem Umfang **dispositiv** (§ 109). Die Entziehung der Geschäftsführungsbefugnis kann daher sowohl in sachlicher als auch in verfahrensrechtlicher Hinsicht durch den Gesellschaftsvertrag erleichtert oder erschwert werden.[106] 35

2. Regelungen zum Entziehungsgrund. a) Erschwerung. Der Gesellschaftsvertrag kann die Entziehungsmöglichkeit etwa an zusätzliche Voraussetzungen knüpfen oder durch einengende Umschreibung der möglichen Entziehungsgründe erschweren. Möglich ist ferner eine abschließende Festlegung der für die Entziehung in Betracht kommenden wichtigen Gründe. Die streitige Frage, ob auch ein völliger **Ausschluss** der Entziehungsmöglichkeit vereinbart werden kann, ist **differenzierend** zu beantworten. Soweit sie ohne weiteres mit der Begründung bejaht wird, den Gesellschaftern bleibe immer noch die Möglichkeit der Ausschließung des Geschäftsführers oder der Auflösung der Gesellschaft,[107] stößt sie in all den Fällen auf Bedenken, in denen diese Alternativen den übrigen Gesellschaftern nicht zumutbar sind.[108] Das wird im Zweifel jedenfalls dann der Fall sein, wenn als Alternative allein die **Auflösungsklage nach § 133** in Betracht kommt; es ist im Regelfall nicht angemessen, von den Gesellschaftern zu verlangen, das von ihnen aufgebaute Unternehmen allein zu dem Zweck zu zerstören, die Bindung an einen untragbar gewordenen Geschäftsführer zu beenden.[109] Dies rechtfertigt aber noch nicht für alle Fälle ein Verbot der Abbedingung des § 117. Das Gesetz geht nämlich von dem Grundsatz aus, den Gesellschaftern bei der Gestaltung ihrer Rechtsbeziehungen in möglichst weitgehendem Umfang Freiheit zu lassen. Die **Gestaltungsfreiheit** findet deshalb nur dort ihre Grenze, wo rechtlich zwingende Prinzipien der Personengesellschaft 36

---

[101] OLG Koblenz Urt. v. 14. 12. 1956 – 2 U 471/56, MDR 1957, 295, 296; Fischer NJW 1959, 1057, 1062; Baumbach/*Hopt* RdNr. 10; Heymann/*Emmerich* RdNr. 24; Röhricht/Graf v. Westphalen/*v. Gerkan* RdNr. 19; Schlegelberger/*Martens* RdNr. 45, 47; in diesem Sinne auch BGH Urt. v. 9. 12. 1968 (Fn. 4) S. 202.
[102] Schlegelberger/*Martens* RdNr. 47.
[103] BGH Urt. v. 9. 12. 1968 (Fn. 4) S. 202 f.
[104] So zu Recht Schlegelberger/*Martens* RdNr. 46.
[105] BGH Urt. v. 11. 7. 1960 (Fn. 4) S. 108 zu § 127; BGH Urt. v. 9. 12. 1968 (Fn. 4) S. 201 f.; vgl. auch Schlegelberger/*Martens* RdNr. 48.
[106] BGH Urt. v. 4. 10. 2004 – II ZR 356/02, WM 2004, 2390, 2392 = NJW-RR 2005, 39; siehe auch *Hueck A.* OHG § 10 VII 11; Heymann/*Emmerich* RdNr. 25 ff.; Röhricht/Graf v. Westphalen/*v. Gerkan* RdNr. 21 ff.; Schlegelberger/*Martens* RdNr. 50 ff.
[107] *Fischer* NJW 1959, 1057, 1060 f.; *Hueck A.* OHG § 10 VII 11 a; MünchKommHGB/*Jickeli* RdNr. 79 f.; Staub/*Ulmer* RdNr. 10.
[108] So zu Recht Heymann/*Emmerich* RdNr. 25 a.
[109] Vgl. hierzu BGH Urt. v. 28. 4. 1975 (Fn. 50) S. 259 (zu § 140).

beiseite geschoben werden oder wo allgemeine Rechtsgrundsätze – wie sie etwa in den §§ 134, 138 BGB ihren Niederschlag gefunden haben – beeinträchtigt werden.[110] Damit kann auch der gegenteiligen Auffassung, die eine die Entziehung ausschließende Vereinbarung für generell unzulässig erachtet, weil sich die Gesellschafter auch durch den Gesellschaftsvertrag nicht für alle Zeit der organschaftlichen Geschäftsführungsbefugnis eines geschäftsführenden Gesellschafters aussetzen könnten, dessen Verbleiben unzumutbar sei,[111] nicht generell zugestimmt werden. Diese Auffassung überzeugt jedenfalls für die Fälle nicht, in denen für die Mitgesellschafter der Weg über § 140 eröffnet ist. Zwar ist die **Ausschließungsklage** mit schwerwiegenden Folgen verbunden.[112] In Anbetracht der grundsätzlich geltenden Vertragsfreiheit besteht aber kein Grund, den Gesellschaftern eine Regelung zu untersagen, die die Trennung von einem unzumutbaren geschäftsführenden Gesellschafter nur über den Weg der Ausschließung dieses Gesellschafters ermöglicht. Da ihnen insoweit immerhin eine Möglichkeit zur Verfügung steht, sich von dem unzumutbaren Geschäftsführer zu trennen, ohne die Gesellschaft aufgeben zu müssen, bestehen im Grundsatz gegen die Annahme einer entsprechenden Regelungsbefugnis zur Abbedingung des § 117 keine Bedenken.[113] Etwas anderes kann sich aber unter Berücksichtigung der §§ 138, 242 BGB bei **besonders schwerwiegenden** Fällen ergeben, in denen aus Zumutbarkeitserwägungen eine Entziehungsklage immer möglich sein muss.[114] Ein anderes Ergebnis kann schließlich gerechtfertigt sein, wenn sich die Berufung auf die Ausschlussregelung im Einzelfall als Verstoß gegen die gesellschafterliche **Treuepflicht** erweist, so etwa dann, wenn eine Ausschließung des Geschäftsführers nach § 140 wegen der Höhe der zu zahlenden Abfindung ausgeschlossen ist und den anderen Gesellschaftern dann nur noch die Auflösung der Gesellschaft oder die Tolerierung des Geschäftsführers bleibt.[115]

37 **b) Erleichterung.** Als Erleichterung der Entziehungsmöglichkeit in sachlicher Hinsicht kann der Gesellschaftsvertrag insbesondere den Kreis der die Entziehung rechtfertigenden Gründe beliebig erweitern und sogar die Abberufung ohne besonderen Grund vorsehen.[116]

38 **3. Regelungen zum Verfahren. a) Erschwerung.** Verfahrensmäßig kann die Entziehung durch die Erforderlichkeit eines zusätzlichen Gesellschafterbeschlusses sowie durch die Anordnung einer Vorprüfung durch einen Schiedsgutachter oder einen Beirat erschwert werden.[117]

39 **b) Erleichterung.** Die Entscheidungsbefugnis für die Erhebung der Entziehungsklage kann auch der Gesellschaftermehrheit übertragen werden. In diesem Fall sind die überstimmten Gesellschafter verpflichtet, an der Klageerhebung mitzuwirken.[118] Möglich ist es auch, im Gesellschaftsvertrag das gesetzlich vorgesehene Entziehungsverfahren dahin abzuändern, dass die Gestaltungsklage durch ein Gestaltungsrecht der Gesellschafter ersetzt wird. Deshalb kann der Gesellschaftsvertrag vorsehen, dass – wie nach § 712 BGB – ein **Beschluss der Gesellschafter an die Stelle** des Entziehungsurteils tritt.[119] Der betroffene Gesellschafter ist bei dieser Entscheidung mit seinem Stimmrecht ausgeschlossen.[120] Wie auch bei der Erhebung der Klage sind die übrigen Gesellschafter verpflichtet, bei Vorliegen eines wichtigen Grundes der Entziehung zuzustimmen.[121] Treuwidrig bei der Entscheidung abgegebene Stimmen können wegen Missbrauchs unwirksam sein.[122] Weigern sich die übrigen Gesellschafter, unter Verstoß gegen ihre gesellschafterlichen **Treuepflichten,** der Entziehung zuzustimmen, können sie im Klagewege auf Zustimmung in Anspruch genommen werden.[123] Solange die Zustimmung nicht vorliegt, oder (falls erforderlich) durch ein Zustimmungsurteil ersetzt ist,

---

[110] BGH Urt. v. 17. 12. 1959 – II ZR 32/59, BGHZ 31, 295, 298 f. (§ 140) = NJW 1960, 625.
[111] Vgl. zu § 127 BGH Urt. v. 3. 11. 1997 (Fn. 32) S. 1226, wobei die dort zum Beleg herangezogenen Fundstellen zum Teil der gänzlichen Ausschluss der Entziehung gerade für möglich halten, so etwa Baumbach/*Hopt*, 29. Aufl., siehe dort § 127 RdNr. 11; ebenso Röhricht/Graf v. Westphalen/*v. Gerkan* RdNr. 22, wo ein Ausschluss unter Hinweis auf die Kommentierung zur Parallelvorschrift des § 127 bei Schlegelberger/*K. Schmidt* § 127 RdNr. 9 abgelehnt wird.
[112] BGH Urt. v. 28. 4. 1975 (Fn. 50) S. 259.
[113] In diesem Sinne auch Schlegelberger/*Martens* RdNr. 51.
[114] So ausdrücklich Heymann/*Emmerich* RdNr. 25 a.
[115] So zu Recht Schlegelberger/*Martens* RdNr. 51.
[116] BGH Urt. v. 23. 10. 1972 – II ZR 31/70, NJW 1973, 750, 751; BGH Urt. v. 20. 12. 1982 (Fn. 86) S. 180; vgl. auch Röhricht/Graf v. Westphalen/*v. Gerkan* RdNr. 22; Schlegelberger/*Martens* RdNr. 53.
[117] Baumbach/*Hopt* RdNr. 11.
[118] Heymann/*Emmerich* RdNr. 26; Röhricht/Graf v. Westphalen/*v. Gerkan* RdNr. 23; Schlegelberger/*Martens* RdNr. 52; vgl. auch BGH Urt. v. 9. 11. 1987 (Fn. 53) S. 176 (GbR).
[119] AllgM, BGH (Fn. 110) S. 298 ff.; Urt. v. 23. 10. 1972 (Fn. 116) S. 751; Urt. v. 20. 12. 1982 (Fn. 86) S. 180; Urt. v. 5. 6. 1989 – II ZR 227/88, BGHZ 107, 351, 356 = NJW 1989, 2681 (§ 140); Urt. v. 3. 2. 1997 (Fn. 32) S. 925 (§ 140); Baumbach/*Hopt* RdNr. 12.
[120] BGH Urt. v. 9. 11. 1987 (Fn. 53) S. 176 (GbR).
[121] BGH Urt. v. 9. 11. 1987 (Fn. 53) S. 176.
[122] BGH Urt. v. 9. 11. 1987 (Fn. 53) S. 176; siehe auch oben § 109 RdNr. 24.
[123] BGH Urt. v. 9. 11. 1987 (Fn. 53) S. 176; BGH Urt. v. 3. 2. 1997 (Fn. 32) S. 925 f.

bleibt der Geschäftsführer im Amt.[124] Die Geschäftsführungsbefugnis **erlischt** in dem Zeitpunkt, in dem der Gesellschafterbeschluss wirksam gefasst worden ist; der betroffene Gesellschafter kann sich dagegen nur noch mit der Feststellungsklage wehren.[125] Die gerichtliche Kontrolle ist unabdingbar; eine anderslautende Vereinbarung wäre ein unzulässiger Verzicht auf den Rechtsweg.[126] Auch den übrigen Gesellschaftern steht die Erhebung einer entsprechenden Feststellungsklage zur Wirksamkeit der beschlossenen Entziehung offen.[127]

Soweit die Entziehungsbefugnis den Gesellschaftern gänzlich entzogen und insgesamt auf einen **40 Beirat** übertragen worden ist, ist das nur in den Fällen unbedenklich, in denen es sich um einen Gesellschafterbeirat handelt. Demgegenüber kann nach zutreffender Auffassung einem mit externen Personen besetzten Beirat eine solch maßgebliche Kompetenz nicht zugewiesen werden; die Gesellschafter können sich mit Rücksicht auf ihre unbeschränkte Haftung und die Bedeutung einer ordnungsgemäßen Geschäftsführung für ihre Vermögensinteressen einer solch weitgehenden Fremdbestimmung nicht unterwerfen.[128]

VI. Niederlegung der Geschäftsführung

Der Geschäftsführer kann die Geschäftsführung jederzeit **niederlegen,** wenn der Gesellschafts- **41** vertrag diese Möglichkeit vorsieht oder die anderen Gesellschafter einverstanden sind. Das Recht zur Niederlegung kann durch den Gesellschaftsvertrag wohl beliebig erweitert, wegen §§ 712 Abs. 2, 671 Abs. 3 BGB aber nicht erschwert werden.

Außer der Niederlegungsmöglichkeit kommt sowohl bei der vertraglich übertragenen als auch bei **42** der gesetzlichen Geschäftsführungsbefugnis nach § 114 Abs. 1 eine **Kündigung** durch den geschäftsführenden Gesellschafter **aus wichtigem Grund** gemäß der über § 105 Abs. 3 anwendbaren Regelung des § 712 Abs. 2 BGB in Betracht.[129] Wegen der Einzelheiten zur fristlosen Kündigung durch den Geschäftsführer vgl. die Kommentierung bei § 114 RdNr. 56.

Auch die von dem geschäftsführenden Gesellschafter ausgehende Beendigung seiner Geschäfts- **43** führungsbefugnis ändert das gesellschaftsrechtliche Rechtsverhältnis der Gesellschafter untereinander und macht eine entsprechende **Anpassung** erforderlich (siehe hierzu RdNr. 30 ff.).

§ 118 [Kontrollrecht der Gesellschafter]

(1) Ein Gesellschafter kann, auch wenn er von der Geschäftsführung ausgeschlossen ist, sich von den Angelegenheiten der Gesellschaft persönlich unterrichten, die Handelsbücher und die Papiere der Gesellschaft einsehen und sich aus ihnen eine Bilanz und einen Jahresabschluß anfertigen.

(2) Eine dieses Recht ausschließende oder beschränkende Vereinbarung steht der Geltendmachung des Rechtes nicht entgegen, wenn Grund zu der Annahme unredlicher Geschäftsführung besteht.

Schrifttum: *Binz/Freudenberg,* Informationsrechte in der GmbH & Co, BB 1991, 785; *Fischer,* Die Grenzen bei der Ausübung gesellschaftlicher Mitgliedschaftsrechte, NJW 1954, 777; *Goerdeler,* Die Zuziehung von Sachverständigen bei der Einsicht in die Bücher, FS Stimpel, 1985, S. 125; *Grunewald,* Zum Informationsrecht in der GmbH & Co KG, ZGR 1989, 545; *Hermanns,* Bestimmtheitsgrundsatz und Kernbereichslehre – Mehrheit und Minderheit in der Personengesellschaft, ZGR 1996, 103; *Hirte,* Die Ausübung der Informationsrechte von Gesellschaftern durch Sachverständige, BB 1985, 2208; *Huber,* Das Auskunftsrecht des Kommanditisten, ZGR 1982, 539; *I. Saenger,* Beteiligung Dritter bei Beschlussfassung und Kontrolle im Gesellschaftsrecht, 1990; *ders.,* Hinzuziehung von Stellvertreter oder Beistand bei Beschlussfassung und Kontrolle im Gesellschaftsrecht, NJW 1992, 348; *Schiessl,* Die Informationsrechte der Personenhandelsgesellschafter im Lichte der GmbH-Novelle 1980, GmbHR 1985, 109; *ders.,* Abdingbarkeit der Kontrollrechte des Kommanditisten aus § 166 HGB?, NJW 1989, 1597; *K. Schmidt,* Informationsrechte in Gesellschaften und Verbänden. Ein Beitrag zur gesellschaftsrechtlichen Institutionenbildung, 1984; *Veltins/Hikel,* Zur Einschränkung bzw. Erweiterung der Informationsrechte des Kommanditisten, DB 1989, 465; *Wiedemann,* Rechte und Pflichten des Personengesellschafters, WM 1992 Sonderbeil. 7/1992; *Wohlleben,* Informationsrechte des Gesellschafters, 1989.

---

[124] BGH Urt. v. 9. 11. 1987 (Fn. 53) S. 176 f.
[125] BGH Urt. v. 20. 12. 1982 (Fn. 86) S. 180; BGH Urt. v. 9. 11. 1987 (Fn. 53) S. 179; BGH Urt. v. 3. 2. 1997 (Fn. 32) S. 926; *Heymann/Emmerich* RdNr. 27; Schlegelberger/*Martens* RdNr. 52; aA Baumbach/*Hopt* RdNr. 12 (Wirksamkeit mit Mitteilung an den betroffenen Gesellschafter); die Feststellungsklage unterliegt keiner Klagefrist, aber der Verwirkung, vgl. BGH Urt. v. 1. 3. 1999 – II ZR 205/98, NJW 1999, 2268, Urt. v. 7. 6. 1999 – II ZR 278/98, WM 1999, 1619, 1620 = NJW 1999, 3113.
[126] BGH (Fn. 110) S. 299.
[127] Schlegelberger/*Martens* RdNr. 52.
[128] So zu Recht hM, zB Heymann/*Emmerich* RdNr. 29; Schlegelberger/*Martens* RdNr. 54; aA MünchKommHGB/*Jickeli* RdNr. 84.
[129] Baumbach/*Hopt* § 114 RdNr. 19; Schlegelberger/*Martens* RdNr. 56.

§ 118 1–5 — 2. Buch. 1. Abschnitt. Offene Handelsgesellschaft

Übersicht

	RdNr.		RdNr.
I. Normzweck	1–3	2. Ort und Zeit	25, 26
II. Das Kontrollrecht	4–16	3. Recht auf Abschriften	27, 28
1. Kontrollberechtigte	4	4. Kosten	29
2. Dauer der Kontrollbefugnis	5–7	**IV. Prozessuale Durchsetzung**	30, 31
3. Kontrollverpflichtete	8	**V. Abweichende Regelungen (Abs. 2)**	32–36
4. Inhalt des Kontrollrechts	9–13	1. Grundsatz: Dispositivität	32–34
a) Gegenstand des Informationsrechts	9, 10	2. Ausnahme (Abs. 2)	35, 36
b) Einsichtsrecht	11, 12	**VI. Sonstige Informationsrechte**	37–42
c) Auskunftsrecht	13	1. Einsichtsrecht nach § 810 BGB	37–39
5. Grenzen der Kontrollbefugnis	14–16	2. Informationsrecht nach § 242 BGB	40
III. Ausübung des Kontrollrechts	17–29	3. Informationsrecht nach §§ 713, 666 BGB	41
1. Person des Ausübenden	17–24	4. Vorlegungsrechte	42
a) Gesellschafter	17		
b) Ausübung durch Dritte	18–20		
c) Hinzuziehung Dritter	21–24		

I. Normzweck

1 Nach § 118 steht jedem Gesellschafter der OHG ein uneingeschränktes **individuelles** Recht auf persönliche Unterrichtung zu. Dieses Informations- und Einsichtsrecht verschafft auch den nicht an der Geschäftsführung beteiligten Gesellschaftern die – mit Rücksicht auf ihre unbeschränkte persönliche Haftung besonders wichtige – Möglichkeit, sich jederzeit über die ordnungsgemäße und wirtschaftlich ertragreiche Verwendung des investierten Kapitals sowie die Risiken zu unterrichten, die der Geschäftsführer zu ihren Lasten eingeht.[1] Es handelt sich um ein zum **Kernbereich der Mitgliedschaft** (siehe § 109 RdNr. 17) zählendes wesentliches Gesellschafterrecht, das ein wichtiges Instrument des Minderheitenschutzes darstellt.[2]

2 Zum anderen ist das Informations- und Einsichtsrecht ein wichtiges Instrument, um sich die erforderlichen Kenntnisse für eine **sachverständige Ausübung** der mitgliedschaftlichen Verwaltungsrechte, namentlich des Stimmrechts, zu verschaffen.[3]

3 **Ergänzt** wird das Informationsrecht aus § 118 durch die Auskunfts- und Rechenschaftspflicht des geschäftsführenden Gesellschafters auf Grund der **§§ 105 Abs. 3 HGB, 713, 666 BGB** (siehe hierzu unten RdNr. 41).

II. Das Kontrollrecht

4 **1. Kontrollberechtigte.** Die Informationsrechte aus § 118 stehen **allen Gesellschaftern** der OHG zu. Auf Dritte kann die Kontrollbefugnis grundsätzlich nicht übertragen werden (siehe unten RdNr. 17 ff.). Hat der Gesellschafter einzelne Vermögensrechte – etwa den Anspruch auf Auszahlung eines Gewinnanteils oder den Anspruch auf Abfindung – abgetreten, folgt hieraus kein Informationsanspruch des Erwerbers; diesem steht nur ein Anspruch auf Mitteilung des ihm zustehenden Betrags zu.[4]

5 **2. Dauer der Kontrollbefugnis.** Die Kontrollrechte entfallen mit dem **Ausscheiden** des Gesellschafters aus der Gesellschaft. Der ausgeschiedene Gesellschafter hat keinen Informationsanspruch nach § 118.[5] Dies gilt auch für Geschäftsvorfälle, die in die Zeit seiner Gesellschaftszugehörigkeit fallen, da das Informationsrecht des § 118 aus der gegenwärtigen Gesellschafterstellung folgt und

---

[1] Vgl. etwa BGH Urt. v. 16. 1. 1984 – II ZR 36/83, NJW 1984, 2470 f.; Heymann/*Emmerich* RdNr. 1; Schlegelberger/*Martens* RdNr. 1.
[2] BGH Urt. v. 11. 7. 1988 – II ZR 346/87, NJW 1989, 225 f.; Urt. v. 10. 10. 1994 – II ZR 18/94, NJW 1995, 194, 195.
[3] BGH Urt. v. 23. 3. 1992 – II ZR 128/91, NJW 1992, 1890, 1891 zu § 166; MünchKommHGB/*Enzinger* RdNr. 2; Schlegelberger/*Martens* RdNr. 2.
[4] BGH Urt. v. 3. 11. 1975 – II ZR 98/74, WM 1975, 1299, 1300 = NJW 1976, 189 (LS); Röhricht/Graf v. Westphalen/*v. Gerkan* RdNr. 2; Schlegelberger/*Martens* RdNr. 27.
[5] BGH Urt. v. 23. 10. 1961 – II ZR 102/60, WM 1961, 1329; Urt. v. 17. 4. 1989 – II ZR 258/88, NJW 1989, 3272, 3273 zu § 166 unter Hinweis auf die OHG; Urt. v. 11. 7. 1988 (Fn. 2) S. 226 zu § 51 a GmbHG; Urt. v. 20. 6. 1994 – II ZR 103/93, WM 1994, 1925, 1928 und hL, vgl. *K. Schmidt* Informationsrechte S. 26 f.; *Wiedemann* WM 1992 Sonderbeil. 7/1992, S. 43 f.; Baumbach/*Hopt* RdNr. 2; Röhricht/Graf v. Westphalen/*v. Gerkan* RdNr. 2; Schlegelberger/*Martens* RdNr. 4; aA OLG Hamburg Urt. v. 9. 11. 1960 – 9 U 10/60, MDR 1961, 325; OLG Hamm Beschl. v. 19. 2. 1970 – 15 W 459/69, OLGZ 1970, 388, 392 f.; Heymann/*Emmerich* RdNr. 4.

zudem nur die Gesellschafter entsprechende Pflichten – etwa zur Verschwiegenheit – treffen. Einem etwaigen Informationsinteresse des ausgeschiedenen Gesellschafters ist durch die aus §§ 242, 810 BGB folgende Möglichkeit, bei Vorliegen eines rechtlichen Interesses die streitrelevanten Bücher und Papiere aus der Zeit seiner Zugehörigkeit zur Gesellschaft einsehen zu dürfen, ausreichend Rechnung getragen.[6] Hierdurch stehen ihm Einsichts- und Auskunftsansprüche auf der Grundlage der genannten Vorschriften jedenfalls insoweit zu, als dies zur Klärung von Ansprüchen aus dem Gesellschaftsverhältnis geboten ist.[7]

Auch dem **Erben** eines Gesellschafters, der nicht seinerseits nach § 139 in die Gesellschaft eintritt, steht kein Informationsrecht nach § 118 zu. Auch er ist auf Ansprüche aus §§ 810, 242 BGB verwiesen.[8] **6**

Die Kontrollbefugnis besteht auch während der **Liquidation** der Gesellschaft uneingeschränkt.[9] Beruht bei den Erben die Beendigung der Mitgliedschaft auf der Beendigung der Gesellschaft, so sind die Gesellschafter und deren Erben nach § 157 Abs. 3 zur Einsichtnahme und Benutzung der Bücher und Papiere befugt.[10] **7**

3. Kontrollverpflichtete. Das Informations- und Einsichtsrecht nach § 118 richtet sich gegen die **Gesellschaft**.[11] Daneben kann der Informationsanspruch auch gegenüber dem geschäftsführenden Gesellschafter bestehen,[12] der ihn ohnedies zu erfüllen hat.[13] **8**

4. Inhalt des Kontrollrechts. a) Gegenstand des Informationsrechts. Das Informationsrecht erstreckt sich nach § 118 auf alle **Angelegenheiten der Gesellschaft**. Der Kreis der dazugehörigen Tatsachen wird in Rechtsprechung und Rechtslehre **sehr weit** gezogen. Erfasst sind alle Vorgänge, die die Gesellschaft mittelbar oder unmittelbar betreffen.[14] Hierzu gehören neben den Umständen, die sich im weitesten Sinne auf die wirtschaftliche Situation der Gesellschaft beziehen (siehe Fundstellen bei Fn. 14), auch solche, die im Zusammenhang mit den steuerrechtlichen Verhältnissen stehen sowie ferner öffentlich-rechtliche Verpflichtungen der Gesellschaft.[15] Auch die Angelegenheiten Dritter können umfasst sein, sofern die Gesellschaft mit diesen Personen in wichtigen vertraglichen Beziehungen steht,[16] ebenso Beziehungen zu verbundenen Unternehmen, soweit sie für die Gesellschaft von Bedeutung sind.[17] Im zuletzt genannten Fall richtet sich das Informationsrecht allerdings nur gegen die eigene Gesellschaft und wird durch deren Zugriffsmöglichkeit auf die Papiere sowie durch die berechtigten Interessen der anderen Konzerngesellschaft und ihrer Gesellschafter begrenzt.[18] **9**

Das Informationsrecht umfasst grundsätzlich **alle Unterrichtungsmöglichkeiten** des Gesellschafters, namentlich das Recht auf Einsicht in die Unterlagen (siehe RdNr. 11) und gegebenenfalls auch das Recht auf Auskunft (siehe RdNr. 13). Letzteres ist nach richtiger Auffassung zwar im Rahmen des § 118 subsidiär; ein Auskunftsanspruch kann sich aber unabhängig davon aus anderen Vorschriften ergeben (siehe RdNr. 40 f.). **10**

---

[6] Vgl. BGH Urt. v. 23. 10. 1961 (Fn. 5) S. 1329; Urt. v. 11. 7. 1988 (Fn. 2) S. 226; Urt. v. 17. 4. 1989 (Fn. 5) S. 3273; Urt. v. 20. 6. 1994 (Fn. 5) S. 1928; Schlegelberger/*Martens* RdNr. 4; *Wiedemann* (Fn. 5) S. 44; aA Heymann/*Emmerich* RdNr. 4, wo darauf hingewiesen wird, dass die Rechte aus § 810 BGB ohnehin nicht weit hinter denen aus § 118 zurückbleiben.

[7] BGH Urt. v. 11. 7. 1988 (Fn. 2) S. 226; Röhricht/Graf v. Westphalen/*v. Gerkan* RdNr. 3.

[8] *Hueck A.* OHG § 12 3 bei Fn. 7; Schlegelberger/*Martens* RdNr. 5; aA Heymann/*Emmerich* RdNr. 4; vgl. zum Informationsanspruch des Gesellschafter-Erben, der in die Gesellschaft eintritt RG Urt. v. 4. 3. 1943 – II 113/42, RGZ 170, 392, 395.

[9] BGH Urt. v. 15. 12. 1969 – II ZR 82/68, BB 1970, 187 zu § 716 BGB; Baumbach/*Hopt* RdNr. 2; Schlegelberger/*Martens* RdNr. 7.

[10] Schlegelberger/*Martens* RdNr. 5.

[11] BGH Urt. v. 8. 7. 1957 – II ZR 54/56, BGHZ 25, 115, 118 = NJW 1957, 1555; Urt. v. 28. 5. 1962 – II ZR 156/61, WM 1962, 883; Urt. v. 23. 3. 1992 (Fn. 3) S. 1891; ebenso zum Informationsrecht nach § 51 a GmbHG BGH Beschl. v. 6. 3. 1997 – II ZB 4/96, NJW 1997, 1985, 1986.

[12] Vgl. BGH Urt. v. 28. 5. 1962 (Fn. 11) S. 883; Urt. v. 20. 6. 1983 – II ZR 85/82, WM 1983, 910, 911; Urt. v. 23. 3. 1992 (Fn. 3) S. 1891 f.; vgl. ausführlich *Wiedemann* (Fn. 5) S. 43 und *Wohlleben,* Informationsrechte des Gesellschafters, S. 140 ff.; siehe auch Baumbach/*Hopt* RdNr. 1; Heymann/*Emmerich* RdNr. 3; Röhricht/Graf v. Westphalen/*v. Gerkan* RdNr. 4; Schlegelberger/*Martens* RdNr. 6.

[13] BGH Urt. v. 28. 5. 1962 (Fn. 11) S. 883; OLG Hamm Beschl. v. 6. 2. 1986 – 8 W 52/85, NJW 1986, 1693, 1694.

[14] Vgl. etwa OLG Hamm Beschl. v. 6. 2. 1986 (Fn. 13) S. 1694; *Wiedemann* (Fn. 5) S. 46; Baumbach/*Hopt* RdNr. 3; Heymann/*Emmerich* RdNr. 13; Röhricht/Graf v. Westphalen/*v. Gerkan* RdNr. 5; Schlegelberger/*Martens* RdNr. 8.

[15] Vgl. dazu *K. Schmidt* Informationsrechte S. 33 und *Wohlleben* (Fn. 12) S. 99 ff. mwN.

[16] Heymann/*Emmerich* RdNr. 13; vgl. im Einzelnen auch *Wiedemann* (Fn. 5) S. 47 und *Wohlleben* (Fn. 12) S. 108 ff.

[17] BGH Urt. v. 8. 7. 1957 (Fn. 11) S. 118; BGH Urt. v. 20. 6. 1983 (Fn. 12) S. 911; Urt. v. 16. 1. 1984 (Fn. 1) S. 2470 zu § 338 HGB aF; *Wiedemann* (Fn. 5) S. 46; Schlegelberger/*Martens* RdNr. 8.

[18] BGH Urt. v. 20. 6. 1983 (Fn. 12) S. 911 und vom 16. 1. 1984 (Fn. 1) S. 2470 f.; *Wiedemann* (Fn. 5) S. 46; Röhricht/Graf v. Westphalen/*v. Gerkan* RdNr. 5; Schlegelberger/*Martens* RdNr. 8.

11 **b) Einsichtsrecht.** Gegenstand des Einsichtsrechts sind grundsätzlich **alle Unterlagen** der Gesellschaft im **weitesten Sinn.**[19] Hierzu gehören alle Handelsbücher und Geschäftsunterlagen, also etwa auch Verträge, Korrespondenz und Aktenvermerke.[20] Mit Rücksicht auf die zunehmende Technisierung der Informationsverarbeitung sind heutzutage auch die **elektronisch gespeicherten Daten,** die dem Gesellschafter auf dem Bildschirm oder mittels Ausdruck zur Verfügung gestellt werden, hinzuzurechnen.[21] Ein Anspruch auf unmittelbaren jederzeitigen Zugang zu den Daten – etwa durch Einrichtung eines eigenen Bildschirmgeräts – lässt sich hingegen aus § 118 nicht herleiten.[22] Sofern sich geschäftliche Vorgänge nur aus **privaten** Aufzeichnungen der Geschäftsführer ergeben, ist dem Gesellschafter auch in diese Einsicht zu gewähren.[23] Ein Einsichtsrecht kann schließlich auch in Geheimpapiere der Gesellschaft – etwa betreffend Modelle, Konstruktionen und Verfahren – bestehen.[24]

12 Mit dem Recht auf Einsichtnahme geht zugleich das Recht einher, die **Geschäftsräume betreten** und die dort vorhandenen Anlagen sowie den Waren- und Kassenbestand besichtigen zu dürfen.[25] Ein Recht auf Befragung des Personals der Gesellschaft besteht nicht.[26] Ebenso besteht kein Anspruch auf **Herausgabe** der Unterlagen;[27] der Anspruch beschränkt sich vielmehr auf deren Vorlage. Sofern die Unterlagen **lückenhaft** sind, besteht neben dem allgemeinen Auskunftsrecht (siehe RdNr. 13) ein Anspruch auf Ergänzung der Unterlagen.[28] Zur Möglichkeit der Fertigung von Aufzeichnungen und Ablichtungen siehe unten RdNr. 27 f.

13 **c) Auskunftsrecht.** Das Informationsrecht nach § 118 erstarkt **ausnahmsweise** zu einem individuellen Auskunftsanspruch des einzelnen Gesellschafters, wenn seinem Informationsbedürfnis durch die Einsichtnahme nicht Genüge getan ist, so etwa in Fällen lückenhafter oder widersprüchlicher Unterlagen, wenn die Geschäftsführung zu misstrauen.[29] In derartigen Fällen kann sich auch eine Verpflichtung der geschäftsführenden Gesellschafter zur Beschaffung zusätzlicher Informationen ergeben.[30] Die Subsidiarität des Auskunftsanspruchs folgt aus dem Sinn und Zweck des § 118, der in erster Linie auf die persönliche Kontrolle durch den einzelnen Geschäftsführer abstellt.[31] Zu der Frage, ob und inwieweit neben dem Informationsanspruch aus § 118 ein Auskunftsrecht aus §§ 713, 666 BGB besteht, siehe unten RdNr. 41.

14 **5. Grenzen der Kontrollbefugnis.** Das Informationsrecht ist funktionell an den Schutz und die Ausübung von Mitgliedschaftsrechten gebunden; es steht dem Gesellschafter zur **Wahrung der Gesellschafterrechte** zu.[32] In diesem Rahmen können die Kontrollbefugnisse uneingeschränkt geltend gemacht werden, ohne dass es der Darlegung eines besonderen rechtlichen oder wirtschaftlichen Interesses bedarf.[33] Auch die Erfüllung eigener Gesellschafterpflichten, etwa der Beitragspflicht, ist nicht Voraussetzung für die Ausübung der Rechte aus § 118.[34]

---

[19] Vgl. im Einzelnen *Wohlleben* (Fn. 12) S. 113 ff.; siehe auch Heymann/*Emmerich* RdNr. 14 f.; Schlegelberger/*Martens* RdNr. 9 ff.
[20] Vgl. BGH Urt. v. 8. 7. 1957 (Fn. 11) S. 120; BGH Beschl. v. 6. 3. 1997 (Fn. 11) S. 1986; *Wohlleben* (Fn. 12) S. 113 ff.; Heymann/*Emmerich* RdNr. 14; Schlegelberger/*Martens* RdNr. 10.
[21] *Wohlleben* (Fn. 12) S. 116 f. mwN; Heymann/*Emmerich* RdNr. 14; Röhricht/Graf v. Westphalen/*v. Gerkan* RdNr. 6; Schlegelberger/*Martens* RdNr. 10.
[22] So zu Recht *Wohlleben* (Fn. 12) S. 117; Schlegelberger/*Martens* RdNr. 10.
[23] BGH Urt. v. 15. 12. 1969 (Fn. 9) S. 187; *Wohlleben* (Fn. 12) S. 119 f.; Schlegelberger/*Martens* RdNr. 11.
[24] Baumbach/*Hopt* RdNr. 4; Schlegelberger/*Martens* RdNr. 12.
[25] *Wohlleben* (Fn. 12) S. 128; Baumbach/*Hopt* RdNr. 4; Schlegelberger/*Martens* RdNr. 9, 29.
[26] Schlegelberger/*Martens* RdNr. 9.
[27] Vgl. etwa BGH Urt. v. 16. 1. 1984 (Fn. 1) S. 2470; Heymann/*Emmerich* RdNr. 16; Schlegelberger/*Martens* RdNr. 13.
[28] *Wohlleben* (Fn. 12) S. 136 ff.; Heymann/*Emmerich* RdNr. 16.
[29] BGH Urt. v. 12. 6. 1954 – II ZR 154/53, BGHZ 14, 53, 60 = NJW 1954, 1564; Urt. v. 20. 6. 1983 (Fn. 12) S. 911; hL, vgl. etwa Baumbach/*Hopt* RdNr. 7; Röhricht/Graf v. Westphalen/*v. Gerkan* RdNr. 7; MünchKommBGB/*Ulmer* § 716 RdNr. 9; weitergehend Schlegelberger/*Martens* RdNr. 14 f. für den Fall des Auskunftsanspruchs anlässlich der Ausübung des Stimmrechts; für ein umfassendes und gleichrangiges Auskunftsrecht des OHG-Gesellschafters *Wiedemann* (Fn. 5) S. 43, 45; kritisch gegenüber der hM auch Heymann/*Emmerich* RdNr. 5; die Frage, ob ein über den Gesetzeswortlaut des HGB hinausgehendes allgemeines Auskunfts- und Einsichtsrecht anzuerkennen sei, spricht auch BGH Urt. v. 23. 3. 1992 (Fn. 3) S. 1891 zu § 166 an, lässt die Frage aber offen; vgl. auch BGH Urt. v. 10. 10. 1994 (Fn. 2) S. 195 f., wo u. a. die Beschränkung eines gesellschaftsvertraglich eingeräumten Auskunftsanspruchs für unzulässig erachtet wurde.
[30] Vgl. hierzu OLG Hamm Beschl. v. 6. 2. 1986 (Fn. 13) S. 1694; Röhricht/Graf v. Westphalen/*v. Gerkan* RdNr. 7; Schlegelberger/*Martens* RdNr. 16.
[31] So zu Recht Schlegelberger/*Martens* RdNr. 14.
[32] BGH Urt. v. 28. 5. 1962 (Fn. 11) S. 883; Schlegelberger/*Martens* RdNr. 18.
[33] BGH Urt. v. 28. 5. 1962 (Fn. 11) S. 883; OLG Köln Urt. v. 20. 12. 1960 – 9 U 106/60, BB 1961, 953; Heymann/*Emmerich* RdNr. 2; MünchKommHGB/*Enzinger* RdNr. 29; Schlegelberger/*Martens* RdNr. 18.
[34] KG Urt. v. 21. 6. 1917 – XXIII ZS 6790/16, LZ 1918, 66; Baumbach/*Hopt* RdNr. 1; Heymann/*Emmerich* RdNr. 3.

Die Gesellschaft kann die Ausübung der Informationsrechte nur **ausnahmsweise verweigern.** 15
Gründe können sich unter dem Gesichtspunkt der Treuepflichtverletzung und des Missbrauchsverbots ergeben.[35] Zu denken ist etwa – entsprechend § 51 a Abs. 2 GmbHG – an eine Verwendung der Informationen zu gesellschaftsfremden Zwecken oder zum Nachteil der Gesellschaft, insbesondere zum Zwecke von Wettbewerbsverstößen[36] sowie ein schikanöses Gebrauchmachen von dem Informationsrecht.[37] Kein Grund zur Verweigerung sind bestehende Spannungen zwischen den Beteiligten[38] und die Absicht des Gesellschafters, mit Hilfe der Ausübung seiner Informationsrechte eigene Zwecke zu verfolgen,[39] etwa die Vorbereitung einer Geltendmachung von Abfindungs- oder Schadensersatzansprüchen.[40] Auch die bereits erteilte Genehmigung der Bilanz und des Jahresabschlusses durch alle Gesellschafter schließt das Recht des einzelnen Gesellschafters zur Einsicht hinsichtlich zurückliegender Zeiträume grundsätzlich nicht aus.[41] Mit dem Hinweis auf ein bestehendes **Geheimhaltungsinteresse** kann eine Beschränkung der Kontrollrechte grundsätzlich ebenfalls nicht begründet werden; ein solches Geheimhaltungsinteresse führt nur zu einer besonderen Verschwiegenheitspflicht des Gesellschafters bezüglich dieses Geschäftsgeheimnisses.[42] Der Bundesgerichtshof hat allerdings für den Fall einer Beteiligung des Gesellschafters an einem Konkurrenzunternehmen und der hieraus folgenden Gefahr einer Verwendung von Geschäftsgeheimnissen zugunsten des Konkurrenzunternehmens und zu Lasten der Gesellschaft unter Hinweis auf § 51 a Abs. 2 GmbHG die Möglichkeit erwogen, dem Gesellschafter den Einblick in besonders sensible Unterlagen zu verweigern.[43]

Für die Voraussetzungen, die ausnahmsweise einen Verweigerungsgrund rechtfertigen, obliegt der 16
Gesellschaft die Darlegungs- und **Beweislast.**[44]

III. Ausübung des Kontrollrechts

1. Person des Ausübenden. a) Gesellschafter. Die Informationsrechte aus § 118 sind als 17
Mitverwaltungsrechte von der Mitgliedschaft nicht abtrennbar. Sie sind deshalb grundsätzlich nicht selbständig auf Dritte übertragbar, sondern müssen von dem Gesellschafter **persönlich** wahrgenommen werden.[45] Ausnahmen von diesem Grundsatz kommen nur in den unter b) und c) genannten Fällen in Betracht.

b) Ausübung durch Dritte. Als zulässig anerkannt ist die Möglichkeit einer Ausübung der 18
Informationsrechte durch den **gesetzlichen Vertreter** eines Gesellschafters.[46] Für minderjährige oder in der Geschäftsführung beschränkte Gesellschafter besteht nur diese Möglichkeit, ihre Rechte aus § 118 auszuüben. Der gesetzliche Vertreter, der nicht automatisch den gesellschafterlichen Treuepflichten unterliegt, muss sich in diesem Fall aber den zum Schutze der anderen Gesellschafter bestehenden Pflichten, etwa der Verschwiegenheitspflicht, unterwerfen.[47]

Eine Ausübung der Informationsrechte durch **Bevollmächtigte** ist nur ausnahmsweise zulässig. 19
Der einzelne Gesellschafter ist grundsätzlich nicht befugt, Dritte zur selbständigen Ausübung seiner Informationsrechte zu bevollmächtigen, es sei denn, die anderen Gesellschafter erklären im Einzelfall oder bereits im Gesellschaftsvertrag ihr Einverständnis hiermit.[48] Aufgrund ihrer Treuepflicht können

---

[35] BGH Urt. v. 12. 6. 1954 (Fn. 29) S. 58 f.; BGH Urt. v. 8. 7. 1957 (Fn. 11) S. 120 f.; *Wiedemann* (Fn. 5) S. 47; Schlegelberger/*Martens* RdNr. 19.
[36] Vgl. etwa BGH Urt. v. 12. 6. 1954 (Fn. 29) S. 58 f.; BGH Urt. v. 2. 7. 1979 – II ZR 213/78, WM 1979, 1061 (KG); BGH Urt. v. 14. 12. 1981 – II ZR 200/80, WM 1982, 234, 236; MünchKommHGB/*Enzinger* RdNr. 29; Röhricht/Graf v. Westphalen/*v. Gerkan* RdNr. 1.
[37] BayObLG Urt. v. 27. 10. 1988 – BReg. 3 Z 100/88, NJW-RR 1989, 350, 351 (zu § 51 a GmbHG); Heymann/*Emmerich* RdNr. 11.
[38] BGH Urt. v. 2. 7. 1979 (Fn. 36) S. 1062.
[39] Röhricht/Graf v. Westphalen/*v. Gerkan* RdNr. 1.
[40] Schlegelberger/*Martens* RdNr. 19.
[41] Siehe nähere Einzelheiten bei Schlegelberger/*Martens* RdNr. 19.
[42] *Hueck* A. OHG § 12 4; *Wohlleben* (Fn. 2) S. 149, 187 f. bei Fn. 216; Schlegelberger/*Martens* RdNr. 19.
[43] BGH Urt. v. 10. 10. 1994 (Fn. 2) S. 196.
[44] BGH Urt. v. 12. 6. 1954 (Fn. 29) S. 59; BGH Urt. v. 8. 7. 1957 (Fn. 11) S. 121; Schlegelberger/*Martens* RdNr. 18.
[45] BGH Urt. v. 28. 5. 1962 (Fn. 11) S. 883; Urt. v. 3. 11. 1975 (Fn. 4) S. 1299; Heymann/*Emmerich* RdNr. 6; Schlegelberger/*Martens* RdNr. 20.
[46] BGH Urt. v. 21. 6. 1965 – II ZR 68/63, BGHZ 44, 98, 100, 103 = NJW 1965, 1961; Baumbach/*Hopt* RdNr. 8; Heymann/*Emmerich* RdNr. 7; MünchKommHGB/*Enzinger* RdNr. 20; Röhricht/Graf v. Westphalen/*v. Gerkan* RdNr. 8; Schlegelberger/*Martens* RdNr. 22.
[47] So zu Recht Schlegelberger/*Martens* RdNr. 22; Baumbach/*Hopt* RdNr. 8.
[48] BGH Urt. v. 8. 7. 1957 (Fn. 11) S. 122; vgl. auch BGH Urt. v. 3. 11. 1975 (Fn. 4) S. 1299; Baumbach/*Hopt* RdNr. 8; Heymann/*Emmerich* RdNr. 6 f.; MünchKommHGB/*Enzinger* RdNr. 22; Röhricht/Graf v. Westphalen/ *v. Gerkan* RdNr. 8; vgl. auch Schlegelberger/*Martens* RdNr. 20; hL, kritisch zB *Saenger* NJW 1992, 348, 349 ff.

sie ausnahmsweise zur Erteilung einer entsprechenden Zustimmung verpflichtet sein, wenn triftige Gründe – etwa längere Abwesenheit, Krankheit oder Gebrechlichkeit – dies erfordern und eine Vertretung für die übrigen Gesellschafter zumutbar ist.[49]

20 Ausnahmsweise kann die Ausübung der Informationsrechte auch **ausschließlich einem Dritten** anstelle des Gesellschafters obliegen. Überragende Interessen der Gesellschaft können die persönliche Rechtsausübung durch den Gesellschafter ausschließen, so etwa bei einem im Wettbewerb mit der Gesellschaft stehenden Gesellschafter, der Einsicht in die entsprechenden Wettbewerbsunterlagen nehmen möchte.[50] In diesem Fall ist er auf Grund seiner gesellschafterlichen Treuepflicht darauf verwiesen, die Informationsrechte durch einen Sachverständigen auszuüben, der berufsrechtlich zur Verschwiegenheit verpflichtet und daher auch gehalten ist, dem Gesellschafter keine Kenntnis von den Informationen zu geben, die diesem nicht bekannt werden sollen.[51]

21 **c) Hinzuziehung Dritter.** Der Gesellschafter ist grundsätzlich befugt, bei der Einsicht in die Bücher und Papiere der Gesellschaft einen **sachverständigen Dritten** hinzuzuziehen.[52] In diesem Fall betraut er den Sachverständigen nicht mit der selbständigen Ausübung der Rechte, sondern bleibt selbst für die Ausübung der Informationsrechte verantwortlich; die Gesellschaft hat es daher weiterhin in erster Linie mit ihrem Gesellschafter zu tun, dessen Aufgabe es ist, bei der Einsichtnahme den Geschäftsbetrieb der Gesellschaft möglichst wenig zu stören und auch im Übrigen auf die schutzwerten Interessen der Gesellschaft so weit wie möglich Rücksicht zu nehmen.[53] Als sachverständige Dritte kommen Personen in Betracht, die berufsrechtlich zur Geheimhaltung verpflichtet sind, namentlich Rechtsanwälte, Steuerberater, Wirtschaftsprüfer und Notare.[54]

22 Der Gesellschaft steht ein **Ablehnungsrecht** zu, wenn der hinzugezogene Sachverständige für sie unzumutbar ist.[55] Das ist etwa der Fall bei einem für ein Konkurrenzunternehmen tätigen Sachverständigen sowie bei einer Person, die durch ihr bisheriges Verhalten das erforderliche Vertrauensverhältnis zu den übrigen Gesellschaftern erheblich beeinträchtigt oder bereits in anderen Gesellschaften Unfrieden verursacht hat; demgegenüber ist die bloße enge Verbundenheit des Dritten mit dem Gesellschafter nicht ausreichend und zwar auch dann nicht, wenn der Dritte den Gesellschafter bereits in anderer Hinsicht bei der Wahrnehmung seiner Interessen gegenüber der Gesellschaft unterstützt hat.[56] Sofern sich die Gesellschafter nicht auf einen sachverständigen Dritten einigen können, kann er gegebenenfalls durch das **Amtsgericht** in entsprechender Anwendung des § 145 FGG bestellt werden.[57]

23 Eine Unterstützung ist geboten, wenn sie für die sachverständige Ausübung der Kontrollrechte erforderlich ist. Sie ist im Einzelfall demgegenüber **unzulässig** (§ 242 BGB), wenn sie offenkundig überflüssig ist, weil sich sämtliche Informationen ohne weiteres aus den Unterlagen ergeben oder der Gesellschafter auf Grund seiner besonderen Sachkunde auch ohne Hilfe Dritter zweckgerecht Einsicht nehmen kann.[58]

24 Für die Umstände, die zur Unzumutbarkeit der Person des Sachverständigen oder zur Unzulässigkeit der Hinzuziehung eines Dritten führen, trägt die Gesellschaft die **Beweislast**.[59]

25 **2. Ort und Zeit.** Die Modalitäten für die Ausübung der Informationsrechte sind gesetzlich nicht geregelt. Mit Rücksicht auf die gesellschaftsrechtlichen Treuepflichten muss für einen möglichst reibungslosen Ablauf gesorgt werden.[60] Die Einsicht muss daher grundsätzlich **in den Geschäfts-**

---

[49] BGH Urt. v. 8. 7. 1957 (Fn. 11) S. 122 f.; Heymann/*Emmerich* RdNr. 7; Röhricht/Graf v. Westphalen/*v. Gerkan* RdNr. 8.
[50] BGH Urt. v. 15. 12. 1969 (Fn. 9) S. 187 (GbR); Urt. v. 2. 7. 1979 (Fn. 36) S. 1061; Urt. v. 14. 12. 1981 (Fn. 36) S. 236; Urt. v. 11. 10. 1982 – II ZR 125/81, WM 1982, 1402 f.; MünchKommHGB/*Enzinger* RdNr. 21.
[51] BGH Urt. v. 15. 12. 1969 (Fn. 9); Urt. v. 2. 7. 1979 (Fn. 36) S. 1061; Urt. v. 11. 10. 1982 (Fn. 50) S. 1404; zu dieser Möglichkeit auch BGH Urt. v. 10. 10. 1994 (Fn. 2) S. 196, wo für einen solchen Fall aber zusätzlich auch die Verweigerung des Einblicks in bestimmte sensible Unterlagen erwogen wird; Röhricht/Graf v. Westphalen/*v. Gerkan* RdNr. 10; Schlegelberger/*Martens* RdNr. 26.
[52] BGH Urt. v. 8. 7. 1957 (Fn. 11) S. 123 (KG); BGH Urt. v. 16. 1. 1984 (Fn. 1) S. 2471 (stille Gesellschaft); Baumbach/*Hopt* RdNr. 9; Heymann/*Emmerich* RdNr. 8; Röhricht/Graf v. Westphalen/*v. Gerkan* RdNr. 9; Schlegelberger/*Martens* RdNr. 24.
[53] BGH Urt. v. 8. 7. 1957 (Fn. 11) S. 123; Heymann/*Emmerich* RdNr. 8; Schlegelberger/*Martens* RdNr. 24; kritisch Baumbach/*Hopt* RdNr. 9.
[54] BGH Urt. v. 28. 5. 1962 (Fn. 11) S. 883; Urt. v. 10. 10. 1994 (Fn. 2) S. 196.
[55] BGH Urt. v. 28. 5. 1962 (Fn. 11) S. 883.
[56] BGH Urt. v. 28. 5. 1962 (Fn. 11) S. 883 f.; Schlegelberger/*Martens* RdNr. 25.
[57] BGH Urt. v. 28. 10. 1953 – II ZR 149/52, BGHZ 10, 385, 389 = NJW 1954, 70; Urt. v. 15. 12. 1969 (Fn. 9) S. 187; Urt. v. 11. 10. 1982 (Fn. 50) S. 1404.
[58] BGH Urt. v. 28. 5. 1962 (Fn. 11) S. 883; Heymann/*Emmerich* RdNr. 9; Schlegelberger/*Martens* RdNr. 24.
[59] BGH Urt. v. 28. 5. 1962 (Fn. 11) S. 883.
[60] Baumbach/*Hopt* RdNr. 4; Schlegelberger/*Martens* RdNr. 29.

räumen der Gesellschaft wahrgenommen werden; ein Anspruch auf Aushändigung der Unterlagen zwecks Mitnahme besteht hingegen – abgesehen von besonderen Ausnahmefällen, in denen eine Einsichtnahme in den Geschäftsräumen faktisch unmöglich oder unzumutbar ist – nicht.[61] Dem Gesellschafter muss bei einer Einsichtnahme in den Räumen der Gesellschaft ein geeigneter Raum zur Verfügung gestellt werden.[62]

Die Einsichtnahme darf nicht zur Unzeit und sollte während der **üblichen Geschäftszeit** erfolgen, sofern nicht die Umstände eine andere Zeitbestimmung rechtfertigen.[63] Um eine sachgerechte Prüfung zu ermöglichen, ist dem Gesellschafter für die Einsichtnahme ein **angemessener Zeitraum** einzuräumen. 26

3. Recht auf Abschriften. Der Gesellschafter darf selbst (oder durch eigene Hilfspersonen) bei der Einsicht Abschriften und Fotokopien **anfertigen,** sofern keine berechtigten Interessen der Gesellschaft entgegenstehen.[64] Die Gesellschaft kann nur ausnahmsweise zur Unterstützung des Gesellschafters verpflichtet sein. Dies gilt etwa, wenn nur wenige Ablichtungen zu fertigen sind, die sich ohne weiteren Aufwand auf Kosten des Gesellschafters erstellen lassen.[65] Dieser ist zur Weitergabe der von ihm selbst oder der Gesellschaft für ihn gefertigten Vervielfältigungen nicht befugt, da diese ausschließlich zur Ausübung seines eigenen Kontrollrechts dienen.[66] 27

Die Befugnis zur Fertigung von Abschriften und Ablichtungen ist in den Fällen **eingeschränkt,** in denen hinsichtlich der betreffenden Unterlagen ein besonderes Geheimhaltungsinteresse der Gesellschaft besteht; Unterlagen, die **Geschäftsgeheimnisse** betreffen, darf der Gesellschafter zwar in den Geschäftsräumen der Gesellschaft einsehen, aber nicht vervielfältigen.[67] 28

4. Kosten. Die durch die Ausübung der Informationsrechte entstehenden Kosten trägt grundsätzlich der betreffende **Gesellschafter,** da er eigene Interessen wahrnimmt.[68] Dies gilt im Grundsatz auch für die anfallenden Sachverständigenkosten, es sei denn, die Zuziehung des Sachverständigen war wegen bestehender Lücken oder Fehler in den Geschäftsunterlagen geboten[69] oder beruhte auf von der Gesellschaft anderweitig zu vertretenden Umständen, die die Tätigkeit des Sachverständigen objektiv als geboten erscheinen ließen.[70] Die Gesellschaft kann zur Erstattung der Kosten auch verpflichtet sein, wenn die Einsichtnahme ergibt, dass dem Gesellschafter gegenüber wesentliche Pflichten verletzt worden sind.[71] 29

IV. Prozessuale Durchsetzung

Der Gesellschafter kann bei einer Informationsverweigerung die Durchsetzung seiner Kontrollrechte im Wege der **Leistungsklage** vor dem **Prozessgericht** verfolgen.[72] Klageantrag und Urteilstenor lauten auf Verurteilung der Gesellschaft oder des die Einsicht verweigernden Gesellschafters zur allgemeinen Einsichtsgewährung; die vorzulegenden Urkunden sind nicht im Einzelnen zu bezeichnen.[73] Auf ein mögliches Verweigerungsrecht der Gesellschaft ist nicht im Tenor, sondern nur in den Entscheidungsgründen des Urteils hinzuweisen. Der Gesellschaft steht es dann frei, sich auf dieses 30

---

[61] BGH Urt. v. 16. 1. 1984 (Fn. 1) S. 2470; siehe auch OLG Köln Urt. v. 20. 12. 1960 (Fn. 33); Schlegelberger/ Martens RdNr. 29.
[62] Röhricht/Graf v. Westphalen/*v. Gerkan* RdNr. 11.
[63] Heymann/*Emmerich* RdNr. 10; MünchKommHGB/*Enzinger* RdNr. 27; Röhricht/Graf v. Westphalen/*v. Gerkan* RdNr. 12; Schlegelberger/*Martens* RdNr. 29; weitergehend Baumbach/Hopt RdNr. 4, wonach die Einsichtnahme lediglich nicht zur Unzeit erfolgen darf.
[64] Vgl. ausführlich OLG Köln Beschl. v. 26. 4. 1985 – 24 W 54/84, ZIP 1985, 800, 801 f. (zu § 51 a GmbHG).
[65] *Wohlleben* (Fn. 12) S. 125 ff. mwN; MünchKommHGB/*Enzinger* RdNr. 9; Schlegelberger/*Martens* RdNr. 13; einschränkend OLG Köln (Fn. 64) S. 801 f.
[66] Röhricht/Graf v. Westphalen/*v. Gerkan* RdNr. 13; Schlegelberger/*Martens* RdNr. 13.
[67] *Wohlleben* (Fn. 12) S. 126 f.; Schlegelberger/*Martens* RdNr. 13; ähnlich OLG Köln (Fn. 64) S. 802.
[68] BGH Urt. v. 15. 12. 1969 (Fn. 9) S. 187; OLG Köln (Fn. 64) S. 802; aA für den Fall eines gesellschaftsvertraglichen oder satzungsmäßigen Verbots, das Prüfungsrecht persönlich auszuüben, *Hirte* BB 1985, 2208, 2210.
[69] OLG München Urt. v. 1. 4. 1954 – 6 U 1895/53, BB 1954, 669; *Goerdeler,* FS Stimpel, 1985, S. 125, 137; *Hirte* (Fn. 68) S. 2210; Baumbach/*Hopt* RdNr. 5; Röhricht/Graf v. Westphalen/*v. Gerkan* RdNr. 14; Schlegelberger/*Martens* RdNr. 30.
[70] So zu Recht die hL, vgl. etwa *Goerdeler* (Fn. 69) S. 137; *Hirte* (Fn. 68) S. 2210; Röhricht/Graf v. Westphalen/*v. Gerkan* RdNr. 14; Schlegelberger/*Martens* RdNr. 30.
[71] *Goerdeler* (Fn. 69) S. 137; ebenso Röhricht/Graf v. Westphalen/*v. Gerkan* RdNr. 14; Schlegelberger/*Martens* RdNr. 30.
[72] *Wiedemann* (Fn. 5) S. 47; Schlegelberger/*Martens* RdNr. 40; zu zusätzlichen Rechtswegfragen im Recht der KG vgl. *Wiedemann* (Fn. 5) S. 47 und Kommentierung zu § 166.
[73] BGH Urt. v. 8. 7. 1957 (Fn. 11) S. 121; BGH Urt. v. 2. 7. 1979 (Fn. 36) S. 1061; Röhricht/Graf v. Westphalen/*v. Gerkan* RdNr. 15; Schlegelberger/*Martens* RdNr. 40.

Recht im Vollstreckungsverfahren zu berufen.[74] **Vorläufiger Rechtsschutz** kommt etwa zur Sicherstellung von Büchern und Papieren in Betracht.[75]

31   Die **Vollstreckung** des Leistungsurteils vollzieht sich nach § 883 ZPO und nicht nach § 888 ZPO. Das Urteil auf Gewährung der Einsicht in die Unterlagen der Gesellschaft geht nämlich der Sache nach auf Vorlage der entsprechenden Urkunden. Es ist damit der Herausgabe vergleichbar, da in beiden Fällen durch Wegnahme der Unterlagen vollstreckt wird.[76] Auch eine Vollstreckung nach § 883 ZPO ändert aber nichts daran, dass entsprechend dem materiell rechtlichen Anspruch lediglich die Vorlage und Einsichtsgewährung, nicht aber die Überlassung des unmittelbaren Besitzes an den Papieren verlangt werden kann.[77] Im Gegensatz zum Einsichtsrecht wird der Auskunftsanspruch nach § 888 ZPO vollstreckt, weil die Auskunftserteilung eine unvertretbare Handlung ist.[78]

V. Abweichende Regelungen (Abs. 2)

32   **1. Grundsatz: Dispositivität.** Nach der gesetzlichen Regelung (§§ 109, 118 Abs. 2) ist § 118 dispositiv. Im Hinblick hierauf kann das Informations- und Einsichtsrecht beliebig **umgestaltet** und **erweitert** werden.[79] Denkbar ist beispielsweise die Erweiterung der Kontrollbefugnis auf bereits ausgeschiedene Gesellschafter oder andere Personen, die keine Gesellschafterstellung innehaben, wie etwa Gesellschaftererben, die ihrerseits die Gesellschafterstellung nicht übernehmen.[80] Eine abweichende Regelung bedarf stets einer ausdrücklichen **Abrede im Gesellschaftsvertrag** oder muss sich doch zumindest schlüssig aus dessen Gesamtzusammenhang ergeben; ein Mehrheitsbeschluss genügt nicht.[81] Etwas anderes kann unter Umständen gelten, wenn im Einzelfall die Voraussetzungen erfüllt sind, unter denen ein Minderheitsgesellschafter die Pflicht hat, an einer Änderung des Gesellschaftsvertrages mitzuwirken.[82]

33   Mit Rücksicht auf die §§ 109, 118 Abs. 2 ist es bislang überwiegend auch für zulässig gehalten worden, das Informations- und Einsichtsrecht der Gesellschafter aus § 118 beliebig durch den Gesellschaftsvertrag **einzuschränken** oder ganz **auszuschließen**.[83] Dies betraf beispielsweise Beschränkungen aus Gründen der Geheimhaltung.[84] Ferner ist eine Übertragung der Rechtsausübung auf ein eigenes Organ, etwa einen Beirat, einen Ausschuss oder einen Sachverständigen, für möglich erachtet worden.[85] Schließlich werden Regelungen zur Auswahl der Sachverständigen, zu ihrer Kontrollbeteiligung und zur Frage der Übernahme der Kosten für ihre Tätigkeit genannt.[86] Mit Rücksicht auf die starke Aufwertung, die die Informationsrechte bei den Kapitalgesellschaften erfahren haben (§ 51a Abs. 3 GmbHG, §§ 131, 23 Abs. 5 AktG), hat der Bundesgerichtshof allerdings zu Recht Zweifel gegen jede weitgehende Einschränkung des Informationsrechts bei einer Personengesellschaft geäußert.[87] Das Informationsrecht des Gesellschafters ist nicht nur im Recht der Kapitalgesellschaften, wo der Gesetzgeber dies ausdrücklich anerkannt hat, sondern auch bei der OHG ein unverzichtbares Instrument des Minderheitenschutzes, das zum nicht ohne weiteres entziehbaren Kernbestand der Gesellschafterrechte gehört.[88] Gerade bei der OHG kommt diesem Recht mit Rücksicht auf die unbeschränkte Haftung der Gesellschafter eine besondere Bedeutung zu.[89] Diese Überlegungen müssen auch im Rahmen des § 118 zu **Beschränkungen der völligen**

---

[74] BGH Urt. v. 8. 7. 1957 (Fn. 11) S. 122; BGH Urt. v. 2. 7. 1979 (Fn. 36) S. 1061; Schlegelberger/*Martens* RdNr. 40.
[75] Baumbach/*Hopt* RdNr. 15; Schlegelberger/*Martens* RdNr. 40.
[76] OLG Hamm Beschl. v. 4. 10. 1973 – 14 W 73/73, OLGZ 1974, 251, 252; OLG Frankfurt/Main Beschl. v. 17. 7. 1991 – 20 W 43/91, WM 1991, 1555, 1556; Heymann/*Emmerich* RdNr. 16; Röhricht/Graf v. Westphalen/*v. Gerkan* RdNr. 16; Schlegelberger/*Martens* RdNr. 42; aA MünchKommHGB/*Enzinger* RdNr. 40.
[77] OLG Hamm (Fn. 76) S. 252.
[78] BayObLG Beschl. v. 22. 12. 1988 – BReg. 3 Z 157/88, WM 1989, 372 (§ 51a GmbHG); Baumbach/*Hopt* RdNr. 15.
[79] AllgM, vgl. nur Baumbach/*Hopt* RdNr. 20.
[80] Schlegelberger/*Martens* RdNr. 31.
[81] Schlegelberger/*Martens* RdNr. 31.
[82] BGH Urt. v. 10. 10. 1994 (Fn. 2) S. 195.
[83] Baumbach/*Hopt* RdNr. 17; Schlegelberger/*Martens* RdNr. 31 f.
[84] Vgl. etwa BayObLG Beschl. v. 27. 10. 1988 (Fn. 37) S. 350; Schlegelberger/*Martens* RdNr. 31.
[85] BGH Urt. 16. 1. 1984 (Fn. 1) S. 2471.
[86] Vgl. Schlegelberger/*Martens* RdNr. 31.
[87] BGH Urt. v. 11. 7. 1988 (Fn. 2) S. 225 (zu § 166); zustimmend etwa Schiessl NJW 1989, 1597, 1598, der einen völligen Ausschluss des Kontrollrechts des Kommanditisten mit Rücksicht auf die aus § 51a GmbHG deutlich werdende Aufwertung des Informationsrechts für ausgeschlossen hält; zustimmend auch Heymann/*Emmerich* RdNr. 18; diff. MünchKommHGB/*Enzinger* RdNr. 32; kritisch Röhricht/Graf v. Westphalen/*v. Gerkan* RdNr. 17; kritisch auch für die OHG Schlegelberger/*Martens* RdNr. 32.
[88] Zu letzterem ausdrücklich BGH Urt. v. 10. 10. 1994 (Fn. 2) S. 195.
[89] So zu Recht Schlegelberger/*Martens* RdNr. 32.

Dispositionsfreiheit führen. Zwar werden – etwa unter Hinweis auf die Bedeutung des Grundsatzes der Vertragsfreiheit[90] oder auf die wegen der persönlichen Haftung der Gesellschafter notwendige Flexibilität bei der Ausgestaltung der gesellschaftsvertraglichen Regelungen[91] – beachtliche Bedenken gegen eine entsprechende Anwendung des § 51 a GmbHG auf die OHG erhoben. Einer entsprechenden Anwendung dieser Vorschrift bedarf es aber auch nicht, um dem bei der OHG gebotenen Gesellschafterschutz vor einer zu weitgehenden Beschränkung der Kontrollrechte ausreichend Rechnung zu tragen. Dies kann vielmehr auch auf andere Weise geschehen. So ist die völlige Entziehung des Informationsrechts in jedem Fall unzulässig, solange weniger einschneidende Mittel noch nicht ausgeschöpft sind.[92] Zudem muss sich die Auslegung des § 118 Abs. 2 an der besonderen Bedeutung der Informationsrechte orientieren und eine großzügige Anwendung dieser Vorschrift ermöglichen.[93]

Benötigt der Gesellschafter das Informationsrecht, um seine gesellschafterlichen **Mitwirkungsrechte** sachverständig ausüben zu können, ist eine Beschränkung unabhängig von den vorgenannten Fragen jedenfalls nur in dem Umfang zulässig, in dem auch das entsprechende Mitwirkungsrecht – etwa das Stimmrecht – eingeschränkt werden dürfte.[94]

2. Ausnahme (Abs. 2). Nach Abs. 2 stehen ausschließende oder beschränkende Vereinbarungen der Geltendmachung des Informationsrechts nicht entgegen, wenn Grund zu der Annahme **unredlicher Geschäftsführung** besteht. Bei Vorliegen eines solchen Verdachts ist jede von § 118 Abs. 1 abweichende Regelung unbeachtlich.[95] Die Kontrollrechte stehen daher auch den von der Geschäftsführung ausgeschlossenen Gesellschaftern uneingeschränkt zu, selbst wenn der Vertrag eine anders lautende Regelung enthält.[96] Der Tatbestand des § 118 Abs. 2 ist **weit** auszulegen. Er ist bereits erfüllt, wenn – nicht als offenkundig willkürlich zu bezeichnende – Anhaltspunkte vorhanden sind, die bei objektiver Beurteilung den begründeten Verdacht einer Unredlichkeit erwecken.[97] Der Gesellschafter muss entsprechende Verdachtsgründe dartun; ein Nachweis ist nicht erforderlich,[98] ebenso wenig die Glaubhaftmachung der Tatsachen.[99]

Als **Beispiele** sind etwa die grundlose Verweigerung des Kontrollrechts,[100] schwere Mängel der Buchführung und das Fehlen wichtiger Unterlagen[101] sowie Vertuschungsversuche[102] zu nennen.

VI. Sonstige Informationsrechte

1. Einsichtsrecht nach § 810 BGB. Dieses Recht hat insbesondere für die ausgeschiedenen Gesellschafter Bedeutung. Ihnen stehen zwar die Kontrollrechte aus § 118 nicht mehr zu (siehe oben RdNr. 5); sie haben jedoch auf der Grundlage der §§ 810, 242 BGB bei Vorliegen eines rechtlichen Interesses Anspruch darauf, die Bücher und Papiere aus der Zeit ihrer Zugehörigkeit zur Gesellschaft – auch unter Hinzuziehung eines Sachverständigen[103] – einzusehen.[104] Ein solches **rechtliches Interesse** besteht etwa, wenn es um die Prüfung der Frage geht, ob dem ausgeschiedenen Gesellschafter Forderungen aus der Zeit vor seinem Ausscheiden zustehen,[105] ebenso im Zusammenhang mit der Berechnung eines Abfindungsguthabens sowie dann, wenn der ausgeschiedene Gesellschafter sich Gewissheit darüber verschaffen möchte, ob das errechnete Abfindungsguthaben nicht in einem erheblichen Missverhältnis zum wirklichen Wert seiner Beteiligung steht.[106] Ein rechtliches Interesse

---

[90] Vgl. etwa *Wohlleben* (Fn. 12) S. 85.
[91] Schlegelberger/*Martens* RdNr. 32.
[92] Vgl. BGH Urt. v. 10. 10. 1994 (Fn. 2) S. 195, wo eine Zustimmungspflicht des Minderheitsgesellschafters zu einer entsprechenden Abänderung des Gesellschaftsvertrages verneint wurde; zustimmend Röhricht/Graf v. Westphalen/*v. Gerkan* RdNr. 17.
[93] So zu Recht Heymann/*Emmerich* RdNr. 18; ähnlich Schlegelberger/*Martens* RdNr. 32; siehe unten RdNr. 35.
[94] Röhricht/Graf v. Westphalen/*v. Gerkan* RdNr. 17; Schlegelberger/*Martens* RdNr. 15, 31; siehe oben RdNr. 2.
[95] Heymann/*Emmerich* RdNr. 19; Schlegelberger/*Martens* RdNr. 34.
[96] Staub/*Ulmer* § 109 RdNr. 25.
[97] Ebenso Heymann/*Emmerich* RdNr. 19; Schlegelberger/*Martens* RdNr. 33.
[98] BGH Urt. v. 16. 1. 1984 (Fn. 1) S. 2471; Heymann/*Emmerich* RdNr. 19; Röhricht/Graf v. Westphalen/*v. Gerkan* RdNr. 18; Schlegelberger/*Martens* RdNr. 33.
[99] Vgl. näher bei Schlegelberger/*Martens* RdNr. 33; ebenso Baumbach/*Hopt* RdNr. 18; MünchKommHGB/*Enzinger* RdNr. 34; Röhricht/Graf v. Westphalen/*v. Gerkan* RdNr. 18.
[100] OLG Hamm Beschl. v. 27. 2. 1970 – 15 W 4/70, OLGZ 1970, 394, 397 (zu § 166); Heymann/*Emmerich* RdNr. 19; Schlegelberger/*Martens* RdNr. 34.
[101] Heymann/*Emmerich* RdNr. 19; Schlegelberger/*Martens* RdNr. 34.
[102] Baumbach/*Hopt* RdNr. 18.
[103] BGH Urt. v. 31. 5. 1965 – II ZR 246/62, WM 1965, 974, 975.
[104] Vgl. etwa BGH Urt. v. 11. 7. 1988 (Fn. 2) S. 226; Urt. v. 17. 4. 1989 (Fn. 5) S. 3273.
[105] BGH Urt. v. 11. 7. 1988 (Fn. 2) S. 226.
[106] BGH Urt. v. 17. 4. 1989 (Fn. 5) S. 3273.

für die Einsicht in Vorgänge aus der Zeit nach dem Ausscheiden des Gesellschafters besteht in der Regel nicht mehr.[107]

38 § 810 BGB wird grundsätzlich **weit** ausgelegt,[108] setzt aber – anders als § 118 – voraus, dass der Gesellschafter sein Verlangen auf Einsicht in konkrete Unterlagen näher begründet.[109] Hierbei sind allerdings an die Darlegung der Tatsachen, die das rechtliche Interesse begründen sollen, keine hohen Anforderungen zu stellen, da die Einsichtnahme gerade erst dazu dienen soll, dem Gesellschafter genauere Erkenntnisse zu verschaffen. Es ist ausreichend, dass er **konkrete Anhaltspunkte** vorträgt, die den Einsichtsanspruch rechtfertigen. Nur wenn nichts auf die Möglichkeit der von dem Gesellschafter vorgebrachten Umstände hindeutet, wäre das Einsichtsverlangen eine **unzulässige Ausforschung**.[110]

39 Auch das Einsichtsrecht nach § 810 BGB wird durch das Missbrauchsverbot und den Vorbehalt überwiegender Gesellschaftsinteressen begrenzt. Für das Eingreifen dieser **Schranken** ist die Gesellschaft beweispflichtig.[111]

40 **2. Informationsrecht nach § 242 BGB.** Ein **individuelles** Einsichts- und Auskunftsrecht kann ausnahmsweise aus § 242 BGB folgen.[112] Dieser Vorschrift ist nach ständiger Rechtsprechung des Bundesgerichtshofes der allgemeine Grundsatz zu entnehmen, dass ein Auskunftsanspruch innerhalb vertraglicher Rechtsbeziehungen oder im Rahmen eines gesetzlichen Schuldverhältnisses immer dann zu bejahen ist, wenn der Berechtigte entschuldbar über das Bestehen und den Umfang des Rechts im Unklaren und deshalb auf die Auskunft des hierdurch nicht unzumutbar belasteten Verpflichteten angewiesen ist.[113]

41 **3. Informationsrecht nach §§ 713, 666 BGB.** Von den genannten individuellen Informationsrechten ist das **kollektive** Informationsrecht der Gesellschaftergesamtheit gegen den geschäftsführenden Gesellschafter auf Auskunft und Rechenschaftslegung nach §§ 713, 666 BGB zu unterscheiden.[114] **Neben** dem individuellen Informationsrecht des Gesellschafters gegenüber der Gesellschaft aus § 118 – nicht etwa nur subsidiär dazu[115] – schulden die geschäftsführenden Gesellschafter den übrigen Gesellschaftern Nachricht, Rechenschaft und auf Verlangen Auskunft.[116] Dieser Anspruch ist von der Gesellschaftergesamtheit geltend zu machen,[117] kann in der Personengesellschaft daneben aber auch vom einzelnen Gesellschafter im Wege der **actio pro socio** ausgeübt werden;[118] hierfür kann trotz des bestehenden individuellen Informationsanspruchs ein Interesse bestehen, weil auf diesem Weg die Unterrichtung aller Gesellschafter sichergestellt wird.[119] Allerdings reicht dieses kollektive Recht nicht weiter als die individualrechtlichen Befugnisse.[120] Da die actio pro socio stets Ausfluss des Mitgliedschaftsrechts ist und es daher einen nicht begründbaren Wertungswiderspruch darstellte, würde man einem Gesellschafter mittels der Gesellschafterklage Informationsrechte einräumen, derer er für die Ausübung seiner Mitgliedschaftsrechte nicht bedarf, ist eine Geltendmachung im Wege der actio pro socio durch den einzelnen Gesellschafter nur insoweit möglich, als

---

[107] BGH Urt. v. 9. 7. 1959 – II ZR 252/58, NJW 1959, 1963, 1964; Röhricht/Graf v. Westphalen/*v. Gerkan* RdNr. 3; vgl. zu möglichen Ausnahmen Schlegelberger/*Martens* RdNr. 37.
[108] Vgl. BGH Urt. v. 20. 1. 1971 – VIII ZR 251/69, BGHZ 55, 201, 203 = NJW 1971, 656; Schlegelberger/*Martens* RdNr. 36.
[109] Schlegelberger/*Martens* RdNr. 36.
[110] BGH Urt. v. 17. 4. 1989 (Fn. 5) S. 3273; etwas strenger BGH Urt. v. 30. 11. 1989 – III ZR 112/88, BGHZ 109, 260, 269 = NJW 1990, 510, wonach es nicht ausreichend ist, wenn die Einsichtnahme dazu dienen soll, sich zusätzliche Kenntnisse für ein pflichtwidriges Verhalten des Gegners und damit für die Geltendmachung von Schadensersatzansprüchen zu verschaffen.
[111] Schlegelberger/*Martens* RdNr. 37.
[112] Vgl. etwa BGH (Fn. 108) S. 203; BGH Urt. v. 17. 4. 1989 (Fn. 5) S. 3273; Baumbach/*Hopt* RdNr. 13; Heymann/*Emmerich* RdNr. 21; Schlegelberger/*Martens* RdNr. 38; kritisch *Wohlleben* (Fn. 12) S. 89 ff.
[113] StRspr., vgl. nur BGH Urt. v. 28. 10. 1953 (Fn. 57) S. 387 (zu § 259 BGB); BGH Urt. v. 12. 6. 1954 (Fn. 29) S. 59 f.; BGH (Fn. 108) S. 203; BGH Urt. v. 20. 6. 1983 (Fn. 12) S. 910; siehe auch Baumbach/*Hopt* RdNr. 13 und Schlegelberger/*Martens* RdNr. 38.
[114] Vgl. zu der Unterscheidung BGH Beschl. v. 6. 3. 1997 (Fn. 11) S. 1987 (zu § 51 a GmbHG); vgl. auch *Binz/Freudenberg* BB 1991, 785, 787.
[115] So aber eine verbreitete Meinung, vgl. etwa *Wohlleben* (Fn. 12) S. 82 ff.; vgl. auch Schlegelberger/*Martens* RdNr. 14 ff., 17.
[116] Ebenso BGH Urt. v. 23. 3. 1992 (Fn. 3) S. 1891 f.; *Brandes* WM 1994, 569, 576; Baumbach/*Hopt* RdNr. 12 und Heymann/*Emmerich* RdNr. 5; aA wohl Schlegelberger/*Martens* RdNr. 17, 39.
[117] BGH Urt. v. 23. 3. 1992 (Fn. 3) S. 1892.
[118] *Binz/Freudenberg* (Fn. 114) S. 787; *Huber* ZGR 1982, 539, 547; *Wiedemann* (Fn. 5) S. 44; Baumbach/*Hopt* RdNr. 12; MünchKommHGB/*Enzinger* RdNr. 11; Röhricht/Graf v. Westphalen/*v. Gerkan* RdNr. 19; *Ulmer* (Fn. 29) § 713 RdNr. 8; offengelassen von BGH Urt. v. 23. 3. 1992 (Fn. 3) S. 1892; aA Schlegelberger/*Martens* § 166 RdNr. 17.
[119] So zu Recht Röhricht/Graf v. Westphalen/*v. Gerkan* RdNr. 19.
[120] BGH Urt. v. 23. 3. 1992 (Fn. 3) S. 1892; Röhricht/Graf v. Westphalen/*v. Gerkan* RdNr. 19.

dieser die begehrte Auskunft auch auf Grund seines individuellen Informationsanspruchs verlangen könnte.[121]

4. Vorlegungsrechte. Ein Anspruch auf Vorlegung von Gesellschaftsunterlagen folgt nicht nur aus § 118; er kann sich bei Bestehen eines entsprechenden rechtlichen Interesses (vgl. hierzu oben RdNr. 37) auch aus **§ 810 BGB** ergeben, was insbesondere bei ausgeschiedenen Gesellschaftern von Bedeutung ist.[122] Zusätzlich können sich Vorlegungspflichten aus **§ 258 HGB und §§ 422 ff. ZPO** ergeben: Im Rahmen eines Rechtsstreits kann ein Gericht beispielsweise die Ermittlung der im Einzelfall in Rede stehenden Ansprüche einem Sachverständigen übertragen und dabei von der Möglichkeit Gebrauch machen, gemäß § 258 HGB und §§ 422 ff. ZPO die Vorlage der Gesellschaftsunterlagen anzuordnen. Dies lässt die Vorlagepflicht nach § 118 und § 810 BGB nicht entfallen.[123] Der Berechtigte muss sich anhand der Unterlagen ein eigenes Bild machen können.[124]

§ 119 [Beschlußfassung]

(1) Für die von den Gesellschaftern zu fassenden Beschlüsse bedarf es der Zustimmung aller zur Mitwirkung bei der Beschlußfassung berufenen Gesellschafter.

(2) Hat nach dem Gesellschaftsvertrage die Mehrheit der Stimmen zu entscheiden, so ist die Mehrheit im Zweifel nach der Zahl der Gesellschafter zu berechnen.

Übersicht

	RdNr.		RdNr.
I. Normzweck	1, 2	1. Rechtsnatur	28
II. Gegenstand der Beschlussfassung	3–7	2. Form	29–36
1. Gesetzlich geregelte Fälle	4–6	a) Gesetzliche Regelung	29, 30
a) Geschäftsführungsangelegenheiten	4	b) Schriftformvereinbarung	31–33
b) Voraussetzung für Klagen oder Anspruchsverfolgung	5	c) Gesellschafterversammlung	34–36
		3. Zustandekommen	37–43
c) Grundlagengeschäfte	6	a) Stimmabgabe als Willenserklärung	37
2. Nicht gesetzlich geregelte Beschlussgegenstände	7	b) Gleichzeitige Stimmabgabe	38
		c) Umlaufverfahren	39–43
III. Beteiligung der Gesellschafter an der Beschlussfassung	8–27	4. Einstimmigkeit	44
1. Stimmrecht	8–22	5. Mehrheitsbeschluss	45–67
a) Grundlagen	8, 9	a) Zulässigkeit und Schranken	46–65
b) Ausschluss	10–14	b) Bestimmung der Mehrheit	66, 67
c) Übertragung	15	6. Beschlussmängel	68–78
d) Ausübung durch Nichtgesellschafter	16–20	a) Übersicht	68
e) Bindung	21, 22	b) Arten von Mängeln	69–74
2. Stimmpflicht	23–27	c) Geltendmachung	75–77
a) Abstimmungsteilnahme	23–25	d) Abweichende gesellschaftsvertragliche Gestaltung	78
b) Zustimmungs- und Ablehnungspflicht	26, 27	V. Vereinbarungen	79
IV. Gesellschafterbeschluss	28–78		

I. Normzweck

Die Vorschrift geht zwar über das ADHGB hinaus, das nur punktuelle Bestimmungen – zB hinsichtlich der notwendigen Mitwirkung bei der Vornahme ungewöhnlicher Geschäfte oder bei der Bestellung von Prokuristen[1] – enthielt, sie regelt aber auch in der jetzt geschaffenen allgemeineren Fassung das Problem der **internen Willensbildung**[2] in der OHG nur rudimentär. § 119 sagt nicht, in welchen Angelegenheiten eine Beschlussfassung der Gesellschafter erforderlich ist, sondern baut auf den entsprechenden, im Gesetz verstreuten Anordnungen (s. unten RdNr. 4 ff.) auf. Soweit

---

[121] BGH Urt. v. 23. 3. 1992 (Fn. 3) S. 1892; *Brandes* (Fn. 116) S. 576; Röhricht/Graf v. Westphalen/*v. Gerkan* RdNr. 19.
[122] BGH Urt. v. 28. 4. 1977 – II ZR 208/75, WM 1977, 781, 782 (Gesellschafter einer GmbH, dessen Geschäftsanteil eingezogen worden war).
[123] BGH (Fn. 122) S. 782; Heymann/*Emmerich* RdNr. 20; Schlegelberger/*Martens* RdNr. 35.
[124] BGH (Fn. 122) S. 782; OLG Frankfurt/Main Urt. v. 25. 9. 1979 – 5 U 210/78, WM 1980, 1246, 1247 f.; Baumbach/*Hopt* RdNr. 14; Schlegelberger/*Martens* RdNr. 35.
[1] Vgl. Art. 103 und 104 ADHGB.
[2] *Lutz* Protokolle S. 197; Röhricht/Graf v. Westphalen/*v. Gerkan* RdNr. 1.

danach die Gesellschafter Beschlüsse fassen müssen, soll nach Abs. 1 als **Regel** das **Einstimmigkeitsprinzip** gelten, während Abs. 2 für den als selbstverständlich gedachten Fall einer gesellschaftsvertraglich eingeführten Mehrheitsklausel eine Auslegungsregel enthält, wie in diesem Fall die **Mehrheit** der Stimmen zu ermitteln ist.

2 Auch wenn § 119 vordergründig mehr technische Regelungen enthält, werden an dieser Vorschrift einige die OHG **prägende Prinzipien**[3] verdeutlicht: Der Grundsatz, dass die Gesellschafter ihre Beschlüsse einstimmig zu fassen haben, ist nicht nur Ausdruck des – auch die Auslegungsregel des Abs. 2 bestimmenden – Gleichbehandlungsgebots[4] bei der kollektiven[5] Willensbildung, in ihm offenbart sich auch der Wille des Gesetzgebers, jedes Mitglied der Gesellschaft vor Selbstentmündigung[6] zu bewahren und den grundlegenden Zusammenhang **zwischen Mitentscheidungsbefugnis** und **solidarischer Haftung**[7] deutlich werden zu lassen. Indem Abs. 2 die Möglichkeit der Einführung von Mehrheitsentscheidungen durch Gesellschaftsvertrag als selbstverständlich voraussetzt, verschließt sich der Gesetzgeber andererseits nicht dem Gedanken, dass das von ihm als Regelfall favorisierte, aber am Bild der nur aus wenigen Personen bestehenden Arbeits- und Haftungsgemeinschaft orientierte Einstimmigkeitsprinzip die Gefahr der Verzögerung des Entscheidungsprozesses oder gar die der Blockade notwendiger Maßnahmen heraufbeschwört.[8] Jedenfalls dann, wenn der Kreis der Gesellschafter sich ausweitet und – wie dies typischerweise für die Kommanditisten in der Kommanditgesellschaft gilt – nicht mehr alle Mitglieder sich mit ihrer ganzen Person der Gesellschaft zur Verfügung stellen, passt dieses Bild der Arbeits- und Haftungsgemeinschaft kaum noch; je lockerer die Verbindung der Gesellschafter zu ihrem Wirken für die Gesellschaft wird, umso mehr gewinnt der Gedanke Gewicht, die Entscheidungsabläufe den praktischen Erfordernissen anzupassen. Die Polarität von **Gesellschafterschutz** und Gewährleistung der **Handlungsfähigkeit** der gesellschaftsvertraglich verbundenen Personen ist in § 119 zwar gesehen, indessen nicht gelöst worden.[9] Diese Aufgabe hat vielmehr das Gesetz der Wissenschaft, der Gestaltungspraxis und der Rechtsprechung überantwortet (vgl. unten RdNr. 45), die mit dem Instrument der die Ausübung gesellschaftlicher Macht begrenzenden, uU auch Handlungspflichten begründenden Treuepflicht der Gesellschafter oder mit den Mitteln des Bestimmtheitsgrundsatzes, der Kernbereichslehre und der Ausübungskontrolle Lösungen für diese Konfliktlage entwickelt haben.[10]

II. Gegenstand der Beschlussfassung

3 Da § 119 lediglich das Stimmquorum regelt, die Notwendigkeit eines Gesellschafterbeschlusses aber voraussetzt, sind die **Gegenstände** der Beschlussfassung den einzelnen gesetzlichen Anordnungen zu entnehmen bzw. aus allgemeinen Lehren herzuleiten. Hinsichtlich des Rechtscharakters (vgl. unten RdNr. 28) des Beschlusses ebenso wie bezüglich der Gruppe der zur Mitwirkung Berufenen – es können alle, nur die geschäftsführenden oder die von der Beschlussfassung nicht betroffenen Gesellschafter sein (vgl. unten RdNr. 9) – ergeben sich dabei Unterschiede.

4 **1. Gesetzlich geregelte Fälle. a) Geschäftsführungsangelegenheiten.**[11] Schon aus historischen Gründen nehmen unter den im Gesetz angeführten Fällen, in denen eine Entschließung der Gesellschafter herbeigeführt werden muss, diejenigen eine besondere Stellung ein, bei denen es um Maßnahmen der Geschäftsführung geht. Beispiele sind etwa §§ 115 Abs. 2, 116 Abs. 2 und 3, 147, 152 oder § 157 Abs. 2 Satz 2.

5 **b) Voraussetzung für Klagen oder Anspruchsverfolgung.** Die Entziehung der Geschäftsführungsbefugnis (§ 117) oder der Vertretungsmacht (§ 127), ferner die Abberufung als Liquidator (§ 147) erfordern als Grundlage der gerichtlichen Verfolgung dieser Befugnisse einen Gesellschafterbeschluss. Entsprechendes gilt für die Ausschließungsklage (§ 140) oder für die Verfolgung der Rechte aus § 113 Abs. 2 (s. dazu § 113 RdNr. 28 ff.).

---

[3] Vgl. Denkschrift zum Entwurf eines HGB S. 87.
[4] Schlegelberger/*Martens* RdNr. 1 f.; Heymann/*Emmerich* RdNr. 1.
[5] *Koller*/Roth/Morck RdNr. 1.
[6] Schlegelberger/*Martens* RdNr. 1 f.; *Koller*/Roth/Morck RdNr. 1 iVm. § 109 RdNr. 2.
[7] *Lutz* Protokolle S. 198, 200; Schlegelberger/*Martens* RdNr. 2; s. auch Staub/*Ulmer* RdNr. 1; MünchKommHGB/*Enzinger* RdNr. 3.
[8] *Lutz* Protokolle S. 198 ff.; Schlegelberger/*Martens* RdNr. 1; Heymann/*Emmerich* RdNr. 1.
[9] Schlegelberger/*Martens* RdNr. 2.
[10] Vgl. unten RdNr. 46 ff.; Schlegelberger/*Martens* RdNr. 2; Staub/*Ulmer* RdNr. 2; MünchKommHGB/*Enzinger* RdNr. 3 f.
[11] Staub/*Ulmer* RdNr. 13.

c) **Grundlagengeschäfte.**[12] Zu den im Gesetz geregelten Fällen, in denen der Beschluss der Gesellschafter die Grundlagen der Zusammenarbeit betrifft, gehören die Auflösung (§ 131), die Bestellung der Liquidatoren (§ 146 Abs. 1), sowie – auf Grund Übergangsrechts[13] – die Entscheidung über die Fortsetzung der Gesellschaft im Falle der von einem Gläubiger eines Gesellschafters ausgesprochenen Kündigung oder der Eröffnung des Insolvenzverfahrens über das Vermögen eines Mitglieds der OHG (§ 141 aF). Auch die Entschließungen über Bilanzfeststellung[14] und Gewinnverteilung, einschließlich der ihr vorangehenden Bilanzierungsentscheidungen[15] (§ 120) oder die Einwilligung in konkurrierendes Verhalten eines Gesellschafters (§ 112 Abs. 1)[16] sind solche die Grundlagen der gesellschafterlichen Zusammenarbeit regelnden Beschlüsse.

2. Nicht gesetzlich geregelte Beschlussgegenstände. Hierher gehören als Hauptanwendungsfall alle **Änderungen** des **Gesellschaftsvertrages,**[17] die schon wegen des Eingriffs in die vertraglichen Beziehungen der Beteiligung der Gesellschafter – und zwar grundsätzlich[18] aller – bedürfen. Daneben ist § 119 in allen weiteren die Geschäftsführung oder gesellschaftliche Grundlagen betreffenden Angelegenheiten anwendbar, in denen ihrer Natur nach – Beispielsfälle sind die Billigung von Entnahmen[19] oder die Wahl des Abschlussprüfers[20] – oder auf Grund gesellschaftsvertraglicher Anordnung[21] nicht der einzelne Gesellschafter handeln kann, sondern ein Zusammenwirken mehrerer oder aller Mitglieder notwendig ist.

III. Beteiligung der Gesellschafter an der Beschlussfassung

1. Stimmrecht. a) Grundlagen. Das Recht, durch Abgabe seiner Stimme an der **Willensbildung** der Gesellschaft mitwirken zu dürfen, gehört zu den wesentlichen Befugnissen jedes Gesellschafters und kennzeichnet seine gleichberechtigte Stellung als Mitglied der Arbeits- und Haftungsgemeinschaft, welche der gemeinsamen Zweckverfolgung verpflichtet ist. Es ist sowohl das Mittel, die **eigenen Interessen** gegenüber den Mitgesellschaftern zur Geltung zu bringen, als auch zur Erreichung des **gemeinsam erstrebten Zwecks** beizutragen, indem durch die Stimmabgabe einzelne Geschäftsführungsangelegenheiten geregelt und der Gesellschaftsvertrag ausgefüllt, ergänzt oder geändert wird.

Indem das Gesetz – insofern paradigmatisch für weitergehende gesellschaftsvertragliche Regelungen – das **Mitwirkungsrecht** und die entsprechende **Mitwirkungspflicht** (s. dazu unten RdNr. 23 ff.) je nach den einzelnen Beschlussgegenständen **unterschiedlich** gestaltet, trägt es einerseits der Bedeutung der Angelegenheit, andererseits typischerweise auftretenden Interessenkonflikten Rechnung: Beispiele für die letztgenannte Kategorie finden sich etwa in den §§ 117, 127, 140 und 113 Abs. 2, während das Gesetz auf die Bedeutung der Angelegenheit abstellt, wenn es zB in § 115 Abs. 1 und § 116 Abs. 1 die Zustimmung lediglich der geschäftsführenden Gesellschafter, dagegen in § 116 Abs. 3 die Zustimmung lediglich der geschäftsführenden Gesellschafter, dagegen in § 116 Abs. 2, 131 Abs. 1 Nr. 2 oder § 146 und – auch ohne ausdrückliche Anordnung – für Änderungen des Gesellschaftsvertrags einen Beschluss sämtlicher Mitglieder der Gesellschaft verlangt. Deswegen ist schon im Gesetz die von der hM aufgenommene Differenzierung nach Geschäftsführungsangelegenheiten bzw. Grundlagengeschäften angelegt.[22]

b) Ausschluss. Das grundsätzlich bestehende Recht eines jeden Gesellschafters, nicht nur an der gesellschaftsinternen Willensbildung, etwa durch Teilnahme an den der Abstimmung vorangehenden Erörterungen, mitzuwirken, sondern diese durch Stimmabgabe selbst mitzugestalten, besteht schon nach dem Gesetz nicht einschränkungslos. Für bestimmte Beschlussgegenstände – zu nennen sind §§ 113 Abs. 2, 117, 127, 140, 141 – besteht ein **gesetzliches Stimmverbot,** hier legt das Gesetz die Entschließung allein in die Hände der „übrigen Gesellschafter".

---

[12] Kritisch gegenüber der Kategorisierung – allerdings zu Unrecht, weil einseitig auf die Gefahr begrifflicher statt inhaltlicher Lösungsfindung abstellende – MünchKommHGB/*Enzinger* RdNr. 1; wie hier dagegen die hm, paradigmatisch Staub/*Ulmer* RdNr. 11. vgl. dazu auch unten RdNr. 9, 18 f.
[13] Vgl. näher *Koller/Roth/Morck* § 131 RdNr. 1.
[14] BGH Urt. v. 9. 11. 1998 – II ZR 213/97, NJW 1999, 571 (BGB-Gesellschaft).
[15] Vgl. BGH Urt. v. 29. 3. 1996 – II ZR 263/94, BGHZ 132, 263, 267 = NJW 1996, 1678 (für KG); ferner BGH Urt. v. 24. 3. 1980 – II ZR 88/79, BGHZ 76, 338, 342 = NJW 1980, 1689.
[16] Vgl. § 112 RdNr. 25 ff.
[17] Staub/*Fischer* RdNr. 1; *Hueck A.* OHG § 11 I 1 b) S. 162.
[18] Vgl. zu Mehrheitsentscheidungen unten RdNr. 47.
[19] HdbPersG/*Westermann* I RdNr. 475.
[20] BGH Urt. v. 24. 3. 1980 – II ZR 88/79, BGHZ 76, 338, 342 f. = NJW 1980, 1689.
[21] *Hueck A.* OHG § 11 I 1 c S. 162; Staub/*Fischer* RdNr. 1; vgl. zur Ausschließung durch Beschluss BGH Urt. v. 20. 1. 1977 – II ZR 217/75, BGHZ 68, 212, 214 = NJW 1977, 1292.
[22] Vgl. Staub/*Ulmer* RdNr. 10 ff.; aA MünchKommHGB/*Enzinger* RdNr. 1.

11 Diese Fallgestaltungen sind einerseits dadurch gekennzeichnet, dass der von der Abstimmung ausgeschlossene Gesellschafter von dem Ergebnis der Beschlussfassung selbst betroffen ist, andererseits soll in diesen Fällen pflichtwidriges Verhalten sanktioniert oder es soll darauf reagiert werden, dass aus Gründen, die aus der Sphäre des Betroffenen stammen, sein Verbleiben in der Stellung als geschäftsführender oder vertretungsberechtigter Gesellschafter oder dass sogar seine fortdauernde Mitgliedschaft in der Gesellschaft unzumutbar geworden ist. Gemein ist allen diesen Fallgestaltungen, dass die Beschlussfassung auf die Regelung eines schweren **gesellschaftsinternen Konflikts** abzielt, die in der Verfolgung von Ersatzansprüchen oder in Eingriffen in die Stellung als Mitglied der Gesellschaft bestehen kann und bei welcher der betroffene Gesellschafter, würde er sich an der Abstimmung beteiligen dürfen, über sein eigenes Verhalten zu befinden hätte.[23] Die genannten Einzelregelungen sind also Ausdruck eines allgemeinen, zB auch in § 47 Abs. 4 GmbHG, § 136 Abs. 1 AktG, § 43 Abs. 6 GenG oder § 34 BGB niedergelegten **rechtsformübergreifenden Prinzips**, Entscheidungen auf der Verbandsebene nicht durch die Wahrnehmung von Sonderinteressen beeinflussen zu lassen.[24]

12 Dies rechtfertigt es, auch in den **gesetzlich nicht** geregelten Fällen ein Stimmverbot zu bejahen,[25] in denen auf Grund typisierender Beurteilung ebenfalls die Gefahr besteht, der betreffende Gesellschafter werde außerstande sein, sich bei der Abstimmung allein von dem Gesellschaftsinteresse und nicht von seinen Sonderinteressen leiten zu lassen. Die Parallelnormen und die zu ihnen ergangene Rechtsprechung bieten auch für das Personengesellschaftsrecht **Leitlinien:** Wegen der typischerweise bestehenden Interessenkollision ist der betroffene Gesellschafter von der Teilnahme an der Abstimmung ausgeschlossen, wenn er von einer der Gesellschaft gegenüber bestehenden Verbindlichkeit befreit oder wenn ihm Entlastung[26] erteilt werden soll; Entsprechendes gilt für die Entschließung über die Verfolgung von Ersatzansprüchen[27] oder die Einleitung oder Erledigung eines Rechtsstreits gegen den Gesellschafter[28] und richtigerweise auch für die Beschlussfassung über den Abschluss eines Rechtsgeschäfts[29] zwischen dem Gesellschafter und der Gesellschaft, weil so besser – und mit einem höheren Grad an Rechtssicherheit, als wenn lediglich im Einzelfall[30] eine treuwidrige Stimmabgabe geprüft würde – gewährleistet werden kann, dass die auch hier typischerweise auftretenden **Interessenkollisionen** sich nicht auf das Abstimmungsergebnis auswirken können.

13 Hingegen besteht ein solches generell wirkendes Stimmverbot nicht, wenn es nicht um die Reaktion auf schädigendes oder die gesellschafterliche Zusammenarbeit störendes Verhalten eines Gesellschafters geht, sondern die Beschlussfassung – mögen davon auch private Interessen des Gesellschafters berührt sein – Gegenstände betrifft, die geregelt werden müssen, ohne dass eine typischerweise – weil ein wichtiger Grund vorliegt – den Ausschluss von der Abstimmung rechtfertigende Interessenkollision vorhanden ist. Solche häufig als **"sozialrechtliche Beschlüsse"**[31] bezeichneten Angelegenheiten sind etwa – das gilt auch dann, wenn sie sich auf die Rechtsstellung des betroffenen Gesellschafters unmittelbar beziehen[32] – Änderungen des Gesellschaftsvertrages, Regelungen über

---

[23] Die höchstrichterliche Rechtsprechung spricht hier plastisch vom „Richter in eigener Sache", vgl. zB BGH Urt. v. 20. 1. 1986 – II ZR 73/85, BGHZ 97, 28, 33 mwN = NJW 1986, 2051 (zu § 47 Abs. 4 GmbHG); zustimmend in der Begriffsbildung Staub/*Ulmer* RdNr. 66.
[24] Vgl. *Zöllner*, Die Schranken mitgliedschaftlicher Stimmrechtmacht bei den privatrechtlichen Personenverbänden, 1963, S. 146 ff.; MünchKommBGB/*Reuter* § 34 RdNr. 1; Staub/*Ulmer* RdNr. 66; MünchKommHGB/*Enzinger* RdNr. 30 ff.
[25] Düringer/Hachenburg/*Flechtheim* RdNr. 2; Staub/*Ulmer* RdNr. 66; MünchKommHGB/*Enzinger* RdNr. 32; *Hueck A.* OHG § 11 III 2 S. 172; Schlegelberger/*Martens* RdNr. 39; Baumbach/*Hopt* RdNr. 8; HdbPersG/*Westermann* I RdNr. 509.
[26] BGH Urt. v. 21. 4. 1986 – II ZR 165/85, BGHZ 97, 382, 384 = NJW 1986, 2250; Schlegelberger/*Martens* RdNr. 39 mwN; Staub/*Ulmer* RdNr. 66; MünchKommHGB/*Enzinger* RdNr. 32.
[27] BGH Urt. v. 20. 1. 1986 – II ZR 73/85, BGHZ 97, 28, 33 f. = NJW 1986, 2051; dazu *K. Schmidt* NJW 1986, 2018 ff.; BGH Urt. v. 4. 11. 1982 – II ZR 210/81, WM 1980, 60; MünchKommHGB/*Enzinger* RdNr. 32.
[28] BGH Urt. v. 16. 12. 1991 – II ZR 31/91, BGHZ 116, 353 = NJW 1992, 977; BGH Urt. v. 9. 5. 1974 – II ZR 84/72, WM 1974, 834 f.; BGH Urt. v. 28. 1. 1980 – II ZR 84/79, NJW 1980, 1527; Baumbach/*Hopt* RdNr. 8; Röhricht/Graf v. Westphalen/*v. Gerkan* RdNr. 33; HdbPersG/*Westermann* I RdNr. 510; MünchKommHGB/*Enzinger* RdNr. 32.
[29] RG Urt. v. 3. 5. 1932 – II 438/31, RGZ 136, 236, 245 (für BGB-Gesellschaft); MünchKommBGB/*Ulmer* § 709 RdNr. 64; Staub/*Ulmer* RdNr. 66; Schlegelberger/*Martens* RdNr. 40; Röhricht/Graf v. Westphalen/*v. Gerkan* RdNr. 34; Baumbach/*Hopt* RdNr. 8; unsicher HdbPersG/*Westermann* I RdNr. 511; aA Staub/*Fischer* RdNr. 22; *Hueck A.* OHG § 11 III 2 S. 170 beide unter Hinweis auf § 136 Abs. 1 AktG; MünchKommHGB/*Enzinger* RdNr. 33.
[30] Vgl. früher Staub/*Fischer* RdNr. 22; *Hueck A.* OHG § 11 III 2 S. 170; MünchKommHGB/*Enzinger* RdNr. 33; HdbPersG/*Westermann* I RdNr. 511.
[31] Vgl. zB Schlegelberger/*Martens* RdNr. 39; *Hueck A.* OHG § 11 III 2 S. 172; BGH Urt. v. 29. 5. 1967 – II ZR 105/66, BGHZ 48, 163, 167 = NJW 1967, 1963 ist von „sozialrechtlichem Akt" und „Mitverwaltungsrecht" die Rede; s. ferner Staub/*Ulmer* RdNr. 67, der einschränkend von „organisationsrechtlichen Entscheidungen" spricht.
[32] BGH Urt. v. 29. 9. 1955 – II ZR 225/54, BGHZ 18, 205, 210 = NJW 1955, 1716 (Pensionsanspruch); BGH Urt. v. 9. 12. 1968 – II ZR 57/67, BGHZ 51, 209, 215 f. = NJW 1969, 841 (Anstellungsvertrag); BGH Urt. v. 22. 9. 1969 –

die Einsetzung als geschäftsführender Gesellschafter oder die nicht auf einem wichtigen Grund beruhende Beendigung dieser Stellung, die Einforderung von Beiträgen, ferner Wahlen und ähnliche die Beziehungen der Gesellschafter untereinander regelnde Entschließungen. Soweit ein Gesellschafter bei diesen Beschlussgegenständen im Einzelfall nicht das Gesellschaftsinteresse verfolgt, sondern seinen persönlichen Belangen den Vorrang einräumt, ist dies als treupflichtwidriger **Stimmrechtsmissbrauch** zu behandeln.[33]

Gesellschaftsvertragliche Regelungen hinsichtlich einer Einschränkung oder Erweiterung des **Stimmverbots** sind differenziert zu betrachten: Das Verbot, bei Selbstbetroffenheit an Entlastungsbeschlüssen[34] mitzuwirken, ist ebenso wenig abdingbar, wie dasjenige, das die Mitwirkung bei der Abstimmung über die Einleitung eines Rechtsstreits[35] gegen den Gesellschafter betrifft. Man wird dies auf alle Fälle ausdehnen können, in denen das Stimmverbot bezweckt, den betroffenen Gesellschafter nicht als „Richter in eigener Sache" wirken zu lassen.[36] Ob gesellschaftsvertraglich **Erweiterungen** des Stimmverbots vorgesehen werden können, ist streitig.[37] Für den Kommanditisten[38] und für den GmbH-Gesellschafter[39] hat die höchstrichterliche Rechtsprechung diese Möglichkeit anerkannt, in dem letztgenannten Fall aber Zweifel angemeldet, ob dies auch für den Gesellschafter einer OHG gelten kann, ohne die Frage indessen entscheiden zu müssen. Auch diejenigen Autoren, die im Grundsatz die Zulässigkeit eines vertraglichen Stimmrechtsausschlusses bejahen,[40] versagen entsprechenden Regelungen ihre Anerkennung, wenn es um Beschlüsse in Angelegenheiten geht, welche die nur mit Zustimmung eines Gesellschafters antastbare Rechtsstellung betreffen. In Wahrheit geht es also um die Festlegung der Grenzen, innerhalb deren sich ein Gesellschafter der Macht seiner Mitgesellschafter unterwerfen kann;[41] diese Frage stellt sich nicht nur für den Stimmrechtsausschluss, sondern in gleicher Weise für die Anerkennung von Mehrheitsklauseln (s. dazu RdNr. 46 ff.), so dass die dort getroffenen Entscheidungen jedenfalls auch für die Anerkennung eines gesellschaftsvertraglich vereinbarten Stimmrechtsausschlusses Geltung beanspruchen,[42] wenn man ihn überhaupt auch für den persönliche haftenden Gesellschafter zulassen will.

c) **Übertragung.** Da das Stimmrecht, das wesentliche Verwaltungsrecht des Gesellschafters ist, mit dessen Hilfe er nicht nur seine eigenen Interessen wahrt, sondern in Verfolgung des gemeinsamen Zwecks und treupflichtgebunden gegenüber den Mitgesellschaftern das Schicksal des Ganzen mitgestaltet (s. oben RdNr. 2), kann es von dem Mitgliedschaftsrecht nicht getrennt **(Abspaltungsverbot)**, insbesondere nicht selbständig übertragen werden.[43] Der unzulässigen isolierten Stimmrechtsübertragung stehen nach der höchstrichterlichen Rechtsprechung **Gestaltungen** gleich, die ebenfalls dauerhaft dem Anteilsinhaber das Stimmrecht nehmen: Eine unwiderrufliche Stimmrechtsvollmacht mit Stimmverzicht des Vollmachtgebers[44] oder eine entsprechende Bevollmächtigung mit

---

II ZR 144/68, BGHZ 52, 316, 320 = NJW 1970. 33 (Bestellung zum Liquidator); BGH Urt. v. 29. 5. 1967 – II ZR 105/66, BGHZ 48, 163, 166 f. = NJW 1967, 1963 (Genehmigung für Geschäftsanteilsabtretung); BGH Urt. v. 9. 7. 1990 – II ZR 9/90, NJW 1991, 172 (GmbH: Einforderung der Resteinlage); BGH Urt. v. 24. 1. 1974 – II ZR 65/72, LM Nr. 21 zu § 47 GmbHG (Nachfolgeregelung unter ausgeschiedenen Gesellschafters).

[33] Baumbach/*Hopt* RdNr. 11; MünchKommHGB/*Enzinger* RdNr. 30.
[34] BGH Urt. v. 12. 6. 1989 – II ZR 246/88, BGHZ 108, 21, 26 f. = NJW 1989, 2694; BGH Beschl. v. 28. 2. 1994 – II ZR 121/93, DStR 1994, 869.
[35] BGH Urt. v. 28. 1. 1980 – II ZR 84/79, NJW 1980, 1527; BGH Urt. v. 16. 12. 1991 – II ZR 31/91, BGHZ 116, 353 = NJW 1992, 977.
[36] Baumbach/*Hopt* RdNr. 12.
[37] Bejahend *Hueck A.* OHG § 11 III 1 S. 169; Staub/*Ulmer* RdNr. 69 f.; Schlegelberger/*Martens* RdNr. 37; Baumbach/*Hopt* RdNr. 13; Röhricht/Graf v. Westphalen/*v. Gerkan* RdNr. 31; Koller/Roth/Morck RdNr. 2; verneinend für den persönlich haftenden Gesellschafter *Wiedemann* GesR I § 7 II 1 a S. 368; Heymann/*Emmerich* RdNr. 25 mwN.
[38] BGH Urt. v. 14. 5. 1956 – II ZR 229/54, BGHZ 20, 363 = NJW 1956, 1198; vgl. auch BGH Urt. v. 12. 12. 1966 – II ZR 41/65, BGHZ 46, 291 ff. = NJW 1967, 826.
[39] BGH Urt. v. 24. 5. 1993 – II ZR 73/92, NJW 1993, 2100.
[40] Vgl. Baumbach/*Hopt* RdNr. 13; Staub/*Ulmer* RdNr. 69 f.
[41] Vgl. auch *Wiedemann* GesR I § 7 II 1 a S. 368, der allerdings mit beachtlichen Gründen darauf hinweist, dass der Stimmrechtsausschluss per se zu einer mit der Stellung eines persönlich haftenden Gesellschafters unvereinbaren Abhängigkeit von den Mitgesellschaftern führt; Staub/*Ulmer* RdNr. 70 spricht treffend von „Selbstentmündigung".
[42] Ebenso Schlegelberger/*Martens* RdNr. 37; so auch das Vorgehen von Staub/*Ulmer* RdNr. 69 f.
[43] BGH Urt. v. 10. 11. 1951 – II ZR 111/50, BGHZ 3, 354, 357 = NJW 1952, 178; BGH Urt. v. 14. 5. 1956 – II ZR 229/54, BGHZ 20, 363, 364 = NJW 1956, 1198; BGH Urt. v. 1. 1962 – II ZR 11/61, BGHZ 36, 292, 293 = NJW 1962, 738; BGH Urt. v. 25. 2. 1965 – II ZR 287/63, BGHZ 43, 261, 267 = NJW 1965, 1378; BGH Urt. v. 15. 12. 1969 – II ZR 69/67, NJW 1970, 468; zum Aktienrecht: BGH Urt. v. 17. 11. 1986 – II ZR 96/86, NJW 1987, 780; *Flume* Personengesellschaft § 14 IV S. 220 f.; *Hueck A.* OHG § 11 II 3 S. 166; Staub/*Ulmer* RdNr. 71 f.; Schlegelberger/*Martens* RdNr. 33; Baumbach/*Hopt* RdNr. 19; Heymann/*Emmerich* RdNr. 14; MünchKommHGB/*Enzinger* RdNr. 17.
[44] BGH Urt. v. 10. 11. 1951 – II ZR 111/50, BGHZ 3, 354, 357 = NJW 1952, 178; vgl. auch BGH Urt. v. 13. 11. 1995 – II ZR 288/94, DStR 1996, 387 m. Anm. des *Verf.* aaO S. 389: auf zehn Jahre erteilte Stimmrechtsvollmacht, die nur aus wichtigem Grund widerrufen werden kann.

der gleichzeitig eingegangenen Verpflichtung des Gesellschafters, von seinem Stimmrecht ohne Erlaubnis des Bevollmächtigten nicht Gebrauch zu machen,[45] laufen sachlich auf dasselbe wie eine Stimmrechtsabtretung hinaus und sind wegen der dauerhaften Verdrängung des Gesellschafters nichtig. Im Schrifttum, das dieser Linie der höchstrichterlichen Rechtsprechung folgt, wird allerdings angenommen, eine Kombination von Stimmverzicht oder Stimmrechtsausschluss mit einem entsprechend höheren Stimmrecht der anderen Gesellschafter sei nicht nur in der Kommanditgesellschaft,[46] sondern generell zulässig, weil es an einer originären Stimmrechtsübertragung fehle.[47] Abgesehen davon, dass diese Argumentation vordergründig an der Derivativität des Stimmrechtserwerbs anknüpft, begegnet sie auch deswegen Bedenken, weil sie dem betroffenen Gesellschafter das vor Selbstentmündigung schützende eigenständige Stimmrecht nimmt und ihn in die Gefahr der Abhängigkeit von den Mitgesellschaftern bringt; deswegen gilt auch hier,[48] dass eine solche Konstruktion allenfalls für die nicht der Zustimmung des betroffenen Gesellschafters bedürftigen Beschlussgegenstände anerkannt werden kann. Nach einer Entscheidung des VII. Zivilsenats[49] soll es zulässig sein, einem außenstehenden **Dritten** ein zusätzliches, **originäres** Stimmrecht einzuräumen. Dass es sich dabei nicht um einen Verstoß gegen das Abspaltungsverbot handelt, ist zutreffend, gleichwohl wird die Entscheidung im Schrifttum[50] mit Recht abgelehnt, weil sie sich über den gesellschaftsrechtlichen Grundsatz hinwegsetzt, dass das Stimmrecht seine Legitimation allein aus der Mitgliedschaft erfährt und als originäres Recht nur Gesellschaftern zustehen kann.

16 d) **Ausübung durch Nichtgesellschafter.** Da die Stimmabgabe eine den allgemeinen bürgerlichrechtlichen Regeln unterliegende Willenserklärung[51] ist, kann ein in der Geschäftsfähigkeit beschränkter Gesellschafter nicht selbst an der Abstimmung teilnehmen. Für ihn handelt sein **gesetzlicher Vertreter,** mit dessen Tätigwerden trotz seiner Stellung als Außenstehender sich die Mitgesellschafter im vorrangigen Interesse des Schutzes nicht unbeschränkt geschäftsfähiger Personen abfinden müssen.[52]

17 Es können auch andere Hinderungsgründe vorliegen, die den Gesellschafter daran hindern, sich an der Abstimmung zu beteiligen; eine Vertretung bei der Abstimmung – sei es durch einen Mitgesellschafter, sei es ausnahmsweise[53] durch einen Dritten – ist in diesem Fall allein auf Grund einer **Stimmvollmacht** zulässig. Soweit die Stimmrechtsvertretung nicht bereits im Gesellschaftsvertrag zugelassen worden ist, kommt es darauf an, ob ihr die Gesellschafter ad hoc zustimmen; uU besteht insofern, zumindest für einen begrenzten Zeitraum, sogar eine positive Stimmpflicht,[54] sofern der präsentierte Vertreter vertrauenswürdig ist.

18 Ist an dem Gesellschaftsanteil ein **Nießbrauch** bestellt, bleibt der Gesellschafter jedenfalls für Grundlagengeschäfte allein stimmberechtigt, wie der II. Zivilsenat in einer neueren Entscheidung[55] ausgesprochen hat. Die grundsätzliche Frage, ob dem Nießbraucher ein aus seiner besonderen Stellung ableitbares originäres Stimmrecht zusteht und welchen Umfang es besitzt,[56] brauchte er indessen nicht zu entscheiden. Während die Frage des originären Stimmrechts des Nießbrauchers früher unter dem Gesichtspunkt des Abspaltungsverbots in ablehnenden Sinn erörtert worden war, mehren sich im Schrifttum[57] in jüngerer Zeit die Stimmen, die diesen Ansatz verwerfen und entscheidend darauf abstellen, dass die Nießbrauchsbestellung nicht zu einer Aufspaltung der einzel-

---

[45] BGH Urt. v. 14. 5. 1956 – II ZR 229/54, BGHZ 20, 363, 364 = NJW 1956, 1198.
[46] So BGH Urt. v. 14. 5. 1956 – II ZR 229/54, BGHZ 20, 363, 364 = NJW 1956, 1198.
[47] Vgl. *Flume* Personengesellschaftsrecht § 14 IV S. 221; auch Schlegelberger/*Martens* RdNr. 33.
[48] S. oben RdNr. 14 aE; ablehnend auch *Fleck*, FS Rob Fischer, S. 107 ff. 116.
[49] BGH Urt. v. 22. 2. 1960 – VII ZR 83/59, NJW 1960, 963.
[50] Vgl. zB *Flume* Personengesellschaft § 14 VII S. 236; Schlegelberger/*Martens* RdNr. 33; Baumbach/*Hopt* RdNr. 20; MünchKommBGB/*Ulmer* § 717 RdNr. 10 mwN; aA *Hueck A.* OHG § 11 II 1 Fn. 25 a S. 168; Staub/*Fischer* RdNr. 24.
[51] BGH Beschl. v. 18. 9. 1975 – II ZB 6/74, BGHZ 65, 93, 97 f. = NJW 1976, 49; BGH Urt. v. 14. 7. 1954 – II ZR 342/53, BGHZ 14, 264, 267 = NJW 1954, 1563; BGH Urt. v. 29. 5. 1967 – II ZR 105/66, BGHZ 48, 163, 173 = NJW 1967, 1963; Baumbach/*Hopt* RdNr. 5; Heymann/*Emmerich* RdNr. 15; Schlegelberger/*Martens* RdNr. 35.
[52] BGH Urt. v. 21. 6. 1965 – II ZR 68/63, BGHZ 44, 98, 100 f = NJW 1965, 1961, das galt nach früherem Recht auch für einen Gebrechlichkeitspfleger eines voll Geschäftsfähigen nach § 1910 BGB aF; s. auch MünchKommHGB/*Enzinger* RdNr. 19.
[53] BGH Urt. v. 1. 12. 1969 – II ZR 14/68, NJW 1970, 706; Schlegelberger/*Martens* RdNr. 34; *Hueck A.* OHG § 11 II 3 s. 165 f.
[54] S. unten RdNr. 26 f.; BGH Urt. v. 1. 12. 1969 – II ZR 14/68, NJW 1970, 706.
[55] BGH Urt. v. 9. 11. 1998 – II ZR 213/97, NJW 1999, 571 (BGB-Gesellschaft); MünchKommHGB/*Enzinger* RdNr. 19.
[56] Vgl. *Verf.* in Anm. zu BGH Beschl. v. 22. 1. 1996 – II ZR 191/94, DStR 1996, 713.
[57] Vgl. *Flume* Personengesellschaft § 17 VI S. 361 f.; *Wiedemann*, Die Übertragung und Vererbung von Mitgliedschaftsrechten bei Handelsgesellschaften, S. 397 ff.; *Fleck*, FS Rob Fischer, S. 107 f.; *Schön* ZHR 158 (1994), 229 ff., 251 ff.

Beschlußfassung 19–22 § 119

nen Gesellschafterrechte führt, sondern die Mitgliedschaft als ganzes belastet. Von diesem Ansatz aus kommt es darauf an, den Bereich festzulegen, in dem der Gesellschafter oder der Nießbraucher der „geborene Vertreter"[58] ist, wenn man nicht eine „Vergemeinschaftung" des Stimmrechts für vorzugswürdig hält.[59] Grundlegende Voraussetzung für ein derart nach Beschlussgegenständen getrenntes oder vergemeinschaftetes Stimmrecht ist aber in jedem Fall, dass die Mitgesellschafter mit der Nießbrauchsbestellung einverstanden sind.[60]

Der **Testamentsvollstrecker** kann die Mitgliedschaftsrechte und damit auch das Stimmrecht nur ausüben, wenn dem die anderen Gesellschafter, die sich kein fremdes Mitglied aufdrängen lassen müssen, zustimmen.[61] Im Übrigen erstreckt sich das Stimmrecht des Testamentsvollstreckers dann nicht auf Angelegenheiten, die zu einer persönlichen Verpflichtung des Erben führen;[62] insofern besteht also eine gewisse Parallele zu der Behandlung des Stimmrechts des Nießbrauchers,[63] der zumindest von der Mitwirkung in Grundlagengeschäften nicht ausgeschlossen werden kann. 19

Wird ein **Mitgesellschafter** danach zulässigerweise als **Stimmrechtsvertreter** tätig, stellt sich die vom Stimmverbot zu unterscheidende Frage,[64] ob und in welchen Fällen das **Selbstkontrahierungsverbot** (§ 181 BGB) zu beachten ist. Eine unzweideutige Klarstellung in der Vollmacht, deren Auslegung – zB unbeschränkte Erteilung für eine Versammlung, in der ein bestimmter Gegenstand zur Beschlussfassung steht[65] – im Übrigen ergeben kann, dass der Stimmrechtsvertreter vom Verbot des § 181 BGB befreit sein soll, vermeidet hier jeden Konflikt. Im Übrigen fehlt es bei Beschlussgegenständen, die die Geschäftsführung oder im Rahmen des bestehenden Gesellschaftsvertrages gemeinsame Gesellschaftsangelegenheiten betreffen,[66] an dem Interessenkonflikt, dessen Beherrschung das Verbot des Selbstkontrahierens dient. Das ist anders, wenn es um die Änderung des Gesellschaftsvertrages[67] oder um die Bestellung des Stimmrechtsvertreters zum geschäftsführenden Gesellschafter[68] geht, weil hier regelmäßig gegenläufige Interessen bestehen und es deswegen der Heranziehung des § 181 BGB bedarf. 20

e) **Bindung.** Innerhalb der Gesellschaft können **Stimmbindungsvereinbarungen** – in den von § 138 BGB und dem unantastbaren Kernbereich, Stimmverboten und Stimmpflichten und der Treuepflicht gezogenen Grenzen – prinzipiell vereinbart werden.[69] Aus einer solchen Abrede kann auf Erfüllung geklagt werden, die Vollstreckung vollzieht sich nach § 894 ZPO,[70] wobei nicht zu verkennen ist, dass wegen der Verfahrensdauer auf diesem Wege dem betroffenen Gesellschafter schwerlich geholfen werden kann und er im Allgemeinen auf die Verfolgung von Schadenersatzansprüchen verwiesen ist. Die in der Praxis üblicherweise verwendeten Vertragsstrafenvereinbarungen versprechen insofern größeren Erfolg bei der Durchsetzung solcher Vereinbarungen. 21

Dagegen ist die Beurteilung uneinheitlich, wenn es darum geht, mittels einer Stimmbindungsabrede **Dritten** Einfluss auf die innergesellschaftliche Willensbildung einzuräumen. Während hier früher nicht unterschieden wurde,[71] gewinnt im Schrifttum mit beachtlichen Gründen die Ansicht zunehmend[72] Anhänger, dass in der Personengesellschaft eine solche Einwirkung Außenstehender nicht zugelassen werden darf.[73] Ausnahmen gelten jedoch bei offener, mit Zustimmung der Mit- 22

---

[58] ZB *Wiedemann*, Die Übertragung und Vererbung von Mitgliedschaftsrechten bei Handelsgesellschaften, S. 408 ff. einerseits und *Flume* Personengesellschaft § 17 VI S. 359 ff. anderseits.
[59] Vgl. *Schön* ZHR 158 (1994), 229 ff., 260 ff.
[60] Vgl. BGH Beschl. v. 22. 1. 1996 – II ZR 191/94, DStR 1996, 713 mwN; *Schön* ZHR 158 (1994), 229 ff., 253 ff.
[61] BGH Urt. v. 14. 5. 1986 – IVa ZR 155/84, BGHZ 98, 48 ff., 55 f. = NJW 1986, 2431; BGH Beschl. v. 3. 7. 1989 – II ZB 1/89, BGHZ 108, 187 ff., 191 = NJW 1989, 3152; MünchKommHGB/*Enzinger* RdNr. 19.
[62] BGH Beschl. v. 3. 7. 1989 – II ZB 1/89, BGHZ 108, 187 ff., 196 f. = NJW 1989, 3152.
[63] S. oben RdNr. 18; BGH Urt. v. 9. 11. 1998 – II ZR 213/97, NJW 1999, 571 (BGB-Gesellschaft).
[64] So auch Schlegelberger/*Martens* RdNr. 41; Staub/*Ulmer* RdNr. 62, 66; MünchKommHGB/*Enzinger* RdNr. 21.
[65] BGH Urt. v. 24. 11. 1975 – II ZR 89/74, BGHZ 66, 82, 86 = NJW 1976, 958; BGH Urt. v. 24. 9. 1990 – II ZR 167/89, BGHZ 112, 339, 343 = NJW 1991, 691.
[66] BGH Beschl. v. 18. 9. 1975 – II ZB 6/74, BGHZ 65, 93, 97 f. = NJW 1976, 49.
[67] BGH Beschl. v. 18. 9. 1975 – II ZB 6/74, BGHZ 65, 93, 97 = NJW 1976, 49.
[68] BGH Urt. v. 24. 9. 1990 – II ZR 167/89, BGHZ 112, 339, 341 = NJW 1991, 691; vgl. auch BGH Urt. v. 9. 12. 1968 – II ZR 57/67, BGHZ 51, 209 ff., 215 f. = NJW 1969, 841 (Wahl des Testamentsvollstreckers zum Geschäftsführer).
[69] BGH Urt. v. 29. 5. 1967 – II ZR 105/66, BGHZ 48, 163, 167 f. = NJW 1967, 1963; Staub/*Ulmer* RdNr. 73 ff.; Baumbach/*Hopt* RdNr. 17; Schlegelberger/*Martens* RdNr. 49; HdbPersG/*Westermann* I RdNr. 500 ff.; Rob Fischer, FS O. Kuntze, S. 95 ff., 101 ff.
[70] BGH Urt. v. 29. 5. 1967 – II ZR 105/66, BGHZ 48, 163, 169 ff. = NJW 1967, 1963; Staub/*Ulmer* RdNr. 73.
[71] Vgl. Schlegelberger/*Martens* RdNr. 49 mwN.
[72] MünchKommHGB/*Enzinger* RdNr. 37 sieht hier jetzt bereits – wohl zutreffend – die hM, während Staub/*Ulmer* RdNr. 75 vor wenigen Jahren noch die Gegenansicht für „überwiegend" gehalten hat.
[73] Vgl. *Fleck*, FS Rob Fischer, S. 107 ff., 116; *Priester*, FS Werner, S. 657, 667 ff.; *Flume* Personengesellschaft § 14 IV S. 220 f.; Baumbach/*Hopt* RdNr. 18; Staub/*Ulmer* RdNr. 75; MünchKommHGB/*Enzinger* RdNr. 37; aA – auf Treupflichtbindungen abstellend – Schlegelberger/*Martens* RdNr. 50; differenzierend HdBPersG/*Westermann* I RdNr. 503 ff.

gesellschafter begründeter Treuhand und Unterbeteiligung,[74] Entsprechendes wird man auch für den Nießbrauch gelten lassen müssen, sofern man dem Nießbraucher nicht ein originäres Stimmrecht (s. oben RdNr. 18) zubilligt.

23 **2. Stimmpflicht. a) Abstimmungsteilnahme.** Im Grundsatz ist der einzelne Gesellschafter nicht nur berechtigt, sondern **verpflichtet,** an der Willensbildung mitzuwirken. Das ergibt sich aus der Pflicht, den gemeinsam verfolgten Zweck zu fördern.[75]

24 Teilweise wird deswegen – jedenfalls für Geschäftsführungsangelegenheiten – vertreten, der zur Mitwirkung bei der Beschlussfassung berufene Gesellschafter müsse eindeutig in der einen oder der anderen Richtung Stellung beziehen und dürfe sich deswegen bei der Abstimmung nicht der **Stimme enthalten.**[76] Begründet wird dies mit der Erwägung, durch seine Enthaltung verhindere der betreffende Gesellschafter das Zustandekommen eines einstimmigen Beschlusses und füge – sofern die Maßnahme vorteilhaft gewesen wäre – der Gesellschaft Schaden zu. Diese Ansicht begegnet Bedenken, denn nicht die Tatsache der Enthaltung, sondern allein die versagte Zustimmung führt zu dem Schaden der Gesellschaft, die Enthaltung wirkt also nicht anders als eine ablehnende Stimmabgabe, welche nicht wegen Verstoßes gegen die Abstimmungspflicht, sondern allenfalls ihrem Inhalt nach pflichtwidrig sein kann.

25 Im Allgemeinen, jedenfalls wenn die Enthaltung nicht zu einer Beschlussblockade führt,[77] wird deswegen der Gesellschafter – auch in Geschäftsführungsangelegenheiten – seiner **Teilnahmepflicht** an der Willensbildung nachgekommen sein, wenn er sich überhaupt an der Diskussion des Für und Wider beteiligt; gelangt er zu dem Ergebnis, dass er der vorgeschlagenen Maßnahme nicht zustimmen kann, so verletzt er nicht allein dadurch seine Pflichten, dass er, statt eine Gegenstimme abzugeben, sich der Stimme enthält und damit in gleicher Weise verhindert, dass der erforderliche einstimmige Beschluss herbeigeführt wird. Soweit es allerdings pflichtwidrig ist, das Zustandekommen eines einstimmigen Beschlusses verhindert zu haben, also eine **positive Stimmpflicht** bestanden hat, ist in Geschäftsführungsangelegenheiten die ablehnende Stimmabgabe unbeachtlich;[78] für die Stimmenthaltung gilt nichts anderes. Betrifft die Abstimmung hingegen eine Änderung des Gesellschaftsvertrages oder geht es um Grundlagen der Zusammenarbeit, ist im Falle eines Verstoßes gegen die Zustimmungspflicht die gegenteilige Stimmabgabe oder die ihr gleich zu achtende Enthaltung nicht unbeachtlich, vielmehr muss der Gesellschafter auf **Zustimmung verklagt** werden;[79] in diesem Fall kommt der erforderliche Beschluss erst mit der Rechtskraft des klagezusprechenden Urteils zustande.

26 **b) Zustimmungs- und Ablehnungspflicht.** Die Förderpflicht ebenso wie die gesellschafterliche Treuepflicht[80] begrenzen uU die Freiheit des Gesellschafters, unter verschiedenen Optionen auszuwählen. In Ausnahmefällen können sie sogar dazu führen, dass allein eine einzige Entscheidung des Gesellschafters – sei es die **Zustimmung** oder die **Ablehnung** – rechtmäßig ist.[81] Eine derart gebundene Stimmpflicht kann umso eher anerkannt werden, als der Gegenstand der Beschlussfassung die Förderung des gemeinsamen Zwecks – Hauptbeispielsfall sind dafür Geschäftsführungsangelegenheiten – betrifft, während sie kaum in Betracht kommt, wenn über die Wahrnehmung von solchen Rechten befunden werden soll, die der einzelne Gesellschafter im eigenen Interesse

---

[74] Baumbach/*Hopt* RdNr. 18; MünchKommBGB/*Ulmer* § 717 RdNr. 25 mwN.
[75] Staub/*Fischer* RdNr. 31; Baumbach/*Hopt* RdNr. 6.
[76] Vgl. *A. Hueck* ZGR 1972, 237, 241; Schlegelberger/*Martens* RdNr. 43; Abstimmungspflicht und Zustimmungspflicht gleichsetzend zB *Flume* Personengesellschaft § 15 II 1 S. 263; *U. H. Schneider* AG 1979, 57, 63; wohl auch Heymann/*Emmerich* RdNr. 16; Röhricht/Graf v. Westphalen/*v. Gerkan* RdNr. 36; aA HdbPersG/*Westermann* I RdNr. 499.
[77] BGH Urt. v. 24. 1. 1972 – II ZR 3/69, NJW 1972, 862; Staub/*Ulmer* RdNr. 58; ähnlich wohl MünchKommHGB/*Enzinger* RdNr. 24: keine „willkürliche" Stimmenthaltung.
[78] Schlegelberger/*Martens* RdNr. 48; BGH Urt. v. 12. 12. 1959 – II ZR 81/59, NJW 1960, 434; anders – Notwendigkeit einer Klage auf Zustimmung – BGH Urt. v. 12. 10. 1959 – II ZR 237/57, NJW 1960, 91, dies gilt aber jedenfalls dann nicht, wenn der Gesellschafter durch die Ablehnung nur seinen „Lästigkeitswert" steigern will, vgl. BGH Beschl. v. 25. 5. 1992, II ZR 193/91, DStR 1992, 1102 f.
[79] Vgl. BGH Urt. v. 24. 1. 1972 – II ZR 3/69, NJW 1972, 862; BGH Urt. v. 29. 9. 1986 – II ZR 285/85, NJW-RR 1987, 285; BGH Urt. v. 3. 2. 1997 – II ZR 71/96, NJW-RR 1997, 925; *Hueck* A. OHG § 11 III 3 S. 175; Schlegelberger/*Martens* RdNr. 48.
[80] Gegen dieses Kriterium allerdings MünchKommHGB/*Enzinger* RdNr. 28.
[81] Baumbach/*Hopt* RdNr. 7; Staub/*Fischer* RdNr. 31; *A. Hueck* ZGR 1972, 237, 239; eingehend *Zöllner,* Die Schranken mitgliedschaftlicher Stimmrechtsmacht bei den privatrechtlichen Personenverbänden, 1963, S. 330 ff.; aA in der Begründung *Flume* Personengesellschaft § 15 II 2 S. 268 f., der in diesen Fällen darauf abstellt, dass die Entscheidung des Gesellschafters nicht mehr durch die Privatautonomie gedeckt ist; von der höchstrichterlichen Rechtsprechung inzwischen übertragen auch auf die Kapitalgesellschaftsrecht, vgl. BGH Urt. v. 25. 9. 1986 – II ZR 262/85, BGHZ 98, 276, 279 = NJW 1987, 189 (GmbH) und Urt. v. 20. 3. 1995 – II ZR 205/94, BGHZ 129, 136 = NJW 1995, 1739 (AG – „Girmes"); zum Gemeinschaftsrecht vgl. BGH Urt. v. 16. 11. 1998 – II ZR 68/98, BGHZ 140, 63 = NJW 1999, 781.

ausüben darf.[82] In der höchstrichterlichen Rechtsprechung hat sich hinsichtlich der positiven Stimmpflicht zu Änderungen des Gesellschaftsvertrages – hierbei handelt es sich um die einschneidendste[83] Beschränkung der privatautonomen Willensbildung des einzelnen Gesellschafters – die Formel eingebürgert, dass eine Zustimmungspflicht im Allgemeinen nicht besteht, sondern nur in Betracht kommt, wenn die Vertragsänderung dem Gesellschafter **zuzumuten ist und** wenn sie mit Rücksicht auf das bestehende Gesellschaftsverhältnis oder auf die bestehenden Rechtsbeziehungen der Gesellschafter untereinander **dringend erforderlich** ist.[84] Es kommt danach also auf eine Zumutbarkeitsabwägung an, die umso eher zur Bejahung einer positiven Stimmpflicht führt, je weniger der betreffende Gesellschafter dadurch belastet wird.[85]

Diese – entsprechend für alle grundlegenden Angelegenheiten der Gesellschaft und ihrer Mitglieder geltenden – Voraussetzungen[86] sind zB in folgenden **Fallgestaltungen** erörtert und in den meisten Fällen im Grundsatz bejaht worden: Zustimmung zur Kündigung eines Lizenzvertrages durch die Gesellschaft,[87] keine Zustimmungspflicht zu Übernahme der Geschäftsführung in einem konzessionierten Altmetallhandel,[88] Änderung der Organisation der Geschäftsführung,[89] Verlängerung der Dauer der Gesellschaft,[90] Unternehmensveräußerung mit der Folge der Auflösung der Gesellschaft,[91] freiwilliges Ausscheiden aus der Gesellschaft,[92] Änderung der Nachfolgeregelung für den Fall der Ehescheidung,[93] vorzeitige Gesellschafternachfolge,[94] Ausschließung,[95] vorübergehendes Einverständnis mit der Stimmrechtsausübung durch Bevollmächtigten,[96] vorübergehende Aufnahme eines persönlich haftenden Gesellschafters in die Kommanditgesellschaft, um die Auflösung der Gesellschaft zu vermeiden,[97] Anpassung der Tätigkeitsvergütung[98] und Erhöhung der Vorausvergütung.[99] Für die Publikumsgesellschaft ist eine Zustimmungspflicht angenommen worden für eine von dem Beirat initiierte Gesellschaftsvertragsänderung[100] oder für den Verzicht auf die Verzinsung der Kapitaleinlagen.[101]

IV. Gesellschafterbeschluss

1. Rechtsnatur. Im Schrifttum war früher die Rechtsnatur des Gesellschafterbeschlusses – Rechtsgeschäft oder Gesamtakt bzw. Sozialakt – lebhaft umstritten,[102] wobei die **begriffliche**

---

[82] Vgl. zB BGH Beschl. v. 18. 10. 1993 – II ZR 41/93, DStR 1993, 1675 für die Ausübung des steuerlichen Wahlrechts bei Realteilung mit Spitzenausgleich im Rahmen des Auseinandersetzungsverfahrens; BGH Urt. v. 7. 12. 1972 – II ZR 131/68, NJW 1973, 1602 für Verlängerung der Dauer der Gesellschaft.
[83] Zutreffend aber Schlegelberger/Martens RdNr. 47, dass auch die nicht in Vertragsänderungen bestehenden Grundlagenentscheidungen nach denselben Kriterien behandelt werden müssen, s. unten RdNr. 27.
[84] Vgl. BGH Urt. v. 10. 6. 1965 – II ZR 6/63, BGHZ 44, 40, 41 f. = NJW 1965, 1960; BGH Urt. v. 28. 4. 1975 – II ZR 16/73, BGHZ 64, 253, 257 = NJW 1975, 1410; BGH Urt. v. 25. 9. 1986 – II ZR 262/85, BGHZ 98, 276, 279 = NJW 1987, 189; BGH Urt. v. 24. 4. 1954 – II ZR 35/53, LM § 105 Nr. 8; BGH Urt. v. 26. 1. 1961, II ZR 240/59, NJW 1961, 724; BGH Urt. v. 7. 12. 1972 – II ZR 131/68, NJW 1973, 1602; s. auch § 105 RdNr. 69 ff.; iE so auch MünchKommHGB/Enzinger RdNr. 28, wenngleich sich verbal distanzierend.
[85] Vgl. zB BGH Urt. v. 26. 1. 1961, II ZR 240/59, NJW 1961, 724; BGH Urt. v. 5. 3. 1964 – II ZR 208/61, LM § 105 Nr. 19; BGH Urt. v. 18. 3. 1974. II ZR 80/72, NJW 1974, 1656 f.; BGH Urt. v. 21. 10. 1985 – II ZR 57/85, LM § 105 Nr. 55 = NJW-RR 1986, 256; BGH Urt. v. 20. 10. 1986 – II ZR 86/85, NJW 1987, 952, 954.
[86] Aus dem Schrifttum vgl. etwa Zöllner, Die Schranken mitgliedschaftlicher Stimmrechtsmacht bei den privatrechtlichen Personenverbänden, 1963, S. 335 ff.; ders., Die Anpassung von Personengesellschaftsverträgen an veränderte Umstände, S. 25 ff.; Westermann, FS Hefermehl, S. 225, 229 ff.; Flume, FS Rittner, S. 119, 127 ff.; Schlegelberger/Martens RdNr. 45 ff.; Baumbach/Hopt RdNr. 7; Heymann/Emmerich RdNr. 17 ff.; Hueck A. OHG § 11 III 3 S. 178 ff.: MünchKommHGB/Enzinger RdNr. 25–29.
[87] BGH Urt. v. 12. 10. 1959 – II ZR 237/57, NJW 1960, 91.
[88] BGH Urt. v. 24. 4. 1954 – II ZR 35/53, LM § 105 Nr. 8.
[89] Vgl. BGH Beschl. v. 25. 5. 1992, II ZR 193/91, DStR 1992, 1102 f.
[90] BGH Urt. v. 7. 12. 1972 – II ZR 131/68, NJW 1973, 1602.
[91] BGH Urt. v. 17. 12. 1959 – II ZR 81/59, NJW 1960, 434.
[92] BGH Urt. v. 26. 1. 1961, II ZR 240/59, NJW 1961, 724; BGH Urt. v. 21. 10. 1985 – II ZR 57/85, LM § 105 Nr. 55.
[93] BGH Urt. v. 18. 3. 1974 – II ZR 80/72, NJW 1974, 1656.
[94] BGH Urt. v. 20. 10. 1986 – II ZR 86/85, NJW 1987, 952; dazu Weipert ZGR 1990, 142 ff.
[95] BGH Urt. v. 28. 4. 1975 – II ZR 16/73, BGHZ, 64, 253, 258 = NJW 1975, 1410; BGH Urt. v. 18. 10. 1976 – II ZR 98/75, BGHZ 68, 81 f. = NJW 1977, 2013; BGH Urt. v. 3. 2. 1997 – II ZR 71/96, NJW-RR 1997, 925.
[96] BGH Urt. v. 1. 12. 1969 – II ZR 14/68, NJW 1970, 706.
[97] BGH Urt. v. 5. 1979 – II ZR 172/78, WM 1979, 1058.
[98] BGH Urt. v. 10. 6. 1965 – II ZR 6/63, BGHZ 44, 40 = NJW 1965, 1960; BGH Urt. v. 7. 2. 1974 – II ZR 140/72, WM 1974, 372; BGH Urt. v. 15. 6. 1978 – II ZR 146/77, WM 1978, 1230; BGH Urt. v. 3. 7. 1978 – II ZR 140/77, WM 1978, 1232.
[99] BGH Urt. v. 29. 9. 1986 – II ZR 285/85, NJW-RR 1987, 285.
[100] BGH Urt. v. 19. 11. 1984 – II ZR 102/84, NJW 1985, 972.
[101] BGH Urt. v. 18. 11. 1984 – II ZR 111/84, NJW 1985, 974.
[102] Vgl. zB Düringer/Hachenburg/Geiler Allg. Einl. RdNr. 126 a; ferner Nachw. bei Schlegelberger/Martens RdNr. 4; Staub/Ulmer RdNr. 7 ff.; MünchKommHGB/Enzinger RdNr. 8 ff.

Zuordnung Leitlinie für die Entscheidung der Frage sein sollte, ob und inwieweit die allgemeinen Regeln der Rechtsgeschäftslehre Geltung beanspruchen und wie hinsichtlich des Stimmverbots in bestimmten Fällen zu verfahren ist. Auch in der höchstrichterlichen Rechtsprechung, die verschiedentlich Gesellschafterbeschlüsse als Sozialakte bezeichnet hat, hat sich dies niedergeschlagen.[103] Heute entspricht es allgemeiner Auffassung, dass die begriffliche Zuordnung der Lösung der Einzelfragen nicht dient.[104] Danach ist der Gesellschafterbeschluss ein **mehrseitiger Akt,** der sich aus den verschiedenen Stimmen zusammensetzt, die ihrerseits Willenserklärungen sind und den allgemeinen Regeln über Rechtsgeschäfte[105] unterstehen. Von seinem **Inhalt** hängt es ab, ob er – wie bei Änderungen der gesellschaftsvertraglichen Abreden oder bei Grundlagengeschäften – als Vertrag zu qualifizieren ist oder ob er – das gilt vor allem für Geschäftsführungsangelegenheiten und die Entschließungen, welche die Voraussetzung für die Einleitung von Maßnahmen gegen einen Gesellschafter sind (vgl. oben RdNr. 5) – lediglich Akt der internen Willensbildung der Gruppe ist.

29 **2. Form. a) Gesetzliche Regelung.** Das Gesetz trifft keine Anordnungen über die **Form,** in der die Gesellschafter ihre Stimme abzugeben haben. Dafür sah der historische Gesetzgeber offensichtlich deswegen keine Veranlassung, weil er von dem Leitbild der OHG als einer auf enges Zusammenwirken der Beteiligten angelegten Arbeits- und Haftungsgemeinschaft ausging, in der alle anstehenden Fragen unmittelbar besprochen und dann entschieden werden konnten. Die Flexibilität der gesetzlichen Regelung, die weiten Raum für Abreden lässt, die den individuellen Verhältnissen Rechnung tragen, wird auch den heute oft geänderten Verhältnissen gerecht.

30 Anerkanntermaßen[106] ist nach dem Gesetz eine **mündliche** oder **schriftliche** Abstimmung möglich, die Gesellschafter müssen auch nicht gleichzeitig – etwa im Rahmen einer Gesellschafterversammlung[107] – ihre Stimmen abgeben, sondern können das **Umlaufverfahren** oder eine andere Art der Abstimmung – zB Briefwechsel[108] oder Einzelbesprechungen[109] – wählen; auch in einem bestimmten Verhalten der Gesellschafter – zB der Handelsregisteranmeldung[110] – kann eine **konkludente** Stimmabgabe liegen. Diese Freiheit des Verfahrensgangs kann zu mancherlei Schwierigkeiten bei der Beschlussfassung führen. Insbesondere weil das Umlaufverfahren regelmäßig zeitaufwändig und umständlich im Organisationsablauf ist, die ordnungsgemäße Information über den Beschlussgegenstand und die Meinungsbildung[111] unter den Gesellschaftern sich schwieriger gestaltet und hier die Frage besondere Bedeutung gewinnt, wann der Beschluss zustandegekommen und wann vor allem die **Bindung** des einzelnen Gesellschafters an seine Stimmabgabe eingetreten ist.[112] Deswegen finden sich in den **Gesellschaftsverträgen** regelmäßig mehr oder weniger eingehende Regelungen[113] über das Abstimmungsverfahren, oftmals zudem verbunden mit Vereinbarungen über die Behandlung fehlerhaft zustandegekommener Beschlüsse (s. unten RdNr. 78).

31 **b) Schriftformvereinbarung.** Soweit gesellschaftsvertraglich vorgeschrieben ist, dass Beschlüsse **schriftlich** zu fassen sind, sind die §§ 125 ff. BGB anwendbar. Es ist insbesondere, was bei einer Beschlussfassung im Umlaufverfahren die Abstimmung erleichtert, nicht erforderlich, dass die Zu-

---

[103] Vgl. zB – teilweise die GmbH betreffend – BGH Urt. v. 6. 10. 1960 – II ZR 215/58, BGHZ 33, 189, 192 f. = NJW 1960, 2285; BGH Urt. v. 9. 12. 1968 – II ZR 57/67, BGHZ 51, 209, 215 f. = NJW 1969, 841; BGH Urt. v. 22. 9. 1969 – II ZR 144/68, BGHZ 52, 316, 320 = NJW 1970, 33; BGH Urt. v. 29. 5. 1967 – II ZR 105/66, BGHZ 48, 163, 166 f. = NJW 1967, 1963; mehr referierend BGH Urt. v. 9. 7. 1990 – II ZR 9/90, NJW 1991, 172.
[104] BGH Beschl. v. 18. 9. 1975 – II ZB 6/74, BGHZ 65, 93, 96 f. = NJW 1976, 49; paradigmatisch: MünchKommBGB/*Ulmer* § 709 RdNr. 47; Schlegelberger/*Martens* RdNr. 4.
[105] BGH Beschl. v. 18. 9. 1975 – II ZB 6/74, BGHZ 65, 93, 96 f. = NJW 1976, 49.
[106] Vgl. BGH Urt. v. 20. 6. 1994 – II ZR 103/93, LM BGB § 705 Nr. 61; Düringer/Hachenburg/*Flechtheim* RdNr. 4; Staub/*Ulmer* RdNr. 15, 22 f.; Baumbach/*Hopt* RdNr. 27; Schlegelberger/*Martens* RdNr. 5; Röhricht/Graf v. Westphalen/v. *Gerkan* RdNr. 2; Koller/*Roth*/Morck RdNr. 7; MünchKommHGB/*Enzinger* RdNr. 40.
[107] BGH Urt. v. 19. 2. 1990 – II ZR 42/89, LM BGB § 705 Nr. 55 = NJW-RR 1990, 798; RG Urt. v. 4. 3. 1930 – II 207/29, RGZ 128, 172, 176; RG Urt. v. 13. 4. 1940 – II 143/39, RGZ 163, 385, 392; Düringer/Hachenburg/*Geiler* Allg. Einl. 126 b Schlegelberger/*Martens* RdNr. 5; Baumbach/*Hopt* RdNr. 27; Hueck A. OHG § 11 II 1 S. 163; Heymann/*Emmerich* RdNr. 3.
[108] Düringer/Hachenburg/*Flechtheim* RdNr. 4.
[109] Vgl. RG Urt. v. 10. 12. 1920 – II 245/20, RGZ 101, 78: Verhandlungen unter den Gesellschaftern, in deren Verlauf Handelsregisteranmeldungen unterzeichnet wurden; ähnlich BGH Urt. v. 19. 2. 1990 – II ZR 42/89, LM BGB § 705 Nr. 55 = NJW-RR 1990, 798; ferner Düringer/Hachenburg/*Geiler* Allg. Einl. 126 b.
[110] Vgl. RG Urt. v. 16. 2. 1924 – V 316/23, RGZ 108, 78; Heymann/*Emmerich* RdNr. 3.
[111] Vgl. Düringer/Hachenburg/*Flechtheim* RdNr. 4; Staub/*Ulmer* RdNr. 16; Schlegelberger/*Martens* RdNr. 6, näher unten RdNr. 35.
[112] Vgl. BGH Urt. v. 19. 2. 1990 – II ZR 42/89, LM BGB § 705 Nr. 55 = NJW-RR 1990, 798, näher unten RdNr. 41 ff.
[113] S. RdNr. 31 ff.; MünchKommHGB/*Enzinger* RdNr. 43 ff.

stimmung oder Ablehnung auf ein und derselben Urkunde erklärt wird (§ 127 BGB), es reicht vielmehr aus, dass die verschiedenen Gesellschafter je gesondert schriftlich ihre Stimme gegenüber dem bei einer solchen Fallgestaltung üblicherweise zum maßgeblichen Adressaten (s. dazu unten RdNr. 40) bestimmten Mitgesellschafter abgeben. Wie sonst im Rechtsverkehr wahrt nicht nur die Übermittlung per **Telegramm,** sondern auch diejenige per **Telefax** oder **Fernschreiben** die Form.[114] Nach der Neufassung des § 127 Abs. 2 und 3 BGB und der Einfügung des § 126 b BGB treten u. U. die telekommunikative oder die elektronische Übermittlung hinzu.[115] Wird in Anwesenheit sämtlicher Gesellschafter Beschluss gefasst, reicht die Aufnahme des Beschlussergebnisses in die von dem Versammlungsleiter unterzeichnete, später allen Gesellschaftern zugeleitete **Sitzungsniederschrift** regelmäßig aus, um dem mit dem gewillkürten Schriftformerfordernis verfolgten Zweck zu genügen. Denn auch dann liegt eine hinreichend sichere Grundlage dafür vor, was künftig unter den Gesellschaftern gelten soll.[116] Für Erklärungen eines Gesellschafters, die seine vertragliche Beziehung zu der Gesellschaft ändern – etwa eine von ihm eingegangene Verpflichtung, einen höheren Beitrag zu leisten –, reicht diese Protokollierung bei Vereinbarung der Schriftform nicht aus, hier bedarf es einer eigenen schriftlichen Erklärung.[117]

Auslegungsfrage[118] ist es, ob die vereinbarte Schriftform, wie dies nach § 125 Satz 2 BGB im Zweifel gelten soll, **Wirksamkeitsvoraussetzung** ist oder ob ihr lediglich **deklaratorische** Bedeutung zukommen soll. Die höchstrichterliche Rechtsprechung[119] neigt hierbei eher zur Annahme einer schlichten, nur der Beweissicherung dienenden Ordnungsvorschrift mit der Folge, dass die Nichtbeachtung der vereinbarten Form auf die Wirksamkeit des Beschlossenen ohne Einfluss bleibt. Dies wird einerseits von der Erwägung getragen, dass für die Gesellschafter einer OHG in der Regel die Warnfunktion[120] des Schriftformerfordernisses keine wesentliche Bedeutung hat, andere Zwecke – zB öffentlich-rechtlicher Art, wie sie mit § 34 GWB aF[121] verfolgt worden sind – ausscheiden und es deswegen vorrangig um die Beweissicherungsfunktion geht. Auf der anderen Seite kann in diesem Zusammenhang nicht außer acht gelassen werden, dass sich Rechtsprechung und Schrifttum nicht engherzig verhalten, wenn sich die Gesellschafter über die vereinbarte Form im Einzelfall hinwegsetzen (s. RdNr. 33). Soweit diese Betrachtungsweise der höchstrichterlichen Rechtsprechung als **Auslegungsregel** verstanden werden kann, begegnet ihr das Schrifttum[122] – vor allem für vertragsändernde Beschlüsse – zwar teilweise mit Skepsis, in der Sache erkennt es jedoch an, dass in jedem Einzelfall erforderliche Auslegung in der Regel ergeben wird, das Schriftformerfordernis solle nur Beweissicherungsfunktion haben,[123] so dass der Streit mehr die Formulierung als die Sache selbst betrifft. Anders ist allerdings zu entscheiden, wenn der Gesellschaftsvertrag die **notarielle Beurkundung**[124] vorschreibt. Die Aufstellung dieses gesteigerten Formerfordernisses belegt, dass es den Gesellschaftern um mehr als die bloße Beweissicherung, nämlich auch um den Übereilungsschutz und die Gewährleistung unabhängiger Beratung[125] geht; hier hat deswegen die Verfehlung der vereinbarten Form die Unwirksamkeit des Beschlusses zur Folge.

Soweit der Gesellschaftsvertrag dies nicht ausdrücklich ausschließt,[126] können sich die Gesellschafter jedenfalls im Einzelfall über die **Formvorschrift** hinwegsetzen und sie damit **stillschwei-**

---

[114] MünchKommBGB/*Einsele* § 127 RdNr. 8 mwN.
[115] Vgl. näher Bamberger/Roth/*Wendtland* § 127 RdNr. 3–7; ferner zur Einladung zur Gesellschafterversammlung (GmbH) per email BGH, Urt. v. 13. 2. 2006 – II ZR 200/04, NZG 2006, 349.
[116] BGH Urt. v. 24. 11. 1975 – II ZR 89/74, BGHZ 66, 82, 86 f. = NJW 1976, 958 (für Publikums-Gesellschaft).
[117] BGH Urt. v. 24. 11. 1975 – II ZR 89/74, BGHZ 66, 82, 87 f. = NJW 1976, 958.
[118] Vgl. BGH Urt. v. 28. 9. 1961 – II ZR 91/60, WM 1961, 1275; *Hueck A.* OHG § 11 II 5 S. 168; Baumbach/*Hopt* RdNr. 28; Heymann/*Emmerich* RdNr. 23; vgl. auch Staub/*Ulmer* RdNr. 23; MünchKommHGB/*Enzinger* RdNr. 45 ff.
[119] BGH Urt. v. 5. 2. 1968 – II ZR 85/67, BGHZ 49, 364 f. = NJW 1968, 1378; vgl. ferner RG Urt. v. 13. 6. 1922 – II 771/21, RGZ 104, 413, 415; RG Urt. v. 4. 12. 1928 – II 360/28, RGZ 122, 367, 369.
[120] MünchKommBGB/*Einsele* § 125 RdNr. 8.
[121] Vgl. dazu Langen/Bunte/*Hennig*, Kommentar zum deutschen und europäischen Kartellrecht, 8. Aufl. 1998, § 34 RdNr. 2 f.
[122] Vgl. *Hueck A.* OHG § 11 II 5 S. 168 mit Fn. 25; *Wiedemann* GesR I § 3 III 1. S. 177; Schlegelberger/*K. Schmidt* § 105 RdNr. 140; MünchKommBGB/*Ulmer* § 705 RdNr. 43 mwN; aA früher Staub/*Fischer* RdNr. 4; Röhricht/Graf v. Westphalen/*v. Gerkan* RdNr. 5: *Zöllner*, Die Anpassung von Personengesellschaftsverträgen an veränderte Umstände, S. 12.
[123] So zB Baumbach/*Hopt* RdNr. 28 iVm. § 105 RdNr. 63; Staub/*Ulmer* RdNr. 23; i. E. ähnlich Schlegelberger/*Martens* RdNr. 7.
[124] RG Urt. v. 13. 6. 1922 – II 771/21, RGZ 104, 413, 415; RG Urt. v. 4. 12. 1928 – II 360/28, RGZ 122, 367, 369; Staub/*Fischer* RdNr. 4; Schlegelberger/*Martens* RdNr. 7; Baumbach/*Hopt* RdNr. 28; MünchKommHGB/*Enzinger* RdNr. 46.
[125] Vgl. dazu *Verf.*, FS Boujong, S. 131, 142 mwN.
[126] BGH Urt. v. 7. 2. 1972 – II ZR 169/69, BGHZ 58, 115, 118 = NJW 1972, 623; BGH Urt. v. 2. 6. 1976 – VIII ZR 97/74, BGHZ 66, 378, 381 f. = NJW 1976, 1395.

gend aufheben;[127] es muss dann aber klar sein, dass das Beschlossene ungeachtet der Verfehlung der Form gelten soll, wobei das Schrifttum[128] teilweise zusätzlich verlangt, dass die Beschließenden sich der Durchbrechung der Form bewusst sind und dies in ihren Willen aufnehmen.

34 c) **Gesellschafterversammlung.** Je weiter sich die Gesellschaft von dem gesetzlichen Leitbild der aus wenigen Personen bestehenden Arbeits- und Haftungsgemeinschaft entfernt, umso dringlicher sind gesellschaftsvertragliche Regelungen über die Form der Willensbildung der Gesellschafter. Dabei vermögen Anordnungen, dass schriftlich abzustimmen ist, nur einen Teil der möglichen Probleme zu beheben. Ist der Gesellschafterkreis größer und treffen die Mitglieder nicht täglich zusammen, weil eine größere Zahl von ihnen gar nicht in der Gesellschaft tätig ist, bietet sich an, das Beschlussverfahren in der Weise näher zu regeln, dass die Entscheidungen der Gesellschafter in einer **Gesellschafterversammlung,** wie sie für die nicht selten ähnlich personalistisch strukturierte GmbH vorgeschrieben ist, getroffen werden müssen.

35 Dies bietet – zumal wenn gleichzeitig das **Einstimmigkeits-** durch das **Mehrheitsprinzip** ersetzt wird – nicht nur die Möglichkeit, den eigentlichen **Abstimmungsprozess** so zu gestalten, dass innerhalb kurzer Zeit feststeht, was hinsichtlich des Beschlussgegenstandes gelten soll, es wird vor allem sichergestellt, dass sämtliche Gesellschafter vor der Beschlussfassung ordnungsgemäß **informiert** werden, die Gelegenheit erhalten, das Für und Wider zu **erörtern** und dadurch auf den **Willensbildungsprozess** in einer Weise Einfluss zu nehmen, wie unter ständig zusammenarbeitenden Gesellschaftern selbstverständlich ist[129] und keiner gesonderten Regelung bedarf. Dieses Recht auf Teilhabe am Willensbildungsprozess besteht auch dann, wenn der Gesellschafter einem Stimmverbot[130] unterliegt; ist gesellschaftsvertraglich eine Gesellschafterversammlung als Beschlussgremium vorgesehen, wird es durch das zu den unverzichtbaren Mitgliedschaftsrechten zählende Teilnahmerecht[131] gewährleistet.

36 So, wie die Gesellschafter frei sind, überhaupt eine Gesellschafterversammlung einzurichten, können sie die Modalitäten für die **Einberufung,** den **Verfahrensablauf** und der Behandlung etwaiger **Beschlussmängel** (s. dazu unten RdNr. 78) grundsätzlich nach ihrem Gutdünken[132] festlegen, solange die unverzichtbaren Mitgliedschaftsrechte gewahrt werden. Dazu gehört neben dem Gleichbehandlungsgrundsatz[133] vor allem das Teilnahmerecht jedes Gesellschafters. Soweit das Einberufungsrecht nur bestimmten Gesellschaftern zugestanden wird, erfordert der Schutz der **Minderheit,** dass sie im Notfall selbst die Versammlung einberufen kann.[134] Bei Angelegenheiten von Gewicht, über die nicht spontan entschieden werden kann, wird, auch wenn der Gesellschaftsvertrag dies sonst nicht vorschreibt, eine rechtzeitige Mitteilung des Beschlussgegenstandes erforderlich sein, um den Gesellschaftern eine sachgerechte **Vorbereitung** zu ermöglichen.[135] Die Länge von Einberufungsfristen wird so zu bemessen sein, dass das Teilnahmerecht der Gesellschafter nicht ausgehöhlt wird;[136] nur bei Abhaltung einer sog. **Universalversammlung** kann darauf verzichtet werden.[137] Dagegen sind Regelungen darüber entbehrlich, ob ein Versammlungsleiter zu bestimmen ist, ob er ein Protokoll[138] über die gefassten Beschlüsse zu erstellen hat und vom wem dasselbe ggfs.

---

[127] BGH Urt. v. 7. 2. 1972 – II ZR 169/69, BGHZ 58, 115, 118 = NJW 1972, 623; BGH Urt. v. 2. 3. 1978 – III ZR 99/76, BGHZ 71, 162, 164 = NJW 1978, 1585; BGH Urt. v. 5. 2. 1990 – II ZR 94/89, NJW 1990, 2684; BGH Urt. v. 29. 11. 1973 – VII ZR 205/71, WM 1974, 105; BGH Urt. v. 22. 4. 1982 – III ZR 122/80, WM 1982, 902; BGH Urt. v. 19. 12. 1977 – II ZR 10/76, WM 1978, 300 f.; BGH Urt. v. 11. 10. 1967 – VIII ZR 76/65, NJW 1968, 32 f.; schon RG Urt. v. 21. 3. 1919 – Rep. III. 388/18, RGZ 95, 175 f. (Mietvertrag).
[128] Vgl. MünchKommBGB/*Ulmer* § 705 RdNr. 44 mwN; Staub/*Ulmer* RdNr. 23; aA BGH Urt. v. 2. 3. 1978 – III ZR 99/76, BGHZ 71, 162, 164 = NJW 1978, 1585; ferner BGH Urt. v. 11. 10. 1967 – VIII ZR 76/65, NJW 1968, 32 f.
[129] Staub/*Fischer* RdNr. 3; Schlegelberger/*Martens* RdNr. 6; Staub/*Ulmer* RdNr. 18 sowie RdNr. 17, wo mit Recht auf die entsprechend heranzuziehenden §§ 47-51 GmbHG verwiesen wird; ebenso MünchKommHGB/*Enzinger* RdNr. 48.
[130] BGH Urt. v. 28. 1. 1985 – II ZR 79/84, WM 1985, 567 (GmbH).
[131] Vgl. zur GmbH: BGH Urt. v. 12. 7. 1971 – II ZR 127/69, NJW 1971, 2225; BGH Urt. v. 28. 1. 1985 – II ZR 79/84, WM 1985, 567.
[132] Schlegelberger/*Martens* RdNr. 6; Baumbach/*Hopt* RdNr. 29.
[133] Vgl. dazu BGH Urt. v. 10. 10. 1994 – II ZR 18/94, NJW 1995, 194; dazu Flume ZIP 1995 651.
[134] BGH Urt. v. 9. 11. 1987 – II ZR 100/87, BGHZ 102, 172, 175 = NJW 1988, 969; BGH Urt. v. 30. 3. 1998 – II ZR 20/97, NJW 1998, 1946 (Publikums-Gesellschaft); OLG Köln ZIP 1987, 1120, 1122; Baumbach/*Hopt* RdNr. 29.
[135] Vgl. BGH Urt. v. 14. 11. 1994 – II ZR 160/93, NJW 1995, 1353, 1355 f. (Publikums-Gesellschaft); BGH Urt. v. 20. 6. 1994 – II ZR 103/93, LM BGB § 705 Nr. 61.
[136] BGH Urt. v. 30. 3. 1987 – II ZR 180/86, BGHZ 100, 264, 266 = NJW 1987, 2580 (GmbH); BGH Urt. v. 14. 11. 1994 – II ZR 160/93, NJW 1995, 1353, 1355 f.
[137] Vgl. RG Urt. v. 4. 12. 1928 – II 360/28, RGZ 122, 367 f.; BGH Urt. v. 21. 6. 1999 – II ZR 47/98, DStR 1999, 1366 (GmbH).
[138] Vgl. BGH Urt. v. 24. 11. 1975 – II ZR 89/74, BGHZ 66, 82, 87 = NJW 1976, 958; BGH Urt. v. 28. 9. 1961 – II ZR 91/60, WM 1961, 1275.

zu unterzeichnen[139] ist oder was bei Abweichung von dem gesellschaftsvertraglich geregelten Verfahren gelten soll.[140] Insgesamt lassen sich die in Rechtsprechung und Schrifttum[141] für das Recht der **GmbH** entwickelten Grundsätze als **Leitlinien** heranziehen. Das gilt zwar nicht generell,[142] jedenfalls aber für den Fall, dass der Gesellschaftsvertrag abweichend von den sonst im Personengesellschaftsrecht geltenden Grundsätzen bestimmt, dass Streitigkeiten über die Wirksamkeit von Beschlüssen mit der Gesellschaft auszutragen sind und dass dafür bestimmte Fristen eingehalten werden müssen.[143]

3. Zustandekommen. a) Stimmabgabe als Willenserklärung. Der Gesellschafterbeschluss als mehrseitiger Akt setzt sich aus den einzelnen Stimmen der Gesellschafter zusammen. Die Stimmabgabe ist **Willenserklärung** und unterliegt als solche den allgemeinen Regeln über Rechtsgeschäfte.[144] Sie kann deswegen von Anfang an nichtig sein, bei Vorliegen der entsprechenden Voraussetzungen angefochten oder sogar unter eine Bedingung[145] gestellt werden. Insbesondere muss sie, was vor allem bei schriftlicher Stimmabgabe im Umlaufverfahren bedeutsam ist, dem oder den jeweiligen Adressaten **zugehen.**[146]

b) Gleichzeitige Stimmabgabe. Wird in **Anwesenheit** sämtlicher stimmberechtigten Gesellschafter – dem steht eine Stimmabgabe im Rahmen einer telefonisch vermittelten Konferenzschaltung gleich – abgestimmt, kommt der Beschluss mit der Abgabe der letzten Stimme zustande. Ist, wie nach dem Gesetz vorgesehen, mündlich abzustimmen, sind mangels anderweiter gesellschaftsvertraglicher Anordnungen, nach denen ein Gesellschafter zum Versammlungsleiter zu bestimmen ist, die Mitgesellschafter **Adressaten** der Willenserklärung.[147] Wenn dagegen schriftliche Abstimmung vorgesehen und diese Form nach dem Willen der Beteiligten Wirksamkeitsvoraussetzung (s. oben RdNr. 31 f.) ist, so kommt der Beschluss mit der Beifügung der letzten Unterschrift unter das den Gesellschaftern präsentierte Schriftstück – etwa das Versammlungsprotokoll – zustande; ist durch Stimmzettel abzustimmen, gilt Entsprechendes wie bei der mündlichen Stimmabgabe.

c) Umlaufverfahren. Wenn die Gesellschafter nicht bei gleichzeitiger Anwesenheit, sondern im Rahmen eines Umlaufverfahrens Beschluss fassen, führt dieses zeitlich gestreckte Vorgehen nicht nur zu Verzögerungen, sondern wirft auch die Frage auf, wer in diesem Fall Adressat der Willenserklärung ist und ob und inwieweit diejenigen Gesellschafter, die ihre Stimme bereits abgegeben haben, an ihre Erklärung während des fortdauernden Abstimmungsverfahrens **gebunden** sind.

Adressat der jeweiligen Stimmabgaben sind in diesem Fall nach dem Gesetz die übrigen Gesellschafter,[148] eine Lösung, die jedenfalls bei einer aus mehr als zwei Personen bestehenden Gesellschaft das Abstimmungsverfahren nicht besonders einfach gestaltet. Wird allerdings in diesem Fall **schriftlich** in der Weise abgestimmt, dass jeder Gesellschafter auf derselben Urkunde seine Stimmabgabe niederlegt, kann der erforderliche Zugang der einzelnen Willenserklärungen dadurch herbeigeführt werden, dass der letzte Gesellschafter Abschriften der vollständigen Urkunde den Mitgesellschaftern zuleitet. Bei Abgabe von **Einzelstimmen,** sei es schriftlich, mündlich oder fernmündlich, wird die Möglichkeit ausscheiden, dass die Gesellschafter auf den Zugang der jeweiligen Stimmabgaben der anderen Mitglieder verzichten (§ 151 BGB),[149] weil dann unklar bleibt, ob der Beschluss mit dem vorgeschlagenen Inhalt – sei es einstimmig oder mit der gesellschaftsvertraglich abweichend von § 119 festgelegten Mehrheit – zustande gekommen ist; Klarheit könnte hier allenfalls die Abrede

---

[139] BGH Urt. v. 24. 11. 1975 – II ZR 89/74, BGHZ 66, 82, 87 = NJW 1976, 958.
[140] Vgl. BGH Urt. v. 7. 2. 1972 – II ZR 169/69, BGHZ 58, 115, 120 = NJW 1972, 623.
[141] Vgl. Ulmer/*Hüffer* GmbHG, 2006, §§ 48 und 50; *Lutter/Hommelhoff* GmbHG, 16. Aufl. 2004, §§ 48 und 50; *Verf.*, Die GmbH, 2. Aufl., 2002, § 7 mwN der höchstrichterlichen Rechtsprechung.
[142] Zu Unrecht, sich über die strukturellen Unterschiede der Gesellschaftsformen leichthin hinwegsetzend, aA MünchKommHGB/*Enzinger* RdNr. 98 f.
[143] Vgl. BGH Urt. v. 13. 2. 1995 – II ZR 15/94, NJW 1995, 1218; BGH Urt. v. 7. 6. 1999 – II ZR 278/98, NJW 1999, 3113 (Publikums-KG).
[144] BGH Beschl. v. 18. 9. 1975 – II ZB 6/74, BGHZ 65, 93, 97 f. = NJW 1976, 49; BGH Urt. v. 14. 7. 1954 – II ZR 342/53, BGHZ 14, 264, 267 = NJW 1954, 1563; BGH Urt. v. 29. 5. 1967 – II ZR 105/66, BGHZ 48, 163, 173 = NJW 1967, 1963; Staub/*Ulmer* RdNr. 24; MünchKommHGB/*Enzinger* RdNr. 14; Baumbach/*Hopt* RdNr. 5; Heymann/*Emmerich* RdNr. 15; Schlegelberger/*Martens* RdNr. 14.
[145] *Hueck A.* OHG § 11 II 3 S. 165; Staub/*Fischer* RdNr. 26 beide allerdings zutreffend nur bei Einverständnis oder fehlender Beeinträchtigung der Belange der Mitgesellschafter; Staub/*Ulmer* RdNr. 27, 76 f.; MünchKommHGB/*Enzinger* RdNr. 16.
[146] RG Urt. v. 13. 4. 1940 – II 143/39, RGZ 163, 385, 393 f.; Staub/*Ulmer* RdNr. 24; Schlegelberger/*Martens* RdNr. 35.
[147] RG Urt. v. 13. 4. 1940 – II 143/39, RGZ 163, 385, 391; Staub/*Fischer* RdNr. 3; Schlegelberger/*Martens* RdNr. 35.
[148] Baumbach/*Hopt* RdNr. 26; Schlegelberger/*Martens* RdNr. 35; Staub/*Ulmer* RdNr. 25.
[149] Vgl. aber Baumbach/*Hopt* RdNr. 26.

bieten, dass bei einem bestimmten Verhalten – Zustimmung oder Ablehnung des Vorschlags – auf den Zugang verzichtet wird. Die größere Rechtssicherheit bietende und einfacher zu handhabende Regelung besteht in diesen Fällen deswegen darin, einen der Gesellschafter oder auch einen Dritten, zB einen Rechtsanwalt, zum **Empfangsberechtigten** der Einzelstimmen zu benennen.[150] Dann wird der Beschluss mit dem Zugang der letzten Stimme bei ihm wirksam,[151] ohne ausdrückliche gesellschaftsvertragliche Regelung bedarf es keiner förmlichen Beschlussfeststellung.[152]

41 **Bindung.** Die Möglichkeit einer derartigen Streckung des Abstimmungsverfahrens wirft die nicht einheitlich beantwortete Frage auf, ob diejenigen Gesellschafter, die ihre Stimme bereits ordnungsgemäß abgegeben haben, an ihre Erklärung gebunden sind, oder ob ein **Widerruf** möglich ist sowie wann ggfs. eine bestehende Bindung von selbst endet.

42 Das **Reichsgericht**[153] hat offenbar eine Bindung des Gesellschafters während des Schwebezustands verneinen und ein jederzeitiges freies Widerrufsrecht bejahen wollen, während der II. Zivilsenat des **Bundesgerichtshofes** die Frage ausdrücklich unentschieden gelassen hat.[154] Im **Schrifttum** wird teilweise ein Widerruf solange für zulässig gehalten, wie die eigene Stimme noch nicht dem letzten Adressaten zugegangen ist;[155] von anderer Seite[156] wird hingegen die Anwendbarkeit des § 130 BGB überhaupt abgelehnt, weil sie den Besonderheiten des gesellschaftsrechtlichen Abstimmungsverfahrens, aus dem allein die Gebundenheit oder die Widerruflichkeit herzuleiten sei, nicht gerecht werde. Schließlich wird auch nach dem Beschlussgegenstand differenziert: Sind nur **Geschäftsführungsangelegenheiten** betroffen, soll die Bindung für die Dauer des laufenden Abstimmungsprozesses sogleich eintreten, während bei **Vertragsänderungen** oder ihnen gleichstehenden Angelegenheiten der Widerruf nach Maßgabe der allgemeinen bürgerlichrechtlichen Regeln möglich sein soll,[157] aber selbstverständlich dann nicht mehr in Betracht kommt, wenn mit der Zustimmung des letzten Gesellschafters die Vertragsänderung beschlossen ist. Dann kann nur noch die beschlossene Änderung durch einen neuen Beschluss aufgehoben werden.[158] Für Geschäftsführungsangelegenheiten schließlich wird selbst für die Zeit nach dem Zustandekommen des Beschlusses ein Widerrufsrecht aus **wichtigem Grund** anerkannt.[159] Die letztgenannte Variante hat allerdings, genau betrachtet, nichts mit der hier in den Blick genommenen Problematik der Bindung an eine einmal abgegebene Stimme zu tun; sie betrifft vielmehr die Frage, ob es bei dem durch den Zugang der letzten Stimmabgabe perfekt gewordenen Beschluss bleiben kann oder ob nicht wegen der inzwischen eingetretenen Veränderung der Sachlage eine neue, auf Nichtdurchführung des obsolet gewordenen Beschlusses gerichtete Entscheidung getroffen werden muss.[160]

43 Die Frage der Widerrufbarkeit verschränkt sich im Übrigen mit derjenigen der Länge der **Bindungsfrist,** die jedenfalls in Gesellschaftsangelegenheiten nicht abstrakt festgelegt werden kann, sondern maßgeblich von der Treuepflicht im konkreten Fall bestimmt wird.[161] Hierin offenbart sich die Schwäche der an einer doktrinären Anwendung der §§ 130, 145 ff. BGB orientierten Lösung. Näher liegt es vielmehr, mit der höchstrichterlichen Rechtsprechung[162] danach zu fragen, ob nicht die beteiligten Gesellschafter, wenn nicht ausdrücklich, dann aber stillschweigend den **Willen** geäußert haben, sich während des Abstimmungsverfahrens, dessen Dauer maßgeblich von dem Gebot treupflichtgemäßen, sowohl Übereilung wie unangemessene Verzögerung vermeidenden Verhaltens bestimmt wird, an ihre Stimmabgabe gebunden zu halten; soweit dies – wie regelmäßig bei dieser Art der Abstimmung – anzunehmen ist, kommt ein Widerruf der abgegebenen Stimme nicht in Betracht.[163]

---

[150] BGH Urt. v. 27. 6. 1957 – II ZR 37/56, WM 1957, 1128, 1130: uU auch stillschweigend möglich; ferner Schlegelberger/*Martens* RdNr. 35.
[151] Baumbach/*Hopt* RdNr. 26.
[152] BGH Urt. v. 1. 12. 1954 – II ZR 285/53, BGHZ 15, 324, 329 = NJW 1955, 220; Staub/*Ulmer* RdNr. 28.
[153] RG Urt. v. 4. 3. 1930 – II 207/29, RGZ 128, 172, 177; RG Urt. v. 13. 4. 1940 – II 143/39, RGZ 163, 385, 392 f.
[154] BGH Urt. v. 19. 2. 1990 – II ZR 42/89, LM BGB § 705 Nr. 55 = NJW-RR 1990, 798.
[155] Staub/*Fischer* RdNr. 29.
[156] Vgl. *Wiedemann* GesR I § 3 III 1 b S. 179.
[157] Vgl. *Hueck A.* OHG § 11 II 3 S. 165; MünchKommBGB/*Ulmer* § 709 RdNr. 67 a unter Hinweis auf *Ulmer*, FS Niederländer, S. 417, 424 ff.; Staub/*Ulmer* RdNr. 25 f.; aA *Wiedemann* WM 1992 Sonderbeil. 7 S. 26 f.
[158] BGH Urt. v. 29. 5. 1967 – II ZR 105/66, BGHZ 48, 163, 172 = NJW 1967, 1963; Staub/*Ulmer* RdNr. 27; Baumbach/*Hopt* RdNr. 26; *Messer*, FS Fleck, S. 221, 229.
[159] *Hueck A.* OHG § 11 II 3 S. 165; Staub/*Fischer* RdNr. 29; Schlegelberger/*Martens* RdNr. 5; Baumbach/*Hopt* RdNr. 24; aA *Messer*, FS Fleck, S. 221, 228.
[160] Vgl. die Begründung für die Notwendigkeit des Widerrufs in diesen Fällen bei *Hueck A.* OHG § 11 II 3 S. 164 f.; *Ulmer*, FS Niederländer, S. 415, 422; ferner Schlegelberger/*Martens* RdNr. 5; ähnlich wie hier *Messer*, FS Fleck, S. 221, 229.
[161] Vgl. MünchKommBGB/*Ulmer* § 709 RdNr. 67 a: Notwendigkeit einer Bedenkzeit.
[162] BGH Urt. v. 19. 2. 1990 – II ZR 42/89, LM BGB § 705 Nr. 55 = NJW-RR 1990, 798.
[163] I. E. wohl ebenso *Wiedemann* GesR I § 3 III 1 b S. 179.

4. Einstimmigkeit. Nach dem gesetzlichen Modell, das von dem Leitbild der aus einem kleinen 44 Kreis zu einer Arbeits- und Haftungsgemeinschaft zusammengeschlossenen Personen ausgeht, kommen Beschlüsse in der Gesellschaft nur dann zustande, wenn **alle** Beteiligten **zustimmen.** Dieses Einstimmigkeitsprinzip (s. oben RdNr. 2) wahrt zwar einerseits das Recht eines jeden Gesellschafters auf Selbstbestimmung,[164] gibt andererseits aber dem einzelnen Mitglied das Mittel in die Hand, seinen Willen, dass bestimmte Dinge nicht geschehen, den Mitgesellschaftern aufzuzwingen.[165] Solange die Gesellschafter deswegen nicht gesellschaftsvertraglich (§ 119 Abs. 2) das Mehrheitsprinzip einführen, ist im Interesse eines sachgerechten Ausgleichs zwischen **Selbst-** und **Fremdbestimmung** das Einstimmigkeitsprinzip nur hinnehmbar, wenn die Verweigerung der Zustimmung daraufhin überprüft werden kann, ob der dissentierende Gesellschafter sich treupflichtwidrig verhält. Ist dies im Einzelfall anzunehmen, können die anderen Gesellschafter auf **Zustimmung** klagen; nur in reinen Geschäftsführungsangelegenheiten ist der Gesellschafter auch ohne seine Zustimmung an das von den anderen Beschlossene gebunden (s. oben RdNr. 25–27).

5. Mehrheitsbeschluss. Davon, dass auch dem historischen Gesetzgeber nicht verborgen geblieben ist, wie sehr die strikte Durchführung des Einstimmigkeitsprinzips die Handlungsfähigkeit 45 der Gesellschaft als Gruppe beeinträchtigen oder sogar aufheben kann, legen die Protokolle der seinerzeitigen Gesetzesberatungen[166] lebhaftes Zeugnis ab. Wie **§ 119 Abs. 2** zu entnehmen ist, geht das Gesetz deswegen als selbstverständlich davon aus, dass gesellschaftsvertraglich das Mehrheitsprinzip eingeführt werden kann. Das dadurch aufgeworfene Problem, wie der einzelne Gesellschafter davor bewahrt werden kann, sich im Interesse der **Handlungsfähigkeit** der Gruppe einer weitgehenden **Fremdbestimmung** zu unterwerfen, ist im Gesetz ebenso wenig gelöst worden, wie die Verhinderung einer Fremdbestimmung der Mehrheit durch einen dissentierenden Gesellschafter unter der Geltung des Einstimmigkeitsprinzips (vgl. RdNr. 44). Wissenschaft, Gestaltungspraxis und Rechtsprechung waren deswegen aufgerufen, Lösungen auch für den möglichen Konflikt zwischen Mehrheitsherrschaft und Minderheitenschutz zu entwickeln (s. unten RdNr. 46 ff.). Verdrängt wird dieses Problem allerdings von den Fallgestaltungen, in denen – ausnahmsweise (s. RdNr. 26 f.) – jeder Gesellschafter in einer bestimmten Weise abstimmen muss, dann kommt es weder auf das Vorhandensein einer Mehrheitsklausel an, noch bedarf es einer gesonderten Prüfung des Schutzes der Minderheit; hier werden sogleich bei der erforderlichen Abwägung die unterschiedlichen Interessen aller Gesellschafter, auch derjenigen, welche die Minderheit bilden, gegeneinander abgewogen.

a) Zulässigkeit und Schranken. Der nahe liegende und übliche Weg, an Stelle des Einstimmigkeits- das Mehrheitsprinzip einzuführen, ist die Aufnahme einer entsprechenden Klausel in den 46 **Gesellschaftsvertrag.**[167] Daneben können die Gesellschafter ad hoc **einstimmig beschließen,**[168] dass sie – sei es für den konkreten Einzelfall, sei es generell – Mehrheitsbeschlüsse gelten lassen wollen. Schließlich kann das Mehrheitsprinzip – was nur in Ausnahmefällen in Betracht kommt – auch dadurch in Kraft gesetzt werden, dass die Gesellschafter, ohne einen förmlichen Beschluss zu fassen, über längere Zeit **stillschweigend**[169] entsprechend verfahren.

Eher selten finden sich gesellschaftsvertragliche Regelungen, welche die gesetzliche Regel der Einstimmigkeit durch das Mehrheitsprinzip **schlechthin substituieren,** eher wird nach einzelnen 47 **Beschlussgegenständen differenziert.** Vor allem für reine Geschäftsführungsangelegenheiten liegt es nahe, statt des starren, im Zweifel den status quo festschreibenden Einstimmigkeitsprinzips die mehrheitliche Abstimmung zu vereinbaren, welche die Möglichkeit flexibler Reaktionen der Gesellschaft sichert. Wie das Fallmaterial und die Erörterungen im Schrifttum belegen,[170] finden sich in vielen Gesellschaftsverträgen darüber hinausgehende, die Änderung des Gesellschaftsvertrages selbst oder zumindest die Grundlagen der Zusammenarbeit der Gesellschafter betreffende **Klauseln,** in denen mehrheitliche Beschlussfassungen möglich sein sollen. Als **Beispiele** für derartige Erörterungen sind zu nennen die Dauer, die Auflösung oder die Fortsetzung[171] einer aufgelösten Gesellschaft,

---

[164] Vgl. die Diskussion bei *Lutz* Protokolle S. 197 ff.
[165] Vgl. *Flume* Personengesellschaft § 14 I S. 207 f.
[166] *Lutz* Protokolle S. 198 ff.
[167] Vgl. RG Urt. v. 23. 11. 1917 – Rep. II. 242/17, RGZ 91, 166, 167; Düringer/Hachenburg/*Flechtheim* RdNr. 2.
[168] Baumbach/*Hopt* RdNr. 34; HdbPersG/*Westermann* I RdNr. 515.
[169] Vgl. zB BGH Urt. v. 21. 2. 1977 – KZR 6/77, BGHZ 70, 331 f. = NJW 1978, 1001; BGH Urt. v. 29. 3. 1996 – II ZR 263/74, BGHZ 132, 163, 271 = NJW 1996, 1678; BGH Urt. v. 17. 1. 1966 – II ZR 8/64, NJW 1966, 826; s. ferner § 105 RdNr. 65; Baumbach/*Hopt* § 105 RdNr. 62; HdbPersG/*Westermann* I RdNr. 515.
[170] Vgl. jeweils mwN, *Hueck* A. OHG § 11 IV 2 und 3 S. 176 ff.; Schlegelberger/*Martens* RdNr. 22; Baumbach/*Hopt* RdNr. 38; Heymann/*Emmerich* RdNr. 33.
[171] BGH Urt. v. 12. 11. 1952 – II ZR 260/51, BGHZ 8, 35 = NJW 1953, 102; BGH Urt. v. 12. 5. 1977 – II ZR 89/75, BGHZ 69, 160 = NJW 1977, 2160.

die Entziehung der Geschäftsführungs- und der Vertretungsbefugnis,[172] die Änderung der Gesellschaftsform,[173] die Aufnahme neuer Gesellschafter oder die Auswechselung[174] des Komplementärs, ferner die Änderung von Stimmquorum,[175] Gewinnverteilungsschlüssel,[176] Verzinsung[177] oder Entnahmeregelung; weitere Beispiele sind die Bilanzfeststellung,[178] die Ausübung des Informationsrechts,[179] Beitragserhöhungen[180] oder die Vorzugsbehandlung im Rahmen einer Kapitalerhöhung,[181] die Änderung des Liquidationsverfahrens[182] oder die der Rechtsfolgen einer bereits ausgesprochenen Kündigung,[183] endlich die Versagung des Rechts, Ansprüche der Gesellschaft auf dem Wege der actio pro socio[184] geltend zu machen.

48 Während das Einstimmigkeitsprinzip von dem Vertrauen getragen wird, jeder Gesellschafter werde es bei Wahrung seines Selbstbestimmungsinteresses an der im Interesse der Gesellschaft[185] erforderlichen **Kompromissfähigkeit** und **-bereitschaft** nicht fehlen lassen,[186] soll mit den Mehrheitsklauseln dem Umstand Rechnung getragen werden, dass dieses Vertrauen sich in der Rechtswirklichkeit oftmals als nicht gerechtfertigt erweist und die **Funktionsfähigkeit** der Gruppe – das gilt zumal bei einem größeren Kreis von Gesellschaftern, die nicht mehr sämtlich ihre Arbeitskraft in den Dienst der Gesellschaft stellen – es erfordert, schnell zu handhabbaren Entscheidungen zu gelangen. Bei grundsätzlicher Anerkennung der Notwendigkeit derartiger Mehrheitsklauseln hat die Rechtsprechung aber schon frühzeitig **Schranken** gegen eine zu weitgehende Ausdehnung der Mehrheitsherrschaft für erforderlich gehalten. Die seit vielen Jahren geführte ausgedehnte Diskussion[187] dieser Problematik, die um die Begriffe **Bestimmtheitsgrundsatz, Kernbereichslehre** und **Ausübungskontrolle** kreist, ist immer noch nicht zum Abschluss gekommen. Teilweise besteht schon in begrifflicher Hinsicht Unklarheit,[188] die nicht ohne Folgerungen für das Verständnis der Schrankenfunktion geblieben ist und die Kritik in Teilen des Schrifttums[189] an der fortdauernden Bedeutung des Bestimmtheitsgrundsatzes befördert hat.

49 In seiner bis in das Jahr 1917 zurückreichenden Judikatur hatte das Reichsgericht,[190] ohne den sog. **Bestimmtheitsgrundsatz** auszuformulieren, wiederholt entschieden, dass einfache Mehrheitsklauseln, auch wenn sie sich auf Änderungen des Gesellschaftsvertrages erstrecken sollten, nicht für jeden Beschlussgegenstand Geltung beanspruchen können, weil eine schrankenlose Unterwerfung unter die Mehrheitsherrschaft sittenwidrig wäre. Das ist vor allem für mehrheitlich beschlossene **Beitragserhöhungen** ausgesprochen worden, für welche das Reichsgericht gefordert hat, der die einzelnen Gesellschafter gegen die Vermehrung ihrer Beitragspflicht schützende § 707 BGB habe zwar nicht ausdrücklich, aber mit hinreichender Deutlichkeit „wegbedungen" werden müssen, wenn sich die Mehrheitsklausel auch auf diese Angelegenheiten habe erstrecken sollen. Der **Bundesgerichts-**

---

[172] *Hueck A.* OHG § 11 IV 3 S. 179.
[173] BGH Urt. v. 15. 11. 1982 – II ZR 62/82, BGHZ 85, 350 = NJW 1983, 1056.
[174] BGH Urt. v. 12. 11. 1952 – II ZR 260/51, BGHZ 8, 35 = NJW 1953, 102; BGH Urt. v. 13. 3. 1978 – II ZR 63/77, BGHZ 71, 53 = NJW 1978, 1382; BGH Urt. v. 3. 11. 1997 – II ZR 353/96, NJW 1998, 1225 f.
[175] BGH Urt. v. 15. 6. 1987 – II ZR 261/86, NJW 1988, 411.
[176] BGH Urt. v. 24. 4. 1954 – II ZR 35/53, LM § 105 Nr. 8; BGH Urt. v. 10. 5. 1976 – II ZR 180/74, LM § 119 Nr. 15.
[177] BGH Urt. v. 5. 11. 1984 – II ZR 111/84, NJW 1985, 974.
[178] BGH Urt. v. 29. 3. 1996 – II ZR 263/94, BGHZ 132, 263 = NJW 1996, 1678.
[179] BGH Urt. v. 10. 10. 1994 – II ZR 18/94, NJW 1995, 194 mit krit. Anm. *Flume* ZIP 1995, 651.
[180] RG Urt. v. 23. 11. 1917 – Rep. II. 242, 17, RGZ 91, 166; RG Urt. v. 15. 5. 1936 – II 291/35, RGZ 151, 321; RG Urt. v. 13. 4. 1940 – II 143/39, RGZ 163, 385; BGH Urt. v. 24. 11. 1975 – II ZR 89/74, BGHZ 66, 82 = NJW 1976, 958.
[181] RG Urt. v. 13. 4. 1940 – II 143/39, RGZ 163, 385.
[182] BGH Urt. v. 13. 7. 1967 – II ZR 72/67, BGHZ 48, 251 = NJW 1967, 2157.
[183] S. vorige Fn.
[184] BGH Urt. v. 28. 4. 1975 – II ZR 16/73, BGHZ 64, 253 = NJW 1975, 1410; BGH Urt. v. 13. 5. 1985 – II ZR 170/84, NJW 1985, 2830; allgemein zur actio pro socio: § 105 RdNr. 149 ff.
[185] Vgl. schon *Lutz* Protokolle S. 198.
[186] Vgl. BGH Urt. v. 13. 3. 1978 – II ZR 63/77, BGHZ 71, 53, 57 = NJW 1978, 1382.
[187] Vgl. *Flume* Personengesellschaft § 14 III S. 213 ff.; *Wiedemann* GesR I § 8 I 2 S. 409 ff.; Schlegelberger/*Martens* RdNr. 14 ff.; MünchKommBGB/*Ulmer* § 709 RdNr. 81 ff. je mit eingehenden Nachw.; Staub/*Ulmer* RdNr. 30 ff.; MünchKommHGB/*Enzinger* RdNr. 64 ff., 81 ff.; *Rob Fischer*, FS Barz, 1974, S. 33 ff.; *K. Schmidt* ZHR 158 (1994), 205, 214 ff.; *Leenen*, 2. FS Larenz, 1983, S. 371; *Hadding* ZGR 1979, 636 ff.; *Hüffer* ZHR 151 (1987), 396, 406 ff.; *Marburger* ZGR 1989, 146; *Brändel*, FS Stimpel, 1995, S. 95 ff.; *Hermanns* ZGR 1996, 103 ff.; eingehend: *Röttger*, Die Kernbereichslehre im Recht der Personenhandelsgesellschaften, 1989; *Göbel*, Mehrheitsentscheidungen in Personengesellschaften, 1992; *Lockowandt*, Stimmrechtsbeschränkungen im Recht der Personengesellschaften, Kernbereichslehre und Stimmrechtsausschluss, 1996.
[188] Zutreffend *K. Schmidt* ZHR 158 (1994), 205 ff.
[189] Exemplarisch MünchKommBGB/*Ulmer* § 709 RdNr. 81 ff. mwN; Staub/*Ulmer* RdNr. 34 ff.
[190] Vgl. RG Urt. v. 23. 11. 1917 – Rep. II. 242/17, RGZ 91, 166 f.; RG Urt. v. 15. 5. 1936 – II 291/35, RGZ 151, 321, 327 (bestätigendes obiter dictum); RG Urt. v. 13. 4. 1940 – II 143/39, RGZ 163, 385, 391 (obiter dictum).

hof,[191] der hieran angeknüpft hat, hat allgemeiner ausgesprochen, dass eine schlichte Mehrheitsklausel allein dann ausreicht, wenn es um gewöhnliche oder übliche Vertragsänderungen geht, während es für ungewöhnliche Maßnahmen solange beim Einstimmigkeitsgrundsatz bleibt, wie sich nicht aus dem Gesellschaftsvertrag entnehmen lässt, dass auch bei ihnen mehrheitlich soll abgestimmt werden dürfen. Da mit dieser Formel naturgemäß nicht im Voraus festgelegt sein konnte, ob ein Beschlussgegenstand in die eine oder die andere Kategorie fiel, sind in der **kautelarjuristischen Praxis** Kataloge der Gegenstände entwickelt und in die Gesellschaftsverträge übernommen worden, für die das Einstimmigkeits- durch das Mehrheitsprinzip ersetzt werden sollte.

Hieran hat die **Kritik**[192] angesetzt. Sie macht mit Recht geltend, dass – hält man die Aufnahme 50 des Beschlussgegenstandes in den Katalog der einer Mehrheitsentscheidung unterworfenen Gegenstände für notwendig und zugleich hinreichend[193] – der Minderheitenschutz nur in einem formalen Sinn gewahrt wird, aber in der Sache nicht sichergestellt wird, dass der betroffene Gesellschafter davor bewahrt wird, sich im Voraus der Entschließung der Mehrheit über jedweden Beschlussgegenstand zu unterwerfen. Auf der anderen Seite wird bemängelt, dass die Lehre vom Bestimmtheitsgrundsatz der Sache nach zu einer verdeckten Inhaltskontrolle führe. Hinsichtlich der aus diesem Befund zu ziehenden **Folgerung**[194] besteht bei den Kritikern noch Einigkeit, wenn sie den Bestimmtheitsgrundsatz **aufgeben wollen.** Dagegen gehen die Ansichten auseinander, nach welchen Regeln das Veränderungsinteresse der Mehrheit mit dem Beharrungsinteresse der Minderheit in Einklang gebracht werden kann.

Teilweise wird vorgeschlagen, den Schutz der Minderheit allein durch eine **offene Inhaltskont-** 51 **rolle** des Beschlusses vorzunehmen. Als Maßstab dafür wird entweder **§ 138 BGB**[195] genannt, oder es soll die wechselseitig zu wahrende gesellschafterliche **Treuepflicht**[196] die Leitlinie für die Bestimmung der Schranken der Mehrheit bilden; die zuletzt genannte Auffassung muss dementsprechend ähnliche Kriterien heranziehen, wie sie – als Ausnahmefall – für die Stimmpflicht in einem bestimmten Sinn entwickelt worden sind (vgl. oben RdNr. 26 f.).

Demgegenüber wollen andere den Bestimmtheitsgrundsatz durch die **Kernbereichslehre**[197] er- 52 setzen, nach der mehrheitliche Eingriffe in den Kernbereich der Mitgliedschaft nur dann zugelassen werden, wenn ihnen der betreffende Gesellschafter zugestimmt hat. Soweit diese Zustimmung antizipiert bereits im Gesellschaftsvertrag erteilt wird, sollen besondere formelle Anforderungen erfüllt sein müssen: Der Eingriff muss nicht nur eindeutig von der Mehrheitskompetenz umfasst sein, sondern – soweit dies zB bei Beitragserhöhungen in Rede steht – auch seinen Umfang deutlich werden lassen.[198]

Für die **Stellungnahme** ist zunächst zu beachten, dass die so verstandene Kernbereichslehre – das 53 gilt für die Ergebnisse wie für das zur Begründung herangezogene Instrumentarium – sich von dem Bestimmtheitsgrundsatz nicht – wie dies auf den ersten Blick erscheint – grundlegend, sondern mehr in der Formulierung unterscheidet.[199] Die eigentliche Abgrenzungsaufgabe besteht hier nicht darin festzulegen, welche Beschlussgegenstände ungewöhnliche Maßnahmen darstellen, vielmehr gilt es zu klären, wie weit der Kernbereich der Mitgliedschaft reicht. Abgesehen davon, dass diese Frage nicht **zweifelsfrei**[200] geklärt ist, besteht eine zusätzliche Unsicherheit deswegen, weil unter den Begriff des Kernbereichs zwei **verschiedene Kategorien**[201] von Angelegenheiten zusammengefasst werden:

---

[191] BGH Urt. v. 12. 11. 1952 – II ZR 260/51, BGHZ 8, 35, 41 = NJW 1953, 102; BGH Urt. v. 24. 11. 1975 – II ZR 89/74, BGHZ 66, 82, 85 = NJW 1976, 958; ferner Heymann/*Emmerich* RdNr. 31 mwN.
[192] Vgl. zB *Rob Fischer,* FS Barz, 1974, S. 32 ff.; *Hadding* ZGR 1979, 636 ff.; *Hüffer* ZHR 151 (1987), 396, 406 ff.; *Leenen,* 2. FS Larenz, 1983, S. 371 ff.; *Mecke* BB 1988, 2258, 2261 ff; *U. H. Schneider* AG 1979, 57, 60; MünchKommBGB/*Ulmer* § 709 RdNr. 87 f.; Staub/*Ulmer* RdNr. 34 ff.; MünchKommHGB/*Enzinger* RdNr. 78 ff.; aA Schlegelberger/*Martens* RdNr. 17 ff.; Röhricht/Graf v. Westphalen/*v. Gerkan* RdNr. 19; eingehend *K. Schmidt* ZHR 158 (1994), 205 ff., 214 ff.; *Hermanns* ZGR 1996, 103, 107 f.; HdbPersG/*Westermann* I RdNr. 521.
[193] Dazu, dies unzutreffend ist, vgl. unten RdNr. 55.
[194] Zusammenfassend MünchKommBGB/*Ulmer* § 709 RdNr. 87 ff. mwN; Staub/*Ulmer* RdNr. 38 f.
[195] ZB *Hadding* ZGR 1979, 636, 647.
[196] ZB *Rob Fischer,* FS Barz, 1974, S. 32 ff., 45; *Leenen,* 2. FS Larenz, 1983, S. 371 ff.; *Hennerkes/Binz* BB 1983, 713 ff.; *Wiedemann* GesR I § 8 I 2 a S. 411 f.; aA *Hadding* ZGR 1979, 636, 647.
[197] Vgl. MünchKommBGB/*Ulmer* § 709 RdNr. 90 ff.; Staub/*Ulmer* RdNr. 40 ff.; Koller/Roth/Morck RdNr. 5; *Hüffer* ZHR 151 (1987), 396, 406 ff.; *Schiessl* BB 1986, 735.
[198] Exemplarisch MünchKommBGB/*Ulmer* § 709 RdNr. 93; ähnlich *Mecke* BB 1988, 2258, 2261 ff.; *Hüffer* ZHR 151 (1987), 396, 408.
[199] Zutreffend Schlegelberger/*Martens* RdNr. 21.
[200] Vgl. Röhricht/Graf v. Westphalen/*v. Gerkan* RdNr. 20; Baumbach/*Hopt* RdNr. 36; MünchKommBGB/*Ulmer* § 709 RdNr. 93; Staub/*Ulmer* RdNr. 41 f.; MünchKommHGB/*Enzinger* RdNr. 70 ff.; HdbPersG/*Westermann* I RdNr. 524.
[201] Vgl. Schlegelberger/*Martens* RdNr. 24; Röhricht/Graf v. Westphalen/*v. Gerkan* RdNr. 21 ff.; *K. Schmidt* GesR § 16 III 3 S. 477 ff.

Neben die Gegenstände, die nur bei eindeutiger Festlegung in die Mehrheitskompetenz fallen, treten solche, bei denen nicht einmal diese eindeutige Angabe ausreicht, die vielmehr überhaupt mehrheitsfest sind, in die also auch nicht mit Zustimmung des betroffenen Gesellschafters eingegriffen werden kann, weil anderenfalls die Mitgliedschaft ihre Bedeutung gänzlich verlöre. Zu diesem **unverzichtbaren Kernbereich**[202] zählen jedenfalls ein Mindestmaß an Teilhaberechten an der internen Willensbildung – das gilt etwa für das Teilnahmerecht an Beratungen, für das Antrags- und für das Kontrollrecht –, ferner das Lösungsrecht aus wichtigem Grund, das Verbot der Hinauskündigung aus freiem Ermessen, ohne Vorliegen eines sachlichen Grundes,[203] und die Wahrung des Gleichbehandlungsgrundsatzes.

54 Auch wenn die **höchstrichterliche Rechtsprechung** jene Diskussion im Schrifttum wiederholt aufgenommen und mehrfach die Frage aufgeworfen hat, ob an dem Bestimmtheitsgrundsatz festzuhalten oder ob er wenigstens zu modifizieren sei,[204] hat der II. Zivilsenat – entgegen dem in Teilen des Schrifttums[205] anzutreffenden Verständnis seiner Judikatur – eine Abkehr von seiner früheren Linie nicht vollzogen, sondern zuletzt seine Entscheidungen doppelspurig begründet.[206] Dies erscheint sachgerecht, wenn man sich auf die dem Bestimmtheitsgrundsatz zukommende **Funktion** besinnt und nicht erwartet, er allein sei das Mittel, den sachgerechten Ausgleich zwischen Minderheitenschutz und Ausübung der Mehrheitsmacht herzustellen.

55 Bei der Bewertung des Bestimmtheitsgrundsatzes hat am **Ausgangspunkt** zu stehen, dass sich der Gesetzgeber nach eingehenden Beratungen[207] dafür entschieden hat, der Wahrung des Selbstbestimmungsrechts jedes einzelnen Mitglieds der Gesellschaft den Vorrang vor dem durchaus erkannten Interesse der Gesellschaftergesamtheit zu geben, auf Veränderungen flexibel und schnell reagieren zu können. Das auf diese Weise geschaffene **Regel/Ausnahmeverhältnis**[208] von Einstimmigkeits- und Mehrheitsprinzip hat zur Folge, dass jeder einzelne Gesellschafter für sich entscheiden muss, ob überhaupt und in welchem Umfang er sich dieses Schutzes des Einstimmigkeitsgrundsatzes begeben und sich der mehrheitlichen Entschließung der anderen Gesellschafter unterwerfen will. Soweit er sich, sei es generell, sei es für bestimmte Angelegenheiten, gegen mehrheitliche Beschlussfassungen entscheidet, ist er vor einer Fremdbestimmung jedenfalls so lange sicher, wie nicht ausnahmsweise eine Pflicht besteht, in bestimmter Weise abzustimmen (s. oben RdNr. 26 f.). Der Bestimmtheitsgrundsatz sichert dieses privatautonome Mitgestaltungsrecht[209] und findet schon darin seine von Kritikern[210] bestrittene Rechtfertigung. Denn nur, und soweit sich aus dem – notfalls auszulegenden – Gesellschaftsvertrag eine **Legitimation** für eine mehrheitliche Entscheidung herleiten lässt, hat sich der Gesellschafter des Rechts begeben, sein privatautonomes Mitgestaltungsrecht in Angelegenheiten der Gesellschaft über den Vertragsschluss hinaus zu perpetuieren. In der Feststellung dieser aus der Auslegung des Gesellschaftsvertrages und nicht aus einer katalogartigen Aufzählung herzuleitenden Legitimation erschöpft sich der Bestimmtheitsgrundsatz, er besagt vor allem nichts darüber, ob die Mehrheit, wenn sie entsprechend der ihr erteilten Legitimation gegen den Willen eines Mitgesellschafters Beschluss fasst, von dieser Befugnis ordnungsgemäß Gebrauch macht.[211] Bei diesem Verständnis des Bestimmtheitsgrundsatzes ist es verfehlt, die **Abdingbarkeit** dieses die Selbstbestimmung jedes einzelnen Gesellschafters sichernden Prinzips für möglich zu erachten.[212] Ebenso-

---

[202] Schlegelberger/*Martens* RdNr. 25; MünchKommBGB/*Ulmer* § 709 RdNr. 93; Röhricht/Graf v. Westphalen/ v. Gerkan RdNr. 21 ff.; Baumbach/*Hopt* RdNr. 36; *Wiedemann* GesR I § 7 II S. 366 f.; Heymann/*Emmerich* RdNr. 39.
[203] Vgl. dazu (GmbH-Recht) BGH Urt. v. 19. 9. 2005 – II ZR 173/04, NJW 2005, 3641 ff. und II ZR 324/03, NJW 2005, 3644.
[204] BGH Urt. v. 13. 3. 1978 – II ZR 63/77, BGHZ 71, 53, 57 f. = NJW 1978, 1382; BGH Urt. v. 15. 11. 1982 – II ZR 62/82, BGHZ 85, 350, 356 = NJW 1983, 1056; BGH Urt. v. 10. 10. 1994 – II ZR 18/94, NJW 1995, 194.
[205] Vgl. MünchKommBGB/*Ulmer* § 709 RdNr. 86 f.; Staub/*Ulmer* RdNr. 33; zutreffend dagegen zB *K. Schmidt* ZHR 158 (1994), 205 ff.
[206] BGH Urt. v. 10. 10. 1994 – II ZR 18/94, NJW 1995, 194; BGH Urt. v. 29. 3. 1996 – II ZR 263/94, BGHZ 132, 263, 268 = NJW 1996, 1678; aber wie im Text (RdNr. 54 ff.) jetzt ausdrücklich der II. Zivilsenat, Urt. v. 15. 1. 2007 – II ZR 245/05, DStR 2007, 494 – OTTO.
[207] *Lutz* Protokolle S. 198 f.
[208] Vgl. auch BGH Urt. v. 13. 3. 1978 – II ZR 63/77, BGHZ 71, 53, 57; die Bedeutung dieses Verhältnisses negierend MünchKommBGB/*Ulmer* § 709 RdNr. 89 f.
[209] Ebenso zB Schlegelberger/*Martens* RdNr. 17, 20; *K. Schmidt* ZHR 158 (1994), 205 ff., 214 ff.; *Hermanns* ZGR 1996, 103, 107 f.; wohl auch, wenngleich unklar in der Begriffsbildung *Lockowandt*, Stimmrechtsbeschränkungen im Recht der Personengesellschaften, Kernbereichslehre und Stimmrechtsausschluss, 1996, S. 202 ff., 209, 214; dagegen MünchKommBGB/*Ulmer* § 709 RdNr. 89 f.; s. jetzt Urt. v. 15. 1. 2007 – II ZR 245/05, DStR 2007, 494 – OTTO.
[210] MünchKommBGB/*Ulmer* § 709 RdNr. 89 f.
[211] S. dazu RdNr. 56; vgl. auch HdbPersG/*Westermann* I RdNr. 517; aA MünchKommBGB/*Ulmer* § 709 RdNr. 89 f.; s. jetzt Urt. v. 15. 1. 2007 – II ZR 245/05, DStR 2007, 494 – OTTO.
[212] Vgl. BGH Urt. v. 15. 6. 1987 – II ZR 261/86, NJW 1988, 411 ff. mit durch den Fall – eine derartige Entschließung lag zweifelsfrei vor – nicht veranlassten mißdeutbaren Formulierungen; ablehnend zu diesem Urteil zB *Marburger* ZGR 1989, 146 ff.

wenig führt die Frage weiter, ob der genannte Grundsatz Auslegungsregel oder unverzichtbares Mittel des Minderheitenschutzes ist.[213] Denn entscheidend ist, dass die **Minderheit** vor Fremdbestimmung – auch weitestgehend durch die später entscheidenden Gerichte, die ihr Verständnis von den unverzichtbaren Grenzen des Kernbereichs den Betroffenen oktroyieren – dadurch geschützt wird, dass sie privatautonom darüber befindet, ob und in welchem Umfang sie sich in die Hand der Mehrheit gibt.

Die **inhaltliche** Überprüfung findet erst auf der nächsten Stufe statt, wenn es um den **Kernbereich** der Mitgliedschaft im engeren Sinne, nämlich darum geht festzustellen, ob ein Eingriff in **unverzichtbare Gesellschafterrechte** (s. dazu RdNr. 53) vorliegt oder ob – soweit es sich um Positionen handelt, in die nur mit Zustimmung des Betroffenen eingegriffen werden kann – die Mehrheit sich im Rahmen ihrer Legitimation und in den Grenzen der **Treuepflicht** gehalten hat.

Im praktischen **Ergebnis** besteht ein grundlegender Unterschied zu der Ansicht, die den Bestimmtheitsgrundsatz – Entsprechendes gilt für die ihr im Ergebnis sehr nahe stehende Variante der Kernbereichslehre (s. oben RdNr. 52), nach der der Eingriff in mehrheitsfeste Gesellschafterrechte nach Grund, Ausmaß und Umfang sich aus dem Gesellschaftsvertrag ergeben muss,[214] – für überflüssig hält und sich allein auf eine inhaltliche Kontrolle des Beschlossenen beschränken will (s. oben RdNr. 51). Denn nach der von der Rechtsprechung vertretenen Lösung fällt es dem überstimmten Gesellschafter im Konfliktfall wesentlich leichter, die Unwirksamkeit des von ihm bekämpften Mehrheitsbeschlusses feststellen zu lassen: Er ist – anders als nach der Gegenmeinung – der Notwendigkeit enthoben, materielle Gesichtspunkte **vorzutragen** und ggfs. zu **beweisen,** aus denen sich ergibt, dass der von der Mehrheit gefasste Beschluss inhaltlich unrichtig ist. Er genügt, wie schon das Reichsgericht[215] zutreffend ausgeführt hat, seiner **Darlegungspflicht** bereits dann, wenn er geltend macht, das Einstimmigkeitsprinzip sei nicht außer Kraft gesetzt worden, so dass die Mehrheit ohne formelle Legitimation entschieden habe; das Gegenteil nachzuweisen, ist Sache der Gesellschafter, die sich darauf berufen, der Gesellschaftsvertrag legitimiere Mehrheitsbeschlüsse auch für den in Rede stehenden Gegenstand.

Diese **Aufgabenverteilung,** dass der einzelne Gesellschafter in **Privatautonomie** darüber befindet, ob überhaupt und in welchem Umfang er seine eigenen Interessen in der Gesellschaft zurückstellen und es der Mehrheit überlassen will, auch insofern zu entscheiden, und dass das Gericht diese Gestaltung ohne inhaltliche Prüfung zunächst respektiert und allein darüber wacht, dass der unverzichtbare Kernbereich der Mitgliedschaft unangetastet bleibt und beide Seiten von ihren mitgliedschaftlichen Befugnissen nur in Rücksichtnahme auf den anderen Teil Gebrauch machen, ist der Ansicht überlegen, die den Gerichten die volle **Inhaltskontrolle** des Beschlossenen übertragen will. Denn in der Regel wissen die Gesellschafter als die unmittelbar Betroffenen besser, was in ihren Angelegenheiten sachlich geboten, angemessen oder zweckmäßig ist, so dass die Ausübung der ihnen eingeräumten privatautonomen Gestaltungsfreiheit zu sachgerechteren Ergebnissen führt.[216]

Die **Abgrenzung** zwischen Mehrheitsmacht und Minderheitenschutz vollzieht sich danach **stufenweise:**[217] Auf der **ersten Stufe** geht es allein um die Frage, ob der nicht zustimmende Gesellschafter auf die Beachtung des ihn schützenden Einstimmigkeitsprinzips verzichtet und die Mehrheit legitimiert hat, bei dem in Rede stehenden Beschlussgegenstand auch ohne seine Zustimmung verbindliche Entscheidungen zu treffen. Dies kann angesichts des Stellenwertes der privatautonomen Mitgestaltungsbefugnis jedes einzelnen Gesellschafters, wie er in dem in § 119 Abs. 1 niedergelegten Einstimmigkeitsprinzip deutlich geworden ist, nicht in allgemeiner, sondern muss in konkreter Form geschehen. Hier liegt das Anwendungsfeld des Bestimmtheitsgrundsatzes bzw. der Variante der Kernbereichslehre, die fordert, dass Grund, Umfang und Ausmaß der Eingriffsbefugnis der Mehrheit aus dem Gesellschaftsvertrag deutlich hervorgehen müssen (s. RdNr. 52). Ergibt sich danach, dass die Mehrheit legitimiert ist, in der Angelegenheit auch ohne die Zustimmung oder gegen den Willen eines Gesellschafters zu beschließen, wird auf der **zweiten Stufe** inhaltlich geprüft, ob der **Beschluss wirksam** ist. Dies ist zu verneinen, wenn durch den Mehrheitsbeschluss in **unverzichtbare** (s. RdNr. 53) Mitgliedschaftsrechte eingegriffen werden soll; eine von dem Gesellschafter erteilte

---

[213] Vgl. BGH Urt. v. 15. 11. 1982 – II ZR 62/82, BGHZ 85, 350 = NJW 1983, 1056; dazu *Brändel,* FS Stimpel, S. 95 ff., 103; für Auslegungsregel aber *Marburger* ZGR 1989, 146 ff.; *Lockowandt* (Fn. 231) S. 202 ff.; verfehlt deswegen auch MünchKommHGB/*Enzinger* RdNr. 81, der gegen den Bestimmtheitsgrundsatz von dem Missverständnis her polemisiert, er wolle der Minderheitenschutz gewährleisten.
[214] Ebenso schon RG Urt. v. 23. 11. 1917 – Rep. II. 242/17, RGZ 91, 166; RG Urt. v. 15. 5. 1936 – II 291/35, RGZ 151, 321; RG Urt. v. 13. 4. 1940 – II 143/39, RGZ 163, 385; anders bei Publikumsgesellschaften BGH Urt. v. 24. 11. 1975 – II ZR 89/74, BGHZ 66, 82 = NJW 1976, 958.
[215] RG Urt. v. 15. 5. 1936 – II 291/35, RGZ 151, 321, 327.
[216] Vgl. zu dem gegenteiligen Vorgehen MünchKommBGB/*Ulmer* § 709 RdNr. 101.
[217] Ebenso jetzt Urt. v. 15. 1. 2007 – II ZR 245/05, DStR 2007, 494 – OTTO.

Zustimmung macht den Beschluss nicht wirksam. Das gilt nicht nur für ein ad hoc, sondern in gleicher Weise für ein antizipiert erteiltes Einverständnis, so dass die Mehrheitsklausel des Vertrages in diesem Fall leer läuft. Handelt es sich hingegen um einen Eingriff in nur mit **Zustimmung des Gesellschafters** entziehbare Positionen, ist auf der zweiten Stufe zu untersuchen, ob sich die Mehrheit bei der **Ausübung** der ihr antizipiert erteilten Zustimmung im Rahmen der Legitimation gehalten hat, ob sie das etwa gesellschaftsvertraglich vorgeschriebene Verfahren eingehalten und ob sie sich nicht treupflichtwidrig über beachtenswerte Belange der Minderheit hinweggesetzt hat. Während auf der ersten Stufe die Gesellschaftermehrheit das Vorhandensein der Legitimationsgrundlage für ihren gegen die Stimme des Minderheitsgesellschafters gefassten Beschluss darzulegen und zu beweisen hat, ist die Verteilung der Darlegungs- und Beweislast auf der zweiten Stufe umgekehrt: Hier ist es Sache des überstimmten Gesellschafters, Tatsachen für den Fehlgebrauch der der Mehrheit erteilten Legitimation vorzutragen und ggfs. zu beweisen.

60 Ungeachtet der unterschiedlichen dogmatischen Herleitung, besteht hinsichtlich der **Ergebnisse** der erforderlichen Prüfung weitgehend **Einigkeit** (s. oben RdNr. 47, 53), wobei sich die Diskussion im Schrifttum oftmals an den von der höchstrichterlichen Rechtsprechung entschiedenen Fällen orientiert.

61 So kann etwa – abweichend von § 707 BGB – die **Beitragspflicht** durch Mehrheitsbeschluss erhöht werden, sofern der Grund und die Höhe im Gesellschaftsvertrag festgelegt worden sind. Fehlt es an der – evtl auch antizipiert erteilten – Zustimung, ist der Beschluss gegenüber dem betroffenen Gesellschafter unwirksam[218] UU findet allerdings bei Fehlen dieser Angaben die Rechtsprechung doch einen Weg, einen entsprechenden Mehrheitsbeschluss zu halten, indem sie einen Beitragserhöhungsbeschluss dahin interpretiert, es gehe um Aufwendungsersatz und die Vorschusszahlung für künftige Aufwendungen.[219]

62 Ähnlich ist zwar für den Beschluss über die **Fortsetzung** einer aufgelösten Gesellschaft und über den **Wechsel** von der Kommanditisten- in die Komplementärstellung ausgesprochen worden, es handele sich um ungewöhnliche Maßnahmen, die von einer schlichten Mehrheitsklausel nicht umfasst seien; dann ist aber aus dem Gesamtinhalt des Gesellschaftsvertrages geschlossen worden, dass die Gesellschafter die Auflösung der Gesellschaft mit dem Tod des einzigen Komplementärs unter keinen Umständen gewollt hätten, so dass hieraus die erforderliche Legitimationsgrundlage für den Mehrheitsbeschluss hergeleitet werden konnte.[220]

63 **Zwangsweises Ausscheiden** aus der Gesellschaft aus wichtigem Grund[221] oder die Änderung der **Folgen einer Gesellschaftskündigung** – Übernahme statt gleichberechtigter Liquidation[222] – erfordern, sollen sie mehrheitlich beschlossen werden dürfen, ebenso eine eindeutige Regelung im Gesellschaftsvertrag wie die Zuweisung eines **Gewinnvoraus** an die Komplementär-GmbH,[223] die Versagung des Rechts, Ansprüche der Gesellschaft im Wege der **actio pro socio** verfolgen zu dürfen[224] oder das Stimmquorum für Änderung des Gesellschaftsvertrages herabzusetzen.[225]

64 Dasselbe soll nach einer Entscheidung des II. Zivilsenats auch für die **Bilanzfeststellung** und den **Gewinnverwendungsbeschluss** gelten;[226] dass bei der Mehrheitsklausel des konkreten Falles nur das vom II. Zivilsenat gefundene Ergebnis möglich ist, erscheint zweifelhaft. Denn auf der ersten Stufe der Prüfung (s. oben RdNr. 59) war zu berücksichtigen, dass der Gesellschaftsvertrag allein für fünf ausdrücklich genannte Beschlussgegenstände Einstimmigkeit forderte, so dass man – diese Regelung als abschließende verstanden – durchaus hätte annehmen können, im Übrigen sollten die Gesellschafter zur Fassung von Mehrheitsbeschlüssen legitimiert sein. Die Gewährleistung des Minderheitenschutzes hätte dann auf der zweiten Stufe sichergestellt werden müssen, indem inhaltlich zu prüfen war, ob etwa wegen der überragenden Bedeutung dieses Beschlussgegenstandes, der auch die für die Lebens- und Widerstandskraft der Gesellschaft wesentlichen Grundlagen betrifft, in dem hier

---

[218] RG Urt. v. 23. 11. 1917 – Rep. II. 242/17, RGZ 91, 166; RG Urt. v. 15. 5. 1936 – II 291/35, RGZ 151, 321; RG Urt. v. 13. 4. 1940 – II 143/39, RGZ 163, 385; BGH Urt. v. 4. 7. 2005 – II ZR 354/03, NZG 2005, 753; BGH Urt. v. 23. 1. 2006 – II ZR 126/04, NZG 2006, 379 und II ZR 306/04, NZG 2006, 306; vgl. zu den prozessualen Folgen BGH Urt. v. 12. 3. 2007 – II ZR 315/05, DStR 2007, 961, und unten RdNr. 78
[219] RG Urt. v. 15. 5. 1936 – II 291/35, RGZ 151, 321, 327.
[220] BGH Urt. v. 12. 11. 1952 – II ZR 260/51, BGHZ 8, 35 = NJW 1953, 102.
[221] BGH Urt. v. 26. 1. 1961, II ZR 240/59, NJW 1961, 724.
[222] BGH Urt. v. 13. 7. 1967 – II ZR 72/67, BGHZ 48, 251 = NJW 1967, 2157.
[223] BGH Urt. v. 10. 5. 1976 – II ZR 180/74, LM § 119 Nr. 15.
[224] BGH Urt. v. 13. 5. 1985 – II ZR 170/84, NJW 1985, 2830.
[225] BGH Urt. v. 15. 6. 1987 – II ZR 261/86, NJW 1988, 411 ff.
[226] BGH Urt. v. 29. 3. 1996 – II ZR 263/94, BGHZ 132, 263 = NJW 1996, 1678; mit Recht aufgegeben BGH Urt. v. 15. 1. 2007 – II ZR 245/05, DStR 2007, 494 – OTTO..

entschiedenen Fall nur eine einstimmige Entscheidung in Betracht kommen konnte. Dass Bilanzfeststellung und Gewinnverwendung sich schlechthin einer mehrheitlichen Beschlussfassung entziehen sollen, wird man schwerlich annehmen dürfen.

Als schlechthin **unantastbar** hat der II. Zivilsenat in Übereinstimmung mit Äußerungen im **65** Schrifttum[227] das **Informationsrecht** der Kommanditisten angesehen.[228] In dem konkreten Fall handelte es sich aber wohl nur um ein obiter dictum, weil der von der Mehrheit gefasste Beschluss schon deswegen nichtig war, weil er den zu den unverzichtbaren Mitgliedschaftsrechten zählenden **Gleichbehandlungsgrundsatz** verletzte.[229] Auch die Versagung des Stimmrechts gehört zu den unverzichtbaren Mitgliedschaftsrechten eines Kommanditisten, wenn es um seine Beteiligung, die Haftsumme, die Gewinnbeteiligung, den Anspruch auf das Auseinandersetzungsguthaben oder um die Gleichbehandlung geht.[230] Etwas anderes gilt ausnahmsweise nur bei einer personengleich zusammengesetzten GmbH & Co. KG.[231]

b) Bestimmung der Mehrheit. Wird der Einstimmigkeitsgrundsatz abbedungen und durch den **66** Gesellschaftsvertrag angeordnet, dass die Mehrheit der Stimmen maßgeblich sein soll, stellt **Abs. 2** eine **Auslegungsregel** auf, wie die Mehrheit zu berechnen ist. Das dort verankerte Kopfteilprinzip ist – wie der Grundsatz der Einstimmigkeit in Abs. 1 – eine Folgerung aus dem dem historischen Gesetzgeber vorschwebenden typischen Bild einer OHG als Arbeits- und Haftungsgemeinschaft mehrerer mit gleichen Rechten und Pflichten ausgestatteten, durch die gemeinsame Zweckverfolgung verbundenen Personen. Ohne abweichende gesellschaftsvertragliche Regelung reicht die Mehrheit der stimmberechtigten – nicht der erschienenen oder der an der Abstimmung teilnehmenden – Mitglieder. Vom Stimmrecht ausgeschlossene Mitglieder werden demnach nicht mitgezählt, während Stimmenthaltungen als Gegenstimmen gewertet werden müssen.[232]

In der Praxis dagegen finden sich regelmäßig **abweichende Bestimmungen**,[233] die der unter- **67** schiedlichen Kapitalbeteiligung, der Bedeutung oder der Verantwortung des einzelnen Gesellschafters für die Gruppe Rechnung tragen. Dementsprechend kann – bei Beachtung der durch § 138 BGB gezogenen Grenzen[234] – einem Gesellschafter eine höhere Stimmenzahl, ein mehrfaches Stimmrecht für einzelne oder alle Beschlussgegenstände zugeordnet werden, es kann geregelt sein, dass nach Kapitalanteilen oder für bestimmte Angelegenheiten doppelt – nach Köpfen und nach Kapitalanteilen – abzustimmen ist. Schließlich kann festgelegt werden, dass ein Beschluss nur zustandekommt, wenn eine Mindestzahl von Gesellschaftern sich an der Abstimmung beteiligt, oder dass an Stelle der einfachen eine qualifizierte Mehrheit der Stimmen erreicht sein muss, um einen wirksamen Beschluss zustande zu bringen.

6. Beschlussmängel. a) Übersicht. Nicht anders als im Kapitalgesellschaftsrecht kann auch der **68** von den Gesellschaftern einer Personenhandelsgesellschaft gefasste Beschluss an **Mängeln** leiden, die die Fragen aufwerfen, welchen Einfluss dieser Fehler auf die **Wirksamkeit** des Beschlossenen hat und in welcher **Form** der Beschlussmangel **geltend** gemacht werden muss. Vor allem zu der zweiten Frage besteht im Schrifttum[235] Streit, weil man es teilweise als nicht sachgerecht empfindet, wenn hier – anders als im von dem Leitbild des AktG geprägten Kapitalgesellschaftsrecht – keine Fristen für die Geltendmachung von Beschlussmängeln gelten sollen. Mit unterschiedlicher Tragweite wird deswegen eine – jedenfalls partielle – Übernahme der kapitalgesellschaftsrechtlichen Regeln befürwortet.[236] Die höchstrichterliche Rechtsprechung hat sich – und zwar betont auch für den Fall einer körperschaftlich strukturierten Gesellschaft ohne vom Gesetz abweichende Vertragsregeln – auf diese Lösungen nicht eingelassen.[237]

b) Arten von Mängeln. Die Frage der Fehlerhaftigkeit eines Beschlusses kann sich aus verschie- **69** denen Gründen stellen. Da sich der Beschluss aus den mehreren als Willenserklärungen einzuordnenden Stimmen der Gesellschafter zusammensetzt, können Mängel einer einzelnen **Willenserklä-**

---

[227] Schlegelberger/*Martens* RdNr. 25.
[228] BGH Urt. v. 10. 10. 1994 – II ZR 18/94, NJW 1995, 194.
[229] Vgl. *Flume* ZIP 1995, 651.
[230] BGH Urt. v. 14. 5. 1956, II ZR 229/54, BGHZ 20, 363 = NJW 1956, 1198.
[231] BGH Urt. v. 24. 5. 1993 – II ZR 73/92, NJW 1993, 2100.
[232] BGH Urt. v. 30. 3. 1998 – II ZR 20/97, NJW 1998, 1946; Staub/*Ulmer* RdNr. 50.
[233] S. Düringer/Hachenburg/*Flechtheim* RdNr. 2; Staub/*Fischer* RdNr. 10; Staub/*Ulmer* RdNr. 51; Baumbach/*Hopt* RdNr. 41; *Hueck* A. OHG § 11 IV 1 S. 176.
[234] Staub/*Ulmer* RdNr. 51.
[235] S. dazu Schlegelberger/*Martens* RdNr. 9 f. mwN; HdbPersG/*Westermann* I RdNr. 546 f.
[236] Vgl. namentlich *K. Schmidt*, FS Stimpel, S. 217 ff.; *ders.* GesR § 15 II 3 S. 453 ff.; aA *Wiedemann* GesR I § 8 IV 2 S. 465; Schlegelberger/*Martens* RdNr. 10; dezidiert MünchKommHGB/*Enzinger* RdNr. 98 f.
[237] Vgl. zuletzt BGH Urt. v. 7. 6. 1999 – II ZR 278/99, NJW 1999, 3113 m. Anm. *Casper* BB 1999, 1837 und *Brandes* NZG 1999, 936.

rung[238] auf den Beschluss durchschlagen, es kann aber auch der **Beschluss als solcher** – sei es wegen formeller, sei es wegen inhaltlicher Fehler – mangelhaft sein.

70 Mängel der **Stimmabgabe** können nach den allgemeinen rechtsgeschäftlichen Regeln[239] – etwa wegen fehlender Geschäftsfähigkeit, wegen durchgreifender – gegenüber allen Mitgesellschaftern oder dem etwa besonders bestellten Adressaten zu erklärender (s. oben RdNr. 40) – Anfechtung nach §§ 119 und 123 BGB oder wegen Vorliegens der Tatbestände der §§ 116 ff. BGB – bestehen. Unwirksam ist ferner die Stimme eines wegen bestehender Interessenkollision von der Abstimmung ausgeschlossenen Gesellschafters; das Gleiche gilt für eine unter Verletzung des Selbstkontrahierungsverbots abgegebene Stimme. Die treupflichtwidrige Stimme kann zwar wegen Rechtsmissbrauchs unbeachtlich[240] sein, in der Regel erfassen derartige Stimmabgaben aber den Beschluss als ganzes.

71 Eine solcherart fehlerhafte Stimmabgabe führt dann zur **Nichtigkeit** des Beschlusses, wenn dieser nur – wie in § 119 Abs. 1 als Regel vorgesehen – mit Zustimmung sämtlicher Gesellschafter wirksam ist. Gilt hingegen das Mehrheitsprinzip, ist zu fragen, ob das vorgeschriebene Quorum auch ohne die nicht zu berücksichtigende, als Enthaltung[241] zu wertende fehlerhafte Stimme erreicht worden ist.[242] Das Ergebnis dieser **Kausalitätsprüfung** kann darin bestehen, dass der Beschluss auch ohne die außer Betracht bleibende Stimme mit demselben Inhalt gilt oder aber dass sich die Mehrheitsverhältnisse durch die bei der Zählung ausfallende Stimme umkehren.[243] UU kann die Treupflicht gebieten, den Gesellschafter erneut, fehlerfrei abstimmen zu lassen.[244]

72 Fehlergründe, die sich auf den **Beschluss** als solchen beziehen, können formeller oder materieller Art sein. Unter den **Verfahrensfehlern** führen alle diejenigen ohne weiteres zur Nichtigkeit, die in einer Verletzung der Einberufungsvorschriften[245] bestehen und dem betroffenen Gesellschafter die ordnungsgemäße Vorbereitung auf die Gesellschafterversammlung oder sein unverzichtbares **Teilnahmerecht** beschneiden; derartige Mängel sind nur dann ohne Bedeutung, wenn der Gesellschafter sich gleichwohl an der Abstimmung beteiligt.[246] Andere formelle Fehler können sich zB aus einer fehlerhaften Stimmenzählung, unrichtiger Feststellung oder Protokollierung eines Beschlussergebnisses oder der Zulassung eines von der Abstimmung ausgeschlossenen Gesellschafters ergeben. In diesen Fällen nimmt die höchstrichterliche Rechtsprechung grundsätzlich Nichtigkeit[247] des Beschlusses an, lässt ihn aber dann gelten, wenn die fehlerhaft mitgezählte Stimme für das Ergebnis ohne Bedeutung war.[248] Ob im Einzelfall eine gesellschaftsvertragliche Verfahrensregel nur **Ordnungsvorschrift** mit der Folge ist, dass ein Verstoß sich auf die Wirksamkeit des Beschlusses nicht auswirkt, lässt sich nicht generell, sondern nur auf Grund der Auslegung der jeweiligen Klausel bestimmen.[249]

73 **Inhaltlich fehlerhaft** kann ein Beschluss dann sein, wenn er gegen **gesetzliche** Regelungen verstößt, wozu auch ungeschriebene Bindungen wie die Treupflicht, das Gleichbehandlungsgebot oder der Grundsatz gehören, dass in unentziehbare Gesellschafterrechte nicht ohne Zustimmung des Betroffenen durch Mehrheitsbeschluss eingegriffen werden darf.[250] Ferner kann ein Beschluss seinem Inhalt nach auch gegen **gesellschaftsvertragliche** Bestimmungen verstoßen. Dies führt zur

---

[238] BGH Beschl. v. 18. 9. 1975 – II ZB 6/74, BGHZ 65, 93, 97 f. = NJW 1976, 49; BGH Urt. v. 14. 7. 1954 – II ZR 342/53, BGHZ 14, 264, 267 = NJW 1954, 1563; BGH Urt. v. 29. 5. 1967 – II ZR 105/66, BGHZ 48, 163, 173 = NJW 1967, 1963; Baumbach/*Hopt* RdNr. 5; Heymann/*Emmerich* RdNr. 15; Schlegelberger/*Martens* RdNr. 35; s. oben RdNr. 16.

[239] BGH Urt. v. 14. 7. 1954 – II ZR 342/53, BGHZ 14, 264, 267 = NJW 1954, 1563 (GmbH); Staub/*Ulmer* RdNr. 76; HdbPersG/*Westermann* I RdNr. 552.

[240] Vgl. BGH Beschl. v. 18. 9. 1974 – II ZB 6/74, BGHZ 65, 92, 98 = NJW 1976, 49 mwN; BGH Urt. v. 9. 11. 1987 – II ZR 100/87, BGHZ 102, 172, 176 = NJW 1988, 969 (GmbH); Staub/*Ulmer* RdNr. 76.

[241] *Hueck A.* OHG § 11 V 1 b S. 181; Staub/*Ulmer* RdNr. 77.

[242] BGH Urt. v. 14. 7. 1954 – II ZR 342/53, BGHZ 14, 264, 267 f. = NJW 1954, 1563 (GmbH); vgl. ferner BGH Urt. v. 10. 10. 1983 – II ZR 213/82, LM BGB § 242 (Cd) Nr. 252; BGH Urt. v. 19. 1. 1987 – II ZR 158/96, NJW 1987, 1262 (Publikums-Gesellschaft); HdbPersG/*Westermann* I RdNr. 552; Staub/*Ulmer* RdNr. 77; Schlegelberger/*Martens* RdNr. 11.

[243] *Hueck A.* OHG § 11 V 1 b S. 181 mwN; Staub/*Ulmer* RdNr. 77.

[244] *Hueck A.* OHG § 11 V 1 b S. 181 Fn. 58 gegen Düringer/Hachenburg/*Flechtheim* RdNr. 5, die stets eine neue Abstimmung zulassen wollen; s. auch Staub/*Ulmer* RdNr. 77.

[245] Vgl. BGH Urt. v. 14. 11. 1994 – II ZR 160/93, NJW 1995, 1353, 1355 f.; BGH Urt. v. 30. 3. 1987 – II ZR 180/86, BGHZ 100, 264, 266 = NJW 1987, 2580 (GmbH); BGH Urt. v. 30. 3. 1998 – II ZR 20/97, NJW 1998, 1946; anders aber u. U. bei Publikums-Gesellschaft: vgl. zB BGH Urt. v. 19. 1. 1987 – II ZR 158/96, NJW 1987, 1262.

[246] Schlegelberger/*Martens* RdNr. 11.

[247] Vgl. etwa BGH Urt. v. 14. 11. 1994 – II ZR 160/93, NJW 1995, 1353, 1355 f.

[248] Vgl. zB BGH Urt. v. 30. 3. 1987 – II ZR 180/86, BGHZ 100, 264, 269 f. mwN = NJW 1987, 2580 (GmbH); schon RG Urt. v. 13. 6. 1922 – II 771/21, RGZ 104, 413, 415; RG Urt. v. 4. 12. 1928 – II 360/28, RGZ 122, 367, 369.

[249] S. oben RdNr. 32 zu der gleichgelagerten Frage der Bedeutung der Schriftformabrede für Gesellschafterbeschlüsse; *Hueck A.* OHG § 11 V 2 a S. 183.

[250] Schlegelberger/*Martens* RdNr. 12.

Beschlußfassung 74–78 § 119

Nichtigkeit, wenn nicht in dem Beschluss ausnahmsweise eine bewusste, wenn auch stillschweigende Änderung des Gesellschaftsvertrages (vgl. oben RdNr. 33) liegt und die dafür erforderliche Mehrheit erreicht ist. Eine weitere **Ausnahme** betrifft derart fehlerhafte Beschlüsse mit vertragsänderndem, über die schuldrechtlichen Beziehungen der Gesellschafter hinausgehendem Inhalt, die vollzogen worden sind: hier gehen die Grundsätze über die **fehlerhafte Gesellschaft** (§ 105 RdNr. 177 ff.) vor. Schließlich kann ein im übrigen ordnungsgemäß gefasster Beschluss – relativ – unwirksam sein, weil ihm die Zustimmung des betreffenden Gesellschafters (vgl. § 707 BGB; RdNr. 61) fehlt.[251]

Eine **Heilung** der Nichtigkeit kann durch **Bestätigung** herbeigeführt werden oder aber dadurch 74 eintreten, dass die Gesellschafter langdauernd nach dem Beschluss verfahren und die Berufung auf die Fehlerhaftigkeit verwirkt ist; dies gilt allerdings nicht bei einem Verstoß gegen §§ 134, 138 BGB.[252]

c) **Geltendmachung.** Nach der gefestigten höchstrichterlichen Rechtsprechung,[253] die von der 75 nach wie vor hM im Schrifttum[254] geteilt wird, sind mangels entsprechender gesellschaftsvertraglicher Vereinbarungen, die für das Kapitalgesellschaftsrecht geltenden Grundsätze über die **Geltendmachung** von **Beschlussmängeln** im Personengesellschaftsrecht nicht anwendbar.[255] Vielmehr ist der Streit, wenn die Gesellschafter nicht ohne gerichtliche Hilfe zu einer Lösung finden, im Wege der **Feststellungsklage** (§ 256 ZPO) auszutragen.

Diese Klage ist – das gilt selbst bei einer körperschaftlich strukturierten Publikumsgesellschaft – 76 nicht **fristgebunden.**[256] Es gelten lediglich die allgemeinen **Verwirkungsprinzipien,**[257] bei deren Anwendung allerdings der Gesichtspunkt der **Treuepflicht** besondere Aufmerksamkeit erfordert: Ein Gesellschafter, der einen Beschluss nicht gelten lassen will, wird regelmäßig gehalten sein, dies alsbald deutlich zu machen, schon um der Gruppe die Möglichkeit zu geben, den Mangel umgehend zu beheben; wenn dies nicht gelingt, besteht entweder für den dissentierenden oder die übrigen Gesellschafter Anlass, die Streitfrage durch das Gericht klären zu lassen, weil entweder die Mehrheit den Beschluss durchführt oder sich an dessen Umsetzung durch die Einwendungen des dissentierenden Gesellschafters gehindert sieht.

Der Streit um die Wirksamkeit des Beschlusses wird **zwischen den Gesellschaftern,**[258] nicht mit 77 der Gesellschaft ausgetragen. Es besteht keine notwendige Streitgenossenschaft,[259] vielmehr richtet sich die Klage gegen diejenigen Gesellschafter, die hinsichtlich der Wirksamkeit des Beschlusses den gegenteiligen Standpunkt wie der Kläger einnehmen.[260]

d) **Abweichende gesellschaftsvertragliche Gestaltung.** Die von der höchstrichterlichen 78 Rechtsprechung und der hM im Schrifttum vertretene Lösung, dass der Streit über die Wirksamkeit eines Gesellschafterbeschlusses unter den Gesellschaftern und in Form einer Feststellungsklage auszutragen ist, ist – zumal bei Gesellschaften mit einer größeren Mitgliederzahl – nicht einfach und kann uU auch zu Schwierigkeiten bei der Rechtskrafterstreckung führen.[261] Dem kann durch die teilweise oder gänzliche Adaption der im **Kapitalgesellschaftsrecht** geltenden Regeln über die **Geltendmachung** von **Beschlussmängeln** zumindest partiell[262] begegnet werden. Zulässig sind vor allem gesellschaftsvertragliche Klauseln, nach denen der Streit um die Wirksamkeit mit der Gesellschaft,[263] in Form einer Anfechtungsklage und obendrein fristgebunden ausgetragen werden

---

[251] BGH Urt. v. 12. 3. 2007 – II ZR 315/05, DStR 2007, 961.
[252] *Hueck A.* OHG § 11 V 2 b S. 185; Schlegelberger/*Martens* RdNr. 12.
[253] Zuletzt: BGH Urt. v. 7. 6. 1999 – II ZR 278/89, NJW 1999, 3113.
[254] Vgl. zB *Wiedemann* GesR I § 8 IV 2 S. 465; Schlegelberger/*Martens* RdNr. 10;; *Koller/Roth/Morck* RdNr. 11; Heymann/*Emmerich* RdNr. 11; zweifelnd Röhricht/Graf v. Westphalen/*v. Gerkan* RdNr. 8.
[255] AA namentlich *K. Schmidt,* FS Stimpel, S. 217 ff.; *ders.* GesR § 15 II 3 S. 453 ff.; MünchKommHGB/*Enzinger* RdNr. 98 f.
[256] BGH Urt. v. 7. 6. 1999 – II ZR 278/89, NJW 1999, 3113.
[257] BGH Urt. v. 11. 12. 1989 – II ZR 61/89, NJW-RR 1990. 474; BGH Urt. v. 24. 9. 1990 – II ZR 167/89, BGHZ 112, 339, 344 = NJW 1991, 691; BGH Urt. v. 7. 6. 1999 – II ZR 278/89, NJW 1999, 3113.
[258] BGH Urt. v. 13. 7. 1981 – BGHZ 81, 263, 264 f. = NJW 1981, 2565; BGH Urt. v. 15. 11. 1982 – BGHZ 85, 350, 353 = NJW 1982, 1880; BGH Urt. v. 30. 4. 1984 – BGHZ 91, 132 f. = NJW 1984, 2104; BGH Urt. v. 13. 2. 1995 – II ZR 15/94, NJW 1995, 1218.
[259] Heute allgM, vgl. Staub/*Fischer* RdNr. 18; Schlegelberger/*Martens* RdNr. 13 mwN.
[260] Vgl. zur ähnlich liegenden Problematik bei der Ausschließungsklage BGH Urt. v. 15. 9. 1997 – II ZR 97/96, NJW 1998, 146.
[261] Anschaulich Schlegelberger/*Martens* RdNr. 13.
[262] Vgl. zu den auch hier uU auftretenden Problemen der Rechtskrafterstreckung HdbPersG/*Westermann* I RdNr. 556 mwN.
[263] Vgl. BGH Urt. v. 15. 11. 1982 – BGHZ 85, 350, 353 = NJW 1982, 1880; BGH Urt. v. 15. 6. 1987 – II ZR 261/87, NJW 1988, 411.

§ 120 2. Buch. 1. Abschnitt. Offene Handelsgesellschaft

muss.[264] Hinsichtlich der Bemessung der Frist sind die Gesellschafter frei, solange sie die als Leitbild geltende Monatsfrist des § 246 Abs. 1 AktG nicht unterschreiten.[265] Dies hat der II. Zivilsenat jüngst ausdrücklich bestätigt.[266] Allerdings kann die Adaption des kapitalgesellschaftsrechtlichen Beschlussmangelsystems nicht dazu führen, dass ein Gesellschafter, nur weil die „Anfechtungsfrist" umstritten ist, ohne seine Zustimmung (§ 207 BGB, vgl. oben RdNr. 61) zur Leistung zusätzlicher Beiträge verpflichtet wird. Die relative Unwirksamkeit eines solchen Mehrheitsbeschlusses kann er auch gegenüber der Gesellschaft im Wege der Feststellungsklage geltend machen.

V. Vereinbarungen

79 Nicht nur das Einstimmigkeitsprinzip ist **dispositiv,** auch im Übrigen können die Gesellschafter das für sie geltende Beschlussverfahren weitgehend **eigenständig** regeln. Beispiele sind die Regelungen über die Form der Beschlussfassung (RdNr. 29 ff.), über die Notwendigkeit, eine Gesellschafterversammlung (RdNr. 34 ff.) abzuhalten einschließlich der Einberufungs- (RdNr. 36), Abstimmungs- (RdNr. 37 ff.) und Protokollierungsformalitäten (RdNr. 31), oder über die Art und Weise der Geltendmachung von Beschlussmängeln (RdNr. 75 ff.).

§ 120 [Gewinn und Verlust]

(1) **Am Schlusse jedes Geschäftsjahrs wird auf Grund der Bilanz der Gewinn oder der Verlust des Jahres ermittelt und für jeden Gesellschafter sein Anteil daran berechnet.**

(2) **Der einem Gesellschafter zukommende Gewinn wird dem Kapitalanteile des Gesellschafters zugeschrieben; der auf einen Gesellschafter entfallende Verlust sowie das während des Geschäftsjahrs auf den Kapitalanteil entnommene Geld wird davon abgeschrieben.**

Schrifttum: *App,* Zur Anerkennung der Gewinnverteilung bei Familien-Personengesellschaften, FamRZ 1991, 524; *Balthasar,* Die Bestandskraft handelsrechtlicher Jahresabschlüsse, 1999; *Barz,* Die vertragliche Entnahmeregelung bei OHG und KG, FS Knur, 1972, S. 25; *Bauschatz,* „Rückwirkende" Änderung der Ergebnisverteilung bei gewerblichen Personengesellschaften, FR 2005, 1230; *Binz/Sorg,* Bilanzierungskompetenzen bei der Personengesellschaft (zu BGH 29. 3. 1996), DB 1996, 969; *Bormann/Hellberg,* Ausgewählte Probleme der Gewinnverteilung in Personengesellschaften, DB 1997, 2415; *Brunner/Wertz,* Die disproportionale Gewinn- und Stimmrechtsverteilung – ein Instrument für die Nachfolgeplanung; *Buchwald,* Die Bilanzen der Personengesellschaften als Vereinbarungen zwischen den Gesellschaftern, JR 1948, 65; *Crezelius,* Gewinnermittlung vs. Gewinnverwendung; FS 100 Jahre GmbH-Gesetz, 1992, S. 315; *Döllerer,* Rechtsbeziehungen zwischen der Personenhandelsgesellschaft und ihren Gesellschaftern in der Steuerbilanz, FS Flume, Bd. II, 1978, S. 43; *ders.,* Zur Klausel „Handelsbilanz = Steuerbilanz" in Gesellschaftsverträgen von Personenhandelsgesellschaften, FS Kellermann, 1991, S. 51; *Dötsch,* Basiszinssatz und Gesellschaftsrecht, ZGS 2002, 282; *Eckelt,* Vermögensanteil und Kapitalanteil, NJW 1954, 1905; *Ernst,* Das Entnahmerecht der Gesellschafter von Personalhandelsgesellschaften und das Steuerrecht, BB 1961, 377; *Flume,* Bd. I/1 § 11, 145 ff.; *ders.,* Die Gewinnverteilung in Personengesellschaften nach Gesellschaftsrecht und Steuerrecht, DB 1973, 786; *Försche/Knopp,* Mindestinhalt der Gewinn- und Verlustrechnung für Einzelkaufleute und Personenhandelsgesellschaften, DB 1989, 1037, 1096; *Freidank,* Der Ausweis des Eigenkapitals bei Personengesellschaften in der Jahresabschlussrechnung, WPg 1994, 397; *Funke/Lachotzki,* Gewinnverteilung bei Personengesellschaften, EStB 2002, 289; *Ganssmüller,* Der Gewinnanteil des Gesellschafters von Handelspersonengesellschaften und seine rechtliche Behandlung, DB 1967, 2103; *ders.,* Gewinnanteil und Leistung der Einlage, DB 1970, 285; *ders.,* Verlusttragungsmodelle bei den Handelspersonengesellschaften, DB 1968, 1699; *Goerdeler,* Auswirkungen des Bilanzrichtliniengesetzes auf Personengesellschaften, FS Fleck, 1988, S. 53; *Grantz/Günther,* Verlustausgleichsbeschränkungen bei negativem Kapitalkonto – was ist zu beachten?, GStB 2005, 369; *Großfeld,* Bilanzrecht für Juristen, NJW 1986, 955; *Günther,* Zurechnung steuerlicher Mehrgewinne nach Ausscheiden eines Gesellschafters, GStB 2003, 306; *Heinicke/Heuser,* Die zeitliche Zuordnung von Gewinnen beim Ausscheiden aus einer Personengesellschaft, DB 2004, 2655; *Himmelreich,* Folgen der Aushöhlung des Maßgeblichkeitsprinzips, FS Welf Müller, 2001, S. 613; *Hoch,* Die gewinnverwendende Bilanzierungsentscheidung – Probleme der Trennung von Gewinnentstehung und Gewinnverwendung, DStR 1998, 134; *Hofbauer,* Die Bilanzierung des Eigenkapitals bei Personen-Handelsgesellschaften, WPg 1984, 654; *Hoffmann,* Eigenkapitalausweis und Ergebnisverteilung bei Personenhandelsgesellschaften nach Maßgabe des KapCoRiLiG, DStR 2000, 837; *Hopt,* Bilanz, Reservenbildung und Gewinnausschüttung bei der OHG und KG, FS Odersky, 1996, S. 799; *ders.,* Freie Rücklagen in Kommanditgesellschaften, GS Knobbe-Keuk, 1997, S. 203; *Horn,* Gesellschafterkonten der Personengesellschaften, BuW 2001, 624; *Huber,* Gesellschafterkonten in der Personengesellschaft, ZGR 1988, 1; *ders.,* Vermögensanteil, Kapitalanteil und Gesellschaftsanteil, 1970; *Jud,* Die Ergebnisverteilung bei Familienpersonengesellschaften als Anwendungsfall eines beweglichen Systems im Gesellschaftsrecht, FS Wilburg, 1975, S. 119; *Klußmann,* Ausweis der Gesellschafterkonten bei Personengesellschaften, DB 1967, 389; *Knobbe-Keuk,* Bilanz- und Unternehmenssteuerrecht, 9. Aufl. 1993; *Konz,* Das Gesellschaftergrundstück in der Bilanz der Personengesellschaft, Diss. Mainz 1969; *Ley,* Zur steuerlichen Behandlung der Gesellschafterkapitalkonten sowie der Forderungen und Verbindlichkeiten zwischen einer gewerblichen Personengesell-

---

[264] BGH Urt. v. 20. 1. 1977 – II ZR 217/75, BGHZ 68, 212, 216 = NJW 1977, 1292; BGH Urt. v. 13. 2. 1995 – II ZR 15/94, NJW 1995, 1218; BGH Urt. v. 30. 6. 1966 – II ZR 149/64, BB 1966, 1169; BGH Urt. v. 11. 12. 1989 – II ZR 61/89, NJW-RR 1990, 474.
[265] BGH Urt. v. 13. 2. 1995 – II ZR 15/94, NJW 1995, 1218.
[266] *BGH* Urt. v. 12. 3. 2007 – II ZR 315/05, DStR 2007, 961.

schaft und ihren Gesellschaftern, KÖSDI 2002, Nr. 10, 13459; *dies.,* Rechtsnatur und Abgrenzung aktivischer Gesellschafterkonten, DStR 2003, 957; *Mellwig,* Rechnungslegungszwecke und Kapitalkonten bei Personengesellschaften, BB 1979, 1409; *Messer,* Der Widerruf der Stimmabgabe, FS Fleck, 1988, S. 221; *Muth,* Die Bilanzfeststellung bei Personenhandelsgesellschaften, 1986; *ders.,* Übertragbarkeit und Pfändbarkeit des Kapitalentnahmeanspruchs von Personenhandelsgesellschaften, DB 1986, 1761; *Oppenländer,* Zivilrechtliche Aspekte der Gesellschafterkonten der OHG und KG, DStR 1999, 939; *Pauli,* Das Eigenkapital der Personengesellschaften, 1990; *Paulick,* Das Problem der Gewinnverteilung bei Familienpersonengesellschaften in handelsrechtlicher und steuerrechtlicher Sicht, FS Laufke, 1971, S. 193; *Plassmann,* Darlehenskonto statt zweitem Kapitalkonto?, BB 1978, 413; *Priester,* Stille Reserven und offene Rücklagen bei Personengesellschaften, FS Quack, 1991, S. 373; *ders.,* Gewinnermittlung und Gewinnausschüttung im Personengesellschafts- und GmbH-Recht, in: Max Hachenburg – Fünfte Gedächtnisvorlesung 2002, 2003, 59; *ders.,* Feststellung des Jahresabschlusses bei der Personenhandelsgesellschaft, FS Hadding, 2004, 607; *ders.,* Jahresabschlussfeststellung bei Personengesellschaften, DStR 2007, 28; *van Randenborgh,* Das negative Kapitalkonto bei der Personengesellschaft, DNotZ 1959, 373; *Ritzrow,* Verteilung steuerlicher Mehr- und Mindergewinne bei Personengesellschaften, BuW 2004, 501; *Rodewald,* Zivil- und steuerrechtliche Behandlung der Gestalung von Gesellschafterkonten, GmbHR 1998, 521; *Röhrig/Doege,* Das Kapital der Personengesellschaften im Handels- und Ertragsteuerrecht – Begriff, Bedeutung, Gestaltungen, DStR 2006, 489; *Rohn,* Die Entscheidungen von Streitigkeiten zwischen Gesellschaftern einer OHG (KG) bei der Erstellung der Bilanz, Diss. Münster 1966; *Rückle,* Jahresabschlußaufstellung und – Feststellung bei Personengesellschaften, FS Beisse, 1997, S. 433; *Salje,* Die Abgrenzung des Gesellschafter-Darlehenskontos gegenüber dem Kapitalkonto bei Personengesellschaften, BB 1978, 1155; *Schellein,* Der Einfluss der §§ 264–289 HGB auf die Rechnungslegung der Personenhandelsgesellschaften, WPg 1988, 693; *Schneider,* Konkurs von Personengesellschaften, Behandlung der Gesellschafter-Privatkonten, BB 1954, 246; *Schön,* Bilanzkompetenzen und Ausschüttungsrechte in der Personengesellschaft, FS Beisse, 1997, S. 471; *ders.,* Gewinnermittlung, Gewinnverteilung und Gewinnausschüttung im Recht der Personengesellschaften und der GmbH, in: Max Hachenburg – Fünfte Gedächtnisvorlesung 2002, 2003, 17; *Schopp,* Kapitalkonten und Gesellschafterdarlehen in den Abschlüssen von Personenhandelsgesellschaften, BB 1987, 581; *Schulze zur Wiesch,* Stille Reserven im Jahresabschluß der Einzelkaufleute und Personenhandelsgesellschaften, WPg 1987, 149; *Schulze-Osterloh,* Aufstellung und Feststellung des handelsrechtlichen Jahresabschlusses der Kommanditgesellschaft, FS Schippel, 1996, S. 505; *Ulmer,* Die Mitwirkung des Kommanditisten an der Bilanzierung der KG, FS Hefermehl, 1976, S. 207; *ders.,* Gesellschafterbeschlüsse in Personengesellschaften, FS Niederländer, 1991, S. 415; *ders.,* Gewinnanspruch und Thesaurierung in OHG und KG, FS Lutter, 2000, S. 935; *Wallis,* Die offene Handelsgesellschaft und die Besteuerung ihres Gewinns, FS Fischer, 1979, S. 809; *Weilinger,* Die Aufstellung und Feststellung des Jahresabschlusses, 1997; *Wertenbruch,* Die Pfändung von „überziehbaren" Gesellschafterkonten und Entnahmerechten bei Personengesellschaften, FS Gerhardt, 2004, 1077; *ders.,* Gewinnausschüttung und Entnahmepraxis in der Personengesellschaft, NZG 2005, 665; *H. Westermann,* Zur Problematik der Rücklagen bei der Personenhandelsgesellschaft, FS v. Caemmerer, 1978, S. 657; *Wiedemann,* Gedanken zur Vermögensordnung der Personengesellschaft, FS Odersky, 1996, S. 925; *ders.,* Rechte und Pflichten des Personengesellschafters, WM 1992 Sonderbeil. 7; *Wilhelm,* Bilanz, Vermögen, Kapital, Gewinn bei Einzelkaufmann, Personalgesellschaft und OHG, ZHR 159 (1995) 454; *Winnefeld,* Übertragung und Pfändung des Kapital-Entnahmeanspruchs im Sinne des § 122 I HGB, DB 1977, 897; *Woltmann,* Die Bilanz der Personenhandelsgesellschaft an der Schwelle des Bilanzrichtlinien-Gesetzes, WPg 1977, 245, 275; *ders.,* Die Bilanz des Personenunternehmens im Übergang, DB 1977, 1957; *Zunft,* Materiellrechtliche und prozeßrechtliche Fragen zur Bilanz der OHG und der KG, NJW 1959, 1945.

Übersicht

	RdNr.		RdNr.
I. Zweck der Vorschrift/Überblick	1, 2	a) Allgemeines	20
II. Der Jahresabschluss (§ 120 Abs. 1)	3–55	b) Eigenkapital und Einlage	21–26 a
1. Die Aufstellung des Jahresabschlusses	3–7	aa) Eigenkapital	21
a) Begriff und Zweck des Jahresabschlusses	3, 4	bb) Einlage	22–23 b
b) Buchführungspflichten als Pflicht im öffentlichen Interesse	5, 6	cc) Bewertung von Einlagen	24–26 a
c) Trennung von Bilanz- und Gesellschaftsrecht	7	d) Rücklagen	29–31
		e) Prüfung des Jahresabschlusses	32
2. Aufstellung	8–19	4. Feststellung	33–55
a) Begriff	8	a) Allgemeines	33, 34
b) Verpflichtung zur Aufstellung	9–14 a	b) Rechtsnatur der Feststellung	35–38
aa) Verpflichtete	9–11	aa) Meinungsstand	35
bb) Inhalt der Pflicht	12, 13	bb) Stellungnahme	36–38
cc) Pflichtverletzung	14, 14 a	c) Zustimmungserfordernisse	39, 40
c) Differenzen bei der Aufstellung des Jahresabschlusses	15–19	d) Reichweite	41–48
		aa) Inhaltl.	41–43
aa) Differenzen zwischen den zur Geschäftsführung befugten Gesellschaftern		bb) Personell	44–48
		e) Form	49
bb) Differenzen zwischen den zur Geschäftsführung Befugten und den übrigen Gesellschaftern	15–17 a	f) Mängel beim Feststellungsbeschluss	50–52
		g) Unterzeichnung	53
	18	h) Berichts- und Informationsrechte	54, 55
cc) Ermessensentscheidungen bei der Aufstellung des Jahresabschlusses	19	**III. Berechnung des Anteils (§ 120 Abs. 1)**	56–61
3. Inhaltliche Anforderungen an den Jahresabschluss	20–32	1. Allgemeines	56
		2. Kapitalanteil	57–61
		a) Begriffsbestimmung	57

	RdNr.		RdNr.
b) Rechtsnatur	58, 59	1. Kapitalkonten	70–80
c) Abgrenzung	60	a) Variabler Kapitalanteil	71
d) Einheitlichkeit des Kapitalanteils	61	b) Negativer Kapitalanteil	72–74
IV. Zu- und Abschreibung von Gewinnen bzw. Verlusten (§ 120 Abs. 2)	62–68	c) Fester Kapitalanteil	75–79
		aa) Kapitalkonto I	75
1. Problemstellung	62	bb) Kapitalkonto II	76–79
2. Gewinnermittlung und Gewinnverwendung	63–68	d) Ohne Kapitalanteil	80
a) Gewinnermittlung	63	2. Privatkonto	81–83
b) Gewinnverwendung	64–66	3. Abgrenzung von Privat- und Kapitalkonto	84–86
c) Abgrenzung zwischen Gewinnermittlung und -verwendung	67, 68	a) Abgrenzungskriterien	85
		b) Unrichtige Buchung	86
aa) Meinungsstand	67	4. Weitere Gesellschafterkonten	87–92
bb) Stellungnahme	68	a) Verlustsonderkonto	88
V. Gesellschafterkonten	69–92	b) Rücklagenkonto	89–91
		c) Darlehenskonto	92

I. Zweck der Vorschrift/Überblick

1   Das Gesetz beinhaltet in § 120 die **zentrale Regelung für das Rechnungswesen** der OHG und für die kontenmäßige Darstellung der den Gesellschaftern zustehenden Kapitalanteile. Die Vorschrift ist seit 1897 unverändert und stimmt weitgehend mit der Vorgängernorm im Art. 108 Abs. 2 ADHGB überein. Abs. 1 skizziert dabei wichtige Elemente des Verfahrens der Gewinn- und Verlustermittlung, wobei es um zwei voneinander zu trennende Bereiche geht, nämlich um die Auf- und Feststellung des Jahresabschlusses und um die Berechnung des Anteils des Gesellschafters am Ergebnis. In Abs. 2 werden Kriterien aufgestellt, nach denen der Kapitalanteil eines Gesellschafters buchmäßig zu erfassen ist. § 120 bildet ferner die Grundlage für die Bestimmungen zur Gewinn- und Verlustrechnung bei der KG (§ 167).[1] § 120 stellt dabei jedoch nur eine **Rumpfregelung** dar. Sie wird ergänzt durch Regelungen zur Gewinn- und Verlustverteilung (§ 121) und zum Entnahmerecht der Gesellschafter (§ 122). Ergänzend sind auch die allgemeinen Regelungen für die BGB-Gesellschaft der §§ 707 und 717–722 BGB ihrem Sinn nach im Recht der OHG zu berücksichtigen (vgl. § 105).[2] Soweit es im Rahmen des Jahresabschlusses um die Ermittlung von Gewinnen und Verlusten (Bilanzierungspflicht) geht, sind seit dem Bilanzrichtliniengesetz von 1985[3] die Spezialvorschriften der §§ 242 ff., insbesondere der §§ 246 ff. in Betracht zu ziehen. Weitere Verpflichtungen können sich für eine OHG, die die Größenmerkmale des Publizitätsgesetzes (§§ 1, 3 PublG) erfüllt, ergeben (vgl. § 5 Abs. 2 PublG – Vorlage eines Lageberichts). Aus dem KapCoRiLG (BGBl 2000, I S. 154) folgen für OHGen, die als Gesellschafter keine natürliche Person oder eine Personengesellschaft mit einer natürlichen Person als Vollhafter haben (§ 264 a Abs. 1), Auswirkungen auf den Eigenkapitalausweis, die Pflicht zur Aufstellung eines Anhangs und eines Lageberichts sowie die Abschlussprüfung. Daneben sind Sondervorgaben für Kreditinstitute nach dem KWG aus den §§ 340 ff. abzuleiten.[4]

2   § 120 ist ebenso wie § 121 und § 122 **dispositiver Natur**[5] (vgl. § 109), so dass sich in den Gesellschaftsverträgen nicht selten – im Rahmen der §§ 242 ff. mögliche – ergänzende oder abweichende Vorschriften über die Rechnungslegung und den Jahresabschluss finden.[6] Dazu gehören insbesondere Bilanzklauseln, mit Hilfe derer Bewertungsprobleme behoben werden sollen. Auch hinsichtlich der Regelungen über die Konten wird in aller Regel von den gesetzlichen Vorstellungen der Bildung variabler Konten durch Vereinbarungen abgewichen und neben einem festen Kapitalkonto (sog. Kapitalkonto I) ein variables Kapitalkonto (sog. Kapitalkonto II) und ein oder mehrere weitere sog. Verfügungskonten vereinbart (im Einzelnen s. dazu unten RdNr. 75 ff.). Schließlich werden meist auch die Vorschriften über die Gewinnverteilung durch abweichende Vereinbarungen abbedungen bzw. durch andere Regelungen ersetzt. Praktisch kommt der Regelung des § 120 vor diesem Hintergrund im Wesentlichen nur noch die **Funktion einer Auffangnorm** zu, die dort

---

[1] Vgl. unten *Weipert* § 167 RdNr. 2 ff.
[2] Vgl. MünchKommHGB/*Priester* RdNr. 8; Heymann/*Emmerich* RdNr. 1; Staub/*Ulmer* RdNr. 5; *Michalski* RdNr. 1.
[3] BGBl. 1985 I S. 2355. Zur Auswirkung des Bilanzrichtliniengesetzes auf die Personenhandelsgesellschaften s. u. a. *Goerdeler*, FS Fleck, 1988, S. 53 ff.; *Schulze-Osterloh* ZHR 150 (1986) 403 ff.
[4] MünchKommHGB/*Priester* RdNr. 8; Heymann/*Emmerich* RdNr. 5; *Michalski* RdNr. 1.
[5] S. BGH Urt. v. 12. 7. 1965 – II ZR 118/63, BGHZ 44, 158, 160; BGH Urt. v. 3. 11. 1975 – II ZR 87/74, MDR 1976, 123 f.; *Westermann/Klingberg* RdNr. I 584; Schlegelberger/*Martens* RdNr. 1; *Michalski* RdNr. 1; Heymann/*Emmerich* MünchKommHGB/*Priester* RdNr. 9.
[6] Baumbach/*Hopt* RdNr. 1; *Westermann/Klingberg* RdNr. I 584 ff.; MünchHdbGesR I/*Bezzenberger* RdNr. 15; Staub/*Ulmer* § 120 RdNr. 64 ff.; *Huber* ZGR 1988, 1, 47 ff.

Gewinn und Verlust

eine Rolle spielt, wo die Gesellschafter versehentlich oder willentlich keine entsprechenden Regelungen im Gesellschaftsvertrag geschlossen haben. Allerdings sollte die Bedeutung des § 120 nicht unterschätzt werden, denn zudem stellt diese Vorschrift auch das **normative Leitbild** dar, an dem sich die Anforderungen an die vermögensrechtliche Konkretisierung der mitgliedschaftlichen Rechte der Gesellschafter zu orientieren haben.[7] Dieses normative Leitbild wird allerdings bei der **EWIV** nicht vollständig durchgehalten. Obwohl die EWIV gem. § 1 EWIV-Ausführungsgesetz grundsätzlich den Regeln der OHG unterfallen, werden die §§ 120–122 von Art. 21 Abs. 1 EWIV–VO überlagert. Danach gelten Gewinne aus den Tätigkeiten der Vereinigung als solche der Mitglieder und sind vorbehaltlich abweichender Vertragsvereinbarungen auf diese zu gleichen Teilen aufzuteilen. Etwaige Verluste sind nach Art. 21 Abs. 2 EWIV–VO von den Mitgliedern unmittelbar zu tragen. Bei der **Partnerschaftsgesellschaft** werden die §§ 120–122 von der Verweisung des § 6 Abs. 3 S. 2 PartGG ausgenommen.

II. Der Jahresabschluss (§ 120 Abs. 1)

1. Die Aufstellung des Jahresabschlusses. a) Begriff und Zweck des Jahresabschlusses. Gem. § 242 Abs. 3 bilden die Bilanz und die Gewinn- und Verlustrechnung gemeinsam den Jahresabschluss. **Damit wird die Vermögens- und Ertragslage dargestellt,** die sich aus der Gegenüberstellung der Aufwendungen und Erträge innerhalb eines Geschäftsjahres ergibt. Damit bildet der Jahresabschluss den zeitlich-formalen Endpunkt eines Handlungsabschnitts der Gesellschaft. Als **Geschäftsjahr** gilt die vom Kaufmann festgelegte Rechnungsperiode, die neben der handelsrechtlichen Bedeutung auch bilanzsteuerrechtliche Wirkung entfaltet (vgl. § 4a Abs. 1 Nr. 2 EStG).[8] Diese Periode darf die Dauer von 12 Monaten grundsätzlich nicht überschreiten (§ 240 Abs. 2 Satz 2)[9] und entspricht – soweit nicht etwas anderes geregelt ist – dem Kalenderjahr (vgl. § 240 RdNr. 21 f.).

Der **Zweck des Jahresabschlusses** besteht im Wesentlichen in der Information über die wirtschaftlichen Verhältnisse im Hinblick auf außenstehende Marktteilnehmer (zB potentielle Geschäftspartner, Kreditgeber, Arbeitnehmer) und im Hinblick auf die Gesellschafter. Der Jahresabschluss dient aber auch der eigenen Unterrichtung des Kaufmannes. In einer OHG hat er ferner den Zweck, den Gesellschaftern über die Geschäftsführung während eines Geschäftsjahres Rechenschaft zu legen. Mittels der Jahresbilanz werden sie über die wirtschaftliche Lage informiert, und ihnen wird die Grundlage zur Beschlussfassung für die weitere Geschäftsführung gegeben.[10] Zudem ist im Rahmen des Jahresabschlusses der Gewinn und Verlust des abgelaufenen Geschäftsjahres zu ermitteln und, vorbehaltlich etwaiger Vereinbarungen, der Anteil der Gesellschafter daran zu berechnen.[11] Bedeutsam ist der Jahresabschluss schließlich auch in **steuerrechtlicher Hinsicht.** Zum einen ist gem. § 5 Abs. 1 Satz 1 EStG die im Jahresabschluss enthaltene Handelsbilanz für die Steuerbilanz maßgeblich, und zum anderen ist er relevant im Hinblick darauf, dass die Gesellschafter einkommensteuerpflichtig für die anteiligen OHG-Gewinne sind (§§ 2 Abs. 1 Nr. 2, 15 EStG).[12]

b) Buchführungspflichten als Pflicht im öffentlichen Interesse. Aufgrund des erheblichen Interesses des allgemeinen Rechts- und Wirtschaftsverkehrs an der Ordnungsgemäßheit der Bilanzen bzw. des Jahresabschlusses bestehen die Buchführungspflichten im öffentlichen Interesse. Allgemein wird daher davon ausgegangen, es handele sich bei den Buchführungs- und Bilanzierungspflichten des III. Buches des HGB um öffentlich-rechtliche Pflichten der Gesellschafter.[13] Daraus folgt, dass diese Pflichten für die Rechte und Pflichten der Gesellschafter im Verhältnis untereinander keine Rolle spielen.[14]

In der Insolvenz hat die korrekte Führung der Bücher die Aufgabe, den Insolvenzverwalter in die Lage zu versetzen, die wirtschaftlichen Transaktionen und den tatsächlichen Stand des Unternehmens

---

[7] Schlegelberger/*Martens* RdNr. 1; MünchKommHGB/*Priester* RdNr. 9.
[8] *Adler/Düring/Schmaltz* § 240 RdNr. 68.
[9] Vgl. BeckBilKomm/*Budde/Kunz* § 240 RdNr. 60, mwN.
[10] S. Staub/*Ulmer* RdNr. 10; Schlegelberger/*Martens* RdNr. 1 f.; MünchKommHGB/*Priester* RdNr. 12; *Mellwig* BB 1979, 1409, 1410 f.; *Westermann/Klingberg* RdNr. I 592.
[11] MünchHdbGesR I/*Bezzenberger* § 56 RdNr. 3.
[12] Vgl. dazu ausf. Staub/*Ulmer* RdNr. 4 f.
[13] Genau genommen ist der Begriff der „öffentlich-rechtlichen Pflicht" hier nicht ganz zutreffend. Es geht vielmehr darum, dass die Bilanzierungs- und Buchführungspflichten nicht hauptsächlich im Interesse der Gesellschaft, sondern im Hinblick auf den allg. Rechts- und Wirtschaftsverkehr aufgestellt sind; vgl. hierzu Ehricke ZGR 2000, 351, 377 f.; zu öffentlich-rechtlichen Pflichten im engeren Sinne s. etwa Scholz/*U. H. Schneider* § 43 GmbHG RdNr. 255 a f.
[14] Heymann/*Emmerich* RdNr. 2; Baumbach/*Hopt* RdNr. 1; Baumbach/Hopt/*Merkt* § 238 RdNr. 4 und § 243 RdNr. 34; GroßKommAktG/*Hüffer* § 238 RdNr. 3; § 240 RdNr. 1; § 242 RdNr. 2; *Goerdeler*, FS Fleck, 1988, S. 53, 55; MünchHdbGesR I/*Bezzenberger* § 56 RdNr. 13; § 238 RdNr. 1 und 17 ff.

nachvollziehen zu können und so die Beurteilungsgrundlage für seine Maßnahmen zu bilden.[15] Der Jahresabschluss erbringt darüber hinaus auch den Beleg dafür, ob möglicherweise die Rechnungslegungspflichten nicht ordnungsgemäß erfüllt worden sind, so dass zivilrechtliche[16] oder strafrechtliche Konsequenzen (§§ 283 bis 283 b StGB) möglich werden.

7 c) **Trennung von Bilanz- und Gesellschaftsrecht.** § 120 Abs. 1 regelt die gesellschaftsrechtliche Pflicht zur Rechnungslegung. Sie ist, wenngleich sie auch an den vom Bilanzrecht aufgestellten Rahmen gebunden ist,[17] von den bilanzrechtlichen Anforderungen der §§ 238 ff. zu trennen. Das Bilanz- und das Gesellschaftsrecht verfolgen mit ihren jeweiligen Rechnungslegungsvorschriften nicht nur unterschiedliche Zwecke, sondern sie sprechen auch unterschiedliche Personen als Verpflichtete an, sie haben jeweils andere materiellrechtliche Voraussetzungen und unterschiedliche Rechtsfolgen.[18] Im Folgenden beschränken sich die Ausführungen im Wesentlichen auf die gesellschaftsrechtliche Dimension, also insbesondere auf die gesellschaftsrechtlichen Vorgaben und Rechtsfolgen des Jahresabschlusses und auf die Implikationen auf das Verhältnis der Gesellschafter untereinander.

8 2. **Aufstellung. a) Begriff.** Die Aufstellung des Jahresabschlusses erfolgt durch eine gegliederte Zusammenfassung der Zahlen der Buchführung und des Inventars (§§ 238, 240) sowie der ergänzenden Abschlussbuchungen, wobei gem. § 247 mindestens das Anlage- und Umlaufvermögen, die Eigenkapital, die Schulden und die Rechnungsabgrenzungsposten getrennt aufzuweisen und hinreichend aufzugliedern sind.[19] Die Aufstellung schließt mit der Vorlage eines von den Gesellschaftern zu billigenden, in der Regel unterschriftsreifen Entwurfes ab.[20] Die Aufstellung des Jahresabschlusses ist exakt von dessen Feststellung (dazu unten RdNr. 33 ff.) zu trennen, weil beide Akte unterschiedliche rechtliche Bedeutung haben und zudem für beide unterschiedliche Zuständigkeiten bestehen.[21]

9 b) **Verpflichtung zur Aufstellung. aa) Verpflichtete.** Als Kaufmann gem. § 6 Abs. 1 ist die OHG nach § 242 verpflichtet, einen Jahresabschluss aufzustellen. Wie sich aus §§ 114 und 116 Abs. 1 ergibt, sind für die Aufstellung des Jahresabschlusses ausschließlich die **geschäftsführenden Gesellschafter** zuständig und verpflichtet.[22] Es handelt sich dabei um eine **Gesamtzuständigkeit** der betreffenden Gesellschafter.[23] Sind mehrere Gesellschafter zur Geschäftsführung berechtigt, so hat grundsätzlich jeder von ihnen die Pflicht und das Recht, den Jahresabschluss aufzustellen (vgl. § 115). Besteht innerhalb der Gruppe der geschäftsführenden Gesellschafter eine Aufgabenteilung, auf Grund derer einem Gesellschafter das Rechnungswesen obliegt, dann hat dieser den Jahresabschluss vorzubereiten und den anderen geschäftsführungsbefugten Gesellschaftern zur Stellungnahme vorzulegen.[24] Ist die Geschäftsführung insgesamt nur einem Gesellschafter übertragen, so hat dieser gem. § 114 Abs. 2 den Jahresabschluss allein aufzustellen. Wegen der fehlenden Binnenwirkung auf Grund des öffentlich-rechtlichen Charakters der Buchführungspflicht lässt sich auch aus dem Erfordernis der Unterzeichnung des Jahresabschlusses durch alle Gesellschafter (§ 245 Satz 2) kein Recht der nichtgeschäftsführenden Gesellschafter ableiten, an der Aufstellung mitzuwirken (vgl. auch unten RdNr. 53).[25]

10 Die Erfüllung dieser Pflicht obliegt dem **einzelnen geschäftsführenden Gesellschafter** auch dann, wenn er nicht hinreichend sachverständig ist. Die Pflicht zur Aufstellung ist aber nicht höchst-

---

[15] Vgl. *Mellwig* BB 1979, 1409, 1410; *Ulmer*, FS Hefermehl, 1976, S. 207, 212; *Adler/Düring/Schmaltz* § 238 RdNr. 33 ff.
[16] Dazu *Ehricke* ZGR 2000, 351, 375 ff.
[17] Baumbach/*Hopt* RdNr. 1; Heymann/*Emmerich* RdNr. 2; Schlegelberger/*Martens* RdNr. 10 ff.; Staub/*Ulmer* RdNr. 8; *Michalski* RdNr. 2; *Ensthaler* RdNr. 2.
[18] Ausf. dazu Staub/*Ulmer* RdNr. 7 und 9 f.
[19] MünchKommHGB/*Priester* RdNr. 46; MünchHdbGesR I/*Bezzenberger* RdNr. 10; *Michalski* RdNr. 2.
[20] Vgl. BGH Urt. v. 27. 9. 1979, BB 1980, 121, 122; Schlegelberger/*Martens* RdNr. 2; Heymann/*Emmerich* RdNr. 6; MünchHdbGesR I/*Bezzenberger* RdNr. 11; *Westermann/Klingberg* RdNr. I 594 und 598; *Priester*, FS Quack, 1991, S. 373, 379.
[21] MünchKommHGB/*Priester* RdNr. 45; Baumbach/*Hopt* RdNr. 1; Staub/*Ulmer* RdNr. 14 ff.; *Ulmer*, FS Hefermehl, 1976, S. 207, 210 f.; Heymann/*Emmerich* RdNr. 6, 8; Schlegelberger/*Martens* RdNr. 4; MünchHdbGesR I/*Bezzenberger* RdNr. 10.
[22] BGH Urt. v. 3. 11. 1975 – II ZR 87/74, WM 1975, 1261 f.; BGH Urt. v. 27. 9. 1979 – IX ZR 80/76, WM 1979, 1330; BGH Urt. v. 24. 3. 1980 – II ZR 88/79, BGHZ 76, 338, 342 = NJW 1980, 1689; BGH Urt. v. 29. 3. 1996 – II ZR 263/94, BGHZ 132, 263 = NJW 1996, 1678; Schlegelberger/*Martens* RdNr. 2; Heymann/*Emmerich* RdNr. 6; *Ensthaler* RdNr. 4; Röhricht/Graf v. Westphalen/*v. Gerkan* RdNr. 3; Staub/*Ulmer* RdNr. 14; MünchKommHGB/*Priester* RdNr. 47; *Michalski* RdNr. 4; *Goerdeler*, FS Fleck, 1988, S. 53, 68.
[23] Schlegelberger/*Martens* RdNr. 2; Staub/*Ulmer* RdNr. 14; vgl. MünchKommHGB/*Priester* RdNr. 52.
[24] MünchHdbGesR I/*Bezzenberger* RdNr. 18.
[25] So aber etwa BeckBilKomm/*Budde/Kunz* § 238 RdNr. 42, § 245 RdNr. 2; *Küting/Weber/Ellerich* HdR § 238 RdNr. 6. Wie hier BGH Urt. v. 3. 11. 1975 – II ZR 87/74, WM 1975, 1261, 1262; *Ulmer*, FS Hefermehl, 1976, S. 207, 213; *Ensthaler* RdNr. 4; MünchKommHGB/*Priester* RdNr. 47.

persönlich. Vielmehr können auch Dritte herangezogen werden, um die Pflichten zu erfüllen. Fehlt es dem Gesellschafter an ausreichendem Sachverstand, so muss er geeignete, **sachverständige Mitarbeiter** heranziehen.[26] Tut er dies nicht, besteht nach den allgemeinen Regeln die Möglichkeit, ihn schadensersatzpflichtig zu machen (vgl. § 114),[27] ihn als geschäftsführenden Gesellschafter abzuberufen (§ 117 aE) oder ihn aus der Gesellschaft auszuschließen (§ 140).

Hinsichtlich der Ausfüllung des dem bzw. den geschäftsführenden Gesellschafter bzw. Gesellschaftern zustehenden Beurteilungsrahmens und bezüglich der bilanzrechtlichen Ansatz- und Bewertungsrechte (dazu unten RdNr. 24 ff.) ist **keine Übertragung an Dritte** mit bindender Wirkung möglich,[28] weil sonst der Grundsatz der Selbstorganschaft missachtet würde. **11**

bb) Inhalt der Pflicht. Die Aufstellung des Jahresabschlusses richtet sich nach den **allgemeinen Vorschriften der §§ 238 ff. HGB.** Er ist nach den Grundsätzen ordnungsmäßiger Buchführung (§ 243 Abs. 1) in Euro aufzustellen (§ 244, Art. 42 EGHGB).[29] Dabei sind die Grundsätze zu beachten, die sich aus den Ansatz- und Bewertungsvorschriften der §§ 246 ff. und 252 ff. ergeben.[30] Formal muss der Jahresabschluss in deutscher Sprache abgefasst und mit Datumsangabe von allen Gesellschaftern unterschrieben werden (§§ 244, 254 Satz 2). Die OHG muss gem. § 257 die dort in Abs. 1 aufgezählten Unterlagen aufbewahren (§ 257 RdNr. 9 ff.). Anders als bei Kapitalgesellschaften schreibt das Gesetz für die Aufstellung ihrer Jahresabschlüsse keine Frist vor. § 243 Abs. 3 legt nur fest, dass die Aufstellung innerhalb der einem ordnungsgemäßen Geschäftsgang entsprechenden Zeit aufzustellen ist. Im Einzelnen ist die Dauer dessen, was als angemessene Zeit aufzufassen ist, umstritten.[31] Im Hinblick auf die weit reichenden Auswirkungen des Jahresabschlusses für die Gesellschafter ist davon auszugehen, dass die Aufstellung als Vorbereitung für die Feststellung möglichst rasch zu erfolgen hat. Leitlinie sollte eine Zeitspanne von drei bis sechs Monaten sein, die individuell nach Lage der Dinge freilich erweitert werden kann. **12**

Auch für das Unterschrifterfordernis der Gesellschafter gibt es keine Frist. Stellt man in Rechnung, dass jeder Gesellschafter eine gewisse Zeit braucht, um das Rechenwerk noch einmal zu prüfen, dürfte eine Periode von drei Monaten als interessengerecht im Hinblick auf das allgemeine Interesse der Gesellschafter an einer möglichst raschen Feststellung des Abschlusses angesehen werden. Der Erstellung eines förmlichen Lageberichts, wie er in § 289 für Kapitalgesellschaften vorgesehen ist, bedarf es bei der OHG grundsätzlich nicht.[32] **13**

cc) Pflichtverletzung. Die nicht geschäftsführenden Gesellschafter haben einen Anspruch auf die ordnungsgemäße Erfüllung der Pflicht der übrigen Gesellschafter zur Aufstellung des Jahresabschlusses, die sie notfalls mit der **actio pro socio** durchsetzen können.[33] Diese Pflicht ist insbesondere dann verletzt, wenn die Aufstellung des Abschlusses nicht in einer angemessenen Zeit erfolgt oder wenn die Aufstellung entgegen der Gesamtzuständigkeit nicht von allen geschäftsführenden Gesellschaftern vorgenommen worden ist. **14**

Für die **Verletzung ihrer Pflichten** haften der oder die geschäftsführenden Gesellschafter der Gesellschaft bei Verschulden (Maßstab ist grundsätzlich § 708 BGB, es sei denn, im Gesellschaftsvertrag ist etwas anderes geregelt) auf Schadensersatz. Bei der Überschreitung der Geschäftsführungsbefugnis von (einzelnen) Gesellschaftern, etwa beim Handeln trotz Widerspruchs eines anderen Gesellschafters, kommt eine Haftung nach dem strengeren Maßstab der GoA in Betracht (§§ 677 ff., insbes. § 678 BGB), wenn er die Überschreitung seiner Bedürfnisse kannte oder hätte kennen müssen.[34] **14 a**

---

[26] BGH Urt. v. 3. 7. 1961 – II ZR 74/60, WM 1961, 886, 887; Heymann/*Emmerich* RdNr. 6; Schlegelberger/*Martens* RdNr. 2; *Michalski* RdNr. 4; Staub/*Ulmer* RdNr. 14; *Priester*, FS Quack, 1991, 373, 381 ff.; MünchKommHGB/*Priester* RdNr. 49; *Ulmer*, FS Hefermehl, 1976, S. 207, 218 ff.
[27] § 114 RdNr. 34 ff.; vgl. auch MünchKommHGB/*Priester* RdNr. 50; Heymann/*Emmerich* RdNr. 6; BGH Urt. v. 3. 7. 1961 – II ZR 74/60, WM 1961, 886, 887.
[28] So aber *Westermann/Klingberg* RdNr. I 605; wie hier MünchKommHGB/*Priester* RdNr. 49; Staub/*Ulmer* RdNr. 14.
[29] Zur Euro-Umstellung s. Staub/*Ulmer* RdNr. 77 ff.
[30] Ausführlich dazu MünchHdbGesR I/*Bezzenberger* § 57 RdNr. 10 ff.
[31] Vgl. dazu Baumbach/Hopt/*Merkt* § 243 RdNr. 10; GroßKommAktG/*Hüffer* § 243 AktG RdNr. 39 f.; Adler/Düring/Schmaltz § 243, 40 ff.; *Westermann/Klingberg* RdNr. I 606; Staub/*Ulmer* RdNr. 12; § 243 RdNr. 17 f.
[32] Baumbach/*Hopt* RdNr. 1; eine Ausnahme gilt nur bei Vorliegen der Voraussetzungen, nach denen § 5 PublG eingreift.
[33] So auch Heymann/*Emmerich* RdNr. 6; Schlegelberger/*Martens* RdNr. 2; *Michalski* RdNr. 4.
[34] Vgl. RG v. 22. 10. 1938 – II ZR 58/38, RGZ 158, 302, 313; anders aber BGH Urt. v. 11. 1. 1988 – II ZR 192/87, WM 1988, 968, 970 = NJW-RR 1988, 995; MünchKommBGB/*Ulmer* § 708 BGB RdNr. 10; Baumbach/*Hopt* § 114 RdNr. 15; § 114 RdNr. 36.

15 **c) Differenzen bei der Aufstellung des Jahresabschlusses. aa) Differenzen zwischen den zur Geschäftsführung befugten Gesellschaftern.** Sind mehrere Gesellschafter zur Geschäftsführung berechtigt, und kommt es zwischen den geschäftsführenden Gesellschaftern zu Differenzen bei der Aufstellung des Jahresabschlusses, so hat jeder Gesellschafter auf Grund von § 115 Abs. 1 2. HS grundsätzlich die Möglichkeit, dem zu widersprechen. Damit besteht allerdings die Gefahr, dass die Aufstellung des Jahresabschlusses durch ein Leichtes ungebührlich verzögert werden könnte, mit der Folge, dass die damit zusammenhängenden weiteren wichtigen bilanzbezogenen Entscheidungen für die Gesellschaft zum Nachteil aller übrigen Gesellschafter nicht getroffen werden können. Aus diesem Grund kann die **Verweigerung der Zustimmung nur unter bestimmten Bedingungen** vorgenommen werden: Der Widerspruch darf sich schon wegen des öffentlich-rechtlichen Charakters der Buchführungspflichten nicht auf den gesamten Jahresabschluss als solchen beziehen,[35] sondern muss konkrete Posten der Bilanz betreffen; und selbst, wenn sich der Widerspruch nur auf bestimmte bilanzielle bzw. bilanzpolitische Entscheidungen bezieht, muss der Widerspruch auch beachtlich sein, er darf daher nicht sachlich unbegründet und/oder nicht gegen das Interesse der Gesellschaft gerichtet sein.[36] Soweit sich der Widerspruch auf Zweckmäßigkeitserwägungen bei der Ausübung von Ermessensentscheidungen oder Wahlrechten bezieht, ist der Widerspruch freilich stets beachtlich.[37] In der Praxis spielt dieses Problem keine herausgehobene Rolle, weil im Gesellschaftsvertrag vorgesehen sein kann, dass Mehrheitsentscheidungen der Gesellschafter getroffen werden können. In diesem Fall verschiebt sich die Entscheidung auf eine Feststellung nach den festgelegten Mehrheitsverhältnissen.[38]

16 Aus § 115 Abs. 1 2. HS ist zu entnehmen, dass **bei einem beachtlichen Widerspruch** die angegangenen Bilanzierungsentscheidungen und unter Umständen sogar die Aufstellung des gesamten Jahresabschlusses unterbleiben müssen. Die geschäftsführenden Gesellschafter sind dann auf Grund der ihnen obliegenden Treuepflicht gehalten, sich auf eine von allen zu tragende Lösung zu einigen. Die übrigen Gesellschafter haben insoweit keine Möglichkeit, in die Meinungsverschiedenheiten Einfluss zu nehmen, insbesondere haben sie kein Weisungsrecht. Andernfalls würde in die eigenverantwortliche Geschäftsführung des betroffenen Gesellschafters eingegriffen werden und ihm entgegen § 117 einzelfallbezogen die Geschäftsführung ohne gerichtliche Entscheidung entzogen oder zumindest eingeschränkt werden.[39] **Können sich die geschäftsführenden Gesellschafter nicht einigen,** so muss die Meinungsverschiedenheit auf Grund einer **Feststellungsklage** des dissentierenden Gesellschafters oder der dissentierenden Gesellschafter gegen die übrigen Gesellschafter[40] gerichtlich entschieden werden,[41] es sei denn, die Satzung lässt für die Entscheidungen der geschäftsführenden Gesellschafter einen Mehrheitsbeschluss zu.[42] Die Gesellschaft ist an diesem Rechtsstreit nicht beteiligt.[43]

17 **Wird vor der gerichtlichen Entscheidung der von den nicht dissentierenden geschäftsführenden Gesellschaftern aufgestellte Jahresabschluss festgestellt,** so ist für die rechtliche Wirkung dieser Feststellung auf die gerichtliche Entscheidung folgende Unterscheidung maßgeblich: Ist für die *Feststellung* des Jahresabschlusses auf Grund Gesetzes oder der Regelung im Gesellschaftsvertrag Einstimmigkeit erforderlich, so erlangt der Feststellungsbeschluss auf Grund des schwebenden Rechtsstreits keine Wirksamkeit, da auf Grund der anhängigen Klage der Widerspruch des klagenden Gesellschafters angenommen werden muss. Eine dergestalt zustande gekommene Feststellung hat daher auch keinen Einfluss auf den Fortgang des Verfahrens. Sollte der klagende Gesellschafter jedoch für die Feststellung des Jahresabschlusses gestimmt haben, so könnte darin u.U. eine konkludente einseitige Erledigungserklärung des Klägers zu sehen sein,[44] die zu einer Beendigung des Rechtsstreits führt.

---

[35] Heymann/*Emmerich* RdNr. 7; MünchHdbBGB/*Bezzenberger* RdNr. 18.
[36] S. MünchHdbGesR I/*Bezzenberger* RdNr. 18; Staub/*Ulmer* RdNr. 14; MünchKommHGB/*Priester* RdNr. 52.
[37] BGH Urt. v. 8. 7. 1985 – II ZR 4/85, NJW 1986, 844; BGH Urt. v. 11. 1. 1988 – II ZR 192/87, WM 1988, 968, 970; MünchHdbGesR I/*Bezzenberger* RdNr. 18. Vgl. auch *Flume* Personengesellschaft § 15 II 2 (S. 267). MünchKommHGB/*Priester* RdNr. 52.
[38] S. MünchKommHGB/*Priester* RdNr. 52; Staub/*Ulmer* RdNr. 14.
[39] Vgl. MünchHdbGesR I/*Bezzenberger* RdNr. 21; Staub/*Ulmer* § 114 RdNr. 37 ff. und § 115 RdNr. 7 f.; *Ulmer*, FS für Hefermehl, 1976, S. 207, 219; *A. Hueck* § 10 V 3 (S. 138).
[40] Vgl. BGH Urt. v. 17. 12. 1973 – II ZR 124/72, WM 1974, 177, 178 f.; BGH Urt. v. 27. 9. 1979 – IX ZR 80/76, WM 1979, 1330 f.; *Westermann*/*Klingberg* RdNr. I 302; Heymann/*Emmerich* RdNr. 7; *Michalski* RdNr. 4; anders wohl aber ohne Begründung, Schlegelberger/*Martens* RdNr. 3.
[41] BGH Urt. v. 29. 9. 1986 – II ZR 285/85, WM 1986, 1556, 1557 = NJW 1987, 1020; Heymann/*Emmerich* RdNr. 7; MünchKommHGB/*Priester* RdNr. 52; Schlegelberger/*Martens* RdNr. 2; *Westermann*/*Klingberg* RdNr. I 302.
[42] BGH Urt. v. 11. 1. 1988 – II ZR 192/87, WM 1988, 968, 969.
[43] Heymann/*Emmerich* RdNr. 7; MünchKommHGB/*Priester* RdNr. 52; vgl. zudem auch BGH Urt. v. 27. 9. 1979 – IX ZR 80/76, WM 1979, 1330; *Bormann*/*Hellberg* DB 1997, 2415.
[44] Zur einseitigen Erledigungserklärung bei der Feststellungsklage s. BGH Urt. v. 16. 5. 1962 – IV ZR 215/61, BGHZ 37, 137 = NJW 1962, 1723; BGH Urt. v. 29. 6. 1973 – 1 U 2717/72, NJW 1974, 189.

Ist im Gesellschaftsvertrag hingegen ein Mehrheitsbeschluss für die Feststellung vorgesehen und deshalb die Zustimmung des dissentierenden Gesellschafters oder der dissentierenden Gesellschafter nicht notwendig, so führt der Feststellungsbeschluss der Mehrheit der Gesellschafter dazu, dass das Feststellungsinteresse des Klägers wegfällt und die Klage als unzulässig abzuweisen ist. Denn andernfalls käme man zu dem widersprüchlichen Ergebnis, dass dem dissentierenden Gesellschafter bei dem vorbereitenden Akt der Aufstellung eines Jahresabschlusses mittelbar ein Vetorecht eingeräumt werden würde, obwohl er dann bei dem konstitutiv wirkenden Akt der Feststellung überstimmt werden kann.[45] **17a**

bb) Differenzen zwischen den zur Geschäftsführung Befugten und den übrigen Gesellschaftern. Sind die zur Geschäftsführung nicht befugten Gesellschafter mit der Aufstellung der Jahresbilanz bzw. einzelner Posten nicht einverstanden, so haben sie im Hinblick auf die Aufstellung keine Möglichkeit der Intervention. Ihnen bleibt der Kompetenzverteilung des § 114 Abs. 2 nach nur die Möglichkeit, im Rahmen der Feststellung des Jahresabschlusses durch die Verweigerung ihrer Zustimmung ihren Dissens zum Ausdruck zu bringen. Etwas anderes folgt auch nicht aus dem Unterschriftserfordernis des § 245 Satz 2 (vgl. unten RdNr. 53) oder auf Grund der besonderen Bedeutung des Jahresabschlusses. Denn diesem wird durch den Akt der Feststellung hinreichend Rechnung getragen, während die Aufstellung als Teil der Geschäftsführung zur Vorbereitung der Feststellung dient und gerade nur der Kompetenz der geschäftsführenden Gesellschafter unterliegen soll. Keine Rolle spielt hier die Rechtsprechung des BGH zur Differenzierung der Zustimmungserfordernisse bei der Ergebnisermittlung und der Ergebnisverwendung (dazu unten RdNr. 66 f.), denn diese greift bei der Feststellung des Abschlusses, noch nicht jedoch bei der Aufstellung ein.[46] **18**

cc) Ermessensentscheidungen bei der Aufstellung des Jahresabschlusses. Die Aufstellung des Jahresabschlusses beinhaltet die Kompetenz der geschäftsführenden Gesellschafter, die in den §§ 238 ff. vorgesehenen **bilanziellen Bewertungsspielräume nach ihrem Ermessen auszufüllen.**[47] Soweit dieses Ermessen pflichtgemäß ausgeübt worden ist, sind die nichtgeschäftsführenden Gesellschafter wegen der Kompetenzverteilung an die getroffenen Ermessensentscheidungen bei der Feststellung der Satzung gebunden, selbst wenn sie mit den getroffenen Vorentscheidungen nicht einverstanden sind.[48] Aufgrund der ihnen obliegenden Treuepflicht sind sie daher auch zur Zustimmung verpflichtet.[49] Entsprechend entfällt diese Bindungswirkung bei der Feststellung des Abschlusses, wenn die Ermessensausübung fehlerhaft vorgenommen worden ist, mit der Folge, dass hier aus der Treuepflicht keine Zustimmungspflicht erwächst. Das ist insbesondere dann der Fall, wenn sich einzelne Bilanzansätze zwar im rechtlich vorgegebenen Rahmen halten, sie sich auf Grund der individuellen Besonderheiten aber als treuwidrig gegenüber anderen Gesellschaftern herausstellen.[50] Ebenfalls nicht gebunden an die Aufstellung des Jahresabschlusses sind die Gesellschafter bei der Feststellung, wenn die geschäftsführenden Gesellschafter in der Aufstellung des Jahresabschlusses schon Teile der Ergebnisverwendung vorweggenommen haben.[51] **19**

3. Inhaltliche Anforderungen an den Jahresabschluss. a) Allgemeines. Der Jahresabschluss bei der OHG muss nach den **allgemeinen Grundsätzen der §§ 242 ff.** aufgestellt werden. Dabei sind insbesondere die Grundsätze ordnungsmäßiger Buchführung (GoB) zu beachten.[52] Im Rahmen der GoB lässt sich grob die Einteilung in formelle und materielle Grundsätze ordnungsmäßiger Buchführung durchführen. Zu den **formellen GoB** gehören im Wesentlichen die Grundsätze der Klarheit und Übersichtlichkeit (§ 243 Abs. 2),[53] das Saldierungsverbot (§ 246 Abs. 2)[54] und das Prinzip der Bilanzidentität (§ 252 Abs. 1, Nr. 1).[55] Die **materiellen GoB** umfassen im Wesentlichen das Gebot, sämtliche Vermögensgegenstände und Schulden in der Bilanz auszuweisen, die zum Geschäftsvermögen **20**

---

[45] Schlegelberger/*Martens* RdNr. 2; MünchKommHGB/*Priester* RdNr. 52.
[46] Vgl. BGH Urt. v. 29. 3. 1996 – II ZR 2003/94, BGHZ 132, 263, 274 = NJW 1996, 1679; *Schulze-Osterloh* BB 1995, 2519, 2524.
[47] Schlegelberger/*Martens* RdNr. 3; Röhricht/Graf v. Westphalen/*v. Gerkan* RdNr. 4; Staub/*Schilling* § 167 RdNr. 2; *Priester* FS Quack, 1991, S. 373, 381 ff.; *Ulmer*, FS Hefermehl, 1976, S. 207, 218 ff.
[48] Röhricht/Graf v. Westphalen/*v. Gerkan* RdNr. 4; Schlegelberger/*Martens* RdNr. 3; MünchKommHGB/*Priester* RdNr. 63.
[49] S. MünchKommHGB/*Priester* RdNr. 63; Staub/*Ulmer* RdNr. 20; *Ulmer*, FS Hefermehl, 1976, S. 207, 211; Westermann/*Klingberg* RdNr. I 619; *A. Hueck* § 17 I 4 (S. 243).
[50] Staub/*Ulmer* RdNr. 20.
[51] Vgl. BGH Urt. v. 29. 3. 1996, BGHZ 132, 263, 273 = NJW 1996, 1678.
[52] Westermann/*Klingberg* RdNr. I 597; Röhricht/Graf v. Westphalen/*v. Gerkan* RdNr. 6; Baumbach/*Hopt* RdNr. 1; Staub/*Ulmer* RdNr. 23 ff.; § 243 RdNr. 5 ff; MünchKommHGB/*Priester* RdNr. 21 f.
[53] Adler/Düring/Schmaltz § 243 RdNr. 25 ff.; BeckBilKomm/Budde/Kunz § 243 RdNr. 51 ff.
[54] Adler/Düring/Schmaltz § 246 RdNr. 220 ff.; BeckBilKomm/Budde/Karig § 246 RdNr. 79 ff.; § 246 RdNr. 26 f.
[55] Adler/Düring/Schmaltz § 252 RdNr. 8 ff.; BeckBilKomm/Budde/Geißler § 252 RdNr. 3 ff.; § 252 RdNr. 4 ff.

der Gesellschaft gehören (Vollständigkeitsgebot),[56] das Prinzip der Bilanzwahrheit (§ 243 RdNr. 10) und die in den Bewertungsmaßstäben des § 252 Abs. 1 Nr. 2 bis 6 vorgeschriebenen Maßgaben, also das Fortführungsprinzip (Nr. 2), das Stichtagsprinzip und der Grundsatz der Einzelbewertung (Nr. 3), das Vorsichtsprinzip in Form des Realisations- und des Imparitätsprinzips (Nr. 4),[57] die Periodenabgrenzung (Nr. 5) und das Prinzip der materiellen Bilanzkontinuität (Bewertungsstetigkeit) (Nr. 6).

21 **b) Eigenkapital und Einlage. aa) Eigenkapital.** Das Eigenkapital der Gesellschaft muss gem. § 247 Abs. 1 gesondert ausgewiesen und hinreichend aufgegliedert werden. Da Eigenkapital der Gesellschaft das haftende Kapital ist, kann die bilanzielle Ausweisung nur auf denjenigen Kapitalkonten der Gesellschafter erfolgen, die haftendes Kapital ausweisen.[58] Ob es sich im Zweifel um ein solches Eigenkapital- oder ein Fremdkapitalkonto handelt, ergibt sich nicht in erster Linie aus der Bezeichnung der betreffenden Konten durch die Gesellschafter bzw. durch den Gesellschaftsvertrag, sondern nach objektiven Unterscheidungskriterien (im Einzelnen dazu unten RdNr. 85).

22 **bb) Einlage.** Die OHG kennt auf Grund der persönlichen Haftung der Gesellschafter (§§ 128 bis 130) nicht das gesetzliche Erfordernis eines Stamm- oder Grundkapitals mit einem festen Kapitalbetrag als Eigenkapital. **Allerdings können Einlagen durch den Gesellschaftsvertrag vorgesehen werden.** Dies geschieht regelmäßig, um der Gesellschaft ausreichend Kapital zum Wirtschaften zur Verfügung zu stellen und um sie widerstandsfähig auf dem Markt zu erhalten. Regelmäßig ist eine solche Einlage dann die Summe der festen Kapitalanteile der Gesellschafter. Es besteht aber auch die Möglichkeit, einen festen Kaptialbetrag der Gesellschaft mit veränderlichen, nach einem besonderen Schlüssel wechselnden Kapitalanteilen zu vereinbaren.[59] Eine Pflicht, diese Einlagen bilanzmäßig auszuweisen, besteht nur, wenn im Gegenzug die Einlagegegenstände ebenfalls in die Bilanz aufgenommen werden.[60] Diese Einlagen werden dann als Eigenkapital der Gesellschaft auf der Passivseite aufgeführt, während die Einlagegegenstände auf der Aktivseite verzeichnet werden. Einlagen können Bar- oder Sachmittel sein. Zur Bewertung dieser Einlagen s. unten RdNr. 24 ff.

23 Nicht unproblematisch ist die Behandlung derjenigen Fälle, in denen eine Einlage zwar gesellschaftsvertraglich vorgesehen, aber noch nicht erbracht worden ist. Grundsätzlich gilt, dass Einlagen erst Berücksichtigung finden, wenn sie erbracht worden sind und damit in die Verfügungsmacht der Gesellschaft übergehen.[61] Im Weiteren ist indes zu differenzieren: Haben sich die Gesellschafter für das gesetzliche System des variablen Kapitalanteils (dazu näher unten RdNr. 71) entschieden, so werden die zu erbringenden Einlagen des jeweiligen Gesellschafters mit der Einbringung seinem Kapitalanteil zugeschrieben. Da die persönlich haftenden Gesellschafter kein „gezeichnetes Kapital" gem. § 272 Abs. 1 Satz 1 haben, auf das die Haftung der Gesellschafter für die Verbindlichkeiten der Gesellschaft den Gläubigern gegenüber beschränkt ist, gibt es bilanziell auch keine ausstehenden Einlagen auf ein solches Kapital im Sinne von § 272 Abs. 1 Satz 2.[62] Die versprochene, aber noch nicht geleistete Einlage begründet aber eine sog. **„ausstehende Einlage"**, die als Forderung der Gesellschaft gegen den Gesellschafter geltend gemacht werden kann.[63]

23 a Besteht ein System des festen Kapitalanteils mit den Kapitalkonten I und II (dazu RdNr. 75 ff.), so wird die gesamte Einlage auf das Kapitalkonto I gebucht und durch eine Sollbuchung auf dem Kapitalkonto II ausgeglichen. Wird dann die ausstehende Einlage geleistet, so ist sie durch eine Habenbuchung auf das Kapitalkonto II auszugleichen.[64] Das praktische Problem entsteht indes insoweit, dass sowohl auf einem als Verlust- und Entnahmekonto konzipierten Kapitalkonto II als auch bei dem Konto im System des variablen Kapitalanteils der Umfang der noch ausstehenden Einlage bzw. Einlageforderung nicht deutlich wird, weil die Einlage erst mit der Erbringung dem Kapitalanteil zugeschrieben wird. Unter den unterschiedlichen Vorschlägen, die zur Lösung dieses Dilemmas diskutiert werden,[65] verdient die Auffassung den Vorrang, die hinsichtlich des Systems des variablen Kapitalanteils annimmt, dass die Einlageforderung auf der Aktivseite gebucht und gleichzeitig zwischen fälligen und zukünftigen Einlageforderungen unterschieden werden sollte. Bei dem

---

[56] Dazu vgl. *Adler/Düring/Schmaltz* § 246 RdNr. 1.
[57] Zum Einfluss der International Accounting Standards (IAS) bzw. der International Financial Reporting Standards (IFRS) auf die Bilanzierung von Personengesellschaften s. u. a. *Hüttche* BB 2002, 1804; *Kirsch* BB 2003, 143; MünchKommHGB/*Priester* RdNr. 22; vgl. zudem *Himmelreich*, FS W. Müller, 2001, S. 613.
[58] S. dazu *Freidank* WPg 1984, 397.
[59] *Baumbach/Hopt* RdNr. 3.
[60] BGH Urt. v. 16. 12. 1971, WM 1972, 213, 214; *Heymann/Emmerich* RdNr. 12.
[61] *Westermann/Klingberg* RdNr. I 576; anders wohl MünchKommHGB/*Priester* RdNr. 30.
[62] *Pauli* S. 102; *Küting/Weber/Reinhard* § 247 RdNr. 102.
[63] *Westermann/Klingberg* RdNr. I 576.
[64] *Pauli* S. 104; *Mellwig* BB 1979, 1409, 1413; *Knobbe-Keuk* § 11 a III, 2.a., cc. (S. 381 f.); *Huber* ZGR 1988, 1, 49 ff.; Schlegelberger/*Martens* RdNr. 19.
[65] Vgl. die Übersicht bei Schlegelberger/*Martens* RdNr. 19; Staub/*Ulmer* RdNr. 26 ff.

System fester Kapitalanteile sollte auf der Passivseite im Rahmen des Kapitalkontos II der Ausweis im Debet durch Vermerke über die Höhe der bereits eingeforderten ausstehenden Einlage und der noch nicht eingeforderten Einlage ergänzt werden.[66] Eine solche Auffassung trägt insbesondere dem Prinzip der Klarheit der Bilanz in weitem Maße Rechnung und unterstützt damit in nicht unbeträchtlichem Maße den Schutzzweck der Bilanz im Hinblick auf außenstehende Akteure bezüglich deren Interesse an Informationen über die tatsächliche Kapitaldecke der Gesellschaft.

Ist zum **Zeitpunkt der Insolvenz** der OHG eine Einlage vom Gesellschafter versprochen, aber noch nicht fällig, so kann der Insolvenzverwalter die Leistung der Einlage fällig stellen und Zahlung in die Masse verlangen.[67]

cc) **Bewertung von Einlagen.** Bei der OHG hat die Bewertung von Einlagen in zweierlei Hinsicht Bedeutung.[68] Im **Innenverhältnis** hat sie die Aufgabe der Bewertung der Einlagen zur Bestimmung der Rechtsbeziehungen (Kapitalanteile) der Gesellschafter untereinander. Im **Außenverhältnis** dient die Bewertung der Einlagen Rechnungslegungszwecken und damit der Transparenz hinsichtlich des Vermögensstandes der Gesellschaft gegenüber den anderen Marktteilnehmern. Im Gegensatz zur Kapitalgesellschaft fehlen für die Personenhandelsgesellschaften jedoch rechtsformspezifische Vorschriften über die Bewertung von Einlagen.

Soweit das Innenverhältnis betroffen ist und die Bewertung der Einlage nur dazu dient, die Kapitalanteile zu bestimmen und damit eine Rechnungsgröße für die Rechtsbeziehungen zwischen den Gesellschaftern festzulegen (näher dazu RdNr. 57 ff.), **sind die Gesellschafter in der Bewertung der Einlagen frei.**[69] Sie können daher Einlagen über- oder unterbewerten, mit der Folge, dass dann insoweit der Kapitalanteil nicht den tatsächlichen Wert der Einlage im Verhältnis zum Kapital der Gesellschaft wiedergibt.[70] Möglich ist daher die Bewertung von Bareinlagen höher oder niedriger als deren Nennwert oder die Einstufung von Sacheinlagen über bzw. unter dem Marktwert. Bilanztechnisch kann eine solche Überbewertung durch Umbuchungen auf den Kapitalkonten erfolgen.[71] Die durch die vereinbarte Unterbewertung von Einlagen entstehenden stillen Reserven kommen – im Fall der Auseinandersetzung (Austritt oder Auflösung der Gesellschaft) – nur dann dem betreffenden Einbringer als Mehrwert zu, wenn dies ausdrücklich vereinbart worden ist. Fehlt eine solche Vereinbarung, partizipieren alle Gesellschafter davon.[72]

Im Außenverhältnis darf die im Innenverhältnis als Rechnungsgröße überhöht bewertete Einlage in der Bilanz der Gesellschaft nicht mit diesem Rechnungswert ausgewiesen werden, sondern muss **mit dem Wert angesetzt werden, der dem Gegenstand im Zeitpunkt der Einlage zukommt.**[73] Die **Unzulässigkeit eines höheren Ansatzes** ergibt sich zum einen aus den Wertungen der §§ 252 ff., insbes. der §§ 253, 255. Zum anderen führen auch Erwägungen des Gläubigerschutzes zu einem Verbot der Überbewertung in den Bilanzen von Personengesellschaften. Denn selbst, wenn in Personenhandelsgesellschaften die Gesellschafter persönlich haften, ist der Wirtschaftsverkehr darauf angewiesen, Informationen über den Vermögensstand einer Gesellschaft zu erhalten, die jedenfalls nicht den Eindruck einer größeren Kapitalisierung als tatsächlich gegeben erwecken (Vorsichtsprinzip/Niederstwertprinzip), um seine Kontrahierungsentscheidungen treffen zu können.[74]

Der Gläubigerschutzgedanke führt auch dazu, dass nur solche Einlagen in der Bilanz angesetzt werden dürfen, bei denen es sich um Vermögensgegenstände handelt, denen ein selbständig aktivierungsfähiger Wert zukommt. Dies ist typischerweise nicht bei Dienstleistungen der Fall, die für die Gesellschaft unternommen werden. Erst wenn sie erbracht worden ist, kann das geschuldete Entgelt angesetzt werden.[75]

---

[66] Schlegelberger/*Martens* RdNr. 19; *Pauli* S. 105 f.; *Küting/Weber/Reinhard* § 247 RdNr. 102.
[67] InsHdb/*Haas* § 94 RdNr. 52; Uhlenbruch/*Hirte* InsO § 35 RdNr. 190; *A. Hueck* § 26 IV.
[68] Allgemein zur Bewertung von Einlagen in der Personengesellschaft Baumbach/*Hopt* RdNr. 17; Schlegelberger/*Martens* RdNr. 20 ff.; Heymann/*Emmerich* RdNr. 13; MünchKommHGB/*Priester* RdNr. 25 ff.; Staub/*Ulmer* RdNr. 26 ff.; *Westermann/Klingberg* RdNr. I 577 f.; *Pauli* S. 63 ff.; BeckBilKomm/*Fröschle/Kofahl* § 247 RdNr. 198.
[69] Baumbach/*Hopt* RdNr. 17; *Westermann/Klingberg* RdNr. I 579; Schlegelberger/*Martens* RdNr. 20; MünchKommHGB/*Priester* RdNr 37; s. auch BGH Urt. v. 21. 4. 1955, BGHZ 17, 130; BGH Urt. v. 24. 11. 1958, BB 1959, 92; BGH Urt. v. 5. 12. 1974, WM 1975, 325, 327.
[70] S. *Westermann/Klingberg* mit einem instruktiven Beispiel, I 579; MünchKommHGB/*Priester* RdNr 37; vgl. auch *Pauli* S. 71 ff.
[71] *Pauli* S. 72; *Huber* ZGR 1988, 1, 18; BeckBilKomm/*Sarx* § 247 RdNr. 349.
[72] BGH Urt. v. 24. 11. 1958, BB 1959, 92; BGH Urt. v. 16. 12. 1971, WM 1972, 213, 214; Baumbach/*Hopt* RdNr. 17; Schlegelberger/*Martens* RdNr. 20; *Westermann/Klingberg* RdNr. I 579; Heymann/*Emmerich* RdNr. 13.
[73] *Pauli* S. 72; BeckBilKomm/*Sarx* § 247 RdNr. 198, mwN.
[74] Vgl. *Westermann/Klingberg* RdNr. I 578; Schlegelberger/*Martens* RdNr. 20; MünchKommHGB/*Priester* RdNr. 35; *Pauli* S. 71 f.; *Michalski* RdNr. 12; Heymann/*Emmerich* RdNr. 12; Schulze-Osterloh BB 1995, 2519, 2521; s. auch Staub/*Ulmer* RdNr. 26 a; BGH Urt. v. 21. 4. 1955 – II ZR 227/53, BGHZ 17, 130, 134 = NJW 1955, 1025.
[75] BeckBilKomm/*Fröschle/Kofahl* § 247 RdNr. 172 und 198; *Westermann/Klingberg* RdNr. I 577; *Huber* S. 195 ff.

27 c) Unterbewertung/stille Reserven. Bei der **bilanziellen Unterbewertung von Einlagen** ist der Verkehr weniger schützenswert, da in diesem Fall tatsächlich mehr Vermögen vorhanden ist, das als Haftungsmasse dienen kann, als bei einer Kontrahierungsentscheidung von den Vertragspartnern vorausgesetzt werden konnte. Es ist jedoch gleichwohl fraglich, ob eine Bilanzierung mit Unterbewertung in der Personenhandelsgesellschaft zulässig sein soll. Dafür spricht, dass die mit der Unterbewertung einhergehende Bildung stiller Reserven dem Thesaurierungsinteresse der Gesellschaft entspricht. Zugleich werden damit aber auch individuelle Interessen der Gesellschafter gestört und die Information des Wirtschaftsverkehrs beeinträchtigt. Denn stille Reserven verkürzen den ausschüttungsfähigen Bilanzgewinn und geben ein unrichtiges Bild über die Finanzlage der Gesellschaft wieder. Zudem lassen sich mit der Auflösung der stillen Reserven Verluste bilanztechnisch bereinigen und Gewinne ausweisen, die gegenüber den Gläubigern ebenfalls ein unrichtiges Bild über die wahre Situation der Gesellschaft vermitteln.[76] **Es ist daher ein Kompromiss zu finden zwischen dem Thesaurierungsinteresse der Gesellschaft bzw. dem Interesse der Gesellschaft an einer hinreichenden Kapitaldecke,** was in beiden Fällen genau genommen dem Interesse der Gesellschaftergesamtheit entspricht, weil es kein von den Gesellschaftern losgelöstes eigenständiges Interesse der Gesellschaft gibt, und dem Ausschüttungsinteresse von Gesellschaftern.

27 a Dies kann nicht darin liegen, dass die Unterbewertung von Einlagen im Außenverhältnis und damit die bewusste Schaffung stiller Reserven überhaupt nicht erlaubt ist.[77] Als Argument dafür wird angeführt, dass § 238 Abs. 1 Satz 2 mit der Darstellung der Lage des Unternehmens auch dessen Vermögens-, Finanz- und Ertragslage erfasse, so dass die Aussage des nur für Kapitalgesellschaften geltenden § 264 Abs. 2 Satz 1 auch für alle Kaufleute, insbesondere auch für die Personenhandelsgesellschaften, gelten müsse.[78] Dieser Auffassung ist indessen hier aus zwei wesentlichen Gründen nicht zu folgen. Zum einen bedarf es bei der Unterbewertung – wie soeben angedeutet – grundsätzlich keines weitergehenden Schutzes des Wirtschaftsverkehrs. Zum anderen sind die für die Kapitalgesellschaft angestellten Überlegungen nicht auf die Personenhandelsgesellschaft zu übertragen. Denn Letzteren ist mit den §§ 242 ff. auf Grund der persönlichen Haftung der Gesellschafter ein erheblich weiterer Spielraum für die Rechnungslegung eingeräumt worden als den Kapitalgesellschaften in den §§ 264 ff. Dies lässt sich einfach damit begründen, dass dort, wo keine persönliche Haftung der Gesellschafter besteht, den Gläubigern allein das bilanziell abgebildete Vermögen der Gesellschaft zur Verfügung steht, so dass die Bilanz als Spiegel der „tatsächlichen" Verhältnisse der Vermögens-, Ertrags- und Finanzlage als Informationsquelle für den Wirtschaftsverkehr von besonderer Bedeutung ist. Dort, wo hingegen zumindest ein Gesellschafter mit seinem persönlichen Vermögen haftet, ist das Informationsbedürfnis über die Haftungsmasse der Gesellschaft von etwas geringerer Bedeutung. Aus diesem Grunde können in diesen Fällen die Anforderungen an die Aussagekraft der Bilanz auch geringer sein, so dass das Verbot der Unterbewertung im Außenverhältnis weniger restriktiv gehandhabt zu werden braucht.[79]

28 Die bilanzrechtliche Kompetenz zur Bildung stiller Reserven, die sich aus § 253 Abs. 4 ergibt, bedeutet allerdings nicht, dass aus dem bilanzrechtlichen Können ein unbeschränktes gesellschaftsrechtliches Dürfen folgt. Vor dem Hintergrund, dass sowohl das Interesse der Gesellschaft als Kumulation der allgemeinen Interessen der Gesellschafter als auch das jeweilige Individualinteresse der einzelnen Gesellschafter berücksichtigt werden müssen, ist vorzuschlagen, dass **grundsätzlich die Bildung stiller Reserven durch die Unterbewertung von Einlagen im bilanzpolitischen Ermessen der oder des geschäftsführenden Gesellschafters liegt.** Dieser Möglichkeit sind jedoch Grenzen gezogen. Sie ergeben sich aus der „vernünftigen kaufmännischen Beurteilung" der Unterbewertung im Sinne des § 253 Abs. 4, die nach § 242 Abs. 1 Satz 2 auf die Eröffnungsbilanz entsprechend anzuwenden ist,[80] und aus der sittenwidrigen Unterbewertung gem. § 138 BGB.[81] Eine Zustimmungspflicht einzelner Gesellschafter zur Bildung stiller Reserven besteht nicht.[82] Im Wesentlichen spricht dafür, dass stille Reserven für die Gesellschaft eine gewisse Gefahr bedeuten und dass sie den ausschüttungsfähigen Bilanzgewinn schmälern; beides darf nicht ohne Zustimmung (der Mehrheit) der Gesellschafter erfolgen.[83]

---

[76] *Priester,* FS Quack, 1991, S. 373, 376; MünchKommHGB/*Priester* RdNr. 36; Schlegelberger/*Martens* RdNr. 14; Baumbach/*Hopt* RdNr. 6; vgl. allgemein *Schulze zur Wiesch* WPg 1987, 149 ff.
[77] So aber *Huber* S. 336 f.; *Schulze-Osterloh* BB 1995, 2519, 2521; vgl. auch Schlegelberger/*Martens* RdNr. 14.
[78] *Schulze-Osterloh* BB 1995, 2519, 2520.
[79] Vgl. *Westermann/Klingberg* RdNr. I 593; *Adler/Düring/Schmaltz* § 242 RdNr. 41.
[80] Schlegelberger/*Martens* RdNr. 20; *Westermann/Klingberg* RdNr. I 578; *Pauli* S. 74.
[81] Baumbach/*Hopt* RdNr. 17; Staub/*Ulmer* RdNr. 26 a; Heymann/*Emmerich* RdNr. 13; vgl. zudem *Großfeld* Bilanzrecht S. 267 ff.
[82] Vgl. BGH Urt. v. 29. 3. 1996 – II ZR 263/94, BGHZ 132, 275 f.
[83] S. Baumbach/*Hopt* RdNr. 6; Heymann/*Emmerich* RdNr. 18 a; *Ulmer,* FS Hefermehl, 1976, S. 220.

d) Rücklagen. Das Gesetz sieht für die OHG die **Bildung von Rücklagen** nicht vor. Gleichwohl können derartige offene (freie) Rücklagen in der Bilanz gebildet werden. Sie sind aber streng von stillen Reserven zu trennen. Bei den offenen Rücklagen geht es um die Entscheidung, ob bestimmte Gewinnanteile von der Verteilung unter den Gesellschaftern ausgeschlossen werden können. Möglich ist dies allemal durch eine entsprechende Regelung im Gesellschaftsvertrag oder durch eine einstimmige Billigung dieses Vorgehens durch die Gesellschafter.[84]

Es fragt sich allerdings, ob bei Fehlen einer entsprechenden Regelung im Gesellschaftsvertrag auch die **Bildung von offenen Rücklagen durch Mehrheitsbeschluss** möglich ist. Grundsätzlich gilt, dass ohne eine entsprechende Regelung im Vertrag es sich bei einem Rücklagenbeschluss um eine Änderung des Gesellschaftsvertrages handelt,[85] so dass ein solcher Beschluss nur dann von einer Mehrheit gefällt werden kann, wenn der Gesellschaftsvertrag generell für Vertragsänderungen eine Mehrheit ausreichen lässt. Neben diesem formalen Element bedarf es aber noch eines materiellen Grundes, der erfüllt sein muss, damit auch eine Mehrheit Rücklagen beschließen kann. Dieser ergibt sich aus der allgemeinen Überlegung, dass die Rücklagenbildung stets im Interesse der Gesellschafter liegen muss oder anders gewendet, dass die Treuepflicht der Gesellschafter gegenüber den Mitgesellschaftern bei der Bildung von Rücklagen zu wahren ist.[86] Im Interesse der Gesellschafter liegt die Bildung von Rücklagen dann, wenn diese dazu beitragen, die Gesellschaft in Zukunft lebens- und widerstandsfähig zu machen.[87] Dieses Thesaurierungsinteresse ist das mittel- bis langfristige Interesse der Gesellschafter. Allerdings steht dem das kurzfristige Interesse der Gesellschafter auf Gewinnausschüttung entgegen. Auf dieses ist, soweit es die GoB zulassen,[88] Rücksicht zu nehmen. Es lässt sich dabei grundsätzlich feststellen, dass es im Interesse eines jeden Gesellschafters liegt, zumindest soviel Gewinn zu erhalten, dass er in der Lage ist, die hierauf entfallende Einkommensteuer entrichten zu können.[89] Daraus folgt, dass der Beschluss der Mehrheit der Gesellschafter, Rücklagen zu bilden, dann gegen die Treuepflicht verstößt und damit keine rechtliche Wirkung entfaltet, wenn nach vernünftiger kaufmännischer Betrachtung Rücklagen für die Lebens- und Widerstandskraft der Gesellschaft erforderlich sind, für die Gesellschafter gleichzeitig aber dann nicht einmal soviel Gewinn abfällt, dass die mit dem Gewinn verbundene Steuerlast getragen werden kann.

Diese Erwägungen können sich allerdings formal nicht auf die Autorität des BGH stützen. Aufgrund der nunmehr von ihm durchgeführten Trennung von Ergebnisverwendung und Ergebnisermittlung[90] (s. RdNr. 63 ff.) fällt die Bildung offener Rücklagen in den Bereich der Ergebnisverwendung[91] und unterliegt damit der Entscheidung aller Gesellschafter. Inhaltlich dürfte die hier dargelegte Position mit dem vom BGH vorgegebenen Ansatz allerdings weitgehend identisch sein, denn die Notwendigkeit der Zustimmung aller Gesellschafter darf nicht zu einer Obstruktionspolitik führen. Um dies zu verhindern, darf die Zustimmung nicht verweigert werden, wenn dies eine Treuepflichtverletzung bewirkt. Damit greifen im Ergebnis aber dieselben, soeben in RdNr. 30 angesprochenen Erwägungen ein.[92]

e) Prüfung des Jahresabschlusses. Der Jahresabschluss der OHG unterliegt grundsätzlich **keiner Pflichtprüfung**. Ausnahmen gelten nur dann, wenn es sich bei der OHG um ein Kreditinstitut im Sinne des § 1 Abs. 1 KWG handelt (vgl. § 340 k) oder wenn auf Grund der Größe der OHG der Jahresabschluss gem. §§ 1, 3, und 6 PublG von einem Abschlussprüfer zu prüfen ist. Unbenommen ist es den Gesellschaftern, im Gesellschaftsvertrag eine obligatorische Abschlussprüfung vorzusehen oder jedem Gesellschafter bzw. bestimmten Gesellschaftergruppen die Befugnis einzuräumen, die Prüfung des Jahresabschlusses oder Teile daraus verlangen zu können. Die Bestimmung des Abschlussprüfers erfolgt dann entweder durch Beschluss oder entsprechend der Befugnis, die Prüfung zu verlangen oder auf Grund einer besonderen Regelung im Gesellschaftsvertrag.[93]

---

[84] Heymann/*Emmerich* RdNr. 19; MünchKommHGB/*Priester* RdNr. 38; Baumbach/*Hopt* RdNr. 5; Staub/*Ulmer* RdNr. 28 f.; *Westermann/Klingberg* RdNr. I 601 ff.
[85] Statt aller Baumbach/*Hopt* RdNr. 5.
[86] Baumbach/*Hopt* RdNr. 5; Heymann/*Emmerich* RdNr. 20 aE; *Großfeld* NJW 1986, 955, 958.
[87] So BGH Urt. v. 10. 5. 1976, LM Nr. 15 zu § 119 HGB; *Harry Westermann*, FS v. Caemmerer, 1978, S. 657, 663 ff.; Baumbach/*Hopt* § 121 RdNr. 4.
[88] Vgl. *Ulmer*, FS Hefermehl, 1976, S. 207, 218.
[89] Heymann/*Emmerich* RdNr. 20; Schlegelberger/*Martens* RdNr. 16; *Großfeld* NJW 1986, 955, 958; *Priester*, FS Quack, 1991, S. 373, 394; vgl. aber auch unten bei § 122 RdNr. 54 ff.
[90] BGH Urt. v. 29. 3. 1996 – II ZR 263/94, BGHZ 132, 263 = NJW 1996, 1678.
[91] S. etwa Staub/*Ulmer* RdNr. 34; *Westermann/Klingberg* RdNr. I 617; *Schulze-Osterloh* BB 1995, 2519, 2521.
[92] S. *Schulze-Osterloh* BB 1995, 2519, 2522.
[93] MünchHdbGesR I/*Bezzenberger* RdNr. 59; *Westermann/Klingberg* RdNr. I 608 f.; *Goerdeler*, FS Fleck, 1988, S. 53, 65 ff.

33 **4. Feststellung. a) Allgemeines.** Unter der **Feststellung des Jahresabschlusses** ist der konstitutiv wirkende Akt der Billigung der Aufstellung des Jahresabschlusses durch die Gesellschafter zu verstehen. Es handelt sich dabei um ein Grundlagengeschäft,[94] welches unter den Gesellschaftern im Hinblick auf die im Jahresabschluss enthaltenen Vermögenspositionen rechtsgeschäftliche Bedeutung entfaltet.[95] Da die Feststellung aber nur eine Billigung des vorgelegten Entwurfes des Jahresabschlusses darstellt, kann sich ihre Wirkung allerdings nicht über das hinaus erstrecken, was in der Aufstellung des Jahresabschlusses enthalten ist. Damit umfasst diese Billigung (nur) die von §§ 238 ff. geforderte Bilanz und die Gewinn- und Verlustrechnung mit ihren Einzelpositionen, einschließlich der gewählten bilanzrechtlichen Ansätze und Bewertungen und der Bildung stiller Reserven oder offener Rücklagen.[96] Sie erstreckt sich deshalb aber nicht automatisch auch auf alle Ansprüche und Verbindlichkeiten der Gesellschafter gegenüber der Gesellschaft,[97] sondern nur auf solche, die in der Bilanz aufgestellt worden sind.[98] Demzufolge können sich einzelne Gesellschafter auf bestehende Ansprüche der Gesellschaft, die nicht in der Bilanz berücksichtigt worden sind, wie zB etwaige Schadensersatzansprüche gegenüber einem oder mehreren geschäftsführenden Gesellschaftern,[99] berufen, wenn sie die Billigung des Jahresabschlusses nur unter dem Vorbehalt der Ansprüche erklärt haben. Zu einer **Abschichtung des zwischen der Gesellschaft und den Gesellschaftern bestehenden Rechtsverhältnisses** kommt es durch die Feststellung des Jahresabschlusses entgegen einer Auffassung in der Literatur[100] daher nur in dem von der Bilanz bzw. von der Gewinn- und Verlustrechnung umfassten Maße.

34 Die Feststellung des Jahresabschlusses hat gem. § 252 Abs. 1 Ziff. 1 und 6 (Grundsatz der Bilanzkontinuität) zudem auch Bedeutung für die Ermittlung des Jahresergebnisses des nachfolgenden Geschäftsjahres, weil die Wertansätze der Schlussbilanz eines Geschäftsjahres mit denen der Eröffnungsbilanz des folgenden Geschäftsjahres übereinstimmen müssen.[101]

35 **b) Rechtsnatur der Feststellung. aa) Meinungsstand.** Die Rechtsnatur der Feststellung ist umstritten. Zum Teil wird vertreten, es handele sich bei der Feststellung um ein **abstraktes Schuldanerkenntnis**, mit dem die Gesellschafter die gesellschaftsrechtlichen Rechtsbeziehungen hinsichtlich der Bilanz und der Gewinn- und Verlustrechnung verbindlich festlegen.[102] Anderer Auffassung nach soll die Feststellung des Jahresabschlusses ein **kausales Schuldanerkenntnis bzw. ein Feststellungsvertrag eigener Art** zwischen allen Gesellschaftern sein, das durch Festlegung der Bilanzansätze das Rechtsverhältnis unter den Gesellschaftern konkretisiert, insbesondere die Bilanzwerte als Grundlage der Gewinnverteilung verbindlich festlegt.[103] Wiederum anderer Meinung nach soll es sich um einen **Vertrag** handeln, durch den der Inhalt der Bilanz anerkannt werde.[104] Gelegentlich wird die Feststellung auch als **„gemischt-rechtlicher Vertrag"**[105] oder als Ausübung eines gesellschaftsvertraglichen, **der Gewinnbeteiligung immanenten Gestaltungsrechts analog § 315 BGB**[106] qualifiziert. Neuerdings wird zudem vertreten, dass es sich nicht um einen Vertrag zwischen den Gesellschaftern oder zwischen ihnen und der Gesellschaft handele, sondern die Bilanzfeststellung sei als Organbeschluss zu qualifizieren.[107] Im Rahmen der Abschlussfeststellung handelten die Gesell-

---

[94] Zum Grundlagengeschäft s. bei § 114 RdNr. 6 ff; vgl. auch MünchKommHGB/*Priester* RdNr. 54.
[95] BGH Urt. v. 3. 11. 1975 – II ZR 87/74, LM § 122 Nr. 2 = WM 1975, 1261; BGH Urt. v. 6. 4. 1981 – II ZR 186/80, BGHZ 80, 357, 358 = NJW 1981, 2563. BGH Urt. v. 24. 3. 1980 – II ZR 88/79, BGHZ 76, 338, 342 = NJW 1980, 1689; Röhricht/Graf v. Westphalen/*v. Gerkan* RdNr. 5; Schlegelberger/*Martens* RdNr. 5; Heymann/*Emmerich* RdNr. 8; Westermann/*Klingberg* RdNr. 611; Koller/Roth/Morck RdNr. 2; Staub/*Ulmer* RdNr. 17.
[96] Schlegelberger/*Martens* RdNr. 4; Heymann/*Emmerich* RdNr. 8; Baumbach/*Hopt* RdNr. 1; enger hingegen Staub/*Ulmer* RdNr. 16.
[97] So aber Schlegelberger/*Martens* RdNr. 4; MünchKommBGB/*Hüffer* § 781 RdNr. 22. Aufgrund seines anderen Ansatzes ähnlich MünchKommHGB/*Priester* RdNr. 61.
[98] Vgl. BGH Urt. v. 11. 1. 1960 – II ZR 69/59, BB 1960, 188; vgl. auch Staub/*Ulmer* RdNr. 17.
[99] So das Beispiel bei Schlegelberger/*Martens* RdNr. 4.
[100] Schlegelberger/*Martens* RdNr. 4.
[101] Staub/*Ulmer* RdNr. 16; *A. Hueck* § 17 I 4 (S. 243); Schlegelberger/*Martens* RdNr. 8; MünchKommBGB/*Ulmer* § 709 RdNr. 53 und § 721 RdNr. 7; MünchHdbGesR I/*Bezzenberger* RdNr. 60.
[102] *A. Hueck* OHG I 4 (S. 243); Staub/*Fischer* 3. Aufl. RdNr. 11; Röhricht/Graf v. Westphalen/*v. Gerkan* RdNr. 5; vgl. auch BGH Urt. v. 11. 1. 1960 – II ZR 69/59, WM 1960, 187.
[103] Heymann/*Emmerich* RdNr. 9; Ulmer, FS Hefermehl, 1976, S. 207, 214 f. MünchKommBGB/*Ulmer* § 721 RdNr. 7; Staub/*Ulmer* RdNr. 19; MünchKommBGB/*Hüffer* § 781 RdNr. 21 ff.; Schlegelberger/*Martens* RdNr. 5; Michalski RdNr. 5; Schulze-Osterloh BB 1980, 1402, 1404; vgl. auch *Zunft* NJW 1959, 1945, 1946.
[104] RG Bolze Band 12 Nr. 503 (1892); RG v. 20. 3. 1901, RGZ 48, 77, 82 ff.; *Buchwald* JR 1948, 65; RGRK-HGB/*Weipert* § 120 RdNr. 10.
[105] Westermann/*Klingberg* RdNr. I 612; vgl. aber Erman/*Westermann* § 721 BGB RdNr. 2; ähnlich auch Koller/Roth/Morck RdNr. 2: „Feststellung ist Grundlagengeschäft in Form eines Feststellungsvertrages und abstrakten Schuldverhältnisses".
[106] *Muth*, Die Bilanzfeststellung bei den Personenhandelsgesellschaften, S. 97 ff., 122 ff.
[107] *Priester*, FS Hadding, 2004, S. 607 ff.; MünchKommHGB/*Priester* RdNr. 57.

schafter nicht als Vertragspartner, sondern als Organe der Gesellschaft. Die Vorstellung der Vertragsnatur der Bilanzfeststellung trage dem Verbandscharakter der OHG nicht hinreichend Rechnung.[108]
Die Rechtsprechung erscheint eher ambivalent und gibt insoweit keine Leitlinie vor. So hat der BGH in seiner grundlegenden Entscheidung vom 11. 1. 1960 gemeint, es handele sich bei der Feststellung des Jahresabschlusses um ein abstraktes Schuldanerkenntnis,[109] an anderer Stelle behandelte der BGH die Feststellung des Jahresabschlusses hingegen aber als einen Feststellungsvertrag.[110]

bb) Stellungnahme. Der Streit ist bei genauerem Hinsehen indes ohne größere praktische Bedeutung und liegt vorrangig im dogmatischen Interesse. Für die Praxis kommt es insoweit im Wesentlichen nur auf die Beantwortung der Frage an, ob sich Gesellschafter, die von einer Unrichtigkeit oder Unvollständigkeit der Bilanz keine Kenntnis hatten oder diese nicht ohne unangemessenen Aufwand hätten erzielen können, von der Zustimmung zur Feststellung lösen können mit der Folge, dass die Möglichkeit zur Korrektur des Jahresabschlusses besteht, indem die Gesellschafter über die in Streit stehenden Ansätze eine neue Einigung herbeiführen müssen.[111] Diese Möglichkeit wird von allen Auffassungen freilich in unterschiedlicher Ausformung eingeräumt.

Die unterschiedlichen Auffassungen spiegeln lediglich die verschiedenen Ansätze wider, mit Hilfe derer die mit der Feststellung des Jahresabschlusses verbundene Funktion erklärt werden soll. Geht man teleologisch von Sinn und Zweck der Feststellung des Jahresabschlusses aus, so ist sie als kausales Anerkenntnis in Form eines Feststellungsvertrages zu qualifizieren. Die Gesellschafter haben durch ihren Feststellungsbeschluss nämlich (nur) über den aufgestellten Jahresabschluss zu befinden und sich dadurch den sich aus der Bilanz bzw. der Gewinn- und Verlustrechnung ergebenden gesellschaftsrechtlichen Rechtsbeziehungen zu unterwerfen. Im Einzelnen geht es um die Festlegung ihrer Ansprüche und Verbindlichkeiten gegenüber der Gesellschaft zum Bilanzstichtag und zur Fixierung der Rechnungsgrundlage für das Folgejahr.[112] Sie entscheiden aber dabei nicht über offene Bewertungsprobleme,[113] so dass es sich bei der Feststellung nicht um ein Gestaltungsrecht handelt. Und ebenso spiegelt sich darin nicht die Absicht der Gesellschafter wider, von dem Gesellschaftsverhältnis losgelöste, neue Verbindlichkeiten zu begründen.[114] Soweit es sich bei derartigen Ansprüchen um Gewinnansprüche handelt – und das ist in der Praxis regelmäßig der Fall-, kann es sich bei der Feststellung des Jahresabschlusses zudem auch schon deshalb nicht um ein abstraktes Anerkenntnis handeln, weil sich die Gewinnansprüche gegen die OHG richten und das abstrakte Anerkenntnis daher nicht den Anerkennenden, sondern nur die OHG verpflichtet.[115] Aus diesem Grund kann in der Feststellung des Jahresabschlusses auch kein abstraktes Anerkenntnis gesehen werden.

Zwar dürfen die Gesellschafter ihre Zustimmung nicht verweigern, wenn der Jahresabschluss inhaltlich richtig und ordnungsgemäß aufgestellt ist (vgl. RdNr. 19), so dass man der Auffassung sein könnte, die Feststellung habe grundsätzlich keine Vertragsnatur, weil die Gesellschafter in diesem Fall weder das Recht noch die Möglichkeit hätten, einen eigenen rechtsgeschäftlichen Willen für einen Vertragsschluss durchzusetzen.[116] Eine solche Ansicht greift jedoch zu kurz, denn genau betrachtet umfasst der Wille der Gesellschafter die Absicht, die bekannten oder möglicherweise bestehenden Einwendungen auszuschließen. Dies ist aber gerade typischer Bestandteil für einen kausalen Anerkenntnisvertrag und spricht entscheidend gegen die Vorstellung eines Organbeschlusses.[117] Da bei einem ordnungsgemäßen Jahresabschluss keine Einwendungen geltend gemacht zu werden brauchen, erschöpft sich die Willenserklärung der Gesellschafter in einer bloßen Bestätigung des Abschlusses, so dass insoweit die Vertragsnatur verdeckt bleibt. Anders aber, wenn die Gesellschafter beispielsweise einem Jahresabschluss mit einer an sich unzulässigen Gewinnverwendung zustimmen (zB wenn entgegen dem Gesellschaftsvertrag in einer bestimmten Höhe offene Rücklagen gebildet worden

---

[108] So MünchKommHGB/*Priester* RdNr. 57.
[109] BGH Urt. v. 11. 1. 1960 – II ZR 69/59, WM 1960, 187 = LM § 128 Nr. 7. Vgl. auch OLG Karlsruhe v. 2. 12. 1994 – 15 U 95/94, DB 1995, 264.
[110] BGH Urt. v. 3. 11. 1975 – II ZR 87/74, LM § 122 Nr. 2 = WM 1975, 1261; BGH Urt. v. 29. 3. 1996 – II ZR 263/94, BGHZ 132, 263, 267 = NJW 1996, 1678; offen lassend dagegen OLG Düsseldorf Urt. v. 26. 11. 1993 – 7 U 146/92, NJW-RR 1994, 1455, 1458.
[111] Vgl. Schlegelberger/*Martens* RdNr. 6; Heymann/*Emmerich* RdNr. 11.
[112] MünchKommBGB/*Hüffer* § 781 RdNr. 22; Heymann/*Emmerich* RdNr. 9.
[113] Zutreffend Schlegelberger/*Martens* RdNr. 5.
[114] MünchKommBGB/*Hüffer* § 781 RdNr. 22; Schlegelberger/*Martens* RdNr. 6.
[115] MünchKommBGB/*Hüffer* § 781 RdNr. 22; *Zunft* NJW 1959, 1945 f. Zur Frage, ob hier durch Gesellschafterbeschluss eine abstrakte (Sozial-)Verpflichtung der Gesellschaft begründet wird vgl. Staudinger/*Marburger* § 781 RdNr. 30.
[116] MünchHdbGesR I/*Bezzenberger* § 56 RdNr. 66; der Sache nach ähnlich MünchKommHGB/*Priester* RdNr. 57.
[117] Überzeugend MünchKommBGB/*Hüffer* § 781 RdNr. 22 mwN.

sind). Hier wird mit der Zustimmung ein rechtsgestaltender Wille ausgedrückt, indem etwa einer Durchbrechung des Gesellschaftsvertrags zugestimmt wird. Hieran wird deutlich, dass die Zustimmung der Gesellschafter sehr wohl Vertragsnatur hat.[118] Dem Verbandscharakter der OHG muss insoweit keine besondere Rechnung getragen werden, weil die Bilanzfeststellung eine *willentlich von den Gesellschaftern getragene* Unterwerfung unter gesellschaftsrechtliche Folgen darstellt.

38 Eine **Loslösung von der Zustimmung** ist möglich, indem der zustimmende Gesellschafter bei Vorliegen der Voraussetzungen der §§ 119 und 123 BGB seine abgegebene Willenserklärung anfechten kann.[119] Die **Anfechtung der Feststellung** des Jahresabschlusses führt dazu, dass der Jahresabschluss in dem vom Irrtum umfassten Bereich seine feststellende Wirkung verliert und entsprechend richtig gestellt werden muss. Der Feststellungsbeschluss wird im Übrigen aber nicht berührt.[120] Dort wo der **Jahresabschluss gegen zwingende Vorschriften der Rechnungslegung verstößt**, ist qua legem insoweit von vornherein kein wirksamer Beschluss zustande gekommen, und die Erklärung des Gesellschafters ist daher frei und einseitig widerrufbar.[121] Die Rechtsprechung gestattet ferner Gesellschaftern, ihre Zustimmung zur **Feststellung zu widerrufen,** wenn sie von tatsächlich unrichtigen Voraussetzungen ausgegangen sind; ihnen soll insoweit ein Kondiktionsanspruch gem. § 812 Abs. 2 BGB zur Verfügung stehen.[122] Diese Auffassung erklärt sich vor dem Hintergrund, dass damit die Möglichkeit geschaffen werden sollte, ein abstraktes Schuldanerkenntnis aus der Welt zu schaffen. Geht man jedoch davon aus, es handele sich bei der Zustimmung nicht um ein abstraktes Schuldanerkenntnis, so bedarf es eines solchen Widerrufs durch Kondiktion nicht.[123] Nimmt man nämlich den Ansatz, es handele sich bei der Feststellung um ein kausales Schuldanerkenntnis in Form eines Feststellungsvertrags, ernst, so ist der zustimmende Gesellschafter auch ohne die Möglichkeit des Widerrufs hinreichend geschützt. Er kann seine Zustimmung entweder durch die Anfechtung seiner Willenserklärung vernichten oder – wenn diese Voraussetzungen nicht vorliegen – kann er geltend machen, dass sich die inhaltliche Reichweite des Anerkenntnisses nicht auf einen bestimmten Aspekt beziehe, weil sich sein Wille, der in der Zustimmungserklärung zum Ausdruck gekommen sei, nicht auf den betreffenden Punkt bezogen habe. Voraussetzung dafür ist, dass der betreffende Gesellschafter die Unvollständigkeit oder die Unrichtigkeit des Jahresabschlusses nicht kannte und nach dem Maßstab eines ordentlichen und gewissenhaften Gesellschafters auch nicht kennen konnte.

39 c) **Zustimmungserfordernisse.** Bestimmt der Gesellschaftsvertrag nichts Abweichendes hinsichtlich der Mehrheitsverhältnisse bei Grundlagengeschäften,[124] so bedarf es für die Feststellung des Jahresabschlusses der **Einstimmigkeit.**[125] Die Zustimmung eines opponierenden oder untätigen Gesellschafters kann gerichtlich durchgesetzt werden, wobei es sich auch hier um eine Klage der Gesellschafter untereinander handelt, die die Gesellschaft als solche nicht betrifft.[126] Die Klage ist dabei entweder auf die Zustimmung zur Feststellung des Jahresabschlusses oder auf Feststellung einzelner Posten des Jahresabschlusses zu richten. Auf der anderen Seite besteht aber auch für denjenigen Gesellschafter, der seine Zustimmung nicht erteilen will, die Möglichkeit, eine Feststellungsklage zu erheben, die darauf gerichtet sein muss, dass ein Bilanzposten oder – in Ausnahmefällen – der gesamte Jahresabschluss fehlerhaft ist. Bei derartigen Feststellungsklagen besteht – anders als bei der Aufstellung des Jahresabschlusses – eine notwendige Streitgenossenschaft zwischen den Klägern oder den Beklagten.[127]

40 Die **Verweigerung der Zustimmung eines Gesellschafters** kann sich nur auf den Vorwurf stützen, ein Bilanzposten oder der gesamte Jahresabschluss sei unrichtig oder verstoße gegen den

---

[118] Das räumt insoweit auch MünchHdbGesR I/*Bezzenberger* § 56 RdNr. 67 ein.
[119] BGH Urt. v. 11. 1. 1960 – II ZR 69/59, WM 1960, 187, 188; *Winnefeld* DB 1972, 1053, 1055; Röhricht/Graf v. Westphalen/*v. Gerkan* RdNr. 5; Staub/*Fischer* 3. Aufl. RdNr. 12; Heymann/*Emmerich* RdNr. 11; Schlegelberger/*Martens* RdNr. 6; MünchKommHGB/*Priester* RdNr. 69; *A. Hueck* § 17 I 4 (S. 243).
[120] BGH Urt. v. 11. 1. 1960 – II ZR 69/59, WM 1960, 187, 188; Schlegelberger/*Martens* RdNr. 6.
[121] Schlegelberger/*Martens* RdNr. 6; s. auch MünchKommHGB/*Priester* RdNr. 69. Anders *Messer*, FS Fleck, 1988, S. 221, 228 f.
[122] BGH Urt. v. 13. 1. 1966, WM 1966, 448, 449; vgl. auch RG JW 1903, 28, 29; Röhricht/Graf v. Westphalen/*v. Gerkan* RdNr. 5; Schlegelberger/*Martens* RdNr. 6; Michalski RdNr. 6; Heymann/*Emmerich* RdNr. 11; Staub/*Fischer* 3. Aufl. RdNr. 12.
[123] Schlegelberger/*Martens* RdNr. 6; Staub/*Ulmer* RdNr. 19.
[124] Vgl. BGH Urt. v. 24. 3. 1980 – II ZR 88/79, BGHZ 76, 338, 342 = NJW 1980, 1689.
[125] BGH Urt. v. 29. 3. 1996 – II ZR 263/94, BGHZ 132, 263 = NJW 1996, 1678, 1681; MünchKommBGB/*Ulmer* § 721 RdNr. 7; Staub/*Ulmer* RdNr. 18; *A. Hueck* § 17 I 4 (S. 243); Schlegelberger/*Martens* RdNr. 8.
[126] BGH Urt. v. 27. 9. 1979, WM 1979, 1330; Schlegelberger/*Martens* RdNr. 8; Röhricht/Graf v. Westphalen/*v. Gerkan* RdNr. 9; Staub/*Ulmer* RdNr. 21; MünchKommHGB/*Priester* RdNr. 66.
[127] Vgl. BGH Urt. v. 10. 10. 1983, WM 1983, 1279, 1280; OLG Stuttgart v. 26. 10. 1984 – 4 U 44/94, ZIP 1995, 126, 128; Röhricht/Graf v. Westphalen/*v. Gerkan* RdNr. 5; *Koller*/Roth/Morck RdNr. 2; krit. *Felix* ZIP 1995, 129 f.; aA Staub/*Ulmer* RdNr. 21.

Gesellschaftsvertrag oder die Ausübung des Ermessens sei fehlerhaft gewesen.[128] Andernfalls muss der Gesellschafter dem Jahresabschluss zustimmen.[129] Da den geschäftsführenden Gesellschaftern bei der Aufstellung des Jahresabschlusses ein Ermessen zusteht, kann der opponierende Gesellschafter die Verweigerung seiner Zustimmung aber nicht darauf stützen, dass aus seiner Sicht eine andere Ermessensentscheidung hätte vorgenommen werden müssen.[130] Etwas anderes muss jedoch neuerdings dort gelten, wo es um Bilanzierungsentscheidungen geht, die die Ergebnisverwendung betreffen, weil hierfür die Zuständigkeit der zur Feststellung berufenen Gesellschafter begründet ist.[131]

d) Reichweite. aa) Inhaltlich. Der Feststellungsbeschluss der Gesellschafter bezieht sich auf den **gesamten Jahresabschluss.** Die Feststellungswirkungen umfassen damit sowohl die Jahresbilanz als auch die Gewinn- und Verlustrechnung.[132] Zwar hat vor Einführung des Bilanzrichtliniengesetzes nur die Bilanzerstellung Bindungswirkung entfaltet (vgl. § 39 Abs. 2 aF), doch ist dies mit Einführung des § 242 mittlerweile geändert. Die Feststellungswirkung hinsichtlich der Gewinn- und Verlustrechnung hat nämlich nicht nur die Funktion, die Aufwendungen und Erträge gegenüberzustellen und so eine Übersicht über die Ertragsquellen und den Mitteleinsatz zu geben, sondern auch diese Ansätze den Gesellschaftern gegenüber verbindlich zu machen.[133] Das ergibt sich aus dem Gleichlauf und den Interdependenzen der Bilanz mit der Gewinn- und Verlustrechnung. Durch die Feststellung erklären die nicht geschäftsführenden Gesellschafter ihr Einverständnis auch zu der konkreten Auflistung im Rahmen der Gewinn- und Verlustrechnung. **Der Akt der Feststellung stellt damit die Mitwirkungsbefugnis dar, die diesen Gesellschaftern bei der Aufstellung verwehrt ist.** Ferner ergibt sich, dass die Feststellungswirkung den gesamten Jahresabschluss umfasst, mittelbar aus § 245. Dort wird gefordert, dass die Gesellschafter den Jahresabschluss unterzeichnen. Zwar entfaltet diese Unterschrift grundsätzlich keine rechtliche Bedeutung,[134] doch gilt dann anderes, wenn in der Unterzeichnung mitsamt der nachfolgenden Verwendung des Jahresabschlusses der Akt der Feststellung gesehen wird, die zu den rechtlichen Wirkungen führt. Wenn aber das Gesetz vorsieht, dass der gesamte Jahresabschluss zu unterzeichnen ist, dann folgt daraus, dass sich die mit der Unterzeichnung ausnahmsweise einhergehende rechtliche Wirkung auch auf das Unterzeichnete insgesamt erstreckt, also sowohl auf die Bilanz als auch auf die Gewinn- und Verlustrechnung.

α) Bindungswirkung der Zustimmung. Die Zustimmungserklärung wird dann, wenn sie nicht innerhalb der Gesellschafterversammlung erteilt wird, wirksam, wenn sie allen anderen Mitgesellschaftern oder einem gemeinsam bestimmten Erklärungsempfänger gegenüber zugegangen ist (vgl. § 130 BGB). Eine Bindungswirkung an die Zustimmung tritt ein, sobald diese Erklärung nur einem der Mitgesellschafter zugegangen ist.

β) Loslösung von der Zustimmung. Die Zustimmung der Gesellschafter kann nur widerrufen werden, wenn ein wichtiger Grund vorliegt. Davon ist in aller Regel nur dann auszugehen, wenn dem Gesellschafter erst nach seiner Stimmabgabe wichtige Informationen zugänglich werden, die für seine Entscheidung maßgeblich waren oder wenn sich die Verhältnisse, die dem Jahresabschluss zugrunde gelegt wurden, geändert haben[135] (vgl. auch RdNr. 38).

bb) Personell. Die rechtliche Wirkung der Feststellung des Jahresabschlusses entfaltet sich in erster Linie zwischen den Gesellschaftern und der Gesellschaft. **Die Gesellschafter** können anhand der Bilanz und der Gewinn- und Verlustrechnung Kenntnis über die Lage der Gesellschaft innerhalb des letzten Geschäftsjahres erlangen. Der Jahresabschluss wird gegenüber den Gesellschaftern für verbindlich erklärt und die für die Aufstellung des Jahresabschlusses maßgebenden Bilanzansätze und deren Bewertung werden unstreitig gestellt.[136]

---

[128] *Koller*/Roth/Morck RdNr. 2.
[129] Staub/*Ulmer* RdNr. 20; Schlegelberger/*Martens* RdNr. 8; *A. Hueck* § 17 I 4 (S. 243); MünchHdbGesR I/*Bezzenberger* RdNr. 62.
[130] Schlegelberger/*Martens* RdNr. 8.
[131] Vgl. BGH v. 29. 3. 1996 – II ZR 263/94, BGHZ 132, 263 = NJW 1996, 1678; Röhricht/Graf v. Westphalen/*v. Gerkan* RdNr. 7; MünchHdbGesR I/*Bezzenberger* RdNr. 63; Staub/*Ulmer* RdNr. 20; MünchKommHGB/*Priester* RdNr. 59.
[132] S. Schlegelberger/*Martens* RdNr. 4; Heymann/*Emmerich* RdNr. 8; Baumbach/*Hopt* RdNr. 1; *Koller*/Roth/Morck RdNr. 2.
[133] Anders Staub/*Ulmer* RdNr. 16.
[134] S. BGH Urt. v. 9. 11. 1998 – II ZR 213/97, NJW 1999, 571, 572.
[135] Vgl. MünchHdbGesR I/*Bezzenberger* RdNr. 69; Baumbach/*Hopt* § 119 RdNr. 24; MünchKommHGB/*Priester* RdNr. 70; Staub/*Ulmer* § 115 RdNr. 35; § 119 RdNr. 26; *Ulmer*, FS Niederländer, 1991, S. 415, 422; MünchKommBGB/*Ulmer* § 709 RdNr. 67; *A. Hueck* § 11 II 3 (S. 164); Schlegelberger/*Martens* § 119 RdNr. 5; aA *Messer*, FS Fleck, 1988, S. 221, 228 f.
[136] Staub/*Ulmer* RdNr. 17.

45 Der Jahresabschluss dient ferner auch der **Information der Gläubiger** zur Beurteilung der Bonität des Unternehmens (vgl. bereits RdNr. 4). Dabei ist der Jahresabschluss bei Personenhandelsgesellschaften als Informationsquelle freilich weniger aussagekräftig als bei Kapitalgesellschaften, weil das Gesetz grundsätzlich keine speziellen Vorschriften über die Aufstellung, die Gliederung und die Bewertung kennt. Ausnahmen finden sich nur im Hinblick auf Kreditinstitute (§§ 340 ff. HGB) und Personenhandelsgeschäfte ab einer bestimmten Größe gem. § 3 Abs. 1 Nr. 1 PublG.

46 Der Jahresabschluss dient weiter als **Informationsgrundlage für Arbeitnehmer** (vgl. § 106 Abs. 2 BetrVG) und für die Finanzbehörden (§ 60 Abs. 1 EStG), da gem. § 5 Abs. 1 EStG die Maßgeblichkeit der Handelsbilanz für die Steuerbilanz dazu führt, dass der Jahresabschluss die Grundlage für die Besteuerung der OHG darstellt.[137]

47 Wegen der Begrenzung der Bindungswirkung der Feststellung zwischen Gesellschaft und Gesellschafter erstreckt jene sich grundsätzlich nicht auf **Dritte**, die vom Jahresabschluss betroffen sind,[138] wie zB stille Gesellschafter oder partiarische Gläubiger, die am (Brutto-) Ergebnis der Gesellschaft teilnehmen. Etwas anderes gilt dann, wenn sich die Dritten durch Vertrag der Feststellungswirkung unterwerfen. Ein solcher Vertrag kommt etwa zwischen dem stillen Gesellschafter und den anderen Gesellschaftern zustande, indem Letztere den Anspruch auf Einsicht und Überlassung des Jahresabschlusses gegenüber dem Stillen erfüllen und damit ein Angebot auf Abschluss eines Feststellungsvertrages abgeben, das der Stille dann mit der Geltendmachung seines Gewinnanspruchs annimmt.[139] Das Recht auf Einsichtnahme in den Abschluss resultiert entsprechend auch nicht aus OHG-Recht, sondern aus dem jeweiligen bilateralen Rechtsverhältnis.[140]

48 Eine Bindungswirkung der Feststellung besteht auch hinsichtlich des **Zessionars** eines Gewinnanspruches, weil ihm über § 404 BGB die Maßgeblichkeit des festgestellten Jahresabschlusses entgegengehalten werden kann.[141]

49 **e) Form.** Die Zustimmung bedarf, vorbehaltlich anderer Bestimmungen im Gesellschaftsvertrag, keiner Form. Sie kann daher auch konkludent durch Schweigen erklärt werden.[142]

50 **f) Mängel beim Feststellungsbeschluss.** Ist eine Stimmabgabeerklärung wegen fehlender Geschäftsfähigkeit des Gesellschafters oder wegen §§ 116 ff. BGB nichtig oder tritt die Nichtigkeit wegen § 119 ff., 142 Abs. 1 BGB ein, so gilt die Stimme als nicht abgegeben. Wenn es daraufhin an der vorgeschriebenen Mehrheit an Stimmen fehlt, so ist die Feststellung des Jahresabschlusses abgelehnt.[143] In diesem Fall müssen die geschäftsführenden Gesellschafter den von ihnen aufgestellten Jahresabschluss – ggf. in berichtigter Fassung – erneut vorlegen.[144] Da die Gesellschafter ihre Stimme hinsichtlich der Zustimmung des gesamten Jahresabschlusses erteilen, ist eine Teilnichtigkeit ausgeschlossen, denn der Fehler in einem Teil begründet den Fehler im gesamten Jahresabschluss. Die Frage, ob die in § 256 AktG enthaltenen Regelungen über die auf der Nichtigkeit von Jahresabschlüssen beruhenden Feststellungsakte auch auf die OHG anwendbar sind, ist noch unbeantwortet. Vor dem Hintergrund des Umstands, dass der Jahresabschluss auch bei der OHG eine öffentlich-rechtliche Dokumentationspflicht des Unternehmens zu erfüllen hat, liegt eine Übernahme der Regelungen nahe.[145]

51 **Fehlerhafte Feststellungsbeschlüsse sind nicht anfechtbar.**[146] Der Gesellschafterbeschluss ist entweder wirksam oder nichtig, wobei in verfahrensbezogene Mängel und in inhaltliche Mängel zu unterscheiden ist. Führen Verfahrensmängel zur Nichtigkeit, so ist der Beschluss schlicht zu wiederholen; sind inhaltliche Mängel für die Nichtigkeit des Beschlusses verantwortlich, so haben die geschäftsführenden Gesellschafter die Fehler im Jahresabschluss zu bereinigen und ihn in neuer Fassung zur Abstimmung vorzulegen.[147]

---

[137] *Westermann/Klingberg* RdNr. I 595.
[138] MünchKommHGB/*Priester*, RdNr. 62.
[139] MünchKommBGB/*Hüffer* § 781 RdNr. 24; Schlegelberger/*Martens* RdNr. 7; Röhricht/Graf v. Westphalen/*v. Gerkan* RdNr. 5.
[140] Staub/*Ulmer* RdNr. 17.
[141] Röhricht/Graf v. Westphalen/*v. Gerkan* RdNr. 5; Schlegelberger/*Martens* RdNr. 7; MünchKommHGB/*Priester* RdNr. 62.
[142] Schlegelberger/*Martens* RdNr. 9; *Koller*/Roth/Morck RdNr. 2; MünchKommHGB/*Priester* RdNr. 65; vgl. auch BGH Urt. v. 3. 11. 1975 – II ZR 87/74, LM § 122 Nr. 2 = WM 1975, 1261; OLG Düsseldorf Urt. v. 26. 11. 1993 – 7 U 146/92, NJW-RR 1994, 1455, 1458.
[143] MünchHdbGesR I/*Bezzenberger* RdNr. 77.
[144] MünchHdbGesR I/*Bezzenberger* RdNr. 76; MünchKommHGB/*Priester* RdNr. 71.
[145] MünchKommHGB/*Priester* RdNr. 70; vgl. auch Schlegelberger/*Martens* RdNr. 6; *Buchwald* JR 1948, 65, 67.
[146] MünchHdbGesR I/*Bezzenberger* RdNr. 77; MünchKommHGB/*Priester* RdNr. 70.
[147] MünchHdbGesR I/*Bezzenberger* RdNr. 77.

Aufgrund des Interesses der Gesellschaftergesamtheit und des allgemeinen Verkehrs an einer 52
raschen Aufstellung und Feststellung des Jahresabschlusses sind die Gesellschafter auf Grund ihrer
Treuepflicht grundsätzlich verpflichtet, eine etwaige Anfechtung der Stimmabgabeerklärung oder
Einwendungen gegen die Wirksamkeit des Abschlusses unter Aufgabe der gesetzlich eingeräumten
Frist (zB § 124 Abs. 1 BGB) in kurzer (angemessener) Frist geltend zu machen. Diese Frist ergibt
sich immer einzelfallbezogen auf Grund der jeweiligen Umstände des Falles. Werden Einwendungen
erst nach einer solchen Frist erhoben, sind sie als verwirkt anzusehen.[148]

g) **Unterzeichnung.** Allen persönlich haftenden Gesellschaftern obliegt gem. § 245 Satz 2 die 53
öffentlich-rechtliche Pflicht, den Jahresabschluss mit Datumsangabe zu unterzeichnen.
Vertretung bei der Unterzeichnung ist nicht möglich.[149] Eine unmittelbare rechtliche Bedeutung hat
diese Unterschrift allerdings nicht; sie dokumentiert die rechtsgeschäftliche Zustimmung zur Feststellung des Jahresabschlusses.[150] Da allerdings die Feststellung des Jahresabschlusses auch konkludent
möglich ist, kann die Unterschrift mitsamt der nachfolgenden Verwendung des Jahresabschlusses als
Feststellung angesehen werden.

h) **Berichts- und Informationsrechte.** Im Gegensatz zu Kapitalgesellschaften und OHGen, die 54
eine bestimmte Größe haben, ergeben sich aus dem HGB für die OHG **keine ergänzenden
Berichtspflichten zur Bilanz bzw. zur Gewinn- und Verlustrechnung,** wie etwa den Lagebericht oder einen Anhang (§ 264 Abs. 1 Satz 1). Eine solche Pflicht ergibt sich aber für die geschäftsführenden Gesellschafter aus dem allgemeinem Grundsatz, den anderen Gesellschaftern so viel
Informationen zur Verfügung zu stellen, wie sie zur Wahrnehmung ihrer Gesellschafterrechte
bedürfen, insbesondere Informationen zu geben, die sie in die Lage versetzen, den Aussagegehalt des
Jahresabschlusses transparent zu machen.[151]

Gegenüber den geschäftsführenden Gesellschaftern besteht daher gem. §§ 713, 666 BGB, 105 55
Abs. 2 ein Anspruch der übrigen Gesellschafter auf **Auskunft** hinsichtlich der Umstände, die zu
einer sachgemäßen Ausübung des Stimmrechts benötigt werden und anderweitig nur in unzumutbarer oder unzureichender Weise beschafft werden können.[152] Dazu gehören die Darlegung der
angewendeten Bilanzierungsmethoden, Hinweise auf Abweichungen in der Ausweiskontinuität, auf
außerordentliche Aufwendungen und Erträge und die bewusste Bildung stiller Reserven.[153] Ob ein
solcher Anspruch mittels einer actio pro socio geltend gemacht werden kann, ist noch nicht geklärt;
der BGH scheint jedoch in eine solche Richtung zu tendieren.[154] Dies ist vor dem Hintergrund der
nur eingeschränkten Möglichkeit individueller Auskunftsansprüche gegen die geschäftsführenden
Gesellschafter[155] zu befürworten. **Individuelle Auskunftsansprüche,** die über die des § 118 Abs. 1
hinausgehen, soll es demnach allenfalls dann geben, wenn die Einsichtnahme ihm keine ausreichende
Klarheit vermittelt und wenn weitergehende Informationsrechte nicht auf Grund des Gesellschaftsvertrages abbedungen worden sind.[156]

III. Berechnung des Anteils (§ 120 Abs. 1)

1. Allgemeines. Im Rahmen der Aufstellung des Jahresabschlusses ist von den geschäftsführenden 56
Gesellschaftern für jeden Gesellschafter separat der auf diesen entfallenden Kapitalanteil zu berechnen. **Basis der Berechnung** ist der im vorhergehenden Jahresabschluss festgestellte Kapitalanteil.
Dieser wird unter Berücksichtigung des § 120 Abs. 2 ermittelt.[157]

2. Kapitalanteil. a) Begriffsbestimmung. Der in § 120 Abs. 2 als Maßstab für das Verhältnis 57
der Beteiligung der verschiedenen Gesellschafter an der Gesellschaft genannte Kapitalanteil, wonach
der den Gesellschaftern zukommende Gewinn berechnet wird, erfährt im HGB keine Definition.

---

[148] Vgl. Schlegelberger/*Martens* RdNr. 119, RdNr. 12; *Noack*, Fehlerhafte Beschlüsse, S. 174.
[149] BGH Urt. v. 12. 7. 1965 – II ZR 118/63, BGHZ 44, 158, 160; MünchKommHGB/*Priester* RdNr. 18.
[150] Schlegelberger/*Martens* RdNr. 9; MünchKommHGB/*Priester* RdNr. 18; Heymann/*Emmerich* RdNr. 11; vgl auch BGH Urt. v. 9. 11. 1998 – II ZR 213-97, NJW 1999, 571, 572.
[151] Vgl. Schlegelberger/*Martens* RdNr. 11; *Priester*, FS Quack, 1991, S. 373, 384; MünchKommHGB/*Priester* RdNr. 68; *Hommelhoff* ZIP 1983, 383, 392; s. auch ausf. MünchHdbGesR I/*Bezzenberger* RdNr. 74.
[152] MünchHdbGesR I/*Bezzenberger* RdNr. 72; ferner BGH Urt. v. 23. 3. 1992 – II ZR 128/91, NJW 1992, 1890, 1891; vgl. auch *Grunewald* ZGR 1989, 545, 551.
[153] S. MünchKommHGB/*Priester* RdNr. 68; MünchHdbGesR I, *Bezzenberger* RdNr. 74; Staub/*Ulmer* RdNr. 18.
[154] BGH Urt. v. 23. 3. 1992, NJW 1992, 1890, 1892; ähnlich auch Baumbach/*Hopt* § 118 RdNr. 12; Heymann/*Emmerich* § 118 RdNr. 5; Staub/*Ulmer* § 118 RdNr. 6; *Huber* ZGR 1982, 539, 547.
[155] Vgl. BGH Urt. v. 10. 6. 1983, BB 1984, 1271, 1272; Baumbach/*Hopt* § 118 RdNr. 7; Schlegelberger/*Martens* § 118 RdNr. 14; *A. Hueck* OHG § 12 2 (S. 187); weitergehende Rechte befürworten aber MünchHdbGesR I/*Bezzenberger* RdNr. 72; Staub/*Ulmer* § 118 RdNr. 9; Staub/*Schilling* § 166 RdNr. 15.; vgl. § 118 RdNr. 8 ff.
[156] S. Baumbach/*Hopt* § 118 RdNr. 1 und 12 f.; unten im Kommentar zu § 118 RdNr. 32 ff.
[157] Zur buchtechnischen Seite der Berechnung vgl. MünchHdbGesR I/*v. Falkenhausen* § 55 RdNr. 43 ff.

Er wird in § 120 Abs. 2 ebenso wie bei der Gewinnverteilung nach § 121, dem Entnahmerecht (§ 122) und der Auseinandersetzung (§ 155) sowie in den §§ 167 bis 169 vielmehr vorausgesetzt und kann zur Anknüpfung weiterer Rechte und Pflichten im Gesellschaftsvertrag dienen. Der Vorschrift des § 120 Abs. 2 lässt sich nur entnehmen, dass sich der Kapitalanteil zusammensetzt aus der Gegenüberstellung von Einlagen und Gewinnanteilen der Gesellschafter und ihren Verlustanteilen und Entnahmen. Aus dem Bilanzrecht (§ 247 Abs. 1) ergibt sich, dass der Kapitalanteil den bilanzrechtlich auf die einzelnen Gesellschafter entfallenden Anteil am Eigenkapital der OHG ausmacht.[158]

58 b) **Rechtsnatur.** Der **rechtliche Charakter des Kapitalanteils** war zunächst umstritten,[159] doch dürfte – mit geringen Abweichungen im Detail, die keine praktisch bedeutsamen Folgen mit sich bringen[160] – mittlerweile als anerkannt gelten, dass unter dem in § 120 Abs. 1 genannten Kapitalanteil eine bloße Rechnungsziffer zu verstehen ist,[161] der einen Posten in der Bilanz nicht als Verhältniszahl, sondern in einer bestimmten Geldgröße ausdrückt.[162] Im Anschluss an *Ulrich Huber* ist im Kapitalanteil eine **Bilanzziffer** zu sehen, die den gegenwärtigen Stand der Einlage des Gesellschafters angibt, so wie er nach den Methoden der kaufmännischen Buchführung und Bilanzierung errechnet wird.[163]

59 Die Qualifikation des Kapitalanteils als Bilanzziffer macht deutlich, dass es sich **nicht um ein subjektives Recht handelt,** über das verfügt werden könnte, welches insbesondere nicht verpfändet werden kann.[164] In der Insolvenz der Gesellschaft ist der Kapitalanteil daher auch keine Forderung, und entsprechend ist ein negativer Kapitalanteil auch keine Verbindlichkeit, die der Insolvenzverwalter im Insolvenzverfahren über die Gesellschaft vom Gesellschafter noch einfordern könnte.[165] Auch die Umbuchung eines Teils des Kapitalanteils zugunsten eines anderen oder eines eintretenden Gesellschafters ist keine *Übertragung* des Kapitalanteils, sondern nur die in der Bilanz dokumentierte Übertragung eines Teils des Gesellschaftsanteils, mit der eine Änderung der internen Rechtsbeziehungen zwischen den Gesellschaftern verbunden ist oder eine Veränderung der Rechte auf Vordividende bzw. auf die Mindestrendite einhergeht.[166] Daher kann sich in der Insolvenz die Anfechtung einer Rechtshandlung auch nicht auf derartige Übertragungen des Kapitalanteils beziehen.

60 c) **Abgrenzung.** Abzugrenzen ist der **Kapitalanteil vom Gesellschaftsanteil** als der Zusammenfassung aller mitgliedschaftlicher Rechte und Pflichten und vom Vermögensanteil, der die Beteiligung am gesamthänderischen Gesellschaftsvermögen und die einzelnen Vermögensrechte des Gesellschafters ausdrückt.[167] Die Fehlbezeichnung des Kapitalanteils ist unschädlich.[168] Denkbar ist im Einzelfall eine Umdeutung des ausdrücklich Formulierten in das von den Gesellschaftern wirklich Gewollte.

---

[158] Staub/*Ulmer* RdNr. 47; MünchHdbGesR I/*v. Falkenhausen* § 55 RdNr. 22; Baumbach/*Hopt* RdNr. 13; *Flume* Personengesellschaft, § 11 II 1 (S. 147 ff.).
[159] *Eckelt* NJW 1954, 1905, 1909; *v. Randenborgh* DNotZ 1959, 373, 379 ff.; Schlegelberger/*Geßler* 4. Aufl. § 120 RdNr. 10: Kapitalanteil ist subjektives Recht der Gesellschafter und damit übertragbar und pfändbar, dazu s. auch *Huber* S. 216 f.; Staub/*Fischer* 3. Aufl. § 120 RdNr. 22, Kapitalanteil ist gleichzusetzen als mitgliedschafts- oder Beteiligungsrecht gem. § 729 Abs. 1 BGB; vgl. hierzu ebenfalls *Huber* S. 228 und RG v. 28. 12. 1923, RGZ 117, 238, 242.
[160] Abweichungen in den Auffassungen gibt es allenfalls in der Betonung der bilanzrechtlichen Bedeutung der Kapitalziffer, vgl. dazu Schlegelberger/*Martens* RdNr. 25.
[161] S. grundlegend RG v. 28. 12. 1923, RGZ 117, 238, 242; BGH Urt. v. 20. 4. 1972 – II ZR 143/69, BGHZ 58, 316, 318 = NJW 1972, 1755; BGH Urt. v. 10. 2. 1977 – II ZR 120/75, BGHZ 68, 225, 227 f. = NJW 1977, 1339; *Huber* S. 173 ff., 215 ff.; Schlegelberger/*Martens* RdNr. 25; Heymann/*Emmerich* RdNr. 22; Baumbach/*Hopt* RdNr. 13; Staub/*Ulmer* RdNr. 48; MünchHdbGesR I/*v. Falkenhausen* § 55 RdNr. 26 f.; *Wiedemann*, FS Odersky, 1996, S. 925, 932; *Oppenländer* DStR 1999, 939, 940.
[162] Koller/Roth/Morck RdNr. 4; Baumbach/*Hopt* RdNr. 13.
[163] *Huber* Kapitalanteil S. 228; *ders.* ZGR 1988, 1, 4; *K. Schmidt* § 47 III 2; *Pauli* S. 41 f.; MünchKommHGB/*Priester* RdNr. 85; Heymann/*Emmerich* RdNr. 23 mwN; vgl. auch die alternative Begriffsbestimmung von *A. Hueck*, der Kapitalanteil stelle lediglich eine Rechnungsziffer dar, die den Wert der jeweiligen wirtschaftlichen Beteiligung des Gesellschafters am Gesellschaftsvermögen zum Ausdruck bringen soll, und die deshalb den Maßstab bilde, wenn der Wert dieser Beteiligung rechtlich von Bedeutung werde, OHG, § 16 V 1 (S. 229); zu den unterschiedlichen Definitionsversuchen Staub/*Ulmer* RdNr. 49; Schlegelberger/*Martens* RdNr. 25. Zur Rechtsprechung vgl. BGH Urt. v. 20. 4. 1972 – II ZR 143/69, BGHZ 58, 316, 318; BGH Urt. v. 1. 6. 1987 – II ZR 259/86, BGHZ 101, 123, 126.
[164] Baumbach/*Hopt* RdNr. 13; Staub/*Ulmer* RdNr. 50; MünchKommHGB/*Priester* RdNr. 87.
[165] Ganssmüller DB 1967, 2103; Hopt/Hehl JuS 1979, 728; Baumbach/*Hopt* RdNr. 13; Schlegelberger/*Martens* RdNr. 26; MünchKommHGB/*Priester* RdNr. 90.
[166] Eingehend Schlegelberger/*Martens* RdNr. 27; MünchKommHGB/*Priester* RdNr. 87; *Huber* S. 230 ff.; *Pauli* S. 39 ff.
[167] Schlegelberger/*Martens* RdNr. 26; Heymann/*Emmerich* RdNr. 23; MünchKommHGB/*Priester* RdNr. 87.
[168] Koller/Roth/Morck RdNr. 4.

d) Einheitlichkeit des Kapitalanteils. Jeder Gesellschafter kann nur **eine einheitliche Gesellschaftsbeteiligung,** nicht aber mehrere selbständige Anteile haben.[169] Das ergibt sich zwingend aus dem Begriff der Mitgliedschaft, die der Inbegriff aller dem Gesellschafter erwachsenden Rechte und Pflichten ist[170] und daher nur eine einheitliche sein kann. Zudem ist die Mitgliedschaft des Personengesellschafters wegen ihrer Wurzeln im Gesellschaftsvertrag einheitlich zu betrachten. Andernfalls müsste bei einer Mehrfachbeteiligung der betreffende Gesellschafter mit sich selbst in gesellschaftlicher Beziehung stehen.[171] Demzufolge kann ein Gesellschafter auch nur einen **einheitlichen Kapitalanteil** haben. An dieser Auffassung ist in jüngerer Zeit allerdings Kritik laut geworden.[172] Vor dem Hintergrund des Wandels im Recht der Personengesellschaften, der in der Rechtspraxis eine Tendenz zur Annäherung dieser Gesellschaften an die Kapitalgesellschaften erkennen lasse, müsste nunmehr auch die Existenz mehrerer selbständiger Anteile in der Hand eines Gesellschafters zugelassen werden.[173]

Wenngleich die Annäherungsbewegungen von Personen- und Kapitalgesellschaften wohl kaum geleugnet werden können, so ist die vorgebrachte Kritik an der bisherigen Auffassung nicht zu teilen. Dafür sprechen verschiedene Gründe: Das Gesetz geht – wenn auch nicht ausdrücklich – von einer einheitlichen Beteiligung, also von der Einheitlichkeit des Kapitalanteils, aus. Anhaltspunkt dafür ist die gesetzliche Wertung des § 719 I BGB.[174] Ferner ließe sich ohne die Annahme der Einheitlichkeit des Kapitalanteils das Prinzip der An- und Abwachsung in Personengesellschaften nicht verwirklichen. Zudem sind die Verhältnisse der Gesellschafter in der Personengesellschaft untereinander fest an die Einheitlichkeit des Kapitalanteils geknüpft. So scheint etwa die sich andernfalls ergebende Vorstellung widersinnig, ein Gesellschafter könnte auf Grund mehrerer Beteiligungen in seiner Hand sich selbst gegenüber treuwidrig handeln.[175] Schließlich gehen auch die vermögensrechtlichen Angelegenheiten und Beziehungen der Gesellschafter in einer OHG vom Grundgedanken der Einheitlichkeit des Kapitalanteils aus, wie u. a. bereits an der Zu- und Abschreibung von Gewinnen und Verlusten zu sehen ist. Ob möglicherweise unter Festhalten der Einheitlichkeit des Anteils gleichwohl „Durchbrechungen" auf der Ebene, die nicht die Mitgliedschaft betreffen, vorgenommen werden könnten, ist hier nicht zu erörtern;[176] es ändert aber jedenfalls nichts daran, dass pro Gesellschafter nur ein Kapitalanteil besteht.

IV. Zu- und Abschreibungen von Gewinnen bzw. Verlusten (§ 120 Abs. 2)

1. Problemstellung. § 120 Abs. 2 regelt, dass der festgestellte Gewinn dem Kapitalanteil des Gesellschafters zugeschrieben wird und der festgestellte Verlust – neben den Entnahmen (vgl. § 122) – dem betreffenden Kapitalanteil abgeschrieben wird. In § 120 Abs. 2 nicht geregelt ist hingegen der Fall, dass ein positives Jahresergebnis erzielt worden ist, nicht aber das gesamte Ergebnis auf die Gesellschafter verteilt wird, sondern im Rahmen der Thesaurierung zunächst Teile des Ergebnisses zur Bildung oder Erhöhung von offenen Rücklagen herangezogen werden.[177] Da die **Bildung offener Rücklagen** sich auf die jeweils auf die Gesellschafter entfallenden Gewinnanteile auswirkt und eine entsprechend geringere Zuschreibung auf ihre Kapitalanteile zur Folge hat, stellt ein solches Vorgehen einen Eingriff in den Kernbereich des Mitgliedschaftsrechts des Gesellschafters (Gewinnbezugsrecht) dar, so dass es in solchen Fällen eines gesonderten Ergebnisverwendungsbeschlusses bedarf, der von der Feststellung des Jahresabschlusses auf Grund der besonderen Mehrheitserfordernisse streng zu unterscheiden ist. Es kommt daher auf die Unterscheidung zwischen Gewinnermittlung und Gewinnverwendung (RdNr. 63 ff.) an. Diese ist als solche theoretisch unproblematisch, da die Erfassung von Aufwendungen und Erträgen innerhalb des Rechnungszeitraumes in der Gewinn-

---

[169] Grundlegend BGH Urt. v. 11. 4. 1957 – II ZR 182/55, BGHZ 24, 106, 108 f.; s. ferner BGH Urt. v. 10. 6. 1963, BB 1963, 1076 f.; BGH Urt. v. 20. 4. 1972 – II ZR 143/69, BGHZ 58, 316, 318; BGH Urt. v. 22. 5. 1989 –, DB 1989, 1718; aus der Literatur vgl. nur Staub/*Schilling* § 161 RdNr. 38; Schlegelberger/*Martens* § 161 RdNr. 41; *Flume* Personengesellschaft § 7 III 3 (S. 98 f.); vgl. auch MünchKommHGB/*K. Schmidt* § 105 RdNr. 77.
[170] Staub/*Ulmer* § 105 RdNr. 71; *Ulmer* NJW 1990, 73, 76 f.: *Joussen* DB 1992, 1173, 1174; *Steinbeck* DB 1995, 761, 762.
[171] Vgl. *Sieveking*, FS Schippel, 1996, S. 505, 514.
[172] *Esch* BB 1993, 664; *Lüttge* NJW 1994, 5; *Priester* DB 1998, 55; MünchKommHGB/*Priester* RdNr. 93; HK-HGB/*Stuhlfelner E* vor § 120 RdNr. 3.
[173] Vgl. *Priester* DB 1998, 55, 58 ff.; MünchKommHGB/*Priester* RdNr. 93; HK-HGB/*Stuhlfelner E* vor § 120 RdNr. 3 unter fälschlicher Berufung auf BGH Urt. v. 3. 7. 1989 – II ZR 1/89, BGHZ 108, 187, 199.
[174] S. BFH v. 16. 6. 1978, BStBl. 1978 II, 527; vgl. zudem *Huber* S. 369 ff.; MünchKommBGB/*Ulmer* § 719 RdNr. 3; dagegen MünchKommHGB/*Priester* RdNr. 93 – allerdings ohne nähere Begründung.
[175] Vgl. auch *Sieveking*, FS Schippel, 1996, S. 505, 514; *K. Schmidt* GesR § 45 I 2 b.
[176] Vgl. dazu *Bippus* AcP 195 (1995) 13 ff.; *K. Schmidt* GesR § 45 I 2 b; *Priester* DB 1998, 55, 58 ff; MünchKommHGB/*Priester* RdNr. 93.
[177] Dem steht es gleich, dass stille Reserven gebildet werden sollen.

und Verlustrechnung in den Bereich der Ermittlung und die Einstellung bestimmter Beträge in offene Rücklagen in den Bereich der Gewinnverwendung gehört. Schwierigkeiten ergeben sich jedoch dort, wo es um Bilanzwahlrechte und deren ergebnisrelevante Ausübung geht.[178]

63 **2. Gewinnermittlung und Gewinnverwendung. a) Gewinnermittlung.** Der bilanzmäßige Gewinn einer OHG ergibt sich aus dem Vergleich des bilanzmäßigen Gesellschaftsvermögens am Ende eines Geschäftsjahres mit dem des Vorjahres. Der Gewinn ist damit der nach Rücklagenbildung von den Gesellschaftern als „Überschuss" erklärte Anteil am Gesellschaftsvermögen.[179] Da wegen des fehlenden Erfordernisses eines feststehenden Kapitalfonds die Möglichkeit besteht, auf der Passivseite die Kapitalkonten entsprechend der Gewinn- und Verlustsituation anzupassen, ist es möglich, dass ein Gewinn auch dann ausgewiesen wird, wenn das Eigenkapital durch Verluste in den Vorjahren oder durch Entnahmen weitgehend aufgezehrt ist.[180] Dies macht deutlich, dass der ausgewiesene Jahresüberschuss kein verlässliches Zeichen für die konkrete Wirtschaftssituation der Gesellschaft ist.

64 **b) Gewinnverwendung.** Die **Gewinnermittlung ist stets mit der Feststellung des Jahresabschlusses am Ende des Geschäftsjahres verbunden.** Sie gibt den Rahmen für die Gewinnverwendung vor. Damit sind die Ermittlung und die Verwendung des Gewinns zwei genau voneinander zu unterscheidende Akte.[181] Sieht der Gesellschaftsvertrag keine Besonderheiten vor, so folgt die Gewinnverwendung prinzipiell den in § 121 BGB aufgestellten Grundsätzen (s. bei § 121 RdNr. 3 ff.). Entsprechend ändern sich dann die Kapitalkonten. **Die Entscheidung über die Gewinnverwendung obliegt grundsätzlich allen Gesellschaftern.** Der Gesellschaftsvertrag kann freilich andere Mehrheitsverhältnisse vorsehen. In der Praxis wird regelmäßig so vorgegangen, dass die Gewinnverteilung im Rahmen der Bilanz vorgenommen und durch Feststellung des Jahresabschlusses beschlossen wird. Möglich ist aber auch, dass eine generelle Regelung über die Gewinnverwendung im Gesellschaftsvertrag vorgesehen ist. Wird dann durch Gesellschafterbeschluss davon abgewichen, so ist dies unter der Voraussetzung statthaft, dass dies mit derjenigen Mehrheit geschehen ist, die für die Änderung des Gesellschaftsvertrags vorgesehen ist.[182] Darin ist dann jedoch keine endgültige Änderung des Gesellschaftsvertrages zu sehen, sondern nur eine einmalige – erlaubte – Abweichung vom Gesellschaftsvertrag.

65 Prinzipiell bestehen keine Einwände gegen eine **Vollausschüttung** bzw. eine Vollentnahme.[183] Zwar ist grundsätzlich zu berücksichtigen, dass die Gesellschaft einen bestimmten Kapitalstock benötigt, um am wirtschaftlichen Leben teilnehmen zu können. Da aber die Gesellschafter mit ihrem Privatvermögen haften, mag es zwar wirtschaftlich nicht ratsam, juristisch aber möglich sein, wenn die Gesellschafter eine Vollausschüttung beschließen. Zu bedenken ist dabei freilich, dass damit nicht die Grenze überschritten wird, die die Insolvenzantragsgründe vorgeben (vgl. §§ 17 und 18 InsO).

66 **Entnahmebeschränkungen** können sich demgegenüber aus dem Gesellschaftsvertrag ergeben. Gesetzlich gefordert sind sie auf Grund des fehlenden Grundkapitalerfordernisses hingegen nicht. Ungeschriebene Entnahmebeschränkungen vor dem Hintergrund der Lebensfähigkeit der Gesellschaft sind grundsätzlich denkbar. Sie kommen dort in Betracht, wo die unbeschränkte Entnahme die Eigentumsinteressen bestimmter oder aller anderen Gesellschafter treuwidrig beeinträchtigen würde (vgl. auch unten § 122 RdNr. 29 und 33 ff.).

67 **c) Abgrenzung zwischen Gewinnermittlung und -verwendung. aa) Meinungsstand.** Bilanzwahlrechte können zur Ergebnisermittlung ausgeübt werden, etwa, wenn der Aufwandscharakter der fraglichen Posten unter Einschluss der Vorsorge für das Nachholen unterlassener Aufwendungen oder für die Abdeckung konkret drohender Risiken im Vordergrund steht; sie können sich aber auch als Ergebnisverwendung darstellen, wenn sie nämlich zur Sicherung der künftigen Lebens- und Widerstandsfähigkeit der Gesellschaft herangezogen werden.[184] Die **Abgrenzung kann mitunter problematisch sein;** sie muss aber deshalb sauber gezogen werden, weil die Maßnahmen zur Ergebnisverwendung grundsätzlich nur mit der Zustimmung aller Gesellschafter getroffen werden dürfen. Der rein formalen Abgrenzung nach bilanzrechtlichen Kriterien, wonach die Ausübung der Wahlrechte für die Aufstellung der Jahresbilanz stets der Ergebnisermittlung diene, weil sie eine Erhöhung bzw. Verminderung des zur Berechnung des Gesellschaftsvermögen dienenden Bilanz-

---

[178] Ausführlich Staub/*Ulmer* RdNr. 33 ff.; MünchHdbGesR I/*Bezzenberger* § 56 RdNr. 22 ff.
[179] Baumbach/*Hopt* RdNr. 7; BGH Urt. v. 20. 4. 1972 – II ZR 143/69, BGHZ 58, 316, 320; BGH Urt. v. 6. 4. 1981 – II ZR 186/80, BGHZ 80, 357, 358 = NJW 1981, 2563; vgl. auch § 121 RdNr. 2.
[180] Schlegelberger/*Martens* RdNr. 23.
[181] Vgl. BGH Urt. v. 12. 12. 1974, LM § 109 Nr. 12; vgl. auch MünchKommHGB/*Priester* RdNr. 72.
[182] Baumbach/*Hopt* RdNr. 8.
[183] Enger Schlegelberger/*Martens* RdNr. 24.
[184] Staub/*Ulmer* RdNr. 33; MünchHdbGesR I/*Bezzenberger* § 56 RdNr. 22 ff.

positionen zur Folge hat, hat der **BGH mit seinem grundlegenden Urteil vom 29. 3. 1996**[185] materielle Abgrenzungskriterien entgegengesetzt. Der BGH zieht die Trennlinie zwischen solchen Bilanzierungsmaßnahmen, die der Darstellung des Gesellschaftsvermögens dienen (Ergebnisermittlung), und solchen, die der Sache nach Ergebnisverwendungen sind,[186] zu welchen neben der Bildung offener Rücklagen auch die Bildung von Ermessensreserven (§ 253 Abs. 4), die Bildung von Aufwandsrückstellungen (§ 249 Abs. 1 Satz 3, Abs. 2) und die Ausnutzung von Steuerwahlrechten gehören sollen. Diese Rechtsprechung ist für die Praxis nunmehr maßgebend und in der Literatur auch weitgehend anerkannt.[187] Freilich ist bereits darauf hingewiesen worden, dass der BGH seine Differenzierung zu sehr an den jeweiligen Wahlrechtsfunktionen ausgerichtet habe und diese Kriterien daher ebenfalls zur Unschärfe tendierten.[188] Als alternatives Abgrenzungskriterium wird vorgeschlagen, auf den Sachzusammenhang zwischen der Geschäftsführungskompetenz und der bilanziellen Behandlung abzustellen.[189] Demnach werde ein Bezug zwischen der Entscheidung über bestimmte Wahlrechte und der Zuständigkeit der betreffenden Gesellschafter für die ihnen zugrunde liegenden Geschäftsvorfälle hergestellt. Um eine Ergebnisermittlung handele es sich demnach dann, wenn der Geschäftsvorfall, hinsichtlich dessen ein Bilanzwahlrecht ausgeübt worden ist, in der (alleinigen) Kompetenz der geschäftsführenden Gesellschafter gelegen habe. Bilanzansätze ohne konkreten Bezug zu bestimmten Geschäftsvorfällen oder Vermögensgegenständen fallen demnach in die Kompetenz aller Gesellschafter und sind daher der Ergebnisverwendung zuzuordnen.

bb) Stellungnahme. Geht man von der offensichtlich allgemein zugrunde gelegten Prämisse aus, 68 die Wertung der normativen Ausprägung des Handelsbilanzrechts sei nicht interessengerecht, weil die Interessen der nicht geschäftsführenden Gesellschafter hinsichtlich der Bewertungsspielräume der geschäftsführenden Gesellschafter nicht hinreichend berücksichtigt werden, dann verdient der von *Schön* entwickelte Ansatz, die sog. **„Kompetenztheorie",**[190] prinzipiell Vorrang vor dem vom BGH entwickelten Kriterium, weil er vergleichsweise präzisere Abgrenzungskriterien verspricht. Letztlich kann aber auch eine derartige Kompetenztheorie nicht das grundlegende Dilemma der Zuordnung einer bestimmten Maßnahme zur Ergebnisermittlung oder zur Ergebnisverwendung lösen, weil die damit einhergehenden Probleme im Ergebnis für die Praxis nur auf eine andere Ebene verschoben werden. Es muss dann nämlich beurteilt werden, ob bestimmte Bilanzansätze ohne konkreten Bezug zu bestimmten Geschäftsvorfällen oder Vermögensgegenständen vorliegen oder nicht, insbesondere wann das Merkmal „konkret" erfüllt ist. In Wirklichkeit geht es hier auch nur darum, bestimmte Wahlmöglichkeiten fallgruppenartig bestimmten Geschäftsführungsbefugnissen zuzuordnen. Das mag zwar insgesamt gesehen leichter erscheinen als zu entscheiden, ob eine Bilanzierungsmaßnahme nun der Darstellung des Gesellschaftsvermögens dient oder eigentlich doch eine Ergebnisverwendung ist, doch wenn man diese – aus Sicht des Wirtschaftsverkehrs nicht nur marginalen – Rechtsunsicherheiten von vornherein vermeiden möchte, so wird man wohl kaum umhinkommen, die **Wahlrechte doch insgesamt als Teil der Ergebnisermittlung anzusehen**. Das Korrektiv für die nicht-geschäftsführenden Gesellschafter würde dann nicht darin liegen, dass die Entscheidung über die Ausübung der Wahlrechte partiell in den Händen aller Gesellschafter liegt, sondern in der einzelfallbezogenen Überprüfung der Einhaltung der Treuepflicht bei der Ausübung der allgemeinen Geschäftsführungskompetenz.[191] Damit wäre dann freilich das Problem verbunden, wann ein treuwidriges Geschäftsführerverhalten der Gesellschafter vorliegt, doch ist dies eine dem OHG-Recht bereits hinlänglich bekannte Frage, zu deren Beantwortung auf die von Rechtsprechung und Literatur entwickelten Kriterien rekurriert werden kann (vgl. dazu § 109 RdNr. 20 ff.). Zu betonen bleibt hingegen, dass für die Praxis bis auf weiteres die vom BGH entwickelte Differenzierung entscheidend ist. Es wird insoweit darauf ankommen müssen, dass es der Kautelarpraxis gelingt, die Wahlrechtsfunktionen und ihre Zuordnung zur Ergebnisermittlung bzw. zur Ergebnisverwendung anhand von Beispielen nach und nach zu konkretisieren, um so zur Rechtssicherheit beizutragen.

---

[185] BGH Urt. v. 29. 3. 1996 – II ZR 263/94, BGHZ 132, 263 = NJW 1996, 1678 = JZ 1996, 856 m. Anm. *Moxter*.
[186] BGH Urt. v. 29. 3. 1996 – II ZR 263/94, BGHZ 132, 263, 272 ff. = NJW 1996, 1678; in diese Richtung vorher schon *Schulze-Osterloh* BB 1995, 2519 ff.; s. auch *Hopt*, FS Odersky, 1996, S. 799, 812 f.
[187] Vgl. *Westermann/Klingenberg* I 617; *Röhricht/Graf v. Westphalen/v. Gerkan* RdNr. 8; MünchKommHGB/*Priester* RdNr. 74; *Binz/Sorg* DB 1996, 969, 970 ff.; *Rückle*, FS Beisse, 1997, S. 433, 435 ff.; *Hoffmann/Sauter* DStR 1996, 967, 969 ff.; *W. Müller* EWiR 1996, 513.
[188] Staub/*Ulmer* RdNr. 35; *Ulmer*, FS Lutter, 2000, S. 941 ff.; *Schön*, FS Beisse, 1997, S. 471 ff.
[189] *Schön*, FS Beisse, 1997, S. 417, 478 ff. und ihm folgend Staub/*Ulmer* RdNr. 36; vgl. auch MünchKommHGB/*Priester* RdNr. 76.
[190] So der Ausdruck von Staub/*Ulmer* RdNr. 36.
[191] Vgl. MünchKommHGB/*Priester* RdNr. 76.

V. Gesellschafterkonten

69 In der Buchführung der OHG werden die Kapitalanteile der Gesellschafter sowie die Forderungen und Verbindlichkeiten zwischen Gesellschaft und Gesellschafter auf Konten festgehalten.[192] Für jeden Gesellschafter werden, je nach vertraglicher Ausgestaltung mitunter mehrere Konten geführt. Da die Verbuchung der Rechtsbeziehungen zwischen Gesellschaft und Gesellschaftern das Innenverhältnis betrifft, besteht Vertragsfreiheit.[193]

70 **1. Kapitalkonten.** Das Kapitalkonto eines Gesellschafters weist dessen Kapitalanteil buchmäßig aus.[194] Dies kann je nach Form des gewählten Kapitalanteils unterschiedlich geschehen. **Gesetzlich vorgesehen ist der veränderliche Ausweis des Kapitalanteils.** Aufgrund von Vereinbarungen kann der Ausweis auch gleich bleibend sein oder in jeder Bilanz mit dem der Quote entsprechenden Teilbetrag des aus der Bilanz hervorgehenden Reinvermögens ausgewiesen sein.[195] Die Kapitalanteile der Gesellschafter stehen in der Bilanz der OHG auf der Passivseite und zeigen das buchmäßige Reinvermögen, welches freilich von dem wahren Wert oft abweicht.

71 **a) Variabler Kapitalanteil.** § 120 Abs. 2 geht von einem variablen Kapitalanteil aus. **Über den Ausgangswert enthält das Gesetz keine Aussage.** Er wird durch den Einbringungswert der Einlage des Gesellschafters gebildet bzw. durch den Gesellschaftsvertrag festgesetzt; dies wird vom Gesetz stillschweigend vorausgesetzt.[196] Dem Kapitalanteil des einzelnen Gesellschafters werden nach Abschluss eines jeden Rechnungsjahres (Feststellung des Jahresabschlusses) der ihm gebührende Anteil am Jahresgewinn und etwaige des Weiteren geleistete Einlagen gutgeschrieben. Dagegen werden sein Anteil am Jahresverlust sowie auf sein Kapitalanteil entnommenes Geld[197] abgeschrieben. Der so ermittelte Kapitalanteil bildet die Bezugsgröße für die Berechnung der Vordividende nach § 121 Abs. 1 (s. § 121 RdNr. 8 ff.), für die Mindestrendite gem. § 122 Abs. 1 (s. § 122 RdNr. 21 ff.) und für die Verteilung des Liquidationsvermögens (§ 155).[198] Zugleich stellt er auch den Maßstab für solche Rechte und Pflichten der Gesellschafter dar, welche nach dem Gesellschaftsvertrag an den Kapitalanteil geknüpft sind. Diese vom Kapitalanteil abhängigen Regelungen richten sich dabei jeweils nach den im letzten Jahresabschluss festgestellten Kapitalanteilen.

72 **b) Negativer Kapitalanteil.** Aufgrund des Ansatzes einer variablen Bestimmung der jeweiligen Kapitalanteile kann es dazu kommen, dass das Kapitalkonto einzelner oder auch aller Gesellschafter ins Debet gelangt und der Kapitalanteil negativ wird.[199] In der Praxis ist dies nicht selten der Fall, wenn eine Gesellschaft erhebliche Verluste erzielt und/oder der Gesellschafter in größerem Maße Entnahmen tätigt, obwohl die Ertragslage der Gesellschaft negativ ist. Bilanziell wird dieser negative Kapitalanteil als nicht durch Eigenkapital gedeckter Fehlbetrag (vgl. § 268 Abs. 3) auf der Aktivseite der Bilanz gebucht.[200] Aufgrund des Charakters des Kapitalanteils als Rechnungsziffer bezeichnet der negative Kapitalanteil nur die aktuelle Aussage der Bilanz über den Kapitalanteil; es wird damit jedoch kein Forderungsrecht der Gesellschaft ausgedrückt.[201] Damit gibt der negative Kapitalanteil dem Insolvenzverwalter in der Insolvenz der OHG auch keinen Anspruch gegen den betreffenden Gesellschafter.[202] Ebenso ist mit einem negativen Kapitalanteil nicht etwa eine Überschuldung im Sinne von § 19 InsO verbunden. Für die Überschuldungsbilanz des Insolvenzrechts kommt es auf die Ansetzung der Fortführungswerte/Liquidationswerte unter Auflösung der stillen Reserven an und nicht auf die Kapitalziffer.[203] Ist es zu einer Liquidation der Gesellschaft gekommen, kann nach

---

[192] Zur Rechtsnatur und zur Abgrenzung aktivischer Gesellschaftskonten s. ausführlich *Ley* DStR 2003, 957 ff.
[193] Eingehend MünchHdbGesR I/*v. Falkenhausen* § 55 RdNr. 43 ff.; *Westermann/Klingberg* I 584 ff.; MünchKommHGB/*Priester* RdNr. 100; Staub/*Ulmer* RdNr. 54 ff., 64 ff.; *Huber* ZGR 1988, 1, 42 ff.; aus der Praxis vgl. BGH Urt. v. 18. 4. 2005 – II ZR 55/03, NZG 2005, 625, dazu *Wertenbruch* NZG 2005, 665, 666 f.
[194] S. den Überblick bei *Röhrig/Doege* DStR 2006, 489 ff.
[195] Baumbach/*Hopt* RdNr. 18.
[196] Baumbach/*Hopt* RdNr. 14; Staub/*Ulmer* RdNr. 58.
[197] Das gilt auch dann, wenn die Entnahmen unzulässig sind, s. § 122; Baumbach/*Hopt* RdNr. 14.
[198] Dazu eingehend Schlegelberger/*Martens* RdNr. 28.
[199] Vgl. *Huber* S. 263 ff.; Schlegelberger/*Martens* RdNr. 29; Baumbach/*Hopt* RdNr. 22; Staub/*Ulmer* RdNr. 61; *Sudhoff/Schulte* RdNr. K 12 f. Zu Verlustausgleichsbeschränkungen bei negativem Kapitalkonto auf Grund der Rechtsprechung des BFH vgl. *Grantz/Günther* GStB 2005, 369 ff. Allgemein zur steuerlichen Behandlung von Gesellschafterkapitalkonten s. *Ley* KÖSDI 2002, Nr. 10, 13459 ff.
[200] S. *Huber* ZGR 1988, 1, 4; *ders.* S. 283; Schlegelberger/*Martens* RdNr. 29.
[201] S. auch MünchKommHGB/*Priester* RdNr. 90; Staub/*Ulmer* RdNr. 61; Schlegelberger/*Martens* RdNr. 29; vgl. BGH Urt. v. 3. 5. 1999 – II ZR 32/98, NJW 1999, 2438.
[202] *A. Hueck* OHG § 26 IV; InsHdb/*Timm/Körber* § 84 RdNr. 35; vgl. zudem *Kübler/Prütting/Noack* Gesellschaftsrecht RdNr. 462 f.; s. auch BGH Urt. v. 28. 11. 1957 – II ZR 55/57, BGHZ 26, 126 = NJW 1958, 299.
[203] Vgl. *K. Schmidt* ZGR 1998, 633, 652 ff.; *Kübler/Prütting/Noack* Gesellschaftsrecht RdNr. 30 ff.; Nerlich/Römermann/*Mönning* § 19 InsO RdNr. 25 ff.

Abschluss der Liquidation jeder Gesellschafter direkt und ohne Beteiligung der Gesellschaft von seinen Mitgesellschaftern den Ausgleich ihrer ungedeckten, negativen Kapitalkonten verlangen, da das entnommene Kapital nicht mehr zur Verteilung sowie zum Ausgleich positiver Kapitalkonten zur Verfügung steht. Darauf, ob und inwieweit noch ungedeckte Verbindlichkeiten gegenüber Dritten bestehen, kommt es nicht an. Maßgebend für den vorzunehmenden Ausgleich ist allein die durch das feste Kapitalkonto vorgegebene Verteilungs- und Ausgleichsquote.[204]

Die Rechte, die per Gesetz an den Kapitalanteil gekoppelt sind, fallen bei einem negativen **73** Kapitalanteil entsprechend aus. So entfallen für einen Gesellschafter mit einem negativen Kapitalanteil insbesondere die Vordividende und die Mindestrendite. Im Falle der Liquidation zeigt der negative Kapitalanteil hingegen, in welchem Maße der betreffende Gesellschafter der Gesellschaft ggf. ausgleichspflichtig ist; der Ausgleichsanspruch als solcher basiert dabei freilich nicht auf dem negativen Kapitalanteil; die rechtliche Grundlage für die Zahlung ist vielmehr die Verlustbeteiligung des betreffenden Gesellschafters.[205]

Rechte und Pflichten, die im Gesellschaftsvertrag mit dem Kapitalanteil gekoppelt sind, **74** entfallen hinsichtlich des Gesellschafters mit einem negativen Kapitalanteil. Das bedeutet, dass etwa in dem besonderen Fall, in welchem der Gesellschaftsvertrag eine Gewinnverteilung nach Kapitalanteilen vorsieht, derjenige von der Gewinnverteilung ausgespart bleibt, dessen Kapitalanteil negativ ist. Eine entsprechende Anwendung des § 168 Abs. 2 (Verteilung entsprechend einem den Umständen nach angemessenen Verhältnis) kommt deshalb nicht in Frage,[206] weil dies gerade nicht vom Willen der Gesellschafter im Gesellschaftsvertrag gedeckt ist. Diejenigen, deren Kapitalanteil negativ ist, werden dadurch auch nicht benachteiligt. Zum einen sind sie nicht schützenswert, weil sie eine entsprechende Vertragsregelung mitgetragen haben, und zum anderen können sie diese Folge jederzeit abwenden, indem sie durch Einlagen ihren Kapitalanteil positiv gestalten. Man wird allerdings regelmäßig keine konkludente Abrede annehmen können, dass ein Gesellschafter erst dann wieder Gewinne entnehmen dürfe, wenn durch die Gutschrift von Gewinnen sein Kapitalanteil wieder positiv ist.[207] Dies widerspricht dem Interesse des Gesellschafters, durch Hingabe von Einlagen selbständig entscheiden zu können, seinen Kapitalanteil aufzustocken.

c) Fester Kapitalanteil. aa) Kapitalkonto I. In der Praxis hat sich das gesetzliche Leitbild der **75** variablen Kapitalanteile nicht durchgesetzt. Variable Kapitalanteile sind einerseits wegen der sich mit ihnen ständig ändernden Beteiligungsverhältnisse zwischen den Gesellschaftern nachteilhaft, als Maßstab für die Ergebnisverteilung oder für Verwaltungsrechte, insbesondere Stimmrechte, zu dienen. Andererseits ergibt sich aus dem Kapitalkonto nicht, ob die darauf gebuchten Gewinngutschriften auch tatsächlich entnahmefähig sind, so dass die Entnahmefähigkeit jeweils gesondert zu überprüfen ist.[208] **Überwiegend wird das gesetzliche System der variablen Kapitalanteile in Gesellschaftsverträgen durch ein System fester Kapitalanteile ersetzt.**[209] Demnach wird der Kapitalanteil durch die Festsetzung eines Betrages festgelegt, der meist dem Betrag der Einlage entspricht und auf ein sog. Kapitalkonto I gebucht wird. Dabei können die Gesellschafter beliebig Art und Umfang des kapitalistischen Verteilungsprinzips festlegen.[210] Dieser Kapitalanteil bleibt unverändert und kann nur durch eine Änderung des Gesellschaftsvertrags unter Berücksichtigung der dort für eine derartige Änderung vorgesehenen Mehrheitsverhältnisse neu festgesetzt werden.[211] Möglich ist auch, dass im Gesellschaftsvertrag der Kapitalanteil als Quote festgelegt wird.[212] Dies ist aber selten und führt zu einer im Vergleich zur Festlegung eines Betrages anderen Buchung.[213] Sinnvoll ist die Festlegung eines festen Kapitalanteils insbesondere dann, wenn das Stimmrecht und die Gewinn- und Verlustbeteiligung quotenmäßig nach einem monetären Maßstab bemessen werden

---

[204] KG Urt. v. 24. 1. 2006, Az. 14 U 134/04 (nicht veröffentlicht).
[205] Vgl. BGH Urt. v. 28. 11. 1957 – II ZR 55/57, BGHZ 26, 126 = NJW 1958, 299; Heymann/*Emmerich* RdNr. 25; MünchKommHGB/*Priester* RdNr. 90; Schlegelberger/*Martens* RdNr. 29; Sudhoff/*Schulte* RdNr. K 13.
[206] Wie hier nunmehr auch MünchKommHGB/*Priester* RdNr. 89. Tendenziell anders Heymann/*Emmerich* RdNr. 25; *Huber* S. 275 ff.; s. insoweit auch *Westermann/Klingberg* RdNr. I 291.
[207] Anders Heymann/*Emmerich* RdNr. 25.
[208] Vgl. Staub/*Ulmer* RdNr. 60; *Westermann/Klingberg* RdNr. I 584; s. auch MünchKommHGB/*Priester* RdNr. 84.
[209] Heymann/*Emmerich* RdNr. 30; Baumbach/*Hopt* RdNr. 15; Schlegelberger/*Martens* RdNr. 31; Staub/*Ulmer* RdNr. 66 ff.; *Plassmann* BB 1978, 413; *Westermann/Klingberg* RdNr. I 585 f.; *Flume* Personengesellschaft § 11 II 2 (S. 150 ff.); *Huber* S. 236 ff.; vgl. auch RG Urt. v. 4. 3. 1930 – RGZ 128, 172, 175.
[210] Schlegelberger/*Martens* RdNr. 31; *Huber* S. 236 ff.; *Ley* DStR 2003, 957, 959; *Flume* Personengesellschaft, § 11 II 2 (S. 150 ff.).
[211] Vgl. *Westermann/Klingberg* RdNr. I 585; MünchHdbGesR I/*v. Falkenhausen* § 55 RdNr. 47 f.; MünchKommHGB/*Priester* RdNr. 102; *Plassmann* BB 1978, 413, 414 f.; Heymann/*Emmerich* RdNr. 29; *Koller*/Roth/Morck RdNr. 6.
[212] S. *Koller*/Roth/Morck RdNr. 6; Baumbach/*Hopt* RdNr. 15.
[213] Baumbach/*Hopt* RdNr. 15.

sollen.²¹⁴ Der Vorteil der festen Kapitalanteile ist, dass die vom Kapitalanteil abhängigen Rechtsverhältnisse konstant bleiben und die Einflüsse der Gesellschafter sowie deren Rechte und Pflichten gegenüber unter Umständen auch schnell und unerwartet eintretenden Änderungen gesichert ist.²¹⁵

76 **bb) Kapitalkonto II.** Wird ein fester Kapitalanteil vereinbart, so bedarf es neben des Kontos für den festen Kapitalanteil (Kapitalkonto I) eines weiteren Kontos, auf dem die Vermögensvorgänge (Gewinn- und Verlustanteile; Einlagen und Entnahmen) erfasst werden, die nicht den festen Kapitalanteil verändern sollen. Dieses Konto wird regelmäßig Kapitalkonto II genannt.²¹⁶ Die fälschliche Bezeichnung dieses Kontos als Gewinn-, Privat- oder Darlehenskonto²¹⁷ ist rechtlich unbedeutsam. Maßgeblich sind nur die Regelungen im Gesellschaftsvertrag, auf dieses Konto bezogene Gesellschafterbeschlüsse und die Art der ihrer Bildung zugrunde liegenden Geschäftsvorgänge.²¹⁸

77 **Verrechnung von Gewinnen und Verlusten** ist nur auf dem Kapitalkonto II möglich, nicht aber zwischen diesem Konto und einem Privatkonto.²¹⁹ Eine Umbuchung vom Kapitalkonto II auf das Kapitalkonto I stellt eine Erhöhung des festen Kapitalanteils dar und ist nur möglich bei entsprechendem Gesellschafterbeschluss.

78 Ob auch für das Kapitalkonto II die gesetzliche Entnahmeregelung des § 122 eingreift, ist – soweit nicht im Gesellschaftsvertrag geregelt – durch Auslegung zu ermitteln. Im Zweifel wird man vor dem Hintergrund der Funktion des festen Kapitalanteils und des grundsätzlichen Interesses aller Gesellschafter an einem möglichst umfangreichen Kapitalstock der Gesellschaft davon auszugehen haben, dass das Entnahmerecht der Mindestrendite auf der Basis des letztjährigen festen Kapitalanteils berechnet wird.²²⁰

79 Die Aufspaltung in einen festen und in einen variablen Kapitalanteil ändert nichts an der Einheitlichkeit des Kapitalanteils eines Gesellschafters.²²¹ Die innere Rechtfertigung dessen ist noch nicht endgültig geklärt. Man wird jedoch davon ausgehen können, dass sich der Nexus daraus ergibt, dass typischerweise beide Kapitalanteile im Ergebnis haftendes Eigenkapital darstellen.²²² Die strukturelle Gleichheit der beiden Kapitalanteile führt dazu, dass der durch Aufspaltung entstandene Kapitalanteil rechtlich ebenso zu behandeln ist wie der variable Kapitalanteil. Besondere Bedeutung hat dies bereits für die Behandlung eines Debetsaldos auf dem variablen Kapitalkonto erlangt.²²³ Aufgrund der Einheitlichkeit des Kapitalanteils, der durch die Kapitalkonten I und II gebildet wird, ergibt sich keine Ausgleichspflicht für den Gesellschafter, soweit es nicht um die Liquidation der Gesellschaft bzw. den Austritt eines Gesellschafters aus der Gesellschaft geht.²²⁴ Ein negativer Kapitalanteil ergibt sich für einen Gesellschafter erst dann, wenn der Saldo beider Kapitalkonten negativ ist.

80 **d) Ohne Kapitalanteil.** Möglich ist auch eine **Gesellschaftsbeteiligung ohne Kapitalanteil**. Sie ist in der Praxis jedoch sehr selten und findet sich allenfalls in Familiengesellschaften in Bezug auf familienfremde Dritte, insbesondere Geschäftsführer, oder bei der GmbH & Co KG für die Beteiligung der GmbH.²²⁵ Sie erfordert, dass der betreffende Gesellschafter an keinem vermögensrechtlichen Vorgang beteiligt ist, der eine bilanzielle Behandlung erfordert. Eine derartige Gesellschaftsbeteiligung ist mit keiner Einlage und ohne Gewinn- und Verlustbeteiligung verbunden. Entsprechend hat der betreffende Gesellschafter keinen Anspruch auf Vordividende, kein Entnahmerecht und darf an etwaigen Liquidationserlösen nicht partizipieren.²²⁶ Im Einzelnen richtet sich seine darüber hinausgehende Stellung nach dem Gesellschaftsvertrag. Die persönliche Haftung

---

²¹⁴ Schlegelberger/*Martens* RdNr. 31.
²¹⁵ BGH Urt. v. 10. 4. 1972, BGHZ 58, 376 = NJW 1972, 1755, 1756; Baumbach/*Hopt* RdNr. 15; MünchKommHGB/*Priester* RdNr. 103.
²¹⁶ Andere Bezeichnungen sind allerdings möglich, s. *Huber* ZGR 1988, 1, 47 f.; *Ley* DStR 2003, 957, 959 ff.; Baumbach/*Hopt* RdNr. 19; MünchHdbGesR I/*v. Falkenhausen* § 55 RdNr. 55 ff.; Staub/*Ulmer* RdNr. 69.
²¹⁷ Dazu sofort unten unter RdNr. 81 ff.; s. auch *Westermann/Klingberg* RdNr. I 586.
²¹⁸ Baumbach/*Hopt* RdNr. 19; BGH Urt. v. 20. 4. 1972, BGHZ 58, 316; BGH Urt. v. 12. 12. 1974, BB 1975, 295; BGH Urt. v. 27. 9. 1982, WM 1982, 1311 = NJW 1983, 154.
²¹⁹ Baumbach/*Hopt* RdNr. 19; *Huber* ZGR 1988, 1, 58 f.; MünchKommHGB/*Priester* RdNr. 106; vgl. auch BGH Urt. v. 27. 5. 1982, JZ 1983, 70.
²²⁰ Schlegelberger/*Martens* RdNr. 32; *Huber* ZGR 1988, 1, 52; *ders.* S. 252; Staub/*Ulmer* § 122 RdNr. 14; *Flume* Personengesellschaft § 11 II 2 (S. 152 f.); Koller/Roth/Morck RdNr. 5.
²²¹ Baumbach/*Hopt* RdNr. 19; Schlegelberger/*Martens* RdNr. 33; *Huber* ZGR 1988, 1, 66; vgl. auch Heymann/*Emmerich* RdNr. 31. Zur Einheitlichkeit des Kapitalanteils s. oben RdNr. 61.
²²² So auch Schlegelberger/*Martens* RdNr. 33; Staub/*Ulmer* RdNr. 66; vgl. auch Heymann/*Emmerich* RdNr. 31: Der „wirkliche" Kapitalanteil eines Gesellschafters ergibt sich dann immer erst aus einer Saldierung der verschiedenen Kapitalkonten.
²²³ BGH Urt. v. 27. 9. 1982 – II ZR 241/81, NJW 1983, 164.
²²⁴ Staub/*Ulmer* RdNr. 69; *Wiedemann*, FS Oderksy, 1996, S. 925, 933 f.
²²⁵ Ausführlich *Huber* S. 289 ff.; Staub/*Ulmer* RdNr. 74 ff.; MünchKommHGB/*Priester* RdNr. 92; Sudhoff/*Schulte* RdNr. K 15; Schlegelberger/*Martens* RdNr. 30; Heymann/*Emmerich* RdNr. 26.
²²⁶ Schlegelberger/*Martens* RdNr. 34; Heymann/*Emmerich* RdNr. 26; MünchKommHGB/*Priester* RdNr. 91.

gegenüber den Gläubigern der Gesellschaft wird durch das Fehlen eines Kapitalanteils nicht ausgeschlossen.

2. Privatkonto. Neben dem Kapitalkonto ist für jeden Gesellschafter ein **Verwendungskonto** 81 zu führen. Dabei handelt es sich um ein weiteres Konto, auf dem ausschließlich die zwischen dem Gesellschafter und der Gesellschaft bestehenden Ansprüche und Verbindlichkeiten gebucht werden. Ein solches Konto wird üblicherweise Privatkonto genannt. Es finden sich jedoch auch andere Bezeichnungen, wie etwa Darlehenskonto oder Sonderkonto. Für die rechtliche Beurteilung der auf diesem Konto ausgewiesenen Positionen ist jedoch nicht die Bezeichnung, sondern das Gewollte entscheidend.[227] Die Führung eines Privatkontos neben den Kapitalkonten I und II wird als Dreikontenmodell bezeichnet.[228]

Das Privatkonto erfasst kontenmäßig die Rechtsbeziehungen mit der Gesellschaft, die auf einem 82 vom haftenden Eigenkapital losgelösten selbständigen Verpflichtungsgrund beruhen.[229] Es ist ein reines **Forderungskonto**.[230] Der Umfang dessen, was auf dem Privatkonto zu buchen ist, richtet sich danach, ob der darauf ausgewiesene Saldo frei verfügbar ist oder ob im Gesellschaftsvertrag Entnahmeregelungen vorgesehen sind. Bedeutsam ist dies insbesondere für Drittgeschäfte, wie etwa Dienst-, Miet- oder Pachtverhältnisse. Buchungen derartiger Geschäfte sollen auf Grund ihres vom gesellschaftsrechtlichen Verhältnis des Gesellschafters zur Gesellschaft losgelösten Charakters in ihrer Verfügbarkeit keinen besonderen gesellschaftsrechtlichen Regelungen unterliegen, sondern für die Gesellschafter frei verfügbar bleiben. Daher ist davon auszugehen, dass dann, wenn im Gesellschaftsvertrag eine besondere gesellschaftsrechtliche Bestimmung hinsichtlich des Privatkontos, zB eine Entnahmeregelung, vorgesehen ist, Drittgeschäfte nicht auf solchermaßen gestalteten Privatkonten zu buchen sind.[231] Auf dem Privatkonto werden auf der einen Seite die Ansprüche des Gesellschafters gegen die Gesellschaft gebucht, wie etwa das Gehalt, Aufwendungsersatz, der Gesellschaft gegebene Darlehen, Zinsen,[232] Vorschüsse und auf Auszahlung durch die Bilanz dafür freigegebene Gewinnanteile, soweit durch diese nicht den Abreden der Gesellschafter zufolge der Kapitalanteil erhöht werden soll. Dem werden auf der anderen Seite die Ansprüche der Gesellschaft gegen den Gesellschafter gegenübergestellt, wie zB Forderung der Gesellschaft auf rückständige Einlagen, Rückzahlung unzulässiger Einnahmen, Ansprüche aus Geschäften der Gesellschaft mit dem Gesellschafter.[233]

Sofern der Gesellschaftsvertrag keine besonderen Regelungen vorsieht, weist das Privatkonto 83 rechtlich **selbständige Forderungen aus, die grundsätzlich frei an Dritte übertragen werden, insbesondere auch gepfändet werden können.**[234] Da es sich beim Privatkonto um ein Forderungskonto handelt, kann bezüglich der Bestände auf dem Privatkonto eine Verzinsung vereinbart werden.[235]

3. Abgrenzung von Privat- und Kapitalkonto. Probleme kann im Einzelfall die Abgrenzung 84 von Privat- und Kapitalkonten bereiten. Diese Abgrenzung ist aber von Bedeutung, wenn es um die Frage eines unentziehbaren Anspruchs auf die Auszahlung entnahmefähiger Gewinne geht. Die Einrichtung eines Privatkontos ist der buchführungstechnische Ausdruck dafür, dass den Gesellschaftern ein grundsätzlich unentziehbarer, wenn auch nicht notwendigerweise jederzeit durchsetzbarer Anspruch auf die als entnahmefähig qualifizierten Gewinne zusteht.[236]

a) Abgrenzungskriterien. Unstreitig ist, dass es für die Abgrenzung unerheblich ist, wie die 85 Kontenbezeichnung im Gesellschaftsvertrag vorgenommen ist.[237] Es ist zum Teil der Versuch unternommen worden, die Abgrenzung durch Kriterien vorzunehmen, die hinsichtlich der sachlichen

---

[227] Baumbach/Hopt RdNr. 20; Schlegelberger/Martens RdNr. 34; MünchKommHGB/Priester RdNr. 96; MünchHdbGesR I/v. Falkenhausen § 55 RdNr. 74 ff.; Westermann/Klingberg RdNr. I 590 f.
[228] Vgl. MünchKommHGB/Priester RdNr. 106; vgl. auch Ley DStR 2003, 957 ff.; Horn BuW 2001, 624, 625 ff. Zum Vierkontenmodell Ley DStR 2003, 957.
[229] Schlegelberger/Martens RdNr. 34; Staub/Ulmer RdNr. 70.
[230] Baumbach/Hopt RdNr. 20; Staub/Ulmer RdNr. 70; MünchHdbGesR I/v. Falkenhausen § 55, 75; Ley DStR 2003, 957, 960 ff. Anders auf Grund anderer Terminologie Sudhoff Personengesellschaften, 6. Aufl. S. 284 ff., insbes. S. 286.
[231] Vgl. Schlegelberger/Martens RdNr. 35; Staub/Ulmer RdNr. 72; Huber ZGR 1988, 1, 81 f.; s. aber Heymann/Emmerich RdNr. 27, der offenbar alle Drittgeschäfte für auf dem Privatkonto buchbar hält.
[232] Soweit die Beträge auf dem betreffenden Konto zu Recht gebucht worden sind, BGH Urt. v. 19. 12. 1977 – WM 1978, 300 ff.
[233] S. im Einzelnen Baumbach/Hopt RdNr. 20; Heymann/Emmerich RdNr. 27; aA A. Hueck S. 239 f.; Westermann/Klingberg RdNr. I 590.
[234] OLG Köln Urt. v. 11. 1. 2000 – 22 U 139/99, ZIP 2000, 1726, 1729; Schlegelberger/Martens RdNr. 38; MünchKommHGB/Priester RdNr. 98.
[235] Westermann/Klingberg RdNr. I 590; MünchHdbGesR I/v. Falkenhausen § 55, 76.
[236] So Staub/Ulmer RdNr. 52 f.; MünchKommHGB/Priester RdNr. 99; vgl. allgemein dazu Salje DB 1978, 1115 f.
[237] Schlegelberger/Martens RdNr. 36; Heymann/Emmerich RdNr. 28; Staub/Ulmer RdNr. 57.

Behandlung der gebuchten Vorgänge typischerweise für ein Privatkonto (zB feste Verzinsung für die gebuchten Beträge; die Möglichkeit zur Kündigung der Beträge und die fehlende Verbindung mit gesellschaftlichen Rechten) oder für ein Kapitalkonto (Beträge stammen aus Gewinnbeteiligungen oder Einlagen; Ausschluss oder erhebliche Erschwerung der Kündigung; Verbindung der Beträge mit Mitverwaltungsrechten) kennzeichnend sind.[238] Indes sind diese Kriterien nicht scharf genug, weil diese dem Privatkonto zugeschriebenen Merkmale auch für Kapitalkonten gelten können und umgekehrt die Charakteristika der Kapitalkonten sich auch bei Privatkonten wiederfinden.[239] Ein Kriterium, das zumindest im Regelfall verlässlich die Abgrenzung gewährleisten kann,[240] lässt sich vielmehr ermitteln, wenn man an der gesetzlichen Vorstellung des Kapitalanteils ansetzt und insoweit die charakteristischen Unterschiede von Einlage und Darlehen heranzieht.[241] Typisch für eine Einlage sind deren Funktion zur Verlustdeckung und der Rückzahlungszeitpunkt, der im Regelfall erst im Rahmen der Auseinandersetzung liegt, während ein Darlehen nach den zugrundeliegenden Vereinbarungen grundsätzlich ohne Rücksicht auf die bei der Gesellschaft entstandenen Verluste zurückzuzahlen ist. Daher wird zu Recht überwiegend darauf abgestellt, dass es für die rechtliche Einordnung entscheidend sei, ob das dort ausgewiesene Kapital nach dem Gesellschaftsvertrag mit der Funktion der Verlustdeckung belastet sei.[242] Insolvenzrechtlich ausgedrückt bedeutet dies: Ein Darlehen ist Insolvenzforderung, während eine Einlage in der Insolvenz nicht geltend gemacht werden kann. Demzufolge kommt es im Einzelfall also darauf an festzustellen, ob es sich bei dem Kapital nach dem Gesellschaftsvertrag und dem Gesetz um Kapital mit der Funktion der Verlustdeckung handelt, oder ob es vielmehr frei verfügbares Kapital ist, das nicht bei der Auseinandersetzung automatisch mit den Verlusten der Gesellschaft verrechnet wird bzw. erst nach Befriedigung der Gesellschaftsgläubiger im Auseinandersetzungsverfahren abgerechnet wird.[243] Es kann zur Abgrenzung auch danach gefragt werden, ob das in Frage stehende Vermögen auf einem Konto im Insolvenzfall als Insolvenzforderung angemeldet werden darf oder nicht. Im ersten Fall handelt es sich um ein Privatkonto, im zweiten um ein Kapitalkonto.

86 **b) Unrichtige Buchung.** Wird ein Betrag, der eigentlich auf das Kapitalkonto gehört, auf das Privatkonto gebucht, oder erfolgt eine umgekehrte Buchung, so hat sie grundsätzlich keine Auswirkung auf die Rechtsnatur des Betrages. Eine Ausnahme besteht nur dort, wo sich alle Gesellschafter darüber einig sind, dass hinsichtlich des Betrages eine Änderung der Qualifikation eintreten soll, wie etwa bei der Umwandlung einer Darlehensforderung in eine Einlage.[244]

87 **4. Weitere Gesellschafterkonten.** In der Praxis finden sich häufiger noch eine ganze Reihe weiterer Konten für die Gesellschafter. Sie können den unterschiedlichsten Zwecken dienen und bieten damit die Möglichkeit, eine den speziellen Interessen der Gesellschafter entsprechende Kontenvielfalt zuzulassen. Für sie gelten grundsätzlich keine Besonderheiten. Maßgeblich bleibt auch in diesem Zusammenhang die Unterscheidung zwischen Kapitalkonto und Privatkonto.[245]

88 **a) Verlustsonderkonto.** Typisch ist etwa die Einrichtung eines Verlustsonderkontos. Ein solches Konto verhindert, dass durch Verluste Kapitalkonten angetastet werden und dient zudem auch zur Vereinfachung der Feststellung jeweils aufgelaufener Verluste.[246] Regelmäßig wird die Errichtung eines Verlustsonderkontos damit verknüpft, dass die Gesellschafter vereinbaren, dass Gewinne auf das Verlustsonderkonto eingezahlt werden müssen und erst ein ausgeglichenes Verlustsonderkonto die Gesellschafter dazu berechtigt, Gewinne zu entnehmen.[247] Übersteigt das Verlustsonderkonto das

---

[238] Heymann/*Emmerich* RdNr. 28 und die ältere Rechtsprechung und Lehre, s. BGH Urt. v. 21. 5. 1952 – II ZR 114/51, BB 1952, 478; *Lummert* NJW 1950, 619, 622; *Sudhoff* NJW 1949, 893, 894; Schlegelberger/*Geßler* § 120 RdNr. 18; RGRK-HGB/*Weipert* § 120 RdNr. 26; *Duden* Vor § 105 Anm. 5 A.
[239] Vgl. die überzeugende Darstellung von Schlegelberger/*Martens* RdNr. 36; s. auch Baumbach/*Hopt* RdNr. 20.
[240] Zu Grenzfällen s. Schlegelberger/*Martens* RdNr. 37; *Huber* S. 250 f. und *ders.* ZGR 1988, 1. 72.
[241] So der grundlegende Ansatz von *Huber* S. 248 ff.
[242] Grundlegend *Huber* S. 244 ff.; *ders.* ZGR 1988, 1, 65 ff.; ebenso Schlegelberger/*Martens* RdNr. 36; Baumbach/*Hopt* RdNr. 20; Staub/*Ulmer* RdNr. 57; *Kübler* DB 1972, 942, 943; *Plassmann* BB 1978, 413, 418; *Schopp* BB 1987, 581, 587; *Wiedemann*, FS Odersky, 1996, S. 925, 935; vgl. zudem BGH Urt. v. 27. 9. 1982 – II ZR 241/81, WM 1982, 1311, 1312 = NJW 1983, 164.
[243] Grundlegend *Huber* S. 250 f.; Schlegelberger/*Martens* RdNr. 37; auch die Rechtsprechung folgt mehr oder weniger deutlich diesem Weg: BGH Urt. v. 23. 2. 1978 – II ZR 145/76, NJW 1978, 1053; BFH v. 27. 5. 1981 – I R 123/77, BStBl. 1982 II 211, 213; BFH v. 3. 11. 1982 – II R 94/80, BStBl. 1983 II 240, 242.
[244] BGH Urt. v. 20. 4. 1972 – II ZR 143/69, BGHZ 58, 316, 318 f.; Heymann/*Emmerich* RdNr. 29; MünchKommHGB/*Priester* RdNr. 99; Baumbach/*Hopt* RdNr. 21; *Hefermehl*, FS Harry Westermann, 1974, S. 223, 238 ff.
[245] Vgl. Schlegelberger/*Martens* RdNr. 39.
[246] *Westermann*/*Klingberg* RdNr. I 589; MünchKommHGB/*Priester* RdNr. 107; MünchHdbGesR I/*v. Falkenhausen* § 55 RdNr. 59 ff.; *Sudhoff*/*Schulte* RdNr. K 11; *Huber* ZGR 1988, 1, 86 f.; *Huber* S. 247 ff.; *Oppenländer* DStR 1999, 939, 941.
[247] MünchHdbGesR I/*v. Falkenhausen* § 55 RdNr. 60; MünchKommHGB/*Priester* RdNr. 107.

Kapitalkonto I oder die Kapitalkonten I und II, so entsteht letztlich nichts anderes als ein negativer Kapitalanteil, der aber nicht zur Folge hat, dass eine Nachschusspflicht der Gesellschafter begründet würde. Denn die Errichtung des Verlustsonderkontos ist nichts anderes als die rechtlich nicht weiter erhebliche Aufspaltung des Kapitalkontos in zwei Bereiche.

b) Rücklagenkonto. Die Gesellschafter können auch vereinbaren, ein separates Rücklagenkonto zu errichten, dem nur Gewinnanteile zugewiesen werden. Dies hat die Funktion, Rücklagen, die eigentlich auch dem Kapitalkonto I zugeschrieben werden könnten, auf ein Extrakonto zu buchen, um das betreffende Konto variabel machen zu können – während das Kapitalkonto gleichzeitig fest bleiben kann – und zugleich die Größe der Rücklagen transparenter zu machen.[248] Mit der Einordnung als Rücklagenkonto wird automatisch bestimmt, dass es sich um ein unverzinsliches Konto handelt. Da mit der Errichtung eines Rücklagenkontos eine Entscheidung über die Gewinnverwendung getroffen wird, ist nach der Rechtsprechung des BGH (s. oben RdNr. 67 f.) zur Bildung eines solchen Kontos die Zustimmung aller Gesellschafter notwendig. 89

Rücklagenkonten können auch mit Zweckbestimmungen verbunden werden. So können die Gesellschafter etwa vereinbaren, ein Steuerkonto einzurichten. In diesem Fall werden die Rücklagen gebildet, um die jährlich auflaufende Steuerschuld tilgen zu können, ohne andere Konten antasten zu müssen. 90

Die Bildung eines Rücklagenkontos führt zu einer kontenmäßigen Dreiteilung,[249] denn neben dem obligatorischen Kapitalkonto I und dem Kapitalkonto II als Beteiligungskonten wird mit dem Rücklagenkonto als Privatkonto dem Gesellschafter grundsätzlich ein jederzeitiges Zugriffsrecht auf die dort gutgeschriebenen entnahmefähigen Gewinne eingerichtet. In der Praxis findet sich dieses Dreikontenmodell häufig, weil es ermöglicht, dass die Gutschriften auf dem Privatkonto von späteren Verlusten oder von der Ausübung des Entnahmerechts (§ 122 Abs. 1) innerhalb des folgenden Geschäftsjahres unabhängig sind. 91

c) Darlehenskonto. Darlehenskonten werden in der Praxis eingerichtet, um als Darlehen stehen gelassene Gewinne aufzunehmen und Darlehen zu buchen, die Gesellschafter der Gesellschaft zugeführt haben. Die Einrichtung eines Darlehenskontos neben einem Privatkonto kann sich empfehlen, wenn für das Privatkonto Einnahmenbeschränkungen bestehen, die für echte Drittansprüche nicht gelten sollen.[250] Die Verzinslichkeit des Darlehenskontos spricht nicht gegen seinen Kapitalkontencharakter, weil handelsrechtlich die Verzinsung von Fremdkapital und von Kapitalanteilen im Rahmen der Gewinnverteilung gleichermaßen üblich und typisch ist.[251] 92

§ 121 [Verteilung von Gewinn und Verlust]

(1) ¹Von dem Jahresgewinne gebührt jedem Gesellschafter zunächst ein Anteil in Höhe von vier vom Hundert seines Kapitalanteils. ²Reicht der Jahresgewinn hierzu nicht aus, so bestimmen sich die Anteile nach einem entsprechend niedrigeren Satze.

(2) ¹Bei der Berechnung des nach Absatz 1 einem Gesellschafter zukommenden Gewinnanteils werden Leistungen, die der Gesellschafter im Laufe des Geschäftsjahrs als Einlage gemacht hat, nach dem Verhältnisse der seit der Leistung abgelaufenen Zeit berücksichtigt. ²Hat der Gesellschafter im Laufe des Geschäftsjahrs Geld aus seinem Kapitalanteil entnommen, so werden die entnommenen Beträge nach dem Verhältnisse der bis zur Entnahme abgelaufenen Zeit berücksichtigt.

(3) Derjenige Teil des Jahresgewinns, welcher die nach den Absätzen 1 und 2 zu berechnenden Gewinnanteile übersteigt, sowie der Verlust eines Geschäftsjahrs wird unter die Gesellschafter nach Köpfen verteilt.

Schrifttum: Siehe Angaben zu § 120.

---

[248] *Westermann/Klingberg* RdNr. I 587; MünchKommHGB/*Priester* RdNr. 107; *Huber* ZGR 1988, 1, 89 ff. vgl. aber *ders.*, Gedächtnisschrift Knobbe-Keuk, 1997, S. 203, 209.
[249] S. ausf. Staub/*Ulmer* RdNr. 66 ff.; *Oppenländer* DStR 1999, 939, 940.
[250] MünchKommHGB/*Priester* RdNr. 108; Schlegelberger/*Martens* RdNr. 35.
[251] BFH Urt. v. 27. 6. 1996 – IV R 80/95, BStBl II 1997, 36; FG Düsseldorf Urt. v. 11. 2. 2004 – 7 K 5737/01 F, DStRE 2004, 938, 940.

Übersicht

	RdNr.		RdNr.
I. Regelungszweck. Überblick	1	4. Weitere Gewinne (§ 121 Abs. 3)	11, 12
II. Gewinnverteilung (§ 121 Abs. 1)	2–13	5. Verlustverteilung	13, 13a
1. Begriff des Gewinns	2	III. Abweichende Regelungen im Gesellschaftsvertrag	14–19
2. Grundlage der Gewinnverteilung	3–7	1. Grundsatz	14–16a
a) Gewinnanspruch	3–6	2. Beispiele	17–19
aa) Entstehung	3	a) Abweichungen im Hinblick auf die Vordividende	17, 17a
bb) Geltendmachung	4	b) Abweichungen im Hinblick auf den überschüssigen Gewinn	18
cc) Übertragbarkeit	5, 6	c) Abweichungen von der Gewinn- und Verlustbeteiligung	19
b) Gewinnstammrecht	7		
3. Vordividende	8–10a		
a) Umfang der Vordividende	8, 9		
b) Berechnung (§ 121 Abs. 2)	10, 10a		

I. Regelungszweck. Überblick

1 § 121 ergänzt die Vorschrift des § 120, indem er regelt, wie ein im Jahresabschluss festgestellter Gewinn oder Verlust auf die Gesellschafter verteilt wird. Seinerseits wird § 121 durch § 122 ergänzt, der grundsätzlich die Durchsetzung des Gewinnanspruches regelt.[1] Die **Gewinn- und Verlustverteilung bildet ein Kernstück der Mitgliedschaftsrechte** des Gesellschafters.[2] Allerdings trifft § 121 keine Aussage über Entstehung und Höhe des jährlichen Gewinnanspruchs. Auch die Frage, ob und in welchem Umfang die Gesellschafter über den ihnen jeweils zugeteilten Gewinn frei verfügen können (Gewinnausschüttung), wird nicht von § 121 erfasst, sondern erst in § 122 geregelt. Die Bedeutung des § 121 liegt vornehmlich in der **Ermittlung des Ergebnisanteils** eines jeden Gesellschafters und der allgemeinen Bestimmung über die Verteilung von Gewinnen und Verlusten. Das gesetzliche Modell der Gewinnverteilung orientiert sich dabei grundsätzlich an der gleichmäßigen Verteilung von Gewinnen und Verlusten nach Köpfen (§ 121 Abs. 3 Satz 1). Anderes gilt nur für die so genannte Vordividende, deren Höhe sich am Kapitalanteil orientiert (§ 121 Abs. 1 Satz 1). Der Ergebnisanteil ist die Grundlage des von der Mitgliedschaft abgespaltenen Forderungsrechts (vgl. § 717 Satz 2 BGB). Die Ergebnisverteilung führt dazu, dass der jeweils auf ihn entfallende Gewinnanteil nach § 120 Abs. 2 dem Kapitalanteil des betreffenden Gesellschafters gutgeschrieben wird und damit die Bemessungsgrundlage für die Vordividende (§ 121 Abs. 1) vergrößert.[3] Während die Bedeutung des Regelungsgegenstandes des § 121 HGB an sich groß ist, kommt ihm nur ein geringes praktisches Gewicht zu, denn § 121 HGB ist dispositiv und wird in den Gesellschaftsverträgen abbedungen.[4]

II. Gewinnverteilung (§ 121 Abs. 1)

2 **1. Begriff des Gewinns.** § 121 definiert nicht, was unter Gewinn bzw. Verlust zu verstehen ist.[5] Vielmehr wird in dieser Vorschrift der im Jahresabschluss nach Ausübung der Bewertungswahlrechte ausgewiesene und festgestellte positive Überschuss der Aktiva über die sonstigen Passiva als Jahresgewinn vorausgesetzt.[6] Zugrunde zu legen ist demnach der bilanzrechtliche Gewinnbegriff.[7] Als **Gewinnbestandteile** sind ferner auch alle sonstigen Leistungen der Gesellschaft einzuordnen, die den jeweiligen Gesellschaftern auf Grund des Gesellschaftsvertrages wegen ihrer Mitgliedschaft zustehen.[8] Nicht der Ermittlung des Gewinns sind nach der oben dargestellten hM (s. § 120 RdNr. 67 f.) in Abweichung zu § 121 Gesellschafterbeschlüsse heranzuziehen, die Teile des Ergebnisses den Rücklagen zuweisen oder über dessen sonstige ergebniswirksame Verwendung bestimmen. Insoweit handelt es sich um Beschlüsse zur Ergebnisverwendung.[9] Besonders behandelt werden muss der Begriff des Gewinns aus steuerrechtlicher Sicht. Gem. § 15 Abs. 1 Nr. 2 EStG zählen zu den Einkünften aus Gewerbebetrieb neben den Gewinnanteilen auch die Vergütungen, die ein Gesell-

---

[1] S. MünchKommHGB/*Priester* RdNr. 4: „mittleres Teilstück".
[2] Schlegelberger/*Martens* RdNr. 1; MünchKommHGB/*Priester* RdNr. 3.
[3] Staub/*Ulmer* RdNr. 2; MünchKommHGB/*Priester* RdNr. 4.
[4] S. MünchKommHGB/*Priester* RdNr. 3.
[5] So aber *Koller*/Roth/Morck RdNr. 1. Wie hier MünchKommHGB/*Priester* RdNr. 6.
[6] Schlegelberger/*Martens* RdNr. 9; Staub/*Ulmer* RdNr. 3; Baumbach/*Hopt* RdNr. 1; vgl. allgemein zur Gewinnverteilung bei der OHG aus ökonomischer Sicht *Selle* DB 1993, 2040 ff.
[7] MünchKommHGB/*Priester* RdNr. 6.
[8] Ausführlich Staub/*Ulmer* RdNr. 4. Kritisch MünchKommHGB/*Priester* RdNr. 7.
[9] Staub/*Ulmer* RdNr. 4; s. auch MünchKommHGB/*Priester* RdNr. 7.

schafter für seine Tätigkeit im Dienste der Gesellschaft oder für die Hingabe von Darlehen oder für die Überlassung von Wirtschaftsgütern bezogen hat. Aus der zweistufigen Gewinnermittlung im Einkommenssteuerrecht ergibt sich, dass auf der ersten Stufe vom handelsrechtlichen Gewinn nach Abzug der vorgenannten Sondervergütungen auszugehen ist, während diese auf der zweiten Stufe dem Gewinn wieder zugerechnet werden.[10]

2. Grundlage der Gewinnverteilung. a) Gewinnanspruch. aa) Entstehung. Der Gewinn- 3 anspruch als Recht eines Gesellschafters auf einen bestimmten Gewinnanteil entsteht allein mit der Feststellung des Jahresabschlusses.[11] Eines eigenständigen, weitergehenden Beschlusses der Gesellschafter[12] bedarf es daher ebenso wenig wie eines Auszahlungsverlangens des Gesellschafters.[13] Mit diesem Zeitpunkt beginnt auch die **Verjährung des Anspruches,** die sich nach §§ 195, 199 BGB richtet und nunmehr nur noch drei Jahre beträgt.[14]

bb) Geltendmachung. Mit dem Zeitpunkt der Entstehung kann der Gewinnanspruch auch 4 geltend gemacht werden. Die Geltendmachung führt dazu, dass sich das Guthaben auf dem Kapitalkonto in ein Forderungsrecht wandelt. Dieser **Anspruch auf den Gewinn** ist gegen die Gesellschaft gerichtet und stellt eine **Sozialverbindlichkeit** dar.[15] Während des Bestehens der Gesellschaft haftet daher auch nur das Gesellschaftsvermögen für diesen Anspruch; eine persönliche Haftung der Gesellschafter gem. § 128 kommt insoweit folglich nicht in Betracht.[16] Die Geltendmachung des Anspruches ist möglich bis zur Feststellung der nächsten Jahresbilanz, es sei denn, der Gesellschaftsvertrag regelt etwas anderes. Wird der Gewinnanteil nicht geltend gemacht, so kommt er gemäß § 120 dem Kapitalanteil des Gesellschafters zugute.[17] Zur Abwendung der **Präklusion des Gewinnanspruchs** ist weder eine Auszahlung des Betrages noch eine Rechtshängigkeit des Anspruchs erforderlich.[18] Soweit im Gesellschaftsvertrag nur die Auszahlung bestimmter Beträge pro Geschäftsjahr zugelassen ist, verfällt das Recht auf Auszahlung, wenn sie nicht bis zur Feststellung des nächsten Jahresabschlusses getätigt worden ist. Eine Entnahme nach Eintreten der Präklusion ist nur rechtmäßig, wenn insoweit ein vertragsändernder Gesellschafterbeschluss vorliegt.[19] Unter bestimmten Umständen kann ein Gesellschafter einen Anspruch gegen seine Mitgesellschafter auf Änderung der gesellschaftsvertraglichen Gewinnverteilungsvereinbarung haben. Rechtsgrundlage kann eine Störung der Geschäftsgrundlage isd. § 313 BGB oder die gesellschaftliche Treuepflicht sein.[20]

cc) Übertragbarkeit. Der Anspruch auf den Gewinnanteil ist gem. § 717 Satz 2 BGB übertrag- 5 bar. **Der Gewinnanspruch ist damit abtretbar, verpfändbar und pfändbar.** Bei der Gewinnentnahme sind gleichwohl die Schranken des § 122 (s. § 122 RdNr. 29 und 33 ff.; 38 ff.) und etwaige Bestimmungen im Gesellschaftsvertrag zu beachten.[21]

Auch **zukünftige Gewinnansprüche** sind ebenso wie festgestellte Gewinnansprüche nach den 6 allgemeinen Regeln übertragbar.[22] Aufgrund der Vorausabtretung derartiger Ansprüche entsteht der konkrete Gewinnanspruch dann in der Person des Zessionars.[23] Dieser Gewinnanspruch macht ihn freilich nicht zu einem Gesellschafter.[24] Es bleibt daher zB allein Sache der Gesellschafter, den betreffenden Jahresabschluss auf- und festzustellen. Dem Zessionaren stehen auch keine Mitbestim-

---

[10] S. MünchKommHGB/*Priester* RdNr. 8 unter Verweis auf *L. Schmidt,* EStG, § 15 RdNr. 400 f.
[11] Heymann/*Emmerich* RdNr. 7; MünchKommHGB/*Priester* RdNr. 10; Baumbach/*Hopt* RdNr. 3; Röhricht/Graf v. Westphalen/*v. Gerkan* RdNr. 1; Schlegelberger/*Martens* RdNr. 6; MünchHdbGesR I/*v. Falkenhausen* § 57 RdNr. 50; s. zudem LG Hamburg v. 11. 2. 1998 EWiR 1998, 1137 f. *(Koch/Ahrendt);* BGH Urt. v. 6. 4. 1981 – II ZR 186/80, BGHZ 80, 357, 358.
[12] Schlegelberger/*Martens* RdNr. 6; Staub/*Ulmer* RdNr. 5.
[13] *Sieker* ZIP 1990, 1455, 1457; MünchHdbGesR I/*v. Falkenhausen* § 57 RdNr. 50.
[14] So auch Baumbach/*Hopt* RdNr. 3; vgl. auch MünchKommHGB/*Priester* RdNr. 11, der darauf hinweist, dass die Anwendbarkeit der verkürzten Verjährungsfrist im Gesellschaftsrecht noch offen sei.
[15] Vgl. BGH Urt. v. 29. 3. 1996 – II ZR 263/94, NJW 1996, 1678 f.; Heymann/*Emmerich* RdNr. 9; MünchKommHGB/*Priester* RdNr. 12.
[16] BGH (Fn. 15); Heymann/*Emmerich* RdNr. 9; Staub/*Ulmer* RdNr. 6; MünchKommHGB/*Priester* RdNr. 12.
[17] Schlegelberger/*Martens* RdNr. 6; MünchHdbBGes I/*v. Falkenhausen* § 57 RdNr. 51; *Sudhoff* Personengesellschaften, 6. Aufl., S. 293.
[18] BGH Urt. v. 3. 11. 1975 – II ZR 87/74, DB 1976, 42 f.
[19] MünchHdbGesR I/*v. Falkenhausen* § 57 RdNr. 52; vgl. BGH (Fn. 18).
[20] S. dazu *Bauschatz* FR 2005, 1230, 1231 ff.; *Goette* § 119 RdNr. 26.
[21] Heymann/*Emmerich* RdNr. 7; Baumbach/*Hopt* RdNr. 3; Schlegelberger/*Martens* RdNr. 6; MünchKommHGB/ *Priester* RdNr. 13. Zur Frage der Unwirksamkeit der Abtretung künftiger Gewinnansprüche im Fall zwischenzeitlicher Verfügung über den Gesellschaftsanteil s. MünchKommBGB/*Ulmer* § 717, RdNr. 29 mwN.
[22] Baumbach/*Hopt* RdNr. 4; Heymann/*Emmerich* RdNr. 8; Schlegelberger/*Martens* RdNr. 6; MünchKommHGB/ *Priester* RdNr. 14.
[23] MünchKommBGB/*Ulmer* § 717 RdNr. 29; vgl. *Flume* Personengesellschaft § 11 III (S. 160) und § 17 III (S. 354); *A. Hueck* § 17 IV 2 (S. 254); *Wiedemann* Übertragung S. 299 ff., 301; s. in einem weiteren Zusammenhang auch BGH Urt. v. 25. 5. 1987 – JZ 1987, 880.
[24] Heymann/*Emmerich* RdNr. 8.

mungsrechte im Hinblick auf die Aufstellung bzw. Feststellung des Jahresabschlusses zu. Die Schranken der Gewinnauszahlung wirken damit auch gegen den Zessionar. Der Zessionar muss sich bei der antizipierten Zession bis zur Grenze des § 138 BGB die spätere Änderung des Gesellschaftsvertrages oder die Abtretung des Gesellschaftsanteils entgegenhalten lassen.[25] Im letzteren Fall steht der Gewinn dem neuen Gesellschafter zu, und der Zessionar kann sich lediglich beim Zedenten schadlos halten.[26]

Entsprechendes wie für den Zessionar gilt auch für den Pfand- und Pfändungsgläubiger.[27]

7 **b) Gewinnstammrecht.** Vom Gewinnanspruch ist das Gewinnstammrecht zu unterscheiden.[28] Während es sich beim Gewinnanspruch um einen vermögensrechtlichen Anspruch handelt, ist das **Gewinnstammrecht ein unselbständiger Teil der Mitgliedschaft.** Es ist das der Mitgliedschaft immanente, generelle Recht auf Beteiligung an dem von der Gesellschaft erzielten Gewinn[29] und bildet damit gleichsam den Boden, aus dem der Gewinnanspruch erwächst. Diese Differenzierung ist wesentlich für die Frage der Übertragbarkeit. Als unselbständiger Teil der Mitgliedschaft kann das Gewinnstammrecht auch mit Zustimmung der Mitgesellschafter nicht von der Mitgliedschaft als solcher abgespalten werden (**Abspaltungsverbot § 717 Satz 1 BGB**).[30] Nachdem *Ulmer* als wohl stärkster Vertreter der Gegenposition seine Auffassung mittlerweile ausdrücklich aufgegeben hat,[31] wird vor dem Hintergrund des Abspaltungsverbots eine Übertragbarkeit des Stammrechts nunmehr wohl einhellig abgelehnt.[32] Die vermögensrechtlichen Ansprüche, welche aus dem Stammrecht erwachsen, hingegen verselbständigen sich ihrerseits mit ihrer Entstehung gegenüber der Mitgliedschaft als solche und können demzufolge übertragen oder verpfändet oder mit einem Nießbrauch (§ 1070 BGB) belastet werden.[33]

8 **3. Vordividende. a) Umfang der Vordividende.** § 121 Abs. 1 Satz 1 legt fest, dass jedem Gesellschafter von dem bilanziell festgestellten Jahresgewinn vorab ein Anteil in Höhe von 4% seines Kapitalanteils zusteht. **Diese Vordividende ist ein Gewinnanteil und kein Zins.**[34] Daher haben die auf dem Kapitalmarkt zurzeit des Entstehens des Anspruches auf die Vordividende bestehenden Haben- oder Soll-Zinsen keinen Einfluss auf die Quote des Kapitalanteils.[35] Kann der Gewinn nicht die Vordividende in Höhe von 4% für jeden Gesellschafter decken, dann erhält nach § 121 Abs. 1 Satz 2 jeder Gesellschafter eine gekürzte Vordividende, und zwar denjenigen unter 4% liegenden Prozentsatz, dessen Anwendung den Gewinn erschöpft.[36]

9 **Keinen Anspruch auf eine Vordividende haben Gesellschafter ohne Kapitalanteil oder Gesellschafter mit einem negativen Kapitalanteil.**[37] Da der Anspruch eines Gesellschafters auf Vordividende nur in Bezug auf den jeweiligen Jahresabschluss besteht, erlischt er, wenn der Jahresabschluss keinen Jahresgewinn ausweist. Eine Pflicht zur Nachzahlung an die Gesellschaft aus einem nachfolgenden Jahresgewinn besteht daher nicht.[38] Problematisch ist in diesem Zusammenhang allerdings, ob der Anspruch auf Vordividende auch dann entfällt, wenn zwar ein Jahresgewinn erzielt worden ist, dieser Betrag aber insgesamt zur Bildung einer offenen Rücklage herangezogen wird. Da in der Personenhandelsgesellschaft eine offene Rücklage dem nicht entnahmefähigen Gewinn gleichzusetzen ist, ist die Lage insoweit zu beurteilen, als habe kein Gewinn festgestellt werden können. Wird insoweit eine Vordividende versagt, werden davon alle Gesellschafter gleichermaßen begünstigt, weil diese Rücklage entweder anlässlich des Ausscheidens einzelner Gesellschafter oder zur Deckung späterer Verluste für alle Gesellschafter in gleicher Weise zu berücksichtigen ist.[39] Dies steht aber im Widerspruch zur gesetzlichen Regelung der Vordividende. Um diese nicht im Ergebnis bei Rück-

---

[25] BGH Urt. v. 23. 2. 1981 – WM 1981, 648, 649 f.; *Koller/Roth/Morck* RdNr. 1.
[26] MünchKommHGB/*Priester* RdNr. 14; Staub/*Ulmer* RdNr. 6; Heymann/*Emmerich* RdNr. 8.
[27] Baumbach/*Hopt* RdNr. 3.
[28] *Wiedemann* WM 1992, Sonderbeilage 7, S. 23 ff., 29 ff.; Schlegelberger/*Martens* RdNr. 6; MünchKommHGB/*Priester* RdNr. 9.
[29] Schlegelberger/*Martens* RdNr. 6; MünchKommHGB/*Priester* RdNr. 9.
[30] MünchKommBGB/*Ulmer* § 705 RdNr. 153 b.
[31] MünchKommBGB/*Ulmer* § 717 RdNr. 15, mit Verweis auf *Habersack*, Die Mitgliedschaft, 1996, S. 82 ff. insbes. S. 89 ff.
[32] Vgl. Schlegelberger/*Martens* RdNr. 6; MünchKommBGB/*Ulmer* § 717 RdNr. 15; Baumbach/*Hopt* RdNr. 3; *Flume* Personengesellschaftsrecht § 17 VI (S. 360 f.); *Huber* S. 414 f.; *Rohlff* NJW 1971, 1341.
[33] Zur Frage des Nießbrauchs an Stammrechten s. Staub/*Ulmer* § 105 RdNr. 131.
[34] RG v. 23. 10. 1907 – RGZ 67, 13, 19; Schlegelberger/*Martens* RdNr. 2; Heymann/*Emmerich* RdNr. 3; MünchHdbGesR I/*v. Falkenhausen* § 57 RdNr. 6; anders offenbar Staub/*Ulmer* RdNr. 7.
[35] So auch Heymann/*Emmerich* RdNr. 3 unter Berufung auf RG HRR 1936 Nr. 611.
[36] Baumbach/*Hopt* RdNr. 1; MünchKommHGB/*Priester* RdNr. 17; Heymann/*Emmerich* RdNr. 2; Schlegelberger/*Martens* RdNr. 2; Röhricht/Graf v. Westphalen/*v. Gerkan* RdNr. 2.
[37] Heymann/*Emmerich* RdNr. 2; Baumbach/*Hopt* RdNr. 1; vgl. aber MünchKommHGB/*Priester* RdNr. 16; MünchHdbGesR I/*v. Falkenhausen* RdNr. 65; Staub/*Ulmer* RdNr. 9.
[38] Staub/*Ulmer* RdNr. 3; Schlegelberger/*Martens* RdNr. 3.
[39] Schlegelberger/*Martens* RdNr. 2; *Huber* ZGR 1988, 1, 91 f.

lagen leerlaufen zu lassen, ist die offene Rücklagenbildung entsprechend zu behandeln wie der Jahresgewinn,[40] mit der Folge, dass bei der Bildung einer offenen Rücklage zunächst jedem Gesellschafter ein Vorzugsrücklagenanteil in Höhe von 4% seines Kapitalanteils gewährt werden muss. Dieser Anteil ist auf dem Rücklagenkonto der einzelnen Gesellschafter zu buchen. Eine darüber hinausgehende Rücklage kann auf dem gemeinsamen Rücklagenkonto verbucht werden.[41] Allgemein bedürfen Abweichungen von der gesetzlich geregelten Kapitaldividende als Eingriff in den Kernbereich der Mitgliedschaft grundsätzlich der Zustimmung aller betroffenen Gesellschafter. Etwas anderes gilt nur, wenn der Gesellschaftsvertrag einen Mehrheitsbeschluss zulässt.[42]

b) Berechnung (§ 121 Abs. 2). § 121 Abs. 2 sieht Vorgaben zur Berechnung des einem Gesellschafter zukommenden Gewinnanteils vor. **Berechnungsgrundlage** sind der in § 120 vorgesehene variable Kapitalanteil und die dort angesetzten Einlagen. In die Vordividende werden daher die im Geschäftsjahr gemachten Einlagen eingerechnet und die im selben Geschäftsjahr vorgenommenen Entnahmen abgerechnet. Unter Berücksichtigung der Änderungen geht die Berechnung vom Stand des Kapitalanteils zu Beginn desjenigen Geschäftsjahres aus, dessen Ergebnis zu verteilen ist.[43] **Änderungen des Kapitalkontos während des Geschäftsjahres** haben Auswirkungen auf die Berechnung der Vordividende. Diese Änderungen im Kapitalanteil schlagen sich proportional auf den Zeitraum des veränderten Kapitalanteils nieder. Die Höhe der eingerechneten Einlagen bzw. der abgezogenen Entnahmen entspricht entweder den 4% der Vordividende oder dem geringeren Prozentsatz. Die Frage, ob und in welchem Umfang sich die Kapitalanteile während des Geschäftsjahres ändern, beurteilt sich nach dem Gesellschaftsvertrag. Berechnet werden können nur solche Leistungen und Entnahmen, zu deren Vornahme der Gesellschafter nach dem Gesellschaftsvertrag befugt ist. Damit wird verhindert, dass der Gesellschafter seinen Kapitalanteil durch freiwillige Leistungen erhöhen oder durch unbefugte Entnahmen schmälern kann.[44] Drittgeschäfte lassen den Kapitalanteil ebenfalls unberührt.[45]

Unterjährige Buchungen des anteiligen Vorjahresergebnisses werden in § 121 Abs. 2 nicht erwähnt. Sie sind erst für die Berechnung der Kapitaldividende des Folgejahres zu beachten, und zwar bei Verlusten und Gewinnen.[46] Bei der Einbuchung von Vorjahresgewinnen im laufenden Geschäftsjahr ist allerdings zu beachten, dass durch sie gedeckte Entnahmen bei der Berechnung der Kapitaldividende nicht mindernd zu berücksichtigen sind.[47]

4. Weitere Gewinne (§ 121 Abs. 3). Der nach der Verteilung der Vordividende auf die Kapitalanteile verbleibende Jahresgewinn ist gem. § 121 Abs. 3 nach Köpfen zu verteilen. Hinsichtlich des **überschüssigen Jahresgewinns** erfolgt damit eine gleichmäßige Verteilung, so dass der unterschiedliche Kapitalanteil der einzelnen Gesellschafter unberücksichtigt bleibt. Auch Gesellschafter mit einem negativen Kapitalanteil erhalten von dem überschüssigen Jahresgewinn.[48] Daraus folgt, dass der überschüssige Jahresgewinn auch auf solche Gesellschafter verteilt wird, die ihre Einlage noch nicht erbracht haben. Der Gesellschaft steht allerdings ein Aufrechnungsanspruch gegen den über die Mindestrendite hinausgehenden Anspruch auf Gewinnausschüttung mit ihrer Einlageforderung zu.[49] Der zT in der Literatur vertretenen Auffassung, dass unter engen Voraussetzungen der Gewinnanteil eines Gesellschafters durch die **Treuepflicht** blockiert werde, so zB, wenn der Gesellschafter die Gesellschaft schwerwiegend geschädigt und dadurch den Jahresgewinn erheblich geschmälert habe,[50] kann nicht gefolgt werden.[51] Geht man nämlich davon aus, dass der Anspruch auf Gewinn gegen die Gesellschaft und nicht gegen die Gesellschafter gerichtet ist, kommt eine Treuepflichtverletzung schon deshalb nicht in Betracht, weil die Treuepflicht nur unter den Gesellschaftern besteht, nicht aber zwischen einem Gesellschafter und der Gesellschaft.[52] Insoweit besteht auch in diesen schwer-

---

[40] Schlegelberger/*Martens* RdNr. 2; MünchKommHGB/*Priester* RdNr. 18; *Huber* ZGR 1988, 1, 91 f.; Röhricht/Graf v. Westphalen/*v. Gerkan* RdNr. 2.
[41] So Schlegelberger/*Martens* RdNr. 2.
[42] S. MünchKommHGB/*Priester* RdNr. 18, Staub/*Ulmer* RdNr. 9.
[43] Staub/*Ulmer* RdNr. 10; Heymann/*Emmerich* RdNr. 2; Schlegelberger/*Martens* RdNr. 4; MünchKommHGB/*Priester* RdNr. 19.
[44] Schlegelberger/*Martens* RdNr. 4; MünchKommHGB/*Priester* RdNr. 19.
[45] MünchKommHGB/*Priester* RdNr. 19; Schlegelberger/*Martens* RdNr. 4.
[46] So MünchKommHGB/*Priester* RdNr. 19.
[47] Staub/*Ulmer* RdNr. 11; MünchKommHGB/*Priester* RdNr. 20.
[48] Baumbach/*Hopt* RdNr. 2; Staub/*Ulmer* RdNr. 13; MünchKommHGB/*Priester* RdNr. 21.
[49] Schlegelberger/*Martens* RdNr. 5, zT abweichend, nämlich ohne Begrenzung auf die Mindestrendite MünchKommHGB/*Priester* RdNr. 21, Fn. 41.
[50] So Schlegelberger/*Martens* RdNr. 5.
[51] Im Ergebnis auch MünchKommHGB/*Priester* RdNr. 22, der allerdings eine andere Begründung heranzieht.
[52] Dem Einwand von *Priester*, es gäbe sehr wohl eine Treuepflicht der Gesellschafter gegenüber der Gesellschaft und daher sei die hier verfolgte Begründung nicht überzeugend, kann an dieser Stelle nicht vollständig entgegnet werden. Es

wiegenden Fällen ein Anspruch des Gesellschafters auf den anteiligen überschüssigen Gewinn. Hat der betreffende Gesellschafter indessen eine Treuepflichtverletzung im Verhältnis zu den übrigen Gesellschaftern begangen, steht es diesen frei, einen Anspruch gegen den treuwidrigen Gesellschafter zu verfolgen und damit Ersatz des Schadens zu erlangen, der dann in das Gesellschaftsvermögen gezahlt werden muss. Unklar bleibt, warum bei schwerwiegenden Schädigungen durch einen Gesellschafter die Geltendmachung der Gewinnzuteilung missbräuchlich sein soll.[53] Insoweit geht es nämlich nicht um eine nicht hinzunehmende Rechtsausübung, sondern um die Frage, ob ein Gesellschafter auf Grund seines Tuns andere geschädigt hat und diesen Schaden kompensieren muss.

12 Im System fester Kapitalanteile ergibt sich der Maßstab für die Gewinnverteilung grundsätzlich aus der **gesellschaftsrechtlichen Vereinbarung.** Fehlt eine solche Regelung, ist eine Lösung zunächst aus der Interpretation des Gesellschaftsvertrags herbeizuführen. Gelingt dies nicht, so ist von **festen Maßstab** auszugehen, weil erwartet werden kann, dass diejenige, die einen festen Kapitalanteil gewählt haben, zum Ausdruck bringen wollten, dass sie für anteilsbezogene Mitgliedschaftsrechte von einem System fester Kapitalanteile und damit keinem Schwankungen unterworfenen Maßstab ausgehen wollen.[54]

13 5. **Verlustverteilung.** Ist im Jahresabschluss ein Verlust ausgewiesen, so ist dieser **Jahresverlust ohne Rücksicht auf die Kapitalanteile gleichmäßig nach Köpfen auf die Gesellschafter umzulegen.** Auf die Ursachen des Verlustes kommt es nicht an. Entsprechendes gilt, wenn zwar das bilanzielle Jahresergebnis ausgeglichen oder positiv war, auf Grund gesellschaftsvertraglicher Vereinbarung durch die Zahlung ergebnisunabhängiger Vorabgewinne (zB Geschäftsführergehälter oder Zinsen auf Kapital- oder Entnahmekonten), welche im Verhältnis zwischen den Gesellschaftern als Aufwandsposten zu qualifizieren sind, aber ein rechnerisch negatives Ergebnis entsteht. Hier ist der rechnerische Verlust vorbehaltlich abweichender vertraglicher Regelungen auf alle Gesellschafter (also auch auf diejenigen, die Anspruch auf die Vorabgewinne haben) zu verteilen.[55] Diese gleichmäßige Verlustverteilung rechtfertigt sich durch den Umstand, dass für die Schulden der Gesellschaft alle Gesellschafter unterschiedlos unbeschränkt persönlich haften müssen.[56] Außerhalb der Insolvenz äußert sich während des Bestehens der Gesellschaft eine solche Verlustzuweisung jedoch **nicht in einer Zahlungspflicht des Gesellschafters.** Der jeweilige Verlust wird bei variablen Kapitalanteilen vielmehr als Buchungsposten auf den Kapitalanteil gem. § 120 Abs. 2 abgeschrieben, bei festen Kapitalanteilen führt er zu einer gesonderten Buchung.[57] Damit wird erreicht, dass sich im Innenverhältnis der Gesellschafter auf Grund der Buchung des Verlustes nichts ändert. Wegen der **Notwendigkeit einer solchen Gleichbehandlung** ist es den Gesellschaftern daher auch nicht möglich, die Minderung ihres Kapitalanteils in Folge der Abschreibung von Verlusten durch Nachschüsse auszugleichen.[58] Derartige **Nachschüsse** stellen nämlich eine Erhöhung der Einlage dar, die nur auf Grund einer Änderung des Gesellschaftsvertrags, also grundsätzlich nur mit Zustimmung aller Gesellschafter, möglich ist.[59] Eine Nachschusspflicht bei Verlusten ist vor Beendigung der Gesellschaft wegen § 707 BGB ebenfalls ausgeschlossen.[60] Sie kommt auf Grund eines negativen Kapitalkontos nur im Rahmen der Gesamtabrechnung anlässlich der Liquidation oder des vorzeitigen Ausscheidens einzelner Gesellschafter in Betracht.[61] Hat ein Gesellschafter gleichwohl Nachschüsse an die Gesellschaft geleistet, dürfen diese nicht auf sein Kapitalkonto gebucht werden, sondern sind seinem Privatkonto gutzuschreiben.[62]

---

seien nur zwei Hinweise gegeben. Obwohl die Treuepflicht ein mittlerweile allgemein anerkanntes Institut ist, ist – soweit ersichtlich – unbestritten, dass sie ihre Wurzeln in dem *vertraglichen* Versprechen der Gesellschafter bei der Gründung der Gesellschaft (oder beim Beitritt neuer Gesellschafter) hat. Da es eine derartige Grundlage zwischen Gesellschafter und Gesellschaft nicht gibt (die Gesellschaft wird ja erst durch den Vertrag kreiert), gibt es auch keine Grundlage für eine etwaige Treuepflicht gegenüber der Gesellschaft. Darüber hinaus würde die Annahme einer Treuepflicht bedeuten, dass es auch nur ein Interesse einer Gesellschaft geben müsste, das nicht auch gleichzeitig Interesse eines Gesellschafters ist. Andernfalls würde bei der Verletzung des betreffenden Interesses stets die Treuepflicht gegenüber dem Gesellschafter, nicht aber gegenüber der Gesellschaft, verletzt werden. Das Beispiel der Einpersonen-Gesellschaft verdeutlicht dies unmittelbar.
[53] So MünchKommHGB/*Priester* RdNr. 22.
[54] Staub/*Ulmer* RdNr. 12; MünchKommHGB/*Priester* RdNr. 26.
[55] So Staub/*Ulmer* RdNr. 15; Schlegelberger/*Martens* RdNr. 9; *Sudhoff/Schulte* RdNr. 18; MünchKommHGB/*Priester* RdNr. 23.
[56] In der Begründung abweichend MünchKommHGB/*Priester* RdNr. 23; wie hier *Koller*/Roth/Morck RdNr. 3.
[57] Schlegelberger/*Martens* RdNr. 8; Heymann/*Emmerich* RdNr. 10; Baumbach/*Hopt* RdNr. 7; *Michalski* RdNr. 5.
[58] RG Urt. v. 14. 12. 1940 – RGZ 166, 65, 68 f.; Heymann/*Emmerich* RdNr. 10; Baumbach/*Hopt* RdNr. 7; Schlegelberger/*Martens* RdNr. 8; MünchKommHGB/*Priester* RdNr. 24.
[59] Zu möglichen Ausnahmen s. BGH Urt. v. 23. 1. 2006 – II ZR 126/04, NJW-RR 2006, 829.
[60] Heymann/*Emmerich* RdNr. 10; Staub/*Ulmer* RdNr. 14; MünchKommHGB/*Priester* RdNr. 25; Baumbach/*Hopt* RdNr. 7; *Michalski* RdNr. 5; Ensthaler RdNr. 3.
[61] Schlegelberger/*Martens* RdNr. 8.
[62] Baumbach/*Hopt* RdNr. 7; Heymann/*Emmerich* RdNr. 10.

Von der Verlustverteilung sind grundsätzlich auch die **Gesellschafter mit einem negativen oder** **13 a** **mit gar keinem Kapitalanteil** betroffen.[63] Es ist allerdings im Einzelfall zu prüfen, ob die Vereinbarung über die Beteiligung ohne Kapitalanteil nicht dahingehend auszulegen ist, dass auch die Verlustbeteiligung ausgeschlossen sein soll.

III. Abweichende Regelungen im Gesellschaftsvertrag

1. Grundsatz. Die Vorschrift des § 121 ist als Teil des Innenrechts der OHG gem. § 109 in allen **14** ihren Regelungen durch **abweichende Vereinbarungen** im Gesellschaftsvertrag abdingbar. Davon wird in der Praxis auch häufig Gebrauch gemacht, insbesondere, weil die gesetzlichen Vorgaben in § 121 vielfach als wenig interessengerecht angesehen werden.[64] Stattdessen wird regelmäßig ein ausdifferenziertes, auf die jeweiligen Bedürfnisse der Gesellschafter bezogenes Verteilungssystem vereinbart.[65] Die im Gesellschaftsvertrag vorgesehenen Abweichungen müssen jedoch klar sein und dem **Bestimmtheitsgrundsatz** genügen.[66] Die Grenze der vertraglichen Ausgestaltung wird nach den allgemeinen Regeln durch §§ 134 (zB im Hinblick auf das Steuerrecht) und 138 BGB gezogen.[67] Unabdingbar ist im Hinblick auf die Gewinn- und Verlustbeteiligung zudem die Gesellschafterstellung, auch wenn es sich um einen Gesellschafter ohne Kapitalanteil handelt, denn sie ist von der Mitgliedschaft nicht abspaltbar.[68]

Der Gesellschaftsvertrag kann auch nachträglich dahingehend abgeändert werden, dass **15** die gesetzlichen Regelungen zur Gewinn- und Verlustbeteiligung ganz oder teilweise abbedungen werden. Für eine solche Änderung bedarf es grundsätzlich eines einstimmigen Beschlusses der Gesellschafter. Auch ein stillschweigender Beschluss kann ausreichen.[69] Da allerdings die einzelnen Gesellschaftsbeteiligungen für die Struktur der Gesellschaft und für die Stellung der einzelnen Gesellschafter von erheblicher Bedeutung sind, kann eine stillschweigende Beschlussfassung nur dann angenommen werden, wenn das dafür erforderliche Einverständnis der Gesellschafter ausreichend deutlich geworden ist. Eine im Gesellschaftsvertrag enthaltene Schriftformklausel spricht gegen eine konkludente Abänderbarkeit.[70] Dies ist letztlich eine (in der Praxis sehr schwierige) Beweisfrage, die im Prozess demjenigen obliegt, der einen solchen stillschweigenden Beschluss behauptet.[71] Nur soweit einzelne Fragen im Gesellschaftsvertrag festgelegt sind oder gesetzliche Regelungen eingreifen, hat der Gesellschafter eine grunsätzlich nicht entziehbare „einseitige" Rechtsposition.[72] Sieht ein Gesellschaftsvertrag für derartige Vertragsänderungen ein bestimmtes **Mehrheitserfordernis** vor, so reicht für einen Änderungsbeschluss hinsichtlich der Gewinn- und Verlustverteilung eine derartige Mehrheit, soweit aus dem Gesellschaftsvertrag deutlich wird, dass diese Mehrheit auch hinsichtlich der speziellen Frage der Abänderung der gesetzlich vorgesehenen Gewinn- und Verlustverteilung gelten soll.[73] Hintergrund dieses besonderen Erfordernisses ist, dass es sich bei den Regelungen über die Gewinn- und Verlustbeteiligung um einen **Kernbereich des Gesellschafterverhältnisses** handelt, bei dem die Bestimmung einer qualifizierten Mehrheitsklausel auch Art und Umfang des Eingriffes in den Gewinn- oder Verlustverteilungsschlüssel erkennen lassen muss.[74]

Aufgrund der Bedeutung der Regelung über die Gewinn- und Verlustverteilung und die besonde- **16** ren Anforderungen an eine Änderung der gesetzlichen Regelungen durch den Gesellschaftsvertrag ist die **Zulässigkeit einer Abänderung der Gewinn- und Verlustverteilungsregeln durch eine ständige Übung** statt durch einen (auch nur stillschweigenden) Gesellschafterbeschluss sehr zurückhaltend zu beurteilen. Grundsätzlich muss wegen der Anforderungen an einen förmlichen Beschluss der Gesellschafter (§ 119)[75] die Ersetzung durch ständige Übung abgelehnt werden, weil ansonsten

---

[63] MünchKommHGB/*Priester* RdNr. 24.
[64] Ausf. Staub/*Ulmer* RdNr. 7, 19 f.; MünchKommHGB/*Priester* RdNr. 27; MünchHdbGesR I/*v. Falkenhausen* § 57 RdNr. 10 ff.; Heymann/*Emmerich* RdNr. 4; s. den instruktiven Fall BGH Urt. v. 18. 4. 2005 – II ZR 55/03, NZG 2005, 625 – dazu *Vollmer* EWiR 2005, 675; *Wertenbruch* NZG 2005, 665 ff.
[65] Vgl. die Vertragsmuster in MünchVertragsHdb I/*Oldenburg* S. 87 ff.
[66] BGH Urt. v. 29. 9. 1986, WM 1986, 1556; zum Bestimmtheitsgrundsatz bei Beschlüssen vgl. § 119 RdNr. 48 ff.
[67] Vgl. etwa Bormann/*Hellberg* DB 1997, 2415, 2419; MünchKommHGB/*Priester* RdNr. 28.
[68] Staub/*Ulmer* RdNr. 18; MünchKommHGB/*Priester* RdNr. 29.
[69] BGH Urt. v. 18. 4. 2005 – II ZR 55/03, NZG 2005, 625, 626: Baumbach/*Hopt* RdNr. 10; MünchKommHGB/*Priester* RdNr. 31; Schlegelberger/*Martens* RdNr. 15; Westermann/*Klingberg* RdNr. I 629; vgl. auch BGH Urt. v. 17. 1. 1966 – II ZR 8/64, NJW 1966, 826, 827; BGH Urt. v. 19. 12. 1988 – II ZR 10/76, WM 1978, 300, 301.
[70] BGH Urt. v. 18. 4. 2005 – II ZR 55/03, NZG 2005, 625, 626 – zustimmend *Wertenbruch* NZG 2005, 665, 667.
[71] So nun auch MünchKommHGB/*Priester* RdNr. 29.
[72] *Wertenbruch* NZG 2005, 665, 665 f.
[73] Schlegelberger/*Martens* RdNr. 15.
[74] S. BGH Urt. v. 29. 9. 1986, WM 1986, 1556, 1557; Schlegelberger/*Martens* RdNr. 15; Baumbach/*Hopt* RdNr. 10; Staub/*Ulmer* RdNr. 21.
[75] § 119 RdNr. 29 ff.; s. auch BGH Urt. v. 18. 4. 2005 (Fn. 70).

die Gefahr besteht, die Interessen bestimmter Gesellschafter nicht hinreichend in den Willensbildungsprozess, der zur Beschlussfassung führt, einzubeziehen. Allerdings mag dann ausnahmsweise anderes gelten, wenn der Nachweis eines der abweichenden ständigen Übung zugrunde liegenden Gesellschafterwillens geführt werden kann.[76]

16 a In besonders gelagerten Fällen kann aus der **Treuepflicht** auch eine Zustimmungspflicht bestimmter Gesellschafter zu Änderungen der Gewinn- und Verlustregelungen erwachsen. Typisch sind solche Fälle, in denen durch die Verschiebung von Beteiligungsverhältnissen eine nicht mehr hinnehmbare Unangemessenheit der Verteilungsmodalitäten entstanden ist.[77]

17 **2. Beispiele. a) Abweichungen im Hinblick auf die Vordividende.** Der Gesellschaftsvertrag kann die Erhöhung oder die Senkung der Vordividende auf die Kapitalanteile beinhalten.[78] Darüber hinaus können die Gesellschafter etwa auch **statt der Vordividende ein System fester gewinnunabhängiger Verzinsung der aktiven Kapitalanteile vereinbaren.**[79] In diesen Fällen stellen die Zinsen auf die entsprechenden Kapitalanteile Geschäftsunkosten dar, mit der Folge, dass lediglich der dann noch verbleibende Jahresüberschuss als Gewinn ausgewiesen und verteilt werden kann.[80] Wird kein entsprechender Jahresgewinn erzielt, so wird der durch die Verzinsung bedingte Verlust als negatives Jahresergebnis auf alle Gesellschafter gleichmäßig verteilt.[81] Möglich ist auch zu vereinbaren, dass Verlustkonten von den betreffenden Gesellschaftern zu verzinsen sind. Eine solche Vereinbarung stellt dann eine Verlustverteilungsabrede unter partieller Modifizierung der Verlustteilung nach Köpfen dar.[82] Denkbar – aber in der Praxis auf Grund der vielfältigen Änderungen unpraktikabel – ist die **Vereinbarung von festen Quoten.**[83] Oft finden sich in Gesellschaftsverträgen Regelungen über die Vergütung von Geschäftsführern[84] oder die Honorierung bestimmter Umstände (zB hinsichtlich der Gründungsgesellschafter oder für Verdienste bei der Entwicklung des Unternehmens). Dabei handelt es sich in aller Regel um feste Zahlungen, feste oder variable Verzinsung von Verfügungskonten oder um prozentuale Anteile am Bruttogewinn.

17 a All diese Zuwendungen vermindern den nach dem festen Kapitalanteil zu verteilenden Restgewinn.[85] Sie sind als Aufwand in Ansatz zu bringen, was dazu führen kann, dass es zu einer gemeinsamen Tragung des möglicherweise dadurch entstehenden rechnerischen Verlusts kommt.

18 **b) Abweichungen im Hinblick auf den überschüssigen Gewinn.** Die Gesellschafter können vereinbaren, dass abweichend zu § 121 Abs. 3 der überschüssige Gewinn nicht nach Köpfen, sondern nach der Höhe der Kapitalanteile verteilt wird. In Gesellschaftsverträgen kann zudem auch vorgesehen werden, dass der Gewinn oder ein Teil des Gewinns nicht verteilt werden soll, sondern in eine **Rücklage** einzustellen ist. Im Hinblick auf die neuere Rechtsprechung des BGH (s. oben § 120 RdNr. 67 f.) ist zu unterscheiden, ob die Einstellung im Rahmen der Gewinnfeststellung erfolgen soll oder ob sie als ein Teil der Gewinnverwendung vorgesehen wurde. Im letzteren Fall genügt – soweit der Gesellschaftsvertrag Mehrheitsbeschlüsse zulässt – ein Mehrheitsbeschluss der Gesellschafter, wenn die Rücklage zur Förderung der Lebens- und Widerstandsfähigkeit der Gesellschaft nötig ist.[86]

19 **c) Abweichungen von der Gewinn- und Verlustbeteiligung.** Der Gesellschaftsvertrag kann die Verlustbeteiligung einzelner Gesellschafter **abweichend regeln.** Anknüpfungspunkte für die Verlustbeteiligung können demnach sowohl der **Kapitalanteil** als auch eine **Kombination von kapitalistischer und personalistischer Verlustverteilung** sein.[87] Zudem kann vereinbart werden, dass bestimmte Gesellschafter in unterschiedlichem Umfang an der Verlusttragung beteiligt werden.[88]

---

[76] Vgl. *Wiedemann* WM 1990 Beilage 8, 12; Schlegelberger/*Martens* RdNr. 14; MünchKommHGB/*Priester* RdNr. 31; Röhricht/Graf v. Westphalen/*v. Gerkan* RdNr. 9; Heymann/*Emmerich* RdNr. 6; *Westermann/Klingberg* RdNr. I 629.
[77] S. ausf. Staub/*Ulmer* RdNr. 22; vgl. zudem MünchKommHGB/*Priester* RdNr. 34; BGH Urt. v. BB 1977, 1271; BGH Urt. v. 29. 9. 1986 – II ZR 285/85, NJW-RR 1987, 285 f.
[78] Baumbach/*Hopt* RdNr. 8.
[79] So auch die frühere Regelung in Art. 106 ADHGB; vgl. zur Verzinsung von Kapitalkonten eingehend Staub/*Ulmer* RdNr. 30 f.; MünchHdbGesR I/*v. Falkenhausen* § 57 RdNr. 16 f.
[80] Heymann/*Emmerich* RdNr. 4; RG v. 23. 10. 1907, RGZ 67, 13, 19.
[81] Schlegelberger/*Martens* RdNr. 9.
[82] OLG Düsseldorf Urt. v. 20. 3. 1991 – 17 U 134/90, DB 1991, 1163; Staub/*Ulmer* RdNr. 32; MünchKommHGB/*Priester* RdNr. 46.
[83] Vgl. *Westermann/Klingberg* RdNr. I 627; MünchHdbGesR I/*v. Falkenhausen* § 57 RdNr. 15; MünchKommHGB/*Priester* RdNr. 39.
[84] S. dazu ausf. Staub/*Ulmer* RdNr. 28 f.; MünchHdbGesR I/*v. Falkenhausen* § 57 RdNr. 25 ff.
[85] Staub/*Ulmer* RdNr. 25.
[86] BGH Urt. v. 10. 5. 1976 – II ZR 180/74, BB 1976, 948, 949.
[87] Schlegelberger/*Martens* RdNr. 12; MünchKommHGB/*Priester* RdNr. 46; MünchHdbGesR I/*v. Falkenhausen* § 57, RdNr. 18; *Westermann/Klingberg* RdNr. I 627 f.
[88] Schlegelberger/*Martens* RdNr. 12; Heymann/*Emmerich* RdNr. 11.

Zulässig ist auch der **vollkommene Ausschluss der Verlustbeteiligung** für einen Gesellschafter, wodurch freilich die Einstandspflicht gem. § 128 nicht berührt wird.[89] Dabei ist im Einzelnen zu unterscheiden, ob die Befreiungsabrede während der Zugehörigkeit zur Gesellschaft gelten soll oder ob sie auch im Hinblick auf die Gesamtabrechnung anlässlich des Austritts oder der Auseinandersetzung der Gesellschaft anwendbar sein soll.[90] **Spiegelbildlich dazu können die Gesellschafter auch den Gewinnverteilungsmaßstab ändern.** Dies kommt insbesondere dann in Betracht, wenn für geschäftsführende Gesellschafter oder für Gründungsgesellschafter besondere Bemessungskriterien gelten sollen. Die auf der Privatautonomie fußende Befugnis der Gesellschafter, die Gewinnverteilung abweichend von den gesetzlichen Vorgaben autonom zu regeln, beinhaltet auch die Möglichkeit, einzelne Gesellschafter von jeglicher Gewinnbeteiligung auszuschließen. Diese Auffassung ist von einer insbesondere früher vertretenen Meinung abgelehnt worden.[91] Diese Ansicht hat ihre Wurzeln in der älteren Vorstellung, dass das Gewinnbeteiligungsrecht ein notwendiger Bestandteil des gemeinsamen Zwecks der Gesellschaft darstellt. Demnach ist eine Gesellschafterstellung ohne Gewinnbeteiligungsrecht ausgeschlossen. Tatsächlich ist jedoch zwischen dem Zweck der Gesellschaft und der Erfolgsbeteiligung zu differenzieren. Der Annahme einer Gesellschaft kann daher nicht entgegenstehen, dass sich Gesellschafter auch aus uneigennützigen Motiven an der Gründung der Gesellschaft beteiligen.[92] Wesentlich ist nur, dass auch den uneigennützig Beteiligten eine Förderungspflicht im Hinblick auf die Gesellschaft obliegt.[93] Die Eigen- oder Fremdnützigkeit der Beteiligung ist nicht Bestand des gemeinsamen Zwecks, sondern bildet das jeweilige Motiv der Beteiligung.[94] **Die im Gesellschaftsvertrag vorgesehene Abweichung zur Regelung über die Gewinn- bzw. Verlustverteilung müssen nicht zueinander deckungsgleich sein.** Es können jeweils unterschiedliche Anknüpfungspunkte gewählt werden. Sieht der Gesellschaftsvertrag lediglich hinsichtlich der Verlust- oder nur hinsichtlich der Gewinnverteilung Regelungen vor, so greift die allgemeine Regelung des § 722 Abs. 2 BGB ein, wonach im Zweifel eine Bestimmung hinsichtlich des Anteils am Gewinn oder am Verlust auch für den jeweils anderen Bereich gilt.[95]

§ 122 [Entnahmen]

(1) Jeder Gesellschafter ist berechtigt, aus der Gesellschaftskasse Geld bis zum Betrage von vier vom Hundert seines für das letzte Geschäftsjahr festgestellten Kapitalanteils zu seinen Lasten zu erheben und, soweit es nicht zum offenbaren Schaden der Gesellschaft gereicht, auch die Auszahlung seines den bezeichneten Betrag übersteigenden Anteils am Gewinne des letzten Jahres zu verlangen.

(2) Im übrigen ist ein Gesellschafter nicht befugt, ohne Einwilligung der anderen Gesellschafter seinen Kapitalanteil zu vermindern.

Schrifttum: Siehe Angaben zu § 120.

Übersicht

	RdNr.		RdNr.
I. Grundlage der Regelung und Überblick	1–3	II. Grundlagen des Entnahmerechts	4–24
1. Grundlage der Regelung	1	1. Begriff der Entnahme	4
2. Überblick	2, 3	2. Entstehung des Anspruchs	5–10
		a) Allgemeines	5

---

[89] Heymann/*Emmerich* RdNr. 11; MünchKommHGB/*Priester* RdNr. 47; Schlegelberger/*Martens* RdNr. 12; Baumbach/*Hopt* RdNr. 9; *Gansmüller* DB 1968, 1699, 1702; MünchHdbGesR I/*v. Falkenhausen* § 57 RdNr. 14, 36 f.; *Huber* 298 f.; *Hennerkes/Binz* S. 70.
[90] Im Einzelnen s. Schlegelberger/*Martens* RdNr. 12; MünchHdbGesR I/*v. Falkenhausen* § 57 RdNr. 36; vgl. auch MünchKommHGB/*Priester* RdNr. 47.
[91] Vgl. RG v. 14. 3. 1919 – RGZ 95, 147, 149; RG JW 1930, 2655; *Wieland*, Handelsrecht I, 1921, 462 f.; *Ballerstedt* JuS 1963, 253, 255; *Schulze-Osterloh*, Der gemeinsame Zweck der Personengesellschaften, 1973, S. 25, 66.
[92] Dem folgend nuch auch MünchKommHGB/*Priester* RdNr. 37.
[93] Ausführlich dazu MünchKommBGB/*Ulmer* § 705 RdNr. 114 ff.; Staub/*Ulmer* § 105 RdNr. 22; Erman/*Westermann* § 705 RdNr. 30; Schlegelberger/*K. Schmidt* § 105 RdNr. 29; *Flume* § 3 II (S. 44); *A. Hueck* § 1 I 1 b; *Huber* S. 296 ff.; *Wiedemann* Gesellschaftsrecht § 1 I 1 b; *ders.* WM 1990 Beilage 8, S. 13. Meinungsübersicht bei *Müller-Gugenberger*, Gedächtnisschrift für Rödig, 1978, S. 274, 277 f. Auch der BGH hat sich dieser Auffassung angeschlossen, vgl. BGH Urt. v. 6. 4. 1987 – II ZR 101/86, NJW 1987, 3124, 3125.
[94] MünchKommBGB/*Ulmer* § 705 RdNr. 114, 118.
[95] Schlegelberger/*Martens* RdNr. 13. Zur Beweislastverteilung vgl. MünchHdbGesR I/*v. Falkenhausen* § 57 RdNr. 64.

§ 122 1–3
2. Buch. 1. Abschnitt. Offene Handelsgesellschaft

	RdNr.		RdNr.
b) Entstehungsmodalitäten	6–9	IV. Gewinnentnahmerecht (§ 122 Abs. 1 2. HS)	35–45
c) Fälligkeit	10	1. Allgemeines	35
3. Geltendmachung des Anspruchs	11–23	2. Verfügung, Abtretbarkeit, Aufrechnung	36–38
a) Anspruchsinhaber	11–13	3. Einschränkung des Gewinnentnahmeanspruchs	39–45
b) Anspruchsgegner	14, 15		
c) Vorschüsse	16–18	V. Verbot der Verminderung des Kapitalanteils (§ 122 Abs. 2)	46–49
d) Unberechtigte Einnahmen	19–23		
4. Entnahmepflicht	24	VI. Gesellschaftsvertragliche Regelungen	50–58
III. Kapitalentnahmerecht (§ 122 Abs. 1 1. HS)	25–34	1. Allgemeines	50–53
1. Allgemeines	25–27	2. Insbesondere das Steuerentnahmerecht	54–58
2. Verfügung, Abtretbarkeit, Pfändbarkeit und Aufrechnung	28–33		
3. Einschränkung des Kapitalentnahmerechts	34		

I. Grundlage der Regelung und Überblick

1   **1. Grundlage der Regelung.** § 122 ist Ausdruck der gesetzgeberischen Idee, dass die Gesellschafter einer OHG ihre berufliche Tätigkeit tatsächlich in der Gesellschaft ausüben und daher finanziell versorgt werden müssen. Er kann damit bereits vor der Auflösung oder einem Austritt aus der Gesellschaft – in gewissem Umfang – auf das dort angesammelte Vermögen zugreifen. Die Grenze wird erst dort gezogen, wo die Entnahme zum offensichtlichen Schaden der Gesellschaft erfolgt.[1] Zur **Sicherung ihres Mindestunterhalts** soll den Gesellschaftern insoweit ein Entnahmerecht aus dem Gesellschaftsvermögen und/oder dem Gewinn zustehen. Die Gesellschafter sollen unabhängig von der aktuellen Wirtschaftssituation der Gesellschaft über hinreichende Geldmittel verfügen, um ihre berufliche Tätigkeit ausschließlich der Gesellschaft widmen zu können,[2] wobei es allerdings nicht notwendig ist, dass der oder die Gesellschafter für die Geltendmachung des Entnahmerechts eine Bedürftigkeit nachweisen (**Alimentierungsfunktion**).[3] Besondere Bedeutung hat dies im Hinblick auf die Steuerpflicht der Gesellschafter, weil der gesamte, in der Steuerbilanz ausgewiesene Gewinn der Gesellschaft den Gesellschaftern entsprechend ihrer Beteiligung zugerechnet und dann bei ihnen der Einkommensteuer unterworfen wird (dazu näher RdNr. 45 ff.). § 122 geht vom Vollausschüttungsgrundsatz aus.[4] Dem Bedarf des Gesellschafters an regelmäßigen Zahlungen steht das Interesse der Gesellschaft, also der Gesellschaftergesamtheit gegenüber, das für die Erreichung des Gesellschaftszwecks erforderliche Vermögen (Eigenkapital) im Sinne einer ausreichend großen Kapitaldecke zu bilden bzw. zu schützen. **§ 122 hat die Aufgabe, zwischen diesen beiden Interessen einen Ausgleich zu schaffen.**[5] Er ist dabei allerdings eine dispositive Vorschrift, um den Gesellschaftern im Gesellschaftsvertrag die Möglichkeit offen zu lassen, diesen Interessenausgleich abweichend von den gesetzlichen Vorstellungen nach ihren eigenen Präferenzen und Bedürfnissen zu regeln.[6]

2   **2. Überblick.** Die gesetzliche Entnahmeregelung unterscheidet zwischen gewinnunabhängigen Entnahmen nach Maßgabe des Kapitalanteils (Kapitalentnahmerecht), § 122 Abs. 1 1. HS (Mindestrendite) und gewinnabhängigen Entnahmen (Gewinnentnahmerecht), § 122 Abs. 1 2. HS. § 122 Abs. 2 ergänzt die Vorschrift um das Verbot der Verminderung des Kapitalanteils eines Gesellschafters.

3   Der Anwendungsbereich des § 122 wird in zeitlicher Hinsicht begrenzt durch die Liquidation der Gesellschaft. Gemäß § 155 Abs. 2 Satz 3 findet der § 122 Abs. 1 während der Liquidation keine Anwendung. Im Hinblick auf die KG findet § 122 insoweit eine weitere Begrenzung seines Anwendungsbereichs, als diese Vorschrift nur den persönlich haftenden Gesellschafter betrifft (§ 169 Abs. 1).[7]

---

[1] MünchKommHGB/*Priester* RdNr. 1.
[2] Schlegelberger/*Martens* RdNr. 1; Heymann/*Emmerich* RdNr. 1; *Westermann*/*Klingberg* RdNr. I 632; Koller/Roth/Morck RdNr. 1.
[3] Staub/*Ulmer* RdNr. 2; A. *Hueck* § 17 III 2 (S. 249); aA offensichtlich *Wiedemann* WM 1992, Sonderbeilage 7, 33.
[4] S. BGH Urt. v. 29. 3. 1996 – II ZR 263/94, BGHZ 132, 263, 276; OLG Karlsruhe Urt. v. 28. 2. 2003 – 4 U 8/02, DB 2003, 935.
[5] Vgl. Heymann/*Emmerich* RdNr. 1; Koller/Roth/Morck RdNr. 1; Schlegelberger/*Martens* RdNr. 1; Staub/*Ulmer* RdNr. 2.
[6] Vgl. OLG Hamburg Urt. v. 17. 5. 1963 – BB 1963, 1192; Staub/*Ulmer* RdNr. 3; *Ernst* BB 1961, 377; *Ganssmüller* DB 1968, 1699.
[7] Vgl. dazu *Weipert* § 169 RdNr. 1 ff.

II. Grundlagen des Entnahmerechts

1. Begriff der Entnahme. § 122 Abs. 1 fasst die Kapitalentnahme und die Gewinnentnahme 4 regelungstechnisch zusammen. Beide Begriffe setzen formal dasselbe Verständnis der Entnahme voraus.[8] Unter einer Entnahme ist demnach jegliche Leistung aus dem Vermögen der Gesellschaft an den Gesellschafter in dieser Eigenschaft (societas causa) oder mit deren Ermächtigung an Dritte zu verstehen, sei es, dass die Leistung unmittelbar oder mittelbar (wie zB die Belieferung mit Waren zu Vorzugspreisen) erfolgt.[9] Die in § 122 genannten Formen der Entnahme wie Erheben, Auszahlen und Vermindern sind nur als beispielhafte Aufzählung der Formen von Entnahmen zu verstehen.[10] Nicht zu den Entnahmen gehören dagegen insbesondere Leistungen der Gesellschaft an den Gesellschafter auf Grund eines Drittgeschäftes, also zu marktüblichen Konditionen;[11] vorrangig zu nennen ist insoweit die Rückzahlung von Gesellschafterdarlehen, wenn sie Marktkonditionen entsprechen.[12] Der BGH hat zudem entschieden, dass in dem Fall, in welchem die OHG an einer Kapitalgesellschaft beteiligt ist, die von der Gesellschaft einbehaltene und abgeführte Körperschaftsteuer im Gegensatz zur Kapitalertragsteuer nicht als Entnahme gilt.[13] Vor dem Hintergrund des Halbeinkünfteverfahrens bei der Körperschaftsbesteuerung[14] hat diese Rechtsprechung allerdings ihre praktische Relevanz verloren.[15]

2. Entstehung des Anspruchs. a) Allgemeines. Sowohl bei dem Kapitalentnahmerecht als 5 auch beim Gewinnentnahmerecht („Gewinnanspruch") handelt es sich um **Zahlungsansprüche der Gesellschafter.** Das Kapitalentnahmerecht weist allerdings einen signifikant eigenständigen Rechtsgehalt auf, der dieses Recht deutlich vom Gewinnanspruch abhebt.[16] Dieser Unterschied ist im Hinblick auf den Anspruch des Gesellschafters in zweifacher Hinsicht von Bedeutung: Zum einen ist das Kapitalentnahmerecht dadurch gekennzeichnet, dass es gewinnunabhängig durchsetzbar ist, während der Anspruch auf Gewinnauszahlung von der Ausweisung eines Gewinns im Jahresabschluss der Gesellschaft abhängt. Zum anderen unterliegt der Anspruch auf Gewinnauszahlung einer stärkeren Bindung durch die Treuepflicht.[17] Diese Unterschiede begründen auch, warum es sich beim Kapitalentnahmerecht und beim Gewinnentnahmerecht um zwei voneinander ganz unabhängige Ansprüche des Gesellschafters handelt.[18]

b) Enstehungsmodalitäten. Der Anspruch auf Entnahme entsteht für den Gesellschafter, und 6 zwar allgemein mit der Feststellung des Jahresabschlusses des vorangegangenen Geschäftsjahres;[19] ging dem laufenden Jahr kein Geschäftsjahr voraus, für das eine Bilanz aufgestellt und ein Kapitalanteil festgestellt wurde, so entfällt das Entnahmerecht.[20] Der Entnahmeanspruch ist dabei aber ein so genannter **verhaltener Anspruch.** Das bedeutet, der Gesellschafter kann den Zahlungsanspruch gegen die Gesellschaft erst durchsetzen, wenn er sein Entnahmerecht rechtzeitig geltend gemacht hat.[21] Im Einzelnen ist zu differenzieren: Der Anspruch auf Kapitalentnahme ist abhängig von der Höhe des im Jahresabschluss ausgewiesenen Kapitalanteils des einzelnen Gesellschafters. Der Anspruch auf Gewinnentnahme entsteht nur in Höhe des auf den einzelnen Gesellschafter entfallenden Gewinnanteils, dh., ein Anspruch auf Gewinnentnahme hat als notwendige Voraussetzung, dass in der Jahresbilanz ein Gewinn ausgewiesen ist (näheres RdNr. 30 ff.).

Der Entnahmeanspruch erlischt mit der Feststellung der nächsten Bilanz, sofern er nicht 7 bereits vorher geltend gemacht worden ist.[22] Die Geltendmachung kann daher nur während des folgenden Jahres bis zur Feststellung des Jahresabschlusses für das abgelaufene Jahr erfolgen.[23] Mit der

---

[8] So auch MünchKommHGB/*Priester* RdNr. 5.
[9] BGH Urt. v. 30. 1. 1995 – II ZR 42/94, NJW 1995 1088, 1089 f.; MünchKommHGB/*Priester* RdNr. 5; *Koller*/Roth/Morck RdNr. 2; Heymann/*Emmerich* RdNr. 4; Staub/*Ulmer* RdNr. 1; *Michalski* RdNr. 2.
[10] Vgl. Baumbach/*Hopt* RdNr. 1.
[11] Vgl. MünchKommHGB/*Priester* RdNr. 6; Baumbach/*Hopt* RdNr. 1.
[12] Vgl. *Koller*/Roth/Morck RdNr. 2.
[13] BGH Urt. v. 30. 1. 1995 – II ZR 42/94, NJW 1995 1088; dazu *Crezelius*, FS Claussen, 1997, S. 621 ff.
[14] S. Steuersenkungsgesetz v. 23. 10. 2000 BGBl. I S. 1433.
[15] MünchKommHGB/*Priester* RdNr. 6.
[16] Schlegelberger/*Martens* RdNr. 5.
[17] So zu Recht Schlegelberger/*Martens* RdNr. 5.
[18] Vgl. Staub/*Ulmer* RdNr. 3.
[19] Baumbach/*Hopt* RdNr. 4; Heymann/*Emmerich* RdNr. 5; Schlegelberger/*Martens* RdNr. 5; Röhricht/Graf v. Westphalen/*v. Gerkan* RdNr. 1; *Koller*/Roth/Morck RdNr. 2; Staub/*Ulmer* RdNr. 4.
[20] Heymann/*Emmerich* RdNr. 5.
[21] Vgl. Staub/*Ulmer* RdNr. 5; MünchKommHGB/*Priester* RdNr. 8; *Ulmer*, FS Lutter, 2000, S. 964 ff.; Heymann/*Emmerich* RdNr. 5. Zum verhaltenen Anspruch grundlegend *Langheineken*, FS Brünneck, 1912, S. 27, 32 ff.
[22] BGH LM Nr. 2 = MDR 1976, 123; BGH Urt. v. 6. 4. 1981, LM Nr. 3 = NJW 1981, 2563.
[23] Röhricht/Graf v. Westphalen/*v. Gerkan* RdNr. 2; Schlegelberger/*Martens* RdNr. 6; MünchKommHGB/*Priester* RdNr. 29; *A. Hueck* OHG § 17 III 2 (S. 250); Heymann/*Emmerich* RdNr. 5.

Feststellung des nächsten Jahresabschlusses tritt an die Stelle des vorherigen Entnahmerechts bei Vorliegen der Voraussetzung ein neues Entnahmerecht nach Maßgabe des neuen Jahresabschlusses.[24] Für die Geltendmachung des jeweiligen Anspruches bedarf es keiner tatsächlichen Auskehrung der Beträge. Voraussetzung ist nur, dass der betreffende Gesellschafter an den oder die geschäftsführenden Gesellschafter die Aufforderung richtet, an ihn die Mindestrendite und/oder den weiteren Gewinnanteil auszuzahlen.[25] Nach Geltendmachung der Ansprüche unterliegen sie der **dreijährigen Verjährung** (§§ 195, 199 BGB).[26] Wird der Entnahmeanspruch nicht rechtzeitig geltend gemacht, ist er für das entsprechende Jahr nicht mehr durchsetzbar.[27] Nach Eintritt der Verjährungsregeln ist eine Entnahme nur durch einen (erneuten) Gesellschafterbeschluss möglich. Innerhalb der Jahresfrist der Geltendmachung kann der Gesellschafter über sie grundsätzlich frei disponieren. Das bedeutet, er kann die jeweiligen Ansprüche beispielsweise in Raten geltend machen oder auch gänzlich auf sie verzichten.

8   Verzichtet der Gesellschafter auf die Geltendmachung der Ansprüche oder werden diese Ansprüche aus einem anderen Grund nicht geltend gemacht, so haben sie gleichwohl **buchungstechnische Auswirkungen**. Dabei ist danach zu differenzieren, ob das gesetzliche System der variablen Kapitalanteile vorliegt oder ob die Gesellschafter feste Kapitalanteile vereinbart haben: Im System der variablen Kapitalanteile erhöhen die betreffenden Beiträge automatisch, also ohne Zustimmung der anderen Gesellschafter, den Kapitalanteil des betreffenden Gesellschafters.[28] Bildlich wird davon gesprochen, dass der Gewinn des Vorjahres eingemauert werde.[29] Mit Rücksicht auf den Zweck des Entnahmerechts wird die Möglichkeit, den Betrag statt einer Auszahlung einem Privatkonto des Gesellschafters gutzuschreiben, für unzulässig angesehen.[30] Diese Beschränkung gilt allerdings nur für den Entnahmeanspruch nach § 122 Abs. 1 1. HS, weil für den Gewinnauszahlungsanspruch nicht dieselbe Zweckerwägung erheblich ist wie für den Entnahmeanspruch der Mindestrendite. Daher kann der Anspruch auf Auszahlung des übersteigenden Gewinnanteils auch auf dem Privatkonto verbucht werden.

9   Ist ein System fester Kapitalanteile vereinbart, kommt eine weitergehende Zuschreibung auf den Kapitalkonten wegen der nicht in Anspruch genommenen Forderungen nicht in Betracht.[31] Die nicht entnommenen Anteile werden entweder auf das Privatkonto der jeweiligen Gesellschafter gebucht oder – soweit dies im Gesellschaftsvertrag vereinbart worden ist – dem Kapitalkonto II zugeschrieben.

10 c) **Fälligkeit.** Aufgrund des Charakters der Entnahmeansprüche als verhaltene Ansprüche werden sie noch nicht mit der Feststellung des Jahresabschlusses,[32] sondern erst mit form- und fristgerechter Geltendmachung fällig.[33]

11 **3. Geltendmachung des Anspruchs. a) Anspruchsinhaber.** Inhaber des Entnahmerechts ist grundsätzlich jeder Gesellschafter. Im Einzelnen ist zu differenzieren. Das Kapitalentnahmerecht steht den Gesellschaftern nicht zu, die keinen oder nur einen negativen Kapitalanteil haben.[34] **Der Gewinnentnahmeanspruch ist vom Kapitalanteil unabhängig und steht daher jedem Gesellschafter zu.**

12 Ein Entnahmerecht steht auch den **Rechtsnachfolgern des Gesellschafters** zu, soweit sie das Verfügungsrecht über den Kapitalanteil besitzen. So wird etwa ein **Nacherbe** mit Eintritt des Nacherbfalls im Hinblick auf den Gesellschaftsanteil und Surrogate (§ 2111 BGB) mit Ausnahme der schon entstandenen entnahmefähigen Gewinne Rechtsnachfolger des Erblassers.[35] Der **Vorerbe** hat

---

[24] Heymann/*Emmerich* RdNr. 5; Staub/*Ulmer* RdNr. 10; Baumbach/*Hopt* RdNr. 4; *A. Hueck* OHG § 17 III 2 (S. 250).
[25] Vgl. Schlegelberger/*Martens* RdNr. 6.
[26] Noch zur früheren dreißigjährigen Verjährung: BGH Urt. v. 6. 4. 1981 – II ZR 186/80, BGHZ 80, 357 = NJW 1981, 2536; Heymann/*Emmerich* RdNr. 5; Schlegelberger/*Martens* RdNr. 6; Röhricht/Graf v. Westphalen/*v. Gerkan* RdNr. 2.
[27] So der Sache nach auch MünchKommHGB/*Priester* RdNr. 31, der allerdings von einem Erlöschen ausgeht. Dies beruht aber offensichtlich auf einem Missverständnis, da der Eintritt der Verjährung nicht zu einem Erlöschen der Ansprüche führt.
[28] Heymann/*Emmerich* RdNr. 8; Schlegelberger/*Martens* RdNr. 6; MünchKommHGB/*Priester* RdNr. 32; vgl. auch Röhricht/Graf v. Westphalen/*v. Gerkan* RdNr. 3.
[29] So MünchKommHGB/*Priester* RdNr. 38.
[30] Schlegelberger/*Martens* RdNr. 12; Röhricht/Graf v. Westphalen/*v. Gerkan* RdNr. 3; *A. Hueck* OHG § 17 III 2 (S. 249 f.).
[31] Schlegelberger/*Martens* RdNr. 6; Baumbach/*Hopt* RdNr. 4; Staub/*Ulmer* RdNr. 5; MünchKommHGB/*Priester* RdNr. 32.
[32] So aber HK-HGB/*Stuhlfelner* RdNr. 3.
[33] S. Heymann/*Emmerich* RdNr. 14; MünchKommHGB/*Priester* RdNr. 8.
[34] S. statt aller *Michalski* RdNr. 5; Röhricht/Graf v. Westphalen/*v. Gerkan* RdNr. 1.
[35] BGH Urt. v. 26. 4. 1982 – WM 1982, 709; BGH Urt. v. 21. 11. 1989 – IVa ZR 220/88, NJW 1990, 514, 515.

die vermögensrechtlichen Vorteile aus seiner gesellschaftsrechtlichen Stellung uneingeschränkt an den Nacherben weiterzugeben (zB Anspruch auf Auseinandersetzungsguthaben, laufende Gewinnansprüche und darüber hinausgehende, etwaige Entnahmerechte). Allerdings gebühren dem Vorerben die Gewinnanteile, soweit sie auf die Dauer der Vorerbschaft entfallen.

Auch der **Nießbraucher** hat beispielsweise ein Entnahmerecht, das sich allerdings nur auf den Gewinn gem. § 121 Abs. 1 2. HS und nicht auch auf die Entnahme gem. § 122 Abs. 1 1. HS bezieht.[36] Der Anspruch auf Gewinn betrifft insoweit auch nur den im Zeitraum des Nießbrauchs entnahmefähigen Gewinn im Sinne der §§ 120, 122.[37] **13**

b) Anspruchsgegner. Das Entnahmerecht erlaubt grundsätzlich keine eigenmächtige Entnahme des Betrages, auf den ein Anspruch besteht, aus der Gesellschaftskasse durch jeden Gesellschafter. **Da die Zahlungsansprüche ihre rechtliche Grundlage in dem Gesellschaftsverhältnis haben, richtet sich ein Entnahmeanspruch immer nur gegen die Gesellschaft.** Es handelt sich bei dem Anspruch um eine Sozialverpflichtung der Gesellschaft. Das bedeutet, dass die Zahlung auch nur aus dem Gesellschaftsvermögen verlangt werden kann; auf Grund der Sozialverpflichtung entfällt für diese Ansprüche die unbeschränkte Haftung der übrigen Gesellschafter.[38] Von dem Verbot der eigenmächtigen Entnahme sind die vertretungsberechtigten Gesellschafter ausgenommen. Sie dürfen im Rahmen ihrer Vertretungsmacht selbst die Beträge aus der Gesellschaftskasse entnehmen (§ 181 BGB). Insoweit handelt es sich allerdings nur um das Handeln in Erfüllung einer Verbindlichkeit der Gesellschaft gem. § 125.[39] **14**

Kommt die Gesellschaft ihrer Zahlungsverpflichtung nicht nach, so ist sie auf Zahlung zu verklagen.[40] Die Rechtsprechung lässt ferner die Klage eines Gesellschafters gegen diejenigen geschäftsführenden Gesellschafter zu, welche dem Zahlungsbegehren widersprochen haben.[41] Dabei geht es allerdings nicht um die Inanspruchnahme des oder der geschäftsführenden Gesellschafter auf persönliche Leistung; es geht vielmehr darum, dass Auszahlung aus dem Gesellschaftsvermögen durch den verweigernden geschäftsführenden Gesellschafter begehrt wird.[42] Bei diesem Klagebegehren handelt es sich um eine Feststellung, dass eine Entnahme zulässig ist.[43] Die Entscheidung des Gerichts, das eine Entnahme als zulässig feststellt, führt dann zu der Verpflichtung des geschäftsführenden Gesellschafters, für die Gesellschaft aus dem Gesellschaftsvermögen die Zahlung an den betreffenden Gesellschafter zu leisten. Eine wahlweise Geltendmachung der Zahlung gegen die Gesellschaft oder gegen den die Zahlung verweigernden geschäftsführenden Gesellschafter[44] ist wegen des Charakters der Verpflichtung als Sozialverpflichtung der Gesellschaft ausgeschlossen. Dieser Charakter der Verpflichtung hat auch Auswirkungen im Zeitpunkt der Liquidation (§ 155) oder nach dem Ausscheiden eines Gesellschafters (§ 131), insoweit als auch dann die Mitgesellschafter nicht in Anspruch genommen werden können, wenn die Gesellschaft mangels Vermögens ihrer Verpflichtung gegenüber dem betreffenden Gesellschafter nicht nachkommen kann. Die gegenteilige Auffassung[45] ist nicht mit dem Charakter der Zahlung als Sozialverpflichtung zu vereinbaren. Dieser ist nämlich gleichsam die Kehrseite der gem. § 707 BGB fehlenden Nachschusspflicht bzw. Verlustausgleichspflicht der Gesellschafter einer OHG bei Liquidation oder Ausscheiden aus der Gesellschaft. Daraus folgt, dass in jedem Fall nur das Vermögen der Gesellschaft für die Ansprüche aus dem Entnahmerecht haften. Der Zahlungsanspruch eines Gesellschafters gegen die Gesellschaft geht bei Liquidation der Gesellschaft oder Ausscheiden dieses Gesellschafters als unselbständiger Rechnungsposten in die Auseinandersetzungs- und Abschichtungsbilanz.[46] **15**

c) Vorschüsse. Aufgrund des Umstandes, dass Ansprüche auf Entnahme nur im Zeitraum zwischen den Feststellungen der Abschlüsse zweier aufeinander folgender Jahre geltend gemacht **16**

---

[36] Vgl. allgemeiner dazu *Petzold* DStR 1992, 1171, 1175.
[37] BGH Urt. v. 20. 4. 1972 – II ZR 143/69, BGHZ 58, 316, 320; BGH Urt. v. 12. 12. 1974 – DNotZ 1975, 735; *Koller/*Roth/Morck § 105 RdNr. 22.
[38] RG v. 7. 2. 1928 – RGZ 120, 135, 137; BGH LM § 128 Nr. 7; MünchKommHGB/*Priester* RdNr. 10; Heymann/ *Emmerich* RdNr. 7; Schlegelberger/*Martens* RdNr. 8; Staub/*Ulmer* RdNr. 6.
[39] Heymann/*Emmerich* RdNr. 7; *Koller/*Roth/Morck RdNr. 2; MünchKommHGB/*Priester* RdNr. 11; Baumbach/ Hopt RdNr. 5; Schlegelberger/*Martens* RdNr. 4; Staub/*Ulmer* RdNr. 7.
[40] Schlegelberger/*Martens* RdNr. 8; Baumbach/*Hopt* RdNr. 5; *Koller/*Roth/Morck RdNr. 2; Heymann/*Emmerich* RdNr. 7; Staub/*Ulmer* RdNr. 7.
[41] RG v. 4. 3. 1943 – RGZ 170, 392, 395; BGH Urt. v. 8. 6. 1961 – WM 1961, 1075; BGH Urt. v. 29. 6. 1970 – WM 1970, 1223, 1224.
[42] Schlegelberger/*Martens* RdNr. 8; Baumbach/*Hopt* RdNr. 5; Staub/*Ulmer* RdNr. 7.
[43] OLG Koblenz v. 20. 9. 1979, BB 1980, 855; *Koller/*Roth/Morck RdNr. 2.
[44] So offensichtlich BGH Urt. v. 29. 6. 1970, WM 1970, 1223, 1224.
[45] Vgl. BGH Urt. v. 10. 4. 1989 – II ZR 158/88, NJW-RR 1989, 866; ebenso wohl MünchKommHGB/*Priester* RdNr. 11; Staub/*Ulmer* RdNr. 7.
[46] Staub/*Ulmer* RdNr. 6; MünchKommHGB/*Priester* RdNr. 10.

werden können, gibt es grundsätzlich **keinen Anlass für besondere Ansprüche auf Vorschüsse während des Geschäftsjahres.**[47] Gleichwohl können vor der Feststellung des Jahresabschlusses für das Vorjahr Vorschüsse geleistet werden. Ein Gesellschafter kann einen solchen Vorschuss, insbesondere hinsichtlich des zukünftigen Gewinnanteils, ausnahmsweise dann verlangen, wenn die Verweigerung eines solchen Vorschusses dem Sinn und Zweck des Entnahmerechts zuwiderlaufen würde. Typischer Fall kann insoweit sein, dass der Vorschuss notwendig ist, um einen **unvorhergesehenen privaten Finanzbedarf des Gesellschafters** zu überbrücken, der aus eigenen Mitteln des Gesellschafters nicht zu decken ist.[48] Aufgrund des Ausnahmecharakters der Vorschüsse sind die Fälle, in denen ein Vorschuss an die Gesellschafter bewilligt werden darf, eng begrenzt zu halten. Dass ein Vorschuss nur nach Maßgabe des ungünstigsten möglich erscheinenden Abschlussergebnisses gewährt wird und soweit die Gesellschaft über genügend Barmittel verfügt,[49] können dabei nur zwei von mehreren, im Einzelfall heranzuziehenden Kriterien sein.

17   Stellt sich nachträglich heraus, dass die (engen) Voraussetzungen für die Zahlung eines Vorschusses nicht vorlagen oder später weggefallen sind, so hat der Gesellschafter die erhaltenen **Vorschüsse an die Gesellschaft zurückzuzahlen.** Die Voraussetzungen für die Zahlung von Vorschüssen können etwa dadurch entfallen, dass hinsichtlich des Kapitalentnahmerechts der Kapitalanteil des betreffenden Gesellschafters negativ war oder weil im Hinblick auf das Gewinnentnahmerecht tatsächlich keine Gewinne erzielt wurden.[50] Anspruchsgrundlage für die Rückzahlung eines Vorschusses ist der Gesellschaftsvertrag und nicht etwa ein Konditionsanspruch gem. § 812 BGB.[51]

18   Ist von den Gesellschaftern im Gesellschaftsvertrag abgesprochen, dass Gesellschaftern Vorschüsse selbst dann verbleiben sollen, wenn sich später herausstellt, dass ihr Kapitalanteil negativ war oder dass die Gesellschaft nicht in hinreichendem Umfang Gewinne erzielt hat oder dass gar die Gesellschaft mit Verlust gearbeitet hat, so kann im Einzelfall der Gesellschaftsvertrag in diesem Teil sittenwidrig sein,[52] mit der Folge, dass die entsprechenden Bestimmungen wirkungslos sind.

19   **d) Unberechtigte Entnahmen.** Entnahmen können nach Gesetz oder nach Gesellschaftsvertrag unberechtigt sein. Dies ist zB der Fall, wenn Gewinne falsch berechnet worden sind oder wenn eine verdeckte Gewinnausschüttung vorliegt. Gleiches gilt auch für Beträge, die durch einen gegen den Gesellschaftsvertrag verstoßenden und deshalb unwirksamen Gesellschafterbeschluss zur Verteilung als Entnahme freigegeben worden sind.[53] **Die unrechtmäßig erhaltenen Zahlungen sind der Gesellschaft zu erstatten,**[54] wobei sich ein Gesellschafter der Rückzahlungspflicht auch nicht mit der Berufung auf Gutgläubigkeit entziehen kann.[55] Soweit indes alle Gesellschafter der eigentlich unbefugten Entnahme zugestimmt haben, entfällt der Rückzahlungsanspruch.[56] Die unzulässigen Entnahmen sind bis zur Rückzahlung gem. § 111 Abs. 1 zu verzinsen. Für denjenigen Gesellschafter, der nicht erlaubte Entnahmen erhalten hat, besteht gem. § 111 Abs. 2 möglicherweise der Gesellschaft gegenüber auch eine Schadensersatzverpflichtung. Zudem können die Gesellschaft oder die Gesellschafter (per actio pro socio) von einem Mitgesellschafter die Unterlassung weiterer unberechtigter Entnahmen verlangen. In der Insolvenz der OHG gehören die Zinsen auf unberechtigt entnommene Gelder sowie der Ersatz hierdurch bedingter weiterer Schäden gem. § 111 ebenso zur Insolvenzmasse wie die unrechtmäßig erbrachten Zahlungen selbst.[57]

20   Da es sich um eine echte Forderung der Gesellschaft gegen die Gesellschafter handelt, kann die Rückzahlung an die Gesellschaft von jedem Gesellschafter mit der **actio pro socio** geltend gemacht werden.[58] Es wird in diesem Zusammenhang vertreten, dass ein Gesellschafter, der selbst unzulässigerweise Entnahmen getätigt hat, unter Umständen das Recht soll verwirken können, von Mitgesell-

---

[47] Heymann/*Emmerich* RdNr. 6; Schlegelberger/*Martens* RdNr. 9; MünchKommHGB/*Priester* RdNr. 13.
[48] Vgl. Schlegelberger/*Martens* RdNr. 9; etwas großzügiger MünchKommHGB/*Priester* RdNr. 13.
[49] So Baumbach/*Hopt* RdNr. 11; Schlegelberger/*Martens* RdNr. 9.
[50] Heymann/*Emmerich* RdNr. 6; Baumbach/*Hopt* RdNr. 9.
[51] EinhM, BGH Urt. v. 29. 5. 1967 – VII ZR 66/65, BGHZ 48, 70, 74; RG v. 14. 12. 1940 – RGZ 166, 65, 72; Baumbach/*Hopt* RdNr. 11; Heymann/*Emmerich* RdNr. 6; Schlegelberger/*Martens* RdNr. 9; MünchKommHGB/*Priester* RdNr. 13.
[52] Vgl. RG v. 14. 12. 1940 – RGZ 166, 65, 72 ff.; Heymann/*Emmerich* RdNr. 6; MünchKommHGB/*Priester* RdNr. 14.
[53] Vgl. Heymann/*Emmerich* RdNr. 9; Koller/Roth/Morck RdNr. 2; Baumbach/*Hopt* RdNr. 6; Staub/*Ulmer* RdNr. 9.
[54] BGH Urt. v. 11. 1. 1960 – II ZR 69/59, BB 1960, 188; BGH Urt. v. 23. 10. 1972 – III ZR 209/71, DB 1973, 467; *Wiedemann* WM 1992, Beilage 7, 11, 34; Koller/Roth/Morck RdNr. 2; Baumbach/*Hopt* RdNr. 6; MünchKommHGB/*Priester* RdNr. 44; Heymann/*Emmerich* RdNr. 9.
[55] Zutreffend Röhricht/Graf v. Westphalen/*v. Gerkan* RdNr. 11.
[56] Schlegelberger/*Martens* RdNr. 19.
[57] Vgl. dazu Uhlenbruck/*Hirte* § 93 InsO RdNr. 17 ff.
[58] Baumbach/*Hopt* RdNr. 6.

schaftern Rückzahlung unzulässiger Entnahmen zu fordern.[59] Dies überzeugt indes nicht, weil alleinige Voraussetzung für die Kompetenz, im Rahmen der actio pro socio für die Gesellschaft unrechtmäßig geflossene Entnahmen zurückzufordern, ist, dass er die Position eines Gesellschafters innehat. Diese verliert er erst mit dem Ausscheiden aus der Gesellschaft. Soweit das frühere Fehlverhalten nicht zu einem (zwangsweisen) Ausscheiden führt, kann er daher für die Gesamtheit der Gesellschafter (Gesellschaft) einen Anspruch gegen den Mitgesellschafter geltend machen. Die Verwirkung eines Rechts bezieht sich stets auf die Verwehrung der Inanspruchnahme *individuell* bestehender Rechtspositionen. In dem hier strittigen Fall macht er jedoch kein eigenes Recht geltend, sondern eines der Gesellschaftergesamtheit (Gesellschaft); dass ihm dies auch individuell zugutekommt, ändert daran nichts, da die positiven Effekte für ihn nur der Reflex der Geltendmachung des Anspruchs der Gesellschaftergesamtheit (Gesellschaft) ist. **In der Insolvenz kann der Anspruch nur durch den Insolvenzverwalter geltend gemacht werden.**[60]

Aufgrund des Umstandes, dass es sich bei der Rückforderung nicht erlaubter Entnahmen um eine echte Forderung der Gesellschaft gegen den unberechtigt entnehmenden Gesellschafter handelt, wird nur das Privatkonto dieses Gesellschafters belastet; sein Kapitalanteil wird davon nicht berührt.[61]

Ist der Gesellschafter, der unerlaubt entnommen hat, inzwischen aus der Gesellschaft ausgeschieden, so sind die Forderungen der Gesellschaft wegen der unberechtigten Entnahme bei der Auseinandersetzung zu berücksichtigen.[62] **Nach dem Tode des ausgeschiedenen Gesellschafters** haften dessen Erben für die Forderungen der Gesellschaft weiter.[63] Wenn der Erbe aus der Gesellschaft ausscheidet, kann der Rückzahlungsanspruch nicht mehr gesondert geltend gemacht werden; er geht dann in die Auseinandersetzungsrechnung ein. Scheidet ein Erbe ohne Abfindung aus, so findet keine Auseinandersetzung statt, so dass der Rückzahlungsanspruch direkt gegen den Erben geltend gemacht werden kann.[64]

Bei Übertragung eines Gesellschaftsanteils ist es abhängig von der jeweiligen vertraglichen Regelung, wer Schuldner der unberechtigten Entnahmen bleibt.[65]

Nach den allgemeinen Regeln trifft die **Beweislast für die Berechtigung der Entnahme** denjenigen Gesellschafter, welcher sich auf ein bestehendes Entnahmerecht beruft.[66] Uneinheitlich wird beurteilt, ob es ausreichend ist, dass sich der betreffende Gesellschafter auf einen etwaigen Gesellschafterbeschluss bezieht, mit der Folge, dass er die für die Berechtigung der Entnahme erforderlichen formellen und materiellen Voraussetzungen nicht mehr darlegen und ggf. beweisen muss. Dies wird in der Literatur zT bejaht.[67] Der BGH geht offensichtlich allerdings davon aus, dass derjenige Gesellschafter, der seine Rechte aus einem Gesellschafterbeschluss ableitet, gleichwohl noch im Einzelnen darlegen muss, dass die konkret zurückgeforderte Entnahme rechtmäßig gewesen ist.[68] Der Auffassung des BGH ist grundsätzlich zu folgen. Es geht nämlich darum, dass der Gesellschafter einen für ihn positiven Umstand behauptet und ihn deshalb nach den allgemeinen Regeln auch zu beweisen hat. Der bloße Hinweis auf einen Gesellschafterbeschluss stellt einen solchen Nachweis jedenfalls nur dann dar, wenn dieser Beschluss detailliert die formellen und materiellen Voraussetzungen für ein Entnahmerecht enthält. Ist dies nicht der Fall, so hat der Beschluss für das vom Gesellschafter behauptete Recht keine weitere Bedeutung. Es kann daher auch nicht ausreichen, dass sich der Gesellschafter schlicht auf die Existenz eines solchen Beschlusses beruft. Dies gilt ebenso für den umgekehrten Fall, dass die Gesellschaft Ansprüche auf Rückzahlung unberechtigter Entnahmen geltend macht.[69] Hat ein selbstkontrahierender geschäftsführender Gesellschafter Auszahlungen vorgenommen, trifft ihn die volle Beweislast.[70]

4. Entnahmepflicht. Eine Entnahmepflicht des Gesellschafters besteht nicht. Sie würde nämlich dazu führen, dass unter bestimmten Voraussetzungen die geschäftsführenden Gesellschafter ein Aus-

---

[59] BGH Urt. v. 23. 10. 1972, WM 1973, 100, 101; dagegen auch MünchKommHGB/*Priester* RdNr. 45.
[60] Vgl. BGHZ 25, 49; s. zudem *A. Hueck* § 26 IV; MünchKommHGB/*Priester* RdNr. 45.
[61] Heymann/*Emmerich* RdNr. 9; Baumbach/*Hopt* RdNr. 6.
[62] Heymann/*Emmerich* RdNr. 9; MünchKommHGB/*Priester* RdNr. 46.
[63] Vgl. auch BGH Urt. v. 9. 5. 1974 – II ZR 84/72, LM § 115 Nr. 3 = NJW 1974, 1555.
[64] MünchHdbGesR I/*v. Falkenhausen* § 57 RdNr. 58; Schlegelberger/*Martens* RdNr. 18.
[65] MünchHdbGesR I/*v. Falkenhausen* § 57 RdNr. 57. AA *Westermann/Klingberg* RdNr. I 635: Anspruch auf Rückzahlung richtet sich gegen den Übernehmer.
[66] BGH Urt. v. 21. 1. 1982 – II ZR 134/80, NJW 1982, 2065; BGH Urt. v. 11. 1. 1960 – II ZR 69/59, BB 1960, 188; Heymann/*Emmerich* RdNr. 9; Schlegelberger/*Martens* RdNr. 19; MünchKommHGB/*Priester* RdNr. 12.
[67] Röhricht/Graf v. Westphalen/*v. Gerkan* RdNr. 11 im Anschluss an Schlegelberger/*Martens* RdNr. 19.
[68] Vgl. BGH Urt. v. 21. 1. 1982 – II ZR 134/80, NJW 1982, 2065; differenzierend MünchKommHGB/*Priester* RdNr. 12.
[69] So auch MünchKommHGB/*Priester* RdNr. 12.
[70] S. MünchKommHGB/*Priester* RdNr. 12; Staub/*Ulmer* RdNr. 7.

zahlungsrecht bezüglich des Guthabens der Gesellschafter auf die Konten der Gesellschafter haben. Praktisch relevant könnte dies dort werden, wo sich **hohe Guthaben auf den Gesellschafterkonten** befinden und wenn zugleich im Gesellschaftsvertrag eine hohe Verzinsung dieser Beträge vorgesehen ist.[71] Dies widerspräche aber der Regelungsintention des § 122, der schon vom Wortlaut her eindeutig die Verminderung des Betrages aus der Gesellschaftskasse mit dem diesbezüglichen Willen des Gesellschafters verbindet. **Als Anlage hingegebenes Kapital darf von der Geschäftsführung daher nicht gegen den Willen des Gesellschafters an ihn wieder ausgezahlt werden.** Das gilt auch dann, wenn es keine Entnahmebeschränkung für Darlehens- oder sonstige Forderungskonten gibt,[72] denn man wird das Fehlen derartiger Beschränkungen nicht so verstehen können, dass die Gesellschafter sich damit stillschweigend einverstanden erklärt hätten, dass die geschäftsführenden Gesellschafter befugt sein sollen, ggf. Guthaben auszuzahlen, um die Gesellschaft von unangemessenen Zinsverpflichtungen zu befreien. Im Gegenteil ist das Fehlen von Entnahmebeschränkungen realistischerweise als ein unbeschränktes Entscheidungsrecht der Gesellschafter zu verstehen, dem es gerade widersprechen würde, wenn die geschäftsführenden Gesellschafter gegen den Willen der Gesellschafter Gelder auszahlen würden. **Allerdings kann ein Auszahlungsrecht des geschäftsführenden Gesellschafters im Gesellschaftsvertrag vorgesehen werden.** Unabhängig davon kann auch ad hoc ein Gesellschafterbeschluss herbeigeführt werden, der eine Begrenzung der Guthaben auf den Gesellschafterkonten bestimmt und die Grundlage dafür bildet, dass überschießende Beträge ggf. auch gegen den Willen des betreffenden Gesellschafters an ihn ausbezahlt werden. Aufgrund der Treuepflicht können Gesellschafter dazu verpflichtet sein, derartigen Beschlüssen zuzustimmen. Die Treuepflicht begründet jedoch nicht – und auch nicht im Einzelfall –, dass ein Gesellschafter gehalten ist, Entnahmen zu tätigen.[73] Dies würde gegen die Intention des § 122 verstoßen, und es gilt insoweit die allgemeine Regel, dass die gesellschaftsrechtliche Treuepflicht nicht etwas verlangen kann, was das Gesetz seinem Sinn und Zweck nach nicht will. Dies führt auch nicht zu unbilligen Ergebnissen, denn der betreffende Gesellschafter kann aus der Treuepflicht verpflichtet sein, einem von § 122 gewollten Beschluss zur Auszahlung überschießender Beträge zuzustimmen.

III. Kapitalentnahmerecht (§ 122 Abs. 1 1. HS)

25 **1. Allgemeines.** § 122 Abs. 1 1. HS gibt jedem Gesellschafter einer OHG die Möglichkeit, einen Betrag von bis zu 4% des für das letzte Geschäftsjahr festgestellten Kapitalanteils zu entnehmen. **Dieses Kapitalentnahmerecht darf nicht mit der Vordividende nach § 121 Abs. 1 verwechselt werden,** wenngleich die Nähe zu dieser Regelung erkennbar ist.[74] Die Vordividende gem. § 121 Abs. 1 setzt nämlich stets einen Gewinn voraus, während das Entnahmerecht unabhängig davon besteht, ob das letzte Geschäftsjahr der Gesellschaft Gewinn oder Verlust gebracht hat. Wesentliches Merkmal des Kapitalentnahmerechts ist daher, dass es gewinnunabhängig ist.[75] Das Entnahmerecht besteht auch grundsätzlich unabhängig von der Lage der Gesellschaft, so dass der Gesellschafter einer OHG auch in wirtschaftlich prekärer Situation der Gesellschaft zulässigerweise eine Kapitalentnahme begehren kann.[76]

26 Voraussetzung für das Kapitalentnahmerecht ist lediglich, dass für den betreffenden Gesellschafter im Jahresabschluss **für das letzte Geschäftsjahr ein positiver Kapitalanteil ausgewiesen ist.**[77] Daher haben Gesellschafter ohne Kapitalanteil und Gesellschafter, deren Kapitalanteil negativ ist, kein Kapitalentnahmerecht.[78] Ein Gesellschafter kann auch dann kein Kapitalentnahmerecht in Anspruch nehmen, wenn er einen negativen Kapitalanteil hat, er aber während des laufenden Geschäftsjahres Zahlungen leistet. Diese Zahlungen haben zwar Einfluss auf die Gewinnverteilung gem. § 121 Abs. 2 nach Ablauf des betreffenden Geschäftsjahres, nicht aber für das Entnahmerecht während des laufenden Geschäftsjahres.[79]

27 **Grundlage der Berechnung** des Kapitalentnahmerechts ist grundsätzlich der variable Kapitalanteil, soweit keine festen Kapitalanteile im Gesellschaftsvertrag vereinbart sind. Ist Letzteres der Fall,

---

[71] Vgl. MünchHdbGesR I/*v. Falkenhausen* § 57 RdNr. 89.
[72] Anders MünchHdbGesR I/*v. Falkenhausen* § 57 RdNr. 90.
[73] So aber ohne weitere Begründung MünchKommHGB/*Priester* RdNr. 16.
[74] Vgl. *Westermann/Klingberg* RdNr. I 633.
[75] Vgl. etwa BGH Urt. v. 3. 11. 1975 – II ZR 87/74, LM Nr. 2 = MDR 1976, 123.
[76] *Westermann/Klingberg* RdNr. I 633; Heymann/*Emmerich* RdNr. 12.
[77] Vgl. etwa Schlegelberger/*Martens* RdNr. 10; Heymann/*Emmerich* RdNr. 11.
[78] Vgl. ausführlich Staub/*Ulmer* RdNr. 4 und 13; des Weiteren Heymann/*Emmerich* RdNr. 11; Schlegelberger/*Martens* RdNr. 10; Baumbach/*Hopt* RdNr. 8.
[79] So Schlegelberger/*Martens* RdNr. 10.

bilden die im Gesellschaftsvertrag festgelegten Kapitalanteile die Berechnungsgrundlage.[80] **Zu- und Abschreibungen nach § 120 Abs. 2** sind dabei vorbehaltlich abweichender Vertragsbestimmungen zu berücksichtigen. Ohne Vereinbarung ist Prozentbasis der gesamte einheitliche Kapitalanteil, also einschließlich des Kapitalkontos II.[81] Der entnommene Betrag vermindert den Aktivsaldo des Gesellschafters (§ 120 Abs. 2). Das bedeutet, dass das Kapitalkonto belastet wird. Im Hinblick auf den Zweck des Entnahmerechts als Beitrag zur Unterhaltssicherung wird verbreitet vertreten, dass der Gesellschafter nur die Auszahlung eines Geldbetrages, nicht jedoch die Gutschrift auf dem Privatkonto und damit die Verfügbarkeit über das laufende Geschäftsjahr hinaus verlangen könne.[82] Dies ist indes wenig überzeugend. Der Zweck des Kapitalentnahmerechts bezieht sich nämlich darauf, den Gesellschafterunterhalt zu sichern; er bezieht sich aber weder darauf, dem Gesellschafter jeweils nur partiell für ein Jahr den Unterhalt zu sichern, noch wird durch ihn das „Wie" der Unterhaltssicherung vorgegeben. Ob der Gesellschafter Auszahlung begehren möchte, bleibt in seiner Entscheidung. Die **Jahresfrist** bezieht sich dabei ohnehin aus buchungstechnischen Gründen nur auf die Geltendmachung des Anspruchs. Die Verfügbarkeit liegt danach im Ermessen des Gesellschafters, so dass es keinen Bedenken begegnet, wenn er den von ihm zu verlangenden Betrag auf sein Privatkonto gutschreiben lässt, soweit er über dieses Privatkonto die freie Verfügungsbefugnis hat.

2. Verfügung, Abtretbarkeit, Pfändbarkeit und Aufrechnung. Da das Kapitalentnahmerecht 28 unabhängig von der Erzielung eines Gewinnes durch die Gesellschaft ist, ist dieses Recht insoweit nicht kongruent mit dem Anspruch des Gesellschafters auf seinen Gewinnanteil. Damit greift hier § 717 Satz 2 BGB als Ausnahme vom Abspaltungsverbot nicht ein.[83]

Die Abtretbarkeit und die Pfändbarkeit des Kapitalentnahmerechts ist gleichwohl strit- 29 **tig.** Von der grundsätzlichen Geltung des Abspaltungsverbots des § 717 Satz 1 BGB könnte nach dessen Satz 2 nur dann eine Ausnahme gemacht werden, wenn sich das Kapitalentnahmerecht als Anspruch auf einen Gewinnanteil gem. § 717 Satz 2 BGB qualifizieren ließe. Von der herrschenden Meinung wird dies verneint, da das Kapitalentnahmerecht selbst kein Gewinnrecht sei oder sich etwa mit dem Anspruch des Gesellschafters auf seinen Gewinnanteil decken würde. Die Anknüpfung des Kapitalentnahmerechts, unabhängig von einer Gewinnerzielung der Gesellschaft, an den Kapitalanteil und der spezifische Schutzzweck machten deutlich, dass es sich gerade um kein Gewinnrecht handele, welches nach § 717 Satz 2 BGB übertragbar wäre. Demnach könne es nicht allein abtretbar, verwendbar oder verpfändbar sein.[84] Die gegenteilige Auffassung[85] geht dagegen davon aus, dass es sich beim Kapitalentnahmerecht, ebenso wie beim Gewinnentnahmerecht, um einen Gewinnanspruch handelt. Das zur Unterscheidung beider Entnahmerechte herangezogene Argument der unterschiedlichen Funktion überzeuge nicht, weil der Alimentationsgedanke, welcher dazu führe, dass das Kapitalentnahmerecht kein Gewinnanspruch sein solle, in § 122 auf Grund des dort nicht notwendigen Nachweises eines tatsächlichen Bedürfnisses keine hinreichende Stütze fände. Darüber hinaus würde ein Verbot der Pfändung von Entnahmeansprüchen nach § 122 Abs. 1 letztlich seinen Zweck verfehlen, weil der entnommene Betrag auf dem Bankkonto des Gesellschafters ohne Einschränkungen pfändbar wäre.[86] Zudem wird bezweifelt, ob über § 105 ein Rückgriff auf § 717 Satz 2 BGB überhaupt überzeugend sei, weil das BGB-Gesellschaftsrecht kein Kapitalentnahmerecht kenne.[87]

Soweit das Kapitalentnahmerecht nicht durch eine entsprechende Gewinnausschüttung gedeckt 30 ist, ist im Grundsatz der herrschenden Meinung zuzustimmen. Tragendes Argument bleibt, dass es sich bei dem **Kapitalentnahmerecht dem Zweck nach gerade in keinem Fall um einen Gewinnanspruch handelt,** den § 717 Satz 2 BGB aber gerade voraussetzt.[88] Es geht bei dem Kapitalentnahmerecht vielmehr um die Zurverfügungstellung gebundenen Gesellschaftsvermögens.

---

[80] Vgl. Staub/*Ulmer* RdNr. 13.
[81] Baumbach/*Hopt* RdNr. 8; *Koller*/*Roth*/*Morck* RdNr. 3; vgl. auch MünchKommHGB/*Priester* RdNr. 19.
[82] Schlegelberger/*Martens* RdNr. 12; Röhricht/Graf v. Westphalen/*v. Gerkan* RdNr. 3; *A. Hueck* OHG § 17 III 2 (S. 249 f.).
[83] Heymann/*Emmerich* RdNr. 13; Röhricht/Graf v. Westphalen/*v. Gerkan* RdNr. 4; Baumbach/*Hopt* RdNr. 4; *A. Hueck* § 17 III 2 (S. 249).
[84] S. RG v. 23. 10. 1907, RGZ 67, 13, 17 f.; Baumbach/*Hopt* RdNr. 4; Heymann/*Emmerich* RdNr. 13; MünchKommHGB/*Priester* RdNr. 21; Staub/*Ulmer* RdNr. 15; (nunmehr differenzierend *Ulmer*, FS Lutter, 2000, S. 949 f.); *Koller*/*Roth*/*Morck* RdNr. 2; Soergel/*Hadding* § 717 RdNr. 10; *Michalski* RdNr. 13; vgl. auch *Wiedemann* Übertragung S. 294 ff.; Schlegelberger/*Martens* RdNr. 13.
[85] *Ganssmüller* DB 1967, 1531, 1534; *v. Godin* JR 1948 61, 63; *Muth* Bilanzfeststellung S. 202 ff.; *Muth* DB 1986, 1761, 1764; *Winnefeld* DM 1977, 897, 900; s. auch Heymann/*Emmerich* RdNr. 13; Stein/Jonas/*Brehm* § 851 ZPO RdNr. 14; *Wertenbruch*, FS Gerhardt, 2004, S. 1077, 1086 f.; tendenziell auch Baumbach/*Hopt* RdNr. 4.
[86] So *Wertenbruch*, FS Gerhardt, 2004, S. 1077, 1087.
[87] *Muth* DB 1986, 1761, 162 ff.; *Winnefeld* DM 1977, 897, 898 ff.
[88] Das dagegen angeführte Gegenargument ist insoweit wenig überzeugend, weil Vertreter dieser Auffassung im Ergebnis selbst zu einer analogen Anwendung des § 717 Satz 2 BGB kommen.

Die Gewinnunabhängigkeit der Zahlung setzt dabei eine besondere Rechtfertigung voraus, weil damit die Gefahr einseitiger Verminderung der Kapitaleinlagen des Gesellschafters verbunden ist. Diese Rechtfertigung liegt in dem Zweck, den Gesellschaftern eine angemessene Lebensführung zu ermöglichen, und zwar grundsätzlich unabhängig von der wirtschaftlichen Lage der Gesellschaft. Weitere Besonderheit des Kapitalentnahmerechts ist, dass die Entscheidung über die Ausübung dieses Entnahmerechts im freien Belieben des einzelnen Gesellschafters liegt. Dieser zentrale Bereich des Gesellschaftsverhältnisses ist vor Eingriffen außenstehender Dritter zu schützen.[89] Gerade darin liegt der zentrale Aspekt des Abspaltungsverbotes.[90] Dieser Schutz würde unterlaufen werden, wenn man eine Verfügung über das Kapitalentnahmerecht zuließe.[91] **Etwas anderes kann allerdings dann gelten, wenn die übrigen Gesellschafter nicht mehr schützenswert sind** bzw. wenn keine Rücksichtnahme auf das gesellschaftliche Vertrauensverhältnis mehr geboten ist.[92] Das ist zum einen dann der Fall, wenn der Gesellschafter seinen Zahlungsanspruch geltend gemacht hat.[93] In diesem Fall hat sich der Anspruch des Gesellschafters konkretisiert und ist als eigenständiges Vermögensrecht anzusehen, das nicht mehr das gesellschaftliche Vertrauensverhältnis zu den anderen Gesellschaftern berührt. Dies gilt, selbst wenn man die Abtretbarkeit des sich konkretisierten Entnahmeanspruchs nicht vertritt, wegen § 851 Abs. 2 ZPO jedenfalls für die Pfändung.[94] Zum anderen ist der durch § 717 Satz 1 BGB bezweckte Schutz der Gesellschafter dann nicht mehr relevant, wenn mit Zustimmung aller Gesellschafter eine Verfügung über das Kapitalentnahmerecht vorgenommen wird.[95]

31 **Unproblematisch ist, dass das Kapitalentnahmerecht auf den Zessionar bzw. auf den Pfändungsgläubiger durch Abtretung bzw. Überweisung des Gewinnanspruchs übergeht.**[96]

Vom Kapitalentnahme- und vom Gewinnentnahmeanspruch strikt zu trennen ist ein im Gesellschaftsvertrag geregeltes weiteres Entnahmerecht.[97] Dieses ist ebenfalls abtretbar, verpfändbar oder pfändbar. Dagegen ist zwar argumentiert worden, dass es sich bei einem solchen vertraglichen Entnahmerecht nicht um eine Geldleistung, sondern nur um eine Duldung der übrigen Gesellschafter handle,[98] so dass eine Abtretung, Verpfändung oder Pfändbarkeit ausgeschlossen sei. Doch übersieht eine solche Auffassung, dass die Gesellschafter grundsätzlich nicht eigenständig Beträge aus der Gesellschaftskasse entnehmen dürfen – was in der Tat einen Duldungsanspruch der übrigen Gesellschafter nach sich zöge –, sondern sie müssen ihren Anspruch gegen die Gesellschaft gegenüber dem geschäftsführenden Gesellschafter geltend machen, der dann wiederum Zahlung an den betreffenden Gesellschafter leistet. Es handelt sich damit um einen Zahlungsanspruch des betreffenden Gesellschafters, welcher seine Grundlage in der vertraglichen Vereinbarung des zusätzlichen Entnahmerechts im Gesellschaftsvertrag findet.

32 Gegen den Zessionar, den Pfand- und den Pfändungsgläubiger des jeweiligen Anspruchs gelten auch die **Schranken des Entnahmerechts** wie für den Gesellschafter selbst. Zur Einschränkung des Entnahmerechts vgl. sofort RdNr. 39 ff. Dies gilt allerdings nur bei dem Gewinnanspruch und bei vertraglich geregelten Entnahmeansprüchen. Soweit eine Ausnahme von der Verfügung über das Kapitalentnahmerecht besteht, sind die Grenzen bereits dann zu prüfen, wenn der Gesellschafter seinen Anspruch konkretisiert (s. RdNr. 39).

33 **Umstritten ist auch, ob gegen den Kapitalentnahmeanspruch eines Gesellschafters seitens der Gesellschaft aufgerechnet werden kann.**[99] Gegen eine solche Aufrechnungsbefugnis könnte sprechen, dass der mit dem Kapitalentnahmeanspruch verbundene Zweck, dem Gesellschafter eine angemessene Lebensführung zu ermöglichen, vereitelt werden könnte, wenn die Gesellschaft in der Lage wäre, den Anspruch durch Aufrechnung mit Gegenansprüchen zum Erlöschen zu bringen.[100] Dieses Argument kann jedoch nicht vollständig überzeugen. Der mit dem Kapitalentnahmerecht verfolgte Zweck wird tatsächlich durch die Aufrechnungsmöglichkeit nicht vereitelt. Dem

---

[89] S. *Wiedemann* Übertragung S. 295.
[90] Vgl. MünchKommBGB/*Ulmer* § 717 RdNr. 7.
[91] So auch Schlegelberger/*Martens* RdNr. 13; Staub/*Ulmer* RdNr. 15; MünchKommHGB/*Priester* RdNr. 23.
[92] Schlegelberger/*Martens* RdNr. 13; Röhricht/Graf v. Westphalen/*v. Gerkan* RdNr. 4; Staub/*Ulmer* RdNr. 15.
[93] Vgl. *Wiedemann* Übertragung S. 296.
[94] So auch Schlegelberger/*Martens* RdNr. 13; Röhricht/Graf v. Westphalen/*v. Gerkan* RdNr. 4; MünchKommHGB/*Priester* RdNr. 23.
[95] MünchKommBGB/*Ulmer* § 717 RdNr. 30; Staub/*Ulmer* RdNr. 15 a. E.; *Teichmann* Gestaltungsfreiheit S. 156.
[96] Vgl. nur Baumbach/*Hopt* RdNr. 4.
[97] Vgl. MünchKommBGB/*Ulmer* § 717 RdNr. 30; Baumbach/*Hopt* RdNr. 4.
[98] Soergel/*Hadding* § 717 RdNr. 10.
[99] Vgl. Röhricht/Graf v. Westphalen/*v. Gerkan* RdNr. 5; Schlegelberger/*Martens* RdNr. 7; MünchKommHGB/*Priester* RdNr. 25; Staub/*Ulmer* RdNr. 7.
[100] So Schlegelberger/*Martens* RdNr. 7.

betreffenden Gesellschafter wird damit nämlich nicht verwehrt, seinen Anspruch gegen die Gesellschaft geltend zu machen und damit prinzipiell Zahlung zur Unterstützung seines angemessenen Lebensunterhalts zu fordern. Er muss sich allerdings etwaige Verbindlichkeiten anrechnen lassen, die faktisch möglicherweise seine Mittel für den Lebensunterhalt einschränken. Dies ist jedoch gerade die typische Situation bei jeder Aufrechnungslage, und es ist hier kein Grund ersichtlich, warum eine solche Einschränkung des Unterhalts bei Forderungen der Gesellschaft nicht berechtigt sein sollte, wohingegen sie unter Beachtung der Aufrechnungsverbote hinsichtlich jeder anderen Forderung aber berechtigt wäre.[101] Das gilt insbesondere auch vor dem Hintergrund, dass die Pfändbarkeit des Kapitalentnahmeanspruches, die vom Ergebnis her auf dasselbe hinausläuft wie eine Aufrechnung, bejaht wird.[102] Das Argument der Alimentationsverpflichtung der Gesellschaft greift hier nicht. Denn zum einen kann die Verbindlichkeit des Gesellschafters gegenüber der Gesellschaft aus einer wirtschaftlichen Betrachtungsweise als Vorabzugriff auf die Zahlung zur Unterstützung des Lebensunterhalts gewertet werden. Zum anderen begegnet es grundsätzlich Bedenken, dass auf Kosten der anderen Gesellschafter ein Gesellschafter durch die Gesellschaft alimentiert wird, obwohl ihr gegenüber noch Forderungen unbeglichen sind.

3. Einschränkung des Kapitalentnahmerechts. Eine ausdrückliche Beschränkung des Kapitalentnahmerechts sieht das Gesetz nicht vor. 34

Da die in § 122 Abs. 1 2. HS vorgesehene **Einschränkung des Entnahmerechts** „soweit es nicht zum offenbaren Schaden der Gesellschaft gereicht" nicht für das gewinnunabhängige Entnahmerecht nach § 122 Abs. 1 1. HS gilt,[103] ist die Gesellschaft auf Verlangen des Gesellschafters zur Auszahlung der betreffenden Beträge prinzipiell auch dann verpflichtet, wenn sie nicht über die erforderlichen Mittel verfügt.[104] Der anfangs beschriebene Interessenkonflikt (s. oben RdNr. 1), den § 122 auflösen soll, macht allerdings deutlich, dass das **Kapitalentnahmerecht nicht grenzenlos** gewährt werden kann. Die insoweit notwendige Grenze des Kapitalentnahmerechts ergibt sich nach allgemeiner Meinung aus der Treuepflicht. Das bedeutet, ein Gesellschafter darf sein Entnahmerecht ausnahmsweise nicht oder nur teilweise ausüben, wenn ansonsten der **Gesellschaft ein schwerer und nicht wiedergutzumachender Schaden droht**.[105] Grund dafür ist, dass mit der Geltendmachung eines Entnahmerechts, das die Gesellschaft in existenzbedrohende Schwierigkeiten stoßen würde, der Gesellschafter in die Mitgliedschaftsrechte der übrigen Gesellschafter eingreifen würde, weil nämlich deren Interessen an der Gesellschaft durch die dann treuwidrige Ausübung des Entnahmerechts nicht hinreichend berücksichtigt würden. Da aber die Verwehrung des Kapitalentnahmerechts ihrerseits wieder eine Beschneidung der Rechte des Gesellschafters darstellt, ist die Einschränkung des Entnahmerechts durch die Treuepflicht dahingehend konkretisiert, dass neben der Gefahr für den Bestand der Gesellschaft es dem jeweiligen Gesellschafter angesichts seiner wirtschaftlichen Lage auch zuzumuten ist, zumindest zeitweilig auf die Ausübung seines Entnahmerechts zu verzichten.[106]

IV. Gewinnentnahmerecht (§ 122 Abs. 1 2. HS)

1. Allgemeines. § 122 Abs. 1 2. HS geht von dem **Prinzip der Vollausschüttung** aus. Jeder 35 Gesellschafter kann daher die Auszahlung eines über den Betrag der zugelassenen Entnahme hinausgehenden Gewinnanteils verlangen.[107] Das Gewinnentnahmerecht knüpft nicht an den Kapitalanteil eines Gesellschafters an und **entsteht daher nur, wenn der Jahresabschluss einen Jahresüberschuss ausweist**. Der Überschuss ist der Betrag des jeweiligen Gewinnanteils, welcher über die Summe der Entnahme nach § 122 Abs. 1 1. HS hinausgeht; Voraussetzung ist also rechnerisch immer, dass der Gewinnanteil summenmäßig mehr als 4% des letztjährigen Kapitalanteils beträgt.[108] Ein Gewinnentnahmerecht hat daher auch ein Gesellschafter mit einem negativen Kapitalanteil und – je nach Ausgestaltung – ein Gesellschafter ohne Kapitalanteil.[109] Mangels eines Entnahmerechts

---

[101] Im Ergebnis ebenso Staub/*Ulmer* RdNr. 7; MünchKommHGB/*Priester* RdNr. 25.
[102] So Röhricht/Graf v. Westphalen/*v. Gerkan* RdNr. 5.
[103] AllgM, vgl. nur Baumbach/*Hopt* RdNr. 9; MünchKommHGB/*Priester* RdNr. 39; *Michalski* RdNr. 5; Heymann/*Emmerich* RdNr. 12; Schlegelberger/*Martens* RdNr. 7.
[104] S. Heymann/*Emmerich* RdNr. 12; *Westermann/Klingberg* RdNr. I 633.
[105] Baumbach/*Hopt* RdNr. 9; Heymann/*Emmerich* RdNr. 12; MünchKommHGB/*Priester* RdNr. 39; *A. Hueck* § 17 III 2 (S. 249); *Westermann/Klingberg* RdNr. I 633; Schlegelberger/*Martens* RdNr. 7; Röhricht/Graf v. Westphalen/*v. Gerkan* RdNr. 6.
[106] Staub/*Ulmer* RdNr. 12; MünchKommHGB/*Priester* RdNr. 40.
[107] S. Röhricht/Graf v. Westphalen/*v. Gerkan* RdNr. 7; Baumbach/*Hopt* RdNr. 12; MünchKommHGB/*Priester* RdNr. 26; Schlegelberger/*Martens* RdNr. 14; Heymann/*Emmerich* RdNr. 14; *Westermann/Klingberg* RdNr. I 634.
[108] Baumbach/*Hopt* RdNr. 12; *Michalski* RdNr. 6.
[109] Baumbach/*Hopt* RdNr. 12; Schlegelberger/*Martens* RdNr. 14; Heymann/*Emmerich* RdNr. 14; MünchKommHGB/*Priester* RdNr. 26.

nach § 122 Abs. 1 1. HS ist bei Gesellschaftern ohne positiven Kapitalanteil der Überschuss gleich dem vollen Betrag des Gewinnanteils.[110]

36 2. **Verfügung, Abtretbarkeit, Aufrechnung.** Bei dem Gewinnentnahmeanspruch handelt es sich um einen **Gewinnanspruch**, so dass der Gesellschafter über ihn gemäß § 717 Satz 2 BGB verfügen kann. **Er kann damit verpfändet, gepfändet und abgetreten werden.** Die Abtretung des Gewinnentnahmeanspruchs zieht das Kapitalentnahmerecht mit sich.[111] Der in die Stellung des Gesellschafters eingetretene Dritte ist dann berechtigt, diesen Anspruch geltend zu machen und ihn durchzusetzen. Mit der Abtretungsverpfändung oder Verpfändung des Anspruches sind jedoch keine weitergehenden Gesellschafterrechte verbunden; insbesondere bleibt es dem Gesellschafter vorbehalten, an der Bilanzfeststellung mitzuwirken und auf diese Weise über den Umfang der Gewinnausschüttung zu entscheiden.[112]

37 Die **Abtretung eines zukünftigen Gewinnanspruchs** ist möglich. In diesem Fall ist der Erwerber allerdings nicht gegen gesellschaftsvertragliche Änderungen geschützt, durch die dieser Gewinnanspruch beeinträchtigt werden könnte.[113]

38 Eine **Aufrechnung mit dem Gewinnentnahmeanspruch durch die Gesellschaft** ist ebenfalls möglich. Diese kommt insbesondere dort in Betracht, wo der Gewinnentnahmeanspruch von einem Gesellschafter mit negativem Kapitalanteil geltend gemacht wird. Hier kann die Gesellschaft mit einer Gegenforderung, zB auch der noch ausstehenden Einlage, aufrechnen.[114]

39 3. **Einschränkung des Gewinnentnahmeanspruchs.** Anders als das Kapitalentnahmerecht unterliegt das Gewinnentnahmerecht einer gesetzlichen Einschränkung. **Die Gewinnentnahme ist nur zulässig, soweit es nicht zum offenbaren Schaden der Gesellschaft gereicht.** Damit soll ein Schutz gegen einen die Belange der Gesellschaft übermäßig gefährdenden Mittelabfluss durch Gesellschafterentnahmen gewährt werden.[115] Dieser Schutzgedanke beinhaltet aber gleichzeitig wiederum eine Grenze der Beschränkung, insoweit als das Gewinnentnahmerecht nur so lange beschränkt werden kann, wie die Schwierigkeiten der Gesellschaft anhalten. Die Beschränkung des Gewinnentnahmerechts ist dogmatisch dementsprechend als ein **Leistungsverweigerungsrecht** der Gesellschaft gegenüber Ansprüchen der Gesellschafter ausgestaltet. Dieses Leistungsverweigerungsrecht führt zu einer dilatorischen, bis zur Behebung der Finanzknappheit fortbestehenden Einrede und macht den Anspruch der Gesellschafter in dieser Zeit undurchsetzbar. Fällt der Grund für die Einrede fort, so kann der Gewinnentnahmeanspruch danach, dh. auch nach Ablauf des Geschäftsjahres, uneingeschränkt geltend gemacht werden.[116] In dem Umfang, in welchem die Gesellschaft dem Gesellschafter die Auszahlung seines Gewinnanteils verweigert, kann er verlangen, dass sie seinem Kapitalanteil gutgeschrieben wird.[117]

40 Reichen die verfügbaren Mittel der Gesellschaft nur aus, um die Gewinnansprüche mehrerer Gesellschafter teilweise zu erfüllen, so ist der **Gleichbehandlungsgrundsatz** zu berücksichtigen (vgl. § 105, §§ 252 ff.), so dass die Zahlungen jeweils anteilig zu kürzen sind.[118] Das Gleichbehandlungsgebot bedingt ferner, dass bzw. die geschäftsführenden Gesellschafter bereits bei dem ersten Zahlungsbegehren eines Gesellschafters im Hinblick auf sein Gewinnentnahmerecht zu prüfen haben, ob auch die nachfolgenden Gesellschafter in gleicher Weise behandelt werden können; ist dies nicht ohne weiteres abzusehen, so hat die Geschäftsführung Zahlungen gegebenenfalls unter Vorbehalt zu leisten. Das Prioritätsprinzip wird hier also vom Gleichbehandlungsgrundsatz überlagert.[119] Erfolgen in dieser Situation Zahlungen ohne Vorbehalt, dürfen sie nicht nachträglich unter Berufung auf das Leistungsverweigerungsrecht der Gesellschaft vom Empfänger zurückgefordert werden. Dasselbe gilt, wenn, ohne dass das Gleichbehandlungsgebot beachtet werden müsse, trotz des Leistungsverweigerungsrechts der Gewinnanspruch eines Gesellschafters ganz erfüllt wird. Beides ist Folge der **Natur der Beschränkung des Gewinnentnahmerechts als bloßes Leistungsverweigerungsrecht.**

---

[110] S. *Michalski* RdNr. 6.
[111] Vgl. Baumbach/*Hopt* RdNr. 12; Schlegelberger/*Martens* RdNr. 15; MünchKommHGB/*Priester* RdNr. 28; Röhricht/Graf v. Westphalen/*v. Gerkan* RdNr. 8; Heymann/*Emmerich* RdNr. 14; s. auch RdNr. 25 f.
[112] Vgl. dazu Schlegelberger/*Martens* RdNr. 15; Staub/*Ulmer* RdNr. 17; *A. Hueck* OHG § 17 IV 2 (S. 254 f.).
[113] Ausführlich dazu und zu weiteren Rechten Dritter Schlegelberger/*Martens* RdNr. 15; *A. Hueck* OHG § 17 IV 2 (S. 255).
[114] Schlegelberger/*Martens* RdNr. 11; MünchKommHGB/*Priester* RdNr. 28.
[115] Staub/*Ulmer* RdNr. 18; MünchKommHGB/*Priester* RdNr. 33.
[116] MünchKommHGB/*Priester* RdNr. 33; Staub/*Ulmer* RdNr. 18; Schlegelberger/*Martens* RdNr. 17; Röhricht/Graf v. Westphalen/*v. Gerkan* RdNr. 9; *Michalski* RdNr. 9; Heymann/*Emmerich* RdNr. 15.
[117] Vgl. nur Schlegelberger/*Martens* RdNr. 17; Westermann/*Klingberg* RdNr. I 634.
[118] Staub/*Ulmer* RdNr. 19; Schlegelberger/*Martens* RdNr. 17; Heymann/*Emmerich* RdNr. 15; Baumbach/*Hopt* RdNr. 13.
[119] Vgl. Staub/*Ulmer* RdNr. 19; Schlegelberger/*Martens* RdNr. 17; MünchKommHGB/*Priester* RdNr. 35.

Denn das Leistungsverweigerungsrecht ist nur vorübergehender Art, und die Rückforderungsvorschrift des § 813 Abs. 1 BGB fordert einen dauernden Ausschluss der Geltendmachung durch eine Einrede.[120] Eine solche Rückforderung kann grundsätzlich auch nicht aus der Treuepflicht abgeleitet werden, denn eine solche Rückzahlung würde faktisch zu einem weiteren Gesellschafterbeitrag führen, zu dem der Gesellschafter gemäß § 707 BGB nicht verpflichtet ist.[121] Daran ändert sich auch nichts dadurch, dass der Gesellschafter nur bereits Empfangenes zurückzuzahlen hätte.[122] Allerdings besteht in derartigen Fällen die Möglichkeit, dass die Gesellschaft von dem oder den geschäftsführenden Gesellschaftern Schadensersatz verlangen kann (vgl. § 114).[123]

Das Leistungsverweigerungsrecht ist an die Voraussetzung gebunden, dass durch die Entnahme ein offenbarer *Schaden* der Gesellschaft entstünde. Ein **offenbarer Schaden** liegt vor, wenn durch die Auszahlung der Verlust an liquiden Mitteln droht, die zur Fortführung des Unternehmens benötigt werden oder die für die Lebens- und Widerstandsfähigkeit der Gesellschaft erforderlich sind.[124] Das ist beispielsweise dann der Fall, wenn der Gesellschaft unentbehrliche Betriebsmittel genommen würden[125] oder wenn der für die Entnahme aufzunehmende Kredit die Gesellschaft in ihrer Substanz erschüttern würde.[126] 41

Die Formulierung in § 122 Abs. 1 1. HS „zum offenbaren Schaden der Gesellschaft" macht allerdings deutlich, dass eine **bloße Verschlechterung der Gewinnsituation** oder das Entgehen besonders guter Geschäftschancen als Folge der Entnahme nicht das Gewinnentnahmerecht beschneiden kann.[127] 42

Allgemein formuliert wird man davon ausgehen können, dass **ein Gewinnentnahmeanspruch nicht durchgesetzt werden kann, wenn die Entnahme den Bestand der Gesellschaft gefährdet, die Fortentwicklung der Gesellschaft erheblich hemmt oder diejenigen flüssigen Mittel entzieht, welcher die Gesellschaft zur Fortführung des Unternehmens in dem vertraglich vorgesehenen Umfang bedarf.** Ein offenbarer Schaden liegt allerdings dann noch nicht vor, wenn es noch Potential der Kreditaufnahmemöglichkeiten für die Gesellschaft zur Abwendung der Gefahr gibt. Beruht ein möglicher Finanzengpass auf pflichtwidrigem Geschäftsführerhandeln, so besteht das Leistungsverweigerungsrecht erst dann, wenn erfolglos bei dem oder den Geschäftsführern versucht worden ist, Regress einzufordern.[128] 43

Für die Beurteilung, ob ein *offenbarer* Schaden der Gesellschaft vorliegt, ist maßgebend, ob ein unbefangener, sachkundiger Dritter in Kenntnis der Lage der Gesellschaft zum Zeitpunkt des Auszahlungsverlangens[129] diesen ohne Weiteres hätte erkennen können.[130] 44

Mit dem Leistungsverweigerungsrecht der Gesellschaft hat der Gesetzgeber dem Thesaurierungsinteresse der Gesellschaft Vorrang vor dem Interesse des Gesellschafters auf Gewinnentnahme eingeräumt. Bei der Prüfung der Voraussetzungen für das Leistungsverweigerungsrecht ist daher grundsätzlich **kein Raum für eine Abwägung mit den Interessen der Gesellschafter** eingeräumt worden. Die persönliche Lage des Gesellschafters ist bei der Feststellung, ob eine Gewinnentnahme zum offenbaren Schaden gereicht, daher nicht zu berücksichtigen. Im Fall einer erheblichen Finanzknappheit der Gesellschaft sollen die Rechte der Gesellschafter daher auf die 4%ige Entnahmebefugnis des § 122 Abs. 1, 1. HS beschränkt sein.[131] Ein derart striktes Abstellen auf das Interesse der Gesellschaft ist vor den modernen Entwicklungen des Gesellschafts- und Bilanzrechts jedoch kaum mehr haltbar: Zum einen liegt es nach Inkrafttreten des Bilanzrichtliniengesetzes und den damit 45

---

[120] Vgl. RG v. 24. 11. 1932, RGZ 139, 17, 21; BGH Urt. v. 30. 5. 1963 – VII ZR 276/61, BGH NJW 1963, 1869 f.; MünchKommBGB/*Lieb* § 813 RdNr. 6; Staudinger/*W. Lorenz* § 813 RdNr. 6.
[121] Schlegelberger/*Martens* RdNr. 17; anders allerdings MünchHdbGesR I/*Bezzenberger*, der in Extremfällen eine Rückzahlungspflicht auf Grund der Treuepflicht für denkbar hält.
[122] So MünchKommHGB/*Priester* RdNr. 36.
[123] So Staub/*Ulmer* RdNr. 19; MünchKommHGB/*Priester* RdNr. 36; etwas anders Schlegelberger/*Martens* RdNr. 17, der einen Schadensersatzanspruch der benachteiligten Gesellschafter befürwortet.
[124] Vgl. BGH Urt. v. 29. 3. 1996 – II 263/94, BGHZ 132, 263 = NJW 1996, 1681; Staub/*Ulmer* RdNr. 20; MünchKommHGB/*Priester* RdNr. 37; Schlegelberger/*Martens* RdNr. 16; Röhricht/Graf v. Westphalen/*v. Gerkan* RdNr. 9; Michalski RdNr. 7.
[125] Vgl. *Ensthaler* RdNr. 2.
[126] Baumbach/*Hopt* RdNr. 12.
[127] *Westermann/Klingberg* RdNr. I 634; wohl auch Staub/*Ulmer* RdNr. 20 mit Fn. 25; Baumbach/*Hopt* RdNr. 13; aA *A. Hueck* OHG § 17 III 3 (S. 250); Heymann/*Emmerich* RdNr. 15.
[128] Vgl. Staub/*Ulmer* RdNr. 20; s. zudem auch MünchKommHGB/*Priester* RdNr. 38 mit dem – für die Praxis wohl zutreffenden – Hinweis, dass der Ansatz praktisch wenig bedeutsam sei.
[129] Vgl. Schlegelberger/*Martens* RdNr. 16.
[130] Röhricht/Graf v. Westphalen/*v. Gerkan* Rd Nr. 9; Schlegelberger/*Martens* RdNr. 16; MünchKommHGB/*Priester* RdNr. 37; Staub/*Ulmer* RdNr. 20; *Westermann/Klingberg* RdNr. I 634; *Schön*, FS Beisse, 1997, S. 471, 477 f.; vgl. auch RG v. 9. 2. 1935, RGZ 147, 58, 63.
[131] So Staub/*Ulmer* RdNr. 21; *Westermann/Klingberg* RdNr. I 634; MünchKommHGB/*Priester* RdNr. 38.

verbundenen Bilanzierungsvorstellungen nahe, den Maßstab für das Leistungsverweigerungsrecht nunmehr dementsprechend auch anhand einer **umfassenden Interessenabwägung** zu ermitteln.[132] Zum anderen ist gegen die häufig repetierte Vorstellung des Interessenvorranges der Gesellschaft vor dem der Gesellschafter einzuwenden, dass es ohnehin nicht möglich ist, ein eigenes Interesse der Gesellschaft zu ermitteln, ohne dabei gleichzeitig auch die Interessen der Gesellschafter zu berücksichtigen, so dass der pauschal formulierte Vorrang des Gesellschafts- vor dem Gesellschafterinteresse keine tragfähigen Aussagen ermöglicht. Das Interesse der Gesellschaft ist nämlich nichts anderes als die Summe der Interessen ihrer Gesellschafter.[133] Wenn dem aber so ist, dann ist die Frage der Interessenwahrung der Gesellschaft deckungsgleich mit der Frage, ob auf Grund der Treuebindungen der Gesellschafter untereinander möglicherweise die Interessen eines Gesellschafters besondere Berücksichtigung finden müssen, oder andersherum, ob auf Grund des gemeinsamen Interesses aller Gesellschafter das Interesse eines einzelnen Gesellschafters (nämlich auf Gewinnentnahme) zurückstehen muss. Erkennt man also, dass das Gesellschaftsinteresse nichts anderes ist als das gemeinsame Interesse aller Gesellschafter, so läuft die Beurteilung des Leistungsverweigerungsrechts bei dem Gewinnentnahmeanspruch eines Gesellschafters auf eine Abwägung der Individualinteressen des einzelnen Gesellschafters mit den Kollektivinteressen aller Gesellschafter hinaus.[134] So ist etwa denkbar, dass auf Grund einer derartigen Abwägung trotz erheblicher Finanzknappheit der Gesellschaft der akuten Notlage eines Gesellschafters soweit als möglich Rechnung getragen wird und dass ausnahmsweise unter engen Voraussetzungen zur Abwendung erheblicher Gefahren eine Abweichung vom Gleichbehandlungsgrundsatz in Betracht kommt.[135] Dies gilt jedenfalls, wenn der Gesellschafter unvorhergesehenen Belastungen in engen Zusammenhang mit der Mitgliedschaft ausgesetzt ist. Zum gleichen Ergebnis kommt auch die hM, ohne diese Ausnahme von ihrem Ansatz freilich dogmatisch klar zu begründen, wenn sie annimmt, dass trotz des Leistungsverweigerungsrechts der Gesellschaft den Gesellschaftern ein entnahmefähiger Mindestbetrag in dem Umfang verbleiben soll, in welchem sie ihn zur Deckung der auf den Anteil entfallenden und von ihnen zu tragenden laufenden Einkommensteuern benötigen, weil es sich bei diesen Steuern um Belastungen der Gesellschafter auf Grund ihrer Mitgliedschaft handelt und sie aus dem Gesellschaftsgewinn zu zahlen sind[136] (näheres zu diesem Problem s. u. RdNr. 54 ff.).

V. Verbot der Verminderung des Kapitalanteils (§ 122 Abs. 2)

46 § 122 Abs. 2 verbietet es, aus Gesellschaftsmitteln **andere Entnahmen** vorzunehmen, als durch die beiden Entnahmetatbestände des Abs. 1, 1. HS und 2. HS vorgesehen sind. Solche Entnahmen sind so lange unzulässig, wie sie ohne Einwilligung der anderen Gesellschafter vorgenommen worden sind. Dabei bezieht sich die Unzulässigkeit sowohl auf den Umfang als auch auf die Art der Entnahme (zB Waren statt Geldentnahme;[137] auch sogenannte verdeckte Entnahmen, wie zB durch das Herstellen fingierter Rechnungen).[138] Die Vorschrift des § 122 Abs. 2 bezweckt, dass das Verhältnis der Kapitalbeteiligungen in der Gesellschaft nicht einseitig veränderbar ist. Dies wäre einerseits mit der Einlagepflicht des Gesellschafters unvereinbar;[139] andererseits würde damit die Stabilität des Innenverhältnisses zwischen den Gesellschaftern geschwächt.

47 Sollte entgegen § 122 Abs. 2 und ohne Zustimmung der übrigen Gesellschafter doch unzulässigerweise Kapital entnommen worden sein, so ist dies auf dem Privatkonto des betreffenden Gesellschafters zu verbuchen.[140]

48 Soweit sich die **unzulässige Entnahme** auf Geld bezieht, ist diese gemäß § 111 ab dem Entnahmetag zu verzinsen. Daneben können auch Schadensersatzansprüche eingreifen. **In der Insolvenz der OHG** sind beide Ansprüche vom Insolvenzverwalter für die Masse geltend zu machen.[141]

---

[132] Vgl. *Schulze-Osterloh* BB 1997, 1783, 1785.
[133] Vgl. dazu allgemein *Ehricke*, Das abhängige Konzernunternehmen in der Insolvenz, 1998, S. 417 ff.
[134] Es geht freilich dabei nicht um eine Treuepflicht der Gesellschaft gegenüber den Gesellschaftern, so aber Staub/ Ulmer RdNr. 21; MünchKommHGB/*Priester* RdNr. 38; vgl. jedoch *Ulmer*, FS Lutter, 2000, S. 951.
[135] Staub/*Ulmer* RdNr. 21.
[136] Staub/*Ulmer* RdNr. 21; Schlegelberger/*Martens* RdNr. 11; Heymann/*Emmerich* RdNr. 18; MünchKommHGB/ *Priester*/*Martens* RdNr. 38; *Priester*, FS Quack, 1991, S. 373, 394; *Balz* DB 1988, 1305; *Ernst* BB 1961, 377; vgl. auch *Hopt*, FS Odersky, 1996, S. 799, 804 f. und Baumbach/*Hopt* RdNr. 17; *Großfeld* NJW 1986, 955, 958.
[137] Vgl. *Michalski* RdNr. 14; Staub/*Ulmer* RdNr. 22; Röhricht/Graf v. Westphalen/*v. Gerkan* RdNr. 10; Schlegelberger/*Martens* RdNr. 19; MünchKommHGB/*Priester* RdNr. 42; Baumbach/*Hopt* RdNr. 14.
[138] *Michalski* RdNr. 14.
[139] Heymann/*Emmerich* RdNr. 16; Schlegelberger/*Martens* RdNr. 19; MünchKommHGB/*Priester* RdNr. 42.
[140] MünchKommHGB/*Priester* RdNr. 44; Baumbach/*Hopt* RdNr. 6; Röhricht/Graf v. Westphalen/*v. Gerkan* RdNr. 10; Schlegelberger/*Martens* RdNr. 18.
[141] S. *Uhlenbruck/Hirte* § 93 InsO RdNr. 12 ff.; vgl. auch *Kübler/Pütting/Noack* Gesellschaftsrecht RdNr. 511 ff.

Die Gesellschaft kann zudem freilich jederzeit Rückzahlung des unzulässig Entnommenen verlangen. Dieser Anspruch kann als **Sozialanspruch der Gesellschaft** mit der actio pro socio von jedem Gesellschafter geltend gemacht werden;[142] in der Insolvenz allerdings nur vom Insolvenzverwalter.[143] Die Verpflichtung zur Zurückzahlung von unzulässigen Entnahmen erlischt nicht automatisch mit dem Ausscheiden des Gesellschafters aus der Gesellschaft. Sind diese Ansprüche nicht mit dem Abfindungsguthaben des Gesellschafters bei Ausscheiden verrechnet worden, können sie danach auch weiterhin geltend gemacht werden; das gilt auch gegenüber den Erben des vormaligen Gesellschafters.[144]

Die **einverständliche Minderung** einiger oder aller Kapitalanteile durch die Gesellschafter wird durch § 122 Abs. 2 nicht verwehrt. Gerechtfertigt wird dies durch die persönliche Haftung aller Gesellschafter, die eine Pflicht zur Ausstattung einer OHG mit einem bestimmten Kapitalstock als Mindesthaftkapital entbehrlich macht.[145] Die dispositive Ausgestaltung des § 122 Abs. 2 zeigt zugleich, dass dieser Vorschrift keine Gläubigerschutzfunktion zukommt. Daher kann der einverständlichen Herabsetzung der Kapitalanteile auch nicht das Argument des Gläubigerschutzes entgegengehalten werden.

VI. Gesellschaftsvertragliche Regelungen

1. Allgemeines. § 122 in der Gesamtheit seiner Regelungen ist im Gesellschaftsvertrag oder **durch Gesellschafterbeschluss abdingbar.** Damit wird einem Bedürfnis der Praxis Rechnung getragen, die einzelnen, häufig nur als unvollkommen empfundenen Regelungsvarianten in der Vorschrift des § 122 zu ändern.[146] Die abweichenden Regelungen können sowohl eine Erweiterung der Entnahmemöglichkeiten als auch eine Beschränkung enthalten. Wegen des Interesses, die Kapitalgrundlage der Gesellschaft abzusichern, sind in der Praxis Vereinbarungen häufig anzutreffen, die Einschränkungen von Entnahmerechten vorsehen.[147] In der Sache geht es stets darum, das Ausschüttungsinteresse der Gläubiger mit dem Thesaurierungsinteresse zu verbinden.[148] **Ein Verbot der Kapitalrückzahlung besteht nicht.** Der Gesellschaftsvertrag kann Gesellschafterbeschlüsse über Entnahmen aus dem Liquiditätsüberschuss der Gesellschaft zulassen.[149] Zudem kann auch eine Tätigkeitsvergütung als Gewinn im Voraus oder aus besonderem Dienstvertrag zugesagt sein.[150] Die Höhe der Entnahmen kann dabei von den Gesellschaftern (§ 119) oder einem Beirat (§ 114) bestimmt werden. Soweit die Gesellschafter als Geschäftsführer der OHG tätig sind, steht ihnen hierfür in aller Regel eine voll entnahmefähige Vergütung zu, die ihrem laufenden Finanzbedarf meist angemessen Rechnung trägt.[151] Der Gesellschaftsvertrag kann zudem vorsehen, dass die **Entnahmen der Gesellschafter nur nach ihren Bedürfnissen** erlaubt sind. In diesem Fall bestimmen aber weder der betroffene Gesellschafter noch die geschäftsführenden Gesellschafter oder die Mitgesellschafter, ob diese vorliegen. § 315 BGB gilt nicht. Stattdessen ist vom Gericht die angemessene Deckung der Bedürfnisse bei Rücksicht auf das Gesellschaftsinteresse vom Gericht zu ermitteln.[152]

Zur Bildung von Eigenkapital der Gesellschaft wird in der Praxis häufig eine **Mindestrendite** gewährt und ein darüber hinaus gehendes Gewinnentnahmerecht eingeschränkt. Dies geschieht zB dadurch, dass die Zulässigkeit von Entnahmen nur im Umfang eines bestimmten Rahmens vorgesehen ist und darüber hinausgehende Entnahmen eines gesonderten Gesellschafterbeschlusses bedürfen.[153] Es ist zudem möglich, dass im Gesellschaftsvertrag geregelt wird, dass der Gewinnanspruch kein verhaltener Anspruch sein soll und Vorentnahmen zuvor angefallener Verluste möglicherweise auszugleichen sind.[154] Eine solche vertragliche Regelung soll einen Ausgleich zwischen dem Interesse der Gesellschaftergesamtheit an einer ausreichenden Kapitaldecke der Gesellschaft (Selbstfinanzierungsinteresse der Gesellschaft) und den Interessen des einzelnen Gesellschafters schaffen.[155] Auf der

---

[142] Vgl. nur Schlegelberger/*Martens* RdNr. 18; *Michalski* RdNr. 14; s. auch BGH Urt. v. 6. 7. 1967, WM 1967, 1099, 1101.
[143] InsHdb/*Haas* § 94 RdNr. 54; vgl. aber auch KG NZG 2000, 273 f.
[144] BGH Urt. v. 9. 5. 1974 – II ZR 84/72, LM § 115 Nr. 3 = NJW 1974, 1555.
[145] So *Michalski* RdNr. 14; Staub/*Ulmer* RdNr. 22.
[146] Staub/*Ulmer* RdNr. 23; Schlegelberger/*Martens* RdNr. 20; MünchKommHGB/*Priester* RdNr. 49; Baumbach/Hopt RdNr. 15; *Balz* DB 1988, 1305.
[147] Röhricht/Graf v. Westphalen/*v. Gerkan* RdNr. 13.
[148] MünchKommHGB/*Priester* RdNr. 50.
[149] BGH Urt. v. 21. 1. 1982 – II ZR 134/80, NJW 1982, 2065, 2066.
[150] Baumbach/*Hopt* RdNr. 15.
[151] Staub/*Ulmer* RdNr. 24.
[152] Baumbach/*Hopt* RdNr. 16; anders aber HK-HGB/*Stuhlfelner* RdNr. 9.
[153] Vgl. *Ensthaler* RdNr. 7.
[154] Staub/*Ulmer* RdNr. 25.
[155] Vgl. *Barz*, FS Knur, 1972, S. 25, 26 f.; *Westermann/Klingberg* RdNr. I 636 ff.; Staub/*Ulmer* RdNr. 25.

einen Seite stehen die Ausschüttungsinteressen der Gesellschafter und die Interessen insbesondere der Minderheitsgesellschafter vor dem „Aushungern der Gesellschafter".[156] Eine Vereinbarung im Gesellschaftsvertrag über die Thesaurierungspolitik für die Gesellschaft, welche die Ausschüttungsinteressen der Gesellschafter gegenüber den Bedürfnissen der Selbstfinanzierung und der Zukunftssicherung unverhältnismäßig vernachlässigt, ist treuwidrig und daher unwirksam.[157] Dem Interesse an der Selbstfinanzierung der Gesellschaft auf der anderen Seite entspräche eine Regelung, die eine Verzinsung der Einlagen auf denjenigen Konten vorsieht, welche keinen Einfluss auf den Gewinnverteilungsschlüssel haben. Damit könnte ein Anreiz für ein Stehenlassen von Gewinnen zur Finanzierung der Gesellschaft geschaffen werden.[158] Zu beachten ist dabei allerdings, dass bei der gesetzlichen Regelung die Geschäftsführer kein Auszahlungsrecht haben, wenn zB die Zinslast zu groß würde.[159]

52   Im Gesellschaftsvertrag kann ferner vorgesehen werden, dass **die jährliche Entnahmeregelung durch einen Mehrheitsbeschluss der freien Disposition der Gesellschafter unterstellt wird.** Der Bundesgerichtshof nimmt die Zulässigkeit derartiger Mehrheitsbeschlüsse über die jährlichen Entnahmen an.[160] Die Kontrolle derartiger Mehrheitsbeschlüsse soll dann im Hinblick auf die Notwendigkeit der Rücklagenbildung bzw. Selbstfinanzierung und bezüglich der Verletzung der Treuepflicht gegenüber der Minderheit erfolgen.[161] Ist ein solcher Gesellschafterbeschluss im Gesellschaftsvertrag vorgesehen, kann er grundsätzlich mit einfacher, ansonsten mit der vereinbarten Mehrheit gefasst werden.[162] Die Befugnis zur Entnahme der Gewinnanteile der Gesellschafter gehört allerdings als notwendiger Teil des Gewinnbeteiligungsrechts zum Kernbereich der Mitgliedschaftsrechte, so dass vertreten wird, dass eine vertragliche Mehrheitsklausel, welche die jährliche Entnahmeregelung zur freien Disposition der Gesellschafter stellt, mit der Qualifikation des Entnahmerechts nicht vereinbar sei.[163] Eine solche Auffassung würde allerdings dem Bedürfnis der Gesellschafter entgegenstehen, individuell die Höhe des jeweiligen Entnahmeprozentsatzes vom Selbstfinanzierungsbedarf der Gesellschaft abhängig zu machen, ohne aber auf die wenig trennscharfen Kriterien des § 122 Abs. 1, 2. HS zurückgreifen zu müssen. Diesem Bedürfnis kann aber am besten durch die Zulässigkeit einer vertraglichen Abweichung Rechnung getragen werden. Der durch die Einstimmigkeit geforderte Schutz der Minderheitsgesellschafter ist der Sache nach ebenso durch die Beachtung der Treuepflicht bei der Ausübung des Wahlrechts zu gewährleisten.[164] Es bedarf daher keiner Einschränkung der Disponibilität des § 122 im Hinblick auf die Regelung der Entnahme von Gewinnanteilen. Zudem darf nicht übersehen werden, dass die jährliche Beschlussfassung zur Gewinnverwendung den Vorteil hat, damit in flexibler Weise auf die aktuelle Wirtschaftssituation der Gesellschaft Rücksicht nehmen zu können.

53   **Die Entziehung bereits entstandener Ansprüche auf gewinnunabhängige Leistungen** ist dagegen grundsätzlich von der Zustimmung des betroffenen Gesellschafters abhängig.[165] Allerdings ist auch insoweit die Erteilung der erforderlichen Zustimmung der Treuepflicht unterworfen. Das bedeutet, dass die Entscheidung des Gesellschafters über die Erteilung der Zustimmung von der Treuepflicht eingeschränkt ist, so dass im Extremfall ein Gesellschafter zB zur Zustimmung der Rückforderung der an ihn geleisteten Zahlung verpflichtet ist, wenn dies etwa dafür erforderlich ist, die Gesellschaft lebensfähig zu erhalten.

54   **2. Insbesondere das Steuerentnahmerecht.** Im Gesellschaftsvertrag einer OHG sollte eine vertragliche Regelung enthalten sein, nach der Gesellschaftern zumindest das Recht eingeräumt wird, die Beträge zu entnehmen, die zur Bezahlung der auf sie persönlich entfallenden laufenden Steuern, welche aus der Beteiligung an der OHG resultieren (vgl. § 15 EStG), erforderlich sind.[166] Eine solche Regelung sollte insbesondere berücksichtigen, dass Gesellschafter unterschiedliche Steuersätze zu zahlen haben und sie in der Regel verpflichtet sind, auf Grund § 37 EStG die vierteljähr-

---

[156] BGH Urt. v. 29. 3. 1996 – II ZR 263/94, BGHZ 132, 263 = NJW 1996, 1681; *Binz/Sorg* DB 1996, 972; Staub/*Ulmer* RdNr. 25.
[157] BGH Urt. v. 29. 3. 1996 – II ZR 263/94, BGHZ 132, 263 = NJW 1996, 1678, 1681.
[158] S. Staub/*Ulmer* RdNr. 35.
[159] MünchHdbGesR I/*v. Falkenhausen* § 57 RdNr. 89.
[160] BGH Urt. v. 29. 3. 1996 – II ZR 263/94, BGHZ 132, 263, 275 f. = NJW 1996, 1678; s. aber BGH Urt. v. 10. 5. 1976, BB 1976 – II ZR 180/74, 948, 949 mit Anmerkung von *Ulmer*.
[161] Vgl. ebenso Schlegelberger/*Martens* RdNr. 21; Baumbach/*Hopt* RdNr. 16; MünchHdbGesR I/*v. Falkenhausen* § 57 RdNr. 82 f.; s. zudem auch *Schön*, FS Beisse, 1997, S. 471, 482 ff.
[162] Vgl. BGH Urt. v. 21. 1. 1982 – II ZR 134/80, NJW 1982, 2065.
[163] Staub/*Ulmer* RdNr. 36.
[164] Vgl. MünchKommHGB/*Priester* RdNr. 56.
[165] Röhricht/Graf v. Westphalen/*v. Gerkan* RdNr. 17; MünchKommHGB/*Priester* RdNr. 57.
[166] Vgl. *Westermann/Klingberg* RdNr. I 638; Staub/*Ulmer* RdNr. 31; *Koller*/Roth/Morck RdNr. 4. Zum Steuerentnahmerecht s. auch *Balz* DB 1988, 1305.

lich während des laufenden Geschäftsjahrs fällig werdende Steuervorauszahlung auf den voraussichtlichen Jahresgewinn zu leisten.[167] Hintergrund dessen ist die Entscheidung des BGH, nach der ein allgemeines Steuerentnahmerecht dann nicht existiert, wenn im Gesellschaftsvertrag diesbezüglich keine Regelungen getroffen worden sind.[168]

Mit diesem Urteil hat der BGH für die Praxis eine neue Situation geschaffen, denn bislang ist davon ausgegangen worden, dass die Gesellschafter die auf sie persönlich entfallenden laufenden Steuern für den anteiligen OHG-Gewinn aus der Gesellschaftskasse sollten entnehmen können.[169] Als **Grund für ein solches Entnahmerecht** sind verschiedene Ansätze in der Literatur zu finden. Zum einen wird darauf hingewiesen, dass sich ein solches Entnahmerecht aus der treuepflichtbedingten Auslegung von Gesetz oder Gesellschaftsvertrag ergebe. Demnach müsse ein Gesellschafter die Möglichkeit haben, zumindest den Betrag aus dem Gesellschaftsvermögen entnehmen zu können, der notwendig sei, um die von ihm im Voraus auf die Gesellschaft zu zahlenden Steuern begleichen zu können. Ausnahmen könnten nur dann gemacht werden, wenn eine ganz außergewöhnliche, nur mittels einer Entnahmesperre zu überwindende Notlage der Gesellschaft vorläge.[170] Anderer Auffassung nach hat ein Gesellschafter unabhängig vom konkreten Gesellschaftsvertrag und dem Verständnis der gesellschaftsrechtlichen Treuepflicht einen Anspruch auf Zahlung aus der Gesellschaftskasse zur Tilgung der einkommensteuerlichen Belastungen, die auf nicht entnahmefähigen Gewinnanteilen oder der Zurechnung steuerlicher Mehrgewinne beruhen, auf Grund des § 110, denn der steuerpflichtige Gewinn werde im Gesellschaftsvermögen und nicht in seinem Eigenvermögen erzielt.[171] Die Entscheidung des Bundesgerichtshofs ist entsprechend auch auf Ablehnung gestoßen.[172] Die Kritik entzündet sich im Wesentlichen an der Feststellung des BGH, dass zwar die Notwendigkeit, Gewinne zu versteuern, eine Verpflichtung der Gesellschafter begründen, entsprechende Entnahmen zuzulassen, ein solches Steuerentnahmerecht ganz allgemein *ohne gesellschaftsvertragliche Regelung* aber nicht zulässig sei. Die Begründung fußt zusammengefasst zum einen darauf, dass das **Gesetz kein spezielles Steuerentnahmerecht neben dem Anspruch aus § 122 kenne,**[173] zum anderen sieht der BGH das Steuerentnahmerecht lediglich als einen Ausschnitt des allgemeinen Gewinnentnahmerechts an, das nicht schrankenlos gewährleistet ist, so dass im Zweifel ohne gesellschaftsvertragliche Vorgaben vom Richter zu klären ist, ob das Gesellschafterinteresse an einer Entnahme auf die Steuern im Hinblick auf die individuellen Umstände dem Gesamtinteresse aller Gesellschafter an einem Einbehalt dieses Betrages im Vermögen der Gesellschaft überwiegt. Dem steht nicht entgegen, dass § 122 Abs. 1 grundsätzlich den Gesamtgewinn, das bedeutet den Gewinn unter Einschluss der zur Deckung der Steuerlast bestimmten Teile, für entnahmefähig erklärt und ein Vorbehalt nur im Hinblick auf die Gefahr eines der Gesellschaft durch die Gesamtausschüttung drohenden „offenbaren Schadens" macht,[174] denn die Ermittlung dieses Schadens setzt ja gerade eine derartige Abwägung der jeweiligen Interessen voraus (vgl. oben RdNr. 37). Die Ansicht des BGH ist zudem konsequent, wenn man die im gleichen Urteil gefällte Entscheidung hinsichtlich der Differenzierung nach Lage der darstellenden Bilanzierungsentscheidungen und gewinnverwendenden Bilanzierungsentscheidungen beachtet.[175] Wie oben bereits aufgeführt (s. § 120 RdNr. 67 f.) sind **gewinnverwendende Bilanzierungsentscheidungen aus der alleinigen Kompetenz der geschäftsführenden Gesellschafter genommen.** Damit haben die Gesellschafter bereits schon auf dieser Stufe (Feststellung) ein Mitspracherecht, welches ihnen erlaubt, auf die Höhe der zu zahlenden Steuern Einfluss zu nehmen. Der BGH räumt dem nicht geschäftsführenden Gesellschafter folglich ein gewisses Mitwirkungsrecht an ergebnisverwendenden Bilanzierungsentscheidungen ein, weil das für die Entnahmerechte von besonderer Bedeutung ist.[176] Jeder Gesellschafter kann damit sein Veto einlegen, wenn der auf ihn entfallende

---

[167] *Westermann/Klingberg* RdNr. I 638; Vgl. Staub/*Ulmer* RdNr. 32; Schlegelberger/*Martens* RdNr. 9; *Barz*, FS Knur, 1972, S. 25, 28 f.
[168] BGH Urt. v. 29. 3. 1996 – II ZR 263/94, BGHZ 132, 263 = NJW 1996, 1678, 1682.
[169] Staub/*Ulmer* RdNr. 30; Schlegelberger/*Martens* RdNr. 11; Heymann/*Emmerich* RdNr. 18; *Gansmüller*, Das Steuerentnahmerecht der Gesellschafter der OHG und KG, 1962, 38 ff.; *Großfeld* NJW 1986, 955, 958; *Priester*, FS Quack, 1991, S. 373, 394.
[170] So Staub/*Ulmer* RdNr. 30.
[171] *Schön*, FS Beisse, 1997, S. 471, 484, 487.
[172] ZB Staub/*Ulmer* RdNr. 31; *Ulmer*, FS Lutter, 2000, S. 951 ff.; *Koller/Roth/Morck* RdNr. 4; *Schön*, FS Beisse, 1997, S. 471, 473, 487 f.; *Binz/Sorg* DB 1996, 969, 971 f.
[173] BGH Urt. v. 29. 3. 1996 – II ZR 263/94, BGHZ 132, 263, 277 = NJW 1996, 1678; vgl. auch *Hopt*, FS Odersky, 1996, S. 804.
[174] So ausdrücklich Staub/*Ulmer* RdNr. 31; ähnlich *Binz/Sorg* DB 1996, 969, 971 f.
[175] So auch *Hoch* DStR 1998, 134, 139.
[176] Vgl. *K. Schmidt* JuS 1996, 752, 753 in seiner Anmerkung zu BGH Urt. v. 29. 3. 1996 – II ZR 263/94, BGHZ 132, 263 = NJW 1996, 1678.

handelsrechtliche Gewinnanteil nicht wenigstens die entsprechende Steuerschuld deckt. Mit dieser Möglichkeit, auf der vorhergehenden Stufe Einfluss zu nehmen, entfällt die Notwendigkeit, den Gesellschaftern später ein generelles Entnahmerecht zuzugestehen. Soweit die Besorgnis besteht, dass die Gesellschafter mit dieser Regelung nicht ausreichend vor Mehrheitsentscheidungen geschützt sind,[177] greift hier die vom BGH ausdrücklich offen gelassene Möglichkeit ein, dass der betreffende Gesellschafter sich darauf beruft, dass ihm wegen der Treuepflicht in dem konkreten Fall ein Entnahmerecht von den anderen Gesellschaftern eingeräumt werden muss. Unter der Voraussetzung, dass man die vom BGH angenommene Unterscheidung in lagedarstellende und gewinnverwendende Entscheidungen mitträgt,[178] ist die neue Rechtsprechung des BGH grundsätzlich zustimmungswürdig. Teilt man die grundsätzliche Entscheidung des BGH indes nicht, so ist die Ablehnung eines generellen Entnahmerechts hinsichtlich der aus der Beteiligung an der OHG resultierenden persönlichen Steuern des Gesellschafters gleichwohl zustimmungswürdig, weil zutreffender Leseart des Urteils nach das Steuerentnahmerecht – wie jedes andere Gewinnentnahmerecht auch – nunmehr lediglich ausdrücklich einer Interessenabwägung unterworfen wird. **Anspruchsgrundlage für ein Entnahmerecht ist dann die unter Berücksichtigung der Treuepflicht vorzunehmende Auslegung des § 122 Abs. 1, 2. HS bzw. des Gesellschaftsvertrages.**[179] Die Entnahme aus dem Gesellschaftsvermögen ist aber insoweit auf die für den Gewinn zu zahlenden Steuern begrenzt.[180]

56   Nicht zu überzeugen vermag dagegen der Ansatz, das **Entnahmerecht unabhängig von der Treuepflicht oder von gesellschaftsvertraglichen Regelungen auf § 110 zu stützen**.[181] Der dort geregelte Ersatzanspruch bezieht sich nämlich nur auf Aufwendungen, deren kennzeichnendes Merkmal die Freiwilligkeit ist (vgl. § 110 RdNr. 9 ff.). Bei Steuerzahlungen dürfte schon die Freiwilligkeit auf Grund der Verpflichtung zu ihrer Entrichtung jedoch nicht zu bejahen sein. Ferner ist unter „Aufwendungen" im Sinne des § 110 eine willentliche Tätigkeit zu verstehen, die nicht in unmittelbarem eigenen Interesse erforderlich ist.[182] Zwar steht dem Aufwendungsersatz nicht entgegen, dass der Gesellschafter zugleich auch eine eigene Pflicht erfüllt, doch ist die Zahlung der Steuern ausschließlich die Angelegenheit des Gesellschafters. Dem wird man auch nicht entgegenhalten können, dass die Steuerzahlung durch den Gesellschafter nur ein steuertechnischer Trick sei,[183] denn Steuerschuldner ist das Gesellschaftsmitglied und nicht die Gesellschaft als solche.[184] Dieses Argument wird auch dadurch unterstrichen, dass es selbst bei Körperschaften auf die Gesellschafter als letztliche Steuerschuldner ankommt, wie im Anrechnungsverfahren im Körperschaftsteuerrecht und bei Auflösung der Gesellschaft zu sehen ist.

57   **Erbschafts- und Schenkungssteuern** gehören in der Regel in den privaten Bereich der Gesellschafter, so dass sie sich nicht der Gesellschaftssphäre zuordnen lassen. Daher kommt allgemeiner Meinung nach[185] kein Entnahmerecht hinsichtlich dieser Steuerschulden aus dem Gesellschaftsvermögen für die betreffenden Gesellschafter in Betracht. Allerdings kann im Gesellschaftsvertrag die Möglichkeit vorgesehen werden, für entsprechende Steuerschulden eine Entnahme vorzusehen. Dies erscheint deshalb sinnvoll, weil außerordentliche Steuerbelastungen der Gesellschafter-Nachfolger mit möglichen Vollstreckungsfolgen in den Anteil (vgl. § 135) sich auch für die Gesellschaft und die Mitgesellschafter als nachteilig erweisen können.[186]

58   Gesellschaftsvertragliche Regelungen über das Steuerentnahmerecht der Gesellschafter sind grundsätzlich möglich (vgl. RdNr. 54). In der Praxis finden sich daher nicht selten vertragliche Regelungen über ein Entnahmerecht auf der Basis des Spitzensteuersatzes im Hinblick auf die Einkommensteuer, den Solidaritätszuschlag und ggf. die Kirchensteuer.[187] Entnahmerechte im Hinblick auf die Erbschaftssteuer sind wegen des gesellschaftsfernen Gehalts schwerer zu vereinbaren.[188]

---

[177] So offenbar *Binz/Sorg* DB 1996, 969, 972.
[178] Dies wird hier kritisch gesehen, vgl. § 120 RdNr. 68.
[179] So *Hopt*, FS Odersky, 1996, S. 799, 804; Staub/*Ulmer* RdNr. 30.
[180] Vgl. Baumbach/*Hopt* RdNr. 9.
[181] *Schön* StuW 1988, 253, 258 f.; *ders.*, FS Beisse, 1997, S. 471, 487 f.; *ders.*, s. Hachenburg – Gedächtnisvorlesung, 2003, S. 17; MünchKommHGB/*Priester* RdNr. 61; wie hier Baumbach/*Hopt* RdNr. 17; Staub/*Ulmer* RdNr. 21.
[182] Vgl. nur BGH Urt. v. 30. 5. 1960 – II ZR 113/58, NJW 1960, 1568.
[183] So *Schön*, FS Beisse, 1997, S. 471, 478.
[184] Offenbar anders allerdings BGH Urt. v. 30. 1. 1995 – II ZR 42/94, NJW 1995, 1088, 1089.
[185] Vgl. nur Staub/*Ulmer* RdNr. 34; MünchKommHGB/*Priester* RdNr. 62; s. zudem BGH Urt. v. 26. 3. 1990 – II ZR 123/89, ZIP 1990, 1327, 1328; *Barz*, FS Knur, 1972, S. 33.
[186] So Staub/*Ulmer* RdNr. 35; vgl. auch *Lüdtke-Handjery* DB 1975, 433, 434 f.
[187] S. MünchKommHGB/*Priester* RdNr. 64.
[188] MünchKommHGB/*Priester* RdNr. 65; *Barz*, FS Knur, 1972, S. 25, 33.

Dritter Titel. Rechtsverhältnis der Gesellschafter zu Dritten

§ 123 [Wirksamkeit im Verhältnis zu Dritten]

(1) Die Wirksamkeit der offenen Handelsgesellschaft tritt im Verhältnisse zu Dritten mit dem Zeitpunkt ein, in welchem die Gesellschaft in das Handelsregister eingetragen wird.

(2) Beginnt die Gesellschaft ihre Geschäfte schon vor der Eintragung, so tritt die Wirksamkeit mit dem Zeitpunkte des Geschäftsbeginns ein, soweit nicht aus § 2 oder § 105 Abs. 2 sich ein anderes ergibt.

(3) Eine Vereinbarung, daß die Gesellschaft erst mit einem späteren Zeitpunkt ihren Anfang nehmen soll, ist Dritten gegenüber unwirksam.

Schrifttum: *Beyerle*, Gesetzliche Umwandlung einer OHG oder KG in eine Gesellschaft bürgerlichen Rechts, NJW 1972, 229; *ders.*, Der unbeschränkt haftende Kommanditist, 1976; *K. Schmidt*, Zur Stellung der OHG im System der Handelsgesellschaften, 1972; *Uwe H. Schneider*, Die Rückdatierung von Rechtsgeschäften, AcP 175 (1975), 279.

Übersicht

	RdNr.		RdNr.
I. Normzweck	1, 2	1. Grundsatz	14
II. Entstehungsgeschichte	3	2. Kaufmännischer Geschäftsbetrieb	15
III. Entstehung der OHG	4–10	3. Beginn der Geschäfte	16–18
1. Abschluss des Gesellschaftsvertrages	4	a) Begriff	16
2. Entstehen als Rechtsträger	5, 6	b) Einzelfälle	17
3. Formwechsel	7	c) Maßgeblicher Zeitpunkt	18
4. Verlust der Kaufmannseigenschaft	8, 9	4. Handeln im Namen der Gesellschaft	19
5. Rechtsscheintatbestände	10	5. Zustimmung aller Gesellschafter	20
IV. Wirksamwerden mit Eintragung	11–13	6. Beweislastfragen	21
V. Wirksamwerden mit Geschäftsbeginn	14–21	VI. Unwirksamkeit abweichender Vereinbarungen (Abs. 3)	22

I. Normzweck

Die für die OHG und – über die Verweisung in § 161 Abs. 2 – für die KG gleichermaßen **1** geltende, nach ihrem Abs. 3 zwingende Vorschrift des § 123 regelt die Frage, ab welchem Zeitpunkt die Gesellschaft im Verhältnis zu Dritten entsteht. Sie betrifft ebenso wie die weiteren Vorschriften des dritten Titels das **Außenverhältnis der Gesellschaft**, also das Verhältnis der Gesellschaft und der Gesellschafter zu Dritten. Diese werden mit der Entstehung der Handelsgesellschaft nach außen geschützt, weil nunmehr die Vertretungsregeln der §§ 125 ff. eingreifen und die persönliche Haftung der Gesellschafter aus § 128 einsetzt. Bestimmungen für das in den §§ 109 ff. normierte Innenverhältnis der Gesellschaft, also die Beziehungen der Gesellschafter untereinander und zur Gesellschaft, trifft § 123 nicht.

Voraussetzung für die **Wirksamkeit der OHG** nach außen ist die Erlangung der Kaufmanns- **2** eigenschaft. Abhängig ist dies entweder von der Eintragung im Handelsregister (Abs. 1) oder, sofern ein Handelsgewerbe vorliegt, das nach Art oder Umfang einen in kaufmännischer Weise eingerichteten Geschäftsbetrieb erfordert (§ 1), von der Aufnahme der Geschäfte (Abs. 2).

II. Entstehungsgeschichte

§ 123 ist durch das **Handelsrechtsreformgesetz** vom 22. 6. 1998 (BGBl. I S. 1474) insofern **3** geändert worden, als in Abs. 2 nach der Angabe „§ 2" die Wörter „oder § 105 Abs. 2" eingefügt worden sind. Das ist zum einen eine Folge der **Neudefinition des Kaufmannsbegriffs,** der nunmehr alle Gewerbetreibenden ohne Rücksicht auf die Branche umfasst, zum anderen Konsequenz des Bestrebens des Handelsrechtsreformgesetzes, auch Kleingewerbetreibenden ohne einen in kaufmännischer Weise eingerichteten Gewerbebetrieb (§ 1 Abs. 2) und Vermögensverwaltungsgesellschaften (§ 105 Abs. 2) den Zugang zur Rechtsform der Personenhandelsgesellschaft zu ermöglichen. Zur Rechtslage vor dem Inkrafttreten des Handelsrechtsreformgesetzes vgl. die Vorauflage (§ 123 RdNr. 4–6).

III. Entstehung der OHG

1. Abschluss des Gesellschaftsvertrages. Der Abschluss und das Wirksamwerden des Gesellschaftsvertrages als Voraussetzung für das Entstehen der OHG richten sich nach allgemeinen Grundsätzen. Geregelt ist dies in den §§ 105 ff. (vgl. § 105 RdNr. 39 ff.), nicht aber in § 123. Der Gesellschaftsvertrag wird, sofern die Beteiligten nichts anderes vereinbaren, sofort wirksam. Wegen des zwingenden Charakters von Abs. 3 kann das **Wirksamwerden** nicht über den Zeitpunkt des Geschäftsbeginns oder der Eintragung hinausgeschoben werden; entsprechende Vereinbarungen sind Dritten gegenüber unwirksam und haben allenfalls für das Innenverhältnis Bedeutung. Ähnliches gilt für eine Vereinbarung der Gesellschafter, dass die Gesellschaft mit Rückwirkung auf einen vor Abschluss des Gesellschaftsvertrages liegenden Zeitpunkt entstanden sein soll; eine solche Vereinbarung hat nur schuldrechtliche Wirkung im Verhältnis der Gesellschafter untereinander.[1]

2. Entstehen als Rechtsträger. Die Gesellschaft entsteht mit dem Wirksamwerden des Gesellschaftsvertrages als Rechtsträger. Richtet sich der Gesellschaftszweck auf den Betrieb eines vollkaufmännisch eingerichteten Handelsgewerbes im Sinne des § 1, so ist die mit Abschluss des Gesellschaftsvertrages entstandene Personengesellschaft OHG oder KG, ohne dass es auf das Wirksamwerden nach außen gemäß § 123 Abs. 1 und 2 ankommt.[2] Auf sie sind ohne weiteres die Vorschriften der §§ 109 ff., 125 ff. über die Geschäftsführung und die Vertretung anzuwenden.

Ist der Gesellschaftszweck auf den Betrieb eines Kleingewerbes, eines Unternehmens der Forst- oder Landwirtschaft oder der Verwaltung eigenen Vermögens gerichtet (Kannkaufmann nach §§ 2, 3, 105 Abs. 2), so entsteht die Gesellschaft zunächst als **Gesellschaft bürgerlichen Rechts**. Bereits auf diese Gesellschaft bürgerlichen Rechts können aber die Bestimmungen des OHG-Rechts, insbesondere die über die Geschäftsführung und Vertretung, anzuwenden sein, und zwar insbesondere dann, wenn der Gesellschaftsvertrag als der einer OHG oder KG konzipiert ist.[3] Zur Handelsgesellschaft wird diese Gesellschaft durch die in einem solchen Fall konstitutiv wirkende Eintragung in das Handelsregister.

3. Formwechsel. Ist die Gesellschaft als Gesellschaft bürgerlichen Rechts entstanden, so bewirkt die Eintragung in das Handelsregister lediglich einen Formwechsel von einer Gesellschaft bürgerlichen Rechts in eine OHG oder KG.[4] Die Umwandlung berührt die Identität der Gesellschaft als Rechtsträger nicht; der **Rechtsträger** ist vor wie nach der Eintragung derselbe. Das Gesellschaftsvermögen bleibt erhalten, ein Vermögensübergang findet nicht statt. So kann schon vor der – konstitutiv wirkenden – Eintragung in das Handelsregister namens der entstehenden OHG oder KG eine Auflassung erklärt werden.[5] Ebenso können die Mitglieder der Gesellschaft mit dem Zusatz „OHG bzw. KG in Gründung" als Vormerkungsberechtigte im Grundbuch eingetragen werden.[6]

4. Verlust der Kaufmannseigenschaft. Der Verlust der Kaufmannseigenschaft durch die Aufgabe des Handelsgewerbes oder dessen Reduzierung auf kleingewerbliche Tätigkeit hat automatisch einen **Formwechsel** von der OHG zu einer Gesellschaft bürgerlichen Rechts zur Folge.[7] In das Handelsregister eingetragene Gesellschaften behalten jedoch nach § 5 die Kaufmannseigenschaft und den Charakter als Handelsgesellschaft, solange sie überhaupt ein Gewerbe betreiben und nicht im Handelsregister gelöscht worden sind. Bei **eingetragenen Gesellschaften** führt mithin nur die vollständige Betriebsaufgabe zum Verlust der Kaufmannseigenschaft, und zwar unabhängig davon, ob sie ein vollkaufmännisches Handelsgewerbe nach § 1 betrieben haben oder ein Kleingewerbe, Forst- oder Landwirtschaft betrieben bzw. eigenes Vermögen verwaltet haben. Im Hinblick auf die in § 105 Abs. 2 getroffene Neuregelung für Vermögensverwaltungsgesellschaften ist auch der Übergang von der werbenden Gesellschaft zur Verwaltung des Vermögens durch Verpachtung des gesamten Geschäftsbetriebes, der regelmäßig die Aufgabe des Handelsgewerbes beinhaltet, unbeachtlich und führt nicht zum Verlust der Kaufmannseigenschaft.[8] Der Einwand, das Gewerbe sei kein Handelsgewerbe,

---

[1] BGH Urt. v. 24. 5. 1976 – II ZR 207/74, WM 1976, 972, 974.
[2] BGH Urt. v. 21. 10. 1991 – II ZR 204/90, BGHZ 116, 7, 10 = NJW 1992, 241, 242.
[3] BGH Urt. v. 19. 5. 1960 – II ZR 72/59, BGHZ 32, 307, 314 ff. = NJW 1960, 1664, 1665; Urt. v. 29. 11. 1971 – II ZR 181/68, WM 1972, 21, 22; MünchKommHGB/*K. Schmidt* RdNr. 13, 15, 17; Staub/*Habersack* RdNr. 3, 4.
[4] BGH Urt. v. 19. 5. 1960 (Fn. 3); Urt. v. 21. 10. 1991 (Fn. 2), MünchKommHGB/*K. Schmidt* RdNr. 13; Staub/*Habersack* RdNr. 5; Röhricht/Graf von Westphalen/*von Gerkan* RdNr. 4.
[5] BayObLG Beschl. v. 19. 8. 1983 – BReg. 2 Z 66/83, NJW 1984, 497, 498.
[6] BayObLG Beschl. v. 24. 5. 1985 – BReg. 2 Z 61/84, WM 1985, 1398, 1399.
[7] BGH (Fn. 2); BGH Urt. v. 21. 10. 1991 – II ZR 204/90, BGHZ 116, 7, 10 = NJW 1992, 241, 242; MünchKommHGB/*K. Schmidt* RdNr. 5.
[8] *K. Schmidt* NJW 1998, 2161, 2164.

weil es nach Art und Umfang keine kaufmännischen Betriebseinrichtungen benötige, ist unter den Voraussetzungen von § 5 unerheblich.

Etwas anderes gilt nach § 156 in der **Liquidation** der Gesellschaft. Hier bleibt sie bis zur Vollbeendigung Handelsgesellschaft, auch wenn sie das zuvor von ihr betriebene Gewerbe nach Auflösung eingestellt hat.

5. Rechtsscheintatbestände. § 123 setzt für das Wirksamwerden der Gesellschaft nach außen den Abschluss eines Gesellschaftsvertrages voraus. Die Fälle, in denen ohne Handelsregistereintragung lediglich der Rechtsschein einer Handelsgesellschaft besteht, werden deshalb von der Vorschrift nicht erfasst (vgl. § 105 RdNr. 211 ff.).[9] Hingegen ist sie auf die auf einem unwirksamen Gesellschaftsvertrag beruhende fehlerhafte Gesellschaft (§ 105 RdNr. 177 ff.) anzuwenden. Diese ist bis zur Geltendmachung des Fehlers Handelsgesellschaft, wenn sie insbesondere durch Beginn der Geschäfte in Vollzug gesetzt worden ist (vgl. § 105 RdNr. 181 ff.). Die unberechtigterweise in das Handelsregister eingetragene Gesellschaft bürgerlichen Rechts (§ 5) ist ebenfalls Handelsgesellschaft.

IV. Wirksamwerden mit Eintragung

Die OHG wird spätestens mit der **Eintragung in das Handelsregister** nach außen wirksam. Bei Unternehmen, deren Geschäftsbetrieb nach § 1 in kaufmännischer Weise eingerichtet ist, hat die Eintragung lediglich **deklaratorische** Bedeutung; der Erwerb der Kaufmannseigenschaft wird durch sie nur verlautbart. Hingegen wirkt die Eintragung bei Kleingewerbetreibenden, Land- oder Forstwirten und Vermögensverwaltungsgesellschaften, die berechtigt, aber nicht verpflichtet sind, sich eintragen zu lassen, **rechtsbegründend;** anders als Kaufleute können sie die Rechtsform der OHG nicht durch den Beginn der Geschäfte erwerben.

Maßgeblich ist nach allgemeiner Meinung[10] der Zeitpunkt der **Eintragung,** nicht aber derjenige der Anmeldung oder der Bekanntmachung.

Die Eintragung ist zur Entstehung einer OHG oder KG dann nicht notwendig, wenn diese einen schon für einen Einzelkaufmann oder eine Personenhandelsgesellschaft eingetragenen Betrieb **übernimmt oder fortführt.**[11] Die Änderung betrifft hier nur den Inhaber des Unternehmens, nicht aber die schon bestehende Kaufmannseigenschaft. Anders kann dies allerdings bei der Übernahme des Betriebes eines Formkaufmanns (§ 6) sein. Dessen Eintragung beruht allein auf seiner Rechtsform; darüber, ob er ein Handelsgewerbe betreibt, besagt die Eintragung nichts. Wenn also der Formkaufmann kein kaufmännisch eingerichtetes Handelsgewerbe nach § 1 betrieben hat, lässt erst die dann konstitutiv wirkende Eintragung in das Handelsregister die OHG oder KG entstehen.[12]

V. Wirksamwerden mit Geschäftsbeginn

1. Grundsatz. Gemäß Abs. 2 entsteht die Gesellschaft nach außen schon vor ihrer Eintragung in das Handelsregister, sobald sie ihre **Geschäfte beginnt.** Voraussetzung dafür ist der Betrieb eines Handelsgewerbes, das einen in kaufmännischer Weise eingerichteten Geschäftsbetrieb erfordert (§ 1). Bei Kleingewerbetreibenden (§ 1 Abs. 2), land- oder forstwirtschaftlichen Unternehmen (§ 3) und Vermögensverwaltungsgesellschaften (§ 105 Abs. 2), die die Kaufmannseigenschaft nur durch Eintragung erlangen können, besitzt der Geschäftsbeginn insoweit keine rechtliche Bedeutung.

2. Kaufmännischer Geschäftsbetrieb. Ein schon in kaufmännischer Weise eingerichteter Geschäftsbetrieb ist für die Annahme, dass die Gesellschaft ihre Geschäftstätigkeit aufgenommen habe, nicht erforderlich. Es genügt, dass das Gewerbe von Anfang an auf einen vollkaufmännischen Betrieb **angelegt ist** und die alsbaldige Entfaltung zu einem Großbetrieb bevorsteht.[13] Das ist anhand objektiver Maßstäbe wie etwa den prognostizierten Umsätzen, dem Finanzierungsbedarf und den Anschaffungskosten des Betriebsgrundstücks zu beurteilen; die Willensrichtung oder die Meinung der Gesellschafter sind nicht maßgeblich. Entscheidend ist vielmehr, dass genügend zuverlässige Anhaltspunkte dafür gegeben sind, dass sich das Unternehmen nach einer Anlaufzeit zu einem kaufmännisch eingerichteten Gewerbebetrieb mit entsprechender Ausgestaltung und Einrich-

---

[9] MünchKommHGB/*K. Schmidt* RdNr. 19 ff.; Staub/*Habersack* RdNr. 7; Röhricht/Graf von Westphalen/*von Gerkan* RdNr. 7.
[10] MünchKommHGB/*K. Schmidt* RdNr. 6; Staub/*Habersack* RdNr. 11.
[11] BGH Urt. v. 13. 7. 1972 – II ZR 111/70, BGHZ 59, 179, 183 = NJW 1972, 1660, 1661.
[12] BGH (Fn. 11); MünchKommHGB/*K. Schmidt* RdNr. 7.
[13] BGH Urt. v. 17. 6. 1953 – II ZR 205/52, BGHZ 10, 91, 96 = NJW 1953, 1217, 1218; BGH Urt. v. 19. 5. 1960 – II ZR 72/59, BGHZ 32, 307, 311 = NJW 1960, 1664, 1665; BGH Urt. v. 26. 4. 2004 – II ZR 120/02, NZG 2004, 663.

tung entwickeln wird.[14] Die bloße Möglichkeit einer derartigen Entwicklung genügt hingegen nicht.

16 **3. Beginn der Geschäfte. a) Begriff.** Der Begriff des Beginns der Geschäfte ist nach herrschender Meinung[15] weit auszulegen. Er bedeutet die Aufnahme der Tätigkeit der Gesellschaft zur Verwirklichung des Gesellschaftszwecks. Es müssen zum **Unternehmenszweck** gehörige Rechtsgeschäfte im Namen der Gesellschaft getätigt werden. Das dem Gesellschaftszweck dienende Unternehmen muss noch nicht in vollem Umfang in Betrieb gesetzt worden sein, um einen Geschäftsbeginns annehmen zu können; vielmehr macht schon die Erste dem Gesellschaftszweck dienende, einem Dritten gegenüber vorgenommene Rechtshandlung, auch wenn sie nur eine Vorbereitungshandlung ist, die Gesellschaft zur Handelsgesellschaft.[16]

17 **b) Einzelfälle.** Als Vorbereitungshandlung, mit der die Gesellschaft nach außen hin wirksam wird, genügt etwa die gleichzeitige Übertragung aller Gesellschaftsanteile an einer Personenhandelsgesellschaft auf eine Gesellschaft bürgerlichen Rechts, weil diese dadurch selbst zur Inhaberin des Geschäftsbetriebs der übertragenden Gesellschaft und damit zur Handelsgesellschaft wird.[17] Es geht in diesem Fall ebenso wie bei der Zahlung der im Gesellschaftsvertrag vorgeschriebenen Geldeinlagen[18] auch nicht nur um ein innergesellschaftliches Rechtsgeschäft. Die Annahme des Beginns der Geschäfte rechtfertigende **Vorbereitungshandlungen** sind weiterhin der Ausbau und das Einrichten von Fabrikräumen, die Anmietung neuer Räume, die Verlegung der Fabrikation in die neuen Räume, das Tätigen der dafür notwendigen Aufwendungen,[19] die Anschaffung von Maschinen und Waren, die Einstellung von Personal,[20] die Annahme von Wechseln, die dem Ausgleich des Kaufpreises für die Ladeneinrichtung des Geschäftslokals dienen,[21] die Absicherung eines der Geschäftstätigkeit dienenden Kredits,[22] das Auftreten gegenüber einer Behörde,[23] schließlich Verhandlungen über den Kauf und die Finanzierung des Betriebsgrundstücks sowie die Vorbereitung der notariellen Beurkundung und der Abschluss des Kaufvertrages.[24] Der dem Unternehmenszweck entsprechende Abschluss eines Kaufvertrages mit einem Kunden bedeutet ebenfalls den Beginn der Geschäfte,[25] desgleichen die Teilnahme an einer Messe.[26] Rechtsgeschäftliches Handeln ist nicht erforderlich; Rechtshandlungen gegenüber Dritten wie die Versendung von Preislisten und Proben können genügen.[27]

18 **c) Maßgeblicher Zeitpunkt.** Es ist stets der wirkliche Geschäftsbeginn nach Abs. 2 maßgeblich, nicht ein nach § 106 Abs. 2 Nr. 3 in das Handelsregister eingetragener Zeitpunkt[28] oder der im Gesellschaftsvertrag angegebene.[29] Das folgt aus dem nach Abs. 3 zwingenden Charakter der Vorschrift; eine Dispositionsbefugnis steht den Gesellschaftern insoweit nicht zu.

19 **4. Handeln im Namen der Gesellschaft.** Die Annahme des Geschäftsbeginns setzt ein Handeln im Namen der Gesellschaft voraus, wobei es ausreicht, dass das Auftreten für die Gesellschaft erkennbar ist oder aus den Begleitumständen hervorgeht.[30] Fehlt es daran, so muss nach § 164 Abs. 2 BGB auch bei für Rechnung der Gesellschaft vorgenommenen Rechtsgeschäften von einem Eigengeschäft des Gesellschafters ausgegangen werden, das nicht zur Entstehung der OHG nach außen zu führen vermag.

20 **5. Zustimmung aller Gesellschafter.** Der Beginn der Geschäfte muss nach herrschender Meinung dem ausdrücklichen oder konkludenten Willen aller Gesellschafter entsprechen, um die Gesellschaft nach außen entstehen zu lassen.[31] Das vertragswidrige, nicht von dem Willen der

---

[14] BGH (Fn. 13); OLG Stuttgart Urt. v. 27. 2. 2002 – 9 U 205/01, NZG 2002, 910, 912.
[15] Vgl. BFH Urt. v. 10. 12. 1964 – V 201/62, DB 1965, 242.
[16] BGH Urt. v. 19. 2. 1990 – II ZR 42/89, NJW-RR 1990, 798, 799; BGH Urt. v. 26. 4. 2004 (Fn. 13); OLG Stuttgart (Fn. 14).
[17] BGH (Fn. 16).
[18] RG Urt. v. 2. 8. 1943 – II 70/43, DR 1943, 1221.
[19] RG Urt. v. 28. 4. 1941 – II 102/40, DR 1941, 1943, 1944.
[20] KG Beschl. v. 27. 7. 1939 – 1 WX 597/39, DR 1939, 1795.
[21] BGH Urt. v. 4. 6. 1984 – II ZR 57/83, NJW 1985, 1957 f.
[22] OLG Schleswig Urt. v. 29. 6. 1990 – 14 U 127/88, DStR 1991, 1430, 1431.
[23] BFH (Fn. 15).
[24] BGH Urt. v. 26. 4. 2004 (Fn. 13); KG (Fn. 20).
[25] BGH Urt. v. 11. 12. 1978 – II ZR 235/77, BGHZ 73, 217, 219 f. = NJW 1979, 1361.
[26] BGH Urt. v. 26. 4. 2004 (Fn. 13).
[27] BGH Urt. v. 16. 10. 1886 – I 261/86 Bolze Bd. 3 Nr. 795, S. 239, 240.
[28] RG Urt. v. 11. 11. 1927 – II 127/27, RGZ 119, 64, 67 f.
[29] MünchKommHGB/*K. Schmidt* RdNr. 9; Staub/*Habersack* RdNr. 18.
[30] RG (Fn. 28) S. 66 f.
[31] ROHG Urt. v. 13. 2. 1874 – 147/74, ROHGE 12, 406, 409 ff.; Staub/*Habersack* RdNr. 20; Baumbach/*Hopt* RdNr. 12; Heymann/*Emmerich* RdNr. 13a; aA MünchKommHGB/*K. Schmidt* RdNr. 10; für die Rechtsscheinhaftung vgl. BGH Urt. v. 25. 6. 1973 – II ZR 133/70, BGHZ 61, 59, 64 f. = NJW 1973, 1691, 1693.

Mitgesellschafter, getragene Handeln eines einzelnen Gesellschafters genügt für den Geschäftsbeginn nicht. Die Beweislast für die Zustimmung aller Gesellschafter liegt bei demjenigen, der sich auf den Geschäftsbeginn und damit die Entstehung der OHG beruft.[32]

6. Beweislastfragen. Die Entstehung der OHG nach außen infolge des Beginns der Geschäfte hängt maßgeblich davon ab, ob der Gewerbebetrieb im Sinne von § 1 kaufmännisch eingerichtet ist. Das Gesetz nennt keine festen Kriterien für die Abgrenzung eines in kaufmännischer Weise eingerichteten Geschäftsbetriebs von einem kleingewerblichen Betrieb. Aufgrund der Formulierung in § 1 Abs. 2 („es sei denn, ...") und angesichts der lediglich deklaratorischen Wirkung der Handelsregistereintragung in den Fällen des § 1 Abs. 1 spricht jedoch eine Vermutung dafür, dass ein Gewerbetreibender auch Kaufmannseigenschaft besitzt. Im Rechtsstreit ist es deshalb Sache des Gewerbetreibenden, darzulegen und zu beweisen, dass er nur ein Kleingewerbe betreibt.[33] Das ist ihm auch deshalb zuzumuten, weil er anders als ein mit ihm in geschäftlichen Kontakt tretender Dritter die dafür maßgeblichen Tatsachen kennt. Die Abgrenzung im Einzelfall ist anhand von Art und Umfang der Geschäftstätigkeit und auf Grund des Gesamtbilds des Betriebs vorzunehmen. Kriterien sind etwa die Vielfalt der Erzeugnisse und Leistungen, die Teilnahme am Wechsel- und Frachtverkehr, das Umsatzvolumen, das Anlage- und Betriebskapital, die Zahl und Funktion der Mitarbeiter sowie Größe und Organisation der Betriebsstätten.[34]

VI. Unwirksamkeit abweichender Vereinbarungen (Abs. 3)

Die Vorschriften der Abs. 1 und 2 sind zwingender Natur. Vereinbarungen des Inhalts, dass die Gesellschaft erst zu einem späteren Zeitpunkt als dem der Eintragung oder des Geschäftsbeginns ihren Anfang nehmen soll, sind Dritten gegenüber unwirksam; das gilt ebenso für den umgekehrten Fall, dass sie vor Eintragung oder Geschäftsbeginn entstehen soll.[35] Derartige Vereinbarungen können einem Dritten selbst dann nicht entgegengehalten werden, wenn er sie kennt;[36] sie haben jedoch für das Innenverhältnis der Gesellschafter Bedeutung.

§ 124 [Rechtliche Selbständigkeit; Zwangsvollstreckung in Gesellschaftsvermögen]

(1) Die offene Handelsgesellschaft kann unter ihrer Firma Rechte erwerben und Verbindlichkeiten eingehen, Eigentum und andere dingliche Rechte an Grundstücken erwerben, vor Gericht klagen und verklagt werden.

(2) Zur Zwangsvollstreckung in das Gesellschaftsvermögen ist ein gegen die Gesellschaft gerichteter vollstreckbarer Schuldtitel erforderlich.

Übersicht

	RdNr.		RdNr.
I. Normzweck	1	2. Zivilprozess	16–28
II. OHG und materielles Recht	2–13	a) Parteifähigkeit	16
1. Gesellschaftsvermögen	2	b) Prozessfähigkeit	17
2. Teilnahme am Rechtsverkehr	3–13	c) Klageerhebung	18–21
a) Vertragliche Schuldverhältnisse	3, 4	aa) Parteibezeichnung	18
b) Gesetzliche Schuldverhältnisse	5, 6	bb) Gerichtsstand	19
c) Besitz	7	cc) Zustellung	20
d) Dingliche Rechte	8	dd) Kammer für Handelssachen	21
e) Erbrecht	9	d) Prozesskostenhilfe	22
f) Beteiligungen, Ämter und Funktionen	10	e) Vernehmung der Gesellschafter	23
g) Strafrecht	11	f) Kosten	24
h) Öffentliches Recht	12	g) Auflösung der Gesellschaft	25
i) Steuerrecht	13	h) Vollbeendigung der Gesellschaft	26–28
III. OHG und Verfahrensrecht	14–30	3. Zwangsvollstreckung	29
1. Gesellschafts- und Gesellschafterprozess	14, 15	4. Insolvenz	30

---

[32] Staub/*Habersack* RdNr. 20, Baumbach/*Hopt* RdNr. 12.
[33] Vgl. die Begründung des Regierungsentwurfs zu § 1 Abs. 2 HGB-E, BT-Drucks. 13/8444 S. 48; kritisch *Lieb* NJW 1999, 35 f.
[34] Dazu im Einzelnen *Kögel* DB 1998, 1169 ff.
[35] MünchKommHGB/*K. Schmidt* RdNr. 12; Staub/*Habersack* RdNr. 21.
[36] OLG Schleswig (Fn. 22).

Schrifttum: *R. Fischer,* Die Personenhandelsgesellschaft im Prozeß, FS Hedemann, 1958, S. 75; *Flume,* Gesellschaft und Gesamthand, ZHR 136 (1972), 177; *U. Huber,* Die Parteifähigkeit der Personalgesellschaft und ihr Wegfall während des Prozesses, ZZP 82 (1969), 224; *ders.,* Vermögensanteil, Kapitalanteil und Gesellschaftsanteil an Personengesellschaften 1970; *Hüffer,* Die Gesamthandsgesellschaft in Prozeß, Zwangsvollstreckung und Konkurs, FS Stimpel, 1985, S. 165; *Noack,* Die Kommanditgesellschaft (KG) im Prozeß und in der Vollstreckung, DB 1973, 1157; *K. Schmidt,* Unterbrechung und Fortsetzung von Prozessen im Konkurs einer Handelsgesellschaft – Fragen und Thesen zu §§ 240 ZPO, 10 ff. KO (96 ff. InsO), KTS 1994, 309; *Schulze-Osterloh,* Das Prinzip der gesamthänderischen Bindung, 1972; *Wiedemann,* Die Personengesellschaft – Vertrag oder Organisation, ZGR 1996, 286; *Zöllner,* Rechtssubjektivität von Personengesellschaften, FS Gernhuber, 1993, S. 563.

I. Normzweck

1 Die OHG, obwohl **Gesamthandsgesellschaft,** nicht aber **rechtsfähige juristische Person** wie AG und GmbH (§ 1 Abs. 1 AktG, 13 Abs. 1 GmbHG), kann nach dem Wortlaut von § 124 Abs. 1 unter ihrer Firma Rechte erwerben und Verbindlichkeiten eingehen. Die immer noch offene Frage, ob die Gesellschafter persönlich Träger der zu dem Gesellschaftsvermögen gehörenden Rechte und Pflichten sind, das Gesellschaftsvermögen also ein Sondervermögen der Gesellschafter mit der Fähigkeit zur selbständigen Rechtsträgerschaft ist,[1] oder ob die Gesellschaft ein eigenständiger, von ihren Gesellschaftern zu unterscheidender Träger von Rechten und Pflichten ist,[2] besitzt angesichts der gesetzlichen Regelung nur theoretische Bedeutung. Jedenfalls in den praktischen Auswirkungen ist die Personenhandelsgesellschaft weitgehend gegenüber ihren Gesellschaftern verselbständigt und der juristischen Person angenähert. Sie nimmt am Rechtsverkehr teil, besitzt Kaufmannseigenschaft, führt eine Firma und ist aktiv und passiv parteifähig. Nach Abs. 2 bedarf es für die Zwangsvollstreckung in das Gesellschaftsvermögens eines Titels gegen die Gesellschaft; diese kann Schuldnerin eines Insolvenzverfahrens sein (§ 11 Abs. 2 Nr. 1 InsO).

II. OHG und materielles Recht

2 **1. Gesellschaftsvermögen.** Das von dem Vermögen ihrer Gesellschafter streng zu trennende Gesamthandsvermögen der Gesellschaft besteht, wie aus den gemäß § 105 Abs. 3 entsprechend anzuwendenden §§ 718 bis 720 BGB folgt, aus den von den Gesellschaftern erbrachten Beiträgen und den auf Grund von Rechtsgeschäften im Namen der Gesellschaft, durch dingliche Surrogation oder auf Grund sonstiger meist gesetzlicher Tatbestände erworbenen Gegenständen und Rechten. Nicht dazu gehören nur zur Nutzung überlassene, im Eigentum der Gesellschafter stehende Sachen. Die Gesellschafter sind an diesem Vermögen nur **gesamthänderisch** über ihre Mitgliedschaft beteiligt; ihnen steht nicht etwa ein ihrer Beteiligungsquote entsprechender Bruchteil am Gesellschaftsvermögen oder dessen einzelnen Gegenständen zu. Nur die Gesellschaft kann, vertreten durch ihre organschaftlichen oder bevollmächtigten Vertreter, darüber verfügen.[3] Hingegen können die Gesellschafter über ihren Gesellschaftsanteil verfügen; dieser ist grundsätzlich übertragbar und vererblich.

3 **2. Teilnahme am Rechtsverkehr. a) Vertragliche Schuldverhältnisse.** Die Gesellschaft kann, wobei sie sich durch ihre vertretungsberechtigten Gesellschafter oder sonstige Bevollmächtigte vertreten lassen muss, Partei vertraglicher Schuldverhältnisse werden und aus diesen berechtigt und verpflichtet sein. Die Wirkungen eines für die Gesellschaft begründeten Schuldverhältnisses können aber auch die Gesellschafter treffen. Die Begründung dafür ist umstritten. Die Rechtsprechung[4] geht davon aus, dass die Gesellschafter in ihrer **gesamthänderischen Verbundenheit** Träger der im Namen der Gesellschaft begründeten Rechte und Pflichten sind und dass ein Vertragsverhältnis auch zwischen dem Vertragspartner der Gesellschaft und den Gesellschaftern zustande kommt. Die Gesellschafter können danach unter Umständen vertragliche Schadensersatzansprüche wegen fehlerhafter Beratung gegen einen Steuerberater erheben, den die OHG mit der Erledigung gesellschaftseigener steuerlicher Angelegenheiten beauftragt hat;[5] sie sind Versicherungsnehmer eines mit der OHG abgeschlossenen Versicherungsvertrages über Rechtsschutz mit der Folge, dass der Versicherer das Prozessrisiko des auf Grund von § 128 für eine Gesellschaftsschuld in Anspruch genommenen Gesellschafters zu übernehmen hat.[6] Nach anderer

---

[1] BGH Urt. v. 16. 2. 1961 – III ZR 71/60, BGHZ 34, 293, 296 ff. = NJW 1991, 1022 f.; Urt. v. 24. 1. 1990 – IV ZR 270/88, BGHZ 110, 127, 128 f. = NJW 1990, 1181; Urt. v. 7. 10. 1987 – IV a ZR 67/86, NJW 1988, 556; RGZ 43, 104, 105 f.; 118, 295, 298; Baumbach/*Hopt* RdNr. 1 f.
[2] MünchKommHGB/*K. Schmidt* RdNr. 1; Staub/*Habersack* RdNr. 3, Heymann/*Emmerich* RdNr. 3 f.; jeweils mwN.
[3] Staub/*Habersack* RdNr. 6 ff.; Baumbach/*Hopt* RdNr. 16 f.
[4] BGH Urt. v. 24. 1. 1990 (Fn. 1); Urt. v. 7. 10. 1987 (Fn. 1).
[5] BGH Urt. v. 7. 10. 1987 (Fn. 1).
[6] BGH Urt. v. 24. 1. 1990 (Fn. 1); vgl. weiter KG Urt. v. 18. 5. 2001 – 6 U 7350/99, NJOZ 2003, 1694, 1695.

Auffassung[7] ist im Wege der Auslegung zu ermitteln, ob der Gesellschafter in den **Schutzbereich** eines mit der Gesellschaft als selbständigem Rechtsträger geschlossenen Vertrags einzubeziehen ist[8] oder ob neben der Gesellschaft auch die Gesellschafter aus dem Vertrag berechtigt oder verpflichtet sein sollen.

Für die **Verletzung vertraglicher Pflichten** haftet die Gesellschaft nach allgemeinen Grundsätzen. Schuldhaftes Verhalten ihrer Organe wird ihr nach § 31 BGB, solches ihrer Erfüllungsgehilfen nach § 278 BGB zugerechnet. Für die **Wissenszurechnung** wird auf die Erläuterungen zu § 125 verwiesen (§ 125 RdNr. 14 ff.). 4

b) Gesetzliche Schuldverhältnisse. Die Gesellschaft kann Gläubiger und Schuldner aus gesetzlichen Schuldverhältnissen sein, also von Schadensersatz-, Bereicherungs- und Unterlassungsansprüchen sowie Ansprüchen aus ungerechtfertigter Bereicherung. Für zum Schadensersatz verpflichtende Handlungen ihrer vertretungsberechtigten Gesellschafter hat sie entsprechend § 31 BGB einzustehen.[9] Diese müssen in Ausführung der ihnen zustehenden Verrichtungen gehandelt haben. Die **Zurechnung** wird nicht dadurch ausgeschlossen, dass für die Gesellschaft Gesamtvertretung besteht und die zum Schadensersatz verpflichtende Handlung in dem Vortäuschen rechtlicher Verbindlichkeit einer von einem Gesamtvertreter allein unter Überschreiten seiner Befugnisse abgegebenen Willenserklärung liegt.[10] Für ihre Erfüllungsgehilfen haftet die OHG nach § 278 BGB, für ihre Verrichtungsgehilfen nach § 831 BGB mit der Möglichkeit der Exkulpation. Entsprechendes gilt für die Zurechnung eines Mitverschuldens nach § 254 BGB.[11] **Verkehrssicherungspflichten** treffen die OHG ebenso wie die Gefährdungshaftung als Halter, Hersteller oder Betreiber von Anlagen.[12] 5

Die Gesellschaft genießt **Delikts- und Immaterialgüterschutz.** Sie hat nach § 12 BGB Anspruch auf Schutz der von ihr geführten Firma, des Namens, dessen sie sich bei Ausübung ihres Handelsgewerbes bedient.[13] Ebenso wie Kapitalgesellschaften genießt sie zivilrechtlichen Ehrenschutz. In ihrem sozialen Geltungsbereich ist sie vor ihr Ansehen in der Öffentlichkeit herabsetzenden **rufschädigenden Angriffen** geschützt, allerdings beschränkt auf das Erscheinungs- und Wirkungsfeld des gesellschaftlichen Interessenverbundes, nicht aber im Sinne eines umfassenden Ehrenschutzes für ihre Gesellschafter und Betriebsangehörigen.[14] Gegen Rufschädigungen kann sie sich mit der Unterlassungsklage wehren; sie hat Anspruch auf Ersatz materieller Schäden. Eine Geldentschädigung zum Ausgleich immaterieller Nachteile steht ihr hingegen nicht zu.[15] 6

c) Besitz. Die Gesellschaft kann Besitzerin sein.[16] Die tatsächliche Sachherrschaft hinsichtlich der Gesellschaftsgegenstände üben die geschäftsführenden Gesellschafter aus. 7

d) Dingliche Rechte. Die Gesellschaft kann, wie der Gesetzeswortlaut ausdrücklich hervorhebt, Eigentum und andere dingliche Rechte an Grundstücken erwerben, ebenso Eigentum an beweglichen Sachen. Sie ist **grundbuchfähig.** Anders als die Gesellschaft bürgerlichen Rechts, bei der nach § 47 GBO trotz der gesamthänderischen Bindung alle Gesellschafter in dieser Eigenschaft als Berechtigte eingetragen werden müssen, ist die OHG unter ihrer Firma als Berechtigte einzutragen. Bei einer in Gründung befindlichen OHG, die mangels des Betriebs eines Handelsgewerbes noch als Gesellschaft bürgerlichen Rechts anzusehen ist, sind jedoch die Mitglieder der Gesellschaft unter Angabe der Firma und des Sitzes der Gesellschaft mit dem Zusatz „OHG in Gründung" in das Grundbuch einzutragen.[17] 8

e) Erbrecht. Die Gesellschaft kann als Erbin eingesetzt[18] oder mit einem Vermächtnis bedacht werden. Soweit der Erwerb von Todes wegen erbschaftssteuerpflichtig ist, ist die Gesellschaft Steuerschuldnerin im Sinne des § 20 Abs. 1 ErbStG. 9

---

[7] MünchKommHGB/K. Schmidt RdNr. 15; Staub/Habersack RdNr. 12; Röhricht/Graf von Westphalen/von Gerkan RdNr. 3.
[8] So auch für die GmbH BGH Urt. v. 29. 9. 1982 – IV a ZR 309/80, NJW 1983, 1053, 1054.
[9] BGH Urt. v. 30. 6. 1966 – VII ZR 23/65, BGHZ 45, 311, 312 = NJW 1966, 1807, 1808; Urt. v. 8. 2. 1952 – I ZR 92/51, NJW 1952, 537, 538.
[10] BGH Urt. v. 8. 7. 1986 – VI ZR 47/85, BGHZ 98, 148, 151 f. = NJW 1986, 2941 f.
[11] BGH Urt. v. 3. 3. 1977 – III ZR 10/74, BGHZ 68, 142, 151 = NJW 1977, 1148 f.; BGH Urt. v. 8. 2. 1952 (Fn. 9).
[12] MünchKommHGB/K. Schmidt RdNr. 17; Staub/Habersack RdNr. 14.
[13] BGH Urt. v. 6. 7. 1954 – I ZR 167/52, BGHZ 14, 155, 159 = NJW 1954, 1681.
[14] BGH Urt. v. 8. 7. 1980 – VI ZR 177/78, BGHZ 78, 24, 25 ff. = NJW 1980, 2807.
[15] BGH (Fn. 14); kritisch dazu Staub/Habersack RdNr. 15.
[16] BGH Urt. v. 27. 10. 1971 – VIII ZR 48/70, BGHZ 57, 166, 167 f. = NJW 1972, 43; Urt. v. 26. 5. 1967 – V ZR 73/66, WM 1967, 938.
[17] BayObLG Beschl. v. 24. 5. 1985 – BReg 2 Z 61/84 WM 1985, 1398 f.
[18] BFH Urt. v. 7. 12. 1988 – II R 150/85, NJW 1989, 2495.

10 f) Beteiligungen, Ämter und Funktionen. Die OHG kann Ämter und Funktionen, insbesondere mitgliedschaftliche Rechte, ausüben, sofern dies nicht nach den jeweiligen gesetzlichen Bestimmungen natürlichen Personen vorbehalten ist. Sie kann Mitglied oder – auch vertretungsberechtigter – Gesellschafter einer juristischen Person des Privatrechts oder einer Handelsgesellschaft sein,[19] auch Gesellschafter einer Gesellschaft bürgerlichen Rechts.[20] Sie kann persönlich haftender Gesellschafter einer KGaA sein.[21] Weiter kann sie als tauglicher Gesellschafter einer anderen Gesellschaft deren Liquidator sein.[22] Sie kann Testamentsvollstrecker und Verwalter einer Wohnungseigentümergemeinschaft sein; ihr können rechtsgeschäftliche Vollmachten sowie Handlungsvollmacht erteilt werden, nicht aber Prokura, weil nach § 48 nur eine natürliche Person Prokurist sein kann. Ebensowenig kann sie die Ämter des Vorstands einer AG und eingetragenen Genossenschaft, des Geschäftsführers einer GmbH, des Konkursverwalters, des Vormunds oder des Betreuers ausüben.[23]

11 g) Strafrecht. Die OHG genießt strafrechtlichen Schutz, soweit dies für eine andere als eine natürliche Person in Frage kommt. Das Gesamthandsvermögen der Gesellschaft kann durch eine Untreue nach § 266 StGB beschädigt werden;[24] möglich sind Beleidigungsdelikte gemäß den §§ 185 ff. StGB zum Nachteil der Gesellschaft.[25] Die OHG kann durch einen in ihrem Namen handelnden vertretungsberechtigten Gesellschafter Strafantrag stellen.[26] Sie kann zwar nicht selbst bestraft werden, wohl aber gemäß §§ 14 Abs. 1 Nr. 2 StGB, 9 Abs. 1 Nr. 2 OWiG ihre vertretungsberechtigten Gesellschafter. Gegen sie können aber Geldbußen verhängt werden (§§ 30 OWiG, 377 Abs. 2 AO) sowie die Maßnahmen des Verfalls und der Einziehung (§§ 73 ff. StGB) getroffen werden.

12 h) Öffentliches Recht. Die OHG ist grundrechtsfähig und kann Verfassungsbeschwerde erheben.[27] Sie kann Beteiligte von Verwaltungsverfahren (§ 11 Nr. 2 VwVfG)[28] und Prozessen vor Verwaltungs- und Finanzgerichten sein (§ 61 Nr. 2 VWGO). Sie kann ordnungsrechtlich als Störer oder als Betreiber einer Anlage in Anspruch genommen werden.[29]

13 i) Steuerrecht. Die OHG ist weder einkommensteuer- noch körperschaftsteuerpflichtig, da diese Steuerpflichten nur natürliche oder juristische Personen treffen (§ 1 EStG, 1 KStG). Steuerpflichtig und damit Steuerschuldner der aus dem Gewerbebetrieb der Gesellschaft erzielten Einkünfte sind nach § 15 Abs. 1 Nr. 2 EStG die Gesellschafter als Mitunternehmer.[30] Gewerbe- und Umsatzsteuern (§§ 1 Abs. 1 Nr. 3 UStG, 5 Abs. 1 Satz 3 GewStG) schuldet die Gesellschaft hingegen selbst.

III. OHG und Verfahrensrecht

14 1. Gesellschafts- und Gesellschafterprozess. Die OHG ist nach § 124 Abs. 1 selbständiger Träger von Rechten und Pflichten. Das Gesellschaftsvermögen und das Privatvermögen der Gesellschafter unterscheiden sich nach dem Haftungsgegenstand, wie aus den §§ 124 Abs. 2 und 129 Abs. 4 folgt, die für den Zugriff auf das jeweilige Vermögen unterschiedliche Titel fordern. Zwischen Gesellschafts- und Gesellschafterprozess ist danach streng zu trennen.[31] Gesellschaft und Gesellschafter sind **verschiedene Prozessparteien.** Werden sie gemeinsam verklagt, so sind sie einfache Streitgenossen.[32] Wer klagt oder verklagt wird bzw. Prozesshandlungen mit Wirkung für welche Partei vornimmt, ist stets klarzustellen, kann aber im Wege der Auslegung ermittelt werden.[33] Der Übergang vom Gesellschafts- zum Gesellschafterprozess ist gewillkürter Parteiwechsel.[34] Eine gegenseitige

---

[19] MünchKommHGB/*K. Schmidt* RdNr. 6; Staub/*Habersack* RdNr. 20; Baumbach/*Hopt* RdNr. 32.
[20] BGH Urt. v. 2. 10. 1997 – II ZR 249/96, NJW 1998, 376.
[21] BGH Beschl. v. 24. 2. 1997 – II ZB 11/96, BGHZ 134, 392, 395 f. = NJW 1997, 1923, 1924.
[22] MünchKommHGB/*K. Schmidt* RdNr. 19; Staub/*Habersack* RdNr. 20.
[23] MünchKommHGB/*K. Schmidt* RdNr. 20; Staub/*Habersack* RdNr. 20.
[24] BGH Urt. v. 17. 3. 1987 – VI ZR 282/85, BGHZ 100, 190, 192 ff. = NJW 1987, 2008 f.
[25] BGH Urt. v. 8. 1. 1954 – 1 StR 260/53, BGHSt 6, 186, 187 ff. = NJW 1954, 1412 f.
[26] BGH (Fn. 25); OLG Düsseldorf Urt. v. 8. 3. 1979 – 5 Ss 5/79 I, NJW 1979, 2525.
[27] BVerfG Urt. v. 29. 7. 1959 – 1 BvR 394/58, BVerfGE 10, 89, 99 = NJW 1959, 1675; zur Gesellschaft bürgerlichen Rechts vgl. BverfG Beschl. v. 2. 9. 2002 – 1 BvR 1102/02, NJW 2002, 3533.
[28] OVG Brandenburg Beschl. v. 12. 8. 1998 – 4 B 31/98, ZIP 1998, 1636, 1637.
[29] Drews/Wacke/Vogel/*Martens* Gefahrenabwehr, 9. Aufl. 1986, § 19 4. e.
[30] BGH Urt. v. 27. 5. 1986 – III ZR 239/84, BGHZ 98, 77, 79 f. = NJW 1986, 2827; MünchKommHGB/*K. Schmidt* RdNr. 36 ff.
[31] BGH Urt. v. 13. 2. 1974 – VIII ZR 147/72, BGHZ 62, 131, 132 f. = NJW 1974, 750 f.; Beschl. v. 18. 3. 1975 – X ZB 12/74, BGHZ 64, 155, 156 = NJW 1975, 1280, 1281.
[32] BGH Urt. v. 13. 7. 1970 – VIII ZR 230/68, BGHZ 54, 251, 254 f. = NJW 1970, 1740.
[33] BGH Urt. v. 13. 7. 1989 – VII ZR 277/88, WM 1989, 1746.
[34] BGH Urt. v. 6. 6. 1955 – II ZR 233/53, BGHZ 17, 340, 342 = NJW 1955, 1393 f.

Streithilfe ist möglich. Ein Gesellschafterwechsel während des Rechtsstreits hat auf den Prozess der Gesellschaft grundsätzlich keinen Einfluss.

Weil die Gesellschafter im Prozess der OHG nicht Partei sind, können Gesellschaft und Gesellschafter auch **gegeneinander prozessieren**.[35] Gegenstand eines solchen Rechtsstreits können entweder Sozialansprüche bzw. Sozialverbindlichkeiten (§ 105 RdNr. 132) oder Ansprüche aus Drittbeziehungen (§ 105 RdNr. 130 f.) sein. Ein solcher Rechtsstreit kann Auswirkungen auf die Vertretung der Gesellschaft haben. Ist der alleinvertretungsberechtigte Gesellschafter Prozessgegner der Gesellschaft, so ist ein Prozesspfleger gemäß § 57 ZPO zu bestellen.[36] Im Fall des Rechtsstreits mit einem gesamtvertretungsberechtigten Gesellschafter bedarf es, weil die Gesamtvertretungsbefugnis des anderen Gesellschafters nicht zur Alleinvertretungsmacht erstarkt, einer ausdrücklichen oder stillschweigenden Ermächtigung des anderen Gesamtvertreters.

2. Zivilprozess. a) Parteifähigkeit. Nach dem ausdrücklichen Wortlaut von Abs. 1 kann die OHG, obwohl nicht juristische Person, vor Gericht klagen oder verklagt werden. Damit ist sie nach allgemeiner Meinung parteifähig.[37] Das kommt zusätzlich in den §§ 124 Abs. 2, 129 Abs. 4 zum Ausdruck, die für die Zwangsvollstreckung in die jeweilige Vermögensmasse einen Titel gegen die Gesellschaft bzw. den Gesellschafter fordern, weiter in § 116 Nr. 2 ZPO, der die OHG als parteifähige Vereinigung anerkennt.

b) Prozessfähigkeit. Nur natürliche Personen besitzen Prozessfähigkeit im Sinne der §§ 51, 52 ZPO, können also Prozesshandlungen selbst oder durch selbst bestellte Vertreter wirksam vornehmen oder entgegennehmen. Die prozessunfähige OHG handelt im Rechtsstreit durch ihre **organschaftlichen Vertreter**.[38] Ob die Gesellschaft wirksam vertreten ist, ist nach § 56 ZPO von Amts wegen durch das Gericht zu prüfen. Die Ausübung der Vertretungsmacht und deren Umfang bestimmen sich nach den §§ 125, 126. Gesamtvertretungsberechtigte Gesellschafter müssen vorbehaltlich einer Genehmigung oder Ermächtigung gemeinsam handeln. Geben alleinvertretungsberechtigte Gesellschafter gleichzeitig einander widersprechende prozessuale Erklärungen ab, so heben diese sich gegeneinander auf und haben allenfalls Beweiswert.[39]

c) Klageerhebung. aa) Parteibezeichnung. Die Klageschrift muss die Gesellschaft, regelmäßig also deren Firma und die gesetzlichen Vertreter nennen (§§ 253 Abs. 2 Nr. 1, Abs. 4, 130 Nr. 1 ZPO). Bei unrichtiger äußerer Bezeichnung ist grundsätzlich die Gesellschaft als Partei anzusehen, die erkennbar durch die Parteibezeichnung betroffen werden soll, was gegebenenfalls durch Auslegung zu ermitteln ist. In einem solchen Fall kann, ohne dass dies einen Parteiwechsel beinhalten würde, eine Berichtigung der Parteibezeichnung vorgenommen werden.[40]

bb) Gerichtsstand. Der allgemeine Gerichtsstand der OHG wird gemäß § 17 ZPO durch ihren nach § 106 Abs. 2 Nr. 2 im Handelsregister eingetragenen Sitz bestimmt. Gemäß § 22 ZPO ist der Sitz der Gesellschaft weiter maßgeblich für Klagen gegen Gesellschafter und Klagen der Gesellschafter untereinander aus dem Gesellschaftsverhältnis.

cc) Zustellung. Zustellungen erfolgen nach § 170 Abs. 1 Satz 1 ZPO an die gesetzlichen Vertreter der OHG. Die Zustellung an einen vertretungsberechtigten Gesellschafter genügt (§§ 170 Abs. 3 ZPO, 125 Abs. 2 Satz 3, Abs. 3 Satz 2 HGB). Die Ersatzzustellung richtet sich nach § 178 Abs. 1 Nr. 2 ZPO. Geschäftsräume im Sinne dieser Vorschrift sind die der Gesellschaft, nicht etwa die einer Komplementär-GmbH.[41]

dd) Kammer für Handelssachen. Die auf Ansprüche aus einem beiderseitigen Handelsgeschäft gestützte Klage gegen die OHG ist Handelssache im Sinne des § 95 Abs. 1 Nr. 1 GVG. Darunter können auch Streitigkeiten aus einem Drittgeschäft zwischen Gesellschaft und Gesellschafter fallen.[42] Weiter ist Handelssache ein Streit zwischen der Gesellschaft und einem Gesellschafter bzw. den Gesellschaftern untereinander, der seinen Grund im Gesellschaftsverhältnis hat, § 95 Abs. 1 Nr. 4a GVG. Handelssachen können auf mit der Klageschrift zu stellenden Antrag des Klägers vor der Kammer für Handels-

---

[35] Vgl. § 105 RdNr. 128; zur actio pro socio § 105 RdNr. 149 ff.
[36] Staub/*Habersack* RdNr. 27, 41.
[37] BGH (Fn. 32); MünchKommHGB/K. *Schmidt* RdNr. 22.
[38] BGH Urt. v. 4. 5. 1955 – IV ZR 185/54, BGHZ 17, 181, 186 f. = NJW 1955, 1027, 1029; MünchKommHGB/K. *Schmidt* RdNr. 22.
[39] RG Urt. v. 6. 2. 1941 – V 118/40, DR 1941, 1540, 1541.
[40] BGH Urt. v. 24. 11. 1980 – VII ZR 208/79, NJW 1981, 1453, 1454; vgl. im einzelnen Zöller/*Vollkommer*, ZPO, 26. Aufl., vor § 50 RdNr. 6 f., § 319 RdNr. 14.
[41] BayObLG Beschl. v. 14. 4. 1988 – BReg. 2 Z 3/88, DB 1988, 1210; kritisch MünchKommHGB/K. *Schmidt* § 125 RdNr. 4; Staub/*Habersack* RdNr. 32.
[42] LG Osnabrück Beschl. v. 14. 5. 1981 – 9 O 331/80, BB 1983, 792.

sachen verhandelt und auf Antrag des Beklagten von der Zivilkammer an die Kammer für Handelssachen verwiesen werden (§§ 96, 98 GVG).

22 **d) Prozesskostenhilfe.** Der OHG als parteifähiger Vereinigung im Sinne des § 116 Satz 1 Nr. 2 ZPO kann Prozesskostenhilfe gewährt werden. Das setzt neben der gemäß § 114 ZPO erforderlichen **Erfolgsaussicht** der Rechtsverfolgung oder Rechtsverteidigung und dem Fehlen von Mutwillen voraus, dass weder die Gesellschaft noch die wirtschaftlich Beteiligten die Kosten aufbringen können. Wirtschaftlich Beteiligte sind diejenigen, deren endgültigen Nutzen der Rechtsstreit anstrebt.[43] Bei der Personenhandelsgesellschaft sind dies die Gesellschafter, die Kommanditisten, auch wenn deren Haftung auf den Betrag der Einlage begrenzt ist,[44] und die stillen Gesellschafter. Darüber hinaus darf Prozesskostenhilfe nur bewilligt werden, wenn die Unterlassung der Rechtsverfolgung oder Rechtsverteidigung dem **allgemeinen Interesse** zuwiderlaufen würde. Diese Einschränkung verstößt nicht gegen das Grundgesetz, ist aber verfassungskonform in dem Sinn anzuwenden, dass ein effektiver Rechtsschutz nicht durch restriktive Auslegung des Begriffs des allgemeinen Interesses in Frage gestellt werden darf.[45] In die Entscheidungsfindung sind alle nur denkbaren allgemeinen Interessen zugunsten der juristischen Person einzubeziehen; dazu zählen etwa die Erhaltung der Existenz eines großen Unternehmens und der Arbeitsplätze der dort beschäftigten Arbeitnehmer, weiter die aus dem Unterlassen der Rechtsverfolgung möglicherweise resultierende Schädigung einer Vielzahl von Gläubigern.[46]

23 **e) Vernehmung der Gesellschafter.** Die Frage, ob die Gesellschafter der OHG in deren Prozess als Zeugen oder als Partei zu vernehmen sind, ist nach der Vertretungsberechtigung zu entscheiden. Die vertretungsberechtigten Gesellschafter sind als Partei (§§ 445 ff. ZPO) zu vernehmen, alle anderen als Zeugen.[47] Ändert sich die Vertretungsbefugnis zwischen dem Geschehen, über das sie vernommen werden sollen, und der Vernehmung, so ist deren Zeitpunkt maßgeblich. Deshalb ist etwa der bisher vertretungsberechtigte Gesellschafter einer in Liquidation befindlichen OHG, sofern er nicht Liquidator ist, als Zeuge zu vernehmen.

24 **f) Kosten.** Die Kostengrundentscheidung des Urteils und die darauf beruhende Kostenfestsetzung nach den §§ 104 ff. ZPO wirken nur für und gegen die OHG. Die Gesellschafter haften zwar nach § 128 für den gegen die Gesellschaft gerichteten Kostenerstattungsanspruch; diese Haftung kann jedoch, wie aus § 129 Abs. 4 folgt, nur durch Klage geltend gemacht werden. Beantragt der Rechtsanwalt nach § 11 RVG die Festsetzung der Vergütung gegen den Auftraggeber, so ist, wenn dem Rechtsanwalt das Mandat von der OHG erteilt worden ist, nur diese Partei des Festsetzungsverfahrens. Für und gegen die Gesellschafter ist das Verfahren nur zulässig, wenn sie den Auftrag auch im eigenen Namen erteilt haben.[48]

25 **g) Auflösung der Gesellschaft.** Die Auflösung der Gesellschaft aus einem der in § 131 Abs. 1 genannten Gründe hat auf die **Parteifähigkeit** der Gesellschaft grundsätzlich keinen Einfluss. Diese verliert sie erst mit ihrer **Vollbeendigung**.[49] Sie wird nunmehr durch die Liquidatoren vertreten. Sind diese mit den bisher vertretungsberechtigten Gesellschaftern personenidentisch, so kommt es nicht zu einer Aussetzung des Verfahrens entsprechend den §§ 241, 246 ZPO.[50] Im Fall der Auflösung der Gesellschaft durch die Eröffnung des Insolvenzverfahrens über ihr Vermögen (§ 131 Abs. 1 Nr. 3) ist der Rechtsstreit gemäß § 240 ZPO unterbrochen, bis er vom Insolvenzverwalter (§ 85 Abs. 2 InsO) aufgenommen wird. Bei Einstellung des Insolvenzverfahrens wegen Masselosigkeit ist die Gesellschaft berechtigt, die Liquidation noch vorhandener Vermögenswerte selbst durchzuführen und den Rechtsstreit fortzusetzen.[51]

26 **h) Vollbeendigung der Gesellschaft.** Mit ihrer Vollbeendigung erlischt die Gesellschaft und verliert ihre Parteifähigkeit; gleichzeitig erlischt die Firma. Melden die Liquidatoren dies entgegen § 157 Abs. 1 nicht zur Eintragung in das Handelsregister an, so gilt die Gesellschaft nach § 15 Abs. 1 gutgläubigen Dritten gegenüber als fortbestehend.[52] Wird das Erlöschen in das Handelsregister einge-

---

[43] BGH Beschl. v. 5. 5. 1977 – VII ZR 181/76, NJW 1977, 2317.
[44] OLG Stuttgart Beschl. v. 12. 2. 1975 – 1 W 58/74, NJW 1975, 2022.
[45] BVerfG Beschl. v. 3. 7. 1973 – 1 BvR 153/69, BVerfGE 35, 348, 352 ff. = NJW 1979, 229 ff.
[46] BGH Beschl. v. 24. 10. 1990 – VIII ZR 87/90, NJW 1991, 703.
[47] BGH Urt. v. 19. 10. 1964 – II ZR 109/62, BGHZ 42, 230, 231 f. = NJW 1965, 106.
[48] OLG Schleswig, Beschl. v. 15. 5. 1984 – 9 W 86/84, JurBüro 1984, 1178 f.; OLG Hamburg Beschl. v. 14. 3. 1984 – 8 W 60/84, JurBüro 1984, 1180 f.; MünchKommHGB/K. *Schmidt* RdNr. 27; Staub/*Habersack* RdNr. 35; aA KG NJW 1970, 1612 f.
[49] BGH Urt. v. 24. 9. 1982 – V ZR 188/79, WM 1982, 1170; Urt. v. 7. 10. 1994 – V ZR 58/93, NJW 1995, 196; BGH Urt. v. 28. 3. 1996 – IX ZR 77/95, NJW 1996, 2035.
[50] BGH Urt. v. 24. 9. 1982 (Fn. 49).
[51] BGH Urt. v. 7. 10. 1994 (Fn. 49).
[52] RG Urt. v. 13. 1. 1930 – VI 242/29, RGZ 127, 98, 99; Urt. v. 25. 5. 1938 – II 165/37, 157, 369, 376 f.

tragen oder ist es dem Prozessgegner der Gesellschaft bekannt, so wird die gegen die Gesellschaft gerichtete **Klage unzulässig.**[53] Nach Verwertung und Verteilung des Gesellschaftsvermögens in der Liquidation besteht schon deshalb kein anerkennenswertes Interesse daran, einen rechtshängigen Prozess gegen die Gesellschaft abzuwickeln, weil ein nunmehr ergehendes Urteil gegen die Gesellschaft für den Gläubiger mangels einer Vermögensmasse, in die vollstreckt werden könnte, wertlos wäre. Der Kläger kann in diesem Fall den Rechtsstreit in der Hauptsache für **erledigt erklären,** um den Prozess ohne Kostenlast zu beenden. Für die Abgabe der Erledigungserklärung oder des Widerspruchs gegen diejenige des Klägers wird die vollbeendete Gesellschaft als parteifähig behandelt.[54] Daneben besteht für den Kläger die Möglichkeit, den mit der Gesellschaft begonnenen Prozess im Wege des **gewillkürten Parteiwechsels** gegen die verbliebenen Gesellschafter fortzusetzen.[55] Die Rechtsprechung des Reichsgerichts, wonach sich der Rechtsstreit nach Vollbeendigung der Gesellschaft automatisch gegen die verbliebenen Gesellschafter richtet,[56] ist überholt.

Im Übrigen gelten die Grundsätze der **Liquidationsgesellschaft.** Weder der Abschluss der Liquidation noch die Löschung im Handelsregister beeinflussen die fortbestehende Parteifähigkeit der Gesellschaft, wenn sich nachträglich herausstellt, dass noch Gesellschaftsvermögen vorhanden ist.[57] Die voll beendete Gesellschaft ist in diesem Fall für einen Aktivprozess bzw. ein Rechtsmittelverfahren als parteifähig anzusehen. 27

Fallen während des Rechtsstreits alle Gesellschafter bis auf einen weg, oder übernimmt ein Gesellschafter das Gesellschaftsunternehmen ohne Liquidation mit Aktiven und Passiven (§ 142), so erlischt die Gesellschaft. Der verbleibende Gesellschafter erwirbt das Gesellschaftsvermögen im Wege der **Gesamtrechtsnachfolge.**[58] Das hat einen Parteiwechsel entsprechend den §§ 239 ff., 246 ZPO zur Folge;[59] der verbliebene Gesellschafter tritt in den Gesellschaftsprozess als Partei ein. 28

3. Zwangsvollstreckung. Die Zwangsvollstreckung in das Gesellschaftsvermögen setzt einen gegen die Gesellschaft gerichteten Titel voraus; ein Titel gegen einen oder alle Gesellschafter reicht nicht aus, sondern ermöglicht nur die Vollstreckung in deren Vermögen (§ 129 Abs. 4). Allerdings genügt ein gegen die Gesellschafter einer Gesellschaft bürgerlichen Rechts erstrittener Gesamthandstitel (§ 736 BGB) für die Vollstreckung in das OHG-Vermögen, wenn die Gesellschaft bürgerlichen Rechts nachträglich durch Eintragung in das Handelsregister zur Personenhandelsgesellschaft wird.[60] Die eidesstattliche Versicherung nach § 900 ZPO geben die vertretungsberechtigten Gesellschafter als gesetzliche Vertreter der OHG für diese ab. 29

4. Insolvenz. Die OHG ist nach § 11 Abs. 2 Nr. 1 InsO insolvenzfähig. Umstritten ist, ob die Gesellschafter persönlich Schuldner sind[61] oder ob die Gesellschaft selbst als Schuldnerin anzusehen ist.[62] Die Insolvenz der Gesellschaft führt nach § 131 Nr. 3 zu deren Auflösung. Die von der Gesellschaftsinsolvenz zu unterscheidende Gesellschafterinsolvenz ist nach § 131 Abs. 2 Nr. 2 mangels anderweitiger Vereinbarung nur Grund für das Ausscheiden des Gesellschafters aus der Gesellschaft. 30

§ 125 [Vertretung der Gesellschaft]

(1) Zur Vertretung der Gesellschaft ist jeder Gesellschafter ermächtigt, wenn er nicht durch den Gesellschaftsvertrag von der Vertretung ausgeschlossen ist.

(2) ¹Im Gesellschaftsvertrage kann bestimmt werden, daß alle oder mehrere Gesellschafter nur in Gemeinschaft zur Vertretung der Gesellschaft ermächtigt sein sollen

---

[53] BGH Urt. v. 5. 4. 1979 – II ZR 73/78, BGHZ 74, 212 f. = NJW 1979, 1592; Urt. v. 29. 9. 1981 – VI ZR 21/80, NJW 1982, 238.
[54] BGH Urt. v. 29. 9. 1981 (Fn. 53).
[55] BGH Urt. v. 29. 9. 1981 (Fn. 53).
[56] So zuletzt RG Urt. v. 23. 6. 1933 – II 95/33, RGZ 141, 277, 280 f.
[57] BGH Urt. v. 21. 6. 1979 – IX ZR 69/75, NJW 1979, 1987; Urt. v. 21. 10. 1985 – II ZR 82/85, WM 1986, 145; Urt. v. 6. 2. 1991 – VIII ZR 26/90; WM 1991, 765, 766 f.
[58] BGH Urt. v. 13. 7. 1967 – II ZR 268/64, BGHZ 48, 203, 206 = NJW 1967, 2203, 2204; Urt. v. 6. 5. 1993 – IX ZR 73/92, NJW 1993, 1917, 1918.
[59] BGH Urt. v. 28. 6. 1971 – III ZR 103/68, NJW 1971, 1844; BGH Beschl. v. 18. 2. 2002 – II ZR 331/00, NJW 2002, 1207; MünchKommHGB/*K. Schmidt* RdNr. 29; Staub/*Habersack* RdNr. 40; Röhricht/Graf von Westphalen/*von Gerkan* RdNr. 7; aA Heymann/*Emmerich* RdNr. 25.
[60] MünchKommHGB/*K. Schmidt* RdNr. 30; Staub/*Habersack* RdNr. 42; vgl. weiter BGH Urt. v. 29. 1. 2001 – II ZR 331/00, BGHZ 146, 341, 353 ff. = NJW 2001, 1056, 1059 f.
[61] BGH Urt. v. 16. 2. 1961 – III ZR 71/60, BGHZ 34, 293, 297 = NJW 1961, 1022.
[62] MünchKommHGB/*K. Schmidt* RdNr. 34; Staub/*Habersack* RdNr. 44; Baumbach/*Hopt* RdNr. 46; Uhlenbruck/*Hirte* InsO, 12. Aufl., § 11 RdNr. 236.

§ 125 1

(Gesamtvertretung). ²Die zur Gesamtvertretung berechtigten Gesellschafter können einzelne von ihnen zur Vornahme bestimmter Geschäfte oder bestimmter Arten von Geschäften ermächtigen. ³Ist der Gesellschaft gegenüber eine Willenserklärung abzugeben, so genügt die Abgabe gegenüber einem der zur Mitwirkung bei der Vertretung befugten Gesellschafter.

(3) ¹Im Gesellschaftsvertrage kann bestimmt werden, daß die Gesellschafter, wenn nicht mehrere zusammenhandeln, nur in Gemeinschaft mit einem Prokuristen zur Vertretung der Gesellschaft ermächtigt sein sollen. ²Die Vorschriften des Absatzes 2 Satz 2 und 3 finden in diesem Falle entsprechende Anwendung.

Schrifttum: *Baumann,* Die Kenntnis juristischer Personen des Privatrechts von rechtserheblichen Umständen, ZGR 1973, 284; *Beuthien/Müller,* Gemischte Gesamtvertretung und unechte Gesamtprokura, DB 1995, 461; *Dieckmann,* Zur Schadensersatzpflicht der Offenen Handelsgesellschaft und deren Gesellschafter, wenn ein nicht (allein-)vertretungsberechtigter Gesellschafter gegen die Vertretungsordnung der Gesellschaft verstößt, WM 1987, 1473, 1509; *Helm/Wagner,* Fremdgeschäftsführung und -vertretung bei Personenhandelsgesellschaften, BB 1979, 225; *Joussen,* Die Generalvollmacht im Handels- und Gesellschaftsrecht, WM 1994, 273; *Köhl,* Der Prokurist in der unechten Gesamtvertretung, NZG 2005, 197; *Krebs,* Ungeschriebene Prinzipien der handelsrechtlichen Stellvertretung als Schranken der Rechtsfortbildung – speziell zur Gesamtvertretungsmacht und Generalvollmacht, ZHR 159 (1995), 635; *Lüdtke-Handjery,* Die „Ermächtigung" eines gesamtvertretungsberechtigten OHG-Gesellschafters zum Alleinhandeln, DB 1972, 565; *Reinicke,* Gesamtvertretung und Insichgeschäft, NJW 1975, 1185; *Scheuch,* Die Zurechnung des Wissens ausgeschiedener Gesellschafter von Personen-Handelsgesellschaften, FS Brandner, 1996, 121; *Servatius,* Zur Eintragung organschaftlicher Vertretungsmacht ins Handelsregister, NZG 2002, 456; *Werra,* Zum Stand der Diskussion um die Selbstorganschaft, 1991.

Übersicht

	RdNr.		RdNr.
I. Normzweck	1, 2	a) Gemeinsames Handeln	23
1. Grundsatz	1	b) Genehmigung	24
2. Regelungsgehalt	2	3. Wegfall und Verhinderung von Gesamtvertretern	25–28
II. Organschaftliche Vertretung	3–6	a) Wegfall	25–27
1. Grundsatz	3	b) Tatsächliche Verhinderung	28
2. Gesetzliche Vertretungsmacht	4	4. Ermächtigung eines Gesamtvertreters	29–34
3. Ausnahmen	5	a) Rechtsnatur	30
4. Keine Notvertretung	6	b) Erteilung und Widerruf der Ermächtigung	31–33
III. Rechtsgeschäftliche Vertretung	7–9	c) Umfang	34
1. Grundsatz	7	5. Verbot des Selbstkontrahierens	35, 36
2. Erteilung der Vollmacht	8	6. Passivvertretung	37
3. Generalvollmacht, Betriebsführungsvertrag	9	7. Gemischte Gesamtvertretung	38–42
IV. Die Vertretung der Gesellschaft	10–17	a) Grundsatz	38
1. Handeln im Namen der Gesellschaft	10–13	b) Formen der gemischten Gesamtvertretung	39–42
a) Vertreterhandeln	10	**VII. Ausschluss von der Vertretungsmacht**	43–47
b) Darlegungs- und Beweislast	11, 12	1. Gesellschaftsvertragliche Regelung	43, 44
c) Widersprüchliche Willenserklärungen	13	2. Umfang	45
2. Wissenszurechnung	14–16	3. Aufhebung	46
a) Grundsatz	14	4. Streit um das Bestehen der Vertretungsmacht	47
b) Grundlage der Zurechnung	15	**VIII. Nicht voll geschäftsfähige Gesellschafter**	48–51
c) Einzelheiten	16	**IX. Eintragung in das Handelsregister**	52
3. Verschuldenszurechnung	17		
V. Einzelvertretung	18, 19		
VI. Gesamtvertretung	20–42		
1. Mögliche Formen	21, 22		
2. Ausübung der Gesamtvertretungsmacht	23, 24		

I. Normzweck

1. Grundsatz. § 125 Abs. 1 regelt die Vertretung der Gesellschaft im Verhältnis zu Dritten und damit das **Außenverhältnis der Gesellschaft.** Die Vertretung ist zu unterscheiden von der das Verhältnis der Gesellschafter untereinander (Innenverhältnis) betreffenden Geschäftsführungsbefugnis im Sinne der §§ 114 ff. Allerdings ist jede Vertretungsmaßnahme gleichzeitig Ausübung der Geschäftsführungsbefugnis. In ihrer rechtlichen Beurteilung unterliegen Geschäftsführung und Vertretung aber unterschiedlichen Maßstäben. So können im Innenverhältnis als pflichtwidrig anzusehende Vertretungsmaßnahmen die Wirksamkeit eines im Namen der Gesellschaft von einem Gesellschafter eingegangenen Rechtsgeschäfts nach außen, die sich ausschließlich nach § 126 richtet, regelmäßig nicht beeinflussen.

2. Regelungsgehalt. Die Vorschrift regelt weiter die möglichen Formen der Vertretung der Gesellschaft im Außenverhältnis. Der Grundsatz ist die **Einzelvertretungsmacht** eines jeden Gesellschafters. Zulässig ist jedoch auch der Ausschluss eines oder mehrerer Gesellschafter von der Vertretung, sofern dann noch eine organschaftliche Vertretung möglich bleibt. Gemäß den Abs. 2 und 3 kann der Gesellschaftsvertrag abweichend vom Grundsatz der Einzelvertretungsmacht das Zusammenwirken mehrerer oder aller Gesellschafter vorsehen **(Gesamtvertretung)**, wobei die zur Gesamtvertretung berufenen Gesellschafter sich im Einzelfall gegenseitig ermächtigen können. Schließlich gibt es noch die gemischte oder unechte Gesamtvertretung durch einen Gesellschafter und einen Prokuristen.

II. Organschaftliche Vertretung

1. Grundsatz. Die Regelung der Vertretung in § 125 Abs. 1 beruht auf dem **Prinzip der Selbstorganschaft.** Das Recht zur Vertretung der Personenhandelsgesellschaft ist mit der Stellung als Gesellschafter verbunden. Einem Dritten kann die organschaftliche Vertretungsbefugnis nicht zustehen. Der Grundsatz der Selbstorganschaft verbietet es, dass sämtliche Gesellschafter von der Geschäftsführung und der Vertretung ausgeschlossen und diese Befugnisse auf Dritte übertragen werden.[1] Der Gesellschaftsvertrag kann deshalb nicht sämtliche Gesellschafter von der Vertretung der Gesellschaft **ausschließen.** Weiter muss stets eine Vertretung allein durch einen oder mehrere persönlich haftende Gesellschafter möglich sein; es ist deshalb unzulässig, den einzigen persönlich haftenden Gesellschafter einer KG bei der Ausübung der Vertretung an die Mitwirkung eines Prokuristen zu binden.[2] Daneben besitzt die Gesellschaft aber die Möglichkeit, sich durch Prokuristen, Handlungsbevollmächtigte oder andere **rechtsgeschäftlich bestellte Vertreter** vertreten zu lassen.

2. Gesetzliche Vertretungsmacht. Die organschaftliche Vertretungsmacht ist gesetzliche Vertretungsmacht wie bei der juristischen Person, nicht etwa rechtsgeschäftliche Vertretungsmacht gemäß den §§ 164 ff. BGB. Weil es aber um rechtsgeschäftliches Handeln im Namen der Gesellschaft geht, sind die Vorschriften des BGB über die Vollmacht, insbesondere das Offenkundigkeitserfordernis des § 164 BGB und die Grundsätze der Wissenszurechnung gemäß § 166 BGB, entsprechend anzuwenden.[3]

3. Ausnahmen. Durchbrochen ist der Grundsatz der Selbstorganschaft nur in der Liquidation (§ 146 Abs. 2; vgl. § 146 RdNr. 10); im Abwicklungsstadium können auch Nichtgesellschafter zu Liquidatoren bestellt werden. Dem liegt der Gedanke zugrunde, dass die Interessen der Gesellschafter nicht mehr gleichgerichtet und durch den gemeinsamen Zweck der werbenden Gesellschaft miteinander verbunden sind, sondern dass sie im Hinblick auf die bevorstehende Beendigung der Gesellschaft bereits auseinander gehen.[4] In den Fällen der Ausschließungs- und Auflösungsklage bzw. der Klage auf Entziehung der Vertretungsbefugnis kann eine ähnliche Interessenlage eintreten, die es in Analogie zu § 146 Abs. 2 rechtfertigen kann, dass das Gericht eingreift und einen Dritten im Wege der vorläufigen Regelung für die Dauer des Prozesses mit der Vertretung der Gesellschaft beauftragt.[5]

4. Keine Notvertretung. Die gerichtliche Bestellung eines Notvertreters für die Gesellschaft analog dem für Vereine und Kapitalgesellschaften geltenden § 29 BGB ist nicht zulässig.[6] Das widerspräche dem Grundsatz der Vertretung der Gesellschaft nur durch ihre Gesellschafter. Die auch auf die OHG anwendbare Bestimmung des § 744 Abs. 2 BGB, die ein Recht zur Vornahme von notwendigen Erhaltungsmaßregeln im Interesse der Gesellschaft begründet, gibt dem Gesellschafter kein Recht, im Namen der Gesellschaft Rechtsgeschäfte vorzunehmen oder Klage zu erheben;[7] das Prinzip der Selbstorganschaft stellt die Handlungsfähigkeit der Gesellschaft auch in den Fällen sicher, in denen dem einzigen alleinvertretungsberechtigen Gesellschafter die Vertretungsmacht entzogen

---

[1] BGH Urt. v. 11. 7. 1960 – II ZR 260/59, BGHZ 33, 105, 108 f. = NJW 1960, 1997; Urt. v. 25. 11. 1985 – II ZR 115/85, WM 1986, 315, 316; MünchKommHGB/*K. Schmidt* RdNr. 5 f.; Staub/*Habersack* RdNr. 5 ff.
[2] BGH Urt. v. 6. 2. 1958 – II ZR 210/56, BGHZ 26, 330, 332 f. = WM 1958, 355, 356.
[3] AllgM, vgl. MünchKommHGB/*K. Schmidt* RdNr. 3; Staub/*Habersack* RdNr. 4.
[4] BGH Urt. v. 11. 7. 1960 – II ZR 260/59, BGHZ 33, 105, 108 f. = NJW 1960, 1997.
[5] BGH (Fn. 4); Urt. v. 9. 12. 1968 – II ZR 33/67, BGHZ 51, 198, 200 = NJW 1969, 507, 508 f; Staub/*Habersack* RdNr. 8.
[6] BGH Urt. v. 9. 12. 1968 (Fn. 5); MünchKommHGB/*K. Schmidt* RdNr. 7; Staub/*Habersack* RdNr. 12.
[7] BGH Urt. v. 4. 5. 1955 – IV ZR 185/54, BGHZ 17, 181, 183 ff. = NJW 1955, 1027, 1028 f; MünchKommHGB/ *K. Schmidt* RdNr. 6, 7; Staub/*Habersack* RdNr. 11, 12.

wird. Zulässig ist hingegen die Bestellung eines Prozessvertreters gemäß § 57 ZPO[8] etwa im Rahmen eines Prozesses der Gesellschaft gegen ihren einzigen alleinvertretungsberechtigten Gesellschafter.

III. Rechtsgeschäftliche Vertretung

1. Grundsatz. Die Gesellschaft kann neben Prokura und Handlungsvollmacht auch rechtsgeschäftliche Vollmachten erteilen. Auf sie finden die allgemeinen Bestimmungen (§§ 48 ff., 54 ff. HGB, 164 ff. BGB) Anwendung. Rechtsgeschäftliche Vollmachten können insbesondere einem nicht allein oder nicht vertretungsberechtigten Gesellschafter übertragen werden. Die Grundsätze der Duldungs- und Anscheinsvollmacht gelten ebenfalls.

2. Erteilung der Vollmacht. Bei der Erteilung der Vollmacht wird die Gesellschaft als Vollmachtgeberin durch ihre organschaftlichen Vertreter vertreten. Die rechtsgeschäftliche Vollmacht eines Gesellschafters kann auch auf einer Vereinbarung im Gesellschaftsvertrag beruhen. In diesem Fall ist die Vollmacht regelmäßig nur entsprechend den §§ 117, 127 aus wichtigem Grund widerruflich, weil die für die freie Widerruflichkeit einer Prokura maßgeblichen Erwägungen auf einen Gesellschafter, dem im Gesellschaftsvertrag mit Rücksicht auf seine Gesellschafterstellung das Recht auf eine Handlungsvollmacht oder Prokura eingeräumt worden ist, nicht zutreffen.[9] Der Widerruf ist zwar im Interesse des Rechtsverkehrs mit der Gesellschaft zunächst wirksam; der betroffene Gesellschafter hat aber einen Anspruch auf die Neuerteilung der Vollmacht.

3. Generalvollmacht, Betriebsführungsvertrag. Der Grundsatz der Selbstorganschaft steht der Erteilung einer über den gesetzlich festgelegten Umfang einer Prokura hinausgehenden Generalvollmacht an einen Nichtgesellschafter nicht entgegen. Der Dritte wird dadurch nicht zum organschaftlichen Vertreter der Gesellschaft; eine Umgehung des Verbots der Übertragung der organschaftlichen Vertretungsmacht ist darin in der Regel nicht zu sehen.[10] Weiterhin können Betriebsführungsverträge, die Dritte in weitem Umfang mit Geschäftsführungsaufgaben betrauen und mit einer umfassenden Vollmacht auszustatten, zulässig sein, sofern die Organstellung der vertretungsberechtigten Gesellschafter in ihrem Wesensgehalt nicht berührt wird.[11] Davon ist insbesondere dann auszugehen, wenn die Maßstäbe für die Führung des Betriebes zuvor festgelegt werden, wenn diese sich an den Interessen der Gesellschaft ausrichten und wenn umfassende Einsichts-, Informations- und Kontrollrechte sowie Kündigungsmöglichkeiten bestehen.

IV. Die Vertretung der Gesellschaft

1. Handeln im Namen der Gesellschaft. a) Vertreterhandeln. Die Gesellschaft wird durch das Handeln ihrer organschaftlichen und bevollmächtigten Vertreter aus von diesen abgeschlossenen Rechtsgeschäften berechtigt und verpflichtet, wenn diese Vertreter entsprechend dem Offenkundigkeitsgrundsatz des § 164 Abs. 1 BGB in ihrem Namen, also in der Regel unter Verwendung der Firma, handeln. Dabei genügt es, dass die Umstände ergeben, dass die Willenserklärung im Namen der Gesellschaft abgegeben wird (§ 164 Abs. 1 Satz 2 BGB). Das ist insbesondere bei sogenannten unternehmensbezogenen Rechtsgeschäften[12] der Fall. Die Grundsätze unternehmensbezogenen Handelns greifen ein, wenn der Gegenstand des jeweiligen Rechtsgeschäfts Bezug zum Geschäftsbetrieb des Unternehmens besitzt; der Wille der Beteiligten geht dann regelmäßig dahin, dass der Betriebsinhaber verpflichtet werden soll und nicht der für das Unternehmen Handelnde. Eine falsche Firmenbezeichnung schadet nicht, wenn nur die vertretene Gesellschaft durch ihr Unternehmen bestimmt werden kann. Dass der Geschäftspartner den Handelnden für den Firmeninhaber hält, ist ebenfalls unerheblich. Allerdings setzt sich der Handelnde, wenn er wie der Firmeninhaber auftritt, der Gefahr einer Rechtsscheinhaftung aus, falls er es unterlässt, auf die Rechtsform der Gesellschaft hinzuweisen und so den Anschein der unbeschränkten Haftung einer natürlichen Person erweckt, obwohl der Unternehmensträger in Wahrheit eine Gesellschaft mit beschränkter Haftungsmasse ist.[13]

---

[8] MünchKommHGB/*K. Schmidt* RdNr. 7; Staub/*Habersack* RdNr. 12; Baumbach/*Hopt* RdNr. 15.
[9] BGH Urt. v. 27. 6. 1955 – II ZR 232/54, BGHZ 17, 392, 394 f. = NJW 1955, 1394, 1395.
[10] BGH Urt. v. 22. 1. 1962 – II ZR 11/61, BGHZ 36, 292, 294 f. = NJW 1962, 738, 739; MünchKommHGB/*K. Schmidt* RdNr. 8, 10; Staub/*Habersack* RdNr. 15; zu § 35 GmbHG vgl. BGH Urt. v. 18. 7. 2002 – III ZR 124/01, NJW 2002, 1325, 1326.
[11] BGH Urt. v. 5. 10. 1981 – II ZR 203/80, NJW 1982, 1817 f.
[12] BGH Urt. v. 18. 3. 1974 – II ZR 167/72, BGHZ 62, 216, 220 ff. = WM 1974, 559, 560 f.; Urt. v. 3. 2. 1975 – II ZR 128/73, BGHZ 64, 11, 14 f. = NJW 1975, 1166 f; MünchKommHGB/*K. Schmidt* RdNr. 1; Staub/*Habersack* RdNr. 16 f; vgl. allgemein MünchKommBGB/*Schramm* § 164 RdNr. 23 f.
[13] BGH Urt. v. 3. 2. 1975 – II ZR 128/73, BGHZ 64, 11, 17 ff. = NJW 1975, 1166, 1167 f.; Urt. v. 18. 5. 1998 – II ZR 355/95, NJW 1998, 2897.

b) Darlegungs- und Beweislast. Die Darlegungs- und Beweislast für ein Handeln im Namen der Gesellschaft trifft entsprechend allgemeinen Grundsätzen denjenigen, der sich auf ein Vertretergeschäft beruft. Der **Unternehmensbezug** ist etwa dann zu bejahen, wenn der Ort des Vertragsschlusses oder Zusätze bei der Unterschrift auf das Unternehmen hinweisen oder wenn die Leistung vertraglich für den Betrieb des Unternehmens bestimmt ist.[14] Bei ernsthaften, nicht auszuräumenden Zweifeln an der Unternehmensbezogenheit des Geschäfts greift hingegen aus Gründen der Verkehrssicherheit der gesetzliche Auslegungsgrundsatz des Handelns im eigenen Namen ein.[15] Wird der Handelnde persönlich in Anspruch genommen und will er die Erklärung nicht gegen sich gelten lassen, so trägt er die Beweislast für die Betriebsbezogenheit des Geschäfts. Steht diese allerdings objektiv fest, so muss der Geschäftsgegner gegebenenfalls beweisen, dass eine Verpflichtung des persönlich Handelnden und nicht des Unternehmensträgers gewollt war.

Ist der handelnde Gesellschafter an **mehreren Gesellschaften beteiligt** und befugt, diese zu vertreten, so ist die Person des Vertretenen nach denselben Grundsätzen zu ermitteln. Bleibt die Identität des vertretenen Unternehmens trotzdem zweifelhaft, so haften entweder beide Gesellschaften[16] oder dem Geschäftsgegner wird ein Wahlrecht hinsichtlich der Person seines Vertragspartners gewährt.[17]

c) Widersprüchliche Willenserklärungen. Geben vertretungsberechtigte Gesellschafter einander widersprechende Willenserklärungen ab, so gilt, wenn diese nach den §§ 145 ff. BGB bindend ist, die Erste, sonst – etwa bei Widerruf oder Anfechtung – die letzte. Gleichzeitig dem Geschäftsgegner zugehende Willenserklärungen heben sich entsprechend § 130 Abs. 1 Satz 2 BGB auf.[18]

2. Wissenszurechnung. a) Grundsatz. Soweit das Gesetz Rechtsfolgen an die **Kenntnis** oder das **Kennenmüssen** bestimmter Umstände anknüpft, so bei den Anfechtungsgründen der §§ 119 ff. BGB, der Publizität des Handelsregisters gemäß § 15, beim gutgläubigen Erwerb, bei persönlichen Beziehungen und Verhältnissen im Insolvenzrecht und sonstigen subjektiven Tatbestandsmerkmalen in Verbotsgesetzen, ist nach allgemeiner Meinung nicht auf die vertretene Gesellschaft, sondern auf die Person ihres Vertreters abzustellen.

b) Grundlage der Zurechnung. Das Handeln ihrer rechtsgeschäftlich bestellten Vertreter muss sich die Gesellschaft nach § 166 BGB zurechnen lassen. Nach überwiegender Ansicht in Rechtsprechung und Schrifttum[19] beruht die Zurechnung des Handelns organschaftlicher Vertreter auf der analogen Anwendung der §§ 166 Abs. 1 BGB, 125 Abs. 2 Satz 3 HGB. Grundsätzlich kommt es danach nur auf das Kennen oder Kennenmüssen derjenigen vertretungsberechtigten Gesellschafter an, die am konkreten Geschäft mitgewirkt haben; die Kenntnis anderer Vertreter ist dann beachtlich, wenn sie auf Weisung gehandelt haben (§ 166 Abs. 2 BGB). Nach anderer Auffassung[20] ergeben sich die Grundlagen der Wissenszurechnung aus einer entsprechenden Anwendung des § 31 BGB, was im Grundsatz bedeutet, dass die OHG sich wie eine juristische Person[21] das Wissen aller vertretungsberechtigten Gesellschafter zurechnen lassen muss, auch wenn das Mitglied, das über das entsprechende Wissen verfügt, an dem betreffenden Rechtsgeschäft nicht mitgewirkt hat. Das hat freilich keine ausnahmslose Zurechnung des Wissens von Organvertretern zur Konsequenz; ob eine solche tatsächlich erfolgt, ist im Wege **wertender Beurteilung** nach den Umständen des jeweiligen Einzelfalles zu entscheiden. Maßstab dafür ist die Überlegung, dass der Vertragspartner der Gesellschaft nicht besser, aber auch nicht schlechter gestellt sein darf als der einer natürlichen Person.[22]

c) Einzelheiten. Bei der **Einzelvertretung** führt, was allerdings in einem gewissen Widerspruch zu der Ableitung der Zurechnung aus § 166 BGB steht, das Wissen in der Person eines einzelnen vertretungsberechtigten Gesellschafters, auch wenn dieser an dem konkreten Geschäft nicht mit-

---

[14] BGH Urt. v. 13. 10. 1994 – IX ZR 25/94, NJW 1995, 43, 44.
[15] BGH (Fn. 14).
[16] K. Schmidt HandelsR § 5 III 1 c; MünchKommHGB/K. Schmidt RdNr. 1.
[17] Staub/Habersack RdNr. 17.
[18] RG Urt. v. 11. 12. 1912 – I 80/12, RGZ 81, 92, 95; MünchKommHGB/K. Schmidt RdNr. 25; Staub/Habersack RdNr. 18.
[19] BGH Urt. v. 1. 3. 1984 – IX ZR 34/83, NJW 1984, 1953, 1954; RGZ 59, 406, 408; Baumbach/Hopt RdNr. 4; vom BGH nunmehr offengelassen in den Entscheidungen vom 17. 5. 1995 – VIII ZR 70/94, NJW 1995, 2159, 2160 und vom 12. 11. 1998 – IX ZR 145/98, BGHZ 140, 54, 61 ff. = NJW 1999, 284, 286; vgl. weiter OLG Köln Urt. v. 29. 8. 2002 – 8 U 5/02, OLGR Köln 2003, 316, 317 f.
[20] MünchKommHGB/K. Schmidt RdNr. 13, 50; Staub/Habersack RdNr. 20 ff.; Röhricht/Graf von Westphalen/von Gerkan RdNr. 3.
[21] BGH Urt. v. 8. 12. 1989 – V ZR 246/87, BGHZ 109, 327, 330 ff. = NJW 1975, 975, 976.
[22] BGH (Fn. 21); Urt. v. 2. 2. 1996 – V ZR 239/94, BGHZ 132, 30, 35 ff. = NJW 1996, 1339, 1340 f.; Staub/Habersack RdNr. 22.

gewirkt hat, zur entsprechenden Kenntnis der OHG.²³ Ähnliches gilt im Fall der **Gesamtvertretung**; die Kenntnis eines von mehreren Gesamtvertretern, auch die des einen anderen ermächtigenden Gesamtvertreters,²⁴ begründet die Kenntnis der Gesellschaft.²⁵ Die Zurechnung des Wissens eines ausgeschiedenen oder verstorbenen Gesellschafters kommt bei der OHG nicht in Betracht, da sie in ihrem Bestand nicht in dem Maße von den jeweils handelnden Gesellschaftern unabhängig ist wie juristische Personen von ihren Organvertretern.²⁶ Das Wissen eines nicht vertretungsberechtigten Gesellschafters führt nach allgemeinen Grundsätzen (§ 166 BGB) allenfalls dann zu einer entsprechenden Kenntnis der OHG, wenn dieser, ohne zum rechtsgeschäftlichen Vertreter bestellt zu sein, sogenannter **„Wissensvertreter"** ist, also nach der Arbeitsorganisation der Gesellschaft dazu berufen ist, im Rechtsverkehr als deren Repräsentant bestimmte Aufgaben in eigener Verantwortung zu erledigen und die dabei angefallenen Informationen zur Kenntnis zu nehmen sowie gegebenenfalls weiterzuleiten.²⁷

17   **3. Verschuldenszurechnung.** Die organschaftlichen Vertreter der Gesellschaft sind deren verfassungsmäßig berufene Vertreter im Sinne des § 31 BGB; für deren Verschulden oder Mitverschulden hat die Gesellschaft im rechtsgeschäftlichen wie im deliktischen Bereich entsprechend dieser Bestimmung einzustehen.²⁸ Für sonstige Bevollmächtigte haftet sie im Rahmen bestehender Schuldverhältnisse nach § 278 BGB, im Übrigen nach § 831 BGB. Die Verletzung von Auswahl- und Überwachungspflichten hinsichtlich ihrer Verrichtungsgehilfen durch ihre vertretungsberechtigten Gesellschafter muss sie sich wiederum entsprechend § 31 BGB zurechnen lassen.

V. Einzelvertretung

18   Die **Einzelvertretungsmacht** aller Gesellschafter ist die nach Abs. 1 mangels anderweitiger gesellschaftsvertraglicher Vereinbarung geltende Regel. Insoweit unterscheidet sich die Handelsgesellschaft von der Gesellschaft bürgerlichen Rechts, der Aktiengesellschaft, der GmbH und der eingetragenen Genossenschaft, deren organschaftliche Vertreter, soweit mehrere vorhanden sind, von Gesetzes wegen Gesamtvertretungsbefugnis besitzen. Bei der Handelsgesellschaft kann hingegen im gesetzlichen Regelfall jeder Gesellschafter ohne Mitwirkung der anderen die Gesellschaft rechtsgeschäftlich verpflichten.

19   Nach Abs. 2 Satz 3 ist die **Passivvertretung** der Gesellschaft stets zwingend²⁹ Einzelvertretung, auch wenn der Gesellschaftsvertrag eine Gesamtvertretung vorsieht. Eine gegenüber der Gesellschaft abgegebene Willenserklärung ist dieser deshalb bereits dann zugegangen, wenn ein Gesamtvertreter von ihrem Inhalt Kenntnis genommen hat.

VI. Gesamtvertretung

20   Der Gesellschaftsvertrag kann vom Grundsatz der Einzelvertretung abweichen und anordnen, dass die Gesellschafter die Gesellschaft nur **gemeinsam**, also entsprechend den für die Gesellschaft bürgerlichen Rechts gemäß den §§ 709, 714 BGB geltenden Regeln, oder in der nach dem Statut erforderlichen Zahl vertreten (Gesamtvertretung). Bei der Ausübung der Vertretungsmacht ist dann jeder gesamtvertretungsberechtigte Gesellschafter grundsätzlich auf die Mitwirkung eines anderen angewiesen.

21   **1. Mögliche Formen.** Den Gesellschaftern stehen für die Ausgestaltung der Gesamtvertretung verschiedene Alternativen offen. Sie haben die Möglichkeit, Gesamt- und Einzelvertretung miteinander zu kombinieren. Schon nach dem Wortlaut von Abs. 2 Satz 1 können sie Gesamtvertretung für sämtliche Gesellschafter oder aber nur für einen Teil davon anordnen. Zulässig sind weiter persönliche Festlegungen oder beliebige Paarungen in der Form, dass einzelne Gesellschafter einzelvertre-

---
[23] BGH Urt. v. 16. 2. 1961, III ZR 71/60, BGHZ 94, 293, 297 = NJW 1961, 1022 f.; offengelassen vom BGH in der Entscheidung vom 17. 5. 1995 (Fn. 19); aA Röhricht/Graf von Westphalen/*von Gerkan* RdNr. 3; zur Gesellschaft bürgerlichen Rechts vgl. BGH Urt. v. 12. 11. 1998 (Fn. 19): Zurechnung des Wissens eines anderen als des konkret handelnden vertretungsbefugten Gesellschafters dann, wenn die unterlassene Weitergabe dieses Wissens an den handelnden Gesellschafter eine Verletzung der der Gesellschaft obliegenden Organisationspflichten darstellt.
[24] Staub/*Habersack* RdNr. 24.
[25] BGH Urt. v. 3. 3. 1956 – IV ZR 314/55, BGHZ 20, 149, 153 = WM 1956, 565, 566; Beschl. v. 14. 2. 1974 – II ZB 6/73, BGHZ 62, 166, 173 = NJW 1974, 1194, 1195.
[26] BGH Urt. v. 17. 5. 1995 (Fn. 19); aA Staub/*Habersack* RdNr. 25; zur GmbH 2. 1996 – V ZR 239/94, BGHZ 132, 30, 35 ff. = NJW 1996, 1339, 1340 f.
[27] BGH Urt. v. 24. 1. 1992 – V ZR 262/90, BGHZ 117, 104, 106 f. = NJW 1992, 1099 f.
[28] BGH Urt. v. 30. 6. 1966 – VII ZR 23/65, BGHZ 45, 311, 312 = NJW 1966, 1807, 1808; Urt. v. 8. 2. 1952 – I ZR 92/51, NJW 1952, 537, 538; Urt. v. 3. 12. 1973 – II ZR 144/72, WM 1974, 153, 154.
[29] AllgM, vgl. nur Staub/*Habersack* RdNr. 54.

tungsberechtigt, andere aber nur gesamtvertretungsberechtigt im Zusammenwirken mit bestimmten anderen Gesellschaftern sind, oder dass die Gesellschaft durch eine bestimmte Anzahl von Gesamtvertretern ohne persönliche Festlegung vertreten wird. Schließlich ist auch die sog. halbseitige Gesamtvertretung möglich, bei der bestimmte Gesellschafter Einzelvertretungsmacht haben und andere bei der Ausübung ihrer Gesamtvertretungsbefugnis an deren Mitwirkung gebunden sind.[30]

Unzulässig und im Aussenverhältnis ohne Wirkung ist es, die Gesamtvertretung nur für **bestimmte Arten von Geschäften** anzuordnen, während es für andere Geschäfte bei der Einzelvertretung verbleibt.[31] 22

2. Ausübung der Gesamtvertretungsmacht. a) Gemeinsames Handeln. Gesamtvertretungsberechtigte Gesellschafter müssen bei der Abgabe von Willenserklärungen in der nach dem Gesellschaftsvertrag erforderlichen Anzahl zusammenwirken. Bei formbedürftigen Rechtsgeschäften müssen sämtliche Gesamtvertreter in der vorgeschriebenen Form handeln. Ist die Erklärung auch nur eines Gesamtvertreters wegen eines Formverstoßes unwirksam, so ist das gesamte Rechtsgeschäft nichtig; § 139 BGB ist mangels eines teilbaren Rechtsgeschäfts nicht anwendbar.[32] 23

b) Genehmigung. Ein von nur einem gesamtvertretungsberechtigten Gesellschafter ohne die Mitwirkung des oder der anderen Gesamtvertreter für die Gesellschaft abgeschlossenes Rechtsgeschäft ist schwebend unwirksam, §§ 177 ff. BGB. Es wird wirksam, wenn der oder die übergangenen Gesamtvertreter es genehmigen. Die **Genehmigung** bedarf gemäß § 182 Abs. 2 BGB nicht der für das Rechtsgeschäft vorgeschriebenen Form. Neben dem übergangenen Gesamtvertreter können diese Genehmigung ein etwa vorhandener einzelvertretungsberechtigter Gesellschafter, weitere gesamtvertretungsberechtigte Gesellschafter oder ein rechtsgeschäftlich Bevollmächtigter, dessen Vertretungsmacht dem Umfang nach dafür ausreicht, erklären.[33] 24

3. Wegfall und Verhinderung von Gesamtvertretern. a) Wegfall. Die Folgen des Wegfalls, des Ausscheidens oder des sonstigen Erlöschens der Vertretungsmacht eines gesamtvertretungsberechtigten Gesellschafters richten sich zunächst nach dem Inhalt des Gesellschaftsvertrages. Enthält dieser keine Bestimmung darüber, wie sich in einem solchen Fall die Vertretungsverhältnisse gestalten, so erhält nicht etwa der andere Gesamtvertreter, der mit ihm zusammen gesamtvertretungsberechtigt war, Alleinvertretungsmacht.[34] Ein solcher Zuwachs an Vertretungsmacht widerspräche der Anordnung der Gesamtvertretung im Gesellschaftsvertrag, mit der die Gesellschafter bewusst vom gesetzlichen Regelfall der Einzelvertretung abgewichen sind. Die undurchführbar gewordene Vertretungsregelung darf aber nicht zum Verlust der **Handlungsfähigkeit der Gesellschaft** führen. Es muss vielmehr gewährleistet sein, dass weiterhin eine organschaftliche Vertretung durch einen persönlich haftenden Gesellschafter stattfindet. Ein Nichtgesellschafter scheidet dafür ebenso aus wie nach der ausdrücklichen Bestimmung des § 170 HGB ein Kommanditist. Deshalb erstarkt in einer KG nach dem Ausscheiden des einen von zwei gesamtvertretungsberechtigten Komplementären und dem Vorhandensein nur noch eines persönlich haftenden Gesellschafters dessen Gesamtvertretungsmacht zwangsläufig zur Alleinvertretungsmacht.[35] 25

Sind hingegen, wie im Fall des Ausscheidens oder Ausschlusses eines alleinvertretungsberechtigten Gesellschafters, noch andere – bisher von der Vertretung ausgeschlossene – Gesellschafter vorhanden, so gilt nunmehr eine **Gesamtvertretungsbefugnis aller Gesellschafter.**[36] Sind alle Gesellschafter nur zusammen vertretungsberechtigt, so hat der Wegfall eines vertretungsberechtigten Gesellschafters nicht ohne weiteres zur Folge, dass nunmehr die übrigen Gesellschafter allein Gesamtvertretungsmacht haben.[37] Etwas anderes gilt aber dann, wenn die Gesellschaft einen ihrer gesamtvertretungsberechtigten Gesellschafter verklagt; in diesem Fall wird sie, weil der verklagte Gesellschafter aus Rechtsgründen von der Vertretung der Gesellschaft ausgeschlossen ist, von den verbliebenen Gesellschaftern vertreten.[38] 26

---

[30] BGH Beschl. v. 14. 2. 1974 – II ZB 6/73, BGHZ 62, 166, 170 ff. = NJW 1974, 1194, 1195; RG Beschl. v. 9. 3. 1917 – II 1/17, RGZ 90, 21, 22 f.
[31] Staub/*Habersack* § 125 RdNr. 40; MünchKommHGB/*K. Schmidt* § 125 RdNr. 32.
[32] BGH Urt. v. 9. 2. 1970 – II ZR 137/69, BGHZ 53, 210, 214 f. = NJW 1970, 806, 808; RG Urt. v. 18. 9. 1934 – II 95/34, RGZ 145, 155, 160.
[33] BGH Urt. v. 29. 11. 1993 – II ZR 107/92, WM 1994, 63, 65; MünchKommHGB/*K. Schmidt* RdNr. 28.
[34] BGH Urt. v. 25. 5. 1964 – II ZR 42/62, BGHZ 41, 367, 368 = NJW 1964, 1624.
[35] BGH (Fn. 34); BGH Urt. v. 9. 12. 1968 – II ZR 33/67, BGHZ 51, 198, 199 f. = NJW 1969, 507 f.; MünchKommHGB/*K. Schmidt* RdNr. 30; Staub/*Habersack* RdNr. 43.
[36] BGH Urt. v. 11. 7. 1960 – II ZR 260/59, BGHZ 33, 105, 108 = NJW 1960, 1997, 1998; Staub/*Habersack* RdNr. 43.
[37] BGH Urt. v. 4. 11. 1982 – II ZR 210/81, WM 1983, 60.
[38] BGH (Fn. 37).

27 Führt der Wegfall eines vertretungsberechtigten Gesellschafters darüberhinaus dazu, dass eine Vertretung der Gesellschaft nicht mehr möglich ist, so sind die Gesellschafter untereinander verpflichtet, im Wege der Änderung des Gesellschaftsvertrages für eine **neue Vertretungsregelung** zu sorgen. Ein nach dem Wegfall des anderen Gesamtvertreters verbleibende Gesamtvertreter hat Anspruch darauf, dass eine vergleichbare Gesamtvertretungsregelung geschaffen wird.[39]

28 **b) Tatsächliche Verhinderung.** Die nur tatsächliche Verhinderung eines Gesamtvertreters etwa durch Krankheit oder Abwesenheit steht dem Wegfall als Vertreter nicht gleich. Sie führt nicht dazu, dass der andere gesamtvertretungsberechtigte Gesellschafter die Gesellschaft nunmehr allein vertreten kann.[40] Für die Dauer der tatsächlichen Verhinderung müssen sich die Gesamtvertreter mit den Mitteln der Einzelermächtigung und der Genehmigung seitens des verhinderten Gesamtvertreters behelfen. Hingegen kann der verhinderte Gesamtvertreter seine Vertretungsmacht nicht dem anderen Geschäftsführer übertragen oder diesen bevollmächtigen, ihn in seiner Eigenschaft als Mitgeschäftsführer allgemein zu vertreten. Eine solche Bevollmächtigung ist nichtig im Hinblick auf die dem Schutz der Gesellschaft vor ihren Vertretern dienende Gesamtvertretungsbefugnis, die einer Änderung durch die gesamtvertretungsberechtigten Gesellschafter entzogen ist.[41]

29 **4. Ermächtigung eines Gesamtvertreters.** Abs. 2 Satz 2 ermöglicht es, dass gesamtvertretungsberechtigte Gesellschafter einzelne von ihnen zur Vornahme bestimmter Geschäfte oder bestimmter Arten von Geschäften ermächtigen. Der ermächtigte Gesamtvertreter kann sodann im Umfang der Ermächtigung die Gesellschaft wirksam nach außen vertreten.

30 **a) Rechtsnatur.** Die Rechtsnatur der Ermächtigung ist nicht abschließend geklärt. Nach allgemeiner Meinung erstarkt die bisher generell an die Mitwirkung eines oder mehrer anderer Gesamtvertreter gebundene organschaftliche Gesamtvertretungsmacht durch die Ermächtigung für den darin bestimmten Geschäftsbereich zur Alleinvertretungsmacht.[42] Nach anderer Auffassung[43] enthält die Ermächtigung eine Delegation der einem Gesamtvertreter zustehenden Vertretungsmacht auf einen anderen Gesamtvertreter, der nunmehr für beide handeln kann. Jedenfalls handelt es sich bei der Ermächtigung nicht um eine rechtsgeschäftliche Vollmacht, vergleichbar einer Handlungsvollmacht,[44] weil ein organschaftlicher Vertreter in demselben Bereich nicht gleichzeitig gesetzliche und gewillkürte Vertretungsmacht innehaben kann.[45]

31 **b) Erteilung und Widerruf der Ermächtigung.** Die Ermächtigung erfolgt entsprechend den §§ 167 ff. BGB durch einseitige Willenserklärung des ermächtigenden Gesamtvertreters an den zu Ermächtigenden. Dieser ist nur Erklärungsempfänger, einer Annahme bedarf es nicht.[46] Die Ermächtigung ist **stillschweigend** möglich; so kann es ausreichen, dass die anderen Gesamtvertreter das Auftreten eines Gesamtvertreters als Einzelvertreter fortgesetzt dulden[47] oder dass ein gegen die Gesellschaft klagender Gesamtvertreter den anderen Gesamtvertreter in der Klageschrift als Vertreter der Gesellschaft bezeichnet.[48]

32 Die Ermächtigung ist auch bei **formbedürftigen Rechtsgeschäften** formlos möglich, § 167 Abs. 2 BGB. Allerdings kann der Geschäftsgegner entsprechend § 174 BGB ein einseitiges Rechtsgeschäft bei Fehlen einer Vollmachtsurkunde unverzüglich zurückweisen und damit dessen Unwirksamkeit herbeiführen.

33 Die Ermächtigung kann nach allgemeiner Meinung[49] jederzeit ohne Angabe von Gründen **widerrufen** werden. Zum Widerruf berechtigt sind sowohl die ermächtigenden Gesamtvertreter als auch weitere zur organschaftlichen Vertretung der Gesellschaft berufene Gesellschafter.

34 **c) Umfang.** Dem Umfang nach ist die Ermächtigung auf bestimmte Geschäfte oder bestimmte Arten von Geschäften begrenzt. Im Hinblick auf den mit der Gesamtvertretung bezweckten Schutz der Gesellschaft vor ihren Geschäftsführern ist die lediglich der **Erleichterung des Rechtsverkehrs** dienende Ermächtigung zur Alleinvertretung aber nicht unbeschränkt zulässig; sie darf nicht im Ergebnis zu einer Änderung der gesellschaftsvertraglichen Regelung führen, die den Gesamtvertre-

---

[39] Staub/*Habersack* RdNr. 43.
[40] BGH Urt. v. 12. 12. 1960 – II ZR 255/59, BGHZ 34, 27, 29 f. = NJW 1961, 506, 507.
[41] BGH (Fn. 40); Staub/*Habersack* RdNr. 44.
[42] BGH Urt. v. 6. 3. 1975 – II ZR 80/73, BGHZ 64, 72, 75 f. = NJW 1975, 1117, 1118; Heymann/*Emmerich* RdNr. 25; Baumbach/*Hopt* RdNr. 17.
[43] MünchKommHGB/*K. Schmidt* RdNr. 44; Staub/*Habersack* RdNr. 46.
[44] So noch RGZ 81, 325, 328.
[45] BGH (Fn 40).
[46] MünchKommHGB/*K. Schmidt* RdNr. 43; Staub/*Habersack* RdNr. 47.
[47] RG Urt. v. 5. 2. 1929 – II 332/28, RGZ 123, 279, 288 f.
[48] RG Urt. v. 11. 2. 1927 – II 129/26, RGZ 116, 116, 118 f.
[49] MünchKommHGB/*K. Schmidt* RdNr. 46; Staub/*Habersack* RdNr. 53; Baumbach/*Hopt* RdNr. 17.

tern nicht zusteht. Deshalb darf ein gesamtvertretungsberechtigter Gesellschafter seine Vertretungsmacht nicht in vollem Umfang anderen Gesamtvertretern übertragen oder diese bevollmächtigen, ihn in seiner Eigenschaft als Mitgeschäftsführer allgemein zu vertreten.[50] Zulässig ist danach zum Beispiel eine Ermächtigung, die inhaltlich auf die Gewährung und Abwicklung eines Kredites gegenüber der finanzierenden Bank beschränkt ist.[51]

5. Verbot des Selbstkontrahierens. Einer von zwei gesamtvertretungsberechtigten Gesellschaftern, der mit der Gesellschaft einen Vertrag abschließen will, kann den anderen Gesamtvertreter wirksam zur Alleinvertretung der Gesellschaft ermächtigen. Der Schutzzweck des § 181 BGB, nämlich zu verhindern, dass verschiedene und einander widersprechende Interessen durch ein und dieselbe Person vertreten werden, weil dies die Gefahr eines Interessenkonfliktes und damit einer Schädigung des Vertretenen mit sich bringt, steht dem nicht entgegen, weil der ermächtigte Gesellschafter allein und ohne Bindung an Weisungen, Wünsche und Interessen des anderen Gesellschafters in eigener Verantwortung über den Geschäftsabschluss entscheidet.[52] Das Schrifttum[53] folgt dieser Auffassung überwiegend nicht. Dies führt im Fall der Verhinderung eines Gesamtvertreters wegen eines Verstoßes gegen das Verbot des Selbstkontrahierens zur Gesamtvertretungsmacht aller Gesellschafter oder bei Fehlen anderer Gesellschafter oder Komplementäre zur Einzelvertretungsmacht des anderen Gesamtvertreters.

Hat ein gemäß § 181 BGB an der Vertretung der Gesellschaft verhinderter Gesamtvertreter gleichwohl am Geschäftsabschluss mitgewirkt, so kann seine Willenserklärung nicht in eine Ermächtigung des anderen Gesamtvertreters **umgedeutet** werden.[54] Ein wegen des Verstoßes gegen das Verbot des Selbstkontrahierens schwebend unwirksames Rechtsgeschäft kann aber unter Umständen genehmigt werden.[55]

6. Passivvertretung. Für die Entgegennahme von Willenserklärungen gilt auch bei Vereinbarung von Gesamtvertretung im Gesellschaftsvertrag zwingend Einzelvertretung. Es genügt, dass ein Gesamtvertreter vom Inhalt der Erklärung Kenntnis erhält. Abs. 2 Satz 3 entspricht einem allgemeinen Rechtsprinzip, das auch in anderen gesetzlichen Bestimmungen enthalten ist;[56] so gilt gemäß § 170 Abs. 3 ZPO entsprechendes für Zustellungen und Ladungen im Zivilprozess. Die passive Einzelvertretung ist beschränkt auf den Zugang von Willenserklärungen, sie umfasst nicht die Annahme von Angeboten, auch nicht die durch schlüssiges Verhalten. Soweit aber im Handelsverkehr **Schweigen** in seinen Wirkungen einer Willenserklärung gleichsteht, wie etwa im Fall des kaufmännischen Bestätigungsschreibens, treten die Rechtsfolgen des Schweigens auch schon bei Kenntnis eines Gesamtvertreters ein.[57]

7. Gemischte Gesamtvertretung. a) Grundsatz. Die Gesellschafter können nach Abs. 3 Satz 1 im Gesellschaftsvertrag bestimmen, dass sie, wenn nicht mehrere zusammen handeln, nur in Gemeinschaft mit einem Prokuristen zur Vertretung der Gesellschaft befugt sein sollen. Diese gemischte oder unechte Gesamtvertretung durch einen Gesellschafter unter Hinzuziehung eines Prokuristen dient der Erleichterung einer ohnehin bestehenden Gesamtvertretung mehrerer Gesellschafter.[58] Es sind dabei verschiedene Varianten möglich und denkbar. Begrenzt werden die Gestaltungsmöglichkeiten durch den Grundsatz der **Selbstorganschaft;** es muss stets eine Vertretung allein durch die persönlich haftenden Gesellschafter, durch einen oder durch mehrere, möglich sein. Deshalb kann die Vertretungsmacht des alleinvertretungsberechtigten Gesellschafters nicht dadurch nach außen beschränkt werden, dass er an die Mitwirkung eines Prokuristen gebunden wird.[59]

b) Formen der gemischten Gesamtvertretung. Häufig anzutreffen ist die Vertretung der Gesellschaft entweder durch zwei Gesellschafter oder durch einen Gesellschafter und einen Prokuristen. Angeordnet werden kann weiter, dass bestimmte Gesellschafter stets der Mitwirkung eines anderen Gesellschafters bedürfen, der andere aber auch zusammen mit einem Prokuristen vertre-

---

[50] BGH (Fn. 40); BGH Urt. v. 25. 11. 1985 – II ZR 115/85, WM 1986, 315, 316; Staub/*Habersack* RdNr. 48.
[51] BGH Urt. v. 25. 11. 1985 (Fn. 50).
[52] BGH Urt. v. 6. 3. 1975 – II ZR 80/73, BGHZ 64, 72, 76 f. = NJW 1975, 1117, 1119; BGH Urt. v. 8. 10. 1991 – XI ZR 64/90, NJW 1992, 618.
[53] MünchKommHGB/*K. Schmidt* RdNr. 45; Staub/*Habersack* RdNr. 51; Röhricht/Graf von Westphalen/*von Gerkan* RdNr. 10.
[54] BGH Urt. v. 8. 10. 1991 (Fn. 52).
[55] BGH (Fn. 33).
[56] RG Urt. v. 31. 12. 1902 – I 320/02, RGZ 53, 227, 230 f.
[57] RG Urt. v. 26. 3. 1927 – I 256/26, JW 1927, 1675, 1676; MünchKommHGB/*K. Schmidt* RdNr. 47; Staub/*Habersack* RdNr. 55; aA Baumbach/*Hopt* RdNr. 18.
[58] BGH Urt. v. 6. 2. 1958 – II ZR 210/56, BGHZ 26, 330, 332 f. = WM 1958, 355, 356; vgl. im Einzelnen § 48 RdNr. 41 ff.
[59] BGH (Fn. 58); MünchKommHGB/*K. Schmidt* RdNr. 33.

tungsberechtigt ist. Möglich ist auch eine Kombination von Einzelvertretern und Gesamtvertretern, wobei die letzteren der Mitwirkung eines Prokuristen oder eines anderen Gesellschafters bedürfen.[60] Zulässig ist schließlich die sog. **halbseitige gemischte Gesamtvertretung,** bei der nur der Gesellschafter oder nur der Prokurist an die Mitwirkung des anderen gebunden sind. Im zuletzt genannten Fall geht es allerdings nicht um die organschaftliche, sondern um die rechtsgeschäftliche Vertretung der Gesellschaft. Dass Prokura in der Weise erteilt werden kann, dass der Prokurist berechtigt ist, die Gesellschaft in Gemeinschaft mit einem gesamt- oder alleinvertretungsberechtigten Gesellschafter zu vertreten, ist allgemein anerkannt.[61]

40 Unzulässig ist hingegen die Bindung eines gesamtvertretungsberechtigten Gesellschafters an die **Mitwirkung eines Handlungsbevollmächtigten** oder eines sonstigen rechtsgeschäftlichen Vertreters der Gesellschaft. Umgekehrt kann allerdings der Handlungsbevollmächtigte an die Mitwirkung eines Gesellschafters gebunden werden, ohne dass dies aber Auswirkungen auf dessen organschaftliche Vertretungsmacht hat. Lediglich der Handlungsbevollmächtigte wird dadurch in der Ausübung seiner Vertretungsmacht gemäß § 54 beschränkt.

41 Wird gemischte Gesamtvertretung angeordnet, so wird die Vertretungsbefugnis des **Prokuristen** im Umfang der gesetzlichen Vertretungsmacht des Gesellschafters erweitert. Der Umfang seiner Vertretungsmacht richtet sich dann nicht nach § 49, sondern nach § 126.[62] Er ist Vertreter der Gesellschaft, nicht des anderen gesamtvertretungsberechtigten Gesellschafters. Er wird auf Grund eigener Entschließung unter eigener Verantwortung tätig; er ist insbesondere nicht Erfüllungsgehilfe des gesamtvertretungsberechtigten Gesellschafters, den er ersetzt.[63]

42 Für die **Ermächtigung** und die **Passivvertretung** verweist Abs. 3 Satz 2 auf Abs. 2 Satz 2 und 3. Danach besteht auch bei der gemischten Gesamtvertretung die Möglichkeit der Ermächtigung. Der Prokurist ist ebenfalls allein zur Passivvertretung der Gesellschaft berechtigt.

VII. Ausschluss von der Vertretungsmacht

43 **1. Gesellschaftsvertragliche Regelung.** Durch Vereinbarung im Gesellschaftsvertrag oder durch dessen nachträgliche Änderung können einzelne Gesellschafter von der Vertretung der Gesellschaft ausgeschlossen werden (Abs. 1, 2. HS), vorausgesetzt, eine organschaftliche Vertretung der Gesellschaft ist dann noch möglich. Es können deshalb nicht alle persönlich haftenden Gesellschafter wirksam von der Vertretungsmacht ausgeschlossen werden.[64]

44 Der Ausschluss von der Vertretung kann im Gesellschaftsvertrag ausdrücklich bestimmt sein; er kann darüber hinaus dem Gesellschaftsvertrag im Wege der **Auslegung** (§§ 133, 157 BGB) zu entnehmen sein. Eine gesellschaftsvertragliche Vereinbarung, dass bestimmte Gesellschafter Vertretungsmacht besitzen, bedeutet in der Regel den Ausschluss der übrigen von der Vertretung, desgleichen die Bezeichnung bestimmter Gesellschafter als zeichnungsberechtigte oder firmierende Gesellschafter, weiterhin die im Gesellschaftsvertrag enthaltene Erteilung der Prokura an einen Gesellschafter.[65] Mit dem Ausschluss von der Geschäftsführung ist regelmäßig auch ein Ausschluss von der Vertretung verbunden, obwohl die Auslegungsregel des § 114 Abs. 2 hier nicht unmittelbar anzuwenden ist. Dies gilt jedenfalls solange, wie der Gesellschaftsvertrag nicht zwischen Geschäftsführung und Vertretung unterscheidet.[66]

45 **2. Umfang.** Der Ausschluss von der Vertretungsmacht ist nach allgemeiner Meinung nur vollständig, nicht aber teilweise, etwa für bestimmte Arten von Geschäften, oder befristet bzw. bedingt möglich. Dem von der Vertretung ausgeschlossenen Gesellschafter kann aber Prokura, Handlungsvollmacht oder rechtsgeschäftliche Vertretungsmacht erteilt werden.

46 **3. Aufhebung.** Die Gesellschafter können den Ausschluss von der Vertretung jederzeit aufheben. Grundsätzlich erfordert dies eine Änderung des Gesellschaftsvertrages. Es ist aber auch eine stillschweigende Aufhebung denkbar, es sei denn, gesetzliche oder gewillkürte Formerfordernisse stehen dem entgegen. Dulden die vertretungsberechtigten Gesellschafter das Vertreterhandeln eines von der

---

[60] Wegen weiterer Einzelfälle vgl. MünchKommHGB/*K. Schmidt* RdNr. 34 ff.; Staub/*Habersack* RdNr. 57 ff.
[61] BGH Beschl. v. 6. 11. 1986 – II ZB 8/86, BGHZ 99, 76, 78 ff. = NJW 1987, 841 f; OLG Frankfurt Beschl. v. 16. 11. 2000 – 20 W 242/00, NJW-RR 2001, 178.
[62] BGH Urt. v. 31. 3. 1954 – II ZR 57/53, BGHZ 13, 61, 64 f. = NJW 1954, 1158; BGH Beschl. v. 14. 2. 1974 – II ZB 6/73, BGHZ 62, 166, 170 = NJW 1974, 1194 f; allgM, vgl. Staub/*Habersack* RdNr. 61.
[63] BGH Urt. v. 31. 3. 1954 (Fn. 62).
[64] BGH Urt. v. 25. 5. 1964 – II ZR 42/62, BGHZ 41, 367, 369 = NJW 1964, 1624 f.
[65] RG Urt. v. 1. 2. 1889 – III 271/88 RGZ 24, 27 f.; MünchKommHGB/*K. Schmidt* RdNr. 15; Staub/*Habersack* RdNr. 33; Baumbach/*Hopt* RdNr. 12.
[66] MünchKommHGB/*K. Schmidt* RdNr. 15.

Vertretung ausgeschlossenen Gesellschafters, so lässt dies in der Regel nicht auf einen Willen zur Änderung der Vertretungsregelung des Gesellschaftsvertrages schließen, sondern nur auf eine rechtsgeschäftliche Bevollmächtigung.[67]

4. Streit um das Bestehen der Vertretungsmacht. Besteht zwischen den Gesellschaftern Streit über das Bestehen der Vertretungsmacht eines Gesellschafters, so ist dieser im Wege der **Feststellungsklage** (§ 256 ZPO) zwischen den Gesellschaftern, nicht aber von dem Gesellschafter mit der Gesellschaft selbst auszutragen,[68] weil eine derartige Streitigkeit die Grundlagen des Gesellschaftsverhältnisses betrifft, über die die Gesellschaft zu disponieren nicht befugt ist.[69] Den Geschäftsgegner der Gesellschaft kann der beklagte Gesellschafter ebenso wenig auf Feststellung seiner Vertretungsmacht in Anspruch nehmen, weil es an einem einer Feststellung fähigen Rechtsverhältnis zwischen ihm und dem Geschäftsgegner fehlt und zudem regelmäßig ein Rechtsschutzbedürfnis zu verneinen ist, weil die Rechtskraftwirkung eines solchen Feststellungsurteils sich nicht auf die Gesellschaft und die Gesellschafter erstreckt.[70]

VIII. Nicht voll geschäftsfähige Gesellschafter

Geschäftsunfähige (§ 104 BGB) oder beschränkt geschäftsfähige Gesellschafter, insbesondere **Minderjährige** (§ 106 BGB), sind nach allgemeiner Meinung[71] als Mitglieder der Personenhandelsgesellschaft vertretungsberechtigt. Allerdings bedürfen sie bei der Ausübung ihrer organschaftlichen Vertretungsmacht der Mitwirkung eines **gesetzlichen Vertreters.** Dieser ist, wenn er für die Gesellschaft handelt, deren Vertreter, nicht der des Gesellschafters. § 165 BGB, der für einen Vertreter, der aus dem Vertretergeschäft nicht haftet, die beschränkte Geschäftsfähigkeit genügen lässt, ist im Verhältnis der Gesellschaft zu dem Gesellschafter wegen dessen persönlicher Haftung aus § 128 nicht anwendbar.[72] Die Eltern oder gesetzlichen Vertreter benötigen nach allgemeiner Meinung für den Abschluss von Rechtsgeschäften im Namen der Gesellschaft keine vormundschaftsgerichtliche Genehmigung gemäß den §§ 1643, 1821, 1822 BGB.[73]

Der gesetzliche Vertreter kann den Minderjährigen nach § 112 BGB mit Zustimmung des Vormundschaftsgerichts zum **selbständigen Betrieb eines Erwerbsgeschäfts** ermächtigen. In diesem Fall ist der Minderjährige im Umfang der Ermächtigung geschäftsfähig.[74] Die Genehmigungserfordernisse nach den §§ 1643, 1821, 1822 BGB gelten im Hinblick auf § 112 Abs. 1 Satz 2 BGB nicht, weil die Eltern oder der gesetzliche Vertreter bei Ausübung der organschaftlichen Vertretungsmacht einer Genehmigung nicht bedürfen.[75]

Die von einem nicht vollgeschäftsfähigen Gesellschafter namens der Gesellschaft abgegebene nichtige (§ 105 Abs. 1 BGB) oder unwirksame (§§ 106 ff. BGB) Willenserklärung führt auch im Hinblick auf die negative Publizität des Handelsregisters (§ 15 Abs. 1) nicht zu einer Verpflichtung der Gesellschaft. Das Handelsregister schützt nur das Vertrauen auf den Bestand der Vertretungsbefugnis, nicht aber das auf die Geschäftsfähigkeit.[76] Die Gesellschaft kann aber nach den Grundsätzen der **Rechtsscheinhaftung** gehindert sein, sich auf die Nichtigkeit von Willenserklärungen eines geschäftsunfähigen vertretungsberechtigten Gesellschafters zu berufen, wenn die anderen Gesellschafter dessen Geschäftsunfähigkeit erkennen konnten, sie aber gleichwohl nicht eingeschritten sind.[77]

Juristische Personen und Personenhandelsgesellschaften bedürfen organschaftlicher Vertreter, um rechtsgeschäftlich zu handeln. Sind sie Gesellschafter einer OHG, so üben sie die Vertretungsbefugnis durch ihre organschaftlichen Vertreter oder sonstige Bevollmächtigte aus[78]

---

[67] MünchKommHGB/*K. Schmidt* RdNr. 17; Staub/*Habersack* RdNr. 35.
[68] BGH Urt. v. 26. 10. 1978 – II ZR 77/78, NJW 1979, 871, 872; Staub/*Habersack* RdNr. 37.
[69] BGH Urt. v. 30. 4. 1984 – II ZR 293/83, BGHZ 91, 132, 133 = NJW 1984, 2104; Urt. v. 6. 11. 1989 – II ZR 302/88, WM 1990, 309; Urt. v. 11. 12. 1989 – II ZR 61/89, WM 1990, 675, 676.
[70] BGH Urt. v. 26. 10. 1978 – II ZR 77/78, NJW 1979, 871, 872.
[71] Vgl. nur MünchKommHGB/*K. Schmidt* RdNr. 18; Staub/*Habersack* RdNr. 29 f.
[72] MünchKommHGB/*K. Schmidt* RdNr. 18; Staub/*Habersack* RdNr. 29; Baumbach/*Hopt* RdNr. 10.
[73] BGH Urt. v. 20. 9. 1962 – II ZR 209/61, BGHZ 38, 26, 30 = NJW 1962, 2344, 2345; RG Urt. v. 30. 9. 1929 – IV 800/28, RGZ 125, 380, 381; MünchKommHGB/*K. Schmidt* RdNr. 18, Staub/*Habersack* RdNr. 30.
[74] MünchKommHGB/*K. Schmidt* RdNr. 18; Staub/*Habersack* RdNr. 29.
[75] Staub/*Habersack* RdNr. 29.
[76] BGH Urt. v. 9. 2. 1970 – II ZR 137/69, BGHZ 53, 210, 215 f. = NJW 1970, 806, 808; Urt. v. 1. 7. 1991 – II ZR 292/90, BGHZ 115, 78, 79 ff. = NJW 1991, 2566, 2567.
[77] BGH Urt. v. 1. 7. 1971 – II ZR 292/90, BGHZ 115, 78, 81 ff. = NJW 1991, 2566, 2567.
[78] BGH Urt. v. 8. 10. 1979 – II ZR 257/78, BGHZ 75, 178, 182 = NJW 1980, 233, 234.

§ 125 a 1

2. Buch. 1. Abschnitt. Offene Handelsgesellschaft

IX. Eintragung in das Handelsregister

52 Nach dem bis 2001 geltenden Abs. 4 aF war jede vom gesetzlichen Regelfall, also der Einzelvertretung durch sämtliche Gesellschafter abweichende gesellschaftsvertragliche Vertretungsregelung zur Eintragung in das Handelsregister anzumelden.[79] Abs. 4 aF ist durch das Gesetz über elektronische Register und Justizkosten für Telekommunikation[80] – ERJuKoG – vom 10. Dezember 2001, in Kraft getreten am 11. Dezember 2001, aufgehoben worden. Die Vertretungsregelung muss nunmehr in jedem Fall eingetragen werden. Die Eintragungspflicht hinsichtlich der Vertretungsmacht der Gesellschafter ergibt sich aus dem neu in das Gesetz eingefügten § 106 Abs. 2 Nr. 4; Änderungen der nach dieser Vorschrift einzutragenden Vertretungsmacht der persönlich haftenden Gesellschafter sind nach dem ebenfalls geänderten § 107 zur Eintragung anzumelden. Das Anmeldeverfahren richtet sich nach § 108.

§ 125 a [Angaben auf Geschäftsbriefen]

(1) ¹Auf allen Geschäftsbriefen der Gesellschaft gleichviel welcher Form, die an einen bestimmten Empfänger gerichtet werden, müssen die Rechtsform und der Sitz der Gesellschaft, das Registergericht und die Nummer, unter der die Gesellschaft in das Handelsregister eingetragen ist, angegeben werden. ²Bei einer Gesellschaft, bei der kein Gesellschafter eine natürliche Person ist, sind auf den Geschäftsbriefen der Gesellschaft ferner die Firmen der Gesellschafter anzugeben sowie für die Gesellschafter die nach § 35 a des Gesetzes betreffend die Gesellschaften mit beschränkter Haftung oder § 80 des Aktiengesetzes für Geschäftsbriefe vorgeschriebenen Angaben zu machen. ³Die Angaben nach Satz 2 sind nicht erforderlich, wenn zu den Gesellschaftern der Gesellschaft eine offene Handelsgesellschaft oder Kommanditgesellschaft gehört, bei der ein persönlich haftender Gesellschafter eine natürliche Person ist.

(2) Für Vordrucke und Bestellscheine ist § 37 a Abs. 2 und 3, für Zwangsgelder gegen die zur Vertretung der Gesellschaft ermächtigten Gesellschafter oder deren organschaftliche Vertreter und die Liquidatoren ist § 37 a Abs. 4 entsprechend anzuwenden.

Schrifttum: *Hüttmann*, Mindestangaben auf Geschäftsbriefen und Bestellscheinen einer GmbH & Co. KG ab 1. 1. 1981, DB 1980, 1884; *Mutter*, Pflichtangaben auf Geschäftsbriefen auch im E-Mail-Verkehr?, GmbHR 2001, 336; *Schmittmann/Ahrens*, Pflichtangaben in E-mails – ist die elektronische Post ein Geschäftsbrief?, DB 2002, 1038; *Wünsch*, Angaben auf Geschäftsbriefen, FS Schwarz, 1991, S. 573.

Übersicht

	RdNr.		RdNr.
I. Normzweck	1, 2	V. Angaben	8, 9
II. Entstehungsgeschichte	3, 4	VI. Rechtsfolgen eines Verstoßes	10–12
III. Anwendungsbereich	5, 6	1. Zwangsgeld	10
IV. Geschäftsbriefe	7	2. Zivilrechtliche Sanktionen	11, 12

I. Normzweck

1 Die Vorschrift dient dem **Schutz des Rechtsverkehrs** und der Sicherheit des Geschäftsverkehrs mit gewerblichen Unternehmen. Aus Gründen der Einheitlichkeit des Firmenrechts werden seit der Änderung der Vorschrift durch das Handelsrechtsreformgesetz alle Personenhandelsgesellschaften von ihr erfasst. Wie bisher (Abs. 1 Satz 2) bezweckt sie den Schutz des Rechtsverkehrs mit einer Gesellschaft, bei der kein Gesellschafter eine natürliche Person ist und die deshalb trotz der persönlichen und unbeschränkten Haftung des § 128 HGB dem Gläubiger nur eine begrenzte Haftungssumme, nämlich das Gesellschaftsvermögen, zur Verfügung steht. Dazu ordnet sie an, dass wesentliche, die Verhältnisse der Gesellschaft betreffende Umstände auf Geschäftsbriefen und Vordrucken offengelegt werden müssen. Die Geschäftspartner gewerblicher Unternehmen sollen so im Interesse der Erleichterung des Geschäftsverkehrs über die wichtigsten Daten der Gesellschaft, insbesondere deren Geschäftsleitung, informiert werden; Nachforschungen im Handelsregister sol-

---

[79] Zu den Einzelheiten vgl. die Vorauflage, RdNr. 52 ff.
[80] BGBl. I S. 3422; vgl. zu den damit verfolgten Zielen die Begründung des Gesetzentwurfs der Bundesregierung, BT-Drucks. 14/6855 S. 1, 16; weiter *Noack* BB 2001, 1261 ff. und *Seibert* BB 2001, 2494 ff.

len erspart oder durch einen schnellen Zugang zu den dort vorhandenen Informationen erleichtert werden.

Entsprechende Regelungen für **Kapitalgesellschaften** enthalten die §§ 35a GmbHG und 80 AktG. Wegen einzelner Voraussetzungen verweist § 125a auf diese Vorschriften. Auch für Genossenschaften gibt es eine entsprechende Regelung (§ 25a GenG).

II. Entstehungsgeschichte

§ 125a ist ebenso wie der für die KG geltende § 177a durch die GmbH-Novelle vom 4. 7. 1980 (BGBl. I S. 836, 841) in das HGB eingefügt worden. Die Vorschrift geht letztlich auf die erste Richtlinie vom 9. 3. 1968 **(Publizitätsrichtlinie)** des Rates der Europäischen Gemeinschaften zurück, die – allerdings nur für AG, GmbH und KGaA – im Hinblick darauf, dass diese Gesellschaften zum Schutz Dritter lediglich das Gesellschaftsvermögen zur Verfügung stellen, die Offenlegung der wesentlichen Daten der Gesellschaft anordnet. Mit § 125a in der Fassung der GmbH-Novelle ist insbesondere die GmbH & Co. KG hinsichtlich der Angabepflichten den Kapitalgesellschaften gleichgestellt worden.[1]

Seit dem Inkrafttreten des **Handelsrechtsreformgesetzes** vom 22. 6. 1998 (BGBl. I S. 1474) gilt § 125a für sämtliche Personenhandelsgesellschaften. Damit wird der mit der Änderung des Rechts der Handelsfirma bestehenden weitgehenden Wahlfreiheit bei der Firmenbildung Rechnung getragen. Entsprechend dem neu eingefügten § 37a haben sämtliche kaufmännischen Unternehmen auf Geschäftsbriefen ihre Rechtsform, den Sitz der Gesellschaft, das Registergericht und die Handelsregisternummer anzugeben. Für die Personengesellschaften, bei denen kein Gesellschafter eine natürliche Person ist, ist es bei der bisherigen Rechtslage geblieben.

III. Anwendungsbereich

Die Vorschrift erfasst in Abs. 1 Satz 1 zunächst alle **Personenhandelsgesellschaften** einschließlich der gesetzestypischen. Abs. 1 Satz 2 statuiert darüberhinaus weitere Angabepflichten für die Handelsgesellschaften, bei denen kein Gesellschafter eine natürliche Person ist. Adressat ist insoweit jede OHG oder – gemäß § 177a – KG, an der als Gesellschafter oder Komplementär nur Kapitalgesellschaften beteiligt sind; dass ein Kommanditist eine natürliche Person ist, ist unerheblich (Abs. 1 Satz 3). Sind an einer OHG andere Handelsgesellschaften als Gesellschafter beteiligt, so entfallen nach Abs. 1 Satz 3 die Angabepflichten des Abs. 1 Satz 2 dann, wenn mindestens ein persönlich haftender Gesellschafter dieser an der OHG beteiligten Handelsgesellschaft eine natürliche Person ist.

Diese Freistellung von den Angabepflichten nach Abs. 1 Satz 2 gilt auch für sog. **„mehrstöckige" Gesellschaften,** bei denen eine vollhaftende natürliche Person erst auf deren dritter oder höherer Ebene beteiligt ist.[2] Auch der durch das Handelsrechtsreformgesetz neu gefasste § 19 unterscheidet in Abs. 2 für die Erforderlichkeit eines die Haftungsbeschränkung kennzeichnenden Zusatzes nicht mehr danach, auf welcher Stufe eine persönlich haftende natürliche Person vorhanden ist.

IV. Geschäftsbriefe

Der Begriff des Geschäftsbriefs ist derselbe wie in § 37a (vgl. § 37a RdNr. 5–8). Abs. 2 in der durch das Handelsrechtsreformgesetz geänderten Fassung nimmt auf den neuen § 37a Abs. 2 und 3 Bezug, mit dem eine eigenständige Regelung für die Behandlung von Vordrucken und Bestellscheinen als Geschäftsbriefe in das HGB eingefügt worden ist. Die bisher geltende Verweisung auf das GmbHG ist dadurch entfallen. Auf die Kommentierung zu § 37a Abs. 2 und 3 wird verwiesen (vgl. § 37a RdNr. 9, 10).

V. Angaben

Alle Personenhandelsgesellschaften haben auf den Geschäftsbriefen ihre Rechtsform, den Sitz der Gesellschaft, das Registergericht sowie die Nummer, unter der die Gesellschaft in das Handelsregister eingetragen ist, anzugeben. Das entspricht der für den eingetragenen Kaufmann geltenden Regelung in § 37a Abs. 1. Die Verwendung der Abkürzungen „OHG" bzw. „KG" genügt.

---

[1] *Lutter* DB 1980, 1317, 1325.
[2] Staub/*Habersack* RdNr. 6; MünchKommHGB/*K. Schmidt* RdNr. 4; Heymann/*Emmerich* RdNr. 2; aA Röhricht/ Graf von Westphalen/*von Gerkan* RdNr. 1; zu § 19 Abs. 5 aF vgl. BayObLG Beschl. v. 8. 9. 1994 – 3 Z BR 118/94, ZIP 1994, 1694, 1695; KG Beschl. v. 5. 7. 1988 – 1 W 1485/87, ZIP 1988, 1194.

Gesellschaften, bei denen kein Gesellschafter eine natürliche Person ist (Abs. 1 Satz 2), haben zusätzlich die Firmen ihrer Gesellschafter sowie die nach den §§ 35a GmbHG, 80 AktG für die Gesellschafter vorgeschriebenen Angaben zu machen. Mitzuteilen sind deren Rechtsform, deren Sitz, das zuständige Handelsregister, die Handelsregister-Nummer, die Geschäftsführer bzw. die Vorstandsmitglieder sowie gegebenenfalls die Vorsitzenden von Aufsichtsrat oder Beirat.[3]

VI. Rechtsfolgen eines Verstoßes

1. Zwangsgeld. Zur Durchsetzung der Angabepflichten hat das Registergericht Zwangsgelder festzusetzen. Dazu verweist Abs. 2 auf § 37a Abs. 4, der wiederum auf § 14 verweist. Das Zwangsgeldverfahren richtet sich nach den §§ 132ff. FGG. Beteiligte sind die zur Vertretung der Gesellschaft ermächtigten Gesellschafter, die gesetzlichen Vertreter des persönlich haftenden Gesellschafters (etwa der Geschäftsführer einer Komplementär-GmbH) sowie die Liquidatoren. Zwangsgeldandrohungen sind an diese als gesetzliche Vertreter, nicht aber an die Gesellschaft zu adressieren, weil sich nach allgemeiner Meinung das Zwangsgeldverfahren nur gegen physische Personen richten kann.[4]

2. Zivilrechtliche Sanktionen. Der Verstoß gegen § 125a macht den mit der Gesellschaft abgeschlossenen Vertrag nicht unwirksam. Der Empfänger des Geschäftsbriefs kann allerdings gemäß § 119 Abs. 2 BGB zur Anfechtung der von ihm abgegebenen Willenserklärung wegen eines Irrtums über eine verkehrswesentliche Eigenschaft der Gesellschaft berechtigt sein. Möglich sind daneben deliktische Ansprüche; § 125a ist Schutzgesetz im Sinne von § 823 Abs. 2 BGB.[5] Weiter kommen Ansprüche aus Verschulden bei Vertragsverhandlungen (§§ 280, 311 Abs. 2 BGB) in Betracht. Schließlich können die verantwortlichen Vertreter der Gesellschaft in entsprechender Anwendung des § 179 BGB im Wege der **Rechtsscheinhaftung** auf Vertragserfüllung oder Schadensersatz haften, wenn sie durch die Verletzung der Angabepflicht zurechenbar das berechtigte Vertrauen des Geschäftsgegners auf die Haftung mindestens einer natürlichen Person hervorgerufen haben.[6]

Die Verletzung der Angabepflichten durch die gesetzestypische OHG gibt keinen Anlass, die von der Rechtsprechung entwickelten Grundsätze zur **Vertrauenshaftung** bei Nichtangabe des Firmenzusatzes (s. Fn. 6) entsprechend zu erweitern.[7] Die Vertrauenshaftung greift ein, wenn im Rechtsverkehr gegenüber dem Geschäftspartner nicht offengelegt wird, dass er es mit einer juristischen Person mit beschränkter Haftungsmasse zu tun hat, bei der ihm keine der beteiligten natürlichen Personen mit ihrem Privatvermögen haftet. Dieser Gedanke trifft auf die fehlende Rechtsformangabe bei einer gesetzestypischen Handelsgesellschaft nicht zu.

§ 126 [Umfang der Vertretungsmacht]

(1) Die Vertretungsmacht der Gesellschafter erstreckt sich auf alle gerichtlichen und außergerichtlichen Geschäfte und Rechtshandlungen einschließlich der Veräußerung und Belastung von Grundstücken sowie der Erteilung und des Widerrufs einer Prokura.

(2) Eine Beschränkung des Umfanges der Vertretungsmacht ist Dritten gegenüber unwirksam; dies gilt insbesondere von der Beschränkung, daß sich die Vertretung nur auf gewisse Geschäfte oder Arten von Geschäften erstrecken oder daß sie nur unter gewissen Umständen oder für eine gewisse Zeit oder an einzelnen Orten stattfinden soll.

(3) In betreff der Beschränkung auf den Betrieb einer von mehreren Niederlassungen der Gesellschaft finden die Vorschriften des § 50 Abs. 3 entsprechende Anwendung.

Schrifttum: *Emmerich*, Erfüllungstheorie oder Haftungstheorie – Zur Auslegung der §§ 126 und 128 HGB, FS Lukes, 1989, S. 639; *Rob. Fischer*, Der Mißbrauch der Vetretungsmacht, auch unter Berücksichtigung der Handelsgesellschaften, FS Schilling, 1973, S. 3; *Geßler*, Zum Mißbrauch organschaftlicher Vertretungsmacht, FS v. Caemmerer, 1978, S. 531; *Heckelmann*, Mitverschulden des Vertretenen bei Mißbrauch der Vertretungsmacht, JZ 1970, 62; *John*, Der Mißbrauch organschaftlicher Vertretungsmacht, FS Mühl, 1981, S. 349; *Jüngst*, Der Mißbrauch organschaftlicher Vertretungsmacht, 1981; *Michalski*, Mißbrauch der Vertretungsmacht bei Überschreiten der Geschäftsführungsbefugnis, GmbHR 1991, 349; *Roth*, Mißbrauch der Vertretungsmacht durch GmbH-Geschäftsführer, ZGR 1985, 265; *Schott*, Der

---

[3] *Lutter* DB 1980, 1317, 1325; *Schaffland* BB 1980, 1501, 1502f.; *Kreplin* BB 1969, 1112, 1113f.
[4] Vgl. die Begründung des Regierungsentwurfs zu § 125a Abs. 2 HGB, BT-Drucks. 13/8444 S. 65.
[5] LG Detmold Urt. v. 20. 10. 1989 – 9 O 402/89, GmbHR 1991, 23.
[6] BGH Urt. v. 18. 3. 1974 – II ZR 167/72, BGHZ 62, 216, 222ff. = NJW 1974, 1191, 1192; Urt. v. 3. 2. 1975 – II ZR 128/73, BGHZ 64, 11, 16ff. = NJW 1975, 1166, 1167; Urt. v. 1. 6. 1981 – II ZR 1/81, NJW 1981, 2569f.; Urt. v. 24. 6. 1991 – II ZR 293/90, NJW 1991, 2627f.
[7] *K. Schmidt* NJW 1998, 2161, 2168; MünchkommHGB/*K. Schmidt* RdNr. 18.

Mißbrauch der Vertretungsmacht, AcP 171 (1971), 385; *Zacher,* Beschränkungen und Mißbrauch der Vertretungsmacht des GmbH-Geschäftsführers, GmbHR 1994, 842.

Übersicht

	RdNr.		RdNr.
I. Normzweck	1, 2	III. Beschränkungen der Vertretungsmacht	13–18
II. Umfang der Vertretungsmacht	3–12	1. Beschränkung auf eine Niederlassung	13
1. Grundsatz	3	2. Rechtsgeschäfte mit Gesellschaftern	14–18
2. Einzelheiten	4–6	IV. Missbrauch der Vertretungsmacht	19–23
a) Grundstücksgeschäfte	4	1. Grundsatz	19
b) Prokura	5	2. Voraussetzungen	20, 21
c) Arbeitsverhältnisse	6	3. Einzelfälle	22
3. Grundlagengeschäfte	7–11	4. Rechtsfolgen	23
a) Änderungen des Gesellschaftsvertrags	8		
b) Weitere Fälle	9–11		
4. Verbot des Selbstkontrahierens	12		

I. Normzweck

Die Vorschrift regelt den **Umfang der organschaftlichen Vertretungsmacht** der gemäß § 125 zur Vertretung der Gesellschaft berufenen Gesellschafter der OHG bzw. des Komplementärs der KG. Nach außen ist die Vertretungsmacht grundsätzlich unbeschränkt und unbeschränkbar, und zwar ohne Rücksicht auf die innergesellschaftlichen Bindungen, insbesondere den Umfang der Geschäftsführungsbefugnis. Gestattet ist lediglich die Beschränkung der Vertretungsmacht auf den Betrieb einer Niederlassung (Abs. 3). 1

§ 126 dient dem Zweck, den Rechtsverkehr im Interesse einer zügigen Geschäftsabwicklung und zum Schutz derjenigen, die mit der OHG in Rechtsbeziehungen treten, nicht mit Zweifeln über etwaige Beschränkungen der Handlungsmacht der geschäftsführenden Gesellschafter zu belasten.[1] Der Dritte, der Rechtsgeschäfte mit einem Vertreter abschließt, kann nicht in jedem Fall vielfach nicht ohne weiteres durchführbare Erkundigungen über den Umfang von dessen Vertretungsmacht einziehen. Bei den Handelsgesellschaften ist deshalb der Umfang der organschaftlichen Vertretungsmacht gesetzlich **zwingend** festgelegt; die Vertretungsbefugnis umfasst alle wesentlichen Rechtshandlungen.[2] 2

II. Umfang der Vertretungsmacht

1. Grundsatz. Die Vertretungsmacht erstreckt sich nach dem Gesetzeswortlaut auf alle gerichtlichen und außergerichtlichen Geschäfte und Rechtshandlungen einschließlich der Veräußerung und Belastung von Grundstücken sowie die Erteilung und den Widerruf einer Prokura. Sie ist mithin dem Gegenstand nach unbeschränkt und gilt anders als die Prokura (§ 49) und die Handlungsvollmacht (§ 54) nicht nur für Geschäfte und Rechtshandlungen, die der Betrieb eines Handelsgewerbes mit sich bringt oder gewöhnlich mit sich bringt. Sie wird nicht durch den **Gesellschaftszweck** begrenzt und umfasst auch ungewöhnliche Geschäfte.[3] Sind an der OHG minderjährige Gesellschafter beteiligt, so können die vertretungsberechtigten Gesellschafter trotzdem ohne die Beschränkungen der §§ 1821 f. BGB Geschäfte mit Dritten abschließen.[4] 3

2. Einzelheiten. a) Grundstücksgeschäfte. § 126 erwähnt ausdrücklich die Veräußerung und Belastung von Grundstücken. Insoweit geht die organschaftliche Vertretungsmacht über den Umfang der Prokura (§ 54) hinaus; der vertretungsberechtigte Gesellschafter kann anders als der Prokurist ohne besondere Bevollmächtigung Grundstücksgeschäfte abschließen. 4

b) Prokura. Weiter nennt § 126 die Entziehung und den Widerruf einer Prokura. Dadurch wird über die §§ 48 Abs. 1, 52 Abs. 1, die dem Inhaber des Handelsgeschäftes oder seinem gesetzlichen Vertreter die Befugnis zur Erteilung und zum Widerruf der Prokura zuweisen, hinaus klargestellt, dass sich die Wirksamkeit der Erteilung der Prokura nach außen nur nach § 126 richtet und deshalb jeder vertretungsberechtigte Gesellschafter im Außenverhältnis Prokura erteilen kann, und das unabhängig von der gemäß § 116 Abs. 3 im Innenverhältnis erforderlichen Zustimmung 5

---

[1] BGH Urt. v. 20. 9. 1962 – II ZR 209/61, BGHZ 38, 26, 33 ff. = NJW 1962, 2344, 2346 f.; Urt. v. 9. 5. 1974 – II ZR 84/72, NJW 1974, 1555 f.
[2] BGH Urt. v. 20. 9. 1962 (Fn. 1).
[3] MünchKommHGB/*K. Schmidt* RdNr. 6; Staub/*Habersack* RdNr. 5.
[4] RG Urt. v. 30. 9. 1929 – IV 800/28, RGZ 125, 380, 381.

aller Gesellschafter.[5] Dasselbe gilt auf Grund praktischer Bedürfnisse auch für die Anmeldung zur Eintragung der Prokura in das Handelsregister. Eine unter Verstoß gegen § 116 Abs. 3 erteilte Prokura ist deshalb auf Anmeldung eines vertretungsberechtigten Gesellschafters in das Handelsregister einzutragen.[6]

6 **c) Arbeitsverhältnisse.** Die Vertretungsmacht umfasst weiter den Abschluss und die Kündigung von Arbeitsverträgen mit den Arbeitnehmern der Gesellschaft, schließlich die Erteilung von rechtsverbindlichen Weisungen im Rahmen des Arbeitsverhältnisses. Im Innenverhältnis folgt die Befugnis zur Erteilung von Weisungen an die Arbeitnehmer allerdings aus der Geschäftsführungsbefugnis.[7]

7 **3. Grundlagengeschäfte.** Nicht zur Vertretung der Gesellschaft gehört der Bereich der inneren Rechtsverhältnisse der Gesellschaft. Die Vertretungsmacht des Gesellschafters erstreckt sich deshalb nicht auf Geschäfte, bei denen die Grundlagen des Gesellschaftsverhältnisses in Frage stehen oder die das innere Verhältnis der Gesellschafter zueinander betreffen.[8]

8 **a) Änderungen des Gesellschaftsvertrags.** Grundlagengeschäfte sind alle Änderungen des Gesellschaftsvertrags wie etwa die Neuregelung der Geschäftsführungs- und Vertretungsverhältnisse der Gesellschaft. Der Gesellschaftsvertrag einer Personenhandelsgesellschaft wird allein von den Gesellschaftern geschlossen; die Gesellschaft selbst ist an diesem Vertragsschluss nicht beteiligt.[9] Ähnliches gilt, wenn ein Dritter als Gesellschafter in eine bestehende Handelsgesellschaft aufgenommen wird. Die Gesellschafter handeln dabei im eigenen Namen, nicht in dem der Gesellschaft. Schadensersatzansprüche wegen des Verhaltens der vertretungsberechtigten Gesellschafter bei der Aufnahme neuer Gesellschafter können deshalb nicht gegen die Gesellschaft gerichtet werden;[10] Adressaten sind allein die handelnden Gesellschafter. Im Gesellschaftsvertrag kann allerdings den vertretungsberechtigten Gesellschaftern das Recht eingeräumt werden, neue Gesellschafter oder Kommanditisten aufzunehmen.[11]

9 **b) Weitere Fälle.** Grundlagengeschäfte sind die **Änderung des Gesellschaftszwecks,** die Auflösung der Gesellschaft und deren Umwandlung von einer werbenden in eine Liquidationsgesellschaft.[12] Die Veräußerung des von der Gesellschaft bis dahin betriebenen Unternehmens ist deshalb von der Vertretungsmacht nicht gedeckt; denn mit der Veräußerung stellt die Gesellschaft in der Regel ihren eigenen Geschäftsbetrieb ein und verliert ihre Eigenschaft als werbendes Unternehmen. Die damit verbundene Umgestaltung der Gesellschaft bedarf zu ihrer Wirksamkeit in Analogie zu § 361 Abs. 1 AktG eines Beschlusses aller Gesellschafter.[13]

10 Das innere Verhältnis der Gesellschafter zueinander wird auch durch die **Änderung der Firma** betroffen; diese gehört zu den notwendigen Bestandteilen, ohne die eine Handelsgesellschaft nicht bestehen kann.[14] Der Abschluss eines **Unternehmensvertrages** gemäß den §§ 291 ff. AktG durch die Gesellschaft ist ebenfalls Grundlagengeschäft, weil sich dadurch der Gesellschaftszweck ändert. Gleiches gilt für einen Gewinnabführungsvertrag, der in das Gewinnrecht der Gesellschafter eingreift. Hingegen ist der Abschluss eines Betriebsführungsvertrages, der einen Dritten, der keinen Einzelweisungen unterliegt und nicht jederzeit abberufen werden kann, in weitem Umfang mit Geschäftsführungsaufgaben betraut und mit einer umfangreichen Vollmacht ausstattet, von der organschaftlichen Vertretungsmacht umfasst.[15] Die **Verpachtung** des von der Gesellschaft betriebenen Unternehmens hat, da die Verpachtung eines Betriebes oder einzelner Teile davon kein Handelsgewerbe darstellt, regelmäßig die Einstellung der gewerblichen Tätigkeit zur Folge; sie ändert deshalb den Gesellschaftszweck und ist damit Grundlagengeschäft.[16]

---

[5] RG Beschl. v. 22. 12. 1931 – II B 30/31, RGZ 134, 303, 305 ff.; MünchKommHGB/*K. Schmidt* RdNr. 8.
[6] RG (Fn. 5), S. 307 f.
[7] MünchKommHGB/*K. Schmidt* RdNr. 4; Staub/*Habersack* RdNr. 6.
[8] BGH Urt. v. 26. 10. 1978 – II ZR 119/77, WM 1979, 71, 72; RG Urt. v. 20. 12. 1939 – II 88/39, RGZ 162, 370, 374; MünchKommHGB/*K. Schmidt* RdNr. 10; Staub/*Habersack* RdNr. 12 ff.
[9] BGH Urt. v. 6. 2. 1958 – II ZR 210/56, BGHZ 26, 333 f. = NJW 1958, 355, 356.
[10] BGH (Fn. 9).
[11] BGH Urt. v. 18. 10. 1962 – II ZR 12/61, WM 1962, 1353, 1354.
[12] RG (Fn. 8).
[13] BGH Urt. v. 9. 1. 1995 – II ZR 24/94, NJW 1995, 596; Urt. v. 8. 7. 1991 – II ZR 246/90, NJW 1991, 2564 f.; MünchKommHGB/*K. Schmidt* RdNr. 13; Staub/*Habersack* RdNr. 16.
[14] BGH Urt. v. 8. 2. 1952 – I ZR 92/51, NJW 1952, 537, 538.
[15] Staub/*Habersack* RdNr. 18; vom BGH offengelassen im Urt. v. 5. 10. 1981 – II ZR 203/80, NJW 1982, 1817, 1818.
[16] BGH Urt. v. 19. 2. 1990 – II ZR 42/89, WM 1990, 586, 587.

Die inneren Verhältnisse der Gesellschaft berühren nicht die Aufnahme typischer stiller Gesellschafter und die Beendigung der **stillen Gesellschaft**.[17] Etwas anderes gilt nur bei atypischen stillen Gesellschaftern, deren Stellung der eines Kommanditisten angenähert ist.

4. Verbot des Selbstkontrahierens. Eine weitere Grenze findet die organschaftliche Vertretungsmacht in dem Verbot des Selbstkontrahierens (§ 181 BGB). Die allgemeine Befreiung von diesem Verbot bedarf einer Gestattung durch den Gesellschaftsvertrag oder eines Gesellschafterbeschlusses mit gesellschaftsvertragsändernder Mehrheit.[18] Darüber hinaus kann einer von zwei gesamtvertretungsberechtigten Gesellschafter-Geschäftsführern, der mit der Gesellschaft einen Vertrag abschließen will, den anderen Geschäftsführer entsprechend § 125 Abs. 2 Satz 2 wirksam zur Alleinvertretung der Gesellschaft ermächtigen.[19] Das gilt nicht nur für einzelne Geschäfte, sondern auch für bestimmte Arten von Geschäften. Schließlich können die Gesellschafter das schwebend unwirksame Geschäft gemäß § 177 BGB genehmigen. Ansonsten ist das In-sich-Geschäft unwirksam und nach den Vorschriften der §§ 812 ff. BGB rückabzuwickeln. § 814 BGB steht dem Bereicherungsanspruch in der Regel nicht entgegen, da es keinen Erfahrungssatz gibt, dass Kaufleuten die Rechtsfolgen eines nicht ordnungsgemäß gestatteten In-sich-Geschäfts voll bewusst sind; Zweifel an der Leistungspflicht oder Kennenmüssen genügen nicht.[20]

III. Beschränkungen der Vertretungsmacht

1. Beschränkung auf eine Niederlassung. Der Grundsatz der nach außen unbeschränkten und unbeschränkbaren Vertretungsmacht wird in § 126 Abs. 3 insoweit durchbrochen, als die organschaftliche Vertretungsmacht auf den Betrieb einer oder mehrerer Niederlassungen der Gesellschaft beschränkt werden kann. Erforderlich ist die Verschiedenheit der Firmen der einzelnen Niederlassungen, wofür allerdings der Filialzusatz genügt. Die Beschränkung der Vertretungsmacht auf eine Niederlassung, die inhaltlich ein teilweiser Ausschluss von der Vertretungsmacht ist, ist in das Handelsregister beim Gericht der Hauptniederlassung einzutragen. Beim Registergericht der Zweitniederlassung ist ein Zusatz, der diese Beschränkung ausdrücklich vermerkt, entbehrlich.[21]

2. Rechtsgeschäfte mit Gesellschaftern. Für die Vertretung der Gesellschaft bei Rechtsgeschäften mit ihren Gesellschaftern gilt der Grundsatz der unbeschränkten und unbeschränkbaren Vollmacht (§ 126 Abs. 2) nicht. Der Normzweck der Vorschrift, nämlich der Schutz Dritter, die mit der Personenhandelsgesellschaft in Geschäftsbeziehungen treten, erfordert dies nicht. Die Gesellschafter können die Vertretungsverhältnisse bei ihren eigenen Geschäftsbeziehungen zu ihrer Gesellschaft in der von ihnen für richtig gehaltenen Weise regeln; sie bedürfen deshalb dieses Schutzes nicht.[22]

Bei der Begründung vertraglicher Beziehungen zwischen der Gesellschaft und einem ihrer Gesellschafter müssen folglich die vertretungsberechtigten Gesellschafter die im **Innenverhältnis der Gesellschafter bestehenden Bindungen** einhalten. Beschränkungen können sich ergeben aus dem Gesellschaftsvertrag,[23] aus Gesellschafterbeschlüssen oder dem Erfordernis, im Einzelfall zunächst einen Gesellschafterbeschluss herbeizuführen,[24] weiter aus dem gemäß § 115 Abs. 2 erhobenen Widerspruch eines anderen Gesellschafters gegen eine Geschäftsführungsmaßnahme.[25]

Überschreitet der vertretungsberechtigte Gesellschafter die ihm im Innenverhältnis zukommende Rechtsmacht, so handelt er als **Vertreter ohne Vertretungsmacht** und kann mithin die Gesellschaft nicht wirksam verpflichten. Der betroffene Gesellschafter kann als Vertragspartner der Gesellschaft aus dieser Erklärung keine Rechte herleiten. Das gilt auch dann, wenn der geschäftsführende Gesellschafter die Gesellschaft nur nach Maßgabe eines Gesellschafterbeschlusses vertreten durfte, dieser Beschluss zunächst zustande kam, die Zustimmung aber wirksam angefochten wird; die Vertretungsmacht entfällt in diesem Fall rückwirkend.[26]

---

[17] BGH Urt. v. 6. 3. 1975 – II ZR 80/73 = NJW 1975, 1117, 1118 f.; Urt. v. 20. 10. 1978 II ZR 119/77, WM 1979, 71, 72; Urt. v. 14. 2. 1957 – II ZR 190/55, WM 1957, 543, 544; MünchKommHGB/*K. Schmidt* RdNr. 11; Staub/ *Habersack* RdNr. 15.
[18] BGH Urt. v. 7. 2. 1972 – II ZR 169/69, BGHZ 58, 115, 116 ff. = WM 1972, 311 ff.; Urt. v. 6. 3. 1975 – II ZR 80/73, BGHZ 64, 72, 74 ff. = NJW 1975, 1117, 1118 f.; Urt. v. 1. 12. 1969 – II ZR 224/67, WM 1970, 249, 251.
[19] BGH Urt. v. 6. 3. 1975 (Fn. 18).
[20] BGH Urt. v. 25. 1. 1973 – II ZR 90/71, WM 1973, 294, 295.
[21] Vgl. zur Prokura BGH Beschl. v. 21. 3. 1988 – II ZB 69/87, BGHZ 104, 61, 64 ff. = NJW 1988, 1840, 1841.
[22] BGH Urt. v. 20. 9. 1962 – II ZR 209/61, BGHZ 38, 26, 33 = NJW 1962, 2344, 2346 f.
[23] BGH (Fn. 22).
[24] BGH Urt. v. 5. 4. 1973 – II ZR 45/71, WM 1973, 637 f.
[25] BGH Urt. v. 9. 5. 1974 – II ZR 84/72, NJW 1974, 1555 f.
[26] BGH (Fn. 24).

17 Auf **Kenntnis oder Kennenmüssen** der Beschränkung der Vertretungsbefugnis im Einzelfall kommt es nicht an. Das folgt aus dem allgemeinen Grundsatz des § 714 BGB, wonach sich der Umfang der Vertretungsbefugnis im Zweifel nach dem der Geschäftsführungsbefugnis richtet.

18 Von der Nichtgeltung des § 126 Abs. 2 sind neben Gesellschaftern auch atypische stille Gesellschafter sowie Treugeber, Unterbeteiligte und Nießbraucher betroffen.[27] Dasselbe gilt für von der Gesellschaft oder einzelnen Gesellschaftern beherrschte Tochterunternehmen.[28] Gegenüber **ausgeschiedenen Gesellschaftern** oder deren Erben, die an den Entscheidungen der Gesellschafter nicht mehr teilnehmen und die die inneren Verhältnisse der Gesellschaft nichts mehr angehen, kann sich die Gesellschaft hingegen nicht auf innergesellschaftliche Handlungsbeschränkungen eines geschäftsführenden Gesellschafters berufen.[29]

IV. Missbrauch der Vertretungsmacht

19 **1. Grundsatz.** Beachtet der vertretungsberechtigte Gesellschafter die innergesellschaftlichen Bindungen, insbesondere den Umfang der Geschäftsführungsbefugnis nicht, so bleibt sein rechtsgeschäftliches Handeln wegen des Grundsatzes der unbeschränkten und unbeschränkbaren organschaftlichen Vertretungsmacht im Verhältnis zu Dritten trotzdem wirksam. Wer einen Vertrag mit der Gesellschaft abschließen will, braucht sich grundsätzlich nicht darum zu kümmern, ob deren organschaftlicher Vertreter die sich aus dem Innenverhältnis ergebenden Schranken seiner Befugnis einhält. Die Grundsätze des Missbrauchs der Vertretungsmacht gelten allerdings auch hier. Macht der Bevollmächtigte in ersichtlich verdächtiger Weise von seiner Vollmacht Gebrauch, ist mithin das Vertrauen des Dritten auf den Bestand des Geschäfts nicht schutzwürdig, so kann die Verletzung interner Bindungen auf das Außenverhältnis durchschlagen.

20 **2. Voraussetzungen.** Die Grundsätze über den Missbrauch der Vertretungsmacht greifen nach der neueren Rechtsprechung zu § 37 Abs. 2 GmbHG dann ein, wenn der Vertragspartner der Gesellschaft weiß oder wenn es sich ihm aufdrängen muss, dass der geschäftsführende Gesellschafter die Grenzen überschreitet, die seiner Vertretungsbefugnis im Innenverhältnis gezogen sind.[30] Auf ein kollusives Zusammenwirken des Dritten mit dem Vertreter zum Nachteil der Gesellschaft kommt es dabei nicht an. Es ist weiter nicht erforderlich, dass der Vertreter bewusst zum Nachteil der Gesellschaft handelt;[31] die objektive Überschreitung der internen Bindungen genügt.[32]

21 Auf der Seite des Vertragspartners ist eine positive Kenntnis der Pflichtverletzung nicht erforderlich. Andererseits schadet ihm einfache Fahrlässigkeit nicht, weil dies dem Normzweck des § 126 Abs. 2 zuwiderliefe. Es kommt vielmehr darauf an, dass Verdachtsmomente bestehen, vor denen der Dritte die Augen nicht verschließen darf. Die Pflichtwidrigkeit muss für ihn **evident** sein.[33]

22 **3. Einzelfälle.** Anzeichen für eine Pflichtwidrigkeit bestehen etwa dann, wenn die Vertragskonditionen beim Abschluss gegenseitiger Verträge für die Gesellschaft grob nachteilig sind oder wenn die Bestimmung der Vergütung weitgehend dem Vertragspartner der Gesellschaft überlassen ist und die Gesellschaft insoweit keine Kontrolle mehr hat.[34] Die Evidenz der Pflichtwidrigkeit kann weiter zu bejahen sein, wenn es um ein Geschäft geht, bei dem der Vertragspartner weiß oder sich sagen muss, dass der Vertreter dem Geschäftsherrn Tatsachen vorenthält, bei deren Kenntnis dieser den Vertrag nicht geschlossen hätte,[35] oder dass er den im Innenverhältnis erforderlichen Beschluss der Gesellschafter nicht herbeigeführt hat.[36]

23 **4. Rechtsfolgen.** Liegen die Voraussetzungen des Missbrauchs der Vertretungsmacht vor, so kann sich der Dritte nicht auf die Wirksamkeit der Vereinbarung berufen; aus dem formal durch die Vertretungsmacht des Gesellschafters gedeckten Geschäft kann er keine vertraglichen Rechte oder

---

[27] Staub/*Habersack* RdNr. 30.
[28] Offengelassen vom BGH im Urt. v. 20. 10. 1978 (Fn. 17).
[29] BGH (Fn. 25).
[30] BGH Urt. v. 30. 11. 1995 – II ZR 113/94, NJW 1996, 589, 590; Urt. v. 14. 3. 1988 – II ZR 211/87, NJW 1988, 2241, 2242 f.; Urt. v. 5. 12. 1983 – II ZR 56/82, NJW 1984, 1461, 1462; Urt. v. 19. 5. 1980 – II ZR 241/79, WM 1980, 953, 954 f.
[31] So noch die ältere Rechtsprechung, vgl. BGH Urt. v. 25. 3. 1968 – II ZR 208/64, BGHZ 50, 112, 114 f. = NJW 1968, 1379, 1380.
[32] OLG Zweibrücken Urt. v. 13. 3. 2001 – 8 U 91/00, NZG 2001, 763; MünchKommHGB/*K. Schmidt* RdNr. 21; Staub/*Habersack* RdNr. 26.
[33] BGH Urt. v. 5. 12. 1983 (Fn. 30); BGH Urt. v. 5. 11. 2003 – VIII ZR 218/01, NZG 2004, 139, 140; OLG Stuttgart Urt. v. 2. 6. 1999 – 9 U 246/98, NZG 1999, 1009, 1010; OLG Zweibrücken (Fn. 32).
[34] BGH Urt v. 13. 11. 1995 (Fn. 30).
[35] BGH Urt. v. 5. 12. 1983 (Fn. 30).
[36] *BGH* Urt. v. 14. 3. 1988 (Fn. 30).

Einwendungen herleiten.[37] Nach anderer Auffassung[38] handelt der Gesellschafter ohne Vertretungsmacht, das Rechtsgeschäft ist gemäß den §§ 177 f. BGB schwebend unwirksam, die Gesellschaft kann es allerdings genehmigen. In der Praxis führen beide Auffassungen nicht zu unterschiedlichen Ergebnissen. Über den Arglisteinwand bzw. den **Einwand unzulässiger Rechtsausübung** gemäß § 242 BGB hinaus begründet der Missbrauch der Vertretungsmacht die Verpflichtung des Dritten, von einer formal eingeräumten Rechtsmacht zur Verpflichtung des Vertretenen keinen Gebrauch zu machen; bei einer Verletzung dieser Pflicht macht er sich gegenüber der vertretenen Gesellschaft schadensersatzpflichtig.[39] Der Schutz des Vertretenen entfällt gemäß § 242 BGB ganz oder teilweise, wenn der Vertragspartner dartun kann, dass es zu dem Missbrauch der Vertretungsmacht nur deshalb kommen konnte, weil der Vertretene die im eigenen Interesse gebotene und zumutbare Kontrolle des Vertreters unterlassen hat. Der Rechtsgedanke des § 254 BGB führt in diesem Fall dazu, die nachteiligen Folgen des Geschäfts nach Maßgabe der beiderseitigen Verschuldens auf den Vertretenen und den Vertragspartner zu verteilen.[40] Nach anderer Auffassung[41] ist ein **Mitverschulden** der Gesellschaft über Schadensersatzansprüche aus culpa in contrahendo oder Delikt zu berücksichtigen. Verträge, bei denen Vertreter und Vertragspartner bewusst zum Nachteil der Gesellschaft zusammenwirken, sind regelmäßig sittenwidrig gemäß § 138 Abs. 1 BGB und deshalb nichtig; ein derartiges Zusammenwirken begründet Schadensersatzansprüche aus § 826 BGB.[42]

§ 127 [Entziehung der Vertretungsmacht]

Die Vertretungsmacht kann einem Gesellschafter auf Antrag der übrigen Gesellschafter durch gerichtliche Entscheidung entzogen werden, wenn ein wichtiger Grund vorliegt; ein solcher Grund ist insbesondere grobe Pflichtverletzung oder Unfähigkeit zur ordnungsgemäßen Vertretung der Gesellschaft.

Schrifttum: *Rob. Fischer*, Die Entziehung von Geschäftsführungs- und Vertretungsbefugnis in der OHG, NJW 1959, 1057; *Lindacher*, Schiedsgerichtliche Kompetenz zur vorläufigen Entziehung der Geschäftsführungs- und Vertretungsbefugnisse bei Personengesellschaften, ZGR 1979, 201; *Lukes*, Teilentzug der Geschäftsführungs- und Vertretungsbefugnisse der OHG durch Urteil, JR 1960, 41; *Pabst*, Mitwirkungspflicht bei Klagen nach §§ 117, 127, 140 HGB und bei der Anpassung von Verträgen im Recht der Personenhandelsgesellschaften, BB 1977, 1524; *ders.,* Prozessuale Probleme bei Rechtsstreitigkeiten wegen Entziehung von Geschäftsführungs- und Vertretungsbefugnis sowie Ausschluß eines Gesellschafters, BB 1978, 892; *Reichert/Winter,* Die „Abberufung" und Ausschließung des geschäftsführenden Gesellschafters der Publikums-Personengesellschaft, BB 1988, 981; *K. Schmidt*, „Kündigung der Geschäftsführung und Vertretung" durch den Personengesellschafter, DB 1988, 2241; *ders.,* Ausschließungs- und Entziehungsklagen gegen den einzigen Komplementär, ZGR 2004, 227; *Ulmer,* Gestaltungsklage im Personengesellschaftsrecht und notwendige Streitgenossenschaft, FS Gessler, 1971, S. 269; *H. P. Westermann/Pöllath,* Abberufung und Ausschließung von Gesellschaftern/Geschäftsführern in Personengesellschaften und GmbH, 4. Aufl. 1988; vgl. im übrigen die Hinweise zu § 117.

Übersicht

	RdNr.		RdNr.
I. Normzweck	1, 2	1. Gestaltungsklage	11, 12
II. Materiellrechtliche Voraussetzungen	3–5	2. Vorläufiger Rechtsschutz	13
1. Wichtiger Grund	4	3. Schiedsvereinbarung	14
2. Interessenabwägung	5	4. Wirkung der Entziehung	15
III. Anwendungsbereich	6–9	5. Eintragung in das Handelsregister	16
1. Gegenstand der Entziehung	6	**VI. Abweichende Vereinbarungen**	17–23
2. Einzelvertretung	7	1. Entziehungsgründe	18–20
3. Gesamtvertretung	8, 9	2. Beschlussverfahren	21, 22
IV. Niederlegung der Vertretungsmacht	10	3. Publikumsgesellschaften	23
V. Verfahren	11–16		

---

[37] BGH Urt. v. 19. 5. 1980 und 5. 12. 1983 (Fn. 30); Röhricht/Graf von Westphalen/*von Gerkan* RdNr. 9.
[38] OLG Stuttgart (Fn. 33); OLG Zweibrücken (Fn. 33); MünchKommHGB/*K. Schmidt* RdNr. 22; Staub/*Habersack* RdNr. 27; Baumbach/*Hopt* RdNr. 11.
[39] BGH Urt. v. 19. 5. 1980 (Fn. 30).
[40] BGH (Fn. 31).
[41] MünchKommHGB/*K. Schmidt* RdNr. 23; Staub/*Habersack* RdNr. 27.
[42] BGH Urt. v. 19. 5. 1980 (Fn. 30).

I. Normzweck

1 § 127 erlaubt bei Vorliegen eines wichtigen Grundes die **einseitige Entziehung** der Vertretungsmacht durch Klage der anderen Gesellschafter. Sie ist damit eine Parallele zu der in § 117 geregelten Entziehung der Geschäftsführungsbefugnis. Beide Maßnahmen werden in der Regel auch miteinander verbunden.

2 Die organschaftliche Vertretungsmacht ist **mitgliedschaftlicher Natur.** Der nachträgliche Ausschluss eines Gesellschafters von der Vertretung bedarf deshalb grundsätzlich einer entsprechenden Änderung des Gesellschaftsvertrages unter Mitwirkung des betroffenen Gesellschafters.[1] Demgegenüber ermöglicht § 127 die einseitige Entziehung der Vertretungsmacht auch gegen den Willen dieses Gesellschafters.

II. Materiellrechtliche Voraussetzungen

3 Die Entziehung der Vertretungsmacht setzt ebenso wie die der Geschäftsführungsbefugnis einen wichtigen Grund voraus. Die §§ 117, 127 nennen übereinstimmend als Beispielsfälle die grobe Pflichtverletzung und die Unfähigkeit zur ordnungsgemäßen Geschäftsführung oder Vertretung der Gesellschaft. Umstände, die die Entziehung der Geschäftsführungsbefugnis rechtfertigen, tragen in der Regel auch die der Vertretungsmacht. Die Auflösung der Gesellschaft durch gerichtliche Entscheidung (§ 133) und die Ausschließung eines Gesellschafters (§ 140) setzen ebenfalls einen wichtigen Grund in der Person eines Gesellschafters voraus; die dort geltenden Maßstäbe sind jedoch, weil Auflösung und Ausschließung stets ultima ratio sein müssen, nicht mit denen der §§ 117, 127 identisch (s. § 133 RdNr. 7; § 140 RdNr. 8).

4 **1. Wichtiger Grund.** Ein wichtiger Grund ist gegeben, wenn die Ausübung der Vertretungsmacht durch einen Gesellschafter das Vertrauensverhältnis zwischen den Gesellschaftern nachhaltig zerstört hat und es den anderen Gesellschaftern deshalb nicht mehr zugemutet werden kann, diesem Gesellschafter die Vertretungsmacht zu belassen.[2] Ein Verschulden des betroffenen Gesellschafters ist nicht erforderlich; ein entschuldbarer Irrtum über seine Befugnisse oder die den Mitgesellschaftern zustehenden Mitwirkungsrechte vermag die Entziehung der Vertretungsmacht jedoch nicht zu rechtfertigen. Eine grobe Pflichtverletzung liegt aber dann vor, wenn der Gesellschafter dadurch gegen seine Pflichten verstößt, dass er die anderen Gesellschafter übergeht und die Belange der Gesellschaft beeinträchtigt.[3] Die Unfähigkeit zur ordnungsgemäßen Vertretung umfasst die Fälle von Krankheit, Alter und mangelnder fachlicher Eignung.[4]

5 **2. Interessenabwägung.** Wie bei § 117 ist stets eine umfassende Interessenabwägung unter Berücksichtigung aller konkreten Umstände des Einzelfalles erforderlich. Dabei kommt dem Grundsatz der Verhältnismäßigkeit erhebliche Bedeutung zu. Es muss feststehen, dass das Weitergelten der bisherigen Vertretungsordnung den Fortbestand der Gesellschaft gefährdet oder den anderen Gesellschaftern nicht zumutbar ist. Das Verhalten der Mitgesellschafter ist ebenfalls zu berücksichtigen. Insbesondere darf kein milderes ausreichendes Mittel zwecks Beseitigung des für die Mitglieder unzumutbaren Zustands vorhanden sein.[5] Statt einer vollständigen Entziehung der Vertretungsmacht wird deshalb häufig eine **Teilentziehung** durch eine Beschränkung der Vertretungsmacht in den nach §§ 125, 126 zulässigen Formen geboten sein.[6] Das kann derart geschehen, dass dem betroffenen Gesellschafter die Alleinvertretung entzogen und er auf die Gesamtvertretung beschränkt wird. Freilich darf dies nicht dazu führen, dass die übrigen Gesellschafter dadurch in ihren eigenen Befugnissen beschränkt werden; ihnen muss wie vorher die Alleinvertretungsmacht verbleiben.[7] Weiter ist eine zeitliche Begrenzung der Entziehung zu erwägen.

---

[1] MünchKommHGB/*K. Schmidt* RdNr. 1; Staub/*Habersack* RdNr. 1.
[2] BGH Urt. v. 25. 4. 1983 – II ZR 170/82, NJW 1984, 173, 174; MünchKommHGB/*K. Schmidt* RdNr. 15; vgl. im Einzelnen § 117 RdNr. 7 ff.; weiter § 133 RdNr. 4 ff. und § 140 RdNr. 5 ff.
[3] BGH (Fn. 2).
[4] BGH Urt. v. 19. 12. 1951 – II ZR 42/51, LM § 117 Nr. 1.
[5] BGH Urt. v. 10. 12. 2001 – II ZR 139/00, NJW-RR 2002, 540 f.; RG Urt. v. 23. 11. 1934 – II 126/34, JW 1935, 696, 697; OGH f. d. brit. Zone Urt. v. 16. 6. 1948 – ZS 11/48, SJZ 1948, 751, 754 mit Anm. *A. Hueck* SJZ 1948, 755, 756; MünchKommHGB/*K. Schmidt* RdNr. 17; Staub/*Habersack* RdNr. 11, 13; Heymann/*Emmerich* RdNr. 6 a.
[6] BGH (Fn. 5); BGH Urt. v. 9. 12. 1968 – II ZR 33/67, BGHZ 51, 198, 203 = NJW 1969, 507.
[7] RG (Fn. 5).

III. Anwendungsbereich

1. Gegenstand der Entziehung. Von der Entziehung betroffen sind die organschaftliche Ver- 6
tretungsmacht des Gesellschafters einer OHG, weiter die davon abweichenden, durch Gesellschaftsvertrag ausgestalteten Vertretungsbefugnisse wie die Gesamtvertretung. § 127 gilt nicht für die
Ermächtigung gemäß § 125 Abs. 2 Satz 2, die von der Gesellschaft erteilte rechtsgeschäftliche Vollmacht sowie die einem von der Vertretung ausgeschlossenen Gesellschafter erteilte Vollmacht.[8]

2. Einzelvertretung. Auch dem einzigen vertretungsberechtigten Gesellschafter einer OHG 7
kann die Vertretungsmacht entzogen werden.[9] Folge der Entziehung ist Gesamtvertretungsmacht aller
voll haftenden Gesellschafter. Dem einzigen Komplementär einer KG kann hingegen die Vertretungsmacht nicht entzogen werden, weil sonst wegen des gesetzlichen Ausschlusses der Kommanditisten von der Vertretung der Gesellschaft (§ 170) eine organschaftliche Vertretung nicht mehr
möglich wäre.[10] Eine Gesamtvertretung aller Gesellschafter kann deshalb nicht Platz greifen, so dass
die Gesellschaft, hielte der Gesellschaftsvertrag keine rechtlich zulässige Ersatzlösung bereit, weder
aktiv noch passiv vertreten wäre. Zulässig ist nur die Entziehung der Geschäftsführungsbefugnis, die
keine Auswirkungen im Rechtsverkehr der Gesellschaft mit Dritten hat.

3. Gesamtvertretung. Bei der Gesamtvertretung durch mehrere Gesellschafter richtet sich die 8
Entziehung der Vertretungsmacht nur gegen den Gesellschafter, der den wichtigen Grund gesetzt hat.
Die Folge der Entziehung der Vertretungsmacht eines Gesamtvertreters ist regelmäßig die Vertretungsmacht aller Gesellschafter bzw. Komplementäre;[11] durch die Anordnung der Gesamtvertretung
haben die Gesellschafter nämlich zum Ausdruck gebracht, dass die Gesamtvertretungsmacht des
verbliebenen Gesamtvertreters nicht zur Alleinvertretungsmacht erstarken soll. Das gilt jedoch dann
nicht, wenn die Gesellschaft ohnehin nur zwei Gesellschafter oder Komplementäre hat. Hier erhält
der verbleibende Gesellschafter mit Rechtskraft des Gestaltungsurteils Alleinvertretungsmacht.[12]

Bei der **gemischten (unechten) Gesamtvertretung** richtet sich die Entziehung ebenfalls nur 9
gegen den organschaftlichen Vertreter, in dessen Person der wichtige Grund besteht. Hinsichtlich des
Prokuristen als Gesamtvertreter bedarf es der Klage nicht, da die Prokura gemäß § 52 jederzeit
widerruflich ist. Mit dem Widerruf der Prokura erlischt die Gesamtvertretungsmacht des Gesellschafters; dieser hat jedoch Anspruch darauf, dass entweder ein neuer Prokurist bestimmt oder
halbseitige Gesamtvertretungsmacht begründet wird; denn sonst könnte er durch den Widerruf der
Prokura um seine Gesamtvertretungsmacht gebracht werden.[13]

IV. Niederlegung der Vertretungsmacht

Die Frage, ob der vertretungsberechtigte Gesellschafter seine Vertretungsbefugnis bei Vorliegen 10
eines wichtigen Grundes einseitig durch Kündigung oder Niederlegung zum Erlöschen bringen
kann, ist in § 127 ebenso wenig geregelt wie in § 117 für die Geschäftsführungsbefugnis. Aus einer
analogen Anwendung des § 712 Abs. 2 BGB, der dem Gesellschafter bürgerlichen Rechts die
Kündigung der Geschäftsführung ermöglicht, lässt sich die Möglichkeit der Niederlegung der Vertretungsmacht nach inzwischen überwiegender Meinung nicht herleiten.[14] Jedoch hat die gemäß
§§ 105 Abs. 2 HGB, 712 Abs. 2 BGB auch bei der Handelsgesellschaft zulässige Kündigung der
Geschäftsführungsbefugnis in der Regel das gleichzeitige Erlöschen der Vertretungsbefugnis zur
Folge, weil anzunehmen ist, dass der Wille der Gesellschafter dahin geht, dass Geschäftsführungs- und
Vertretungsbefugnis nur nebeneinander bestehen sollen.[15] Schließlich können die Gesellschafter die
Vertretungsbefugnis durch ausdrückliche oder stillschweigende Änderung des Gesellschaftsvertrages
aufheben; in der allseitigen Anmeldung nach § 107, dass die Vertretungsmacht eines Gesellschafters
erloschen sei, liegt regelmäßig eine solche Einigung.[16]

---

[8] MünchKommHGB/*K. Schmidt* RdNr. 5; Staub/*Habersack* RdNr. 6.
[9] BGH Urt. v. 11. 7. 1960 – II ZR 260/59, BGHZ 33, 105, 107 f. = NJW 1960, 1997, 1998; Urt. v. 25. 5. 1964 – II ZR 42/62, BGHZ 41, 367, 368 f. = NJW 1964, 1624 f.; RG Urt. v. 24. 10. 1910 – I 79/10, RGZ 74, 297, 299 ff.; MünchKommHGB/*K. Schmidt* RdNr. 7; Staub/*Habersack* RdNr. 7.
[10] BGH Urt v. 25. 5. 1964 (Fn. 9); Urt. v. 9. 12. 1968 – II ZR 33/67, BGHZ 51, 198, 200 f. = NJW 1969, 507 f.; kritisch MünchKommHGB/*K. Schmidt* RdNr. 7; Staub/*Habersack* RdNr. 8.
[11] Staub/*Habersack* RdNr. 9.
[12] BGH Urt. v. 25. 5. 1964 (Fn. 9).
[13] Staub/*Habersack* RdNr. 10.
[14] MünchKommHGB/*K. Schmidt* RdNr. 6 u. § 125 RdNr. 22 f.; Staub/*Habersack* RdNr. 5; Röhricht/Graf von Westphalen/*von Gerkan* RdNr. 5; Baumbach/*Hopt* RdNr. 4; aA Heymann/*Emmerich* RdNr. 10 f.
[15] MünchKommHGB/*K. Schmidt* § 125 RdNr. 23; Staub/*Habersack* RdNr. 5.
[16] Staub/*Habersack* RdNr. 5.

V. Verfahren

11 **1. Gestaltungsklage.** Das Verfahren der Entziehung der Vertretungsmacht entspricht dem des § 117 für die Entziehung der Geschäftsführungsbefugnis.[17] Auch hier handelt es sich um eine Gestaltungsklage; das daraufhin ergehende Urteil ist Gestaltungsurteil. Die Verbindung beider Klagen auf Entziehung von Vertretungsmacht und Geschäftsführungsbefugnis ist zulässig.[18] Die Teilentziehung der Vertretungsmacht (vgl. RdNr. 5) setzt, da es sich bei der vollständigen und der teilweisen Entziehung der Geschäftsführungs- und Vertretungsbefugnis um verschiedene Streitgegenstände handelt, einen entsprechenden Antrag oder Hilfsantrag voraus; den klagenden Gesellschaftern darf eine qualitativ andere als die mit der Klage begehrte Umgestaltung der Vertretungsverhältnisse nicht ohne entsprechenden Antrag aufgedrängt werden.[19]

12 Die Klage ist grundsätzlich von allen übrigen Gesellschaftern zu erheben; diese sind notwendige Streitgenossen.[20] Liegt ein wichtiger Grund vor, so sind die übrigen Gesellschafter zur **Mitwirkung an der Entziehungsklage** unter dem Gesichtspunkt der gesellschaftlichen Treuepflicht verpflichtet. Verweigert ein Gesellschafter seine Mitwirkung, so kann er gerichtlich auf Zustimmung verklagt werden; das Zustimmungsurteil ersetzt die Mitwirkung an der Klage.[21] Die anderen Gesellschafter werden dadurch in die Lage versetzt, für ihn im Wege der gewillkürten Prozessstandschaft zu klagen. Nach Sinn und Zweck des § 127 – Zustimmungs- und Entziehungsklage können nur bei Vorliegen eines wichtigen Grundes Erfolg haben – sowie aus Gründen der Prozessökonomie ist es zulässig, beide Klage miteinander zu verbinden.[22]

13 **2. Vorläufiger Rechtsschutz.** Dem Gesellschafter kann, solange über die Entziehungsklage nicht rechtskräftig entschieden ist, im Wege einstweiliger Verfügung unter den Voraussetzungen des § 940 ZPO (Abwendung wesentlicher Nachteile) die Vertretungsbefugnis entzogen werden.[23] Das führt, soweit gesellschaftsvertraglich keine Ersatzregelung vorgesehen ist, zur Gesamtvertretung durch alle Gesellschafter. Der Eilantrag kann deshalb auch das Ziel verfolgen, die Vertretungsverhältnisse vorläufig anderweitig zu regeln, indem etwa die Vertretungsmacht einstweilen beschränkt, an die Mitwirkung eines anderen Gesellschafters gebunden oder einem anderen gesamtvertretungsberechtigten Gesellschafter Einzelvertretungsbefugnis eingeräumt wird.[24] Trotz der Geltung des Grundsatzes der organschaftlichen Vertretung kann ein Dritter als geschäftsführender Vertreter der Gesellschaft eingesetzt werden.[25] Das folgt ebenso wie bei der Ausschließungsklage aus der Parallele zur Abwicklungsgesellschaft, bei der ein gleichgerichtetes Interesse der Gesellschafter regelmäßig nicht mehr vorhanden und der Grundsatz der Selbstorganschaft deshalb durchbrochen ist.

14 **3. Schiedsvereinbarung.** Die Gesellschafter können durch gesellschaftsvertragliche Vereinbarung die Entscheidung über die Entziehung der Vertretungsmacht einem Schiedsgericht (§§ 1029 ff. ZPO) übertragen.[26] Die Entziehung der Vertretungsmacht durch Schiedsspruch wird allerdings erst dann wirksam und kann in das Handelsregister eingetragen werden, wenn der Schiedsspruch gemäß § 1060 ZPO rechtskräftig für vollstreckbar erklärt worden ist.[27] Nach dem Inkrafttreten des Gesetzes zur Neuregelung des Schiedsverfahrens vom 22. 12. 1997 (BGBl. I S. 3224), mit dem das schiedsrichterliche Verfahren seit dem 1. 1. 1998 neugefasst worden ist, kann das Schiedsgericht auch vorläufige oder sichernde Maßnahmen in Bezug auf den Streitgegenstand anordnen (§ 1041 ZPO). Gemäß § 1033 ZPO besteht daneben weiterhin die Möglichkeit, in Angelegenheiten, die Gegenstand einer Schiedsvereinbarung sind, bei den staatlichen Gerichten einstweiligen Rechtsschutz zu erlangen.

---

[17] Vgl. § 117 RdNr. 15 ff.
[18] BGH (Fn. 10); Heymann/*Emmerich* RdNr. 5.
[19] BGH (Fn. 5); MünchKommHGB/*K. Schmidt* RdNr. 23; Staub/*Habersack* RdNr. 13; Baumbach/*Hopt* § 117 RdNr. 5.
[20] BGH Urt. v. 15. 6. 1959 – II ZR 44/58, BGHZ 30, 195, 197 = NJW 1959, 1683, 1684; MünchKommHGB/*K. Schmidt* RdNr. 20.
[21] BGH Urt. v. 18. 10. 1976 – II ZR 98/75, BGHZ 68, 81, 82 = NJW 1977, 1013; Urt. v. 9. 11. 1987 – II ZR 100/87, BGHZ 102, 172, 176 = NJW 1988, 969, 970 f.; Urt v. 25. 4. 1983 (Fn. 2); MünchKommHGB/*K. Schmidt* RdNr. 20; Staub/*Habersack* RdNr. 17.
[22] BGH Urt. v. 18. 10. 1976 (Fn. 21) S. 83 ff.; Urt. v. 25. 4. 1983 (Fn. 2); Staub/*Habersack* RdNr. 17; im Ergebnis zustimmend MünchKomm/HGB/*K. Schmidt* RdNr. 20.
[23] BGH Urt. v. 11. 7. 1960 (Fn. 9); MünchKommHGB/*K. Schmidt* RdNr. 26 f.; Staub/*Habersack* RdNr. 19 f.
[24] MünchKommHGB/*K. Schmidt* RdNr. 28 f.; Staub/*Habersack* RdNr. 19.
[25] BGH Urt. v. 11. 7. 1960 (Fn. 9) S. 108 ff.; MünchKommHGB/*K. Schmidt* RdNr. 29.
[26] BGH Urt. v. 29. 3. 1996 – II ZR 124/95, NJW 1996, 1753, 1754 (insoweit in BGHZ 132, 278 nicht abgedruckt); RG Urt. v. 22. 5. 1909 – I 464/08, RGZ 71, 254, 255 f.; BayObLG Beschl. v. 24. 2. 1984 – BReg. 3 Z 197/83, WM 1984, 809, 810; Staub/*Habersack* RdNr. 23.
[27] RG (Fn. 26); BayObLG (Fn. 26); Staub/*Habersack* RdNr. 23.

4. Wirkung der Entziehung. Mit Rechtskraft des die Entziehung aussprechenden Gestaltungsurteils bzw. mit Zustellung der einstweiligen Verfügung[28] erlischt die Vertretungsmacht des betroffenen Gesellschafters mit Wirkung gegenüber jedermann; ebenso die Vertretungsmacht des anderen Gesamtvertreters, sofern dieser nicht ohnehin anderweitig vertretungsbefugt ist.

5. Eintragung in das Handelsregister. Die übrigen Gesellschafter sind nach § 106 Abs. 2 Nr. 4 verpflichtet, die Entziehung der Vertretungsmacht zur Eintragung in das Handelsregister anzumelden. Im Fall der Niederlegung und der Entziehung der Vertretungsmacht im Beschlussverfahren müssen alle Gesellschafter einschließlich des Betroffenen anmelden. Die Eintragung hat nur deklaratorische Bedeutung. Gutgläubigen Dritten gegenüber wirkt sie nur nach Maßgabe des § 15.

VI. Abweichende Vereinbarungen

§ 127 ist **dispositiver Natur** und zwingend allein in dem Sinn, dass die Entziehung der Vertretungsmacht aus wichtigem Grund nicht ausgeschlossen werden kann; Erleichterungen in verfahrens- und materiellrechtlicher Hinsicht bis hin zum Verzicht auf den wichtigen Grund selbst sind zulässig.[29] Die Gesellschafter können deshalb im Gesellschaftsvertrag sowohl die Voraussetzungen für die Entziehung der Vertretungsmacht abweichend regeln als auch das dafür notwendige Verfahren.

1. Entziehungsgründe. Der Gesellschaftsvertrag kann die Entziehung materiell-rechtlich sowohl erleichtern als auch erschweren.[30] Die Generalklausel des wichtigen Grundes kann im Gesellschaftsvertrag konkretisiert werden; insbesondere können im einzelnen Tatbestände aufgelistet werden, bei deren Vorliegen die Gesellschafter die Entziehung der Vertretungsmacht stets für berechtigt halten. Die einzelnen Entziehungsgründe müssen dabei nicht derart beschaffen sein, dass sie die Voraussetzungen des wichtigen Grundes erfüllen.

Sogar der **gänzliche Verzicht auf das Vorliegen eines wichtigen Grundes** ist zulässig. Die Entziehung steht dann im Ermessen der Gesellschafter. Der Entziehungsbeschluss unterliegt aber in diesem Fall gerichtlicher Nachprüfung und Ausübungskontrolle. Er ist unwirksam, wenn die Ermessensausübung willkürlich und die Entziehung damit treuwidrig ist.[31]

Die Entziehung der Vertretungsmacht kann durch Gesellschaftsvertrag weiterhin **erschwert** werden, etwa durch einengende Präzisierung der Entziehungsgründe oder besondere Verfahrensbestimmungen.[32] Gänzlich ausgeschlossen werden kann sie nicht, weil den anderen Gesellschaftern bei Vorliegen eines wichtigen Grundes dann nur die Möglichkeit verbliebe, entweder den untreuen Gesellschafter auszuschließen oder sogar die Gesellschaft aufzulösen.[33]

2. Beschlussverfahren. Die Gesellschafter können im Gesellschaftsvertrag bestimmen, dass die Vertretungsmacht nicht durch Gestaltungsklage nach § 127, sondern durch Gesellschafterbeschluss entzogen wird. Bei der Beschlussfassung ist der betroffene Gesellschafter in der Regel nicht stimmberechtigt. Der **Streit um die Wirksamkeit** der Entziehung ist im Wege der **Feststellungsklage** gemäß § 256 ZPO zwischen den Gesellschaftern, nicht aber mit der Gesellschaft auszutragen.[34] Das folgt daraus, dass eine solche Streitigkeit die Grundlage des Gesellschaftsvertrages betrifft und die Gesellschaft hierüber keine Dispositionsbefugnis hat.[35] Jedoch ist es rechtlich möglich, durch Gesellschaftsvertrag zu bestimmen, dass ein derartiger Prozess mit der Gesellschaft auszufechten ist. Der Gesellschaft wird in diesem Fall materiellrechtlich die Befugnis übertragen, anstelle der Gesellschafter über den Gesellschafterbeschluss zu disponieren.

Die Vertretungsmacht **erlischt** mit der Beschlussfassung der Gesellschafter über die Entziehung und deren Mitteilung an den betroffenen Gesellschafter.[36] Gutgläubigen Dritten gegenüber wirkt dies nur nach Maßgabe des § 15.

---

[28] MünchKommHGB/*K. Schmidt* RdNr. 24, 32.
[29] BGH Urt. v. 3. 11. 1997 – II ZR 353/96, NJW 1998, 1225, 1226; MünchKommHGB/*K. Schmidt* RdNr. 9–11, 19; Staub/*Habersack* RdNr. 4, 21; Heymann/*Emmerich* RdNr. 9; Baumbach/*Hopt* RdNr. 11 f.
[30] MünchKommHGB/*K. Schmidt* RdNr. 18 f.; Staub/*Habersack* RdNr. 14 f.; Röhricht/Graf von Westphalen/*von Gerkan* RdNr. 9.
[31] MünchKommHGB/*K. Schmidt* RdNr. 11, 19; Staub/*Habersack* RdNr. 14.
[32] MünchKommHGB/*K. Schmidt* RdNr. 18; Röhricht/Graf von Westphalen/*von Gerkan* RdNr. 9; Baumbach/*Hopt* RdNr. 11; aA Staub/*Habersack* RdNr. 15.
[33] BGH (Fn. 29), RG (Fn. 5), Staub/*Habersack* RdNr. 15.
[34] BGH Urt. v. 30. 4. 1984 – II ZR 293/83, BGHZ 91, 132, 133 = NJW 1984, 2104; Urt. v. 6. 11. 1989 – II ZR 302/88, WM 1990, 309; Urt. v. 11. 12. 1989 – II ZR 61/89, WM 1990, 675, 676; Urt. v. 25. 6. 1999 – II ZR 190/98, NJW 1999, 3113, 3114; vgl. weiter § 115 RdNr. 75, 77; teilweise aA – Klagebefugnis auch der Gesellschaft – Staub/*Habersack* RdNr. 21.
[35] BGH Urt. v. 5. 6. 1967 – II ZR 128/65, BGHZ 48, 175, 176 f. = NJW 1967, 2159.
[36] MünchKommHGB/*K. Schmidt* RdNr. 25.

§ 128   2. Buch. 1. Abschnitt. Offene Handelsgesellschaft

23 **3. Publikumsgesellschaften.** Besonderheiten gelten bei der sogenannten Publikumsgesellschaft. Deren Gesellschafter-Geschäftsführer kann unabhängig davon, ob der Gesellschaftsvertrag das Beschlussverfahren vorsieht oder nicht, durch Beschluss der Gesellschafter aus wichtigem Grund die Vertretungsmacht entzogen werden, und zwar mit einfacher Mehrheit.[37] Enthält der Gesellschaftsvertrag Regelungen über das Erfordernis einer qualifizierten Mehrheit, so ist dies unwirksam. Grund dafür ist der Gesichtspunkt des Anlegerschutzes. Der Gesellschaftermehrheit ist es nicht zuzumuten, einem untragbar gewordenen Geschäftsführer ihr Vermögen anzuvertrauen und ihn die Geschäfte führen zu lassen, bis im Rechtsstreit mit der Minderheit geklärt ist, dass auch diese für die Abberufung stimmen muss. Der Geschäftsführer wird dadurch nicht rechtlos gestellt; er kann gerichtlich nachprüfen lassen, dass der wichtige Grund fehlt und er infolge dessen im Amt geblieben ist.

§ 128 [Persönliche Haftung der Gesellschafter]

¹ Die Gesellschafter haften für die Verbindlichkeiten der Gesellschaft den Gläubigern als Gesamtschuldner persönlich. ² Eine entgegenstehende Vereinbarung ist Dritten gegenüber unwirksam.

Schrifttum: *Altmeppen*, Haftung der Gesellschafter einer Personengesellschaft für Delikte, NJW 1996, 1017; *ders.*, Deliktshaftung in der Personengesellschaft, NJW 2003, 1553; *Beuthien*, Die Haftung von Personengesellschaftern, DB 1975, 725, 773; *Buchner*, Gesellschaftsschuld und Gesellschafterschuld bei der OHG, JZ 1968, 622; *Büscher/Klußmann*, Fortdauer und Regreß ausgeschiedener Personengesellschafter, ZIP 1992, 11; *Canaris*, Die Übertragung des Regelungsmodells der §§ 125–130 HGB auf die Gesellschaft bürgerlichen Rechts, ZGR 2004, 69; *Emmerich*, Erfüllungstheorie und Haftungstheorie, FS Lukes, 1989, S. 639; *Flume*, Gesellschaftsschuld und Haftungsverbindlichkeit des Gesellschafters in der OHG, FS Knur, 1972, S. 125; *ders.*, Der Inhalt der Haftungsverbindlichkeit des Gesellschafters nach § 128 HGB, FS Reinhardt, 1972, S. 223; *Gamp/Werner*, Die Haftung des ausgeschiedenen Gesellschafters einer Personengesellschaft für Darlehen aufgrund von Kreditzusagen, ZHR 147 (1983), 1; *Gerhardt*, Zur Haftung des ausgeschiedenen Gesellschafters im Rahmen des § 93 InsO, ZIP 2000, 2181; *Grunewald*, Haftungsbeschränkungs- und Kündigungsmöglichkeiten für volljährig gewordene Personengesellschafter, ZIP 1999, 597; *Grunsky*, Verfahrensrechtliche Probleme der Haftung des Gesellschafters einer Personengesellschaft für Lohn- und Gehaltsansprüche, FS Henckel, 1995, S. 329; *Habersack*, Der Regreß bei akzessorischer Haftung, AcP 198 (1998), 152; *Hadding*, Zur Haftung des ausgeschiedenen OHG-Gesellschafters, ZGR 1973, 137; *ders.*, Inhalt und Verjährung der Haftung des Gesellschafters einer OHG oder KG, ZGR 1981, 577; *ders.*, Zum Rückgriff des ausgeschiedenen haftenden Gesellschafters einer OHG oder KG, FS Stimpel, 1985, S. 139; *Hönn*, Dauer- und sonstige Schuldverhältnisse als Problem der Haftung ausgeschiedener Gesellschafter unter Berücksichtigung des Gläubigerschutzes, ZHR 149 (1985), 300; *Hüffer*, Die Haftung des ausgeschiedenen Gesellschafters für betriebliche Ruhegeldverpflichtungen bei Insolvenz der Gesellschaft, BB 1978, 454; *Hunke*, Die Haftung des Gesellschafters für Verbindlichkeiten – Insbesondere für Verbindlichkeiten aus Dauerschuldverhältnissen der Gesellschaft, 1987; *Kornblum*, Die Haftung der Gesellschafter für Unterlassungspflichten der OHG und KG, BB 1971, 1434; *ders.*, Die Haftung der Gesellschafter für Verbindlichkeiten von Personengesellschaften, 1972; *Kühne*, Gläubigersicherung und Gesellschafterschutz im Rahmen der §§ 128, 129 HGB, ZHR 133 (1970), 149; *Lindacher*, Grundfälle zur Haftung bei Personengesellschaften, JuS 1982, 36, 349, 504, 592; *Nassall*, Die Haftung des aus einer Personenhandelsgesellschaft ausgeschiedenen Gesellschafters für Kontokorrentkredite, WM 1991, 1977; *Preuß*, Regreßansprüche des ausgeschiedenen Gesellschafters einer Personenhandelsgesellschaft gegen die Gesellschaft, ZHR 160 (1996), 163; *K. Schmidt*, Zur Haftung und Enthaftung der persönlich haftenden Gesellschafter bei Liquidation und Konkurs der Personengesellschaft, ZHR 152 (1988), 105; *ders.*, Labyrinthos creditorum – Gesellschaftsrechtliche Haftung im Insolvenzverfahren nach §§ 92, 93 InsO, ZGR 1996, 209; *ders.*, Die Gesellschafterhaftung bei der Gesellschaft bürgerlichen Rechts als gesetzliches Schuldverhältnis, NJW 2003, 1897; *Ulmer*, Die Haftungsverfassung der BGB-Gesellschaft, ZIP 2003, 1113; *Walter*, Der Gesellschafter als Gläubiger seiner Gesellschaft, JuS 1982, 81; *Wiedemann*, Rechte und Pflichten des Personengesellschafters, WM 1992, Sonderbeilage 7; *Wissmann*, Persönliche Mithaft im Konkurs: die Stellung des Bürgen und des Personenhandelsgesellschafters, 1987; *Zwade*, Finanziell überfordernde Bürgschaften von GmbH (& Co.) Gesellschaftern, sonstigen Beteiligten und nahen Angehörigen, GmbHR 2003, 141.

Übersicht

	RdNr.		RdNr.
I. Normzweck	1	2. Gesellschafter	7, 8
II. Geltungsbereich	2–5	3. Gesellschaftsverbindlichkeit	9
1. OHG, KG	2	4. Verbindlichkeiten der Gesellschaft gegenüber Gesellschaftern	10
2. Partnerschaftsgesellschaft	3	5. Sozialansprüche	11, 12
3. Europäische Wirtschaftliche Interessenvereinigung	4	6. Eigenhaftung	13
4. Gesellschaft bürgerlichen Rechts	5	7. Keine entgegenstehende Vereinbarung	14
III. Haftungsvoraussetzungen	6–14	**IV. Haftungsgrundsätze**	15–21
1. Gesellschaft	6	1. Gesetzliche Haftung	15

---

[37] BGH Urt. v. 9. 11. 1987 – II ZR 100/87, BGHZ 102, 172, 178 ff. = NJW 1988, 969 f.; MünchKommHGB/*K. Schmidt* RdNr. 36; Staub/*Habersack* RdNr. 22; vgl. weiter § 177 a Anh. B RdNr. 75.

	RdNr.		RdNr.
2. Dauer	16	b) Dauerschuldverhältnisse	48, 49
3. Unbeschränkte Haftung	17	c) Kontokorrentschulden	50
4. Primäre Haftung	18	d) Vertragsänderungen und Vertragserweiterungen	51, 52
5. Akzessorische Haftung	19	e) Gesetzliche Schuldverhältnisse	53
6. Gesamtschuldnerische Haftung	20, 21	**VIII. Die Gesellschafterbürgschaft**	54–58
V. Haftungsinhalt	22–29	1. Wirtschaftliche Bedeutung	54
1. Grundsatz	22	2. Form	55
2. Veränderungen der Gesellschaftsschuld	23	3. Rückgriff	56, 57
3. Einzelfälle	24–29	4. Rechtsfolgen beim Ausscheiden des Gesellschafters	58
a) Geldschuld	24		
b) Lieferung oder Herausgabe von Sachen	25	**IX. Prozessuale Fragen**	59–64
c) Vertretbare Handlungen	26	1. Gesellschafts- und Gesellschafterprozess	59, 60
d) Unvertretbare Handlungen	27	2. Gerichtsstands- und Schiedsvereinbarungen	61
e) Abgabe einer Willenserklärung	28	3. Urteilswirkungen	62–64
f) Unterlassungs- und Duldungspflichten	29	a) Prozess gegen die Gesellschaft	62
VI. Rückgriff und Freistellung des Gesellschafters	30–39	b) Prozess gegen den Gesellschafter	63
		c) Zwangsvollstreckung	64
1. Rückgriff gegen die Gesellschaft	30, 31	**X. Die Gesellschaft in der Insolvenz**	65–75
2. Rückgriff gegen Mitgesellschafter	32–35	1. Fortbestand der persönlichen Haftung	65
3. Freistellungsansprüche	36–38	2. Sonderinsolvenz	66
4. Auflösung der Gesellschaft	39	3. Stellung des Insolvenzverwalters	67
VII. Die Haftung des ausgeschiedenen Gesellschafters	40–53	4. Haftung für Altverbindlichkeiten	68, 69
1. Grundsatz	40–42	5. Geltendmachung der Gesellschafterhaftung	70
2. Ausscheiden und gleichgestellte Tatbestände	43, 44	6. Insolvenzplan	71–73
3. Maßgeblicher Zeitpunkt	45	7. Teilnahme der Gesellschafter am Insolvenzverfahren der Gesellschaft	74
4. Alt- und Neuverbindlichkeiten	46–53	8. Gesellschafterinsolvenz	75
a) Rechtsgeschäftliche Verbindlichkeiten	47		

I. Normzweck

Die OHG ist gemäß § 124 selbständiger Träger von Rechten und Pflichten; für die von ihr – vertreten durch ihre für sie handelnden organschaftlichen oder bevollmächtigten Vertreter – eingegangenen Verpflichtungen haftet sie. Daneben haften auch die Gesellschafter selbst für die Gesellschaftsschulden, und zwar persönlich, unmittelbar, unbeschränkt und akzessorisch zur Gesellschaftsschuld; durch Vereinbarung der Gesellschafter untereinander kann diese Haftung Dritten gegenüber nicht wirksam beschränkt werden (Satz 2). Diese **Gesellschafterhaftung** ist wesentliches Merkmal der OHG. Anders als die Kapitalgesellschaften, bei denen der Gläubigerschutz durch die Vorschriften über die Aufbringung und Erhaltung des Stammkapitals verwirklicht wird, kennt diese Gesellschaftsform keine im Interesse der Gesellschaftsgläubiger festgesetzte Einlagepflicht und weist keine Sicherheitsmaßregeln zur Erhaltung des Gesellschaftsvermögens zugunsten der Gesellschaftsgläubiger auf. Die persönliche Haftung der Gesellschafter ist daher im Interesse der Sicherheit der Gesellschaftsgläubiger notwendig; sie dient zugleich der OHG, deren Kreditfähigkeit dadurch erhöht wird.[1] Folgerichtig ergreifen die Bestimmungen über eigenkapitalersetzende Darlehen (§ 129 a) und die Pflicht, bei Zahlungsunfähigkeit oder Überschuldung die Eröffnung des Insolvenzverfahrens zu beantragen (§ 130 a), nur die OHG, bei der kein Gesellschafter eine natürliche Person ist.

II. Geltungsbereich

1. OHG, KG. § 128 gilt für den Gesellschafter einer OHG, den persönlich haftenden Gesellschafter einer KG und den Kommanditisten; letzterer haftet gemäß §§ 171, 172, allerdings nur in Höhe der im Handelsregister eingetragenen Haftsumme. Für den persönlich haftenden Gesellschafter einer KG aA verweist § 278 Abs. 2 AktG auf § 128.

2. Partnerschaftsgesellschaft. Die Haftung der Partner einer Partnerschaftsgesellschaft richtet sich gemäß § 8 Abs. 1 Satz 1 und 2 PartGG ebenfalls nach den §§ 128 bis 130. Jedoch verfügen sie über die Möglichkeit, ihre Haftung für Schadensersatzansprüche aus fehlerhafter Berufsausübung

---

[1] BGH Urt. v. 14. 2. 1957 – II ZR 190/55, BGHZ 23, 302, 305 = NJW 1957, 871, 872; Urt. v. 7. 4. 2003 – II ZR 56/02, BGHZ 154, 370, 373 = NJW 2003, 1803.

durch Vereinbarung mit dem Gläubiger, und zwar auch unter Verwendung von allgemeinen Geschäftsbedingungen, auf denjenigen von ihnen zu beschränken, der die berufliche Leistung zu erbringen, verantwortlich zu leiten oder zu überwachen hat (§ 8 Abs. 2 PartGG). Gemäß § 8 Abs. 3 PartGG kann die Haftung der Partnerschaft durch Gesetz auf einen bestimmten Höchstbetrag beschränkt werden, wenn eine Pflicht zum Abschluss einer Berufshaftpflichtversicherung besteht; diese Haftungsbegrenzung kommt über die akzessorische Haftung nach § 8 Abs. 1 PartGG auch den Partnern selbst zugute.[2]

4 **3. Europäische Wirtschaftliche Interessenvereinigung.** Die Mitglieder einer Europäischen Wirtschaftlichen Interessenvereinigung (EWIV), mit der der Wirtschaft seit dem 1. 1. 1989[3] eine besondere supranationale Rechtsform zur Zusammenarbeit über die europäischen Binnengrenzen hinweg zur Verfügung gestellt worden ist, haften gemäß Art. 24 Abs. 1 der Verordnung (EWG) Nr. 2137/85 des Rates der Europäischen Gemeinschaften vom 25. 7. 1985[4] unbeschränkt und gesamtschuldnerisch für Verbindlichkeiten der Vereinigung. Allerdings ist die Haftung zunächst subsidiär, weil der Gläubiger erst die Vereinigung zur Zahlung aufzufordern und eine gewisse Zeit abzuwarten hat (§ 24 Abs. 2 EWIV–Verordnung). Im Übrigen gilt auf Grund der Verweisung in Art. 24 Abs. 1 Satz 2 EWIV–Verordnung einzelstaatliches Recht, mithin die §§ 128 bis 130.

5 **4. Gesellschaft bürgerlichen Rechts.** Die Gesellschafter einer (Aussen)Gesellschaft bürgerlichen Rechts haften im Grundsatz entsprechend § 128 wie die Gesellschaft; sie haben für von der Gesellschaft rechtsgeschäftlich oder gesetzlich begründete Verbindlichkeiten in deren jeweiligem Bestand persönlich als Gesamtschuldner einzustehen.[5] Diese Haftung kann nur durch individualvertragliche Vereinbarung mit dem Vertragsgegner, die die Haftung auf das gesamthänderisch gebundene Vermögen beschränkt, nicht aber durch einen Namenszusatz oder einen anderen, den Willen, nur beschränkt für diese Verpflichtungen einzustehen, verdeutlichenden Hinweis ausgeschlossen werden.[6]

III. Haftungsvoraussetzungen

6 **1. Gesellschaft.** Die Haftung aus § 128 setzt voraus, dass im Zeitpunkt der Begründung der Gesellschaftsschuld eine OHG vorhanden ist. Darüberhinaus kann auch der Rechtsschein des Bestehens einer OHG ausreichen. Die Scheingesellschafter, die zurechenbar den Anschein einer OHG gesetzt haben, müssen sich, soweit nicht schon § 15 Abs. 3 eingreift, wie persönlich haftende Gesellschafter einer OHG behandeln lassen und haften entsprechend § 128.[7]

7 **2. Gesellschafter.** Die Haftung aus § 128 trifft denjenigen, der bei Haftungsbegründung persönlich haftender Gesellschafter der OHG ist. Auch insoweit ist eine Begründung der Haftung auf Grund Rechtsscheins möglich. Wer im Rechtsverkehr so auftritt, als wäre er OHG-Gesellschafter, dies aber tatsächlich nicht ist, haftet gutgläubigen Dritten gegenüber wie ein OHG-Gesellschafter. Dies gilt für denjenigen, der zurechenbar den Rechtsschein setzt, er sei Mitglied der OHG, weiter für den ausgeschiedenen Gesellschafter, dessen Ausscheiden entgegen § 15 Abs. 1 und 2 nicht im Handelsregister eingetragen ist. Die Rechtsscheintatbestände von Scheingesellschaft und Scheingesellschafter können dabei zusammenfallen.[8]

8 Trotz Eintragung der **Umwandlung der OHG in eine GmbH & Co. KG** in das Handelsregister und gleichzeitigen Zurücktretens des persönlich haftenden Gesellschafters in die Stellung eines Kommanditisten kann dieser sich nicht auf die Haftungsbeschränkung des § 171 Abs. 2 berufen, wenn er diese geänderten Verhältnisse im Verlauf einer ständigen Geschäftsbeziehung nicht bekannt gibt, sondern gegenüber dem Geschäftspartner so auftritt, als habe sich nichts geändert.[9] Ähnliches gilt, wenn eine GmbH & Co. KG ohne den GmbH & Co. Zusatz firmiert, weil dadurch der Anschein erweckt wird, dem Vertragspartner hafte zumindest eine Person unbeschränkt.[10] In beiden Fällen haftet der Gesellschafter entsprechend § 128.

---

[2] MünchKommBGB/*Ulmer* § 8 PartGG RdNr. 33 ff.
[3] § 18 EWIV-Ausführungsgesetz vom 14. 4. 1988, BGBl. I S. 514.
[4] Abgedr. bei *Ganske*, Das Recht der Europäischen Wirtschaftlichen Interessenvereinigung (EWIV), 86 ff.
[5] BGH Urt. v. 27. 9. 1999 – II ZR 371/98, BGHZ 142, 315 ff. = NJW 1999, 3483.; Urt. v. 29. 1. 2001 – II ZR 331/00, BGHZ 146, 341 ff. = NJW 2001, 1056 ff.; Urt. v. 24. 2. 2003 – II ZR 385/99, NJW 2003, 1445 ff.; Urt. v. 7. 4. 2003 (Fn. 1).
[6] BGH Urt. v. 27. 9. 1999 (Fn. 5).
[7] BGH Urt. v. 11. 3. 1955 – I ZR 82/53, BGHZ 17, 13, 16 ff. = NJW 1955, 985 f.; Urt. v. 6. 4. 1987 – II ZR 101/86, NJW 1987. 3124, 3125 f.; Staub/*Habersack* RdNr. 5; Baumbach/*Hopt* RdNr. 5; MünchKommHGB/*K. Schmidt* RdNr. 7.
[8] BGH Urt. v. 11. 3. 1955 (Fn. 7); Staub/*Habersack* RdNr. 7, 8; Baumbach/*Hopt* RdNr. 5.
[9] BGH Urt. v. 8. 5. 1972 – II ZR 170/69, NJW 1972, 1418, 1419.
[10] *BGH Urt. v. 8. 5. 1978 – II ZR 97/77, BGHZ 71, 354, 356 = NJW 1978, 2030.*

3. Gesellschaftsverbindlichkeit. Der Gesellschafter haftet den Gläubigern der Gesellschaft persönlich für alle Verbindlichkeiten der Gesellschaft, gleich aus welchem Rechtsgrund. Die Haftung erfasst nach allgemeiner Meinung sowohl rechtsgeschäftlich wie gesetzlich begründete Gesellschaftsschulden. Sie gilt für dienstvertragliche Verpflichtungen gegenüber Arbeitnehmern einschließlich Versorgungsansprüchen;[11] weiter für öffentlich-rechtliche Verbindlichkeiten[12] und Steuerschulden. Voraussetzung ist stets, dass die Gesellschaft durch ihre organschaftlichen oder bevollmächtigten Vertreter verpflichtet wird oder ihr deren Handeln zuzurechnen ist.

4. Verbindlichkeiten der Gesellschaft gegenüber Gesellschaftern. Gesellschaftsverbindlichkeiten sind nach allgemeiner Meinung auch Schuldverpflichtungen der Gesellschaft gegenüber einem Gesellschafter, wenn es sich um sogenannte Drittansprüche handelt.[13] Das sind Ansprüche, die ihre Grundlage in einem Rechtsverhältnis haben, das mit dem Gesellschaftsvertrag nichts zu tun hat und das die Gesellschaft in gleicher Weise mit einem Dritten eingehen könnte. Drittansprüche sind danach etwa Ansprüche aus Kauf-, Miet-, Pacht- und Darlehensverträgen zwischen Gesellschaft und Gesellschafter.[14] Der Rechtsgrund der Gesellschaftsverbindlichkeit liegt auch dann in dem besonderen Vertrag und nicht im Gesellschaftsverhältnis, wenn der Gesellschaftsvertrag Regelungen enthält, wonach der Gesellschafter im Rahmen seiner Beitragspflicht gehalten ist, Verträge dieser Art mit der Gesellschaft abzuschließen.[15] Bei der Durchsetzung seiner Drittgläubigerforderungen ist der Gesellschafter auf Grund der gesellschaftsvertraglichen Treuepflicht gehalten, zunächst Befriedigung bei der Gesellschaft zu suchen. Ansonsten haften ihm seine Mitgesellschafter als Gesamtschuldner; der Gläubigergesellschafter muss sich allerdings die eigene Haftungsquote anrechnen lassen.

5. Sozialansprüche. Drittansprüche sind abzugrenzen von sogenannten Sozialansprüchen, die auf dem Gesellschaftsverhältnis beruhen. Für Sozialansprüche haften die Mitgesellschafter grundsätzlich nicht nach § 128, solange die Gesellschaft besteht; sie können nur gegen die Gesellschaft, nicht auch die einzelnen Gesellschafter geltend gemacht werden, und zwar auch dann, wenn der berechtigte Gesellschafter keine Befriedigung aus dem Gesellschaftsvermögen zu erlangen vermag.[16] Das rechtfertigt sich daraus, dass eine Gesellschafterhaftung für Sozialansprüche der über § 105 Abs. 2 auch für die OHG geltenden Bestimmung des § 707 BGB widersprechen würde und die Gesellschafter gezwungen wären, über ihre versprochene Einlage hinaus weitere Beiträge für die Gesellschaft zu leisten. Sozialanspruch ist etwa ein im Gesellschaftsvertrag vereinbarter „Vorweggewinn" in Form einer lebenslangen Betriebsrente.[17]

Von dem Grundsatz, dass die Gesellschafter während des Bestehens der Gesellschaft nicht für Sozialansprüche haften, ist dann eine Ausnahme zu machen, wenn der Gesellschafter von einem Gesellschaftsgläubiger auf Grund seiner persönlichen Haftung nach § 128 in Anspruch genommen worden ist und daraufhin eine Gesellschaftsverbindlichkeit getilgt hat. Auch wenn der **Aufwendungsersatzanspruch** des Gesellschafters aus § 110 eine Sozialverbindlichkeit ist, ist es trotzdem gerechtfertigt, dem Gesellschafter den Rückgriff gegen seine Mitgesellschafter zu gestatten, wenn er von der Gesellschaft keine Befriedigung erlangen kann.[18] Verbindlichkeiten der Gesellschaft und nicht Sozialansprüche sind weiterhin der Abfindungsanspruch des ausgeschiedenen Gesellschafters[19] und der Gewinnanspruch des stillen Gesellschafters.[20] Alle diese Ansprüche können nicht nur gegen die Gesellschaft, sondern auch unmittelbar gegen die einzelnen Gesellschafter geltend gemacht werden.

6. Eigenhaftung. Die Haftung aus § 128 ist zu unterscheiden von der auf der Verwirklichung eines eigenständigen Haftungstatbestandes beruhenden Eigenhaftung des Gesellschafters insbesondere gegenüber Gesellschaftsgläubigern, weiterhin gegenüber der Gesellschaft oder den Mitgesellschaftern. Hierunter fallen gesetzliche Haftungstatbestände wie etwa aus den §§ 823 Abs. 2, 826 BGB sowie

---

[11] BGH Urt. v. 19. 5. 1983 – II ZR 50/82, BGHZ 87, 286, 287 ff. = NJW 1983, 2254 ff.; BGH Urt. v. 19. 5. 1983 – II ZR 49/82, NJW 1993, 2256, 2258; BGH Urt. v. 19. 5. 1983 – II ZR 207/81, NJW 1983, 2940, 2941.
[12] OVG Brandenburg Beschl. v. 12. 8. 1998 – 4 B 31/98, ZIP 1998, 1636, 1638 f.
[13] BGH Urt. v. 10. 11. 1969 – II ZR 40/67, WM 1970, 280; Urt. v. 1. 12. 1982 – VIII ZR 206/81, NJW 1983, 749; RG Urt. v. 5. 1. 1937 – II 182/36, RGZ 153, 305, 310 f.; MünchKommHGB/*K. Schmidt* RdNr. 12; Staub/*Habersack* RdNr. 13.
[14] RG (Fn. 13).
[15] MünchKommHGB/*K. Schmidt* RdNr. 12, Staub/*Habersack* RdNr. 13.
[16] BGH Urt. v. 2. 7. 1962 – II ZR 204/60, BGHZ 37, 299, 301 f. = NJW 1962, 1863, 1864; Urt. v. 11. 1. 1960 – II ZR 69/59, WM 1970, 187 f.; Urt. v. 10. 4. 1989 – II ZR 158/88, WM 1989, 1021.
[17] BGH Urt. v. 10. 4. 1989 (Fn. 16).
[18] BGH Urt. v. 2. 7. 1962 (Fn. 16); Urt. v. 17. 12. 2001 – II ZR 382/99, NJW-RR 2002, 455. 456; Staub/*Habersack* RdNr. 12.
[19] BGH Urt. v. 11. 10. 1971 – II ZR 68/68, WM 1971, 1451, 1452.
[20] BGH Urt. v. 11. 1. 1960 – (Fn. 16).

die Haftung aus culpa in contrahendo wegen Verschleppung der Insolvenz und die Haftung aus § 130a Abs. 3. Weiter gehören hierher die Übernahme von Bürgschaften und die Haftung auf Grund sonstiger Sicherungsgeschäfte.

14 **7. Keine entgegenstehende Vereinbarung.** Nach Satz 2 sind von dem Grundsatz der persönlichen Haftung abweichende Vereinbarungen der Gesellschafter untereinander den Gesellschaftsgläubigern gegenüber stets unwirksam. Sie können aber Bedeutung für das Innenverhältnis der Gesellschafter haben und etwa Ansprüche auf Freistellung oder Ausgleich in voller Höhe begründen. Hingegen ist zwischen Gesellschafter und Gesellschaftsgläubiger eine – auch stillschweigende[21] – Vereinbarung des Inhalts, dass der Gesellschaftsgläubiger sich nicht oder nur subsidiär an einen bestimmten Gesellschafter hält bzw. diesen aus der Gesamthaft entlässt, möglich. Eine solche Vereinbarung wirkt nur im Außenverhältnis und hindert den Regress der Mitgesellschafter nicht.

IV. Haftungsgrundsätze

15 **1. Gesetzliche Haftung.** Die an die Stellung als persönlich haftender Gesellschafter anknüpfende Haftung aus § 128 ist gesetzliche Haftung als Folge der Mitgliedschaft in der OHG. Sie ist ein Zustand, der ständig neue Haftungsverbindlichkeiten für ständig neue Gesellschaftsverbindlichkeiten auslösen kann.[22] Mit der Begründung einer Gesellschaftsschuld entsteht eine entsprechende Gesellschafterschuld.

16 **2. Dauer.** Die Haftung dauert fort, solange die OHG besteht und der Gesellschafter ihr angehört. Sie bezieht sich auf alle während der Zugehörigkeit zur Gesellschaft entstandenen sowie (§ 130) die bei Eintritt vorhandenen Gesellschaftsverbindlichkeiten. Die Auflösung der Gesellschaft sowie das Ausscheiden aus dieser ändern an der bisher entstandenen Haftung für Altverbindlichkeiten nichts. Allerdings tritt mit der Auflösung der Gesellschaft die Sonderverjährung des § 159 ein; im Fall des Ausscheidens aus der Gesellschaft, wozu auch der Wechsel von der Stellung eines persönlich haftenden Gesellschafters in die eines Kommanditisten gehört, greift der Enthaftungstatbestand des § 160 ein.

17 **3. Unbeschränkte Haftung.** Die persönliche Haftung des Gesellschafters der OHG ist den Gläubigern gegenüber unbeschränkt. Anders als ein Kommanditist (§ 171) haftet er stets für die gesamte Gesellschaftsschuld, nicht summenmäßig begrenzt auf die Höhe seiner Einlage. Den Gesellschaftsgläubigern gegenüber haftet er unmittelbar, also nicht im Wege einer bloßen Nachschusspflicht gegenüber der Gesellschaft. Haftungssubstrat ist sein gesamtes Eigenvermögen.

18 **4. Primäre Haftung.** Der Gesellschafter haftet den Gesellschaftsgläubigern primär und nicht nur subsidiär. Zwar ist es zunächst Sache der Gesellschaft, ihre Verbindlichkeiten zu erfüllen; das bedeutet jedoch nach allgemeiner Meinung nicht, dass der Gesellschafter den Gläubiger auf die vorherige Inanspruchnahme der Gesellschaft und das Gesellschaftsvermögen verweisen kann.[23] Anders ist dies bei der Geltendmachung von Drittansprüchen eines Gesellschafters (vgl. RdNr. 10, 12); in diesem Fall muss sich der Gesellschafter auf Grund der gegenüber den Mitgesellschaftern bestehenden Treuepflicht zunächst an die Gesellschaft halten und darf seine Mitgesellschafter erst dann in Anspruch nehmen, wenn aus dem Gesellschaftsvermögen keine Befriedigung zu erwarten ist. Die unmittelbare Inanspruchnahme begründet eine Einrede des anderen Gesellschafters, wobei diese nach herrschender Meinung im Fall der Abtretung der Forderung an einen Dritten nicht gemäß § 404 BGB erhalten bleibt, sondern wegen des persönlichen, aus der Stellung als Gesellschafter abgeleiteten Charakters dieser Einwendung verloren geht.[24]

19 **5. Akzessorische Haftung.** Die Gesellschafterhaftung ist akzessorisch, also von Bestand und Umfang der fremden Schuld der Gesellschaft dauernd abhängig. Sie soll grundsätzlich und auch hinsichtlich aller Einwendungen zugunsten und zu Ungunsten des Gesellschafters mit der jeweiligen Gesellschaftsverbindlichkeit übereinstimmen.[25] Es ist deshalb und weil sonst der Gesellschafter um das Recht, die Einwendungen der Gesellschaft gegenüber dem Gläubiger geltend zu machen, gebracht würde, rechtlich nicht zulässig, dass ein Gläubiger durch Vertrag mit der OHG dieser eine Schuld unter dem Vorbehalt erlässt, der Erlass solle zugunsten einzelner persönlich haftender Gesellschafter

---

[21] BGH Urt. v. 28. 6. 1971 – III ZR 103/68, WM 1971, 1513, 1514.
[22] MünchKommHGB/*K. Schmidt* RdNr. 2, 3; Staub/*Habersack* RdNr. 17 f.
[23] MünchKommHGB/*K. Schmidt* RdNr. 20; Staub/*Habersack* RdNr. 26.
[24] MünchKommHGB/*K. Schmidt* RdNr. 20; aA Staub/*Habersack* RdNr. 26.
[25] BGH Urt. v. 11. 12. 1978 – II ZR 235/77, BGHZ 73, 217, 224 = NJW 1979, 1361, 1362; Urt. v. 22. 3. 1988 – X ZR 64/87, BGHZ 104, 76, 78 = NJW 1988, 1976 f.; MünchKommHGB/*K. Schmidt* RdNr. 16; Staub/*Habersack* RdNr. 21.

nicht gelten.[26] Der auf die Gesellschaft beschränkte Schulderlass ist jedoch wirksam, wenn der Gesellschafter dem Vorbehalt, dass seine Schuld fortbestehen soll, zugestimmt hat.[27]

6. Gesamtschuldnerische Haftung. Die Gesellschafter haften gegenüber den Gesellschaftsgläubigern als Gesamtschuldner im Sinne des § 421 BGB. Der Gläubiger kann deshalb nach seinem Belieben die Leistung von jedem Gesellschafter ganz oder teilweise und ohne Rücksicht auf die im Innenverhältnis der Gesellschafter vereinbarte Haftungsverteilung fordern; jeder Gesellschafter haftet auf das Ganze. Das gilt auch dann, wenn der Gläubiger selbst Gesellschafter ist und einen Drittanspruch gegenüber der Gesellschaft besitzt.[28] Allerdings dürfen er und – im Fall der Abtretung der Forderung – auch der Zessionar, der nicht Mitgesellschafter ist, bei Geldschulden die anderen Gesellschafter nur auf den seinen Verlustanteil übersteigenden Betrag seiner Forderung in Anspruch nehmen.[29] 20

Zwischen Gesellschafter und Gesellschaft besteht im Hinblick auf eine Gesellschaftsschuld **kein Gesamtschuldverhältnis.** Die §§ 420 ff. BGB sind nicht anzuwenden,[30] was insbesondere für den Rückgriff (§ 110) des einen Gesellschaftsgläubiger befriedigenden Gesellschafters von Bedeutung ist. Die für die Forderung bestehenden Sicherheiten gehen anders als bei einem zahlenden Gesamtschuldner nicht auf ihn über. Anders ist dies freilich bei einem ausgeschiedenen Gesellschafter, der einen Altgläubiger befriedigt; diesem steht wie einem Gesamtschuldner das Recht aus § 426 Abs. 2 BGB zu mit der Folge, dass er gemäß den §§ 412, 401 BGB auch auf Sicherheiten zugreifen kann. 21

V. Haftungsinhalt

1. Grundsatz. Nach dem Grundsatz der Akzessorietät haftet der Gesellschafter auf dasselbe wie die Gesellschaft. Gesellschafts- und Gesellschafterschuld sollen grundsätzlich inhaltlich übereinstimmen;[31] die persönliche Haftung ist nicht stets nur auf das Wertinteresse gerichtet.[32] Aber auch bei anderen als Geldschulden erfordert es der Zweck der Haftung aus § 128, dass der Gesellschafter dasselbe schuldet wie die Gesellschaft und dass seine Haftung nur in Ausnahmefällen von vornherein auf Geldersatz gerichtet ist. Die OHG besitzt kein Haftungskapital, dessen Bestand durch gesetzliche Vorschriften abgesichert wäre. Ihre Kreditwürdigkeit beruht im Wesentlichen auf der ihrer Gesellschafter. Den Gläubigern der Gesellschaft ist in erster Linie an der **vertragsgemäßen Erfüllung der Schuld** und nicht sogleich an einer **Ersatzleistung in Geld** gelegen. Diesem Interesse wird nur dann hinreichend Genüge getan, wenn neben der Gesellschaft auch der Gesellschafter persönlich die von dieser geschuldete Leistung zu erbringen hat. Einschränkungen dieses Grundsatzes folgen allerdings aus dem schutzwerten Interesse des Gesellschafters an der Freihaltung seiner Privatsphäre. Bei der im Einzelfall zu treffenden Entscheidung, ob ein Gesellschafter persönlich auf Erfüllung in Anspruch genommen werden kann oder ob er nur auf das Interesse an der Erfüllung durch die Gesellschaft haftet, sind die Belange des Gläubigers und des Gesellschafters gegeneinander abzuwägen.[33] Das Interesse des Gesellschafters an der Freihaltung seiner Privatsphäre hat regelmäßig dann zurückzutreten, wenn die Erbringung der Leistung ohnehin zu seinen Pflichten innerhalb der Gesellschaft gehört, wenn er in der Lage ist, die Gesellschaft zur Leistung zu veranlassen, oder wenn er die Leistung durch Aufwendung von Geld und Beauftragung eines Dritten ohne persönlichen Einsatz erfüllen kann. 22

2. Veränderungen der Gesellschaftsschuld. Aus dem Grundsatz, dass der Gesellschafter dasselbe schuldet wie die Gesellschaft, folgt weiterhin, dass Veränderungen des Inhalts der Gesellschaftsschuld auch die Gesellschafterschuld erfassen. Wandelt sich etwa der Erfüllungsanspruch in einen Schadensersatzanspruch statt der Leistung nach den §§ 280, 281 BGB um, so haftet der Gesellschafter ebenso wie die Gesellschaft nur noch auf das Interesse.[34] 23

---

[26] BGH Urt. v. 20. 4. 1967 – II ZR 220/65, BGHZ 47, 376, 378 ff. = NJW 1967, 2155, 2156 f.; krit. MünchKomm-HGB/*K. Schmidt* RdNr. 17; Staub/*Habersack* RdNr. 21.
[27] BGH Urt. v. 26. 5. 1975 – III ZR 76/72, WM 1975, 974.
[28] BGH Urt. v. 10. 11. 1969 und 1. 12. 1982 (Fn. 13); Staub/*Habersack* RdNr. 25; Kritisch MünchKommHGB/*K. Schmidt* RdNr. 18.
[29] BGH Urt. v. 1. 12. 1982 (Fn. 13).
[30] BGH Urt. v. 9. 5. 1963 – II ZR 124/61, BGHZ 39, 319, 323 f. = NJW 1963, 1873, 1874 f.; Urt. v. 8. 11. 1965 – II ZR 223/64, BGHZ 44, 229, 233 f. = NJW 1966, 499, 500.
[31] BGH Urt. v. 14. 2. 1957 – II ZR 190/55, BGHZ 23, 302, 305 f. = NJW 1957, 871, 872; Urt. v. 11. 12. 1978 – II ZR 235/77, BGHZ 73, 217, 221 f. = NJW 1979, 1361; Urt. v. 22. 3. 1988 – X ZR 64/87, BGHZ 104, 76, 78 = NJW 1988, 1976 f.; Urt. v. 1. 4. 1987 – VIII ZR 15/86, NJW 1987, 2367, 2369; sog. Erfüllungstheorie; MünchKommHGB/*K. Schmidt* RdNr. 24; Staub/*Habersack* RdNr. 27 ff.; Baumbach/*Hopt* RdNr. 8, 9.
[32] So die sog. Haftungstheorie; vgl. die Nachweise bei Staub/*Habersack* RdNr. 27, Fn. 62.
[33] BGH Urt. v. 14. 2. 1957 und 11. 12. 1978 (Fn. 31).
[34] BGH Urt. v. 21. 12. 1961 – II ZR 74/59, BGHZ 36, 224, 228 = NJW 1962, 536; Urt. v. 13. 7. 1967 – II ZR 268/64, BGHZ 48, 203, 204 f. = NJW 1967, 2203, 2204.

§ 128 24–30   2. Buch. 1. Abschnitt. Offene Handelsgesellschaft

24   **3. Einzelfälle. a) Geldschuld.** Schuldet die Gesellschaft Zahlung von Geld, so schuldet der Gesellschafter dasselbe. Die Zwangsvollstreckung richtet sich nach den §§ 803 ff. ZPO.

25   **b) Lieferung oder Herausgabe von Sachen.** Schuldet die Gesellschaft die Lieferung oder die Herausgabe von Sachen, so schuldet der Gesellschafter dies ebenfalls. Die Leistungs- oder Herausgabeklage kann neben der Gesellschaft gegen ihn erhoben werden, und zwar auch dann, wenn er bereits aus der Gesellschaft ausgeschieden ist.[35] Die Vollstreckung nach den §§ 883, 884 ZPO wird sich allerdings in der Regel nur gegen die Gesellschaft richten können. Der Titel gegen den Gesellschafter ist jedoch die Grundlage für einen Schadensersatzanspruch gemäß §§ 280, 281 BGB, falls die Zwangsvollstreckung gegen die Gesellschaft erfolglos bleibt.

26   **c) Vertretbare Handlungen.** Die Vornahme vertretbarer Handlungen schulden stets die Gesellschaft wie der Gesellschafter. Der Gläubiger kann deshalb den Gesellschafter aus einem mit der Gesellschaft geschlossenen Kaufvertrag persönlich auf Mängelbeseitigung in Anspruch nehmen; dieser wird in seiner gesellschaftsfreien Privatsphäre nicht beeinträchtigt, weil er den Nachbesserungsanspruch ohne persönlichen Einsatz durch Aufwendung von Geld mittels Beauftragung eines Dritten erfüllen kann.[36] Vollstreckt wird nach § 887 ZPO. Der Gläubiger kann sich ermächtigen lassen, die Handlung auf Kosten des Gesellschafters vornehmen zu lassen, er kann beantragen, den Gesellschafter zur Vorauszahlung der Kosten zu verurteilen.

27   **d) Unvertretbare Handlungen.** Bei unvertretbaren Handlungen, die durch einen Dritten nicht vorgenommen werden können (§ 888 ZPO), ist danach zu unterscheiden, ob die gesellschaftsfreie Privatsphäre des Gesellschafters durch deren Erfüllung unzumutbar beeinträchtigt wird oder nicht. Der Gläubiger muss sich regelmäßig dann nicht mit einer Haftung des Gesellschafters auf das Interesse begnügen, wenn die Erbringung der Leistung zu den gesellschaftlichen Pflichten dieses Gesellschafters gehört.[37] Der geschäftsführende Gesellschafter einer OHG kann deshalb neben der Gesellschaft verurteilt werden, dem Gläubiger Rechnung zu legen

28   **e) Abgabe einer Willenserklärung.** Die Abgabe einer Willenserklärung kann nach allgemeiner Meinung nur von der Gesellschaft, nicht aber dem Gesellschafter persönlich verlangt werden, weil die Willenserklärung gemäß § 894 ZPO mit Rechtskraft des Urteils als abgegeben gilt und eine zusätzliche Verurteilung des Gesellschafters dem Gläubiger nichts nutzen würde.[38]

29   **f) Unterlassungs- und Duldungspflichten.** Der Gesellschafter persönlich kann grundsätzlich nicht unmittelbar für eine Verpflichtung der Gesellschaft, deren Einhaltung gemäß § 890 ZPO durch Ordnungsmittel erzwungen werden kann und die inhaltlich darauf gerichtet ist, eine Handlung zu unterlassen oder die Vornahme einer Handlung zu dulden, in Anspruch genommen werden; er haftet allein auf das Interesse des Gläubigers. Der Grundsatz von Treu und Glauben und der Schutz der Gläubiger vor der Umgehung eines gegen die Gesellschaft gerichteten Verbotes durch die Gesellschafter erfordern aber Ausnahmen von diesem Grundsatz. Das gilt vor allen Dingen für die Einhaltung von **Wettbewerbsverboten;** hier kann die Erbringung der Leistung zu den gesellschaftlichen Pflichten des Gesellschafters gehören, dieser schuldet dann dasselbe wie die Gesellschaft.[39] Handeln sämtliche Gesellschafter der unmittelbar verpflichteten OHG dem Verbot durch Maßnahmen außerhalb der Gesellschaft persönlich oder im Rahmen einer anderen Gesellschaft zuwider, so kann der Gläubiger die Gesellschafter selbst und die andere Gesellschaft auf Unterlassung in Anspruch nehmen.

VI. Rückgriff und Freistellung des Gesellschafters

30   **1. Rückgriff gegen die Gesellschaft.** Der auf Grund seiner persönlichen Haftung aus § 128 von einem Gesellschaftsgläubiger in Anspruch genommene Gesellschafter – neben dem persönlich haftenden auch der Kommanditist und der stille Gesellschafter – kann nach § 110 den Ersatz seiner Aufwendungen von der Gesellschaft verlangen.[40] Durch die Leistung an den Gesellschaftsgläubiger

---

[35] BGH Urt. v. 1. 4. 1987 – VIII ZR 15/86, NJW 1987, 2367, 2369.
[36] BGH Urt. v. 11. 12. 1978 (Fn. 31); Staub/*Habersack* RdNr. 35.
[37] BGH Urt. v. 14. 2. 1957 (Fn. 31), Baumbach/*Hopt* RdNr. 15; krit. dazu MünchKommHGB/*K. Schmidt* RdNr. 28; Staub/*Habersack* RdNr. 36.
[38] BGH Urt. v. 22. 12. 1982 – V ZR 315/81, WM 1983, 220 f.
[39] BGH Urt. v. 7. 6. 1972, VIII ZR 175/70, BGHZ 59, 64, 67 f. = NJW 1972, 1421; Urt. v. 9. 11. 1973 – I ZR 83/72, WM 1974, 253, 254; Urt. v. 28. 5. 1975 – VIII ZR 200/74, WM 1975, 777; RG Urt. v. 2. 5. 1932 – VIII 104/32, RGZ 136, 266, 270 ff.; Baumbach/*Hopt* RdNr. 17; kritisch MünchKommHGB/*K. Schmidt* RdNr. 29; Staub/*Habersack* RdNr. 39.
[40] BGH Urt. v. 2. 7. 1962 – II ZR 204/60, BGHZ 37, 299, 301 f. = NJW 1962, 1863, 1864; Urt. v. 17. 12. 2001 (Fn. 18).

geht allerdings dessen Anspruch gegen die Gesellschaft mangels eines zwischen dieser und dem Gesellschafter bestehenden Gesamtschuldverhältnisses nicht auf den betroffenen Gesellschafter über. Für eine unmittelbare oder entsprechende Anwendung der Bestimmung des § 426 Abs. 2 BGB, die einen Forderungsübergang auf den den Gläubiger befriedigenden Gesamtschuldner vorsieht, ist kein Raum, weil der Rückgriff gesellschaftsrechtlichen Grundsätzen unterliegt und § 110 einen schlichten Erstattungsanspruch anordnet.[41] Ein gesetzlicher Forderungsübergang entsprechend § 774 Abs. 1 BGB[42] scheidet deshalb und mangels Vorliegens der Voraussetzungen einer Analogie aus. Das hat für den bei seiner Inanspruchnahme der Gesellschaft angehörenden Gesellschafter zur Folge, dass Sicherheiten nicht auf ihn übergehen (§§ 426 Abs. 2, 412, 401 BGB). Ebensowenig ist eine Titelumschreibung gemäß § 727 ZPO auf den Gesellschafter als Rechtsnachfolger des Gläubigers möglich.

Anders liegen die Dinge für den bei seiner Inanspruchnahme wegen einer Altverbindlichkeit bereits ausgeschiedenen, aber noch nicht gemäß § 160 enthafteten Gesellschafter. Dessen Erstattungsanspruch gegen die Gesellschaft kann nicht aus § 110 hergeleitet werden; er folgt entweder aus § 426 BGB,[43] aus § 105 Abs. 3 iVm § 738 Abs. 1 Satz 2 BGB oder aus § 670 BGB. Der **ausgeschiedene Gesellschafter** unterliegt den aus dem Gesellschaftsverhältnis herrührenden Bindungen nicht mehr und kann in vollem Umfang die Erstattung der von ihm erbrachten Zahlungen verlangen. Das rechtfertigt es, ihm wie einen zahlenden Gesamtschuldner das Recht aus § 426 Abs. 2 BGB zuzubilligen.[44] Der ausgeschiedene Gesellschafter kann damit auch auf Sicherheiten zurückgreifen, die zugunsten der Forderung des Gläubigers bestanden haben.

2. Rückgriff gegen Mitgesellschafter. Der Gesellschafter, der auf Grund seiner persönlichen Haftung von einem Gesellschaftsgläubiger in Anspruch genommen wird und daraufhin eine Gesellschaftsverbindlichkeit tilgt, kann gemäß § 426 Abs. 1 BGB Rückgriff gegen seine Mitgesellschafter nehmen. Der Grundsatz, dass Sozialansprüche bei bestehender Gesellschaft nur gegen diese, nicht aber gegen die einzelnen Gesellschafter geltend gemacht werden können, und zwar auch dann, wenn aus dem Gesellschaftsvermögen keine Befriedigung zu erlangen ist, gilt für **Aufwendungsersatzansprüche** aus § 110 nicht (vgl. RdNr. 11, 12), weil jeder Mitgesellschafter auf Grund der auch ihn treffenden persönlichen Haftung genauso gut von dem Gläubiger in Anspruch genommen werden konnte und dann hätte zahlen müssen und weil die Erstattungspflicht unter den Gesellschaftern die mittelbare Folge der persönlichen Haftung gegenüber den Gesellschaftsgläubigern ist, nicht aber eine § 707 BGB widersprechende Nachschusspflicht über die gesellschaftsvertraglich versprochene Einlage hinaus bedeutet.[45] Der zahlende Gesellschafter kann daher von jedem seiner Mitgesellschafter im Hinblick auf das zwischen den Gesellschaftern bestehende Gesamtschuldverhältnis (vgl. RdNr. 20) den Teil des verauslagten Betrages erstattet verlangen, der nach dem Gesellschaftsvertrag als Verlustbeteiligung auf den einzelnen Gesellschafter entfällt.[46]

Der **Ausgleichsanspruch** gegen die Mitgesellschafter besteht allerdings nur **subsidiär**. Der von einem Gesellschaftsgläubiger in Anspruch genommene Gesellschafter muss sich zunächst an die Gesellschaftskasse halten. Die Mitgesellschafter sind erst dann erstattungspflichtig, wenn die Gesellschaft entweder nicht in der Lage oder nicht bereit ist, den Aufwendungsersatzanspruch nach § 110 zu erfüllen; dafür reicht es aus, dass die Gesellschaft auf eine Aufforderung hin nicht zahlt.[47] Die Aussichtslosigkeit der Zwangsvollstreckung in das Gesellschaftsvermögen ist nicht Voraussetzung; es genügt, dass der Gesellschaft zur Bezahlung frei verfügbare Mittel nicht zur Verfügung stehen.[48]

Der **ausgeschiedene Gesellschafter** kann ebenfalls neben der Gesellschaft bei den verbliebenen Gesellschaftern Regress nehmen. Auch er muss zunächst Befriedigung aus dem Gesellschaftsvermögen gesucht haben. Die subsidiäre Haftung der Gesellschafter ist nach herrschender Meinung[49] eine gesamtschuldnerische, was sich daraus rechtfertigt, dass der ausgeschiedene Gesellschafter in der

---

[41] BGH Urt. v. 9. 5. 1963 – II ZR 124/61, BGHZ 39, 319, 323 f. = NJW 1963, 1873, 1874 f.; Baumbach/*Hopt* RdNr. 25; Röhricht/Graf von Westpalen/*von Gerkan* RdNr. 7.
[42] So MünchKommHGB/*K. Schmidt* RdNr. 31; Staub/*Habersack* RdNr. 43; ablehnend Röhricht/Graf von Westphalen/*von Gerkan* RdNr. 7.
[43] BGH (Fn. 41) S. 324 f.; vgl. weiter MünchKommHGB/*K. Schmidt* RdNr. 61; Staub/*Habersack* RdNr. 45; Heymann/*Emmerich* RdNr. 26; Baumbach/*Hopt* RdNr. 25, 36.
[44] BGH (Fn. 41); Baumbach/*Hopt* RdNr. 25; im Ergebnis zustimmend Staub/*Habersack* RdNr. 46.
[45] BGH Urt. v. 2. 7. 1962 – II ZR 204/60, BGHZ 37, 299, 301 ff. = NJW 1962, 1863, 1864; Urt. v. 17. 12. 2001 (Fn. 18); MünchKommHGB/*K. Schmidt* RdNr. 34; Staub/*Habersack* RdNr. 48; Baumbach/*Hopt* RdNr. 27.
[46] BGH (Fn. 45); Urt. v. 15. 1. 1988 – V ZR 183/86, BGHZ 103, 72, 76 = NJW 1988, 1375, 1376 f.
[47] BGH (Fn. 46); BGH Urt. v. 17. 12. 2001 (Fn. 2).
[48] BGH v. 2. 7. 1962 (Fn. 45); Urt. v. 2. 7. 1979 – II ZR 132/78, NJW 1980, 339, 340.
[49] MünchKommHGB/*K. Schmidt* RdNr. 62; Röhricht/Graf von Westphalen/*von Gerkan* RdNr. 31; aA Staub/*Habersack* RdNr. 50.

Regel im Innenverhältnis gemäß § 738 Abs. 1 Satz 2 BGB vollständig zu entlasten ist und ihm die aktiven Gesellschafter als Haftungseinheit gegenüberstehen.

35 Ein **Regress** gegen den ausgeschiedenen, aber noch für Altverbindlichkeiten haftenden Gesellschafter ist **nicht möglich,** wenn die fragliche Gesellschaftsschuld bei der Berechnung seines Abfindungsanspruchs berücksichtigt worden ist. Hingegen kann den durch Abtretung seines Anteils an der Gesellschaft ausgeschiedenen Gesellschafter eine Ausgleichspflicht gegenüber einem früheren Mitgesellschafter, der eine Gesellschaftsschuld beglichen hat, treffen, weil ein auf diese Weise ausscheidender Gesellschafter keinen Abfindungsanspruch erlangt und die vermögensrechtliche Abwicklung des Ausscheidens zwischen dem Veräußerer und dem Erwerber des Anteils stattfindet.[50] Er ist auf eine Abrechnung mit seinem Rechtsnachfolger oder einen Rückgriff bei diesem angewiesen.

36 **3. Freistellungsansprüche.** Bei drohender Inanspruchnahme durch einen Gesellschaftsgläubiger kann der Gesellschafter im Innenverhältnis zur Gesellschaft verlangen, dass diese ihn von der Gesellschaftsverbindlichkeit freistellt. Er ist entsprechend § 257 BGB nicht darauf angewiesen, erst zu zahlen und dann Regress zu nehmen.[51] Durchsetzbar ist dieser Anspruch jedoch erst dann, wenn der Gesellschafter ernsthaft befürchten muss, selbst anstelle der Gesellschaft in Anspruch genommen zu werden.

37 Im **Innenverhältnis der Gesellschafter,** die untereinander gesamtschuldnerisch haften, bestehen ebenfalls Freistellungsansprüche, wenn die Inanspruchnahme seitens eines Gesellschaftsgläubigers droht; die vorherige Befriedigung des Gläubigers ist nicht Voraussetzung. Allerdings schuldet der Mitgesellschafter die Befreiung von der gemeinsamen Verbindlichkeit nur insoweit, als er nach dem internen Verhältnis zum Ausgleich verpflichtet ist, also in Höhe der auf ihn entfallenden Verlustbeteiligung.[52] Der Gesichtspunkt der Treuepflicht gebietet zudem, die Mitgesellschafter nur subsidiär auf Freistellung in Anspruch zu nehmen, also nur dann, wenn von der Gesellschaft keine Freistellung zu erlangen ist.

38 Der **ausgeschiedene Gesellschafter** kann, wenn die Gesellschaftsschuld, für die er auf Grund seiner fortbestehenden persönlichen Haftung in Anspruch genommen werden soll, bei der Berechnung seines Abfindungsanspruchs berücksichtigt worden ist, gemäß den §§ 105 Abs. 3 HGB, 738 Abs. 1 Satz 2 BGB sowohl von der Gesellschaft als auch von seinen früheren Mitgesellschaftern Freistellung nach denselben Grundsätzen verlangen.

39 **4. Auflösung der Gesellschaft.** Mit der Auflösung der Gesellschaft und deren Eintritt in das Abwicklungsstadium können die Einzelnen auf dem Gesellschaftsverhältnis beruhenden Ansprüche der Gesellschafter gegen die Gesellschaft und die Mitgesellschafter nicht mehr selbständig geltend gemacht werden; sie sind nunmehr unselbständige Rechnungsposten der Auseinandersetzungsrechnung.[53] Sinn und Zweck der Auseinandersetzung und der Auseinandersetzungsrechnung stehen der Geltendmachung einzelner auf dem Gesellschaftsverhältnis beruhender Ansprüche gegen Mitgesellschafter entgegen, solange es noch offen ist, ob der Gesellschafter am Ende der Auseinandersetzung überhaupt noch einen Ausgleichsanspruch gegen Mitgesellschafter besitzt. Eine Ausnahme von diesem Grundsatz muss nur dann zugelassen werden, wenn schon vor Beendigung der Auseinandersetzung mit Sicherheit feststeht, dass der eine Gesellschafter jedenfalls einen bestimmten Betrag verlangen kann und feststeht, dass er aus dem Gesellschaftsvermögen keine Befriedigung zu erlangen vermag.[54] In diesem Fall können Ausgleichsansprüche unter den Mitgesellschaftern schon im Abwicklungsstadium erhoben werden.

VII. Die Haftung des ausgeschiedenen Gesellschafters

40 **1. Grundsatz.** Die persönliche Haftung des OHG-Gesellschafters bleibt nach seinem Ausscheiden aus der Gesellschaft für die Verbindlichkeiten der Gesellschaft bestehen, die während seiner Zugehörigkeit zur Gesellschaft entstanden sind.[55] Das ist notwendige Folge des Haftungszwecks des § 128; da die Kreditwürdigkeit der OHG, die kein Haftungskapital besitzt, dessen Bestand gesetzlich

---

[50] BGH Urt. v. 20. 10. 1980 – II ZR 257/79, NJW 1981, 1095, 1096; Staub/*Habersack* RdNr. 51.
[51] LG Hagen Urt. v. 12. 3. 1974 – 8 HO 231/73, BB 1976, 763; MünchKommHGB/*K. Schmidt* RdNr. 35; Staub/*Habersack* RdNr. 41.
[52] BGH Urt. v. 25. 3. 1991 – II ZR 13/90, BGHZ 114, 138, 142 = NJW 1991, 3148; Staub/*Habersack* RdNr. 47.
[53] Ständige Rechtsprechung, vgl. nur BGH Urt. v. 2. 7. 1962 (Fn. 45); Urt. v. 15. 1. 1988 (Fn. 46); Urt. v. 3. 4. 2006 – II ZR 40/05, NZG 2006, 459, 460; Staub/*Habersack* RdNr. 52.
[54] BGH Urt. v. 2. 7. 1962 (Fn. 45); Urt. v. 15. 1. 1988 (Fn. 46).
[55] BGH Urt. v. 21. 12. 1961 – II ZR 74/59, BGHZ 36, 224, 225 = NJW 1962, 536; Urt. v. 6. 6. 1968 – II ZR 118/66, BGHZ 50, 232, 235 f. = NJW 1968, 2006; Urt. v. 21. 12. 1970 – II ZR 258/67, BGHZ 55, 267, 269 = NJW 1971, 1268 f.; MünchKommHGB/*K. Schmidt* RdNr. 40.

abgesichert wäre, im Wesentlichen auf der ihrer Gesellschafter beruht, muss den Gesellschaftsgläubigern die Möglichkeit, auf deren Privatvermögen zuzugreifen, auch bei deren Ausscheiden aus der Gesellschaft erhalten bleiben.[56] Das Ausscheiden aus der Gesellschaft beseitigt danach eine einmal eingetretene Haftung nicht; für **Altverbindlichkeiten** haftet – vorbehaltlich der Enthaftung nach § 160 – der ausgeschiedene Gesellschafter fort.

Durch das Ausscheiden entfällt aber die Stellung als persönlich haftender Gesellschafter, so dass die Voraussetzungen der Haftung nach § 128 ab dem Zeitpunkt des Wirksamwerdens des Ausscheidens nicht mehr vorliegen. Für **Neuverbindlichkeiten** haftet der ausgeschiedene Gesellschafter deshalb **nicht**, es sei denn, der Ausnahmetatbestand des § 15 Abs. 2 greift ein. In diesem Fall haftet der Gesellschafter wie bisher für binnen fünfzehn Tagen nach Eintragung und Bekanntmachung seines Ausscheidens begründete Gesellschaftsverbindlichkeiten, wenn der Geschäftspartner der Gesellschaft nachweist, dass er das Ausscheiden weder kannte noch kennen musste. 41

Die Nachhaftung des ausgeschiedenen Gesellschafters ist **zeitlich begrenzt.** Gemäß § 160 tritt nach Ablauf von 5 Jahren seit dem Ausscheiden eine Enthaftung ein. Die Folge ist das Erlöschen der Haftung. 42

2. Ausscheiden und gleichgestellte Tatbestände. Ausscheiden bedeutet Wegfall der Gesellschafterstellung. Das kann insbesondere auf einer Kündigung nach § 131 Abs. 3 Nr. 3 oder auf den anderen in § 131 Abs. 3 genannten Umständen beruhen; dem steht die Ausschließung eines Gesellschafters aus der Gesellschaft (§ 140) gleich, weil auch hier die Mitgliedschaft untergeht. Dasselbe gilt für die Abtretung des Geschäftsanteils an einen Rechtsnachfolger. Wie das Ausscheiden aus der Gesellschaft wird weiterhin der Fall der Umwandlung der Stellung als persönlich haftender Gesellschafter in die eines Kommanditisten behandelt. Dieser haftet für die nach Umwandlung seiner Beteiligung entstandenen Neuverbindlichkeiten nur noch beschränkt gemäß § 171; die Haftung für Altverbindlichkeiten bleibt jedoch bestehen. Allerdings tritt auch insoweit eine Enthaftung nach Ablauf von 5 Jahren ein. Die bisherige Rechtsprechung,[57] die dem zuvor persönlich haftenden Gesellschafter und jetzigen Kommanditisten und Geschäftsführer der Komplementär-GmbH die Berufung auf die Sonderverjährung des § 159 aF versagte, ist infolge des durch das **Nachhaftungsbegrenzungsgesetz** vom 18. 3. 1994 (BGBl. I S. 560) in das HGB eingefügten § 160 Abs. 3 überholt. Dieselben Grundsätze sind auf die Beendigung der unbeschränkten Kommanditistenhaftung nach § 176 anzuwenden.[58] Allgemein gilt, dass die Haftung des Gesellschafters nicht durch die Auflösung und Vollbeendigung der Gesellschaft nach seinem Ausscheiden berührt wird.[59] 43

Der **Formwechsel** der OHG in eine Rechtsform ohne unbeschränkte Gesellschafterhaftung, insbesondere eine Kapitalgesellschaft (§§ 190, 191 UmwG) steht ebenso wie eine Verschmelzung der OHG mit einer aufnehmenden GmbH haftungsrechtlich dem Ausscheiden als Gesellschafter gleich.[60] Die Haftung der bisher persönlich haftenden Gesellschafter aus § 128 für bis zum Zeitpunkt des Wirksamwerdens des Formwechsels entstandene Verbindlichkeiten wird, wie § 224 Abs. 1 UmwG klarstellt, durch den Formwechsel nicht berührt.[61] § 224 Abs. 2, 5 UmwG enthält eine § 160 entsprechende Nachhaftungsbegrenzung. 44

3. Maßgeblicher Zeitpunkt. Der ausgeschiedene Gesellschafter haftet nach § 128 nur für die während seiner Zugehörigkeit zur Gesellschaft entstandenen Verbindlichkeiten. Für die Nachhaftung kommt es deshalb auf den Zeitpunkt des Wirksamwerdens des Ausscheidens oder des dem Ausscheiden gleichgestellten Tatbestandes an. In den Fällen des einvernehmlichen Ausscheidens ist dies der Zeitpunkt, in dem der letzte Mitgesellschafter zugestimmt hat;[62] bei der Anteilsübertragung ist der Zeitpunkt des Vollzugs der Abtretung maßgeblich. Bei der Ausschließung nach § 140 kommt es auf den Eintritt der Rechtskraft des Ausschließungsurteils an, bei der Ausschließung per Gesellschafterbeschluss auf den Zeitpunkt des Zugangs des Beschlusses. Die in diesen Fällen lediglich deklaratorische Eintragung in das Handelsregister ist nicht maßgeblich. Anders ist dies nur bei der formwechselnden Umwandlung; hier kommt es gemäß § 224 Abs. 3 UmwG auf den Tag der Eintragung der neuen Rechtsform oder des Rechtsträgers neuer Rechtsform in das Handelsregister an. 45

---

[56] BGH Urt. v. 6. 6. 1968 (Fn. 55).
[57] BGH Urt. v. 22. 9. 1980 – II ZR 204/79, BGHZ 78, 114, 116 ff. = NJW 1981, 175, 176.
[58] BGH Urt. v. 19. 12. 1977 – II ZR 202/76, BGHZ 70, 132, 137 = NJW 1978, 636, 637; Urt. v. 11. 12. 1978 – II ZR 235/77, BGHZ 73, 217, 222 f. = NJW 1979, 1361 f.
[59] BGH Urt. v. 13. 7. 1967 – II ZR 268/64, BGHZ 48, 203, 206 f.; Urt. v. 6. 6. 1968 – II ZR 118/66, BGHZ 50, 232, 237 = NJW 1968, 2006.
[60] Staub/Habersack RdNr. 58; OLG Köln Urt. v. 18. 7. 2001 – 13 U 244/00, NZG 2001, 1044, 1045.
[61] Schmitt/Hörtnagl/*Stratz* UmwG § 224 RdNr. 1, 2; *Lutter* UmwG § 224 RdNr. 4 ff.
[62] Weitere Einzelheiten bei MünchKommHGB/*K. Schmidt* § 128 RdNr. 48; Staub/*Habersack* § 128 RdNr. 60.

46   **4. Alt- und Neuverbindlichkeiten.** Als bis zum Ausscheiden des Gesellschafters entstanden und damit als Altverbindlichkeiten anzusehen sind alle Schuldverpflichtungen, deren Rechtsgrundlage bis zu diesem Zeitpunkt gelegt worden ist, auch wenn die einzelnen Verpflichtungen erst später fällig werden.[63]

47   **a) Rechtsgeschäftliche Verbindlichkeiten.** Der ausgeschiedene Gesellschafter haftet gemäß §§ 128, 160 für vertragliche Ansprüche, wenn der Vertrag vor seinem Ausscheiden abgeschlossen wurde und sich hieraus ohne Hinzutreten weiterer Abreden zwischen Gesellschaft und Gläubiger die Gesellschaftsschuld ergeben hat.[64] Für eine Werklohnforderung aus einem vor seinem Ausscheiden geschlossen Werkvertrag haftet er deshalb auch dann, wenn die vereinbarten Bauarbeiten erst danach erbracht worden sind.[65] Er haftet weiter für den Aufwendungsersatzanspruch eines Dritten, der zugunsten der OHG eine Grundschuld zur Absicherung von Kreditforderungen gestellt hat, wenn dieser zwar die Grundschuld erst nach dem Ausscheiden durch Zahlung abgelöst hat, die Sicherheit aber zeitlich vor dem Ausscheiden bestellt hat.[66] Herausgabeansprüche aus einem vor dem Ausscheiden geschlossenen Depotvertrag bzw. Schadensersatzansprüche wegen Unmöglichkeit der Herausgabe sind auch dann Altverbindlichkeiten, wenn diese Ansprüche zum Zeitpunkt des Ausscheidens noch nicht fällig waren.[67] Wird ein Bauvertrag unter einer Bedingung abgeschlossen, so kommt es für die Haftung nicht auf den Zeitpunkt des Eintritts der Bedingung, sondern darauf an, wann die rechtsgeschäftlichen Erklärungen, aus denen der jeweilige Anspruch hergeleitet wird, mit bindender Wirkung abgegeben worden sind.[68] Wandelt sich der Erfüllungsanspruch eines Gesellschaftsgläubigers nach Erfüllungsverweigerung durch den Insolvenzverwalter (§ 103 InsO) in einen Schadensersatzanspruch um, so fällt auch dieser Anspruch unter die Nachhaftung des Gesellschafters.[69]

48   **b) Dauerschuldverhältnisse.** Bei Dauerschuldverhältnissen ist nach allgemeiner Meinung[70] ebenfalls auf den Zeitpunkt des Vertragsschlusses abzustellen, weil dadurch der Rechtsgrund gelegt wird. Liegt dieser Zeitpunkt vor dem Ausscheiden, so ist es für die Haftung unerheblich, dass aus einem solchen Dauerschuldverhältnis resultierende Einzelverbindlichkeiten erst später fällig werden. Dauerschuldverhältnisse können etwa Energie- und Wasserversorgungsverträge sein.[71] Weiter gehören dazu Mietverträge. Der Vermieter, der im Vertrauen auf die persönliche Haftung der Gesellschafter den Vertrag mit der Gesellschaft geschlossen hat, muss sich darauf verlassen können, dass der einzelne Gesellschafter auch nach seinem Ausscheiden für den Mietzins aufkommt.[72] Schließlich ist der Gesellschafter auf Grund seiner persönlichen Haftung selbst dann schadensersatzpflichtig, wenn die Gesellschaft nach seinem Ausscheiden die Mietsache schuldhaft beschädigt oder vernichtet.[73] Dieselben Grundsätze gelten für Leasing-Verträge.[74]

49   Bei **Geschäftsbesorgungs-, Dienst- und Arbeitsverträgen** kommt es ebenfalls auf den Zeitpunkt des Vertragsschlusses an;[75] liegt dieser vor dem Ausscheiden, so können sich die Arbeitnehmer auch für die danach fällig werdenden Vergütungsansprüche an den ausgeschiedenen Gesellschafter halten. Ebenso haftet der Gesellschafter für eine von der Gesellschaft zugesagte betriebliche **Altersversorgung,** wenn die Zusage in den Zeitraum seiner Zugehörigkeit zur Gesellschaft fiel.[76] Eine zeitlich so gut wie unbegrenzte Haftung des ausgeschiedenen Gesellschafters für Dauerverbindlichkeiten seiner früheren Gesellschaft folgt daraus wegen der gemäß § 160 nach Ablauf von 5 Jahren

---

[63] BGH Urt. v. 21. 12. 1970 – II ZR 258/67, BGHZ 55, 267, 269 f. = NJW 1971, 1268 f. Urt. v. 25. 11. 1985 – II ZR 80/85, NJW 1986, 1690; Urt. v. 27. 9. 1999 – II ZR 356/98, BGHZ 142, 324, 328 f. = NJW 2000, 208, 209; Urt. v. 29, 4. 2002 – II ZR 330/00, BGHZ 150, 373, 376 = NJW 2002, 2170; RG Urt. v. 14. 2. 1933 – II 284/32, RGZ 140, 10, 14.
[64] BGH Urt. v. 21. 12. 1961 – II ZR 74/59, BGHZ 36, 224, 225 = NJW 1962, 536; Urt. v. 19. 5. 1983 – II ZR 49/82, NJW 1983, 2256, 2258; RG Urt. v. 9. 10. 1929 – I 140/29, RGZ 125, 417, 418; MünchKommHGB/*K. Schmidt* RdNr. 50.
[65] BGH Urt. v. 21. 12. 1970 (Fn. 63).
[66] BGH Urt. v. 25. 11. 1985 (Fn. 63).
[67] BGH Urt. v. 21. 12. 1961 (Fn. 64).
[68] BGH Urt. v. 11. 12. 1978 – II ZR 235/77, BGHZ 73, 217, 220 = NJW 1979, 1361.
[69] BGH Urt. v. 13. 7. 1967 – II ZR 268/64, BGHZ 48, 203, 204 f. = NJW 1967, 2203, 2204.
[70] BGH Urt. v. 19. 12. 1977 (Fn. 58); Urt. v. 27. 9. 1999 (Fn. 63); Urt. v. 12. 12. 2005 – II ZR 283/03, NJW 2006, 765; MünchKommHGB/*K. Schmidt* RdNr. 53; Staub/*Habersack* RdNr. 65.
[71] BGH Urt. v. 19. 12. 1977 (Fn. 58); Urt. v. 12. 12. 2005 (Fn. 70); MünchKommHGB/*K. Schmidt* RdNr. 51, Staub/*Habersack* RdNr. 65.
[72] BGH Urt. v. 21. 12. 1961 (Fn. 64), S. 228; RGZ 140, 10, 12.
[73] BGH Urt. v. 21. 12. 1961 (Fn. 64); RGZ 140, 10, 12.
[74] BGH Urt. v. 8. 10. 1984 – II ZR 312/83, NJW 1985, 1899.
[75] BGH Urt. v. 27. 9. 1999 (Fn. 63); BAG Urt. v. 21. 7. 1977 – 3 AZR 189/76, NJW 1978, 391.
[76] BGH Urt. v. 19. 5. 1983 – II ZR 50/82, BGHZ 87, 286, 289 = NJW 1983, 2254 f.; Urt. v. 19. 5. 1983 – II ZR 49/82, NJW 1983, 2256, 2258; Urt. v. 19. 5. 1983 – II ZR 207/81, NJW 1983, 2940, 2941; Urt. v. 19. 5. 1983 – II ZR 129/81, NJW 1983, 2943; BAG Urt. v. 3. 5. 1983 – 3 AZR 1263/79, NJW 1983, 2283.

eintretenden Enthaftung jedoch nicht. Für Ansprüche aus Dauerschuldverhältnissen, bei denen eine alsbaldige Kündigung aus tatsächlichen oder rechtlichen Gründen entfällt, entspricht diese durch das Nachhaftungsbegrenzungsgesetz vom 18. 3. 1994 eingefügte Bestimmung der bisherigen Rechtsprechung des BGH.[77] Die Rechtsprechung zur Beschränkung der Haftung für Verbindlichkeiten aus Dauerschuldverhältnissen auf den Zeitraum bis zum Ersten auf das Ausscheiden folgenden Kündigungstermin[78] ist hingegen durch das Nachhaftungsbegrenzungsgesetz überholt, das für alle Verbindlichkeiten eine einheitliche Ausschlussfrist festlegt.[79] Im Einzelnen wird dazu auf die Erläuterungen zu § 160 verwiesen.

c) Kontokorrentschulden. Für Forderungen und Bankschulden aus laufender Rechnung (Kontokorrent, §§ 355 bis 357) haftet der Gesellschafter nur in Höhe des bei seinem Ausscheiden bestehenden Saldos, jedoch nicht über den niedrigsten später gezogenen Zwischensaldo hinaus.[80] Niedrigere Salden bei späteren periodischen Rechnungsabschlüssen verringern die Haftung; ergibt sich dabei auch nur einmal ein Guthaben, so erlischt die Haftung.[81]

d) Vertragsänderungen und Vertragserweiterungen. Verbindlichkeiten der Gesellschaft, die durch nach dem Ausscheiden des Gesellschafters vereinbarte Änderungen und Erweiterungen eines bestehenden Rechtsverhältnisses begründet worden sind, sind dann Neuverbindlichkeiten, wenn sie auf einem rechtsgeschäftlichen Handeln oder Verhalten beider Vertragsparteien – der OHG und ihres Gläubigers – beruhen. Das geht grundsätzlich nicht zu Lasten des zuvor ausgeschiedenen Gesellschafters; seine Haftung wird durch den Stand der Gesellschaftsschuld zum Zeitpunkt seines Ausscheidens begrenzt.[82] Einseitiges rechtsgeschäftliches Handeln einer Vertragspartei, das etwa Sekundäransprüche auslöst, begründet hingegen keine Neuverbindlichkeit. Verlängert sich ein während seiner Zugehörigkeit zur Gesellschaft auf bestimmte Zeit geschlossener Mietvertrag mit Fortsetzungsklausel infolge unterlassener Kündigung, so haftet der ausgeschiedene Gesellschafter, weil sich in diesem Fall nur das bisherige Mietverhältnis mit demselben Vertragsinhalt fortsetzt, für die nach Ablauf der ursprünglichen Vertragsdauer entstehenden Mietzinsansprüche.[83]

Die **Stundung einer Forderung** macht die Altschuld nicht zu einer Neuverbindlichkeit. Anders ist dies hingegen bei einer Wechselprolongation nach Ausscheiden des Gesellschafters.[84] Bei **Vor- und Rahmenverträgen** ist danach zu unterscheiden, ob die Gesellschaft und/oder der Vertragspartner schon vor dem Ausscheiden des Gesellschafters gebunden waren; in diesem Fall liegt eine Altverbindlichkeit vor.[85]

e) Gesetzliche Schuldverhältnisse. Bei **gesetzlichen Schuldverhältnissen** kommt es für die Abgrenzung von Alt- und Neuverbindlichkeiten darauf an, ob das entscheidende Tatbestandsmerkmal bereits vor dem Ausscheiden erfüllt war.[86] Bei der Geschäftsführung ohne Auftrag ist dies die Übernahme der Geschäftsführung,[87] bei einem Delikt unabhängig davon, wann Rechtsgutsverletzung und Schaden eintreten, die Verletzungshandlung. Bei Bereicherungsansprüchen ist zwischen den Fällen der Nichtleistungskondiktion, die ähnlich den deliktischen Ansprüchen zu behandeln sind, und denen der Leistungskondiktion zu unterscheiden; bei letzteren wird regelmäßig auf den Zeitpunkt der Entstehung des vermeintlichen Rechtsgrundes abzustellen sein.[88]

VIII. Die Gesellschafterbürgschaft

1. Wirtschaftliche Bedeutung. Die ohnehin auf Grund ihrer Mitgliedschaft in der OHG persönlich haftenden Gesellschafter können für deren Schulden eine Bürgschaft übernehmen oder andere Sicherheiten stellen. Die gesetzliche Haftung aus § 128 und die Haftung aus dem Sicherungs-

---

[77] BGH Urt. v. 19. 5. 1983 (Fn. 76).
[78] BGH Urt. v. 19. 12. 1977 (Fn. 58).
[79] BGH Urt. v. 27. 9. 1999 (Fn. 63); Seibert DB 1994, 461; Staub/Habersack RdNr. 65; Baumbach/Hopt RdNr. 31 ff.
[80] BGH Urt. v. 28. 11. 1957 – VII ZR 42/57 = NJW 1958, 217, 218 f.; Urt. v. 28. 6. 1968 – I ZR 156/66, BGHZ 50, 277, 278 = WM 1968, 967; Urt. v. 9. 12. 1971 – III ZR 58/69, WM 1972, 283; Urt. v. 2. 11. 1973 – I ZR 88/72, NJW 1974 100; Urt. v. 25. 11. 1985 – II ZR 93/85, WM 1986, 447, 448; RG Urt. v. 30. 5. 1911 – II 669/10, RGZ 76, 330, 334; OLG Köln (Fn. 60).
[81] Kritisch dazu MünchKommHGB/K. Schmidt RdNr. 56; Staub/Habersack RdNr. 66.
[82] RG Urt. v. 24. 11. 1914 – III 237/14, RGZ 86, 60, 62 f.; RG (Fn. 65) MünchKommHGB/K. Schmidt RdNr. 52; Staub/Habersack RdNr. 67.
[83] BGH Urt. v. 29. 4. 2002 (Fn. 63); vgl. aber RG Urt. v. 24. 11. 1914 (Fn. 83).
[84] RG (Fn. 64) RG Urt. v. 14. 2. 1933 – II 284/32, RGZ 140, 10, 13; krit. MünchKommHGB/K. Schmidt RdNr. 52; Röhricht/Graf von Westphalen/von Gerkan RdNr. 25.
[85] MünchKommHGB/K. Schmidt RdNr. 54; Röhricht/Graf von Westphalen/von Gerkan RdNr. 25.
[86] MünchKommHGB/K. Schmidt RdNr. 57; Staub/Habersack RdNr. 69.
[87] BGH Urt. v. 25. 11. 1985 (Fn. 63).
[88] MünchKommHGB/K. Schmidt RdNr. 58; Staub/Habersack RdNr. 69.

geschäft stehen dann nebeneinander. Die Bürgschaft eines persönlich haftenden Gesellschafters bietet dem Gesellschaftsgläubiger Vorteile; wird nämlich gemäß § 227 Abs. 1 InsO in der Insolvenz der Gesellschaft diese durch den Insolvenzplan mit der dort festgesetzten Befriedigung der Insolvenzgläubiger von ihren restlichen Verbindlichkeiten befreit, so gilt dies gemäß § 227 Abs. 2 InsO zwar auch für die persönliche Haftung der Gesellschafter, nicht aber für deren Haftung als Bürgen, Mitschuldner und Sicherungsgeber (§ 254 Abs. 2 InsO). Der Insolvenzverwalter kann weiterhin gemäss § 93 InsO während des Insolvenzverfahrens nur die gesetzliche akzessorische Gesellschafterhaftung für Verbindlichkeiten der Gesellschaft geltend machen; Ansprüche, die deshalb gegen die Gesellschafter bestehen, weil diese aus einem von § 128 unabhängigen vertraglichen oder gesetzlichen Haftungsgrund für Verbindlichkeiten der Gesellschaft eingestanden haben, werden von § 93 InsO nicht erfasst.[89] Der Gläubiger vermag deshalb den Anspruch aus der Bürgschaft auch während der Insolvenz gegen den Gesellschafter durchzusetzen. Die besondere Verjährung des § 159 und die Begrenzung der Nachhaftung gemäß § 160 erstrecken sich ebenfalls nicht auf die Bürgschaft.

55 **2. Form.** Der persönlich haftende Gesellschafter einer OHG und der Komplementär einer KG können sich wegen ihrer Kaufmannseigenschaft[90] gemäß § 350 formlos verbürgen; das Schriftformerfordernis des § 766 Satz 1 BGB gilt für sie nicht. Anders ist dies bei Kommanditisten, weil die Stellung als Kommanditist als solche keine Kaufmannseigenschaft begründet.[91] Nach anderer Auffassung[92] können sich entsprechend dem Normzweck des § 350 auch Kommanditisten, die Geschäftsführer der Komplementär-GmbH sind, sowie geschäftsführungs- und vertretungsberechtigte Kommanditisten (vgl. § 164 RdNr. 19 ff.) formfrei verbürgen.

56 **3. Rückgriff.** Der Gesellschafter, der aus einem Sicherungsgeschäft in Anspruch genommen worden ist, kann gegen die Gesellschaft Rückgriff nehmen; für die Bürgschaft folgt dies aus § 774 BGB. Der Rückgriff ist ausgeschlossen, wenn etwas anderes zwischen Gesellschafter und Gesellschaft vereinbart ist oder wenn die Bürgschaft bzw. das Sicherungsgeschäft eigenkapitalersetzenden Charakter im Sinne der §§ 129 a, 172 a haben.

57 Gegen die Mitgesellschafter ist der Rückgriff in derselben Art und Weise möglich wie bei einer Inanspruchnahme auf Grund der persönlichen Haftung aus § 128 (RdNr. 32 ff.). Die Mitgesellschafter sind deshalb **nur anteilig zur Ausgleichung verpflichtet.**[93] Verbürgen sich mehrere Gesellschafter für eine Gesellschaftsschuld, so haften sie im Innenverhältnis zueinander im Zweifel entsprechend ihren Beteiligungsquoten.[94] Übernimmt ein Dritter neben einem persönlich haftenden Gesellschafter eine Bürgschaft für die Verbindlichkeiten einer OHG, so hat der Dritte in der Regel und mangels auch stillschweigend möglicher abweichender Vereinbarung im Sinne des § 426 Abs. 1 Satz 1 BGB Rückgriffsansprüche sowohl gegen die Gesellschaft als auch gemäß § 128 gegen den Gesellschafter.[95] Eine Ausgleichspflicht des Dritten gegenüber dem in Anspruch genommenen Gesellschafter besteht hingegen regelmäßig nicht. Überträgt ein Gesellschafter seine Beteiligung an der Gesellschaft auf einen anderen Gesellschafter und haben sich beide für eine Gesellschaftsschuld verbürgt, so liegt es nahe, dass im Innenverhältnis nunmehr der verbleibende Gesellschafter allein für die Erfüllung der Bürgschaftsschuld einzustehen hat.[96]

58 **4. Rechtsfolgen beim Ausscheiden des Gesellschafters.** Das Ausscheiden eines Gesellschafters führt mangels einer entsprechenden Vereinbarung mit dem Gläubiger nicht ohne weiteres zum Erlöschen einer im Hinblick auf die Gesellschafterstellung für eine Gesellschaftsverbindlichkeit übernommenen Bürgschaft.[97] Jedoch ist der bürgende Gesellschafter bei unbefristeten Bürgschaftsverhältnissen nach Treu und Glauben berechtigt, die Bürgschaft bei Eintreten besonders wichtiger Umstände, zu denen das Ausscheiden aus einer Gesellschaft gehört, wenn die Gesellschafterstellung Anlass für die Übernahme der Bürgschaft war, mit Wirkung für die Zukunft zu kündigen; dabei ist auf die berechtigten Interessen von Gläubiger und Hauptschuldner Rücksicht zu nehmen und eine angemes-

---

[89] BGH Urt. v. 4. 7. 2002 – IX ZR 265/01, BGHZ 151, 245, 248 ff. = NJW 2002, 2718 f.; Staub/*Habersack* RdNr. 80.
[90] BGH Urt. v. 16. 2. 1961 – III ZR 71/60, BGHZ 34, 293, 296 f. = NJW 1961, 1022; Urt. v. 2. 6. 1966 – VII ZR 292/64, BGHZ 45, 282, 284 f. = NJW 1966, 1960, 1961.
[91] BGH Urt. v. 7. 7. 1980 – III ZR 28/79, WM 1980, 1085, 1087; Urt. v. 22. 10. 1981 – III ZR 149/80, NJW 1982, 569, 570; kritisch *K. Schmidt* ZIP 1986, 1510 ff.
[92] MünchKommHGB/*K. Schmidt* RdNr. 97; Staub/*Habersack* RdNr. 81.
[93] MünchKommHGB/*K. Schmidt* RdNr. 102; Staub/*Habersack* RdNr. 82.
[94] BGH Urt. v. 19. 12. 1988 – II ZR 101/88, WM 1989, 406, 407.
[95] BGH Urt. v. 26. 1. 1959 – II ZR 221/57, LM BGB § 774 Nr. 3 = WM 1959, 229, 230; Urt. v. 17. 6. 1993 – IX ZR 158/92, WM 1993, 1668, 1669.
[96] BGH Urt. v. 11. 7. 1973 – VIII ZR 178/72, LM BGB § 774 Nr. 9 = WM 1975, 100, 102.
[97] BGH Urt. v. 18. 5. 1995 – IX ZR 108/94, BGHZ 130, 19, 22 f. = NJW 1995, 2553 f.; Urt. v. 22. 5. 1986 – IX ZR 108/85, NJW 1986, 2308, 2309.

sene Frist einzuhalten, damit diese sich auf die veränderte Lage einstellen können.[98] Ist die Bürgschaftsschuld ein Kontokorrentverhältnis, so ist die Haftung auf die Höhe begrenzt, die die Verbindlichkeit der Gesellschaft im Zeitpunkt des Wirksamwerdens der Kündigung hatte. In besonders gelagerten Fällen können darüber hinaus die Grundsätze über den Wegfall der Geschäftsgrundlage (§ 313 BGB) eingreifen.[99] Im Innenverhältnis hat der ausgeschiedene Gesellschafter einen Befreiungsanspruch entsprechend § 738 Abs. 1 S. 2 gegen seine früheren Mitgesellschafter.

IX. Prozessuale Fragen

1. Gesellschafts- und Gesellschafterprozess. Die Klage gegen die Gesellschaft und die gegen den Gesellschafter wegen einer Gesellschaftsschuld können getrennt erhoben oder miteinander verbunden werden. Werden Gesellschaft und persönlich haftender Gesellschafter gemeinsam verklagt, so sind sie stets **einfache Streitgenossen** im Sinne des § 59 ZPO, und zwar auch dann, wenn der Gesellschafter sich nicht mit persönlichen Einwendungen verteidigt;[100] die wegen der prozessualen Folgen wichtige Entscheidung, ob notwendige oder einfache Streitgenossenschaft vorliegt, darf aus Gründen der Rechtssicherheit und -klarheit nicht von den Zufälligkeiten der Prozessführung abhängen. Die Unterscheidung von Gesellschaftsprozess (§ 124) und Gesellschafterprozess (§ 128) hat weiter zur Folge, dass der Übergang von dem einen Prozess zum anderen ein gewillkürter Parteiwechsel ist.[101] Ergeht ein der Leistungsklage stattgebendes Urteil gegen Gesellschaft und Gesellschafter, so werden sie, obwohl kein Fall der Gesamtschuld vorliegt (RdNr. 21),[102] als Gesamtschuldner verurteilt. Es sind aber auch andere Formulierungen („wie Gesamtschuldner" oder „als wären sie Gesamtschuldner") zulässig.[103] Die Kostenfolge richtet sich nach § 100 Abs. 4 ZPO.

Aus der **Trennung von Gesellschafts- und Gesellschafterprozess** folgt weiterhin, dass ein persönlich verklagter Gesellschafter nicht die Einrede der anderweitigen Rechtshängigkeit (§ 261 Abs. 3 Nr. 1 ZPO) hat, weil bereits ein Prozess gegen die Gesellschaft anhängig ist.[104] Der Gesellschafter kann der Gesellschaft oder deren Prozessgegner als Streithelfer beitreten.[105] Das Bestehen einer Gesellschaftsverbindlichkeit führt in der Regel dazu, dass einer gleich lautenden Feststellungsklage gegen einen Gesellschafter das Rechtsschutzbedürfnis fehlt, weil zum einen das Urteil gegen die Gesellschaft auch den Gesellschafter hinsichtlich der Einwendungen der Gesellschaft bindet (§ 129 Abs. 1) und zum anderen ein Feststellungsurteil kein zur Zwangsvollstreckung geeigneter Titel ist.[106] Wird ein persönlich haftender Gesellschafter für Wechselverbindlichkeiten der Gesellschaft in Anspruch genommen, so kann dies statthaft im Wechselprozess geschehen, auch wenn nicht der verklagte Gesellschafter selbst, sondern sein Mitgesellschafter den Wechsel unterzeichnet hat.[107] Die Insolvenz der Gesellschaft und die dadurch bewirkte Unterbrechung des Verfahrens gegen die Gesellschaft (§ 240 ZPO) hindern die Erweiterung der Klage auf die persönlich haftenden Gesellschafter nicht.[108]

2. Gerichtsstands- und Schiedsvereinbarungen. Eine Gerichtsstandsvereinbarung zwischen Gläubiger und Gesellschaft gilt in der Regel auch im Verhältnis zum persönlich haftenden Gesellschafter, wenn dieser auf die Erfüllung der Gesellschaftsschuld in Anspruch genommen wird, weil sich dessen Haftung aus § 128 nach dem Inhalt der Schuld der Gesellschaft richtet.[109] Ebenso bindet der von der OHG geschlossene Schiedsvertrag nicht nur diese selbst, sondern auch den persönlich haftenden Gesellschafter.[110] Das gilt nicht nur für Passivprozesse von Gesellschaft und Gesellschafter, sondern darüber hinaus für Aktivprozesse, in denen der Gesellschafter in dieser Eigenschaft Ansprüche der Gesellschaft erhebt oder sie von ihr ableitet, weil so die Aufspaltung der Gerichtswege

---

[98] BGH Urt. v. 10. 6. 1985 – III ZR 63/84, NJW 1986, 252, 253; Urt. v. 22. 5. 1986 (Fn. 97).
[99] BGH Urt. v. 10. 6. 1985 (Fn. 98).
[100] BGH Urt. v. 13. 7. 1970 – VIII ZR 230/68, BGHZ 54, 251, 255 = NJW 1970, 1740; Urt. v. 10. 3. 1988 – IX ZR 194/87, NJW 1988, 2113.
[101] BGH Urt. v. 6. 6. 1955 – II ZR 233/53, BGHZ 17, 340, 342 = NJW 1955, 1393 f.; Urt. v. 13. 2. 1974 – VIII ZR 147/72, BGHZ 62, 131 ff. = NJW 1974, 750 f.; Urt. v. 24. 9. 1982 – V ZR 188/79, WM 1982, 1170.
[102] BGH Urt. v. 9. 5. 1963 – II ZR 124/61, BGHZ 39, 319, 323 f. = NJW 1963, 1873, 1874 f.
[103] MünchKommHGB/*K. Schmidt* RdNr. 23; kritisch dazu Baumbach/*Hopt* RdNr. 39.
[104] BGH Urt. v. 13. 2. 1974 (Fn. 101).
[105] BGH (Fn. 101).
[106] BGH Urt. v. 6. 6. 1951 – II ZR 24/50, BGHZ 2, 250, 254 f. = NJW 1951, 887, 888 f.; Baumbach/*Hopt* RdNr. 42.
[107] BGH Urt. v. 4. 2. 1960 – II ZR 133/59, WM 1960, 374.
[108] BGH Urt. v. 30. 1. 1961 – II ZR 98/59, BB 1961, 426; Baumbach/*Hopt* RdNr. 41.
[109] BGH Urt. v. 8. 7. 1981 – VIII ZR 256/80, NJW 1981, 2644, 2646.
[110] BGH Urt. v. 12. 11. 1990 – II ZR 249/89, NJW-RR 1991, 423, 424; Baumbach/*Hopt* RdNr. 40; kritisch MünchKommHGB/*K. Schmidt* RdNr. 22.

§ 128   62–68

vermieden wird und die Vorteile des schnellen und kostengünstigen Schiedsgerichtsverfahrens erhalten bleiben.

62   **3. Urteilswirkungen. a) Prozess gegen die Gesellschaft.** Ein gegen die Gesellschaft ergangenes Urteil wirkt auch gegen den Gesellschafter, indem es ihm die Einwendungen nimmt, die der Gesellschaft durch das Urteil abgesprochen worden sind,[111] wobei offen ist, ob es sich dabei in der Sache um eine Erstreckung der Rechtskraft oder um eine Präklusion ähnlich § 767 Abs. 2 ZPO handelt. Umgekehrt kann sich ein Gesellschafter gegenüber dem Gläubiger wegen der Akzessorietät seiner Haftung auf ein zugunsten der Gesellschaft ergangenes Urteil berufen. Teilweise anders ist dies bei dem vor Erhebung der Klage ausgeschiedenen Gesellschafter; dieser muss sich ein gegen die Gesellschaft ergangenes rechtskräftiges Urteil nicht entgegenhalten lassen, weil er die Prozessführung der Gesellschaft nicht mehr beeinflussen kann und er deshalb auch unter Berücksichtigung der Belange des Gesellschaftsgläubigers ein schutzwertes Interesse daran hat, die seiner Meinung nach der Gesellschaft zustehenden Einwendungen selbst geltend machen zu können.[112] Eine Ausnahme hiervon gilt wiederum für den ehemaligen persönlich haftenden Gesellschafter, der Kommanditist und Geschäftsführer der Komplementär-GmbH wird; diesem stehen, weil er nicht wirklich aus der Gesellschaft ausgeschieden ist, die dieser durch das Urteil abgesprochenen Einwendungen bei seiner persönlichen Inanspruchnahme nicht mehr zu.[113] Jedoch kommt er nach fünf Jahren in den Genuss der Enthaftung nach § 160 Abs. 1 und 3.

63   **b) Prozess gegen den Gesellschafter.** Ein im Prozess des Gesellschaftsgläubigers gegen den Gesellschafter ergangenes Urteil wirkt hingegen weder für noch gegen die Gesellschaft und kann allenfalls Rückgriffsansprüche des betreffenden Gesellschafters gegen seine Mitgesellschafter auslösen.

64   **c) Zwangsvollstreckung.** Will der Gläubiger in das Gesellschaftsvermögen vollstrecken, so benötigt er dazu einen gegen die Gesellschaft gerichteten Titel (§ 124 Abs. 2). Den Vollstreckungszugriff auf das private Vermögen des Gesellschafters ermöglicht, wie aus § 129 Abs. 4 folgt, nur ein Titel gegen den Gesellschafter.

X. Die Gesellschaft in der Insolvenz

65   **1. Fortbestand der persönlichen Haftung.** Die persönliche Haftung des Gesellschafters besteht nach allgemeiner Meinung in der Insolvenz der Gesellschaft fort. Das verlangt der Haftungszweck des § 128. Die persönliche Haftung des Gesellschafters gewinnt bei Zahlungsunfähigkeit und Insolvenz der OHG, die keine im Interesse der Gesellschaftsgläubiger festgesetzte Einlagepflicht und keine Sicherheitsmaßregeln zur Erhaltung des Gesellschaftsvermögens zugunsten der Gesellschaftsgläubiger kennt, sogar ihre wesentliche praktische Bedeutung.[114]

66   **2. Sonderinsolvenz.** Die OHG ist nach § 11 Abs. 2 Nr. 1 InsO insolvenzfähig. Die Insolvenz über das Vermögen der Gesellschaft ist Sonderinsolvenz, der das Privatvermögen der einzelnen Gesellschafter nicht unterliegt. Insolvenzrechtlich sind deshalb Gesellschaftsvermögen und Eigenvermögen der persönlich haftenden Gesellschafter streng zu trennen.[115]

67   **3. Stellung des Insolvenzverwalters.** Allerdings kann gemäß § 93 InsO nur noch der Insolvenzverwalter während der Dauer des Insolvenzverfahrens die persönliche Haftung der Gesellschafter für die Gesellschaftsverbindlichkeiten geltend machen. Die Insolvenzordnung hat damit die gemäß § 171 Abs. 2 für den Kommanditisten bestehende Regelung auf den persönlich haftenden Gesellschafter übertragen. Durch die alleinige Einziehungsbefugnis des Insolvenzverwalters soll die persönliche Haftung der Gesellschafter der Gesamtheit der Gesellschaftsgläubiger zugute kommen und deren gleichmäßige Befriedigung bewirkt werden; es soll weiter verhindert werden, dass sich einzelne Gläubiger durch einen schnellen Zugriff auf persönlich haftende Gesellschafter Sondervorteile verschaffen.[116]

68   **4. Haftung für Altverbindlichkeiten.** Die Gesellschafter haften wie bisher nach § 128 für die bis zur Eröffnung des Insolvenzverfahrens begründeten Gesellschaftsverbindlichkeiten (Insolvenz-

---

[111] BGH Urt. v. 13. 7. 1970 (Fn. 100); Beschl. v. 18. 3. 1975 – X ZB 12/74, BGHZ 64, 155, 156 = NJW 1975, 1280, 1281; Urt. v. 1. 7. 1976 – VII ZR 85/74, WM 1976, 1085, 1086.
[112] BGH Urt. v. 8. 11. 1965 – II ZR 223/64, BGHZ 44, 229, 233 f. = NJW 1966, 499, 500.
[113] BGH Urt. v. 22. 9. 1980 – II ZR 204/79, BGHZ 78, 114, 120 f. = NJW 1981, 175, 176.
[114] BGH Urt. v. 13. 7. 1967 – II ZR 268/64, BGHZ 48, 203, 205 = NJW 1967, 2203, 2204; Urt. v. 21. 1. 1993 – IX ZR 275/91, BGHZ 121, 179, 189 = NJW 1993, 663, 665.
[115] BGH Urt. v. 21. 1. 1993 (Fn. 114).
[116] BGH Urt. v. 4. 7. 2002 – IX ZR 265/01, BGHZ 151, 245, 248 = NJW 2002, 2718 f.; MünchKommHGB/*K. Schmidt* RdNr. 82; MünchKommInsO/*Brandes* § 93 RdNr. 1; vgl. auch schon BGH Urt. v. 21. 1. 1993 (Fn. 114), S. 190 f.

forderungen, § 38 InsO). Der Haftungsinhalt bestimmt sich weiterhin nach dem Grundsatz der Akzessorietät. **Altverbindlichkeiten** in diesem Sinne sind neben Insolvenzforderungen Masseschulden aus der Erfüllung gegenseitiger Verträge (§ 55 Abs. 1 Nr. 2 InsO), die auf der Ausübung des Wahlrechts des Insolvenzverwalters beruhenden Forderungen, insbesondere Schadensersatzansprüche wegen Nichterfüllung eines gegenseitigen Vertrages nach Ablehnung der Erfüllung durch den Insolvenzverwalter gemäß § 103 Abs. 2 InsO, weiter rückständige Verpflichtungen aus vor der Insolvenzeröffnung begründeten Dauerschuldverhältnissen wie Miet-, Dienst- oder Arbeitsverträgen.[117]

Neuverbindlichkeiten sind die Kosten des Insolvenzverfahrens (§ 54 InsO) und die Masseverbindlichkeiten, die durch Handlungen des Insolvenzverwalters begründet worden sind (§ 55 Abs. 1 Nr. 1 InsO), sowie diejenigen aus ungerechtfertigter Bereicherung der Masse (§ 55 Abs. 1 Nr. 3 InsO). Diese Neuverbindlichkeiten sind aus der Insolvenzmasse der Gesellschaft zu begleichen; die Gesellschafter haften dafür nicht persönlich.[118]

5. Geltendmachung der Gesellschafterhaftung. Die **Einziehungsbefugnis des Insolvenzverwalters** (§ 93 InsO) betrifft nur den Bereich der gesetzlichen akzessorischen Haftung des Gesellschafters für Gesellschaftsverbindlichkeiten; sie erstreckt sich nicht auf solche Ansprüche, die deshalb gegen den Gesellschafter bestehen, weil dieser aus einem von der persönlichen Haftung des § 128 unabhängigen Rechtsgrund für eine Verbindlichkeit der Gesellschaft einzustehen hat.[119] Für die Haftung auf Grund Bürgschaft oder bürgschaftsähnlicher Rechtsgeschäfte gilt § 93 InsO deshalb nicht. Die Vorschrift hat eine doppelte Wirkung. Zum einen kann der Gesellschaftsgläubiger nicht mehr gegen den Gesellschafter vorgehen, dieser kann nicht mehr mit befreiender Wirkung an den Gesellschaftsgläubiger leisten (sog. Sperrfunktion).[120] Zum anderen erhält der Insolvenzverwalter als Treuhänder die ausschliessliche Befugnis, die sich aus § 128 ergebenden Forderungen der Gesellschaftsgläubiger gebündelt einzuziehen (sog. Ermächtigungsfunktion).[121] Es steht im pflichtgemäßen Ermessen des Insolvenzverwalters, gegen welchen der gesamtschuldnerisch haftenden Gesellschafter und in welcher Höhe er vorgeht; er ist nicht gehalten, die Gesellschafter gleichmäßig in Anspruch zu nehmen. Die Inanspruchnahme kann allerdings im Einzelfall rechtsmissbräuchlich sein, wenn die eingeforderten Beträge nicht benötigt werden und deren Einziehung zu einer Überdeckung der Masse mit der Folge einer Rückzahlung nach § 199 S. 2 InsO führen würde.[122] Der Gesellschafter kann auch nach Übergang der Einziehungsbefugnis auf den Insolvenzverwalter der Gesellschaft nach Maßgabe des § 129 Einwendungen gegen die Insolvenzforderung erheben. Allerdings verliert er die in der Person der Gesellschaft begründeten Einwendungen, wenn er der Anmeldung zur Tabelle nicht widerspricht, §§ 178 Abs. 3, 201 Abs. 2 InsO; die Eintragung in die Tabelle und die damit verbundene Feststellung der Gesellschaftsschuld wirkt gegen den Gesellschafter, wenn er die Forderung nicht bestreitet (vgl. § 129 RdNr. 6).[123] Ein bereits ausgeschiedener Gesellschafter, den die Wirkungen eines gegen die Gesellschaft ergangenen Urteils nicht treffen (vgl. § 129 RdNr. 8), braucht der Anmeldung nicht zu widersprechen, um sich die Einwendungen zu erhalten. Der Insolvenzverwalter hat die nach § 93 InsO eingezogenen Beträge treuhänderisch für die daran beteiligten Gläubiger zu verwalten und zu verteilen; gegebenenfalls sind Sondermassen zu bilden, weil die Gesellschafter entweder nicht für alle Insolvenz- und Masseschulden oder nicht allen Gläubigern haften.[124]

6. Insolvenzplan. Sowohl der Insolvenzverwalter als auch der Schuldner – bei der OHG als einer Gesellschaft ohne Rechtspersönlichkeit die vertretungsberechtigten persönlich haftenden Gesellschafter gemeinsam – sind berechtigt, einen Insolvenzplan vorzulegen, der neben der Befriedigung der Gläubiger und der Verwertung der Masse die Haftung des Schuldners und damit auch die persönliche Haftung der Gesellschafter regelt, §§ 217 ff. InsO. Die mit der im Insolvenzplan vorgesehenen Befriedigung der Insolvenzgläubiger verbundene Befreiung des Schuldners von seinen restlichen

---

[117] BGH Urt. v. 13. 7. 1967 (Fn. 114); MünchKommHGB/*K. Schmidt* RdNr. 78 f.; Staub/*Habersack* RdNr. 72; MünchKommInsO/*Brandes* § 93 RdNr. 8.
[118] MünchKommHGB/*K. Schmidt* RdNr. 81; Staub/*Habersack* RdNr. 72; MünchKommInsO/*Brandes* § 93 RdNr. 9.
[119] BGH Urt. v. 4. 7. 2002 (Fn. 116), S. 248 ff.; BFH Beschl. v. 2. 11. 2001 – VII B 155/01, ZIP 2002, 179, 180; MünchKommHGB/*K. Schmidt* RdNr. 84; Staub/*Habersack* RdNr. 76, 80; Baumbach/*Hopt* RdNr. 46; MünchKommInsO/*Brandes* § 93 RdNr. 21.
[120] MünchKommHGB/*K. Schmidt* RdNr. 85; MünchKommInsO/*Brandes* § 93 RdNr. 13.
[121] BGH Urt. v. 9. 10. 2006 – II ZR 193/05, ZIP 2007, 79, 80; MünchKommHGB/*K. Schmidt* RdNr. 85; MünchKommInsO/*Brandes* § 93 RdNr. 14.
[122] Baumbach/*Hopt* RdNr. 46; MünchKommInsO/*Brandes* § 93 RdNr. 16, 25; anders MünchKommHGB/*K. Schmidt* RdNr. 86: auf die Unterdeckung der Masse beschränkte Ausfallhaftung.
[123] Baumbach/*Hopt* RdNr. 46; MünchKommInsO/*Brandes* § 93 RdNr. 31.
[124] MünchKommHGB/*K. Schmidt* RdNr. 88; Baumbach/*Hopt* RdNr. 46; MünchKommInsO/*Brandes* § 93 RdNr. 22.

§ 129

Verbindlichkeiten kommt dann auch den persönlich haftenden Gesellschaftern zugute und begrenzt den Umfang von deren Haftung, § 227 Abs. 2 InsO.

72 Die **Befreiung von den restlichen Verbindlichkeiten** erfasst aber nur die persönliche Haftung des Gesellschafters aus § 128, nicht jedoch eine anderweitige Haftung des Gesellschafters gegenüber Gesellschaftsgläubigern aus einer Bürgschaft oder der Bestellung von Sicherheiten (§ 254 Abs. 2 InsO). Der Fortbestand dieser Haftung ist der Hauptgrund dafür, von unbeschränkt haftenden Gesellschaftern Bürgschaften zugunsten der Gesellschaft zu verlangen. Der Gesellschaftsgläubiger kann sodann trotz der Regelungen des Insolvenzplans von dem bürgenden Gesellschafter volle Befriedigung erlangen.[125] Beruht die Stellung der Bürgschaft oder der Sicherheit auf einem gemeinsamen Beschluss der Gesellschafter und sollte dadurch die Kreditwürdigkeit der Gesellschaft erhöht werden, so wird der betroffene Gesellschafter in der Regel wegen seiner weitergehenden Haftung bei seinen Mitgesellschaftern Rückgriff nehmen können. Sind Bürgschaft oder Sicherheit hingegen ohne das Einverständnis der Mitgesellschafter gestellt worden, so greifen zu deren Gunsten die im Insolvenzplan enthaltenen Regelungen hinsichtlich der Haftungsbegrenzung ein.[126]

73 Die Befreiung von den restlichen Verbindlichkeiten kommt – so die bisherige Rechtsprechung[127] – nur dem während des Insolvenzverfahrens **vorhandenen Gesellschafter** zugute, nicht aber dem zuvor **ausgeschiedenen**. Das wird damit begründet, dass der Gesichtspunkt, durch eine Begrenzung der Haftung die aus volkswirtschaftlichen Gründen unerwünschte Vernichtung eines Unternehmens nicht nur zu verhindern, sondern dem Schuldner dessen Fortführung zu ermöglichen, auf den bereits ausgeschiedenen Gesellschafter nicht zutrifft. Im Schrifttum[128] wird diese Schlechterstellung ausgeschiedener, aber noch nachhaftender Gesellschafter unter Hinweis auf den Normzweck des § 160 überwiegend abgelehnt.

74 **7. Teilnahme der Gesellschafter am Insolvenzverfahren der Gesellschaft.** Die Gesellschafter können wegen ihrer Drittansprüche gegenüber der Gesellschaft als Gläubiger an deren Insolvenzverfahren teilnehmen. Nach ganz herrschender Meinung[129] hat der Gesellschafter darüber hinaus bei Befriedigung eines Gesellschaftsgläubigers vor Eröffnung des Insolvenzverfahrens das Recht, seinen Regressanspruch aus § 110 HGB im Insolvenzverfahren geltend zu machen. Die Insolvenzmasse wird dadurch nicht geschmälert; denn ohne die Befriedigung des Gesellschaftsgläubigers hätte dieser anstelle des Gesellschafters mit der Forderung am Insolvenzverfahren teilgenommen. Eine Leistung an den Gläubiger nach Insolvenzverfahrenseröffnung wirkt hingegen im Hinblick auf § 93 InsO nicht befreiend; der Gesellschafter kann sie nach § 812 BGB zurückfordern, sofern sie nicht der Insolvenzverwalter genehmigt, um nach § 816 Abs. 2 BGB gegen den Gläubiger vorzugehen.[130]

75 **8. Gesellschafterinsolvenz.** Häufig geraten gleichzeitig mit der Gesellschaft auch deren Gesellschafter in die Insolvenz. Werden über beide Vermögensmassen Insolvenzverfahren eröffnet, so sind Gesellschafts- und Gesellschaftervermögen streng zu trennen.[131] Der Insolvenzverwalter hat die Gesellschaftsschulden, die er nach § 93 InsO einziehen will, im Insolvenzverfahren der Gesellschafter anzumelden, und zwar mit dem vollen Betrag (§§ 43 InsO). Er kann jedoch die Gläubigeransprüche nur in Höhe desjenigen Betrags, mit dem die Gesellschaftsgläubiger im Insolvenzverfahren der Gesellschaft ausgefallen sind, geltend machen.[132] Masseverbindlichkeiten in der Gesellschaftsinsolvenz begründen nicht ohne weiteres Masseverbindlichkeiten in der Gesellschafterinsolvenz.[133]

§ 129 [Einwendungen des Gesellschafters]

(1) Wird ein Gesellschafter wegen einer Verbindlichkeit der Gesellschaft in Anspruch genommen, so kann er Einwendungen, die nicht in seiner Person begründet sind, nur insoweit geltend machen, als sie von der Gesellschaft erhoben werden können.

---

[125] BGH Urt. v. 9. 3. 1987 – II ZR 186/86, BGHZ 100, 126, 129 = NJW 1987, 1893 f.; Urt. v. 23. 11. 1973 – V ZR 23/72, NJW 1974, 147, 148; MünchKommHGB/*K. Schmidt* RdNr. 95; Staub/*Habersack* RdNr. 80.
[126] BGH (Fn. 125).
[127] BGH Urt. v. 25. 5. 1970 – II ZR 183/68, NJW 1970, 1921, 1922.
[128] MünchKommHGB/*K. Schmidt* RdNr. 90; Staub/*Habersack* RdNr. 74; Baumbach/*Hopt* RdNr. 46.
[129] Vgl. nur MünchKommHGB/*K. Schmidt* RdNr. 92; Staub/*Habersack* RdNr. 75; Baumbach/*Hopt* § 124 RdNr. 46.
[130] MünchKommHGB/*K. Schmidt* RdNr. 85, 94; MünchKommInsO/*Brandes* § 93 RdNr. 13.
[131] BGH (Fn. 114).
[132] Röhricht/Graf von Westphalen/*von Gerkan* RdNr. 19; Staub/*Habersack* RdNr. 77 (zu § 212 KO); MünchKommInsO/*Brandes* § 93 RdNr. 24 ff.; aA Baumbach/*Hopt* RdNr. 47.
[133] BGH Urt. v. 16. 2. 1961 – III ZR 71/60, BGHZ 34, 293, 295 f = NJW 1961, 1022 f.; Baumbach/*Hopt* RdNr. 47; Röhricht/Graf von Westphalen/*von Gerkan* RdNr. 19.

(2) Der Gesellschafter kann die Befriedigung des Gläubigers verweigern, solange der Gesellschaft das Recht zusteht, das ihrer Verbindlichkeit zugrunde liegende Rechtsgeschäft anzufechten.

(3) Die gleiche Befugnis hat der Gesellschafter, solange sich der Gläubiger durch Aufrechnung gegen eine fällige Forderung der Gesellschaft befriedigen kann.

(4) Aus einem gegen die Gesellschaft gerichteten vollstreckbaren Schuldtitel findet die Zwangsvollstreckung gegen die Gesellschafter nicht statt.

Schrifttum: *Brandes,* Verjährung von Gesellschafts- und Gesellschafterschuld im Recht der Personengesellschaften, FS Stimpel, 1985, S. 105; *Bülow,* Einrede der Aufrechenbarkeit für Personengesellschafter, Bürgen und Hauptgesellschaft im Eingliederungskonzern, ZGR 1988, 192; *Hofmeister,* Zur Auswirkung des neuen Verjährungsrechts auf die Nachhaftung der Gesellschafter, NZG 2002, 851; *Schlüter,* Die Einrede der Aufrechenbarkeit des OHG-Gesellschafters und des Bürgen, FS H. Westermann, 1974, S. 509.

Übersicht

	RdNr.		RdNr.
I. Normzweck	1	IV. Persönliche Einwendungen	9
II. Geltungsbereich	2	V. Gestaltungsrechte	10–14
III. Einwendungen der Gesellschaft	3–8	1. Grundsatz	10, 11
1. Grundsatz	3	2. Anfechtung	12
2. Verjährung	4	3. Aufrechnung	13, 14
3. Urteilswirkungen und materielle Rechtskraft	5–7	VI. Zwangsvollstreckung gegen den Gesellschafter	15, 16
4. Ausgeschiedener Gesellschafter	8		

I. Normzweck

Die Gesellschafterhaftung aus § 128 ist akzessorisch. Folgerichtig stehen dem von einem Gesellschaftsgläubiger wegen einer Gesellschaftsschuld in Anspruch genommenen persönlich haftenden Gesellschafter neben den in seiner Person begründeten Einwendungen und Einreden gemäß § 129 alle Einwendungen zu, die die Gesellschaft erheben kann. Entsprechend dem Haftungszweck des § 128 wird der Gesellschafter vor einer ungerechtfertigten Inanspruchnahme wegen einer Gesellschaftsschuld, die nicht oder nicht so besteht, geschützt; es wird sichergestellt, dass der Gesellschaftsgläubiger bei der Durchsetzung der Gesellschaftsschuld gegenüber dem Gesellschafter nicht besser steht als bei Inanspruchnahme der Gesellschaft selbst.[1] Umgekehrt kann der Gesellschafter nach rechtskräftiger Verurteilung der Gesellschaft nicht mehr einwenden, dies sei zu Unrecht geschehen. 1

II. Geltungsbereich

Die Bestimmung gilt unmittelbar für OHG und KG, auf Grund der Verweisung in § 8 Abs. 1 Satz 2 PartGG weiterhin für die Partnerschaftsgesellschaft. Sie ist entsprechend anzuwenden auf den nach den Grundsätzen der Durchgriffshaftung persönlich und ohne Beschränkung der Haftung auf das Gesellschaftsvermögen haftenden GmbH-Gesellschafter.[2] Für die Gesellschaft bürgerlichen Rechts gilt § 129 entsprechend; soweit der Gesellschafter für die Verbindlichkeiten der Gesellschaft bürgerlichen Rechts persönlich haftet, entspricht das Verhältnis zwischen der Verbindlichkeit der Gesellschaft und der Haftung des Gesellschafters derjenigen bei der OHG.[3] 2

III. Einwendungen der Gesellschaft

1. Grundsatz. Der Gesellschafter kann bei der Inanspruchnahme wegen einer Gesellschaftsschuld nach Abs. 1 alle der Gesellschaft zustehenden Einwendungen tatsächlicher und rechtlicher Art erheben. Das sind sowohl **rechtshindernde als auch rechtsvernichtende Einwendungen.** Der Gesellschafter kann sich etwa auf die Nichtigkeit, die Unwirksamkeit und die schwebende Unwirksamkeit des Geschäfts berufen; er kann geltend machen, dass der zunächst bestehende Anspruch nachträglich erloschen ist, etwa infolge von Erfüllung (§ 362 BGB), Erlass (§ 397 BGB), Vergleich (§ 779 BGB) und Unmöglichkeit (§§ 275, 326 BGB) oder wegen des Einwandes unzulässiger Rechtsausübung. Desweiteren fallen unter Abs. 1 alle **rechtshemmenden Einwendungen,** die die 3

---

[1] BGH Urt. v. 22. 3. 1988 – X ZR 64/87, BGHZ 104, 76, 78 = NJW 1988, 1976 f.; Staub/*Habersack* RdNr. 1.
[2] BGH Urt. v. 16. 9. 1985, II ZR 275/84, BGHZ 95, 330, 332 = NJW 1986, 188.
[3] BGH Urt. v. 29. 1. 2001 – II ZR 331/00, BGHZ 146, 341, 358 = NJW 2001, 1056, 1061.

Geltendmachung des Anspruchs oder dessen Durchsetzung ausschließen, sowie Einreden wie diejenigen der Verjährung, der Stundung, der Wandlung oder Minderung gemäß § 478 BGB, der Bereicherung gemäß § 821 BGB, weiter die dem Bürgen gemäß §§ 770, 771 BGB zustehenden Einreden, schließlich Zurückbehaltungsrechte und die Einrede des nicht erfüllten Vertrages. Anfechtung und Aufrechnung sind in Absatz 2 und 3 gesondert geregelt. Rein **prozessuale Einwendungen**, die keine materiellrechtlichen Auswirkungen haben, etwa die der anderweitigen Rechtshängigkeit im Hinblick auf eine bereits gegen die Gesellschaft rechtshängige Klage, fallen nicht unter § 129.[4]

4   **2. Verjährung.** Die Gesellschafter, deren Haftung grundsätzlich keine eigene Verjährung kennt, können sich nach allgemeiner Meinung auf den Eintritt der Verjährung der Gesellschaftsschuld berufen.[5] Nimmt der Gläubiger gegenüber der Gesellschaft Handlungen vor, die etwa die Klageerhebung oder eine Vollstreckungsmaßnahme zur Hemmung oder zum Neubeginn der Verjährung führen, so muss ein der Gesellschaft angehörender Gesellschafter, nicht hingegen der bereits ausgeschiedene Gesellschafter, dies gegen sich gelten lassen.[6] Hemmt der Gesellschaftsgläubiger durch rechtzeitige Klageerhebung die Verjährungsfrist nur gegenüber dem Gesellschafter, so kann dieser nicht einwenden, der Anspruch gegen die Gesellschaft selbst sei, womöglich im Laufe seines Rechtsstreits mit dem Gesellschaftsgläubiger, verjährt, weil sonst der Gläubiger trotz der persönlichen und unmittelbaren Haftung des Gesellschafters in einem solchen Fall stets die Gesellschaft mit verklagen müsste, was ihm in Hinblick auf das dadurch deutlich erhöhte Prozess- und Kostenrisiko nicht zugemutet werden kann.[7] Die Hemmung der Verjährung durch Klageerhebung gegenüber dem Gesellschafter hemmt nicht gleichzeitig die Verjährung gegenüber der Gesellschaft.[8] Nach rechtskräftiger Verurteilung der Gesellschaft, vollstreckbarem Vergleich oder Feststellung im Insolvenzverfahren unterliegt die Gesellschaftsschuld der 30-jährigen Verjährung der §§ 197 Abs. 1 Nr. 3–6, 201 Satz 1 BGB; das gilt auch gegenüber dem Gesellschafter. Eine abgekürzte persönliche Verjährungsfrist zugunsten des Gesellschafters kommt dann gemäß § 159 nur im Fall der Auflösung der Gesellschaft in Betracht.[9] Wird der Gesellschafter rechtskräftig wegen einer Gesellschaftsschuld verurteilt, so kann er sich gegenüber dem die Zwangsvollstreckung betreibenden Gläubiger nicht darauf berufen, die entsprechende Forderung gegen die Gesellschaft sei nachträglich verjährt. Der Grundsatz der Übereinstimmung von Gesellschafterhaftung und Gesellschaftsschuld steht dem nicht entgegen, weil der Gesellschafter, der vor Ablauf der Verjährungsfrist verklagt wird, des Schutzes der Verjährung, die dem Schuldner die Abwehr von Ansprüchen erleichtern soll, nicht bedarf.[10]

5   **3. Urteilswirkungen und materielle Rechtskraft.** Das im Gesellschaftsprozess über das Bestehen oder Nichtbestehen einer Gesellschaftsverbindlichkeit ergehende Urteil hat Rechtskraftwirkung auch für und gegen die einzelnen Gesellschafter.[11] Ob es sich dabei um einen Fall der Erstreckung der Rechtskraft oder um eine Präklusion ähnlich § 767 Abs. 2 ZPO handelt,[12] hat die Rechtsprechung bisher offengelassen. Jedenfalls wirkt das gegen die Gesellschaft ergangene Urteil gegenüber dem persönlich haftenden Gesellschafter in der Weise, dass es ihm die Einwendungen nimmt, die der Gesellschaft abgesprochen worden sind. Durchbrochen wird dieser Grundsatz jedoch in dem Fall, dass der Vollstreckungstitel gegen die Gesellschaft durch kollusives Zusammenwirken (§ 826 BGB) des Vertreters der Gesellschaft mit deren Prozessgegner zum Nachteil des Gesellschafters erwirkt worden ist.[13]

---

[4] MünchKommHGB/*K. Schmidt* RdNr. 5; Staub/*Habersack* RdNr. 5.
[5] BGH Urt. v. 22. 3. 1988 – X ZR 64/87, BGHZ 104, 76, 80 f. = NJW 1988, 1976, 1977; Urt. v. 8. 2. 1982 – II ZR 235/81, NJW 1982, 2443; MünchKommHGB/*K. Schmidt* RdNr. 7.
[6] BGH Urt. v. 11. 12. 1978 – II ZR 235/77, BGHZ 73, 217, 222 f. = NJW 1979, 1361, 1362; Urt. v. 22. 9. 1980 – II ZR 204/79, BGHZ 78, 114, 119 f. = NJW 1981, 175, 176; MünchKommHGB/*K. Schmidt* RdNr. 8; Baumbach/*Hopt* RdNr. 2; aA Staub/*Habersack* RdNr. 6, 7.
[7] BGH Urt. v. 22. 3. 1988 – X ZR 64/87, BGHZ 104, 76, 80 f. = NJW 1988, 1976, 1977; Urt. v. 9. 7. 1998 – IX ZR 272/96, BGHZ 139, 214, 217 ff. = NJW 1998, 2972, 2973 f.; MünchKommHGB/*K. Schmidt* RdNr. 9; aA Staub/*Habersack* RdNr. 8.
[8] MünchKommHGB/*K. Schmidt* RdNr. 9; Röhricht/Graf von Westphalen/*von Gerkan* RdNr. 4; Baumbach/*Hopt* RdNr. 2; offengelassen vom BGH in seiner Entscheidung vom 22. 3. 1988 (Fn 7).
[9] BGH Urt. v. 22. 9. 1980 – II ZR 204/79, BGHZ 78, 114, 120 = NJW 1981, 175, 176; MünchKommHGB/*K. Schmidt* RdNr. 10.
[10] BGH Urt. v. 27. 4. 1981 – II ZR 177/80, NJW 1981, 2579; MünchKommHGB/*K. Schmidt* RdNr. 11.
[11] BGH Urt. v. 13. 7. 1970 – VIII ZR 230/68, BGHZ 54, 251, 255 = NJW 1970, 1740, 1741; BGH Urt. v. 1. 7. 1976 – VII ZR 85/74, WM 1976, 1085, 1086; BGH Urt. v. 3. 4. 2006 – II ZR 40/05, NZG 2006, 459, 460; RG Urt. v. 13. 4. 1901 – I 15/01, RGZ 49, 340, 343; Urt. v. 30. 6. 1921 – VI 76/21, RGZ 102, 301, 303; OLG Düsseldorf Urt. v. 27. 4. 2001 – 17 U 180/00, NZG 2001, 890 f.
[12] So Staub/*Habersack* RdNr. 11; vgl. weiter MünchKommHGB/*K. Schmidt* RdNr. 13.
[13] BGH Urt. v. 11. 12. 1995 – II ZR 220/94, NJW 1996, 658; OLG Düsseldorf (Fn. 11).

Auf die Art und das Zustandekommen des Titels gegen die Gesellschaft kommt es für den 6
Einwendungsausschluss zu Lasten des Gesellschafters nicht an. Nicht nur ein rechtskräftiges streitiges,
sondern auch ein auf einer Säumnis oder einem Anerkenntnis der Gesellschaft beruhendes, nicht
mehr anfechtbares Urteil wirkt gegen den Gesellschafter;[14] dasselbe gilt für den rechtskräftigen
Vollstreckungsbescheid.[15] Nach § 178 Abs. 3 InsO hat die Eintragung in die Tabelle die Wirkung
eines rechtskräftigen Urteils; in der Insolvenz der Gesellschaft wirkt die Feststellung einer Forderung
gegen die insolvente OHG/KG mittelbar auch gegen die persönlich haftenden Gesellschafter und
schneidet ihnen die Einwendungen ab.[16]

Von der Gesellschaft abgeleitete Einwendungen kann der Gesellschafter **nach rechtskräftiger** 7
Verurteilung der Gesellschaft nur noch dann erheben, wenn sie wie etwa die nachträgliche
Erfüllung oder die Aufrechnung mit einer erst nach Rechtskraft erlangten Gegenforderung auf
Gründen beruhen, die erst nach Schluss der Letzten mündlichen Verhandlung im Prozess des
Gläubigers gegen die Gesellschaft entstanden, also nicht gemäß § 767 Abs. 2 ZPO präkludiert sind.[17]
In einem solchen Fall ist der Gesellschafter erst nach seiner eigenen rechtskräftigen Verurteilung auf
die Erhebung einer Vollstreckungsgegenklage nach § 767 ZPO angewiesen; zuvor kann er nicht
präkludierte Einwendungen als Verteidigungsmittel geltend machen,[18] und zwar unabhängig davon,
ob die Gesellschaft selber eine Vollstreckungsgegenklage oder eine auf § 826 BGB gestützte Klage
erhebt.

4. Ausgeschiedener Gesellschafter. Zum Teil andere Grundsätze gelten für den ausgeschiede- 8
nen Gesellschafter. Dieser braucht sich ein gegen die Gesellschaft ergangenes rechtskräftiges Urteil
nicht entgegenhalten zu lassen, wenn er bei Erhebung der Klage – ein Ausscheiden während des
Rechtsstreits ist insoweit unerheblich[19] – bereits aus der Gesellschaft ausgeschieden war.[20] Er kann die
Prozessführung der Gesellschaft nicht mehr beeinflussen und hat deshalb auch unter Berücksichtigung der Belange des Gläubigers ein schutzwertes Interesse daran, die seiner Meinung nach der
Gesellschaft zustehenden Einwendungen selbst geltend machen zu können. Das betrifft allerdings nur
den wirklich aus der Gesellschaft ausgeschiedenen Gesellschafter, nicht aber den ehemals persönlich
haftenden Gesellschafter, der nunmehr Kommanditist und Geschäftsführer der Komplementär-
GmbH bzw. nach formwechselnder Umwandlung in eine Kapitalgesellschaft Gesellschafter-Geschäftsführer einer GmbH ist.[21] Die Erhebung der Klage gegen die Gesellschaft führt nicht zur
Hemmung der Verjährung gegenüber dem ausgeschiedenen Gesellschafter.[22] Hingegen wirkt ein
zugunsten der Gesellschaft ergehendes klageabweisendes Urteil auch zu dessen Gunsten.[23]

IV. Persönliche Einwendungen

Der Gesellschafter kann bei seiner Inanspruchnahme **in seiner Person** begründete, ihm gegen- 9
über dem Gesellschaftsgläubiger zustehende Einwendungen **stets** erheben; derartige Einwendungen
kann der Gläubiger nur dadurch ausräumen, dass er den Gesellschafter verklagt. Durch ein zum
Nachteil der Gesellschaft ergangenes Urteil verliert der Gesellschafter seine persönlichen Einwendungen nicht. Hierzu gehören insbesondere die Berufung auf die Verjährung der Gesellschafterhaftung
gemäß §§ 159, 160 und auf Vereinbarungen mit dem Gesellschaftsgläubiger über die Art und Weise
der Inanspruchnahme des jeweiligen Gesellschafters.[24] Der Gesellschafter ist weiterhin befugt, im
Wege der Aufrechnung eine eigene Forderung gegenüber dem Gesellschaftsgläubiger zu dessen
Befriedigung einzusetzen. Umgekehrt kann auch der Gesellschaftsgläubiger gegenüber einer Forderung des Gesellschafters gegen ihn mit Forderungen gegen die Gesellschaft und den Gesellschafter
persönlich aus § 128 aufrechnen.[25]

---

[14] Staub/*Habersack* RdNr. 11; Baumbach/*Hopt* RdNr. 7.
[15] OLG Schleswig Beschl. v. 6. 1. 1998 – 5 W 65/97, OLGR Schleswig 1998, 123 f.
[16] BGH Urt. v. 30. 1. 1961 – II ZR 98/59, WM 1961, 427, 429; BAG Urt. v. 12. 6. 2002 – 10 AZR 199/01, KTS 2003, 315, 318 f.; MünchKommHGB/*K. Schmidt* RdNr. 13; MünchKommInsO/*Schumacher* § 178 RdNr. 73.
[17] RG Urt. v. 19. 2. 1929 – II 296/28, RGZ 124, 146, 151 f.; BAG (Fn. 16).
[18] RG (Fn. 17).
[19] RG Urt. v. 30. 6. 1921 (Fn. 11).
[20] BGH Urt. v. 8. 11. 1965 – II ZR 223/64, BGHZ 44, 229, 233 f. = NJW 1966, 499, 500; MünchKommHGB/*K. Schmidt* RdNr. 16; Staub/*Habersack* RdNr. 15.
[21] BGH Urt. v. 22. 9. 1980 – II ZR 204/79, BGHZ 78, 114, 120 f. = NJW 1981, 175, 176.
[22] MünchKommHGB/*K. Schmidt* RdNr. 16; Staub/*Habersack* RdNr. 15.
[23] MünchKommHGB/*K. Schmidt* RdNr. 16.
[24] Vgl. im einzelnen MünchKommHGB/*K. Schmidt* RdNr. 2; Staub/*Habersack* RdNr. 17 f.
[25] MünchKommHGB/*K. Schmidt* RdNr. 23, 24; Staub/*Habersack* RdNr. 24; Heymann/*Emmerich* RdNr. 15.

V. Gestaltungsrechte

10 **1. Grundsatz.** Die Absätze 2 und 3 tragen wie die entsprechende für den Bürgen geltende Bestimmung des § 770 BGB dem Umstand Rechnung, dass die Ausübung von Gestaltungsrechten nicht dem Gesellschafter, jedenfalls nicht im eigenen Namen und allenfalls als organschaftlichem oder bevollmächtigtem Vertreter überlassen, sondern der Entschließung der Gesellschaft vorbehalten ist. Sie geben deshalb dem Gesellschafter, solange und soweit noch Gestaltungsrechte der Gesellschaft bestehen, eine verzögerliche Einrede mit der Folge, dass er die Leistung verweigern kann;[26] die gegen den Gesellschafter gerichtete Klage ist als derzeit unbegründet abzuweisen.[27] Geht der Gesellschaft das Gestaltungsrecht etwa durch Fristablauf verloren, so entfällt das aus dem Recht der Gesellschaft abgeleitete Leistungsverweigerungsrecht des Gesellschafters. Übt sie es wirksam aus, so gilt § 129 Abs. 1; mit der Gesellschaftsschuld erlischt auch die persönliche Haftung.

11 Die Absätze 2 und 3 nennen ausdrücklich nur die Anfechtung und die Aufrechnung seitens der Gesellschaft. Nach allgemeiner Meinung[28] sind sie auf **andere Gestaltungsrechte,** deren Ausübung zum Erlöschen der Gesellschaftsschuld führt, **entsprechend** anzuwenden. Das sind insbesondere Rücktritt, Widerruf und Kündigung.

12 **2. Anfechtung.** Das Leistungsverweigerungsrecht aus Abs. 2 steht dem Gesellschafter zu, wenn die Gesellschaft gemäß den §§ 119 f., 123 BGB ihre Willenserklärung anzufechten berechtigt ist. Es besteht, solange die Gesellschaft anfechten und damit den Anspruch des Gläubigers beseitigen kann; es erlischt etwa mit dem Ablauf der Anfechtungsfrist (§§ 121, 124 BGB) oder der Bestätigung des Rechtsgeschäfts gemäß § 144 BGB. Ficht die Gesellschaft an, so erlischt auch die Haftung des Gesellschafters. Für nach erfolgreicher Anfechtung eventuell bestehende Ansprüche auf Ersatz des Vertrauensschadens gemäß § 122 BGB haftet er allerdings nach allgemeinen Grundsätzen.

13 **3. Aufrechnung.** Absatz 3 gibt dem Gesellschafter, der aus eigenem Recht nicht zur Aufrechnung mit einer Forderung der Gesellschaft befugt ist, ein Leistungsverweigerungsrecht, solange die Gesellschft aufrechnen kann. Fehlt der Gesellschaft wegen eines zu ihrem Nachteil bestehenden gesetzlichen oder vertraglichen Aufrechnungsverbotes die Aufrechnungsbefugnis, so ist der Gesellschafter gehindert, den Gläubiger auf seine eigene Aufrechnungsmöglichkeit zu verweisen.[29] Auf eine von der Gesellschaft bereits erklärte Aufrechnung kann sich der Gesellschafter schon nach Absatz 1 berufen.

14 Entgegen dem Wortlaut der Vorschrift kommt es auf die **Aufrechnungsmöglichkeit der Gesellschaft,** nicht hingegen die des Gläubigers an. Absatz 3 ist nach allgemeiner Meinung mißverständlich formuliert.[30] Aus Sinn und Zweck des den Grundsatz der Akzessorietät der Gesellschafterhaftung durchführenden § 129 folgt, dass ein Leistungsverweigerungsrecht nur besteht, wenn die Gesellschaft aufrechnen kann, dies aber noch nicht getan hat. Trotz des Wortlauts des Abs. 3 begründet die Befugnis nur des Gläubigers zur Aufrechnung keine verzögerliche Einrede des Gesellschafters.[31] Bei alleiniger Aufrechnungsbefugnis der Gesellschaft kann sich der Gesellschafter jedoch auf das Leistungsverweigerungsrecht berufen. Der Gläubiger ist in diesem Fall nicht schutzlos, weil er die Gesellschaft verklagen und sie so zur Erklärung über die Aufrechnung zwingen kann.[32] Die verzögerliche Einrede des Gesellschafter führt zur Abweisung der Klage als derzeit unbegründet.[33]

VI. Zwangsvollstreckung gegen den Gesellschafter

15 Zur Zwangsvollstreckung **in das Privatvermögen eines Gesellschafters** ist nach Abs. 4 ein gegen diesen gerichteter Titel notwendig. Das beruht auf der aus § 124 Abs. 1 und 2 folgenden Verselbständigung der Gesellschaft – und des Gesellschaftsvermögens – gegenüber ihren Mitgliedern. Eine Umschreibung (§ 727 ZPO) des gegen die Gesellschaft gerichteten Titels gegen den Gesellschafter ist nicht möglich.[34]

---

[26] BGH Urt. v. 14. 12. 1964 – VIII ZR 119/63, BGHZ 42, 396, 397 f. = NJW 1965, 627.
[27] MünchKommHGB/K. *Schmidt* RdNr. 22; Staub/*Habersack* RdNr. 25.
[28] Staub/*Habersack* RdNr. 21; Heymann/*Emmerich* RdNr. 12 a; Baumbach/*Hopt* RdNr. 10; Koller/Roth/Morck §§ 128, 129 RdNr. 3; aA MünchKommHGB/K. *Schmidt* RdNr. 18.
[29] BGH (Fn. 26).
[30] BGH (Fn. 26); MünchKommHGB/K. *Schmidt* RdNr. 24; Staub/*Habersack* RdNr. 23.
[31] BGH (Fn. 26).
[32] MünchKommHGB/K. *Schmidt* RdNr. 25; Staub/*Habersack* RdNr. 23; Baumbach/*Hopt* RdNr. 12.
[33] BGH Urt. v. 24. 10. 1962 – V ZR 1/61, BGHZ 38, 122, 129 f. = NJW 1963, 244, 246.
[34] OLG Hamm Beschl. v. 10. 12. 1978 – 20 W 39/77, NJW 1979, 51 ff.; MünchKommHGB/K. *Schmidt* RdNr. 27.

Betreibt der Gläubiger auf Grund eines Titels gegen die Gesellschaft die Zwangsvollstreckung und 16 pfändet er dabei Gegenstände, die nicht der Gesellschaft, sondern dem Gesellschafter gehören, so kann letzterer sich dagegen grundsätzlich mit der **Drittwiderspruchsklage** gemäß § 771 ZPO wehren. Diese Klage wird aber regelmäßig unbegründet sein, weil der Gläubiger ihr gemäß § 242 BGB entgegensetzen kann, daß der Gesellschafter für die titulierte Forderung gemäß § 128 haftet.[35]

§ 129 a [Rückgewähr von Darlehen]

¹ Bei einer offenen Handelsgesellschaft, bei der kein Gesellschafter eine natürliche Person ist, gelten die §§ 32 a und 32 b des Gesetzes betreffend die Gesellschaften mit beschränkter Haftung sinngemäß mit der Maßgabe, daß an die Stelle der Gesellschafter der Gesellschaft mit beschränkter Haftung die Gesellschafter oder Mitglieder der Gesellschafter der offenen Handelsgesellschaft treten. ² Dies gilt nicht, wenn zu den Gesellschaftern der offenen Handelsgesellschaft eine andere offene Handelsgesellschaft oder Kommanditgesellschaft gehört, bei der ein persönlich haftender Gesellschafter eine natürliche Person ist.

Schrifttum: Vgl. die Hinweise zu § 172 a.

I. Normzweck

Die Vorschrift ist wie die des § 172 a durch die GmbH-Novelle vom 4. 7. 1980 (BGBl. I S. 836) in 1 das HGB eingefügt worden. Sie überträgt die Regeln des **eigenkapitalersetzenden Gesellschafterdarlehens** (§§ 32 a, b GmbHG) auf die OHG, bei der kein Gesellschafter eine natürliche Person ist. Bei einer solchen atypischen OHG gewinnt die Unterscheidung zwischen Eigen- und Fremdkapital ähnliche Bedeutung wie bei der GmbH; auch hier gilt, daß die Gesellschaft, wenn sie für ihr Fortbestehen Eigenkapital benötigt, diesen Eigenkapitalbedarf nicht ohne Haftungsfolgen dauerhaft mit fremden Mitteln decken kann. Gesellschafterdarlehen und andere Gesellschafterhilfen werden deshalb wie haftendes Kapital behandelt.[1] § 129 a soll die Umgehung der Kapitalersatzregeln mittels der Bildung einer nur aus juristischen Personen bestehenden OHG, bei der nur eine andere als eine natürliche Person, in der Regel eine GmbH, unbeschränkt für die Gesellschaftsverbindlichkeiten haftet, verhindern.

II. Voraussetzungen

1. Die atypische OHG. § 129 a Satz 1 setzt voraus, daß kein Gesellschafter der OHG eine 2 natürliche Person ist. Als Gesellschafter in Betracht kommen sämtliche juristischen Personen, insbesondere Kapitalgesellschaften, und – vorbehaltlich der Ausnahme nach Satz 2 – Personenhandelsgesellschaften.

2. Die mehrstufige Gesellschaft. Die §§ 32 a, b GmbHG gelten nach Satz 2 nicht für die 3 OHG, an der zwar keine natürliche Person, aber eine OHG oder KG beteiligt ist, bei der ein persönlich haftender Gesellschafter (§§ 128, 161 Abs. 2) eine natürliche Person ist. Die Eigenkapitalersatzregeln sollen also dann nicht eingreifen, wenn trotz Zwischenschaltung einer oder mehrerer juristischer Personen oder Personenhandelsgesellschaften jedenfalls mittelbar eine natürliche Person für die Gesellschaftsverbindlichkeiten haftet.[2] Im Hinblick auf diesen Normzweck ist § 129 a Satz 2 im Wege der extensiven Auslegung oder der Analogie dahin zu verstehen, daß es für den Ausnahmetatbestand genügt, wenn erst auf der dritten oder einer höheren Ebene eine natürliche Person als persönlich haftender Gesellschafter vorhanden ist.[3] Eine derartige Situation ist etwa dann gegeben, wenn Gesellschafter einer atypischen OHG wiederum atypische Personenhandelsgesellschaften sind, an denen aber eine OHG oder KG mit einer natürlichen Person als persönlich haftendem Gesellschafter oder Komplementär beteiligt sind.

3. Die gesetzestypische OHG. Auf die dem gesetzlichen Leitbild entsprechende OHG mit 4 mindestens einer natürlichen Person als Gesellschafter ist § 129 a nicht anzuwenden.[4] Das folgt aus

---

[35] BGH Urt. v. 1. 6. 1953, IV ZR 196/52, LM ZPO § 771 Nr. 2; MünchKommHGB/*K. Schmidt* RdNr. 28.
[1] BGH Urt. v. 24. 3. 1980 – II ZR 213/77, BGHZ 76, 326, 329 = NJW 1980, 1524.
[2] MünchKommHGB/*K. Schmidt* RdNr. 4; Staub/*Habersack* RdNr. 5.
[3] MünchKommHGB/*K. Schmidt* RdNr. 4; Staub/*Habersack* RdNr. 5; Heymann/*Emmerich* RdNr. 3; Baumbach/*Hopt* RdNr. 1; aA Röhricht/Graf von Westphalen/*von Gerkan* RdNr. 1.
[4] BGH Urt. v. 2. 7. 1990 – II ZR 139/89, BGHZ 112, 31, 38 f.; Staub/*Habersack* RdNr. 6; aA MünchKommHGB/ *K. Schmidt* RdNr. 15.

der Struktur der OHG, die kein Haftungskapital besitzt, dessen Bestand durch gesetzliche Vorschriften abgesichert wäre, deren Gesellschafter aber den Gesellschaftsgläubigern unbeschränkt haften. In der Insolvenz der Gesellschaft ist der Gesellschafter deshalb wegen eines der Gesellschaft gewährten Darlehens Insolvenzgläubiger; die Gesellschaft kann ein bereits zurückgezahltes Gesellschafterdarlehen nicht zurückfordern.

III. Rechtsfolgen

5 § 129a nimmt auf die §§ 32a, b GmbHG Bezug, weiter auf die §§ 135 InsO, 6 AnfG. Die praktische Bedeutung von § 129a ist gering, weil eine OHG ohne eine natürliche Person als Gesellschafter im Verhältnis zur GmbH & Co. KG rechtstatsächlich keine Rolle spielt. Wegen der Voraussetzungen und der Rechtsfolgen der Kapitalersatzregeln wird deshalb auf die Kommentierung zu § 172a verwiesen.

§ 130 [Haftung des eintretenden Gesellschafters]

(1) Wer in eine bestehende Gesellschaft eintritt, haftet gleich den anderen Gesellschaftern nach Maßgabe der §§ 128 und 129 für die vor seinem Eintritte begründeten Verbindlichkeiten der Gesellschaft, ohne Unterschied, ob die Firma eine Änderung erleidet oder nicht.

(2) Eine entgegenstehende Vereinbarung ist Dritten gegenüber unwirksam.

Schrifttum: *Gerlach*, Die Haftungsordnung der §§ 25, 28, 130 HGB, 1976; *Habersack/Schürnbrand*, Die Haftung des eintretenden Gesellschafters für Altverbnidlichkeiten der GbR – BGH NJW 2003, 1803, JuS 2003, 739; *Hasenkamp*, Die akzessorische Haftung ausscheidender und eintretender Gesellschafter bürgerlichen Rechts, DB 2002, 2632; *Honsell/Harrer*, Die Haftung für Altschulden nach §§ 28, 130 HGB bei arglistiger Täuschung, ZIP 1983, 259; *Kornblum*, Die Haftung der Gesellschafter für Verbindlichkeiten von Personengesellschaften, 1072; *Lieb*, Die Haftung für Altschulden bei „Eintritt" in ein nicht- oder minderkaufmännisches Unternehmen, FS H. Westermann, 1974, S. 309.

Übersicht

	RdNr.		RdNr.
I. Normzweck	1	4. Anteilsübertragung	7
II. Anwendungsbereich	2	5. Änderung der Firma	8
III. Voraussetzungen	3–8	IV. Rechtsfolgen	9
1. Bestehen der Gesellschaft	3, 4	V. Abweichende Vereinbarungen	10
2. Rechtsnachfolge, Umwandlung	5	VI. Prozessuales	11
3. Fehlerhafter Beitritt	6		

I. Normzweck

1 Die Vorschrift regelt die Haftung des in eine bestehende Gesellschaft eintretenden Gesellschafters für deren Verbindlichkeiten. Dieser haftet für **sämtliche Gesellschaftsverbindlichkeiten** einschließlich der bei seinem Eintritt bereits bestehenden. Diese Haftung für Altverbindlichkeiten ohne Rücksicht auf den Zeitpunkt ihrer Begründung dient der Sicherung der Gesellschaftsgläubiger, denen es oft weder möglich noch zumutbar ist, den derzeit aktuellen Gesellschafterbestand zu ermitteln. Sie sollen bei der Inanspruchnahme eines Gesellschafters nicht dem Einwand ausgesetzt werden, er sei zum fraglichen Zeitpunkt noch gar nicht Gesellschafter gewesen. Im Außenverhältnis ist § 130 zwingend (Abs. 2).

II. Anwendungsbereich

2 § 130 betrifft die **OHG**. Der Eintritt als **Kommanditist** ist in § 173 geregelt. Für die Partnerschaftsgesellschaft verweist § 8 Abs. 1 Satz 2 PartGG auf § 130. Auf die Gesellschaft bürgerlichen Rechts ist § 130 entsprechend anzuwenden.[1] Der neu in eine Gesellschaft bürgerlichen Rechts eintretende Gesellschafter haftet nach § 130 persönlich, d.h. mit seinem Privatvermögen, neben den Altgesellschaftern für bereits begründete Verbindlichkeiten der Gesellschaft. Die Grundsätze über die persönliche Haftung des eintretenden Gesellschafters sind jedoch nur auf künftige Beitrittsfälle

---

[1] BGH Urt. v. 7. 4. 2003 – II ZR 56/02, BGHZ 154, 370 ff. = NJW 2003, 1803, 1804 f.; MünchKommHGB/*K. Schmidt* RdNr. 5; die eine analoge Anwendung von § 130 ablehnende ältere Rechtsprechung, vgl. nur BGH Urt. v. 30. 4. 1979 – II ZR 137/78, BGHZ 74, 240, 242 f. = NJW 1979, 1821 f., ist damit gegenstandslos.

anzuwenden, es sei denn, der Neugesellschafter kannte bei seinem Beitritt das Bestehen von Altverbindlichkeiten oder hätte davon bei auch nur geringer Aufmerksamkeit Kenntnis erlangen können.[2]

III. Voraussetzungen

1. Bestehen der Gesellschaft. Die Haftung setzt den Eintritt in eine bestehende OHG voraus, also entweder eine Gesellschaft, die ein Handelsgewerbe im Sinne des § 1 Abs. 2 aufgenommen hat und betreibt, unabhängig davon, ob sie im Handelsregister eingetragen ist oder nicht, oder eine solche, deren Unternehmen nach Art und Umfang einen in kaufmännischer Weise eingerichteten Gewerbebetrieb nicht erfordert, die aber, was in diesem Fall konstitutiv wirkt, in das Handelsregister eingetragen ist (§§ 2, 3, 105 Abs. 2). Die Haftung tritt auch dann ein, wenn die Gesellschaft zum Zeitpunkt des Eintritts wegen Rückgangs des Geschäftsbetriebes nur noch eine Gesellschaft bürgerlichen Rechts, im Handelsregister aber weiterhin als Handelsgesellschaft eingetragen war.[3] § 130 gilt weiter für den Eintritt in eine fehlerhafte[4] oder in eine aufgelöste, aber noch nicht voll beendete Gesellschaft.[5]

Entsteht erst **durch den Eintritt** eine Handelsgesellschaft, so gilt nicht § 130, sondern § 28, der den Eintritt als persönlich haftender Gesellschafter oder Kommanditist in das Geschäft eines Einzelkaufmanns regelt. Diese Vorschrift begründet die Haftung der durch den Eintritt entstehenden Gesellschaft für die Verbindlichkeiten des früheren Geschäftsinhabers und über § 128 die Haftung des eintretenden Gesellschafters.[6] Zudem besteht hier die Möglichkeit einer nach außen wirkenden Beschränkung der Haftung (§ 28 Abs. 2).

2. Rechtsnachfolge, Umwandlung. Der Anwendungsbereich des § 130 beschränkt sich nicht auf den Eintritt in die OHG als zusätzlicher Gesellschafter. Die Haftung trifft auch den auf Grund einer erbrechtlichen Nachfolgeklausel in die Gesellschaft einrückenden Neugesellschafter, sofern er nicht von den in § 139 genannten Möglichkeiten, seine Haftung zu beschränken, Gebrauch macht.[7] Eintritt im Sinn von § 130 ist auch die Umwandlung einer Beteiligung als Kommanditist in eine solche als persönlich haftender Gesellschafter und (über § 161 Abs. 2) der Eintritt als persönlich haftender Gesellschafter in eine bestehende KG.[8]

3. Fehlerhafter Beitritt. § 130 HGB findet ebenfalls dann Anwendung, wenn ein Gesellschafter rechtlich fehlerhaft in eine voll wirksame OHG eintritt.[9] Es gelten die zur fehlerhaften Gesellschaft entwickelten Grundsätze.[10] Der vollerhaft vollzogene Eintritt in eine OHG ist damit regelmäßig nicht von Anfang an unwirksam, sondern wegen des Nichtigkeits- oder Anfechtungsgrundes nur mit Wirkung für die Zukunft vernichtbar. Bis zur Geltendmachung des Fehlers ist der vollzogene Eintritt grundsätzlich wirksam, der eintretende Gesellschafter haftet nach außen für die Gesellschaftsschulden.

4. Anteilsübertragung. Die Haftung des § 130 trifft auch denjenigen, der dadurch Gesellschafter einer handelsrechtlichen Personengesellschaft wird, dass ein Gesellschafter seinen Gesellschaftsanteil auf ihn überträgt.[11] Für die fehlerhafte Anteilsübertragung gelten allerdings die Grundsätze der fehlerhaften Gesellschaft nicht.[12]

5. Änderung der Firma. Ohne Bedeutung für die Haftung ist eine mit dem Eintritt verbundene Änderung der Firma der Gesellschaft. Die Änderung der Firma kann die Haftung nicht verhindern.

IV. Rechtsfolgen

Der Eintritt als Gesellschafter begründet **die unbeschränkte persönliche Haftung gemäß den §§ 128, 129** für alle zum Zeitpunkt des Wirksamwerdens des Eintritts bestehenden Gesellschafts-

---

[2] BGH Urt. v. 7. 4. 2003 (Fn. 1); BGH Urt. v. 12. 12. 2005 – II ZR 283/03, NJW 2006, 765 f.; kritisch MünchKommHGB/*K. Schmidt* RdNr. 5.
[3] BGH Urt. v. 6. 7. 1981 – II ZR 38/81 NJW 1982, 45, 46; MünchKommHGB/*K. Schmidt* RdNr. 2; Staub/ *Habersack* RdNr. 3.
[4] BGH Urt. v. 8. 11. 1965 – II ZR 267/74, BGHZ 44, 235, 237 – NJW 1966, 107, 108; MünchKommHGB/ *K. Schmidt* RdNr. 7; Staub/*Habersack* RdNr. 3; Baumbach/*Hopt* RdNr. 4.
[5] MünchKommHGB/*K. Schmidt* RdNr. 8; Staub/*Habersack* RdNr. 3.
[6] BGH Urt. v. 6. 7. 1966 – VIII ZR 92/64, NJW 1966, 1917 f.; Staub/*Habersack* RdNr. 6.
[7] BGH (Fn. 3); MünchKommHGB/*K. Schmidt* RdNr. 14; Staub/*Habersack* RdNr. 10.
[8] MünchKommHGB/*K. Schmidt* RdNr. 3; Staub/*Habersack* RdNr. 4; Heymann/*Emmerich* RdNr. 2.
[9] BGH (Fn 4); MünchKommHGB/*K. Schmidt* RdNr. 15; Staub/*Habersack* RdNr. 8; Baumbach/*Hopt* RdNr. 4.
[10] BGH Urt. v. 14. 10. 1991 (Fn. 1); vgl. § 105 RdNr. 177 ff.
[11] BGH Urt. v. 30. 6. 1980 – II ZR 219/79, BGHZ 77, 392, 395 f. = NJW 1980, 2708, 2709; Staub/*Habersack* RdNr. 9.
[12] Vgl. BGH, Urt. v. 22. 1. 1990 – II ZR 25/89, NJW 1990, 1915, 1916 (zur GmbH); MünchKommHGB/ *K. Schmidt* RdNr. 13; Röhricht/Graf von Westphalen/*von Gerkan* RdNr. 4; anders Staub/*Habersack* RdNr. 9.

§ 130 a

verbindlichkeiten. Diese Haftung besteht von Gesetzes wegen ohne Rücksicht auf ein schutzwertes Vertrauen des einzelnen Gesellschaftsgläubigers.[13] Auf die Eintragung des eintretenden Gesellschafters im Handelsregister kommt es für das Eingreifen der Haftung nicht an. Ebenso wenig sind Kenntnis oder Kennenmüssen des Eintretenden von der Haftung erforderlich. Unter Umständen können aber Schadensersatz- oder Ausgleichsansprüche gegen die Mitgesellschafter bestehen. Lediglich der als Erbe eines Gesellschafters in die Gesellschaft Eintretende hat es in der Hand, seine Haftung entsprechend den Möglichkeiten des § 139 zu beschränken.[14]

V. Abweichende Vereinbarungen

10 Vereinbarungen der **bisherigen Gesellschafter** mit dem neu Eintretenden sind nach § 130 Abs. 2 **gegenüber Dritten** wegen des zwingenden Charakters der Vorschrift **unwirksam**. Sie haben lediglich Bedeutung für das Innenverhältnis und begründen einen Anspruch auf Freistellung von den Altverbindlichkeiten.[15] Der Ausschluss der Haftung im Außenverhältnis erfordert regelmäßig eine Vereinbarung zwischen dem Gesellschaftsgläubiger und dem eintretenden Gesellschafter bzw. der Gesellschaft.

VI. Prozessuales

11 Die Haftung aus § 130 muss wie sonst auch durch Klage oder Mahnbescheid gegen den eintretenden Gesellschafter geltend gemacht werden. Er wird nicht kraft Gesetzes Partei eines zum Zeitpunkt seines Beitritts anhängigen Rechtsstreits gegen die Gesellschaft und/oder die übrigen Gesellschafter; der Gläubiger muss, um ihn in den Rechtsstreit einzubeziehen, die Klage entsprechend erweitern.[16] Im Fall des Erwerbs der Mitgliedschaft durch Erbfolge ist § 239 ZPO zu beachten. Die Rechtskraft eines gegen die Gesellschaft ergangenen Urteils wirkt auch dann gegen den Neugesellschafter, wenn es zum Zeitpunkt seines Beitritts schon erlassen oder rechtskräftig war und er keinen Einfluss auf den Rechtsstreit nehmen konnte.[17]

§ 130 a [Antragspflicht bei Zahlungsunfähigkeit oder Überschuldung]

(1) [1] Wird eine Gesellschaft, bei der kein Gesellschafter eine natürliche Person ist, zahlungsunfähig oder ergibt sich die Überschuldung der Gesellschaft, so ist die Eröffnung des Insolvenzverfahrens zu beantragen; dies gilt nicht, wenn zu den Gesellschaftern der offenen Handelsgesellschaft eine andere offene Handelsgesellschaft oder Kommanditgesellschaft gehört, bei der ein persönlich haftender Gesellschafter eine natürliche Person ist. [2] Antragspflichtig sind die organschaftlichen Vertreter der zur Vertretung der Gesellschaft ermächtigten Gesellschafter und die Liquidatoren. [3] Der Antrag ist ohne schuldhaftes Zögern, spätestens aber drei Wochen nach Eintritt der Zahlungsunfähigkeit oder der Überschuldung der Gesellschaft zu stellen.

(2) [1] Nachdem die Zahlungsunfähigkeit der Gesellschaft eingetreten ist oder sich ihre Überschuldung ergeben hat, dürfen die organschaftlichen Vertreter der zur Vertretung der Gesellschaft ermächtigten Gesellschafter und die Liquidatoren für die Gesellschaft keine Zahlungen leisten. [2] Dies gilt nicht von Zahlungen, die auch nach diesem Zeitpunkt mit der Sorgfalt eines ordentlichen und gewissenhaften Geschäftsleiters vereinbar sind.

(3) [1] Wird entgegen Absatz 1 die Eröffnung des Insolvenzverfahrens nicht oder nicht rechtzeitig beantragt oder werden entgegen Absatz 2 Zahlungen geleistet, nachdem die Zahlungsunfähigkeit der Gesellschaft eingetreten ist oder sich ihre Überschuldung ergeben hat, so sind die organschaftlichen Vertreter der zur Vertretung der Gesellschaft ermächtigten Gesellschafter und die Liquidatoren der Gesellschaft gegenüber zum Ersatz des daraus entstehenden Schadens als Gesamtschuldner verpflichtet. [2] Ist dabei streitig, ob sie die Sorgfalt eines ordentlichen und gewissenhaften Geschäftsleiters angewandt haben, so trifft sie die Beweislast. [3] Die Ersatzpflicht kann durch Vereinbarung mit den Gesellschaftern

---

[13] BGH (Fn. 4); BGH Urt. v. 12. 10. 1987 – II ZR 251/86, NJW 1988, 1321, 1322; Staub/*Habersack* RdNr. 13.
[14] BGH (Fn. 3).
[15] MünchKommHGB/*K. Schmidt* RdNr. 21; Staub/*Habersack* RdNr. 15.
[16] MünchKommHGB/*K. Schmidt* RdNr. 22; Staub/*Habersack* RdNr. 14.
[17] MünchKommHGB/*K. Schmidt* RdNr. 23; Staub/*Habersack* RdNr. 14.

weder eingeschränkt noch ausgeschlossen werden. ⁴Soweit der Ersatz zur Befriedigung der Gläubiger der Gesellschaft erforderlich ist, wird die Ersatzpflicht weder durch einen Verzicht oder Vergleich der Gesellschaft noch dadurch aufgehoben, daß die Handlung auf einem Beschluß der Gesellschafter beruht. ⁵Satz 4 gilt nicht, wenn der Ersatzpflichtige zahlungsunfähig ist und sich zur Abwendung des Insolvenzverfahrens mit seinen Gläubigern vergleicht oder wenn die Ersatzpflicht in einem Insolvenzplan geregelt wird. ⁶Die Ansprüche aus diesen Vorschriften verjähren in fünf Jahren.

(4) Diese Vorschriften gelten sinngemäß, wenn die in den Absätzen 1 bis 3 genannten organschaftlichen Vertreter ihrerseits Gesellschaften sind, bei denen kein Gesellschafter eine natürliche Person ist, oder sich die Verbindung von Gesellschaften in dieser Art fortsetzt.

Schrifttum: *Altmeppen/Wilhelm,* Quotenschaden, Individualschaden und Klagebefugnis bei der Verschleppung des Insolvenzverfahrens über das Vermögen der GmbH, NJW 1999, 673; *Bittmann,* Zahlungsunfähigkeit und Überschuldung nach der Insolvenzordnung, wistra 1998, 321; 1999, 10; *Bork,* Haftung des GmbH-Geschäftsführers wegen verspäteten Konkursantrags, ZGR 1995, 505; *Burger/Schellbarg,* Die Auslösetatbestände im neuen Insolvenzrecht, BB 1995, 261; *Canaris,* Die Haftung für fahrlässige Verletzungen der Konkursantragspflicht nach § 64 GmbHG, JZ 1993, 649; *Flume,* Die Haftung des GmbH-Geschäftsführers bei Geschäften nach Konkursreife der GmbH, ZIP 1994, 337; *Haas,* Insolvenzantragsrecht und -pflicht in der GmbH insbesondere durch „faktische Geschäftsführer" nach neuem Insolvenzrecht, DStR 1998, 1359; *Jäger,* Die Zahlungsunfähigkeit im neuen Insolvenzrecht, BB 1997, 1575; *Karollus,* Weitere Präzisierungen zur Konkursverschleppungshaftung, ZIP 1995, 269; *Kübler,* Die Konkursverschleppungshaftung des GmbH-Geschäftsführers nach der „Wende" des BGH – Bedeutung für die Praxis, ZGR 1995, 481; *Lutter,* Zahlungsunfähigkeit und Überschuldung unter der neuen Insolvenzordnung, ZIP 1999, 641; *G. Müller,* Zur Haftung des Gesellschafter-Geschäftsführers aus culpa in contrahendo und aus § 64 I GmbHG, ZIP 1993, 1531; *K. Schmidt,* Insolvenzordnung und Gesellschaftsrecht, ZGR 1998, 634; *ders.,* Übermäßige Geschäftsführerrisiken aus § 64 Abs. 2 GmbHG, § 130 a Abs. 3 HGB?, ZIP 2005, 2177; *U. Stein,* Das faktische Organ, 1984; *ders.,* Die Normadressaten der §§ 64, 84 GmbHG und die Verantwortlichkeit von Nichtgeschäftsführern wegen Konkursverschleppung, ZHR 148 (1984), 207; *Uhlenbruck,* Die Pflichten des Geschäftsführers einer GmbH & Co. KG in der Krise des Unternehmens, BB 1985, 1277; *Wilhelm,* Konkursantragspflicht des GmbH-Geschäftsführers und Quotenschaden, ZIP 1993, 1833; vgl. ferner die Literaturhinweise in den Kommentaren zu § 64 GmbHG und § 19 InsO.

Übersicht

	RdNr.		RdNr.
I. Normzweck	1, 2	VI. Masseerhaltungspflicht	20–22
II. Entstehungsgeschichte	3	VII. Rechtsfolgen von Pflichtverstößen	23–39
III. Anwendungsbereich	4–6	1. Strafbarkeit	23
1. Atypische OHG	4	2. Haftung gegenüber der Gesellschaft	24–30
2. Atypische KG	5	a) Ersatz des Gesamtgläubigerschadens	24
3. Atypische Gesellschaft bürgerlichen Rechts	6	b) Verschulden	25
IV. Adressatenkreis	7–11	c) Beweislast	26
1. Organschaftliche Vertreter	7	d) Verjährung	27
2. Liquidatoren	8	e) Verzicht und Vergleich	28, 29
3. Mehrstufige Gesellschaften	9	f) Masselose Insolvenz	30
4. Fehlerhaft bestellte und faktische Organwalter	10, 11	3. Haftung gegenüber Gläubigern	31–35
		a) § 130 a als Schutzgesetz	31
V. Antragspflicht	12–19	b) Altgläubiger	32
1. Insolvenzreife	12–15	c) Neugläubiger	33–35
a) Zahlungsunfähigkeit	13	4. Sonstige Haftungstatbestände	36–38
b) Überschuldung	14, 15	a) Haftung aus culpa in contrahendo	36, 37
2. Inhalt und Dauer der Insolvenzantragspflicht	16–19	b) Deliktische Haftung	38
		5. Gesamtschuldnerische Haftung	39

I. Normzweck

Die Vorschrift überträgt die Regelungen der §§ 64 GmbHG, 92 Abs. 2 und 3 AktG auf die atypische OHG und – über die Verweisung in § 177 a – die atypische KG, namentlich die GmbH & Co. KG. Sie begründet die Pflicht, bei Zahlungsunfähigkeit oder Überschuldung die Eröffnung des Insolvenzverfahrens zu beantragen (Abs. 1) und die Haftungsmasse zu erhalten (Abs. 2). Sie will insolvente Gesellschaften mit beschränktem Haftungsfonds vom Geschäftsverkehr fernhalten; es soll verhindert werden, dass durch deren Auftreten Gläubiger geschädigt oder gefährdet werden.[1] Als Sanktion sieht die Vorschrift in Absatz 3 eine **Schadensersatzpflicht** der organschaftlichen Vertreter

1

---

[1] BGH Urt. v. 6. 6. 1994 – II ZR 292/91, BGHZ 126, 181, 194 = NJW 1994, 2220, 2223.

gegenüber der Gesellschaft vor. Alternativ kann dem Normzweck ohne Verstoß gegen § 130a durch eine Sanierung des Unternehmens Rechnung getragen werden.[2]

2   **Geschützt werden,** wie aus der Antrags- und der Masseerhaltungspflicht folgt, sowohl **die bei Insolvenzreife vorhandenen Gesellschaftsgläubiger** als auch der **Rechtsverkehr.** Es soll verhindert werden, dass weitere Gläubiger hinzukommen, indem sie mit der insolventen Gesellschaft Verträge schließen oder ihr Kredit gewähren und dadurch Schaden erleiden.[3] Den Schutz der Gesellschaft selbst bezweckt § 130a nach allgemeiner Meinung[4] nicht. Die aus den §§ 93 Abs. 2 AktG, 43 Abs. 2 GmbHG resultierenden Verhaltenspflichten der Organwalter im Verhältnis zu den von ihnen vertretenen Kapitalgesellschaften, nämlich in deren Angelegenheiten die Sorgfalt eines ordentlichen Geschäftsmanns anzuwenden, haben aber drittschützende Wirkung zu Gunsten der OHG; bei einem Verstoß folgen daraus Schadensersatzansprüche der OHG unmittelbar gegen die Organwalter ihrer Gesellschafter.[5]

II. Entstehungsgeschichte

3   Die Vorschriften der §§ 130a und b sind durch das Erste Gesetz zur Bekämpfung der Wirtschaftskriminalität vom 29. 7. 1976 (BGBl. I S. 2034) in das HGB eingefügt worden. Gleichzeitig ist die Überschuldung als Konkursgrund für die atypische Personenhandelsgesellschaft eingeführt worden (§§ 209, 210 KO). Anlässlich der GmbH-Novelle vom 4. 7. 1980 (BGBl. I S. 836) ist Abs. 1 Satz 1 2. HS hinzugefügt worden. Ebenso wie bei den Vorschriften der §§ 125a Abs. 1 Satz 3, 129a Satz 2 werden damit Gesellschaften, bei denen auf einer höheren Beteiligungsstufe eine natürliche Person als Gesellschafter vorhanden ist, aus dem Anwendungsbereich herausgenommen. Die heutige Fassung beruht auf Art. 40 EGInsO vom 5. 10. 1994 (BGBl. I S. 2911), mit dem die §§ 130a und b dem seit dem 1. 1. 1999 geltenden Insolvenzrecht angepasst worden sind.

III. Anwendungsbereich

4   **1. Atypische OHG.** § 130a setzt das Vorhandensein einer OHG voraus, bei der kein Gesellschafter eine natürliche Person ist, an der also etwa nur Kapitalgesellschaften, eingetragene Genossenschaften oder Personenhandelsgesellschaften beteiligt sind. Die Vorschrift ist gemäß ihrem Abs. 1 Satz 1 2. HS nicht auf die Handelsgesellschaften anzuwenden, deren Gesellschafter eine OHG oder eine andere Personenhandelsgesellschaft ist, an der ein Gesellschafter oder Komplementär beteiligt ist, der eine natürliche Person ist und für die Gesellschaftsverbindlichkeiten unbeschränkt haftet. Wie bei den entsprechenden Regelungen der §§ 125a, 129a[6] ist ebenso bei § 130a der Ausnahmetatbestand zu eng formuliert; die Vorschrift greift im Hinblick auf den allen diesen Bestimmungen zugrundeliegenden Normzweck auch dann nicht ein, wenn erst auf einer weiteren oder höheren Beteiligungsstufe eine vollhaftende natürliche Person vorhanden ist.[7]

5   **2. Atypische KG.** Für die KG verweist § 177a mit der Maßgabe auf § 130a, dass das Vorhandensein eines Kommanditisten, der eine natürliche Person ist, die Anwendung der Vorschrift nicht hindert. Weiter tritt an die Stelle des Ausnahmetatbestandes des Abs. 1 Satz 1 2. HS der des inhaltlich gleichstehenden § 172 Abs. 6 Satz 2. Auch bei der KG ist § 130a mithin dann nicht anwendbar, wenn auf der Ebene der beteiligten Gesellschafter oder auf einer höheren Beteiligungsstufe eine Personenhandelsgesellschaft vorhanden ist, bei der ein persönlich haftender Gesellschafter eine natürliche Person ist.[8]

6   **3. Atypische Gesellschaft bürgerlichen Rechts.** Auf die Außengesellschaft bürgerlichen Rechts, bei der kein Gesellschafter eine natürliche Person ist, ist § 130a jedenfalls seit dem Inkrafttreten der InsO am 1. 1. 1999 und der damit verbundenen Anerkennung der Insolvenzfähigkeit der Gesellschaft bürgerlichen Rechts (§§ 11 Abs. 2 Nr. 1, 19 Abs. 3 Satz 1 InsO) entsprechend anzuwenden.[9]

---

[2] MünchKommHGB/*K. Schmidt* RdNr. 3; Scholz/*K. Schmidt* § 64 RdNr. 1.
[3] BGH (Fn. 1) S. 192 f.
[4] Staub/*Habersack* RdNr. 6; MünchKommHGB/*K. Schmidt* RdNr. 2, 5.
[5] BGH Urt. v. 12. 11. 1979 – II ZR 174/77, BGHZ 75, 321, 322 ff. = NJW 1980, 589 ff.; Urt. v. 24. 3. 1980 – II ZR 213/77, BGHZ 76, 326, 337 f. = NJW 1980, 1524, 1526 f.; Urt. v. 28. 6. 1982 – II ZR 121/82, NJW 1982, 2869 m. Anm. *H.-P. Westermann*; Urt. v. 17. 3. 1987 – II ZR 282/85, BGHZ 100, 190, 193 = NJW 1987, 2008; MünchKommHGB/*K. Schmidt* RdNr. 5.
[6] Vgl. § 125a RdNr. 6; § 129a RdNr. 3.
[7] MünchKommHGB/*K. Schmidt* RdNr. 10; Staub/*Habersack* RdNr. 8; Heymann/*Emmerich* RdNr. 3; Baumbach/Hopt RdNr. 2; aA Röhricht/Graf von Westphalen/*von Gerkan* RdNr. 2.
[8] Staub/*Habersack* RdNr. 9; Baumbach/*Hopt* RdNr. 2.
[9] Staub/*Habersack* RdNr. 10; vgl. auch MünchKommHGB/*K. Schmidt* RdNr. 7.

IV. Adressatenkreis

1. Organschaftliche Vertreter. Als Normadressaten nennt § 130a Abs. 1 Satz 2 die organschaftlichen Vertreter der zur Vertretung der atypischen OHG ermächtigten Gesellschafter. Das sind sämtliche Organwalter (Geschäftsführer, Vorstandsmitglieder und ähnliche) der an der OHG beteiligten juristischen Personen oder Personenhandelsgesellschaften. Auf die Ausgestaltung der Vertretungsmacht (Einzel- oder Gesamtvertretung) innerhalb der an der OHG beteiligten Gesellschaften kommt es nicht an, weil nach § 15 Abs. 1 und 3 InsO jeder organschaftliche Vertreter berechtigt ist, den Insolvenzantrag zu stellen. Eine interne Aufteilung der Geschäfte zwischen mehreren Geschäftsführern entbindet den jeweils anderen nicht von seiner eigenen Verantwortlichkeit für die rechtzeitige Stellung des Insolvenzantrages. In einem solchen Fall bestehen Kontroll- und Überwachungspflichten gegenüber den Mitgeschäftsführern, an deren Erfüllung ein strenger Maßstab anzulegen ist.[10] Die Niederlegung des Amtes nach Eintritt der Insolvenzreife befreit ebenso wenig von der Antragspflicht; der Organwalter hat den Antrag entweder noch vor seinem Ausscheiden zu stellen oder in diesem Sinne auf den neuen Geschäftsführer einzuwirken.[11]

2. Liquidatoren. Die Pflicht zur rechtzeitigen Stellung des Insolvenzantrages obliegt nach Auflösung der Gesellschaft den Liquidatoren. Deren Erwähnung hat Bedeutung nur für den Fall, dass Dritte gemäß § 146 Abs. 2 zu Liquidatoren bestellt werden. Die an der OHG beteiligten Gesellschaften handeln als geborene Liquidatoren (§ 146 Abs. 1) weiterhin durch ihre organschaftlichen Vertreter.

3. Mehrstufige Gesellschaften. Abs. 4 erweitert den Kreis der antragspflichtigen Personen für den Fall, dass die organschaftlichen Vertreter der an einer OHG beteiligten Gesellschafter wiederum Gesellschaften ohne eine natürliche Person als Gesellschafter sind bzw. eine noch weitergehende Verschachtelung vorhanden ist. Die nach allgemeiner Meinung unklar formulierte Bestimmung befasst sich nicht mit dem Anwendungsbereich des § 130a, sie setzt vielmehr dessen Anwendbarkeit voraus, sondern sie erstreckt die Antragspflicht auf die organschaftlichen Vertreter der auf zweiter oder höherer Beteiligungsstufe vorhandenen Gesellschaften.[12] Damit soll verhindert werden, dass mit Hilfe mehrstufiger Konstruktionen der Normzweck des § 130a, nämlich der Gläubigerschutz, umgangen wird. Auch nur mittelbare organschaftliche Vertreter unterliegen mithin der Insolvenzantragspflicht. Hauptanwendungsfall ist die sog. doppelstöckige GmbH & Co. KG mit einer GmbH & Co. KG als Komplementärin; hier ist der Geschäftsführer der Komplementär-GmbH der an der KG als Komplementärin beteiligten KG verantwortlich im Sinne des § 130a.

4. Fehlerhaft bestellte und faktische Organwalter. Der fehlerhaft bestellte Organwalter ist nach allgemeiner Meinung[13] Normadressat des § 130a. Die Unwirksamkeit des Bestellungsakts ist ohne Bedeutung, wenn die Organfunktion tatsächlich ausgeübt wird.

Daneben werden auch sog. **faktische Organwalter,** bei denen es vollständig an einem – auch nur unwirksamen – Bestellungsakt fehlt, in den Adressatenkreis des § 130a einbezogen. Die zivil- wie strafrechtliche Verantwortung für die rechtzeitige Stellung des Insolvenzantrags trifft danach denjenigen, der ohne eine solche Organstellung zu bekleiden tatsächlich wie ein geschäftsführendes Organ tätig wird.[14] Eine völlige Verdrängung der gesetzlichen Geschäftsführer ist dabei nicht erforderlich, es reicht aus, dass der faktische Organwalter in maßgeblichen Umfang typische Geschäftsführungsfunktionen übernommen hat und die Geschicke der Gesellschaft durch nach außen hervortretende Handlungen bestimmt.[15] Diese Voraussetzungen liegen etwa dann vor, wenn der bestellte Geschäftsführer nur Strohmann ist und wenn der faktische Organwalter die überragende Stellung in der Gesellschaft, mindestens aber ein Übergewicht gegenüber den bestellten Organen besitzt.[16]

---

[10] BGH Urt. v. 1. 3. 1993 – II ZR 81/94, NJW 1994, 2149, 2150.
[11] BGH Urt. v. 14. 12. 1951 – 2 StR 368/51, NJW 1952, 554; MünchKommHGB/*K. Schmidt* RdNr. 15.
[12] MünchKommHGB/*K. Schmidt* RdNr. 11; Staub/*Habersack* RdNr. 13; Röhricht/Graf von Westphalen/*von Gerkan* RdNr. 4.
[13] MünchKommHGB/*K. Schmidt* RdNr. 14; Staub/*Habersack* RdNr. 12; Röhricht/Graf von Westphalen/*von Gerkan* RdNr. 3.
[14] BGH Urt. v. 9. 7. 1979 – II ZR 118/77, BGHZ 75, 96, 106 = NJW 1979, 1823, 1825; Urt. v. 21. 3. 1988 – II ZR 194/87, BGHZ 104, 44, 46 = NJW 1988, 1789 f.; Urt. v. 27. 6. 2005 – II ZR 113/03, NZG 2005, 755 f.; Urt. v. 11. 7. 2005 – II ZR 235/03, NZG 2005, 816 f.; Urt. v. 6. 4. 1952 – 1 StR 153/52, BGHSt 3, 32, 37 ff. = LM StGB § 246 Nr. 4; Urt. v. 22. 9. 1982 – 3 StR 287/82, BGHSt 31, 118, 120 ff. = NJW 1983, 240 f.; OLG Dresden Urt. v. 4. 2. 1999 – 19 U 2255/98, NZG 1999, 438; MünchKommHGB/*K. Schmidt* RdNr. 16, 17; Heymann/*Emmerich* RdNr. 6; Baumbach/*Hopt* RdNr. 6; Röhricht/Graf von Westphalen/*von Gerkan* RdNr. 5; aA Staub/*Habersack* RdNr. 12.
[15] BGH Urt. v. 21. 3. 1988 (Fn. 14), S. 48 f.; Urt. v. 27. 6. und 11. 7. 2005 (Fn. 14).
[16] MünchKommHGB/*K. Schmidt* RdNr. 17.

V. Antragspflicht

12 **1. Insolvenzreife.** Die Antragspflicht entsteht mit dem Eintritt der Insolvenz, also mit dem Vorliegen eines Insolvenzgrundes im Sinne der §§ 17, 19 InsO. Die Gesellschaft muss entweder zahlungsunfähig oder überschuldet sein. Der für den Fall der Antragstellung durch den Schuldner neu in das Gesetz aufgenommene Insolvenzgrund der drohenden Zahlungsunfähigkeit (§ 18 InsO) begründet die Antragspflicht nach § 130 a Abs. 1 nicht.[17]

13 **a) Zahlungsunfähigkeit.** Nach der Legaldefinition des § 17 Abs. 2 InsO ist die Gesellschaft zahlungsunfähig, wenn der Schuldner nicht in der Lage ist, die fälligen Zahlungspflichten zu erfüllen; das ist in der Regel anzunehmen, wenn er seine Zahlungen eingestellt hat. Das weicht teilweise von der bisher in Rechtsprechung und Schrifttum zu § 102 KO entwickelten Definition ab, wonach seine Zahlungen einstellt, wer aufhört, seine fälligen Verbindlichkeiten in ihrer Allgemeinheit wegen eines nicht nur vorübergehenden Mangels an Zahlungsmitteln zu erfüllen.[18] Insbesondere hat der Gesetzgeber der InsO im Interesse einer rechtzeitigen Verfahrenseröffnung auf das Merkmal der Dauerhaftigkeit der Zahlungsunfähigkeit verzichtet; weiter hat er nicht vorgeschrieben, dass die Zahlungsunfähigkeit einen wesentlichen Teil der Verbindlichkeiten betreffen muss. Die Nichtzahlung fälliger Verbindlichkeiten muss auf einem objektiven Mangel an vorhandenen, zu erwirtschaftenden oder auf anderem Wege – Kreditaufnahme, Rückgriff auf Reserven – zu beschaffenden Zahlungsmitteln beruhen; blosse Zahlungsunwilligkeit genügt nicht.[19] Wie bisher stellen nur vorübergehende Liquiditätsengpässe – etwa wegen des Ausbleibens erwarteter Zahlungen oder saisonaler Flauten – oder kurzfristige Zahlungsstockungen, die sich voraussichtlich innerhalb kurzer Zeit beheben lassen, keinen Insolvenzeröffnungsgrund dar.[20] Der Zeitraum, binnen dessen die Zahlungsstockung oder Illiquidität beseitigt sein muss, damit sie nicht als Zahlungsunfähigkeit behandelt wird, ist anhand des Zeitbedarfs zu bemessen, den eine kreditwürdige Person benötigt, um den erforderlichen Kredit zu beschaffen; dafür ist – auch im Hinblick auf die den Dreiwochenfristen des § 130 a Abs. 1 Satz 3 und des § 64 Abs. 1 Satz 1 GmbHG zugrunde liegenden Überlegungen – eine Zeitspanne von zwei bis drei Wochen erforderlich und ausreichend.[21] Ob im Einzelfall lediglich eine Zahlungsstockung oder schon eine endgültige Zahlungsunfähigkeit vorliegt, muss auf Grund objektiver Umstände ermittelt werden; wesentliche Kriterien sind die Bonität, die Kreditwürdigkeit und die Aussenstände der Gesellschaft, die Branche, in der sie tätig ist, und die Art der fälligen Schulden. Der Eintritt der Zahlungsunfähigkeit wird – widerlegbar – vermutet, wenn die Gesellschaft einen Bruchteil von 10% der Gesamtsumme ihrer Verbindlichkeiten nicht mehr erfüllen kann.[22] Eine Unterdeckung von weniger als 10% genügt allein nicht für die Annahme der Zahlungsunfähigkeit; besondere Umstände wie eine ungünstige Fortbestehensprognose können jedoch trotzdem dazu führen, sie zu bejahen. Umgekehrt müssen bei einer Überschreitung des Schwellenwerts von 10% erhebliche, in ihrem Gewicht vom Grad der Überschreitung des Schwellenwerts abhängige Gründe vorliegen, um die Vermutung des Eintritts der Zahlungsunfähigkeit zu entkräften. Die Zahlungsunfähigkeit wird nach § 17 Abs. 2 Satz 2 InsO im Fall der Zahlungseinstellung vermutet; sie ist anzunehmen, wenn sich auf Grund des äußerlichen Verhaltens des Schuldners den beteiligten Verkehrskreisen der berechtigte Eindruck aufdrängt, dass die Nichtzahlung wesentlicher Verbindlichkeiten auf einem Mangel an Geldmitteln beruht.[23]

14 **b) Überschuldung.** Die Gesellschaft ist nach der Legaldefinition des § 19 Abs. 2 Satz 1 InsO überschuldet, wenn ihr Vermögen die bestehenden Verbindlichkeiten nicht mehr deckt. Bei der Bewertung des Vermögens ist die Fortführung des Unternehmens zugrundezulegen, wenn diese nach den Umständen überwiegend wahrscheinlich ist (§ 19 Abs. 2 Satz 2 InsO). Diese Methode zur Ermittlung des Überschuldungstatbestands ist an die Stelle des sog. **zweistufigen Überschuldungsbegriffs** getreten, der sich bis zum Inkrafttreten der InsO in Rechtsprechung[24] und Schrifttum[25]

---

[17] MünchKommHGB/*K. Schmidt* RdNr. 19; Staub/*Habersack* RdNr. 15.
[18] RG Urt. v. 28. 9. 1920 – VII 93/20, RGZ 100, 62, 65; BGH Urt. v. 17. 5. 2001 – IX ZR 188/98, NJW-RR 2001, 1204.
[19] MünchKommInsO/*Eilenberger* § 17 RdNr. 8 f.; HK-InsO/*Kirchhof* § 17 RdNr. 14 ff; MünchKommHGB/ *K. Schmidt* Anh. § 158 RdNr. 9; Baumbach/*Hopt* Anh. 3.
[20] BGH Urt. v. 24. 5. 2005 – IX ZR 123/04, BGHZ 163, 134 ff. = NJW 2005, 3062, 3063 ff.
[21] BGH (Fn. 20).
[22] BGH (Fn. 20).
[23] MünchKommInsO/*Eilenberger* § 17 RdNr. 27 f.; HK-InsO/*Kirchhof* § 17 RdNr. 25 ff.; MünchKommHGB/ *K. Schmidt* Anh. § 158 RdNr. 13.
[24] BGH Urt. v. 13. 7. 1992 – II ZR 269/91. BGHZ 119, 201, 213 f. = NJW 1992, 2891, 2893 f.; Urt. v. 21. 2. 1994 – II ZR 60/93, BGHZ 125, 141, 148 f. = NJW 1994, 1477, 1479.
[25] MünchKommHGB/*K. Schmidt* RdNr. 21; Staub/*Habersack* RdNr. 17; jeweils mwN.

durchgesetzt hatte. Danach war die rechnerische Überschuldung mit Hilfe einer Überschuldungsbilanz zu ermitteln, bei der das Vermögen der Gesellschaft unter Einbeziehung der stillen Reserven mit Liquidationswerten angesetzt wurde; weiter war zu prüfen, ob die Finanzkraft der Gesellschaft nach überwiegender Wahrscheinlichkeit mittelfristig nicht zur Fortführung des Unternehmens ausreichte (Überlebens- oder Fortbestehensprognose). Eine positive Überlebensprognose konnte trotz bestehender rechnerischer Überschuldung die Fortführung des Unternehmens rechtfertigen.[26]

Die Methode zur Ermittlung der Überschuldung gemäß § 19 Abs. 2 InsO ist noch nicht abschliessend geklärt.[27] Eine verbindliche Prüfungsreihenfolge gibt es nicht. Ob die Ermittlung der rechnerischen Überschuldung auf der Grundlage der Auflösungsprämisse (Ansatz von Liquidationswerten) oder der Fortführungsprämisse (Ansatz von realistischen Fortführungswerten) zu beginnen hat, ist im Einzelfall nach Gesichtspunkten der Zweckmäßigkeit zu entscheiden. Ein zunächst nach Liquidationswerten erstellter Überschuldungstatus ist bei positiver Fortführungsprognose zu korrigieren; das Gesellschaftsvermögen ist dann mit Fortführungswerten anzusetzen. Unterschiede zum unter der Konkursordnung geltenden zweistufigen Überschuldungsbegriff können sich nur dann ergeben, wenn trotz positiver Fortführungsprognose und Ansatz von Fortführungswerten eine rechnerische Überschuldung des Unternehmens verbleibt.[28]

2. Inhalt und Dauer der Insolvenzantragspflicht. Besteht Insolvenzreife, so haben die organschaftlichen Vertreter der Gesellschaft binnen drei Wochen den Insolvenzantrag zu stellen. Die Dreiwochenfrist ist eine zeitliche Höchstgrenze und darf nicht ohne triftige Gründe ausgeschöpft werden. Das Gebot, den Insolvenzantrag ohne schuldhaftes Zögern, spätestens aber binnen drei Wochen nach Insolvenzreife zu stellen, bedeutet, dass das Insolvenzverfahren schon früher zu beantragen ist, wenn von Anfang an oder im Verlauf der Frist feststeht, dass eine rechtzeitige Sanierung nicht zu erwarten ist.[29] Dass sich die Überschuldung aus einer Jahres- oder Zwischenbilanz ergibt, ist nicht tatbestandliche Voraussetzung der Antragspflicht.[30] Die voraussichtliche Ablehnung des Antrags wegen Masselosigkeit (§§ 26 InsO, 107 KO) lässt die Antragspflicht nicht entfallen.[31]

Umstritten ist, ob die Insolvenzantragspflicht allein durch das **objektive Vorhandensein der Insolvenzreife** ausgelöst wird, oder ob sie erst mit dem Zeitpunkt beginnt, in dem der zum Handeln verpflichtete organschaftliche Vertreter **positive Kenntnis** davon hat. Bedeutung hat diese Frage im Wesentlichen für den Insolvenzgrund der Überschuldung; denn der Eintritt der Zahlungsunfähigkeit liegt durchweg offen zutage und ist ohne weiteres erkennbar.[32] Die Rechtsprechung zu § 92 Abs. 2 AktG[33] verlangt die positive Kenntnis des Organwalters von der Überschuldung, weil die Dreiwochenfrist nur dann ihren auch im Interesse der Allgemeinheit und der Gläubiger bestehenden Zweck erfüllen kann, Sanierungsversuche zu ermöglichen. Nach zutreffender Auffassung[34] entsteht die Organpflicht mit dem objektiven Eintritt der Insolvenzreife; auf positive Feststellungen zu den Insolvenzgründen oder die Kenntnis seitens der organschaftlichen Vertreteter kommt es dafür nicht an. Die Erkennbarkeit der Insolvenzreife ist allerdings für den subjektiven Tatbestand des § 130 a und die Haftung der organschaftlichen Vertreter von Bedeutung; ein Verschulden ist bei bestehender Insolvenzreife zu vermuten, diese Vermutung haben die organschaftlichen Vertreter zu widerlegen.[35]

Die Pflicht aus § 130 a Abs. 1 wird dadurch erfüllt, dass ein organschaftlicher Vertreter unabhängig vom Umfang seiner Vertretungsmacht den **Insolvenzantrag stellt.** Damit erledigt sich die Insolvenzantragspflicht für alle weiteren Organwalter. Hat bereits ein Gläubiger der Gesellschaft die Eröffnung des Insolvenzverfahrens beantragt, so lässt dies nach herrschender Meinung[36] die Insolvenz-

---

[26] BGH Urt. v. 13. 7. 1992 (Fn. 24) S. 215 f.
[27] Vgl. MünchKommHGB/*K. Schmidt* Anh. § 158 RdNr. 21 f.; Staub/*Habersack* RdNr. 18; Röhricht/Graf von Westphalen/*von Gerkan* RdNr. 8; Baumbach/*Hopt* RdNr. 4; MünchKommInsO/*Drukarczyk/Schäfer* § 19 RdNr. 20 ff.; HK-InsO/*Kirchhof* § 19 RdNr. 16 f.
[28] MünchKommHGB/*K. Schmidt* RdNr. 22, 24; vgl. auch BGH Urt. v. 13. 7. 1992 (Fn. 24).
[29] BGH Urt. v. 9. 7. 1979 – II ZR 118/77, BGHZ 75, 96, 111 f. = NJW 1979, 1823, 1827; MünchKommHGB/*K. Schmidt* RdNr. 20, 24 ff.; Röhricht/Graf von Westphalen/*von Gerkan* RdNr. 7; Baumbach/*Hopt* RdNr. 8.
[30] BGH Urt. v. 25. 7. 1984 – 3 StR 192/84, BGHSt 33, 21, 24 = NJW 1984, 2958 f.
[31] OLG Bamberg Beschl. v. 13. 8. 1982 – 6 W 27/82, ZIP 1983, 200; MünchKommHGB/*K. Schmidt* RdNr. 23.
[32] Staub/*Habersack* RdNr. 19.
[33] BGH Urt. v. 9. 7. 1979 (Fn. 14), S. 110 f.; zustimmend Baumbach/*Hopt* RdNr. 8.
[34] BGH Urt. v. 29. 11. 1999 – II ZR 273/98, BGHZ 143, 184, 185 = NJW 2000, 668 f.; BGH (Fn. 20); MünchKommHGB/*K. Schmidt* RdNr. 20; Staub/*Habersack* RdNr. 19; Röhricht/Graf von Westphalen/*von Gerkan* RdNr. 7.
[35] BGH (Fn. 34 und 20).
[36] BGH Urt. v. 5. 7. 1956 – 3 StR 140/56, DB 1957, 273; RG Urt. v. 27. 3. 1905 – I 3590/04, JW 1905, 551; Staub/*Habersack* RdNr. 24; MünchKommHGB/*K. Schmidt* RdNr. 22.

antragspflicht des organschaftlichen Vertreters nicht entfallen. Er hat in diesem Fall die Möglichkeit, sich dem Antrag des Gläubigers anzuschließen.

19 Die **Antragspflicht** aus § 130 a Abs. 1 **endet** entweder mit dem Stellen des Insolvenzantrages durch einen organschaftlichen Vertreter oder mit der Beseitigung der Insolvenzreife im Wege der Sanierung des Unternehmens.[37] Der ungenutzte Ablauf der Dreiwochenfrist beseitigt hingegen die Antragspflicht nicht. Wegen des zwingenden Charakters der Vorschrift und weil die §§ 130 a und b ebenfalls dem Schutz potentieller Gläubiger dienen, entfällt die Antragspflicht auch dann nicht, wenn unter den Gesellschaftern und den bekannten Gesellschaftsgläubigern Einverständnis darüber besteht, den Insolvenzantrag nicht zu stellen.[38]

VI. Masseerhaltungspflicht

20 Mit Eintritt der Insolvenzreife dürfen die organschaftlichen Vertreter keine Zahlungen für die Gesellschaft mehr leisten (Abs. 2). Diese im Interesse der Gesellschaftsgläubiger bestehende Pflicht, das Gesellschaftsvermögen nicht zu schmälern, gilt schon während des Laufs der Dreiwochenfrist; sie endet erst mit der Beendigung der Insolvenzreife. Für den Beginn der Pflicht gilt das zu RdNr. 17 Ausgeführte.

21 Der Begriff der **„Zahlungen"** erfasst über reine Geldzahlungen hinaus alle Leistungen, die das Gesellschaftsvermögen schmälern.[39] Den Geldzahlungen gleichgestellt sind unbare oder Sachleistungen, die Einreichung eines Kundenschecks auf ein debitorisches Geschäftskonto,[40] die Gewährung von Sicherheiten sowie die schuldhafte Nichtbeendigung von die Masse belastenden Dauerschuldverhältnissen.[41] Auch die Eingehung neuer quotenschmälernder Verbindlichkeiten verstößt gegen Abs. 2.[42] Nicht darunter fallen die Duldung einer Aussonderungsmaßnahme oder die Herausgabe von Vorbehaltsgut.[43]

22 Nach Eintritt der Insolvenzreife sind den organschaftlichen Vertretern nur noch Zahlungen erlaubt, die mit der Sorgfalt eines ordentlichen und gewissenhaften Geschäftsleiters vereinbar sind. Damit sind **Leistungen** gemeint, die letztlich **im Interesse der Gläubigergesamtheit** liegen, weil sie das Gesellschaftsvermögen erhalten und der Abwendung von Schäden dienen, und die auch ein sorgfältiger Insolvenzverwalter hätte bewirken dürfen.[44] Das sind etwa die Zahlung von Lohn-, Mietzins- und Energiekosten, die Erfüllung vorteilhafter zweiseitiger Verträge sowie Aufwendungen zum Zweck der Sanierung des Unternehmens oder zur Vermeidung einer unwirtschaftlichen sofortigen Betriebseinstellung.[45]

VII. Rechtsfolgen von Pflichtverstößen

23 **1. Strafbarkeit.** Die schuldhafte Verletzung der Insolvenzantragspflicht, ob vorsätzlich oder fahrlässig begangen, bildet nach § 130 b einen Straftatbestand. Auf die Erläuterungen zu § 130 b wird verwiesen. Der Verstoß gegen die Masseerhaltungspflicht ist hingegen nicht strafbar.

24 **2. Haftung gegenüber der Gesellschaft. a) Ersatz des Gesamtgläubigerschadens.** Nach Abs. 3 sind die organschaftlichen Vertreter und die Liquidatoren der Gesellschaft gegenüber zum Ersatz des aus der Verletzung der Insolvenzantrags- und der Masseerhaltungspflicht entstandenen Schadens verpflichtet. Der Ersatzanspruch steht nicht den einzelnen Gesellschaftsgläubigern, sondern der Gesellschaft zu und kann grundsätzlich (anders ist es beim darüber hinausgehenden Neugläubigerschaden wegen der Verletzung des § 130 a als Schutzgesetz im Sinne des § 823 Abs. 2 BGB, vgl. RdNr. 35) nur von dieser oder – während der Dauer des Insolvenzverfahrens – dem Insolvenzverwalter (§ 92 Satz 1 InsO) geltend gemacht werden. Trotz der **Zuweisung an die Gesellschaft** handelt es sich entsprechend dem Schutzzweck der Vorschrift, konkursreife Gesellschaften mit beschränktem Haftungsfonds vom Geschäftsverkehr fernzuhalten, damit nicht Gläubigerinteressen

---

[37] MünchKommHGB/K. Schmidt RdNr. 22; Staub/Habersack RdNr. 24.
[38] RG Urt. v. 14. 12. 1909 – II 528/09, RGZ 72, 285, 288 f.; MünchKommHGB/K. Schmidt RdNr. 23; Staub/Habersack RdNr. 7; Röhricht/Graf von Westphalen/von Gerkan RdNr. 9.
[39] BGH (Fn. 1), S. 194; MünchKommHGB/K. Schmidt RdNr. 31; Staub/Habersack RdNr. 25; Röhricht/Graf von Westphalen/von Gerkan RdNr. 10; Baumbach/Hopt RdNr. 9.
[40] BGH (Fn. 34), S. 186 ff.; BGH Urt. v. 11. 9. 2000 – II ZR 370/99, NJW 2001, 304 f.; OLG Hamburg Urt. v. 21. 4. 1995 – 11 U 195/93, ZIP 1995, 913 f.
[41] OLG Hamm Urt. v. 15. 10. 1979 – 8 U 149/78, ZIP 1980, 280, 281.
[42] BGH Urt. v. 8. 1. 2001 – II ZR 88/99, BGHZ 146, 264, 274 ff. = NJW 2001, 1280 ff.; MünchKommHGB/K. Schmidt RdNr. 31; Staub/Habersack RdNr. 25.
[43] MünchKommHGB/K. Schmidt RdNr. 31; Staub/Habersack RdNr. 26.
[44] Fleck GmbHR 1974, 224, 230 f.; BGH Urt. v. 18. 3. 1974 – II ZR 2/72, NJW 1972, 1088, 1089; BGH (Fn. 42).
[45] Fleck (Fn. 44); MünchKommHGB/K. Schmidt RdNr. 32; Staub/Habersack RdNr. 26.

gefährdet werden, der Sache nach um eine **Haftung gegenüber der Gläubigergesamtheit**, die im Fall verspäteter Insolvenzanmeldung durch eine Verminderung der Masse infolge zwischenzeitlicher Befriedigung einzelner Gläubiger benachteiligt ist (Gesamtgläubigerschaden), während die Gesellschaft, soweit ihre Verbindlichkeiten bezahlt werden, keinen Schaden erleidet.[46] Zu ersetzen ist der infolge masseschmälernder Zahlungen oder auf Grund der Belastung mit Neuverbindlichkeiten, die in den Zeitraum zwischen Insolvenzreife und Insolvenzantrag fallen, in der Insolvenzmasse fehlende Betrag. Der Ersatz ist in das Gesellschaftsvermögen bzw. in die Insolvenzmasse zu leisten. Dem Umfang nach sind die unter Verstoß gegen Abs. 2 Satz 1 geleisteten Zahlungen **ungekürzt zu erstatten**.[47] Den organschaftlichen Vertretern ist jedoch vorzubehalten, nach Erstattung an die Insolvenzmasse ihre Rechte gegen den Insolvenzverwalter zu verfolgen, und zwar nach Rang und Höhe mit dem Betrag, den der durch die verbotswidrige Zahlung begünstigte Gesellschaftsgläubiger im Insolvenzverfahren erhalten hätte.[48]

b) Verschulden. Der Anspruch setzt Verschulden voraus, wobei einfache Fahrlässigkeit genügt.[49] 25 Der organschaftliche Vertreter hat die Entscheidung über das Stellen des Insolvenzantrages mit der Sorgfalt eines ordentlichen und gewissenhaften Geschäftsleiters zu treffen. Dazu muss er die wirtschaftliche Lage des Unternehmens laufend beobachten. Bei Anzeichen einer Krise hat er sich die nötigen Kenntnisse und Informationen gegebenenfalls mit Hilfe fachlicher Beratung zu verschaffen. Liegt rechnerische Überschuldung vor, so hat er zu überprüfen, ob begründete Tatsachen vorliegen, die eine positive Fortführungsprognose rechtfertigen. Bei der Entscheidung zu Gunsten der Fortführung und Sanierung des Unternehmens steht ihm ein **Beurteilungsspielraum** zu.[50]

c) Beweislast. Das Vorliegen der objektiven Voraussetzungen der Insolvenzantragspflicht hat 26 grundsätzlich der Ersatzberechtigte, mithin häufig der Insolvenzverwalter, darzulegen und zu beweisen.[51] Steht fest, dass die Gesellschaft rechnerisch überschuldet war, so hat der organschaftliche Vertreter, der auf Grund seiner Organpflichten anders als ein außenstehender Dritter dazu in der Lage ist, die Umstände darzulegen, die es aus damaliger Sicht gerechtfertigt erscheinen ließen, die Gesellschaft trotzdem fortzuführen und das Gesellschaftsvermögen im Hinblick auf die Überlebensprognose mit Fortführungswerten anzusetzen (§ 19 Abs. 2 Satz 2 InsO). Eine Beweislastumkehr ist damit allerdings nicht verbunden.[52] Nach Abs. 3 Satz 2 wird das **Verschulden** des organschaftlichen Vertreters im Streitfall **vermutet**; dieser hat sich zu entlasten. Für sein mangelndes Verschulden hinsichtlich der Erkennbarkeit der Insolvenzreife trifft ihn die volle Darlegungs- und Beweislast.[53]

d) Verjährung. Der Anspruch verjährt nach Abs. 3 Satz 6 binnen fünf Jahren nach seiner Ent- 27 stehung (§§ 200 Satz 1, 199 Abs. 1 Nr. 1 BGB), also dem Zeitpunkt der die Masse schmälernden Zahlung oder Maßnahme.

e) Verzicht und Vergleich. Die **Haftung** der organschaftlichen Vertreter ist nach Abs. 3 Satz 3 28 **zwingend**. Sie kann im Hinblick auf den Normzweck der Vorschrift, den Schutz der Gläubigerinteressen, nicht durch Vereinbarung mit den Gesellschaftern zum Nachteil der Gläubiger beschränkt oder ausgeschlossen werden. Soweit die Ersatzleistung zur Befriedigung der Gesellschaftsgläubiger erforderlich ist, was bei Insolvenzreife stets der Fall ist, ist die Gesellschaft nicht befugt, die Ersatzpflicht durch einen Verzicht oder Vergleich mit den organschaftlichen Vertretern aufzuheben. Schließlich können sich diese nicht darauf berufen, dass der Pflichtverstoß auf einem Gesellschafterbeschluss beruhe.

Anderes gilt nach Abs. 3 Satz 5 für den Fall, dass der Ersatzpflichtige zahlungsunfähig ist und sich 29 außergerichtlich zur Abwendung des Insolvenzverfahrens mit seinen Gläubigern vergleicht; weiter kann die Ersatzpflicht in einem **Insolvenzplan** (§§ 217 ff. InsO) geregelt werden.

f) Masselose Insolvenz. Wird das Insolvenzverfahren mangels eines die Kosten des Verfahrens 30 deckenden Gesellschaftsvermögens nicht eröffnet (§ 26 InsO), so entfällt die Geltendmachung der Haftung durch einen Insolvenzverwalter. Die Gesellschaftsgläubiger können nunmehr den Anspruch

---

[46] BGH (Fn. 42 und 44); MünchKommHGB/*K. Schmidt* RdNr. 36; Staub/*Habersack* RdNr. 28; Röhricht/Graf von Westphalen/*von Gerkan* RdNr. 13; Baumbach/*Hopt* RdNr. 11.
[47] BGH (Fn. 42), S. 278 f.; BGH (Fn. 34), S. 189; OLG Schleswig Urt. v. 27. 10. 2005 – 5 U 82/05, ZIP 2005, 2211, 2212 f.; OLG Koblenz Urt. v. 9. 2. 2006 – 6 U 607/05, NZG 2006, 583 f.; Röhricht/Graf von Westphalen/*von Gerkan* RdNr. 13; aA MünchKommHGB/*K. Schmidt* RdNr. 33; *K. Schmidt* ZIP 2005, 2177, 2184 f.
[48] BGH (Fn. 42), S. 279; BGH Urt. v. 11. 7. 2005 (Fn. 14), S. 817.
[49] BGH (Fn. 1), S. 199 f.; Urt. v. 7. 11. 1994 – II ZR 8/93, ZIP 1995, 124, 126; MünchKommHGB/*K. Schmidt* RdNr. 37; Staub/*Habersack* RdNr. 29.
[50] BGH (Fn. 1), S. 199.
[51] BGH (Fn. 1), S. 200; im Einzelnen vgl. *Meyke* ZIP 1998, 1179 ff.
[52] Staub/*Habersack* RdNr. 32 mwN; offengelassen vom BGH im Urt. v. 6. 6. 1994 (Fn. 1), S. 200.
[53] BGH (Fn. 34), S. 185 f.; BGH (Fn. 20).

§ 130a 31–35   2. Buch. 1. Abschnitt. Offene Handelsgesellschaft

der Gesellschaft im Wege der Einzelzwangsvollstreckung pfänden; der insolvenzrechtliche Gesichtspunkt (§§ 130a HGB, 92 InsO) der verhältnismäßigen Befriedigung aller Insolvenzgläubiger steht dem bei masseloser Insolvenz nicht mehr entgegen.[54]

31 **3. Haftung gegenüber Gläubigern. a) § 130a als Schutzgesetz.** Ebenso wie die Parallelvorschrift des § 64 GmbHG ist § 130a nach allgemeiner Meinung[55] Schutzgesetz im Sinne des § 823 Abs. 2 BGB. Der Schutzbereich erfasst sämtliche Gesellschaftsgläubiger unabhängig davon, ob sie ihren Anspruch gegen die Gesellschaft vor oder nach Eintritt der Insolvenzreife erworben haben.[56] Nicht zu dem geschützten Personenkreis gehören allerdings Personen, die erst mit oder nach Eröffnung des Insolvenzverfahrens Gläubiger der Gesellschaft geworden sind.[57]

32 **b) Altgläubiger.** Altgläubiger, die ihre Forderung gegen die Gesellschaft bereits vor Eintritt der Insolvenzreife erworben haben, haben nur Anspruch auf Ersatz für die Verringerung ihrer Quote an der Insolvenzmasse infolge der Insolvenzverschleppung (sog. **Quotenschaden**). Ersetzt wird nur der auf den einzelnen Gläubiger entfallende Teil des Gesamtgläubigerschadens.[58] Dieser Anspruch ist zudem subsidiär gegenüber dem der Gesellschaft auf Ersatz des Gesamtgläubigerschadens.[59] Soweit der Gesamtgläubigerschaden von der Gesellschaft oder nach Eröffnung des Insolvenzverfahrens von dem Insolvenzverwalter geltend gemacht wird und die Durchsetzung dieses Anspruchs nicht gescheitert ist (vgl. RdNr. 30), können Einzelgläubiger auf Grund deliktischer Ansprüche nicht gegen die organschaftlichen Vertreter vorgehen.

33 **c) Neugläubiger.** Sog. Neugläubiger, die erst nach Eintritt der Insolvenzreife mit der Gesellschaft in Geschäftsbeziehungen getreten sind oder ihr Kredit gewährt haben, erhalten seit der Änderung der Rechtsprechung in den Jahren 1993/94,[60] die sowohl § 64 GmbHG als auch § 130a betrifft, im Fall der Insolvenzverschleppung über den Quotenschaden hinaus vollen Ausgleich für den ihnen dadurch entstandenen Schaden. Ihnen ist – ohne Abzug einer auf sie entfallenden Insolvenzquote – der **Vertrauensschaden**[61] zu ersetzen, den sie dadurch erlitten haben, dass sie, weil die organschaftlichen Vertreter ihre Antragspflicht verletzt haben und die Gesellschaft deshalb weiter am Geschäftsverkehr teilgenommen hat, mit der insolvenzreifen Gesellschaft Rechtsbeziehungen begründet haben. Sozialversicherungsträger, die nach dem Zeitpunkt, zu dem die organschaftlichen Vertreter der Gesellschaft Insolvenzantrag hätten stellen müssen, Ansprüche auf Abführung von Sozialversicherungsbeiträgen gegen die Gesellschaft erworben haben, haben diesen Schadensersatzanspruch nicht; sie sind weiterhin vertraglichen Neugläubigern nicht gleichzustellen.[62]

34 Im Einzelfall kann der Schadensersatzanspruch gemäß § 254 BGB durch ein **Mitverschulden** des Neugläubigers gemindert sein, wenn nämlich für ihn erkennbar bei Vertragsschluss Umstände vorlagen, die die Durchsetzung seiner hierdurch begründeten Forderung gegen die Gesellschaft als gefährdet erscheinen lassen mussten.[63]

35 Die **Neugläubiger** sind berechtigt, ihren nicht auf den Ersatz des Quotenschadens begrenzten Anspruch auf Ausgleich ihres negativen Interesses gemäß den §§ 823 Abs. 2 BGB, 130a, 177a HGB gegen die organschaftlichen Vertreter auch in der Insolvenz der Gesellschaft selbständig geltend zu machen. Hingegen ist für eine **konkurrierende Klageberechtigung** des **Insolvenzverwalters** hinsichtlich eines etwaigen Quotenschadens kein Raum.[64] Das ist notwendige Folge der Differenzierung zwischen den Schadensersatzansprüchen von Alt- und Neugläubigern, die nunmehr keinen einheitlichen oder gemeinschaftlichen Schaden mehr erleiden. Überdies fehlt dem Insolvenzverwalter durchweg die sachliche Kompetenz, den Anspruch des Neugläubigers auf den Ersatz des negativen

---

[54] BGH (Fn. 40); Röhricht/Graf von Westphalen/*von Gerkan* RdNr. 13.
[55] BGH Urt. v. 3. 2. 1987 – VI ZR 268/85, BGHZ 100, 19, 21 = NJW 1987, 2433; Urt. v. 19. 2. 1990 – II ZR 268/88, BGHZ 110, 342, 360f. = NJW 1990, 1725, 1730; Urt. v. 6. 6. 1994 (Fn. 1), S. 190, 198f.; Urt. v. 7. 11. 1994 – II ZR 138/92, WM 1995, 108, 109; MünchKommHGB/*K. Schmidt* RdNr. 42; Staub/*Habersack* RdNr. 34; Röhricht/Graf von Westphalen/*von Gerkan* RdNr. 17; Baumbach/*Hopt* RdNr. 13.
[56] Grundlegend BGH Urt. v. 16. 12. 1958 – VI ZR 245/57, BGHZ 29, 100, 102ff. = NJW 1959, 623f.
[57] BGH Urt. v. 19. 2. 1990 (Fn. 55), S. 361.
[58] BGH (Fn. 56), S. 105ff.; Urt. v. 3. 2. 1987 (Fn. 55), S. 23f.
[59] BGH Urt. v. 30. 3. 1998 – II ZR 146/96, BGHZ 138, 211, 214ff. = NJW 1998, 2667f.; MünchKommHGB/*K. Schmidt* RdNr. 43; Staub/*Habersack* RdNr. 35; Röhricht/Graf von Westphalen/*von Gerkan* RdNr. 18, 20; Baumbach/*Hopt* RdNr. 11.
[60] BGH (Fn. 1), S. 192ff.; BGH Urt. v. 7. 11. 1994 (Fn. 55); zustimmend MünchKommHGB/*K. Schmidt* RdNr. 42; Röhricht/Graf von Westphalen/*von Gerkan* RdNr. 19; Staub/*Habersack* RdNr. 36f.
[61] BGH Urt. v. 8. 3. 1999 – II ZR 159/98, NJW 1999, 2182, 2183; BGH Urt. v. 25. 7. 2005 – II ZR 390/03, NJW 2005, 3137, 3139f.; BGH Urt. v. 5. 2. 2007 – II ZR 234/05, ZIP 2007, 676, 677ff.
[62] BGH Urt. v. 8. 3. 1999 (Fn. 61).
[63] BGH (Fn. 1), S. 200f.
[64] BGH (Fn. 59); Urt. v. 6. 6. 1994 (Fn. 1), S. 201; Staub/*Habersack* RdNr. 37; Röhricht/Graf von Westphalen/*von Gerkan* RdNr. 21; aA hinsichtlich des Gesamtgläubigerschadens MünchKommHGB/*K. Schmidt* RdNr. 43ff., 48.

Interesses, der Individualschaden ist und mit der Verkürzung der Haftungsmasse nichts zu tun hat, durchzusetzen. Folgerichtig darf der Insolvenzverwalter die zugunsten der Altgläubiger eingezogenen Beträge nur für diese verwenden.

4. Sonstige Haftungstatbestände. a) Haftung aus culpa in contrahendo. Die für die Gesellschaft handelnden organschaftlichen Vertreter können daneben einer Eigenhaftung nach den Grundsätzen des Verschuldens bei Vertragsschluss unterliegen, wenn sie **besonderes persönliches Vertrauen** in Anspruch genommen und dadurch die Vertragsverhandlungen beeinflusst haben. Dafür reicht es nicht aus, dass der Vertreter das normale Verhandlungsvertrauen, für dessen Verletzung die Gesellschaft als Vertragspartner einzustehen hat, nutzt; er muss vielmehr dem Geschäftspartner eine zusätzliche, von ihm persönlich ausgehende Gewähr für die Seriosität und Erfüllung des Geschäfts bieten, die für dessen Willensentschluss von Bedeutung ist.[65] Die unterlassene Aufklärung über die wirtschaftliche Lage der Gesellschaft und deren finanzielle Unfähigkeit, die vereinbarte Gegenleistung zu erbringen, genügt dafür allein nicht.[66] 36

Die Eigenhaftung des Vertreters unter dem Gesichtspunkt des **eigenen wirtschaftlichen Interesses** dürfte nach der Änderung der Rechtsprechung durch das Urteil des BGH vom 6. 6. 1994 für die Verschleppung der Insolvenz betreffende Sachverhalte kaum noch Bedeutung besitzen.[67] Weder die maßgebliche Beteiligung an der Gesellschaft noch die Verbürgung für deren Verbindlichkeiten oder die Gewährung von Sicherheiten aus dem eigenen Vermögen genügen, um ihn „als gleichsam in eigener Sache tätig" für Gesellschaftsschulden haften zu lassen.[68] 37

b) Deliktische Haftung. Deliktische Ansprüche können sich aus § 823 Abs. 2 BGB ergeben, wobei als Schutzgesetze die strafrechtlichen Bestimmungen der §§ 263, 265 b StGB, 331 HGB, 82 Abs. 2 Nr. 2 GmbHG in Betracht kommen, weiter auf Grund vorsätzlicher sittenwidriger Schädigung gemäß § 826 BGB, wenn der organschaftliche Vertreter für die insolvenzreife Gesellschaft neue Rechtsbeziehungen begründet und dabei Neugläubiger aus Eigennutz schädigt.[69] 38

5. Gesamtschuldnerische Haftung. Die organschaftlichen Vertreter und Liquidatoren, die gegen die Insolvenzantrags- und Masseerhaltungspflicht verstoßen, haften nach Abs. 3 Satz 1 als Gesamtschuldner. Für die deliktische Haftung gegenüber Einzelgläubigern folgt dasselbe aus § 830 Abs. 1 BGB. Die Haftung aus Verschulden bei Vertragsschluss trifft nur den Organwalter, der die vorvertragliche Pflicht verletzt hat. 39

§ 130 b [Strafvorschriften]

(1) Mit Freiheitsstrafe bis zu 3 Jahren oder mit Geldstrafe wird bestraft, wer es entgegen § 130 a Abs. 1 oder 4 unterläßt, als organschaftlicher Vertreter oder Liquidator bei Zahlungsunfähigkeit oder Überschuldung der Gesellschaft die Eröffnung des Insolvenzverfahrens zu beantragen.

(2) Handelt der Täter fahrlässig, so ist die Strafe Freiheitsstrafe bis zu einem Jahr oder Geldstrafe.

Schrifttum: *Baumgarte,* Die Strafbarkeit von Rechtsanwälten und anderen Beratern wegen unterlassener Konkursanmeldung, Wistra 1992, 41; *Bittmann,* Insolvenzstrafrecht, 2004; *Bittmann/Volkmer,* Zahlungsunfähigkeit bei (mindestens) 3-monatigem Rückstand auf Sozialversicherungsbeiträge, Wistra 2005, 167; *Bruns,* Die sog. „tatsächliche" Betrachtungsweise im Strafrecht, JR 1984, 133; *Fuhrmann,* Die Bedeutung des „faktischen Organs" in der strafrechtlichen Rechtsprechung des Bundesgerichtshofs, FS Tröndle, 1989, S. 139; *Harneit,* Überschuldung und erlaubtes Risiko, 1984; *Kohlmann/Giemulla,* Die strafrechtliche Verantwortlichkeit des Geschäftsführers einer GmbH & Co. KG nach dem 1. Gesetz zur Bekämpfung der Wirtschaftskriminalität, GmbHR 1978, 53; *Kratzsch,* Das „faktische Organ" im Gesellschaftsstrafrecht, ZGR 1985, 506; *Pfeiffer,* Unterlassen der Verlustanzeige und des Konkurs- und Vergleichsantrags nach § 84 GmbHG, FS Rowedder, 1994, S. 347; *Schäfer,* Zur strafrechtlichen Verantwortlichkeit des GmbH-Geschäftsführers, GmbHR 1993, 717, 780; *K. Schmidt,* Die Strafbarkeit „faktischer Geschäftsführer" wegen Konkursverschleppung als Methodenproblem, FS Rebmann, 1989, S. 419; vgl. im übrigen die Hinweise zu § 130 a.

---

[65] BGH Urt. v. 4. 7. 1983 – II ZR 220/82, BGHZ 88, 67, 69 f. = NJW 1983, 2696 f.; Urt. v. 6. 6. 1994 (Fn. 1), S. 189 f.; Urt. v. 7. 11. 1994 – II ZR 138/92, WM 1995, 108, 109; Urt. v. 7. 11. 1994 – II ZR 8/93, NJW-RR 1995, 289 f.; Urt. v. 7. 11. 1994 – II ZR 108/93, NJW 1995, 398 f.
[66] BGH (Fn. 1), S. 189.
[67] Staub/*Habersack* RdNr. 40; Röhricht/Graf von Westphalen/*von Gerkan* RdNr. 23; vgl. weiter MünchKommHGB/*K. Schmidt* RdNr. 46.
[68] BGH (Fn. 1), S. 186 ff.
[69] BGH Urt. v. 7. 11. 1994 – II ZR 138/92 (Fn. 63), S. 109; Urt. v. 7. 11. 1994 – II ZR 108/93, NJW 1995, 398, 399; Röhricht/Graf von Westphalen/*von Gerkan* RdNr. 24.

I. Normzweck

1 Die wie § 130 a durch das Erste Gesetz zur Bekämpfung der Wirtschaftskriminalität vom 29. Juli 1976 (vgl. § 130 a RdNr. 2) in das HGB eingefügte Bestimmung stellt ähnlich wie die §§ 401 Abs. 1 Nr. 2 AktG, 84 Abs. 1 Nr. 2 GmbHG die Verletzung der Insolvenzantragspflicht (§ 130 a Abs. 1 und 4) unter Strafe. Sie betont über die zivilrechtlichen Sanktionen des § 130 a hinaus die Bedeutung, die der Gesetzgeber dem Verbot der Gefährdung der Befriedigung von Gläubigerinteressen durch das Fortführen einer insolventen Gesellschaft auch für die atypische OHG und KG beimißt. Der Verstoß gegen die Masseerhaltungspflicht des § 130 a Abs. 2 steht hingegen nicht unter Strafe.

II. Normstruktur

2 § 130 b ist ein „**echtes Sonderdelikt**" und kann nur von bestimmten Tätern begangen werden; das Tätermerkmal wirkt strafbegründend. Täter kann mithin nur sein, wer dem zur Stellung des Insolvenzantrages verpflichteten Personenkreis angehört.[1] Die Vorschrift ist weiter „**echtes Unterlassungsdelikt**". Das strafbare Verhalten erschöpft sich im bloßen Unterlassen einer bestimmten Tätigkeit bzw. im Verstoß gegen eine Gebotsnorm; allein darauf, nicht aber auf die Verhinderung eines Erfolgs kommt es für die Strafbarkeit an.[2] Schließlich ist § 130 a **Dauerdelikt**,[3] dh., es geht um Handlungen oder Unterlassungen, bei denen der Tatbestand der Norm entweder durch pflichtwidriges Aufrechterhalten des von dem Täter geschaffenen rechtswidrigen Zustandes oder durch ununterbrochene Fortsetzung der Tathandlung weiter verwirklicht wird. Als Dauerdelikt wird § 130 a mit der Begründung des rechtswidrigen Zustandes vollendet, aber erst mit dessen Beseitigung beendigt.[4]

III. Täterschaft und Teilnahme

3 **1. Taugliche Täter. a) Organschaftliche Vertreter und Liquidatoren.** Die Tätermerkmale des § 130 b erfüllen zunächst die organschaftlichen Vertreter und die Liquidatoren der atypischen Personenhandelsgesellschaft. Sind die organschaftlichen Vertreter der an einer OHG oder KG beteiligten Gesellschaften wiederum Gesellschaften, so sind nach § 130 a Abs. 4 deren organschaftliche Vertreter taugliche Täter. Ebenso ist dies nach allgemeiner Meinung[5] der fehlerhaft bestellte Organwalter oder Liquidator, der die Aufgaben der Geschäftsführung tatsächlich wahrnimmt.

4 **b) Faktische Organwalter.** Die Rechtsprechung sieht auch den sog. faktischen Organwalter, der ohne jede – nicht einmal fehlerhafte – Bestellung das Amts des Geschäftsführers tatsächlich ausübt, als Normadressaten der Vorschrift an.[6] Die tatsächliche Übernahme der Pflichten eines organschaftlichen Vertreters, zumal mit Zustimmung der Gesellschafter, hat danach zur Folge, dass den faktischen Organwalter dieselben Pflichten und – bei deren Verletzung – dieselben strafrechtlichen Konsequenzen treffen wie einen ordnungsgemäß bestellten organschaftlichen Vertreter. Im Schrifttum findet dies unter Hinweis auf das **strafrechtliche Analogieverbot** Widerspruch; weiter wird die Berechtigung des faktischen Organwalters, den Insolvenzantrag zu stellen, bezweifelt.[7] Die Rechtsprechung[8] verneint einen Verstoß gegen das Analogieverbot unter Hinweis auf den dem § 130 a und den Parallelvorschriften für Kapitalgesellschaften zugrundeliegenden und in deren Wortlaut hinreichend zum Ausdruck gekommenen Normzweck des Schutzes der Gläubiger und der Allgemeinheit.

5 **2. Teilnahme.** Dritte, die nicht zu dem in § 130 a Abs. 1 und 4 bezeichneten Personenkreis gehören, können sich trotz des Charakters der Vorschrift als Sonderdelikt an der Verletzung der Insolvenzantragspflicht als Anstifter oder Gehilfen beteiligen.[9] Erforderlich ist die vorsätzliche Unterstützung der vorsätzlichen (nicht der fahrlässigen nach Abs. 2) Tat des organschaftlichen Vertreters oder Liquidators. Teilnehmer können insbesondere sein Gesellschafter, Aufsichtsrats- und Beiratsmitglieder oder Gläubiger, die den Organwalter in seinem Entschluss, das Stellen des Insolvenzantra-

---

[1] BGH Urt. v. 6. 5. 1960 – 2 StR 65/60, BGHSt 14, 280, 281 f. = NJW 1960, 1677, 1678.
[2] BGH (Fn. 1); Urt. v. 4. 4. 1979 – 3 StR 488/78, BGHSt 28, 371, 380 = NJW 1980, 406, 408.
[3] Zum Begriff vgl. BGH Beschl. v. 7. 8. 1996 – 3 StR 318/96, BGHSt 42, 215, 216 = NJW 1996, 3424.
[4] BGH Urt. v. 4. 4. 1979 (Fn. 2).
[5] BGH Urt. v. 24. 6. 1952 – 1 StR 153/52, BGHSt 3, 32, 37 f.; RG Urt. v. 14. 10. 1887 – 846/87, RGSt 16, 269, 270 ff.; MünchKommHGB/*K. Schmidt* RdNr. 6; Staub/*Habersack* RdNr. 5.
[6] BGH (Fn. 5); Urt. v. 22. 9. 1982 – 3 StR 287/82, BGHSt 31, 118, 121 f. = NJW 1983, 240 f.; Urt. v. 25. 7. 1984 – 3 StR 192/84, BGHSt 33, 21, 24 = NJW 1984, 2958; BayObLG Urt. v. 20. 2. 1997 – 5 St RR 159/96, NJW 1997, 1936.
[7] MünchKommHGB/*K. Schmidt* RdNr. 7; Staub/*Habersack* RdNr. 5; Röhricht/Graf von Westphalen/*von Gerkan* RdNr. 2; jeweils mwN.
[8] BGH Urt. v. 22. 9. 1982 (Fn. 6).
[9] *BGH* (Fn. 1); BGH Urt. v. 25. 7. 2005 – II ZR 390/03, NJW 2005, 3137, 3139.

ges zu unterlassen, fördern oder bestätigen. Keine strafbare Teilnahme begeht hingegen, wer nur anderweitig diesen Erfolg zu verhindern trachtet, indem er etwa gegenüber Gläubigern die Gesellschaft als nicht insolvenzreif darstellt.[10]

IV. Tathandlung

Tathandlung ist nach Rechtsprechung und herrschender Meinung[11] das Unterlassen der Insolvenzantragsstellung entgegen § 130a Abs. 1 und 4. Nach anderer Auffassung[12] ist es das Fortführen des insolventen Unternehmens außerhalb des notwendig gewordenen Insolvenzverfahrens; mit dieser Bestimmung der Normstruktur sollen auch faktische Organwalter als Täter erfasst werden. Das wäre aber nur dann richtig, wenn faktische Organwalter nicht berechtigt wären, den Insolvenzantrag zu stellen. Tatbestandsmäßig vollendet ist die Tat mit dem ungenutzten Verstreichenlassen der Dreiwochenfrist; beendet ist sie hingegen erst mit der Antragstellung. Die Antragspflicht besteht auch nach Ablauf der Dreiwochenfrist weiter und entfällt erst mit der Überwindung der Überschuldung[13] oder der Eröffnung des Insolvenzverfahrens auf Antrag eines Gläubigers.[14]

V. Subjektiver Tatbestand

Die Tat kann sowohl vorsätzlich wie fahrlässig begangen werden. Der Vorsatz erfordert die Kenntnis sämtlicher objektiver Tatbestandsmerkmale einschließlich der positiven Kenntnis des Eintritts von Zahlungsunfähigkeit oder Überschuldung.[15] Nach anderer Auffassung genügt es, dass ein Insolvenzgrund objektiv vorliegt.[16] Bedingter Vorsatz in Form eines billigenden Inkaufnehmens genügt. Die Strafbarkeit ist nicht davon abhängig, dass sich die Überschuldung bei der Aufstellung einer Jahres- oder Zwischenbilanz ergeben hat.[17] Fahrlässigkeit kommt insbesondere dann in Betracht, wenn der Täter irrtümlich annimmt, eine einmal eingetretene Überschuldung sei in der Zwischenzeit beseitigt worden, oder wenn er die Antragstellung sorgfaltswidrig verzögert oder unterlässt.[18] Erkennt der Täter rechtsirrtümlich Zahlungsunfähigkeit oder Überschuldung nicht, so bleibt er straffrei; nach anderer Ansicht ist er in diesem Fall wegen Fahrlässigkeit zu bestrafen.[19]

---

[10] BGH (Fn. 1); MünchKommHGB/*K. Schmidt* RdNr. 9.
[11] BGH (Fn. 1); Urt. v. 4. 4. 1979 (Fn. 2); Staub/*Habersack* RdNr. 7; Röhricht/Graf von Westphalen/*von Gerkan* RdNr. 2.
[12] MünchKommHGB/*K. Schmidt* RdNr. 3, 7.
[13] BGH Urt. v. 24. 1. 1961 – 1 StR 132/60, BGHSt 15, 306, 310 f. = NJW 1961, 740, 742.
[14] BGH Urt. v. 4. 4. 1979 (Fn. 2).
[15] BGH (Fn. 13); Baumbach/Hueck/*Schulze-Osterloh/Servatius* § 84 GmbHG RdNr. 32; vgl. § 130a RdNr. 17.
[16] Staub/*Habersack* RdNr. 7; Scholz/*Tiedemann* § 84 GmbHG RdNr. 80.
[17] BGH Urt. v. 25. 7. 1984 (Fn. 6).
[18] Baumbach/Hueck/*Schulze-Osterloh/Servatius* § 84 GmbHG RdNr. 33.
[19] Staub/*Habersack* RdNr. 9; Scholz/*Tiedemann* § 84 GmbHG RdNr. 97, 100.

Vierter Titel.
Auflösung der Gesellschaft und Ausscheiden von Gesellschaftern

§ 131 [Auflösungsgründe]

(1) Die offene Handelsgesellschaft wird aufgelöst:
1. durch den Ablauf der Zeit, für welche sie eingegangen ist;
2. durch Beschluss der Gesellschafter;
3. durch die Eröffnung des Insolvenzverfahrens über das Vermögen der Gesellschaft;
4. durch gerichtliche Entscheidung.

(2) [1] Eine offene Handelsgesellschaft, bei der kein persönlich haftender Gesellschafter eine natürliche Person ist, wird ferner aufgelöst:
1. mit der Rechtskraft des Beschlusses, durch den die Eröffnung des Insolvenzverfahrens mangels Masse abgelehnt worden ist;
2. durch die Löschung wegen Vermögenslosigkeit nach § 141 a des Gesetzes über die Angelegenheiten der freiwilligen Gerichtsbarkeit.

[2] Dies gilt nicht, wenn zu den persönlich haftenden Gesellschaftern eine andere offene Handelsgesellschaft oder Kommanditgesellschaft gehört, bei der ein persönlich haftender Gesellschafter eine natürliche Person ist.

(3) [1] Folgende Gründe führen mangels abweichender vertraglicher Bestimmung zum Ausscheiden eines Gesellschafters:
1. Tod des Gesellschafters,
2. Eröffnung des Insolvenzverfahrens über das Vermögen des Gesellschafters,
3. Kündigung des Gesellschafters,
4. Kündigung durch den Privatgläubiger des Gesellschafters,
5. Eintritt von weiteren im Gesellschaftsvertrag vorgesehenen Fällen,
6. Beschluss der Gesellschafter.

[2] Der Gesellschafter scheidet mit dem Eintritt des ihn betreffenden Ereignisses aus, im Falle der Kündigung aber nicht vor Ablauf der Kündigungsfrist.

Schrifttum: *Ammon*, Gesellschaftsrechtliche und sonstige Neuerungen im Handelsrechtsreformgesetz – Ein Überblick, DStR 1998, 1474; *Ballof*, Ausscheiden aus einer Personengesellschaft, EStB 2004, 461; *Ballwieser*, Aktuelle Aspekte der Unternehmensbewertung, WPg 1995, 119; *Barthel*, Handbuch der Unternehmensbewertung, 32. Ergänzungslieferung, 2006; *Baumann*, Abfindungsregelungen für ausscheidende Gesellschafter bei Personengesellschaften, Diss. Stuttgart 1987; *Behringer*, Unternehmensbewertung der Mittel- und Kleinbetriebe – Betriebswirtschaftliche Verfahrensweisen, Diss. Flensburg 1999; *Boujong*, Abfindungsklauseln nach dem Tod eines Gesellschafters einer OHG und Pflichtteilsergänzungsansprüche, FS Ulmer, 2003, S. 41; *Brückner*, Die Kontrolle von Abfindungsklauseln in Personengesellschafts- und GmbH-Verträgen, Diss. Berlin 1995; *Büttner*, Flexible Grenzen der Durchsetzbarkeit von Abfindungsbeschränkungen in Personenhandelsgesellschaftsverträgen, FS Nirk, 1992, S. 119; *Bork/Jacoby*, Das Ausscheiden des einzigen Komplementärs nach § 131 Abs. 3 HGB, ZGR 2005, 611; *Bydlinski*, Zentrale Änderungen des HGB durch das Handelsrechtsreformgesetz, ZIP 1998, 1169; *Clemm*, Ausscheiden eines Gesellschafters aus der Personengesellschaft, BB 1992, 1959; *Crezelius*, Unternehmenserbrecht, 1998; *Dauner-Lieb*, Abfindungsklauseln bei Personengesellschaften – Methodische Anmerkungen zum Urteil des BGH vom 20. 9. 1993, ZHR 158 (1994), 271; *Ebenroth/Müller*, Die Abfindungsklauseln im Recht der Personengesellschaften, BB 1993, 1153; *Eiselt*, Zum Ausschluss des Gesellschafters minderen Rechts unter Buchwertabfindung, FS v. Lübtow, 1980, S. 643; *Engel*, Abfindungsklauseln – Eine systematische Übersicht, NJW 1986, 345; *Ensthaler*, Liquidation von Personengesellschaften, 1985; *Feldhoff*, Der neue IDW-Standard zur Unternehmensbewertung: Ein Fortschritt?, DB 2000, 1237; *Finger*, Der Ausschluß von Abfindungsansprüchen bei der Nachfolge in Personengesellschaften beim Tode des Gesellschafters, DB 1974, 29; *Flume*, Die Abfindungsklauseln beim Ausscheiden aus einer Personengesellschaft, FS Ballerstedt, 1975, S. 197; *ders.*, Die Abfindung nach der Buchwertklausel für den Gesellschafter minderen Rechts einer Personalgesellschaft, NJW 1979, 902; *Frey/von Bredow*, Der Wegfall des einzigen Komplementärs nach der HGB-Reform, ZIP 1998, 1621; *Fröhlich*, Der Shareholder Value als Abfindungsmaßstab bei Familienpersonengesellschaften, Diss. Frankfurt a. M. 1997; *Gamon*, Buchwertklauseln beim Ausscheiden aus OHG und KG, Rechts-, Angemessenheits- und Ausübungskontrolle, Diss. Frankfurt a. M. 1989; *Gebel*, Betriebsvermögensnachfolge, 2. Aufl., 2002; *Großfeld*, Unternehmens- und Anteilsbewertung, 4. Aufl. 2002; *ders.*, Unternehmensbewertung als Rechtsproblem, JZ 1981, 641; *ders.*, Zweckmäßige Abfindungsklauseln, AG 1988, 217; *Gustavus*, Die Neuregelungen im Gesellschaftsrecht nach dem Regierungsentwurf eines Handelsrechtsreformgesetzes, GmbHR 1998, 17; *Haack*, Renaissance der Abfindung zum Buchwert? – Die neue Rechtsprechung des BGH zur Buchwertklausel, GmbHR 1994, 437; *Habersack*, Die Reform des Rechts der Personenhandelsgesellschaften, in: Die Reform des Handelsstandes und der Personengesellschaften, Fachtagung der Bayer-Stiftung für Deutsches und Internationales Arbeits- und Wirtschaftsrecht am 30. Oktober 1998, 1999, S. 73; *Hartmann*,

Auflösungsgründe **§ 131**

Der ausscheidende Gesellschafter in der Wirtschaftspraxis, 4. Aufl. 1983; *Heckelmann,* Abfindungsklauseln in Gesellschaftsverträgen, 1973; *Hennerkes/Binz,* Die Buchwertabfindung – Ein Fossil unserer Zeit?, DB 1983, 2669; *ders./May,* Der Gesellschaftsvertrag des Familienunternehmens – Ein Überblick über Gestaltungsschwerpunkte, NJW 1988, 2761; *Heller,* Das „Stuttgarter Verfahren" in Abfindungsklauseln, GmbHR 1999, 594; *Hillers,* Personengesellschaft und Liquidation, Diss. Bielefeld 1988; *Hintzen,* Auflösung und Liquidation von Personengesellschaften, 1965; *Hirte,* Der Abfindungsanspruch des ausscheidenden Kommanditisten, JuS 1986, 504; *Hörstel,* Der Auseinandersetzungsanspruch bei Ausscheiden einzelner Gesellschafter sowie der Liquidation von Gesellschaften und gesellschaftsähnlichen Rechtsverhältnissen, NJW 1994, 2268; *Hülsmann,* Gesellschafterabfindung und Unternehmensbewertung nach der Ertragswertmethode im Lichte der Rechtsprechung, ZIP 2001, 450; *Hüttemann,* Unternehmensbewertung als Rechtsproblem, ZHR 162 (1998), 563; *Knoll,* Der Risikozuschlag in der Unternehmensbewertung – Was erscheint plausibel?, DStR 2007, 1053; *Korth,* Unternehmensbewertung im Spannungsfeld zwischen betriebswirtschaftlicher Unternehmenswertermittlung, Marktpreisabgeltung und Rechtsprechung, BB 1992, Beil. 19 zu Heft 33, 1; *Kübler,* Familiengesellschaften zwischen Institution und Vertrag – Kritische Überlegungen zur richterlichen Korrektur von Ausschluß- und Abfindungsklauseln, FS Sigle, 2000, S. 183; *Lamprecht,* Fortsetzung der OHG bei Ausscheiden eines Gesellschafters, ZIP 1997, 919; *Lange,* Neues zu Abfindungsklauseln, NZG 2001, 635; *Liebscher,* Über die Rechtsstellung des Erben eines offenen Handelsgesellschafters, ZHR 116 (1954), 128; *Luttermann,* Zum Börsenkurs als gesellschaftsrechtliche Bewertungsgrundlage, ZIP 1999, 45; *Mark,* Zweckmäßige Abfindungsklauseln für Personengesellschaften und Gesellschaften mit beschränkter Haftung, Diss. Münster 1996; *Matschke/Brösel,* Unternehmensbewertung – Funktionen – Methoden – Grundsätze, 2005; *Mayer,* Neues zur Buchwertklausel in Personengesellschaftsverträgen, DB 1990, 1319; *Meilicke,* Rechtsgrundsätze zur Unternehmensbewertung, DB 1980, 2121; *Michalski,* OHG-Recht, 2000; *ders.,* Feststellung des Abfindungsguthabens durch einen Sachverständigen, ZIP 1991, 914; *Moxter,* Grundsätze ordnungsmäßiger Unternehmensbewertung, Nachdr. d. 2. Aufl. 1983, 1994; *ders.,* Das „Stuttgarter Verfahren" und die Grundsätze ordnungsmäßiger Unternehmensbewertung, DB 1976, 1585; *G. Müller,* Die Buchwertklausel – ein Dauerthema, ZIP 1995, 1561; *Neuhaus,* Unternehmensbewertung und Abfindung, 1990; *Notthoff,* Bewertungsregelungen in Personengesellschaftsverträgen, DStR 1998, 210; *Piltz,* Rechtspraktische Überlegungen zu Abfindungsklauseln in Gesellschaftsverträgen, BB 1994, 1021; *ders.,* Die Unternehmensbewertung in der Rechtspraxis, 3. Aufl. 1994; *Preißer/von Rönn,* Die KG und die GmbH & Co. KG – Recht, Besteuerung, Gestaltungspraxis, 2005; *Ränsch,* Die Bewertung von Unternehmen als Problem der Rechtswissenschaft, AG 1984, 202; *Rasner,* Abfindungsklauseln in OHG- und KG-Verträgen, NJW 1983, 2995; *ders.,* Abfindungsklauseln bei Personengesellschaften – Die Sicht eines Praktikers, ZHR 158 (1994), 292; *Reinicke/Tiedtke,* Die Ausschließung der Ertragswertmethode bei der Berechnung des Auseinandersetzungsanspruchs eines ausscheidenden Gesellschafters, DB 1984, 703; *Richter,* Die Abfindung ausscheidender Gesellschafter unter Beschränkung auf den Buchwert, 2002; *Riegger,* Die Rechtsfolgen des Ausscheidens eines Gesellschafters aus einer zweigliedrigen Personengesellschaft, 1969; *Ring,* Das neue Handelsrecht, 1999; *Roolf/Vahl,* Die Beteiligung eines Gesellschafters am Ergebnis schwebender Geschäfte, DB 1983, 1964; *Sanfleber,* Abfindungsklauseln in Gesellschaftsverträgen, 1990; *Schacht/Fackler* (Hrsg.), Praxishandbuch Unternehmensbewertung, 2005; *Schaefer,* Das Handelsrechtsreformgesetz nach dem Abschluß des parlamentarischen Verfahrens, DB 1998, 1269; *Scherer,* Erfolgreiche Unternehmensnachfolge – Beratungsaspekte und Störfelder, BB-Sonderheft Nr. 5 2004, 2; *Schlitt,* Die Auswirkungen des Handelsrechtsreformgesetzes auf die Gestaltung von GmbH & Co. KG-Verträgen, NZG 1998, 580; *K. Schmidt,* Die Handels-Personengesellschaft in Liquidation, ZHR 153 (1989), 270; *ders.,* HGB-Reform im Regierungsentwurf, ZIP 1997, 909; *ders.,* Das Handelsrechtsreformgesetz, NJW 1998, 2161; *ders.,* Abfindung, Unternehmensbewertung und schwebende Geschäfte, DB 1983, 2401; *ders.,* HGB-Reform und gesellschaftsrechtliche Gestaltungspraxis, DB 1998, 61; *ders.,* Alte Kündigungsklauseln und neue Kündigungsfolgen bei Personengesellschaften – Auslegungs- und Vertragsprobleme um § 131 HGB nF, BB 2001, 1; *ders.,* Nachlaßinsolvenzverfahren und Personengesellschaften, FS Uhlenbruck, 2000, S. 655; *ders.,* „Anwachsung": Was ist das und ... gibt es das noch, FS Huber, 2006, S. 969; *Schön,* Buchwertabfindung im Personengesellschaftskonzern, ZHR 166 (2002), 585; *Schulze-Osterloh,* Auseinandersetzungsguthaben des ausscheidenden Gesellschafters einer Personengesellschaft nach § 738 Abs. 1 Satz 2, ZGR 1986, 546; *ders.,* Bilanzierungsentscheidungen bei der Personenhandelsgesellschaft und ihre Auswirkungen auf die Haftung des Kommanditisten und das Abfindungsguthaben aufgrund einer Buchwertklausel, BB 1997, 1783; *Schwung,* Die Bindungswirkung der Abfindungsbilanz, BB 1985, 1374; *Seibert,* Die Entwicklung des Personengesellschaftsrechts in der Gesetzgebung, in: Die Reform des Handelsstandes und der Personengesellschaften, Fachtagung der Bayer-Stiftung für Deutsches und Internationales Arbeits- und Wirtschaftsrecht am 30. Oktober 1998, 1999, S. 119; *Seibt,* Gesamtrechtsnachfolge beim gestalteten Ausscheiden von Gesellschaftern aus Personengesellschaften: Grundfragen des Gesellschafts-, Gläubiger- und Arbeitnehmerschutzes, FS Röhricht, 2005, S. 603; *Sethe,* Die Wirkung und dogmatische Einordnung von Fortsetzungs- und Nachfolgeklauseln im Lichte der HGB-Reform, JZ 1997, 989; *Sieben/Lutz,* Sonderfragen substanzwertorientierter Abfindungsklauseln in Gesellschaftsverträgen, DB 1983, 1989; *Sigle,* Gedanken zur Wirksamkeit von Abfindungsklauseln in Gesellschaftsverträgen, ZGR 1999, 659; *Spieth,* Rechtsfolgen fehlerhafter Abfindungsklauseln, 2002; *Splieth,* Die Kündigungs- und Abfindungsrechte des Personengesellschafters und die Zulässigkeit ihrer Beschränkungen durch gesellschaftsvertragliche Vereinbarungen. Zugleich ein Beitrag zum Minderheitenschutz, Diss. Hohenheim 1989; *Stoetter,* Die Abschichtungsbilanz nach dem Ausscheiden eines Gesellschafters, DB 1972, 271; *ders.,* Der Auseinandersetzungsanspruch des ausscheidenden Gesellschafters einer Personengesellschaft, BB 1974, 676; *Sudhoff,* Unternehmensnachfolge, 5. Aufl. 2005; *ders.,* Die Berechnung des Auseinandersetzungsguthabens bei Personengesellschaften, ZGR 1972, 157; *Ulmer,* Wirksamkeitsschranken gesellschaftsvertraglicher Abfindungsklauseln, NJW 1979, 81; *ders.,* Abfindungsklauseln in Personengesellschafts- und GmbH-Verträgen: Plädoyer für die Ertragswertklausel, FS Quack, 1991, S. 477; *ders./Schäfer,* Die rechtliche Beurteilung vertraglicher Abfindungsbeschränkungen bei nachträglich eintretendem groben Mißverhältnis – Besprechung der Entscheidung BGHZ 123, 81, ZGR 1995, 134; *van Randenborgh,* Abfindungsklauseln in Gesellschaftsverträgen, BB 1986, 75; *Volmer,* Vertragspaternalismus im Gesellschaftsrecht? – Neues zu Abfindungsklauseln, DB 1998, 2507; *Wagner-Nonnenmacher,* Die Abfindung bei der Ausschließung aus einer Personengesellschaft, ZGR 1981, 674; *Wangler,* Abfindungsregelungen in Gesellschaftsverträgen: Zum aktuellen Stand in Literatur, Rechtsprechung und Vertragspraxis, DB 2001, 1763; *Weber,* Buchwertabfindungsklauseln in Gesellschaftsverträgen von Personengesellschaften, Diss. Tübingen 1987; *H. P. Westermann,* Kautelarjurisprudenz, Rechtsprechung und Gesetzgebung im Spannungsfeld zwischen Gesellschafts- und Wirtschaftsrecht, AcP 175 (1975), 375; *Wiedemann,* Rechtsethische Maßstäbe im Unternehmens- und Gesellschaftsrecht, ZGR 1980, 147; *Zehner,* Unternehmensbewertung im Rechtsstreit, DB 1981, 2109.

Übersicht

	RdNr.
I. Normzweck und Auswirkungen der HGB-Reform	1–8
1. Änderung durch das HRefG	1–4
2. Überblick über die gesetzliche Regelung	5–8
II. Die Auflösung der Gesellschaft (Abs. 1)	9–38
1. Grundbegriffe	9–11
2. Die einzelnen Auflösungsgründe	12–30
a) Zeitablauf (Abs. 1 Nr. 1)	12, 13
b) Auflösungsbeschluss (Abs. 1 Nr. 2)	14–18
c) Gesellschaftsinsolvenz (Abs. 1 Nr. 3)	19–22
d) Der Sonderfall des Abs. 2	23, 24
e) Gerichtliche Entscheidung (Abs. 1 Nr. 4)	25
f) Sonstige Auflösungsgründe	26–30
aa) Abschließende Aufzählung?	26–28
bb) Wegfall des letzten Komplementärs	29, 30
3. Rechtsfolgen	31–38
a) Allgemeines	31
b) Fortsetzung der aufgelösten Gesellschaft	32–38
aa) Voraussetzungen	32–36
bb) Rechtsfolgen	37, 38
III. Ausscheiden eines Gesellschafters (Abs. 3)	39–166
1. Die einzelnen Ausscheidensgründe	39–54
a) Tod eines Gesellschafters (Abs. 3 Nr. 1)	39–44
b) Gesellschafterinsolvenz (Abs. 3 Nr. 2)	45–49
c) Kündigung des Gesellschafters (Abs. 3 Nr. 3)	50, 51
d) Kündigung durch den Privatgläubiger (Abs. 3 Nr. 4)	52
e) Weitere Ausscheidensgründe (Abs. 3 Nr. 5, 6)	53, 54
2. Die Rechtsfolgen des Ausscheidens	55–63
a) Auseinandersetzung mit dem Ausgeschiedenen	55
b) Anwachsung des Anteils am Gesellschaftsvermögen	56–58
c) Rückgabe von Gegenständen	59–61
d) Befreiung von Schulden	62, 63
3. Die Abfindung des ausscheidenden Gesellschafters	64–143
a) Der Abfindungsanspruch (§ 738 Abs. 1 S. 2 BGB)	64–68
b) Die Ermittlung des Abfindungsanspruchs	69–98
aa) Bewertungsmethode	69–73
bb) Bewertungsstichtag	74
cc) Die Ermittlung des Ertragswerts	75–96
dd) Anteilsbewertung	97, 98
c) Das Prinzip der Gesamtabrechnung	99, 100
d) Die Abschichtungsbilanz	101–105
aa) Begriff und Bedeutung	101
bb) Kritik	102, 103
cc) Aufstellung	104
dd) Feststellung	105
e) Beteiligung an schwebenden Geschäften	106–111
aa) Der Grundsatz des § 740 BGB	106
bb) Eingeschränkte praktische Relevanz	107, 108
cc) Begriff des schwebenden Geschäfts	109
dd) Rechenschaft, Auszahlung, Auskunft	110, 111
f) Prozessuale Durchsetzung des Abfindungsanspruchs	112, 113
g) Verlustausgleich	114
h) Gesellschaftsvertragliche Abfindungsregelungen und ihre Grenzen	115–143
aa) Zwecksetzung von Abfindungsklauseln	115
bb) Gesellschaftsvertragliche Varianten von Abfindungsbeschränkungen, insbesondere die Buchwertklausel	116–119
cc) Schranken gesellschaftsvertraglicher Abfindungsregelungen	120–136
dd) Folgerungen für die Praxis	137–140
ee) Stundungs- und Ratenzahlungsvereinbarungen	141, 142
ff) Schiedsklauseln	143
4. Steuerliche Folgen des Ausscheidens	144–166
a) Einkommensteuer	144–161
aa) Überblick	144
bb) Ermittlung des Veräußerungsgewinns beim ausscheidenden Gesellschafter	145–152
cc) Besteuerung des Veräußerungsgewinns	153, 154
dd) Rechtsfolgen auf Seiten der verbleibenden Gesellschafter	155–161
b) Erbschaft- und Schenkungsteuer	162–166
aa) Verbleibende Gesellschafter	162–164
bb) Erben des ausscheidenden Gesellschafters	165, 166

I. Normzweck und Auswirkungen der HGB-Reform

1 **1. Änderung durch das HRefG.** Die Vorschrift sowie der gesamte 4. Titel über die Auflösung der Gesellschaft sowie das Ausscheiden von Gesellschaftern hat durch die Handelsrechtsreform 1998 eine grundlegende Änderung erfahren. In ihrer bisherigen Fassung enthielt die Norm die Gründe für eine Auflösung von OHG oder KG, dh. für die Überführung der Gesellschaft von der werbenden Tätigkeit in die Liquidationsphase (§§ 145 ff.). Der Gesetzgeber ging ursprünglich davon aus, dass die OHG als höchstpersönliche Verbindung ihrer Gesellschafter regelmäßig „mit dem Fortfall auch nur eines derselben ... rücksichtlich aller Gesellschafter aufgehoben wird"; durch das Ausscheiden auch nur eines Mitgliedes sei die ganze Gesellschaft zu einer „wesentlich anderen geworden".[1] Dementsprechend ordnete § 131 aF eine Auflösung der Gesellschaft nicht nur aus gesellschaftsbezogenen, sondern auch aus allein in der Person des Gesellschafters liegenden, gesellschafterbezogenen Gründen an. Der Tod eines Gesellschafters (§ 131 Nr. 4 aF), die Konkurseröffnung über sein Vermögen (§ 131 Nr. 5 aF) sowie die Kündigung durch einen Gesellschafter oder einen seiner Gläubiger (§ 131 Nr. 6 aF, § 135) führten somit nach der bisherigen gesetzlichen Regel zur Auflösung der Gesellschaft.

---

[1] Entwurf eines Handelsgesetzbuches für die preußischen Staaten nebst Motiven, 2. Teil: Motive, Berlin 1857, S. 64.

Diese Regel war von der Kautelarpraxis in ihr Gegenteil verkehrt worden, entspricht doch die **2** Auflösung der Gesellschaft aus gesellschafterbezogenen Gründen, insbesondere wegen des Todes eines Gesellschafters, wegen der hiermit verbundenen Zerschlagung wirtschaftlicher Werte und Einheiten keineswegs den wirtschaftlichen Interessen von Gesellschaftern und Gläubigern. Ebenso wenig bringt sie dem betroffenen Gesellschafter bzw. dessen Gläubigern vermögensmäßige Vorteile im Vergleich zu einem Ausscheiden.[2] Vor diesem Hintergrund wurde eine Normierung der Fortführung von Personenhandelsgesellschaften anstelle ihrer Auflösung wiederholt angeregt, ua in den siebziger Jahren von der Unternehmensrechtskommission beim Bundesministerium der Justiz. Auch die Europäische Kommission hat im Rahmen ihrer Empfehlungen vom 7. Dezember 1994 zur Übertragung von kleinen und mittleren Unternehmen die Etablierung entsprechender Rechtsgrundsätze zur Gewährleistung des Fortbestands von Personengesellschaften gefordert.[3]

Dem insoweit konstatierten Anpassungsbedarf ist durch die Handelsrechtsreform 1998 in der Weise **3** dadurch Rechnung getragen worden, dass der Rechtsgrundsatz „Auflösung der Gesellschaft bei Austritt eines Gesellschafters" in **„Fortführung der Gesellschaft und Ausscheiden des Gesellschafters"** umgewandelt worden ist.[4] Die Anpassung des Gesetzes an die Rechtswirklichkeit sollte zugleich als gesetzgeberischer Wertmaßstab dienen, im Sinne einer Betonung des Bestandsinteresses von Unternehmen.[5] Eine vergleichbare Konzeption lag bereits § 9 Abs. 2 PartG zugrunde, wonach die gesellschafterbezogenen Gründe des Todes, der Eröffnung des Konkursverfahrens über das Vermögen eines Partners sowie die Kündigung durch einen Partner bzw. dessen Privatgläubiger nur das Ausscheiden des Betroffenen, nicht aber die Auflösung der Partnerschaft bewirken. Diese im Vorgriff auf eine allgemeine Regelung erfolgte Bestimmung konnte im Zuge des HRefG wieder aufgehoben werden, da § 9 Abs. 1 PartGG auf die §§ 131 bis 144 verweist.

Auf die BGB-Gesellschaft ist die Ersetzung von Auflösungsgründen durch Ausscheidensgründe **4** mit der Begründung nicht erstreckt worden, dass dies dem Spektrum denkbarer Zusammenschlüsse unter dem Dach einer GbR nicht gerecht würde.[6] Insoweit verbleibt es insbesondere bei der in § 727 BGB vorgesehenen Auflösung der Gesellschaft beim Tod eines Gesellschafters.

2. Überblick über die gesetzliche Regelung. Nach § 131 Abs. 3 führen **alle gesellschafter- 5 bezogenen Gründe** (Tod des Gesellschafters, Eröffnung des Insolvenzverfahrens über sein Vermögen, Kündigung durch den Gesellschafter oder durch einen seiner Privatgläubiger) mangels entgegenstehender vertraglicher Bestimmung zum Ausscheiden des betroffenen Gesellschafters (§ 131 Abs. 3 Nr. 1–4). Der Gesellschaftsvertrag kann weitere Ausscheidensgründe vorsehen; ebenso ist das Ausscheiden eines Gesellschafters auch auf Grund eines Beschlusses der Gesellschafterversammlung möglich ist (vgl. § 131 Abs. 3 Nr. 5, 6). Dies sollte aber nicht zu dem Fehlschluss verleiten, dass die Mitgesellschafter nunmehr ohne gesellschaftsvertragliche Grundlage den Ausschluss eines Gesellschafters ohne dessen Mitwirkung beschließen könnten (vgl. RdNr. 53 f.).

Der Ablauf der für die Dauer der Gesellschaft vereinbarten Zeit, ein entsprechender Beschluss der **6** Gesellschafter, die Eröffnung des Insolvenzverfahrens über das Vermögen der Gesellschaft sowie die einer Auflösungsklage nach § 133 stattgebende gerichtliche Entscheidung führen demgegenüber wie nach früherem Recht zur Auflösung der Gesellschaft (vgl. § 131 Abs. 1).

Sofern die Gesellschaft beim Eintritt eines gesellschafterbezogenen Ereignisses mit den in der **7** Gesellschaft verbleibenden Gesellschaftern fortgesetzt werden soll, bedarf es also keiner diesbezüglichen Regelung mehr. Insbesondere § 138 aF war somit überflüssig geworden und konnte im Zuge der Handelsrechtsreform 1998 entfallen. Der finanzielle Ausgleich in Bezug auf den Gesellschafter, in dessen Person ein zum Ausscheiden führendes Ereignis eingetreten ist, richtet sich nicht mehr nach § 155 HGB, der die Verteilung des Gesellschaftsvermögens bei einer Liquidation regelt, sondern beurteilt sich anhand von §§ 738–740 BGB.

Aus Sicht der Kautelarpraxis ist zu konstatieren, dass insbesondere das von § 131 Abs. 3 Nr. 1 **8** angeordnete Ausscheiden im Todesfall dem Willen der Gesellschafter in der Mehrzahl der Fälle nicht entsprechen dürfte und durch geeignetere Nachfolgeregelungen zu ersetzen ist (vgl. RdNr. 39 f. sowie

---

[2] Vgl. Begr. RegE HRefG BT-Drucks. 13/8444, S. 42.
[3] Dok. K (94) 3312, S. XI ff.
[4] Zur Übergangsregelung des Art. 41 EGHGB, wonach die §§ 131–142 aF weiter anzuwenden sind, sofern dies ein Gesellschafter bis zum 31. 12. 2001 und vor dem Eintreten eines Auflösungs- oder Ausscheidensgrunds schriftlich gegenüber der Gesellschaft verlangt hat, vgl. RdNr. 9 der Vorauf. und *H. Westermann* RdNr. I 1074 sowie OLG Düsseldorf Urt. v. 10. 3. 2000 – 17 U 118/99, ZIP 2000, 969; hierzu *Wackerbarth* EWiR 2000, 729.
[5] Begr. RegE HRefG BT-Drucks. 13/8444, S. 42; ausf. *Habersack* in Fachtagung der Bayer-Stiftung, 1999, S. 73, 83 ff.
[6] Begr. RegE HRefG BT-Drucks. 13/8444, S. 42; Baumbach/*Hopt* RdNr. 1; kritisch hierzu *K. Schmidt* DB 1998, 61, 65.

die Kommentierung zu § 139). Zu berücksichtigen ist auch, dass in der Zweipersonengesellschaft mit dem Ausscheiden eines Gesellschafters ungewollte Rechtsfolgen verbunden sein können (vgl. RdNr. 10 sowie § 140 RdNr. 39 ff.). Mehr denn je erforderlich ist zudem **die Vereinbarung interessengerechter Abfindungsklauseln,** kann der ausscheidende Gesellschafter bzw. dessen Rechtsnachfolger doch bei deren Fehlen eine Abfindung auf der Grundlage des Verkehrswertes der Beteiligung verlangen (vgl. RdNr. 64 ff.). Hierdurch ändert sich die Verhandlungssituation zwischen den Beteiligten grundlegend.[7] Die Bereitschaft des ausscheidenden Gesellschafters, sich nachträglich auf eine die Liquiditätsinteressen der Gesellschaft berücksichtigende Gestaltung des Abfindungsanspruchs einzulassen, ist im Regelfall verhältnismäßig gering. Auch der denkbare Beschluss, die Gesellschaft zu liquidieren, lässt die bereits eingetretene Fälligkeit des Abfindungsanspruchs unberührt; eine Anpassung der Abfindung an die Liquidationserlöse der übrigen Gesellschafter über § 242 BGB ist keineswegs zwingend, sondern kommt vielmehr nur dann in Betracht, wenn feststeht, dass ein niedrigerer Liquidationserlös nicht auf mangelndes Bemühen seitens der übrigen Gesellschafter zurückzuführen ist.

II. Die Auflösung der Gesellschaft (Abs. 1)

9   1. **Grundbegriffe.** Begrifflich sind die Auflösung der Gesellschaft, ihre Abwicklung (Liquidation) sowie die Vollbeendigung zu unterscheiden.[8] Auflösung der Gesellschaft bedeutet den Übergang von der dem Gesellschaftszweck gewidmeten, werbenden Tätigkeit in die Abwicklung (Zweckänderung). Die Abwicklung (Liquidation) ist die Auseinandersetzung unter den Gesellschaftern, die sich als gesetzliche Regelfolge an die Auflösung anschließt, sofern nicht eine andere Art der Auseinandersetzung von den Gesellschaftern vereinbart oder über das Vermögen der Gesellschaft das Insolvenzverfahren eröffnet ist. Die Modalitäten der Liquidation richten sich nach §§ 145 ff. sowie – subsidiär – nach den §§ 730 ff. BGB. Das Ende der Abwicklung bewirkt die Vollbeendigung der Gesellschaft, dh. die vollständige Verteilung ihres Vermögens (§ 155).

10   Die Vollbeendigung tritt automatisch auch dann ein, wenn nur noch ein Gesellschafter übrig bleibt, zB wenn alle anderen ausscheiden,[9] ihre Gesellschaftsanteile auf einen allein verbleibenden Gesellschafter übertragen,[10] alle übrigen Gesellschafter ausgeschlossen werden oder – in einer zweigliedrigen Gesellschaft – der eine Gesellschafter den anderen beerbt[11] oder seinen Anteil unter Lebenden erwirbt. **Die Konsequenz des liquidationslosen Erlöschens** in diesen Fällen der Beendigung durch Anwachsung würde nur dann nicht eintreten, wenn man mit einigen Stimmen im gesellschaftsrechtlichen Schrifttum die (zumindest vorübergehende) Einmann-Personengesellschaft anerkennen würde.[12] Auf der Grundlage der ganz hM erlischt die Gesellschaft hingegen, wobei es sich in keinem Fall um § 131 handelt, und sämtliche Aktiva und Passiva gehen im Wege der Gesamtrechtsnachfolge auf den allein verbleibenden Gesellschafter über,[13] der den Ausscheidenden abzufinden hat (vgl. RdNr. 58 und § 140 RdNr. 39 ff.; zur registerrechtlichen Behandlung des Vorgangs vgl. § 143 RdNr. 4).

11   § 131 Abs. 1 und 2 enthalten eine nicht abdingbare, wohl aber durch entsprechende gesellschaftsrechtliche Regelungen ergänzbare Aufzählung der Auflösungsgründe, bei deren Eintritt die Gesellschaft von der werbenden Tätigkeit in die Liquidationsphase überführt wird (zur Frage, inwieweit die Aufzählung der Auflösungsgründe in § 131 Abs. 1 abschließend ist, vgl. auch RdNr. 26).

---

[7] Hierzu auch *K. Schmidt* NJW 1998, 2161, 2166; *ders.* ZIP 1997, 909, 917; vgl. auch *Marotzke* ZEV 1997, 389, 390; *Sudhoff/Froning,* Unternehmensnachfolge, § 44 RdNr. 18 ff.; *Habersack* in Fachtagung der Bayer-Stiftung, 1999, S. 73, 86; *H. Westermann* RdNr. I 1073.
[8] Vgl. auch *Baumbach/Hopt* RdNr. 2; *Röhricht/Graf von Westphalen/von Gerkan* RdNr. 2; Beck Hdb. Personengesellschaften/*Erle/Eberhard* § 11 RdNr. 1; *Michalski* RdNr. 3.
[9] Vgl. BGH Urt. v. 15. 3. 2004 – II ZR 247/01, ZIP 2004, 1047, 1048 = DStR 2004, 1137 = NZG 2004, 611 (liquidationslose Vollbeendigung einer GmbH & Co. KG durch Eröffnung des Insolvenzverfahrens über das Vermögen der Komplementär-GmbH); BGH Urt. v. 14. 2. 2005 – II ZR 361/02, NZG 2005, 481, 482; *Seibt,* FS Röhricht, 2005, S. 603, 608 ff.
[10] BayObLG Beschl. v. 19. 6. 2001 – 3 Z BR 48/01, GmbHR 2001, 776 = DB 2001, 2088.
[11] Vgl. etwa BGH Urt. v. 10. 12. 1990 – II ZR 256/89, BGHZ 113, 132, 133 = BB 1991, 230 = JZ 1991, 731 m. Anm. *K. Schmidt*.
[12] Für die Anerkennung der Einmann-Personengesellschaft u. a. *Weimar* ZIP 1997, 1769; *Baumann* BB 1998, 225, 230 ff.; *Pfister,* Die Einmann-Personengesellschaft, Diss. Siegen 1998, S. 195 ff.; hiergegen explizit OLG Schleswig Beschl. v. 2. 12. 2005 – 2 W 141/05, ZIP 2006, 615, 616 m. Anm. *Ahrens*; ebenso *Seibert* in Fachtagung der Bayer-Stiftung, 1999, S. 119, 126, unter Verweis auf die eindeutige Begründung des Rechtsausschusses des Bundestages zur Streichung von § 142 (BT-Drucks. 13/16332, S. 30); ausf. *Eckardt* NZG 2000, 449, 450 f.; vgl. auch *Bork/Jacoby* ZGR 2005, 611, 626 f.
[13] Vgl. BGH (Fn. 11) BGHZ 113, 132, 133; BayObLG (Fn. 10) GmbHR 2001, 776; OLG Düsseldorf Urt. v. 2. 7. 1997 – 3 Wx 94/97, GmbHR 1997, 903; *Seibt,* FS Röhricht, 2005, S. 603, 604 f., 610 ff. (auch zur Frage, inwieweit die umwandlungsrechtlichen Mechanismen zum Schutz von Anteilseignern, Gläubigern und Arbeitnehmern in diesem Fall entsprechende Anwendung finden; iE verneinend).

2. Die einzelnen Auflösungsgründe. a) Zeitablauf (Abs. 1 Nr. 1).

Eine Gesellschaft, die 12 nur für eine bestimmte Zeit eingegangen wurde, ist mit deren Ablauf automatisch aufgelöst. Nr. 1 meint die **Vereinbarung einer Höchstdauer der Gesellschaft**,[14] nicht jedoch eine bloße Mindestdauer, während derer lediglich das ordentliche Kündigungsrecht nach § 132 ausgeschlossen ist (vgl. § 132 RdNr. 4). Die Abgrenzung ist durch Auslegung des Gesellschaftsvertrags vorzunehmen; im Regelfall werden die Gesellschafter eine reine Mindestdauer vereinbart haben.[15] Zur Frage, inwieweit die Festlegung einer solchen Mindestdauer wegen des damit verbundenen Ausschlusses der Kündigungsmöglichkeit gemäß § 723 Abs. 3 BGB unzulässig ist, vgl. § 132 RdNr. 25.

Eine Höchstdauer ist nicht nur bei genau feststehendem Endtermin gegeben, sondern auch, wenn 13 als Endtermin ein bestimmtes Ereignis bestimmt ist, dessen Eintritt zwar gewiss ist, aber zeitlich noch nicht feststeht. Ausreichend ist, dass der Zeitpunkt des Eintrittes des Ereignisses hinreichend präzise festgestellt werden kann.[16] Eine Gesellschaft, die zB auf die Dauer eines auszuwertenden Schutzrechts eingegangen ist, kann demnach auch dann eine zeitlich beschränkte sein, wenn der Wegfall des Schutzrechts zwar gewiss, der Zeitpunkt des Eintritts dieses Wegfalls jedoch ungewiss ist.[17]

b) Auflösungsbeschluss (Abs. 1 Nr. 2). Ein solcher ist grundsätzlich einstimmig zu fassen;[18] 14 dementsprechend unterscheidet der Gesetzgeber nicht zwischen Auflösungsbeschluss und Auflösungsvertrag. Der Gesellschaftsvertrag kann allerdings unter Beachtung des Bestimmtheitsgrundsatzes (hierzu § 109 RdNr. 18 f. sowie § 119 RdNr. 49 ff.) eine Mehrheitsentscheidung für die Auflösung vorsehen.

Aus der Treuepflicht kann sich nach ständiger Rspr. die Verpflichtung ergeben, einer notwendig 15 gewordenen Abänderung des Gesellschaftsvertrages zuzustimmen;[19] dies gilt grundsätzlich auch im Hinblick auf die Auflösung der Gesellschaft. Der BGH hat denn auch eine solche Rechtspflicht zur Zustimmung für den Fall anerkannt, dass die wirtschaftliche Lage der Gesellschaft bei objektiver Beurteilung die Auflösung notwendig macht.[20] Im Hinblick auf eine Verallgemeinerung dieser Entscheidung, zB durch die Annahme einer Zustimmungsfiktion, ist gleichwohl Zurückhaltung geboten, stellt das Gesetz doch den übrigen Gesellschaftern in diesem Fall die Auflösungsklage gemäß § 133 zur Verfügung (vgl. § 133 RdNr. 19 f.).[21]

Im Falle der **Beteiligung minderjähriger Gesellschafter** bedarf der Auflösungsbeschluss – auf 16 Grund der in diesem Rahmen anzustellenden formalen Betrachtung – richtigerweise nicht der Genehmigung des Vormundschafts- bzw. Familiengerichts.[22] Da sich die Einwilligung in den Auflösungsbeschluss jedoch nicht immer klar von dem rechtsgeschäftlichen Ausscheiden des Minderjährigen trennen lässt, welches nach der Rspr. der Genehmigung gemäß § 1822 Nr. 3 BGB bedarf,[23] empfiehlt es sich für die Praxis gleichwohl, aus Sicherheitsgründen die familiengerichtliche Genehmigung einzuholen.[24] Für einen Vormund, nicht jedoch für die Eltern, gilt allerdings § 1823 BGB. Bei einem im gesetzlichen **Güterstand der Zugewinngemeinschaft** lebenden Gesellschafter bedarf der Auflösungsbeschluss nach hM der Zustimmung des Ehegatten, sofern der Gesellschaftsanteil das Gesamtvermögen des Gesellschafters iSv. § 1365 BGB bildet.[25] Der hM wird in der Vertragspraxis durch die Verwendung von Güterstandsklauseln Rechnung getragen, welche den

---

[14] GroßkommHGB/*Schäfer* RdNr. 16; Heymann/*Emmerich* RdNr. 3 a; MünchHdbBGB/*Butzer/Knof* § 83 RdNr. 10; Baumbach/*Hopt* RdNr. 11; *Michalski* RdNr. 9.
[15] Vgl. MünchKommHGB/*K. Schmidt* RdNr. 11; Heymann/*Emmerich* RdNr. 3 a; MünchHdbBGB/*Butzer/Knof* § 83 RdNr. 10.
[16] Baumbach/*Hopt* RdNr. 11; Beck Hdb. Personengesellschaften/*Erle/Eberhard* § 11 RdNr. 22; vgl. auch BGH Urt. v. 13. 6. 1994 – II ZR 259/92, WM 1994, 1477, 1479 = NJW 1994, 2886.
[17] BGH Urt. v. 29. 1. 1985 – X ZR 54/83, WM 1985, 1367, 1369; Baumbach/*Hopt* RdNr. 11.
[18] Vgl. OLG Hamm Urt. v. 26. 10. 1988 – 8 U 21/88, DB 1989, 815; Baumbach/*Hopt* RdNr. 12; MünchHdbBGB/*Butzer/Knof* § 83 RdNr. 13.
[19] Vgl. nur BGH Urt. v. 28. 4. 1975 – II ZR 16/73, BGHZ 64, 253, 257 f. = NJW 1975, 1410 = WM 1974, 774 mwN; ausführliche Darstellung der Rspr. auch bei *Pabst*, Die Mitwirkungspflicht bei der Abänderung der Grundlagen von Personengesellschaften, Diss. Darmstadt 1976, *passim*.
[20] BGH Urt. v. 17. 12. 1959 – II 81/59, LM HGB § 161 Nr. 13 = NJW 1960, 434.
[21] Ebenso GroßkommHGB/*Schäfer* RdNr. 22; MünchKommHGB/*K. Schmidt* RdNr. 20; Baumbach/*Hopt* RdNr. 12.
[22] BGH Urt. v. 22. 9. 1969 – II ZR 144/68, BGHZ 52, 316, 319 = NJW 1970, 33 (Auflösungsbeschluss einer GmbH); vgl. auch BGH Urt. v. 20. 9. 1962 – II ZR 209/61, BGHZ 38, 26, 27 ff. = NJW 1962, 2344 (Änderung des Gesellschaftsvertrages); *Winkler* ZGR 1973, 177, 205; *Reimann* DNotZ 1999, 179, 205; GroßkommHGB/*Schäfer* RdNr. 24; Koller/Roth/Morck RdNr. 3; *Michalski* RdNr. 11. AA *Wiedemann* Übertragung S. 249 ff. (wertende Auslegung von § 1822 Nr. 3).
[23] Vgl. BGH Urt. v. 26. 1. 1961 – II ZR 240/59, NJW 1961, 724, 725 = WM 1961, 301, 303; BGH (Fn. 22) BGHZ 38, 26, 27; zweifelnd GroßkommHGB/*Schäfer* RdNr. 24.
[24] Ebenso MünchHdbBGB/*Butzer/Knof* § 83 RdNr. 16.
[25] Für die hM Koller/Roth/Morck RdNr. 3; *Beitzke* DB 1961, 21, 24 f.; Palandt/*Brudermüller* § 1365 RdNr. 6; GroßkommHGB/*Schäfer* RdNr. 25 (unter der einschränkenden Voraussetzung, dass der Ehegatte für die Auflösung

Gesellschaftern Modifikationen oder einen völligen Ausschluss des gesetzlichen Güterstandes abverlangen.[26]

17   Ein Auflösungsbeschluss kann auch konkludent gefasst werden und zB in einer Beschlussfassung zur vollständigen Einstellung oder Veräußerung des Unternehmens liegen.[27] Wird die Auflösungsklage eines Gesellschafters von den übrigen akzeptiert, so kann hierin ebenfalls ein konkludenter Auflösungsbeschluss zu sehen sein (vgl. § 133 RdNr. 38).

18   Die Liquidation beginnt zu dem im Auflösungsbeschluss festgelegten Termin. Beim Fehlen eines solchen schließt sich die Liquidationsphase unmittelbar an den Beschluss an.[28] Die Abgrenzung zwischen einem Auflösungsbeschluss und einer Vertragsänderung, die eine Auflösung zu einem künftigen Zeitpunkt (dann Nr. 1) vorsieht, ist hierbei nicht immer leicht zu treffen; bedeutsam wird dies jedoch nur dann, wenn der Gesellschaftsvertrag für Auflösung und Vertragsänderung unterschiedliche Voraussetzungen statuiert.[29]

19   **c) Gesellschaftsinsolvenz (Abs. 1 Nr. 3).** Die Eröffnung des Insolvenzverfahrens über das Vermögen einer OHG oder KG hat deren Auflösung zur Folge. Dagegen kommt dem Antrag auf Eröffnung eines solchen Verfahrens ebenso wenig Auflösungswirkung zu wie der Bestellung eines vorläufigen Insolvenzverwalters oder der Anordnung von Sicherungsmaßnahmen.[30]

20   Die **Insolvenzfähigkeit von OHG und KG** ist in § 11 Abs. 2 InsO geregelt. Gesellschaften, auf die § 1 HGB Anwendung findet, sind ab der Aufnahme ihrer gewerblichen Tätigkeit insolvenzfähig. In den Fällen der §§ 2 und 3 HGB entsteht die Personenhandelsgesellschaft zwar erst mit der Eintragung in das Handelsregister; jedoch ist die bis zur Eintragung bestehende GbR durch die InsO ebenfalls in den Kreis der insolvenzfähigen Gesellschaften einbezogen worden (vgl. § 11 Abs. 2 Nr. 1 InsO). Auch eine bereits aufgelöste Gesellschaft ist bis zur endgültigen Verteilung des Vermögens insolvenzfähig (vgl. § 11 Abs. 3 InsO).

21   Die **Insolvenzgründe** der §§ 17 ff. InsO erfassen die Zahlungsunfähigkeit, bei Eigenantrag des Schuldners auch die drohende Zahlungsunfähigkeit (vgl. § 18 InsO), sowie – bei Fehlen einer natürlichen Person als phG – die Überschuldung (§ 19 Abs. 3 InsO). Überschuldung liegt gemäß § 19 Abs. 2 InsO dann vor, wenn das Vermögen des Schuldners die Verbindlichkeiten nicht mehr deckt (rechnerische Überschuldung). Hierbei ist der Bewertung der einzelnen Vermögensgegenstände die Fortführung des Unternehmens zugrundezulegen (*going concern*-Prinzip), wenn eine solche nach den Umständen überwiegend wahrscheinlich ist (§ 19 Abs. 2 S. 2 InsO).[31] Auch bei einer positiven Fortbestehensprognose ist somit das Vorliegen einer Überschuldung nicht schlechthin ausgeschlossen; hierin liegt der Unterschied zum früheren, von Lit.[32] und Rspr.[33] entwickelten zweistufigen Überschuldungsbegriff.[34] Bei negativer Fortführungsprognose sind in der Überschuldungsbilanz die Liquidationswerte der einzelnen Vermögensgegenstände der Gesellschaft mit ihrem voraussichtlichen Einzelveräußerungserlös anzusetzen.[35]

22   Bei der **GmbH & Co. KG** sind die Komplementär-GmbH und die KG selbst aus insolvenzrechtlicher Sicht strikt zu trennen: Beide Gesellschaften sind für sich genommen insolvenzfähig und für beide Gesellschaften sind die Voraussetzungen der Insolvenz gesondert zu prüfen.[36] Weder löst die Eröffnung des Insolvenzverfahrens über das Vermögen der KG die Komplementär-GmbH auf, noch hat die Insolvenz der Komplementärin *ipso iure* die Auflösung der KG zur Folge. Die Insolvenz der

---

gestimmt hat); vgl. auch BGH Urt. v. 28. 4. 1961 – V ZB 17/60, BGHZ 35, 135, 144 = NJW 1961, 1301 (Erbauseinandersetzungsvertrag); aA u. a. MünchKommBGB/*Koch* § 1365 RdNr. 75 mwN.

[26] Vgl. auch MünchHdbBGB/*Butzer/Knof* § 83 RdNr. 17.

[27] MünchHdbBGB/*Butzer/Knof* § 83 RdNr. 13; Röhricht/Graf von Westphalen/*von Gerkan* RdNr. 7; GroßkommHGB/*Schäfer* RdNr. 23; MünchKommHGB/*K. Schmidt* RdNr. 19; *Koller*/Roth/Morck RdNr. 3; s. auch BGH Urt. v. 28. 11. 1957 – II ZR 55/57, BGHZ 26, 126, 130 = NJW 1958, 299 (Überlassung des Gesellschaftsvermögens an die Gläubiger im Rahmen eines Liquidationsvergleichs); BGH (Fn. 20) NJW 1960, 434 (Verkauf des Geschäftsbetriebes); OLG Hamm (Fn. 18) DB 1989, 1941 (Stilllegung der einzigen Produktionsstätte).

[28] GroßkommHGB/*Schäfer* RdNr. 26; Heymann/*Emmerich* RdNr. 8.

[29] Hierzu GroßkommHGB/*Schäfer* RdNr. 26; MünchKommHGB/*K. Schmidt* RdNr. 16.

[30] Vgl. nur *Koller*/Roth/Morck RdNr. 4; Baumbach/*Hopt* RdNr. 13; MünchKommHGB/*K. Schmidt* RdNr. 22.

[31] BGH Urt. v. 9. 10. 2006 – II ZR 303/05, DStR 2006, 2186; zur Möglichkeit des Ansatzes eines originären Geschäftswerts in der Überschuldungsbilanz vgl. *Kirchhof* in HK-InsO § 19 RdNr. 14; *Wolf* DStR 1995, 859, 863 (jeweils verneinend); *Spliedt* DB 1999, 1941.

[32] Vgl. Scholz/*K. Schmidt* Vor § 64 RdNr. 16 mwN.

[33] BGH Urt. v. 13. 7. 1992 – II ZR 269/91, BGHZ 119, 201, 213 f. = NJW 1992, 2891; bestätigend BGH Urt. v. 6. 6. 1994 – II ZR 292/91, BGHZ 126, 181, 199 = WM 1994, 1428 = NJW 1994, 2220; BGH Urt. v. 20. 3. 1995 – II ZR 205/94, BGHZ 129, 136 = AG 1995, 368 = WM 1995, 882 (zur AG).

[34] Vgl. BGH Urt. v. 5. 2. 2007 – II ZR 234/05, DStR 2007, 728, 731 sowie Regierungsbegründung BT-Drucks. 12/2443, S. 115; *Binz/Sorg* § 12 RdNr. 12; ausf. zum Tatbestandsmerkmal der Überschuldung *Höffner* BB 1999, 198.

[35] Vgl. Baumbach/Hueck/*Schulze-Osterloh* GmbHG § 64 RdNr. 12; *Pape* in Kübler/Prütting InsO § 19 RdNr. 9.

[36] Ausf. *Binz/Sorg* § 12 RdNr. 8 ff.; Hesselmann/Tillmann/Mueller-Thuns/*Lüke* § 11 RdNr. 67 ff.

GmbH führt allerdings gemäß Abs. 3 Nr. 2 zu deren Ausscheiden aus der KG. Sofern kein neuer phG beitritt oder ein Kommanditist oder die Komplementärstellung übernimmt, hat dies auch die Auflösung der KG zur Folge (vgl. RdNr. 29 mwN). In der Praxis geht freilich der Eröffnung des Insolvenzverfahrens über das Vermögen der GmbH & Co. KG auf Grund der unbeschränkten Haftung nach § 128 und der regelmäßig gering bemessenen Vermögensausstattung der Komplementär-GmbH durchweg mit deren Insolvenz einher (ausführlich zur Insolvenz der GmbH & Co. KG s. Nach § 177a Anh. A RdNr. 232ff.). Zur Frage, ob auch in diesem Fall der Simultaninsolvenz die Rechtsfolge des Ausscheidens der insolventen GmbH gemäß Abs. 3 Nr. 2 eingreift, vgl. RdNr. 46.

d) Der Sonderfall des Abs. 2. Wird die **Eröffnung eines Insolvenzverfahrens mangels** 23 **Masse abgelehnt** (§ 26 InsO), so führt dies nach hM nicht zur Auflösung der Gesellschaft.[37] Hiergegen sind insbesondere für den Fall der GmbH & Co. KG Einwände erhoben worden,[38] denen der Gesetzgeber durch die Einfügung von § 131 Abs. 2 im Zuge des Inkrafttretens der InsO zum 1. 1. 1999 Rechnung getragen hat. Eine OHG oder KG, bei der keine natürliche Person, auch nicht mittelbar (vgl. Abs. 2 S. 2), unbeschränkbar persönlich haftet, wird demnach auch bei einer Ablehnung des Insolvenzantrages mangels Masse aufgelöst (Abs. 2 S. 1 Nr. 1).[39] Hierdurch ist der Gleichlauf mit der GmbH hergestellt (vgl. § 60 Abs. 1 Nr. 5 GmbHG). Die Auflösungswirkung tritt ex nunc mit der Rechtskraft des nach § 26 InsO ergebenden Beschlusses über die Ablehnung eines Insolvenzverfahrens mangels Masse ein. Die Auflösung ist nach § 143 Abs. 1 Satz 2 und 3 von Amts wegen in das Handelsregister einzutragen (vgl. hierzu § 143 RdNr. 3).

Wird eine Gesellschaft ohne natürliche Person als Vollhafter **wegen Vermögenslosigkeit ge-** 24 **löscht,** wie dies nach dem im Zuge der InsO neu eingeführten § 141a FGG möglich ist, so hat dies ebenfalls – wiederum wie bei der GmbH (s. § 60 Abs. 1 Nr. 7 GmbHG) – die Auflösung der Gesellschaft zur Folge (Abs. 2 S. 1 Nr. 2). Der Tatbestand der Vermögenslosigkeit ist dann gegeben, wenn entweder keinerlei Vermögen vorhanden ist oder die vorhandenen Vermögensgegenstände so geringwertig sind, dass sie keine taugliche Basis für die Gläubigerbefriedigung darstellen.[40] Voraussetzung für die Löschung ist allerdings, dass die Vermögenslosigkeit sowohl bei der Gesellschaft selbst als auch bei der Komplementär-GmbH vorliegt (vgl. § 141 Abs. 3 S. 2 FGG). Der Auflösungstatbestand löst kein Abwicklungsverfahren aus, sondern führt im Falle wirklicher Vermögenslosigkeit zum liquidationslosen Erlöschen der Gesellschaft; eine Liquidation findet nur statt, wenn sich nach der Löschung herausstellt, dass doch noch verteilungsfähiges Vermögen vorhanden ist (vgl. § 145 Abs. 3).

e) Gerichtliche Entscheidung (Abs. 1 Nr. 4). Die Gesellschaft wird ferner durch gerichtliche 25 Entscheidung aufgelöst. Hiermit ist die gerichtliche Entscheidung über eine Auflösungsklage nach § 133 gemeint. Der Fall des § 140 Abs. 1 S. 2, bei dem der Ausschließungskläger als einziger Gesellschafter übrig bleibt, unterfällt demgegenüber nicht Abs. 1 Nr. 4, sondern hat die automatische Vollbeendigung der Gesellschaft zur Folge (vgl. § 140 RdNr. 39 ff.).

f) Sonstige Auflösungsgründe. aa) Abschließende Aufzählung? Die Aufzählung der Auf- 26 lösungsgründe in § 131 Abs. 1 ist nach hM erschöpfend.[41] Hiermit ist vor allem gemeint, dass daneben ein Rückgriff auf Auflösungsgründe nach allgemeinem bürgerlichem Recht ausgeschlossen ist.[42] Insbesondere die Zweckerreichung oder das Unmöglichwerden des Gesellschaftszwecks führen abweichend von § 726 BGB nicht zur Auflösung von OHG und KG, können aber einen wichtigen Grund iSv. § 133 bilden (vgl. dort RdNr. 19 mwN).

Gesellschaftsvertraglich können aber ohne weiteres zusätzliche Auflösungsgründe definiert wer- 27 den.[43] Ebenso gilt es im Zusammenhang mit der Frage nach dem abschließenden Charakter von § 131 Abs. 1 zu berücksichtigen, dass die Gründe, die zu einem liquidationslosen Erlöschen der Gesellschaft führen, nicht von der Vorschrift erfasst werden (vgl. RdNr. 10).

Weiterhin ist anerkannt, dass sich aus Sondergesetzen weitere Auflösungsgründe ergeben können. 28 So wirkt für Kreditinstitute, sofern diese ihre Bankgeschäfte heute noch in der Rechtsform einer

---

[37] Vgl. BGH Urt. v. 8. 10. 1979 – II ZR 257/78, BGHZ 75, 178, 179 = NJW 1980, 233 = GmbHR 1980, 83; LAG Frankfurt Urt. v. 4. 9. 1986 – 9 SA 194/86, ZIP 1987, 869; Baumbach/*Hopt* RdNr. 13; Beck Hdb. Personengesellschaften/*Erle/Eberhard* § 11 RdNr. 47; *Michalski* RdNr. 15.
[38] Vgl. *K. Schmidt* ZHR 153 (1989), 270, 280.
[39] Ausf. MünchKommHGB/*K. Schmidt* RdNr. 33 ff.
[40] MünchKommHGB/*K. Schmidt* RdNr. 38.
[41] BGH (Fn. 37) BGHZ 75, 178, 179; BGH Urt. v. 25. 11. 1981 – VIII ZR 299/80, BGHZ 82, 323, 326 = NJW 1982, 875; BGH Urt. v. 14. 12. 1972 – II ZR 82/70, WM 1973, 863, 864; *Hueck A.* OHG § 23 III 1a; Baumbach/*Hopt* RdNr. 6; einschränkend MünchKommHGB/*K. Schmidt* RdNr. 9.
[42] Heymann/*Emmerich* RdNr. 28.
[43] *Hueck A.* OHG § 23 III 1c; MünchKommHGB/*K. Schmidt* RdNr. 9; *Koller*/Roth/Morck RdNr. 6; Baumbach/*Hopt* RdNr. 74.

Personenhandelsgesellschaft betreiben, die Abwicklungsanordnung der Bundesanstalt für Finanzdienstleistungsaufsicht (BAFin) wie ein Auflösungsbeschluss (§ 38 Abs. 1 KWG) mit der Folge, dass die Gesellschaft nach §§ 145 ff. abzuwickeln ist.[44] Nach §§ 3 f. VereinsG kann eine OHG oder KG als privatrechtliche Vereinigung (§ 2 VereinsG) verboten werden; in der Verbotsverfügung ist die Auflösung des Vereins anzuordnen (§ 3 Abs. 1 S. 1 aE VereinsG). Demgegenüber enthält das GWB keinen öffentlich-rechtlichen Auflösungsgrund. Insbesondere die Entflechtung eines Zusammenschlusses nach § 41 Abs. 3 GWB wirkt nicht unmittelbar auflösend, da die Beteiligten ihrer kartellrechtlichen Verpflichtung auch auf andere Weise als durch Rückabwicklung nachkommen können.[45]

29 **bb) Wegfall des letzten Komplementärs.** Scheidet der letzte phG aus einer KG aus (etwa nach § 139, durch Ausschließung oder nach § 131 Abs. 3 Nr. 2 HGB durch die Eröffnung des Insolvenzverfahrens über sein Vermögen), so hat dies nach ganz hM die Auflösung der Gesellschaft zur Folge,[46] sofern nach dem Ausscheiden noch zumindest zwei Gesellschafter verbleiben (andernfalls: liquidationsloses Erlöschen der Gesellschaft, vgl. RdNr. 10). An der Rechtsfolge der Auflösung der KG bei Wegfall des letzten Komplementärs hat auch das HRefG nichts geändert.[47] Ohne dass es eines gesonderten Auflösungsbeschlusses bedarf, ist die Gesellschaft als KG zu liquidieren.[48]

30 Umstritten ist, ob der ausscheidende Komplementär bzw. seine Erben Mitglieder der Liquidationsgesellschaft werden. Dies wird zum Teil entweder uneingeschränkt oder zumindest für den Fall vertreten, dass die KG nur über einen Kommanditisten verfügt.[49] Richtigerweise ist dies in beiden Fällen zu verneinen; die aufgelöste Kommanditgesellschaft ist allein von den bzw. dem Kommanditisten zu liquidieren.[50] Dass infolge des Ausscheidens eine Kommanditistengesellschaft i. L. ohne phG entsteht, ist auf Grund der regelmäßig kurzen Dauer der Liquidation hinzunehmen. Sofern die verbleibenden Gesellschafter weder die Liquidation nachhaltig betreiben noch einen neuen Komplementär aufnehmen, verwandelt sich die Gesellschaft ohnehin automatisch in eine OHG mit der Folge der zwingenden und unbeschränkbaren Haftung nach §§ 128, 130 für alle entstandenen und neu entstehenden Gesellschaftsverbindlichkeiten.[51]

31 **3. Rechtsfolgen. a) Allgemeines.** Durch die Auflösung wandelt sich die werbende Gesellschaft in eine Liquidationsgesellschaft um, deren Zweck auf die Herbeiführung der Vollbeendigung gerichtet ist. Die Liquidationsgesellschaft ist mit der vor der Auflösung bestehenden Gesellschaft identisch; die Beziehungen zu Dritten und der Gesellschafter untereinander sowie zur Gesellschaft bestehen also fort. Nach dem gesetzlichen Leitbild ist die aufgelöste Gesellschaft der Vollbeendigung dadurch zuzuführen, dass das Gesellschaftsvermögen versilbert, die Gläubiger befriedigt und ein danach verbleibender Überschuss an die Gesellschafter verteilt wird. Bis zu dieser Vollbeendigung besteht die Liquidationsgesellschaft fort (vgl. die Erl. zu §§ 145 ff.).

32 **b) Fortsetzung der aufgelösten Gesellschaft. aa) Voraussetzungen.** Jede Gesellschaft in Liquidation kann durch ausdrücklichen oder konkludenten Gesellschafterbeschluss wieder in eine werbende Gesellschaft umgewandelt werden.[52] § 144 beinhaltet keine Einschränkung dieses Grundsatzes, sondern stellt lediglich klar, dass die während des Insolvenzverfahrens suspendierte Befugnis der Gesellschafter, über die Fortsetzung zu beschließen, erst mit dessen Beendigung entfällt. Neben einem entsprechenden Beschluss der Gesellschafter setzt eine Fortführung das Vorhandensein noch ungeteilten Gesellschaftsvermögens voraus; die Fortsetzung einer vollständig abgewickelten Gesell-

---

[44] Vgl. *Hueck A.* OHG § 23 III 1 b; MünchHdbBGB/*Butzer/Knof* § 83 RdNr. 47; Baumbach/*Hopt* RdNr. 8.
[45] Baumbach/*Hopt* RdNr. 8; MünchHdbBGB/*Butzer/Knof* § 83 RdNr. 49.
[46] MünchKommHGB/*K. Schmidt* RdNr. 46; *Frey* ZGR 1988, 281, 285; GroßkommHGB/*Schäfer* RdNr. 43; Sudhoff/*Froning* Unternehmensnachfolge § 41 RdNr. 31; *obiter dictum* auch BGH Urt. v. 14. 5. 1952 – II ZR 40/51, BGHZ 6, 113, 116 = NJW 1952, 875; BGH Urt. v. 18. 10. 1976 – II ZR 98/75, BGHZ 68, 81, 82 = NJW 1977, 1012 = WM 1977, 500.
[47] Ausf. *Frey/von Bredow* ZIP 1998, 1621, 1622.
[48] *Bork/Jacoby* ZGR 2005, 611, 614 f.; MünchKommHGB/*K. Schmidt* RdNr. 46.
[49] Für die Fortdauer der Mitgliedschaft des einzigen Komplementärs in der aufgelösten KG *Frey/von Bredow* ZIP 1998, 1621, 1624; ebenso GroßkommHGB/*Schäfer* RdNr. 109 f. für den Fall der zweigliedrigen Kommanditgesellschaft, wenn über das Vermögen des Komplementärs das Insolvenzverfahren eröffnet oder dieser stirbt bzw. erlischt.
[50] Ausf. *Bork/Jacoby* ZGR 2005, 611, 649; ebenso *K. Schmidt* GesR § 53 V 1; MünchKommHGB/*K. Schmidt* RdNr. 46; *Koller*/Roth/Morck RdNr. 8.
[51] Vgl. BGH Urt. v. 23. 11. 1978 – II ZR 20/78, NJW 1979, 1705, 1706; GroßkommHGB/*Schäfer* RdNr. 44; *K. Schmidt* GesR § 53 V 1 a; *Frey* ZGR 1988, 281, 285; *Koller*/Roth/Morck RdNr. 8.
[52] Heute allgM; vgl. nur BGH Urt. v. 4. 4. 1951 – II ZR 10/50, BGHZ 1, 324, 327; BGH Urt. v. 12. 11. 1952 – II ZR 260/51, NJW 1953, 102; BGH Urt. v. 12. 7. 1982 – II ZR 157/81, BGHZ 84, 379, 381; BGH Urt. v. 7. 10. 1994 – V ZR 58/93, NJW 1995, 196 = BB 1995, 1761; *K. Schmidt* ZHR 153 (1989), 270, 281; GroßkommHGB/*Schäfer* RdNr. 57; *Koller*/Roth/Morck RdNr. 7; *Michalski* RdNr. 4.

schaft ist nicht möglich.⁵³ Ferner bedarf es zu einer Fortführung der Beseitigung des materiellen Auflösungsgrundes,⁵⁴ wobei dieses Kriterium jedoch nur Falle des Abs. 1 Nr. 3 praktische Relevanz entfaltet.

Der eine Zweckänderung beinhaltende **Fortsetzungsbeschluss** ist grundsätzlich einstimmig zu 33 fassen. Der Gesellschaftsvertrag kann jedoch unter Beachtung des Bestimmtheitsgrundsatzes (hierzu § 109 RdNr. 18 f. sowie § 119 RdNr. 49 ff.) eine Mehrheitsentscheidung zulassen.⁵⁵ Eine Verpflichtung, unter dem Aspekt der gesellschaftsrechtlichen Treuepflicht einer Fortsetzung zuzustimmen, wird nur in besonderen Konstellationen bejaht.⁵⁶ Praktisch relevant dürfte diese Frage allerdings nur im Zusammenhang mit einer möglichen Fortsetzung nach Aufhebung eines Insolvenzverfahrens (§ 144) werden. Für den Fall einer Aufhebung eines solchen Verfahrens durch Bestätigung eines den Fortbestand der Gesellschaft vorsehenden Insolvenzplanes wird ein entsprechender Vorbehalt der Fortsetzung jedoch regelmäßig bereits Plan-Bestandteil sein.⁵⁷ Ohnehin müssen die phG gemäß § 230 Abs. 1 InsO ihre Bereitschaft zur Fortführung des Unternehmens erklären; an dieser Erklärung müssen sie sich grundsätzlich festhalten lassen.

Im Übrigen kann auch die **gesellschaftsrechtliche Treuepflicht** das Ausscheiden des der Fort- 34 setzung widersprechenden Gesellschafters gebieten, falls beachtliche Gründe gegen eine Abwicklung sprechen und durch das Ausscheiden kein anerkennenswertes Interesse des Gesellschafters berührt wird; letzteres bedingt regelmäßig dessen Befreiung von der Haftung für die Gesellschaftsverbindlichkeiten sowie die Gewährung einer vollen, nicht hinter dem voraussichtlichen Liquidationserlös zurückbleibenden Abfindung („Pflicht zum Ausscheiden gegen Abfindung").⁵⁸

Ein Mehrheitsbeschluss zur Fortsetzung darf nicht **das unentziehbare Auflösungsrecht gemäß** 35 **§ 133** obsolet machen; dementsprechend ist es nach hM nicht möglich, eine Auflösung durch gerichtliche Entscheidung gegen den Willen des im Auflösungsprozess obsiegenden Gesellschafters rückgängig zu machen.⁵⁹ Allerdings besteht für die im Auflösungsprozess beklagten Gesellschafter, sofern sie sich über eine Fortsetzung der Gesellschaft einig sind, bei entsprechender Sachverhaltskonstellation die Möglichkeit, widerklagend die Ausschließung des Auflösungsklägers nach § 140 zu begehren. Ansonsten kommt eine Fortsetzung kraft Mehrheitsbeschluss gegen den Willen und unter Ausscheiden des Auflösungsklägers nur unter den in vorstehender RdNr. 34 beschriebenen Voraussetzungen in Betracht, wenn dies die Treuepflicht gebietet.⁶⁰ Sieht hingegen der Gesellschaftsvertrag – wie dies in der Praxis meist der Fall sein wird – das Ausscheiden eines auf Auflösung klagenden oder aus wichtigem Grund kündigenden Gesellschafters vor, so ist dies grundsätzlich zulässig (vgl. § 133 RdNr. 48).

Ob der Fortsetzungsbeschluss bei einem minderjährigen Gesellschafter der vormundschafts- bzw. 36 familiengerichtlichen Genehmigung bedarf, ist hier ebenso umstritten wie bei der Beschlussfassung über die Auflösung (vgl. RdNr. 16). Richtigerweise ist dies wie dort zu verneinen;⁶¹ eine vorsorgliche Einholung der Genehmigung kann jedoch auch hier angeraten sein.⁶² Weiterhin kann der Fortsetzungsbeschluss nach § 1365 BGB der Zustimmung des Ehegatten des Gesellschafters bedürfen (vgl. RdNr. 16 mwN).

bb) Rechtsfolgen. Durch den Fortsetzungsbeschluss wird die aufgelöste Gesellschaft ex nunc 37 und identitätswahrend in eine werbende zurückverwandelt; die Firma bleibt erhalten.⁶³ In der Liquidationsphase – auf Grund von Handlungen der Liquidatoren – begründete Rechte Dritter kann der Fortsetzungsbeschluss nicht beeinträchtigen.⁶⁴ Im Verhältnis der Gesellschafter untereinander können jedoch Rückwirkungen vereinbart werden.⁶⁵ Die aufgelöste und nun wieder werbende

---

⁵³ BGH (Fn. 52) NJW 1995, 196; BGH (Fn. 52) BGHZ 84, 379, 381; *K. Schmidt* ZHR 153 (1989), 270, 281; GroßkommHGB/*Schäfer* RdNr. 62; Baumbach/*Hopt* RdNr. 33; *Hueck A.* OHG § 23 V 1; MünchHdbBGB/*Butzer/Knof* § 83 RdNr. 72; Heymann/*Emmerich* RdNr. 35.
⁵⁴ MünchHdbBGB/*Butzer/Knof* § 83 RdNr. 72; *K. Schmidt* ZHR 153 (1989), 270, 281; Beck Hdb. Personengesellschaften/*Erle/Eberhard* § 11 RdNr. 51.
⁵⁵ Vgl. BGH (Fn. 52) BGHZ 8, 35, 39.
⁵⁶ GroßkommHGB/*Schäfer* RdNr. 65; MünchKommHGB/*K. Schmidt* § 145 RdNr. 79; Heymann/*Emmerich* RdNr. 32.
⁵⁷ Vgl. *Balz/Landfermann*, Die neuen Insolvenzgesetze, 1999, S. 344.
⁵⁸ BGH Urt. v. 21. 10. 1985 – II ZR 57/85, BB 1986, 421 = NJW-RR 1986, 256 = WM 1986, 68; *Hueck A.* OHG § 23 V 2; *Koller*/Roth/Morck § 105 RdNr. 42; GroßkommHGB/*Schäfer* RdNr. 65.
⁵⁹ GroßkommHGB/*Schäfer* RdNr. 64; MünchHdbBGB/*Butzer/Knof* § 83 RdNr. 72.
⁶⁰ Vgl. GroßkommHGB/*Schäfer* RdNr. 65.
⁶¹ Ebenso GroßkommHGB/*Schäfer* RdNr. 66; *Koller*/Roth/Morck RdNr. 7; Baumbach/*Hopt* RdNr. 31.
⁶² MünchHdbBGB/*Butzer/Knof* § 83 RdNr. 74.
⁶³ MünchKommHGB/*K. Schmidt* § 144 RdNr. 11; *Hueck A.* OHG § 23 V 1.
⁶⁴ GroßkommHGB/*Schäfer* RdNr. 58, 70; MünchHdbBGB/*Butzer/Knof* § 83 RdNr. 75.
⁶⁵ *Hueck A.* OHG § 23 V 1; GroßkommHGB/*Schäfer* RdNr. 58; *Koller*/Roth/Morck RdNr. 7.

Gesellschaft haftet für die alten Verbindlichkeiten.⁶⁶ Die Befugnis der Gesellschafter zu Geschäftsführung und Vertretung richtet sich mangels abweichender Vereinbarung nach dem alten Gesellschaftsvertrag; die Befugnisse der Liquidatoren enden mit dem Wirksamwerden des Fortsetzungsbeschlusses.⁶⁷

38 Die Fortsetzung ist von sämtlichen Gesellschaftern zur Eintragung in das Handelsregister anzumelden. § 144 Abs. 2, der dies für den Fall der Fortsetzung nach Beendigung der Gesellschaftsinsolvenz ausdrücklich klarstellt, ist insoweit verallgemeinerungsfähig.⁶⁸

III. Ausscheiden eines Gesellschafters (Abs. 3)

39 **1. Die einzelnen Ausscheidensgründe. a) Tod eines Gesellschafters (Abs. 3 Nr. 1).** Nach § 131 Nr. 4 aF löste der Tod eines OHG-Gesellschafters oder Komplementärs einer KG die Gesellschaft auf, sofern sich aus dem Gesellschaftsvertrag nichts anderes ergab. Die Mitgliedschaft in der aufgelösten Gesellschaft ging gemäß § 1922 Abs. 1 BGB auf den oder die Erben über; die Gesellschaft war durch sämtliche Gesellschafter, dh. unter Mitwirkung auch der durch Erbfolge nachgerückten Gesellschafter, zu liquidieren. Diese Rechtsfolge konnte durch einstimmigen Fortsetzungsbeschluss vermieden werden. Abfindungsprobleme entstanden insoweit nicht, da die Mitgliedschaft des Erblassers nicht den überlebenden Mitgesellschaftern anwuchs, sondern auf die Erben überging. Abweichend von dieser Grundregel konnte und kann der Gesellschaftsvertrag durch sog. Nachfolge- oder Eintrittsklauseln die Fortsetzung der Gesellschaft mit den Rechtsnachfolgern des Erblassers anordnen (hierzu ausführlich § 139 RdNr. 7 ff., 38 ff.). Vermieden wurde die in § 131 Nr. 4 aF vorgesehene Auflösung der Gesellschaft auch durch gesellschaftsvertragliche Bestimmungen des Inhalts, dass die Gesellschaft beim Tode eines Mitgliedes unter den übrigen Gesellschaftern – also unter Ausschluss des oder der Erben – fortbestehen sollte (Fortsetzungsklausel; § 138 aF).

40 Aufgrund der Neufassung durch die Handelsrechtsreform 1998 ist der Tod des persönlich haftenden Gesellschafters gemäß § 131 Abs. 3 S. 1 Nr. 1 „mangels abweichender vertraglicher Bestimmung" Ausscheidens- und nicht mehr Auflösungsgrund. Die kautelarjuristische Konstruktion der Fortsetzungsklausel ist ungeachtet ihrer geringen Verbreitung somit zum gesetzlichen Regelfall erhoben worden, mit dem erklärten Ziel, hierdurch den Fortbestand von mittelständischen Unternehmen zu sichern. Wegen der hiermit verbundenen Entstehung von Abfindungsansprüchen kann die Vorschrift jedoch zu einer gefährlichen Fallgrube werden, sofern der Gesellschaftsvertrag insoweit keine Abhilfe enthält.⁶⁹

41 Beim Tod eines Gesellschafters werden dessen Erben somit nicht Gesellschafter. Der Anteil des verstorbenen Gesellschafters am Gesellschaftsvermögen wächst den überlebenden Gesellschaftern zu. Die Erben haben nur Anspruch auf das Abfindungsguthaben (§ 738 BGB iVm. § 105 Abs. 3 HGB), welches in den Nachlass fällt und im Falle einer Erbenmehrheit der Erbengemeinschaft zur gesamten Hand zusteht.⁷⁰ Dort kann es einer angeordneten Testamentsvollstreckung, einer Nachlassverwaltung oder einem Nachlassinsolvenzverfahren unterfallen (vgl. auch § 139 RdNr. 64, 90 f. sowie 94 f.).⁷¹

42 War der verstorbene Gesellschafter der letzte Komplementär einer KG, so hat dies nach hM die Auflösung der Gesellschaft zur Folge, ohne dass sich an dieser Rechtsfolge durch das HRefG eine Änderung ergeben hätte (vgl. RdNr. 29 f. mwN). Dies setzt jedoch voraus, dass nach dem Ausscheiden noch zumindest zwei Gesellschafter verbleiben. In der zweigliedrigen KG führt das Versterben des Komplementärs hingegen nach ganz hM zum liquidationslosen Erlöschen der Gesellschaft bei gleichzeitigem Übergang sämtlicher Aktiva und Passiva auf den allein verbleibenden Kommanditisten (vgl. RdNr. 10 mwN). Gegen dieses Ergebnis werden unter dem Gesichtspunkt Bedenken geltend gemacht, dass dem allein verbleibenden Kommanditisten dann infolge der Universalsukzession die unbeschränkte Haftung als Einzelkaufmann droht (vgl. hierzu § 140 RdNr. 40). Zur Vermeidung wird eine teleologische Reduktion von § 131 Abs. 3 Nr. 1 befürwortet, wonach die Erben des verstorbenen Komplementärs Mitglied der Liquidationsgesellschaft werden sollen (vgl.

---

⁶⁶ Baumbach/*Hopt* RdNr. 32; *Michalski* RdNr. 6.
⁶⁷ Vgl. nur *Hueck A.* OHG § 23 V 1; MünchKommHGB/*K. Schmidt* § 144 RdNr. 12 f.
⁶⁸ *Hueck A.* OHG § 23 V 2; GroßkommHGB/*Schäfer* RdNr. 68; MünchHdbBGB/*Butzer/Knof* § 83 RdNr. 76.
⁶⁹ Berechtigte rechtspolitische Kritik an der Vorschrift bei MünchKommHGB/*K. Schmidt* RdNr. 63; *ders.* JZ 2003, 585, 594.
⁷⁰ Vgl. nur BGH Beschl. v. 3. 7. 1989 – II ZB 1/89, BGHZ 108, 187, 192 = NJW 1989, 3152; BGH Urt. v. 30. 4. 1984 – II ZR 293/93, BGHZ 91, 132, 136 f. = NJW 1984, 2104; *Esch/Baumann/Schulze zur Wiesche*, Handbuch der Vermögensnachfolge, 6. Aufl., 2001, RdNr. I 1103; *Koller/Roth/Morck* RdNr. 10.
⁷¹ Vgl. nur BGH (Fn. 70) BGHZ 91, 132, 136 f.

auch bereits RdNr. 30).[72] Der Bundesgerichtshof verfolgt einen anderen Lösungsansatz und hat in dem Fall, dass der einzige Komplementär von dem einzigen Kommanditisten beerbt wurde, eine analoge Anwendung von § 27 befürwortet, um dem Kommanditisten die Möglichkeit zu geben, der unbeschränkten handelsrechtlichen Haftung durch die Einstellung des Unternehmens innerhalb der dort niedergelegten Drei-Monatsfrist zu entgehen.[73] In einer jüngeren Entscheidung vom 15. 3. 2004 wird die Konsequenz des liquidationslosen Erlöschens einer zweigliedrigen GmbH & Co. KG für den Fall des insolvenzbedingten Ausscheidens der Komplementär-GmbH ausdrücklich bestätigt (vgl. hierzu RdNr. 46); allerdings hafte der verbliebene Kommanditist – vorbehaltlich einer weitergehenden Haftung gemäß §§ 171 f. oder aus § 25 bei einer Fortführung des Handelsgeschäfts der KG – für die Verbindlichkeiten der KG nur mit dem ihm zugefallenen Gesellschaftsvermögen und sei dementsprechend nur zur Duldung der Zwangsvollstreckung in jenes Vermögen zu verurteilen.[74]

Vermeiden lässt sich die nach ganz hM eintretende Rechtsfolge des liquidationslosen Erlöschens **43** im Falle des Versterbens des vorletzten Gesellschafters allein durch die Vereinbarung einer den Anteil vererblich stellenden Nachfolgeklausel. Die Vereinbarung einer nur schuldrechtlich wirkenden Eintrittsklausel vermag an dem Ergebnis des Erlöschens der Gesellschaft hingegen nichts zu ändern. Im Zweifel ist das gesellschaftsvertragliche Eintrittsrecht jedoch als Verpflichtung des überlebenden Gesellschafters auszulegen, mit dem Eintrittsberechtigten eine neue Gesellschaft zu gründen, auf welche das bei ihm angewachsene Gesellschaftsvermögen zu übertragen ist (vgl. auch § 139 RdNr. 40).[75]

Dem Tode eines Gesellschafters stellt die hM die **Vollbeendigung einer als Gesellschafterin** **44** **beteiligten OHG/KG oder juristischen Person** gleich.[76] Dementsprechend scheidet zB die Komplementär-GmbH einer GmbH & Co. KG in Ermangelung abweichender gesellschaftsvertraglicher Regelungen erst mit ihrer Vollbeendigung, nicht bereits mit ihrer Auflösung, aus dem Gesellschaftsverbund aus.[77] Jedoch kann die Auflösung der Komplementär-GmbH die Auflösung der KG nach § 133 rechtfertigen (vgl. § 133 RdNr. 19 mwN). Der Formwechsel einer beteiligten Gesellschaft hat richtigerweise ebenso wenig deren Ausscheiden analog § 131 Abs. 3 Nr. 1 zur Folge wie deren Verschmelzung auf einen übernehmenden Rechtsträger (§ 20 UmwG) oder deren Erlöschen infolge einer Aufspaltung (§ 131 UmwG); wohl aber können derartige Umwandlungsvorgänge die Möglichkeit einer Ausschließung der beteiligten Gesellschaft begründen.[78]

b) Gesellschafterinsolvenz (Abs. 3 Nr. 2). Die Gesellschafterinsolvenz, bei der Kommanditge- **45** sellschaft nur die Insolvenz eines phG, löste nach § 131 Nr. 5 aF die Gesellschaft auf. Infolge der Änderung durch das HRefG hat die Eröffnung des Insolvenzverfahrens über das Vermögen eines Gesellschafters nun gemäß § 131 Abs. 3 Nr. 2 dessen Ausscheiden aus der Gesellschaft zur Folge. Diese Regelung deckt sich mit der gesellschaftsvertraglichen Praxis, wird dort doch regelmäßig das Ausscheiden eines Gesellschafters im Falle der Eröffnung eines Insolvenzverfahrens über sein Vermögen angeordnet. § 131 Abs. 3 Nr. 2 gilt für die OHG und über § 161 Abs. 2 für die KG, wobei die gesetzlich angeordnete Ausscheidensfolge sowohl den Fall der Insolvenz eines Komplementärs als auch die Insolvenzeröffnung über das Vermögen eines Kommanditisten betrifft. Bei der BGB-Gesellschaft bedarf es hingegen weiterhin entsprechender gesellschaftsvertraglicher Regelung zur Herbeiführung der Rechtsfolge des Ausscheidens des insolventen Gesellschafters, da die Bestimmung dort nicht gilt (vgl. §§ 728 Abs. 2, 736 Abs. 1 BGB). Entscheidend für den Ausscheidenstatbestand ist der Zeitpunkt

---

[72] IdS GroßkommHGB/*Schäfer* RdNr. 110; weitergehend *Frey/von Bredow* ZIP 1998, 1621, 1624 (Fortdauer der Mitgliedschaft in der Liquidationsgesellschaft auch bei mehrgliedriger KG).
[73] BGH (Fn. 11) BGHZ 113, 132, 134 f. = BB 1991, 230 = JZ 1991, 731 m. Anm. *K. Schmidt*.
[74] BGH (Fn. 9) ZIP 2004, 1047 = DStR 2004, 1137 = NZG 2004, 611; ebenso OLG Hamm Urt. v. 30. 3. 2007 – 30 U 13/06, ZIP 2007, 1233, 1238; eine uneingeschränkte Haftung des einzigen Kommanditisten im Falle des Ausscheidens des Komplementärs noch uneingeschränkt bejahend hingegen BGH Urt. v. 16. 12. 1999 – VII ZR 53/97, NZG 2000, 474 = ZIP 2000, 229; ausf. und krit. *Eckardt* NZG 2000, 449, 451 ff.
[75] IdS MünchHdbBGB/*Klein* § 79 RdNr. 92.
[76] Vgl. BGH (Fn. 37) BGHZ 75, 178, 182; OLG Hamm (Fn. 74) ZIP 2007, 1233, 1237; OLG Hamburg Urt. v. 13. 3. 1987 – 11 U 184/86, NJW 1987, 1896; Hesselmann/Tillmann/Mueller-Thuns/*Hannes* § 10 RdNr. 133; Baumbach/*Hopt* RdNr. 20; *H. Westermann* RdNr. I 1096; MünchHdbBGB/*Piehler/Schulte* § 74 RdNr. 8; aA hingegen MünchKommHGB/*K. Schmidt* RdNr. 67 f. (Ausscheiden im Zweifel spätestens dann, wenn die Auflösung unumkehrbar geworden ist); GroßkommHGB/*Schäfer* RdNr. 77 f.; *Binz/Sorg* § 7 RdNr. 10.
[77] Vgl. BGH (Fn. 37) BGHZ 75, 178, 181 f.; RG Urt. v. 13. 11. 1928 – II 131/28, RGZ 122, 253, 257; OLG Hamburg (Fn. 76) NJW 1987, 1896; Hesselmann/Tillmann/Mueller-Thuns/*Hannes* § 10 RdNr. 133; Röhricht/Graf von Westphalen/*von Gerkan* RdNr. 18; Baumbach/*Hopt* Anh. § 177 a RdNr. 45; aA MünchKommHGB/*K. Schmidt* RdNr. 68; *ders.* GmbHR 1980, 261 f.
[78] IdS GroßkommHGB/*Schäfer* RdNr. 79 ff.; Hesselmann/Tillmann/Mueller-Thuns/*Hannes* § 10 RdNr. 133; vgl. auch MünchKommHGB/*K. Schmidt* RdNr. 68 (ergänzende Auslegung des Gesellschaftsvertrags); ähnlich Schmitt/Hörtnagel/*Stratz* UmwG/UmwStG, 4. Aufl. 2006, § 20 RdNr. 64 f. (großzügige Auslegung des Gesellschaftsvertrags); aA Lutter/*Grunewald* UmwG, 3. Aufl. 2004, § 20 RdNr. 19; Semler/Stengel/*Kübler* UmwG, 2003, § 20 RdNr. 24 f.

46 Bei der GmbH & Co. KG ist umstritten, ob die **Rechtsfolge des Ausscheidens der insolventen Komplementär-GmbH** gemäß Abs. 3 Nr. 2 auch dann eintritt, wenn zugleich ein Insolvenzverfahren über das Vermögen der KG beantragt und eröffnet worden ist (Simultaninsolvenz). Dies wird insbesondere von *Karsten Schmidt* im Interesse einer koordinierten Insolvenzabwicklung beider Gesellschaften generell verneint.[80] Andere Autoren beschränken die Nichtanwendbarkeit von Abs. 3 Nr. 2 in diesem Fall der Simultaninsolvenz auf die zweigliedrige GmbH & Co. KG, da durch die ansonsten zwangsläufig eintretende Rechtsfolge des liquidationslosen Erlöschens der Gesellschaft (vgl. RdNr. 10) die Insolvenzabwicklung der unternehmenstragenden Gesellschaft verhindert würde.[81] Dies ist allerdings nicht zwingend.[82] Auch unter Berücksichtigung des uneingeschränkten Wortlauts der Vorschrift dürfte daher im Grundsatz davon auszugehen sein, dass die Vorschrift auch auf den Fall der Simultaninsolvenz Anwendung findet; etwas anderes gilt aber für den Fall der simultanen Insolvenzeröffnung für alle Gesellschafter, da in diesem Fall kein Gesellschafter verbleibt, der als Gesamtrechtsnachfolger neuer Unternehmensträger werden könnte.[83]

47 Ob die Rechtsfolgen des Abs. 3 Nr. 2 auch bei der **Eröffnung eines Nachlassinsolvenzverfahrens** eintreten, ist heftig umstritten. Richtigerweise ist dies zu verneinen: Da die Nachlassinsolvenz im Gegensatz zum Gesellschafterkonkurs nicht das gesamte Vermögen des Erben erfasst, ist diesem die Möglichkeit zu geben, durch Zahlung aus seinem Privatvermögen den Gesellschaftsanteil aus der Insolvenzmasse auszulösen.[84] Nach anderer Auffassung soll die Nachlassinsolvenz das Ausscheiden des Gesellschafter-Erbe zur Folge haben, wobei diesem jedoch auch hier zT die Möglichkeit zugestanden wird, sein Verbleiben in der Gesellschaft (bzw. die Wiederaufnahme in diese) zu verlangen, wenn er den Gesellschaftsanteil aus der Insolvenzmasse ausgelöst hat.[85] Dem Insolvenzverwalter steht nach der hier für richtig gehaltenen Auffassung das Recht zu, entsprechend § 135 die Gesellschaft zu kündigen, um auf diese Weise auf den Vermögenswert der Beteiligung zuzugreifen (vgl. auch § 135 RdNr. 7 sowie § 139 RdNr. 91, 95).[86]

48 Wird die Eröffnung des Insolvenzverfahrens über das Vermögen des Gesellschafters abgelehnt, so führt dies in Ermangelung abweichender Regelungen im Gesellschaftsvertrag auch dann nicht zu dessen Ausscheiden, wenn die Ablehnung mangels Masse (§ 26 InsO) erfolgt.[87] Den Gläubigern des Gesellschafters bleibt in diesem Fall wiederum der Weg über § 135, mit der Folge des Ausscheidens nach § 131 Abs. 3 S. 1 Nr. 4.

49 Das Ausscheiden des insolventen Gesellschafters erfolgt mit Rechtskraft des Eröffnungsbeschlusses (§§ 27, 34 Abs. 2 InsO). Die Geltendmachung des Abfindungsanspruchs obliegt dem Insolvenzverwalter (§ 80 InsO). Hiergegen kann die Gesellschaft mit etwaigen eigenen Forderungen aufrechnen, ohne dass dem § 96 Nr. 1 InsO entgegen steht: Der Abfindungsanspruch ist eine in ihrem Kern bereits vor Insolvenzeröffnung entstandene Forderung, auf welche § 95 Abs. 1 InsO Anwendung findet;[88] eine Aufrechnung ist demnach nur dann ausgeschlossen, wenn die Abfindungsforderung vor der Gegenforderung der Gesellschaft unbedingt und fällig wird (vgl. § 95 Abs. 1 S. 3 InsO).

50 c) Kündigung des Gesellschafters (Abs. 3 Nr. 3). Die ordentliche Kündigung durch einen Gesellschafter führt – entsprechend der gängigen kautelarjuristischen Praxis – auch kraft gesetzlicher Anordnung zu dessen Ausscheiden aus der Gesellschaft. Gleiches gilt für den Fall, dass die Auf-

---

[79] Vgl. MünchKommHGB/*K. Schmidt* RdNr. 72.
[80] Vgl. *K. Schmidt* GmbHR 2002, 1209, 1214; *ders.* GmbHR 2003, 1404, 1406.
[81] IdS *Liebs* ZIP 2002, 1716, 1717 f.; GroßkommHGB/*Schäfer* RdNr. 88 a.; ebenso *Binz/Sorg* § 12 RdNr. 26; *Gundlach/Frenzel/Schmidt*/DStR 2004, 1658, 1662.
[82] Vgl. OLG Hamm (Fn. 74) ZIP 2007, 1233, 1236 ff. m. ausf. Darstellung des Streitstandes; *Bork/Jacoby* ZGR 2005, 611, 650 f.; *Albertus/Fischer* ZInsO 2005, 246, 248.
[83] IdS ausf. *Bork/Jacoby* ZGR 2005, 611, 650 ff.; iE ebenso OLG Hamm Beschl. v. 3. 7. 2003 – 15 W 375/02, GmbHR 2003, 1361, 1362; vgl. auch OLG Hamm (Fn. 74) ZIP 2007, 1233, 1237 f. (Vollbeendigung der Kommanditgesellschaft bei Ausscheiden der Komplementär-GmbH und Fortführung eines Insolvenzverfahrens über das KG-Vermögen nach den Regeln der Partikularinsolvenz).
[84] IdS u. a. BGH (Fn. 70) BGHZ 91, 132, 138 (allerdings noch vor Wirksamwerden des HRefG); *Flume* NJW 1988, 161, 162; *Stodolkowitz*, FS Kellermann, 1991, S. 439, 455; *Ulmer/Schäfer* ZHR 150 (1996), 413, 438; MünchHdbBGB/*Piehler/Schulte* § 74 RdNr. 11.
[85] Vgl. insbesondere Baumbach/*Hopt* RdNr. 22; MünchKommHGB/*K. Schmidt* RdNr. 73; *H. Westermann* RdNr. I 1093; *Koller*/Roth/Morck RdNr. 23; Heymann/*Emmerich* RdNr. 23 a.
[86] BGH (Fn. 70) BGHZ 91, 132, 138.
[87] Vgl. (Fn. 37) BGHZ 75, 178, 181; BGH Urt. v. 24. 10. 1985 – VII ZR 337/84, BGHZ 96, 151, 154; ausdrücklich *Koller*/Roth/Morck RdNr. 23; *H. Westermann* RdNr. I 1092; Baumbach/*Hopt* RdNr. 22; aA hingegen MünchKommHGB/*K. Schmidt* RdNr. 74.
[88] BGH Urt. v. 7. 11. 1988 – II ZR 281/87, NJW 1989, 453 (zu §§ 54, 55 KO); *Koller*/Roth/Morck RdNr. 23; MünchKommHGB/*K. Schmidt* RdNr. 129; Heymann/*Emmerich* § 138 RdNr. 6.

lösungsklage nach § 133 gesellschaftsvertraglich durch ein Kündigungsrecht aus wichtigem Grund mit der Rechtsfolge des Ausscheidens des Kündigenden ersetzt worden ist (vgl. § 133 RdNr. 46). Allgemein ist darauf hinzuweisen, dass sich § 131 Abs. 3 Nr. 3 nur mit den Rechtsfolgen der Kündigung befasst, hingegen kein Kündigungsrecht begründet. Ein solches muss vielmehr gemäß §§ 132, 134 oder aus einer entsprechenden gesellschaftsvertraglichen Regelung eröffnet sein.

Das Ausscheiden erfolgt im Falle der Kündigung nach § 132 mit dem Ablauf der Kündigungsfrist; Abs. 3 S. 2 stellt dies ausdrücklich klar. Im Falle der gesellschaftsvertraglich zugelassenen Kündigung aus wichtigem Grund scheidet der Kündigende mit dem Zugang der Erklärung aus der Gesellschaft aus. 51

d) Kündigung durch den Privatgläubiger (Abs. 3 Nr. 4). Der zwingende § 135 verschafft 52 dem Privatgläubiger eines Gesellschafters die Möglichkeit, die Gesellschaft zu kündigen, um derart auf den Kapitalwert des Anteils zugreifen zu können. Eine solche Kündigung hat nach Abs. 3 Nr. 4 – wiederum in Übereinstimmung mit der gängigen gesellschaftsvertraglichen Gestaltungspraxis – das Ausscheiden des betroffenen Gesellschafters auf den in § 135 bestimmten Zeitpunkt zur Folge; der hieraus resultierende Abfindungsanspruch bildet das Befriedigungsobjekt für den kündigenden Privatgläubiger (vgl. die Erl. zu § 135).

e) Weitere Ausscheidensgründe (Abs. 3 Nr. 5, 6). Gesellschaftsvertraglich können weitere 53 Tatbestände als Ausscheidensgründe festgelegt werden. Dies stellt Abs. 3 Nr. 5 noch einmal ausdrücklich klar; die Vorschrift enthält also keinen gesetzlichen Ausscheidensgrund.[89] Nicht bezweckt war es nach der Gesetzesbegründung mit dieser Klarstellung, die Möglichkeiten der Ausschließung von Gesellschaftern durch Gesellschaftsvertrag oder Gesellschafterbeschluss zu erleichtern.[90] Insoweit sind also die im Rahmen des § 140 entwickelten Zulässigkeitsschranken für gesellschaftsvertragliche Ausschlussklauseln auch bei entsprechenden Regelungen zu beachten, die entweder eines sachlichen Grundes bedürfen oder auf Grund besonderer Umstände sachlich gerechtfertigt sein müssen (ausf. § 140 RdNr. 52 ff.);[91] eine gesellschaftsvertragliche Regelung, die die Rechtsfolge des Ausscheidens allein an einen schlichten Beschluss der übrigen Gesellschafter knüpft, wäre daher unzweifelhaft unwirksam.[92]

Leicht zu Missverständnissen Anlass geben kann die durch das HRefG in den Katalog der 54 Ausscheidensgründe aufgenommene Möglichkeit, bei Eintritt besonderer Sachverhalte das Ausscheiden eines Gesellschafters beschließen zu können (Abs. 3 Nr. 6).[93] Die Regelung begründet nämlich keinen eigenständigen Ausscheidensgrund, sondern stellt eine Variante der in § 131 Abs. 3 Nr. 5 angesprochenen gesellschaftsvertraglichen Ausscheidensgründe dar, da ein entsprechender Ausschließungsbeschluss stets seine Grundlage im Gesellschaftsvertrag finden muss.[94] Ohne eine solche Grundlage reicht selbst ein von allen anderen Gesellschaftern gefasster Beschluss nicht aus, um das Ausscheiden des Ausschließungskandidaten zu bewirken. § 131 Abs. 3 Nr. 6 begründet also für sich genommen keine Möglichkeit, die Ausschließung eines Gesellschafters gegen seinen Willen herbeizuführen; diese bedarf vielmehr entweder der Erhebung einer Ausschließungsklage nach § 140 oder einer entsprechenden Ermächtigung im Gesellschaftsvertrag, wonach ein Gesellschafter bei Vorliegen bestimmter, näher bezeichneter Gründe durch Mehrheitsbeschluss aus der Gesellschaft ausgeschlossen werden kann (vgl. § 140 RdNr. 52).[95]

2. Die Rechtsfolgen des Ausscheidens. a) Auseinandersetzung mit dem Ausgeschiedenen. Die Rechtsfolgen des Ausscheidens eines Gesellschafters aus der Personengesellschaft bei fortbestehendem Gesellschaftsverhältnis richten sich über die Verweisung in § 105 Abs. 3 HGB nach den §§ 738–740 BGB. Diese Vorschriften finden auch auf den Fall des § 140 Abs. 1 S. 2 Anwendung, dh. auf den Fall, dass der vorletzte Gesellschafter aus einer Zweipersonengesellschaft ausscheidet.[96] Zweck der §§ 738–740 BGB ist es, die Rechtsstellung des ausscheidenden Gesellschafters weitestgehend derjenigen bei einer Auseinandersetzung der Gesellschaft anzugleichen. Insbesondere die vermögensrechtliche Stellung des ausscheidenden Gesellschafters soll durch den Fortbestand der Gesellschaft unter den übrigen Gesellschaftern nicht geschmälert werden.[97] Bei den §§ 738–740 55

---

[89] MünchKommHGB/*K. Schmidt* RdNr. 85.
[90] Vgl. Begr. RegE HRefG BT-Drucks. 13/8444 S. 65 f.
[91] Vgl. nur GroßkommHGB/*Schäfer* RdNr. 99; Baumbach/*Hopt* RdNr. 25; aA hingegen MünchHdbBGB/*Piehler/Schulte* § 74 RdNr. 30; MünchKommHGB/*K. Schmidt* RdNr. 87 (kein Erfordernis eines sachlichen Grundes bei Anordnung des automatischen Ausscheidens).
[92] Vgl. nur GroßkommHGB/*Schäfer* RdNr. 99; Baumbach/*Hopt* RdNr. 25.
[93] Begr. RegE HRefG BT-Drucks. 13/8444 S. 65.
[94] MünchKommHGB/*K. Schmidt* RdNr. 88; GroßkommHGB/*Schäfer* RdNr. 101; *H. Westermann* RdNr. I 1094.
[95] Vgl. Baumbach/*Hopt* RdNr. 26; ausf. *Wiedemann*, Gedenkschrift f. Lüderitz, 2000, S. 799, 809 ff.
[96] *Ulmer* § 730 RdNr. 83; Beck Hdb. Personengesellschaften/*Sauter* § 7 RdNr. 204 f.; vgl. auch Begr. RegE HRefG BT-Drucks. 13/8444 S. 68.
[97] *Ulmer* § 738 RdNr. 1.

handelt es sich grundsätzlich um dispositives Recht; lediglich das Anwachsungsprinzip (§ 738 Abs. 1 S. 1 BGB) unterliegt nicht der Parteidisposition.[98] Abweichende gesellschaftsvertragliche Vereinbarungen, vor allem im Hinblick auf die Beteiligung des ausscheidenden Gesellschafters an schwebenden Geschäften (§ 740 BGB) sowie die Fälligkeit und Höhe des Abfindungsanspruchs (§ 738 Abs. 1 S. 2 BGB), sind in der Praxis die Regel.

56 **b) Anwachsung des Anteils am Gesellschaftsvermögen.** Der Anteil des ausscheidenden Gesellschafters am Gesellschaftsvermögen wächst gemäß § 738 Abs. 1 S. 1 BGB automatisch, ohne dass es eines besonderen Übertragungsakts bedarf, den in der Gesellschaft verbleibenden Gesellschaftern anteilig im Verhältnis ihrer bisherigen Beteiligung zu. Aus dogmatischer Sicht ist umstritten, ob mit der Anwachsung ein Rechtsübergang verbunden ist oder ob sich – auf Grund der Kontinuität der Gesamthand – nur die in Zahlen ausgedrückten Wertanteile der Gesellschafter ändern (arg. § 124).[99] Die Anwachsung vollzieht sich automatisch mit dem Ausscheiden, nicht erst mit der Befriedigung des Abfindungsanspruchs des ausscheidenden Gesellschafters.[100]

57 Ob die Anwachsungsfolgen durch gesellschaftsvertragliche Regelungen in der Weise atypisch ausgestaltet werden, dass eine Anwachsung der Beteiligung des ausscheidenden Gesellschafters nur bei einzelnen Gesellschaftern oder Gesellschafterstämmen stattfindet, hat noch keine abschließende Klärung gefunden. Zum Teil wird aus **der fehlenden Möglichkeit der Abbedingung des Anwachsungsprinzips** die Unzulässigkeit entsprechender Regelungen gefolgert.[101] ME sprechen jedoch keine zwingenden Gründe dafür, entsprechenden Vereinbarungen der Gesellschafter, für die gerade in Gesellschaft mit verschiedenen Familienstämmen ein praktisches Bedürfnis bestehen kann, die Anerkennung zu versagen.[102]

58 Verbleibt nur ein Gesellschafter (Fall des § 140 Abs. 1 S. 2) so erlischt die Personengesellschaft; der verbleibende Gesellschafter wird Alleininhaber des Unternehmens. Sämtliche Aktiva und Passiva des Gesellschaftsvermögens gehen im Wege der Gesamtrechtsnachfolge, dh. ohne Liquidation nach den §§ 145 ff., ohne Einhaltung von Formvorschriften und außerhalb des Grundbuchs auf den letzten Gesellschafter über (ausf., auch zu den haftungsrechtlichen Folgen des Vorgangs, § 140 RdNr. 39 ff. mwN). Ob auch dies dogmatisch als Anwachsung zu begreifen ist, ist umstritten, jedoch im Ergebnis ohne praktische Bedeutung.[103]

59 **c) Rückgabe von Gegenständen.** Gemäß § 738 Abs. 1 S. 2 BGB sind die Gegenstände, die der ausscheidende Gesellschafter der Gesellschaft zur Nutzung überlassen hat, an diesen zurückzugeben. Sofern eine ordnungsgemäße Rückgabe nicht möglich ist, weil die entsprechenden Gegenstände durch Zufall untergegangen oder verschlechtert sind, kann der ausscheidende Gesellschafter keinen Ersatz verlangen (vgl. § 732 S. 2 BGB); hierbei wird auch die durch den bestimmungsgemäßen Gebrauch eingetretene Abnutzung als zufällige Verschlechterung angesehen.[104] Der Rückgabe kann ein Zurückbehaltungsrecht (§ 273 BGB) entgegenstehen, wenn mit hoher Wahrscheinlichkeit zu erwarten ist, dass der Gesellschaft ihrerseits ein Ausgleichsanspruch gemäß § 739 BGB gegen den ausgeschiedenen Gesellschafter zusteht.[105] Bemühen sich die verbleibenden Gesellschafter jedoch nicht unverzüglich um die Ermittlung des Ausgleichsanspruchs, so erlischt das Zurückbehaltungsrecht.[106]

60 Der Gesellschaftsvertrag kann von der gesetzlichen Regel abweichen. So kann der ausscheidende Gesellschafter etwa verpflichtet werden, der Gesellschaft einzelne Gegenstände weiterhin gegen ein entsprechendes Nutzungsentgelt zu überlassen. Eine Verpflichtung zur weiteren Nutzungsüberlassung dringend benötigter Gegenstände kann sich auch ohne vertragliche Regelung aus der Treuepflicht ergeben;[107] in diesem Fall ist aber regelmäßig von der Verpflichtung der Gesellschaft zur Zahlung einer Nutzungsentschädigung auszugehen.[108]

---

[98] Vgl. nur Baumbach/*Hopt* RdNr. 39; MünchHdbBGB/*Piehler/Schulte* § 10 RdNr. 75.
[99] Ausf. *K. Schmidt* GesR § 45 II 5; MünchKommHGB/*K. Schmidt* RdNr. 103.
[100] Vgl. Baumbach/*Hopt* RdNr. 39; *Koller/Roth/Morck* RdNr. 9; MünchKommHGB/*K. Schmidt* RdNr. 104 mwN.
[101] IdS OLG Hamm Beschl. v. 6. 3. 1985 – 15 W 88/85, Rpfleger 1985, 289.
[102] Ebenso MünchKommHGB/*K. Schmidt* RdNr. 104; *Koller/Roth/Morck* RdNr. 21; ausf. MünchHdbBGB/*Piehler/Schulte* § 10 RdNr. 75.
[103] Ausf., mwN zu den vertretenen Auffassungen, *Bork/Jacoby* ZGR 2005, 611, 627 f.; MünchKommHGB/*K. Schmidt* RdNr. 105.
[104] *Ulmer* § 732 RdNr. 5.
[105] BGH Urt. v. 12. 1. 1998 – II ZR 98/96, BB 1998, 1811; BGH Urt. v. 29. 6. 1981 – II ZR 165/80, NJW 1981, 2802.
[106] BGH (Fn. 105) NJW 1981, 2802; MünchHdbBGB/*Piehler/Schulte* § 75 RdNr. 16.
[107] MünchHdbBGB/*Piehler/Schulte* § 75 RdNr. 15; MünchKommHGB/*K. Schmidt* RdNr. 107; *Michalski* RdNr. 31; *Koller/Roth/Morck* RdNr. 9.
[108] MünchHdbBGB/*Piehler/Schulte* § 75 RdNr. 15.

Die Rückgabepflicht bezieht sich nur auf **zur Nutzung überlassene Gegenstände** *(quoad usum),* 61 nicht auf solche, die *quoad dominium* eingebracht, also der Gesellschaft übereignet worden sind. Für diese sieht das Gesetz den Ersatz des Wertes im Zeitpunkt der Einbringung vor (vgl. § 733 Abs. 2 S. 2 BGB). Umstritten ist die Behandlung von Gegenständen (etwa Grundstücken), die der ausscheidende Gesellschafter dem Werte nach, aber (meist aus Kostengründen) nicht zu zivilrechtlichem Eigentum eingebracht hat *(quoad sortem).*[109] Richtiger Ansicht nach sind diese in Analogie zu § 732 S. 1 BGB behandeln: Die *quoad sortem* überlassenen Gegenstände sind dem ausscheidenden Gesellschafter zurückzugeben, jedoch unter Anrechnung der zwischenzeitlich eingetretenen Wertsteigerungen auf seinen Abfindungsanspruch.[110]

d) Befreiung von Schulden. Der ausscheidende Gesellschafter ist – unabhängig davon, ob eine 62 Inanspruchnahme droht[111] – von der im Außenverhältnis (vgl. §§ 128, 160) fortbestehenden persönlichen Haftung für sämtliche Altverbindlichkeiten der Gesellschaft zu befreien (§ 738 Abs. 1 S. 2 BGB). Für noch nicht fällige Verbindlichkeiten kann die Gesellschaft an Stelle der Befreiung Sicherheit leisten (§ 738 Abs. 1 S. 3 BGB). Der Anspruch richtet sich gegen die Gesellschaft.[112] Wie die Befreiung erfolgt, steht grundsätzlich in deren Ermessen. In Betracht kommt hier in erster Linie eine haftungsfreistellende Vereinbarung mit den Gläubigern (Schuldentlassungserklärung), wohl seltener die Tilgung der Verbindlichkeiten. Bestehen Zweifel an dem Bestehen der Schuld, für die Befreiung verlangt wird, so obliegt die Beweislast dem Ausgeschiedenen.[113] Hat der Gesellschafter eine private Sicherheit für Gesellschaftsverbindlichkeiten bestellt, so kann er analog § 738 Abs. 1 S. 2 BGB ebenfalls deren Freigabe verlangen.[114] Dem Befreiungsanspruch kann wiederum ein Zurückbehaltungsrecht (§ 273 BGB) entgegenstehen, wenn der ausscheidende Gesellschafter mit hoher Wahrscheinlichkeit gemäß § 739 BGB ausgleichspflichtig ist (vgl. bereits RdNr. 59).[115]

In der Praxis wird der Befreiungsanspruch des § 738 Abs. 1 S. 2 BGB wegen der hiermit 63 verbundenen weit reichenden Konsequenzen regelmäßig abbedungen und durch die Vereinbarung einer Freistellung durch die übrigen Gesellschafter bzw. die Gesellschaft ersetzt.

3. Die Abfindung des ausscheidenden Gesellschafters. a) Der Abfindungsanspruch 64 **(§ 738 Abs. 1 S. 2 BGB).** Gemäß § 738 Abs. 1 S. 2 BGB erhält der Ausgeschiedene für seinen Anteil am Gesellschaftsvermögen das, was er bei Auflösung der Gesellschaft und anschließender Auseinandersetzung erhalten würde **(Auseinandersetzungsguthaben).** Diese Formulierung lässt auf den Liquidationswert schließen, also auf den Barwert der Nettoerlöse, die sich aus einer Einzelveräußerung der Aktiva des Unternehmens abzüglich Schulden und Liquidationskosten ergeben.[116] Nach heute allgM soll die Bewertung demgegenüber von der Annahme ausgehen, dass die Gesellschaft fortgesetzt wird *(going concern).*[117] Der zu ermittelnde „wahre" oder „wirkliche" Unternehmenswert iSv. § 738 BGB ist also ein Fortführungswert, kein Zerschlagungswert (zu seiner Ermittlung s. sogleich RdNr. 69 ff.).

Schuldner des Abfindungsanspruchs ist die Gesellschaft.[118] Zusätzlich haften die Gesellschafter 65 nach §§ 128, 130 bzw. nach den §§ 171 f.,[119] ohne dass hierin eine dem Gesetz widersprechende Nachschusspflicht zu sehen ist.[120] Aufgrund nachwirkender Treuepflicht kann der Ausgeschiedene

---

[109] Ausf. hierzu *Berninger,* Die *Societas quoad sortem:* Einbringung im Personengesellschaftsrecht, Diss. Göttingen 1994.
[110] Str.; wie hier BGH Urt. v. 10. 1. 1955 – II ZR 294/53, BB 1955, 293; *Reinhardt* DStR 1991, 588, 589; MünchHdbBGB/*Piehler*/*Schulte* § 75 RdNr. 14; *Ulmer* § 738 RdNr. 10; MünchKommHGB/*K. Schmidt* RdNr. 106. Anders hingegen *Piltz* DStR 1991, 251, 252; *Grziwotz* DStR 1992, 1365, 1366; BFH Urt. v. 20. 1. 1988 – I R 395/83, BStBl. 1988 II S. 453, 454; offen FG Schleswig-Holstein Urt. v. 9. 11. 1987 – V 584/87, BB 1988, 1217, 1221.
[111] Vgl. Baumbach/*Hopt* RdNr. 42; aA MünchKommHGB/*K. Schmidt* RdNr. 111.
[112] Baumbach/*Hopt* RdNr. 42; *Ulmer* § 738 RdNr. 77; MünchHdbBGB/*Piehler*/*Schulte* § 75 RdNr. 17.
[113] MünchHdbBGB/*Piehler*/*Schulte* § 75 RdNr. 17; GroßkommHGB/*Schäfer* RdNr. 116.
[114] BGH Urt. v. 14. 2. 1974 – II ZR 83/72, NJW 1974, 899 f.; MünchKommHGB/*K. Schmidt* RdNr. 109; MünchHdbBGB/*Piehler*/*Schulte* § 75 RdNr. 17; *Koller*/Roth/Morck RdNr. 9.
[115] BGH (Fn. 114) NJW 1974, 899, 900; *Michalski* RdNr. 33.
[116] Zur Bestimmung des Liquidationswertes s. WP-Handbuch 2002 Bd. II RdNr. A 346 ff.; *Großfeld* S. 203 ff.; *Piltz* S. 32 f.; vgl. auch LG Dortmund Beschl. v. 6. 8. 1993 – 18 AktE 1/97, AG 1994, 85, 86.
[117] AllgM; vgl. nur BGH Urt. v. 21. 4. 1955 – II ZR 227/53, BGHZ 17, 130 ff. = WM 1955, 802; BGH Urt. v. 22. 10. 1973 – II ZR 37/72, NJW 1974, 312; BGH Urt. v. 16. 12. 1991 – II ZR 58/91, BGHZ 116, 359, 370 = NJW 1992, 892; *Schulze-Osterloh* ZGR 1986, 545, 548 f.; *Wiedemann* WM 1992 Beil. 7, 38; Baumbach/*Hopt* RdNr. 49; Jauernig/*Stürner* § 740 RdNr. 7.
[118] BGH Urt. v. 15. 5. 1972 – II ZR 144/69, WM 1972, 1399, 1400; Röhricht/Graf von Westphalen/*von Gerkan* RdNr. 31; Baumbach/*Hopt* RdNr. 48; *Koller*/Roth/Morck RdNr. 10; *Wiedemann* WM 1992, Beil. 7, 37; *Ulmer* § 738 RdNr. 16.
[119] BGH Urt. v. 11. 10. 1971 – II ZR 68/68, BB 1971, 1530; *Koller*/Roth/Morck RdNr. 10; Heymann/*Emmerich* RdNr. 9; *Hueck A.* OHG § 29 II 5 a.
[120] MünchKommHGB/*K. Schmidt* RdNr. 128; aA OLG Frankfurt Urt. v. 6. 4. 2005 – 23 U 151/00, NZG 2005, 712 (zur Haftung für den Abfindungsanspruch eines ausscheidenden BGB-Gesellschafters).

gezwungen sein, sich zunächst an die Gesellschaft zu halten und die anderen Gesellschafter nur dann in Anspruch zu nehmen, wenn er von dieser keine Befriedigung erlangt.[121] In der zweigliedrigen Gesellschaft trifft die Haftung den verbliebenen Gesellschafter allein.[122]

66 Der Abfindungsanspruch des ausscheidenden Gesellschafters entsteht mit dem Zeitpunkt des Ausscheidens (vgl. § 738 Abs. 1 S. 2 BGB).[123] In seinem Kern ist er nach Maßgabe der Rspr. jedoch bereits bei Abschluss des Gesellschaftsvertrages entstanden, so dass die Gesellschaft hiergegen mit etwaigen eigenen Forderungen aufrechnen kann (vgl. RdNr. 49 mwN). Der Gesellschafter kann auch bereits vor seinem Ausscheiden über seinen zukünftigen Abfindungsanspruch durch Abtretung, Verpfändung oder in sonstiger Weise verfügen.[124] Nach Maßgabe der BGH-Rspr. zum Vorrang der Stammrechtsverfügung verlieren solche Verfügungen jedoch ihre Wirksamkeit, wenn der Gesellschafter anschließend seinen Anteil veräußert oder den Anteil gepfändet wird.[125]

67 Umstritten ist, zu welchem Zeitpunkt die **Fälligkeit des Abfindungsanspruchs** eintritt. Nach überkommener Meinung ist hierfür auf den Zeitpunkt der Feststellung der Abschichtungsbilanz abzustellen.[126] Nach aA soll der Abfindungsanspruch demgegenüber entsprechend § 271 Abs. 1 BGB sofort fällig werden;[127] dieser Auffassung scheint auch die Rspr. zuzuneigen.[128] Eine vermittelnde Ansicht stellt schließlich auf den Zeitpunkt der Berechenbarkeit des Anspruchs ab.[129] Richtigerweise ist – auch im Hinblick auf die schwindende Bedeutung der Abschichtungsbilanz (vgl. RdNr. 101 ff.) – von der sofortigen Fälligkeit des Abfindungsanspruchs auszugehen, besteht doch andernfalls für den Ausgeschiedenen keine Möglichkeit, die Gesellschaft in Verzug zu setzen und derart eine Verzinsungspflicht herbeizuführen.[130]

68 Die **Verzinsung des Abfindungsguthabens** ergibt sich insbesondere nicht aus § 353, da der Abschluss eines Gesellschaftsvertrags nach heute hM[131] kein Handelsgeschäft ist.[132] Die zT[133] vertretene Annahme einer konkludent vereinbarten Verzinsungspflicht ab dem Zeitpunkt, zu dem der Ausscheidende nicht mehr an Gewinn und Verlust der Gesellschaft beteiligt ist, ist ebenfalls problematisch. Sofern eine gesellschaftsvertragliche Regelung der Verzinsungspflicht unterblieben ist, verbleibt dem Ausscheidenden allein die Möglichkeit, die Schuldner des Abfindungsanspruchs durch entsprechende Mahnung in Verzug zu setzen.[134] Insoweit bedarf es dann allerdings genauer Prüfung, inwieweit eine Nichtleistung des Abfindungsguthabens zu vertreten ist (§ 286 Abs. 4 BGB). Dies gilt insbesondere, wenn es zur Ermittlung des Abfindungsguthabens der Erstellung eines Bewertungsgutachtens bedarf, nicht hingegen im Hinblick auf bereits unstreitig feststehende Beträge (vgl. RdNr. 97).[135] In jedem Fall empfiehlt sich eine exakte gesellschaftsvertragliche Festlegung des Verzinsungsbeginns. Befindet sich die Gesellschaft mit der Zahlung der Abfindung in Verzug, so richtet sich die Höhe des Verzugszinses nach § 288 Abs. 1 BGB (fünf Prozentpunkte über dem Basiszinssatz), nicht nach § 288 Abs. 2 (acht Prozentpunkte über dem Basiszinssatz).[136]

---

[121] IdS auch *Behnke* NZG 1999, 113; MünchKommHGB/*K. Schmidt* RdNr. 128; vgl. auch OLG Köln Urt. v. 17. 1. 2001 – 13 U 82/00, NZG 2001, 467, 469 (Beschränkung der Haftung von BGB-Gesellschaftern für den Abfindungsanspruch).

[122] BGH Urt. v. 8. 1. 1990 – II ZR 115/89, ZIP 1990, 305, 306; MünchKommHGB/*K. Schmidt* RdNr. 128.

[123] BGH Urt. v. 14. 7. 1997 – II ZR 122/96, NJW 1997, 3370; BGH Urt. v. 16. 5. 1988 – II ZR 375/87, BGHZ 104, 351, 354 = NJW 1989, 453 = ZIP 1988, 1545; BGH Urt. v. 19. 9. 1983 – II ZR 12/83, BGHZ 88, 205, 206 f. = NJW 1984, 892; GroßkommHGB/*Schäfer* RdNr. 140; Jauernig/*Stürner* § 740 RdNr. 7.

[124] BGH (Fn. 123) NJW 1997, 3370, 3371; Baumbach/*Hopt* RdNr. 54.

[125] Vgl. BGH (Fn. 123) BGHZ 104, 351, 354; BGH (Fn. 123) BGHZ 88, 205, 207 (jeweils für den Abfindungsanspruch beim Ausscheiden aus einer GmbH); BGH (Fn. 123) NJW 1997, 3370, 3371; BGH Urt. v. 25. 5. 1987 – II ZR 195/86, ZIP 1987, 1042, 1043 = NJW-RR 1987, 989 = WM 1987, 981 = JZ 1987, 880 m. Anm. *Ulmer*. Weit. Nachw., auch zu abw. Auffassungen, bei § 135 Fn. 29.

[126] IdS etwa *Hueck* A. OHG § 29 II 5 a; *Heckelmann* S. 26 ff.; *Michalski* RdNr. 36; ebenso *Hörstel* NJW 1994, 2268, 2269.

[127] IdS *Stötter* BB 1977, 1219, 1220; *Rasner* NJW 1983, 2905, 2906; *Riegger* S. 96.

[128] Vgl. insbesondere BGH Urt. v. 11. 6. 1959 – II ZR 101/58, LM HGB § 138 Nr. 7 = BB 1959, 719; ebenso OLG Köln Urt. v. 26. 8. 1994 – 19 U 5/94, DB 1994, 2019, 2020; offen gelassen in BGH (Fn. 122) II ZR 115/89, NJW 1990, 1171, 1172.

[129] MünchKommHGB/*K. Schmidt* RdNr. 129; Heymann/*Emmerich* § 138 RdNr. 10, Röhricht/Graf von Westphalen/*von Gerkan* RdNr. 32; ähnlich GroßkommHGB/*Schäfer* RdNr. 141; *Koller*/Roth/Morck RdNr. 13.

[130] Zutreffend MünchHdbBGB/*Piehler/Schulte* § 75 RdNr. 46.

[131] Ausf. *K. Schmidt* DB 1989, 2315 f.

[132] Str.; wie hier MünchHdbBGB/*Piehler/Schulte* § 75 RdNr. 47; GroßkommHGB/*Schäfer* RdNr. 142; aA hingegen *Stötter* BB 1977, 1219, 1220; *Michalski* RdNr. 36; nicht eindeutig Baumbach/*Hopt* RdNr. 54.

[133] So etwa *Ulmer* § 738 RdNr. 22; GroßkommHGB/*Schäfer* RdNr. 142 (konkludente Verzinsungsabrede).

[134] Zutreffend MünchHdbBGB/*Piehler/Schulte* § 75 RdNr. 47. *H. Westermann* RdNr. I 1149.

[135] Vgl. BGH Urt. v. 6. 5. 1981 – IVa ZR 170/80, BGHZ 80, 269, 277 = NJW 1981, 1729 für den vergleichbaren Fall des Verzugseintritts bei Pflichtteilsermittlung.

[136] OLG Karlsruhe Urt. v. 23. 3. 2005 – 7 U 23/04, NZG 2005, 627, 628; *Wertenbruch* NZG 2006, 408, 420.

b) Die Ermittlung des Abfindungsanspruchs. aa) Bewertungsmethode. Der „wahre" oder 69 „wirkliche" Unternehmenswert iSv. § 738 BGB ist im Wege der Schätzung zu ermitteln (§ 738 Abs. 2 BGB), was im Allgemeinen ein Sachverständigengutachten unter Verwendung anerkannter Methoden betriebswirtschaftlicher Unternehmensbewertung erforderlich macht.[137] Insoweit besteht eine Wechselwirkung zwischen Betriebswirtschaftslehre und Rechtswissenschaft, die sich in der Abkehr von der früher gebräuchlichen und auch für die ursprüngliche Interpretation des § 738 BGB maßgeblichen Substanzbewertung dokumentiert. Im Anschluss an die Betriebswirtschaftslehre, in der sich seit Mitte der 60er Jahre mehr und mehr die Auffassung durchsetzte, dass der Unternehmenswert als ein Zukunftserfolgswert zu verstehen ist,[138] anerkennt nunmehr auch die Rechtswissenschaft den Ertragswert als maßgeblichen Ausgangspunkt für die Bewertung, da der Wert eines Unternehmens grundsätzlich durch seine Eigenschaft bestimmt wird, Geldüberschüsse zu produzieren.[139] Die Verwendung der Ertragswertmethode hat denn auch in den letzten 20 Jahren ganz überwiegend die Billigung der höchstrichterlichen Rspr. gefunden.[140] Die Dominanz des Ertragswerts in der Bewertungspraxis resultiert zudem nicht zuletzt aus dem Umstand, dass den Wirtschaftsprüfern dieses Verfahren durch den Standard IDW S1 (Grundsätze zur Durchführung von Unternehmensbewertungen) vom Institut der Wirtschaftsprüfer (IdW) als Bestandteil der nach § 43 Abs. 1 S. 1 WPO gebotenen gewissenhaften Berufsausübung nahe gelegt wird.[141] Dieser Standard baut wie die frühere Stellungnahme des Hauptfachausschusses des Instituts der Wirtschaftsprüfer (HFA 2/1983) auf der Grundlage auf, dass der Wert eines Unternehmens allein aus seiner Eigenschaft abgeleitet wird, finanzielle Überschüsse für die Unternehmenseigner zu erwirtschaften.[142]

Dem **Substanzwert des Unternehmens,** für dessen Bestimmung alle betriebsnotwendigen 70 Vermögensgegenstände (Aktiva) und Verbindlichkeiten (Passiva) mit ihren Wiederbeschaffungskosten angesetzt werden,[143] kommt in der heutigen Praxis der Unternehmensbewertung wegen des fehlenden Bezugs zu künftigen finanziellen Überschüssen keine eigenständige Bedeutung mehr zu.[144] Auf einem anderen Blatt steht, dass die tatsächlich vorhandene Vermögenssubstanz Determinanten für die Ermittlung der künftigen Überschüsse liefert, etwa in Bezug auf erforderliche Investitionen, Abschreibungen, Zinsaufwand oder als Grundlage für die Prognose der Ertragspotentiale.[145]

Auch die auf dem Substanzwert aufbauenden, früher verbreiteten **Mittelwert- und Übergewinnmethoden** sind nicht mehr als *lege artis* anzusehen.[146] Bei der Mittelwertmethode, die auch als Berliner oder Praktiker-Verfahren bekannt ist, wird der Unternehmenswert als arithmetisches Mittel von Substanz- und Ertragswert gebildet.[147] Nach der Übergewinnmethode ergibt sich der Unternehmenswert aus der Addition von Substanzwert und Geschäftswert *(good will)*. Letzterer verkörpert materiell zukünftige, über der Normalverzinsung liegende Erträge (Übergewinne) und basiert auf unfassbaren Faktoren wie Kundenbeziehungen, Bekanntheitsgrad und Ruf des Unternehmens oder dem Vertrauen bei aktuellen und potentiellen Kunden. Der *good will* ist nicht mit dem Ertragswert identisch, wird aber von diesem umfasst.[148]

---

[137] BGH (Fn. 117) BGHZ 116, 359, 371; BGH Urt. v. 24. 9. 1984 – II ZR 256/83, NJW 1985, 192, 193; *Röhricht/Graf von Westphalen/von Gerkan* RdNr. 39; *Baumbach/Hopt* RdNr. 49.

[138] Grundlegend u. a. *Mellerowicz,* Der Wert der Unternehmung als Ganzes, 1952; *ders.* WPg 1953, 199; *Sieben,* Der Substanzwert der Unternehmung, 1963; *ders.,* Die Bewertung von Erfolgseinheiten, 1968; *Münstermann,* Wert und Bewertung der Unternehmung, 3. Aufl. 1970; *Moxter,* Grundsätze ordnungsgemäßer Unternehmensbewertung, Nachdr. d. 2. Aufl. 1983, 1994.

[139] Vgl. *Großfeld* S. 22 ff.; *Ulmer* § 738 RdNr. 35; *ders.,* FS Quack, 1991, S. 477, 479; *Piltz* S. 137; *Behringer* S. 64; *Piltz/Wissmann* NJW 1983, 2673, 2674 f. Historische Übersicht über die Durchsetzung des Ertragswertverfahrens in Theorie, Praxis und Rspr. bei *Münstermann* BFuP 1980, 114; vgl. auch *Fröhlich* S. 37 ff.

[140] BGH Urt. v. 18. 4. 2002 – IX ZR 72/99, ZIP 2002, 1144, 1149; BGH (Fn. 117) BGHZ 116, 359, 370 f.; BGH Urt. v. 24. 5. 1993 – II ZR 36/92, NJW 1993, 2101, 2103 = ZIP 1993, 1160, 1162; BGH (Fn. 137) NJW 1985, 192, 193; BGH Urt. v. 1. 7. 1982 – IX ZR 34/81, NJW 1982, 2441; vgl. auch OLG Stuttgart Beschl. v. 26. 10. 2006 – 20 W 14/05, NZG 2007, 112, 114 mwN. Ausführliche Analyse der Rspr. bei *Piltz* S. 137 und *Neuhaus* S. 74.

[141] Der neue IDW-Standard, dessen Neufassung vom Hauptfachausschuss (HFA) des IdW am 18. 10. 2005 verabschiedet worden ist und der den bisherigen IDW-Standard S1 idF. v. 28. 6. 2000 ersetzt hat (IDW S1), ist u. a. in WPg 2005, 1304 abgedruckt. Empirisches Material über die Verbreitung des Ertragswertverfahrens in der Bewertungspraxis bei *Peemöller/Bömelburg/Denkmann* WPg 1994, 741.

[142] Vgl. IDW S1, WPg 2005, 1303, 1304, Tz. 4 ff.

[143] Zur Ermittlung von Substanzwerten vgl. WP-Handbuch 2002 Bd. II RdNr. A 393 ff.; *Behringer* S. 64 ff.; *Großfeld* S. 220 ff.; *Bellinger/Vahl,* Unternehmensbewertung in Theorie und Praxis, 1992, S. 256 ff. mwN.

[144] Vgl. nur *Korth* BB 1992, Beil. 19, 3 f.; WP-Handbuch 2002 Bd. II RdNr. A 397; *Piltz* S. 35; *Großfeld* S. 36 f. sowie S. 220.

[145] *Schulze-Osterloh* ZGR 1986, 545, 552; *Piltz* S. 35; *Großfeld* S. 221; *Nölle* in Schacht/Fackler, Praxishandbuch, S. 24.

[146] *Korth* BB 1992, Beil. 19, S. 4; *Piltz/Wissmann* NJW 1985, 2673, 2674.

[147] Hierzu *Piltz* S. 38; vgl. auch BGH Urt. v. 30. 9. 1981 – IVa ZR 127/80, NJW 1982, 575.

[148] *Piltz* S. 33.

72 Das von der Finanzverwaltung für die Bewertung nicht börsennotierter Anteile an Kapitalgesellschaften verwendete **Stuttgarter Verfahren**[149] stellt im Ergebnis eine Spielart des Übergewinnverfahrens dar, sieht sich jedoch aus betriebswirtschaftlicher Sicht noch weitergehenden Einwänden ausgesetzt. Insbesondere die mit dem Stuttgarter Verfahren verbundene Übernahme der Steuerbilanzwerte in die Substanzbewertung (vgl. § 12 Abs. 5 ErbStG iVm §§ 95 ff. BewG; Ausnahme: Grundstücke, welche gemäß § 138 Abs. 3 iVm. §§ 145 ff. BewG mit den Grundbesitzwerten anzusetzen sind, sowie Kapitalgesellschaftsanteile im Betriebsvermögen, für die der gemeine Wert anzusetzen ist; vgl. § 139 RdNr. 27) führt aus betriebswirtschaftlicher Sicht zu zufälligen, von der Ausnutzung bilanzpolitischer Spielräume abhängigen Ergebnissen.[150] Ohnehin gilt es bei einer Anknüpfung an das Stuttgarter Verfahren, etwa auf Grund gesellschaftsvertraglicher Vereinbarung, zu beachten, dass das Verfahren bzw. die diesem Verfahren zugrunde liegenden gesetzlichen Bewertungsvorschriften in den vergangenen Jahren wiederholt Änderungen erfahren haben.[151] Diese haben zur Folge, dass die Anwendung des Verfahrens an verschiedenen Bewertungsstichtagen zu deutlich unterschiedlichen Ergebnissen führen kann.[152] Zumindest eine Festlegung, welche Fassung des Stuttgarter Verfahrens für die Berechnung des Abfindungsguthabens maßgeblich sein soll, ist daher unentbehrlich.

73 In der Rspr. wird allerdings betont, dass **keine rechtliche Bindung an eine bestimmte Bewertungsmethode** besteht.[153] Die Frage der Wertermittlung wird vielmehr als Tatsachenfrage eingestuft.[154] Es ist demnach Sache des (sachverständig beratenen) Tatrichters, die anzuwendende Methode sachverhaltsspezifisch auszuwählen und anzuwenden. Seine Entscheidung kann vom Revisionsgericht nur darauf überprüft werden, ob sie gegen Denk- und Erfahrungssätze verstoße oder sonst auf rechtsfehlerhaften Erwägungen beruhe.[155] Vor diesem Hintergrund hat der BGH etwa das Stuttgarter Verfahren als nicht schlechthin ungeeignet zur Bewertung eines Unternehmens eingestuft, das seine Erträge weniger mit seiner Vermögenssubstanz als durch den persönlichen Einsatz seiner Geschäftsführer erwirtschaftet.[156] Diese Entscheidung ist allerdings noch unter Geltung der alten Fassung des Stuttgarter Verfahrens – unter weitgehend wirklichkeitsnaher Bewertung der Substanz – ergangen;[157] eine Verallgemeinerung verbietet sich daher. Generell sollte die Einordnung der Bewertung als Tatsachenfrage nicht dazu verleiten, die Bezugnahme auf betriebswirtschaftlich überholte Befunde zu sanktionieren. Insbesondere entbindet sie den Juristen nicht davon, sich intensiv mit den Bewertungsmethoden zu befassen und eine eigene Überzeugung zu den vorgelegten Bewertungsgutachten zu bilden.[158]

74 bb) Bewertungsstichtag. Als Stichtag für die Bewertung ist auf den Tag des Ausscheidens abzustellen (§ 738 Abs. 1 S. 2 BGB). Etwas anderes gilt im Fall einer Ausschließungsklage, in deren Rahmen nach § 140 Abs. 2 der Tag der Klageerhebung maßgebend ist, um Prozessverzögerungen durch den Beklagten zu vermeiden (vgl. § 140 RdNr. 36). Nach dem Stichtag eintretende Ereignisse können bei der Bewertung nicht mehr berücksichtigt werden, wohl aber spätere Erkenntnisse, sofern aus ihnen Rückschlüsse auf den Wert am Stichtag gezogen werden können.[159] Dieses Prinzip der Wertaufhellung ist allerdings auf solche Erkenntnisse begrenzt, deren Wurzeln in der Zeit vor dem Bewertungsstichtag gelegt worden sind.[160] Hierfür soll es nach der Rspr. nicht ausreichen, dass „sich

---

[149] Zur Wertermittlung nach dem Stuttgarter Verfahren vgl. ErbStR R 96 ff.; weitere Einzelheiten bei *Meincke* ErbStG, 14. Aufl. 2004, § 12 RdNr. 42 ff.; *Heller* GmbHR 1999, 594; *Hübner* DStR 2000, 1205.
[150] Vgl. nur *Großfeld* S. 52 f. sowie S. 260 f.; *Heller* GmbHR 1999, 594, 596; *Ulmer*, FS Quack, 1991, S. 477, 483; *Hübner* DStR 2000, 1205; MünchHdbBGB/*Piehler/Schulte* § 76 RdNr. 22.
[151] Vgl. die Zusammenstellung bei *Heller* GmbHR 1999, 594, 595.
[152] Ausf. *Heller* GmbHR 1999, 594, 595; vgl. auch *Göllert/Ringling* DB 1999, 516; MünchHdbBGB/*Piehler/Schulte* § 76 RdNr. 22 ff.; *Piltz* BB 1994, 1021, 1026.
[153] Vgl. etwa BGH (Fn. 140) II ZR 36/92, NJW 1993, 2101, 2102 = WM 1993, 1412 = ZIP 1993, 1160; OLG München Urt. v. 15. 1. 1988 – 14 U 572/87, BB 1988, 429, 430; ebenso Öst. OGH Urt. v. 16. 12. 1980 – 5 Ob 649/80, GmbHR 1984, 235. Kritisch zur alleinigen Fokussierung auf den Ertragswert auch *Barthel* DStR 1995, 343; *ders.* DB 1996, 149; *Rid* NJW 1986, 1318.
[154] Vgl. BGH Urt. v. 24. 10. 1990 – XII ZR 101/89, WM 1991, 283, 284 = NJW 1991, 1547 (Bewertung einer Arztpraxis); BGH (Fn. 117) II ZR 58/91, NJW 1992, 892, 895; BGH (Fn. 130) ZIP 1993, 1160, 1162; BGH (Fn. 140) NJW 1982, 2441; OLG München (Fn. 153) BB 1988, 429, 430; ausf. und zustimmend MünchHdbBGB/*Piehler/Schulte* § 75 RdNr. 21 ff.; Baumbach/*Hopt* Einl. v. § 1 RdNr. 37; Beck Hdb. Personengesellschaften/*Sauter* § 7 RdNr. 137. Für eine Einordnung der Bewertung als Rechtsfrage demgegenüber *Großfeld* S. 15 ff.; *Schulze-Osterloh* ZGR 1986, 545, 561; *Piltz/Wissmann* NJW 1985, 2673, 2675.
[155] BGH (Fn. 154) WM 1991, 283, 284.
[156] BGH Urt. v. 14. 7. 1986 – II ZR 249/85, WM 1986, 1384, 1385 = GmbHR 1986, 425.
[157] Hierauf weist MünchHdbBGB/*Piehler/Schulte* § 76 RdNr. 60 zu Recht hin.
[158] Zutreffend MünchHdbBGB/*Piehler/Schulte* § 75 RdNr. 24.
[159] BGH Urt. v. 17. 11. 1980 – II ZR 242/79, BB 1981, 1128, 1129; OLG Zweibrücken Beschl. v. 9. 3. 1995 – 3 W 133 und 145/92, WM 1995, 980, 982; WP-Handbuch 2002 Bd. II RdNr. A 81 ff.; MünchHdbBGB/*Piehler/Schulte* § 75 RdNr. 27; MünchKommHGB/*K. Schmidt* RdNr. 146.
[160] BGH Urt. v. 17. 1. 1973 – IV ZR 142/70, DB 1973, 563, 565; OLG Zweibrücken (Fn. 159) WM 1995, 980, 982; *Großfeld* S. 59 ff.; Baumbach/*Hopt* Einl. v. § 1 RdNr. 36.

rückblickend eine irgendwie geartete Kausalkette bis vor den Stichtag zurückverfolgen lässt".[161] Vielmehr muss es zumindest denkbar erscheinen, dass die der Allgemeinheit erst später zugänglichen Erkenntnisse von Einzelnen bereits am Stichtag erwartet wurden.[162] Vereinbarungen der Gesellschafter, ob und inwieweit nach dem Stichtag eingetretene Entwicklungen bei der Bewertung zu berücksichtigen sind, sind zulässig.[163]

cc) Die Ermittlung des Ertragswerts. Der Unternehmenswert auf der Grundlage der Ertragswertmethode ergibt sich aus der Addition des Barwerts der zukünftigen Erfolge des betriebsnotwendigen Vermögens (= Ertragswert) und des Barwerts des Nettoveräußerungserlöses des nicht betriebsnotwendigen Vermögens, also derjenigen Vermögensgegenstände, die veräußert werden können, ohne dass hiervon die Erfüllung des Sachziels der Unternehmung berührt wird.[164] Die wesentlichen Bestandteile des Ertragswerts sind also die voraussichtlichen Zukunftserträge und die Festlegung des Kapitalisierungszinsfußes zur Barwertermittlung. 75

Theoretisch ist bei der **Ermittlung der Zukunftserfolgswerte** von den Überschüssen der Einzahlungen über die Auszahlungen auszugehen, da nur diese dem Eigentümer des Unternehmens tatsächlich zur Verfügung stehen können. In der Praxis wird jedoch aus Gründen der Praktikabilität im ersten Schritt vom Überschuss der Erträge über die Aufwendungen ausgegangen, da hierfür als Grundlage das betriebliche Rechnungswesen mit der Gewinn- und Verlustrechnung zur Verfügung steht.[165] Aus den Ertragsüberschüssen auf Unternehmensebene sind daran anschließend die letztlich entscheidungsrelevanten Einzahlungsüberschüsse auf Ebene des Anteilseigners abzuleiten. Hier ging die Bewertungspraxis auf der Grundlage der Vorgaben des Standards IDW S1 bislang typisierend davon aus, dass die Erträge vollständig an die Anteilseigner ausgekehrt werden.[166] Die Neufassung dieses Standards vom 18. 10. 2005 hat insoweit zur Berücksichtigung des körperschaftsteuerlichen Halbeinkünfteverfahrens eine **Abkehr von der Vollausschüttungshypothese** gebracht, als nunmehr von der Ausschüttung derjenigen finanziellen Überschüsse auszugehen ist, die nach Berücksichtigung des zum Bewertungsstichtags dokumentierten Unternehmenskonzepts und rechtlicher Ausschüttungsrestriktionen tatsächlich zur Ausschüttung zur Verfügung stehen.[167] Dementsprechend sind also sachgerechte Annahmen über das wahrscheinliche Ausschüttungsverhalten unter Berücksichtigung eventueller Ausschüttungsrestriktionen zu treffen. 76

Die **Prognose der künftigen finanziellen Überschüsse** erfordert eine umfangreiche Informationsbeschaffung und hierauf aufbauend vergangenheits-, stichtags- und zukunftsorientierte Unternehmensanalysen, die durch Plausibilitätsüberlegungen im Hinblick auf ihre Angemessenheit und Widerspruchsfreiheit zu überprüfen sind.[168] Die für die Vergangenheitsanalyse erforderlichen Basisinformationen werden regelmäßig aus den Gewinn- und Verlustrechnungen der vergangenen drei bis fünf Jahre gewonnen, wobei Bereinigungen der Vergangenheitsergebnisse vorzunehmen sind, soweit sie für die Zukunft nicht repräsentativ sind.[169] Zugleich bedarf es der Gewichtung der Ertragsüberschüsse der vergangenen Jahre, um hieraus verlässliche Indikatoren für die Zukunft gewinnen zu können.[170] 77

Auf der Grundlage der Vergangenheitsanalyse sind die künftigen Erträge zu prognostizieren. Die **traditionelle pauschale Methode** beschränkt sich insoweit auf eine mechanische Projektion der vergangenen Ergebnisse in die Zukunft, indem deren gewichteter Durchschnitt auch als in Zukunft nachhaltig zu erzielender Ertrag angenommen wird.[171] Die Einwände gegen eine entsprechende Vorgehensweise liegen auf der Hand;[172] aus Gründen der Praktikabilität wird in der Praxis jedoch noch häufig, insbesondere bei der Bewertung kleiner und mittlerer Unternehmen, von der pauschalen Methode Gebrauch gemacht. Bei methodisch korrekter Vorgehensweise sind die erwarteten 78

---

[161] OLG Düsseldorf Urt. v. 17. 2. 1984 – 19 W 81, DB 1984, 817, 818 = AG 1984, 216; OLG Zweibrücken (Fn. 159) WM 1995, 980, 982; ausführliche, kritische Analyse der Rspr. bei *Piltz* S. 114 ff.
[162] Vgl. WP-Handbuch 2002 Bd. II RdNr. A 83.
[163] *Piltz* S. 114; *Großfeld* S. 63, jeweils mwN.
[164] Ausf. zur Behandlung des nicht-betriebsnotwendigen Vermögens *Behringer* S. 71 f.; *Hüttemann* ZHR 162 (1998), 563, 592 f.; IDW S1, WPg 2005, 1303, 1310, Tz. 67 ff.; *Serf* in Schacht/Fackler, Praxishandbuch, S. 167 f.
[165] Vgl. *Sanfleber* S. 69 ff.; ausf. auch WP-Handbuch 2002 Bd. II RdNr. A 87 ff.
[166] Hierzu WP-Handbuch 2002 Bd. II, RdNr. A 118 ff.; *Piltz* S. 22 f.; *Behringer* S. 78; *Großfeld* S. 68 f. mwN.
[167] Vgl. IDW S1, WPg 2005, 1303, 1308, Tz. 45. Soweit die der Bewertung zugrunde gelegte Unternehmensplanung zwischen Detailplanungsphase und Ewiger Rente unterscheidet (vgl. RdNr. 78), soll in den ersten Planjahren (Detailplanung) die tatsächlich geplante Ausschüttungsquote und in der zweiten Planungsphase (Ewige Rente) von einem der gedachten Alternativanlage eines Aktienportfolios entsprechenden Ausschüttungsverhalten (Marktausschüttungsquote) ausgegangen werden; zu Details vgl. IDW S1, WPg 2005, 1303, 1308, Tz. 46 f.
[168] IDW S1, WPg 2005, 1303, 1310, Tz. 76.
[169] Ausf. *Korth* BB 1992, Beil. 19, 7; *Behringer* S. 79 f.; WP-Handbuch 2002 RdNr. A 167 ff.; *Großfeld* S. 77 ff.
[170] *Großfeld* S. 79.
[171] *Sanfleber* S. 71; *Großfeld* S. 92 f.; . *Piltz* S. 19 f.
[172] Hierzu *Großfeld* S. 92 f.; *Piltz* S. 19 f.

leistungs- und finanzwirtschaftlichen Entwicklungen des Unternehmens unter Berücksichtigung der Markt- und Branchenentwicklung exakt zu analysieren. Hierzu zerlegt die Bewertungspraxis die Zukunft in **verschiedene Phasen:** Für einen Prognosezeitraum von meist drei bis fünf Jahren (Detailplanungsphase) liegen im Regelfall detaillierte, relativ verlässliche Planungen der Aufwendungen und Erträge vor, auf deren Grundlage ein individueller Jahreserfolg bestimmt werden kann.[173] Da eine fundierte Prognose über einen längeren Zeitraum im Regelfall nicht mehr möglich ist, basieren die Planungen für die fernere Phase idR auf mehr oder weniger pauschalen Fortschreibungen der Detailplanungen der näheren Phase.[174] Wegen des trotz Diskontierung starken Einflusses der finanziellen Überschüsse in der zweiten Phase kommt der Überprüfung der Annahmen, die diesen Fortschreibungen zugrunde liegen, eine besondere Bedeutung zu; dies gilt insbesondere im Hinblick auf die erwarteten Rahmenbedingungen des Marktes und des Wettbewerbs.[175]

79 Dennoch bleibt das Prognoseproblem die **Schwachstelle der Ertragswertmethode.**[176] Soweit es im Einzelfall möglich ist, sollte sich die Zukunftsplanung zur Absicherung ihrer Aussagen daher intensiv mit möglichen Szenarien *(best case/base case/worst case)* beschäftigen und diese nach der Wahrscheinlichkeit ihres Eintritts gewichten.[177] Der Rückgriff auf mathematisch-statistische Prognoseverfahren kann im Einzelfall ebenfalls zur Absicherung der Entscheidungsgrundlage beitragen.[178]

80 Im Hinblick auf die **Berücksichtigung von Steuern** bei der Ermittlung des Zukunftsertrags besteht Einigkeit, dass vom Unternehmen selbst geschuldete Ertragsteuern von diesem abzuziehen sind. Dies gilt insbesondere im Hinblick auf die Gewerbesteuer, die die Personengesellschaft als Steuersubjekt belastet und dementsprechend bei der Ermittlung der finanziellen Überschüsse abzuziehen ist.[179] Insoweit gilt es aber die gemäß § 35 EStG bestehende Möglichkeit der Anrechenbarkeit der Gewerbesteuer auf die Einkommensteuer zu beachten; dem soll dadurch Rechnung getragen werden, dass die typisierte Ertragsteuer (s. RdNr. 81) um die Gewerbesteueranrechnung zu kürzen ist.

81 Die Frage, inwieweit auch die **persönlichen Steuern der Gesellschafter** bei der Ertragswertermittlung zu berücksichtigen sind, war demgegenüber Gegenstand heftiger Diskussion in Theorie und Bewertungspraxis.[180] Nach früherer Auffassung war die Berücksichtigung der Einkommensteuer bei der Unternehmensbewertung unüblich, da auch eine gedachte Alternativinvestition mit Einkommensteuer belastet sei; diese Auffassung verstand den Kapitalisierungszinsfuß als Bruttozinsfuß, dh. vor Abzug der Einkommensteuer.[181] Nach neuer Betrachtung ist die Ertragsteuer der Gesellschafter sowohl auf der Ebene der den Eigentümern zufließenden finanziellen Überschüsse als auch auf Ebene des Kapitalisierungszinssatzes zu berücksichtigen; die persönliche Ertragsteuerbelastung der Gesellschafter ist also von den finanziellen Überschüssen abzusetzen und der Bewertung ist ein um entsprechende Steuereffekte verminderter Kapitalisierungszinssatz zugrunde zu legen.[182] Nach Maßgabe der Empfehlung des Arbeitskreises Unternehmensbewertung des Instituts der Wirtschaftsprüfer sowie auf der Grundlage des IDW-Standards S1 soll hierbei im Rahmen der Ermittlung des objektivierten Unternehmenswertes von einem typisierten Steuersatz von 35% auszugehen sein, auch wenn die persönlichen steuerlichen Verhältnisse der Gesellschafter hiervon abweichen.[183] Hierdurch wird vermieden, dass der objektivierte Unternehmenswert von individuell verschiedenen Steuersätzen auf Grund unterschiedlicher Einkommensverhältnisse der Gesellschafter abhängig gemacht wird.

82 Ebenfalls umstritten ist, ob bei der Ermittlung der Zukunftserträge die **Art der Finanzierung** der Abfindung zu berücksichtigen ist. Richtigerweise ist dies zu verneinen, da andernfalls der Ausscheidende sein Ausscheiden teilweise selbst finanzieren würde.[184]

---

[173] Vgl. WP-Handbuch 2002 Bd. II RdNr. A 182 ff.; *Serf* in Schacht/Fackler, Praxishandbuch, S. 162; *Korth* BB 1992, Beil. 19, 7.
[174] Vgl. IDW S1, WPg 2005, 1303, 1311, Tz. 86 f.
[175] Ausf. *Großfeld* S. 94 f.; IDW S1, WPg 2005, 1303, 1311, Tz. 87; die Notwendigkeit, die Fortschreibung der Überschüsse der ersten Phase durch hinreichende Plausibilitätsüberlegungen zu unterlegen, betonend auch WP–Handbuch 2002 Bd. II RdNr. A 184.
[176] Ausf. zur Prognoseproblematik *Ballwieser*, Unternehmensbewertung und Komplexitätsreduktion, 3. Aufl., 1990; *Bretzke*, Das Prognoseproblem bei der Unternehmensbewertung, 1975; *Korth* BB 1992, Beil. 19, 8.
[177] *Großfeld* S. 96 f. *Sanfleber* S. 73.
[178] Ausf. hierzu WP-Handbuch 2002 Bd. II RdNr. A 188 ff.; *Korth* BB 1992, Beil. 19, 8.
[179] Vgl. nur *Piltz* S. 24; *Großfeld* S. 100; WP-Handbuch 2002 Bd. II RdNr. A 221.
[180] Ausf. WP-Handbuch 2002 Bd. II RdNr. A 217 ff.
[181] So insbesondere noch die frühere Stellungnahme des Hauptfachausschusses des Instituts der Wirtschaftsprüfer zur Unternehmensbewertung St/HFA 2/1983 WPg 1983, 468, 477; *Piltz* S. 25; *Großfeld* S. 101 f. mwN.
[182] Vgl. u. a. *König/Zeidler* DStR 1996, 1098, 1101; *Kruschwitz/Löffler* DB 1998, 1041, 1042; *Siepe* WPg 1997, 1, 37; *Ballwieser*, FS Schneider, 1995, S. 17.
[183] Vgl. IDW S1, WPg 2005, 1303, 1309, Tz. 53; WP-Handbuch 2002 Bd. II RdNr. A 219.
[184] Ebenso *Großfeld* S. 91; MünchHdbBGB/*Piehler/Schulte* § 75 RdNr. 29; aA *Neuhaus* S. 97 ff.

Gemäß der dynamischen Investitionsrechnung werden die zukünftigen Erfolge des zu bewertenden Unternehmens mittels des Kapitalisierungszinssatzes auf den Bewertungsstichtag abgezinst, so dass sich **der Ertragswert als Barwert der Zukunftserfolge** darstellt.[185] Hierbei wird regelmäßig der landesübliche Zinssatz einer (quasi-)risikofreien Kapitalmarktanlage als Basiszinsfuß zugrunde gelegt, wobei aus der Sicht des Bewertungsstichtages auf die dauerhafte Verzinsung abzustellen ist, da ein Stichtagszins die aktuelle Kapitalmarktentwicklung und Geldmarktpolitik widerspiegeln und dem Anleger keinen langfristigen Ausgleich gewährleisten würde. In der Praxis wird der langfristige Kapitalisierungszinssatz regelmäßig in Höhe des langfristigen Durchschnitts der Umlaufrenditen für öffentliche Anleihen (risikofreie Kapitalmarktanlage) vor dem Bewertungsstichtag ermittelt.[186] Nach Maßgabe des IDW-Standards kann der Ermittlung des Basiszinses für ein Unternehmen mit zeitlich unbegrenzter Lebensdauer vereinfachend die Rendite öffentlicher Anleihen mit langen Restkaufzeiten zugrunde zu legen; ist ausnahmsweise von einer zeitlich begrenzten Lebensdauer des Unternehmens auszugehen, soll ein für die betreffende Frist geltender Zinssatz heranzuziehen sein.[187] Die aktuellen Zinssätze 10 jähriger Staatsanleihen der Länder der EURO-Zone liegen derzeit bei ca. 3,2%; dieser Wert dürfte aus Sicht der Praxis eine gute Indikation für den risikolosen Zinssatz darstellen, der der Bewertung eines Unternehmens aus dem EURO-Raum als Basiszinsfuß zugrunde zu legen ist.[188] Der auf diese Weise festgelegte Basiszinssatz ist regelmäßig um einen Risikozuschlag zu erhöhen (s. sogleich) und um persönliche Ertragsteuern zu vermindern (vgl. RdNr. 81 mwN).

Dem im Vergleich zu einer sicheren Kapitalmarktinvestition höheren Risiko der unternehmerischen Investition wird ganz überwiegend durch einen entsprechenden **Risikozuschlag auf diesen Basiszinsfuß** Rechnung getragen (Risikozuschlagsmethode).[189] Dieser Risikozuschlag hat zum einen das operative Risiko aus der Art der betrieblichen Tätigkeit, aber auch das durch den Verschuldungsgrad des Unternehmens bestimmte Kapitalstrukturrisiko abzudecken.[190] Als grober Anhaltspunkt für die Höhe des Risikozuschlags wird häufig die Differenz zwischen dem Basiszinssatz und der banküblichen Verzinsung von Großkrediten genommen.[191] Nach Maßgabe des insoweit überarbeiteten Standards IDW S1 ist der Risikozuschlag unter Rückgriff auf am Markt beobachtete Risikoprämien zu bestimmen, wobei von einem Aktienportfolio als Alternativanlage ausgegangen werden soll. Eine solche marktgestützte Ermittlung des Risikozuschlags soll auf der Grundlage von am Kapitalmarkt empirisch ermittelten Aktienrenditen mit Hilfe von Kapitalmarktpreisbildungsmodellen wie dem Capital Asset Pricing-Modell (CAPM) oder dem Tax-CAPM erfolgen (zu diesen Modellen vgl. ausf. RdNr. 94).[192]

In der Rspr. wird die Frage, inwieweit der Basiszinssatz um Risikozuschläge zu erhöhen ist, jedoch nicht immer einheitlich beantwortet. Häufig wird ein Zuschlag für allgemeine, nicht hingegen für spezielle, bei der Planung der finanziellen Überschüsse zu berücksichtigende Unternehmensrisiken anerkannt;[193] diese Tendenz verfestigt sich in der Rspr.[194] Allerdings wird diese Unterscheidung in der Betriebswirtschaftslehre wegen der Schwierigkeit einer nachvollziehbaren Aufteilung des Risikos in spezielle, bei der Planung der finanziellen Überschüsse zu berücksichtigende Faktoren und generellen Risiken kritisch betrachtet; dementsprechend wird empfohlen, das Unternehmerrisiko (sowohl genereller als auch unternehmensspezieller Art) ausschließlich im Kapitalisierungszinssatz zu erfassen.[195]

---

[185] Ausf. zur Bestimmung des Kapitalisierungszinsfußes *Ballwieser* BFuP 1981, 97; *Großfeld* S. 114 ff ff.; *Serf* in Schacht/Fackler, Praxishandbuch, S. 171 ff.

[186] Vgl. nur WP-Handbuch 2002 Bd. II, RdNr. A 292 f.; *Piltz* S. 27; *Korth* BB 1992, Beil. 19, 11; aus der Rspr. vgl. BGH (Fn. 147) NJW 1982, 575, 576; OLG Düsseldorf Urt. v. 7. 6. 1990 – 19 W 13/86, AG 1990, 490, 494 = ZIP 1990, 1333.

[187] IDW S1, WPg 2005, 1303, 1315, Tz. 127.

[188] *Pankoke/Petersmeier* in Schacht/Fackler, Praxishandbuch, S. 110.

[189] Vgl. nur *Behringer* S. 73; *Piltz/Wissmann* NJW 1985, 2673, 2679; *Knoll* DStR 2007, 1053; WP-Handbuch 2002 Bd. II RdNr. A 291 ff.; *Großfeld* S. 122 ff.; Baumbach/Hopt Einl. v. § 1 RdNr. 36.

[190] IDW S1, WPg 2005, 1303, 1315, Tz. 99.

[191] IdS BayObLG Beschl. v. 19. 10. 1995 – 3 ZBR 17/90, BB 1996, 259, 260 f. = AG 1996, 176.

[192] Ausf. IDW S1, WPg 2005, 1303, 1315, Tz. 128 ff.; eine detailliertere Erläuterung der Kapitalmarktpreisbildungsmodelle CAPM und Tax-CAPM hinsichtlich der Anwendungsmöglichkeiten zur Ableitung des Kapitalisierungszinsfußes bei der Unternehmensbewertung findet sich im Anhang der IDW-Stellungnahme.

[193] BGH Urt. v. 13. 3. 1978 – II ZR 142/76, NJW 1978, 1316, 1319 = WM 1978, 401 (Kali + Salz, Zuschlag von 50% auf den Basiszinssatz; in BGHZ 71, 40 insoweit nicht abgedruckt); BGH Urt. v. 9. 5. 1968 – IX ZR 190/66, MDR 1968, 837 (Zuschlag von 3% für das besondere Risiko des Kapitaleinsatzes); ausf. Darstellung der Rspr. zur Frage des Risikozuschlags bei OLG Stuttgart (Fn. 140) NZG 2007, 112, 117.

[194] Vgl. BayObLG (Fn. 191) BB 1996, 259, 261; OLG Düsseldorf Beschl. v. 12. 2. 1992 – 19 W 3/91, AG 1992, 200, 204; LG Frankfurt Beschl. v. 16. 5. 1984 – 3/3 AktE 144/80, AG 1985, 58, 59; weitere Nachw. zur Rspr. in WP-Handbuch 2002 Bd. II RdNr. A 297.

[195] Vgl. IDW S1, WPg 2005, 1303, 1312, Tz. 98; WP-Handbuch 2002 Bd. II RdNr. A 209, 297; mwN; anders noch St/HFA 2/1983 WPg 1983, 468, 471.

Vereinzelt ist ein Risikozuschlag auch mit der Begründung abgelehnt worden, dass sich Risiken und Chancen gleichwertig gegenüber stünden;[196] eine Begründung, die allerdings wegen der fehlenden Trennung zwischen der Ungewissheit der Zukunftsprognose und der Risikoeinstellung des Investors nicht überzeugen vermag.[197]

86 Hinsichtlich der Frage, inwieweit **Abschläge vom Kapitalisierungszinssatz für das Inflationsrisiko** vorzunehmen sind, ist zu berücksichtigen, dass beide Determinanten des Unternehmenswertes, dh. Kapitalisierungszinsfuß und Ertrag, in der Regel inflationären Entwicklung ausgesetzt sind. Eine einseitige Berücksichtigung des Inflationsrisikos nur beim Kapitalisierungszinsfuß – etwa durch pauschale Abschläge von diesem – ist daher grundsätzlich nicht vertretbar (Homogenitätsprinzip). Der Geldentwertungsabschlag ist daher nur von Bedeutung, wenn der Bewertung um die Inflationswirkungen korrigierte Überschüsse zugrunde gelegt werden. Setzt man die Überschüsse hingegen – wie heute gebräuchlicher – mit nominalen Steigerungsraten unter Berücksichtigung der geschätzten künftigen Inflation an, so verliert die Frage eines Abschlags für Geldentwertung an Relevanz.[198] Die Rspr. hat einen Geldentwertungsabschlag vom Kapitalisierungszinssatz dann als erforderlich angesehen, wenn die Unternehmensergebnisse voraussichtlich weniger nachteilig von der Inflation betroffen werden als die Zinsen aus öffentlichen Anleihen.[199] Dies sei beim Bestehen hoher Verbindlichkeiten der Fall, da diese auf Grund der Inflation vermindert würden.

87 In der Bewertungspraxis kommt der Wahl des Kapitalisierungszinssatzes naturgemäß eine ausschlaggebende Bedeutung zu; bereits kleine Änderungen in seiner Höhe haben erhebliche Auswirkungen auf den Unternehmenswert.[200] Dementsprechend bildet seine Festsetzung häufig den Hauptstreitpunkt bei der Bewertung, wie die verfügbaren Gerichtsentscheidungen belegen.[201]

88 Der **Liquidationswert** bleibt im Rahmen des Ertragswertverfahrens in zweifacher Hinsicht von Bedeutung. Zum einen ist das nicht-betriebsnotwendige Vermögen bei der Ermittlung des Ertragswerts mit dem Liquidationswert zu bewerten, dh. mit dem (abgezinsten) Netto-Veräußerungserlös zu berücksichtigen.[202] Zum anderen bildet der Liquidationswert die Untergrenze für die Bemessung der Abfindung, was etwa bei ertragsschwachen oder verlustbringenden Gesellschaften von Bedeutung sein kann.[203] In der Bewertungspraxis reicht hierbei in aller Regel eine überschlägige Ermittlung des Liquidationswerts aus, wenn dieser offensichtlich deutlich unter dem Zukunftserfolgswert liegt.[204]

89 Besonderheiten sind bei der **Ermittlung eines objektivierten Ertragswerts kleiner und mittlerer Unternehmen** zu berücksichtigen.[205] Dies gilt zunächst im Hinblick auf die Abgrenzung des Bewertungsobjektes, dh. im Hinblick auf die Abgrenzung von betrieblicher und privater Sphäre, da häufig wesentliche Betriebsgrundlagen (zB Grundstücke) im Privatvermögen gehalten werden (steuerliches Sonderbetriebsvermögen). Diese sind entweder in die zu bewertende Vermögensmasse einzubeziehen oder anderweitig (zB durch Berechnung von Miet-, Pacht- oder Lizenzzahlungen) zu berücksichtigen.[206] Sofern die Höhe der künftigen Erträge maßgeblich vom persönlichen Engagement und den persönlichen Kenntnissen, Fähigkeiten und Beziehungen der Eigentümer abhängig ist, ist dies weiterhin als Managementfaktor durch die Zuerkennung eines angemessenen Unternehmerlohns im Rahmen der Ermittlung der zukünftigen Einnahmeüberschüsse zu berücksichtigen.[207] Als

---

[196] So etwa OLG Celle Urt. v. 4. 4. 1979 – 9 Wx 2/77, DB 1979, 1031, 1032; OLG Zweibrücken (Fn. 159) WM 1995, 980, 984.
[197] Zu Recht Kritik bei WP-Handbuch 2002 Bd. II RdNr. 297; *Aha* AG 1997, 26, 33; ebenso *Großfeld* S. 126 f.
[198] Vgl. *Großfeld* S. 146 ff.; IDW S1, WPg 2005, 1303, 1313, Tz. 103.
[199] BayObLG (Fn. 191) BB 1996, 259, 261; OLG Zweibrücken (Fn. 159) WM 1995, 980, 984; LG Frankfurt Beschl. v. 19. 12. 1995 – 3–03 O 162/88, AG 1996, 187, 189; ausführliche Darstellung bei *Aha* AG 1997, 26, 32; vgl. auch *Seetzen* WM 1994, 45, 48 (zum aktienrechtlichen Spruchstellenverfahren) sowie *Serf* in Schacht/Fackler, Praxishandbuch S. 177, der auf die in der Praxis übliche Abschläge zwischen 0,5 und 1% für inflations- und mengenbedingtes Wachstum verweist.
[200] Vgl. *Korth* BB 1992, Beil. 19, 11.
[201] Ausf. Zusammenstellung bei *Piltz* S. 361 ff.
[202] Ausf. WP-Handbuch 2002 Bd. II RdNr. A 283 ff.
[203] Vgl. BGH Urt. v. 13. 3. 2006 – II ZR 295/04, DStR 2006, 1005, 1006 = NZG 2006, 425 = WM 2006, 776 (offen lassend, ob dies stets oder „jedenfalls unter bestimmten Voraussetzungen" gilt); BGH (Fn. 193) BGHZ 71, 40, 52; BGH Urt. v. 17. 3. 1982 – IVa ZR 27/81, NJW 1982, 2497, 2498; BayObLG Beschl. v. 31. 5. 1995 – 3 Z BR 167/89, BB 1995, 1795, 1796; LG Frankfurt (Fn. 194) AG 1985, 58; *Wiedemann* WM 1992, Beil. 7, 39; *Behringer* S. 69; *Piltz/Wissmann* NJW 1985, 2673, 2674; *Großfeld* S. 203 ff.; *Hüttemann* ZHR 162 (1998), 563, 585 mwN auch zu abweichenden Stellungnahmen.
[204] WP-Handbuch 2002 Bd. II RdNr. A 345.
[205] Ausf. hierzu IDW S1, WPg 1303, 1318 f., Tz. 164 ff.; vgl. auch WP-Handbuch 2002 Bd. II RdNr. A 360 ff.; *Niehues* BB 1993, 2241; zur Rspr. vgl. *Piltz* S. 243 ff.
[206] IDW S1, WPg 2005, 1303, 1318, Tz. 167.
[207] IDW S1, WPg 2005, 1303, 1318, Tz. 170.

Anhaltspunkt soll hierbei die Vergütung dienen, die ein nicht am Unternehmen beteiligter Geschäftsführer erhalten würde.[208]

Weiterhin erfordern der eingeschränkte Eigentümerkreis, die fehlenden Möglichkeiten der Risikodiversifikation sowie die Illiquidität von Beteiligungen an kleinen und mittleren Unternehmen. Anpassungen, um dem Umstand Rechnung zu tragen, dass die kapitalmarktorientierte Ermittlung des Unternehmenswerts (vgl. RdNr. 84 und 94) ausschließlich systematische Risiken vergütet. Solche Anpassungen sind einzelfallabhängig entweder bei der Schätzung der Erträge oder durch Abschläge vom ermittelten Wert zu berücksichtigen, während pauschale Wertabschläge im Sinne eines *small company discount* oder pauschale Erhöhungen des kapitalmarktorientiert ermittelten Risikozuschlags als problematisch anzusehen sind. Grundsätzliche Probleme bei der Bewertung kleiner und mittlerer Unternehmen resultieren ferner aus dem Umstand, dass dem Bewerter oft nur eingeschränkte Informationsquellen zur Verfügung stehen. Insbesondere für den Fall, dass als Grundlage für die Bereinigung der Vergangenheitsergebnisse keine geprüften Jahresabschlüsse vorliegen, muss sich der Gutachter auf andere Weise von der Glaubwürdigkeit der ihm zur Verfügung gestellten Basisdaten überzeugen. Bei der Ergebnisanalyse ist auch die in vielen Fällen zu beobachtende Ausrichtung der Jahresabschlüsse kleiner und mittlerer Unternehmen an steuerlichen Vorgaben und Zielen zu berücksichtigen. Schwierigkeiten bei der Bewertung kleiner und mittlerer Unternehmen bereitet schließlich die häufig **fehlende oder nicht dokumentierte Unternehmensplanung,** die den Bewerter meist darauf beschränkt, auf Grund der Vergangenheitsanalyse sowie der allgemeinen Vorstellungen über die künftige Entwicklung des Unternehmens eine Ertragsvorschau zu erstellen.[209] Insbesondere bei kleinen und mittleren Unternehmen wird daher in der Praxis häufig auf vereinfachte Methoden der Preisfindung zurückgegriffen, indem etwa Ergebnismultiplikatoren oder umsatzbezogene Multiplikatoren angewendet werden. Derartige vereinfachte Preisfindungen können auch Anhaltspunkte für eine Plausibilitätskontrolle der Ergebnisse liefern, die sich bei einer Bewertung unter Zugrundelegung der Ertragswertmethode ergeben.[210]

Im internationalen Kontext gebräuchlicher als die Ertragswertmethode sind die auf dem Shareholder Value-Ansatz[211] aufbauenden **Discounted Cash Flow-Verfahren.** Sie beruhen auf der gleichen konzeptionellen Grundlage wie die Ertragswertverfahren, da in beiden Fällen der Barwert zukünftiger finanzieller Überschüsse ermittelt wird (Kapitalwertkalkül).[212] Neben der Ertragswertmethode stellt die Discounted Cash Flow-Methodik eines der beiden vom IDW als geeignet anerkannten Verfahren zur Bewertung von Unternehmen dar.[213] Die Rspr. hat sich, soweit ersichtlich, zumindest im Rahmen von § 738 BGB noch nicht mit dieser Form der Unternehmensbewertung auseinandergesetzt.

Die DCF-Methode existiert in unterschiedlichen Varianten.[214] Am gebräuchlichsten ist der sog. Brutto-Ansatz *(entity approach),* bei welchem der Wert des Eigenkapitals eines Unternehmens, der Unternehmenswert im engeren Sinne, als Differenz aus dem Marktwert des Gesamtkapitals und dem Wert des Fremdkapitals ermittelt wird. Vereinfacht vollzieht sich die Bestimmung des Unternehmenswerts hierbei in vier Schritten: Der Planung der zukünftigen Einnahmeüberschüsse, der Bestimmung des Diskontierungsfaktors in Anlehnung an das Capital Asset Pricing-Modell unter Berücksichtigung des branchenspezifischen Risikos,[215] der Berechnung des Barwerts der *free cash flows* und der Ermittlung des Werts des Eigenkapitals.[216]

---

[208] WP-Handbuch 2002 Bd. II RdNr. A 367; *Piltz* S. 23.
[209] Ausf. IDW S1, WPg 2005, 1303, 1319, Tz. 172 f.; WP-Handbuch 2002 Bd. II RdNr. A 369 f.
[210] IDW S1, WPg 2005, 1303, 1319, Tz. 174 ff.
[211] Hierzu grundlegend *Rappaport,* Creating Shareholder Value: A Guide for Managers and Investors, 2. Aufl. 1998; *Copeland/Koller/Murrin,* Valuation – Measuring and Managing the Value of Companies, 3. Aufl. 2000; *Bühner,* Das Management-Wert-Konzept: Strategien zur Schaffung von mehr Wert im Unternehmen, 1990. Ausführliche Darstellung und Würdigung der betriebswirtschaftlichen Diskussion des Shareholder Value-Ansatzes bei *Ballwieser,* FS Moxter, 1994, S. 1377, 1389 ff.
[212] Vgl. *Sieben,* FS Havermann, 1995, S. 714, 715; Zahlenmaterial bei *Peemöller/Bömelburg/Denkmann* WPg 1994, 741; *Pellens/Rockholtz/Stienemann* DB 1997, 1933, 1935.
[213] IDW S1 WPg 2005, 1303, 1313, Tz. 110, 134 ff.
[214] Zu den einzelnen Varianten der DCF-Methode ausf. *Ballwieser* WPg 1995, 119, 121 ff.; *ders.,* FS Moxter, Düsseldorf, 1994, 1378, 1383; *Barthels* DStR 1995, 343, 348; Tz. 134 ff. IDW S1, WPg 2005, 1303, 1313. Tz. 134 ff.; WP-Handbuch Bd. II 2002 RdNr. A 304 ff.
[215] Zur Verwendung des Capital Asset Pricing-Modells im Zusammenhang mit der Bestimmung der Kapitalkosten *Pankoke/Petersmeier* in Schacht/Fackler, Praxishandbuch, S. 107 ff.; ausführliche Darstellung des theoretischen Hintergrunds dieses Modells bei *Baetge/Niemeyer/Kümmel* in Praxishandbuch der Unternehmensbewertung, 2001, S. 263, 288 ff. *Franke/Hax,* Finanzwirtschaft des Unternehmens und Kapitalmarkt, 5. Aufl. 2004, S. 351 ff., 387 ff.; ausführliche Nachw. auch bei *Behringer* S. 89.
[216] Ausf. WP-Handbuch 2002 Bd. II RdNr. A 304 ff.; *Sieben,* FS Havermann, 1995, S. 713, 717 ff.

93 Relevante Kapitalisierungsgröße in Form des *free cash flow* sind jene finanziellen Überschüsse, die in einer Periode allen Kapitalgebern des Unternehmens, also Eigentümern und Fremdkapitalgebern, zur Verfügung stehen; maßgeblich sind die finanziellen Überschüsse nach Investitionen und Unternehmenssteuern, jedoch vor Zinsen, sowie nach Veränderungen des Nettoumlaufvermögens.[217] Dieser Zahlungsstrom wird mit dem gewogenen Kapitalkostensatz diskontiert, verstanden als Mittel aus den Renditeforderungen der Eigentümer und der Fremdkapitalgeber, die mit dem jeweiligen Kapitalanteil (zu Marktwerten) gewichtet werden *(weighted average cost of capital)*.[218]

94 Hierbei wird die **Renditeforderung der Eigenkapitalgeber** auf der Grundlage des Capital Asset Pricing-Modells in der Weise ermittelt, dass auf den risikofreien Zinsfuß (Basiszinssatz) ein Risikozuschlag erfolgt, welcher zum einen die Risikoprämie des Marktes für eine Anlage in einem Marktportfolio zum Ausdruck bringt und zum anderen der individuellen Risikolage des zu bewertenden Unternehmens Rechnung trägt. Theoretisch handelt es sich bei diesen Risikozuschlägen um Wahrscheinlichkeitsgrößen; in der Praxis werden sie allerdings meist aus Vergangenheitsdaten gewonnen.[219] Die Ermittlung der Risikoprämie für das Marktportfolio erfolgt hierbei regelmäßig in der Weise, dass die Rendite aus festverzinslichen Wertpapieren der Rendite gegenüber gestellt wird, die bei Investition in repräsentative Indices (wie zB den die Breite des deutschen Aktienmarkts repräsentierenden CDAX) zu erreichen gewesen wäre.[220] Die besondere Risikolage des zu bewertenden Unternehmens wird durch den β-Faktor erfasst, welcher das Maß der Volatilität im Vergleich zur erwarteten Rendite des Marktportfolios zum Ausdruck bringt.[221] Im Ergebnis ergibt sich für die Ermittlung der Eigenkapitalkosten somit folgende Formel: $r^{EK} = i + \beta * (rM - i)$.[222] Das Tax-CAPM unterscheidet sich von dem CAPM-Standardmodell hinsichtlich der Berücksichtigung persönlicher Ertragsteuern auf die durch die Modelle zu erklärenden Kapitalmarktrenditen. Während persönliche Ertragsteuern im CAPM-Standardmodell keine Berücksichtigung finden und die Portfoliorendite allein durch die Summe aus risikolosem Basiszinssatz und Marktrisikoprämie erklärt wird, setzt sie sich im Tax-CAPM zusammen aus dem um die Besteuerungswirkungen modifizierten risikolosen Zinssatz, eine um Besteuerungswirkungen beeinflusste Marktrisikoprämie sowie die Steuerlast auf Dividenden, um auf diese Weise die unterschiedliche Besteuerung von Zinseinkünften, Dividenden und Kursgewinnen abbilden zu können.[223]

95 Bei der Ermittlung der **Kapitalkosten der Fremdkapitalgeber** ist darauf abzustellen, welcher Zins unter aktuellen Marktbedingungen für die Aufnahme von Fremdkapital mit vergleichbarem Risiko zu zahlen wäre. Die in der Vergangenheit vereinbarten Zinssätze können hierfür als Indikatoren herangezogen werden, sofern sich das zu bewertende Unternehmen zu vergleichbaren Konditionen refinanzieren kann.[224] Da der Zinsaufwand steuerlich abzugsfähig ist, verringern sich die Fremdkapitalkosten vor Steuern entsprechend *(tax shield)*, wobei zu beachten ist, dass Zinsen für Dauerschulden bei der Gewerbesteuer nur hälftig abzugsfähig sind.

96 In der methodischen Vorgehensweise unterscheidet sich die Ermittlung des Unternehmenswertes unter Zugrundelegung des DCF-Ansatzes von der Ertragswertmethode insbesondere durch die Anknüpfung an *free cash flows* sowie durch die Heranziehung der gewogenen durchschnittlichen Kapitalkosten zur Ermittlung des Diskontierungsfaktors, während die Anknüpfung an das Capital Asset Pricing-Modell zur Berücksichtigung des Risikos nunmehr zumindest in der Neufassung des Standards IDW S1 für beide Verfahren prägend ist.[225] Die DCF-Methode und das Ertragswertverfahren beruhen mit dem Kapitalwertkalkül auf derselben konzeptionellen Grundlage und sollten bei gleichen Bewertungsannahmen und -vereinfachungen zu gleichen Unternehmenswerten führen.[226] Vorteile im Vergleich zum Ertragswertverfahren weist die DCF-Methode insbesondere insoweit auf, als die Bewertung durch die Anknüpfung an den *cash flow* bilanzpolitischen Spielräumen und Gestal-

---

[217] Zur Ermittlung dieses Zahlungsstroms vgl. WP-Handbuch 2002 Bd. II RdNr. A 311 ff.; *Sieben*, FS Havermann, 1995, S. 713, 718; *Bühner/Weinberger* BFuP 1991, 187, 191; *Ballwieser* WPg 1995, 119, 121; IDW S1, WPg 2005, 1303, 1316, Tz. 137 f.; *Blaschke* in Schacht/Fackler, Praxishandbuch, S. 79 ff.

[218] Ausf. *Ballwieser* WPg 1995, 119, 121; *Großfeld/Egert*, FS Ludewig, 1996, S. 366, 371 ff.

[219] Vgl. *Ballwieser* WPg 1995, 119, 123; *ders.*, FS Moxter, 1994, S. 1377, 1385; WP-Handbuch 2002 Bd. II RdNr. A 329.

[220] *Großfeld/Egert*, FS Ludewig, 1996, S. 366, 371; *Schacht/Fackler* in Schacht/Fackler, Praxishandbuch, S. 194.

[221] Ausf. *Ballwieser* WPg 1995, 119, 123; *Schacht/Fackler* in Schacht/Fackler, Praxishandbuch, S. 194; *Großfeld/Egert*, FS Ludewig, 1996, S. 366, 372 ff.

[222] r^{EK} = Eigenkapitalkosten; i = risikoloser Basiszinssatz; β = unternehmensindividuelles Risiko; rM = Erwartungswert der Rendite des Marktportfolios.

[223] Vgl. IDW S1 (Anhang), WPg 2005, 1303, 1321.

[224] *Pankoke/Petersmeier* in Schacht/Fackler, Praxishandbuch, S. 123 f.

[225] Systematische Darstellung der Unterschiede beider Verfahren bei *Behringer* S. 98; *Ballwieser* WPg 1995, 119, 124; *Sieben*, FS Havermann, 1995, S. 713, 721.

[226] *Sieben*, FS Havermann, 1995, S. 713, 716; *Drukarczyk* WPg 1995, 329.

Auflösungsgründe 97–99 § 131

tungen entzogen wird. Gerade **im Bereich der Bewertung kleiner und mittlerer Unternehmen** erweist sich jedoch die Ermittlung des für die Berechnung des systematischen Risikos erforderlichen β-Faktors als problembehaftet. Während bei börsennotierten Unternehmen der β-Faktor aus einer Regression zwischen den Aktienrenditen der zu bewertenden Gesellschaft und der Rendite des jeweiligen Index ermittelt werden kann, bedarf es bei fehlender Börsennotierung des subjektivierenden Rückgriffs auf die β-Faktoren ähnlicher Unternehmen oder auf Branchen-Betas.[227] Selbst wenn diese Problematik gelöst werden kann, bestehen weitere Einwände gegen die Verwendung des Capital Asset Pricing-Modells als Instrument zur Risikomessung bei kleinen und mittleren Unternehmen;[228] dementsprechend bedarf eine Anwendung des Bewertungskonzepts auf die Bestimmung der Abfindung eines ausscheidenden Personengesellschafters der kritischen Analyse im Einzelfall.[229]

dd) Anteilsbewertung. Der Wert des Gesellschaftsanteils wird nach hM im Wege der sog. **indirekten Methode** quotal aus dem Gesamtwert abgeleitet;[230] hierfür spricht bereits der Wortlaut von § 738 Abs. 2 BGB („Wert des Gesellschaftsvermögens"). Demgegenüber ist der Anteilswert nach der direkten Methode „isoliert", ohne Rücksicht auf den Gesamtwert, als Barwert der dem Anteilseigner aus seinem Anteil zukünftig zufließenden Zahlungsströme zu ermitteln.[231] 97

Die Ermittlung des quotalen Unternehmenswerts ist jedoch nur der erste Schritt der Prüfung. An ihn schließt sich die Frage an, ob und ggf. inwieweit der konkreten gesellschaftsrechtlichen Stellung des Gesellschafters, zB unter Berücksichtigung von unterschiedlichen Herrschaftsrechten (Mehrheits- oder Minderheitsbeteiligung), Veräußerungsbeschränkungen etc., durch **pauschale Zu- oder Abschläge auf den quotalen Anteilswert** Rechnung zu tragen ist. Während es in der Bewertung von Anteilen für die Zwecke des Kaufs oder Verkaufs gängige Praxis ist, unterschiedliche Herrschaftsrechte über einen Paketzuschlag oder einen Minderheitsabschlag zu berücksichtigen, soll dies nach hM für Abfindungen an ausscheidende Gesellschafter nicht gelten, wobei zur Begründung insbesondere auf den gesellschaftsrechtlichen Gleichbehandlungsgrundsatz verwiesen wird.[232] Ebenso wenig wird die unterschiedlich ausgestaltete Herrschaftsmacht von Komplementären und Kommanditisten berücksichtigt.[233] Unterschiedliche Vermögensrechte, zB ein vom quotalen Anteilswert abweichender Gewinnverteilungsschlüssel, sind demgegenüber als wertbildende Faktoren in die Bewertung einzubeziehen und durch entsprechende Zu- oder Abschläge zu berücksichtigen.[234] 98

c) Das Prinzip der Gesamtabrechnung. Die §§ 738–740 BGB beruhen auf dem Prinzip der Gesamtabrechnung: Der Abfindungsanspruch stellt demnach das Ergebnis einer zwischen der Gesellschaft und dem ausscheidenden Gesellschafter stattfindenden Abrechnung über sämtliche wechselseitigen Ansprüche dar. Die bis zum Abrechnungsstichtag entstandenen, der Abfindung zugrunde liegenden Einzelansprüche (zB Einlageforderungen der Gesellschaft oder Darlehensansprüche im Zusammenhang mit dem Gesellschaftsverhältnis) können nicht selbständig im Wege der Leistungsklage geltend gemacht werden; sie werden vielmehr – wie bei der Gesamtabrechnung im Rahmen der Liquidation der Gesellschaft (vgl. die Kommentierung zu § 155) – **zu unselbständigen Abrechnungsposten.**[235] Möglich ist es hingegen, dass bestimmte Punkte, hinsichtlich derer im Rahmen der Gesamtabrechnung Streit besteht, im Wege der Feststellungsklage zur Klärung gebracht werden; eine unzulässige Leistungsklage wird regelmäßig auch das Begehren einer solchen Feststellung enthalten.[236] 99

---

[227] *Pankoke/Petersmeier* in Schacht/Fackler, Praxishandbuch. S. 118 ff.; *Behringer* S. 95; *Ballwieser* WPg 1995, 119, 124; *ders.*, FS Moxter, 1994, S. 1377, 1398.
[228] Ausf. *Behringer* S. 96.
[229] Zurückhaltend auch *Großfeld/Egert,* FS Ludewig, 1996, S. 366, 381.
[230] BGH (Fn. 140) ZIP 2002, 1144, 1149; BGH (Fn. 117) II ZR 58/91, GmbHR 1992, 257, 261; BGH Urt. v. 12. 2. 1979 – II ZR 106/78, WM 1979, 432, 433; *Großfeld* S. 32 f.; *Piltz/Wissmann* NJW 1985, 2673, 2679; *Kort* DStR 1995, 1961.
[231] Hierfür *Wagner/Nonnenmacher* ZGR 1981, 674, 677; *Nonnenmacher,* Anteilsbewertung bei Personengesellschaften, 1981, S. 33.
[232] IdS u. a. *Großfeld* S. 30 f.; *Piltz/Wissmann* NJW 1985, 2673, 2680; *Piltz* S. 236 f. mwN aus der Rspr.; kritisch *Neuhaus* S. 129.
[233] *Piltz* S. 237.
[234] *Wagner/Nonnenmacher* ZGR 1981, 674, 675; *Piltz* S. 239 mwN.
[235] Zuletzt BGH Urt. v. 12. 7. 1999 – II ZR 4/98, WM 1999, 1827 f.; BGH Urt. v. 15. 5. 2000 – II ZR 6/99, NZG 2000, 832, 833; vgl. auch BGH Urt. v. 25. 3. 1991 – II ZR 13/90, BGHZ 114, 138, 149 = NJW 1991, 3148; BGH (Fn. 153) V ZR 183/86, BGHZ 103, 72, 77 = NJW 1988, 1375; BGH Urt. v. 10. 4. 1989 – II ZR 158/88, BB 1989, 1217, 1218; BGH Urt. v. 10. 5. 1993 – II ZR 111/92, WM 1993, 1340; BGH Urt. v. 9. 3. 1992 – II ZR 195/90, NJW 1992, 2757, 2758; BGH Urt. v. 7. 6. 1962 – II ZR 204/60, BGHZ 37, 299, 305 = NJW 1968, 1863; Röhricht/Graf von Westphalen/*von Gerkan* RdNr. 36; MünchHdbBGB/*Piehler/Schulte* § 75 RdNr. 40; *Ulmer* § 738 RdNr. 18; Koller/Roth/*Morck* RdNr. 14 sowie § 145 RdNr. 3.
[236] BGH Urt. v. 24. 10. 1994 – II ZR 231/93, ZIP 1994, 1846 = DStR 1994, 1858; BGH (Fn. 235) II ZR 111/92, ZIP 1993, 919, 921 = DStR 1993, 932; BGH (Fn. 235) II ZR 195/90, NJW 1992, 2757, 2758; vgl. auch BGH Urt. v.

100 Das Verbot der isolierten Geltendmachung von Einzelansprüchen, welches auch im Falle des Ausscheidens des vorletzten Gesellschafters einer zweigliedrigen Gesellschaft Anwendung findet,[237] findet seine Begründung darin, dass sich die Frage, ob und in welcher Höhe der Ausscheidende Anspruch auf Zahlung einer Abfindung hat oder ggf. selbst ausgleichspflichtig ist, nur im Rahmen einer Gesamtabrechnung klären lässt.[238] Dementsprechend lässt die Rspr. die Geltendmachung von Teilansprüchen zu, sofern sicher ist, dass der Ausscheidende zumindest eine Abfindung in der geltend gemachten Höhe beanspruchen kann.[239] Hierbei handelt es sich jedoch nicht um eine Klage auf Einzelansprüche, sondern um die Geltendmachung des unstreitigen Teils der Gesamtforderung.[240] Eine echte Ausnahme von dem Prinzip der Gesamtabrechnung bildet demgegenüber die in der Praxis wenig bedeutsame Abrechnung schwebender Geschäfte, die gemäß § 740 BGB gesondert zu erfolgen hat (vgl. RdNr. 106 ff.). Ob Forderungen und Verbindlichkeiten aus sog. Drittgeschäften zwischen der Gesellschaft und dem ausscheidenden Gesellschafter von dem Grundsatz der Gesamtabrechnung auszunehmen sind, ist heftig umstritten. Nach der Rspr.[241] soll dies nicht der Fall sein, wohingegen nach der zutreffenden hM im Schrifttum die gesonderte Geltendmachung derartiger Ansprüche zuzulassen ist.[242]

101 **d) Die Abschichtungsbilanz. aa) Begriff und Bedeutung.** Nach herkömmlicher Auffassung soll die Gesamtabrechnung und somit die Berechnung des Abfindungsanspruchs des ausscheidenden Gesellschafters auf der Grundlage einer Abschichtungsbilanz erfolgen. Diese ist ihrer Natur nach Vermögensbilanz der Gesellschaft und soll die **wahre Vermögenslage des Unternehmens am Stichtag** abbilden.[243] Dementsprechend sollen die Aktiva des Unternehmens mit ihrem wirklichen Wert, unter Auflösung offener oder stiller Reserven und nach Korrektur von Überbewertungen, Eingang in die Abschichtungsbilanz finden; ebenso sind Verbindlichkeiten mit ihrem wahren Wert anzusetzen.[244] Der sich ergebende Wert des Gesellschaftsvermögens soll sodann nach dem maßgeblichen Verteilungsschlüssel rechnerisch auf die Kapitalanteile der Gesellschafter umgelegt werden und derart die Grundlage des Abfindungsanspruchs bilden.[245]

102 **bb) Kritik.** Das Erfordernis einer Abschichtungsbilanz basiert auf einem überkommenen Substanzwertdenken. Ermittelt man den Unternehmenswert nicht anhand des Wertes der einzelnen Wirtschaftsgüter des Unternehmens, sondern auf der Grundlage der Zukunftserträge, so erweist sich die Aufstellung einer Vermögensbilanz als überflüssig.[246] Gleichwohl hält die wohl noch hM auch in diesem Fall an der Notwendigkeit einer Abschichtungsbilanz fest,[247] ohne hierdurch zu abweichenden Ergebnissen zu gelangen. Vielmehr trägt sie einem höheren Ertragswert durch den Ansatz eines entsprechenden Geschäftswertes in der Abschichtungsbilanz Rechnung.[248] Für diese Vorgehensweise wird insbesondere angeführt, dass der Abschichtungsbilanz zugleich die Funktion einer Schlussrechnung zukomme (Status zur Vermögensabschichtung).[249] Jedoch ist zur Durchführung einer solchen Vermögensabschichtung nicht zwingend die Aufstellung einer Abschichtungsbilanz erforderlich. Vielmehr kann zur Berechnung des Abfindungsanspruchs auch auf einfachere Darstellungsformen zurückgegriffen werden kann.[250] Richtigerweise sollte das **Erfordernis einer Abschichtungs-**

---

4. 11. 2002 – II ZR 210/00, DStR 2003, 518 (zur Abrechnung nach Auflösung einer BGB-Gesellschaft); Heymann/*Emmerich* § 138 RdNr. 14; Röhricht/Graf von Westphalen/*von Gerkan* RdNr. 36.
[237] Vgl. BGH (Fn. 235) WM 1999, 1827, 1828.
[238] BGH (Fn. 235) BGHZ 114, 138, 149; MünchHdbBGB/*Piehler/Schulte* § 75 RdNr. 40; *Hörstel* NJW 1994, 2268, 2269.
[239] StRspr.; vgl. nur BGH (Fn. 235) WM 1999, 1827, 1828; BGH (Fn. 235) BGHZ 103, 72, 77; BGH (Fn. 235) BGHZ 37, 299, 305; BGH (Fn. 235) BB 1989, 1217, 1218; BGH (Fn. 235) ZIP 1994, 1846; BGH (Fn. 235) WM 1993, 1340; BGH (Fn. 236) ZIP 1993, 919, 920; BGH (Fn. 236) DStR 2003, 518 (zur Abrechnung nach Auflösung einer BGB-Gesellschaft).
[240] Zutreffend MünchKommHGB/*K. Schmidt* RdNr. 131.
[241] Vgl. BGH Urt. v. 24. 5. 1971 – II ZR 184/68, WM 1971, 931, 932; BGH Urt. v. 20. 10. 1977 – II ZR 92/76, WM 1978, 89, 90; BGH Urt. v. 5. 2. 1979 – II ZR 210/76, WM 1979, 937, 938.
[242] Vgl. etwa *Ulmer* § 730 RdNr. 53; MünchKommHGB/*K. Schmidt* RdNr. 132; Heymann/*Emmerich* § 138 RdNr. 13.
[243] BGH (Fn. 117) BGHZ 17, 130, 136; *K. Schmidt* DB 1983, 2401; MünchHdbBGB/*Piehler/Schulte* § 75 RdNr. 44; *H. Westermann* RdNr. I 1140, 1144; Heymann/*Emmerich* § 138 RdNr. 22; Jauernig/*Stürner* § 740 RdNr. 7; *Michalski* RdNr. 44; *Koller/Roth/Morck* RdNr. 11.
[244] Ausf. *Huber* S. 320 ff.; MünchHdbBGB/*Piehler/Schulte* § 75 RdNr. 44; *Hueck A.* OHG § 29 II 5 a.
[245] Vgl. BGH (Fn. 117) BGHZ 17, 130, 133; MünchHdbBGB/*Piehler/Schulte* § 75 RdNr. 43; Röhricht/Graf von Westphalen/*von Gerkan* RdNr. 33; *Michalski* ZIP 1991, 914.
[246] Ebenso *Piltz* S. 141; *Schulze-Osterloh* ZGR 1986, 546, 552; MünchHdbBGB/*Piehler/Schulter* § 75 RdNr. 44; Beck Hdb. Personengesellschaften/*Sauter* § 7 RdNr. 140 f.
[247] MünchKommHGB/*K. Schmidt* RdNr. 135; *H. Westermann* RdNr. 430 ff.; Röhricht/Graf von Westphalen/*von Gerkan* RdNr. 33; Palandt/*Sprau* § 738 RdNr. 4; Heymann/*Emmerich* § 138 RdNr. 22.
[248] Vgl. nur *Hueck A.* OHG § 29 II 5 a; MünchKommHGB/*K. Schmidt* RdNr. 134.
[249] IdS MünchKommHGB/*K. Schmidt* RdNr. 135 („Funktionswandel der Auseinandersetzungsrechnung").
[250] Zutreffend Beck Hdb. Personengesellschaften/*Sauter* § 7 RdNr. 140 f.; vgl. auch *Neuhaus* S. 47; MünchHdbBGB/*Piehler/Schulte* § 75 RdNr. 44 aE; iE wohl ebenso *Ulmer* § 738 RdNr. 25.

Auflösungsgründe 103–106 § 131

bilanz als Vermögensbilanz daher fallen gelassen und durch eine auf die jeweilige Situation zugeschnittene Abrechnung ersetzt werden,[251] sofern nicht gesellschaftsvertraglich explizit auf eine Substanzbewertung und Abschichtungsbilanz abgestellt wird.[252]

Die nachstehenden Ausführungen zur Ermittlung und Durchsetzung des Abfindungsanspruchs 103 nehmen vor dem Hintergrund der hM noch auf die Notwendigkeit der Aufstellung einer Abschichtungsbilanz Bezug. Sie können aber auch auf jede andere Form der Abrechnung entsprechende Anwendung finden.

cc) Aufstellung. Nach hM haben alle Gesellschafter, einschließlich des Ausgeschiedenen, das 104 Recht, an der Aufstellung der Abschichtungsbilanz bzw. an der Vornahme der Abrechnung mitzuwirken, wobei sie sich der Hilfe von Sachverständigen bedienen können.[253] Mehrere Erben eines Gesellschafters müssen analog § 146 Abs. 1 S. 2 einen gemeinsamen Vertreter bestellen.[254] Das Recht des Ausgeschiedenen zur Einsichtnahme in die entsprechenden Unterlagen ergibt sich nicht mehr aus § 118, wohl aber aus § 810 BGB.[255] Von dem Recht zur Mitwirkung zu unterscheiden ist die Frage, wen die Pflicht zur Aufstellung trifft bzw. gegen wen der **Anspruch auf Aufstellung der Abschichtungsbilanz** bzw. Vornahme der Abrechnung geltend zu machen ist. Nach Maßgabe der Rspr. richtet sich dieser Anspruch gegen diejenigen, die am ehesten hierzu in der Lage sind; dies sollen in der Regel die verbleibenden Gesellschafter und unter ihnen die geschäftsführenden Gesellschafter sein.[256] Da sich der Abfindungsanspruch jedoch gegen die Gesellschaft selbst richtet (vgl. RdNr. 65), sollte man richtigerweise – nicht zuletzt im Hinblick auf die Möglichkeit der Erhebung einer Stufenklage nach § 254 ZPO – diese auch hier als verpflichtet und auch als passiv legitimiert ansehen.[257] Die Vollstreckung des Anspruchs auf Aufstellung der Abfindungsbilanz richtet sich nach § 887 ZPO.[258] Nicht möglich ist es, die Aufstellung der Abschichtungsbilanz dem Prozessgericht zu überantworten; diesem können vielmehr allein bestimmte Streitfragen, über die im Rahmen der Gesamtabrechnung Streit besteht, durch Feststellungsklage zur Entscheidung vorgelegt werden (hierzu bereits RdNr. 99).[259]

dd) Feststellung. Die formelle Feststellung der Abschichtungsbilanz ist nicht Voraussetzung für 105 die Entstehung und richtigerweise auch nicht für die Fälligkeit des Abfindungsanspruchs (vgl. RdNr. 67). Für eine Klage auf Feststellung fehlt dem ausscheidenden Gesellschafter daher das Rechtsschutzbedürfnis. Er kann (und muss) vielmehr unmittelbar auf Zahlung klagen.[260] Wird die Abschichtungsbilanz von den verbleibenden Gesellschaftern und dem ausgeschiedenen Gesellschafter gemeinsam festgestellt, so handelt es sich hierbei um eine vertragliche Einigung, die für alle Beteiligten – vorbehaltlich der Richtigkeit ihrer tatsächlichen Grundlagen – Bindungswirkung entfaltet.[261] Der ausgeschiedene Gesellschafter kann dann unmittelbar die Auszahlung des hierin ausgewiesenen Guthabens verlangen.[262]

e) Beteiligung an schwebenden Geschäften. aa) Der Grundsatz des § 740 BGB. Gemäß 106 § 740 BGB nimmt der Ausgeschiedene an dem Gewinn und Verlust teil, welcher sich aus den zurzeit seines Ausscheidens schwebenden Geschäften ergibt. Die Ansprüche aus § 740 BGB sollen daher bei der Feststellung des Abfindungsguthabens ausscheiden und einer Sonderabrechnung zugeführt wer-

---

[251] IdS Beck Hdb. Personengesellschaften/*Sauter* § 7 RdNr. 140 ff.
[252] Zutreffend MünchHdbBGB/*Piehler/Schulte* § 75 RdNr. 44 aE.
[253] Vgl. *Michalski* ZIP 1991, 914, 916; Baumbach/*Hopt* RdNr. 51; Heymann/*Emmerich* § 138 RdNr. 16; GroßkommHGB/*Schäfer* RdNr. 145 mwN.
[254] BGH Urt. v. 1. 6. 1959 – II ZR 192/58, DB 1959, 760 = NJW 1959, 1491; Heymann/*Emmerich* § 138 RdNr. 16.
[255] BGH Urt. v. 17. 4. 1989 – II ZR 258/88, ZIP 1989, 768, 769; BGH Urt. v. 7. 11. 1957– II ZR 251/56, BGHZ 26, 25, 31 = NJW 1958, 57; Röhricht/Graf von Westphalen/*von Gerkan* § 118 RdNr. 3; Baumbach/*Hopt* RdNr. 52; Heymann/*Emmerich* § 138 RdNr. 16.
[256] BGH (Fn. 254) DB 1959, 760; BGH Urt. v. 23. 11. 1972 – II ZR 97/70, BB 1973, 441; ebenso *H. Westermann* RdNr. I 1149; Koller/Roth/Morck RdNr. 11.
[257] Zutreffend MünchKommHGB/*K. Schmidt* RdNr. 136; Beck Hdb. Personengesellschaften/*Sauter* § 7 RdNr. 145; Baumbach/*Hopt* RdNr. 51; GroßkommHGB/*Schäfer* RdNr. 145; weitergehend Röhricht/Graf von Westphalen/*von Gerkan* RdNr. 34 (Wahlrecht des ausgeschiedenen Gesellschafters).
[258] HM; vgl. Baumbach/*Hopt* RdNr. 57; MünchKommHGB/*K. Schmidt* RdNr. 136.
[259] BGH (Fn. 255) BGHZ 26, 25, 28; *Hörstel* NJW 1994, 2268, 2271; MünchKommHGB/*K. Schmidt* RdNr. 136; RdNr. 49; GroßkommHGB/*Schäfer* RdNr. 149.
[260] *Ulmer* § 738 RdNr. 28, 31; *Schwung* BB 1985, 1374, 1375; Beck Hdb. Personengesellschaften/*Sauter* § 7 RdNr. 146; Koller/Roth/Morck RdNr. 14; Heymann/*Emmerich* § 138 RdNr. 19 mwN.
[261] Ausf. *Schwung* BB 1985, 1374, 1375; MünchKommHGB/*K. Schmidt* RdNr. 137; GroßkommHGB/*Schäfer* RdNr. 146 f.; *Ulmer* § 738 RdNr. 29; *Michalski* RdNr. 47; zur Möglichkeit einer Anpassung bei einem Irrtum über die tatsächlichen Grundlagen der Bilanz vgl. auch BGH Urt. v. 16. 1. 1995 – II ZR 279/93, ZIP 1995, 276 (Anwendung des Instituts des Wegfalls der Geschäftsgrundlage).
[262] Heymann/*Emmerich* § 138 RdNr. 21; Beck Hdb. Personengesellschaften/*Sauter* § 7 RdNr. 146.

den. Hiermit wollte der Gesetzgeber sicherstellen, dass Geschäfte, die noch den ausgeschiedenen Gesellschafter angehen, auch mit abgegolten werden.[263] Zugleich bezweckt die Vorschrift, die Auseinandersetzung mit dem ausgeschiedenen Gesellschafter und die Abfindungsbilanz davon zu entlasten, die beim Ausscheiden schwebenden Geschäfte berücksichtigen zu müssen.[264]

107 **bb) Eingeschränkte praktische Relevanz.** In der Praxis kommt § 740 BGB nur geringe Bedeutung zu. Dies folgt zum einen daraus, dass die Beteiligung des ausscheidenden Gesellschafters an schwebenden Geschäften gesellschaftsvertraglich abbedungen werden kann[265] und regelmäßig auch vollständig abbedungen wird. Eine solche Abbedingung ist zweckmäßig, nicht zuletzt zur Vermeidung von Auseinandersetzungen über die zutreffende Abgrenzung der einzelnen Geschäfte sowie im Hinblick auf die Problematik einer längeren Aufrechterhaltung von Rechtsbeziehungen zwischen der Gesellschaft und dem Ausgeschiedenen.[266] Ist im Rahmen einer Buchwertklausel – wie regelmäßig – die letzte Jahresbilanz maßgeblich für die Ermittlung des Abfindungsguthabens, so liegt hierin zugleich ein konkludenter Ausschluss der Beteiligung an den schwebenden Geschäften.[267]

108 Zum anderen wird zu Recht geltend gemacht, dass § 740 BGB Ausdruck des Substanzwertdenkens ist und für die Anwendung dieser Vorschrift kein Raum besteht, sofern sich die Berechnung des Abfindungsguthabens nach dem Ertragswertverfahren richtet. Da die Erfolgsbeiträge aus den schwebenden Geschäften in den Ertragswert eingehen, ist für ihre erneute Berücksichtigung nach jeweiliger Beendigung kein Raum mehr.[268] Auch ohne ausdrückliche oder konkludente Abbedingung ist daher bei einer Wertermittlung nach dem Ertragswertverfahren von einer Unanwendbarkeit des § 740 BGB auszugehen.[269]

109 **cc) Begriff des schwebenden Geschäfts.** Als schwebend gelten solche Geschäfte, aus denen die Gesellschaft zum Abfindungsstichtag bereits gebunden ist, die aber noch von keiner Seite vollständig erfüllt sind.[270] Danach kann die Gesellschaft bereits durch Abgabe eines für sie verbindlichen Vertragsangebots gebunden sein.[271] Erst recht liegt eine solche Bindung bei Abschluss eines Vorvertrages vor.[272] Nicht unter den Begriff der schwebenden Geschäfte fallen Schadensersatzansprüche oder andere Forderungen aus gesetzlichen Schuldverhältnissen.[273] Erfasst werden zudem nur unternehmensbezogene Umsatzgeschäfte, nicht hingegen bloße Hilfsgeschäfte (wie zB die Miete von Geschäftsräumen).[274] Weiterhin entzieht die Rspr. dem Geltungsbereich des § 740 BGB Rahmenverträge und Dauerschuldverhältnisse, insbesondere um eine Perpetuierung der Gesellschaftszugehörigkeit zu vermeiden.[275]

110 **dd) Rechenschaft, Auszahlung, Auskunft.** An der Abwicklung der schwebenden Geschäfte ist der ausgeschiedene Gesellschafter nicht mehr beteiligt; diese obliegt den verbleibenden Gesellschaftern. Gemäß § 740 Abs. 2 BGB kann der ausscheidende Gesellschafter am Schluss eines jeden Geschäftsjahres Rechenschaft, Auszahlung des ihm gebührenden Betrages und Auskunft über den Stand der noch schwebenden Geschäfte verlangen. Der Anspruch auf Rechnungslegung richtet sich gegen die Gesellschaft, wobei die interne Zuständigkeit bei den geschäftsführenden Gesellschaftern

---

[263] MünchKommHGB/*K. Schmidt* RdNr. 115.
[264] BGH Urt. v. 7. 12. 1992 – II ZR 248/91, NJW 1993, 1194; MünchHdbBGB/*Piehler/Schulte* § 75 RdNr. 52; Baumbach/*Hopt* RdNr. 45.
[265] Vgl. nur Röhricht/Graf von Westphalen/*von Gerkan* RdNr. 50; MünchKommHGB/*K. Schmidt* RdNr. 124.
[266] Vgl. nur *H. Westermann* RdNr. I 1138; *Roolf/Vahl* DB 1983, 1964, 1968; *Esch/Baumann/Schulze zur Wiesche* (Fn. 70) RdNr. I 1125; MünchHdbBGB/*Piehler/Schulte* § 75 RdNr. 59.
[267] *Wiedemann* WM 1992, Beil. 7, 40; *Hueck A.* OHG § 29 II 5 d; *Ulmer* NJW 1979, 81, 85; Heymann/*Emmerich* § 138 RdNr. 38; *Koller/Roth/Morck* RdNr. 16.
[268] IdS zutreffend OLG Hamm Urt. v. 11. 5. 2004 – 27 U 224/03, NZG 2005, 175; *Roolf/Vahl* DB 1983, 1964, 1965 ff.; *Schulze-Osterloh* ZGR 1986, 545, 557 ff.; *Gamon* S. 32 ff.; *Großfeld* S. 87 f.; *Piltz* S. 68 f.; *Michalski* RdNr. 52; *Ulmer* § 740 RdNr. 3; Baumbach/*Hopt* RdNr. 45; aA MünchHdbBGB/*Piehler/Schulte* § 75 RdNr. 55, wonach bei Fehlen einer ausdrücklichen vertraglichen Abbedingung von § 740 BGB der als Ertragswert ermittelte Unternehmenswert um das abgezinste Ergebnis der schwebenden Geschäfte zu kürzen ist.
[269] Zustimmung MünchKommHGB/*K. Schmidt* RdNr. 115; aA jedoch *Neuhaus* S. 136 ff.; Röhricht/Graf von Westphalen/*von Gerkan* RdNr. 41; *Koller/Roth/Morck* RdNr. 14.
[270] BGH (Fn. 264) NJW 1993, 1194; *K. Schmidt* GesR § 50 IV 1 e; Röhricht/Graf von Westphalen/*von Gerkan* RdNr. 42; Baumbach/*Hopt* RdNr. 46.
[271] Vgl. OLG Celle Urt. v. 2. 6. 1954 – 9 U 64/153, BB 1954, 757; Röhricht/Graf von Westphalen/*von Gerkan* RdNr. 42.
[272] Röhricht/Graf von Westphalen/*von Gerkan* RdNr. 42; MünchKommHGB/*K. Schmidt* RdNr. 121.
[273] HM; vgl. MünchHdbBGB/*Piehler/Schulte* § 75 RdNr. 53 mwN; aA *Riegger* S. 140 ff.
[274] BGH (Fn. 264) NJW 1993, 1194; *K. Schmidt* GesR § 50 IV 1 e; ders. DB 1983, 2401, 2404; Baumbach/*Hopt* RdNr. 46; *H. Westermann* RdNr. I 1137.
[275] Vgl. BGH Urt. v. 16. 12. 1985 – II ZR 38/85, ZIP 1986, 301, 303 (Kiesausbeutungsvertrag); BGH Urt v. 9. 6. 1986 – II ZR 229/85, WM 1986, 967, 968 = ZIP 1986, 1111 mwN; vgl. dazu auch *K. Schmidt* DB 1983, 2401, 2405 f.; *Riegger* S. 146 ff.

liegt.[276] Auf den Anspruch finden die §§ 259, 260 BGB Anwendung; das mitgliedschaftliche Kontroll- und Einsichtsrecht nach § 118 steht dem ausgeschiedenen Gesellschafter nicht mehr zu.[277]

Die Ansprüche aus § 740 BGB sind nicht Teil einer etwaigen Abschichtungsbilanz oder Abrechnung, sondern können selbständig grundsätzlich zum Schluss eines jeden Geschäftsjahres geltend gemacht werden.[278] Einem etwaigen Zahlungsanspruch kann auch nicht entgegen gehalten werden, dass dieser in Zukunft durch die Abwicklung von weiteren schwebenden Geschäften in anderen Abrechnungszeiträumen gemindert werde.[279] **111**

f) Prozessuale Durchsetzung des Abfindungsanspruchs. Gerichtlich kann der ausgeschiedene Gesellschafter seinen Abfindungsanspruch im Klagewege gegen die Gesellschaft geltend machen; daneben können die Gesellschafter auf Grund ihrer Haftung (§§ 128, 171 f.) verklagt werden (vgl. RdNr. 65). Die gesonderte Geltendmachung einzelner Rechnungsposten des Abfindungsanspruchs ist nicht möglich; wohl aber kann ein unstreitiger Teil des Gesamtanspruchs separat eingeklagt werden (vgl. RdNr. 100). Die Durchsetzungssperre schließt aber nicht die Klage auf Feststellung bestimmter strittiger Einzelansprüche aus; eine unzulässige Leistungsklage kann entsprechend umgedeutet werden (vgl. RdNr. 99 mwN). **112**

Die Klage auf Aufstellung der Abschichtungsbilanz bzw. Vornahme der Abrechnung ist richtigerweise ebenfalls gegen die Gesellschaft zu richten (s. RdNr. 104). Eine Klage auf Feststellung bzw. Zustimmung zur Abschichtungsbilanz ist nicht möglich; vielmehr kann der ausscheidende Gesellschafter unmittelbar auf Zahlung des ihm zustehenden Geldbetrages klagen (vgl. RdNr. 105). Die Klage auf Aufstellung der Abschichtungsbilanz bzw. Vornahme der Gesamtabrechnung und auf Zahlung des Abfindungsguthabens können schließlich im Wege der Stufenklage (§ 254 ZPO) verbunden geltend gemacht werden.[280] **113**

g) Verlustausgleich. Ergibt die Gesamtabrechnung mit dem ausscheidenden Gesellschafter einen Negativbetrag, so ist dieser der Gesellschaft gegenüber auszugleichen (§ 739 BGB).[281] Diese Ausfallhaftung verstößt nicht gegen das Verbot der Nachschusspflicht nach § 707 BGB, da dieses nur für die Zeit des Bestehens des Gesellschaftsverhältnisses gilt.[282] Ein ausgeschiedener Kommanditist ist nur bis zur Höhe seiner offenen Pflichteinlage und rückzahlbarer Entnahmen ausgleichspflichtig; im Übrigen schützt ihn § 167 Abs. 3 iVm. § 169 Abs. 2 (vgl. die Erl. zu § 167 mwN). Ist die Gesellschaft ihren Verpflichtungen zur Sicherheitsleistung, Schuldbefreiung oder Rückgabe überlassener Gegenstände nicht nachgekommen, kann der Ausgeschiedene der Erfüllung des Anspruches aus § 739 BGB ein Zurückbehaltungsrecht entgegenhalten.[283] Demgegenüber können etwaige Ansprüche aus § 740 BGB einem Zahlungsverlangen der Gesellschaft nicht entgegengesetzt werden.[284] Die Erben eines ausgeschiedenen Gesellschafters haften für einen etwaigen Fehlbetrag nach § 739 BGB mit der Möglichkeit der erbrechtlichen Haftungsbeschränkung.[285] **114**

h) Gesellschaftsvertragliche Abfindungsregelungen und ihre Grenzen. aa) Zwecksetzung von Abfindungsklauseln. Die Abfindung eines ausscheidenden Gesellschafters zu Verkehrswerten kann zu bestandsgefährdenden Liquiditätsproblemen für das Unternehmen führen, sind die im Unternehmen vorhandenen Vermögenswerte doch in aller Regel gebunden und nicht als liquide Mittel vorhanden. Auch erfordert die Abfindung zum vollen wirtschaftlichen Wert eine aufwändige und leicht Streit verursachende Bewertung. Vor diesem Hintergrund erschließt sich ohne weiteres die Funktion von Abfindungsregelungen: Sie sollen zum einen der Liquiditätssicherung und Bestandserhaltung des Unternehmens dienen, zum anderen die Auseinandersetzung mit dem ausscheidenden Gesellschafter vereinfachen und zur Streitvermeidung beitragen. Zugleich fungieren **115**

---

[276] GroßkommHGB/*Schäfer* RdNr. 129; MünchKommHGB/*K. Schmidt* RdNr. 123.
[277] Vgl. BGH Urt. v. 9. 7. 1959 – II ZR 252/58, DB 1959, 911; BGH Urt. v. 8. 4. 1976 – II ZR 203/74, WM 1976, 1027, 1029 f.; Baumbach/*Hopt* RdNr. 47; MünchKommHGB/*K. Schmidt* RdNr. 123; MünchHdbBGB/*Piehler*/*Schulte* § 75 RdNr. 57; Jauernig/*Stürner* § 740 RdNr. 9.
[278] BGH (Fn. 264) NJW 1993, 1194, 1195.
[279] Röhricht/Graf von Westphalen/*von Gerkan* RdNr. 48; Baumbach/*Hopt* § 138 RdNr. 19.
[280] BGH Urt. v. 9. 10. 1974 – IV ZR 164/73, WM 1975, 1162, 1164; Baumbach/*Hopt* RdNr. 57; Koller/Roth/Morck RdNr. 14. ausf. *Stötter* BB 1977, 1219 mwN.
[281] Vgl. etwa BGH Urt. v. 19. 12. 1974 – II ZR 27/73, BGHZ 63, 338, 346 = NJW 1975, 1022; BGH Urt. v. 20. 12. 1956 – II ZR 177/55, BGHZ 23, 17, 30 = NJW 1957, 591; MünchHdbBGB/*Piehler*/*Schulte* § 75 RdNr. 51.
[282] Vgl. BGH (Fn. 281) BGHZ 23, 17, 30; *Burbach* BB 1993, 310, 312; Baumbach/*Hopt* RdNr. 55; MünchHdbBGB/*Piehler*/*Schulte* § 75 RdNr. 51; *Michalski* RdNr. 48.
[283] Vgl. BGH (Fn. 114) NJW 1974, 899; *Ulmer* § 739 RdNr. 3; MünchHdbBGB/*Piehler*/*Schulte* § 75 RdNr. 51; Koller/Roth/Morck RdNr. 15; Erman/*H. P. Westermann* § 739 RdNr. 1.
[284] *Ulmer* § 739 RdNr. 3; MünchHdbBGB/*Piehler*/*Schulte* § 75 RdNr. 51 mwN.
[285] Koller/Roth/Morck RdNr. 15.

vertraglich festgelegte Abfindungsbeschränkungen als Austrittsbarrieren und können derart – im positiven wie im negativen – Mittel zur Gesellschafterdisziplinierung sein.[286]

116 **bb) Gesellschaftsvertragliche Varianten von Abfindungsbeschränkungen, insbesondere die Buchwertklausel.** In der gesellschaftsvertraglichen Praxis dürften die sog. Buchwertklauseln zur Regelung der Abfindung eines ausscheidenden Gesellschafters weiterhin vorherrschend sein.[287] Auf ihrer Grundlage wird der ausscheidende Gesellschafter zum Buchwert seines Anteils, dh. **in Höhe seines Kapitalkontos auf der Grundlage der Handels- oder Steuerbilanz** abgefunden. Im Gesellschaftsvermögen vorhandene stille Reserven sowie der selbst geschaffene Firmenwert bleiben unberücksichtigt, während der anteilige Gewinn des laufenden Geschäftsjahres, die Guthaben des ausscheidenden Gesellschafters auf seinen Privatkonten bei der Gesellschaft, offene Rücklagen und alle sonstigen in der Bilanz ausgewiesenen Posten mit Rücklagencharakter auch ohne ausdrückliche Anordnung in die Berechnung der Abfindung einzubeziehen sind.[288] Richtigerweise beinhaltet die Verweisung auf den Buchwert auch ohne ausdrückliche Klarstellung, dass steuerrechtlich bedingte Sonderabschreibungen für die Zwecke der Ermittlung der Abfindung aufzulösen sind.[289] Gesamthänderische Verlustvortragskonten sind anteilig in Abzug zu bringen.[290] Vorteilhaft sind in jedem Fall ausdrückliche gesellschaftsvertragliche Anordnungen zur Klärung entsprechender Zweifelsfragen. Bei Holding-Gesellschaften ist richtigerweise zur Bestimmung des Buchwertes nicht auf das Eigenkapital in der Einzelbilanz der Obergesellschaft, sondern auf das buchmäßige Eigenkapital in der Konzernbilanz abzustellen.[291]

117 Einen Anspruch auf Aufstellung einer Abschichtungsbilanz hat der zum Buchwert abzufindende ausscheidende Gesellschafter nicht.[292] Ist – wie regelmäßig – die letzte Jahresbilanz für maßgeblich erklärt worden, so liegt hierin zugleich der Ausschluss der Beteiligung an schwebenden Geschäften gemäß § 740 BGB (s. RdNr. 107 mwN).

118 Als Gegenpol zur Buchwertklausel findet man in der Praxis – wenn auch weit seltener – Abfindungsvorschriften, die den wirklichen oder wahren Wert des Anteils des ausscheidenden Gesellschafters zur Auszahlung vorschreiben, jedoch unter Vorgabe des Verfahrens zu dessen Ermittlung. Dazwischen gibt es alle möglichen Klauseln,[293] wie zB die Zahlung des Buchwertes abzüglich oder zuzüglich eines gewissen Prozentsatzes, die Abfindung zum Stuttgarter Verfahrenswert (zur Problematik dieses Verfahrens vgl. RdNr. 71) oder die Abfindung zum Substanzwert, die Verwendung des Mittelwertverfahrens als Mischung von Ertrags- und Teilreproduktionswert oder die Abfindung zum vollen Verkehrswert (Ertragswert) mit einem bestimmten prozentualen Abschlag oder der Vorgabe einer zeitlichen Streckung der Abfindungsregelung. Vereinzelt wird auch der vollständige Ausschluss einer Abfindung beim Ausscheiden eines Gesellschafters vereinbart (zur Zulässigkeit entsprechender Vereinbarungen vgl. RdNr. 123).

119 Wird anlässlich des Ausscheidens eines Gesellschafters vereinbart, dass die verbleibenden Gesellschafter dessen Anteil „übernehmen" und hierfür einen „Kaufpreis" entrichten, so kann hierin gleichwohl eine gesellschaftsrechtliche Abfindungsvereinbarung zu sehen sein, die den hierfür entwickelten, nachstehend zu erläuternden Regeln unterliegt. Maßgeblich für die Auslegung sind der

---

[286] Ausf. zu den Zielen bei der Vereinbarung von Abfindungsbeschränkungen *Sanfleber* S. 47 ff.; *Heckelmann* S. 38; *Barthel*, Handbuch der Unternehmensbewertung, Bd. I Teil 2 (Abfindungsklauseln), S. 5; *Wangler* DB 2001, 1763, 1764 f.; MünchKommHGB/*K. Schmidt* RdNr. 150; *Binz/Sorg* § 6 RdNr. 144; *Ulmer*, FS Quack, 1991, S. 477, 478.
[287] Ausf. zu Buchwertklauseln *Gamon* S. 35 ff.; *Hennerkes/Binz* DB 1983, 2669; *Rasner* NJW 1983, 2905, 2906 ff.; MünchHdbBGB/*Piehler/Schulte* § 76 RdNr. 7 ff.; rechtstatsächliches Material bei *Baumann* S. 17 ff., 91; *Morck*, Die vertragliche Gestaltung der Beteiligung an Personen-Handelsgesellschaften, Diss. Nürnberg 1980, S. 504 f., wonach jeweils in über der Hälfte der untersuchten Gesellschaftsverträge eine Buchwertklausel vereinbart war.
[288] BGH Urt. v. 29. 5. 1978 – II ZR 52/77, BB 1978, 1333 = WM 1978, 1044 = NJW 1979, 104 (nur auszugsweise abgedruckt); *Rasner* ZHR 159 (1994), 292, 294; ders. NJW 1983, 2905, 2906; *Dauner-Lieb* ZHR 159 (1994), 271, 273; *Ulmer* § 738 RdNr. 63; *Sanfleber* S. 88 f.; *Hennerkes/Binz* DB 1983, 2669; MünchHdbBGB/*Piehler/Schulte* § 76 RdNr. 7; *Haack* GmbHR 1994, 437; *K. Schmidt* GesR § 50 IV 2 a; Beck Hdb. Personengesellschaften/*Sauter* § 7 RdNr. 156; aA *Sudhoff* ZGR 1972, 157, 169 (ausdrückliche gesellschaftsvertragliche Anordnung für Beteiligung an offenen Rücklagen erforderlich). Vgl. auch OLG München Urt. v. 13. 11. 1996 – 7 U 3344/96, BB 1997, 359, 360 f. = ZIP 1997, 240 (Einbeziehung einer nach § 6 b EStG gebildeten Reinvestitionsrücklage); hierzu ausf. *Schulze-Osterloh* BB 1997, 1783, 1787 f.
[289] Zutreffend *Schulze-Osterloh* BB 1997, 1783, 1787 f.; *Huber* S. 23; aA *Ulmer* § 738 RdNr. 63; ders. NJW 1979, 81, 84; *Baumbach/Hopt* RdNr. 71.
[290] MünchHdbBGB/*Piehler/Schulte* § 76 RdNr. 7.
[291] Zutreffend MünchHdbBGB/*Piehler/Schulte* § 76 RdNr. 8; ausf. *Schön* ZHR 166 (2002), 585.
[292] *Koller/Roth/Morck* RdNr. 16; MünchHdbBGB/*Piehler/Schulte* § 76 RdNr. 9 mwN.
[293] Ausf. Zusammenstellung bei *Piltz* BB 1994, 1021; MünchHdbBGB/*Piehler/Schulte* § 76 RdNr. 6 (dort auch zu den im anglo-amerikanischen Rechtskreis nicht unüblichen *shot gun agreements* sowie zur Möglichkeit interner Versteigerungsverfahren); vgl. auch *Rasner* ZHR 158 (1994), 292, 294 f.; *van Randenbourgh* BB 1986, 75; *Reimann* DNotZ 1992, 472.

Anlass und der Inhalt der gesamten Absprache und – als Indiz – auch ihre Durchführung und bilanzielle Umsetzung.[294]

cc) Schranken gesellschaftsvertraglicher Abfindungsregelungen. Die Rspr. zu den Grenzen 120 der abfindungsbeschränkender Vereinbarungen ist reich an Wendungen.[295] Als Ausgangspunkt ist festzustellen, dass gesellschaftsvertragliche Beschränkungen des Abfindungsrechtes eines Gesellschafters generell als zulässig angesehen worden sind und weiterhin als zulässig angesehen werden. Grundsätzlich zulässig sind insbesondere auch Buchwertklauseln.[296]

Ungeachtet dieses Ausgangspunktes hat die Rechtsprechung seit etwa 1980 in zunehmendem 121 Maße die Unwirksamkeit von Buchwertklauseln festgestellt, insbesondere, indem bei einem bedeutenden Auseinanderklaffen zwischen Buchwert und dem wahren Wert der Beteiligung die Klausel wegen einer unvertretbaren Einschränkung des Kündigungsrechts analog § 723 Abs. 3 BGB als unwirksam angesehen wurde.[297] Hierbei führte die entsprechende Anwendung von § 723 Abs. 3 BGB nicht zu einer Abfindung zum Verkehrswert, sondern zu einer „angemessenen" Abfindung, deren Bemessung „unter Berücksichtigung der von den Beteiligten mit der Abfindungsregelung verfolgten Zwecke und der zwischenzeitlich eingetretenen Änderung der Verhältnisse" erfolgte.[298] Gegen diese Betrachtung wurde allerdings die Unstimmigkeit ins Feld geführt, dass eine Abfindungsvereinbarung hiernach – je nach der Entwicklung des Buchwerts und des tatsächlichen Unternehmenswerts – zu verschiedenen Zeitpunkten wirksam oder unwirksam sein kann.[299]

Eine Wende in der bisherigen Rechtsprechung des II. Zivilsenats des BGH deutete sich im Urteil vom 122 24. 5. 1993[300] an. Diese Wende wurde sodann vollzogen im Urteil vom 20. 9. 1993.[301] Hierin gab der zweite Zivilsenat seine bisherige Rspr. unter Hinweis auf kritische Stimmen in der Lit. mit der Feststellung ausdrücklich auf, eine zunächst, im Zeitpunkt ihrer Vereinbarung, wirksame Abfindungsklausel könne nicht dadurch nachträglich nichtig werden, dass sich – insbesondere bei wirtschaftlich erfolgreichen Unternehmen – Abfindungsanspruch und wirklicher Anteilswert im Verlaufe der Jahre immer weiter voneinander entfernen. Im Ergebnis gehe es – so der BGH – nicht um die Frage nach Wirksamkeit oder Unwirksamkeit der Abfindungsregelung, sondern um eine die beiderseitigen Interessen im Hinblick auf die Änderung der tatsächlichen Verhältnisse berücksichtigende Ermittlung dessen, was die Parteien vereinbart hätten, wenn sie die Entwicklung vorhergesehen hätten; notfalls sei der Vertragsinhalt unter Berücksichtigung dieser Entwicklung ergänzend auszulegen.[302] Auf der Grundlage dieser gewandelten Haltung der Rspr., die jedoch inhaltlich zu keinen anderen Ergebnissen als die bisherige Orientierung an § 723 Abs. 3 BGB führen dürfte, sollen im Folgenden für die Praxis Leitlinien zu den Grenzen der Zulässigkeit gesellschaftsvertraglicher Abfindungsklauseln herausgearbeitet werden.

Einen **vollständigen Abfindungsausschluss** sieht die Rspr. nur in Ausnahmekonstellationen als 123 zulässig an. Eine solche Ausnahmekonstellation wird – neben dem vorliegend nicht zu diskutierenden Fall einer Gesellschaft mit ideeller Zwecksetzung[303] – von der hM dann angenommen, wenn beim **Tode eines Gesellschafters die Abfindungsansprüche der weichenden Erben** zugunsten der überlebenden Gesellschafter ausgeschlossen werden.[304] Ein entsprechender Abfindungsausschluss

---

[294] BGH Urt. v. 28. 9. 1995 – II ZR 87/94, NJW 1995, 3313 = ZIP 1995, 1750 = WM 1995, 2032; *Röhricht/Graf von Westphalen* RdNr. 52.
[295] Ausf. und instruktiv zur Beurteilung von Abfindungsbeschränkungen durch die Rspr. *Sigle* ZGR 1999, 659; *Rasner* ZHR 158 (1994), 292; *Dauner-Lieb* ZHR 158 (1994), 271; *G. Müller* ZIP 1995, 1561; *Büttner*, FS Nirk, 1992, S. 119.
[296] BGH Urt. v. 10. 2. 1994 – IX ZR 109/93, DB 1994, 873, 875; BGH (Fn. 117) BGHZ 116, 359, 368; BGH (Fn. 140) II ZR 36/92, NJW 1993, 2101, 2102 = WM 1993, 1412 = ZIP 1993, 1160; BGH (Fn. 127) NJW 1985, 192; BGH Urt. v. 29. 5. 1978 – II ZR 52/77, BB 1978, 1333, 1334; weit. Nachw. bei *MünchHdbBGB/Piehler/Schulte* § 76 RdNr. 51; *Haack* GmbHR 1994, 437, 438; Beck Hdb. Personengesellschaften/*Sauter* § 7 RdNr. 157.
[297] Vgl. BGH (Fn. 127) NJW 1985, 192, 193; BGH (Fn. 117) BGHZ 116, 359, 369; BGH (Fn. 255) ZIP 1989, 768; Bedenken gegen die Bezugnahme auf § 723 Abs. 3 BGB bei *K. Schmidt* GesR § 50 IV 2 c cc; MünchHdbBGB/*Piehler/Schulte* § 76 RdNr. 37.
[298] BGH (Fn. 117) BGHZ 116, 359, 371; BGH (Fn. 137) NJW 1985, 192; *Rasner* ZHR 158 (1994), 292, 296.
[299] Entsprechende, ausführliche Kritik bei *Rasner* NJW 1983, 2905, 2908; *Büttner*, FS Nirk, 1992, S. 119, 124 f.
[300] BGH (Fn. 140) NJW 1993, 2101, 2102 (Ausschluss eines Gesellschafters).
[301] BGH Urt. v. 20. 9. 1993 – II ZR 104/92, BGHZ 123, 281 = ZIP 1993, 1611 = WM 1993, 2008 = NJW 1993, 3193 = DB 1993, 2275 = GmbHR 1993, 806; zur hierauf folgenden Berufungsverhandlung vgl. OLG Hamm Urt. v. 30. 5. 1994 – 8 U 215/91, DStR 1995, 461 m. Anm. *Goette.*
[302] BGH (Fn. 301) BGHZ 123, 281, 284 unter Bezugnahme auf BGH (Fn. 140) NJW 1993, 2101; vgl. auch BGH (Fn. 296) DB 1994, 873, 875.
[303] Hierzu BGH Urt. v. 2. 6. 1997 – II ZR 81/96, BGHZ 135, 387, 390 = ZIP 1997, 1453 = NZG 1998, 25 (Abfindungsausschluss zulässig bei GbR mit rein ideeller Zwecksetzung); vgl. auch OLG Hamm Urt. v. 26. 5. 1997 – 8 U 163/96, DB 1997, 1612 (Abfindung zum Nominalwert bei Ausscheiden aus gemeinnütziger GmbH und fehlender Satzungsregelung). Aus der Lit. vgl. *Grunewald*, Der Ausschluss aus Gesellschaft und Verein, 1977, S. 177; *Sanfleber* S. 139; *Ulmer* § 738 RdNr. 62; MünchKommHGB/*K. Schmidt* RdNr. 177.
[304] BGH Urt. v. 22. 11. 1956 – II ZR 222/55, BGHZ 22, 186, 194 = NJW 1957, 180; vgl. auch BGH Urt. v. 14. 7. 1971 – III ZR 91/70, WM 1971, 1338; zustimmend u. a. *Koller/Roth/Morck* RdNr. 17; *Boujong*, FS Ulmer, 2003,

unterfällt auch nicht der Formvorschrift des § 2301 Abs. 1 BGB. Ist der Abfindungsanspruch für den Tod jedes Gesellschafters ausgeschlossen, so ist nach hM ein entgeltliches Rechtsgeschäft anzunehmen, da der Chance jedes Gesellschafters, seinen Anteil im Todesfall eines anderen Gesellschafters zu vergrößern, das Risiko des Anteilsverlusts ohne Abfindung im Todesfall gegenübersteht (aleatorisches Geschäft).[305] Ausnahmen sollen hier nur bei unterschiedlicher Lebenserwartung der Gesellschafter oder bei einem aus anderem Grund nicht ausgeglichenen Risikoverhältnis unter den Gesellschaftern bestehen.[306] Die zivilrechtliche Einstufung als entgeltliches Rechtsgeschäft bleibt ohne Auswirkungen auf das Erbschaft- und Schenkungsteuerrecht (vgl. RdNr. 162), hat wohl aber Einfluss auf das Bestehen etwaiger Pflichtteils(-ergänzungs)ansprüche. Ist der Abfindungsausschluss nicht für den Tod jedes Gesellschafters vereinbart, so liegt zwar nach hM eine unentgeltliche Zuwendung vor. Durch die Zuwendung der Anwartschaft auf den Anteil des Verstorbenen ist aber ein Vollzug unter Lebenden zu bejahen, der die in der Regel fehlende notarielle Beurkundung des Gesellschaftsvertrages zu heilen vermag (§§ 2301 Abs. 2, 518 Abs. 2 BGB).[307] Gegen die verbleibenden Gesellschafter, die keinen Verzicht geleistet haben, können jedoch wegen der Unentgeltlichkeit der Zuwendung Pflichtteilsergänzungsansprüche nach §§ 2325 ff. BGB ausgelöst werden.

124 Im Übrigen bleibt es auch nach der nunmehrigen Haltung der Rspr. dabei, dass eine gesellschaftsvertragliche Abfindungsklausel **wegen Verstoßes gegen § 138 BGB von Anfang an nichtig** sein kann. Dies ist zum einen bei Klauseln der Fall, die die Rechte der Privatgläubiger der Gesellschafter speziell bei Insolvenz oder Gläubigerkündigung einseitig beschneiden (Gläubigerbenachteiligung).[308] Beschränken sich entsprechende Klauseln jedoch nicht allein auf die Tatbestände der Einzel- oder Gesamtvollstreckung, sondern erfassen sie auch vergleichbare Sachverhalte – wie zB den Fall der Ausschließung aus wichtigem Grund –, so steht der Gesichtspunkt der Gläubigerbenachteiligung ihrer Wirksamkeit nicht entgegen.[309]

125 Eine anfängliche Unwirksamkeit einer Abfindungsklausel nach § 138 BGB soll nach dem BGH ferner dann anzunehmen sein, wenn die Beschränkung der Abfindung vollkommen außer Verhältnis steht zu der Beschränkung, die erforderlich ist, um im Interesse der verbleibenden Gesellschafter den Fortbestand der Gesellschaft und die Fortführung des Unternehmens zu sichern.[310] Eine solche Unverhältnismäßigkeit ist jedenfalls anzunehmen bei einer **Begrenzung der Abfindung auf die Hälfte des Buchwerts;**[311] auch im Übrigen sind Abschläge vom Buchwert allenfalls beim Vorliegen besonderer Umstände des Einzelfalls zulässig.[312]

S. 41; Sudhoff/Froning, Unternehmensnachfolge, § 44 RdNr. 87; Michalski RdNr. 62; Binz/Sorg § 6 RdNr. 156; MünchKommHGB/K. Schmidt RdNr. 161; Ulmer § 738 RdNr. 61; ders. NJW 1979, 81, 84; Tanck BB Sonderheft 5/2004, 19, 22; Esch/Baumann/Schulze zur Wiesche (Fn. 70) RdNr. 1 1126. Bedenken hingegen bei Heymann/Emmerich § 138 RdNr. 44, 49 f.; Finger DB 1974, 27; Kohl MDR 1995, 865; Piltz BB 1994, 1021, 1025.

[305] BGH (Fn. 304) BGHZ 22, 186, 194; offen gelassen in BGH (Fn. 304) WM 1971, 1338, 1339; aus der Lit. vgl. Koller/Roth/Morck RdNr. 17; Klingelhöffer Pflichtteilsrecht, 2. Aufl. 2003, RdNr. 340; K. Schmidt GesR § 45 V 3 c („russisches Roulett"). Gegen die Rechtsfigur bzw. die Annahme eines aleatorischen Geschäfts u. a. Ulmer § 738 RdNr. 61; ders. NJW 1979, 81, 84; J. Mayer in Mayer/Süß/Tanck/Bittler/Wälzholz, Handbuch Pflichtteilsrecht, 2003, § 8 RdNr. 65; Tanck BB Sonderheft 5/2004, 19, 22; Boujong, FS Ulmer, 2003, S. 41, 45 f. jeweils mwN.

[306] Vgl. Damrau/Riedel, Praxiskommentar ErbR, 2004, § 2311 RdNr. 89; Wegmann ZEV 1998, 135; Klingelhöffer (Fn. 305) RdNr. 340; Binz/Sorg § 6 RdNr. 160; vgl. auch BGH Urt. v. 26. 3. 1981 – IVa ZR 154/80, NJW 1981, 1956, 1957.

[307] HM; BGH (Fn. 304) WM 1971, 1338, 1339; K. Schmidt GesR § 45 V 3 b; Michalski ZIP 1991, 914, 916; Koller/Roth/Morck RdNr. 17; Sudhoff/Froning, Unternehmensnachfolge, § 44 RdNr. 88; Michalski RdNr. 63; Binz/Sorg § 6 RdNr. 161 ff.

[308] Vgl. BGH Urt. v. 12. 6. 1975 – II ZB 12/73, BGHZ 65, 22, 26 ff. = NJW 1975, 1835; BGH Urt. v. 7. 4. 1960 – II ZR 69/58, BGHZ 32, 151, 155 f. = NJW 1960, 1053; OLG Frankfurt Beschl. v. 9. 9. 1977 – 20 W 702/76, BB 1978, 170 (jeweils zur GmbH); vgl. aber auch BGH Urt. v. 19. 6. 2000 – II ZR 73/99, NZG 2000, 1027, 1028, wonach die Nichtigkeit einer Abfindungsklausel wegen Gläubigerbenachteiligung auch dann eintritt, wenn der vergleichbare Fall der Abfindung eines aus wichtigem Grund ausgeschlossenen Gesellschafters im Gesellschaftsvertrag gar nicht geregelt ist. Aus der Lit. vgl. Lange NZG 2001, 635, 639; Röhricht/Graf von Westphalen/von Gerkan RdNr. 55; Baumbach/Hopt RdNr. 60; Ulmer § 738 RdNr. 47 f.; Binz/Sorg § 6 RdNr. 148; MünchHdbBGB/Piehler/Schulte § 76 RdNr. 32; Wiedemann WM 1992, Beil. 7, 42; aA Heckelmann NZG 2001, 635, 639; Möhring, FS Barz, 1974, S. 49, 63 ff.; Rittstieg DB 1985, 2285, 2288 (für Sperrwirkung der Gläubigeranfechtung innerhalb und außerhalb der Insolvenz gegenüber § 138 BGB); hiergegen zutreffend K. Schmidt GesR § 50 IV 2 c aa; Ulmer, FS Quack, 1991, S. 477, 487; Bischoff GmbHR 1984, 61, 64.

[309] BGH (Fn. 308) BGHZ 65, 22, 26; OLG Frankfurt (Fn. 308) BB 1978, 170; Mayer DB 1990, 1319.

[310] BGH (Fn. 117) BGHZ 116, 359, 376; Kritik an diesem Maßstab bei Sigle ZGR 1999, 659, 663 ff.

[311] BGH Urt. v. 9. 1. 1989 – II ZR 83/88, ZIP 1989, 770, 772 = NJW 1989, 2685; Lange NZG 2001, 635, 642; Ulmer, FS Quack, 1991, S. 477, 486; MünchKommHGB/K. Schmidt RdNr. 168; Koller/Roth/Morck RdNr. 18; Michalski RdNr. 58.

[312] Baumbach/Hopt RdNr. 64; Huber S. 329 ff.; Röhricht/Graf von Westphalen/von Gerkan RdNr. 58; strenger Beck Hdb. Personengesellschaften/Sauter § 7 RdNr. 152; K. Schmidt GesR § 50 IV 2 c cc Reuter, Privatrechtliche Schranken der Perpetuierung von Unternehmen, 1973, S. 298; Mayer DB 1990, 1319 (Abfindungen unter Buchwert grundsätzlich oder stets unwirksam); offen lassend BGH (Fn. 311) ZIP 1989, 770, 772.

Diese Grundsätze sollen nach der Rspr. auch für den Fall gelten, dass der Gesellschafter seinen **126** Anteil durch Schenkung oder im Erbwege erhalten hat. Für sich genommen vermag die Art des Anteilserwerbs eine Abfindungsbeschränkung nicht zu rechtfertigen; die Figur des **„Gesellschafter minderen Rechts"** findet insoweit keine Anerkennung (zur gleichen Frage im Rahmen von § 140 vgl. dort RdNr. 61 f.).[313] Demgegenüber werden schenkungsvertragliche Rückforderungsrechte des Schenkers ohne Entschädigung des Beschenkten als zulässig angesehen.[314]

Bei der Prüfung, ob eine Abfindungsregelung mit § 138 BGB vereinbar ist, ist von den Verhält- **127** nissen auszugehen, die im Zeitpunkt der Vereinbarung der Klausel gegeben sind. Offen ist, auf welchen Zeitpunkt es für die Anwendbarkeit des § 138 BGB bei einer späteren Änderung des Gesellschaftsvertrags ankommt. Richtigerweise wird man hier nur dann auf den Zeitpunkt der Änderung abstellen können, wenn die Abfindungsklausel selbst Gegenstand der Änderung ist.[315]

Die Nichtigkeit einer Buchwertklausel nach § 138 BGB ist nach der Rspr. des BGH auch für den **128** Fall des **Ausschlusses eines Gesellschafters ohne wichtigen Grund** anzunehmen. In diesem Fall sei, so das Gericht, eine Abfindungsklausel nur dann angemessen, „wenn sie im Kern der gesetzlichen Regelung entspricht und im Wesentlichen zur Abgeltung des vollen Wertes des Gesellschaftsanteils führt."[316] Aufgrund der stark eingeschränkten Zulässigkeit entsprechender Erweiterungen von § 140 (vgl. hierzu ausf. § 140 RdNr. 53 ff.) kommt dieser Fallgruppe jedoch nur noch dann Relevanz zu, wenn die Hinauskündigung ohne wichtigen Grund ausnahmsweise zulässig war oder der Gesellschafter einen unzulässigen Ausschluss hingenommen hat und nur noch über die Höhe der Abfindung gestritten wird.[317] Bei der Prüfung einer Ausschließung spielt die Höhe der zu bezahlenden Abfindung im Übrigen keine Rolle: Nach gefestigter Rspr. ist die Frage der Abfindung von der Zulässigkeit der Ausschließung zu trennen und separat zu würdigen (vgl. § 140 RdNr. 54 mwN).

Spiegelbildlich zum Fall des Ausschlusses ohne wichtigen Grund ist eine Buchwertklausel für den **129** Fall als unzulässig anzusehen, dass ein Gesellschafter wegen eines von den Mitgesellschaftern gesetzten wichtigen Grundes kündigt und ausscheidet (Austrittskündigung).[318] Sofern nicht ausnahmsweise besondere Umstände vorliegen, muss die Abfindungsregelung auch hier zumindest im Kern der gesetzlichen Regelung entsprechen; dies impliziert nicht die Unzulässigkeit angemessener Abschläge zum vollen (Ertrags-)Wert oder die Unzulässigkeit angemessener Auszahlungsmodalitäten.

Ist eine Abfindungsklausel nach § 138 BGB von Anfang an nichtig, so hat der ausscheidende **130** Gesellschafter nach der Rspr. Anspruch auf den Verkehrswert seiner Beteiligung. Dieser soll im Zweifel unter Außerachtlassung der eingeschränkten Verkehrsfähigkeit des Anteils auf der Grundlage des wirklichen Wertes des lebenden Unternehmens zu ermitteln sein.[319]

Weiterhin kann eine gesellschaftsvertragliche Abfindungsklausel wegen **Verstoßes gegen den** **131** **Grundsatz des § 723 Abs. 3 BGB** nichtig sein, wenn sie einen ausscheidungswilligen Gesellschafter dadurch in schwerwiegender Weise beeinträchtigt, dass ihm bei seinem Ausscheiden lediglich ein unangemessener finanzieller Ausgleich gewährt wird. Dementsprechend kann zB auch die Vereinbarung einer Abfindung für einen ausscheidenden Gesellschafter auf der Grundlage des Ertragswerts gemäß § 723 Abs. 3 BGB nichtig sein, wenn der Liquidationswert den Ertragswert erheblich übersteigt und deshalb ein vernünftiger Gesellschafter auf der Grundlage der Abfindung zum Ertragswert von dem ihm an sich zustehenden Kündigungsrecht keinen Gebrauch machen würde.[320] Da auch insoweit von den Verhältnissen auszugehen ist, die im Zeitpunkt der Vereinbarung

---

[312] BGH (Fn. 255) ZIP 1989, 770, 772; ebenso *Huber* ZGR 1980, 177, 205; *Ulmer* NJW 1979, 81, 84; Beck Hdb. Personengesellschaften/*Sauter* § 7 RdNr. 152; MünchHdbBGB/*Piehler/Schulte* § 76 RdNr. 39 ff.; Baumbach/*Hopt* RdNr. 66; *Wiedemann* WM 1992, Beil. 7, 42; *Mayer* DB 1990, 1319; Röhricht/Graf von Westphalen/*von Gerkan* RdNr. 58; aA *Nitschke*, Die körperschaftlich strukturierte Personengesellschaft, 1970, S. 341 ff.; *Flume* I/1 S. 178 f.; aus der Sicht der Praxis kritisch zur Haltung der Rspr. auch *Sigle* ZGR 1999, 659, 672 f.; *Hennerkes/Binz* DB 1983, 2669, 2671; *Binz/Sorg* § 6 RdNr. 157.
[313] BGH Urt. v. 2. 7. 1990 – II ZR 243/89, BGHZ 112, 40, 47 = NJW 1990, 2616; MünchHdbBGB/*Piehler/Schulte* § 76 RdNr. 44; einschränkend BGH Urt. v. 11. 10. 1995 – XII ZR 92/64, BB 1996, 713 (ehevertragliche Rückübertragungsverpflichtung); *Heinemann* ZHR 155 (1991), 447, 468 f.
[314] Zutreffend *Sigle* ZGR 1999, 659, 666.
[315] BGH (Fn. 288) II ZR 52/77, NJW 1979, 104; vgl. auch *K. Schmidt* GesR § 50 IV 2 c bb; *Ulmer*, FS Quack, 1991, S. 477, 487; *Mayer* DB 1990, 1319, 1320; Baumbach/*Hopt* RdNr. 65; Jauernig/*Stürner* § 740 RdNr. 8.
[316] *K. Schmidt* GesR § 50 IV 2 c bb; MünchHdbBGB/*Piehler/Schulte* § 76 RdNr. 35, 54.
[317] *Ebenroth/Müller* BB 1993, 1153, 1155; MünchHdbBGB/*Piehler/Schulte* § 76 RdNr. 35; *Ulmer* NJW 1979, 81, 83; vgl. auch BGH Urt. v. 23. 10. 1972 – II ZR 31/70, NJW 1973, 651.
[318] BGH (Fn. 117) BGHZ 116, 359, 370 f.; *Büttner*, FS Nirk, 1992, S. 119, 127; *Ulmer* § 738 RdNr. 75; *Wiedemann* WM 1992, Beil. 7, 41; Hesselmann/Tillmann/Mueller-Thuns/*Hannes* § 10 RdNr. 246; Kritik an der Rechtsfolge der Nichtigkeit u. a. bei *Sigle* ZGR 1999, 659, 667.
[319] BGH (Fn. 203) DStR 2006, 1005, 1006.

132 der Klausel gegeben sind, kommt eine Unwirksamkeit hiernach jedoch nur dann in Betracht, wenn die Abfindungsbeschränkung nur den Fall der Kündigung erfasst oder bereits bei Vereinbarung der Klausel (zB im Rahmen einer Gesellschaftsvertragsänderung) ein erhebliches Missverhältnis zwischen Klauselwert und Anteilswert besteht. Dies wird nur ausnahmsweise der Fall sein.[321]

132 Der Problematik, dass sich Klauselwert und wirklicher Anteilswert im Laufe der Zeit auf Grund der wirtschaftlichen Entwicklung des Unternehmens auseinander entwickeln, ist nach dem gewandelten dogmatischen Ansatz des BGH **im Wege ergänzender Vertragsauslegung** Rechnung zu tragen.[322] Nach der Rspr. geht es darum, ob die Parteien, wenn sie bei Vertragsschluss die spätere Änderung der Verhältnisse in Betracht gezogen hätten, es gleichwohl bei der vereinbarten Regelung belassen oder ob sie bei einer angemessenen Abwägung ihrer Interessen nach Treu und Glauben als redliche Vertragspartner jener Entwicklung durch eine anderweitige vertragliche Bestimmung Rechnung getragen hätten.[323] Führt diese Prüfung zu dem Ergebnis, dass der Vertrag eine Lücke aufweist, dann ist die vertraglich vereinbarte Abfindungsbeschränkung so an die veränderten Verhältnisse anzupassen, dass ein den beiderseitigen Interessen und Belangen entsprechender Interessenausgleich herbeigeführt wird.[324] Im Ergebnis fallen die Feststellung der Vertragslücke und ihre Ausfüllung somit zusammen.[325] Ein Rückgriff auf das dispositive Gesetzesrecht (dh. auf § 738 BGB) kommt demgegenüber nur als letzter Notbehelf in Betracht.[326]

133 Bei der Beurteilung, ab welchem Missverhältnis zwischen Klauselwert und wirklichem Anteilswert es dem Ausscheidenden nicht mehr zugemutet werden kann, sich mit der Abfindung entsprechend der vertraglichen Regelung zufrieden zu geben, legt sich die Rspr. nicht auf quotenmäßige Beschränkungen fest.[327] Als Orientierungsgröße werden in der Lit. 50% des wirklichen Wertes genannt.[328] Gegenüber dem Wunsch der Praxis nach größerer Rechtssicherheit betont der BGH die Notwendigkeit, die gesamten Umstände des konkreten Einzelfalls in die Betrachtung einzubeziehen; die Unzumutbarkeit hänge nicht allein vom Ausmaß des im Laufe der Zeit entstandenen Missverhältnisses ab. Vielmehr sei eine umfassende Interessenabwägung anzustellen.[329]

134 Zu den in diesem Rahmen zu berücksichtigenden Elementen soll insbesondere die **Dauer der Mitgliedschaft** des Ausgeschiedenen in der Gesellschaft, sein **Anteil an Aufbau und Erfolg** des Unternehmens und der **Anlass des Ausscheidens** zählen.[330] Dementsprechend soll bei einem Gesellschafter, der aus wichtigem Grund, etwa auch durch Zwangsvollstreckungsmaßnahmen seiner Gläubiger, aus der Gesellschaft ausgeschlossen wird, eine Abfindungsbeschränkung in größerem Maße zulässig sein als bei einem Gesellschafter, der selbst aus wichtigem Grund wegen eines Fehlverhaltens seiner Mitgesellschafter kündigt; auch ersterenfalls ist nach dem BGH jedoch nicht jede Beschränkung des Abfindungsguthabens hinnehmbar.[331] Zu berücksichtigen ist ferner das Ausmaß der kündigungsbeschränkenden Wirkung der Abfindungsklausel.[332] Bei der konkreten Ergänzung der Buchwertklausel sind die Vermögens- und Ertragsstruktur des Unternehmens,[333] die Begleitumstände des Ausscheidens, die vereinbarten Auszahlungsmodalitäten sowie sonstige Abreden über die Rechts-

---

[321] MünchHdbBGB/*Piehler/Schulte* § 76 RdNr. 54; *Büttner*, FS Nirk 1992, S. 119, 121.
[322] BGH (Fn. 140) NJW 1993, 2101, 2102; BGH (Fn. 301) BGHZ 123, 281, 284; vgl. auch BGH Urt. v. 13. 6. 1994 – II ZR 38/93, BGHZ 126, 226, 233 = NJW 1994, 2536.
[323] BGH (Fn. 301) BGHZ 123, 281, 285.
[324] BGH (Fn. 301) BGHZ 123, 281, 285 f.; BGH (Fn. 140) NJW 1993, 2101, 2103; BGH (Fn. 322) BGHZ 126, 226, 233 f.; BGH (Fn. 303) BGHZ 135, 387, 392; OLG München Urt. v. 1. 9. 2004 – 7 U 6152/99, NZG 2004, 1055, 1056; MünchHdbBGB/*Piehler/Schulte* § 76 RdNr. 38; Beck Hdb. Personengesellschaften/*Sauter* § 7 RdNr. 157; *Dauner-Lieb* ZHR 158 (1994), 271, 285 ff.
[325] Beck Hdb. Personengesellschaften/*Sauter* § 7 RdNr. 157.
[326] BGH (Fn. 301) BGHZ 123, 281, 286; BGH (Fn. 303) BGHZ 135, 387, 392.
[327] BGH (Fn. 301) BGHZ 123, 281, 286; BGH (Fn. 140) NJW 1993, 2101, 2102; vgl. auch BGH (Fn. 255) ZIP 1989, 768.
[328] Vgl. etwa *Erman*, FS Westermann, 1974, S. 75, 78; *Heyn*, FS Schiedermair, 1976, S. 271, 285 f.; *Großfeld* AG 1988, 217, 218; Beck Hdb. Personengesellschaften/*Sauter* § 7 RdNr. 159; *Binz/Sorg* § 6 RdNr. 152; vgl. auch *Ulmer/Schäfer* ZGR 1995, 134, 153, die als Richtwerte eine Verminderung des Abfindungsanspruchs um mehr als ein Drittel bei kündigungsbeschränkenden Auswirkungen einer Abfindungsklausel und um mehr als die Hälfte in allen sonstigen Fällen vorschlagen; ebenso *Ulmer* § 738 RdNr. 52 (Grenzziehung bei zwei Drittel des Anteilswertes als Faustregel). Ablehnung gegenüber der Festlegung von Grenzwerten bei *Flume* I/1 § 12 IV („Kadijustiz"); zurückhaltend auch Baumbach/*Hopt* RdNr. 64; *Rasner* ZHR 158 (1994), 292, 296.
[329] BGH (Fn. 301) BGHZ 123, 281, 286; BGH (Fn. 140) NJW 1993, 2101, 2102; grundlegend bereits *Büttner*, FS Nirk, 1992, S. 119, 120 ff.
[330] BGH (Fn. 301) BGHZ 123, 281, 286 f.; BGH (Fn. 140) NJW 1993, 2101, 2102.
[331] BGH (Fn. 140) NJW 1993, 2101, 2102; BGH (Fn. 301) BGHZ 123, 281, 287; aus der Lit. vgl. MünchHdbBGB/*Piehler/Schulte* § 76 RdNr. 55; *Büttner*, FS Nirk, 1992, S. 119, 128 ff.
[332] Vgl. BGH (Fn. 321) BGHZ 126, 226, 233.
[333] BGH (Fn. 301) BGHZ 123, 281, 288; vgl. auch OLG Hamm (Fn. 301) DStR 1995, 461, 462.

folgen des Ausscheidens in die Abwägung einzubeziehen,[334] nicht jedoch, dass der Ausgeschiedene seinen Anteil geschenkt erhalten hat (vgl. RdNr. 126) und richtigerweise auch nicht Umstände, die der Privatsphäre des Ausgeschiedenen zuzuordnen sind.[335]

Der geänderte dogmatische Ansatz der Rspr. wirft die Frage der Behandlung der Fälle auf, bei 135 denen den Gesellschaftern Eigenart und Tragweite der von ihnen gewählten Abfindungsregelung bewusst gewesen ist und sie die Möglichkeit der **Entstehung eines Missverhältnisses zwischen Anteils- und Klauselwert** vorhergesehen und in Kauf genommen haben[336] oder sie die Abfindungsregelung in Kenntnis des bestehenden Ungleichgewichts von Buch- und Verkehrswerten geändert haben, ohne im Hinblick auf dieses Ungleichgewicht Anpassungen vorzunehmen.[337] Legen die Gesellschafter etwa im Gesellschaftsvertrag fest, dass die Abfindungsklausel auch dann gelten soll, wenn der Buchwert auf Grund der künftigen Entwicklung in starkem Maße hinter dem wahren Wert der Beteiligung zurück bleibt,[338] dann müsste dies im Rahmen der anzustellenden ergänzenden Vertragsauslegung eigentlich in der Weise Berücksichtigung finden, dass eine Anpassung ausscheidet, bildet der tatsächliche Wille der Beteiligten doch die Schranke für eine vorzunehmende ergänzende Vertragsauslegung. Entsprechende Bemühungen der Kautelarpraxis, Abfindungsklauseln auch im Falle eines unbilligen Ergebnisses „ergänzungsfest" zu machen, dürften jedoch keine Billigung der Rspr. finden.[339] Der Bundesgerichtshof hat denn auch in anderem Zusammenhang betont, dass an die Stelle des rechtlich unwirksam Gewollten nicht ein inhaltsgleicher tatsächlicher Wille der Vertragsparteien gesetzt werden kann.[340] Die Betonung, dass der für die ergänzende Vertragsauslegung maßgebliche hypothetische Parteiwillen unter Einbeziehung „einer objektiven Abwägung der beiderseitigen Interessen" zu ermitteln sei[341] sowie die Bezugnahme auf „Treu und Glauben" und den idealtypisch „redlichen Vertragspartner"[342] lässt deutlich werden, dass es bei der Rechtsprechung des BGH im Ergebnis auch um eine richterliche Billigkeitskorrektur geht.[343] In diesem Sinne wird in BGHZ 126, 226 auch explizit festgestellt, dass die neuere Rspr. „im Ergebnis" mit der Auffassung übereinstimme, die eine Anpassung nach § 242 BGB für den Fall des Auseinanderfallens von Klausel- und Verkehrswert im Zeitpunkt der Kündigung befürworte.[344]

Die vorstehenden Anmerkungen verdeutlichen die Nähe der Rspr. zu dem vergleichbaren Ansatz, 136 die Fälle des nachträglich eintretenden Missverhältnisses von Verkehrswert und Klauselwert unter Rückgriff auf die Lehre vom Wegfall der Geschäftsgrundlage zu lösen.[345] Die Heranziehung dieser Grundsätze erwägt der BGH zwar nur *obiter dictum* für die Fallgestaltungen, bei denen auch durch eine ergänzende Vertragsauslegung kein befriedigendes Ergebnis zu erzielen ist.[346] Die praktischen Ergebnisse der Rspr. dürften jedoch denjenigen entsprechen, die sich bei einer Berufung auf einen Wegfall der Geschäftsgrundlage ergeben,[347] zumal angesichts der zwischen beiden Instituten bestehenden Gemeinsamkeiten.[348]

dd) Folgerungen für die Praxis. In der Lit. wird die Haltung der Rspr. zu den Grenzen 137 gesellschaftsvertraglicher Abfindungsklauseln ganz überwiegend kritisch beurteilt. Während aus dogmatischer Sicht insbesondere der Rückgriff auf die ergänzende Vertragsauslegung als verfehlt angese-

---

[334] Vgl. BGH (Fn. 301) BGHZ 123, 281, 288; BGH (Fn. 140) NJW 1993, 2101, 2103; *Ulmer/Schäfer* ZGR 134, 149; Röhricht/Graf von Westphalen/von Gerkan RdNr. 60; *Büttner*, FS Nirk, 1992, S. 119, 134 f.
[335] Zutreffend *Ulmer* § 738 RdNr. 54; *ders./Schäfer* ZGR 1995, 134, 150; aA BGH (Fn. 301) BGHZ 123, 281, 287 f.
[336] Hierzu *Dauner-Lieb* ZHR 158 (1994), 271, 290; *Sigle* ZGR 1999, 659, 670 f.; *Ulmer/Schäfer* ZGR 1995, 134, 142 ff.; *G. Müller* ZIP 1995, 1561, 1569; *Koller/Roth/Morck* RdNr. 18.
[337] Vgl. die Sachverhaltsgestaltung bei OLG München (Fn. 324) NZG 2004, 1055, 1057.
[338] Formulierungsbeispiel für eine entsprechende Klausel bei *Rasner* ZHR 158 (1994), 292, 300; vgl. auch *Lange* NZG 2001, 635, 644; *Ulmer/Schäfer* ZGR 1995, 134, 142.
[339] Vgl. OLG München (Fn. 324) NZG 2004, 1055, 1057; ebenso *K. Schmidt* GesR § 50 IV 2 c dd; *Dauner-Lieb* ZHR 158 (1994), 271, 287; *Mecklenbrauck* BB 2000, 2001, 2003; *G. Müller* ZIP 1995, 1561, 1596; *Kort* DStR 1995, 1961, 1965 (Gefahr der Nichtigkeit der Abfindungsbeschränkung nach § 138 BGB).
[340] BGH Urt. v. 1. 2. 1984 – VIII ZR 54/83, BGHZ 90, 69, 77 = NJW 1984, 1177 (zur Unwirksamkeit einer Tagespreisklausel in KfZ-Verkaufsbedingungen).
[341] BGH (Fn. 301) BGHZ 123, 281, 286 unter Bezugnahme auf BGH (Fn. 339) BGHZ 90, 69, 76 f.
[342] BGH (Fn. 301) BGHZ 123, 281, 285.; OLG München (Fn. 324) NZG 2004, 1055, 1057.
[343] Insoweit Kritik bei *Dauner-Lieb* ZHR 158 (1994), 271, 283 (Verwischung von Auslegung und normativer Kontrolle); ebenso *Ulmer/Schäfer* ZGR 1995, 134, 140 ff.
[344] BGH (Fn. 322) BGHZ 126, 226, 233.
[345] Für eine Lösung der Angemessenheitsproblematik durch einen Rückgriff auf das Institut des Wegfalls der Geschäftsgrundlage insbesondere *Büttner*, FS Nirk, 1992, S. 119, 128; *Kübler*, FS Sigle, 2000, S. 183, 198; ähnlich *Erman*, FS Westermann, 1974, S. 75, 76; *Möhring*, FS Barz, 1974, S. 49, 58; auch *Ulmer*, FS Quack, 1991, S. 477, 489; kritisch hingegen *Rasner* ZHR 158 (1994), 292, 299 f.; *G. Müller* ZIP 1995, 1561, 1568 f.; MünchHdbBGB/*Piehler/Schulte* § 10 RdNr. 106; *Mecklenbrauck* BB 2000, 2001, 2004.
[346] BGH (Fn. 301) BGHZ 123, 281, 287.
[347] Zutreffend *G. Müller* ZIP 1995, 1561, 1567.
[348] Hierzu ausf. MünchKommBGB/*Busche* § 157 RdNr. 35 mwN.

hen und anstelle dessen **eine auf den Aspekt der unzulässigen Rechtsausübung gestützte richterliche Ausübungskontrolle** favorisiert wird,[349] richten sich die Einwände der Praxis naturgemäß gegen die wachsende Rechtsunsicherheit als Konsequenz der geforderten umfassenden Interessenabwägung sowie des zunehmenden Rückgriffs auf unbestimmte und ausfüllungsbedürftige Formeln.[350] In der Tat verträgt sich die Einzelfallbezogenheit der Rspr. ebenso wenig mit dem Verlangen der Praxis nach formalen Abgrenzungskriterien wie für alle Ausscheidensanlässe Vorsorge gegen ein Auseinanderfallen von Klausel- und Verkehrswert getroffen werden kann.

138 Gerade in Anbetracht der gewandelten Rspr. birgt die Verwendung pauschaler Buchwertklauseln ein ganz erhebliches Konfliktpotential und verfehlt den Zweck, zur Streitschlichtung und Streitvermeidung beizutragen. Der Wegfall dieser Befriedungsfunktion strahlt auf die innere Rechtfertigung entsprechender Klauseln aus; die Buchwertklausel wird daher zunehmend und zu Recht als unsicher und unzweckmäßig angesehen.[351] Konflikte sind umso mehr vorprogrammiert, als die fehlende Korrelation zwischen Buchwert und tatsächlichem Unternehmenswert sowie die Gestaltbarkeit der Bilanzwerte zu willkürlichen Ergebnissen führt,[352] welche sich nicht nur zu Gunsten, sondern durchaus auch zu Lasten der verbleibenden Gesellschafter auswirken können.[353]

139 Angesichts dieser Unzulänglichkeiten der Buchwertabfindung empfiehlt sich für die Kautelarpraxis als sicherste Lösung, bei der Abfindungsregelung an das Ertragswertverfahren anzuknüpfen.[354] Dem Liquiditäts- und Bestandssicherungsinteresse der verbleibenden Gesellschafter ist durch entsprechende, nach dem Anlass des Ausscheidens gestaffelte Abschläge von dem Ertragswert sowie durch eine interessengerechte Regelung der Auszahlungsmodalitäten (hierzu RdNr. 141 ff.) Rechnung zu tragen.[355] Die absolute Grenze der Zulässigkeit entsprechender Abschläge dürfte – mit Ausnahme des Ausscheidens durch Tod – bei etwa 50% des Anteilswertes zu ziehen sein,[356] wobei diese Grenze jedoch nur für die Fallgestaltung der Ausschließung aus wichtigem Grund Verwendung finden sollte.

140 Zur Streitvermeidung und Vereinfachung sollte bei entsprechenden Klauseln nicht darauf verzichtet werden, das Verfahren der Ertragswertermittlung vorzugeben, insbesondere im Hinblick auf die Wahl des Diskontierungssatzes sowie die Ermittlung der nachhaltig erzielbaren Ertragsüberschüsse.[357] Letzteres kann zB durch Anknüpfung an den Gewinndurchschnitt der letzten drei Geschäftsjahre erfolgen. Über- oder unterschreiten die tatsächlich erzielten Gewinne der auf das Ausscheiden folgenden Geschäftsjahre die zugrunde gelegten Vergangenheitsergebnisse, so kann der hieraus resultierenden Abweichung von Klausel- und Verkehrswert durch eine ratenweise Auszahlung und entsprechende Korrektur der letzten Auszahlungsrate Rechnung getragen werden. Ergänzend kann dem Ausscheidenden das Recht zugebilligt werden, die Einholung eines Schiedsgutachtens zu beantragen, sofern er glaubhaft macht, dass eine erhebliche Abweichung (zB 20%) zwischen dem derart vereinfacht ermittelten Ertragswert und dem tatsächlichen Verkehrswert der Beteiligung besteht.[358]

141 ee) **Stundungs- und Ratenzahlungsvereinbarungen.** Ohne gesellschaftsvertragliche Regelung wird die Abfindung mit dem Ausscheiden aus der Gesellschaft fällig (vgl. RdNr. 67). Um die Liquidität der Gesellschaft nicht zu gefährden, empfiehlt es sich daher, in den Gesellschaftsvertrag

---

[349] IdS insbesondere *Ulmer* § 738 RdNr. 54; *ders./Schäfer* ZGR 1995, 134, 144 ff.; *K. Schmidt* GesR § 50 IV 2 c dd; *Röhricht/Graf von Westphalen/von Gerkan* RdNr. 65; *MünchHdbBGB/Piehler/Schulte* § 10 RdNr. 106; vgl. auch *G. Müller* ZIP 1995, 1561, 1568 ff.; *Mecklenbrauck* BB 2000, 2001, 2004. Explizit anderer Ansatz („pacta sunt servanda") bei *Flume* I/1 § 12 IV.
[350] IdS vor allem *Sigle* ZGR 1999, 659, 663 ff.; *Rasner* ZHR 158 (1994), 292, 298 ff.; *Wangler* DB 2001, 1763, 1767. Ausf. und detailliert auch *Kübler*, FS Sigle, 2000, S. 183, 194 ff. Zu dem Konflikt zwischen dem Wunsch des gestaltenden Juristen nach Rechtssicherheit und dem Grundwert der Gerechtigkeit im Einzelfall *Kanzleiter* NJW 1995, 905, 909 ff.
[351] Vgl. *Haack* GmbHR 1994, 437, 441; *Großfeld* AG 1988, 217, 218; *ders.* S. 145; *Ulmer*, FS Quack, 1991, S. 477, 478 f.; *Preißer/von Rönn* VI. 6.2.3.1; ebenso bereits *Hennerkes/Binz* DB 1983, 2669, 2672; *Hennerkes/May* NJW 1988, 2761, 2766; aA *Rasner* NJW 1983, 2905; differenzierend *Sigle* ZGR 1999, 659, 671 f.; *Piltz* BB 1994, 1021, 1023; *Mayer* DB 1990, 1319, 1320 f.; *MünchHdbBGB/Piehler/Schulte* § 76 RdNr. 51 ff.
[352] IdS explizit BGH (Fn. 137) NJW 1985, 192, 193; *Großfeld* S. 256; ebenso bereits ausf. *Hennerkes/Binz* DB 1983, 2669, 2673.
[353] Vgl. *Großfeld* AG 1988, 217, 219 f.; *Kellermann* StbJb 1986/87, 403, 419; *Hennerkes/Binz* DB 1983, 2669, 2672 f.; *MünchHdbBGB/Piehler/Schulte* § 76 RdNr. 10, 53; *Binz/Sorg* § 6 RdNr. 172.
[354] Ebenso *Haack* GmbHR 1994, 437, 441; *Großfeld* S. 262 f.; *Ulmer*, FS Quack, 1991, S. 477, 490 ff.; *Carlé* KÖSDI 1994, 9696/9701; *Hennerkes/May* NJW 1988, 2761, 2766; aA *Piltz* BB 1994, 1021, 1026.
[355] Entsprechende Klauseln bei *Großfeld* S. 266 f.; *Ulmer*, FS Quack, 1991, S. 477, 501 ff.; ausführliche Klauselvorschläge auch bei *Sanfleber* S. 232 ff. und *Fröhlich* S. 119 (Bsp. einer am cash flow-orientierten Abfindungsklausel).
[356] Vgl. etwa *Ulmer*, FS Quack, 1991, S. 477, 500; *MünchHdbBGB/Piehler/Schulte* § 10 RdNr. 107 sowie § 76 RdNr. 65; Beck Hdb. Personengesellschaften/*Sauter* § 7 RdNr. 159; kritisch im Hinblick auf entsprechende Abschläge *Preißer/von Rönn* VI. 6.2.3.4.
[357] Ausf. *Ulmer*, FS Quack, 1991, S. 477, 490 ff.; *MünchHdbBGB/Piehler/Schulte* § 76 RdNr. 25 ff.
[358] Vgl. *Großfeld* S. 265; *Ulmer*, FS Quack, 1991, S. 477, 498 f.; *MünchHdbBGB/Piehler/Schulte* § 76 RdNr. 27.

eine von der gesetzlichen Regelung abweichende Vereinbarung über den Zeitraum der Auszahlung der Abfindung aufzunehmen. Eine solche Vereinbarung muss aber – um einer gerichtlichen Billigkeitskontrolle Stand zu halten – neben dem Liquiditäts- und Bestandserhaltungsinteresse der Gesellschaft auch dem Abfindungsinteresse des ausscheidenden Gesellschafters Rechnung tragen. Die vorgesehene Zahlungsdauer darf den ausscheidenden Gesellschafter nicht unangemessen benachteiligen, insbesondere auch im Hinblick auf die Absicherung seines Anspruchs.[359]

142 In der Lit. wird bei entsprechender Verzinsung ein Auszahlungszeitraum von zehn Jahren als noch zulässig angesehen.[360] Hierbei dürfte es sich jedoch um die absolute, nur durch besondere Umstände des Einzelfalls zu rechtfertigende Obergrenze handeln. In aller Regel unbedenklich ist hingegen eine **Auszahlungsdauer von bis zu fünf Jahren,** sofern der Auszahlungsbetrag angemessen verzinst wird.[361] Eine Streckung über 15 Jahre ist nach der Rspr. auch bei Vereinbarung üblicher Verzinsung unangemessen und daher unwirksam.[362] Je nach Lage des Falles kann es der Gesellschaft zudem nach Treu und Glauben (§ 242 BGB) verwehrt sein, sich auf eine Stundungsklausel zu berufen, wenn sie – etwa infolge der Aufnahme eines neuen Partners – in der Lage ist, die Abfindung sofort zu bezahlen.[363]

143 **ff) Schiedsklauseln.** In Anbetracht des erheblichen Streitpotentials, welches mit der Ermittlung des Abfindungsguthabens verbunden ist, sind in der Praxis Schiedsklauseln anzuraten und weit verbreitet. Hierauf finden die §§ 317 bis 319 BGB Anwendung.[364] Die Feststellung des Abfindungsguthabens ist hierbei nicht gemäß § 319 Abs. 2 BGB in das freie Belieben des Schiedsgutachters gestellt, sondern ist von diesem nach billigem Ermessen vorzunehmen (§ 319 Abs. 1 BGB).[365] Empfehlenswert sind Regelungen zur Kostentragung, etwa in dem Sinne das die Kosten zwischen den Beteiligten geteilt werden oder sich die Kostenverteilung am Ergebnis des Gutachtens orientiert.[366] Soll auch die Möglichkeit eines Prozesses über die Frage, ob die von dem Schiedsgutachter getroffenen Bestimmungen „offenbar unbillig" sind (vgl. § 319 Abs. 1 BGB), ausgeschlossen werden, bedarf es weitergehend des Abschlusses eines Schiedsvertrages.[367]

144 **4. Steuerliche Folgen des Ausscheidens. a) Einkommensteuer. aa) Überblick.** Gemäß § 16 Abs. 1 Nr. 2 EStG gehört zu den Einkünften aus Gewerbebetrieb auch der Gewinn aus der **Veräußerung des gesamten Anteils eines Gesellschafters,** der als Mitunternehmer des Betriebs anzusehen ist. Gewinne, die bei der Veräußerung eines Teilanteils erzielt werden, stellen gemäß § 16 Abs. 1 S. 2 EStG laufende Gewinne dar. Unter Veräußerung iSd. § 16 Abs. 1 EStG ist jedes Rechtsgeschäft zu verstehen, auf Grund dessen das wirtschaftliche Eigentum an einem Mitunternehmeranteil gegen Entgelt auf einen Dritten übertragen wird.[368] Die Anwachsung eines Mitunternehmeranteils bei den übrigen Gesellschaftern als Folge des Ausscheidens eines Gesellschafters (zB auf Grund Kündigung der Mitgliedschaft oder Tod) ist zwar zivilrechtlich nicht als Veräußerung anzusehen. Dennoch stellt sie steuerlich einen gemäß § 16 Abs. 1 Nr. 2 EStG zu erfassenden Vorgang dar, weil der ausscheidende Mitunternehmer ein Entgelt für die Anwachsung seiner Beteiligung bei den verbleibenden Gesellschaftern erhält.[369] Korrespondierend stellt das Ausscheiden gegen Abfindung für die verbleibenden Gesellschafter ein Anschaffungsgeschäft dar. Im Einzelnen gelten im Hinblick auf die ertragsteuerlichen Konsequenzen des Ausscheidens die nachstehenden Leitlinien, wobei Details der steuerrechtlichen Fachliteratur überlassen bleiben müssen.

---

[359] *Ulmer* § 738 RdNr. 65; *K. Schmidt* GesR § 50 IV 2 c cc.
[360] IdS u. a. *Ulmer* NJW 1979, 81, 85; ff.; *Huber* S. 330; *Heckelmann* S. 147; *Mayer* DB 1990, 1319, 1320; *Baumbach/ Hopt* RdNr. 68; *Binz/Sorg* § 6 RdNr. 154 („im Einzelfall").
[361] Ebenso *Koller/Roth/Morck* RdNr. 19; *K. Schmidt* GesR § 50 IV 2 c cc; MünchHdbBGB/*Piehler/Schulte* § 76 RdNr. 66; *Hesselmann/Tillmann/Mueller-Thuns/Hannes* § 10 RdNr. 261; vgl. auch *Esch/Baumann/Schulze zur Wiesche* (Fn. 70) RdNr. I 1134 (Empfehlung einer Abfindungsstreckung von drei bis sieben Jahren). Die Bedeutung der Verzinsung betonend *Lange* NZG 2001, 635, 637.
[362] BGH (Fn. 311) NJW 1989, 2685, 2686; vgl. auch OLG Dresden Urt. v. 18. 5. 2000 – 21 U 3559/99, NZG 2000, 1042, 1043 (Unzulässigkeit einer Abfindungsregelung, die eine Abgeltung des Werts des Gesellschaftsanteils in drei Raten nach zunächst acht, acht und zehn Jahren nach Kündigungserklärung vorgesehen hatte).
[363] IdS *K. Schmidt* GesR § 50 IV 2 c ee; MünchHdbBGB/*Piehler/Schulte* § 76 RdNr. 66.
[364] Vgl. *Koller/Roth/Morck* RdNr. 16; *Baumbach/Hopt* RdNr. 53. Ausf. zur Feststellung des Abfindungsguthabens durch einen Sachverständigen *Michalski* ZIP 1991, 914; zur Möglichkeit der Konfliktlösung durch Mediation *Hülsemann* NJW 2002, 1680; vgl. auch BGH Urt. v. 14. 2. 2005 – II ZR 365/02, NZG 2005, 394, 395 (zur Beauftragung des Schiedsgutachters nur von einer Vertragspartei).
[365] *Michalski* ZIP 1991, 914, 917 mwN; *Hartmann* S. 62 f.; vgl. auch BGH Urt. v. 3. 10. 1957 – II ZR 77/56, NJW 1957, 1834.
[366] *Piltz* BB 1994, 1021, 1026; MünchHdbBGB/*Piehler/Schulte* § 76 RdNr. 68.
[367] Vgl. *Hartmann* S. 63 mwN.
[368] *L. Schmidt* § 16 RdNr. 20.
[369] StRspr.; vgl. BFH Urt. v. 12. 12. 1996 – IV R 77/93, BStBl. 1998 II S. 180, 181; *L. Schmidt* § 16 RdNr. 412; Beck Hdb. Personengesellschaften/*Sauter* § 7 RdNr. 174; Sudhoff/*von Sothen,* Unternehmensnachfolge, § 51 RdNr. 56.

145 **bb) Ermittlung des Veräußerungsgewinns beim ausscheidenden Gesellschafter.** Veräußerungsgewinn ist nach § 16 Abs. 2 EStG der Betrag, um den der Veräußerungspreis nach Abzug der Veräußerungskosten den Wert des Anteils des ausscheidenden Gesellschafters am Betriebsvermögen übersteigt. Maßgeblicher Zeitpunkt für die Ermittlung des Veräußerungsgewinns ist derjenige, zu dem der Anteil auf die verbleibenden Gesellschafter übergeht.[370] Der **Wert des Anteils des ausscheidenden Gesellschafters** ist nach allgemeinen bilanzsteuerrechtlichen Grundsätzen auf den Zeitpunkt des Ausscheidens zu ermitteln. Maßgeblich ist der in der Gesamtbilanz der Mitunternehmerschaft auszuweisende Buchwert, welcher sich aus den Buchwerten in der Steuerbilanz der Gesellschaft sowie etwaigen Ergänzungsbilanzen und für Wirtschaftsgüter des Sonderbetriebsvermögens geführten Sonderbilanzen zusammensetzt.[371]

146 Übersteigt der Veräußerungspreis nach Abzug der Veräußerungskosten den Buchwert des Kapitalkontos des ausscheidenden Gesellschafters, so wird dies steuerlich als Auflösung der in den einzelnen Wirtschaftsgütern des Gesellschaftsvermögens vorhandenen stillen Reserven betrachtet.[372] Erhält der ausscheidende Gesellschafter lediglich den **Buchwert des Kapitalkontos** als Abfindung, so entsteht bei ihm kein Veräußerungsgewinn. Bei einer **Abfindung unter Buchwert** erleidet der ausscheidende Gesellschafter in Höhe der Differenz zwischen der Höhe des Abfindungsbetrages und dem buchmäßigen Stand seines Kapitalkontos einen Veräußerungsverlust, sofern die Abfindung unter dem Buchwert als entgeltlicher Vorgang zu qualifizieren ist und nicht aus privaten Gründen erfolgt (zur Behandlung der Abfindung unter Buchwert bei den verbleibenden Gesellschaftern vgl. RdNr. 159 f.).[373]

147 Der Veräußerungspreis ergibt sich aus der an den ausscheidenden Gesellschafter zu zahlenden Abfindung.[374] Wird die vereinbarte Abfindung nicht in einem Gesamtbetrag an den ausscheidenden Gesellschafter ausgezahlt, sondern gestundet und in Raten geleistet, so ist der gemeine Wert der Forderung im Zeitpunkt des Ausscheidens anzusetzen.[375] Erweist sich der Anspruch auf Zahlung der Abfindung nachträglich als ganz oder teilweise uneinbringlich, ist dies auch steuerlich beachtlich. Es liegt dann ein Ereignis im Sinne von § 175 Abs. 1 S. 1 Nr. 2 AO vor, das zur rückwirkenden Änderung eines bereits bestandskräftigen Steuerbescheides führt.[376] Wird im Interesse der Versorgung des ausgeschiedenen Gesellschafters (bzw. dessen Erben) eine Renten- oder Ratenzahlung mit einer Laufzeit von mehr als zehn Jahren vereinbart, so besteht ein Besteuerungswahlrecht des Ausgeschiedenen. Er kann entweder die sofortige Versteuerung des nach dem Barwert ermittelten Veräußerungsgewinns wählen oder sich für die Versteuerung als normale nachträgliche Einkünfte nach § 24 Nr. 2 iVm. § 15 Abs. 1 EStG entscheiden. Letzterenfalls handelt es sich um eine Zuflussbesteuerung, die einsetzt, sobald die Raten- bzw. Rentenzahlungen das anteilige buchmäßige Eigenkapital zzgl. Veräußerungskosten übersteigen.[377]

148 Sofern der ausscheidende Gesellschafter im Zeitpunkt seines Ausscheidens über ein **negatives Kapitalkonto** verfügt, das er nicht ausgleichen muss, so erhöht sich der Veräußerungspreis um den Negativsaldo.[378] Dies gilt unabhängig davon, ob es sich bei dem ausscheidenden Gesellschafter um einen unbeschränkt haftenden Gesellschafter oder um einen Kommanditisten handelt.[379]

149 Veräußert der ausscheidende Gesellschafter im Zusammenhang mit seinem Ausscheiden etwaiges Sonderbetriebsvermögen an die Gesellschafter bzw. die verbleibenden Gesellschafter oder an Dritte, erhöht sich der Veräußerungspreis um den entsprechenden Gegenwert.[380] Behält der ausscheidende Gesellschafter demgegenüber sein Sonderbetriebsvermögen ganz oder teilweise, so führt dies steuerlich zu einer Entnahme in das Privatvermögen, die ebenfalls als Veräußerungsvorgang behandelt wird.

---

[370] BFH Urt. v. 2. 5. 1974 – IV R 47/73, BStBl. 1974 II S. 707, 708; Beck Hdb. Personengesellschaften/*Sauter* § 7 RdNr. 181.
[371] *L. Schmidt* § 16 RdNr. 463.
[372] Beck Hdb. Personengesellschaften/*Sauter* § 7 RdNr. 180.
[373] Vgl. nur *Brönner*, Die Besteuerung der Gesellschaften, 18. Aufl. 2007, RdNr. B 1466; *L. Schmidt* § 16 RdNr. 510 mwN.
[374] BFH Urt. v. 15. 4. 1993 – IV R 66/92, BStBl. 1994 II S. 227; ausf., mwN, *L. Schmidt* § 16 RdNr. 456.
[375] Hierzu ausf. *L. Schmidt* § 16 RdNr. 280 ff.; *Brönner* (Fn. 373) RdNr. B 2244.
[376] BFH Urt. v. 28. 7. 1994 – IV R 53/91, BStBl. 1995 II S. 112; BFH Urt. v. 14. 12. 1994 – XR 128/92, BStBl. 1995 II S. 465, 466 f. = DStR 1995, 1019; *L. Schmidt* § 16 RdNr. 461; Beck Hdb. Personengesellschaften/*Sauter* § 7 RdNr. 184.
[377] Vgl. BFH Urt. v. 19. 8. 1999 – IV R 67/98, DStR 2000, 72, 74; BFH Urt. v. 10. 7. 1991 – X R 79/90, BB 1991, 2353, 2354 mwN zur Rspr.; *L. Schmidt* § 16 RdNr. 221 ff.; *Kobor* in Herrmann/Heuer/Raupuch, EStG, § 16 RdNr. 306 sowie Einkommensteuer-Richtlinien R 139 XI.
[378] BFH Urt. v. 17. 1. 1989 – VIII R 370/83, BStBl. 1989 II S. 563, 564; BFH Urt. v. 16. 12. 1992 – XI R 34/92, BStBl. 1993 II S. 436, 437 = DStR 1993, 716.
[379] Ausf. dazu *L. Schmidt* § 16 RdNr. 469 ff.; *Knobbe-Keuk*, Bilanz- und Unternehmensteuerrecht, 9. Aufl. 1993, § 23 II 4; Beck Hdb. Personengesellschaften/*Sauter* § 7 RdNr. 183.
[380] BFH (Fn. 376) X R 128/92, BStBl. 1995 II S. 465, 466; Beck Hdb. Personengesellschaften/*Sauter* § 7 RdNr. 182.

Der Veräußerungspreis erhöht sich in diesem Fall um den gemeinen Wert des entnommenen Sonderbetriebsvermögens (vgl. § 16 Abs. 3 S. 7 EStG).[381]

Wird der ausscheidende Gesellschafter entgegen § 738 Abs. 1 S. 2 BGB nicht in bar, sondern auf **150** Grund entsprechender Vereinbarung **mit Sachwerten abgefunden,** so ist danach zu unterscheiden, ob der Gesellschafter diese Sachwerte in sein Privatvermögen oder in ein Betriebsvermögen übernimmt. Die **Übernahme in das Privatvermögen** wird steuerlich zum einen als Veräußerung des Mitunternehmeranteils und zum anderen als Erwerb des Sachwerts durch den Ausgeschiedenen behandelt.[382] Hinsichtlich der Ermittlung des Veräußerungspreises ist in diesem Fall zu unterscheiden: Wird die Sachwertabfindung erst nach Festlegung des Abfindungsbetrages in Geld vereinbart und an Erfüllungs statt (§ 364 Abs. 1 BGB) erbracht, ist Veräußerungspreis gemäß § 16 Abs. 2 EStG der Nennbetrag des Abfindungsanspruches. Wird dagegen von vornherein eine Sachwertabfindung vereinbart, ist Veräußerungspreis der gemeine Wert des übernommenen Sachwerts.[383]

Die Überführung von zur Abfindung erhaltenen Wirtschaftsgütern **in ein anderes Betriebs- 151 vermögen oder Sonderbetriebsvermögen des ausscheidenden Gesellschafters** hat auf der Grundlage von § 6 Abs. 5 S. 3 Nr. 1 oder Nr. 2 EStG ohne Aufdeckung stiller Reserven zwingend zu Buchwerten zu erfolgen.[384] In der einschlägigen steuerrechtlichen Literatur wird das Ausscheiden gegen Sachwertabfindung aber auch unter Anwendung der Realteilungsgrundsätze nach § 16 Abs. 3 S. 2 EStG beurteilt.[385] Bei dann ebenfalls zwingender Buchwertfortführung bestehen die Unterschiede in den Nachversteuerungsregelungen sowie bei den Folgen einer Übernahme von Schulden der Mitunternehmerschaft.[386] Gegen die letztgenannte Auffassung spricht jedoch, dass die Realteilung steuersystematisch als besondere Form der Betriebsaufgabe anzusehen ist, so dass eine Anwendung von § 16 Abs. 3 EStG dann nicht in Betracht kommt, wenn der Betrieb der Mitunternehmerschaft fortgeführt wird. Vielmehr sind bei der Sachwertabfindung in ein anderes Betriebsvermögen nach § 6 Abs. 5 S. 3 EStG zwingend die Buchwerte fortzuführen,[387] wobei in Bezug auf die zur Abfindung übertragenen Wirtschaftsgüter die Missbrauchsvorschriften des § 6 Abs. 5 S. 4 – 6 EStG zu beachten sind.

Der Veräußerungsgewinn reduziert sich bei Gesellschaftern, die im Zeitpunkt des Ausscheidens **152** das 55. Lebensjahr vollendet haben oder die im sozialversicherungsrechtlichen Sinn dauernd berufsunfähig sind, um einen **Freibetrag von 45 000 Euro** (§ 16 Abs. 4 EStG). Er ermäßigt sich allerdings um den Betrag, um den der Veräußerungsgewinn 136 000 Euro übersteigt und fällt demnach vollständig weg, wenn der Veräußerungsgewinn mehr als 181 000 Euro beträgt.

cc) Besteuerung des Veräußerungsgewinns. Gewinne aus der Veräußerung des gesamten **153** Mitunternehmeranteils iSv. § 16 EStG gehören zu den außerordentlichen Einkünften gemäß § 34 Abs. 2 Nr. 1 EStG und unterliegen somit einer besonderen Steuerermittlung (zur Veräußerung von Teilanteilen vgl. § 16 Abs. 1 S. 2 EStG). Hierbei ist gemäß § 34 Abs. 1 EStG eine antragsgebundene rechnerische Verteilung der außerordentlichen Einkünfte auf fünf Jahre möglich. Demnach beträgt die Einkommensteuer auf die außerordentlichen Einkünfte das 5fache des Unterschiedsbetrags zwischen der Einkommensteuer für das um diese Einkünfte verminderte zu versteuernde Einkommen (verbleibendes zu versteuerndes Einkommen) und der Einkommensteuer für das verbleibende zu versteuernde Einkommen zusätzlich eines Fünftels der außergewöhnlichen Einkünfte.[388] Das Ausmaß der Steuerentlastungswirkung hängt entscheidend davon ab, ob der Veräußerer noch weitere ordentliche Einkünfte im Veräußerungsjahr erzielt. Bereits ab ordentlichen Einkünften in Höhe von 52 000,– Euro ist die Steuerentlastung nach § 34 EStG vernachlässigbar gering.[389]

---

[381] BFH (Fn. 376) BStBl. 1995 II S. 112, 114; *Brönner* (Fn. 373) RdNr. B 1469; Beck Hdb. Personengesellschaften/*Sauter* § 7 RdNr. 182.

[382] BFH Urt. v. 24. 5. 1973 – IV R 64/70, BStBl. 1973 II S. 655, 657; BFH Urt. v. 23. 11. 1995 – IV R 75/94, BStBl. 1996 II S. 194, 196; *L. Schmidt* § 16 RdNr. 521; MünchHdbBGB/*Fabian* § 77 RdNr. 143.

[383] *L. Schmidt* § 16 RdNr. 521; Beck Hdb. Personengesellschaften/*Sauter* § 7 RdNr. 189; *Kobor* in Herrmann/Heuer/Raupach EStG, § 16 RdNr. 315.

[384] Wie hier *L. Schmidt* § 16 RdNr. 524; ebenso wohl auch *Reiss* BB 2000, 1965, 1971 f.; *Rogall* DStR 2006, 731, 733; zur Rechtslage in den Veranlagungszeiträumen vor 2001 vgl. RdNr. 148 der Vorauf. sowie Beck Hdb. Personengesellschaften/*Sauter* § 7 RdNr. 190.

[385] IdS etwa *Stuhrmann* DStR 2005, 1355, 1356; *von Lishaut* DB 2000, 1784, 1789; *Blumers/Beinert/Witt* BB 1999, 1786; Beck Hdb. Personengesellschaften/*Sauter* § 7 RdNr. 190; MünchHdbBGB/*Fabian* § 77 RdNr. 142.

[386] Zu den Unterschieden ausf. *L. Schmidt* § 16 RdNr. 536.

[387] Ausf. *Heß* DStR 2006, 777, 778; ebenso die Finanzverwaltung in ihrem Erlass zur Realteilung; vgl. BMF-Schreiben v. 28. 2. 2006 – IV B 2 – 32242 – 6/06, DStR 2006, 426, 427.

[388] Berechnungsbeispiele bei *Wendt* FR 1999, 333, 337 ff.; *ders.* FR 2000, 1199, 1204; ausf. auch *Sudhoff/von Sothen,* Unternehmensnachfolge, § 51 RdNr. 99 ff.

[389] *Herzig/Förster* DB 1999, 711, 715.

154 Eine weitergehende Entlastung kommt dem ausscheidenden Gesellschafter nur zugute, wenn die Voraussetzungen der Tarifermäßigung gemäß § 34 Abs. 3 EStG erfüllt sind. Um in den Genuss dieser Tarifermäßigung zu kommen, gelten die gleichen Voraussetzungen wie bei der Inanspruchnahme des Freibetrags nach § 16 Abs. 4 EStG, dh. der ausscheidende Gesellschafter muss das 55. Lebensjahr vollendet haben oder dauernd berufsunfähig im sozialversicherungsrechtlichen Sinne sein (vgl. RdNr. 152). Die Tarifermäßigung besteht in der Anwendung eines begünstigten Steuersatzes von 56% des durchschnittlichen Steuersatzes des Steuerpflichtigen auf den Veräußerungsgewinn (bis 2003: 50% des Durchschnittssteuersatzes), mindestens aber eines Steuersatzes von 15%.[390] Der ermäßigte Steuersatz wird allerdings nur für Veräußerungsgewinne bis 5 Mio. Euro gewährt, während ein übersteigender Betrag dem vollen Steuersatz unterliegt. Die Tarifermäßigung kann der Steuerpflichtige zudem gemäß § 34 Abs. 3 S. 4 EStG nur einmal im Leben in Anspruch nehmen. Bei mehreren Veräußerungsgewinnen, die in einem Veranlagungszeitraum erzielt worden sind, kann § 34 Abs. 3 EStG nur für einen von ihnen in Anspruch genommen werden (§ 34 Abs. 3 S. 5 EStG).

155 **dd) Rechtsfolgen auf Seiten der verbleibenden Gesellschafter.** Bei den in der Gesellschaft verbleibenden Gesellschaftern wird der Vorgang des Ausscheidens steuerlich als Erwerbs- bzw. Anschaffungsvorgang behandelt.[391] Die Gesellschafter, denen der Anteil des ausscheidenden Gesellschafters anwächst, erwerben steuerlich gesehen die Beteiligung des Ausscheidenden an den einzelnen Wirtschaftsgütern des Gesellschaftsvermögens, auch wenn sie hierfür zivilrechtlich nichts aus ihrem eigenen Vermögen aufwenden, da die Abfindung von der Gesellschaft geschuldet wird.[392] Im Einzelnen hängt die steuerliche Behandlung bei den verbleibenden Gesellschaftern wiederum von der Höhe der Anschaffungskosten im Verhältnis zum Buchwert des Anteils des ausscheidenden Gesellschafters ab. Hierbei entspricht die Höhe der Anschaffungskosten der gezahlten Abfindung, wobei ein von den verbleibenden Gesellschaftern übernommenes negatives Kapitalkonto die Anschaffungskosten erhöht.[393]

156 Eine **Abfindung zum Buchwert** bleibt ohne ertragsteuerliche Auswirkungen. Die Anschaffungskosten sind gleich dem Buchwert; eine Aufstockung findet nicht statt.

157 Liegt die **Abfindung über dem Buchwert,** so besteht nach Ansicht des BFH eine widerlegbare Vermutung dafür, dass im Gesellschaftsvermögen stille Reserven oder ein originärer Geschäftswert vorhanden sind, an denen der ausscheidende Gesellschafter anteilig beteiligt ist und die mit dem Mehrpreis abgegolten werden sollen.[394] Anders als beim zivilrechtlichen Erwerb des Anteils erfolgt die Wertkorrektur (Aufstockung) hierbei nicht in den Ergänzungsbilanzen der Erwerber, sondern in der Steuerbilanz der Gesellschaft.[395] Wie der gezahlte Mehrpreis auf die einzelnen Wirtschaftsgüter zu verteilen ist, richtet sich nach der vom BFH entwickelten Stufentheorie. In deren ursprünglicher Ausprägung war der Mehrpreis zunächst bei den bilanzierten, materiellen oder immateriellen Wirtschaftsgütern zu aktivieren, in zweiter Linie bei den nicht bilanzierten abnutzbaren immateriellen Wirtschaftsgütern, in dritter Linie bei einem originären Geschäftswert und schließlich bei nicht bilanzierten und nicht abnutzbaren immateriellen Wirtschaftsgütern.[396] Nach der im Vordringen befindlichen **modifizierten Stufentheorie** gilt diese Vermutung nicht in der dargestellten Stufenfolge, sondern in gleicher Weise für alle Wirtschaftsgüter einschließlich eines Geschäftswertes, gleich ob bilanziert oder nicht.[397] Nicht abschließend geklärt ist dabei jedoch, nach welchem Verteilungsschlüssel der Mehrbetrag aufzuteilen ist. Im Schrifttum vorgeschlagen werden zum einen eine proportionale Aufteilung, zum anderen eine Aufteilung im Verhältnis der Teilwerte.[398]

---

[390] Die Tarifermäßigung des § 34 Abs. 3 EStG war als Bestandteil des zum 1. 1. 2001 in Kraft getretenen Steuersenkungsgesetzes eingeführt worden und bestand ursprünglich in Form der Anwendung des halben durchschnittlichen Steuersatzes des Steuerpflichtigen (mindestens aber 19,9%) auf den Veräußerungsgewinn. Die Absenkung der Vergünstigung ist als Bestandteil des Haushaltsbegleitgesetzes 2004 erfolgt.
[391] StRspr.; vgl. BFH (Fn. 369) BStBl. 1998 II S. 180, 182; s. auch Beck Hdb. Personengesellschaften/*Sauter* § 7 RdNr. 208; MünchHdbBGB/*Fabian* § 77 RdNr. 134; *Crezelius* RdNr. 268.
[392] BFH (Fn. 369) BStBl. 1998 II S. 180, 182; BFH Urt. v. 17. 7. 2001 – IX R 50/98, BStBl. II 2001, 760 = DStR 2001, 1746; OFD Berlin Verf. v. 19. 7. 2002 – St 122 – S 2241–2/02, DStR 2002, 1811.
[393] BFH Urt. v. 30. 3. 1993 – VIII R 63/91, BStBl. 1993 II S. 706, 707.
[394] BFH (Fn. 393) BStBl. 1993 II S. 706, 707.
[395] *L. Schmidt* § 16 RdNr. 482; *Knobbe-Keuk* (Fn. 379) § 23 II 1; *Groh* BB 1992, 540, 543; *Döllerer* DStZ 1976, 435, 440; Beck Hdb. Personengesellschaften/*Sauter* § 7 RdNr. 208; MünchHdbBGB/*Fabian* § 77 RdNr. 136; anders *Crezelius* RdNr. 269.
[396] BFH Urt. v. 7. 11. 1985 – IV R 7/83, BStBl. 1986 II S. 176, 177; *L. Schmidt* § 16 RdNr. 489; Sudhoff/*von Sothen*, Unternehmensnachfolge, § 51 RdNr. 133.
[397] BFH Urt. v. 18. 2. 1993 – IV R 40/92, BStBl. 1994 II S. 224, 225; *L. Schmidt* § 16 RdNr. 490; Beck Hdb. Personengesellschaften/*Sauter* § 7 RdNr. 211.
[398] Nachw. bei *L. Schmidt* § 16 RdNr. 490 sowie Rogall DStR 2006, 731, 732.

Ausnahmsweise muss ein über den Buchwert hinaus bezahlter Abfindungsbetrag nicht aktiviert **158** werden, sondern kann sofort als Betriebsausgabe abgezogen werden, wenn der Steuerpflichtige nachweist, dass weder stille Reserven noch Geschäftswert oder nicht bilanzierte Vermögensgegenstände vorhanden sind, die mit dem Mehrbetrag abgegolten wurden. Zudem muss eine betriebliche Veranlassung für die Bezahlung des Mehrwerts bestehen.[399] Diese Grundsätze gelten auch für **den Fall des sog. lästigen Gesellschafters,** der durch eine entsprechend erhöhte Abfindung zum Ausscheiden bewogen werden soll. Auch hier ist zunächst zu ermitteln, inwieweit der Mehrbetrag als Abfindung für stille Reserven und Firmenwert anzusehen ist.[400] Nur soweit stille Reserven und/oder ein Geschäftswert nicht festzustellen sind, der Mehrbetrag also zur Herbeiführung des Ausscheidens des lästigen Gesellschafters gezahlt worden ist, ist er von der Aktivierungspflicht ausgenommen.[401]

Bei einer **Abfindung unter Buchwert** richten sich die steuerlichen Folgen für die verbleibenden **159** Gesellschafter danach, ob Leistung und Gegenleistung nach kaufmännischen Gesichtspunkten gegeneinander abgewogen sind und die Abfindung unter dem Buchwert daher als entgeltlicher Vorgang zu qualifizieren ist.[402] Ist dies der Fall, müssen die anteilig erworbenen Wirtschaftsgüter in Höhe des Abfindungsbetrages aktiviert werden.[403] Die darüber liegenden Buchwerte sind in der Steuerbilanz der Gesellschaft (bzw. in negativen Ergänzungsbilanzen beim Erwerb durch einen der bisherigen Mitgesellschafter oder durch einen neu eintretenden Gesellschafter) in Höhe der Differenz zwischen Buchwert und Abfindung anteilig herabzusetzen.[404] Der Ansatz eines negativen Geschäftswerts zum Ausgleich der Differenz bei gleichzeitiger Fortführung der Buchwerte der bilanzierten Wirtschaftsgüter ist nicht möglich.[405] Sofern der Differenzbetrag höher als die mögliche Abstockung ist, ist jedoch ein passiver Ausgleichsposten zu bilden, der mit künftigen Verlusten zu verrechnen und spätestens bei Beendigung der Beteiligung gewinnerhöhend aufzulösen ist.[406]

Widerspricht dagegen ein Ausscheiden unter dem Buchwert kaufmännischen Gesichtspunkten, so **160** liegt ein **unentgeltlicher Vorgang** vor, dessen steuerliche Folgen sich danach richten, ob für die Unentgeltlichkeit eine betriebliche Veranlassung bestand. Bei betrieblicher Veranlassung, zB weil der ausscheidende Gesellschafter lange Auszahlungszeiträume vermeiden will, nahm der BFH bisher an, dass die Gesellschafter die Buchwerte der übernommenen Vermögensgegenstände fortzuführen und die Differenz zwischen den Buchwerten und der Abfindung als laufenden Gewinn zu versteuern haben.[407] In zwei Entscheidungen hat der BFH jedoch zu erkennen gegeben, dass er an dieser Auffassung möglicherweise nicht mehr festhalten, sondern diesen Vorgang künftig steuerneutral behandeln werde.[408] Ist die Abfindung unter Buchwert privat (außerbetrieblich) veranlasst, sind die Buchwerte gemäß § 6 Abs. 3 EStG fortzuführen und die Differenz zwischen Buchwert und Abfindung ist als Einlage zu behandeln.[409]

Wird der **ausscheidende Gesellschafter mit Sachwerten abgefunden** (vgl. RdNr. 150 f.) und **161** übernimmt er diese in sein Privatvermögen, so führt dies bei den übrigen Gesellschaftern zu einem laufenden (gewerbesteuerpflichtigen) Veräußerungsgewinn oder -verlust, je nachdem, ob der Veräußerungspreis über oder unter dem Buchwert der – im Zuge des Ausscheidens anteilig aufgestockten – fraglichen Wirtschaftsgüter liegt.[410] Bei einer Übernahme in das Betriebsvermögen des ausscheidenden Gesellschafters ergeben sich bei einer Anwendung von § 6 Abs. 5 S. 3 EStG (vgl. RdNr. 151) wegen der zwingenden Buchwertverknüpfung keine steuerlichen Folgen für die verbleibenden Gesellschafter. Damit das Kapitalkonto des Ausscheidenden dem Buchwert der in sein Betriebsvermögen übertragenen Wirtschaftsgüter entspricht, sind hierbei nach hM auf der Passivseite die Kapitalkonten der einzelnen Mitunternehmer anzupassen.[411]

---

[399] BFH (Fn. 397) BStBl. 1994 II S. 224; BFH Urt. v. 21. 4. 1994 – IV R 70/92, BStBl. 1994 II S. 745.
[400] BFH Urt. v. 29. 10. 1991 – VIII R 148/85, BStBl. 1992 II S. 647 mwN.
[401] BFH (Fn. 400) BStBl. 1992 II S. 647; *Brönner* (Fn. 373) RdNr. B 1536; *L. Schmidt* § 16 RdNr. 491; MünchHdbBGB/*Fabian* § 77 RdNr. 137; Sudhoff/*von Sothen,* Unternehmensnachfolge, § 51 RdNr. 142; *Knobbe-Keuk* (Fn. 378) § 23 II 16.
[402] BFH (Fn. 399) BStBl. 1994 II S. 745, 746; BFH Urt. v. 14. 10. 1996 – IV R 90/94, DStR 1997, 319, 321. Zur Beweislast für die Entgeltlichkeit vgl. BFH Urt. v. 12. 6. 1975 – IV R 10/72, BStBl. 1975 II S. 853, 855 f.
[403] BFH (Fn. 369) BStBl. 1998 II S. 180, 182.
[404] BFH (Fn. 399) IV R 70/92, BStBl. 1994 II S. 745, 747.
[405] Vgl. *L. Schmidt* § 16 RdNr. 511 m. ausf. Nachw. auch zur aA.
[406] BFH (Fn. 369) BStBl. 1998 II S. 180, 182; Beck Hdb. Personengesellschaften/*Sauter* § 7 RdNr. 217.
[407] BFH Urt. v. 11. 7. 1973 – I R 126/71, BStBl. 1974 II S. 50, 51.
[408] BFH Urt. v. 7. 2. 1995 – VIII R 36/93, BStBl. 1995 II S. 770, 771; BFH (Fn. 390) IV R 90/94, DStR 1997, 319, 321.
[409] BFH (Fn. 408) BStBl. 1995 II S. 770, 771; Beck Hdb. Personengesellschaften/*Sauter* § 7 RdNr. 218.
[410] BFH (Fn. 382) BStBl. 1996 II S. 194, 196; *L. Schmidt* § 16 RdNr. 521; MünchHdbBGB/*Fabian* § 77 RdNr. 143; *Merkle* BB 1984, Beil. 10, 8; *Rogall* DStR 2006, 731, 733; aA *Blumers/Beinert/Witt* BB 1999, 1786, 1788 (nur Gewinnrealisierung beim Ausscheidenden).
[411] Vgl. *L. Schmidt* § 16 RdNr. 522, 524; *Rogall* DStR 2006, 731, 734 mwN auch zu abweichenden Auffassungen.

162 **b) Erbschaft- und Schenkungsteuer. aa) Verbleibende Gesellschafter.** Der Übergang eines Mitunternehmeranteils im Wege der Anwachsung ist gemäß § 7 Abs. 7 ErbStG insoweit schenkungsteuerpflichtig, als der nach § 12 Abs. 1, 5 ErbStG iVm. §§ 95 ff. BewG maßgebliche Steuerwert des Anteils die zu zahlende Abfindung übersteigt. Hierbei kommt es allein darauf an, ob die Abfindung objektiv unter dem steuerlichen Wert der Beteiligung liegt, während das subjektive Merkmal des Bewusstseins der Unentgeltlichkeit nach Maßgabe der BFH-Rspr. nicht zum Tatbestand gehört.[412] Die praktische Bedeutung ist allerdings auf Grund der derzeit noch bestehenden weitgehenden Maßgeblichkeit der Steuerbilanzwerte für die erbschaft- und schenkungsteuerliche Bewertung (zu den Auswirkungen der Entscheidung des BVerfG zur Verfassungswidrigkeit der bestehenden erbschaftsteuerlichen Bewertung vgl. § 139 RdNr. 27 f.) deutlich eingeschränkt, da somit auch bei Maßgeblichkeit einer Buchwertklausel kaum noch Abweichungen zwischen Abfindung und Steuerwert des Anteils bestehen. Im Ergebnis betrifft die Vorschrift daher nur die gesellschaftsrechtlich problematischen (vgl. RdNr. 123 ff.) Fälle der Abfindung unter Buchwert.[413] Weiterhin stehen den verbleibenden Gesellschaftern die Begünstigungen des § 13 a ErbStG für die Übertragung von Betriebsvermögen ebenso zu wie der Entlastungsbetrag nach § 19 a ErbStG, wenn die Zuwendung der Steuerklasse II oder III unterfällt (vgl. RdNr. 165).

163 Scheidet der Gesellschafter durch Tod aus, so ergeben sich die entsprechenden Steuerfolgen für die verbleibenden Gesellschafter aus § 3 Abs. 1 Nr. 2 S. 2 ErbStG, sofern die Abfindung unter dem nach § 12 BewG maßgeblichen Anteilswert liegt. Auch hier gehört das subjektive Merkmal des Bewusstseins der Unentgeltlichkeit nicht zum Tatbestand.[414]

164 Die Regelung des § 7 Abs. 7 ErbStG soll nach der Rspr. des BFH auch dann Anwendung finden, wenn bei einer aus zwei Personen bestehenden Gesellschaft der Übergang des Gesellschaftsvermögens auf einen Gesellschafter vereinbart ist, unabhängig davon, dass in diesem Fall weder ein Übergang „auf die anderen Gesellschafter" noch „auf die Gesellschaft" stattfindet.[415] Es ist zu erwarten, dass der BFH die gleiche Auffassung auch für den Fall des § 3 Abs. 1 Nr. 2 S. 2, also auf das von Todes wegen erfolgende Ausscheiden eines Gesellschafters aus einer zweigliedrigen Gesellschaft, vertreten wird.[416]

165 **bb) Erben des ausscheidenden Gesellschafters.** Im Hinblick auf die Besteuerung der Erben des verstorbenen Gesellschafters ist § 3 Abs. 1 Nr. 1 ErbStG maßgeblich. Der Erbschaftsbesteuerung unterliegt somit der Abfindungsanspruch, der bei der Berechnung des Nachlasswerts als Kapitalforderung grundsätzlich mit dem Nennwert anzusetzen ist.[417] Dies führt zu einer höheren Erbschaftsteuerbelastung der Erben, wenn der Abfindungsbetrag über dem Erbschaftsteuerwert der Beteiligung liegt. Wird im Einzelfall der Abfindungsanspruch nicht in Geld, sondern in Sachwerten geleistet, dann ist die erbschaftsteuerliche Bereicherung der Erben nach dem gemeinen Wert der Sachleistung zu bemessen.[418] Die erbschaftsteuerlichen Begünstigungen der §§ 13 a, 19 a ErbStG (Betriebsvermögensfreibetrag, Bewertungsabschlag und Entlastungsbetrag) stehen den Erben nicht zu, wohl aber den verbleibenden Gesellschaftern.[419] Etwaige Wirtschaftsgüter des Sonderbetriebsvermögens gelten als mit dem Erbfall in das Privatvermögen entnommen und sind erbschaftsteuerlich bei den Erben mit dem gemeinen Wert anzusetzen (§ 12 Abs. 1 ErbStG iVm § 9 BewG), der idR dem Teil- bzw. Entnahmewert entspricht.[420]

166 Übersteigt die gezahlte Abfindung das Kapitalkonto des Erblassers, so führt dies aus einkommensteuerlicher Sicht zu einem nach § 34 EStG tarifbegünstigten Veräußerungsgewinn (vgl. RdNr. 153 f.), der noch dem Erblasser zuzurechnen ist und die Erben als (erbschaftsteuermindernde) Nachlassverbindlichkeit trifft.[421]

---

[412] BFH Urt. v. 1. 7. 1992 – II R 12/90, BStBl. 1992 II S. 925, 927.
[413] Ausf. *Arbeitskreis „Unternehmensnachfolge" des IdW*, Praxis der Unternehmensnachfolge, 3. Aufl. 2004, RdNr. 1113 ff.; *Meincke* ErbStG 14. Aufl. 2004, § 7 RdNr. 142; vgl. auch *Ebenroth/Lorz* WiB 1995, 688, 690.
[414] BFH (Fn. 412) BStBl. 1992 II S. 925, 927; ebenso ErbStR R 7; *Crezelius* RdNr. 284; kritisch hierzu *Meincke* ErbStG 14. Aufl. 2004, § 3 RdNr. 70.
[415] BFH (Fn. 412) BStBl. 1992 II S. 925, 928; kritisch hierzu *Meincke* 14. Aufl. 2004, § 7 RdNr. 143
[416] IdS auch ErbStR R 7; *Meincke* ErbStG 14. Aufl. 2004, § 3 RdNr. 63.
[417] Vgl. *Arbeitskreis „Unternehmensnachfolge" des IdW* (Fn. 413) RdNr. 1113; *Gebel*, Betriebsvermögensnachfolge, RdNr. 794; *Crezelius* RdNr. 283.
[418] *Crezelius* RdNr. 283.
[419] ErbStR R 55, 76; *Crezelius* RdNr. 285; *Piltz* ZEV 1997, 61, 65; *Sudhoff/von Sothen*, Unternehmensnachfolge, § 54 RdNr. 51; *Hörger/Pauli* GmbHR 1999, 945, 949; ausf. *Hübner*, Die Unternehmensnachfolge im Erbschaft- und Schenkungsteuerrecht, 1997, S. 31 f., 121 f.
[420] *Arbeitskreis Unternehmensnachfolge des IdW* (Fn. 413) RdNr. 1114; *Gebel*, Betriebsvermögensnachfolge, RdNr. 794.
[421] BFH (Fn. 373) BStBl. 1994 II S. 227; *Ebenroth/Lorz* WiB 1995, 688, 690; *L. Schmidt* § 16 RdNr. 661; *Esch/Baumann/Schulze zur Wiesche* (Fn. 70) RdNr. II 710; *Sudhoff/von Sothen*, Unternehmensnachfolge, § 54 RdNr. 101; *Crezelius* RdNr. 268 mwN.

§ 132 [Kündigung eines Gesellschafters]

Die Kündigung eines Gesellschafters kann, wenn die Gesellschaft für unbestimmte Zeit eingegangen ist, nur für den Schluß eines Geschäftsjahrs erfolgen; sie muß mindestens sechs Monate vor diesem Zeitpunkte stattfinden.

Schrifttum: *Andörfer*, Ausschluß und Beschränkung des Kündigungsrechts bei Personengesellschaften, Diss. Köln 1967; *Barz*, Vertraglicher Kündigungsausschluß bei Personengesellschaften, JW 1938, 490; *Gersch*, Die Grenzen zeitlicher Beschränkungen des ordentlichen Kündigungsrechts bei Personengesellschaften, BB 1977, 871; *Großfeld/Gersch*, Zeitliche Grenzen von privaten Schuldverträgen, JZ 1988, 937; *Henssler/Kilian*, Zulässigkeit und Grenzen einer gemeinschaftlichen Kündigung der Mitgliedschaft in der Mitunternehmer-Personengesellschaft, ZIP 2005, 2229; *Merle*, Personengesellschaften auf unbestimmte Zeit und auf Lebenszeit, FS Bärmann, 1975, S. 631; *Michalski*, OHG-Recht, 2000; *Simon*, Gesellschaftsrechtliche Bindungen auf Lebenszeit, DB 1961, 1679; *Strothmann/Vieregge*, Gesellschaft bürgerlichen Rechts und ordentliche Kündigung, FS Oppenhoff, 1985, S. 451; *Spliedt*, Die Kündigungs- und Abfindungsrechte des Personengesellschafters und die Zulässigkeit ihrer Beschränkung durch gesellschaftsvertragliche Vereinbarungen, Diss. Hohenheim 1989; *Thünnesen*, Gesetzliche und vertragliche Kündigungsbeschränkungen bei der GbR, OHG und KG, 1988; *Ulmer*, Kündigungsschranken im Handels- und Gesellschaftsrecht, FS Möhring, 1975, S. 295; *Veil*, Die Kündigung der KGaA durch persönlich haftende Gesellschafter und Kommanditaktionäre, NZG 2000, 72.

Übersicht

	RdNr.		RdNr.
I. Grundlagen und Normzweck	1–3	IV. Abweichende Vertragsregelungen	18–29
II. Tatbestand	4–15	1. Kündigungsfrist und -termin	18, 19
1. Für unbestimmte Zeit eingegangene Gesellschaft	4	2. Kündigungsfolgen	20–23
2. Kündigungserklärung	5–12	3. Grenzen	24–28
3. Kündigungsfrist	13–15	4. Rechtsfolgen unzulässiger Kündigungserschwerungen	29
III. Rechtsfolgen	16, 17		

I. Grundlagen und Normzweck

Für das Verständnis der Vorschrift entscheidend ist die Unterscheidung zwischen auf bestimmte Zeit vereinbarten Gesellschaften und solchen, deren Zeitdauer unbestimmt ist. Erstere können allein aus wichtigem Grund gekündigt werden (§ 723 Abs. 1 S. 2 BGB), wobei bei Personenhandelsgesellschaften in Ermangelung abweichender gesellschaftsvertraglicher Regelungen an die Stelle der außerordentlichen Kündigung die Auflösung durch gerichtliche Entscheidung (§ 133) tritt. Demgegenüber kann die auf unbestimmte Zeit eingegangene Gesellschaft auch ordentlich gekündigt werden (§ 723 Abs. 1 S. 1 BGB, § 132). Gleiches gilt für die auf die Lebenszeit eines Gesellschafters eingegangene oder über die vorgesehene Dauer hinaus fortgesetzte Dauer (§ 134).

§ 132 betraf vor dem HRefG den Fall der (ordentlichen) **auflösenden Kündigung** durch den Gesellschafter einer auf unbestimmte Zeit eingegangenen Gesellschaft (§ 131 Nr. 6 aF). Durch die gesellschaftsvertragliche Vereinbarung einer Fortsetzungsklausel (§ 138 aF) konnte der auflösenden Kündigung bereits unter der Geltung des alten Rechts der Charakter einer **Austrittskündigung** beigelegt werden, was in der Praxis regelmäßig geschah. Nach der Neufassung von § 131 durch das HRefG kommt der ordentlichen Kündigung nach § 132 immer der Charakter einer Austrittskündigung zu, soweit der Gesellschaftsvertrag nicht abweichend von § 131 Abs. 3 Nr. 3 eine Auflösung der Gesellschaft als Folge der Kündigung durch einen Gesellschafter vorsieht.

Bei der Auslegung von § 132 ist ein doppelter, aus dem Zusammenspiel mit § 723 BGB resultierender Schutzzweck zu berücksichtigen:[1] Zunächst bezweckt die Vorschrift den Schutz des Unternehmens gegen eine jederzeitige ordentliche Kündigung und die hiermit verbundene Gefahr einer Zerschlagung der wirtschaftlichen Einheit, indem § 723 Abs. 1 S. 1 BGB, welcher Grundlage des ordentlichen Kündigungsrechts ist, in Bezug auf Kündigungstermin und Kündigungsfrist modifiziert wird. Auf der anderen Seite steht der Zweck des § 723 BGB, die Gesellschafter vor unüberschaubaren, ihre persönliche und wirtschaftliche Betätigungsfreiheit unvertretbar einengenden Bindungen zu bewahren (Freiheitsschutz). Zum Ausdruck kommt dieser Zweck insbesondere im **Verbot des dauerhaften Ausschlusses einer ordentlichen Kündigung** gemäß § 723 Abs. 3 BGB, welches die Lebenserfahrung zum Ausdruck bringt, dass unübersehbare Gesellschaftsbindungen die Prognosefähigkeit der Vertragspartner übersteigen.[2]

---

[1] Hierzu auch Heymann/*Emmerich* RdNr. 1 a; MünchKommHGB/*K. Schmidt* RdNr. 2.
[2] Ausf. *Wiedemann* WM 1992, Beil. 7, 48; vgl. auch MünchHdbBGB/*Piehler/Schulte* § 74 RdNr. 15; zum Schutzzweck des § 723 Abs. 3 BGB explizit BGH Urt. v. 18. 9. 2006 – II ZR 137/04, ZIP 2006, 2316, 2317.

II. Tatbestand

4 **1. Für unbestimmte Zeit eingegangene Gesellschaft.** Das ordentliche Kündigungsrecht setzt voraus, dass die Gesellschaft für unbestimmte Zeit eingegangen ist. Der unbefristeten Gesellschaft steht die auf die Lebenszeit eines Gesellschafters eingegangene oder nach dem Ablauf der für ihre Dauer bestimmten Zeit stillschweigend fortgesetzte Gesellschaft gleich (vgl. § 134). Die „unbestimmte Zeit" iSv. § 132 ist nicht notwendig das Gegenteil der „vereinbarten Zeit" nach § 131 Abs. 1 Nr. 1. Während für die Frage der Auflösung nach § 131 Abs. 1 Nr. 1 die Vereinbarung einer Höchstdauer maßgeblich ist (vgl. § 131 RdNr. 12), setzt § 132 die fehlende gesellschaftsvertragliche **Vereinbarung einer Mindestdauer der Gesellschaft** voraus. Dementsprechend kann eine auf eine bestimmte Höchstdauer eingegangene Gesellschaft bereits zuvor ordentlich gekündigt werden.[3] Eine das ordentliche Kündigungsrecht ausschließende Mindestdauer kann sich auch aus dem Gesellschaftszweck ergeben,[4] zB bis zum Erscheinen der ersten Ausgabe eines Verlages[5] oder bis zum Ende der steuerlichen Verlustphase einer Publikums-KG.[6] Dann liegt insoweit keine für unbestimmte Zeit eingegangene Gesellschaft iSv. § 132 vor.

5 **2. Kündigungserklärung.** Die Kündigungserklärung als einseitige, empfangsbedürftige Willenserklärung ist – in Ermangelung abweichender Regelungen – **an alle übrigen Gesellschafter** zu richten, nicht an die Gesellschaft als solche. Die gegenüber der Gesellschaft (den geschäftsführenden Gesellschaftern) erklärte Kündigung wirkt erst, wenn die Mitgesellschafter Kenntnis erlangen.[7] Leitet der geschäftsführende Gesellschafter die Kündigung nicht weiter, so trifft jenen jedoch idR eine Schadensersatzpflicht, wenn auch abgemildert durch das Mitverschulden des Kündigenden (§ 254 BGB).[8] In Ausnahmefällen, etwa nach umfangreichen Vorverhandlungen unter Einbindung aller Gesellschafter, kann es in Betracht kommen, den Mitgesellschaftern über § 242 BGB den Zugang an die geschäftsführenden Gesellschaftern zuzurechnen.[9] Eine Rücknahme der Kündigung kommt nur mit Zustimmung aller anderen Gesellschafter in Betracht; die Frage der Anfechtbarkeit der Erklärung beurteilt sich nach §§ 119 ff. BGB.

6 Die Kündigungserklärung bedarf nach der gesetzlichen Regel keiner Form, doch wird der Gesellschaftsvertrag meist etwas anderes vorsehen (zB Schriftform, eingeschriebener Brief); die **Nichtwahrung einer gesellschaftsvertraglich vorgesehenen Form** hat dann im Zweifel die Unwirksamkeit der ausgesprochenen Kündigung zur Folge (§ 125 S. 2 BGB). Die Kündigung kann auch konkludent erfolgen, sofern in der Erklärung der eindeutige Wille des Gesellschafters zum Ausdruck kommt, sich von der Gesellschaft zu lösen.[10] Dementsprechend hat der BGH zu § 131 aF (Auflösung der Gesellschaft als Rechtsfolge der Kündigung) einer Klage auf Feststellung der Auflösung Kündigungswirkung beigelegt,[11] wegen der anderen Wirkungen nicht jedoch der Übernahmeklage nach § 142 aF.[12]

7 Eine **bedingte Kündigung** ist mit der heute hM als zulässig anzusehen, sofern sie für die übrigen Gesellschafter keine unzumutbare Ungewissheit verursacht.[13] Dies ist insbesondere der Fall, wenn die Erfüllung der Bedingung von dem Willen der übrigen Gesellschafter abhängt (Potestativbedingung) oder die Kündigungsfrist erst ab Eintritt der Bedingung laufen soll und dies den übrigen Gesellschaftern bekannt ist.[14]

---

[3] MünchKommHGB/*K. Schmidt* RdNr. 7 f.; Röhricht/Graf von Westphalen/*von Gerkan* RdNr. 2; MünchHdbBGB/*Piehler/Schulte* § 74 RdNr. 13.
[4] BGH Urt. v. 17. 6. 1953 – II ZR 205/52, BGHZ 10, 91, 98 = NJW 1953, 1217; BGH Urt. v. 11. 7. 1968 – II ZR 179/66, BGHZ 50, 316, 321 f. = NJW 1968, 2003; *H. P. Westermann* S. 237 f.; MünchHdbBGB/*Piehler/Schulte* § 74 RdNr. 13; vgl. bereits Mot. II S. 618 (zu § 723 BGB).
[5] BGH (Fn. 4) BGHZ 10, 91, 98.
[6] MünchKommHGB/*K. Schmidt* RdNr. 11; *Dietrich*, Die Publikumskommanditgesellschaft und die gesellschaftsrechtlich geschützten Interessen, Diss. Berlin 1988, S. 77 f.; vgl. auch BGH Urt. v. 19. 1. 1967 – II ZR 27/65, WM 1967, 315, 316 (zur lebenslangen Versorgung vereinbarte Unterbeteiligung).
[7] BGH Urt. v. 11. 1. 1993 – II ZR 227/91, NJW 1993, 1002 = WM 1993, 460; RG Urt. v. 27. 7. 1888 – I 160/88, RGZ 21, 93, 95; RG Urt. v. 6. 2. 1917 – II 403/16, RGZ 89, 398, 399 f.; MünchHdbBGB/*Piehler/Schulte* § 74 RdNr. 15; *H. Westermann* RdNr. I 1082.
[8] *Hueck A.* OHG § 24 I 2.
[9] MünchKommHGB/*K. Schmidt* RdNr. 17.
[10] Vgl. BGH (Fn. 7) NJW 1993, 1002; RG (Fn. 7) RGZ 89, 398, 399 f.; GroßkommHGB/*Schäfer* RdNr. 10; Baumbach/Hopt RdNr. 3.
[11] BGH Urt. v. 3. 7. 1958 – II ZR 32/57, WM 1958, 1335, 1336; Röhricht/Graf von Westphalen/*von Gerkan* RdNr. 4.
[12] BGH Urt. v. 25. 2. 1953 – II ZR 197/51, LM § 131 Nr. 1 = BB 1953, 336; aA *Koller*/Roth/Morck RdNr. 2.
[13] BGH Urt. v. 21. 3. 1986 – V ZR 23/85, BGHZ 97, 264, 267 = NJW 1986, 2245; *H. Westermann* RdNr. I 1082; *Hueck A.* OHG § 24 I 2 mwN; MünchHdbBGB/*Piehler/Schulte* § 74 RdNr. 17; anders noch RG Urt. v. 4. 12. 1917 – III 251/17, RGZ 91, 307, 308 f. (grundsätzliche Unwirksamkeit bedingter Kündigungen).
[14] OGH Urt. v. 9. 3. 1950 – I ZS 17/49, OGHZ 3, 250, 252 = NJW 1950, 503, 504; *Hueck A.* OHG § 24 I 2; MünchKommHGB/*K. Schmidt* RdNr. 18; GroßkommHGB/*Schäfer* RdNr. 11; Michalski RdNr. 4.

Kündigung eines Gesellschafters 8–13 § 132

Die Kündigung kann **durch einen Bevollmächtigten** erfolgen. Zu beachten ist allerdings § 174 **8** BGB, wonach die Mitgesellschafter die Kündigung unverzüglich zurückweisen können, sofern der Bevollmächtigte die Vollmachturkunde nicht in Urschrift oder Ausfertigung vorlegt. Hierbei wirkt die Zurückweisung durch einen Erklärungsempfänger *erga omnes*.[15] Die durch einen *falsus procurator* abgegebene, von den Mitgesellschaftern nicht beanstandete Kündigungserklärung wird wirksam, wenn der Gesellschafter sie nachträglich genehmigt (§§ 180 S. 2, 177 BGB).

Der Gesellschaftsvertrag kann die Ausübung des Kündigungsrechts durch Bevollmächtigte verbie- **9** ten, nicht jedoch durch gesetzliche Vertreter. Auch in diesem Fall kann die durch einen Bevollmächtigten abgegebene Kündigungserklärung ausnahmsweise über § 242 BGB Wirkung entfalten, sofern kein schutzwürdiges Interesse der Mitgesellschafter an der höchstpersönlichen Rechtsausübung besteht und die Wirksamkeit der Kündigung im Übrigen keinem Zweifel unterliegt.[16]

Für einen minderjährigen Gesellschafter übt der gesetzliche Vertreter das Kündigungsrecht **10** aus. Die Genehmigung des Vormundschafts- bzw. Familiengerichtes ist hierzu – auf Grund der in diesem Rahmen anzustellenden formalen Betrachtung[17] – nicht erforderlich: Insbesondere § 1822 Nr. 3 BGB erfasst nur den Fall, dass der Minderjährige durch Vertragsschluss mit den Mitgesellschaftern aus der Gesellschaft ausscheidet,[18] nicht aber den Fall der Kündigung.[19] Für einen Vormund, nicht jedoch für die Eltern, gilt es allerdings die Soll-Vorschrift des § 1823 BGB zu beachten.

Die Beteiligung minderjähriger Gesellschaft wirft auch im Hinblick auf das **Sonderkündigungs-** **11** **recht des § 723 Abs. 1 S. 3 Nr. 2 BGB** einige Zweifelsfragen auf. Nach Maßgabe dieser im Zuge des Minderjährigenhaftungsbeschränkungsgesetzes eingefügten Vorschrift bildet die Vollendung des 18. Lebensjahres einen wichtigen Grund zur Kündigung einer BGB-Gesellschaft. Eine vorbehaltlose Anwendung dieser Vorschrift auch auf die OHG und KG – über die §§ 105 Abs. 3, 161 Abs. 2 – ist jedoch entgegen der wohl hM abzulehnen. Vielmehr ist, wie auch vom Gesetzgeber beabsichtigt, § 133 der richtige Anknüpfungspunkt für das Sonderkündigungsrecht, mit der Konsequenz, dass das Erreichen der Volljährigkeit nicht in jedem Fall eine Kündigung der Gesellschaft rechtfertigt (ausf., mwN, § 133 RdNr. 21 ff.).

Die Kündigung durch einen im **gesetzlichen Güterstand der Zugewinngemeinschaft** leben- **12** den Gesellschafter bedarf nach hM der Zustimmung des Ehegatten, sofern der Gesellschaftsanteil das Gesamtvermögen des Kündigenden iSv. § 1365 BGB bildet.[20] Unterliegt der Anteil einer Testamentsvollstreckung (zu den hier in Betracht kommenden Konstellationen vgl. § 139 RdNr. 62 ff.), so steht das Kündigungsrecht allein dem Amtsinhaber zu;[21] anders ist es hingegen, wenn sich die Fremdverwaltung nur auf die „Außenseite" des Anteils erstreckt (vgl. § 139 RdNr. 73). Ist der Gesellschaftsanteil verpfändet, so bedarf es zur ordentlichen Kündigung vorbehaltlich abweichender Regelungen in der Verpfändungsvereinbarung keiner Zustimmung des Pfandgläubigers gemäß § 1276 BGB.[22]

3. Kündigungsfrist. Die Kündigung der auf unbestimmte Zeit eingegangenen Gesellschaft ist **13** unter Einhaltung einer **Frist von sechs Monaten** auf das Ende des Geschäftsjahres möglich. Hierbei ist die Kündigung vom Abschluss des Gesellschaftsvertrages an möglich, ohne Rücksicht auf dessen Vollzug.[23] Die Berechnung richtet sich nach §§ 187, 188, 193 BGB. Deckt sich das Geschäftsjahr mit dem Kalenderjahr, muss die Kündigung den übrigen Gesellschaftern somit bis zum 30. 6. zugegangen sein, um zum 31. 12. zu wirken.

---

[15] Vgl. GroßkommHGB/*Schäfer* RdNr. 14.
[16] So zutreffend MünchKommHGB/*K. Schmidt* RdNr. 14.
[17] Vgl. BGH Urt. v. 22. 9. 1969 – II ZR 144/68, BGHZ 52, 316, 319 = NJW 1970, 33 (Auflösungsbeschluss einer GmbH); BGH Urt. v. 20. 9. 1962 – II ZR 209/61, BGHZ 38, 26, 27 ff. = NJW 1962, 2344 (Änderungen des Gesellschaftsvertrages).
[18] Hierzu BGH Urt. v. 26. 1. 1961 – II ZR 240/59, NJW 1961, 724, 725 = WM 1961, 301, 303; BGH (Fn. 17) BGHZ 38, 26, 27; *Winkler* ZGR 1973, 177, 202.
[19] Str.; wie hier *Reimann* DNotZ 1999, 179, 205; *Winkler* ZGR 1973, 177, 204; MünchKommBGB/*Wagenitz* § 1822 RdNr. 20; GroßkommHGB/*Schäfer* RdNr. 8; Heymann/*Emmerich* § 105 RdNr. 37; Koller/Roth/Morck RdNr. 2 aE; aA *Wiedemann* Übertragung S. 246; *Michalski* RdNr. 3; MünchHdbBGB/*Piehler*/Schulte § 74 RdNr. 18.
[20] IdS BGH Urt. v. 28. 4. 1961 – V ZB 17/60, BGHZ 35, 135, 144 = NJW 1961, 1301; OLG Hamburg Beschl. v. 9. 1. 1970 – 5 U 127/69, NJW 1970, 952 (vollständige Leitsätze in FamRZ 1970, 407); Erman/*Heckelmann* § 1365 RdNr. 18; Staudinger/*Thiele* § 1365 RdNr. 67; Koller/Roth/Morck RdNr. 2; GroßkommHGB/*Schäfer* RdNr. 8; aA u. a. MünchKommBGB/*Gernhuber* § 1365 RdNr. 75.
[21] Str.; vgl. *Lorz*, Testamentsvollstreckung und Unternehmensrecht, Diss. Konstanz 1995, S. 181 f.; *ders.*, FS Boujong, 1996, S. 319, 325 ff.; Staudinger/*Reimann* 2205 RdNr. 123, jeweils mwN.
[22] Vgl. Heymann/*Emmerich* § 135 RdNr. 24; *Ulmer* § 723 RdNr. 9; GroßkommHGB/*Schäfer* RdNr. 8; kritisch MünchHdbBGB/*Piehler*/Schulte § 74 RdNr. 18.
[23] BGH Urt. v. 13. 4. 1995 – II ZR 132/94, WM 1995, 1277; *Michalski* RdNr. 2.

14 Geht die Kündigungserklärung später zu, so wirkt sie in der Regel für den nächst zulässigen Termin.[24] Denkbar ist es aber auch, dass die Mitgesellschafter die verspätete Kündigung als rechtzeitig abgegeben behandeln. Hierin liegt idR eine Einigung über das Ausscheiden des Kündigenden, mit Wirkung zu dem in der Kündigung genannten Termins. Bloßes Schweigen der Mitgesellschafter auf die verspätete Kündigung bedeutet aber noch kein Gelten lassen im vorstehenden Sinne.[25] Aus der gesellschaftlichen Treuepflicht kann sich im Übrigen die Pflicht der Mitgesellschafter ergeben, den Kündigenden auf eine Verspätung seiner Kündigung hinzuweisen, um ihn vor Schaden zu bewahren.[26]

15 Wie sich aus § 723 Abs. 2 BGB ergibt, ist **eine zur Unzeit erfolgende Kündigung** gleichwohl wirksam, kann den zur Unzeit Kündigenden jedoch zum Schadensersatz verpflichten.[27] Zu ersetzen ist der Schaden, der auf Grund des Zeitpunktes der Kündigung entstanden ist, nicht jedoch der Auflösungsschaden als solcher.[28] Nur im Einzelfall kann die unzeitige Kündigung rechtsmissbräuchlich und somit unwirksam sein (s. sogleich RdNr. 17).

III. Rechtsfolgen

16 Gemäß § 131 Abs. 3 hat die Kündigung zur Folge, dass der kündigende Gesellschafter **mit Ablauf der Kündigungsfrist** aus der Gesellschaft ausscheidet. Die Gesellschaft wird von den übrigen Gesellschaftern unter Abfindung des Kündigenden fortgesetzt. Wird später die Liquidation der Gesellschaft beschlossen, so bleibt dies auf den bereits entstandenen Abfindungsanspruch des Kündigenden grundsätzlich ohne Einfluss. Nur in Ausnahmefällen kommt es in Betracht, den Abfindungsanspruch über § 242 BGB einem tatsächlich erzielten Liquidationserlös anzupassen (zu kautelarjuristischen Ausweichstrategien vgl. RdNr. 21).

17 Liegt ein **Missbrauch des Kündigungsrechts** vor, so ist die Kündigung unwirksam. Bei der Bejahung rechtsmissbräuchlichen Verhaltens ist jedoch mit Rücksicht auf das gesetzliche Leitbild der Kündigungsfreiheit (vgl. § 723 Abs. 3 BGB) Zurückhaltung geboten.[29] Insbesondere begründet das bloße Fehlen eines Kündigungsgrundes ebenso wenig einen Rechtsmissbrauch wie die Motivation des Kündigenden, eine Fortsetzung der Gesellschaft unter günstigeren Bedingungen zu erreichen.[30] Eine missbräuchliche Kündigung ist demgegenüber zu bejahen, wenn der Kündigende in Schädigungsabsicht oder in rücksichtsloser Verfolgung eigener Interessen handelt.[31] Neben die Unwirksamkeit der Kündigung kann hier – wie bei der unzeitigen Kündigung – eine Schadensersatzpflicht des Kündigenden treten.[32]

IV. Abweichende Vertragsregelungen

18 **1. Kündigungsfrist und -termin.** Das Kündigungsrecht selbst ist nach § 723 Abs. 3 BGB zwingend, nicht hingegen seine Modalitäten. Dementsprechend kann der Gesellschaftsvertrag die Kündigungsfrist und den Kündigungstermin abweichend von § 132 festlegen. Denkbar sind einmal Erweiterungen und Erleichterungen der Kündigungsmöglichkeiten, zB indem ein jederzeitiges sofortiges Kündigungsrecht für alle oder einzelne Gesellschafter eingeführt wird.[33] In der Praxis findet sich zudem häufig die Vereinbarung der Möglichkeit einer Anschlusskündigung, um der Kündigungsdrohung eines Gesellschafters das Druckpotential zu nehmen.

---

[24] GroßkommHGB/*Schäfer* RdNr. 19; Baumbach/*Hopt* RdNr. 4; *H. Westermann* RdNr. I 1078; MünchHdbBGB/*Piehler/Schulte* § 74 RdNr. 16; Heymann/*Emmerich* RdNr. 8 (Möglichkeit der Umdeutung).
[25] Baumbach/*Hopt* RdNr. 4.
[26] GroßkommHGB/*Schäfer* RdNr. 19.
[27] BGH Urt. v. 14. 1. 1953 – II ZR 232/52, NJW 1954, 106; *Ulmer* § 723 RdNr. 50, 55 f.; Baumbach/*Hopt* RdNr. 5; MünchKommHGB/*K. Schmidt* RdNr. 21.
[28] *Strothmann/Vieregge*, FS Oppenhoff, 1985, S. 451, 464; GroßkommHGB/*Schäfer* RdNr. 25.
[29] Vgl. Heymann/*Emmerich* RdNr. 7 a; *Strothmann/Vieregge*, FS Oppenhoff, 1985, S. 451, 462 f.; H. P. Westermann S. 237; *Ulmer* § 723 RdNr. 51 ff.; *ders.*, FS Möhring, 1975, S. 295, 308 ff.; *Wiedemann* WM 1992 Beil. 7, 54; MünchHdbBGB/*Piehler/Schulte* § 74 RdNr. 20; Jauernig/*Stürner* 728 RdNr. 8.
[30] BGH Urt. v. 28. 2. 1977 – II ZR 210/75, DB 1977, 1403, 1404 = WM 1977, 736; ausf. Henssler/Kilian ZIP 2005, 2229, 2232 ff.; vgl. auch *Strothmann/Vieregge*, FS Oppenhoff, 1985, S. 464; Baumbach/*Hopt* RdNr. 6; Koller/Roth/Morck RdNr. 2; Röhricht/Graf von Westphalen/*von Gerkan* RdNr. 7.
[31] Vgl. BGH Urt. v. 28. 1. 1980 – II ZR 124/78; BGHZ 76, 353, 357 = NJW 1980, 1278 (Auflösungsbeschluss bei einer GmbH); BGH Urt. v. 1. 2. 1988 – II ZR 75/87, BGHZ 103, 184, 193 ff. = NJW 1988, 1579 (zur AG); vgl. auch BGH Urt. v. 15. 6. 1959 – II ZR 44/58, BGHZ 30, 195, 202 sowie den Ausnahmefall OGH (Fn. 14) OGHZ 3, 250, 252 (ordentliche Kündigung gegenüber Kriegswitwe, die noch in Ungewissheit über das Schicksal ihres Mannes war); aus der Lit. vgl. *Wiedemann* WM 1992, Beil. 7, 54; Henssler/Kilian ZIP 2005, 2229, 2234 f.; Kilian WM 2006, 1567, 1575; MünchHdbBGB/*Piehler/Schulte* § 7 RdNr. 20.
[32] MünchKommHGB/*K. Schmidt* RdNr. 20 f.; Röhricht/Graf von Westphalen/*von Gerkan* RdNr. 8; MünchHdbBGB/*Piehler/Schulte* § 74 RdNr. 20.
[33] Vgl. *Thünnesen* S. 53 ff.; Baumbach/*Hopt* RdNr. 8; MünchHdbBGB/*Piehler/Schulte* § 74 RdNr. 21.

Umgekehrt sind **Verlängerungen der gesetzlichen Kündigungsfrist** (etwa auf zwei Jahre) 19 möglich und zulässig.[34] Ebenso ist es möglich, das Kündigungsrecht für eine bestimmte Zeit oder bis zum Erreichen eines bestimmten Zweckes auszuschließen. Dies entspricht einer auf eine bestimmte Mindestzeit abgeschlossenen Gesellschaft, welche erst nach deren Ablauf kündbar ist (vgl. RdNr. 4). An der grundsätzlichen Zulässigkeit entsprechender Vereinbarungen besteht kein Zweifel.[35] Schranken bestehen jedoch im Hinblick auf eine überlange Bindung, sofern sich eine solche als Umgehung des § 723 Abs. 3 BGB auswirkt (s. RdNr. 24 ff.).

2. Kündigungsfolgen. Den Gesellschaftern ist es unbenommen, auch die Kündigungswirkungen 20 abweichend von § 131 Abs. 3 zu regeln. Insbesondere kann der Gesellschaftsvertrag vorsehen, dass die Kündigung die Auflösung der Gesellschaft zur Folge hat.[36] In diesem Fall verwandelt sich die Gesellschaft mit Eintritt des Kündigungstermins in eine Abwicklungsgesellschaft und ist nach den §§ 145 ff. abzuwickeln. Während der Kündigungsfrist besteht die Gesellschaft als werbende fort, so dass sie immer noch durch einen anderen Auflösungsgrund – zB durch die Eröffnung des Insolvenzverfahrens über das Vermögen der Gesellschaft – sofort aufgelöst werden kann.

Wird gesellschaftsvertraglich die Auflösung der Gesellschaft als Folge der Kündigung vorgesehen, 21 so kann der Gesellschaftsvertrag den anderen Gesellschaftern zugleich die Befugnis einräumen, die Fortsetzung ohne den kündigenden Gesellschafter zu beschließen; andernfalls bedarf ein entsprechender Fortsetzungsbeschluss auch der Zustimmung des kündigenden Gesellschafters. Im Ergebnis beinhaltet eine solche Regelung ein Wahlrecht hinsichtlich der Kündigungsfolge.[37] Hiervon unberührt bleibt die Notwendigkeit, den ausscheidenden Gesellschafter in Höhe der fiktiven Liquidationsquote abzufinden, da sein Abfindungsanspruch mit Auflösung der Gesellschaft zum Ablauf der Kündigungsfrist bereits entstanden ist.[38] Zur Vermeidung von Unbilligkeiten wird gesellschaftsvertraglich häufig auch bestimmt, dass auch solche Gesellschafter an einem späteren Liquidationsverfahren teilnehmen, die bei Fassung des Auflösungsbeschlusses bereits gekündigt haben, aber noch nicht aus der Gesellschaft ausgeschieden sind.[39]

Im Übrigen kommt den Erschwerungen des Kündigungsrechtes durch unattraktive Kündigungs- 22 wirkungen, insbesondere durch **abfindungsbegrenzende Klauseln,** gerade in Anbetracht der gesetzlich angeordneten Ausscheidensfolge aus kautelarjuristischer Sicht wesentliche Bedeutung zu (vgl. § 131 RdNr. 8 sowie RdNr. 120 ff. zu den insoweit für die Gestaltungspraxis bestehenden Schranken).

Die Kündigungsfolgen können auch dergestalt modifiziert werden, dass den verbleibenden Gesell- 23 schaftern Übernahmerechte eingeräumt werden[40] oder dass an die Stelle der Kündigung ein Anspruch auf Umwandlung in eine Kapitalgesellschaft tritt (vgl. auch RdNr. 27).[41] Entsprechende Kündigungsbeschränkungen können unterschiedlich für die einzelnen Gesellschafter vereinbart werden, sofern es hierfür sachliche Gründe gibt.[42]

3. Grenzen. § 723 Abs. 3 BGB, der über § 105 Abs. 3 auch bei Personenhandelsgesellschaften 24 gilt[43] – auch bei kapitalistisch strukturierten[44] – verbietet die generelle **Beseitigung der Kündigungsmöglichkeit.** Eine unzulässige Beschränkung des Kündigungsrechtes liegt auch dann vor, wenn die Beschränkung in ihrer praktischen Wirkung einem Ausschluss der Kündigung wirtschaftlich gesehen nahe kommt.[45] Unzulässige Beschränkungen wurden etwa darin gesehen, dass die

---

[34] GroßkommHGB/*Schäfer* RdNr. 28; Baumbach/*Hopt* RdNr. 9; MünchKommHGB/*K. Schmidt* RdNr. 27.
[35] Vgl. BGH (Fn. 6) WM 1967, 315, 316; BGH (Fn. 4) BGHZ 10, 91, 98; Röhricht/Graf von Westphalen/*von Gerkan* RdNr. 10; MünchKommHGB/*K. Schmidt* RdNr. 25; MünchHdbBGB/*Piehler/Schulte* § 74 RdNr. 21.
[36] Vgl. nur MünchKommHGB/*K. Schmidt* RdNr. 29; Koller/Roth/Morck RdNr. 4 aE.
[37] GroßkommHGB/*Schäfer* RdNr. 43.
[38] Zutreffend GroßkommHGB/*Schäfer* RdNr. 43; vgl. auch MünchKommHGB/*K. Schmidt* § 131 RdNr. 149.
[39] Vgl. GroßkommHGB/*Schäfer* RdNr. 42, der das Eingreifen dieser Rechtsfolgen auch ohne entsprechende Vertragsklausel annimmt.
[40] Vgl. RG Urt. v. 22. 12. 1922 – II 621/22, RGZ 106, 128, 130 f.; *Hueck A.* OHG § 24 I 5; MünchKommHGB/*K. Schmidt* RdNr. 29, 31.
[41] RG Urt. v. 22. 10. 1937 – II 58/37, RGZ 156, 129, 136 f.; Baumbach/*Hopt* RdNr. 10; *Michalski* RdNr. 8; vgl. auch MünchKommHGB/*K. Schmidt* RdNr. 29, 31 mit dem Hinweis, dass eine durchsetzbare Verpflichtung zur Mitwirkung an der Umwandlung in eine Kapitalgesellschaft voraussetzt, dass der Gesellschaftsvertrag in notarieller Form abgeschlossen ist.
[42] Vgl. RG (Fn. 41) RGZ 156, 129, 134 f.; BGH (Fn. 11) WM 1958, 1335, 1336; BGH Urt. v. 18. 3. 1968 – II ZR 26/66, WM 1968, 532, 533.
[43] BGH Urt. v. 20. 12. 1956 – II ZR 166/55, BGHZ 23, 10, 15 = NJW 1957, 461; BGH Urt. v. 7. 12. 1972 – II ZR 131/81, NJW 1973, 1602; BGH Urt. v. 24. 9. 1984 – II ZR 256/83, NJW 1985, 192; MünchHdbBGB/*Piehler/Schulte* § 74 RdNr. 21; *Ulmer* § 723 RdNr. 62.
[44] BGH (Fn. 43) BGHZ 23, 10, 15; vgl. auch BGH (Fn. 4) BGHZ 50, 316, 321.
[45] BGH (Fn. 2) ZIP 2006, 2316, 2317; BGH (Fn. 43) NJW 1985, 192, 193; BGH Urt. v. 17. 4. 1989 – II ZR 258/88, ZIP 1989, 768; MünchHdbBGB/*Piehler/Schulte* § 74 RdNr. 23; GroßkommHGB/*Schäfer* RdNr. 32; Beck Hdb. Personengesellschaften/*Sauter* § 7 RdNr. 33.

Kündigung mit der Verpflichtung zur Zahlung einer Vertragsstrafe oder einer Abfindung verknüpft wird[46] oder dass der Gesellschaftsvertrag die Möglichkeit vorsieht, das ursprünglich für eine bestimmte Zeit eingegangene Gesellschaftsverhältnis durch Mehrheitsbeschluss unter Ausschluss des ordentlichen Kündigungsrechts uneingeschränkt zu verlängern.[47] Die Vereinbarung eines Wettbewerbsverbots zu Lasten des Ausscheidenden begegnet demgegenüber unter dem Gesichtspunkt des § 723 Abs. 3 BGB jedenfalls dann keinen Bedenken, wenn es den berechtigten Interessen der verbleibenden Gesellschafter dient und keine unangemessene Einschränkung der beruflichen Entfaltung des Kündigenden beinhaltet.[48]

25 Die Gefahr einer Unzulässigkeit nach § 723 Abs. 3 BGB besteht insbesondere im Hinblick auf **unangemessen lange Bindungen auf Grund eines zeitlichen Ausschlusses der Kündigungsmöglichkeiten.** Eine feste zeitliche Grenze gibt es hier allerdings nicht. Als maßgeblicher Anhaltspunkt sollte § 134 dienen, wonach ein Ausschluss des Kündigungsrechts auf Lebenszeit als unzulässig anzusehen ist. Entgegen einer früher teilweise vertretenen Meinung bedeutet dies jedoch nicht, dass alle Beschränkungen unzulässig sind, die faktisch einer lebzeitigen Bindung gleichkommen[49] (s. auch § 134 RdNr. 4). Die Rspr. hat Bindungen von 15[50] und noch weitergehend von 30 Jahren[51] für zulässig gehalten. Dies sollte aber nicht zu Fehlschlüssen Anlass geben. Vielmehr betont der BGH in seiner jüngsten Rechtsprechung, dass die Grenzen zulässiger Zeitbestimmungen nicht generell abstrakt, sondern nur anhand des Einzelfalls unter Abwägung aller Umstände gezogen werden können. Hierbei sollen die schutzwürdigen Belange des Gesellschafters an einer absehbaren, einseitigen Lösungsmöglichkeit einerseits und andererseits die Struktur der Gesellschaft, Art und Ausmaß der für die Beteiligten aus dem Gesellschaftsvertrag folgenden Pflichten sowie das durch den Gesellschaftsvertrag begründete Interesse an einem möglichst langfristigen Bestand der Gesellschaft in den Blick zu nehmen seien.[52] Im Rahmen einer derartigen Abwägung hat das Gericht zB den in einem Rechtsanwalts-Sozietätsvertrag enthaltenen Ausschluss des Rechts zur ordentlichen Kündigung für einen Zeitraum von 30 Jahren auch dann als eine unzulässige Kündigungsbeschränkung iSv § 723 Abs. 3 BGB eingestuft, wenn die entsprechende Regelung Teil der Alterssicherung der Seniorpartner ist.[53] Auch in der Literatur wird eine 30-Jährige Bindung als absolute Höchstgrenze eingestuft und betont, dass beim Hinzutreten weiterer belastender Momente auch ein Kündigungsausschluss für kürzere Dauer unwirksam sein kann.[54] Hierbei sind auch die Möglichkeit der Auflösungsklage nach § 133 oder ein Austrittsrecht aus wichtigem Grund in die anzustellende Abwägung einzubeziehen. Bei Publikumspersonengesellschaften sind im Hinblick auf die Vereinbarung zeitlicher Kündigungsbeschränkungen wegen des fehlenden Einflusses auf die Zusammensetzung des Gesellschafterkreises sowie die Gestaltung der Vertragsbedingungen ohnehin weitaus stärkere Restriktionen als im Individualgesellschaftsrecht zu beachten.[55]

26 Für die beratende Praxis wird zu Recht darauf hingewiesen, dass der Wunsch nach starker Bindung zugleich die Gefahr birgt, die für die Gesellschaft gefährlichere Auflösungsklage gemäß § 133 zu erleichtern,[56] spielt bei der dort anzustellenden Interessenabwägung doch insbesondere auch der Zeitraum bis zur nächsten ordentlichen Kündigungsmöglichkeit eine wichtige Rolle (vgl. § 133 RdNr. 7). Dem Finden eines interessengerechten Mittelwegs zwischen dem Kontinuitätsinteresse, welches Abfindungsansprüche kündigender Gesellschafter empfindlich beeinträchtigen können, und der Vermeidung einer überlangen Bindung mit der hiermit verbundenen Gefahr erheblicher Spannungen im Gesellschafterkreis kommt aus Sicht der Kautelarpraxis somit entscheidende Bedeutung zu. In der Praxis finden sich vor diesem Hintergrund häufig flexible Vertragsgestaltungen, indem eine

---

[46] RG Urt. v. 15. 2. 1911 – I 387/10; RGZ 75, 234, 238; RG Urt. v. 9. 10. 1905 – I 133/05, RGZ 61, 328, 329; vgl. auch MünchHdbBGB/*Piehler/Schulte* § 74 RdNr. 24; *Hueck A.* OHG § 24 I 5; GroßkommHGB/*Schäfer* RdNr. 37.
[47] BGH (Fn. 43) NJW 1973, 1602; *Ulmer* § 723 RdNr. 69; vgl. auch *Hueck A.* OHG § 24 I 5 m. weit. Bsp.
[48] RG (Fn. 40) RGZ 106, 128, 132; MünchKommHGB/*K. Schmidt* RdNr. 30; Heymann/*Emmerich* RdNr. 16; *Hueck A.* OHG § 24 I 5; MünchHdbBGB/*Piehler/Schulte* § 74 RdNr. 24 aE.
[49] Ebenso u. a. *Simon* DB 1961, 1679; 1681; Baumbach/*Hopt* § 134 RdNr. 3; GroßkommHGB/*Schäfer* RdNr. 33; MünchKommHGB/*K. Schmidt* RdNr. 33; aA noch RG (Fn. 38) RGZ 156, 129, 136; *Teichmann* S. 240 f.
[50] RG (Fn. 41) RGZ 156, 129, 134 f.
[51] BGH (Fn. 6) WM 1967, 315, 316.
[52] BGH (Fn. 2) BGH ZIP 2006, 2316, 2317; vgl. auch *Ulmer* § 723 RdNr. 66.
[53] BGH (Fn. 2) ZIP 2006, 2316, 2317 f.
[54] Vgl. etwa MünchKommHGB/*K. Schmidt* RdNr. 33; *Ulmer* § 723 RdNr. 66; Röhricht/Graf von Westphalen/*von Gerkan* RdNr. 15; Koller/Roth/Morck RdNr. 4; Beck Hdb. Personengesellschaften/*Sauter* § 7 RdNr. 35; ausf. auch *Wiedemann* WM 1992, Beil. 7, 51.
[55] Vgl. nur *Dietrich* (Fn. 6) S. 81 ff.; *Gersch* BB 1977, 871, 874 (Höchstbindungszeit von fünf Jahren entsprechend § 65 Abs. 2 GenG).
[56] Vgl. *Gersch* BB 1977, 871, 874 f.

unbedenkliche Mindestlaufzeit der Gesellschaft (zB 15 Jahre) mit einem Kündigungsrecht für einzelne oder alle Gesellschafter nach Ablauf dieser Frist kombiniert wird.[57]

Eine Einschränkung erfährt das Verbot des § 723 Abs. 3 BGB in den Fällen, in denen die Kündigungsbeschränkung durch **vertragliche Abtretungs-, Andienungs- und Umwandlungsklauseln** adäquat kompensiert und dem Freiheitsschutz des Gesellschafters hierdurch Rechnung getragen wird. Zulässig sind nach herrschender, wenn auch bestrittener Auffassung insbesondere Klauseln, die das Kündigungsrecht durch einen Anspruch auf Umwandlung in eine Kapitalgesellschaft ersetzen, da dort die dauernde Bindung gestattet ist.[58] Vereinbarungen, wonach der Anspruch auf Übernahme des Anteils durch die Mitgesellschafter an die Stelle des Kündigungsrechts tritt, entsprechen im wirtschaftlichen Ergebnis dem gesetzlichen Regelfall der Austrittskündigung; an ihrer Zulässigkeit besteht ebenfalls kein Zweifel.[59] 27

Ob die ordentliche Kündigung generell durch die **Zulassung einer freien Übertragbarkeit der Beteiligung** ersetzt werden kann, ist nicht abschließend geklärt. Richtigerweise ist die Frage unabhängig vom Vorliegen eines funktionierenden Anteilsmarktes dann zu bejahen, wenn eine persönliche Haftung des Gesellschafters über die Einlage hinaus ausgeschlossen ist, wie dies bei der GmbH & Co. regelmäßig der Fall ist. Für eine unterschiedliche Behandlung im Vergleich zur GmbH besteht hier kein Grund.[60] 28

4. Rechtsfolgen unzulässiger Kündigungserschwerungen. Eine gegen § 723 Abs. 3 BGB verstoßende Abrede ist nichtig. Hiervon bleibt die Gültigkeit des restlichen Vertrages regelmäßig unberührt, da die Auslegungsvorschrift des § 139 BGB entweder durch salvatorische Klauseln im Gesellschaftsvertrag ausdrücklich abbedungen sein wird oder unter Berücksichtigung der Interessenlage der Parteiwillen (Bestandsschutz) keine Anwendung findet.[61] An die Stelle der unwirksamen Klausel tritt dann die gesetzliche Regelung des § 132. Im Wege **der Umdeutung oder der ergänzenden Vertragsauslegung** kann es sich jedoch ergeben, dass eine Kündigungsbeschränkung in zumutbaren Grenzen an die Stelle der unzulässigen Kündigungsbeschränkung tritt.[62] 29

§ 133 [Auflösung durch gerichtliche Entscheidung]

(1) Auf Antrag eines Gesellschafters kann die Auflösung der Gesellschaft vor dem Ablaufe der für ihre Dauer bestimmten Zeit oder bei einer für unbestimmte Zeit eingegangenen Gesellschaft ohne Kündigung durch gerichtliche Entscheidung ausgesprochen werden, wenn ein wichtiger Grund vorliegt.

(2) Ein solcher Grund ist insbesondere vorhanden, wenn ein anderer Gesellschafter eine ihm nach dem Gesellschaftsvertrag obliegende wesentliche Verpflichtung vorsätzlich oder aus grober Fahrlässigkeit verletzt oder wenn die Erfüllung einer solchen Verpflichtung unmöglich wird.

(3) Eine Vereinbarung, durch welche das Recht des Gesellschafters, die Auflösung der Gesellschaft zu verlangen, ausgeschlossen oder diesen Vorschriften zuwider beschränkt wird, ist nichtig.

---

[57] Vgl. auch Beck Hdb. Personengesellschaften/*Sauter* § 7 RdNr. 35.
[58] RG (Fn. 41) RGZ 156, 129, 135; MünchKommHGB/*K. Schmidt* RdNr. 29, 31; Heymann/*Emmerich* RdNr. 14; iE ebenso *Wiedemann* WM 1992, Beil. 7, 51; Röhricht/Graf von Gerkan RdNr. 16; kritisch *H. P. Westermann* S. 240; aA auch MünchHdbBGB/*Piehler/Schulte* § 74 RdNr. 22; GroßkommHGB/*Schäfer* RdNr. 31 (m. ausf. Begr.).
[59] MünchKommHGB/*K. Schmidt* RdNr. 31; GroßkommHGB/*Schäfer* RdNr. 30; vgl. auch BGH Urt. v. 13. 6. 1994 – II ZR 38/93, BGHZ 126, 226, 234 ff. = NJW 1994, 2536 (kein Verstoß gegen § 723 Abs. 3 BGB bei Übernahmerecht gegen angemessenen Wertausgleich).
[60] Sehr str.; wie hier MünchKommHGB/*K. Schmidt* RdNr. 31; *ders.* GesR § 50 II 4 c bb; Baumbach/*Hopt* RdNr. 10; *Nitschke*, Die körperschaftlich strukturierte Personengesellschaft, 1970, § 18 I 3; einschränkend bzw. aA u. a. Heymann/*Emmerich* RdNr. 14; *Ulmer* § 723 RdNr. 70; *H. Westermann* RdNr. I 1089; *Wiedemann* WM 1992, Beil. 7, 51; GroßkommHGB/*Schäfer* RdNr. 30; MünchHdbBGB/*Piehler/Schulte* § 74 RdNr. 22; *Immenga* ZGR 1974, 385, 408; Beck Hdb. Personengesellschaften/*Sauter* § 7 RdNr. 36.
[61] Vgl. BGH Urt. v. 5. 2. 1968 – II ZR 85/67, BGHZ 49, 364, 365 f. = NJW 1968, 1378; BGH Urt. v. 9. 5. 1955 – II ZR 244/54, DB 1955, 750; *Ulmer* § 723 RdNr. 63 sowie § 705 RdNr. 53; *H. Westermann* RdNr. I 1090; MünchHdbBGB/*Piehler/Schulte* § 74 RdNr. 23.
[62] BGH Urt. v. 13. 6. 1994 – II ZR 259/92, NJW 1994, 2886, 2888; BGH (Fn. 2) BGH ZIP 2006, 2316, 2318 (Anpassung des Vertrags bei unzulässiger Kündigungsbeschränkung nach § 723 Abs. 3 BGB); grundsätzlich ebenso BGH (Fn. 6) WM 1967, 315, 316 (unter Rückgriff auf die Lehre vom Wegfall der Geschäftsgrundlage); Baumbach/*Hopt* RdNr. 14; Röhricht/Graf von Westphalen/*von Gerkan* RdNr. 17; MünchHdbBGB/*Piehler/Schulte* § 74 RdNr. 23.

Schrifttum: Vgl. auch die Angaben bei §§ 132, 140. *Baier,* Die Störung der Geschäftsgrundlage im Recht der Personengesellschaften, NZG 2004, 356; *Becker,* Typologie und Probleme der (handelsrechtlichen) Gestaltungsklagen, ZZP 97 (1984), 314; *Glöckner,* Das Sonderkündigungsrecht des volljährig gewordenen Gesellschafters, ZEV 2001, 47; *Grunewald,* Haftungsbeschränkungs- und Kündigungsmöglichkeiten für volljährig gewordne Personengesellschafter, ZIP 1999, 597; *Habersack,* Die Reform des Rechts der Personenhandelsgesellschaften, in: Die Reform des Handelsstandes und der Personengesellschaften, Fachtagung der Bayer-Stiftung für Deutsches und Internationales Arbeits- und Wirtschaftsrecht am 30. Oktober 1998, 1999, S. 73; *ders.,* Das neue Gesetz zur Beschränkung der Haftung Minderjähriger, FamRZ 1999, 1; *A. Hueck,* Gestaltungsklagen im Recht der Handelsgesellschaften, FS Heymanns-Verlag, 1965, S. 287; *Reimann,* Der Minderjährige in der Gesellschaft – Kautelarjuristische Überlegungen aus Anlaß des Minderjährigenhaftungsbeschränkungsgesetzes, DNotZ 1999, 179; *Röhricht,* Zum Austritt des Gesellschafters aus der GmbH, FS Kellermann, 1991, S. 361; *Schlosser,* Gestaltungsklagen und Gestaltungsurteile, 1966; *K. Schmidt,* Ausschließungs- und Entziehungsklagen gegen den einzigen Komplementär – Regeln für den geordneten Staatsstreich in der Kommanditgesellschaft, ZGR 2004, 227; *M. Schwab,* Das Prozeßrecht gesellschaftsinterner Streitigkeiten, 2004; *Vollmer,* Die Wirkungen rechtskräftiger Schiedssprüche bei gesellschaftsrechtlichen Geltungsklagen, BB 1984, 1774; *Wiedemann,* Die Personenunabhängigkeit der Personengesellschaft, Gedenkschrift Lüderitz, 2000, S. 839.

Übersicht

	RdNr.		RdNr.
I. Normzweck	1–5	**III. Prozessuale Durchsetzung**	30–39
1. Grundsatz	1–3	1. Die Parteien der Auflösungsklage	30–35
2. Anwendungsbereich	4, 5	a) Kläger	30–32
II. Vorliegen eines wichtigen Grundes	6–29	b) Beklagte	33–35
1. Beurteilungsmaßstab und -zeitpunkt	6–9	2. Klage und Urteil	36–39
2. Verhältnismäßigkeitsgrundsatz	10–12	**IV. Rechtsfolgen**	40, 41
3. Das Regelbeispiel des § 133 Abs. 2	13–16	1. Auflösung der Gesellschaft	40
4. Kasuistik	17–20	2. Schadensersatzpflicht	41
a) Pflichtwidrigkeiten	17, 18	**V. Abweichende Vereinbarungen**	42–48
b) Sonstige Gründe	19, 20	1. Der Grundsatz des § 133 Abs. 3	42, 43
5. Eintritt der Volljährigkeit als wichtiger Grund?	21–27	2. Ausschluss und Definition von wichtigen Gründen	44, 45
a) Die Regelung zur Haftungsbeschränkung von Minderjährigen	21, 22	3. Verfahrensmäßige Erleichterungen	46, 47
b) Auslegung und Gestaltungspraxis	23–27	4. Modifikationen der Rechtsfolgen	48
6. Verzicht, Verwirkung, Entkräftung und Billigung	28, 29		

I. Normzweck

1 **1. Grundsatz.** § 133 ermöglicht die fristlose Auflösung des Gesellschaftsverhältnisses aus wichtigem Grund und ist somit Ausfluss des allgemeinen, durch die Schuldrechtsreform auch in § 314 BGB kodifizierten Rechtsgrundsatzes, wonach jede Dauerrechtsbeziehung aus wichtigem Grund gelöst werden kann.[1] Aus Gründen der Rechtssicherheit sowie zum Schutze der übrigen Gesellschafter statuiert das Gesetz jedoch in Abweichung von § 723 Abs. 1 S. 2 und 3 BGB und vorbehaltlich abweichender gesellschaftsvertraglicher Regelungen die Notwendigkeit, die Auflösung durch rechtskräftiges Gestaltungsurteil und nicht durch bloße Kündigungserklärung herbeizuführen.[2]

2 Die in § 133 geregelte **Liquidationskündigung** ist von der zum Ausscheiden berechtigenden Kündigung der Mitgliedschaft aus wichtigem Grund **(Austrittskündigung)** zu unterscheiden. Diese beruht auf Richterrecht, ist auf Publikumsgesellschaften zugeschnitten und tritt dort in den Fällen des fehlerhaften Beitritts und der grundlegenden Umgestaltung des Gesellschaftsverhältnisses an die Stelle der Auflösungsklage, auch wenn der Gesellschaftsvertrag dies nicht explizit vorsieht (vgl. Nach § 177 a Anh. B RdNr. 114 zur Publikums-KG).[3]

3 Es hätte nahe gelegen, im Zuge des HRefG die außerordentliche Kündigung ebenfalls mit der Rechtsfolge des Ausscheidens des Kündigenden zu verknüpfen. Auch wenn dies unterblieben ist,

---

[1] Vgl. *Wiedemann* WM 1992, Beil. 7, 52; *Ulmer* § 723 RdNr. 26; MünchKommHGB/*K. Schmidt* RdNr. 1. Über die Gültigkeit dieses Grundsatzes besteht, ungeachtet unterschiedlicher Formulierungen, weitgehend Einigkeit; vgl. nur *Wiedemann* Übertragung S. 89.
[2] Vgl. Denkschrift zu dem Entwurf eines Handelsgesetzbuches, in: Entwurf eines Handelsgesetzbuches mit Ausschluss des Seehandelsrechts nebst Denkschrift, 1896, S. 98.
[3] Vgl. BGH Urt. v. 12. 5. 1977 – II ZR 89/75, BGHZ 69, 160, 162 f. = NJW 1977, 2160 = BB 1977, 1469; BGH Urt. v. 19. 12. 1974 – II ZR 27/73, BGHZ 63, 338, 345 ff. = BB 1975, 533; BGH Urt. v. 13. 3. 1978 – II ZR 63/77, BGHZ 71, 53, 60 f. = NJW 1978, 1382; BGH Urt. v. 15. 11. 1982 – II ZR 62/82, BGHZ 85, 350, 361 = NJW 1983, 1056; Hesselmann/Tillmann/Mueller-Thuns/*Hannes* § 10 RdNr. 182 (in Fn. 3); *Binz/Sorg* § 13 RdNr. 50 ff.

kann es unter Berücksichtigung des im HRefG betonten **Wertmaßstabes der Unternehmenskontinuität** auch im Rahmen des § 133 in Betracht kommen, anstelle der Auflösung das Ausscheiden eines einzelnen Gesellschafters auszusprechen und eine hierauf gerichtete Gestaltungsklage zuzulassen; der darüber hinausgehenden Anerkennung einer generellen, dh. nicht nur auf Publikumsgesellschaften beschränkten Möglichkeit der Austrittskündigung aus wichtigem Grund steht mE jedoch der im Rahmen des HRefG unverändert gebliebene Gesetzeswortlaut entgegen (vgl. RdNr. 9 aE mwN). In der Praxis kommt § 133 gerade wegen der gesetzlichen Auflösungsfolge jedenfalls nur untergeordnete Bedeutung zu; im Vergleich zur Ausschließungsklage nach § 140 führt die Vorschrift ein Schattendasein.[4]

2. Anwendungsbereich. Der Erhebung der Auslösungsklage setzt voraus, dass im Innenverhältnis der Gesellschafter eine OHG oder KG besteht; auf die Partnerschaftsgesellschaft findet § 133 über § 9 Abs. 1 PartGG Anwendung. Für die BGB-Gesellschaft bleibt es bei der Anwendung von § 723 Abs. 1 S. 2 und 3 BGB.[5] Das Recht, die Auflösung der Gesellschaft im Wege der Auflösungsklage geltend zu machen, besteht nicht bei Gesellschaften, die nach Maßgabe des Gesellschaftsvertrages jederzeit durch fristlos mögliche Kündigung aufgelöst werden können[6] oder bei denen an die Stelle von § 133 ein Kündigungsrecht aus wichtigem Grund tritt.[7]

Anwendbar ist die Vorschrift auch auf **in Gang gesetzte fehlerhafte Gesellschaften,** wobei die Fehlerhaftigkeit selbst einen wichtigen Grund für die Auflösung darstellt.[8] Ist die Gesellschaft aus einem anderen Grund bereits aufgelöst, zB auf Grund eines Beschlusses der Gesellschafter, so verneint die hM die Möglichkeit zur Erhebung der Auflösungsklage.[9] Eine solche Auflösungsklage ist jedoch nur dann wegen fehlenden Rechtsschutzbedürfnisses abzuweisen, wenn der andere Auflösungstatbestand definitiv feststeht.[10]

II. Vorliegen eines wichtigen Grundes

1. Beurteilungsmaßstab und -zeitpunkt. Maßgebliches Kriterium für das Vorliegen eines wichtigen Grundes ist, dass zumindest einem Teil der Gesellschafter eine Fortsetzung der Gesellschaft unzumutbar ist, weil das Vertrauensverhältnis zwischen den Gesellschaftern nachhaltig zerrüttet oder ein sinnvolles und gedeihliches Zusammenarbeiten in der Gesellschaft aus sonstigen, insbesondere auch wirtschaftlichen Gründen, nicht mehr möglich ist.[11] Die Vielzahl hierbei in Betracht kommender Situationen entzieht sich naturgemäß einer erschöpfenden abstrakten Festlegung und Darstellung. Die Prüfung der Zumutbarkeit verlangt vielmehr eine umfassende Einzelfallanalyse unter **Abwägung und Würdigung der Gesamtheit der gesellschafterlichen Beziehungen,** wobei auf die Verhältnisse im Zeitpunkt der Letzten mündlichen Verhandlung vor der letzten Tatsacheninstanz abzustellen ist.[12] Richtigerweise wird darauf hingewiesen, dass es sich hierbei um eine Prognose handelt, nämlich dahingehend, ob für die Zukunft ein sinnvolles Zusammenwirken der Gesellschafter erwartet werden kann.[13] Die tatrichterliche Würdigung ist in der Revisionsinstanz nur eingeschränkt darauf überprüfbar, ob der Tatrichter den Rechtsbegriff des wichtigen Grundes verkannt, das ihm

---

[4] Vgl. auch *K. Schmidt* ZGR 2004, 227, 228.
[5] Vgl. GroßkommHGB/*Schäfer* RdNr. 7; Baumbach/*Hopt* RdNr. 2; abweichend MünchKommHGB/*K. Schmidt* RdNr. 3 (entsprechende Anwendung von § 133 auf die unternehmenstragende GbR in Bezug auf das Erfordernis eines wichtigen Grundes).
[6] Vgl. nur *Hueck A.* OHG § 25 II 2; Heymann/*Emmerich* RdNr. 2; Beck Hdb. Personengesellschaften/*Erle/Eberhard* § 11 RdNr. 39.
[7] Vgl. BGH Urt. v. 17. 12. 1959 – II ZR 32/59, BGHZ 31, 295, 300 = NJW 1960, 625; BGH Urt. v. 3. 10. 1957 – II ZR 150/56, WM 1957, 1406, 1407; GroßkommHGB/*Schäfer* RdNr. 5; MünchHdbBGB/*Butzer/Knof* § 83 RdNr. 23.
[8] BGH Urt. v. 24. 10. 1951 – II ZR 18/51, BGHZ 3, 285, 290 ff. = NJW 1952, 97/500 (m. abl. Anm. *Wolff*); vgl. auch BGH Urt. v. 30. 3. 1967 – II ZR 102/65, BGHZ 47, 293, 300 f. = NJW 1967, 1961; *Hueck A.* OHG § 7 III 1 b; GroßkommHGB/*Schäfer* RdNr. 6; Heymann/*Emmerich* § 105 RdNr. 97; MünchHdbBGB/*Butzer/Knof* § 83 RdNr. 22.
[9] GroßkommHGB/*Schäfer* RdNr. 9; Heymann/*Emmerich* RdNr. 9; *Michalski* RdNr. 2.
[10] IdS MünchKommHGB/*K. Schmidt* RdNr. 5; Röhricht/Graf von Westphalen/*von Gerkan* RdNr. 3; Baumbach/*Hopt* RdNr. 3; iE ebenso und ausf. GroßkommHGB/*Schäfer* RdNr. 9.
[11] Ständige Rspr.; vgl. nur BGH Urt. v. 30. 11. 1951 – II ZR 109/51, BGHZ 4, 108, 113 = NJW 1952, 461 = BB 1952, 125; BGH (Fn. 7) BGHZ 31, 295, 304 ff. (zu § 140); BGH (Fn. 3) BGHZ 69, 160, 169; BGH Urt. v. 10. 6. 1996 – II ZR 102/95, NJW 1996, 2573 (außerordentliche Kündigung einer Rechtsanwaltssozietät gemäß § 723 Abs. 1 S. 2 BGB); BGH Urt. v. 28. 1. 2002 – II ZR 239/00, NZG 2002, 417 (Kündigung einer zweigliedrigen Steuerberatungspraxis); BGH Urt. v. 21. 11. 2005 – II ZR 367/03, NZG 2006, 135, 136 (Kündigung einer zweigliedrigen GrundstücksGbR); *Ulmer* § 723 RdNr. 28; MünchHdbBGB/*Butzer/Knof* § 83 RdNr. 26.
[12] BGH Urt. v. 15. 9. 1997 – II ZR 97/96, ZIP 1997, 1919, 1920 = NJW 1998, 146 = WM 1997, 2169 = BB 1997, 2339; GroßkommHGB/*Schäfer* RdNr. 15; MünchKommHGB/*K. Schmidt* RdNr. 12 mwN.
[13] Vgl. BGH (Fn. 12) ZIP 1997, 1919, 1920; MünchKommHGB/*K. Schmidt* RdNr. 11.

eingeräumte Ermessen überschritten oder wesentliche Tatsachen außer Acht bzw. nicht vollständig gewürdigt hat.[14]

7 Maßgebliche Kriterien im Rahmen der anzustellenden Interessenabwägung sind insbesondere die Stellung des Auflösungsklägers in und zur Gesellschaft, der Zeitraum bis zur nächsten ordentlichen Kündigungsmöglichkeit, die Dauer und Struktur der Gesellschaft, ein etwaiges Fehlverhalten des klagenden Gesellschafters, die Intensität der Zusammenarbeit, frühere Verdienste um die Gesellschaft, die persönlichen und wirtschaftlichen Konsequenzen einer Auflösung sowie die Möglichkeit des Rückgriffs auf mildere Mittel, die eine zumutbare Fortführung der Gesellschaft gewährleisten würden (Verhältnismäßigkeitsgrundsatz; hierzu sogleich RdNr. 10).[15]

8 Der prägende **gesetzgeberische Wertmaßstab der Unternehmenskontinuität** dient in diesem Rahmen als wichtige Auslegungshilfe und sollte einer vorschnellen Zerschlagung wirtschaftlicher Werte entgegenwirken.[16] Vor diesem Hintergrund ist die Haltung der (früheren) Rspr. mit Zurückhaltung zu würdigen, wonach irreparable Störungen des persönlichen Verhältnisses und der Vertrauensgrundlage zwischen den Gesellschaftern auch dann eine Auflösung rechtfertigen, wenn die Geschäftslage hiervon unbeeinträchtigt bleibt und die Gesellschaft weiterhin wirtschaftlichen Erfolg hat.[17] Richtigerweise sollte dies wegen der mit einer Auflösung verbundenen Wertverluste und unter Berücksichtigung des durch das HRefG vorgegebenen Wertmaßstabes auf absolute Ausnahmefälle beschränkt bleiben.[18]

9 Generell sollte die gesetzliche Wertung zugunsten der Unternehmenskontinuität und die Entscheidung, dass gesellschafterbezogene Gründe nur noch zum Ausscheiden des Gesellschafters führen sollen, zum Anlass genommen werden, die in RdNr. 2 angesprochene, auf Publikumsgesellschaften zugeschnittene Gewährung eines außerordentlichen Austrittsrechts anstelle der Auflösungsklage in geeigneten Konstellationen auch auf „typische" Personengesellschaften auszudehnen. Im Ergebnis bedeutet dies, dass das Gericht als milderes Mittel anstelle der Auflösung das Ausscheiden des Klägers gegen Abfindung aussprechen kann (vgl. etwa RdNr. 10, 18, 20) und in Analogie zu § 133 in entsprechenden Konstellationen – etwa wenn nur einem der Gesellschafter der weitere Verbleib in der Gesellschaft zuzumuten ist – auch die Möglichkeit einer auf diese Rechtsfolge gerichteten Gestaltungsklage anzuerkennen ist.[19] Wenn weitergehend generell und in Anlehnung an die Rechtsprechung für Publikumsgesellschaften die Möglichkeit einer zum Ausscheiden führenden Kündigung aus wichtigem Grund bejaht wird,[20] dürfte dies hingegen an dem im Rahmen des HRefG unangetastet gebliebenen Prinzip der Auflösungskündigung und dem Normtext des § 133 scheitern.[21]

10 **2. Verhältnismäßigkeitsgrundsatz.** Allgemein kommt dem ultima ratio-Prinzip im Rahmen der Auflösungsklage erhebliche Bedeutung zu. Die mit der Auflösung regelmäßig verbundene Zerschlagung des gemeinsam geschaffenen Unternehmens soll nur dann in Betracht kommen, wenn keine weniger einschneidenden, dem die Auflösung begehrenden Gesellschafter gleichwohl zumutbaren Maßnahmen als Abhilfe ausreichen.[22] Als mildere Maßnahme ist insbesondere die Entziehung der Geschäftsführungs- oder Vertretungsbefugnis (§§ 117, 127) anzuführen.[23] Entfallen gerade durch den Ausschluss eines oder mehrerer Gesellschafter die Gründe, die den anderen die Fortsetzung der Gesellschaft unzumutbar machen, so kann allgemein die Ausschließung nach § 140 Vorrang vor der Auflösung haben. An der Erhebung der Ausschließungsklage müssen allerdings alle Mitgesellschafter

---

[14] BGH (Fn. 12) ZIP 1997, 1919, 1920; BGH Urt. v. 12. 12. 1994 – II ZR 206/93, ZIP 1995, 113 = NJW 1995, 597 = WM 1995, 250.
[15] BGH (Fn. 12) BGHZ 4, 108, 113; BGH (Fn. 11) NJW 1996, 2573; BGH (Fn. 11) NZG 2002, 417; zu den maßgeblichen Abwägungskriterien vgl. auch MünchHdbBGB/*Butzer* § 76 RdNr. 39; *Ulmer* § 723 RdNr. 29; Röhricht/Graf von Westphalen/*von Gerkan* RdNr. 12.
[16] Zur Betonung des Maßstabs der Unternehmenskontinuität vgl. Begr. RegE HRefG BT-Drucks. 13/8444, S. 42.
[17] Vgl. BGH (Fn. 11) BGHZ 4, 108, 113; RG Urt. v. 1. 2. 1929 = II ZR 429/28, JW 1929, 1360, 1361; BGH Urt. v. 15. 12. 1958 – II ZR 131/57, LM HGB § 133 Nr. 4 = WM 1959, 134 = BB 1959, 92; zurückhaltender BGH Urt. v. 11. 7. 1966 – II ZR 147/64, WM 1966, 1051.
[18] IdS zutreffend *Wiedemann* WM 1992, Beil. 7, 53; ebenso MünchHdbBGB/*Butzer* § 76 RdNr. 41; *H. Westermann* RdNr. I 650.
[19] *Koller*/*Roth*/*Morck* RdNr. 3; *Röhricht*, FS Kellermann, 1991, S. 361, 379; ausf. auch *Wiedemann* WM 1992, Beil. 7, 52 ff.; *H. Westermann* RdNr. I 1098.
[20] IdS etwa Baumbach/*Hopt*, RdNr. 1; *Binz/Sorg* § 6 RdNr. 54; Beck Hdb. Personengesellschaften/*Sauter* § 7 RdNr. 16.
[21] Ausf. GroßkommHGB/*Schäfer* RdNr. 3 f.; *Habersack* in: Fachtagung der Bayer-Stiftung, 1999, S. 73, 92; *Wiedemann*, Gedenkschrift Lüderitz, 2000, S. 839, 845.
[22] Vgl. BHG Urt. v. 29. 1. 1968 – II ZR 126/66, LM Nr. 6 = BB 1968, 352 = WM 1968, 430; BGH (Fn. 3) BGHZ 69, 160, 169; BGH Urt. v. 27. 10. 1955 – II ZR 310/53, BGHZ 18, 350, 362 ff. = NJW 1955, 1919 (zu § 140); MünchKommHGB/*K. Schmidt* RdNr. 13; Heymann/*Emmerich* RdNr. 6.
[23] Vgl. etwa BGH (Fn. 11) BGHZ 4, 108, 111 f. (zu § 140).

mit Ausnahme des Auszuschließenden mitwirken (vgl. § 140 RdNr. 28). Verweigern einzelne ihre Mitwirkung, so sollte man den Auflösungskläger nicht auf die Möglichkeit verweisen, diese Mitwirkung einzuklagen.[24] Stattdessen kann es in Betracht kommen, dem Auflösungskläger ein Austrittsrecht zuzubilligen; etwa dann, wenn sich dieser einer geschlossenen Gruppe gegenübersieht, die dem Auszuschließenden den Rücken stärkt, zB aus Gründen familiärer Rücksicht.[25]

Sieht der Gesellschaftsvertrag ein **Austrittsrecht aus wichtigem Grund** vor, so verdrängt dieses **11** die Möglichkeit der Auflösungsklage zumindest dann, wenn es dem die Auflösung begehrenden Gesellschafter zumutbar ist, selbst aus der Gesellschaft auszuscheiden und deren Fortführung durch die Mitgesellschafter hinzunehmen.[26] In diesem Rahmen gilt es auch die Vorteile zu berücksichtigen, die das Austrittsrecht dem Gesellschafter bietet, insbesondere die raschere Abwicklung. Dementsprechend wird ein Verweis auf das Austrittsrecht bei vollwertiger Abfindung nur ausnahmsweise nicht in Betracht kommen, zB wenn die verbleibenden Gesellschafter hierdurch gerade von ihrem Fehlverhalten profitieren würden, weil ihnen durch den Austritt die Früchte der gemeinsamen Arbeit zufallen.[27]

Als **mildere Maßnahme im Verhältnis zur Auflösungsklage** kommen schließlich auch Ver- **12** tragsänderungen in Betracht, sofern diese dem Auflösungskläger zumutbar sind und von den beklagten Mitgesellschaftern (ggf. auf entsprechende Anregung des Gerichts) angeboten werden. Lehnt der Kläger zumutbare Gesellschaftsvertragsänderungen ab, wie etwa die Übertragung der Rechte eines Gesellschafters auf einen Treuhänder, so ist die Auflösungsklage als unbegründet abzuweisen.[28] Zusammenfassend wird man festhalten können, dass die Auflösungsklage nur dann in Betracht kommt, wenn alle anderen Wege, die das Gesetz zur Behebung des unzumutbaren Zustands anbietet, keine Abhilfe schaffen oder nicht gangbar sind. Im Stufenverhältnis der Behelfe ist die Auflösungsklage also die **unbedingte ultima ratio**,[29] wobei im Verhältnis zur Ausschließungsklage die dort anders gelagerte Stoßrichtung des wichtigen Grundes zu beachten ist (vgl. § 140 RdNr. 5).[30]

3. Das Regelbeispiel des § 133 Abs. 2. Der vorsätzliche oder grob fahrlässige Verstoß gegen **13** wesentliche gesellschaftsvertragliche Verpflichtungen und die Unmöglichkeit, diese Verpflichtungen zu erfüllen, werden in § 133 Abs. 2 als Beispielsfälle eines wichtigen Grundes angeführt. Hieraus ergibt sich zum einen, dass ein schuldhaftes Verhalten keine notwendige Voraussetzung für den Erfolg der Auflösungsklage ist. Vielmehr können im Einzelfall auch in der Person des oder der Beklagten liegende, von diesem oder diesen aber nicht zu vertretende Umstände einen wichtigen Grund darstellen.

Als Beispielsfälle in diesem Kontext werden regelmäßig die schwere körperliche oder geistige **14** Krankheit eines Gesellschafters, sofern er hierdurch seinen gesellschaftsvertraglichen Verpflichtungen nicht mehr nachkommen kann,[31] sein finanzieller Zusammenbruch[32] oder eine lange Strafhaft[33] angeführt. Als generelle Regel ist gleichwohl festzuhalten, dass verschuldete Verstöße schwerer wiegen als unverschuldete (vgl. auch § 140 RdNr. 11).[34] Daher dürften die genannten Gründe allenfalls bei einer auf persönliche Zusammenarbeit ausgelegten Gesellschaft eine Auflösung rechtfertigen,[35] gerade in Anbetracht des Verhältnismäßigkeitsgrundsatzes und bestehender Ausschließungsmöglichkeiten.

Zum anderen macht § 133 Abs. 2 deutlich, dass nur solche Pflichten eine Auflösung rechtfertigen, **15** die für die Vertragsdurchführung wesentlich sind; bloße Differenzen über den Umfang einzelner Pflichten aus dem Gesellschaftsverhältnis reichen also nicht aus.[36] Bei der Gewichtung der zu beurteilenden Verfehlungen ist die Stellung des Gesellschafters innerhalb der Gesellschaft zu berück-

---

[24] Zutreffend MünchKommHGB/*K. Schmidt* RdNr. 8; *H. Westermann* RdNr. I 652.
[25] Vgl. *Koller*/*Roth*/*Morck* RdNr. 3; ausf. *Röhricht*, FS Kellermann, 1991, S. 361, 379 ff.
[26] MünchKommHGB/*K. Schmidt* RdNr. 9.
[27] IdS *Wiedemann* WM 1992, Beil. 7, 53.
[28] Vgl. BGH (Fn. 22) BGHZ 18, 350, 362 ff.; BGH Urt. v. 23. 2. 1981 – II ZR 229/79, BGHZ 80, 346, 348 f. = NJW 1981, 2302.
[29] So deutlich *H. Westermann* RdNr. I 652; ebenso Heymann/*Emmerich* RdNr. 6; vgl. auch BGH (Fn. 28) BGHZ 80, 346, 348 f. (zur GmbH).
[30] Hierauf weist MünchHdbBGB/*Butzer*/*Knof* § 83 RdNr. 24 zutreffend hin.
[31] RG Urt. v. 21. 11. 1922 – II 75/22, RGZ 105, 376, 377; BGH Urt. v. 9. 7. 1952 – II ZR 145/51, LM HGB § 140 Nr. 2 = BB 1952, 649; *Ulmer* § 723 RdNr. 33; MünchKommHGB/*Schäfer* RdNr. 34.
[32] Heymann/*Emmerich* RdNr. 12; Großkomm/*Schäfer* RdNr. 29; Michalski RdNr. 9.
[33] Vgl. OGH Urt. v. 1. 12. 1949 – I ZS 37/49, NJW 1950, 184; *Binz*/*Sorg* § 6 RdNr. 55.
[34] OGH Urt. v. 7. 7. 1949 – I ZS 4/49, OGHZ 2, 253, 259; Baumbach/*Hopt* RdNr. 8; MünchKommHGB/*K. Schmidt* RdNr. 25; Heymann/*Emmerich* RdNr. 4.
[35] *Wiedemann* WM 1992, Beil. 7, 53.
[36] MünchHdbBGB/*Butzer*/*Knof* § 83 RdNr. 27.

sichtigen: Je herausgehobener diese ist, desto schwerer wiegt der Verstoß.[37] Verfehlungen geschäftsführungs- und vertretungsberechtigter Gesellschafter können daher in einem anderen Lichte zu beurteilen sein als solche von Kommanditisten (vgl. § 140 RdNr. 18 mwN). Zugleich sind umso höhere Anforderungen an die Intensität der Störung zu stellen, je größer die durch die Auflösung zerstörten wirtschaftlichen Werte sind.[38]

16 Ebenso kann in einem frühen Stadium der Gesellschaft das Vorliegen eines wichtigen Grundes eher bejaht werden als bei einem schon seit mehreren Jahren erfolgreich arbeitenden Unternehmen, mit der entsprechenden Folge erhöhter Auflösungsanfälligkeit junger Gesellschaften.[39] Je nach Maßgabe des Einzelfalls kann schließlich auch bereits der schwerwiegende Verdacht eines Verstoßes gegen wesentliche Pflichten für die Annahme eines wichtigen Grundes ausreichen.[40]

17 **4. Kasuistik. a) Pflichtwidrigkeiten.** Als Beispiele für die zumindest grob fahrlässige Verletzung wesentlicher gesellschaftsvertraglicher Verpflichtungen, die grundsätzlich – nach Maßgabe der anzustellenden Einzelfallanalyse und unter Berücksichtigung des Verhältnismäßigkeitsgrundsatzes (vgl. RdNr. 10) – eine Auflösung rechtfertigen können, sind zu nennen: Veruntreuungen oder sonstige Unredlichkeiten,[41] ungerechtfertigte Entnahmen oder die Finanzierung eigener Prozesse durch die Gesellschaft,[42] wiederholte, schwerwiegende Eigenmächtigkeiten in der Geschäftsführung, insbesondere die vertragswidrige Nichteinholung erforderlicher Zustimmungen,[43] schwerwiegende Verstöße gegen Konkurrenzverbote,[44] vertragswidrige Untätigkeiten in der Geschäftsführung (zB die Unterlassung regelmäßiger Bilanzanfertigung) oder allgemein ein völliges Desinteresse gegenüber der Gesellschaft.[45] In die Kategorie der schuldhaften Verfehlungen fallen weiterhin Beleidigungen und Tätlichkeiten gegenüber Mitgesellschaftern,[46] insbesondere im Beisein von Mitarbeitern und Angestellten, die Zerstörung der persönlichen Vertrauensbasis unter den Gesellschaftern durch die Herabwürdigung eines Gesellschafters in einem Rundbrief an Mandanten unter Beifügung einer Strafanzeige gegen ihn,[47] sowie persönliche Verfehlungen eines Gesellschafters in seinem privaten Lebensbereich, wenn sich diese aus besonderen Gründen unmittelbar geschäftsschädigend auswirken oder wenn durch das Fehlverhalten ein Gesellschafter unmittelbar verletzt worden ist.[48]

18 Wie im Rahmen des § 140 stellt sich auch bei § 133 die Frage der **Berücksichtigung eines schuldhaften Verhaltens des Auflösungsklägers.** Dieses fließt in den anzustellenden Abwägungsprozess ein. Eigene Pflichtverletzungen des Klägers können zunächst ein reaktives Verhalten der Mitgesellschafter, welches isoliert eine Auflösung rechtfertigen würde, in einem anderen Licht erscheinen lassen und die Zumutbarkeitsschwelle für die Auflösung somit erhöhen.[49] Im Übrigen steht ein Verschulden des Klägers der Auflösung auch dann nicht entgegen, wenn beide Seiten das Zerwürfnis gleichermaßen schuldhaft verursacht haben.[50] Entscheidend ist allein die Zerrüttung der Gesellschaft, dh. ob das für die Erreichung des Gesellschaftszwecks erforderliche Zusammenwirken der Gesellschafter unmöglich geworden ist. Hieraus folgt, dass auch ein Überwiegen der Pflichtverletzungen des Klägers die Möglichkeit einer Auflösung nicht per se ausschließt,[51] wohl

---

[37] IdS BGH Urt. v. 3. 7. 1961 – II ZR 74/60, LM HGB § 142 Nr. 13 = NJW 1961, 1767 = BB 1961, 843; BGH (Fn. 14) NJW 1995, 597 = WM 1995, 251; Röhricht/Graf von Westphalen/von Gerkan RdNr. 7.
[38] Vgl. MünchKommHGB/K. Schmidt RdNr. 23; Hueck A. OHG § 25 II 2.
[39] BGH Urt. v. 17. 2. 1969 – II ZR 116/67, LM HGB § 133 Nr. 7 = WM 1969, 526, 527; Heymann/Emmerich RdNr. 7; Großkomm HGB/Schäfer RdNr. 19; MünchHdbBGB/Butzer/Knof § 83 RdNr. 26; Michalski RdNr. 5.
[40] BGH (Fn. 7) BGHZ 31, 295, 304; BGH Urt. v. 13. 1. 1958 – II ZR 136/56, WM 1958, 216, 218; BGH Urt. v. 26. 10. 1970 – II ZR 4/69, WM 1971, 20, 21 f. = DB 1971, 140.
[41] BGH Urt. v. 17. 2. 1955 – II ZR 316/53, BGHZ 16, 317, 323 = NJW 1955, 667 (zur GmbH); BGH Urt. v. 14. 5. 1952 – II ZR 40/51, BGHZ 6, 113, 116 f. = NJW 1952, 875; Ulmer § 723 RdNr. 31 f.
[42] BGH (Fn. 28) BGHZ 80, 346, 350.
[43] BGH (Fn. 11) BGHZ 4, 108, 121; BGH Urt. v. 28. 6. 1993 – II ZR 119/92, NJW-RR 1993, 1123, 1124 = DStR 1993, 1598; Heymann/Emmerich RdNr. 10.
[44] BGH (Fn. 22) LM Nr. 6 = BB 1968, 352; BGH Urt. v. 3. 2. 1997 – II ZR 71/96, NJW-RR 1997, 925; OLG Stuttgart Urt. v. 15. 6. 1961 – 2 U 81/61, DB 1961, 1644; OLG München Urt. v. 4. 12. 1998 – 23 U 2700/95, NZG 1999, 591, 593.
[45] BGH Urt. v. 20. 12. 1962 – II ZR 79/61, WM 1963, 282; BGH Urt. v. 6. 2. 1964 – II ZR 4/62, WM 1964, 419, 420; Heymann/Emmerich RdNr. 10.
[46] BGH Urt. v. 8. 7. 1976 – II ZR 34/75, WM 1976, 1030, 1032; BGH (Fn. 11) BGHZ 4, 108, 120; Heymann/Emmerich RdNr. 10.
[47] OLG München Urt. v. 19. 3. 2001 – 17 U 4522/00, NZG 2002, 85, 86.
[48] BGH (Fn. 11) BGHZ 4, 108, 113 f.; BGH Urt. v. 9. 11. 1972 – II ZR 30/70, NJW 1973, 92; BGH (Fn. 14) NJW 1995, 597; MünchHdbBGB/Butzer/Knof § 83 RdNr. 28; Lindacher NJW 1973, 1169; Ulmer § 723 RdNr. 23.
[49] Vgl. BGH (Fn. 11) NJW 1996, 2573, 2574; BGH (Fn. 11) BGHZ 4, 108, 111.
[50] BGH (Fn. 28) BGHZ 80, 346, 348 f.; RG (Fn. 17) JW 1929, 1360, 1361; H. Westermann RdNr. I 650.
[51] Str.; wie hier MünchKommHGB/K. Schmidt RdNr. 25; Röhricht/Graf von Westphalen/von Gerkan RdNr. 11; anders hingegen BGH (Fn. 17) WM 1966, 1051.

aber etwaige Schadensersatzansprüche gegen diesen zu begründen vermag.[52] Trifft einen der Beteiligten ein überwiegendes Verschulden, so wird allerdings dessen Ausschließung regelmäßig als im Vergleich zur Auflösung milderes Mittel in Betracht kommen, wenn hierdurch die Gründe entfallen, die den anderen die Fortsetzung der Gesellschaft unzumutbar machen (vgl. auch § 140 RdNr. 16).[53]

b) Sonstige Gründe. Neben den angeführten gesellschafterbezogenen Gründen können **auf die Gesellschaft bezogene Umstände,** so insbesondere die Fehlerhaftigkeit des Gesellschaftsvertrages (vgl. RdNr. 5), deren Auflösung rechtfertigen. Die Zweckerreichung und die Unerreichbarkeit des vereinbarten Gesellschaftszwecks führen bei OHG und KG anders als bei der BGB-Gesellschaft (vgl. § 726 BGB) nicht unmittelbar zur Auflösung der Gesellschaft, können jedoch einen wichtigen Grund iSv. § 133 bilden.[54] Voraussetzung ist jedoch auch hier, dass aus den eingetretenen Umständen und Entwicklungen so schwerwiegende Bedenken gegen den Erfolg der Zusammenarbeit erwachsen, dass ein Festhalten an der Gesellschaft unzumutbar wird.[55] Dies kann insbesondere bei **voraussichtlich dauerhafter Unrentabilität** zu bejahen sein, wobei hier entscheidend ist, dass auch langfristig nicht mehr mit einer Gewinnerzielung gerechnet werden kann;[56] das Überstehen einer vorübergehenden „Durststrecke" ist den Gesellschaftern hingegen zuzumuten.[57]

Die Unverwertbarkeit der von einem Gesellschafter eingebrachten Schutzrechte,[58] ein erheblicher Kapitalverlust oder die Gefährdung der Kapitalbasis über das bei der Gesellschaftsgründung konkret in Kauf genommene Risiko können weitere gesellschaftsbezogene Auflösungsgründe bilden.[59] Wiederum mit Blick auf das ultima ratio-Prinzip kommt es jedoch auch hier in Betracht, einem Gesellschafter, der sich der weiteren Fortsetzung der Gesellschaft unter Berufung auf die eingetretenen Umstände und Ereignisse widersetzt, ein Austrittsrecht einzuräumen, um auf diese Weise den aufgetretenen Konflikt unter Bewahrung der Gesellschaft zu entschärfen.[60] Ein gesellschaftsbezogener wichtiger Grund ist bei der GmbH & Co. KG schließlich auch in der Auflösung der Komplementär-GmbH zu sehen (vgl. bereits § 131 RdNr. 44).[61]

5. Eintritt der Volljährigkeit als wichtiger Grund? a) Die Regelung zur Haftungsbeschränkung von Minderjährigen. Beim Vorhandensein minderjähriger Gesellschafter wirft die Frage des Verhältnisses der Auflösungsklage nach § 133 zur Neufassung von § 723 Abs. 1 S. 3 Nr. 2 BGB durch das Minderjährigenhaftungsbeschränkungsgesetz[62] Probleme auf. In § 723 Abs. 1 S. 3 Nr. 2 BGB ist die Vollendung des 18. Lebensjahres als **wichtiger Grund zur auflösenden Kündigung einer BGB-Gesellschaft** festgelegt worden, wobei diese Kündigung innerhalb von drei Monaten erklärt werden muss, nachdem der volljährig Gewordene von seiner Gesellschafterstellung Kenntnis hatte oder haben musste (§ 723 Abs. 1 S. 4 BGB). Die Bedeutung der Vorschrift erschließt sich im Zusammenspiel mit der durch § 1629a BGB eröffneten Möglichkeit der Beschränkung der Haftung auf das bei Eintritt der Volljährigkeit vorhandene Vermögen und der dort in Abs. 4 S. 1 BGB niedergelegten Beweislastverteilung.[63] Demnach ist im Zweifel anzunehmen, dass eine aus der Mitgliedschaft in einer Gesellschaft herrührende Verbindlichkeit erst nach dem Eintritt der Volljährigkeit entstanden ist und folglich nicht der Haftungsbeschränkung unterliegt, sofern der volljährig Gewordene nicht innerhalb von drei Monaten nach Eintritt der Volljährigkeit die Kündigung der Gesellschaft erklärt hat. Eine Verknüpfung von Haftungsbeschränkung und vollständiger Aufgabe der Position im Geschäftsleben, wie sie im Laufe des Gesetzgebungsverfahrens vielfach gefordert worden

---

[52] GroßkommHGB/*Schäfer* RdNr. 43.
[53] IdS auch BGH (Fn. 28) BGHZ 80, 346, 351; MünchHdbBGB/*Butzer/Knof* § 83 RdNr. 24.
[54] BGH (Fn. 3) BGHZ 69, 160, 162. GroßkommHGB/*Schäfer* RdNr. 34; Baumbach/*Hopf* RdNr. 10; Beck Hdb. Personengesellschaften/*Erle/Eberhardt* § 11 RdNr. 40; zT aA MünchKommHGB/*K. Schmidt* RdNr. 16 (Erreichung des Gesellschaftszwecks bei Handelsgesellschaften nicht denkbar).
[55] IdS insbesondere *Ulmer* § 723 RdNr. 35; GroßkommHGB/*Schäfer* RdNr. 34.
[56] MünchKommHGB/*K. Schmidt* RdNr. 17; Röhricht/Graf von Westphalen/*von Gerkan* RdNr. 15; *Michalski* RdNr. 16; *Binz* § 8 RdNr. 39; vgl. auch BGH (Fn. 7) LM § 161 Nr. 13 = NJW 1960, 434 (Zustimmungspflicht zur Aufgabe des Geschäftsbetriebes bei unhaltbar gewordener wirtschaftlicher Lage); BGH (Fn. 3) BGHZ 69, 160, 167 f. (zur Publikumsgesellschaft); *H. Westermann* RdNr. I 1111.
[57] Zutreffend GroßkommHGB/*Schäfer* RdNr. 36.
[58] Vgl. RG Urt. Urt. v. 23. 3. 1938 – II 193/37, JW 1938, 1522; Heymann/*Emmerich* RdNr. 13; *Michalski* RdNr. 16.
[59] GroßkommHGB/*Schäfer* RdNr. 36; MünchHdbBGB/*Butzer/Knof* § 83 RdNr. 29.
[60] IdS zutreffend *Wiedemann* WM 1992, Beil. 7, 53; ebenso *Röhricht*, FS Kellermann, 1991, S. 361, 380.
[61] Vgl. auch BGH Urt. v. 12. 7. 1982 – II ZR 157/81, BGHZ 84, 379, 382 f. = NJW 1982, 2821 (Auflösung einer KG als Geschäftsinhaberin einer stillen Gesellschaft); ausf. Hesselmann/Tillmann/Mueller-Thuns/*Lüke* § 11 RdNr. 23.
[62] Gesetz zur Beschränkung der Haftung Minderjähriger (Minderjährigenhaftungsbeschränkungsgesetz) v. 25. 8. 1998, BGBl. 1998 I, S. 2487; ausf. hierzu u. a. *Klumpp* ZEV 1998, 409; *Behnke* NZG 1999, 244; *Dauner-Lieb* ZIP 1996, 1818; *Nicolai* DB 1997, 514; *ders.* DB 1997, 1219; *Habersack/Schneider* FamRZ 1997, 649; *Muscheler* WM 1998, 2271.
[63] Zu Normzweck und Bedeutung der Vorschrift vgl. auch *Ulmer* § 723 RdNr. 39.

ist,[64] hat der Gesetzgeber demgegenüber unter Hinweis auf die hiermit uU verbundene Notwendigkeit betriebswirtschaftlich nicht gebotener Liquidationen nicht vorgenommen.[65]

22 Eine ausdrückliche Kündigungsregelung für OHG und KG hielt der Gesetzgeber für entbehrlich, auch um den „textuellen Flurschaden im HGB" zu begrenzen.[66] Vielmehr soll die ausdrückliche Regelung in § 723 Abs. 1 BGB auf die Auslegung des „wichtigen Grundes" iSv. § 133 ausstrahlen.[67] Jedoch ist der Hinweis auf die „Ausstrahlungswirkung" von § 723 Abs. 1 S. 3 Nr. 2 BGB auf § 133 gesetzessystematisch unbefriedigend.[68] Auch erschließt sich die beabsichtigte Beschränkung des Sonderkündigungsrechts auf voll haftende Gesellschafter allein aus der Gesetzesbegründung. Bedauerlich ist zudem, dass sich der Gesetzgeber nicht dazu entschließen konnte, das Sonderkündigungsrecht in § 139 zu integrieren, um derart Gefahren für den Bestand der Gesellschaft zu vermeiden.[69]

23 b) **Auslegung und Gestaltungspraxis.** Bei der Umsetzung der Regelung durch die Gerichte stellt sich zunächst die Frage **nach den formellen Voraussetzungen für die Geltendmachung des Lösungsrechts** nach Eintritt der Volljährigkeit. Hier ist der Verweis des Gesetzgebers auf § 133 ernst zu nehmen: Auch im Interesse der Mitgesellschafter sollte von dem Erfordernis einer Klageerhebung gemäß § 133 nicht abgerückt werden, sofern gesellschaftsvertraglich nichts anderes vereinbart ist.[70] § 1629a Abs. 4 BGB gebietet keine andere Auslegung, da für die Widerlegung der Vermutung die entsprechende Initiative des volljährig Gewordenen innerhalb der Drei-Monatsfrist ausreichend ist.[71] Auch in Bezug auf die Rechtsfolgen, die mit der Ausübung des Sonderkündigungsrechts durch den volljährig gewordenen Gesellschafter verbunden sind, ist unter Berücksichtigung der Gesetzesbegründung von einer Anknüpfung an § 133 auszugehen. Dies heißt jedoch nicht, dass die Klageerhebung durch den volljährig Gewordenen zwingend die Auflösung der Gesellschaft zur Folge hat. Vielmehr wird auch insoweit dem **ultima ratio-Prinzip** (hierzu RdNr. 10 ff.) maßgebende Bedeutung zukommen.[72] Dem Minderjährigen wird es häufig zuzumuten sein, gegen Abfindung aus der dann ohne ihn fortbestehenden Gesellschaft auszuscheiden oder entsprechend § 139 Abs. 3 in die Rechtsstellung eines Kommanditisten überzuwechseln.[73] Die Vermutung des § 1629a Abs. 4 S. 1 BGB sollte dem erneut nicht entgegenstehen, werden zu ihrer Widerlegung und zum Schutze des volljährig Gewordenen doch regelmäßig datierte Rechnungen vorhanden sein.

24 Nach anderer Auffassung soll das Sonderkündigungsrecht des § 723 Abs. 1 S. 3 Nr. 2 BGB über § 105 Abs. 3 sowie § 161 Abs. 2 auch für den Gesellschafter einer OHG oder den Komplementär einer KG gelten.[74] Dies scheitert aber daran, dass § 723 BGB hinsichtlich der Bestimmung des wichtigen Grundes von § 133 verdrängt wird. Andere Autoren plädieren für ein außerordentliches Austrittsrecht des volljährig Gewordenen in entsprechender Anwendung von § 723 Abs. 1 S. 3 Nr. 2 BGB mit der Argumentation, dass dieser personenbezogene Grund nach der Systematik des § 131 das Ausscheiden des Gesellschafters rechtfertige. Das Kündigungsrecht ist demnach § 723 Abs. 1 BGB zu entnehmen, während sich die Rechtsfolge aus § 131 Abs. 3 ergibt.[75] So angemessen diese Lösung ist, stellt sich auch hier jedoch die Frage, ob sie sich *de lege*

---

[64] IdS insbesondere *Dauner-Lieb* ZIP 1996, 1818, 1821 ff.; *M. Wolf* AcP 187 (1987), 319, 338 f.; vgl. auch *Habersack/Schneider* FamRZ 1997, 649, 651.
[65] Begr. RegE BT-Drucks. 13/5624 S. 10.
[66] So explizit *Seibert*, Die Reform des Handelsstandes und der Personengesellschaften, in: Fachtagung der Bayer-Stiftung, 1999, S. 119, 120 f.
[67] Vgl. Begr. RegE BT-Drucks. 13/5624 S. 10.
[68] Kritik auch bei *Behnke* NZG 1999, 244, 245; *Armbruster* DStR 1999, 1907, 1912; *Hesselmann/Tillmann/Mueller-Thuns/Hannes* § 10 RdNr. 186; anders demgegenüber *Klumpp* ZEV 1998, 409, 413.
[69] So der Vorschlag von *M. Wolf* AcP 187 (1987), 319, 339; vgl. auch *Habersack/Schneider* FamRZ 1997, 649, 651; *Reimann* DNotZ 1999, 179, 207 f.
[70] IdS auch *Eckebrecht* MDR 1999, 1248, 1249; *Wiedemann*, Gedenkschrift Lüderitz, 2000, S. 839, 845; MünchHdbBGB/*Butzer/Knof* § 83 RdNr. 31; *Binz/Sorg* § 6 RdNr. 56 ff.; *Hesselmann/Tillmann/Mueller-Thuns/Hannes* § 10 RdNr. 186.
[71] Vgl. Palandt/*Diederichsen* § 1629a RdNr. 20.
[72] So explizit Begr. RegE BT-Drucks. 13/5624 S. 10.
[73] *Hesselmann/Tillmann/Mueller-Thuns/Hannes* § 10 RdNr. 186; MünchHdbBGB/*Butzer/Knof* § 83 RdNr. 31. Zur Frage, ob der volljährig Gewordene entsprechend § 139 die Umwandlung seiner Beteiligung in eine Kommanditbeteiligung verlangen kann, vgl. *Klumpp* ZEV 1998, 409, 413 einerseits (bejahend) und *Grunewald* ZIP 1999, 597, 599 andererseits (verneinend).
[74] IdS etwa *Grunewald* ZIP 1999, 597, 599; *Lohse/Triebel* ZEV 2000, 337, 342; *Koller/Roth/Morck* § 132 RdNr. 5; *H. Westermann* RdNr. I 123 b; ebenso wohl auch *Habersack* FamRZ 1999, 1, 2.
[75] IdS insbesondere GroßkommHGB/*Schäfer* RdNr. 32; vgl. auch *Ulmer* § 723 RdNr. 41; iE ebenso Baumbach/*Hopt* RdNr. 7; für die Rechtsfolge des Ausscheidens des kündigenden Gesellschafters auch *Grunewald* ZIP 1999, 597, 599; *Koller/Roth/Morck* § 132 RdNr. 5; *H. Westermann* RdNr. I 1112.

lata in Anbetracht der Haltung des Gesetzgebers des Minderjährigenhaftungsbeschränkungsgesetzes rechtfertigen lässt.

Die Frage, ob das Sonderkündigungsrecht auch einem volljährig gewordenen Kommanditisten **25** zusteht, ist unter Berücksichtigung der *ratio legis* des Minderjährigenhaftungsbeschränkungsgesetzes jedenfalls eindeutig zu verneinen.[76] Eine Ausnahme hiervon ist nur dann zu machen, wenn der Kommanditist beim Eintritt der Volljährigkeit seine Hafteinlage nicht oder nicht vollständig geleistet oder zurückerhalten hat und damit den Gläubigern der Gesellschaft bis zur Höhe der ausstehenden Einlage gemäß § 171 Abs. 1, 172 Abs. 4 unmittelbar haftet.[77]

In jedem Fall bleibt der Gesetzgeber aufgerufen, *de lege ferenda* die erforderlichen Klarstellungen **26** vorzunehmen. Dies kann entweder dadurch erfolgen, dass der Regelungsgehalt des § 723 Abs. 1 S. 3 Nr. 2 BGB in § 132 übernommen wird oder eine Ergänzung des § 133 erfolgt. Gerade unter dem Gesichtspunkt einer Liquiditätsschonung der Gesellschaft dürfte indes eine Erweiterung von § 139 wohl am ehesten den involvierten Interessen gerecht werden.[78]

Zumindest bis zu einer solchen gesetzlichen Neuregelung wäre im Gesellschaftsvertrag klar- **27** zustellen, dass ein Gesellschafter, der das Sonderkündigungsrecht nach Eintritt der Volljährigkeit ausübt, ausscheidet und die Gesellschaft von den verbleibenden Gesellschaftern fortgesetzt wird.[79] Im Ergebnis sollten auch keine Bedenken dagegen bestehen, eine Zuwendung oder Erbeinsetzung unter die auflösende Bedingung der Ausübung des Kündigungsrechts zu stellen; als gesichert ist dies jedoch nicht anzusehen.[80] Demgegenüber dürfte die Möglichkeit, das Kündigungsrecht durch die Einholung einer vormundschaftsgerichtlichen Genehmigung gemäß § 112 BGB auszuschließen (vgl. § 723 Abs. 1 S. 5 BGB) auf Grund der bestehenden Genehmigungspraxis keine Rolle spielen.[81]

6. Verzicht, Verwirkung, Entkräftung und Billigung. Auf ein entstandenes Auflösungsrecht **28** kann wirksam verzichtet werden, da Abs. 3 nur in die Zukunft gerichtete gesellschaftsvertragliche Regelungen verbietet.[82] Ein solcher Verzicht kann insbesondere darin gesehen werden, dass die Gesellschafter eine lange Wartefrist vor der Erhebung der Auflösungsklage verstreichen lassen.[83] Konnte der andere Teil auf Grund des Verhaltens des Auflösungsklägers darauf vertrauen, dass mit der Ausübung des Auflösungsrechtes nicht mehr zu rechnen sei, so kommt auch dessen Verwirkung in Betracht.[84]

Zumindest kann die lang andauernde Aufrechterhaltung des Gesellschaftsverhältnisses in Kennt- **29** nis der Verfehlungen eines Gesellschafters die tatsächliche Vermutung dafür begründen, dass diese – jedenfalls im Laufe der Zeit – an Gewicht verloren haben[85] oder sie kann im Rahmen der anzustellenden Abwägung als Beleg für die fehlende Signifikanz des Fehlverhaltens berücksichtigt werden.[86] Waren die Mitgesellschafter mit einem bestimmten Verhalten einverstanden, so kann dieses zur Begründung einer Auflösungsklage ohnehin nicht angeführt werden, sofern keine besonderen Umstände – wie zB die Aussetzung einer Unerfahrenheit oder Notlage – gegeben sind.[87]

---

[76] Vgl. auch *Kirchdörfer/Lorz* DB 2004, Beil. 3, S. 6; ebenso *Binz/Sorg* § 6 RdNr. 57; Hesselmann/Tillmann/Mueller-Thuns/*Hannes* § 10 RdNr. 186; GroßkommHGB/*Schäfer* RdNr. 33 a; anders wohl *Koller/Roth/Morck* § 132 RdNr. 5.
[77] Zutreffend GroßkommHGB/*Schäfer* RdNr. 33; *Ulmer* § 723 RdNr. 41; *Binz/Sorg* § 6 RdNr. 57; *Grunewald* ZIP 1999, 597, 599.
[78] Ebenso und ausf. MünchHdbBGB/*Butzer/Knof* § 83 RdNr. 32.
[79] Vgl. *Binz/Sorg* § 6 RdNr. 58; *Glöckner* ZEV 2001, 47, 49; *Habersack* in Fachtagung der Bayer-Stiftung, 1999, S. 73, 75; *Reimann* DNotZ 1999, 179, 207, der auch einen Abfindungsausschluss für den Fall der Ausübung des Sonderkündigungsrechts für zulässig hält; diesbezüglich einschränkend GroßkommHGB/*Schäfer* RdNr. 33 a (Zulässigkeit von Abfindungsbeschränkungen „in den allgemeinen Grenzen"); ebenso *H. Westermann* RdNr. I 1112.
[80] Wie hier *Klumpp* ZEV 1998, 409, 414; *Reimann* DNotZ 1999, 179, 207 f.; aA GroßkommHGB/*Schäfer* RdNr. 33 a; offen lassend *Glöckner* ZEV 2001, 47, 49; *Habersack* FamRZ 1999, 1, 7.
[81] *Christmann* ZEV 2000, 45, 47; zur Frage der Auswirkungen des Minderjährigenhaftungsbeschränkungsgesetzes auf die Genehmigungspraxis vgl. *Damrau* ZEV 2000, 209; *Lohse/Triebel* ZEV 2000, 337, 342.
[82] Vgl. nur Heymann/*Emmerich* RdNr. 22; Baumbach/*Hopt* RdNr. 19; MünchKommHGB/*K. Schmidt* RdNr. 40.
[83] BGH (Fn. 17) = LM Nr. 4 = WM 1959, 134; implizit RG Urt. v. 15. 2. 1902 – Rep. I 495/00, RGZ 51, 89, 91 (Genossenschaft); RG Urt. v. 18. 12. 1936 – II 170/36, RGZ 153, 274, 280; Baumbach/*Hopt* RdNr. 12; GroßkommHGB/*Schäfer* RdNr. 40 f.; MünchKommHGB/*K. Schmidt* RdNr. 41 (m. abw. Begr.).
[84] Vgl. (Fn. 17) LM § 140 Nr. 11 = NJW 1966, 2160 = WM 1966, 857; MünchHdbBGB/*Butzer/Knof* § 83 RdNr. 38; *Michalski* RdNr. 6.
[85] Vgl. BGH (Fn. 17) LM Nr. 4 (15 Monate nach Kenntnis der Verfehlungen ausgesprochene Kündigung); BGH (Fn. 43) NJW-RR 1993, 1123, 1125; vgl. auch BGH Urt. v. 14. 6. 1999 – II ZR 193/98, ZIP 1999, 1355, 1356 f.
[86] Vgl. etwa BGH (Fn. 40) WM 1958, 216, 217; OLG Nürnberg Urt. v. 27. 3. 1958 – 3 U 227/54, WM 1958, 710, 714.
[87] BGH (Fn. 7) BGHZ 31, 295, 307.

III. Prozessuale Durchsetzung

30 **1. Die Parteien der Auflösungsklage. a) Kläger.** Die Auflösungsklage kann durch jeden Gesellschafter der OHG oder KG allein erhoben werden, wobei **mehrere Kläger notwendige Streitgenossen** iSv. § 62 Abs. 1 2. Alt. ZPO sind.[88] Bei einer GmbH & Co. sind die Gesellschafter der GmbH als solche nicht klagebefugt, wohl aber die GmbH als Gesellschafterin. Im Verhältnis zwischen Treuhänder und Treugeber kommt nur dem Ersteren die Klagebefugnis zu, bei einem Nießbrauch ist nur der Gesellschafter, nicht hingegen der Nießbraucher zur Erhebung der Auflösungsklage berechtigt.[89] Ist wirksam Testamentsvollstreckung über den Anteil als solchen angeordnet (vgl. § 139 RdNr. 66, 82 ff.), so ist allein der Amtsinhaber zur Erhebung der Auflösungsklage befugt.[90] Beschränkt sich die angeordnete Testamentsvollstreckung demgegenüber auf die „Außenseite" der Beteiligung (vgl. § 139 RdNr. 73 ff.), so steht das Recht zur Erhebung der Auflösungsklage dem Erben zu; dem Testamentsvollstrecker ist nur eine auf § 135 gestützte Kündigung möglich. Bei angeordneter Nachlassverwaltung ist nur der Erbe zur Erhebung der Auflösungsklage legitimiert (vgl. auch § 139 RdNr. 89).[91]

31 Im Hinblick auf etwa erforderliche Einwilligungen oder Genehmigungen Dritter gelten die Ausführungen zur ordentlichen Kündigung gemäß § 132 entsprechend: Ein im **gesetzlichen Güterstand der Zugewinngemeinschaft** lebender Gesellschafter benötigt demnach zur Erhebung der Auflösungsklage die Zustimmung seines Ehegatten, sofern der Gesellschaftsanteil das Gesamtvermögen des Auflösungsklägers iSv. § 1365 BGB bildet.[92] Bei einem minderjährigen Gesellschafter bedarf es zur Erhebung der Auflösungsklage nach richtiger Ansicht nicht der Genehmigung des Vormundschafts- bzw. Familiengerichts;[93] für den Vormund, nicht jedoch für die Eltern, gilt es allerdings die Soll-Vorschrift des § 1823 BGB zu beachten.

32 Scheidet der klagende Gesellschafter während des Prozesses aus, so wird die Klage unbegründet.[94] Vollzieht sich das Ausscheiden durch Anteilsübertragung auf Klägerseite, so kommt eine Einbeziehung des neuen Anteilsinhabers nur nach den Regeln zum Parteiwechsel, nicht hingegen über § 265 ZPO in Betracht; erforderlich ist somit die Zustimmung der Beklagten oder die Erklärung der Sachdienlichkeit durch das Gericht.[95] Verstirbt der klagende Gesellschafter während des Prozesses, so treten die Erben an seine Stelle, sofern sie im Wege einer Nachfolgeklausel in die Gesellschaft einrücken oder es sich um eine kraft Gesetzes vererbliche Kommanditbeteiligung handelt.[96]

33 **b) Beklagte.** Richtige Beklagte sind **sämtliche Mitgesellschafter,** soweit sie nicht auf der Aktivseite des Prozesses beteiligt sind, ihrerseits in **notwendiger Streitgenossenschaft**.[97] Eine Ausnahme von dem Grundsatz, wonach alle Gesellschafter entweder als Kläger oder Beklagte an dem Auflösungsprozess beteiligt sein müssen, wird nur für diejenigen Gesellschafter gemacht, die sich außergerichtlich bindend mit dem Klageziel der Auflösung der Gesellschaft einverstanden erklärt haben (vgl. auch § 140 RdNr. 28 zur Ausschließungsklage).[98]

---

[88] BGH Urt. v. 15. 6. 1959 – II ZR 44/58, BGHZ 30, 195, 197 = NJW 1959, 1683; Zöller/*Vollkommer* § 62 RdNr. 19; Röhricht/Graf von Westphalen/*von Gerkan* RdNr. 17; MünchHdbBGB/*Butzer/Knof* § 83 RdNr. 37; ausf. *Ulmer*, FS Geßler, 1971, S. 269.
[89] Vgl. MünchKommHGB/*K. Schmidt* RdNr. 45; Heymann/*Emmerich* RdNr. 14.
[90] Str.; ausf. *Lorz*, Testamentsvollstreckung und Unternehmensrecht, Diss. Konstanz 1995, S. 181 f.; *ders.*, FS Boujong, 1996, S. 319, 325 ff.; für ein daneben bestehendes Klagerecht des Erben (wegen § 133 Abs. 3) demgegenüber *Klein* DStR 1992, 326, 328; *Weidlich* ZEV 1994, 205, 209; *Ulmer* NJW 1990, 73, 79.
[91] BGH (Fn. 8) BGHZ 47, 293, 297; *Ebenroth* RdNr. 1139; *Michalski* RdNr. 19.
[92] Vgl. OLG Hamburg Beschl. v. 9. 1. 1970 – 5 U 127/69, NJW 1970, 952 (zur Kündigung; vollständige Leitsätze in FamRZ 1970, 407); Staudinger/*Thiele* § 1365 RdNr. 67; *Beitzke* DB 1961, 21, 24 f.; *Wiedemann* Übertragung S. 263 f.; aA MünchKommBGB/*Koch* § 1365 RdNr. 75; GroßkommHGB/*Schäfer* RdNr. 42 (teleologische Reduktion).
[93] GroßkommHGB/*Schäfer* RdNr. 42; MünchKommBGB/*Wagenitz* § 1822 RdNr. 20; *Reimann* DNotZ 1999, 179, 205; *Winkler* ZGR 1973, 177, 205; vgl. auch BGH Urt. v. 22. 9. 1969 – II ZR 144/68, BGHZ 52, 316, 319 = NJW 1970, 33 (keine vormundschaftsgerichtliche Genehmigung für Auflösungsbeschluss einer GmbH).
[94] Vgl. MünchKommHGB/*K. Schmidt* RdNr. 46; Baumbach/*Hopt* RdNr. 14; Heymann/*Emmerich* RdNr. 15; GroßkommHGB/*Schäfer* RdNr. 60.
[95] MünchKommHGB/*K. Schmidt* RdNr. 46; Heymann/*Emmerich* RdNr. 15.
[96] MünchKommHGB/*K. Schmidt* RdNr. 46.
[97] BGH (Fn. 87) BGHZ 30, 195, 197; BGH (Fn. 12) ZIP 1997, 1919; Zöller/*Vollkommer* § 62 RdNr. 20; GroßkommHGB/*Schäfer* RdNr. 52; MünchKommHGB/*K. Schmidt* RdNr. 47; Koller/Roth/Morck RdNr. 3; MünchHdbBGB/*Butzer/Knof* § 83 RdNr. 37; eingehend *K. Schmidt*, Mehrseitige Gestaltungsprozesse bei Personengesellschaften, 1992, S. 32 ff., 60 ff.
[98] BGH (Fn. 40) LM Nr. 3 = NJW 1958, 418 = BB 1958, 213; BGH Urt. v. 18. 10. 1976 – II ZR 98/75, BGHZ 68, 81, 82 = NJW 1977, 1012 = WM 1977, 500; BGH (Fn. 12) ZIP 1997, 1919; BGH Urt. v. 17. 12. 2001 – II ZR 31/00, ZEV 2002, 111, 112; OLG München Urt. v. 25. 1. 1999 – 30 U 569/98, NZG 1999, 590, 591; GroßkommHGB/*Schäfer* RdNr. 52; Röhricht/Graf von Westphalen/*von Gerkan* RdNr. 17; ausf. MünchKommHGB/*K. Schmidt* RdNr. 48; *Ulmer*, FS Geßler, 1971, S. 269, 274 f.

Das Ausscheiden eines beklagten Gesellschafters während des Rechtsstreites macht die Klage gegen 34
ihn unzulässig mit der Folge, dass der Kläger die Erledigung der Hauptsache nach § 91a ZPO
erklären kann. Wurde der Anteil auf einen neuen Gesellschafter übertragen, so ist dessen Einbeziehung in das Verfahren über § 265 ZPO möglich.[99]

Eine **Klage gegen die Gesellschaft** als solche ist unzulässig; diese bildet lediglich den Gegenstand 35
des Verfahrens.[100] Abweichende gesellschaftsvertragliche Regelungen sind möglich,[101] empfehlen sich
dringend bei Publikumsgesellschaften[102] und dürften auch ohne ausdrückliche Anordnung bei diesen
anzunehmen sein;[103] allerdings hat die Auflösungsklage dort ohnehin nur einen eingeschränkten
Anwendungsbereich (vgl. RdNr. 2 sowie Nach § 177a Anh. B RdNr. 117f. zur Publikums-KG).
Bei der GmbH & Co. lässt sich durch die gesellschaftsvertragliche Zulassung einer Klage gegen die
Gesellschaft eine koordinierte Prozessführung gewährleisten, wenn neben der KG auch der Komplementär-GmbH gemäß § 61 Abs. 2 GmbHG auf Auflösung verklagt wird. Teilweise wird eine
generelle Analogie zu § 61 Abs. 2 GmbHG bei der GmbH & Co. KG befürwortet,[104] bislang jedoch
noch ohne Niederschlag in der Rechtsprechung.

2. Klage und Urteil. Die Auflösungsklage ist eine Gestaltungsklage mit dem Inhalt, die Gesell- 36
schaft für aufgelöst zu erklären. Das Auflösungsrecht kann auch im Wege der Widerklage geltend
gemacht werden, so zB durch einen Gesellschafter, der gemäß § 140 aus dem Unternehmen
ausgeschlossen werden soll. Treffen Auflösungs- und Ausschließungsklage zusammen, empfiehlt
sich eine Verbindung beider (ausführlich zum Verhältnis zwischen Auflösungs- und Ausschließungsklage § 140 RdNr. 27).[105] Nicht möglich ist es hingegen, die Auflösung als Einwendung
gegenüber einer Leistungsklage aus dem Gesellschaftsverhältnis geltend zu machen.[106] In Ermangelung abweichender gesellschaftsvertraglicher Vereinbarungen kann das Auflösungsrecht vielmehr
nur durch Klage oder Widerklage geltend gemacht werden. Eine Ausnahme lässt die Rspr. allein
bei Klagen zu, die auf die Mitwirkung zur Eintragung der Gesellschaft in das Handelsregister
gerichtet sind.[107]

Die Anordnung einer Auflösung **im Wege einstweiliger Verfügung** kommt nach allgM wegen 37
der hiermit verbundenen Vorwegnahme der Hauptsache nicht in Betracht. Möglich ist es jedoch, das
Gesellschaftsverhältnis bis zur Rechtskraft des Urteils durch einstweilige Verfügung zu gestalten,
insbesondere indem Vertretung und Geschäftsführung ohne Rücksicht auf den Grundsatz der Selbstorganschaft einstweilen einem Dritten übertragen werden.[108]

Die Beweislast für die die Auflösung rechtfertigenden Tatsachen trägt der Kläger.[109] Bei Säumnis 38
der Kläger oder der Beklagten gelten die §§ 330, 331, 62 ZPO. Erklären sich alle Beklagten mit der
Auflösung einverstanden, so kann dies als Auflösungsbeschluss iSv. § 131 Abs. 1 Nr. 2 angesehen
werden, was zur Erledigung des Rechtsstreites gemäß § 91a ZPO führt.[110]

Gelangt das Gericht im Verlaufe des Rechtsstreites zu dem Ergebnis, dass dem oder den klagenden 39
Gesellschafter(n) die weitere Fortsetzung des Gesellschaftsverhältnisses mit den übrigen Gesellschaftern nicht mehr zuzumuten ist, somit ein wichtiger Grund iSv. § 133 vorliegt, so muss es die
Auflösung aussprechen. Ein Ermessen des Gerichtes ist insoweit nicht gegeben, ungeachtet des
missverständlichen Wortlauts von § 133 („kann").[111] Lässt sich eine zumutbare Fortsetzung der
Gesellschaft durch weniger einschneidende Mittel erreichen, so ist die Klage hingegen abzuweisen,
wenn der Kläger seine Anträge nicht entsprechend ändert.[112] Dem Risiko einer Klagabweisung kann

---

[99] IdS *Bräutigam*, FS Quack, 1991, S. 189, 196; MünchKommHGB/*K. Schmidt* RdNr. 49; GroßkommHGB/*Schäfer* RdNr. 60; zweifelnd Röhricht/Graf von Westphalen/*von Gerkan* RdNr. 18.
[100] Heymann/*Emmerich* RdNr. 16; MünchKommHGB/*K. Schmidt* RdNr. 48; GroßkommHGB/*Schäfer* RdNr. 47; abweichender Ansatz bei *M. Schwab* 3 B I 2.
[101] Ausf. GroßkommHGB/*Schäfer* RdNr. 49; MünchKommHGB/*K. Schmidt* RdNr. 50.
[102] Vgl. BGH Urt. v. 11. 12. 1989 – II ZR 61/89, NJW-RR 1990, 474.
[103] Ebenso *Koller*/Roth/Morck RdNr. 3; MünchHdbBGB/*Butzer*/Knof § 83 RdNr. 37.
[104] Scholz/*K. Schmidt* § 61 RdNr. 29; MünchKommHGB/*K. Schmidt* RdNr. 50.
[105] OLG Frankfurt Beschl. v. 23. 11. 1971 – 5 W 21/71, BB 1971, 1479.
[106] Vgl. nur Baumbach/*Hopt* RdNr. 4; *Michalski* RdNr. 20; Heymann/*Emmerich* RdNr. 17 mwN.
[107] RG Urt. v. 5. 1. 1926 – II 153/24, RGZ 112, 280, 282f.; Baumbach/*Hopt* RdNr. 4; Heymann/*Emmerich* RdNr. 17; *Michalski* RdNr. 20.
[108] BGH Urt. v. 11. 7. 1960 – II ZR 260/59, BGHZ 33, 105, 110f. = NJW 1960, 1997 = BB 1960, 917; OLG Stuttgart (Fn. 44) DB 1961, 1644, 1645; Heymann/*Emmerich* RdNr. 17 a.
[109] MünchKommHGB/*K. Schmidt* RdNr. 54; GroßkommHGB/*Schäfer* RdNr. 55; Heymann/*Emmerich* RdNr. 18; *Koller*/Roth/Morck RdNr. 3.
[110] Vgl. nur Heymann/*Emmerich* RdNr. 18; MünchKommHGB/*K. Schmidt* RdNr. 54.
[111] RG Urt. v. 23. 11. 1928 – II 221/28, RGZ 122, 312, 314; Baumbach/*Hopt* RdNr. 16; MünchKommHGB/*K. Schmidt* RdNr. 55; GroßkommHGB/*Schäfer* RdNr. 61; MünchHdbBGB/*Butzer*/Knof § 83 RdNr. 40.
[112] Vgl. BGH (Fn. 22) BGHZ 18, 350, 362ff. (zu § 140); Heymann/*Emmerich* RdNr. 19.

der Kläger durch die Verbindung der Auflösungsklage mit entsprechenden Hilfsanträgen begegnen, etwa indem eventualiter auf Ausschließung und ganz hilfsweise auf die Entziehung der Geschäftsführungs- und Vertretungsbefugnis geklagt wird.

IV. Rechtsfolgen

40 **1. Auflösung der Gesellschaft.** Mit der Rechtskraft des Gestaltungsurteils tritt die Auflösung der Gesellschaft ein (vgl. § 131 Abs. 1 Nr. 4); bis dahin besteht sie als werbende fort.[113] Der Zeitpunkt der Rechtskraft des Auflösungsurteils bildet auch den Bewertungsstichtag für die Auseinandersetzung; eine Vorverlegung entsprechend § 140 Abs. 2 findet nicht statt. Es wird jedoch als zulässig angesehen, dass das Gericht aus Gründen der Zweckmäßigkeit und auf entsprechenden Antrag den Zeitpunkt der Auflösung über die Rechtskraft des Urteils hinaus kurzfristig aufschiebt, zB auf das Ende eines Geschäftsjahres.[114] Die Rechtsfolgen der Auflösung ergeben sich aus den §§ 145 ff. Die Gesellschaft ist dementsprechend zu liquidieren.

41 **2. Schadensersatzpflicht.** Neben die Auflösung der Gesellschaft können vertragliche Schadensersatzansprüche gegen den Gesellschafter treten, der durch seinen schuldhaften Verstoß gegen den Gesellschaftsvertrag die Auflösung veranlasst hat. Zum Schadensersatz verpflichtende Verletzungshandlungen können insbesondere die Nichtleistung versprochener Einlagen, die Nichterfüllung übernommener Geschäftsführerpflichten oder Treupflichtverstöße sein.[115] Die Schadensersatzansprüche sind gesondert geltend zu machen. Insbesondere begründet das Auflösungsurteil als solches keine Ersatzpflicht. Allerdings stellt das der Klage stattgebende Urteil den Sachverhalt, der der Auflösung zugrunde liegt, mit Wirkung für die Parteien rechtskräftig fest.[116]

V. Abweichende Vereinbarungen

42 **1. Der Grundsatz des § 133 Abs. 3.** Vereinbarungen, durch die das Recht der Gesellschafter, die Auflösung der Gesellschaft zu verlangen, ausgeschlossen oder entgegen § 133 Abs. 1 und 2 beschränkt wird, sind gemäß § 133 Abs. 3 nichtig. Zwingend ist § 133 somit nur im Hinblick auf Erschwerungen des Auflösungsrechtes, wohingegen sämtliche Erweiterungen und Erleichterungen des Auflösungsrechts zulässig bleiben. Auch erfasst Abs. 3 nur in die Zukunft gerichtete gesellschaftsvertragliche Regelungen; auf die Geltendmachung eines bereits entstandenen Auflösungsgrundes kann demgegenüber ohne weiteres verzichtet werden (vgl. RdNr. 28).

43 Abs. 3, der auch in kapitalistisch strukturierten Gesellschaften Anwendung findet,[117] wendet sich vor allem gegen den vollständigen Ausschluss des Rechtsweges, das Erfordernis einer Zustimmung Dritter zur Klage, die strafähnliche Verknüpfung einer erfolglosen Auflösungsklage mit dem zwangsweisen Ausscheiden des Klägers[118] sowie gegen die Anordnung vergleichbarer Sanktionen.[119] Die Unwirksamkeit entsprechender Klauseln hat jedoch nicht die Nichtigkeit des gesamten Gesellschaftsvertrages zur Folge (vgl. bereits § 132 RdNr. 29).

44 **2. Ausschluss und Definition von wichtigen Gründen.** Die Frage, inwieweit der Gesellschaftsvertrag bestimmte Verhaltensweisen oder Ereignisse als wichtigen Grund auszuschließen vermag, wird zT kontrovers beurteilt.[120] Entscheidend ist, ob entsprechende Festlegungen das Auflösungsrecht der Gesellschafter ausschließen oder unzumutbar einschränken. Hiervon wird im Regelfall unter Berücksichtigung von Sinn und Zweck entsprechender Regelungen nicht auszugehen sein, dienen diese doch regelmäßig vor allem der Klarstellung, dass – bezogen auf den Zeitpunkt des

---

[113] Vgl. nur RG (Fn. 106) RGZ 112, 280, 283; RG Urt. v. 21. 1. 1929 – VIII 286/28, RGZ 123, 151, 153; *Becker* ZZP 97, 314; *Hueck A.* OHG § 25 IV 1.
[114] Vgl. GroßkommHGB/*Schäfer* RdNr. 54; *Hueck A.* OHG § 25 IV 1; MünchKommHGB/*K. Schmidt* RdNr. 55.
[115] Vgl. RG Urt. v. 17. 1. 1940 – II 126/39, RGZ 162, 388, 395 f.; RG Urt. v. 6. 2. 1917 – Rep. II 403/16, RGZ 89, 398, 399 f.; BGH Urt. v. 23. 11. 1959 – II ZR 187/58, LM § 105 Nr. 13 a = NJW 1960, 430 = WM 1960, 49, 50; GroßkommHGB/*Schäfer* RdNr. 43; Heymann/*Emmerich* RdNr. 20.
[116] Vgl. nur MünchKommHGB/*K. Schmidt* RdNr. 59; *Schlosser* S. 387; *Dölle* ZZP 62 (1941), 281, 289 ff.; GroßkommHGB/*Schäfer* RdNr. 44.
[117] MünchKommHGB/*K. Schmidt* RdNr. 65 mwN; vgl. auch BGH Urt. v. 20. 12. 1956 – II ZR 166/55, BGHZ 23, 10, 15 = NJW 1957, 461.
[118] Binz/*Sorg* § 6 RdNr. 53; MünchKommHGB/*K. Schmidt* RdNr. 71; Baumbach/*Hopt* RdNr. 20.
[119] Vgl. GroßkommHGB/*Schäfer* RdNr. 77; Baumbach/*Hopt* RdNr. 20; Heymann/*Emmerich* RdNr. 24; Koller/Roth/Morck RdNr. 4.
[120] Nachw. zum älteren Schrifttum bei MünchKommHGB/*K. Schmidt* RdNr. 68.

Vertragsschlusses – bestimmte Umstände nach übereinstimmender Ansicht der Gesellschafter keine Unzumutbarkeit der Fortsetzung der Gesellschaft begründen sollen.[121] Dies fließt in den anzustellenden Abwägungsprozess als gegen eine Auflösung sprechendes Moment ein und beeinflusst derart die Würdigung des Richters.[122] Hieraus folgt zugleich, dass es dem Richter nicht verwehrt werden kann, die vertraglich ausgeschlossenen Umstände zur Begründung einer Auflösung heranzuziehen, wenn dies auf Grund besonderer Umstände des Einzelfalls gerechtfertigt ist.[123]

Ohne weiteres zulässig sind Regelungen, wonach bestimmte Ereignisse stets einen wichtigen **45** Grund iSv. § 133 bilden sollen.[124] Entsprechende Klauseln werfen die im Wege der Auslegung zu beantwortende Frage auf, ob die Gesellschafter unter der Voraussetzung der Erfüllung des betreffenden Tatbestands immer auch zugleich von einer Unzumutbarkeit der weiteren Fortsetzung des Gesellschaftsverhältnisses ausgehen wollten.[125] In diesem Fall stellt sich die weitere Frage, ob hierdurch zugleich das Erfordernis der Auflösungsklage abbedungen ist, die Klausel also ein Kündigungsrecht aus den genannten Gründen begründen soll.[126]

3. Verfahrensmäßige Erleichterungen. An verfahrensrechtlichen Erleichterungen kann ins- **46** besondere vorgesehen werden, dass statt einer Auflösungsklage eine auf die Auflösung der Gesellschaft gerichtete Kündigungserklärung genügt (sog. Auflösungskündigung).[127] **Die Gestaltungswirkung der Auflösung** tritt in diesem Fall mit Wirksamwerden der Kündigung ein. Untragbare Rechtsschutzverkürzungen sind hiermit nicht verbunden, weil die Rechtmäßigkeit der Kündigung der gerichtlichen Überprüfung unterliegt.[128] Allerdings vermag die spätere gerichtliche Feststellung des fehlenden Vorliegens eines Auflösungsgrundes nur ex nunc zu wirken; eine rückwirkende Beseitigung der Gestaltungswirkung der ausgesprochenen Kündigung kommt nicht in Betracht.[129] Abhilfe kann insoweit dadurch geschaffen werden, dass auch die Rechtsfolgen der Kündigung eine Modifikation erfahren (vgl. RdNr. 48). Zur Verfahrenserleichterung kann schließlich bestimmt werden, dass die Klage nur gegen die Gesellschaft und nicht gegen alle nicht klagenden Mitgesellschafter zu erheben ist (vgl. bereits RdNr. 35).

Keinen Bedenken begegnen ferner auch **Schiedsklauseln.** Die Auflösung der Gesellschaft als **47** Rechtsfolge tritt nach hM allerdings erst dann ein, wenn ein staatliches Gericht den Schiedsspruch rechtskräftig für vollstreckbar erklärt hat, da erst diese Erklärung der Vollstreckbarkeit der Gestaltungswirkung eines Auflösungsurteils eines ordentlichen Gerichts entspreche.[130]

4. Modifikationen der Rechtsfolgen. Klauseln, wonach ein aus wichtigem Grund auf Auf- **48** lösung klagender oder kündigender Gesellschafter für den Fall des Erfolgs der Klage bzw. mit Kündigung aus der Gesellschaft ausscheidet und diese ohne ihn fortgesetzt wird, sind grundsätzlich zulässig (vgl. § 131 Abs. 3 Nr. 5) und in der Praxis weit verbreitet.[131] Die in Abs. 3 enthaltene Wertung strahlt allerdings auf die Zulässigkeit von gesellschaftsvertraglichen Abfindungsregelungen aus, die diesen Fall des Ausscheidens erfassen. Dementsprechend darf die Abfindungsregelung den ausscheidenden Gesellschafter nicht benachteiligen, dh. er darf nicht weniger erhalten, als ihm im Falle der Liquidation zukommen würde (vgl. § 131 RdNr. 126).[132] Hiervon ist die Frage zu unterscheiden, inwieweit die übrigen Gesellschafter nach Rechtskraft des Auflösungsurteils eine Fortsetzung der Gesellschaft ohne den Auflösungskläger beschließen können (hierzu § 131 RdNr. 36).

---

[121] GroßkommHGB/*Schäfer* RdNr. 69; MünchKommHGB/*K. Schmidt* RdNr. 68; iE ebenso *Hueck A.* OHG § 25 V 1 b; Beck Hdb. Personengesellschaften/*Sauter* § 7 RdNr. 39.
[122] MünchHdbBGB/*Butzer/Knof* § 83 RdNr. 35.
[123] GroßkommHGB/*Schäfer* RdNr. 69; Heymann/*Emmerich* RdNr. 25; MünchKommHGB/*K. Schmidt* RdNr. 68.
[124] Vgl. nur Heymann/*Emmerich* RdNr. 22; MünchKommHGB/*K. Schmidt* RdNr. 67; Baumbach/*Hopt* RdNr. 18; *Hueck A.* OHG § 25 V 2; *Michalski* RdNr. 23.
[125] Vgl. MünchHdbBGB/*Butzer/Knof* § 83 RdNr. 34.
[126] Vgl. MünchHdbBGB/*Butzer/Knof* § 83 RdNr. 34.
[127] Vgl. BGH (Fn. 7) BGHZ 31, 295, 300; BGH (Fn. 7) LM § 140 Nr. 6 = BB 1957, 1087; Baumbach/*Hopt* RdNr. 18; *Koller*/Roth/Morck RdNr. 4; Röhricht/Graf von Westphalen/*von Gerkan* RdNr. 24; Binz/Sorg § 6 RdNr. 53.
[128] Vgl. BGH (Fn. 7) BGHZ 31, 295, 299.
[129] BGH (Fn. 7) BGHZ 31, 295, 301; *Vollmer* BB 1984, 1774, 1776; GroßkommHGB/*Schäfer* RdNr. 72.
[130] Vgl. *Becker* ZZP 97 (1984) 314, 319 f.; BayObLG Urt. v. 24. 2. 1984 – BReg. 3 Z 197/83, WM 1984, 809 f. = BB 1984, 746; *Michalski* RdNr. 23; *A. Hueck* OHG § 25 V 1 b; MünchKommZPO/*Münch* § 1055 RdNr. 17; aA *Vollmer* BB 1984, 1774, 1776 ff.; *Lindacher* ZGR 1979, 201, 209.
[131] Vgl. *Hueck A.* OHG § 25 V 1 b; GroßkommHGB/*Schäfer* RdNr. 75; Koller/Roth/Morck RdNr. 4; Hesselmann/Tillmann/Mueller-Thuns/*Hannes* § 10 RdNr. 184; MünchKommHGB/*K. Schmidt* RdNr. 70 f.; Röhricht/Graf von Westphalen/*von Gerkan* RdNr. 22; MünchHdbBGB/*Butzer/Knof* § 83 RdNr. 334.
[132] MünchKommHGB/*K. Schmidt* RdNr. 70 f.; Binz/Sorg § 6 RdNr. 53; MünchHdbBGB/*Butzer/Knof* § 83 RdNr. 33; vgl. auch BGH Urt. v. 21. 10. 1985 – II ZR 57/85, BB 1986, 421, 422 = NJW-RR 1986, 256.

§ 134 [Gesellschaft auf Lebenszeit; fortgesetzte Gesellschaft]

Eine Gesellschaft, die für die Lebenszeit eines Gesellschafters eingegangen ist oder nach dem Ablaufe der für ihre Dauer bestimmten Zeit stillschweigend fortgesetzt wird, steht im Sinne der Vorschriften der §§ 132 und 133 einer für unbestimmte Zeit eingegangenen Gesellschaft gleich.

Schrifttum: Vgl. die Angaben zu § 132.

I. Normzweck

1   Die Vorschrift ist eine **Parallelregelung zu § 724 BGB** und befasst sich mit zwei besonderen, die Zeitdauer der Gesellschaft betreffenden Vertragsgestaltungen. Nach § 134 1. Alt. wird eine für die Lebenszeit eines Gesellschafters eingegangene Gesellschaft für die Kündigung wie eine auf unbestimmte Zeit eingegangene Gesellschaft behandelt. Gleiches gilt bei einer Gesellschaft, die nach Ablauf der für ihre Dauer bestimmten Zeit (§ 131 Abs. 1 Nr. 1) stillschweigend fortgesetzt wird (2. Alt.). Diese Gleichstellung ist insoweit von Bedeutung, als sie in beiden Fällen die **ordentliche Kündigungsmöglichkeit (§ 723 Abs. 1 S. 1 BGB iVm. § 132)** eröffnet (vgl. RdNr. 6 f.).

2   Hinsichtlich des Normzwecks von § 134 ist zu unterscheiden. Nach heute herrschender Betrachtung ist § 134 1. Alt. im Zusammenspiel mit § 723 Abs. 3 BGB zu sehen und soll das dort niedergelegte **Verbot des Ausschlusses bzw. der unzumutbaren Erschwerung des Kündigungsrechts** gegen Umgehungen sichern und die Gesellschafter vor unüberschaubaren, ihre wirtschaftliche Betätigungsfreiheit unverträglich einengenden Bindungen schützen.[1] Dementsprechend ist § 134 insoweit zwingend, als auf Lebenszeit auch nur eines Gesellschafters eingegangenen Bindungen die Wirksamkeit versagt wird. Zugleich bestimmt die Vorschrift die Auslegung des Gesellschaftsvertrags, indem das Gesetz dafür sorgt, dass die Unwirksamkeit der Befristung der Gesellschaft auf die Lebenszeit eines Gesellschafters entgegen § 139 BGB nicht zur Nichtigkeit des ganzen Vertrags führt; anstelle dessen wird die Gleichstellung mit einer unbefristeten Gesellschaft mit der Folge des Eingreifens von § 132 angeordnet.[2] In gleicher Weise stellt auch § 134 2. Alt. eine Auslegungsregel dar, von welcher im Rahmen des Fortsetzungsbeschlusses abgewichen werden kann.[3] Die praktische Bedeutung der Vorschrift ist als gering anzusehen, weil die in der Praxis gebräuchlichen Vertragsklauseln bei der Dauer der Gesellschaft nur selten auf die Lebenszeit der Gesellschafter abstellen.[4]

II. Gesellschaft auf Lebenszeit

3   **1. Voraussetzungen.** § 134 1. Alt. gilt für jede OHG oder KG, die laut Gesellschaftsvertrag ausdrücklich **auf die Lebenszeit eines oder mehrerer Gesellschafter** als Mindestdauer eingegangen worden ist. Hierbei greift die Vorschrift nach hM auch dann ein, wenn das Kündigungsrecht auch nur eines Gesellschafters auf seine Lebenszeit ausgeschlossen ist.[5]

4   Kein Anwendungsfall von § 134 ist es hingegen, wenn die Gesellschaft auf eine bestimmte Zeit, längstens aber auf die Lebenszeit eines Gesellschafters (Höchstdauer) abgeschlossen ist.[6] Ebenso wenig erfasst die Vorschrift den Fall, dass die Gesellschaft auf eine feste kalendermäßige Dauer, jedoch über die voraussichtliche Lebenszeit eines oder aller Gesellschafter hinaus abgeschlossen wird;[7] Beschränkungen können sich insoweit jedoch aus dem Verbot überlanger Bindungen ergeben (hierzu § 132 RdNr. 24 ff.). Für die Anwendung von § 134 ist nach hM ferner dann kein Raum, wenn der

---
[1] IdS etwa BGH Urt. v. 19. 1. 1967 – II ZR 27/65, WM 1967, 315 (zur stillen Gesellschaft); BGH Urt. v. 18. 9. 2006 – II ZR 137/04, ZIP 2006, 2316, 2317 (zu § 724 BGB); GroßkommHGB/*Schäfer* RdNr. 2; *Ulmer* § 724 RdNr. 4; *Gersch* BB 1977, 871, 873 f.; MünchKommHGB/*K. Schmidt* RdNr. 3 („freiheitsschützende Verbotsnorm"); anders noch RG Urt. v. 22. 10. 1937 – II 58/37, RGZ 156, 129, 136; vgl. auch Mot. II S. 621.
[2] Vgl. GroßkommHGB/*Schäfer* RdNr. 2, 7; MünchKommHGB/*K. Schmidt* RdNr. 4 („gesetzlich verordnete geltungserhaltende Reduktion").
[3] MünchKommHGB/*K. Schmidt* RdNr. 2; *Ulmer* § 724 RdNr. 1; Baumbach/*Hopt* RdNr. 7; MünchHdbBGB/*Piehler*/*Schulte* § 74 RdNr. 14.
[4] Vgl. auch MünchKommHGB/*K. Schmidt* RdNr. 5 mit rechtspolitischer Kritik an der Norm.
[5] RG (Fn. 1) RGZ 156, 129, 136 f. (zur stillen Gesellschaft); Heymann/*Emmerich* RdNr. 2; *Ulmer* § 724 RdNr. 7; Baumbach/*Hopt* RdNr. 12; aA GroßkommHGB/*Schäfer* RdNr. 5, wonach in diesem Fall bezüglich des auf die eigene Lebenszeit gebundenen Gesellschafters § 723 Abs. 3 BGB eingreift.
[6] Vgl. MünchKommHGB/*K. Schmidt* RdNr. 11; *Ulmer* § 724 RdNr. 7; Röhricht/Graf von Westphalen/*von Gerkan* RdNr. 2.
[7] Heute ganz hM; vgl. *Simon* DB 1961, 1679, 1681; *Michalski* RdNr. 2; GroßkommHGB/*Schäfer* RdNr. 3; *Ulmer* § 724 RdNr. 6; aA noch RG (Fn. 1) RGZ 156, 129, 136; ebenso u. a. *Teichmann* S. 240 f.; *Heckelmann*, Abfindungsklauseln in Gesellschaftsverträgen, 1973, S. 132 f.

Gesellschafter statt der Kündigung die Umwandlung in eine Kapitalgesellschaft verlangen kann (vgl. auch § 132 RdNr. 27).[8] Zur (umstrittenen) Möglichkeit einer Substitution des ordentlichen Kündigungsrechts durch die Zulassung einer freien Anteilsübertragung vgl. § 132 RdNr. 27 mwN.

Wird der Gesellschaftsvertrag auf die Dauer des Bestehens einer juristischen Person oder einer anderen Personenhandelsgesellschaft als Gesellschafterin abgeschlossen (zB bei einer GmbH & Co. KG), ist dies nach heute hM ein Fall von § 131 Abs. 1 Nr. 1, sofern die Gesellschafter-Gesellschaft auf eine bestimmte Zeit eingegangen ist, ansonsten von § 132.[9] **5**

2. Rechtsfolgen. Die in § 134 angeordnete Gleichstellung der auf Lebenszeit eines Gesellschafters abgeschlossenen Gesellschaft mit einer auf unbestimmte Zeit eingegangenen Gesellschaft eröffnet das ordentliche Kündigungsrecht gemäß § 132; auch im Hinblick auf die Auflösungsklage nach § 133 gilt die Gesellschaft als auf unbestimmte Zeit eingegangen. Hierbei steht das ordentliche Kündigungsrecht jedem Gesellschafter zu, nicht nur demjenigen, auf dessen Lebenszeit abgestellt ist.[10] **6**

Allerdings besteht weitgehende Einigkeit darüber, dass § 134 andere Rechtsfolgen nicht zwingend ausschließt. Vielmehr kann einem erkennbaren Parteiwillen im Wege der Umdeutung oder ergänzenden Vertragsauslegung Rechnung getragen werden.[11] Im Einzelfall ist es somit möglich, eine Bindung von zulässiger Dauer aufrechtzuerhalten. **7**

III. Stillschweigend fortgesetzte Gesellschaft

Wird eine Gesellschaft nach Ablauf der für ihre Dauer bestimmten (Höchst-)Zeit (§ 131 Abs. 1 Nr. 1) stillschweigend, im allseitigen Einvernehmen der Gesellschafter fortgesetzt, so besteht über § 134 ebenfalls die Kündigungsmöglichkeit nach §§ 132, 133. Bei einer **ausdrücklichen Fortsetzung auf unbestimmte Zeit** gelten die §§ 132, 133 direkt; der Rückgriff auf § 134 ist hier überflüssig.[12] **8**

Wird die Fortsetzung der Gesellschaft wiederum nur auf bestimmte Zeit vereinbart, sei es ausdrücklich oder stillschweigend, so liegt hierin kein Anwendungsfall von § 134.[13] Ebenfalls keine Anwendung findet die Vorschrift auf die stillschweigende Fortsetzung einer Gesellschaft, die aus anderem Grunde als durch Zeitablauf (zB durch Kündigung oder Auflösungsklage) aufgelöst worden ist; insoweit gilt für die Dauer des Gesellschaftsverhältnisses das ursprünglich Vereinbarte.[14] **9**

§ 135 [Kündigung durch den Privatgläubiger]

Hat ein Privatgläubiger eines Gesellschafters, nachdem innerhalb der letzten sechs Monate eine Zwangsvollstreckung in das bewegliche Vermögen des Gesellschafters ohne Erfolg versucht ist, aufgrund eines nicht bloß vorläufig vollstreckbaren Schuldtitels die Pfändung und Überweisung des Anspruchs auf dasjenige erwirkt, was dem Gesellschafter bei der Auseinandersetzung zukommt, so kann er die Gesellschaft ohne Rücksicht darauf, ob sie für bestimmte oder unbestimmte Zeit eingegangen ist, sechs Monate vor dem Ende des Geschäftsjahrs für diesen Zeitpunkt kündigen.

Schrifttum: *Behr,* Die Vollstreckung in Personengesellschaften, NJW 2000, 1137; *Emmerich,* Zur Stellung des Gläubigers im Recht der Personengesellschaften des Handelsrechts. Die Pfändung des „Gesellschaftsanteils" eines persönlich haftenden Gesellschafters, Diss. Frankfurt a. M. 1970; *Fischer,* Der Anteil an einer Personengesellschaft als Gegenstand der Zwangsvollstreckung, 2001; *Furtner,* Pfändung der Mitgliedschaftsrechte bei Personengesellschaften, MDR

---

[8] RG (Fn. 1) RGZ 156, 129, 136; Baumbach/*Hopt* RdNr. 3; *Koller*/Roth/Morck RdNr. 2; MünchKommHGB/ *K. Schmidt* § 132 RdNr. 29, 31; aA GroßkommHGB/*Schäfer* § 132 RdNr. 31 (m. ausf. Begr.); MünchHdbBGB/*Piehler*/ *Schulte* § 74 RdNr. 22.
[9] BGH Urt. v. 11. 7. 1968 – II ZR 179/66, BGHZ 50, 316, 321 f. = NJW 1968, 2003; *Merle,* FS Bärmann, 1975, S. 631, 649 f.; *Ulmer* § 724 RdNr. 8; Baumbach/*Hopt* RdNr. 3; *Koller*/Roth/Morck RdNr. 2; MünchHdbBGB/*Piehler*/ *Schulte* § 74 RdNr. 14.
[10] HM; vgl. *Simon* DB 1961, 1679, 1683; Baumbach/*Hopt* RdNr. 4; MünchKommHGB/*K. Schmidt* RdNr. 14; GroßkommHGB/*Schäfer* RdNr. 8; Heymann/*Emmerich* RdNr. 4.
[11] *Ulmer* § 724 RdNr. 9; GroßkommHGB/*Schäfer* RdNr. 7; *Michalski* RdNr. 1; *Simon* DB 1961, 1679, 1682; grundsätzlich ebenso BGH (Fn. 1) WM 1967, 315, 316 (unter Rückgriff auf die Lehre vom Wegfall der Geschäftsgrundlage); vgl. auch BGH (Fn. 1) ZIP 2006, 2316, 2318 (Vertragsanpassung bei unzulässiger Kündigungsbeschränkung nach § 723 Abs. 3 BGB); BGH Urt. v. 13. 6. 1994 – II ZR 259/92, NJW 1994, 2886, 2888 (Umdeutung oder ergänzende Vertragsauslegung bei nichtiger Kündigungsklausel).
[12] Röhricht/Graf von Westphalen/*von Gerkan* RdNr. 5; Baumbach/*Hopt* RdNr. 5.
[13] MünchKommHGB/*K. Schmidt* RdNr. 17; Baumbach/*Hopt* RdNr. 5; Heymann/*Emmerich* RdNr. 6.
[14] Vgl. nur *Ulmer* § 724 RdNr. 13; MünchKommHGB/*K. Schmidt* RdNr. 17; Heymann/*Emmerich* RdNr. 6.

1965, 613; *Hanefeld*, Die Verfügung über den Anspruch auf das Auseinandersetzungsguthaben, Diss. Hamburg 1995; *Marotzke*, Zwangsvollstreckung in Gesellschaftsanteile nach Abspaltung der Vermögensansprüche, ZIP 1988, 1509; *Michalski*, OHG-Recht, 2000; *Paschke*, Zwangsvollstreckung in den Anteil eines Gesellschafters am Gesellschaftsvermögen einer Personengesellschaft, Diss. Berlin 1981; *Riegger*, Das Auseinandersetzungsguthaben in der Personalgesellschaft als Kreditsicherung, BB 1972, 115; *Roth*, Pfändung und Verpfändung von Gesellschaftsanteilen, ZGR 2000, 187; *K. Schmidt*, Der unveräußerliche Gesamthandsanteil – ein Vollstreckungsgegenstand?, JR 1977, 177; *Schünemann*, Grundprobleme der Gesamthandsgesellschaft unter besonderer Berücksichtigung des Vollstreckungsrechts, 1975; *Sievert*, Das Dogma vom Vorrang der Stammrechtsverfügung im Personengesellschaftsrecht, Diss. Hamburg, 1998; *Stodolkowitz*, Nachlaßzugehörigkeit von Personengesellschaftsanteilen, FS Kellermann, 1991, S. 439; *Wertenbruch*, Die Pfändung von „überziehbaren" Gesellschafterkonten und Entnahmerechten bei der Personengesellschaft, FS Gerhardt, 2004, S. 1077; *ders.* Die Haftung von Gesellschaften und Gesellschaftsanteilen in der Zwangsvollstreckung, 2000; *Wössner*, Die Pfändung des Gesellschaftsanteils bei den Personengesellschaften, Diss. Heidelberg 2000; *Zimmer*, Zwangsvollstreckung gegen den Gesellschafter einer Personengesellschaft, Diss. Bochum 1978.

Übersicht

	RdNr.		RdNr.
I. Normzweck	1–4	4. Pfändung	12–15
II. Voraussetzungen des Kündigungsrechtes	5–16	5. Zeitpunkt und Reihenfolge	16
1. Privatgläubiger eines Gesellschafters	5–7	III. Kündigungserklärung	17–21
2. Vorliegen eines rechtskräftigen Schuldtitels	8, 9	IV. Rechtsfolgen der Kündigung	22–26
3. Erfolglose Zwangsvollstreckung	10, 11	V. Abweichende Vereinbarungen	27–29

I. Normzweck

1   Die Privatgläubiger eines Gesellschafters können während des Bestehens der Gesellschaft nicht auf das Gesellschaftsvermögen zugreifen (vgl. § 124 Abs. 2). Als Vollstreckungsobjekt steht ihnen jedoch der Gesellschaftsanteil zur Verfügung, dessen Pfändung nach §§ 859 Abs. 1, 857 Abs. 1 ZPO erfolgt und u. a. die gemäß § 717 S. 2 BGB selbständig übertragbaren vermögensrechtlichen Ansprüche umfasst.[1] Dieser Zugriff verschafft dem Gläubiger das Recht, von der Gesellschaft nach erfolgter Überweisung der Ansprüche die Auszahlung der auf den Schuldner entfallenden Gewinne verlangen zu können, nicht jedoch die Möglichkeit, auf Feststellung und Ausschüttung dieser Gewinne Einfluss zu nehmen. Denn der Gläubiger wird durch die Pfändung nicht etwa Gesellschafter, er hat auch nicht die Rechte eines solchen (vgl. § 725 Abs. 2 BGB).[2] Das von der Anteilspfändung umfasste Abfindungs- oder Auseinandersetzungsguthaben wiederum gewährt ihm solange keine Befriedigungsmöglichkeit, als der Schuldner nicht aus der Gesellschaft ausgeschieden oder diese nicht aufgelöst ist. Gleichen Schwierigkeiten begegnet der Gläubiger, der die selbständig übertragbaren Vermögensrechte isoliert nach den §§ 828 ff. ZPO pfändet und sich überweisen lässt (ausf. zu den Möglichkeiten des Pfändungszugriffs RdNr. 12 f.).

2   Vor diesem Hintergrund verschafft der zwingende § 135 dem pfändenden Privatgläubiger die Möglichkeit, die Gesellschaft zu kündigen, um derart auf den Kapitalwert des Gesellschaftsanteils zugreifen zu können. Die Kündigung hat das **Ausscheiden des betroffenen Gesellschafters** zur Folge (§ 131 Abs. 3 Nr. 4), so dass dem kündigenden Gläubiger auf der Grundlage seines Pfändungspfandrechts dessen Abfindungsanspruch als Befriedigungsobjekt zur Verfügung steht.

3   Die auf § 126 ADHGB zurückgehende Vorschrift des § 135 entspricht weitgehend dem zeitlichen später entstandenen § 725 BGB, knüpft das Kündigungsrecht im Interesse eines verstärkten Bestandsschutzes jedoch an zusätzliche Voraussetzungen. Sie gilt sowohl für OHG als auch KG (vgl. § 161 Abs. 2), wobei es bei der KG keinen Unterschied macht, ob in den Anteil eines Komplementärs oder denjenigen eines Kommanditisten vollstreckt werden soll. Die Bestimmung findet wegen der Verweisung in § 9 PartGG außerdem bei der Partnerschaftsgesellschaft Anwendung sowie bei der EWIV (vgl. § 1 EWIV-Ausführungsgesetz). Für die stille Gesellschaft verweist § 234 Abs. 1 S. 1 für den Fall der Kündigung durch einen Gläubiger des stillen Gesellschafters ebenfalls auf § 135. Für die GbR gilt allein § 725 BGB.

4   Vor Inkrafttreten des HRefG führte die Kündigung nach § 135 noch zur Auflösung der Gesellschaft und – auf der Grundlage des Pfändungspfandrechts – zur Auskehrung des Auseinandersetzungsguthabens an den Gläubiger (§ 131 Nr. 6 aF). Aber auch hier konnten die übrigen Gesellschafter die Auflösung der Gesellschaft gemäß § 141 Abs. 1 aF selbst bei Fehlen einer gesellschafts-

---

[1] BGH Urt. v. 21. 4. 1986 – II ZR 198/85, BGHZ 97, 392, 394 = NJW 1986, 1991; BGH Urt. v. 5. 12. 1991 – IX ZR 270/90, BGHZ 116, 222, 229 = NJW 1992, 830 = DB 1992, 419; OLG Hamm Beschl. v. 22. 12. 1986 – 15 W 425/86, DB 1987, 574; *Koller*/Roth/Morck § 105 RdNr. 54.
[2] Vgl. nur *Behr* NJW 2000, 1137, 1143; *Ulmer* § 725 RdNr. 11; MünchKommHGB/*K. Schmidt* RdNr. 13; MünchKommZPO/*Smid* § 859 RdNr. 10; *Thomas*/Putzo ZPO § 859 RdNr. 4.

vertraglichen Fortsetzungsklausel durch einen Fortsetzungsbeschluss vermeiden. Der überflüssig gewordene § 141 aF sowie die in § 142 Abs. 2 aF enthaltene Ergänzung für den Fall der Kündigung einer zweigliedrigen Gesellschaft wurden im Zuge der Ersetzung der Rechtsfolge der Auflösung durch das Ausscheiden des betroffenen Gesellschafters durch das HRefG gestrichen.

II. Voraussetzungen des Kündigungsrechtes

1. Privatgläubiger eines Gesellschafters. Die Kündigungsmöglichkeit nach § 135 steht nur dem Privatgläubiger eines Gesellschafters zu. Privatgläubiger idS ist auch der Nachlassgläubiger eines gemäß § 139 in das Gesellschaftsverhältnis nachgerückten Erben.[3] **Gesellschaftsgläubiger**, deren Ansprüche auf einem Rechtsverhältnis mit der Gesellschaft beruhen, können direkt gegen diese vorgehen und in das Gesellschaftsvermögen vollstrecken (§ 124 Abs. 2); sie benötigen das Kündigungsrecht aus § 135 nicht.[4] Hieraus folgt zugleich, dass auch ein auf § 128 gestützter Titel nicht zur Kündigung berechtigt. 5

Gesellschaftsgläubiger im vorstehenden Sinne sind auch Mitgesellschafter. Dies steht aber unter der Voraussetzung, dass ihre Forderungen keine Grundlage im Gesellschaftsverhältnis selbst haben; ist diese Voraussetzung erfüllt, kann also auch einem Mitgesellschafter das Kündigungsrecht nach § 135 zustehen.[5] Ein Kostenfestsetzungsbeschluss, den ein Gesellschafter gegen einen Mitgesellschafter erwirkt hat, ist hierbei selbst dann keine Sozialforderung im vorstehenden Sinne, wenn der zugrunde liegende Klage auf einen Streit über das Gesellschaftsverhältnis zurückzuführen ist.[6] Der Kündigung durch einen Mitgesellschafter kann allerdings die gesellschafterliche Treuepflicht entgegenstehen, ohne dass jedoch eine generelle Pflicht, die eigenen Befriedigungsinteressen hinter die Gesellschafts- und Gesellschafterinteressen zurückzustellen, anzuerkennen wäre.[7] 6

§ 135 gilt nur für die Einzelgläubiger eines Gesellschafters, nicht für den Insolvenzverwalter über dessen Vermögen, da die Eröffnung des Insolvenzverfahrens über das Vermögen eines Gesellschafters bereits kraft gesetzlicher Anordnung zu dessen Ausscheiden führt (vgl. § 131 Abs. 3 Nr. 2). Demgegenüber ist **dem Nachlassverwalter eines in die Gesellschaft nachgerückten Erben** ein Kündigungsrecht analog § 135 zuzugestehen, um den Vermögenswert der Beteiligung zur Befriedigung der Nachlassgläubiger nutzbar zu machen (vgl. auch § 139 RdNr. 91 mwN).[8] Gleiches gilt für den Nachlassinsolvenzverwalter,[9] führt die Nachlassinsolvenz doch weder zur Auflösung der Gesellschaft noch zum zwangsweisen Ausscheiden des betroffenen Gesellschafters (str.; vgl. § 131 RdNr. 47 sowie § 139 RdNr. 95 mwN). Ein Kündigungsrecht analog § 135 ist auch einem Testamentsvollstrecker zuzubilligen, der die „Außenseite" der Beteiligung verwaltet, sofern eine Liquidierung des Anteilswertes zur Begleichung von Nachlassverbindlichkeiten erforderlich wird (vgl. § 139 RdNr. 74).[10] In diesen Fällen einer entsprechenden Anwendung von § 135 bedarf es mit Rücksicht auf die Verwaltungs- und Verfügungsbefugnis der jeweiligen Amtsinhaber der Erfordernisse von rechtskräftigem Titel und Pfändung nicht.[11] 7

2. Vorliegen eines rechtskräftigen Schuldtitels. Der kündigende Privatgläubiger muss **im Besitz eines nicht nur vorläufig vollstreckbaren Schuldtitels** sein. Die Kündigung kann demnach insbesondere auf ein rechtskräftiges Urteil, einen rechtskräftigen Vollstreckungsbescheid, gerichtliche Vergleiche und vollstreckbare Urkunden iSv. 794 Nr. 1, 5 ZPO, rechtskräftig für vollstreckbar erklärte Schiedssprüche, bestandskräftige Verwaltungsakte (zB Steuerbescheide) oder auf 8

---

[3] Heymann/*Emmerich* RdNr. 7; GroßkommHGB/*Schäfer* RdNr. 4; *Michalski* RdNr. 2.
[4] Vgl. nur *Behr* NJW 2000, 1137, 1141; *Hueck* A. OHG § 24 II 2a; Baumbach/*Hopt* RdNr. 4.
[5] BGH Urt. v. 25. 11. 1968 – II ZR 78/68, BGHZ 51, 84, 87 = NJW 1969, 505 = GmbHR 1969, 93; Baumbach/*Hopt* RdNr. 4; MünchHdbBGB/*Piehler/Schulte* § 74 RdNr. 27; Röhricht/Graf von Westphalen/*von Gerkan* RdNr. 2.
[6] BGH Urt. v. 16. 2. 1978 – II ZR 53/76, DB 1978, 1395 = WM 1978, 675.
[7] Vgl. BGH (Fn. 5) BGHZ 51, 84, 87; BGH (Fn. 6) DB 1978, 1395; OLG München Urt. v. 16. 1. 1998 – 23 U 2991/97, EWiR 1998, 1039; vgl. auch BGH Urt. v. 25. 2. 1953 – II ZR 197/51, LM § 131 Nr. 1 = BB 1953, 336 (zum Umfang der gesellschafterlichen Treuepflicht); vgl. auch MünchHdbBGB/*Piehler/Schulte* § 74 RdNr. 27.
[8] BayObLG Beschl. v. 30. 10. 1990 – BReg. Z 121/90, BayObLGZ 1990, 306, 310 = NJW-RR 1991, 361, 362; OLG Hamm Beschl. v. 25. 11. 1992 – 15 W 129/92, OLGZ 1993, 147, 148; iE ebenso BGH Urt. v. 30. 3. 1967 – II ZR 102/65, BGHZ 47, 293, 296 = NJW 1967, 1961; aus dem Schrifttum *Stodolkowitz*, FS Kellermann, 1991, S. 439, 455; *H. P. Westermann* AcP 173 (1973), 24, 41 f.; MünchHdbBGB/*Piehler/Schulte* § 74 RdNr. 27; *Ulmer/Schäfer* ZHR 160 (1996), 413, 437 f.; *Ulmer* § 725 RdNr. 4. AA u. a. *Hueck* A. OHG § 28 II 5 (in Fn. 13).
[9] BGH Urt. v. 30. 4. 1984 – II ZR 293/83, BGHZ 91, 132, 137 = NJW 1984, 2104; *Flume* NJW 1988, 161, 162; *Michalski* RdNr. 2; *Stodolkowitz*, FS Kellermann, 1991, S. 439, 455; *Ulmer/Schäfer* ZHR 160 (1996), 413, 438; MünchHdbBGB/*Piehler/Schulte* § 74 RdNr. 27.
[10] Ebenso *Stodolkowitz*, FS Kellermann, 1991, S. 439, 456; *Ulmer* § 725 RdNr. 4; *Muscheler*, Die Haftungsordnung der Testamentsvollstreckung, 1994, S. 479; *Wiedemann* Übertragung S. 340; ausf. *Lorz*, Testamentsvollstreckung und Unternehmensrecht, Diss. Konstanz 1995, S. 163 f.
[11] *Ulmer* § 725 RdNr. 5; *Stodolkowitz*, FS Kellermann, 1991, S. 439, 457; *Ulmer/Schäfer* ZHR 160 (1996), 413, 437 ff.

einen Auszug aus der Insolvenztabelle (§ 201 Abs. 2 InsO) gestützt werden. Demgegenüber gibt eine Pfändung, die auf der Grundlage eines nur vorläufig vollstreckbaren Urteils, eines Vorbehaltsurteils, eines noch angreifbaren Vollstreckungsbescheides oder eines Arrestbeschlusses durchgeführt wird, kein Kündigungsrecht.[12]

9   Maßgeblicher Zeitpunkt für das Vorliegen eines rechtskräftigen Titels ist derjenige der Kündigung (vgl. RdNr. 16). Dementsprechend kann das Kündigungsrecht im Anschluss an die Pfändung entstehen, wenn der dem vollstreckungsrechtlichen Zugriff zugrunde gelegte Titel nachträglich rechtskräftig wird.[13]

10 **3. Erfolglose Zwangsvollstreckung.** Weitere Voraussetzung für das Bestehen des Kündigungsrechtes ist der durch das Pfändungsprotokoll des Gerichtsvollziehers zu führende Nachweis, dass innerhalb der letzten sechs Monate **eine Zwangsvollstreckung wegen einer Geldforderung** in das sonstige bewegliche Vermögen des Gesellschafters ohne Erfolg versucht worden ist. Nicht erforderlich ist es, dass der kündigende Gläubiger selbst den erfolglosen Zwangsvollstreckungsversuch gemacht hat. Ebenso wenig muss der Schuldtitel, auf Grund dessen die Zwangsvollstreckung versucht worden ist, rechtskräftig gewesen sein.[14]

11 Die erfolglose Zwangsvollstreckung muss innerhalb der letzten sechs Monate vor Zustellung des Pfändungsbeschlusses versucht worden sein. Maßgebender Zeitpunkt für den Fristbeginn ist die erfolglose Pfändung. Zeigt sich die Erfolglosigkeit erst bei der Versteigerung, so ist dieser Zeitpunkt maßgebend.[15]

12 **4. Pfändung.** Letzte Voraussetzung des Kündigungsrechtes ist es nach dem Wortlaut des § 135, dass der Privatgläubiger wirksam den **Anspruch auf das Auseinandersetzungsguthaben** gepfändet und zur Einziehung überwiesen erhalten hat. Dieser auf § 126 ADHGB zurückgehende Wortlaut ist insoweit ungenau. Nach heutigem Verständnis ist hierunter wie bei § 725 BGB die **Pfändung des Gesellschaftsanteils** nach Maßgabe der §§ 859 Abs. 1, 857 Abs. 1 ZPO zu verstehen.[16] Zu pfänden ist also die Mitgliedschaft als solche, wodurch die mit dem Anteil verbundenen Vermögensrechte und -positionen, insbesondere der Gewinn- und Abfindungsanspruch, aber auch Guthaben auf Gesellschafterkonten,[17] verstrickt werden, ohne dass der pfändende Gläubiger hierdurch die Rechte oder die Stellung eines Gesellschafters erlangt (vgl. bereits RdNr. 1).[18] Bewirkt wird die Pfändung durch die Zustellung des Pfändungsbeschlusses an die Gesellschaft als Drittschuldnerin; ihrem bzw. ihren vertretungsberechtigten geschäftsführenden Gesellschafter(n) ist der Pfändungsbeschlusses also zuzustellen.[19] Als ausreichend ist es aber auch anzusehen, wenn die Zustellung an sämtliche Gesellschafter erfolgt.[20] Dass der gepfändete Gesellschaftsanteil dem pfändenden Gläubiger zur Einziehung überwiesen wird – wie dies in der Praxis regelmäßig zusammen mit der Pfändung geschieht[21] – ist richtigerweise keine Voraussetzung für die Ausübung des Kündigungsrechts nach § 135.[22]

13 Von der Anteilspfändung zu unterscheiden ist die isolierte **Pfändung und Überweisung der vermögensrechtlichen Ansprüche,** welche sich nach den §§ 828 ff. ZPO richtet. Deren Pfändung reicht für einen Erwerb des Kündigungsrechtes nach § 135 richtigerweise nicht aus;[23] jedoch kann

---

[12] Vgl. etwa LG Lübeck Beschl. v. 3. 6. 1986 – 7 T 162/86, NJW-RR 1986, 836, 837 (rechtskräftiges Vorbehaltsurteil reicht nicht aus bei noch anhängigem Nachverfahren); *H. Westermann* RdNr. I 661 a.
[13] BGH Urt. v. 28. 6. 1982 – II ZR 233/81, LM Nr. 3 = NJW 1982, 2773; OLG Düsseldorf Urt. v. 15. 10. 1981 – 6 U 63/81, ZIP 1981, 1210, 1212 = DB 1981, 2600; *Ulmer* § 725 RdNr. 15; GroßkommHGB/*Schäfer* RdNr. 15; *Zöller/Stöber* § 859 RdNr. 8.
[14] Vgl. nur Heymann/*Emmerich* RdNr. 9; Baumbach/*Hopt* RdNr. 6.
[15] GroßkommHGB/*Schäfer* RdNr. 11; MünchKommHGB/*K. Schmidt* RdNr. 19.
[16] Vgl. BGH (Fn. 1) BGHZ 97, 392, 394; *Stodolkowitz,* FS Kellermann, 1991, S. 439, 446; *Ulmer* § 725 RdNr. 9 f.; GroßkommHGB/*Schäfer* RdNr. 12; Röhricht/*Graf von Westphalen/von Gerkan* RdNr. 4.
[17] Hierzu *Wertenbruch,* S. 507 ff.; MünchKommHGB/*K. Schmidt* RdNr. 13.
[18] *Behr* NJW 2000, 1137, 1143; *Ulmer* § 725 RdNr. 11; ausf. *Wertenbruch,* S. 507 ff.; *ders.* in *H. Westermann* RdNr. I 653; *Wössner* S. 180 ff.
[19] BGH (Fn. 1) BGHZ 97, 392, 396 (auch für die GbR); *Roth* ZGR 2000, 187, 206; *Wössner* S. 151 ff.; *Wertenbruch* S. 506 f.; MünchKommHGB/*K. Schmidt* RdNr. 12; GroßkommHGB/*Schäfer* RdNr. 13. Ausf. *Ulmer* § 725 RdNr. 12 mwN zu abweichenden Auffassungen.
[20] So BGH (Fn. 1) BGHZ 97, 392, 395 für die GbR; MünchKommHGB/*K. Schmidt* RdNr. 12; GroßkommHGB/*Schäfer* RdNr. 13; *Behr* NJW 2000, 1137, 1139 („zur Rechtssicherheit" Zustellung an alle Gesellschafter empfehlenswert).
[21] Zur umstrittenen Frage, worauf sich die Überweisung bezieht, vgl. MünchKommHGB/*K. Schmidt* RdNr. 14; *Smid* JuS 1988, 613, 617, jeweils mwN sowie *Wössner* S. 194 ff.
[22] Str.; wie hier Röhricht/*Graf von Westphalen/von Gerkan* RdNr. 4; *H. Westermann* RdNr. I 661 g; *Ulmer* § 725 RdNr. 13; MünchKommHGB/*K. Schmid* RdNr. 29; aA *Zöller/Stöber* § 859 RdNr. 4; *Behr* NJW 2000, 1137, 1140.
[23] IdS GroßkommHGB/*Schäfer* RdNr. 8; *Ulmer* § 725 RdNr. 6, 14; *Stodolkowitz,* FS Kellermann, 1991, S. 439, 446; Röhricht/*Graf von Westphalen/von Gerkan* RdNr. 4; aA MünchKommHGB/*K. Schmidt* RdNr. 11, 17, wonach die Pfändung und Überweisung des Auseinandersetzungsanspruchs im Hinblick auf den Gesetzeswortlaut „jedenfalls noch als ausreichend" anzusehen ist, nicht aber die Pfändung der Gewinnansprüche; Koller/Roth/*Morck* RdNr. 2; *Michalski* RdNr. 9.

hier eine Umdeutung in eine Anteilspfändung in Betracht kommen.[24] In der Praxis wird allerdings, um dem Wortlaut des § 135 Rechnung zu tragen, das Auseinandersetzungsguthaben regelmäßig ausdrücklich neben dem Gesellschaftsanteil gepfändet, unter Einschluss sämtlicher sonstiger Guthaben des Schuldners auf Sonderkonten (Privat-, Verrechnungs- und Darlehenskonten).[25] Die Guthaben auf solchen Sonderkonten (nicht aber das Kapitalkonto) können aber auch Gegenstand einer isolierten Forderungspfändung sein.[26]

Einem Privatgläubiger des Gesellschafters, dem die vermögensrechtlichen Ansprüche abgetreten worden sind, steht das Kündigungsrecht nach § 135 auch dann nicht zu, wenn ansonsten die Voraussetzungen der Vorschrift erfüllt sind.[27] Der Inhaber eines rechtsgeschäftlichen Pfandrechtes am Gesellschaftsanteil (zur Verpfändung des Gesellschaftsanteils vgl. § 105 RdNr. 168 ff.) kann die Gesellschaft nur bei Vorliegen eines rechtskräftigen Titels auf Duldung der Zwangsvollstreckung (§ 1277 S. 1 BGB) und nach einer zusätzlichen Pfändung der Mitgliedschaft als solcher gemäß § 135 kündigen.[28] **14**

In Bezug auf **die Wirkungen konkurrierender Verfügungen** ist zu unterscheiden: Eine Abtretung des Gesellschaftsanteils vor Wirksamwerden der Pfändung lässt diese ins Leere gehen. Demgegenüber steht die Vorausabtretung der künftigen Ansprüche auf Gewinn und Abfindungsguthaben der Wirksamkeit der Anteilspfändung nach Maßgabe der Rechtsprechung des Bundesgerichtshofes zum Vorrang der Stammrechtsverfügung nicht entgegen; der Dritte erwirbt den an die Stelle des Anteils tretenden Abfindungsanspruch mit einem Pfändungspfandrecht belastet.[29] Waren nur die (vermögensrechtlichen) Einzelansprüche gepfändet, so geht eine solche Pfändung bei einer zuvor erfolgten Zession dieser Ansprüche ins Leere und kann schon aus diesem Grund nicht zu einem Kündigungsrecht des Vollstreckungsgläubigers führen.[30] Der Pfändung des Anteils nachfolgende Abtretungen und Pfändungen beeinträchtigen das entstandene Pfändungspfandrecht des Gläubigers in keinem Fall.[31] Ein nachrangiger Pfändungspfandgläubiger kann aber ebenfalls nach § 135 kündigen, ungeachtet der vorrangigen Befriedigungsbefugnis des erstrangigen Pfandgläubigers.[32] **15**

5. Zeitpunkt und Reihenfolge. Die Voraussetzungen des § 135 müssen in dem Zeitpunkt vollständig erfüllt sein, in dem die Kündigungserklärung den Gesellschaftern zugeht.[33] Geht die Kündigung nur einem Gesellschafter zu, so ist der Zeitpunkt maßgeblich, zu dem die anderen Gesellschafter informiert wurden.[34] Die Reihenfolge, in welcher die verschiedenen Voraussetzungen erfüllt worden sind, spielt für das Kündigungsrecht entgegen dem Wortlaut von § 135 keine Rolle.[35] **16**

III. Kündigungserklärung

Sind die Voraussetzungen des § 135 erfüllt, so kann der Gläubiger die Gesellschaft **sechs Monate vor Ende des Geschäftsjahres** auf diesen Zeitpunkt kündigen. Die Kündigung auf das Ende eines zum 31. 12. endenden Geschäftsjahres muss also spätestens bis Ende Juni des betreffenden Geschäftsjahres erfolgen; ansonsten ist die Kündigung erst auf das Ende des dann folgenden Geschäftsjahres **17**

---

[24] *Wertenbruch* S. 505 ff.; Röhricht/Graf von Westphalen/*von Gerkan* RdNr. 4; GroßkommHGB/*Schäfer* RdNr. 7, 12 (Gebrauch einer dem Wortlaut des § 135 entsprechenden Formulierung ist „regelmäßig unschädlich", nämlich im Sinne einer Anteilspfändung zu verstehen).

[25] Vgl. *Stöber*, Forderungspfändung, 14. Aufl. 2005, RdNr. 1583; *Roth* ZGR 2000, 187, 205 f.; GroßkommHGB/*Schäfer* RdNr. 8; MünchHdbBGB/*Piehler/Schulte* § 74 RdNr. 28.

[26] *Behr* NJW 2000, 1137, 1143; ausf. zur isolierten Pfändbarkeit von Gesellschafterkonten *Wertenbruch*, FS Gerhardt, 2004, S. 1077, 1084 ff.

[27] Vgl. nur GroßkommHGB/*Schäfer* RdNr. 13; *Stodolkowitz*, FS Kellermann, 1991, S. 439, 445; *Koller/Roth/Morck* RdNr. 1; aA *Riegger* BB 1972, 115, 117.

[28] BGH Urt. v. 13. 7. 1992 – II ZR 251/91, BGHZ 119, 191, 194 f. = NJW 1992, 3035 (Pfandrecht an GmbH-Anteil); *Roth* ZGR 2000, 186, 212; MünchKommHGB/*K. Schmidt* RdNr. 38.

[29] BGH Urt. v. 16. 5. 1988 – II ZR 375/87, BGHZ 104, 351, 354 = ZIP 1988, 1546 = JZ 1989, 252 (m. zust. Anm. *Münzberg*); BGH Urt. v. 19. 9. 1983 – II ZR 12/83, BGHZ 88, 205, 207 = ZIP 1983, 1326 (jeweils für den Abfindungsanspruch beim Ausscheiden aus einer GmbH); BGH Urt. v. 25. 5. 1987 – II ZR 195/86, ZIP 1987, 1042, 1043 = NJW-RR 1987, 989 = WM 1987, 981 = JZ 1987, 880 m. Anm. *Ulmer*; GroßkommHGB/*Schäfer* RdNr. 14; *Ulmer* § 717 RdNr. 31; MünchKommHGB/*K. Schmidt* RdNr. 16; Röhricht/Graf von Westphalen/*von Gerkan* RdNr. 5; aaO *Wertenbruch* S. 515 ff.; *Wössner* S. 194 f.; *Huber* S. 392 ff. AA *Marotzke* ZIP 1988, 1509, 1511 f.; *Zimmer* S. 35 ff.; kritisch zum Dogma des Vorrangs der Stammrechtsverfügung auch *Sievert* S. 73 ff.; vgl. auch RG Urt. v. 9. 2. 1905 – IV 123/04, RGZ 60, 126, 130 f. (Anteilspfändung berührt vorherige Abtretung einzelner Vermögensansprüche nicht).

[30] Vgl. *Münzberg* JZ 1989, 253, 254 f.; Baumbach/*Hopt* RdNr. 7; GroßkommHGB/*Schäfer* RdNr. 14; *Ulmer* § 717 RdNr. 38.

[31] Vgl. nur Röhricht/Graf von Westphalen/*von Gerkan* RdNr. 5; MünchKommHGB/*K. Schmidt* RdNr. 15; GroßkommHGB/*Schäfer* RdNr. 14.

[32] GroßkommHGB/*Schäfer* RdNr. 14.

[33] Vgl. die Nachw. in Fn. 13.

[34] BGH Urt. v. 11. 1. 1993 – II ZR 227/91, NJW 1993, 1002; RG Urt. v. 6. 2. 1917 – II 403/16, RGZ 89, 398, 399 f.

[35] Vgl. die Nachw. in Fn. 13 sowie MünchHdbBGB/*Piehler/Schulte* § 74 RdNr. 28; *Roth* ZGR 2000, 187, 206.

möglich. Der hiermit verbundene, mitunter lange Abwicklungsschutz hat infolge der Ersetzung der Auflösungsfolge durch die Rechtsfolge des Ausscheidens des betroffenen Gesellschafters seine Bedeutung verloren; eine diesbezüglich eigentlich gebotene Anpassung der Kündigungsfrist im Zuge der Handelsrechtsreform ist aber unterblieben.[36] Die Nichteinhaltung der Kündigungsfrist hat das Erlöschen des Kündigungsrechtes zur Folge; anders als bei der Kündigung durch einen Gesellschafter wirkt die Kündigung dann auch nicht etwa zum nächstmöglichen Termin.[37] Enthält der Gesellschaftsvertrag längere oder kürzere Fristen für die Kündigung durch einen Gesellschafter, so gilt dies für den aus eigenem Recht kündigenden Privatgläubiger nicht.[38]

18 Auszuüben ist das Kündigungsrecht **durch Erklärung gegenüber allen Gesellschaftern** unter Einschluss des Schuldners.[39] Anders als bei der Zustellung des Pfändungsbeschlusses ist eine Erklärung gegenüber den geschäftsführenden Gesellschaftern wegen des mit der Kündigung verbundenen Eingriffes in das Gesellschaftsgefüge nicht ausreichend (vgl. auch § 132 RdNr. 5).[40] Die nur einem oder mehreren Gesellschaftern gegenüber erklärte Kündigung wird gleichwohl wirksam, sobald auch die darüber hinaus vorhandenen Gesellschafter von ihr Kenntnis erhalten.[41] Der Gesellschaftsvertrag kann abweichende Regelungen treffen und insbesondere bestimmen, dass eine Kündigung gegenüber der Gesellschaft ausreicht. Bei Publikumspersonengesellschaften sollte hiervon auch ohne ausdrückliche Regelung auszugehen sein.[42]

19 Zur Überprüfung, ob die Voraussetzungen des Kündigungsrechtes tatsächlich gegeben sind, können die Gesellschafter entsprechend § 174 BGB die Vorlage des Titels sowie der Bescheinigung des Gerichtsvollziehers über die fruchtlose Zwangsvollstreckung verlangen und bei Nichtvorlage die Kündigung zurückweisen.[43]

20 Die Kündigung als solche ist unwiderruflich. Sie bleibt auch dann wirksam, wenn der Gesellschafter-Schuldner den Gläubiger nach erfolgter Kündigung befriedigt,[44] jedoch können die Mitgesellschafter unter dem Gesichtspunkt der gesellschafterlichen Treuepflicht zur Wiederaufnahme des Schuldners verpflichtet sein (vgl. RdNr. 25).

21 Nach hM sind sowohl die Mitgesellschafter als auch die Gesellschaft selbst als berechtigt anzusehen, den Gläubiger analog § 268 BGB zur Abwendung der Kündigungsfolgen zu befriedigen, um die Gesellschaft dann ohne den betroffenen Gesellschafter fortzusetzen.[45] Bei einer Befriedigung durch die Gesellschaft geht der Anteil analog § 268 Abs. 3 BGB auf diese über, was den Rechtsfolgen der Anwachsung entspricht.[46] Eine wirksam erklärte Kündigung kann aber auch durch die Ausübung eines solchen Ablösungsrechts nicht ungeschehen gemacht werden.

IV. Rechtsfolgen der Kündigung

22 Die Kündigung hat zur Folge, dass der Gesellschafter-Schuldner mit dem Ablauf des Geschäftsjahres, in welchem die Kündigung ausgesprochen wurde, aus der Gesellschaft ausscheidet (§ 131 Abs. 3 Nr. 4). Seine Beteiligung wächst den übrigen Gesellschaftern an (vgl. § 131 RdNr. 56); im Falle der zweigliedrigen Gesellschaft gehen die Aktiva und Passiva des Gesellschaftsvermögens im Wege der Gesamtrechtsnachfolge auf den verbleibenden Gesellschafter über, bei gleichzeitiger Vollbeendigung der Gesellschaft (vgl. § 131 RdNr. 10, 58 sowie § 140 RdNr. 39). Das bislang am Gesellschaftsanteil bestehende Pfändungspfandrecht des Gläubigers setzt sich an dem Abfindungs-

---

[36] Ausf. *Behr* NJW 2000, 1137, 1142 f.
[37] Heymann/*Emmerich* RdNr. 13.
[38] Vgl. MünchHdbBGB/*Piehler/Schulte* § 74 RdNr. 29; GroßkommHGB/*Schäfer* RdNr. 21; MünchKommHGB/ *K. Schmidt* RdNr. 25; aA MünchKommZPO/*Smid* § 859 RdNr. 24; *ders.* JuS 1988, 613, 618; *Stöber*, Forderungspfändung, 14. Aufl. 2005, RdNr. 1593; *H. Westermann* RdNr. I 661 b (in Bezug auf kürzere vertragliche Kündigungsfristen).
[39] BGH (Fn. 1) BGHZ 97, 392, 395; BGH Urt. v. 29. 11. 1956 – II ZR 134/55, LM § 142 Nr. 7 = WM 1957, 163; MünchKommHGB/*K. Schmidt* RdNr. 23; GroßkommHGB/*Schäfer* RdNr. 20; *H. Westermann* RdNr. I 668; aA *Wertenbruch* S. 535 ff.
[40] BGH (Fn. 1) BGHZ 97, 392, 395; GroßkommHGB/*Schäfer* RdNr. 20.
[41] BGH (Fn. 34) NJW 1993, 1002; RG (Fn. 34) RGZ 89, 398, 399 f.; MünchHdbBGB/*Piehler/Schulte* § 74 RdNr. 29; MünchKommHGB/*K. Schmidt* RdNr. 23.
[42] Vgl. MünchKommHGB/*K. Schmidt* RdNr. 24; Heymann/*Emmerich* RdNr. 14 GroßkommHGB/*Schäfer* RdNr. 20.
[43] Baumbach/*Hopt* RdNr. 9; Heymann/*Emmerich* RdNr. 14; GroßkommHGB/*Schäfer* RdNr. 16.
[44] BGH Urt. v. 15. 6. 1959 – II ZR 44/58, BGHZ 30, 195, 201 f. = NJW 1959, 1683; *Hueck* A. OHG § 24 II 3; GroßkommHGB/*Schäfer* RdNr. 32; MünchKommHGB/*K. Schmidt* RdNr. 27.
[45] IdS Zöller/*Stöber* § 859 RdNr. 4 aE; GroßkommHGB/*Schäfer* RdNr. 32; im Grundsatz ebenso, aber zweifelnd in Bezug auf ein Ablösungsrecht durch die Gesellschafter („nur hilfsweise") MünchKommHGB/*K. Schmidt* RdNr 31; offen gelassen in BGH (Fn. 1) BGHZ 97, 392, 396; gegen ein Ablösungsrecht noch RG Urt. v. 3. 10. 1941 – VII 53/41, RGZ 167, 298, 299.
[46] IdS MünchKommHGB/*K. Schmidt* RdNr. 31.

anspruch fort, welcher dem Gesellschafter auf Grund seines Ausscheidens aus der Gesellschaft zusteht. Dementsprechend ist das gepfändete Abfindungsguthaben, wie es sich nach Gesetz oder auf Grund gesellschaftsvertraglicher Modifikation ergibt, in Höhe der titulierten Forderung an den Privatgläubiger auszuzahlen.

Gesellschaftsvertragliche Modifikationen des Abfindungsanspruchs sind jedoch nur dann 23 für den kündigenden Gläubiger verbindlich, wenn sie sich nicht allein auf die Tatbestände der Einzel- oder Gesamtvollstreckung beschränken, sondern auch vergleichbare Sachverhalte – wie zB den Fall der Ausschließung aus wichtigem Grund – erfassen. Diskriminierenden Abfindungsklauseln, die die Rechte der Privatgläubiger nur und speziell in den Fällen der Insolvenz oder der Gläubigerkündigung beschneiden, ist gemäß § 138 BGB die Wirksamkeit zu versagen (vgl. auch § 131 RdNr. 124).[47]

Zur **Ermittlung der Höhe des Abfindungsguthabens** hat der kündigende Gläubiger zunächst 24 gegen den Gesellschafter-Schuldner Informationsansprüche. Grundlage hierfür ist § 836 Abs. 3 ZPO. Das mitgliedschaftlich Informationsrecht seines durch die Kündigung aus der Gesellschaft ausgeschiedenen Schuldners oder der gesellschaftsrechtliche Informationsanspruch nach § 118 stehen ihm hingegen nach hM nicht zu; wohl aber kann sich aus §§ 810, 242 BGB ein Anspruch auf Information und Vorlage von Geschäftsunterlagen gegen die Gesellschaft ergeben.[48]

Hat der Schuldner seinen Gläubiger bald nach der Kündigung befriedigt und sind die aufgetretenen 25 Zahlungsschwierigkeiten voraussichtlich dauerhaft beseitigt, so können die verbleibenden Gesellschafter unter **dem Gesichtspunkt der Treuepflicht** zu seiner Wiederaufnahme (bzw. im Falle der zweigliedrigen Gesellschaft zu deren Wiederherstellung) verpflichtet sein.[49] Bleibt demgegenüber die Gefahr bestehen, dass weitere Gläubiger des Gesellschafters nach § 135 vorgehen, so kann dieser auch unter dem Aspekt der Treuepflicht nicht verlangen, wieder in die Gesellschaft aufgenommen zu werden.[50]

In besonders gelagerten Ausnahmefällen kann die Berufung der Mitgesellschafter auf die statt- 26 gefundene Kündigung als rechtsmissbräuchlich anzusehen sein. Dies ist zB dann denkbar, wenn ein Mitgesellschafter den Privatgläubiger selbst zur Zwangsvollstreckung veranlasst, derart die Kündigung des Gesellschaftsverhältnisses provoziert und ein rechtzeitiges Eingriffen der Mitgesellschafter zugunsten des Schuldners in arglistiger Weise verhindert hat[51] oder wenn ein Gesellschafter mit Hilfe eines erschlichenen Vollstreckungstitels aus der Gesellschaft verdrängt werden soll.[52]

V. Abweichende Vereinbarungen

§ 135 ist wegen seines gläubigerschützenden Zwecks insoweit zwingend, als das Kündigungsrecht 27 des Privatgläubigers nicht ohne dessen Zustimmung eingeschränkt oder ausgeschlossen werden darf.[53] In der Praxis gebräuchliche gesellschaftsvertragliche Regelungen ordnen häufig an, dass das Ausscheiden eines Gesellschafters bereits dann erfolgt, wenn dessen Gesellschaftsanteil gepfändet und der zugrunde liegende Beschluss nicht innerhalb einer bestimmten Frist aufgehoben wird; solche Regelungen sind ohne weiteres zulässig, weil mit ihnen keine Beschränkung des Kündigungsrechts verbunden ist.[54]

---

[47] Vgl. BGH Urt. v. 12. 6. 1975 – II ZB 12/73, BGHZ 65, 22, 26 ff. = NJW 1975, 1835; BGH Urt. v. 7. 4. 1960 – II ZR 69/58, BGHZ 32, 151, 155 f.; OLG Frankfurt Beschl. v. 9. 9. 1977 – 20 W 702/76, BB 1978, 170 (jeweils zur GmbH); vgl. aber auch BGH Urt. v. 19. 6. 2000 – II ZR 73/99, NZG 2000, 1027, 1028, wonach die Nichtigkeit einer Abfindungsklausel wegen Gläubigerbenachteiligung auch dann eintritt, wenn der vergleichbare Fall der Abfindung eines aus wichtigem Grund ausgeschlossenen Gesellschafters im Gesellschaftsvertrag gar nicht geregelt ist. Aus der Lit. vgl. *Roth* ZGR 2000, 187, 207; MünchKommHGB/*K. Schmidt* § 131 RdNr. 160; Baumbach/*Hopt* § 131 RdNr. 60; *Ulmer* § 738 RdNr. 47 f.; GroßkommHGB/*Schäfer* RdNr. 17, 26 sowie § 131 RdNr. 166 ff; gegen die hM *Heckelmann*, Abfindungsklauseln in Gesellschaftsverträgen, 1973, S. 116 ff.; *Lange* NZG 2001, 635, 639 (für Sperrwirkung der Gläubigeranfechtung innerhalb und außerhalb der Insolvenz gegenüber § 138 BGB; differenzierend *H. Westermann* RdNr. I 663 c. Vgl. auch die Nachweise in Fn. 308 zu § 131.
[48] Vgl. BGH (Fn. 1) BGHZ 116, 222, 229 ff.; Röhricht/Graf von Westphalen/*von Gerkan* RdNr. 12; MünchKommHGB/*K. Schmidt* RdNr. 29. Für die Befugnis des Gläubigers zur Geltendmachung von mitgliedschaftlichen Verwaltungsrechten, soweit sie zur Durchsetzung des Anspruchs erforderlich sind, hingegen GroßkommHGB/*Schäfer* RdNr. 27; *Wössner* S. 50 ff.; *Roth* ZGR 2000, 187, 205 f. (Anspruch gegen die Gesellschaft auf Aufstellung der Abfindungsbilanz); tendenziell wohl ebenso Heymann/*Emmerich* RdNr. 17;. Baumbach/*Hopt* RdNr. 14.
[49] RG Urt. v. 18. 5. 1942 – II 1/42, RGZ 169, 153, 155 ff.; BGH (Fn. 44) BGHZ 30, 195, 201 f.; BGH (Fn. 39) WM 1957, 163; GroßkommHGB/*Schäfer* RdNr. 33.
[50] Zutreffend MünchKommHGB/*K. Schmidt* RdNr. 27.
[51] Vgl. die Fallgestaltung bei BGH (Fn. 44) BGHZ 30, 195, 201 f.
[52] Vgl. BGH Urt. v. 1. 6. 1987 – II ZR 128/86, BGHZ 101, 113, 120 = NJW 1987, 2514, 2515 (arglistige Einziehung eines GmbH-Geschäftsanteils).
[53] AllgM; vgl. nur Baumbach/*Hopt* RdNr. 12; Heymann/*Emmerich* RdNr. 20; GroßkommHGB/*Schäfer* RdNr. 17.
[54] Vgl. auch GroßkommHGB/*Schäfer* RdNr. 17.

28 Der gesellschaftsvertraglichen Modifikation zugänglich sind die Rechtsfolgen der Kündigung; die Ausscheidensfolge tritt gemäß § 131 Abs. 3 S. 1 HGB nur „mangels abweichender gesellschaftsvertraglicher Bestimmung" ein. Eine solche Abweichung kann insbesondere durch eine Rückkehr zum gesetzlichen Regelfall vor dem HRefG und die Anordnung erfolgen, dass eine Kündigung die Auflösung und anschließende Liquidation der Gesellschaft zur Folge haben soll. In diesem Fall kann der Gläubiger nach erfolgter Kündigung auch den Anspruch des Gesellschafter-Schuldners auf Durchführung der Auseinandersetzung ausüben und von den anderen Gesellschaftern die Einwilligung in eine bestimmte Art der Auseinandersetzung verlangen.[55] Die Liquidation kann nur mit Zustimmung des Gläubigers unterbleiben (vgl. § 145 Abs. 2).

29 Ein Wegfall des Kündigungsgrundes – zB auf Grund der zwischenzeitlichen Befriedigung des Gläubigers – lässt in diesem Fall die Auflösung der Gesellschaft nicht entfallen, wohl aber das Erfordernis der Zustimmung des Gläubigers zur Fortsetzung.[56] Besondere Bedeutung hat im Falle der als Rechtsfolge angeordneten Auflösung die bereits angesprochene Befugnis von Gesellschaft und Gesellschaftern, den kündigenden Gläubiger analog § 268 BGB abzulösen, um dann ohne dessen Beteiligung eine Fortsetzung der Gesellschaft beschließen zu können (vgl. RdNr. 21 mwN).

§§ 136–138 *(aufgehoben)*

§ 139 [Fortsetzung mit den Erben]

(1) Ist im Gesellschaftsvertrage bestimmt, dass im Falle des Todes eines Gesellschafters die Gesellschaft mit dessen Erben fortgesetzt werden soll, so kann jeder Erbe sein Verbleiben in der Gesellschaft davon abhängig machen, dass ihm unter Belassung des bisherigen Gewinnanteils die Stellung eines Kommanditisten eingeräumt und der auf ihn fallende Teil der Einlage des Erblassers als seine Kommanditeinlage anerkannt wird.

(2) Nehmen die übrigen Gesellschafter einen dahingehenden Antrag des Erben nicht an, so ist dieser befugt, ohne Einhaltung einer Kündigungsfrist sein Ausscheiden aus der Gesellschaft zu erklären.

(3) ¹Die bezeichneten Rechte können von dem Erben nur innerhalb einer Frist von drei Monaten nach dem Zeitpunkt, in welchem er von dem Anfalle der Erbschaft Kenntnis erlangt hat, geltend gemacht werden. ²Auf den Lauf der Frist finden die für die Verjährung geltenden Vorschriften des § 210 des Bürgerlichen Gesetzbuchs entsprechende Anwendung. ³Ist bei dem Ablaufe der drei Monate das Recht zur Ausschlagung der Erbschaft noch nicht verloren, so endigt die Frist nicht vor dem Ablaufe der Ausschlagungsfrist.

(4) Scheidet innerhalb der Frist des Absatzes 3 der Erbe aus der Gesellschaft aus oder wird innerhalb der Frist die Gesellschaft aufgelöst oder dem Erben die Stellung eines Kommanditisten eingeräumt, so haftet er für die bis dahin entstandenen Gesellschaftsschulden nur nach Maßgabe der die Haftung des Erben für die Nachlassverbindlichkeiten betreffenden Vorschriften des bürgerlichen Rechtes.

(5) Der Gesellschaftsvertrag kann die Anwendung der Vorschriften der Absätze 1 bis 4 nicht ausschließen; es kann jedoch für den Fall, dass der Erbe sein Verbleiben in der Gesellschaft von der Einräumung der Stellung eines Kommanditisten abhängig macht, sein Gewinnanteil anders als der des Erblassers bestimmt werden.

Schrifttum: *Arbeitskreis „Unternehmensnachfolge" des Instituts der Wirtschaftsprüfer in Deutschland e. V.,* Praxis der Unternehmensnachfolge – Handbuch für die zivil- und steuerrechtliche Beratung, 3. Aufl., 2004; *Behrens,* OHG und erbrechtliche Nachfolgeklausel, Diss. Hamburg 1969; *Bengel/Reimann,* Handbuch der Testamentsvollstreckung, 3. Aufl. 2001; *Blaurock,* Einfluß im Unternehmen und gesellschaftsrechtliche Haftungsstruktur, FS Stimpel, 1985, S. 553; *Börner,* Die Erbengemeinschaft als Gesellschafterin einer OHG, AcP 166 (1966), 426; *Bommert,* Neue Entwicklungen zur Frage der Testamentsvollstreckung in Personengesellschaften, BB 1984, 178; *Boujong,* Abfindungsklauseln nach dem Tod des Gesellschafters einer OHG und Pflichtteilsergänzungsansprüche, FS Ulmer, 2003, S. 41; *Brandner,* Die Testamentsvollstreckung am Kommanditanteil ist zulässig – Bemerkungen zu BGHZ 108, 187, FS Kellermann, 1991, S. 37; *Bratke,* Die Auswirkungen gesellschaftsvertraglicher Abfindungsklauseln auf Pflichtteils- und erbrechtliche Ausgleichsansprüche, Diss. Regensburg 1998; *Buchwald,* Gesellschaftsanteil und Erbrecht, AcP 154 (1954), 22; *Crezelius,*

---

[55] BGH (Fn. 1) BGHZ 116, 222, 229 ff. (Recht des Gläubigers zur Antragstellung auf Auseinandersetzungsversteigerung einer BGB-Gesellschaft); aA noch RG Urt. v. 1. 4. 1919 – II 227/18, RGZ 95, 231, 232 ff.; ausf. GroßkommHGB/*Schäfer* RdNr. 29 mwN.
[56] GroßkommHGB/*Schäfer* RdNr. 32; Heymann/*Emmerich* RdNr. 18 a.

Unternehmenserbrecht, 1998; *Damrau,* Zur Testamentsvollstreckung am Kommanditanteil, NJW 1984, 2785; *Dörrie,* Die Testamentsvollstreckung im Recht der Personenhandelsgesellschaften und der GmbH, Diss. Mannheim 1994; *ders.,* Reichweite der Kompetenzen des Testamentsvollstreckers an Gesellschaftsbeteiligungen, ZEV 1996, 370; *Ebenroth,* Erbrecht, 1992; *ders./Lorz,* Das Unternehmertestament als Bestandteil umfassender Nachfolgeplanung (Teil I–III), WiB 1995, 609, 656, 689; *Emmerich,* Die Haftung des Gesellschaftererben nach § 139 HGB, ZHR 150 (1986), 193; *Esch,* Die Nachlaßzugehörigkeit vererbter Personengesellschaftsbeteiligungen, NJW 1984, 339; *ders./Baumann/Schulze zur Wiesche,* Handbuch der Vermögensnachfolge, 6. Aufl. 2001; *Everts,* Die Testamentsvollstreckung an Personengesellschaftsanteilen in der notariellen Praxis, MittBayNot 2003, 427; *Faust,* Die Testamentsvollstreckung am Anteil eines persönlich haftenden Gesellschafters, DB 2002, 189; *Feddersen/Kiem,* Steuerliche Gestaltungsprobleme bei der Vererbung von Anteilen an Personengesellschaften, ZHR 159 (1995), 479; *Flume,* Die Nachlaßzugehörigkeit der Beteiligung an einer Personengesellschaft in ihrer Bedeutung für Testamentsvollstreckung, Nachlaßverwaltung, Nachlaßkurs und Surrogaterwerb, ZHR 155 (1991), 501; *ders.,* Die Erbennachfolge in den Anteil an einer Personengesellschaft und die Zugehörigkeit des Anteils zum Nachlaß, NJW 1988, 161; *ders.,* Die Nachfolge in die Mitgliedschaft in einer Personengesellschaft beim Tode eines Gesellschafters, FS Schilling, 1973, S. 23; *Frey,* Tod des einzigen Komplementärs – Besprechung der Entscheidung BGHZ 101, 123, ZGR 1988, 281; *Gebel,* Gesellschafternachfolge im Schenkung- und Erbschaftsteuerrecht, 2. Aufl., 1997; *ders.,* Betriebsvermögensnachfolge, 2. Aufl., 2002; *ders.,* Die qualifizierte Nachfolgeklausel, BB 1995, 173; *Gluth,* Rechtsnachfolge bei Personengesellschaften (Teil I–III), ErbStB 2003, 105, 122, 169; *Groh,* Die Erbauseinandersetzung im Einkommensteuerrecht, DB 1990, 2135; *Haegele/Winkler,* Der Testamentsvollstrecker nach bürgerlichem, Handels- und Steuerrecht, 17. Aufl., 2005; *Hehemann,* Testamentsvollstreckung bei Vererbung von Anteilen an Personengesellschaften, BB 1995, 1301; *Kick,* Die Haftung des Erben eines Personenhandelsgesellschafters, Diss. Tübingen, 1997; *Klein,* Die Testamentsvollstreckung in Gesellschaftsbeteiligungen an offenen Handelsgesellschaften und Kommanditgesellschaften (Teil I–II), DStR 1992, 292, 326; *Koch,* Der Streit der BGH-Senate um die Nachlaßzugehörigkeit des vererbten Gesellschaftsanteils, BB 1987, 2106; *Lorz,* Testamentsvollstreckung und Unternehmensrecht, Diss. Konstanz 1995; *ders.,* Der Testamentsvollstrecker und der Kernbereich der Mitgliedschaft, FS Boujong, 1996, S. 319; *ders./Kirchdörfer,* Unternehmensnachfolge, 2002; *Mayer/Bonefeld/Wälzholz/ Weidlich,* Testamentsvollstreckung, 2. Aufl. 2005; *Marotzke,* Die Nachlaßzugehörigkeit vererbter Personengesellschaftsanteile und der Machtbereich des Testamentsvollstreckers nach dem Urteil des Bundesgerichtshofes vom 14. Mai 1986, AcP 187 (1987), 223; *ders.,* Drei Ziele unter einem Hut – Neue Hinweise des BGH zur Gestaltung der Gesellschafter-Nachfolge, JR 1988, 184; *ders.,* Die Mitgliedschaft in einer offenen Handelsgesellschaft als Gegenstand der Testamentsvollstreckung; JZ 1986, 457; *D. Mayer,* Testamentsvollstreckung am Kommanditanteil – Voraussetzungen und Rechtsfolgen, ZIP 1990, 976; *Meincke,* Erbauseinandersetzung und vorweggenommene Erbfolge im Einkommensteuerrecht (BMF-Schreiben vom 11. und 13. 1. 1993), NJW 1993, 976; *Michalski,* OHG-Recht, 2000; *Mock,* Anwendbarkeit des § 139 HGB auf die GbR, NZG 2004, 118; *Muscheler,* Die Haftungsordnung der Testamentsvollstreckung, 1994; *Nieder,* Handbuch der Testamentsgestaltung, 2. Aufl. 2000; *Piltz,* Die neue Erbschaftsbesteuerung des unternehmerischen Vermögens, ZEV 1997, 61; *Raddatz,* Die Nachlaßzugehörigkeit vererbter Personengesellschaftsanteile – Folgerungen für die Rechte nachlaßbeteiligter Dritter, Diss. Münster 1991; *v. Rechenberg,* Erbfolge und Erbteilung in der GmbH & Co. KG, GmbHR 2005, 386; *Reimann,* Testamentsvollstreckung in der Wirtschaftsrechtspraxis, 3. Aufl., 1998; *Reuter,* Die handelsrechtliche Erbenhaftung, ZHR 135 (1971), 511; *ders.,* Probleme der Unternehmensnachfolge – Gewerblicher Erbhof, verfaßtes Familienunternehmen, Unternehmen an sich, ZGR 1991, 467; *Rüthers,* Die privatautonome Gestaltung der Vererbung des Anteils an einer Offenen Handelsgesellschaft durch eine beschränkte Nachfolgeklausel, AcP 168 (1968), 263; *Säcker,* Gesellschaftsvertragliche und erbrechtliche Nachfolge in Gesamthandsmitgliedschaften, 1970; *Saßenrath,* Die Umwandlung von Komplementär- in Kommanditbeteiligungen, Diss. Bonn 1988; *Schäfer,* Die Vererbung von Personengesellschaftsanteilen durch Nachfolgeklauseln, BB 2004, 14; *ders.,* Das bedingte Austrittsrecht nach § 139 HGB in der GbR, NJW 2005, 3665; *Schaub,* Die Rechtsnachfolge von Todes wegen im Handelsregister bei Einzelunternehmen und Personenhandelsgesellschaften, ZEV 1994, 71; *Scherer* (Hrsg.), Münchener Anwaltshandbuch Erbrecht, 2. Aufl. 2007; *K. Schmidt,* Einlage und Haftung des Kommanditisten, 1977; *ders.,* Kommanditisteneinlage und Haftsumme des Gesellschaftererben – Scheinprobleme, Probleme und Problemlösungen zu § 139 HGB, ZGR 1989, 445; *ders.,* Zur kombinierten Nachfolge- und Umwandlungsklausel bei OHG- oder Komplementäranteilen, BB 1989, 1702; *ders.,* HGB-Reform und gesellschaftsrechtliche Gestaltungspraxis, DB 1998, 61; *Schörnig,* Die Bedeutung des § 139 HGB bei der Gesellschafternachfolge, ZEV 2001, 129; *Sethe,* Die Wirkung und dogmatische Einordnung von Fortsetzungs- und Nachfolgeklauseln im Lichte der HGB-Reform, JZ 1997, 989; *Siegmann,* Personengesellschaftsanteil und Erbrecht – Ein Beitrag zu den Grundlagen und Einzelfragen des Rechts der Anteilsvererbung, Diss. Freiburg 1992; *ders.,* Zur Fortbildung des Rechts der Anteilsvererbung, NJW 1995, 481; *Spiegelberger,* Vermögensnachfolge – Vorweggenommene Erbfolge, Erbauseinandersetzung und Unternehmertestament, 1994; *Stodolkowitz,* Nachlaßzugehörigkeit von Personengesellschaftsanteilen, FS Kellermann, 1991, S. 439; *Stötter,* Die Nachfolge in Personengesellschaften auf Grund Gesellschaftsvertrages oder Erbrechts, DB 1970, 525; *Sudhoff,* Unternehmensnachfolge, 5. Aufl. 2005; *Tanck,* Pflichtteil bei unternehmerisch gebundenem Vermögen, BB Sonderheft 5/2004, 19; *Tiedau,* Die Abfindungs- und Ausgleichsansprüche von der gesellschaftlichen Nachfolge ausgeschlossenen Erben, NJW 1980, 2446; *Tiedtke/Hils,* Sonderbetriebsvermögen bei qualifizierter Nachfolge in den Anteil eines Mitunternehmers, ZEV 2004, 441; *Timman,* Vor- und Nacherbschaft innerhalb der zweigliedrigen OHG oder KG, 2000; *Ulmer,* Nachlaßzugehörigkeit vererbter Personengesellschaftsanteile, NJW 1984, 1496; *ders.,* Die Sonderzuordnung des vererbten OHG-Anteils – Zum Einfluß von Testamentsvollstreckung, Nachlaßverwaltung und Nachlaßkonkurs auf die Gesellschaftsbeteiligung, FS Schilling 1973, S. 79; *ders.,* Zur Bedeutung des gesellschaftsrechtlichen Abspaltungsverbots für den Nießbrauch am OHG (KG)-Anteil, FS Fleck, 1988, S. 383; *ders.,* Testamentsvollstreckung an Kommanditanteilen? Ein Beitrag zu den Auswirkungen im Personengesellschaftsrecht auf letztwillige Verwaltungsanordnungen des Erblassers, ZHR 146 (1982), 555; *ders./Schäfer,* Zugriffsmöglichkeiten der Nachlaß- und Privatgläubiger auf den durch Sondervererbung übergegangenen Anteil an einer Personengesellschaft, ZHR 160 (1996), 413; *Wacker/Franz,* Zur ertragsteuerlichen Behandlung der Erbengemeinschaft und ihrer Auseinandersetzung, BB 1993, Beil. 5, Heft 8/93; *Weidlich,* Die Testamentsvollstreckung im Recht der Personengesellschaften, Diss. Erlangen/Nürnberg 1993; *ders.,* Die Testamentsvollstreckung an Beteiligungen einer werbenden OHG bzw. Kommanditgesellschaft, ZEV 1994, 205; *ders.,* Beteiligung des Testamentsvollstreckers und der Erben bei der formwechselnden Umwandlung von Personenhandelsgesellschaften und Gesellschaften mit beschränkter Haftung, MittBayNot 1996, 1; *Wiedemann,* Zum Stand der Vererbungslehre in der Personengesellschaft, FS Großfeld, 1999, S. 1309; *Zimmermann,* Die Testamentsvollstreckung, 2. Aufl. 2003.

§ 139

Übersicht

	RdNr.		RdNr.
A. Überblick über die Rechtsfolgen beim Tod eines Gesellschafters	1–4	2. Die Stellung des Vorerben	59–61
I. Überblick	1, 2	II. Testamentsvollstreckung	62–89
II. Normzweck	3, 4	1. Problemstellung	62
B. Erbrechtliche Nachfolgeklauseln im Detail	5–37	2. Unproblematische Fallgestaltungen, insbesondere die Abwicklungstestamentsvollstreckung (§§ 2203, 2204 BGB)	63–65
I. Allgemeines	5, 6	3. Verwaltungs- und Dauertestamentsvollstreckung (§ 2209 S. 1 BGB)	66–87
II. Einfache Nachfolgeklausel	7–18	a) Anteil eines phG	66–81
1. Wirkungsweise	7–9	aa) Grundsatz	66–71
2. Sondererbfolge und Nachlasszugehörigkeit des Anteils	10–13	bb) Minderjährigkeit des Erben	72
3. Minderjährige Erben	14–15	cc) Testamentsvollstreckung an der „Außenseite" der Beteiligung	73–77
4. Gestaltung	16–18	dd) Zusammenfassung	78
III. Qualifizierte Nachfolgeklauseln	19–26	ee) Ersatzkonstruktionen	79–81
1. Wirkungsweise	19–22	b) Kommanditanteil	82–87
2. Ausgleichsansprüche weichender Erben	23–26	aa) Grundsatz	82–84
IV. Steuerrechtliche Fragestellungen	27–37	bb) Kernbereichslehre	85, 86
1. Erbschaftsteuer	27–30	cc) Erhöhungen der Kommanditeinlage	87
a) Einfache Nachfolgeklausel	27, 28	4. Beteiligungsumwandlung	88
b) Qualifizierte Nachfolgeklausel	29, 30	5. Testamentsvollstreckervermerk	89
2. Einkommensteuer	31–37	III. Nachlassverwaltung	90–93
a) Einfache Nachfolgeklausel	31, 32	IV. Nachlassinsolvenz	94, 95
b) Qualifizierte Nachfolgeklausel	33–37	**E. Das Wahlrecht des Erben nach § 139**	96–116
aa) Behandlung von Ausgleichszahlungen	33, 34	I. Grundlagen	96, 97
bb) Sonderbetriebsvermögen	35–37	II. Anwendungsbereich und Adressaten des Wahlrechts	98–106
C. Eintrittsklauseln und rechtsgeschäftliche Nachfolgeregelungen	38–55	1. Anwendungsbereich von § 139	98–102
I. Eintrittsklauseln	38–50	2. Adressaten des Wahlrechts	103–106
1. Eintrittsrecht	38–40	III. Umwandlung in Kommanditistenstellung	107–110
2. Gestaltung	41	1. Rechtsfolgen	107
3. Übergang des Kapitalanteils	42–45	2. Bestimmung der Einlage	108–110
a) Allgemeines	42	IV. Ausscheiden nach Abs. 2	111, 112
b) Treuhandvariante	43, 44	V. Frist zur Ausübung des Wahlrechts (Abs. 3)	113–116
c) Erbrechtliche Variante	45	**F. Die Haftung des Erben nach Abs. 4**	117–133
4. Auslegungsgrundsätze	46	I. Notwendige Differenzierungen	117, 118
5. Erbrechtliche Ausgleichsansprüche	47	II. Haftung während der Schwebezeit	119
6. Steuerrecht	48–50	III. Haftung des Erben als phG	120–122
a) Erbschaftsteuer	48, 49	IV. Umwandlung in Kommanditbeteiligung	123–128
b) Einkommensteuer	50	V. Ausscheiden des Erben	129, 130
II. Rechtsgeschäftliche Nachfolgeklauseln	51–55	VI. Auflösung der Gesellschaft	131–133
1. Wirkungsweise	51, 52	**G. Abweichende Vereinbarungen (Abs. 5)**	134–140
2. Ausgleichsansprüche	53	I. Grundsatz	134, 135
3. Gestaltung und Auslegung	54, 55	II. Keine Einschränkung der Testierfreiheit	136
D. Die Sonderfälle von Vor- und Nacherbschaft, Testamentsvollstreckung, Nachlassverwaltung und Nachlassinsolvenz	56–95	III. Umwandlungsklauseln	137–140
I. Vor- und Nacherbschaft	56–61		
1. Allgemeines	56–58		

A. Überblick über die Rechtsfolgen beim Tod eines Gesellschafters

I. Überblick

Nach der bis 1998 geltenden gesetzlichen Regelung des § 131 Nr. 4 aF führte der Tod eines **1** unbeschränkt haftenden Gesellschafters, (dh. eines OHG-Gesellschafters oder des Komplementär einer KG) zur Auflösung der Gesellschaft, sofern sich nicht aus dem Gesellschaftsvertrag „ein anderes" ergab. In der Praxis war und ist dies fast ausnahmslos der Fall, tritt das Bedürfnis nach Personenkontinuität doch regelmäßig hinter der Unternehmenskontinuität zurück. Dem insoweit konstatierten Bedarf der Anpassung des Gesetzes an die Rechtswirklichkeit hat die Handelsrechtsreform 1998 dadurch Rechnung getragen, dass die in der Person eines Gesellschafters liegenden Auflösungsgründe in Ausscheidensgründe umgewandelt worden sind (vgl. § 131 RdNr. 2). Gemäß der zum 1. 7. 1998 in Kraft getretenen Neufassung von § 131 Abs. 3 Nr. 1 hat der Tod eines unbeschränkt haftenden Gesellschafters also dessen Ausscheiden aus der Gesellschaft zur Folge, ohne dass deren Bestand hierdurch tangiert wird. Diese Rechtsfolge entspricht den in der Praxis allerdings nur selten verwendeten **Fortsetzungsklauseln,** wonach die Gesellschaft unter den Mitgesellschaftern fortbesteht und die Erben abgefunden werden (s. § 131 RdNr. 39 ff.).

Demgegenüber kommt den sog. **Nachfolgeklauseln** weit größere praktische Bedeutung zu, hat **2** deren Fehlen doch in Anbetracht der in § 131 Abs. 3 Nr. 1 getroffenen Regelung zur Folge, dass die Erben des verstorbenen OHG-Gesellschafters oder Komplementärs automatisch gegen Abfindung ausscheiden und vorbehaltlich einer Neuaufnahme nicht, auch nicht durch Vertragsänderung, an der Fortsetzung der Gesellschaft teilhaben. Wollen die Gesellschafter – wie im Regelfall – erreichen, dass der oder die Erben an Stelle des Erblassers in die Gesellschaft nachrücken, so ist eine solche Nachfolgeklausel erforderlich; sie stellt die Mitgliedschaft als solche vererblich.[1] Je nachdem, ob die Gesellschaft mit allen oder nur bestimmten, zB in besonderer Weise qualifizierten Erben fortgesetzt wird, wird zwischen **einfachen und qualifizierten Nachfolgeklauseln** unterschieden (ausf. RdNr. 5 ff.). Demgegenüber verschafft die Vereinbarung einer **Eintrittsklausel** dem gesellschaftsvertraglich benannten Nachfolger, der hier nicht zum Kreise der Erben gehören muss, lediglich einen schuldrechtlichen Anspruch auf Aufnahme in die Gesellschaft. Ein automatischer Übergang der Beteiligung mit allen hieraus resultierenden Rechten und Pflichten findet nicht statt (RdNr. 38 ff.). Eine vom Erbrecht losgelöste Übertragung des Gesellschaftsanteils kann schließlich auch durch die Verwendung **rechtsgeschäftlicher Nachfolgeklauseln** bewirkt werden (RdNr. 51 ff.).[2]

II. Normzweck

§ 139 betrifft gesellschaftsvertragliche Klauseln, die für den Fall des Todes eines Gesellschafters die **3** Fortsetzung der Gesellschaft mit dessen Erben vorsehen. Es fallen somit lediglich einfache oder qualifizierte Nachfolgeklauseln in den Anwendungsbereich von § 139, **nicht hingegen Eintritts- und rechtsgeschäftliche Nachfolgeklauseln.**[3] Ohne § 139 wäre der kraft Nachfolgeklausel in die Gesellschaft nachrückende Erbe eines OHG-Gesellschafters oder Komplementärs vor die Entscheidung gestellt, entweder die unbeschränkbare persönliche Haftung für alte und neue Gesellschaftsschulden (§§ 128, 130) zu übernehmen oder die gesamte Erbschaft auszuschlagen; eine auf den Gesellschaftsanteil beschränkte Ausschlagung kennt das Erbrecht nicht (vgl. § 1950 S. 2 BGB).[4]

§ 139 erspart dem Erben diese als unbillige Härte empfundene Wahl durch die Einräumung eines **4** zweifachen Wahlrechts:[5] Gemäß Abs. 1 kann er zunächst sein Verbleiben in der Gesellschaft davon abhängig machen, dass ihm unter Belassung des bisherigen Gewinnanteils die Stellung eines Kommanditisten eingeräumt wird. Dies ermöglicht es dem Erben, der unbeschränkten gesellschaftsrecht-

---

[1] Vgl. *Sethe* JZ 1997, 989, 993 f.; MünchKommBGB/*Leipold* § 1922 RdNr. 55; Kritik an der Formulierung der hM, wonach die Nachfolgeklausel die Mitgliedschaft „vererblich" stellt, bei *K. Schmidt* GesR § 45 V 43.
[2] Ausf. zu den im Rahmen der Nachfolge in Personengesellschaftsanteile denkbaren Nachfolgekonstruktionen *Ebenroth/Lorz* WiB 1995, 689 ff.; *Gebel,* Gesellschafternachfolge, RdNr. 373 ff.; *Esch/Baumann/Schulze zur Wiesche* RdNr. I 1104 ff.; *Spiegelberger* RdNr. 560 ff.; *Nieder* RdNr. 1228 ff.; *Sudhoff/Froning,* Unternehmensnachfolge, § 44 RdNr. 7 ff.; *Sethe* JZ 1997, 989.
[3] Vgl. nur RG Urt. v. 29. 10. 1942 – II ZR 47/42, RGZ 170, 98, 108; *Ebenroth* RdNr. 874; Baumbach/*Hopt* RdNr. 6; Heymann/*Emmerich* RdNr. 3; Röhricht/Graf von Westphalen/*von Gerkan* RdNr. 27; *H. Westermann* RdNr. I 1283.
[4] *Ebenroth* RdNr. 333.
[5] Zur Entstehungsgeschichte der Vorschrift vgl. Denkschrift zu dem Entwurf eines Handelsgesetzbuches, in: Entwurf eines Handelsgesetzbuches mit Ausschluss des Seehandelsrechtes nebst Denkschrift, 1896, S. 100; vgl. auch MünchKommHGB/*K. Schmidt* RdNr. 5; ausf. auch *H. Westermann* RdNr. I 1282.

lichen Außenhaftung zu entgehen. Die restlichen Gesellschafter können diesen Antrag annehmen, müssen es aber nicht; einen Anspruch auf Umwandlung der ererbten Beteiligung in einen Kommanditanteil hat der Erbe nicht, sofern nicht gesellschaftsvertraglich eine Umwandlungsklausel vereinbart ist (hierzu RdNr. 137 ff.). Lehnen die übrigen Gesellschafter den Antrag des Erben auf Anteilsumwandlung ab, so kann er gemäß Abs. 2 aus der Gesellschaft ausscheiden. Scheidet der Erbe in der Frist des Abs. 3 aus der Gesellschaft aus oder wird die Gesellschaft in dieser Frist aufgelöst oder dem Erben die Stellung eines Kommanditisten eingeräumt, so gewährt Abs. 4 ein **Haftungsprivileg:** Der Erbe haftet für die bis dahin entstandenen Schulden der Gesellschaft nur mit der erbrechtlichen Haftungsbeschränkungsmöglichkeit (vgl. §§ 1967 ff. BGB).

B. Erbrechtliche Nachfolgeklauseln im Detail

I. Allgemeines

5 Die Vereinbarung einer Nachfolgeklausel bewirkt, dass der Gesellschaftsanteil vererblich gestellt wird. Der Vollzug der Rechtsnachfolge bleibt demgegenüber nach heute allgM[6] dem Erbrecht überlassen (zum Sonderfall der rechtsgeschäftlichen Nachfolgeklausel vgl. RdNr. 51). **Gesellschaftsvertrag und Erbrecht** bedürfen demnach der Synchronisation: Nur in den gesellschaftsvertraglich gezogenen Grenzen ist Raum für testamentarische oder erbvertragliche Anordnungen, die sich mit der Nachfolge in den Gesellschaftsanteil des Erblassers beschäftigen („Gesellschaftsrecht vor Erbrecht"). Die einem Testamentsvollstrecker eingeräumte Befugnis, einen von mehreren Miterben zum Nachfolger in den Gesellschaftsanteil des Erblassers zu bestimmen, kann demnach daran scheitern, dass der Gesellschaftsvertrag keine entsprechende Nachfolgeklausel enthält und die Mitgesellschafter ihre Zustimmung zur Anteilsübertragung auf den vorgesehenen Nachfolger verweigern.[7] Da der Vollzug der Rechtsnachfolge jedoch dem Erbrecht überlassen bleibt, bewirkt umgekehrt selbst die namentliche Benennung des Nachfolgers im Gesellschaftsvertrag für sich genommen keinen Anteilsübergang, soweit der Benannte nicht zumindest zu einem Bruchteil Erbe geworden ist.[8]

6 Scheitert die Nachfolge mangels Erbenstellung der gesellschaftsvertraglich qualifizierten Personen, so kann die gescheiterte Nachfolgeklausel ergänzend ausgelegt und im Sinne eines Eintrittsrechts begriffen werden (vgl. auch RdNr. 46).[9] Die **Einräumung eines derartigen Eintrittsrechts** macht idR jedoch nur dann Sinn, wenn der Eintrittsberechtigte auch den Vermögenswert der Beteiligung zugewandt erhält, da er ansonsten den Kapitalanteil aus eigenen Mitteln aufbringen müsste und die Gesellschafter die ausscheidenden Erben abfinden müssten (§ 738 Abs. 1 S. 2 BGB; ausführlich RdNr. 42 ff.). Die gewollte Zuwendung des Vermögenswertes der Beteiligung kann sich zB durch entsprechende Testamentsauslegung ergeben (Zuwendung des Abfindungsanspruchs an den Eintrittsberechtigten durch Vermächtnis).[10] Gesellschaftsvertraglich kann für den Fall eines Fehlschlagens der Nachfolgeklausel in der Weise Vorsorge getroffen werden, dass der Abfindungsanspruch der Erben ausgeschlossen und der Kapitalanteil des Erblassers treuhänderisch auf die anderen Gesellschafter übertragen wird, die ihn zugunsten des Eintrittsberechtigten halten.[11] Ansonsten verbleibt zur Rettung einer gescheiterten Nachfolgeklausel die Ausschlagung durch die Erbschaft durch die testamentarisch Bedachten, um dem gesellschaftsvertraglich benannten Nachfolger die benötigte Erbenstellung zu verschaffen (vgl. aber § 1944 BGB: Sechs-Wochen-Ausschlagungsfrist).

---

[6] Vgl. vor allem BGH Urt. v. 10. 2. 1977 – II ZR 120/75, BGHZ 68, 225, 229 = NJW 1977, 1339; aus dem Schrifttum *Schäfer* BB 2004, 14, 15 f.; *Wiedemann* Übertragung S. 162 ff.; *K. Schmidt* GesR § 45 V 4 b; MünchHdbBGB/ *Klein* § 79 RdNr. 20; *Sethe* JZ 1997, 989, 991; aA noch *Flume* I/1 § 18, S. 375 ff., 381 f. (stets rechtsgeschäftliche Nachfolgeregelung wegen der Unvereinbarkeit der erbrechtlichen Nachfolge mit dem Prinzip der Universalsukzession).
[7] BGH Urt. v. 13. 5. 1985 – II ZR 196/84, NJW-RR 1986, 28; vgl. auch BGH Urt. v. 18. 4. 2002 – IX ZR 72/99, ZIP 2002, 1144, 1145 f. = ZEV 2002, 322, 324 f. (zur Haftung des Urkundsnotars für eine Testamentserrichtung, zum Verlust von Gesellschaftsanteilen des Erblassers führt, weil Erben nicht die gesellschaftsvertragliche Qualifikationsvoraussetzungen erfüllen); ausf. zur Wechselwirkung zwischen Gesellschafts- und Erbrecht *Esch/Baumann/Schulze zur Wiesche* RdNr. I 1118 ff.; *H. Westermann* RdNr. I 1228.
[8] Vgl. etwa BGH (Fn. 6) BGHZ 68, 225; BayObLG Beschl. v. 27. 6. 1980 – BReg. 1 Z 47/80, DB 1980, 2028; *Ulmer* § 727 RdNr. 28.
[9] Exemplarisch BGH Urt. v. 29. 9. 1977 – II ZR 214/75, NJW 1978, 264, 265; BGH Urt. v. 25. 5. 1987 – II ZR 195/86, ZIP 1987, 1042, 1043 = NJW-RR 1987, 989 = WM 1987, 981 = JZ 1987, 880 m. Anm. *Ulmer*; OLG Frankfurt Urt. v. 2. 7. 1987 – 1 U 204/85, NJW-RR 1988, 1251, 1252 = DB 1988, 104.
[10] Vgl. BGH (Fn. 9) NJW 1978, 264, 265; OLG Frankfurt (Fn. 9) NJW-RR 1988, 1251.
[11] *Göbel* DNotZ 1979, 133, 148 f.; ausf. zur Auslegung und Umdeutung gesellschaftsvertraglicher Nachfolgeregelungen MünchHdbBGB/*Klein* § 79 RdNr. 108 ff.

II. Einfache Nachfolgeklausel

1. Wirkungsweise. Einfache Nachfolgeklauseln bewirken das automatische Einrücken des gesetz- 7
lichen oder testamentarischen Erben in die Stellung des Erblassers, ohne weitere Erklärung und ohne
besondere Aufnahme durch die übrigen Gesellschafter,[12] sofern die Erbschaft nicht ausgeschlagen
wird. Die Rechtslage entspricht der gesetzlichen Regelung des § 177 beim Tod eines Kommanditisten, wonach die Gesellschaft mangels abweichender vertraglicher Bestimmung mit den Erben fortgesetzt wird. Der Gesellschaftsanteil geht auf den Erben in dem Umfang über, in dem ihn der
Erblasser innehatte, auch im Hinblick auf die Befugnis zur Geschäftsführung und Vertretung der
Gesellschaft, soweit diese Rechte nicht als höchstpersönliche an die Person des Erblassers gekoppelt
waren (Auslegungsfrage).[13]

Verstirbt der in die Gesellschaft nachgerückte Erbe, so findet die gesellschaftsvertragliche Nach- 8
folgeklausel auch im Hinblick auf seine Erben (Erbeserben) Anwendung, ohne dass es hierzu einer
neuen Vereinbarung bedürfte.[14] Im Rahmen einer einfachen Nachfolgeklausel ist auch der **Ersatzerbe** nachfolgeberechtigt; entscheidend ist hier allein die Erbenstellung, nicht die Person des Nachfolgers (zur qualifizierten Nachfolgeklausel s. RdNr. 21). Der Scheinerbe, mit oder ohne Erbschein,
ist nicht nachfolgeberechtigt.[15] Das Vorhandensein eines Erbschein bewirkt jedoch, dass eine mit
dem Scheinerben getroffene Umwandlungsvereinbarung zu Lasten des wahren Erben gilt (§ 2367
BGB).[16]

Abfindungsansprüche gegen die Gesellschaft resultieren aus der einfachen Nachfolgeklausel 9
nicht, da die Beteiligung vollumfänglich auf die Erben übergeleitet wird. Es können allein **Pflichtteilsansprüche von Nichterben** gegen die in die Gesellschaft nachfolgenden Erben entstehen. Bei
der Berechnung des Pflichtteils ist der Gesellschaftsanteil grundsätzlich mit seinem Verkehrswert
anzusetzen.[17] Äußerst umstritten ist hier, ob und inwieweit vom Verkehrswert abweichende gesellschaftsvertragliche Abfindungsregelungen (ausf. hierzu § 131 RdNr. 115 ff.) bei der Pflichtteilsberechnung zu berücksichtigen sind. Mit Differenzierungen im Einzelnen lässt die wohl hM ungeachtet des pflichtteilsrechtlichen Stichtagsprinzips (§ 2311 Abs. 1 S. 1 BGB) bei der Pflichtteilsermittlung Abschläge vom Verkehrswert zu, um dem Umstand Rechnung zu tragen, dass der
Beteiligungswert auf Grund der Abfindungsbeschränkung objektiv niedriger anzusetzen ist;[18] ähnlich
verfährt die Rspr. bei der parallelen Problematik der Bewertung des Endvermögens für die Ermittlung des Zugewinnausgleichs (§ 1376 BGB).[19] Die Höhe der vorzunehmenden Abschläge ist im
Wege der Schätzung zu ermitteln.[20] Scheidet der Erbe allerdings innerhalb der Frist des § 139 Abs. 3
aus der Gesellschaft aus (zB weil sein Antrag auf Einräumung einer Kommanditistenstellung abgelehnt worden ist), so ist bei der Bemessung des Pflichtteils richtigerweise stets der Abfindungswert
zugrundezulegen.[21]

---

[12] BGH Urt. v. 21. 12. 1970 – II ZR 258/67, BGHZ 55, 267, 269 = NJW 1971, 1268 = WM 1971, 556.
[13] BGH Urt. v. 6. 11. 1958 – II ZR 146/57, NJW 1959, 192; BGH Urt. v. 25. 2. 1964 – II ZR 42/62, BGHZ 41, 367, 368 = NJW 1964, 1624; *Ulmer* § 727 RdNr. 31; MünchHdbBGB/*Klein* § 79 RdNr. 59; *H. Westermann* RdNr. I 1286; *Lange/Kuchinke* ErbR 5. Aufl. 2001, § 5 VI 4; enger (Nachrücken in Geschäftsführungs- und Vertretungsbefugnisse nur bei ausdrücklicher Anordnung) *Michalski* § 12 Rn. 4; eingehend zur anzustellenden Auslegung *Wiedemann* Übertragung S. 71 ff.; *Fischer* BB 1956, 839, 840; *Hueck A.* OHG § 28 II 1 b.
[14] Zutreffend *Wiedemann* Übertragung S. 64; *Schäfer* BB 2004, 14, 16; *Hueck A.* OHG § 28 II 4 mwN auch zur aA.
[15] *Ulmer* § 727 RdNr. 63; Baumbach/*Hopt* § 131 RdNr. 76; MünchKommHGB/*K. Schmidt* RdNr. 40; *ders.* AcP 186 (1986), 421, 437 f.; aA *Konzen* ZHR 145 (1981), 29, 63 ff. (Anwendung der Lehre von der fehlerhaften Gesellschaft); ausf. *Roloff*, Der Scheinerbe eines Personenhandelsgesellschafters, Diss. Münster 1969.
[16] *Ulmer* § 727 RdNr. 64; Koller/Roth/Morck RdNr. 4; GroßkommHGB/*Schäfer* RdNr. 40.
[17] Vgl. nur *Ebenroth* RdNr. 950; *Spiegelberger* RdNr. 585; MünchKommBGB/*Lange* § 2311 RdNr. 30; *Esch/Baumann/Schulze zur Wiesche* RdNr. I 172 ff.; MünchHdbBGB/*Klein* § 81 RdNr. 32; GroßkommHGB/*Schäfer* RdNr. 156 ff. ausf. *Heckelmann*, Abfindungsklauseln in Gesellschaftsverträgen, 1973, S. 209 ff.; *Bratke* S. 117 ff.
[18] IdS *Tanck* BB Sonderheft 5/2004, 19, 21 f.; ebenso MünchHdbBGB/*Klein* § 81 RdNr. 32; abweichender Ansatz bei *Reimann* ZEV 1994, 7, 10 sowie *Bratke* S. 137 ff., die Bewertungsabschläge in Abhängigkeit von der Wahrscheinlichkeit des Ausscheidens des Erben aus der Gesellschaft vornehmen wollen. Anders u. a. einerseits *Tiedau* MDR 1959, 253, 255 f.; Baumbach/*Hopt* RdNr. 13 (stets Maßgeblichkeit des Vollwerts) und andererseits *Huber* S. 342 ff.; *Wiedemann* Übertragung S. 213 ff.; *Sudhoff* DB 1968, 648, 653 (stets Maßgeblichkeit des Klauselwerts). Ausf. Darstellung des Streitstandes bei MünchKommBGB/*Lange* § 2311 RdNr. 33; Soergel/*Dieckmann* § 2311 RdNr. 29 f.; GroßkommHGB/*Schäfer* RdNr. 156 ff.
[19] Vgl. GroßkommHGB/*Schäfer* RdNr. 156 ff., BGH Urt. v. 10. 10. 1979 – IV 79/78, BGHZ 75, 195, 201 f. = NJW 1980, 229; BGH Urt. v. 1. 10. 1986 – IVb ZR 69/85, LM BGB § 1376 Nr. 9 = NJW 1987, 321, 322; OLG Düsseldorf Urt. v. 19. 12. 1979 – 5 UF 251/79, FamRZ 1981, 48 f.; iE zustimmend Sudhoff/*Scherer*, Unternehmensnachfolge, § 17 RdNr. 75.
[20] Zu den insoweit maßgeblichen Kriterien vgl. BGH (Fn. 19) BGHZ 75, 195, 201 f.; ausf. *Bratke* S. 145 ff.
[21] Ebenso *Eiselt* NJW 1981, 2447, 2448 ff.; *Ulmer* ZGR 1972, 324, 342 f.; MünchHdbBGB/*Klein* § 81 RdNr. 32; *H. Westermann* RdNr. I 1285; differenzierend GroßkommHGB/*Schäfer* RdNr. 156 ff.

10   **2. Sondererbfolge und Nachlasszugehörigkeit des Anteils.** Mehrere Erben rücken nicht in gesamthänderischer Verbundenheit nach, da die Erbengemeinschaft nach allgM nicht Gesellschafterin einer werbend tätigen Personengesellschaft sein kann (vgl. § 105 RdNr. 100).[22] Der erbrechtliche Grundsatz der Gesamtrechtsnachfolge wird insoweit durchbrochen, die Nachfolge mehrerer Erben vollzieht sich unmittelbar und direkt **im Wege der Singularsukzession,** wobei die Höhe der Erbquote über die Höhe der Beteiligung entscheidet.[23] Das automatische Splitting der Beteiligung ist richtigerweise wie eine sich kraft Gesetzes vollziehende Teilerbauseinandersetzung unter den Miterben zu verstehen und zu werten.[24]

11   Die in der Vergangenheit vehement diskutierte[25] und auch zwischen Erb- und Gesellschaftsrechtssenat des BGH umstrittene[26] Frage, ob die Mitgliedschaft trotz des Prinzips der Sonderrechtsnachfolge als Nachlassbestandteil anzusehen ist, ist iSd. **Nachlasszugehörigkeit des Anteils** geklärt. Aus dem Institut der Sondererbfolge, die allein dem Umstand Rechnung trägt, dass die Erbengemeinschaft nicht Gesellschafterin einer werbend tätigen Personengesellschaft sein kann, lässt sich die fehlende Nachlasszugehörigkeit der Beteiligung und – hieraus folgend – die Unanwendbarkeit erbrechtlicher Normen (zB im Hinblick auf eine angeordnete Testamentsvollstreckung) nicht ableiten.[27] Auch der Gesellschaftsrechtssenat des BGH ist spätestens mit seinem grundlegenden Beschluss zur Zulässigkeit der Testamentsvollstreckung am Kommanditanteil[28] auf die Linie des Erbrechtssenats eingeschwenkt, der die Nachlasszugehörigkeit der Beteiligung trotz Sondererbfolge nicht in Frage gestellt hatte.[29] In seinem Beschluss, wonach auch ein Anteil an einer BGB-Gesellschaft im Grundsatz der Testamentsvollstreckung unterliegen kann, betont denn auch der Erbrechtssenat ausdrücklich die erreichte Übereinstimmung der BGH-Senate in der Frage der Nachlasszugehörigkeit.[30]

12   Ob die aus der Beteiligung abzuleitenden, nach § 717 S. 2 BGB **selbständig übertragbaren Vermögensansprüche** der gesamthänderischen Bindung einer Miterbengemeinschaft unterliegen, hat noch keine endgültige Klärung gefunden. Der Gesellschaftsrechtssenat des BGH hat dies bejaht („Abspaltungsthese").[31] Demgegenüber liegt der Rechtsprechung des Erbrechtssenats eine einheitliche Betrachtungsweise zugrunde, indem die Sonderrechtsnachfolge auf den gesamten Anteil, unter Einschluss der Vermögensrechte, erstreckt wird („Einheitsthese").[32] ME spricht vieles für die Annahme eines einheitlichen Anteilsübergangs auf den oder die Erben: Den Interessen der Nachlassgläubiger, um die es hier vor allem geht, wird dadurch hinreichend und zwanglos Rechnung getragen, dass der Anteil als solcher in den Nachlass einbezogen wird; die Abspaltungsthese hat auch insoweit ihre Rechtfertigung verloren.[33]

---

[22] AA nur *Börner* AcP 166 (1966), 426, 428; *Stötter* DB 1970, 525, 528 f.
[23] StRspr., vgl. BGH Urt. v. 22. 11. 1956 – II ZR 222/55, BGHZ 22, 186, 191 ff. = NJW 1957, 180; BGH (Fn. 6) BGHZ 68, 225, 237; BGH Urt. v. 30. 4. 1984 – II ZR 293/83, BGHZ 91, 132, 135, 138 = NJW 1984, 2104; BGH Urt. v. 14. 5. 1986 – IV a 155/84, BGHZ 98, 48, 50 f. = NJW 1986, 2431; BGH Beschl. v. 3. 7. 1989 – II ZB 1/89, BGHZ 108, 187, 192 = NJW 1989, 3152; BGH Beschl. v. 6. 10. 1992 – KVR 24/91, BGHZ 119, 346, 354 = NJW 1993, 1265; aus der Literatur vgl. nur *H. Westermann* RdNr. I 1231 f.; *Hueck A.* OHG § 28 II 2 a; *Ulmer* § 727 RdNr. 33; *Koller/Roth/Morck* RdNr. 5.
[24] Vgl. BFH Urt. v. 1. 4. 1992 – II R 21/89, BStBl. II 1992, 669, 670 f.; *Rüthers* AcP 168 (1968), 263, 281; *K. Schmidt* GesR § 45 V 4 a; MünchKommBGB/*Leipold* § 1922 RdNr. 61; *Feddersen/Kiem* ZHR 159 (1995), 479, 483.
[25] Die Nachlasszugehörigkeit des ererbten Personengesellschaftsanteils wurde früher insbesondere von *Ulmer* bestritten; grundlegend *Ulmer*, FS Schilling, 1973, S. 79, 89 ff.; *ders.* BB 1977, 805, 807; NJW 1984, 1496, 1500 ff.; JZ 1987, 881. Ablehnend demgegenüber die hM; vgl. *Wiedemann* JZ 1977, 689, 691; *Flume*, FS Müller-Freienfels, 1986, S. 113, 119 ff.; *ders.* ZHR 155 (1991), 501, 504 ff.; *Marotzke* JZ 1986, 457, 458 ff.; *Damrau* NJW 1984, 2785, 2786 f. Ebenso dann auch *Ulmer* § 705 RdNr. 112; *ders./Schäfer* ZHR 160 (1996), 413, 419 f.
[26] Vgl. BGH Urt. v. 4. 5. 1983 – IVa ZR 229/81, NJW 1983, 2376, 2377; BGH (Fn. 23) BGHZ 98, 48, 53 f. (Erbrechtssenat) einerseits, BGH (Fn. 23) BGHZ 91, 132, 135, 138; BGH (Fn. 9), NJW 1987, 981; BGH Urt. v. 24. 11. 1980 – II ZR 195/86, NJW 1981, 749, 750 = MDR 1981, 292 (Gesellschaftsrechtssenat) andererseits. Aus der obergerichtlichen Rechtsprechung vgl. auch OLG Frankfurt Beschl. v. 11. 2. 1983 – 20 W 561/82, NJW 1983, 1806; OLG Hamburg Urt. v. 24. 4. 1984 – 12 U 204/82, ZIP 1984, 1226, 1227; BayObLG Beschl. v. 13. 7. 1983 – BReg. 3 Z 122/82, WM 1983, 1092, jeweils fehlende Nachlasszugehörigkeit als Argument gegen die Zulässigkeit einer Testamentsvollstreckung am Personengesellschaftsanteil.
[27] Vgl. insbes. *Flume* ZHR 155 (1991), 501, 508 ff.; *Muscheler* S. 469 ff.; *Siegmann* S. 137 ff.; *Raddatz* S. 39 ff.; *Weidlich* S. 22 ff.; *Stodolkowitz*, FS Kellermann, 1991, S. 439, 443 ff.; zusammenfassend *Lorz* S. 128 ff.
[28] BGH (Fn. 23) BGHZ 108, 187.
[29] Plakativ BGH (Fn. 23) BGHZ 98, 48, 53 f.
[30] BGH Beschl. v. 10. 1. 1996 – IV ZB 21/94, ZEV 1996, 110 m. Anm. *Lorz* = NJW 1996, 1284 = ZIP 1996, 327.
[31] BGH (Fn. 23) BGHZ 108, 187, 192 unter Verweis auf BGH (Fn. 23) BGHZ 91, 132, 136 f.; ebenso KG Beschl. v. 7. 3. 1991 – 1 W 3124/88, NJW-RR 1991, 835, 836 = BB 1991, 1283, 1284; sowie *Siegmann* S. 185 ff.; *ders.* NJW 1995, 481, 484 f.; *Baumbach/Hopt* RdNr. 14.
[32] Implizit BGH (Fn. 23) BGHZ 98, 48, 51, 56 f.; ebenso *Marotzke* AcP 187 (1987), 223; *Flume* NJW 1981, 161; MünchHdbBGB/*Klein* § 79 RdNr. 35; *Ulmer/Schäfer* ZHR 160 (1996), 413, 420 ff.
[33] Ausf. *Marotzke* AcP 187 (1987), 223, 232 f.; *Stodolkowitz*, FS Kellermann, 1991, S. 439, 458 ff.; *Flume* ZHR 155 (1991), 501, 505 ff.; *Lorz* S. 133 f.; *Ulmer/Schäfer* ZHR 160 (1996), 413, 420 ff.; ebenso bereits *Wiedemann* JZ 1977, 689, 691 f.

Kontrovers diskutiert wurde in der Vergangenheit auch die Frage, ob **das Prinzip der Sonder-** 13
erbfolge auch dann Anwendung findet, wenn nur ein einziger Erbe eingesetzt ist. Der BGH hat dies bejaht,[34] in BGHZ 91, 132 insbesondere um zu begründen, dass der Nachlasskonkurs den Gesellschaftsanteil als solchen nicht erfasst.[35] Dass Nachlassinsolvenzverwalter und Nachlassverwalter die Mitgliedschaftsrechte des Erben nicht ausüben dürfen, ergibt sich jedoch bereits aus zwingendem Gesellschaftsrecht, insbesondere wegen der fehlenden Zustimmung der Mitgesellschafter. Ihnen verbleibt aber die Möglichkeit, die Gesellschaft analog § 135 zu kündigen, um auf diese Weise auf den Vermögenswert der Beteiligung zuzugreifen (ausführlicher RdNr. 91, 95 sowie § 135 RdNr. 7). Mit dem Prinzip der Sondererbfolge hat dies nichts zu tun. Dementsprechend besteht kein Bedürfnis dafür, eine Sonderzuordnung des Anteils beim Vorhandensein nur eines Erben anzunehmen.[36]

3. Minderjährige Erben. Das Einrücken minderjähriger Erben auf Grund einer Nachfolgeklau- 14
sel bedarf keiner Genehmigung durch das Vormundschaftsgericht: Da die Gesellschafternachfolge die automatische Konsequenz des Erbfalls ist, finden weder § 1822 Nr. 3 BGB (Abschluss eines Gesellschaftsvertrages) noch § 1822 Nr. 10 BGB (rechtsgeschäftliche Übernahme der Haftung für fremde Verbindlichkeiten) Anwendung.[37] Unberührt bleibt die durch das Minderjährigenhaftungsbeschränkungsgesetz eröffnete Möglichkeit, die Haftung für die während der Minderjährigkeit begründeten Verbindlichkeiten auf das bei Eintritt der Volljährigkeit vorhandene Vermögen gegenständlich zu beschränken (§ 1629 a Abs. 1 BGB). Bei einer gesellschaftsrechtlichen Beteiligung des volljährig Gewordenen (BGB-Gesellschaft, OHG) wird hierbei gemäß § 1629 a Abs. 4 BGB die Entstehung der Verbindlichkeiten nach Eintritt der Volljährigkeit vermutet, sofern der volljährig Gewordene nicht innerhalb von drei Monaten nach Vollendung des 18. Lebensjahres die Kündigung der Gesellschaft erklärt hat. Bei der BGB-Gesellschaft enthält § 723 Abs. 1 S. 3 Nr. 2 BGB die hiermit in Zusammenhang stehende Kündigungsmöglichkeit, indem dort die Vollendung des 18. Lebensjahres als wichtiger Grund zur Kündigung der Gesellschaft festgelegt worden ist und dem Erben hierdurch die Möglichkeit eingeräumt worden ist, sich von seiner Position im Geschäftsleben zu lösen, um über die Beschränkungsmöglichkeit des § 1629 a BGB hinausgehend auch künftige Risiken für sein Vermögen zu vermeiden. Eine entsprechende Regelung für OHG und KG hielt der Gesetzgeber im Vertrauen darauf für entbehrlich, dass die Neuregelung des § 723 BGB auf § 133 „ausstrahlen" und der Eintritt der Volljährigkeit dementsprechend auch hier als wichtiger Grund für eine auflösende Kündigung der Gesellschaft anerkannt werde (ausführlich § 133 RdNr. 21 ff. mwN).[38]

Näher hätte es allerdings gelegen, dem volljährig Gewordenen entsprechend § 139 den Wechsel in 15
eine Kommanditistenstellung zu ermöglichen, um die Gefahr einer Zerschlagung der Gesellschaft zu vermeiden. Dies gilt umso mehr, als die Gesetzesbegründung ausdrücklich auf die Möglichkeit der Beteiligungsumwandlung hinweist, um derart unerwünschte Liquidationen zu verhindern.[39] Unter Berücksichtigung des Verhältnismäßigkeitsgrundsatzes, welchem im Rahmen der Auflösungsklage nach § 133 besondere Bedeutung zukommt, wird es dem Minderjährigen häufig zuzumuten sein, entsprechend § 139 Abs. 3 in die Rechtsstellung eines Kommanditisten überzuwechseln, dass ihm die Mitgesellschafter ein entsprechendes Angebot machen (ausf. § 133 RdNr. 23).[40]

4. Gestaltung. Bei der Nachfolgeplanung ist zu beachten, dass nur Erben kraft einfacher Nach- 16
folgeklausel automatisch in die Stellung des Erblassers einrücken. **Ein direkter Rechtsübergang der Beteiligung auf einen Vermächtnisnehmer** kommt nicht in Betracht. Vielmehr hat derjenige, dem der Anteil mittels Vermächtnis zugewendet wurde, lediglich einen schuldrechtlichen Anspruch (§ 2174 BGB) auf dessen Übertragung. Anspruchsgegner sind die Erben, auf die der Anteil zunächst übergeht. Die Übertragung bedarf der Zustimmung aller Mitgesellschafter, sofern der Gesellschaftsvertrag nicht die freie Übertragbarkeit der Beteiligung vorsieht.[41] Besteht kein Ableh-

---

[34] BGH (Fn. 23) BGHZ 22, 186, 193; BGH (Fn. 23) BGHZ 91, 132, 137; bestätigend BGH Beschl. v. 12. 1. 1998 – II ZR 23/97, NJW 1998, 1313 = DStR 1998, 304 = ZIP 1998, 383, 384 = ZEV 1998, 72.
[35] BGH (Fn. 23) BGHZ 91, 132, 136.
[36] Zutreffend MünchKommHGB/*K. Schmidt* RdNr. 14; ebenso *Esch* NJW 1984, 339, 340; *Bommert* BB 1984, 178, 181; aA *Michalski* RdNr. 11.
[37] BGH (Fn. 12) BGHZ 55, 267, 269; BGH Urt. v. 9. 5. 1974 – II ZR 99/72, WM 1974, 945, 947; BGH Urt. v. 25. 9. 1972 – II ZR 5/71, BB 1972, 1475; *Schäfer* BB 2004, 14, 16; *Reimann* DNotZ 1999, 179, 194; *Mutter* in *Gummert*, MAH PersG, § 6 RdNr. 600; GroßkommHGB/*Schäfer* RdNr. 36.
[38] Begr. RegE BT-Drucks. 13/5624 S. 10.
[39] Begr. RegE BT-Drucks. 13/5624 S. 10; für eine Integration des Sonderkündigungsrechts in § 139 insbesondere *M. Wolf* AcP 187 (1987), 319, 339; vgl. auch *Habersack/Schneider* FamRZ 1997, 649, 651; *Reimann* DNotZ 1999, 179, 207 f.
[40] AA *Reimann* DNotZ 1999, 179, 208; *Habersack* FamRZ 1999, 1, 7; wie hier wohl *Klumpp* ZEV 1998, 409, 413.
[41] Vgl. nur MünchKommHGB/*K. Schmidt* RdNr. 15; MünchHdbBGB/*Klein* § 79 RdNr. 20; *Göbel* DNotZ 1979, 133, 144 f.; *Gebel*, Gesellschafternachfolge, RdNr. 388 f.; GroßkommHGB/*Schäfer* RdNr. 31.

nungsgrund gegen den Erwerber, kann jedoch von einer Zustimmungspflicht auszugehen sein.[42] Ebenso kann auch bereits die einfache Nachfolgeklausel die antizipierte Zustimmung der Mitgesellschafter zur Übertragung auf den Vermächtnisnehmer enthalten, hätte der Erblasser diesen doch auch zum Alleinerben einsetzen können (Auslegungsfrage).[43] Besser ist es natürlich, den Gesellschaftsvertrag entsprechend zu formulieren. Ist der Vermächtnisnehmer minderjährig, so bedarf die Übertragung der Beteiligung in Erfüllung des angeordneten Vermächtnisses richtigerweise nicht der Genehmigung des Vormundschaftsgerichtes.[44]

17 Umstritten ist, ob einer **Teilungsanordnung** (§ 2048 BGB), durch die der Anteil einem einzelnen Erben zugewiesen wird, **unmittelbare dingliche Wirkung** beizulegen ist, so dass sich eine gesonderte Übertragung auf den in der Anordnung benannten Nachfolger erübrigt. Hiergegen spricht, dass die Teilungsanordnung nur die Ebene der Miterben, nicht jedoch das Gesellschaftsverhältnis betrifft. Will der Erblasser trotz einfacher Nachfolgeklausel nur eine bestimmte Person mit unmittelbarer gesellschaftsrechtlicher Wirkung in die Gesellschafterstellung einrücken lassen, so muss er diese demnach zum Alleinerben einsetzen.[45] Andernfalls ist die Beteiligung im Zuge der Erbauseinandersetzung und durch die Teilungsanordnung begünstigten Erben zu übertragen, wobei dies wiederum die vorstehend unter RdNr. 16 erörterter Frage der Zustimmung der Mitgesellschafter zu einer solchen Übertragung aufwirft.[46]

18 Die Vorteile einfacher Nachfolgeklauseln liegen in der einfachen Handhabbarkeit sowie in der größeren Gestaltungsfreiheit für den Erblasser, die dem (meist vorherrschenden) Wunsch nach einer erbrechtlichen Gleichbehandlung der Abkömmlinge entgegenkommt. Nachteile bestehen in Bezug auf die drohende Zersplitterung des Anteils sowie die fehlende Einflussnahme der Mitgesellschafter auf die Qualifikation der Nachfolger. Zur Abmilderung verpflichtet der Gesellschaftsvertrag meist die Erben, ihre Rechte durch einen **gemeinsamen Vertreter** auszuüben. Eine solche Vertreterklausel ist jedoch kein Allheilmittel.[47] Anerkanntermaßen sind die Rechte des Vertreters in Angelegenheiten des Kernbereichs beschränkt;[48] ohnehin besteht Klarheit über die Zulässigkeit entsprechender Klauseln bislang nur für Kommanditanteil, nicht für die Beteiligung eines phG.[49]

III. Qualifizierte Nachfolgeklauseln

19 **1. Wirkungsweise.** Durch die Verwendung einer qualifizierten Nachfolgeklausel wird sichergestellt, dass die Beteiligung des Erblassers nur auf einen oder einzelne, durch Alter, Ausbildung etc. besonders qualifizierte Erben unter Ausschluss der übrigen übergeht. Die Beteiligung wird **direkt und in voller Höhe** auf den oder die Erben übergeleitet, die jeweilige Qualifikationsvoraussetzungen erfüllen. Das Nachrücken des oder der durch die qualifizierten Nachfolgeklausel begünstigten Erben erfolgt wiederum im Wege der Sondererbfolge, ohne dass die Beteiligung deswegen ihre Qualität als Nachlassbestandteil verlieren würde; bei mehreren qualifizierten Miterben findet wiederum eine automatische Aufteilung der Mitgliedschaft auf die einzelnen Nachfolger statt. Hierbei geht die Beteiligung des Erblassers auch dann in voller Höhe auf den oder die qualifizierten Erben über, wenn diese nur zu einem Bruchteil Erbe geworden sind.[50] Der jeweilige Nachfolger darf zwar im

---

[42] MünchKommHGB/*K. Schmidt* RdNr. 15; MünchHdbBGB/*Klein* § 79 RdNr. 20; *H. Westermann* RdNr. I 1240; vgl. auch OLG Düsseldorf Urt. v. 28. 12. 1989 – 6 U 119/89, GmbHR 1990, 504, 507 f. (Vinkulierungsklausel bei GmbH erfasst Übertragung im Wege der Erbauseinandersetzung nicht); abweichend jedoch OLG Düsseldorf Urt. v. 23. 1. 1987 – 7 U 244/85, ZIP 1987, 227. Vgl. auch BGH Urt. v. 8. 11. 2004 – II ZR 350/02, DStR 2005, 255, 256 (Zustimmungspflicht zu vorzeitiger Nachfolgeregelung kraft gesellschafterlicher Treuepflicht).
[43] MünchKommHGB/*K. Schmidt* RdNr. 15; MünchHdbBGB/*Klein* § 79 RdNr. 20.
[44] Zutreffend *Reimann* DNotZ 1999, 179, 195.
[45] Ebenso *Schäfer* BB 2004, 14, 16; *Göbel* DNotZ 1979, 133, 144 f.; MünchKommHGB/*K. Schmidt* RdNr. 15; *Ulmer* § 727 RdNr. 30; vgl. auch BGH Urt. v. 26. 3. 1990 – II ZR 123/89, WM 1990, 1066, 1067; BFH Beschl. v. 4. 11. 1998 – IV B 19/98, ZEV 1999, 75 = DB 1999, 362; aA *Priester* DNotZ 1977, 558, 561; *Wiedemann* Übertragung S. 220 ff.; MünchHdbBGB/*Klein* § 79 RdNr. 35.
[46] Zur Zurechnung der Einkünfte zwischen Erbfall und Erbauseinandersetzung sowie zur Frage der steuerrechtlichen Anerkennung einer rückwirkenden Auseinandersetzungsvereinbarung vgl. BFH Urt. v. 4. 5. 2000 – DStR 2000, 1051; BMF-Schreiben betr. ertragsteuerliche Behandlung der Erbengemeinschaft und ihrer Auseinandersetzung v. 14. 3. 2006, das an die Stelle des BMF-Schreibens v. 11. 1. 1993 sowie vom 5. 12. 2002 getreten ist ("BMF-Schreiben Erbauseinandersetzung"), BStBl. I 2006, 253 = ZEV 2006, 154 m. Anm. *Hannes*, RdNr. 8; zum BMF-Schreiben Erbauseinandersetzung vgl. auch *Röhrig/Doege* DStR 2006, 969.
[47] Vgl. auch Arbeitskreis „Unternehmensnachfolge" des IDW, RdNr. 1134 f.; *Klumpp* ZEV 1999, 305; MünchHdbBGB/*Klein* § 79 RdNr. 59.
[48] Vgl. BGH (Fn. 23) BGHZ 119, 346, 354 f.; *K. Schmidt* ZHR 146 (1982), 525, 533 f.; Baumbach/*Hopt* § 166 RdNr. 18.
[49] Vgl. BGH Urt. v. 12. 12. 1966 – II ZR 41/65, BGHZ 46, 291, 297 = NJW 1967, 826.
[50] BGH (Fn. 6) BGHZ 68, 225, 236 ff.; zustimmend die ganz überwiegende Meinung; vgl. nur *K. Schmidt* GesR § 45 V 5 b; *Ulmer* § 727 RdNr. 44; *Rüthers* AcP 168 (1968), 263; MünchHdbBGB/*Klein* § 79 RdNr. 23, 33; *Ebenroth*

Ergebnis nicht mehr erhalten, als ihm auf Grund seiner Erbquote zusteht, jedoch bildet diese keine gegenständliche Begrenzung seines Erbrechts in dem Sinne, dass er keinen über die Erbquote hinausgehenden Anteil an der Mitgliedschaft des Erblassers erwerben kann.

Jedoch können qualifizierte Nachfolgeklauseln nach Maßgabe der konkreten Regelungsziele individuell ausgestaltet werden. So kann ohne weiteres bestimmt werden, dass ein qualifizierter Miterbe nur den seiner Erbquote entsprechenden Teil der Beteiligung erhalten soll; der Anteil wird also nur partiell vererblich „gestellt". In diesem Fall wächst der Rest den verbleibenden Gesellschaftern an, gegen entsprechende Abfindungsansprüche, die in den gesamthänderisch gebundenen Nachlass fallen (**kombinierte Nachfolge- und Fortsetzungsklausel**).[51] 20

Verstirbt ein im Gesellschaftsvertrag benannter Nachfolger vor Eintritt des Erbfalls, so ist im Wege der Auslegung zu klären, ob nach dem Willen der Gesellschafter auch ein **Ersatzerbe** (= Enkel-Generation) nachfolgeberechtigt sein sollte.[52] Eine Vermutung hierfür besteht allerdings nicht; insbesondere finden die §§ 2068, 2069 BGB auf gesellschaftsvertragliche Nachfolgeregelungen keine Anwendung.[53] 21

Die Singularsukzession erfasst nach richtiger Auffassung (s. RdNr. 12) auch die nach § 717 S. 2 BGB selbständig übertragbaren Ansprüche auf Gewinn und Auseinandersetzungsguthaben. Andernfalls würde der Gesellschafter-Erbe mit der Ausübung des Stimmrechts in der Gesellschaft Entscheidungen treffen, die nicht ihn, sondern die Erbengemeinschaft betreffen. Einer gesonderten Zuweisung der vermögensrechtlichen Ansprüche an den Gesellschafter-Erben bedarf es daher nicht.[54] 22

2. Ausgleichsansprüche weichender Erben. Diese sind erbrechtlicher Natur und richten sich gegen den qualifizierten Erben, sofern der Wert der Beteiligung den Betrag übersteigt, der dem qualifizierten Anteilsnachfolger auf Grund seiner Erbquote zusteht. Abfindungsansprüche gegen die Gesellschaft entstehen nicht, da die Mitgliedschaft wie bei der einfachen Nachfolgeklausel ungeschmälert vererbt wird. Nach der Rspr. ist zwischen den Erben im Zweifel der volle Wert des Anteils in Ansatz zu bringen, wobei die dogmatische Begründung dieser Ausgleichspflicht streitig ist.[55] In BGHZ 22, 186 wird diese Verpflichtung aus § 242 BGB abgeleitet.[56] Betrachtet man die erbrechtliche Nachfolgeklausel (richtigerweise) wie eine sich kraft Gesetzes vollziehende Teilerbauseinandersetzung (vgl. RdNr. 10), so wird hingegen deutlich, dass die Frage der Ausgleichspflicht des Nachfolgers nach erbrechtlichen Auseinandersetzungsregeln zu beurteilen ist.[57] 23

Wie sich der **Ausgleich unter den Miterben** zu vollziehen hat, ist demnach vorzugswürdig testamentarisch zu regeln. In diesem Rahmen kann der Erblasser anordnen, dass der qualifizierte Erbe den Gesellschaftsanteil ganz oder teilweise im Wege eines nicht-anrechnungspflichtigen Vorausvermächtnisses (§ 2150 BGB) erhalten soll. Demgegenüber führt die Zuweisung des Anteils im Wege einer Teilungsanordnung (§ 2048 BGB) zur Ausgleichspflicht im Innenverhältnis, sofern der qualifizierte Erbe hierdurch mehr erhält als ihm nach seiner Erbquote zusteht. Hierbei ist die Beteiligung mangels entgegenstehender Anordnungen des Erblassers grundsätzlich mit dem Verkehrswert anzusetzen. Sieht der Gesellschaftsvertrag bei Kündigung eine unter dem Verkehrswert liegende Abfindung vor, so stellt sich jedoch wiederum die Frage, inwieweit dieser Wert auch bei der Bemessung des Ausgleichsanspruchs zu berücksichtigen ist (vgl. RdNr. 9 zur vergleichbaren Problematik bei der Pflichtteilsermittlung). Auch insoweit ist das künftige Risiko, dass der qualifizierte Nachfolger zum Klauselwert ausscheiden muss, durch einen Abschlag vom Vollwert zu berücksichtigen.[58] Scheidet der ausgleichspflichtige Erbe im engen zeitlichen Zusammenhang mit dem Erbfall aus der Gesell- 24

RdNr. 870 mwN. Anders noch BGH (Fn. 23) BGHZ 22, 186: Übergang des Gesellschaftsanteils nur in Höhe der Erbquote, im übrigen Anwachsung (§ 738 Abs. 1 S. 1 BGB) bei den übrigen Gesellschaftern, jedoch verbunden mit deren schuldrechtlicher Verpflichtung zur Übertragung auf den qualifizierten Nachfolger.

[51] Vgl. MünchKommBGB/*Leipold* § 1922 RdNr. 61; MünchHdbBGB/*Klein* § 79 RdNr. 35; Baumbach/*Hopt* RdNr. 16.
[52] BGH (Fn. 6) BGHZ 68, 225, 235.
[53] Zutreffend *Göbel* DNotZ 1979, 133, 149; Ebenroth RdNr. 871; aA *Ulmer* BB 1977, 805, 808; *Wiedemann* JZ 1977, 689, 690; Heymann/*Emmerich* RdNr. 6. Ausführlich *Michalski* DB 1980, Beil. 5, 18.
[54] Str.; vgl. die Nachw. in Fn. 31 bis 33.
[55] Ausführliche Darstellung der verschiedenen Begründungen bei *Bratke* S. 150 ff.
[56] BGH (Fn. 23) BGHZ 22, 186, 196 f.; hierzu *Marotzke* AcP 184 (1984), 541, 576 f.
[57] MünchKommHGB/*K. Schmidt* RdNr. 20; MünchKommBGB/*Heldrich* § 2032 RdNr. 60; *Gebel*, Gesellschafternachfolge, RdNr. 386; Ebenroth RdNr. 870; Sudhoff/*Froning*, Unternehmensnachfolge, § 44 RdNr. 40; Sudhoff/*van Randenborgh*, Personengesellschaften, § 16 RdNr. 37; Heymann/*Emmerich* RdNr. 34; vgl. auch *Rüthers* AcP 168 (1968), 263, 280 f. Gegen jegliche Ausgleichsansprüche der weichenden Erben *Zunft* NJW 1957, 1128, 1133; grundsätzlich ebenso *Flume*, FS Schilling, 1973, S. 23, 42 ff.; anders als hier auch *Lange/Kuchinke* ErbR 5. Aufl. 2001, § 5 VI 6; *H. Westermann* RdNr. I 1284 (Anwendung der §§ 2050 ff. BGB); *Ulmer* § 727 RdNr. 45 (entsprechende Anwendung von § 1978 BGB).
[58] Ebenso *Bratke* S. 157.

schaft aus, so erscheint es zudem auch hier sachgerecht, der Bemessung des Ausgleichsanspruchs den niedrigeren Abfindungswert zugrundezulegen.[59]

25 Zur Streitvermeidung empfiehlt es sich, ein Verfahren zur Wertermittlung vorzugeben oder die zu erbringende Ausgleichsleistung bereits testamentarisch festzulegen. In diesem Rahmen sollte auch dem unternehmerischen Risiko des qualifizierten Erben oder latenten Steuerlasten auf dem Anteil Rechnung getragen werden.[60] Die Grenze entsprechender testamentarischer Anordnungen bildet das Pflichtteilsrecht der anderen Erben.[61] Durch **Auslegung der letztwilligen Verfügung** kann sich jedoch auch ohne ausdrückliche Anordnung der Wille des Erblassers ergeben, dem qualifizierten Nachfolger einen Vermögensvorteil zuzuwenden; ein ausdrücklicher testamentarischer Ausschluss der Ausgleichspflicht ist hierfür nicht erforderlich.[62] Der Umstand allein, dass der Erblasser den Nachfolger in Kenntnis der qualifizierten Nachfolgeklausel nur zum Miterben eingesetzt hat, kann für sich genommen allerdings noch nicht als ausreichender Anhaltspunkt für den Willen dienen, dass dem qualifizierten Erben ein Mehrwert gegenüber seinem Erbteil und somit ein Vorausvermächtnis zugewendet werden sollte.[63]

26 **Aus gestalterischer Sicht** ist zu beachten, dass die Liquidität der Gesellschaft von einem Ausgleichsanspruch, auch wenn sich dieser gegen den qualifizierten Erben persönlich richtet, regelmäßig nicht unberührt bleibt. Stehen dem qualifizierten Erben keine sonstigen Mittel zur Verfügung, so ist er zur Erfüllung des Ausgleichsanspruches auf entsprechende Entnahmen oder auf die Besicherung von Privatdarlehen durch Aktiva der Gesellschaft angewiesen. Beides ist mit einer (meist) spürbaren Verengung des Finanzierungsspielraums der Gesellschaft verbunden, was bei der Planung der Nachfolge vorbeugend zu berücksichtigen ist.[64] Vor diesem Hintergrund kann sich etwa eine testamentarische Anordnung empfehlen, wonach den ausgleichsberechtigten Miterben anstelle einer Ausgleichszahlung eine Unterbeteiligung am Anteil des Erblassers einzuräumen ist.[65] Ansonsten verbleibt nur die Kündigung der Mitgliedschaft, sofern der qualifizierte Erbe weder über hinreichende eigene Mittel zur Erfüllung der Ausgleichsverpflichtung verfügt, noch diese über die Gesellschaft finanziert werden kann.

IV. Steuerrechtliche Fragestellungen

27 **1. Erbschaftsteuer. a) Einfache Nachfolgeklausel.** Als Erwerb von Todes wegen ist der **Übergang des Gesellschaftsanteils im Wege einer einfachen Nachfolgeklausel** erbschaftsteuerpflichtig (§ 1 Abs. 1 Nr. 1 iVm. § 3 Abs. 1 Nr. 1 ErbStG). Beim Vorhandensein mehrere Erben wird der Gesellschaftsanteil mit seinem Steuerwert in den Gesamtsteuerwert des Nachlasses einbezogen, der anschließend entsprechend der Erbquoten auf die Miterben aufgeteilt wird. Für ihren jeweiligen Erwerb können die Erben den Betriebsvermögens-Freibetrag nach § 13 a Abs. 1 S. 1 Nr. 1 ErbStG (anteilig nach dem Verhältnis ihrer Erbquoten oder entsprechend einer Aufteilungsanordnung des Erblassers) ebenso in Anspruch nehmen wie den 35%igen Bewertungsabschlag des § 13 a Abs. 2 ErbStG; ferner greift der Entlastungsbetrag gemäß § 19 a ErbStG, soweit Erben nicht zur Erbschaftsteuerklasse I gehören. Die Ermittlung des Steuerwerts des Gesellschaftsanteils erfolgt derzeit noch (vgl. RdNr. 28) unter nahezu vollständiger Übernahme der Steuerbilanzwerte in die für die Zwecke der Erbschaftsteuer bedeutsame Vermögensaufstellung (vgl. § 12 Abs. 5 ErbStG iVm. §§ 95 ff. BewG); es handelt sich somit um eine reine Substanzbewertung.[66] Ausnahmen gelten für Grundstücke im Betriebsvermögen, welche gemäß § 138 Abs. 3 iVm. §§ 145 ff. BewG anzusetzen sind, sowie für zum Betriebsvermögen gehörende Wertpapiere, Anteile an Kapitalgesellschaften und Genussrechte, für die § 12 Abs. 5 ErbStG auf die betreffenden Vorschriften der §§ 11 und 12 BewG verweist und dementsprechend bei börsennotierten Anteilen den Kurswert (§ 11 Abs. 1 BewG) und ansonsten den gemeinen Wert (§ 11 Abs. 2 BewG), den Rücknahmepreis (§ 11 Abs. 4 BewG) bzw. den ggf. abgezinsten Nennwert (§ 12 BewG) für maßgeblich erklärt.[67]

---

[59] Zutreffend Arbeitskreis „Unternehmensnachfolge" des IDW RdNr. 1167.
[60] Zur Problematik der latenten Ertragsteuerbelastung und zur fehlenden Möglichkeit diese erbschaftsteuerlich als Abzugsposten zu berücksichtigen, vgl. *Gebel*, Betriebsvermögensnachfolge, RdNr. 9 f. Zur Berücksichtigung latenter Steuerlasten auf unternehmerisches Vermögen im Rahmen der Pflichtteilsberechnung vgl. *Lorz* ZErb 2003, 302 mwN.
[61] Vgl. *Ebenroth/Bacher/Lorz* JZ 1991, 277; *Sudhoff/Froning*, Unternehmensnachfolge, § 44 RdNr. 41.
[62] IdS auch *Ulmer* ZGR 1972, 324, 328; GroßkommHGB/*Schäfer* RdNr. 153; aA *Rüthers* AcP 168 (1968), 263, 281.
[63] Vgl. MünchKommHGB/*K. Schmidt* RdNr. 20; GroßkommHGB/*Schäfer* RdNr. 153.
[64] Vgl. auch *Crezelius* RdNr. 261; *K. Schmidt* GesR § 45 V 5 c; *Esch/Baumann/Schulze zur Wiesche* RdNr. I 1038.
[65] Arbeitskreis „Unternehmensnachfolge" des IDW RdNr. 1165; MünchKommHGB/*K. Schmidt* RdNr. 20; vgl. auch BGH Urt. v. 11. 7. 1968 – II ZR 179/66, BGHZ 50, 316, 318 ff.
[66] Ausf. *Gebel*, Betriebsvermögensnachfolge, RdNr. 743.
[67] Ausf. zur erbschaftsteuerlichen Bewertung inländischen Betriebsvermögens *Meincke* ErbStG 14. Aufl. 2004, § 12 RdNr. 131 ff.; *Jülicher* in *Troll/Gebel/Jülicher* ErbStG § 12 RdNr. 700 ff.; *Hübner* DStR 2000, 1205 (auch zu Fragestel-

Fortsetzung mit den Erben   28, 29 § 139

Ziel der mit dem Steueränderungsgesetz 1992 verwirklichten nahezu vollständigen Anknüpfung **28** des Erbschaftsteuerwerts von Betriebsvermögen an die Steuerbilanzwerte war es, zu einer Vereinfachung des Steuerrechts beizutragen sowie unternehmerisches Vermögen von ertragsunabhängigen Steuern zu entlasten. Die hiermit verbundene unterschiedliche Bewertung von Kapitalvermögen mit Verkehrswerten einerseits und Grund- und Betriebsvermögen mit Werten zT deutlich unterhalb des Verkehrswerts ließ jedoch die **Frage nach der Verfassungsmäßigkeit solcher Diskrepanzen** in den Vordergrund treten. Insbesondere der Bundesfinanzhof hat das Erbschaft- und Schenkungsteuergesetz in seiner derzeitigen Ausprägung als für nicht mit dem Grundgesetz vereinbar angesehen und das Bewertungsgefälle zwischen den unterschiedlichen Erwerbsgegenständen und hier vor allem die reine Substanzbewertung von Betriebsvermögen zu Steuerbilanzwerten sowie die Kumulation der hiermit verbundenen Bewertungsvorteile mit den Begünstigungen der §§ 13a, 19a ErbStG zum Gegenstand einer konkreten Normenkontrolle gemäß Art. 100 GG gemacht.[68] Diese Rechtsansicht ist vom Bundesverfassungsgericht mit Beschluss vom 7. 11. 2006 in vollem Umfang bestätigt worden, indem die auf den Steuerbilanzwerten aufbauende Substanzbewertung von Betriebsvermögen ebenso wie die Bewertung von Grundbesitz, Kapitalgesellschaftsanteilen und land- und forstwirtschaftlichem Vermögen als mit dem allgemeinen Grundheitssatz des Art. 3 Abs. 1 GG unvereinbar angesehen wird. Nach Auffassung der Verfassungsrichter muss sich die erbschaftsteuerliche Bemessungsgrundlage einheitlich am gemeinen Wert als dem maßgeblichen Bewertungsziel ausrichten, wobei die vom Gesetzgeber konkret ausgewählten Bewertungsmethoden sicherstellen müssen, dass alle Vermögensgegenstände in einem Annäherungswert an den gemeinen Wert erfasst werden.[69] Die Kernaussage des Gerichts liegt hierbei darin, dass der Gesetzgeber bei der Neuregelung des Erbschaftsteuergesetzes künftig strikt zwischen der in einem ersten Schritt erfolgenden Bewertung des anfallenden Vermögens und der auf einer zweiten Ebene möglichen Verfolgung außerfiskalischer Förder- und Lenkungszwecke (zB zur Sicherung von Betriebsvermögen) zu unterscheiden hat. Der Beschluss des BVerfG enthält keine pauschale Nichtigkeitserklärung des geltenden Rechts, sondern eine modifizierte Unvereinbarkeitserklärung in der Weise, dass das geltende Erbschaftsteuerrecht bis zu der vom Gesetzgeber zu treffenden Neuregelung, längstens aber bis zum 31. 12. 2008, noch angewendet werden kann.[70] Neben die nunmehr anstehende Aufgabe des Steuergesetzgebers, für alle dem Erbschaftsteuergesetz unterliegenden Vermögensgegenstände eine den verfassungsgerichtlichen Vorgaben gerecht werdende Wertermittlungsmethode zu finden, treten die politischen Bestrebungen, das Erbschaftsteuerrecht grundlegend zu reformieren und in diesem Rahmen entsprechend den Vorbildern in vielen europäischen Staaten im Ergebnis die vollständige Steuerfreiheit der Übertragung von „produktivem" unternehmerischen Vermögen im Inland und im EU/EWR-Raum vorzusehen, sofern der Betrieb bzw. die Gesellschaft über einen Zeitraum von zehn Jahren nach der jeweiligen Übertragung in einem nach dem Gesamtbild der wirtschaftlichen Verhältnisse vergleichbaren Umfang fortgeführt wird. Rechtstechnisch soll dies nach dem Regierungsentwurf eines **„Gesetzes zur Erleichterung der Unternehmensnachfolge"** in der Weise bewerkstelligt werden, dass in jedem Jahr der Unternehmensfortführung 10% der festgesetzten und zunächst gestundeten Erbschaftsteuer erlischt (Stundungs- und Erlasslösung).[71] Ob und wann dieses Gesetzgebungsvorhaben tatsächlich umgesetzt wird, war bei Drucklegung dieses Werkes noch nicht absehbar, zumal sich vor dem Hintergrund der Entscheidung des BVerfG die Erkenntnis durchgesetzt hat, dass die geplante Neuregelung nicht ohne eine vorherige Korrektur der erbschaftsteuerlichen Bewertungsvorschriften in Kraft treten kann.

b) Qualifizierte Nachfolgeklausel. Der Anteilsübergang im Wege einer **qualifizierten Nach- 29 folgeklausel** ist nach Maßgabe der einschlägigen BFH-Rspr. wie eine erbschaftsteuerlich irrelevante

---

lungen, die mit der erbschaftsteuerlichen Anknüpfung an die Steuerbilanzwerte verbunden sind); vgl. auch *Lorz/Kirchdörfer* RdNr. III 26.

[68] BFH Beschl. v. 22. 5. 2002 – II R 61/99, BStBl. II 2002, 598 = DStR 2002, 1438; aus dem reichhaltigen Schrifttum hierzu vgl. nur *Seer* GmbHR 2002, 873; *Spiegelberger* StBg 2003, 106; *Daragan* DB 2002, 165; *Kessler/Märkle/Offerhaus* DB Beil. 2/2003; *Birk* ZEV 2002, 165; *Heidemann/Ostertun* ZEV 2002, 386; *Anzinger/Mittermaier* BB 2002, 2355.

[69] BVerfG Beschl. v. 7. 11. 2006 – 1 BvL 10/02, DStR 2007, 235, 240 f. = ZEV 2007, 76 m. Anm. *Piltz*. Ausf. zur Entscheidung des Bundesverfassungsgerichts *Crezelius* DStR 2007, 415; *Geck* DStR 2007, 427; *Seer* ZEV 2007, 101.

[70] Zu den hiermit verbundenen Konsequenzen und den Reaktionsmöglichkeiten des Steuergesetzgebers vgl. *Crezelius* DStR 2007, 415, 420 f.; *Geck* DStR 2007, 427, 430. Infolge der Entscheidung des Bundesverfassungsgerichts ergehen die Erbschaft- und Schenkungsteuerbescheide weiter nur unter Vorbehalt; vgl. gleichlautender Ländererlass v. 19. 3. 2007, DStR 2007, 627.

[71] Der Entwurf des „Gesetzes zur Erleichterung der Unternehmensnachfolge" kann unter www.bundesfinanzministerium.de abgerufen werden. Ausführliche Bewertung des Gesetzesentwurfs bei *Hannes* DStR 2006, 2058; *Crezelius* DB 2006, 2252 sowie *Wachter* ZErb 2006, 391; aus finanzwissenschaftlicher Sicht üben *Scheffler/Wigger* BB 2006, 2446 ff. Kritik an der vorgesehenen Gesetzeskonzeption.

Teilungsanordnung zu behandeln: Die Besteuerung richtet sich – unabhängig von der Zuweisung der Beteiligung an den qualifizierten Erben – wiederum allein nach den Erbquoten.[72] Konsequenz dieser Betrachtung ist, dass die (günstige) Bewertung des Betriebsvermögens sowie Betriebsvermögens-Freibetrag und Bewertungsabschlag nach § 13 a ErbStG allen Miterben zugute kommen, obwohl diese im Ergebnis gar kein Betriebsvermögen erhalten.[73] Hieran ändert auch § 13 a Abs. 5 ErbStG nichts: Die Vorschrift, wonach die erbschaftsteuerlichen Begünstigungen für den Fall der Übertragung von Betriebsvermögen und Mitunternehmeranteilen nachträglich entfallen, wenn innerhalb von fünf Jahren nach der Übertragung bestimmte schädliche Verfügungen getroffen werden (zB Betriebsaufgabe, Veräußerung), erfasst den Fall der fiktiven Erbauseinandersetzung kraft qualifizierter Nachfolgeklausel nicht.[74] Ebenso wenig ist § 13 a Abs. 3 ErbStG einschlägig.

30 Für den Fall, dass der Gesellschaftsanteil dem qualifizierten Erben durch Vorausvermächtnis zugewendet wird, profitiert hingegen dieser allein von dem günstigen Steuerwert des Betriebsvermögens sowie von Freibetrag und Bewertungsabschlag (vgl. § 13 a Abs. 3 ErbStG).[75] Diese Unterscheidung überzeugt angesichts der diffizilen und oft zufälligen Abgrenzung von Teilungsanordnung und Vorausvermächtnis nur bedingt. Auch vor dem Hintergrund der sogleich darzustellenden BFH-Rspr. zur ertragsteuerlichen Behandlung qualifizierter Nachfolgeklauseln steht die erbschaftsteuerliche Beurteilung entsprechender Klauseln auf fragilem Fundament.[76] Aus Sicht der Kautelarpraxis gilt es in jedem Fall, die unterschiedlichen erbschaftsteuerlichen Konsequenzen von Teilungsanordnung und (Voraus-)Vermächtnis zu berücksichtigen und ein auf das begünstigte Vermögen gerichtetes Vorausvermächtnis anzuordnen, wenn allein der nachfolgeberechtigte Erbe in den Genuss der Vergünstigungen des § 13 a ErbStG kommen soll; die Möglichkeit, gemäß § 13 a Abs. 1 Nr. 1 ErbStG eine entsprechende Aufteilung des Betriebsvermögensfreibetrages schriftlich zu verfügen, erfasst hingegen nur diesen, nicht jedoch den Bewertungsabschlag nach § 13 a Abs. 2 ErbStG.

31 **2. Einkommensteuer. a) Einfache Nachfolgeklausel.** Aus ertragsteuerlicher Sicht ist der **Anteilsübergang durch einfache Nachfolgeklausel erfolgsneutral.** Die einzelnen Miterben führen die Buchwerte des Erblassers anteilig fort (vgl. § 6 Abs. 3 EStG).[77] Etwaiges steuerliches Sonderbetriebsvermögen des Erblassers (zB ein von ihm an die Gesellschaft vermietetes Grundstück) verliert diese Eigenschaft wegen der Mitunternehmerstellung aller Miterben nicht (§ 15 Abs. 1 Nr. 2 EStG). Der Umstand, dass sich der Gesellschaftsanteil des Erblassers direkt auf die Miterben entsprechend der Höhe ihrer Erbquote aufteilt (Anteilssplitting auf Grund Sondererbfolge), während das Sonderbetriebsvermögen der gesamthänderischen Bindung der Miterbengemeinschaft unterfällt, steht dem nicht entgegen (vgl. § 39 Abs. 2 Nr. 2 AO).[78] Dies gilt auch für den Fall, dass die Erben gemäß § 139 oder auf der Grundlage entsprechender gesellschaftsvertraglicher Bestimmungen in eine Kommanditistenstellung überwechseln.[79]

32 Sind die Erben mit dem Vermächtnis belastet, den Gesellschaftsanteil im Einvernehmen mit den übrigen Gesellschaftern einem Dritten zu übertragen oder einem Dritten eine Unterbeteiligung einzuräumen, so wird dies von der Rspr. steuerlich so gewertet, als habe der Vermächtnisnehmer den Gesellschaftsanteil bzw. die Unterbeteiligung unmittelbar vom Erblasser unentgeltlich erworben. Der Dritte, der den Anteil auf diese Weise erhält, hat also gemäß § 6 Abs. 3 EStG („in Kette") die Buchwerte des Erblassers fortzuführen.[80]

33 **b) Qualifizierte Nachfolgeklausel. aa) Behandlung von Ausgleichszahlungen.** Die ertragsteuerliche Behandlung qualifizierter Nachfolgeklauseln wirft größere Zweifelsfragen auf; beim Vorhandensein von Sonderbetriebsvermögen können mit ihnen gravierende ertragsteuerliche Risiken verbunden sein. Die zivilrechtliche Betrachtung ist wie dargelegt eindeutig: Da der Gesellschaftsanteil unmittelbar auf den qualifizierten Erben übergeht, kommt den weichenden Erben zu keinem Zeit-

---

[72] BFH Urt. v. 10. 11. 1982 – II R 85–86/78, BStBl. II 1983, 329, 331; BFH (Fn. 24) BStBl. II 1992, 669, 671; *Gebel,* Gesellschafternachfolge, RdNr. 430 f.; *Meincke* ErbStG 14. Aufl. 2004, § 3 RdNr. 19.
[73] ErbStR R 5, 55; Sudhoff/*von Sothen,* Unternehmensnachfolge, § 54 RdNr. 51; *Gebel* BB 1995, 173; *Arbeitskreis „Unternehmensnachfolge" des IDW* RdNr. 1174; *von Rechenberg* GmbHR 2005, 386, 394; ausf. und kritisch zu den hiermit verbundenen Konsequenzen *Hübner* ZErb 2004, 34, 35 ff.; Kritik auch bei *Söffing/Peters/Ommer* ZEV 1999, 15, 16.
[74] ErbStR R 61; Koordinierter Ländererlass v. 17. 6. 1997, BStBl. I S. 673 RdNr. 44.
[75] Vgl. nur BFH (Fn. 24) BStBl. 1992 II S. 669, 670 f.; *Crezelius* RdNr. 287 aE; *von Rechenberg* GmbHR 2005, 386, 394; zur entsprechenden Haltung der Finanzverwaltung vgl. ErbStR R 5, 61.
[76] Ausf. und kritisch *Terpitz* ZEV 1999, 45, 47 ff.
[77] BFH Urt. v. 13. 2. 1997 – IV R 15/96, BStBl. 1997 II S. 535, 538 mwN; *Crezelius* RdNr. 273; *L. Schmidt* § 16 RdNr. 665.
[78] *Gebel,* Betriebsvermögensnachfolge, RdNr. 802 mwN.
[79] Vgl. nur *L. Schmidt* § 16 RdNr. 666.
[80] BFH Urt. v. 16. 5. 1995 – VIII R 18/93, BFHE 178, 52, 59 = BStBl. 1995 II S. 714, 716 f. = NJW 1995, 3406; *L. Schmidt* § 16 RdNr. 668.

punkt die Gesellschafterstellung zu. Sie erhalten keinen Abfindungsanspruch gegen die Gesellschaft selbst, sondern nur einen erbrechtlichen Wertausgleichsanspruch gegen den qualifizierten Erben. Praktisch bedeutsam ist insoweit zunächst die Frage, ob die Ausgleichszahlungen des qualifizierten Erben als Anschaffungskosten der Beteiligung anzusehen sind. Der BFH verneint dies, unter Berufung auf die fehlende Mitunternehmerstellung der weichenden Erben.[81] Zur Begründung wird hierbei maßgeblich auf die zivilrechtliche Ausgangslage abgestellt: Die Sonderrechtsnachfolge auf Grund einer qualifizierten Nachfolgeklausel könne als eine mit dem Erbfall vollzogene Teilungsanordnung mit unmittelbarer dinglicher Wirkung angesehen werden. Die nicht qualifizierten Miterben würden keine Mitgesellschafter und könnten daher auch nicht als Mitunternehmer angesehen werden.[82] Die Ausgleichszahlung wird somit – ungeachtet ihrer betrieblichen Verwurzelung – als Privatschuld betrachtet, mit der rechtlichen Folge dass Aufwendungen zu ihrer Finanzierung oder Stundung wie bei anderen Erbfallschulden (zB Vermächtnis- und Pflichtteilsschulden) nicht als Betriebsausgaben geltend gemacht werden können, dass aber die weichenden Erben andererseits keinen Veräußerungsgewinn erzielen.[83]

Die Konsequenzen dieser das Prinzip der Sondererbfolge verabsolutierenden Sichtweise sind unbefriedigend:[84] Obwohl er die stillen Reserven ausbezahlt hat, soweit sie auf die weichenden Erben entfallen, ist der qualifizierte Nachfolger zur Fortführung der anteiligen Buchwerte des Erblassers verpflichtet und muss zudem bei einer späteren Anteilsveräußerung die abgegoltenen stillen Reserven versteuern.[85] Die Problematik dieser Sichtweise wird auch beim Blick auf die Rechtslage bei der einfachen Nachfolgeklausel deutlich, wenn ein Miterbe im Zuge der Erbauseinandersetzung den Gesellschaftsanteil übernimmt. Erbringt der übernehmende Miterbe in diesem Rahmen aus seinem eigenen Vermögen Ausgleichszahlungen an die weichenden Erben, so führen solche Zahlungen auf der Grundlage der BFH-Rechtsprechung zur einkommensteuerlichen Behandlung der Erbauseinandersetzung unzweifelhaft zu Anschaffungskosten und Veräußerungserlösen.[86] Nachdem der BFH seine Rechtsprechung allerdings wiederholt bestätigt hat,[87] ist diese für die Gestaltungspraxis jedoch als Datum hinzunehmen.

bb) Sonderbetriebsvermögen. Beim Vorhandensein von Sonderbetriebsvermögen kann die These der alleinigen Mitunternehmerstellung des qualifizierten Erben gravierende Konsequenzen zur Folge haben: Da das Sonderbetriebsvermögen nicht per Sonderrechtsnachfolge auf den begünstigten Erben übergeht, sondern (zunächst) der gesamthänderischen Bindung der Erbengemeinschaft unterliegt, kommt es mit dem Erbfall zu einer vermögensmäßigen Trennung von Mitunternehmeranteil und Sonderbetriebsvermögen und somit im Hinblick auf den Anteil der weichenden Erben am Sonderbetriebsvermögen zu einer anteiligen Entnahme (§ 39 Abs. 2 Nr. 2 AO).[88] An dieser Rechtsfolge hat auch die Neufassung von § 6 Abs. 3 S. 2 EStG durch das UntStFG keine Änderung bewirkt.[89] Der nicht der Gewerbesteuer unterliegende Entnahmegewinn ist nach Maßgabe der einschlägigen Rechtsprechung des BFH dem Erblasser zuzurechnen[90] und kann nach Auffassung der Finanzverwaltung auch nicht durch eine zeitnahe Auseinandersetzung und die hierin erfolgende Zuweisung des Sonderbetriebsvermögens an den qualifizierten Erben vermieden werden.[91] Soweit

---

[81] BFH Urt. v. 29. 10. 1991 – VIII R 51/84, BStBl. 1992 II S. 512, 514 f. = NJW-RR 1992, 1123; BFH Urt. v. 27. 7. 1993 – VIII R 72/90, BStBl. 1994 II S. 625 = BB 1994, 972, 973; *L. Schmidt* § 16 RdNr. 672; *Hübner* DStR 1995, 197, 199; ebenso die Finanzverwaltung, vgl. BMF-Schreiben Erbauseinandersetzung (Fn. 46) RdNr. 72 f. AA *Groh* DB 1990, 2135, 2140; *ders.* DB 1991, 724, 726; *ders.* DStR 1994, 413, 415; *Ruban* DStR 1991, 65, 70; *Siegmann* NJW 1995, 481, 486; *Gebel* BB 1995, 173, 175 ff. (mit jeweils unterschiedlicher Argumentation); abweichend auch BFH Urt. v. 13. 12. 1991 – IV R 107/89, NJW 1991, 2439 = DStR 1991, 455, 456 in einem *obiter dictum*). Ausf. *Tiedtke/Hils* ZEV 2004, 441, 442 ff.; *Feddersen/Kiem* ZHR 159 (1995), 479, 483 ff.; *Spiegelberger* DStR 1992, 618, 619.
[82] BFH (Fn. 81) BStBl. 1992 II S. 512, 514 f.; *L. Schmidt* § 16 RdNr. 672.
[83] BFH (Fn. 81) BStBl. 1994 II S. 625, 627; *L. Schmidt* § 16 RdNr. 673; *Arbeitskreis „Unternehmensnachfolge"* des IDW RdNr. 1183; zur Verwaltungspraxis vgl. Schreiben des Bundesministeriums der Finanzen v. 11. 8. 1994, BStBl. I S. 603. Kritisch zur Einstufung von Erbfallschulden als Privatschulden *Crezelius* RdNr. 276 aE; *Esser* DStZ 1997, 439, 446.
[84] Vgl. bereits *Ebenroth/Lorz* WiB 1995, 689, 691; *Feddersen/Kiem* ZHR 159 (1995), 479, 485 f.
[85] Ausf. *Groh* DB 1992, 1312, 1315; *Feddersen/Kiem* ZHR 159 (1995), 479, 483 ff.; *Hübner* ZErb 2004, 34, 37 ff.
[86] Hierzu ausf. *Gebel*, Betriebsvermögensnachfolge, RdNr. 378 ff. mwN.
[87] Vgl. etwa BFH Beschl. v. 28. 1. 1998 – VIII B 9/97, ZEV 1998, 274, 275.
[88] BFH (Fn. 81) BStBl. 1992 II S. 512; BFH (Fn. 81) BStBl. 1994 II S. 625; BFH (Fn. 87) ZEV 1998, 274, 275; FG Baden-Württemberg Urt. v. 24. 6. 1998 – 12 K 206/96, ZEV 1998, 44(; *Märkle* FR 1997, 135, 136; *Söffing* DStR 1991, 201, 206; *Wacker/Franz* BB 1993, Beil. 5, 24; BMF-Schreiben Erbauseinandersetzung (Fn. 46) RdNr. 73; aA *Groh* DB 1992, 1312, 1316; *ders.* DStR 1994, 413; *Dötsch*, FS L. Schmidt, 1993, S. 867, 879; *Siegmann* NJW 1995, 481, 485 f.
[89] *L. Schmidt* § 16 RdNr. 674; *Geck* ZEV 2002, 41, 44; *Sorg* DStR 2002, 1384.
[90] BFH (Fn. 81) BStBl. II 1992, 512; BFH (Fn. 87) ZEV 1998, 274, 275; *Tiedtke/Hils* ZEV 2004, 441, 445; *L. Schmidt* § 16 RdNr. 674 mwN; aA etwa *Gebel* BB 1995, 173, 178, *ders.*, Betriebsvermögensnachfolge, RdNr. 815 (Entnahmegewinn der Erbengemeinschaft).
[91] BMF-Schreiben Erbauseinandersetzung (Fn. 46) RdNr. 84.

demnach von einer **Entnahme des Sonderbetriebsvermögens** auszugehen ist, kann das Wirtschaftsgut auch erbschaftsteuerlich, insbesondere im Hinblick auf Betriebsvermögens-Freibetrag und Bewertungsabschlag, nicht als Betriebsvermögen behandelt werden.[92] Unter Zugrundelegung der BFH-Rspr., wonach die Buchwertfortführung gemäß § 6 Abs. 3 EStG zwingend die kongruente Übertragung von Betriebsvermögen und Sonderbetriebsvermögen voraussetzt,[93] würde sogar eine Aufdeckung der stillen Reserven in Gesellschaftsanteil und Sonderbetriebsvermögen drohen.[94] Jedoch hält die Finanzverwaltung in dem BMF-Schreiben zur unentgeltlichen Übertragung von Mitunternehmeranteilen und Teilen von Mitunternehmeranteilen mit Sonderbetriebsvermögen[95] insoweit an den Regelungen des BMF-Schreibens zur Erbauseinandersetzung fest, wonach lediglich die stillen Reserven in den Wirtschaftsgütern des Sonderbetriebsvermögens in dem auf die nicht-qualifizierten Erben entfallenden Umfang aufgedeckt werden.[96]

36 Die **Realisierung stiller Reserven beim Zusammentreffen von qualifizierter Nachfolge und Sonderbetriebsvermögen** kann durch Gestaltungen vermieden werden, bei denen das Sonderbetriebsvermögen nicht in das Gesamthandseigentum einer Erbengemeinschaft fällt, an der auch nicht-qualifizierte Erben beteiligt sind. In erster Linie kommt hier eine Einsetzung des Nachfolgeberechtigten zum Alleinerben in Betracht, verbunden mit der Aussetzung von Vermächtnissen über den restlichen (nicht betrieblichen) Nachlass.[97] Durch die Anordnung von Quotenvermächtnissen kann hierbei sichergestellt werden, dass der Vermächtnisnehmer auch an Vermögenszuwächsen nach Testamentserrichtung partizipiert; denkbar sind auch Gewinn- oder Beteiligungsvermächtnisse.

37 Die Zuweisung des Sonderbetriebsvermögens durch Teilungsanordnung oder Vorausvermächtnis reicht zur Vermeidung einer Zwangsentnahme demgegenüber nicht aus.[98] Als Vermeidungsstrategie kommt es hingegen in Betracht, den Gesellschaftsanteil zusammen mit dem Sonderbetriebsvermögen in vorweggenommener Erbfolge auf den qualifizierten Miterben zu übertragen, wobei etwaige an die Geschwister zu zahlende Gleichstellungsgelder allerdings zu Veräußerungsentgelten und Anschaffungskosten führen.[99] Denkbar ist auch die Schenkung des Sonderbetriebsvermögens auf den Todesfall nach § 2301 BGB, wegen § 925 Abs. 2 BGB jedoch nur bei beweglichen Wirtschaftsgütern.[100] Auf gesellschaftsvertraglicher Ebene kann die **Zwangsentnahme des Sonderbetriebsvermögens** durch die nachträgliche Vereinbarung einer einfachen Nachfolgeklausel vermieden werden, wobei der Effekt der qualifizierten Klausel durch die Statuierung entsprechender erbrechtlicher Übernahmerechte (Teilungsanordnungen, Vorausvermächtnisse) erzielt werden kann.[101] Bei erheblichen stillen Reserven im Sonderbetriebsvermögen wird sich als Vermeidungsstrategie auch das sog. „Ausgliederungsmodell" anbieten, bei dem die Wirtschaftsgüter des Sonderbetriebsvermögens auf der Grundlage von § 6 Abs. 5 S. 3 EStG unter Lebenden zum Buchwert in eine gewerbliche oder gewerblich geprägte GmbH & Co. KG eingebracht werden.[102] Hierdurch wird das Sonderbetriebsvermögen nach hM bereits mit der Übertragung eigenes Betriebsvermögen dieser Kommanditgesellschaft und behält diese Qualität auch beim Eintritt des Erbfalls bei.[103]

---

[92] Vgl. *von Rechenberg* GmbHR 2005, 386, 396; *Esch/Baumann/Schulze zur Wiesche* RdNr. II 699.
[93] BFH Urt. v. 24. 8. 2000 – IV R 51/98, DStR 2000, 1768, 1769; hierzu *Geck* DStR 2000, 2031, 2035; *Klumpp* ZEV 2001, 55, 57.
[94] Vgl. *Geck* DStR 2000, 2031, 2035; *Klumpp* ZEV 2001, 55, 57.
[95] BMF-Schreiben betr. „Zweifelsfragen zu § 6 Abs. 3 EStG idF des Unternehmenssteuerfortentwicklungsgesetzes vom 2. 12. 2001 (UntStFG, BGBl. 2001 I S. 3858) im Zusammenhang mit der unentgeltlichen Übertragung von Mitunternehmeranteilen mit Sonderbetriebsvermögen sowie Anteilen von Mitunternehmeranteilen mit Sonderbetriebsvermögen" v. 3. 3. 2005, DStR 2005, 475 = BB 2005, 1046; hierzu *Rogall/Stangl* DStR 2005, 1073; *Seitz* Erbfolgebesteuerung 2005, 108; *Winkeljohann/Stegemann* BB 2005, 1416.
[96] BMF-Schreiben v. 3. 3. 2005 (Fn. 95) RdNr. 23 mit Verweis auf BMF-Schreiben Erbauseinandersetzung (Fn. 46) RdNr. 73; ebenso *L. Schmidt* § 16 RdNr. 674; *Tiedtke/Hils* ZEV 2004, 441, 446.
[97] Vgl. *Reimann* ZEV 2002, 487, 492; *Ebenroth/Lorz* WiB 1995, 689, 691 f.; *Feddersen/Kiem* ZHR 159 (1995), 479, 488.
[98] BFH (Fn. 87) ZEV 1998, 274, 275; vgl. auch BFH (Fn. 50) ZEV 1999, 75; BMF-Schreiben Erbauseinandersetzung (Fn. 46) RdNr. 73; *L. Schmidt* § 16 RdNr. 675; *Feddersen/Kiem* ZHR 159 (1995), 479, 488; *Arbeitskreis „Unternehmensnachfolge" des IDW* RdNr. 1185; *Crezelius* RdNr. 277; aA *Knobbe-Keuk*, Bilanz- und Unternehmenssteuerrecht, 9. Aufl. 1993, § 22 VI 4 f: unmittelbarer Übergang des wirtschaftlichen Eigentums; idS. vgl. auch *Daragan/Zacher-Röder* DStR 1999, 89, 91 („Miterben-Modell").
[99] Vgl. nur *L. Schmidt* § 16 RdNr. 675; *Sudhoff/von Sothen*, Unternehmensnachfolge, § 54 RdNr. 108.
[100] Vgl. *Bohlmann* BB 1994, 189, 192; *Menges/Stähle* BB 1994, 2122, 2123; *Knebel/Nekola* DB 2000, 169, 173; *Ebenroth/Lorz* WiB 1995, 689, 692; *Seitz* Erbfolgebesteuerung 2005, 108, 113; *Sudhoff/von Sothen*, Unternehmensnachfolge, § 54 RdNr. 108.
[101] *Spiegelberger* RdNr. 580; *Bohlmann* BB 1994, 189, 192; *Feddersen/Kiem* ZHR 159 (1995), 479, 488; *L. Schmidt* § 16 RdNr. 675.
[102] Vgl. *Groh* DB 1992, 1312, 1316; *Bohlmann* BB 1994, 189, 193; *Menges/Stähle* BB 1994, 2122, 2123; *Düll/Fuhrmann/Eberhard* DStR 2000, 1713, 1714 f.; *Geck* ZEV 2001, 41, 42 f.; *L. Schmidt* § 16 RdNr. 675; *Arbeitskreis „Unternehmensnachfolge" des IDW* RdNr. 1187.
[103] Vgl. *L. Schmidt* § 15 RdNr. 536 mwN.

C. Eintrittsklauseln und rechtsgeschäftliche Nachfolgeregelungen

I. Eintrittsklauseln

1. Eintrittsrecht. Während die Nachfolgeklausel einen automatischen Übergang der Beteiligung mit allen aus ihr erwachsenden Rechten und Pflichten bewirkt, verschafft die Vereinbarung einer Eintrittsklausel dem Nachfolger im Wege eines echten Vertrages zugunsten Dritter (§§ 328, 331 BGB) lediglich einen **schuldrechtlichen Anspruch auf Aufnahme** in die Gesellschaft.[104] Rechtstechnisch ist die Vereinbarung einer Eintrittsklausel im Gesellschaftsvertrag mit einer Fortsetzungskomponente verbunden, indem sie die ausdrückliche oder stillschweigende Anordnung der Fortsetzung der Gesellschaft unter Ausschluss des oder der Erben und bei gleichzeitiger Möglichkeit des Beitritts des Eintrittsberechtigten enthält.[105] Zweckmäßigerweise ist das Eintrittsrecht so auszugestalten, dass der Eintrittsberechtigte durch seine Eintrittserklärung (einseitige Gestaltungserklärung) unmittelbar Gesellschafter wird, das Erfordernis einer Mitwirkung der überlebenden Gesellschafter also entfällt.[106] Ebenso empfiehlt sich die Festlegung einer Frist für die Ausübung des Eintrittsrechts; in Ermangelung einer solchen ist der Eintritt binnen angemessener Frist zu erklären.[107] Die **Wahlmöglichkeit nach § 139** steht dem Eintrittsberechtigten nicht zu (s. RdNr. 3). 38

Minderjährige bedürfen für den Eintritt in die Gesellschaft anders als beim Nachrücken infolge einer Nachfolgeklausel der Genehmigung des Vormundschaftsgerichts (§§ 1643 Abs. 1, 1822 Nr. 3 BGB).[108] Ist der gesetzliche Vertreter des Minderjährigen selbst an der Gesellschaft beteiligt, bedarf es im Hinblick auf § 1795 BGB zudem der Mitwirkung eines Ergänzungspflegers. Hiervon unberührt bleibt die Möglichkeit zu Haftungsbeschränkung und Kündigung nach Maßgabe von § 1629 a Abs. 1 S. 1 aE BGB. 39

Problematisch ist die Vereinbarung eines Eintrittsrechts in einer **zweigliedrigen Gesellschaft,** führt der Tod des vorletzten Gesellschafters doch zwangsläufig zum Erlöschen der Gesellschaft (vgl. § 140 RdNr. 41). Im Zweifel ist das gesellschaftsvertragliche Eintrittsrecht hier im Sinne einer Verpflichtung des überlebenden Gesellschafters auszulegen, mit dem Eintrittsberechtigten eine neue Gesellschaft zu gründen, auf welche das bei ihm angewachsene Gesellschaftsvermögen zu übertragen ist.[109] 40

2. Gestaltung. Da der Eintrittsberechtigte nicht zum Kreise der Erben gehören muss, besteht bei Verwendung einer Eintrittsklausel die Möglichkeit, die Bestimmung des Nachfolgers in den Gesellschaftsanteil ohne Verstoß gegen § 2065 Abs. 2 BGB über den Erbfall hinauszuschieben und vollumfänglich einem Dritten zu übertragen.[110] Auch die Zuwendung des Kapitalanteils (vgl. RdNr. 42 ff.) unterfällt nur dann § 2065 BGB, wenn sie auf einer letztwilligen Verfügung des Erblassers beruht. Gegen die Verwendung einer Eintrittsklausel spricht aber, dass der Begünstigte nicht zur Ausübung des Eintrittsrechts verpflichtet ist; das Gelingen der Nachfolgeregelung ist in seine Hand gelegt, wobei sich insbesondere der mögliche Abfluss von Liquidität infolge von Abfindungsansprüchen als problematisch erweist. Nur für den Fall, dass der Eintrittsberechtigte zugleich Erbe oder Vermächtnisnehmer wird, besteht die Möglichkeit, den Eintritt durch Auflagen, die vermächtnisweise Zuwendung eines auf den Vollzug des Eintritts gerichteten Forderungsrechts an die Mitgesellschafter oder durch die entsprechende Bedingung der Zuwendung zu erzwingen.[111] 41

3. Übergang des Kapitalanteils. a) Allgemeines. Der Eintritt des Begünstigten begründet seine Mitgliedschaft in der Gesellschaft, lässt jedoch den Vermögenswert der Beteiligung des Erb- 42

---

[104] Statt vieler *K. Schmidt* GesR § 45 V 6 a; *Ebenroth* RdNr. 883; 193; Sudhoff/*van Randenborgh,* Personengesellschaften, § 16 RdNr. 43.
[105] MünchKommHGB/*K. Schmidt* RdNr. 25.
[106] Zur Rechtskonstruktion des Eintritts ausf. MünchKommHGB/*K. Schmidt* RdNr. 27; MünchHdbBGB/*Klein* § 79 RdNr. 76, 81; vgl. auch *Arbeitskreis „Unternehmensnachfolge" des IDW* RdNr. 1190 ff.; GroßkommHGB/*Ulmer* RdNr. 178; *Göbel* DNotZ 1979, 133, 152; *H. Westermann* RdNr. I 1245 f.
[107] BGH (Fn. 9) NJW-RR 1987, 989, 990; RG (Fn. 3) RGZ 170, 98, 108, BGH (Fn. 9) NJW 1978, 264, 266; *Ulmer* § 727 RdNr. 57; MünchHdbBGB/*Klein* § 72 RdNr. 81; MünchKommHGB/ *K. Schmidt* RdNr. 28; Koller/Roth/ Morck RdNr. 19; Baumbach/*Hopt* RdNr. 53.
[108] Vgl. *Reimann* DNotZ 1999, 179, 195; *Winkler* ZGR 1973, 177, 190 ff.; aA *Brox,* FS Bosch, 1976, S. 75, 81.
[109] IdS MünchHdbBGB/*Klein* § 79 RdNr. 92.
[110] Vgl. *Ulmer* § 727 RdNr. 54; *Ebenroth* RdNr. 887; MünchHdbBGB/*Klein* § 79 RdNr. 77; Sudhoff/*Froning,* Unternehmensnachfolge, § 44 RdNr. 59.
[111] *Ebenroth/Lorz* WiB 1995, 689, 692; MünchHdbBGB/*Klein* § 80 RdNr. 20; GroßkommHGB/*Schäfer* RdNr. 151; *Michalski* DB 1980, Beil. 5, 17; Sudhoff/*Froning,* Unternehmensnachfolge, § 44 RdNr. 61; *Arbeitskreis „Unternehmensnachfolge" des IDW* RdNr. 1191.

lassers nicht übergehen. Vielmehr erwerben die Erben mit Eintritt des Erbfalls den Abfindungsanspruch nach § 738 Abs. 1 S. 2 BGB. Eine befriedigende Nachfolgegestaltung unter Verwendung einer Eintrittsklausel lässt sich somit nur verwirklichen, wenn dem Eintrittsberechtigten auch der Abfindungsanspruch zugewendet wird bzw. dieser ausgeschlossen wird und zugleich sichergestellt ist, dass der Nachfolger seinen Kapitalanteil anderweitig finanzieren kann. Die **vermögensmäßige Nachfolge des Eintrittsberechtigten** kann hierbei im Wege der Treuhandvariante oder auf erbrechtlichem Wege bewirkt werden.[112]

43   **b) Treuhandvariante.** Bei dieser verpflichtet der Erblasser seine Mitgesellschafter, den ihnen mit dem Erbfall anwachsenden Kapitalanteil treuhänderisch für den Eintrittsberechtigten zu halten und bei Ausübung des Eintrittsrechts auf diesen zu übertragen (§ 328 BGB). Eine entsprechende Verpflichtung kann sich auch durch Auslegung des Gesellschaftsvertrages ergeben.[113] Abfindungsansprüche der Erben werden bei der Treuhandvariante ausgeschlossen, wobei im Regelfall davon auszugehen ist, dass der Ausschluss durch die Nichtausübung des Eintrittsrechts auflösend bedingt ist.[114]

44   Die Treuhandvariante unterfällt nicht § 2301 Abs. 1 BGB: Im Verhältnis zwischen Erblasser und Mitgesellschaftern fehlt es bereits am Vorliegen einer Schenkung, da der Abfindungsausschluss die Gegenleistung für die von den Mitgesellschaftern übernommene Verpflichtung darstellt, dem Eintrittsberechtigten die Einlage des Erblassers als eigene zuzurechnen;[115] im Verhältnis zwischen Erblasser und Eintrittsberechtigtem liegt zwar im Regelfall eine Schenkung vor, jedoch findet § 2301 BGB nach der Rspr. auf das Valutaverhältnis im Rahmen eines Vertrages zugunsten Dritter keine Anwendung.[116]

45   **c) Erbrechtliche Variante.** Wird der Abfindungsanspruch durch Verfügung von Todes wegen (zB durch Vermächtnis, Vorausvermächtnis oder Teilungsanordnung) auf den Eintrittsberechtigten übergeleitet, damit dieser seine Einlageverpflichtung durch Verrechnung erfüllen kann, so spricht man von der erbrechtlichen Variante der Eintrittsklausel.[117] Eine Beschränkung des Abfindungsanspruchs unter den Wert des Kapitalanteils verpflichtet den Erben nicht zur Zahlung des Differenzbetrages, sondern begrenzt zugleich die Einlageforderung gegen den Eintrittsberechtigten: Entscheidend ist, dass der Gesellschaft im Ergebnis keine Mittel entzogen werden.[118]

46   **4. Auslegungsgrundsätze.** Nach der Rspr. ist im Zweifel anzunehmen, dass sich die Gesellschafter bei der Wahl zwischen erbrechtlicher Nachfolgeregelung und rechtsgeschäftlicher Eintrittsklausel im Zweifel für die Erstere entschieden haben.[119] Hierfür soll insbesondere das Interesse der Mitgesellschafter sprechen, die sich bei einer Eintrittsklausel der Ungewissheit über die Ausübung des Eintrittsrechts und der Gefahr von Abfindungszahlungen ausgesetzt sehen. Diese Bevorzugung der erbrechtlichen Nachfolge gilt vor allem, wenn der vorgesehene Nachfolger zum Kreis der voraussichtlichen Erben gehört und zwar auch dann, wenn im Gesellschaftsvertrag von einem „Eintritt" in die Gesellschaft die Rede ist.[120] Diese Auslegung schränkt den Anwendungsbereich rechtsgeschäftlicher Eintrittsklauseln beträchtlich ein; letztlich soll sie demnach nur Notanker für den Fall, dass eine erbrechtliche Nachfolge an der fehlenden Synchronisation von Gesellschafts- und Erbrecht scheitert oder es für eine rechtsgeschäftliche Übertragung des Anteils (hierzu sogleich RdNr. 51 ff.) an der notwendigen Mitwirkung des vorgesehenen Nachfolgers fehlt.[121]

47   **5. Erbrechtliche Ausgleichsansprüche.** Geht der Vermögenswert der Beteiligung erbrechtlich auf den Eintrittsberechtigten über, so finden die zur qualifizierten Nachfolgeklausel entwickelten

---

[112] Exemplarisch BGH (Fn. 9) NJW 1978, 264, 265; OLG Frankfurt (Fn. 9) NJW-RR 1988, 1251, 1252; ausführliche Darstellung der verschiedenen Gestaltungen des Eintrittsrechts bei *Götte* DNotZ 1988, 603; vgl. auch *Michalski* RdNr. 55 ff.
[113] *K. Schmidt* GesR § 45 V 6 a bb; *Ulmer* § 727 RdNr. 59; MünchHdbBGB/*Klein* § 79 RdNr. 82; *Koller*/Roth/Morck RdNr. 19; *Tiedau* NJW 1980, 2446, 2450; iE auch RG Urt. v. 23. 10. 1934 – II 129/34, RGZ 145, 289, 293.
[114] *Ulmer* § 727 RdNr. 59; GroßkommHGB/*Schäfer* RdNr. 150.
[115] *Marotzke* AcP 184 (1984), 541, 573 f.; BGH (Fn. 23) BGHZ 22, 186, 194 (mit abweichender Begründung).
[116] Grundlegend RG Urt. v. 8. 2. 1923 – IV 86/22, RGZ 106, 1, 2; BGH Urt. v. 26. 11. 1975 – IV ZR 138/74, BGHZ 66, 8, 9 f.; ausf. *Ebenroth* RdNr. 532.
[117] Vgl. *Ulmer* ZGR 1972, 195, 220; *Ebenroth* RdNr. 885; *Baumbach*/Hopt RdNr. 55; Arbeitskreis „Unternehmensnachfolge" der IDW RdNr. 1195; exemplarisch BGH (Fn. 9) NJW 1978, 264, 265; BGH (Fn. 9) WM 1987, 981, 982.
[118] *Ulmer* ZGR 1972, 195, 219; MünchKommHGB/*K. Schmidt* RdNr. 30; *H. Westermann* RdNr. I 1246; *Ebenroth* RdNr. 885.
[119] BGH (Fn. 6) BGHZ 68, 225, 230 ff.; BGH (Fn. 6) NJW 1978, 264, 265.
[120] BGH (Fn. 6) BGHZ 68, 225, 231 ff.; GroßkommHGB/*Schäfer* RdNr. 19; *K. Schmidt* GesR § 45 V 6 a aa; *Ebenroth* RdNr. 885; Sudhoff/*van Randenborgh*, Personengesellschaften, § 16 RdNr. 45.
[121] MünchHdbBGB/*Klein* § 79 RdNr. 110; *Priester* DNotZ 1977, 558, 560; *Göbel* DNotZ 1979, 133, 136.

Grundsätze entsprechende Anwendung. Entscheidend ist somit – falls vorhanden – die letztwillige Verfügung des Erblassers, insbesondere die Abgrenzung zwischen Teilungsanordnung und Vorausvermächtnis, Grenzen zieht das Pflichtteilsrecht der weichenden Erben.[122] Bei einem Übergang des Kapitalanteils im Wege der Treuhandvariante wird dieser am Nachlass vorbeigesteuert; eine erbrechtliche Partizipation kommt insoweit allein über Pflichtteilsergänzungsansprüche in Betracht (§§ 2325, 2329 BGB).[123] Hierbei beginnt die Zehn-Jahres-Frist des § 2325 Abs. 3 BGB nach Maßgabe der BGH-Rspr. nicht vor dem Tod des Erblassers und steht somit einer Pflichtteilsergänzung nicht entgegen.[124] Bereicherungsrechtliche Ansprüche unter dem Gesichtspunkt einer Formnichtigkeit des Abfindungsausschlusses (§ 2301 Abs. 1 BGB) bestehen nicht (vgl. RdNr. 44).

6. Steuerrecht. a) Erbschaftsteuer. Die erbschaftsteuerlichen Folgen der verschiedenen Formen der Eintrittsklausel sind nicht abschließend geklärt. Grundsätzlich sind beide Varianten mit einem auflösend bedingten Erwerb der Mitgesellschafter verbunden, der insoweit der Erbschaftsteuer unterliegen würde, als der Steuerwert des Anteils die Abfindungsansprüche der Erben übersteigt (§ 3 Abs. 1 Nr. 2 S. 2 ErbStG iVm. § 5 Abs. 1 S. 1 BewG). Zu einer Veranlagung wird es wegen der Kürze der Zeitspanne zwischen Erbfall und Ausübung des Eintrittsrechts jedoch nur in den seltensten Fällen kommen. Eine bereits erfolgte Steuerfestsetzung der Mitgesellschafter ist nach Ausübung des Eintrittsrechts auf Antrag zu berichtigen (§ 5 Abs. 2 BewG).[125] Auf Seiten der Erben gehört grundsätzlich der in der Person des Erblassers entstandene Abfindungsanspruch zum Nachlass und ist den Erben erbschaftsteuerlich im Verhältnis ihrer Erbquoten zuzurechnen.[126] 48

Die **Finanzverwaltung** stellt für die erbschaftsteuerliche Behandlung sowie für die Begünstigungen nach §§ 13a, 19a ErbStG auf die durch die Eintrittsklausel letztlich vollzogenen Rechtsfolgen ab: Geht der Anteil auf einen eintrittsberechtigten Erben über, so soll ungeachtet der unterschiedlichen Ausgestaltung der Nachfolge von einem begünstigten Erwerb von Todes wegen und somit von einem Eingreifen der Regelungen zur Nachfolgeklausel auszugehen sein. Auch die Ausübung des Eintrittsrechts durch einen Miterben soll dann begünstigt sein, wenn ihm der Abfindungsanspruch per Vermächtnis vom Erblasser zugewendet worden ist und er gegen Einlage in Höhe dieses Abfindungsanspruchs rückwirkend auf den Tod des Erblassers eintrittsberechtigt ist.[127] Diese als Billigkeitsmaßnahme zu verstehende Betrachtung sollte richtigerweise auch auf etwaiges Sonderbetriebsvermögen des Erblassers erstreckt werden, trotz dessen zeitweiliger Qualität als Privatvermögen.[128] Wird von dem Eintrittsrecht kein Gebrauch gemacht, haben die Erben einen etwaigen Abfindungsanspruch zum Nominalwert zu versteuern; in Bezug auf die Mitgesellschafter verbleibt es bei § 3 Abs. 1 Nr. 2 S. 2 ErbStG. 49

b) Einkommensteuer. Insoweit unterscheidet die Finanzverwaltung nicht zwischen den einzelnen Spielarten der Eintrittsklausel, sondern wendet für den Fall, dass alle Erben **innerhalb von sechs Monaten** nach dem Erbfall von ihrem Eintrittsrecht Gebrauch machen, die Regeln zur Behandlung einfacher Nachfolgeklausel an. Sind nur einzelne Erben eintrittsberechtigt, so sollen die Grundsätze zur qualifizierten Nachfolgeklausel entsprechende Anwendung finden. Unterbleibt ein Eintritt oder wird das Eintrittsrecht nicht innerhalb von sechs Monaten ausgeübt, so entsteht ein dem Erblasser zuzurechnender Veräußerungsgewinn, sofern eine gezahlte Abfindung das Kapitalkonto des Erblassers übersteigt; insoweit entsprechen die einkommensteuerlichen Folgen denen einer Fortsetzungsklausel (hierzu § 131 RdNr. 146 ff.).[129] Diese Sichtweise trägt Billigkeitscharakter, vermeidet sie doch mit der Entstehung von Abfindungsansprüchen ansonsten verbundene Gewinnrealisierungen.[130] Gleichwohl sind Ungereimtheiten zu konstatieren:[131] Da die Treuhandvariante den Nachlass nicht berührt, müssten die einkommensteuerlichen Wirkungen der 50

---

[122] *K. Schmidt* GesR § 45 V 6a aa; *Bratke* S. 160; *Boujong*, FS Ulmer, 2003, S. 41, 49 f.; Koller/Roth/Morck RdNr. 20
[123] Str.; wie hier *Marotzke* AcP 184 (1984), 541, 579 f.; *Tiedau* NJW 1980, 2446, 2449; MünchHdbBGB/*Klein* § 80 RdNr. 27; GroßkommHGB/*Schäfer* RdNr. 155; aA *Ulmer* ZGR 1972, 324, 332 ff. (erweiternde Auslegung der §§ 2050 ff. BGB); *Bratke* S. 189 (§ 2048 BGB analog).
[124] BGH Urt. v. 17. 9. 1986 – IVa ZR 13/85, BGHZ 98, 226, 230 = NJW 1987, 122; BGH Urt. v. 2. 6. 1993 – IV ZR 259/92, NJW 1993, 2737, 2738; anders noch BGH Urt. v. 25. 5. 1970 – III ZR 141/68, NJW 1970, 1638; zweifelnd bereits BGH Urt. v. 16. 10. 1974 – IV ZR 85/73, FamRZ 1974, 650, 651; aus der Lit. vgl. *Boujong*, FS Ulmer, 2003, S. 41, 50; GroßkommHGB/*Schäfer* RdNr. 156.
[125] Ausf. *Crezelius* RdNr. 290 ff.; *Gebel*, Gesellschafternachfolge, RdNr. 441; *Ebenroth* RdNr. 888.
[126] Ausf. *Gebel*, Betriebsvermögensnachfolge, RdNr. 834 ff.
[127] Vgl. ErbStR R 55 Abs. 2 S. 3, 4.
[128] Vgl. *Jülicher* in Troll/Gebel/Jülicher ErbStG § 13a RdNr. 37; *Arbeitskreis „Unternehmensnachfolge" als IDW* RdNr. 1199; *Crezelius* RdNr. 292; zweifelnd *Gebel*, Betriebsvermögensnachfolge, RdNr. 841.
[129] BMF-Schreiben Erbauseinandersetzung (Fn. 46) RdNr. 70; zustimmend *Crezelius* RdNr. 278 f.
[130] Vgl. *Wacker/Franz* BB 1993, Beil. 5, 26; *Spiegelberger* RdNr. 584; vgl. auch *Groh* DB 1990, 2135, 2141.
[131] Vgl. auch *Ebenroth/Lorz* WiB 1995, 689, 693.

Nachfolgeklausel eigentlich unabhängig vom Lauf der Sechs-Monatsfrist Anwendung finden.[132] Auch bezieht sich die Anordnung der Finanzverwaltung wiederum nur auf eintretende Erben, ungeachtet der zivilrechtlichen Sichtweise, wonach die Vereinbarung eines Eintrittsrechts zugunsten von Miterben im Zweifel im Sinne einer erbrechtlichen Nachfolge auszulegen ist (s. RdNr. 46).

II. Rechtsgeschäftliche Nachfolgeklauseln

51 **1. Wirkungsweise.** Hierdurch wird, anders als bei der Eintrittsklausel, nicht nur ein Eintrittsrecht des Nachfolgers begründet. Vielmehr rückt dieser unmittelbar mit dem Erbfall rechtsgeschäftlich, nicht erbrechtlich (Abgrenzung zur Nachfolgeklausel), in die Gesellschaft nach.[133] Allerdings bedarf es hierzu der lebzeitigen **Mitwirkung des vorgesehenen Nachfolgers:** Die Vereinbarung einer rechtsgeschäftlichen Nachfolgeklausel allein unter den bisherigen Gesellschaftern bewirkt nach ganz hM keinen Anteilsübergang mit unmittelbarer dinglicher Wirkung.[134] Hierin läge wegen der mit dem Anteil verbundenen gesellschaftsrechtlichen Pflichten ein unzulässiger Vertrag zu Lasten Dritter;[135] auch sieht die Rspr.[136] Verfügungen zugunsten Dritter weiterhin als unzulässig an.

52 Konstruktiv wird der Anteil durch eine rechtsgeschäftliche Nachfolgeklausel in der Weise am Erbrecht „vorbeigesteuert", dass ihn der Erblasser bereits zu Lebzeiten befristet und durch das Überleben des Begünstigten aufschiebend bedingt an diesen abtritt.[137] Dies kann im Gesellschaftsvertrag selbst geschehen, sofern der vorgesehene Nachfolger hieran – als Mitgesellschafter – beteiligt ist oder einer entsprechenden Regelung in sonstiger Weise zustimmt;[138] vorzugswürdig ist ein separater Übertragungsvertrag zwischen Erblasser und vorgesehenem Nachfolger unter gleichzeitiger Zustimmung der Mitgesellschafter (sofern nicht bereits im Gesellschaftsvertrag enthalten). Der Form einer Verfügung von Todes wegen (§ 2301 Abs. 1 BGB) bedarf eine entsprechende Vereinbarung nicht; die aufschiebend bedingte Schenkung gilt (auch bei einem etwaigen Widerrufsvorbehalt) als vollzogen iSv. § 2301 Abs. 2 BGB.[139]

53 **2. Ausgleichsansprüche.** Nicht in die Gesellschaft nachrückende Pflichtteilsberechtigte partizipieren am Wert des am Nachlass vorbeigesteuerten Gesellschaftsanteils im Rahmen von Pflichtteilsergänzungsansprüchen (§ 2325 BGB) gegen den Erben und subsidiär (§ 2329 BGB) gegen den Anteilsnachfolger (s. bereits RdNr. 47). Sonstige **erbrechtliche Ausgleichsansprüche** scheiden aus; Versuche, weichenden Erben durch eine extensive Auslegung der §§ 2050 ff. BGB oder über eine Analogie zu § 2048 BGB zu Ausgleichsansprüchen zu verhelfen,[140] sind abzulehnen.[141]

54 **3. Gestaltung und Auslegung.** Für eine rechtsgeschäftliche Nachfolgeregelung sprechen insbesondere die Bindung des Nachfolgers, die Umgehung von § 139 sowie die Ablösung vom Erbrecht, zum einen in Hinblick auf die Möglichkeit, einen Nichterben als Nachfolger zu benennen (Umgehung von bindend gewordenen Erbeinsetzungen), zum anderen mit dem Ziel, Wertausgleichsansprüche weichender Erben zu vermeiden. Allerdings steht die Rspr. solchen Klauseln skeptisch gegenüber: Wegen der Notwendigkeit einer frühzeitigen Festlegung des Nachfolgers spreche „im Zweifel" eine Vermutung dafür, dass die Gesellschafter eine erbrechtliche Nachfolge-

---

[132] *Wacker/Franz* BB 1993, Beil. 5, 26; *Spiegelberger* DStR 1992, 618, 619; *Groh* DB 1990, 2135, 2141; *L. Schmidt* § 16 RdNr. 677, 679; *Arbeitskreis „Unternehmensnachfolge" des IDW* RdNr. 1202; Sudhoff/*von Sothen*, Unternehmensnachfolge, § 54 RdNr. 110.

[133] Zur grundsätzlichen Zulässigkeit rechtsgeschäftlicher Nachfolgeklauseln BGH Urt. v. 11. 5. 1959 – II ZR 2/58, NJW 1959, 1433; BGH (Fn. 6) BGHZ 68, 225, 234.

[134] Vgl. nur BGH (Fn. 6) BGHZ 68, 225, 231 f.; BGH (Fn. 9) NJW 1978, 264, 265; *Göbel* DNotZ 1979, 133, 135 f.; Sudhoff/*Froning*, Unternehmensnachfolge, § 44 RdNr. 50; Sudhoff/*van Randenborgh*, Personengesellschaften, § 16 RdNr. 47. *K. Schmidt* GesR § 45 V 6 c; *Ulmer* § 727 RdNr. 51; *Mutter* in Gummert, MAH PersG, § 6 RdNr. 551; aA vor allem *Lange/Kuchinke* ErbR 5. Aufl. 2001, § 5 VI 4; *Säcker* S. 63 f.

[135] Ausf. *Rüthers* AcP 168 (1968), 264, 274; *G. und D. Reinicke* NJW 1957, 561, 563.

[136] BGH Urt. v. 29. 1. 1964 – V ZR 209/61, BGHZ 41, 95 f. = NJW 1964, 1124; BGH Urt. v. 8. 7. 1993 – IX ZR 222/92, NJW 1993, 2617; BGH (Fn. 6) BGHZ 68, 225, 231 f.; aA demgegenüber u. a. Erman/*Westermann* § 328 RdNr. 2 f.; Staudinger/*Jagmann* Vor § 328 RdNr. 60 f.; ausf., mwN, *Säcker* S. 44.

[137] BGH (Fn. 133) NJW 1959, 1433; BGH (Fn. 124) NJW 1970, 1638, 1639; vgl. auch *Marotzke* AcP 184 (1984), 541, 557 ff.; *Nieder* RdNr. 1264; *Michalski* RdNr. 7; *Koller/Roth/Morck* RdNr. 21.

[138] Vgl. etwa BGH (Fn. 133) NJW 1959, 1433; BGH (Fn. 124) NJW 1970, 1638, 1639; aA MünchKommHGB/*K. Schmidt* RdNr. 24: rechtsgeschäftliche Übertragung von Gesellschaftsanteilen ist nicht tauglicher Inhalt des Gesellschaftsvertrages.

[139] Vgl. MünchKommBGB/*Musielak* § 2301 RdNr. 21 f. mwN.

[140] IdS etwa *Säcker* S. 94 ff.; *Ulmer* § 727 RdNr. 38 (erweiternde Auslegung der §§ 2050 ff. BGB); *Bratke* S. 186 f. (§ 2048 analog).

[141] Ausf. *Marotzke* AcP 184 (1984), 541, 560 ff.; vgl. auch *Boujong*, FS Ulmer, 2003, S. 41, 48 f.

klausel vereinbaren wollten.[142] Dies ist jedoch nicht zwingend, kann ein Widerrufsvorbehalt doch entweder ausdrücklich vereinbart werden oder sich im Wege ergänzender Vertragsauslegung ergeben.[143]

Für die Kautelarpraxis ergibt sich aus dieser Haltung der Rspr. die Notwendigkeit, den gewollten 55 rechtsgeschäftlichen Anteilsübergang in der Formulierung entsprechender gesellschaftsvertraglicher Klauseln unzweifelhaft zum Ausdruck zu bringen. Scheitert eine rechtsgeschäftliche Nachfolgeklausel an der fehlenden Mitwirkung des vorgesehenen Nachfolgers, so kommt eine Umdeutung in ein Eintrittsrecht oder, sofern der vorgesehene Nachfolger Erbe geworden ist, in eine erbrechtliche Nachfolgeklausel in Betracht.[144]

D. Die Sonderfälle von Vor- und Nacherbschaft, Testamentsvollstreckung, Nachlassverwaltung und Nachlassinsolvenz

I. Vor- und Nacherbschaft

1. Allgemeines. Die Einsetzung von Vor- und Nacherben erfolgt meist mit dem Ziel, eine 56 Übergangszeit zu überbrücken (zB bis zum Abschluss der Ausbildung des für die Übernahme der Gesellschafterstellung bestimmten Abkömmlings) oder den Lebensunterhalt der Ehefrau zu sichern, unter Vermeidung des Abflusses des Vermögens aus der Familie (Eintritt der Nacherbfolge mit dem Tod der Ehefrau oder Wiederheirat). Bei entsprechendem Vermögen kann allerdings die **zweimalige Belastung des Nachlasses mit Erbschaftsteuer** (vgl. §§ 6 Abs. 1 und 2, 20 Abs. 4 ErbStG) prohibitiv wirken;[145] die Anordnung eines Nießbrauchsvermächtnisses mit Testamentsvollstreckung ist insoweit regelmäßig vorteilhaft.

Unproblematisch ist die Anordnung einer Vor- und Nacherbschaft bei Vorliegen einer einfachen 57 Nachfolgeklausel[146] oder für den gemäß § 177 ohnehin vererblichen Kommanditanteil. Enthält der Gesellschaftsvertrag eine qualifizierte Nachfolgeklausel, so müssen sowohl Vorerbe als auch Nacherbe deren Voraussetzungen erfüllen.[147] Ist dies in Bezug auf den Nacherben nicht der Fall, so wird die Gesellschaft bei Eintritt des Nacherbfalls unter den verbleibenden Gesellschaftern fortgesetzt; der Nacherbe ist abzufinden.

War der Vorerbe Mitgesellschafter des Erblassers, so bleibt die ererbte Mitgliedschaft neben seiner 58 eigenen Mitgliedschaft selbständig bestehen.[148] Ist der Vorerbe der einzige Mitgesellschafter des Erblassers gewesen, so entsteht für die Dauer der Vorerbschaft eine „Einmann-OHG";[149] die hinzu erworbene Beteiligung ist als selbständige zu behandeln (ausf. und aA § 105 RdNr. 35).[150]

2. Die Stellung des Vorerben. Aufgrund der erbrechtlichen Nachfolge rückt der Vorerbe für 59 die Dauer der Vorerbschaft vollumfänglich in die gesellschafterlichen Rechte und Pflichten des Erblassers ein, zB im Hinblick auf Stimm- und Informationsrechte sowie auf das Recht zu Geschäfts-

---

[142] BGH (Fn. 6) BGHZ 68, 225, 233 f.; BayObLG Beschl. v. 27. 6. 1980 – BReg. 1 Z 47/80, DB 1980, 2028; ebenso *K. Schmidt* GesR § 45 V 6 c; vgl. auch GroßkommHGB/*Schäfer* RdNr. 19.
[143] Vgl. *Marotzke* AcP 184 (1984), 541, 558 f.
[144] Vgl. BGH (Fn. 6) BGHZ 68, 225, 233; MünchHdbBGB/*Klein* § 79 RdNr. 111.
[145] Ausf. *Meincke* ErbStG 14. Aufl. 2004, § 6 RdNr. 3 ff. Zur Frage, ob die Begünstigung nach § 13 a ErbStG sowohl für den Erwerb des Vorerben als auch des Nacherben zu gewähren ist, vgl. Koordinierter Ländererlass (Fn. 69) I 1997, 673 RdNr. 21; ErbStR R 55; *Piltz* ZEV 1997, 61, 64 mwN.
[146] BGH Urt. v. 25. 5. 1977 – IV ZR 15/76, BGHZ 69, 47, 50 = NJW 1977, 1540; *Hefermehl*, FS Westermann, 1974, S. 223, 225.
[147] BGH Urt. v. 6. 10. 1980 – II ZR 268/79, BGHZ 78, 177, 181 = NJW 1981, 115; BGH (Fn. 9) NJW-RR 1987, 989; vgl. auch BGH Urt. v. 21. 11. 1989 – IV a ZR 220/88, BGHZ 109, 214, 219 = BGH NJW 1990, 514, 515; MünchKommHGB/*K. Schmidt* RdNr. 33; MünchHdbBGB/*Klein* § 80 RdNr. 23, 28; GroßkommHGB/*Schäfer* RdNr. 37.
[148] BGH Urt. v. 26. 10. 1983 – II ZR 44/83, NJW 1984, 362, 363.
[149] Vgl. BGH (Fn. 23) BGHZ 98, 48, 57 (kein Erlöschen der OHG, wenn der vorletzte Gesellschafter seinen Mitgesellschafter zum Vorerben eingesetzt und zugleich Testamentsvollstreckung angeordnet hat); Baumbach/*Hopt* § 131 RdNr. 19; zur Einmann-OHG bei angeordneter Vor- und Nacherbschaft bereits *Baur/Grunsky* ZHR 133 (1970), 209; aA u. a. (Wiederaufleben der Mitgliedschaft mit dem Nacherbfall) *Stimpel*, FS Rowedder, 1994, S. 477, 481 f.; *Timmann* S. 92 ff. Ausf. zur Figur der Einmann-Gesamthand auch *Kanzleiter*, FS Weichsler, 1997, S. 39; für eine generelle Anerkennung der Einmann-Personengesellschaft *Weimar* ZIP 1997, 1769; *Baumann* BB 1998, 225; *Pfister*, Die Einmann-Personengesellschaft, Diss. Siegen 1999, S. 195 f.; hiergegen jedoch explizit *Seibert* in: Die Reform des Handelsstandes und der Personengesellschaften, Fachtagung der Bayer-Stiftung für Deutsches und Internationales Arbeits- und Wirtschaftsrecht am 30. Oktober 1998, 1999, S. 119, 126 unter Verweis auf die eindeutige Begründung des Rechtsausschusses des Bundestages zur Streichung von § 142 (s. BT-Drucks. 13/10332 S. 30); ausf. *Eckart* NZG 2000, 449, 450 f.
[150] BGH (Fn. 23) BGHZ 98, 48, 57.

führung und Vertretung. Die Beziehungen des Vorerben zur Gesellschaft und den Mitgesellschaftern bestimmen sich nach §§ 105 ff. und dem Gesellschaftsvertrag, das Verhältnis zum Nacherben nach §§ 2100 ff. BGB.[151] Der seiner Gesellschaftsbeteiligung entsprechende **Anteil am Gewinn** gebührt dem Vorerben erbrechtlich demnach insoweit, als dieser Gewinn als Nutzung iSd. §§ 2111 Abs. 1 S. 1, 100, 99 Abs. 2 BGB anzusehen ist. Dies ist hinsichtlich des gesellschaftsrechtlich entnahmefähigen Gewinns der Fall (auch bei Gutschrift auf Privat- oder Darlehenskonto), wohingegen thesaurierte Gewinne der Substanz der Beteiligung und somit letztlich dem Nacherben zugute kommen.[152] Etwa erforderliche Korrekturen im Verhältnis zwischen Vor- und Nacherben (zB bei generell restriktiver Ausschüttungspolitik) hat der Erblasser vorzusehen.

60 Die **Verfügungsbeschränkungen der §§ 2113 ff. BGB** beschränken nur den Vorerben, nicht die Gesellschaft. Diese ist in der Verfügung über ihr Vermögen frei.[153] Verfügt der Vorerbe über seine Gesellschafterstellung (zB durch Übertragung, Kündigung), so gilt es hingegen das zwingende Verbot unentgeltlicher Verfügungen (§ 2113 Abs. 2 BGB) zu beachten.[154] Insoweit ist entscheidend, ob der Vorerbe ein Opfer aus dem Nachlass erbringt, dem keine gleichwertige Gegenleistung entgegensteht und er die Ungleichwertigkeit kennt oder bei ordnungsgemäßer Verwaltung des Nachlasses erkennen müsste.[155] Unwirksam nach § 2113 Abs. 2 BGB können demnach sein: die Veräußerung des Gesellschaftsanteils gegen ein Leibrentenversprechen, sofern die Leibrente dem Vorerben zufließt und dieser nicht von der Wertersatzverpflichtung nach § 2134 BGB befreit ist,[156] sowie das Ausscheiden des Vorerben aus der Gesellschaft gegen eine unzulängliche Abfindung.[157] Ausnahmen vom Erfordernis einer vollwertigen Abfindung lässt die (restriktive) Rspr. nur zu, sofern diese der Streitvermeidung über die Bewertung dienen sollen.[158]

61 Unentgeltliche Verfügung iSv. § 2113 Abs. 2 BGB kann auch die **Zustimmung des Vorerben zu einer Gesellschaftsvertragsänderung** sein.[159] Wegen der fehlenden Quantifizierbarkeit mitgliedschaftlicher Rechte und Pflichten wird der Begriff der Unentgeltlichkeit insoweit allein mit der ordnungsgemäßen Verwaltung des Nachlasses verknüpft.[160] In diesem Zusammenhang kann zB die Änderung einer Abfindungsklausel kann vor allem dann nach § 2113 Abs. 2 BGB unwirksam sein, wenn sie voraussichtlich nur den Nacherben trifft.[161] Müssen hingegen alle Gesellschafter gleichmäßig belastende Änderungen ihrer Mitgliedschaft hinnehmen oder war eine die Mitgliedschaftsrechte des Vorerben förmlich beschneidende Änderung des Gesellschaftsvertrages im Hinblick auf gewandelte Verhältnisse geboten und diente somit allein oder im Zusammenhang mit anderen Maßnahmen der Stärkung des Unternehmens, so fehlt es am Merkmal der Unentgeltlichkeit.[162] Generell ist § 2113 Abs. 2 BGB im Zusammenhang mit Gesellschaftsvertragsänderungen zurückhaltend anzuwenden: Andernfalls würde die Anordnung einer Vor- und Nacherbschaft für die Mitgesellschafter wegen der drohenden Zementierung bestehender Verhältnisse unzumutbar. Richtigerweise lässt es die Rspr. daher genügen, wenn der Vorerbe unter Berücksichtigung seiner Pflicht zur ordnungsgemäßen Verwaltung des Nachlasses von der Entgeltlichkeit überzeugt sein durfte (Recht zum Irrtum).[163]

II. Testamentsvollstreckung

62 **1. Problemstellung.** Die Diskussion um die Zulässigkeit einer Testamentsvollstreckung am Personengesellschaftsanteil ist für den Praktiker kaum mehr überschaubar. Die Gefahr, den Wald vor

---

[151] *Hefermehl*, FS Westermann, 1974, S. 223, 226.
[152] BGH (Fn. 147) BGHZ 78, 177, 178; BGH (Fn. 147) BGHZ 109, 214, 219 f. Ausf. *Hefermehl*, FS Westermann, 1974, S. 223, 229 ff.; MünchHdbBGB/*Klein* § 80 RdNr. 25; GroßkommHGB/*Schäfer* RdNr. 82; Baumbach/*Hopt* RdNr. 20; zT aA MünchKommBGB/*Grunsky* § 2111 RdNr. 29: auch nicht entnahmefähiger Gewinn steht erbrechtlich dem Vorerben zu, soweit Einschränkung des Entnahmerechts über das „kaufmännisch Gebotene" hinaus.
[153] BGH (Fn. 146) BGHZ 69, 47, 50; *Paschke* ZIP 1985, 129, 137; MünchKommHGB/*K. Schmidt* RdNr. 35; Baumbach/*Hopt* RdNr. 20; *H. Westermann* RdNr. I 1331; verfehlt LG Bremen Urt. v. 27. 10. 1953 – 5 T 637/53, NJW 1954, 477 m. krit. Anm. *Hueck*.
[154] BGH (Fn. 146) BGHZ 69, 47, 50; ausf. *Michalski* RdNr. 19 ff.; GroßkommHGB/*Schäfer* RdNr. 80.
[155] Vgl. BGH Urt. v. 15. 2. 1952 – V ZR 54/51, BGHZ 5, 173, 182 = NJW 1952, 698; BGH Urt. v. 2. 10. 1952 – IV ZR 24/52, BGHZ 7, 274, 279 = NJW 1953, 219; BayObLG Beschl. v. 4. 8. 1988 – 2 Z 19/88, Rpfleger 1988, 525.
[156] BGH (Fn. 146) BGHZ 69, 47, 51 ff.
[157] BGH (Fn. 148) NJW 1984, 362, 364.
[158] BGH Urt. v. 23. 11. 1983 – IV a ZR 147/81, GmbHR 1984, 153, 154; BGH (Fn. 148) NJW 1984, 362, 364.
[159] Vgl. nur *Lutter* ZGR 1982, 108, 111; *Paschke* ZIP 1985, 129, 135; *K. Müller* WM 1982, 466; Heymann/*Emmerich* RdNr. 18; *H. Westermann* RdNr. I 1333; *Michalski* RdNr. 22.
[160] BGH (Fn. 147) BGHZ 78, 177, 182 f.; BGH Urt. v. 9. 3. 1981 – II ZR 173/80, BB 1981, 1174, 1176; Baumbach/*Hopt* RdNr. 20; aA *Paschke* ZIP 1985, 129, 131 ff.
[161] BGH (Fn. 147) BGHZ 78, 177, 186 f. (Zustimmung durch 82jährige Vorerbin).
[162] BGH (Fn. 147) BGHZ 78, 177, 182 f.; ausf. *Paschke* ZIP 1985, 129; *Lutter* ZGR 1982, 108; MünchHdbBGB/*Klein* § 80 RdNr. 27.
[163] BGH (Fn. 147) BGHZ 78, 177, 183 f.

lauter Bäumen nicht mehr zu erkennen,[164] scheint gleichwohl weitgehend gebannt. Höchstrichterliche Entscheidungen wie der BGH-Beschluss zur Zulässigkeit der Testamentsvollstreckung am Kommanditanteil[165] sowie die Entscheidung des Erbrechtssenats zur Testamentsvollstreckung an der „Außenseite" der Beteiligung eines phG[166] haben einerseits zu einer gewissen Klärung der Problematik beigetragen, andererseits neue Optionen eröffnet. Im Einzelnen gilt Folgendes:

2. Unproblematische Fallgestaltungen, insbesondere die Abwicklungstestamentsvollstreckung (§§ 2203, 2204 BGB). Keine Probleme auf der **Schnittebene zwischen Erb- und Gesellschaftsrecht** wirft der seltene Fall auf, dass die Gesellschaft als Folge des Todes des phG kraft gesellschaftsvertraglicher oder – bei der BGB-Gesellschaft – kraft gesetzlicher Anordnung aufgelöst wird. In diesem Fall unterliegen sowohl die Beteiligung an der Abwicklungsgesellschaft wie das auf den Erben entfallende Auseinandersetzungsguthaben ohnehin voll umfassend einer angeordneten Testamentsvollstreckung, wobei sich die Mitwirkungsbefugnis des Testamentsvollstreckers auch ohne Zustimmung der Mitgesellschafter auf die inneren Angelegenheiten der Abwicklungsgesellschaft erstreckt.[167] Trotz der fehlenden Befugnis des Testamentsvollstreckers, den Erben unbeschränkbar zu verpflichten (hierzu sogleich), ergeben sich keine haftungsrechtlichen Probleme, da dem Erben für die in der Liquidation eingegangenen Verbindlichkeiten ohnehin die erbrechtliche Haftungsbeschränkung offen steht.[168] Der Beschluss, die Abwicklungsgesellschaft wieder in eine werbende umzuwandeln, bedarf der Zustimmung des Testamentsvollstreckers, da hierdurch der seinem Verwaltungsrecht unterliegende Anspruch auf das Auseinandersetzungsguthaben entfallen würde.[169]

Wird die Gesellschaft beim Tod des phG entsprechend der gesetzlichen Regel des § 131 Abs. 3 Nr. 1 **unter Ausschluss der Erben fortgesetzt** oder wird von einem gesellschaftsvertraglichen Eintrittsrecht kein Gebrauch gemacht, so fällt der aus der Mitgliedschaft des Erblassers stammende Abfindungsanspruch in den Nachlass und kann damit ohne Weiteres Gegenstand sowohl einer Abwicklungs- als auch einer Verwaltungstestamentsvollstreckung sein.[170] Entsprechendes gilt für den Abfindungsanspruch des Erben, der gemäß § 139 Abs. 2 sein Ausscheiden aus der Gesellschaft erklärt.[171]

Bei Verwendung einer **Nachfolgeklausel** bleibt für eine zugleich angeordnete Abwicklungstestamentsvollstreckung an der Mitgliedschaft zumindest dann kein Raum, wenn man mit dem BGH-Erbrechtssenat von einem einheitlichen Übergang des Anteils auf den oder die Gesellschafter-Erben ausgeht (vgl. RdNr. 12). Im Rahmen einer einfachen Nachfolgeklausel erwerben die Erben die Beteiligung mitsamt den zugehörigen Vermögensrechten durch Singularsukzession, ohne dass es einer Abwicklung oder Auseinandersetzung bedürfte; bei einer qualifizierten Nachfolgeklausel gilt dies nur in Bezug auf den gesellschaftsvertraglich benannten oder qualifizierten Nachfolger. Eine zugleich angeordnete Auseinandersetzungstestamentsvollstreckung über den Anteil ist wegen der fehlenden gesamthänderischen Bindung desselben gegenstandslos.[172] Unter Zugrundelegung der bisherigen Rechtsprechung des BGH-Gesellschaftsrechtssenats,[173] wonach die aus der Beteiligung abzuleitenden vermögensrechtlichen Ansprüche dem gesamthänderisch gebundenen Nachlass zuzuordnen sind, kommt dem Testamentsvollstrecker hingegen die Aufgabe zu, die Auseinandersetzung hinsichtlich dieser Ansprüche durchzuführen. Diese Anmerkungen gelten für die kraft Gesetzes vererbliche Kommanditbeteiligung (§ 177) entsprechend.

3. Verwaltungs- und Dauertestamentsvollstreckung (§ 2209 S. 1 BGB).[174] **a) Anteil eines phG. aa) Grundsatz.** Gegen die dauerhafte Fremdverwaltung der Beteiligung eines phG wird

---
[164] Insoweit zu Recht warnend *Damrau* NJW 1984, 2785.
[165] BGH (Fn. 23) BGHZ 108, 187.
[166] BGH (Fn. 23) BGHZ 98, 48.
[167] Vgl. nur BGH (Fn. 26) NJW 1981, 749, 750; *Schmitz* ZGR 1988, 140, 159; *Klein* DStR 1992, 292, 294; *Wiedemann* S. 321; Soergel/*Damrau* § 2205 RdNr. 27; GroßkommHGB/*Schäfer* RdNr. 55.
[168] Vgl. BGH Urt. v. 6. 7. 1981 – II ZR 38/81, LM HGB § 5 Nr. 3 = NJW 1982, 45, 46 = WM 1981, 1127; *Winkler* RdNr. 295.
[169] Ebenso MünchKommHGB/ *K. Schmidt* RdNr. 53; Staudinger/*Marotzke* § 1985 RdNr. 22 (zur Nachlassverwaltung).
[170] BGH Urt. v. 25. 2. 1985 – II ZR 130/84, NJW 1985, 1953; MünchKommBGB/*Zimmermann* § 2205 RdNr. 29; Soergel/*Damrau* § 2205 RdNr. 28 a.
[171] GroßkommHGB/*Schäfer* RdNr. 60; *Muscheler* S. 448; Mayer/Bonefeld/Wälzholz/*Weidlich* RdNr. 395.
[172] Vgl. KG (Fn. 31) NJW-RR 1991, 835, 836; *Damrau* NJW 1984, 2785, 2786; Mayer/Bonefeld/Wälzholz/*Weidlich* RdNr. 392; *Lorz* S. 32; Sudhoff/*Scherer*, Unternehmensnachfolge, § 9 RdNr. 44. Vgl. auch OLG Hamm Urt. v. 6. 11. 2001 – 27 U 64/01, NJW-RR 2002, 729 zur fehlenden Befugnis eines Auseinandersetzungstestamentsvollstreckers, eine Klage auf Feststellung der Auflösung einer KG zu stellen, deren Gesellschaftsanteile im Wege der Universalsukzession auf die Erben übergegangen sind.
[173] Zuletzt BGH (Fn. 23) BGHZ 108, 187, 192.
[174] Zur Abgrenzung der nachstehend synonym verwendeten Begriffe vgl. *Lorz* in *Scherer*, MAH Erbrecht, 2. Aufl. 2007, § 19 RdNr. 14 f.

insbesondere der Einwand des Auseinanderfallens der erb- und gesellschaftsrechtlichen Haftungsordnungen erhoben. Wird dem Erben auf Antrag die Stellung eines Kommanditisten eingeräumt oder hatte bereits der Erblasser eine solche inne, so ist die grundsätzliche Frage der Zulässigkeit einer Fremdverwaltung des Anteils durch BGHZ 108, 187 positiv geklärt. Die Grenzen der Verwaltungsbefugnis des Testamentsvollstrecker sind jedoch auch in diesem Fall noch nicht abschließend bestimmt (vgl. RdNr. 82 ff.).

67 Die hM sieht eine Verwaltungstestamentsvollstreckung am Anteil eines phG weiterhin als **unzulässig** an.[175] Grund hierfür ist die Disparität der erb- und gesellschaftsrechtlichen Haftungsordnungen, die aus der Möglichkeit des Erben resultiert, seine Haftung für aus Handlungen des Testamentsvollstreckers resultierende Verbindlichkeiten erbrechtlich, insbesondere durch die Beantragung der Nachlassinsolvenz, auf den Nachlass zu beschränken (vgl. § 2206 Abs. 1 S. 1 BGB).[176] Diese Möglichkeit ist zwingend; der Erblasser kann dem Testamentsvollstrecker nicht die Macht verleihen, den Erben unbeschränkbar persönlich zu verpflichten.[177]

68 Demgegenüber besteht mittlerweile Einigkeit, dass die Ablehnung einer Testamentsvollstreckung am Personengesellschaftsanteil nicht auf **eine fehlende Nachlasszugehörigkeit des Anteils** gestützt werden kann. Ungeachtet des Prinzips der Sondererbfolge gehört die kraft Nachfolgeklausel auf die Erben übergeleitete Beteiligung zum Nachlass und kann dementsprechend zumindest grundsätzlich einer angeordneten Testamentsvollstreckung unterliegen;[178] diese Sichtweise liegt auch der grundlegenden Entscheidung des BGH zur Zulässigkeit der Testamentsvollstreckung am Kommanditanteil zugrunde. Nur sofern sich die Nachfolge kraft Eintritts- oder rechtsgeschäftlicher Nachfolgeklausel vollzieht, bleibt eine angeordnete Testamentsvollstreckung ohne Wirkung.[179] Auch das verschiedentlich gegen die Zulässigkeit einer Testamentsvollstreckung am Personengesellschaftsanteil angeführte Abspaltungsverbot ist nicht einschlägig: Bei der Testamentsvollstreckung werden die Mitgliedschaftsrechte insgesamt von einem Dritten ausgeübt, eine unzulässige Abspaltung von Einzelbefugnissen findet nicht statt.[180] Ebenso wenig steht der Grundsatz der Selbstorganschaft der Ausübung von organschaftlichen Befugnissen durch den Testamentsvollstrecker entgegen.[181]

69 Im Hinblick auf den individualistischen Charakter des Gesellschaftsverhältnisses besteht Einigkeit, dass eine Verwaltungstestamentsvollstreckung am Personengesellschaftsanteil in jedem Fall zwingend die **Zustimmung der Mitgesellschafter** voraussetzt.[182] Die Zustimmung kann bereits im Gesellschaftsvertrag erteilt sein, sie kann auch ad hoc erklärt werden.[183] Nach einem Teil der Literatur beinhaltet bereits eine einfache Nachfolgeklausel die erforderliche Zustimmung;[184] dem ist allerdings nicht beizutreten. Letztlich handelt es sich um eine Auslegungsfrage, wobei die Anforderungen an die erforderliche Bestimmtheit der Zulassung je nach der Ausgestaltung des Gesellschaftsverhältnisses unterschiedlich sein können.[185] Bei entsprechender Bindung zwischen den Gesellschaftern kann zB aus der Zustimmung zur Ausübung der Rechte durch einen bestimmten, namentlich bezeichneten

---

[175] Grundlegend RG Urt. v. 4. 3. 1943 – II 113/42, RGZ 170, 392, 394 (OHG) RG Urt. v. 10. 1. 1944 – II 103/43, RGZ 172, 199, 202 f. (KG); BGH Urt. v. 11. 4. 1957 – II ZR 182/55, BGHZ 24, 106, 112 f. = NJW 1957, 1026; BGH (Fn. 6) BGHZ 68, 225, 239; BGH (Fn. 23) BGHZ 91, 132, 137; BGH Urt. v. 20. 1. 1969 – II ZR 75/67, WM 1969, 492, 493; BGH (Fn. 170) NJW 1985, 1953, 1954; BGH (Fn. 34) NJW 1998, 304; BGH (Fn. 26) NJW 1981, 749, 750 (BGB-Gesellschaft); BayObLG Beschl. v. 12. 2. 1986 – BReg. 1 Z 78/85, BayObLGZ 1986, 34, 37 (BGB-Gesellschaft). Aus dem fast unüberschaubaren Schrifttum vgl. nur Staudinger/*Reimann* § 2205 RdNr. 107; *Winkler* RdNr. 334 a ff.; Soergel/*Damrau* § 2205 RdNr. 3.
[176] Ausf. *Muscheler* passim; *Lorz* S. 22 ff.
[177] Vgl. nur BGH Urt. v. 18. 1. 1954 – IV ZR 130/53, BGHZ 12, 100, 103; MünchKommBGB/*Zimmermann* § 2207 RdNr. 5; *Ebenroth* RdNr. 667.
[178] Ausdrücklich BGH (Fn. 30) ZEV 1996, 110, 111 m. Anm. *Lorz*.
[179] *Reimann* RdNr. 376; Mayer/Bonefeld/Wälzholz/*Weidlich* RdNr. 396; *Lorz* in *Scherer*, MAH Erbrecht, 2. Aufl. 2007, § 19 RdNr. 235.
[180] BGH (Fn. 23) BGHZ 108, 187, 199; zustimmend *Muscheler* S. 462; *Raddatz* S. 172; *Quack* BB 1989, 2271, 2274; ebenso bereits *Rowedder*, FS Goerdeler, 1987, S. 445, 464.
[181] MünchKommBGB/*Zimmermann* § 2205 RdNr. 37; *Stimpel*, FS Brandner, 1996, S. 779, 783; aA jedoch *Hehemann* BB 1995, 1301, 1307.
[182] Vgl. aus der Rspr. nur BGH (Fn. 6) BGHZ 68, 225, 241; BGH (Fn. 23) BGHZ 108, 187, 191; BGH (Fn. 170) NJW 1985, 1953, 1954; OLG Hamm Beschl. v. 17. 1. 1991 – 15 W 428/90, DB 1991, 1926; OLG Stuttgart Beschl. v. 12. 10. 1988 – 8 W 449/88, ZIP 1988, 1335, 1336; KG (Fn. 31) NJW-RR 1991, 835. Aus der Literatur u. a. *Wiedemann* Übertragung S. 335 f.; *Hueck A.* OHG § 28 II 5; *Faust* IDB 2002, 189, 190; *Ebenroth* RdNr. 703; einschränkend in Bezug auf die Notwendigkeit einer Zustimmung der Mitgesellschafter bei einer Testamentsvollstreckung am Kommanditanteil MünchKommHGB/*K. Schmidt* RdNr. 48; ausführliches Formulierungsbeispiel bei *Everts* MittBayNot 2003, 427, 432.
[183] Vgl. *Ulmer* NJW 1990, 73, 76; *Klein* DStR 1992, 326, 327; *Winkler* RdNr. 346.
[184] IdS etwa *D. Mayer* ZIP 1990, 976, 977; *Reimann* RdNr. 104; *Winkler* RdNr. 347; aA etwa *Stimpel*, FS Brandner, 1996, S. 778, 781.
[185] Vgl. *Reithmann* BB 1984, 1394, 1395; *Muscheler* S. 476; *Ebenroth* RdNr. 703.

Testamentsvollstrecker nicht ohne weiteres auf die Zulässigkeit der Ausübung der Gesellschafterrechte durch einen Ersatzvollstrecker geschlossen werden.[186]

Im Übrigen bejahen einige Autoren die Zulässigkeit einer Testamentsvollstreckung am Anteil eines phG bei fehlender organschaftlicher Vertretungs- und Geschäftsführungsbefugnis des Erblassers und damit gleichzeitig des Testamentsvollstreckers.[187] Unter Zugrundelegung dieser Sichtweise könnte eine echte Testamentsvollstreckung am Anteil eines phG in der Weise ermöglicht werden, dass gesellschaftsvertraglich für den Fall der Anordnung einer Testamentsvollstreckung das Erlöschen der mit der Beteiligung verbundenen Geschäftsführungs- und Vertretungsbefugnis angeordnet wird. Auch wenn diese Betrachtung eine konsequente Fortentwicklung der BGH-Rspr. zur Testamentsvollstreckung am Kommanditanteil darstellt, ist sie jedoch als nicht gesichert anzusehen und für die Kautelarpraxis daher nur von bedingtem Nutzen. 70

Die These der Unvereinbarkeit der erb- und gesellschaftsrechtlichen Haftungsordnungen, die nach alledem allein einer Verwaltungstestamentsvollstreckung am Anteil eines phG entgegensteht, hat insbesondere *Muscheler* angegriffen.[188] Nach seiner Deutung bezieht sich der Grundsatz der unbeschränkbaren Gesellschafterhaftung (§ 128) nur auf gewillkürte, nicht hingegen auf aus dem Gesetz folgende Haftungsbeschränkungen. Im Ergebnis entspricht diese Auffassung der „echten Testamentsvollstreckerlösung", wie sie bereits früher von *Fritz Baur* für das einzelkaufmännische Geschäft vorgeschlagen worden ist.[189] Für eine solche echte Testamentsvollstreckerlösung lässt sich sicherlich die hiermit verbundene erhöhte Rechts- und Planungssicherheit ins Feld führen. Insbesondere mit § 139 Abs. 4 ist diese Betrachtung jedoch nur schwer in Übereinstimmung zu bringen; nach der gesetzgeberischen Anordnung Intention haftet der Erbe der Alt- und Neuverbindlichkeiten der Gesellschaft nun einmal (gesellschaftsrechtlich) unbeschränkbar, sofern er nicht Kommanditist wird oder aus der Gesellschaft ausscheidet bzw. diese aufgelöst wird.[190] 71

bb) Minderjährigkeit des Erben. Eine andere Beurteilung sollte allerdings für den Fall des **minderjährigen Erben** eingreifen. Da die Interessen der Gesellschaftsgläubiger durch die Haftungsbeschränkungsmöglichkeit nach § 1629 a Abs. 1 BGB ohnehin zurückgesetzt sind, spricht mE vieles dafür, eine Verwaltungstestamentsvollstreckung am Anteil eines phG für **die Dauer der Minderjährigkeit des Nachfolgers zuzulassen** und dem Erben das Recht zur Haftungsbeschränkung auch für die Schulden einzuräumen, die auf das Handeln des Testamentsvollstreckers zurückzuführen sind. Insoweit stellt sich allerdings die Frage, ob die Beschränkungsmöglichkeit entsprechend § 1629 a Abs. 1 BGB auf das beim Eintritt der Volljährigkeit vorhandene Vermögen oder nach Maßgabe der erbrechtlichen Haftungsordnung auf den Nachlass zu beziehen ist; mE ist letzteres folgerichtiger.[191] Zum Umfang der Befugnisse des Amtsinhabers, sofern man eine Verwaltungstestamentsvollstreckung für die Dauer der Minderjährigkeit des Erben als zulässig ansieht, vgl. RdNr. 84 ff. 72

cc) Testamentsvollstreckung an der „Außenseite" der Beteiligung. Auch im Übrigen geht eine über den Anteil eines phG angeordnete Testamentsvollstreckung nicht ins Leere. Vielmehr unterfallen die in der Person des Erben bestehenden vermögensrechtlichen Ansprüche auf den Gewinn oder ein zukünftiges Auseinandersetzungs- oder Abfindungsguthaben nach Maßgabe der BGH-Rspr. als **„Außenseite" der Beteiligung** dem Machtbereich des Testamentsvollstreckers und sind derart über § 2214 BGB dem Zugriff der Privatgläubiger des Gesellschafter-Erben entzogen.[192] Praktisch bedeutsam ist dies insbesondere, wenn eine Testamentsvollstreckung weder im Gesellschaftsvertrag zugelassen ist noch die Mitgesellschafter einer solchen nachträglich zustimmen. Da die Funktionen der Testamentsvollstreckung an der „Außenseite" rein erbrechtlichen Ursprungs sind, bleibt die fehlende gesellschaftsvertragliche Zulassung insoweit ohne Einfluss.[193] 73

---

[186] OLG Stuttgart (Fn. 182) ZIP 1988, 1335, 1336 f.
[187] IdS insbesondere *Weidlich* S. 31 ff.; *ders*. ZEV 1994, 205, 207; ausf. *Lorz* S. 148 ff.; ebenso bereits *Bommert* BB 1984, 178, 182; *Einmahl* AcP 160 (1961), 29, 37. Ablehnend ua. *Everts* MittBayNot 2003, 427, 429; GroßkommHGB/*Schäfer* RdNr. 58. Anderer Ansatz bei *Faust* DB 2002, 189, 192, der trotz angeordneter Testamentsvollstreckung eine unbeschränkbare Erbenhaftung bejaht, dem Schutz des Erben aber durch die gesellschaftsvertraglich vorzusehende Möglichkeit Rechnung tragen möchte, sich während der gesamten Testamentsvollstreckung über § 139 mit Wirkung für die Zukunft von der unbeschränkbaren Haftung zu befreien.
[188] *Muscheler* S. 549 ff.; i. d. S. MünchKommBGB/*Zimmermann* § 2205 RdNr. 36.
[189] *Baur*, FS Dölle, 1963, Bd. 1, S. 249 ff.
[190] Im Ergebnis aus jüngerer Zeit ebenso *Faust* DB 2002, 189, 191; *Everts* MittBayNot 2003, 427, 428; GroßkommHGB/*Schäfer* RdNr. 58.
[191] Ausf. *Lorz* in *Scherer*, MAH Erbrecht, 2. Aufl. 2007, § 19 RdNr. 241.
[192] BGH (Fn. 23) BGHZ 98, 48; BGH (Fn. 170) NJW 1985, 1953; BGH (Fn. 30) ZEV 1996, 110 m. Anm. *Lorz*; BGH (Fn. 34) NJW 1998, 1313, 1314; aus der Lit. vgl. hierzu insbesondere *Marotzke* AcP 187 (1987), 223; *Schmitz* ZGR 1988, 140.
[193] Vgl. nur Damrau/*Bonefeld* § 2205 RdNr. 39.

74 Welche Kompetenzen mit dem rechtlich wenig präzisen Begriff der „Außenseite" verbunden sind, ist nicht abschließend geklärt. Nach dem Bundesgerichtshof verhindern die Befugnisse des Testamentsvollstreckers an der „Außenseite" der Beteiligung, dass die Gesellschafter-Erben über die vererbte Beteiligung allein verfügen und dass deren Privatgläubiger in den Anteil sowie die hiermit verbundenen Vermögensrechte vollstrecken.[194] Richtigerweise ist darüber hinaus davon auszugehen, dass **das Recht zur Verfügung über den Anteil** allein dem Testamentsvollstrecker zusteht (§ 2211 BGB), sofern der Erblasser nichts anderes angeordnet hat,[195] und dass diesem ein selbständiges Kündigungsrecht zukommt (§ 135 analog);[196] die Kündigungsmöglichkeiten gemäß §§ 132, 133 stehen demgegenüber nur dem Erben zu.[197] Weiterhin wird vertreten, dass alle Maßnahmen mit Auswirkungen auf die vermögensrechtliche Seite des Anteils (zB Änderungen des Gesellschaftsvertrages im Hinblick auf Gewinnansprüche, Abfindungsguthaben) der Zustimmung des Testamentsvollstreckers bedürften.[198] Haben die Mitgesellschafter der Testamentsvollstreckung nicht zugestimmt, erscheint mir dies allerdings zu weitgehend, wären dies doch von der drohenden Nichtigkeitsfolge, wenn die Zustimmung des Testamentsvollstreckers zu entsprechenden Maßnahmen nicht eingeholt wurde, direkt betroffen.[199] Ebenso wenig kann der Testamentsvollstrecker von der Gesellschaft Einsicht in Bilanzen, Geschäftsbücher und Geschäftspapiere verlangen; richtiger Adressat ist insoweit allein der Erbe.[200] Einen Anspruch gegen die Gesellschaft hat der Testamentsvollstrecker nur in Bezug auf die Frage, ob und in welcher Höhe auszahlbare Vermögensansprüche des Erben entstanden sind.[201]

75 Die aus dem Anteil resultierenden Gewinnansprüche sind nach Auffassung des BGH zumindest nach längerem erfolgreichen Einsatz des Gesellschafter-Erben „zu einem angemessenen Anteil" ausschließlich diesem zuzuordnen, weil die Gewinne und der Wert der Beteiligung im Laufe der Zeit auch auf der tätigen Mitwirkung des in die Gesellschaft nachgerückten Erben beruhen.[202] Diese Abweichung von der erbrechtlichen Zuordnung, die zur Folge hat, dass die Gewinnansprüche dem Einwirkungsbereich des Testamentsvollstreckers und der Haftung für Nachlassverbindlichkeiten entzogen wären, führt zu Abgrenzungsproblemen und überzeugt nicht.[203] Die Partizipation des Gesellschafter-Erben an den Gewinnansprüchen richtet sich vielmehr primär nach der Vorgabe des Erblassers und in zweiter Linie nach dem Maßstab ordnungsgemäßer Verwaltung durch den Testamentsvollstrecker, der auch die Verpflichtung zur Herausgabe gezogener Nutzungen beinhalten kann.[204]

76 Die Rspr. zur Testamentsvollstreckung an der „Außenseite" ermöglicht dem Erblasser eine **„Weisungsgeberlösung"**; hierbei wird der Testamentsvollstrecker nach § 2208 Abs. 2 BGB ermächtigt, dem Gesellschafter-Erben Weisungen zu erteilen.[205] Die Gestaltung setzt sich somit aus zwei Komponenten zusammen: Der im Innenverhältnis zwischen Erbe und Testamentsvollstrecker greifenden, „beaufsichtigenden" Funktion hinsichtlich der „Innenseite" der Beteiligung sowie der dinglichen Verstärkung hinsichtlich der „Außenseite".[206] Die Diffizilität der Kompetenzabgrenzung bedingt eine präzise testamentarische Festschreibung der Befugnisse des Testamentsvollstreckers.

77 Ist beim Tod eines Gesellschafters einer zweigliedrigen Gesellschaft der überlebende Gesellschafter zugleich alleiniger Erbe, führt die Zulassung der Testamentsvollstreckung an der Außenseite der vererbten Beteiligung dazu, dass das Gesellschaftsverhältnis für die Dauer der Fremdverwaltung als nicht erloschen anzusehen ist (vgl. auch RdNr. 58 für den vergleichbaren Fall der Vor- und Nacherb-

---

[194] BGH (Fn. 23) BGHZ 98, 48, 57.
[195] Ausf. *Lorz* S. 163; *Muscheler* S. 479; wie hier wohl auch *Marotzke* AcP 187 (1987), 223, 240; aA *Schmitz* ZGR 1988, 140, 154; *Mayer* ZIP 1990, 976, 979 (gemeinsame Verfügungszuständigkeit von Testamentsvollstrecker und Erbe).
[196] Vgl. *Siegmann* S. 231 f.; *Muscheler* S. 479, *Stodolkowitz*, FS Kellermann, 1991, S. 439, 456; *Wiedemann* Übertragung S. 340; *Mayer/Bonefeld/Wälzholz/Weidlich* RdNr. 401.
[197] Ausf. *Lorz* S. 164 mwN in Fn. 225; *Dörrie* ZEV 1996, 370, 375.
[198] IdS etwa *D. Mayer* in *Bengel/Reimann* RdNr. V 161; ders. ZIP 1990, 976, 979; *Winkler* RdNr. 372; *Muscheler* S. 480; *Reimann* RdNr. 395.
[199] Ebenso *Mayer/Bonefeld/Wälzholz/Weidlich* RdNr. 402; ders. ZEV 1994, 205, 210; *Schmitz* ZGR 1988, 140, 155; ausf. *Lorz* S. 164 f.
[200] *Siegmann* S. 231; *Marotzke* AcP 187 (1987), 223, 241 (unter Hinweis auf § 118 Abs. 1); *Heymann/Emmerich* RdNr. 24 a.
[201] Vgl. *Weidlich* ZEV 1994, 205, 210 mwN.
[202] BGH (Fn. 23) BGHZ 98, 48, 56; hierzu *Schmitz* ZGR 1988, 140, 155; *Schmellenkamp* MittRhNotK 1986, 181, 187.
[203] Ebenso *Weidlich* S. 102 f.; *Marotzke* AcP 187 (1987), 223, 233; *Muscheler* S. 479; kritisch zur Haltung des BGH auch *Dörrie* ZEV 1996, 370, 375; aA *Heymann/Emmerich* RdNr. 24; *Sudhoff/Froning*, Unternehmensnachfolge, § 44 RdNr. 83; differenzierend *Ulmer/Schäfer* ZHR 160 (1996), 413, 434 ff.
[204] Vgl. *Soergel/Damrau* § 2216 RdNr. 5; *Nieder* RdNr. 922; *Sudhoff/Scherer*, Unternehmensnachfolge, § 9 RdNr. 32.
[205] Ausf. *Weidlich* ZEV 1994, 205, 211; *Nieder* RdNr. 939; *Reimann* RdNr. 391.
[206] *Esch/Baumann/Schulze zur Wiesche* RdNr. I 1526.

Fortsetzung mit den Erben 78–81 § 139

schaft).²⁰⁷ Das Zusammentreffen von eigenem und ererbtem Anteil steht demnach einer Testamentsvollstreckung an letzterem zumindest insoweit nicht entgegen, als es sich um die Verwaltung der übertragbaren Vermögensrechte handelt.²⁰⁸ Konsequent fortentwickelt beinhaltet dies die grundsätzliche Zulassung einer Testamentsvollstreckung auch für den Fall, dass der Erbe bereits vor dem Erbfall (zB auf Grund von Maßnahmen der vorweggenommenen Erbfolge) an der Gesellschaft beteiligt gewesen ist. Die Möglichkeit einer Testamentsvollstreckung an der durch den Erbgang erworbenen Beteiligung ist von der hM bislang unter Berufung auf den **Grundsatz der Einheitlichkeit des Personengesellschaftsanteils** verneint worden (ausf. auch § 105 RdNr. 33).²⁰⁹ Die weitere Entwicklung hierzu bleibt allerdings abzuwarten. Noch besteht die Gefahr, dass der Erblasser mit der Aufnahme des Erben im Wege der vorweggenommenen Erbfolge die beabsichtigte Anordnung einer Testamentsvollstreckung gefährdet.²¹⁰

dd) Zusammenfassung. Zusammenfassend ist festzuhalten, dass für die Anordnung einer Testamentsvollstreckung am Anteil eines phG nunmehr verschiedene Optionen bestehen. Für den Fall der Minderjährigkeit des Gesellschafter-Erben sollte eine Verwaltungstestamentsvollstreckung nach Inkrafttreten des Minderjährigenhaftungsbeschränkungsgesetzes als zulässig anzusehen sein. Die „Außenseite" der Beteiligung unterliegt nach der BGH-Rspr. auch ohne Zustimmung der Mitgesellschafter einer angeordneten Testamentsvollstreckung, was vor allem im Hinblick auf mögliche Verfügungen des Gesellschafter-Erben über die Beteiligung von Bedeutung ist. Im Übrigen ist mit der hM im Hinblick auf die unterschiedlichen Haftungsstrukturen von Erb- und Gesellschaftsrecht weiterhin von der Unzulässigkeit einer echten Verwaltungstestamentsvollstreckung am Anteil eines phG auszugehen. 78

ee) Ersatzkonstruktionen. Einem phG, der seinen Anteil nach Eintritt des Erbfalls der vollumfänglichen Fremdverwaltung durch einen Testamentsvollstrecker unterstellen und diesem insbesondere die direkte Wahrnehmung von Aufgaben der Unternehmensführung ermöglichen möchte, stehen hierfür die bereits bisher praktizierten, allerdings **problembehafteten Möglichkeiten der Vollmacht- und Treuhandlösung** als Ersatzkonstruktionen zur Verfügung. Bei der Treuhandlösung verwaltet der Testamentsvollstrecker die Gesellschaftsbeteiligung im eigenen Namen, aber für Rechnung des Erben, bei der Vollmachtlösung wird er als Bevollmächtigter der Erben tätig. Einigkeit besteht insoweit, dass beide Modelle im Hinblick auf die Höchstpersönlichkeit des Gesellschaftsverhältnisses die Zulassung im Gesellschaftsvertrag oder eine *ad hoc*-Zustimmung nach Eintritt des Erbfalls voraussetzen.²¹¹ Da beide Ersatzkonstruktionen die Mitwirkung des Erben erfordern, gilt es diese über entsprechende testamentarische Gestaltungen sicherzustellen. Hierzu stehen die erbrechtliche Auflage sowie das Mittel der bedingten Erbeinsetzung zu Gebote, wobei letztere jedoch das Manko aufweist, zwingend mit der Begründung einer regelmäßig nicht bezweckten Vor- und Nacherbschaft (vgl. §§ 2104, 2105 BGB) verbunden zu sein.²¹² 79

Unabhängig hiervon erweist sich die Durchführbarkeit der Ersatzkonstruktionen als problembehaftet. Die treuhänderische Übertragung der Mitgliedschaft auf den Testamentsvollstrecker, die allgemein als zulässig angesehen wird,²¹³ begegnet vor allem dem praktischen Problem, dass potentielle Amtsinhaber durch die im Außenverhältnis zwingend unbeschränkbare Haftung (§ 128) abgeschreckt werden können.²¹⁴ 80

Die Vollmachtlösung hat konstruktiv mit der Schwierigkeit bzw. Unmöglichkeit zu kämpfen, die Vollmacht verdrängend und unwiderruflich auszugestalten. Hinzu kommt die fehlende Möglichkeit, durch eine postmortale Bevollmächtigung die erforderliche unbeschränkbare Erbenverpflichtung herbeizuführen, da sich die Wirkung der postmortalen Vollmacht nach hM immer nur auf den Nachlass und nicht auf das Privatvermögen des Erben bezieht.²¹⁵ Die hieraus resultierende Notwen- 81

---

²⁰⁷ BGH (Fn. 23) BGHZ 98, 48, 57; BGH (Fn. 30) ZEV 1996, 110, 112 m. Anm. *Lorz*.
²⁰⁸ BGH (Fn. 30) ZEV 1996, 110, 112 m. Anm. *Lorz*.
²⁰⁹ Vgl. BGH (Fn. 175) BGHZ 24, 106, 113; BGH (Fn. 6) BGHZ 68, 225, 239; offen gelassen in BGH (Fn. 23) BGHZ 108, 187, 199; ausf. *Lorz* S. 156 ff.; *D. Mayer* in Bengel/Reimann RdNr. V 185 ff.
²¹⁰ *Reimann* RdNr. 429; Mayer/Bonefeld/Wälzholz/*Weidlich* RdNr. 407.
²¹¹ Vgl. u. a. *Winkler* RdNr. 346; *Schmellenkamp* MittRhNotK 1986, 181, 188; *Schmitz* ZGR 1988, 140, 161; *Everts* MittBayNot 2003, 427, 431; Formulierungsbeispiel bei *Mutter* in *Gummert*, MAH PersG, § 6 RdNr. 592.
²¹² Vgl. *Lorz* in *Scherer*, MAH Erbrecht, 2. Aufl. 2007, § 19 RdNr. 217.
²¹³ Vgl. BGH (Fn. 30) ZEV 1996, 110; BGH (Fn. 175) BGHZ 24, 106, 112 f.; *Weidlich* ZEV 1994, 205.
²¹⁴ IdS bereits *Baur*, FS Dölle, 1963, Bd. 1, S. 249, 251; *Emmerich* ZHR 132 (1969), 297, 311 f. Zur Frage, inwiefern der aus §§ 2218, 670 BGB resultierende Rückgriffsanspruch des Testamentsvollstreckers gegen den Erben der erbrechtlichen Haftungsbeschränkungsmöglichkeit unterliegt, vgl. BGH (Fn. 177) BGHZ 12, 100, 104 (verneinend) sowie *Lorz* in *Scherer*, MAH Erbrecht, 2. Aufl. 2007, § 19 RdNr. 219 mwN.
²¹⁵ Vgl. RG Urt. v. 10. 1. 1923 – V 385/22, RGZ 106, 185, 187; *Bengel* in *Bengel/Reimann* RdNr. 48; *Lorz* in *Scherer*, MAH Erbrecht, 2. Aufl. 2007, § 20 RdNr. 33 f.; aA *Reithmann* BB 1984, 197.

digkeit, den Erben durch entsprechende testamentarische Vorgaben zur Bevollmächtigung des Testamentsvollstreckers zu zwingen und von einem eigenen Tätigwerden abzuhalten, wirft die unter dem Gesichtspunkt der Sittenwidrigkeit kontrovers diskutierte Frage auf, ob es dem Erben zumutbar ist, fremder Herrschaftsmacht mit der Gefahr einer unbeschränkbaren Haftung ausgesetzt zu sein. Nach einem frühen *obiter dictum* des BGH ist die Frage, ob der Erbe durch eine Auflage gezwungen werden könne, einem Testamentsvollstrecker die Ausübung der Mitgliedschaftsrechte zu überlassen, „wohl" zu verneinen.[216] Diese Stellungnahme ist in der Folge allerdings nicht vertieft worden. In einem früheren Urteil war die **Sittenwidrigkeit einer Vollmachtsauflage** noch unter Hinweis auf das Ausschlagungsrecht des Erben verneint worden.[217] In der Literatur wird die Frage der Sittenwidrigkeit ebenfalls kontrovers diskutiert.[218] ME lassen sich die Gefahren, die sich bei der Vollmachtslösung aus der überschießenden Außenmacht des Testamentsvollstreckers ergeben, durch zeitliche und inhaltliche Begrenzungen auf ein für die Erben zumutbares Maß zurückführen.[219] Als sittenwidrig wird eine Vollmachtsauflage daher regelmäßig nicht anzusehen sein. In der Praxis ist sie gleichwohl, insbesondere im Hinblick auf die dem Erben zustehende Ausschlagungsmöglichkeit nach § 2306 BGB, allenfalls als unterstützende Maßnahme der Nachfolgeplanung brauchbar.

82 **b) Kommanditanteil. aa) Grundsatz.** Die unterschiedlichen Haftungsprinzipien stehen einer Testamentsvollstreckung am Kommanditanteil im Normalfall nicht entgegen. Dementsprechend hat der BGH die Zulässigkeit einer Fremdverwaltung der Kommanditbeteiligung ausdrücklich bejaht.[220] Dies gilt auch dann, wenn der Erblasser seine Einlage nicht vollständig erbracht hat oder ihm ein Teil der Einlage zurückgewährt wurde, der Erbe mithin nach § 171 Abs. 1 persönlich haftet.[221]

83 Die **Zustimmung der Mitgesellschafter** ist auch hier unabdingbare Voraussetzung.[222] Die Zulassung der freien Übertragbarkeit der Anteile (zB bei einer Publikums-KG) kann eine stillschweigende Zustimmung beinhalten. Bei einer beteiligungskonformen GmbH & Co. KG wird sich ebenfalls unter Berücksichtigung des Interesses der Gesellschaft an übereinstimmenden Rechtsverhältnissen in beiden Gesellschaften eine stillschweigende Zustimmung der Mitgesellschafter durch Auslegung ermitteln lassen.[223]

84 Die Rechtsmacht des Testamentsvollstreckers ist erbrechtlich beschränkt durch das Verbot unentgeltlicher Verfügungen (§ 2205 S. 3 BGB) sowie durch seine Verpflichtung zur ordnungsgemäßen Nachlassverwaltung (§ 2216 BGB). Verfügungen iSd. § 2205 S. 3 BGB sind hierbei – wie im Rahmen des vergleichbaren § 2113 Abs. 2 BGB – nicht nur solche über die Mitgliedschaft im gesamten, sondern auch Beschlussfassungen über Satzungsänderungen und Gesellschaftsstrukturen, wobei die Frage der Unentgeltlichkeit wie bei § 2113 Abs. 2 BGB mit dem objektiven Merkmal der Ordnungsmäßigkeit zu verknüpfen ist (ausf. RdNr. 60 f.).[224]

85 **bb) Kernbereichslehre.** Umstritten sind die **Befugnisse des Testamentsvollstreckers im Kernbereich der Mitgliedschaft** (zum Umfang des Kernbereichs vgl. § 109 RdNr. 17 sowie § 119 RdNr. 53). Während der BGH die Frage offen gelassen hat,[225] soll nach einer weithin vertretenen Auffassung dem Erben bei Maßnahmen, die unmittelbar in die mitgliedschaftliche Rechtsstellung eingreifen (zB Änderung der Gewinnverteilung oder der Höhe des Abfindungsguthabens, Eingriffe in das Stimmrecht, Erhöhungen der Beitragspflicht) bzw. die Verbandsstruktur verändern (zB Zweckänderung und Auflösung der Gesellschaft, Veränderungen im Mitgliederbestand) ein uneingeschränktes Zustimmungsrecht zuzugestehen sein.[226] Überwiegend wird der Testamentsvollstrecker bei kern-

---

[216] BGH (Fn. 175) WM 1969, 492, 493; vgl. auch BayObLG (Fn. 175) BayObLGZ 1986, 34, 40.
[217] BGH (Fn. 177) BGHZ 12, 100, 103.
[218] Vgl. etwa *John* BB 1980, 757, 758; *Nordemann* NJW 1963, 1139 f. (sittenwidrige Selbstentmündigung); *Stimpel*, FS Brandner 1996, S. 779, 788; MünchKommBGB/*Zimmermann* § 2205 RdNr. 26 einerseits und andererseits Soergel/*Damrau* § 2205 RdNr. 19; *Ebenroth* RdNr. 693; *Ulmer* ZHR 146 (1982), 555, 574.
[219] Beispiele für entsprechende Beschränkungen bei Mayer/Bonefeld/Wälzholz/*Weidlich* RdNr. 377; *Lorz* S. 68 f.
[220] BGH (Fn. 23) BGHZ 108, 187, ergangen auf Vorlage des OLG Hamm Beschl. v. 20. 2. 1989 – 15 W 5/88, NJW 1989, 1696. Unentschieden noch BGH (Fn. 23) BGHZ 91, 132, 137; vgl. auch BGH (Fn. 155) NJW 1985, 1953, 1954. Ablehnend RG Urt. v. 10. 1. 1944 – II 103/43, RGZ 172, 199, 203 f.
[221] BGH (Fn. 23) BGHZ 108, 187, 197; MünchKommHGB/*K. Schmidt* § 177 RdNr. 24; MünchKommBGB/*Zimmermann* § 2205 RdNr. 44.
[222] BGH (Fn. 23) BGHZ 108, 187; BGH (Fn. 170) NJW 1985, 1953, 1954; OLG Hamm (Fn. 182) DB 1991, 1926; einschränkend MünchKommHGB/*K. Schmidt* RdNr. 48 („nicht ohne weiteres").
[223] *D. Mayer* ZIP 1990, 976, 977; *Ebenroth* RdNr. 703; Mayer/Bonefeld/Wälzholz/*Weidlich* RdNr. 409.
[224] Zur Übertragbarkeit dieser Grundsätze auf § 2205 S. 3 BGB vgl. *Lorz* S. 205; zT abweichend *Dörrie* S. 199 ff.
[225] BGH (Fn. 23) BGHZ 108, 187, 198 f.
[226] Vgl. OLG Hamm (Fn. 172), NJW-RR 2002, 729 (zum Betreiben der Auflösung einer KG); für die Anwendbarkeit der Kernbereichslehre auf das Verhältnis zwischen Testamentsvollstrecker und Erben auch *Buschmann* S. 171 ff.; *D. Mayer* ZIP 1990, 976, 978; *Winkler* RdNr. 370; Baumbach/*Hopt* RdNr. 27; Staudinger/*Reimann* § 2205 RdNr. 122; Mayer/Bonefeld/Wälzholz/*Weidlich* RdNr. 405; bezogen auf Umwandlungsmaßnahmen explizit auch *Kallmeyer* UmwG § 193 RdNr. 27.

Fortsetzung mit den Erben   86–88 § 139

bereichsrelevanten Beschlussgegenständen an die Zustimmung des Erben gebunden; teilweise wird auch für eine völlig selbständige Wahrnehmung der Kernbereichsrechte durch den Erben votiert. Aus dieser Sichtweise resultieren auch wegen der hierdurch hervorgerufenen Abgrenzungsprobleme signifikante Einschränkungen der Verwaltungsbefugnis des Testamentsvollstreckers.

Richtigerweise gibt es keine Begründung dafür, der Kernbereichsdoktrin für die Beziehung 86
zwischen Erbe und Testamentsvollstrecker Bedeutung beizulegen.[227] Das Schutzkonzept der Kernbereichslehre erfüllt auch bei angeordneter Testamentsvollstreckung seinen Zweck, werden die kernbereichsrelevanten Rechtspositionen doch durch den Testamentsvollstrecker in Repräsentation des Erben gewahrt.[228] Unter Rückgriff auf diese Argumentation wurde in der instanzgerichtlichen Rechtsprechung u. a. die Befugnis des Testamentsvollstreckers bejaht, ohne Zustimmung der Erben die **Umwandlung einer KG in eine Aktiengesellschaft** zu beschließen. Der Umwandlungsbeschluss greife zwar in den Kernbereich der Mitgliedschaft ein; einer Zustimmung des Erben bedürfe es aber nicht, solange für diese keine weitergehenden persönlichen Verpflichtungen begründet würden.[229] Zur Absicherung sollte die testamentarische Anordnung der Testamentsvollstreckung nicht darauf verzichten, klare Aussagen zu den Befugnissen des Testamentsvollstreckers zu machen, insbesondere auch im Hinblick auf den Kernbereich der Mitgliedschaft sowie mit der Beteiligung verbundene Rechte (zB Verfügungsbefugnis über Gesellschafterkonten etc.).

cc) Erhöhungen der Kommanditeinlage. Allerdings kann wiederum die auf den Nachlass 87
beschränkte Verpflichtungsbefugnis der Rechtsmacht des Testamentsvollstreckers Grenzen setzen. Dies gilt insbesondere im Hinblick auf Erhöhungen der Kommanditeinlage, welche der Amtsinhaber nach Auffassung des BGH nicht ohne Zustimmung des Erben vornehmen kann.[230] Die hiermit verknüpfte Aussage, das Registergericht müsse einen Auftrag auf Eintragung einer Kapitalerhöhung, die ohne Zustimmung des Erben beschlossen wurde, zurückweisen, bedarf gleichwohl der Differenzierung.[231] Entbehrlich ist eine solche Zustimmung nämlich für den Fall, dass die Einlageleistung durch die **Umbuchung von Rücklagen- oder Darlehenskonten** erbracht werden kann, resultiert hieraus doch keine Gefahr für das Privatvermögen des Erben.[232] Im Übrigen ist zwischen der Erhöhung der der Gesellschaft versprochenen Einlage und der zugunsten der Gesellschaftsgläubiger wirkenden Erhöhung der Haftsumme zu unterscheiden. Notwendig ist die Zustimmung des Erben vor diesem Hintergrund nur, wenn der Testamentsvollstrecker einem Beschluss über die Erhöhung der Haftsumme zustimmen möchte, ohne die Einlagenleistung sofort zu erbringen, da nur dann die Gefahr einer persönlichen Inanspruchnahme des Erben droht.[233] In Anbetracht der allgemein gehaltenen Aussage des Bundesgerichtshofes sollte die Kautelarpraxis jedoch nicht darauf verzichten, die Mitwirkung des Erben an Maßnahmen der Kapitalerhöhung durch entsprechende testamentarische Auflagen sicherzustellen.

4. Beteiligungsumwandlung. In der Praxis bietet es sich an, die eingeschränkte Zulässigkeit 88
einer Testamentsvollstreckung an der Beteiligung eines phG dadurch zu umgehen, dass gesellschaftsvertraglich die Umwandlung der Beteiligung in eine Kommanditbeteiligung vorgesehen wird und diese einer Testamentsvollstreckung unterstellt wird; hierbei kann dem Gesellschaftererben das Recht eingeräumt werden, nach Beendigung der Testamentsvollstreckung die Rückumwandlung in die Beteiligung eines phG vorzunehmen.[234] Zur Ausgestaltung entsprechender Klauseln vgl. RdNr. 137 ff.

---

[227] Ausf. *Lorz*, FS Boujong, 1996, S. 319, 325 ff.; *Dörrie* S. 122 ff.; *ders.* ZEV 1996, 370, 374. Gegen eine Übertragung der Kernbereichslehre auf das Verhältnis zwischen Testamentsvollstrecker und Erbe auch *Muscheler* S. 506 f.; *Rowedder*, FS Goerdeler, 1987, S. 445, 465; *Brandner*, FS Kellermann, 1991, S. 37, 45; *Faust* DB 2002, 189, 191; *Damrau* NJW 1984, 2785, 2789; *Everts* MittBayNot 2003, 427, 429; MünchKommBGB/*Zimmermann* § 2205 RdNr. 45; *Ulmer* § 705 RdNr. 89.
[228] Treffend *Muscheler* S. 506 f.
[229] LG Mannheim Urt. v. 10. 11. 1998 – 2 – O – 193/98, ZEV 1999, 443, 444 f. m. Anm. *Wenninger*; zur Entscheidung des LG Mannheim s. auch *Pentz* NZG 1999, 825; die Übertragung der Kernbereichslehre auf das Verhältnis zwischen Erbe und Testamentsvollstrecker ablehnend auch LG Berlin Beschl. v. 1. 10. 2002 – 102. T. 85/02, ZEV 2004, 29 m. Anm. *Rosener/Bugge*. Ausf. zur Gründungs- und Umwandlungskompetenz des Testamentsvollstreckers *Lorz* S. 211 ff.; *Frank* ZEV 2003, 5.
[230] BGH (Fn. 23) BGHZ 108, 187, 198; zustimmend *Klein* DStR 1992, 326, 327; *Ebenroth* RdNr. 704; *Weidlich* ZEV 1994, 205, 208; *Quack* BB 1989, 2271, 2273 (letztere unter Verweis auf die Kernbereichslehre).
[231] Ausf. *Lorz* S. 191 ff.
[232] IdS *Ulmer* ZHR 146 (1982), 555, 566; *ders.* NJW 1990, 73, 79; im Ergebnis ebenso LG Berlin (Fn. 229) ZEV 2004, 29, 30 (Zustimmung zur Kapitalerhöhung zur Euro-Umstellung durch Umbuchung von Gesellschafter- auf Kapitalkonto noch von der Rechtsmacht des Testamentsvollstreckers gedeckt).
[233] Ausf. *Lorz* S. 192 ff. Zur Behandlung einer Einlagenrückgewähr gemäß § 172 Abs. 4 vgl. *Lorz* S. 186 ff. mwN.
[234] Vgl. *Klein* DStR 1992, 292, 296; *Everts* MittBayNot 2003, 427, 430 (mit Formulierungsbeispiel); *D. Mayer* in *Bengel/Reimann* RdNr. V 171; *Weidlich* ZEV 1994, 205, 212; *Winkler* RdNr. 366 a; Mayer/Bonefeld/Wälzholz/*Weidlich* RdNr. 408.

89 **5. Testamentsvollstreckervermerk.** Die Frage nach der Eintragungsfähigkeit eines Testamentsvollstreckervermerks hat der BGH unbeantwortet gelassen;[235] die Praxis der Registergerichte ist uneinheitlich. Unter Berücksichtigung der Rspr. zum Umfang eintragungsfähiger Tatsachen und Rechtsverhältnisse[236] spricht vieles dafür, die angeordnete Fremdverwaltung auch im Handelsregister zu verlautbaren. Ein entsprechender Vermerk klärt potentielle Anteilserwerber über die fehlende Verfügungsbefugnis des Erben sowie die modifizierten Rechtsverhältnisse innerhalb der Gesellschaft auf und dient den Publizitätsinteressen von Gesellschaftsgläubigern, deren haftungsrechtlicher Zugriff auf den übrigen, neben dem Gesellschaftsanteil bestehenden Nachlass durch § 2214 BGB vereitelt wird.[237] Zur Erfüllung der Anmeldepflichten zum Handelsregister bei angeordneter Testamentsvollstreckung vgl. § 143 RdNr. 12.

III. Nachlassverwaltung

90 Die Nachlassverwaltung ergreift den Gesellschaftsanteil an einer **werbenden Personengesellschaft** als solchen nicht.[238] Mit der früher diskutierten Frage der Nachlasszugehörigkeit der Beteiligung hat dies jedoch nichts zu tun.[239] Die Ausübung der mit der Beteiligung verbundenen Mitgliedschaftsrechte des Erben ist dem Nachlassverwalter vielmehr bereits wegen der fehlenden Zustimmung der Mitgesellschafter verwehrt;[240] weiterhin steht wiederum die Disparität der Haftungsordnungen einer Nachlassverwaltung entgegen.

91 Die vermögensrechtlichen Ansprüche (Gewinn, Anspruch auf Auseinandersetzungsguthaben) unterliegen hingegen der Nachlassverwaltung, ohne dass es hierzu der Zustimmung der Mitgesellschafter bedürfte.[241] Dem Nachlassverwalter steht das Recht zu, analog § 135 die Gesellschaft zu kündigen, um auf diese Weise den Abfindungsanspruch des Erben zugunsten der Nachlassgläubiger zu realisieren.[242] Des Vorliegens der Voraussetzungen des § 135 bedarf es hierzu nicht (vgl. bereits § 135 RdNr. 7).[243] Der Erbe kann die Kündigung abwenden, indem er dem Nachlassverwalter den Wert des Auseinandersetzungsguthabens zur Verfügung stellt bzw. auf einen ausreichenden Nachlass verweist.[244]

92 Für die gerichtliche Klärung der Frage, ob er mit dem Erbfall Gesellschafter geworden ist (zB im Hinblick auf die Wirksamkeit des Gesellschaftsvertrages), ist allein der Erbe aktiv oder passiv legitimiert. Ebenso kann allein der Erbe eine Auflösungs- oder Ausschließungsklage erheben bzw. ist gegen ihn zu klagen.[245] Verlangt der Nachlassverwalter von den früheren Mitgesellschaftern des Erblassers Herausgabe des Gesellschaftsvermögens, weil der Erblasser ein Übernahmerecht ausgeübt hatte (mit der Folge der Alleininhaberschaft des Erblassers und jetzt des Erben), so handelt es sich demgegenüber um einen vermögensrechtlichen Anspruch, der durch den Nachlassverwalter geltend zu machen ist.[246]

---

[235] BGH (Fn. 23) BGHZ 108, 187, 190; ebenso KG (Fn. 31) NJW-RR 1991, 835, 837.
[236] Vgl. BGH Beschl. v. 28. 2. 1983 – II ZB 8/82, BGHZ 87, 59, 62 = NJW 1983, 1676 (Eintragungspflichtigkeit des gestatteten Selbstkontrahierens); BGH Beschl. v. 24. 10. 1988 – II ZB 7/88, BGHZ 105, 324, 344 = NJW 1985, 295 (Eintragungsfähigkeit von Unternehmensverträgen).
[237] IE ebenso *Brandner*, FS Kellermann, 1991, S. 37, 49; *K. Schmidt* GesR § 45 V 8 d; *Schaub* ZEV 1994, 71, 78; *Plank* ZEV 1998, 325, 327 ff.; *Koller/Roth/Morck* § 177 RdNr. 7; vgl. auch *Lorz* in *Scherer*, MAH Erbrecht, 2. Aufl. 2007, § 19 RdNr. 66, 255; aA u. a. KG Beschl. v. 4. 7. 1995 – 1 W 5374/92, NJW-RR 1996, 228 = ZEV 1996, 67 m. abl. Anm. *Schaub*; LG Berlin Beschl. v. 22. 7. 1992 – 98 T 24/92, Rpfleger 1993, 25; *Damrau* BWNotZ 1990, 69 f. m. ausführlicher Begründung.
[238] BGH Urt. v. 30. 3. 1967 – II ZR 102/65, BGHZ 47, 293, 296 = NJW 1967, 1961; BGH (Fn. 23) BGHZ 91, 132, 136; BGH (Fn. 23) BGHZ 98, 48, 55 f.; OLG Hamm Beschl. v. 25. 11. 1992 – 15 W 129/92, OLGZ 1993, 147, 148; BayObLG Beschl. v. 4. 2. 1988 – BReg. 3 Z 133/87, BayObLGZ 1988, 24, 28 ff. = FamRZ 1988, 1102, 1104.
[239] Anders etwa noch BayObLG (Fn. 238) BayObLGZ 1988, 24, 28 ff.
[240] BGH (Fn. 23) BGHZ 98, 48, 55 f.; BGH (Fn. 238) BGHZ 47, 293, 295 f.; vgl. auch *Marotzke* ZHR 156 (1992), 17, 33 (in Fn. 67).
[241] BGH (Fn. 238) BGHZ 47, 293, 296; BGH (Fn. 23) BGHZ 91, 132, 136 f. (Nachlasskonkurs); OLG Hamm (Fn. 238) OLGZ 1993, 147, 148; MünchKommHGB/*K. Schmidt* RdNr. 55; GroßkommHGB/*Schäfer* RdNr. 35.
[242] BGH (Fn. 238) BGHZ 47, 293, 296 f.; BayObLG Beschl. v. 30. 10. 1990 – Breg. 2 Z 121/90, BayObLGZ 1990, 306, 310 = NJW-RR 1991, 361, 362; OLG Hamm (Fn. 238) OLGZ 1993, 147, 148; aus dem Schrifttum *Stodolkowitz*, FS Kellermann, 1991, S. 439, 455; *H. P. Westermann* AcP 173 (1973), 24, 41 f.; MünchKommHGB/*K. Schmidt* RdNr. 55; *Ulmer/Schäfer* ZHR 160 (1996), 413, 437; GroßkommHGB/*Schäfer* RdNr. 35; Arbeitskreis „Unternehmensnachfolge" des IDW RdNr. 1144; Staudinger/*Marotzke* § 1985 RdNr. 21; aA *Hueck A.* OHG § 28 II 5 (in Fn. 13).
[243] Ausf. *Stodolkowitz*, FS Kellermann, 1991, S. 439, 455; *Flume*, FS Müller-Freienfels, 1986, S. 113, 124; ebenso nunmehr auch Staudinger/*Marotzke* § 1985 RdNr. 21.
[244] *Lange/Kuchinke* ErbR, 5. Aufl. 2001, § 49 III 4; *Ebenroth* RdNr. 1139; ähnlich *Kipp/Coing* ErbR, 14. Bearb. 1990, § 97 VI 2.
[245] BGH (Fn. 238) BGHZ 47, 293, 297; Staudinger/*Marotzke* § 1985 RdNr. 20; MünchKommHGB/ *K. Schmidt* RdNr. 55.
[246] BGH (Fn. 238) BGHZ 47, 293, 298 ff.; zust. *Großfeld/Rohloff* JZ 1967, 705, 707.

Fortsetzung mit den Erben 93–98 § 139

Die Rechte des Erben in einer **Liquidationsgesellschaft** kann der Nachlassverwalter nach 93
hM unbeschränkt ausüben.[247] Insoweit gelten die Ausführungen zur Testamentsvollstreckung
entsprechend. Der Beschluss, die Abwicklungsgesellschaft wieder in eine werbende umzuwandeln,
bedarf der Zustimmung des Nachlassverwalters (vgl. bereits RdNr. 63 zur Testamentsvollstreckung).[248]

IV. Nachlassinsolvenz

Die Eröffnung eines Nachlassinsolvenzverfahrens (§§ 315 ff. InsO) führt weder zur Auflösung der 94
Gesellschaft (vgl. § 131 Abs. 3 Nr. 2) noch zum zwangsweisen Ausscheiden des betroffenen Gesellschafters (str.; vgl. § 131 RdNr. 47). Dies hat wiederum nichts mit der Frage der Nachlasszugehörigkeit der Beteiligung zu tun,[249] sondern liegt darin begründet, dass die Nachlassinsolvenz im Gegensatz zum Gesellschafterkonkurs nicht das gesamte Erbenvermögen erfasst und diesem daher die Möglichkeit zu geben ist, durch Zahlung aus seinem Privatvermögen den Gesellschaftsanteil aus der Insolvenzmasse auszulösen.[250]

Dem Insolvenzverwalter steht jedoch das Recht zu, entsprechend § 135 HGB die Gesellschaft zu 95
kündigen, um auf diese Weise auf den Vermögenswert der Beteiligung zuzugreifen.[251] Insoweit gelten die Ausführungen zur Nachlassverwaltung entsprechend (vgl. auch § 135 RdNr. 7).

E. Das Wahlrecht des Erben nach § 139

I. Grundlagen

§ 139 setzt voraus, dass der Nachfolger direkt, ohne sein Zutun, in die Gesellschaft einrückt; dies 96
ist wie beschrieben nur bei einfacher oder qualifizierter Nachfolgeklausel der Fall. Nach Abs. 1 kann jeder Erbe, der kraft Nachfolgeklausel phG geworden ist, sein Verbleiben in der Gesellschaft davon abhängig machen, dass ihm unter Belassung des bisherigen Gewinnanteils die Stellung eines Kommanditisten eingeräumt und der auf ihn entfallende Teil der Einlage des Erblassers als Kommanditeinlage anerkannt wird. Lehnen die übrigen Gesellschafter einen entsprechenden Antrag ab, so kann der Erbe aus der Gesellschaft ausscheiden (Abs. 2). Für die Geltendmachung der Rechte aus § 139 sieht das Gesetz eine Drei-Monatsfrist vor (Abs. 3). Neben § 139 besteht das Recht zur Ausschlagung der gesamten Erbschaft (§ 1944 BGB).

Der Erbe macht von seinem Wahlrecht in der Weise Gebrauch, dass er innerhalb der Drei-Monatsfrist 97
nach Abs. 3 den **formlosen Antrag an die Mitgesellschafter** richtet, ihm unter Belassung des bisherigen Gewinnanteils die Stellung eines Kommanditisten einzuräumen und den auf ihn entfallenden Teil der Einlage des Erblassers als seine Kommanditeinlage anzuerkennen. Über den Antrag entscheiden die übrigen Gesellschafter mangels abweichender Regelung im Gesellschaftsvertrag einstimmig (§ 119 Abs. 1). Die Umwandlung vollzieht sich mithin durch einen auf die Änderung des Gesellschaftsvertrages gerichteten Vertrag zwischen allen Gesellschaftern. Der Erbe hat **keinen klagbaren Anspruch** auf Umwandlung, sofern sich aus dem Gesellschaftsvertrag nichts anderes ergibt.

II. Anwendungsbereich und Adressaten des Wahlrechts

1. Anwendungsbereich von § 139. § 139 gilt für die OHG sowie über § 161 Abs. 2 für die 98
Erben des Komplementärs einer KG. Die (analoge) Anwendung der Vorschrift auf die GbR wird von der noch hM abgelehnt.[252] Vor dem Hintergrund der gewandelten BGH-Rspr. zur Haftungsver-

---

[247] Str.; wie hier u. a. *Muscheler* S. 440; Staudinger/*Marotzke* § 1985 RdNr. 20; MünchKommBGB/*Siegmann* § 1985 RdNr. 5 a; GroßkommHGB/*Schäfer* RdNr. 35; aA BayObLG (Fn. 238) FamRZ 1988, 1102, 1104; BayObLG (Fn. 242) NJW-RR 1991, 361, 362.
[248] RGRK–BGB/*Johannsen* § 1985 RdNr. 13; Staudinger/*Marotzke* § 1985 RdNr. 22.
[249] So aber noch BGH (Fn. 23) BGHZ 91, 132, 136.
[250] Insoweit zutreffend BGH (Fn. 23) BGHZ 91, 132, 138; ebenso *Stodolkowitz*, FS Kellermann, 1991, S. 439, 455; Ulmer/*Schäfer* ZHR 160 (1996), 413, 438; *Flume* NJW 1988, 161, 162; aA MünchKommHGB/*K. Schmidt* § 131 RdNr. 73; *ders.*, FS Uhlenbruck, 2000, S. 655, 658; Röhricht/Graf von Westphalen/*von Gerkan* § 131 RdNr. 22; Baumbach/*Hopt* § 131 RdNr. 22.
[251] BGH (Fn. 23) BGHZ 91, 132, 137; *Flume* NJW 1988, 161, 162; *Stodolkowitz*, FS Kellermann, 1991, S. 439, 455; Ulmer/*Schäfer* ZHR 160 (1996), 413, 438; aA MünchKommHGB/ *K. Schmidt* RdNr. 56 sowie § 131 RdNr. 73.
[252] Vgl. etwa *Schörnig* ZEV 2001, 129, 130; *J. Schröder* ZGR 1978, 578, 599; *Ulmer* § 727 RdNr. 24; Baumbach/*Hopt* RdNr. 8.

fassung der BGB-Gesellschaft sprechen allerdings nach *Karsten Schmidt* „gute Gründe" für eine **entsprechende Anwendung der Vorschrift auf die unternehmenstragende GbR**.[253] In der Tat legt der Umstand, dass der Erbe der GbR-Beteiligung als Folge dieser Rechtsprechungsänderung nunmehr im Ergebnis nach den Grundsätzen der §§ 128 ff. haftet, unter Berücksichtigung von Sinn und Zweck der Vorschrift (vgl. RdNr. 3 f.) eine solche Analogie nahe.[254] Diese kann aber nur zum Tragen kommen, soweit die GbR in Abweichung von § 727 BGB nicht durch den Tod des Gesellschafters aufgelöst wurde und weiter nur, sofern der Erbe kraft Nachfolgeklausel in die Gesellschaftsbeteiligung des Erblassers nachgerückt ist. In diesem Fall ist der Auffassung beizupflichten, dass der Erbe analog § 139 Abs. 1 sein Verbleiben in der Gesellschaft davon abhängig machen kann, dass ihm unter Belassung des bisherigen Gewinnanteils die Stellung eines Kommanditisten eingeräumt wird. Dies bedingt eine entsprechende Änderung des Gesellschaftsvertrags sowie die Eintragung der Gesellschaft als Kommanditgesellschaft in das Handelsregister. Bei Ablehnung eines solchen Antrags ist dem Erben das Recht zuzugestehen, in entsprechender Anwendung von § 139 Abs. 2 aus der Gesellschaft auszuscheiden.[255] Ist ein Formwechsel zur Kommanditgesellschaft nicht möglich (zB im Fall der Freiberufler-Sozietät), ist dem Erben ein außerordentliches Austrittsrecht analog § 139 zuzugestehen.[256] Allerdings dürften solche Konstellationen die Ausnahme bilden, da gerade im Bereich der Freiberufler-Sozietäten selten vereinbart wird, dass die Erben eines verstorbenen Gesellschafters in die Gesellschaft nachrücken.

99 Das Wahlrecht steht auch dem Erben zu, der bereits neben dem Erblasser als Kommanditist an der Gesellschaft beteiligt war und durch Erbgang in die Beteiligung eines verstorbenen persönlich haftenden Gesellschafters nachrückt. In diesem Fall hat der Erbe das Recht, sein Verbleiben in der Gesellschaft davon abhängig zu machen, dass ihm insgesamt die Stellung eines Kommanditisten eingeräumt wird; andernfalls bleibt er insgesamt, mit seiner gesamten Beteiligung, phG.[257] Diese **Notwendigkeit einer einheitlichen Entscheidung** wird gemeinhin mit dem Grundsatz der „Einheitlichkeit des Personengesellschaftsanteils" begründet (hierzu ausf. § 105 RdNr. 32 ff.),[258] ergibt sich jedoch – ohne Rücksicht auf die Frage der Rechtfertigung dieses Prinzips –[259] bereits daraus, dass kein Gesellschafter im Außenverhältnis zugleich unbeschränkbar und (auf die Haftsumme) beschränkt haften kann. Wird die Beteiligung des Erblassers demnach in eine Kommanditbeteiligung umgewandelt, stellt sich die Frage, ob dies zwingend mit der Notwendigkeit verbunden ist, **eine veränderte Haftsumme des Kommanditisten** in das Handelsregister einzutragen. Richtigerweise ist davon auszugehen, dass in diesem Fall lediglich das Ausscheiden des persönlich haftenden Gesellschafters zur Anmeldung zu bringen ist, ohne dass mit einer solchen Umwandlung zwingend eine Haftsummenerhöhung verbunden sein muss bzw. von Amts wegen auf deren Eintragung zu beharren ist.[260]

100 **Keine Anwendung findet § 139** in den Fällen, in denen der Erbe nicht vor die Entscheidung gestellt ist, die Erbschaft auszuschlagen oder phG zu werden. Dies ist insbesondere dann der Fall, wenn der Erbe schon vor dem Erbfall als phG neben dem Erblasser an der Gesellschaft beteiligt war,[261] der Gesellschaftsvertrag vorsieht, dass die Erben mit dem Erbfall automatisch Kommanditisten werden sollen,[262] das Wahlrecht nach § 139 bereits kraft Gesellschaftsvertrag besteht oder die Gesellschaft bereits aufgelöst ist oder mit dem Erbfall aufgelöst wird (zur Frage der Haftung in den Auflösungsfällen

---

[253] MünchkommHGB/*K. Schmidt* RdNr. 60; ebenso bereits Schlegelberger/*K. Schmidt* RdNr. 60.
[254] Für eine entsprechende Anwendung von § 139 auf die GbR auch *Schäfer* NJW 2005, 3665; *Mock* NZG 2004, 118.
[255] Vgl. MünchKommHGB/*K. Schmidt* RdNr. 60; *Schäfer* NJW 2005, 3665, 3668; anders *Mock* NZG 2004, 118, 120, der die entsprechende Anwendung des § 139 auf die Möglichkeit des Erben zum Ausscheiden aus der Gesellschaft gegen Abfindung beschränkt.
[256] Vgl. *Schäfer* NJW 2005, 3665, 3668, der den Mitgesellschaftern einer Freiberufler-Sozietät zudem die Möglichkeit zugestehen möchte, das Austrittsrecht durch das Angebot eines Formwechsels in eine Partnerschaftsgesellschaft abzuwenden.
[257] BayObLG Beschl. v. 29. 1. 2003 – 3Z BR 5/03, DB 2003, 762, 763; KG Beschl. v. 4. 12. 1941 – 1 Wx 359/41, DR 1942, 731, 732; Baumbach/*Hopt* RdNr. 37; Röhricht/Graf von Westphalen/*von Gerkan* RdNr. 29; Großkomm HGB/*Schäfer* RdNr. 68; MünchKommHGB/*K. Schmidt* RdNr. 65; vgl. auch BGH Urt. v. 1. 6. 1987 – II ZR 259/86, BGHZ 101, 123, 129 f. = NJW 1987, 3184 = WM 1987, 1161; BGH Urt. v. 10. 6. 1963 – II ZR 88/61, WM 1963, 989.
[258] Vgl. etwa BayObLG (Fn. 257) DB 2003, 762, 763 (Entstehung einer „einheitlichen Beteiligung"); Baumbach/*Hopt* RdNr. 37.
[259] Hierzu u. a. *Priester* DB 1998, 55; *Lüttge* NJW 1994, 5; *Esch* BB 1993, 664; MünchKommHGB/ *Grunewald* § 161 RdNr. 4 f.
[260] Zutreffend BayObLG (Fn. 257) DB 2003, 762, 763.
[261] KG Beschl. v. 30. 7. 1936 – 1 Wx 267/36, JW 1936, 2933 Nr. 28; Röhricht/Graf von Westphalen/*von Gerkan* RdNr. 29; Heymann/*Emmerich* RdNr. 38; MünchKommHGB/*K. Schmidt* RdNr. 65; einschränkend *H. Westermann* RdNr. I 1289.
[262] BGH (Fn. 37) WM 1974, 945, 947; BGH (Fn. 257) BGHZ 101, 123, 125; *H. Westermann* RdNr. I 1289.

vgl. RdNr. 131 f.).²⁶³ Ein negativer Kapitalanteil des Erblassers steht einer Anwendung von § 139 demgegenüber nicht entgegen.²⁶⁴

War der Erblasser als **Gesellschafter ohne Kapitalanteil** beteiligt, so greift § 139 nicht direkt ein, **101** da der Wortlaut der Vorschrift die Erbringung einer Einlage durch den Erblasser voraussetzt. Jedoch sind die Abs. 2–4 in diesem praktisch selten relevanten Fall in der Weise entsprechend anzuwenden, dass der Erbe durch fristgemäßen Austritt seine Haftung beschränken kann.²⁶⁵

Wird der einzige Komplementär einer Zweimann-KG durch den Kommanditisten beerbt, so **102** bewirkt die Vereinigung der Gesellschaftsanteile in der Hand des bisherigen Kommanditisten die **Vollbeendigung der Gesellschaft** (vgl. § 131 RdNr. 10 sowie § 140 RdNr. 41).²⁶⁶ § 139 ist hier nicht einschlägig. Vielmehr kommt eine Haftung des Erben in entsprechender Anwendung von § 27 zum Zuge, welche neben die beschränkbare Erbenhaftung für Ansprüche gegen den Erblasser tritt. Liegen die Voraussetzungen einer persönlichen Haftung des Erben nach § 27 analog nicht vor, weil der Geschäftsbetrieb innerhalb der Drei-Monatsfrist des § 27 Abs. 2 eingestellt wird, so erstreckt sich die Haftung des früheren Kommanditisten auf den gesamten Wert des zugefallenen Gesellschaftsvermögens, dh. unter Einschluss sowohl des ererbten als auch des früheren eigenen Gesellschaftsanteils, ungeachtet erbrechtlicher Maßnahmen der Haftungsbeschränkung²⁶⁷ (ausf. § 140 RdNr. 42).

2. Adressaten des Wahlrechts. § 139 gilt nur für Erben, **nicht** für Vermächtnisnehmer, Erb- **103** schaftskäufer oder Erwerber von Miterbenanteilen. Zur Wirksamkeit einer Umwandlungsvereinbarung mit einem Scheinerben vgl. RdNr. 8 aE mwN. **Mehreren Erben** steht das Wahlrecht des § 139 jeweils einzeln und unabhängig voneinander zu und ebenso können die Anträge mehrerer Erben unterschiedlich beschieden werden:²⁶⁸ Es ist also möglich, dass ein Miterbe als phG in der Gesellschaft verbleibt, ein anderer Kommanditist wird und ein Dritter nach Abs. 2 aus der Gesellschaft ausscheidet.

Das Wahlrecht ist ebenso wie das Recht zur Ausschlagung der Erbschaft **höchstpersönlich;** eine **104** Ausübung durch Testamentsvollstrecker,²⁶⁹ Nachlassverwalter²⁷⁰ oder Nachlassinsolvenzverwalter kommt nicht in Betracht.²⁷¹

Das **Wahlrecht eines minderjährigen Erben** wird durch seinen gesetzlichen Vertreter ausgeübt; **105** eine vormundschaftsgerichtliche Genehmigung ist hierfür nicht erforderlich.²⁷² Ist der gesetzliche Vertreter Mitgesellschafter, so bedarf es im Hinblick auf § 181 BGB jedoch der Mitwirkung eines Ergänzungspflegers (zum Fristlauf nach Abs. 3 s. RdNr. 115).²⁷³

Bei **angeordneter Vor- und Nacherbschaft** steht das Wahlrecht grundsätzlich sowohl dem Vor- **106** als auch dem Nacherben zu, wobei der Vorerbe bei der Ausübung nicht an die Zustimmung des Nacherben gebunden ist. Hat der Vorerbe seinen Austritt aus der Gesellschaft erklärt oder ist er bereits Kommanditist geworden, so greift § 139 für den Nacherben jedoch nicht mehr; ein Rück-

---

²⁶³ BGH (Fn. 168) NJW 1982, 45, 46; *Hueck A.* OHG § 28 IV 4; *Baumbach/Hopt* RdNr. 8; *Koller/Roth/Morck* RdNr. 2; GroßkommHGB/*Schäfer* RdNr. 73; aA MünchKommHGB/*K. Schmidt* RdNr. 61 unter Hinweis auf die Möglichkeit der Fortsetzung der aufgelösten Gesellschaft.
²⁶⁴ BGH (Fn. 257) BGHZ 101, 123, 125; Heymann/*Emmerich* RdNr. 45; *Michalski* RdNr. 44; *Baumbach/Hopt* RdNr. 42; aA *Hueck A.* OHG § 28 III 3.
²⁶⁵ *Baumbach/Hopt* RdNr. 7; GroßkommHGB/*Schäfer* RdNr. 74; *H. Westermann* RdNr. I 1302; MünchKommHGB/*K. Schmidt* RdNr. 63; *Koller/Roth/Morck* RdNr. 7; vgl. auch OLG Hamm Beschl. v. 1. 12. 1998 – 15 W 404/98, DB 1999, 272, 273.
²⁶⁶ BGH Urt. v. 10. 12. 1990 – II ZR 256/89, BGHZ 113, 132, 134 f. = BB 1991, 230 = JZ 1991, 731 m. Anm. *K. Schmidt;* aA *Weimar* ZIP 1997, 1769; *Baumann* BB 1998, 225, 230 ff. (Fortexistenz der Gesellschaft auf Grund Anerkennung der Einmann-Personengesellschaft).
²⁶⁷ BGH (Fn. 266) BGHZ 113, 132, 134 ff.; dieses Haftungskonzept fortführend BGH Urt. v. 15. 3. 2004 – II ZR 247/01, ZIP 2004, 1047 = DStR 2004, 1137 = NZG 2004, 611. Aus der Lit. vgl. MünchKommHGB/*K. Schmidt* RdNr. 66; GroßkommHGB/*Schäfer* RdNr. 70; Röhricht/Graf von Westphalen/von Gerkan RdNr. 31; ausf. und kritisch zur dogmatischen Begründung des BGH *Marotzke* ZHR 156 (1992), 17, 26 ff.; *Lieb* ZGR 1991, 572.
²⁶⁸ Vgl. BGH (Fn. 12) BGHZ 55, 267, 270; KG Beschl. v. 21. 4. 1955 – 1 W 714/55, DNotZ 1955, 418, 420; MünchKommHGB/*K. Schmidt* RdNr. 68; *H. Westermann* RdNr. I 1290; *Mutter* in *Gummert,* MAH PersG, § 6 RdNr. 533 (mit Muster für einen Antrag nach § 139).
²⁶⁹ Vgl. RG (Fn. 175) RGZ 170, 392, 395; *Lorz* in: *Scherer,* MAH Erbrecht, 2. Aufl. 2007§ 19 RdNr. 34; GroßkommHGB/*Schäfer* RdNr. 60.
²⁷⁰ BGH (Fn. 238) BGHZ 47, 293, 296; *Baumbach/Hopt* RdNr. 36; MünchKommHGB/*K. Schmidt* RdNr. 68.
²⁷¹ Aus dem Schrifttum vgl. auch *Wiedemann* Übertragung S. 321; *Marotzke* JZ 1986, 457, 462; *Emmerich* ZHR 132 (1969), 297, 309; GroßkommHGB/*Schäfer* RdNr. 78; *Koller/Roth/Morck* RdNr. 7.
²⁷² BGH (Fn. 12) BGHZ 55, 267, 270; KG Beschl. v. 14. 10. 1932 – 1 a X 764/32, JW 1933, 118 Nr. 2; GroßkommHGB/*Schäfer* RdNr. 78; MünchKommHGB/*K. Schmidt* RdNr. 68; *Reimann* DNotZ 1999, 179, 196; *Michalski* RdNr. 44.
²⁷³ BGH (Fn. 12) BGHZ 55, 267, 270 ff.

gängigmachen des Austritts kommt ebenso wenig in Betracht wie eine Rückumwandlung der Kommanditistenstellung.[274]

III. Umwandlung in Kommanditistenstellung

107 **1. Rechtsfolgen.** Beschließen die Gesellschafter die Annahme des Antrags, so wird der Erbe automatisch Kommanditist. Seine Mitgliedschaft in der Gesellschaft bleibt mit geändertem Inhalt (zB Entfallen von Geschäftsführungsbefugnis und Vertretungsmacht sowie Wettbewerbsverbot) bestehen.[275] Die Tatsache, dass der Erbe der einzige Komplementär ist, steht der Annahme des Angebots auf Anteilsumwandlung nicht entgegen. Jedoch hat dies die Liquidation der Gesellschaft zur Folge, sofern kein neuer Komplementär gefunden wird: Der Fortfall des letzten Komplementärs wandelt die KG zwar nicht ohne weiteres in eine OHG um, ist aber Auflösungstatbestand (vgl. ausführlich § 131 RdNr. 29 f.).[276] Die Bedingungen der Umwandlung sind vorzugswürdig vertraglich zu fixieren, insbesondere im Hinblick auf die Festlegung der Einlage des Erben. Dass dies in der Praxis regelmäßig einvernehmlich geschieht, wird durch die geringe Anzahl gerichtlicher Entscheidungen zu diesem Komplex belegt.

108 **2. Bestimmung der Einlage.** In Abweichung vertraglicher Regelungen bestimmt sich die Höhe der Einlage des Erben nach dem auf ihn entfallenden Teil der Einlage des Erblassers (Abs. 1). Was darunter zu verstehen ist, ist umstritten. Die heute hM geht vom **Kapitalanteil des Erblassers im Zeitpunkt des Erbfalls** aus und rechnet diesem noch ausstehende Einlagen und unzulässige Entnahmen des Erblassers hinzu.[277] Nach *Karsten Schmidt* soll demgegenüber die bedungene Einlage (iSd. §§ 167 Abs. 2, 169 S. 2) des Erblassers maßgeblich sein, allerdings ohne Entnahmerecht des Erben, falls der Kapitalanteil des Erblassers die bedungene Einlage übersteigt.[278] Unterschiede zwischen beiden Auffassungen ergeben sich demnach vor allem, wenn der Kapitalanteil des Erblassers auf Grund von Verlusten etc. die bedungene Einlage unterschreitet; nach *Karsten Schmidt* muss der Erbe künftige Gewinne so lange stehen lassen, bis die ursprüngliche Einlage aufgefüllt ist (§ 169 S. 2). Im Ergebnis ist der hM zuzustimmen, handelt es sich bei der bedungenen Einlage des Erblassers doch häufig um eine zufällige und praktisch schwer zu ermittelnde Größe.[279]

109 Von der Einlage des Erblassers ist die **in das Handelsregister einzutragende Haftsumme** zu unterscheiden. Einlage und Haftsumme sind im Regelfall deckungsgleich, zwingend ist dies jedoch nicht.[280] Nach hM wird der Aktivsaldo des Kapitalkontos als Haftsumme festgelegt,[281] wobei umstritten ist, ob auch insoweit ausstehende Einlagen und unzulässige Entnahmen hinzuzurechnen sind.[282] Richtigerweise ist dies zu bejahen, haftet der Erbe den Mitgesellschaftern im Innenverhältnis doch für die ausstehende Einlage oder unzulässige Entnahme, ohne hierfür nach hM[283] seine Haftung auf den Nachlass beschränken zu können. Auf dem Umweg über eine Pfändung der Gesellschaftsansprüche könnten die Gesellschaftsgläubiger demnach ohnehin direkt auf den Erben zugreifen; schutzbedürftig ist er insoweit also nicht.[284]

110 Der in Ermangelung abweichender Festlegung durch die Betroffenen demnach anzunehmende Gleichlauf von Haftsumme und Einlage wird **bei einem negativen Kapitalanteil** durchbrochen.

---

[274] BGH (Fn. 146) BGHZ 69, 47, 52; *Michalski* DB 1987 Beil. 16, 13; *H. Westermann* RdNr. I 1334; *Picot*, Vor- und Nacherbschaft an der Gesellschafterstellung in einer Personenhandelsgesellschaft, Diss. Münster 1966, S. 70 ff.; MünchKommHGB/*K. Schmidt* RdNr. 68; Baumbach/*Hopt* RdNr. 19; GroßkommHGB/*Schäfer*, RdNr. 84.
[275] *K. Schmidt* GesR § 45 I 3 b.
[276] MünchKommHGB/*K. Schmidt* § 131 RdNr. 46 mwN auch zu abweichenden Ansichten; Röhricht/Graf von Westphalen/*von Gerkan* § 131 RdNr. 5; obiter dictum auch BGH Urt. v. 14. 5. 1952 – II ZR 40/51, BGHZ 6, 113, 116 = NJW 1952, 875; BGH Urt. v. 18. 10. 1976 – II ZR 98/75, BGHZ 68, 81, 82 = NJW 1977, 1012 = WM 1977, 500.
[277] Vgl. Heymann/*Emmerich* RdNr. 45; *H. Westermann* RdNr. I 1299; *Hueck A.* OHG § 28 III 3; Baumbach/*Hopt* RdNr. 41; GroßkommHGB/*Schäfer* RdNr. 100 ff.; Koller/Roth/Morck RdNr. 8.
[278] MünchKommHGB/*K. Schmidt* RdNr. 75; zustimmend Röhricht/Graf von Westphalen/*von Gerkan* RdNr. 37; Sudhoff/*van Randenborgh*, Personengesellschaften, § 16 RdNr. 60.
[279] Zutreffend *Hueck A.* OHG § 28 III 3; ebenso Saßenrath BB 1990, 1209, 1212.
[280] BGH Urt. v. 28. 3. 1977 – II ZR 230/75, NJW 1977, 1820, 1821; *Riegger* BB 1979, 1381 f.; *K. Schmidt* ZGR 1989, 445, 463.
[281] Vgl. etwa *Huber* S. 432; *Saßenrath* S. 162; GroßkommHGB/*Schäfer* RdNr. 105 f.; Koller/Roth/Morck RdNr. 9 („maximal").
[282] Verneinend etwa Saßenrath S. 162; Koller/Roth/Morck RdNr. 9; GroßkommHGB/*Schäfer* RdNr. 106 f.; aA *Hueck A.* OHG § 28 III 3.
[283] Vgl. *Liebisch* ZHR 116 (1954), 128, 168; *K. Schmidt* ZGR 1989, 445, 448; GroßkommHGB/*Schäfer* RdNr. 104; aA *Saßenrath* S. 160 ff.
[284] Vgl. bereits *Emmerich* ZHR 150 (1986), 193, 211; *K. Schmidt* ZGR 1989, 445, 464; aA GroßkommHGB/*Schäfer* RdNr. 106 f.; *Kick* S. 72.

Hinsichtlich der Festsetzung der Einlage bleibt es in diesem Fall bei der negativen Größe.[285] Da die in das Handelsregister einzutragende Haftsumme jedoch notwendig positiv sein muss, ist diese nach hM bei negativem Kapitalanteil symbolisch auf 1 Euro festzusetzen.[286] Ob dies für die Mitgesellschafter akzeptabel ist,[287] kann dahingestellt bleiben, haben diese es doch in der Hand, der Beteiligungsumwandlung zuzustimmen.[288] Ohne Haftungsfolgen gemäß § 171 kann die Haftsumme schließlich auch in Höhe des objektiven Wertes des Gesellschaftsanteils festgesetzt werden, unter Berücksichtigung der unaufgedeckten stillen Reserven.[289]

IV. Ausscheiden nach Abs. 2

Sprechen sich die übrigen Gesellschafter gegen den Antrag des Erben auf Umwandlung seiner Gesellschafterstellung aus, so kann dieser als phG in der Gesellschaft verbleiben oder innerhalb der Frist des § 139 Abs. 3 sein Ausscheiden erklären, ohne dass es der Einhaltung einer Kündigungsfrist bedürfte (§ 139 Abs. 2). Ein minderjähriger Gesellschafter übt dieses Recht durch seinen gesetzlichen Vertreter aus, ohne dass dieser hierfür einer familien- bzw. vormundschaftsgerichtlichen Genehmigung bedarf.[290] Die Erklärung, bei Ablehnung des Umwandlungsantrags ausscheiden zu wollen, kann bereits mit dem Antrag verbunden werden; in diesem Fall scheidet der Erbe mit Ablehnung aus der Gesellschaft aus.[291] Nach dem Ausscheiden wird die Gesellschaft unter den verbleibenden Gesellschaftern fortgesetzt, der ausscheidende Erbe ist abzufinden. Eine Abfindungsbeschränkung für den Fall der Kündigung gilt im Zweifel nicht für den Fall des Abs. 2.[292]

Verbleibt nur ein Gesellschafter, so findet § 140 Abs. 1 S. 2 analoge Anwendung: Die Gesellschaft wird hierdurch nicht nur aufgelöst, sondern gleichzeitig beendet; der verbleibende Gesellschafter wird Alleininhaber des Unternehmens (vgl. § 140 RdNr. 39 ff. mwN, auch zu den haftungsrechtlichen Konsequenzen). Einem Ausscheiden steht nicht entgegen, dass nach einem solchen kein Komplementär mehr vorhanden ist;[293] allerdings ist die Gesellschaft dann zu liquidieren (vgl. RdNr. 107 sowie § 131 RdNr. 29 f.).

V. Frist zur Ausübung des Wahlrechts (Abs. 3)

Das Wahlrecht ist **innerhalb von drei Monaten** nach Erlangung der Kenntnis vom Anfall der Erbschaft auszuüben (Abs. 3 S. 1). Die Unkenntnis des Berufungsgrundes, des Gesellschaftsverhältnisses und der Nachfolgeklausel im Gesellschaftsvertrag hindern den Fristablauf nach Abs. 3 grundsätzlich nicht. Der Blick auf Abs. 4 zeigt, dass auch die Annahme des Antrags auf Beteiligungsumwandlung bzw., bei dessen Ablehnung, das Ausscheiden des Erben aus der Gesellschaft innerhalb der Drei-Monatsfrist erfolgen müssen, um dem Erben das Haftungsprivileg zu verschaffen. Nach dem Erbfall ist daher rasches Handeln unabdingbar.

Die Frist endet jedoch nicht vor dem Ablauf der Ausschlagungsfrist (Abs. 3 S. 3). Da die grundsätzlich sechswöchige Ausschlagungsfrist erst mit Kenntnis des Berufungsgrundes und bei einer Berufung durch letztwillige Verfügung auf keinen Fall vor deren Verkündung zu laufen beginnt (vgl. § 1944 BGB), kann sich über Abs. 3 S. 3 also durchaus eine Verlängerung der Frist zur Ausübung des Wahlrechts ergeben. Relevanz kann Abs. 3 S. 3 ferner entfalten, wenn der Erblasser seinen letzten Wohnsitz ausschließlich im Ausland hatte oder wenn sich der Erbe bei Beginn der Ausschlagungsfrist

---

[285] Vgl. *Huber* S. 434; *Baumbach/Hopt* RdNr. 42; aA *Liebisch* ZHR 116 (1954), 128, 168 (letzter aktiver Kontostand); *Sudhoff* NJW 1958, 434; *Koller/Roth/Morck* RdNr. 8 (Festsetzung von 1 Euro). Ausf. zu den vertretenen Konzepten bei negativem Kapitalanteil *H. Westermann* RdNr. I 1302.
[286] Vgl. u. a. GroßkommHGB/*Schäfer* RdNr. 109; *Huber* S. 434 ff.; *Saßenrath* BB 1990, 1209, 1212; *Koller/Roth/Morck* RdNr. 9; *Michalski* RdNr. 47; *Baumbach/Hopt* RdNr. 42; *Ebenroth* RdNr. 875; aA *Heymann/Emmerich* RdNr. 45 b (Eintragung der ursprünglichen Pflichteinlage); *K. Schmidt* ZHR 1989, 445, 463; *ders.* in: MünchKommHGB RdNr. 79 a (Eintragung der bedungenen Einlage als Haftsumme, jedoch keine persönliche Haftung des Erben bei voll eingezahltem Gesellschaftsanteil); ebenso *Röhricht/Graf von Westphalen/von Gerkan* RdNr. 39.
[287] Bedenken insoweit bei *K. Schmidt* ZGR 1989, 445, 468.
[288] Ebenso GroßkommHGB/*Schäfer* RdNr. 109.
[289] BGH (Fn. 257) BGHZ 101, 123, 125 f.; *Koller/Roth/Morck* RdNr. 9; einschränkend jedoch BGH Urt. v. 11. 12. 1989 – II ZR 78/89, NJW 1990, 1109.
[290] Vgl. MünchKommHGB/*K. Schmidt* RdNr. 87 aE; *Reimann* DNotZ 1999, 179, 196; *Koller/Roth/Morck* RdNr. 17.
[291] *H. Westermann* RdNr. I 1306; *Ebenroth* RdNr. 875; *Hueck* OHG § 28 IV 1.
[292] *Baumbach/Hopt* RdNr. 43; *Heymann/Emmerich* RdNr. 47; *H. Westermann* RdNr. I 1308; großzügiger im Hinblick auf die Fortgeltung von Abfindungsbeschränkungen GroßkommHGB/*Schäfer* RdNr. 112.
[293] MünchKommHGB/*K. Schmidt* § 131 RdNr. 46; aA *Frey* ZGR 1988, 284; *ders./von Bredow* ZIP 1998, 1621, 1623 ff.

115 Bei einem **minderjährigen Erben,** dem die gesetzliche Vertretung fehlt, beginnt die Frist erst mit der Behebung dieses Mangels zu laufen (Abs. 3 S. 2 iVm. § 210 Abs. 1 BGB). Dies gilt auch dann, wenn der Minderjährige einen gesetzlichen Vertreter hat, dieser jedoch den Minderjährigen im konkreten Fall nicht vertreten kann, zB weil er selbst Gesellschafter und daher gemäß § 181 BGB von einer Mitwirkung ausgeschlossen ist.[294]

116 Eine **Eintragung im Handelsregister** ist zur Fristwahrung nicht erforderlich. Entscheidend ist vielmehr, ob der Gesellschafter rechtzeitig ausgeschieden ist oder seine Stellung in die eines Kommanditisten umgewandelt wurde oder ob die Gesellschaft rechtzeitig vor Fristablauf aufgelöst wurde. Aus einer verspäteten Eintragung können sich aber Haftungsfolgen ergeben (s. sogleich).

F. Die Haftung des Erben nach Abs. 4

I. Notwendige Differenzierungen

117 Im Hinblick auf die **haftungsrechtlichen Konsequenzen bei einem Eingreifen von § 139** gilt es wie folgt zu differenzieren: Zunächst nach der Art der Verbindlichkeit zwischen Altschulden (bis zum Erbfall), Zwischenneuschulden (vom Erbfall bis zur Entscheidung über die Ausübung der Rechte nach § 139) und echten Neuschulden (ab der endgültigen Entscheidung); sodann zeitlich hinsichtlich der Haftung des Nachfolgers während der Schwebezeit des Abs. 3 und später; weiterhin im Hinblick auf den Rechtsgrund der Haftung (als Erbe oder als Gesellschafter); schließlich unter Berücksichtigung der denkbaren Fallvarianten, als da sind der Verbleib des Erben als phG, die Umwandlung seiner Stellung in die eines Kommanditisten, sein Ausscheiden aus der Gesellschaft oder deren Auflösung.[295]

118 Die ebenfalls mögliche **Ausschlagung der gesamten Erbschaft** wirft demgegenüber keine spezifischen gesellschafts- oder erbrechtlichen Haftungsfragen auf. Die Ausschlagung bewirkt, dass der Anfall an den Ausschlagenden als nicht erfolgt gilt (§ 1953 Abs. 1 BGB). Damit ist der Erbe niemals Gesellschafter geworden; Haftungsprobleme ergeben sich insoweit nicht.[296]

II. Haftung während der Schwebezeit

119 Während der dreimonatigen Schwebezeit ist der Erbe zwar phG.[297] § 139 Abs. 4 entfaltet aber insoweit eine „Vorwirkung",[298] als der Erbe die Möglichkeit der Haftungsbeschränkung auf den Nachlass nach den §§ 1975 ff. BGB hat und somit eine Inanspruchnahme mit seinem Privatvermögen während der Schwebezeit abwehren kann.[299] Aus § 15 Abs. 1 ergibt sich nichts anderes. Die Tatsache, dass der Erbe während der Schwebezeit nur mit der erbrechtlichen Beschränkungsmöglichkeit haftet, ist weder eintragungsfähig noch eintragungspflichtig.[300]

III. Haftung des Erben als phG

120 Macht der Erbe von seinem Wahlrecht innerhalb der Frist nach Abs. 3 keinen Gebrauch oder war er bereits zuvor phG oder Komplementär, so haftet er für die Verbindlichkeiten der Gesellschaft unabhängig davon, ob diese vor oder nach dem Erbfall entstanden sind, als Gesellschafter unbeschränkbar und persönlich (§§ 128, 130; Ausnahme: minderjährige Gesellschafter; vgl. § 1629a BGB).[301] Den

---

[294] BGH (Fn. 12) BGHZ 55, 267, 271 f.; *Ebenroth* RdNr. 873; MünchKommHGB/*K. Schmidt* RdNr. 89.
[295] Ausf. *Emmerich* ZHR 150 (1986), 193; MünchKommHGB/*K. Schmidt* RdNr. 97 ff.; GroßkommHGB/*Schäfer* RdNr. 118 ff.
[296] *Ebenroth* RdNr. 876; *K. Schmidt* ZGR 1989, 445, 447.
[297] BGH (Fn. 12) BGHZ 55, 267, 273; *Emmerich* ZHR 150 (1986), 193, 196; Baumbach/*Hopt* RdNr. 45; aA *Wiedemann* Übertragung S. 239 ff. (Erbe als treuhänderischer Verwalter des Anteils).
[298] *Emmerich* ZHR 150 (1986), 193, 196.
[299] Vgl. nur MünchKommHGB/*K. Schmidt* RdNr. 103; MünchHdb/BGB/*Klein* § 79 RdNr. 48; *Hueck A.* OHG § 28 II 1 c; Sudhoff/*van Randenborgh*, Personengesellschaften, § 16 RdNr. 63; Koller/Roth/Morck RdNr. 10; für den Erben günstiger *Emmerich* ZHR 150 (1986), 193, 197 f. (Haftung während der Schwebezeit immer nur mit dem Nachlass; ebenso auch noch die hier in der Vorauflage vertretene Auffassung; anders auch *Schörnig* ZEV 2001, 129, 132 (unbeschränkbare persönliche Haftung auch während der Schwebezeit).
[300] BGH (Fn. 12) BGHZ 55, 267, 272 ff.; *Schilling* ZGR 1978, 173, 177; *Emmerich* ZHR 150 (1986), 193, 198 f.; *Sudhoff* S. 211; Koller/Roth/Morck RdNr. 10; MünchKommHGB/*K. Schmidt* RdNr. 105.
[301] BGH (Fn. 168) NJW 1982, 45, 46; *Emmerich* ZHR 150 (1986), 193, 203; GroßkommHGB/*Schäfer* RdNr. 121; MünchKommHGB/*K. Schmidt* RdNr. 108; *H. Westermann* RdNr. I 1317; aA *Liebisch* ZHR 116 (1954), 128, 153 f. (hinsichtlich der Anwendbarkeit von § 130).

Altgläubigern steht sowohl Nachlass als auch Eigenvermögen des Erben als Haftungsmasse zur Verfügung. Neugläubigern haftet der Erbe gemäß § 128 unbeschränkbar mit seinem Eigenvermögen, nach erfolgter *separatio bonorum* nicht jedoch mit dem Nachlass, da diese Verbindlichkeiten nicht in Verwaltung des Nachlasses begründet sind.[302]

Neben die unbeschränkte Gesellschafterhaftung tritt die **Haftung für Nachlassverbindlichkeiten gemäß §§ 1967 ff. BGB,** die alle Erben trifft, dh. auch diejenigen, welche im Falle einer qualifizierten Nachfolgeklausel nicht in die Gesellschaft eingerückt sind. Diese Haftung ist – unabhängig vom Verlust der Beschränkungsmöglichkeit nach § 139 – nach den erbrechtlichen Grundsätzen der §§ 1975 ff. BGB beschränkbar. Dies gilt auch im Hinblick auf die Haftung des Erblassers nach § 128, betrifft jedoch nur die erbrechtliche Seite.[303]

Allerdings kann das Nachrücken mehrerer Erben im Wege der Sondererbfolge eine **Teilung des Nachlasses gemäß § 2059 BGB** darstellen, sofern der Gesellschaftsanteil das wesentliche Vermögen des Erblassers ausgemacht hat.[304] Dies hat zur Folge, dass den Miterben das Leistungsverweigerungsrecht des § 2059 Abs. 1 S. 1 BGB ohne ihr Zutun genommen wird und auch die Beantragung einer Nachlassverwaltung ausscheiden würde (vgl. § 2062 2. HS BGB). Dieses Ergebnis ist besonders misslich, wenn im Rahmen einer qualifizierten Nachfolge nur einzelne Miterben in die Gesellschafterstellung nachfolgen, trifft die weichenden Erben doch dann die unbeschränkbare persönliche Haftung für alle Nachlassverbindlichkeiten, dh. auch für die Altschulden des Erblassers. Abweichend von § 2062 BGB ist hier den Erben mit der hM gleichwohl das Recht zur Beantragung einer Nachlassverwaltung einzuräumen, sofern die Teilung des Nachlasses allein Resultat der Sondererbfolge ist.[305] In jedem Fall ist der Gesellschafter-Erbe im Innenverhältnis verpflichtet, die nicht in die Gesellschaft nachrückenden Erben von einer etwaigen Haftung für Gesellschaftsschulden freizustellen bzw. nach erfolgter Inanspruchnahme Regress zu leisten.[306]

IV. Umwandlung in Kommanditbeteiligung

Wird die Gesellschafterstellung des Erben antragsgemäß und fristgerecht (Abs. 3) in eine Kommanditbeteiligung umgewandelt, so haftet er gemäß Abs. 4 für die bis dahin entstandenen Gesellschaftsschulden nur nach Maßgabe der erbrechtlichen Haftungsbestimmungen: unbeschränkt, aber beschränkbar. „Bis dahin" entstanden sind sowohl die bis zum Erbfall entstandenen Altschulden der Gesellschaft als auch die in der Schwebezeit zwischen Erbfall und Umwandlung eingegangenen Zwischenneuschulden, welche – kraft gesetzlicher Anordnung – ebenfalls Nachlassverbindlichkeiten darstellen.[307]

Abs. 4 beseitigt jedoch nur die unbeschränkte Haftung als phG nach §§ 128, 130, betrifft jedoch nicht die gesellschaftsrechtliche **Haftung des Nachfolgers als Kommanditist.**[308] Insoweit setzt die hM die Umwandlung der Mitgliedschaft einem Eintritt iSd § 173 gleich,[309] so dass der Erbe als Kommanditist für die Alt- und Zwischenneuschulden der Gesellschaft in dem Umfang persönlich haftet, in dem der Erblasser als Rechtsvorgänger die Einlage nicht erbracht oder wieder entnommen hatte (§§ 171, 172).[310] Für Neuschulden ab Beteiligungsumwandlung ergibt sich die Haftung des Erben/Kommanditisten direkt aus §§ 171, 172.[311] Für minderjährige Gesellschafter gilt es wiederum § 1629a BGB zu beachten.

---

[302] *Kick* S. 78; *Muscheler* S. 536; *Ebenroth* RdNr. 1099.
[303] *Schörnig* ZEV 2001, 129, 133; Röhricht/Graf von Westphalen/*von Gerkan* RdNr. 54; *Koller*/Roth/Morck RdNr. 10; MünchKommHGB/*K. Schmidt* RdNr. 107.
[304] MünchKommBGB/*Dütz* § 2059 RdNr. 8; *Ebenroth* RdNr. 878, 1172; aA Staudinger/*Marotzke* § 2059 RdNr. 58; ausf. *Raddatz* S. 65 ff.
[305] IdS auch *Emmerich* ZHR 150 (1986), 193, 207 ff.; *Kick* S. 115 ff.; *H. P. Westermann* AcP 173 (1973), 24, 37 f.; *Stodolkowitz*, FS Kellermann, 1991, S. 439, 452; *Siegmann* S. 35; MünchKomm BGB/*Heldrich* § 2059 RdNr. 9. AA Staudinger/*Marotzke* § 2059 RdNr. 58, wonach in der Sondervererbung, unabhängig vom ansonsten vorhandenen Vermögen, keine Nachlassteilung zu sehen sei; iE ebenso GroßkommHGB/*Schäfer* RdNr. 46 ff. m. ausf. Darstellung der vertretenen Auffassungen; ausf. auch *Ulmer*/*Schäfer* ZHR 160 (1996), 413, 425; *H. Westermann* RdNr. I 1318 sowie *Wiedemann*, FS Großfeld, 1999, S. 1309, 1324 ff.
[306] *Emmerich* ZHR 150 (1986), 193, 209; MünchKommHGB/*K. Schmidt* RdNr. 109.
[307] BGH (Fn. 12) BGHZ 55, 267, 274; *Schörnig* ZEV 2001, 129, 133; *Emmerich* ZHR 150 (1986), 193, 209; MünchKommHGB/*K. Schmidt* RdNr. 103, 107, 113; MünchHdbBGB/*Klein* § 79 RdNr. 50.
[308] Ausf. *K. Schmidt* ZGR 1989, 445, 448.
[309] Vgl. etwa *Emmerich* ZHR 150 (1986), 193, 211 ff.; *K. Schmidt* ZGR 1989, 445, 448; *Kick* S. 72 f.; Baumbach/*Hopt* RdNr. 47; aA Heymann/*Horn* § 173 RdNr. 8; ausf. *Buchner* DNotZ 1988, 467, 481 ff.
[310] RG Beschl. v. 9. 9. 1943 – II ZB 12/43, RGZ 171, 328, 332; *Emmerich* ZHR 150 (1986), 194, 211; *Wiedemann* S. 242; GroßkommHGB/*Schäfer* RdNr. 123; *Koller*/Roth/Morck RdNr. 11; zweifelnd in Bezug auf die Anwendbarkeit des § 173 auf vor dem Erbfall begründete Altverbindlichkeiten *H. Westermann* RdNr. I 1320.
[311] MünchKommHGB/*K. Schmidt* RdNr. 112; Baumbach/*Hopt* RdNr. 47; *Koller*/Roth/Morck RdNr. 12.

125 Im Falle einer qualifizierten Nachfolgeklausel haften die nicht in die Gesellschaft nachfolgenden Miterben nach erbrechtlichen Grundsätzen für die aus der Gesellschaftsbeteiligung herrührenden Alt- und Zwischenneuschulden; die Haftung als Kommanditist kann demgegenüber nur den gesellschaftsvertraglich qualifizierten Erben treffen (vgl. auch RdNr. 121 f.).

126 Umstritten ist die **Anwendbarkeit von § 176 Abs. 2**, wonach ein neu in die Gesellschaft eintretender Kommanditist bis zur Eintragung in das Handelsregister für die in dieser Zeit begründeten Verbindlichkeiten persönlich haftet (ausf. zur Frage der Anwendbarkeit vor § 176 Abs. 2 auf den Fall des derivativen Anteilserwerbs § 176 RdNr. 25 ff.). Nach BGHZ 108, 187 findet die Vorschrift auf den in die Gesellschaft eintretenden Erben keine Anwendung, ohne dass danach differenziert wird, ob eine Umwandlung nach § 139 stattfindet oder ein Kommanditist beerbt wird;[312] nur in den Fällen, in denen die Kommanditgesellschaft als solche oder der rechtsgeschäftliche Eintritt des Erblassers im Zeitpunkt des Erbfalls noch nicht eingetragen waren, würde demnach die Haftung des Erblassers auf den Erben übergehen und bis zur Eintragung fortbestehen.[313] Ob damit eine explizite Abkehr von der bis dahin maßgeblichen Rspr. verbunden ist, wonach § 176 Abs. 2 auch auf die Beteiligungsumwandlung nach § 139 Anwendung findet,[314] ist in Anbetracht der eher vagen Formulierung als noch nicht abschließend geklärt anzusehen. Auch nach der früheren Rspr. des BGH greift § 176 Abs. 2 dann nicht, wenn ein schon der Gesellschaft angehörender Kommanditist einen phG beerbt;[315] im Übrigen wird dem Erben eine „unentbehrliche" Schonfrist zugebilligt, so dass eine unbeschränkbare Haftung nur bei Verzögerung der Registereintragung in Betracht kommt.[316]

127 Wendet man § 176 Abs. 2 auf den Fall des Eintritts kraft Erbfolge richtigerweise nicht an, so kann sich die Haftung gleichwohl aus § 15 Abs. 1 ergeben, sofern die Eintragung des erfolgten Wechsels in die Kommanditistenstellung unterbleibt (zur Nichtanwendbarkeit von § 15 während der Schwebezeit vgl. RdNr. 119). Unterbleibt diese Eintragung, so haftet der nunmehrige Kommanditist den (Neu-)Gläubigern, deren Verbindlichkeiten nach der Umwandlung, aber vor deren Eintragung und Bekanntmachung entstanden sind, gemäß §§ 15 Abs. 1, 128.[317] Zum Schutze des Erben sollte diese Haftung jedoch nur die Verbindlichkeiten erfassen, die nach einer angemessenen Schonfrist zur Bewirkung der Eintragung begründet worden sind.[318] Nach Auffassung der Rspr. unterliegt die Haftung zudem der erbrechtlichen Beschränkungsmöglichkeit.[319] Von § 15 Abs. 1 nicht geschützt werden die Gläubiger von vor dem Erbfall begründeten Altverbindlichkeiten sowie von Verbindlichkeiten, die nach dem Erbfall, aber vor der Umwandlung der Beteiligung, begründet worden sind.[320]

128 Erfolgt die Umwandlung in eine Kommanditistenstellung erst **nach Ablauf der Drei-Monatsfrist** des Abs. 3, so kommt der Gesellschafter-Erbe nicht in den Genuss der Privilegierung des § 139, sondern haftet nach den allgemeinen Vorschriften persönlich und unbeschränkbar für die bis zur Anteilsumwandlung begründeten Verbindlichkeiten (§§ 128, 130, 160); daneben tritt die erbrechtliche Haftung für die Altschulden des Erblassers. Für Neuverbindlichkeiten haftet er als Kommanditist.[321]

V. Ausscheiden des Erben

129 Scheidet der Nachfolger-Erbe innerhalb der Frist des Abs. 3 aus der Gesellschaft aus, so haftet er für die bis zu seinem Ausscheiden begründeten Verbindlichkeiten nur nach Erbrecht, dh. mit der Möglichkeit zur Haftungsbeschränkung (Abs. 4).[322] Für die Neuschulden der Gesellschaft trifft ihn überhaupt keine Haftung mehr.[323] Diese Haftungsfolgen treten richtigerweise nicht nur dann ein,

---

[312] BGH (Fn. 23) BGHZ 108, 187, 197; für Nichtanwendbarkeit des § 176 Abs. 2 auch Baumbach/*Hopt* § 176 RdNr. 12; ebenso bereits zuvor *K. Schmidt* ZHR 144 (1980), 192, 197; *Herfs* DB 1991, 1713, 1715 für eine Anwendbarkeit von § 176 Abs. 2 hingegen u. a. GroßkommHGB/*Schäfer* RdNr. 131; Schilling ZGR 1978, 173, 175 f.
[313] BGH (Fn. 23) BGHZ 108, 187, 197.
[314] BGH Urt. v. 4. 3. 1976 – II ZR 145/75, BGHZ 66, 98, 100 = NJW 1976, 848; BGH Urt. v. 21. 3. 1983 – II ZR 113/82, NJW 1983, 2258, 2259 m. Anm. v. *K. Schmidt*.
[315] BGH (Fn. 314) BGHZ 66, 98, 101; *Schilling* ZGR 1978, 173, 174; MünchHdbBGB/*Klein* § 79 RdNr. 50.
[316] BGH (Fn. 314) NJW 1983, 2258, 2259; offen gelassen in BGH (Fn. 314) BGHZ 66, 98, 101.
[317] Ausf. MünchKommHGB/*K. Schmidt* RdNr. 128; Baumbach/*Hopt* RdNr. 60; *H. Westermann* RdNr. I 1323.
[318] IdS *Emmerich* ZHR 150 (1996), 193, 215; MünchKommHGB/*K. Schmidt* RdNr. 128; Röhricht/Graf von Westphalen/*von Gerkan* RdNr. 63.
[319] Vgl. BGH (Fn. 314) BGHZ 66, 98, 102 f.; zust. *Schilling* ZGR 1978, 173, 176 f.; MünchKommBGB/*Siegmann*, 3. Aufl., § 1967 RdNr. 68; MünchHdbBGB/*Klein* § 79 RdNr. 50; *Ebenroth* RdNr. 880; aA MünchKommHGB/*K. Schmidt* RdNr. 128.
[320] MünchKommHGB/*K. Schmidt* RdNr. 127; Röhricht/Graf von Westphalen/*von Gerkan* RdNr. 63.
[321] *Emmerich* ZHR 150 (1986), 193, 216; MünchKommHGB/*K. Schmidt* RdNr. 123.
[322] *Emmerich* ZHR 150 (1986), 193, 216 f.; MünchKommHGB/*K. Schmidt* RdNr. 115 f.; *H. Westermann* RdNr. I 1321; GroßkommHGB/*Schäfer* RdNr. 124; Röhricht/Graf von Westphalen/*von Gerkan* RdNr. 59; *Kick* S. 66 ff.
[323] *Schörnig* ZEV 2001, 129, 133; MünchKommHGB/*K. Schmidt* RdNr. 115; *Kick* S. 68; *Ebenroth* RdNr. 880.

wenn der Erbe innerhalb der Drei-Monatsfrist aus der Gesellschaft austritt, weil die Mitgesellschafter einem Antrag auf Beteiligungsumwandlung nicht entsprochen haben; vielmehr reicht jedwedes Ausscheiden aus der Gesellschaft vor Ablauf der Frist aus.[324]

Das Ausscheiden des Erben ist eintragungspflichtig (§ 143 Abs. 2); nunmehr findet auch § 15 **130** Anwendung, mit der Folge, dass der Erbe den Neugläubigern erbrechtlich beschränkbar haftet, soweit das Ausscheiden nicht unverzüglich eingetragen und bekannt gemacht wird.[325]

VI. Auflösung der Gesellschaft

Das Wahlrecht des § 139 wird gegenstandslos, sofern die Gesellschaft innerhalb der Frist des Abs. 3 **131** aufgelöst wird. In diesem Fall haftet der Erbe nach Abs. 4 nur nach Erbrecht, dh. beschränkbar.[326] Dies gilt auch im Hinblick auf die Liquidationsschulden, auch wenn Abs. 4 nur Alt- und Zwischenneuschulden umfasst.[327] Einzelne Miterben, die in Ausübung ihres Wahlrechts bereits phG geworden sind, haften jedoch auch in der Liquidation unbeschränkbar.[328] Gleiches gilt nach hM für den Fall, dass die Liquidation nicht zügig betrieben wird.[329]

Der (seltene) Fall der Auflösung der Gesellschaft durch den Tod eines Gesellschafters unterfällt **132** nicht § 139 (vgl. RdNr. 100). Abs. 4 strahlt gleichwohl auf die Haftung der Erben dergestalt aus, dass die grundsätzlich unbeschränkte Haftung in der Liquidationsgesellschaft nur den Nachlass trifft.[330] Ist die Gesellschaft bereits vor dem Erbfall aufgelöst worden, so trifft den Erben in erweiterter Auslegung von Abs. 4 ebenfalls nur die erbrechtlich beschränkbare Haftung.[331]

Die Auflösung ist eintragungspflichtig (§ 143 Abs. 1), wobei der Erbe selbst mitwirkungspflichtig **133** ist (vgl. § 143 RdNr. 11). Nunmehr greift auch § 15: Unterbleibt die unverzügliche Eintragung der Auflösung, so haftet der Erbe für die nach der Auflösung bis zur Eintragung entstehenden Gesellschaftsschulden, nach hM jedoch mit der erbrechtlichen Möglichkeit der Haftungsbeschränkung.[332]

G. Abweichende Vereinbarungen (Abs. 5)

I. Grundsatz

Das Wahlrecht des § 139 ist **zwingend**. Es kann den Erben nicht durch den Gesellschaftsvertrag **134** entzogen oder eingeschränkt werden (Abs. 5 1. HS). Unzulässig sind demnach zB gesellschaftsvertragliche Regelungen, die die Drei-Monatsfrist nach Abs. 3 abkürzen, die Übernahme eines höheren Kommanditanteils oder zusätzliche Pflichten zur Einlageleistung vorgeben oder eine nur für den Fall des Ausscheidens nach § 139 Abs. 4 geltende Abfindungsbeschränkung.[333]

Zulässig sind hingegen Regelungen, wonach der Gewinnanteil des Erben, der sein Verbleiben in **135** der Gesellschaft von der Einräumung einer Kommanditistenstellung abhängig macht, anders als derjenige des Erblassers bestimmt wird (Abs. 5 2. HS). Durch entsprechende Bestimmungen kann dem eingeschränkten Haftungsrisiko sowie dem Umstand Rechnung getragen werden, dass der Kommanditist anders als der Erblassers nicht zur Geschäftsführung verpflichtet ist.[334]

---

[324] Zutreffend MünchKommHGB/*K. Schmidt* RdNr. 117; ebenso Baumbach/*Hopt* RdNr. 48; MünchHdbBGB/*Klein* § 79 RdNr. 52; GroßkommHGB/*Schäfer* RdNr. 124.
[325] BGH (Fn. 314) BGHZ 66, 98, 102; Röhricht/Graf von Westphalen/*von Gerkan* RdNr. 63; *Emmerich* ZHR 150 (1986), 193, 217; MünchHdbBGB/*Klein* § 79 RdNr. 52; MünchKommHGB/*K. Schmidt* RdNr. 129 (aber ohne erbrechtliche Möglichkeit der Haftungsbeschränkung).
[326] BGH (Fn. 168) NJW 1982, 45, 46; Baumbach/*Hopt* RdNr. 49; Röhricht/Graf von Westphalen/*von Gerkan* RdNr. 60; MünchKommHGB/*K. Schmidt* RdNr. 118; *Kick* S. 69 f.
[327] RG Urt. v. 21. 10. 1909 – VI. 477/08, RGZ 72, 119, 121; BGH (Fn. 168) NJW 1982, 45, 46; *Schörnig* ZEV 2001, 129, 134; *Emmerich* ZHR 150 (1986), 193, 219 f.; MünchKommHGB/*K. Schmidt* RdNr. 120 f.; *Ebenroth* RdNr. 880.
[328] GroßkommHGB/*Schäfer* RdNr. 125; *Emmerich* ZHR 150 (1986), 193, 220.
[329] BGH Urt. v. 23. 11. 1978 – II ZR 20/78, NJW 1979, 1705, 1706; GroßkommHGB/*Schäfer* RdNr. 125.
[330] BGH (Fn. 168) NJW 1982, 45, 46; MünchKommHGB/*K. Schmidt* RdNr. 119; *Kick* S. 28 ff.
[331] BGH (Fn. 168) NJW 1982, 45, 46; BGH Urt. v. 21. 9. 1995 – II ZR 273/93, ZEV 1995, 422, 423; MünchKommHGB/*K. Schmidt* RdNr. 119, 121; GroßkommHGB/*Schäfer* RdNr. 126.
[332] BGH (Fn. 314) BGHZ 66, 98, 102; *Koller*/Roth/*Morck* § 143 RdNr. 3; Röhricht/Graf von Westphalen/*von Gerkan* RdNr. 63; aA MünchKommHGB/*K. Schmidt* RdNr. 129 (keine Möglichkeit der erbrechtlichen Haftungsbeschränkung).
[333] *Schörnig* ZEV 2001, 129, 134; GroßkommHGB/*Schäfer* RdNr. 135 ff.; Baumbach/*Hopt* RdNr. 61; *Koller*/Roth/*Morck* RdNr. 2; MünchKommHGB/*K. Schmidt* RdNr. 92; *H. Westermann* RdNr. I 1326.
[334] MünchKommHGB/*K. Schmidt* RdNr. 93.

II. Keine Einschränkung der Testierfreiheit

136 Abs. 5 betrifft nur gesellschaftsvertragliche Regelungen, schränkt jedoch nicht die Testierfreiheit ein. Zulässig ist demnach eine testamentarische Auflage oder Bedingung des Inhalts, von dem Wahlrecht keinen Gebrauch zu machen.[335] Entsprechende Anordnungen müssen sich allein an den allgemeinen **inhaltlichen Schranken der Testierfreiheit** messen lassen (§ 138 BGB). Angesichts der gesetzlichen Wertung in § 2306 BGB, wonach nur die durch das Pflichtteilsrecht gewährleistete Mindestbeteiligung am Nachlass geschützt wird, ist die Sittenwidrigkeit solcher Auflagen für den Regelfall zu verneinen: Die Selbstbestimmung des Erben ist durch die Möglichkeit der freien Entscheidung über Annahme oder Ausschlagung unter Geltendmachung des Pflichtteils ausreichend gewahrt.

III. Umwandlungsklauseln

137 Gesellschaftsvertragliche Bestimmungen, die dem Erben den Weg aus der unbeschränkbaren persönlichen Haftung erleichtern, werden von Abs. 5 nicht berührt. Eine demnach mögliche **Verlängerung der Drei-Monatsfrist** des Abs. 3 vermag jedoch nur im Verhältnis der Gesellschafter zueinander, nicht hingegen gegenüber den Gesellschaftsgläubigern Wirkung zu entfalten. Zum Schutz der Erben kann der Gesellschaftsvertrag diesen auch das Recht zum sofortigen Ausscheiden einräumen; die praktische Bedeutung entsprechender Klauseln ist wegen der hiermit verbundenen Gefährdung der Liquiditätsbasis der Gesellschaft allerdings gering.

138 Weit verbreitet sind demgegenüber kombinierte **Nachfolge- und Umwandlungsklauseln**.[336] Solche Klauseln können obligatorisch, sie können aber auch automatisch wirken. Aufgrund einer obligatorischen Klausel kann der in die Gesellschaft nachgerückte Erbe die Umwandlung seines Anteils in eine Kommanditbeteiligung verlangen; im Gegensatz zu § 139 wird ihm also ein Anspruch auf Umwandlung eingeräumt. Scheitert die beabsichtigte Umwandlung, insbesondere weil die Mitgesellschafter den Umwandlungsanspruch nicht innerhalb der Drei-Monatsfrist des Abs. 3 freiwillig erfüllen, so kann der Erbe auch in diesem Fall gemäß Abs. 2 seinen Austritt aus der Gesellschaft erklären, um eine unbeschränkbare persönliche Haftung zu vermeiden.[337] Vermeiden lässt sich dies durch eine Klauselgestaltung, wonach der Erbe die Umwandlung innerhalb der Frist des § 139 Abs. 3 durch einseitige Erklärung herbeiführen kann (sog. Optionsklausel).[338]

139 Um die Frage der Umwandlung von der Entscheidung des Erben abzukoppeln und um die Gesellschaft vor dem mit einem Ausscheiden verbundenen Liquiditätsentzug zu schützen, werden in der Praxis meist **Klauseln mit Umwandlungsautomatik** verwendet.[339] Bei entsprechenden Gestaltungen werden der oder die Erben (oder einzelne hiervon) mit Eintritt des Erbfalls automatisch Kommanditisten, unter gleichzeitiger Abbedingung des Austrittsrechts nach § 139 Abs. 2.[340] Diese setzen allerdings voraus, dass nach erfolgter Umwandlung noch zumindest ein Komplementär in der Gesellschaft verbleibt. Ist dies nicht der Fall, vermag nur die Koppelung einer Anteilsumwandlungsklausel mit einer auf die Gesellschaft bezogenen Umwandlungsklausel, die regelmäßig die Verpflichtung zur Aufnahme einer Komplementär-GmbH und die Fortführung der Gesellschaft als GmbH & Co. KG beinhaltet, vor der Notwendigkeit einer Liquidation zu schützen (vgl. RdNr. 107 sowie § 131 RdNr. 29 f. mwN).

140 Bei der kautelarjuristischen Gestaltung von Umwandlungsklauseln ist besonderes Augenmerk auf ihre Wirkungsweise, aber auch auf den Wirkungszeitpunkt sowie auf die Festlegung der Einlage des Gesellschafter-Erben zu legen.[341] Die Haftungsfolgen entsprechender Klauseln entsprechen den Regelungen des § 139.[342]

---

[335] Vgl. *Schörnig* ZEV 2001, 129, 134; *Hueck A.* OHG § 28 II 1 a; GroßkommHGB/*Schäfer* RdNr. 140; *Ebenroth* RdNr. 873; Baumbach/*Hopt* RdNr. 64; aA *Wiedemann* Übertragung S. 167.
[336] Ausf. hierzu *K. Schmidt* BB 1989, 1702; Sudhoff/*Froning*, Unternehmensnachfolge, § 44 RdNr. 43 ff.
[337] *K. Schmidt* BB 1989, 1702, 1707 mwN.
[338] Hierzu MünchKommHGB/*K. Schmidt* RdNr. 136; Sudhoff/*Froning*, Unternehmensnachfolge, § 44 RdNr. 46.
[339] Vgl. etwa BGH (Fn. 257) BGHZ 101, 123; BGH (Fn. 314) BGHZ 66, 98, 101; BGH (Fn. 37) WM 1974, 945.
[340] MünchKommHGB/*K. Schmidt* RdNr. 137.
[341] Formulierungsbeispiel bei *Weidlich* ZEV 1994, 205, 213 sowie bei Sudhoff/*Froning*, Unternehmensnachfolge, § 44 RdNr. 48.
[342] Ausf. MünchKommHGB/*K. Schmidt* RdNr. 140; *ders.* BB 1989, 1702, 1707 ff.; Sudhoff/*Froning*, Unternehmensnachfolge, § 44 RdNr. 49.

§ 140 [Ausschließung eines Gesellschafters]

(1) ¹ Tritt in der Person eines Gesellschafters ein Umstand ein, der nach § 133 für die übrigen Gesellschafter das Recht begründet, die Auflösung der Gesellschaft zu verlangen, so kann vom Gericht anstatt der Auflösung die Ausschließung dieses Gesellschafters aus der Gesellschaft ausgesprochen werden, sofern die übrigen Gesellschafter dies beantragen. ² Der Ausschließungsklage steht nicht entgegen, daß nach der Ausschließung nur ein Gesellschafter verbleibt.

(2) Für die Auseinandersetzung zwischen der Gesellschaft und dem ausgeschlossenen Gesellschafter ist die Vermögenslage der Gesellschaft in dem Zeitpunkte maßgebend, in welchem die Klage auf Ausschließung erhoben ist.

Schrifttum: Vgl. auch die Angaben bei § 133. *Baier,* Die Störung der Geschäftsgrundlage im Recht der Personengesellschaften, NZG 2004, 356; *Behr,* Der Ausschluß aus der Personengesellschaft im Spannungsverhältnis zwischen Vertrag und Status, ZGR 1985, 475; *ders.,* Neue Tendenzen im Recht der Ausschließung aus der Personengesellschaft, ZGR 1990, 370; *Benecke,* Inhaltskontrolle im Gesellschaftsrecht oder: „Hinauskündigung" und das Anstandsgefühl aller billig und gerecht Denkenden, ZIP 2005, 1437; *Binz/Sorg,* Manager-Beteiligung auf Zeit – ein unzulässiger Etikettenschwindel? Gesellschafts- und steuerrechtliche Aspekte eines Beteiligungsmodells bei GmbH und GmbH & Co. KG, GmbHR 2005, 893; *Blanke,* Das Recht zur Ausschließung aus der Personengesellschaft ohne Angabe von Gründen, Diss. München 1994; *Böttcher,* Managementbeteiligungen im Spiegel der aktuellen BGH-Rechtsprechung, NZG 2005, 992; *Bräutigam,* Die Rechtsnachfolge in die Gesellschafterstellung als erledigendes Ereignis eines Ausschließungsklage, FS Quack, 1991, S. 189; *Bütter/Tonner,* Sittenwidrigkeit der Übertragung und bedingten Rückübertragung eines Gesellschaftsanteils, BB 2005, 283; *Bunte,* Wirksamkeitskontrolle gesellschaftsvertraglicher Hinauskündigungsklauseln, ZIP 1985, 915; *ders.,* Ausschließung und Abfindung von Gesellschaftern einer Personengesellschaft, ZIP 1983, 8; *Dißars,* Geschäftsübernahme eines Gesellschafters bei der OHG bzw. KG, DStR 1996, 345; *Eckardt,* Das Ausscheiden des Komplementärs aus der zweigliedrigen KG, NZG 2000, 449; *Flume,* „Hinauskündigung" aus der Personengesellschaft, DB 1986, 629; *Gehrlein,* Neue Tendenzen zum Verbot der freien Hinauskündigung eines Gesellschafters, NJW 2005, 1969; *Goette,* Ausschließung und Austritt aus der GmbH in der Rechtsprechung des Bundesgerichtshofs, DStR 2001, 533; *Grunewald,* Der Ausschluß aus Gesellschaft und Verein, 1988; *dies.,* Ausschluß aus Freiberuflersozietäten und Mitunternehmergesellschaften ohne besonderen Anlaß, DStR 2004, 1750; *Habersack/Verse,* Rechtsfragen der Mitarbeiterbeteiligung im Spiegel der neueren Rechtsprechung, ZGR 2005, 451; *Hartmann,* Der ausscheidende Gesellschafter in der Wirtschaftspraxis, 4. Aufl. 1983; *Heinemann,* Gesellschafter am seidenen Faden?, ZHR 155 (1991), 447; *Hennekes/Binz,* Zur Ausschließbarkeit von Gesellschaftern nach freiem Ermessen, NJW 1983, 73; *Herrmann,* Der Ausschluß eines tätigen Gesellschafters aus einer Personenhandelsgesellschaft – Ein Beitrag zum Verhältnis von Gesellschafts- und Arbeitsrecht, RdA 1989, 313; *Hohaus,* Aktuelles zu Managementbeteiligungen im Private Equity Transaktion, BB 2005, 1291; *ders./Weber,* Aktuelle Rechtsprechung zum Gesellschafterausschluß und die Bedeutung für Managementbeteiligungen, NZG 2005, 961; *Huber,* Der Ausschluß des Personengesellschafters ohne wichtigen Grund, ZGR 1980, 177; *Kiethe,* Ausschluss aus der Personengesellschaft und Einstweilige Verfügung, NZG 2004, 114; *Kramer,* Die gesellschaftsvertragliche Ausschließung aus der Personengesellschaft, NJW 1981, 2553; *Kreutz,* Hinauskündigungsklauseln im Recht der Personengesellschaften, ZGR 1983, 109; *Kulka,* Die gleichzeitige Ausschließung mehrerer Gesellschafter aus dem Gesellschaft aus Personengesellschaften und GmbH, Diss. Freiburg 1983; *Lindacher,* Die Klage auf Ausschließung eines OHG- bzw. KG-Gesellschafters, FS Pauli, 1973, S. 73; *Mayer,* Zur Mitwirkungspflicht beim Ausschluß von Personengesellschaftern, BB 1992, 1497; *Merle,* Die Verbindung von Zustimmungs- und Ausschließungsklage bei den Personengesellschaften, ZGR 1979, 67; *Paefgen,* Das Ausschließungsverschulden im Personenhandelsgesellschaftsrecht, ZIP 1990, 839; *Partikel,* Gesellschafter minderen Rechts, 1993; *Pfister,* Die Einmann-Personengesellschaft, Diss. Siegen 1998; *Piehler,* Der Ausschluß eines Gesellschafters aus einer Personengesellschaft (Teil I und II), DStR 1991, 686, 716; *Rinsche,* Das Verhältnis der materiell rechtlichen Voraussetzungen der Gesellschafterausschließung nach §§ 140, 142 HGB zu denen der Gesellschaftsauflösung nach § 133 HGB, Diss. Münster 1963; *Scheifele,* Der Ausschluß aus der Gesellschaft als ultima ratio?, BB 1989, 792; *K. Schmidt,* Mehrseitige Gestaltungsprozesse bei Personengesellschaften. Studien und Thesen zur Prozeßführung nach §§ 117, 133, 140, 142 HGB, 1992; *ders.,* „Übernahmerecht" und „Übernahmeprozeß" nach § 142 HGB – Betrachtungen zum Umgang mit mißlungenen Rechtsnormen, FS Frotz, 1993, S. 401; *ders.,* Ausschließungs- und Entziehungsklagen gegen den einzigen Komplementär – Regeln für den geordneten Staatsstreich in der Kommanditgesellschaft, ZGR 2004, 227; *Schockenhoff,* Die befristete Unternehmensbeteiligung des GmbH-Geschäftsführers, ZIP 2005, 1009; *Schöne,* Gesellschafterausschluß bei Personengesellschaften. Hinauskündigung, Ausschluß aus absoluten und sachlichen Gründen, Diss. Münster 1993; *Schönhoff,* Die Zustimmungs- und Ausschließungsklage im Recht der Personengesellschaften, Diss. Freiburg 1992; *Stauf,* Zum Tatbestandsmerkmal „wichtiger Grund" in den §§ 133, 140, 142 HGB, Diss. Marburg 1980; *Wagner-Nonnenmacher,* Die Abfindung bei der Ausschließung aus einer Personengesellschaft, ZGR 1986, 546; *H. P. Westermann,* Die Ausschließungsklage gemäß § 140 HGB – eine stumpfe Waffe? NJW 1977, 2185; *ders.* Die zweigliedrige Personengesellschaft in der Krise, FS Röhricht, 2005, S. 655; *ders./Pöllath,* Abberufung und Ausschließung von Gesellschaftern/Geschäftsführern in Personengesellschaften und GmbH, 4. Aufl. 1988; *Wiedemann,* Rechtsethische Maßstäbe im Unternehmens- und Gesellschaftsrecht, ZGR 1980, 147; *Wolf,* Die Hinauskündigung eines Gesellschafters aus einer handelsrechtlichen Personengesellschaft und der GmbH, Diss. Mainz 1994.

Übersicht

	RdNr.		RdNr.
I. Normzweck	1, 2	2. Ausschließung als ultima ratio	8–10
II. Anwendungsbereich	3, 4	3. Verschulden	11
III. Der wichtige Grund für die Ausschließung	5–23	4. Schaden der Gesellschaft	12
		5. Zurechnungsfragen	13, 14
1. Grundsatz	5–7		

	RdNr.		RdNr.
6. Der Abwägungsprozess....................	15–19	4. Beklagtenseite	32, 33
a) Zeitpunkt...................................	15	a) Mehrere Beklagte	32
b) Verhalten der Ausschließungskläger.......	16	b) Ausscheiden des Beklagten	33
c) Folgen der Ausschließung................	17	5. Das Gestaltungsurteil und seine Wirkungen	34–38
d) Gesellschaftsstruktur	18, 19	6. Der Fall des § 140 Abs. 1 S. 2	39–42
7. Kasuistik......................................	20–22	**V. Abweichende Vereinbarungen**	43–62
a) Pflichtverletzungen	20	1. Ausschluss von § 140	43
b) Unmöglichkeit der Pflichterfüllung......	21	2. Abwandlung des Verfahrens.................	44–51
c) Privatsphäre.............................	22	a) Verzicht auf Gestaltungsklage	44–49
8. Verzicht, Verwirkung, Entkräftung und Billigung	23	b) Weitere Verfahrensregelungen	50, 51
IV. Das Ausschließungsverfahren	24–42	3. Abwandlung von Ausschließungsgründen ..	52–62
1. Klageart und Antrag........................	24–26	a) Definition des wichtigen Grundes	52
2. Verhältnis zur Auflösungsklage	27	b) Ausschließung ohne wichtigen Grund (Hinauskündigung)	53–62
3. Kläger.......................................	28–31		
a) Notwendige Streitgenossenschaft	28		
b) Mitwirkungspflicht/Zustimmungsklage..	29–31		

I. Normzweck

1 Die Vorschrift eröffnet die Möglichkeit, einen Gesellschafter, in dessen Person ein wichtiger Grund iSv. § 133 gegeben ist, aus der Gesellschaft auszuschließen, wobei dieser Ausschluss anders als bei der BGB-Gesellschaft nicht durch Beschluss erfolgt (§ 737 BGB), sondern aus Gründen der Rechtssicherheit einer Gestaltungsklage der übrigen Gesellschafter bedarf. Die Option, statt einer Auflösung der Gesellschaft deren Fortsetzung ohne den Störer zu wählen, soll den übrigen Gesellschaftern die im Unternehmen steckenden Werte erhalten.[1] Voraussetzung hierfür ist allerdings, dass sich diese über die Fortsetzung ohne den Auszuschließenden einig sind, was in dem Erfordernis einer gemeinsamen Klageerhebung zum Ausdruck kommt.[2]

2 Durch das HRefG ist § 140 Abs. 1 dahingehend ergänzt worden, dass eine Ausschließung auch möglich ist, wenn nach ihr nur ein Gesellschafter übrig bleibt (§ 140 Abs. 1 S. 2). Hierdurch ist die Regelung zur Geschäftsübernahme in § 142 aF, der die Konzeption zugrunde lag, ein Ausschluss komme nur in Betracht, wenn danach nicht nur das Unternehmen, sondern die Gesellschaft als solche fortbestehe,[3] überflüssig geworden und konnte entfallen. § 140 Abs. 1 S. 2 betrifft dabei nicht nur den Fall der Zweipersonengesellschaft, sondern auch den Fall der Ausschließungsklage eines Gesellschafters gegen seine sämtlichen Mitgesellschafter in der Mehrpersonengesellschaft; der zu enge Wortlaut von § 142 aF hatte hier früher noch zu Zweifeln Anlass gegeben.[4]

II. Anwendungsbereich

3 § 140 gilt für OHG und KG (§ 161 Abs. 2). Für die BGB-Gesellschaft findet sich die Parallelregelung in § 737 BGB, wobei der Ausschluss dort nur eines Beschlusses der übrigen Gesellschafter und seiner Mitteilung an den Auszuschließenden bedarf. Voraussetzung hierfür ist allerdings, dass der Gesellschaftsvertrag der BGB-Gesellschaft für den Fall des Ausscheidens eines Gesellschafters eine sog. Fortsetzungsklausel enthält.[5] In einer KG ist auch die Ausschließung des einzigen Komplementärs möglich.[6] Mit Rechtskraft des Urteils wird die Gesellschaft dann jedoch aufgelöst, sofern nicht ein neuer phG beitritt oder ein Kommanditist die Komplementärstellung übernimmt (vgl. bereits § 131 RdNr. 29 f.).[7] Nach § 9 PartGG findet § 140 auch auf die Partnerschaftsgesellschaft Anwendung. Für die EWIV sieht § 27 Abs. 2, 3 EWIV-VO eine entsprechende, inhaltsgleiche Regelung vor.

---

[1] BGH Urt. v. 9. 7. 1968 – V ZR 80/66, BGHZ 50, 307, 309 = NJW 1968, 1964 = WM 1968, 992; MünchKommHGB/*K. Schmidt* RdNr. 1.
[2] RG Urt. v. 11. 12. 1934 – II 148/34, RGZ 146, 169, 173.
[3] Vgl. Denkschrift zu dem Entwurf eines Handelsgesetzbuches, in: Entwurf eines Handelsgesetzbuches mit Ausschluss des Seehandelsrechts nebst Denkschrift, 1896, S. 102; RG Urt. v. 1. 10. 1873 – Rep. 686/73, ROHGE 11, 160, 164; ausf. und kritisch hierzu MünchKommHGB/*K. Schmidt* RdNr. 10 f.; vgl. auch Begr. RegE HRefG BT-Drucks. 13/8444 S. 67.
[4] Vgl. MünchKommHGB/*K. Schmidt* RdNr. 11 mwN aus der Rspr. in Fn. 22.
[5] Vgl. Staudinger/*Habermeier* § 737 RdNr. 8; MünchKommHGB/*K. Schmidt* RdNr. 5 plädiert dafür, bei einer unternehmenstragenden GbR in Anlehnung an § 140 die Ausschließung durch Beschluss auch beim Fehlen einer entsprechenden gesellschaftsvertraglichen Regelung zuzulassen.
[6] BGH Urt. v. 14. 5. 1952 – II ZR 40/51, BGHZ 6, 113, 114 ff. = NJW 1952, 875; BGH Urt. v. 18. 10. 1976 – II ZR 98/75, BGHZ 68, 81, 82 = NJW 1977, 1013 = WM 1977, 500 (zur GmbH & Co. KG); *Michalski* RdNr. 2; ausf. *K. Schmidt* ZGR 2004, 227, 237 ff.
[7] BGH (Fn. 6) BGHZ 6, 113, 116; MünchKommHGB/*K. Schmidt* RdNr. 4; *ders.* ZGR 2004, 227, 237 f.; Koller/Roth/Morck RdNr. 3; *Frey* ZGR 1988, 281, 285; *H. Westermann* RdNr. I 1115.

Nach allgemeiner Auffassung besteht die Ausschließungsmöglichkeit auch in der **bereits aufgelösten Gesellschaft**. Die Frage nach dem Vorliegen eines wichtigen Grundes bezieht sich dann jedoch auf die aufgelöste Gesellschaft: Entscheidend ist, ob die Ausschließung für die weitere ordnungsgemäße und sachgerechte Abwicklung erforderlich ist oder ob allein der auszuschließende Gesellschafter einer beabsichtigten sinnvollen Fortsetzung der aufgelösten Gesellschaft im Wege steht;[8] ersterenfalls wird mit der Entziehung der aktiven Abwicklungsbefugnis (§ 147) jedoch regelmäßig ein milderes und daher vorrangig zu gebrauchendes Mittel zur Verfügung stehen (ultima ratio-Prinzip; vgl. RdNr. 8 f.).

III. Der wichtige Grund für die Ausschließung

1. Grundsatz. Der Begriff des wichtigen Grundes in § 140 entspricht demjenigen in § 133. Die teilweise vertretene Auffassung, wonach bei der Ausschließung höhere Anforderungen an das Vorliegen eines wichtigen Grundes zu stellen seien,[9] verkennt das Verhältnis beider Vorschriften. Richtigerweise unterscheidet sich der wichtige Grund bei § 140 nicht in der Schwere, sondern nur in seiner Stoßrichtung von § 133:[10] Entscheidend ist, ob gerade durch den Ausschluss eines oder mehrerer Gesellschafter die Gründe entfallen, die den anderen die Fortsetzung der Gesellschaft unzumutbar machen; der wichtige Grund muss also **in der Person des auszuschließenden Gesellschafters** eingetreten sein. Erforderlich ist ein Tatbestand, der den übrigen Gesellschaftern die Fortsetzung des Gesellschaftsverhältnisses mit dem Auszuschließenden unzumutbar macht.[11] Alle anderen Gründe können nur zur Auflösung der Gesellschaft nach § 133 führen.[12]

Liegen weder die Voraussetzungen für eine Ausschließung gemäß § 140 noch für eine Auflösung nach § 133 vor, so hat es hiermit sein Bewenden. Insbesondere ist für eine auf § 242 BGB gestützte richterliche Rechtsfortbildung, wonach sich ein Gesellschafter trotz fehlender Ausschlussgründe wegen persönlicher Differenzen nicht auf den Fortbestand der Gesellschaft berufen darf, kein Raum.[13]

Früher umstritten war auch, ob an das Vorliegen eines wichtigen Grundes strengere Anforderungen zu stellen sind, wenn die Ausschließungsklage die Übernahme des Unternehmens durch den allein verbleibenden Kläger zur Folge hätte (Fall des § 140 Abs. 1 S. 2). Insbesondere in der zu §§ 140, 142 aF ergangenen Rechtsprechung ist dies noch bejaht worden.[14] Spätestens als Folge der Integration der Übernahmeklage in § 140 Abs. 1 S. 2 dürfte sich diese Auffassung jedoch erledigt haben.[15] Ohnehin ist die praktische Bedeutung der Frage wegen der anzustellenden Gesamtwürdigung (hierzu RdNr. 13 ff.) geringer, als dies auf den ersten Blick erscheinen mag.

2. Ausschließung als ultima ratio. Die Ausschließung nach § 140 muss sich ebenso wie die Auflösungsklage nach § 133 am Verhältnismäßigkeitsgrundsatz messen lassen. Wegen ihrer einschneidenden Wirkungen kommt die Ausschließung grundsätzlich nur dann in Betracht, wenn keine milderen Mittel zur Verfügung stehen, um die der Gesellschaft aus der Person des Störers drohenden Gefahren zu beseitigen. Mildere Mittel können insbesondere die **bloße Entziehung oder Beschränkung der Vertretungsmacht oder Geschäftsführung** (§§ 117, 127) sein.[16] Insoweit kommt es jedoch maßgeblich auf die Umstände des Einzelfalls an, wie generell vor einer schematischen Anwendung des ultima ratio-Prinzips zu warnen ist:[17] Etwa bei gravierenden Verstößen

---

[8] Vgl. OGH Urt. v. 1. 12. 1949 – I ZS 37/49, NJW 1950, 184; OGH Urt. v. 2. 2. 1950 – I ZS 49/49, OGHZ 3, 203, 206 ff. = NJW 1950, 346 (bei Entstehung des wichtigen Grundes während der Liquidation); BGH Urt. v. 4. 4. 1951 – II ZR 10/50, BGHZ 1, 324, 330 ff. = NJW 1951, 650 m. zust. Anm. *Hueck*; vgl. dazu auch *Fischer* LM § 145 Nr. 1; BGH Urt. v. 21. 10. 1985 – II ZR 57/85, ZIP 1986, 91, 92; OLG Frankfurt, Urt. v. 2. 10. 2001 – 5 U 31/2000, GmbHR 2002, 974, 975 f. (zur GmbH); MünchKommHGB/*K. Schmidt* RdNr. 34; *H. Westermann* RdNr. I 1099; GroßkommHGB/*Schäfer* RdNr. 30; *Hartmann* S. 9 f.
[9] Vgl. etwa OLG Hamm Urt. v. 25. 11. 1991 – 8 U 68/91, DB 1992, 673; *Hueck A.* OHG § 29 I 2 c.
[10] Mittlerweile wohl hM; vgl. *Karsten Schmidt* GesR § 50 III 1 b; Röhricht/Graf von Westphalen/*von Gerkan* RdNr. 3; Heymann/*Emmerich* RdNr. 17; *Binz/Sorg* § 6 RdNr. 67; GroßkommHGB/*Schäfer* RdNr. 15; *Scheifele* BB 1989, 792, 794 f.
[11] Vgl. nur BGH Urt. v. 31. 3. 2003 – II ZR 8/01, DStR 2003, 1215, 1216 = NZG 2003, 625; BGH Urt. v. 17. 12. 1959 – II ZR 32/59, BGHZ 31, 295, 304 = NJW 1960, 625; BGH Urt. v. 10. 6. 1965 – II ZR 194/64, WM 1965, 1037, 1038; BGH Urt. v. 28. 6. 1993 – II ZR 119/92, NJW-RR 1993, 1123, 1124 = DStR 1993, 1598.
[12] Vgl. nur Heymann/*Emmerich* RdNr. 5; Baumbach/*Hopt* RdNr. 5; MünchKommHGB/*K. Schmidt* RdNr. 13, 19.
[13] BGH Urt. v. 21. 9. 1998 – II ZR 89/97, ZIP 1998, 1870, 1871.
[14] Vgl. BGH Urt. v. 30. 11. 1951 – II ZR 109/51, BGHZ 4, 108, 110 f. = NJW 1952, 461; BGH Urt. v. 9. 12. 1968 – II ZR 42/67, BGHZ 51, 204, 205 = NJW 1969, 793.
[15] Ausdrücklich und zutreffend etwa MünchKommHGB/*K. Schmidt* RdNr. 14; MünchHdbBGB/*Piehler/Schulte* § 74 RdNr. 50; GroßkommHGB/*Schäfer* RdNr. 4, 21; weiterhin aA jedoch Baumbach/*Hopt* RdNr. 3.
[16] Vgl. BGH (Fn. 11) DStR 2003, 1215, 1216 (zu § 737 BGB); BGH Urt. v. 26. 10. 1970 – II ZR 4/69, WM 1971, 20, 22 = DB 1971, 140; BGH (Fn. 6) WM 1977, 500, 502 f.; MünchKommHGB/*K. Schmidt* RdNr. 28; *H. Westermann* RdNr. I 1108.
[17] Zutreffend Heymann/*Emmerich* RdNr. 15 a; zu weitgehend allerdings *Scheifele* BB 1989, 792, 794 f.

gegen die gesellschaftsvertragliche Zuständigkeitsverteilung kann nach der BGH-Rspr. die Ausschließung durchaus das einzig geeignete Mittel sein, um dem zerstörten Vertrauensverhältnis unter den Gesellschaftern Rechnung zu tragen.[18]

9 Als im Verhältnis zur Ausschließung weniger einschneidende Mittel kommen ferner die konkrete Möglichkeit zumutbarer Änderungen des Gesellschaftsvertrags,[19] die Umwandlung der Beteiligung als phG in eine Kommanditistenstellung oder in eine stille Beteiligung[20] oder die Übertragung der Gesellschafterrechte auf einen Treuhänder[21] in Betracht. Bei einer Gesellschaft im Liquidationsstadium kann an die Stelle der Ausschließung die Abberufung des Gesellschafters als Liquidator oder die Einsetzung eines Dritten mit dem Ziel der Ausübung der Gesellschafterrechte anstelle des Gesellschafters treten.[22]

10 Im Prozess ist es in erster Linie Sache des Beklagten (ggf. auf entsprechende Anregung des Gerichts), dem Kläger zumutbare, weniger belastende Regelungen als die Ausschließung vorzuschlagen.[23] Bei Ablehnung durch die Kläger kann die Klage dann abzuweisen sein.[24] Umgekehrt kann die fehlende Kompromissbereitschaft des Beklagten die Notwendigkeit einer Ausschließung unterstreichen, wenn es zwar ein milderes Mittel gibt und dieses dem Auszuschließenden verbindlich angeboten worden ist, dieser hierauf jedoch nicht eingegangen ist.[25]

11 **3. Verschulden.** Ein schuldhaftes Verhalten des Auszuschließenden ist für sich genommen weder allein ausreichend für den Erfolg der Klage nach § 140 noch Voraussetzung hierfür.[26] Dies ergibt sich bereits aus der gesetzlichen Gleichstellung des grob schuldhaften Verstoßes gegen eine wesentliche Gesellschafterverpflichtung mit der Unmöglichkeit der Erfüllung einer solchen Verpflichtung (vgl. § 133 Abs. 2). Auch unverschuldete Umstände – wie etwa eine lang währende Krankheit bei einer auf Mitarbeit der Gesellschafter angelegten Gesellschaft – können somit einen wichtigen Grund darstellen. In der Regel wird gleichwohl nur schuldhaftes Verhalten die Ausschließung eines Gesellschafters rechtfertigen: Je schwerer das Verschulden, desto eher ist ein wichtiger Grund iSv. § 140 anzunehmen (vgl. bereits § 133 RdNr. 14).[27]

12 **4. Schaden der Gesellschaft.** Ebenso wenig wie der Auszuschließende schuldhaft gehandelt haben muss, ist es erforderlich, dass die Gesellschaft auf Grund seines Verhaltens bereits einen konkreten Schaden erlitten hat. Ausreichend ist vielmehr bereits die ernsthafte Gefährdung der gemeinsamen Zweckverfolgung.[28] In der Praxis wird das Vorliegen eines wichtigen Grundes jedoch regelmäßig in Korrelation mit einem bereits eingetretenen Schaden der Gesellschaft stehen.[29]

13 **5. Zurechnungsfragen.** Das Verhalten seiner gesetzlichen Vertreter ist dem Auszuschließenden grundsätzlich wie eigenes zuzurechnen.[30] Für Verfehlungen Angehöriger gilt dies hingegen nur, wenn sich deren Verhalten so sehr auf die eigenen persönlichen Verhältnisse des Gesellschafters auswirkt oder gar von ihm gedeckt wird, dass man insoweit auch von einem wichtigen Grund in der Person des betreffenden Gesellschafters sprechen kann.[31] Ebenso wenig wirken Ausschließungsgründe, die gegen den Erblasser bestanden, nach Eintritt des Erbfalles gegen seine Rechtsnachfolger fort.[32]

---

[18] BGH (Fn. 11) NJW-RR 1993, 1123, 1125 (Ausschließung der Komplementär-GmbH wegen schwerwiegender Zuständigkeitsverstöße).
[19] Vgl. MünchKommHGB/*K. Schmidt* RdNr. 28.
[20] Vgl. BGH Urt. v. 3. 7. 1961 – II ZR 74/60, LM HGB § 142 Nr. 13 = NJW 1961, 1767 = WM 1961, 886; BGH (Fn. 16) WM 1971, 20, 22; MünchKommHGB/*K. Schmidt* RdNr. 28.
[21] Vgl. BGH Urt. v. 27. 10. 1955 – II ZR 310/53, BGHZ 18, 350, 362 ff. = NJW 1955, 1919; kritisch hierzu *H. P. Westermann* S. 227 f.; *ders.* NJW 1977, 2185, 2188.
[22] Vgl. OGH (Fn. 8) OGHZ 3, 203, 210; BGH (Fn. 8) BGHZ 1, 324, 332; *Hartmann* S. 10.
[23] BGH Urt. v. 28. 4. 1975 – II ZR 49/73, WM 1975, 769, 770; *Grunewald* S. 85; *Reinhardt* JZ 1956, 251, 253; MünchKommHGB/*K. Schmidt* RdNr. 28; Heymann/*Emmerich* RdNr. 16; *Michalski* RdNr. 14.
[24] Vgl. BGH (Fn. 21) BGHZ 18, 350, 362 ff. (Ablehnung eines zumutbaren und vom Beklagten akzeptierten gerichtlichen Vergleichsvorschlags durch die Kläger).
[25] Vgl. Heymann/*Emmerich* RdNr. 16; Baumbach/*Hopt* RdNr. 23; *H. Westermann* RdNr. I 1108; MünchKommHGB/*K. Schmidt* RdNr. 28.
[26] BGH Urt. v. 9. 7. 1952 – II ZR 145/51, LM Nr. 2 = BB 1952, 649; MünchKommHGB/*K. Schmidt* RdNr. 23; GroßkommHGB/*Schäfer* RdNr. 9; *Hartmann* S. 5; *Hueck A.* OHG § 29 I 2 c; *Binz/Sorg* § 6 RdNr. 71.
[27] BGH (Fn. 6) WM 1977, 500, 502 (insoweit in BGHZ 68, 81 = NJW 1977, 1013 nicht abgedruckt); *Goette* DStR 2003, 533, 536; *Piehler* DStR 1991, 686, 687; *Hartmann* S. 13.
[28] Heymann/*Emmerich* RdNr. 8 mwN.
[29] BGH (Fn. 26) LM Nr. 2; Heymann/*Emmerich* RdNr. 8; Koller/Roth/Morck RdNr. 2.
[30] GroßkommHGB/*Schäfer* RdNr. 7; MünchKommHGB/*K. Schmidt* RdNr. 25.
[31] BGH Urt. v. 14. 10. 1957 – II ZR 109/56, WM 1958, 49, 50; OLG Stuttgart Urt. v. 15. 6. 1961 – 2 U 81/61, DB 1961, 1644 (Mitausschließung der Verfehlungen duldenden Ehefrau).
[32] BGH (Fn. 8) BGHZ 1, 324, 330; BGH (Fn. 31) WM 1958, 49, 50; MünchKommHGB/*K. Schmidt* RdNr. 24; GroßkommHGB/*Schäfer* RdNr. 8; *Dißars* DStR 1996, 345, 347; Koller/Roth/Morck RdNr. 2; *Michalski* RdNr. 6; differenzierend *H. Westermann* RdNr. I 1117.

Der während des Ausschließungsprozesses eintretende Tod des Beklagten führt dementsprechend ebenso wie dessen Ausscheiden während des Rechtsstreits zum Erlöschen des Ausschließungsanspruchs und zur Erledigung des Rechtsstreites[33] (vgl. auch RdNr. 33).

Juristische Personen, die an der Gesellschaft beteiligt sind, müssen sich ein Fehlverhalten ihrer **14** Organe zurechnen lassen; schwerwiegende Verfehlungen des Geschäftsführers der Komplementär-GmbH können – insbesondere bei unterbleibender Abberufung – somit deren Ausschluss zur Folge haben.[34] Ebenso kommt es in Betracht, das Verhalten eines herrschenden Unternehmens dem von ihm abhängigen Gesellschafter zuzurechnen.[35] Bei Treuhandverhältnissen ist grundsätzlich auf das Verhalten des Treuhänders abzustellen.[36] Rückt der Treugeber später selbst in die Gesellschaft ein, kommt es jedoch in Betracht, ihm in Abweichung von dem allgemeinen Grundsatz, dass Handlungen vor Erwerb der Gesellschafterstellung keinen wichtigen Grund darstellen,[37] ein früheres Fehlverhalten entgegenzuhalten.[38]

6. Der Abwägungsprozess. a) Zeitpunkt. Letztendlich ist bei der Entscheidung über die **15** Ausschließung eines Gesellschafters ein Abwägungsprozess anzustellen, in dessen Rahmen die **Gesamtheit der gesellschaftlichen Beziehungen** der Beteiligten umfassend zu würdigen ist.[39] Entscheidender Zeitpunkt für die Beurteilung der Frage der Unzumutbarkeit ist hierbei derjenige der Letzten mündlichen Tatsachenverhandlung.[40] Die tatrichterliche Würdigung ist in der Revisionsinstanz nur eingeschränkt darauf überprüfbar, ob der Tatrichter den Rechtsbegriff des wichtigen Grundes verkannt, das ihm eingeräumte Ermessen überschritten oder wesentliche Tatsachen außer Acht gelassen bzw. nicht vollständig gewürdigt hat.[41]

b) Verhalten der Ausschließungskläger. Der Frage, inwieweit die die Ausschließung betreibenden Gesellschafter selbst zu einer Zerrüttung des Gesellschaftsverhältnisses beigetragen haben, kommt **16** im Rahmen der anzustellenden Abwägung naturgemäß bedeutendes Gewicht zu. Nach der Rspr. soll ein wichtiger Grund für die Ausschließung dann nicht vorliegen, wenn in der Person auch nur eines in der Gesellschaft verbleibenden Klägers selbst ein Ausschließungsgrund vorliegt.[42] Etwas anderes soll allenfalls bei einem deutlich überwiegenden Verschulden des Auszuschließenden gelten bzw. dann gelten, wenn die eigenen Verfehlungen des oder der die Ausschließung betreibenden Gesellschafters gegenüber denjenigen des Auszuschließenden „völlig in den Hintergrund treten".[43] Überschreitet das Verhalten des Ausschließungsklägers nicht die Schwelle des wichtigen Grundes nach § 140, würden also die ihm zur Last fallenden Pflichtwidrigkeiten bei isolierter Betrachtungsweise seine Ausschließung nicht rechtfertigen, kommt eine Ausschließung auch bei einem nur überwiegenden Verschulden des Auszuschließenden bzw. bei einer nur überwiegenden Verursachung des Zerwürfnisses durch ihn in Betracht.[44] Im Ergebnis ist festzuhalten, dass sich eine schematische Aufrechnung des wechselseitigen Verschuldens bzw. der wechselseitigen Veranlassung verbietet.[45] Mit *Karsten Schmidt*[46] ist vielmehr

---

[33] BGH (Fn. 8) BGHZ 1, 324, 330 f.; BGH (Fn. 31) WM 1958, 49, 50; BGH Urt. v. 22. 1. 1990 – II ZR 21/89, NJW-RR 1990, 530, 532 (zu § 34 GmbHG); kritisch *Bräutigam*, FS Quack, 1991, S. 189, 192 ff.
[34] Vgl. BGH (Fn. 11) NJW-RR 1993, 1123, 1124 f.; BGH Urt. v. 25. 4. 1983 – II ZR 170/82, NJW 1984, 173, 174; BGH (Fn. 6) WM 1977, 500, 502; *H. P. Westermann* NJW 1977, 2185, 2186 unter Hinweis auf BGHZ 68, 81; Heymann/*Emmerich* RdNr. 10; MünchKommHGB/*K. Schmidt* RdNr. 25.
[35] MünchKommHGB/*K. Schmidt* RdNr. 26; Röhricht/Graf von Westphalen/*von Gerkan* RdNr. 4; Heymann/*Emmerich* RdNr. 9; Baumbach/*Hopt* RdNr. 12.
[36] *Grunewald* S. 73; Heymann/*Emmerich* RdNr. 10 a.
[37] Vgl. BGH (Fn. 21) BGHZ 18, 350, 365.
[38] BGH Urt. v. 25. 1. 1960 – II ZR 22/59, BGHZ 32, 17, 31 ff. = NJW 1960, 866; BGH Urt. v. 30. 6. 1980 – II ZR 219/79, WM 1980, 1082, 1084; Heymann/*Emmerich* RdNr. 10 a.
[39] BGH (Fn. 11) DStR 2003, 1215, 1216; BGH Urt. v. 15. 9. 1997 – II ZR 97/96, ZIP 1997, 1919, 1920 = NJW 1998, 146 = WM 1997, 2169 = BB 1997, 2339; Heymann/*Emmerich* RdNr. 12; Röhricht/Graf von Westphalen/*von Gerkan* RdNr. 9 ff.; MünchKommHGB/*K. Schmidt* RdNr. 18.
[40] BGH (Fn. 39) ZIP 1997, 1919, 1920; Baumbach/*Hopt* RdNr. 5; GroßkommHGB/*Schäfer* RdNr. 4, 8 sowie 32; Koller/Roth/Morck RdNr. 2.
[41] BGH (Fn. 39) ZIP 1997, 1919, 1920; BGH Urt. v. 12. 12. 1994 – II ZR 206/93, ZIP 1995, 113 = NJW 1995, 597 = WM 1995, 250; BGH (Fn. 6) WM 1977, 500, 502; vgl. auch BGH Urt. v. 25. 2. 1991 – II ZR 76/90, NJW 1991, 1681; BGH Urt. v. 25. 3. 1993 – X ZR 17/92, NJW 1993, 1972, 1973.
[42] BGH Urt. v. 21. 3. 1957 – II ZR 97/56, LM § 142 Nr. 9 = NJW 1957, 872 = BB 1957, 380 sowie, jeweils zur GmbH, BGH (Fn. 38) BGHZ 32, 17, 35; BGH Urt. v. 2. 1981 – II ZR 229/79, BGHZ 80, 346, 351 = NJW 1981, 2302 = GmbHR 1981, 290; BGH Urt. v. 10. 6. 1991 – II ZR 234/89, GmbHR 1991, 362, 363.
[43] BGH (Fn. 14) BGHZ 4, 108, 111; BGH (Fn. 42) NJW 1957, 872, 873; BGH (Fn. 11) DStR 2003, 1216, 1217; BGH Urt. v. 23. 11. 1967 – II ZR 183/66, NJW 1968, 221, 222; ebenso *Westermann/Pöllath* S. 120; *Hueck A.* OHG § 29 I 2 c; *Grunewald* S. 71; vgl. auch MünchKommHGB/*K. Schmidt* RdNr. 30.
[44] BGH (Fn. 11) DStR 2003, 1216, 1217; BGH (Fn. 42) BGHZ 80, 346, 351 f.; *Goette* DStR 2003, 533, 536.
[45] MünchKommHGB/*K. Schmidt* RdNr. 30.
[46] *Karsten Schmidt* GesR § 50 III 1 b; ebenso *Kilian* WM 2006, 1567, 1569; *Piehler* DStR 1991, 686, 687; MünchHdbBGB/*Piehler/Schulte* § 74 RdNr. 41.

entscheidend darauf abzustellen, ob noch zwischen „gesellschaftsfreundlichen" und „gesellschaftsfeindlichen" Gesellschaftern unterschieden werden kann. Nur sofern sich bei der insoweit vorzunehmenden wechselseitigen Bewertung der Verantwortlichkeiten kein überwiegendes Verschulden des Auszuschließenden feststellen lässt, verbleibt als Lösungsmöglichkeit allein die Auflösung der Gesellschaft.[47]

17 **c) Folgen der Ausschließung.** Bei der anzustellenden Abwägung sind auch die persönlichen und wirtschaftlichen Konsequenzen der Ausschließung zu berücksichtigen.[48] Dies gilt insbesondere im Hinblick auf Alter und Gesundheitszustand des Betroffenen und seine künftigen Erwerbsmöglichkeiten.[49] In diesem Rahmen können auch die Leistungen und Verdienste, die sich der Ausschließungsbeklagte um den Aufbau und die Ausstattung des Unternehmens erworben hat, besondere Berücksichtigung finden und einer Ausschließung entgegenstehen.[50] Die Höhe der zu bezahlenden Abfindung ist demgegenüber nach inzwischen gefestigter Rspr. von der Zulässigkeit des Ausschlusses getrennt zu würdigen; es ist also nicht möglich, die Ausschließungsklage unter Berufung darauf abzuweisen, dass die dann eingreifende Abfindungsklausel rechtlichen Bedenken begegnet.[51]

18 **d) Gesellschaftsstruktur.** Für die Entscheidung über die Ausschließung sind schließlich auch die Struktur des Gesellschaftsverhältnisses (personalistisch oder kapitalistisch) sowie die Stellung des Auszuschließenden in der Gesellschaft von ausschlaggebender Bedeutung. Verfehlungen eines Gesellschafters einer kapitalistisch strukturierten Publikums-Kommanditgesellschaft sind anders zu bewerten als solche eines Beteiligten an einer Familiengesellschaft, die auf persönliche Kooperation hin angelegt ist.[52] Ein allgemeiner Grundsatz des Inhalts, wonach an die Ausschließung eines Kommanditisten strengere Anforderungen zu stellen sind als an diejenige eines phG, lässt sich gleichwohl nicht aufstellen.[53] Entscheidend ist vielmehr, ob das Verhalten des Gesellschafters wegen seiner Stellung in der Gesellschaft nicht so stark ins Gewicht fällt, als wenn es von einem geschäftsführenden Gesellschafter ausginge.[54]

19 Auch die Frage, ob mit dem Störer ein ganzer Familienstamm aus der Gesellschaft ausscheiden würde, kann bei der anzustellenden Abwägung eine Rolle spielen.[55] Die **Größe des Anteils des Auszuschließenden** ist im Grundsatz unerheblich.[56] Allerdings betont die Rechtsprechung in vereinzelten Entscheidungen den Umstand, dass der ausschließende Gesellschafter nur in geringem Umfang beteiligt gewesen ist.[57] Hierin ist allerdings kein Widerspruch zu sehen, da die jeweilige Beteiligungshöhe insbesondere bei der Beurteilung der Folgen der Ausschließung eine Rolle spielen und dementsprechend im Rahmen des anzustellenden Abwägungsprozesses Berücksichtigung finden kann.[58] Im Gesetz keine Stütze findet jedenfalls die Ansicht, wonach eine Ausschließung durch einen mit weniger als 25% beteiligten Minderheitsgesellschafter unzulässig sein soll.[59] Die Beurteilung der Fähigkeiten der verbleibenden Gesellschafter, das Unternehmen erfolgreich fortzuführen, sollten die Gerichte diesen überlassen und nicht – wie in verschiedenen Entscheidungen geschehen[60] – entsprechende eigene Prognosen in den Abwägungsprozess einfließen lassen.[61]

---

[47] Ebenso Heymann/*Emmerich* RdNr. 13.
[48] Vgl. etwa BGH Urt. v. 21. 11. 2005 – II ZR 367/03, DStR 2006, 196, 197; MünchKommHGB/*K. Schmidt* RdNr. 31.
[49] BGH (Fn. 14) BGHZ 4, 108, 111 f.; BGH (Fn. 16) WM 1971, 20, 22.
[50] BGH (Fn. 14) BGHZ 4, 108, 111; BGH (Fn. 6) BGHZ 6, 113, 118; BGH (Fn. 16) WM 1971, 20, 22.
[51] BGH Urt. v. 7. 5. 1973 – II ZR 140/71, NJW 1973, 1606, 1607 = WM 1973, 842; BGH Urt. v. 5. 6. 1989 – II ZR 227/88 = BGHZ 107, 351, 354 = NJW 1989, 2681 = BB 1989, 1499, 1500, BGH Urt. 19. 9. 1988 – II ZR 329/87, BGHZ 105, 213, 220 = NJW 1989, 834 = ZIP 1989, 36; BGH Urt. v. 9. 7. 1990 – II ZR 194/89, BGHZ 112, 103, 111 = NJW 1990, 2622 = ZIP 1990, 1057 = WM 1990, 1457 = DB 1990, 1709; MünchKommHGB/*K. Schmidt* RdNr. 31; aA insbesondere *Grunewald* S. 11 ff. (Gesamtbetrachtung von Ausschlussgrund, Ausschlussverfahren und Abfindungsbestimmung erforderlich); hiergegen *Schöne* S. 26 ff.
[52] Vgl. BGH (Fn. 14) BGHZ 4, 108, 111; BGH (Fn. 21) BGHZ 18, 350, 360 f.; ausf. *Grunewald* S. 68 ff. sowie MünchKommHGB/*K. Schmidt* RdNr. 33.
[53] IdS BGH (Fn. 20) NJW 1961, 1767; BGH (Fn. 41) ZIP 1995, 113, vgl. auch BGH (Fn. 39) ZIP 1997, 1919, 1921 sowie *Piehler* DStR 1991, 686, 687.
[54] IdS BGH (Fn. 20) NJW 1961, 1767; BGH (Fn. 41) ZIP 1995, 113, vgl. auch BGH (Fn. 39) ZIP 1997, 1919, 1921; *Piehler* DStR 1991, 686, 687.
[55] BGH (Fn. 16) WM 1971, 20, 22.
[56] BGH (Fn. 14) BGHZ 51, 204, 207; MünchKommHGB/*K. Schmidt* RdNr. 33; GroßkommHGB/*Schäfer* RdNr. 13.
[57] Vgl. etwa BGH (Fn. 6) BGHZ 6, 113, 117 als Sonderfall bei extrem kleinem Anteil und einem externen Geschäftsführer vergleichbarer Stellung.
[58] Ausf. MünchKommHGB/*K. Schmidt* RdNr. 33.
[59] So aber *von Stetten* GmbHR 1982, 105, 107; wie hier *Piehler* DStR 1991, 686, 688; Baumbach/*Hopt* RdNr. 9; vgl. auch BGH (Fn. 14) BGHZ 51, 204, 207.
[60] Vgl. BGH (Fn. 14) BGHZ 4, 108, 111; BGH (Fn. 43) WM 1968, 221, 222; BGH Urt. v. 5. 12. 1963 – II ZR 39/63, WM 1964, 201, 202.
[61] Kritisch auch Baumbach/*Hopt* RdNr. 7; *Hartmann* S. 14; anders aber MünchKommHGB/*K. Schmidt* RdNr. 33, wenn als Folge des Ausscheidens der alsbaldige Zusammenbruch des Unternehmens droht und dadurch der Abfindungsanspruch des Auszuschließenden gefährdet wird; ebenso *Koller*/Roth/Morck RdNr. 2.

7. Kasuistik. a) Pflichtverletzungen. Das Gros der Beispielsfälle dürfte in die Kategorie der 20 zumindest grob fahrlässigen Verletzung wesentlicher gesellschaftsvertraglicher Verpflichtungen einzuordnen sein (§ 133 Abs. 2). Beispielhaft zu nennen sind Veruntreuungen und Unterschlagungen,[62] unberechtigte Entnahmen oder die den Verdacht grober Unredlichkeit begründende Verschleierung von Sonderentnahmen,[63] wiederholte Eigenmächtigkeiten in der Geschäftsführung, insbesondere die vertragswidrige Nichteinholung erforderlicher Zustimmungen,[64] Verstöße gegen Konkurrenzverbote,[65] schädigende Äußerungen gegenüber der finanzierenden Hausbank,[66] aus Schikane oder mutwillig geführte Prozesse gegen Mitgesellschafter[67] oder die Weigerung, weitere Beiträge zur Verwirklichung des sachlich und wirtschaftlich von vornherein begrenzten Gesellschaftszwecks (sonst § 707 BGB) zu leisten,[68] **nicht hingegen die Verletzung untergeordneter Pflichten**[69] oder bloße Nachlässigkeiten in der Buchführung,[70] wobei auch hier bei Wiederholungsgefahr sowie beim Hinzutreten besonderer Umstände eine andere Bewertung angezeigt sein kann. Die bloße Kritik an der Geschäftsführung und an Handlungen von Mitgesellschaftern rechtfertigt regelmäßig auch dann keine Ausschließung, wenn sie sich im Nachhinein (zB auf der Grundlage eingeholter Sachverständigengutachten) als unzutreffend herausstellt; etwas anderes gilt aber dann, wenn die Mitgesellschafter grundlos krimineller Machenschaften bezichtigt werden und Strafanzeige gegen sie gestellt wird.[71] Die Anzeige gesetzeswidriger Aktivitäten an staatliche Aufsichtsbehörden ist für sich genommen ebenfalls kein wichtiger Grund für eine Ausschließung, wohl aber dann, wenn hierbei unrichtige oder den Sachverhalt verfälschende Angaben gemacht werden.[72]

b) Unmöglichkeit der Pflichterfüllung. In diese, ein Verschulden nicht voraussetzende Kate- 21 gorie (vgl. RdNr. 11) können – je nach den konkreten Umständen – fallen: die schwere Krankheit des Gesellschafters oder dessen Unterstellung unter eine Betreuung, sofern er hierdurch seinen gesellschaftsvertraglichen Verpflichtungen nicht mehr nachkommen kann,[73] die Zerrüttung seiner Vermögensverhältnisse, die zB in der Ablehnung der Eröffnung eines Insolvenzverfahrens über sein Vermögen ihren Ausdruck finden kann,[74] oder eine lange Strafhaft.[75]

c) Privatsphäre. Vorgänge aus der Privatsphäre eines Gesellschafters vermögen nur dann dessen 22 Ausschließung zu begründen, wenn sich die persönliche Verfehlung aus besonderen Gründen unmittelbar auf das Unternehmen schädigend auswirkt oder wenn durch das Fehlverhalten ein Mitgesellschafter unmittelbar persönlich verletzt worden ist (zB Ehebruch mit dem Ehegatten eines anderen Gesellschafters in einer personalistischen Gesellschaft).[76] Gleiches gilt im Hinblick auf die Frage, inwiefern persönliche Spannungen und gesellschaftsbezogene Zerwürfnisse den Ausschluss eines Gesellschafters rechtfertigen können. Auch insoweit bedarf es über den Streit mit dem auszuschließenden Gesellschafter hinaus schädlicher Auswirkungen auf die Gesellschaft.[77] Verwandtschaftliche Beziehungen zwischen den Beteiligten sind ambivalent zu würdigen: Während sie einer-

---

[62] BGH Urt. v. 14. 6. 1999 – II ZR 193/98, ZIP 1999, 1355, 1356; BGH Urt. v. 17. 2. 1955 – II ZR 316/53, BGHZ 16, 317, 323; BGH (Fn. 38) BGHZ 32, 17; OLG Stuttgart (Fn. 31) DB 1961, 1644.
[63] BGH (Fn. 16) WM 1971, 20, 21 f.; BGH (Fn. 11) BGHZ 31, 295, 303 f.
[64] BGH (Fn. 14) BGHZ 4, 108, 121; BGH (Fn. 11) NJW-RR 1993, 1123, 1124; *Goette* DStR 2001, 533, 537; *Binz/Sorg* § 6 RdNr. 70.
[65] BGH Urt. v. 29. 1. 1968 – II ZR 126/66, LM § 133 Nr. 6 = BB 1968, 352; BGH Urt. v. 3. 2. 1997 – II ZR 71/96, NJW-RR 1997, 925; OLG München Urt. v. 4. 12. 1998 – 23 U 2700/95, NZG 1999, 591, 593; OLG Stuttgart (Fn. 31) DB 1961, 1644; vgl. auch BGH Urt. v. 3. 11. 1997 – II ZR 353/96, WM 1997, 2400 = DB 1998, 65 = DStR 1998, 88 m. Anm. *Goette* (die Verletzung von Geschäftschancen und somit eine Ausschließung verneinend, wenn der Gesellschafter einen von ihm gepachteten Gegenstand an die Gesellschaft unterverpachtet und die Differenz zwischen der von ihm gezahlten Pacht und der vereinnahmten Unterpacht für sich behält).
[66] Vgl. OLG München (Fn. 65) NZG 1999, 591, 594.
[67] Vgl. OLG Frankfurt Urt. v. 15. 1. 1992 – 13 U 196/88, GmbHR 1993, 659, 660 (GmbH); vgl. auch *Goette* DStR 2001, 533, 536.
[68] BGH Urt. v. 7. 11. 1960 – II ZR 216/59, WM 1961, 32, 34.
[69] BGH Urt. v. 18. 10. 1965 – II ZR 232/63, WM 1966, 29, 31.
[70] Vgl. ROHG Urt. v. 25. 6. 1875 – Rep. 464/75, ROHGE 18, 393, 396; *Heymann/Emmerich* RdNr. 21; MünchKommHGB/*K. Schmidt* RdNr. 41.
[71] Vgl. OLG München Urt. v. 31. 7. 2001 – 30 U 509/95, NZG 2002, 328, 332 f. = DStR 2003, 819 (nur Leitsatz) (grundlose Bezichtigung der Untreue).
[72] Vgl. *Goette* DStR 2001, 533, 536.
[73] Vgl. RG Urt. v. 21. 11. 1922 – II 75/22, RGZ 105, 376, 377; BGH (Fn. 26) LM Nr. 2; *Hueck A.* OHG § 29 I 2 c.
[74] MünchKommHGB/*K. Schmidt* RdNr. 55.
[75] Vgl. OGH (Fn. 8) NJW 1950, 184; *Piehler* DStR 1991, 686, 687; MünchHdbBGB/*Piehler/Schulte* § 74 RdNr. 39; *Heymann/Emmerich* RdNr. 20.
[76] BGH (Fn. 14) BGHZ 4, 108, 113 f.; BGH Urt. v. 9. 11. 1972 – II ZR 30/70, NJW 1973, 92; *Baumbach/Hopt* RdNr. 11; *Lindacher* NJW 1973, 1169; *Westermann/Pöllath* S. 118 f.; MünchKommHGB/*K. Schmidt* RdNr. 51; *H. Westermann* RdNr. I 1103.
[77] Vgl. BGH (Fn. 39) ZIP 1997, 1919, 1921; BGH (Fn. 41) ZIP 1995, 113.

seits ein Fehlverhalten als besonders verwerflich erscheinen lassen können,[78] können sie andererseits auch die Pflicht begründen, über gewisse gesellschaftswidrige Verhaltensweisen hinwegzusehen und gegen sie mit weniger einschneidenden Maßnahmen vorzugehen.[79]

23 **8. Verzicht, Verwirkung, Entkräftung und Billigung.** Ein Verzicht auf das Ausschließungsrecht ist ebenso möglich wie dessen Verwirkung; insoweit kann auf die Ausführungen zu § 133 verwiesen werden (vgl. dort RdNr. 28 f.). Zumindest kann eine lang andauernde Aufrechterhaltung des Gesellschaftsverhältnisses in Kenntnis der Ausschlussgründe die tatsächliche Vermutung dafür begründen, dass diese – jedenfalls im Laufe der Zeit – für die Mitgesellschafter an Gewicht verloren haben;[80] hierbei muss es sich jedoch um Gründe oder Umstände handeln, die auf einem einmaligen, abgeschlossenen Fehlverhalten beruhen bzw. in ausreichendem Maße überblickt werden können.[81] Auf ein Verhalten, mit dem alle Mitgesellschafter einverstanden waren, kann eine Ausschließungsklage von vornherein nicht gestützt werden, sofern keine besonderen Umstände – wie zB die Ausnutzung einer Unerfahrenheit oder Notlage – gegeben sind.[82]

IV. Das Ausschließungsverfahren

24 **1. Klageart und Antrag.** Die Ausschließungsklage gemäß § 140 ist eine Gestaltungsklage.[83] Gerichtsstände sind am Wohnsitz des Auszuschließenden oder am Sitz der Gesellschaft begründet (§§ 13, 22 ZPO). Der Ausschließungsprozess ist eine vermögensrechtliche Streitigkeit iSv. § 1030 Abs. 1 ZPO. Der Klageantrag ist auf die Ausschließung des Beklagten zu richten. Die Klage kann auch als Widerklage erhoben werden, zB gegen eine von dem auszuschließenden Gesellschafter erhobene Auflösungsklage. Ebenso kann der Antrag auf Ausschließung *eventualiter* gestellt werden, etwa indem in erster Linie auf Auflösung nach § 133 und hilfsweise auf Ausschließung geklagt wird.[84] Nicht ausreichend ist es hingegen, wenn der Ausschlussgrund im Wege der Einwendung gegen eine Leistungsklage aus dem Gesellschaftsverhältnis geltend gemacht wird.[85]

25 Der Klagantrag lautet auf die **Ausschließung des Gesellschafters,** in dessen Person die Ausschließungsgründe verwirklicht sind. Dies gilt auch dann, wenn der Kläger bei Erfolg der Ausschließungsklage allein übrig bleiben würde (Fall des § 140 Abs. 1 S. 2). Auch hier ist der Klageantrag auf die Ausschließung des oder der Beklagten und nicht auf die Übernahme des Geschäfts mit allen Aktiven und Passiven zu richten. Die frühere hM, wonach es sich bei den §§ 140 und 142 aF HGB um Klagen mit unterschiedlichem Streitgegenstand handeln soll,[86] ist spätestens durch die Neufassung im Zuge des HRefG obsolet geworden.[87] Die in § 142 Abs. 1 aF behandelte „Übernahme des Geschäftes mit Aktiven und Passiven" stellte ohnehin richtigerweise nichts anderes dar als den Anfall des Gesellschaftsvermögens bei dem verbleibenden Gesellschafter, der sich kraft Gesetzes, nicht etwa kraft Richterspruchs, im Anschluss an die Ausschließung vollzieht (vgl. auch RdNr. 39).[88]

26 Eine **Ausschließung im Wege einstweiliger Verfügung** ist nicht möglich (vgl. bereits § 133 RdNr. 37).[89] Es kommt allerdings in Betracht, das Gesellschaftsverhältnis bis zur Rechtskraft des Ausschließungsurteils durch einstweilige Verfügungen zu gestalten, etwa indem Vertretung und

---

[78] IdS OLG München (Fn. 71) NZG 2002, 328, 332 f. (Erfordernis besonderer Rücksichtnahme wegen Verwandtschaftsverhältnisses).
[79] BGH (Fn. 14) BGHZ 51, 204, 206; BGH (Fn. 41) ZIP 1995, 113; BGH (Fn. 39) ZIP 1997, 1919, 1921.
[80] Vgl. BGH Urt. v. 11. 7. 1966 – II ZR 215/64, LM HGB § 140 Nr. 11 = NJW 1966, 2160 = WM 1966, 857 (15 Monate nach Kenntnis der Verfehlungen ausgesprochene Kündigung); BGH (Fn. 11) NJW-RR 1993, 1123, 1125; BGH (Fn. 62) ZIP 1999, 1355, 1356; *H. Westermann* RdNr. I 1107; *Hartmann* S. 28; MünchKommHGB/*K. Schmidt* RdNr. 38.
[81] BGH (Fn. 11) NJW-RR 1993, 1123, 1125; MünchKommHGB/*K. Schmidt* RdNr. 38; MünchHdbBGB/*Piehler/Schulte* § 74 RdNr. 43.
[82] Vgl. BGH (Fn. 11) BGHZ 31, 295, 307.
[83] Statt aller MünchKommHGB/*K. Schmidt* RdNr. 64.
[84] Vgl. nur GroßkommHGB/*Schäfer* RdNr. 42; *Hueck A.* OHG § 29 I 2 c; MünchKommHGB/*K. Schmidt* RdNr. 76; *Hartmann* S. 31.
[85] Heymann/*Emmerich* RdNr. 22.
[86] Vgl. hierzu die Nachweise bei GroßkommHGB/*Ulmer,* 3. Aufl., 142 RdNr. 21.
[87] MünchKommHGB/*K. Schmidt* RdNr. 10; *ders.* ZIP 1997, 909, 918; *ders.* NJW 1998, 2161, 2166; GroßkommHGB/*Schäfer* RdNr. 20, 42; vgl. auch Begr. RegE HRefG BT-Drucks. 13/8444, S. 67; aA Baumbach/*Hopt* RdNr. 3 (an dem Konzept einer Übernahmeklage festhaltend).
[88] *K. Schmidt* ZIP 1997, 909, 918; *ders.* NJW 1998, 2161, 2166; *Habersack* in Fachtagung der Bayer-Stiftung, 1999, S. 73, 94; ausf. bereits *K. Schmidt.,* FS Frotz, 1993, S. 401, 405 ff.
[89] Vgl. nur MünchKommHGB/*K. Schmidt* RdNr. 80; Baumbach/*Hopt* RdNr. 21. Zur Möglichkeit eines durch Gesellschafterbeschluss ausgeschlossenen Gesellschafters, im Wege einstweiliger Verfügung Rechtsschutz zu erlangen ausf. *Kiethe* NZG 2004, 114.

Geschäftsführung – ohne Rücksicht auf den Grundsatz der Selbstorganschaft – einstweilen einem Dritten übertragen werden.[90]

2. Verhältnis zur Auflösungsklage. Bei Ausschließung und Auflösung handelt es sich um unterschiedliche Streitgegenstände. Der Übergang von dem einen Klagebegehren zum anderen stellt somit eine Klageänderung dar. Ohne neuen Antrag, der auch *eventualiter* gestellt werden kann (vgl. RdNr. 24), kann das Gericht dementsprechend nicht auf Auflösung anstelle der ursprünglich beantragten Ausschließung erkennen, sondern hat die Klage abzuweisen, sofern die Voraussetzungen für einen Ausschluss nicht gegeben sind.[91] Treffen Auflösungs- und Ausschließungsklage zusammen, empfiehlt sich eine Verbindung beider.[92] In keinem Fall ist der Prozess über die Ausschließung gemäß § 148 ZPO auszusetzen, bis ein zugleich anhängiges Auflösungsverfahren entschieden ist; Grund: Keine Vorgreiflichkeit der letzteren Entscheidung.[93] Ebenso wenig ist es möglich, die Auflösungsklage bis zur Entscheidung über die Ausschließungsklage auszusetzen.[94]

3. Kläger. a) Notwendige Streitgenossenschaft. Zu erheben ist die Ausschließungsklage **von allen übrigen Gesellschaftern,** nicht hingegen von der Gesellschaft.[95] Das Erfordernis gemeinsamer Klageerhebung durch alle übrigen Gesellschafter soll die Möglichkeit einer Ausschließung auf den Fall beschränken, dass sich diese tatsächlich über die Fortsetzung der Gesellschaft ohne den Auszuschließenden einig sind (vgl. RdNr. 1). Die klagenden Gesellschafter sind **notwendige Streitgenossen aus materiell-rechtlichen Gründen** (§ 62 Abs. 1 2. Alt. ZPO),[96] mit der Folge der Notwendigkeit einer Klageabweisung in Bezug auf alle Kläger, sofern in der Person auch nur eines Klägers selbst ein Ausschließungsgrund vorliegt und die Klage hierdurch entkräftet wird (vgl. RdNr. 16). Von der Notwendigkeit einer Klageerhebung durch alle übrigen Gesellschafter ist nach hM allerdings dann eine Ausnahme zu machen, wenn der nicht klagende Gesellschafter in verbindlicher Form dem Klageziel zugestimmt hat oder sein Ausscheiden für den Fall erklärt hat, dass die Klage gegen den auszuschließenden Gesellschafter Erfolg hat.[97]

b) Mitwirkungspflicht/Zustimmungsklage. Werden entsprechende Erklärungen nicht abgegeben, so ist es nach hM erforderlich, die notwendige Mitwirkung eines mit der Ausschließung nicht einverstandenen Gesellschafters selbst mit einer auf **Zustimmung zur Ausschließung** gerichteten Klage zu erreichen. Diese Zustimmung kann durch einen Mitgesellschafter allein eingeklagt werden.[98] Mit Rechtskraft des Urteils gilt die Zustimmung als erteilt (§ 894 ZPO), so dass die anderen Gesellschafter im Wege der Prozessstandschaft die Ausschließungsklage auch für den die Mitwirkung Verweigernden erheben können.[99]

Die Grundlage der Verpflichtung, an der Ausschließungsklage gegen einen Mitgesellschafter mitzuwirken, ist in der **gesellschafterlichen Treupflicht** zu sehen.[100] Die insoweit maßgeblichen Voraussetzungen entsprechen denjenigen, unter denen die Rspr. auch sonst eine Pflicht bejaht,

---

[90] BGH Urt. v. 11. 7. 1960 – II ZR 260/59, BGHZ 33, 105, 110 f. = NJW 1960, 1997 = BB 1960, 917; OLG Stuttgart (Fn. 31) DB 1961, 1644, 1645; MünchKommHGB/*K. Schmidt* RdNr. 80; *Koller/Roth/Morck* § 117 RdNr. 4; MünchHdbBGB/*Piehler/Schulte* § 74 RdNr. 51.
[91] *Pabst* BB 1978, 892, 895 f.; Baumbach/*Hopt* RdNr. 21; *Hueck A.* OHG § 29 I 2 c.
[92] OLG Frankfurt Beschl. v. 23. 11. 1971 – 5 W 21/71, BB 1971, 1479; Heymann/*Emmerich* RdNr. 27; GroßkommHGB/*Schäfer* RdNr. 42.
[93] Heymann/*Emmerich* RdNr. 27; Baumbach/*Hopt* RdNr. 21.
[94] Vgl. OLG Frankfurt (Fn. 92) BB 1971, 1479.
[95] Ganz hM; vgl. nur MünchKommHGB/*K. Schmidt* RdNr. 66; GroßkommHGB/*Schäfer* RdNr. 36; Heymann/*Emmerich* RdNr. 22; aA für die körperschaftlich strukturierte Personengesellschaft *Nitschke,* Die körperschaftlich strukturierte Personengesellschaft, 1970, S. 314 f.
[96] BGH Urt. v. 15. 6. 1959 – II ZR 44/58, BGHZ 30, 195, 197 = NJW 1959, 1683; ausf. *Ulmer,* FS Geßler, 1971, S. 269; *Nickel* JuS 1977, 15.
[97] BGH Urt. v. 17. 12. 2001 – II ZR 31/00 ZIP 2002, 710, 711 = DStR 2002, 967, 968; BGH (Fn. 39) ZIP 1997, 1919; BGH Urt. v. 13. 1. 1958 – II ZR 136/56, LM HGB § 133 Nr. 3 = NJW 1958, 418 = BB 1958, 213; BGH (Fn. 6) BGHZ 68, 81, 83; OLG München Urt. v. 25. 1. 1999 – 30 U 569/98, NZG 1999, 590, 591; *Lindacher,* FS Paulick, 1973, S. 73, 78; *Mayer* BB 1992, 1497, 1499 f.; GroßkommHGB/*Schäfer* RdNr. 37 ff.; vgl. auch RG (Fn. 2) RGZ 146, 169, 173. AA MünchKommHGB/*K. Schmidt* RdNr. 66, 71 (für den Fall der Zustimmung); *ders.,* Mehrseitige Gestaltungsprozesse, S. 82 ff.; *Ulmer,* FS Geßler, 1971, S. 269, 276 ff., wonach eine Ausschließungsklage, an der nicht alle Gesellschafter beteiligt sind, unzulässig ist.
[98] BGH Urt v. 28. 4. 1975 – II ZR 16/73, BGHZ 64, 253, 256 = NJW 1975, 1410 = WM 1975, 774; *Mayer* BB 1992, 1497, 1498; Baumbach/*Hopt* RdNr. 20; aA *Haarmann/Holtkamp* NJW 1977, 1396.
[99] BGH (Fn. 98) BGHZ 64, 253, 259; *Merle* ZGR 1979, 67, 68; ausf. *H. Westermann* RdNr. I 1120 mit Verweis auf RdNr. 333 ff; Kritisch zur dogmatischen Begründung der hM MünchKommHGB/*K. Schmidt* RdNr. 61 f.; *Lindacher,* FS Paulick, 1973, S. 73, 75 ff., die vorschlagen, eine einheitliche Gestaltungsklage gegen den Auszuschließenden und den seine Mitwirkung verweigernden Gesellschafters zuzulassen, wobei der Antrag nur auf Ausschließung des auszuschließenden Gesellschafters gerichtet sein soll.
[100] Vgl. BGH (Fn. 65) NJW-RR 1997, 925, 926; Baumbach/*Hopt* RdNr. 20; GroßkommHGB/*Schäfer* RdNr. 39.

Änderungen des Gesellschaftsvertrages zuzustimmen.[101] Entscheidend ist also, ob die Veränderung (= Ausschließung) aus der Sicht der Gesellschaft dringend erforderlich und aus der Sicht des Mitgesellschafters zumutbar ist.[102] Im Regelfall wird von einer Mitwirkungspflicht auszugehen sein, wenn ein Ausschließungsgrund gegeben ist.[103] Die mangelnde Mitwirkung kann selbst eine Ausschließung rechtfertigen, wobei dies wegen des zu beachtenden Verhältnismäßigkeitsgrundsatzes und der Möglichkeit, die Zustimmung einzuklagen, jedoch auf absolute Ausnahmefälle beschränkt bleiben dürfte.[104]

31 Um die mit der Vorschaltung der Zustimmungsklage verbundene zeitliche Verzögerung zu vermeiden, lässt die Praxis ihre **Verbindung mit der Ausschließungsklage** gemäß § 260 ZPO zu.[105] Neben dem auf Ausschließung des Gesellschafters A gerichteten Klagantrag können also die sich nicht an der Klage beteiligenden Gesellschafter mit dem Antrag verklagt werden, der Ausschließung des A zuzustimmen.[106] Wird die Mitwirkungspflicht auch nur eines Gesellschafters verneint, führt dies allerdings dazu, dass beide Klagen abzuweisen sind.[107] Probleme bei der Verbindung von Zustimmungs- und Ausschließungsklage ergeben sich zudem aus der nach hM[108] fehlenden notwendigen Streitgenossenschaft zwischen Auszuschließendem und Zustimmungsbeklagtem und der hieraus resultierenden Möglichkeit des unterschiedlichen Eintritts der Rechtskraft bei isolierter Anfechtung des Zustimmungsurteils.[109] Die Rspr. verweist zur Lösung dieser – praktisch jedoch selten relevanten – Problematik – auf die Möglichkeit des Zustimmungsbeklagten, dem Auszuschließenden unter Einlegung eines Rechtsmittels als Streithelfer (§ 66 ZPO) beizutreten;[110] in der Lit. wird zT empfohlen, die Ausschließungsklage nach § 148 ZPO auszusetzen, bis über die Zustimmungsklage rechtskräftig entschieden ist,[111] zT wird (ungeachtet konstruktiver Schwierigkeiten vorzugswürdig) angenommen, das Ausschließungsurteil sei durch die Aufhebung des Zustimmungsurteils auflösend bedingt (Analogie zu §§ 280, 304 ZPO).[112]

32 **4. Beklagtenseite. a) Mehrere Beklagte.** Die Ausschließungsklage kann auch gegen mehrere Gesellschafter gerichtet werden, unabhängig davon, ob das Ausschließungsverlangen auf denselben wichtigen Grund gestützt wird.[113] Die Streitgenossenschaft der Beklagten ist nach hM in diesem Fall eine notwendige.[114] Im Extremfall kann ein Gesellschafter auf Ausschließung aller Mitgesellschafter klagen, wobei der Erfolg der Klage voraussetzt, dass dem Kläger die Fortsetzung der Gesellschaft mit keinem der Beklagten zugemutet werden kann. Die Unbegründetheit der Ausschließungsklage gegen auch nur einen Beklagten hat nach hM die Klageabweisung im Gesamten zur Folge, da es in Bezug auf die anderen Beklagten an dem erforderlichen Antrag aller Mitgesellschafter fehlt.[115] Zur Vermeidung dieser Konsequenz ist jeder der auf Ausschließung beklagten Gesellschafter also hilfsweise auf Zustimmung zum Ausschluss der übrigen Beklagten zu verklagen, sofern er sich nicht mit deren Ausschließung einverstanden erklärt hat.[116]

---

[101] Vgl. BGH (Fn. 98) BGHZ 64, 253, 258; BGH (Fn. 6) BGHZ 68, 81, 82 f.; ausführliche Darstellung der Rspr. bei *Pabst*, Die Mitwirkungspflicht bei der Abänderung der Grundlagen von Personengesellschaften, Diss. Darmstadt 1976, S. 58–94; *ders.* BB 1977, 1524. Zur Verpflichtung, zumutbaren Anpassungen des Gesellschaftsvertrages zuzustimmen, vgl. auch *Weipert* ZGR 1990, 142; *Zöllner* Die Anpassung von Personengesellschaftsverträgen an veränderte Umstände, 1979.
[102] Vgl. BGH (Fn. 98) BGHZ 64, 253, 258; MünchHdbBGB/*Piehler/Schulte* § 74 RdNr. 54.
[103] *Heymann/Emmerich* RdNr. 24; *Röhricht/Graf von Westphalen/von Gerkan* RdNr. 16; *Grunewald* S. 102 f.; MünchKommHGB/*K. Schmidt* RdNr. 60; MünchHdbBGB/*Piehler/Schulte* § 74 RdNr. 54; zurückhaltender *Mayer* BB 1992, 1497, 1498; aA *Kollhosser*, FS Westermann, 1975, S. 275, 284 f.; *Hueck* A. ZGR 1972, 237, 246 f. Vgl. auch OLG Nürnberg Urt. v. 27. 3. 1958 – 3 U 227/54, BB 1958, 1001 (keine Zustimmungspflicht bei engen verwandtschaftlichen Beziehungen).
[104] Ebenso *Hartmann* S. 30; zurückhaltend auch *Mayer* BB 1992, 1497, 1498 („nur im Extremfall"); MünchKommHGB/*K. Schmidt* RdNr. 58; offen lassend BGH (Fn. 98) BGHZ 64, 253, 259.
[105] BGH (Fn. 6) BGHZ 68, 81, 83 ff.; BGH (Fn. 34) NJW 1984, 173, 174; *Heymann/Emmerich* RdNr. 25; *Nickel* JuS 1977, 13, 18 f.; *Lindacher*, FS Paulick, 1973, S. 73; aA *Ulmer*, FS Geßler, 1971, S. 269, 281 f; *Pabst* BB 1978, 892, 893 ff.
[106] Entsprechende Klageanträge auf der Grundlage der hM bei MünchKommHGB/*K. Schmidt* RdNr. 7425; vgl. auch GroßkommHGB/*Schäfer* RdNr. 40.
[107] BGH (Fn. 6) BGHZ 68, 81, 84; *Heymann/Emmerich* RdNr. 25.
[108] Vgl. BGH (Fn. 98) BGHZ 64, 253, 256; *Merle* ZGR 1979, 67, 76 f.; *Ulmer*, FS Geßler, 1971, S. 269, 282; aA MünchKommHGB/*K. Schmidt* RdNr. 54; *Haarmann/Holtkamp* NJW 1977, 1396.
[109] Vgl. *Lindacher*, FS Paulick, 1973, S. 73, 76 f.
[110] BGH (Fn. 6) BGHZ 68, 81, 85.
[111] IdS *Heymann/Emmerich* RdNr. 25; *Grunewald* S. 105.
[112] IdS *Merle* ZGR 1979, 67, 78 ff.
[113] Vgl. MünchKommHGB/*K. Schmidt* RdNr. 67; *Hueck* A. OHG § 29 I 2 c; *Heymann/Emmerich* RdNr. 26.
[114] Vgl. etwa Baumbach/*Hopt* RdNr. 19; GroßkommHGB/*Schäfer* RdNr. 41; aA MünchKommHGB/*K. Schmidt* RdNr. 74.
[115] BGH (Fn. 98) BGHZ 64, 253, 255; Baumbach/*Hopt* RdNr. 19; GroßkommHGB/*Schäfer* RdNr. 38; *H. Westermann* RdNr. I 1120 iVm. 332 f.; aA aber MünchKommHGB/*K. Schmidt* RdNr. 67, 74; ihm folgend OGH Urt. v. 27. 4. 2001 – 1 Ob 40/01, NZG 2001, 1028, 1033, wonach die Prozessbeteiligung der anderen Gesellschafter als solche ausreichend sein soll.
[116] Zur Stellung solcher Hilfsanträge vgl. *Pabst* BB 1978, 892, 896.

b) Ausscheiden des Beklagten. Scheidet der beklagte Gesellschafter während des Verfahrens 33 durch wirksame Austrittserklärung oder auf Grund entsprechender Vereinbarung aus der Gesellschaft aus, so führt dies zum Erlöschen des Ausschließungsanspruchs (vgl. RdNr. 13), mit der Folge der Erledigung in der Hauptsache.[117] Wurde der Anteil auf einen neu beitretenden Gesellschafter übertragen, so kann der neue Gesellschafter im Wege des Parteiwechsels in den Rechtsstreit einbezogen werden, sofern die Fortsetzung der Gesellschaft auch mit dem Rechtsnachfolger unzumutbar bleibt, weil dem Rechtsnachfolger ausnahmsweise ein eigenes Fehlverhalten vor dem Eintritt oder ein solches seines Rechtsvorgängers zuzurechnen ist (vgl. RdNr. 13). Ansonsten verbleibt wiederum nur die Erklärung der Erledigung in der Hauptsache.[118]

5. Das Gestaltungsurteil und seine Wirkungen. Liegen die Voraussetzungen für einen Ausschluss vor, so muss das Gericht der Klage stattgeben; ein Ermessen ist hier – ungeachtet des missverständlichen Wortlauts von § 140 („kann") – ebenso wenig wie bei § 133 gegeben.[119] Das der Ausschließungsklage stattgebende Urteil ist wie bei §§ 117, 127 und 133 Gestaltungsurteil. Mit seiner materiellen Rechtskraft tritt die Gestaltungswirkung ein:[120] Der beklagte Gesellschafter scheidet aus der Gesellschaft aus, diese wird von den übrigen Mitgliedern fortgesetzt, denen der Anteil des Ausgeschlossenen anwächst (§ 738 Abs. 1 S. 1 BGB). Der Ausschluss des letzten Komplementärs führt jedoch zur Auflösung der Gesellschaft, sofern nicht ein neuer phG beitritt oder ein Kommanditist zur Übernahme der unbeschränkten Haftung bereit ist (vgl. bereits RdNr. 3 sowie § 131 RdNr. 29 f.). Zur Frage, inwiefern gesellschaftsvertraglich bestimmt werden kann, dass die Anwachsung nicht quotenmäßig erfolgt, sondern nur zugunsten bestimmter Gesellschafter, vgl. § 131 RdNr. 57 mwN.

Die **Haftung des ausgeschlossenen Gesellschafters** für die bis zu seinem Ausscheiden begründeten Verbindlichkeiten der Gesellschaft bestimmt sich unter Berücksichtigung von § 160 bzw. evtl. maßgeblicher kürzerer Verjährungs- und Ausschlussfristen. Für nach dem Ausscheiden entstandene Verbindlichkeiten haftet der Ausgeschlossene – vorbehaltlich § 15 Abs. 1 – nicht. Im Innenverhältnis hat der Ausgeschiedene einen klagbaren Anspruch auf Schuldbefreiung bzw. – bei noch nicht fälligen Verbindlichkeiten – auf Sicherheitsleistung, sofern gesellschaftsvertraglich keine abweichenden Regelungen getroffen sind (§ 738 Abs. 1 S. 2, 3 BGB).

Die **Abfindung des ausgeschlossenen Gesellschafters** richtet sich nach den §§ 738 bis 740 BGB (ausf. § 131 RdNr. 69 ff.). Als Stichtag für die Bemessung der Abfindung ist gemäß § 140 Abs. 2 jedoch auf den Zeitpunkt der Klageerhebung abzustellen, um eine Prozessverzögerung durch den Beklagten zu vermeiden.[121] Am Gewinn oder Verlust der Prozesszeit nimmt der Ausgeschlossene somit nicht teil. Etwas anderes dürfte allerdings dann gelten, wenn die für die Ausschließung maßgeblichen Gründe erst im Laufe des Verfahrens entstanden oder vorgebracht worden sind; hier kommt es richtigerweise mit der hA in der Literatur auf den Zeitpunkt der Entstehung bzw. Geltendmachung dieser Gründe an.[122]

Neben die Ausschließung können **Schadensersatzansprüche gegen den ausgeschlossenen Gesellschafter** treten, sofern dieser schuldhaft gehandelt hat. Hierbei kann auch der durch schuldhaftes Verhalten verursachte Verlust des Anspruchs auf Konkurrenzenthaltung einen ersatzfähigen Schaden darstellen; der ausgeschlossene Gesellschafter kann also gemäß § 249 S. 1 BGB verpflichtet sein, gesetzliche oder gesellschaftsvertragliche Wettbewerbsverbote einzuhalten.[123]

Ebenso wie bei § 133 gilt es auch bei § 140 zu beachten, dass das Ausschließungsurteil nicht 38 zugleich eine auf denselben Sachverhalt gestützte Schadensersatzpflicht ausspricht. Allerdings stellt das der Klage stattgebende bzw. diese abweisende Urteil das Vorliegen bzw. Nichtvorliegen der vorgetragenen Ausschließungsgründe *inter partes* bindend für den nachfolgenden Schadensersatzprozess fest (vgl. auch § 133 RdNr. 41).[124]

---

[117] MünchKommHGB/*K. Schmidt* RdNr. 79; GroßkommHGB/*Schäfer* RdNr. 43; Heymann/*Emmerich* RdNr. 27; weit. Nachw. in Fn. 33.
[118] MünchKommHGB/*K. Schmidt* RdNr. 79; MünchHdbBGB/*Piehler/Schulte* § 74 RdNr. 40; aA *Bräutigam*, FS Quack, 1991, S. 189, 198 f. (analoge Anwendung von § 265 Abs. 2 ZPO).
[119] Vgl. nur GroßkommHGB/*Schäfer* RdNr. 44; *Hueck A.* OHG § 29 I 2 c.
[120] MünchKommHGB/*K. Schmidt* RdNr. 83; GroßkommHGB/*Schäfer* RdNr. 47.
[121] BGH Urt. v. 31. 5. 1965 – II ZR 246/62, WM 1965, 974, 975; Heymann/*Emmerich* RdNr. 29.
[122] IdS Röhricht/Graf von Westphalen/*von Gerkan* RdNr. 20; MünchKommHGB/*K. Schmidt* RdNr. 87; GroßkommHGB/*Schäfer* RdNr. 50; Koller/Roth/Morck RdNr. 3; aA RG Urt. v. 25. 1. 1921 – II 317/20, RGZ 101, 242, 245.
[123] Ausf. *Paefgen* ZIP 1990, 839; *ders.* BB 1990, 1777; aA OLG Düsseldorf Urt. v. 8. 6. 1989 – 6 U 49/89, WM 1989, 1423 = NJW-RR 1989, 1305.
[124] Vgl. nur MünchKommHGB/*K. Schmidt* RdNr. 84.

39 **6. Der Fall des § 140 Abs. 1 S. 2.** Verbleibt als Folge der erfolgreichen Ausschließungsklage nur ein Gesellschafter, so wird hierdurch die Gesellschaft nicht nur aufgelöst, sondern gleichzeitig beendet; der verbleibende Gesellschafter wird Alleininhaber des Unternehmens.[125] Sämtliche Aktiva und Passiva des Gesellschaftsvermögens gehen **im Wege der Gesamtrechtsnachfolge,** dh ohne Liquidation nach den §§ 145 ff., ohne Einhaltung von Formvorschriften (zB auf Grund von § 313 BGB oder § 15 GmbHG) und außerhalb des Grundbuchs, auf den allein verbleibenden Ausschließungskläger über.[126] Ausgenommen hiervon sind nur höchstpersönliche, an die Person des Ausscheidenden geknüpfte oder mit der Gesellschaft untrennbar verbundene Rechte.[127] Eine Vereinbarung, wonach einzelne Gegenstände von der Gesamtrechtsnachfolge ausgenommen sein sollen, hat nach hM nur schuldrechtliche Wirkung.[128] Bei schwebenden Prozessen kommt es zu einem Parteiwechsel kraft Gesetzes (§§ 239 ff. ZPO analog);[129] ergangene Titel können entsprechend § 727 ZPO für und gegen den Rechtsnachfolger umgeschrieben werden.[130]

40 Der Übernehmende haftet als Gesamtrechtsnachfolger für alle **Verbindlichkeiten der Gesellschaft** uneingeschränkt, ohne dass er sich auf §§ 159, 160 berufen kann; dies gilt auch dann, wenn er zuvor Kommanditist war.[131] Eine Haftung des Übernehmenden für Privatschulden des Ausgeschlossenen kommt demgegenüber nicht in Betracht.[132] § 25 findet nach heutiger Betrachtung keine Anwendung, fehlt es doch bereits an einem auf Übertragung gerichteten Erwerbsvorgang; ohnehin verwirklicht die Gesamtrechtsnachfolge den mit der Regelung bezweckten Verkehrsschutz besser.[133] Ob die Firma des Unternehmens in der bisherigen Form fortgeführt werden kann, beurteilt sich nach § 24 Abs. 2: Zu ihrer Fortführung bedarf es somit der Einwilligung des Ausgeschiedenen, soweit dessen Name in der Firma enthalten ist.[134]

41 Die vorstehend beschriebenen Grundsätze (Erlöschen der Gesellschaft, Gesamtrechtsnachfolge) greifen entsprechend in allen anderen Fällen, in denen sich die Zahl der Gesellschafter auf einen reduziert, sei es, dass die übrigen Gesellschafter gemäß § 131 Abs. 3 ausscheiden, sei es, dass von einem gesellschaftsvertraglich oder ad hoc vereinbarten Übernahmerecht Gebrauch gemacht wird oder dass der verbleibende Gesellschafter sämtliche Anteile übernimmt.

42 Aus haftungsrechtlicher Sicht ist allerdings der Fall richtigerweise gesondert zu würdigen, dass der zuletzt verbleibende Gesellschafter Kommanditist war und sich der **Übergang der Aktiva und Passiva** ohne sein Zutun vollzieht, zB bei einem Versterben des Komplementärs in einer Zweimann-KG (§ 131 Abs. 3 Nr. 1), bei einer Kündigung durch die übrigen Gesellschafter oder deren Privatgläubiger (§ 131 Abs. 3 Nr. 3, 4) oder bei der Eröffnung des Insolvenzverfahrens über das Vermögen der anderen Gesellschafter (§ 131 Abs. 3 Nr. 2). In diesen Fällen, deren Häufigkeit durch die seit Inkrafttreten des Handelsrechtsreformgesetzes geltende Regel „Ausscheiden statt Auflösung" zunimmt, sollte dem Kommanditisten die Möglichkeit eingeräumt werden, sich vor dem Eintritt einer unbeschränkbaren persönlichen Haftung zu schützen. Analog § 27 sollte die unbeschränkte Haftung daher nur eintreten, wenn der Kommanditist das Geschäft über die Drei-Monats-Frist des § 27

---

[125] BGH (Fn. 1) BGHZ 50, 307, 309; BGH Urt. v. 6. 5. 1993 – IX ZR 73/92, NJW 1993, 1917, 1918; BGH Urt. v. 10. 12. 1990 – II ZR 256/89, BGHZ 113, 132, 133 = BB 1992, 230 = JZ 1991, 731 m. Anm. *K. Schmidt* (Beerbung des Komplementärs einer Zweimann-KG durch den Kommanditisten); Baumbach/*Hopt* RdNr. 25; aA *Weimar* ZIP 1997, 1769; *Baumann* BB 1998, 225, 230 ff.; *Pfister* S. 195 f.: Fortexistenz der Gesellschaft auf Grund Anerkennung der Einmann-Personengesellschaft; hiergegen explizit *Seibert*, Die Reform des Handelsstandes und der Personengesellschaften, Fachtagung der Bayer-Stiftung, 1999, S. 119, 126 unter Verweis auf die eindeutige Begründung des Rechtsausschusses des Bundestages zur Streichung von § 142 (s. BT-Drucks. 13/10332 S. 30).
[126] Vgl. BGH Urt. v. 16. 12. 1999 – VII ZR 53/97, NZG 2000, 474; ebenso BGH (Fn. 125) NJW 1993, 1917, 1918; BGH Urt. v. 14. 11. 1988 – II ZR 77/88, NJW 1989, 1030, 1031; BGH Urt. v. 13. 7. 1967 – II ZR 268/64, BGHZ 48, 203, 206 = NJW 1967, 2203; BGH Urt. v. 5. 10. 1978 – VIII ZR 32/77, BGHZ 71, 296, 300 = NJW 1978, 1525; GroßkommHGB/*Schäfer* RdNr. 51; MünchKommHGB/*K. Schmidt* RdNr. 86; *Hueck* A. OHG § 30 III; andere dogmatische Ansätze u. a. bei *Marotzke* ZHR 156 (1992), 17, 22; *Riegger* S. 14; vgl. auch *Lieb* ZGR 1991, 572, 574, 577.
[127] Baumbach/*Hopt* RdNr. 25; Heymann/*Emmerich* § 142 RdNr. 26 mwN.
[128] Vgl. Baumbach/*Hopt* RdNr. 25; Heymann/*Emmerich* RdNr. 28; *Dißars* DStR 1996, 345, 348 mwN.
[129] BGH Urt. v. 15. 3. 2004 – II ZR 247/01, ZIP 2004, 1047, 1048; BGH Urt. v. 18. 2. 2002 – II ZR 331/00, ZIP 2002, 614, 615; BGH Urt. v. 28. 6. 1971 – III ZR 103/68, NJW 1971, 1844; GroßkommHGB/*Schäfer* RdNr. 51; Baumbach/*Hopt* RdNr. 25.
[130] *Riegger* S. 8.
[131] BGH (Fn. 126) BGHZ 48, 203, 206; *Dißars* DStR 1996, 345, 348; GroßkommHGB/*Schäfer* RdNr. 26; Koller/Roth/Morck RdNr. 4; aA *Buchner* AcP 169 (1969), 483, 496; *Huber* S. 70 (Beschränkung der Schuldübernahme auf das Innenverhältnis der Gesellschafter).
[132] Vgl. BGH Urt. v. 8. 7. 1991 – II ZR 246/90, NJW 1991, 2564, 2565; BGH Urt. v. 17. 9. 1991 – XI ZR 256/90, NJW 1992, 112, 113.
[133] Str.; wie hier MünchKommHGB/*Lieb* § 25 RdNr. 27; GroßkommHGB/*Schäfer* RdNr. 51; GroßkommHGB/*Hüffer* § 25 RdNr. 73 f.; Koller/Roth/Morck RdNr. 4; aA jedoch OLG München Beschl. v. 24. 4. 1995 – 7 W 1103/95, NJW-RR 1996, 228, 229; *Marotzke* ZHR 156 (1992), 17, 30; *Dißars* DStR 1996, 345, 348; *Hartmann* S. 81.
[134] Vgl. *Dißars* DStR 1996, 345, 348; MünchKommHGB/*K. Schmidt* § 145 RdNr. 33.

Abs. 2 hinaus fortführt;[135] dass zugleich die bisherige Firma fortgeführt wird, gehört insoweit nicht zu den Haftungsvoraussetzungen.[136] Wird der Geschäftsbetrieb innerhalb der Drei-Monats-Frist eingestellt, so haftet der frühere Kommanditist gegenständlich beschränkt mit dem gesamten Geschäftsvermögen.[137] Daneben tritt eine etwaige Haftung nach den §§ 171 ff. wegen der zuvor innegehabten Kommanditistenstellung sowie die Haftung der ausgeschiedenen Gesellschafter. Die hier vertretene Sonderbehandlung ist jedoch nicht als gesichert anzusehen. Vor diesem Hintergrund ist es die Aufgabe der Kautelarpraxis, die Gefahr einer unbeschränkbaren Haftung des allein in der Gesellschaft verbleibenden Kommanditisten zu verhindern; dies kann etwa durch die Vereinbarung einer Auflösungsklausel erfolgen, die mit einem entsprechenden Übernahmerecht verbunden wird.[138]

V. Abweichende Vereinbarungen

1. Ausschluss von § 140. Anders als das Auflösungsrecht (vgl. dort § 133 Abs. 3) ist das Ausschließungsrecht nicht zwingend ausgestaltet. Gesellschaftsvertragliche Erschwerungen oder gar sein völliger Ausschluss, auch nur in Bezug auf einzelne Gesellschafter, werden daher als zulässig angesehen.[139] Letzterenfalls verbleibt allein die Möglichkeit einer Auflösung der Gesellschaft aus wichtigem Grund gemäß § 133. Allerdings ist diese Auffassung keineswegs unumstritten, insbesondere im Hinblick auf ihre Anwendung auf Publikumspersonengesellschaften;[140] gewichtige Stimmen verlangen generell eine Rechtfertigung des Ausschlusses von § 140 durch sachliche Gründe.[141] 43

2. Abwandlung des Verfahrens. a) Verzicht auf Gestaltungsklage. In Bezug auf die Ausgestaltung des Verfahrens wird die Geltendmachung des Ausschließungsrechts durch Gestaltungsklage als nicht zwingend angesehen.[142] Es kann daher zB wirksam angeordnet werden, dass bereits die rechtskräftige Feststellung des Vorliegens eines wichtigen Grundes zum kündigungslosen Ausscheiden des betreffenden Gesellschafters führt.[143] 44

In Anlehnung an § 737 BGB kann auch die **Ausschließung durch bloßen Gesellschafterbeschluss** unter Festlegung der erforderlichen Mehrheiten oder durch Erklärung einzelner Gesellschafter oder Gesellschaftergruppen vereinbart werden.[144] Bei der Fassung eines entsprechenden Beschlusses darf der Auszuschließende nicht mit stimmen,[145] ist aber anzuhören.[146] Wirksam wird die Ausschließung in diesem Fall mit der richtigerweise nicht abdingbaren[147] Mitteilung des Beschlusses an den Auszuschließenden.[148] Dies gilt auch bei einer gerichtlichen Überprüfung des Ausschließungsbeschlusses,[149] wobei eine entsprechende Feststellungsklage – in Ermangelung abweichender Vereinbarungen – gegen die Mitgesellschafter, nicht gegen die Gesellschaft zu richten ist.[150] Stellt sich 45

---

[135] IdS mE verallgemeinerungsfähig BGH (Fn. 12) BGHZ 113, 132, 135 (Beerbung des Komplementärs einer Zweimann-KG durch den Kommanditisten); *Koller*/*Roth*/*Morck* RdNr. 5; anders wohl *Habersack* in Fachtagung der Bayer-Stiftung, 1999, S. 73, 93; eine unbeschränkbare Haftung des Kommanditisten ohne Einschränkung bejahend auch BGH (Fn. 126) NZG 2000, 474. Ausf. zur Problematik *Eckardt* NZG 2000, 449.
[136] Offen gelassen in BGH (Fn. 125) BGHZ 113, 132, 135; allgemein zur umstrittenen Frage, ob § 27 Abs. 1 eine Rechtsgrund- oder Rechtsfolgenverweisung auf § 25 ausspricht, MünchKommHGB/*Lieb* § 27 RdNr. 32 mwN.
[137] BGH (Fn. 125) BGHZ 113, 132, 138; BGH (Fn. 129) ZIP 2004, 1047, 1048.
[138] Zu entsprechenden Vermeidungsstrategien vgl. auch *Eckardt* NZG 2000, 449.
[139] Vgl. BGH (Fn. 14) BGHZ 51, 204, 205; *Hartmann* S. 7; *Goette* DStR 1997, 1093; GroßkommHGB/*Schäfer* RdNr. 52; *Koller*/*Roth*/*Morck* RdNr. 6; *Michalski* RdNr. 18; Baumbach/*Hopt* RdNr. 28.
[140] Vorbehalte insbesondere bei MünchKommHGB/*K. Schmidt* RdNr. 89; Röhricht/Graf von Westphalen/*von Gerkan* RdNr. 21.
[141] IdS etwa Heymann/*Emmerich* RdNr. 30; MünchKommHGB/*K. Schmidt* RdNr. 89.
[142] BGH (Fn. 51) BGHZ 107, 351, 356; BGH Urt. v. 13. 7. 1981 – II ZR 56/80, BGHZ 81, 263, 265 f. = NJW 1981, 2565 = ZIP 1981, 978; BGH Urt. v. 20. 1. 1977 – II ZR 217/75, BGHZ 68, 212, 214 = NJW 1977, 1292; BGH (Fn. 11) BGHZ 31, 295, 298 ff.; aus der Lit. vgl. nur *Grunewald* S. 180 ff. mwN; *Behr* ZGR 1985, 475, 497 ff.
[143] Vgl. OLG München (Fn. 97) NZG 1999, 590; MünchKommHGB/*K. Schmidt* RdNr. 90.
[144] BGH (Fn. 65) NJW-RR 1997, 925; BGH (Fn. 51) BGHZ 107, 351, 356; BGH (Fn. 11) BGHZ 31, 295, 299 f.; BGH (Fn. 142) BGHZ 81, 263, 265 f.; *Piehler* DStR 1991, 716, 718; MünchKommHGB/*K. Schmidt* RdNr. 91 mwN.
[145] Vgl. BGH (Fn. 65) NJW-RR 1997, 925; *Koller*/*Roth*/*Morck* RdNr. 6; Baumbach/*Hopt* § 119 RdNr. 8; *Goette* DStR 2001, 533, 538; *Binz*/*Sorg* § 6 RdNr. 72; *H. Westermann* RdNr. I 1132; ausf. *Zöllner*, Schranken mitgliedschaftlicher Stimmrechtsmacht bei den privatrechtlichen Personenverbänden, 1963, S. 190 ff.
[146] Str.; vgl. BGH Urt. v. 26. 2. 1996 – II ZR 77/95, DB 1996, 1273, 1274 (Ausschließung aus Genossenschaft); *Koller*/*Roth*/*Morck* RdNr. 6; aA *Ulmer* § 737 RdNr. 15; Jauernig/*Stürner* § 737 RdNr. 9; Staudinger/*Habermeier* § 737 RdNr. 12.
[147] Vgl. *Piehler* DStR 1991, 716; Staudinger/*Habermeier* § 737 RdNr. 11.
[148] BGH (Fn. 11) BGHZ 31, 295, 301; OLG Karlsruhe Urt. v. 14. 5. 1996 – 11 Wx 86/95, NJW-RR 1997, 169; Heymann/*Emmerich* RdNr. 33; MünchKommHGB/*K. Schmidt* RdNr. 91. Zur Möglichkeit den durch Gesellschafterbeschluss ausgeschlossenen Gesellschafters, im Wege einstweiliger Verfügung Rechtsschutz gegen die Ausschließung zu erlangen ausf. *Kiethe* NZG 2004, 114; *H. Westermann* RdNr. I 1132.
[149] BGH (Fn. 11) BGHZ 31, 295, 301 f.
[150] BGH Urt. v. 30. 4. 1984 – II ZR 293/83, BGHZ 91, 132, 133 = NJW 1984, 2104 = BB 1984, 1313; BGH Urt. v. 11. 12. 1989 – II ZR 61/89, BB 1990, 370 = NJW-RR 1990, 474.

bei der gerichtlichen Nachprüfung heraus, dass die Voraussetzungen für eine Ausschließung nicht vorgelegen haben, so wird die materielle Rechtswidrigkeit der Ausschließung festgestellt, wobei diese Feststellung wiederum die Grundlage für etwaige Schadensersatzansprüche des zu Unrecht ausgeschlossenen Gesellschafters bilden kann.[151] Sieht der Gesellschaftsvertrag die Ausschließung durch Mehrheitsbeschluss vor, so kann dies im Übrigen nur unter Wahrung des Bestimmtheitsgrundsatzes geschehen; Besonderheiten gelten insoweit nur für Publikumsgesellschaften (vgl. die Kommentierung zu § 119).

46 Von der gesellschaftsvertraglich eröffneten Möglichkeit der Ausschließung durch Gesellschafterbeschluss ist eine Bestimmung zu unterscheiden, wonach zur Klageerhebung ein Mehrheitsbeschluss der Gesellschafter ausreichen soll. Durch eine entsprechende Regelung, welche sich ebenfalls am Bestimmtheitsgrundsatz messen lassen muss, wird lediglich die Pflicht der überstimmten Gesellschafter zur Mitwirkung bei der Klage begründet.[152] Zum Teil werden entsprechende Klauseln aber auch in der Weise ausgelegt, dass die Klage dann nicht von allen Gesellschaftern, sondern von der gesetzlich vertretenen Gesellschaft zu erheben ist.[153]

47 **Bei einer Publikumspersonengesellschaft** ist auch ohne ausdrückliche Regelung davon auszugehen, dass es für die Ausschließung eines Gesellschafters keiner Klage bedarf, sondern diese durch Mehrheitsbeschluss der übrigen Gesellschafter erfolgt.[154] Zum Schutz der Anleger genügt hierbei auch dann ein Mehrheitsbeschluss für die Ausschließung der Komplementär-GmbH, wenn im Gesellschaftsvertrag eine qualifizierte Mehrheit oder Einstimmigkeit verlangt wird.[155]

48 Möglich ist auch die **Vereinbarung vertraglicher Übernahmerechte,** wonach allen oder bestimmten Gesellschaftern das Recht zugestanden wird, das Geschäft bei Eintritt spezifizierter Umstände durch einseitige Erklärung mit sämtlichen Aktiva und Passiva zu übernehmen. Der Sache nach handelt es sich bei entsprechenden Übernahmerechten um Ausschließungsrechte, mit der Besonderheit, dass nach Ausübung des Übernahmerechts nur einer der bisherigen Gesellschafter übrig bleibt.[156] Dementsprechend finden die für Ausschließungsklauseln geltenden inhaltlichen Schranken auch auf Übernahmeklauseln Anwendung; ein Recht zur Übernahme ohne wichtigen Grund kommt also nur unter den nachstehend in RdNr. 53 ff. geschilderten Voraussetzungen in Betracht.

49 Die Vereinbarung des Übernahmerechts und seine Ausübung bedürfen auch dann nicht der Form des § 313 BGB oder des § 15 GmbHG, wenn zum Gesellschaftsvermögen Grundstücke oder GmbH-Anteile gehören.[157] Die Ausübung des Übernahmerechts erfolgt durch empfangsbedürftige Willenserklärung gegenüber dem oder den Mitgesellschaftern. Der Anfall des Gesellschaftsvermögens bei dem übernehmenden Gesellschafter vollzieht sich sodann kraft Gesetzes und nach Maßgabe der unter RdNr. 39 dargestellten Grundsätze.

50 **b) Weitere Verfahrensregelungen.** Vereinbart werden kann ferner, dass eine Feststellungsklage auf Überprüfung der Wirksamkeit des Ausschließungsbeschlusses innerhalb einer bestimmten Frist nach dessen Mitteilung zu erheben ist. Die Versäumung der festgelegten Frist steht einer Klageerhebung gleichwohl nicht entgegen, wenn geltend gemacht wird, dass der Ausschließungsbeschluss durch die gesellschaftsvertragliche Regelung nicht gedeckt sei, mithin der vertraglichen Grundlage entbehre.[158] Möglich und gerade bei Gesellschaften mit größerem Gesellschafterkreis zweckmäßig sind auch Regelungen, wonach die Ausschließungsklage durch die Gesellschaft erhoben werden kann.[159]

51 Keine Bedenken bestehen ferner gegen die **Vereinbarung einer schiedsrichterlichen Streiterledigung,**[160] wobei die Gestaltungswirkung des Ausschlusses nach hM allerdings erst eintritt, wenn der Schiedsspruch rechtskräftig für vollstreckbar erklärt worden ist (vgl. § 133 RdNr. 47 mwN). Die früher umstrittene Frage, ob und unter welchen Voraussetzungen das Schiedsgericht vorläufige oder sichernde Maßnahmen anordnen kann, ist durch die seit dem 1. 1. 1998 geltende Neuregelung des schiedsrichterlichen Verfahrens im Sinne der Möglichkeit entsprechender Anordnungen geklärt (vgl. § 1041 ZPO).

---

[151] BGH (Fn. 11) BGHZ 31, 295, 302; OLG Karlsruhe (Fn. 148) NJW-RR 1997, 169; *Hartmann* S. 35.
[152] Vgl. Heymann/*Emmerich* RdNr. 34; MünchHdbBGB/*Piehler/Schulte* § 74 RdNr. 59.
[153] IdS MünchKommHGB/ *K. Schmidt* RdNr. 91.
[154] IdS zutreffend MünchKommHGB/*K. Schmidt* RdNr. 91; *Grunewald* S. 106 f.
[155] Vgl BGH Urt. v. 9. 11. 1987 – II ZR 100/87, BGHZ 102, 172, 178 f. = NJW 1988, 969 (Abberufung des Treuhänders); BGH Urt. v. 22. 3. 1982 – II ZR 74/81, NJW 1982, 2495 = WM 1982, 583, 584 (Abberufung eines Fremdgeschäftsführers aus wichtigem Grund).
[156] So explizit *Karsten Schmidt* GesR § 50 III 2 b.
[157] Vgl. BGH Urt. v. 31. 1. 1983 – II ZR 288/81, BGHZ 86, 367, 370 = NJW 1983, 1110; BGH Urt. v. 8. 1. 1990 – II ZR 115/89, BB 1990, 444; *Dißars* DStR 1996, 345, 349.
[158] BGH (Fn. 142) BGHZ 68, 212, 216; *Piehler* DStR 1991, 716, 719; Baumbach/*Hopt* § 119 RdNr. 32.
[159] Vgl. MünchKommHGB/*K. Schmidt* RdNr. 90.
[160] Vgl. nur Großkomm/*Schäfer* RdNr. 58; MünchKommHGB/*K. Schmidt* RdNr. 90.

3. Abwandlung von Ausschließungsgründen. a) Definition des wichtigen Grundes. Ge- 52
sellschaftsvertraglich können wichtige Gründe definiert werden, die in jedem Fall eine Ausschließung des Gesellschafters rechtfertigen sollen, in dessen Person sie verwirklicht sind.[161] Charakteristikum entsprechender Klauseln ist, dass allein der Eintritt oder der Verstoß gegen derart festgelegte absolute Ausschlussgründe (zB die Pfändung des Gesellschaftsanteils eines Gesellschafters durch dessen Privatgläubiger) die Ausschließung rechtfertigen soll, ohne dass es einer weitergehenden Abwägung unter Berücksichtigung des ultima ratio-Prinzips sowie der Billigkeit des Ausschlusses bedarf.[162] Umgekehrt ist es ebenso möglich, den Ausschluss eines Gesellschafters dadurch vertraglich zu erschweren, dass bestimmte Tatbestände generell als wichtige Gründe ausgeschlossen werden oder dass die Ausschließungsmöglichkeit auf im Gesellschaftsvertrag enumerativ aufgezählte Gründe beschränkt wird.[163]

b) Ausschließung ohne wichtigen Grund (Hinauskündigung). Probleme werfen gesell- 53
schaftsvertragliche Vereinbarungen auf, die die Zulässigkeit einer Ausschließung weitgehend von den gesetzlichen Ausschlusstatbeständen abkoppeln und über diese ausdehnen. Entsprechenden Erweiterungen von § 140 zieht eine mittlerweile gefestigte Rspr. enge Grenzen. Insbesondere Vereinbarungen, die es erlauben, einzelne Gesellschafter auch **ohne Vorliegen eines sachlichen Grundes, nach freiem Ermessen,** aus der Gesellschaft auszuschließen, sind nach mittlerweile ständiger Rechtsprechung wegen Verstoßes gegen in § 138 BGB inkorporierte Grundprinzipien des Gesellschaftsrechtes als unwirksam anzusehen,[164] sofern sie nicht im Wege ergänzender Vertragsauslegung als Vereinbarung eines Ausschließungsrechts aus wichtigem Grund aufrechterhalten werden können.[165]

Begründet wird diese Haltung, die in der Lit. äußerst kontrovers diskutiert wird,[166] für die Praxis 54
aber als Datum anzusehen ist, damit, dass entsprechende Klauseln nicht nur die Gefahr eines Ausschlusses aus sachfremden Erwägungen begründen, sondern zugleich einer Willkürherrschaft einzelner Gesellschafter oder der Gesellschaftermehrheit insgesamt Vorschub leisten, weil die anderen Gesellschafter es aus Sorge vor der Ausschließung nicht wagen, ihre gesetzlichen und vertraglichen Rechte wahrzunehmen (psychologische Zwangslage).[167] An dem Sittenwidrigkeitsverdikt soll sich auch dann nichts ändern, wenn der derart mit dem **„Damoklesschwert der Hinauskündigung"**[168] belastete Gesellschafter eine volle oder jedenfalls angemessene Abfindung beanspruchen kann.[169] Ebenso wenig soll es nach der neueren Rechtsprechung des BGH einen Unterschied machen ob die

---

[161] BGH (Fn. 14) BGHZ 51, 204, 205; BGH Urt. v. 8. 7. 1965 – II ZR 143/63, WM 1965, 1035, 1036; GroßkommHGB/*Schäfer* RdNr. 56; MünchHdbBGB/*Piehler/Schulte* § 74 RdNr. 62.
[162] Vgl. MünchHdbBGB/*Piehler/Schulte* § 74 RdNr. 70; *Schöne* S. 115 ff.
[163] *Heymann/Emmerich* RdNr. 31; *Baumbach/Hopt* RdNr. 28; GroßkommHGB/*Schäfer* RdNr. 55.
[164] Erstmals, in einem obiter dictum, BGH (Fn. 142) BGHZ 68, 212, 215; hierauf aufbauend BGH (Fn. 142) BGHZ 81, 263, 266 ff.; BGH Urt. v. 25. 3. 1985 – II ZR 240/84, NJW 1985, 2421 = WM 1985, 772; BGH (Fn. 51) BGHZ 105, 213, 216 ff.; BGH (Fn. 51) BGHZ 107, 351, 353; BGH (Fn. 51) BGHZ 112, 103, 107 (zur GmbH); BGH Urt. v. 7. 2. 1994 – II ZR 191/92, ZIP 1994, 455, 456 f. (zur Hinauskündigung von atypisch still beteiligten Anlegern aus Publikumsgesellschaft); BGH Urt. v. 19. 9. 2005 – II ZR 173/04, BGHZ 164, 98, 101 = DB 2005, 2401 (zur Zulässigkeit einer Vereinbarung zur Rückübertragung einer Minderheitsbeteiligung bei Wegfall der Geschäftsführerstellung; „Managermodell"); BGH Urt. v. 19. 9. 2005 – II ZR 342/03, BGHZ 164, 107, 110 f. = DB 2005, 2404 (zur Zulässigkeit einer Vereinbarung zur Rückübertragung von Gesellschaftsanteilen am Ende des Arbeitsverhältnisses; „Mitarbeitermodell"); BGH Urt. v. 7. 5. 2007 – II ZR 281/05, DStR 2007, 1216, 1217; BGH Urt. v. 19. 3. 2007 – II ZR 300/05, DStR 2007, 914, 915 = ZIP 2007, 862 = DB 2007, 1017. Anders die frühere Rspr., wonach der Gesellschaftsvertrag der Ausschließung in das Belieben der Mitgesellschafter stellen kann; vgl. BGH Urt. v. 16. 12. 1960 – II ZR 162/59, BGHZ 34, 80, 83 = NJW 1961, 504; BGH Urt. v. 29. 1. 1962 – II ZR 172/60, WM 1962, 462, 463; BGH Urt. v. 18. 3. 1968 – II ZR 26/66, WM 1968, 532, 533; BGH (Fn. 51) NJW 1973, 1606. Ausführliche Darstellung der Entwicklung der Rspr. bei *Gehrlein* NJW 2005, 1969, 1970 f.; *Binz/Sorg* § 6 RdNr. 93 ff.; MünchKommHGB/*K. Schmidt* RdNr. 98.
[165] BGH (Fn. 51) BGHZ 107, 351, 354 ff.; *Gehrlein* NJW 2005, 1969, 1972; GroßkommHGB/*Schäfer* RdNr. 68; *Koller/Roth/Morck* RdNr. 6.
[166] Ausf. Darstellung des Streitstandes bei GroßkommHGB/*Schäfer* RdNr. 61; MünchKommHGB/*K. Schmidt* RdNr. 99 f. Dem BGH grundsätzlich zustimmend *Heinemann* ZHR 155 (1991), 447, 457 ff.; *Wiedemann* § 7 III 2 a cc; *ders.* ZGR 1980, 147, 152 ff.; *Behr* ZGR 1990, 370, 377 ff.; *Hennerkes/Binz* NJW 1983, 73, 76 ff.; *Schilling* ZGR 1979, 419, 426; MünchKommHGB/*K. Schmidt* RdNr. 100; *Ulmer* § 737 RdNr. 19; *Hesselmann/Tillmann/Mueller-Thuns/Hannes* § 10 RdNr. 193. Ablehnend demgegenüber *Priester* DNotZ 1989 (Sonderheft), 97, 101 ff.; *Bunte* ZIP 1983, 8, 15 ff.; *ders.* ZIP 1985, 915, 917; *Kreutz* ZGR 1983, 109, 113 f.; *Grunewald* S. 220 ff.; aus jüngerer Zeit vor allem *Benecke* ZIP 2005, 1437, 1439 ff. (für eine Ausübungskontrolle im Einzelfall mit der Rechtsfolge der Unwirksamkeit); ebenso *Habersack/Verse* ZGR 2005, 451, 465; *Schockenhoff* ZIP 2005, 1009, 1015. Für eine generelle Zulassung von Hinauskündigungsklauseln gegenüber einem „Gesellschafter minderen Rechts" *Flume* I/1 § 10 III; *ders.* NJW 1979, 902, 904; *Eiselt*, FS v. Lübtow, 1980, S. 643, 656.
[167] Vgl. BGH (Fn. 164) BGHZ 164, 98, 101; BGH (Fn. 164) BGHZ 164, 107, 111; BGH (Fn. 142) BGHZ 81, 263, 266 ff.; BGH (Fn. 165) NJW 1985, 2421, 2422.
[168] *Schilling* ZGR 1979, 419, 426.
[169] BGH (Fn. 142) BGHZ 81, 263, 268; *Baumbach/Hopt* RdNr. 31; *Binz/Sorg* § 6 RdNr. 99 f.; aA *Hirtz* BB 1981, 761, 764 ff.; *Huber* ZGR 1980, 177, 210 f.

entsprechende Vereinbarung im Gesellschaftsvertrag niedergelegt ist oder in einer neben dem Gesellschaftsvertrag getroffenen schuldrechtlichen Vereinbarung.[170]

55 Der Grundsatz der Unzulässigkeit solcher Hinauskündigungsklausel gilt aber nicht ausnahmslos. Vielmehr ist eine an keine Voraussetzungen geknüpfte Hinauskündigungsklausel ebenso wie eine vergleichbare schuldrechtliche Regelung dann wirksam, wenn sie **wegen besonderer Umstände sachlich gerechtfertigt** ist.[171] Unter welchen Voraussetzungen eine solche sachliche Rechtfertigung konkret anzunehmen ist, kann nach der Rechtsprechung des BGH jedoch nicht formelhaft, sondern stets nur unter Berücksichtigung der Umstände des konkreten Einzelfalls beantwortet werden.[172]

56 So hat der BGH die freie Ausschließungsmöglichkeit in einem Fall als wirksam angesehen, der durch ein **treuhandähnliches Verhältnis hinsichtlich des Gesellschaftsanteils** gekennzeichnet war. Konkret hatte der berechtigte Gesellschafter die volle Finanzierung der von seiner Lebenspartnerin geführten Gesellschaft übernommen und dieser von vornherein nur für die Dauer des Fortbestehens der engen persönlichen Beziehungen sowie des Vertrauensverhältnisses eine Mehrheitsbeteiligung und die alleinige Geschäftsführungsbefugnis eingeräumt.[173]

57 Ebenso kann die **notwendige Prüfung einer gedeihlichen Zusammenarbeit** nach der BGH-Rechtsprechung eine sachliche Rechtfertigung für eine Hinauskündigung bilden. Demnach stellt es ausnahmsweise keinen Verstoß gegen das Verbot der freien Hinauskündigung dar, wenn ein neuer Gesellschafter in eine seit langer Zeit bestehende Verbindung von Freiberuflern (konkret: in eine Gemeinschaftspraxis von Ärzten) aufgenommen oder eine solche Verbindung erst durch die Aufnahme eines neuen Partners begründet wird und das Ausschließungsrecht allein dazu dient, den Altgesellschaftern bzw. dem Aufnehmenden die Möglichkeit zur Prüfung innerhalb einer zeitlich angemessenen Frist zu geben, ob zu dem neuen Partner das für eine harmonische gemeinsame Berufsausübung erforderliche Vertrauen hergestellt werden kann.[174] Eine Prüfungsfrist von zehn Jahren wurde hierbei aber als deutlich zu weitgehend betrachtet.[175] Nach dem BGH ist es aber möglich, die zu weitgehende und daher nichtige Vertragsbestimmung im Wege der geltungserhaltenden Reduktion auf einen angemessenen, zum „Kennen lernen" erforderlichen Zeitraum zu reduzieren, wobei die Grenze der Angemessenheit im konkreten Fall bei drei Jahren gezogen wurde.[176]

58 Eine sachliche Rechtfertigung wurde schließlich auch in einem Fall angenommen, in dem die Gesellschaftsbeteiligung nur als **Annex zu einem Kooperationsvertrag der Gesellschafter** anzusehen war und sichergestellt werden sollte, dass der Gesellschaft nur die Partner des Kooperationsvertrags angehören.[177] Entscheidend für diese Betrachtung war, dass der Kooperationsvertrag im konkreten Fall dem Gesellschaftsverhältnis der Beteiligten übergeordnet war und diesem sein entscheidendes Gepräge gegeben hat. Keine Bedenken hatte der BGH auch gegen eine Satzungsbestimmung, nach der in einer GmbH, die durch die aktive Mitarbeiter aller Gesellschafter gekennzeichnet war, ein Geschäftsanteil eingezogen werden kann, wenn der betreffende Gesellschafter nicht mehr in dem Gesellschaftsunternehmen tätig ist; dies steht allerdings unter der Voraussetzung, dass die Beendigung des Anstellungsverhältnisses selbst nicht willkürlich erfolgt ist.[178]

59 In der Praxis gebräuchliche Anreizsysteme für Geschäftsführer beinhalten insbesondere bei Private Equity-Transaktionen auch die Einräumung einer Gesellschafterstellung, um den Geschäftsführer stärker an das Unternehmen zu binden, seine Motivation zu steigern und ihn an dem geschaffenen Mehrwert zu beteiligen. Dementsprechend ist die Frage von großer Bedeutung praktischer Bedeutung, ob die Gesellschafterstellung auf die **Dauer der Tätigkeit eines Gesellschafters als Geschäftsführer** beschränkt und der Geschäftsführer entsprechend wirksam dazu verpflichtet werden kann, die ihm eingeräumte Gesellschaftsbeteiligung bei seinem Ausscheiden aus der Geschäftsführung zurück zu übertragen. Im GmbH-Recht wurde diese Frage insbesondere vor dem Hintergrund

---

[170] Vgl. BGH (Fn. 164) BGHZ 164, 98, 101; BGH (Fn. 164) BGHZ 164, 107, 111.
[171] Vgl. BGH (Fn. 164) BGHZ 164, 98, 102; BGH (Fn. 164) BGHZ 164, 107, 111; BGH (Fn. 51) BGHZ 112, 103, 108.
[172] Vgl. etwa BGH (Fn. 51) BGHZ 105, 213, 217.
[173] BGH (Fn. 51) BGHZ 112, 103, 110 f.; hierzu MünchHdbBGB/*Piehler/Schulte* § 74 RdNr. 63.
[174] BGH Urt. v. 8. 3. 2004 – II ZR 165/02, ZIP 2004, 903, 905 = NZG 2004, 569 = NJW 2004, 2013 = WM 2004, 985 = DStR 2004, 826 (Aufnahme eines neuen Arztes in eine bestehende Gemeinschaftspraxis); ausf. zu dieser Entscheidung *Grunewald* DStR 2004, 1750; *Kilian* WM 2006, 1567, 1572; *K. Schmidt* NJW 2005, 2801. Zur Begründung einer Gemeinschaftspraxis durch die Aufnahme eines Arztes in eine bestehende Einzelpraxis vgl. BGH (Fn. 164) DStR 2007, 1216, 1218 ff.
[175] BGH (Fn. 174) ZIP 2004, 903, 905 (angemessene Prüfungszeit darf Zeitraum von zehn Jahren „bei weitem" nicht erreichen; ebenso OLG Frankfurt Urt. v. 20. 10. 2005 – 16 U 3/05, NZG 2006, 382, 384 = NJW-RR 2006, 405 = ZIP 2006, 1954 (nur Leitsätze).
[176] BGH (Fn. 164) DStR 2007, 1216, 1218 in Bestätigung von OLG Frankfurt (Fn. 175) NZG 2006, 382, 384; ebenso *Grunewald* DStR 2004, 1750, 1751 (zwei bis drei Jahre); differenzierend *Kilian* WM 2006, 1567, 1572.
[177] BGH Urt. v. 14. 3. 2005 – II ZR 153/03, DStR 2005, 798, 800 = NZG 2005, 479 = ZIP 2005, 706 = BB 2005, 957.
[178] *BGH Urt. v. 20. 6. 1983 – II ZR 237/82, NJW 1983, 2880, 2881 = DB 1983, 1970 = WM 1983, 956.*

zweier Entscheidungen des OLG Frankfurt und des OLG Düsseldorf, die – obwohl einen Parallelsachverhalt betreffend – sowohl im Ergebnis als auch in der Begründung divergierten,[179] äußerst kontrovers diskutiert.[180] Mit seiner durch Urteil vom 19. 9. 2005 erfolgten **Bestätigung der Zulässigkeit des fraglichen Management-Beteiligungsmodells** hat der BGH hier für eine gewisse Klarheit gesorgt. Demnach ist eine an keine Voraussetzungen geknüpfte Hinauskündigungsklausel dann wegen besonderer Umstände sachlich gerechtfertigt, wenn einem Geschäftsführer im Hinblick auf seine Geschäftsführerstellung eine Minderheitsbeteiligung eingeräumt wird, für die er nur ein Entgelt in Höhe des Nennwerts zu zahlen hat und die er bei Beendigung seines Geschäftsführeramts gegen eine der Höhe nach begrenzte Abfindung zurück zu übertragen hat.[181] Die Billigung des BGH fand auch ein Mitarbeitermodell, bei dem verdienten Mitarbeitern – unentgeltlich oder gegen Zahlung eines Betrages in Höhe nur des Nennwerts des Geschäftsanteils – eine an ihre Tätigkeit für das Unternehmen geknüpfte Minderheitsbeteiligung eingeräumt wurde.[182] Bei einem solchen Modell fehlt es nach dem BGH wegen der Verknüpfung der Gesellschafterstellung mit dem nicht willkürlich herbeizuführenden Verlust des Arbeitsplatzes bereits an der Möglichkeit einer freien Hinauskündigung.[183] Der entscheidende Aspekt bei der rechtlichen Behandlung entsprechender Beteiligungsmodelle ist mE, dass die Gesellschafterstellung lediglich einen untergeordneten Annex zu dem ansonsten zwischen den Parteien bestehenden Vertragskonstrukt darstellt. Da das Anstellungsverhältnis regelmäßig prägend ist für die Rechtsbeziehungen zwischen den Beteiligten ist, sollte auch allein der Fortbestand des Anstellungsverhältnisses dafür entscheidend sein, ob die Gesellschafterstellung des beteiligten Geschäftsführers (zB durch die Ausübung eines Rück- oder Ankaufsrechts) beendet werden kann.[184]

Für den **familienfremden persönlich haftenden Gesellschafter einer Familien-KG** hatte der BGH dies bislang allerdings anders beurteilt und die Klausel des KG-Vertrags für nichtig erklärt, die dem Gründer der Gesellschaft das Recht einräumte, die Gesellschaft nach freiem Ermessen mit der Wirkung des Übergangs des Geschäfts mit allen Aktiven und Passiven auf ihn zu kündigen.[185] Auch vor dem Hintergrund, dass diese Entscheidung nicht als verallgemeinerungsfähig anzusehen ist,[186] stellt sich die Frage, ob man auf der Grundlage der Rechtsprechungslinie zur Management-Beteiligung bei der GmbH künftig generell von der Möglichkeit ausgehen kann, eine an die Geschäftsführertätigkeit geknüpfte Mitgliedschaft auch in der Personengesellschaft unter den Vorbehalt einer weiteren vertrauensvollen Zusammenarbeit zu stellen. In Anbetracht des Umstandes, dass die Ausschließungsklausel selbst noch einer Rechtsausübungskontrolle unterliegt, auf deren Grundlage im Einzelfall grob unbilligen oder treuwidrigen (§ 242 BGB) Ausschließungen einer Riegel vorgeschoben werden kann,[187] spricht zumindest dann einiges für die Sonderbehandlung entsprechender Gesellschafter-Geschäftsführer, wenn diese keine Einlage zu erbringen haben.[188] Für die Praxis ist jedoch wohl von einer noch abweichenden Stellung der hM auszugehen, so dass hier vor allem die Möglichkeit verbleibt, die Gesellschafterstellung des Geschäftsführers von vornherein zeitlich zu befristen und dann ggf. zu verlängern.[189]

Der **Erwerb der Mitgliedschaft im Erbgang** soll ebenso wenig wie eine geringe Kapitalbeteiligung geeignet sein, eine Hinauskündigungsklausel ausnahmsweise sachlich zu rechtfertigen.[190] Eine Ausnahme ist allerdings dann zu machen, wenn die betreffende Klausel ersichtlich an **den Tod des Erblassers als festes Tatbestandsmerkmal** anknüpft und in diesem Fall ein zeitlich begrenztes

---

[179] Die Zulässigkeit eines entsprechenden Managermodells bejahend OLG Düsseldorf Urt. v. 16. 1. 2004 – I-17 U 50/03, NZG 2005, 352 = ZIP 2004, 404; explizit anders hingegen OLG Frankfurt Urt. v. 23. 6. 2004 – 13 U 89/03, BB 2005, 288, 290 = NZG 2004, 914 = ZIP 2004, 1801, wonach es mangels Schutzbedürftigkeit des Konzepts an einem besonderen sachlichen Grund fehle, der die Zulässigkeit der Hinauskündigungsklausel ausnahmsweise rechtfertige.
[180] Die Zulässigkeit entsprechender Managermodelle bejahend etwa *Habersack/Verse* ZGR 2005, 451, 461 ff.; *Kowalski/Bormann* GmbHR 2004, 1438, 1440 f.; diess. DStR 2005, 72, 74 f.; *Bütter/Tonner* BB 2005, 283, 285 f.; *Hohaus* BB 2005, 1291; *Schockenhoff* ZIP 2005, 1009, 1012 ff.; aA *Binz/Sorg* GmbHR 2005, 893; *Piehler*, FS Rheinisches Notariat, 1998, S. 321, 326 ff.
[181] BGH (Fn. 164) BGHZ 164, 98, 103 ff.
[182] BGH (Fn. 164) BGHZ 164, 107, 112 ff.
[183] BGH (Fn. 164) BGHZ 164, 107, 112 unter Bezugnahme auf § 1 KSchG.
[184] Ausf. *Bütter/Tonner* BB 2005, 283, 285; diess. BB 2003, 2417, 2419; ebenso *Habersack/Verse* ZGR 2005, 451, 464; *Hohaus* BB 2005, 1291, 1292; *Kowalski/Bormann* GmbHR 2004, 1438; *Böttcher* NZG 2005, 992, 995.
[185] Vgl. BGH (Fn. 164) NJW 1985, 2421.
[186] Zu Recht gegen eine Verallgemeinerung der Entscheidung des BGH *Weber/Hinkel* NJW 1986, 2752, 2753.
[187] Zu dieser Rechtsausübungskontrolle vgl. etwa MünchKommHGB/*K. Schmidt* RdNr. 104; Röhricht/Graf von Westphalen/*von Gerkan* RdNr. 23.
[188] Im Ergebnis ebenso MünchKommHGB/*K. Schmidt* RdNr. 103; *Weber/Hinkel* NJW 1986, 2752, 2753.
[189] MünchHdbBGB/*Piehler/Schulte* § 74 RdNr. 74.
[190] BGH (Fn. 142) BGHZ 81, 263, 270 (Erwerb im Erbgang); ebenso BGH (Fn. 164) DStR 2007, 914, 915; BGH (Fn. 164) NJW 1985, 2421 (geringe Kapitalbeteiligung).

§ 143

Kündigungsrecht vorsieht.[191] Als Minus gegenüber dem völligen Ausschluss der Vererblichkeit der Beteiligung (vgl. § 131 Abs. 3 Nr. 1) kann demnach gesellschaftsvertraglich vorgesehen werden, dass die übrigen Gesellschafter innerhalb eines bestimmten Zeitraums ab Eintritt des Erbfalls das Ausscheiden einzelner oder aller Rechtsnachfolger aus der Gesellschaft verlangen können, ohne dass es hierfür eines besonderen Grundes bedarf. Eine Entscheidungsfrist von einem Jahr dürfte hierbei wohl noch als angemessen anzusehen sein.[192] Fehlt eine entsprechende Fristsetzung, so kann das vertraglich vereinbarte Kündigungsrecht im Wege geltungserhaltender Reduktion als zeitlich begrenztes Ausschließungsrecht aufrechterhalten werden.[193] Ebenso hat der BGH unter Betonung des Grundsatzes der Testierfreiheit ein vom Erblasser testamentarisch angeordnetes Hinauskündigungsrecht als sachlich gerechtfertigt angesehen.[194] Konkret hatte der Erblasser seinen Erben für die Nachfolge in sein Einzelunternehmen den Anschluss eines Gesellschaftsvertrags auferlegt, der einem seiner Kinder auch im Falle einer an keine Gründe geknüpften Eigenkündigung das Recht zur Übernahme des Geschäftstriebs vermittelte. Als Begründung für die Anerkennung einer solchen Anordnung lässt sich wiederum die rechtliche Möglichkeit des Erblassers anführen, die andere Kinder von vornherein gänzlich von der Erbfolge oder von der Nachfolge in das Unternehmen auszuschließen.

62   Ob der Umstand, dass die Mitgliedschaft schenkweise übertragen wurde, für sich genommen ein Ausschließungsrecht nach freiem Ermessen sachlich rechtfertigt, hat der BGH bislang ausdrücklich offen gelassen.[195] Selbst wenn man dies verneint, sollte hiervon eine mögliche **Rückforderung nach schenkungsrechtlichen Grundsätzen** unberührt bleiben: Zwischen den Rechtsbeziehungen aus dem Schenkungsvertrag und dem Rechtsverhältnis der Gesellschafter untereinander ist zu unterscheiden.[196] Die vertragliche Vereinbarung eines Widerrufsvorbehaltes kann dementsprechend für das Verhältnis zwischen Schenker und Beschenktem auf der schenkungsrechtlichen Ebene das Erfordernis der sachlichen Rechtfertigung entfallen lassen.[197] Aus steuerrechtlicher Sicht gilt es insoweit allerdings die durch die BFH-Rspr. gezogenen Grenzen zu beachten, wonach die Vereinbarung eines jederzeitigen Widerrufsrechts der ertragsteuerlichen Anerkennung der Mitunternehmerstellung des Beschenkten entgegensteht;[198] schenkungsteuerlich schlägt dies in der Weise durch, dass der Beschenkte kein Betriebsvermögen erwirbt und deshalb der derzeit noch geltende Freibetrag für Betriebsvermögen und der derzeitige 35%ige Bewertungsabschlag (vgl. § 13 a ErbStG) keine Anwendung finden.[199]

§§ 141, 142 *(aufgehoben)*

§ 143 [Anmeldung von Auflösung und Ausscheiden]

(1) ¹Die Auflösung der Gesellschaft ist von sämtlichen Gesellschaftern zur Eintragung in das Handelsregister anzumelden. ²Dies gilt nicht in den Fällen der Eröffnung oder der Ablehnung der Eröffnung des Insolvenzverfahrens über das Vermögen der Gesellschaft (§ 131 Abs. 1 Nr. 3 und Abs. 2 Nr. 1). ³In diesen Fällen hat das Gericht die Auflösung und ihren Grund von Amts wegen einzutragen. ⁴Im Falle der Löschung der Gesellschaft (§ 131 Abs. 2 Nr. 2) entfällt die Eintragung der Auflösung.

---

[191] BGH (Fn. 47) BGHZ 105, 213, 219 ff.; OLG Hamm Urt. v. 21. 1. 1999 – 27 U 179/98, NZG 1999, 712, 714 (Übernahmerecht).
[192] So tendenziell BGH (Fn. 51) BGHZ 105, 213, 222; *Binz/Sorg* § 6 RdNr. 111; bei MünchKommHGB/*K. Schmidt* RdNr. 101 wird eine Frist von drei Monaten in Vorschlag gebracht.
[193] BGH (Fn. 51) BGHZ 105, 213, 220; OLG Hamm (Fn. 188) NZG 1999, 712, 714.
[194] BGH (Fn. 164) DStR 2007, 914, 915 f.
[195] BGH (Fn. 51) BGHZ 112, 103, 109; auch in BGH (Fn. 174) ZIP 2004, 903, 905 vermeidet der BGH eine ausdrückliche Würdigung des Umstands, dass sich der ausgeschlossene Gesellschafter nicht in die Gesellschaft einkaufen musste. Für die Zulassung der Hinauskündigungsklausel in diesem Fall ua *Eiselt*, FS v. Lübtow, 1980, S. 643, 656; *Huber* ZGR 1980, 193, 201; ebenso iE *Ulmer* § 737 RdNr. 20; GroßkommHGB/*Schäfer* RdNr. 63 a; aA Baumbach/*Hopt* RdNr. 31; MünchHdbBGB/*Piehler/Schulte* § 74 RdNr. 63.
[196] BGH Urt. v. 2. 7. 1990 – II ZR 243/89, BGHZ 112, 40, 47 = NJW 1990, 2616; MünchKommHGB/*K. Schmidt* RdNr. 102; Staudinger/*Wimmer-Leonhardt* § 516 RdNr. 65; *Kollhosser* AcP 194 (1994), 213, 238 ff.; für das Erfordernis einer Ausübungskontrolle des Schenkungswiderrufs GroßkommHGB/*Schäfer* RdNr. 65; einschränkend auch BGH Urt. v. 11. 10. 1995 – XII ZR 92/64, BB 1996, 713 (ehevertragliche Rückübertragungsverpflichtung); aA *Heinemann* ZHR 155 (1991), 447, 468 f. (für eine Übertragung des gesellschaftsrechtlichen Grundsatzes der Sittenwidrigkeit einer freien Hinauskündigungsmöglichkeit auf den Widerrufsvorbehalt im Rahmen eines Schenkungsvertrags).
[197] Vgl. *K. Schmidt* BB 1990, 1992, 1996; *ders.* GesR § 50 III 3 a; *Wiedemann/Heinemann* DB 1990, 1649; *Jülicher* ZGR 1996, 82, 102; kritisch *Schöne* § 89 f. in Anlehnung an *Heinemann* ZHR 155 (1991), 447, 468 f.; *Ulmer* § 737 RdNr. 21 f.; *Kollhosser* AcP 194 (1994), 238 ff.; differenzierend GroßkommHGB/*Schäfer* RdNr. 64 f.
[198] Vgl. BFH Urt. v. 16. 5. 1989 – VIII R 196/84, BStBl. 1989 II S. 877 = BB 1989, 2236. Zur schenkungsteuerlichen Anerkennung von Anteilsübertragungen unter freiem Widerrufsvorbehalt vgl. BFH Urt. v. 13. 9. 1989 – II R 67/86, BStBl. 1989 II S. 1034 = NJW 1990, 1750; ausf. *Jülicher* DStR 2000, 1977, 1978.
[199] Vgl. *Piltz* ZEV 1997, 61, 62; *Jülicher* DStR 1998, 1977, 1980; zur Sichtweise der Finanzverwaltung vgl. ErbStR H 51 (1).

(2) Absatz 1 Satz 1 gilt entsprechend für das Ausscheiden eines Gesellschafters aus der Gesellschaft.

(3) Ist anzunehmen, daß der Tod eines Gesellschafters die Auflösung oder das Ausscheiden zur Folge gehabt hat, so kann, auch ohne daß die Erben bei der Anmeldung mitwirken, die Eintragung erfolgen, soweit einer solchen Mitwirkung besondere Hindernisse entgegenstehen.

Übersicht

	RdNr.		RdNr.
I. Normzweck	1, 2	III. Die Anmeldepflicht	9–18
II. Anmeldung von Auflösung und Ausscheiden	3–8	1. Die Anmeldepflichtigen	9–12
		2. Ausnahme von der Anmeldepflicht (Abs. 3)	13–15
1. Auflösung	3, 4	3. Formalien der Anmeldung	16–18
2. Ausscheiden	5–8	IV. Rechtsfolgen der (unterlassenen) Eintragung	19, 20

I. Normzweck

Die Vorschrift hat einen **doppelten Regelungsgegenstand.** Zum einen begründet sie die 1 Eintragungspflichtigkeit der Auflösung der Gesellschaft sowie des Ausscheidens eines Gesellschafters. Im Zusammenspiel mit dem Vertrauensschutz nach § 15 dient sie insoweit der Verkehrssicherheit. Zu beachten ist hierbei, dass nach allgM sowohl die Auflösung der Gesellschaft als auch das Ausscheiden eines Gesellschafters auch dann zur Eintragung anzumelden sind, wenn die Voreintragung (fälschlich) unterblieben ist. Zugleich regelt § 143, wer die Anmeldung vorzunehmen hat, nämlich grundsätzlich sämtliche Gesellschafter (§ 143 Abs. 1 S. 1) und im Fall des Abs. 3 sämtliche Mitgesellschafter des verstorbenen Gesellschafters. Nicht in § 143 geregelt sind die Form der Anmeldung (hierzu § 12) sowie das Eintragungsverfahren (§§ 8–10).

Die zuletzt durch das Einführungsgesetz zur InsO[1] neu gefasste Norm gilt für die OHG und KG 2 (§ 161 Abs. 2) und über § 9 Abs. 1 PartGG bzw. § 1 EWIV-Ausführungsgesetz auch für die Partnerschaftsgesellschaft bzw. die EWIV. Für die GbR gilt sie wegen deren fehlender Eintragungsfähigkeit weder unmittelbar noch analog.

II. Anmeldung von Auflösung und Ausscheiden

1. Auflösung. Eintragungspflichtig nach Abs. 1 ist zunächst **die Auflösung der Gesellschaft** 3 (zu den einzelnen Auflösungstatbeständen vgl. § 131 RdNr. 12 ff.). Der durch das Einführungsgesetz zur InsO eingeführte Abs. 1 S. 2 stellt klar, dass die Anmeldepflicht der Gesellschafter bei einer Auflösung wegen Eröffnung oder wegen Ablehnung einer Eröffnung des Insolvenzverfahrens keine Anwendung findet, da hier von Amts wegen eingetragen wird (vgl. §§ 32, 6 sowie § 31 InsO). Auch im Falle einer Löschung der Gesellschaft wegen Vermögenslosigkeit nach § 131 Abs. 2 Nr. 2 erübrigt sich die Eintragung der Auflösung, da hier die Gesellschaft bereits nach § 141a FGG gelöscht und erloschen ist (Abs. 1 S. 3).[2] Beschließen die Gesellschafter die Fortsetzung der Gesellschaft, so ist vor dieser zunächst die Auflösung einzutragen.[3]

Das mit der Auflösung der Gesellschaft nicht identische Erlöschen der Firma ist erst nach der 4 Beendigung der Liquidation der Gesellschaft gemäß § 157 Abs. 1 separat einzutragen. Ausnahmsweise können die Auflösung der Gesellschaft und ihre Vollbeendigung zusammenfallen, insbesondere, wenn der letzte Mitgesellschafter ausscheidet oder ausgeschlossen wird oder ein Gesellschafter sämtliche Anteile erwirbt (vgl. § 131 RdNr. 10). Da die Eintragung der hiermit verbundenen **liquidationslosen Vollbeendigung der Gesellschaft** vom Wortlaut her gesetzlich nicht vorgesehen ist, stellt sich die Frage nach der zutreffenden registerrechtlichen Erfassung des Vorgangs. Einhellig anerkannt ist mittlerweile, dass eine Beschränkung der Eintragung auf das Ausscheiden des vorletzten Gesellschafters die Sachlage nicht zutreffend zum Ausdruck bringen würde.[4] In der Praxis wird ganz überwiegend die

---

[1] Art. 40 Nr. 11 EG InsO v. 5. 10. 1994, BGBl. I S. 2911, 2928.
[2] MünchKommHGB/*K. Schmidt* RdNr. 3.
[3] Str.; wie hier MünchKommHGB/*K. Schmidt* RdNr. 3; Röhricht/Graf von Westphalen/*von Gerkan* RdNr. 1; aA Heymann/*Emmerich* RdNr. 3; GroßkommHGB/*Schäfer* RdNr. 12.
[4] Vgl. nur Heymann/*Emmerich* RdNr. 4; GroßkommHGB/*Schäfer* RdNr. 11; anders jedoch ROHGE 21, 192, 193.

Auflösung der Gesellschaft eingetragen,[5] regelmäßig verbunden mit der Eintragung des Ausscheidens des vorletzten Gesellschafters[6] und – meist – des Erlöschens der Firma.[7] Eine Regeleintragung des Erlöschens der Firma trägt jedoch der Kontinuität des Unternehmens, die in der fortdauernden Beteiligung eines Gesellschafters ihren Ausdruck findet, nicht Rechnung. Richtigerweise ist vielmehr neben Auflösung und Ausscheiden der Inhaberwechsel nach § 31 Abs. 1 sowie nach Maßgabe derselben Vorschrift eine etwaige Änderung der Firma anzumelden und einzutragen.[8]

5   **2. Ausscheiden.** Einzutragen ist nach Abs. 2 ferner das Ausscheiden eines Gesellschafters (zB durch Tod, Ausschließung, Austritt). Diese Eintragungspflichtigkeit gilt wiederum ohne Rücksicht auf die Voreintragung[9] und greift auch dann, wenn die gebotene Eintragung der Gründung der OHG selbst unterblieben ist.[10] Lässt der Gesellschaftsvertrag eine Ausschließung durch Gesellschafterbeschluss zu (vgl. § 140 RdNr. 45) und ist ein entsprechender Beschluss wirksam gefasst worden, so ist das Ausscheiden des ausgeschlossenen Gesellschafters unabhängig davon einzutragen, ob über die Berechtigung des Ausschlusses ein Rechtsstreit anhängig ist (vgl. auch § 140 RdNr. 45).[11]

6   Der Wechsel in eine andere Gesellschafterstellung, indem ein phG nunmehr Kommanditist wird oder umgekehrt, lässt die Mitgliedschaft unberührt. Diese Umwandlung der Gesellschafterstellung stellt kein Ausscheiden iSv. Abs. 2 dar, auch wenn sie haftungsrechtlich wie ein Austritt unter gleichzeitigem Wiedereintritt zu behandeln ist. Die Beteiligungsumwandlung als solche ist gleichwohl anmeldepflichtig. In der Registerpraxis wird der Vorgang überwiegend als Ausscheiden aus der bisherigen Gesellschafterstellung und Eintritt in die neue Gesellschafterstellung erfasst,[12] wobei aber eine Anmeldung gerade in dieser Form nicht gefordert werden kann (ausf. § 162 RdNr. 42).[13]

7   Überträgt ein Gesellschafter seine Beteiligung auf einen Dritten (**Rechtsnachfolge unter Lebenden**), so ist mit dieser Einzelrechtsnachfolge in die Mitgliedschaft weder ein Ausscheiden noch ein Eintritt im technischen Sinne verbunden. Nach herkömmlicher Praxis wird der Vorgang dennoch entsprechend dem gesetzlich normierten Grundfall als Ausscheiden des übertragenden Gesellschafters und Eintritt des Neugesellschafters nach § 107 dargestellt (vgl. auch § 40 Abs. 2 lit. c) HRV), wobei die Besonderheit des Übertragungsvorgangs gegenüber einem gesonderten Ausscheiden und Eintritt nach ganz hM durch die **Eintragung eines Sonderrechtsnachfolgevermerks** in das Handelsregister kenntlich gemacht wird.[14] Die Eintragung eines solchen Nachfolgevermerks dient insbesondere der Klarstellung der Haftungsverhältnisse der Kommanditisten gegenüber den Gläubigern (ausf., m. zahlr. weit. Nachw., § 173 RdNr. 11 sowie § 162 RdNr. 36 ff.). Eine wünschenswerte Bereinigung dieses Provisoriums, das darauf zurückzuführen ist, dass das Gesetz nur den Ein- und Austritt von Gesellschaftern, nicht aber die Übertragbarkeit der Beteiligung in Betracht gezogen hat, im Zuge des HRefG ist leider unterblieben.[15] Sachgerechter,

---

[5] Vgl. etwa BayObLG Beschl. v. 19. 6. 2001 – 3 Z BR 48/01, DB 2001, 2088, 2089; OLG Düsseldorf Beschl. v. 2. 7. 1997 – 3 Wx 94/97, Rpfleger 1998, 27, 28 = NJW-RR 1998, 245, 246; = MittRhNotK 1997, 437, 438; BayObLG Beschl. v. 26. 3. 1993 – 2 Z BR 91/92, Rpfleger 1993, 495 = NJW-RR 1993, 848, 849; OLG Köln Beschl. v. 14. 7. 1969 – 2 WX 97/67, DNotZ 1970, 747; KG Beschl. v. 12. 11. 1964 – 1 W 1851/64, OLGZ 1965, 124, 125 = NJW 1965, 254; LG Berlin Beschl. v. 30. 11. 1996 – 98 T 71/96, Rpfleger 1997, 218, 219. AA MünchKommHGB/ *K. Schmidt* RdNr. 4, 6 sowie § 157 RdNr. 4 (Eintragung des Erlöschens der Firma neben dem Ausscheiden des vorletzten Gesellschafters); ebenso Baumbach/*Hopt* RdNr. 1; anders auch MünchHdbBGB/*Piehler/Schulte* § 75 RdNr. 7, 82 (Eintragung des liquidationslosen Erlöschens).

[6] IdS etwa ausdrücklich OLG Frankfurt Beschl. v. 25. 8. 2003 – 20 W 354/02, DB 2003, 2327, 2328; LG Duisburg Beschl. v. 10. 2. 1998 – 44 T 6/97, Rpfleger 1998, 306; ebenso Koller/Roth/Morck RdNr. 2; aA OLG Köln (Fn. 5) DNotZ 1970, 747 (Eintragung der Auflösung „statt" des Ausscheidens).

[7] Vgl. OLG Frankfurt (Fn. 6) DB 2003, 2327, 2328; BayObLG (Fn. 5) DB 2001, 2088, 2089; OLG Düsseldorf (Fn. 5) Rpfleger 1998, 27, 28; BayObLG (Fn. 5) Rpfleger 1993, 495; für den Fall der Nichtfortführung der bisherigen Firma ebenso LG Berlin (Fn. 5) Rpfleger 1997, 218, 219.

[8] Ebenso *Buchberger* Rpfleger 1994, 215, 216; GroßkommHGB/*Hüffer* § 31 RdNr. 9, 21; GroßkommHGB/*Schäfer* RdNr. 11; vgl. auch OLG Hamm Beschl. v. 2. 5. 1977 – 15 W 10/77, DNotZ 1978, 114, 115 f. = BB 1977, 967 = DB 1977, 1253 (Wahl einer neuen Firma für das bisher von einem Einzelkaufmann geführte Geschäft bei Eintritt eines weiteren Gesellschafters). AA MünchKommHGB/*K. Schmidt* RdNr. 4, 6; Baumbach/*Hopt* RdNr. 1.

[9] OLG Oldenburg Beschl. v. 20. 3. 1987 – SW 9/87, GmbHR 1988, 140 = DNotZ 1988, 57; MünchHdbBGB/ *Piehler/Schulte* § 75 RdNr. 82.

[10] Vgl. OLG Brandenburg Urt. v. 29. 5. 2002 – 7 U 221/01, NZG 2002, 909, 910; MünchKommHGB/*K. Schmidt* RdNr. 6.

[11] OLG Karlsruhe Beschl. v. 14. 5. 1996 – 11 Wx 86/95, NJW-RR 1997, 169; MünchKommHGB/*K. Schmidt* RdNr. 6.

[12] Vgl. GroßkommHGB/*Schäfer* RdNr. 13.

[13] IdS BayObLG Beschl. v. 21. 5. 1970 – BReg. 2 Z 24/70, BB 1970, 940, 941.

[14] Vgl. zuletzt Beschl. v. 19. 9. 2005 – II ZB 11/04, DStR 2005, 50, 51 m. Anm. *Goette* = NJW-RR 2006, 107 = NZG 2006, 15 („mittlerweile gewohnheitsrechtlich anerkannt"); grundlegend RG Beschl. v. 30. 9. 1944 – GSE 39/1943, DNotZ 1944, 195, 199 f. = WM 1944, 1130; BGH Urt. v. 29. 6. 1981 – II ZR 142/80, BGHZ 81, 82, 86 = NJW 1981, 2747 = DB 1981, 2019.

[15] Kritik an dieser Unterlassung bei *K. Schmidt* NJW 1998, 2161, 2169.

weil weniger widersprüchlich wäre es in jedem Fall, den Vorgang mit *Karsten Schmidt* in der Weise registerrechtlich zu erfassen, dass „der Gesellschafter A seine Beteiligung im Wege der Einzelrechtsnachfolge auf B" übertragen hat.[16]

Rechtsnachfolgen von Todes wegen werden gleichfalls als Ausscheiden des Erblassers unter gleichzeitigem Eintritt des oder der Erben eingetragen, auch wenn der Nachfolgevorgang hierdurch ebenfalls unzutreffend dargestellt wird.[17] Eine „echte" Kombination von Ausscheiden und Eintritt ist demgegenüber dann gegeben, wenn der erbrechtliche Erwerb der Mitgliedschaft auf einem Vermächtnis oder auf einer Eintrittsklausel beruht (hierzu § 139 RdNr. 16, 38). 8

III. Die Anmeldepflicht

1. Die Anmeldepflichtigen. Die öffentlich-rechtliche und nach § 14 erzwingbare Anmeldepflicht trifft **sämtliche Gesellschafter,** einschließlich des Ausgeschiedenen oder später ausgeschiedener Gesellschafter.[18] Die Anmeldepflicht trifft auch den Scheingesellschafter.[19] Die Anmeldung hat unverzüglich, dh. ohne schuldhaftes Zögern, zu erfolgen. Neben die öffentlich-rechtliche Anmeldepflicht tritt die privat-rechtliche Bindung der Gesellschafter auf Grund des Gesellschaftsvertrages. Auf dieser Grundlage kann jeder Gesellschafter von seinen Mitgesellschaftern die Vornahme der nach § 143 erforderlichen Anmeldungen verlangen; die Gesellschaft selbst ist zur Klageerhebung nicht aktiv legitimiert (vgl. auch § 108 RdNr. 5 mwN).[20] 9

Besonders hinzuweisen ist auf § 16 Abs. 1, wonach die Anmeldung des Betroffenen ersetzt wird durch die rechtskräftige oder vorläufig vollstreckbare Verurteilung zur Mitwirkung bei der Anmeldung oder die gerichtliche Feststellung des Rechtsverhältnisses, bezüglich dessen die Eintragung erfolgen soll. Insbesondere im Fall des § 140 kann somit die Anmeldung des von der Ausschließung betroffenen Gesellschafters durch die rechtskräftige oder vollstreckbare Entscheidung des Prozessgerichts ersetzt werden. Scheidet ein Gesellschafter infolge der Eröffnung eines Insolvenzverfahrens über sein Vermögen aus der Gesellschaft aus, so ist an seiner Stelle der Insolvenzverwalter anmeldepflichtig (vgl. § 80 InsO).[21] 10

Beim **Tod eines Gesellschafters** sind neben den Mitgesellschaftern sämtliche Erben anmeldepflichtig, unabhängig von ihrer Nachfolge- oder Eintrittsberechtigung (vgl. Abs. 3); in dem praktisch häufigen Fall einer qualifizierten Nachfolgeklausel trifft die Anmeldepflicht also auch die weichenden, nicht in die Gesellschaft nachrückenden Erben.[22] Scheidet ein Vorerbe durch Tod aus der Gesellschaft aus, so ist dieses und der Eintritt des Nacherben anmeldepflichtig. Die Anmeldepflicht trifft hier nicht nur alle Gesellschafter einschließlich des Nacherben, sondern auch die Erben des Vorerben.[23] 11

Hat der Erblasser eine Verwaltungstestamentsvollstreckung angeordnet, so stellt sich die Frage nach den **Anmeldepflichten des Amtsinhabers.** Bei einem Kommanditanteil ist der Testamentsvollstrecker auf Grund seiner grundsätzlich vollumfänglichen Verwaltungsbefugnis unzweifelhaft anmeldepflichtig.[24] Ob daneben ein eigenständiges Anmelderecht des Erben besteht, wird kontrovers diskutiert wird, ist aber richtigerweise zu verneinen.[25] Bei einer in Bezug auf die Beteiligung eines phG angeordneten Verwaltungstestamentsvollstreckung ist zu differenzieren. Wird die Gesellschaft nach § 131 Abs. 3 Nr. 1 unter den verbleibenden Gesellschaftern unter Ausschluss der Erben fortgesetzt, so obliegt allein dem Testamentsvollstrecker die Anmeldung des Ausscheidens.[26] Sinngemäß 12

---

[16] MünchKommHGB/*K. Schmidt* RdNr. 7; ähnlich GroßkommHGB/*Schäfer* RdNr. 13.
[17] Vgl. GroßkommHGB/*Schäfer* RdNr. 13 (für Eintragungsfähigkeit eines Nachfolgevermerks im Fall der Erbennachfolge); Heymann/*Emmerich* RdNr. 7; zu Recht wiederum Kritik an dieser Praxis bei MünchKommHGB/*K. Schmidt* RdNr. 8.
[18] BayObLG Beschl. v. 4. 4. 1978 – BReg. 1 Z 15/78, DB 1978, 1832; BayObLG Beschl. v. 12. 10. 1978 – BReg. 1 Z 102/78, DB 1979, 86; MünchHdbBGB/*Piehler*/*Schulte* § 75 RdNr. 83; *Koller*/Roth/Morck RdNr. 4.
[19] BGH Urt. v. 21. 4. 1966 – II ZR 74/64, WM 1966, 736; Heymann/*Emmerich* RdNr. 11; Baumbach/*Hopt* RdNr. 3.
[20] BGH Urt. v. 15. 6. 1959 – II ZR 44/58, BGHZ 30, 195, 197 f. = NJW 1959, 1683, 1684; BGH Urt. v. 2. 5. 1983 – II ZR 94/82, WM 1983, 785, 786; MünchKommHGB/*K. Schmidt* RdNr. 13.
[21] BGH Urt. v. 24. 11. 1980 – II ZR 265/79, NJW 1981, 822; Röhricht/Graf von Westphalen/*von Gerkan* RdNr. 4; MünchHdbBGB/*Piehler*/*Schulte* § 75 RdNr. 82; *Michalski* RdNr. 4.
[22] KG Beschl. v. 5. 10. 2006 – 1 W 146/06, DB 2007, 733, 734; BayObLG Beschl. v. 22. 12. 1992 – 3 Z BR 170/92, BB 1993, 385 = Rpfleger 1993, 288; BayObLG (Fn. 18) DB 1979, 86; GroßkommHGB/*Schäfer* RdNr. 16.
[23] KG Beschl. v. 7. 3. 1991 – 1 W 3124/88, NJW-RR 1991, 835 = BB 1991, 1283; *Zöller* MittRhNotK 1999, 122, 140; GroßkommHGB/*Schäfer* RdNr. 16.
[24] Grundlegend BGH Beschl. v. 3. 7. 1989 – II ZB 1/89, BGHZ 108, 187, 190 = NJW 1989, 3152; vgl. auch LG Berlin Beschl. v. 1. 10. 2002 – 102. T. 85/02, ZEV 2004, 29 m. Anm. *Rosener*/*Bugge* zur Anmeldung der Übertragung von Kommanditanteilen durch den Testamentsvollstrecker.
[25] Ebenso *Brandner*, FS Kellermann, 1991, S. 37, 48; *Schaub* ZEV 1994, 71, 78; *Lorz*, Testamentsvollstreckung und Unternehmensrecht, Diss. Konstanz 1995, S. 182; Mayer/*Bonefeld*/Weidlich/*Weidlich*, Testamentsvollstreckung, 2. Aufl. 2005, RdNr. 678 f.; iE wohl auch KG (Fn. 23) NJW-RR 1991, 835; aA *Mayer* ZIP 1990, 976, 978; Baumbach/*Hopt* § 139 RdNr. 28; MünchHdbBGB/*Piehler*/*Schulte* § 75 RdNr. 83.
[26] KG (Fn. 23) NJW-RR 1991, 835; GroßkommHGB/*Schäfer* RdNr. 17.

gilt dies auch für die Auflösung der Gesellschaft infolge des Erbfalls.[27] Rücken demgegenüber die Erben in die Gesellschaft nach, so gilt es zu beachten, dass die Beteiligung als solche nicht der Testamentsvollstreckung unterliegt, sondern nur deren Außenseite (vgl. § 139 RdNr. 67, 73 ff.); der Testamentsvollstrecker kann also in diesem Fall nur die Anmeldepflichten der nicht in die Gesellschaft nachgerückten Erben erfüllen (vgl. RdNr. 9).[28] Bei einer angeordneten Abwicklungstestamentsvollstreckung ist der Testamentsvollstrecker wiederum nur hinsichtlich der Erben anmeldebefugt, die nicht Gesellschafter werden, nicht hingegen für die im Wege der Sonderrechtsnachfolge in die Gesellschaft einrückenden Erben.[29] Zur Frage der Eintragungsfähigkeit der angeordneten Testamentsvollstreckung selbst vgl. § 139 RdNr. 89.

13   **2. Ausnahme von der Anmeldepflicht (Abs. 3).** Abs. 3 ist eine Ausnahme von dem Grundsatz, dass sämtliche Erben an der Anmeldung von Ausscheiden oder Auflösung mitzuwirken haben. Auf die Mitwirkung von Erben kann demnach verzichtet werden, sofern einer solchen **Mitwirkung besondere Hindernisse entgegenstehen.** Voraussetzung für die Erleichterung ist die (seltene) Auflösung der Gesellschaft durch den Tod eines Gesellschafters oder ihre Fortsetzung unter Ausschluss der Erben des verstorbenen Gesellschafters (§ 131 Abs. 3 Nr. 1). Die Fälle einer einfachen oder qualifizierten Nachfolgeklausel (Fortsetzung der Gesellschaft mit allen oder einzelnen Erben) erfasst Abs. 3 demgegenüber weder vom Wortlaut noch vom Normzweck; dieser ist darauf gerichtet, zur Sicherung der Haftungsbeschränkungsmöglichkeit der Erben eine rasche Eintragung von besonders eilbedürftigen Änderungen zu erreichen.[30]

14   Das Bestehen besonderer Hindernisse iSv. Abs. 3 ist insbesondere für den Fall zu bejahen, dass die Erben unerreichbar sind (zB auf Grund eines längeren Auslandsaufenthaltes).[31] Darüber hinaus bestehen besondere Hindernisse dann, wenn die Person des Erben nicht in absehbarer Zeit ermittelt werden kann.[32] Kein Fall von Abs. 3 ist es hingegen, wenn sich bekannte und erreichbare Erben weigern, ihrer Anmeldepflicht nachzukommen; hier verbleibt notfalls nur die Erzwingung der Mitwirkung im Klagewege.[33]

15   Verzichtet wird nur auf die Mitwirkung der Erben, in deren Person besondere Hindernisse bestehen, was vom Gericht zu prüfen ist. Ansonsten bleibt es bei dem Grundsatz, dass sämtliche Mitgesellschafter und Erben an der Anmeldung mitzuwirken haben. Kommt das Gericht nach pflichtgemäßer Prüfung unter Berücksichtigung der Eilbedürftigkeit der Eintragung zu der Auffassung, dass einer Mitwirkung von Erben besondere Hindernisse entgegenstehen, muss die Eintragung auch ohne deren Mitwirkung vollzogen werden.[34]

16   **3. Formalien der Anmeldung.** Die Form der Anmeldung richtet sich nach § 12. Nicht erforderlich ist, dass alle Verpflichteten gleichzeitig anmelden. Obwohl der Auflösungsgrund nicht eingetragen wird (Ausnahme: Abs. 1 S. 3), ist er bei der Anmeldung nach allerdings nicht unbestrittener Auffassung anzugeben, um dem Registerrichter eine Prüfung seines Vorliegens zu ermöglichen.[35] Zur **Prüfung der Rechtsnachfolge in eine Gesellschaftsbeteiligung,** deren Übergang entweder auf Grund gesetzlicher Erbfolge oder auf Grund eines privatschriftlichen Testaments erfolgt ist, kann das Registergericht auch die Vorlage eines Erbscheins verlangen; soweit die Erbfolge auf einem öffentlichen Testament beruht, wird hingegen die Vorlage des Testaments zusammen mit dem Eröffnungsprotokoll meist als ausreichend anzusehen sein.[36]

17   Wird durch die Eintragung die Firma unzulässig, etwa wegen Wegfalls der letzten natürlichen Person als phG (§ 19 Abs. 2), so darf die Eintragung gleichwohl nicht von der gleichzeitigen Eintragung der entsprechenden Firmenänderung abhängig gemacht werden.[37] Hiervon unberührt bleibt die Möglichkeit, im Missbrauchsverfahren nach § 37 Abs. 1 gegen die unzulässige Firma vorzugehen. In Anbetracht des Zwecks des Handelsregisters, den Rechtsverkehr zuverlässig und

---

[27] *Klein* DStR 1992, 326, 328.
[28] Zutreffend GroßkommHGB/*Schäfer* RdNr. 17; iE auch KG (Fn. 23) NJW-RR 1991, 835, 836.
[29] KG (Fn. 23) NJW-RR 1991, 835, 836.
[30] MünchKommHGB/*K. Schmidt* RdNr. 16; GroßkommHGB/*Schäfer* RdNr. 20.
[31] GroßkommHGB/*Schäfer* RdNr. 21; Heymann/*Emmerich* RdNr. 18; MünchHdbBGB/*Piehler/Schulte* § 75 RdNr. 83.
[32] Röhricht/Graf von Westphalen/*von Gerkan* RdNr. 6; Heymann/*Emmerich* RdNr. 18.
[33] MünchHdbBGB/*Piehler/Schulte* § 75 RdNr. 83.
[34] MünchKommHGB/*K. Schmidt* RdNr. 19; GroßkommHGB/*Schäfer* RdNr. 21.
[35] OLG Köln Beschl. v. 28. 8. 1978 – 2 Wx 137/77, DNotZ 1979, 54; GroßkommHGB/*Schäfer* RdNr. 26; MüchKommHGB/*K. Schmidt* RdNr. 15.
[36] Vgl. KG (Fn. 22) DB 2007, 733, 734; OLG Hamm Beschl. v. 12. 12. 1985 – 15 W 443/85, MittRhNotK 1986, 128, 129 mwN; Koller/*Roth*/Morck § 12 RdNr. 7.
[37] BGH Beschl. v. 4. 7. 1977 – II ZB 4/77, LM § 18 Nr. 7 = NJW 1977, 1879, 1880; OLG Hamm Beschl. v. 21. 6. 1993 – 15 W 17/93, WM 1993, 1796; BayObLG Beschl. v. 3. 3. 1988 – BReg. 3 Z 184/87, NJW-RR 1988, 1307, 1308; MünchHdbBGB/*Piehler/Schulte* § 75 RdNr. 82; Baumbach/*Hopt* RdNr. 2; *Michalski* RdNr. 2.

lückenlos über die die Gesellschaft betreffenden eintragungsfähigen Tatsachen zu informieren, kann die Handelsregistereintragung eines im Wege der Gesamt- oder Sonderrechtsnachfolge nachrückenden Kommanditisten jedoch davon abhängig gemacht werden, dass zunächst eine Zwischeneintragung seines Rechtsvorgängers erfolgt.[38]

Die Eintragung des Nachfolgevermerks bei der Rechtsnachfolge in Kommanditanteile (vgl. **18** RdNr. 7) kann auch weiterhin von der **Abgabe der sog. Abfindungsversicherung** abhängig gemacht werden, wonach dem ausscheidenden Kommanditisten eine Entschädigung aus dem Gesellschaftsvermögen weder gewährt noch versprochen worden ist. Nachdem im Schrifttum und auch in der Rechtsprechung teilweise die Auffassung vertreten worden war, dass die Vorlage einer solchen Abfindungsversicherung nicht verlangt werden könne,[39] hat der BGH ausdrücklich klargestellt, dass an dieser vom Reichsgericht als Beweismittel im Rahmen der Amtsermittlung nach § 12 FGG eingeführten Eintragungsvoraussetzung „im Interesse der Kontinuität der Rechtsprechung und der stetigen zügigen Abwicklung derartiger standardisierter registergerichtlicher Verfahren" festzuhalten sei (vgl. auch § 162 RdNr. 34 und 40 sowie § 173 RdNr. 11).[40]

IV. Rechtsfolgen der (unterlassenen) Eintragung

Die Eintragung von Auflösung bzw. Ausscheiden gemäß § 143 hat nur deklaratorische Wirkung. **19** Die **Rechtswirkungen von Auflösung und Ausscheiden** treten also bereits mit dem Eintritt des jeweiligen Grundes ein. Allerdings knüpfen die Vorschriften der §§ 159 Abs. 2, 160 Abs. 1 S. 2 in Bezug auf den Beginn von Sonderverjährung und Enthaftung an die Eintragung der Auflösung bzw. des Ausscheiden an. Im Verhältnis zu Dritten gilt generell § 15 Abs. 1, wonach die eintragungspflichtigen Veränderungen diesen unter den Voraussetzungen der Vorschrift nicht entgegengehalten werden können. Im Falle des Ausscheidens hat dies für den ausscheidenden Gesellschafter insbesondere zur Folge, dass er für die Schulden der Gesellschaft selbst dann forthaftet (§ 128), wenn diese erst nach seinem Ausscheiden, aber vor dessen Eintragung und Bekanntmachung begründet worden sind.

Der Schutz Dritter nach § 15 Abs. 1 entfällt nur bei positiver Kenntnis von der Auflösung der **20** Gesellschaft oder dem Ausscheiden eines Gesellschafters. Die Kenntnis des Grundes der Auflösung oder des Ausscheidens macht einen Dritten noch nicht bösgläubig; vielmehr wird die Gutgläubigkeit nur beseitigt bei weiterer Kenntnis der Auflösung oder des Ausscheidens selbst.[41]

§ 144 [Fortsetzung nach Insolvenz der Gesellschaft]

(1) Ist die Gesellschaft durch die Eröffnung des Insolvenzverfahrens über ihr Vermögen aufgelöst, ist das Verfahren aber auf Antrag des Schuldners eingestellt oder nach der Bestätigung eines Insolvenzplans, der den Fortbestand der Gesellschaft vorsieht, aufgehoben, so können die Gesellschafter die Fortsetzung der Gesellschaft beschließen.

(2) Die Fortsetzung ist von sämtlichen Gesellschaftern zur Eintragung in das Handelsregister anzumelden.

Übersicht

	RdNr.		RdNr.
I. **Normzweck**	1–4	2. Fortsetzungsbeschluss	7–9
II. **Tatbestandsvoraussetzungen und Rechtsfolgen**	5–9	a) Beschlussfassung	7
		b) Rechtsfolgen	8, 9
1. Voraussetzungen	5, 6	III. Handelsregisteranmeldung (Abs. 2)	10

---

[38] OLG Hamm Beschl. v. 7. 1. 1993 – 15 W 103/92, DB 1993, 876; 878; *Koller/Roth/Morck* RdNr. 4; aA MünchHdbBGB/*Piehler/Schulte* § 75 RdNr. 82.
[39] Vgl. KG Beschl. v. 8. 6. 2004 – 1 W 685/03, DB 2004, 1821 = NZG 2004, 809 = ZIP 2004, 1847; hierzu *Hannes/Onderka/von Oertzen* ZEV 2005, 272; aus der Literatur gegen das Erfordernis einer Abfindungsversicherung u. a. MünchKommHGB/*Grunewald* § 162 RdNr. 13; *Michel* DB 1988, 1985; *Jeschke* DB 1983, 541, 542.
[40] BGH (Fn. 14) DStR 2006, 50, 52 m. Anm. *Goette*, ergangen auf Vorlage des KG (Fn. 39) DB 2004, 1821; grundlegend RG (Fn. 14) DNotZ 1944, 195, 199 f. Für das Erfordernis einer Abfindungsversicherung als Voraussetzung eines Sonderrechtsnachfolgevermerks u. a. auch OLG Zweibrücken Beschl. v. 14. 6. 2000 – 3 W 92/00, ZEV 2001, 73; OLG Oldenburg Beschl. v. 7. 8. 1990 – 5 W 72/90, NJW-RR 1991, 292; OLG Zweibrücken Beschl. v. 2. 5. 1986 – 3 W 66/86, Rpfleger 1986, 482, 483; aus der Lit. *Terbrack* Rpfleger 2003, 103, 107; *Keidel/Krafka/Willer* RegisterR, 6. Aufl., RdNr. 750.
[41] BGH Urt. v. 14. 3. 1976 – II ZR 145/75, BGHZ 66, 98, 103 = NJW 1976, 848; RG Urt. v. 23. 3. 1934 – II 18/34, RGZ 144, 199, 201 ff.; RG Urt. v. 6. 2. 1909 – I 130/08, RGZ 70, 272 f.; RG Urt. v. 13. 1. 1930 – VI 242/29, RGZ 127, 98, 99; RG Urt. v. 4. 3. 1930 – II 207/27, RGZ 128, 172, 181 f.; MünchKommHGB/*K. Schmidt* RdNr. 21; *Baumbach/Hopt* RdNr. 6.

I. Normzweck

1 Die zuletzt im Zuge der Einführung der InsO geänderte Vorschrift[1] betrifft einen Teilaspekt des allgemeinen Grundsatzes, wonach jede Gesellschaft in Liquidation ihre Fortsetzung beschließen kann (vgl. § 131 RdNr. 32). § 144 ist nach allgM nicht als Einschränkung dieses Grundsatzes zu verstehen, sondern stellt lediglich klar, dass die während des Insolvenzverfahrens suspendierte Befugnis der Gesellschafter, über die Fortsetzung der noch nicht vollständig abgewickelten Gesellschaft zu beschließen, erst mit dessen Beendigung entfällt.

2 Die Vorschrift gilt für die OHG und KG (§ 161 Abs. 2). Über § 9 Abs. 1 PartGG bzw. § 1 EWIV-Ausführungsgesetz findet sie auch auf die Partnerschaftsgesellschaft und die EWIV Anwendung. Als Ausdruck eines allgemeinen Rechtsgedankens ist sie auch auf die GbR entsprechend anzuwenden.[2]

3 § 144 regelt die Fortsetzung einer durch die Eröffnung des Insolvenzverfahrens über ihr Vermögen aufgelösten Gesellschaft (§ 131 Abs. 1 Nr. 3) für zwei explizite Fälle der Verfahrensbeendigung: für die Einstellung des Verfahrens auf Antrag des Gemeinschuldners sowie für den Fall des Zustandekommens eines Insolvenzplanes (§§ 217 ff. InsO), der den Fortbestand der Gesellschaft vorsieht.

4 Die Grundvoraussetzungen für die Fortsetzung einer aufgelösten Gesellschaft müssen auch im Rahmen von § 144 erfüllt sein: Erforderlich sind die **Beseitigung des Auflösungsgrundes** (dh. das Insolvenzverfahren muss durch Verfahrenseinstellung oder Bestätigung des Insolvenzplanes beendet sein) sowie ein **Fortsetzungsbeschluss der Gesellschafter**. Weiterhin setzt die Fortsetzungsoption das Vorhandensein noch ungeteilten (evtl. auch neu eingebrachten) Gesellschaftsvermögens voraus; eine ganz abgewickelte (voll beendete) Gesellschaft kann nicht wiederhergestellt werden.[3] Unterbleibt ein Fortsetzungsbeschluss, so bleibt die Gesellschaft aufgelöst mit der Folge der Notwendigkeit eines gesellschaftsrechtlichen Liquidationsverfahrens, sofern das Insolvenzverfahren ohne vollständige Abwicklung geendet hat.[4]

II. Tatbestandsvoraussetzungen und Rechtsfolgen

5 **1. Voraussetzungen.** Die erste Variante von § 144 betrifft die **Einstellung des Insolvenzverfahrens auf Antrag des Gemeinschuldners** und bezieht sich auf § 213 InsO. Eine solche Einstellung erfolgt, wenn die Gesellschaft als Schuldnerin die Zustimmung sämtlicher Gläubiger beibringt, die Forderungen zur Tabelle angemeldet haben (§ 213 Abs. 1 S. 1 InsO). Gemäß § 213 Abs. 1 S. 2 InsO kann die Zustimmung des Gläubigers bestrittener Forderungen durch das Insolvenzgericht ersetzt werden. Gleichgestellt ist die Aufhebung des Insolvenzverfahrens über die Gesellschaftsvermögen nach der rechtskräftigen gerichtlichen **Bestätigung eines Insolvenzplans** (§ 248 InsO), der die Fortsetzung der Gesellschaft vorsieht (§ 258 InsO). In beiden Varianten erlangen die Gesellschafter ihre Verwaltungs- und Verfügungsfähigkeit über das Gesellschaftsvermögen und somit ihre Handlungsfähigkeit zurück (vgl. §§ 215 Abs. 2 S. 1, 259 Abs. 1 S. 2 InsO).

6 Unterschiedlich beantwortet wird die Frage, inwieweit § 144 **auf andere Formen der Verfahrensbeendigung entsprechende Anwendung** findet. Analog anzuwenden ist die Vorschrift nach einhelliger Meinung auf die Einstellung des Insolvenzverfahrens wegen des Wegfalls des Eröffnungsgrunds (§ 212 InsO).[5] Mit der hM ist aber auch auf andere Fälle einer Verfahrensbeendigung nicht ausgeschlossen.[6] Dies betrifft insbesondere die Fälle der Verfahrenseinstellung nach Abhaltung des Schlusstermins (§ 200 InsO) sowie der Einstellung des Verfahrens mangels Masse (§ 207 InsO),[7] sofern noch Gesellschaftsvermögen vorhanden ist (vgl. § 207 Abs. 3 S. 2 InsO) oder neu eingebracht wird (vgl. RdNr. 4). Im Fall der Masseunzulänglichkeit (§§ 208 ff. InsO) stellt sich die im insolvenzrechtlichen Schrifttum umstrittene Frage, ob das Verwertungs- und Befriedigungsverfahren nach § 208 Abs. 3 InsO durch einen Insolvenzplan abweichend gestaltet werden kann.[8]

---

[1] Vgl. Art. 40 Nr. 12 EGInsO v. 5. 10. 1994, BGBl. I S. 2911, 2928.
[2] IdS MünchKommHGB/*K. Schmidt* RdNr. 1.
[3] BGH Urt. v. 7. 10. 1994 – V ZR 58/93, NJW 1995, 196; GroßkommHGB/*Schäfer* RdNr. 9; MünchHdbBGB/*Butzer/Knof* § 85 RdNr. 50; Baumbach/*Hopt* RdNr. 1; *Haas* in: Gottwald, Insolvenzrechtshandbuch, 3. Aufl. 2006, § 94 RdNr. 44.
[4] Vgl. BGH Urt. v. 10. 12. 1984 – II ZR 28/84, BGHZ 93, 159, 164; BGH (Fn. 3) NJW 1995, 196; MünchHdbBGB/*Butzer/Knof* § 85 RdNr. 50; GroßkommHGB/*Schäfer* RdNr. 9.
[5] Vgl. nur MünchKommHGB/*K. Schmidt* RdNr. 3; GroßkommHGB/*Schäfer* RdNr. 3.
[6] IdS etwa auch BGH (Fn. 3) NJW 1995, 196; GroßkommHGB/*Schäfer* RdNr. 3; Baumbach/*Hopt* RdNr. 1; Röhricht/Graf von Westphalen/*von Gerkan* RdNr. 4; MünchHdbBGB/*Butzer/Knof* § 85 RdNr. 50.
[7] Für den Fall einer Einstellung des Verfahrens mangels Masse explizit BGH (Fn. 3) NJW 1995, 196.
[8] Diese Frage bejahend u. a. *Dinstühler* ZIP 1998, 1967, 1707; *Smid* WM 1998, 1313, 1322 f.; aA hingegen *Kluth* InsO 2000, 177, 184; MünchKommInsO/*Hefermehl* § 208 RdNr. 58.

Bejaht man dies, findet § 144 in dem (seltenen) Fall direkte Anwendung, dass der Insolvenzplan trotz der Masseunzulänglichkeit den Fortbestand der Gesellschaft vorsieht. Aber auch ansonsten ist eine analoge Anwendung der Vorschrift auf die Verfahrensbeendigung wegen Masseunzulänglichkeit zu bejahen, da der Schuldner auch hier mit der Einstellung des Verfahrens das Recht zurück erhält, über die Insolvenzmasse frei zu verfügen (vgl. § 215 Abs. 2 S. 1 InsO). Nach anderer Auffassung richtet sich die Möglichkeit einer Fortsetzung der aufgelösten Gesellschaft in den vorstehend genannten Fällen nicht nach § 144, sondern nach den allgemeinen Vorschriften hierzu. Erforderlich für eine Fortsetzung ist demnach vor allem auch eine Beseitigung des Insolvenzgrundes, was insbesondere bei der GmbH & Co. KG in Bezug auf das Erfordernis der Beseitigung einer Überschuldung der Gesellschaft von Bedeutung ist.[9]

2. Fortsetzungsbeschluss. a) Beschlussfassung. Zu beschließen ist die Fortsetzung nach Abs. 1 grundsätzlich einstimmig (vgl. § 119). Jedoch sind, unter Beachtung des Bestimmtheitsgrundsatzes, gesellschaftsvertragliche Mehrheitsklauseln zulässig. Eine stillschweigende Fortsetzung unter Zustimmung aller Gesellschafter ist zulässig und ausreichend;[10] eine solche kann bereits in der Übereinkunft über den Einstellungsantrag oder in der Teilnahme am Insolvenzplan zu sehen sein.[11] Ohnehin müssen die phG bei einem Insolvenzplan, der die Fortführung des Unternehmens vorsieht, gemäß § 230 Abs. 1 S. 2 InsO ihre Bereitschaft zu einer solchen Fortführung erklären. Aus dieser Erklärung resultiert – bedingt durch die Bestätigung des Insolvenzplanes – die schuldrechtliche Verpflichtung der persönlich haftenden Gesellschafter, auf die Fassung eines Fortsetzungsbeschlusses hinzuwirken.[12]

b) Rechtsfolgen. Die Rechtsfolgen der Fortsetzung nach § 144 entsprechen allgemeinen Grundsätzen (vgl. § 131 RdNr. 37 f.). Durch den Fortsetzungsbeschluss wird die aufgelöste Gesellschaft **ex nunc und identitätswahrend** in eine werbende zurückverwandelt; die Firma bleibt erhalten. Rechte Dritter, die in der Zwischenzeit begründet worden sind, kann der Fortsetzungsbeschluss nicht beeinträchtigen.[13] Rückwirkungen können im Innenverhältnis vereinbart werden. Die aufgelöste und nun wieder werbende Gesellschaft haftet für die alten Verbindlichkeiten, einschließlich der Schulden aus dem Insolvenzplan.[14]

Die Befugnis der Gesellschafter zu Geschäftsführung und Vertretung richtet sich mangels abweichender Vereinbarung nach dem alten Gesellschaftsvertrag; die Befugnisse der Liquidatoren enden mit dem Wirksamwerden des Fortsetzungsbeschlusses. Durch die Eröffnung des Insolvenzverfahrens unterbrochene Rechtsstreitigkeiten werden von der fortgesetzten Gesellschaft fortgeführt, ohne dass es einer besonderen Aufnahme bedarf.[15] Etwas anderes gilt bei Prozessen, die von oder gegen den Insolvenzverwalter angestrengt oder von ihm nach § 240 ZPO aufgenommen worden sind: In diesen Fällen bedarf es einer Aufnahme durch die Gesellschaft, um die analog § 239 erfolgende Unterbrechung des Rechtsstreites zu beenden.[16]

III. Handelsregisteranmeldung (Abs. 2)

Sämtliche Gesellschafter haben die **Fortsetzung zur Eintragung in das Handelsregister** anzumelden; die Anmeldung kann durch Zwangsgeld erzwungen werden (§ 14). Hiervon zu unterscheiden ist die (ebenfalls deklaratorische) Eintragung der Beendigung des Insolvenzverfahrens, welche von Amts wegen und ohne Geltung von § 15 erfolgt (vgl. §§ 6, 32 Abs. 1 Nr. 3, Abs. 2). Für die Rechtsfolgen von Eintragung bzw. fehlender Eintragung der Fortsetzung ist § 15 demgegenüber von Bedeutung. Insbesondere ist es der Gesellschaft verwehrt, sich bei Nichteintragung und Nichtbekanntmachung der Fortsetzung auf das Erlöschen der Vertretungsbefugnis der bisherigen Liquidatoren zu berufen, es sei denn, dass das Erlöschen dem Dritten bekannt war (§ 15 Abs. 1).[17]

---

[9] IdS MünchKommHGB/*K. Schmidt* RdNr. 3 sowie § 145 RdNr. 86.
[10] MünchKommHGB/*K. Schmidt* RdNr. 8; Heymann/*Emmerich* RdNr. 5 mwN.
[11] MünchKommHGB/*K. Schmidt* RdNr. 8; GroßkommHGB/*Schäfer* RdNr. 9.
[12] Ausf. zur Rechtsnatur und Wirksamkeit der Fortführungserklärung MünchKommInsO/*Eidenmüller* § 230 RdNr. 27 ff.
[13] Baumbach/*Hopt* RdNr. 3; Heymann/*Emmerich* RdNr. 7.
[14] Vgl. RG Urt. v. 13. 2. 1892 – I 326/91, RGZ 28, 130, 133 (zum Zwangsvergleich); MünchKommHGB/ *K. Schmidt* RdNr. 11.
[15] Vgl. Zöller/*Greger* § 240 RdNr. 15.
[16] Str.; wie hier OLG Köln Beschl. v. 21. 5. 1987 – 12 U 94/86, ZIP 1987, 1004; RG Beschl. v. 30. 9. 1937 – IV 325/36, RGZ 155, 350, 354 = JW 1937, 3183 (zum vergleichbaren Fall des Wegfalls des Verwaltungsrechts des Testamentsvollstreckers); Stein/Jonas/*Roth* § 240 RdNr. 34; MünchKommHGB/*K. Schmidt* RdNr. 11; GroßkommHGB/*Schäfer* RdNr. 10 (in Fn. 15); offen gelassen in BGH Urt. v. 10. 2. 1982 – VIII ZR 158/80, BGHZ 83, 102, 105 = ZIP 1982, 467; gegen eine analoge Anwendung von § 239 ZPO MünchKommZPO/*Feiber* § 240 RdNr. 24.
[17] Vgl. MünchKommHGB/*K. Schmidt* RdNr. 15; GroßkommHGB/*Schäfer* RdNr. 12.

Fünfter Titel. Liquidation der Gesellschaft

§ 145 [Notwendigkeit der Liquidation]

(1) Nach der Auflösung der Gesellschaft findet die Liquidation statt, sofern nicht eine andere Art der Auseinandersetzung von den Gesellschaftern vereinbart oder über das Vermögen der Gesellschaft das Insolvenzverfahren eröffnet ist.

(2) Ist die Gesellschaft durch Kündigung des Gläubigers eines Gesellschafters oder durch die Eröffnung des Insolvenzverfahrens über das Vermögen eines Gesellschafters aufgelöst, so kann die Liquidation nur mit Zustimmung des Gläubigers oder des Insolvenzverwalters unterbleiben; ist im Insolvenzverfahren Eigenverwaltung angeordnet, so tritt an die Stelle der Zustimmung des Insolvenzverwalters die Zustimmung des Schuldners.

(3) Ist die Gesellschaft durch Löschung wegen Vermögenslosigkeit aufgelöst, so findet eine Liquidation nur statt, wenn sich nach der Löschung herausstellt, daß Vermögen vorhanden ist, das der Verteilung unterliegt.

Schrifttum: *Bork/Jacoby*, Das Ausscheiden des einzigen Komplementärs nach § 131 Abs. 3 HGB, ZGR 2005, 611; *Butzer*, Die Liquidation von Personenhandelsgesellschaften. Ein Überblick, Jura 1994, 628; *Ensthaler*, Die Liquidation von Personengesellschaften, 1985; *Grziwotz*, Die Liquidation von Personengesellschaften, DStR 1992, 1365; *Hillers*, Personengesellschaft und Liquidation, 1988; *Messer*, Gesellschaftsbezogene Forderungen als unselbständige Rechnungsposten in der Auseinandersetzungsrechnung der Gesellschaft, FS Stimpel, 1985, 205; *K. Schmidt*, Liquidationszweck und Vertretungsmacht der Liquidatoren, AcP 174 (1974), 55; *ders.*, Die Handels-Personengesellschaft in Liquidation, ZHR 153 (1989), 270; *ders.*, Die Prokura in Liquidation und Konkurs der Handelsgesellschaften, BB 1989, 229.

Übersicht

	RdNr.		RdNr.
I. Normzweck	1	2. Rechtsfolgen	11–14
		a) Liquidationsgesellschaft	11
II. Entstehungsgeschichte	2, 3	b) Liquidationszweck	12
III. Anwendungsbereich	4, 5	c) Liquidationspflicht	13, 14
IV. Liquidation	6–14	V. Andere Art der Auseinandersetzung	15–24
1. Voraussetzungen	6–10	1. Vereinbarung der Gesellschafter	16, 17
a) Auflösung der Gesellschaft	7	2. Zustimmungserfordernisse	18–21
b) Aktivvermögen	8	3. Formen der Auseinandersetzung anderer Art	22–24
c) Insolvenzverfahren	9		
d) Löschung wegen Vermögenslosigkeit	10		

I. Normzweck

1   Die **Auflösung** (§ 131) beseitigt die Gesellschaft nicht, sie besteht als **Rechtsträger** zunächst fort. Die §§ 145 ff. bestimmen, dass sie nunmehr abzuwickeln ist; sie enthalten weiterhin Regelungen über die Art und Weise der Abwicklung. Den Gesellschaftern steht es allerdings frei, eine **andere Art der Auseinandersetzung** zu wählen; dies ist in den Fällen des Abs. 2, nämlich der Kündigung der Gesellschaft durch den Gläubiger eines Gesellschafters (§ 135) oder der Gesellschafterinsolvenz, von der Zustimmung des Gläubigers oder des Insolvenzverwalters abhängig. Wird das **Insolvenzverfahren** über das Vermögen der Gesellschaft eröffnet, so ist weder für eine Liquidation noch für eine andere Art der Auseinandersetzung Raum.

II. Entstehungsgeschichte

2   Das **Handelsrechtsreformgesetz** vom 22. 6. 1998 (BGBl. I S. 1474) hat § 145 nicht geändert, aber durch die Neufassung des § 131 Einfluss auf dessen Anwendungsbereich genommen. In der Person eines Gesellschafters liegende Gründe, die nach früherem Recht die Auflösung und damit die Abwicklung der Gesellschaft zur Folge hatten, führen nach § 131 Abs. 3 nur noch zum Ausscheiden des betroffenen Gesellschafters. Vorbehaltlich einer anderweitigen Regelung im Gesellschaftsvertrag ergeben sich die Auflösungsgründe jetzt aus § 131 Abs. 1.

3   Die am 1. 1. 1999 in Kraft getretene **Insolvenzordnung** hat nicht nur redaktionelle Änderungen gebracht.[1] Bei den Zustimmungserfordernissen des Abs. 2 ist die neu in das Insolvenzrecht einge-

---

[1] Vgl. dazu Staub/*Habersack* Vor § 145 RdNr. 9; Heymann/*Sonnenschein*/*Weitemeyer* Vor § 145 RdNr. 3 ff.

führte Möglichkeit der Eigenverwaltung (§ 270 InsO) berücksichtigt worden. Abs. 3 spricht aus, dass auch nach Löschung einer atypischen OHG oder KG wegen Vermögenslosigkeit, die gemäß § 131 Abs. 2 Nr. 2 Auflösungsgrund ist, eine Liquidation stattfindet, wenn doch noch verteilungsfähiges Vermögen vorhanden ist.

III. Anwendungsbereich

Die Liquidationsvorschriften gelten für **OHG** und – über § 161 Abs. 2 – **KG,** weiterhin für die **fehlerhafte Gesellschaft** und die Gesellschaft kraft Eintragung nach § 5. Sie sind schließlich ohne Rücksicht auf die Eintragung in das Handelsregister auf alle Personengesellschaften anzuwenden, deren Unternehmen nach Art oder Umfang einen in kaufmännischer Weise eingerichteten Gewerbebetrieb erfordert; das ist Folge der Einführung des einheitlichen Kaufmannsbegriffs und des Verzichts auf die konstitutive Wirkung der Handelsregistereintragung bei Vorliegen der Voraussetzungen des § 1 Abs. 2. Mit der Öffnung der Rechtsform der Personenhandelsgesellschaft für Kleingewerbetreibende und Vermögensverwaltungsgesellschaften (§§ 2, 105 Abs. 2) hat sich der Anwendungsbereich weiter vergrößert; lassen sich diese, was konstitutiv wirkt, in das Handelsregister eintragen, so erfolgt die Abwicklung nach den §§ 145 ff.

Für die Liquidation der aufgelösten **Partnerschaft** verweist § 10 Abs. 1 PartGG auf die Liquidationsvorschriften des HGB. Auch die Liquidation der **Europäischen Wirtschaftlichen Interessenvereinigung** (vgl. § 128 RdNr. 4) ist grundsätzlich nach den §§ 145 ff. durchzuführen, wie aus § 1 EWIV-Ausführungsgesetz vom 14. 4. 1988 und Art. 35 EWIV-Verordnung vom 25. 7. 1985 folgt, die das einzelstaatliche Recht für anwendbar erklären, soweit nicht die EWIV-Verordnung gilt. Nach § 10 EWIV-Ausführungsgesetz erfolgt die Abwicklung der Vereinigung durch die Geschäftsführer. Für die **Gesellschaft bürgerlichen Rechts** gelten hingegen die Auseinandersetzungsvorschriften der §§ 730 ff. BGB.

IV. Liquidation

1. Voraussetzungen. Nach Abs. 1 ist die Gesellschaft zu liquidieren, wenn nicht die Gesellschafter eine andere Art der Auseinandersetzung vereinbart haben oder ein Insolvenzverfahren über das Vermögen der Gesellschaft eröffnet ist.

a) Auflösung der Gesellschaft. Die Liquidation setzt die Auflösung der Gesellschaft aus den Gründen des § 131 Abs. 1 oder im Gesellschaftsvertrag vereinbarten zusätzlichen Tatbeständen voraus. Die Gesellschaft darf noch nicht vollbeendet, also als Rechtsträger erloschen sein.[2] Der Auflösungsgrund kann wegfallen, weil die Gesellschafter die **Fortsetzung der Gesellschaft** beschließen; dann wandelt sich die in Abwicklung befindliche Gesellschaft in eine werbende um, die Notwendigkeit der Liquidation besteht nicht mehr.[3] In den Fällen der Gesamtrechtsnachfolge nach der Übernahme des Gesellschaftsvermögens durch einen Gesellschafter oder die Übertragung aller Gesellschaftsanteile auf einen Dritten – beides führt zum Erlöschen der Gesellschaft als Rechtsträger – findet eine Liquidation nicht statt.[4]

b) Aktivvermögen. Eine Liquidation oder eine andere Art der Auseinandersetzung sind nur möglich, wenn noch Aktivvermögen vorhanden ist.[5] Das Bestehen von Gesellschaftsverbindlichkeiten oder von Sozialansprüchen der ansonsten vermögenslosen Gesellschaft gegen ihre Gesellschafter erfordert kein Abwicklungsverfahren,[6] weil die Gesellschafter den Gesellschaftsgläubigern persönlich für die Schulden haften und der interne Ausgleich zwischen den Gesellschaftern nach Gesamtschuldregeln stattfindet. Die vermögenslose Gesellschaft ist deshalb mit ihrer Auflösung voll beendet, für eine Abwicklung ist kein Raum.

c) Insolvenzverfahren. Wird die Gesellschaft gemäß § 131 Abs. 1 Nr. 3 durch die Eröffnung des Insolvenzverfahrens über ihr Vermögen aufgelöst, so sind nach Abs. 1 sowohl die Liquidation wie eine andere Art der Auseinandersetzung ausgeschlossen. Das Gesellschaftsvermögen wird nunmehr nach den Vorschriften der InsO vom Insolvenzverwalter verwaltet und zu Gunsten der Gläubiger

---

[2] MünchKommHGB/*K. Schmidt* RdNr. 16; Staub/*Habersack* RdNr. 8.
[3] BGH Urt. v. 4. 4. 1951 – II ZR 10/50, BGHZ 1, 324, 327 = NJW 1953, 650; Urt. v. 12. 11. 1952 – II ZR 260/51, BGHZ 8, 35, 38 = NJW 1953, 102.
[4] MünchKommHGB/*K. Schmidt* RdNr. 33 f.; Staub/*Habersack* RdNr. 8, 39 f.
[5] BGH Urt. v. 11. 4. 1957 – VII ZR 280/56, BGHZ 24, 91, 93 f. = NJW 1957, 989; Urt. v. 28. 11. 1957 – II ZR 55/57, BGHZ 26, 126, 130 f. = NJW 1958, 299 f.; RG Urt. v. 30. 10. 1897 – I 219/97, RGZ 40, 29, 31; Röhricht/Graf von Westphalen/*von Gerkan* RdNr. 1; Heymann/*Sonnenschein/Weitemeyer* RdNr. 3.
[6] So aber MünchKommHGB/*K. Schmidt* RdNr. 17; Staub/*Habersack* RdNr. 9.

verwertet. Durch die Bestimmungen der InsO werden dem **Insolvenzverwalter Liquidatorenfunktionen übertragen**, so dass dem Insolvenzverfahren anders als bisher kein Abwicklungsverfahren mehr zu folgen hat.[7] Die Insolvenzmasse umfasst nach § 35 InsO das gesamte Vermögen der Gesellschaft einschließlich des **Neuerwerbs** nach Verfahrenseröffnung.[8] Der Insolvenzverwalter hat nach § 199 S. 2 InsO einen eventuellen Überschuss nach den gesellschaftsrechtlichen oder vertraglichen Bestimmungen über die Verteilung des Gesellschaftsvermögens an die Gesellschafter herauszugeben. Damit soll vermieden werden, dass sich, dem Insolvenzverfahren noch eine gesellschaftsrechtliche Liquidation anschließen muss.[9]

10   **d) Löschung wegen Vermögenslosigkeit.** Gemäß Abs. 3 findet nach Löschung der Gesellschaft wegen Vermögenslosigkeit eine Liquidation nur statt, wenn sich nach der Löschung das Vorhandensein verteilungsfähigen Vermögens herausstellt. Diese Regelung nimmt Bezug auf den durch Art. 23 EGInsO in das FGG eingefügten § 141 a Abs. 3, wonach OHG und KG, bei denen kein persönlich haftender Gesellschafter eine natürliche Person ist, von Amts wegen zu löschen sind, wenn weder die Gesellschaft noch ihre persönlich haftenden Gesellschafter Vermögen besitzen; dadurch soll vermieden werden, dass solche Gesellschaften weiterhin am Geschäftsverkehr teilnehmen.[10] Mit der Löschung wird die atypische OHG oder KG nach § 131 Abs. 2 Nr. 2 aufgelöst. Das hat die Vollbeendigung ohne Liquidation zur Folge.[11] Findet sich allerdings nach der Löschung verteilungsfähiges Vermögen, so ist wie sonst auch zu liquidieren; das folgt aus den Grundsätzen der **Liquidationsgesellschaft**.[12] Die Löschung, darin erschöpft sich die Bedeutung von Abs. 3, steht der Liquidation dann nicht entgegen.

11   **2. Rechtsfolgen. a) Liquidationsgesellschaft.** Mit ihrer Auflösung tritt die Gesellschaft sofort in das Liquidationsstadium ein, das erst mit der Vollbeendigung durch restlose Verteilung des Gesellschaftsvermögens endet. In diesem Zeitraum besteht sie als Abwicklungs- oder Liquidationsgesellschaft fort. Diese ist nach allgemeiner Meinung mit der werbenden Gesellschaft identisch und bleibt Handelsgesellschaft.[13] Insbesondere ist sie weiterhin rechts- und parteifähig. Im Verhältnis zu Dritten bleibt sie als **Rechtsträger** erhalten; Rechtsverhältnisse mit Dritten und laufende Prozesse werden von den Beginn der Liquidation nicht berührt. Allerdings ändern sich ihre Geschäftsführungs- und Vertretungsverhältnisse nach Maßgabe der §§ 146 ff. Diese Befugnisse gehen auf die mit den Gesellschaftern nicht unbedingt personengleichen Liquidatoren über, der Grundsatz der Selbstorganschaft gilt nicht mehr uneingeschränkt.

12   **b) Liquidationszweck.** Mit der Auflösung der Gesellschaft ändert sich deren Zweck; dieser ist jetzt nicht mehr auf den Betrieb eines Handelsgewerbes gerichtet, sondern auf die **vermögensmäßige Abwicklung und Vollbeendigung** der Gesellschaft.[14] Im Verhältnis der Gesellschafter untereinander bleibt die gesellschaftliche Treuepflicht auch während der Abwicklung bestehen; ihr Inhalt und Umfang werden aber nunmehr durch den Zweck der Liquidation bestimmt. Entsprechend dem Fortschreiten des Liquidationsstadiums schwächt sie sich immer mehr ab, so dass es einem Gesellschafter nicht verwehrt sein kann, sich auf dem Gebiet der abzuwickelnden Gesellschaft wirtschaftlich zu betätigen.[15]

13   **c) Liquidationspflicht.** Die Gesellschafter sind nach der Auflösung untereinander verpflichtet, den Liquidationszweck zu fördern und auf die Abwicklung der Gesellschaft und deren Beseitigung als Rechtsträger hinzuwirken. Sie sind aber nicht gehindert, durch Beschluss **die bisherige Gesellschaft fortzusetzen** und damit die in der Abwicklung befindliche Gesellschaft wieder in eine werbende umzugestalten.[16] Es steht ihnen weiter frei, die Abwicklung bei Vorliegen beachtlicher Gründe für eine absehbare Zeit aufzuschieben; während dieser Zeit darf die werbende Tätigkeit fortgeführt werden.[17] Anerkennenswerte Gründe liegen etwa dann vor, wenn die mit der Einstellung

---

[7] Vgl. *MünchkommHGB/K. Schmidt* RdNr. 15; *Staub/Habersack* RdNr. 54 ff.; *Röhricht/Graf v. Westphalen/v. Gerkan* RdNr. 14 f.
[8] *MünchKommHGB/K. Schmidt* Anhang nach § 158 RdNr. 41, 43; *Staub/Habersack* RdNr. 56.
[9] *MünchKommInsO/Füchsl/Weishäupl* § 199 RdNr. 2; HK-InsO/*Irschlinger* § 199 RdNr. 3; *Schmidt-Räntsch* Insolvenzordnung Anm. zu § 199.
[10] *Schmidt-Räntsch* Insolvenzordnung Art. 23 EGInsO RdNr. 5.
[11] *Staub/Habersack* RdNr. 11, 12; *Heymann/Sonnenschein/Weitemeyer* Vor § 145 RdNr. 4.
[12] BGH Beschl. v. 23. 2. 1970 – II ZB 5/69, BGHZ 53, 264, 266 = NJW 1970, 1044, 1045; Urt. v. 21. 6. 1979 – IX ZR 69/75, NJW 1979, 1987; *K. Schmidt* GesR § 11 V 6.
[13] *MünchKommHGB/K. Schmidt* RdNr. 20 ff.; *Staub/Habersack* RdNr. 13; *Röhricht/Graf von Westphalen/von Gerkan* RdNr. 4; *Heymann/Sonnenschein/Weitemeyer* RdNr. 5.
[14] RG Urt. v. 21. 1. 1929 – VIII 286/28, RGZ 123, 151, 155; *Staub/Habersack* RdNr. 16 f.; *Heymann/Sonnenschein/Weitemeyer* RdNr. 5, 10; aA *MünchKommHGB/K. Schmidt* RdNr. 28 f.
[15] BGH Urt. v. 11. 1. 1971 – II ZR 143/68, NJW 1971, 802.
[16] BGH Urt. v. 4. 4. 1951 (Fn. 3); BGH Urt. v. 19. 6. 1995 – II ZR 255/93, NJW 1995, 2843, 2844.
[17] BGH Urt. v. 4. 4. 1951 (Fn. 3), S. 328 f.; BGH Urt. v. 19. 6. 1995 (Fn. 16).

des Geschäftsbetriebes verbundene Zerschlagung wirtschaftlicher Werte vermieden werden soll, weil die Gesellschafter um das Übernahmerecht nach § 142 streiten oder weil sie einen günstigeren Zeitpunkt für die Veräußerung des Unternehmens abwarten wollen. Unwirksam ist jedoch eine Vereinbarung der Gesellschafter, mit der sie die Liquidation oder eine andere Art der Auseinandersetzung ausschließen, weil dadurch die nach Auflösung der Gesellschaft notwendige Verteilung des gesamthänderisch gebundenen Vermögens an die Gesellschafter verhindert werden würde.[18]

Eine Pflicht zur Liquidation **Dritten gegenüber** oder ein Verbot, die in Liquidation befindliche Gesellschaft wie eine werbende Gesellschaft fortzuführen, bestehen auch dann nicht, wenn der Auflösungsgrund dem Schutz von Gläubigerinteressen dient.[19] Das Unterlassen der an sich gebotenen Liquidation kann allerdings **Haftungsfolgen** auslösen, etwa in dem Fall, dass die Gesellschafter einer nach dem Wegfall ihres einzigen Komplementärs aufgelösten KG diese fortführen. Stellen sie die werbende Tätigkeit nicht ein, so haften sie für die Gesellschaftsverbindlichkeiten ohne die Beschränkung des § 171 Abs. 1 nach den §§ 128, 130.[20]

V. Andere Art der Auseinandersetzung

Nach Abs. 1 können die Gesellschafter anstelle des gesetzlichen Liquidationsverfahrens eine **andere Art der Abwicklung** wählen, sofern nicht das Insolvenzverfahren über das Vermögen der Gesellschaft eröffnet ist. In den Fällen des Abs. 2 ist dies von den dort genannten Zustimmungserfordernissen abhängig.

1. Vereinbarung der Gesellschafter. Die Vereinbarung einer anderen Art der Auseinandersetzung ist Bestandteil des Gesellschaftsvertrages.[21] Die Gesellschafter können bereits bei der Gründung oder durch spätere Änderung des Gesellschaftsvertrages regeln, in welcher Weise die Gesellschaft im Fall der Auflösung abgewickelt werden soll. Zulässig ist eine derartige Vereinbarung auch noch nach der Auflösung und während des Abwicklungsstadiums; eine bereits nach den §§ 145 ff. begonnene Liquidation wird dadurch beendet.[22] Die den Gesellschaftsvertrag ändernde nachträgliche Beschlussfassung hat **einstimmig** zu erfolgen. **Mehrheitsbeschlüsse** sind unter Beachtung des sog. **Bestimmtheitsgrundsatzes**[23] zulässig, wenn das Statut unter Abweichung von dem das Recht der Personenhandelsgesellschaften beherrschenden Einstimmigkeitsgrundsatz Mehrheitsentscheidungen zulässt; in diesem Fall sind Vereinbarungen möglich, die die Art und Weise der Abwicklung regeln, ohne ungewöhnliche Liquidationsfolgen zu enthalten.[24] Unwirksam ist etwa eine gegen den Willen eines Gesellschafters getroffene Vereinbarung, nach der das Gesellschaftsvermögen rückwirkend liquidationslos auf einen Gesellschafter übergehen soll,[25] oder eine solche, die in das zum Kernbereich der Mitgliedschaft zählende Recht auf die Beteiligung am Liquidationserlös eingreift.[26] Auch außerhalb des Geltungsbereichs des Bestimmtheitsgrundsatzes kann ein Gesellschafter aus dem Gesichtspunkt seiner **Treuepflicht** im Gesellschaftsinteresse gehalten sein, einer Abwicklungsvereinbarung zuzustimmen; die Mitwirkung an einer derartigen Änderung des Gesellschaftsvertrages ist ihm zuzumuten, wenn sie im Gesellschaftsinteresse geboten ist und nicht in die ihm nach Gesetz und Statut zustehenden wesentlichen Gesellschafterrechte eingreift.[27]

Sind an der Gesellschaft **nicht voll geschäftsfähige Mitglieder** beteiligt, so bedarf eine vor Auflösung getroffene Vereinbarung, die vorsieht, das Unternehmen insgesamt zu veräußern, der Genehmigung des Vormundschaftsgerichts nach den §§ 1822 Nr. 3, 1643 Abs. 1 BGB,[28] weil dieser Vorgang als Veräußerung eines Erwerbsgeschäftes anzusehen ist. Nach § 1821 Abs. 1 Nr. 5 BGB sind Vereinbarungen genehmigungspflichtig, durch die der nicht voll geschäftsfähige Gesellschafter das

---

[18] BGH Urt. v. 4. 4. 1951 (Fn. 3), S. 328 f.
[19] Röhricht/Graf von Westphalen/*von Gerkan* RdNr. 3; anders MünchKommHGB/*K. Schmidt* RdNr. 24 ff.; Staub/*Habersack* RdNr. 21.
[20] BGH Urt. v. 23. 11. 1978 – II ZR 20/78, NJW 1979, 1705, 1706; MünchKommHGB/*K. Schmidt* RdNr. 26; Staub/*Habersack* RdNr. 21.
[21] MünchKommHGB/*K. Schmidt* RdNr. 45; Staub/*Habersack* RdNr. 23; Heymann/*Sonnenschein/Weitemeyer* RdNr. 13.
[22] BayObLG Beschl. v. 30. 12. 1980 – BReg. 1 Z 108/80, DB 1981, 518; OLG Hamm Beschl. v. 31. 10. 1983 – 15 W 134/83, ZIP 1984, 180, 181.
[23] BGH Urt. v. 10. 10. 1994 – II ZR 18/94, NJW 1995, 194 f.
[24] BGH Urt. v. 12. 5. 1966 – II ZR 254/63, WM 1966, 876; Staub/*Habersack* RdNr. 24; Heymann/*Sonnenschein/Weitemeyer* RdNr. 13.
[25] BGH (Fn. 24).
[26] BGH (Fn. 23).
[27] BGH (Fn. 23); Staub/*Habersack* RdNr. 23.
[28] RG Urt. v. 4. 12. 1928 – II 486/28, RGZ 122; 370, 371 f.; KG Beschl. v. 10. 9. 1919, OLGE 40, 96, 97; Heymann/*Sonnenschein/Weitemeyer* RdNr. 14; Röhricht/Graf von Westphalen/*von Gerkan* RdNr. 6; aA MünchKommHGB/*K. Schmidt* RdNr. 48; Staub/*Habersack* RdNr. 26.

Unternehmen oder ein zu dem Gesellschaftsvermögen gehörendes Grundstück erwirbt.[29] Anderes gilt, wenn die Veräußerung des Unternehmens nach der Auflösung beschlossen wird. Da der Zweck der Gesellschaft nunmehr auf die Liquidation gerichtet ist, besteht ein Erwerbsgeschäft nicht mehr, die dem Schutz der nicht voll Geschäftsfähigen dienenden Genehmigungspflichten greifen nicht ein.[30] Die Veräußerung eines Grundstückes der Gesellschaft nach deren Auflösung unterliegt nicht dem Genehmigungserfordernis des § 1821 Abs. 1 Nr. 1 BGB.[31]

18   **2. Zustimmungserfordernisse.** Nach Abs. 2 kann die Liquidation nach den gesetzlichen Regeln nur dann durch eine andere Art der Auseinandersetzung ersetzt werden, wenn im Fall der Kündigung der Gesellschaft durch den Gläubiger eines Gesellschafters der **Privatgläubiger,** im Fall der Eröffnung des Insolvenzverfahrens über das Vermögen eines Gesellschafters der **Insolvenzverwalter** und bei Anordnung der Eigenverwaltung nach § 270 InsO der **Schuldner,** also der Gesellschafter, zustimmen. Die Vorschrift schützt den betreffenden Gläubiger bzw. die Gläubigergesamtheit. Ohne Zustimmung dieses Personenkreises soll die Verwertung des Gesellschaftsvermögens nicht unterbleiben dürfen, ihnen soll der Zugriff auf das Auseinandersetzungsguthaben oder die Liquidationsquote, der ihnen bei einer anderen Art der Auseinandersetzung genommen werden könnte, erhalten bleiben.[32]

19   Voraussetzung der Zustimmungserfordernisse ist die auf Grund Vereinbarung im Gesellschaftsvertrag – über die gesetzlich geregelten Auflösungsgründe des § 131 Abs. 1 hinaus und entgegen § 131 Abs. 3 Nr. 2 und 4, der für diesen Fall nur ein Ausscheiden des betroffenen Gesellschafters vorsieht – infolge Gesellschafterinsolvenz oder Kündigung durch den Privatgläubiger eines Gesellschafter erfolgte **Auflösung der Gesellschaft.** Dem steht es gleich, wenn nach der Auflösung ein Gesellschafter in die Insolvenz gerät oder ein Gläubiger den Auseinandersetzungsanspruch pfändet.[33] Die Abtretung oder die Pfändung des künftigen Anspruchs auf das Auseinandersetzungsguthaben genügen hingegen nicht; in diesem Fall hat der Gläubiger als Rechtsnachfolger die Beschlussfassung der Gesellschafter über die Art der Abwicklung hinzunehmen.[34]

20   Erfasst werden nur **nach** der Eröffnung des Insolvenzverfahrens oder der Pfändung getroffene Vereinbarungen. An eine bis zu diesem Zeitpunkt wirksam vereinbarte Abwicklungsregelung sind die zustimmungsberechtigten Personen gebunden, weil sie nicht mehr Rechte haben dürfen als der betreffende Gesellschafter selbst.[35] Allerdings können einseitig die Gläubiger benachteiligende Vereinbarungen wie etwa Regelungen, die nur für die in Abs. 2 geregelten Fälle gelten, wegen Sittenwidrigkeit unwirksam sein; dann gelten weiterhin die Zustimmungserfordernisse des Abs. 2.[36]

21   Die Zustimmung von Gläubiger, Insolvenzverwalter oder Schuldner unterliegt **freiem Ermessen,** das nur durch die Schranken der §§ 242, 226 BGB, nicht aber durch die gesellschafterliche Treuepflicht begrenzt wird.[37] Wird sie verweigert, so ist nach den gesetzlichen Bestimmungen abzuwickeln. Die Zustimmung des Insolvenzverwalters **ersetzt** die Mitwirkung des Gesellschafters an der Vereinbarung, weil diesem nach § 80 Abs. 1 InsO nunmehr das Verwaltungs- und Verfügungsrecht über dessen Vermögen zusteht. Bei der Eigenverwaltung behält der Gesellschafter dieses Recht, § 270 Abs. 1 InsO. Hingegen macht die Zustimmung des Privatgläubigers die Mitwirkung des betroffenen Gesellschafters an der Vereinbarung nicht entbehrlich.[38]

22   **3. Formen der Auseinandersetzung anderer Art.** Für die von den gesetzlichen Regeln der §§ 145 ff. abweichende Abwicklung stehen den Gesellschaftern zahlreiche Lösungen offen.[39] Das Gesellschaftsvermögen kann auf einen **Gesellschafter übertragen** werden,[40] indem die anderen Gesellschafter aus der Gesellschaft austreten oder ihre Gesellschaftsanteile dem verbleibenden Gesellschafter übertragen. Beides führt zur Vollbeendigung der Gesellschaft ohne Liquidation; die weichen-

---

[29] Staub/*Habersack* RdNr. 26; Heymann/*Sonnenschein*/*Weitemeyer* RdNr. 14.
[30] RG (Fn. 28).
[31] RG Urt. v. 14. 4. 1903 – VII 458/02, RGZ 54, 278, 281.
[32] MünchKommHGB/*K. Schmidt* RdNr. 49; Staub/*Habersack* RdNr. 27.
[33] MünchKommHGB/*K. Schmidt* RdNr. 54, 58; Staub/*Habersack* RdNr. 28; Heymann/*Sonnenschein*/*Weitemeyer* RdNr. 17.
[34] MünchKommHGB/*K. Schmidt* RdNr. 61.
[35] MünchKommHGB/*K. Schmidt* RdNr. 50, 53; Staub/*Habersack* RdNr. 30; Baumbach/*Hopt* RdNr. 11; Heymann/ *Sonnenschein*/*Weitemeyer* RdNr. 18.
[36] MünchKommHGB/*K. Schmidt* RdNr. 50, 53; Staub/*Habersack* RdNr. 30; Röhricht/Graf von Westphalen/*von Gerkan* RdNr. 10.
[37] MünchKommHGB/*K. Schmidt* RdNr. 57; Staub/*Habersack* RdNr. 32.
[38] MünchKommHGB/*K. Schmidt* RdNr. 55, 60; Staub/*Habersack* RdNr. 32 f.; Heymann/*Sonnenschein*/*Weitemeyer* RdNr. 18.
[39] Ausführlich MünchKommHGB/*K. Schmidt* RdNr. 31 ff.; Staub/*Habersack* RdNr. 35 ff.
[40] Vgl. etwa BFH Urt. v. 25. 6. 2002 –IX R 47/98, DStR 2002, 1524, 1525 f.

den Gesellschafter werden durch den Kaufpreis oder die Abfindung entschädigt. Bei der Übernahme durch einen Gesellschafter gilt für das Recht zur **Firmenfortführung** § 24 Abs. 2, so dass ausscheidende Mitgesellschafter, die der Firma als Firmengründer ihren Namen gegeben haben, ausdrücklich einwilligen müssen.[41]

Die verschiedenen Formen der **Umwandlung eines Rechtsträgers** haben ebenfalls eine Auflösung ohne Abwicklung zur Folge. Das gilt zunächst für den Fall der **Verschmelzung** (§§ 2 ff. UmwG) entweder im Wege der Aufnahme durch Übertragung des Gesellschaftsvermögens auf einen bestehenden Rechtsträger oder im Wege der Neugründung, weiter für die **Spaltung** nach den §§ 123 ff. UmwG in der Form der Aufspaltung, bei der das Gesellschaftsvermögen auf mindestens zwei übernehmende Rechtsträger übergeht. Die Abspaltung nach § 123 Abs. 2 UmwG, bei der nur ein Teil des Gesellschaftsvermögens abgegeben wird, hat hingegen den Fortbestand der Gesellschaft als Rechtsträger und die Notwendigkeit einer Liquidation zur Folge. Die **Vermögensübertragung** nach den §§ 174 ff. UmwG führt ebenso zur Auflösung ohne Abwicklung. Eine aufgelöste Gesellschaft kann schließlich, wenn ihre Fortsetzung in der bisherigen Rechtsform zulässig wäre, durch **Formwechsel** eine andere Rechtsform erhalten (§ 191 Abs. 3 UmwG). Trotz Identität des neuen Rechtsträgers mit der OHG oder KG kommt es nicht zu einer Liquidation; der neue Rechtsträger ist aber abzuwickeln, wenn nicht die Gesellschafter die Fortsetzung beschließen.[42]

23

Daneben können die Gesellschafter die Gesellschaft unter Erhaltung des Unternehmens liquidieren.[43] Darunter fallen der Erwerb des Unternehmens als ganzes aus der Liquidationsmasse durch einen Gesellschafter[44] und die Einbringung des Unternehmens in eine neu gegründete Gesellschaft. Die Gesellschaft erwirbt in diesen Fällen entweder den Erlös aus der Übernahme des Unternehmens oder die Anteile an dem neuen Unternehmen; diese Vermögenswerte sind anschließend zu verteilen. Möglich ist weiter die **Realteilung des Unternehmens** zwischen den Gesellschaftern, wobei diese einzelne Unternehmensteile übernehmen;[45] gegebenenfalls ist ein finanzieller Ausgleich zu vereinbaren. Schließlich können die Gesellschafter ihr Vermögen im Wege eines **Liquidationsvergleichs** auf einen Treuhänder übertragen, damit dieser es zu Gunsten der Gesellschafter verwertet;[46] danach hat, soweit erforderlich, ein interner Ausgleich zu erfolgen. Erfassen Vereinbarungen dieser Art nur einen Teil des Unternehmens, so hat bezüglich des verbleibenden Restes eine Abwicklung stattzufinden.

24

§ 146 [Bestellung der Liquidatoren]

(1) ¹Die Liquidation erfolgt, sofern sie nicht durch Beschluß der Gesellschafter oder durch den Gesellschaftsvertrag einzelnen Gesellschaftern oder anderen Personen übertragen ist, durch sämtliche Gesellschafter als Liquidatoren. ²Mehrere Erben eines Gesellschafters haben einen gemeinsamen Vertreter zu bestellen.

(2) ¹Auf Antrag eines Beteiligten kann aus wichtigen Gründen die Ernennung von Liquidatoren durch das Gericht erfolgen, in dessen Bezirke die Gesellschaft ihren Sitz hat; das Gericht kann in einem solchen Falle Personen zu Liquidatoren ernennen, die nicht zu den Gesellschaftern gehören. ²Als Beteiligter gilt außer den Gesellschaftern im Falle des § 135 auch der Gläubiger, durch den die Kündigung erfolgt ist. ³Im Falle des § 145 Abs. 3 sind die Liquidatoren auf Antrag eines Beteiligten durch das Gericht zu ernennen.

(3) Ist über das Vermögen eines Gesellschafters das Insolvenzverfahren eröffnet und ist ein Insolvenzverwalter bestellt, so tritt dieser an die Stelle des Gesellschafters.

Übersicht

	RdNr.		RdNr.
I. Normzweck	1	2. Mehrere Erben eines Gesellschafters	5–8
II. Gesellschafter als geborene Liquidatoren	2–8	III. Bestimmung der Liquidatoren durch Gesellschaftsvertrag oder Gesellschafterbeschluss	9–11
1. Grundsatz	2–4		

---

[41] BGH Urt. v. 9. 1. 1989 – II ZR 142/88, NJW 1989, 1798, 1799.
[42] Staub/*Habersack* RdNr. 44; Röhricht/Graf von Westphalen/*von Gerkan* RdNr. 8.
[43] MünchKommHGB/*K. Schmidt* RdNr. 38 ff.; Röhricht/Graf von Westphalen/*von Gerkan* RdNr. 9.
[44] OLG Oldenburg Beschl. v. 17. 1. 1955 – 3 Wx 70/54, WM 1955, 383 f.
[45] RG Urt. v. 22. 12. 1922 – II 621/22, RGZ 106, 128, 130 f.
[46] BGH Urt. v. 28. 11. 1957 (Fn. 5).

§ 146 1–4　　　　　　　　　　　2. Buch. 1. Abschnitt. Offene Handelsgesellschaft

	RdNr.		RdNr.
IV. Ernennung durch das Gericht	12–19	4. Löschung wegen Vermögenslosigkeit	19
1. Wichtiger Grund	13, 14	**V. Gesellschafterinsolvenz**	20
2. Antragsberechtigung	15		
3. Verfahren	16–18		

I. Normzweck

1　　Mit der Auflösung der Gesellschaft erlöschen die auf Gesetz oder Gesellschaftsvertrag beruhenden Befugnisse der Gesellschafter zur Geschäftsführung und zur Vertretung. § 146 bestimmt, dass die Liquidatoren diese Aufgabe bis zur Vollbeendigung der Gesellschaft übernehmen. Grundsätzlich sind sämtliche Gesellschafter als Liquidatoren berufen, es sei denn, durch Gesellschaftsvertrag oder Gesellschafterbeschluss ist etwas anderes bestimmt. Abs. 2 Satz 1 ermöglicht im Interesse der Handlungsfähigkeit der Gesellschaft die Ernennung der Liquidatoren durch das Gericht, falls eine ordnungsgemäße Abwicklung ansonsten nicht zu erwarten ist. Die weiteren Bestimmungen der Norm dienen dem Schutz Dritter, deren Rechte durch die Liquidation betroffen sein können. Abs. 2 Satz 2 verleiht neben den Gesellschaftern dem Privatgläubiger eines Gesellschafters – im Fall des § 135 – und dem Insolvenzverwalter über das Vermögen eines Gesellschafters das Antragsrecht für die gerichtliche Ernennung von Liquidatoren. Abs. 2 Satz 3, der durch Art. 40 Nr. 14 EGInsO vom 5. 10. 1994[1] in das Gesetz eingefügt worden ist, nimmt Bezug auf die §§ 145 Abs. 3, 131 Abs. 2 Nr. 2 und ordnet an, dass die Liquidatoren der atypischen OHG oder KG, die wegen Vermögenslosigkeit gelöscht worden ist, bei der sich aber nach der Löschung noch Vermögen findet, stets durch das Gericht ernannt werden. Abs. 3 lässt im Fall der Gesellschafterinsolvenz den Insolvenzverwalter an die Stelle des Gesellschafters treten.

II. Gesellschafter als geborene Liquidatoren

2　　**1. Grundsatz.** Nach dem Grundsatz des Abs. 1 Satz 1 sind, soweit sie nichts anderes vereinbart haben, sämtliche Gesellschafter Liquidatoren, unabhängig davon, ob sie in der werbenden Gesellschaft Geschäftsführungs- und Vertretungsmacht besaßen, ob sie davon ausgeschlossen oder ihnen diese Befugnisse entzogen waren. In der KG ist auch der Kommanditist Liquidator.[2] Ebenfalls Liquidator ist der Gesellschafter, dessen Privatgläubiger den Geschäftsanteil gepfändet und die Gesellschaft gekündigt hat; der Privatgläubiger wird nicht Abwickler, sondern hat nur das Widerspruchsrecht aus § 145 Abs. 2 und das Antragsrecht aus § 146 Abs. 2 Satz 2.[3] Für nicht voll geschäftsfähige Gesellschafter handelt deren gesetzlicher Vertreter, der aber dadurch nicht selbst zum Liquidator wird.[4] Juristische Personen und Personenhandelsgesellschaften als Mitglieder einer OHG oder KG sind ebenso als Abwickler berufen; sie handeln durch ihre organschaftlichen oder sonst bevollmächtigten Vertreter.[5]

3　　Das Amt der geborenen Liquidatoren beginnt sofort mit der **Auflösung der Gesellschaft** und endet mit deren **Vollbeendigung**. Die Vertretungsbefugnis der Liquidatoren besteht fort, wenn sich nach der Beendigung der Abwicklung und der auf Anzeige der Liquidatoren erfolgten Löschung im Handelsregister herausstellt, dass noch Aktivvermögen vorhanden und deshalb eine **Nachtragsliquidation** erforderlich ist; die für AG und – entsprechend – GmbH geltende Bestimmung des § 273 Abs. 4 AktG, wonach das Gericht in diesem Fall die Abwickler zu bestellen hat, lässt sich mit Ausnahme der körperschaftlich verfassten Publikums-KG (s. dazu § 177a Anh. B RdNr. 122) nicht auf die Personenhandelsgesellschaft übertragen.[6] Im Fall der wegen Vermögenslosigkeit gelöschten atypischen OHG oder KG hat allerdings das Gericht die Abwickler zu bestellen (Abs. 2 Satz 3).

4　　Eine **Vergütung** können die Gesellschafter für ihre Tätigkeit als Liquidatoren, die zu den ihnen nach dem Gesellschaftsvertrag obliegenden Pflichten gehört, nur dann beanspruchen, wenn dies im Gesellschaftsvertrag oder durch Gesellschafterbeschluss vereinbart ist oder wenn ihre Dienste über das Maß des Üblichen hinausgehen.[7]

---

[1] BGBl. I S. 2911; vgl. dazu Staub/*Habersack* RdNr. 4; Heymann/*Sonnenschein/Weitemeyer* Vor § 145 RdNr. 6.
[2] BGH Urt. v. 24. 9. 1982 – V ZR 188/79, WM 1982, 1170; OLG Hamm Urt. v. 5. 3. 2003 – 8 U 130/02, NZG 2003, 627.
[3] Staub/*Habersack* RdNr. 10; Heymann/*Sonnenschein/Weitemeyer* RdNr. 2.
[4] MünchKommHGB/*K. Schmidt* RdNr. 4; Staub/*Habersack* RdNr. 10.
[5] BayObLG Beschl. v. 21. 9. 1994 – 3 Z BR 177/94, ZIP 1994, 1767, 1768.
[6] BGH Urt. v. 21. 6. 1979 – IX ZR 69/75, NJW 1979, 1987; Urt. v. 2. 6. 2003 – II ZR 102/02, NJW 2003, 2676 f.; BayObLG Beschl. v. 5. 11. 1992 – 3 Z BR 46/92, ZIP 1993, 1086, 1088; OLG Hamm Beschl. v. 13. 7. 1990 – 15 W 40/90, NJW-RR 1990, 1371, 1372 f.; Beschl. v. 5. 9. 1996 – 15 W 125/96, DB 1996, 2326, 2327.
[7] BGH Urt. v. 21. 5. 1955 – IV ZR 7/55, BGHZ 17, 299, 301 = NJW 1955, 1227.

2. Mehrere Erben eines Gesellschafters. Nach Abs. 1 Satz 2 haben mehrere Erben eines 5 Gesellschafters einen **gemeinsamen Vertreter** zu bestellen. Hintergrund dieser Regelung ist der Umstand, dass bei Tod eines Gesellschafters die Mitgliedschaft in der dadurch aufgelösten Gesellschaft der Erbengemeinschaft zur gesamten Hand anfällt; die Verwaltung des Nachlasses steht den Miterben nach § 2038 Abs. 1 BGB gemeinschaftlich zu. Damit die oft komplizierte und langwierige Willensbildung in einer Erbengemeinschaft das Liquidationsverfahren nicht aufhält, sollen die Miterben das Liquidatorenamt durch einen dafür bestellten gemeinsamen Vertreter ausüben, sofern nicht die Mitgesellschafter mit einem gemeinsamen Handeln der Miterben einverstanden sind. Dieselben Grundsätze gelten für den Fall, dass ein Gesellschafter nach Auflösung verstirbt und mehrere Erben hinterlässt.[8]

Der **gemeinsame Vertreter** wird durch Mehrheitsbeschluss der Erben bestellt (§§ 2038 Abs. 2, 6 745 Abs. 1 BGB). Dabei trifft die Erben untereinander eine Mitwirkungspflicht. In der Auswahl des Vertreters sind sie frei; es kommen sowohl ein Miterbe wie ein Dritter in Frage. Bestellen sie einen der anderen Liquidatoren als gemeinsamen Vertreter, so ist im Hinblick auf das Verbot des Selbstkontrahierens gemäß § 181 BGB Einstimmigkeit erforderlich. Der Aufgabenbereich des gemeinsamen Vertreters umfasst nur die Ausübung des Liquidatorenamts, die Wahrnehmung der mitgliedschaftlichen Rechte verbleibt bei den Erben.[9]

Nach Abs. 1 Satz 2 sind die Erben verpflichtet, einen gemeinsamen Vertreter zu bestellen. Die 7 Erfüllung dieser Verpflichtung ist jedoch **nicht im Klagewege erzwingbar,** die Erben können sich, wenn sie untätig bleiben, allenfalls schadensersatzpflichtig machen.[10] Gestatten die anderen Gesellschafter in diesem Fall ein gemeinsames Handeln der Erben nicht, so wird die Gesellschaft trotzdem nicht handlungsunfähig; zur Abwicklung sind dann die übrigen Gesellschafter allein berufen.[11] Droht die Gesellschaft auf Grund der Untätigkeit der Erben **handlungsunfähig** zu werden, so kann nach Abs. 2 S. 1 ein Liquidator durch das Gericht bestellt werden.[12] Das Recht zur Bestellung eines gemeinsamen Vertreters bleibt den Erben während der gesamten Dauer des Liquidationsverfahren erhalten; sie können deshalb ihrer Verpflichtung auch nachträglich nachkommen.

Ist Testamentsvollstreckung angeordnet, so ist der **Testamentsvollstrecker** Liquidator bzw. übt 8 dieses Amt aus; der Bestellung eines gemeinsamen Vertreters bedarf es nicht.[13]

III. Bestimmung der Liquidatoren durch Gesellschaftsvertrag oder Gesellschafterbeschluss

Den Gesellschaftern steht es frei, **vom Grundsatz des Abs. 1 Satz 1 abzuweichen** und durch 9 den Gesellschaftsvertrag bzw. diesen ändernde Vereinbarungen oder durch Gesellschafterbeschluss, der auch noch nach Auflösung der Gesellschaft gefasst werden kann, die Durchführung der Liquidation einzelnen Gesellschaftern oder Dritten zu übertragen. Der Gesellschafterbeschluss hat grundsätzlich **einstimmig** zu erfolgen, es sei denn der Gesellschaftsvertrag lässt unter Beachtung des Bestimmtheitsgrundsatzes (vgl. § 145 RdNr. 16) eine **Mehrheitsentscheidung** zu.[14] Werden in Statut oder Gesellschafterbeschluss einzelne Gesellschafter als Liquidatoren benannt, so sind die übrigen nach der Auslegungsregel des § 114 Abs. 2 von diesem Amt ausgeschlossen. Sieht der Gesellschaftsvertrag vor, dass die Liquidatoren bei Auflösung durch Beschluss der Gesellschafterversammlung bestimmt werden, so bedeutet dies nach überwiegender Meinung, dass die Gesellschaft keinen gesetzlichen Vertreter hat, solange dieser Beschluss nicht gefasst oder ein Liquidator durch das Gericht bestellt ist;[15] nach anderer Auffassung[16] gilt solange der Grundsatz des Abs. 1 Satz 1.

Der **Grundsatz der Selbstorganschaft** (vgl. § 125 RdNr. 3) gilt wegen der im Hinblick auf die 10 bevorstehende Beendigung der Gesellschaft nicht mehr gleichgerichteten Interessen der Gesellschaf-

---

[8] MünchKommHGB/*K. Schmidt* RdNr. 19; Staub/*Habersack* RdNr. 23; Röhricht/Graf von Westphalen/*von Gerkan* RdNr. 5.
[9] Staub/*Habersack* RdNr. 25; aA MünchKommHGB/*K. Schmidt* RdNr. 18, 20; Röhricht/Graf von Westphalen/*von Gerkan* RdNr. 5.
[10] Staub/*Habersack* RdNr. 28; Heymann/*Sonnenschein/Weitemeyer* RdNr. 5; MünchKommHGB/*K. Schmidt* RdNr. 22 (Fn. 49).
[11] KG Beschl. v. 30. 11. 1961 – 1 W 1738/61, WM 1962, 60.
[12] MünchKommHGB/*K. Schmidt* RdNr. 23; Staub/*Habersack* RdNr. 28.
[13] MünchKommHGB/*K. Schmidt* RdNr. 26; Staub/*Habersack* RdNr. 29; Röhricht/Graf von Westphalen/*von Gerkan* RdNr. 7.
[14] MünchKommHGB/*K. Schmidt* RdNr. 12; Staub/*Habersack* RdNr. 16; Röhricht/Graf von Westphalen/*von Gerkan* RdNr. 2.
[15] OLG Bremen Beschl. v. 12. 1. 1978 – 2 U 95/77, BB 1978, 275; MünchKommHGB/*K. Schmidt* RdNr. 11; Heymann/*Sonnenschein/Weitemeyer* RdNr. 8; Baumbach/*Hopt* RdNr. 4.
[16] Staub/*Habersack* RdNr. 18.

ter nur noch eingeschränkt. Als Liquidatoren können Gesellschafter wie Nichtgesellschafter, auch nebeneinander, bestellt werden. Juristische Personen und Personenhandelsgesellschaften sind ebenso taugliche Liquidatoren (vgl. § 124 RdNr. 10). Werden Gläubiger zu Liquidatoren bestellt, so sind sie berechtigt, sich aus dem Gesellschaftsvermögen zu befriedigen, wenn sie von den Beschränkungen des § 181 BGB befreit worden sind.[17]

11 Durch Gesellschafterbeschluß zu Liquidatoren bestimmte Gesellschafter sind auf Grund ihrer Mitgliedschaft in der Gesellschaft verpflichtet, die Ernennung anzunehmen;[18] nach anderer Auffassung[19] bedarf es in diesem Fall einer **Annahme** nicht. Eine Vergütung erhalten sie grundsätzlich nicht (vgl. RdNr. 4). Dritte können nur mit ihrem Einverständnis zu Liquidatoren bestellt werden. Sie werden in der Regel auf Grund eines **Geschäftsbesorgungsvertrages** gemäß § 675 BGB tätig und haben nach § 612 Abs. 1 auch ohne ausdrückliche Vereinbarung im Zweifel Anspruch auf eine angemessene Vergütung.[20]

IV. Ernennung durch das Gericht

12 Abs. 2 ermöglicht bei Vorliegen von **wichtigen Gründen** auf Antrag eines Beteiligten die Ernennung von Liquidatoren durch das Gericht.

13 **1. Wichtiger Grund.** Ein wichtiger Grund ist gegeben, wenn ohne das Eingreifen des Gerichts durch Bestellung von Liquidatoren eine fachgemäße und zügige Liquidation durch die Gesellschafter oder von ihnen bestellte Liquidatoren nicht zu erwarten ist und dadurch erhebliche Nachteile für die berechtigten Interessen der abzuwickelnden Gesellschaft oder der Beteiligten drohen.[21] Das ist jeweils im Wege einer **Gesamtschau** unter Berücksichtigung der Umstände des Einzelfalls zu ermitteln. Der auf Abwicklung und Vollbeendigung, insbesondere die Verwertung des Gesellschaftsvermögens und die vermögensmäßige Auseinandersetzung der Gesellschafter gerichtete Liquidationszweck sowie die Belange des Antragstellers, der Gesellschafter, die oft ein erhebliches Interesse daran besitzen, die Liquidation selbst durchzuführen, und der weiteren Beteiligten sind abzuwägen.[22]

14 Als **wichtiger Grund** kann ein feindseliges Verhältnis zwischen den Liquidatoren in Betracht kommen, wenn dies die Durchführung der Liquidation übermäßig erschwert; ein Verschulden ist nicht erforderlich.[23] Der Grund kann weiter darin liegen, dass eine ordnungsgemäße Ausübung des Liquidatorenamts nicht gewährleistet erscheint, oder die Liquidatoren sich erhebliche Pflichtverstöße vorwerfen lassen müssen. Begründetes Misstrauen gegen die **Unparteilichkeit**[24] und die Zuverlässigkeit, Redlichkeit und Seriosität des Abwicklers[25] können genügen. Als **Pflichtverstoß** kommen in Betracht die Verschleppung der Insolvenz,[26] die unterlassene Information der Gesellschafter über die unmittelbar bevorstehende Veräußerung des einzigen wesentlichen Vermögensgegenstandes der Gesellschaft[27] und die Entnahme von Verwertungserlösen aus der Liquidationsmasse durch den Liquidator zur Befriedigung eigener Drittgläubigerforderungen gegen die Gesellschaft vor Erstellung der Abschlussbilanz.[28] Schließlich kann der Gesichtspunkt der Erhaltung der Handlungsfähigkeit der Gesellschaft die gerichtliche Bestellung von Liquidatoren rechtfertigen, wenn etwa ein Abwickler im Hinblick auf rechtliche oder tatsächliche Gründe an der Durchführung der Liquidation verhindert und deshalb die Vertretung der Gesellschaft nicht gewährleistet ist.[29]

15 **2. Antragsberechtigung.** Nach Abs. 2 Satz 1 sind die „Beteiligten" antragsberechtigt. Das ist zunächst jeder Gesellschafter, bei einer Mehrheit von Erben nach § 2038 Abs. 1 Satz 2 2. HS BGB jeder Miterbe, nach Bestellung eines gemeinsamen Vertreters auch dieser, bei Anordnung von Testamentsvollstreckung der Testamentsvollstrecker, nicht aber der Nachlassverwalter (§§ 1984 f.

---

[17] Staub/*Habersack* RdNr. 20; Heymann/*Sonnenschein/Weitemeyer* RdNr. 9; Baumbach/*Hopt* RdNr. 4.
[18] Heymann/*Sonnenschein/Weitemeyer* RdNr. 10; Baumbach/*Hopt* RdNr. 4.
[19] MünchKommHGB/*K. Schmidt* RdNr. 9; Staub/*Habersack* RdNr. 21.
[20] Staub/*Habersack* RdNr. 21; Heymann/*Sonnenschein/Weitemeyer* RdNr. 16.
[21] KG Beschl. v. 8. 2. 1906 – 1 U 40/06, KGJ 32, A 129, 132 f.; Beschl. v. 12. 1. 1999 – 1 W 7923/98, NJW-RR 1999, 831 f.; OLG Köln Beschl. v. 26. 5. 1989 – 2 Wx 56/88, BB 1989, 1432; vgl. im einzelnen MünchKommHGB/*K. Schmidt* RdNr. 30 f.; Staub/*Habersack* RdNr. 33 f.
[22] KG Beschl. v. 8. 2. 1906 (Fn. 21).
[23] KG Beschl. v. 8. 2. 1906 (Fn. 21) S. 135; BayObLG Beschl. v. 25. 10. 1924 – Reg. III Nr. 82/1924 – und v. 17. 11. 1924 – Reg. III Nr. 111/1924, BayObLGZ 23, 193, 194 f.; 210 ff.
[24] BayObLG Beschl. v. 8. 1. 1927 – Reg. III Nr. 115/26, JW 1928, 2639 f.; OLG Köln (Fn. 21).
[25] OLG Braunschweig Beschl. v. 11. 10. 1910, OLGE 24, 136 f.; OLG Hamm Beschl. v. 14. 6. 1960 – 15 W 194/60, BB 1960, 918; BayObLG Beschl. v. 17. 5. 1978 – 1 Z 43/78, WM 1978, 1164, 1165.
[26] OLG Braunschweig (Fn. 25).
[27] OLG Köln (Fn. 21).
[28] OLG Braunschweig (Fn. 25).
[29] RG Urt. v. 20. 12. 1939 – II 88/39, RGZ 162, 370, 376 f.

BGB).[30] Gläubiger besitzen das Antragsrecht nur unter der Voraussetzung, dass sie nach § 135 die Gesellschaft gekündigt (Abs. 2 Satz 2) oder dass sie den Gesellschaftsanteil nach Auflösung gepfändet haben (vgl. § 145 RdNr. 19). Nach Abs. 3 ist im Fall der Gesellschafterinsolvenz der Insolvenzverwalter antragsberechtigt.

3. Verfahren. Für das Verfahren ist das Amtsgericht nach § 145 Abs. 1 FGG als **Gericht der freiwilligen Gerichtsbarkeit** zuständig. Es gilt der Grundsatz der Amtsermittlung, § 12 FGG. Den anderen Beteiligten als Antragsgegnern ist gemäß § 146 Abs. 1 FGG rechtliches Gehör zu gewähren. Zuständig ist der Rechtspfleger gemäß §§ 3 Nr. 2 d, 17 Nr. 2 a RPflG. Dessen Entscheidung ergeht durch Beschluss, der gemäß §§ 146 Abs. 2 FGG, 11 Abs. 1 RPflG mit der **sofortigen Beschwerde** angefochten werden kann.

Das Gericht entscheidet nach **pflichtgemäßem Ermessen** und ist an den Antrag, der hinsichtlich der zu ernennenden Personen und der Ausgestaltung von Geschäftsführung und Vertretung auch unbestimmt gefasst sein kann, nicht gebunden; über einen bestimmt gefassten Antrag, der etwa die Ernennung im Einzelnen bezeichneter Personen als Liquidatoren beinhaltet, darf es aber nicht hinausgehen und kann einen solchen Antrag bei Ungeeignetheit der zu Ernennenden nur ablehnen.[31] Seine Tätigkeit ist mit der Bestellung des oder der Liquidatoren und der Anordnung von Einzelgeschäftsführungs- und Vertretungsmacht bzw. Gesamtgeschäftsführungs- und Vertretungsmacht beendet. Eine weitere Ausgestaltung der Befugnisse, die Erteilung von Weisungen oder gar eine Überwachung der Tätigkeit der Liquidatoren ist ihm nicht gestattet.[32]

Der vom Gericht Ernannte ist nicht verpflichtet, das Amt zu übernehmen.[33] Mit der Annahmeerklärung kommt zwischen der Gesellschaft und einem zum Liquidator bestellten Nichtgesellschafter ein **Geschäftsbesorgungsvertrag** zustande, auf Grund dessen dieser eine Vergütung von der Gesellschaft verlangen kann.[34] Nach anderer Auffassung hat das Gericht, wenn sich Abwickler und Gesellschaft nicht einigen, die Vergütung entsprechend § 265 Abs. 4 AktG festzusetzen.[35]

4. Löschung wegen Vermögenslosigkeit. Nach Abs. 2 Satz 3 sind die Abwickler der wegen Vermögenslosigkeit gelöschten und dadurch aufgelösten atypischen OHG oder KG (§§ 131 Abs. 2 Nr. 2, 145 Abs. 3), bei der sich nachträglich Aktivvermögen findet, stets vom Gericht zu ernennen. Erforderlich ist wiederum der Antrag eines Beteiligten; deren Kreis umfasst im Hinblick auf den von dieser Bestimmung bezweckten Schutz von Gläubigerinteressen über die in Abs. 2 genannten Personen hinaus auch die Gesellschaftsgläubiger.[36]

V. Gesellschafterinsolvenz

In der Gesellschafterinsolvenz tritt nach Abs. 3 der **Insolvenzverwalter** für die Liquidation an die Stelle des Gesellschafters; er übt, wenn der betreffende Gesellschafter zu den Abwicklern gehören würde, als Liquidator die mit diesem Amt verbundenen Rechte aus;[37] nach anderer Auffassung bleibt der Gesellschafter Liquidator, der Insolvenzverwalter übt dieses Amt lediglich aus.[38] Dem Insolvenzverwalter obliegt, weil die Verwaltungs- und Verfügungsbefugnis des Gesellschafters gemäß § 80 Abs. 1 InsO auf ihn übergeht, die Wahrnehmung der mitgliedschaftlichen Rechte des Gesellschafters.[39]

§ 147 [Abberufung von Liquidatoren]

Die Abberufung von Liquidatoren geschieht durch einstimmigen Beschluß der nach § 146 Abs. 2 und 3 Beteiligten; sie kann auf Antrag eines Beteiligten aus wichtigen Gründen auch durch das Gericht erfolgen.

---

[30] BayObLG Beschl. v. 4. 2. 1988 – BReg. 3 Z 133/87, DB 1988, 853 f.; aA Staub/*Habersack* RdNr. 37.
[31] MünchKommHGB/*K. Schmidt* RdNr. 35; Röhricht/Graf von Westphalen/*von Gerkan* RdNr. 10; kritisch Staub/ *Habersack* RdNr. 39.
[32] Staub/*Habersack* RdNr. 41; Baumbach/*Hopt* RdNr. 7.
[33] MünchKommHGB/*K. Schmidt* RdNr. 42; Staub/*Habersack* RdNr. 40.
[34] BayObLG Beschl. v. 30. 12. 1980 – BReg. 1 Z 108/80, ZIP 1981, 188, 190; Baumbach/*Hopt* RdNr. 5.
[35] MünchKommHGB/*K. Schmidt* RdNr. 43; Staub/*Habersack* RdNr. 40.
[36] Staub/*Habersack* RdNr. 43.
[37] BGH Urt. v. 24. 11. 1980 – II ZR 265/79, NJW 1981, 822; Baumbach/*Hopt* RdNr. 2; Röhricht/Graf von Westphalen/*von Gerkan* RdNr. 11; Heymann/*Sonnenschein/Weitemeyer* RdNr. 3.
[38] MünchKommHGB/*K. Schmidt* RdNr. 45; Staub/*Habersack* RdNr. 46.
[39] MünchKommHGB/*K. Schmidt* RdNr. 52; Staub/*Habersack* RdNr. 46.

I. Normzweck

1 Die Vorschrift regelt die Voraussetzungen der Abberufung von Liquidatoren. Sie verlangt dafür einen Beschluss der Beteiligten, also der Gesellschafter und gegebenenfalls der in § 146 Abs. 2 und 3 genannten Personen. Daneben ermöglicht sie bei Vorhandensein von wichtigen Gründen die Abberufung durch das Gericht.

II. Abberufung

2 Unter den Begriff der Abberufung fällt neben der **Beendigung des Liquidatorenamtes** durch Beschluss der Beteiligten oder gerichtliche Verfügung auch die **Beschränkung der Liquidatorenrechte**, etwa indem dem alleinigen Liquidator ein zusätzlicher Liquidator zur Seite gestellt oder die Alleinvertretungsbefugnis durch eine Gesamtvertretungsregelung zusammen mit anderen Liquidatoren ersetzt wird.[1] Jeder Liquidator kann unabhängig davon abberufen werden, ob er nach dem Grundsatz des § 146 Abs. 1 Satz 1, auf Grund Statut, Gesellschafterbeschluss oder gerichtlicher Entscheidung bestellt worden ist. Die Art und Weise der Ernennung und die der Abberufung müssen sich nicht entsprechen; so kann zB ein gerichtlich bestellter Abwickler durch Beschluss der Beteiligten abberufen werden, ebenso ein von den Gesellschaftern bestellter Abwickler durch das Gericht.[2] Der Abberufung unterliegt auch der Insolvenzverwalter über das Vermögen eines Gesellschafters, weil dieser selbst, nicht aber der betreffende Gesellschafter als Liqidator anzusehen ist.[3] Gleiches gilt für den Testamentsvollstrecker. Nach anderer Auffassung, die dem Insolvenzverwalter lediglich die Ausübung der Liquidatorenrechte überträgt, muss sich die Abberufung gegen den betreffenden Gesellschafter richten.[4] Schließlich kann der gemeinsame Vertreter mehrerer Erben als Liquidator nach § 147 abberufen werden; die Erben allein sind dafür nicht zuständig.[5]

III. Abberufung durch Beschluss

3 Die Abberufung nach § 147 1. HS erfordert einen grundsätzlich **einstimmig** zu fassenden Beschluss der nach § 146 Abs. 2 und 3 Beteiligten. Das sind neben den Gesellschaftern die Erben eines verstorbenen Gesellschafters, der an die Stelle eines Gesellschafters getretene Insolvenzverwalter, der Privatgläubiger eines Gesellschafters im Fall des § 135 sowie der Testamentsvollstrecker. Die Angabe von Gründen ist nicht erforderlich. Der Gesellschaftsvertrag kann abweichend davon einen **Mehrheitsbeschluss** zulassen und die Abberufung ausschließen oder erschweren, indem sie diese etwa vom Vorliegen eines wichtigen Grundes abhängig macht.[6] Die weiteren Beteiligten haben derartige gesellschaftsvertragliche Beschränkungen hinzunehmen. Das Antragsrecht nach § 147 2. HS kann jedoch nicht ausgeschlossen werden.

4 Soll ein nach § 146 Abs. 2 Satz 1 vom Gericht bestellter Liquidator abberufen werden, so kann dies bei Zulässigkeit einer Mehrheitsentscheidung nur mit **Zustimmung** des Beteiligten geschehen, der seinerzeit dessen Ernennung beantragt hatte.[7] Bei einem durch den Gesellschaftsvertrag zum Liquidator bestimmten Gesellschafter ist ohne dessen Zustimmung regelmäßig nur eine Abberufung aus wichtigem Grund möglich.[8] Unzulässig ist die Abberufung im Beschlusswege im Fall der Auflösung der Gesellschaft durch Löschung wegen Vermögenslosigkeit, §§ 146 Abs. 2 S. 3, 145 Abs. 3; hier hat die Abberufung ebenso wie die Ernennung ausschließlich durch das Gericht zu erfolgen.[9]

5 Die Abberufung erlangt **Wirksamkeit**, wenn sie dem Liquidator gegenüber erklärt wird.[10] Damit ist sein Amt beendet. Rückwirkung besitzt der Abberufungsbeschluss nicht. Ein etwa daneben bestehender Geschäftsbesorgungsvertrag kann nach allgemeinen Bestimmungen gekündigt werden.[11]

---

[1] MünchKommHGB/*K. Schmidt* RdNr. 7; Staub/*Habersack* RdNr. 5; Heymann/*Sonnenschein/Weitemeyer* RdNr. 2.
[2] Staub/*Habersack* RdNr. 6; Heymann/*Sonnenschein/Weitemeyer* RdNr. 3.
[3] Röhricht/Graf v. Westphalen/*von Gerkan* RdNr. 2; Heymann/*Sonnenschein/Weitemeyer* RdNr. 3; Baumbach/*Hopt* RdNr. 1.
[4] MünchKommHGB/*K. Schmidt* RdNr. 1, 4; Staub/*Habersack* RdNr. 7.
[5] Heymann/*Sonnenschein/Weitemeyer* RdNr. 3; aA MünchKommHGB/*K. Schmidt* RdNr. 1; Staub/*Habersack* RdNr. 7.
[6] MünchKommHGB/*K. Schmidt* RdNr. 15; Staub/*Habersack* RdNr. 8.
[7] MünchKommHGB/*K. Schmidt* RdNr. 15; Staub/*Habersack* RdNr. 6; Heymann/*Sonnenschein/Weitemeyer* RdNr. 6.
[8] MünchKommHGB/*K. Schmidt* RdNr. 15; Staub/*Habersack* RdNr. 4, 8; § 146 RdNr. 16.
[9] Staub/*Habersack* RdNr. 6.
[10] MünchKommHGB/*K. Schmidt* RdNr. 18; Staub/*Habersack* RdNr. 6.
[11] Heymann/*Sonnenschein/Weitemeyer* RdNr. 10; Röhricht/Graf von Westphalen/*von Gerkan* RdNr. 3.

IV. Abberufung durch das Gericht

1. Wichtiger Grund. Nach der zwingenden Bestimmung des § 147 2. HS kann ein Liquidator auf Antrag eines Beteiligten (§ 146 Abs. 2 und 3; vgl. § 146 RdNr. 15) durch das Gericht abberufen werden, sofern ein wichtiger Grund vorliegt. Ein solcher ist gegeben, wenn in der Person des Liquidators Umstände eintreten oder bekannt werden, die den Abwicklungszweck gefährden oder die berechtigten Interessen der aufzulösenden Gesellschaft oder eines Beteiligten erheblich beeinträchtigen können, und wenn das weitere Amtieren des Liquidators für die Gesellschaft oder einen Beteiligten unzumutbar ist.[12] Neben der Verletzung wesentlicher Pflichten eines Liquidators kommen begründete Zweifel an dessen Unparteilichkeit und Zuverlässigkeit in Betracht, aber auch die Gefahr eines Interessenwiderstreits zwischen Gesellschaft und Liquidator. Im Einzelnen gelten dieselben Kriterien, die die gerichtliche Ernennung von Liquidatoren rechtfertigen (vgl. § 146 RdNr. 13, 14).

2. Verfahren. Das Verfahren ist wie das der gerichtlichen Ernennung von Liquidatoren ein solches der freiwilligen Gerichtsbarkeit (vgl. im Einzelnen § 146 RdNr. 16). Dem betroffenen Liquidator ist zum Abberufungsantrag rechtliches Gehör zu gewähren, ebenso den Gesellschaftern.[13] Gegen die gerichtliche Verfügung haben, soweit sie beschwert sind, der Antragsteller oder der Liquidator das Recht der **sofortigen Beschwerde.** Darüber hinaus kann jedenfalls ein Gesellschafter, der an der Bestellung des Liquidators mitgewirkt, aber den Abberufungsantrag nicht gestellt hat, den gerichtlichen Abberufungsbeschluss anfechten.[14]

3. Einstweiliger Rechtsschutz. Die Abberufung von Liquidatoren durch einstweilige Verfügung des Prozessgerichts ist neben dem der freiwilligen Gerichtsbarkeit angehörenden Verfahren gemäß § 147 2. HS nach einhelliger Meinung nicht zulässig.[15] Jedoch kann das Prozessgericht per **Regelungsverfügung** (§ 940 ZPO) dem Liquidator vorläufig seine Tätigkeit oder die Vornahme bestimmter Rechtshandlungen untersagen.

V. Weitere Beendigungsgründe

Das Amt des Liquidators kann nicht nur durch Abberufung, sondern auch aus **anderen Gründen** enden. Die Vollbeendigung der Gesellschaft führt ebenso zum Erlöschen seiner Befugnisse wie ein Fortsetzungsbeschluss der Gesellschafter. Beschließen diese nach Auflösung den Übergang zu einer anderen Art der Auseinandersetzung, so endet das gesetzliche Liquidationsverfahren; für die Tätigkeit der Liquidatoren ist kein Raum mehr.[16] Der Liquidator, der nicht Gesellschafter ist, kann sein Amt jederzeit niederlegen; der Gesellschafterliquidator bedarf dazu entsprechend § 712 Abs. 2 BGB eines wichtigen Grundes.[17] Die Niederlegung des Amtes beinhaltet in der Regel zugleich die Kündigung eines etwa bestehenden Geschäftsbesorgungsvertrages.

Verstirbt ein Liquidator, der nicht Gesellschafter ist, so führen die weiteren Liquidatoren die Abwicklung fort. Sind solche nicht vorhanden, so werden entsprechend dem Grundsatz des § 146 Abs. 1 S. 1 alle Gesellschafter zu Liquidatoren, es sei denn, sie bestellen einen neuen Liquidator. Dasselbe gilt im Fall des Todes eines „gekorenen" Gesellschafterliquidators. Nach dem Tod eines nach § 146 Abs. 1 S. 1 zum Liquidator gewordenen Gesellschafters wird dessen Erbe Liquidator; mehrere Erben haben einen gemeinsamen Vertreter zu bestellen.

§ 148 [Anmeldung der Liquidatoren]

(1) ¹**Die Liquidatoren und ihre Vertretungsmacht sind von sämtlichen Gesellschaftern zur Eintragung in das Handelsregister anzumelden.** ²**Das gleiche gilt von jeder Änderung in den Personen der Liquidatoren oder in ihrer Vertretungsmacht.** ³**Im Falle des Todes**

---

[12] OLG Köln Beschl. v. 29. 12. 1989 – 2 Wx 56/88, BB 1989, 1432; BayObLG Beschl. v. 25. 9. 1997 – 3 Z BR 143/97, DB 1998, 255; OLG Düsseldorf Beschl. v. 22. 7. 1998 – 3 Wx 202/98, NJW-RR 1999, 37 f.; KG Beschl. v. 12. 1. 1999 – 1 W 7923/98, NJW-RR 1999, 831 f.; MünchKommHGB/*K. Schmidt* RdNr. 21; Staub/*Habersack* RdNr. 12.
[13] MünchKommHGB/*K. Schmidt* RdNr. 24; Staub/*Habersack* RdNr. 13.
[14] BayObLG Beschl. v. 4. 2. 1988 – BReg. 3 Z 133/87, DB 1988, 853; OLG Düsseldorf (Fn. 12).
[15] OLG Frankfurt Urt. v. 26. 10. 1988 – 22 U 168/88, ZIP 1989, 39 f.; MünchKommHGB/*K. Schmidt* RdNr. 26; Staub/*Habersack* RdNr. 15; Heymann/*Sonnenschein/Weitemeyer* RdNr. 9; Röhricht/Graf von Westphalen/*von Gerkan* RdNr. 15.
[16] BayObLG Beschl. v. 30. 12. 1980 – BReg. 1 Z 108/80 ZIP 1981, 188, 190; aA Staub/*Habersack* RdNr. 19.
[17] MünchKommHGB/*K. Schmidt* RdNr. 10; Staub/*Habersack* RdNr. 17.

§ 148 1, 2

eines Gesellschafters kann, wenn anzunehmen ist, daß die Anmeldung den Tatsachen entspricht, die Eintragung erfolgen, auch ohne daß die Erben bei der Anmeldung mitwirken, soweit einer solchen Mitwirkung besondere Hindernisse entgegenstehen.

(2) Die Eintragung gerichtlich bestellter Liquidatoren sowie die Eintragung der gerichtlichen Abberufung von Liquidatoren geschieht von Amts wegen.

I. Normzweck

1   Die Vorschrift, die **zwingenden** Charakter besitzt, regelt entsprechend den für die werbende Gesellschaft geltenden Bestimmungen der §§ 106, 107 die Anmeldung der Liquidatoren und ihrer Vertretungsmacht sowie späterer Veränderungen hinsichtlich ihrer Person oder Vertretungsmacht zur Eintragung in das Handelsregister. Die nach § 148 erforderlichen Eintragungen wirken nur **deklaratorisch**.[1] Unterbliebene oder falsche Eintragungen bzw. Löschungen berühren die mit der Auflösung der Gesellschaft einhergehende Neuregelung der Geschäftsführungs- und Vertretungsverhältnisse sowie die rechtliche Stellung der Liquidatoren nicht; sie haben allerdings Bedeutung im Hinblick auf § 15 und die vertrauensschützende Wirkung des Handelsregisters für den Rechtsverkehr. In Abs. 3 war bisher die Pflicht der Liquidatoren zur Zeichnung ihrer Namensunterschriften enthalten; diese Regelung ist durch das zum 1. 1. 2007 in Kraft getretene Gesetz über elektronische Handelsregister und Genossenschaftsregister sowie das Unternehmensregister – EHUG – vom 10. 11. 2006 aufgehoben und das Erfordernis, eine Unterschriftsprobe zu hinterlegen, aufgegeben worden.[2]

II. Anmeldung nach Abs. 1

2   **1. Anmeldepflichtige Tatsachen.** Anzumelden sind die Liquidatoren, der Insolvenzverwalter im Fall der Gesellschafterinsolvenz, der gemeinsame Vertreter der Erben und der Testamentsvollstrecker. Sind sämtliche Gesellschafter nach dem Grundsatz des § 146 Abs. 1 Satz 1 Liquidatoren oder werden die bisher vertretungsberechtigten Gesellschafter Liquidatoren, so ist auch dies anzumelden. Zu den anmeldepflichtigen Tatsachen gehört weiter die Vertretungsmacht der Liquidatoren, und zwar unabhängig davon, ob sie der gesetzlichen Regel der Gesamtvertretung (§ 150 Abs. 1) entspricht oder davon abweicht. Dieses Erfordernis ist durch das Gesetz über elektronische Register und Justizkosten für Telekommunikation[3] – ERJuKoG – vom 10. Dezember 2001, in Kraft getreten am 11. Dezember 2001, in § 148 Abs. 1 eingefügt worden. Entsprechend den §§ 67 Abs. 1 GmbHG, 266 Abs. 1 AktG, 34 Abs. 1 HGB ist deshalb auch bei der Handelsgesellschaft stets die Vertretungsmacht der Liquidatoren zur Eintragung anzumelden. Die Anmeldepflicht gilt schliesslich für Veränderungen hinsichtlich der Person oder der Vertretungsmacht eines Liquidators sowie im Fall der Abberufung. Natürliche Personen sind mit vollem Namen, Stand und Wohnsitz zu bezeichnen; juristische Personen oder Personenhandelsgesellschaften mit Firma und Sitz (§ 106 Abs. 2 Nr. 1, 2). Die Eintragungen haben lediglich deklaratorische Wirkung. Unterbleiben sie, so ergeben sich die Rechtsfolgen aus § 15. Sind die Firma oder die Auflösung der Gesellschaft entgegen den §§ 106, 143 noch nicht in das Handelsregister eingetragen worden, so ist dies mit der Anmeldung der Liquidatoren nachzuholen.[4] Unterbleibt die Anmeldung unter Verstoß gegen Abs. 1, so ist sie mit der nach § 157 Abs. 1 erforderlichen Anmeldung des Erlöschens der Firma nach Beendigung der Liquidation nachzuholen, damit ohne weiteres festzustellen ist, wer die Verantwortung für eine eventuell bereits durchgeführte Abwicklung trägt.[5] Anders ist dies nur, wenn die Auflösung der Gesellschaft sogleich zu ihrer Vollbeendigung führt und sie deshalb liquidationslos erlischt.[6] Die Eintragung der Auflösung oder des Erlöschens in das Handelsregister darf das Registergericht allerdings nicht davon abhängig machen, dass zugleich die Liquidatoren zur Eintragung in das Handelsregister angemeldet werden, weil dadurch ein gesetzlich nicht zulässiger mittelbarer Registerzwang im Hinblick auf eine weitere als erforderlich angesehene Anmeldung ausgeübt werden würde;[7] die Anmeldepflicht nach Abs. 1 Satz 1 bleibt davon jedoch unberührt.[8]

---

[1] OLG Köln Urt. v. 8. 8. 1958 – 9 U 134/57, BB 1959, 463; BayObLG Beschl. v. 21. 9. 1994 – 3 Z BR 177/94, ZIP 1994, 1767, 1770; MünchKommHGB/*K. Schmidt* RdNr. 3; Staub/*Habersack* RdNr. 1; Heymann/*Sonnenschein/Weitemeyer* RdNr. 1.
[2] BGBl. I S. 2553; Gesetzentwurf der Bundesregierung, BT-Drucks. 16/960 S. 48.
[3] BGBl. I. S. 3422; zu den Gesetzeszwecken vgl. *Noack* BB 2001, 1261 ff.; *Seibert* BB 2001, 2494 ff.
[4] MünchKommHGB/*K. Schmidt* RdNr. 4; Staub/*Habersack* RdNr. 5; Heymann/*Sonnenschein/Weitemeyer* RdNr. 1.
[5] BayObLG Beschl. v. 11. 5. 1982 – BReg. 3 Z 39/82, WM 1982, 1288, 1290.
[6] Staub/*Habersack* RdNr. 5.
[7] BayObLG Beschl. v. 7. 3. 2001 – 3 Z BR 68/01, NJW-RR 2001, 1482.
[8] MünchKommHGB/*K. Schmidt* RdNr. 4.

2. Anmeldepflichtige Personen. Die Pflicht trifft sämtliche Gesellschafter sowie im Fall der Gesellschafterinsolvenz den an die Stelle des Gesellschafters getretenen Insolvenzverwalter, nicht aber den Privatgläubiger eines Gesellschafters, der die Gesellschaft nach Maßgabe des § 135 gekündigt hat. Die Liquidatoren selbst können die Anmeldung nicht bewirken. Verpflichtet sind weiterhin die Erben eines verstorbenen Gesellschafters; allerdings kann nach Abs. 1 Satz 3, der die Regelung in § 143 Abs. 3 aufgreift, die Anmeldung ohne die Mitwirkung sämtlicher Erben geschehen, wenn die Anmeldung den Tatsachen entspricht und der Mitwirkung besondere Hindernisse entgegenstehen, weil etwa die Erben schwer erreichbar oder unbekannten Aufenthalts sind.[9] Die anmeldepflichtigen Personen können sich durch Bevollmächtigte vertreten lassen. Bei der Publikums-KG gelten die geschäftsführenden Gesellschafter- bzw. Liquidatoren auch ohne ausdrückliche gesellschaftsvertragliche Regelung als bevollmächtigt.[10]

Die Anmeldung hat **unverzüglich** nach Bestellung der Liquidatoren oder nach Eintritt einer Änderung im Sinne des Abs. 1 Satz 2 zu erfolgen. Sie bedarf der Form des § 12. Zuständig ist das Registergericht des Sitzes der Gesellschaft. Zur Erfüllung der Anmeldepflicht können die dazu verpflichteten Personen nach § 14 durch die Festsetzung von Zwangsgeldern angehalten werden. Besteht zwischen den Gesellschaftern Streit darüber, ob ein Liquidator wirksam ernannt oder abberufen worden ist oder welche Vertretungsmacht er besitzt, so kann das **Registergericht** nach pflichtgemäßem Ermessen das vorgreifliche streitige Rechtsverhältnis entscheiden und sodann die Gesellschafter entsprechend seiner Beurteilung zur Anmeldung veranlassen; es hat daneben nach § 127 FGG die Möglichkeit, seine Entscheidung auszusetzen, bis die Beteiligten ihren Streit vor dem Prozessgericht ausgetragen haben.[11]

III. Eintragung von Amts wegen

Werden Liquidatoren durch Verfügung des Gerichts ernannt oder abberufen oder werden ihre Befugnisse gerichtlich beschränkt, so bedarf es einer Anmeldung nicht. Die Eintragung dieser Tatsachen geschieht von Amts wegen auf Ersuchen des Gerichts der freiwilligen Gerichtsbarkeit an das Registergericht.

§ 149 [Rechte und Pflichten der Liquidatoren]

¹ Die Liquidatoren haben die laufenden Geschäfte zu beendigen, die Forderungen einzuziehen, das übrige Vermögen in Geld umzusetzen und die Gläubiger zu befriedigen; zur Beendigung schwebender Geschäfte können sie auch neue Geschäfte eingehen. ² Die Liquidatoren vertreten innerhalb ihres Geschäftskreises die Gesellschaft gerichtlich und außergerichtlich.

Übersicht

	RdNr.		RdNr.
I. Normzweck	1	d) Darlegungs- und Beweislast	16
II. Stellung der Liquidatoren	2–4	e) Keine gleichmäßige Belastung der Gesellschafter	17
1. Aufgaben	2	**VI. Umsetzung des übrigen Vermögens in Geld**	18
2. Haftung	3, 4		
III. Beendigung laufender Geschäfte	5, 6	VII. Befriedigung der Gläubiger	19–21
IV. Eingehung neuer Geschäfte	7, 8	VIII. Die Vertretung der Gesellschaft	22–27
V. Einziehung von Forderungen	9–17	1. Grundsatz	22
1. Forderungen gegen Dritte	10	2. Umfang der Vertretungsmacht	23, 24
2. Forderungen gegen Gesellschafter	11–17	3. Gerichtliche Vertretung	25
a) Einlagen	11–13	4. Verbot des Selbstkontrahierens	26
b) Schadensersatzansprüche	14	5. Vertretung durch Bevollmächtigte	27
c) Nachschüsse	15		

---

[9] Staub/*Habersack* RdNr. 11; Heymann/*Sonnenschein*/*Weitemeyer* RdNr. 3.
[10] MünchKommHGB/*K. Schmidt* RdNr. 8.
[11] KG Beschl. v. 8. 2. 1923, OLGE 43, 290 f.; MünchKommHGB/*K. Schmidt* RdNr. 9; Staub/*Habersack* RdNr. 12.

I. Normzweck

1 Mit der Auflösung der Gesellschaft entfallen die Geschäftsführungs- und die Vertretungsbefugnis der Gesellschafter. § 149 überträgt diese Aufgabe bis zur Vollbeendigung den Liquidatoren und umschreibt deren Aufgabenkreis im Hinblick auf das Ziel der Abwicklung der Gesellschaft. Die Aufzählung in § 149 ist allerdings nicht abschließend; weitere Aufgaben nennen die §§ 155 ff.

II. Stellung der Liquidatoren

2 **1. Aufgaben.** Die Liquidatoren haben die **Abwicklung der Gesellschaft** zu betreiben. Für den Bereich der **Grundlagen der Gesellschaft** sind sie nach allgemeiner Meinung nicht zuständig.[1] Maßnahmen, die das Verhältnis der Gesellschafter untereinander oder zur Gesellschaft betreffen und die eine Änderung des Gesellschaftsvertrages beinhalten, gehören nicht zu ihren Befugnissen. So können nicht sie, sondern nur die Gesellschafter eine andere Art der Auseinandersetzung beschließen. Allerdings sind sie berechtigt, den Sitz der Gesellschaft zu verlegen, sofern der Zweck der Abwicklung dies erfordert.[2] Den Gesellschaftern, die nicht gleichzeitig Liquidatoren sind, verbleibt lediglich die Ausübung ihrer mitgliedschaftlichen Rechte. So können sie auf Grund ihres Weisungsrechts gemäß § 152 die Liquidatoren zu rechtmäßigem Verhalten veranlassen und die Befolgung dieser Pflicht im Wege der actio pro socio durchsetzen.[3]

3 **2. Haftung.** Die Liquidatoren üben ihr Amt entweder auf der Grundlage eines mit der Gesellschaft geschlossenen Dienstvertrages oder – im Fall des Gesellschafterliquidators – auf Grund der Mitgliedschaft in der Gesellschaft aus. Sie haben ihre geschäftliche Tätigkeit am Wohl der Gesellschaft zu orientieren und deren Interessen Vorrang vor den eigenen Interessen einzuräumen; Geschäftschancen der Gesellschaft dürfen sie grundsätzlich nicht für sich oder andere, sondern nur für die Gesellschaft nutzen.[4] Verletzen sie ihre Pflichten gegenüber der Gesellschaft, so haften sie dieser wie ein geschäftsführender Gesellschafter (§ 114) auf Schadensersatz. Bei Drittliquidatoren folgt der **Haftungsmaßstab** aus § 276 BGB; sie haben auch für einfache Fahrlässigkeit einzustehen. Gesellschafter-Liquidatoren kommt die Haftungserleichterung des § 708 BGB[5] zugute; sie haften nur bei Verletzung der Sorgfalt in eigenen Angelegenheiten.[6] Der auf pflichtwidrige Geschäftsführung gestützte Anspruch wird im Namen der Gesellschaft durch die übrigen Liquidatoren geltend gemacht, bei deren Untätigkeit von den Gesellschaftern im Wege der actio pro socio.[7]

4 Eine Haftung der Liquidatoren gegenüber **Gesellschaftsgläubigern** kann nur aus allgemeinen Vorschriften folgen. Möglich ist eine Eigenhaftung aus Verschulden bei Vertragsschluss oder Delikt.[8] § 149 ist kein Schutzgesetz im Sinne des § 823 Abs. 2 BGB.[9]

III. Beendigung laufender Geschäfte

5 Den Liquidatoren obliegt es zunächst, die laufenden Geschäfte der Gesellschaft zu beenden. Ob dies lediglich bedeutet, dass alle **Rechtsgeschäfte,** die noch nicht allseitig erfüllt worden sind, zu beenden sind[10] oder ob dieser Begriff im kaufmännischen Sinne und weit zu verstehen ist und beinhaltet, dass die **unternehmerische Tätigkeit** insgesamt im Hinblick auf den Liquidationszweck zu Ende zu führen ist,[11] ist umstritten. Einigkeit besteht jedenfalls darüber, dass der Liquidationszweck es gebieten kann, den Geschäftsbetrieb einstweilen fortzuführen oder aufrechtzuerhalten, solange dies nicht faktisch auf eine Fortsetzung der Gesellschaft hinausläuft.[12]

---

[1] MünchKommHGB/*K. Schmidt* RdNr. 5 f.; Staub/*Habersack* RdNr. 4; Röhricht/Graf von Westphalen/*von Gerkan* RdNr. 1.
[2] BGH Beschl. v. 9. 1. 1969 – IX ZB 567/66, WM 1969, 293, 294; Heymann/*Sonnenschein/Weitemeyer,* RdNr. 2; kritisch MünchKommHGB/*K. Schmidt* RdNr. 5; Staub/*Habersack* RdNr. 4.
[3] Staub/*Habersack* RdNr. 4; Röhricht/Graf von Westphalen/*von Gerkan* RdNr. 3.
[4] OLG Düsseldorf Urt. v. 3. 12. 1999 – 17 U 173/97, NZG 2000, 475, 476; mit Anm. *Grunewald.*
[5] Vgl. dazu BGH Urt. v. 4. 7. 1977 – II ZR 150/75, BGHZ 69, 207, 209 f. = NJW 1977, 2311 f.
[6] MünchKommHGB/*K. Schmidt* RdNr. 58; Staub/*Habersack* RdNr. 7; Röhricht/Graf von Westphalen/*von Gerkan* RdNr. 1.
[7] OLG Düsseldorf (Fn. 4).
[8] MünchKommHGB/*K. Schmidt* RdNr. 60 f.; Staub/*Habersack* RdNr. 9; Röhricht/Graf von Westphalen/*von Gerkan* RdNr. 2.
[9] MünchKommHGB/*K. Schmidt* RdNr. 40, 60; Staub/*Habersack* RdNr. 9, 37; Heymann/*Sonnenschein/Weitemeyer* RdNr. 10.
[10] Heymann/*Sonnenschein/Weitemeyer* RdNr. 3.
[11] MünchKommHGB/*K. Schmidt* RdNr. 8; Staub/*Habersack* RdNr. 14.
[12] RG Urt. v. 21. 10. 1909 – I 615/08, RGZ 72, 236, 239 f.; MünchKommHGB/*K. Schmidt* RdNr. 9; Staub/*Habersack* RdNr. 14; Heymann/*Sonnenschein/Weitemeyer* RdNr. 3.

Im Einzelnen haben sich deshalb die Liquidatoren darum zu bemühen. **Dauerschuldverhältnisse** im Einvernehmen mit den Vertragspartnern oder durch Ausübung ordentlicher oder außerordentlicher Kündigungsrechte zu beenden; sonstige Vertragsverhältnisse sind nach Möglichkeit vorzeitig abzuwickeln.[13] Hinzuwirken ist weiter auf die rasche Erledigung laufender Rechtsstreitigkeiten und Verwaltungsverfahren, etwa durch Vergleich, Klage- bzw. Antragsrücknahme oder Erledigungserklärung.[14]

IV. Eingehung neuer Geschäfte

Nach § 149 Abs. 1 Satz 1 2. HS können die Liquidatoren zur Beendigung laufender Geschäfte neue Geschäfte eingehen. Auch hier ist umstritten, ob der Begriff der Geschäfte über Rechtsgeschäfte hinaus alle unternehmerischen Aktivitäten erfasst;[15] da aber nach herrschender Meinung der Begriff der schwebenden Geschäfte im Interesse des Liquidationszwecks **weit auszulegen** ist,[16] hat dieser Streit in der Praxis keine Auswirkungen. Mit dem Eintritt in das Liquidationsstadium muss der Geschäftsbetrieb nicht plötzlich zum Stillstand gebracht werden, sondern kann fortgeführt werden, solange die wirtschaftlichen Verhältnisse dies erfordern.[17] Zu den Abwicklungsaufgaben gehören deshalb neue Geschäfte, die zur Erhaltung des Gesellschaftsvermögens notwendig oder wirtschaftlich sinnvoll sind und die insbesondere eine Minderung des Wertes des Unternehmens abwehren.[18]

Im Einzelfall kann es deshalb geboten sein, Arbeitnehmer einzustellen, Räumlichkeiten anzumieten, Materialien einzukaufen[19] oder Wertpapiere zu erwerben.[20] Auch die Belastung von der Gesellschaft gehörenden Grundstücken mit Grundpfandrechten zur Sicherung von Forderungen gegen die Gesellschaft ist zulässig.[21] Schließlich sind die Liquidatoren befugt, Anerkenntnis-, Verzichts- und Vergleichsverträge über streitige Rechtsverhältnisse zu schließen.[22]

V. Einziehung von Forderungen

Den Liquidatoren obliegt es, die Forderungen der Gesellschaft gegen Dritte und Gesellschafter einzuziehen. Dadurch soll **verteilungsfähiges Vermögen** geschaffen werden.

1. Forderungen gegen Dritte. Forderungen gegen Dritte, auch aus **Drittbeziehungen mit Gesellschaftern,** sind notfalls im Klagewege einzuziehen. Soweit erforderlich, sind sie fälligzustellen. Die Einziehung kann auch im Wege der Aufrechnung oder Abtretung geschehen. Besteht keine Aussicht auf Befriedigung, so kann die Einziehung nach pflichtgemäßem Ermessen unterbleiben. Den Gesellschaftern steht neben den Liquidatoren kein Einziehungsrecht im Wege der actio pro socio zu, da es hier nicht um Sozialansprüche geht.[23] Für Drittgläubigerforderungen gegen Gesellschafter gilt die Besonderheit, dass diese die Leistung verweigern können, wenn sie für die Durchführung der Liquidation nicht benötigt wird.[24]

2. Forderungen gegen Gesellschafter. a) Einlagen. Die Einziehung von Forderungen gegen Gesellschafter, die ihre Grundlage im Gesellschaftsverhältnis haben, unterliegt gewissen Einschränkungen. Rückständige Einlagen können von den Liquidatoren grundsätzlich nur dann eingezogen werden, wenn sie für den **Abwicklungszweck,** insbesondere zur Bereinigung von Gesellschaftsverbindlichkeiten benötigt werden.[25] Steht fest, dass die der werbenden Gesellschaft versprochene Einlage weder für die Tätigkeit der Abwicklungsgesellschaft benötigt wird noch zur Befriedigung von Gläubigern erforderlich ist und dass deshalb dem in Anspruch genommenen Gesellschafter der eingeforderte Betrag nach Beendigung der Liquidation zurückgezahlt werden müsste, so kann er

---

[13] MünchKommHGB/*K. Schmidt* RdNr. 10; Staub/*Habersack* RdNr. 14.
[14] MünchKommHGB/*K. Schmidt* RdNr. 11; Staub/*Habersack* RdNr. 14.
[15] MünchKommHGB/*K. Schmidt* RdNr. 13; Staub/*Habersack* RdNr. 15.
[16] BGH Urt. v. 26. 1. 1959 – II ZR 174/57, WM 1959, 323, 324; RG (Fn. 12); Heymann/*Sonnenschein/Weitemeyer* RdNr. 4; Röhricht/Graf von Westphalen/*von Gerkan* RdNr. 4.
[17] RG (Fn. 12).
[18] BGH (Fn. 16).
[19] Staub/*Habersack* RdNr. 17.
[20] BGH (Fn. 16).
[21] OLG Frankfurt Beschl. v. 19. 11. 1979 – 20 W 708/79 OLGZ 1980, 95, 99.
[22] MünchKommHGB/*K. Schmidt* RdNr. 14; Staub/*Habersack* RdNr. 15.
[23] Staub/*Habersack* RdNr. 19.
[24] MünchKommHGB/*K. Schmidt* RdNr. 31; Staub/*Habersack* RdNr. 20; s. weiter RdNr. 11, 13.
[25] BGH Urt. v. 3. 2. 1977 – II ZR 201/75, WM 1977, 617, 618; Urt. v. 3. 7. 1978 – II ZR 54/77, NJW 1978, 2154; MünchKommHGB/*K. Schmidt* RdNr. 19; Staub/*Habersack* RdNr. 21; Röhricht/Graf von Westphalen/*von Gerkan* RdNr. 6.

nach § 242 BGB die Zahlung verweigern. Weiter sind die Liquidatoren nicht berechtigt, zwecks Beschaffung der für den **endgültigen Ausgleich unter den Gesellschaftern** benötigten Mittel rückständige Einlagen einzuziehen; insoweit handelt es sich nicht um ein typisches Abwicklungsgeschäft, das nicht zum Aufgabenkreis der Liquidatoren gehört, es sei denn, diese Tätigkeit ist ihnen zusätzlich übertragen worden.[26] Nach anderer Ansicht ist auch die Auseinandersetzung unter den Gesellschaftern grundsätzlich Aufgabe der Liquidatoren.[27]

12 **Sacheinlagen** können nach denselben Maßstäben eingefordert werden; allerdings ist der Gesellschafter in der Regel berechtigt, die Einlage nicht in Natura zu leisten, sondern dies durch Zahlung eines dem Wert der Sache entsprechenden Geldbetrages abzuwenden.[28] Schuldet der Gesellschafter auf Grund einer gesellschaftsvertraglichen Beitragsverpflichtung der Gesellschaft die **Überlassung eines Gegenstandes** zur Nutzung, so entfällt diese Verpflichtung mit Auflösung der Gesellschaft; bereits der Gesellschaft überlassene Gegenstände kann er herausverlangen.[29] Der Gesellschaft kann jedoch ein Zurückbehaltungsrecht bis zur endgültigen Auseinandersetzung zustehen. Nach anderer Auffassung[30] ist der Gesellschafter der Gesellschaft solange zur Nutzungsüberlassung verpflichtet, wie diese die Sache für Liquidationszwecke benötigt. Eine Pflicht zur Einbringung dem Werte nach wandelt sich mit Auflösung der Gesellschaft regelmäßig in einen Anspruch auf Wertersatz um, der von den Liquidatoren, soweit dies der Zweck der Abwicklung erfordert, geltend zu machen ist.[31]

13 Ist der Gesellschafter berechtigt, die von ihm geforderte Einlageleistung zu verweigern, weil sie für den Zweck der Abwicklung nicht benötigt wird, so ist diese Schuld bei der **Schlussabrechnung** zu berücksichtigen; sein Auseinandersetzungsguthaben mindert sich entsprechend.

14 **b) Schadensersatzansprüche.** Schadensersatzansprüche gegen Gesellschafter sowie Ansprüche auf Rückgewähr unberechtigter Entnahmen oder Gewinnauszahlungen unterliegen ähnlichen Regeln wie rückständige Einlageforderungen. Auch sie können nach Auflösung der Gesellschaft von den Liquidatoren dann nicht eingezogen werden, wenn die Schadensersatzleistung zur Befriedigung der Gesellschaftsgläubiger nicht mehr benötigt wird und der ersatzpflichtige Gesellschafter selbst unter Berücksichtigung der ihn treffenden Verbindlichkeit noch etwas aus der Liquidationsmasse verlangen kann.[32]

15 **c) Nachschüsse.** Zur Einforderung von Nachschüssen (§ 735 BGB) für den Fall, dass das Gesellschaftsvermögen zur Berichtigung der Gesellschaftsschulden und zur Rückerstattung der Einlagen nicht ausreicht, sind die Liquidatoren nach herrschender Meinung nicht befugt.[33] Hier geht es um den Ausgleich der Kapitalkonten der Gesellschafter, was deren Aufgabe, nicht aber die der Liquidatoren ist. Die Gesellschafter haben aber die Möglichkeit, die Liquidatoren über die gesetzlich zugewiesenen Aufgaben hinaus mit der Durchführung des Kontenausgleichs zu beauftragen.

16 **d) Darlegungs- und Beweislast.** Nach allgemeiner Meinung obliegt es dem in Anspruch genommenen **Gesellschafter,** darzulegen und zu beweisen, dass der von den Liquidatoren eingeforderte Betrag für die Zwecke der Abwicklung der Gesellschaft nicht benötigt wird.[34] Das hat seinen Grund darin, dass die rückständigen Beiträge als Aktiva der Gesellschaft möglichst schnell und umgehend flüssig gemacht werden müssen, damit insbesondere die Gesellschaftsgläubiger befriedigt und mögliche weitere Ansprüche von der Gesellschaft abgewendet werden können. Eine Beweislastverteilung zum Nachteil der Gesellschaft würde dem widersprechen. Allerdings obliegt den Liquidatoren eine **sekundäre Darlegungslast;** sie sind, weil in der Regel allein sie auf Grund ihrer Stellung dazu in der Lage sind, im Streitfall verpflichtet, die dafür bedeutsamen Verhältnisse der Gesellschaft darzulegen. Das eröffnet den Gesellschaftern die Möglichkeit, den Nachweis zu führen, dass die eingeforderte Beitragsleistung zur Durchführung der Abwicklung nicht erforderlich ist.[35] Wird den Liquidatoren über die gesetzlichen Abwicklungsgeschäfte hinaus die Aufgabe übertragen, den end-

---

[26] BGH Urt. v. 14. 11. 1977 – II ZR 183/75, NJW 1978, 424; Urt. v. 21. 11. 1983 – II ZR 19/83, NJW 1984, 435.
[27] MünchKommHGB/*K. Schmidt* RdNr. 21 f.; Staub/*Habersack* RdNr. 24 f.
[28] MünchKommHGB/*K. Schmidt* RdNr. 23; Staub/*Habersack* RdNr. 21.
[29] BGH Urt. v. 29. 6. 1981 – II ZR 165/80, NJW 1981, 2802.
[30] Staub/*Habersack* RdNr. 27.
[31] Staub/*Habersack* RdNr. 27.
[32] BGH Urt. v. 30. 11. 1959 – II ZR 145/58, NJW 1960, 433, 434; Urt. v. 3. 2. 1977 (Fn. 25); Urt. v. 9. 12. 1991 – II ZR 87/91, WM 1992, 306, 307.
[33] BGH Urt. v. 14. 4. 1966 – II ZR 34/64, WM 1966, 706; Urt. v. 21. 11. 1983 (Fn. 26); RG Urt. v. 31. 3. 1914 – II 605/13, LZ 1914, 1030; Baumbach/*Hopt* RdNr. 3; aA MünchKommHGB/*K. Schmidt* RdNr. 28 ff.; Staub/*Habersack* RdNr. 31 f.; vermittelnd Röhricht/Graf von Westphalen/*von Gerkan* RdNr. 9 ff.
[34] BGH Urt. v. 3. 7. 1978 (Fn. 25); Urt. v. 5. 11. 1979 – II ZR 145/78, NJW 1980, 1522, 1523; Urt. v. 21. 11. 1983 (Fn. 26); MünchKommHGB/*K. Schmidt* RdNr. 20; Staub/*Habersack* RdNr. 22; Röhricht/Graf von Westphalen/*von Gerkan* RdNr. 12.
[35] BGH Urt. v. 3. 7. 1978 (Fn. 25) und 5. 11. 1979 (Fn. 34).

gültigen Ausgleich zwischen den Gesellschaftern herbeizuführen, so obliegt allerdings ihnen die Darlegungs- und Beweislast dafür, dass ein Ausgleichsanspruch besteht, wenn sie zwecks Ausgleichs der Kapitalkonten rückständige Beiträge anfordern.[36]

e) Keine gleichmäßige Belastung der Gesellschafter. Bei der Geltendmachung rückständiger **17** Beiträge sind die Liquidatoren nicht gehalten, die Gesellschafter gleich zu behandeln. Sie müssen die für Liquidationszwecke benötigten Beiträge nicht so einfordern, dass alle Gesellschafter gleichmäßig belastet sind.[37] Die mit der Verteilung des benötigten Betrages auf alle Gesellschafter entsprechend den geschuldeten Einlagebeträgen verbundenen tatsächlichen Schwierigkeiten und insbesondere das Risiko der Uneinbringlichkeit einzelner Forderungen würden die Abwicklung der Gesellschaft unzumutbar erschweren. Die Liquidatoren haben vielmehr nach pflichtgemäßem Ermessen zu entscheiden, ob und in welchem Umfang sie rückständige Beiträge von einzelnen Gesellschaftern einfordern. Der Ausgleich geschieht im Rahmen der Schlussabrechnung.

VI. Umsetzung des übrigen Vermögens in Geld

Neben der Einziehung der Forderungen ist es Aufgabe der Liquidatoren, das übrige Gesellschafts- **18** vermögen vollständig in Geld umzusetzen, um Mittel für die Befriedigung der Gesellschaftsgläubiger und die Schlussverteilung unter die Gesellschafter (§ 155) zu beschaffen. Die Art und Weise der Versilberung des Gesellschaftsvermögens bestimmen die Liquidatoren nach pflichtgemäßem Ermessen und kaufmännischer Sorgfalt, sofern nicht die Gesellschafter dazu Weisungen erteilen; sie haben den **vorteilhaftesten Weg** mit dem Ziel eines möglichst hohen Erlöses zu wählen. Neben der Verwertung durch freihändigen Verkauf oder öffentlichen Versteigerung der einzelnen Vermögensgegenstände können sie auch das Unternehmen im ganzen veräußern.[38] Wird dabei die Firma mitübertragen, so kann dies nur mit Zustimmung der Gesellschafter, die diese unter Umständen auf Grund des Gesellschaftsvertrages zu erteilen verpflichtet sind, geschehen.[39] Das Unternehmen kann nicht nur an einen Dritten, sondern ebenso an einen Gesellschafter veräußert werden, wenn diesem dadurch keine Sondervorteile verschafft werden.[40] Weiter kann es zulässig sein, das Unternehmen gegen Gewährung von Anteilen **in eine andere Gesellschaft einzubringen,** soweit dies mit dem Liquidationszweck vereinbar ist. Das ist insbesondere dann zu bejahen, wenn es sich um marktgängige Anteile handelt, die unproblematisch veräußert werden können; ansonsten bedarf die Einbringung in eine andere Gesellschaft der Genehmigung der Gesellschafter.[41] Der Gesellschaft von den Gesellschaftern zur Nutzung überlassene Gegenstände, aber auch von den Gesellschaftern dem Werte nach eingebrachte Sachen sind nicht zu verwerten, sondern den Gesellschaftern zurückzugeben, letzte aber nur gegen Zahlung des Wertes an die Gesellschaft bzw. entsprechende Belastung des Kapitalkontos.[42]

VII. Befriedigung der Gläubiger

Aufgabe der Liquidatoren ist es, die Gesellschaftsgläubiger, ob Dritte oder Gesellschafter, zu **19** befriedigen. Dazu haben sie nach pflichtgemäßem Ermessen mit der Sorgfalt ordentlicher Kaufleute die Berechtigung und die Durchsetzbarkeit der Forderungen zu überprüfen und die der Gesellschaft zustehenden Einwendungen und Einreden zu erheben. Erforderlichenfalls sind Rechtsstreitigkeiten zu führen oder Vergleiche zu schließen.[43] Im Einzelfall kann es der Liquidationszweck allerdings auch gestatten, verjährte Forderungen zu berichtigen und zuvor bestrittene anzuerkennen.[44]

§ 149 Satz 1 betrifft nach allgemeiner Meinung ebenso wie die Bestimmung des § 155 Abs. 2 **20** Satz 2, die anordnet, dass die Liquidatoren das zur Erfüllung offener Verbindlichkeiten Erforderliche zurückzubehalten haben, nur das **Innenverhältnis der Liquidatoren zur Gesellschaft und zu den Gesellschaftern;** Gläubiger können daraus keine Ansprüche gegen die Liquidatoren oder die

---

[36] BGH Urt. v. 21. 11. 1983 (Fn. 26).
[37] BGH Urt. v. 5. 11. 1979 (Fn. 34); Staub/*Habersack* RdNr. 22; Röhricht/Graf von Westphalen/*von Gerkan* RdNr. 13.
[38] RG Beschl. v. 30. 10. 1914 – II B 4/14 und 5/14, RGZ 85, 397, 401; Urt. v. 14. 9. 1938 – II 17/38, RGZ 158, 226, 229 ff.; OLG Hamm Beschl. v. 27. 7. 1954 – 15 W 287/54, BB 1954, 913; MünchKommHGB/*K. Schmidt* RdNr. 36; Staub/*Habersack* RdNr. 35.
[39] RG Urt. v. 14. 9. 1938 (Fn. 38), S. 231 ff.
[40] MünchKommHGB/*K. Schmidt* RdNr. 37; Staub/*Habersack* RdNr. 36.
[41] MünchKommHGB/*K. Schmidt* RdNr. 37; Staub/*Habersack* RdNr. 36.
[42] MünchKommHGB/*K. Schmidt* RdNr. 34; Staub/*Habersack* RdNr. 49; Röhricht/Graf von Westphalen/*von Gerkan*, RdNr. 15.
[43] MünchKommHGB/*K. Schmidt* RdNr. 39, 41; Staub/*Habersack* RdNr. 38.
[44] RG Urt. v. 9. 10. 1918 – III 177/18, LZ 1919, 376, 377.

Fälligkeit ihrer Forderungen gegen die Gesellschaft herleiten.[45] Es besteht keine Pflicht zur **Gleichbehandlung** der Gläubiger. Bekannte Verbindlichkeiten können ohne Rücksicht auf nicht bekannte, streitige oder nicht fällige Verbindlichkeiten erfüllt werden.[46] Wollen die Inhaber derartiger Forderungen trotz der Möglichkeit, die Gesellschafter auf Grund ihrer persönlichen Haftung nach § 128 in Anspruch zu nehmen, auf das Gesellschaftsvermögen zugreifen, so sind sie auf den Weg der Klage und der Vollstreckung gegen die Gesellschaft angewiesen. Reicht die Liquidationsmasse zur Befriedigung der Gläubiger nicht aus, so sind die Liquidatoren der atypischen Personenhandelsgesellschaft nach den §§ 130 a, 177 a gesetzlich verpflichtet, Insolvenzantrag zu stellen.

21   Gesellschafter können nach allgemeiner Meinung ihre Forderungen gegen die Gesellschaft im Abwicklungsstadium grundsätzlich nicht mehr im Wege der Leistungsklage selbständig geltend machen (sog. Durchsetzungssperre).[47] Das gilt allerdings nur für auf dem Gesellschaftsverhältnis beruhende Ansprüche, nicht jedoch für Drittgläubigerforderungen (vgl. § 128 RdNr. 10).[48] Einzelansprüche der Gesellschafter sind in diesem Stadium **unselbständige Rechnungsposten** der Auseinandersetzungsrechnung. Eine Ausnahme gilt nur dann, wenn schon vor der Beendigung der Auseinandersetzung mit Sicherheit feststeht, dass ein Gesellschafter jedenfalls einen bestimmten Betrag verlangen kann.[49] Weiter ist es nicht ausgeschlossen, streitige Einzelansprüche im Wege der Feststellungsklage in einem Rechtsstreit zu klären, um auf diese Weise die endgültige Abrechnung zu fördern.[50]

VIII. Die Vertretung der Gesellschaft

22   **1. Grundsatz.** § 149 Satz 2 weist die gerichtliche und außergerichtliche Vertretung der Abwicklungsgesellschaft den Liquidatoren zu. Diese treten als gesetzliche Vertreter der ansonsten handlungsunfähigen Abwicklungsgesellschaft an die Stelle der Gesellschafter, deren organschaftliche Vertretungsmacht mit der Auflösung der Gesellschaft erlischt. Die Gesellschafter können, sofern sie nicht gleichzeitig Liquidatoren sind, nunmehr auf die Geschäfte der Gesellschaft nur noch über ihr Weisungsrecht nach § 152 und mittels der Möglichkeit der Abberufung der Liquidatoren Einfluss nehmen.

23   **2. Umfang der Vertretungsmacht.** Nach herrschender Meinung ist der Umfang der Vertretungsmacht der Liquidatoren entsprechend ihrer Geschäftsführungsbefugnis durch den Liquidationszweck begrenzt; **liquidationsfremde Geschäfte** sind nicht von ihrer Vertretungsmacht gedeckt.[51] Bei der Prüfung, ob sich das Geschäft im Rahmen des Liquidationszwecks hält, ist allerdings ein **weiter Maßstab** anzulegen. Grundsätzlich ist jedes Geschäft, das zu den in § 149 S. 1 bezeichneten Geschäften gehören kann, als vom Liquidationszweck erfasst anzusehen.[52] Damit besteht letztlich eine Vermutung für das Vorliegen eines Liquidationsgeschäfts.[53] Zudem kann die Gesellschaft auch an liquidationsfremde Geschäfte der Liquidatoren gebunden sein. Das gebietet das Interesse des redlichen Geschäftsverkehrs, der oft nicht zu erkennen vermag, ob das einzelne Geschäft noch in den Rahmen der Liquidation fällt oder nicht.[54] Dieses Schutzbedürfnis entfällt nur dann, wenn der Dritte den liquidationsfremden Charakter des Geschäfts kannte oder kennen musste. Er hat dabei mit der im Verkehr erforderlichen Sorgfalt nach der Art und den gesamten Umständen des Rechtsgeschäfts zu prüfen, ob dieses durch die Vertretungsmacht der Liquidatoren gedeckt ist.[55] Im Prozess zwischen Dritten und Gesellschaft trifft diese die **Darlegungs- und Beweislast** für das Vorliegen dieser Voraussetzungen.[56]

---

[45] MünchKommHGB/*K. Schmidt* RdNr. 40; Staub/*Habersack* RdNr. 37.
[46] MünchKommHGB/*K. Schmidt* RdNr. 42; Staub/*Habersack* RdNr. 39.
[47] BGH Urt. v. 2. 7. 1962 – II ZR 204/60, BGHZ 37, 299, 304 = NJW 1962, 1863, 1864 f.; Urt. v. 10. 11. 1969 – II ZR 40/67, WM 1970, 280, 281; Urt. v. 15. 1. 1988 – V ZR 183/86, BGHZ 103, 72, 77 = NJW 1988, 1375, 1376 f.; Urt. v. 2. 10. 1997 – II ZR 249/96, NJW 1998, 376; MünchKommHGB/*K. Schmidt* RdNr. 44; Staub/*Habersack* RdNr. 41; Heymann/*Sonnenschein*/*Weitemeyer* RdNr. 10; Röhricht/Graf von Westphalen/*von Gerkan* RdNr. 17.
[48] BGH Urt. v. 3. 4. 2006 – II ZR 40/05, NZG 2006, 459, 460 unter Aufgabe der im Urt. v. 20. 10. 1977 – II ZR 92/76, WM 1978, 89, 90 vertretenen gegenteiligen Auffassung; MünchKommHGB/*K. Schmidt* RdNr. 45; Staub/*Habersack* RdNr. 40.
[49] BGH Urt. v. 10. 5. 1993 – II ZR 111/92, WM 1993, 1340 f.; Urt. v. 2. 10. 1997 (Fn. 47).
[50] BGH Urt. v. 4. 6. 1984 – II ZR 230/83, NJW 1985, 1898 f.
[51] BGH Urt. v. 26. 1. 1959 (Fn. 16); Urt. v. 1. 12. 1983 – III ZR 149/82, NJW 1984, 982; RG Urt. v. 4. 2. 1935 – VI 401/34, RGZ 146, 376, 377 f.; Heymann/*Sonnenschein*/*Weitemeyer*, RdNr. 12; Röhricht/Graf von Westphalen/*von Gerkan* RdNr. 20; Baumbach/*Hopt* RdNr. 7; aA MünchKommHGB/*K. Schmidt* RdNr. 52; Staub/*Habersack* RdNr. 46.
[52] RG (Fn. 51).
[53] Heymann/*Sonnenschein*/*Weitemeyer* RdNr. 12; MünchKommHGB/*K. Schmidt* RdNr. 51; Staub/*Habersack* RdNr. 45.
[54] BGH und RG (Fn. 51).
[55] BGH und RG (Fn. 51).
[56] BGH (Fn. 51).

Nach anderer Auffassung[57] besitzen die Liquidatoren unbeschränkte Vertretungsmacht und können die Gesellschaft auch bei liquidationsfremden Geschäften grundsätzlich wirksam vertreten. Die Frage, ob die Gesellschaft durch solche Geschäfte Dritten gegenüber unmittelbar verpflichtet wird, richtet sich dann nach den Grundsätzen über den **Missbrauch der Vertretungsmacht** (s. § 126 RdNr. 19 ff.). In den praktischen Ergebnissen entscheiden sich beide Auffassungen nicht. 24

3. Gerichtliche Vertretung. Die Liquidatoren vertreten die Gesellschaft, deren Parteifähigkeit nach § 124 durch die Auflösung nicht berührt wird, gerichtlich. Das gilt sowohl für zum Zeitpunkt der Auflösung bereits anhängige Prozesse, die dadurch nicht unterbrochen werden, als auch für die Prozesse, die sie im Rahmen der Liquidation anstrengen. Allerdings sind sie nicht befugt, gerichtlich etwa im Wege der Feststellungsklage Fragen mit Wirkung für oder gegen die Gesellschafter klären zu lassen, die das Rechtsverhältnis der Gesellschafter zueinander betreffen. Jedoch können sie mit der Feststellungsklage gegen einen Gesellschafter vorgehen, der Rechte der Gesellschaft bestreitet oder sich eines Anspruchs gegen sie berühmt.[58] Im Rechtsstreit werden die Liquidatoren als Partei vernommen; Gesellschafter, die nicht Liquidatoren sind, sind hingegen Zeugen.[59] 25

4. Verbot des Selbstkontrahierens. Das Verbot der Vornahme von Insichgeschäften gilt auch für die Liquidatoren. Jedoch können sie durch Beschluss der Gesellschafter allgemein oder im Einzelfall von den Beschränkungen des § 181 BGB befreit werden.[60] Die einem vertretungsberechtigten Gesellschafter, dessen Rechtsstellung sich nach Auflösung der Gesellschaft in die eines geborenen Liquidators umgewandelt hat, erteilte **Befreiung** wirkt, sofern nicht im Gesellschaftsvertrag etwas anderes vereinbart ist, im Zweifel im Auflösungsstadium nicht fort.[61] Ein wegen Verstoßes gegen § 181 BGB schwebend unwirksames Geschäft kann entsprechend den zu § 125 entwickelten Grundsätzen (vgl. § 125 RdNr. 36) von den Gesellschaftern, einem anderen vertretungsberechtigten Liquidator oder einem sonst Bevollmächtigten genehmigt werden. Schließlich kann ein gesamtvertretungsberechtigter Liquidator, der mit der Gesellschaft kontrahieren will, entsprechend § 125 Abs. 2 Satz 2 den anderen Liquidator zum Alleinhandeln ermächtigen.[62] 26

5. Vertretung durch Bevollmächtigte. Die durch die Liquidatoren vertretene Gesellschaft kann nach ihrer Auflösung rechtsgeschäftliche Vollmachten, insbesondere Handlungsvollmacht, erteilen, nicht jedoch Prokura.[63] Eine bestehende Prokura erlischt mit der Auflösung. Hingegen bleiben andere von der werbenden Gesellschaft erteilte Vollmachten bestehen, können aber von den Liquidatoren widerrufen werden. 27

§ 150 [Mehrere Liquidatoren]

(1) Sind mehrere Liquidatoren vorhanden, so können sie die zur Liquidation gehörenden Handlungen nur in Gemeinschaft vornehmen, sofern nicht bestimmt ist, daß sie einzeln handeln können.

(2) ¹Durch die Vorschrift des Absatzes 1 wird nicht ausgeschlossen, daß die Liquidatoren einzelne von ihnen zur Vornahme bestimmter Geschäfte oder bestimmter Arten von Geschäften ermächtigen. ²Ist der Gesellschaft gegenüber eine Willenserklärung abzugeben, so findet die Vorschrift des § 125 Abs. 2 Satz 3 entsprechende Anwendung.

Übersicht

	RdNr.		RdNr.
I. Normzweck	1	1. Gesamtgeschäftsführung	2, 3
II. Geschäftsführung	2–5	2. Wegfall und Verhinderung von Liquidatoren	4

---

[57] MünchKommHGB/*K. Schmidt* RdNr. 52; Staub/*Habersack* RdNr. 46 f.; *K. Schmidt* AcP 184 (1984), 528 ff.
[58] BGH Urt. v. 3. 7. 1978 – II ZR 140/77, WM 1978, 1232, 1233; MünchKommHGB/*K. Schmidt* RdNr. 55; Staub/*Habersack* RdNr. 49.
[59] BGH Urt. v. 19. 10. 1964 – II ZR 109/62, BGHZ 42, 230, 231 f. = NJW 1965, 106; MünchKommHGB/ *K. Schmidt* RdNr. 57.
[60] MünchKommHGB/*K. Schmidt* RdNr. 53 f.; Staub/*Habersack* RdNr. 48.
[61] OLG Zweibrücken Beschl. v. 19. 6. 1998 – 3 W 90/98, NJW-RR 1999, 18 f.; BayObLG Beschl. v. 19. 10. 1995 – 3 Z BR 218/95, BayObLGZ 1995, 335, 337 f.; OLG Düsseldorf Urt. v. 9. 12. 1988 – 16 U 52/88, NJW-RR 1990, 51; Staub/*Habersack* RdNr. 48; aA MünchKommHGB/*K. Schmidt* RdNr. 53.
[62] RG Urt. v. 11. 2. 1927 – II 129/26, RGZ 116, 116, 118; aA MünchKommHGB/*K. Schmidt* RdNr. 55; vgl. § 125 RdNr. 35.
[63] RG Urt. v. 21. 10. 1909 – VI 477/08, RGZ 72, 119, 122; aA MünchKommHGB/*K. Schmidt* § 146 RdNr. 53; Staub/*Habersack* RdNr. 50; § 48 RdNr. 11 (Weber).

	RdNr.		RdNr.
3. Abweichende Bestimmung	5	3. Abweichende Bestimmung	8
III. Vertretung	6–10	4. Ermächtigung	9
1. Gesamtvertretung	6	5. Passivvertretung	10
2. Wegfall und Verhinderung von Liquidatoren	7		

I. Normzweck

1 Die Vorschrift des § 150 ordnet für die Liquidationsgesellschaft die **Gesamtgeschäftsführung** und **Gesamtvertretung** an. Sie weicht damit von dem in den §§ 115, 125 enthaltenen Grundsatz der Einzelgeschäftsführung und Einzelvertretung ab. Das hat seinen Grund in der Änderung des Gesellschaftszwecks; der Abwicklung der Gesellschaft und der Versilberung des Gesellschaftsvermögens ist die gemeinschaftliche Handlungsberechtigung angemessener. Die Vorschrift ist jedoch nicht zwingend und lässt eine anderweitige Bestimmung zu. Sie erlaubt gleichzeitig die Einzelermächtigung eines Liquidators entsprechend § 125 Abs. 2 Satz 2 und verweist hinsichtlich der Passivvertretung auf § 125 Abs. 2 Satz 3.

II. Geschäftsführung

2 **1. Gesamtgeschäftsführung.** Die Liquidatoren können die zur Abwicklung erforderlichen Maßnahmen nur in Gemeinschaft vornehmen. Jede Geschäftsführungsmaßnahme bedarf deshalb der mindestens stillschweigenden Einwilligung aller Liquidatoren, wobei eine nachträgliche Genehmigung ausreicht. Bei **Widerspruch** eines Liquidators hat die Maßnahme zu unterbleiben. Über die Einwilligung entscheidet der Liquidator nach pflichtgemäßem Ermessen anhand der Interessen der Liquidationsgesellschaft.

3 Die **pflichtwidrig verweigerte Mitwirkung** an einer Geschäftsführungsmaßnahme kann mittels Klage der durch die anderen Liquidatoren vertretenen Gesellschaft erzwungen werden.[1] Zweckmäßigkeitsfragen können allerdings nicht durch das Gericht entschieden werden; insoweit steht den Liquidatoren ein Beurteilungsspielraum zu.[2] Mindestens der Gesellschafterliquidator,[3] nach weitergehender Auffassung auch der Drittliquidator[4] können zudem von den Gesellschaftern im Wege der actio pro socio auf Zustimmung verklagt werden. Daneben besitzen die Gesellschafter die Möglichkeit, den Liquidator durch Beschluss nach § 152 anzuweisen oder ihn abzuberufen. Der pflichtwidrig einer im Interesse des Liquidationszwecks liegenden Maßnahme widersprechende Liquidator macht sich der Gesellschaft gegenüber schadensersatzpflichtig.

4 **2. Wegfall und Verhinderung von Liquidatoren.** Der Wegfall oder die Verhinderung eines von mehreren Liquidatoren führen nicht zur alleinigen Geschäftsführungsbefugnis des oder der verbleibenden Liquidatoren. In einem solchen Fall muss ein Ersatzliquidator bestellt werden, gegebenenfalls durch das Gericht.[5] Nach anderer Auffassung sind bei ersatzlosem Wegfall oder Ausscheiden eines Liquidators die verbleibenden Liquidatoren geschäftsführungsbefugt.[6] Jedenfalls bei Gefahr im Verzug ist ein gesamtgeschäftsführungsberechtigter Liquidator entsprechend § 115 Abs. 1 Satz 2 berechtigt, allein zu handeln.[7]

5 **3. Abweichende Bestimmung.** Der Gesellschaftsvertrag, dessen späteren Änderung oder ein Gesellschafterbeschluss, der auch noch nach Auflösung der Gesellschaft gefasst werden kann, können abweichend von der gesetzlichen Regelung bestimmen, dass mehrere Liquidatoren Einzelgeschäftsführungsbefugnis besitzen. Ebenso sind Mischformen zulässig.[8] Dieselbe Befugnis steht dem Gericht bei der Bestellung von Liquidatoren gemäß § 146 Abs. 2 zu.

---

[1] MünchKommHGB/*K. Schmidt* RdNr. 5; Staub/*Habersack* RdNr. 5; Röhricht/Graf von Westphalen/*von Gerkan* RdNr. 2.
[2] BGH Urt. v. 8. 7. 1985 – II ZR 4/85, NJW 1986, 844; Urt. v. 24. 1. 1972 – II ZR 3/69, NJW 1972, 862, 863 f.
[3] Heymann/*Sonnenschein/Weitemeyer* RdNr. 2; Baumbach/*Hopt* RdNr. 1.
[4] MünchKommHGB/*K. Schmidt* RdNr. 5; Staub/*Habersack* RdNr. 5; Röhricht/Graf von Westphalen/*von Gerkan* RdNr. 2.
[5] Staub/*Habersack* RdNr. 6, 11 f.; Heymann/*Sonnenschein/Weitemeyer* RdNr. 3.
[6] MünchKommHGB/*K. Schmidt* RdNr. 4; Röhricht/Graf von Westphalen/*von Gerkan* RdNr. 3.
[7] MünchKommHGB/*K. Schmidt* RdNr. 9; Staub/*Habersack* RdNr. 6.
[8] Staub/*Habersack* RdNr. 9.

III. Vertretung

1. Gesamtvertretung. Nach der gesetzlichen Regel des § 150 Absatz 1 vertreten die Liquidato- 6
ren die Gesellschaft nach außen nur gemeinschaftlich. Für die Ausübung der Gesamtvertretungsmacht
gilt das bei § 125 (vgl. dort RdNr. 23 f.) Ausgeführte.

2. Wegfall und Verhinderung von Liquidatoren. Ist ein gesamtvertretungsberechtigter Liqui- 7
dator aus rechtlichen Gründen (z. B. wegen § 181 BGB) an der Vertretung der Gesellschaft gehindert
oder fällt er gänzlich fort, so wächst weder seine Vertretungsmacht den übrigen Liquidatoren zu noch
erstarkt die Vertretungsmacht des einzigen weiteren Liquidators zur Alleinvertretungsmacht.[9] Die
Handlungsfähigkeit der Gesellschaft muss dann durch die Neubestellung von Liquidatoren oder die
Neuordnung der Vertretungsverhältnisse, auch durch das Gericht, wiederhergestellt werden. Jedoch
können im Fall eines Rechtsstreits zwischen einem gesamtvertretungsberechtigten Liquidator und
der Gesellschaft der oder die anderen Liquidatoren diese wirksam vertreten, wenn der an dem Prozess
als Partei beteiligte Liquidator gemäß § 150 Abs. 2 Satz 1 den oder die anderen Liquidatoren zur
Vertretung der Gesellschaft ermächtigt;[10] der Bestellung eines weiteren Liquidators bedarf es nicht.

3. Abweichende Bestimmung. Der Gesellschaftsvertrag oder das Gericht anlässlich der Bestellung 8
von Liquidatoren können vorsehen, dass die Liquidatoren abweichend vom Grundsatz der Gesamtvertretung einzelvertretungsbefugt sind; zulässig ist weiter eine Kombination von Einzel- und Gesamtvertretung, nicht hingegen die gemischte Gesamtvertretung.[11] Anders als ein Gesellschafter in der
werbenden Gesellschaft kann ein Liquidator nicht von der Vertretungsmacht ausgeschlossen werden.

4. Ermächtigung. § 150 Abs. 2 Satz 1 gestattet in Anlehnung an § 125 Abs. 2 S. 2 (vgl. dort 9
RdNr. 29 ff.) die Ermächtigung eines gesamtvertretungsberechtigten Liquidators zur Vornahme
bestimmter Geschäfte oder Arten von Geschäften. Ein nach § 181 BGB von der Vertretung der
Gesellschaft ausgeschlossener Liquidator kann deshalb, will er mit der Gesellschaft kontrahieren, den
anderen Liquidatoren formlos, auch konkludent, Sonderbefugnisse einräumen.[12]

5. Passivvertretung. Ist der Gesellschaft gegenüber eine Willenserklärung abzugeben, so finden 10
die nach § 125 Abs. 2 Satz 3 (vgl. dort RdNr. 37) für die werbende Gesellschaft geltenden Regeln
Anwendung. Es genügt der Zugang an einen einzelnen Liquidator.

§ 151 [Unbeschränkbarkeit der Befugnisse]

**Eine Beschränkung des Umfanges der Befugnisse der Liquidatoren ist Dritten gegen-
über unwirksam.**

I. Normzweck

Die Vorschrift dient wie die für die werbende Gesellschaft geltende Bestimmung des § 126 Abs. 2 1
dem **Schutz des Rechtsverkehrs**; mit der Gesellschaft in Rechtsbeziehungen tretende Dritte sollen
sich darauf verlassen können, dass die Liquidatoren vertretungsberechtigt sind und Beschränkungen
im Innenverhältnis nicht auf das **Außenverhältnis** durchschlagen. Sie hat zwingenden Charakter.
Die Vertretungsmacht kann deshalb nicht mit Wirkung nach außen eingeschränkt werden. Mit dem
Innenverhältnis der Liquidatoren zur Gesellschaft befasst sich § 151 nicht; dort sind entsprechend
§ 126 Beschränkungen der Vertretungsmacht möglich, auch durch die Erteilung von Weisungen
nach § 152. Anders als bei § 126 Abs. 3 ist eine Beschränkung auf den Betrieb einer von mehreren
Niederlassungen nicht gestattet.

II. Umfang der Vertretungsmacht

Die Vertretungsmacht der Liquidatoren umfasst nach herrschender Meinung nur die in § 149 S. 1 2
aufgezählten, **dem Liquidationszweck dienenden Geschäfte**.[1] Die Gesellschafter sind aber nicht

---

[9] RG Urt. v. 17. 2. 1922 – II 442/21, RGZ 103, 417 f.; Urt. v. 11. 2. 1927 – II 129/26, RGZ 116, 116, 117; Staub/*Habersack* RdNr. 11 f.; Heymann/*Sonnenschein/Weitemeyer* RdNr. 3; aA MünchKommHGB/*K. Schmidt* RdNr. 10.
[10] BGH Urt. v. 21. 5. 1964 – II ZR 211/61, WM 1964, 740, 741; RG Urt. v. 11. 2. 1927 (Fn. 9).
[11] Insoweit aA Staub/*Habersack* RdNr. 13; Heymann/*Sonnenschein/Weitemeyer* RdNr. 4.
[12] AA Staub/*Habersack* RdNr. 15.
[1] Heymann/*Sonnenschein/Weitemeyer* RdNr. 3; Röhricht/Graf von Westphalen/*von Gerkan* RdNr. 2; aA Münch-KommHGB/*K. Schmidt* RdNr. 1; Staub/*Habersack* RdNr. 6; vgl. im Einzelnen § 149 RdNr. 23 f.

§ 152 1–3   2. Buch. 1. Abschnitt. Offene Handelsgesellschaft

gehindert, die danach auf Liquidationsgeschäfte beschränkte Vertretungsmacht der Liquidatoren zu **erweitern** und diesen liquidationsfremde Geschäfte zu übertragen.[2] Die Erweiterung der Befugnisse kann auch derart geschehen, dass die Gesellschafter das über den Liquidationszweck hinausgehende Geschäft genehmigen.[3]

3   Handelt der Liquidator bei dem Abschluss eines Liquidationszwecken im Sinne des § 149 dienenden Geschäfts internen Beschränkungen seiner Vertretungsmacht zuwider, so wirkt seine Willenserklärung für und gegen die Gesellschaft, es sei denn, die Grundsätze über den **Missbrauch der Vertretungsmacht** (s. § 126 RdNr. 19 ff.) greifen ein.[4] Kannte der Geschäftsgegner die Beschränkung im Innenverhältnis oder hätte sich ihm die Pflichtwidrigkeit des Handelns aufdrängen müssen, so kann er sich nach § 242 BGB nicht darauf berufen, dass das Geschäft vom Liquidationszweck gedeckt sei. Insbesondere Gesellschafter oder Liquidatoren, die Rechtsgeschäfte mit der Gesellschaft schließen, können in einem solchen Fall häufig kein schutzwürdiges Vertrauen in die Wirksamkeit des Geschäfts für sich in Anspruch nehmen, sondern müssen sich interne Beschränkungen der Vertretungsmacht entgegenhalten lassen.[5]

§ 152 [Bindung an Weisungen]

Gegenüber den nach § 146 Abs. 2 und 3 Beteiligten haben die Liquidatoren, auch wenn sie vom Gerichte bestellt sind, den Anordnungen Folge zu leisten, welche die Beteiligten in betreff der Geschäftsführung einstimmig beschließen.

I. Normzweck

1   Die Gesellschafter und die weiteren nach § 146 Abs. 2 und 3 hinzutretenden Beteiligten sind die „Herren" des Liquidationsverfahrens; die Abwicklung, die die Auflösung der gesamthänderischen Bindung des Gesellschaftsvermögens zum Ziel hat, geschieht in ihrem Interesse. Deshalb bestimmt § 152, dass die Liquidatoren deren Weisungen hinsichtlich der Geschäftsführung zu befolgen haben. Gebunden sind die Liquidatoren jedoch nur an wirksam beschlossene und inhaltlich rechtmäßige Weisungen.

II. Beschluss der Beteiligten

2   **1. Einstimmigkeitserfordernis.** Die Weisung bedarf eines Beschlusses der Beteiligten, der nach § 152 grundsätzlich einstimmig zu fassen ist; ein einzelner Gesellschafter kann an Liquidatoren keine bindende Anweisung erteilen.[1] Mitwirken haben die Gesellschafter, die Erben – nicht der gemeinsame Vertreter – eines verstorbenen Gesellschafters bzw. der Testamentsvollstrecker, weiter die nach § 146 Abs. 2 und 3 der an die Stelle eines Gesellschafters getretene Insolvenzverwalter und der Privatgläubiger eines Gesellschafters im Fall des § 135. Die mitgliedschaftliche Treuepflicht kann es gebieten, an einem Beschluss mitzuwirken, der im Gesellschaftsinteresse liegt und den Beteiligten zumutbar ist. Eine treuwidrig verweigerte Zustimmung kann unbeachtlich und der Liquidator nach pflichtgemäßem Ermessen gehalten sein, eine Weisung auch ohne Einstimmigkeit zu beachten.[2]

3   **2. Beschlussinhalt.** Die Weisung muss Angelegenheiten der Geschäftsführung betreffen. Über den Gesetzeswortlaut hinaus erfasst das Weisungsrecht aber auch die Ausübung der Vertretungsmacht; Vertretungsmaßnahmen sind im Innenverhältnis zur Gesellschaft Gegenstand der Geschäftsführung.[3] Die Weisung kann die Vornahme rechtsgeschäftlicher wie tatsächlicher Handlungen beinhalten. Die Liquidatoren können im Einzelnen angewiesen werden, bestimmte Handlungen vorzunehmen bzw. zu unterlassen oder zuvor die Zustimmung der Beteiligten einzuholen. Die Anordnung kann jedoch auch allgemein gehalten sein und den Liquidatoren Richtlinien für die Erfüllung ihrer Aufgaben vorgeben.[4]

---

[2] Heymann/*Sonnenschein/Weitemeyer* RdNr. 3; Röhricht/Graf von Westphalen/*von Gerkan* RdNr. 4; Baumbach/*Hopt* § 149 RdNr. 7.
[3] BGH Urt. v. 1. 12. 1983 – III ZR 149/82, NJW 1984, 982; RG Urt. v. 16. 12. 1922 – V 21/22, RGZ 106, 68, 72 f.
[4] MünchKommHGB/*K. Schmidt* RdNr. 5 ff.; Staub/*Habersack* RdNr. 8 f.; Heymann/*Sonnenschein/Weitemeyer* RdNr. 2; Röhricht/Graf von Westphalen/*von Gerkan* RdNr. 6.
[5] Staub/*Habersack* RdNr. 9; Heymann/*Sonnenschein/Weitemeyer* RdNr. 2.
[1] BGH Urt. v. 26. 1. 1959 – II ZR 174/57, LM BGB § 149 Nr. 2 = WM 1959, 323, 324.
[2] MünchKommHGB/*K. Schmidt* RdNr. 7; Staub/*Habersack* RdNr. 6, 11.
[3] Staub/*Habersack* RdNr. 7; Heymann/*Sonnenschein/Weitemeyer* RdNr. 3.
[4] MünchKommHGB/*K. Schmidt* RdNr. 10; Staub/*Habersack* RdNr. 7.

Das **Weisungsrecht** umfasst zunächst den in § 149 umschriebenen Geschäftskreis der Liquidatoren. Die Beteiligten sind weiter befugt, die Vornahme liquidationsfremder Geschäfte anzuordnen. An einen derartigen Beschluss sind nicht nur Gesellschafterliquidatoren, sondern ebenso Drittliquidatoren gebunden.[5] Eine auf die Fortsetzung der Gesellschaft zielende Weisung kann allerdings unbeachtlich sein, wenn ein wirksamer Fortsetzungsbeschluss der Gesellschafter fehlt und der Auflösungsgrund Gläubigerinteressen Rechnung trägt.[6] Gegen Gesetz oder gute Sitten verstoßende Weisungen haben die Liquidatoren nicht zu befolgen.

3. Folgepflicht der Liquidatoren. Die Liquidatoren, und zwar einschließlich der vom Gericht Ernannten, haben verbindliche Weisungen zu befolgen. Die Mißachtung begründet eine Pflichtverletzung, die zu Schadensersatzansprüchen führen und ihre Abberufung rechtfertigen kann. Handeln sie entsprechend einer verbindlichen Weisung, so kann sie eine solche Haftung nicht treffen. Die Gesellschaft oder einer der Beteiligten können die Befolgung der Weisung im Klagewege erzwingen. Unwirksame Weisungen, etwa eines einzelnen Gesellschafters, können den Liquidatoren Veranlassung geben, die Beteiligten um eine Stellungnahme zu bitten, oder zu prüfen, ob die nicht verbindlich angeordnete Maßnahme nicht doch in den Rahmen der Abwicklungsaufgabe fällt.[7]

Eine **Abweichungsbefugnis** besteht nur unter den Voraussetzungen des § 665 BGB. Damit wird der Möglichkeit Rechnung getragen, dass nach Erteilung der Weisung oder bei deren Ausführung Umstände eintreten, die eine Abweichung von der Anordnung erforderlich machen. Der Liquidator darf in einem solchen Fall nach pflichtgemäßem Ermessen auch entgegen der Weisung handeln, wenn er annehmen darf, dass die Beteiligten dies bei Kenntnis der Sachlage billigen würden.[8] Er hat dies den Beteiligten anzuzeigen und muss gegebenenfalls eine neue Weisung einholen. Bei Gefahr im Verzuge bedarf es entsprechend § 665 Satz 2 BGB einer vorherigen Unterrichtung nicht.

4. Abweichende Vereinbarungen. Die Vorschrift des § 152 ist nicht zwingend.[9] Der Gesellschaftsvertrag kann etwas anderes bestimmen und insbesondere einen **Mehrheitsbeschluss** zulassen; daran sind neben den Gesellschaftern auch die weiteren Beteiligten gebunden.[10] Nach Auflösung der Gesellschaft bedarf eine Vereinbarung, die Weisungen per Mehrheitsbeschluss gestattet, der Mitwirkung aller nach § 146 Abs. 2 und 3 Beteiligten.[11] Die Ausübung des Weisungsrechts kann schließlich einem Beirat oder einem einzelnen Gesellschafter übertragen werden. Möglich ist weiter ein Verzicht auf das Weisungsrecht etwa im Zusammenhang mit einem Liquidationsvergleichs, auf Grund dessen das Gesellschaftsvermögen einem Treuhänder zwecks Befriedigung der Gläubiger überantwortet wird.[12]

§ 153 [Unterschrift]

Die Liquidatoren haben ihre Unterschrift in der Weise abzugeben, daß sie der bisherigen, als Liquidationsfirma zu bezeichnenden Firma ihren Namen beifügen.

I. Normzweck

Die Vorschrift regelt **zwingend** die Zeichnung der Liquidatoren im geschäftlichen Verkehr. Handeln sie schriftlich nach außen im Namen der Gesellschaft, so haben sie deren Firma einen **Liquidationszusatz** beizufügen. Das dient dem Zweck, die mit einer Liquidationsgesellschaft kontrahierenden Person auf diesen Umstand und die damit einhergehenden rechtlichen und wirtschaftlichen Risiken hinzuweisen.[1] Bedeutung besitzt die nach § 153 erforderliche Zeichnung im Hinblick auf die negative Publizität des Handelsregisters; auch wenn die Auflösung der Gesellschaft und deren Abwickler nicht in das Handelsregister eingetragen sind, zerstört der Liquidationszusatz die Gutgläubigkeit im Sinne des § 15 Abs. 1.

---

[5] MünchKommHGB/*K. Schmidt* RdNr. 9; Staub/*Habersack* RdNr. 8; aA Röhricht/Graf von Westphalen/*von Gerkan* RdNr. 2.
[6] Staub/*Habersack* RdNr. 7.
[7] BGH (Fn. 1).
[8] MünchKommHGB/*K. Schmidt* RdNr. 12; Staub/*Habersack* RdNr. 10.
[9] BGH Urt. v. 13. 7. 1967 – II ZR 72/67, BGHZ 48, 251, 255 = NJW 1967, 2157, 2158.
[10] MünchKommHGB/*K. Schmidt* RdNr. 14; Staub/*Habersack* RdNr. 3.
[11] MünchKommHGB/*K. Schmidt* RdNr. 14; Staub/*Habersack* RdNr. 3.
[12] MünchKommHGB/*K. Schmidt* RdNr. 15; Staub/*Habersack* RdNr. 4.
[1] OLG Frankfurt Urt. v. 18. 9. 1991 – 21 U 10/90, NJW 1991, 3286, 3287; Staub/*Habersack* RdNr. 1.

II. Zeichnung für die Liquidationsgesellschaft

2 Weder die Identität der Gesellschaft noch deren Firma ändern sich mit der Auflösung. Zur Information des Rechtsverkehrs ist die Firma jedoch mit einem Liquidationszusatz zu versehen. Dieser wird nicht Firmenbestandteil[2] und ist nicht in das Handelsregister einzutragen. Gebräuchlich sind die Zusätze „in Liquidation", „in Abwicklung" oder abgekürzt „i. L.". Die Zeichnung geschieht in der Weise, dass die Abwickler ihren Namen der mit dem Liquidationszusatz versehenen Firma beifügen. Zu den Pflichtangaben nach den §§ 37 a, 125 a, 177 a, die die aufgelöste ebenso wie die werbende Gesellschaft zu beachten hat, gehört der Liquidationszusatz nicht. Wegen § 153 ist aber dessen Verwendung auf den Geschäftsbögen geboten. Bei Kapitalgesellschaften und Co. OHG/KG sind, wenn nicht nur die OHG bzw. KG aufgelöst sind, neben § 153 die Parallelvorschriften der §§ 68 Abs. 2 GmbHG, 269 Abs. 4 AktG zu beachten.[3]

III. Rechtsfolgen eines Verstoßes

3 § 153 ist bloße Ordnungsvorschrift.[4] Die Zeichnung des Abwicklers ohne den Liquidationszusatz führt deshalb nicht zur Unwirksamkeit von dessen Willenserklärung oder der des Rechtsgeschäfts. Die Liquidationsgesellschaft wird durch dessen Handeln trotzdem berechtigt und verpflichtet, wenn nur der Offenkundigkeitsgrundsatz gewahrt ist.[5] Der Geschäftsgegner kann jedoch das Rechtsgeschäft mit der Begründung, er habe über verkehrswesentliche Eigenschaften seines Vertragspartners geirrt oder sei darüber getäuscht worden, nach den §§ 119 Abs. 2, 123 BGB **anfechten**. Daneben ist § 153 wie die Parallelvorschrift des § 68 Abs. 2 GmbHG **Schutzgesetz** im Sinne des § 823 Abs. 2 BGB.[6] Schadensersatzansprüche können weiter aus § 826 BGB oder den Grundsätzen des Verschuldens bei Vertragsschluss folgen; die Gesellschaft muss sich nach § 31 BGB die unerlaubte Handlung ihres Liquidators zurechnen lassen. Eine Rechtsscheinhaftung der Liquidatoren vermag das Weglassen des Liquidationszusatzes nicht auszulösen, weil dadurch nicht über die Rechtsform und eine möglicherweise beschränkte Haftungsmasse getäuscht wird.

§ 154 [Bilanzen]

Die Liquidatoren haben bei dem Beginne sowie bei der Beendigung der Liquidation eine Bilanz aufzustellen.

Neueres Schrifttum (Auswahl): *Budde/Förschle*, Sonderbilanzen, 2. Aufl. 1999; *Förster*, Die Liquidationsbilanz, 3. Aufl. 1992; *Scherrer/Heni*, Liquidations-Rechnungslegung, 2. Aufl. 1996; *dies.*, Offene Fragen zur Liquidationsbilanz, WPg 1996, 681 ff.; *K. Schmidt*, Liquidationsbilanzen und Konkursbilanzen, 1989; *ders.*, Die Handels-Personengesellschaft in Liquidation, ZHR 153 (1989), 270 ff.; *ders.*, Liquidationsergebnisse und Liquidationsrechnungslegung im Handels- und Steuerrecht, FS L. Schmidt, 1993, S. 227 ff.

Übersicht

	RdNr.		RdNr.
I. Normzweck und Bedeutung	1–5	c) Liquidationsschlussbilanz	9, 10
1. Das herkömmliche Verständnis	1–4	3. Bilanzierungsgrundsätze	11, 12
a) Allgemeines	1	a) Geschäftsjahr, Aufstellung, Feststellung	11
b) Schlussbilanz	2	b) Wertansätze	12
c) Liquidationseröffnungsbilanz	3	**III. Die interne Liquidationsrechnung**	13–20
d) Liquidationsschlussbilanz	4	1. Allgemeines	13
2. Die neuere Gegenmeinung	5	2. Eröffnungsbilanz	14–16
II. Die externe Rechnungslegung in der Liquidation	6–12	a) Funktion, Aufstellungsgrundsätze	14
1. Allgemeines	6	b) Gewinn und Verlust	15
2. Die zur externen Rechnungslegung gehörenden Rechenwerke	7–10	c) Abdingbarkeit	16
a) Schlussbilanz der werbenden Gesellschaft	7	3. Schlussrechnung der Liquidatoren	17–20
b) Liquidationseröffnungsbilanz	8	a) Rechtsnatur, Zweck	17
		b) Bilanzstichtag	18
		c) Vermögensermittlung	19
		d) Prozessuales	20

---

[2] RG Urt. v. 17. 6. 1892 – II 110/92, RGZ 29, 66, 68.
[3] MünchKommHGB/*K. Schmidt* RdNr. 10 ff.
[4] Staub/*Habersack* RdNr. 7; Heymann/*Sonnenschein/Weitemeyer* RdNr. 4.
[5] MünchKommHGB/*K. Schmidt* RdNr. 5; Staub/*Habersack* RdNr. 7.
[6] OLG Frankfurt (Fn. 1); Staub/*Habersack* RdNr. 8; aA Baumbach/*Hopt* RdNr. 1.

I. Normzweck und Bedeutung

1. Das herkömmliche Verständnis. a) Allgemeines. Nach § 154 haben die Liquidatoren der 1
OHG (bzw. der KG, § 161 Abs. 2) bei dem Beginn sowie bei der Beendigung der Liquidation eine
Bilanz aufzustellen. Die Bedeutung der Vorschrift ist umstritten. Nach traditioneller Auffassung stellt
§ 154 eine Spezialregelung zu den §§ 238, 242 ff. dar mit der Folge, dass während der Dauer der
Liquidation grundsätzlich keine Jahresabschlüsse aufzustellen sind.[1] Nach dieser Meinung besteht nur
in Ausnahmefällen eine Verpflichtung zur Jahresrechnungslegung, zB bei umfangreichen Abwicklungen oder nach den Grundsätzen ordnungsgemäßer Buchführung.[2] Zur Gegenauffassung RdNr. 5.

b) Schlussbilanz. Nach bisher herrschender Ansicht ist bei Eintritt der Auflösung, mit der die 2
periodische Rechnungslegung der Gesellschaft endet, eine Schlussbilanz der werbenden Gesellschaft
aufzustellen.[3] Tritt die Auflösung im Laufe eines Geschäftsjahres ein, so ist eine Bilanz für das
Rumpfgeschäftsjahr zu erstellen.[4]

c) Liquidationseröffnungsbilanz. Ferner bedarf es nach traditioneller Sichtweise einer Liquida- 3
tionseröffnungsbilanz, die eine Vermögensbilanz darstellt, in die alle Vermögenswerte mit ihrem
wahren Wert, dh. mit dem vorsichtig geschätzten Veräußerungswert einzustellen sind.[5] Zweck dieser
Bilanz ist es, den Liquidatoren, einen Überblick über das vorhandene Gesellschaftsvermögen zu
verschaffen, um eine Prognose der Liquidationsergebnisse zu ermöglichen.[6]

d) Liquidationsschlussbilanz. Auch diese ist nach bisheriger Konzeption als Vermögensbilanz 4
aufzustellen, sobald das verteilbare Vermögen nach Berichtigung von Verbindlichkeiten feststeht.[7]

2. Die neuere Gegenmeinung. Eine neuere, von *K. Schmidt*[8] näher begründete Gegenansicht 5
unterscheidet zutreffend zwischen der **internen** Liquidationsrechnungslegung der Liquidatoren gegenüber den Beteiligten (vor allem den Gesellschaftern), die in § 154 geregelt ist, und der **externen**
Rechnungslegung der Gesellschaft nach den §§ 238, 242 ff., die auch im Liquidationsstadium kontinuierlich bis zur Vollbeendigung der Gesellschaft weiterläuft. Diese neue Auffassung gewinnt zunehmend
Anhänger.[9] Sie verdient vor dem traditionellen Verständnis des § 154 den Vorzug. Die herkömmliche
Deutung dieser Vorschrift als Sonderregelung (RdNr. 1) wird der Auffassung nicht gerecht, dass die
Gesellschaft im Liquidationsstadium als Abwicklungsgesellschaft fortbesteht, mit der werbenden Gesellschaft identisch ist und Handelsgesellschaft bleibt (§ 145 RdNr. 11), so dass die Fortgeltung der §§ 238,
242 ff. naheliegt. Die neuere Auffassung vermag auch die unterschiedlichen Zwecke der in § 154
normierten Bilanzen und der Jahresrechnungslegung nach den §§ 242 ff. überzeugend zu erklären.

II. Die externe Rechnungslegung in der Liquidation

1. Allgemeines. Die aufgelöste Gesellschaft, die bis zur Vollbeendigung Kaufmann bleibt, ist nach 6
der neueren Konzeption (vgl. RdNr. 5) auch während der Liquidation verpflichtet, nach den §§ 242 ff.
Jahresabschlüsse aufzustellen. Auch die Buchführungspflicht (§ 238) besteht im Liquidationsstadium
(ebenso nach überkommener Auffassung)[10] fort. Sie ist von den Liquidatoren als Geschäftsführungsorgan
(§ 149 S. 1) zu erfüllen.[11] Auch die steuerrechtliche Bilanzierungspflicht gilt in der Liquidation weiter.[12]

2. Die zur externen Rechnungslegung gehörenden Rechenwerke. a) Schlussbilanz der 7
werbenden Gesellschaft. Eine solche Bilanz zum Auflösungsstichtag ist im Hinblick auf die
kontinuierliche Rechnungslegung (RdNr. 5) nicht erforderlich.[13]

---

[1] BGH Urt. v. 5. 11. 1979 – II ZR 145/78, NJW 1980, 1522, 1523 unter II 1; *Hueck A.* OHG § 32 VI 1;
Heymann/*Sonnenschein*/*Weitemeyer* RdNr. 6.
[2] Vgl. die Nachw. Fn. 1; ferner OLG Celle Urt. v. 11. 5. 1983 – 9 U 160/82, ZIP 1983, 943, 944.
[3] *Sudhoff* NJW 1957, 731, 733; *Hueck A.* (Fn. 1).
[4] *Sudhoff* (Fn. 3); MünchHdb.GesR I/*Butzer* § 77 RdNr. 53.
[5] Vgl. RGZ 80, 104, 107; *Hueck A.* OHG § 32 VI 2.
[6] *Hueck A.* OHG (Fn. 5); vgl. MünchKommHGB/*K. Schmidt* RdNr. 5; Röhricht/Graf v. Westphalen/*v. Gerkan*
RdNr. 3.
[7] *Hueck A.* OHG § 32 VI 3; MünchHdb.GesR I/*Butzer* § 77 RdNr. 56.
[8] Liquidationsbilanzen und Konkursbilanzen, 1989, S. 58 ff.; ferner MünchKommHGB/*K. Schmidt* RdNr. 8 ff.
[9] *Scherrer/Heni* WPg 1996, 681 f.; *Förschle/Deubert* in Budde/Förschle, Sonderbilanzen, 2. Aufl. 1999, RdNr. T 41;
Staub/*Habersack* RdNr. 8 ff. mwN; Röhricht/Graf von Westphalen/*v. Gerkan* RdNr. 5 ff.; MünchHdb.GesR I/*Butzer*
§ 77 RdNr. 51, 57 ff.
[10] *Hueck A.* OHG § 32 VI 1.
[11] Staub/*Habersack* RdNr. 13; MünchKommHGB/*K. Schmidt* RdNr. 31.
[12] MünchKommHGB/*K. Schmidt* RdNr. 30; Röhricht/Graf v. Westphalen/*v. Gerkan* RdNr. 13.
[13] *Förschle/Deubert* (Fn. 9) RdNr. T 57, 58; MünchKommHGB/*K. Schmidt* RdNr. 10, 18; Röhricht/Graf v.
Westphalen/*v. Gerkan* RdNr. 6, 7; MünchHdb.GesR I/*Butzer* § 77 RdNr. 57; aA (für das Rumpfgeschäfts-Jahr) Staub/
Habersack RdNr. 18.

8 b) **Liquidationseröffnungsbilanz.** Sie ist nach neuerer Meinung als Bestandteil der externen Rechnungslegung ebenfalls entbehrlich.[14] Zu der im Rahmen der internen Rechnungslegung nach § 154 aufzustellenden Eröffnungsbilanz vgl. RdNr. 14.

9 c) **Liquidationsschlussbilanz.** Sie ist nach Beendigung der Abwicklung im Rahmen der in den §§ 242 ff. normierten Rechnungslegungspflicht der Gesellschaft aufzustellen. Sie weist das Ergebnis der Gesellschaft seit der letzten Jahresrechnungslegung und das zur Verteilung unter die Gesellschafter bestimmte Vermögen aus.[15] Als Bilanz unterliegt sie zusammen mit der Gewinn- und Verlustrechnung der Feststellung durch die Gesellschafter.[16] Die Gesellschafter sind an die Ergebnisse einer von ihnen festgestellten Schlussbilanz gebunden. Eine abweichende Verteilung des Gesellschaftsvermögens bedarf grundsätzlich eines einstimmigen Beschlusses der Gesellschafter.[17]

10 Von der Liquidationsschlussbilanz ist die in § 154 angesprochene (interne) **Rechnungslegung der Liquidatoren** (dazu RdNr. 13 ff.) **zu unterscheiden.** In der Praxis brauchen aber nicht stets gesonderte Rechenwerke erstellt zu werden. Vielmehr kann je nach Lage des Falles auch ein **einheitliches Rechenwerk** beiden Bilanzzwecken genügen.[18]

11 3. **Bilanzierungsgrundsätze. a) Geschäftsjahr, Aufstellung, Feststellung.** Die jährliche Rechnungslegung richtet sich grundsätzlich nach den allgemeinen Vorschriften der §§ 242 ff.[19] Es sind eine Bilanz sowie eine Gewinn- und Verlustrechnung zu erstellen.[20] Das bisherige Geschäftsjahr läuft grundsätzlich weiter; im Gesellschaftsvertrag kann eine abweichende Regelung getroffen werden.[21] Das Gesetz verlangt kein auf den Auflösungsstichtag lautendes Geschäftsjahr.[22] Die Aufstellung des Jahresabschlusses obliegt den Liquidatoren; die Feststellung geschieht nach den für die werbende Gesellschaft geltenden Grundsätze (vgl. Erläuterungen zu § 120 und § 167).[23]

12 b) **Wertansätze.** Die Wertansätze in der Jahresbilanz müssen den Grundsätzen des allgemeinen Bilanzrechts entsprechen.[24] Wenn das Unternehmen nicht fortgeführt wird (vgl. § 252 Abs. 1 Nr. 2), sind Veräußerungswerte anzusetzen, wobei zu unterscheiden ist, ob das Unternehmen insgesamt veräußert wird oder es bei der Veräußerung zur Zerschlagung kommt.[25]

III. Die interne Liquidationsrechnung

13 1. **Allgemeines.** Die nach § 154 von den Liquidatoren aufzustellende Liquidationseröffnungs- und Liquidationsschlussbilanz stellen die Grundlage für die Auseinandersetzung unter den Gesellschaftern dar; mit Hilfe der Liquidationsschlussbilanz wird das Liquidationsergebnis ermittelt (s. RdNr. 15). Dazu, dass für interne und externe Rechnungslegung nicht stets zwei besondere Rechenwerke aufgestellt zu werden brauchen, vgl. oben RdNr. 10.

14 2. **Eröffnungsbilanz. a) Funktion, Aufstellungsgrundsätze.** Bei ihr handelt es sich um eine Vermögensbilanz, nicht um eine Erfolgsrechnung. Sie dient der Ermittlung des zu Beginn der Liquidation vorhandenen Vermögens und gibt einen Überblick über die Liquidationsmasse. Sie knüpft nicht an den letzten periodischen Abschluss der werbenden Gesellschaft an, sondern erfordert eine Neubewertung zum Bilanzstichtag des Zeitpunkts der Auflösung der Gesellschaft.[26] Als Vermögenswerte sind in die Liquidationseröffnungsbilanz alle werthaltigen Positionen einzustellen.[27] Die Bestandteile des Gesellschaftsvermögens sind unter Auflösung stiller Reserven zu wirklichen Veräußerungswerten anzusetzen.[28] Bei der Ermittlung und Bewertung des Vermögens ist der Liquidati-

---

[14] *Förschle/Deubert* (Fn. 9) RdNr. T 55 f.; MünchKommHGB/*K. Schmidt* RdNr. 11, 16; Röhricht/Graf v. Westphalen/*v. Gerkan* RdNr. 7; MünchHdb.GesR I/*Butzer* § 77 RdNr. 57; aA Staub/*Habersack* RdNr. 19 (Analogie zu §§ 270 Abs. 1 AktG, 71 GmbHG).
[15] MünchKommHGB/*K. Schmidt* RdNr. 12, 22 f.; Staub/*Habersack* RdNr. 25.
[16] Staub/*Habersack* RdNr. 25; *Förschle/Deubert* (Fn. 9) RdNr. T 130.
[17] MünchKommHGB/*K. Schmidt* RdNr. 23.
[18] MünchKommHGB/*K. Schmidt* RdNr. 12, 22, 29; Staub/*Habersack* RdNr. 12, 16; Röhricht/Graf v. Westphalen/*v. Gerkan* RdNr. 8.
[19] MünchKommHGB/*K. Schmidt* RdNr. 17; Staub/*Habersack* RdNr. 20.
[20] Jeweils wie Fn. 19; *Förschle/Deubert* (Fn. 9) RdNr. T 65.
[21] Jeweils wie Fn. 19.
[22] MünchKommHGB/*K. Schmidt* RdNr. 17 ; *Förschle/Deubert* (Fn. 9) RdNr. T 70.
[23] MünchKommHGB/*K. Schmidt* RdNr. 21; Staub/*Habersack* RdNr. 20.
[24] *Förschle/Deubert* (Fn. 9) RdNr. T 95 ff.; MünchKommHGB/*K. Schmidt* RdNr. 20; Staub/*Habersack* RdNr. 21.
[25] MünchKommHGB/*K. Schmidt* RdNr. 20; Röhricht/Graf v. Westphalen/*v. Gerkan* RdNr. 6; vgl. auch Staub/*Habersack* RdNr. 23; *Förschle/Deubert* (Fn. 9) RdNr. T 98.
[26] Staub/*Habersack* RdNr. 14; Heymann/*Sonnenschein/Weitemeyer* RdNr. 2, 3.
[27] *Scherrer/Heni* WPg 1996, 681, 688; *Förschle/Deubert* (Fn. 9) RdNr. T 139; Staub/*Habersack* (Fn. 26).
[28] *Förschle/Deubert* (Fn. 9) RdNr. T 141; MünchKommHGB/*K. Schmidt* RdNr. 25; Staub/*Habersack* RdNr. 15; Röhricht/Graf v. Westphalen/*v. Gerkan* RdNr. 10; Heymann/*Sonnenschein/Weitemeyer* RdNr. 3.

onszweck der Vermögensverteilung im Auge zu behalten; in der Eröffnungsbilanz sollen das Ergebnis und der Verlauf der Liquidation vorausschauend beurteilt werden.[29] Der Ansatz der Aktiva erfolgt nach Maßgabe der voraussichtlichen Verwertungsweise, wobei insbesondere relevant ist, ob das Unternehmen als Ganzes veräußert oder zerschlagen werden soll.[30] Verbindlichkeiten sind zu passivieren. Auch die mit der Liquidation und der folgenden Geschäftseinstellung verbundenen Verbindlichkeiten sind zu berücksichtigen.

b) Gewinn und Verlust. Falls ein Vergleich der Liquidationseröffnungsbilanz mit der letzten Jahres- oder Rumpfjahresbilanz der werbenden Gesellschaft einen Gewinn oder Verlust ergibt, ist das nur ein auf die unterschiedlichen Bilanzzwecke zurückzuführender Buchgewinn oder Buchverlust, der nicht auf die Kapitalanteile der Gesellschafter zu verteilen, sondern als solcher vorzutragen ist.[31] Das **Liquidationsergebnis** im Sinne des nach § 155 zu verteilenden Vermögens wird durch einen Vergleich der Liquidationsschlussbilanz (RdNr. 9 f.) mit der zum Zeitpunkt der Auflösung erstellten Schlussbilanz der werbenden Gesellschaft ermittelt.[32]

c) Abdingbarkeit. Die Gesellschafter können im Rahmen ihrer Vereinbarungskompetenz nach § 145 Abs. 1 (vgl. § 145 RdNr. 15, 16) die Liquidatoren von der Pflicht zur Aufstellung der Liquidationseröffnungsbilanz befreien.[33] Es bedarf hierzu der Zustimmung aller Gesellschafter, sofern nicht der Gesellschaftsvertrag unter Beachtung des Bestimmtheitsgrundsatzes einen Mehrheitsbeschluss zulässt (§ 145 RdNr. 16). Zu weiteren Zustimmungserfordernissen vgl. § 145 RdNr. 18 ff. Die Pflicht zur externen Rechnungslegung (RdNr. 6 ff.) wird durch solche Vereinbarungen nicht beseitigt oder modifiziert.

3. Schlussrechnung der Liquidatoren. a) Rechtsnatur, Zweck. Nach § 154 haben die Liquidatoren auch bei Beendigung der Abwicklung eine Bilanz aufzustellen. Sie gehört nach neuerer Auffassung zur internen Rechnungslegung (vgl. RdNr. 5). Es handelt sich also nicht um eine Rechnungslegung der Gesellschaft nach den §§ 238 ff., sondern um eine Rechnungslegung der Liquidatoren nach § 259 BGB.[34] Sie dient dazu, die Vermögensverteilung vorzubereiten und stellt – ebenso wie die Eröffnungsbilanz (vgl. RdNr. 14) – eine Vermögensbilanz dar.[35] Sie gibt den Verlauf der Liquidation und die Durchführung der Verteilung des Liquidationsüberschusses wieder.[36]

b) Bilanzstichtag. Stichtag der Schlussbilanz ist entgegen dem mißverständlichen Wortlaut des § 154 nicht erst der Zeitpunkt der Beendigung der Gesellschaft, sondern der Zeitpunkt, in dem die Abwicklungsaufgaben nach § 149 S. 1 erledigt sind und das nach Berichtigung der Schulden unter die Gesellschafter verteilbare Vermögen festgestellt werden kann.[37]

c) Vermögensermittlung. Aus einem Vergleich der Schlussbilanz mit der Liquidationseröffnungsbilanz ist nur der wirtschaftliche Erfolg des Liquidationsverfahrens zu entnehmen. Dagegen wird das nach § 155 zu verteilende Vermögen durch einen Vergleich der Liquidationsschlussbilanz mit der Letzten periodischen Bilanz des werbenden Unternehmens ermittelt (RdNr. 15). Dazu, dass auch ein einheitliches Rechenwerk als Schlussrechnung der Liquidatoren (§ 154) und Schlussbilanz der Gesellschaft ausreichen kann, vgl. RdNr. 10.

d) Prozessuales. Mehrere auf Erstellung der Liquidationsschlussbilanz verklagte Liquidatoren sind keine notwendigen Streitgenossen nach § 62 Abs. 1 ZPO.[38] Mitgesellschafter einer OHG sind bei einer Klage auf Zustimmung zur Liquidationseröffnungsbilanz/Korrektur einer solchen Bilanz keine notwendigen Streitgenossen.[39]

---

[29] Staub/*Habersack* RdNr. 15; Röhricht/Graf v. Westphalen/*v. Gerkan* RdNr. 10.
[30] *Förschle/Deubert* (Fn. 9) RdNr. T 142 ff.; Staub/*Habersack* RdNr. 15; *Koller/Roth/Morck* RdNr. 2.
[31] *Hueck* A. OHG § 32 VI 2; MünchKommHGB/*K. Schmidt* RdNr. 25; Staub/*Habersack* RdNr. 27; Röhricht/Graf v. Westphalen/*v. Gerkan* RdNr. 10.
[32] *Hueck* A. OHG § 32 VI 2; MünchKommHGB/*K. Schmidt* RdNr. 26; Staub/*Habersack* RdNr. 27; Röhricht/Graf v. Westphalen/*v. Gerkan* RdNr. 10.
[33] MünchKommHGB/*K. Schmidt* RdNr. 27; Staub/*Habersack* RdNr. 6; Röhricht/Graf v. Westphalen/*v. Gerkan* RdNr. 12.
[34] MünchKommHGB/*K. Schmidt* RdNr. 29.
[35] Staub/*Habersack* RdNr. 16; Heymann/*Sonnenschein/Weitemeyer* RdNr. 5.
[36] MünchKommHGB/*K. Schmidt* RdNr. 29; Heymann/*Sonnenschein/Weitemeyer* RdNr. 5; Röhricht/Graf v. Westphalen/*v. Gerkan* RdNr. 10.
[37] *Hueck* A. OHG § 32 VI 3; Staub/*Habersack* RdNr. 16; Heymann/*Sonnenschein/Weitemyer* RdNr. 4.
[38] BGH Urt. v. 10. 10. 1983 – II ZR 181/81, WM 1983, 1279 f.
[39] OLG München Urt. v. 30. 3. 2001 – 23 U 5757/00, NZG 2001, 959 f.

§ 155 [Verteilung des Gesellschaftsvermögens]

(1) Das nach Berichtigung der Schulden verbleibende Vermögen der Gesellschaft ist von den Liquidatoren nach dem Verhältnisse der Kapitalanteile, wie sie sich auf Grund der Schlußbilanz ergeben, unter die Gesellschafter zu verteilen.

(2) ¹Das während der Liquidation entbehrliche Geld wird vorläufig verteilt. ²Zur Deckung noch nicht fälliger oder streitiger Verbindlichkeiten sowie zur Sicherung der den Gesellschaftern bei der Schlußverteilung zukommenden Beträge ist das Erforderliche zurückzubehalten. ³Die Vorschriften des § 122 Abs. 1 finden während der Liquidation keine Anwendung.

(3) Entsteht über die Verteilung des Gesellschaftsvermögens Streit unter den Gesellschaftern, so haben die Liquidatoren die Verteilung bis zur Entscheidung des Streites auszusetzen.

Übersicht

	RdNr.		RdNr.
I. Normzweck und Regelungsinhalt	1–5	1. Zeitpunkt	12
1. Allgemeines	1	2. Verteilungsfähiges Vermögen	13
2. Analoge Anwendung	2	3. Verteilungsmaßstab	14, 15
3. Abdingbarkeit	3–5	4. Gesamtabrechnung	16, 17
a) Grundsätze	3, 4	a) Einzelansprüche als unselbständige Rechnungsposten	16
b) Einzelfälle einer Abweichung	5	b) Berücksichtigungsfähige Ansprüche	17
II. Vorläufige Verteilung (Abs. 2)	6–11	5. Fehlen von Restvermögen	18
1. Allgemeines	6	6. Der Schlussverteilungsanspruch	19
2. Einbehaltung von Mitteln	7	IV. Aussetzung der Verteilung (Abs. 3)	20
3. Verteilungsschlüssel	8	V. Vollbeendigung der Gesellschaft	21, 22
4. Kein Entnahmerecht	9	1. Voraussetzungen	21
5. Anspruch auf Vorabausschüttung	10	2. Nachtragsliquidation	22
6. Rückerstattung zu viel gezahlter Beträge	11	VI. Saldenausgleich unter Gesellschaftern	23, 24
III. Schlussverteilung (Abs. 1)	12–19		

I. Normzweck und Regelungsinhalt

1. Allgemeines. Die Vorschrift ergänzt § 149 S. 1 und überträgt den Liquidatoren die weitere Aufgabe, das restliche Vermögen unter die Gesellschafter zu verteilen. Abs. 1 betrifft die endgültige Verteilung des restlichen Reinvermögens, während Abs. 2 S. 1 die vorläufige Verteilung der entbehrlichen Mittel regelt. Abs. 2 S. 2 soll sicherstellen, dass bei der vorläufigen Verteilung die Mittel zur Bestreitung der noch unerledigten Abwickleraufgaben zurückbehalten werden. Ein Entnahmerecht der Gesellschafter während der Liquidation wird durch Abs. 2 S. 3 ausgeschlossen. Abs. 3 bestimmt, dass im Falle des Streits unter den Gesellschaftern die Verteilung des Gesellschaftsvermögens bis zur Entscheidung des Streits auszusetzen ist. Ein **Saldenausgleich** zwischen den Gesellschaftern gehört nicht zu den gesetzlichen Aufgaben der Liquidatoren, kann ihnen aber übertragen werden; ein solcher Ausgleich ist grundsätzlich nicht Teil des Liquidationsverfahrens und erfolgt unter den Gesellschaftern (RdNr. 23 f.).

2. Analoge Anwendung. § 155 knüpft zwar an die §§ 149 ff. an. Das steht aber einer entsprechenden Anwendung der Vorschrift bei Vereinbarung einer anderen Art der Abwicklung (§ 145 RdNr. 15 ff.) nicht entgegen.[1]

3. Abdingbarkeit. a) Grundsätze. Die Vorschrift des § 155 ist grundsätzlich abdingbar.[2] Die Gesellschafter können im Gesellschaftsvertrag (auch im Wege der Änderung) die Voraussetzungen, den Gegenstand und den Inhalt der Verteilung abweichend von § 155 regeln (vgl. aber auch RdNr. 12). Als Grundlage für eine abweichende Verteilung kommen auch Anweisungen der Gesellschafter an die Liquidatoren in Frage.[3] Es ist aber zu beachten, dass die Beteiligung am Liquidationserlös zum Kernbereich der Mitgliedschaft gehört,[4] so dass insoweit Abweichungen von § 155 der

---
[1] Staub/*Habersack* RdNr. 3.
[2] BayObLG Beschl. v. 18. 11. 1982 – BReg. 3 Z 32/82, BB 1983, 82 f.; *Hueck A.* OHG § 32 VII 4; Staub/*Habersack* RdNr. 4; Heymann/*Sonnenschein/Weitemeyer* RdNr. 3; *Koller*/Roth/Morck RdNr. 1; MünchKommHGB/*K. Schmidt* RdNr. 3, 42.
[3] Staub/*Habersack* RdNr. 4; Heymann/*Sonnenschein/Weitemeyer* RdNr. 4.
[4] BGH Urt. v. 10. 10. 1994 – II ZR 18/94, NJW 1995, 194, 195.

Zustimmung des betroffenen Gesellschafters bedürfen.[5] Für die Zulässigkeit entsprechender Mehrheitsentscheidungen gelten der Bestimmtheitsgrundsatz bzw. die allgemein für Eingriffe in den Kernbereich entwickelten Regeln.[6]

Die Zustimmung der Gesellschaftsgläubiger ist nicht erforderlich. § 155 ist **keine gläubigerschützende Norm** und kein Schutzgesetz iS des § 823 Abs. 2 BGB.[7] Zu Besonderheiten bei der GmbH & Co KG s. Anhang A nach § 177 RdNr. 229 ff.

b) Einzelfälle einer Abweichung. Die Gesellschafter können von einer Barverteilung des Liquidationsüberschusses absehen und stattdessen einem Gesellschafter mit seinem Einverständnis ein anderes Vermögensstück oder auch eine Forderung der Gesellschaft im Werte des Ausschüttungsanspruchs zuweisen.[8] Es ist auch möglich, den Verkaufserlös eines Gegenstandes in vollem Umfange dem Gesellschafter zuzuteilen, der den Gegenstand in das Gesellschaftsvermögen eingebracht hatte.[9] Die Gesellschafter können ferner beschließen, die Grundstücke der OHG (KG) nicht zu verwerten, sondern als Gesellschafter bürgerlichen Rechts weiter zu behalten.[10]

II. Vorläufige Verteilung (Abs. 2)

1. Allgemeines. Nach Abs. 2 S. 1 haben die Liquidatoren das während der Abwicklung entbehrliche Geld schon vor deren Beendigung vorläufig zu verteilen. Entbehrlich sind diejenigen Geldmittel, die für die weiteren Liquidationsmaßnahmen und die Begleichung von Schulden nicht mehr benötigt werden. Ob das der Fall ist, haben die Liquidatoren sorgfältig zu prüfen; zu diesem Zweck haben sie sich einen Überblick über die Liquidationsmasse und die noch offenen Verbindlichkeiten zu verschaffen, ohne aber zur Aufstellung einer Zwischenbilanz verpflichtet zu sein, wenn sie sich auf andere Weise kundig machen können.[11] Die Entscheidung, ob verteilungsfähiges Vermögen für eine vorläufige Ausschüttung vorhanden ist, haben die Liquidatoren nach pflichtgemäßem Ermessen zu treffen. Steht fest, dass Geldmittel entbehrlich sind, reduziert sich das Ermessen auf Null und es muss eine vorläufige Verteilung stattfinden.[12] Zum Anspruch des Gesellschafters auf vorläufige Verteilung vgl. unten RdNr. 10.

2. Einbehaltung von Mitteln. Abs. 2 S. 2 ordnet an, dass die Mittel zurückzubehalten sind, die zur Deckung noch nicht fälliger oder streitiger Verbindlichkeiten sowie zur Sicherung der den Gesellschaftern bei der Schlussverteilung zukommenden Beträge erforderlich sind. Insoweit liegt kein „entbehrliches" Vermögen (RdNr. 6) vor. Das Gesetz will verhindern, dass die Vorabausschüttungen die Befriedigung der Gläubiger vereiteln; zudem sollen die Gesellschafter bei der vorläufigen Verteilung nicht mehr erhalten, als sie bei der Schlussverteilung voraussichtlich zu beanspruchen haben.[13] Damit wird der Zweck verfolgt, Rückzahlungspflichten der Empfänger zu vermeiden.[14] Es braucht nicht unbedingt Bargeld einbehalten zu werden; es reicht aus, dass andere Gegenstände zurückbehalten werden, mit deren Veräußerungserlös Gläubiger und Gesellschafter befriedigt werden können.[15]

3. Verteilungsschlüssel. Die entbehrlichen Mittel werden entsprechend Abs. 1 nach dem voraussichtlichen Verhältnis der Kapitalanteile verteilt.[16]

4. Kein Entnahmerecht. Abs. 2 S. 3 schließt das gesetzliche Entnahmerecht des § 122 Abs. 1 aus, weil es sich wegen der Abschlagszahlungen nach Abs. 2 S. 1 erübrigt. Bei vertraglichen Entnahmerechten ist durch Auslegung zu ermitteln, ob sie auch für den Fall der Auflösung der Gesellschaft fortbestehen sollen.[17] Der Ausschluss des Entnahmerechts erstreckt sich auch auf Liquidationsgewinne.[18] Gewinne aus einem Rumpfgeschäftsjahr vor der Auflösung unterfallen schon dem Ent-

---

[5] Staub/*Habersack* RdNr. 4.
[6] Vgl. § 119 RdNr. 46 ff., 55 ff.; BGH (Fn. 4); vgl. auch BGH Urt. v. 12. 5. 1966 – II ZR 254/63, WM 1966, 876.
[7] *Hueck A.* OHG § 32 VII 1 S. 515; Staub/*Habersack* RdNr. 4, 16, 28; MünchKommHGB/*K. Schmidt* RdNr. 1, 15, 50.
[8] BayObLG (Fn. 2).
[9] *Heymann/Sonnenschein/Weitemeyer* RdNr. 3.
[10] BayObLG Beschl. v. 12. 6. 1951 – BeschwReg Nr. II 47/50, NJW 1952, 28, 29: kein Eigentumswechsel, so dass Auflassung entbehrlich.
[11] MünchKommHGB/*K. Schmidt* RdNr. 5; Staub/*Habersack* RdNr. 19.
[12] Vgl. MünchKommHGB/*K. Schmidt* RdNr. 4.
[13] Staub/*Habersack* RdNr. 21, 22.
[14] MünchKommHGB/*K. Schmidt* RdNr. 6.
[15] MünchKommHGB/*K. Schmidt* RdNr. 6; Staub/*Habersack* RdNr. 20.
[16] MünchKommHGB/*K. Schmidt* RdNr. 8; Staub/*Habersack* RdNr. 23; Röhricht/Graf v. Westphalen/v. Gerkan RdNr. 3; Baumbach/*Hopt* RdNr. 2.
[17] MünchKommHGB/*K. Schmidt* RdNr. 12; Röhricht/Graf v. Westphalen/v. Gerkan RdNr. 6; aA Staub/*Habersack* RdNr. 24.
[18] Staub/*Habersack* RdNr. 24; MünchKommHGB/*K. Schmidt* RdNr. 11.

nahmeverbot.[19] Dagegen können Gewinne aus dem letzten bereits abgeschlossenen Geschäftsjahr entnommen werden, wenn sie schon festgestellt sind.[20]

10 **5. Anspruch auf Vorabausschüttung.** Die Gesellschafter haben gegen die Gesellschaft einen **einklagbaren Anspruch** auf Vorabausschüttung gemäß Abs. 2 S. 1 und 2.[21] Die Gesellschafter sind jedoch beweispflichtig dafür, dass der geforderte Betrag entbehrlich ist und auch bei etwaigen weiteren Liquidationsverlusten entbehrlich bleibt.[22] Bei einem Verstoß gegen das Gebot der Vorabausschüttung durch die Liquidatoren können einem geschädigten Gesellschafter Schadensersatzansprüche gegen die Gesellschaft zustehen, die bei den Liquidatoren Regress nehmen kann.[23] Der Anspruch auf Vorabausschüttung ist Teil des endgültigen Auseinandersetzungsguthabens. Daher verringern Leistungen nach Abs. 2 S. 1 den für die Schlussverteilung maßgebenden Liquidationsanteil des Gesellschafters.[24] Wenn das künftige Auseinandersetzungsguthaben abgetreten ist, hat der Zessionar Anspruch auf die Abschlagszahlung.[25]

11 **6. Rückerstattung zu viel gezahlter Beträge.** Da die Verteilung nach Abs. 2 S. 1 nur eine vorläufige ist, können die Liquidatoren Leistungen zurückfordern, sobald sich herausstellt, dass den Gesellschaftern mehr zugeflossen ist, als ihnen bei der Schlussverteilung zustehen wird.[26] Das gilt auch, wenn nur einzelne Gesellschafter zu viel empfangen haben, ohne dass insgesamt zu viel gezahlt worden ist.[27] Es kann dahingestellt bleiben, ob der Rückforderungsanspruch aus § 812 Abs. 1 S. 1, 1. Fall BGB[28] oder aus dem Vorbehalt einer Rückforderung, der aus der Vorläufigkeit der Abschlagszahlung resultiert,[29] herzuleiten ist. Auch wenn man von einem Anspruch aus § 812 BGB ausgeht, kann sich der Empfänger nach den Grundsätzen der Zahlung unter Vorbehalt[30] – ein solcher ist der Abschlagszahlung immanent – analog § 820 BGB nicht auf § 814 oder § 818 Abs. 3 BGB berufen.[31] Der Rückforderungsanspruch besteht auch gegenüber einem Pfändungsgläubiger des Gesellschafters (§ 135), dem Insolvenzverwalter (Masseverbindlichkeit nach § 55 Abs. 1 Nr. 3 InsO) und einem Zessionar.[32]

III. Schlussverteilung (Abs. 1)

12 **1. Zeitpunkt.** Die Schlussverteilung des restlichen Gesellschaftsvermögens findet statt, wenn die Schulden berichtigt und die übrigen Aufgaben der Liquidatoren nach § 149 S. 1 erledigt sind.[33] Eine Schlussverteilung vor vollständiger Tilgung der Schulden erscheint, obwohl § 155 dispositiv ist (vgl. RdNr. 3), im Hinblick auf das Institut der Vorabausschüttung (Abs. 2) nicht zulässig.[34] Grundlage der Schlussverteilung ist die nach § 154 aufzustellende Schlussbilanz. Deren Erstellung ist jedoch nicht materielle Anspruchsvoraussetzung für die Geltendmachung des Ausschüttungsanspruchs. Der Gesellschafter kann vielmehr seinen Anspruch selbst berechnen und einklagen; er ist dann darlegungs- und beweispflichtig.[35] Ein solcher Ausnahmefall kann zB vorliegen, wenn es

---

[19] MünchKommHGB/*K. Schmidt* RdNr. 11; Staub/*Habersack* RdNr. 24; Röhricht/Graf v. Westphalen/*v. Gerkan* Rdnr. 5.
[20] MünchKommHGB/*K. Schmidt* RdNr. 11 (auch für den Fall, dass die Bilanzfeststellung der Auflösung nachfolgt); Röhricht/Graf v. Westphalen/*v. Gerkan* RdNr. 5; Heymann/*Sonnenschein/Weitemeyer* RdNr. 8; aA (kein Entnahmerecht auch bezüglich festgestellter Gewinne) *Hueck A.* OHG § 32 VII 1 S. 516; zweifelnd Staub/*Habersack* RdNr. 24, der darauf hinweist, dass es sich jedenfalls um einen unselbständigen Posten in der Gesamtrechnung handelt (vgl. RdNr. 16); so auch Heymann/*Sonnenschein/Weitemeyer* [s. o.].
[21] MünchKommHGB/*K. Schmidt* RdNr. 9; Staub/*Habersack* RdNr. 25; Röhricht/Graf v. Westphalen/*v. Gerkan* RdNr. 2; Heymann/*Sonnenschein/Weitemeyer* RdNr. 6.
[22] *Hueck A.* OHG § 32 VII 1 S. 515; MünchKommHGB/*K. Schmidt* RdNr. 9; Staub/*Habersack* RdNr. 25.
[23] Staub/*Habersack* RdNr. 25.
[24] Staub/*Habersack* RdNr. 26.
[25] MünchKommHGB/*K. Schmidt* RdNr. 10; Staub/*Habersack* RdNr. 26.
[26] AllgM vgl. etwa Staub/*Habersack* RdNr. 27.
[27] MünchKommHGB/*K. Schmidt* RdNr. 13; Staub/*Habersack* RdNr. 27; anders die hM (Ausgleich bei der Schlussverteilung): RG LZ 1931, 1261; Röhricht/Graf v. Westphalen/*v. Gerkan* RdNr. 4.
[28] So MünchKommHGB/*K. Schmidt* RdNr. 13; Staub/*Habersack* RdNr. 27.
[29] So etwa Baumbach/*Hopt* RdNr. 1.
[30] MünchKommBGB/*Lieb* § 820 RdNr. 6.
[31] MünchKommHGB/*K. Schmidt* RdNr. 13; Staub/*Habersack* RdNr. 27; Röhricht/Graf v. Westphalen/*v. Gerkan* RdNr. 4; MünchHdb.GesR I/*Butzer* § 77 RdNr. 35.
[32] *Hueck A.* OHG § 32 VII 1 S. 516; MünchKommHGB/*K. Schmidt* RdNr. 13; Baumbach/*Hopt* RdNr. 1; aA für den Zessionar Staub/*Habersack* RdNr. 27: Anspruch gegen Zedenten.
[33] OLG Hamburg Urt. v. 16. 12. 1957 – 1 U 20(65)/1957, DB 1958, 395 f.; Staub/*Habersack* RdNr. 5; Heymann/*Sonnenschein/Weitemeyer* RdNr. 5.
[34] Vgl. MünchKommHGB/*K. Schmidt* RdNr. 41, 42; Röhricht/Graf v. Westphalen/*v. Gerkan* RdNr. 7; str., aA Staub/*Habersack* RdNr. 4, 5.
[35] OLG Nürnberg Urt. v. 16. 5. 1969 – 1 U 165/68, BB 1969, 1104; MünchKommHGB/*K. Schmidt* RdNr. 43; Staub/*Habersack* RdNr. 14; Heymann/*Sonnenschein/Weitemeyer* RdNr. 5.

keiner Auseinandersetzung bedarf, etwa weil kein zu liquidierendes Gesellschaftsvermögen mehr vorhanden ist.[36]

2. Verteilungsfähiges Vermögen. Gegenstand der Verteilung ist das gesamte, in Geld umgesetzte Gesellschaftsvermögen (vgl. § 149 S. 1), sofern nicht im Gesellschaftsvertrag oder durch Gesellschafterbeschluss eine Verteilung von Gegenständen zugelassen ist (RdNr. 5); zu Mehrheitsbeschlüssen s. § 119 RdNr. 46 ff., 55 ff. Der Ausschüttungsanspruch wird grundsätzlich durch Geldleistung getilgt. Ohne sein Einverständnis braucht ein Gesellschafter sich keine andere Leistung als Geld aufdrängen zu lassen.[37] Eine **Rückerstattung von Einlagen** findet (vorbehaltlich der Vereinbarung einer anderen Art der Abwicklung) nicht statt. Schon erbrachte Einlagen sind den Kapitalkonten der Gesellschafter gutzuschreiben und gehen daher als Rechnungsposten in der Schlussrechnung auf.[38] Das führt dazu, dass bei der Einlage eines Grundstücks durch einen Gesellschafter der Verkaufserlös einschließlich des darin enthaltenen Gewinns allen Gesellschaftern zusteht und nicht allein dem Gesellschafter, der das Grundstück eingebracht hatte.[39] Gegenstände die ein Gesellschafter der Gesellschaft **zur Nutzung** (quoad usum) **überlassen** oder die er **dem Werte nach** als Einlage (quoad sortem) **eingebracht** hat (vgl. § 105 RdNr. 143, 144), sind zurückzugeben; im letzteren Fall hat der Gesellschafter der Gesellschaft den Wert zu ersetzen oder sein Kapitalkonto ist entsprechend zu belasten (§ 149 RdNr. 18). – Zu **offenen Einlagen** vgl. § 149 RdNr. 11–13.

3. Verteilungsmaßstab. Die Verteilung des Reinvermögens an die Gesellschafter erfolgt nach dem **Verhältnis ihrer Kapitalanteile** (Liquidationsanteile), wie sie sich aus der Schlussrechnung der Liquidatoren (§ 154 RdNr. 17 ff.) ergeben. Wenn außer einem festen Kapitalkonto noch ein bewegliches (Kapitalkonto II) geführt wird (vgl. Erläuterungen zu § 120), sind die Salden beider Konten zu addieren.[40] Stille Reserven werden aufgedeckt.[41] Ein Liquidationsgewinn oder Liquidationsverlust wird bei der Ermittlung des Kapitalanteils berücksichtigt.[42]

Wenn **alle Kapitalanteile aktiv** sind, kann jeder Gesellschafter den vollen Betrag seines Anteils verlangen. Die Summe der Anteile deckt sich mit dem Gesellschaftsvermögen. Für einen Ausgleich unter den Gesellschaftern ist kein Raum. Sind dagegen **sämtliche Kapitalanteile passiv,** so kann zunächst kein Gesellschafter von einem anderen Zahlung verlangen. Befriedigt ein Gesellschafter einen Gläubiger, so kann er von den anderen Gesellschaftern nach dem Verhältnis ihrer Anteile Ausgleich verlangen, muss aber den auf seinen passiven Anteil entfallenden Teil der Schuld und auch den anteiligen Ausgleich für einen zahlungsunfähigen Mitgesellschafter selbst tragen.[43] Haben **einzelne Gesellschafter** einen **passiven Kapitalanteil,** so sind nach hM die vorhandenen Geldmittel nur unter den Inhabern der aktiven Kapitalanteile im Verhältnis ihrer Anteile zu verteilen.[44] Der in diesem Fall erforderliche **Saldenausgleich** unter den Gesellschaften mit passiven und aktiven Kapitalanteilen ist nach hM außerhalb der Liquidation vorzunehmen und gehört nicht mehr zum Aufgabenkreis der Liquidatoren (s. zum Saldenausgleich näher RdNr. 23 f.).

4. Gesamtabrechnung. a) Einzelansprüche als unselbständige Rechnungsposten. Bei der Ermittlung der Kapitalanteile wird eine Gesamtabrechnung unter Einbeziehung aller aus dem Gesellschaftsverhältnis resultierenden Ansprüche zwischen der Gesellschaft und den Gesellschaftern durchgeführt. Diese Ansprüche stellen nur noch unselbständige Rechnungsposten dar, die grundsätzlich nicht isoliert im Wege der Leistungsklage geltend gemacht werden können; ein Zahlungsanspruch besteht nur hinsichtlich des abschließenden Saldos.[45] Der einzelne Gesellschafter kann aber Ansprüche dann **sogleich isoliert geltend machen,** wenn bereits vor Abschluss der Auseinandersetzung

---

[36] BGH Urt. v. 10. 11. 1969 – II ZR 40/67, WM 1970, 280, 281; BGH Urt. v. 5. 7. 1993 – II ZR 234/92, DB 1993, 1965 = ZIP 1993, 1307, 1309.
[37] BayObLG Beschl. v. 18. 11. 1982 – BReg. 3 Z 32/82, BB 1983, 82, 83; MünchKommHGB/*K. Schmidt* RdNr. 45; MünchHdb.GesR I/*Butzer* § 77 RdNr. 37.
[38] *Hueck A.* OHG § 32 VI 3 S. 516; Staub/*Habersack* RdNr. 6; Heymann/*Sonnenschein/Weitemeyer* RdNr. 2; Röhricht/Graf v. Westphalen/*v. Gerkan* RdNr. 10; Baumbach/*Hopt* RdNr. 2; aA MünchKommHGB/*K. Schmidt* RdNr. 21.
[39] BGH Urt. v. 16. 12. 1971 – II ZR 38/69, WM 1972, 213, 214; Heymann/*Sonnenschein/Weitemeyer* RdNr. 2.
[40] *Huber* ZGR 1988, 1, 62; Röhricht/Graf v. Westphalen/*v. Gerkan* RdNr. 8; MünchKommHGB/*K. Schmidt* RdNr. 21.
[41] MünchKommHGB/*K. Schmidt* RdNr. 21.
[42] BGH, Urt. v. 17. 11. 1955 – II ZR 42/54, BGHZ 19, 42, 47 f. = NJW 1956, 300, 302; MünchKommHGB/*K. Schmidt* RdNr. 21; Heymann/*Sonnenschein/Weitemeyer* RdNr. 7.
[43] *Hueck A.* OHG § 32 IX 1 b S. 521 f.; MünchHdb.GesR I/*Butzer* § 77 RdNr. 45; *Försche/Deubert* in: Budde/Förschle, Sonderbilanzen, 2. Aufl. 1999, RdNr. T 177.
[44] *Hueck A.* OHG § 32 VII 2 S. 516; MünchHdb.GesR I/*Butzer* § 77 RdNr. 39; Röhricht/Graf v. Westphalen/*v. Gerkan* RdNr. 8; Heymann/*Sonnenschein/Weitemeyer* RdNr. 7, 10; Baumbach/*Hopt* RdNr. 2.
[45] BGH Urt. v. 2. 7. 1972 – II ZR 204/60, BGHZ 37, 299, 304 f. = NJW 1962, 1863 ff. und seither ständig, vgl. etwa BGH Urt. v. 24. 10. 1994 – II ZR 2313/93, NJW 1995, 188, 189; Urt. v. 3. 4. 2006 – II ZR 40/05, NZG 2006, 459, 460; *Kellermann/Stodolkowitz* S. 157 mwN.

feststeht, dass ihm ein bestimmter Betrag in jedem Falle zusteht, oder wenn es nur noch um die Verteilung des letzten Aktivpostens geht.[46] In einem wegen Fehlens der abschließenden Rechnung verfrühten und deswegen zurzeit unbegründeten Leistungsantrag ist jedoch ohne weiteres ein **Feststellungsantrag enthalten** mit dem Inhalt, den zurzeit nicht einforderbaren Betrag als unselbständigen Posten in die Gesamtrechnung einzubeziehen.[47] Dieser Grundsatz gilt auch, wenn nicht sofort auf Auszahlung des beanspruchten Betrages geklagt, sondern im Wege der Stufenklage ein Auskunftsbegehren vorgeschaltet wird.[48]

17 **b) Berücksichtigungsfähige Ansprüche.** In die Gesamtabrechnung der Ansprüche aus dem Gesellschaftsverhältnis sind Forderungen aller Art der Gesellschaft gegen die Gesellschafter und umgekehrt einzustellen, darunter auch Forderungen aus Drittbeziehungen mit den Gesellschaftern sowie Schadensersatzansprüche oder Rückgriffsansprüche gegen die Gesellschaft wegen Inanspruchnahme durch Gläubiger.[49] Für geleistete Dienste wird, wenn keine abweichenden Vereinbarungen getroffen wurden, eine Vergütung nicht gewährt.[50] Zu Gegenständen, die zur Nutzung nach dem Werte nach eingebracht wurden, vgl. RdNr. 13. Geleistete Einlagen werden nicht zurückerstattet (RdNr. 13). Zu rückständigen Einlagen und zur Einforderung von Nachschüssen vgl. § 149 RdNr. 11, 15; zur Behandlung beim Saldenausgleich unter den Gesellschaftern s. unten RdNr. 23 f.

18 **5. Fehlen von Restvermögen.** Eine Schlussverteilung findet nicht statt, wenn die Gesellschaft über kein Restvermögen mehr verfügt oder nur ungedeckte Schulden verbleiben.[51] Die Aufgabe der Liquidatoren beschränkt sich dann darauf, das zunächst vorhandene Vermögen an die Gläubiger auszukehren. Den Kontenausgleich untereinander führen die Gesellschafter außerhalb des Liquidationsverfahrens durch (RdNr. 23 f.).

19 **6. Der Schlussverteilungsanspruch.** Mangels abweichender Abreden erhält jeder Gesellschafter mit einem aktiven Kapitalkonto von dem Liquidationsgewinn zunächst eine Dividende von 4% jährlich für die Zeit, die seit der letzten Jahres- oder Rumpfjahresbilanz verstrichen ist (§§ 121 Abs. 1 S. 1, 168).[52] Die Dividende ist von dem Kapitalkonto der letzten Erfolgsbilanz zu berechnen. Zwischenzeitliche Veränderungen der Kapitalanteile sind entsprechend § 121 Abs. 2 S. 1 zu berücksichtigen.[53] Verbleibende Liquidationsgewinne sind analog § 121 Abs. 3 nach Köpfen zu verteilen (für die KG vgl. § 168 Abs. 2).[54] Die Gesellschafter haben gegen die Gesellschaft einen **Rechtsanspruch auf die Ausschüttung;** diesen Anspruch haben die Liquidatoren zu erfüllen.[55]

IV. Aussetzung der Verteilung (Abs. 3)

20 Wenn unter den Gesellschaftern über die Verteilung des Gesellschaftsvermögens Streit entsteht, müssen die Liquidatoren die Verteilung aussetzen. Die Liquidatoren sind nicht berechtigt oder verpflichtet, diesen Streit zu entscheiden, sofern ihnen diese Aufgabe nicht von den Gesellschaftern übertragen worden ist. Das gilt auch für Gesellschafter-Liquidatoren. Der Streit ist vielmehr, wenn sich die Gesellschafter nicht einigen, unter ihnen **im Prozesswege** auszutragen, in der Regel auf Grund einer Feststellungsklage.[56] Die rechtskräftige Entscheidung bindet die Liquidatoren.[57] Solange der Streit andauert, ist die Liquidation noch nicht beendet.[58] Gegenstand des Streites können alle Meinungsverschiedenheiten der Gesellschafter über Art und Weise der Verteilung, deren Umfang, den Verteilungsmaßstab, die Berechnung der Kapitalanteile usw. sein.[59] Ein Streit liegt bereits vor, wenn auch nur ein Gesellschafter gegen die vorgesehene Verteilung Widerspruch erhebt. Bei einem offenbar missbräuchlichen oder völlig unsubstantiierten Widerspruch besteht keine Aussetzungs-

---

[46] BGH Urt. v. 24. 10. 1994 (Fn. 45); BGH Urt. v. 12. 7. 1999 – I ZR 4/98, NJW 1999, 3557 f.
[47] BGH Urt. v. 9. 3. 1992 – II ZR 195/90, NJW 1992, 2757, 2758; BGH, Urt. v. 15. 5. 2000 – II ZR 6/99, NJW 2000, 2586; BGH Urt. v. 18. 3. 2002 – II ZR 103/01, NZG 2002, 519.
[48] BGH Urt. v. 24. 10. 1994 (Fn. 45).
[49] Röhricht/Graf v. Westphalen. *Gerkan* RdNr. 10.
[50] MünchKommHGB/*K. Schmidt* RdNr. 22; Röhricht/Graf v. Westphalen/*v. Gerkan* RdNr. 10.
[51] Röhricht/Graf v. Westphalen/*v. Gerkan* RdNr. 11.
[52] *Hueck A.* OHG § 32 VI 3 S. 514; *Förschle/Deubert* in Budde/Förschle, Sonderbilanzen, 2. Aufl. 1999, RdNr. T 167; MünchHdb.GesR I/*Butzer* § 77 RdNr. 38.
[53] S. jeweils Fn. 52.
[54] S. jeweils Fn. 52; vgl. auch BGH Urt. v. 3. 11. 1955 – II ZR 119/54, BGHZ 19, 42, 47 f. = NJW 1956, 300, 302: Verteilung stiller Reserven.
[55] BayObLG (Fn. 37).
[56] Heymann/*Sonnenschein/Weitemeyer* RdNr. 9; Röhricht/Graf v. Westphalen/*v. Gerkan* RdNr. 17; MünchHdb.GesR I/*Butzer* § 77 RdNr. 36; Baumbach/*Hopt* RdNr. 4; weitergehend MünchKommHGB/*K. Schmidt* RdNr. 38.
[57] Röhricht/Graf v. Westphalen/*v. Gerkan* RdNr. 17; Baumbach/*Hopt* RdNr. 4; einschränkend Staub/*Habersack* RdNr. 33.
[58] BayObLG (Fn. 37).
[59] Staub/*Habersack* RdNr. 30; Heymann/*Sonnenschein/Weitemeyer* RdNr. 9.

pflicht nach Abs. 3.⁶⁰ Die Verteilung ist nur in dem streitigen Umfange auszusetzen; soweit sie außer Streit ist, kann sie vorgenommen werden. Die Liquidatoren sind befugt, nach Erledigung aller sonstigen Aufgaben den streitigen Betrag zugunsten der Gesellschafter zu **hinterlegen** und dadurch die Liquidation zu beenden.⁶¹

V. Vollbeendigung der Gesellschaft

1. Voraussetzungen. Die Gesellschaft ist vollbeendigt, wenn **kein Aktivvermögen** mehr vorhanden ist.⁶² Das ist der Fall, wenn mit dem vorhandenen Vermögen die Gläubiger befriedigt worden sind und ein etwaiger Überschuss an die Gesellschafter verteilt worden ist.⁶³ Die Liquidation ist damit abgeschlossen; die Gesellschaft ist dann erloschen. Die **Löschung** der Gesellschaft **im Handelsregister** (§ 157) ist für die Vollbeendigung weder notwendig noch hinreichend; sie hat nur deklaratorische Wirkung.⁶⁴ Die Vollbeendigung tritt nicht ein, solange noch offene Forderungen der Gesellschaft gegen die Gesellschafter bestehen; derartige Forderungen haben die Liquidatoren noch nach § 149 einzuziehen. **Offene Verbindlichkeiten** der Gesellschaft, die nach Verteilung des Reinvermögens noch existieren, stehen der Vollbeendigung der Gesellschaft nicht entgegen. Solche Verbindlichkeiten werden über die fortbestehende Haftung der ehemaligen Gesellschafter nach § 128 abgewickelt; der Ausgleich der Gesellschafter untereinander erfolgt außerhalb des Liquidationsverfahrens (vgl. RdNr. 23 f.).⁶⁵

2. Nachtragsliquidation. Wenn sich nachträglich herausstellt, dass doch noch Gesellschaftsvermögen vorhanden ist, so hat die Gesellschaft auch im Falle der Löschung nach § 157 nur scheinbar zu bestehen aufgehört, in Wahrheit existiert sie noch und die **Liquidation** ist **noch nicht beendet**.⁶⁶ Es findet eine Nachtragsliquidation statt. Die Gesellschaft wird von den **bisherigen Liquidatoren** vertreten; es bedarf keiner Neubestellung.⁶⁷ Zur gerichtlichen Bestellung von Liquidatoren gemäß § 146 Abs. 2 S. 3 im Falle der verfrühten Löschung wegen Vermögenslosigkeit (§ 145 Abs. 3) vgl. § 146 RdNr. 19. Die Gesellschaft kann unter ihrer bisherigen Firma auftreten, klagen und verklagt werden.⁶⁸ Wenn nur noch **einzelne Abwicklungsmaßnahmen** (etwa die Abgabe von Löschungsbewilligungen) erforderlich sind, ist eine Nachtragsliquidation entbehrlich. Man wird hier den Verwahrer der Bücher und Papiere (§ 157 Abs. 2) als ermächtigt ansehen können, derartige Erklärungen für die gelöschte Gesellschaft abzugeben.⁶⁹ Damit erübrigt sich der vom OLG Hamm⁷⁰ beschrittene Weg, für eine wegen Vermögenslosigkeit gelöschte GmbH & Co KG (Publikumsgesellschaft) analog § 273 Abs. 4 AktG einen gerichtlichen Abwickler zu bestellen, wenn nachträglich einzelne Abwicklungsmaßnahmen notwendig werden.⁷¹

VI. Saldenausgleich unter Gesellschaftern

Wenn nach der Schlussverteilung alle Kapitalanteile aktiv sind, ist kein Raum für einen Saldenausgleich unter den Gesellschaftern (vgl. oben RdNr. 15). Wenn sich dagegen auf Grund der Schlussbilanz aktive und passive Kapitalkonten ergeben, bedarf es eines Ausgleichs zwischen den Gesellschaftern mit unterschiedlichen Konten nach § 105 Abs. 2 iVm. § 735 S. 1 BGB (vgl. RdNr. 15). Der Saldenausgleich vollzieht sich **außerhalb der Liquidation** als Angelegenheit der Gesellschafter.⁷² Die Gesellschafter haben die Ausgleichung ihrer Konten selbst vorzunehmen; es

---

⁶⁰ MünchKommHGB/*K. Schmidt* RdNr. 36; Staub/*Habersack* RdNr. 31.
⁶¹ BayObLG Beschl. v. 20. 11. 1978 – 1 Z 118/78, 90/78, WM 1979, 655, 656; Staub/*Habersack* RdNr. 32.
⁶² BGH Urt. v. 21. 6. 1979 – IX ZR 69/75, NJW 1979, 1987; MünchKommHGB/*K. Schmidt* RdNr. 52; Staub/ *Habersack* RdNr. 34.
⁶³ Röhricht/Graf v. Westphalen/*v. Gerkan* RdNr. 12.
⁶⁴ MünchKommHGB/*K. Schmidt* RdNr. 52; vgl. auch BGH Urt. v. 21. 6. 1979 (Fn. 62).
⁶⁵ BGH Urt. v. 14. 4. 1966 – II ZR 34/64, WM 1966, 706; Röhricht/Graf v. Westphalen/*v. Gerkan* RdNr. 13; MünchHdb.GesR I/*Butzer* § 77 RdNr. 48; Baumbach/*Hopt* RdNr. 3; aA MünchKommHGB/*K. Schmidt* RdNr. 53, 55; Staub/*Habersack* RdNr. 34.
⁶⁶ BGH Urt. v. 21. 6. 1979 (Fn. 62); MünchKommHGB/*K. Schmidt* RdNr. 56; Staub/*Habersack* RdNr. 35; Röhricht/Graf v. Westphalen/*v. Gerkan* RdNr. 14.
⁶⁷ BGH Urt. v. 19. 2. 1990 – II ZR 268/88, BGHZ 110, 342, 352 = NJW 1990, 1725, 1728; BGH Urt. v. 21. 6. 1979 (Fn. 62).
⁶⁸ BGH Urt. v. 21. 6. 1979 (Fn. 62).
⁶⁹ MünchKommHGB/*K. Schmidt* RdNr. 57; Staub/*Habersack* RdNr. 35.
⁷⁰ Beschl. v. 13. 7. 1990 – 15 W 40/90, NJW-RR 1990, 1371 ff.; vgl. auch Röhricht/Graf v. Westphalen/*v. Gerkan* RdNr. 15.
⁷¹ MünchKommHGB/*K. Schmidt* RdNr. 57.
⁷² BGH Urt. v. 14. 4. 1966 – II ZR 34/64, WM 1966, 706; OLG Hamm Urt. v. 11. 5. 2004 – 27 U 224/03, NZG 2005, 175; *Hueck A.* OHG § 32 XI 2 S. 523; Röhricht/Graf v. Westphalen/*v. Gerkan* RdNr. 1, 18; Heymann/*Sonnenschein/Weitemeyer* RdNr. 10; MünchHdb.GesR I/*Butzer* § 77 RdNr. 33, 41; Baumbach/*Hopt* RdNr. 2; *Michalski*

§ 156 1, 2 2. Buch. 1. Abschnitt. Offene Handelsgesellschaft

entstehen nur Forderungen und Verbindlichkeiten der Gesellschafter untereinander.[73] Allerdings kann die Geltendmachung der Ausgleichsforderungen von den Gesellschaftern den Liquidatoren übertragen werden.[74] **Ausgleichsansprüche können entstehen,** wenn das Gesellschaftsvermögen nicht ausreicht, um die Inhaber der aktiven Kapitalanteile zu befriedigen, so dass sie von den Inhabern der passiven Anteile Ersatz der fehlenden Beträge nach § 105 Abs. 2 iVm. § 735 S. 2 BGB verlangen können.[75] Diese Nachschüsse sind nach der hier vertretenen Auffassung an die anspruchsberechtigten Gesellschafter, nicht an die Liquidatoren zu entrichten[76] (vgl. auch § 149 RdNr. 15). Zur Frage der Rückerstattung von Einlagen s. RdNr. 13. Zu Ausgleichsansprüchen der Gesellschafter untereinander kann es ferner kommen, wenn ein Gesellschafter nach der Verteilung des Gesellschaftsvermögens noch von einem Gesellschaftsgläubiger als Gesamtschuldner in Anspruch genommen wird.[77] Ausgleichsansprüche können sich im Einzelfall auch aus Treu und Glauben ergeben, wenn ein Gesellschafter nach Abwicklung des Unternehmens einen wesentlichen Vermögenswert persönlich nutzt.[78]

24 Auch für Ausgleichsansprüche der Gesellschafter untereinander gilt der oben dargestellte **Grundsatz der Gesamtabrechnung,** der eine selbständige Geltendmachung einzelner Ansprüche nur ausnahmsweise zulässt (s. RdNr. 16).[79]

§ 156 [Rechtsverhältnisse der Gesellschafter]

Bis zur Beendigung der Liquidation kommen in bezug auf das Rechtsverhältnis der bisherigen Gesellschafter untereinander sowie der Gesellschaft zu Dritten die Vorschriften des zweiten und dritten Titels zur Anwendung, soweit sich nicht aus dem gegenwärtigen Titel oder aus dem Zwecke der Liquidation ein anderes ergibt.

Übersicht

	RdNr.		RdNr.
I. Inhalt der Vorschrift und Normzweck	1, 2	3. Fortgeltende Vorschriften des zweiten Titels (§§ 109 ff.)	9, 10
II. Anwendungsbereich	3–5	4. Weitergeltende Vorschriften des dritten Titels (§§ 123 ff.)	11
III. Die anwendbaren Regelungen im Einzelnen	6–12	5. Viertel Titel (§§ 131 ff.)	12
1. Rechtsnatur der Abwicklungsgesellschaft	6, 7		
2. Anwendbare Vorschriften des ersten Titels (§§ 105 ff.)	8		

I. Inhalt der Vorschrift und Normzweck

1 § 156 bestimmt, dass die für die **werbende Gesellschaft** geltenden Vorschriften der §§ 109–122 über die Rechtsverhältnisse der Gesellschafter untereinander und der §§ 123–130 b über die Rechtsbeziehungen der Gesellschafter zu Dritten grundsätzlich auch auf die Liquidationsgesellschaft anzuwenden sind. Die Weitergeltung dieser Vorschriften stellt § 156 allerdings ausdrücklich unter den **Vorbehalt,** dass sich aus den §§ 145–158 oder dem Zweck der Liquidation nichts Abweichendes ergibt.

2 Nach heutigem Verständnis bringt die Vorschrift den selbstverständlichen **Grundsatz** zum Ausdruck, dass die mit der Auflösung in das Liquidationsstadium eintretende Gesellschaft nur **ihren Zweck ändert** und unter **Wahrung ihrer Identität** als Handelsgesellschaft bis zur Vollbeendigung (§ 155 RdNr. 21) fortbesteht.[1] Daraus ist zu entnehmen, dass nicht nur die Vorschriften des zweiten und dritten Titels, sondern alle Vorschriften des Rechts der werbenden Gesellschaft auf die Liquidationsgesellschaft anzuwenden sind, soweit nicht die genannte Einschränkung des § 156 eingreift.[2]

RdNr. 12, 13; *Koller*/Roth/Morck RdNr. 4; aA (Aufgabe der Liquidatoren) MünchKommHGB/*K. Schmidt* RdNr. 1, 16 ff.; Staub/*Habersack* RdNr. 7 ff., § 149 RdNr. 24 f.
[73] BGH Urt. v. 5. 7. 1993 – II ZR 234/92, ZIP 1993, 1307, 1309.
[74] BGH Urt. v. 14. 11. 1977 – II ZR 183/75, NJW 1978, 424; BGH Urt. v. 21. 11. 1983 – II ZR 19/83, NJW 1984, 435; hM.
[75] *Hueck A.* OHG § 32 XI 1 a; MünchHdb.GesR I/*Butzer* § 77 RdNr. 44; Baumbach/*Hopt* RdNr. 2.
[76] Zum Streitstand Fn. 72.
[77] *Hueck A.* OHG § 32 XI 1 b S. 520 f.; Heymann/*Sonnenschein*/*Weitemeyer* RdNr. 11.
[78] BGH Urt. v. 19. 5. 1958 – II ZR 53/57, MDR 1958, 584; BGH Urt. v. 20. 12. 1962 – II ZR 79/61, WM 1963, 282 f.; MünchHdb.GesR I/*Butzer* § 77 RdNr. 46; Baumbach/*Hopt* RdNr. 5, jew. mwN.
[79] Vgl. Röhricht/Graf v. Westphalen/*v. Gerkan* RdNr. 18.
[1] § 145 RdNr. 11; MünchKommHGB/*K. Schmidt* RdNr. 1, 6; Staub/*Habersack* RdNr. 1.
[2] MünchKommHGB/*K. Schmidt* RdNr. 2; Staub/*Habersack* RdNr. 1.

II. Anwendungsbereich

§ 156 ist über § 161 Abs. 2 auch auf die **KG** anwendbar. Bei einer **GmbH & Co KG** gelten für die GmbH die §§ 69, 71 GmbHG, für die KG gilt § 156 (Anhang A nach § 177 a RdNr. 223). **3**

§ 156 findet auf die aufgelöste, aber **noch nicht vollbeendigte** Gesellschaft Anwendung und gilt nicht, wenn die Gesellschaft durch Fortsetzungsbeschluss wieder eine werbende geworden ist. Zur Frage der Anwendbarkeit im Falle einer anderen Art der Auseinandersetzung (§ 145 Abs. 1) vgl. § 158 RdNr. 5, 6. **4**

In den Fällen des **liquidationslosen Erlöschens** der Gesellschaft (vgl. dazu § 145 RdNr. 9, 22, 23) ist für die Anwendung des § 156 kein Raum.[3] **5**

III. Die anwendbaren Regelungen im Einzelnen

1. Rechtsnatur der Abwicklungsgesellschaft. Diese ist ebenso wie die werbende Gesellschaft **Rechtsträger** und bleibt Gesamthandsgesellschaft und Handelsgesellschaft.[4] Die **Kaufmannseigenschaft** besteht im Auflösungsstadium fort, auch wenn das Unternehmen nicht mehr betrieben oder veräußert wird.[5] Durch die Auflösung **ändert sich der Zweck** der Gesellschaft; an die Stelle des Erwerbszwecks tritt der auf vermögensmäßige Abwicklung und Vollbeendigung der Gesellschaft gerichtete Zweck (§ 145 RdNr. 12). Die Gesellschaft bleibt firmenfähig sowie **aktiv und passiv parteifähig** (§ 124). Zur gerichtlichen Vertretung durch die Liquidatoren sowie deren Vernehmung als Partei vgl. § 149 RdNr. 25. Zur Prokura s. § 149 RdNr. 27. Der Sitz der Gesellschaft besteht während der Abwicklung weiter.[6] **6**

Die **Gesellschaftsanteile** bestehen fort; Veränderungen im Gesellschafterbestand können weiterhin stattfinden.[7] **7**

2. Anwendbare Vorschriften des ersten Titels (§§ 105 ff.). Die Vorschriften der **§§ 105 ff. bleiben grundsätzlich anwendbar.**[8] Das gilt auch für die in § 105 Abs. 3 normierte subsidiäre Geltung der **§§ 705 ff. BGB**, insbes. des die Nachschusspflicht betreffenden **§ 735 BGB**.[9] Von der Anmeldepflicht des § 107 werden nicht nur die nach der Auflösung eintretenden Änderungen erfasst, sondern es sind auch versäumte Eintragungen nachzuholen.[10] In Abweichung von § 108 Abs. 1 sind die Liquidatoren anmeldepflichtig, soweit ihr Geschäftskreis betroffen ist. § 108 Abs. 2 ist durch § 148 Abs. 3 ersetzt. **8**

3. Fortgeltende Vorschriften des zweiten Titels (§§ 109 ff.). Der Gesellschaftsvertrag bleibt auch während der Liquidation grundsätzlich gültig. Im Wege der Vertragsauslegung ist festzustellen, ob einzelne Regelungen (zB Mehrheitsklauseln, Schiedsgerichtsvereinbarungen) auch für die Abwicklungsphase Geltung beanspruchen. Auch die §§ 110, 111 sind weiterhin anwendbar, derartige Ansprüche gehen aber in die Gesamtabrechnung (vgl. § 155 RdNr. 16 f.) ein.[11] Das gesetzliche **Wettbewerbsverbot** des § 112 greift nur insoweit ein, als der Geschäftsbetrieb im Rahmen des Liquidationszwecks fortgesetzt wird.[12] Die auch während der Abwicklung – wenn auch abgeschwächt – fortgeltende Treupflicht (vgl. § 109 RdNr. 23) kann jedoch dem Gesellschafter Schranken der Betätigung ziehen.[13] **9**

Die Vorschriften der **§§ 114–117** über die Geschäftsführung durch die Gesellschafter gelten während der Abwicklung **nicht**. An ihre Stelle treten die §§ 146, 147, 149 über die Geschäftsführung der Liquidatoren. Das Kontrollrecht der Gesellschafter nach § 118 wird dagegen durch die Liquidation nicht berührt (vgl. auch § 157 Abs. 3).[14] **§ 119** bleibt ebenfalls auch während der Abwicklung **anwendbar;** für **Mehrheitsklauseln** ist durch Auslegung zu ermitteln, ob sich ihr Anwendungs- **10**

---

[3] MünchKommHGB/*K. Schmidt* RdNr. 5; Staub/*Habersack* RdNr. 2.
[4] Staub/*Habersack* RdNr. 3; MünchKommHGB/*K. Schmidt* RdNr. 6, 11; *Hueck A.* OHG § 32 I S. 481.
[5] *K. Schmidt* ZHR 153 (1989), 270, 299; MünchKommHGB/*K. Schmidt* RdNr. 7 ff.; Staub/*Habersack* § 145 RdNr. 13; Röhricht/Graf v. Westphalen/*v. Gerkan* RdNr. 2; Heymann/*Sonnenschein/Weitemeyer* RdNr. 2.
[6] BGH Beschl. v. 9. 1. 1969 – IX ZB 567/66, LM HGB § 106 Nr. 1.
[7] MünchKommHGB/*K. Schmidt* RdNr. 12; Röhricht/Graf v. Westphalen/*v. Gerkan* RdNr. 2; Heymann/*Sonnenschein/Weitemeyer* RdNr. 3, Baumbach/*Hopt* RdNr. 5.
[8] MünchKommHGB/*K. Schmidt* RdNr. 21 ff.; Staub/*Habersack* RdNr. 5.
[9] Staub/*Habersack* RdNr. 5; Baumbach/*Hopt* RdNr. 2; Heyman/*Sonnenschein/Weitemeyer* RdNr. 3; vgl. auch § 155 RdNr. 23.
[10] Staub/*Habersack* RdNr. 5.
[11] Staub/*Habersack* RdNr. 7.
[12] BGH Urt. v. 16. 3. 1961 – II ZR 14/59, WM 1961, 629, 631; MünchKommHGB/*K. Schmidt* RdNr. 26; Röhricht/Graf v. Westphalen/*v. Gerkan* RdNr. 5.
[13] BGH Urt. v. 11. 1. 1971 – II ZR 143/68, NJW 1971, 802; Staub/*Habersack* RdNr. 8.
[14] MünchKommHGB/*K. Schmidt* RdNr. 27; Staub/*Habersack* RdNr. 9.

bereich auch auf das Liquidationsstadium erstreckt. An die Stelle der §§ 120 und 122 Abs. 1 treten im Wesentlichen die §§ 154, 155. Die Vorschriften der §§ 121, 122 Abs. 2 gelten weiter.

11 **4. Weitergeltende Vorschriften des dritten Titels (§§ 123 ff.).** § 123 bleibt anwendbar.[15] § 124 bleibt in vollem Umfange **gültig** (vgl. auch RdNr. 6).[16] Das Gleiche gilt für die **Haftung der Gesellschafter** nach den §§ 128, 129, auch soweit es sich um Verbindlichkeiten aus dem Abwicklungsstadium handelt.[17] Auch die Vorschriften über die Nachhaftung (§§ 159, 160) gelten. Anwendbar sind weiterhin die Grundsätze der **actio pro socio** (vgl. § 105 RdNr. 154). Im Abwicklungsstadium kann anstelle der Leistung an die Gesellschaft (§ 105 RdNr. 152) ausnahmsweise Leistung an den klagenden Gesellschafter gefordert werden, wenn hierdurch das Ergebnis der Auseinandersetzung mit den anderen Gesellschaftern in zulässiger Weise vorweggenommen und dadurch ein weiteres Auseinandersetzungsverfahren vermieden wird.[18] Die **Vertretungsregelungen** der §§ 125, 126, 127 werden durch die §§ 146, 147, 149–151 ersetzt. Die **§§ 125 a, 129 a, 130, 130 a, b** bleiben anwendbar.

12 **5. Viertel Titel (§§ 131 ff.).** **Unanwendbar** sind die Vorschriften, die den Eintritt der Auflösung als solcher zum Gegenstand haben. Es kann aber auch noch nach der Auflösung der Gesellschaft ein Gesellschafter ausscheiden, zB durch Ausschließung nach § 140 zwecks Fassung eines Fortsetzungsbeschlusses unter den anderen Gesellschaftern.[19] Keine Anwendung findet dagegen § 131 Abs. 3.[20]

§ 157 [Anmeldung des Erlöschens; Geschäftsbücher]

(1) Nach der Beendigung der Liquidation ist das Erlöschen der Firma von den Liquidatoren zur Eintragung in das Handelsregister anzumelden.

(2) ¹Die Bücher und Papiere der aufgelösten Gesellschaft werden einem der Gesellschafter oder einem Dritten in Verwahrung gegeben. ²Der Gesellschafter oder der Dritte wird in Ermangelung einer Verständigung durch das Gericht bestimmt, in dessen Bezirke die Gesellschaft ihren Sitz hat.

(3) Die Gesellschafter und deren Erben behalten das Recht auf Einsicht und Benutzung der Bücher und Papiere.

Übersicht

	RdNr.		RdNr.
I. Inhalt, Zweck und Geltungsbereich der Vorschrift	1–3	III. Aufbewahrung der Bücher und Papiere (Abs. 2)	8–15
1. Normzweck und Überblick über den Regelungsgehalt	1	1. Aufbewahrungspflicht	8, 9
2. Geltungsbereich	2	2. Bestimmung des Verwahrers	10–15
3. Frage der Abdingbarkeit	3	a) Allgemeines	10
II. Anmeldung und Eintragung des Erlöschens der Firma (Abs. 1)	4–7	b) Bestimmung durch Gesellschafter	11, 12
1. Voraussetzungen	4	c) Bestimmung durch das Gericht	13–15
2. Anmeldepflichtige Personen	5	IV. Einsicht in die Bücher (Abs. 3)	16–18
3. Inhalt der Anmeldung und Eintragungsverfahren	6	1. Allgemeines	16
4. Wirkung der Eintragung	7	2. Berechtigte	17
		3. Inhalt und Durchsetzung des Einsichtsrechts	18

I. Inhalt, Zweck und Geltungsbereich der Vorschrift

1 **1. Normzweck und Überblick über den Regelungsgehalt.** Die Vorschrift trifft Regelungen für die Zeit nach der Beendigung der Liquidation. Abs. 1 ordnet abweichend von §§ 29, 31 Abs. 2,

---

[15] MünchKommHGB/*K. Schmidt* RdNr. 30; Staub/*Habersack* RdNr. 10, jeweils unter Hinweis auf die Bedeutung der Vorschrift für die Einstufung der Gesellschaft als OHG oder GbR; aA Baumbach/*Hopt* RdNr. 4.
[16] MünchKommHGB/*K. Schmidt* RdNr. 31; Staub/*Habersack* RdNr. 11.
[17] MünchKommHGB/*K. Schmidt* RdNr. 16–18, 33; Staub/*Habersack* RdNr. 12; Röhricht/Graf v. Westphalen/*v. Gerkan* RdNr. 2; Heymann/*Sonnenschein*/*Weitemeyer* RdNr. 3.
[18] BGH Urt. v. 17. 6. 1953 – II ZR 205/52; BGHZ 10, 91, 102 = NJW 1953, 1217; Röhricht/Graf v. Westphalen/*v. Gerkan* RdNr. 3.
[19] MünchKommHGB/*K. Schmidt* RdNr. 35; Staub/*Habersack* RdNr. 13, 14.
[20] Staub/*Habersack* RdNr. 13; *Koller*/Roth/Morck RdNr. 2.

143 an, dass nach Abschluss der Liquidation die Liquidatoren das Erlöschen der Firma zur Eintragung in das Handelsregister anzumelden haben. Dadurch wird gewährleistet, dass im Interesse des Geschäftsverkehrs die mit der Beendigung der Abwicklung eingetretene Vollbeendigung der Gesellschaft im Handelsregister verlautbart wird. Abs. 2 regelt die Aufbewahrung der Bücher und Papiere, für die eine Aufbewahrungspflicht nach § 257 besteht. Nach der Vollbeendigung kann die Gesellschaft nicht mehr Zuordnungssubjekt der Aufbewahrungspflicht sein. Abs. 3 sichert den Gesellschaftern und ihren Erben auch nach Beendigung der Gesellschaft das Recht auf Einsicht in die Bücher und Papiere.

2. Geltungsbereich. Die Vorschrift findet auf die nach den §§ 145 ff. liquidierte und vollbeendigte Gesellschaft Anwendung. Abs. 1 ist dagegen **nicht anwendbar,** wenn eine andere Art der Auseinandersetzung ohne Liquidation stattfindet;[1] in diesem Fall trifft die Anmeldepflicht gemäß § 31 Abs. 2 die Gesellschafter. Wird bei einer anderweitigen Auseinandersetzung ohne Liquidation des Unternehmens dieses mit der Firma veräußert, greifen die §§ 31 Abs. 1, 107, 143 Abs. 1 ein; die Gesellschaft muss dann eine neue Firma annehmen.[2] Zur Anwendung des Abs. 2 im Falle einer anderen Art der Abwicklung vgl. unten RdNr. 3. Bei **liquidationslosem Erlöschen** der Gesellschaft (zB Vereinigung aller Anteile in der Person eines Gesellschafters, Ausscheiden des letzten Mitgesellschafters) gilt nicht § 157,[3] sondern die §§ 31, 107 finden auf die Gesellschafter Anwendung. Wenn über das Vermögen der Gesellschaft das **Insolvenzverfahren** eröffnet ist, trifft die Anmeldepflicht den Insolvenzverwalter, da ihm § 199 S. 2 InsO Liquidationsfunktionen übertragen hat, so dass sich dem Insolvenzverfahren kein Liquidationsverfahren mehr anschließt (vgl. auch § 145 RdNr. 9).[4]

3. Frage der Abdingbarkeit. Abs. 1 und 2 sind zwingender Natur.[5] Die Gesellschafter können nicht vereinbaren, dass eine Anmeldung unterbleiben oder zu einem anderen Zeitpunkt erfolgen soll. Ebensowenig können sie vereinbarungsgemäß von einer Aufbewahrung der Bücher auf Papiere (Abs. 2 S. 1) absehen; dagegen steht es ihnen frei, sich über die Person des Verwahrers zu einigen (vgl. Abs. 2 S. 2). Abweichungen von Abs. 3 können vereinbart werden, soweit dies auch nach § 118 zulässig ist (vgl. dazu § 118 RdNr. 32 ff.).[6] Für die werbende Gesellschaft vereinbarte Beschränkungen der Informationsrechte gelten nur bei entsprechender Abmachung auch für § 157 Abs. 3.[7]

II. Anmeldung und Eintragung des Erlöschens der Firma (Abs. 1)

1. Voraussetzungen. Die Abwicklung ist beendet im Sinne des Abs. 1, wenn kein aktives Geschäftsvermögen mehr vorhanden ist; offene Gesellschaftsschulden ändern daran nichts (vgl. § 155 RdNr. 21).[8] Die Firma erlischt, wenn die Abwicklung beendet ist und die Gesellschaft nicht fortgesetzt wird.[9]

2. Anmeldepflichtige Personen. Anmeldepflichtig sind die **Liquidatoren.** Sämtliche Liquidatoren müssen mitwirken; die Anmeldung durch eine vertretungsberechtigte Zahl von Liquidatoren reicht nicht aus, um die öffentlich-rechtliche Pflicht des Abs. 1 zu erfüllen.[10] Die **Gesellschafter** sind zwar nicht zur Anmeldung verpflichtet; melden aber alle Gesellschafter nach Beendigung der Liquidation das Erlöschen der Firma an, so genügt das, da sie Herren des Liquidationsverfahrens (vgl. § 145 Abs. 1) sind.[11]

3. Inhalt der Anmeldung und Eintragungsverfahren. Anzumelden und einzutragen ist nur das **Erlöschen der Firma,** nicht die Beendigung der Liquidation. Die Anmeldepflicht besteht im

---

[1] BayObLG Beschl. v. 30. 12. 1980 – BReg 1 Z 108/80, ZIP 1981, 188, 191; Röhricht/Graf v. Westphalen/*v. Gerkan* RdNr. 2; Heymann/Sonnenschein/Weitemeyer RdNr. 4; Baumbach/*Hopt* RdNr. 1; aA Staub/*Habersack* RdNr. 2; MünchKommHGB/*K. Schmidt* RdNr. 3, 8, 17 für Abs. 1 u. 2.
[2] Röhricht/Graf v. Westphalen/*v. Gerkan* RdNr. 2; MünchKommHGB/*K. Schmidt* § 158 RdNr. 12; *Hueck* A. OHG § 31 VI S. 480; vgl. auch Staub/*Habersack* RdNr. 3.
[3] MünchKommHGB/*K. Schmidt* RdNr. 5; Staub/*Habersack* RdNr. 4; Röhricht/Graf v. Westphalen/*v. Gerkan* RdNr. 2.
[4] Staub/*Habersack* RdNr. 4 u. § 145 RdNr. 54, 55; MünchKommHGB/*K. Schmidt* RdNr. 4.
[5] Staub/*Habersack* RdNr. 5; MünchKommHGB/*K. Schmidt* RdNr. 6.
[6] Staub/*Habersack* RdNr. 5.
[7] MünchKommHGB/*K. Schmidt* RdNr. 29; Staub/*Habersack* RdNr. 21.
[8] Heymann/Sonnenschein/Weitemeyer RdNr. 2; *Michalski* RdNr. 2; Baumbach/*Hopt* RdNr. 1; Koller/Roth/Morck RdNr. 1; aA MünchKommHGB/*K. Schmidt* RdNr. 9; Staub/*Habersack* RdNr. 6 f.
[9] Heymann/Sonnenschein/Weitemeyer RdNr. 2; *Hueck* A. OHG § 32 VIII 1 S. 518; Koller/Roth/Morck RdNr. 1.
[10] Staub/*Habersack* RdNr. 8; MünchKommHGB/*K. Schmidt* RdNr. 11.
[11] Allg. Meinung, vgl. etwa BayObLG Beschl. v. 7. 3. 2001 – 3 Z BR 68/01, NJW–RR 2001, 1482; Heymann/Sonnenschein/Weitemeyer RdNr. 3; Baumbach/*Hopt* RdNr. 2.

§ 157 7–11   2. Buch. 1. Abschnitt. Offene Handelsgesellschaft

Hinblick auf die §§ 15, 159 auch dann, wenn die zu löschende Gesellschaft noch nicht eingetragen war.[12] Auch in den Fällen, in denen die Eintragung nur deklaratorische Wirkung hat (vgl. § 106 RdNr. 15), stellt das Erlöschen der Firma eine **eintragungspflichtige Tatsache iS des § 15 Abs. 1** dar.[13] Der Zeitpunkt des Erlöschens der Firma ist weder anzumelden noch einzutragen.[14] Die **Form** der Anmeldung bestimmt sich nach § 12. Der Registerrichter kann nur bei Anlass zu Zweifeln den Nachweis, dass die Liquidation beendet ist, verlangen.[15] Die öffentlich-rechtliche Anmeldepflicht kann gegenüber den Liquidatoren durch Festsetzung von **Zwangsgeld** durchgesetzt werden.[16] Kann die Anmeldung auf diesem Wege nicht erzwungen werden, erfolgt die **Amtslöschung** nach § 31 Abs. 2 S. 2, § 141 FGG. Die Liquidatoren sind **auch privatrechtlich** gegenüber den Gesellschaftern anmeldepflichtig und können sich im Falle der Pflichtverletzung den Gesellschaftern gegenüber schadenersatzpflichtig machen, wobei allerdings im Hinblick auf deren Anmeldebefugnis (oben RdNr. 5) § 254 BGB zu beachten ist.[17] Gutgläubigen Dritten gegenüber gelten bei unterbliebener Eintragung und Bekanntmachung des Erlöschens die Gesellschaft und die Vertretungsbefugnis der Liquidatoren gem. § 15 Abs. 1 als weiterbestehend.[18] Das gilt auch, wenn ein Dritter gegen die scheinbar noch existierende Gesellschaft einen Titel erwirkt hat.[19]

7   **4. Wirkung der Eintragung.** Die Eintragung des Erlöschens wirkt nur **deklaratorisch.**[20] Das Erlöschen der Firma beurteilt sich nach der tatsächlichen Vollbeendigung der Gesellschaft. Das hat zur Folge, dass Gesellschaft und Firma trotz Eintragung des Erlöschens nach § 157 Abs. 1 weiterbestehen, wenn die Abwicklung noch nicht beendet ist.[21] In diesem Falle findet eine **Nachtragsliquidation** statt (§ 155 RdNr. 22). Die bisherigen Liquidatoren setzen ihr Amt grundsätzlich fort; die Gesellschaft kann nach wie vor unter ihrer Firma klagen und verklagt werden.[22]

III. Aufbewahrung der Bücher und Papiere (Abs. 2)

8   **1. Aufbewahrungspflicht.** Die Vorschrift gewährleistet, dass die in § 257 geregelten Aufbewahrungspflichten auch erfüllt werden, wenn keine Gesellschaft und kein geschäftsführender Gesellschafter mehr vorhanden ist. Die Vorschrift erstreckt sich auf alle von § 257 erfassten Bücher und Papiere. Der Zweck des Abs. 2, die Einhaltung der Pflichten nach § 257 zu sichern, rechtfertigt es, die Vorschrift **auch** bei einer **anderen Art der Abwicklung** im Sinne des § 145 Abs. 1,[23] bei einer Vollbeendigung der Gesellschaft im Zusammenhang mit einem **Insolvenzverfahren**[24] und bei einer **masselosen Abwicklung**[25] anzuwenden.

9   Die Übergabe der Bücher und Papiere erfolgt **nach Beendigung der Abwicklung.** Bis zur Übergabe haben die Liquidatoren für die Verwahrung Sorge zu tragen. Bücher und Papiere bleiben Gesamthandseigentum der Gesellschafter, soweit das Eigentum nicht einem von ihnen oder einem Dritten übertragen wird.[26]

10   **2. Bestimmung des Verwahrers. a) Allgemeines.** Verwahrer kann ein Gesellschafter oder ein Dritter sein. In Betracht kommt jede natürliche oder juristische Person, aber auch eine OHG, KG oder Außengesellschaft bürgerlichen Rechts.[27]

11   **b) Bestimmung durch Gesellschafter.** Die Bestimmung des Verwahrers erfolgt primär durch die Gesellschafter (Abs. 2 S. 2). Sie geschieht nach allgemeinen Grundsätzen im Beschlusswege

---

[12] MünchKommHGB/*K. Schmidt* RdNr. 12; Staub/*Habersack* RdNr. 9; Heymann/*Sonnenschein/Weitemeyer* RdNr. 3.
[13] MünchKommHGB/*K. Schmidt* RdNr. 12, 13; Staub/*Habersack* RdNr. 9.
[14] MünchKommHGB/*K. Schmidt* RdNr. 12.
[15] MünchKommHGB/*K. Schmidt* RdNr. 12; Heymann/*Sonnenschein/Weitemeyer* RdNr. 5.
[16] MünchKommHGB/*K. Schmidt* RdNr. 14; Staub/*Habersack* RdNr. 11.
[17] Staub/*Habersack* RdNr. 11.
[18] MünchKommHGB/*K. Schmidt* RdNr. 15; Staub/*Habersack* RdNr. 12.
[19] RG Urt. v. 13. 1. 1930 – VI ZR 242/29, RGZ 127, 98, 99 = JW 1930, 2656; MünchKommHGB/*K. Schmidt* RdNr. 15; Röhricht/Graf v. Westphalen/*v. Gerkan* RdNr. 7.
[20] BGH Urt. v. 21. 6. 1979 – IX ZR 69/75, NJW 1979, 1987; MünchKommHGB/*K. Schmidt* RdNr. 13; Staub/*Habersack* RdNr. 10.
[21] Staub/*Habersack* RdNr. 12, 13; Röhricht/Graf v. Westphalen/*v. Gerkan* RdNr. 6; BayObLG, Beschl. v. 6. 4. 2000 – 3 Z BR 23/00, NZG 2000, 833: evtl. Amtslöschung der Löschung.
[22] BGH (Fn. 20).
[23] Allg. Meinung, vgl. etwa MünchKommHGB/*K. Schmidt* RdNr. 17; Staub/*Habersack* RdNr. 13.
[24] Staub/*Habersack* RdNr. 13; MünchKommHGB/*K. Schmidt* RdNr. 17; Röhricht/Graf v. Westphalen/*v. Gerkan* RdNr. 8; Baumbach/*Hopt* RdNr. 4.
[25] MünchKommHGB/*K. Schmidt* RdNr. 17; Röhricht/Graf v. Westphalen/*v. Gerkan* RdNr. 8; aA Staub/*Habersack* RdNr. 13.
[26] Vgl. Koller/Roth/Morck RdNr. 2; *Michalski* RdNr. 9; aA Staub/*Habersack* RdNr. 14 (Übereignungspflicht der Gesellschafter zwecks Vollbeendigung der Gesellschaft).
[27] Staub/*Habersack* RdNr. 14; MünchKommHGB/*K. Schmidt* RdNr. 18 (für OHG u. KG).

(§ 119) oder durch gesellschaftsvertragliche Regelung. An Stelle eines verstorbenen Gesellschafters wirken seine **Erben** mit; diese verfügen aber (analog § 146 Abs. 1 S. 2) nur über eine Stimme, über deren Abgabe sie sich nach §§ 2038 Abs. 2 S. 1, 745 BGB zu einigen haben.[28] **Gesellschaftsgläubiger, Privatgläubiger** des Gesellschafters und **Zessionare** des Auseinandersetzungsguthabens sowie die **Liquidatoren** nehmen an der Bestimmung des Verwahrers nicht teil.[29] Im **Insolvenzverfahren** über das Vermögen eines Gesellschafters ist für diesen der Insolvenzverwalter stimmberechtigt.[30] Wenn das **Unternehmen** an einen Gesellschafter oder einen Dritten **veräußert** worden ist, wird der Wille der Beteiligten im Allgemeinen darauf gerichtet sein, dass der Erwerber auch Verwahrer wird.[31]

Der von den Gesellschaftern oder dem Gericht Bestimmte ist, auch wenn es sich um einen Mitgesellschafter oder Liquidator handelt, **nicht zur Übernahme der Verwahrung verpflichtet**.[32] Die Gesellschafter schließen mit dem von ihnen Bestimmten einen entgeltlichen oder unentgeltlichen **Verwahrungsvertrag** (§§ 688 ff. BGB) ab, der auch konkludent durch Entgegennahme der Bücher und Papiere zustandekommen kann. Wenn ein Gesellschafter zum Verwahrer bestellt wird, gilt für seine **Haftung** der Maßstab des § 708 BGB;[33] die Haftung Dritter bestimmt sich bei unentgeltlicher Verwahrung nach § 690 BGB, bei entgeltlicher Verwahrung nach § 276 BGB. Den Gesellschaftern steht gegen die Liquidatoren ein Anspruch auf Herausgabe der Unterlagen an den Verwahrer zu; dieser hat keinen eigenen Anspruch. **12**

c) **Bestimmung durch das Gericht.** Wenn sich die Gesellschafter nicht über einen Verwahrer verständigen können, wird er durch das Gericht bestimmt (Abs. 2 S. 2). Das geschieht in einem **Verfahren der freiwilligen Gerichtsbarkeit** (§ 145 Abs. 1 FGG), in dem der Amtsermittlungsgrundsatz des § 12 FGG gilt. **Zuständig** ist nach Abs. 2 S. 2 das Gericht, in dessen Bezirk die Gesellschaft ihren Sitz hat, falls sich nicht aus § 145 Abs. 2 FGG die Zuständigkeit eines anderen Amtsgerichts ergibt. Nach §§ 3 Nr. 2 Buchst. d, 17 Nr. 2 Buchst. a RPflG entscheidet der Rechtspfleger. Die Zuständigkeit ist eine ausschließliche; Entscheidungen des Prozessgerichts sind unzulässig.[34] **13**

Den erforderlichen **Antrag** kann jeder Gesellschafter, der Erbe (bei Erbenmehrheit jeder Miterbe nach § 2038 Abs. 1 S. 2, 2. Halbs. BGB) und jeder Liquidator stellen. Auch der Insolvenzverwalter über das Vermögen eines Gesellschafters und bei insolvenzmäßiger Vollabwicklung des Gesellschaftsvermögens der Insolvenzverwalter der Gesellschaft sind antragsberechtigt.[35] Der Antragsteller ist nicht verpflichtet, einen Verwahrer zu benennen. Das Gericht ist an Anregungen des Antragstellers nicht gebunden. Es entscheidet nach Anhörung aller Beteiligten durch Verfügung nach § 16 FGG, die mit der **sofortigen Beschwerde** angefochten werden kann (§§ 146 Abs. 2, S. 1 FGG, 11 Abs. 1 RPflG). **14**

Der vom Gericht Bestimmte braucht die Aufgabe des Verwahrers nicht zu übernehmen (oben RdNr. 12). Durch die gerichtliche Anordnung und deren Annahme durch den Verwahrer kommt zwischen diesem und den Gesellschaftern ein **Verwahrungsvertrag** zustande.[36] Die Gesellschafter haben als Gesamtschuldner (§ 128) dem Verwahrer eine **Vergütung** nach § 689 BGB zu entrichten.[37] Im Verfahren des § 157 Abs. 2 S. 2 findet keine gerichtliche Festsetzung der Vergütung statt. **15**

IV. Einsicht in die Bücher (Abs. 3)

1. **Allgemeines.** Nach Abs. 3 behalten die Gesellschafter und ihre Erben über die Vollbeendigung der Gesellschaft hinaus ihre **Rechte aus § 118** (für die KG § 166) auf Einsicht und Benutzung der Bücher und Papiere. Zur Abdingbarkeit der Rechte nach Abs. 3 und zur Frage des Fortbestandes **16**

---

[28] Staub/*Habersack* RdNr. 16; ähnlich MünchKommHGB/*K. Schmidt* RdNr. 19.
[29] MünchKommHGB/*K. Schmidt* RdNr. 19; Staub/*Habersack* RdNr. 16.
[30] MünchKommHGB/*K. Schmidt* RdNr. 19; Staub/*Habersack* RdNr. 16.
[31] MünchKommHGB/*K. Schmidt* RdNr. 19; Röhricht/Graf v. Westphalen/*v. Gerkan* RdNr. 9; Baumbach/*Hopt* RdNr. 4.
[32] Staub/*Habersack* RdNr. 15; MünchKommHGB/*K. Schmidt* RdNr. 22, 25; Röhricht/Graf v. Westphalen/*v. Gerkan* RdNr. 10.
[33] Staub/*Habersack* RdNr. 17; MünchKommHGB/*K. Schmidt* RdNr. 26 (nur für den Fall unentgeltlicher Verwahrung).
[34] MünchKommHGB/*K. Schmidt* RdNr. 21; Staub/*Habersack* RdNr. 18; aA Baumbach/*Hopt* RdNr. 6 für einstweilige Verfügungen.
[35] MünchKommHGB/*K. Schmidt* RdNr. 22; Staub/*Habersack* RdNr. 19; Röhricht/Graf v. Westphalen/*v. Gerkan* RdNr. 10.
[36] MünchKommHGB/*K. Schmidt* RdNr. 24; Baumbach/*Hopt* RdNr. 6; aA Staub/*Habersack* RdNr. 20 (Analogie zu § 265 Abs. 4 AktG).
[37] MünchKommHGB/*K. Schmidt* RdNr. 24; Baumbach/*Hopt* RdNr. 6; Koller/Roth/Morck RdNr. 2.

§ 158 1, 2 2. Buch. 1. Abschnitt. Offene Handelsgesellschaft

von Einschränkungen der Informationsrechte, die für die werbende Gesellschaft vereinbart worden sind, vgl. oben RdNr. 3.

17 **2. Berechtigte.** Dazu gehören zunächst die **Gesellschafter,** die der Gesellschaft bei Beendigung der Abwicklung angehört haben. Vorher ausgeschiedene Gesellschafter haben nur die Rechte aus § 810 BGB oder etwaigen Vereinbarungen.[38] Berechtigt sind ferner die **Erben** der Gesellschafter, nicht aber sonstige Rechtsnachfolger.[39] Zu den Berechtigten zählt auch der **Insolvenzverwalter** des Gesellschafters.[40] Dagegen erstreckt sich der Kreis der Berechtigten **nicht** auf den Insolvenzverwalter über das Vermögen der Gesellschaft, die Liquidatoren, den gemeinsamen Vertreter von Erben nach § 146 Abs. 1 S. 2, Gesellschaftsgläubiger und Privatgläubiger der Gesellschafter; diese Personen sind auf die Rechte nach § 810 BGB oder § 242 BGB verwiesen.[41] Der **Erwerber des Unternehmens** ist nach Maßgabe des Vertrags, ggfs. des § 810 BGB berechtigt.

18 **3. Inhalt und Durchsetzung des Einsichtsrechts.** Der Berechtigte braucht **kein rechtliches oder berechtigtes Interesse** an der Einsichtnahme darzulegen.[42] Man wird aber dem Verwahrer den Einwand gestatten müssen, im Einzelfall fehle dem Berechtigten ein Informationsinteresse.[43] Das Recht ist nicht abtretbar; aus triftigem Grund kann es aber durch einen Vertreter ausgeübt werden (s. § 118 RdNr. 19). Der Berechtigte ist befugt, **Abschriften** zu fertigen und für seine Zwecke zu benutzen. Er darf auch einen Sachverständigen hinzuziehen.[44] Die Einsichtnahme findet grundsätzlich **am Verwahrungsort** statt; entsprechend § 811 BGB kann die Einsicht an einem anderen Ort verlangt werden.[45] Die **zwangsweise Durchsetzung** des Rechts aus Abs. 3 erfolgt im gerichtlichen Streitverfahren im Wege der Leistungsklage oder der einstweiligen Verfügung.

§ 158 [Andere Art der Auseinandersetzung]

Vereinbaren die Gesellschafter statt der Liquidation eine andere Art der Auseinandersetzung, so finden, solange noch ungeteiltes Gesellschaftsvermögen vorhanden ist, im Verhältnisse zu Dritten die für die Liquidation geltenden Vorschriften entsprechende Anwendung.

I. Normzweck und Regelungsinhalt

1 **1. Allgemeines.** Wenn die Gesellschafter an Stelle der Liquidation eine **andere Art der Auseinandersetzung** vereinbaren (§ 145 RdNr. 15 ff.), finden nach § 158 im Verhältnis zu Dritten die Vorschriften über die Liquidation Anwendung, solange noch ungeteiltes Gesellschaftsvermögen vorhanden ist. Der Gesetzgeber des HGB hielt diese Regelung für geboten, um klarzustellen, dass Klagen und Vollstreckungsmaßnahmen gegen die Gesellschaft als solche zulässig sind und die Gesellschaft durch sämtliche Gesellschafter als Liquidatoren (§§ 146, 150) vertreten wird. Dadurch wird erreicht, dass die **Gesellschaft** in bestimmten Beziehungen **als fortbestehend gilt,** soweit noch ungeteiltes Gesellschaftsvermögen vorhanden ist. Ob die Vorschrift im Hinblick auf § 156 überflüssig ist,[1] kann offen bleiben.

2 **2. Anwendungsbereich.** Die Vorschrift gilt für die **OHG** und über § 161 Abs. 2 auch für die **KG, nicht** aber für die **BGB-Gesellschaft** (vgl. §§ 730 ff. BGB), auch nicht, wenn sich eine OHG oder KG in eine BGB-Gesellschaft verwandelt hat. § 158 enthält für das Außenverhältnis zwingendes Recht.[2]

---

[38] Staub/*Habersack* RdNr. 22; Röhricht/Graf v. Westphalen/*v. Gerkan* RdNr. 11.
[39] Staub/*Habersack* RdNr. 22; Heymann/*Sonnenschein*/*Weitemeyer* RdNr. 7.
[40] MünchKommHGB/*K. Schmidt* RdNr. 30; Staub/*Habersack* RdNr. 23; Röhricht/Graf v. Westphalen/*v. Gerkan* RdNr. 11; Baumbach/*Hopt* RdNr. 7. Dabei kann offen bleiben, ob er ein eigenes Recht oder ein solches des Gesellschafters ausübt.
[41] MünchKommHGB/*K. Schmidt* RdNr. 30; Staub/*Habersack* RdNr. 23; Röhricht/Graf v. Westphalen/*v. Gerkan* RdNr. 11; Baumbach/*Hopt* RdNr. 7.
[42] Röhricht/Graf v. Westphalen/*v. Gerkan* RdNr. 11; Heymann/*Sonnenschein*/*Weitemeyer* RdNr 7; Baumbach/*Hopt* RdNr. 7.
[43] So mit Recht MünchKommHGB/*K. Schmidt* RdNr. 29; Staub/*Habersack* RdNr. 24.
[44] MünchKommHGB/*K. Schmidt* RdNr. 31.
[45] MünchKommHGB/*K. Schmidt* RdNr. 31; Staub/*Habersack* RdNr. 24; Baumbach/*Hopt* RdNr. 7.
[1] Vgl. etwa MünchKommHGB/*K. Schmidt* RdNr. 3, 5; Staub/*Habersack* RdNr. 5; aA Heymann/*Sonnenschein*/*Weitemeyer* RdNr. 1.
[2] Staub/*Habersack* RdNr. 3; *Hueck A.* OHG § 31 VI S. 481.

II. Tatbestandsvoraussetzungen

1. Andere Art der Abwicklung. Es muss eine Vereinbarung der Gesellschaft über eine andere 3
Art der Auseinandersetzung (§ 145 RdNr. 15 ff.) vorliegen. § 158 findet **keine Anwendung,** wenn
die Gesellschaft **ohne Liquidation vollbeendigt** wird (§ 145 RdNr. 22);[3] hier ist für die Anwendung von Liquidationsregeln kein Raum. Dagegen ist die Vorschrift anzuwenden, wenn die Gesellschafter eine Liquidation nach den §§ 145 ff. ausgeschlossen, sich aber noch nicht auf eine konkrete andere Art der Abwicklung geeinigt haben.[4] § 158 gilt nicht, wenn die Vereinbarung der Gesellschafter über eine andere Art der Abwicklung **nur einen Teil** des Gesellschaftsvermögens oder nur einzelne Gegenstände umfasst; dann sind die §§ 145 ff. unmittelbar einschlägig.[5]

2. Ungeteiltes Gesellschaftsvermögen. § 158 setzt ferner voraus, dass noch ungeteiltes Gesell- 4
schaftsvermögen vorhanden ist, die Gesellschaft also noch nicht vollbeendigt und erloschen ist. Durch
die im Zuge der Auseinandersetzung abgeschlossenen Geschäfte kann **neues Gesellschaftsvermögen** entstehen, zB in Form von Gegenleistungen bei der Veräußerung von Vermögensgegenständen oder des Unternehmens insgesamt.[6] Neues Gesellschaftsvermögen wird auch wieder begründet, wenn die Abwicklungsvereinbarung erfolgreich angefochten ist und damit das übertragene Vermögen an die Gesellschaft zurückfällt; dann ist § 156 einschlägig.[7]

III. Rechtsfolgen

1. Außenverhältnis. Hier sind die für die Liquidation geltender Vorschriften anzuwenden. Die 5
Gesellschaft **besteht im Außenverhältnis** zum Zwecke der Liquidation fort. Die nach § 156 für das
Außenverhältnis der Liquidationsgesellschaft geltenden Vorschriften (vgl. § 156 RdNr. 11) greifen
auch hier ein, vor allem die §§ 124, 128 f. Die Gesellschaft bleibt **parteifähig;** es kann in das noch
nicht verteilte **Vermögen vollstreckt** werden.[8] Die Gesellschaft führt ihre **alte Firma** fort.[9] Die
Vertretung der Gesellschaft richtet sich nach den §§ 146, 150, 151.[10] Auch eine gerichtliche
Bestellung und Abberufung von Vertretern (§§ 146 Abs. 2, 142) ist möglich.

2. Innenverhältnis. Dieses bestimmt sich nach den **Vereinbarungen** der Gesellschafter, die sie 6
über die abweichende Art der Abwicklung getroffen haben.[11]

---

[3] MünchKommHGB/*K. Schmidt* RdNr. 4; Röhricht/Graf v. Westphalen/*v. Gerkan* RdNr. 1.
[4] MünchKommHGB/*K. Schmidt* RdNr. 8; Staub/*Habersack* RdNr. 4.
[5] MünchKommHGB/*K. Schmidt* RdNr. 9; Heymann/*Sonnenschein/Weitemeyer* RdNr. 2; aA Staub/*Habersack* RdNr. 5.
[6] MünchKommHGB/*K. Schmidt* RdNr. 10; Heymann/*Sonnenschein/Weitemeyer* RdNr. 3; Röhricht/Graf v. Westphalen/*v. Gerkan* RdNr. 2.
[7] MünchKommHGB/*K. Schmidt* RdNr. 10; Heymann/*Sonnenschein/Weitemeyer* RdNr. 3.
[8] *Hueck A.* OHG § 31 VI S. 480.
[9] MünchKommHGB/*K. Schmidt* RdNr. 12.
[10] MünchKommHGB/*K. Schmidt* RdNr. 13; Heymann/*Sonnenschein/Weitemeyer* RdNr. 4; Baumbach/*Hopt* RdNr. 1.
[11] Heymann/*Sonnenschein/Weitemeyer* RdNr. 5; Röhricht/Graf v. Westphalen/*v. Gerkan* RdNr. 3; *Hueck A.* OHG § 31 VI S. 480; einschränkend von ihrem von der hM abweichenden Ausgangspunkt Staub/*Habersack* RdNr. 8 und MünchKommHGB/*K. Schmidt* RdNr. 11.

Sechster Titel. Verjährung. Zeitliche Begrenzung der Haftung

Schrifttum zu §§ 159, 160: *Bärwalt/Schabacker,* Das Ausscheiden des Kommanditisten ohne Nachhaftung, NJW 1998, 1909; *Dißars,* Enthaftung der Mitreeder einer Partenreederei, TranspR 1999, 16; *Eckert,* Begrenzung der Nachhaftung ausgeschiedener Gesellschafter, RdA 1994, 215; *Funke,* Nachhaftungsbegrenzung bei Betriebsrentenansprüchen, ZIP-aktuell, ZIP 1994, Nr. 394; *Hardt,* Nachhaftungsbegrenzungsgesetz und Deliktsrecht, Baden-Baden 1999; *Hofmeister,* Die Auswirkung des neuen Verjährungsrechts auf die Nachhaftung der Gesellschafter, NZG 2002, 851; *Kollbach,* Die Neuregelung der Nachhaftung ausgeschiedener persönlich haftender Gesellschafter, GmbHR 1994, 164; *Langohr-Plato,* Umwandlung und Nachhaftung: neue rechtliche Aspekte in der betrieblichen Altersversorgung, MDR 1996, 325; *Lieb,* Haftungsklarheit für den Mittelstand?, GmbHR 1994, 657; *Nitsche,* Das neue Nachhaftungsbegrenzungsgesetz – Vertragsübergang kraft Gesetzes?, ZIP 1994, 1919; *Reichold,* Das neue Nachhaftungsbegrenzungsgesetz, NJW 1994, 1617; *Reichold,* Haftung für Versorgungsverbindlichkeiten nach Firmenfortführung, RdA 2005, 110; *K. Schmidt/Schneider,* Haftungserhaltende Gläubigerstrategien beim Ausscheiden von Gesellschaftern bei Unternehmensübertragung, Umwandlung und Auflösung; *K. Schmidt,* Das neue Nachhaftungsbegrenzungsgesetz, ZIP 1994, 247; *K. Schmidt/Priester,* Unbegrenzte Nachhaftung des geschäftsführenden Gesellschafters?, ZIP 1984, 1064; *Seibert,* Nachhaftungsbegrenzungsgesetz – Haftungsklarheit für den Mittelstand, DB 1994, 461 ff.; *Steinbeck,* Das Nachhaftungsbegrenzungsgesetz, WM 1996, 2041; *Ulmer/Wiesner,* Die Haftung ausgeschiedener Gesellschafter, ZHR 144 (1980), 393; *Ulmer/Timmann,* Die Enthaftung ausgeschiedener Gesellschafter, ZIP 1992, 1.

§ 159 [Ansprüche gegen einen Gesellschafter]

(1) Die Ansprüche gegen einen Gesellschafter aus Verbindlichkeiten der Gesellschaft verjähren in fünf Jahren nach der Auflösung der Gesellschaft, sofern nicht der Anspruch gegen die Gesellschaft einer kürzeren Verjährung unterliegt.

(2) Die Verjährung beginnt mit dem Ende des Tages, an welchem die Auflösung der Gesellschaft in das Handelsregister des für den Sitz der Gesellschaft zuständigen Gerichts eingetragen wird.

(3) Wird der Anspruch des Gläubigers gegen die Gesellschaft erst nach der Eintragung fällig, so beginnt die Verjährung mit dem Zeitpunkte der Fälligkeit.

(4) Der Neubeginn der Verjährung und ihre Hemmung nach § 204 des Bürgerlichen Gesetzbuchs gegenüber der aufgelösten Gesellschaft wirken auch gegenüber den Gesellschaftern, die der Gesellschaft zur Zeit der Auflösung angehört haben.

Übersicht

	RdNr.		RdNr.
I. Normzweck	1	VI. Verjährungsbeginn mit Fälligkeit (Abs. 3)	13
II. Entstehungsgeschichte	2	VII. Neubeginn und Hemmung der Verjährung (Abs. 4)	14–17
III. Anwendungsbereich	3, 4	1. Neubeginn und Hemmung gegenüber der Gesellschaft	14, 15
IV. Sonderverjährung nach Abs. 1	5–11		
1. Auflösung der Gesellschaft	5, 6	2. Neubeginn und Hemmung gegenüber dem Gesellschafter	16
2. Gegenstand der Sonderverjährung	7–9		
3. Dauer der Verjährung	10, 11	3. Dispositives Recht	17
V. Beginn der Verjährung (Abs. 2)	12		

I. Normzweck

1 Nach § 159 Abs. 1 unterliegt die persönliche Haftung der Gesellschafter für Gesellschaftsverbindlichkeiten einer Sonderverjährung von fünf Jahren nach Auflösung der Gesellschaft; die Abs. 2 bis 4 regeln Beginn, Neubeginn und Hemmung dieser Verjährung. Der Vorschrift liegt zugrunde, dass die Gesellschafter gemäß den §§ 128, 171 auch nach Auflösung der Gesellschaft und Einstellung der werbenden Tätigkeit weiterhin für deren Verbindlichkeiten haften. Die Fünfjahresfrist soll es den Gesellschaftsgläubigern ermöglichen, ihre im Zuge der Liquidation nicht befriedigten Forderungen durchzusetzen; sie trägt anderseits den berechtigten Interessen der Gesellschafter Rechnung, ihre fortdauernde persönliche Haftung zeitlich zu begrenzen.[1] Anders als bei den §§ 160, 26 und 28 Abs. 3, die nach Ablauf von fünf Jahren einen Haftungsausschluss zugunsten der Gesellschafter

---
[1] Staub/*Habersack* RdNr. 1.

vorsehen, geht es bei § 159 um eine eine Einrede der Gesellschafter begründende echte Verjährungsvorschrift.

II. Entstehungsgeschichte

§ 159 ist durch das am 26. 3. 1994 in Kraft getretene Nachhaftungsbegrenzungsgesetz (**NachhBG**)[2] geändert worden. Die bis 1994 geltende Fassung betraf sowohl den Fall der **Auflösung** der Gesellschaft als auch den des **Ausscheidens** eines persönlich haftenden Gesellschafters; dieser zweite Tatbestand ist nunmehr in § 160 im Sinne einer Enthaftung des Gesellschafters nach Ablauf von ebenfalls fünf Jahren geregelt. Der Anwendungsbereich des § 159 ist seitdem auf den Fall der **Auflösung beschränkt.** Die unterschiedliche Behandlung beider Tatbestände hat ihren Grund darin, dass im Fall der Auflösung die Gesellschaft den Gläubigern nicht als Schuldnerin verbleibt.[3] Das am 1. 1. 2002 in Kraft getretene Schuldrechtsmodernisierungsgesetz hat Abs. 4 an die Neuregelung des Verjährungsrechts des Bürgerlichen Gesetzbuchs angepasst.

III. Anwendungsbereich

§ 159 erfasst **OHG, KG und KGaA.** Für die **Partnerschaftsgesellschaft** verweist § 10 Abs. 2 PartGG auf § 159. Auch für die Nachhaftung der Mitglieder einer Europäischen Wirtschaftlichen Interessenvereinigung (**EWIV**) gilt gemäß § 37 Abs. 2 EWIV–VO eine Fünfjahresfrist, für deren Beginn es allerdings auf die Bekanntmachung ihrer Vollabwicklung ankommt.[4] Auf die **Gesellschaft bürgerlichen Rechts** ist § 159 analog anzuwenden, auch wenn § 736 Abs. 2 BGB nur auf § 160 Bezug nimmt.[5]

Abzugrenzen ist § 159 von den Tatbeständen der §§ 160, 26 und 28 Abs. 3, die die Enthaftung des ausgeschiedenen persönlich haftenden Gesellschafters bzw. des früheren Geschäftsinhabers regeln. Die Fälle der §§ 159 und 160 können jedoch zusammentreffen, wenn ein Gesellschafter aus einer bereits aufgelösten Gesellschaft ausscheidet; zu der bereits laufenden Sonderverjährungsfrist des § 159 tritt dann die zur Enthaftung führende Frist des § 160 hinzu.[6]

IV. Sonderverjährung nach Absatz 1

1. Auflösung der Gesellschaft. Der Lauf der Sonderverjährung des § 159 Abs. 1 beginnt mit der **Auflösung der Gesellschaft** aus einem der Gründe der §§ 131 ff. Darunter fällt auch die Auflösung der Gesellschaft nach § 131 Abs. 1 Nr. 3 durch die Eröffnung des Insolvenzverfahrens.[7] In den Fällen des liquidationslosen Erlöschens der Gesellschaft ist zu unterscheiden. Beruht die Löschung auf der Vermögenslosigkeit der Gesellschaft (§ 131 Abs. 2 Nr. 2; vgl. § 145 RdNr. 10), so greift die Sonderverjährung des § 159 zugunsten der Gesellschafter ein. Erlischt hingegen die Gesellschaft ohne Liquidation deshalb, weil alle Gesellschaftsanteile in der Hand eines Gesellschafters zusammenfallen (vgl. § 145 RdNr. 7), so werden die aus der Gesellschaft ausgeschiedenen Mitglieder nach Maßgabe des § 160 von ihrer Haftung frei.[8]

Die Anknüpfung des Verjährungsbeginns an den Zeitpunkt der Auflösung der Gesellschaft hat rechtspolitische Kritik erfahren; sinnvoll sei ein Abstellen auf den Zeitpunkt der Vollbeendigung.[9] Angesichts der gesetzgeberischen Entscheidung (vgl. die Vorauflage RdNr. 4) hat es aber bei der Auflösung als dem maßgeblichen Kriterium zu verbleiben.

2. Gegenstand der Sonderverjährung. § 159 erfasst nur die **persönliche Haftung** des Gesellschafters gemäß §§ 128 Satz 1, 130 (OHG) und 171, 172, 176 (KG). Voraussetzung ist mithin das Bestehen von Gesellschaftsverbindlichkeiten, für die der Gesellschafter nach den genannten Vorschriften akzessorisch haftet (vgl. RdNr. 128 RdNr. 9 f.).[10] **Sozialverbindlichkeiten** der Gesellschaft einem Gesellschafter gegenüber, die ihren Rechtsgrund im Gesellschaftsverhältnis haben, sowie

---

[2] Gesetz zur Begrenzung der Nachhaftung von Gesellschaftern vom 18. 3. 1994, BGBl. I S. 560.
[3] Zur Begründung des Regierungsentwurfs vgl. BT-Drucks. 12/1868 S. 7.
[4] Vgl. MünchKommHGB/*K. Schmidt* RdNr. 16.
[5] MünchKommHGB/*K. Schmidt* RdNr. 15; Staub/*Habersack* RdNr. 5.
[6] MünchKommHGB/*K. Schmidt* RdNr. 10; Staub/*Habersack* RdNr. 9; Röhricht/Graf von Westphalen/*von Gerkan* RdNr. 6.
[7] MünchKommHGB/*K. Schmidt* RdNr. 18; Staub/*Habersack* RdNr. 6; Röhricht/Graf von Westphalen/*von Gerkan* RdNr. 4; zur Gesellschafterhaftung in der Insolvenz vgl. § 128 RdNr. 65 ff.
[8] MünchKommHGB/*K. Schmidt* RdNr. 19; Staub/*Habersack* RdNr. 7.
[9] Vgl. MünchKommHGB/*K. Schmidt* RdNr. 7 mwN.
[10] AllgM; vgl. MünchKommHGB/*K. Schmidt* RdNr. 20; Staub/*Habersack* RdNr. 12; Baumbach/*Hopt* RdNr. 4; Röhricht/Graf von Westphalen/*von Gerkan* RdNr. 7.

Aufwendungsersatzansprüche nach § 110 (vgl. § 128 RdNr. 11 f.) unterliegen nicht der Sonderverjährung; für sie haften die Gesellschafter nicht nach § 128. Anders ist dies aber bei Ansprüchen aus Drittgeschäften eines Gesellschafters mit der Gesellschaft, für die nach § 128 gehaftet wird.[11]

8   Zu den von § 159 erfassten Gläubigeransprüchen gehören nicht nur vor, sondern auch nach der Auflösung der Gesellschaft **im Abwicklungsstadium begründete Gesellschaftsschulden** (vgl. § 156 RdNr. 11).[12] Im Hinblick auf den Beginn der Verjährungsfrist, für den die Abs. 2 und 3 auf unterschiedliche Tatbestände abstellen, muss jedoch trotzdem zwischen Alt- und Neuverbindlichkeiten differenziert werden.

9   Nicht von § 159 erfasst ist die Haftung des Gesellschafters gegenüber Gesellschaftsgläubigern auf Grund der **Verwirklichung eines eigenen Haftungstatbestands.** Dabei kann es sich um die Übernahme einer Bürgschaft oder Garantie des Gesellschafters, einen Schuldbeitritt oder eine Wechselbürgschaft handeln. Die Verjährung richtet sich in diesen Fällen nach den allgemeinen Bestimmungen; die Sonderverjährung gilt nicht. Hat sich hingegen ein Gesellschafter oder Dritter für die Haftungsverbindlichkeit eines Gesellschafters aus § 128 verbürgt, so kann er wegen § 768 Abs. 1 S. 1 BGB die dem Gesellschafter als Hauptschuldner zustehende Einrede der Sonderverjährung erheben.[13]

10   **3. Dauer der Verjährung.** Die Sonderverjährung beträgt fünf Jahre. Der kurzen Verjährung unterliegen auch Ansprüche, die vor der Auflösung der Gesellschaft bereits durch rechtskräftiges Urteil, vollstreckbaren Vergleich oder im Insolvenzverfahren festgestellt worden sind.[14] Die kürzere Sonderverjährung geht in diesem Fall der dreißigjährigen Verjährung nach § 197 Abs. 1 Nr. 3 bis 5 BGB vor. Ist jedoch der Gesellschafter selbst auf Grund seiner persönlichen Haftung (§ 128) verurteilt worden, so kann er sich auf eine etwa in seiner Person begründete Verjährung nach § 159 BGB nicht berufen.[15]

11   Die Formulierung in Abs. 1, dass die Fünfjahresfrist nicht gilt, wenn der Anspruch gegen die Gesellschaft einer **kürzeren Verjährung** – nach den allgemeinen Bestimmungen des BGB oder anderer Gesetze – unterliegt, bedeutet trotz ihres Wortlauts nicht, dass sich die Frist der Sonderverjährung entsprechend verkürzt.[16] Vielmehr ist damit im Hinblick auf § 129 (vgl. dort RdNr. 4) gemeint, dass sich der Gesellschafter dann, wenn der Gesellschaftsverbindlichkeit die Einrede der Verjährung entgegensteht, auf diese abgeleitete Einrede berufen kann.[17] Eine für die Gesellschaftsverbindlichkeit geltende kürzere Verjährungsfrist hat mithin nicht eine Verkürzung der Fünfjahresfrist der Sonderverjährung nach Auflösung der Gesellschaft zur Folge.

V. Beginn der Verjährung (Absatz 2)

12   Die Verjährungsfrist für fällige Ansprüche beginnt mit dem Ende des Tages zu laufen, an welchem die **Auflösung der Gesellschaft** (§ 143) bzw. der Vermerk über die Eröffnung des Insolvenzverfahrens (§ 32)[18] in das Handelsregister eingetragen werden. Ist die Gesellschaft nicht im Handelsregister eingetragen, so muss dies nachgeholt und anschliessend die Auflösung eingetragen werden, damit der Lauf der Sonderverjährung beginnen kann.[19] Auf die Anmeldung, die Bekanntmachung der Eintragung oder die Kenntnis des Gläubigers von der Auflösung der Gesellschaft (§ 15) kommt es nicht an; Verzögerungen bei der Eintragung sind für den Fristbeginn unerheblich.[20] Die Fristberechnung richtet sich nach den §§ 187, 188 BGB.

---

[11] MünchKommHGB/*K. Schmidt* RdNr. 24; Staub/*Habersack* RdNr. 12; Baumbach/*Hopt* RdNr. 4; Heymann/*Sonnenschein/Weitemeyer* RdNr. 1, 2.
[12] MünchKommHGB/*K. Schmidt* RdNr. 21; Staub/*Habersack* RdNr. 13.
[13] MünchKommHGB/*K. Schmidt* RdNr. 21; Staub/*Habersack* RdNr. 13.
[14] RG Urt. v. 16. 2. 1938 – II 195/37, JW 1938, 1173, mit Anm. v. Godin; LAG München Urt. v. 31. 3. 1978 – 4 Sa 150/78, NJW 1978, 1877 f.; MünchKommHGB/*K. Schmidt* RdNr. 25; Baumbach/*Hopt* RdNr. 4.
[15] BGH Urt. v. 27. 4. 1981 – II ZR 177/80, NJW 1981, 2579; RG (Fn. 13); Baumbach/*Hopt* RdNr. 4; Röhricht/Graf von Westphalen/*von Gerkan* RdNr. 8.
[16] So Baumbach/*Hopt* RdNr. 5; Heymann/*Sonnenschein/Weitemeyer* RdNr. 4.
[17] BGH Urt. v. 11. 12. 1978 – II ZR 235/77, BGHZ 73, 217, 222 f. = NJW 1979, 1361, 1362; BGH Urt. 8. 2. 1982 – II ZR 235/81, NJW 1982, 2443; MünchKommHGB/*K. Schmidt* RdNr. 26, 28; Staub/*Habersack* RdNr. 15; Röhricht/Graf von Westphalen/*von Gerkan* RdNr. 9.
[18] BGH Urt. v. 8. 2. 1982 (Fn. 16); BGH Urt. v. 21. 3. 1983 – II ZR 113/82, NJW 1983, 2258, 2259.
[19] OLG Oldenburg Beschl. v. 20. 3. 1987 – 5 W 9/87, NJW-RR 1987, 1441; Staub/*Habersack* RdNr. 17; Baumbach/*Hopt* RdNr. 6; Röhricht/Graf von Westphalen/*von Gerkan* RdNr. 11.
[20] MünchKommHGB/*K. Schmidt* RdNr. 29; Staub/*Habersack* RdNr. 17; Baumbach/*Hopt* RdNr. 6; Heymann/*Sonnenschein/Weitemeyer* RdNr. 5.

VI. Verjährungsbeginn mit Fälligkeit (Abs. 3)

Die Sonderverjährungsfrist beginnt nach Abs. 3 bei Forderungen, die erst nach Eintragung der Auflösung fällig geworden sind, mit dem späteren Zeitpunkt der **Fälligkeit** zu laufen. Darunter fallen erst im Abwicklungsstadium begründete Gesellschaftsverbindlichkeiten, weiter solche, deren Rechtsgrund bereits vor der Eintragung der Auflösung begründet worden ist, die jedoch erst danach fällig geworden sind, schliesslich Teilansprüche aus zuvor schon begründeten Dauerschuldverhältnissen. Ansprüche, deren Fälligkeit eine Kündigung oder Anfechtung voraussetzt, sind im Sinne des § 199 Abs. 1 Nr. 1 BGB erst dann entstanden, wenn Kündigung oder Anfechtung wirksam erklärt worden sind.

13

VII. Neubeginn und Hemmung der Verjährung (Abs. 4)

1. Neubeginn und Hemmung gegenüber der Gesellschaft. Die Bestimmung des Abs. 4 hat zum Inhalt, dass der Neubeginn der Verjährung durch Anerkenntnis bzw. durch gerichtliche oder behördliche Vollstreckungsmaßnahmen (§ 212 Abs. 1 BGB) und die Hemmung der Verjährung durch Rechtsverfolgung (§ 204 Abs. 1 BGB) im Verhältnis des Gläubigers zur aufgelösten Gesellschaft auch gegen die ihr im Zeitpunkt der Auflösung noch angehörenden Gesellschafter wirkt; die Folgen von Hemmung und Neubeginn der Verjährung bezüglich der Gesellschaftsverbindlichkeit treffen auch die Sonderverjährung nach Abs. 1.[21] Sie erfasst die in den §§ 204, 212 BGB genannten Rechtshandlungen und geschäftsähnlichen Handlungen im Verhältnis des Gläubigers zur aufgelösten, aber noch nicht vollbeendigten Gesellschaft; diese sind gegenüber der Gesellschaft möglich, solange noch ungeteiltes Vermögen vorhanden ist oder nachträglich aufgefunden wird, also bis zur Beendigung der Liquidation und dem Erlöschen (§ 157). Vor Auflösung der Gesellschaft und damit vor Beginn der Sonderverjährung eingetretene und fortwirkende Tatbestände von Neubeginn und Hemmung der Verjährung hindern auch weiterhin den Lauf der Sonderverjährung nach Abs. 1.[22]

14

Neubeginn und Hemmung der Verjährung richten sich nach den Bestimmungen der §§ 204, 212 BGB. Ist die Verjährung der Gesellschaftsverbindlichkeit danach gehindert, so bedarf es keiner entsprechenden Maßnahmen im Verhältnis zum Gesellschafter. Diesem wird nicht nur die – abgeleitete (§ 129) – Einwendung genommen, dass die Gesellschaftsverbindlichkeit verjährt sei; auch der Lauf der Sonderverjährung wird gehindert. Der Zeitraum, während dessen die Verjährung gehemmt ist, wird in die laufende Fünfjahresfrist nicht eingerechnet (§ 209 BGB); im Fall des Neubeginns der Verjährung läuft die Fünfjahresfrist im ganzen neu, beginnend mit dem auf den Tag des Anerkenntnisses oder der Vollstreckungshandlung folgenden Tag (§§ 212 Abs. 1, 187 Abs. 1 BGB).

15

2. Neubeginn und Hemmung gegenüber dem Gesellschafter. Im Verhältnis des Gläubigers zum Gesellschafter kann die Sonderverjährung durch Verhandlungen (§ 203 BGB) oder Rechtsverfolgung (§ 204 BGB) ebenfalls gehemmt sein; ein Anerkenntnis beinhaltende Handlungen oder Vollstreckungsmaßnahmen können zu einem Neubeginn (§ 212 BGB) führen. Gegen die Mitgesellschafter wirkt dies allerdings nicht. Ist der Anspruch gegen die Gesellschaft bereits verjährt, so bleiben den Eintritt der Verjährung hindernde Maßnahmen gegen den Gesellschafter wegen § 129 Abs. 1 BGB ohne Wirkung.[23]

16

3. Dispositives Recht. Die Sonderverjährung des § 159 unterliegt der Disposition von Gläubiger und Gesellschafter. Diese können in dem weiten durch § 202 BGB vorgegebenen Rahmen Vereinbarungen etwa über eine Verkürzung oder Verlängerung der Fünfjahresfrist, zum Zeitpunkt ihres Beginns und zur Nichtgeltung von Abs. 4 treffen.[24]

17

§ 160 [Nachhaftung des Gesellschafters]

(1) [1] Scheidet ein Gesellschafter aus der Gesellschaft aus, so haftet er für ihre bis dahin begründeten Verbindlichkeiten, wenn sie vor Ablauf von fünf Jahren nach dem Ausscheiden fällig und daraus Ansprüche gegen ihn in einer in § 197 Abs. 1 Nr. 3 bis 5 des Bürgerlichen Gesetzbuchs bezeichneten Art festgestellt sind oder eine gerichtliche oder behördliche Vollstreckungshandlung vorgenommen oder beantragt wird; bei öffentlich-

---

[21] BAG Urt. v. 12. 6. 2002 – 10 AZR 199/01, KTS 2003, 315, 319 ff.
[22] MünchKommHGB/*K. Schmidt* RdNr. 33.
[23] BGH Urt. v. 8. 2. 1982 (Fn. 17); BAG (Fn. 21).
[24] Staub/*Habersack* RdNr. 4; Röhricht/Graf von Westphalen/*von Gerkan* RdNr. 9.

rechtlichen Verbindlichkeiten genügt der Erlass eines Verwaltungsakts. ²Die Frist beginnt mit dem Ende des Tages, an dem das Ausscheiden in das Handelsregister des für den Sitz der Gesellschaft zuständigen Gerichts eingetragen wird. ³Die für die Verjährung geltenden §§ 204, 206, 210, 211 und 212 Abs. 2 und 3 des Bürgerlichen Gesetzbuches sind entsprechend anzuwenden.

(2) Einer Feststellung in einer in § 197 Abs. 1 Nr. 3 bis 5 des Bürgerlichen Gesetzbuchs bezeichneten Art bedarf es nicht, soweit der Gesellschafter den Anspruch schriftlich anerkannt hat.

(3) ¹Wird ein Gesellschafter Kommanditist, so sind für die Begrenzung seiner Haftung für die im Zeitpunkt der Eintragung der Änderung in das Handelsregister begründeten Verbindlichkeiten die Absätze 1 und 2 entsprechend anzuwenden. ²Dies gilt auch, wenn er in der Gesellschaft oder einem ihr als Gesellschafter angehörenden Unternehmen geschäftsführend tätig wird. ³Seine Haftung als Kommanditist bleibt unberührt.

Übersicht

	RdNr.		RdNr.
I. Normzweck	1, 2	a) Dauer, Beginn und Ende	9
II. Entstehungsgeschichte	3, 4	b) Hemmung, Neubeginn	10
III. Anwendungsbereich	5, 6	3. Feststellung des Anspruchs	11–14
IV. Enthaftungstatbestand	7–18	4. Anerkenntnis (Abs. 2)	15, 16
1. Gegenstand der Enthaftung	7, 8	5. Rechtsfolgen	17, 18
2. Frist	9, 10	V. Dispositives Recht	19

I. Normzweck

1 Der ausscheidende Gesellschafter haftet weiterhin persönlich nach § 128 HGB für die während seiner Zugehörigkeit zur Gesellschaft entstandenen Gesellschaftsverbindlichkeiten (vgl. § 128 RdNr. 40 ff.). § 160 in der Fassung des **Nachhaftungsbegrenzungsgesetzes** 1994 (NachhBG)[1] regelt die Begrenzung der Nachhaftung des ausgeschiedenen Gesellschafters einschliesslich des ehemals persönlich haftenden Gesellschafters, der nach Umwandlung des Unternehmens in eine Gesellschaft mit beschränkt haftendem Komplementär-Unternehmen (insbesondere in eine GmbH & Co. KG) nunmehr Kommanditist ist, unabhängig davon, ob er in dem Komplementär-Unternehmen geschäftsführend tätig ist oder nicht. Die Vorschrift schliesst – wie die für den Einzelkaufmann geltende Bestimmung des § 26 – die Haftung für alle gegen die Gesellschaft gerichteten Ansprüche aus, die nach Ablauf von fünf Jahren seit dem Ausscheiden des Gesellschafters oder seit der Umwandlung des Unternehmens fällig werden; für die vor diesen Zeitpunkten fällig gewordenen Ansprüche gilt eine Ausschlussfrist von fünf Jahren seit dem Ausscheiden oder der Umwandlung. Die Nachhaftung des ausgeschiedenen Gesellschafters ist weiter davon abhängig, dass der Gläubiger seinen Anspruch innerhalb der Fünfjahresfrist gegen den Gesellschafter geltend macht. Anders als § 159, der eine Sonderverjährung regelt, enthält § 160 eine Ausschlussfrist im Sinne einer Enthaftung und begründet die rechtsvernichtende Einwendung des Gesellschafters.[2]

2 Die Vorschrift will mit der Ausschlussfrist von fünf Jahren einen angemessenen Ausgleich zwischen den Interessen der Gläubiger an einer Haftung des Gesellschafters für bereits früher begründete Verbindlichkeiten und den Interessen des Gesellschafters an einer zeitlichen Begrenzung dieser Haftung bewirken. Sie bezweckt weiterhin die Förderung der Attraktivität mittelständischer Unternehmen in der Rechtsform der Personenhandelsgesellschaft, indem sie die Haftungsrisiken der Gesellschafter zeitlich begrenzt.[3]

II. Entstehungsgeschichte

3 Bis zum Inkrafttreten des Nachhaftungsbegrenzungsgesetzes im Jahr 1994 wurde die Haftung des ausscheidenden Gesellschafters durch die fünfjährige Sonderverjährungsfrist des § 159 begrenzt. Bei **Dauerschuldverhältnissen,** bei denen fortlaufend neue Einzelforderungen fällig werden (einzelne Raten, Miet- oder Pachtzins, Arbeitslohn, Ruhegeld, Entgelte für Energielieferungen), konnte diese

---

[1] Gesetz zur zeitlichen Begrenzung der Nachhaftung von Gesellschaftern (NachhBG) vom 18. 3. 1994, BGBl. I S. 560; in Kraft getreten am 26. 3. 1994.
[2] MünchKommHGB/*K. Schmidt* RdNr. 1; Staub/*Habersack* RdNr. 1.
[3] Begründung des Regierungsentwurfs, BT-Drucks. 12/1868 S. 7 ff.

Regelung jedoch zu einer unangemessen langen und dem Normzweck nicht entsprechenden Nachhaftung führen, weil die Sonderverjährung an die Fälligkeit der einzelnen Teilleistungen anknüpft. Die Rechtsprechung hatte deshalb schon unter der Geltung von § 159 aF im Wege der Rechtsfortbildung unabhängig vom Institut der Sonderverjährung Regeln zur Enthaftung ausscheidender Gesellschafter entwickelt. So wurde die Haftung für Verbindlichkeiten aus einem vor dem Ausscheiden des Gesellschafters begründeten Dauerschuldverhältnis auf den Zeitraum bis zum Ersten auf das Ausscheiden folgenden ordentlichen Kündigungstermin zugunsten des Gläubigers beschränkt; für Verbindlichkeiten, die auf erst danach erbrachten Teilleistungen beruhten, brauchte der Gesellschafter nicht einzustehen (**Kündigungslösung**).[4] War eine baldige Kündigung aus tatsächlichen oder rechtlichen Gründen nicht möglich, so wurde der ausgeschiedene Gesellschafter in Anlehnung an die gesetzliche Wertung des § 159 mit Ablauf von fünf Jahren nach Eintragung seines Ausscheidens im Handelsregister von der Haftung für Verbindlichkeiten aus Dauerschuldverhältnissen freigestellt; für danach fällig werdende Teilansprüche haftete er nicht mehr (**Enthaftungslösung**).[5] Versagt wurde die Enthaftung jedoch dem ehemaligen persönlich haftenden Gesellschafter, der nach Umwandlung der Personenhandelsgesellschaft in eine GmbH & Co. KG in die Stellung eines Kommanditisten gewechselt war und die Geschäfte der Gesellschaft als Geschäftsführer der Komplementär-GmbH weiterführte.[6]

Das Nachhaftungsbegrenzungsgesetz hat die **Enthaftungslösung** übernommen, und zwar nicht nur beschränkt auf Verbindlichkeiten aus Dauerschuldverhältnissen, sondern uneingeschränkt für alle Verbindlichkeiten; daneben hat es den in die Kommanditistenstellung wechselnden, aber weiterhin in dem Komplementär-Unternehmen geschäftsführend tätigen ehemaligen persönlich haftenden Gesellschafter in die Enthaftungsregelung einbezogen.[7] Der Gesetzgeber hat mit der Neufassung des § 160 eine umfassende und abschließende Regelung des Problems der Nachhaftungsbegrenzung vorgenommen; die Rechtsprechung hat deshalb die zu § 159 aF entwickelte sogenannte **Kündigungstheorie** für das neue Recht aufgegeben.[8] Die Abs. 1 und 2 sind durch das Schuldrechtsmodernisierungsgesetz mit dem 1. 1. 2002 an die Neuregelung des Verjährungsrechts des Bürgerlichen Gesetzbuchs angepasst worden.

III. Anwendungsbereich

Anzuwenden ist § 160 auf die Haftung des aus einer OHG, KG und KGaA ausscheidenden persönlich haftenden Gesellschafters bzw. Komplementärs (§ 161 Abs. 2). Auf den Grund des Ausscheidens kommt es nicht an. Er kann auf Vereinbarung, einem der Tatbestände des § 131 Abs. 3, Anteilsveräußerung, Ausschliessung oder Hinauskündigung beruhen. Weiter erfasst werden die Fälle des Zurücktretens des persönlich haftenden Gesellschafters in die Kommanditistenstellung, unabhängig davon, ob er weiterhin in einem der Gesellschaft angehörenden Komplementär-Unternehmen geschäftsführend tätig wird (Abs. 3 S. 1 und 2). Die Enthaftung betrifft in diesem Fall nur die bis zur Umwandlung begründeten Altverbindlichkeiten; die Haftung als Kommanditist bleibt unberührt, wie Abs. 3 S. 3 klarstellt. Erfasst wird weiter das Ausscheiden eines Kommanditisten, unabhängig davon, ob er beschränkt (§§ 171 f.) oder unbeschränkt (§ 176) haftet (vgl. § 171 RdNr. 80 ff.).[9] Entsprechend anwendbar ist § 160 bei Wegfall der unbeschränkten Haftung des Kommanditisten nach § 176 durch die Eintragung als Kommanditist in das Handelsregister.[10]

Die Tatbestände der §§ 159 – Sonderverjährung bei Auflösung der Gesellschaft – und 160 – Enthaftung bei Ausscheiden eines Gesellschafters – sind nunmehr voneinander unterschieden, sie können jedoch im Einzelfall zusammentreffen (vgl. § 159 RdNr. 4). Die Tatbestände des § 160 und des die Rechtsfolgen eines Betriebsübergangs regelnden § 613a BGB überschneiden sich nicht; eine Enthaftung entsprechend § 613a Abs. 2 BGB scheidet deshalb in den Fällen des § 160 aus.[11] Auf die Gesellschaft bürgerlichen Rechts und die Partnerschaftsgesellschaft ist § 160 entsprechend anzuwenden (§§ 736 Abs. 2 BGB, 10 Abs. 2 PartGG). Die Haftung des aus einer Europäischen Wirtschaftli-

---

[4] BGH Urt. v. 19. 12. 1977 – II ZR 202/76, BGHZ 70, 132, 135 f. = NJW 1978, 636, 637; BGH Urt. v. 19. 5. 1983 – II ZR 50/82, BGHZ 87, 286, 291 f. = NJW 1983, 2254, 2255; BGH Urt. v. 8. 10. 1984 – II ZR 312/83, NJW 1985, 1899; ablehnend für Arbeitsverhältnisse BAG Urt. v. 21. 7. 1977 – 3 AZR 189/76, NJW 1978, 391 f.
[5] BGH Urt. v. 19. 5. 1983 (Fn. 4), S. 292.
[6] BGH Urt. v. 22. 9. 1980 – II ZR 204/79, BGHZ 78, 114, 118 = NJW 1981, 175 f.; BGH Urt. v. 25. 9. 1989 – II ZR 259/88, BGHZ 108, 330, 339 ff. = NJW 1990, 49, 51.
[7] Begründung des Regierungsentwurfs, BT-Drucks. 12/1868 S. 8, 9.
[8] BGH Urt. v. 27. 9. 1999 – II ZR 356/98, BGHZ 142, 324, 330 f. = NJW 2000, 208, 210.
[9] MünchKommHGB/*K. Schmidt* RdNr. 21; Staub/*Habersack* RdNr. 4.
[10] Staub/*Habersack* RdNr. 15; Röhricht/Graf von Westphalen/*von Gerkan* RdNr. 8.
[11] MünchKommHGB/*K. Schmidt* RdNr. 15.

chen Interessenvereinigung ausscheidenden Mitglieds unterliegt gemäß § 37 Abs. 1 EWIV–VO einer Sonderverjährung von fünf Jahren; da auch diese Bestimmung ein endgültiges Erlöschen der Haftung nach Ablauf von fünf Jahren bezweckt, sind die von der Rechtsprechung zu § 159 aF entwickelten Grundsätze zur Enthaftung bei Dauerschuldverhältnissen (oben RdNr. 3) heranzuziehen.[12] Die §§ 26, 28 Abs. 3 treffen inhaltsgleiche Regelungen für den Fall der Veräußerung eines Handelsgeschäfts bzw. das Zurücktreten des Geschäftsinhabers in die Kommanditistenstellung. Das Umwandlungsgesetz enthält in den §§ 45, 133, 224 verwandte Vorschriften für die zeitliche Begrenzung der Haftung ehemaliger persönlich haftender Gesellschafter in den Fällen der Verschmelzung, der Spaltung und des Formwechsels.

IV. Enthaftungstatbestand

1. Gegenstand der Enthaftung. Wie die Sonderverjährung des § 159 bezieht sich die Enthaftungsregelung des § 160 nur auf die persönliche Haftung der Gesellschafter für **Gesellschaftsverbindlichkeiten**, §§ 128, 171 f., 176 (wegen der Einzelheiten vgl. § 159 RdNr. 7 ff.). Insbesondere auf der Verwirklichung eines eigenen Haftungstatbestands (Bürgschaft u. ä.) beruhende Ansprüche der Gläubiger gegen Gesellschafter werden nicht von § 160 erfasst, sondern unterliegen den allgemeinen Bestimmungen. Die Art der Gesellschaftsverbindlichkeit ist unerheblich; die Enthaftungsregelung gilt für alle Gesellschaftsverbindlichkeiten aus Vertrag, Gesetz oder Delikt; zwischen Ansprüchen aus Dauerschuldverhältnissen und solchen aus Schuldverhältnissen mit hinausgeschobener Fälligkeit wird nicht unterschieden.[13]

Die Enthaftung wirkt für Gesellschaftsverbindlichkeiten, die vor dem Ausscheiden oder einem diesen nach Abs. 3 gleichgestellten Tatbestand entstanden sind (**Altverbindlichkeiten**). Altverbindlichkeiten sind alle Schuldverpflichtungen, deren Rechtsgrundlage bis zu diesem Zeitpunkt gelegt worden ist, auch wenn die einzelnen Verpflichtungen erst später fällig werden (vgl. im Einzelnen und zur Abgrenzung von den Neuverbindlichkeiten § 128 RdNr. 46 ff.). Für **Neuverbindlichkeiten** haftet der ausscheidende Gesellschafter nicht; anders ist es allerdings im Fall des Abs. 3, in dem ihn nach Zurücktreten in die Kommanditistenstellung nunmehr die Haftung nach § 171 f., 173 trifft.

2. Frist. a) Dauer, Beginn und Ende. Die Frist für die Enthaftung beträgt fünf Jahre. Sie beginnt nach Abs. 1 Satz 2, Abs. 3 Satz 1 mit dem Ende des Tages, an dem das Ausscheiden des Gesellschafters bzw. die Umwandlung der Mitgliedschaft in die eines Kommanditisten in das Handelsregister des für den Sitz der Gesellschaft zuständigen Gerichts eingetragen worden ist. Die vorherige Kenntnis des Gläubigers von dem Ausscheiden führt nicht zu einem früheren Fristbeginn.[14]

b) Hemmung, Neubeginn. Abs. 1 Satz 3 erklärt einzelne Bestimmungen des Verjährungsrechts des Bürgerlichen Gesetzbuchs für entsprechend anwendbar. Der Lauf der fünfjährigen Ausschlussfrist kann danach insbesondere durch Rechtsverfolgungsmaßnahmen (§ 204 Abs. 1 BGB), weiter infolge höherer Gewalt (§ 206 BGB), bei fehlender voller Geschäftsfähigkeit (§ 210 BGB) sowie in Nachlassfällen (§ 211 BGB) gehemmt sein. Verwiesen wird weiter auf § 212 Abs. 2 und 3 BGB, der für die dort aufgeführten Tatbestände den rückwirkenden Wegfall des erneuten Beginns der Verjährung bei einer Vollstreckungshandlung regelt.

3. Feststellung des Anspruchs. Der Gläubiger kann den Eintritt der Enthaftung des Gesellschafters dadurch abwenden, dass er den Anspruch vor Fristablauf feststellen lässt, Vollstreckungsmaßnahmen vornimmt oder beantragt bzw. – bei öffentlich-rechtlichen Forderungen – durch Verwaltungsakt geltend macht (Abs. 1 Satz 1). Das setzt voraus, dass der Anspruch gegen die Gesellschaft vor Ablauf der Fünfjahresfrist **fällig** wird. Die Fälligkeit bestimmt sich in erster Linie nach den vertraglichen Vereinbarungen zwischen der Gesellschaft und dem Gläubiger, ansonsten nach den gesetzlichen Fälligkeitsregeln, in den verbleibenden Fällen nach § 271 BGB. Der Gläubiger muss berechtigt sein, die Erfüllung der Forderung innerhalb der Fünfjahresfrist zu verlangen.[15] Die Forderung kann, wenn sie nur innerhalb der Frist fällig wird, auch schon vor Eintritt der Fälligkeit im Wege der Feststellungsklage (§ 256 ZPO) oder der Klage auf zukünftige Leistung (§§ 257 ff. ZPO) gerichtlich geltend gemacht werden; das hat Bedeutung insbesondere in den Fällen, in denen die Forderung erst kurz vor Fristablauf fällig wird.[16] Wird die Forderung jedoch erst nach Ablauf der

---

[12] MünchKommHGB/*K. Schmidt* RdNr. 23; Staub/*Habersack* RdNr. 4.
[13] Begründung des Regierungsentwurfs, BT-Drucks. 12/1868 S. 8.
[14] Baumbach/*Hopt* RdNr. 5; aA MünchKommHGB/*K. Schmidt* RdNr. 28.
[15] MünchKommHGB/*K. Schmidt* RdNr. 31.
[16] Staub/*Habersack* RdNr. 28; Röhricht/Graf von Westphalen/*von Gerkan* RdNr. 13.

Fünfjahresfrist fällig, so hilft die rechtzeitige gerichtliche Geltendmachung nicht; der Eintritt der Enthaftung kann dadurch nicht abgewendet werden.[17]

Die gerichtliche Geltendmachung insbesondere durch die Erhebung der Klage, die Zustellung eines Mahnbescheids oder die Anmeldung im Insolvenzverfahren führt zunächst nur zu einer Hemmung der Frist des § 160 (Abs. 1 Satz 3). Die Enthaftung ist erst dann ausgeschlossen, wenn der Anspruch entsprechend § 197 Abs. 1 Nr. 3 bis 5 BGB in einer rechtskräftigen Entscheidung (Urteil, Vollstreckungsbescheid), in einem vollstreckbaren Vergleich oder in einer vollstreckbaren Urkunde (§ 794 Abs. 1 Nr. 1, 5 ZPO), weiter im Insolvenzverfahren rechtskräftig festgestellt ist.

Neben der Feststellung des Anspruchs wird die Enthaftung durch die Vornahme oder Beantragung einer gerichtlichen oder behördlichen **Vollstreckungsmaßnahme** gehindert. Diese durch das Schuldrechtsmodernisierungsgesetz in § 160 eingefügte Alternative nimmt auf § 212 Abs. 1 BGB Bezug und hat zur Folge, dass die Fünfjahresfrist neu beginnt. Wird der Antrag zurückgewiesen oder die Vollstreckungsmaßnahme aufgehoben, so fällt der erneute Beginn der Verjährung rückwirkend weg, § 212 Abs. 2, 3 BGB.

Bei **öffentlich-rechtlichen Verbindlichkeiten,** die während der Fünfjahresfrist fällig werden, genügt zur Vermeidung der Enthaftungswirkung die Geltendmachung durch Verwaltungsakt. Vorbild waren die Bestimmungen der §§ 53 VwVfG, 52 SGB X. Dem Gläubiger bleibt es unbenommen, statt dessen den Anspruch gerichtlich geltend zu machen. Dauer, Beginn und Ende der Frist bestimmen sich auch bei Abwendung der Enthaftung durch Verwaltungsakt wie sonst nach § 160 und den dort in Bezug genommenen Vorschriften.[18]

4. Anerkenntnis (Abs. 2). Eine Feststellung im Sinne der §§ 197 Abs. 1 Nr. 3 bis 5 BGB ist nicht erforderlich, soweit der Gesellschafter den Anspruch schriftlich anerkannt hat. Der Funktion nach ist das Anerkenntnis des Abs. 2 ähnlich wie dasjenige des § 212 Abs. 1 Nr. 1 BGB eine tatsächliche Handlung. Es genügt deshalb eine einseitige Erklärung des Gesellschafters; einer Annahme durch den Gläubiger bedarf es nicht.[19] Ein Schuldanerkenntnis gemäß § 780 BGB wird nicht verlangt. Ein innerhalb der Fünfjahresfrist unter Bezugnahme auf diese Frist abgegebenes Anerkenntnis ist im Zweifel nur als Erklärung im Sinne des § 160 Abs. 2 auszulegen und besitzt keine weitergehende rechtsgeschäftliche Bedeutung.[20] Das Anerkenntnis dient dazu, dem Gesellschafter den Einwand der Enthaftung zu nehmen und dem Gläubiger den Fortbestand seiner Ansprüche aus den §§ 128, 171 f, 176 zu sichern.[21]

Das Anerkenntnis muss aus Gründen der Rechtssicherheit in **Schriftform** (§ 126 BGB) erteilt werden; ein formloses Anerkenntnis hat mangels Verweisung auf § 212 Abs. 1 Nr. 1 BGB grundsätzlich keine Wirkung hinsichtlich des Eintritts der Enthaftung. Es muss spätestens vor dem Ablauf der Fünfjahresfrist erklärt werden, kann aber auch schon vor dem Ausscheiden abgegeben werden. Ein nach Fristablauf erfolgtes Anerkenntnis kann als deklaratorisches Schuldanerkenntnis anzusehen sein und den Enthaftungseinwand ausschliessen.[22]

5. Rechtsfolgen. Mit Ablauf der Fünfjahresfrist erlischt die persönliche Haftung des ausgeschiedenen Gesellschafters für Altverbindlichkeiten, wenn nicht der Gläubiger die Enthaftung rechtzeitig durch Maßnahmen gemäß § 160 Abs. 1 Satz 1 abgewendet hat; das begründet eine rechtsvernichtende Einwendung des Gesellschafters. Die Enthaftung erfasst alle vor Fristablauf fällig gewordenen Ansprüche, die nicht rechtskräftig und vollstreckbar festgestellt sind, weiter die vor dem Ausscheiden begründeten, aber bei Fristablauf noch nicht fällig gewordenen Ansprüche. Angesichts der Entscheidung des Gesetzgebers für eine endgültige Enthaftung kann von diesem Grundsatz auch bei Ansprüchen etwa aus vertraglicher oder deliktischer Haftung, die typischerweise erst nach Jahren und ausserhalb der Fünfjahresfrist entstehen und fällig werden und deren rechtzeitige Geltendmachung deshalb ausgeschlossen ist, keine Ausnahme gemacht werden.[23] Auch bei Ansprüchen, die innerhalb der Fünfjahresfrist nicht fällig werden können, tritt die Enthaftung nicht schon mit der Eintragung des Ausscheidens ein, sondern erst mit dem Fristablauf;[24] das ist deshalb geboten, weil der ausscheidende Gesellschafter nicht vor jeder Vorverlegung der Fälligkeit geschützt ist. Auf eine für die Gesellschaftsverbindlichkeit geltende kürzere Verjährungsfrist, die

---

[17] MünchKommHGB/*K. Schmidt* RdNr. 31; Staub/*Habersack* RdNr. 28.
[18] Baumbach/*Hopt* RdNr. 4.
[19] MünchKommHGB/*K. Schmidt* RdNr. 37; Staub/*Habersack* RdNr. 32; Baumbach/*Hopt* RdNr. 6.
[20] Staub/*Habersack* RdNr. 33; Baumbach/*Hopt* RdNr. 6.
[21] Staub/*Habersack* RdNr. 32.
[22] MünchKommHGB/*K. Schmidt* RdNr. 39.
[23] Röhricht/Graf von Westphalen/*von Gerkan* RdNr. 11; MünchKommHGB/*K. Schmidt* RdNr. 25.
[24] MünchKommHGB/*K. Schmidt* RdNr. 31; Röhricht/Graf von Westphalen/*von Gerkan* RdNr. 11; aA Staub/*Habersack* RdNr. 17.

schon vor dem Ende der Ausschlussfrist des § 160 abgelaufen ist, kann sich der Gesellschafter nach § 129 Abs. 1 berufen.[25]

18 Hat der Gläubiger rechtzeitig eine Feststellung des Anspruchs herbeigeführt, so tritt die Enthaftung nicht ein; rechtskräftig festgestellte Ansprüche verjähren nach § 197 Abs. 1 Nr. 3 BGB in dreißig Jahren.[26]

V. Dispositives Recht

19 Die in § 160 getroffenen Regelungen sind nach zutreffender Auffassung nicht zwingend.[27] Soll die Nachhaftung über § 160 hinaus beschränkt oder ausgeschlossen werden, ist eine Vereinbarung zwischen dem Gläubiger und dem Gesellschafter erforderlich (vgl. § 128 Satz 2); durch Vereinbarungen im Gesellschaftsvertrag oder zwischen der Gesellschaft und dem ausscheidenden bzw. in die Kommanditistenstellung zurücktretenden Gesellschafter kann dies nicht bewirkt werden. Auch die Verlängerung der Frist zur Feststellung des Anspruchs unterliegt der Disposition von Gläubiger und Gesellschafter. Die Einhaltung der Schriftform ist anders als beim Anerkenntnis nach Abs. 2 nicht erforderlich.[28]

Anhang
Einführungsgesetz zum Handelsgesetzbuch

Siebenter Abschnitt.
Übergangsvorschriften zum Nachhaftungsbegrenzungsgesetz

Art. 35 EGHGB [Übergangsvorschriften zu § 160 HGB]

¹ § 160 des Handelsgesetzbuches in der ab dem 26. März 1994 geltenden Fassung ist auf vor diesem Datum entstandene Verbindlichkeiten anzuwenden, wenn
1. das Ausscheiden des Gesellschafters oder sein Wechsel in die Rechtsstellung eines Kommanditisten nach dem 26. März 1994 in das Handelsregister eingetragen wird und
2. die Verbindlichkeiten nicht später als vier Jahre nach der Eintragung fällig werden.

² Auf später fällig werdende Verbindlichkeiten im Sinne des Satzes 1 ist das bisher geltende Recht mit der Maßgabe anwendbar, daß die Verjährungsfrist ein Jahr beträgt.

Art. 36 EGHGB [Ansprüche aus Arbeitsverhältnissen]

(1) ¹ Abweichend von Artikel 35 gilt § 160 Abs. 3 Satz 2 des Handelsgesetzbuches auch für Verbindlichkeiten im Sinne des Artikels 35 Satz 2, wenn diese aus fortbestehenden Arbeitsverhältnissen entstanden sind. ² Dies gilt auch dann, wenn der Wechsel in der Rechtsstellung des Gesellschafters bereits vor dem 26. März 1994 stattgefunden hat, mit der Maßgabe, daß dieser Wechsel mit dem 26. März 1994 als in das Handelsregister eingetragen gilt.

(2) ¹ Die Enthaftung nach Absatz 1 gilt nicht für Ansprüche auf Arbeitsentgelt, für die der Arbeitnehmer bei Zahlungsunfähigkeit der Gesellschaft keinen Anspruch auf Insolvenzgeld hat. ² Insoweit bleibt es bei dem bisher anwendbaren Recht.

1 Die Neufassung des § 160 gilt unmittelbar nur dann, wenn die für die Begrenzung der Nachhaftung maßgeblichen Tatsachen, nämlich die Eintragung des Ausscheidens des Gesellschafters bzw. des Wechsels in die Rechtsstellung eines Kommanditisten, zeitlich nach dem Inkrafttreten des Nachhaftungsbegrenzungsgesetzes am 26. 3. 1994 liegen und wenn weiterhin die Gesellschaftsverbindlichkeit nach diesem Zeitpunkt entstanden ist. Die Übergangsvorschriften der Art. 35, 36 EGHGB

---

[25] Staub/*Habersack* RdNr. 36; Röhricht/Graf von Westphalen/*von Gerkan* RdNr. 15.
[26] Staub/*Habersack* RdNr. 30, 36; Baumbach/*Hopt* RdNr. 3.
[27] MünchKommHGB/*K. Schmidt* RdNr. 16 ff.; Baumbach/*Hopt* RdNr. 8; Röhricht/Graf von Westphalen/*von Gerkan* RdNr. 16; aA Staub/*Habersack* RdNr. 6 f.
[28] Baumbach/*Hopt* RdNr. 8; aA MünchKommHGB/*K. Schmidt* RdNr. 16.

Art. 35 und 36 EGHGB Nachhaftungsbegrenzungsgesetz 2–5 § 160 Anh.

treffen Regelungen für vor dem Inkrafttreten des Nachhaftungsbegrenzungsgesetzes entstandene **Altverbindlichkeiten**. Im Einzelnen gilt folgendes:

Das bisher geltende Recht ist auf Altverbindlichkeiten anzuwenden, wenn das Ausscheiden des 2 Gesellschafters oder sein Wechsel in die Kommanditistenstellung vor dem 26. 3. 1994 in das Handelsregister eingetragen worden ist. Die Sonderverjährung des § 159 aF wird ergänzt durch die von der Rechtsprechung entwickelten Enthaftungsregeln (vgl. § 160 RdNr. 3).[1] Besonderheiten gelten nach Art. 36 EGHGB hinsichtlich der Nachhaftung des nunmehr geschäftsführend tätigen Kommanditisten (§ 160 Abs. 3 Satz 2) für Verbindlichkeiten aus fortbestehenden Arbeitsverhältnissen (vgl. unten RdNr. 4, 5).

Sind das Ausscheiden oder der Wechsel in die Kommanditistenstellung nach dem Inkrafttreten des 3 Nachhaftungsbegrenzungsgesetzes eingetragen worden, so gilt die Neufassung des § 160, wenn die Verbindlichkeit nicht später als vier Jahre nach der Eintragung fällig wird. Dem Gläubiger bleibt dadurch nach Eintritt der Fälligkeit noch mindestens ein Jahr zwecks Geltendmachung und Feststellung des Anspruchs gemäß § 197 Abs. 1 Nr. 3 bis 5 BGB. Wird die Verbindlichkeit allerdings erst später als vier Jahre nach der Eintragung fällig, so bleibt es bei dem bisherigen Recht, also der um die von der Rechtsprechung entwickelten Enthaftungsregeln ergänzten Sonderverjährung des § 159 aF. Die Sonderverjährungsfrist beträgt ein Jahr (Art. 35 Satz 2 EGHGB); dadurch soll sichergestellt werden, dass dem Gläubiger in jedem Fall mindestens ein Zeitraum von einem Jahr nach Fälligkeit verbleibt, um den Anspruch geltend zu machen.

Die Regelung in **Art. 36 Abs. 1 EGHGB** betrifft den ehemals persönlich haftenden Gesell- 4 schafter, der vor dem 26. 3. 1994 in die Stellung eines Kommanditisten gewechselt und weiter geschäftsleitend – insbesondere als Geschäftsführer einer Komplementär-GmbH – tätig ist (§ 160 Abs. 3 Satz 2). Seine Nachhaftung für Ansprüche aus fortbestehenden Arbeitsverhältnissen, zu denen in erster Linie Lohn- und Ruhegeldansprüche zählen, unterliegt auch dann dem neuen Recht, wenn der **Wechsel in der Rechtsstellung** vor dem 26. 3. 1994 stattgefunden hat. In diesem Fall gilt der Wechsel in der Rechtsstellung als am 26. 3. 1994 in das Handelsregister eingetragen. Auf Altverbindlichkeiten aus Arbeitsverhältnissen ist damit neues Recht anzuwenden. Das hat seinen Grund darin, dass die betroffenen Gläubiger anderweitig gegen Forderungsausfälle in der Insolvenz der Gesellschaft abgesichert sind; ihre Rechte werden durch die rückwirkende Geltung des § 160 nicht unangemessen beeinträchtigt.[2]

Durch Art. 36 Abs. 2 EGHGB wird diese Sonderregelung für Ansprüche auf Arbeitsentgelt 5 wieder eingeschränkt, sofern der Arbeitnehmer bei Zahlungsunfähigkeit der Gesellschaft **keinen Anspruch auf Insolvenzgeld** (§§ 183 ff. SGB III) hat. In diesem Fall gelten wiederum die Regelungen des Art. 35 EGHGB. Auf andere Ansprüche aus Arbeitsverhältnissen wie etwa Ruhegeld ist Art. 36 EGHGB nicht anzuwenden; die Gläubiger sind durch das Eintreten des Pensionssicherungsverein (§ 7 BetrAVG) gesichert.

---

[1] MünchKommHGB/*K. Schmidt* § 160 RdNr. 8; Röhricht/Graf von Westphalen/*von Gerkan* § 160 RdNr. 18.
[2] Begründung des Regierungsentwurfs, BT-Drucks. 12/1868 S. 10, 11.

Die Europäische wirtschaftliche Interessenvereinigung (EWIV)

Schrifttum: *Abmeier,* Die Europäische wirtschaftliche Interessenvereinigung und nationales Recht, NJW 1986, 2987; *Autenrieth,* Die inländische Europäische Wirtschaftliche Interessenvereinigung (EWIV) als Gestaltungsmittel, BB 1989, 305; *Bach,* Die BGB-Gesellschaft als Mitglied einer Europäischen Wirtschaftlichen Interessenvereinigung (EWIV)?, BB 1990, 1432; *Bachmann,* Die Mehrwertbesteuerung der Europäischen wirtschaftlichen Interessenvereinigung im Bereich von Banken und Versicherungen, Steuer und Wirtschaft, 1997, 209; *Baier/Delp,* Zur Besteuerung der Europäischen Wirtschaftlichen Interessenvereinigung (EWIV) in Österreich, RIW 1999, 760; *Bramigk,* Der Zweck der Europäischen Wirtschaftlichen Interessenvereinigung (EWIV), Diss. Erlangen-Nürnberg 2003; *Brindlmayer u. a.,* EWIV – Die Europäische wirtschaftliche Interessenvereinigung, Recht, Wirtschaft, Steuern, Unternehmenspraxis in der EG, Bd. 4, 1989; *Burkhalter,* Die Europäische wirtschaftliche Interessenvereinigung (EWIV) und ihre konzernrechtlichen Beziehungen, Zürich 1998; *Fey,* Rechnungslegungs- und Prüfungspflichten Europäischer Wirtschaftlicher Interessenvereinigungen, DB 1992, 233; *Fritz,* Die Europäische Wirtschaftliche Interessenvereinigung, Wien 1997 (Österreich); *Funkat,* Die praktische Akzeptanz der EWIV als Gesellschaftsform, EWS 1998, 122; *Ganske,* Das Recht der Europäischen wirtschaftlichen Interessenvereinigung (EWIV), 1988; *Gleichmann,* Europäische Wirtschaftliche Interessenvereinigung, ZHR 1985, 633; *Gloria/Karbowski,* Die Europäische Wirtschaftlicher Interessenvereinigung (EWIV) – Rechtsgrundlagen, Zweck und Unternehmensgegenstand sowie Gründung einer EWIV mit Sitz in der Bundesrepublik, WM 1990, 1313; *Grüninger,* Die Europäische Wirtschaftliche Interessenvereinigung beratender Freiberufler, Steuerliche Vor- und Nachteile, BB 1990, 2161; *Habersack,* Europäisches Gesellschaftsrecht: Einführung für Studium und Praxis, § 11: Die Europäische wirtschaftliche Interessenvereinigung, S. 275 ff., München, 1999; *Hartard,* Die Europäische wirtschaftliche Interessenvereinigung im deutschen, englischen und französischen Recht, 1991; *Hatzig,* Die Europäische wirtschaftliche Interessenvereinigung, 1990; *Hauschka/Saalfeld,* Die Europäische wirtschaftliche Interessenvereinigung (EWIV) als Kooperationsinstrument für die Angehörigen der freien Berufe, DStR 1991, 1083; *Heinz,* Beteiligung deutscher Notare an einer multijurisdiktionellen EWIV: Vision oder (bald) Realität?, RIW 2001, 176; *v. d. Heydt/v. Rechenberg (Hrsg.),* Die Europäische Wirtschaftliche Interessenvereinigung unter besonderer Berücksichtigung gesellschafts-, steuer- und kartellrechtlicher Aspekte, 1991; *Högler-Pracher,* Die Firma der EWIV, Ecolex 1995, 27; *Jahn,* Die gemeinschaftlich handelnden Mitglieder einer deutschen Europäischen wirtschaftlichen Interessenvereinigung (EWIV), 1996; *Kappus/Eckstein,* Europäische wirtschaftliche Interessenvereinigung – Statuten einer Rechtsberater-EWIV, AnwBl. 1992, 298; *Klein-Blenkers,* Wirtschaftliche Bedeutung und rechtliche Fragen zur Europäischen Wirtschaftlichen Interessenvereinigung, DB 1994, 2224; *Kloiber,* Europäische wirtschaftliche Interessenvereinigung (EWIV), ÖJZ 1994, 641; *Knobbe-Keuk,* Die EWIV im nationalen und internationalen Steuerrecht, EWS 1992, 1; *Knoll/Schüppen,* Die Europäische wirtschaftliche Interessenvereinigung (EWIV), WiB 1994, 889; *Köhl,* Einfluss der Europäischen wirtschaftlichen Interessenvereinigung auf das Prinzip der Selbstorganschaft als Beispiel der Veränderung der Strukturen des deutschen Gesellschaftsrechts durch europäische Rechtsetzung, Diss. Erlangen-Nürnberg 2000; *Kollhosser/Raddatz,* Die Europäische wirtschaftliche Interessenvereinigung (EWIV), JA 1989, 10; *Kommission der Europäischen Gemeinschaften,* Die EWIV als Instrument der grenzübergreifenden Kooperation – Praktisches Handbuch für KMU, 2. Ausgabe Brüssel 1998 („Kommissions-Handbuch"); *Krabbe,* Steuerliche Behandlung der Europäischen Wirtschaftlichen Interessenvereinigung aus deutscher Sicht, DB 1985, 2585; *Lentner,* Das Gesellschaftsrecht der Europäischen wirtschaftlichen Interessenvereinigung (EWIV), 1994; *Lenz,* Die Europäische wirtschaftliche Interessenvereinigung mit dem Sitz in der Bundesrepublik Deutschland vor Eintragung, 1997; *Lewandowski,* Polnisches Gesetz zur Einführung der Europäischen Wirtschaftlichen Interessengemeinschaft und der Europäischen Gesellschaft, in: Wirtschaft und Recht in Osteuropa 2006, Heft 5, S. 129–132, S. 335–338; *Löffler,* Die EWIV: Die Europäische wirtschaftliche Interessenvereinigung in Österreich, Wien, 1998; *Mateeva-Stoyanova,* Die Europäische wirtschaftliche Interessenvereinigung (EWIV): eine supranationale Gesellschaftsform des EU-Rechts und ihre mögliche Auswirkungen auf die Fortentwicklung des bulgarischen Gesellschaftsrechts, in: Deutsches und internationales Wirtschaftsrecht, Bd. 18, 100 Jahre Handelsgesetzbuch, 1998, S. 93–124; *Meyer-Landrut,* Die Europäische Wirtschaftliche Interessenvereinigung, Gründungsvertrag und innere Verfassung einer EWIV mit Sitz in der Bundesrepublik Deutschland, 1988; *Müller-Gugenberger,* EWIV – Die neue Europäische Gesellschaftsform, NJW 1989, 1449; *ders.,* Die EWIV im Europäischen Wirtschaftsraum, EWS 1994, 346; *Müller-Gugenberger/Schotthöfer (Hrsg.),* Die EWIV in Europa – Texte und Erläuterungen aus rechtsvergleichender Sicht, 1995; *Neye,* Die Europäische wirtschaftliche Interessenvereinigung – eine Zwischenbilanz, DB 1997, 861; *Pegger,* Die EWIV als neue Form grenzüberschreitender Zusammenarbeit, FS Lexa 1995, 93 (Österreich); *v. Rechenberg,* Die EWIV–Ihr Sein und Werden, ZGR 1992, 299; *Rübesamen,* Die EWIV im deutschen und europäischen Wettbewerbsrecht, 1995; *Saß,* Zu den steuerlichen Aspekten der „Europäischen Wirtschaftlichen Interessenvereinigung", DB 1985, 2266; *Scherf,* EWIV statt Fusionitis: Mauerblümchen mit Potenzial, Anwalt 2004, 14; *Schlüter,* Die EWIV: Modellfall für ein europäisches Gesellschaftsrecht?, EuZW 2002, 589; *Schulze,* Gemeinschaftsrecht und einzelstaatliches Recht bei der Schaffung einer Europäischen wirtschaftlichen Interessenvereinigung (EWIV), Diss. Berlin 1990; *Scriba,* Die Europäische wirtschaftliche Interessenvereinigung, 1988; *Selbherr/Manz,* Kommentar zur Europäischen wirtschaftlichen Interessenvereinigung (EWIV), 1995; *Spatscheck,* Die Besteuerung der Europäischen wirtschaftlichen Interessenvereinigung, 1997; *Steineker,* Europäische Wirtschaftliche Interessenvereinigung, in: Europäisches Privatrecht 1998, S. 511–529; *Tautorus,* Supranationale und länderspezifische Besteuerung der Europäischen wirtschaftlichen Interessenvereinigung, 1992; *Thiery/Rief,* Die „EWIV" und das österreichische Gesellschaftsrecht, Ecolex 1994, 815; *Zahorka,* Die Teilnahme von Drittlandsunternehmen an einer EWIV, EuZW 1994, 201; *Zettel,* Die Europäische wirtschaftliche Interessenvereinigung (EWIV) – ihre Grundlagen und Struktur, DRiZ 1990, 161; *Zuck,* Die Europäische wirtschaftliche Interessenvereinigung als Instrument anwaltlicher Zusammenarbeit, NJW 1990, 954.

Übersicht

	RdNr.		RdNr.
I. Einführung	1–5	3. Gesetzliche Grundlagen und Kompetenzen des EuGH	4
1. Begriff und Bedeutung	1		
2. Entstehungsgeschichte	2, 3	4. Bisherige Erfahrungen in der Praxis	5

I. Einführung

II. Anwendungsmöglichkeiten — RdNr. 6–10
1. Allgemeines — 6
2. Vor- und Nachteile einer EWIV — 7, 8
3. Anwendungsbeispiele — 9
4. Informationsbeschaffung — 10

III. Gesellschaftsrecht — 11–47
1. Gründung — 11–25
   a) Gründungsvertrag — 11–13
   b) Gründungsmitglieder — 14–17
   c) Unternehmensgegenstand und Zweck — 18, 19
   d) Firma — 20
   e) Sitz — 21–23
   f) Gründungskapital — 24
   g) Registereintragung, Bekanntmachungen, Kosten — 25
2. Innenrecht — 26–34
   a) Allgemeines — 26
   b) Mitgliederversammlung, Mitgliedschaft — 27–30
   c) Geschäftsführung — 31, 32
   d) Sonstige Organe — 33
   e) Finanzverfassung — 34
3. Außenrecht — 35–44
   a) Die EWIV als Rechtssubjekt — 35, 36
   b) Vertretung — 37, 38
   c) Buchführung und Publizität — 39, 40
   d) Haftung — 41–44

4. Beendigung — 45–47
   a) Auflösung — 45, 46
   b) Liquidation — 47

IV. Steuerrecht — 48–53
1. Allgemeines — 48
2. Gewinnbesteuerung — 49–51
3. Gewerbesteuer — 52
4. Umsatzsteuer — 53

V. Wettbewerbsrecht — 54–57
1. Allgemeines — 54
2. Kartellrecht — 55, 56
3. Fusionskontrolle — 57

Anhang
1. Verordnung (EWG) Nr. 2137/85 des Rates über die Schaffung einer Europäischen wirtschaftlichen Interessenvereinigung (EWIV) — S. 1700
2. Gesetz zur Ausführung der EWG-Verordnung über die Europäische wirtschaftliche Interessenvereinigung (EWIV-Ausführungsgesetz) — S. 1709

I. Einführung

1. Begriff und Bedeutung. Die Europäische wirtschaftliche Interessenvereinigung („EWIV") ist die bislang einzige durch europäisches Gemeinschaftsrecht begründete und ausgestaltete, „supranationale" Gesellschaftsform. Sie stellt die personenrechtliche Parallele zur Europäischen Aktiengesellschaft dar, die allerdings erst wesentlich später ins Leben gerufen wurde.[1] Die EWIV existiert in allen Mitgliedstaaten der EU mit identischem Erscheinungsbild, wenngleich mit unterschiedlicher Bezeichnung (zB engl. European Economic Interest Grouping, „EEIG", frz. groupement d'intérêt économique éuropéen, „G.I.E.E."), ist allerdings bezüglich einiger Details in das jeweilige nationale Recht des Sitzstaates eingebettet. Sie ist geschaffen worden zur Erleichterung der **grenzüberschreitenden Kooperation von kleinen und mittleren Unternehmen**, kann jedoch auch von großen Unternehmen und Freiberuflern genutzt werden und schließt öffentlich-rechtliche Einrichtungen nicht aus, etwa Gebietskörperschaften in einer Grenzregion. Die EWIV ist, da organschaftlich verfaßt, mehr als eine Arbeitsgemeinschaft; sie beläßt jedoch den Mitgliedern ihre rechtliche und finanzielle Selbständigkeit und ist damit weniger als eine Unternehmensfusion. Die unbeschränkte persönliche Haftung der Mitglieder reiht die EWIV ein in die Gruppe der Personengesellschaften.

2. Entstehungsgeschichte. Die EWIV geht zurück auf ein **französisches Gesellschaftsmodell**, das im Jahre 1967 eingeführte „groupement d'intérêt économique",[2] welches sich schnell großer Beliebtheit erfreute, insbesondere wegen seiner Flexibilität angesichts der ansonsten im französischen Recht herrschenden starren Gesellschaftsstrukturen. Insbesondere kleine und mittlere Unternehmen arbeiten in Frankreich auf diese Weise zusammen; bekannter sind allerdings „große" Vereinigungen wie Airbus Industries und Ariane. Die EG-Kommission griff breits nach kurzer Zeit die Idee des französischen Gesetzgebers auf und brachte zu Beginn der 70er Jahre einen Vorentwurf zur Schaffung einer „europäischen Unternehmensvereinigung" ein, der nach diversen Überarbeitungen[3] in die im Jahre 1985 verabschiedete **Verordnung Nr. 2137/85**[4] („EWIV-VO") mündete (abgedruckt im Anhang). Die Verordnung basiert auf der allgemeinen Ermächtigungsnorm des Art. 308 EGV.

---

[1] Verordnung 2157/2001/EG des Rates vom 8. Oktober 2001 (ABl. EG 2001 L 294, 3.1) über das Statut der Europäischen Gesellschaft (S.E.) sowie Richtlinie 2001/86/EG des Rates vom 8. Oktober 2001 (ABl. EG 2001 L 294 S. 22) zur Ergänzung des Statuts der Europäischen Gesellschaft hinsichtlich der Beteiligung der Arbeitnehmer.
[2] Daneben existierte in Portugal das ähnliche „Agoupamento Complementar de Impresas".
[3] S. zur Entstehungsgeschichte ausführlich *Ganske* S. 14 ff. (aus Sicht der deutschen Delegation) und *Gleichmann* (aus Sicht der Kommission); im übrigen *Müller-Gugenberger* NJW 1989, 1449, *Hatzig* S. 1 ff. und *Scriba* S. 24 ff.
[4] Verordnung (EWG) Nr. 2137/85 des Rates, vom 25. Juli 1985, über die Schaffung einer Europäischen wirtschaftlichen Interessenvereinigung (ABl. EG 1985 L 199, S. 1).

3 Die Mitgliedstaaten hatten gem. Art. 41 iVm. Art. 39 EWIV-VO bis 1. 7. 1989 entsprechende Ausführungsvorschriften, insbesondere registerrechtlicher Natur, zu erlassen, was in der Bundesrepublik mit dem **EWIV-Ausführungsgesetz** („EWIV-AG")[5] vom 14. 4. 1988 (ebenfalls abgedruckt im Anhang) sowie der 8. Verordnung zur Änderung der Handelsregisterverfügung (BGBl. 1989 I S. 1113) geschah. In den deutschen Vorschriften wurde für die EWIV insbesondere die **subsidiäre Geltung des Rechts der OHG** festgeschrieben. Mit dem Inkrafttreten des **EWR-Abk.** am 1. 1. 1994 und dem Beitritt neuer Mitgliedstaaten der EU in den Jahren 1995, 2004 und 2007 wurde der Anwendungsbereich der EWIV-VO erweitert, so daß die EWIV gegenwärtig in den 27 Mitgliedstaaten der EU sowie in Norwegen, Island und Liechtenstein gegründet werden bzw. Mitglieder aus diesen Staaten haben kann.[6] Die nachfolgende Kommentierung betrifft EWIV's mit Sitz in **Deutschland**,[7] wobei die Ausführungen, soweit sie sich auf die EWIV-VO beziehen, auch für die anderen Staaten Geltung haben. Die **österreichische** Rechtslage ähnelt der deutschen sehr stark.[8]

4 **3. Gesetzliche Grundlagen und Kompetenzen des EuGH.** Die EWIV mit Sitz in Deutschland unterliegt einer **dreistufigen Gesetzeshierarchie:** Primär maßgeblich ist die EWIV-VO, die unmittelbare Wirkung in allen Mitgliedstaaten hat, überall gleichermaßen verbindlich ist und entgegenstehendes nationales Recht verdrängt (Art. 249 Abs. 2 EGV).[9] Sie regelt insbesondere die innere Verfassung der EWIV. Die nächste Stufe wird bestimmt durch das deutsche EWIV-AG, welches einige Aspekte des Außenrechts aufgreift, überwiegend registerrechtliche Vorschriften enthält und einige von der EWIV-VO eröffnete Optionen ausfüllt. Das deutsche Gesetz verweist wiederum in § 1 EWIV-AG subsidiär auf die Anwendung des Rechts der OHG. Diese Gesetzespyramide bringt mit sich, daß die nationalen Gerichte Gemeinschaftsrecht und nationales Recht parallel anzuwenden haben, wobei sie sich bei Anwendung und Auslegung des nationalen Rechts jedenfalls am Sinn und Zweck der EWIV-VO zu orientieren haben, während bei Zweifeln an der Auslegung der EWIV-VO selbst bzw. der Gültigkeit einer ihrer Vorschriften die **Zuständigkeit des EuGH** im Rahmen des Vorabentscheidungsverfahrens gem. Art. 234 EGV besteht.[10] Danach haben bei Gültigkeitsfragen alle Gerichte eine Vorlagepflicht, bei Auslegungsfragen trifft diese nur die letztinstanzlichen Gerichte, während nicht letztinstanzliche ein Vorlagerecht haben. Da es bei Auslegung des Statuts der EWIV meist um Fragen gehen dürfte, deren einheitliche Klärung auf Gemeinschaftsebene wünschenswert ist, sollten in der Praxis auch nicht letztinstanzlich entscheidende Gerichte von ihrem Vorlagerecht Gebrauch machen. Bisher hatte sich der EuGH erst in wenigen Fällen mit Problemen der EWIV zu befassen, wobei auch die Entscheidungen nationaler Gerichte zur EWIV noch disparat sind.[11] Die im deutschen Schrifttum vereinzelt geäußerte Vermutung, der EuGH werde sich bei Auslegung der EWIV-VO weitgehend an den Erkenntnissen französischer Gerichte zum „groupement d'intérêt économique" orientieren,[12] entspricht nicht dessen allgemeiner Übung; vielmehr wird originäres Gemeinschaftsrecht in der Regel sogar dann autonom ausgelegt, wenn sich die nationale Herkunft einer bestimmten Gemeinschaftsvorschrift nachweisen läßt.[13]

---

[5] Ges. zur Ausführung der EWG-Verordnung über die Europäische wirtschaftliche Interessenvereinigung, BGBl. 1988 I S. 514.
[6] S. zur EWIV im EWR ausführlich *Müller-Gugenberger* EWS 1994, 346.
[7] Die Rechtslage in anderen Mitgliedstaaten wird beschrieben bei *Müller-Gugenberger* (sämtliche Mitgliedstaaten des EWR), *Hartard* (Frankreich und Vereinigtes Königreich), *Selbherr/Manz* (12 ursprüngliche Mitgliedstaaten der EG) und *v. d. Heydt/v. Rechenberg* (12 ursprüngliche Mitgliedstaaten der EG außer Spanien).
[8] S. für Österreich Ges. vom 8. 8. 1995 zur Ausführung der EWIV-VO sowie zur Änderung des Handelsregistergesetzes, des Rechtspflegergesetzes und des Gerichtskostengesetzes (BGBl. Nr. 521/1995). Auch in Österreich gilt subsidiär das Recht der OHG. S. hierzu den Praxiskommentar von *Fritz*.
[9] Zur unmittelbaren Wirkung AG München, Beschl. v. 13. 12. 1989, 11 AR 4138/89, EuZW 1990, 135.
[10] Zum Vorabentscheidungsverfahren s. *W. Hakenberg* ZIP 1995, 1865 sowie *Hakenberg/Stix-Hackl*, Handbuch zum Verfahren vor dem EuGH, 3. Aufl. 2005, S. 62 ff.
[11] EuGH Urt. v. 18. 12. 1997, Rs. C–402/96, EuGHE 1997 I, 7515; EuGeI Beschl. v. 7. 12. 2001, Rs. T–192/01 R, EuGHE 2001 II, 3657; EuGeI Beschl. v. 10. 12. 2004, Rs. T–196/03, EuGHE 2004 II, 4263. Was nationale Gerichte anlangt, s. einige Entscheidungen deutscher Gerichte zur Zulässigkeit einer Sachfirma (zitiert bei RdNr. 20) und zur wettbewerbswidrigen Anwaltswerbung durch EWIV-Mitgliedschaftshinweise (OLG Hamm – Urt. v. 6. 10. 1992 – 4 U 94/92, NJW 1993, 1339). S. auch Entscheidung des Tribunal de Commerce von Brüssel zu Art. 3 EWIV-VO (Beschl. v. 1. 6. 1993, C. I. P. R./G. E. E. I. Worldcom, Tijdschrift voor rechtspersoon en vennootschap 1995, 210) sowie Tribunal de Defensa de la Competencia (Spanien), Pleno, Urt. v. 25. 10. 2000, Viajes Halcón S.A., Diario la ley 2001 n 21 p. 3–16; Tribunal administratif de Paris (Frankreich), 4e chambre, Section A, Urt. v. 1. 4. 1998 Société parisienne de participations publicitaires, Revue de jurisprudence fiscale 1999, 22; Tribunal de grande instance de Versailles (Frankreich), 1re chambre, Urt. v. 6. 5. 1986 Syndicat national des fabricants raffineurs d'huiles de graissage e.a./Groupement d'intérêt économique (GIE) Inter-Huiles e.a.
[12] *Zettel* DRiZ 1990, 161, 162; *Ganske* S. 23.
[13] EuGH Urt. v. 14. 1. 1982, Rs. 64/81, „Corman/Hauptzollamt Gronau", EuGHE 1982, 13, RdNr. 8.

II. Anwendungsmöglichkeiten

4. Bisherige Erfahrungen in der Praxis. Die EWIV wurde in Deutschland zunächst eher 5 zögerlich aufgenommen; hierzu trug auch die anfängliche Unsicherheit von Register- und Steuerbehörden mit diesem neuen Instrument bei, die in der Zwischenzeit beseitigt sein dürfte. Während die **Anzahl der Neugründungen** zu Beginn insbesondere in Frankreich und Belgien gegenüber denjenigen in Deutschland und anderen Mitgliedsländern sehr hoch waren, ist mittlerweile eine Annäherung der Zahlen eingetreten. Die meisten Gründungen erfolgten in den Jahren 1991–1993; gegenwärtig erfolgen insgesamt jährlich zwischen 50 und 100 Neugründungen. Gegenwärtig sind in allen Mitgliedsländern der EU bzw. des EWR ca. 1000 EWIV's registriert, von denen etwa zwei Drittel kleinen und mittleren Unternehmen zuzuordnen sind.[14]

II. Anwendungsmöglichkeiten

1. Allgemeines. Die EWIV ist als Instrument der Kooperation zwischen Wirtschaftsteilnehmern aus verschiedenen Staaten konzipiert. Gem. der 2. Begründungserwägung der EWIV-VO soll sie dazu beitragen, rechtliche und steuerliche, aber auch psychologische Unsicherheiten abzubauen, die in der Vergangenheit solchen Kooperationen entgegenstanden. Die rechtliche Ausgestaltung der EWIV ist daher einfach gehalten und ermöglicht eine flexible Anpassung an die jeweiligen wirtschaftlichen Gegebenheiten.[15] Zweck der EWIV kann gem. Art. 3 Abs. 1 EWIV-VO allerdings immer nur eine unterstützende Tätigkeit zur hauptsächlichen wirtschaftlichen Tätigkeit der Mitglieder sein (ähnlich dem Genossenschaftszweck); eine eigene Gewinnerzielungsabsicht darf nicht Hauptzweck der EWIV sein (s. RdNr. 18 f.). Dies begrenzt naturgemäß ihren Anwendungsbereich. Die berühmtesten EWIV'S sind der Fernsehsender ARTE sowie der Flugzeugbauer AIRBUS.

2. Vor- und Nachteile einer EWIV. Die **Vorteile** der Gründung einer EWIV für die Zusammenarbeit mit Partnern im Ausland liegen zunächst in der Einheitlichkeit der Rechtsform in allen Mitgliedstaaten der EG bzw. des EWR. Eine grenzüberschreitende Tätigkeit wird damit möglich, ohne sich auf die Unwägbarkeiten fremder Rechte oder des internationalen Schuld- oder Gesellschaftsrechts einlassen zu müssen. Die EWIV ist in einfacher Weise, ohne Formalia und ohne hohe Kosten zu gründen, wieder aufzulösen bzw. in andere Rechtsformen zu überführen.[16] Sie braucht kein Gründungskapital und kann (was bislang in der EG einmalig ist) unter Wahrung ihrer Identität ihren Sitz von einem Mitgliedstaat in einen anderen verlegen. Die EWIV steht einer breiten Palette wirtschaftlicher Aktivitäten offen. Sie kann Freiberufler mit Unternehmen, öffentlich-rechtliche mit privatrechtlichen Zusammenschlüssen kombinieren, große Unternehmen mit kleinen, ohne daß die Unabhängigkeit der Mitglieder gefährdet wird. Sie kann die Vorteile von Gemeinschaftsunternehmen nutzen wie die Ausgliederung einzelner Betriebsteile, Spezialisierungen, Synergie-Effekte etc. Auch Werbeeffekte können eine Rolle spielen.

Umgekehrt kann eine EWIV ein gewisses exotisches Erscheinungsbild auch als **Nachteil** empfinden. Gleiches gilt für die unbeschränkte Haftung der Mitglieder. Diesbezüglich findet sich in der Praxis allerdings häufig die Fehlvorstellung, jedes Mitglied müsse für sämtliche Verbindlichkeiten aller anderen Mitglieder haften. Tatsächlich bezieht sich die Haftung naturgemäß lediglich auf die Verbindlichkeiten der EWIV als solcher. In der Praxis scheint Wert darauf gelegt zu werden, den Zweck einer EWIV von Anfang an sehr präzise zu formulieren, um das Haftungsrisiko durch eine Einschränkung der Befugnisse der Geschäftsführung im Innenverhältnis praktisch zu verringern.[17] Eine faktische Haftungsbeschränkung läßt sich ansonsten lediglich durch die entsprechende rechtliche Ausgestaltung der Mitglieder erreichen. Ein großer Nachteil der EWIV liegt sicherlich darin, daß sie auf Hilfstätigkeiten beschränkt sein muß und keinen primären Gewinnerzielungszweck haben darf (RdNr. 6, 18). Da es der EWIV des weiteren verboten ist, als Holdinggesellschaft zu fungieren, Leitungsmacht auszuüben und sich an einer anderen EWIV zu beteiligen (RdNr. 19), ist sie zu Konzernumstrukturierungen und Gewinnverlagerungen ebenfalls nicht geeignet. Vereinzelt wird darauf hingewiesen, daß bei der Umwandlung der EWIV in andere Rechtsformen Steuernachteile zu gewärtigen sind.[18]

3. Anwendungsbeispiele. Gem. den Angaben der Europäischen Kommission[19] sind 60% aller bisher bestehenden EWIV's dem Dienstleistungssektor zuzuordnen, 10% dem Handel, 27% dem

---

[14] Statistische Angaben finden sich bei *Funkat, Neye* und *Rübesamen* 20 f. sowie im *Kommissions-Handbuch* (s. insbes. die Schaubilder im Anhang).
[15] 3. Begründungserwägung EWIV-VO.
[16] Zur Anwendbarkeit des UmwG s. Schmitt/Hörtnagel/Stratz § 3 RdNr. 10.
[17] *Müller-Gugenberger/Schotthöfer* S. 236 RdNr. 8.
[18] *Hatzig* S. 3.
[19] *Kommissions-Handbuch* 11 ff. sowie Anhänge und Tabellen.

Bereich Forschung und Industrie sowie 3% der Landwirtschaft. Im einzelnen bestehen danach EWIV's in folgenden Bereichen:
- Handwerk
- Ein- und Verkauf, Marketing, Vertrieb, Lagerhaltung
- Bausektor (Bündelung von know-how)
- Verkehr (gemeinsame Transport- und Servicenetze, Fahrzeugparks)
- verarbeitendes Gewerbe (wirtschaftliche und technische Zusammenarbeit von Zulieferbetrieben)
- Unternehmensberatung (Rechtsanwälte, Steuerberater, Wirtschaftsprüfer)
- Finanzdienstleistungen
- Forschung und Entwicklung (gemeinsame Labors und Forschungseinrichtungen)
- Landwirtschaft (gemeinschaftliche Züchtungen und Qualitätskontrollen, Pooling von Maschinenparks, Interessenvertretung bei europäischen Institutionen)
- Fremdenverkehr
- Kultur (die Kommission nennt ein Beispiel von 480 000 Autoren, Musikern und ausübenden Künstlern, die sich zum Schutz ihrer Urheberrechte zu einer EWIV zusammengeschlossen haben)
- Umweltschutz (gemeinsames Umweltaudit, Verbesserungen der Energieeffizienz)
- Regionalpolitik (Zusammenschlüsse von Gebietskörperschaften, s. etwa das Beispiel einer EWIV für die Verwaltung eines grenzüberschreitenden Skigebiets am Mont-Blanc).

In der Lit.[20] werden als weitere Anwendungsmöglichkeiten genannt:
- Flugzeugbau
- Durchführung von Großprojekten in der Entwicklungshilfe
- Inkassogemeinschaften
- Verbesserung des Kundenservice
- Gemeinsame Steuer- und Buchhaltungsberatung
- Schulungs- und Fortbildungskooperation
- Zusammenlegung von Marken
- Besitzgesellschaften für Immobilien
- Interessenvertretung bei politischen Instanzen.

Die Kommission weist im übrigen darauf hin, daß die EWIV als Rechtsform für gemeinschaftsweite **öffentliche Ausschreibungen** besonders geeignet ist und entsprechende Bewerbungen von ihr wohlwollend geprüft werden.[21]

10   4. Informationsbeschaffung. Die wohl umfassendsten Informationen über bestehende EWIV's und die mit dieser Gesellschaftsform gemachten Erfahrungen sind bei der **Europäischen Kommission** in Brüssel erhältlich. Dort sind insbesondere zwei Generaldirektionen mit der EWIV befaßt, die Generaldirektion Binnenmarkt, Direktion Gesellschaftsrecht und die Generaldirektion Unternehmen. Bei letzterer wird insbesondere die Datenbank REGIE (Réseau Européen des G. I. E. E. – Europäisches EWIV-Netz) unterhalten, die einen großen Teil aller gegründeten EWIV's sowie Rückmeldungen auf eine vor einiger Zeit durchgeführte Fragebogenaktion erfaßt. Des weiteren werden dort in regelmäßigem Turnus Konferenzen zum Thema Gründung und Entwicklung von EWIV's abgehalten und ad hoc Fragen hierzu beantwortet.[22] Die Kommission vermittelt uU auch eine Kontaktaufnahme mit potentiellen EWIV-Partnern.[23] Daten zu den in der Bundesrepublik registrierten EWIV's sind beim **Bundesanzeiger** zu erhalten. Daneben scheinen verschiedene Firmen auf Auftragsrecherchen spezialisiert zu sein.[24]

---

[20] *Grüninger* BB 1990, 2161, 2162; *Rübesamen* S. 23 ff.; *Autenrieth* BB 1989, 305, 307; *Hatzig* S. 2 ff.; *Funkat* EWS 1998, 122, 126; *Brindlmeyer* u. a. S. 24 ff.
[21] *Kommissions-Handbuch* 55 ff.; s. im übrigen die Mitteilung der Kommission vom 9. 9. 1997 über die Beteiligung von Europäischen wirtschaftlichen Interessenvereinigungen (EWIV) an öffentlichen Aufträgen und öffentlich finanzierten Programmen (ABl. EG 1997 C 285, S. 17).
[22] *Kommissions-Handbuch* 85. Anfragen können in deutscher Sprache gerichtet werden an die Europäische Kommission, DG Entreprise, rue de la loi 200 – AN 80 03/76, B-1049 Brüssel, Fax Nr. 0032–2–2959784. Die Internet-Adresse lautet http://ec.europa.eu/en/comm/entreprise/index.htm.
[23] Zu entsprechenden Möglichkeiten s. auch *Müller-Gugenberger/Schotthöfer* S. 239 RdNr. 16 ff.
[24] Nachweise bei *Funkat* Fn. 21 S. 124 sowie *Neye* DB 1997 861 ff.; s. auch das Europäische EWIV-Informationszentrum www.ewiv.eu.

III. Gesellschaftsrecht

1. Gründung. a) Gründungsvertrag. Die Gründung einer EWIV erfolgt gem. Art. 1 Abs. 1 Unterabs. 2 EWIV-VO durch den Abschluß eines Gründungsvertrages und dessen Eintragung ins Register. Die Eintragung ist gem. Art. 6 iVm. 39 Abs. 1 EWIV-VO im Sitzstaat bei dem jeweils benannten Register vorzunehmen; das deutsche EWIV-AG bestimmt in § 2 Abs. 1 hierfür das Handelsregister. Die Eintragung ist konstitutiv; sie bewirkt, daß die EWIV errichtet ist und Träger von Rechten und Pflichten sein kann. Andere Entstehungsformen als die Neugründung (Umwandlung, Verschmelzung u. ä.) scheiden für die EWIV aus.[25] Vor Eintragung besteht eine **Vor-EWIV,** die sich nach den Grundsätzen einer BGB-Gesellschaft beurteilt.[26] Wird vor Eintragung einer EWIV in deren Namen gehandelt und übernimmt sie später die entsprechenden Verbindlichkeiten nicht, so haften die Handelnden persönlich und unbeschränkt (Art. 9 Abs. 2 EWIV-VO). Die **Nichtigkeit** der Vereinigung bestimmt sich nach nationalem Recht (Art. 15 EWIV-VO).

Mindestangaben im Gründungsvertrag sind gem. Art. 5 EWIV-VO die Firma, der Sitz, der Unternehmensgegenstand, die genaue Bezeichnung aller Gründungsmitglieder sowie ggf. die zeitliche Dauer der Vereinigung. Für den Gründungsvertrag bestehen zwar ausdrücklich **keine Formerfordernisse,** insbesondere ist keine notarielle Beurkundung notwendig, jedoch ergibt sich aus dem Erfordernis der Hinterlegung beim Handelsregister (Art. 7 Abs. 1 EWIV-VO), daß ein **schriftliches** Dokument vorhanden sein muß. In der Regel werden Gründungsverträge von EWIV's privatschriftlich iSv. § 126 BGB errichtet. Angaben über die **Geschäftsführung** sind zwar im Gründungsvertrag nicht notwendig, da sie jedoch gem. § 2 EWIV-AG bei der Anmeldung zum Handelsregister erfolgen müssen, ist es zweckmäßig, sie bereits in den Vertrag aufzunehmen. Des weiteren empfiehlt es sich aufzunehmen, in welcher Sprache die Mitglieder ihre Beschlüsse u. ä. fassen.

Muster für Gründungsverträge einer EWIV finden sich in den meisten Formularbüchern zum Vertrags- und Gesellschaftsrecht sowie in Monographien zur EWIV.[27] Hervorzuheben ist das Muster im Kommissions-Handbuch (dort Kap. II.4), in dem vielfache Formulierungsalternativen erläutert werden.

b) Gründungsmitglieder. Mitglieder einer EWIV können gem. Art. 4 Abs. 1 EWIV-VO nur sein:
- **Gesellschaften** iSv. Art. 48 Abs. 2 EGV (dh. alle Gesellschaften des bürgerlichen und des Handelsrechts einschließlich der Genossenschaften und die sonstigen juristischen Personen des öffentlichen und privaten Rechts mit Ausnahme derjenigen, die keinen Erwerbszweck verfolgen) sowie **andere juristische Einheiten** des öffentlichen und privaten Rechts (hierzu zählen in Deutschland alle Personengesellschaften einschließlich BGB-Gesellschaften,[28] im englischen Recht etwa auch die „partnerships"); ausgeschlossen ist allerdings die Mitgliedschaft einer anderen EWIV (sog. „Verschachtelungsverbot", s. hierzu RdNr. 19);
- **natürliche Personen,** die eine gewerbliche, kaufmännische, handwerkliche, landwirtschaftliche oder freiberufliche Tätigkeit in der Gemeinschaft ausüben oder dort andere Dienstleitungen erbringen. Diese Aufzählung ist allerdings lediglich beispielhaft. In der Praxis handelt es sich überwiegend um Freiberufler; hierbei ist insbesondere die hohe Zahl von Rechtsanwalts-EWIV's bemerkenswert.[29]

Auch eine Kombination von Gesellschaften und natürlichen Personen ist ohne weiteres möglich (Art. 4 Abs. 2 c) EWIV-VO).

Die Mitgliedschaft muß gem. Art. 4 Abs. 2 EWIV-VO **internationalen** Charakter haben, dh. die Mitglieder müssen in mindestens zwei verschiedenen Mitgliedstaaten der EG bzw. des EWR ansässig sein. Bei Gesellschaften bezieht sich die Ansässigkeit auf Sitz **und** Hauptverwaltung (Art. 4 Abs. 1 a) EWIV-VO), bei natürlichen Personen auf die Ausübung der Haupttätigkeit, **nicht** auf die Nationalität (möglich ist also zB der Zusammenschluß zwischen einem deutschen Rechtsanwalt, der seine Haupttätigkeit in Brüssel ausübt, mit einem Kollegen in Düsseldorf; gleiches gilt für einen Schweizer Rechtsanwalt mit Haupttätigkeit in Brüssel). Juristische Personen aus Drittländern können an einer EWIV nur über eigenwirtschaftlich tätige Tochterunternehmen in einem Mitgliedsland teilnehmen.[30]

---

[25] *v. d. Heydt/v. Rechenberg* S. 31.
[26] Zu Einzelheiten s. *Müller-Gugenberger/Schotthöfer* S. 344 RdNr. 9 ff.; *Selbherr/Manz* Art. 1 EWIV-VO RdNr. 13 ff.; *Lentner* S. 82 ff.; *v. d. Heydt/v. Rechenberg* S. 42.
[27] S. insbes. die Monographien von *v. d. Heydt/v. Rechenberg* und *Selbherr/Manz,* Muster jeweils im Anhang; für Österreich s. *Fritz.*
[28] Nach anfänglicher Unsicherheit nun allgM, s. MünchHdbGesR I/*Salger/Neye* § 96 RdNr. 2 f.; *Bach* 1432.
[29] S. zu EWIV's von Rechtsanwälten allgemein *Zuck, Kappus/Eckstein* und *Grüninger.*
[30] *Zahorka* EuZW 1994, 201.

16 Von der Begrenzung der Mitgliederzahl, die Art. 4 Abs. 3 EWIV-VO den Mitgliedstaaten als **Option** einräumt, hat die Bundesrepublik keinen Gebrauch gemacht, ebensowenig wie von derjenigen in Abs. 4, bestimmte Gruppen von der Mitgliedschaft auszunehmen. Ursprüngliche Erwägungen, dies für den Notarberuf zu tun, wurden fallengelassen.

17 Das Erfordernis in Art. 3 Abs. 2 c) EWIV-VO, daß die EWIV nicht mehr als 500 Arbeitnehmer beschäftigen darf, wird oft fälschlich auf die Mitglieder bezogen. Tatsächlich können diese eine unbegrenzte Zahl von Arbeitnehmern beschäftigen; wenngleich die EWIV im Grundsatz für kleine und mittlere Unternehmen konzipiert ist, schließt sie Großunternehmen doch nicht vom Teilnehmerkreis aus.

18 **c) Unternehmensgegenstand und Zweck.** Der **Unternehmensgegenstand,** der gem. Art. 5 c) EWIV-VO im Gründungsvertrag bezeichnet sein muß, sollte die Tätigkeit der EWIV möglichst präzise beschreiben, wobei der gesetzliche **Zweck** einer EWIV im Auge zu behalten ist. Dieser darf gem. Art. 3 Abs. 1 und dem 5. Erwägungsgrund EWIV-VO grundsätzlich nur eine **Hilfstätigkeit** zur wirtschaftlichen Tätigkeit der Mitglieder sein. Danach besteht der Zweck einer EWIV allein darin, „die wirtschaftliche Tätigkeit ihrer Mitglieder zu erleichtern oder zu entwickeln, um es ihnen zu ermöglichen, ihre eigenen Ergebnisse zu steigern"; die Tätigkeit der EWIV darf jedoch nicht an die Stelle der wirtschaftlichen Tätigkeit der Mitglieder treten (ein ähnlicher Fördergedanke findet sich im deutschen Genossenschaftswesen). Die EWIV hat gem. Art. 3 Abs. 1, 2. Hs. EWIV-VO insbesondere **nicht** den Zweck, **Gewinne** für sich selbst zu erzielen. Eine Gewinnerzielung ist ihr jedoch auch nicht verboten; Art. 40 EWIV-VO regelt ausdrücklich deren steuerliche Handhabung (s. hierzu RdNr. 48 ff.). Die Beschränkung auf eine Hilfstätigkeit bedeutet umgekehrt nicht, daß es sich bei den Aufgaben der EWIV nur um unwichtige Gegenstände des Wirtschaftslebens handeln kann,[31] wie auch die o. (RdNr. 9) aufgezählten Anwendungsbeispiele deutlich machen.

19 In der akzessorischen Zweckverfolgung durch die EWIV liegen auch die in Art. 3 Abs. 2 EWIV-VO formulierten Zweck-Verbote begründet:
- **Leitungs- oder Konzernverbot:** die EWIV darf keine Leitungs- oder Kontrollmacht über Tätigkeiten ihrer Mitglieder oder anderer Unternehmen ausüben (entspr. § 308 AktG);
- **Holdingverbot:** sie darf keine Anteile an Mitgliedsunternehmen halten;
- **Größenverbot:** sie hat eine begrenzte Arbeitnehmerzahl von 500 – entspr. der deutschen Mitbestimmungsgrenze –, allerdings ist eine zeitliche Arbeitnehmerüberlassung durch die Mitglieder möglich und in der Praxis häufig;[32]
- **Kreditverbot:** es besteht eine Einschränkung der Darlehensgewährung und der Übertragung von Vermögen innerhalb der Mitgliedschaft, u. a. begründet durch steuerrechtliche Erwägungen (vgl. §§ 89, 115 AktG und § 43 a GmbHG);
- **Verschachtelungsverbot:** eine EWIV kann sich nicht an einer anderen EWIV beteiligen; zulässig ist aber, daß eine natürliche Person oder eine Gesellschaft Mitglied in mehreren EWIV's ist.

Bei Verstoß gegen eines oder mehrere der Zweck-Verbote kann die EWIV gem. Art. 32 Abs. 1 EWIV-VO auf Antrag „jedes Beteiligten" (Gesellschafter, Gläubiger, Arbeitnehmer etc.) oder von Amts wegen aufgelöst werden. In Deutschland ist allerdings eine Tätigkeit der Registergerichte von Amts wegen nicht vorgesehen; die Vorschrift dürfte insoweit leerlaufen.[33]

20 **d) Firma.** Einzelheiten zur Firmierung sind in der EWIV-VO nicht geregelt; Art. 5 a) sieht lediglich vor, daß Bestandteil des Namens einer EWIV die Worte „Europäische wirtschaftliche Interessenvereinigung" oder die Abkürzung „EWIV" sein müssen bzw. daß diese dem Namen voran- oder nachgestellt sein müssen. In Deutschland wurde lange Zeit das Problem der Zulässigkeit einer **Sachfirma** diskutiert, ein Problem, welches sich in anderen Ländern nicht stellte, entweder weil dort die EWIV als juristische Person ausgestaltet ist oder eine Sachfirma ausdrücklich zugelassen ist wie in Österreich.[34] Die deutschen Gerichte lehnten eine Sachfirma unter Verweis auf das subsidiär anwendbare OHG-Recht überwiegend ab.[35] Auf Vorlage des OLG Frankfurt entschied der EuGH Ende 1997 in der Rechtssache European Information Technology Observatory, daß die Mitgliedstaaten

---

[31] *Gloria/Karbowski* WM 1990, 1313, 1316.
[32] Gem. den Angaben im *Kommissions-Handbuch* (Kap. VII. 3. sowie Schaubild 6) beschäftigen ca. 60% aller EWIV's kein eigenes Personal, sondern greifen auf von den Mitgliedern entsandte Mitarbeiter zurück.
[33] *Hatzig* S. 21.
[34] *Högler-Pracher* ecolex 1995, 27.
[35] Ablehnend insbesondere OLG Frankfurt Beschl. v. 18. 5. 1993, 20 W 228/91, OLGZ 1994, 40; für eine Sachfirma AG München Beschl. v. 13. 12. 1989, 11 AR 4138/89, EuZW 1990, 135; LG Frankfurt Beschl. v. 8. 1. 1991, 3/11 T 43/90, BB 1991, 496; LG Bonn Beschl. v. 16. 3. 1993, 11 T 1/93, EuZW 1993, 550.

III. Gesellschaftsrecht

über die Frage autonom entscheiden können und die EWIV-VO jedenfalls insoweit keine zwingenden Vorgaben enthält.[36] Seit der Neuregelung von § 18 HGB durch das Handelsrechtsreformgesetz ist das Problem allerdings auch für Deutschland obsolet geworden, da nun auch die OHG eine Sachfirma führen kann (s. hierzu § 18 HGB 15 ff.).

e) Sitz. Der satzungsmäßige Sitz der EWIV muß innerhalb des Territoriums der EU bzw. des EWR gelegen sein (Art. 12 EWIV-VO). Er muß dem Ort der **Hauptverwaltung der EWIV** oder dem Ort der **Hauptverwaltung oder der Haupttätigkeit eines ihrer Mitglieder** entsprechen. Mit der Anknüpfung an die Ausübung der Tätigkeit sollte ein Kompromiß zwischen den unterschiedlichen **IPR-Regelungen** der Mitgliedstaaten (Sitz- oder Gründungstheorie) gefunden werden.[37] „Briefkastengründungen" sind damit nicht ausreichend. Andererseits braucht die EWIV nicht selbst ein **Geschäftslokal**, sondern sie kann sich im Lokal eines ihrer Mitglieder domizilieren. 21

Der im Register eingetragene Sitz der EWIV bestimmt gem. Art. 2 EWIV-VO, welches **nationale Ausführungsrecht** auf die Vereinigung zur Anwendung kommt. Alle EWIV's mit Sitz in Deutschland unterliegen also dem deutschen EWIV-AG und dem nach dessen Maßgabe subsidiär anwendbaren OHG-Recht (sowie dem deutschen Steuerrecht, s. hierzu RdNr. 48 ff.). Ist dies nicht gewünscht, bleibt nur die Möglichkeit, den Sitz in einem anderen zulässigen Mitgliedsland zu wählen bzw. ihn später dorthin zu verlegen. Die EWIV hat die bislang im Gemeinschaftsrecht[38] und auf internationaler Ebene einmalige Möglichkeit, eine **identitätswahrende Sitzverlegung** in einen anderen Mitgliedstaat vorzunehmen. Art. 13 und 14 EWIV-VO sehen hierfür nur wenige Formalitäten vor: es reichen ein Mitgliederbeschluß und ein Verlegungsplan aus, der nach den allgemeinen Vorschriften hinterlegt und bekanntgemacht werden muß. Solange die Eintragung im ursprünglichen Sitzstaat nicht gelöscht ist, können Gläubiger sich auf den alten Sitz berufen. 22

Die EWIV kann im übrigen ohne weiteres in ihrem Sitzstaat oder in anderen Mitgliedstaaten der EU bzw. des EWR **Niederlassungen** errichten (Art. 10 EWIV-VO). 23

f) Gründungskapital. Abgesehen von den Gründungskosten ist ein Gründungskapital für die EWIV **nicht notwendig** (zur Finanzverfassung der EWIV s. RdNr. 34). Die Mitglieder können frei darüber beschließen, wie und mit welcher Aufteilung die notwendigen Betriebsmittel erbracht werden; sie können auch aus der Zurverfügungstellung von know-how, Dienstleistungen etc. bestehen. 24

g) Registereintragung, Bekanntmachungen, Kosten. Im zuständigen **Register** am Sitz der EWIV (Art. 39 EWIV-VO, § 2 Abs. 1 EWIV-AG) sind der Gründungsvertrag sowie eine Reihe von Urkunden und Angaben zu hinterlegen, die in Art. 7 EWIV-VO aufgezählt sind und Vertragsänderungen, die Geschäftsführerbestellung, einen Verlegungsplan etc. betreffen. § 2 und 3 EWIG-AG präzisieren die Anmeldungen zum deutschen Handelsregister. Diese haben durch den oder die Geschäftsführer zu erfolgen. Die EWIV wird im Handelsregister in Abteilung A eingetragen; die Erfordernisse entsprechen der Anmeldung einer OHG. Zuständig für die Eintragung ist gem. § 5 Abs. 1 Nr. 3 RPflG nicht der Rechtspfleger, sondern der **Amtsrichter**, da vorab geprüft werden muß, ob die angestrebte Zweckverfolgung und der vorgesehene Mitgliederkreis den Vorgaben der EWIV-VO entsprechen. Die **Bekanntmachungen** erfolgen im Auftrag des Registergerichts, und zwar einerseits im Bundesanzeiger und mindestens einem weiteren Mitteilungsblatt, andererseits im Amtsblatt der EG, Abt. S und C (Art. 39 iVm. Art. 11 EWIV-VO sowie § 4 EWIV-AG), Für die **Publizitätswirkung** der eintragungspflichtigen Angaben verweist Art. 9 Abs. 1 EWIV-VO auf die innerstaatlichen Rechte; für EWIV's mit Sitz in Deutschland gilt also § 15 HGB. Die **Kosten** der Eintragung bestimmen sich nach der KostO (§ 79 iVm. § 26). 25

2. Innenrecht. a) Allgemeines. Die innere Verfassung der EWIV ist einfach gehalten und läßt den Mitgliedern weitgehende Gestaltungsmöglichkeiten (s. auch den 4. Erwägungsgrund der EWIV-VO). Die überwiegende Zahl der Vorschriften hierzu ist dispositiv. Gem. Art. 16 Abs. 1 EWIV-VO sind Organe einer EWIV lediglich die gemeinschaftlich handelnden Mitglieder (der Begriff „Mitgliederversammlung" wurde bewußt nicht gewählt, um die Gestaltungsfreiheit nicht zu begrenzen,[39] 26

---

[36] EuGH Urt. v. 18. 12. 1997, Rs. C–402/96, EuGHE 1997 I, 7515 = NJW 1998, 972.
[37] MünchHdbGesRI/*Salger/Neye* § 95 RdNr. 20 f.; v. d. *Heydt/v. Rechenberg* S. 27 f.; gem. EuGH, Urt. v. 5. 11. 2002, Rs. C–208/00, EuGHE 2002 I, 9919 verstößt die in Deutschland früher geltende Sitztheorie gegen Gemeinschaftsrecht.
[38] Gem. EuGH Urt. v. 27. 9. 1988, Rs. 81/87, „Daily Mail", EuGHE 1988, 5483 ist eine identitätswahrende Sitzverlegung von Gesellschaften im gegenwärtigen Stand des Gemeinschaftsrechts von den Freizügigkeitsregeln des EG-Vertrages nicht erfaßt. S. im übrigen auch einen im Planungsstadium befindlichen Vorschlag für eine 14. gesellschaftsrechtliche Richtlinie über die Sitzverlegung von Gesellschaften, der von der Europäischen Kommission am 22. 4. 1997 vorgestellt, aber seither nicht weiter betrieben wurde.
[39] *Ganske* S. 48.

wird aber nachfolgend zur Vereinfachung verwendet) sowie der oder die Geschäftsführer. Weitere Organe können, müssen aber nicht vorgesehen werden. Die mitgliedschaftlich orientierte Struktur wird unterstrichen durch das in Art. 16 Abs. 2 EWIV-VO formulierte Devolutivrecht, wonach die Mitglieder jede Entscheidung, die an sich in den Zuständigkeitsbereich der Geschäftsführer fällt, an sich ziehen können.[40]

27   b) **Mitgliederversammlung, Mitgliedschaft.** Die **Mitgliederversammlung** ist das maßgebliche Organ einer EWIV; sie hat umfassende Kompetenzen und kann gem. Art. 16 Abs. 2 EWIV-VO jeden Beschluß zur Verwirklichung des Unternehmensgegenstandes fassen. Sie tritt auf Antrag eines Mitgliedes oder der Geschäftsführung zusammen (Art. 17 Abs. 4 EVIW-VO); dies braucht nicht körperlich zu geschehen, vielmehr ist jede Beschlußfassung unter Nutzung moderner Kommunikationstechnologien möglich. Die **Beschlußfassung**[41] selbst ist ebenfalls keiner gesetzlichen Form unterworfen. Jedes Mitglied hat grundsätzlich eine **Stimme,** wobei Mehrstimmrechte möglich sind, soweit nicht einem einzigen Mitglied die Stimmenmehrheit zukommt (Art. 17 Abs. 1 EWIV-VO). Stimmrechtsübertragungen und -vereinbarungen sind möglich; das im deutschen Recht für Personenhandelsgesellschaften geltende Abspaltungsverbot ist nicht auf die EWIV zu übertragen, zumindest nicht, wenn es sich nicht um Fragen handelt, die den Kernbereich der Mitgliedschaft berühren.[42] Grundsätzlich ist **Einstimmigkeit** der Beschlußfassung vorgesehen (Art. 17 Abs. 3 S. 2 EWIV-VO). Maßgeblich sind, ähnlich wie bei der OHG, die bestehenden Mitglieder, nicht nur diejenigen, die während der Versammlung anwesend sind.[43] Der Gründungsvertrag kann Ausnahmen vom Prinzip der Einstimmigkeit der Beschlußfassung vorsehen; allerdings gibt Art. 17 Abs. 2 EWIV-VO einen Katalog von (Grundsatz-) Maßnahmen vor, für die die Einstimmigkeit nicht abbedungen werden kann.

28   Die **Mitgliedschaft** ist **übertragbar;** Art. 22 Abs. 1 EWIV-VO sieht eine vollständige oder teilweise Abtretung der Beteiligung vor. Auch eine Sicherungsverpfändung des Anteils ist gem. Art. 22 Abs. 2 möglich, wodurch allerdings der Sicherungsnehmer nicht Mitglied der Vereinigung wird. Auch ansonsten ist ein Wechsel im Mitgliederbestand ohne weiteres möglich. Neue Mitglieder werden durch einstimmigen Beschluß der Mitgliederversammlung aufgenommen (Art. 26 Abs. 1 EWIV-VO); sie haften im Außenverhältnis auch für bestehende Verbindlichkeiten, es sei denn, der Gründungsvertrag enthält eine abweichende Regelung.

29   Die Mitgliedschaft kann gem. Art. 27 Abs. 1 EWIV-VO nach Maßgabe des Gründungsvertrages mit einstimmiger Zustimmung der übrigen Mitglieder **gekündigt** werden; unabhängig davon ist eine Kündigung aus wichtigem Grund jederzeit zulässig. Ein Mitglied kann auch gem. Art. 27 Abs. 2 bei schwerem Pflichtverstoß aus der Vereinigung **ausgeschlossen** werden, wobei der Ausschluß, falls im Gründungsvertrag nichts anders bestimmt ist, nur durch gerichtliche Entscheidung erfolgen kann. Ansonsten **scheidet ein Mitglied aus** bei Tod, Nicht(mehr)erfüllung der in Art. 4 Abs. 1 EWIV-VO für Gesellschaften festgelegten Erfordernisse (Art. 28 Abs. 1 Unterabs. 2 EWIV-VO iVm. § 8 EWIV-AG). Eine **Vererbung** findet grundsätzlich nicht statt, kann jedoch vom Gründungsvertrag vorgesehen werden oder im Einzelfall einstimmig von der Mitgliederversammlung beschlossen werden (Art. 28 Abs. 2 EWIV-VO). Bei Ausscheiden oder Ausschluß eines Mitglieds besteht mangels entgegenstehender Regelung im Gründungsvertrag die Vereinigung gem. Art. 30 EWIV-VO grundsätzlich unter den verbleibenden Mitgliedern fort; der Anteil des ausgeschiedenen Mitglieds **wächst** den anderen **zu.** Das ausgeschiedene Mitglied hat Anspruch auf ein **Auseinandersetzungsguthaben** (Art. 33 Abs. 1 EWIV-VO iVm. § 738 BGB).[44]

30   Besondere **Pflichten** der Mitglieder sind in der EWIV-VO nicht formuliert, sondern der Gestaltungsfreiheit der Teilnehmer überlassen. Aus dem personenrechtlichen Charakter der EWIV sowie Art. 27 Abs. 2 EWIV-VO können jedenfalls allgemeine Förderungs- und Treuepflichten abgeleitet werden.[45] Daneben bestehen Beitrags- und sonstige finanzielle Verpflichtungen der Mitglieder (RdNr. 34) sowie allgemein die subsidiäre Haftung für die Verbindlichkeiten der EWIV (RdNr. 41). Entspr. §§ 112, 113 HGB gilt ein Wettbewerbsverbot für die Mitglieder.[46]

---

[40] MünchHdbGesR I/*Salger/Neye* § 96 RdNr. 10.
[41] S. im einzelnen *Lentner* S. 96 ff.
[42] *Meyer-Landrut* S. 46 f.; aA *Lentner* S. 101 f.
[43] MünchHdbGesR I/*Salger/Neye* § 96 RdNr. 14.
[44] *Müller-Gugenberger/Schotthöfer* S. 360 RdNr. 72 empfehlen, die Abfindung auf der Grundlage der Buchwerte zu bestimmen.
[45] *Lentner* S. 128; *Ganske* S. 45.
[46] Ausführlich *Meyer-Landrut* S. 80 f.; s. im übrigen *Ganske* S. 847, MünchHdbGesR I/*Salger/Neye* § 96 RdNr. 22.

III. Gesellschaftsrecht

c) Geschäftsführung. Gem. Art. 19 Abs. 1 EWIV-VO kann die EWIV einen oder mehrere 31 Geschäftsführer haben, wobei das gesetzliche Modell von der **Fremdgeschäftsführerschaft** ausgeht (s. 9. Erwägungsgrund EWIV-VO), die umgekehrt aber nicht zwingend ist. Geschäftsführer kann nur eine **natürliche Person** sein; von der durch Art. 19 Abs. 2 EWIV-VO eröffneten Möglichkeit, auch juristische Personen unter bestimmten Umständen zuzulassen, hat die Bundesrepublik im Gegensatz zu den meisten anderen Mitgliedstaaten keinen Gebrauch gemacht. Die Kaufmannseigenschaft der EWIV (RdNr. 36) schlägt auf die Geschäftsführung nicht durch; so kann ein Rechtsanwalt ohne weiteres Geschäftsführer einer EWIV sein.[47] Die Bedingungen für die Bestellung und Entlassung der Geschäftsführer sowie deren Befugnisse sind gem. Art. 19 Abs. 3 EWIV-VO im **Gründungsvertrag** niederzulegen. Ist dies nicht geschehen, so ist gem. § 7 EWIV-AG die Bestellung jederzeit widerruflich, unbeschadet eventueller vertraglicher Entschädigungsansprüche. Die Geschäftsführer sind gem. Art. 19 Abs. 1 S. 2 EWIV-VO und § 3 Abs. 3 EWIG-AG verpflichtet, bei Anmeldung ihrer Eintragung zu versichern, daß keine in ihrer Person liegenden Ausschlußgründe eingreifen; falsche Angaben sind im Rahmen von § 13 EWIV-AG mit Strafe bedroht.

Die Geschäftsführer haben gem. Art. 19 Abs. 1 EWIV-VO die Pflicht, die **Geschäfte der Vereinigung zu führen.** Eine sonstige Konkretisierung ihrer Aufgaben kann sich aus dem Gründungsvertrag ergeben. Sie haben die Weisungen der Mitgliederversammlung zu befolgen, sind jedem einzelnen Mitglied jederzeit auskunftspflichtig und haben Einsicht in die Bücher und Geschäftsunterlagen zu gewähren (Art. 18 EWIV-VO). Zu ihren besonderen Pflichten zählt, die Anmeldungen zur Eintragung ins Handelsregister vorzunehmen (§ 3 Abs. 1 S. 1 EWIG-AG), für die ordnungsgemäße Buchführung und die Aufstellung des Jahresabschlusses (§ 6 EWIV-AG iVm. §§ 238 ff. HGB) sowie die Beachtung der Vorschriften über die Fassung von Geschäftsbriefen und Formularen zu sorgen (§ 12 EWIV-AG iVm. Art. 25 EWIV-VO), gegebenenfalls Insolvenzantrag zu stellen (§ 11 S. 2 EWIV-AG), sowie bei Auflösung der Vereinigung ohne Insolvenzverfahren die Abwicklung durchzuführen (§ 10 EWIV-AG). Die Geschäftsführer sind gem. § 5 EWIV-AG zur **Sorgfalt** eines ordentlichen und gewissenhaften Geschäftsleiters sowie zur **Vertraulichkeit** verpflichtet. Bei Verletzung ihrer Pflichten haben sie ggf. Schadensersatz zu leisten. Bei Verletzung der Insolvenzantrags- sowie der Geheimhaltungspflicht sind sie strafrechtlichen Sanktionen ausgesetzt (§§ 14 f. EWIV-AG). Der hohe Sorgfaltsmaßstab und die strengen Sanktionen bei Pflichtverletzungen nähern den EWIV-Geschäftsführer einem GmbH-Geschäftsführer an. Insoweit ist daher im Zweifel nicht das ansonsten subsidiär geltende OHG-Recht anzuwenden, sondern GmbH-Recht.[48] Die Geschäftsführer unterliegen aus diesem Grund auch einem **Wettbewerbsverbot,** auch wenn dies gesetzlich nicht vorgesehen ist.[49]

d) Sonstige Organe. Gem. Art. 16 Abs. 1 Unterabs. 2 EWIV-VO kann der Gründungsvertrag 33 neben der Mitgliederversammlung und der Geschäftsführung weitere Organe vorsehen und deren Befugnisse bestimmen. In der Praxis scheint hiervon nur selten Gebrauch gemacht zu werden. Denkbar sind, je nach Mitgliederstärke und Bedeutung der Tätigkeit der EWIV, ein aufsichtsratsähnliches Gremium,[50] ein Verwaltungs- oder sonstiger Beirat sowie ein Qualitätskontroll- oder Arbitrageorgan.[51]

e) Finanzverfassung. Die EWIV verfügt über **kein Grund- bzw. Stammkapital,** sondern 34 finanziert sich aus den **Beiträgen** ihrer Mitglieder. Art. 23 EWIV-VO spricht das Verbot aus, sich öffentlich am Kapitalmarkt zu wenden. Entspr. § 706 BGB haben die Mitglieder im Zweifel gleiche Beiträge zu leisten. **Gewinne** der EWIV (die anfallen können, obwohl die EWIV gem. Art. 3 Abs. 1 EWIV-VO vom Grundsatz her nicht gewinnorientiert sein darf, s. RdNr. 18) gelten als solche der Mitglieder und sind gem. Art. 21 Abs. 1 EWIV-VO zu gleichen Teilen auf diese aufzuteilen, außer der Gründungsvertrag sieht eine andere Verteilung vor. Umgekehrt gilt gem. Art. 21 Abs. 2 EWIV-VO auch eine unmittelbare Verlusttragung zu gleichen Teilen, die praktisch einer **Nachschußpflicht** entspricht; die EWIV unterscheidet sich insoweit von der OHG. § 122 HGB, der ein **Entnahmerecht** der Mitglieder von bis zu 4% ihres Kapitalanteils vorsieht, ist dagegen entspr. anwendbar.

3. Außenrecht. a) Die EWIV als Rechtssubjekt. Die EWIV hat gem. Art. 1 Abs. 2 EWIV- 35 VO vom Zeitpunkt der Eintragung an die Fähigkeit, im eigenen Namen Träger von Rechten und

---

[47] *Müller-Gugenberger/Schotthöfer* S. 355 RdNr. 50.
[48] *Müller-Gugenberger/Schotthöfer* S. 354 RdNr. 44; *Meyer-Landrut* S. 36.
[49] *v. d. Heydt/v. Rechenberg* S. 55.
[50] Ein solches Gremium existiert zB bei Airbus, s. MünchHdbGesR I/*Salger/Neye* § 96 RdNr. 11.
[51] *Brindlmeyer u. a.* S. 43, 54.

Pflichten zu sein, Verträge zu schließen oder andere Rechtshandlungen vorzunehmen und vor Gericht zu klagen und verklagt zu werden (Geschäfts- und Handlungsfähigkeit). Die Vorschrift entspricht der Teilrechtsfähigkeit der OHG gem § 124 Abs. 1 HGB. Die Mitgliedstaaten können darüberhinaus entscheiden, ob der EWIV volle Rechtspersönlichkeit eingeräumt werden soll (Art. 1 Abs. 3 EWIV-VO). Deutschland und Österreich haben sich durch die Annäherung der EWIV an die OHG dafür entschieden, die EWIV **nicht als juristische Person** auszugestalten (ähnlich Italien), da ansonsten die von Art. 40 EWIV-VO geforderte Steuertransparenz (s. hierzu RdNr. 49) nicht hätte eingehalten werden können. In den meisten anderen Mitgliedstaaten ist die EWIV dagegen eine juristische Person.[52] Auch die Teilrechtsfähigkeit der EWIV in der Bundesrepublik bringt es jedoch mit sich, daß diese Arbeitgeber sein kann (und damit dem Betriebsverfassungsrecht, sozialrechtlichen Vorschriften u. ä. unterworfen ist), Betriebsinhaber,[53] Wettbewerber (RdNr. 54 ff.) etc.

36 Gem. § 1 2. Halbs. EWIV-AG gilt die EWIV unabhängig von der Tätigkeit ihrer Mitglieder als Handelsgesellschaft und ist damit **Formkaufmann.** Die Kaufmannseigenschaft überträgt sich allerdings nicht auf die Mitglieder.

37 **b) Vertretung.** Die EWIV wird **organschaftlich** ausschließlich durch den oder die **Geschäftsführer** vertreten. Grundsatz ist die Einzelvertretung (Art. 20 Abs. 1 Unterabs. 1 EWIV-VO); der Gründungsvertrag kann allerdings Gesamtvertretung vorsehen (Art. 20 Abs. 2), die im Handelsregister eingetragen und bekanntgemacht sein muß, um Dritten wirksam entgegengesetzt werden zu können. In der Praxis kann es sich empfehlen, bei geringer Mitgliederzahl je einen Geschäftsführer pro Mitglied oder Mitgliedsland zu bestellen; Gemeinschaftsvertretung dürfte in diesem Fall allerdings wenig sinnvoll sein. Die Vertretungsmacht ist grundsätzlich **unbeschränkt** (unabdingbar), auch wenn die einzelne Handlung nicht zum eigentlichen Unternehmensgegenstand gehört (Art. 20 Abs. 1 Unterabs. 2 EWIV-VO). Bei Handeln ultra vires muß die EWIV ggf. beweisen, daß dem Dritten die Überschreitung der Ermächtigung durch den Geschäftsführer bekannt war oder er hierüber nach den Umständen des Falles nicht in Unkenntnis sein konnte.[54] Den Geschäftsführern kann Befreiung vom Verbot des **§ 181 BGB** erteilt werden.[55]

38 Die **rechtsgeschäftliche Vertretung** ist in der EWIV-VO nicht geregelt. Sie folgt daher dem subsidiär anwendbaren nationalen Recht, in der Bundesrepublik also den §§ 48 ff. HGB über Prokura und Handlungsvollmacht sowie §§ 164 ff. BGB.

39 **c) Buchführung und Publizität.** Gem. § 6 EWIV-AG sind die Geschäftsführer verpflichtet, für die ordnungsgemäße **Buchführung** der EWIV zu sorgen und den **Jahresabschluß** aufzustellen. Es gelten §§ 238 bis 261 HGB[56] (auch wenn die Mitglieder der EWIV Freiberufler sind). Demgemäß sind laufende **Handelsbücher** zu führen und jährlich eine **Inventur** durchzuführen. Eine Erleichterung für die EWIV stellt § 239 Abs. 1 S. 1 HGB dar, wonach Handelsbücher nicht unbedingt in deutscher Sprache geführt werden müssen (entspr. für steuerliche Aufzeichnungen § 146 Abs. 3 AO). Der Jahresabschluß ist allerdings gem. § 244 HGB auf deutsch und in Euro zu erstellen; er hat aus **Bilanz** und **Gewinn- und Verlustrechnung** zu bestehen (§§ 242 ff. HGB); hierfür gelten die allgemeinen Bilanzierungsgrundsätze. Die Bildung **stiller Reserven** ist möglich.[57] Eine Pflicht zur **Prüfung und Offenlegung** des Jahresabschlusses gem. §§ 325 ff. HGB besteht für die EWIV als Personengesellschaft nicht;[58] allenfalls kommt das PublG in Betracht.

40 Bei **Verletzung der Buchführungspflicht** hat die EWIV gem. § 5 Abs. 2 EWIG-AG einen Ersatzanspruch gegen die Geschäftsführer. §§ 331 Nr. 1, 334 und 335 HGB betreffen nur Kapitalgesellschaften und gelten daher nicht, auch nicht analog, für die EWIV. Die Geschäftsführer machen sich jedoch strafbar, wenn es wegen Verletzung der Buchführungspflicht zur Insolvenz der EWIV kommt (§ 283 b StGB).

41 **d) Haftung.** Grundsätzlich haftet die EWIV **selbst** mit ihrem Vermögen für alle von ihr eingegangenen Verbindlichkeiten. Erst wenn sie erfolglos zur Zahlung aufgefordert wurde (Art. 24 Abs. 2 EWIV-VO), haften **subsidiär die Mitglieder,** und zwar unbeschränkt und gesamtschuldnerisch untereinander (Art. 24 Abs. 1, 10. Erwägungsgrund EWIV-VO). Stellt die EWIV–Verbindlichkeit keine Geldschuld dar, so sind die Mitglieder im Gegensatz zur OHG nicht zur Erfüllung verpflichtet,

---

[52] *Grüninger* BB 1990, 2121, 2162.
[53] Dies entspricht der allgM, s. *v. d. Heydt/v. Rechenberg* S. 74.
[54] *v. d. Heydt/v. Rechenberg* S. 59 unter Berufung auf die Publizitätsrichtlinie. Nicht geklärt ist bislang, ob die deutsche Rspr. zum Mißbrauch organschaftlicher Vertretungsmacht (s. hierzu *K. Schmidt* GesR S. 264 ff.) Anwendung auf die EWIV findet; dem dürfte wohl nichts entgegenstehen.
[55] *Müller-Gugenberger/Schotthöfer* S. 356 RdNr. 53.
[56] S. ausführlich *Selbherr/Manz,* Deutschland, RdNr. 41 ff.; *Fey* DB 1992, 233 ff.
[57] *v. d. Heydt/v. Rechenberg* S. 80.
[58] *Selbherr/Manz,* Deutschland, RdNr. 44.

III. Gesellschaftsrecht

sondern nur zum Schadenersatz.[59] Die Folgen der Haftung der Mitglieder richten sich nach nationalem Recht (§§ 421 ff. BGB); der Ausgleich der Mitglieder nach Inanspruchnahme erfolgt im Zweifel zu gleichen Anteilen (§ 426 BGB).[60] Im **Innenverhältnis** kann eine andere Verteilung vorgesehen werden, was insbesondere bei der Zusammenarbeit von großen und kleinen Unternehmen oder bei Beteiligung eines öffentlich-rechtlichen Mitglieds sinnvoll sein kann. Im **Außenverhältnis** ist eine **Haftungsbegrenzung** allenfalls durch eine vertragliche Abmachung mit dem betroffenen Dritten möglich (10. Erwägungsgrund EWIV-VO).[61] Im übrigen besteht eine faktische Haftungsbegrenzung nur bei EWIV's, die sich (nach dem jeweils auf sie anwendbaren nationalen Recht) aus beschränkt haftenden Gesellschaften zusammensetzen.

Ausgeschiedene Mitglieder haften noch 5 Jahre nach Ausscheiden für Verbindlichkeiten, die aus der Zeit ihrer Mitgliedschaft herrühren (Art. 34, 37 EWIV-VO, §§ 159, 160 HGB). **Neue Mitglieder** können gem. Art. 26 Abs. 2 EWIV-VO unter gewissen Bedingungen von der Haftung für die vor ihrem Beitritt entstandenen Verbindlichkeiten befreit werden. 42

Die Mitglieder der EWIV haften untereinander gem. den entspr. anwendbaren §§ 105 Abs. 3 HGB, 708 BGB nur für **Sorgfalt in eigenen Angelegenheiten**, unterliegen also einem niedrigeren Sorgfaltsmaßstab als die Geschäftsführer, die gem. § 5 Abs. 1 EWIV-AG die Sorgfalt eines ordentlichen und gewissenhaften Geschäftsleiters anzuwenden haben.[62] Die EWIV ist im übrigen entspr. § 31 BGB deliktsfähig.[63] 43

Die **Vollstreckung** gegen die Mitglieder setzt einen Titel gegen diese voraus. Da eine Titelumschreibung gem. § 727 ZPO nicht möglich ist,[64] empfiehlt sich eine Klageerhebung sowohl gegen die EWIV als auch gegen alle Mitglieder. 44

4. Beendigung. a) Auflösung. Die EWIV kann gem. Art. 31 Abs. 1 EWIV-VO jederzeit durch Beschluß ihrer Mitglieder aufgelöst werden. Der Beschluß ist einstimmig zu fassen, es sei denn, der Gründungsvertrag sieht etwas anderes vor. Während für die **freiwillige** Auflösung ein bestimmter Grund nicht angegeben werden muß, sieht die EWIV-VO umgekehrt drei **zwingende Gründe** für die Auflösung durch die Mitglieder vor, nämlich (1.) den Ablauf der ggf. im Gründungsvertrag vorgesehenen Dauer der Vereinigung oder den Eintritt eines ansonsten vorgesehenen Auflösungsgrundes (Art. 31 Abs. 2 a) EWIV-VO), (2.) die Verwirklichung des Unternehmensgegenstandes (zB eine Projekt-Realisierung) oder die Unmöglichkeit, den Unternehmensgegenstand weiterzuverfolgen (Art. 31 Abs. 2 b) EWIV-VO) sowie (3.) das Wegfallen einer der Bedingungen des Art. 4 Abs. 2 EWIV-VO, die sich auf den grenzüberschreitenden Charakter der EWIV beziehen (Art. 31 Abs. 3 EWIV). Des weiteren ist eine Auflösung der EWIV durch **gerichtliche Entscheidung** möglich, die gem. Art. 32 Abs. 1 EWIV-VO auf Antrag „jedes Beteiligten oder einer zuständigen Behörde" ausgesprochen werden kann, wenn eine Verletzung von Art. 3, Art. 12 (Vorschriften über Zweck der Vereinigung und ihren Sitz) oder des vorgenannten Art. 31 Abs. 3 EWIV-VO vorliegt. Der Begriff der Beteiligten ist hierbei weit auszulegen, er kann sich beziehen auf Mitglieder, Geschäftsführer, Arbeitnehmervertreter, einzelne Arbeitnehmer, beherrschte Unternehmen, Darlehensgeber u. ä.[65] Eine „zuständige Behörde" im vorgenannten Sinne existiert dahingegen in der Bundesrepublik nicht. Zuständiges Gericht ist das Landgericht am Sitz der EWIV. Gem. Art. 32 Abs. 2 EWIV-VO ist eine Auflösung durch gerichtliche Entscheidung auch auf Antrag eines Mitglieds aus **wichtigem Grund** möglich (entspr. § 133 HGB). Von der in Art. 32 Abs. 3 EWIV-VO vorgesehenen Option, die Auflösung der EWIV von Amts wegen bei Verstoß gegen das öffentliche Interesse vorzusehen, hat Deutschland keinen Gebrauch gemacht (die Option betraf insbesondere das Vereinigte Königreich). 45

Die Auflösung führt gem. Art. 34 EWIV-VO zur **Abwicklung,** die durch die Geschäftsführer zu erfolgen hat (§ 10 EWIV-AG). Die Einzelheiten der Abwicklung richten sich nach nationalem Recht, also §§ 145 ff. HGB. Das nach Berichtigung der Gesellschaftsschulden verbleibende Gesellschaftsvermögen muß von den Geschäftsführern als Liquidatoren entsprechend den Gewinnanteilen auf die Mitglieder verteilt werden (§ 155 Abs. 1 HGB). Besteht die EWIV nur (noch) aus zwei Mitgliedern, so kann die Abwicklung dadurch vermieden werden, daß ein Mitglied das Geschäft mit allen Aktiva und Passiva **übernimmt**.[66] 46

---

[59] Wohl allgM wegen Art. 24 Abs. 2 EWIV-VO; s. hierzu *Müller-Gugenberger/Schotthöfer* S. 361 RdNr. 74 mwN.
[60] Zu Einzelheiten *Müller-Gugenberger/Schotthöfer* S. 362 RdNr. 78 ff.
[61] Zur ähnlichen Problematik bei der BGB-Gesellschaft s. Palandt/*Sprau* § 714 RdNr. 18.
[62] S. hierzu *Müller-Gugenberger/Schotthöfer* S. 363 RdNr. 81.
[63] *v. d. Heydt/v. Rechenberg* S. 76.
[64] *v. d. Heydt/v. Rechenberg* S. 77.
[65] MünchHdbGesR I/*Salger/Neye* § 99 RdNr. 6.
[66] *Müller-Gugenberger/Schotthöfer* S. 364 RdNr. 88 ff.

47 **b) Liquidation.** Zahlungsunfähigkeit und Zahlungseinstellung der EWIV richten sich gem. Art. 36 S. 1 und dem 13. Erwägungsgrund der EWIV-VO nach nationalem Recht, also der InsO. Den **Antrag** auf Eröffnung des Insolvenzverfahrens können neben den Mitgliedern und Gläubigern auch die Geschäftsführer stellen (§ 11 S. 1 EWIV-AG). Die Geschäftsführer sind in den Fällen des § 130a HGB, also bei Zahlungsunfähigkeit oder Überschuldung (§ 11 S. 2 EWIV-AG) zur Antragstellung binnen drei Wochen verpflichtet; ansonsten unterliegen sie der Strafdrohung des § 130b HGB. Der Antrag auf Eröffnung des Insolvenzverfahrens ist beim **Amtsgericht** (Insolvenzgericht) am Ort des Sitzes der EWIV zu stellen. Die Eröffnung des Verfahrens zieht nicht automatisch auch ein solches Verfahren gegen die **Mitglieder** nach sich (Art. 36 S. 2 EWIV-VO).

IV. Steuerrecht

48 **1. Allgemeines.** Die steuerliche Behandlung der EWIV verlief in den Anfangsjahren eher unsicher, zumal an jeder EWIV zumindest ein Steuerausländer beteiligt ist, was außensteuerrechtliche Aspekte und die Anwendung von Doppelbesteuerungsabkommen mit sich bringt.[67] Mittlerweile dürfte eine Konsolidierung bei der Bearbeitung durch die Finanzbehörden eingetreten sein.[68]

49 **2. Gewinnbesteuerung.** Art. 40 EWIV-VO, der praktisch die erste Harmonisierungsvorschrift auf europäischer Ebene im Bereich des materiellen Rechts der direkten Steuern darstellt,[69] sieht als Grundsatz vor, daß das Ergebnis der Tätigkeit einer EWIV nicht bei dieser selbst, sondern nur bei ihren Mitgliedern besteuert wird (sog. **Transparenzprinzip**). Damit soll eine Doppelbelastung durch die Besteuerung der ausschüttenden Vereinigung einerseits sowie der Erträge bei den Mitgliedern andererseits vermieden werden. In Deutschland führte diese steuerliche Vorgabe dazu, daß die EWIV nicht (wie in anderen Mitgliedstaaten) als juristische Person ausgestaltet werden konnte (s. o. RdNr. 35), sondern als Personengesellschaft der OHG angenähert wurde. Der 14. Erwägungsgrund der EWIV-VO verweist im übrigen für die steuerliche Behandlung auf das einzelstaatliche Recht, womit auch unterschiedliche Steuersätze je nach dem Sitzstaat der EWIV in Kauf genommen werden.

50 Bei EWIV's mit Sitz in Deutschland ist zunächst festzustellen, ob eine Mitunternehmerschaft oder eine reine Kostengemeinschaft („cost center") vorliegt. Obwohl die EWIV nach ihrer Grundstruktur nicht auf Gewinnerzielung ausgerichtet ist (Art. 3 Abs. 1 EWIV-VO), wird ein Gewinn doch in den meisten Fällen erwirtschaftet. Lediglich wenn der Gesellschaftsvertrag die Gewinnerzielungsabsicht ausdrücklich ausschließt und dem auch im tatsächlichen Vollzug entsprochen wird (zB bei Bürogemeinschaften oder einer reinen Grundstücksverwaltung), kann von einer **Kostengemeinschaft** ausgegangen werden.[70] Diese wird dann so abgerechnet, daß der auf das einzelne Mitglied entfallende Anteil an den Kosten von ihm als Betriebsausgabe abgesetzt werden kann. Der Regelfall dürfte allerdings die Gewinnerzielung und damit die **Mitunternehmerschaft** sein. Für gewerbliche Mitglieder gilt in diesen Fällen § 15 Abs. 1 S. 1 Nr. 2 bzw. § 49 Abs. 1 Nr. 2 a) EStG, für freiberufliche § 18 Abs. 1 Nr. 1 EStG.[71] Gewinne und Verluste sind einheitlich und gesondert festzustellen (§ 180 Abs. 1 Nr. 2 a) AO). Die Gewinnermittlung richtet sich nach den allgemeinen steuerlichen Grundsätzen, die für Personenhandelsgesellschaften gelten. Der Gewinn wird grundsätzlich gem. §§ 5, 4 Abs. 1 S. 1 EStG durch Betriebsvermögensvergleich ermittelt.

51 Jedes Mitglied der EWIV ist grundsätzlich in seinem **Sitz- bzw. Wohnsitzstaat** der Besteuerung unterworfen. Allerdings sind für die ausländischen Mitglieder die jeweils anwendbaren Doppelbesteuerungsabkommen zu beachten. Gem. Art. 7 des OECD-Musterübereinkommens hat der Staat der **Betriebsstätte** der EWIV das Besteuerungsrecht für alle Mitglieder, wobei die ausländischen Mitglieder in ihrem Heimatstaat insoweit freigestellt werden müssen. Entsprechendes gilt für etwaige Verluste.

52 **3. Gewerbesteuer.** Die in den ersten Jahren nach Einführung der EWIV bestehende Unsicherheit über eine Gewerbesteuerpflicht der EWIV wurde in der Zwischenzeit vom Gesetzgeber ausgeräumt. § 5 Abs. 1 GewStG schreibt nun fest, daß bei der EWIV in Abweichung zu sonstigen Personengesellschaften die **Mitglieder** als Gesamtschuldner Steuerschuldner sind. Dies gilt natürlich nur, falls die EWIV tatsächlich ein Gewerbe betreibt; ist sie nur als Kostengemeinschaft organisiert, fällt keine Gewerbesteuer an.[72]

---

[67] Zur Entwicklung s. *Autenrieth* Fn. 21 309 f.; *Knobbe-Keuk* EWS 1992, 1, 2; *Krabbe*, DB 1985, 2585 f.; *Saß*, DB 1985, 2266; *Selbherr/Manz* 352 ff.; *v. d. Heydt/v. Rechenberg* S. 107 ff.
[68] S. auch das dem EWIV gewidmete Rundschreiben des Bundesfinanzministers vom 15. 11. 1988 (DB 1989, 345).
[69] *Ganske* S. 81.
[70] *Knobbe-Keuk* Fn. 69 2, *Müller-Gugenberger/Schotthöfer* S. 373 RdNr. 11.
[71] Zu Einzelheiten s. *Ganske* S. 10, *Knobbe-Keuk* Fn. 69 2 ff., *Grüninger* BB 1990, 2161, 2163.
[72] *Müller-Gugenberger/Schotthöfer* S. 382 RdNr. 42.

4. Umsatzsteuer. Die EWIV ist im Regelfall **Unternehmer** gem. § 2 Abs. 1 S. 3 UStG, da eine 53 Gewinnerzielungsabsicht hierfür nicht notwendig ist. Ihre Umsätze sind damit steuerpflichtig, unabhängig davon, ob es sich um einen Gewerbebetrieb oder nur um eine Kostengemeinschaft handelt. Die EWIV hat also für gelieferte Güter und erbrachte Dienstleistungen gegenüber Dritten und im Verrechnungsverkehr mit ihren Mitgliedern die Umsatzsteuer zu berechnen; sie ist selbst vorsteuerabzugsberechtigt.[73]

V. Wettbewerbsrecht

1. Allgemeines. Ähnlich wie bei den Genossenschaften liegen auch bei der EWIV gewisse 54 Wettbewerbsbeschränkungen bereits im Zweck der Vereinigung begründet. Trotzdem ist im 15. Erwägungsgrund der EWIV-VO festgehalten, daß die Vorschriften der Mitgliedstaaten über das Wettbewerbsrecht (worunter auch das Wettbewerbsrecht der EG fällt) unberührt bleiben. Eine Bereichausnahme oder Privilegierung für die EWIV besteht also nicht; sie ist **wettbewerbsrechtlich neutral**[74] und unterliegt, wie andere Gesellschaftsformen auch, den Regeln des nationalen[75] und des EG-Kartellrechts sowie den jeweiligen Vorschriften zur Fusionskontrolle.

2. Kartellrecht. Für eine in Deutschland eingetragene EWIV gelten zunächst die Vorschriften 55 des GWB. Häufig werden die Voraussetzungen eines „Mittelstandskartells" gem. § 3 GWB erfüllt sein.

Für alle EWIV's gelten sodann unabhängig vom Sitzstaat die kartellrechtlichen Vorschriften der 56 Art. 81 und 82 EGV. Anwendbar sind die Regeln der Verordnung Nr. 1/2003.[76] Grundsätzlich vom Anwendungsbereich des EG-Kartellrechts ausgenommen sind folgende Konstellationen, die auf die EWIV häufig zutreffen werden:[77]
- die EWIV besteht ausschließlich aus **kleinen und mittleren Unternehmen,** dh. Unternehmen, deren Jahresumsatz geringer ist als 50 Mio. Euro und die weniger als 250 Personen beschäftigen;[78]
- es liegen lediglich **Vereinbarungen von geringer Bedeutung** vor (sog. „de-minimis-Regelung"); das ist dann der Fall, wenn die Güter und Dienstleistungen, die Gegenstand der Vereinbarung sind, zusammen mit den anderen Gütern und Dienstleistungen der beteiligten Unternehmen nicht mehr als 10% (bei horizontalen Wettbewerbsbeschränkungen) bzw. 15% (bei vertikalen) des gesamten Marktes für solche Güter und Dienstleistungen im Gemeinsamen Markt ausmachen;
- es handelt sich lediglich um eine Art von Vereinbarungen zur **zwischenbetrieblichen Zusammenarbeit,** wie sie in einer Kommissionsbekanntmachung aus dem Jahre 1968 aufgelistet sind[79] (zB den Austausch von Meinungen und Erfahrungen, gemeinsame Marktforschung, Benutzung von Produktionsanlagen oder Lager- und Transporteinrichtungen etc.).

3. Fusionskontrolle. Vorschriften der Fusionskontrolle sind lediglich bei entsprechenden Grö- 57 ßenverhältnissen der beteiligten Mitglieder einer EWIV zu beachten: **§ 35 GWB** greift ein ab einer Höhe der Umsatzerlöse aller Mitglieder von 500 Mio. DM, die **europäische Fusionskontrollverordnung** grundsätzlich ab einem weltweiten Gesamtumsatz aller beteiligten Unternehmen von 2,5 Mrd. Euro.[80]

---

[73] *Müller-Gugenberger/Schotthöfer* S. 386 RdNr. 55.
[74] Grundlegend *Rübesamen* S. 40 ff.; s. im übrigen *v. d. Heydt/v. Rechenberg* S. 162 ff. und *Müller-Gugenberger/Schotthöfer* S. 226 RdNr. 189 ff.
[75] S. die kurze Darstellung aller mitgliedstaatlichen Wettbewerbsrechte bei *v. d. Heydt/v. Rechenberg* S. 339 ff.
[76] Verordnung (EG) Nr. 1/2003 des Rates v. 16. 12. 2002 (ABl. EG 2003, L 1, S. 1).
[77] Einzelheiten s. im *Kommissions-Handbuch* S. 78 ff.
[78] Empfehlung 2003/361/EG der Kommission v. 6. 5. 2003 (ABl. EG 2003, L 124, S. 36).
[79] ABl. EG 1968 C 75, S. 1, geändert in ABl. EG 1968 C 84, S. 14; s. auch *Kommissions-Handbuch* S. 80.
[80] S. zu den Anwendungsvoraussetzungen im übrigen die Verordnung (EG) Nr. 139/2004 des Rates v. 20. 1. 2004, ABl. EG 2004 L 24, S. 1); *Kommissions-Handbuch* S. 82.

Anhang

1. Verordnung (EWG) Nr. 2137/85 des Rates über die Schaffung einer Europäischen wirtschaftlichen Interessenvereinigung (EWIV)

vom 25. Juli 1985 (ABl. EG 1985 Nr. L 199/1)

DER RAT DER EUROPÄISCHEN GEMEINSCHAFTEN –
gestützt auf den Vertrag zur Gründung der Europäischen Wirtschaftsgemeinschaft, insbesondere auf Artikel 235,
auf Vorschlag der Kommission,[1]
nach Stellungnahme des Europäischen Parlaments,[2]
nach Stellungnahme des Wirtschafts- und Sozialausschusses,[3]
in Erwägung nachstehender Gründe:
Eine harmonische Entwicklung des Wirtschaftslebens sowie ein beständiges und ausgewogenes Wirtschaftswachstum in der gesamten Gemeinschaft hängen von der Errichtung und dem Funktionieren eines Gemeinsamen Marktes ab, der ähnliche Bedingungen wie ein nationaler Binnenmarkt bietet. Für die Verwirklichung eines solchen einheitlichen Marktes und die Stärkung seiner Einheit empfiehlt es sich insbesondere, daß für natürliche Personen, Gesellschaften und andere juristische Einheiten ein rechtlicher Rahmen geschaffen wird, welcher die Anpassung ihrer Tätigkeit an die wirtschaftlichen Gegebenheiten der Gemeinschaft erleichtert. Hierzu ist es erforderlich, daß diese Personen, Gesellschaften und anderen juristischen Einheiten über die Grenzen hinweg zusammenarbeiten können.

Eine solche Zusammenarbeit kann auf rechtliche, steuerliche und psychologische Schwierigkeiten stoßen. Die Schaffung eines geeigneten Rechtsinstruments auf Gemeinschaftsebene in Form einer Europäischen wirtschaftlichen Interessenvereinigung trägt zur Erreichung der genannten Ziele bei und erscheint daher notwendig.

Besondere Befugnisse für die Einführung dieses Rechtsinstruments sind im Vertrag nicht vorgesehen.

Die Fähigkeit der Vereinigung zur Anpassung an die wirtschaftlichen Bedingungen ist dadurch zu gewährleisten, daß ihren Mitgliedern weitgehende Freiheit bei der Gestaltung ihrer vertraglichen Beziehungen sowie der inneren Verfassung der Vereinigung gelassen wird.

Die Vereinigung unterscheidet sich von einer Gesellschaft hauptsächlich durch ihren Zweck, der allein darin besteht, die wirtschaftliche Tätigkeit ihrer Mitglieder zu erleichtern oder zu entwickeln, um es ihnen zu ermöglichen, ihre eigenen Ergebnisse zu steigern. Wegen dieses Hilfscharakters muß die Tätigkeit der Vereinigung mit der wirtschaftlichen Tätigkeit ihrer Mitglieder verknüpft sein und darf nicht an deren Stelle treten, und die Vereinigung selbst kann insoweit zum Beispiel keinen freien Beruf gegenüber Dritten ausüben; der Begriff der wirtschaftlichen Tätigkeit ist im weitesten Sinne auszulegen.

Der Zugang zur Vereinigung ist so weit wie möglich natürlichen Personen, Gesellschaften und anderen juristischen Einheiten unter Wahrung der Ziele dieser Verordnung zu eröffnen. Dies präjudiziert jedoch nicht die Anwendung – auf einzelstaatlicher Ebene – der Rechts- und/oder Standesvorschriften über die Bedingungen für die Ausübung einer Tätigkeit oder eines Berufs.

Mit dieser Verordnung allein wird nicht das Recht verliehen, sich an einer Vereinigung zu beteiligen, selbst wenn die Bedingungen der Verordnung erfüllt sind.

Die in dieser Verordnung vorgesehene Möglichkeit, die Beteiligung an Vereinigungen aus Gründen des öffentlichen Interesses zu untersagen oder einzuschränken, läßt die Rechtsvorschriften der Mitgliedstaaten unberührt, in denen die Ausübung von Tätigkeiten geregelt ist und gegebenenfalls weitere Verbote oder Beschränkungen vorgesehen sind oder aufgrund derer in anderer Weise die Beteiligung einer natürlichen Person, Gesellschaft oder anderen juristischen Einheit oder einer Gruppe hiervon an einer Vereinigung kontrolliert oder überwacht wird.

Damit die Vereinigung ihr Ziel erreichen kann, ist sie mit eigener Geschäftsfähigkeit auszustatten, und es ist vorzusehen, daß ein rechtlich von den Mitgliedern der Vereinigung getrenntes Organ sie gegenüber Dritten vertritt.

---

[1] ABl. Nr. C 14 vom 15. 2. 1974, S. 30, und ABl. Nr. C 103 vom 28. 4. 1978, S. 4.
[2] ABl. Nr. C 163 vom 11. 7. 1977, S. 17.
[3] ABl. Nr. C 108 vom 15. 5. 1975, S. 46.

Der Schutz Dritter erfordert, daß eine weitgehende Offenlegung sichergestellt wird und die Mitglieder der Vereinigung unbeschränkt und gesamtschuldnerisch für deren Verbindlichkeiten, einschließlich der Verbindlichkeiten im Bereich der Steuern und der sozialen Sicherheit, haften, ohne daß jedoch dieser Grundsatz die Freiheit berührt, durch besonderen Vertrag zwischen der Vereinigung und einem Dritten die Haftung eines oder mehrerer ihrer Mitglieder für eine bestimmte Verbindlichkeit auszuschließen oder zu beschränken.

Die Fragen, die den Personenstand und die Rechts-, Geschäfts- und Handlungsfähigkeit natürlicher Personen sowie die Rechts- und Handlungsfähigkeit juristischer Personen betreffen, werden durch das einzelstaatliche Recht geregelt.

Die besonderen Gründe für die Auflösung der Vereinigung sind festzulegen; für die Abwicklung und deren Schluß ist jedoch auf das einzelstaatliche Recht zu verweisen.

Die Vereinigung unterliegt in bezug auf Zahlungsunfähigkeit und Zahlungseinstellung dem einzelstaatlichen Recht; dieses kann andere Gründe für die Auflösung der Vereinigung vorsehen.

Diese Verordnung sieht vor, daß das Ergebnis der Tätigkeit der Vereinigung nur bei den Mitgliedern zu besteuern ist. Im übrigen ist das einzelstaatliche Steuerrecht anzuwenden, und zwar insbesondere in bezug auf Gewinnverteilung, Steuerverfahren und alle Verpflichtungen, die durch die einzelstaatlichen Steuervorschriften auferlegt werden.

In den nicht durch diese Verordnung erfaßten Bereichen gelten die Rechtsvorschriften der Mitgliedstaaten und der Gemeinschaft, zum Beispiel
– im Sozial- und Arbeitsrecht,
– im Wettbewerbsrecht,
– im Recht des geistigen Eigentums.

Die Tätigkeit der Vereinigung unterliegt den Rechtsvorschriften der Mitgliedstaaten über die Ausübung einer Tätigkeit und deren Überwachung. Für den Fall von Mißbrauch oder Umgehung von Rechtsvorschriften eines Mitgliedstaats durch die Vereinigung oder eines ihrer Mitglieder kann dieser Mitgliedstaat geeignete Maßregeln ergreifen.

Den Mitgliedstaaten steht es frei, Rechts- und Verwaltungsvorschriften anzuwenden oder zu erlassen, die der Tragweite und den Zielen dieser Verordnung nicht zuwiderlaufen.

Diese Verordnung soll in allen ihren Teilen unverzüglich in Kraft treten. Die Anwendung einiger Bestimmungen muß jedoch aufgeschoben werden, damit die Mitgliedstaaten zunächst die Mechanismen einführen können, welche für die Eintragung der Vereinigung in ihrem Hoheitsgebiet und die Offenlegung der sie betreffenden Urkunden erforderlich sind. Ab dem Beginn der Anwendung dieser Verordnung können die gegründeten Vereinigungen ohne territoriale Einschränkung tätig werden –.

HAT FOLGENDE VERORDNUNG ERLASSEN:

Art. 1. (1) Europäische wirtschaftliche Interessenvereinigungen werden unter den Voraussetzungen, in der Weise und mit den Wirkungen gegründet, die in dieser Verordnung vorgesehen sind.

Zu diesem Zweck müssen diejenigen, die eine Vereinigung gründen wollen, einen Vertrag schließen und die Eintragung nach Artikel 6 vornehmen lassen.

(2) Die so gegründete Vereinigung hat von der Eintragung nach Artikel 6 an die Fähigkeit, im eigenen Namen Träger von Rechten und Pflichten jeder Art zu sein, Verträge zu schließen oder andere Rechtshandlungen vorzunehmen und vor Gericht zu stehen.

(3) Die Mitgliedstaaten bestimmen, ob die in ihren Registern gemäß Artikel 6 eingetragenen Vereinigungen Rechtspersönlichkeit haben.

Art. 2. (1) Vorbehaltlich dieser Verordnung ist das innerstaatliche Recht des Staates anzuwenden, in dem die Vereinigung nach dem Gründungsvertrag ihren Sitz hat, und zwar einerseits auf den Gründungsvertrag mit Ausnahme der Fragen, die den Personenstand und die Rechts-, Geschäfts- und Handlungsfähigkeit natürlicher Personen sowie die Rechts- und Handlungsfähigkeit juristischer Personen betreffen, und andererseits auf die innere Verfassung der Vereinigung.

(2) Umfaßt ein Staat mehrere Gebietseinheiten, von denen jede ihre eigenen Rechtsnormen hat, die auf die in Absatz 1 bezeichneten Gegenstände anzuwenden sind, so gilt für die Bestimmung des nach diesem Artikel anzuwendenden Rechts jede Gebietseinheit als Staat.

Art. 3. (1) Die Vereinigung hat den Zweck, die wirtschaftliche Tätigkeit ihrer Mitglieder zu erleichtern oder zu entwickeln sowie die Ergebnisse dieser Tätigkeit zu verbessern oder zu steigern; sie hat nicht den Zweck, Gewinn für sich selbst zu erzielen.

Ihre Tätigkeit muß im Zusammenhang mit der wirtschaftlichen Tätigkeit ihrer Mitglieder stehen und darf nur eine Hilfstätigkeit hierzu bilden.

(2) Die Vereinigung darf daher

a) weder unmittelbar noch mittelbar die Leitungs- oder Kontrollmacht über die eigenen Tätigkeiten ihrer Mitglieder oder die Tätigkeiten eines anderen Unternehmens, insbesondere auf den Gebieten des Personal-, Finanz- und Investitionswesens, ausüben;
b) weder unmittelbar noch mittelbar, aus welchem Grunde auch immer, Anteile oder Aktien – gleich welcher Form – an einem Mitgliedsunternehmen halten; das Halten von Anteilen oder Aktien an einem anderen Unternehmen ist nur insoweit zulässig, als es notwendig ist, um das Ziel der Vereinigung zu erreichen, und für Rechnung ihrer Mitglieder geschieht;
c) nicht mehr als fünfhundert Arbeitnehmer beschäftigen;
d) von einer Gesellschaft nicht dazu benutzt werden, einem Leiter einer Gesellschaft oder einer mit ihm verbundenen Person ein Darlehen zu gewähren, wenn solche Darlehen nach den für die Gesellschaften geltenden Gesetzen der Mitgliedstaaten einer Einschränkung oder Kontrolle unterliegen. Auch darf eine Vereinigung nicht für die Übertragung eines Vermögensgegenstandes zwischen einer Gesellschaft und einem Leiter oder einer mit ihm verbundenen Person benutzt werden, außer soweit es nach den für die Gesellschaften geltenden Gesetzen der Mitgliedstaaten zulässig ist. Im Sinne dieser Bestimmung umfaßt das Darlehen jedes Geschäft ähnlicher Wirkung und kann es sich bei dem Vermögensgegenstand um ein bewegliches oder unbewegliches Gut handeln;
e) nicht Mitglied einer anderen Europäischen wirtschaftlichen Interessenvereinigung sein.

Art. 4. (1) Mitglieder einer Vereinigung können nur sein:

a) Gesellschaften im Sinne des Artikels 58 Absatz 2 des Vertrages sowie andere juristische Einheiten des öffentlichen oder des Privatrechts, die nach dem Recht eines Mitgliedstaats gegründet worden sind und ihren satzungsmäßigen oder gesetzlichen Sitz und ihre Hauptverwaltung in der Gemeinschaft haben; wenn nach dem Recht eines Mitgliedstaats eine Gesellschaft oder andere juristische Einheit keinen satzungsmäßigen oder gesetzlichen Sitz zu haben braucht, genügt es, daß sie ihre Hauptverwaltung in der Gemeinschaft hat;
b) natürlichen Personen, die eine gewerbliche, kaufmännische, handwerkliche, landwirtschaftliche oder freiberufliche Tätigkeit in der Gemeinschaft ausüben oder dort andere Dienstleistungen erbringen.

(2) Eine Vereinigung muß mindestens bestehen aus:

a) zwei Gesellschaften oder anderen juristischen Einheiten im Sinne des Absatzes 1, die ihre Hauptverwaltung in verschiedenen Mitgliedstaaten haben;
b) zwei natürlichen Personen im Sinne des Absatzes 1, die ihre Haupttätigkeit in verschiedenen Mitgliedstaaten ausüben;
c) einer Gesellschaft oder anderen juristischen Einheit und einer natürlichen Person im Sinne des Absatzes 1, von denen erstere ihre Hauptverwaltung in einem Mitgliedstaat hat und letztere ihre Haupttätigkeit in einem anderen Mitgliedstaat ausübt.

(3) Ein Mitgliedstaat kann vorsehen, daß die in seinen Registern gemäß Artikel 6 eingetragenen Vereinigungen nicht mehr als zwanzig Mitglieder haben dürfen. Zu diesem Zweck kann der Mitgliedstaat vorsehen, daß in Übereinstimmung mit seinen Rechtsvorschriften jedes Mitglied einer nach seinen Rechtsvorschriften gebildeten rechtlichen Einheit, die keine eingetragene Gesellschaft ist, als Einzelmitglied der Vereinigung behandelt wird.

(4) Jeder Mitgliedstaat ist ermächtigt, bestimmte Gruppen vor natürlichen Personen, Gesellschaften und anderen juristischen Einheiten aus Gründen seines öffentlichen Interesses von der Beteiligung an einer Vereinigung auszuschließen oder diese Beteiligung Einschränkungen zu unterwerfen.

Art. 5. Der Gründungsvertrag muß mindestens folgende Angaben enthalten:

a) den Namen der Vereinigung mit den voran- oder nachgestellten Worten „Europäische wirtschaftliche Interessenvereinigung" oder der Abkürzung „EWIV", es sei denn, daß diese Worte oder diese Abkürzung bereits im Namen enthalten sind;
b) den Sitz der Vereinigung;
c) den Unternehmensgegenstand, für den die Vereinigung gegründet worden ist;
d) den Namen, die Firma, die Rechtsform, den Wohnsitz oder den Sitz sowie gegebenenfalls die Nummer und den Ort der Registereintragung eines jeden Mitglieds der Vereinigung;
e) die Dauer der Vereinigung, sofern sie nicht unbestimmt ist.

Art. 6. Die Vereinigung wird im Staat des Sitzes in das nach Artikel 39 Absatz 1 bestimmte Register eingetragen.

Art. 7. Der Gründungsvertrag ist bei dem in Artikel 6 genannten Register zu hinterlegen.

Ebenso sind dort alle Urkunden und Angaben zu hinterlegen, die folgendes betreffen:
a) jede Änderung des Gründungsvertrags, einschließlich jeder Änderung der Zusammensetzung der Vereinigung;
b) die Errichtung und die Aufhebung jeder Niederlassung der Vereinigung;
c) die gerichtliche Entscheidung, welche die Nichtigkeit der Vereinigung gemäß Artikel 15 feststellt oder ausspricht;
d) die Bestellung des Geschäftsführers oder der Geschäftsführer der Vereinigung, ihre Namen und alle anderen Angaben zur Person, die von dem Recht des Mitgliedstaats, in dem das Register geführt wird, verlangt werden, die Angabe, ob sie allein oder nur gemeinschaftlich handeln können, sowie die Beendigung der Stellung als Geschäftsführer;
e) jede Abtretung der gesamten oder eines Teils der Beteiligung an der Vereinigung durch ein Mitglied gemäß Artikel 22 Absatz 1;
f) den Beschluß der Mitglieder, der die Auflösung der Vereinigung gemäß Artikel 31 ausspricht oder feststellt, oder die gerichtliche Entscheidung, die diese Auflösung gemäß Artikel 31 oder 32 ausspricht;
g) die Bestellung des oder der in Artikel 35 genannten Abwickler der Vereinigung, ihre Namen und alle anderen Angaben zur Person, die von dem Recht des Mitgliedstaats, in dem das Register geführt wird, verlangt werden, sowie die Beendigung der Stellung als Abwickler;
h) den Schluß der in Artikel 35 Absatz 2 genannten Abwicklung der Vereinigung;
i) den in Artikel 14 Absatz 1 genannten Verlegungsplan;
j) die Klausel, die ein neues Mitglied gemäß Artikel 26 Absatz 2 von der Haftung für Verbindlichkeiten befreit, die vor seinem Beitritt entstanden sind.

Art. 8. In dem in Artikel 39 Absatz 1 genannten Mitteilungsblatt ist gemäß Artikel 39 folgendes bekanntzumachen:
a) die nach Artikel 5 zwingend vorgeschriebenen Angaben im Gründungsvertrag und ihre Änderungen;
b) Nummer, Tag und Ort der Eintragung der Vereinigung sowie die Löschung der Eintragung;
c) die in Artikel 7 Buchstaben b) bis j) bezeichneten Urkunden und Angaben.

Die unter den Buchstaben a) und b) genannten Angaben sind in Form einer vollständigen Wiedergabe bekanntzumachen. Die unter Buchstabe c) genannten Urkunden und Angaben können entsprechend dem anwendbaren einzelstaatlichen Recht entweder in Form einer vollständigen oder auszugsweisen Wiedergabe oder in Form eines Hinweises auf ihre Hinterlegung beim Register bekanntgemacht werden.

Art. 9. (1) Die nach dieser Verordnung bekanntmachungspflichtigen Urkunden und Angaben können von der Vereinigung Dritten entsprechend den Bedingungen entgegengesetzt werden, die in den anwendbaren einzelstaatlichen Rechtsvorschriften gemäß Artikel 3 Absätze 5 und 7 der Richtlinie 68/151/EWG des Rates vom 9. März 1968 zur Koordinierung der Schutzbestimmungen, die in den Mitgliedstaaten den Gesellschaften im Sinne des Artikels 58 Absatz 2 des Vertrags im Interesse der Gesellschafter sowie Dritter vorgeschrieben sind, um diese Bestimmungen gleichwertig zu gestalten,[4] vorgesehen sind.

(2) Ist im Namen einer Vereinigung vor ihrer Eintragung gemäß Artikel 6 gehandelt worden und übernimmt die Vereinigung nach der Eintragung die sich aus diesen Handlungen ergebenden Verpflichtungen nicht, so haften die natürlichen Personen, Gesellschaften oder anderen juristischen Einheiten, die diese Handlungen vorgenommen haben, aus ihnen unbeschränkt und gesamtschuldnerisch.

Art. 10. Jede Niederlassung der Vereinigung in einem anderen Mitgliedstaat als dem des Sitzes ist in diesem Mitgliedstaat einzutragen. Zum Zwecke dieser Eintragung hinterlegt die Vereinigung bei dem zuständigen Register dieses Mitgliedstaats eine Abschrift der Unterlagen, deren Hinterlegung bei dem Register des Mitgliedstaats des Sitzes vorgeschrieben ist, erforderlichenfalls zusammen mit einer Übersetzung entsprechend den Gepflogenheiten bei dem Register der Eintragung der Niederlassung.

---

[4] ABl. Nr. L 65 vom 14. 3. 1968, S. 8.

Art. 11. Nach der Bekanntmachung in dem in Artikel 39 Absatz 1 genannten Mitteilungsblatt werden die Gründung einer Vereinigung und der Schluß ihrer Abwicklung unter Angabe von Nummer, Tag und Ort der Eintragung sowie von Tag und Ort der Bekanntmachung und Titel des Mitteilungsblatts im *Amtsblatt der Europäischen Gemeinschaften* angezeigt.

Art. 12. Der im Gründungsvertrag genannte Sitz muß in der Gemeinschaft gelegen sein.

Als Sitz ist zu bestimmen
a) entweder der Ort, an dem die Vereinigung ihre Hauptverwaltung hat,
b) oder der Ort, an dem eines der Mitglieder der Vereinigung seine Hauptverwaltung hat oder, wenn es sich um eine natürliche Person handelt, seine Haupttätigkeit ausübt, sofern die Vereinigung dort tatsächlich eine Tätigkeit ausübt.

Art. 13. Der Sitz der Vereinigung kann innerhalb der Gemeinschaft verlegt werden.

Hat diese Verlegung keinen Wechsel des nach Artikel 2 anwendbaren Rechts zur Folge, so wird der Beschluß über die Verlegung unter den im Gründungsvertrag vorgesehenen Bedingungen gefaßt.

Art. 14. (1) Hat die Sitzverlegung einen Wechsel des nach Artikel 2 anwendbaren Rechts zur Folge, so muß ein Verlegungsplan erstellt und gemäß den Artikeln 7 und 8 hinterlegt und bekanntgemacht werden.

Der Beschluß über die Verlegung kann erst zwei Monate nach der Bekanntmachung des Verlegungsplanes gefaßt werden. Er bedarf der Einstimmigkeit der Mitglieder der Vereinigung. Die Verlegung wird zu dem Zeitpunkt wirksam, an dem die Vereinigung entsprechend Artikel 6 im Register des neuen Sitzes eingetragen wird. Diese Eintragung kann erst aufgrund des Nachweises über die Bekanntmachung des Verlegungsplanes erfolgen.

(2) Die Löschung der Eintragung der Vereinigung im Register des früheren Sitzes kann erst aufgrund des Nachweises über die Eintragung der Vereinigung im Register des neuen Sitzes erfolgen.

(3) Mit Bekanntgabe der neuen Eintragung der Vereinigung kann der neue Sitz Dritten nach den in Artikel 9 Absatz 1 genannten Bedingungen entgegengesetzt werden; jedoch können sich Dritte, solange die Löschung der Eintragung im Register des früheren Sitzes nicht bekanntgemacht worden ist, weiterhin auf den alten Sitz berufen, es sei denn, daß die Vereinigung beweist, daß den Dritten der neue Sitz bekannt war.

(4) Die Rechtsvorschriften eines Mitgliedstaats können bestimmen, daß eine Sitzverlegung, die einen Wechsel des anwendbaren Rechts zur Folge hätte, im Falle von gemäß Artikel 6 in dem betreffenden Mitgliedstaat eingetragenen Vereinigungen nicht wirksam wird, wenn innerhalb der in Absatz 1 genannten Frist von zwei Monaten eine zuständige Behörde dieses Staates dagegen Einspruch erhebt. Dieser Einspruch ist nur aus Gründen des öffentlichen Interesses zulässig. Gegen ihn muß ein Rechtsbehelf bei einem Gericht eingelegt werden können.

Art. 15. (1) Sieht das nach Artikel 2 auf die Vereinigung anwendbare Recht die Nichtigkeit der Vereinigung vor, so muß sie durch gerichtliche Entscheidung festgestellt oder ausgesprochen werden. Das angerufene Gericht muß jedoch, sofern eine Behebung der Mängel der Vereinigung möglich ist, dafür eine Frist setzen.

(2) Die Nichtigkeit der Vereinigung bewirkt deren Abwicklung gemäß Artikel 35.

(3) Die Entscheidung, mit der die Nichtigkeit der Vereinigung festgestellt oder ausgesprochen wird, kann Dritten nach den in Artikel 9 Absatz 1 genannten Bedingungen entgegengesetzt werden.

Diese Entscheidung berührt für sich allein nicht die Wirksamkeit der Verpflichtungen, die zu Lasten oder zugunsten der Vereinigung vor dem Zeitpunkt entstanden sind, von dem an sie Dritten gemäß Unterabsatz 1 entgegengesetzt werden kann.

Art. 16. (1) Die Organe der Vereinigung sind die gemeinschaftlich handelnden Mitglieder und der oder die Geschäftsführer.

Der Gründungsvertrag kann andere Organe vorsehen; er bestimmt in diesem Fall deren Befugnisse.

(2) Die als Organ handelnden Mitglieder der Vereinigung können jeden Beschluß zur Verwirklichung des Unternehmensgegenstandes der Vereinigung fassen.

Art. 17. (1) Jedes Mitglied hat eine Stimme. Der Gründungsvertrag kann jedoch bestimmten Mitgliedern mehrere Stimmen unter der Bedingung gewähren, daß ein einziges Mitglied nicht die Stimmenmehrheit besitzt.

(2) Die Mitglieder können folgende Beschlüsse nur einstimmig fassen:
a) Änderungen des Unternehmensgegenstandes der Vereinigung;
b) Änderungen der Stimmenzahl eines jeden Mitglieds;
c) Änderungen der Bedingungen für die Beschlußfassung;
d) eine Verlängerung der Dauer der Vereinigung über den im Gründungsvertrag festgelegten Zeitpunkt hinaus;
e) Änderungen des Beitrags jedes Mitglieds oder bestimmter Mitglieder zur Finanzierung der Vereinigung;
f) Änderungen jeder anderen Verpflichtung eines Mitglieds, es sei denn, daß der Gründungsvertrag etwas anderes bestimmt;
g) jede nicht in diesem Absatz bezeichnete Änderung des Gründungsvertrags, es sei denn, daß dieser etwas anderes bestimmt.

(3) In allen Fällen, in denen diese Verordnung nicht vorsieht, daß die Beschlüsse einstimmig gefaßt werden müssen, kann der Gründungsvertrag die Bedingungen für die Beschlußfähigkeit und die Mehrheit, die für die Beschlüsse oder bestimmte Beschlüsse gelten sollen, festlegen. Enthält der Vertrag keine Bestimmungen, so sind die Beschlüsse einstimmig zu fassen.

(4) Auf Veranlassung eines Geschäftsführers oder auf Verlangen eines Mitglieds haben der oder die Geschäftsführer eine Anhörung der Mitglieder durchzuführen, damit diese einen Beschluß fassen.

Art. 18. Jedes Mitglied hat das Recht, von den Geschäftsführern Auskünfte über die Geschäfte der Vereinigung zu erhalten und in die Bücher und Geschäftsunterlagen Einsicht zu nehmen.

Art. 19. (1) Die Geschäfte der Vereinigung werden von einer oder mehreren natürlichen Personen geführt, die durch den Gründungsvertrag oder durch Beschluß der Mitglieder bestellt werden.

Geschäftsführer einer Vereinigung können nicht Personen sein, die
– nach dem auf sie anwendbaren Recht oder
– nach dem innerstaatlichen Recht des Staates des Sitzes der Vereinigung oder
– aufgrund einer in einem Mitgliedstaat ergangenen oder anerkannten gerichtlichen Entscheidung oder Verwaltungsentscheidung

dem Verwaltungs- oder Leitungsorgan von Gesellschaften nicht angehören dürfen, Unternehmen nicht leiten dürfen oder nicht als Geschäftsführer einer Europäischen wirtschaftlichen Interessenvereinigung handeln dürfen.

(2) Ein Mitgliedstaat kann bei Vereinigungen, die nach Artikel 6 in seine Register eingetragen sind, vorsehen, daß eine juristische Person unter der Bedingung Geschäftsführer sein kann, daß sie eine oder mehrere natürliche Personen als Vertreter bestimmt, die Gegenstand der in Artikel 7 Buchstabe d) vorgesehenen Angaben sein müssen.

Macht ein Mitgliedstaat von dieser Möglichkeit Gebrauch, so hat er vorzusehen, daß dieser oder diese Vertreter so haften, als ob sie selbst Geschäftsführer der Vereinigung wären.

Die Verbote nach Absatz 1 gelten auch für diese Vertreter.

(3) Der Gründungsvertrag oder, falls dieser keine dahingehenden Bestimmungen enthält, ein einstimmiger Beschluß der Mitglieder legt die Bedingungen für die Bestellung und die Entlassung des Geschäftsführers oder der Geschäftsführer sowie deren Befugnisse fest.

Art. 20. (1) Gegenüber Dritten wird die Vereinigung ausschließlich durch den Geschäftsführer oder, wenn es mehrere sind, durch einen jeden Geschäftsführer vertreten.

Jeder der Geschäftsführer verpflichtet die Vereinigung, wenn er in ihrem Namen handelt, gegenüber Dritten, selbst wenn seine Handlungen nicht zum Unternehmensgegenstand der Vereinigung gehören, es sei denn, die Vereinigung beweist, daß dem Dritten bekannt war oder daß er darüber nach den Umständen nicht in Unkenntnis sein konnte, daß die Handlung die Grenzen des Unternehmensgegenstandes der Vereinigung überschritt; allein die Bekanntmachung der in Artikel 5 Buchstabe c) genannten Angabe reicht nicht aus, um diesen Beweis zu erbringen.

Eine Beschränkung der Befugnisse des Geschäftsführers oder der Geschäftsführer durch den Gründungsvertrag oder durch einen Beschluß der Mitglieder kann Dritten nicht entgegengesetzt werden, selbst wenn sie bekanntgemacht worden ist.

(2) Der Gründungsvertrag kann vorsehen, daß die Vereinigung nur durch zwei oder mehr gemeinschaftlich handelnde Geschäftsführer wirksam verpflichtet werden kann. Diese Bestimmung kann Dritten nur dann nach den in Artikel 9 Absatz 1 genannten Bedingungen entgegengesetzt werden, wenn sie nach Artikel 8 bekanntgemacht worden ist.

Art. 21. (1) Gewinne aus den Tätigkeiten der Vereinigung gelten als Gewinne der Mitglieder und sind auf diese in dem im Gründungsvertrag vorgesehenen Verhältnis oder, falls dieser hierüber nichts bestimmt, zu gleichen Teilen aufzuteilen.

(2) Die Mitglieder der Vereinigung tragen entsprechend dem im Gründungsvertrag vorgesehenen Verhältnis oder, falls dieser hierüber nichts bestimmt, zu gleichen Teilen zum Ausgleich des Betrages bei, um den die Ausgaben die Einnahmen übersteigen.

Art. 22. (1) Jedes Mitglied der Vereinigung kann seine Beteiligung an der Vereinigung ganz oder teilweise an ein anderes Mitglied oder an einen Dritten abtreten; die Abtretung wird erst wirksam, wenn die übrigen Mitglieder ihr einstimmig zugestimmt haben.

(2) Ein Mitglied der Vereinigung kann eine Sicherheit an seiner Beteiligung an der Vereinigung erst dann bestellen, wenn die übrigen Mitglieder dem einstimmig zugestimmt haben, es sei denn, daß der Gründungsvertrag etwas anderes bestimmt. Der Sicherungsnehmer kann zu keinem Zeitpunkt aufgrund dieser Sicherheit Mitglied der Vereinigung werden.

Art. 23. Die Vereinigung darf sich nicht öffentlich an den Kapitalmarkt wenden.

Art. 24. (1) Die Mitglieder der Vereinigung haften unbeschränkt und gesamtschuldnerisch für deren Verbindlichkeiten jeder Art. Das einzelstaatliche Recht bestimmt die Folgen dieser Haftung.

(2) Bis zum Schluß der Abwicklung der Vereinigung können deren Gläubiger ihre Forderungen gegenüber einem Mitglied gemäß Absatz 1 erst dann geltend machen, wenn sie die Vereinigung zur Zahlung aufgefordert haben und die Zahlung nicht innerhalb einer angemessenen Frist erfolgt ist.

Art. 25. Briefe, Bestellscheine und ähnliche Schriftstücke müssen lesbar folgende Angaben enthalten:

a) den Namen der Vereinigung mit den voran- oder nachgestellten Worten „Europäische wirtschaftliche Interessenvereinigung" oder der Abkürzung „EWIV", es sei denn, daß diese Worte oder diese Abkürzung bereits im Namen enthalten sind;
b) den Ort des Registers nach Artikel 6, in das die Vereinigung eingetragen ist, und die Nummer der Eintragung der Vereinigung in dieses Register;
c) die Anschrift der Vereinigung an ihrem Sitz;
d) gegebenenfalls die Angabe, daß die Geschäftsführer gemeinschaftlich handeln müssen;
e) gegebenenfalls die Angabe, daß sich die Vereinigung nach Artikel 15, 31, 32 oder 36 in Abwicklung befindet.

Jede Niederlassung der Vereinigung hat, wenn sie nach Artikel 10 eingetragen ist, auf den in Absatz 1 bezeichneten Schriftstücken, die von dieser Niederlassung ausgehen, die obigen Angaben zusammen mit denen über ihre eigene Eintragung zu machen.

Art. 26. (1) Die Mitglieder der Vereinigung entscheiden einstimmig über die Aufnahme neuer Mitglieder.

(2) Jedes neue Mitglied haftet gemäß Artikel 24 für die Verbindlichkeiten der Vereinigung einschließlich derjenigen, die sich aus der Tätigkeit der Vereinigung vor seinem Beitritt ergeben.

Er kann jedoch durch eine Klausel im Gründungsvertrag oder in dem Rechtsakt über seine Aufnahme von der Zahlung der vor seinem Beitritt entstandenen Verbindlichkeiten befreit werden. Diese Klausel kann gemäß den in Artikel 9 Absatz 1 genannten Bedingungen Dritten nur dann entgegengesetzt werden, wenn sie gemäß Artikel 8 bekanntgemacht worden ist.

Art. 27. (1) Die Kündigung eines Mitgliedes der Vereinigung ist nach Maßgabe des Gründungsvertrags oder, falls dieser hierüber nichts bestimmt, mit einstimmiger Zustimmung der übrigen Mitglieder möglich.

Jedes Mitglied der Vereinigung kann ferner aus wichtigem Grund kündigen.

(2) Jedes Mitglied der Vereinigung kann aus den im Gründungsvertrag angeführten Gründen, in jedem Fall aber dann ausgeschlossen werden, wenn es grob gegen seine Pflichten verstößt oder wenn es schwere Störungen der Arbeit der Vereinigung verursacht oder zu verursachen droht.

Dieser Ausschluß kann nur durch gerichtliche Entscheidung auf gemeinsamen Antrag der Mehrheit der übrigen Mitglieder erfolgen, es sei denn, daß der Gründungsvertrag etwas anderes bestimmt.

Art. 28. (1) Ein Mitglied der Vereinigung scheidet aus der Vereinigung aus, wenn es verstirbt oder wenn es nicht mehr den in Artikel 4 Absatz 1 festgelegten Bedingungen entspricht.

Außerdem kann ein Mitgliedstaat für die Zwecke seiner Rechtsvorschriften über Auflösung, Abwicklung, Zahlungsunfähigkeit oder Zahlungseinstellung vorsehen, daß ein Mitglied einer Vereinigung ab dem in diesen Rechtsvorschriften bestimmten Zeitpunkt aus dieser ausscheidet.

(2) Im Falle des Todes einer natürlichen Person, die Mitglied der Vereinigung ist, kann niemand ihre Nachfolge in der Vereinigung antreten, es sei denn nach Maßgabe des Gründungsvertrags oder, wenn dieser hierüber nichts enthält, mit einstimmiger Zustimmung der verbleibenden Mitglieder.

Art. 29. Sobald ein Mitglied aus der Vereinigung ausgeschieden ist, unterrichten der oder die Geschäftsführer hierüber die übrigen Mitglieder; der oder die Geschäftsführer erfüllen außerdem die jeweiligen Verpflichtungen nach den Artikeln 7 und 8. Ferner kann jeder Beteiligte diese Verpflichtungen erfüllen.

Art. 30. Bei Ausscheiden eines Mitgliedes besteht die Vereinigung unbeschadet der von einer Person gemäß Artikel 22 Absatz 1 oder Artikel 28 Absatz 2 erworbenen Rechte unter den im Gründungsvertrag vorgesehenen oder in einem einstimmigen Beschluß der betreffenden Mitglieder festgelegten Bedingungen zwischen den verbleibenden Mitgliedern fort, es sei denn, daß der Gründungsvertrag etwas anderes bestimmt.

Art. 31. (1) Die Vereinigung kann durch Beschluß ihrer Mitglieder aufgelöst werden, der diese Auflösung ausspricht. Dieser Beschluß muß einstimmig gefaßt werden, es sei denn, daß der Gründungsvertrag etwas anderes bestimmt.

(2) Die Vereinigung muß durch Beschluß ihrer Mitglieder aufgelöst werden, der feststellt, daß
a) die im Gründungsvertrag bestimmte Dauer abgelaufen oder ein anderer in diesem Vertrag vorgesehener Auflösungsgrund eingetreten ist oder
b) der Unternehmensgegenstand der Vereinigung verwirklicht worden ist oder nicht weiter verfolgt werden kann.

Ist binnen drei Monaten nach Eintritt eines der in Unterabsatz 1 genannten Fälle kein Beschluß der Mitglieder über die Auflösung der Vereinigung ergangen, so kann jedes Mitglied bei Gericht beantragen, diese Auflösung auszusprechen.

(3) Die Vereinigung muß ferner durch Beschluß ihrer Mitglieder oder des verbleibenden Mitglieds aufgelöst werden, wenn die Bedingungen des Artikels 4 Absatz 2 nicht mehr erfüllt sind.

(4) Nach Auflösung der Vereinigung durch Beschluß ihrer Mitglieder müssen der oder die Geschäftsführer die jeweiligen Verpflichtungen nach den Artikeln 7 und 8 erfüllen. Ferner kann jeder Beteiligte diese Verpflichtungen erfüllen.

Art. 32 (1) Auf Antrag jedes Beteiligten oder einer zuständigen Behörde muß das Gericht im Falle der Verletzung des Artikels 3, des Artikels 12 oder des Artikels 31 Absatz 3 die Auflösung der Vereinigung aussprechen, es sei denn, daß die Mängel der Vereinigung behoben werden können und vor der Entscheidung in der Sache behoben werden.

(2) Auf Antrag eines Mitglieds kann das Gericht die Auflösung der Vereinigung aus wichtigem Grund aussprechen.

(3) Ein Mitgliedstaat kann vorsehen, daß das Gericht auf Antrag einer zuständigen Behörde die Auflösung einer Vereinigung, die ihren Sitz in dem Staat dieser Behörde hat, in den Fällen aussprechen

kann, in denen die Vereinigung durch ihre Tätigkeit gegen das öffentliche Interesse dieses Staates verstößt, sofern diese Möglichkeit in den Rechtsvorschriften dieses Staates für eingetragene Gesellschaften oder andere juristische Einheiten, die diesen Rechtsvorschriften unterliegen, vorgesehen ist.

Art. 33. Scheidet ein Mitglied aus einem anderen Grund als dem der Abtretung seiner Rechte gemäß Artikel 22 Absatz 1 aus der Vereinigung aus, so wird das Auseinandersetzungsguthaben dieses Mitglieds oder die Höhe der Forderungen der Vereinigung gegen dieses Mitglied auf der Grundlage des Vermögens der Vereinigung ermittelt, wie es im Zeitpunkt des Ausscheidens des Mitglieds vorhanden ist.

Der Wert der Ansprüche und Verbindlichkeiten des ausscheidenden Mitglieds darf nicht im voraus pauschal bestimmt werden.

Art. 34. Unbeschadet des Artikels 37 Absatz 1 haftet jedes aus der Vereinigung ausscheidende Mitglied gemäß Artikel 24 für die Verbindlichkeiten, die sich aus der Tätigkeit der Vereinigung vor seinem Ausscheiden ergeben.

Art. 35. (1) Die Auflösung der Vereinigung führt zu deren Abwicklung.

(2) Die Abwicklung der Vereinigung und der Schluß dieser Abwicklung unterliegen dem einzelstaatlichen Recht.

(3) Die Geschäftsfähigkeit der Vereinigung im Sinne von Artikel 1 Absatz 2 besteht bis zum Schluß der Abwicklung fort.

(4) Der oder die Abwickler erfüllen die ihnen nach den Artikeln 7 und 8 obliegenden Pflichten.

Art. 36. Europäische wirtschaftliche Interessenvereinigungen unterliegen dem einzelstaatlichen Recht über Zahlungsunfähigkeit und Zahlungseinstellung. Die Eröffnung eines Verfahrens gegen eine Vereinigung wegen Zahlungsunfähigkeit oder Zahlungseinstellung hat nicht von Rechts wegen zur Folge, daß ein solches Verfahren auch gegen die Mitglieder dieser Vereinigung eröffnet wird.

Art. 37. (1) Jede durch das anwendbare einzelstaatliche Recht vorgesehene längere Verjährungsfrist wird durch eine Verjährungsfrist von fünf Jahren nach der in Artikel 8 vorgeschriebenen Bekanntmachung des Ausscheidens eines Mitglieds der Vereinigung für Ansprüche gegen dieses Mitglied wegen Verbindlichkeiten, die sich aus der Tätigkeit der Vereinigung vor seinem Ausscheiden ergeben haben, ersetzt.

(2) Jede durch das anwendbare einzelstaatliche Recht vorgesehene längere Verjährungsfrist wird durch eine Verjährungsfrist von fünf Jahren nach der in Artikel 8 vorgeschriebenen Bekanntmachung des Schlusses der Abwicklung der Vereinigung für Ansprüche gegen ein Mitglied der Vereinigung wegen Verbindlichkeiten, die sich aus der Tätigkeit der Vereinigung ergeben haben, ersetzt.

Art. 38. Übt eine Vereinigung in einem Mitgliedstaat eine Tätigkeit aus, die gegen dessen öffentliches Interesse verstößt, so kann eine zuständige Behörde dieses Staates diese Tätigkeit untersagen. Gegen die Entscheidung der zuständigen Behörde muß ein Rechtsbehelf bei einem Gericht eingelegt werden können.

Art. 39. (1) Die Mitgliedstaaten bestimmen das oder die Register, die für die in Artikel 6 und 10 genannte Eintragung zuständig sind, sowie die für die Eintragung geltenden Vorschriften. Sie legen die Bedingungen für die Hinterlegung der in Artikel 7 und 10 genannten Urkunden fest. Sie stellen sicher, daß die Urkunden und Angaben nach Artikel 8 in dem geeigneten amtlichen Mitteilungsblatt des Mitgliedstaats, in dem die Vereinigung ihren Sitz hat, bekanntgemacht werden, und sehen gegebenenfalls die Einzelheiten der Bekanntmachung für die in Artikel 8 Buchstabe c) genannten Urkunden und Angaben vor.

Ferner stellen die Mitgliedstaaten sicher, daß jeder bei dem aufgrund des Artikels 6 oder gegebenenfalls des Artikels 10 zuständigen Register die in Artikel 7 genannten Urkunden einsehen und hiervon eine Abschrift oder einen Auszug erhalten kann, welche ihm auf Verlangen zuzusenden sind.

Die Mitgliedstaaten können die Erhebung von Gebühren zur Deckung der Kosten für die in den vorstehenden Unterabsätzen genannten Maßnahmen vorsehen; diese Gebühren dürfen die Verwaltungskosten nicht übersteigen.

(2) Die Mitgliedstaaten stellen sicher, daß die nach Artikel 11 im *Amtsblatt der Europäischen Gemeinschaften* zu veröffentlichenden Angaben binnen eines Monats nach Bekanntmachung in dem in Absatz 1 genannten amtlichen Mitteilungsblatt dem Amt für amtliche Veröffentlichungen der Europäischen Gemeinschaften mitgeteilt werden.

(3) Die Mitgliedstaaten sehen geeignete Maßregeln für den Fall vor, daß die Bestimmungen der Artikel 7, 8 und 10 über die Offenlegung nicht eingehalten werden oder daß gegen Artikel 25 verstoßen wird.

Art. 40. Das Ergebnis der Tätigkeit der Vereinigung wird nur bei ihren Mitgliedern besteuert.

Art. 41. (1) Die Mitgliedstaaten treffen die nach Artikel 39 erforderlichen Maßnahmen vor dem 1. Juli 1989. Sie teilen sie unverzüglich der Kommission mit.

(2) Die Mitgliedstaaten teilen der Kommission zur Unterrichtung mit, welche Gruppen von natürlichen Personen, Gesellschaften oder anderen juristischen Einheiten sie gemäß Artikel 4 Absatz 4 von der Beteiligung an einer Vereinigung ausgeschlossen haben. Die Kommission unterrichtet hierüber die anderen Mitgliedstaaten.

Art. 42. (1) Bei der Kommission wird, sobald diese Verordnung genehmigt ist, ein Kontaktausschuß eingesetzt, der zur Aufgabe hat,
a) unbeschadet der Artikel 169 und 170 des Vertrages die Durchführung dieser Verordnung durch eine regelmäßige Abstimmung, insbesondere in konkreten Durchführungsfragen, zu erleichtern;
b) die Kommission, falls dies erforderlich sein sollte, bezüglich Ergänzungen oder Änderungen dieser Verordnung zu beraten.

(2) Der Kontaktausschuß setzt sich aus Vertretern der Mitgliedstaaten sowie Vertretern der Kommission zusammen. Der Vorsitz wird von einem Vertreter der Kommission wahrgenommen. Die Sekretariatsgeschäfte werden von den Dienststellen der Kommission geführt.

(3) Der Vorsitzende beruft den Kontaktausschuß von sich aus oder auf Antrag eines der Mitglieder des Ausschusses ein.

Art. 43. Diese Verordnung tritt am dritten Tag nach ihrer Veröffentlichung im *Amtsblatt der Europäischen Gemeinschaften* in Kraft.
Diese Verordnung gilt ab 1. Juli 1989; hiervon ausgenommen sind die Artikel 39, 41 und 42, die vom Inkrafttreten dieser Verordnung an gelten.
Diese Verordnung ist in allen ihren Teilen verbindlich und gilt unmittelbar in jedem Mitgliedstaat.

2. Gesetz zur Ausführung der EWG-Verordnung über die Europäische wirtschaftliche Interessenvereinigung (EWIV-Ausführungsgesetz)

Vom 14. April 1988 (BGBl. I S. 514)
zuletzt geändert am 10. 11. 2006 (BGBl. I. S. 2553)

§ 1 Anzuwendende Vorschriften. Soweit nicht die Verordnung (EWG) Nr. 2137/85 des Rates vom 25. Juli 1985 über die Schaffung einer Europäischen wirtschaftlichen Interessenvereinigung (EWIV) – ABl. EG Nr. L 199 S. 1 – (Verordnung) gilt, sind auf eine Europäische wirtschaftliche Interessenvereinigung (EWIV) mit Sitz im Geltungsbereich dieses Gesetzes (Vereinigung) die folgenden Vorschriften, im übrigen entsprechend die für eine offene Handelsgesellschaft geltenden Vorschriften anzuwenden; die Vereinigung gilt als Handelsgesellschaft im Sinne des Handelsgesetzbuchs.

EWIV

§ 2 Anmeldung zum Handelsregister. (1) Die Vereinigung ist bei dem Gericht, in dessen Bezirk sie ihren im Gründungsvertrag genannten Sitz hat, zur Eintragung in das Handelsregister anzumelden.

(2) Die Anmeldung zur Eintragung der Vereinigung in das Handelsregister hat zu enthalten:
1. die Firma der Vereinigung mit den voran- oder nachgestellten Worten „Europäische wirtschaftliche Interessenvereinigung" oder der Abkürzung „EWIV", es sei denn, daß diese Worte oder die Abkürzung bereits in der Firma enthalten sind;
2. den Sitz der Vereinigung;
3. den Unternehmensgegenstand;
4. den Namen, das Geburtsdatum, die Firma, die Rechtsform, den Wohnsitz oder den Sitz sowie gegebenenfalls die Nummer und den Ort der Registereintragung eines jeden Mitglieds der Vereinigung;
5. die Geschäftsführer mit Namen, Geburtsdatum und Wohnsitz sowie mit der Angabe, welche Vertretungsbefugnis sie haben;
6. die Dauer der Vereinigung, sofern die Dauer nicht unbestimmt ist.

(3) Zur Eintragung in das Handelsregister sind ferner anzumelden:
1. Änderungen der Angaben nach Absatz 2;
2. die Nichtigkeit der Vereinigung;
3. die Errichtung und die Aufhebung jeder Zweigniederlassung der Vereinigung;
4. die Auflösung der Vereinigung;
5. die Abwickler mit den in Absatz 2 Nr. 5 genannten Angaben sowie Änderungen der Personen der Abwickler und der Angaben;
6. der Schluß der Abwicklung der Vereinigung;
7. eine Klausel, die ein neues Mitglied gemäß Artikel 26 Abs. 2 der Verordnung von der Haftung für Verbindlichkeiten befreit, die vor seinem Beitritt entstanden sind.

(4) Die Verpflichtung zur Anmeldung weiterer Tatsachen auf Grund des § 1 bleibt unberührt.

§ 3 Besonderheiten der Handelsregisteranmeldung. (1) Die Anmeldungen zur Eintragung in das Handelsregister sind von den Geschäftsführern oder den Abwicklern vorzunehmen. Die Anmeldung zur Eintragung einer Vereinigung ist durch sämtliche Geschäftsführer, die Anmeldung zur Eintragung des Schlusses der Abwicklung durch sämtliche Abwickler zu bewirken.

(2) Das Ausscheiden eines Mitgliedes aus der Vereinigung und die Auflösung der Vereinigung durch Beschluß ihrer Mitglieder kann jeder Beteiligte anmelden. Die Klausel nach § 2 Abs. 3 Nr. 7 kann auch das neue Mitglied anmelden.

(3) In der Anmeldung zur Eintragung haben die Geschäftsführer zu versichern, daß keine Umstände vorliegen, die nach Artikel 19 Abs. 1 der Verordnung ihrer Bestellung entgegenstehen, und daß sie über ihre unbeschränkte Auskunftspflicht gegenüber dem Gericht belehrt worden sind. Die Belehrung nach § 53 Abs. 2 des Bundeszentralregistergesetzes kann auch durch einen Notar vorgenommen werden.

(4) Absatz 3 gilt auch für neu bestellte Geschäftsführer.

§ 4 Bekanntmachungen. (1) Das Gericht hat einen Verlegungsplan nach Artikel 14 Abs. 1 der Verordnung sowie die Abtretung der gesamten oder eines Teils der Beteiligung an der Vereinigung durch ein Mitglied nach Artikel 22 Abs. 1 der Verordnung gemäß § 10 des Handelsgesetzbuchs durch einen Hinweis auf die Einreichung der Urkunden beim Handelsregister bekanntzumachen.

(2) Das Gericht hat die nach Artikel 11 der Verordnung im Amtsblatt der Europäischen Gemeinschaften zu veröffentlichenden Angaben binnen eines Monats nach der Bekanntmachung nach § 10 des Handelsgesetzbuchs dem Amt für amtliche Veröffentlichungen der Europäischen Gemeinschaften mitzuteilen.

§ 5 Sorgfaltspflicht und Verantwortlichkeit der Geschäftsführer. (1) Die Geschäftsführer haben bei ihrer Geschäftsführung die Sorgfalt eines ordentlichen und gewissenhaften Geschäftsleiters anzuwenden. Über vertrauliche Angaben und Geheimnisse der Vereinigung, namentlich Betriebs- und Geschäftsgeheimnisse, die ihnen durch ihre Tätigkeit bekannt geworden sind, haben sie Stillschweigen zu bewahren.

(2) Geschäftsführer, die ihre Pflichten verletzen, sind der Vereinigung zum Ersatz des daraus entstehenden Schadens als Gesamtschuldner verpflichtet. Ist streitig, ob sie die Sorgfalt eines ordentlichen und gewissenhaften Geschäftsleiters angewandt haben, so trifft sie die Beweislast.

(3) Die Ansprüche aus Absatz 2 verjähren in fünf Jahren.

§ 6 Aufstellung des Jahresabschlusses. Die Geschäftsführer sind verpflichtet, für die ordnungsmäßige Buchführung der Vereinigung zu sorgen und den Jahresabschluß aufzustellen.

§ 7 Entlassung der Geschäftsführer. Sind die Bedingungen für die Entlassung der Geschäftsführer nicht gemäß Artikel 19 Abs. 3 der Verordnung festgelegt, so ist die Bestellung der Geschäftsführer zu jeder Zeit widerruflich, unbeschadet der Entschädigungsansprüche aus bestehenden Verträgen.

§ 8 Ausscheiden eines Mitgliedes. Ein Mitglied scheidet außer aus den Gründen nach Artikel 28 Abs. 1 Satz 1 der Verordnung aus der Vereinigung aus, wenn über sein Vermögen das Insolvenzverfahren eröffnet wird.

§ 9 *(aufgehoben)*

§ 10 Abwicklung der Vereinigung. (1) In den Fällen der Auflösung der Vereinigung außer im Fall des Insolvenzverfahrens über das Vermögen der Vereinigung erfolgt die Abwicklung durch die Geschäftsführer, wenn sie nicht durch den Gründungsvertrag oder durch Beschluß der Mitglieder der Vereinigung anderen Personen übertragen ist.

(2) Auf die Auswahl der Abwickler ist Artikel 19 Abs. 1 Satz 2 der Verordnung, auf die Anmeldung zur Eintragung in das Handelsregister § 3 Abs. 3 entsprechend anzuwenden.

§ 11 Eröffnung des Insolvenzverfahrens. Den Antrag auf Eröffnung des Insolvenzverfahrens können auch die Geschäftsführer stellen. Im Fall der entsprechenden Anwendung des § 130a des Handelsgesetzbuchs sind die Geschäftsführer und die Abwickler verpflichtet, diesen Antrag zu stellen.

§ 12 Zwangsgelder. Geschäftsführer oder Abwickler, die Artikel 25 der Verordnung nicht befolgen, sind hierzu vom Registergericht durch Festsetzung von Zwangsgeld anzuhalten; § 14 des Handelsgesetzbuchs bleibt unberührt. Das einzelne Zwangsgeld darf den Betrag von fünftausend Euro nicht übersteigen.

§ 13 Falsche Angaben. Mit Freiheitsstrafe bis zu drei Jahren oder mit Geldstrafe wird bestraft, wer als Geschäftsführer in der nach § 3 Abs. 3 Satz 1, auch in Verbindung mit Absatz 5, abzugebenden Versicherung oder als Abwickler in der nach § 3 Abs. 3 Satz 1 in Verbindung mit § 10 Abs. 2 zweiter Halbsatz abzugebenden Versicherung falsche Angaben macht.

§ 14 Verletzung der Geheimhaltungspflicht. (1) Mit Freiheitsstrafe bis zu einem Jahr oder mit Geldstrafe wird bestraft, wer ein Geheimnis der Vereinigung, namentlich ein Betriebs- oder Geschäftsgeheimnis, das ihm in seiner Eigenschaft als Geschäftsführer oder Abwickler bekanntgeworden ist, unbefugt offenbart.

(2) Handelt der Täter gegen Entgelt oder in der Absicht, sich oder einen anderen zu bereichern oder einen anderen zu schädigen, so ist die Strafe Freiheitsstrafe bis zu zwei Jahren oder Geldstrafe. Ebenso wird bestraft, wer ein Geheimnis der in Absatz 1 bezeichneten Art, namentlich ein Betriebs- oder Geschäftsgeheimnis, das ihm unter den Voraussetzungen des Absatzes 1 bekanntgeworden ist, unbefugt verwertet.

(3) Die Tat wird nur auf Antrag der Vereinigung verfolgt. Antragsberechtigt sind von den Mitgliedern bestellte besondere Vertreter.

§ 15 Verletzung der Antragspflicht bei Insolvenz. (1) Mit Freiheitsstrafe bis zu drei Jahren oder mit Geldstrafe wird bestraft, wer es entgegen § 130a Abs. 1 oder 4 des Handelsgesetzbuchs in

Verbindung mit § 11 Satz 2 unterläßt, als Geschäftsführer oder Abwickler bei Zahlungsunfähigkeit oder Überschuldung der Vereinigung die Eröffnung des Insolvenzverfahrens zu beantragen.

(2) Handelt der Täter fahrlässig, so ist die Strafe Freiheitsstrafe bis zu einem Jahr oder Geldstrafe.

§ 16 *(gegenstandslos)*.

§ 17 Berlin-Klausel. *(gegenstandslos)*.

§ 18 Inkrafttreten. Dieses Gesetz tritt am 1. Januar 1989 in Kraft.

Zweiter Abschnitt. Kommanditgesellschaft

Schrifttum: Gesamtdarstellungen: *Balser/Bokelmann/Meyer*, OHG, KG, Einzelkaufmann 6. Aufl. 1994; *Geck,* Die Kommanditgesellschaft, NWB 1991, 1781–1792 = Fach 18, 3115–3126; Münchner Handbuch des Gesellschaftsrechts, Bd. II; Kommanditgesellschaft, Stille Gesellschaft, Hrsg.: *Riegger/Weipert,* 2. Aufl. 2004; *Müller, W./W.-D. Hoffmann,* Beck'sches Handbuch der Personengesellschaften, 1999; *Sudhoff,* Personengesellschaften, 2. Aufl. 2002; *Sudhoff,* Personengesellschaften, 2. Aufl. 2002; *Sudhoff,* Personengesellschaften, 8. Aufl. 2005; *Westermann, H. P. u. a.,* Handbuch der Personengesellschaften (Loseblattausgabe Bearbeitungsstand März 2005); *Wiedemann,* Rechte und Pflichten des Personengesellschafters, WM 1992, Sonderbeilage 7; *Wiedemann,* Der Gesellschaftsvertrag der Personengesellschaften, WM 1990 Sonderbeilage 8.

Rechtsprechungsübersichten: *Brandes,* Die Rechtsprechung des Bundesgerichtshofs zur Personengesellschaft WM 1986, Sonderbeilage 1; WM 1989, 1357; WM 1990, 1221; WM 1994, 569; WM 1998, 261; *Hirte,* Die Entwicklung des Unternehmens- und Gesellschaftsrechts in Deutschland in den Jahren 2000 bis 2002, 3. Teil: Gesellschaften ohne Rechtspersönlichkeit, Recht der verbundenen Unternehmen, Umwandlungs- und Mitbestimmungsrecht, NJW 2003, 1285; *ders.,* Die Entwicklung des Personengesellschaftsrechts in Deutschland in den Jahren 2003 bis 2004, NJW 2005, 718; *Hüffer,* 100 Bände BGHZ: Personengesellschaftsrecht, ZHR 151 (1987), 396; *Kellermann/Stodolkowitz,* Höchstrichterliche Rechtsprechung zum Personengesellschaftsrecht, 4. Aufl. 1994; *Ulmer,* Richterrechtliche Entwicklungen im Gesellschaftsrecht 1971 – 1985, 1986.

Lehrbücher: *Flume,* Allgemeiner Teil des Bürgerlichen Rechts Bd. I/1, Die Personengesellschaft, 1977; *Grunewald,* Gesellschaftsrecht, 6. Aufl. 2005; *Hueck, G.,* Gesellschaftsrecht, 20. Aufl. 2003; *Kübler,* Gesellschaftsrecht, 6. Aufl. 2005; *Schmidt, Karsten,* Gesellschaftsrecht, 4. Aufl. 2002; *Wiedemann,* Gesellschaftsrecht, Band I, Grundlagen, 1980; *ders.,* Bd II, Recht der Personengesellschaften, 2004.

Monographien: *Bechthold,* Der Nießbrauch am Kommanditanteil, 1991; *Beyerle,* Der unbeschränkt haftende Kommanditist, 1976; *Brodersen,* Die Beteiligung der BGB-Gesellschaft an den Personalhandelsgesellschaften, 1988; *Delp,* Die Stiftung und Co. KG. Eine Unternehmensform der rechtsgestaltenden Beratungspraxis, 1991; *Gamon,* Buchwertklauseln beim Ausscheiden aus OHG und KG. Rechts-, Angemessenheits und Ausübungskontrolle, 1989; *Huber,* Vermögensanteil, Kapitalanteil und Gesellschaftsanteil an Personengesellschaften des Handelsrechts, 1970; *Hueck, A.,* Das Recht der OHG, 4. Aufl. 1971; *Hüttemann,* Leistungsstörungen bei Personengesellschaften, 1998; *Klingberg,* Mitarbeitende Kommanditisten im Gesellschaftsrecht, 1990; *Krenzel,* Treuhand an Kommanditanteilen, 1991; *Meyer, Andreas,* Die rechtsgeschäftliche Übertragung von Kommanditanteilen, 1993; *Mundry,* Darlehen und stille Einlagen im Recht der Kommanditgesellschaft, 1992; *Schmidt, Karsten,* Informationsrechte in Gesellschaften und Verbänden, 1984; *Teichmann,* Gestaltungsfreiheit in Gesellschaftsverträgen, 1970; *Teuffel von Birkensee,* Zur Wirksamkeit gesellschaftsvertraglicher Abfindungsregelungen bei OHG und KG im Falle des Ausscheidens unter Lebenden, 1985; *Westermann, H. P.,* Vertragsfreiheit und Typengesetzlichkeit im Recht der Personengesellschaften 1970; *Wiedemann,* Die Übertragung und Vererbung von Mitgliedschaftsrechten bei Handelsgesellschaften, 1965; *Zöllner,* Die Schranken mitgliedschaftsrechtlicher Stimmrechtsmacht bei den privatrechtlichen Personenverbänden, 1963; *ders.,* Die Anpassung von Personengesellschaftsverträgen an veränderte Umstände, 1979.

Aufsätze und Entscheidungsbesprechungen: *Binz,* Wiederaufleben der Kommanditistenhaftung gem. § 172 Abs. 4 HGB. Zu den Folgen einer Entnahme von Gewinnanteilen bei negativem Kapitalkonto oder Unterbilanz, DStR 1991, 1253; *Blaurock,* Kommanditeinlage und negatives Kapitalkonto, JuS 1989, 96; *Fastrich,* Unwirksame Hinauskündigungsklausel und geltungserhaltende Reduktion, ZGR 1991, 306; *Flume,* Gesellschaft und Gesamthand ZHR 136 (1972), 177; *Frenz,* Rechtsnachfolge in Kommanditanteile, MittRhNotK 1988, 1; *Goerdeler,* Das allgemeine Informationsrecht des Kommanditisten in bezug auf den Jahresabschluß, FS Kellermann, 1991, S. 77; *Gummert,* Das „Weiße Roß"-Urteil des BGH v. 29. 1. 2001 zur BGB-Gesellschaft – Auswirkungen auf die Rechtspraxis –, Schriftenreihe der gesellschaftsrechtlichen Vereinigung (VGR). Bd. 5 2002; *Hadding,* Rückgriff des haftenden Treuhandkommanditisten, FS Fleck 1988, S. 71; *Herfs,* Haftung des Erben als Nachfolger eines Kommanditisten, DB 1991, 1713; *Hermanns,* Bestimmtheitsgrundsatz und Kernbereichslehre – Mehrheit und Minderheit in der Personengesellschaft, ZGR 1996, 103; *Herrmann,* Gesellschafterklagen auf Unterlassen in der OHG und KG, Jura 1986, 511; *Hommelhoff,* Wider das Akzessorietätsdogma in der Gesellschaft bürgerlichen Rechts ZIP 1998, 8; *Joost,* Eigenkapitalersetzende Kommanditistenleistungen. Zugleich ein Beitrag zur Außenhaftung des Kommanditisten, ZGR 1987, 370; *Koller,* Sicherung des Eigenkapitals in der gesetzestypischen Kommanditgesellschaft, FS Heinsius 1991, S. 357; *Kort,* Zulässigkeit und Grenzen von Mehrheitsentscheidungen bei Kommanditgesellschaften, DStR, 1993, 401; *Kübler/Waltermann,* Geschäftschancen der Kommanditgesellschaft, ZGR 1991, 162; *Löffler,* Zur Reichweite des gesetzlichen Wettbewerbsverbots in der Kommanditgesellschaft, NJW 1986, 223; *Maiberg,* Grenzen vertraglich gesteigerter Kommanditistenrechte in Zweimann-Kommanditgesellschaften; *Mayer, Dieter,* Testamentsvollstreckung am Kommanditanteil – Voraussetzungen und Rechtsfolgen, ZIP 1990, 976; *Mecke,* Vertragsändernde Mehrheitsbeschlüsse in der OHG und KG, BB 1988, 2258; *Michel,* Ist für die Eintragung einer Kommanditanteilsübertragung eine Versicherung gegenüber dem Registergericht erforderlich?, DB 1988, 1985; *Schmidt, Karsten,* Kommanditeinlage und Haftsumme des Gesellschaftererben, ZGR 1989, 445; *ders.,* Eigenkapitalersatz bei unbeschränkter Haftung – eine folgenreiche Skizze über Sinn, Zweck und Ausdehnung der Regeln über eigenkapitalersetzende Kredite, ZIP 1991, 1; *ders.,* Kapitalersetzende Kommanditistenrechte in Zweimanndarlehen, GmbHR 1986, 337; *ders.,* Zur kombinierten Nachfolge- und Umwandlungsklausel bei OHG- oder Komplementär-Anteilen, BB 1989, 1702; *ders.,* Grenzen und Risiken der Binnenhaftung von Kommanditisten, DB 1995, 1381; *ders.,* Stimmrecht beim Anteilsnießbrauch, ZGR 1999, 601; *ders.,* Personengesellschaft und Grundstücksrecht ZIP 1998, II; *Schulze-Osterloh,* Aufstellung und Feststellung der handelsrechtlichen Jahresabschlusses der Kommanditgesellschaft. Zuständigkeit und gerichtliche Durchsetzung, BB 1995, 2519; *Seibert,* Die rechtsfähige Personengesellschaft, JZ 1996, 785; *Sigle,* Gedanken zur Wirksamkeit von Abfindungsklauseln, ZGR 1999, 659; *Timm,* Die Rechtsfähigkeit der Gesellschaft bürgerlichen Rechts und ihre Haftungsverfassung NJW 1995, 3209; *Ulmer,* Zur Bedeutung des gesellschaftsrechtlichen Abspaltungsverbots für den Nießbrauch am OHG (KG) – Anteil, FS Fleck, 1988, S. 383; *Ulmer,* Testamentsvollstreckung am Kommanditanteil – Voraussetzungen und Rechtsfolgen, NJW 1990, 73; *Veltins/Hikel,* Zur Einschränkung bzw. Erweiterung der Informationsrechte des Kommanditisten, DB 1989, 465; *Weipert,* Gesellschafterinformationsrechte in der Kommanditgesellschaft DStR 1992, 1097; *ders.,* Die Mitgliedschaft zur gesamten Hand in Personengesellschaften – Abschied von der Sondererbfolge –, FS Bezzenberger, 1999, S. 439; *ders.* Die Erbengemeinschaft als Mitglied einer Personengesellschaft, ZEV 2002, 300; *Wiedemann,* Die Personengesellschaft – Vertrag oder Organisation ZGR 1996, 286.

§ 161 [Begriff der KG; Anwendbarkeit der OHG-Vorschriften]

(1) Eine Gesellschaft, deren Zweck auf den Betrieb eines Handelsgewerbes unter gemeinschaftlicher Firma gerichtet ist, ist eine Kommanditgesellschaft, wenn bei einem oder bei einigen von den Gesellschaftern die Haftung gegenüber den Gesellschaftsgläubigern auf den Betrag einer bestimmten Vermögenseinlage beschränkt ist (Kommanditisten), während bei dem anderen Teile der Gesellschafter eine Beschränkung der Haftung nicht stattfindet (persönlich haftende Gesellschafter).

(2) Soweit nicht in diesem Abschnitt ein anderes vorgeschrieben ist, finden auf die Kommanditgesellschaft die für die offene Handelsgesellschaft geltenden Vorschriften Anwendung.

Übersicht

	RdNr.		RdNr.
I. Bestimmungsmerkmale der Kommanditgesellschaft	1–12	2. GmbH & Co.	14
1. Personengesellschaft (Gesamthand)	1, 2	3. Publikumsgesellschaft	15
2. Außengesellschaft und Quasi-Rechtsfähigkeit	3–5	4. Kapitalistische Kommanditgesellschaft	16
3. Handelsgewerbe (Gesellschaftszweck)	6	III. Entstehung und Erlöschen der Kommanditgesellschaft	17–24
4. Organe	7–9	1. Abschluss des Gesellschaftsvertrages	17–19
5. Haftungsstruktur	10, 11	2. Änderung in der rechtlichen Qualifikation der Gesellschafterstellung	20–22
6. Vermögensstruktur und Gesellschafterwechsel	12	3. Entstehung durch Umwandlung	23
II. Sonderformen	13–16	4. Auflösung und Liquidation	24
1. Allgemeines	13		

I. Bestimmungsmerkmale der Kommanditgesellschaft

1 **1. Personengesellschaft (Gesamthand).** Die Kommanditgesellschaft ist ebenso wie die Gesellschaft des bürgerlichen Rechts und die offene Handelsgesellschaft eine auf schuldrechtlicher Vereinbarung, dem Gesellschaftsvertrag, beruhender Zusammenschluss von Personen in gesamthänderischer Verbundenheit. Sie ist **Personengesellschaft** und erfüllt den Grundtatbestand, an den das Gesetz die Entstehung jeder Personengesellschaft knüpft, nämlich eine durch den Gesellschaftsvertrag begründete Verpflichtung mehrerer, die Erreichung eines gemeinsamen Zwecks in der durch den Vertrag bestimmten Weise zu fördern (§§ 161 Abs. 2, 105 Abs. 3, § 705 BGB). Es gibt deshalb keine Einmann-Kommanditgesellschaft. Alle für das Gesamthandsprinzip in der Gesellschaft bürgerlichen Rechts entwickelten Rechtsvorstellungen gelten grundsätzlich auch für die Kommanditgesellschaft, dh. im Wesentlichen: mit dem Abschluss des Gesellschaftsvertrages entsteht eine gesamthänderische Rechtszuständigkeit aller Gesellschafter einschließlich der Kommanditisten in Bezug auf das vorhandene und zukünftige Gesellschaftsvermögen, dessen Teilung niemand zu fordern berechtigt ist (§ 719 Abs. 1 BGB). Ferner wird eine gesamtschuldnerische Mitverpflichtung aller Gesellschafter für die gemeinschaftlichen Verbindlichkeiten begründet, die für Kommanditisten nur unter den in den §§ 171 Abs. 1 und 172 Abs. 1 genannten Voraussetzungen beschränkt ist oder entfällt.[1]

2 Mitglieder der Kommanditgesellschaft können nur Personen sein, und zwar natürliche Personen, juristische Personen oder Personenvereinigungen, die ihrerseits selbständig Inhaber von Rechten und Adressaten von Pflichten sind. Dies gilt sowohl für die persönlich haftenden Gesellschafter als auch für Kommanditisten. Auch geschäftsunfähige oder beschränkt geschäftsfähige natürliche Personen können sowohl persönlich haftende Gesellschafter als auch Kommanditisten sein. Das Gleiche gilt für

---
[1] *Baumbach/Hopt* § 171 RdNr. 2, 6.

juristische Personen jeder Art.² Auch Vorgesellschaften können Mitglieder einer Kommanditgesellschaft sein,³ und zwar auch dann, wenn sie als Liquidationsgesellschaft fortbestehen.⁴ Umstritten ist, ob Personenvereinigungen nur dann Mitglieder einer Kommanditgesellschaft sein können, wenn sie sich auf § 124 berufen können, also ihrerseits offene Handelsgesellschaft oder Kommanditgesellschaft sind. Für letztere ist die Mitgliedsfähigkeit deshalb nicht streitig. Nach älterer Auffassung wird es nicht für möglich gehalten, dass andere Gesamthandsgemeinschaften Mitglieder von Kommanditgesellschaften sein können.⁵ Die moderne Gesamthandslehre hingegen sieht die Gesamthand als Rechtssubjekt, sofern sie nach außen in Erscheinung tritt. Die Rechtsprechung hat das übernommen und sowohl die Scheckfähigkeit von BGB-Gesellschaften als auch deren Befähigung, kommanditistische Mitglieder von Kommanditgesellschaften zu sein, bejaht.⁶ Noch höchst umstritten ist freilich die Anerkennung der Grundbuchfähigkeit von BGB-Gesellschaften.⁷ Von Gesetzes wegen anerkannt sind die Mitgliedsfähigkeit von BGB-Gesellschaften als Kommanditisten (§ 162 Abs. 1 Satz 2) und deren Umwandlungsfähigkeit (§ 191 Abs. 2 Nr. 1 UmwG). Danach wird man die Rechtssubjektivität von Gesamthandsgemeinschaften allgemein jedenfalls dann nicht mehr bestreiten können, wenn sie nach außen in Erscheinung treten, also Außen-Gesamthandsgemeinschaften sind.⁸ Die Rechtsprechung hat eine so weitgehende – über die Anerkennung der Mitgliedsfähigkeit von BGB-Gesellschaften als Kommanditisten – hinausgehende Konsequenz bisher nicht gezogen. Sollte sich das ändern, dann müsste neben der Mitgliedsfähigkeit der Gesellschaft bürgerlichen Rechts auch diejenige der Erbengemeinschaft anerkannt werden. Dies wiederum müsste zur vollständigen dogmatischen Neuordnung der erbrechtlichen Gesellschafter-Nachfolge führen.

2. Außengesellschaft und Quasi-Rechtsfähigkeit. Genauso wie die offene Handelsgesellschaft ist auch die Kommanditgesellschaft **Außengesellschaft**,⁹ es ist ihr wesentliches Merkmal,¹⁰ dass sie als Verband gegenüber Dritten im Rechtsverkehr in Erscheinung tritt. Solange sie dies nicht tut, beschränken sich die Wirkungen des Gesellschaftsvertrages auf das Verhältnis der Gesellschafter zueinander; die Gesellschaft ist (noch) Innengesellschaft, es liegt kein Sachverhalt vor, an dem gegenüber dem Recht der Gesellschaft bürgerlichen Rechts typischen Sonderregelungen für die Personenhandelsgesellschaften, also die offene Handelsgesellschaft und die Kommanditgesellschaft in den §§ 123 ff. und 171 ff. knüpfen. Ob der nach dem Inhalt des Gesellschaftsvertrages als Kommanditgesellschaft konzipierte Zusammenschluss mehrerer Personen so lange als Gesellschaft des bürgerlichen Rechts zu gelten hat, wie er bloße Innengesellschaft ist,¹¹ kann dahinstehen, weil die Gesellschafter in zulässiger Weise auch für ihr Innenverhältnis die Anwendung des Rechts der Kommanditgesellschaft, also der §§ 161 bis 170, vereinbaren können und diese Regelungen demzufolge auch die Verpflichtungen der Gesellschafter untereinander bestimmen.¹² Das für die Unterscheidung der Gesellschaftstypen maßgebliche Kriterium liegt im Hervortreten der Personenhandelsgesellschaften nach außen. Während die Gesellschaften des bürgerlichen Rechts sowohl als Innen-Gesellschaften wie auch als Außen-Gesellschaften vereinbart werden können, sind die Personengesellschaften des Handelsrechts immer nur als Außen-Gesellschaften gewollt; bis zum Hervortreten nach außen sind sie bloß werdende Personenhandelsgesellschaften, weil die wesentliche Verpflichtung aller Gesellschafter, einen Gewerbebetrieb für gemeinschaftliche Rechnung aufzunehmen, eben noch nicht erfüllt wurde.

Nimmt die Gesellschaft ihren Gewerbebetrieb auf, dann ist sie Kommanditgesellschaft, wenn dieser Betrieb Handelsgewerbe iSv. § 1 Abs. 2 ist oder wenn die Gesellschaft als Kommanditgesell-

---

² RG Beschl. v. 4. 7. 1922 – II B 2/22; BGH Beschl. v. 24. 2. 1997 – II ZB 11/96, ZIP 1997, 1027, 1028 – im Zusammenhang mit der Entscheidung über die Fähigkeit einer juristischen Person, persönlich haftende Gesellschafterin einer KG aA zu sein.
³ BGH Urt. v. 9. 3. 1981 – II ZR 173/80, BGHZ 80, 129 = NJW 1981, 1373.
⁴ BGH Urt. v. 28. 11. 1997 – V ZR 178/96, ZIP 1998, 109; Scholz/K. Schmidt § 11 RdNr. 141.
⁵ BGH Urt. v. 12. 12. 1966 – II ZR 41/65, BGHZ 46, 291, 296 = NJW 1967, 826; offengelassen in BGH Urt. v. 19. 2. 1990 – II ZR 42/89, NJW-RR 1990, 798; *Hueck A.* OHG § 2 3. I.; *Hueck G.* GesR § 13 I 3; *Baumbach/Hopt* § 105 RdNr. 29; *Ulmer* § 705 RdNr. 132; MünchHdbKG/*Happ* § 1 RdNr. 38.
⁶ BGH Urt. v. 15. 7. 1997 – XI ZR 154/96 –, ZIP 1997, 1496 (für die Scheckfähigkeit); BGH, Urt. v. 29. 1. 2001 – II ZR 331/00, BGHZ 146, 342 = NJW 2001, 1056; *Gummert*, Schriftenreihe der Gesellschaftsrechtlichen Vereinigung, Bd. 5, 2002, 139 für die Mitgliedsfähigkeit in Kommanditgesellschaften.
⁷ Dafür: MünchKommBGB/*Ulmer*, 4. Aufl. § 705 RdNr. 312 ff.; *Ott* NJW 2003, 1223; *Nagel* NJW 2003, 1646; *Pohlmann* EWiR 2003, 107; dag.: *K. Schmidt* ZIP 1998, 2, 7; BayObLG Beschl. v. 31. 10. 2002 – 2 Z BR 70/02, ZIP 2002, 2175, NJW-RR 2004, 810, 811; offengelassen: BGH Beschl. v. 16. 7. 2004 – IX a ZB 288/03; ZIP 2004, 1775, 1777; zum Streitstand im übrigen: *Wiedemann*, GesR II § 2 III 2 c, S. 649.
⁸ *K. Schmidt* ZIP 1998, 2 ff.; *Weipert*, FS Bezzenberger, S. 439; ders. ZEV 2002, 300.
⁹ BGH Urt. v. 13. 5. 1953 – II ZR 157/52, BGHZ 10, 44, 48 = NJW 1953, 1548.
¹⁰ BGHZ 10, 44, 48 (Fn. 10).
¹¹ So Staub/*Ulmer* § 105 RdNr. 50.
¹² *Hueck A.* OHG § 5 I. 2.; Hdb. PersGes./*Westermann/Aderhold*, I RdNr. 2067, 819; *Baumbach/Hopt* § 123 RdNr. 18; MünchHdbKG/*Happ* § 2 RdNr. 22.

schaft unter ihrer Firma in das Handelsregister eingetragen wurde (§§ 161 Abs. 2, 105 Abs. 2, 123).

5   Indem sie unter einer dieser Voraussetzungen, also als Außen-Gesellschaft, Kommanditgesellschaft wird, erlangt sie nach den §§ 161 Abs. 2, 124 Abs. 1 die Fähigkeit, unter ihrer Firma Rechte zu erwerben und Verbindlichkeiten einzugehen, Eigentum und andere dingliche Rechte an Grundstücken zu erwerben, vor Gericht zu klagen und verklagt zu werden. Die Kommanditgesellschaft ist damit als **rechtlich selbständiges Sondervermögen** ihrer gesamthänderisch miteinander verbundenen Gesellschafter von Gesetzes wegen anerkannt, ohne juristische Person zu sein.[13] Ob diese **Quasi-Rechtsfähigkeit** der Kommanditgesellschaft auf § 124 beruht oder ob diese Gesetzesbestimmung lediglich beschreibt, was nach der modernen Gesamthandslehre für jedes Sondervermögen in der Rechtszuständigkeit mehrerer gesamthänderisch miteinander verbundener Inhaber ohnehin gelten soll,[14] kann hier offen bleiben, weil mit dieser dogmatischen Auseinandersetzung für die Beurteilung der Quasi-Rechtsfähigkeit der Kommanditgesellschaft nichts zu gewinnen ist.

6   **3. Handelsgewerbe (Gesellschaftszweck).** Wie bei der offenen Handelsgesellschaft ist auch der Zweck der Kommanditgesellschaft auf den **Betrieb eines Handelsgewerbes unter gemeinschaftlicher Firma** gerichtet. Wie bei der offenen Handelsgesellschaft ist die Eintragung der Firma einer Kommanditgesellschaft rechtsbegründend für die Qualifizierung als Handelsgesellschaft, wenn tatsächlich kein Handelsgewerbe betrieben wird (§§ 161 Abs. 2, 105 Abs. 2).[15]

7   **4. Organe.** Wie bei jeder Personengesellschaft, so gilt auch in der Kommanditgesellschaft das **Prinzip der Selbstorganschaft:** Die organschaftliche, dh. im Zweifel durch den Abschluss des Gesellschaftsvertrages begründete und nicht etwa einen rechtsgeschäftlichen Auftrag und eine damit verbundene Vollmacht voraussetzende Geschäftsführungs- und Vertretungsbefugnis kann nur Gesellschaftern zustehen.[16] Daraus folgt, dass auch die Kommanditgesellschaft wenigstens einen Gesellschafter braucht, der Träger dieser organschaftlichen Geschäftsführungs- und Vertretungsbefugnis ist.[17] Jede rechtsgeschäftlich durch Auftrag und Vollmacht begründete Geschäftsführungs- und/oder Vertretungsbefugnis von Nicht-Gesellschaftern setzt als Rechtsgrundlage eine organschaftliche Verleihungsbefugnis bei wenigstens einem Gesellschafter voraus.

8   Kommanditisten sind von Gesetzes wegen (§ 170) und zwingend[18] von der Vertretung der Gesellschaft ausgeschlossen. Organschaftliche Geschäftsführungsbefugnisse können sie haben, weil § 164 dispositiv ist.[19]

9   Auch Nicht-Gesellschaftern können organschaftliche Befugnisse eingeräumt werden, sofern dies auf der Ebene des Gesellschaftsvertrages geschieht und neben ihnen auch Gesellschafter mit organschaftlicher Geschäftsführungs- und Vertretungsbefugnis vorhanden sind. Häufig anzutreffendes Beispiel dafür sind Beiräte von Kommanditgesellschaften. Die Gestaltung ihrer Befugnisse ist dispositiv. Im Rahmen dieser Befugnisse entscheidet der Beirat als Gesellschaftsorgan mit bindender Wirkung für alle Gesellschafter.[20] Ebenso wie Aufgaben und Befugnisse eines aus Nicht-Gesellschaftern bestehenden Gesellschaftsorgans nur durch Gesellschaftsvertrag geschaffen werden können, ist ihre Einschränkung oder Beseitigung nur durch Änderung des Gesellschaftsvertrages, dh. unter den Voraussetzungen, unter denen diese zulässig ist, möglich (Einzelheiten § 163 RdNr. 12, 30 ff.).

10 **5. Haftungsstruktur.** Komplementäre und Kommanditisten haften unterschiedlich. **Komplementäre** haften persönlich, unbeschränkt und unbeschränkbar neben der Kommanditgesellschaft in gleicher Weise und in gleicher Höhe wie diese für deren Verbindlichkeiten. Ihre Haftung unterscheidet sich nicht von derjenigen aller Gesellschafter in der offenen Handelsgesellschaft. Die Haftung von **Kommanditisten** gegenüber den Gesellschaftsgläubigern ist hingegen „auf den Betrag einer bestimmten Vermögenseinlage beschränkt" (§ 161 Abs. 1). Das wird durch § 172 Abs. 1 und Abs. 2

---

[13] BGH Urt. v. 16. 2. 1961 – III ZR 71/60, BGHZ 34, 293, 296 = NJW 1961, 1022; BGHZ 110, 128 (Fn. 7); *Hueck* A. OHG § 3 III.; Baumbach/*Hopt* § 124 RdNr. 1.
[14] So *Flume* I. 1. § 4; ZHR 136 (1972), 177, 187; MünchKommBGB/*Ulmer* § 705 RdNr. 160 ff.; *K. Schmidt* GesR § 8 III 4, ZIP 1998, 2; *Hommelhoff* ZIP 1998, 8; MünchHdbBGB-Ges./*Gummert* Bd. I § 17 RdNr. 9; BAG Urt. v. 6. 7. 1989 – 6 AZR 771/87, NJW 1989, 3034; BGH Beschl. v. 4. 11. 1991 – II ZB 10/91, BGHZ 116, 86, 88 ff. = NJW 1992, 499; BGH Urt. v. 10. 2. 1992 – II ZR 54/91, BGHZ 117, 168 = NJW 1992, 1615, 1616 f.
[15] Siehe im Übrigen die Erläuterungen zu § 105.
[16] BGH Urt. v. 11. 7. 1960 – II ZR 260/59, BGHZ 33, 105, 108 = NJW 1960, 1977; BGH Urt. v. 22. 1. 1962 – II ZR 11/61, BGHZ 36, 292 = NJW 1962, 738; BGH Urt. v. 5. 10. 1981 – II ZR 203/80, WM 1982, 394.
[17] BGHZ 33, 105 (Fn. 17); BGH Urt. v. 9. 12. 1968 – II ZR 33/67, BGHZ 51, 198, 200 = NJW 1969, 507.
[18] BGHZ 51, 198, 200 (Fn. 18); Baumbach/*Hopt* § 170 RdNr. 1, vgl. aber die krit. Erl. zu § 170 RdNr. 4.
[19] BGH Urt. v. 4. 3. 1976 – II ZR 178/74, BB 1976, 526; BGH Urt. v. 17. 3. 1966 – II ZR 282/63, BGHZ 45, 204 = NJW 1966, 1309; BGHZ 51, 198, 200 (Fn. 18).
[20] BGH Urt. v. 1. 12. 1969 – II ZR 224/67, BB 1970, 226; Baumbach/*Hopt* § 163 RdNr. 12.

präzisiert: Gegenüber den Gesellschaftsgläubigern haftet der Kommanditist unmittelbar grundsätzlich nur bis zum Betrag der in das Handelsregister eingetragenen Einlage (auch Haftsumme). Übersteigt die tatsächlich vereinbarte Einlage den in das Handelsregister eingetragenen Betrag (Pflichteinlage), dann ergibt sich daraus nur dann eine unmittelbare Haftung gegenüber den Gläubigern, wenn die höhere Einlage in handelsüblicher Weise bekanntgemacht oder allen oder einzelnen Gläubigern mitgeteilt wurde (§ 172 Abs. 2). Solange ein Kommanditist mit einer ihm zugeordneten Einlage überhaupt nicht in das Handelsregister eingetragen ist, haftet er den Gläubigern gegenüber unbeschränkt, sofern er der Aufnahme des Geschäftsbetriebs zustimmte (§ 176 Abs. 1). Hat ein Kommanditist die von ihm versprochene Einlage in das Vermögen der Kommanditgesellschaft geleistet, dann ist insoweit seine Haftung gegenüber den Gesellschaftsgläubigern ausgeschlossen (§ 171 Abs. 1).

Jede Kommanditgesellschaft muss wenigstens einen persönlich haftenden Gesellschafter und einen Kommanditisten haben. In dieser haftungsrechtlich unterschiedlich zu behandelnden Gesellschafterzusammensetzung unterscheidet sie sich von der offenen Handelsgesellschaft.

6. Vermögensstruktur und Gesellschafterwechsel. Weil die Kommanditgesellschaft Gesamthand ist, wird ihr Vermögen – nach konservativer Rechtsauffassung – unmittelbar ihren Gesellschaftern in gesamthänderischer Verbundenheit zugerechnet. Die Realisierung des für jeden Gesellschafter mit seiner gesamthänderischen Beteiligung verbundenen Vermögenswerts wäre nach dieser Vorstellung nur durch Ausscheiden gegen Abfindung oder Liquidation für gemeinsame Rechnung möglich. Heute gilt als gesichert, dass auch Personengesellschaftsanteile übertragbar sind, wenn dies im Gesellschaftsvertrag zugelassen ist oder wenn die Mitgesellschafter zustimmen.[21] Die Kommanditbeteiligung ist von Gesetzes wegen **vererblich** (§ 177), und die Beteiligung eines persönlich haftenden Gesellschafters kann durch eine sog. erbrechtliche Nachfolgeklausel im Gesellschaftsvertrag vererblich gestellt werden.[22] De facto ist damit der Anteil am Gesellschaftsvermögen entgegen der Bestimmung in § 719 Abs. 1 BGB ein der Veräußerung und der Vererbung fähiges Wirtschaftsgut. Ob diese Feststellungen dazu zwingen, die Beteiligung von Gesellschaftern einer Kommanditgesellschaft nicht mehr als Mitberechtigung am Gesellschaftsvermögen iSv. § 718 Abs. 1 BGB anzusehen, sondern als ein davon verschiedenes Wirtschaftsgut, nämlich den Gesellschaftsanteil, wird in der Rechtswissenschaft unverändert streitig erörtert.[23]

II. Sonderformen

1. Allgemeines. Bis zur GmbH-Novelle 1980 (BGBl. I S. 836) beschrieb das Gesetz die Kommanditgesellschaft ohne die Bestimmungen in den §§ 172 Abs. 6, 172a und 177a. Die GmbH-Novelle 1980 ergänzte das bis dahin geltende Recht um das, was die Rechtsentwicklung – zumindest – notwendig gemacht hatte, woraus zugleich die Berechtigung der Aussage folgt, dass die **gesetzestypische** Kommanditgesellschaft wenigstens einen persönlich haftenden Gesellschafter hat, der natürliche Person ist. Die wirtschaftsrechtliche Entwicklung führte aus verschiedenen Motiven (Steueroptimierung, Haftungsbegrenzung, Kapitalmarktnutzung außerhalb der Börse) zu Erscheinungsformen der Kommanditgesellschaft, die sich von diesem gesetzestypischen Bild lösten.

2. GmbH & Co. Seit 1922[24] ist die Kommanditgesellschaft mit einer Kapitalgesellschaft (GmbH oder AG) als einziger persönlich haftender Gesellschafterin anerkannt.[25] Daraus hat sich das Sonderrecht der GmbH & Co. entwickelt. Hierzu vgl. Anh. nach § 177a A.

3. Publikumsgesellschaft. Die Entwicklung der Publikumsgesellschaft ist – anders als diejenige der GmbH & Co. – keine Veränderung der gesetzlichen Typizität, sondern eine durch die Art der im Wirtschaftsleben verbreiteten Verwendung des Typs der Kommanditgesellschaft entstandene Sonderform derselben. Publikumsgesellschaften entsprechen in ihrer Struktur der gesetzestypischen Kommanditgesellschaft oder der GmbH & Co. Ihr besonderes Merkmal ist durch die **weitgehende Anonymität der Kommanditisten** (meistens der Treugeber von Kommanditisten) geprägt, um deren Einlagebereitschaft auf den frei zugänglichen Kapitalmärkten geworben wird. Zur Darstellung des Sonderrechts der Publikumsgesellschaft vgl. Anh. nach § 177a B.

---

[21] BGH Urt. v. 28. 4. 1954 – II ZR 8/53, BGHZ 13, 179 = NJW 1954, 1155; Urt. v. 11. 4. 1957 – II ZR 182/55, BGHZ 24, 106, 115 = NJW 1957, 1026; Urt. v. 8. 11. 1965 – II ZR 223/64, BGHZ 44, 229, 231 = NJW 1966, 499; Urt. v. 25. 4. 1966 – II ZR 120/64, BGHZ 45, 221, 222 = NJW 1966, 1307; Urt. v. 29. 6. 1981 – II ZR 142/80, BGHZ 81, 82, 84 = NJW 1981, 2747; BGH Urt. v. 14. 5. 1986 – IVa ZR 155/84, BGHZ 98, 45, 50 = NJW 1986, 2307.
[22] BGH Urt. v. 10. 2. 1977 – II ZR 120/75, BGHZ 68, 225 = NJW 1977, 1339.
[23] *Timm* NJW 1995, 3209; *K. Schmidt* ZIP 1998, 2.
[24] RGZ 105, 101 (Fn. 2).
[25] Zum derzeitigen Diskussionsstand vgl. Fn. 2.

16 **4. Kapitalistische Kommanditgesellschaft.** Hierbei handelt es sich nicht um eine als Sonderform (mit der Entwicklung eines darauf abstellenden Sonderrechts) anzusprechende Variation der gesetzestypischen Kommanditgesellschaft. Die kapitalistische Kommanditgesellschaft steht in ihrer Herrschaftsstruktur einer Aktiengesellschaft nahe: Ihre persönlich haftenden Gesellschafter führen das Unternehmen der Gesellschaft, deren Eigenkapital ganz oder im Wesentlichen von den Kommanditisten aufgebracht wird. Das verlangt in Einzelfällen eine dieser Besonderheit gerecht werdende Rechtsbehandlung.[26]

III. Entstehung und Erlöschen der Kommanditgesellschaft

17 **1. Abschluss des Gesellschaftsvertrages.** Das Kommanditgesellschaftsverhältnis wird durch schuldrechtlichen Vertrag jedes Gesellschafters einschließlich der Kommanditisten mit jedem (allen) anderen Gesellschafter(n) begründet. Für Änderungen des Vertrages und seine Aufhebung gilt vorbehaltlich der Grenzen, innerhalb derer vereinbarte Mehrheitsentscheidungen darüber zulässig sind (hierzu § 163 RdNr. 30 ff.) dasselbe. Gegenstand des Gesellschaftsvertrages ist die Einigung aller Vertragsbeteiligten auf die wechselseitige Verpflichtung zur **Förderung eines gemeinschaftlichen Zwecks,** welcher auf den **Betrieb eines** vorhandenen oder erst aufzunehmenden **Gewerbes** gerichtet ist, wozu auch die Verwaltung eigenen Vermögens gehören kann. Der Abschluss des Gesellschaftsvertrages kann sich deshalb auch durch Eintritt in ein bestehendes Handelsgeschäft (§ 24 Abs. 1) oder durch Eintritt in eine schon bestehende Gesellschaft vollziehen. Solange die so begründete Gesellschaft nach außen nicht hervortritt, ist sie Innengesellschaft, was nicht ausschließt, dass für das Verhältnis der Gesellschafter untereinander und zur Gesellschaft die für das Innenverhältnis in der Kommanditgesellschaft maßgeblichen gesetzlichen Vorschriften gelten, sofern dies vereinbart wurde (vgl. oben RdNr. 3).

18 Für das Zustandekommen des Gesellschaftsvertrages, die rechtlichen Verhältnisse in der Innengesellschaft und die Folgen eines fehlerhaften Vertragsabschlusses gelten vorbehaltlich des in Bezug auf Publikums-Kommanditgesellschaften entwickelten Sonderrechts alle schon für die offene Handelsgesellschaft dargestellten Regeln (§§ 161 Abs. 2, 105 – vgl. Kommentierung zu § 105).

19 Mit **Eintragung der Gesellschaft in das Handelsregister** (§ 123 Abs. 1) oder **Aufnahme ihres Geschäftsbetriebs** (§ 123 Abs. 2) wird die zum Betrieb eines erst aufzunehmenden Gewerbes gegründete Kommanditgesellschaft Außengesellschaft (s. o. RdNr. 4). Bestand der von der Gesellschaft zu unterhaltende Geschäftsbetrieb bereits bei Abschluss des Gesellschaftsvertrages, etwa bei Aufnahme eines Teilhabers in ein einzelkaufmännisch geführtes Handelsgeschäft, dann führt die mit dem Eintritt verbundene Gesellschaftsgründung sogleich zur Außengesellschaft.

20 **2. Änderung in der rechtlichen Qualifikation der Gesellschafterstellung.** Weil die Kommanditgesellschaft begriffsnotwendig eine Personenhandelsgesellschaft mit mindestens einem persönlich haftenden Gesellschafter und mindestens einem Kommanditisten ist, kann eine bestehende offene Handelsgesellschaft dadurch zur Kommanditgesellschaft werden, dass eines ihrer Mitglieder seine Rechtsstellung durch Haftungsbeschränkung auf eine schon oder die dann in das Handelsregister einzutragende Kommanditbeteiligung verändert (vgl. hierzu im Einzelnen § 162 RdNr. 26). Das setzt eine Änderung des Gesellschaftsvertrages voraus. Abgesehen von den Rechtsveränderungen, die sich in diesem Falle von Gesetzes wegen oder nach dem Gesellschaftsvertrag ergeben, bleibt die Mitgliedschaft des von der Änderung betroffenen Gesellschafters unberührt.[27]

21 Umgekehrt kann eine Kommanditgesellschaft offene Handelsgesellschaft werden, weil der letzte Kommanditist aus der mit mehreren persönlich haftenden Gesellschaftern bestehenden Gesellschaft ausscheidet. Scheidet der letzte Kommanditist aus einer zweigliedrigen Gesellschaft aus, so erlischt die Gesellschaft; unter den gesetzlichen (§ 140) oder gesellschaftsvertraglich vereinbarten Voraussetzungen kann der verbleibende Gesellschafter das Handelsgeschäft als Einzelkaufmann fortsetzen. Sofern die Kommanditgesellschaft in das Handelsregister eingetragen ist, verliert sie diese Eigenschaft nicht durch Aufgabe eines bisher betriebenen Handelsgewerbes, sofern sie nur überhaupt ein Gewerbe betreibt oder eigenes Vermögen verwaltet (§ 105 Abs. 2 nF).

22 Vereinigen sich die Rechte eines durch Tod oder Sonderrechtsnachfolge (Abtretung der Kommanditbeteiligung) ausgeschiedenen Kommanditisten mit denjenigen eines vorhandenen persönlich haftenden Gesellschafters, dann erlischt die Kommanditbeteiligung; sie geht in derjenigen des persönlich haftenden Gesellschafters auf. Die Gesellschaft besteht nur dann als Kommanditgesellschaft – oder überhaupt – fort, wenn noch wenigstens ein weiterer Kommanditist vorhanden ist. Im Übrigen

---

[26] *Maiberg* DB 1980, 2175.
[27] BayOLG Beschl. v. 21. 5. 1970 – BReg. 2 Z 24/70, NJW 1970, 1796.

gelten die Erläuterungen zu RdNr. 21. Geht die Rechtsstellung eines verstorbenen persönlich haftenden Gesellschafters auf Erben über, so können diese und jeder von ihnen von den übrigen Gesellschaftern verlangen, dass ihnen (oder ihm) unter Fortbestand der Mitgliedschaft im Übrigen die Rechtsstellung eines Kommanditisten eingeräumt wird (§ 139). Dieses Verlangen löst jedoch keinen Anspruch auf Änderung des Gesellschaftsvertrages, sondern ein Sonderkündigungsrecht der (oder des) die Änderung verlangenden Erben aus.

3. Entstehung durch Umwandlung. Die Kommanditgesellschaft kann durch Umwandlung nach den Bestimmungen des UmwG entstehen. Weil das UmwG für die von ihm erfassten Umwandlungsfälle keine Unterscheidung zwischen der offenen Handelsgesellschaft und der Kommanditgesellschaft trifft, sondern beide Ausprägungen der Personenhandelsgesellschaft für Umwandlungszwecke typgleich behandelt, gelten die Erläuterungen über die Entstehung von offenen Handelsgesellschaften durch Umwandlung nach den Bestimmungen des UmwG auch für die Kommanditgesellschaft (§ 105 RdNr. 85–87). 23

4. Auflösung und Liquidation. Die Kommanditgesellschaft erlischt durch Auflösung und Liquidation oder Umwandlung auf gleiche Weise wie eine offene Handelsgesellschaft. Scheidet der Letzte persönlich haftende Gesellschafter aus, so hat das die Auflösung der Kommanditgesellschaft zur Folge, denn es gibt keine handelsrechtliche Personengesellschaft ohne einen persönlich haftenden Gesellschafter.[28] Diese Folge ist mit Wirkung nach außen nicht aufhebbar[29] und deshalb zwingend in das Handelsregister einzutragen. Setzen die verbleibenden Kommanditisten das Handelsgeschäft fort, so wandelt sich die Kommanditgesellschaft von Gesetzes wegen in eine offene Handelsgesellschaft um.[30] Sowohl in diesem Falle, als auch dann, wenn vor Abschluss der Liquidation (Vollbeendigung) ein neuer persönlich haftender Gesellschafter in die Gesellschaft aufgenommen wird oder einer von mehreren verbliebenen Kommanditisten die persönliche Haftung übernimmt, bleibt die Identität des Handelsgeschäfts in der gesamthänderischen Rechtszuständigkeit aller Gesellschafter erhalten (vgl. § 162 RdNr. 29). 24

§ 162 [Anmeldung zum Handelsregister]

(1) ¹ Die Anmeldung der Gesellschaft hat außer den in § 106 Abs. 2 vorgesehenen Angaben die Bezeichnung der Kommanditisten und den Betrag der Einlage eines jeden von ihnen zu enthalten. ² Ist eine Gesellschaft bürgerlichen Rechts Kommanditist, so sind auch deren Gesellschafter entsprechend § 106 Abs. 2 und spätere Änderungen in der Zusammensetzung der Gesellschafter zur Eintragung anzumelden.

(2) Bei der Bekanntmachung der Eintragung der Gesellschaft sind keine Angaben zu den Kommanditisten zu machen; die Vorschriften des § 15 sind insoweit nicht anzuwenden.

(3) Diese Vorschriften finden im Falle des Eintritts eines Kommanditisten in eine bestehende Handelsgesellschaft und im Falle des Ausscheidens eines Kommanditisten aus einer Kommanditgesellschaft entsprechende Anwendung.

Übersicht

	RdNr.		RdNr.
I. Zweck und Rechtswirkung der Handelsregistereintragung	1–4	III. Bekanntmachung der Eintragung (Abs. 2)	19–21
1. Übersicht	1, 2	1. Inhalt der Eintragung	19
2. Zweck der Handelsregistereintragung	3	2. Bekanntmachung der Eintragung	20, 21
3. Rechtswirkung von Handelsregistereintragungen	4	IV. Anmeldung, Eintragung und Bekanntmachung von Veränderungen (Abs. 3)	22–42
II. Die Anmeldung der Gesellschaft (Abs. 1)	5–18	1. Allgemeines	22
1. Gegenstand der Handelsregisteranmeldung	5–10	2. Eintritt und Ausscheiden von Kommanditisten	23–35
2. Anmeldepflichtige Personen	11–14	3. Sonderrechtsnachfolge	36–41
3. Form der Anmeldung und Verfahren vor dem Registergericht	15–18		

---

[28] BGH Urt. v. 19. 12. 1979 – II ZR 186/77, NJW 1979, 1705, 1706.
[29] Baumbach/*Hopt* § 131 RdNr. 34 ff.
[30] BGH NJW 1979, 1705, 1706 (Fn. 29).

	RdNr.		RdNr.
4. Wechsel in eine andere Gesellschafterstellung	42	1. Auflösung und Liquidation	43
V. Auflösung und Beendigung der Gesellschaft	43, 44	2. Beendigung der Gesellschaft und Auflösung ohne Liquidation	44

I. Zweck und Rechtswirkung der Handelsregistereintragung

1 **1. Übersicht.** Weil alle für Kaufleute geltenden Bestimmungen des HGB gem. § 6 Abs. 1 auch auf die Handelsgesellschaften Anwendung finden, sind Handelsgesellschaften in das für ihren Sitz maßgebliche Handelsregister einzutragen. **Eintragungspflichtig** sind alle Tatsachen, deren Eintragung das Gesetz anordnet.[1] Was nicht eintragungspflichtig ist, ist grundsätzlich auch nicht eintragungsfähig. Das Gesetz kennt Ausnahmen von diesem Grundsatz (zB in den §§ 25 Abs. 1, 28 Abs. 2, 174 Halbs. 1). Die gerichtliche Praxis erkennt auch solche Tatsachen (Rechtsverhältnisse) als eintragungsfähig an, deren Offenbarung der Zweck des Handelsregisters fordert, obwohl es insoweit an einer gesetzlichen Anordnung fehlt.[2] Maßgeblich ist insoweit das Bedürfnis nach **Sicherheit des Rechtsverkehrs**.[3] Deshalb sind zB eintragungsfähig: Die Gestattung des Selbstkontrahierens;[4] die Befugnis zur Ausübung von Kommanditistenrechten durch Testamentsvollstrecker, und zwar nicht aus haftungsrechtlichen Erwägungen, sondern deshalb, weil der Testamentsvollstrecker anstelle des/der Erben zur Vornahme von Handelsregisteranmeldungen berechtigt und verpflichtet ist und weil der Testamentsvollstrecker anstelle der Erben deren Sondervertretungsbefugnis[5] für die Gesellschaft wahrzunehmen berechtigt ist und weil die Sicherheit des Rechtsverkehrs einen zuverlässigen Nachweis solcher Befugnisse gebietet.[6] Ist eine BGB-Gesellschaft Kommanditistin, so sind auch deren Gesellschafter zur Eintragung in das Handelsregister anzumelden.[7]

2 Neben den allgemeinen Vorschriften über das Handelsregister (§§ 8 bis 16 HRV, §§ 125 bis 143 FGG) gelten auf Grund der allgemeinen Verweisung in § 161 Abs. 2 auch für die Kommanditgesellschaft die Registervorschriften in den §§ 106 bis 108, 125 Abs. 4, 143, 144, 148, 157 Abs. 1. Für die Kommanditgesellschaft sind außerdem die Sondervorschriften in den §§ 162, 175 maßgeblich.

3 **2. Zweck der Handelsregistereintragung.** Das Handelsregister dient der Identifikation von Personen und Gesellschaften, die sich als gewerbliche Unternehmen unter einer Firma, dh. nicht notwendig unter eigenem Namen, am Geschäftsverkehr beteiligen. Es ist maßgebliche Informationsquelle[8] für die Inhaber- und Rechtsverhältnisse bei den in das Handelsregister eingetragenen Firmen, soweit dies für die Gewährleistung von Rechtsgewissheit im gewerblichen Verkehr notwendig ist.

4 **3. Rechtswirkung von Handelsregistereintragungen.** Die Eintragungen in ein Handelsregister sollen Rechtsverhältnisse bekunden, insbesondere über die richtige Firma Auskunft geben, unter der ein Handelsgeschäft betrieben wird, ferner darüber, wer sein Inhaber ist und wie die Vertretungs- und Haftungsverhältnisse sind. Indem es Rechtsverhältnisse bloß bekundet, begründet es solche Rechtsverhältnisse idR nicht. Von dieser Regel gibt es Ausnahmen: Jedes gewerbliche Unternehmen, dessen Firma in das Handelsregister eingetragen ist, gilt als Handelsgewerbe iSv. § 1 Abs. 2, auch wenn es nach Art oder Umfang einen in kaufmännischer Weise eingerichteten Geschäftsbetrieb nicht erfordert (§ 2). Entsprechendes gilt für Personengesellschaften; sie gelten als Handelsgesellschaften (offene Handelsgesellschaft oder Kommanditgesellschaft), auch wenn sie keinen in kaufmännischer Weise eingerichteten Geschäftsbetrieb brauchen oder nur eigenes Vermögen verwalten, wenn sie nur unter einer Firma in das Handelsregister eingetragen sind (§ 105 Abs. 2). Bei den Kapitalgesellschaften wirkt deren Eintragung in das Handelsregister rechtlich existenzbegründend, also konstitutiv; dasselbe gilt für jede Satzungsänderung bei Kapitalgesellschaften. Im Übrigen beschreibt § 15 die Rechtswirkung der Handelsregistereintragungen.

---

[1] RG Beschl. v. 26. 3. 1931 – II B 5/31 – RGZ 132, 138, 140.
[2] KG Beschl. v. 6. 5. 1943 – 1 Wx 112/43 – DR 1943, 981, 982.
[3] Baumbach/*Hopt* § 8 RdNr. 5.
[4] OLG Hamm Beschl. v. 21. 2. 1983 – 15 W 87/82, BB 1983, 858; HansOLG Hamburg Beschl. v. 29. 4. 1986 – 2 W 3/86, – BB 1986, 1255; BayObLG Beschl. v. 21. 9. 1989 – BReg. 3 Z 5/89, NJW-RR 1990, 420; für die GmbH & Co., und zwar im Sinne einer Eintragungspflicht.
[5] BGH Urt. v. 9. 1. 1995 – II ZR 24/94, NJW 1995, 596.
[6] Wie hier: MünchKommHGB/*K. Schmidt* § 177 RdNr. 37; Baumbach/*Hopt* § 139 RdNr. 28; *D. Mayer* ZiP 1990, 976/978; offen BGH Beschl. v. 3. 7. 1989 – II ZB 1/89, BGHZ 108, 184, 190 = NJW 1989, 3152; dagegen: *Damrau* BWNotZ 1990, 69.
[7] Zur Anmeldepflicht vgl. RdNr. 11; BGH Beschl. v. 16. 7. 2001; BGHZ 148, 291; Baumbach/*Hopt* § 162 RdNr. 2; *Bergmann* ZIP 2003, 2236.
[8] *MünchHdbKG/Wölff* § 4 RdNr. 2.

II. Anmeldung der Gesellschaft (Abs. 1)

1. Gegenstand der Handelsregisteranmeldung. Was zur Eintragung in das Handelsregister 5 anzumelden ist, bestimmen § 106 Abs. 2 und § 162 Abs. 1. Danach sind von Gesetzes wegen anzugeben:
- die Namen, Vornamen, das Geburtsdatum und der Wohnort (dh. nicht die volle Wohnanschrift) jedes Gesellschafters (§ 106 Abs. 2 Nr. 1),
- die Bezeichnung der Kommanditisten und der Betrag der Einlage eines jeden von ihnen (§ 162 Abs. 1),
- die Firma der Gesellschaft und deren Sitz (§ 106 Abs. 2 Nr. 2),
- der Zeitpunkt, mit welchem die Gesellschaft begonnen hat (§ 106 Abs. 2 Nr. 3).

Die vereinbarte **Rechtsform der Gesellschaft,** also offene Handelsgesellschaft oder Kommandit- 6 gesellschaft, ergibt sich aus dem Sinnzusammenhang, also daraus, dass mehrere natürliche oder juristische Personen oder eintragungsfähige Personenvereinigungen gemeinschaftlich unter einer Firma ein gewerbliches Unternehmen betreiben oder betreiben wollen und dass eine oder mehrere von ihnen Kommanditisten sind. Dennoch gebietet HRV 40 Nr. 5 Abs. 2 a, dass auch die „Art der Gesellschaft" in das Handelsregister eingetragen wird. Zweckmäßig ist es deshalb, die Rechtsform der vereinbarten Gesellschaft bei deren Anmeldung anzugeben.

Die Angabe des **Geburtsdatums** von Gesellschaftern, die natürliche Personen sind, wird anstelle 7 der früher notwendigen Angaben zum „Stand" solcher Gesellschafter in der Neufassung der §§ 106 Abs. 2 Nr. 1 und 162 Abs. 2 durch Art. 3 Nr. 25 und Nr. 34 HRefG gefordert. Die Angabe des Geburtsdatums in der Anmeldung und seine Eintragung in das Handelsregister ist im Hinblick auf das Minderjährigen-Haftungsbeschränkungsgesetz erforderlich und im Übrigen schon deshalb zweckmäßig, weil Angaben zu gesetzlichen Vertretern von Gesellschaftern für nicht eintragungsfähig gehalten werden,[9] im Rechtsverkehr aber ein Interesse daran besteht, zu erfahren, ob ein Gesellschafter nur durch einen gesetzlichen Vertreter handeln kann.

Wer **Gesellschafter** sein kann und Gesellschafter ist, muss eingetragen werden (hierzu vgl. § 161 8 RdNr. 2). Sind Gesellschafter ihrerseits in ein öffentliches Register eingetragen (Handelsregister, Genossenschaftsregister, Partnerschaftsregister), dann werden sie auch in das Handelsregister der Kommanditgesellschaft ausschließlich mit der Bezeichnung (Firma) eingetragen, unter der sie in das für sie geführte Register eingetragen sind.[10] Ist ein eingetragener Kaufmann („e. K.", „e. Kfm." oder „e. Kfr.") iSv. § 19 Abs. 1 Gesellschafter, so kann er zur Eintragung unter der für ihn eingetragenen Firma angemeldet werden. Weil der Hinweis auf die Registereintragung nach dem HRefG 1998 zwingender Bestandteil der Firma des Einzelkaufmanns ist, erscheint die bisher geforderte Hinzufügung des bürgerlichen Namens entbehrlich.[11] Nach HRV 61, Nr. 3 sind auch die abstrakte und – gegebenenfalls – eine hiervon abweichende konkrete Vertretungsbefugnis der persönlich haftenden Gesellschafter zur Eintragung anzumelden

Wird die Gesellschaft vor dem in der Anmeldung angegebenen Zeitpunkt ihres Beginns angemel- 9 det, dann wird der Geschäftsbeginn spätestens auf den Tag der Eintragung fallen, weil die Kommanditgesellschaft mit diesem Zeitpunkt Außengesellschaft, also im Verhältnis zu Dritten wirksam wird (§§ 161 Abs. 2, 123 Abs. 1).

Die gegenüber den nach § 106 Abs. 2 für jede Personenhandelsgesellschaft gleichermaßen an- 10 meldepflichtigen Angaben wichtigste Sonderregelung von § 162 Abs. 1 betrifft die Bezeichnung derjenigen Gesellschafter, die als Kommanditisten beschränkt haften wollen. Sie sind zusammen mit demjenigen Betrag, auf welchen die Haftung begrenzt werden soll, gegenüber dem Registergericht anzugeben (RdNr. 5). Das Gesetz bezeichnet diesen Betrag als „Einlage". Gemeint ist damit nicht zwingend die im Gesellschaftsvertrag festgelegte „Pflichteinlage", sondern derjenige Betrag, auf den die persönliche Haftung der jeweiligen Kommanditisten gegenüber den Gesellschaftsgläubigern gem. § 171 Abs. 1 beschränkt ist.[12] Ist der Wortlaut der Anmeldung nicht eindeutig, so ist auszulegen; im Zweifel gilt der in der Anmeldung bezeichnete Geldbetrag als Bezeichnung der Haftsumme.[13]

---

[9] Baumbach/*Hopt* § 106 RdNr. 2.
[10] Früher streitig vgl. LG Essen Beschl. v. 9. 2. 1962 – 16 T 1/62, BB 1962, 388, 389.
[11] Insoweit übereinstimmend: BayObLG Beschl. v. 16. 2. 1973 – BReg. 2 Z 4/73, BB 1973, 397; Staub/*Schilling* § 161 RdNr. 25; Baumbach/*Hopt* § 106 RdNr. 6.
[12] Baumbach/*Hopt* § 171 RdNr. 1; Schlegelberger/*Martens* § 162 RdNr. 4; MünchKommHGB/*Grunewald* § 162 RdNr. 1.
[13] OLG Celle OLGZ 1975, 385.

§ 162 11–15

11 **2. Anmeldepflichtige Personen.** Mit der Anmeldung soll die Beschaffenheit des Gesellschaftsverhältnisses bekundet werden, es soll also mitgeteilt werden, wer Gesellschafter ist und in welcher Qualität er Gesellschafter ist (persönlich haftender Gesellschafter oder Kommanditist), darüber hinaus soll aus dem Register ersichtlich sein, ob von der gesetzlichen Regelung abweichende Vertretungsbefugnisse vereinbart wurden, ob also einzelne persönlich haftende Gesellschafter von der Vertretung der Gesellschaft ausgeschlossen sind oder ob einzelne oder alle persönlich haftenden Gesellschafter von den Beschränkungen des § 181 BGB gänzlich oder in Bezug auf bestimmte Arten von Geschäften oder nur für Rechtsgeschäfte mit bestimmten Personen[14] befreit wurden. Deshalb ist nicht die Gesellschaft als Unternehmensträgerin anmeldepflichtig, sondern ausnahmslos jeder Gesellschafter, sei er nun Komplementär oder Kommanditist, vertretungsbefugt für die Gesellschaft oder nicht (§§ 161 Abs. 2, 108 Abs. 1). Ist eine BGB-Gesellschaft Kommanditistin, so sind nicht nur deren vertretungsberechtigte, sondern deren sämtliche Gesellschafter anmeldepflichtig, weil die Mitgliedschaft zur gesamten Hand alle Mitglieder dieser Gesamthand in ihrer haftungsrechtlichen Verbundenheit betrifft.

12 Allerdings ist **Stellvertretung bei der Anmeldung** zulässig. Das folgt aus § 12 Abs. 2 (zur Form der Vollmacht vgl. unten RdNr. 15). Die Vollmacht kann auch bereits Bestandteil des Gesellschaftsvertrages sein.[15] Die Vertretung von Gesellschaftern durch andere Gesellschafter scheitert nicht an § 181 BGB.[16] Mangels abweichender Vereinbarung ist auch die Anmelde-Vollmacht jederzeit widerruflich.[17] Die Vollmacht kann unwiderruflich erteilt werden; ist sie Bestandteil des Gesellschaftsvertrages, so gilt sie als unwiderruflich. Jede unwiderrufliche Vollmacht kann stets aus wichtigem Grunde widerrufen werden.[18] In jedem Falle ist die Vollmacht auszulegen, und zwar restriktiv; so gewährt zB die Bevollmächtigung des persönlich haftenden Gesellschafters zur Anmeldung des Beitritts weiterer Kommanditisten nicht die Befugnis zur Anmeldung des Beitritts weiterer persönlich haftender Gesellschafter oder zur Auswechslung des persönlich haftenden Gesellschafters.[19]

13 Die Verpflichtung zur Anmeldung aller eintragungspflichtigen Umstände besteht als öffentlich-rechtliche Pflicht, deren Erfüllung durch Festsetzung von Zwangsgeld durchgesetzt werden kann (§ 14). Aus diesem Grunde ist es nicht möglich, einzelne Gesellschafter (zB alle Kommanditisten) durch gesellschaftsvertragliche Vereinbarung oder Gesellschafterbeschluss von dieser Verpflichtung zu entbinden.[20]

14 Soweit Handelsregistereintragungen das Gesellschaftsverhältnis als solches, also Umstände betreffen, die Gegenstand der Rechtsbeziehungen der Gesellschafter untereinander sind, berühren sie auch das Interesse eines jeden Gesellschafters. Deshalb ist jeder Gesellschafter auch allen anderen Gesellschaftern gegenüber gesellschaftsrechtlich verpflichtet, an der Anmeldung aller eintragungsfähigen – nicht nur der eintragungspflichtigen – Rechtsverhältnisse mitzuwirken. Dies gilt insbesondere für die Anmeldung der für Kommanditisten vereinbarten Haftsummen, weil die damit bezweckte Beschränkung der persönlichen Haftung von Kommanditisten idR erst durch die Eintragung dieser Haftsumme in das Handelsregister bewirkt wird (§ 172 Abs. 1). Die Bevollmächtigung einzelner Gesellschafter durch den Gesellschaftsvertrag, andere Gesellschafter in Hinsicht auf die Registeranmeldung zu vertreten, ist auch im Verhältnis der Gesellschafter zueinander keine Entbindung von der Anmeldepflicht, weil die Vollmacht stets – zumindest aus wichtigem Grunde – widerrufen werden kann. Jeder Gesellschafter kann den Anspruch auf Mitwirkung anderer Gesellschafter bei der Anmeldung eintragungsfähiger Rechtsverhältnisse klageweise geltend machen. Jedenfalls in Bezug auf alle bloß deklaratorisch wirkenden Registereintragungen kann der Anspruch auf Mitwirkung an deren Anmeldung auch mit einstweiligen Verfügungen durchgesetzt werden.[21]

15 **3. Form der Anmeldung und Verfahren vor dem Registergericht.** Anmeldungen zum Handelsregister sind nach § 12 Abs. 1 durch Einreichung einer öffentlich beglaubigten schriftlichen Erklärung vorzunehmen. Meldet ein hierzu Bevollmächtigter an, dann ist auch die Vollmacht in

---

[14] Keidel/Krafka/*Willer* RdNr. 996 für die Zulässigkeit solcher Einschränkungen (allerdings bezogen auf einen GmbH-Geschäftsführer), LG Berlin Beschl. v. 6. 4. 1981 – 98 T 1/81, Rpfleger 1981, 309.
[15] OLG Frankf./M. Beschl. v. 23. 3. 1973 – 20 W 209/73, BB 1973, 722; Baumbach/*Hopt* § 162 RdNr. 3; Schlegelberger/*Martens* § 162 RdNr. 7; MünchKommHGB/*Grunewald* § 162 RdNr. 5; aA LG Berlin Beschl. v. 9. 10. 1974 – 98 T 16/74; BB 1975, 250, 251; Staub/*Ulmer* § 108 RdNr. 13.
[16] BayObLG Beschl. v. 21. 5. 1970 – BReg. 2 Z 24/70, BB 1970, 940.
[17] Baumbach/*Hopt* § 108 RdNr. 3; Schlegelberger/*Martens* § 162 RdNr. 7; MünchKommHGB/*Grunewald* § 162 RdNr. 5; a A KG Beschl. v. 4. 5. 1979 – 1 W 3868/76, DNotZ 1980, 166.
[18] BayObLG Rpfleger 1975, 251; Baumbach/*Hopt* § 108 RdNr. 3; Schlegelberger/*Martens* RdNr. 7; MünchKommHGB/*Grunewald* § 162 RdNr. 5.
[19] KG OLGZ 1976, 30.
[20] Schlegelberger/*Martens* § 162 RdNr. 7.
[21] BayObLG Beschl. v. 6. 12. 1985 – BReg. 3 Z 116/85, NJW-RR 1986, 523.

gleicher Form nachzuweisen (§ 12 Abs. 2). Anmeldepflichtige Erben eines verstorbenen Gesellschafters haben den Erbnachweis im Zweifel durch Vorlage des Erbscheins zu führen; eine bloß beglaubigte Abschrift desselben genügt nicht.[22] Allerdings ist es ausreichend, wenn eine öffentlich beurkundete Verfügung von Todes wegen zusammen mit dem Eröffnungsprotokoll vorgelegt wird,[23] sofern es sich dabei um die Einzige letztwillige Verfügung handelt und die Erben darin eindeutig bestimmt sind.

Vertreter kraft Amts, insbesondere Testamentsvollstrecker und Betreuer, haben sich durch Vorlage der Bestallungsurkunde zu legitimieren, organschaftliche Vertreter durch Vorlage eines beglaubigten Registerauszugs oder Vertretungsbescheinigung des beglaubigenden Notars gem. § 21 BNotO. **16**

Wurde die Verpflichtung zur Mitwirkung bei der Anmeldung eines eintragungsfähigen Rechtsverhältnisses durch vollstreckbare Entscheidung des Prozessgerichts festgestellt, so genügt die Vorlage der Ausfertigung der diesbezüglichen Gerichtsentscheidung. Dasselbe gilt im Falle der Feststellung eines eintragungspflichtigen Rechtsverhältnisses (§ 16 Abs. 1). Einstweilige Verfügungen sind vollstreckbare Entscheidungen.[24] **17**

Für das Verfahren vor dem Registergericht gelten im Übrigen die Bestimmungen in den §§ 125 ff. FGG und im III. Abschn. der HRV (hier: HRV 23 bis 42). **18**

III. Bekanntmachung der Eintragung (Abs. 2)

1. Inhalt der Eintragung. Was eintragungspflichtig ist, ist auch anmeldepflichtig, und was anmeldepflichtig ist, ist einzutragen. Was eintragungsfähig, aber nicht eintragungspflichtig ist (vgl. hierzu oben RdNr. 1), kann angemeldet werden; wird es angemeldet, ist es einzutragen. Für eintragungs- und deshalb anmeldepflichtig wird hier (vgl. oben RdNr. 1) die Einrichtung einer Testamentsvollstreckung zur Ausübung von Kommanditistenrechten gehalten; sie ist demzufolge einzutragen. Nicht eintragungsfähig ist die gesellschaftsvertraglich begründete Verpflichtung zur Wahrnehmung von Rechten bestimmter Kommanditisten-Gruppen durch einen gemeinsamen Vertreter, denn dergleichen berührt nur das Innenverhältnis der Gesellschafter untereinander.[25] Weil die Eintragung der Haftsumme für einen Kommanditisten in das Handelsregister nur die Funktion hat, dessen Haftung gegenüber den Gläubigern der Gesellschaft gem. § 172 Abs. 1 HGB zu begrenzen, ist die tatsächliche Einlageleistung nicht eintragungspflichtig; sie darf auch nicht in das Handelsregister eingetragen werden, denn ob und wie weit dadurch der Haftungsausschluss nach § 171 Abs. 1 bewirkt wurde, soll das Handelsregister nicht aussagen können.[26] **19**

2. Bekanntmachung der Eintragung. Nach § 10 Abs. 1 Satz 2 wird die Eintragung vorbehaltlich abweichender Gesetzesbestimmungen „ihrem ganzen Inhalte nach veröffentlicht". Demzufolge wird alles, was nach den §§ 161 Abs. 2, 106 Abs. 2 anzumelden ist, vollständig bekanntgemacht. § 162 Abs. 2 macht für Kommanditisten von dem Abweichungsvorbehalt in § 10 Abs. 1 Satz 2 insoweit Gebrauch, als über Kommanditisten nichts bekanntgemacht wird, weder ihre Namen, noch ihr Geburtsdatum und ihr Wohnort, noch die für sie angemeldete Haftsumme. Dem folgt die Regelung in § 175 Satz 2, derzufolge auch die Änderung einer für einen Kommanditisten in das Handelsregister eingetragenen Haftsumme nicht bekanntgemacht wird. **20**

Die Art der Bekanntmachung bestimmt § 10 Abs. 1 Satz 1 (Bundesanzeiger und mindestens ein anderes Blatt, welches von dem Registergericht im Voraus für ein Jahr gem. § 11 mit bindender Wirkung für das Gericht zu bestimmen ist). **21**

IV. Anmeldung, Eintragung und Bekanntmachung von Veränderungen (Abs. 3)

1. Allgemeines. Nach den §§ 161 Abs. 2, 107 sind die Änderung der Firma, die Verlegung des Sitzes der Gesellschaft und der Eintritt eines neuen (persönlich haftenden) Gesellschafters anzumelden, einzutragen und gem. § 10 bekanntzumachen. Das Gleiche gilt gem. § 143 Abs. 2 für den Fall des Ausscheidens eines (persönlich haftenden) Gesellschafters; der Umstand, dass letzteres nach altem Recht nicht bereits in § 107 geregelt wurde, beruht darauf, dass der Wegfall eines persönlich haftenden Gesellschafters nach altem Recht von Gesetzes wegen zur Auflösung der Gesellschaft führte; infolgedessen wurde die Verpflichtung zur Anmeldung des Ausscheidens eines Gesellschafters als Abweichung von der Regel, nämlich der Anmeldung der Auflösung der Gesellschaft, in § 143 **22**

---

[22] KGJ 26 A 92; OLGR 6, 479.
[23] HansOLG Hbg Beschl. v. 9. 12. 1965 – 2 W 182/65, NJW 1966, 986.
[24] BayObLG NJW-RR 1986, 523 (Fn. 21).
[25] OLG Hamm Beschl. v. 26. 4. 1952 – 15 W 73/52 – MDR 1952, 549.
[26] BGH Urt. v. 29. 6. 1981 – II ZR 142/80, BGHZ 81, 83, 87 = NJW 1981, 2747.

erfasst. § 162 Abs. 3 enthält eine diese allgemeinen Vorschriften ergänzende Regelung für den Fall der Aufnahme oder des Ausscheidens von Kommanditisten, allerdings gem. § 162 Abs. 2 mit der Maßgabe, dass solche Eintragungen nicht bekanntgemacht werden.

23 **2. Eintritt und Ausscheiden von Kommanditisten.** Mit dem Eintritt in das bestehende Handelsgeschäft eines eingetragenen Kaufmanns entsteht eine Handelsgesellschaft. Wird der Eintretende oder der bisherige Alleininhaber des Handelsgeschäfts bei dieser Gelegenheit Kommanditist, dann gelten alle Bestimmungen über die Errichtung der Kommanditgesellschaft auch für diesen Fall (vgl. oben RdNr. 5 ff., 10). Dasselbe gilt, wenn sich eine natürliche Person oder eine schon bestehende Kapital- oder Personenhandelsgesellschaft mit einer anderen schon bestehenden Kapital- oder Personenhandelsgesellschaft zu einer Handelsgesellschaft verbindet.

24 Tritt eine natürliche oder juristische Person oder eine hierzu von Rechts wegen befähigte (nicht notwendig „registerfähige" – vgl. § 161 RdNr. 2) Personenvereinigung einer bereits bestehenden Personenhandelsgesellschaft als weiterer Gesellschafter bei (Gesellschafter-Eintritt), dann ist zu unterscheiden:

25 Erfolgt der Beitritt als weiterer persönlich haftender Gesellschafter, dann findet § 162 Abs. 3 keine Anwendung. Es gilt allein § 107 (vgl. oben RdNr. 22).

26 Tritt der weitere Gesellschafter als Kommanditist in eine bis dahin als offene Handelsgesellschaft bestehende Personenhandelsgesellschaft ein, dann wechselt letztere insofern die Rechtsform, als sie künftighin Kommanditgesellschaft ist. Das ist zusammen mit der Bezeichnung des Kommanditisten mit den nach § 106 Abs. 2 Nr. 1 geforderten Angaben und der für diesen Kommanditisten vereinbarten Haftsumme (§ 162 Abs. 1) zur Eintragung in das Handelsregister anzumelden, obwohl das Gesetz keine ausdrückliche Verpflichtung zur Anmeldung dieser Rechtsformänderung enthält.[27] Dasselbe gilt, wenn ein schon vorhandener persönlich haftender Gesellschafter seine Rechtsstellung in der Gesellschaft dahingehend ändert, dass er Kommanditist wird. Auch dies wird registerrechtlich als „Eintritt" eines Kommanditisten bei gleichzeitigem „Ausscheiden" als persönlich haftender Gesellschafter behandelt und so eingetragen.

27 Schließlich gilt dasselbe – spiegelbildlich – für das unter den Gesellschaftern vereinbarte oder durch einen der in § 131 Abs. 2 bestimmten Tatbestände veranlasste **Ausscheiden eines Gesellschafters** aus der Kommanditgesellschaft.

28 Scheidet der Einzige (letzte) persönlich haftende Gesellschafter aus oder tritt in der Person eines von nur (noch) zwei Gesellschaftern, sei er nun persönlich haftender Gesellschafter oder Kommanditist, ein vereinbarter oder in den §§ 131 Abs. 2, 140 Abs. 1 bezeichneter Tatbestand für dessen Ausscheiden aus der Gesellschaft ein, so hat das Erste die Auflösung der Gesellschaft zur Folge, im zweiten liegt deren Beendigung.

29 Die aufgelöste Kommanditgesellschaft kann unter Wahrung der Identität des Gesellschaftsvermögens fortgesetzt werden, und zwar als offene Handelsgesellschaft, wenn alle Kommanditisten das wollen, oder als Kommanditgesellschaft, wenn einer der verbliebenen Kommanditisten seine Rechtsstellung in diejenige eines persönlich haftenden Gesellschafters umwandelt oder wenn ein neuer persönlich haftender Gesellschafter eintritt. Ein gesonderter Fortsetzungsbeschluss ist daneben nicht erforderlich. Es genügt die Anmeldung der vereinbarten Rechtsänderung. Geschieht das, so wird der zunächst eingetretene aber sodann beseitigte Auflösungstatbestand nicht eingetragen. Eine darauf gerichtete, noch nicht durch Vollzug der Eintragung erledigte Anmeldung kann widerrufen werden.[28] Wurde die zunächst angemeldete Auflösung bereits eingetragen, so ist die Fortsetzung der Gesellschaft zusammen mit der vereinbarten Änderung des Gesellschafterkreises (Umwandlung in eine offene Handelsgesellschaft oder der Rechtsstellung eines Kommanditisten in diejenige eines persönlich haftenden Gesellschafters) durch „Ausscheiden" als Kommanditist und „Eintritt" als persönlich haftender Gesellschafter oder durch Aufnahme (Eintritt) eines neuen persönlich haftenden Gesellschafters anzumelden und einzutragen. Die Fortsetzung der Gesellschaft und der (die) neue(n) persönlich haftende(n) Gesellschafter werden unter Beachtung der Angaben gem. § 106 Abs. 2 Nr. 1 bekanntgemacht. Auf das änderungsbedingte Ausscheiden eines Kommanditisten wird nach Neufassung von § 162 Abs. 2 nicht hingewiesen.

30 Ein Auflösungstatbestand setzt voraus, dass die Gesellschaft beim Ausscheiden ihres letzten persönlich haftenden Gesellschafters noch mehrere Kommanditisten hatte. Bestand sie davor nur aus zwei Gesellschaftern, so liegt im Ausscheiden eines jeden von ihnen die Beendigung der Gesellschaft.

---

[27] Wie hier: Staub/*Schilling* § 162 RdNr. 13; Schlegelberger/*Martens* § 162 RdNr. 14; MünchKommHGB/*Grunewald* § 162 RdNr. 17; Baumbach/*Hopt* § 162 RdNr. 10 f; Keidel/Krafka/*Willer* RdNr. 715 ff. – vgl. auch oben RdNr. 6.

[28] Staub/*Schilling* § 162 RdNr. 14; Schlegelberger/*Martens* § 162 RdNr. 24; Baumbach/*Hopt* § 162 RdNr. 11.

Deren Vermögen wächst mit dem Zeitpunkt, in dem das Ausscheiden wirksam wird, dem übrigen Vermögen desjenigen Gesellschafters an, in dessen Person sich der Ausscheidenstatbestand nicht verwirklichte. Eine Fortsetzung der Gesellschaft unter Wahrung der Identität des Gesellschaftsvermögens ist nicht möglich. Anzumelden ist das Ausscheiden des Gesellschafters und der Übergang des Handelsgeschäfts mit allen Aktiven und Passiven ohne Liquidation auf den anderen Gesellschafter. Beides ist einzutragen. Setzt der verbleibende Gesellschafter das Handelsgeschäft unter bisheriger oder anderer Firma fort, so ist auch dies anzumelden; handelt es sich bei dem fortführenden Gesellschafter um eine natürliche Person, so hat er der fortgeführten oder neu gebildeten Firma den Zusatz gem. § 19 Abs. 1 Nr. 1 beizufügen. Nimmt der fortführungsberechtigte Gesellschafter einen oder mehrere neue Gesellschafter auf, dann entsteht eine neue Handelsgesellschaft, die nach den für sie maßgeblichen Vorschriften anzumelden und einzutragen ist.

Scheidet ein **Kommanditist** durch **Tod** aus, dann ist nicht nur das Ausscheiden des verstorbenen, **31** sondern auch der Eintritt seiner Erben anzumelden. Dabei gelten folgende Besonderheiten:

Führt die Erbfolge zum Eintritt mehrerer neuer Gesellschafter, dann ist jeder von ihnen unter **32** Bezeichnung des Grunds der Rechtsnachfolge, also „als Erbe", und ferner unter Bezeichnung der für ihn maßgeblichen Haftsumme anzumelden und einzutragen. Der **Rechtsnachfolgevermerk** verhindert den Anschein der Entstehung eines neuen Kommanditanteils mit einer neuen Haftsumme unter Fortdauer der Haftung des Ausgeschiedenen bzw. seiner Erben; er ist deshalb auch bekannt zu machen.[29] Kommt nur ein Erbe als Rechtsnachfolger in die Kommanditbeteiligung in Betracht, dann genügt der Rechtsnachfolgevermerk, weil sich die maßgebliche Haftsumme aus dem ergibt, was für den Erblasser eingetragen war. War der Erbe oder einer unter mehreren Erben vor dem Erbfall bereits Kommanditist, dann ist neben der Rechtsnachfolge die erbfallbedingte Erhöhung seiner Haftsumme anzumelden und einzutragen; bekanntgemacht wird nichts davon (§ 162 Abs. 2, § 175 Abs. 2).

Umstritten ist die registerrechtliche Behandlung der erbrechtlichen Nachfolge in eine Komman- **33** ditbeteiligung durch einen bei Eintritt des Erbfalls bereits vorhandenen persönlich haftenden Gesellschafter. Weil ein persönlich haftender Gesellschafter nicht zugleich wie ein Kommanditist, also auf eine Haftsumme beschränkt, haften kann, ändert sich, abgesehen von seinem Kapitalkonto, das sich um die Kapitalkonto-Positionen des verstorbenen Kommanditisten erhöht oder ermäßigt, nichts. Die Kommanditbeteiligung als solche geht unter.[30] Das todesfallbedingte Ausscheiden des Kommanditisten wird angemeldet und eingetragen. Der Streit betrifft die Frage, ob in diesem Falle auch ein Rechtsnachfolgevermerk eintragungspflichtig ist.[31] Der Rechtsnachfolgevermerk im Erbfall soll die Erben des verstorbenen Kommanditisten schützen. Treten Erben infolge des Erbfalls in die Gesellschaft ein, dann ist dieser Schutz notwendig, weil anderenfalls der Anschein einer weiteren kommanditistischen Haftung entsteht. Dasselbe gilt, wenn ein schon vorhandener Kommanditist die Kommanditbeteiligung des verstorbenen Gesellschafters erbt; soweit darauf Einlagen geleistet wurden, ist die daraus folgende Haftungsausschluss-Einwendung gem. § 171 Abs. 1 Halbs. 2 Teil des Rechtsübergangs. Sie gebührt – soweit sie begründet ist – nur dem Rechtsnachfolger zu.[32] Der Rechtsvorgänger, also der Erblasser bzw. seine nicht in die Gesellschafterstellung einrückenden etwaigen weiteren Erben, werden dagegen von diesem haftungsrechtlichen Schutz gem. § 172 Abs. 4 entblößt, es sei denn, der Rechtsnachfolgevermerk machte den Zusammenhang deutlich: Sofern und soweit durch Einlageleistung (des Alt-Kommanditisten) die haftungsrechtliche Einwendung gem. § 171 Abs. 1 Halbs. 2 entstand, gilt sie für beide, den Rechtsvorgänger (bzw. seinen nicht zu Gesellschafter-Nachfolgern berufenen weiteren Erben) und den Rechtsnachfolger. Dieser Schutz für den Rechtsvorgänger wird nicht entbehrlich, wenn ein schon vorhandener persönlich haftender Gesellschafter Rechtsnachfolger in die Gesellschafterstellung wird. Deshalb ist der Rechtsnachfolgevermerk auch in diesem Falle einzutragen, wenn entsprechendes angemeldet wird.

Umstritten ist ferner, ob die Eintragung des erbrechtlichen Nachfolgevermerks von einer **34** **Versicherung** aller persönlich haftenden Gesellschafter und des oder der Rechtsnachfolger in die Kommanditbeteiligung des verstorbenen Gesellschafters oder gar seiner nicht in die Gesellschaft eintretenden Erben abhängig gemacht werden darf, wonach den Erben des verstorbenen Kom-

---

[29] Staub/*Schilling* § 173 RdNr. 15; Schlegelberger/*Martens* § 162 RdNr. 20; MünchKommHGB/*Grunewald* § 162 RdNr. 14; Baumbach/*Hopt* § 162 RdNr. 9.
[30] BGH Urt. v. 10. 6. 1963 – II ZR 88/61, BB 1963, 1076; HansOLG Hbg Urt. v. 24. 4. 1984 – 12 U 204/82, ZIP 1984, 1226, 1227, Staub/*Schilling* § 173 RdNr. 17.
[31] Dagegen: Staub/*Schilling* § 173 RdNr. 17; Baumbach/*Hopt* § 162 RdNr. 8; BayObLG Beschl. v. 10. 12. 1982 – BReg. 3 Z 98/82, BB 1983, 334; OLG Köln Beschl. v. 24. 6. 1992 – 2 Wx 43/91, NJW-RR 1992, 1389; dafür: MünchKommHGB/*K. Schmidt* § 173 RdNr. 27, 36; *Wolfsteiner* BB 1985, 1217; Keidel/Krafka/*Willer* RdNr. 755, 756.
[32] BGHZ 81, 82, 89 (Fn. 26).

manditisten **keinerlei Abfindung** aus dem Gesellschaftsvermögen gewährt oder versprochen wurde.[33] Eine solche Versicherung ergibt keinen Sinn. Die erbrechtliche Nachfolge ist nicht von ihr abhängig. Die Eintragung des Rechtsnachfolgevermerks in das Handelsregister hat auch keine Garantiefunktion; sie sagt weder etwas darüber aus, ob und in welchem Umfang der Rechtsvorgänger Einlagen leistete noch darüber, ob und in welchem Umfang Einlagen zurückgewährt wurden. Deshalb darf die Eintragung des Rechtsnachfolgevermerks nicht von einer Negativ-Erklärung der Beteiligten mit dem erwähnten Inhalt abhängig gemacht werden, eine Auffassung, die allerdings vom BGH nicht geteilt wird. Letzterer hält es „im Interesse der Kontinuität der Rechtsprechung und der stetigen zügigen Abwicklung derartiger standardisierter registerrechtlicher Verfahren" (Leitsatz des Gerichts) für geboten, an der Notwendigkeit einer sog. negativen Abfindungsversicherung festzuhalten.[34]

35 Anmeldepflichtig ist jeder durch den Gesellschafterwechsel Betroffene. Dazu gehören zunächst all diejenigen, die im Zeitpunkt der Anmeldung Gesellschafter sind, persönlich haftende Gesellschafter ebenso wie Kommanditisten. Ferner sind alle infolge der Änderung eintretenden oder ausscheidenden Gesellschafter anmeldepflichtig. Beim Ausscheiden infolge Todes sind die Erben des verstorbenen Gesellschafters anmeldepflichtig, und zwar alle, nicht nur diejenigen, die als Erben in die Gesellschaft eintreten.[35] Eine Ausnahme gilt nur unter den engen Voraussetzungen von § 143 Abs. 3. Von Ausnahmen abgesehen (vgl. oben RdNr. 15) ist das Erbrecht durch eine **Ausfertigung des Erbscheins** nachzuweisen; die Vorlage einer bloß beglaubigten Abschrift genügt nicht.[36]

36 **3. Sonderrechtsnachfolge.** Nach dem Gesetz wurde der Gesellschafterwechsel unter Lebenden nur als Kombination des Ausscheidens eines oder mehrerer Gesellschafter mit dem Eintritt eines oder mehrerer Gesellschafter gedacht. Die registerrechtliche Behandlung folgt dieser Vorstellung – abgesehen vom Rechtsnachfolgevermerk (vgl. oben RdNr. 31 ff für die erbrechtliche Nachfolge und unten RdNr. 41) –, indem sie jeden Gesellschafterwechsel im Handelsregister als Ausscheiden bisheriger und Eintritt neuer Gesellschafter darstellt. Für die Praxis ist das nicht befriedigend; sie entwickelte schon früh das Modell der „Sonderrechtsnachfolge" (vgl. im Einzelnen die Erläuterungen zu § 173 RdNr. 10 ff.). Registerrechtlich handelt es sich dabei allein um eine erstmals in der Entscheidung des RG vom 30. 9. 1944[37] für zulässig erklärte Technik zur Konzentration der Kommanditistenhaftung auf einen der beiden am Gesellschafterwechsel beteiligten Kommanditisten, und zwar dergestalt, dass der eintretende (neue) Kommanditist als Rechtsnachfolger des ausscheidenden dessen haftungsrechtliche Position übernimmt, während es für den ausscheidenden Kommanditisten haftungsrechtlich bei dem bleibt, was er infolge Einlageleistung vor seinem Ausscheiden bewirkte: Soweit er die vereinbarte Einlage/Haftsumme leistete und nichts an ihn zurückgewährt wurde, bleibt er gegenüber der Gesellschaft und deren Gläubigern haftungsfrei (§ 171 Abs. 1).

37 Zweck der „Sonderrechtsnachfolge" ist es, die nach alter Praxis unabdingbare Rechtsfolge zu vermeiden, es bestünde die kommanditistische Haftung des alten Kommanditisten für alle bis zu seinem Ausscheiden begründeten Gesellschaftsschulden fort und außerdem sei eine weitere kommanditistische Haftung des neuen Kommanditisten für alle vor und nach seinem Eintritt begründeten Gesellschaftsschulden entstanden. Die konstruktive Technik dafür war die Vorstellung von der Rechtsnachfolge in den Gesellschaftsanteil oder einen Teil desselben, genau genommen nur in die vom Rechtsvorgänger geschaffene haftungsrechtliche Position.

38 Was danach für das Verhältnis zwischen einem ausscheidenden (alten) Kommanditisten und einem an dessen Stelle tretenden (neuen) Kommanditisten für möglich gehalten wurde, ist natürlich auch vorstellbar bei Veränderungen der haftungsrechtlichen Verteilungsverhältnisse im Kreise der bisherigen Gesellschafter ohne Rücksicht darauf, ob sie persönlich haften oder Kommanditisten sind.

39 Immer wenn die haftungsrechtliche Position eines Kommanditisten ganz oder teilweise auf einen anderen übergeht, ohne dass dabei in irgendeiner Weise das Gesellschaftsvermögen in Anspruch genommen wird, liegt Sonderrechtsnachfolge vor. Weil jede Sonderrechtsnachfolge in dem zwischen den daran beteiligten Gesellschaftern vereinbarten Umfang zur Enthaftung des Rechtsvorgängers führen soll, muss diese Absicht durch eine dementsprechende Registereintragung verlautbart werden.

---

[33] Staub/*Schilling*, § 173 RdNr. 7, der dies für eine Voraussetzung jedes Rechtsnachfolgevermerks hält; mit Recht dagg.: Keidel/Krafka/*Willer* RdNr. 755.
[34] BGH, Beschl. v. 19. 9. 2005 – II ZB 11/04; dagegen und wie hier: KG Vorlagebeschl. v. 8. 6. 2004 – 1 W 685/03, NZG 2004, 809 m. Anm. v. Priester, EWiR § 162 HGB 1/05; So auch MünchHdbKG/*Klein* § 40 RdNr. 72; Frenz MittRhNotK 1988, 1, 13, MünchKommHGB/*Grunewald* § 162 RdNr. 13 mwN.
[35] BayObLG Beschl. v. 12. 10. 1978 – BReg. 1 Z 102/78, DNotZ 1979, 109.
[36] KGJ 26 A 92.
[37] GSE 39/43, DNotZ 1944, 195, neu abgedruckt in WM 1964, 1130.

Mit Recht hat *Karsten Schmidt* darauf hingewiesen, dass der Nachfolgevermerk nur Auslegungshilfe und nicht etwa Teil der Verwirklichung des Rechtsnachfolgetatbestands sein kann.[38]

Weil der mit der Sonderrechtsnachfolgevereinbarung bezweckte Ausschluss des Rechtsvorgängers aus dem gesellschaftsrechtlichen Haftungsverbund jedenfalls dann nicht gelingt, wenn der Vorgang mit einer Abfindung aus dem Gesellschaftsvermögen zu Lasten von geleisteten Einlagen verbunden ist, hat schon das Reichsgericht[39] und ihm folgend die gefestigte Praxis aller Gerichte die Eintragung des Sonderrechtsnachfolgevermerks von einer als solche nicht eintragungsfähigen[40] Versicherung der Beteiligten abhängig gemacht, „dass der ausscheidende Kommanditist von Seiten der Gesellschaft keinerlei Abfindung für die von ihm aufgegebenen Rechte aus dem Gesellschaftsvermögen gewährt oder versprochen erhalten habe" (RG aaO). Ausreichend ist es, wenn diese Versicherung für die Gesellschaft von deren persönlich haftenden Gesellschaftern und von dem ausscheidenden Kommanditisten abgegeben wird. Nach hier vertretener Auffassung (vgl. oben RdNr. 34) haben Sonderrechtsnachfolge und Einlagerückgewähr nichts miteinander zu tun; ebenso wenig wie die vollständige Einlageleistung Voraussetzung für die Sonderrechtsnachfolge ist, kann eine spätere Einlagerückgewähr die Sonderrechtsnachfolgewirkung hindern. Die Handelsregistereintragungen haben weder Auskunft über, noch erst recht nicht Gewähr für den Umfang von Einlageleistungen und damit verbundene Einwendungen gem. § 171 Abs. 1 Halbs. 2 zu geben.

Anzumelden bei der Einzelrechtsnachfolge in einen Kommanditanteil sind mithin das Ausscheiden des Rechtsvorgängers und der Eintritt seines Rechtsnachfolgers im Wege der Sonderrechtsnachfolge, und zwar bei jedem der Beteiligten mit den Angaben gem. § 106 Abs. 2 Nr. 1. Vollzieht sich die Sonderrechtsnachfolge durch Übertragung von einem Kommanditisten auf einen schon vorhandenen oder neu eintretenden anderen Kommanditisten, dann ist auch die von dem Vorgang betroffene Haftsumme anzugeben (§ 163 Abs. 1, 3). Letzteres kann unterbleiben, wenn Rechtsnachfolger des ausscheidenden Kommanditisten ein schon vorhandener persönlich haftender Gesellschafter ist, denn für diesen ist die Eintragung einer Haftsumme zum Zwecke der Haftungsbeschränkung nicht möglich. Sein Erwerb im Wege der Sonderrechtsnachfolge ist gleichwohl anzumelden; alle dagegen stehenden Äußerungen im Schrifttum[41] und in der Rechtsprechung[42] verkennen, dass der Rechtsnachfolgevermerk hier nicht etwa zu der Vorstellung führt, der erwerbende persönlich haftende Gesellschafter könne neben seiner persönlichen Haftung zugleich auf eine Einlage beschränkt haften, sondern dass es ausschließlich darum geht, den ausscheidenden Kommanditisten im Umfange der auf seine Kommanditbeteiligung geleisteten Einlagen endgültig aus dem gesellschaftsrechtlichen Haftungsverbund ausscheiden zu lassen:[43] Was anzumelden ist, ist auch einzutragen. Bekanntgemacht wird nichts davon (§§ 162 Abs. 2, 175 Abs. 2).

4. Wechsel in eine andere Gesellschafterstellung. Ändern die Gesellschafter für einen oder mehrere von ihnen die rechtliche Qualität ihrer Gesellschafterstellung, indem Kommanditisten persönlich haftende Gesellschafter werden oder umgekehrt, dann kann dies als Ausscheiden aus der bisherigen Gesellschafterstellung und Eintritt in die neue Gesellschafterstellung angemeldet werden. Weil es sich aber tatsächlich weder um einen Wechsel in der Person eines Gesellschafters noch um eine Unterbrechung der Mitgliedschaft, sondern ausschließlich um eine Neubestimmung der Rechte innerhalb der Gesellschaft und der Haftung für deren Schulden handelt, genügt eine Anmeldung, aus der hervorgeht, dass ein namentlich bezeichneter Kommanditist die Rechtsstellung eines Komplementärs erlangte oder umgekehrt. Das Registergericht hat das von sich aus im Eintragungsvermerk klar zum Ausdruck zu bringen.[44]

V. Auflösung und Beendigung der Gesellschaft

1. Auflösung und Liquidation. Für die Anmeldung der Auflösung der Gesellschaft und der daraus in Ermangelung anderer Vereinbarungen der Gesellschafter folgenden Liquidation gelten die für die offene Handelsgesellschaften maßgeblichen Vorschriften (§§ 143, 145, 161 Abs. 2). Auf die Erläuterungen dazu wird verwiesen. Kommanditisten haben an allen die Auflösung der Gesellschaft und die Liquidation betreffenden Anmeldungen in gleicher Weise mitzuwirken wie die persönlich haftenden Gesellschafter. Stirbt ein Kommanditist nach Eintritt des Auflösungstatbestands, dann sind

---

[38] MünchKommHGB/*K. Schmidt* § 173 RdNr. 27.
[39] WM 1964, 1130, 1133 (Fn. 37).
[40] BGHZ 81, 87 (Fn. 26).
[41] Staub/*Schilling* § 173 RdNr. 17; Baumbach/*Hopt* § 162 RdNr. 8.
[42] BayObLG BB 1983, 334; OLG Köln BB 1992, 1742 (Fn. 31).
[43] Wie hier: *Wolfsteiner* BB 1985, 1217; MünchKommHGB/*K. Schmidt* § 173 RdNr. 27.
[44] BayObLG BB 1970, 940, 941 (Fn. 16).

§ 163   2. Buch. 2. Abschnitt. Kommanditgesellschaft

seine Erben anmeldepflichtig; wurde ein Testamentsvollstrecker bestellt, dann ist dieser anmeldepflichtig. Dasselbe gilt für die Anmeldung der Liquidatoren (§ 148).

44   **2. Beendigung der Gesellschaft und Auflösung ohne Liquidation.** § 131 Abs. 2 nF und § 140 Abs. 1 nF sehen die Möglichkeit des Ausscheidens eines Gesellschafters aus der zweigliedrigen Personenhandelsgesellschaft vor. Scheidet einer von zwei Gesellschaftern aus, dann endet die Gesellschaft; das Gesellschaftsvermögen wächst automatisch dem Gesamtvermögen des verbleibenden Gesellschafters an. Beides, also sowohl das Ausscheiden als auch der Übergang des Gesellschaftsvermögens, sind anzumelden und einzutragen (vgl. oben RdNr. 30).[45] Der ausgeschiedene Gesellschafter oder ggfs. dessen Erben haben an der Anmeldung mitzuwirken. Beruht das Ausscheiden auf einem Ausschließungsurteil gem. § 140 Abs. 1, dann genügt anstelle der Mitwirkung des ausgeschlossenen Gesellschafters an der Anmeldung die Eintragung auf der Grundlage des vollstreckbaren Ausschließungsurteils (§ 16 Abs. 1). Entsprechendes gilt im Falle der Ausschließung auf Grund eines im Gesellschaftsvertrag vorgesehenen Gesellschafterbeschlusses, sofern ein die Rechtswirksamkeit dieses Beschlusses feststellendes vollstreckbares Urteil oder eine einstweilige Verfügung vorgelegt wird, woraus sich die Verpflichtung des Antragsgegners zur Mitwirkung an der Handelsregisteranmeldung ergibt.

§ 163 [Rechtsverhältnis der Gesellschafter untereinander]

Für das Verhältnis der Gesellschafter untereinander gelten in Ermangelung abweichender Bestimmungen des Gesellschaftsvertrags die besonderen Vorschriften der §§ 164 bis 169.

Schrifttum: *Bälz*, Treuhandkommanditist, Treuhänder der Kommanditisten und Anlegerschutz – Für eine organschaftliche Publikumstreuhand, ZGR 1980, 1; *Beuthien*, Treuhand an Gesellschaftsanteilen, ZGR 1974, 26; *Bötticher*, Gestaltungsmacht und Unterwerfung im Privatrecht, 1964; *Brandes*, Die Rechtsprechung des BGH zur GmbH & Co. KG und zur Publikumsgesellschaft, WM Sonderbeilage 1/1987, 12; *Büttner*, Flexible Grenzen der Durchsetzbarkeit von Abfindungsbeschränkungen in Personengesellschaften, FS Nirk, 1992, S. 119; *Comes*, Der Ausschluß vom Stimmrecht im Recht der offenen Handelsgesellschaft, BB 1974, 2189; *Dauner-Lieb*, Abfindungsklauseln bei Personengesellschaften, ZHR 158 (1994), 271; *Dörrie*, Die Testamentsvollstreckung im Recht der Personengesellschaft und der GmbH, 1994, S. 122; *Erman*, Verwaltung der Rechte eines Kommanditisten durch einen persönlich haftenden Gesellschafter, FS Nipperdey I, 1965, S. 277; *Fleck*, Stimmrechtsabspaltung in der GmbH?, FS für R. Fischer, S. 107; *Hermanns*, Bestimmtheitsgrundsatz und Kernbereichslehre – Mehrheit und Minderheit in der Personengesellschaft, ZGR 1996, 103; *Hirte, A. Hueck*, Der gemeinschaftliche Vertreter mehrerer Erben in einer Kommanditgesellschaft, ZHR 125 (1963), S. 1 ff.; *Immenga*, Die Minderheitsrechte des Kommanditisten, ZGR 1974, 385; *Kanzleiter*, Der Blick in die Zukunft als Voraussetzung der Vertragsgestaltung, NJW 1995, 905; *Kellermann/Stodolkowitz*, Höchstrichterliche Rechtsprechung zum Personengesellschaftsrecht, 4. Aufl. 1994; *Knobbe-Keuk*, Das Klagerecht des Gesellschafters einer Kapitalgesellschaft wegen gesetzes- und satzungswidriger Maßnahmen der Geschäftsführung, FS Ballerstedt, 1975, S. 239; *Lorz*, Der Testamentsvollstrecker und der Kernbereich der Mitgliedschaft, FS Boujong, 1996, S. 319; *Lutter*, Theorie der Mitgliedschaft, AcP 180 (1980), 102; *Marburger*, Abschied vom Bestimmtheitsgrundsatz im Recht der Personengesellschaften? NJW 1984, 2252; *Martens*, Bestimmtheitsgrundsatz und Mehrheitskompetenzen im Recht der Personengesellschaften, DB 1973, 413; *D. Mayer*, Testamentsvollstreckung am Kommanditanteil, ZIP 1990, 976; *Menk*, Das Verhältnis des Bestimmtheitsgrundsatzes zur Kernbereichslehre im Recht der oHG, Diss. Hamburg, 1975; *Nitschke*, Die körperschaftlich strukturierte Personengesellschaft, 1970; *Priester*, Drittbindung der Stimmrechts- und Satzungsautonomie, FS Werner, 1984, S. 657; *Rasner*, Abfindungsklauseln in oHG- und KG-Verträgen, NJW 1983, 2905; *ders.*, Abfindungsklauseln bei Personengesellschaften, ZHR 158 (1994), 292; *Reuter*, Privatrechtliche Schranken der Perpetuierung von Unternehmen, 1973, S. 210; *Reuter*, Stimmrechtsvereinbarungen bei treuhänderischer Abtretung eines GmbH-Anteils, ZGR 1978, 633; *Rowedder*, Die Zulässigkeit der Testamentsvollstreckung bei Kommanditbeteiligung, FS Goerdeler, 1987, S. 445; *K. Schmidt*, Die obligatorische Gruppenvertretung im Recht der Personengesellschaft und der GmbH, ZHR 146 (1982), 525; *ders.*, Stimmrecht beim Anteilsnießbrauch, ZGR 1999, 601; *ders.*, Die Beschlußanfechtungsklage bei Vereinen und Personengesellschaften, FS Stimpel, 1985, S. 217; *ders.*, Fehlerhafte Beschlüsse in Gesellschaften und Vereinen, AG 1977, 205 (I), 243 (II); *U. H. Schneider*, Die Änderung des Gesellschaftsvertrages einer Personengesellschaft durch Mehrheitsbeschluß, ZGR 1972, 357; *Schöne*, Gesellschafterausschluß bei Personengesellschaften, 1993; *Semler*, Einstweilige Verfügungen bei Gesellschafterauseinandersetzungen, BB 1979, 1533; *Teichmann*, Gestaltungsfreiheit in Gesellschaftsverträgen, 1970, S. 224; *Ulmer*, Die Zulässigkeit der Testamentsvollstreckung am Kommanditanteil – Voraussetzungen und Rechtsfolgen, NJW 1990, 73; *Ulmer/Schäfer*, Die rechtliche Beurteilung vertraglicher Abfindungsbeschränkungen bei nachträglich eintretendem groben Mißverhältnis, ZGR 1995, 134; *Weipert*, Zum Problem der Bedingungskongruenz im Verhältnis zwischen Publikums-Kommanditgesellschaft, Treuhandkommanditist und Kapitalanleger, ZHR 157 (1993), 513; *Zöllner*, Die Schranken mitgliedschaftsrechtlicher Stimmrechtsmacht bei den privatrechtlichen Personenverbänden, 1963.

---

[45] Nach OLG Düsseldorf Beschl. v. 7. 7. 1997 – 3 Wx 94/97 – DNotI-Report 1998, 19 – ist anzumelden und einzutragen, dass die Gesellschaft aufgelöst wurde, eine Liquidation nicht stattfinde und die Firma erloschen sei (am Beispiel des Ausscheidens der Komplementärin aus einer zweigliedrigen Kommanditgesellschaft) –.

Übersicht

	RdNr.		RdNr.
I. Normzweck	1, 2	e) Ausübung von Mitgliedschaftsrechten und Wahrnehmung von Amts- und Fürsorgepflichten	28, 29
1. Vorrang der Privatautonomie	1	4. Mehrheitsentscheidungen und Minderheitenschutz	30–40
2. Beschränkung auf das Innenrecht der Gesellschaft	2	a) Willensbildung der Gesellschafter und Leitungsmacht in der Gesellschaft	30–32
II. Grenzen der Gestaltungsfreiheit	3–40	b) Mehrheitsentscheidungen und Bestimmtheitsgrundsatz	33–38
1. Allgemeine Verbotsnormen	3–5	c) Actio pro socio	39, 40
2. Allgemeiner Kontrollvorbehalt?	6, 7	**III. Stimmrechtsausübung, Gesellschafterbeschlüsse**	41–48
3. Selbstbestimmungsrecht und Abspaltungsverbot	8–29	1. Beschlussverfahren	41–45
a) Allgemeines	8–11	2. Beschlussmängel	46
b) Beteiligung Dritter an der gesellschaftlichen Willensbildung	12, 13	3. Abwehrrechte gegenüber dem Vollzug mangelhafter Gesellschafterbeschlüsse	47, 48
c) Bevollmächtigung Dritter und obligatorische Gruppenvertretung	14–20		
d) Wechsel des wirtschaftlichen Interesses an der Gesellschaftsbeteiligung	21–27		

I. Normzweck

1. Vorrang der Privatautonomie. In der Gestaltung ihres Verhältnisses zueinander (Innenverhältnis) sind die Gesellschafter frei. Sie können bestimmen, welche Pflichten die Gesellschafter gegenüber der Gesellschaft und welche Rechte sie einander gegenüber haben sollen. Grundsätzlich sind sie auch frei in der Bestimmung von Tatbeständen, mit deren Erfüllung die Gesellschafterstellung endet[1] sowie ferner der Folgen, die sich daran im Verhältnis zwischen der Gesellschaft und dem Ausgeschiedenen knüpfen (vertragliche Bestimmung der Abfindung).[2] Die gesetzlichen Sonderregeln für die Kommanditgesellschaft in den §§ 164 bis 169 gelten vorrangig, wenn der Gesellschaftsvertrag nichts von ihnen Abweichendes bestimmt. Kraft der Verweisung in § 161 Abs. 2 finden die §§ 109 bis 122 subsidiäre Anwendung. Wiederum subsidiär gegenüber diesen Vorschriften des HGB gelten kraft der Verweisung in § 105 Abs. 2 die §§ 705 ff. BGB.

2. Beschränkung auf das Innenrecht der Gesellschaft. Der Vorrang der Privatautonomie gilt nur für das Innenrecht der Gesellschaft; er beschränkt sich auf die Ausgestaltung von Befugnissen und Verpflichtungen der Gesellschafter untereinander und gegenüber der Gesellschaft. Das Außenverhältnis, also die sich aus der gewählten Rechtsform (Kommanditgesellschaft) ergebenden Beziehungen der Gesellschaft und ihrer Mitglieder zu Dritten sind einer abstrakten Gestaltung durch die Gesellschafter grundsätzlich entzogen. Das betrifft vor allem die rechtsformbedingte Vertretungsmacht (die organschaftliche Befugnis zur Vertretung der Gesellschaft) und die Haftungsstruktur. Die Regelungen hierzu in den §§ 170 bis 177 a – mit Ausnahme des § 177 – sind zwingend.

II. Grenzen der Gestaltungsfreiheit

1. Allgemeine Verbotsnormen. Alle allgemeinen Verbotsnormen der Rechtsordnung finden über die Bestimmungen in den §§ 134, 138 BGB auch im Gesellschaftsverhältnis Anwendung. Abgesehen von den krassen Fällen des Versuchs einer gesellschaftsvertraglichen Verpflichtung auf einen verbots- oder sittenwidrigen Gesellschaftszweck, hat der BGH Grenzen für die Gestaltungsfreiheit vor allem unter dem Gesichtspunkt der Sittenwidrigkeit (§ 138 BGB) im Zusammenhang mit Ausschluss- und Abfindungsklauseln in Gesellschaftsverträgen gesetzt: Gesellschaftsvertragliche Bestimmungen, die den Ausschluss bestimmter Gesellschafter in das freie Ermessen eines anderen Gesellschafters oder einer bestimmten Gesellschaftergruppe stellen, ohne an sachliche Voraussetzungen zu knüpfen, leisten nach Meinung des BGH einer Willkürherrschaft innerhalb der Gesellschaft Vorschub, weil sie den ausschlussbedrohten Gesellschafter nötigen, sein Verhalten innerhalb der Gesellschaft nicht an sachlichen Erwägungen, insbesondere an dem gemeinsam zu verfolgenden Gesellschaftszweck, sondern an den mutmaßlichen Interessen des ausschlussberechtigten Gesellschafters zu orientieren. Das verstoße gegen gute Sitte: Bestimmungen dieser Art seien deshalb nach § 138 BGB nichtig, es sei denn, dass sie in nachvollziehbarer Weise gerechtfertigt wären, wie etwa im Falle

---
[1] BGHZ 20, 363, 365 = NJW 1956, 1198; MünchKommBGB/Ulmer § 705 RdNr. 133.
[2] BGH Urt. v. 24. 9. 1984 – II ZR 256/83, NJW 1985, 192; BGH Urt. v. 17. 4. 1989 – II ZR 258/88, DB 1989, 1399; BGH Urt. v. 9. 1. 1989 – II ZR 83/88, DB 1989, 1400; BGH Urt. v. 16. 12. 1991 – II ZR 58/91, BGHZ 116, 359 = NJW 1992, 892; BGH Urt. v. 24. 5. 1993 – II ZR 36/92, NJW 1993, 2101.

§ 163 4–6   2. Buch. 2. Abschnitt. Kommanditgesellschaft

der Beteiligung von Geschäftsführungsverantwortlichen (Manager-Modell) oder im Falle der Beteiligung von Mitarbeitern unter Beschränkung auf die Dauer des Anstellungsverhältnisses (Mitarbeiter-Modell).³ Hieran soll sich auch dann nichts ändern, wenn der durch nicht zu begründende Entscheidung eines oder mehrerer anderer Gesellschafter ausgeschlossene Gesellschafter Anspruch auf volle Abfindung hat.⁴ Einzelheiten und zur Kritik dieser Rechtsprechung bei § 140.

4   Gesellschaftsvertragliche Bestimmungen, die den Abfindungsanspruch eines ausgeschiedenen Gesellschafters einschränken, wurden in der Rechtsprechung für sittenwidrig gehalten, wenn sich schon bei Eintritt des später ausgeschiedenen Gesellschafters eine erhebliche Diskrepanz zwischen dem – latenten – vertraglichen Abfindungsanspruch gegenüber dem gesetzlichen Abfindungsanspruch ergab.⁵ Regelmäßig kann dies angenommen werden, wenn die Abfindung von vornherein auf einen Bruchteil des nach Buchwerten zu ermittelnden Kapitalanteils beschränkt ist. Abfindungsbeschränkende Regelungen wurden auch dann für sittenwidrig gehalten, wenn sie sich ausschließlich zum Nachteil von Gläubigern eines ausgeschiedenen Gesellschafters auswirken sollten⁶ oder auch dann Anwendung beanspruchen, wenn der ausgeschiedene Gesellschafter zulässigerweise ohne wichtigen Grund aus der Gesellschaft ausgeschlossen wird⁷ (das ist nicht zu verwechseln mit der ihrerseits schon wegen Sittenwidrigkeit unzulässigen Ausschließung nach freiem Ermessen eines oder mehrerer anderer Gesellschafter; der BGH lässt die Ausschließung eines Gesellschafters ohne sie rechtfertigenden wichtigen Grund zu, wenn sie jedenfalls an ein festes Tatbestandsmerkmal, zB an den Tod eines Gesellschafters, knüpft und innerhalb angemessener Frist danach vollzogen wird).⁸

5   Ein Beispiel für zwar nicht sittenwidrige, aber gegen das gesetzliche Verbot in § 133 Abs. 3 und § 723 Abs. 3 BGB verstoßende Abfindungsklauseln sah der BGH nach früherer Rechtsprechung dann als gegeben an, wenn sich eine Abfindungsklausel am Stichtag ihrer Anwendung, also im Zeitpunkt des Ausscheidens des abfindungsberechtigten Gesellschafters, dahingehend auswirkte, dass der vertragliche Abfindungsanspruch erheblich unter dem gesetzlichen blieb.⁹ Diese Rechtsprechung ist mit dem Hinweis darauf kritisiert worden, dass ein Gesetzesverstoß nicht von der Entwicklung äußerer tatsächlicher Verhältnisse abhängig sein könne, sondern allenfalls dann vorliegen kann, wenn der Tatbestand, an den die Verbotswirkung knüpft, beim Abschluss des Rechtsgeschäfts festgestellt wird.¹⁰ Der BGH hat diese Argumente aufgenommen und seine frühere Rechtsprechung zur Unzulässigkeit von Abfindungsklauseln wegen verbotener kündigungsbeschränkender Wirkung aufgegeben.¹¹

6   **2. Allgemeiner Kontrollvorbehalt?** Diese Entscheidung des BGH löste sogleich die Suche nach anderen Begründungsmöglichkeiten für die angestrebte Korrektur von Abfindungsklauseln aus, die sich jedenfalls im Zeitpunkt ihrer Anwendung als eine so gewichtige Einschränkung des gesetzlichen Abfindungsanspruchs auswirkten, dass eine Korrektur unter dem Gesichtspunkt der Beschädigung eines Grundmitgliedschaftsrechts¹² für unabweisbar gehalten wurde. Der BGH setzte das Modell der ergänzenden Vertragsauslegung zur Lösung an.¹³ Weil dies eine bei Vertragsabschluss nicht bedachte Regelungslücke voraussetzt, kann davon ausgegangen werden, dass die Kautelarpraxis reagiert und ausschließt, dass eine Regelungslücke angenommen werden darf. Andere Urteile versuchten deshalb den Weg über die Korrektur nach § 242 BGB.¹⁴ Keiner der Kritiker dieses von der Rechtsprechung in Anspruch genommenen allgemeinen einzelfallbezogenen Korrekturvorbehalts hat das Bedürfnis verneint, ins Gewicht fallende Wertunterschiede, die sich aus der Anwendung einer wirksam vereinbarten Abfindungsklausel gegenüber dem gesetzlichen Abfindungsanspruch per Stichtag der Ausei-

---

³ BGH Urt. v. 19. 9. 1988 – II ZR 329/87, BB 1989, 102; BGH Urt. v. 5. 6. 1989 – II ZR 227/88, BB 1989, 1499; BGH Urt. v. 7. 2. 1994 – II ZR 191/92, NJW 1994, 1156/1157 (betr. eine stille Gesellschaft); BGH Urt. v. 9. 7. 1990 – II ZR 194/89, NJW 1990, 2622; BGH Urt. v. 21. 3. 1988 – II ZR 135/87, NJW 1988, 1903; BGH Urt. v. 19. 9. 2005 – II ZR 173/04, ZiP 2005, 1917 („Manager-Modell"); BGH Urt. v. 19. 9. 2005 – II ZR 342/03, ZiP 2005, 1920 („Mitarbeiter-Modell").
⁴ BGH Urt. v. 13. 7. 1981 – II ZR 56/80, BGHZ 81, 263 = NJW 1981, 2565; zust. Baumbach/*Hopt* § 140 RdNr. 31; MünchKommHGB/*K. Schmidt* § 140 RdNr. 98; MünchKommBGB/*Ulmer* § 737 RdNr. 19; *Wiedemann* § 7 III 2; *Schöne* S. 48.
⁵ BGH DB 1989, 1400, 1401 (Fn. 2).
⁶ BGH Urt. v. 7. 4. 1960 – II ZR 69/58, BGHZ 32, 151 = NJW 1960, 1053.
⁷ BGH Urt. v. 29. 5. 1978 – II ZR 52/77, NJW 1979, 104.
⁸ BGH Urt. v. 19. 9. 1988 – II ZR 287/87, BGHZ 105, 213 = NJW 1989, 834.
⁹ BGH Urt. v. 23. 10. 1972 – II ZR 31/70, NJW 1973, 651, 652; BGH NJW 1985, 192, 193 (Fn. 2).
¹⁰ *Rasner* NJW 1983, 2905, 2908; *Büttner*, FS Nirk, S. 119, 24.
¹¹ BGH Urt. v. 20. 9. 1993 – II ZR 104/92, NJW 1993, 3193.
¹² Als ein solches hat *Hopt* das Recht des Gesellschafters auf Abfindung bei Ausscheiden eingestuft – Baumbach/*Hopt* § 131 RdNr. 64.
¹³ BGH NJW 1993, 3193 (Fn. 11).
¹⁴ BGH Urt. v. 16. 12. 1991 – II ZR 58/91, NJW 1992, 892; BGH NJW 1993, 2101 (Fn. 5); BGH Urt. v. 10. 2. 1994 – IX ZR 109/93, BB 1994, 807.

nandersetzung ergeben, auszugleichen.[15] Alle fordern eine typisierende Betrachtungsweise, welche die Entwicklung klar umrissener Tatbestände ermöglicht, die Rechtssicherheit im Umgang mit vertraglichen Abfindungsklauseln schafft. Nach ihrem derzeitigen Stand beansprucht die Rechtsprechung des BGH in diesem Zusammenhang einen Kontrollvorbehalt, der sich nicht an den rechtsgeschäftlichen Intentionen, also an der Kritik der rechtsgeschäftlichen Gestaltung im Blick auf ihre beim Abschluss des Vertrages verfolgte Zweckrichtung orientiert, sondern an den Auswirkungen der Vertragsgestaltung gemessen an dem gerade nicht gewollten gesetzlichen Konzept, welches damit Leitbildfunktion bekommt und zur nur noch bedingt dispositiven Norm wird.

Das widerspricht der Konzeption des Gesetzes, die auf dem Grundsatz der Privatautonomie in diesem Bereich beruht. Auch der Abfindungsanspruch eines weichenden Gesellschafters ist ein für diesen disponibles Wirtschaftsgut und nicht etwa ein unverzichtbares „Grundmitgliedschaftsrecht".[16] Deshalb kann es keinen allgemeinen Kontrollvorbehalt in Bezug auf die individuelle Vertragsgestaltung geben. Wirksam vereinbarte Abfindungsklauseln bleiben beachtlich, es sei denn, dass die Berufung darauf rechtsmissbräuchlich wäre (letzteres ist zB dann der Fall, wenn die verbleibenden Gesellschafter durch eigenes vertragswidriges Verhalten das Ausscheiden des abfindungsberechtigten Gesellschafters provozierten) oder dass die vereinbarte Abfindungsregelung die damit verbundene Einschränkung des gesetzlichen Abfindungsanspruchs erkennbar gar nicht bezweckte, wenn also eine ergänzungsbedürftige Vertragsgestaltungslücke offenbar wird. Deshalb erscheint die Entscheidung des BGH für das Modell der ergänzenden Vertragsauslegung[17] dasjenige zu sein, welches dem in § 163 verankerten Grundsatz der Privatautonomie allein entspricht und genügend Spielraum zur Vermeidung von Vertragsgestaltungsfolgen gewährt, die „nach den Buchstaben des Vertrages" eintreten würden, tatsächlich aber gar nicht gewollt waren.

3. Selbstbestimmungsrecht und Abspaltungsverbot. a) Allgemeines. Neben diesen auf dem Gesetz (vor allem auf den §§ 134, 138 BGB) sowie auf allgemeinen Grundsätzen der Rechtsordnung (zB dem allgemeinen Rechtsmissbrauchsverbot) beruhenden Grenzen der Gestaltungsfreiheit setzt auch das Allgemeine Verbandsrecht solche Grenzen. Sie ergeben sich aus den Besonderheiten des Rechtsinstituts der Mitgliedschaft. Die Mitgliedschaft in der Gesellschaft ist als solche Grundlage aller verbandstypischen Rechte und Pflichten, „sie stellt ein in sich geschlossenes Ganzes dar"[18] und ist als solches ein mit Pflichten verbundenes subjektives Recht.[19] Alle Beteiligungsrechte des Inhabers der Mitgliedschaft, diejenigen am Vermögen der Gesellschaft wie diejenigen auf Teilhabe an der Willensbildung in der Gesellschaft und alle dem Schutz dieser Rechte dienenden Ansprüche setzen ebenso wie die grundlegenden gesellschaftsrechtlichen Pflichten, also die Beitragspflicht und die Treuepflicht als wesentliche Komponenten der allgemeinen Zweckförderungspflicht[20] die Mitgliedschaft voraus. Die Mitgliedschaft ist einheitlich; sie gewährt Rechte nur an ihren Inhaber und adressiert alle mit ihr einhergehenden Pflichten nur an diesen.

Weil die Mitgliedschaft Inbegriff aller derjenigen Rechte und Pflichten ist, von denen die Existenz des Rechtsträgers „Gesamthand" bestimmt wird, lässt sie sich von diesem nicht trennen. Im Grundsatz ergibt sich das aus § 717 Satz 1 BGB, für die vermögensrechtliche Seite der Mitgliedschaft aus § 719 Abs. 1 BGB: Kein Gesellschafter kann über seinen Anteil an dem Gesellschaftsvermögen und seinen Bestandteilen verfügen oder Teilung verlangen. Nach den Worten des BGH ist „der Erwerb oder Verlust der gesamthänderischen Mitberechtigung an einem Gesellschaftsgrundstück [*hinzuzufügen: wie auch an allen anderen Gegenständen des Gesellschaftsvermögens*] ... nur eine gesetzliche Folge des Erwerbs oder Verlusts der Mitgliedschaft und die Konsequenz davon, dass das Gesellschaftsvermögen auch bei einem Mitgliederwechsel stets dem jeweiligen Gesellschafterkreis zugeordnet bleibt."[21] Ausgliederungs-, also abspaltungsfähig sind grundsätzlich nur diejenigen Rechte, die das Gesetz selbst als sonderrechtsfähig (im Gegensatz zur notwendigen Gesamtrechtsfähigkeit) bestimmt.[22] Das sind die in § 717 S. 2 BGB bezeichneten vermögensrechtlichen Ansprüche, namentlich die Gewinnansprüche und der Anspruch auf ein etwaiges zukünftiges Auseinandersetzungsguthaben.

---

[15] *Dauner-Lieb* ZHR 158 (1994), 271; *Rasner* ZHR 158 (1994), 292; *Ulmer/Schäfer* ZGR 1995, 134; *Kanzleiter* NJW 1995, 905, 908.
[16] So ist *Hopt* zu verstehen – vgl. Fn 12.
[17] BGH NJW 1993, 3193 (Fn. 11) als die einzig konsequente Lösung, die auch dann schlüssig bleibt, wenn sie nicht zur Anwendung kommen kann, weil der Gesellschaftsvertrag die Feststellung einer Regelungslücke ausschließt.
[18] *K. Schmidt* GesR § 19 I 3 b.
[19] *Wiedemann* GesR § 2 I b bb; *ders.* Übertragung S. 39; Hachenburg/*Raiser* § 14 RdNr. 13; *Lutter* AcP 180 (1980), 101.
[20] *Lutter* AcP 180 (1980), 102 ff.; *K. Schmidt* GesR § 19 III 3 b.
[21] BGH Urt. v. 31. 1. 1983 – II ZR 288/81, BGHZ 86, 367, 369 ff. = NJW 1983, 1110.
[22] *K. Schmidt* GesR § 19 III 4. a; *Wiedemann* Übertragung § 12 I; *A. Hueck* JZ 1952, 115.

10 Was für die vermögensrechtliche Seite aus der Denkfigur der Gesamthand folgt, gilt für die nicht-vermögensbezogenen Mitgliedschaftsrechte auf Grund desselben Prinzips: So wie das Gesamthandsvermögen den Gesamthändern nur vermittelt durch ihre Zugehörigkeit zur Gesamthand (Mitgliedschaft in derselben) zusteht, so ist auch die Ausübung aller nicht-vermögensbezogenen Mitgliedschaftsrechte an die Mitgliedschaft gebunden und den Mitgliedern vorbehalten. Indem sie solche Rechte – etwa das Stimmrecht – ausüben, entscheiden sie entweder im Verband und für denselben, oder über ihre Mitgliedschaft als solche (zB im Falle der Kündigung). Alle nicht-vermögensbezogenen Mitgliedschaftsrechte sind grundsätzlich ausschließlich solche der Verbandsmitglieder. Das Verbot, solche Rechte an Außenstehende zu übertragen (Abspaltungsverbot), ist notwendige Gewähr für die Selbstbestimmungsfähigkeit des Verbands.[23] Die Rechtsfigur der Gesamthand als eigener Träger von Rechten und Pflichten verlöre ihre dogmatische Legitimationsgrundlage, wenn die Gesamthand ihre Angelegenheiten nicht selbst – handelnd durch ihre Mitglieder – besorgte, sondern von außerhalb ihrer selbst stehenden Kräften gesteuert werden würde.[24] Das Abspaltungsverbot erweist sich – so gesehen – nicht als Einschränkung des in § 163 zum Ausdruck kommenden Grundsatzes der Privatautonomie, sondern „ist selbstverständlicher Inhalt des unser Zivilrecht bestimmenden Grundsatzes der Privatautonomie",[25] in dem es eben diese Privatautonomie für die Gesamthand als Verband sichert.

11 Dasselbe Prinzip weist alle organschaftlichen Befugnisse in der Gesellschaft ausschließlich den Gesellschaftern zu, und zwar den persönlich haftenden (Prinzip der Selbstorganschaft). Nur sie sind zur Geschäftsführung und Vertretung der Gesellschaft befugt (§§ 164, 170). Die Gesellschafter können sich ihres Selbstentscheidungsrechts in allen Angelegenheiten der Gesellschaft nicht entledigen. Jede Einbeziehung Dritter in die Geschäftsführungs- und/oder Vertretungsbefugnis für die Gesellschaft kann nur eine abgeleitete sein, und zwar gewöhnlich auf Grund einer bloß schuldrechtlichen Vereinbarung, oder, wenn es sich um die zulässige Beteiligung von Kommanditisten an der Geschäftsführung der Gesellschaft handelt, auch im Wege der Einräumung eines gesellschaftsvertraglichen Sonderrechts.[26] Jede organschaftliche Befugnis in der Gesellschaft setzt also Mitgliedschaft voraus.[27] Dies schließt freilich nicht aus, dass in Sonderfällen auch einem Nicht-Gesellschafter organschaftliche Befugnisse verliehen werden. Für den Fall der Ausschlussklage gegen den einzigen geschäftsführungs- und vertretungsberechtigten Gesellschafter hat der BGH angenommen,[28] dass durch einstweilige Verfügung diesem Gesellschafter die Geschäftsführungs- und Vertretungsbefugnis entzogen und einem Dritten übertragen werden kann. Zur Begründung dieser „Drittorganschaft kraft hoheitlicher Anordnung für die Dauer des Ausschließungsprozesses"[29] hat sich der BGH auf die Möglichkeit berufen, auch Nicht-Gesellschafter zu Liquidatoren zu bestellen (§ 146 Abs. 1). Zu rechtfertigen wäre das auch mit dem Grundgedanken, nach dem das Gesetz in § 46 Nr. 8 GmbHG und § 147 Abs. 3 AktG vergleichbare Konfigurationen löste: Der mit organschaftlichen Befugnissen ausgestattete Prozessvertreter ist eine unserem Gesellschaftsrecht bekannte Figur.

12 b) Beteiligung Dritter an der gesellschaftlichen Willensbildung. Abgesehen von diesen, den persönlich haftenden Gesellschaftern vorbehaltenen, organschaftlichen Geschäftsführungs- und Vertretungskompetenzen können Dritte an der gesellschaftlichen Willensbildung beteiligt werden. Das gilt sowohl für die Einrichtung eines Beirats als Gesellschaftsorgan mit der Befugnis, für die Gesellschaft und die Gesellschafter zu handeln,[30] als auch für die Beteiligung von Nicht-Gesellschaftern an der Willensbildung der Gesellschafter durch Gesellschafterbeschlüsse.[31] Mit Rücksicht auf das vorstehend erläuterte Prinzip der Selbstbestimmungsfähigkeit des Verbands (auch Grundsatz der Verbandssouveränität) darf dies jedoch nicht zur Selbstentmachtung der Gesellschaft führen. Bestimmungen des Gesellschaftsvertrages, die den Beirat ermächtigen, den Gesellschaftsvertrag zu ändern, sind überhaupt nicht möglich, wenn sie das Recht der Gesellschafterversammlung verdrängen sollen, über

---

[23] BGH Urt. v. 10. 11. 1951 – II ZR 111/50, BGHZ 3, 354 = NJW 1952, 178; BGH Urt. v. 14. 5. 1956 – II ZR 229/54, BGHZ 20, 363, 364 = NJW 1956, 1198; BGH Urt. v. 25. 2. 1965 – II ZR 287/63, BGHZ 43, 261, 267 = NJW 1965, 1378; *Erman*, FS Nipperdey I, 1965, S. 277, 285f.; *Teichmann* S. 224f; *H. P. Westermann* Typengesetzlichkeit S. 442; Hachenburg/*Raiser* § 14 RdNr. 32; Staub/*Ulmer* § 109 RdNr. 26; *K. Schmidt* GesR § 19 III 4.
[24] *K. Schmidt* GesR § 19 III 4a.
[25] *Flume* Personengesellschaft § 14 VII.
[26] BGH Urt. v. 27. 6. 1955 – II ZR 232/54, BGHZ 17, 392, 395 = NJW 1955, 1394; Staub/*Schilling* § 164 RdNr. 8; MünchHdbKG/*Wirth* § 7 RdNr. 75.
[27] *K. Schmidt* GesR § 14 II 2.
[28] BGH Urt. v. 11. 7. 1960 – II ZR 260/59, BGHZ 33, 105 ff. = NJW 1960 1997.
[29] *Flume* Personengesellschaft § 14 VIII.
[30] BGH Urt. v. 23. 10. 1967 – II ZR 164/65, BB 1968, 145; BGH Urt. v. 1. 12. 1969 – II ZR 224/67, LM HGB § 109 Nr. 7; MünchHdbKG/*Riegger* § 8 RdNr. 7; BGH Urt. v. 1. 12. 1969 – II ZR 14/68, NJW 1970, 706.
[31] BGH Urt. v. 22. 2. 1960 – VII ZR 83/59, JZ 1960, 490 (m. Anm. *A. Hueck*).

solche Vertragsänderungen selbst zu entscheiden und den Beirat als solchen zu beseitigen.[32] Ist eine solche Ermächtigung unter dieser Voraussetzung möglich, dann wirkt sie nur eingeschränkt; sie kann für die Gesellschafter keine weitergehenden Folgen haben als deren Ausschluss vom Stimmrecht, dh. sie kann nur außerhalb desjenigen Kernbereichs von Gesellschafterrechten wirken, die keinem Gesellschafter ohne seine Zustimmung entzogen werden können.[33] Die Beteiligung Außenstehender an Gesellschafterbeschlüssen darf ebenfalls nicht zur Entmachtung der Gesellschafter führen, sie ist aber möglich, wenn für die Beschlüsse der Gesellschafter das Mehrheitsprinzip gilt und die Stimmrechtsmehrheit der Gesellschafter gegenüber dem Außenstehenden gewährleistet ist, und zwar auch dann, wenn es um die Beseitigung der Rechtsstellung des Nicht-Gesellschafters in der Gesellschaft geht.[34] Mit dem sog. Abspaltungsverbot (hierzu RdNr. 14) gerät die hier erörterte Beteiligung Außenstehender an der gesellschaftlichen Willensbildung nicht in Konflikt, weil es nicht um die Entäußerung von Gesellschafterrechten an einen Dritten, sondern um die Begründung zusätzlicher Mitwirkungsrechte bei den verbands-internen Willensbildungsvorgängen geht.[35]

Auch Stimmbindungsvereinbarungen werden für zulässig gehalten.[36] Gegenüber Mitgesellschaftern ist das gänzlich unproblematisch. *Flume* will deren Zulässigkeit aber auch in diesem Falle von einer Regelung im Gesellschaftsvertrag abhängig machen.[37] Die Zulässigkeit einer Stimmrechtsbindung gegenüber Nicht-Gesellschaftern ist in der Literatur überwiegend auf Kritik gestoßen. *Flume*[38] hält sie immer für unzulässig, weil sie denselben Effekt habe wie die Stimmrechtsabspaltung. *Hopt*[39] will sie ohne Zulassung im Gesellschaftsvertrag oder Zustimmung der Mitgesellschafter nur für möglich halten, wenn besondere, wiederum von den Mitgesellschaftern gebilligte, Legitimationstatbestände, wie Treuhand, Nießbrauch, Verpfändung oder (schuldrechtliche) Abtretung vorliegen.[40] Für die Zulässigkeit der Stimmbindung auch gegenüber gesellschaftsfremden Dritten spricht nach der insoweit einhelligen Rechtsprechung, dass auch die gebundene Stimme die Stimme eines Gesellschafters ist.[41] Die Verantwortlichkeit der Stimmabgabe gegenüber den Mitgesellschaftern bleibt beim Gesellschafter. Im Übrigen ist die mit der Stimmbindung verbundene Weisungsbefugnis des gesellschaftsfremden Dritten stets begrenzt durch die Schranken, die der Rechtsausübungsbefugnis des Gesellschafters selbst gesetzt sind, also vor allem durch die gesellschaftsrechtliche Treue- und Zweckförderungspflicht. Ein in solchen Schranken sich bewegender Fremdeinfluss ist zulässig, sofern die Begründung einer bloß mittelbaren Gesellschafterstellung (Treuhandschaft, Nießbrauch, Verpfändung, Unterbeteiligung, (schuldrechtliche) Abtretung) zulässig war und ist. Nur in diesen Fällen stellt sie, wie *K. Schmidt*[42] zutreffend hervorhebt, „das notwendige Korrektiv gegenüber der rigorosen Abhängigkeit des Stimmrechts von der Mitgliedschaft" dar. Der sein Stimmrecht ausübende Gesellschafter kann dies nach eigenem Belieben tun, solange er sich in den Grenzen dessen bewegt, was seine Mitgesellschafter nach dem Gesellschaftsvertrag oder dem Gesetz hinnehmen müssen. Über diese Grenze hinaus kann er auch nicht wirksam gebunden werden. Im Übrigen ist die Stimmbindung als solche unwirksam und nicht durchsetzbar, wenn sie einem unrechtmäßigen Zweck dient. Jede Stimmbindung ist immer nur das Mittel zur Durchsetzung eines berechtigten Interesses. Sie ist deshalb unwirksam, wenn das Interesse, auf welches sie sich beruft, unberechtigt ist.

c) Bevollmächtigung Dritter und obligatorische Gruppenvertretung. In der Bevollmächtigung Dritter liegt, sofern der Gesellschaftsvertrag sie zulässt oder alle übrigen Gesellschafter zustimmen, nicht notwendig eine Verletzung des Abspaltungsverbots. Sie ermächtigt stets nur zu Handlungen im Rahmen ihres Wirkungskreises, erlaubt keine In-Sich-Geschäfte ohne Zustimmung des Vollmachtgebers, insbesondere keine Erweiterung oder Verlängerung ihrer selbst durch den Bevollmächtigten und berührt das Recht des Vollmachtgebers nicht, jederzeit selbst zu handeln. Außerdem bleibt dem Vollmachtgeber das Recht zum jederzeitigen Widerruf der Vollmacht. Wo aber die Vollmacht zeitlich unbegrenzt, dh. einer zeitlichen Unterbrechung durch Eigenhandeln des Voll-

---

[32] BGH Urt. v. 19. 11. 1984 – II ZR 102/84, WM 1985, 256, 257; *Brandes* WM Sonderbeilage 1/1987, 12.
[33] BGH WM 1985, 256, 257 (Fn. 32); MünchHdbKG/*Riegger* § 8 RdNr. 27.
[34] *Flume* Personengesellschaft § 14 VII.
[35] BGH JZ 1960, 490, 491 (Fn. 31).
[36] BGH Urt. v. 29. 5. 1967 – II ZR 105/66, BGHZ 48, 163 ff. = NJW 1967, 1963; BGH Urt. v. 20. 1. 1983 – II ZR 243/81, NJW 1983, 1910, 1911; BGH Urt. v. 27. 10. 1986 – II ZR 240/85, NJW 1987, 1890, 1892; OLG Köln Urt. v. 16. 3. 1988 – 6 U 38/87, WM 1988, 974, 976; OLG Koblenz Urt. v. 27. 2. 1986 – 6 U 261/86, NJW 1986, 1692.
[37] *Flume* Personengesellschaft § 14 VI.
[38] *Flume* Personengesellschaft § 14 VI.
[39] Baumbach/*Hopt* § 119 RdNr. 18.
[40] So auch *Priester*, FS Werner, S. 657, 672 ff.; MünchKommBGB/*Ulmer* § 717 RdNr. 25; Soergel/*Hadding* § 709 RdNr. 36; Hachenburg/*Hüffer* GmbHG § 47 RdNr. 78.
[41] Staub/*Ulmer* § 119 RdNr. 75; MünchHdbKG/*Weipert* § 12 RdNr. 66.
[42] GesR § 21 II 4 a cc.

machtgebers nicht zugänglich und entweder unwiderruflich oder durch den Bevollmächtigten selbst perpetuierbar ist, verdrängt sie ihre Wurzel, das Recht des Vollmachtgebers, vollends und gleicht deshalb einer Rechtsentäußerung. Es liegt verbotene Abspaltung vor.[43] Die Umdeutung von gegen das Abspaltungsverbot verstoßender sog. verdrängender Vollmacht in eine funktionsentsprechende Ersatzgestaltung ist möglich: Der BGH sah in der unwiderruflichen Bevollmächtigung aller persönlich haftenden Gesellschafter durch alle Kommanditisten unter gleichzeitigem Stimmrechtsverzicht der Letzteren einen Stimmrechtsausschluss auf der Seite der Kommanditisten bei gleichzeitiger Stimmrechtsvermehrung auf der Seite der persönlich haftenden Gesellschafter.[44] Dagegen ist nichts einzuwenden, und zwar in diesem Falle schon um deswillen nicht, weil es gar nicht darum ging, die Gesellschaft vor Fremdbestimmung zu bewahren. Es handelte sich um eine zulässige Lösung auf der Ebene des Gesellschaftsvertrages.[45] Das OLG Koblenz[46] deutete eine – für unzulässig gehaltene – Stimmrechtsübertragung an einen Nießbraucher um in eine widerrufliche Stimmrechtsvollmacht. Ähnlich entschied das OLG Hamburg[47] bei einem vergleichbaren Sachverhalt im GmbH-Recht. Einzelheiten zu den Besonderheiten, die bei Belastungen von Gesellschaftsanteilen anzutreffen sind, vgl. RdNr. 24.

15 Bestimmungen des Gesellschaftsvertrages, die es einer bestimmten Kommanditistengruppe (meist Erben eines Gesellschafters) zur Pflicht machen, ihre Gesellschafterrechte durch einen gemeinsamen Vertreter, sei er nun Mitgesellschafter oder Dritter, auszuüben, sind die häufig anzutreffende Folge der nach bisher einhelliger Lehre zwangsläufigen Aufteilung eines vererblichen Gesellschaftsanteils unter den mehreren zur erbrechtlichen Nachfolge in den Gesellschaftsanteil eines verstorbenen Gesellschafters zugelassenen Erben im Wege der sog. Sondererbfolge ohne vorangegangene Erbauseinandersetzung.[48] Die Dreidimensionalität des Problems liegt auf der Hand:

16 – Klauseln dieser Art sind Teil der Verbandsverfassung, des Gesellschaftsvertrags also; sie bewirken damit einen Eingriff in die prinzipielle Befugnis der betroffenen Gesellschafter zur persönlichen Rechtsausübung, deren Zulässigkeit sich nicht von selbst versteht.

17 – Wegen der aus ihr folgenden Reduzierung der Ausübungsmöglichkeit für die Verwaltungsrechte auf das Handeln durch einen gemeinschaftlichen Repräsentanten schaffen sie eine Interessengemeinschaft der von ihr betroffenen Gesellschafter, eine Gesellschaftergruppe also, deren Binnenverfassung höchst umstritten ist.

18 – Schließlich steht der gemeinschaftliche Vertreter der Gruppe zu dieser in einem Rechtsverhältnis, dessen Einordnung ebenfalls Schwierigkeiten bereitet.

19 *Wiedemann*[49] hat versucht, das Problem der prinzipiellen Zulässigkeit einer obligatorischen Gruppenvertretung dadurch zu lösen, dass er dem obligatorischen Gruppenvertreter die Rechtsstellung eines besonderen Gesellschaftsorgans zuwies. Er hat dies damit begründet, dass die Vertreterklausel den von ihr betroffenen Kommanditisten keine Wahl über das „ob" der Vertreterbestellung lässt, wenn sie ihre Rechte ausüben wollen. Zu Recht haben *Flume*[50] und ihm folgend *K. Schmidt*[51] darauf hingewiesen, dass es gegen die Vertreterklauseln überhaupt spräche, wenn man den mit ihnen verfolgten Zwang zur Delegation eigener Verwaltungsrechte als ihr vordergründiges Merkmal ansähe; das verstoße ja gegen das Abspaltungsverbot.[52] Wenn man die Anordnung einer obligatorischen Gruppenvertretung auf den gesellschaftsvertraglich begründeten Zwang reduziert,

– zu wählen, ob man eigene Verwaltungsrechte gar nicht oder durch einen Vertreter ausüben will und

– sich für den Fall, dass von der Rechtsausübung durch einen Vertreter Gebrauch gemacht werden soll, einer Gruppenorganisation einzufügen,

dann ist sie zulässig.[53] Immer handelt es sich um eine prinzipielle, nämlich durch die Verbandsverfassung geschaffene, auf dem Willen aller Gesellschafter beruhende Einschränkung der Aus-

---

[43] BGHZ 3, 354, 358 f. (Fn. 23); *A. Hueck* ZHR 125 (1963), 8; *A. Hueck* OHG S. 166, 167; *K. Schmidt* GesR § 19 III 4; MünchKommBGB/*Ulmer* § 717 RdNr. 9.
[44] BGHZ 20, 363, 367 ff. (Fn. 23).
[45] *Flume* Personengesellschaft § 14 IV; MünchKommBGB/*Ulmer* § 717 RdNr. 9.
[46] Urt. v. 16. 1. 1992 – 6 U 963/91, NJW 1992, 2163, 2165 (für das Stimmrecht aus einem GmbH-Geschäftsanteil).
[47] Urt. v. 22. 2. 1989 – 11 W 14–16/89, NJW 1989, 1865, 1867.
[48] Baumbach/*Hopt* § 163 RdNr. 10.
[49] Übertragung § 16 I 2 b.
[50] *Flume* Personengesellschaft § 14 V.
[51] ZHR 146 (1982), 531.
[52] *Reuter* S. 210 ff.
[53] RG Urt. v. 12. 11. 1912 – II 291/12, RGZ 80, 385, 389; KG Urt. v. 12. 1. 1903, RJA 3 (1903), 234, 236; *K. Schmidt* ZHR 146 (1982), 532 mwN.

übungsmöglichkeit von Gesellschafterrechten. Wenn der gesellschaftsvertraglich festgelegte Stimmrechtsausschluss möglich ist,[54] dann kann die Alternative „Stimmverzicht oder Vertreterbestellung" nicht unzulässig sein, sofern der von der Vertreterklausel betroffenen Gesellschaftergruppe entscheidende Freiheiten bleiben: Die Freiheit – um den Preis der Rechtsausübungsmöglichkeit – überhaupt keinen Vertreter zu bestellen; die Freiheit, einen Vertreter eigener Wahl zu bestellen; die Freiheit, dem Vertreter bindende Weisungen in Hinsicht auf die Ausübung der ihm vollmachtweise übertragenen Rechte zu erteilen und schließlich die Freiheit, den Vertreter jederzeit abzuberufen.[55]

Die eigentliche Problematik der Vertreterklausel liegt nach allem nicht im Bereich der Fragen, die sich auf ihre Zulässigkeit und die Funktion des Gruppenvertreters innerhalb der Gesellschaft richten; von praktischer Bedeutung ist dagegen die Gruppenorganisation, in die sich die von der Vertreterklausel betroffenen Gesellschafter einzufügen haben. Das ist nur dann ein Problem von Grenzen der gesellschaftsvertraglichen Gestaltungsfreiheit iSv. § 163, wenn die Gruppenverfassung (gemeint ist die Organisation der von der Vertreterklausel betroffenen Gesellschaftergruppe) bereits zusammen mit der Vertreterklausel selbst im Gesellschaftsvertrag vorgegeben werden soll.[56] Es liegt auf der Hand, dass solche Regelungen einen über die bloße Vertreterklausel hinausgehenden weiteren Eingriff in die Gesellschafterrechte darstellen. Eben weil die Vertreterklausel selbst nur zu rechtfertigen ist, wenn sie jedem der von ihr betroffenen Gesellschafter die Entscheidung über das Ob und das Wie der vertretungsweisen Rechtsausübung belässt, ist das nur unter der Voraussetzung zu billigen, dass entweder alle Entscheidungen der betroffenen Gesellschaftergruppe einstimmig gefällt werden oder dass Mehrheitsentscheidungen nur für solche Fälle zugelassen werden, in denen sie allgemein durch gesellschaftsvertragliche Bestimmung zugelassen werden könnten (vgl. hierzu unten RdNr. 34).

d) Wechsel des wirtschaftlichen Interesses an der Gesellschaftsbeteiligung. Sonderfragen stellen sich, wenn das wirtschaftliche Interesse an der Gesellschaftsbeteiligung wechselt, ohne dass sein bisheriger Inhaber Mitgliedschaft und Haftung verliert. Das ist zunächst bei Treuhandverhältnissen der Fall, deren wohl häufigste Erscheinungsform die kommanditistische Beteiligung von Treuhändern in Publikumsgesellschaften ist.[57] Die Treuhandschaft kann durch Bindung eines Gesellschafters an einen nicht zur Gesellschaft gehörenden Dritten oder dadurch begründet werden, dass der bisherige Gesellschafter seine Beteiligung (mit Zustimmung aller übrigen Gesellschafter) auf einen gesellschaftsfremden Dritten als Treuhänder überträgt, während er selbst – als Treugeber – weiterhin Inhaber des wirtschaftlichen Interesses an der Beteiligung bleibt. Beide Fälle sind sowohl als verdecktes als auch als offenes Treuhandverhältnis vorstellbar, je nachdem, ob die Treuhandschaft den übrigen Gesellschaftern offenbart wird.

Immer wird dem Treugeber gegenüber dem Treuhänder in Bezug auf die Wahrnehmung der treuhänderisch gehaltenen Gesellschafterrechte ein Weisungsrecht zustehen. Diesem Weisungsrecht sind Grenzen gesetzt: Der Treuhänder kann seine Verwaltungsrechte in der Gesellschaft nur in der Beschränkung ausüben, die durch die Förderungspflicht (Treuepflicht) gegeben ist. Der Treuhänder muss deshalb weisungsfrei handeln dürfen, wenn ihm die Gesellschafterpflicht weisungsgemäßes Handeln verbietet. Die gesellschaftsvertragliche Bindung geht derjenigen aus dem Treuhandvertrag vor. Der sich im Konfliktfall gesellschafts-treu verhaltende Treuhänder bleibt haftungsfrei gegenüber dem Treugeber, auch wenn er dessen Weisung mißachtet. Das Weisungsrecht des Treugebers ist durch seinen Gegenstand auf diese Weise beschränkt, denn der Treugeber dürfte, wenn er selbst Gesellschafter wäre, auch nicht anders handeln. Das entspricht auch den Grenzen, die jeder Stimmbindung gegenüber Nicht-Gesellschaftern gesetzt sind.[58]

Ein mit Zustimmung aller Gesellschafter begründetes Treuhandverhältnis (offene Treuhand) löst das Bedürfnis des Treugebers aus, offen die mit der Beteiligung verbundenen Verwaltungsrechte auszuüben oder in ihre Ausübung einzugreifen. In diesem Fall droht Kollision mit dem Grundsatz der persönlichen Rechtsausübung. Der BGH nahm das hin, und zwar im Grundsatz ohne Einschränkung, im konkreten Fall allerdings beschränkt auf Informationsrechte.[59] *Fleck* und *Ulmer* schlossen sich dem an.[60] Begründet wird dies auf zweierlei Weise:

---

[54] BGHZ 20, 363, 365 (Fn. 23); MünchKommBGB/*Ulmer* § 709 RdNr. 63.
[55] MünchHdbKG/*Weipert* § 12 RdNr. 21.
[56] Beispiel: MünchVertrHdb Bd. I/*Riegger* III 3 § 14 Abs. 4 und Anm. 29.
[57] *Henze* § 177a Anh. B RdNr. 94 ff.; *Weipert* ZHR 157 (1993) 513 ff.
[58] BGHZ 3, 354, 358 f (Fn. 23); *Beuthien* ZGR 1974, 26, 41 ff.; MünchKommBGB/*Ulmer* § 705 RdNr. 88 und § 717 RdNr. 25.
[59] BGH Urt. v. 13. 5. 1953; – II ZR 157/52, BGHZ 10, 44, 50 = NJW 1953, 1548.
[60] *Fleck*, FS R. Fischer, S. 107, 118 ff.; MünchKommBGB/*Ulmer* § 705 RdNr. 91 mwN.

24 *Ulmer*[61] folgert aus der gesellschaftsvertraglichen Zulassung von Treuhandschaft, Nießbrauch oder Verpfändung oder aus der konkreten Zustimmung aller übrigen Gesellschafter dazu, dass die Gesellschafter frei seien, den Treugeber als wirtschaftlichen Inhaber der Gesellschaftsbeteiligung in die mitgliedschaftsrechtliche Beziehung einzugliedern, und zwar dergestalt, dass sich die Gesellschafterstellung gesellschaftsintern zwischen Treuhänder und Treugeber aufteilt. Auf diese Weise sei durch Vereinbarung auf der Ebene des Gesellschaftsvertrages möglich, was sonst am Abspaltungsverbot scheitern müsste.[62] *K. Schmidt*[63] sieht darin überhaupt kein Abspaltungsproblem, sondern eine natürliche Folge der mit Zustimmung aller Mitgesellschafter zulässigen dinglichen (oder – bei der Treuhandschaft – jedenfalls wirtschaftlichen) Teilung der Mitgliedschaft. Soweit die materielle Mitgliedsstellung nicht voll mit der formellen übereinstimme, sei es eine Zurechnungsfrage, ob und wie weit hierdurch auch die aus der Mitgliedschaft folgenden Rechte „je nach der wirtschaftlichen Gesellschafterposition auf unterschiedliche Personen verteilt sein können." Das dürfte auf die Konsequenz hinauslaufen, die Mitgliedschaftsrechte auch ohne Vereinbarung darüber je nach den Umständen dem Treuhänder oder Treugeber, Stammrechtsinhaber oder Nießbraucher, Verpfänder oder Pfandrechtsinhaber etc. zuzuweisen.

25 Die Billigung des offenen Treuhandverhältnisses durch die Mitgesellschafter entkräftet aber nur einen der Gründe für das Abspaltungsverbot, nämlich das Interesse der Gesellschafter, „unter sich" zu bleiben. Der zweite Grund, die eindeutige Zuordnung von Mitgliedschaft und Haftung, das allgemeine Bedürfnis also, Haftung und Haftungsverursachung zusammenzuhalten, liegt nicht im Entscheidungsbereich der Gesellschafter und bleibt deshalb von deren Zustimmung unberührt.[64] Deshalb sind die Überlegungen zu einer vereinbarungsfähigen oder sich sogar von selbst verstehenden Aufteilung der Mitgliedschaftsrechte unproblematisch, wenn etwa GmbH-Geschäftsanteile Gegenstand der Fremdzuordnung sind.[65] Im GmbH-Recht hat man deshalb auch den Treugeber zum Adressaten der Gesellschafterhaftung im Falle von nach § 31 GmbHG verbotenen Zahlungen gemacht.[66] Im Recht der Personenhandelsgesellschaften gebietet jedoch das Prinzip der eindeutigen Zuordnung von Mitgliedschaft und Haftung eine funktionsabhängige Einschränkung der Möglichkeit, Mitgliedschaftsrechte zwischen Treuhänder und Treugeber aufzuteilen: Wenn und solange der Treuhänder einziges Zuordnungsobjekt für die Gesellschafterhaftung ist, kann sich die mit allen Gesellschaftern vereinbarte und durch den Treuhänder einseitig nicht mehr entziehbare Zubilligung von Verwaltungsrechten an den offenen Treugeber nur auf die Informations- und Schutzrechte, nicht aber auf das Stimmrecht beziehen. Eine Ausnahme gilt nur für Publikumsgesellschaften. Bei ihnen und mit Rücksicht auf ihre besonderen Verhältnisse hat der BGH[67] mit Billigung durch die Literatur[68] für den Fall der offenen Treuhand die Auffassung vertreten, dass sich im Fall entsprechender Vereinbarung „die betroffene Gesellschafterstellung gesellschaftsintern zwischen Treuhänder und Treugeber aufteilt".[69]

26 Will der Treugeber auch das Stimmrecht ausüben dürfen, dann bedarf es dazu einer Bevollmächtigung durch den Treuhänder. Gegen den Willen des Treuhänders darf es aber keine Möglichkeit geben, dem Treugeber das Stimmrecht zu verschaffen oder zu belassen. Will er es haben, dann muss er das Treuhandverhältnis beenden und selbst in die formale Gesellschafterposition eintreten. Die unterschiedlich begründeten gegenteiligen Auffassungen, wonach der offene Treugeber die Verwaltungsrechte haben dürfe, die er brauche, sind nicht befriedigend. Sie verschaffen dem materiellen Interesse des Treugebers einen ungerechtfertigten Vorrang vor dem ebenso materiellen Interesse des Treuhänders, welche sich aus dessen haftungsrechtlicher Lage ergibt. Der BGH hat in ständiger Rechtsprechung betont, dass bei den Personenhandelsgesellschaften immer nur der Treuhänder Adressat der Gesellschafterhaftung ist, eben weil es sich dabei um Außengesellschaften handelt, bei denen das Hervortreten der Gesellschafter nach außen ein wesentliches Merkmal bildet.[70] Die Entscheidung für die formale Mitgliedschaft hat Folgen: Sie verpflichtet zum Bekenntnis der

---

[61] MünchKommBGB/*Ulmer* § 705 RdNr. 91 ff.
[62] So auch *Reuter* ZGR 1978, 633, 642; Soergel/*Hadding* § 705 RdNr. 29; Erman/*Westermann* § 705 RdNr. 27.
[63] GesR § 19 III 4 b.
[64] BGH Urt. v. 17. 3. 1966 – II ZR 282/63, BGHZ 45, 204 ff. = NJW 1966, 1309; *Bälz* ZGR 1980, 1, 17.
[65] Dies ist auch Gegenstand der Überlegungen von *Fleck* (vgl. Fn. 42).
[66] BGH Urt. v. 14. 12. 1959 – II ZR 187/57, BGHZ 31, 258, 266 f. = NJW 1980, 285; BGH Urt. v. 26. 11. 1979 – II ZR 104/77, BGHZ 75, 334 = NJW 1980, 592; HansOLG Hamburg Urt. v. 27. 4. 1984 – 11 U 29/84, DB 1984, 1515; Hachenburg/*Goerdeler/Müller* § 31 RdNr. 9; Baumbach/*Hueck* § 31 RdNr. 12.
[67] Urt. v. 30. 3. 1987 – II ZR 163/86, ZIP 1987, 912, 913 m. zust. Anm. von *Priester* EWiR § 161 HGB 1/87, 697.
[68] *Bälz* ZGR 1980, 1, 95; *Beuthien* ZGR 1974, 27, 52; MünchKommBGB/*Ulmer* § 705 RdNr. 91, 92.
[69] MünchKommBGB/*Ulmer* § 705 RdNr. 93.
[70] BGHZ 10, 44, 48 (Fn. 58); BGH Urt. v. 24. 2. 1992 – II ZR89/91, WM 1992, 685; *Weipert* ZHR 157 (1993), 513.

Gesellschaftszugehörigkeit nach außen durch Eintragung in das Handelsregister und schafft den alleinigen persönlichen Bezugspunkt für Haftung und interne Rechtsausübungsbefugnis jedenfalls in dem Rahmen, in dem es einen funktionalen Zusammenhang zwischen Rechtsausübungsbefugnis und Haftung gibt oder geben kann. Für den Bereich der sog. Grundlagengeschäfte (das sind auch Entscheidungen in Geschäftsführungsangelegenheiten, die der Gesellschaftsvertrag der Gesellschafterversammlung zuweist) hat dies der BGH in der Weise bestätigt, dass er die Ausübung des Stimmrechts bei der Feststellung des Jahresabschlusses und bei der Wahrnehmung von Zustimmungsvorbehalten der Gesellschafterversammlung in Bezug auf Geschäftsführungsmaßnahmen allein dem Gesellschafter und nicht dem Nießbraucher zubilligte.[71]

Alles, was hier für die offene Treuhand und den Nießbrauch dargelegt wurde, gilt in gleicher Weise für eine Verpfändung des Gesellschaftsanteils mit Zustimmung aller Gesellschafter und für jedenfalls die treuhänderische Unterbeteiligung daran.[72] **27**

e) Ausübung von Mitgliedschaftsrechten und Wahrnehmung von Amts- und Fürsorgepflichten. Das Problem von Eingriffen in den Funktionszusammenhang von Mitgliedschaft und Haftung tritt auch auf, wo das Gesetz solche Eingriffe anordnet oder zuzulassen scheint. Die alltäglichste Situation dieser Art ist die gesetzliche Vertretung. Weil man früher – wie selbstverständlich – die Rechtsausübung durch den gesetzlichen Vertreter mit persönlicher Rechtsausübung durch den Vertretenen als rechtlich identisch ansah,[73] konnte darin kein gesellschaftsrechtliches Problem im Hinblick auf das Abspaltungsverbot gesehen werden. Das änderte sich durch den Beschluss des Bundesverfassungsgerichts,[74] demzufolge die gesetzliche Vertretungsbefugnis der Eltern für ihr Kind (§ 1629 Abs. 1 BGB) insoweit nicht mit dem Grundgesetz vereinbar ist, als danach Eltern im Zusammenhang mit der Fortführung eines zum Nachlass gehörenden Handelsgeschäfts ohne vormundschaftsgerichtliche Genehmigung Verbindlichkeiten zu Lasten ihrer minderjährigen Kinder eingehen können, die über deren Haftung mit dem ererbten Vermögen hinausgehen. Das Bundesverfassungsgericht wählte damit genau diejenige Trennstelle zum Ansatz für seine Entscheidung, die auch das Abspaltungsverbot im Auge hat: Es ist das Auseinanderfallen von mitgliedschaftlicher Rechtsausübung und Haftung. Das Problem wurde inzwischen durch die gesetzliche Einführung eines neuen Haftungsbegrenzungsmodells gelöst.[75] Die gesetzliche Vertretung ist deshalb heute – wieder – kein Problem mehr im Hinblick auf das gesellschaftsrechtliche Abspaltungsverbot. **28**

Unverändert vielfältig sind die Meinungen darüber, ob und in welchem Umfang vererbte Mitgliedschaftsrechte einer Testamentsvollstreckung unterworfen werden können. Übereinstimmend wird vorausgesetzt, dass alle übrigen Gesellschafter damit einverstanden sind, etwa durch Zulassung im Gesellschaftsvertrag oder Zustimmung im Einzelfall. Unter dieser Voraussetzung wird jedenfalls die Testamentsvollstreckung am Kommanditanteil[76] für zulässig gehalten, und zwar auch dann, wenn die Einlage rückständig ist.[77] Die allgemeinen Einschränkungen von Befugnissen des Testamentsvollstreckers gelten auch hier. So kann der Testamentsvollstrecker nicht gegen den Willen des Gesellschafter-Erben die Kommanditeinlage erhöhen,[78] denn Verbindlichkeiten darf er nur für den Nachlass eingehen (§ 2206 BGB). Aus dem gleichen Grund sind Maßnahmen, die nach § 172 Abs. 4 zur Haftung des Erben-Kommanditisten führen, der Kompetenz des Testamentsvollstreckers entzogen.[79] Aber immer noch sind zahlreiche weitere Fragen offen, so die Frage, ob der Testamentsvollstrecker sich mit Einschränkungen der zum Kernbereich der Mitgliedschaft gehörenden Rechte des Erben einverstanden erklären darf[80] oder ob der Testamentsvollstrecker berechtigt ist, den der Kommanditbeteiligung innewohnenden Auseinandersetzungsanspruch durch Kündigung analog § 725 BGB, § 135 zu liquidieren.[81] Auf die Erläuterungen zu § 177 wird verwiesen. Die Zulässigkeit der **29**

---

[71] BGH Urt. v. 9. 11. 1998 – II ZR 213/97, ZIP 1999, 68 m. Anm. v. *Wolf* in EWiR § 705 BGB 1/99, 117; krit. hierzu aber iE zust. *K. Schmidt* ZGR 1999, 601 ff.
[72] BGH Urt. v. 13. 6. 1994 – II ZR 259/92, ZIP 1994, 1180 m. zust. Anm. von *Fleischer* EWiR § 662 BGB 1/94, 861.
[73] BGH Urt. v. 8. 10. 1984 – II ZR 223/83, BGHZ 92, 259 = NJW 1985, 136.
[74] Beschl. v. 13. 5. 1986 – 1 BvR 1542/84, BB 1986, 1248 m. Anm. *K. Schmidt* BB 1986, 1238.
[75] Gesetz zur Beschränkung der Haftung Minderjähriger v. 25. 8. 1998, BGBl. I 2487.
[76] BGH Beschl. v. 3. 7. 1989 – II ZB 1/89, BGHZ 108, 187 = NJW 1989, 3152; Heymann/*Horn* § 177 RdNr. 14; *K. Schmidt* GesR § 45 V 8 b.
[77] BGHZ 108, 187, 197 (Fn. 75); einschränkend *Rowedder*, FS Goerdeler, 1987, S. 445, 466.
[78] BGHZ 108, 187, 198 (Fn. 75).
[79] *K. Schmidt* GesR § 45 V 8 c; MünchKommHGB/*Schmidt* § 177 RdNr. 31.
[80] Dagegen die – zutreffende – hM *Ulmer* NJW 1990, 79; *D. Mayer* ZIP 1990, 978; Baumbach/*Hopt* § 139 RdNr. 30; aA *Dörrie* S. 122 f.; *Lorz*, FS Boujong, 1996, S. 319.
[81] Staub/*Schäfer* § 139 RdNr. 46 ff.

Testamentsvollstreckung am Gesellschaftsanteil von persönlich haftenden Gesellschaftern wird nach herrschender Meinung verneint.[82] Auch hierzu wird auf die Kommentierung von § 177 verwiesen.

30 **4. Mehrheitsentscheidungen und Minderheitenschutz. a) Willensbildung der Gesellschafter und Leitungsmacht in der Gesellschaft.** Weil der Abschluss des Gesellschaftsvertrages einschließlich des Beitritts zu einer bereits bestehenden Gesellschaft, jede Änderung des Gesellschaftsvertrages und die Aufhebung desselben durch Auflösung der Gesellschaft die zwingend rechtsgeschäftliche Grundlage[83] der Gesellschaft schafft, verändert oder beseitigt, unterliegen alle darauf zielenden Rechtsakte den allgemeinen für den Abschluss, die Änderung oder Aufhebung von Verträgen maßgeblichen Vorschriften des BGB; der Gesellschaftsvertrag ist zunächst schuldrechtlicher Vertrag (dass er über den Charakter eines Schuldverhältnisses hinaus noch eine Reihe weiterer funktionsbezogener Besonderheiten aufweist, braucht hier nicht erörtert zu werden). Jeder Gesellschafter muss nach den allgemeinen für schuldrechtliche Verträge geltenden Regeln an seinem Abschluss, seiner Änderung oder Aufhebung mitwirken.

31 Ist der Gesellschaftsvertrag einmal da, dann ist die Rechtsgrundlage für den Verband, dessen Hervorbringung er bezweckt, geschaffen. Die Willensbildung des Verbands selbst, also alle Entscheidungen darüber, wie er seinen Zweck verfolgt und sich dabei organisiert, folgt anderen Regeln, nämlich denjenigen, die für Gesellschafterbeschlüsse gelten. Gesellschafterbeschlüsse sind keine Verträge, sondern mehrseitige Rechtsgeschäfte eigener Art, die auf kollektive, rechtsverbindliche Willensbildung gerichtet sind.[84] Gesellschafterbeschlüsse sind Willensbildungsakte des Verbands als von seinen einzelnen Mitgliedern losgelöst anzusehende Organisationseinheit, deren Wirksamkeitsvoraussetzungen grundsätzlich dispositiv sind, aber deshalb bestimmten Ordnungsprinzipien genügen müssen. Enthält der Gesellschaftsvertrag keine Bestimmungen über das Zustandekommen von Gesellschafterbeschlüssen, dann setzt die Wirksamkeit jedes Gesellschafterbeschlusses die „Zustimmung aller zur Mitwirkung bei der Beschlussfassung berufenen Gesellschafter" voraus (§§ 161 Abs. 2, 119 Abs. 1). Schon die Einschränkung auf die Beteiligung aller „zur Mitwirkung bei der Beschlussfassung berufenen Gesellschafter" weist auf die Zulässigkeit von Regeln des Gesellschaftsvertrages hin, einzelne Gesellschafter von der Mitwirkung an der Beschlussfassung auszuschließen oder ihr Recht dazu auf andere Weise einzuschränken. § 119 Abs. 2 setzt zudem die Möglichkeit von Mehrheitsbeschlüssen und damit voraus, dass auch an der Beschlussfassung berechtigterweise mitwirkende Gesellschafter einen Gesellschafterbeschluss hinnehmen müssen, der ihrem eigenen Willen nicht entspricht, sondern ihm zuwiderläuft. Mitwirkungsausschluss iSv. § 119 Abs. 1 und Mehrheitsmacht iSv. § 119 Abs. 2 lösen das Bedürfnis nach Schutz vor Diskriminierung im Allgemeinen und Minderheitenschutz im Besonderen aus.[85]

32 Von besonderem Gewicht wird dieses Bedürfnis, wenn der Gesellschaftsvertrag Mehrheitsbeschlüsse vorsieht und dabei auch rechtsgeschäftliche Willensbildungsakte, die den Gesellschaftsvertrag selbst betreffen und deshalb von Gesetzes wegen eigentlich den Regeln über das Zustandekommen schuldrechtlicher Verträge unterworfen sind, der verbandsrechtlichen Willensbildungstechnik, also der Entscheidung durch Gesellschafterbeschluss überantwortet. Die Zulässigkeit einer solchen Änderung der Kompetenzzuordnung (Verbandskompetenz statt Individualkompetenz)[86] steht nicht mehr in Frage.[87] Die Bestimmungen in den §§ 43 und 217 UmwG geben dafür inzwischen ein gesetzliches Beispiel, indem sie zugleich den Wechsel von der Individualkompetenz (§§ 43 Abs. 1, 217 Abs. 1 Satz 1 UmwG) zur Verbandskompetenz (§§ 43 Abs. 2, 217 Abs. 1 Satz 2 UmwG) vorführen.

33 **b) Mehrheitsentscheidungen und Bestimmtheitsgrundsatz.** Entscheidungen, die auch ohne Kompetenzzuweisung im Gesellschaftsvertrag durch Gesellschafterbeschluss zu treffen sind, weil es sich um Willensbildungsakte des Verbands selbst handelt, dürfen mit der Mehrheit der Stimmen getroffen werden, sofern der Gesellschaftsvertrag für die Beschlussfassung der Gesellschafter das Mehrheitsprinzip anordnet (§ 119 Abs. 2). Das sind alle Entscheidungen in den laufenden Organisa-

---

[82] RG Urt. v. 4. 3. 1943 – II 113/42, RGZ 170, 392, 394; BGH Urt. v. 11. 4. 1957 – II ZR 182/55, BGHZ 24, 106, 112 = NJW 1957, 1026; BGH Urt. v. 10. 2. 1977 – II ZR 120/75, BGHZ 68, 225, 239 = NJW 1977, 1339; BGH Urt. v. 25. 2. 1985 – II ZR 130/84, NJW 1985, 1953, 1954; *K. Schmidt* GesR § 45 V 8 b.
[83] *K. Schmidt* GesR § 5 I 1 a.
[84] *K. Schmidt* GesR § 15 I 2 a; *Wiedemann* GesR I § 3 III 1 b; MünchKommBGB/*Ulmer* § 709 RdNr. 51; Baumbach/*Hopt* § 119 RdNr. 25 jew. mwN.
[85] *K. Schmidt* GesR § 16 II.
[86] *Bötticher* S. 28 ff.; *Menk* S. 62 ff.; *Martens* DB 1973, 415 f.; *K. Schmidt* GesR § 16 II 2 d; MünchHdbGesR/*Weipert* Bd. I § 57 RdNr. 23, 24.
[87] RG Urt. v. 23. 11. 1917 – II ZR 242/17, RGZ 91, 166; BGH Urt. v. 13. 3. 1978 – II ZR 63/77, BGHZ 71, 53 = NJW 1978, 1382; BGH Urt. v. 15. 11. 1982 – II ZR 62/82, BGHZ 85, 350 ff. = NJW 1983, 1056.

tionsangelegenheiten der Gesellschaft einschließlich solcher in Angelegenheiten der Geschäftsführung (gemeint sind damit nicht die Entscheidungen der geschäftsführenden Gesellschafter in Ausübung ihrer organschaftlichen Amtspflicht, sondern Entscheidungen aller, auch der nicht geschäftsführungsbefugten Gesellschafter, über Geschäftsführungsakte, hinsichtlich derer der Gesellschaftsvertrag die Handlungsbefugnis der geschäftsführenden Organe von einer durch Beschluss herbeizuführenden Zustimmung der Gesellschafterversammlung abhängig macht).

Die gesellschaftsvertragliche Zuweisung von Entscheidungen an den mit Mehrheit Beschluss 34 fassenden Verband in Angelegenheiten, die nicht solche des Verbands, sondern seiner Mitglieder sind, würden die Mißachtung des individuellen rechtsgeschäftlichen Willens voraussetzen, wenn sie nicht a priori in einer vorweggenommenen Unterwerfungserklärung des sich später, bei der konkreten Beschlussfassung, in der Minderheit findenden Gesellschafters eine Legitimation erfahren hätten. Entscheidungen dieser Art sind zunächst solche über die Änderung des Gesellschaftsvertrages, aber auch in allen Fragen, die die individuelle Rechtsbeziehung jedes Gesellschafters zur Gesellschaft betreffen, wie zB die Billigung (Feststellung) des Jahresabschlusses, die Einschränkung der Gewinnentnahmebefugnis im Rahmen von Gewinnverwendungsentscheidungen, die Gestattung von Sonderentnahmen, die Entlastung der geschäftsführenden Gesellschafter oder die Wahl von Abschlussprüfern. In allen diesen Fällen kann mit Mehrheit gegen den Willen einer Minderheit entschieden werden, sofern der Gesellschaftsvertrag eine hinreichende Ermächtigungsgrundlage enthält. In diesem Zusammenhang hat die Rechtsprechung den sog. Bestimmtheitsgrundsatz entwickelt.[88]

Damit ist die Forderung gemeint, die Beschlussgegenstände zu bezeichnen, für die das Mehrheits- 35 prinzip an die Stelle der Zustimmung durch jeden Gesellschafter treten soll. Der BGH hat diesen Grundsatz in zweifacher Weise relativiert:

Nur wenn es um ungewöhnliche Änderungen des Gesellschaftsvertrages selbst geht, muss der 36 Gesellschaftsvertrag neben grundsätzlicher Anordnung des Mehrheitsprinzips unzweideutige – wenn auch auslegungsfähige – Bestimmungen darüber treffen, welche ungewöhnlichen vertragsändernden Beschlüsse mit Verbindlichkeit für die Minderheit sollen gefasst werden dürfen.[89] Die Beachtung des Bestimmtheitsgrundsatzes verliert andererseits ihre Legitimationswirkung für Mehrheitsentscheidungen, sobald der „unangreifbare Kernbereich" von Mitgliedsrechten berührt werden würde.[90] Diese Beispiele betreffen das Stimmrecht, das Gewinnrecht, das Recht auf Liquidationsquote, die Gesellschaftsdauer und die Kündigungsbestimmungen. Eindeutige Abgrenzungsmöglichkeiten lieferte die Rechtsprechung bisher nicht. *Ulmer*[91] hat deshalb die sog. Kernbereichslehre als „Übergang von der verdeckten zur offenen Inhaltskontrolle von Mehrheitsbeschlüssen" kritisiert. Auch ist keineswegs abschließend geklärt, ob der sog. „Kernbereich" unverzichtbare Rechte beschreibt, die nur mit Zustimmung des betroffenen Gesellschafters beseitigt werden können, oder ob es sich dabei um bloße „stimmrechtsfeste Rechte" handelt, worunter ein unentziehbares Recht des betroffenen Gesellschafters auf Beteiligung an der mehrheitlichen Beschlussfassung verstanden wird.[92] Obwohl der Bestimmtheitsgrundsatz massiver Kritik ausgesetzt ist[93] und obwohl seine Anwendung in Kombination mit der Kernbereichslehre als inhaltlich überholt, dogmatisch nicht begründbar und letztlich nur noch auf eine Forderung der Rechtsprechung nach offener Inhaltskontrolle von Mehrheitsbeschlüssen reduziert anzusehen sei,[94] hält die Rechtsprechung an ihm fest.[95]

Am Grundanliegen für die Entwicklung des Bestimmtheitsgrundsatzes dürfte sich auch nichts 37 geändert haben: Es versteht sich nicht von selbst, dass einer von mehreren Gesellschaftern, also einer von mehreren Vertragspartnern, von ihm selbst nicht akzeptierte Änderungen des Vertrages hinzunehmen verpflichtet sein soll. Das Problem des Bestimmtheitsgrundsatzes und der Kernbereichslehre liegt nicht bei diesem Grundansatz, sondern bei der bisher nicht gelungenen typisierenden

---

[88] RGZ 91, 166 ff. (Fn. 86); RG Urt. v. 11. 5. 1936 – IV 282/35, RGZ 151, 229, 231 ff.; RG Urt. v. 13. 4. 1940 – II 143/39, RGZ 163, 385 ff.; BGH Urt. v. 12. 11. 1952 – II ZR 260/51, BGHZ 8, 35 ff. = NJW 1953, 102; BGHZ 20, 363 ff. (Fn. 23); BGH Urt. v. 27. 1. 1975 – II ZR 130/73, WM 1975, 662 f.; BGH Urt. v. 10. 5. 1976 – II ZR 180/74, BB 1976, 948; BGH Urt. v. 15. 6. 1987 – II ZR 261/86, ZIP 1987, 1178; BGH Urt. v. 29. 3. 1996 – II ZR 263/94, BGHZ 132, 263, 268 = NJW 1996, 1078; *Marburger* NJW 1984, 2252; *Martens* DB 1973, 413, 414; *K. Schmidt* GesR § 16 II 2; MünchKommBGB/*Ulmer* § 709 RdNr. 84 ff.; Staub/*Schilling* § 163 RdNr. 4; Staub/*Ulmer* § 119 RdNr. 34 ff.; Baumbach/*Hopt* § 119 RdNr. 37 ff.
[89] BGHZ 8, 35, 41 (Fn. 87).
[90] BGH Urt. v. 29. 9. 1986 – II ZR 285/85, WM 1986, 1556, 1557; BGH Urt. v. 7. 12. 1972 – II ZR 131/68, NJW 1973, 1602; BGH Urt. v. 13. 7. 1967 – II ZR 72/67, BGHZ 48, 251, 253 f. = NJW 1967, 2157.
[91] MünchKommBGB/*Ulmer* § 709 RdNr. 90.
[92] *Kellermann/Stodolkowitz*, Höchstrichterliche Rechtsprechung zum Personengesellschaftsrecht, S. 31.
[93] Vor allem MünchKommBGB/*Ulmer* § 709 RdNr. 87 ff. m. umfangr. weit. Nachw.
[94] MünchKommBGB/*Ulmer* § 709 RdNr. 88, 89.
[95] BGH Urt. v. 10. 10. 1994 – II ZR 18/94, ZIP 1994, 1942; *Hermanns* ZGR 1996, 103 und – zuletzt – Urt. v. 15. 1. 07 – II ZR 245/05 „Otto"; ZIP 2007, 475/477; NJW 2007, 1685.

§ 163   38, 39   2. Buch. 2. Abschnitt. Kommanditgesellschaft

Beschreibung derjenigen Änderungstatbestände, die für jeden Gesellschafter mehrheitsfest sein sollten. Wenn es gelingt, den Kernbereich der Mitgliedschaftsrechte in dieser Weise zu klären, erübrigt sich der Bestimmtheitsgrundsatz im Übrigen.[96] Die Entwicklung der Rechtsprechung bei der Lösung dieses Problems im Bereich körperschaftlich strukturierter sog. „großer Kommanditgesellschaften" und „Publikumsgesellschaften" deutet in diese Richtung: in beiden Fällen[97] hat der BGH eine einfache Mehrheitsklausel als ausreichende Legitimationsgrundlage für Mehrheitsbeschlüsse über Änderungen des Gesellschaftsvertrages anerkannt. Die Gesellschafter sog. „großer Kommanditgesellschaften" sind gegenüber ungewollten Mehrheitsentscheidungen jedenfalls im Kernbereich ihrer Mitgliedschaftsrechte geschützt, Gesellschafter von Publikumsgesellschaften durch den allgemeinen Inhaltskontrollvorbehalt für alle Gesellschafterbeschlüsse. Weil das – de facto – auch bei den großen Kommanditgesellschaften auf eine offene Inhaltskontrolle[98] hinausläuft, muss hier bei der typisierenden Beschreibung des Kernbereichs angesetzt werden, damit Gestaltungshilfe durch die Kautelarpraxis überhaupt ermöglicht wird.

38   Außerhalb der Wirkungsmöglichkeiten von Bestimmtheitsgrundsatz und Kernbereichslehre soll Minderheitenschutz vor allem durch den sog. Gleichbehandlungsgrundsatz[99] gewährleistet werden. Inhalt und Funktion des Gleichbehandlungsgrundsatzes sind unterschiedlich gesehen worden.[100] Zutreffend hat *Wiedemann*[101] herausgearbeitet, dass ein Gleichbehandlungsgebot nur in Frage stehen könne, „wenn eine Person oder Institution – wie der herrschende Gesellschafter – in der Lage ist, ihren Willen ohne Rücksicht auf den Konsens der Betroffenen durchzusetzen." Es geht also nicht um die Forderung nach allgemeiner Gleichheit aller Gesellschafter, sondern um die Behandlung vergleichbarer Sachverhalte nach übereinstimmenden Rechtsausstattungsgrundsätzen. Mehrheitsentscheidungen sind Grenzen gesetzt, jenseits derer sie auch bei Beachtung aller Regeln für ihre Herbeiführung nicht mehr legitim sind. Ein Beispiel dafür liefert die Entscheidung des BGH über den Ausschluss eines Minderheits-Gesellschafters von Informationsrechten, die der Gesellschaftsvertrag für alle Gesellschafter vorsah.[102] Der BGH ließ dahingestellt sein, ob der angegriffene Gesellschafterbeschluss unter Rückgriff auf den Bestimmtheitsgrundsatz hätte „fallen" müssen. Obwohl er das hier eingeschränkte Informationsrecht des Gesellschafters dem unentziehbaren Kernbereich von dessen Mitgliedschaft zuordnete, begründete der BGH daraufhin seine den Minderheitenschutz sichernde Entscheidung vor allem damit, „dass die von der Mehrheit beschlossene Einschränkung dieses Rechts nicht für alle Gesellschafter gleichermaßen gelten solle, sondern bewusst und gewollt einen Eingriff in die bisherige Rechtsstellung allein des Klägers zum Ziel hatte". MaW.: Selbst wenn mit dem Bestimmtheitsgrundsatz nichts mehr sollte angefangen werden können und selbst wenn eine Beschädigung des mitgliedschaftlichen Kernbereichs schon deshalb nicht sollte festgestellt werden können, weil dem klagenden Gesellschafter seine gesetzlichen Informationsrechte blieben, scheiterte der Gesellschafterbeschluss an der mit ihm verfolgten diskriminierenden Ungleichbehandlung der Gesellschafter.[103]

39   **c) Actio pro socio.** Schutzfunktion für die Minderheit hat auch die actio pro socio. Sie beschreibt das Recht jedes Gesellschafters, Ansprüche der Gesamthand gegen den einzelnen Gesellschafter aus dem Gesellschaftsverhältnis (sog. Sozialansprüche) einzeln geltend zu machen. Darüberhinaus gewährt sie die Befugnis, den Vollzug von wirksamen Gesellschafter- oder Beiratsbeschlüssen durchzusetzen.[104] Dogmatische Begründung, Funktion und Wirkungsweise der actio pro socio sind umstritten.[105] Unterschiedliche Auffassungen bestehen insbesondere darüber, ob mit der actio pro socio ein eigenes, sich ausschließlich auf die schuldvertragliche gesellschaftsrechtliche Beziehung stützendes Recht geltend gemacht wird[106] oder ob es um ein der Gesamthand (Gesellschaft) zustehendes Recht geht, für das der Gesellschafter ein eigenes Recht auf Klage zwecks Leistung an die

---

[96] MünchHdbKG/*Weipert* § 14 RdNr. 48 ff. m. Vorschlägen f. die hier geforderte typisierende Beschreibung von mehrheitsfesten Änderungstatbeständen unter RdNr. 62 ff.
[97] BGHZ 85, 350 (Fn. 86) (für die große Kommanditgesellschaft); BGHZ 71, 53 (Fn. 86); BGH Urt. v. 5. 11. 1984 – II ZR 111/84, WM 1985, 195 m. Anm. v. *Kellermann* in EWiR § 119 HGB 1/85, 181; BGH WM 1985, 256 (Fn. 32) m. Anm. v. *Kellermann* in EWiR § 119 HGB 2/85, 183 (jew. f. Publikumsgesellschaften).
[98] *Ulmer* (Fn. 93).
[99] BVerfG Urt. v. 7. 8. 1962 – 1 BvL 16/60, BVerfGE 14, 263, 285 = NJW 1962, 1667; RG Urt. v. 23. 10. 1896 – III 148/96, RGZ 38, 14, 15 f.; RG Urt. v. 5. 7. 1901 – VII 165/01, RGZ 49, 195, 198; RG Urt. v. 18. 9. 1912 – I 72/12, RGZ 80, 81, 85; BGHZ 20, 363, 369 (Fn. 23); BGHZ 116, 359, 373 (Fn. 2).
[100] Einzelheiten bei *K. Schmidt* GesR § 16 II 4 b aa mwN.
[101] GesR I § 8 II 2 a.
[102] BGH ZIP 1994, 1942 (Fn. 94) m. Anm. v. *Priester* EWiR § 119 HGB 1/95, 73 und *K. Schmidt* JZ 1995, 313.
[103] Hierzu vor allem die Urteilsanm. v. *Flume* ZIP 1995, 651 ff.
[104] BGH Urt. v. 1. 12. 1969 – II ZR 224/67, BB 1970, 226; Baumbach/*Hopt* § 109 RdNr. 32, § 163 RdNr. 12.
[105] Vgl. die umfassende Darstellung in MünchKommBGB/*Ulmer* § 705 RdNr. 204 ff.; *K. Schmidt* GesR § 21 IV.
[106] So namentlich *Flume* Personengesellschaft § 10 IV.

Gesellschaft geltend zu machen berechtigt ist.[107] Der Unterschied zwischen beiden Begründungen zeigt sich in den Klagevoraussetzungen: Mit der materiell-rechtlich verstandenen actio pro socio würde der Kläger ein eigenes schuldvertraglich begründetes Recht auf Vertragserfüllung geltend machen. Die als prozessstandschaftlich verstandene eigene Klagbefugnis für Ansprüche der Gesellschaft hingegen würde sich auf die organisationsrechtliche Komponente des Gesellschaftsvertrages stützen und deshalb davon abhängen, dass die Organisationsverfassung der Gesellschaft nicht so funktioniert wie sie funktionieren soll, so dass auch dies darzulegen eine Voraussetzung für die Begründetheit des Kiganspruchs ist. Weil die moderne Gesamthandslehre allein in der Gesellschaft die Inhaberin aller Sozialansprüche erblickt, ist der prozessstandschaftlichen Begründung der actio pro socio der Vorzug zu geben. Sie gewährt jedem Gesellschafter eine Ersatzkompetenz, die eingreift, wenn das zur Vertretung der Gesellschaft berufene Organ in eigener Pflichtverletzung oder weil es durch Mehrheitsbeschluss der Gesellschafter daran gehindert wird, den begründeten Anspruch nicht geltend macht. Diese Voraussetzungen hat der die actio pro socio führende Kläger neben den materiellen des Anspruchs selbst darzulegen. Der BGH hat deshalb die actio pro socio sowohl gegen den der Gesellschaft gegenüber leistungspflichtigen Gesellschafter als auch gegen den Mehrheitsgesellschafter zugelassen, dessen Votum den Pflichtverstoß deckte.[108]

Weil die actio pro socio jedenfalls auch und idR ein Element des Minderheitenschutzes ist, kann die ihr innewohnende prozessstandschaftliche Klagbefugnis weder durch Regeln des Gesellschaftsvertrags noch durch Mehrheitsbeschluss der Gesellschafter beseitigt werden. Dasselbe gilt für Gesellschafterbeschlüsse, mit denen das die Gesellschaft schädigende Verhalten eines Gesellschafters legitimiert werden oder auf Ersatzansprüche verzichtet werden soll.[109] **40**

III. Stimmrechtsausübung, Gesellschafterbeschlüsse

1. Beschlussverfahren. Wenn der Gesellschaftsvertrag schweigt, gilt § 119; auf die Erläuterungen dazu wird verwiesen. **41**

Der Gesellschaftsvertrag kann vorsehen, dass die Gesellschafterbeschlüsse mit Mehrheit gefasst werden (§ 119 Abs. 2). Weder das Verfahren für die Herbeiführung von Mehrheitsbeschlüssen noch deren Form sind im Gesetz geregelt. Der Mehrheitsbeschluss kommt zustande, wenn dem jeweiligen Beschlussantrag mit der jeweils maßgeblichen Mehrheit der Stimmen zugestimmt wurde. Die Maßgeblichkeit von Mehrheiten setzt voraus, dass alle stimmberechtigten Gesellschafter Gelegenheit zur Mitwirkung an der Beschlussfassung erhalten. Mehrheitsbeschlüsse unter Ausschluss der Minderheit gibt es nicht. Das unverzichtbare Recht auf Beteiligung am Beschlussverfahren, das Recht darauf, wenn schon nicht entscheiden zu dürfen, dann doch wenigstens gehört zu werden, ist Konsequenz der Preisgabe des mit dem Einstimmigkeitsprinzip verbundenen individuellen Selbstbestimmungsrechts. Mit Recht hat *K. Schmidt*[110] das Recht auf Beteiligung an der Beschlussfassung als Teil des unverzichtbaren Minderheitenschutzes bezeichnet.[111] **42**

Voraussetzung jeder Mehrheitskompetenz ist weiter die Eindeutigkeit der Stimmrechtsregelung, d. h. der abstrakten Bestimmung dessen, was Mehrheit ist. § 119 Abs. 2 bestimmt, dass „die Mehrheit im Zweifel nach der Zahl der Gesellschafter zu berechnen" ist. Es ist zulässig, durch den Gesellschaftsvertrag eine andere Art der Stimmrechtsberechnung festzulegen. So ist es möglich, bestimmten Gesellschaftern einfaches und anderen Gesellschaftern mehrfaches Stimmrecht zu gewähren.[112] Namentlich bei der Kommanditgesellschaft ist es möglich, das Verhältnis der Haftsummen zum Maßstab für die Berechnung der Stimmrechte zu machen, was allerdings voraussetzen würde, dass – abweichend von der gesetzlichen Regelung in § 120 Abs. 2 – auch für die persönlich haftenden Gesellschafter in Form eines festen Kapitaleinlagekontos ein bestimmter Betrag gebundenen Kapitals festgelegt wird.[113] Allerdings wird auch für zulässig gehalten, den Stand des Kapitalkontos eines persönlich haftenden Gesellschafters zu einem bestimmten Stichtag (Ende oder Anfang eines Geschäftsjahres) oder sogar den jeweiligen Stand des Kapitalkontos am Tage der Beschlussfassung zum **43**

---

[107] So vor allem MünchKommBGB/*Ulmer* § 705 RdNr. 208; *K. Schmidt* GesR § 21 IV 1 c; Baumbach/*Hopt* § 109 RdNr. 32.
[108] BGH Urt. v. 2. 7. 1973 – II ZR 94/71, LM HGB § 105 Nr. 31.
[109] BGH Urt. v. 13. 5. 1985 – II ZR 170/84, NJW 1985, 2830; Baumbach/*Hopt* § 109 RdNr. 37.
[110] GesR § 16 III 3 a.
[111] BGH Urt. v. 14. 7. 1954 – II ZR 342/53, BGHZ 14, 264, 273 = NJW 1954, 1563; *Teichmann* S. 209; *Nitschke* S. 282; *Immenga* ZGR 1974, 385 ff.; *U. H. Schneider* ZGR 1972, 357; *Comes* BB 1974, 2189, 2195.
[112] BGHZ 20, 363, 370 (Fn. 23).
[113] Baumbach/*Hopt* § 120 RdNr. 12, 15 (Staub/*Schilling* § 163 RdNr. 9 hält gegen das Gesetz und die hM bei Kommanditgesellschaften eine Mehrheitsberechnung nach dem Verhältnis der Kapitalanteile für im Zweifel erforderlich, was schon wegen der Variabilität des Kapitalkontos persönlich haftender Gesellschafter nur schwer vorstellbar ist).

Maßstab für die Berechnung der Stimmen zu machen.[114] Hiergegen bestehen Bedenken, weil das Erfordernis einer abstrakten unter Beachtung des Grundsatzes der Gleichbehandlung aller Gesellschafter durchzuführenden Stimmenberechnung verletzt werden würde, wenn es einzelnen Gesellschaftern erlaubt ist, den Umfang ihrer Stimmrechte etwa durch kurzfristige Einlagen oder durch Zurückhaltung bei den Entnahmen zu manipulieren.[115] Unbedenklich hingegen wäre es, wenn einem Gesellschafter, etwa dem persönlich haftenden, ein Stichentscheidsrecht zugebilligt wird, dergestalt, dass bei Stimmengleichheit im Übrigen seine Stimme über das Zustandekommen des Beschlusses entscheidet. Unklare Regelungen etwa der Art, dass der oder die persönlich haftenden Gesellschafter durch gesellschaftsvertragliche Regelung unwiderruflich bevollmächtigt sein sollen, die Stimmrechte der Kommanditisten auszuüben, wären als Abspaltung des Stimmrechts verboten (vgl. oben RdNr. 14), als gesellschaftsvertraglich vereinbarter Stimmrechtsausschluss jedoch wirksam und deshalb im Zweifel so umzudeuten.[116]

44 Auch in Hinsicht auf die Festlegung derjenigen Stimmen, die bei der Berechnung von Mehrheiten in Betracht zu ziehen sind, besteht vollkommene Vertragsfreiheit. Es ist möglich und entspricht § 119 Abs. 2, die Mehrheit der insgesamt stimmberechtigten Mitglieder oder der insgesamt vorhandenen Stimmen entscheiden zu lassen mit der Folge, dass jede Enthaltung und jede nicht abgegebene Stimme genauso wirken würde, wie eine Gegenstimme.[117] Nichts spricht dagegen, statt der Mehrheit der insgesamt vorhandenen Stimmen diejenige der abgegebenen Stimmen als maßgeblich für das Zustandekommen des Beschlusses zu vereinbaren. Dies setzt allerdings eine klare gesellschaftsvertragliche Festlegung des Beschlussverfahrens voraus, weil anderenfalls offen bleibt, bis zu welchem Zeitpunkt eine Stimmabgabe noch möglich ist. Auch ist es möglich, alle Beschlüsse oder Beschlüsse über bestimmte Gegenstände von qualifizierten Mehrheiten abhängig zu machen oder vorzusehen, dass bestimmten Gesellschaftern in Form eines vertraglich bedungenen Sonderrechts in Hinsicht auf alle Beschlüsse oder bestimmte Beschlussgegenstände ein Zustimmungsvorbehalt gebührt.

45 Ausschluss von der Beteiligung am Beschlussverfahren liegt nicht schon dann vor, wenn einem oder mehreren Gesellschaftern nur bestimmte Möglichkeiten zur Wahrnehmung seiner/ihrer Rechte in der Gesellschafterversammlung zugebilligt werden, zB nur die Möglichkeit, sich und andere Gesellschafter durch einen gemeinsamen Bevollmächtigten vertreten zu lassen[118] oder dann, wenn die gesetzliche Vertretung des Gesellschafters (zB einer Kapitalgesellschaft) nur durch mehrere natürliche Personen gemeinsam wahrgenommen werden kann, Teilnahme an der Gesellschafterversammlung und Stimmrechtsausübung nur durch einen Vertreter zu gestatten.[119] Im Bereich der Zulässigkeit von Mehrheitsbeschlüssen verlangt der unverzichtbare Schutz der – abstrakten – Minderheit auch, dass die gesellschaftsvertragliche Regelung des Beschlussverfahrens rechtzeitige Disposition und Vorbereitung jedes Gesellschafters auf seine Beteiligung am Beschlussverfahren gewährleistet. Gesellschaftsvertragliche Bestimmungen, die Mehrheitsbeschlüsse ohne Beachtung ausreichender Ladungs- und Vorbereitungsfristen zulassen, sind deshalb nicht geeignet, Mehrheitsbeschlüsse zu legitimieren, die ohne Beachtung solcher Fristen herbeigeführt wurden.[120]

46 **2. Beschlussmängel.** Gesellschafterbeschlüsse sind stets mangelhaft, wenn die nach dem Gesellschaftsvertrag oder allgemeinen Grundsätzen zu beachtenden Regeln des Beschlussverfahrens verletzt wurden und wenn die Verletzung nicht geheilt wurde, zB weil der nicht oder nicht ordnungsmäßig geladene Gesellschafter doch erscheint. Dazu gehört auch der unberechtigte Ausschluss vom Stimmrecht, denn die Verweigerung des Stimmrechts ist die stärkste Form der Verweigerung des Rechts auf Beteiligung an der Beschlussfassung. Von Beschlussmängeln zu unterscheiden sind Stimmabgabemängel.[121] Sie haben nur dann einen Beschlussmangel zur Folge, wenn der Beschluss auf der vom Stimmabgabemangel betroffenen Stimmrechtsausübung beruht, also ohne diese Stimme nicht zustandegekommen wäre. Nur bei Mehrheitsbeschlüssen ist es denkbar, dass der Stimmabgabemangel keinen Beschlussmangel zur Folge hat. Stimmabgabemängel liegen in allen Fällen unrechtmäßiger Stimmrechtsausübung sowie bei Anfechtung oder zulässigem Widerruf der Stimmrechtsausübung vor.

---

[114] Staub/*Ulmer* § 119 Anm. 51.
[115] Ähnlich BGH Urt. v. 30. 9. 1974 – II ZR 148/72, WM 1974, 1151, 1153.
[116] BGHZ 20, 363, 366 f. (Fn. 23).
[117] Staub/*Ulmer* § 119 RdNr. 50; Baumbach/*Hopt* § 119 RdNr. 41 aA für den Verein BGH Urt. v. 25. 1. 1982 – II ZR 164/81, BGHZ 83, 35, 36 = NJW 1982, 1585.
[118] BGH Urt. v. 12. 12. 1966 – II ZR 41/65, BGHZ 46, 291, 294 = NJW 1967, 826.
[119] BGH Urt. v. 17. 10. 1988 – II ZR 18/88, BB 1989, 449 m. Anm. von *Roth* EWiR § 48 GmbHG 1/89, 271.
[120] BGH Urt. v. 17. 11. 1986 – II ZR 304/85, ZIP 1987, 446 m. Anm. von *Weipert* EWiR § 32 BGB 1/87, 339.
[121] Hierzu *A. Hueck* OHG § 11 V; *Zöllner* S. 359 ff.

3. Abwehrrechte gegenüber dem Vollzug mangelhafter Gesellschafterbeschlüsse. Nach 47
hM sind mangelhafte Beschlüsse der Personengesellschaft nichtig. Auf die Nichtigkeit kann sich jeder
Gesellschafter jederzeit berufen, es sei denn, er hätte das Recht hierauf verwirkt.[122] Allerdings ist
anerkannt,[123] dass der Gesellschaftsvertrag bestimmte Regelungen über die Geltendmachung von
Beschlussmängeln dahingehend treffen kann, dass ein Gesellschafter bei Missachtung dieser Regelungen mit der Rüge des Beschlussmangels präkludiert ist. Dies schließt die Möglichkeit ein, im Gesellschaftsvertrag vorzusehen, dass der Beschlussmangel gegenüber der Gesellschaft selbst geltend gemacht werden kann und nicht etwa gegenüber jedem anderen Gesellschafter geltend gemacht werden muss.[124] *K. Schmidt*[125] hält die Anfechtungsklage auch dann für möglich und geboten, wenn der Gesellschaftsvertrag die Gesellschafter nicht darauf festlegt, allerdings nur dann, wenn es sich um parteifähige Personengesellschaften handelt. Die Rechtsprechung ist diesem Vorschlag bisher nicht gefolgt. Von Bedeutung ist der Streit im Übrigen nur für solche Gesellschaften, deren Beschlüsse nach dem Mehrheitsprinzip gefasst werden.

Löst ein Beschlussmangel zugleich Legitimationsmängel für geschäftsführendes Handeln im Namen der Gesellschaft aus, dann besteht ein berechtigtes Anliegen, den Vollzug solcher Geschäftsführungsmaßnahmen zu verhindern. *K. Schmidt*[126] hat die Notwendigkeit dieses Rechtsschutzes als Institut des allgemeinen Verbandsrechts bezeichnet und unter dem Begriff der „mitgliedschaftlichen actio negatoria" zusammengefasst. Genauso wie jeder Gesellschafter zumindest ein unentziehbares „Abwehrrecht" gegen die Maßgeblichkeitsvermutung mangelhafter Gesellschafterbeschlüsse hat, steht ihm erst recht ein Abwehrrecht gegen außenwirksame Vollzugshandlungen der geschäftsführungsbefugten Gesellschafter zu, die „nach innen" einen zustimmenden Gesellschafterbeschluss zur legitimierenden Voraussetzung haben.[127] Der Bundesgerichtshof hat das in anderem Zusammenhang, nämlich bei der Aktiengesellschaft („Holzmüller-Fall") zunächst bestätigt, aber inzwischen mit Rücksicht auf die organisationsverfassungsrechtlichen Besonderheiten in der Kompetenzverteilung bei der Aktiengesellschaft deutlich relativiert (Gelatine I und Gelatine II).[128] Zur Sicherung negatorischer Ansprüche dieser Art kann unter den allgemeinen Voraussetzungen auch vorläufiger Rechtsschutz durch einstweilige Verfügung in Anspruch genommen werden.[129] 48

§ 164 [Geschäftsführung]

¹ **Die Kommanditisten sind von der Führung der Geschäfte der Gesellschaft ausgeschlossen; sie können einer Handlung der persönlich haftenden Gesellschafter nicht widersprechen, es sei denn, daß die Handlung über den gewöhnlichen Betrieb des Handelsgewerbes der Gesellschaft hinausgeht.** ² **Die Vorschriften des § 116 Abs. 3 bleiben unberührt.**

Schrifttum: *Barella,* Außergewöhnliche Geschäfte bei der Kommanditgesellschaft, DB 1952, 944; *Boerner,* Die Haftung des herrschenden Kommanditisten, 1985; *Elsing,* Erweiterte Kommanditistenhaftung und atypische Kommanditgesellschaft, 1977; *Helm/Wagner,* Fremdgeschäftsführung und -vertretung bei Personenhandelsgesellschaften, BB 1979, 225; *Hofmann,* Unbeschränkte Kommanditistenhaftung und gesetzliche Wertung, NJW 1969, 577; *Hölters,* Der Beirat der GmbH und der GmbH & Co. KG, 1979; *Huber,* Gesellschafterkonten in der Personenhandelsgesellschaft, ZGR 1988, 1; *G. Hueck,* Zur Tätigkeit des Kommanditisten im Dienste der KG, DB 1962, 1363; *Immenga,* Die Minderheitsrechte des Kommanditisten, ZGR 1974, 385; *Kellermann/Stodolkowitz,* Höchstrichterliche Rechtsprechung zum Personengesellschaftsrecht, 4. Aufl., 1994; *Löffler,* Betriebsführungsverträge mit Personengesellschaften, NJW 1983, 2920; *Martens,* Arbeitsrechtlicher Rechtsformzwang und gesellschaftsrechtliche Beschäftigungsverhältnisse, RdA 1979, 347; *Molitor,* Arbeitsverhältnisse und Mitgliedschafts-(Gesellschafts-)verhältnisse, DB 1957, 164; *Priester,* Stille Reserven und offene Rücklagen bei Personengesellschaften – Zur Bedeutung von § 253 Abs. 4 HGB, FS Quack 1991, S. 373; *Röttger,* Die Kernbereichslehre im Recht der Personengesellschaften, 1989; *K. Schmidt,* Vermögensveräußerung aus der Personengesellschaft: ein Lehrstück am Rande des neuen Umwandlungsrechts, ZGR 1995, 675; *Schulze-Osterloh,* Die Wahl der Abschlußprüfer einer Kommanditgesellschaft, BB 1980, 1402; *Sester,* Treupflichtverletzung bei Widerspruch oder Zu-

---

[122] *A. Hueck* OHG § 11 V 2; MünchKommBGB/*Ulmer* § 709 RdNr. 105; Staub/*Schilling* § 119 RdNr. 18; Staudinger/*Habermeier* § 709 RdNr. 26.
[123] BGH Urt. v. 30. 6. 1966 – II ZR 149/64, BB 1966, 1169; BGH Urt. v. 20. 1. 1977 – II ZR 217/75, BGHZ 68, 212, 216 = NJW 1977, 1292; BGH Urt. v. 15. 6. 1987 – II ZR 261/86, DB 1987, 1880.
[124] BGH BB 1966, 1169 (Fn. 122); BGHZ 85, 350, 351, 353 (Fn. 86).
[125] GesR § 15 II 3 b; *ders.* AG 1977, 249; *ders.,* FS Stimpel, S. 217.
[126] GesR § 21 V 1.
[127] *Knobbe-Keuk,* FS Ballerstedt, S. 246 ff.
[128] BGH Urt. v. 25. 2. 1982 – II ZR 174/80, BGHZ 83, 122 = NJW 1982, 1703; BGH Urt. v. 14. 5. 1990 – II ZR 125/89, BB 1990, 1292 (für die GmbH) m. Anm. *Meyer-Landrut* EWiR § 37 GmbHG 2/90, 791; BGH Urt. v. 9. 1. 1995 – II ZR 24/94, ZIP 1995, 278 (für die KG) m. Anm. *Kirsch* EWiR § 125 HGB 1/95, 484; BGH Urt. v. 26. 4. 2004 – II ZR 154/02 (Gelatine I) – NZG 2004, 575; BGH Urt. v. 26. 4. 2004 – II ZR 155/02 (Gelatine II) – NJW 2004, 1860, BGHZ 159, 30.
[129] *Semler* BB 1979, 1533, 1535.

stimmungsverweigerung im Recht der Personenhandelsgesellschaften, 1996; *Spies*, Die über die Haftsumme des § 171 HGB hinausgehende Kommanditistenhaftung, 1983; *Teichmann*, Gestaltungsfreiheit in Gesellschaftsverträgen, 1970; *Ulmer*, Die Mitwirkung des Kommanditisten an der Bilanzierung der KG, FS Hefermehl, 1976, S. 207; *Voormann*, Die Stellung des Beirats im Gesellschaftsrecht, 2. Aufl. 1990.

Übersicht

	RdNr.		RdNr.
I. Normzweck	1–5	2. Enumerative gesellschaftsvertragliche Festlegung von Zustimmungsvorbehalten	17
1. Selbstorganschaft als zwingendes Organisationsprinzip	1–3	3. Kompetenzverlagerung auf Überwachungsorgane (Beirat)	18
2. Gestaltungsfreiheit im Innenverhältnis	4, 5	**IV. Geschäftsführungsbefugte Kommanditisten**	19–23
II. Zustimmungsvorbehalte zugunsten von Kommanditisten	6–15	1. Organschaftliche Stellung	19, 20
1. Außergewöhnliche Geschäfte	6–9	2. Vertretungsbefugnis	21
2. Grundlagengeschäfte	10, 11	3. Dienstvertragliche Regelungen	22, 23
3. Jahresabschluss, Gewinnverwendung, Entlastung von Organen	12–15	**V. Haftungsfragen**	24–27
III. Gesellschaftsvertragliche Einschränkung von Mitwirkungsrechten der Kommanditisten	16–18	1. Zustimmung oder Zustimmungsverweigerung bei außergewöhnlichen Geschäften	24, 25
1. Ausschluss von Mitentscheidungsbefugnissen	16	2. Haftung von geschäftsführungsbefugten Kommanditisten	26, 27
		a) Binnenhaftung	26
		b) Außenhaftung	27

I. Normzweck

1 **1. Selbstorganschaft als zwingendes Organisationsprinzip.** Das Organisationsrecht aller Verbände weist die Leitungsmacht bestimmten jeweils im Gesetz bezeichneten Organen zu. Dabei wird unterschieden, je nachdem, ob die Mitglieder dieser zur Ausübung von Leitungsmacht berufenen Organe Gesellschafter sein müssen oder nicht. Im ersten Fall wird von Selbstorganschaft gesprochen, im zweiten von Fremdorganschaft. Im Recht aller Personengesellschaften und der KGaA gilt das Prinzip der Selbstorganschaft; im Recht aller anderen Verbände das Prinzip der Fremdorganschaft. Das Prinzip der Selbstorganschaft schließt die Gestaltungsfreiheit der Gesellschafter (§ 163) aus, soweit es wirkt.[1]

2 Die Reichweite des zwingenden Prinzips der Selbstorganschaft und damit die Abgrenzung zur gesellschaftsvertraglichen Freiheit bei der Zuordnung organschaftlicher Leitungsbefugnisse ist nicht abschließend geklärt. Zutreffend hat *K. Schmidt*[2] herausgearbeitet, dass das Prinzip der Selbstorganschaft nicht in einem – wie immer zu begründenden – Verbot der Fremdorganschaft besteht, sondern darauf beruht, dass die Personengesellschaft als Gesamthand anders als die juristische Person nicht neben ihren Mitgliedern, sondern – wenngleich in rechtsfähiger Sonderverbindung – aus ihnen besteht. Die Gesellschafter sind die Gesamthand, und die Gesamthand ist in ihren Gesellschaftern organschaftlich handlungsfähig, sobald sie durch diese gebildet wurde. Es bedarf deshalb keines Inaugurationsakts, um handlungsfähige Organe für die Gesamthand zu schaffen, so wie das in Form der Bestellung von Vorständen oder Geschäftsführern bei den als juristische Personen existierenden Verbänden unumgänglich ist. In der Gesamthand ist jedes Mitglied im Grundsatz geborenes Leitungs- und Handlungsorgan (vgl. §§ 709 Abs. 1, 714 BGB). Weil die organschaftliche Leitungs- und Handlungsbefugnis ein Teilaspekt der Mitgliedschaft selbst ist, erfolgt ihre Zuordnung zu nur einem Mitglied oder wenigen Mitgliedern nicht im Wege der Verleihung, sondern der Vorenthaltung (§ 710 BGB, §§ 114 Abs. 2, 125 Abs. 1, 164, 170) oder der Entziehung (§§ 172 Abs. 1, 715 BGB, §§ 117, 127) gegenüber den anderen. Das Prinzip der Selbstorganschaft folgt also aus dem Begriff der Gesamthand selbst oder umgekehrt: Es ist Definitionsmerkmal der Gesamthand.

3 Daraus folgt jedenfalls dieses: Organschaftliche Leitungsmacht können nur Mitglieder der Gesamthand innehaben. Die organschaftliche Leitungs- und Handlungsmacht in der Gesellschaft ist nicht verleihungsfähig, sondern allenfalls entziehungsfähig. Die Fürsprecher[3] für die Dispositivität des Prinzips der Selbstorganschaft mißverstehen dasselbe als gesetzliche Schutzvorkehrung zugunsten der

---

[1] BGH Urt. v. 11. 6. 1960 – 260/59, BGHZ 33, 105, 108; BGH Urt. v. 22. 1. 1962 – II ZR 11/61, BGHZ 36, 292, 295 = NJW 1962, 738; BGH Urt. v. 5. 11. 1998 – II ZR 203/80, WM 1982, 394, 397; *K. Schmidt* GesR § 14 II 2; *Wiedemann* GesR I § 5 II 3.
[2] GesR § 14 II 2 a.
[3] *H. P. Westermann* Typengesetzlichkeit S. 328 ff., 443 ff.; *Teichmann* S. 124; *Helm/Wagner* BB 1979, 225 ff.

persönlich haftenden Gesellschafter. Das Prinzip der Selbstorganschaft verfolgt keinen Zweck; es ist rechtsformbedingt und deshalb zwingend an die Rechtsform „Gesamthand" geknüpft.

2. Gestaltungsfreiheit im Innenverhältnis. Weil danach nur Gesellschafter Inhaber der organschaftlichen Leitungs- und Handlungsbefugnis sein können, nicht aber alle Gesellschafter Inhaber derselben sein müssen, entschied das Gesetz für eine unterschiedliche Behandlung von persönlich haftenden Gesellschaftern, einerseits, und Kommanditisten, andererseits: § 164 schließt Kommanditisten von der Geschäftsführung aus und verwehrt es ihnen, den Geschäftsführungsmaßnahmen der persönlich haftenden Gesellschafter zu widersprechen, solange es sich dabei um gewöhnliche Geschäfte handelt. Das ist eine außerhalb des oben erörterten Zusammenhangs (vgl. RdNr. 2, 3) getroffene Entscheidung des Gesetzgebers, die mit der ebenfalls allein den persönlich haftenden Gesellschaftern zugewiesenen organschaftlichen Vertretungsmacht in der Kommanditgesellschaft (vgl. § 170) korrespondiert. Mit diesem Verständnis werden die persönlich haftenden Gesellschafter in das Handelsregister eingetragen. Ändert sich ihre Vertretungsbefugnis durch Einschränkung oder Entziehung, so ist auch dies im Handelsregister zu vermerken (§ 125 Abs. 4). Die Rechtsprechung[4] und ihr folgend die Literatur[5] sieht die organschaftliche Vertretungsbefugnis der persönlich haftenden Gesellschafter gem. § 170 als zwingend, den Ausschluss der Kommanditisten von der Geschäftsführung gem. § 164 jedoch als dispositiv an. Nach dieser Rechtsprechung ist es zulässig, die Geschäftsführungsbefugnis unter Verdrängung aller – zwingend vertretungsberechtigten – persönlich haftenden Gesellschafter ausschließlich dem oder den Kommanditisten vorzubehalten:[6] Anders als die zum Handeln für die Gesellschaft nach außen benötigte organschaftliche Vertretungsbefugnis betreffe die in § 164 geregelte Geschäftsführungsbefugnis allein die jeweilige Entscheidung darüber, ob und wie die Gesellschaft handeln soll, sie betreffe also nur interne Entscheidungsprozesse. In Hinsicht auf die Organisation ihres „Innenlebens" aber sei die Gesellschaft nach § 163 frei; in diesem Bereich sollen die Gesellschafter deshalb berechtigt sein, den gesetzlichen Ausschluss der Kommanditisten von der Mitwirkung an der Geschäftsführung zu beseitigen.

Obwohl das Gesetz für das Recht der Personenhandelsgesellschaften keine zwingend übereinstimmende Zuordnung von Geschäftsführungsbefugnis, einerseits, und Vertretungsmacht, andererseits, anordnet, ist dieser Zusammenhang doch evident: Solange Entscheidungs- also Leitungsbefugnis, einerseits, und Vertretungs- also Handlungsbefugnis, andererseits, nicht miteinander einhergehen, befinden sich die auf diese Weise gespaltenen organschaftlichen Befugnisse in einem latenten Konflikt. Es ist auch gar nicht verkennbar, dass sowohl das Gesetz als auch die Rechtsprechung das Bedürfnis für die Zusammenführung dieser Befugnisse in einer einheitlichen Organfunktion erkannt haben. Der BGH hat das – ausgerechnet – bei Gelegenheit einer Entscheidung über die Entziehung der rechtsgeschäftlichen Vertretungsbefugnis (Prokura) eines nach dem Gesellschaftsvertrag geschäftsführungsberechtigten Kommanditisten hervorgehoben: „Die Einräumung einer Vertretungsmacht an einen geschäftsführungsberechtigten Kommanditisten im Gesellschaftsvertrag ... steht für die Gesellschafter in einem engen unmittelbaren Zusammenhang mit der Zubilligung des Geschäftsführungsrechts, sie ist gewissermaßen nur die andere Seite des den Kommanditisten vertraglich eingeräumten Mitwirkungsrechts bei der gemeinsamen geschäftlichen Betätigung im und für das Gesellschaftsunternehmen".[7] Auch im Streit über die Entziehung von organschaftlichen Befugnissen eines persönlich haftenden Gesellschafters hat der BGH den auf die Entziehung der Geschäftsführungsbefugnis (§ 117) beschränkten Klageantrag ohne weiteres dahin ausgelegt, dass er die Beseitigung der gesamten Organstellung einschließlich der Vertretungsmacht (§ 127) umfasse.[8] Auch das BGB unterscheidet zwar zwischen der Geschäftsführungsbefugnis (§ 709 BGB) und der Vertretungsmacht (§ 714 BGB), es knüpft die letztere jedoch zwingend an die Geschäftsführungsbefugnis (§ 715 BGB).[9] Im Recht der Kapitalgesellschaften gilt ein gleiches, dh. die vertretungsberechtigten Organe sind zwingend identisch mit den geschäftsführungsbefugten Organen (§ 35 Abs. 1 GmbHG, §§ 77 Abs. 1, 78 Abs. 1 AktG). Aus allem dürfte der Schluss zu ziehen sein, dass jeder vertretungsberechtigte persönlich haftende Gesellschafter zugleich geschäftsführungsbefugt sein muss, dass die Entziehung der Vertretungsbefugnis nach § 127 die gleichzeitige Entziehung der Geschäftsführungsbefugnis nach § 117 voraussetzt und dass die bisher von der Rechtsprechung gebilligte Aufteilung der organschaft-

---

[4] BGH Urt. v. 4. 3. 1976 – II ZR 178/74, LM § 105 Nr. 37 = NJW 1976, 1451; s. BGH Urt. v. 12. 11. 1952 – II ZR 260/51, BGHZ 8, 35 = NJW 1952, 102; BGH Urt. v. 27. 6. 1955 – II ZR 232/54, BGHZ 17, 392, 395 = NJW 1955, 1394; BGH Urt. v. 9. 12. 1968 – II ZR 33/67, BGHZ 51, 198, 200 = NJW 1969, 507.
[5] K. Schmidt I § 14 II 2b; Staub/Schilling § 164 RdNr. 8; Baumbach/Hopt § 164 RdNr. 7.
[6] MünchHdbKG/Wirth § 7 RdNr. 76.
[7] BGH Urt. v. 27. 6. 1955 – II ZR 232/54, BGHZ 17, 392, 395 = NJW 55, 1394.
[8] BGH Urt. v. 9. 12. 1968 – II ZR 33/67, BGHZ 51, 198, 199 = NJW 1969, 507 (obiter).
[9] MünchKommBGB/Ulmer § 714 RdNr. 21.

lichen Befugnisse auf – unter Ausschluss aller persönlich haftender Gesellschafter – allein geschäftsführungsbefugte Kommanditisten, einerseits, und nicht-geschäftsführungsbefugte, aber vertretungsberechtigte persönlich haftende Gesellschafter, andererseits, unzulässig sind.[10] Wenn die Gesellschafter dies wünschen, haben sie genügend Gestaltungsspielraum, um die Einflussmöglichkeiten von Kommanditisten in Form von gesellschaftsvertraglichen vereinbarten Zustimmungsvorbehalten in Bezug auf Geschäftsführungsmaßnahmen der persönlich haftenden Gesellschafter zu sichern.

II. Zustimmungsvorbehalte zugunsten von Kommanditisten

6 **1. Außergewöhnliche Geschäfte.** Nach § 116 Abs. 2 ist kein geschäftsführungs- und vertretungsberechtigter Gesellschafter einer offenen Handelsgesellschaft befugt, Handlungen, die über den gewöhnlichen Betrieb des Handelsgewerbes der Gesellschaft hinausgehen, ohne Zustimmung aller anderen Gesellschafter vorzunehmen. Obwohl § 164 S. 1 den Kommanditisten in solchen Fällen lediglich ein Widerspruchsrecht zu gewähren scheint, gibt es seit langem keine Meinungsverschiedenheiten mehr darüber, dass damit in Wahrheit ein mit der Regelung in § 116 Abs. 2 inhaltsgleicher Zustimmungsvorbehalt gemeint ist.[11]

7 Schwieriger ist die Abgrenzung gewöhnlicher von den außergewöhnlichen Geschäften. Weil, anders als bei den Kapitalgesellschaften, die Tätigkeit der Personenhandelsgesellschaften nicht zwingend auf einen bestimmten Unternehmensgegenstand festgelegt ist, scheidet dieser als Maßstab aus. Natürlich gibt der Verbandszweck Anhaltspunkte. An ihm richten sich alle Gesellschafterpflichten aus, er ist „das Lebensgesetz des Verbands".[12] Tätigkeiten, die sich vom gemeinsam zu verfolgenden Zweck entfernen und nicht bloß Hilfsgeschäfte sind, sind außergewöhnlich. Im Übrigen bleibt nur der Maßstab des wirtschaftlichen Gewichts, welches dem am üblichen Geschäftsverlauf zu messenden Risiko einer beabsichtigten Geschäftsführungsmaßnahme zukommt. Dieser Maßstab wird aber nicht allein auf Umsatzgeschäfte auszulegen sein, sondern auf geschäftsführende Maßnahmen in allen Bereichen, also im Bereich der mittel- und langfristigen Kapitalbindung (Sachinvestitionen, Beteiligung an anderen Unternehmen etc.), der Unternehmensfinanzierung, der Disposition über verfügbar zu haltende Reserven, einschneidende Änderungen im Bereich der Organisation, des Vertriebs oder des Einkaufs (etwa durch Zusammenschaltung mit den entsprechenden Funktionen in anderen Unternehmen) oder Geschäftsführungsmaßnahmen von Gewicht, bei denen das Interesse der Gesellschaft für das unternehmerische Sonderinteresse eines Gesellschafters instrumentalisiert wird.[13] Was bei einer 100%igen Beteiligungsgesellschaft als außergewöhnlich zu werten ist, kann auch außergewöhnliches Geschäft der Muttergesellschaft selbst sein.[14]

8 § 164 S. 2 soll nur bestätigen, dass die gesetzliche Anordnung einer Gesamtgeschäftsführungsbefugnis – in Abweichung von der im übrigen von Gesetzes wegen geltenden Einzelgeschäftsführungsbefugnis – mehrerer persönlich haftender Gesellschafter auch in der Kommanditgesellschaft gilt, sofern ein Prokurist bestellt werden soll (§ 116 Abs. 3). Über Mitwirkungsbefugnisse von Kommanditisten bei solchen Entscheidungen sagt die Bestimmung nichts. Folglich gilt auch insoweit § 164 S. 1 mit der Folge, dass die Zustimmung der Kommanditisten zur Bestellung von Prokuristen erforderlich ist, wenn sich der Bestellakt im Einzelfall als außergewöhnliches Geschäft darstellt.[15]

9 Weil auch das außerordentliche Geschäft im Außenverhältnis für und gegen die Gesellschaft Wirksamkeit erlangt, sobald es ausgeführt wird, sind die geschäftsführenden Gesellschafter verpflichtet, die Zustimmung der Kommanditisten einzuholen, bevor sie vollendete Tatsachen schaffen. Dabei haben sie in Bezug auf das beabsichtigte außergewöhnliche Geschäft jede zur Beurteilung seiner Zweckmäßigkeit oder Verantwortbarkeit sachdienliche Information zu geben. Sachwidrige Zustimmungsverweigerung ist unbeachtlich,[16] ohne vorherige Zustimmung der Kommanditisten oder gar gegen deren Widerspruch ausgeführte außergewöhnliche Geschäfte sind ohne Kompetenzgrundlage und führen zur Haftung des dafür verantwortlichen geschäftsführungs- und vertretungsberechtigten

---

[10] Ebenso *Wiedemann* GesR I § 10 II 2a und JZ 1966, 101 (Anm. zu BGHZ 44, 158); Schlegelberger/*Martens* § 164 RdNr. 29 ff.; aA MünchKommHGB/*Grunewald* § 164 RdNr. 23.
[11] RG Urt. v. 22. 10. 1938 – II ZR 58/38, RGZ 158, 302, 305; *G. Hueck* GesR § 18 IV 1; *Barella* DB 1952, 944; Staub/*Schilling* § 164 RdNr. 2; Baumbach/*Hopt* § 164 RdNr. 2.
[12] *Wiedemann* GesR I § 1 I 1 b bb.
[13] BGH Urt. v. 8. 5. 1972 – II ZR 108/70, BB 1973, 212, 213; BGH Urt. v. 11. 2. 1980 – II ZR 41/79, BGHZ 76, 160, 163 = NJW 1980, 1463.
[14] BGH Urt. v. 8. 5. 1972 – II ZR 108/70, BB 1973, 213; Baumbach/*Hopt* § 116 RdNr. 2.
[15] Baumbach/*Hopt* § 164 RdNr. 5; Schlegelberger/*Martens* § 164 RdNr. 20; MünchHdbKG/*Wirth* § 7 RdNr. 54; aA Staub/*Schilling* § 164 RdNr. 1; MünchKommHGB/*Grunewald* RdNr. 19.
[16] BGH Urt. v. 8. 7. 1985 – II ZR 4/85, NJW 1986, 844; Baumbach/*Hopt* § 115 RdNr. 3, § 116 RdNr. 5; MünchHdbKG/*Weipert* § 14 RdNr. 68 ff.

Gesellschafters für jeden dadurch der Gesellschaft zugefügten Schaden wegen sog. Kompetenzverschuldens, auch wenn der geschäftsführende Gesellschafter bei der Ausführung dieses Geschäfts im übrigen jede im Geschäftsverkehr übliche Sorgfalt beachtet.[17]

2. Grundlagengeschäfte. In der Literatur wird nicht immer klar, was hierunter zu verstehen ist. Es geht um Maßnahmen, die nicht in den Kreis der Amtspflichten fallen, welche den geschäftsführungs- und vertretungsberechtigten Gesellschaftern in Folge ihrer Organstellung obliegen[18] und die sie dennoch in Ausübung ihrer organschaftlichen Vertretungsmacht mit bindender Wirkung für die Gesellschaft und ihre Mitglieder zu vollziehen berechtigt sind. Es liegt auf der Hand, dass Änderungen des Gesellschaftsvertrages unter Einschluss der Aufnahme neuer Gesellschafter, von Vereinbarungen über das Ausscheiden von Gesellschaftern und deren Abfindung, der Einschränkung oder Ausweitung von organschaftlichen Vertretungsbefugnissen, der Änderung des Gesellschaftszwecks und von Beitragserhöhungen grundsätzlich nicht in diesen Bereich gehören,[19] denn dies alles sind überhaupt keine „Geschäfte", weder gewöhnliche, noch außergewöhnliche, noch Grundlagengeschäfte, sondern Vorgänge, die auf der Ebene der Gestaltung des Gesellschaftsvertrages liegen und deren Rechtswirkung damit gar nicht auf die Bindung der Gesamthand als solcher (der Gesellschaft), sondern ihrer Mitglieder zielt und deshalb deren Mitwirkung zur zwingenden Voraussetzung hat (unbeschadet der Möglichkeit, die Kompetenz hierzu durch gesellschaftsvertragliche Regelung dem darüber durch Mehrheit entscheidenden Verband selbst zuzuweisen – vgl. § 163 RdNr. 34 –). Grundlagengeschäfte sind Maßnahmen, die in – notwendiger – Ausübung der organschaftlichen Vertretungsbefugnis mit Rechtswirkung für die Gesellschaft, einerseits, und einen oder mehrere Gesellschafter, andererseits, vollzogen werden und die ihren Rechtsgrund im Gesellschaftsverhältnis haben (zB: Vergleich in einem Rechtsstreit zwischen der Gesellschaft und einem Gesellschafter; abschließende Festlegung des Auseinandersetzungsguthabens eines ausgeschiedenen Gesellschafters; Beauftragung eines Abschlussprüfers;[20] Bestellung eines Schiedsrichters im Streit zwischen der Gesellschaft und Gesellschaftern), oder die, andererseits, Verfügungen über das Gesellschaftsvermögen insgesamt oder in wesentlichen Teilen oder Belastungen desselben betreffen, wie dies etwa im Falle der Betriebsaufspaltung,[21] jeder anderen Form der Übertragung von Betriebsvermögen oder von wesentlichen Teilen desselben auf Tochtergesellschaften, der Betriebsverpachtung oder sonstigen Überlassung[22] oder des Abschlusses eines Organschaftsvertrages mit einer abhängigen Gesellschaft als Organträger[23] der Fall wäre. In all diesen Fällen ist die Gesellschaft, handelnd durch ihre organschaftlich vertretungsbefugten Gesellschafter, ohne Beschränkung durch gesetzlich angeordnete Gesellschafterbeschlüsse[24] rechtsgeschäftlich beteiligt und in keinem dieser Fälle handelt es sich um Geschäfte, seien sie nun gewöhnlich oder außergewöhnlich, die in Verfolgung des mit dem Handelsgeschäft betriebenen Gesellschaftszwecks vorgenommen werden.

Grundlagengeschäfte dieser Art sind – im Verhältnis der Gesellschafter untereinander – nur zugelassen, wenn alle Gesellschafter ihnen zustimmen.[25] Im Falle der Veräußerung des gesamten Geschäftsbetriebs hat der BGH die Zustimmung aller Gesellschafter nicht mehr nur als bloß internes Legitimationserfordernis angesehen, sondern als Voraussetzung für die schuldrechtliche Vertretungsbefugnis selbst.[26] *K. Schmidt*[27] hat das – zutreffend – als Weiterführung des umwandlungsrechtlichen Zustimmungsprinzips zum Zwecke der Vermeidung seiner Umgehung gedeutet. Die von *Kirsch*[28] vertretene These, wonach die fehlende Zustimmung aller Mitgesellschafter den in Ausübung ihrer organschaftlichen Vertretungsbefugnis handelnden Gesellschaftern auch ihre Verfügungsbefugnis nimmt, hat bisher nirgendwo Bestätigung gefunden.

---

[17] BGH Urt. v. 4. 11. 1996 – II ZR 48/95, NJW 1997, 314, ZIP 1996, 2164 m. Anm. v. *Kirberger* in EWiR § 708 1/97, 213.
[18] *Wiedemann* Übertragung § 2 II 2 a; MünchHdbKG/*Weipert* § 12 RdNr. 9.
[19] So mißverständlich RG Urt. v. 15. 5. 1936 – II ZR 291/35, RGZ 151, 321, 327; RG Urt. v. 20. 12. 1939 – II ZR 88/39, RGZ 162, 370, 372; MünchKommBGB/*Ulmer* § 709 RdNr. 11; Baumbach/*Hopt* § 114 RdNr. 3.
[20] BGH Urt. v. 20. 11. 1978 – VIII ZR 201/77, BGHZ 76, 334, 338 = NJW 1980, 1689; krit. iE aber zust. *Schulze-Osterloh* BB 1980, 1402.
[21] MünchKommHGB/*K. Schmidt* § 126 RdNr. 13.
[22] BGH Urt. v. 8. 7. 1991 – II ZR 246/90, NJW 1991, 2564, 2565.
[23] *Löffler* NJW 1991, 2920, 2922; Schlegelberger/*Martens* § 105 Anh. RdNr. 19.
[24] Wie etwa in allen Fällen der Spaltung (Aufspaltung, Abspaltung, Ausgliederung) nach den §§ 123 ff. UmwG, 39 ff. UmwG.
[25] HM BGH Urt. v. 11. 2. 1980 – II ZR 41/79 = NJW 1980, 1463, BGHZ 76, 160/164; MünchKommBGB/*Ulmer* § 709 RdNr. 10; Baumbach/*Hopt* § 114 RdNr. 3.
[26] BGH Urt. v. 9. 1. 1995 – II ZR 24/94, NJW 1995, 596 m. zust. Anm. von *Kirsch* EWiR § 125 HGB 1/95, 484.
[27] ZGR 1995, 675/677.
[28] EWiR § 125 HGB 1/95, 484.

3. Jahresabschluss, Gewinnverwendung, Entlastung von Organen. Nach früherer Recht- 12
sprechung und hM gehört auch die Feststellung des Jahresabschlusses zu den sog. Grundlagengeschäften.[29] Tatsächlich wird demgegenüber zu differenzieren sein: Während Grundlagengeschäfte – hier – als Maßnahmen verstanden wurden (vgl. oben RdNr. 10), die in Ausübung organschaftlicher Vertretungsbefugnis mit Rechtswirkung für die Gesellschaft getroffen werden, ohne zu dem auf gesellschaftsvertragliche Zweckerfüllung gerichteten „Tagesgeschäft" zu gehören, handelt es sich bei der Feststellung des Jahresabschlusses, der Entscheidung über die Gewinnverwendung und der, soweit im Gesellschaftsvertrag vorgesehen, Entlastung der geschäftsführenden Gesellschafter, samt und sonders um Maßnahmen, die weder die Verfassung der Gesellschaft, also den Gesellschaftsvertrag, noch das Rechtsverhältnis der Gesellschafter zur Gesellschaft berühren, sondern die allein das rechtliche Verhältnis der Gesellschafter untereinander in Rücksicht auf eine bestimmte Abrechnungsperiode oder – wie bei der Entlastung von geschäftsführenden Gesellschaftern – mit Rücksicht auf einen bestimmten Beurteilungszeitpunkt betreffen.

In den Personenhandelsgesellschaften ist die Aufstellung des Jahresabschlusses die im Gesetz vor- 13
gesehene Form der Rechnungslegung nach dem Grundmuster in § 721 Abs. 2 BGB (§§ 242 ff.). Die Verpflichtung zur Erstellung des Jahresabschlusses trifft die Gesellschaft als solche.[30] Wahrzunehmen ist die Verpflichtung von den geschäftsführenden Gesellschaftern. Sie entscheiden nach Ansatz und Bewertung über die Art und Weise der Bilanzierung unter Beachtung und im Rahmen aller gesetzlichen Bilanzierungsvorschriften und etwaiger – damit korrespondierender – Bestimmungen des Gesellschaftsvertrages.[31] Die Ausübung von Bilanzierungswahlrechten liegt nach der jüngsten Rechtsprechung des BGH[32] nur noch eingeschränkt im Ermessen der für die Bilanzaufstellung verantwortlichen geschäftsführenden Gesellschafter: Nur soweit es um „ergebnisschonende" Bilanzierungswahlrechte geht (§ 250 Abs. 1 S. 2, Abs. 3), sind die geschäftsführenden Gesellschafter frei. Passivierungsentscheidungen nach § 249 Abs. 1 S. 3 und Abs. 2 und § 253 Abs. 4 haben nach Auffassung des BGH jedoch Ergebnisverwendungscharakter mit der Folge, dass sie vorbehaltlich hiervon abweichender Regelung des Gesellschaftsvertrags nur mit Billigung durch alle Gesellschafter einschließlich der Kommanditisten ausgeübt werden dürfen. Das mag kritisch beurteilt werden, wenn und soweit Passivierungen, wie im Falle von § 249 mit einer Selbstverpflichtung zur Mittelverwendung innerhalb eines bestimmten Zeitraums einhergehen, kann aber hingenommen werden, weil die Beachtlichkeit eines sachlich nicht begründeten Widerspruchs gegen solche Maßnahmen an der gesellschaftsrechtlichen Treuepflicht scheitern würde und weil es im übrigen Sache der Gesellschafter ist, den geschäftsführenden Gesellschaftern durch Gestaltung des Gesellschaftsvertrags entsprechende Entscheidungsfreiheit zu sichern.

Die Bildung offener Rücklagen ist nach der dem Recht der Kapitalgesellschaften entlehnten 14
Terminologie des BGH[33] immer eine Entscheidung im Rahmen der Gewinnverwendung. Genau genommen ist sie noch mehr: Weil bei den Personengesellschaften jeder Gewinn (Jahresüberschuss) mit seiner Entstehung zu einem verfügungs- und spätestens mit der Bilanzfeststellung auch entnahmefähigen Anspruch des Gesellschafters wird (§ 717 S. 2 BGB), dessen Entstehung – anders als im Bilanzrecht der Kapitalgesellschaften – gar keinen auf Gewinnausschüttung gerichteten Gewinnverwendungsbeschluss voraussetzt, handelt es sich im Bilanzrecht der Personengesellschaften bei der Bildung offener Rücklagen um eine Einschränkung des dem gewinnberechtigten Gesellschafter zustehenden Entnahmerechts, also um eine Einschränkung seiner gesellschaftsvertraglichen Befugnisse von möglicherweise erheblichem Gewicht.[34] Aus diesen Gründen sind alle Bilanzierungsentscheidungen, die sich für die Gesellschafter als Gewinnentnahmebeschränkungen auswirken, solche, die nicht von den für die Bilanzaufstellung zuständigen geschäftsführenden Gesellschaftern allein getroffen werden können, sondern der Zustimmung durch alle Gesellschafter oder, wenn der Gesellschaftsvertrag dies vorsieht, eines Mehrheitsbeschlusses durch die Gesellschafterversammlung bedürfen. Ebenso wie die Feststellung des Jahresabschlusses selbst sind damit einhergehende Gewinnverwendungsentscheidungen solche, die nur mit dem Einverständnis aller Gesellschafter zustandekommen können, soweit nicht der Gesellschaftsvertrag darüber etwas anderes bestimmt.[35]

---

[29] BGHZ 76, 338 = NJW 1980, 1689; Baumbach/*Hopt* § 114 RdNr. 3.
[30] MünchKommBGB/*Ulmer* § 721 RdNr. 4; Soergel/*Hadding* § 721 RdNr. 3; Erman/*Westermann* § 721 RdNr. 1; aA (persönliche Verpflichtung der geschäftsführenden Gesellschafter) Staudinger/*Habermeier* § 721 RdNr. 7.
[31] BGH Urt. v. 29. 3. 1996 – II ZR 263/94, BGHZ 132, 263 = NJW 1996, 1678 m. Anm. von *W. Müller* EWiR § 119 HGB 1/96, 513.
[32] BGH Urt. v. 29. 3. 1996 – II ZR 263/94, BGHZ 132, 263 = NJW 1996, 1678.
[33] BGH Urt. v. 10. 5. 1976 – II ZR 180/74, BB 1976, 948, 949 m. Anm. von *Ulmer* 950; Fn. 29.
[34] BGH Urt. v. 23. 2. 1978 – II ZR 145/76, BB 1978, 630, 631; *Huber* ZGR 1988, 1/91; aA BFH Urt. v. 3. 11. 1982 – II R 94/80, BStBl. 1983 II S. 240, 242, wonach solche Rücklagen einer „gesamthänderischen Bindung" unterlägen.
[35] *BGH* Urt. v. 6. 4. 1981 – II ZR 186/80, BGHZ 80, 357, 358 = NJW 1981, 2563; *Ulmer*, FS Hefermehl, 1976, S. 207; *Schulze-Osterloh* BB 1980, 1402, 1404; *Priester*, FS Quack, 1991, S. 373, 381; *K. Schmidt* GesR § 53 III 1 2 c;

Mehrheitsentscheidungen der Gesellschafterversammlung über Bilanzierungsmaßnahmen mit Ge- 15
winnverwendungswirkung, offene Entnahmebeschränkungen (Rücklagenbildung) und die Feststellung des Jahresabschlusses im Übrigen sind damit nur zulässig, wenn der Gesellschaftsvertrag dergleichen in einer den Anforderungen des auslegungsfähigen Bestimmtheitsgrundsatzes genügenden Weise vorsieht[36] (vgl. im Übrigen § 163 RdNr. 34 bis 36).

III. Gesellschaftsvertragliche Einschränkung von Mitwirkungsrechten der Kommanditisten

1. Ausschluss von Mitentscheidungsbefugnissen. § 164 ist dispositiv, dh. das gesetzliche 16
Mitentscheidungsrecht von Kommanditisten bei Geschäftsführungsmaßnahmen von außergewöhnlicher Bedeutung kann durch den Gesellschaftsvertrag ausgeschlossen werden.[37] Derartige Bestimmungen des Gesellschaftsvertrages wirken aber nur innerhalb des Anwendungsbereichs von § 164 selbst, dh. nur im Bereich solcher Geschäfte, die von den geschäftsführungs- und vertretungsberechtigten Gesellschaftern in Erfüllung der ihnen obliegenden Amtspflicht getätigt werden (vgl. oben RdNr. 7). Dazu gehören weder die sog. Grundlagengeschäfte (vgl. oben RdNr. 10) noch erst recht nicht Vereinbarungen auf der Ebene der Gesellschafter untereinander, wie Änderungen des Gesellschaftsvertrages, Gewinnverwendungsbeschlüsse, Feststellung des Jahresabschlusses, Entlastung der geschäftsführenden Organe (vgl. oben RdNr. 12–15). Ein solcher Ausschluss der Kommanditisten von der Mitwirkung bei außergewöhnlichen Geschäften ist auch dann zulässig, wenn der Gesellschaftsvertrag gleichzeitig die Informationsrechte des Kommanditisten ausschließt oder einschränkt. Alle diese Rechte sind für jeden Gesellschafter verzichtbar.[38] In Fällen unlauteren Verhaltens der geschäftsführenden Gesellschafter, insbesondere bei arglistiger Ausnutzung des gesellschaftsvertraglich vereinbarten Mitwirkungsverzichts von Kommanditisten, sind letztere durch § 166 Abs. 3 geschützt. Diese Bestimmung gibt jedem Kommanditisten einen unverzichtbaren außerordentlichen Auskunftsanspruch.[39] Ebensowenig berührt ein Ausschluss der Kommanditistenrechte gem. § 164 S. 1 deren Befugnis, pflichtwidrig unterlassene Geschäftsführungsmaßnahmen unter den dafür erforderlichen Voraussetzungen (vgl. § 163 RdNr. 39, 40) im Wege der actio pro socio geltend zu machen. Weil sich alle Kommanditisten mit einem gesellschaftsvertraglichen Ausschluss ihrer gesetzlichen Mitwirkungsbefugnisse einverstanden erklären können, gibt es keine Bedenken dagegen, dergleichen nur für einzelne Kommanditisten oder einzelne Kommanditistengruppen festzulegen.[40] Zu den besonderen Problemen bei obligatorischer Gruppenvertretung vgl. § 163 RdNr. 15 ff. Sofern der Gesellschaftsvertrag bestimmt, dass alle Entscheidungen der Gesellschafter durch mehrheitliche Beschlüsse gefasst werden, gilt dies auch für solche über außergewöhnliche Geschäftsführungsmaßnahmen. Der Bestimmtheitsgrundsatz findet keine Anwendung; der gesetzliche Zustimmungsvorbehalt gem. § 164 S. 1 gehört nicht zum Kernbereich der Mitgliedschaftsrechte von Kommanditisten (Einzelheiten vgl. § 163 RdNr. 36).

2. Enumerative gesellschaftsvertragliche Festlegung von Zustimmungsvorbehalten. Re- 17
gelungen des Gesellschaftsvertrages, die bestimmte Kategorien von Geschäftsführungsmaßnahmen unter den Vorbehalt der Zustimmung durch alle Gesellschafter oder einstimmigen oder mehrheitlichen (auch mit qualifizierter Mehrheit zu fassenden) Gesellschafterbeschluss stellen, können enumerativ sein mit der Folge, dass die geschäftsführenden Gesellschafter in Hinsicht auf alle anderen Geschäfte nicht an die Zustimmung durch die Gesellschafter oder einen Beschluss der Gesellschafterversammlung gebunden sind. Außerhalb dessen, was der Gesellschaftsvertrag regelt, käme der gesetzliche Zustimmungsvorbehalt der Kommanditisten gem. § 164 S. 1 in solchen Fällen überhaupt nicht und innerhalb des Kreises der gesellschaftsvertraglichen Zustimmungsvorbehalte nur in der Weise zum Tragen, die der Gesellschaftsvertrag festlegt. Ob gesellschaftsvertragliche Bestimmungen über

---

[35] Staub/Schilling § 167 RdNr. 3; Schlegelberger/Martens § 167 RdNr. 6; MünchKommHGB/Grunewald § 167 RdNr. 4; Heymann/Horn § 164 RdNr. 3; Staub/Hüffer § 242 RdNr. 49; MünchHdbGesR I Bezzenberger § 62 RdNr. 62.
[36] BGH Urt. v. 29. 3. 1996 – II ZR 263/94, BGHZ 132, 263, 268; Röttger S. 120 ff., 172 ff.; Staub/Hüffer § 242 RdNr. 47; MünchKommBGB/Ulmer § 709 RdNr. 91, 98; hierzu neuerdings BGH Urt. v. 15. 1. 07 – II ZR 245/05 „Otto"; ZiP 2007, 475; NJW 2007, 1685.
[37] BGH Urt. v. 14. 5. 1956 – II ZR 229/54, BGHZ 20, 363, 368 = NJW 1956, 1198 ff.; Urt. v. 6. 10. 1992, KVR 24/91, BGHZ 119, 346, 357 = NJW 1993, 1265 ff.
[38] Immenga ZGR 1974, 385, 403 ff., 414; Schlegelberger/Martens § 164 RdNr. 23, § 166 RdNr. 44; MünchKommHGB/Grunewald § 164 RdNr. 27.
[39] OLG Hamm Urt. v. 19. 2. 1970 – 15 W 459/69, BB 1970, 509; H. P. Westermann Typengesetzlichkeit S. 257; Baumbach/Hopt § 166 RdNr. 19; Schlegelberger/Martens § 166 RdNr. 46; MünchKommHGB/Grunewald § 166 RdNr. 48.
[40] Baumbach/Hopt § 164 RdNr. 6.

solche Zustimmungsvorbehalte als abschließende Regelungen der Mitwirkungsrechte aller von der Geschäftsführung ausgeschlossenen Gesellschafter zu verstehen sind, ist Auslegungsfrage.[41] Sofern sich aus dem Gesellschaftsvertrag ergibt, dass die darin bezeichneten Zustimmungsvorbehalte nur beispielhaft sein sollen, oder wenn der Gesellschaftsvertrag zusätzlich zu den als zustimmungsbedürftig bezeichneten Geschäften generalklauselartig außerdem alle außergewöhnlichen Geschäfte unter denselben Zustimmungsvorbehalt stellt, ist der Katalog nicht abschließend, aber in allen darin nicht bezeichneten Fällen außergewöhnlicher Geschäftsführungsmaßnahmen erfolgt die Zustimmung – oder ihre Versagung – nach denselben Regeln, die der Gesellschaftsvertrag für die im Einzelnen darin bezeichneten Zustimmungsvorbehalte festlegt.

18 3. Kompetenzverlagerung auf Überwachungsorgane (Beirat). Dasselbe Problem, nämlich die Frage, ob und in welchem Maße gesetzliche Mitwirkungsbefugnisse von Kommanditisten gem. § 164 S. 1 eingeschränkt oder ausgeschlossen sind, stellt sich, wenn der Gesellschaftsvertrag die Überwachung der Geschäftsführung generell oder in Kombination mit konkreten, auf einzelne typisierte Geschäftsführungsmaßnahmen bezogenen Zustimmungsvorbehalten einem besonderen Organ, zB einem Beirat, zuordnet. Gegen die Einrichtung eines Beirats mit Organfunktion innerhalb der Kommanditgesellschaft bestehen keine grundsätzlichen Bedenken.[42] Auch ist anerkannt, dass einem solchen Beirat in Bezug auf Maßnahmen der Geschäftsführung Zustimmungsvorbehalte eingeräumt werden dürfen[43] und dass der Beirat durch den Gesellschaftsvertrag legitimiert werden kann, selbst zu bestimmen, welche Geschäfte nur mit seiner Zustimmung zulässig sein sollen.[44] Ebenso unbestritten ist, dass die Mitwirkungsrechte der Gesellschafter, und zwar sowohl der persönlich haftenden Gesellschafters gem. § 116 Abs. 2 als auch der Kommanditisten gem. § 164 S. 1 durch die dem Beirat eingeräumten Zustimmungsvorbehalte ersetzt werden und damit ausgeschlossen sind, sofern der Gesellschaftsvertrag dies anordnet.[45] Enthält der Gesellschaftsvertrag insoweit keine eindeutige Bestimmung, ist auszulegen: Handelt es sich um einen Beirat, dessen Mitglieder unter Mitwirkung aller Gesellschafter bestimmt werden oder in den alle Gesellschaftergruppen Mitglieder entsenden, und ist außerdem erkennbar, dass die Überwachungsfunktion dieses Beirats gerade auf die Eindämmung jener Risiken zielt, deretwegen es die gesetzlichen Zustimmungsvorbehalte in den §§ 116 Abs. 2, 164 S. 1 gibt, dann wird anzunehmen sein, dass die Beiratsfunktionen an die Stelle von Mitwirkungsrechten der Gesellschafter treten und diese ausschließen. Handelt es sich hingegen um einen Beirat, der Sachwalter der Interessen einer bestimmten Gesellschaftergruppe ist, etwa weil er nur die Interessen von Kommanditisten zu schützen und wahrzunehmen hat,[46] dann werden jedenfalls die Mitwirkungsrechte der nicht zu dieser Gesellschaftergruppe gehörenden Gesellschafter dadurch auch nicht berührt.

IV. Geschäftsführungsbefugte Kommanditisten

19 1. Organschaftliche Stellung. Der Gesellschaftsvertrag kann allen oder bestimmten Kommanditisten die Befugnis zur Beteiligung an der Geschäftsführung einräumen. Legt der Gesellschaftsvertrag den Umfang dieser Geschäftsführungsbefugnis nicht fest,[47] so entspricht sie der Geschäftsführungsbefugnis aller persönlich haftenden Gesellschafter; dh. der geschäftsführungsbefugte Kommanditist steht insoweit dem persönlich haftenden Gesellschafter gleich. Seine Geschäftsführungsbefugnis ist eine organschaftliche (vgl. oben RdNr. 2, 3).[48] Der BGH hält es für möglich, die Geschäftsführungsbefugnis durch gesellschaftsvertragliche Regelung allein dem oder allen Kommanditisten zuzuordnen und den oder alle persönlich haftenden Gesellschafter davon auszuschließen.[49] Das ist streitig (vgl. oben RdNr. 5). Einigkeit besteht aber darüber, dass die Geschäftsführungsbefugnis eines Kommanditisten jedenfalls im Zweifel nicht diejenige des oder der persönlich haftenden Gesellschafter verdrängt, dass also § 114 Abs. 2 im Verhältnis zwischen einem durch gesellschaftsvertragliche Anordnung geschäftsführungsbefugt gewordenen Kommandi-

---

[41] Baumbach/*Hopt* § 164 RdNr. 6; aA Staub/*Schilling* § 164 RdNr. 7 (im Zweifel nicht abschließend).
[42] BGH Urt. v. 23. 10. 1967 – II ZR 164/65, WM 1968, 98; *Voormann* S. 14–16; *Hölters* S. 7 f.; Baumbach/*Hopt* § 164 RdNr. 6; Schlegelberger/*Martens* § 164 RdNr. 24; MünchHdbKG/*Riegger* § 8 RdNr. 7.
[43] Schlegelberger/*Martens* § 164 RdNr. 25; Staub/*Ulmer* § 109 RdNr. 56; Baumbach/*Hopt* § 164 RdNr. 6.
[44] MünchHdbGKG/*Riegger* § 8 RdNr. 23.
[45] Schlegelberger/*Martens* § 164 RdNr. 25; MünchHdbKG/*Riegger* § 8 RdNr. 23.
[46] Vgl. BGH Urt. v. 20. 2. 1975 – III ZR 14/73, WM 1975, 763, 768; BGH Urt. v. 7. 3. 1983 – II ZR 11/82, BGHZ 87, 84 = NJW 1983, 1675 ff., WM 1983, 472, 473.
[47] BGH Urt. v. 27. 6. 1955 – II ZR 232/54, BGHZ 17, 392 = LM § 52 Nr. 1 m. Anm. v. *Fischer*; OLG Saarbrücken Urt. v. 6. 3. 1968 – 1 U 249/67, JZ 1968, 386 m. Anm. v. *Bauer*; Staub/*Schilling* § 164 RdNr. 8.
[48] BGH Urt. v. 4. 3. 1976 – II ZR 178/74, BB 1976, 526; Kellermann/*Stodolkowitz* IV 2 a aa.
[49] BGH Urt. v. 9. 12. 1968 – II ZR 33/67, BGHZ 51, 198, 201 = NJW 1969, 507.

tisten, einerseits, und dem oder den persönlich haftenden Gesellschafter(n), andererseits, nicht gilt.[50]

Die organschaftliche Geschäftsführungsbefugnis kann den Kommanditisten nur unter denselben **20** Voraussetzungen entzogen werden, wie dies im Falle der persönlich haftenden Gesellschafter möglich ist, also – von Gesetzes wegen – durch eine gerichtliche Entscheidung gem. § 117 und nicht durch bloßen Gesellschafterbeschluss.[51] Der Gesellschaftsvertrag kann Abweichendes bestimmen, also eine Entziehung der Geschäftsführungsbefugnis durch Gesellschafterbeschluss zulassen, und zwar auch dann, wenn kein wichtiger Grund dafür gegeben ist;[52] er kann die Kompetenz zur Verleihung der Geschäftsführungsbefugnis und zu deren Widerruf auch einem Beirat zuweisen.[53]

2. Vertretungsbefugnis. § 170 weist die organschaftliche Vertretungsbefugnis ausschließlich den **21** persönlich haftenden Gesellschaftern zu. Die Kommanditisten sind zwingend davon angeschlossen (vgl. oben RdNr. 4). Soll ein durch gesellschaftsvertragliche Bestimmung zur Geschäftsführung befugter Kommanditist auch zur Vertretung der Gesellschaft berechtigt werden, dann muss ihm diese Vertretungsbefugnis durch Bevollmächtigung, üblicherweise also durch Erteilung der Prokura, verliehen werden. Die Vertretungsbefugnis auch des geschäftsführungsbefugten Kommanditisten ist deshalb immer eine abgeleitete. Wurde die Prokura dem Kommanditisten mit Rücksicht auf seine organschaftliche Geschäftsführungsbefugnis erteilt, dann kann sie nur unter denselben materiellen Voraussetzungen widerrufen werden, unter denen die organschaftliche Geschäftsführungsbefugnis entzogen werden dürfte, also nur bei Vorliegen eines wichtigen Grundes.[54] § 52 Abs. 1 ist deshalb nur mit dieser Einschränkung anwendbar; des Entziehungsverfahrens gem. § 127 nach vorangegangener Klage aller anderen Gesellschafter durch gerichtliches Urteil bedarf es allerdings nicht. Dasselbe gilt auch dann, wenn der Prokurist einen gesellschaftsvertraglich begründeten Anspruch auf Erteilung der Prokura hat, ohne geschäftsführungsbefugt zu sein (sog. Titularprokura).[55] Umgekehrt führt der infolge eines wichtigen Grundes gerechtfertigte Widerruf der Prokura eines organschaftlich geschäftsführungsbefugten Kommanditisten nicht zur Beseitigung von dessen Geschäftsführungsbefugnis, weil insoweit das Ergebnis eines Entziehungsverfahrens nach § 117 abgewartet werden muss, sofern der Gesellschaftsvertrag nichts anderes regelt.

3. Dienstvertragliche Regelungen. Der organschaftlich geschäftsführungsbefugte Kommandi- **22** tist ist kein Arbeitnehmer der Gesellschaft. Gleichwohl kann die gesellschaftsvertragliche Regelung über die Geschäftsführungsbefugnis des Kommanditisten mit einem Anstellungsvertrag zwischen ihm und der Gesellschaft als Dienstherrn kombiniert werden. Geschieht dies, dann folgt das Schicksal des Anstellungsvertrages demjenigen der gesellschaftsvertraglich begründeten Geschäftsführungsbefugnis (vgl. oben RdNr. 20) – nicht etwa demjenigen der Mitgliedschaft insgesamt.[56] Eine solche gesonderte anstellungsvertragliche Regelung unter Festlegung der Vergütungsansprüche des Kommanditisten ist zweckmäßig, sofern die Gesellschafter von der Möglichkeit (§ 706 Abs. 3 BGB) Gebrauch machen wollen, dem Kommanditisten zu gestatten, seine Einlage durch Dienstleistung zu erbringen.

Wird zwischen der Gesellschaft und einem Kommanditisten ein Dienst- oder Arbeitsverhältnis **23** begründet, ohne dass dies mit der Einräumung einer organschaftlichen Geschäftsführungsbefugnis durch den Gesellschaftsvertrag einhergeht, so folgt daraus keine Geschäftsführungsbefugnis des Kommanditisten. Es gilt ausschließlich Dienstvertrags-/bzw. Arbeitsrecht.[57]

V. Haftungsfragen

1. Zustimmung oder Zustimmungsverweigerung bei außergewöhnlichen Geschäften. **24** Obwohl nach der Gesetzeslage außergewöhnliche Geschäfte nicht ohne Zustimmung aller im Übrigen von der Geschäftsführung ausgeschlossenen Kommanditisten durchgeführt werden dürfen,

---

[50] BGH Urt. v. 27. 6. 1955 – II ZR 232/54, BGHZ 17, 392, 394; BGH Urt. v. 9. 12. 1968 – II ZR 33/67, BGHZ 51, 198, 201 = NJW 1969, 507; BGH Urt. v. 15. 1. 1968 – II ZR 221/65, DB 1968, 797; Baumbach/*Hopt* § 164 RdNr. 7.
[51] BGH Urt. v. 27. 6. 1955 – II ZR 232/54, BGHZ 17, 395; offen in BGH Urt. v. 17. 12. 1973 – II ZR 124/72, WM 1974, 177 für eine nicht mit Geschäftsführungsbefugnis verbundene gesellschaftsvertraglich vereinbarte Tätigkeit des Kommanditisten.
[52] BGH Urt. v. 23. 10. 1972 – II ZR 31/70, LM § 119 Nr. 9 = NJW 1973, 651.
[53] Baumbach/*Hopt* § 117 RdNr. 12.
[54] BGH Urt. v. 27. 6. 1955 – II ZR 232/54, BGHZ 17, 392, 395 f.
[55] Baumbach/*Hopt* § 170 RdNr. 4; OLG Celle Urt. v. 7. 8. 1985 – 9 U 236/84, m. Anm. v. *Weipert* in EWiR § 52 1/86, 79.
[56] BAG Urt. v. 11. 5. 1978 – 3 AZR 21/77, NJW 1979, 999, 1000.
[57] *Molitor* DB 1957, 164; *G. Hueck* DB 1962, 1363; *Martens* RdA 1979, 347; Schlegelberger/*Martens* § 164 RdNr. 42; Baumbach/*Hopt* § 164 RdNr. 7.

bleibt die Verantwortung für solche Geschäfte bei den geschäftsführungsbefugten Gesellschaftern. Sie müssen prüfen, ob ihre Kompetenz für die Durchführung solcher Geschäfte gegeben ist, und sie haften für jeden der Gesellschaft entstandenen Schaden, wenn sie ihre Kompetenz dazu pflichtwidrig unter Zugrundelegung des Verschuldensmaßstabs von § 708 BGB (eigenübliche Sorgfalt) annahmen, und zwar auch dann, wenn sie bei der Ausführung des Geschäfts im Übrigen jede nur zu fordernde Sorgfalt beobachteten (sog. Haftung wegen Kompetenzverschuldens).[58] Die nach § 164 S. 1 erforderliche Zustimmung der Kommanditisten begründet die Handlungskompetenz der geschäftsführenden Gesellschafter, nicht aber eine Handlungsverantwortung der zustimmenden Kommanditisten. Die Auffassung von *Martens*,[59] derzufolge in solchen Fällen auch die Kommanditisten in einer Organverantwortlichkeit sind, die derjenigen eines durch Gesellschaftsvertrag geschaffenen Überwachungsorgans (etwa eines Beirats) entspricht, findet in der gesetzlichen Systematik keine Grundlage: Der gesetzliche Zustimmungsvorbehalt in § 164 S. 1 dient dem Schutz der Kommanditisten vor unvorhersehbaren Risiken. Wenn sie einem außergewöhnlichen Geschäft zustimmen, begeben sie sich dieses Schutzes; aber nur um den Preis eines sie selbst treffenden Risikos, nicht aber mit der Folge einer Verantwortlichkeit gegenüber der Gesellschaft.

25 Umgekehrt muss das Gleiche gelten: Verweigert ein Kommanditist die nach § 164 S. 1 benötigte Zustimmung, dann kann das ungerechtfertigt sein, sofern das außergewöhnliche Geschäft tatsächlich kein außergewöhnliches Risiko in sich birgt, für das von der Gesellschaft betriebene Geschäft jedoch förderlich ist. Wenn die geschäftsführenden Gesellschafter sich in solchem Fall über die sachlich nicht gerechtfertigte oder gar willkürliche und deshalb rechtsmissbräuchliche Zustimmungsverweigerung des Kommanditisten hinwegsetzen und das in Rede stehende außergewöhnliche Geschäft dennoch ausführen, kann sich der widersprechende Kommanditist nicht auf Kompetenzverschulden der geschäftsführenden Gesellschafter berufen. Nach vereinzelt vertretener Auffassung[60] soll es notwendig sein, die Handlungskompetenz der geschäftsführenden Gesellschafter durch klagweise erzwungene Zustimmung der sich verweigernden Gesellschafter herzustellen und ggf. Schadensersatz von dem zu Unrecht die Zustimmung Verweigernden zu verlangen. Das mag in Einzelfällen ein vorzuziehendes Verfahren sein. IdR wird einem Schadenersatzanspruch von Kommanditisten wegen der Ausführung eines außergewöhnlichen Geschäfts unter Kompetenzverletzung durch den (die) geschäftsführenden Gesellschafter der Einwand rechtsmissbräuchlicher Berufung auf die Zustimmungsverweigerung entgegengehalten werden können.[61] Eine Schadensersatzpflicht von Kommanditisten gegenüber der Gesellschaft wegen rechtswidriger Verweigerung der Zustimmung zu außergewöhnlichen Geschäften kommt deshalb regelmäßig nicht, aber ausnahmsweise dann in Betracht, wenn die geschäftsführenden Gesellschafter den sich verweigernden Kommanditisten durch Klage zur Zustimmung zwingen und infolge dieses Verfahrens, insbesondere wegen der damit verbundenen Verzögerung der Geschäftsausführung ein Schaden bei der Gesellschaft entsteht.

26 **2. Haftung von geschäftsführungsbefugten Kommanditisten. a) Binnenhaftung.** Organschaftlich geschäftsführungsbefugte Kommanditisten stehen im haftungsrechtlichen Verhältnis zur Gesellschaft jedem zur Geschäftsführung befugten persönlich haftenden Gesellschafter gleich. Auf die Erläuterungen zu § 114 wird verwiesen.

27 **b) Außenhaftung.** Unverändert streitig ist, ob ein organschaftlich geschäftsführungsbefugter Kommanditist allein wegen der damit verbundenen binnengesellschaftlichen Entscheidungsmacht der Gefahr einer unbeschränkten Haftung im Außenverhältnis gleich derjenigen von persönlich haftenden Gesellschaftern ausgesetzt ist. Die früher durchgängig vertretene Auffassung, wonach unbeschränkte Außenhaftung zwingende Folge unbeschränkter Herrschaft im Innenverhältnis sei, ist Rechtsgeschichte.[62] Nach heutigem Stand von Rechtsprechung und Schrifttum hat das binnengesellschaftliche Entscheidungspotential eines Kommanditisten mit seiner rechtsformbedingten Außenhaftung nichts zu tun.[63] Dem ist beizupflichten: Wenn es im Gesellschaftsrecht überhaupt ein Bedürfnis dafür gibt, einen Wirkungszusammenhang zwischen „Herrschaft und Haftung" – oder umgekehrt –

---

[58] BGH Urt. v. 4. 11. 1996 – II ZR 48/95, NJW 1997, 314 ff., ZIP 1996, 2164.
[59] Schlegelberger/*Martens*, § 164 RdNr. 19.
[60] MünchHdbKG/*Wirth* § 7 RdNr. 59.
[61] So iE die heute wohl hM: BGH Urt. v. 24. 1. 1972 – II ZR 3/69, WM 1972, 489, 490; BGH Urt. v. 2. 7. 1973 – II ZR 94/71, WM 1973, 1291, 1294; *Sester* S. 77 ff., 168; Staub/*Schilling* § 164 RdNr. 4; Baumbach/*Hopt* § 116 RdNr. 5; MünchKommBGB/*Ulmer* § 709 RdNr. 43; Koller/Roth/Morck § 116 RdNr. 2; MünchHdbKG/*Weipert* § 14 RdNr. 68 ff.
[62] Hinweise bei Schlegelberger/*Martens* § 164 RdNr. 44; MünchKommHGB/*Grunewald* § 164 RdNr. 23.
[63] BGH Urt. v. 17. 3. 1966 – II ZR 282/63, BGHZ 45, 204, 207 f. = NJW 1966, 1309 ff.; *Boerner* S. 145 ff.; *Elsing* S. 45 ff.; *Hofmann* NJW 1969, 577, 579; *Spies* S. 52 ff., 107 ff.; *Teichmann* S. 106 f.; H. P. *Westermann* Typengesetzlichkeit S. 288; K. *Schmidt* GesR § 53 IV 3 d; *Wiedemann* GesR I § 10 III 2 a; Baumbach/*Hopt* § 164 RdNr. 9.

zu etablieren,[64] dann allenfalls im Verhältnis der Gesellschafter untereinander, dh. keinesfalls mit Wirkung auf die haftungsrechtliche Verfasstheit der Gesellschaft nach außen. Es ist legitim, wenn der im Außenverhältnis die Haftungsverantwortung tragende Gesellschafter Entscheidungsmacht im Innenverhältnis zu seinen Mitgesellschaftern begehrt. Ebenso legitim ist es, wenn ein im Innenverhältnis entmachteter Gesellschafter (etwa ein persönlich haftender Gesellschafter, dem die Geschäftsführungs- und Vertretungsbefugnis entzogen wurde) von seinen Mitgesellschaftern erwartet, dass sie die Änderung seiner haftungsrechtlichen Position im Außenverhältnis billigen. Es ist aber nicht angängig, die rechtsformbedingte und durch Eintragung im Handelsregister nach außen kundgemachte Haftungsverfassung der Kommanditgesellschaft je nach dem Gewicht der nach außen gar nicht erkennbaren binnengesellschaftlichen Entscheidungsstrukturen zu verschieben. Mit Recht hat deshalb *Wiedemann*[65] darauf verwiesen, dass das Problem des Ausgleichs zwischen Haftung nach außen und Herrschaft im Inneren nur durch Verstärkung oder Verminderung der internen Mitwirkungsbefugnisse gelöst werden könne. Der Hinweis von *Martens*,[66] wonach der unbeschränkt entscheidungsbefugte Kommanditist nicht folgenlos die Außenhaftung auf einen vermögenslosen Komplementär ablenken dürfe, mag berechtigt sein und unter Rückgriff auf allgemeine Rechtsgedanken, wie Rechtsmissbrauchsfolgen, Rechtsscheinhaftung und ggf. Einbeziehung in die innergesellschaftliche Finanzierungsverantwortung[67] korrigiert werden; die gesetzwidrige Modifikation rechtsformbedingter Haftungsverhältnisse nach außen ist dafür aber ungeeignet.

§ 165 [Wettbewerbsverbot]
Die §§ 112 und 113 finden auf die Kommanditisten keine Anwendung.

Schrifttum: *Beuthien*, Gesellschaftsrecht und Kartellrecht, ZHR 142 (1978), 259; *Hirte*, Zivil- und kartellrechtliche Schranken für Wettbewerbsverbote im Zusammenhang mit Unternehmensveräußerungen, ZHR 154 (1990), 434; *Kardaras*, Das Wettbewerbsverbot in den Personalgesellschaften, 1967; *Kellermann/Stodolkowitz*, Höchstrichterliche Rechtsprechung zum Personengesellschaftsrecht, 4. Aufl. 1994; *Kübler*, Erwerbschancen und Organpflichten, FS Werner, 1984, S. 437; *Kübler/Waltermann*, Geschäftschancen der Kommanditgesellschaft, ZGR 1991, 162; *Löffler*, Zur Reichweite des gesetzlichen Wettbewerbsverbotes in der Kommanditgesellschaft, NJW 1986, 223; *K. Schmidt*, Kartellverbot und „sonstige Wettbewerbsbeschränkungen", 1978 (Kartellrecht); *Steindorff*, Gesetzeszweck und gemeinsamer Zweck des § 1 GWB, BB 1977, 569; *Weisser*, Corporate Opportunities, 1991; *Weisser*, Gesellschafterliche Treuepflicht bei Wahrnehmung von Geschäftschancen, DB 1989, 1020.

Übersicht

	RdNr.		RdNr.
I. Normzweck	1–4	2. Erweiterte Informationsrechte	8
1. Wettbewerbsverbot und allgemeine Zweckförderungspflicht	1–3	3. Beherrschende Kommanditistenstellung	9, 10
2. Gesellschaftsvertragliche Gestaltungsfreiheit	4	**IV. Dauer des Wettbewerbsverbots**	11–15
II. Wettbewerbs- und Kartellverbot	5, 6	1. Beschränkung auf die Zugehörigkeit zur Gesellschaft und deren Abwicklung	11, 12
III. Einbeziehung von Kommanditisten in das gesetzliche Wettbewerbsverbot	7–10	2. Nachvertragliches Wettbewerbsverbot	13–15
1. Geschäftsführungsbefugte Kommanditisten	7		

I. Normzweck

1. Wettbewerbsverbot und allgemeine Zweckförderungspflicht. Das den Mitgliedern der 1 offenen Handelsgesellschaft ihrer Gesellschaft gegenüber obliegende Wettbewerbsverbot ist die gesetzliche Komplementärerscheinung zur allgemeinen Zweckförderungspflicht. (Zur Bestimmung des konkreten Verbotsinhalts und zu den Folgen einer Verletzung des Verbots wird auf die Erläuterungen zu den §§ 112, 113 verwiesen). Weil das gesetzliche Wettbewerbsverbot funktional an die Zweckförderungspflicht knüpft, bleibt es gegenstandslos, wenn und soweit die den einzelnen Gesellschaftern obliegende Zweckförderungspflicht gar nicht auf die erfolgreiche Führung des Unternehmens der Gesellschaft im Wettbewerb mit anderen gerichtet ist: Jede mit dem Geschäftsbetrieb der Gesellschaft konkurrierende Geschäftstätigkeit kollidiert mit dem Interesse der Gesellschaft. Das Gesetz nimmt daran nur Anstoß, wenn diese Interessenkollision mit einem konkreten Entscheidungskonflikt ein-

---

[64] Zum Gesamtproblem von „Leitungsmacht und Verantwortung" vor allem *Wiedemann* GesR I § 10 III 2.
[65] GesR I § 10 III 2 a aa.
[66] Schlegelberger/*Martens* § 164 RdNr. 44 aE.
[67] Hierzu vor allem *K. Schmidt* GesR § 53 IV 3 d und e.

hergeht. Nur derjenige Gesellschafter, der nach seiner Funktion innerhalb der Gesellschaft darüber zu entscheiden hat oder an einer Entscheidung darüber mitzuwirken hat, ob und wie die Gesellschaft am Wettbewerb teilnimmt, darf bei dieser Entscheidung nicht die Möglichkeit erwägen, in gleicher Weise wie die Gesellschaft auch für eigene oder fremde Rechnung tätig zu werden. Das gesetzliche Wettbewerbsverbot in § 112 hat den Loyalitätskonflikt im Auge, der mit jeder Entscheidungsalternative zwischen gesellschafts- und eigennützigem Wettbewerbsverhalten verbunden wäre. Es löst diesen Konflikt, indem es ihn zugunsten der Gesellschaft verbietet.

2   Das gilt nicht nur für konkurrierende Umsatzgeschäfte, sondern allgemein für jede Entscheidungslage, in der sich das Gesellschaftsinteresse, einerseits, und das Eigeninteresse, andererseits, als Handlungsalternativen gegenüberstehen: Jeder Gesellschafter, der auf Grund seiner Funktion in der Gesellschaft eine sich dieser bietende Geschäftschance wahrzunehmen verpflichtet ist, handelt pflichtwidrig, wenn er diese Geschäftschance für die Gesellschaft vereitelt, indem er sie für eigene Rechnung wahrnimmt.[1]

3   Vor diesem Hintergrund haben Rechtsprechung und Lehre das Verständnis von § 165 entwickelt: Obwohl alle Gesellschafter zur Förderung des Gesellschaftszwecks verpflichtet sind, bleiben die Kommanditisten grundsätzlich von dem für die persönlich haftenden Gesellschafter maßgeblichen gesetzlichen Wettbewerbsverbot (§ 112) ausgenommen, denn es fällt jedenfalls nach der dispositiven Gesetzesregelung weder in ihren Funktionsbereich, die Geschäfte der Gesellschaft zu führen, noch gelangen solche Kenntnisse über die geschäftlichen Bedürfnisse und Möglichkeiten in ihren Zugriffsbereich, welche die Gefahr einer Bevorzugung des Eigeninteresses vor demjenigen der Gesellschaft auslösen könnten. Weil die Freistellung der Kommanditisten vom gesetzlichen Wettbewerbsverbot nur unter diesen Voraussetzungen gerechtfertigt erscheint, entfaltet das Verbot in dem Maße wieder Wirksamkeit, in dem die Voraussetzungen für seine Nichtanwendung entfallen. Das gilt sowohl für das normierte Wettbewerbsverbot als auch für die pflichtwidrige Vereitelung von Geschäftschancen im eigenen oder fremden Interesse nach der durch Rechtsprechung und Lehre entwickelten Geschäftschancenlehre.[2]

4   **2. Gesellschaftsvertragliche Gestaltungsfreiheit.** Alle das Wettbewerbsverbot betreffenden Bestimmungen des Gesetzes sind dispositiv. Die Dispositionsbefugnis steht allerdings auch den Kommanditisten zu. Dies gilt sowohl für Einwilligungen nach § 112 Abs. 1 und Abs. 2 und für Beschlüsse über die Geltendmachung von Verletzungsfolgen (§ 113 Abs. 2) als auch für die generelle Befreiung aller oder bestimmter Gesellschafter vom Wettbewerbsverbot.[3] Mit Rücksicht auf diese Dispositivität der Wettbewerbsverbotsbestimmungen ist es deshalb auch zulässig, alle oder einzelne Kommanditisten einem Wettbewerbsverbot zu unterwerfen, sei es einem nach Tatbestand und Verletzungsfolgen den §§ 112, 113 ausgebildeten oder einem davon abweichend geregelten. Auch ist es möglich, einzelne oder alle Gesellschafter einem nachvertraglichen Wettbewerbsverbot zu unterwerfen und dessen Verletzungsfolgen zu regeln, sofern dabei die allgemeinen Zulässigkeitsgrenzen eingehalten werden (vgl. unten RdNr. 13, 14).

II. Wettbewerbs- und Kartellverbot

5   Gesellschaftsrechtliche Wettbewerbsverbote, einerlei, ob auf gesetzlicher Anordnung (§ 112) oder gesellschaftsvertraglicher Vereinbarung beruhend, stehen jedenfalls formal im Widerspruch zu dem Kartellverbot des § 1 GWB und ggf. des Art. 85 EGV. Das wirft die Frage nach Wirksamkeit und Durchsetzbarkeit eines gesellschaftsrechtlichen Wettbewerbsverbots auf, sobald dieses gegenüber einem Gesellschafter in Anspruch genommen werden soll, der seinerseits außerhalb des Unternehmens der Gesellschaft unternehmerisch tätig ist, was idR dann der Fall sein wird, wenn überhaupt eine wettbewerbliche Konfliktsituation in Betracht kommt. Obwohl der prinzipielle Vorrang der Kartellverbote gegenüber den gesellschaftsrechtlichen Normen und – erst recht – den gesellschaftsvertraglichen Gestaltungen anerkannt ist,[4] werden die gesellschaftsrechtlichen Wettbewerbsverbote in dem Maße gegenüber dem gesetzlichen Kartellverbot gerechtfertigt, in dem der mit ihnen verfolgte Zweck mit dem Ziel des Kartellverbots nicht in Konflikt gerät. Das Kartellverbot mag erfassen, was es verhindern will, nämlich, zum einen, die Festlegung der Gesellschafter auf einen solchen gemeinsamen Zweck, der Marktbeeinflussung bewirken soll, und, zum anderen, eine wettbewerbliche Bindung der Gesellschafter, die – ohne beabsichtigt zu sein – objektiv geeignet ist, die Marktverhält-

---

[1] BGH Urt. v. 8. 5. 1989 – II ZR 29/88, NJW 1989, 2687; *Kübler/Waltermann* ZGR 1991, 162 ff.
[2] *Kübler* FS Werner, S. 437; *Weisser* S. 166 ff., 179 ff.; DB 1989, 2010; BGH Urt. v. 23. 9. 1985 – II ZR 257/84, NJW 1986, 584; BGH (Fn. 1).
[3] *Baumbach/Hopt* § 165 RdNr. 1; *Staub/Ulmer* § 112 RdNr. 26 ff., 31 ff., § 113 RdNr. 28.
[4] BGH Urt. v. 6. 12. 1962 – KZR 4/62, BGHZ 38, 306, 311 = NJW 1963, 646; *K. Schmidt* GesR § 20 V 2.

nisse zu beeinflussen.[5] Die Personenhandelsgesellschaft als solche einschließlich der zu ihrem unverzichtbaren Selbstverständnis gehörenden Verpflichtung aller Gesellschafter auf den gemeinsamen Zweck liegt nicht im Verfolgungsbereich der Kartellverbote. Dasselbe gilt für jedes notwendig damit korrespondierende Wettbewerbsverbot. Nach diesem inzwischen durch die Rechtsprechung[6] bestätigten Verständnis, der sog. „Immanenztheorie",[7] gewährt das Kartellverbot ihm immanente Freiräume für gesellschaftsrechtliche Wettbewerbsbeschränkungen dort, wo diese rechtsformspezifisch sind und wo die Rechtsform – hier also die Form der Personenhandelsgesellschaft – nicht für ein wirtschaftlich bezwecktes Wettbewerbsverbot instrumentalisiert, also in dessen Dienst gestellt wird.

Weil das Wettbewerbsverbot bei den Personenhandelsgesellschaften als Konkretisierung der allgemeinen Zweckförderungspflicht und als deren immanenter Bestandteil zu verstehen ist (vgl. oben RdNr. 1) und weil die allgemeine Zweckförderungspflicht – wenngleich mit unterschiedlicher Intensität – grundsätzlich jedes Mitglied trifft, ist die Respektierung dieses Wettbewerbsverbots im Blick auf kartellrechtliche Vorschriften nicht davon abhängig, ob es von Gesetzes wegen (§ 112) auf persönlich haftende Gesellschafter oder – in extensiver Ausdehnung von § 112 – funktionsbedingt (vgl. unten RdNr. 7 ff.) auch auf Kommanditisten Anwendung findet oder ob es auf vertraglicher Gestaltung beruht oder durch diese ausdehnend modifiziert wurde. Wo das gesellschaftsrechtliche Wettbewerbsverbot in Konkretisierung einer legalen (also nicht ihrerseits unter Verletzung des Kartellrechts definierten) Zweckförderungspflicht notwendigerweise Schutzfunktion für die Rechtsform der Personenhandelsgesellschaft entfaltet und objektiv keine marktbeeinflussende Wirkung hat, bleibt seine Wirksamkeit von den Kartellverboten unberührt.

III. Einbeziehung von Kommanditisten in das gesetzliche Wettbewerbsverbot

1. Geschäftsführungsbefugte Kommanditisten. Sinn der gesellschaftsrechtlichen Verpflichtung zur Förderung des von allen Gesellschaftern gemeinsam festgelegten Gesellschaftszwecks ist die Zurücksetzung des Individualinteresses jedes Gesellschafters gegenüber dem Gemeinschaftsinteresse bei allen Geschäftstätigkeiten innerhalb desjenigen Spektrums, welches sich die Gesellschaft durch Bestimmung ihres Zwecks zu eigen gemacht hat. Bei der Kommanditgesellschaft differenziert das Gesetz in Hinsicht auf die Adressaten dieser Verpflichtung nach der gesetzestypischen Gesellschafterstellung: Der von Gesetzes wegen geschäftsführungs- und vertretungsberechtigte und typischerweise in dieser Funktion für die Gesellschaft tätige persönlich haftende Gesellschafter hat allen seinen Mitgesellschaftern Garant für die Bevorzugung des Gesellschaftsinteresses gegenüber jedem Eigeninteresse bei der Tätigkeit der Gesellschaft in Verfolgung ihres Zwecks zu sein. Kommanditisten hingegen billigt das Gesetz in § 165 ein davon zu unterschiedendes Mitgliedschaftsinteresse zu: Sie dürfen ihre Beteiligung an der Gesellschaft auf die Verpflichtung zur Leistung der Kapitaleinlage beschränken und müssen in diesem Falle in Kauf nehmen, dass sie in Hinsicht auf die Führung der Geschäfte der Gesellschaft einflusslos sind und allenfalls unerwarteten Risiken entgegentreten können (vgl. Erläuterungen zu § 164 RdNr. 24). Korrespondierende Folge dieser Beschränkung von Gesellschafterpflichten der Kommanditisten auf die Kapitaleinlage ist die Außerkraftsetzung des gesetzlichen Wettbewerbsverbots für Kommanditisten bei im Übrigen auch für diese uneingeschränkt bestehender Zweckförderungsverpflichtung. In dem Umfange, in dem das bloße Kapitalanlageinteresse eines Kommanditisten um Teilhabe an der Geschäftsführung der Gesellschaft erweitert wird, wächst das Verpflichtungsvolumen: Der geschäftsführungsbefugte Kommanditist ist in Hinsicht auf die konkrete, sich nämlich durch geschäftliche Tätigkeit manifestierende Zweckförderungspflicht, in gleicher Weise verantwortlich wie jeder persönlich haftende Gesellschafter. Das schließt notwendig die Verpflichtung ein, alles zu unterlassen, was der geschäftlichen Entfaltung des Unternehmens der Gesellschaft zuwiderläuft. Dazu gehört allemal Wettbewerb im Bereich der Umsatzgeschäfte durch Tätigkeit für eigene oder fremde Rechnung.[8] Auf den konkreten Umfang der Geschäftsführungsbefugnis und den Grad der Einflussnahmemöglichkeit kommt es dabei nicht an; allein die Einbeziehung in die Geschäftsführungsverantwortung führt zur Einbeziehung in den Kreis der konkret zur Förderung des Gesellschaftszwecks verpflichteten Gesellschafter und damit zur Einbeziehung in das gesetzliche Wettbewerbsverbot gem. § 112 sowie in den Kreis derjenigen Gesellschafter, die Geschäftschancen der Gesellschaft nicht für eigene oder fremde Rechnung nutzbar machen dürfen.[9]

---

[5] BGH Urt. v. 26. 10. 1959 – KZR 2/59, BGHZ 31, 105 = NJW 1960, 145; BGH (Fn. 4).
[6] BGHZ 38, 306, 312 (Fn. 4); BGH Urt. v. 21. 2. 1978 – KZR 6/77, BGHZ 70, 331, 335 = NJW 1978, 1001.
[7] *K. Schmidt* Kartellverbot S. 79 ff.; *Steindorff* BB 1977, 569, 570; *K. Schmidt* GesR § 20 V 2.
[8] *Kardaras* S. 30 ff.; *Beuthien* ZHR 142 (1978), 288; *R. Fischer* LM GWB § 1 Nr. 6; Schlegelberger/*Martens* HGB § 165 RdNr. 5; Staub/*Schilling* § 165 RdNr. 2; MünchHdbKG/*Doehner/Hoffmann* § 16 RdNr. 47.
[9] BGH (Fn. 1); *K. Schmidt* GesR § 20 V 3; MünchHdbKG/*Doehner/Hoffmann* § 16 RdNr. 47.

8 **2. Erweiterte Informationsrechte.** Dass Insider-Kenntnisse Anreiz zur „Kapitalisierung" in Form von Geschäften auf eigene (vorteilhafte) Rechnung zu Lasten desjenigen Unternehmens anreizen, aus dem die Insider-Kenntnisse stammen, hat im Bereich des Kapitalmarktrechts zu Reaktionen des Gesetzgebers geführt.[10] Aufgrund der gleichen Erkenntnis sind Kommanditisten entgegen der Bestimmung in § 165 in gleicher Weise wie persönlich haftende Gesellschafter dem gesetzlichen Wettbewerbsverbot gem. § 112 unterworfen, wenn sie wie diese auf Grund gesellschaftsvertraglicher Regelung oder tatsächlicher Übung an allen Kenntnissen teilhaben, die auch den geschäftsführungsbefugten Gesellschaftern zugänglich sind.[11]

9 **3. Beherrschende Kommanditistenstellung:** Dasselbe gilt für Kommanditisten, die auf Grund ihrer Kapitalbeteiligung und damit verbundener Einflussmöglichkeiten innerhalb der Gesellschaft an der tatsächlichen Geschäftsführung teilhaben und Zugriff auf alle dafür benötigten Informationen nehmen können.[12] Allein der Umfang der Kapitalbeteiligung eines Kommanditisten begründet freilich keine beherrschende Stellung in diesem Sinne. Wenn jedoch der Gesellschaftsvertrag oder damit einhergehende Abreden der Gesellschafter darauf angelegt sind, dem Kommanditisten in Anknüpfung an seine beherrschende Kapitalbeteiligung einen derartigen Einfluss in der Gesellschaft zu ermöglichen, dass er de facto ausschlaggebend die Geschicke der Gesellschaft zu bestimmen in der Lage ist, folgt daraus eben jener Loyalitätskonflikt, welcher durch das Wettbewerbsverbot beseitigt werden soll (vgl. oben RdNr. 1). Wo die Gefahr besteht, dass Herrschaftsmacht objektive Maßstäbe für die jeweils sachgerechte Entscheidung außer Kraft setzt,[13] muss das Wettbewerbsverbot korrigierend eingreifen. Ob die kapitalmäßige Beteiligung eine solche Herrschaftsmacht vermittelt, hängt von den Umständen des Einzelfalls ab.

10 Kann sie hingegen festgestellt werden, dann erfasst die aus ihr folgende Ausdehnung des gesetzlichen Wettbewerbsverbots auch einen etwaigen mittelbaren Gesellschafter: Handelt es sich also bei dem beherrschenden Kommanditisten seinerseits um ein konzernabhängiges Unternehmen, dann trifft das Wettbewerbsverbot gegenüber der Kommanditgesellschaft auch das den Kommanditisten beherrschende Unternehmen.[14]

IV. Dauer des Wettbewerbsverbots

11 **1. Beschränkung auf die Zugehörigkeit zur Gesellschaft und deren Abwicklung.** Grundsätzlich endet das Wettbewerbsverbot mit dem Ende des Gesellschaftsverhältnisses, gemeinhin also mit dem Ausscheiden eines Gesellschafters. Unter denselben Voraussetzungen, die auch ein nachvertragliches Wettbewerbsverbot rechtfertigen können (vgl. hierzu RdNr. 13, 14) kann ein während der Gesellschaftszugehörigkeit begründetes Wettbewerbsverbot nach Treu und Glauben auch ohne ausdrückliche Vereinbarung nach dem Ausscheiden eines Gesellschafters fortbestehen, wenn der Gesellschafter, dem gegenüber es in Anspruch genommen wird, sein Ausscheiden bewusst vertragswidrig herbeiführte.[15]

12 Endet das Gesellschaftsverhältnis durch Auflösung der Gesellschaft und Abwicklung von deren Handelsgeschäft, dann bleibt das Wettbewerbsverbot bis zur vollständigen Abwicklung davon grundsätzlich unberührt. Es orientiert sich jedoch inhaltlich am Abwicklungszweck: Nur soweit Wettbewerb die Abwicklung behindert, ist er pflichtwidrig.

13 **2. Nachvertragliches Wettbewerbsverbot.** Allein aus dem Gesichtspunkt der sog. nachwirkenden Treuepflicht folgt keine Fortgeltung des Wettbewerbsverbots nach Ausscheiden aus der Gesellschaft. Nachvertragliche Wettbewerbsverbote setzen grundsätzlich eine besondere Vereinbarung voraus. Inhaltlich sind dem nachvertraglichen Wettbewerbsverbot durch § 138 BGB und § 1 GWB Grenzen gesetzt. Weil die mit dem gesellschaftsrechtlichen Wettbewerbsverbot korrespondierende allgemeine Zweckförderungspflicht nach Beendigung des Gesellschaftsverhältnisses für die ausgeschiedenen Gesellschafter fortfällt, bedarf jedes nachvertragliche Wettbewerbsverbot nach der Rechtsprechung des BGH einer besonderen Rechtfertigung: Es muss dem Schutze von berechtigten

---

[10] Gesetz über den Wertpapierhandel (WpHG) v. 9. 9. 1998, BGBl. I S. 2709.
[11] BGH Urt. v. 5. 12. 1983 – II ZR 242/82, BGHZ 89, 162, 166 = NJW 1984, 1351; *Beuthien* ZHR 142 (1978) 299; *Kellermann/Stodolkowitz* IV 1 a; *Schlegelberger/Martens*, § 165 RdNr. 13; MünchKommHGB/*Grunewald* § 165 RdNr. 5, 7; *Heymann/Horn* § 165 RdNr. 4; MünchHdbKG/*Doehner/Hoffmann* § 16 RdNr. 48.
[12] BGH Urt. v. 5. 2. 1979 – II ZR 210/76, WM 1979, 937; BGHZ 89, 162, 166 (Fn. 11); *U. Schneider* ZGR 1980, 511, 528; *Wiedemann* GesR I § 6 IV 2 a; *Kellermann/Stodolkowitz* IV 1 a; *Löffler* NJW 1986, 223, 225; *Schlegelberger/Martens* § 165 RdNr. 16; MünchKommHGB/*Grunewald* § 165 RdNr. 9; MünchHdbKG/*Doehner/Hoffmann* § 16 RdNr. 50.
[13] BGHZ 89, 162, 166 (Fn. 11); BGH Urt. v. 16. 2. 1981 – II ZR 168/79, BGHZ 80, 69; 74 f. = NJW 1981, 1512.
[14] BGHZ 89, 162, 165 (Fn. 11).
[15] *Kellermann/Stodolkowitz* IV 1 c.

Interessen des von der Gesellschaft betriebenen Unternehmens dienen und es muss in gegenständlicher (sachlicher), räumlicher und zeitlicher Hinsicht funktionsnotwendig sein.[16]

Nach der Rechtsprechung des Kartellsenats des BGH[17] ist im Einzelfall unter dem allgemeinen Gesichtspunkt von Treu und Glauben zu beurteilen, ob das nachvertragliche Wettbewerbsverbot zum Schutz der fortbestehenden Gesellschaft und ihrer Gesellschafter vor einer illoyalen Ausnutzung von Insider-Kenntnissen und Kenntnissen des ausgeschiedenen Gesellschafters über Geschäftsverbindungen des Unternehmens notwendig ist. Nur wenn dies bejaht werden kann, bleibt auch das nachvertragliche Wettbewerbsverbot innerhalb des vom Kartellverbot nicht erfassten immanenten Freiraums (vgl. oben RdNr. 5). 14

Umstritten ist die Frage zulässiger Dauer eines nachvertraglichen Wettbewerbsverbots. Allgemein geht der BGH[18] von einer höchstzulässigen Dauer von zwei Jahren aus. Lediglich in Ausnahmefällen wird eine Schutzfrist von drei Jahren für zulässig gehalten.[19] Zur Rechtfertigung eines nachvertraglichen Wettbewerbsverbots für einen ausgeschiedenen Gesellschafter braucht diesem kein Anspruch auf Karrenzentschädigung gewährt zu werden. Nur ausnahmsweise hat der BGH ein Wettbewerbsverbot für sittenwidrig angesehen, weil dem ihm unterworfenen früheren Gesellschafter dafür keine Entschädigung gewährt wurde.[20] 15

§ 166 [Kontrollrecht]

(1) **Der Kommanditist ist berechtigt, die abschriftliche Mitteilung des Jahresabschlusses zu verlangen und dessen Richtigkeit unter Einsicht der Bücher und Papiere zu prüfen.**

(2) **Die in § 118 dem von der Geschäftsführung ausgeschlossenen Gesellschafter eingeräumten weiteren Rechte stehen dem Kommanditisten nicht zu.**

(3) **Auf Antrag eines Kommanditisten kann das Gericht, wenn wichtige Gründe vorliegen, die Mitteilung einer Bilanz und eines Jahresabschlusses oder sonstiger Aufklärungen sowie die Vorlegung der Bücher und Papiere jederzeit anordnen.**

Übersicht

	RdNr.		RdNr.
I. Normzweck	1–4	a) Beschränkung auf „Angelegenheiten der Gesellschaft"	24–26
II. Jahresabschluss und Prüfung desselben (Abs. 1)	5–16	b) Ausübung des Informationsrechts	27, 28
1. Aufstellung und Mitteilung des Jahresabschlusses	5–11	aa) Kontrollrechte	27
		bb) Auskunftsansprüche	28
2. Einsicht in Bücher und Papiere abhängiger Unternehmen	12–14	3. Persönliche Voraussetzungen für die Geltendmachung von Informationsrechten	29–31
		a) Informationsrecht als Mitgliedschaftsrecht	29, 30
3. Ausschluss des Einsichts- und Prüfungsrechts durch Billigung des Jahresabschlusses	15, 16	b) Unmittelbare Informationsrechte von Nicht-Gesellschaftern	31
III. Allgemeine Informationsrechte von Kommanditisten	17–39	4. Durchsetzung von Informationsansprüchen	32–39
1. Struktur von Informationsrechten	17–23	a) Adressat von Informationsansprüchen	32, 33
a) Gesetzliche Regelung und richterliches Sonderrecht auf Information	17	b) Informationsverweigerungsrechte	34, 35
b) Begriff der Informationsrechte	18, 19	c) Klage auf Einsicht und/oder Auskunft	36–39
c) Auskunftsansprüche	20–23	IV. Außerordentliche Informationsrechte von Kommanditisten (Abs. 3)	40–46
aa) Kollektivansprüche der Gesellschafter	20, 21	1. Gegenstand und Voraussetzung des außerordentlichen Informationsrechts	40–42
bb) Individualrechte	22, 23	2. Antragsverfahren nach § 145 FGG	43–46
2. Gegenstand von Informationsrechten	24–28		

Schrifttum: *Buchwald*, Die Bilanzen der Personengesellschaften als Vereinbarung zwischen den Gesellschaftern, JR 1948, 65; *Ernst*, Der Auskunftsanspruch des Kommanditisten, BB 1957, 1047; *Grunewald*, Zum Informationsrecht in der GmbH & Co. KG, ZGR 1989, 545; *dies.*, Einsicht- und Auskunftsrecht des GmbH-Gesellschafters nach neuem Recht,

---

[16] BGH Urt. v. 26. 3. 1984 – II ZR 229/83, BGHZ 91, 1, 6 f. = NJW 1984, 2366.
[17] Insbes. BGH Urt. v. 10. 10. 1993 – KZR 3/92, ZIP 1994, 61.
[18] BGHZ 91, 1, 6 f. (Fn. 16); BGH Urt. v. 16. 10. 1989 – II ZR 2/89, ZIP 1990, 586, 588 m. Anm. von *Meyer-Landrut* EWiR § 35 GmbHG 1/90, 65; BGH (Fn. 17); BGH Urt. v. 8. 5. 2000 – II ZR 308/98, NJW 2000, 2584; BGH Urt. v. 29. 9. 2003 – II ZR 59/02, NJW 2004, 66; BGH Urt. v. 18. 7. 2005 – II ZR 159/03, NJW 2005, 3061.
[19] BGH Urt. v. 10. 6. 1964 – VIII ZR 262/63, NJW 1964, 2203; BGH Urt. v. 14. 7. 1986 – II ZR 296/85, WM 1986, 1282; MünchVertrHdb/*Günther* Bd. 2 5. Aufl. III 1, 2 Anm. 118; *Hirte* ZHR 154 (1990), 443, 447 ff.
[20] BGH Urt. v. 28. 4. 1986 – II ZR 254/85, NJW 1986, 2944.

ZHR 146 (1982), 211; *dies.*, Auskunftserteilung und Haftung des Vorstands im bürgerlich-rechtlichen Verein, ZIP 1989, 962; *Huber*, Das Auskunftsrecht des Kommanditisten, ZGR 1982, 539; *Kort*, Das Informationsrecht des Gesellschafters der Konzernobergesellschaft, ZGR 1987, 46 ff.; *Lutter*, Due Diligence des Erwerbers beim Kauf einer Beteiligung, ZIP 1997, 613; *ders.*, Zum Informationsrecht des Gesellschafters nach neuem GmbH-Recht, ZGR 1982, 1; *Schiessl*, Die Informationsrechte der Personenhandelsgesellschaften im Lichte der GmbH-Novelle 1980, GmbHR 1985, 109; *Schilling*, Die Einmanngesellschaft und das Einzelunternehmen mbH, JZ 1953, 161; *K. Schmidt*, Informationsrechte in Gesellschaften und Verbänden/Ein Beitrag zur gesellschaftsrechtlichen Institutionenbildung, 1984; *ders.*, Schiedsklausel und Informationsrecht des GmbH-Gesellschafters, ZIP 1987, 218; *Siebert*, Einmann-GmbH und Strohmann-Gründung, BB 1954, 417; *Ulmer*, Die Mitwirkung des Kommanditisten an der Bilanzierung der KG, FS Hefermehl, 1976, S. 207; *Wiedemann*, Rechte und Pflichten des Personengesellschafters, WM 1992, Sonderbeilage 7; *Winter*, Stimmrechtsausschluß und Verbot des Insichgeschäfts, JZ 1976, 674.

I. Normzweck

1 Nach § 118 Abs. 1 haben alle Gesellschafter der offenen Handelsgesellschaft ein beschränkt dispositives Recht, sich von den Angelegenheiten der Gesellschaft persönlich zu unterrichten, die Handelsbücher und die Papiere der Gesellschaft einzusehen und sich aus ihnen einen Jahresabschluss anzufertigen. Das entspricht etwa wortgleich dem Recht eines jeden Mitglieds von Gesellschaften des bürgerlichen Rechts (§ 716 BGB). Die Betonung des Gesetzestextes, dass dieses Recht einem Gesellschafter auch dann zustehe, wenn er von der Geschäftsführung ausgeschlossen ist, beschreibt nicht das Ausnahme-, sondern das Regelbedürfnis: Gerade der nicht an der Geschäftsführung beteiligte und deshalb vom üblichen Informationsfluss innerhalb der Gesellschaft ausgeschlossene Gesellschafter bedarf des Schutzes durch gesetzliche Informationsrechte. Kommanditisten sind mangels hiervon abweichender Vereinbarung schon von Gesetzes wegen nicht geschäftsführungsbefugt; insofern entspricht ihre Rechtsposition derjenigen von nicht geschäftsführungsbefugten persönlich haftenden Gesellschaftern. Im Gegensatz zu den letzteren haften sie aber nicht unbeschränkt für die Verbindlichkeiten der Gesellschaft. Deshalb schränkt § 166 die ihnen zustehenden Informationsrechte gegenüber denjenigen der persönlich haftenden Gesellschafter ein: Von Gesetzes wegen können sie die Aushändigung des Jahresabschlusses verlangen und denselben prüfen. Weiteres, nämlich „sonstige Aufklärungen sowie die Vorlegung der Bücher und Papiere" können sie gem. § 166 Abs. 3 nur über eine gerichtliche Anordnung erreichen, „wenn wichtige Gründe vorliegen". Im Übrigen sind ihnen nach § 166 Abs. 2 die weitergehenden Informationsrechte von nicht an der Geschäftsführung beteiligten persönlich haftenden Gesellschaftern vorenthalten.

2 Zur richtigen Bewertung dieser an den Haftungsaspekt knüpfenden gesetzlichen Differenzierung zwischen dem Informationsinteresse der persönlich haftenden Gesellschafter, einerseits, und der Kommanditisten, andererseits, ist folgendes anzumerken:

3 Das vor allem vermögensbezogene Interesse jedes Kommanditisten an der Kontrolle und notfalls Vermeidung von außergewöhnlichen Geschäftsrisiken wird durch § 164 Satz 1 zufriedengestellt. Die geschäftsführungsbefugten Gesellschafter dürfen solche Risiken nicht ohne Einwilligung der Kommanditisten eingehen (vgl. § 164 RdNr. 6 ff.). Gänzlich unabhängig von dem als Individualrecht ausgeprägten handelsrechtlichen Informationsrecht der Kommanditisten gem. § 166 steht allen Gesellschaftern gemeinsam gegen den oder die geschäftsführenden Gesellschafter das aus den §§ 713, 666 BGB folgende kollektive Auskunftsrecht (verbunden mit dem Anspruch darauf, Rechenschaft abzulegen) zu. Das war streitig,[1] kann heute aber als jedenfalls überwiegende Meinung angesehen werden.[2] Schließlich fällt auch der Zusammenhang zwischen Informationszugriff und Wettbewerbsverbot ins Gewicht; weil das gesetzliche Wettbewerbsverbot gem. § 112 die Kommanditisten nicht trifft (§ 165), ist es gerechtfertigt, ihnen diejenigen Informationen vorzuenthalten, die über § 166 hinaus den persönlich haftenden Gesellschaftern zugänglich sein müssen, denn anderenfalls muss das Wettbewerbsverbot auch für Kommanditisten gelten (vgl. die Erläuterung zu § 165 RdNr. 8).

4 Ungeachtet dessen hat sich um das zum Kernbereich der Mitgliedschaftsrechte zählende Informationsrecht der Kommanditisten[3] eine Rechtsprechung entwickelt, die in Loslösung von der auf Beschränkung der Kommanditisten-Informationsrechte angelegten Gesetzesregelung eigene Wege gegangen ist.

---

[1] Das Reichsgericht (RG JW 1927, 368 und ihm folgend *A. Hueck* OHG § 12 5) sahen in § 166 eine die Anwendung der §§ 713, 716 BGB verdrängende lex specialis.

[2] *Huber* ZGR 1982, 539, 542; *K. Schmidt* Informationsrechte S. 28, 66; MünchHdbKG/*Weipert* § 15 RdNr. 7; Baumbach/*Hopt* § 166 RdNr. 12; MünchKommHGB/*Grunewald* § 166 RdNr. 46; BGH Urt. v. 23. 3. 1992 – II ZR 128/91, NJW 1992, 1890; dagg: Schlegelberger/*Martens* § 166 RdNr. 17; MünchKommHGB/*Grunewald* § 166 RdNr. 46.

[3] BGH Urt. v. 10. 10. 1994 – II ZR 18/94, ZIP 1994, 1942 m. Anm. von *Priester* EWiR § 119 HGB 1/95, 73.

II. Jahresabschluss und Prüfung desselben (Abs. 1)

1. Aufstellung und Mitteilung des Jahresabschlusses. Nach § 166 Abs. 1 haben die Kommanditisten Anspruch auf abschriftliche Mitteilung des Jahresabschlusses der Gesellschaft. Sie dürfen dessen Richtigkeit unter Einsicht der Bücher und Papiere prüfen. Die Aufstellung der Jahresbilanz fällt in den alleinigen Zuständigkeitsbereich der geschäftsführenden Gesellschafter, die hierzu unter Beachtung der zwingenden Ansatz- und Bewertungsvorschriften (§§ 246 bis 251 und 252 bis 256) und etwa maßgeblicher gesetzlicher Fristen verpflichtet sind. Soweit Kommanditgesellschaften nicht den Bestimmungen des PublG unterworfen sind, ist der Jahresabschluss „innerhalb der einem ordnungsmäßigen Geschäftsgang entsprechenden Zeit aufzustellen" (§ 243 Abs. 3). Die Buchführung ist nicht mehr ordnungsgemäß, wenn die Frist überschritten wird.[4] Als noch einem ordnungsmäßigen Geschäftsgang entsprechende Zeit wird die Aufstellung des Jahresabschlusses innerhalb des dem Stichtag folgenden Kalenderjahres (Geschäftsjahres) angesehen werden können.[5] § 243 Abs. 3 ist eine Ordnungsvorschrift, die wohl einer Verkürzung, nicht aber einer Verlängerung durch den Gesellschaftsvertrag zugänglich ist.[6] Die Mißachtung der Frist zur Bilanzerstellung ist Pflichtversäumnis der geschäftsführungsverantwortlichen Gesellschafter gegenüber der Gesellschaft und kann dieser gegenüber zum Schadenersatz verpflichten und in besonderen Fällen (Mißachtung von Gläubigerinteressen) zur Nichtigkeit des Jahresabschlusses führen.[7]

Innerhalb von Spielräumen, die das Gesetz gewährt (Ansatz- und Bewertungswahlrechte) entscheiden die geschäftsführenden Gesellschafter über die Aufstellung der Bilanz. Dasselbe gilt in Hinsicht auf die Ausübung von Darstellungs- und Gliederungswahlrechten.[8] Dieser Freiheit sind allerdings Grenzen gesetzt, die überschritten werden, wenn die Ausübung dieser Wahlrechte Gewinnverwendungscharakter bekommt (hierzu unten RdNr. 15).

So wie sie den handelsrechtlichen Jahresabschluss verlangen können, haben die Kommanditisten auch Anspruch auf Mitteilung aller anderen ihre Vermögensinteressen berührenden Abschlüsse. Dies ist zunächst die jährliche Steuerbilanz, welche maßgeblich ist für die Ermittlung des steuerpflichtigen Einkommens aller Gesellschafter.[9] Dasselbe gilt für die auf den Stichtag des Beginns der Geschäftstätigkeit der Kommanditgesellschaft zu errichtende Eröffnungsbilanz (§ 242 Abs. 1), denn sie bildet die notwendige Grundlage der später im Wege des Bestandsvergleichs vorzunehmenden Gewinnermittlung.[10] Aus den gleichen Gründen trifft dasselbe für die Liquidationseröffnungs- und die Liquidationsschlussbilanz (§ 154) und jede aus Anlass des Ausscheidens eines (anderen) Gesellschafters zu errichtende Auseinandersetzungsbilanz zu. Auf die Aushändigung von Abschlüssen hingegen, die der unterjährigen Ergebnisermittlung oder Vermögensübersicht dienen (Zwischenabschlüsse) haben die Kommanditisten keinen Anspruch, denn insoweit handelt es sich um bloß rechnungstechnische Instrumente der Geschäftsführung.[11]

An Entscheidungen der Gesellschaft über die Bestellung eines Abschlussprüfers haben die Kommanditisten mitzuwirken.[12] Freilich haben die Kommanditisten ebenso wenig wie Gesellschafter von prüfungspflichtigen Unternehmen Anspruch auf Aushändigung des vom Abschlussprüfer gefertigten Prüfungsberichts. Dasselbe gilt für Berichte über steuerliche Außenprüfungen.[13] Hingegen sollte nicht zweifelhaft sein, dass alle diese Prüfungsberichte Erkenntnisrelevanz haben für die Beurteilung der jeweils geprüften Abschlüsse und dass sie deshalb jedem Kommanditisten zur Einsicht bereitgehalten

---

[4] BFH BStBl. 1984 II S. 227; BeckBilKomm/*Förschle* § 243 RdNr. 94.
[5] BFH BStBl. 1984 II S. 227; BeckBilKomm/*Förschle* § 243 RdNr. 93; *A/D/S* § 243 Anm. 44; für kürzere Fristen: Baumbach/*Merkt* § 243 RdNr. 10 (6 Monate – unter Rückgriff auf ältere Judikatur, BGH Urt. v. 9. 12. 1954 – 3 StR 198/54, BB 1955, 109; OLG Düsseldorf Urt. v. 27. 9. 1979 – 5 Ss 391–410/79 I, NJW 1980, 1292; HdR *Baetge/Fey/Fey* § 243 Anm. 93 – 6 bis 9 Monate.
[6] BayObLG Urt. v. 31. 1. 1990 – BReg. 3 St 166/89, BB 1990, 600 (zur Frist gem. § 264 Abs. 1); BeckBilKomm/*Förschle* § 243 RdNr. 93; Baumbach/*Merkt* § 264 RdNr. 7.
[7] Baumbach/*Merkt* § 238 RdNr. 19, § 264 RdNr. 18.
[8] BGH Urt. v. 29. 3. 1996 – II ZR 263/94, BGHZ 132, 263, 272 f. = NJW 1996, 1678; Baumbach/*Merkt* § 264 RdNr. 23 und § 265 RdNr. 9.
[9] OLG Stuttgart Beschl. v. 18. 2. 1970 – 8 W 350/69, OLGZ 1970, 262, 264 ff.; *Ernst* BB 1957, 1047; Schlegelberger/*Martens* § 166 RdNr. 6; MünchKommHGB/*Grunewald* § 166 RdNr. 9; Baumbach/*Hopt* § 166 RdNr. 3.
[10] Baumbach/*Hopt* § 166 RdNr. 3; str. a. A. Schlegelberger/*Martens* § 166 RdNr. 6.
[11] Baumbach/*Hopt* § 166 RdNr. 3; Schlegelberger/*Martens* § 166 RdNr. 6; MünchKommHGB/*Grunewald* § 166 RdNr. 9.
[12] BGH Urt. v. 24. 3. 1980 – II ZR 88/79, BGHZ 76, 338, 342 = NJW 1980, 1689; *Kellermann/Stodolkowitz* IV 2 a bb.
[13] BGH Urt. v. 17. 4. 1989 – II ZR 258/88, WM 1989, 878; HansOLG Hamburg Urt. v. 11. 5. 1965 – 2 U 19/65, MDR 1965, 666.

werden müssen, wenn er von seinem Recht zur Prüfung von Büchern und Schriften der Gesellschaft gem. § 166 Abs. 1 Gebrauch macht.[14]

9 Jeder Kommanditist hat Anspruch darauf, die „Richtigkeit" des Jahresabschlusses unter Einsicht der Bücher und Papiere zu prüfen. Dabei kann es wohl weniger um die „Richtigkeit" des Jahresabschlusses gehen als vielmehr um die Feststellung, in welcher Weise die Geschäftsleitung bei der Aufstellung der Bilanz alle maßgeblichen Ansatz- und Bewertungsregeln auf die das Geschäftsjahr betreffenden Geschäftsvorfälle anwandte. Das Recht der Kommanditisten ist auf Einsicht in die Bücher und Papiere beschränkt, Herausgabe[15] derselben kann nicht verlangt werden. Das Recht zur Einsicht erfasst grundsätzlich alle geschäftlichen Unterlagen, was schon bei der Formulierung des – ggfs. im Rechtsstreit geltend zu machenden – Einsichtsverlangens Bedeutung erlangt: Es ist nicht Sache des Kommanditisten, sein Einsichtsverlangen auf bestimmte im Einzelnen bezeichnete Unterlagen zu beschränken. Vielmehr ist dem Kommanditisten auf dessen Antrag uneingeschränkte Einsicht in alle Bücher und Papiere zuzusprechen, und es ist an ihm, im Einzelfall zu bestimmen, welche Schriftstücke er zu sehen wünscht. Dabei bleibt es freilich der Gesellschaft unbenommen, im Einzelfall die Einsichtsgewährung zu verweigern und dies – notfalls im Vollstreckungsverfahren – dadurch zu rechtfertigen, dass sie im Einzelfall dartut, warum die zur Einsicht begehrte Geschäftsunterlage für eine sachgerechte Prüfung der Bilanz nicht erforderlich ist.[16] Das Einsichtsrecht des Kommanditisten ist ein solches höchstpersönlicher Art, welches grundsätzlich nur vom Gesellschafter selbst ausgeübt werden kann.[17] Ohne dafür besondere Voraussetzungen nachweisen zu müssen, bleibt es dem Kommanditisten jedoch unbenommen, geeignete Sachverständige bei der Prüfung hinzuzuziehen,[18] sofern ihm die Verantwortung für die Leitung der Büchereinsicht verbleibt. Lehnt die Gesellschaft den hinzugezogenen Sachverständigen ab und kommt es darüber zum Streit, so kann das Gericht den Sachverständigen bestimmen.[19]

10 Umgekehrt kann es für die Gesellschaft Gründe geben, die Prüfung ihrer Bücher und Schriften durch den Kommanditisten zu verweigern, etwa dann, wenn es sich bei ihm um einen Wettbewerber oder Vertreter eines Wettbewerbers handelt. Begründet ist eine solche Ablehnung nur, wenn die Gesellschaft eine konkrete Gefährdung ihrer Interessen darlegt und ggfs. beweist.[20] In einem solchen Falle muss dem Kommanditisten gestattet werden, den Prüfungsanspruch durch einen von ihm zu beauftragenden Sachverständigen wahrnehmen zu lassen.[21] Wenn die Gesellschaft mit der Person dieses Sachverständigen nicht einverstanden ist, kann sie ihn ablehnen; sodann bestimmt das Gericht den Sachverständigen.[22]

11 Wurde der Jahresabschluss durch einen unter Beteiligung des Kommanditisten gewählten Abschlussprüfer geprüft, so kann der Kommanditist auf Einsicht in dessen Bericht verwiesen werden. Nur dann, wenn der Prüfungsbericht selbst Anlass zu Zweifeln an der Ordnungsmäßigkeit der Buchführung oder zur Kritik an einzelnen Bilanzansätzen oder Bewertungen gibt, insbesondere dann, wenn der Bestätigungsvermerk eingeschränkt oder mit Zusätzen versehen wurde, darf der Kommanditist selbst prüfen. Dasselbe gilt, wenn nachvollziehbare Bedenken gegen die Person des Abschlussprüfers oder dessen Wahl vorgebracht werden.[23]

12 **2. Einsicht in Bücher und Papiere abhängiger Unternehmen.** Unter Umständen umfasst das Recht zur Einsicht in Bücher und Papiere zwecks Prüfung der Richtigkeit des Jahresabschlusses auch Schriften von Unternehmen, an denen die Kommanditgesellschaft maßgeblich beteiligt ist. Der grundlegenden Entscheidung des BGH zum Einsichts- und Prüfungsrecht von 1957[24] lag ein Sachverhalt zugrunde, bei dem die Kommanditgesellschaft ihre Verkaufsabteilung in der Rechtsform einer GmbH, deren einzige Gesellschafterin sie selbst war, ausgegliedert hatte. Der BGH entschied, dass die auf bestimmte betriebliche Funktionen beschränkte Tätigkeit der abhängigen GmbH, mithin der

---

[14] HM BGH WM 1989, 878 (Fn. 13); Schlegelberger/*Martens* § 166 RdNr. 7; Baumbach/*Hopt* § 166 RdNr. 4; MünchKommHGB/*Grunewald* § 166 RdNr. 9, 10.
[15] BGH Urt. v. 16. 1. 1984 – II ZR 36/83, ZIP 1984, 702; *Kellermann/Stodolkowitz* IV 2 b cc.
[16] Vgl. hierzu die grundlegende Entscheidung des BGH Urt. v. 8. 7. 1957 – II ZR 54/56, BGHZ 25, 115/118 = NJW 1957, 1555; BGH Urt. v. 10. 7. 1975 – II ZR 154/72, WM 1975, 927, 930; *Kellermann/Stodolkowitz* IV 2 b cc; Schlegelberger/*Martens* § 166 RdNr. 9, 10.
[17] RG Urt. v. 7. 10. 1943 – II 99/43, DR 1944, 245; BGH Urt. v. 2. 7. 1979 – II ZR 213/78, BB 1979, 1315/1316; BGHZ 25, 115, 122 (Fn. 16).
[18] BGHZ 25, 115, 123 (Fn. 16); BGH Urt. v. 16. 1. 1984 – II ZR 36/83, BB 1984, 1273, 1274.
[19] BGH Urt. v. 15. 12. 1969 – II ZR 82/68, BB 1970, 187; OLG Hamm Beschl. v. 11. 12. 1969 – 15 W 483/69, OLGZ 1970, 195 = BB 1970, 104.
[20] BGH BB 1979, 1315, 1316 (Fn. 17).
[21] Baumbach/*Hopt* § 166 RdNr. 7.
[22] BayObLG Beschl. v. 22. 12. 1988 – Breg. 3 Z 157/88, WM 1989, 371, 374.
[23] Schlegelberger/*Martens* § 166 RdNr. 7.
[24] BGHZ 25, 115, 122 (Fn. 16).

Umstand, dass diese GmbH vollständig in den Dienst der unternehmerischen Tätigkeit der Kommanditgesellschaft gestellt worden war, nicht zu einer Verkürzung der Kommanditistenrechte führen dürfe. Er billigte den Kommanditisten auch gegenüber der abhängigen GmbH das Recht zur Einsicht in deren Bücher und Papiere zu. „Es würde nach Treu und Glauben und daher im Hinblick auf den Zweck der Rechtsordnung nicht gerechtfertigt sein, wenn sich in einem solchen Fall der alleinige Gesellschafter der ihm obliegenden Verpflichtung unter Berufung auf die förmliche Verschiedenheit zwischen ihm und der Ein-Mann-Gesellschaft entziehen könnte"[25] (zum Auskunftsrecht in Bezug auf Angelegenheiten von verbundenen Unternehmen vgl. unten RdNr. 25). Fraglos würde dasselbe auch in Bezug auf Enkel-Gesellschaften der Kommanditgesellschaft zutreffen, sofern über eine oder mehrere Tochtergesellschaften eine 100%-ige Konzernzugehörigkeit festgestellt werden kann.

Anders aber, wenn nicht mit der Kommanditgesellschaft verbundene Dritte neben der Kommanditgesellschaft an deren Tochtergesellschaft beteiligt sind. In solchen Fällen hat der BGH ein durchgreifendes Prüfungsrecht von Kommanditisten der Muttergesellschaft grundsätzlich verneint,[26] es jedoch für möglich gehalten, dass unter bestimmten Voraussetzungen das außerordentliche Prüfungsrecht nach § 166 Abs. 3 eingreift.

Damit im Zusammenhang steht die Frage, in welcher Weise das auch gegenüber abhängigen selbständigen Unternehmen begründete Einsichts- und Prüfungsrecht sachlich beschränkt ist: § 166 Abs. 1 begrenzt das Einsichtsrecht auf dessen Zweck, nämlich die „Richtigkeit" des Jahresabschlusses zu prüfen. Ein Recht auf Prüfung der Richtigkeit von Jahresabschlüssen abhängiger Gesellschaften steht dem Kommanditisten der herrschenden Gesellschaft fraglos nicht zu. Das Recht, in deren Bücher und Papiere Einsicht zu nehmen, ist notwendigerweise begrenzt auf Sachverhalte, die Auswirkungen beim Jahresabschluss der herrschenden Kommanditgesellschaft haben. Daraus folgt die Beschränkung des Einsichtsrechts auf Bücher und Papiere, die Aufschluss über die Geschäftsbeziehungen zwischen Mutter- und Tochtergesellschaft haben; auf andere Schriftstücke erstreckt sich das Einsichtsrecht hingegen nicht.[27]

3. Ausschluss des Einsichts- und Prüfungsrechts durch Billigung des Jahresabschlusses. 15
Von der Mitwirkung an Rechtsakten, die dem Jahresabschluss der Kommanditgesellschaft Verbindlichkeitswirkung gegenüber dem Kommanditisten verschaffen sollen, darf letzterer nicht ausgeschlossen werden. Dasselbe gilt für die Gewinnverwendung und alle Bilanzierungsentscheidungen, die ihrerseits bereits Eingriffe in den Gewinnverfügungsanspruch des Kommanditisten sind. Insoweit handelt es sich stets um Vorgänge auf der Ebene des Gesellschaftsvertrages (vgl. die Erläuterungen zu § 164 RdNr. 12 ff.). Üblicherweise erlangt der Jahresabschluss durch Feststellung desselben, und zwar von Gesetzes wegen durch Zustimmung von Seiten eines jeden Gesellschafters, unter der Voraussetzung einer entsprechenden Regelung des Gesellschaftsvertrages, aber auch durch Mehrheitsbeschluss der Gesellschafterversammlung, Verbindlichkeit für alle Gesellschafter. Vorstellbar ist aber auch, dass dieselbe Rechtswirkung jedenfalls in Bezug auf einzelne Gesellschafter eintritt, wenn diese auf andere Weise ihr Einverständnis mit dem Jahresabschluss zum Ausdruck bringen (Anerkennung seiner Richtigkeit, Mitunterzeichnung o. ä.).

Umstritten ist, ob das Einsichtsrecht von Kommanditisten durch Billigung (Feststellung) des Jahresabschlusses mit Verbindlichkeitswirkung für diese jedenfalls insoweit sein Ende findet, als es zur Prüfung der Richtigkeit dieses Jahresabschlusses geltend gemacht wird. Der Befürwortung eines auch danach fortbestehenden Einsichtsrechts[28] ist entgegenzuhalten, dass die Billigung des Jahresabschlusses durch Feststellung oder auf andere Weise gerade den Sinn hat, die Ungewissheit über dessen Verbindlichkeit für die Gesellschafter zu beseitigen. (Mit dem Begriff „Richtigkeit des Jahresabschlusses" iSv. § 166 Abs. 1 formuliert das Gesetz ohnehin ein irreales Bilanzierungsziel: Es gibt keine „richtigen" Jahresabschlüsse, sondern allenfalls solche, die auf Grund einer ordnungsmäßigen Buchführung unter Beachtung der gesetzlichen Bilanzierungsbestimmungen und des Gesellschaftsvertrages aufgestellt wurden.) Nach bisher überwiegend für zutreffend gehaltenen Auffassung hat man deshalb die Bilanzfeststellung als einen „kausalen Feststellungsvertrag"[29] bezeichnet, der Bindungswirkungen entsprechend § 779 BGB unter den beteiligten Gesellschaftern auslöst. Überzeugender ist die Auffassung, wonach die Feststellung des Jahresabschlusses kein Rechtsgeschäft zwischen den Gesellschaftern oder zwischen den Gesellschaftern und der Gesellschaft ist, sondern ein den gesetzlichen

---

[25] *Siebert* BB 1954, 418; *Schilling* JZ 1953, 162.
[26] BGHZ ZIP 1984, 702, 703 (Fn. 15).
[27] BGH ZIP 1984, 702, 704 (Fn. 15).
[28] KG Beschl. v. 23. 12. 1987 – 2 W 6008/87, GmbHR 1988, 221, 224 (GmbH); Schlegelberger/*Martens* § 118 RdNr. 19; Baumbach/*Hopt* § 166 RdNr. 4.
[29] *Buchwald* JR 1948, 65; *Ulmer*, FS Hefermehl, S. 215; MünchHdbGesR Bd. 1/*Bezzenberger* § 62 RdNr. 68; Baumbach/*Hopt* § 164 RdNr. 3; Heymann/*Emmerich* § 120 RdNr. 9; Schlegelberger/*Martens* § 120 RdNr. 5.

Anforderungen entsprechender Organbeschluss.[30] Unter solchen Umständen darf ein Kommanditist in die erneute Prüfung der Grundlagen des Jahresabschlusses nur dann einsteigen, wenn er Beschlussanfechtungsgründe vorzubringen in der Lage ist. Das läuft im Ergebnis auf die bisher anerkannten Techniken der Beschlusskorrektur hinaus.[31]

III. Allgemeine Informationsrechte von Kommanditisten

17 **1. Struktur von Informationsrechten. a) Gesetzliche Regelung und richterliches Sonderrecht auf Information.** Abgesehen von dem in § 166 Abs. 1 geregelten Recht zur Einsicht in Bücher und Papiere der Kommanditgesellschaft zwecks Prüfung der Richtigkeit von Jahresabschlüssen sowie ferner abgesehen von dem außerordentlichen Antragsrecht des Kommanditisten gem. § 166 Abs. 3, mit dem die Art und Weise der Informationsbeschaffung weitgehend in die Hände des Gerichts der freiwilligen Gerichtsbarkeit gelegt wird, sind Kommanditisten nach der Vorstellung des HGB-Gesetzgebers vom Zugriff auf die dem Unternehmen verfügbaren Informationen und seine Geschäftspapiere praktisch ausgeschlossen. Die auf das Gegenteil hinauslaufende Regelung in § 51a GmbHG und vielfältige Tendenzen in Rechtsprechung[32] und Literatur[33] haben jedoch zur Ausprägung von Grundsätzen über die Sicherung des Informationsbedarfs aller vom Gesetz stiefmütterlich behandelten Gesellschafter geführt, den man mit Recht die Qualität eines durch Rechtsprechung entwickelten Sonderrechts zubilligen kann. Grundlage dieses richterlichen Sonderrechts ist die Erkenntnis, dass das Informationsrecht – wie das Stimmrecht – zu den mitgliedschaftlichen Grundrechten gehört. Zutreffend hat es *Wiedemann*[34] zugesammengefasst: „Jeder Gesellschafter muss wissen, was vorgeht, um sinnvoll mitwirken und rechtzeitig aussteigen zu können. Wer nicht wenigstens informiert wird, ist nicht ernsthaft beteiligt. Als Bestandteil der Mitgliedschaft handelt es sich um ein typisches Individualrecht, das jedem Teilhaber als solchem und nicht nur einer Minderheit zusteht". Zwar sind die gesetzlichen Bestimmungen über Gesellschafter-Informationsrechte (§ 716 BGB, §§ 118, 166, 233) dispositiv, jedoch hat die Entwicklung des Informationssonderrechts gerade dieser Dispositivität Grenzen gesetzt, die im Sinne einer vertraglichen Einschränkung von Informationsrechten nicht unterlaufen werden dürfen. Als gesichert kann inzwischen angesehen werden, dass das jederzeit ausübbare umfassende Auskunfts- und Einsichtsrecht von persönlich haftenden Gesellschaftern nicht nur unentziehbar, sondern für diese auch unverzichtbar ist.[35] Für Kommanditisten wird das nicht angenommen werden können. Offen ist aber, ob die dem Kommanditisten zustehenden Informationsrechte durch Mehrheitsbeschluss beseitigt werden können, also für diesen entziehbar sind, wenn der Gesellschaftsvertrag dies unter Wahrung des Bestimmtheitsgrundsatzes (Einzelheiten bei den Erläuterungen zu § 163 RdNr. 35 ff.) vorsieht. Der BGH scheint sich in dieser Frage noch nicht endgültig festgelegt zu haben.[36]

18 **b) Begriff der Informationsrechte.** Der Begriff der Informationsrechte ist der Gesetzessprache fremd. Er wurde in Rechtsprechung und Lehre als Sammelbegriff für Kontrollbefugnisse, einerseits, und Auskunftsansprüche, andererseits, entwickelt. In beiden Funktionen hat das Informationsrecht Hilfs- und Sicherungsfunktion. Es dient der sachgerechten Wahrnehmung der übrigen Verwaltungsrechte, insbesondere des Stimmrechts und des Kündigungsrechts, und ist durch diesen Zweck begrenzt.[37]

19 Jeder Gesellschafter hat Anspruch auf ordentliche Geschäftsführung, dh. auf eine Geschäftsführung, die das Interesse der Gesellschaft fördert und nicht verletzt, namentlich darauf, dass das Geschäftsführungshandeln am Gesellschaftsinteresse und nicht am Eigeninteresse der geschäftsführend tätigen Gesellschafter ausgerichtet wird. Zur Sicherung dieses Anspruchs hat jeder Gesellschafter inhaltlich

---

[30] MünchKommHGB/*Priester* § 120 RdNr. 56, 57; *ders.*, FS Hadding, S. 607, 609 ff.
[31] RG Urt. v. 28. 6. 1927 – II 464/26, RGZ 117, 332, 334; BGH Urt. v. 27. 2. 1962 – VI ZR 194/61, BB 1962, 426; OLG Nürnberg Urt. v. 22. 3. 1957 – 1 (5) U 10/56, BB 1957, 1053; Heymann/*Horn* § 166 RdNr. 26.
[32] BGH Urt. v. 11. 7. 1988 – II ZR 346/87, ZIP 1988, 1175.
[33] *Grunewald* ZGR 1989, 545; *Wiedemann* WM 1992, Sonderbeilage Nr. 7, 42 ff.; *Kellermann/Stodolkowitz* IV 2 b ee.
[34] *Wiedemann* WM 1992, Sonderbeilage 7, 43.
[35] *K. Schmidt* Informationsrechte S. 63, 64; *Wiedemann* WM 1992, Sonderbeilage 7, S. 45.
[36] BGH ZIP 1988, 1175 (Fn. 32) m. zust. Anm. von *Vossel* EWiR § 166 HGB 1/88, 1221 tendiert in Analogie zu § 51 a GmbHG zur Unentziehbarkeit; BGH ZIP 1994, 1942 (Fn. 3) m. zust. Anm. von *Priester* EWiR § 119 HGB 1/95, 73 scheint hingegen die Entziehbarkeit durch Mehrheitsbeschluss für möglich zu halten. In der Literatur wird die Tendenz von BGH ZIP 1988, 1175 (Fn. 32) zunehmend in Richtung auf eine vollständige Unabdingbarkeit befürwortet: *Grunewald* ZGR 1989, 545, 550; *Kellermann/Stodolkowitz* IV 2 b ee; MünchHdbKG/*Weipert* § 15 RdNr. 6; dagg: BayObLG Beschl. v. 27. 10. 1988 – Breg. 3 Z 100/88, WM 1988, 1789, 1790; Schlegelberger/*Martens* § 166 RdNr. 39; Baumbach/*Hopt* § 166 RdNr. 18.
[37] Streitig; wie hier, *K. Schmidt* Informationsrechte S. 35 ff.; dagg: *Lutter* ZGR 1982, 4 ff.; *Grunewald* ZHR 146 (1982), 211, 222 – für die GmbH –, jedoch wie dies. ZIP 1989, 962, 963 – für den Verein.

gleiche, jedoch im Hinblick auf ihre Durchsetzungsvoraussetzungen unterschiedlich gestaltete Kontrollrechte. Soweit in diesem Zusammenhang Auskünfte und Erläuterungen verlangt werden können, haben die darauf gerichteten Ansprüche Hilfsfunktion gegenüber dem Kontrollrecht.[38] Das Kontrollrecht des Kommanditisten ist von Gesetzes wegen (§ 166 Abs. 1) auf die Prüfung des Jahresabschlusses begrenzt. Kann der Kommanditist allerdings den Verdacht begründen, dass geschäftsführende Gesellschafter in einer Weise pflichtwidrig handelten, die außerordentliche Kontrollmaßnahmen rechtfertigen (wichtiger Grund), so steht ihm die Möglichkeit offen, unabhängig von der Prüfung des Jahresabschlusses Einsicht in Bücher und Schriften der Gesellschaft zu verlangen (vgl. unten RdNr. 27, 41).

c) Auskunftsansprüche. aa) Kollektivansprüche der Gesellschafter. Von dem für jeden 20 einzelnen Gesellschafter unentziehbaren Kontrollrecht in Bezug auf das Handeln der Geschäftsführung und dem dieses Kontrollrecht ergänzenden Auskunfts- und Erläuterungsrecht[39] sind die allgemeinen Auskunftsansprüche zu unterscheiden, durch deren Befriedigung der Gesellschafter in die Lage versetzt werden soll, seine wesentlichen Verwaltungsrechte, in Sonderheit also sein Stimmrecht, bei der Beschlussfassung der Gesellschafter, sachgerecht wahrzunehmen. Die Verpflichtung der geschäftsführenden Gesellschafter, „die erforderlichen Nachrichten zu geben, auf Verlangen über den Stand der Geschäfte Auskunft zu erteilen und ... Rechenschaft abzulegen" (§ 666 BGB) gilt auf Grund der Verweisungskette in den §§ 161 Abs. 2, 105 Abs. 2 und 713 BGB auch in der Kommanditgesellschaft. Nach hM[40] korrespondiert diese Verpflichtung der geschäftsführenden Gesellschafter mit einem Kollektivrecht aller anderen Gesellschafter, einem Recht also, das nur von der Gesamthand der die Auskunft begehrenden Gesellschafter auf Kosten der Gesellschaft für die Gesellschaft geltend gemacht werden kann. Voraussetzung dafür wäre ein wirksamer Gesellschafterbeschluss. Kommt er nicht zustande, dann soll nach häufig vertretener Meinung[41] jedem einzelnen Gesellschafter die Möglichkeit der actio pro socio offen stehen.

Dagegen bestehen unter zwei Gesichtspunkten Bedenken: Zum einen dient die actio pro socio der 21 Geltendmachung von Ansprüchen, die der Gesellschaft als solcher zustehen, während es hier um Auskunfts- und Rechenschaftspflichten eines Gesellschafters gegenüber den anderen geht, also um eine Auseinandersetzung auf der Ebene des Gesellschaftsvertrages selbst. Stellt man sich allerdings vor, dass die von dem geschäftsführenden Gesellschafter geschuldete Information und Rechenschaft iSv. § 666 BGB Ausfluss einer mit seiner Organstellung einhergehenden Amtspflicht ist, dann unterscheiden sich die daraus ergebenden Ansprüche nicht in einer Weise von Ansprüchen der Gesellschaft gegenüber Dritten, die ein Verbot der actio pro socio rechtfertigen könnte. Der BGH hat sich der Erörterung dieses Problems bisher nur zögernd genähert.[42] Entscheidend für die Zurückweisung des kollektiven Auskunftsanspruchs war in diesem Falle die Feststellung des BGH, dass kein Gesellschafter unter Einsatz des Instruments der actio pro socio mehr verlangen könne, als ihm im Rahmen des individuellen Auskunftsanspruchs zusteht. Weil der kollektive Auskunftsanspruch nach den §§ 713, 666 BGB grundsätzlich alle Angelegenheiten der Geschäftsführung umfasst, ergebe sich ein nicht begründbarer Wertungswiderspruch, wenn einem Gesellschafter mittels der – im Wege der actio pro socio erhobenen – Gesellschafterklage Informationsrechte eingeräumt werden würden, die er für die Ausübung seiner eigenen Mitgliedschaftsrechte zur zweckentsprechenden Rechtswahrnehmung gar nicht benötigt (vgl. oben RdNr. 18). Unausgesprochen läuft das auf eine Ablehnung der actio pro socio bei der Geltendmachung kollektiver Auskunftsansprüche hinaus.

bb) Individualrechte. Ein individuelles, also jedem Gesellschafter unabhängig vom Willen anderer Gesellschafter zustehendes Recht auf Auskunftserteilung wird für jeden persönlich haftenden Gesellschafter aus § 118 Abs. 1 abgeleitet.[43] Der Gesetzeswortlaut rechtfertigt das nicht; er deutet auf ein bloßes Kontrollrecht hin, aber auch sachgerechte Kontrolle ist nur in Verbindung mit Auskünften möglich (vgl. oben RdNr. 19).[44] Der Wortlaut von § 166 Abs. 1 und 2 lässt erst recht keine Auslegung zu, derzufolge dem Kommanditisten ein allgemeines Auskunftsrecht gegenüber der Gesellschaft oder den geschäftsführenden Gesellschaftern zustünde. Hingegen sieht § 51 a Abs. 1 GmbHG dieses Aus-

---

[38] BGH Urt. v. 20. 6. 1983 – II ZR 85/82, ZIP 1983, 935.
[39] BGH ZIP 1983, 935 (Fn. 38).
[40] Staudinger/*Habermeier* § 713 RdNr. 6; MünchKommBGB/*Ulmer* § 713 RdNr. 8; Baumbach/*Hopt* § 166 RdNr. 12; *K. Schmidt* Informationsrechte S. 28, 66; dagg: *Huber* ZGR 1982, 546 ff., der die Unterscheidung zwischen individuellen und kollektiven Informationsrechten grundsätzlich ablehnt.
[41] *Wiedemann* WM 1992, Sonderbeilage 7, 44; Staudinger/*Habermeier* § 713 RdNr. 6; MünchKommBGB/*Ulmer* § 705 RdNr. 204 ff., § 713 RdNr. 8.
[42] BGH NJW 1992, 1890, 1892 (Fn. 2).
[43] BGH Urt. v. 2. 7. 1962 – II ZR 204/60, BB 1962, 899; *Wiedemann* WM 1992, Sonderbeilage 7, 43; Baumbach/*Hopt* § 118 RdNr. 1; *K. Schmidt* Informationsrechte S. 66.
[44] BGH ZIP 1983, 935 (Fn. 38); Staudinger/*Habermeier* § 716 RdNr. 8.

kunftsrecht eindeutig vor. Entsprechendes gilt – allerdings unter Beschränkung der Ausübungsbefugnis auf die Hauptversammlung und deren Tagesordnung – gem. § 131 AktG für den Aktionär.

23 *Schiessl*[45] zog aus der Entscheidung des Gesetzgebers für die Einführung von § 51a GmbHG den Schluss, dass damit ein allgemeiner gesellschaftsrechtlicher Grundsatz formuliert wurde, der auch für Kommanditisten Gültigkeit haben müsse. Diese Begründung trägt nicht, denn das allumfassende Informationsrecht des GmbH-Gesellschafters hat seinen entscheidenden Grund in der letzten Kompetenz der GmbH-Gesellschafterversammlung für alle Geschäftsführungsfragen: Weil die GmbH-Gesellschafterversammlung weisungsberechtigt gegenüber der Geschäftsführung ist, muss jeder GmbH-Gesellschafter zur Wahrnehmung dieser Rechte in der Lage sein, sich jederzeit gleiche Entscheidungsgrundlagen zu verschaffen, wie sie dem Geschäftsführer handeln zur Verfügung stehen.[46] Gleichwohl kann es heute als überwiegende Meinung im Schrifttum angesehen werden,[47] dass auch dem Kommanditisten ein Anspruch darauf zusteht, über alle Angelegenheiten der Gesellschaft so umfassend unterrichtet zu werden, dass er in der Lage ist, in Kenntnis ihrer Voraussetzungen und ihrer Konsequenzen die beantragten Gesellschafterbeschlüsse zu fassen.[48]

24 **2. Gegenstand von Informationsrechten. a) Beschränkung auf „Angelegenheiten der Gesellschaft".** Kontrollrechte und Auskunftsansprüche persönlich haftender Gesellschafter beschränkt das Gesetz sachlich nach Gegenstand und Umfang auf die „Angelegenheiten der Gesellschaft" (§ 118 Abs. 1). Dasselbe gilt für die Informationsansprüche von GmbH-Gesellschaftern (§ 51a GmbHG). Auch die mit dem Informations-Sonderrecht gegenüber der gesetzlichen Regelung erweiterten Informationsrechte von Kommanditisten gehen darüber nicht hinaus. Unter den Angelegenheiten der Gesellschaft wird grundsätzlich alles verstanden, was mit der Geschäftsführung, den allgemeinen wirtschaftlichen Verhältnissen der Gesellschaft, ihren Beziehungen zu Dritten (auch Behörden), zu verbundenen Unternehmen und insbesondere zu ihren Gesellschaftern oder einzelnen von ihnen zusammenhängt.[49]

25 Ob und in welchem Umfang die Verhältnisse in verbundenen Unternehmen stets Angelegenheiten der Kommanditgesellschaft sind, und so mittelbar dem Informationsrecht unterliegen, ist umstritten. Rechtsbeziehungen zwischen der Kommanditgesellschaft und den mit ihr verbundenen Unternehmen sind offenbarungspflichtig; bei ihnen handelt es sich schon unmittelbar um Angelegenheiten der Kommanditgesellschaft. Soweit sie Auswirkungen auf die Bilanzierung (bei der Kommanditgesellschaft) haben, erstreckt sich das Kontrollrecht nach § 166 Abs. 1 auch auf die Bücher und Papiere der abhängigen Gesellschaft (vgl. oben RdNr. 12). Dass die Angelegenheiten der verbundenen Unternehmen aber auch im übrigen Angelegenheiten der Kommanditgesellschaft sein könnten, stellte der Bundesgerichtshof bisher nur als Möglichkeit fest.[50] Das OLG Köln[51] bejahte ein Informationsrecht des Gesellschafters der herrschenden GmbH in Hinsicht auf Verhältnisse der Tochtergesellschaft, wenn diese Verhältnisse in ihrer Bedeutung und in ihren Auswirkungen für die Muttergesellschaft von objektiver Wichtigkeit sind. Das OLG Hamm[52] hält alle Angelegenheiten der Tochtergesellschaft für offenbarungspflichtig, wenn ein Konzernverhältnis besteht.

26 Richtigerweise sollte das Informationsrecht in Bezug auf Vorgänge in verbundenen Unternehmen unter zweierlei Gesichtspunkten gesehen werden: Zum einen wird es dann nicht eingefordert werden können, wenn – und soweit – die Kommanditgesellschaft selbst keine Informationsansprüche gegenüber dem mit ihr verbundenen Unternehmen durchsetzen kann. Das wird regelmäßig dann zutreffen, wenn die Unternehmensverbindung darauf beruht, dass die Kommanditgesellschaft ihrerseits von einem anderen Unternehmen abhängig ist. Hat hingegen die Kommanditgesellschaft berechtigterweise Zugriff auf Informationen in mit ihr verbundenen Unternehmen, dann sind diese gegenüber den eigenen Gesellschaftern nur dann und nur insoweit offenbarungspflichtig, als sie tatsächliche oder rechtliche Auswirkungen auf die Verhältnisse in der Kommanditgesellschaft haben. Das liegt auf der Linie des BGH,[53] wie oben unter RdNr. 12 erläutert.

---

[45] *Schiessl* GmbHR 1985, 109.
[46] Staub/*Schilling* § 166 RdNr. 2.
[47] *K. Schmidt* Informationsrechte S. 75; *Grunewald* ZGR 1989, 545, 551; Staub/*Schilling* § 166 RdNr. 2; Schlegelberger/*Martens* § 166 RdNr. 18; Baumbach/*Hopt* § 166 RdNr. 11; *Wiedemann* WM 1992, Sonderbeilage 7, S. 43 und GesR § 7 II 2a; aA Heymann/*Horn* § 166 RdNr. 18.
[48] Mit dieser Maßgabe (zweckgebundener Informationsbedarf) dürfte auch der BGH (NJW 1992, 1890, 1892) das allgemeine Informationsrecht des Kommanditisten anerkennen.
[49] Baumbach/*Hopt* § 118 RdNr. 1; Baumbach/Hueck/*Zöllner* § 51a RdNr. 11, 12; *Grunewald* ZHR 146 (1982), 214 ff.; *K. Schmidt* Informationsrechte S. 32 ff.
[50] BGHZ 25, 115, 118 ff. (Fn. 16); BGH ZIP 1983, 935 (Fn. 38).
[51] OLG Köln Beschl. v. 26. 4. 1985 WM 1986, 39; ähnl. auch *Kort* ZGR 1987, 52 f.
[52] OLG Hamm Beschl. v. 6. 2. 1985 – 8 W 52/85, DB 1986, 580.
[53] BGHZ 25, 115, 118 f. (Fn. 16).

b) Ausübung des Informationsrechts. aa) Kontrollrechte. Kontrollrechte sollen Richtig- 27
keitsgewähr in Bezug auf das Geschäftsführerhandeln im weitesten Sinne schaffen. Während das
Kontrollrecht des persönlich haftenden Gesellschafters auch Gewissheit über die Zweckmäßigkeit der
Geschäftsführung schaffen soll und deshalb die Prüfung von Entscheidungsgrundlagen für die Durchführung bestimmter Geschäftsführungsmaßnahmen oder die Wahl zwischen mehreren konkreten
Geschäftsführungsalternativen einschließt, ist das Kontrollrecht des Kommanditisten auf den Jahresabschluss und die Redlichkeit der Geschäftsführung beschränkt, gibt also keinen Anspruch auf
Einblick in die Grundlagen für Geschäftsführungsentscheidungen.[54] Das Kontrollrecht des Kommanditisten erfasst deshalb allenfalls die vollzogene Geschäftsführungstätigkeit und die Aufklärung der
Verhältnisse, unter denen sie sich vollzog. Zukünftige Geschäftsführungsentscheidungen können aber
Gegenstand von Auskunftsansprüchen sein.

bb) Auskunftsansprüche. Jeder Gesellschafter kann Auskunft über alle Sachverhaltsumstände 28
beanspruchen, die er kennen muss, um bestimmte Gesellschafterbeschlüsse fassen zu können. Unter
besonderen Umständen, die vom Kommanditisten darzulegen wären, ist dem Kommanditisten auch
unabhängig von der Vorbereitung von Gesellschafterentscheidungen, an denen er mitwirken darf,
Auskunft zu geben und – wo nötig – Einsicht zu gewähren: Solche Umstände können vorliegen,
wenn seine Kommanditbeteiligung für den Kommanditisten verfügbar ist und wenn eine beabsichtigte Verfügung die Bewertung der Kommanditbeteiligung notwendig macht.[55] Aus der Zweckgebundenheit des Auskunftsanspruchs folgt zugleich dessen Beschränkung: Bei Gesellschafterbeschlüssen
über Geschäftsführungsmaßnahmen ergeben sich die Grenzen des Informationsbedürfnisses aus dem
Gegenstand des Geschäftsführungsaktes, dem die Gesellschafterversammlung zustimmen soll. Geht es
um die Bewertung einer Kommanditbeteiligung in Vorbereitung ihres zulässigen Verkaufs, dann kann
sich daraus zugleich für die Gesellschaft der Einwand ergeben, die Gesellschaft vor Dritten schützen zu müssen, so dass sich der Kommanditist im Zweifel mit dem Angebot
zufriedengeben muss, dass ein unabhängiger und neutraler Sachverständiger die erforderlichen Feststellungen trifft, daraus eine eigene Bewertung ableitet und diese dem Kommanditisten bekanntmacht.[56] Ist über die Feststellung des Jahresabschlusses einschließlich der Gewinnverwendung und die
Entlastung der Geschäftsführer zu beschließen, so müssen die mitwirkenden Gesellschafter die
Möglichkeit haben, sich von der Ordnungsmäßigkeit der Geschäftsführung im weitesten Sinne und
von der Richtigkeit des Jahresabschlusses zu überzeugen. Hier berühren sich das selbständige Auskunftsrecht des Gesellschafters und sein Kontrollrecht. Deshalb ist es zumutbar, den um Auskunft
ersuchenden Gesellschafter auf sein Kontrollrecht zu verweisen, mithin die Entlastung der Geschäftsführer und/oder die Billigung des Jahresabschlusses von dem Ergebnis dieser Prüfung abhängig zu
machen. Den Kommanditisten stehen nur unter diesen Voraussetzungen und mit diesen Beschränkungen Auskunftsansprüche zu (vgl. oben RdNr. 19).

3. Persönliche Voraussetzungen für die Geltendmachung von Informationsrechten. 29
a) Informationsrecht als Mitgliedschaftsrecht. Aus der Funktion des Informationsrechts folgt
seine Akzessorietät mit dem Mitgliedschaftsrecht, das es schützen und wahrzunehmen helfen soll. Es
steht deshalb nur demjenigen zu, der Inhaber des Mitgliedschaftsrechts ist, und diesem nur in dem
Umfang, in dem es zur Wahrnehmung und Durchsetzung dieses Mitgliedschaftsrechts gebraucht
wird.[57] Deshalb erlöschen die gesellschaftsrechtlichen Informationsrechte mit dem Ende der Mitgliedschaft. Bis zum Ausscheiden bestehen sie ungeschmälert fort, und zwar sowohl während einer in
Lauf gesetzten Kündigungsfrist wie auch nach Auflösung der Gesellschaft während der Liquidationsphase bis zur Vollbeendigung.[58] Beim Ausscheiden von Gesellschaftern unter Fortsetzung der Gesellschaft durch die verbleibenden Gesellschafter erlöschen die mitgliedschaftlichen Informationsrechte
mit dem Stichtag des Ausscheidens, bestehen jedoch nach den allgemeinen Vorschriften (§§ 810,
259, 242 BGB) fort. Dasselbe gilt, wenn der Gesellschaftsvertrag – gegen die Regel von § 140 – den
Ausschluss eines Gesellschafters durch Beschluss aller anderen oder auch nur einer Mehrheit der
anderen Gesellschafter ermöglicht, und zwar selbst dann, wenn die Wirksamkeit des Ausschlusses
umstritten ist.[59] Für den ausgeschiedenen Gesellschafter besteht das Auskunfts- und Einsichtsrecht

---

[54] BGH NJW 1992, 1890, 1892 (Fn. 2).
[55] *Lutter* ZIP 1997, 613, 619.
[56] *Lutter* ZIP 1997, 613, 619.
[57] BGH NJW 1992, 1890, 1892 (Fn. 2).
[58] OLG Celle Beschl. v. 8. 11. 1982 – 1 W 19/82, BB 1983, 1450.
[59] BGH Urt. v. 17. 12. 1959 – II ZR 32/59, BGHZ 31, 295, 301 = NJW 1960, 625; BGH Urt. v. 20. 1. 1977 – II ZR 217/75, BGHZ 68, 212, 214 = NJW 1977, 1292; BayObLG Beschl. v. 1. 7. 1993 – 3 ZBR 96/93, ZIP 1993, 1162 (für die insoweit identische Situation bei Einziehung von GmbH-Geschäftsanteilen); *Weipert* EWiR GmbHG § 47 1/95, 585.

vor allem, um den Anspruch auf Durchsetzung des Abfindungsguthabens zu sichern. Auch wenn der Gesellschaftsvertrag das Abfindungsguthaben auf das unter Zugrundelegung von Buchwerten zu ermittelnde Kapitalkonto des ausgeschiedenen Gesellschafters beschränkt (Buchwertklausel), billigt der BGH dem ausgeschiedenen Gesellschafter einen umfassenden Informationsanspruch in Bezug auf alle Bewertungsumstände zu, damit er feststellen kann, ob „konkrete Anhaltspunkte dafür vorhanden sind, dass der Abfindungsbetrag erheblich unter dem Beteiligungswert liegen könnte".[60]

30 Zur Begründung des nach Erlöschen der Mitgliedschaft namentlich in Bezug auf die Grundlagen des Auseinandersetzungsanspruchs zielenden Informationsrechte verweist der Bundesgerichtshof auf die Grundsätze von Treu und Glauben und die nachwirkende gesellschaftsrechtliche Treuepflicht, auf Grund derer die „Informationsinhaber" verpflichtet sind, mitzuteilen, was für die Beurteilung des Rechtsverhältnisses von Relevanz ist.[61]

31 b) Unmittelbare Informationsrechte von Nicht-Gesellschaftern. In der werbenden Gesellschaft gibt es weder von Gesetzes wegen noch auf Grund von Vereinbarungen einzelner Gesellschafter mit Dritten (Treugebern, Nießbrauchern, Unterbeteiligten, Pfandgläubigern) Informationsrechte von Nicht-Gesellschaftern gegenüber der Gesellschaft. Die Begründung solcher Rechte setzt eine darauf abzielende Regelung des Gesellschaftsvertrages oder die Zustimmung aller anderen Gesellschafter voraus. Anders, wenn die Gesellschaft nach Auflösung abgewickelt wird. In diesen Fällen nehmen Erben, ggf. auch Testamentsvollstrecker, Nachlass- oder Nachlasskonkursverwalter, Pfändungsgläubiger oder Invsolvenzverwalter (über das Vermögen des insolvent gewordenen Gesellschafters) als Informationsberechtigte an der Liquidation teil.[62]

32 4. Durchsetzung von Informationsansprüchen. a) Adressat von Informationsansprüchen. Die Informationsansprüche jedes einzelnen Gesellschafters (Individualansprüche), und zwar sowohl solche in der Form von Kontrollrechten, als auch solche in der Form von Auskunftsrechten, richten sich nach hM stets gegen die Gesellschaft.[63] Gleichwohl hält die Rechtsprechung eine Klage gegen den/die jeweiligen geschäftsführenden Gesellschafter mit dem Verständnis für möglich, dass letztere damit zugleich auf Erfüllung einer Organverbindlichkeit in Anspruch genommen werden würden, so wie das im Falle der Geltendmachung von Kollektivansprüchen nach den §§ 713, 666 BGB ohnehin notwendig wäre.[64] Zu erfüllen ist die Informationspflicht durch die organschaftlichen Vertreter, also die persönlich haftenden Gesellschafter. Ohne deren Zustimmung hat kein informationsberechtigter Gesellschafter – und erst recht kein im Interesse eines Gesellschafters „neugieriger" Dritter (etwa im Rahmen eines due diligence-Verfahrens) – Anspruch darauf, das im Unternehmen tätige Personal oder sonstige in einem Auftrags- oder Dienstverhältnis zur Gesellschaft stehende Personen für die Befriedigung seines Informationsrechts in Anspruch zu nehmen.[65]

33 Bei der Ausübung von Kontrollrechten ist auf die Belange des Geschäftsbetriebs Rücksicht zu nehmen. Das gilt gleichermaßen für die Bestimmung von Zeit, Ort und Umgang mit den vorlagepflichtigen Unterlagen. Im Streit über Informationsansprüche ist (abgesehen vom Sonderfall des § 166 Abs. 3 – hierzu RdNr. 43) Klage vor den ordentlichen Gerichten notwendig. Sind Streitigkeiten aus dem Gesellschaftsverhältnis einem Schiedsgericht zugewiesen, so ist das Schiedsgericht auch zur Entscheidung über Informationsansprüche berufen.[66] Unter den allgemeinen Voraussetzungen sind auch Regelungsverfügungen nach § 940 ZPO denkbar (vgl. hierzu unten RdNr. 39). Für die Vollstreckung gilt § 888 ZPO.

34 b) Informationsverweigerungsrechte. Jeder Informationsanspruch ist durch seinen Zweck begrenzt (vgl. oben RdNr. 18). Darauf kann sich die Gesellschaft gegenüber dem konkreten Informationsbegehren jedes Gesellschafters berufen. Sofern die Befriedigung eines Informationsbegehrens eine vorhersehbare Schädigung der Gesellschaft zur Folge haben würde, steht der Gesellschaft ein

---

[60] BGH WM 1989, 878 (Fn. 13).
[61] BGH Urt. v. 8. 7. 1985 – II ZR 150/84, WM 1985, 1346 m. Anm. von *Crezelius* EWiR 1985, 877; BGH Urt. v. 9. 11. 1983 – IVa ZR 151/82, BGHZ 89, 24 = NJW 1984, 487 (für den Informationsanspruch des Pflichtteilsergänzungsberechtigten gegenüber dem Beschenkten); *Kellermann/Stodolkowitz* IV 2 b dd.
[62] BGH Urt. v. 30. 3. 1967 – II ZR 102/65, BGHZ 47, 293, 296 = NJW 1967, 1961; BGHZ Urt. v. 30. 4. 1984 – II ZR 293/83, BGHZ 91, 132/136 = NJW 1984, 2104; KG Urt. v. 1. 10. 1910, OLGE 21, 386; Baumbach/*Hopt* § 139 RdNr. 32, § 135 RdNr. 11.
[63] BGH BB 1962, 899 (Fn. 43); *K. Schmidt* Informationsrechte S. 70, 71; *Lutter* ZIP 1997, 613, 618 Fn. 42; MünchKommBGB/*Ulmer* § 716 RdNr. 1; Baumbach/*Hopt* § 118 RdNr. 1; krit. aber iE auch *Wiedemann* WM 1992, Sonderbeilage 7, 43.
[64] BGH Urt. v. 29. 9. 1955 – II ZR 66/54, WM 1955, 1585; BGH WM 1983, 910, 911 (Fn. 50); OLG Celle Urt. v. 11. 5. 1983 – 9 U 160/82, ZIP 1983, 943; Baumbach/*Hopt* § 118 RdNr. 1.
[65] Baumbach/*Hopt* § 118 RdNr. 3; Schlegelberger/*Martens* § 118 RdNr. 9.
[66] BayObLG Beschl. v. 10. 10. 1978 – Breg. 1 Z 14/78, DB 1978, 2405, 2406; *K. Schmidt* ZIP 1987, 218; *von Gerkan* EWiR § 51 b GmbHG 3/86, 803.

Informationsverweigerungsrecht zu. Das beruht auf einem allgemeinen gesellschaftsrechtlichen Grundsatz, wie er für das Recht der Kapitalgesellschaften in § 51 a Abs. 2 GmbHG und § 131 Abs. 3 Nr. 1 und Nr. 5 AktG formuliert wurde und wie er für das Recht der Personengesellschaften im Hinblick darauf anerkannt wurde, dass kein Gesellschafter sein Eigeninteresse vor dasjenige der Gesellschaft stellen darf.[67] Informationsverweigerungsrechte wegen der Besorgnis einer Schädigung der Gesellschaft haben allerdings enge Grenzen: Das Recht auf Kontrolle der Geschäftsführung ist unverzichtbar und einwendungsfrei. Besteht eine ernsthafte und von der Gesellschaft im Streit zu beweisende[68] Besorgnis dafür, dass der kontrollbefugte Gesellschafter seine bei Gelegenheit der Kontrolle erworbenen Kenntnisse zum Nachteil der Gesellschaft verwertet, so kann die Gesellschaft verlangen, dass das Kontrollrecht von einem zur Verschwiegenheit verpflichteten Sachverständigen wahrgenommen wird.[69] Gegenüber dem Auskunftsbegehren von Kommanditisten scheiden regelmäßig Auskunftsverweigerungsrechte aus, weil der Kommanditist ohnehin nur Information über das verlangen kann, was er wissen muss, um im Rahmen von Gesellschafterbeschlüssen Entscheidungen treffen zu können (zu denselben Ausnahmen vgl. oben RdNr. 28).

Ist ein Gesellschafter von der Beteiligung an einer Gesellschafterentscheidung ausgeschlossen, weil ernsthaft die Gefahr eines Missbrauchs von Wissen zu befürchten ist, das er im Zusammenhang mit dem Beschlussverfahren erlangen würde,[70] so fehlt ihm natürlich auch das damit korrespondierende Informationsrecht. 35

c) Klage auf Einsicht und/oder Auskunft. Die Ansprüche auf Kontrolle der Geschäftsführung 36 unter Einschluss des Jahresabschlusses oder unter Beschränkung auf den Jahresabschluss (§ 166 Abs. 1) sind im streitigen Verfahren durch Klage vor den ordentlichen Gerichten geltend zu machen. Sofern die Voraussetzungen dafür vorliegen (hierzu vgl. RdNr. 41, 42), steht Kommanditisten gem. § 166 Abs. 3 auch der Weg zu den Gerichten der freiwilligen Gerichtsbarkeit offen. Letzteres hindert Klage vor den ordentlichen Gerichten allerdings nicht.[71] Einem Kommanditisten steht danach jedenfalls die Wahl zwischen beiden Verfahrensweisen zu. Das OLG Celle[72] lässt dem Kommanditisten sogar die Möglichkeit, beide Verfahren gleichzeitig zu betreiben. Weil das Problem offensichtlich dadurch entstanden ist, dass der dem Kommanditisten von Gesetzes wegen bereitgestellte Rechtsschutz nur die Durchsetzung derjenigen Informationsansprüche gewährleisten soll, die das Gesetz den Kommanditisten gewährt, während tatsächlich die Rechtsprechung ein weit darüber hinausgehendes Informationssonderrecht entwickelte, ist es Sache der Rechtsprechung, den selbst eingeschlagenen Weg auch in prozessrechtlicher Hinsicht weiter zu verfolgen und Klarheit über das Verhältnis zwischen allgemeiner Informationsklage und dem Verfahren gem. § 166 Abs. 3 zu schaffen.[73]

Der im Verfahren vor den ordentlichen Gerichten regelmäßig angestrebte Titel zur Durchsetzung 37 des Rechts auf Einsicht in die Geschäftspapiere ist auf „Gestattung der Einsicht" gerichtet (§ 810 BGB). Die Vollstreckung daraus ist streitig. Die einen[74] befürworten die Zwangsvollstreckung nach § 883 ZPO durch Wegnahme der Geschäftspapiere zum Zwecke der Herausgabe an den Informationsgläubiger; nach ihrer Meinung ist Wegnahme der Urkunde zur Vorlegung zwecks Einsichtnahme dasselbe wie Gestattung der Einsicht. Die anderen[75] halten die Zwangsvollstreckung nach § 888 ZPO für das Angemessene. Jedenfalls in dem hier erörterten Anwendungsbereich ist dies gerechtfertigt, weil es nicht möglich ist, die Einzelnen zur Kontrolle benötigten Urkunden im Antrag zu bezeichnen und lediglich die Gestattung der Einsicht in die Geschäftspapiere – ggf. auf das Belegwesen eines bestimmten Zeitraums begrenzt – verlangt werden kann.[76]

---

[67] RG Urt. v. 16. 7. 1935 – II 379/34, RGZ 148, 278, 280; BGH Urt. v. 28. 10. 1953 – II ZR 149/52, BGHZ 10, 385, 387 = NJW 1954, 70; BGH BB 1970, 187 (Fn. 19).
[68] BGH BB 1979, 1315 (Fn. 20).
[69] BGH BB 1979, 1315 (Fn. 20); BGH Urt. v. 26. 3. 1985 – VI ZR 267/83, NJW 1984, 2471; Baumbach/*Hopt* § 166 RdNr. 7.
[70] *Wilhelm* JZ 1976, 674 ff.; *K. Schmidt* GesR § 21 II 2.
[71] BGH NJW 1984, 2471 (Fn. 69) (für die Publikums-stille Gesellschaft, bei der dasselbe Problem wegen § 233 auftritt); KG Beschl. v. 31. 3. 1922, OLGE 42, 177, 178; OLG Köln Beschl. v. 30. 5. 1967 – 2 Wx 217/66, OLGZ 1967, 362, 363; OLG Hamm Beschl. v. 27. 2. 1970 – 15 W 4/70, BB 1970, 509; OLG Stuttgart OLGZ 1970, 262, 263 (Fn. 9); OLG Celle ZIP 1983, 943, 944 (Fn. 64); BayObLG Beschl. v. 4. 7. 1991 – Breg. 3 Z 151/90, BB 1991, 1589; Schlegelberger/*Martens* § 166 RdNr. 32; MünchKommHGB/*Grunewald* § 166 RdNr. 27; Staub/*Schilling* § 166 RdNr. 13.
[72] ZIP 1983, 943, 944 (Fn. 64).
[73] *Wiedemann* (WM 1992, Sonderbeilage 7, 47) hält in diesem Zusammenhang eine gesetzliche Regelung für notwendig und plädiert für eine einheitliche Zuweisung an die freiwillige Gerichtsbarkeit.
[74] OLG Hamm Beschl. v. 4. 10. 1973 – 14 W 73/73, NJW 1974, 653; OVG Koblenz Beschl. v. 4. 7. 1986 – 1 E 11/86, NJW 1987, 1220; Baumbach/Lauterbach/*Hartmann* § 883 RdNr. 16; Staudinger/*Marburger* Vor § 809 RdNr. 10; Palandt/*Sprau* § 809 RdNr. 13.
[75] MünchKommBGB/*Hüffer* § 809 RdNr. 17; Soergel/*Mühl* § 809 RdNr. 8.
[76] BGH NJW 1992, 1890 (Fn. 2).

38 Gleiches gilt – auch in Hinsicht auf die Vollstreckungstechnik – für Auskunftsansprüche der Gesellschafter mit jedem zulässigen Inhalt.

39 Nach hM kann der Informationsberechtigte unter den allgemeinen Voraussetzungen auch vorläufigen Rechtsschutz durch Regelungsverfügungen nach § 940 ZPO in Anspruch nehmen.[77] Das erscheint schon um deswillen nicht unbedenklich, weil die Vollziehung von solcher Art einstweiliger Verfügungen in aller Regel auf eine vollständige Erfüllung des Informationsanspruchs hinausläuft und vorläufiger Rechtsschutz in Wahrheit endgültige Anspruchsbefriedigung ist.[78]

IV. Außerordentliche Informationsrechte von Kommanditisten (Abs. 3)

40 **1. Gegenstand und Voraussetzung des außerordentlichen Informationsrechts.** Abs. 3 ist eine Verfahrensvorschrift[79] zur Sicherung und Durchsetzung derjenigen Informationsrechte, die das Gesetz den Kommanditisten gewährt. Das ist im Grundsatz beschränkt auf das Kontrollrecht nach Abs. 1, umfasst also nicht das allgemeine Informationsrecht, wie es von der Rechtsprechung zur Informationspflicht der Gesellschaft gegenüber allen von der Geschäftsführung ausgeschlossenen Gesellschaftern entwickelt wurde. Gleichwohl können im Verfahren nach Abs. 3 auch „sonstige Aufklärungen", also Auskünfte, verlangt werden, worunter Erklärungen zu verstehen sind, die nicht aus den Büchern und Papieren der Gesellschaft ersichtlich, aber zum Verständnis des von den geschäftsführenden Gesellschaftern aufgestellten Jahresabschlusses erforderlich sind.[80] Wegen aller darüber hinausgehender Informationsansprüche sind die Kommanditisten auf das Klageverfahren vor den ordentlichen Gerichten verwiesen (vgl. RdNr. 36).

41 Materielle Verfahrensvoraussetzung für jeden Antrag nach Abs. 3 ist ein wichtiger Grund: Der Kommanditist muss für die Inanspruchnahme gerichtlicher Hilfe einen besonderen Anlass haben. Soweit das Antragsverfahren nach Abs. 3 dem Schutz der Kontrollrechte nach Abs. 1 dient, muss die Verweigerung von deren Ausübung als wichtiger Grund hinreichen.[81] Dieses Verständnis entspricht dem Grundgedanken von § 132 AktG und § 51 b GmbHG. Ein wichtiger Grund ist ferner gegeben, wenn begründeter Verdacht dafür besteht, dass die hierzu verpflichteten Gesellschafter die Geschäfte oder Bücher nicht ordnungsmäßig führen.[82] Weil die Aufstellung des Jahresabschlusses „innerhalb der einem ordnungsmäßigen Geschäftsgang entsprechenden Zeit" (§ 243 Abs. 3) Bestandteil der Pflicht zu ordnungsgemäßer Buchführung ist (vgl. oben RdNr. 5 und Fn 4), liegt ein wichtiger Grund zur Einsicht in Bücher und Papiere vor, wenn der Jahresabschluss dem Kommanditisten nicht innerhalb dieser Zeit zur Verfügung gestellt wird.

42 Der BGH (am Beispiel der strukturgleichen Regelung für die Stille Gesellschaft in § 233 Abs. 3)[83] hat ganz allgemein einen wichtigen Grund als Voraussetzung des Antragsverfahrens gem. Abs. 3 angenommen, wenn eine drohende Schädigung der Gesellschaft oder von Kommanditisteninteressen oder eine besondere Eilbedürftigkeit von Prüfungsmaßnahmen glaubhaft gemacht wurden.[84] Derartiges verleitet dazu, Abs. 3 als materiell-rechtliche Vorschrift zu verstehen, die den Kommanditisten bei Vorliegen eines wichtigen Grundes Informationsrechte gewährt, die über das hinausgehen, was ihm Abs. 1 einräumt. In dieselbe Richtung deuten Äußerungen,[85] die dem Kommanditisten einen nach Abs. 3 begründbaren Anspruch auf Einsicht in Unterlagen (etwa in Zwischenbilanzen) gewähren wollen. Derartiges könnte er nach Abs. 1 nicht beanspruchen. Es lässt sich auch nicht mit dem angeblich nach Abs. 3 geschützten Bedürfnis des Kommanditisten begründen, bei Vorliegen eines wichtigen Grundes darüber entscheiden zu können, ob Anlass zur Kündigung besteht: Der Kommanditist hat von Gesetzes wegen nur das Kontrollrecht gem. Abs. 1 und – ausnahmsweise – ein Auskunftsrecht, soweit es erforderlich ist, um dieses Kontrollrecht sinnvoll ausüben zu können. Einen allgemeinen Informationsanspruch über den Gang der Geschäfte enthält ihm das Gesetz ausdrücklich

---

[77] BayObLG DB 1978, 2405, 2406 (Fn. 66); Baumbach/*Hopt* § 166 RdNr. 14, Zöller/*Vollkommer* ZPO 25. Aufl. § 940 RdNr. 8; Schlegelberger/*Martens* § 166 RdNr. 13; MünchKommHGB/*Grunewald* § 166 RdNr. 28.
[78] Baumbach/*Hopt* § 166 RdNr. 14 hält deshalb allenfalls eine Sicherungsverfügung nach § 935 ZPO für zulässig; MünchKommHGB/*K. Schmidt* § 233 RdNr. 18 verweist generell auf die Sonderverfahren nach den §§ 166 Abs. 3.
[79] MünchKommHGB/*K. Schmidt* § 233 RdNr. 9; Baumbach/*Hopt* § 166 RdNr. 8.
[80] Baumbach/*Hopt* § 166 RdNr. 11, 10.
[81] OLG Hamm Beschl. v. 19. 2. 1970 – 15 W 459/69, BB 1970, 509; OLG Hamm Beschl. v. 30. 7. 1971 – 15 b W 82/71, MDR 1971, 1014; offen: BayObLG BB 1991, 1589 (Fn. 71); Baumbach/*Hopt* § 166 RdNr. 9; dagg. Schlegelberger/*Martens* § 166 RdNr. 26, der eine darüber hinausgehende Gefährdung von Kommanditisteninteressen fordert, ebenso MünchKommHGB/*Grunewald* § 166 RdNr. 32.
[82] HansOLG Hamburg MDR 1965, 666 (Fn. 13).
[83] BB 1984, 1273, 1274 (Fn. 18).
[84] Ähnl. Schlegelberger/*Martens* § 166 RdNr. 26, 29.
[85] So namentl. Schlegelberger/*Martens* § 166 RdNr. 29; Baumbach/*Hopt* § 166 RdNr. 10; Staub/*Schilling* § 166 RdNr. 12.

vor (Abs. 2). Auch das von der Rechtsprechung entwickelte Sonderrecht zur Informationspflicht gegenüber allen von der Geschäftsführung ausgeschlossenen Gesellschaftern gewährt keinem Kommanditisten ein bloß auf die Mitgliedschaft gestütztes allgemeines Informationsrecht in Fragen der laufenden Geschäftsführung.[86] Abs. 3 macht davon keine Ausnahme; die Vorschrift gewährt überhaupt keine Informationsansprüche, sondern handelt lediglich von einem Verfahren zur Durchsetzung derjenigen Informationsansprüche, die das Gesetz an anderer Stelle bestimmt (Abs. 1). Deshalb ist der Inhalt dessen, was nach Abs. 3 vom Gericht angeordnet werden darf, stets in Übereinstimmung mit dem zu bringen, was ein Kommanditist nach Abs. 1 verlangen kann. Irgendwelche Zwischenabschlüsse oder etwa monatliche betriebswirtschaftliche Auswertungen gehören nicht dazu (vgl. oben RdNr. 7). Aus denselben Gründen muss auch die Feststellung eines wichtigen Grunds aus der Funktion von Abs. 3 entwickelt werden: Wichtiger Grund kann nur sein, was auf die Vereitelung des Informationsanspruchs gem. Abs. 1 hinausläuft. Was damit nichts zu tun hat, wohl aber den Bedarf nach Informationen rechtfertigt, die nach den allgemeinen Grundsätzen (vgl. oben RdNr. 23) zu erteilen sind, mag Anlass für ein Verfahren vor den ordentlichen Gerichten geben, und zwar ggfs. in Kombination mit einem summarischen Verfahren (vgl. oben RdNr. 36, 39).

2. Antragsverfahren nach § 145 FGG. Zur Durchsetzung der dem Kommanditisten nach **43** Abs. 1 zustehenden Kontroll- und ggf. Auskunftsrechte verweist Abs. 3 auf ein Antragsverfahren, für welches § 145 Abs. 1 FGG die Amtsgerichte (als Gerichte der freiwilligen Gerichtsbarkeit) als zuständig bestimmt. Örtlich ist dasjenige Amtsgericht zuständig, welches auch das Handelsregister für die Kommanditgesellschaft führt (§ 145 Abs. 2 FGG). Für dieses Verfahren ist der Amtsermittlungsgrundsatz maßgeblich (§ 12 FGG). Im Übrigen aber ist es ein streitiges Verfahren, auf das die Vorschriften der ZPO entsprechende Anwendung finden.[87] Gegen wen der Antrag zu richten ist, scheint nicht abschließend geklärt. Nach älterer Auffassung soll Informationsschuldner derjenige sein, der auch Wissensträger ist und den Zugriff auf die Bücher und Papiere der Gesellschaft hat. Das sind die geschäftsführenden Gesellschafter.[88] Richtigerweise schuldet die Gesellschaft, handelnd durch ihre – jeweils – geschäftsführenden Gesellschafter. Sie ist deshalb Adressat der Informationsansprüche und Antragsgegnerin im Verfahren nach Abs. 3 (vgl. oben RdNr. 32).[89]

Im Verfahren kann das Gericht alle ihm zweckmäßig erscheinenden Anordnungen treffen, ins- **44** besondere Sachverständige hinzuziehen.

Zu Schwierigkeiten hat die für möglich gehaltene[90] Parallelität von Verfahren vor den ordentli- **45** chen Gerichten und einem gleichzeitigen Verfahren gem. Abs. 3 geführt (vgl. hierzu oben RdNr. 36). Jedenfalls im Bereich des vorläufigen Rechtsschutzes sollte ein nach Abs. 3 eingeleitetes Verfahren vor den Gerichten der freiwilligen Gerichtsbarkeit jedes Rechtsschutzbedürfnis für ein Verfahren nach den §§ 935 ff. ZPO beseitigen: Der Rechtsschutz gem. Abs. 3 ist in Hinsicht auf seine Voraussetzungen und seinen Inhalt identisch mit demjenigen, der – allenfalls – mit Hilfe einstweiliger Verfügungen erlangt werden könnte. Er unterscheidet sich davon nur durch die Möglichkeit, endgültig sein zu dürfen und nicht vorläufig bleiben zu müssen, geht also über die Möglichkeiten des vorläufigen Rechtsschutzes nach den Bestimmungen der ZPO hinaus, freilich beschränkt auf seinen Anwendungsbereich, nämlich die Sicherung der Kommanditistenrechte gem. Abs. 1.[91]

Weil das Verfahren gem. Abs. 3 funktionsidentisch mit den summarischen Verfahren der ZPO ist, **46** kann ihm gegenüber auch nicht die Einrede der Schiedsgerichtsbarkeit erhoben werden.[92] Auch § 1041 ZPO rechtfertigt die Einrede nicht, denn die schiedsgerichtliche Zuständigkeit für Maßnahmen des einstweiligen Rechtsschutzes steht gleichrangig neben der Zuständigkeit staatlicher Gerichte und verdrängt diese nicht.[93] Zutreffend wurde damit aber die Schiedsfähigkeit des Informationsanspruchs bestätigt.[94] Auch im Verfahren nach Abs. 3 bleibt der seinen Streitgegenstand bildende Informationsanspruch vergleichsfähig.

---

[86] BGH NJW 1992, 1890, 1892 (Fn. 2).
[87] BayObLG DB 1978, 2405 (Fn. 66); Baumbach/*Hopt* § 166 RdNr. 15.
[88] OLG Hamm OLGZ 1970, 195, 196 (Fn. 19); Schlegelberger/*Martens* § 166 RdNr. 31; Heymann/*Horn* § 166 RdNr. 15.
[89] Wie hier *Wiedemann* WM 1992, Sonderbeilage 7, 43 m. ausf. Darstellung des Diskussionsstands.
[90] OLG Celle ZIP 1983, 943 (Fn. 64); Schlegelberger/*Martens* § 166 RdNr. 32.
[91] *K. Schmidt*, Informationsrechte S. 75; MünchHdbKG/*Weipert* § 15 RdNr. 54.
[92] So BayObLG DB 1978, 2405, 2406 (Fn. 66); Schlegelberger/*Martens* § 166 RdNr. 31.
[93] Zöller/*Geimer* ZPO 26. Aufl. 2005, § 1041 RdNr. 1.
[94] HM *K. Schmidt* ZIP 1987, 218; Schlegelberger/*Martens* § 166 RdNr. 31; Baumbach/*Hopt* § 166 RdNr. 15; dagg: LG Mönchengladbach m. abl. Anm. v. *von Gerkan* EWiR § 51 a GmbHG 3/86, 803.

§ 167 [Gewinn und Verlust]

(1) Die Vorschriften des § 120 über die Berechnung des Gewinns oder Verlustes gelten auch für den Kommanditisten.

(2) Jedoch wird der einem Kommanditisten zukommende Gewinn seinem Kapitalanteil nur solange zugeschrieben, als dieser den Betrag der bedungenen Einlage nicht erreicht.

(3) An dem Verluste nimmt der Kommanditist nur bis zum Betrage seines Kapitalanteils und seiner noch rückständigen Einlage teil.

Schrifttum: *Bordewin/Söffing/Uelner,* Verlustverrechnung bei negativem Kapitalkonto, 2. Aufl. 1986; *Buchwald,* Die Kommanditbeteiligung in der Bilanz, BB 1956, 886; *Döllerer,* Verdeckte Einlagen bei der Aktiengesellschaft, BB 1971, 1245; *Freidank,* Der Ausweis des Eigenkapitals bei Personengesellschaften in der handelsrechtlichen Jahresabschlußrechnung, WPg 1994, 397; *Herrmann/Heuer/Raupach,* Einkommensteuer- und Körperschaftsteuergesetz, Stand 1999; *Huber,* Gesellschafterkonten in der Personengesellschaft, ZGR 1988, 1; *Huber,* Vermögensanteil, Kapitalanteil und Gesellschaftsanteil an Personengesellschaften des Handelsrechts, 1970; *Knobbe-Keuk,* Bilanz- und Unternehmenssteuerrecht, 9. Aufl., 1993; *dies.,* Die gesetzliche Regelung des negativen Kapitalkontos des Kommanditisten – eine Mißgeburt, NJW 1980, 2557; *Kruse [Hrsg.],* Die Grundprobleme der Personengesellschaft im Steuerrecht, 1979; *Kudraß,* Verlustzurechnung beim Ausscheiden eines Kommanditisten mit negativem Kapitalkonto im Übergangsbereich zum § 15 a EStG, BB 1986, 637; *Mellwig,* Rechnungslegungszwecke und Kapitalkonten bei Personengesellschaften, DB 1979, 1409; *Mittelsteiner,* Neue Erkenntnisse zum § 15 a EStG?, DStR 1981, 363; *L. Schmidt,* EStG, 25. Aufl. 2006; *Schulze-Osterloh,* Gesellschaftsrechtliche und handelsbilanzrechtliche Bedeutung negativer Kapitalkonten des Kommanditisten, in: *Raupach,* Das negative Kapitalkonto des Kommanditisten, S. 81ff; *Söffing,* Das negative Kapitalkonto eines Kommanditisten bei Gesellschafterwechsel und Gesellschaftsauflösung, BB 1982, 629; *Thiel,* Das negative Kapitalkonto des Kommanditisten und seine steuerliche Bedeutung, BB 1964, 839; *Thiel,* Der Verlust des Kommanditisten, DB 1964, 1166; *Thiel,* Das Kapitalverlustkonto des Kommanditisten, DB 1965, 413.

Übersicht

	RdNr.		RdNr.
I. Normzweck	1–5	2. Privat- oder Verrechnungskonto	10
II. Gesetzliches Kontenbild für die Darstellung der Kommanditbeteiligung	6–19	3. Negatives Kapitalkonto	11–19
1. Kapitalkonto	6–9	III. Vereinbarte Gesellschafterkonten von Kommanditisten	20

I. Normzweck

1 Die Vorschrift handelt in Abs. 1 von der Berechnung des Geschäftsergebnisses (Jahresüberschuss oder Jahresfehlbetrag), in Abs. 2 von der Verwendung eines auf den Kommanditisten entfallenden anteiligen Gewinns und in Abs. 3 von der Begrenzung der bei seinem Ausscheiden nach der Auseinandersetzungsbilanz oder – bei Auflösung der Gesellschaft – nach der Liquidationsschlussbilanz auf den Kommanditisten entfallenden Verlustbeteiligung durch den Betrag der Einlage, die er in das Gesellschaftsvermögen zu leisten versprach.

2 Abs. 1 verweist auf § 120, demzufolge das Geschäftsergebnis jährlich auf den Schluss eines Geschäftsjahres zu ermitteln ist, und zwar im Zweifel auf Grund einer Bilanz, also durch Bestandsvergleich iSv. § 4 Abs. 1 EStG. Insoweit wird auf die Erläuterungen zu § 120 verwiesen. Verbindlich im Verhältnis aller Gesellschafter untereinander wird die Berechnung des Geschäftsergebnisses mit der Feststellung des von den geschäftsführenden Gesellschaftern aufzustellenden Jahresabschlusses oder seiner anderweitigen Billigung durch alle Gesellschafter. Dasselbe gilt für Gewinnverwendungsentscheidungen, die durch Ausübung von Bilanzierungswahlrechten bereits mit der Aufstellung des Jahresabschlusses getroffen werden und in ihm selbst Ausdruck finden. Insoweit wird auf die Erläuterungen zu § 164 RdNr. 12 bis 15 und § 166 RdNr. 5 bis 11 verwiesen.

3 Die auf die Gewinnbeteiligung von Kommanditisten beschränkte Gewinnverwendungsregel in Abs. 2 wirkt sich bis zum Betrag der bedungenen Einlage als Kapitalbildungsgebot und im Übrigen als ein Verbot aus, höhere als die bedungenen Einlagen zu leisten. Als bedungene Einlage ist die vereinbarte Pflichteinlage zu verstehen, dh. jener Betrag, bis zu dessen Höhe sich der Kommanditist gesellschaftsvertraglich verpflichtete, bilanzierungsfähige Vermögenswerte in das Gesellschaftsvermögen zu übertragen. Die für den Umfang der Kommanditistenhaftung gegenüber den Gläubigern der Gesellschaft maßgebliche Hafteinlage (besser Haftsumme) hat damit nichts zu tun.[1] (Zur Unterscheidung von Pflichteinlage und Hafteinlage/Haftsumme vgl. die Erläuterungen zu § 171).

4 Abs. 3 entspricht dem Modell des Gesetzes für die Kommanditisten-Haftung, demzufolge jeder Kommanditist der Gesellschaft gegenüber nur bis zum Betrag der bedungenen Einlage, also desjenigen Betrages haftet, bis zu dessen Höhe er sich gesellschaftsvertraglich verpflichtete, bilanzierungs-

---

[1] Baumbach/*Hopt* § 167 RdNr. 2; *Schlegelberger/Martens* § 167 RdNr. 11.

fähige Vermögenswerte in das Gesellschaftsvermögen zu übertragen. Wiederum, also auch bei der Bestimmung der äußerstenfalls ihn treffenden Verlustbeteiligung, ist dafür der Betrag der Pflichteinlage, nicht hingegen der in das Handelsregister eingetragenen Hafteinlage (vgl. hierzu RdNr. 3) maßgeblich. Abs. 3 begrenzt nicht die auf eine bestimmte Abrechnungsperiode (Geschäftsjahr) entfallende Verlustbeteiligung des Kommanditisten, sondern das insgesamt mit seiner kommanditistischen Beteiligung eingegangene Risiko: Die Grenze wirkt also nur, wenn und soweit sich während der ganzen Zeit seiner Gesellschaftszugehörigkeit im Saldo, also in der Gegenüberstellung aller periodengerecht ermittelten Gewinne und Verluste ein die bedungene Einlage übersteigender Verlustanteil ergeben sollte. Solange der Kommanditist Mitglied der Gesellschaft ist, kann der auf ihn entfallende Verlustanteil durchaus den Kapitalanteil (iSv. Abs. 2), also den geleisteten Betrag der bedungenen Einlage, und demzufolge auch diese selbst überschreiten. Es kann sich für ihn ein negatives Kapitalkonto bilden, mit der Folge, dass alle zukünftigen Gewinnanteile zunächst dafür verwendet werden müssen, diesen negativen Saldo auszugleichen und die bedungene Einlage wieder aufzufüllen (§ 169 Abs. 1). In der Konsequenz fordert deshalb die Verlustbeteiligungsgrenze gem. § 167 Abs. 3 erst in der Liquidation bzw. beim Ausscheiden des Kommanditisten aus der danach fortbestehenden Kommanditgesellschaft Beachtung.

§ 167 wirkt damit im Ergebnis – einerseits – als Entnahmeverbot zu Lasten eines Kommanditisten **5** in Bezug auf alle Gewinnanteile, die zur erstmaligen Erbringung fälliger Pflichteinlagen oder zur Wiederauffüllung bereits geleisteter, aber durch Verluste geminderter Pflichteinlagen erforderlich sind und – andererseits – als Risikobegrenzung auf den Betrag der Pflichteinlage im Falle des Ausscheidens aus der Gesellschaft oder der Liquidation. In der Praxis der Rechnungslegung, also bei der Darstellung dieser Rechtsverhältnisse in den Jahresabschlüssen der Kommanditgesellschaften und in aus anderen Gründen zu errichtenden Bilanzen ergeben sich eine Vielzahl von Fragen.

II. Gesetzliches Kontenbild für die Darstellung der Kommanditbeteiligung

1. Kapitalkonto. Das Kapitalkonto des Kommanditisten nimmt seine Einlage auf und entspricht **6** dieser der Höhe nach. Nach gesetzlicher Vorstellung in § 167 Abs. 2 ist „bedungene Einlage" derjenige Betrag, bis zu dessen Höhe der Kommanditist nach dem Gesellschaftsvertrag bilanzierungsfähige Vermögenswerte in das Gesellschaftsvermögen zu leisten hat.[2] Das ist die Pflichteinlage. Mit ihr wird bestimmt, was der Kommanditist der Gesellschaft schuldet, während mit der in das Handelsregister einzutragenden Hafteinlage (besser Haftsumme) bestimmt wird, bis zu welchem Betrag er den Gesellschaftsgläubigern für Gesellschaftsschulden haftet, wenn und soweit eine dieser Haftsumme entsprechende Einlage nicht in das Gesellschaftsvermögen leistet. „Kapitalanteil" iSv. § 167 Abs. 2 ist das, was auf die bedungene Einlage tatsächlich geleistet wurde. Als Leistung auf die bedungene Einlage gelten auch alle Gewinngutschriften, die nicht zum Ausgleich früherer Verluste verbraucht werden. Das gilt auch dann, wenn solche Gewinngutschriften trotz mangelnder Fälligkeit von ihnen entsprechenden Einlagen nicht entnommen werden und deshalb gem. § 169 Abs. 1 Satz 2 2. HS 2. Alt. zum Ausgleich späterer Verluste eingesetzt werden müssen (vgl. die Erl. zu § 169 RdNr. 10).

Indem er auf die Darstellung des Kapitalanteils abhebt, geht § 167 Abs. 2 von einem Nettoausweis **7** der Pflichteinlage aus. Dieser Bilanzausweis ist notwendigerweise unvollständig, solange die tatsächlich geleistete Einlage nicht der geschuldeten entspricht. In der bilanzrechtlichen Literatur wird deshalb gefordert, dass die noch nicht geleisteten Teile der Pflichteinlage jedenfalls dann bilanzmäßig dargestellt werden, wenn sie eingefordert wurden. Nicht eingeforderte ausstehende Pflichteinlagen brauchen danach nicht bilanziert zu werden; werden sie bilanziert, so sind sie als solche kenntlich zu machen.[3]

Die Beschränkung des Bilanzausweises von ausstehenden Pflichteinlagen auf solche, die „einge- **8** fordert" wurden, ist nicht gerechtfertigt. Die Einlageschuld entsteht durch Vereinbarung als Bestandteil des Gesellschaftsvertrages; anders als etwa die Nachschusspflicht des GmbH-Gesellschafters gem. § 26 GmbHG setzt ihre Begründung nicht zusätzlich einen Gesellschafterbeschluss voraus. Obwohl § 167 Abs. 2 von einem Kommanditisten-Kapitalkonto mit dem Nettoausweis des Kapitalanteils ausgeht, muss deshalb im Interesse einer durch die Bilanz abzubildenden Klarstellung der Rechtsverhältnisse der uneingeschränkte Bruttoausweis gefordert werden, dh. entweder die Darstellung der ungeschmälerten („bedungenen") Pflichteinlage auf der Passivseite der Bilanz und die Erfassung der

---

[2] BeckBilKomm/*Förschle/Hoffmann* § 247 RdNr. 127; *Döllerer* BB 1971, 1245, 1250; MünchHdbGesR Bd. I/*Weipert* § 6 RdNr. 22.
[3] BeckBilKomm/*Förschle/Hoffmann* § 264 c RdNr. 20; *A/D/S* § 247 Anm. 69.

ausstehenden Einlage als Forderung der Gesellschaft gegen den Kommanditisten auf der Aktivseite, ohne Rücksicht darauf, ob sie fällig gestellt wurde oder nicht, oder die Absetzung des Betrages aller ausstehenden Einlagen vom (ungeschmälerten) Bruttoausweis der Pflichteinlage auf der Passivseite zum Zwecke der Bildung eines Saldos, welcher dem „Kapitalanteil" iSv. § 167 Abs. 2 entspricht.[4]

9 In der bilanzrechtlichen Literatur wird gefordert, durch Bilanzvermerke kenntlich zu machen, ob und inwieweit ausstehende Kommanditeinlagen eingefordert wurden[5] und ob und inwieweit die in das Handelsregister eingetragene Haftsumme eines Kommanditisten dessen Pflichteinlage übersteigt.[6] Beides ist überflüssig, weil die Bilanz nicht dazu dient, die Vermögens- und Haftungsverhältnisse der Gesellschafter, sondern der Kommanditgesellschaft darzustellen. Auch wenn eine Pflichteinlage mit Rücksicht auf entsprechende gesellschaftsvertragliche Vereinbarung erst fällig wird, sofern sie durch Gesellschafterbeschluss „eingefordert" wird, steht der Anspruch darauf den Gläubigern der Gesellschaft jederzeit zur Verfügung, denn die Stundungsvereinbarung ist ihnen gegenüber unwirksam (§ 172 Abs. 3). Der Umfang der persönlichen Haftung eines Kommanditisten gegenüber den Gesellschaftsgläubigern ergibt sich aus den Eintragungen im Handelsregister. Er berührt zudem nur das Rechtsverhältnis zwischen den Gesellschaftsgläubigern und den Kommanditisten und hat weder eine Belastung noch eine Mehrung des Gesellschaftsvermögens zur Folge; Hinweise auf die Haftsumme in der Bilanz sollten deshalb unterbleiben.

10 **2. Privat- oder Verrechnungskonto.** Indem das Gesetz darüber schweigt, was mit nicht dem Kapitalanteil zuzuschreibenden Gewinnanteilen des Kommanditisten zu geschehen hat, setzt es ein neben dem Kapitalkonto einzurichtendes zweites Gesellschafterkonto des Kommanditisten voraus. Auch dieses Konto („Privat"- oder „Verrechnungskonto") ist deshalb ein nach dem gesetzlichen System gefordertes Gesellschafterkonto. Mangels abweichender gesellschaftsvertraglicher Vereinbarung ist das Privat- oder Verrechnungskonto nur als kreditorisches Konto mit jederzeit fälligen unverzinslichen Beständen zu führen. Es wird nicht durch anteilige Verluste, wohl aber durch bis zur Aufzehrung seines jeweiligen Bestandes jederzeit zulässige Entnahmen gemindert.[7]

11 **3. Negatives Kapitalkonto.** Weil die Begrenzung des äußerstenfalls den Kommanditisten treffenden Verlustes auf den Kapitalanteil (das ist der erbrachte Teil der bedungenen Einlage) zuzüglich der ausstehenden Einlagen, insgesamt also auf den Betrag der bedungenen Pflichteinlage (§ 167 Abs. 3) nur in Bezug auf einen solchen Verlust wirkt, der sich für den Kommanditisten aus der Liquidationsschlussbilanz oder im Falle seines Ausscheidens aus der Auseinandersetzungsbilanz ergibt, während alle auf einzelne Geschäftsjahre während seiner Gesellschaftszugehörigkeit entfallenden Verluste mit danach anfallenden Gewinnanteilen auszugleichen sind, kann es vorkommen, dass solche anteiligen Verluste die auf dem Kapitalkonto im Bruttoausweis gebuchte bedungene Einlage (Pflichteinlage) übersteigen.[8] Das auf diese Weise entstandene „negative Kapitalkonto" ist eine unverändert sowohl im Handels- als auch – erst recht – im Steuerrecht mit unbefriedigenden Ergebnissen beurteilte Erscheinung. Sie ist die bilanzrechtliche Konsequenz aus der Disparität der für die Rechnungslegung maßgeblichen Perioden, nämlich der jährlichen Rechnungslegung gem. § 120 Abs. 1), andererseits, und des für die Verlustbegrenzung gem. § 167 Abs. 3 maßgeblichen Ergebnisermittlungszeitraums andererseits. Letzterer entspricht der gesamten Zeit zwischen dem Beginn der Gesellschaft und dem Abschluss der Liquidation oder der Zugehörigkeit eines Gesellschafters zu ihr, so wie dies in § 721 Abs. 1 BGB für die Gelegenheitsgesellschaft vorgesehen ist. Die beim Ausscheiden eines Kommanditisten zu errichtende Auseinandersetzungsbilanz darf mit Rücksicht auf § 167 Abs. 3 für diesen kein negatives Kapitalkonto ausweisen. Ebensowenig kann eine Liquidationsschlussbilanz negative Kapitalkonten von Kommanditisten ausweisen. Jedes während der Existenz der Gesellschaft bzw. der Zugehörigkeit eines Kommanditisten zu ihr entstandene negative Kommanditisten-Kapitalkonto hat deshalb bloß vorläufigen Charakter. Es ist in doppelter Weise auflösend bedingt, denn es verschwindet, wenn es durch später anfallende Gewinnanteile kompensiert wird oder wenn das Gesellschaftsverhältnis (durch Liquidation des Gesellschaftsvermögens oder Ausscheiden des Gesellschafters) endet, ohne dass zuvor eine solche Kompensation eintreten konnte.

12 Handelsrechtlich erweist sich der Debet-Saldo eines Kommanditisten-Kapitalkontos als latente Belastung der Kapitalkonten aller anderen Gesellschafter, und zwar nicht nur des oder der persönlich haftenden Gesellschafter(s), sondern auch aller Kommanditisten mit positiven Kapitalkonten: Wenn

---

[4] So HFA 2/1993, B I 2 d in WPg 1994, 22, 23; *Freidank* WPg 1994, 397, 403.
[5] HFA 2/1993, B I 2 d in WPg 1994, 22, 24; BeckBilKomm/*Förschle/Hoffmann* § 264 c RdNr. 31; *A/D/S* § 247 Anm. 69.
[6] BeckBilKomm/*Förschle/Hoffmann* § 264 c RdNr. 36.
[7] *Huber* ZGR 1988, 1, 8.
[8] BFH (GrS) Beschl. v. 10. 11. 1980 – GrS 1/79, BStBl. 1981 II, 164, 168; *Huber* Vermögensanteil S. 278.

eine der beiden auflösenden Bedingungen für den Wegfall des Debet-Saldos auf dem Kommanditisten-Kapitalkonto eintritt, ist dieser Debet-Saldo nach dem unter ihnen maßgeblichen Ergebnisverteilungsschlüssel auf die übrigen Gesellschafter unter Verminderung von deren Kapitalkonten aufzuteilen.

In der Liquidation bleibt das ein beherrschbarer Vorgang. Beim Ausscheiden von persönlich haftenden Gesellschaftern oder von Kommanditisten mit positivem Kapitalkonto unter Fortsetzung der Gesellschaft durch u. a. Kommanditisten mit negativem Kapitalkonto stellt sich jedoch die Frage, ob und wieweit ein später wegfallender und auf die übrigen Gesellschafter zu verteilender Debet-Saldo eines Kommanditisten-Kapitalkontos nachträglich auch den zuvor bereits ausgeschiedenen Gesellschaftern zu belasten ist. In der Rechtsprechung hat sich mit dieser Frage – soweit ersichtlich – nur der Große Senat des Bundesfinanzhofs auseinandergesetzt.[9] Dieser weist darauf hin, dass das negative Kapitalkonto des Kommanditisten handelsrechtlich in dem Zeitpunkt wegfällt, für den die Liquidationsschlussbilanz bzw. die Auseinandersetzungsbilanz aufgestellt wird. Steuerrechtlich bleibt diese Feststellung ohne Folgen (vgl. unten RdNr. 18), aber auch handelsrechtlich bleibt sie ohne Erkenntniswert für die Beantwortung der Frage, ob der wegfallende Debet-Saldo des Kommanditisten-Kapitalkontos nunmehr nur auf diejenigen Gesellschafter (persönlich haftende Gesellschafter und Kommanditisten mit positivem Kapitalkonto) zu verteilen ist, die im Zeitpunkt der Auflösung des negativen Kapitalkontos vorhanden sind oder ob auch diejenigen daran zu beteiligen sind, die bei Entstehung des nunmehr wegfallenden Debet-Saldos Gesellschafter waren, aber vor Wegfall des Debet-Saldos ausschieden.

Die Literatur ist insoweit indifferent.[10] Geht man von der hier vertretenen Vorstellung aus, dass jeder Debet-Saldo auf einem Kommanditisten-Kapitalkonto auflösend bedingt ist, dann müsste in entsprechender Anwendung von § 158 Abs. 2 Satz 2 BGB so verfahren werden, als hätte das negative Kapitalkonto von Anfang an nicht gebildet werden dürfen. In der Konsequenz könnten sich daraus Ansprüche der Gesellschaft gegen bereits ausgeschiedene Gesellschafter ergeben. Abgesehen von den praktischen Schwierigkeiten periodengerechter Zuordnung des am Ende verbliebenen und aufzulösenden negativen Kapitalkontos ist das auch aus sachlichen Gründen nicht zu billigen: Jedes negative Kapitalkonto eines Kommanditisten ist Ausdruck seiner Beteiligung am Unternehmerrisiko. In dieses Unternehmerrisiko einbezogen sind nicht nur die Pflichteinlagen, sondern auch die mit der Beteiligung verbundenen Gewinnansprüche. Im Umfange eines negativen Kapitalkontos können sie nämlich verlorengehen. Das gilt insbesondere auch für die Beteiligung des Kommanditisten an den stillen Reserven des Unternehmens. Auch wenn diese Reserven aus der Ertragskraft früherer Rechnungsperioden gebildet wurden, also frühere Gewinnausweismöglichkeiten belasteten und dadurch möglicherweise zur Entstehung des negativen Kapitalkontos beitrugen, werden sie erst im Zeitpunkt ihrer Auflösung als Gewinne der Gesellschaft für die Gesellschafter verfügbar und müssen dann zur Auffüllung eines negativen Kommanditisten-Kapitalkontos verwendet werden.

Zu Recht hat deshalb der Bundesfinanzhof[11] die Auflösung eines nach Abwicklung oder Ausscheiden, also nach Auflösung aller (anteiligen) stillen Reserven noch verbliebenen negativen Kapitalkontos als Teil des Abwicklungsergebnisses bzw. der Auseinandersetzungsrechnung angesehen und daraus den Schluss gezogen, dass dieses Ergebnis ausschließlich unter den an der Abwicklung oder Auseinandersetzung beteiligten Gesellschaftern zu verteilen ist.

Allerdings hat er – ebenfalls zutreffend – die aus der notwendigen Auflösung eines negativen Kapitalkontos folgenden Belastungen nicht nur dem oder den persönlich haftenden Gesellschafter(n) zugeordnet, sondern auch den übrigen Kommanditisten. Maßgeblich für die Verteilung ist das Verhältnis, das dem für die Verteilung eines Jahresverlustes geltenden Schlüssel entspricht,[12] und zwar vorrangig des im Gesellschaftsvertrag festgelegten und in Ermangelung eines solchen nach der gesetzlichen Verlustverteilungsregelung.

Auch hierbei sind jedoch Unterschiede zu beachten, je nachdem, ob der Wegfall eines negativen Kommanditisten-Kapitalkontos notwendig wird, weil der Kommanditist, dem es zugerechnet wurde, aus der Gesellschaft ausscheidet oder weil die Gesellschaft aufgelöst wird. Im ersten Falle (Ausscheiden des Kommanditisten) trifft die Belastungsfolge, also die Umverteilung des beim ausscheidenden Kommanditisten zu beseitigenden Debet-Saldos alle verbleibenden Gesellschafter, also sowohl die

---

[9] BFH BStBl. 1981 II S. 164, 170 (Fn. 8).
[10] Schlegelberger/*Martens* § 167 RdNr. 15; Raupach/*Schulze-Osterloh*, Das negative Kapitalkonto des Kommanditisten, S. 84 ff., insbes. S. 89.
[11] BFH BStBl. 1981 II S. 164, 168, 169 (Fn. 8).
[12] BFH BStBl. 1981 II S. 164, 170 (Fn. 8); Bordewin/Söffing/Uelner S. 108; Herrmann/Heuer/Raupach/*Schulze-Osterloh* § 15 a RdNr. 50.

persönlich haftenden Gesellschafter als auch die Kommanditisten, und zwar ohne Rücksicht darauf, ob sie selbst möglicherweise bereits ein negatives Kapitalkonto haben. Die anteilige Minderung des Kapitalkontos von Kommanditisten erhöht den Betrag derjenigen künftigen Gewinne, die vorrangig zur Wiederauffüllung des Kapitalkontos bis zum Betrag der vollen bedungenen Pflichteinlage eingesetzt werden müssen. Das gilt gleichermaßen im Gesellschafts- wie im Steuerrecht.[13] Fällt der Debet-Saldo eines Kommanditisten-Kapitalkontos jedoch bei Auflösung der Gesellschaft weg, dann kommt eine Verlustzurechnung nur bei den persönlich haftenden Gesellschaftern und außerdem nur bei solchen Kommanditisten in Betracht, die noch über kreditorische Kapitalkonten verfügen, und zwar begrenzt auf den Betrag dieses Kapitalanteils ggfs. erhöht um noch nicht geleistete Teile der bedungenen Pflichteinlage.[14]

18 Steuerrechtlich knüpft der Wegfall des negativen Kapitalkontos an den wirtschaftlichen Tatbestand, der dies notwendig macht. Das ist nicht der Stichtag der Liquidationsschlussbilanz, sondern die Veräußerung oder Aufgabe des Betriebs der Gesellschaft (§ 16 Abs. 1 Nr. 1, Abs. 3 EStG) oder die Veräußerung oder Aufgabe des Anteils eines Gesellschafters durch Ausscheiden aus der Gesellschaft (§ 16 Abs. 1 Nr. 2, Abs. 3 EStG). Steuerrechtlich ist ein negatives Kommanditisten-Kapitalkonto auch dann aufzulösen, wenn „bei Aufstellung der Bilanz nach den Verhältnissen am Bilanzstichtag feststeht, dass ein Ausgleich des negativen Kapitalkontos mit künftigen Gewinnanteilen des Kommanditisten nicht mehr in Betracht kommt".[15] Mit der Auflösung des negativen Kapitalkontos ist steuerrechtlich ein Gewinn desjenigen Kommanditisten verbunden, dem das negative Kapitalkonto zuzurechnen war (§ 52 Abs. 19 S. 4 EStG). Obwohl diesem Gewinn keine Mehrung des Betriebsvermögens zugrundeliegt, wird er als „rechtlich notwendige Folge aus früheren Verlustzurechnungen"[16] verstanden. Infolge der Begrenzung der steuerlichen Verlustzurechnung durch § 15 a EStG bleibt das im Anwendungsbereich dieser Vorschrift – von wenigen Ausnahmen abgesehen – idR. ohne Folgen[17] (Einzelheiten bei den Erläuterungen zu Anh. Nr. 2 zu den §§ 161 bis 177 a).

19 § 167 verlangt nicht, dass die auf den Kommanditisten entfallenden Verluste auf einem gesonderten Konto erfasst werden. Zu Recht wird dies jedoch in der bilanzrechtlichen Literatur für notwendig gehalten.[18] Danach sind die auf einen Kommanditisten entfallenden Verlustanteile auf einem Verlustvortragskonto zu erfassen, um kenntlich zu machen, welches Verrechnungsvolumen der Gesellschaft für den Fall zusteht, dass auf denselben Kommanditisten zukünftig wieder Gewinnbeteiligungen entfallen. Gegen diese Bilanzierungsweise wurde eingewandt, dass der negative Kapitalanteil eines Gesellschafters nicht als Aktivum dargestellt werden dürfe, weil ihm keine Forderung der Gesellschaft gegen den Gesellschafter zugrundeliegt.[19] Überhaupt dürfe nicht bilanziert werden, was den Kommanditisten zu nichts verpflichte. Beim Ausweis des negativen Kapitalkontos in Form eines Verlustvortragskontos geht es aber nicht um den Ausweis irgendwelcher Vermögenswerte, sondern um die zutreffende Darstellung der Minderung des Gesellschaftsvermögens infolge von Verlusten, einerseits, und gleichzeitig um den Ausweis desjenigen Betrages, bis zu dessen Höhe zukünftige Gewinne dem Gesellschaftsvermögen verhaftet sind und den Kommanditisten nicht zur Verfügung gestellt werden dürfen. Gerade deshalb ist das auf der Aktivseite der Bilanz ausgewiesene Verlustvortragskonto auch kein „Luftposten",[20] sondern ein zwingender Gegenposten zum Eigenkapitalausweis.[21]

III. Vereinbarte Gesellschafterkonten von Kommanditisten[22]

20 Auch die Gesellschafterkonten haben rechtliche Verhältnisse abzubilden, sind also Folgen von deren Gestaltung. Das gesetzliche Zwei-Konten-Schema für die Gesellschafterkonten von Kommanditisten – wo notwendig zu ergänzen um Verlustvortragskonten – bildet diejenigen Rechtsverhält-

---

[13] *Bordewin/Söffing/Uelner* S. 108; *Söffing* BB 1982, 629, 633; BdF v. 8. 5. 1981 BStBl. I S. 308 Tz. 14; Herrmann/Heuer/Raupach/*Schulze-Osterloh* § 15 a RdNr. 50.
[14] *Söffing* BB 1982, 629, 635; *Mittelsteiner* DStR 1981, 363, 365; *Knobbe-Keuk,* Bilanz- und Unternehmenssteuerrecht § 11 a V Fn. 113; *L. Schmidt* EStG § 15 a Anm. 241; *Kudraß* BB 1986, 637, 638; anders aber die Verwaltungspraxis (Zurechnung nur beim persönlich haftenden Gesellschafter), BdF v. 8. 5. 1981, BStBl. I S. 308 Tz. 14.
[15] BFH BStBl. 1981 II, S. 164, 169 (Fn 8).
[16] BFH (GrS) Beschl. v. 25. 6. 1984 – GrS 4/82, BStBl. 1984 II S. 751, 770.
[17] Schlegelberger/*Martens* § 177 RdNr. 16; *Knobbe-Keuk,* Bilanz- und Unternehmenssteuerrecht, § 11 a V.
[18] *Mellwig* BB 1979, 1409, 1413; *Freidank* WPg 1994, 397, 404; BeckBilKomm/*Förschle/Hoffmann* § 264 c RdNr. 50 ff „aA"; *A/D/S* § 247 RdNr. 69.
[19] *Buchwald* BB 1956, 886, 887; *Thiel* BB 1964, 839; ders. DB 1964, 1166; ders. DB 1965, 413; *Knobbe-Keuk,* Bilanz- und Unternehmenssteuerrecht, § 11 a II 1; NJW 1980, 2557, 2558.
[20] *Thiel* DB 1964, 1166, 1167.
[21] *Kruse/Schulze/Osterloh,* Die Grundprobleme der Personengesellschaft im Steuerrecht, S. 170.
[22] Vgl. zu allem Folgenden: *Huber* ZGR 1988, 1 ff.

nisse ab, die sich für einen Kommanditisten mit Rücksicht darauf ergeben, dass seine Haftung auf den Betrag der bedungenen Pflichteinlage und alle zum Ausgleich negativer Kapitalkonten benötigter Zukunfts-Gewinnanteile beschränkt ist. Dieses Kontenschema steht zur Disposition der Gesellschafter. Es kann eingeschränkt oder erweitert werden. Wie immer die Gesellschafter von dieser Gestaltungsfreiheit Gebrauch machen, haben sie sich Klarheit über die Funktion des gewählten Kontenbildes zu verschaffen: Die Konten haben zumindest darzustellen, welchen Einlagenbetrag der Kommanditist schuldet und in welchem Umfang künftige Gewinnanteile für die vorrangige Tilgung von auf ihn entfallenden Verlustvorträgen verhaftet sind. Das übrige Kontenbild hängt davon ab, welche Vereinbarungen im Gesellschaftsvertrag über die Leistung der Einlagen, über die Maßgeblichkeit des Kapitalkontos für die Bestimmung der Kommanditistenrechte im Verhältnis zu anderen Gesellschaftern, namentlich der Stimmrechte und der Beteiligung am Geschäftsergebnis, über den Umfang der Entnahmeberechtigung, über die Verfügbarkeit von Guthaben (Pflicht zur darlehensweisen Nutzungsbereitstellung oder jederzeitige Verfügbarkeit), über Art und Umfang der Verzinsung von Beständen auf Gesellschafterkonten im Soll und im Haben, über den Umfang der Verlustzuweisung in Abweichung von § 167 Abs. 3 oder über die Zulässigkeit von über die Pflichteinlage hinausgehenden Einlagen oder Gewinngutschriften (Kapitalkonto II)[23] enthält. Der Gesellschaftsvertrag kann schließlich auch vorsehen, dass für alle Gesellschafter oder für bestimmte Gruppen von Gesellschaftern, handle es sich nun um persönlich haftende Gesellschafter oder um Kommanditisten, Gemeinschaftskonten zur Aufnahme von Eigenkapitalpositionen gebildet werden (gemeinschaftliche Rücklagenkonten).[24]

§ 168 [Verteilung von Gewinn und Verlust]

(1) Die Anteile der Gesellschafter am Gewinne bestimmen sich, soweit der Gewinn den Betrag von vier vom Hundert der Kapitalanteile nicht übersteigt, nach den Vorschriften des § 121 Abs. 1 und 2.

(2) In Ansehung des Gewinns, welcher diesen Betrag übersteigt, sowie in Ansehung des Verlustes gilt, soweit nicht ein anderes vereinbart ist, ein den Umständen nach angemessenes Verhältnis der Anteile als bedungen.

Schrifttum: *Bordewin,* Besonderheiten der Ertragsbesteuerung bei Familien-Personengesellschaften, DB 1996, 1359; *Bork,* Die Haftung des entlohnten Gesellschafter-Geschäftsführers bei der GmbH & Co. KG, AcP 184 (1984), 465; *Finken,* Kritik an der zivilrechtlichen Behandlung von Verlusten, die den Kapitalanteil des Kommanditisten übersteigen, in *Raupach,* Das negative Kapitalkonto des Kommanditisten, S. 67 ff.; *Flume,* Die Gewinnverteilung in Personengesellschaften nach Gesellschaftsrecht und Steuerrecht, DB 1973, 786; *Ganssmüller,* Der Gewinnanteil der Gesellschafter von Handelspersonengesellschaften und seine rechtliche Behandlung, DB 1967, 2103; *ders.* Gewinnanteil und Leistung der Einlage, DB 1970, 285; *Huber,* Gesellschafterkonten in der Personengesellschaft, ZGR 1988, 1 ff.; *ders.,* Vermögensanteil, Kapitalanteil und Gesellschaftsanteil an Personengesellschaften des Handelsrechts, 1970; *Jülicher,* Der freie Widerrufsvorbehalt bei der Schenkung einer Kommanditbeteiligung – Kollision von Schenkungs- und Gesellschaftsrecht?, ZGR 1996, 82; *Knobbe-Keuk,* Bilanz- und Unternehmenssteuerrecht, 1993; *Schulze-Osterloh,* Gesellschaftsrechtliche und handelsbilanzrechtliche Bedeutung des negativen Kapitalanteils des Kommanditisten, in *Raupach,* Das negative Kapitalkonto des Kommanditisten, S. 81 ff.; *Seer,* Der minderjährige Kommanditist als Mitunternehmer bei schenkweiser Übertragung der Beteiligung durch seine Eltern, DStR 1988, 600; *Teichmann/Widmann,* Die steuerliche Anerkennung der Gewinnverteilung in Personengesellschaften, ZGR 1975, 156; *van Randenborgh,* Das negative Kapitalkonto bei der Personalgesellschaft, DNotZ 1959, 373; *Westerfelhaus,* Betriebswirtschaftliche Einflüsse auf das Steuerrecht der Familien-Personengesellschaften, DB 1997, 2033.

Übersicht

	RdNr.		RdNr.
I. Normzweck	1, 2	IV. Abweichende Regelungen im Gesellschaftsvertrag	13–27
II. Vorabgewinn nach dem Verhältnis der Kapitalanteile	3–6	1. Ergebnisverteilung	13–16
III. Ergebnisverteilung nach angemessenem Verhältnis	7–12	2. Kapitalanteilsabhängige Ergebnisverteilung bei veränderbaren Kapitalanteilen	17–21
1. Gewinnverteilung	7–11	3. Steuerliche Angemessenheitskontrolle	22–27
2. Verlustzurechnung	12	V. Prozessuale Fragen	28–31

---

[23] BGH Urt. v. 23. 1. 1967 – II ZR 58/65, WM 1967, 317.
[24] *Huber* ZGR 1988 1, 89; *H. Westermann* RdNr. 587 I.

I. Normzweck

1 Die §§ 167 bis 169 handeln in klarer Funktionstrennung von der Teilhabe des Kommanditisten am Geschäftsergebnis: § 167 behandelt die Ermittlung des Geschäftsergebnisses (Abs. 1), die Gewinnverwendungsbindung zur vorrangigen Einlagenerbringung (Abs. 2) und die Verlustzurechnungsbeschränkung (Abs. 3). § 168 regelt die Verteilung des Geschäftsergebnisses unter allen Gesellschaftern. § 169 schließlich betrifft den Gewinnauszahlungsanspruch des Kommanditisten und seine Grenzen.

2 Auch § 168 ist dispositiv: Indem die Vorschrift – abgesehen von der kapitalanteiligen Zuordnung von Teilen des Gewinns auf ein angemessenes Verhältnis bei der Verteilung des Geschäftsergebnisses (Gewinn oder Verlust) verweist, macht sie die Ausnutzung dieser Dispositionsmöglichkeit durch Bestimmungen im Gesellschaftsvertrag geradezu erforderlich. Man kann die Vorschrift als gesetzliche Aufforderung zur kautelar-juristischen Ausfüllung unbestimmter Rechtsbegriffe bezeichnen.

II. Vorabgewinn nach dem Verhältnis der Kapitalanteile

3 Nach dispositiver Vorschrift in Abs. 1 sollen vorab die Kapitalanteile aller Gesellschafter, dh. gleichermaßen der persönlich haftenden Gesellschafter wie auch der Kommanditisten, aus dem Gewinn mit 4 vH bedient werden. Hinsichtlich der Einzelheiten verweist die Vorschrift auf § 121 Abs. 1 und 2. Mit „Gewinn" ist der Jahresüberschuss iSd. §§ 275 Abs. 2 Nr. 20 oder Abs. 3 Nr. 19 und 266 Abs. 3 A V. gemeint. Die Bildung eines Bilanzergebnisses (Bilanzgewinn oder -verlust) ist nur bei Kapitalgesellschaften vorgesehen (§ 268 Abs. 1). Sie wäre bei Kommanditgesellschaften auch nicht systemgerecht.[1] Jede Ergebnisermittlung hat alljährlich auf den Schluss jedes Geschäftsjahres zu erfolgen (§§ 242, 167 Abs. 1, 120 Abs. 1).

4 Anknüpfungspunkt für die Vorabverteilung ist der Kapitalanteil. Das Gesetz definiert den Begriff nicht.[2] Unter Zugrundelegung des gesetzlichen Kontenschemas wird der Kapitalanteil des persönlich haftenden Gesellschafters bestimmt durch den Saldo von Einlagen und Entnahmen, Verlusten und Gewinnen; der Kapitalanteil des Kommanditisten versteht sich als Saldo zwischen der bedungenen Einlage (Pflichteinlage), einerseits, und den ausstehenden Einlagen sowie etwa aufgelaufenen anteiligen Verlusten, andererseits. Die Möglichkeit sog. „negativer" Kapitalanteile ist damit für jeden Gesellschafter vorgegeben (vgl. die Erläuterung zu § 167 RdNr. 11 ff.). Negative Kapitalanteile sind als Anknüpfungspunkt für die Verteilung ausgeschlossen.[3] Umgekehrt lösen sie auch keine Verpflichtung auf Seiten des betroffenen Gesellschafters zur Entrichtung von Sollzinsen aus, sofern und soweit die negativen Kapitalanteile ausschließlich auf die Beteiligung an den Verlusten der Gesellschaft zurückzuführen sind, denn kein Gesellschafter ist der Gesellschaft gegenüber zum Ausgleich von Verlusten durch Einlagen verpflichtet.[4] Entstand der Debetsaldo des Kapitalkontos jedoch durch unberechtigte Entnahmen, so hat die Gesellschaft Anspruch auf Zinsen darauf (§§ 161 Abs. 2, 111 Abs. 1).

5 Vereinzelt ist die Frage aufgeworfen worden, ob verlustbedingte negative Kapitalkonten von Kommanditisten die positiven Kapitalanteile von persönlich haftenden Gesellschaftern und ggfs. anderen Kommanditisten bei der Feststellung der Bemessungsgrundlage für die vorab durchzuführende Kapitalverzinsung mindern.[5] Dies wird mit der Begründung gefordert, dass als Bemessungsgrundlage für die gem. § 168 Abs. 1 vorab durchzuführende Kapitalverzinsung nur äußerstenfalls der Saldo aus allen Kapitalanteilen, einerseits, und allen Verlustvorträgen, andererseits, herangezogen werden dürfe. Dieser Auffassung ist nicht beizutreten, weil § 168 Abs. 1 nicht an das Reinvermögen der Gesellschaft knüpft, sondern an die Beiträge der einzelnen Gesellschafter zur Bildung des Gesellschaftsvermögens, soweit diese Beiträge noch vorhanden sind und nicht durch Entnahmen oder Verluste gemindert wurden.[6] Im Übrigen handelt § 168 Abs. 1 nicht von der Verzinsung irgendwelcher Werte; die Vorschrift beschreibt lediglich ein Zuordnungsverhältnis für Teile des Gewinns.[7]

---

[1] Im Zweifel haben deshalb die Kommanditisten auch ein Mitentscheidungsrecht bei allen Bilanzierungsentscheidungen mit Gewinnverwendungsfolge: BGH Urt. v. 29. 3. 1996 – II ZR 263/94, BGHZ 132, 263, 268 = NJW 1996, 1678 m. Anm. v. *W. Müller* EWiR § 119 HGB 1/96, 513.
[2] RG Urt. v. 14. 6. 1927 – II 394/26, RGZ 117, 238, 242; *Huber* Vermögensanteil S. 199 f., 218 f.; *ders.* ZGR 1988, 1, 4; *Gansmüller* DB 1967, 2103; *ders.* DB 1970, 285; MünchHdbKG/v. *Falkenhausen/Schneider* § 22 RdNr. 3 ff.; Baumbach/*Hopt* § 120 RdNr. 12, 13.
[3] Schlegelberger/*Martens* § 168 RdNr. 5; Baumbach/*Hopt* § 168 RdNr. 1.
[4] *Huber* Vermögensanteil S. 265 Fn. 10; *A. Hueck* OHG § 17 II 2; van Randenborgh DNotZ 1959, 373, 376; *H. Westermann*, I RdNr. 624; Raupach/*Schulze-Osterloh*, Das negative Kapitalkonto des Kommanditisten, S. 83.
[5] Raupach/*Finken*, Das negative Kapitalkonto des Kommanditisten, S. 78.
[6] Raupach/*Schulze-Osterloh*, Das negative Kapitalkonto des Kommanditisten, S. 82, 83.
[7] *H. Westermann* I RdNr. 624.

Die Zuordnung dieser Teile des Gewinns erfolgt lediglich mit den Techniken einer Verzinsung und deshalb „staffelmäßig", dh. während der dem Geschäftsjahr entsprechenden Zinslaufzeit zeitanteilig jeweils so lange, wie der den Kapitalanteil ausmachende Saldo konstant bleibt (§ 121 Abs. 2). Der Saldo schwankt auch während des Geschäftsjahres, weil jeder Gesellschafter jederzeit noch ausstehende Einlagen in das Vermögen der Gesellschaft leisten darf bzw. muss und weil persönlich haftende Gesellschafter jederzeit zu Lasten ihres Kapitalanteils in den Grenzen von § 122 Abs. 1 Entnahmen tätigen dürfen. Reicht der insgesamt verfügbare Jahresüberschuss für eine Verzinsung nach dem gesetzlichen Prozentsatz von 4 nicht aus, so wird gleichmäßig nach einem entsprechend niedrigeren Satz verzinst. 6

III. Ergebnisverteilung nach angemessenem Verhältnis

1. Gewinnverteilung. Der nach Bedienung der Kapitalanteile gem. Abs. 1 iVm. § 121 Abs. 1 und 2 verbleibende Gewinn wird in der offenen Handelsgesellschaft ebenso wie ein Verlust nach Köpfen gleichmäßig unter allen Gesellschaftern verteilt (§ 121 Abs. 3). In der Kommanditgesellschaft gilt diese Vorschrift nicht. Vielmehr gilt in Hinsicht auf diesen Teil des Gewinns „ein den Umständen nach angemessenes Verhältnis der Anteile als bedungen" (§ 168 Abs. 2). Dies ermöglicht – und erfordert idR – eine unterschiedliche Behandlung der Gesellschafter, und zwar auch von persönlich haftenden Gesellschaftern untereinander und von Kommanditisten untereinander. Bei der unterschiedlichen Behandlung ist jedoch der gesellschaftsrechtliche Gleichbehandlungsgrundsatz zu beachten, dh. die für maßgeblich gehaltenen Kriterien der angemessenen Zurechnung des Geschäftsergebnisses sind für alle Gesellschafter gleichmäßig anzuwenden (vgl. die Erläuterungen zu § 163 RdNr. 38). 7

Das insoweit maßgebliche Verhältnis wird im Wesentlichen durch die Beiträge bestimmt, mit denen die einzelnen Gesellschafter auf den Erfolg des Gesellschaftsunternehmens Einfluss nehmen.[8] Das sind vor allem die Beiträge in Form persönlicher Tätigkeit bei der Führung der Geschäfte und diejenigen zur Finanzierung des Geschäftsbetriebs in Form von Einlagen[9] sowie der persönlichen Haftung für Gesellschaftsschulden, sofern und soweit dies die Kreditfähigkeit der Gesellschaft fördert. Weil jeder Gesellschafter unabhängig davon, ob er persönlich haftet oder Kommanditist ist, prinzipiell in gleicher Weise solche Beiträge erbringen kann, muss die Bevorzugung von persönlich haftenden Gesellschaftern bei der Ergebnisverteilung im Einzelfall gerechtfertigt werden. 8

In jedem Falle angemessen ist die Vergütung persönlicher Tätigkeit in der Geschäftsführung der Gesellschaft, die Kommanditisten ebenso obliegen kann wie den dazu von Gesetzes wegen berufenen persönlich haftenden Gesellschaftern.[10] Geschäftsführende Tätigkeit ist für den Betrieb des Gesellschaftsunternehmens unverzichtbar. Ihre Vergütung wird in der Betriebswirtschaftslehre als kostenähnliche Ergebnisbelastung (Unternehmerlohn) anerkannt.[11] Deshalb ist es angemessen, den in der Geschäftsführung tätigen Gesellschaftern aus dem nach kapitalanteiliger Verteilung gem. Abs. 1 verbleibenden Gewinn vorab einen ihre Tätigkeit angemessen vergütenden Teil zuzubilligen. Entsprechend den für das Steuerrecht entwickelten Grundsätzen (Stichwort: „Drittvergleich") mag das in diesem Zusammenhang Angemessene in Anlehnung an das bestimmt werden, was für geschäftsführende Tätigkeiten in vergleichbaren Unternehmen anderer Rechtsform an angestellte Geschäftsführer gezahlt zu werden pflegt. Allerdings bleibt auch der im Hinblick auf die geschäftsführende Tätigkeit begründete Vorabvergütungsanspruch ein Gewinnbeteiligungsanspruch; er setzt also einen Gewinn voraus und geht über diesen nicht hinaus. Ansprüche auf gewinnunabhängige Tätigkeitsvergütungen gewährt das Gesetz nicht. 9

Jeder Anspruch auf angemessene Vorabgewinnteilhabe mit Rücksicht auf die geschäftsführende Tätigkeit setzt voraus, dass der Gesellschaftsvertrag keine Bestimmung über die Gewinnverteilung enthält. Trifft er hingegen Bestimmungen über die Verteilung des Gewinns, dann treten diese an die Stelle von § 168 Abs. 2 (iZw. nicht auch von § 168 Abs. 1)[12] mit der Folge, dass keine Tätigkeitsvergütung verlangt werden kann, wenn und soweit sie nicht Bestandteil der gesellschaftsvertraglichen Ergebnisverteilungsregelung ist.[13] Auch wenn der Gesellschaftsvertrag bestimmt, dass alle Gesellschafter einen gleichen Gewinnanteil erhalten und nur einer die Geschäfte führt, steht diesem ohne vertragliche Vereinbarung keine gesonderte Tätigkeitsvergütung zu.[14] 10

---

[8] BGH Urt. v. 22. 3. 1956 – II ZR 200/54, WM 1956, 1062, 1064.
[9] Zum Begriff vgl. § 167 RdNr. 6.
[10] Vgl. hierzu die Erl. zu § 164 RdNr. 19 ff.
[11] ZB IdW-Fachnachrichten 1999, 67 (dort Tz. 40).
[12] Schlegelberger/*Martens* § 168 RdNr. 21; MünchKommHGB/*Grunewald* § 168 RdNrn. 7ff.
[13] MünchHdbKG/*v. Falkenhausen/Schneider* § 23 RdNr. 35.
[14] RG Urt. v. 4. 3. 1943 – II ZR 113/42, RGZ 170, 392, 396 f.; BGH Urt. v. 21. 5. 1955 – IV ZR 7/55, BGHZ 17, 299, 302 = NJW 1955, 1277; *Bork* AcP 184 (1984), 465, 477.

11 Sind Rechtsnachfolger von verstorbenen Gesellschaftern aus Versorgungsgründen Mitglied der Gesellschaft, dann ist auch die sich aus dem Gesellschaftsvertrag ergebende Versorgungsabsicht als prinzipiell gleichwertiges Moment bei der Bestimmung eines angemessenen Gewinnverteilungsverhältnisses zu berücksichtigen.

12 **2. Verlustzurechnung.** Auch für die anteilige Verlustzurechnung gilt – nach dem Gesetz – „ein den Umständen nach angemessenes Verhältnis als bedungen." Dies zwingt in gleicher Weise zur Differenzierung wie bei der Bestimmung des angemessenen Verhältnisses für die Gewinnverteilung. Die These, wonach Verluste im Zweifel nach dem Verhältnis der Kapitalanteile zueinander verteilt werden müssten,[15] ist deshalb nicht gerechtfertigt.[16] Richtigerweise wird auch bei der Bestimmung des angemessenen Verhältnisses für die anteilige Verlustzurechnung sowohl nach der Ergebnisverantwortlichkeit als auch nach dem Umfang der Risikobereitschaft der einzelnen Gesellschafter, gemessen an ihren Beiträgen für die Finanzierung des Geschäftsbetriebs, zu fragen sein. Bei den Kommanditisten wird die Risikobereitschaft durch die bedungene Einlage sowie die etwa darüber hinausgehende in das Handelsregister eingetragene Haftsumme bestimmt, nicht hingegen durch den begrifflich damit nicht identischen Kapitalanteil; bei persönlich haftenden Gesellschaftern ist es neben deren Kapitalanteilen die persönliche Haftung mit ihrem nicht gesamthänderisch gebundenen Vermögen, sofern und soweit sich diese persönliche Haftung auf die Kreditfähigkeit des Gesellschaftsunternehmens förderlich auswirkt. Verlustverantwortlichkeit und Risikobereitschaft sind gewissermaßen das negative Spiegelbild von erfolgreicher Geschäftsführungstätigkeit und Beiträgen zur Unternehmensfinanzierung als Kriterien für eine angemessene Gewinnverteilung. Deshalb ist es gerechtfertigt, den Grundsatz des § 722 Abs. 2 BGB, wonach der Anteil am Verlust im Zweifel genauso wie der Anteil am Gewinn zu bestimmen ist, auch bei der Anwendung von § 168 Abs. 2 zu beachten.[17]

IV. Abweichende Regelungen im Gesellschaftsvertrag

13 **1. Ergebnisverteilung.** Die Gesellschafter sind in der Regelung der Verteilung des Geschäftsergebnisses nach Gewinn und Verlust vollkommen frei. Jede Bestimmung des Gesellschaftsvertrages ist zunächst daraufhin zu prüfen, ob von dieser Freiheit durch vollständige Abbedingung von § 168 Gebrauch gemacht werden oder ob damit lediglich das „angemessene Verhältnis" iSv. § 168 Abs. 2 bei Fortgeltung der Vorabgewinnzuweisung gem. § 168 Abs. 1 bestimmt werden sollte. Im Zweifel wird das Letztere anzunehmen sein.[18] Enthält der Gesellschaftsvertrag nur Regeln über die Gewinnverteilung, dann ist, sofern Veranlassung dafür besteht (Anfall von Verlusten), zu prüfen, ob der Grundsatz zur Anwendung kommt, wonach im Zweifel der Anteil am Verlust genauso zu bestimmen ist, wie der Anteil am Gewinn (§ 722 Abs. 2 BGB). Wenn etwa ein persönlich haftender Gesellschafter in Weisungsabhängigkeit vom Kommanditisten nach Art eines Angestellten die Geschäfte führt und dafür mit festen Bezügen und einer ergebnisabhängigen Tantieme entlohnt wird, kann angenommen werden, dass er im Innenverhältnis der Gesellschafter untereinander nicht am Verlust teilnehmen soll.[19]

14 Im Allgemeinen wird jede vertragliche Regelung der Ergebnisverteilung mit einer darauf abgestimmten Erfassung von Leistungs- oder Nutzungsvergütungen kombiniert, die sich im Verhältnis zwischen Gesellschaft und Gesellschaftern als Kosten oder Erträge auswirken. Dazu gehören Regelungen über die Verzinsung der Gesellschafterkonten (ohne Verlustsonderkonten und nicht notwendig einschließlich der festen Kapitalkonten) im Soll und im Haben, über die Entrichtung von Miet- oder Pachtzinsen für die Bereitstellung von Gegenständen des Sachanlagevermögens, auch wenn diese Bereitstellung in Erfüllung von gesellschaftsvertraglich vereinbarten Beitragspflichten erfolgt, sowie schließlich die Vergütung von Tätigkeiten einzelner oder aller Gesellschafter für die Gesellschaft. Die Abrechnung solcher Leistungs- und Nutzungsvergütungen ist im Zweifel unabhängig vom Geschäftsergebnis vorzunehmen, und zwar auch dann, wenn sich daraus ein Verlust ergibt, welcher sodann nach den dafür vereinbarten Regeln unter den Gesellschaftern zu verteilen ist.

15 Im Übrigen knüpfen auch die Ergebnisverteilungsvereinbarungen regelmäßig an das Gewicht der Beiträge an, die von den Mitgliedern der Kommanditgesellschaft zum Geschäftserfolg geleistet

---

[15] So Baumbach/*Hopt* § 168 RdNr. 3; Schlegelberger/*Martens* § 168 RdNr. 10; Staub/*Schilling* § 168 RdNr. 2; differenzierend auch MünchKommHGB/*Grunewald* § 168 RdNr. 5.
[16] So auch zutr. MünchHdbKG/*v. Falkenhausen/Schneider* § 23 RdNr. 17.
[17] *H. Westermann*, I RdNr. 2423/2415; dagegen und für Einzelfallabwägung: Schlegelberger/*Martens* § 168 RdNr. 10; MünchHdbKG/*v. Falkenhausen/Schneider* § 23 RdNr. 17.
[18] Schlegelberger/*Martens* § 168 RdNr. 21.
[19] RG Urt. v. 16. 4. 1942 – II 117/41, RGZ 169, 105, 107 ff.

werden oder geleistet werden sollen. Solche Anknüpfungspunkte sind einerseits die geschäftsführende Tätigkeit und andererseits die Beiträge der Gesellschafter zur Finanzierung des Gesellschaftsunternehmens durch Einlagen oder persönliche Haftung, soweit diese geeignet ist, die Kreditfähigkeit des Gesellschaftsunternehmens zu fördern. Geht beides miteinander einher, so wird geschäftsführend tätigen Gesellschaftern üblicherweise ein Gewinnvoraus eingeräumt, während der verbleibende Gewinn nach dem Verhältnis der Kapitalanteile geteilt zu werden pflegt. Damit in diesem Zusammenhang unerwünschte Verschiebungen des Gewinnverteilungsschlüssels vermieden werden, ist es in der Praxis üblich, auch für persönlich haftende Gesellschafter feste Kapitalanteile zu vereinbaren, die dann ihrerseits in die Schlüsselung des Ergebnisses einbezogen werden, während die auf einem zweiten Kapitalkonto gebuchten stehengelassenen Gewinne oder weitergehenden Einlagen von der Teilhabe an der Restgewinnverteilung ausgeschlossen, jedoch vorab zu verzinsen sind.

Nicht ungewöhnlich ist auch die Verteilung nach Familienstämmen unter Zugrundelegung der gleichen Prinzipien, wenn den Mitgliedern der einzelnen Familienstämme die Freiheit geschaffen werden soll, über die Verteilung der gemeinsamen Quote ohne Rücksicht auf die anderen Familienstämme entscheiden zu dürfen.

2. Kapitalanteilsabhängige Ergebnisverteilung bei veränderbaren Kapitalanteilen. Besondere Probleme stellen sich, wenn die für die Bestimmung des Ergebnisverteilungsverhältnisses maßgeblichen Kapitalanteile Veränderungen unterliegen. In Literatur und Rechtsprechung hat man die Schwierigkeiten vor allem in folgendem gesehen:

Weil jeder Kapitalanteil durch Verluste oder Entnahmen negativ werden könne, verliere er in solchem Fall die Fähigkeit, Bemessungsgröße für die Bestimmung des Verhältnisses zu sein, nach dem das Geschäftsergebnis zu verteilen ist.[20] Sofern es allen oder den einzelnen Gesellschaftern erlaubt ist, ihre Kapitalanteile durch Einlagen zu erhöhen, werde eine möglicherweise gar nicht gewollte Manipulationsmöglichkeit zur Veränderung des Ergebnisverteilungsverhältnisses geschaffen.[21] Eine im Gesellschaftsvertrag vorgesehene Wiederauffüllung von durch Verluste geminderten Kapitalanteilen durch Einlagen als Voraussetzung für künftige Gewinnbeteiligung verstoße gegen § 707 BGB und sei deshalb „nicht zumutbar";[22] auch ohne Regelung im Gesellschaftsvertrag habe kein Gesellschafter das Recht, seinen Kapitalanteil belastende Verluste durch Einlagen auszugleichen, weil es ihm von Gesetzes wegen nicht gestattet sei, sein Einlagenkonto beliebig zu verändern.[23] Sofern das variable Kapitalkonto eines persönlich haftenden Gesellschafters für die Bestimmung seines Gewinnanteils maßgeblich ist, kann er dieses Verhältnis durch „Stehenlassen" von Gewinnen zu seinen Gunsten verändern; in solchen Fällen müsse geprüft werden, ob die Gesellschafter ihre gesellschaftsvertragliche Vereinbarung nicht dahingehend verstanden wissen wollten, dass auch der für die Bestimmung des Gewinnverteilungsverhältnisses maßgebliche Kapitalanteil der Kommanditisten in der Weise variabel sein sollte, dass die Gewinnzuschreibungssperre gem. § 167 Abs. 2 abbedungen sei.[24] Zur Bewältigung der sich in solchen Fällen stellenden Probleme sind im Wesentlichen die folgenden Lösungsversuche unternommen worden:

Die Rechtsprechung zeigt eine gewisse Tendenz, manipulativen Eingriffen in das durch den Gesellschaftsvertrag unvollkommen gestaltete System der Ergebnisverteilung, insbesondere der Gewinnverteilung, entgegenzuwirken. Beispiele dafür bieten die Entscheidungen über die Gewinnzuschreibungsmöglichkeit sowohl bei den Kapitalkonten der Komplementäre als auch denjenigen der Kommanditisten[25] und über die Maßgeblichkeit des Realwerts bei der Bestimmung des Gewinnverteilungsverhältnisses nach Kapitalanteilen, wenn es einem Gesellschafter gestattet ist, den Buchwert seines Kapitalanteils durch Einlagen zu erhöhen.[26] Diese Tendenz wird durch die übereinstimmende Meinung in der Literatur gestützt, wonach es keinem Gesellschafter ohne Zustimmung der Mitgesellschafter erlaubt ist, das Kapitalanteilsverhältnis durch freiwillige Einlageleistungen zu verändern.[27] Im Zweifel kann eben nicht angenommen werden, dass die Gesellschafter einzelnen von ihnen das Recht einräumen wollten, den Ergebnisverteilungsschlüssel zu ihren Gunsten zu verändern. Zum gleichen Ergebnis kommt auch die Kernbereichslehre. Danach gehört die Änderung

---

[20] BGH WM 1956, 1062 (Fn. 8); *Flume* Personengesellschaft § 11 II 3; *Huber* Vermögensanteil S. 276; MünchHdbKG/*v. Falkenhausen/Schneider* § 23 RdNr. 30 ff.; Schlegelberger/*Martens* § 168 RdNr. 23, 24.
[21] BGH Urt. v. 23. 1. 1967 – II ZR 58/65, WM 1967, 317, 318.
[22] *Huber* Vermögensanteil S. 274; Schlegelberger/*Martens* § 168 RdNr. 24.
[23] *Van Randenborgh* DNotZ 1959, 376 f.; Schlegelberger/*Martens* § 168 RdNr. 24.
[24] BGH WM 1967, 317, 318 (Fn. 21).
[25] BGH WM 1967, 317, 318 (Fn. 21).
[26] BGH Urt. v. 27. 9. 1982 – II ZR 140/81, WM 1982, 1433, 1434.
[27] MünchKommBGB/*Ulmer* § 707 RdNr. 8; *H. Westermann*, I RdNr. 398 a; Baumbach/*Hopt* § 109 RdNr. 13; MünchHdbKG/*v. Falkenhausen/Schneider* § 19 RdNr. 3.

20 Wo der Gesellschaftsvertrag – meist unbedacht – die Ergebnisverteilung ohne Differenzierung an das Verhältnis der Kapitalanteile knüpft und diese Kapitalanteile aus unterschiedlichen Gründen (Verluste und/oder Entnahmen) und damit nicht notwendigerweise im gleichen Verhältnis bei allen Gesellschaftern negativ werden, wird das vereinbarte Ergebnisverteilungssystem insgesamt unbrauchbar. In einer früheren Entscheidung zog der Bundesgerichtshof daraus die Konsequenz, dass anstelle des vereinbarten aber unbrauchbaren Verteilungsmaßstabs der gesetzliche nach § 168 Abs. 2 Anwendung finden müsse.[29] Das erweist sich auch unter Berücksichtigung des Vorschlags von *Flume* als sinnvoll, die fehlgeschlagene vertragliche Regelung nach den Grundsätzen der ergänzenden Vertragsauslegung[30] durch eine funktionsfähige, aber angemessene Lösung zu ersetzen, eben weil auch die ergänzende Vertragsauslegung nur auf das zielen kann, was das Gesetz anordnet, nämlich die Bestimmung eines angemessenen Ergebnisverteilungsverhältnisses.

21 Alle hier erörterten Probleme sind vermeidbar, wenn die gesellschaftsvertragliche Gestaltung an feste, den bedungenen und geleisteten Einlagen entsprechende Kapitalkonten als Bemessungsgrößen für die Bestimmung des Ergebnisverteilungsverhältnisses knüpft, weder Entnahmen noch anteilige Verluste noch weitere Einlagen oder stehengelassene Gewinne von Einfluss auf diese festen Kapitalkonten sein lässt, und wenn dieses System ergänzt wird durch Regelungen über die Verzinsung von Soll- und Haben-Salden auf den neben dem festen Kapitalkonto geführten Gesellschafterkonten mit Ausnahme der die anteiligen Verluste aufnehmenden Verlustsonderkonten.

22 **3. Steuerliche Angemessenheitskontrolle.** Nicht das gesetzliche Ergebnisverteilungsverhältnis, wohl aber davon abweichende Regelungen des Gesellschaftsvertrages können steuerrechtlich die Notwendigkeit einer Korrektur zum Zwecke der Gewährleistung gleichmäßiger Anwendung von Besteuerungsgrundsätzen auslösen. Es kann für die Mitglieder von Kommanditgesellschaften – wie jeder Personengesellschaft – von Interesse sein, die gesellschaftsvertragliche Ergebnisverteilungsregelung im Blick auf die mit ihr korrespondierende Steuerlast zu gestalten. Wenn Gesellschafter in hoher zu Gunsten von Gesellschaftern in niedriger Progressionsstufe des Steuertarifs die Gewinnquoten verschieben und auf diese Weise zugleich schenkungs- bzw. erbschaftsteuerfreie Vermögensverlagerungen bewirken, wird der Grenzbereich berührt, welchen der steuerrechtliche Grundsatz der Trennung zwischen Einkommenserzielung und Einkommensverwendung beschreibt.[31] Wo das Regulativ divergierender Eigeninteressen im Kreise der Gesellschafter wirkt, ist ein solcher Verdacht unberechtigt. Anders, wo die Eigeninteressen der Gesellschafter einem einheitlichen Vermögensinteresse untergeordnet sind, was in der Praxis des Steuerrechts im Zweifel bei denjenigen Gesellschaften vermutet wird, die sich aus Mitgliedern einer Familie zusammensetzen (Familiengesellschaften).

23 Mit steuerrechtlich begründeten Eingriffen muss insbesondere gerechnet werden, wenn Eltern ihre Kinder – zumeist als Kommanditisten[32] – an der Gesellschaft beteiligen. Solche Eingriffe haben zwei Stoßrichtungen: Zunächst wird geprüft, ob die Beteiligung der Kinder überhaupt zu einer steuerlich anerkennungsfähigen Mitunternehmerschaft führte. Trotz dinglicher Mitberechtigung, einerseits, und Verlustbeteiligung, andererseits, wird die Mitunternehmerstellung der Kinder nicht anerkannt, wenn es am tatsächlichen Vollzug des Gesellschaftsvertrags fehlt, was insbesondere dann angenommen wird, wenn die Eltern als gesetzliche Vertreter ihrer Kinder deren Gewinnanteile entnehmen und für eigene Zwecke verwenden.[33] Gleiches soll nach höchstrichterlich noch nicht abgesicherter Meinung dann gelten, wenn die entnommenen Kindes-Gewinnanteile zum Unterhalt des Kindes verwendet werden.[34]

24 Die schenkweise Einräumung einer Kommanditbeteiligung von Eltern an Kinder führt dann nicht zur steuerrechtlichen Anerkennung einer Mitunternehmerstellung, wenn ihre qualitative Ausstattung

---

[28] MünchKommBGB/*Ulmer* § 709 RdNr. 91 ff und die Erläuterungen zu § 163 RdNr. 36 ff.
[29] BGH WM 1956, 1062 (Fn. 8); ebenso Schlegelberger/*Martens* § 168 RdNr. 23, 24; MünchHdb KG/*v. Falkenhausen/Schneider* § 23 RdNr. 31.
[30] Personengesellschaft § 11 II 3.
[31] BVerfG Urt. v. 23. 11. 1976 – 1 BvR 150/75, BVerfGE 43, 108, 119 = NJW 1977, 241; *L. Schmidt* § 15 RdNr. 743.
[32] Dasselbe gilt, wenn Familienangehörigen atypische stille Beteiligungen eingeräumt werden oder wenn ihnen Geld geschenkt wird, welches sie der Gesellschaft als verzinsliches Darlehen zur Verfügung stellen – FG Münster EFG 1999, 945; BMF-Schreiben BStBl. 1992 I S. 729 (Tz. 9).
[33] BFH Urt. v. 5. 6. 1986 – IV R 272/84, BFHE 147, 146, 150.
[34] FG Niedersachsen EFG 1983, 343; *Bordewin* DB 1996, 1359, 1370; *L. Schmidt* § 15 RdNr. 749; dagegen *Seer* DStR 1988, 600, 604.

– abgesehen von dem ihr zugeordneten Gewinnanteil – dem steuerrechtlichen „Fremdvergleich" nicht standhält. Dieses Risiko ist gegeben, wenn die geschenkte Kommanditbeteiligung von der Teilhabe an stillen Reserven im Falle ihrer Beendigung oder im Falle der Auflösung der Gesellschaft ausgeschlossen ist[35] oder wenn sich der Schenker das Recht vorbehalten hat, die schenkweise eingeräumte Kommanditbeteiligung durch Ausschlusskündigung ohne angemessene, dh. an den anteiligen stillen Reserven des Unternehmens orientierte, Abfindung zu beenden, und zwar ohne Rücksicht darauf, ob eine solche Ausschlussklausel gesellschaftsrechtlich überhaupt wirksam ist (vgl. hierzu die Erläuterungen zu § 163 RdNr. 3)[36] oder wenn die durch schenkweise Einräumung einer Kommanditbeteiligung begründete Mitgliedschaft von vornherein befristet ist[37] oder wenn der Gesellschaftsvertrag mit der Stimmenmehrheit des Schenkers uneingeschränkt zu ungunsten der schenkweise aufgenommenen Kommanditisten geändert werden kann[38] oder wenn sich der Schenker den jederzeitigen freien, an keinen festgeschriebenen Tatbestand gebundenen Widerruf der Schenkung vorbehalten hat.[39] Auch wenn sich gesellschaftsvertragliche Regelungen solcher Art häufig als gesellschaftsrechtlich untaugliche Gestaltungsversuche darstellen werden, haben sie steuerrechtlich insofern Wirkung, als sie zur Versagung der Mitunternehmerstellung des schenkweise in die Gesellschaft aufgenommenen Kindes führen.[40]

Erweist sich die einem Familienmitglied eingeräumte Gesellschaftsbeteiligung nach diesen Kriterien als steuerrechtlich anerkennungsfähig, dann muss ihre Gewinnausstattung angemessen sein; anderenfalls wird diese Gewinnausstattung auf das steuerrechtlich für angemessen gehaltene Maß reduziert. Dabei wird zwischen schenkweise begründeter Mitgliedschaft, einerseits, und entgeltlich erworbener Beteiligung, sei es durch Einlage oder im Wege der Sonderrechtsnachfolge, andererseits, unterschieden:

Nach ständiger Rechtsprechung des Bundesfinanzhofs[41] ist bei schenkweiser Aufnahme eines nicht mitarbeitenden Kindes, ohne Rücksicht darauf, ob minder- oder volljährig als Kommanditist in das als Kommanditgesellschaft geführte väterliche Unternehmen dem Kind der vertragliche Gewinnanteil nur insoweit zuzurechnen, als er nach den Verhältnissen im Zeitpunkt des Beteiligungserwerbs auf längere Sicht eine Durchschnittsverzinsung von nicht mehr als 15% des tatsächlichen Werts des geschenkten Kommanditanteils ergibt. Der darüber hinausgehende Gewinnanteil ist dem ebenfalls an der Gesellschaft beteiligten Schenker (regelmäßig dem Vater) als Teil seiner gewerblichen Einkünfte zuzurechnen. Diese ganz überwiegend[42] auf Ablehnung gestoßene Pauschalierung wird damit gerechtfertigt, dass sie am ehesten geeignet sei, die Gleichbehandlung einer Vielzahl von ähnlichen Fällen zu gewährleisten.[43]

Bei entgeltlich durch Einlage oder Kauf erworbenen Beteiligungen durch Familienangehörige wird deren Gewinnbeteiligung ebenfalls im Hinblick auf ihre steuerrechtliche Anerkennungsfähigkeit unter Angemessenheitsgesichtspunkten geprüft. Allerdings soll hier die Pauschalierung in Anwendung der 15%-igen Richt-Rendite nicht gelten. Vielmehr wird – in Anlehnung an § 168 Abs. 2 – geprüft, ob der den kommanditistisch beteiligten Familienangehörigen eingeräumte Gewinnanteil höher ist als derjenige Gewinnanteil, welcher einem Fremden für einen gleichartigen Leistungsbeitrag eingeräumt worden wäre.[44]

V. Prozessuale Fragen

Der Streit über die Verteilung des Geschäftsergebnisses unter den Gesellschaftern ist ein Streit über die Auslegung des Gesellschaftsvertrages, ggf. durch Konkretisierung unbestimmter Rechtsbegriffe, die das Ergebnisverteilungsverhältnis beschreiben.[45] Dieser Streit ist dementsprechend unter den Gesellschaftern und nicht mit der Gesellschaft als solcher auszutragen. Gegenstand des Streits ist die

---

[35] BFH Urt. v. 24. 9. 1991 – VIII R 349/83, BFHE 166, 124, 131.
[36] BFH Urt. v. 6. 7. 1995 – IV R 79/94, BFHE 178, 180; *Knobbe-Keuk* § 12 I 2.
[37] BFH Urt. v. 29. 1. 1976 – IV R 73/73, BFHE 118, 189; *Knobbe-Keuk* § 12 I 2; *L. Schmidt* § 15 RdNr. 755.
[38] BFH Urt. v. 11. 10. 1988 – VIII R 328/83, BFHE 155, 514.
[39] BGH Beschl. v. 18. 7. 1974 – IV B 34/74, BFHE 113, 226; zur gesellschaftsrechtlichen Zulässigkeit eines solchen Widerrufsvorbehalts vgl. *Jülicher* ZGR 1996, 82.
[40] *L. Schmidt* § 15 RdNr. 754 ff.
[41] BFH (GrS) Beschl. v. 29. 5. 1972 – GrS 4/71, BFHE 106, 504; BFH Urt. v. 24. 7. 1986 – IV R 103/83, BFHE 147, 495; R 138 a III EStR.
[42] FG Düsseldorf EFG 1998, 1681; *Bordewin* DB 1996, 1359, 1360; *Westerfelhaus* DB 1997, 2033, 2035; *Flume* DB 1973, 786; *Teichmann/Widmann* ZGR 1975, 156; *Knobbe-Keuk* § 12 II; *L. Schmidt* § 15 RdNr. 779; Schlegelberger/*Martens* § 168 RdNr. 18.
[43] BFHE 147, 495 (Fn. 41).
[44] BFH Urt. v. 13. 3. 1980 – IV R 59/76, BFHE 130, 301, 303; *L. Schmidt* § 15 RdNr. 785.
[45] BGH Urt. v. 22. 3. 1956 – II ZR 200/54, DB 1956, 818; Schlegelberger/*Martens* § 168 RdNr. 12.

§ 169

Feststellung des maßgeblichen Ergebnisverteilungsverhältnisses. Sofern diese Feststellung auf die konkrete Bestimmung eines angemessenen Ergebnisverteilungsverhältnisses oder die Korrektur einer behaupteten Äquivalenzstörung gerichtet ist, entfaltet die Entscheidung Gestaltungswirkung für die Rechtsbeziehung aller Gesellschafter untereinander. Deshalb müssen jedenfalls in diesem Falle alle Gesellschafter auf der Aktiv- oder Passivseite am Prozess beteiligt werden, so wie das in allen übrigen Fällen rechtsgestaltender Eingriffe in das Gesellschaftsverhältnis vom Gesetz gefordert wird (§§ 117, 127, 140). Die auf jeweils einer Seite stehenden Prozessbeteiligten sind untereinander notwendige Streitgenossen.[46] In gleicher Weise ist bei der Durchsetzung des Anspruchs auf Feststellung einer bestimmten Bilanz oder eines Bilanzberichtigungsanspruchs zu verfahren.[47]

29 Urteile für die Bestimmung des angemessenen Ergebnisverteilungsverhältnisses sind Gestaltungsurteile und mit diesem Inhalt Ergebnis tatrichterlicher Bewertung von Sachverhaltsumständen. Die Revisibilität dieser Feststellungen ist regelmäßig ausgeschlossen.[48] Die innere Rechtskraft solcher Gestaltungsurteile (§ 322 ZPO) ist auf die Fortdauer der ihnen zugrundegelegten tatsächlichen Verhältnisse begrenzt. Ändern sich diese Verhältnisse „wesentlich", ist entsprechend dem allgemeinen Rechtsgedanken des § 323 ZPO[49] eine Abänderung möglich.

30 *Martens*[50] hält es für möglich, den Streit über die Zuweisung eines bestimmten Gewinn- oder Verlustbetrages nach Wahl des Klägers entweder zum Gegenstand einer Feststellungsklage gegen die übrigen Gesellschafter oder einer Leistungsklage gegen die Gesellschaft zu machen. Er begründet dies damit, dass die „konkrete Verteilung in die Zuständigkeit der geschäftsführenden Gesellschafter fällt". Das ist aus mehreren Gründen nicht angängig: Wo die Leistungsklage möglich ist, verdrängt sie die Zulässigkeit der Feststellungsklage, und zwar auch dann, wenn wegen desselben Begehrens die Leistungsklage nur gegen die Gesellschaft zulässig und die Feststellungsklage nur gegen die übrigen Gesellschafter denkbar wäre. Solange der Umfang der Ergebnisbeteiligung zwischen den Gesellschaftern streitig ist, entscheidet darüber zudem nicht der geschäftsführende Gesellschafter für die Gesellschaft, so dass schon um deswillen und in Ermangelung einer Grundlage, auf die sich ihr Anspruch stützen könnte, die Leistungsklage nicht in Betracht kommt. Erst wenn und nur dann, wenn der Umfang der Ergebnisbeteiligung eines Gesellschafters unbestritten ist und es lediglich um die Auszahlung oder um die Gutschrift auf einem bestimmten Konto geht, ist die Leistungsklage gegen die Gesellschaft geboten und die Feststellungsklage gegen die übrigen Gesellschafter unzulässig.

31 Haben die Gesellschafter das Ergebnisverteilungsverhältnis in der Weise gesellschaftsvertraglich geregelt, dass kein Anlass für die Konkretisierung unbestimmter Rechtsbegriffe (wie „angemessen") oder für eine ergänzende Vertragsauslegung besteht, dann ist eine Änderung des vereinbarten Verteilungsverhältnisses nur unter den Voraussetzungen durchsetzbar, unter denen auch die Änderung des Gesellschaftsvertrages durchgesetzt werden könnte. Das geschieht mit der Klage auf Zustimmung, also einer Leistungsklage.[51] Weil der die Änderung einer gesellschaftsvertraglichen Gewinnverteilungsregel anstrebende Kläger sich zur Begründung seines Anspruchs zumeist auf die Störung des beim Abschluss des Vertrages zugrundegelegten Äquivalenzverhältnisses berufen wird, werden sich Zustimmungsansprüche dieser Art nur in außergewöhnlichen Fällen durchsetzen lassen. Der BGH[52] hat das im Grundsatz mit der Begründung abgelehnt, dass es nicht die Aufgabe des Richters sein könne, „durch Anerkennung einer Zustimmungspflicht ändernd in einen Gesellschaftsvertrag einzugreifen, nur weil er das Neue für billig oder angemessen hält". Gesellschaftsvertragliche Festlegungen versperren also im Allgemeinen den Weg zur richterlichen Angemessenheitskontrolle unter Anwendung des in § 168 Abs. 2 zum Ausdruck gekommenen Grundsatzes.

§ 169 [Gewinnauszahlung]

(1) ¹ § 122 findet auf den Kommanditisten keine Anwendung. ² Dieser hat nur Anspruch auf Auszahlung des ihm zukommenden Gewinns; er kann auch die Auszahlung des Gewinns nicht fordern, solange sein Kapitalanteil durch Verlust unter den auf die bedunge-

---

[46] BGH Urt. v. 10. 10. 1983 – II ZR 181/82, WM 1983, 1279, 1280 (obiter dictum); Baumbach/*Hopt* § 164 RdNr. 3.
[47] BFH WM 1983, 1279, 1280 (Fn. 46); BGH Urt. v. 27. 9. 1979 – II ZR 31/78, BB 1980, 121, 122; Baumbach/*Hopt* § 164 RdNr. 3.
[48] BGH DB 1956, 818 (Fn. 45).
[49] BGH Urt. v. 12. 11. 1958 – V ZR 124/57, BGHZ 28, 330/337 = NJW 1959, 292.
[50] Schlegelberger/*Martens* § 168 RdNr. 12.
[51] Staub/*Ulmer* § 105 RdNr. 249; MünchHdbGesR Bd. I/*Weipert* § 6 RdNr. 51.
[52] BGH Urt. v. 10. 6. 1965 – II ZR 6/63, BGHZ 44, 40, 42 = NJW 1965, 1960.

ne Einlage geleisteten Betrag herabgemindert ist oder durch die Auszahlung unter diesen Betrag herabgemindert werden würde.

(2) Der Kommanditist ist nicht verpflichtet, den bezogenen Gewinn wegen späterer Verluste zurückzuzahlen.

Schrifttum: *Barella*, Beschränkter Gewinnauszahlungsanspruch des Kommanditisten, DB 1952, 365; *Barz*, Die vertragliche Entnahmeregelung bei oHG und KG, FS Knur, 1972, S. 25; *Bordewin*, Sonderabschreibungen in der Steuerbilanz – Zuschreibungen in der Handelsbilanz, BB 1974, 1432; *Crezelius*, Gewinnermittlung vs. Gewinnverwendung, FS 100 Jahre GmbH-Gesetz 1992 S. 315; *Hommelhoff*, Die Ergebnisverwendung in der GmbH nach dem Bilanzrichtlinienengesetz, ZGR 1986, 418; *Huber*, Vermögensanteil, Kapitalanteil und Gesellschaftsanteil an Personengesellschaften des Handelsrechts, 1970; *Huber*, Gesellschafterkonten in der Personengesellschaft, ZGR 1988, 1; *Joost*, Beständigkeit und Wandel im Recht der Gewinnverwendung, FS 100 Jahre GmbH-Gesetz, 1992 S. 289; *Lüdtke-Handjery*, Zum Entnahmerecht der Personengesellschafter für Erbschaftsteuern, DB 1975, 433; *Priester*, Ausschüttungen bei Abschreibungsgesellschaften und Wiederaufleben der Kommanditistenhaftung, BB 1976, 1004; *K. Schmidt*, Der gutgläubige Empfang von Scheingewinnen und die Kapitalsicherung im Aktienrecht, im Recht der GmbH und im Kommanditgesellschaftsrecht, BB 1984, 1588; *ders.*, Einlage und Haftung des Kommanditisten, 1977; *ders.*, Kommanditisteneinlage – Kapitalaufbringung und Kapitalerhaltung in der KG, ZGR 1976, 307; *Schulze-Osterloh*, Handelsrechtliche Ergänzungsbilanzen der Gesellschafter einer Personengesellschaft, ZGR 1991, 488; *Stahl*, Vertragliches Entnahmerecht des Kommanditisten bei Verlusten der Kommanditgesellschaft, DB 1957, 253; *Weimar*, Der nicht abgerufene Gewinn des Kommanditisten und des stillen Gesellschafters, DB 1978, 285.

Übersicht

	RdNr.		RdNr.
I. Normzweck	1, 2	a) Tätigkeitsvergütungen	21, 22
II. Gewinngutschrift	3–7	b) Liquiditätsüberschussabhängige Entnahmen	23, 24
III. Gewinnauszahlung	8–14	c) Steuerentnahmen	25, 26
IV. Zukünftige Verluste und Scheingewinne	15–17	3. Entnahmebeschränkungen	27–33
		a) Gewinnverwendung zur Einlageleistung	27
V. Abweichende Entnahmeregelungen des Gesellschaftsvertrages	18–33	b) Darlehenskonten	28
1. Dispositivität und Kapitalschutz	18–20	c) Rücklagen	29, 30
2. Gewinnunabhängige Entnahmen	21–26	d) Voraussetzungen und Grenzen für Entnahmebeschränkungen	31–33

I. Normzweck

Im System der §§ 167 bis 169 (vgl. hier die Erläuterungen zu § 168 RdNr. 1) handelt § 169 vom Recht des Kommanditisten auf Realisierung seiner Gewinnbeteiligung und dessen Begrenzung. Abs. 1 Satz 1 der Vorschrift schließt die Anwendung von § 122 auf den Kommanditisten aus und verbietet ihm damit, aus welchen Gründen und bis zu welchem Betrage auch immer, „aus der Gesellschaftskasse Geld ... zu seinen Lasten zu erheben". Der Kommanditist hat prinzipiell kein Entnahmerecht, sondern in den Grenzen des § 169 Abs. 1 Gewinnauszahlungsansprüche. Die gewählten Begriffe, also die Befugnis von persönlich haftenden Gesellschaftern, „Entnahmen" zu tätigen („aus der Gesellschaftskasse Geld zu erheben" – § 122 Abs. 1) und im Gegensatz dazu das begrenzte Recht von Kommanditisten, „Auszahlung des Gewinns" zu fordern (§ 169 Abs. 1) erleichtern das Gesetzesverständnis, sind aber nicht wörtlich zu nehmen: In § 4 Abs. 1 EStG verwendet der Gesetzgeber selbst den Begriff „Entnahme" als Bestandteil des Gewinnbegriffs einheitlich für alle Steuerpflichtigen, die ihren Gewinn durch Bestandsvergleich ermitteln. Das gilt auch für Kommanditisten. Sowohl im steuerrechtlichen als auch im gesellschaftsrechtlichen wie im betriebswirtschaftlichen Sprachgebrauch wird der Begriff Entnahme unterschiedslos für alle Gesellschafter verwendet. 1

§ 169 Abs. 1 begrenzt das Entnahmerecht des Kommanditisten auf verfügbare und zur Auszahlung fällige Gewinnanteile. Zu seinen tatbestandlichen Voraussetzungen gehört deshalb, dass dem Kommanditisten ein Gewinn angefallen ist, der seine etwaigen verrechenbaren Verluste übersteigt und nicht zur Deckung fälliger Einlagenansprüche benötigt wird (Einzelheiten unter RdNr. 11). Zweck der Vorschrift ist also die Sicherung des Anspruchs der Gesellschaft auf fällige Einlagenleistung und Verlustausgleich im Umfang des vom Kommanditisten übernommenen Unternehmerrisikos, welches sich aus der Verpflichtung zur Leistung der bedungenen Einlage (Pflichteinlage) und zum Ausgleich früherer anteiliger Verluste aus späteren anteiligen Gewinnen zusammensetzt.[1] Im Übrigen kann der Kommanditist die vollständige Auszahlung „des ihm zukommenden Gewinns" verlangen (§ 169 2

---

[1] BFH (GrS) Beschl. v. 10. 11. 1980 – GrS 1/79, BStBl. 1981 II S. 164, 170 und die Erl. zu § 167 RdNr. 14.

Abs. 1 Satz 2 1. HS); Einschränkungen können sich allenfalls aus Treuepflichtgesichtspunkten ergeben (vgl. unten RdNr. 14).

II. Gewinngutschrift

3 § 169 handelt vom Anspruch des Kommanditisten auf Gewinnauszahlung (Entnahme). Jeder Anspruch auf Gewinnauszahlung setzt Gewinngutschrift voraus. Jede Gewinngutschrift setzt Gewinn, Gewinnfeststellung und Gewinnverteilung voraus. Weil die Gewinnermittlung bei der Kommanditgesellschaft durch Bestandsvergleich, also durch Ermittlung des Unterschiedsbetrages zwischen dem Betriebsvermögen am Schluss des Wirtschaftsjahres und dem Betriebsvermögen am Schluss des vorangegangenen Wirtschaftsjahres, vermehrt um den Wert der Entnahmen und vermindert um den Wert der Einlagen (§ 4 Abs. 1 Satz 1 EStG) erfolgt (§§ 242, 161 Abs. 2, 120), kann von einem feststellbaren und verteilbaren Gewinn erst die Rede sein, wenn dieser Bestandsvergleich möglich, also die ihm zugrundegelegte Rechnungsperiode (das Wirtschafts- oder Geschäftsjahr) abgelaufen ist. Erst ab diesem Zeitpunkt kann von einem entstandenen Gewinn die Rede sein. Die Ermittlung und Darstellung dieses Gewinns erfolgt durch Rechnungslegung in der Form des Jahresabschlusses (§ 242). Der Jahresabschluss ist von den geschäftsführungsbefugten Gesellschaftern innerhalb der einem ordnungsmäßigen Geschäftsgang entsprechenden Zeit aufzustellen (§ 243 Abs. 3); er wird für alle Gesellschafter verbindlich, wenn er durch förmlichen Gesellschafterbeschluss festgestellt oder auf andere Weise von ihnen gebilligt wird (vgl. die Erläuterungen zu § 164 RdNr. 12 ff.). Die Gewinnverteilung erfolgt in Bezug auf den im Jahresabschluss ausgewiesenen Gewinn nach den darüber getroffenen Regeln des Gesellschaftsvertrages und in Ermangelung solcher Regeln nach § 168.

4 Der Begriff „Gewinn" ist veralteter Sprachgebrauch. Der betriebswirtschaftlichen Terminologie folgend unterscheidet das 1986 in Kraft getretene neue Dritte Buch des HGB[2] zwischen Jahresüberschuss, einerseits, und Bilanzgewinn, andererseits (§§ 266 Abs. 3 V, 275 Abs. 2 Nr. 20 bzw. Abs. 3 Nr. 19 und 268 Abs. 1). Jahresüberschuss ist die nach den Regeln ordnungsmäßiger Buchführung und Bilanzierung innerhalb des Wirtschaftsjahres eingetretene wertmäßige Vermögensmehrung (ohne Berücksichtigung von Entnahmen und Einlagen), Bilanzgewinn ist ein in der Bilanz oder im Anhang zum Jahresabschluss gesondert anzugebender Posten. Ein Bilanzgewinn (oder Bilanzverlust) kann bei Kapitalgesellschaften gebildet werden (§ 268 Abs. 1). Ein solches Bilanzergebnis zeigt als Bilanzgewinn entweder den Saldo aus Jahresüberschuss und Verlustvortrag und/oder etwaigen vorweg und „offen" vorgenommenen Rücklagenzuweisungen oder die Summe aus Jahresüberschuss und Entnahmen aus bereits bestehenden Rücklagen oder den positiven Saldo aus einem Jahresfehlbetrag und aufgelösten Rücklagen (§ 275 Abs. 4). Als Bilanzverlust zeigt er den Saldo aus dem Jahresüberschuss und einem höheren Verlustvortrag oder den Saldo aus einem Jahresfehlbetrag und niedrigeren Erträgen aus der Auflösung von Rücklagen oder die Summe aus einem Jahresfehlbetrag und bereits vorhandenen Verlustvorträgen. Immer verbergen sich also hinter der Ausweisung eines Bilanzergebnisses bereits getroffene Gewinnverwendungsentscheidungen oder Entscheidungen über die Auflösung von Rücklagen. Das ist bei Kapitalgesellschaften möglich, weil ihr Geschäftsergebnis und folglich auch ein bei ihnen ausgewiesenes Bilanzergebnis ausschließlich ihnen, den Kapitalgesellschaften, zuzurechnen ist. Die Gesellschafter einer Kapitalgesellschaft können am Ergebnis dieser Kapitalgesellschaft nur in Form von Gewinnausschüttungen teilhaben. Deshalb sieht das Gesetz die Bildung eines Bilanzergebnisses bei den Kaufleuten, die nicht Kapitalgesellschaften sind, also auch den Kommanditgesellschaften, nicht vor. § 268 Abs. 1 ist Bestandteil der „ergänzenden Vorschriften für Kapitalgesellschaften" im zweiten Abschnitt des Dritten Buches und gilt deshalb nur für Kapitalgesellschaften. Seine Anwendung auf die Rechnungslegung der Kommanditgesellschaften wäre dort systemfremd.

5 Grundlage der Gewinnverteilung in der Kommanditgesellschaft ist deshalb stets der Jahresüberschuss. Grundlage der Verlustzuordnung ist der Jahresfehlbetrag. Soweit ein Jahresüberschuss für die Bildung von Rücklagen verwendet wird, handelt es sich in Wahrheit um die Vereinbarung von Entnahmeverboten (vgl. hierzu unter RdNr. 29). Die Verwendung des Jahresüberschusses für solche Zwecke berührt dessen Verteilung auf die Gesellschafter aus diesem Grunde nicht. Dasselbe gilt, wenn ein Jahresfehlbetrag ganz oder teilweise aus der Verwendung (Auflösung) bereits bestehender Rücklagen ausgeglichen werden soll. Auch in diesem Fall stellt der Fehlbetragsausgleich die Aufhebung eines Entnahmeverbots dar. Infolgedessen berührt er die Notwendigkeit, den vollen Jahresfehlbetrag zunächst unter den Gesellschaftern aufzuteilen, nicht.

---

[2] Eingef. m. Wirkung ab 1. 1. 1986 durch das „Gesetz zur Durchführung der Vierten, Siebenten und Achten Richtlinie des Rates der Europäischen Gemeinschaften zur Koordinierung des Gesellschaftsrechts vom 19. 12. 1985" (BiRiLiG).

Gegenstand der Gutschrift auf den Gesellschafterkonten (Verlustvortragskonto, Kapitalkonto, Verrechnungskonto und ggf. darüber hinaus im Gesellschaftsvertrag vorgesehene Konten) ist stets der auf die einzelnen Gesellschafter entfallende Anteil am Jahresüberschuss. Die Gutschrift erfolgt vorrangig auf einem Verlustvortragskonto bis zu dessen vollständigem Ausgleich und darüber hinaus gem. § 167 Abs. 2 bis zum Betrage aller noch nicht erbrachten Leistungen auf die bedungene Einlage (Pflichteinlage) unabhängig von deren Fälligkeit auf dem Kapitalkonto. Erst die darüber hinausgehenden, also nach ihrer Verwendung für den vollständigen Ausgleich aller – auch nicht fälligen – Leistungen auf die bedungene Einlage noch verbleibenden Gewinnanteile werden dem Verrechnungskonto bzw. anderen dafür im Gesellschaftsvertrag vorgesehenen Konten gutgebracht.

Weil und soweit Gewinngutschriften auf dem Kapitalkonto die Erfüllung ausstehender Einlagenansprüche bewirken, sind sie Einlagenäquivalent. Diese Einlagewirkung entfällt, wenn und soweit ein Gesellschafter von seiner Befugnis Gebrauch macht, zunächst dem Kapitalkonto gutgebrachte Gewinne zu entnehmen oder auf sein Verrechnungskonto übertragen zu lassen. Dazu ist er berechtigt, wenn die mit der Gewinngutschrift gem. § 167 Abs. 2 abgedeckten Einlageansprüche noch nicht fällig waren. Dasselbe (Wegfall der Einlagewirkung) gilt, wenn und soweit die Gesellschaft selbst dem Gesellschafter solche auf dem Kapitalkonto gutgebrachten Gewinnanteile mit Rücksicht auf diesen Umstand zur Verfügung stellt. Die Einlagewirkung der Gewinngutschrift entfällt aber nicht, wenn und soweit Gewinngutschriften trotz mangelnder Fälligkeit der mit ihnen abgedeckten Einlageleistungen nicht entnommen werden und deshalb gem. § 169 Abs. 1 Satz 2 2. HS 2. Alt. zum Ausgleich späterer Verluste eingesetzt werden müssen (vgl. RdNr. 15).

III. Gewinnauszahlung

Werden für einen Kommanditisten Bestände auf dessen Verlustvortragskonto geführt, so sind auf ihn entfallende Gewinne vorrangig bis zum vollständigen Ausgleich eines solchen Verlustvortragskontos diesem gutzubringen (§ 169 Abs. 1 Satz 2 2. HS 1. Alt.). Der Kommanditist kann also über solche Gewinne oder Gewinnanteile nicht verfügen.

Wenn und soweit ein auf einen Kommanditisten entfallende Gewinnanteil nicht für den Ausgleich eines bestehenden Verlustvortragskontos einzusetzen und deshalb seinem Kapitalkonto gutzuschreiben ist, kann er dessen Auszahlung (oder Übertragung auf das Verrechnungskonto) dennoch nicht verlangen, wenn und soweit Ansprüche auf Leistung der bedungenen Einlage fällig sind. Die Gutschrift führt dann automatisch (vgl. unten RdNr. 12) zur Tilgung fälliger Einlageansprüche.

Wenn und soweit ein Kommanditist von seiner Befugnis, auf dem Kapitalkonto gutgebrachte Gewinnanteile an sich auszahlen zu lassen (sie zu entnehmen), keinen Gebrauch macht, geraten sie – wie alle gem. § 167 Abs. 2 durch Gewinngutschrift erbrachten Einlagen – in die Gefahr, durch spätere anteilige Verluste verloren zu gehen, so dass das im Zeitpunkt der Gewinngutschrift entstandene Entnahmerecht wieder erlischt (§ 169 Abs. 1 Satz 2 2. HS 2. Alt.). Allerdings bleibt die mit der Gewinngutschrift gem. § 167 Abs. 2 verbundene Einlagewirkung auch dann erhalten, wenn und soweit die ursprüngliche Gewinngutschrift durch spätere Verluste wieder aufgezehrt wird.

Im Übrigen, also in dem Umfange, in dem die auf einen Kommanditisten entfallenden Gewinne weder gem. § 169 Abs. 1 Satz 2 2. HS 1. Alt. für den Ausgleich früherer Verluste eingesetzt werden mussten, noch gem. § 169 Abs. 1 Satz 2 2. HS 2. Alt. dem Ausgleich späterer Verluste verfielen, noch zur Erfüllung fälliger Einlageleistungen auf dem Kapitalkonto verbleiben müssen, kann der Kommanditist über sie verfügen, dh. er kann ihre Auszahlung oder ihre Übertragung auf das Verrechnungskonto verlangen. Was dem Kommanditisten auf seinem Verrechnungskonto gutgebracht wird, ist für ihn disponibel, dh. in Ermangelung abweichender Regeln des Gesellschaftsvertrages kann er sich jedes Guthaben auf diesem Konto jederzeit auszahlen lassen. Die Gutschrift von Gewinnanteilen auf dem Verrechnungskonto begründet also eine Verbindlichkeit der Gesellschaft gegenüber dem Kommanditisten. Deshalb handelt es sich auch dabei um „bezogenen Gewinn" iSv. § 169 Abs. 2.[3]

Nach übereinstimmender Lehre[4] soll der Kommanditist auch in dem Umfang gewinnauszahlungsberechtigt sein, in dem auf ihn entfallende Gewinnanteile dem Kapitalkonto zum Zwecke der

---

[3] BGH Urt. v. 23. 2. 1978 – II ZR 145/76, DB 1978, 877; BFH Urt. v. 14. 7. 1976 – II R 79/74, WM 1977, 603; MünchHdbKG/v. Falkenhausen/Schneider § 24 RdNr. 45; Staub/Schilling § 169 RdNr. 7; Schlegelberger/Martens § 167 RdNr. 12; Baumbach/Hopt § 169 RdNr. 6; Heymann/Horn § 169 RdNr. 10; Koller/Roth/Morck § 169 RdNr. 4; MünchKommHGB/Grunewald § 169 RdNr. 2, 11.

[4] Düringer/Hachenburg/Flechtheim 3. Aufl. § 169 Anm. 2; RGRK-HGB/Weipert § 169 Anm. 6, 8; H. Westermann, I RdNr. 2418; Baumbach/Hopt § 169 RdNr. 4; Schlegelberger/Martens § 169 RdNr. 8; Staub/Schilling § 169 RdNr. 5; MünchHdbKG/v. Falkenhausen/Schneider § 24 RdNr. 41.

Erfüllung fälliger Einlageleistungen gutgebracht wurden. Diesem Gewinnauszahlungsanspruch soll die Gesellschaft aber durch Aufrechnung mit fälligen Einlageforderungen entgegentreten können. Weil damit die Erfüllung von nach dem Gesellschaftsvertrag fälligen Einlageschulden in das Belieben der geschäftsführungs- und vertretungsberechtigten Gesellschafter gestellt werden würde, kann das nicht richtig sein. Die Gutschrift des anteiligen Gewinns bis zum vollen Betrag der bedungenen Einlage (Pflichteinlage) und damit auch die Rechtswirkung dieser Gutschrift, nämlich die Erfüllung der Einlageschuld, ergeben sich aus der Befolgung einer Gesetzesbestimmung (§ 167 Abs. 2). Die Erfüllungswirkung (Einlageleistung) tritt deshalb mit der Gutschrift ein, soweit nicht im Gesellschaftsvertrag etwas anderes vereinbart wurde, soweit also die Fälligkeit nicht hinausgeschoben wurde. Der Kommanditist hat deshalb keinen Auszahlungsanspruch in Bezug auf Gewinnanteile, die seinem Kapitalkonto zum Ausgleich von bis dahin fällig gewordenen Einlageleistungen gutgebracht wurden.

13 Streitig ist, ob der Anspruch auf Auszahlung von nicht zur Deckung fälliger Einlagen auf dem Kapitalkonto gutgeschriebenen Gewinnen zeitlich begrenzt ist. Nach vereinzelt vertretener Meinung soll er mit Feststellung des auf die Gewinngutschrift folgenden Jahresabschlusses erlöschen; dh. der ursprünglich auszahlungsfähige Gewinnanteil soll automatisch als weitere Erfüllungsleistung auf die bedungene Einlage dem Kapitalanteil anwachsen.[5] Dafür besteht kein Grund. Nach dem Gesetz ist der gutgebrachte, aber mangels darauf gerichteten Verlangens nicht ausgezahlte Gewinn allenfalls im Risiko späterer anteiliger Verluste. Treten solche Verluste nicht ein, dann kann er jederzeit abgerufen werden, und zwar entweder durch Auszahlung aus dem Vermögen der Gesellschaft oder durch Umbuchung auf das Verrechnungskonto.[6]

14 Jedem Gewinnauszahlungsanspruch kann in besonderen Fällen entgegengehalten werden, dass die Beanspruchung der Liquidität des Unternehmens durch Entnahmen im Eigeninteresse des Gesellschafters treuwidrig sei. Weil dieser Einwand darauf zielt, die Liquiditätsbeanspruchung der Gesellschaft durch einen Gesellschafter abzuwehren, ist er nicht auf Gewinnauszahlungsansprüche iSv. § 169 Abs. 1 Satz 2 1. HS beschränkt, sondern in gleicher Weise vorstellbar, wenn ein Gesellschafter Verfügungen über Guthaben auf seinem Verrechnungskonto oder über wirksam gekündigte Guthaben auf Darlehenskonten treffen will, wenn er also liquiditätswirksam über Guthaben verfügen will, die auf bereits bezogenen Gewinnen iSv. § 169 Abs. 2 beruhen (vgl. oben RdNr. 11). Dieser Einwand treuwidrigen Verhaltens zielt auf den Vorwurf, dass ein Gesellschafter, der Auszahlung seiner Guthaben verlangt, die ihm obliegende Zweckförderungspflicht verletze. Im Bereich der vermögensrechtlichen Verhältnisse ist die Zweckförderungspflicht von Kommanditisten durch die Beitragspflicht, regelmäßig also durch die Verpflichtung zur Leistung der bedungenen Einlage begrenzt. Deshalb sind auch dem Treuwidrigkeitseinwand enge Grenzen gesetzt. Beruht die Liquiditätsverknappung der Gesellschaft auf Verlusten, dann hat jeder Kommanditist allen Anlass, Auszahlung seiner Guthaben zu verlangen. Er handelt nicht treuwidrig, weil er sein mit der Gesellschafterstellung verbundenes unternehmerisches Risiko auf die Einlage begrenzt halten darf. Der Treuwidrigkeitseinwand wird deshalb regelmäßig nur dann in Betracht kommen, wenn es kein akutes Risiko dafür gibt, an sich zur Auszahlung fällige Guthaben in einer drohenden Insolvenz zu verlieren, wenn es also lediglich darum geht, der Gesellschaft die für eine Umfinanzierung erforderliche Zeit einzuräumen.[7]

IV. Zukünftige Verluste und Scheingewinne

15 Im Jahresabschluss ausgewiesene und ihm entweder ausgezahlte oder auf dem Verrechnungskonto gutgebrachte Gewinnanteile sind „bezogene" Gewinne iSv. § 169 Abs. 2 und verbleiben dem Kommanditisten. Anders als die innerhalb der Grenzen des § 167 Abs. 2 zunächst dem Kapitalkonto gutgebrachten aber nicht entnommenen Gewinne (vgl. oben RdNr. 6) sind sie nicht vom Risiko künftiger Verluste bedroht. Was der Kommanditist einmal berechtigterweise als Gewinn bezog, muss er nicht zum Ausgleich künftiger Verluste wieder einlegen. Sein Risiko bleibt auf die bedungene Einlage (Pflichteinlage) begrenzt. Wenn sein Kapitalkonto trotz vollständiger Leistung der bedungenen Einlage im Zeitpunkt seines Ausscheidens aus der Gesellschaft oder im Falle von deren Auflösung negativ ist bzw. wenn und insoweit als das für ihn geführte Verlustvortragskonto das Kapitalkonto übersteigt, ist er nicht fehlbetragsausgleichspflichtig (vgl. § 167 RdNr. 11).

16 Eine besondere Situation stellt sich ein, wenn der Kommanditist Gewinne bezog, die ihm nicht zustanden. Dergleichen kann offenbar werden, wenn sich entweder die Gewinnermittlung oder die

---

[5] *Barella* DB 1952, 366; RGRK-HGB/*Weipert* § 169 Anm. 7; *H. Westermann* I RdNr. 2418.
[6] Staub/*Schilling* § 169 RdNr. 5; Baumbach/*Hopt* § 169 RdNr. 5; Schlegelberger/*Martens* § 169 RdNr. 9.
[7] So i. Erg. auch *Weimar* DB 1978, 285; Schlegelberger/*Martens* § 169 RdNr. 10, 11; Baumbach/*Hopt* § 169 RdNr. 3; Staub/*Schilling* § 169 RdNr. 4.

Gewinnverteilung für ein bestimmtes Geschäftsjahr als falsch erweist. Ursachen für die Notwendigkeit solcher Korrekturen sind entweder das Ergebnis von Streitigkeiten der Gesellschafter über die Gewinnermittlung und/oder -verteilung oder – regelmäßig – das Ergebnis finanzamtlicher Außenprüfungen (Betriebsprüfungen). Wenn sich herausstellt, dass ein Kommanditist im Hinblick auf solche auch für ihn bindenden Korrekturen mehr Gewinn bezog, als ihm von Rechts wegen zustand, liegt „Scheingewinnbezug" vor.[8] Eine rechtlich identische Situation tritt ein, wenn Anteile an einem tatsächlich eingetretenen Gewinn dem Kommanditisten unter Mißachtung maßgeblicher Gewinnverteilungsvorschriften, sei es von § 169 Abs. 1 oder sei es von gesellschaftsvertraglichen Bestimmungen, in der Bilanz oder in der mit ihr verbundenen Ergebnisverteilungsrechnung als „Gewinn" zugeordnet wurden. Scheingewinne werden ohne Rechtsgrund bezogen. Die Gesellschaft hat deshalb einen bereicherungsrechtlichen Rückzahlungsanspruch.[9] § 169 Abs. 2 gilt also beim Bezug von Scheingewinnen nicht. Anders als im Falle von § 172 Abs. 5 führt auch Gutgläubigkeit nicht zur Enthaftung des Kommanditisten.

Dem ist K. Schmidt[10] im Wesentlichen mit der Begründung entgegengetreten, dass der haftungsrechtliche Schutz des Kommanditisten gegenüber den Gläubigern der Gesellschaft, wie er durch die Bestimmung in § 172 Abs. 5 erreicht werden soll (vgl. die Erläuterungen dazu), ins Leere gehe, wenn der bereicherungsrechtliche Rückzahlungsanspruch der Gesellschaft den Gesellschaftsgläubigern als Vollstreckungsobjekt zur Verfügung steht. Der hM ist zuzustimmen, weil das Anliegen, den gutgläubig gewinnbeziehenden Kommanditisten vor dem ihm durch die Regelung in § 172 Abs. 5 drohenden unmittelbaren Gläubigerzugriff (§ 172 Abs. 4) zu schützen, nicht dazu führen darf, in das Gewinnverteilungsverhältnis der Gesellschafter untereinander einzugreifen und Ansprüche der wirklich gewinnbezugsberechtigten Gesellschafter zum Vorteil desjenigen Gesellschafters zu verkürzen, der Gewinne bezog, die er nicht beanspruchen durfte. Eine solche Absicht ist dem Gesetz nicht zu entnehmen. Es bleibt den Gesellschaftern aber unbenommen, sie durch entsprechende Regelung des Gesellschaftsvertrages zu verwirklichen. 17

V. Abweichende Entnahmeregelungen des Gesellschaftsvertrages

1. Dispositivität und Kapitalschutz. Auch die Gewinnauszahlungsbestimmungen in § 169 Abs. 1 sind dispositiv.[11] Durch gesellschaftsvertragliche Bestimmung können also die Gewinnauszahlungsansprüche (Entnahmebefugnisse) der Kommanditisten unter Mißachtung der Grenzen gem. den §§ 167 Abs. 2 und 169 Abs. 1 Satz 2 2. HS erweitert werden. Ebenso können die gesetzlichen Entnahmebefugnisse jedenfalls insoweit eingeschränkt werden, als dies mit Rücksicht auf die gewinnbezugsabhängige Steuerbelastung nicht zu de facto-Beitragserhöhungen führt (vgl. unten RdNr. 33). Jeder Gewinnauszahlungsanspruch von Kommanditisten setzt – zumindest – eine betragsgleiche Gewinngutschrift voraus (§ 169 Abs. 1 Satz 2 1. HS). In dem Maße, in dem der Gesellschaftsvertrag Entnahmerechte der Kommanditisten gewinnunabhängig macht, eröffnet er für jeden Kommanditisten, der davon Gebrauch macht, die Möglichkeit, das der Gesellschaft in Form von Einlagen zur Verfügung gestellte Eigenkapital zu mindern. Im Umfange solcher Eigenkapitalminderung liegt jedenfalls bis zum dadurch bewirkten Verzehr des eigenen Kapitalteils (zum Begriff vgl. § 168 RdNr. 4) Einlagenrückgewähr iSv. § 172 Abs. 4 vor; im Umfange dieser Einlagenrückgewähr lebt die persönliche Haftung des Kommanditisten gegenüber den Gesellschaftsgläubigern wieder auf. 18

Wird einem Kommanditisten jedoch das Recht zu gewinnunabhängigen Entnahmen eingeräumt, die über den Betrag des eigenen Kapitalanteils hinausgehen, dann entsteht insoweit ein negatives Kapitalkonto, um dessen Betrag sich zwar die Verpflichtung des Kommanditisten gegenüber der Gesellschaft zur Leistung der bedungenen Einlage erhöht, nicht notwendig aber auch die Haftung des Kommanditisten gegenüber den Gläubigern der Gesellschaft.[12] Sofern sie zweifelsfrei im Gesell- 19

---

[8] MünchHdbKG/*Neubauer* § 30 RdNr. 66 ff.
[9] Heute ganz hM: BGH Urt. v. 12. 7. 1982 – II ZR 201/81, BGHZ 84, 383 = NJW 1982, 2500 m. Anm. K. Schmidt; MünchHdbKG/*v. Falkenhausen/Schneider* § 24 RdNr. 46, 47; MünchHdbKG/*Neubauer* § 30 RdNr. 67; Staub/*Schilling* § 169 RdNr. 7; Schlegelberger/*Martens* § 169 RdNr. 16–18; Baumbach/*Hopt* § 169 RdNr. 6; H. Westermann I RdNr. 2418; Heymann/*Horn* § 169 RdNr. 10; indifferent: MünchKommHGB/*Grunewald* § 169 RdNr. 13.
[10] Schlegelberger/*K. Schmidt* §§ 171, 172 RdNr. 92 ff.; ders. BB 1984, 1588, 1592 ff.
[11] BGH Urt. v. 5. 4. 1979 – II ZR 98/76, WM 1979, 803; BGH Urt. v. 11. 12. 1989 – II ZR 78/89, BGHZ 109, 334, 339 = NJW 1990, 1109 ff.; Schlegelberger/*Martens* § 169 RdNr. 20; Heymann/*Horn* § 169 RdNr. 8; Baumbach/*Hopt* § 169 RdNr. 7; MünchHdbKG/*v. Falkenhausen/Schneider* § 24 RdNr. 48.
[12] BGH Urt. v. 29. 3. 1973 – II ZR 25/70, BGHZ 60, 324, 327 = NJW 1973, 1036; Baumbach/*Hopt* § 172 RdNr. 5.

schaftsvertrag geregelt wurden, hat die Rechtsprechung solche über den eigenen Kapitalanteil hinausgehenden Entnahmebefugnisse gebilligt.[13]

20 Indem gesellschaftsvertragliche Bestimmungen zugelassen werden, die den Kommanditisten Entnahmen erlauben, welche über den eigenen Kapitalanteil hinausgehen, wird jedenfalls in Bezug auf diese Kommanditisten der Grundsatz verletzt, wonach die persönliche Haftung gegenüber den Gesellschaftsgläubigern nur im Umfange einer der in das Handelsregister eingetragenen Haftungsbeschränkung entsprechenden Einlageleistung bewirkt werden kann. Das ist zu rechtfertigen, wenn und soweit an die Stelle der persönlichen Kommanditistenhaftung diejenige des Komplementärs tritt. Wenn es sich dabei um eine Kapitalgesellschaft (üblicherweise eine GmbH) handelt, lösen entnahmebedingte negative Kapitalkonten von Kommanditisten bei dieser den Kapitalschutzmechanismus gem. den §§ 30, 31 GmbHG aus.[14] In dieser Konstellation (GmbH & Co. KG) sind also Kommanditisten-Entnahmen, die über deren Kapitalanteile hinausgehen, verboten. Im Übrigen, also immer dann, wenn eine oder mehrere natürliche Personen Träger der persönlichen Haftung in der Kommanditgesellschaft sind, gibt es bei dieser kein den Kapitalschutzvorschriften im Recht der GmbH entsprechendes Verbot.

21 **2. Gewinnunabhängige Entnahmen. a) Tätigkeitsvergütungen.** Wenn der Gesellschaftsvertrag den im Unternehmen der Gesellschaft tätigen Gesellschaftern im Rahmen seiner Regelungen über die Ergebnisverteilung für diese Tätigkeit Vorabvergütungsansprüche zubilligt, sind dies in Ermangelung einer davon abweichenden Bestimmung Vorabgewinnansprüche, die einen entsprechend hohen Gewinnanteil und dessen Auszahlungsfähigkeit iSv. § 169 Abs. 1 Satz 2 voraussetzen.[15] Regelmäßig wird der Gesellschaftsvertrag aber vorsehen, dass die der Bestreitung von Kosten des Lebensunterhalts der Gesellschafter dienenden Tätigkeitsvergütungen in Form fester Beträge unabhängig davon entnommen werden dürfen, ob überhaupt ein Gewinn entstand und ob im Übrigen die Entnahmevoraussetzungen des § 169 Abs. 1 Satz 2 gegeben sind. Entnimmt ein Kommanditist unter diesen Voraussetzungen Tätigkeitsvergütungen zu Lasten seines Kapitalanteils, dann steigt im gleichen Umfang seine Verpflichtung gegenüber der Gesellschaft auf Leistung der bedungenen Einlage (möglicherweise unter Einbeziehung des vorrangigen Ausgleichs eines durch die Entnahme negativ gewordenen Kapitalkontos) und bis zum Betrag der in das Handelsregister eingetragenen Haftsumme auch seine unmittelbare Haftung gegenüber den Gesellschaftsgläubigern (§ 172 Abs. 4).[16] Soweit die Verpflichtung gegenüber der Gesellschaft zur Wiederauffüllung des Kapitalanteils durch gesellschaftsvertraglich vereinbarte gewinnunabhängige Tätigkeitsvergütungen begründet wurde, steht ihrer Einforderung so lange die Einrede mangelnder Fälligkeit entgegen, wie keine die fälligen Ansprüche auf Tätigkeitsvergütung und die laufenden Verlustanteile übersteigenden Gewinngutschriften anfallen.

22 Möglich ist es schließlich auch, den Anspruch auf Tätigkeitsvergütung so zu gestalten, dass er im Verhältnis der Gesellschafter untereinander als Aufwand der Gesellschaft gilt. Dann begründet er nicht nur ein gewinnunabhängiges Entnahmerecht, sondern wird Bestandteil der Ergebnisverteilung derart, dass beim bezugsberechtigten Gesellschafter jedenfalls im Umfange seiner Tätigkeitsvergütungsansprüche Gewinne anfallen, wogegen sich diese Tätigkeitsvergütungen bei den insoweit nicht bezugsberechtigten Gesellschaftern gewinnmindernd oder als Verluste auswirken. Dieselbe Folge tritt ein, wenn Tätigkeitsvergütungsansprüche eines nach dem Gesellschaftsvertrag geschäftsführungsbefugten Kommanditisten Gegenstand einer anstellungsvertraglichen Regelung werden (vgl. die Erl. zu § 164 RdNr. 22, 23).

23 **b) Liquiditätsüberschussabhängige Entnahmen.** Kommanditgesellschaften, deren Geschäftsbetrieb darauf angelegt ist, durch Sonderabschreibungen oder andere liquiditätsneutrale Aufwendungen Verluste auszuweisen, lassen es regelmäßig durch entsprechende Bestimmungen ihrer Gesellschaftsverträge zu, dass ihre nicht durch Gewinne gedeckten Liquiditätsüberschüsse durch Gesellschafterbeschluss für Auszahlungen an die Gesellschafter zur Verfügung gestellt werden. Auch solche Abweichungen von § 169 Abs. 1 Satz 2 sind zulässig.[17] Auf ihrer Grundlage vorgenommene Auszahlungen an die Kommanditisten belasten jedoch deren buchmäßigen Kapitalanteil und begründen

---

[13] BGH WM 1979, 803, 804 (Fn. 11); MünchHdbKG/*v. Falkenhausen/Schneider* § 24 RdNr. 54; Schlegelberger/*Martens* § 169 RdNr. 23; *Stahl* DB 1957, 253.

[14] BGHZ 60, 324 (Fn. 12); BGH Urt. v. 29. 9. 1977 – II ZR 157/76, BGHZ 69, 274 = NJW 1978, 160; BGH WM 1979, 803, 804 (Fn. 11).

[15] Baumbach/*Hopt* § 169 RdNr. 7.

[16] OLG Celle Urt. v. 26. 3. 1973 – 9 U 172/72, OLGZ 1973, 343 ff.; OLG Hamm Urt. v. 15. 11. 1976 – 8 U 80/76, DB 1977, 717 f.

[17] BGH Urt. v. 21. 1. 1982 – II ZR 134/80, NJW 1982, 2065; BGH Urt. v. 21. 1. 1982 – II ZR 137/81, NJW 1982, 2066.

deshalb in gleichem Umfange wieder Einlageverpflichtungen gegenüber der Gesellschaft und bis zum Betrag der in das Handelsregister eingetragenen Haftsumme die unmittelbare Haftung gegenüber den Gesellschaftsgläubigern (§ 172 Abs. 4).

Im Streit um die Frage, ob solche Auszahlungen mit Rücksicht auf die mit den Sonderabschreibungen verbundene Bildung stiller Reserven ohne Auswirkung auf die Kapitalkonten, also unter Ausschluss der an jede Einlagenrückgewähr geknüpften Rechtsfolgen vorgenommen werden könnten, hat sich der Bundesgerichtshof für die Maßgeblichkeit der Wertansätze in der Steuerbilanz, die im Falle solcher Sonderabschreibungen auch für die Handelsbilanz maßgeblich sei (Grundsatz der sog. umgekehrten Maßgeblichkeit) entschieden.[18] Dem Bundesgerichtshof ist zuzustimmen. Maßstab für die Mehrung oder Minderung des Eigenkapitals der Gesellschaft durch Gewinne, Verluste, Einlagen oder Entnahmen ist allein die von der Gesellschaft aufgestellte Bilanz. Was sich an diesem Maßstab als entnahmebedingte Minderung des Eigenkapitals darstellt, muss auch im Verhältnis zwischen der Gesellschaft und dem empfangenden Gesellschafter sowie im Verhältnis zwischen den Gesellschaftsgläubigern und diesem Gesellschafter Rechtswirkung haben. Die Entnahme ist gewiss; ob hingegen im Umfange der Sonderabschreibungen oder anderer liquiditätsneutraler Sonderaufwendungen stille Reserven gebildet wurden, kann sich erst in der Liquidation des Gesellschaftsvermögens erweisen.

c) Steuerentnahmen. Wegen der zeitlichen Inkongruenz von in Form von Vorauszahlungen fälligen Einkommensteuerverpflichtungen, einerseits, und Gewinnauszahlungsansprüchen gegen die Gesellschaft, andererseits, wird üblicherweise im Gesellschaftsvertrag vereinbart, dass jeder Gesellschafter berechtigt ist, während eines laufenden Geschäftsjahres Entnahmen zu tätigen, um die mit seiner Beteiligung verbundenen steuerlichen Verpflichtungen erfüllen zu können. Ohne entsprechende Regelung des Gesellschaftsvertrages besteht ein solches Entnahmerecht nicht. Werden Gewinnsteuervorauszahlungen (Vorauszahlung für Einkommensteuer, Kirchensteuer, Solidaritätszuschlag und etwaige sonstige Ergänzungsabgaben) entnommen, ohne dass die diesen Vorauszahlungen zugrundeliegende Gewinnerwartung erfüllt wird, und wird infolgedessen der Kapitalanteil des entnehmenden Gesellschafters verringert, so besteht jedenfalls im Umfange dieser Minderung des Kapitalanteils auch ohne ausdrückliche Regelung des Gesellschaftsvertrages die Verpflichtung, Gewinnsteuererstattungen wieder in das Gesellschaftsvermögen einzulegen.[19] Mangels abweichender Regelung des Gesellschaftsvertrages können Steuern auf Tätigkeitsvergütungen nicht entnommen werden; sie sind im Zweifel Bestandteil der Tätigkeitsvergütung selbst.[20]

Sonderfragen im Zusammenhang mit Steuerentnahmeklauseln stellen sich beim Anfall von Substanzsteuern. Nach dem Fortfall der Vermögensteuer ist das die Belastung durch Erbschaftsteuer. Steuerentnahmeklauseln des Gesellschaftsvertrages werden im Zweifel nur Entnahmen im Vorgriff auf einen zu erwartenden endgültigen Gewinnauszahlungsanspruch erlauben, also voraussetzen, dass sie durch einen späteren Gewinnauszahlungsanspruch gedeckt werden. Deshalb berechtigt auch die Erbschaftsteuerbelastung eines Gesellschafters, obwohl sie zweifellos mit seiner Beteiligung zusammenhängt, nur in dem Umfange zur Entnahme, der durch bestehende oder vorhersehbar entstehende Gewinnauszahlungsansprüche gedeckt ist. Entnahmen zu Lasten des Kapitalanteils, also über die Grenze des § 169 Abs. 1 Satz 2 hinaus, sind durch Steuerentnahmeklauseln dieser Art im Zweifel nicht gerechtfertigt. Weil regelmäßig nicht erwartet werden kann, dass die Begleichung von Erbschaftsteuer aus laufenden auszahlungsreifen Gewinngutschriften möglich ist, wurde ein Sonderentnahmerecht damit begründet, dass es für die übrigen Gesellschafter ein sich aus dem Gedanken der Treuepflicht ergebendes Gebot sei, solche Sonderentnahmen zuzulassen, sofern kein liquides Privatvermögen zur Begleichung der Erbschaftsteuerschuld zur Verfügung steht.[21] Dem ist jedenfalls im Grundsatz insoweit zuzustimmen, als Erbschaftsteuer auf den Wert des Gesellschaftsanteils entfällt. Jedoch ist zweierlei zu berücksichtigen: Eine über den Buchwert seines Kapitalanteils hinausgehende Entnahme kann der steuerpflichtige Kommanditist auch unter Berufung auf die gesellschaftsrechtliche Treuepflicht nicht verlangen.[22] Es muss der Gesellschaft möglich sein, den mit dieser Sonderentnahme verbundenen Liquiditätsabfluss anderweitig zu finanzieren.

---

[18] BGHZ 109, 334, 343 (Fn. 11) m. Zust. durch *Schulze-Osterloh* ZGR 1991, 488/510; *Bordewin* BB 1974, 1432; *Heymann/Horn* § 172 RdNr. 17; *Baumbach/Hopt* § 172 RdNr. 8; aM *Priester* BB 1976, 1004, 1006; *K. Schmidt*, Einlage und Haftung, S. 94 f.; *ders.* ZGR 1976, 337; *H. Westermann* I RdNr. 927.
[19] *Barz*, FS Knur, S. 32; MünchHdbKG/*v. Falkenhausen/Schneider* § 24 RdNr. 65.
[20] MünchHdbKG/*v. Falkenhausen/Schneider* § 24 RdNr. 64.
[21] *Lüdtke-Handjery* DB 1975, 433, 434; *Barz*, FS Knur, S. 33; andeutungsweise BGH Urt. v. 2. 6. 1977 – II ZR 126/75, WM 1977, 1022, 1024.
[22] BGH WM 1979, 803, 804 (Fn. 11) (für die Vermögensteuer).

27 **3. Entnahmebeschränkungen. a) Gewinnverwendung zur Einlageleistung.** Nach § 167 Abs. 2 sind die auf einen Kommanditisten entfallenden Gewinngutschriften dessen Kapitalanteil so lange gutzuschreiben, bis der Betrag der bedungenen Einlage erreicht wurde. Weil die bedungenen Einlagen mangels abweichender Bestimmung durch Gesellschaftsvertrag oder Gesellschafterbeschluss fällig sind (§ 271 Abs. 1 BGB), wirkt § 167 Abs. 2 als gesetzliche Entnahmebeschränkung bis zur Erfüllung der Einlagenschuld. Bis dahin kann also der Kommanditist seinen Gewinnauszahlungsanspruch nach § 169 Abs. 1 Satz 2 1. HS nicht durchsetzen. Zur Einbehaltung von Gewinngutschriften in diesem Umfang bedarf es keiner Aufrechnungserklärung durch die Gesellschaft (streitig) – vgl. oben RdNr. 12).

28 **b) Darlehenskonten.** Gewinnanteile, die von Gesetzes wegen (§§ 169 Abs. 1 Satz 2, 167 Abs. 2) zur Auszahlung an den Kommanditisten verfügbar sind, werden im Zweifel seinem Verrechnungskonto gutgeschrieben. Davon kann durch gesellschaftsvertragliche Regelung und/oder Gesellschafterbeschluss in der Weise abgewichen werden, dass die dem Kommanditisten zukommenden Gewinne oder Teile davon einem für ihn geführten verzinslichen Darlehenskonto gutgebracht werden. Im Umfange des Darlehens besteht eine schuldrechtliche Verpflichtung der Gesellschaft gegenüber dem Gesellschafter,[23] auf die mangels abweichender Vereinbarung die §§ 607 ff. BGB insbesondere die Kündigungsregelung in § 609 BGB Anwendung finden.[24] Gegen die Anwendbarkeit der Darlehensregeln des BGB, insbesondere gegen das gesetzliche Kündigungsrecht gem. § 609 BGB, wird vorgebracht,[25] dass die mit der Verpflichtung, Gewinnanteile der Gesellschaft als Darlehen zu belassen, verbundene Entnahmebeschränkung ihren Sinn verliere, wenn es dem Gesellschafter möglich sei, der Gesellschaft diesen Finanzierungsbeitrag durch Kündigung wieder zu entziehen. Dieses Argument überzeugt nicht, weil ein unkündbares oder möglicherweise nur unter Treuegesichtspunkten kündbares Darlehen jedenfalls wirtschaftlich eine eigenkapitalähnliche Finanzierungsfunktion bekommt, was im Zweifel nicht anzunehmen ist. Es ist Sache der Gesellschafter, sachgerechte Regelungen im Gesellschaftsvertrag zu treffen, wenn sie die Anwendung der gesetzlichen Kündigungsregeln vermeiden wollen.

29 **c) Rücklagen.** Anders als aus Gewinngutschriften gebildete Gesellschafterdarlehen dienen vereinbarte Entnahmebeschränkungen zur Bildung von Rücklagen der Stärkung des Eigenkapitals. Sie begründen im Zweifel keine Forderungen der Gesellschafter gegen die Gesellschaft, sondern dienen wie Einlagen der Stärkung des Gesellschaftsvermögens. Wenn die Rücklagenbildung, wie hier unterstellt, auf gesellschaftsvertraglicher Verpflichtung beruht, handelt es sich dabei um eine Sonderform der Pflichteinlagenerhöhung.

30 Die buchmäßige Behandlung von Rücklagen ist unterschiedlich: Wenn sie wie Einlagen die Eigenkapitalbeiträge der Gesellschafter ausweisen, sind sie mangels abweichender Anordnung des Gesellschaftsvertrages so wie die Kapitalkonten selbst für jeden Gesellschafter gesondert zu erfassen. Auf eine nach Wegfall der Kapitalverkehrsteuer gegenstandslos gewordene steuerliche Überlegung ist es zurückzuführen, dass vielfach in Gesellschaftsverträgen von als GmbH & Co. KG organisierten Kommanditgesellschaften die Bildung sog. „gesamthänderisch gebundener offener Rücklagen" vorgesehen wird.[26] Ein wenig gedankenlos wurde diese Kontenführungstechnik auch nach Wegfall der Kapitalverkehrsteuer beibehalten und auch bei solchen Personenhandelsgesellschaften angewendet, die nicht in der Rechtsform der GmbH & Co. KG bestehen. Tatsächlich macht die Bezeichnung einer Rücklage als „gesamthänderisch gebunden" keinen Sinn. Gesamthänderisch gebunden ist das Vermögen der Gesellschaft, nicht aber seine Finanzierung.[27] Praktisch ist die Führung gemeinschaftlicher Rücklagenkonten ebenfalls ohne Nutzen. Im Gegenteil: Das gemeinschaftliche Rücklagenkonto gibt im Zweifel nicht wieder, in welchem Maße die einzelnen Gesellschafter zur Rücklagenbildung beitrugen; das kann zu Schwierigkeiten bei der Inanspruchnahme von Rücklagen durch Auflösung zur Verlustdeckung führen, sofern sich die Ergebnisverteilung nach der Rücklagenbildung änderte. Zweckmäßig ist deshalb die dem System der Gesellschafterkonten in der Personengesellschaft entsprechende Erfassung von Rücklagen als Sonderposten des Kapitalanteils eines jeden Gesellschafters.

---

[23] BGH DB 1978, 877 (Fn. 3).
[24] OLG Düsseldorf Beschl. v. 18. 10. 1962 – 6 U 25/61, BB 1963, 284 m. abl. Anm. v. *Siebel*; *Flume* Personengesellschaft § 11 II 2; Staub/*Schilling* § 167 RdNr. 7; Baumbach/*Hopt* § 167 RdNr. 7; Schlegelberger/*Martens* § 169 RdNr. 22; MünchKommHGB/*Grunewald* § 167, RdNr. 16.
[25] *Huber* Vermögensanteil S. 256 Fn. 40; *ders.* ZGR 1988, 1, 33; *Siebel* BB 1963, 284; MünchHdbKG/v. *Falkenhausen/Schneider* § 22 RdNr. 73.
[26] Aufgrund des BFM-Erlasses v. 18. 4. (BStBl. I S. 1974, 163) sollten Zuweisungen zu solchen Rücklagen gesellschaftssteuerfrei sein.
[27] *Huber* ZGR 1988, 1, 91.

d) **Voraussetzungen und Grenzen für Entnahmebeschränkungen.** In einer älteren Entscheidung von 1976[28] ließ der BGH einen mehrheitlich gefassten Gesellschafterbeschluss über die Verwendung von Teilen des Jahresüberschusses zur Rücklagenbildung unter der Voraussetzung zu, dass die Gesellschafterbeschlüsse nach dem Gesellschaftsvertrag mit Mehrheit gefasst werden sollten und dass die Bildung von Rücklagen erforderlich ist, „um das Unternehmen für die Zukunft lebens- und widerstandsfähig zu erhalten". Die Entscheidung ist auf berechtigte Kritik gestoßen[29] und deshalb auch vereinzelt geblieben. Jede Entnahmebeschränkung, bestehe sie nun darin, der Gesellschaft Teile eines im Übrigen auszahlungsreifen Gewinns darlehensweise zur Verfügung zu halten oder in Form von Rücklagen zur Haftung für zukünftige Verluste bereitzustellen, ist jedenfalls eine Verkürzung von Gesellschafterrechten, im Falle der Rücklagenbildung zudem eine Erhöhung der Einlagenpflicht. Wenn und soweit dies im Gesellschaftsvertrag vorgesehen wurde, sind dagegen keine Einwendungen zu erheben. Dasselbe gilt, wenn die Gesellschafter übereinstimmend und unter Beteiligung eines jeden von ihnen derartiges beschließen. Enthält der Gesellschaftsvertrag aber keine Bestimmung darüber, dass und in welchem Umfang Gewinne zur Darlehensfinanzierung oder Rücklagenbildung zurückgehalten werden können, dann ist es auch dann nicht möglich, derartige Entnahmebeschränkungen mit einem Mehrheitsbeschluss der Gesellschafter zu legitimieren, und zwar auch dann nicht, wenn der Gesellschaftsvertrag anordnet, dass die Beschlüsse der Gesellschafter mit Mehrheit gefasst werden.

In jeder Personengesellschaft wird der Gewinn, indem er entsteht, Vermögenszuwachs bei den Gesellschaftern, wenn auch in gesamthänderischer Bindung. Anders als bei allen Kapitalgesellschaften wird er für die Gesellschafter nicht erst verfügbar, wenn die Gesellschafterversammlung über seine Ausschüttung Beschluss fasst. Es geht also bei den Personengesellschaften nicht darum, einen Gewinnauszahlungsanspruch durch Gesellschafterbeschluss zu begründen, sondern einzuschränken oder zu beseitigen. Dergleichen ist nur möglich, wenn der Gesellschaftsvertrag – zumindest – in einer den Anforderungen des Bestimmtheitsgrundsatzes genügenden Weise (vgl. die Erl. zu § 163 RdNr. 35 ff.) vorsieht, dass darüber mit Mehrheitsbeschluss der Gesellschafter entschieden werden darf.[30] Während im Recht der Kapitalgesellschaften zur Gewährleistung eines Minderheitenschutzes gefordert wird, dass nach § 29 Abs. 2 GmbHG ohne weiteres zulässige Gesellschafterbeschlüsse über die Gewinnverwendung (unter Verweigerung der Ausschüttung an die Gesellschafter) einer Beschlussinhaltskontrolle oder zumindest einer Rechtsmissbrauchskontrolle unterworfen werden,[31] ist es unerlässlich, dass im Bereich des dispositiven Rechts der Personengesellschaften allemal durch den Gesellschaftsvertrag eine Grundlage für Mehrheitsbeschlüsse für Entnahmebeschränkungen jedweder Art geschaffen wird; sodann kann es eine Frage der gesellschaftsrechtlichen Treuepflicht sein, ob Gesellschafter einem begründeten Verlangen nach Beschlussfassung über die Gewinnthesaurierung ihre Zustimmung versagen dürfen.

Auch wenn die Gesellschafter mehrheitlich Gewinnrücklagen wollen, werden sie zu beachten haben, dass kein Gesellschafter gegen seinen Willen durch Rücklagenbildung gezwungen werden darf, die damit für ihn verbundene Gewinnsteuerbelastung (Einkommensteuer, Kirchensteuer, Solidaritätszuschlag) aus privaten Vermögensbestandteilen zu finanzieren. Das wäre eine Sonderbelastung, die auch durch allgemein im Gesellschaftsvertrag vorgesehenen Mehrheitsbeschluss zum Zwecke der Rücklagenbildung nicht legitimiert werden könnte.

§ 170 [Vertretung der KG]
Der Kommanditist ist zur Vertretung der Gesellschaft nicht ermächtigt.

Schrifttum: *Brox*, Zur Gesamtvertretung einer Kommanditgesellschaft durch den Komplementär und den Kommanditisten, FS Harry Westermann, 1974, S. 21; *Dellmann*, Die Einräumung von Vertretungs- und Geschäftsführungsbefugnissen in Personenhandelsgesellschaften an gesellschaftsfremde Personen, FS (Freundesgabe) für Hengeler, 1972; *Helms/Wagner*, Fremdgeschäftsführung und -vertretung bei Personenhandelsgesellschaften, BB 1979, 225; *Hofmann*, Die personalistische Kapitalgesellschaft, ZHR 137 (1973), 416; *Immenga*, Die personalistische Kapitalgesellschaft, 1970; *Lutter*, Theorie der Mitgliedschaft, AcP 180 (1980), 101; *Nitschke*, Die körperschaftlich strukturierte Personengesellschaft, 1970; *Reinhardt/Schultz*, Gesellschaftsrecht, 2. Aufl. 1981; *K. Schmidt*, Zur Stellung der oHG im System der Handelsgesellschaften, 1972; *Teichmann*, Gestaltungsfreiheit in Gesellschaftsverträgen, 1970; *Werra*, Zum Stand der Diskussion um die Selbstorganschaft, 1991.

---

[28] BGH Urt. v. 10. 5. 1976 – II ZR 180/74, BB 1976, 948, 949 m. krit. Anm. v. *Ulmer*; im Urt. v. 15. 1. 2007 – „Otto" – II ZR 245/05 hat der BGH das Problem zwar als „kernbereichsrelevant" bezeichnet, seine Lösung aber offengelassen – NJW 2007, 1685.
[29] Vgl. *Ulmer* (Fn. 28).
[30] MünchKommBGB/*Ulmer* § 707 RdNr. 6, 7, § 709 RdNr. 93, § 721 RdNr. 14; MünchHdbKG/*v. Falkenhausen/Schneider* § 24 RdNr. 66, 67; Schlegelberger/*Martens* § 169 RdNr. 23.
[31] *Joost*, FS 100 Jahre GmbH-Gesetz, S. 289, 298 ff; *Crezelius* dortselbst S. 315, 322; *Hommelhoff* ZGR 1986, 418, 423 ff.

§ 170 1–4   2. Buch. 2. Abschnitt. Kommanditgesellschaft

Übersicht

	RdNr.		RdNr.
I. Normzweck	1–4	III. Unechte Gesamtvertretungsbefugnis in der Kommanditgesellschaft	12, 13
II. Gesellschaftsvertragliche Begründung der Vertretungsbefugnis von Kommanditisten	5–11		

I. Normzweck

1 Nach hM[1] reserviert § 170 die selbst-organschaftliche Vertretungsbefugnis ausschließlich den persönlich haftenden Gesellschaftern. Das Prinzip der Selbstorganschaft weist die Leitungs- und Handlungsbefugnis in der und für die Gesellschaft ausschließlich ihren Mitgliedern zu. Es gilt – im Gegensatz zur Möglichkeit der Fremdorganschaft – für alle Personengesellschaften, weil jede Personengesellschaft als Gesamthand nicht (wie die juristische Person) neben ihren Mitgliedern, sondern – wenngleich in rechtsfähiger Sonderverbindung – aus ihnen besteht. Die Gesamthand kann deshalb organschaftlich nur durch ihre Mitglieder handeln (vgl. die Erläuterungen zu § 164 RdNr. 2). Das Prinzip der Selbstorganschaft schließt die Kommanditisten nicht von der Teilhabe an organschaftlichen Befugnissen aus, denn auch sie sind Mitglieder der Gesamthand. In den §§ 164, 170 wertet das Gesetz anders: Es schließt die Kommanditisten von den organschaftlichen Leitungs- und Handlungsbefugnissen aus. Im Gegensatz zu § 164 wird § 170 für zwingend gehalten,[2] mit der Folge, dass unbeschadet der Möglichkeit, die organschaftliche Vertretungsbefugnis persönlich haftender Gesellschafter von vornherein abzubedingen, einzuschränken oder zu entziehen, keinem Kommanditisten eine organschaftliche Vertretungsbefugnis eingeräumt werden kann.

2 Die Rechtfertigung dieses Gesetzesverständnisses ist unterschiedlich. Die These, dass zwingend herrschen müsse, wer hafte,[3] ist zur Begründung des zwingenden Ausschlusses von Kommanditisten von der organschaftlichen Vertretung nicht tauglich.[4] Vorherrschend ist die Begründung des organschaftlichen Vertretungsmonopols der persönlich haftenden Gesellschafter mit dem Bedürfnis, die Vertretungssouveränität von persönlich haftenden Gesellschaftern mit Rücksicht darauf gewährleisten zu müssen, dass die persönliche Haftung für die Schulden der Gesellschaft gegenüber deren Gläubigern sich als wirkungsvolles Instrument der unternehmerischen Verhaltenskontrolle erwiesen hat.[5] Ergänzt wurde dieser Begründungsversuch mit der These, dass die persönliche Haftung für das Handeln der Gesellschaft überhaupt nur dann gerechtfertigt bleibe, wenn sie Konsequenz eigenen Handelns sei.[6]

3 Vollends überzeugend ist keine dieser Überlegungen: Das Gesetz selbst lässt den von der Geschäftsführung und Vertretung ausgeschlossenen und gleichwohl persönlich haftenden Gesellschafter zu (§§ 114 Abs. 2, 117, 125 Abs. 1, 127); die nicht mehr in Frage stehende Anerkennung der GmbH & Co. KG setzt auch – de facto – die Kontrollwirkung der persönlichen Gesellschafterhaftung in Bezug auf das unternehmerische Verhalten außer Kraft. Die Auffassung, dass § 170 es zwingend verbiete, einen Kommanditisten mit Rücksicht auf seine beschränkte persönliche Haftung für die Schulden der Gesellschaft an der organschaftlichen Vertretung der Gesellschaft teilhaben zu lassen, ist mit dem Gesetz nicht begründbar. Alle oder jedenfalls die meisten zur Rechtfertigung dieses Verbots angeführten Gründe zielen deshalb auch in eine andere Richtung, nämlich auf die zwingende Teilhabe wenigstens eines persönlich haftenden Gesellschafters an der organschaftlichen Vertretung.[7]

4 Das bisherige allgemeine Verständnis von § 170 als zwingender Ausschluss des Kommanditisten von der organschaftlichen Vertretungsbefugnis ist überprüfungsbedürftig: Gute Gründe sprechen

---

[1] BGH Urt. v. 6. 2. 1958 – II ZR 210/56, BGHZ 26, 330, 332 f. = NJW 1958, 668; BGH Urt. v. 11. 7. 1960 – II ZR 260/59, BGHZ 33, 105, 108 = NJW 1960, 1997; BGH Urt. v. 25. 5. 1964 – II ZR 42/62, BGHZ 41, 367, 369 = NJW 1964, 1624; BGH Urt. v. 9. 12. 1968 – II ZR 33/67, BGHZ 51, 198, 200 = NJW 1969, 507 m. Anm. von *Wiedemann* JZ 1969, 469; *Flume* Personengesellschaft § 14 VIII; *K. Schmidt* GesR § 14 II 2 a; *Wiedemann* GesR I § 10 II 1; *Nitschke* S. 213 ff.; *Werra* S. 94; *Schlegelberger/Martens* § 170 RdNr. 3; *Baumbach/Hopt* § 170 RdNr. 1; Münch-KommHGB/*Grunewald* § 170 RdNr. 2.
[2] BGHZ 51, 198, 200 (Fn. 1).
[3] *Immenga* S. 117 ff.
[4] BGH Urt. v. 17. 3. 1966 – II ZR 282/63, BGHZ 45, 204 ff. = NJW 1966, 1309; *Hofmann* ZHR 137, 419; *Flume* Personengesellschaft § 14 VIII; *Wiedemann* GesR I § 10 III 2 bb; *K. Schmidt* GesR § 14 II 2 e; *K. Schmidt*, Zur Stellung der oHG im System der Handelsgesellschaften, S. 111 ff.
[5] *Wiedemann* GesR I § 10 III 1 a, b; *K. Schmidt* GesR § 14 II 2 e).
[6] So *Wiedemann* GesR I § 6 IV 1 a; ähnl. *Flume* Personengesellschaft § 14 IX.
[7] Vgl. hierzu auch die krit. Bem. von *Flume*, Personengesellschaft § 10 I aE; *Reinhardt/Schultz* RdNr. 167 ff.; *Teichmann* S. 124; *H. P. Westermann* Typengesetzlichkeit S. 328 ff.; *Helms/Wagner* BB 1979, 225; *K. Schmidt* GesR § 14 II 2 e; *Dellmann*, FS Hengeler, S. 64 ff.

dafür, die Vorschrift als Teil der gem. § 163 durch gesellschaftsvertragliche Bestimmung abdingbaren Regelungen über das Binnenverhältnis der Gesellschafter zu verstehen, mithin eine durch den Gesellschaftsvertrag selbst begründete Befugnis von Kommanditisten zur Vertretung der Gesellschaft[8] zuzulassen. Weil auch die Kommanditisten gesamthänderische Mitglieder der Personengesellschaft sind, wäre das „organschaftliche" Vertretung iSd. hierzu entwickelten Lehre und Rechtsprechung.

II. Gesellschaftsvertragliche Begründung der Vertretungsbefugnis von Kommanditisten

Auch der nach hM zwingend von der organschaftlichen Vertretungsbefugnis ausgeschlossene Kommanditist kann durch gesellschaftsvertragliche Regelung zur Vertretung der Gesellschaft gegenüber Dritten berufen werden. Will sich der Kommanditist dabei im Geschäftsverkehr mit Dritten auf die negative Publizitätswirkung des Handelsregisters berufen, so kann ihm Prokura eingeräumt werden.[9] Wenn der Gesellschaftsvertrag nichts davon Abweichendes bestimmt, führt eine im Gesellschaftsvertrag vorgesehene Vertretungsbefugnis von Kommanditisten nicht gleichzeitig zu deren Beteiligung an der Geschäftsführung, also zur Abbedingung von § 164; demzufolge ist die Geschäftsführungsbefugnis von Kommanditisten auch nicht Voraussetzung für deren Vertretungsberechtigung.[10] (Vgl. i. ü. die Erläuterungen zu § 52 RdNr. 3 ff.)

Weil auch die auf gesellschaftsvertraglicher Regelung beruhende Vertretungsbefugnis von Kommanditisten mit Rücksicht auf die nach hM zwingende Vorschrift von § 170 nie organschaftlicher Natur sein kann, gewährt sie dem Kommanditisten nur eine von dem (den) organschaftlich vertretungsbefugten persönlich haftenden Gesellschafter(n) abgeleitete Vertretungsmacht. Nach überwiegender Auffassung[11] kann jede einem Kommanditisten eingeräumte Vertretungsbefugnis, sei sie nun als einfache Handlungsvollmacht oder Generalvollmacht begründet worden oder mit einer in das Handelsregister eingetragenen Prokura verbunden, von jedem organschaftlich vertretungsbefugten persönlich haftenden Gesellschafter jederzeit widerrufen werden (§ 168 Satz 2 BGB, §§ 52 Abs. 1, 116 Abs. 3 Satz 2). Auch wenn die Vertretungsbefugnis des Kommanditisten auf einer Bestimmung des Gesellschaftsvertrags beruht, soll zu deren Beseitigung kein Gesellschafterbeschluss erforderlich sein, es sei denn, der Gesellschaftsvertrag sehe insoweit anderes vor oder es wäre ein außerordentliches Geschäft gegeben, zu dem die Zustimmung der übrigen Gesellschafter gem. §§ 116 Abs. 2, 164 S. 1 eingeholt werden muss.[12] Erst recht wird ein gerichtliches Entziehungsverfahren nach § 127 weder für erforderlich noch auch nur für möglich gehalten.[13]

Die Rechtsprechung und ihr folgend die ganz einhellige Lehre qualifizieren die auf gesellschaftsvertraglicher Vereinbarung beruhende Vertretungsbefugnis des Kommanditisten jedoch – mit Recht – anders als die dem Kommanditisten unabhängig vom Gesellschaftsvertrag erteilte Vollmacht zur Vertretung der Gesellschaft: Weil jede gesellschaftsvertragliche begründete Vertretungsbefugnis von Kommanditisten für diese ein Bestandteil der Mitgliedschaft ist,[14] setzt auch der jederzeit zulässige Widerruf einer gesellschaftsvertraglich begründeten Vertretungsbefugnis (im Falle BGHZ 17, 392 ff. handelte es sich um eine Prokura) im Verhältnis der Gesellschafter zueinander einen wichtigen Grund voraus. Nur wenn dieser vorliegt, ersetzt der Widerruf der Vertretungsbefugnis das Entziehungsverfahren in entsprechender Anwendung von § 127. *Schilling*[15] differenziert: Er will mit Rücksicht auf die zwingende Bestimmung in § 52 das Recht zum jederzeitigen Widerruf der gesellschaftsvertraglich begründeten Vertretungsbefugnis von Kommanditisten nur zulassen, wenn die zu widerrufende Vertretungsbefugnis mit einer in das Handelsregister eingetragenen Prokura verbunden ist und wenn ein wichtiger Grund für den Widerruf gegeben ist. Anderenfalls, also dann, wenn die gesellschaftsvertraglich begründete Vertretungsbefugnis in einer bloßen Handlungsvollmacht besteht, soll deren Beseitigung nach seiner Meinung entsprechend § 127 nur auf Antrag aller übrigen Gesellschafter durch gerichtliche Entscheidung oder auf Grund einer im Gesellschaftsvertrag für die Entziehung der Vertretungsbefugnis anderweitig getroffenen Regelung möglich sein.

---

[8] *Flume* Personengesellschaft § 10 I.
[9] BGH Urt. v. 27. 6. 1955 – II ZR 232/54, BGHZ 17, 392 = NJW 1955, 1394; Baumbach/*Hopt* § 170 RdNr. 3; Staub/*Schilling* § 170 RdNr. 5.
[10] OLG Celle Teilurt. v. 7. 8. 1985 – 9 U 236/84, EWiR § 52 1/86, 79; Baumbach/*Hopt* § 170 RdNr. 4.
[11] BGHZ 17, 392 (Fn. 9); *Flume* Personengesellschaft § 10 I; Schlegelberger/*Martens* § 170 RdNr. 12; Baumbach/*Hopt* § 170 RdNr. 4; dagg: Staub/*Schilling* § 170 RdNr. 6 (Widerruf nur dann, wenn die Vertretungsbefugnis in Form der Prokura erteilt wurde).
[12] OLG Karlsruhe Urt. v. 27. 11. 1973 – 8 U 25/73, BB 1973, 1551.
[13] Baumbach/*Hopt* § 127 RdNr. 3, § 170 RdNr. 4.
[14] Zum Begriff: *K. Schmidt* GesR § 19 I 3 b; *Wiedemann* GesR I § 2 I b bb; *Lutter* AcP 180 (1980), 101.
[15] Staub/*Schilling* § 170 RdNr. 6.

8 Hier wird die Schwierigkeit offenbar, zwischen selbst-organschaftlicher Vertretung und bloß abgeleiteter Vertretungsmacht von Gesellschaftern zu unterscheiden: Wenn man anerkennt, dass die durch gesellschaftsvertragliche Vereinbarung begründete Vertretungsmacht eines Kommanditisten Bestandteil von dessen Mitgliedschaft ist, und wenn man deshalb die Beseitigung dieser zur Mitgliedschaft selbst gehörenden Vertretungsbefugnis grundsätzlich nur unter denselben materiellen Voraussetzungen für zulässig erachtet, unter denen gem. § 127 auch die organschaftliche Vertretungsmacht beseitigt werden könnte, darf man die Entziehung einer solchen Vertretungsbefugnis nicht der Entscheidung durch jeden organschaftlich vertretungsberechtigten persönlich haftenden Gesellschafter überantworten. Weil der Rechtsbegründungsakt gerade nicht auf einem Verleihungsvorgang, einer Bevollmächtigung durch die Gesellschaft, handelnd durch ihre hierzu befugten Organe, beruht, sondern genuiner Bestandteil der durch den Gesellschaftsvertrag selbst begründeten Mitgliedschaft ist, hat die gesellschaftsvertraglich begründete Vertretungsbefugnis des Kommanditisten in Wahrheit dieselbe Qualität wie die organschaftliche Vertretungsmacht von persönlich haftenden Gesellschaftern. Sie ist organschaftliche Vertretungsmacht[16] (vgl. oben RdNr. 4).

9 Regelungen des Gesellschaftsvertrages über die Vertretungsbefugnis von Kommanditisten sind deshalb richtigerweise danach zu differenzieren, ob sie dem Kommanditisten einen mitgliedschaftsrechtlich begründeten Anspruch, ein Vorzugs- oder Sonderrecht,[17] auf Bevollmächtigung durch die Gesellschaft (mit oder ohne Prokura) einräumen oder ob der Gesellschaftsvertrag selbst die Grundlage für die Vertretungsberechtigung des Kommanditisten sein soll. Regelmäßig werden gesellschaftsvertragliche Bestimmungen des Inhalts, dass ein Kommanditist Prokura erhalten sollte, als mitgliedschaftliches Sonderrecht auf Bevollmächtigung durch die Gesellschaft zu verstehen sein. Dann folgt die Entziehung der Vertretungsbefugnis den für den Widerruf der Vollmacht (in Form der Prokura) maßgeblichen Regeln mit der Einschränkung freilich, dass die Wiedererteilung der Vollmacht – ggf. in der Form der Prokura – verlangt werden kann, wenn diesem Anspruch nicht einwendungsweise ein wichtiger Grund für den Widerruf der Vollmacht entgegengehalten werden kann.

10 Bildet hingegen der Gesellschaftsvertrag selbst die Rechtsgrundlage für die Vertretungsmacht eines Kommanditisten, so dass es zu deren Begründung keines weiteren Rechtsgeschäfts (Bevollmächtigung/Prokuraerteilung) bedarf, dann unterliegt auch die Entziehung dieser Vertretungsmacht den Regeln des Gesellschaftsrechts, also § 127. Der Gesellschaftsvertrag kann auch bestimmen, dass anstelle der Klage aller übrigen Gesellschafter auf Entziehung der Vertretungsmacht durch Gestaltungsurteil ein Gesellschafterbeschluss hinreicht, um die Entziehungswirkung herbeizuführen; er kann auch anordnen, dass ein solcher Gesellschafterbeschluss mit – nicht notwendig qualifizierter – Mehrheit zustandekommt,[18] ja, dass er nicht einmal einer Rechtfertigung durch wichtige Gründe bedarf.[19]

11 Weil die hM § 170 für zwingend und deshalb jede, auch die gesellschaftsvertraglich begründete, Vertretungsmacht von Kommanditisten für eine bloß abgeleitete hält, sieht sie, anders als *Schilling* (vgl. Fn. 11, 15), weder eine Veranlassung noch eine Möglichkeit für die Anwendung der gesellschaftsrechtlichen Regeln über die Entziehung einer so begründeten Vertretungsbefugnis.[20] Angesichts dessen, dass der BGH jedenfalls die materiellen Voraussetzungen für die Entziehung jeder gesellschaftsvertraglich begründeten Vertretungsbefugnis von Kommanditisten aus den §§ 117, 127 gewonnen hat[21] und dass sich die ganz überwiegende Lehre dem angeschlossen hat,[22] erscheint das nicht überzeugend. Im Kern ist es das überprüfungsbedürftige Dogma vom zwingenden organschaftlichen Vertretungsmonopol der persönlich haftenden Gesellschafter, welches den Blick darauf verstellt, dass es die mit der Mitgliedschaft selbst begründete Vertretungsbefugnis von Kommanditisten gibt. Die Anerkennung einer mitgliedschaftlichen und deshalb sowohl in Hinsicht auf die ihr innewohnenden Befugnisse als auch in Hinsicht auf ihre Entziehung den Regeln des Gesellschaftsrechts unterworfenen gesellschaftsvertraglich begründeten Vertretungsmacht von Kommanditisten muss zur Anerkennung des „organschaftlichen" Charakters dieser Kommanditisten-Vertretungsmacht führen. Anderes wäre dogmatisch nicht begründbar (vgl. oben RdNr. 1).

---

[16] *Brox*, FS H. Westermann, S. 21 ff.; *Flume* Personengesellschaft § 10 I aE.
[17] *K. Schmidt* GesR § 19 III 3 c bb.
[18] BGH Urt. v. 20. 12. 1982 – II ZR 110/82, BGHZ 86, 177, 180 = NJW 1983, 938.
[19] BGHZ 86, 177, 180 (Fn. 18); Baumbach/*Hopt* § 170 RdNr. 12, § 127 RdNr. 12.
[20] Baumbach/*Hopt* § 127 RdNr. 3, § 170 RdNr. 4; Schlegelberger/*Martens* § 170 RdNr. 12.
[21] BGHZ 17, 392 ff. (Fn. 9).
[22] *Flume* Personengesellschaft § 10 I; Baumbach/*Hopt* § 170 RdNr. 4; Schlegelberger/*Martens* § 170 RdNr. 12; Staub/*Schilling* § 170 RdNr. 6.

III. Unechte Gesamtvertretungsbefugnis in der Kommanditgesellschaft

Nach § 125 Abs. 3 Satz 1 kann der Gesellschaftsvertrag bestimmen, „dass die Gesellschafter, wenn nicht mehrere zusammen handeln, nur in Gemeinschaft mit einem Prokuristen zur Vertretung der Gesellschaft ermächtigt sein sollen." Das schließt die Bindung von organschaftlich vertretungsbefugten Gesellschaftern, worunter nach hM nur persönlich haftende Gesellschafter verstanden werden können (vgl. oben RdNr. 1), an die Mitwirkung von vertretungsberechtigten Kommanditisten ein, sofern die Vertretungsbefugnis solcher Kommanditisten als Prokura in das Handelsregister eingetragen ist (gemischte oder unechte Gesamtvertretung). Auf den Rechtsgrund für die in das Handelsregister eingetragene Prokura des Kommanditisten kommt es nicht an; er kann im Gesellschaftsvertrag liegen (vgl. oben RdNr. 5) oder auf einer davon unabhängigen Bevollmächtigung durch die Gesellschaft beruhen. Ergänzend wird auf die Erläuterungen zu § 48 RdNrn. 44 ff. verwiesen. 12

Die Mitwirkungsbefugnis des Kommanditisten mit Prokura bei der unechten Gesamtvertretung erweitert die dem Kommanditisten eingeräumte Vertretungsmacht inhaltlich auf den Umfang der Vertretungsmacht des daran gebundenen persönlich haftenden Gesellschafters. Sie wird selbst zur organschaftlichen Gesamtvertretungsmacht[23] und berechtigt zur Mitwirkung bei allen Rechtshandlungen, die überhaupt in Ausübung organschaftlicher Vertretungsmacht möglich sind. Umgekehrt darf die Mitwirkungsbefugnis von Kommanditisten mit Prokura nicht in der Weise zu einer Einschränkung von Handlungsbefugnissen der persönlich haftenden Gesellschafter führen, dass diese – und ein jeder von ihnen – nur unter Mitwirkung des Kommanditisten/Prokuristen zur organschaftlichen Vertretung der Gesellschaft berechtigt sind. Jede unechte Gesamtvertretung, auch diejenige nach § 125 Abs. 3 Satz 1, setzt voraus, dass die Gesellschaft mehrere organschaftliche Vertreter hat und dass die Vertretungsbefugnis entweder eines jeden von diesen oder einzelner von ihnen dahingehend beschränkt ist, dass sie entweder mit einem oder mehreren anderen persönlich haftenden Gesellschaftern (sog. echte Gesamtvertretung) oder mit einem Prokuristen (unechte Gesamtvertretung) vertreten. Unzulässig sind deshalb Regelungen des Gesellschaftsvertrages, die der Gesellschaft weder die Möglichkeit der Einzelvertretung durch einen persönlich haftenden Gesellschafter noch der echten Gesamtvertretung durch mehrere gemeinschaftlich handelnde persönlich haftende Gesellschafter lassen. Derartiges würde sich als unzulässige Einschränkung des Prinzips der Selbstorganschaft darstellen.[24] Obwohl dies durch den Wortlaut des Gesetzes nicht veranlasst ist, hat es der BGH schon für unzulässig gehalten, die Vertretungsbefugnis eines von mehreren persönlich haftenden Gesellschaftern ausschließlich an die Mitwirkung durch einen Prokuristen zu knüpfen, obwohl der andere oder die anderen persönlich haftende(n) Gesellschafter einzelvertretungsberechtigt war(en).[25] 13

§ 171 [Haftung des Kommanditisten]

(1) Der Kommanditist haftet den Gläubigern der Gesellschaft bis zur Höhe seiner Einlage unmittelbar; die Haftung ist ausgeschlossen, soweit die Einlage geleistet ist.

(2) Ist über das Vermögen der Gesellschaft das Insolvenzverfahren eröffnet, so wird während der Dauer des Verfahrens das den Gesellschaftsgläubigern nach Absatz 1 zustehende Recht durch den Insolvenzverwalter oder den Sachwalter ausgeübt.

Schrifttum: *Altmeppen*, Zur „finanzplanmäßigen Nutzungsüberlassung" als Kapitalersatz – eine Besprechung des Urteils des OLG Karlsruhe vom 29. 3. 1996, ZIP 1996, 909; *ders.*, Haftung der Gesellschafter einer Personengesellschaft für Delikte, NJW 1996, 1017; *Barz*, Know How als Einbringungsgegenstand, FS W. Schmidt, 1959, S. 157; *Beinert/ Hennerkes/Binz*, Zur Bedeutung des Rechtsformzusatzes bei der GmbH & Co. nach bisherigem und künftigem Recht, BB 1979, 299; *Boerner*, Die Haftung des herrschenden Kommanditisten, 1985; *Bork*, Die Haftung des entlohnten Gesellschafter-Geschäftsführers bei der GmbH & Co. KG, AcP 184 (1984), 465; *Brandes*, Die Rechtsprechung des BGH zur offenen Handels- und Kommanditgesellschaft, ohne GmbH & Co. KG, WM 1986, Sonderbeilage Nr. 1; *Buchner*, Die Kommanditistenhaftung bei Rechtsnachfolge in Gesellschaftsanteile, DNotZ 1988, 467; *Canaris*, Die Rückgewähr von Gesellschaftereinlagen durch Zuwendungen an Dritte, FS R. Fischer, 1979, S. 31; *Cebulla*, Einlagenrückgewähr, Haftung und Bilanzierung beim Ausscheiden eines Kommanditisten, DStR 2000, 1917; *Crezelius*, Unternehmenserb-

---

[23] RG Beschl. v. 22. 12. 1931 – II B 30/31, RGZ 134, 303, 306; BGH Urt. v. 31. 3. 1954 – II ZR 57/53, BGHZ 13, 61, 64 = NJW 1954, 1158; BGH Urt. v. 14. 2. 1974 – II ZB 6/73, BGHZ 62, 166, 170 = NJW 1974, 1194; BayObLG Beschl. v. 19. 6. 1973 – Breg. 2 Z 21/73, DB 1973, 1340.
[24] BGHZ 26, 330, 332 f. (Fn. 1); BGH Urt. v. 23. 2. 1961 – II ZR 165/59, WM 1961, 321, 322; *Baumbach/Hopt* § 125 RdNr. 20.
[25] BGHZ 26, 330, 332 f. (Fn. 1); BGH Beschl. v. 6. 11. 1986 – V ZB 8/86, WM 1987, 106, 107.

§ 171 2. Buch. 2. Abschnitt. Kommanditgesellschaft

recht, 1998; *Dieckmann,* Zur Schadensersatzpflicht der KG und deren Gesellschafter, wenn ein nicht (allein-)vertretungsberechtigter Gesellschafter gegen die Vertretungsordnung der Gesellschaft verstößt, WM 1987, 1509; *Drygala,* Gibt es die eigenkapitalersetzende Finanzplan-Nutzungsüberlassung? Zugleich Besprechung der Entscheidung OLG Karlsruhe vom 29. 3. 1996 – 15 U 39/95, GmbHR 1996, 481; *Ebenroth,* Zur Aufrechnung des Finanzamts mit Steuerforderungen im Konkurs der KG, JZ 1985, 322; *Ekkenga,* Zur Aktivierungs- und Einlagefähigkeit von Nutzungsrechten nach Handelsbilanz- und Gesellschaftsrecht, ZHR 161 (1997), 599; *Elsing,* Erweiterte Kommanditistenhaftung und atypische KG, 1977; *Fehl,* Zur Anwendbarkeit von § 31 Ziff. 2 KO auf Geschäfte einer KG mit einem ihrer Gesellschafter oder dessen nahen Angehörigen, ZGR 1978, 725; *Felix,* Haftsumme der Kommanditisten und Sacheinlage, NJW 1973, 491; *Fleck,* Der Grundsatz der Kapitalerhaltung – seine Ausweitung und seine Grenzen, FS 100 Jahre GmbH-Gesetz, 1992, S. 391; *Fleischer,* Finanzplankredite und Eigenkapitalersatz im Gesellschaftsrecht, 1995; *Frey,* Tod des einzigen Komplementärs, ZGR 1988, 281; *Gädcke,* „Dem Werte nach" eingebrachte Grundstücke im Gesellschaftsvermögen, 1987; *Gramlich,* Die Einlageforderung der KG gegen einen Kommanditisten als Kreditsicherungsmittel, NJW 1967, 1447; *Grunewald,* Die unbeschränkte Haftung beschränkt haftender Gesellschafter für die Verletzung von Aufklärungspflichten im vorvertraglichen Bereich, ZGR 1986, 580; *Gursky,* Risikokumulation für den Kommanditisten mit Sacheinlagepflicht?, DB 1978, 1261; *Habersack,* Der Finanzplankredit und das Recht der eigenkapitalersetzenden Gesellschafterhilfen, ZHR 161 (1997), 457; *ders.,* Grundfragen der freiwilligen oder erzwungenen Subordination von Gesellschafterkrediten, ZGR 2000, 384; *Hadding,* Rückgriff des haftenden Treuhandkommanditisten – Besprechung der Entscheidung BGHZ 93, 246, FS Fleck, 1988, S. 71; *Hardt,* Kommanditistenhaftung und Vermögens-Neubewertung, MDR 1990, 120; *Harrer,* Leistung der Einlage und Aufrechnung im Recht der KG, GesRZ 1997, 65; *Häsemeyer,* Die Gleichbehandlung der Konkursgläubiger, KTS 1982, 507; *ders.,* Kommanditistenhaftung und Insolvenzrecht, ZHR 149 (1985), 42; *Hofmann,* Unbeschränkte Kommanditistenhaftung und gesetzliche Wertung, NJW 1969, 577; *Huber,* Vermögensanteil, Kapitalanteil und Gesellschaftsanteil an Personengesellschaften des Handelsrechts, 1970; *ders,* Gesellschafterkonten in der Personengesellschaft, ZGR 1988, 1; *Hunscha,* Die Anwendung der §§ 30 Abs. 1, 31 GmbHG auf Zahlungen der GmbH & Co. KG an ihre Kommanditisten, GmbHR 1973, 257; *ders.,* Gläubigerschutz und wechselseitig beteiligte GmbH & Co. KG, GmbHR 1975, 145; *Joost,* Eigenkapitalersetzende Kommanditistenleistungen – zugleich ein Beitrag zur Außenhaftung des Kommanditisten, ZGR 1987, 370; *Kammergruber,* Innen- und Außenhaftung des Kommanditisten, 2003, zugl. Diss. Regensburg 2001; *Keuk,* Die Haftung des Kommanditisten für die Schulden der Gesellschaft, ZHR 135 (1971), 410; *Knobbe-Keuk,* Obligatorische Nutzungsrechte als Sacheinlagen in Kapitalgesellschaften?, ZGR 1980, 214; *Konietzko,* Zur Haftung des Kommanditisten, 1979; *Kornblum,* Die Haftung des Gesellschafter für Verbindlichkeiten von Personengesellschaften, 1972; *Kuhn,* Komplementärhaftung bei der GmbH & Co., Ehrengabe für Heusinger, 1968, S. 203; *ders.,* Konkursrechtliche Probleme bei der GmbH & Co KG, FS Schilling, 1973, S. 69; *Leven,* Zur persönlichen Haftung des Kommanditisten im Gesellschaftskonkurs, Diss. Köln, 1966; *Michel,* Die Inanspruchnahme des Veräußerers und des Erwerbers eines Kommanditanteils im Konkurs der KG, KTS 1991, 67; *Müller-Graff,* Die Außenhaftung des Kommanditisten bei fehlerhaftem KG-Eintritt – BGH NJW 1977, 1820, JuS 1979, 24; *Müßbrodt,* Haftungsbefreiende Nennwertaufrechnung und Gläubigerschutz bei Sanierungsgründungen von Kommanditgesellschaften, BB 1982, 338; *Naraschewski,* Haftung bei der Spaltung von Kommanditgesellschaften, DB 1995, 1265; *Peters,* Die Haftung des Kommanditisten, RNotZ 2002, 425; *Petzold,* Die Haftung des Kommanditisten nach Leistung seiner Einlage durch den Komplementär, DNotZ 1975, 529; *Priester,* Haftungsgefahren bei Zahlung von Geschäftsführerbezügen an Kommanditisten?, DB 1975, 1878; *ders.,* Ausschüttungen bei Abschreibungsgesellschaften und Wiederaufleben der Kommanditistenhaftung – zur Auslegung von § 172 Abs. 4, BB 1976, 1004; *ders.,* Sind eigenkapitalersetzende Gesellschafterdarlehen Eigenkapital?, DB 1991, 1917; *Riegger,* Die Rückgewähr der Einlage eines Kommanditisten aus dem Privatvermögen eines Gesellschafters, BB 1975, 1282; *ders.,* Geschäftsführervergütung und persönliche Haftung des Kommanditisten, DB 1983, 1909; *Saßenrath,* Die Umwandlung von Komplementär- in Kommanditbeteiligungen, 1988; *ders.,* Die Kommanditistenhaftung des ehemaligen Komplementärs und seiner Rechtsnachfolger, BB 1990, 1209; *Schilling,* Die GmbH & Co. KG als Einheitsgesellschaft, FS Barz, 1974, S. 67; *Schmelz,* „Überschießende Außenhaftung" des Kommanditisten – Eine systematische Darstellung, DStR 2006, 1704; *K. Schmidt,* Kapitalaufbringung, Kapitalerhaltung und Unterkapitalisierung bei der GmbH & Co., DB 1973, 2227; *ders.,* § 171 Abs. 2 HGB – eine Bestimmung nur für den Konkurs der KG?, JR 1976, 278; *ders.,* Kapitalaufbringung – Kapitaleinlage und Kapitalerhaltung in der KG, ZGR 1976, 307; *ders.,* Einlage und Haftung des Kommanditisten, 1977 (zit.: Einlage); *ders.,* Zur Haftsumme des Kommanditisten bei Sacheinlageversprechen – Bemerkungen zum Urteil des BGH vom 28. 3. 1977, DB 1977, 2313; *ders.,* Der gutgläubige Empfang von Scheingewinnen und die Kapitalsicherung im Aktienrecht, im Recht der GmbH und im Kommanditgesellschaftsrecht, BB 1984, 1588; *ders.,* Summenmäßige Grenzen der Haftung von Mitgesellschaftern aus rückständigen Einlagen (§ 24 GmbHG) und verbotenen Ausschüttungen (§ 31 Abs. 3 GmbHG), BB 1985, 154; *ders.,* Zur Bareinlage durch Verrechnung und Aufrechnung in der KG – Besprechung der Entscheidung BGH WM 1985, 1224, ZGR 1986, 152; *ders.,* Quasi-Eigenkapital als haftungsrechtliches und als bilanzrechtliches Problem, FS Goerdeler, 1987, S. 487; *ders.,* Die Schenkung von Personengesellschaftsanteilen durch Einbuchung, BB 1990, 1992; *ders.,* Grenzen und Risiken der Binnenhaftung von Kommanditisten, DB 1995, 1381; *ders.,* Finanzplanfinanzierung, Rangrücktritt und Eigenkapitalersatz, ZIP 1999, 1241; *ders.,* Handelsregisterpublizität und Kommanditistenhaftung – Probleme der neu gefassten §§ 162, 175 Satz 2 HGB als Zukunftsfrage des § 15 HGB –, ZIP 2002, 413; *Schnelle,* Haftung des Nur-Kommanditisten nach §§ 30, 31 GmbHG, GmbHR 1995, 853; *Schön,* Die stille Beteiligung an dem Handelsgewerbe einer KG, ZGR 1990, 220; *Schulte,* Zu den Gesichtspunkten des Bundesgerichtshofes bei der Fortbildung des Gesellschaftsrechts, FS H. Westermann, 1974, S. 525; *Schulze-Osterloh,* Handelsrechtliche Ergänzungsbilanzen der Gesellschafter einer Personengesellschaft, ZGR 1991, 488; *Sprockhoff,* Auswirkungen der Europäischen Währungsunion auf das Personengesellschaftsrecht, NZG 1999, 17; *Steckhan,* Gesellschaftsvermögen der KG und Privatvermögen der Komplementärs, DNotZ 1974, 69; *Steinbeck,* Zur systematischen Einordnung des Finanzplankredits, ZGR 2000, 503; *Stolzenburg,* Kündigung und Enthaftung bei der Kreditbürgschaft eines ausgeschiedenen Gesellschafters, ZIP 1985, 1189; *Sudhoff,* Rechte und Pflichten des Kommanditisten, 3. Aufl. 1986 (zit.: Rechte); *Tschierschke,* Das Ausscheiden eines Kommanditisten und die Stellung des Ausgeschiedenen im Konkurs der Gesellschaft, Diss. München 1966; *ders.,* Die Regelung der Verjährung bei Ansprüchen gegen einen ausgeschiedenen Kommanditisten, NJW 1968, 1367; *Ulrich,* Grundstücke im Gesellschafts- und im Betriebsvermögen der KG, NJW 1974, 1486; *Ulmer,* Volle Haftung des Gesellschafter/Geschäftsführers einer GmbH für Gläubigerschäden aus fahrlässiger Konkursverschleppung?, NJW 1983, 1577; *Unger,* Zur Haftung des ausgeschiedenen Kommanditisten im Konkurs der KG, KTS 1960, 33; *von Falkenhausen,* Die Erbringung des „Kapitals" in der KG, DStR 1992, 186; *von Olshausen,* Die Aufrechnung eines Kommanditisten mit einer nicht voll werthaltigen Gegenforderung und ihre Wirkung auf die Einlageverbindlichkeit, ZGR 2001, 175; *Weber/Jansen,* Unbeschränkt haftende Kommanditisten in der GmbH & Co. KG, NJW 1971, 1678; *Weber/von Schlabrendorff,* Die Erstreckung von Schiedsabreden aus Geschäften

Haftung des Kommanditisten § 171

von Personengesellschaften auf ihre Gesellschafter, FS Glossner, 1994, S. 477; *Weipert*, Zum Problem der Bedingungskongruenz im Verhältnis zwischen Publikums-KG, Treuhandkommanditist und Kapitalanleger, ZHR 157 (1993), 513; *Westermann, H.*, Ausgleichsansprüche des Kommanditisten, dessen Haftsumme die Pflichteinlage übersteigt, bei Inanspruchnahme von Gläubigern der KG, FS Barz, 1974, S. 81; *Wiedemann*, Beschränkte und unbeschränkte Kommanditistenhaftung, FS Bärmann, 1975, S. 1037 ff.; *ders.*, Eigenkapital und Fremdkapital, FS Beusch, 1993, S. 893; *Wiesner*, Zur Haftung des Treugeber-Kommanditisten bei der qualifizierten Treuhand, FS Ulmer, 2003, S. 673; *Wilhelm*, Rechtsform und Haftung bei der juristischen Person, 1981; *Wilken*, Einlagensplitting in der GmbH & Co. KG, ZIP 1996, 61; *Winkler*, Die Haftungsverfassung der GmbH & Co. (KG), NJW 1969, 1009; *Wissmann*, Persönliche Mithaft in der Insolvenz – Die Stellung des Bürgen und des Personenhandelsgesellschafters, 2. Aufl. 1998.

Übersicht

	RdNr.		RdNr.
I. Bedeutung der Norm	1–4	aa) Grundsatz	66–68
II. Einlage und Haftsumme	5–8	bb) Einbuchung	69–71
III. Haftung des Kommanditisten (Abs. 1 HS 1)	9–36	2. Leistung an Dritten	72–79
1. Art und Inhalt	9–15	a) Leistung auf abgetretene oder gepfändete Einlageforderung	72–75
2. Beginn und Ende	16–19	b) Zahlung auf Grund Haftung	76, 77
3. Haftung aus anderem Rechtsgrund	20–34	c) Leistung aus anderem Rechtsgrund	78
a) Schuldbeitritt, Garantie, Bürgschaft, Kreditauftrag	20	d) Aufrechnung	79
b) Verschulden bei Vertragsschluss	21–23	3. Haftungsbefreiung des ausgeschiedenen Kommanditisten	80–83
c) Prospekthaftung	24	4. Haftungsbefreiung bei Formwechsel	84
d) §§ 823 Abs. 2, 826 BGB	25–28	5. Haftungsbefreiung bei Erbfall	85
e) Rechtsmissbrauch, Durchgriffshaftung	29–32	6. Prozessrecht	86–90
f) Rechtsschein	33	V. Haftung in der Insolvenz (Abs. 2)	91–118
g) Haftungsfreistellungsklausel	34	1. Rechte des Insolvenzverwalters	91–104
4. Erstattungsanspruch	35, 36	a) Einlage	91–93
IV. Befreiung von der Haftung (Abs. 1 HS 2)	37–90	b) Haftung nach § 171 Abs. 2	94–102
1. Leistung an die Gesellschaft	38–71	c) Weitergehende Anwendung des § 171 Abs. 2	103
a) Leistung der Einlage	38–41	d) Anfechtungsrechte	104
b) Geldeinlage	42–53	2. Rechte der Gesellschaftsgläubiger	105, 106
aa) Erfüllung	42, 43	3. Haftung des ausgeschiedenen Kommanditisten	107–110
bb) Stehenlassen von Gewinnen	44	4. Aufrechnung	111–113
cc) Umwandlung der Gesellschafterstellung	45–47	5. Prozessrecht	114
dd) Aufrechnung/Verrechnung	48–53	6. Rechtslage nach der KO/VglO/GesO	115–117
c) Sacheinlage	54–58	7. Liquidation	118
aa) Gegenstand	54, 55	VI. Haftung in der GmbH & Co. KG	119
bb) Bewertung	56–58	VII. Haftung bei Treuhandverhältnissen	120
d) Sanierungsgründung	59–61		
e) Einlagesplitting	62–65		
f) Leistung durch Dritten	66–71		

I. Bedeutung der Norm

Dem Wesen der KG als einer Gesamthand entspricht – ebenso wie bei der OHG – die persönliche Haftung der Gesellschafter. Träger des Gesellschaftsvermögens sind die Gesellschafter in ihrer gesellschaftlichen Verbundenheit. Die Verbindlichkeiten der Gesellschaft sind ihre Verbindlichkeiten. Das gilt sowohl für den persönlich haftenden Gesellschafter als auch für den Kommanditisten. Für beide verweist deshalb § 161 Abs. 2 auf die Haftungsregeln der §§ 128, 129. Und beide haften mit zwei verschiedenen Vermögensmassen, nämlich mit ihrem Anteil an dem Gesellschaftsvermögen und mit ihrem sog. Privatvermögen, also mit dem Vermögen, das sie außer dem Anteil am Gesellschaftsvermögen haben.[1] Die Haftung mit dem Anteil am Gesellschaftsvermögen ist – auch für den Kommanditisten – unbeschränkt und unbeschränkbar. Die KG unterscheidet sich dagegen von der OHG in der Haftung der Gesellschafter mit ihrem Privatvermögen. Während der Komplementär – ebenso wie der Gesellschafter der OHG – auch insoweit unbeschränkt und unbeschränkbar haftet, gilt für den Kommanditisten nach § 171 Abs. 1 HS 1 eine summenmäßige Haftungsbeschränkung: Er haftet den Gesellschaftsgläubigern grundsätzlich nur bis zur Höhe seiner Einlage. Die Gesellschafter vereinbaren also für den Kommanditisten die sog. **Haftsumme,** einen in Geld auszudrückenden Wert, bis zu dem der Kommanditist von den Gesellschaftsgläubigern mit seinem Privatver-

---

[1] MünchKommHGB/*K. Schmidt* RdNr. 4; aA für die Insolvenz – haftungsrechtliche Zuordnung des Kommanditistenvermögens zum Gesellschaftsvermögen: *Häsemeyer* ZHR 149 (1985), 42 ff.

mögen in Anspruch genommen werden kann. Dieser Wert wird gem. § 162 in das Handelsregister eingetragen. Der Kommanditist haftet dann gegenständlich unbeschränkt, der Höhe nach aber auf die Haftsumme begrenzt. Die Gesellschaftsgläubiger können auf sein gesamtes Vermögen zugreifen, aber nur bis zum Betrag der Haftsumme.

2 Diese summenmäßig beschränkte Haftung kann der Kommanditist gem. § 171 Abs. 1 HS 2 ausschließen, indem er seine Einlage in das Gesellschaftsvermögen leistet. Wird ihm allerdings ein entsprechender Wert aus dem Gesellschaftsvermögen zurückgewährt, lebt seine persönliche Haftung nach § 172 Abs. 4 S. 1 wieder auf. Seine Haftung erschöpft sich, wenn und soweit er einen Gesellschaftsgläubiger befriedigt. Eine weitergehende Haftung im Zusammenhang mit eigenkapitalersetzenden Gesellschafterleistungen in der GmbH & Co. KG sieht § 172a vor. Unbeschränkt haftet der Kommanditist schließlich nach § 176, wenn seine Haftungsbeschränkung nicht im Handelsregister eingetragen und dem Gesellschaftsgläubiger auch nicht bekannt ist. In der Insolvenz werden die Ansprüche der Gesellschaftsgläubiger gem. §§ 93, 280 InsO, 171 Abs. 2 von dem Insolvenzverwalter oder Sachwalter geltend gemacht.[2]

3 Die Bedeutung des § 171 und der ihn ergänzenden §§ 172 bis 176 hängt von der wirtschaftlichen Lage der Gesellschaft ab: Solange es der Gesellschaft gut geht, begründen die Haftsummen der Kommanditisten – verbunden mit ihrer von den Gläubigern angenommenen Zahlungsfähigkeit und der Leistungsfähigkeit der persönlich haftenden Gesellschafter – die **Kreditwürdigkeit** der Gesellschaft. Die Gesellschaftsgläubiger werden den Kommanditisten nicht persönlich in Anspruch nehmen, schon weil sie damit rechnen müssen, dass er den gegen ihn gerichteten Anspruch durch Leistung seiner Einlage oder Befriedigung eines anderen Gesellschaftsgläubigers zu Fall bringen wird. Gerät die Gesellschaft dagegen in eine Krise, bildet die persönliche Haftung der Kommanditisten, so sie denn noch besteht, ein **„Haftungsreservoir"**[3] für die Gesellschaftsgläubiger. Daraus folgt, dass die Haftungsregelung der §§ 171 ff. zwingendes Recht ist, also durch Vereinbarung der Gesellschafter nicht abgeändert werden kann. Daraus folgt weiter das von *Wiedemann* so bezeichnete **Prinzip der objektiven Vermögensdeckung:** Der Kommanditist ist zur Vermeidung seiner persönlichen Haftung verpflichtet, einen der eingetragenen Haftsumme wirklich entsprechenden Wert in das Gesellschaftsvermögen zu leisten und ihn auch dort zu belassen.[4] Dieser **Kapitalaufbringungsgrundsatz** schafft aber kein Garantiekapital wie bei den Kapitalgesellschaften. Auch der Kommanditist, der ein überschuldetes Unternehmen in die Gesellschaft einbringt, haftet nur in Höhe seiner Haftsumme, nicht in Höhe der darüber hinaus der Gesellschaft angedienten Schulden.[5] Die Gläubiger müssen sogar damit rechnen, dass sich der Kommanditist von seiner persönlichen Haftung befreit, ohne der Gesellschaft Kapital zuzuführen. Das geschieht etwa in den sog. Einbuchungsfällen, in denen der Kommanditist an einem schon bestehenden Unternehmen dadurch beteiligt wird, dass ein Betrag in Höhe seiner Einlage auf sein Kapitalkonto zu Lasten des Darlehenskontos eines Mitgesellschafters gutgeschrieben wird (s. RdNr. 69 ff.). Der Kapitalaufbringungsgrundsatz im Recht der KG begründet also **keine Kapitalzuführungsgarantie**.[6] Der Kommanditist verspricht nur, dass seine Beteiligung an der Gesellschaft durch haftendes Kapital gedeckt wird, sei es durch die geleistete Einlage, sei es durch die Bindung von bisher ungebundenem Gesellschaftsvermögen.

4 Diese weitgehende Haftungsbeschränkung des Kommanditisten lässt sich damit rechtfertigen, dass in der KG wenigstens ein Gesellschafter – und zwar nach § 164 der geschäftsführende – in vollem Umfang für die Gesellschaftsschulden haftet und daher im eigenen Interesse auch die Belange der Gesellschaftsgläubiger berücksichtigen wird.[7] Für die GmbH & Co. KG trifft das allerdings nur sehr eingeschränkt zu. Deshalb sind dafür Sonderregeln entwickelt worden (s. RdNr. 119).

II. Einlage und Haftsumme

5 Wenn in den §§ 161 ff. von „Einlage" die Rede ist, muss unterschieden werden zwischen der Einlage im Rechtssinne und der Haftsumme.[8] Die Einlage betrifft das **Innenverhältnis,** die Haftsumme das **Außenverhältnis.** Im Innenverhältnis legen die Gesellschafter fest, was jeder von ihnen als Beitrag iSd §§ 705 BGB, 105 Abs. 3, 161 Abs. 2 zu leisten hat. Das kann jedes den Gesellschaftszweck fördernde

---

[2] Zur historischen Entwicklung der Kommanditistenhaftung *Wiedemann* GesR II § 9 III 1.
[3] *Wiedemann*, FS Bärmann, 1975, S. 1037, 1038.
[4] BGH Urt. v. 9. 5. 1963 – II ZR 124/61, BGHZ 39, 319, 329 = NJW 1963, 1873, 1876; RG Urt. v. 2. 5. 1906 – Rep. I. 448/05, RGZ 63, 265, 266 f.; Urt. v. 31. 1. 1936 – II 209/35, RGZ 150, 163, 166; *Wiedemann* (Fn. 3); *ders.* GesR II § 9 III 2.
[5] BGH Urt. v. 29. 3. 1973 – II ZR 25/70, BGHZ 60, 324 = NJW 1973, 1036.
[6] *K. Schmidt* ZGR 1976, 307, 319.
[7] BGH Urt. v. 29. 3. 1973 (Fn. 5) S. 332/1038 f.; *Wiedemann* (Fn. 3).
[8] *Wiedemann* GesR II § 9 III 2; MünchKommHGB/*K. Schmidt* RdNr. 5 f.

Verhalten sein. Die **Einlage** ist nach der Terminologie von *K. Schmidt* derjenige Beitrag, dessen Gegenstand geeignet ist, in das haftende Vermögen der Gesellschaft überzugehen.[9] Für die Haftung des Kommanditisten im Außenverhältnis ist dagegen die **Haftsumme** maßgebend. Das ist der Betrag, der nach § 162 in das Handelsregister einzutragen ist und bis zu dem der Kommanditist mit seinem Privatvermögen höchstens haftet. In § 171 Abs. 1 HS 1 ist unter „Einlage" folglich die Haftsumme zu verstehen, in § 171 Abs. 1 HS 2 dagegen die Einlage im Rechtssinne. Vielfach werden auch die Begriffe **Pflichteinlage** und **Hafteinlage** gebraucht.[10] Das ist ungenau, weil der Kommanditist nicht mit einer Einlage haftet, sondern mit seinem gesamten Vermögen, aber summenmäßig beschränkt.

Die **Haftsumme** muss in einem Geldbetrag ausgedrückt werden, und zwar ab 1. 1. 2002 in Euro.[11] Maßgeblich ist nach § 172 Abs. 1 grundsätzlich die Eintragung im Handelsregister (s. § 172 RdNr. 2 ff.). Die Haftung ist nach § 172 Abs. 3 unabhängig von einem Erlass oder einer Stundung durch Gesellschaftervereinbarung. Eine im Handelsregister eingetragene Herabsetzung der Haftsumme wirkt gem. § 174 nur für die danach begründeten Verbindlichkeiten. Die Haftungsregelung der §§ 171 ff. ist zwingendes Recht. Die **Einlage** – also die im Gesellschafts-Innenverhältnis Geschuldete – muss dagegen nicht in Geld bestehen. Der Gegenstand der Einlage muss aber **bilanzierungsfähig** sein.[12] Nur dann kann er nämlich dem Kapitalkonto des Kommanditisten gutgeschrieben werden und damit den Kapitalanteil iSd. §§ 120 Abs. 2, 167 Abs. 2 bilden (zu den möglichen Gegenständen von Sacheinlagen s. RdNr. 54 f.).

Im Gegensatz zur Haftsumme unterliegt die **Einlageforderung** der **freien Verfügung** der Gesellschafter. Durch Vereinbarung der Gesellschafter kann die Einlageforderung gestundet, herabgesetzt, erlassen oder inhaltlich verändert werden.[13] Sie kann geringer sein als die Haftsumme, aber auch höher.[14] Das betrifft jedoch nur das Innenverhältnis. Die Haftung im Außenverhältnis richtet sich allein nach der Haftsumme. Wohl kann der Gesellschaftsgläubiger die Einlageforderung von der Gesellschaft durch **Abtretung** erwerben oder darauf durch **Pfändung** zugreifen (zu den Einzelheiten s. RdNr. 72 ff.). Dann kann er diese Forderung ohne Begrenzung durch die Haftsumme gegen den Kommanditisten geltend machen, muss sich allerdings gem. §§ 404 ff. BGB alle Einwendungen entgegenhalten lassen, die der Kommanditist auch der Gesellschaft hätte entgegensetzen können. In diesem Fall steht also die Haftung aus dem Innenverhältnis neben derjenigen aus dem Außenverhältnis.

Haftsumme und **Einlage** sind somit streng voneinander zu unterscheiden. Dennoch stehen sie in einem **funktionalen Zusammenhang.** Hat der Kommanditist seine Einlage geleistet, ist seine persönliche Haftung gem. § 171 Abs. 1 HS 2 ausgeschlossen. Da die Haftung des Kommanditisten aber nicht zur Disposition der Gesellschafter steht, gilt das nur insoweit, als die Einlage objektiv den Wert der Haftsumme erreicht (Prinzip der objektiven Vermögensdeckung, s. RdNr. 3; Einzelheiten bei RdNr. 56 ff.). Wird die Einlage an den Kommanditisten zurückgewährt, lebt gem. § 172 Abs. 4 seine Haftung wieder auf. Ein weiterer Zusammenhang zwischen Haftsumme und Einlage besteht in der Zeit vor der Handelsregistereintragung: Ist in dem Gesellschaftsvertrag oder der Beitrittsvereinbarung nur die Einlage, nicht aber die Haftsumme festgelegt, gilt die **Auslegungsregel,** dass der in Bezug auf die Einlage genannte Geldbetrag zugleich auch die Haftsumme darstellt.[15] Ist in diesen Fällen eine Sachleistung als Einlage vereinbart, kommt es für die Bemessung der Haftsumme auf den objektiven Wert der Sachleistung an.[16] Das gilt nur dann nicht, wenn die Gesellschafter im Gesellschaftsvertrag oder in der Eröffnungsbilanz die Sachleistung bewertet haben.[17] Dann will auch bei einer Über- oder Unterbewertung der Kommanditist, wenn die Haftsumme nicht anders festgelegt ist, im Zweifel in Höhe des vereinbarten Geldwertes haften.

III. Haftung des Kommanditisten (Abs. 1 HS 1)

1. Art und Inhalt. Aus der Verweisung des § 161 Abs. 2 auf § 128 folgt, dass die Kommanditisten den Gesellschaftsgläubigern **persönlich** und als **Gesamtschuldner** haften. Die Haftung ist –

---

[9] MünchKommHGB/*K. Schmidt* RdNr. 5 f.; zur Bilanzierung: *Kleindiek* in Großkomm. Bilanzrecht § 247 RdNr. 23; *Förschle/Hoffmann* in Beck Bil-Komm. § 264 c RdNr. 30 ff.
[10] OLG Celle Beschluss v. 24. 3. 1975 – 9 Wx 1/75, OLGZ 1975, 385; *Sudhoff* Rechte S. 19; *Kornblum* S. 207.
[11] Zur Umrechnung *Sprockhoff* NZG 1999, 17.
[12] *Huber* ’S. 195 f.; *Wiedemann* GesR II § 9 III 4 a; MünchKommHGB/*K. Schmidt* RdNr. 5, 9 f.; Schlegelberger/ Martens § 161 RdNr. 28; aA *Sassenrath* in H. P. Westermann RdNr. I 2857.
[13] BGH Urt. v. 26. 10. 1981 – II ZR 176/80, WM 1982, 5, 7; MünchKommHGB/*K. Schmidt* RdNr. 11.
[14] RG Urt. v. 31. 1. 1936 – II 209/35, RGZ 150, 163, 171; Urt. v. 13. 4. 1940 – II 143/39, RGZ 163, 385, 388; *H. Westermann*, FS Barz, 1974, S. 81, 83 ff.; *Wiedemann* GesR II § 9 III 2.
[15] BGH Urt. v. 28. 3. 1977 – II ZR 230/75, NJW 1977, 1820; OLG Celle (Fn. 10).
[16] BGH Urt. v. 28. 3. 1977 (Fn. 15); *Wiedemann* GesR II § 9 III 3.
[17] AA *Müller-Graff* JuS 1979, 24, 27; offengelassen von BGH Urt. v. 28. 3. 1977 (Fn. 15).

ebenso wie diejenige der Komplementäre – **unmittelbar, nicht subsidiär.** Anders als der Bürge (§§ 771 f. BGB) kann der Kommanditist den Gläubiger nicht darauf verweisen, zunächst Befriedigung aus dem Gesellschaftsvermögen zu suchen.[18] Die Haftung des Kommanditisten ist aber bürgenähnlich.[19] Der Kommanditist haftet nämlich gem. §§ 161 Abs. 2, 129 **akzessorisch.** Er kann neben seinen persönlichen auch alle der Gesellschaft zustehenden Einwendungen und Einreden geltend machen, ebenso die Einreden der Anfechtbarkeit und der Aufrechenbarkeit. Der Kommanditist haftet auch nach seinem Ausscheiden oder der Auflösung der Gesellschaft (vgl. RdNr. 18 f.). Im Verhältnis zur **Gesellschaft** besteht **keine Gesamtschuld.**[20] Je nach Interessenlage können aber die Regeln der §§ 422 ff. BGB entsprechend angewendet werden. So hat etwa der ausgeschiedene, einen Gesellschaftsgläubiger befriedigende Kommanditist einen Erstattungsanspruch analog § 426 BGB mit der Folge des Forderungsübergangs nach § 426 Abs. 2 BGB (s. RdNr. 35 f.). Da § 171 auf den Handelsregistereintrag abstellt, haftet der Kommanditist auch, wenn der **Gesellschaftsvertrag nichtig** ist, es sei denn, der Gläubiger hat den der Nichtigkeit zugrundeliegenden Sachverhalt gekannt.[21]

10 Der Kommanditist haftet **für alle Schulden** der Gesellschaft. Unerheblich ist, ob die Forderung im Vertrauen des Gläubigers auf die Haftung des Kommanditisten begründet worden ist. Deshalb werden von der Haftung auch Schulden der Gesellschaft **aus unerlaubter Handlung** erfasst,[22] ebenso **öffentlich-rechtliche** Forderungen (vgl. § 160 Abs. 1 S. 1 HS 2). Der Kommanditist ist nach § 191 Abs. 4 AO Haftungsschuldner für die gem. § 5 Abs. 1 S. 3 GewStG von der Gesellschaft zu zahlende Gewerbesteuer,[23] für die gem. § 10 Abs. 1 GrStG die Gesellschaft treffende Grundsteuer[24] und überhaupt für alle gegen die Gesellschaft gerichteten Steuerforderungen.[25] Die Höhe der Haftung wird durch § 171 begrenzt. Unbeschränkt haftet der Kommanditist dagegen für die aus einer Mitunternehmerschaft nach § 15 Abs. 1 Nr. 2 EStG allein ihn treffende Einkommensteuerschuld.[26] Auch für Kosten von Handelsregistereintragungen haftet der Kommanditist im Rahmen des § 171.[27]

11 Streitig ist, ob der Kommanditist nur **Zahlung** von Geld schuldet oder – bei einer nicht auf Zahlung gerichteten Gesellschaftsschuld – **Erfüllung in Natur.** Die gleiche Frage stellt sich bezüglich der Haftung des OHG-Gesellschafters und des Komplementärs (siehe § 128 RdNr. 22 ff.). Der herrschenden „Erfüllungstheorie"[28] steht die „Haftungstheorie"[29] gegenüber. Die Rechtsprechung vertritt einen vermittelnden Standpunkt. Der Gesellschafter soll auf Erfüllung haften, wenn er der Gesellschaft dieselbe Leistung schuldet wie diese dem Gesellschaftsgläubiger[30] oder wenn eine vertretbare Leistung geschuldet wird, bei der es auf die Person des Leistenden nicht ankommt.[31] Innerhalb der „Erfüllungstheorie" besteht Streit darüber, ob die für den persönlich haftenden Gesellschafter gefundene Lösung auf den Kommanditisten übertragen werden kann. Im Vordringen ist die Meinung, der **Kommanditist** hafte **nur auf Zahlung.**[32]

12 Dieser Meinung ist **zuzustimmen.** Zwar gelten die dogmatischen Erwägungen, die bei persönlich haftenden Gesellschaftern für eine Erfüllungshaftung sprechen, auch für den Kommanditisten. Dessen Haftung soll aber nach dem Willen des Gesetzgebers durch einen Geldbetrag begrenzt sein. Dann erscheint es folgerichtig, auch den Inhalt der Haftung auf eine Geldzahlung zu beschränken. Damit werden die Schwierigkeiten vermieden, die entstehen, wenn die Haftsumme geringer ist als die von der Gesellschaft geschuldete Sachleistung.[33] Das Ergebnis ist auch interessengerecht. Der Kommanditist steht der Gesellschaft nach dem gesetzlichen Leitbild weit weniger nahe als der

---

[18] BGH Urt. v. 9. 5. 1963 (Fn. 4) S. 322/1874.
[19] BGH Urt. v. 20. 4. 1967 – II ZR 220/65, BGHZ 47, 376, 379 = NJW 1967, 2155, 2156.
[20] BGH Urt. v. 1. 2. 1952 – I ZR 123/50, BGHZ 5, 35, 37; Urt. v. 9. 5. 1963 (Fn. 4) S. 323 f./1874; aA *Flume* § 16 II 2 a.
[21] RG Urt. v. 12. 2. 1902 – Rep. I. 333/01, RGZ 51, 33, 36 f.; zur Insolvenz s. RdNr. 103.
[22] RG Urt. v. 17. 9. 1906 – Rep. IV. 584/05, RGZ 64, 77, 81 f.; BGH Urt. v. 8. 2. 1952 – I ZR 92/51, NJW 1952, 537; *Kornblum* S. 210 f.; *Dieckmann* WM 1987, 1509; einschränkend *Altmeppen* NJW 1996, 1017.
[23] BFH Beschluss vom 29. 11. 1965 – GrS 3/64 S, BFHE 84, 441, allerdings noch zur alten Fassung des § 5 GewStG und der darauf beruhenden Annahme einer unbeschränkten Haftung des Kommanditisten.
[24] RFH, Gutachten vom 14. 2. 1940 – GrS D 1/39, RFHE 48, 160.
[25] Zu den Aufrechnungsmöglichkeiten *Ebenroth* JZ 1985, 322.
[26] Zu den Voraussetzungen der Mitunternehmerschaft *L. Schmidt* § 15 RdNr. 160 ff., 257 ff.
[27] OLG Hamm Beschluss v. 23. 6. 1975 – 15 Wx 188/74, BB 1976, 811.
[28] *Flume* § 16 III; *K. Schmidt* GesR § 49 III.
[29] *Wieland*, Handelsrecht I, 1921, S. 638.
[30] BGH Urt. v. 14. 2. 1957 – VII ZR 250/56, BGHZ 23, 302, 305 f.
[31] BGH Urt. v. 11. 12. 1978 – II ZR 235/77, BGHZ 73, 217, 221 f.
[32] *Wiedemann* GesR I § 5 IV 2 a; *ders.* GesR II § 9 III 2; *Sassenrath* in H. P. Westermann RdNr. I 2827; MünchKommHGB/*K. Schmidt* RdNr. 16; Staub/*Schilling* RdNr. 4; Heymann/*Horn* RdNr. 6; MünchHdbKG/*Neubauer* § 30 RdNr. 11; aA Düringer/Hachenburg/*Flechtheim* RdNr. 13; RGRK-HGB/*Weipert* Anm. 11.
[33] Dazu RGRK-HGB/*Weipert* Anm. 11.

persönlich haftende Gesellschafter. Das kann zwar im Einzelfall anders sein. Eine Differenzierung nach dem Einfluss des Kommanditisten³⁴ ist aber mangels einer verlässlichen Abgrenzung abzulehnen. Der Gläubiger einer nicht auf Zahlung gerichteten Forderung gegen die Gesellschaft kann den Kommanditisten also erst in Anspruch nehmen, wenn die Forderung **in einen Zahlungsanspruch übergegangen** ist. Wenn der Kommanditist allerdings der Gesellschaft gegenüber zur Sachleistung verpflichtet ist, kann der Gläubiger den Anspruch der Gesellschaft gegen den Kommanditisten **pfänden** und sich überweisen lassen (s. RdNr. 13), so dass er auf diesem Umweg dann doch einen Anspruch auf die Sachleistung gegen den Kommanditisten erwirbt.

Die Haftung des Kommanditisten aus § 171 Abs. 1 kann konkurrieren mit einer Haftung aus der auf den Gesellschaftsgläubiger übergegangenen Einlageforderung. Der Anspruch der Gesellschaft auf Leistung der Kommanditeinlage ist **abtretbar** und **pfändbar** (zu den Einzelheiten und Einschränkungen s. RdNr. 72 ff.). 13

Der Kommanditist haftet aus § 171 Abs. 1 auch gegenüber einem **Gesellschafter-Gläubiger** – also einem Gesellschaftsgläubiger, der gleichzeitig Gesellschafter ist –, allerdings nicht für sozialrechtliche Forderungen und ansonsten auch nur unter Abzug desjenigen Betrages, den der Gesellschafter-Gläubiger dem Kommanditisten bei einer Inanspruchnahme durch einen Drittgläubiger ggf. hätte erstatten müssen.³⁵ Es gilt dasselbe wie im Verhältnis von persönlich haftenden Gesellschaftern zueinander (s. § 128 RdNr. 10 ff.). 14

Der **Höhe** nach wird die Haftung des Kommanditisten durch die im Handelsregister eingetragene Haftsumme begrenzt. Dazu siehe die Kommentierung des § 172. 15

2. Beginn und Ende. Die Haftung des Kommanditisten **beginnt** gem. §§ 161 Abs. 2, 123 mit dem Zeitpunkt, in dem die KG in das Handelsregister eingetragen wird oder in dem sie einen vollkaufmännischen Gewerbebetrieb aufnimmt. In letzterem Fall ist die Haftung gem. § 176 grundsätzlich unbeschränkt. Tritt der Kommanditist in eine schon bestehende Handelsgesellschaft oder in das Geschäft eines Einzelkaufmanns ein, beginnt seine Haftung mit dem Wirksamwerden des Eintritts (s. dazu § 173 RdNr. 5 f. und § 28 RdNr. 13 ff.). Im Falle der Bildung einer KG im Wege der Umwandlung haftet der Kommanditist ab Eintragung der Umwandlung in das Handelsregister gem. § 198 UmwG.³⁶ 16

Die Haftung des Kommanditisten mit seinem Privatvermögen **endet** gem. § 171 Abs. 1 in dem Zeitpunkt, in dem er seine Einlage in das Gesellschaftsvermögen geleistet hat, vorausgesetzt, der Wert der Einlage entspricht der im Handelsregister eingetragenen Haftsumme (s. RdNr. 5 ff.). Die Haftung aus § 171 endet ferner gem. § 362 BGB, sobald der Kommanditist einen Gesellschaftsgläubiger in Höhe der Haftsumme befriedigt hat. Ist die Haftsumme höher als die gesellschaftsvertraglich geschuldete Einlage oder schuldet der Kommanditist überhaupt keine Einlage, kann er sich dennoch durch Leistung an die Gesellschaft in Höhe der Haftsumme von seiner Haftung den Gläubigern gegenüber befreien.³⁷ 17

Das **Ausscheiden** des Kommanditisten aus der Gesellschaft führt dagegen nicht zu einer Beendigung seiner Haftung. Innerhalb der Ausschlussfrist der §§ 161 Abs. 2, 160 und der möglicherweise kürzeren Verjährungsfrist aus dem zugrundeliegenden Rechtsverhältnis haftet er weiter für die bis dahin begründeten Verbindlichkeiten der Gesellschaft. Eine durch Leistung der Einlage nach § 171 Abs. 1 HS 2 ausgeschlossene Haftung lebt bei Auszahlung des Abfindungsguthabens wieder auf (zu den Einzelheiten, insbesondere zu dem Stehenlassen des Abfindungsguthabens als Darlehen, s. § 172 RdNr. 39). Die Fünfjahresfrist des § 160 beginnt allerdings nicht erneut zu laufen, wenn dem Kommanditist das Abfindungsguthaben erst nach der Eintragung seines Ausscheidens im Handelsregister ausgezahlt wird.³⁸ Im Übrigen gelten über § 161 Abs. 2 dieselben Regeln wie für die Haftung eines ausgeschiedenen OHG-Gesellschafters oder Komplementärs. Die Akzessorietät der Gesellschafterhaftung bleibt auch nach dem Ausscheiden erhalten. Die Haftung des Gesellschafters erlischt nicht, wenn sich die Gesellschaft nach seinem Ausscheiden die Leistung schuldhaft unmöglich gemacht hat oder wenn der Insolvenzverwalter die Erfüllung des Vertrages nach § 103 InsO ablehnt und dadurch einen Schadensersatzanspruch begründet.³⁹ Ist eine **Gesellschaft bürgerlichen Rechts** 18

---

³⁴ So *Kornblum* S. 266.
³⁵ *Sassenrath* in H. P. Westermann RdNr. I 2825.
³⁶ *Happ* in Lutter UmwG § 234 RdNr. 35.
³⁷ BGH Urt. v. 9. 5. 1963 (Fn. 4); MünchKommHGB/*K. Schmidt* RdNr. 42.
³⁸ Ebenso zu § 159 aF *Tschierschke* NJW 1968, 1367; Schlegelberger/*K. Schmidt* § 159 RdNr. 26.
³⁹ BGH Urt. v. 21. 12. 1961 – II ZR 74/59, BGHZ 36, 224, 226 ff.; Urt. v. 13. 7. 1967 – II ZR 268/64, BGHZ 48, 203, 204 f. zu § 17 KO; zu den weiteren Einzelheiten siehe § 128 RdNr. 40 ff.

§ 171 19–22   2. Buch. 2. Abschnitt. Kommanditgesellschaft

Kommanditistin, gelten die gleichen Grundsätze für die Nachhaftung des ausscheidenden Gesellschafters dieser Gesellschaft.[40]

19   Die **Auflösung** der Gesellschaft führt ebenfalls nicht zur Beendigung der Kommanditistenhaftung. Mit der Eintragung der Auflösung in das Handelsregister beginnt lediglich die fünfjährige Verjährungsfrist der §§ 161 Abs. 2, 159. Das gilt auch dann, wenn die Gesellschaft nicht liquidiert wird. Im Falle der Liquidation haftet der Kommanditist auch für die dabei begründeten Verbindlichkeiten. Die Verjährungsfrist der §§ 161 Abs. 2, 159 beginnt dann gem. § 159 Abs. 3 mit der Entstehung der Verbindlichkeit. Scheidet der Kommanditist während der Liquidation aus der Gesellschaft aus, haftet er so, als wäre er aus der werbenden Gesellschaft ausgeschieden (s. RdNr. 18).

20   **3. Haftung aus anderem Rechtsgrund. a) Schuldbeitritt, Garantie, Bürgschaft, Kreditauftrag.** Der Kommanditist kann sich durch Rechtsgeschäft neben der Gesellschaft persönlich verpflichten. Seine Haftung folgt dann den Regeln dieses Rechtsgeschäfts und ist von § 171 unabhängig.[41] Die Verjährung nach § 159 gilt nicht (s. § 159 RdNr. 2), ebenso wenig die Ausschlussfrist des § 160. Auch bei einer krassen finanziellen Überforderung ist die Haftungsübernahme nicht ohne weiteres sittenwidrig und damit nichtig.[42] Ob diese Haftung des Kommanditisten bei seinem Ausscheiden aus der Gesellschaft endet, hängt von dem Inhalt des Vertrages ab.[43] Fehlt es an einer Regelung und ist die Haftung auch sonst nicht zeitlich begrenzt, kann der Kommanditist bei seinem Ausscheiden den Vertrag aus wichtigem Grund gem. § 242 BGB kündigen.[44] Er muss allerdings eine angemessene Kündigungsfrist einhalten.[45] Seine Haftung für die im Zeitpunkt des Wirksamwerdens der Kündigung bestehenden Verbindlichkeiten wird von der Kündigung nicht berührt, § 777 BGB kommt nicht zur Anwendung.[46] Kein Kündigungsgrund ist die Verschlechterung der Vermögenslage der Gesellschaft.[47] Denn für diesen Fall ist die Haftung gerade übernommen worden.

21   **b) Verschulden bei Vertragsschluss.** Nach dem Leitbild der §§ 164, 170 ist der Kommanditist lediglich Geldgeber. An Geschäftsführung und Vertretung der KG ist er nicht beteiligt. Durch den Gesellschaftsvertrag können dem Kommanditisten aber Geschäftsführungsbefugnisse eingeräumt werden, und ihm kann Prokura oder Generalvollmacht erteilt werden (s. § 164 RdNr. 4 f., 16 ff., § 170 RdNr. 5 ff.). Als „Unternehmer-Gesellschafter"[48] kann er dann unabhängig von der Haftungsbeschränkung des § 171 für ein Fehlverhalten bei der Anbahnung von Verträgen nach den Grundsätzen der culpa in contrahendo zur Rechenschaft gezogen werden. Ein solches Fehlverhalten liegt etwa dann vor, wenn der Kommanditist den vorleistungspflichtigen künftigen Vertragspartner nicht darüber **aufklärt,** dass die Gesellschaft auf Grund bereits eingetretener oder drohender Zahlungsunfähigkeit den Vertrag nicht wird erfüllen können.[49] Anders kann es sein, wenn ernsthafte Sanierungsbemühungen stattfinden, deren Erfolg durch eine Bekanntgabe der Krise vereitelt werden würde.[50] Die bloße Überschuldung begründet für sich allein eine Aufklärungspflicht nur bei der GmbH & Co. KG.[51]

22   Die Eigenhaftung des Kommanditisten als Vertreter, Verhandlungsgehilfe oder Sachwalter, die neben die Haftung der Gesellschaft tritt, ist allerdings gem. § 311 Abs. 3 BGB an **enge Vorausset-**

---

[40] BGH Urt. v. 16. 7. 2001 – II ZB 23/00, BGHZ 148, 291, 295 f. = NJW 2001, 3121; *Ulmer* ZIP 2001, 1714, 1716 f.; *Wagner* NZG 2001, 1133; s. auch § 176 RdNr. 24.
[41] *Wiedemann* GesR II § 9 III 4 c.
[42] BGH Urt. v. 18. 9. 2001 – IX ZR 183/00, NJW 2002, 1337; Urt. v. 28. 5. 2002 – XI ZR 199/01, NJW 2002, 2634, 2635 f.
[43] BGH Urt. v. 18. 5. 1995 – IX ZR 108/94, NJW 1995, 2553; Beispiel für eine zeitliche Begrenzung: RG Urt. v. 26. 11. 1934 – VI 325/34, HRR 1935 Nr. 581.
[44] BGH Urt. v. 10. 6. 1985 – III ZR 63/84, NJW 1986, 252 (für Schuldbeitritt des GmbH-Gesellschafters); OLG Zweibrücken Urt. v. 5. 6. 1985 – 2 U 25/84, ZIP 1985, 1195 (für Bürgschaft); *Stolzenburg* ZIP 1985, 1189; aA (ergänzende Vertragsauslegung bei Bürgschaft): OLG Hamburg Urt. v. 23. 3. 1984 – 9 U 108/82, mitgeteilt von *Stolzenburg* S. 1190.
[45] BGH Urt. v. 10. 6. 1985 (Fn. 44).
[46] BGH Urt. v. 4. 7. 1985 – IX ZR 135/84, NJW 1985, 3007, 3008; *Stolzenburg* ZIP 1985, 1189, 1191; offengelassen von BGH Urt. v. 10. 6. 1985 (Fn. 44).
[47] OLG München Urt. v. 16. 9. 1971 – 21 U 1409/71, MDR 1972, 243; RGRK-BGB/*Mormann* § 765 RdNr. 17; aA Staudinger/*Horn* § 765 RdNr. 229; offengelassen von BGH Urt. v. 4. 7. 1985 (Fn. 46).
[48] *Wiedemann* GesR I § 2 I 3 b.
[49] BGH Urt. v. 25. 1. 1984 – VIII ZR 227/82, NJW 1984, 2284, 2286 m. krit. Anm. *Wiedemann*; für den GmbH-Geschäftsführer: BGH Urt. v. 27. 10. 1982 – VIII ZR 187/81, NJW 1983, 676, 677; Urt. v. 23. 2. 1983 – VIII ZR 325/81, BGHZ 87, 27, 34 = NJW 1983, 1607, 1609.
[50] BGH Urt. v. 9. 7. 1979 – II ZR 118/77, BGHZ 75, 96, 106 ff. = NJW 1979, 1823, 1826 (für die KGaA).
[51] So BGH Urt. v. 27. 10. 1982 (Fn. 49) für die GmbH, bei der die Überschuldung – ebenso wie bei der GmbH & Co. KG, aber anders als bei der KG mit einer natürlichen Person als persönlich haftendem Gesellschafter – ein Eröffnungsgrund für das Insolvenzverfahren ist, §§ 17, 19 InsO.

zungen geknüpft. Entweder muss der Kommanditist bei den Vertragsverhandlungen ein besonderes, über die allgemeine Erwartung redlichen Geschäftsgebahrens hinausgehendes **Vertrauen** in die Vollständigkeit und Richtigkeit seiner Erklärungen hervorgerufen haben, oder er muss wirtschaftlich in besonderem Maße an dem Vertragsabschluss interessiert sein und aus dem Geschäft **eigenen Nutzen** erstreben.[52] Dafür reicht eine maßgebliche Kapitalbeteiligung nicht aus. Vielmehr müssen besondere Umstände hinzutreten, die zu der Annahme berechtigen, der Kommanditist habe „gleichsam in eigener Sache" gehandelt.[53] Ein solcher Umstand kann nach neuerer Rechtsprechung nicht darin gesehen werden, dass der Kommanditist zur Absicherung von Gesellschaftsverbindlichkeiten eine Bürgschaft übernommen oder dingliche Sicherheiten bestellt hat.[54] Eine Durchbrechung des Grundsatzes der Haftungsbeschränkung aus § 171 mittels des Rechtsinstituts der culpa in contrahendo erscheint dagegen geboten, wenn der Kommanditist mit seiner Tätigkeit auf die Beseitigung von Schäden abzielt, für die er andernfalls von der KG in Anspruch genommen werden könnte, oder wenn er beabsichtigt, die von dem Vertragspartner zu erbringende Gegenleistung nicht ordnungsgemäß an die Gesellschaft weiterzuleiten, sondern für gesellschaftsfremde Zwecke zu verwenden.[55] Auf eine Kenntnis des Verhandlungspartners von diesen Umständen kommt es nicht an. Zu Ansprüchen aus culpa in contrahendo im Zusammenhang mit der Aufnahme von Publikumskommanditisten s. RdNr. 24.

Nach den vorstehenden Grundsätzen haftet der Kommanditist auch dann, wenn er **nach Vertragsschluss** Schutzpflichten verletzt, die sich aus dem Vertragsanbahnungsverhältnis ergeben. Voraussetzung ist, dass er bei den Vertragsverhandlungen das Vertrauen begründet hat, er selbst werde für eine ordnungsgemäße Geschäftsabwicklung sorgen.[56] 23

c) Prospekthaftung. Für die Publikums-KG hat die Rechtsprechung den Grundsatz herausgearbeitet, dass die Gründer, Initiatoren und Gestalter der Gesellschaft sowie alle Personen, die hinter der Gesellschaft stehen und auf sie entscheidenden Einfluss ausüben, im Falle der Unrichtigkeit oder Unvollständigkeit des Prospekts zum Schadensersatz gegenüber den Anlegern verpflichtet sind, und zwar ohne Rücksicht auf die Erkennbarkeit ihres Einflusses.[57] Nach diesen Grundsätzen haftet auch ein Kommanditist, wenn er über seine Kommanditistenstellung hinaus einen besonderen Vertrauenstatbestand schafft, etwa als Beiratsmitglied oder Gesellschafter der Komplementär-GmbH,[58] oder in besonderer Weise Einfluss nimmt. In diesen Fällen tritt neben die Prospekthaftung auch eine Haftung des Kommanditisten wegen Verschuldens bei Abschluss des Aufnahmevertrages, ggf. über § 278 BGB. Dieser Anspruch verjährt – im Gegensatz zu der Prospekthaftung mit ihrer grundsätzlich sechsmonatigen Verjährungsfrist[59] – erst nach der Regelverjährungsfrist von drei Jahren.[60] Eine Haftung aus Verschulden bei Vertragsschluss iVm. § 278 BGB trifft auch den Treuhandkommanditisten, der die Gesellschaft bevollmächtigt hat, Treuhandverträge mit Kapitalanlegern zu schließen, wenn dabei die Anleger von der Gesellschaft nicht ordnungsgemäß über die Risiken der Beteiligung aufgeklärt worden sind.[61] 24

d) §§ 823 Abs. 2, 826 BGB. Der Kommanditist haftet nach den allgemeinen Regeln des Deliktsrechts. Täuscht er einen Verhandlungspartner der KG über deren Unfähigkeit, den in Aussicht genommenen Vertrag zu erfüllen, kann das eine Haftung nach **§§ 823 Abs. 2 BGB, 263, 265 b** 25

---

[52] BGH Urt. v. 25. 1. 1984 (Fn. 49); Urt. v. 5. 10. 1988 – VIII ZR 325/87, NJW 1989, 292 f.; für den GmbH-Geschäftsführer: BGH Urt. v. 23. 10. 1985 – VIII ZR 210/84, NJW 1986, 586, 587; Urt. v. 1. 7. 1991 – II ZR 180/90, WM 1991, 1548, 1549; Urt. v. 6. 6. 1994 – II ZR 292/91, BGHZ 126, 181, 183, 189 = NJW 1994, 2220, 2222; allgemein: RG Urt. v. 1. 3. 1928 – VI 258/27, RGZ 120, 249, 252 f.; MünchKommBGB/*Emmerich* Vor § 275 RdNr. 172 ff.; Erman/*Kindl* § 311 BGB RdNr. 47 ff.
[53] BGH Urt. v. 5. 10. 1988 (Fn. 52); Urt. v. 23. 10. 1985 (Fn. 52); Urt. v. 6. 6. 1994 (Fn. 52) S. 184 f./2220.
[54] BGH Urt. v. 6. 6. 1994 (Fn. 52) S. 186 ff./2221; anders noch BGH Urt. v. 25. 1. 1984 (Fn. 49); Urt. v. 23. 10. 1985 (Fn. 52); S. 588; Urt. v. 8. 10. 1987 – IX ZR 143/86, WM 1987, 1431, 1432; Urt. v. 2. 3. 1988 – VIII ZR 380/86, NJW 1988, 2234, 2235; für eine Haftung in diesen Fällen auch MünchHdbKG/*Neubauer* § 30 RdNr. 112; dagegen: *Ulmer* NJW 1983, 1577; *Wiedemann* NJW 1984, 2286; *Grunewald* ZGR 1986, 580; Erman/*Kindl* § 311 BGB RdNr. 50.
[55] BGH Urt. v. 23. 10. 1985 (Fn. 52); aA *Grunewald* ZGR 1986, 580, 587 f.
[56] BGH Urt. v. 19. 12. 1977 – II ZR 164/76, BGHZ 70, 337 = NJW 1978, 1374; OLG Düsseldorf Urt. v. 19. 12. 1979 – 17 U 77/79, WM 1980, 1020; *Grunewald* ZGR 1986, 580, 588, die allerdings unzutreffend einen Fall der positiven Vertragsverletzung annimmt.
[57] BGH Urt. v. 24. 4. 1978 – II ZR 172/76, BGHZ 71, 284 = NJW 1978, 1625; Urt. v. 6. 10. 1980 – II ZR 60/80, BGHZ 79, 337 = NJW 1981, 1449; Urt. v. 31. 3. 1992 – XI ZR 70/91, NJW-RR 1992, 879, 883; Urt. v. 5. 7. 1993 – II ZR 194/92, BGHZ 123, 106 = NJW 1993, 2865; Urt. v. 1. 3. 2004 – II ZR 88/02, NJW 2004, 2228; s. § 177 a Anh. B RdNr. 44 ff.
[58] BGH Urt. v. 16. 11. 1978 – II ZR 94/77, BGHZ 72, 382 = NJW 1979, 718.
[59] Unabhängig von der Kenntnis in 3 Jahren: BGH Urt. v. 22. 3. 1982 – II ZR 114/81, BGHZ 83, 222; anders § 46 BörsG nF: 1 bzw. 3 Jahre.
[60] Zu § 195 BGB aF BGH Urt. v. 1. 10. 1984 – II ZR 158/84, NJW 1985, 380.
[61] BGH Urt. v. 24. 5. 1982 – II ZR 124/81, BGHZ 84, 141 = NJW 1982, 2493.

StGB begründen. Eine Täuschung durch Unterlassen reicht nur dann aus, wenn der Kommanditist persönlich zur Aufklärung verpflichtet ist. In subjektiver Hinsicht wird das – abgesehen von den Fällen der Prospekthaftung – nur dann in Betracht kommen, wenn er sich an den Vertragsverhandlungen maßgeblich beteiligt hat. Bleibt er im Hintergrund, wirkt aber vorsätzlich mit dem geschäftsführenden Gesellschafter zusammen, kann er als **Mittäter, Anstifter oder Gehilfe** nach §§ 823 Abs. 2, 830 BGB zum Schadensersatz verpflichtet sein.[62] Objektiv wird eine Aufklärungspflicht nach denselben Maßstäben anzunehmen sein wie bei der Haftung aus Verschulden bei Vertragsschluss (s. RdNr. 21 ff.).

26 Bei der GmbH & Co. KG kann der Kommanditist auch nach **§§ 823 Abs. 2 BGB, 130 a Abs. 1, 161 Abs. 2, 177 a** den Gesellschaftsgläubigern haften. Ebenso wie die weitgehend inhaltsgleichen §§ 64 Abs. 1 GmbHG, 92 Abs. 2 AktG ist auch § 130 a Abs. 1 Schutzgesetz iSd § 823 Abs. 2 BGB.[63] Nach dem Wortlaut der Vorschrift sind nur die organschaftlichen Vertreter der zur Vertretung der Gesellschaft ermächtigten Gesellschafter und die Liquidatoren verpflichtet, bei Vorliegen der gesetzlichen Voraussetzungen das Insolvenzverfahren einzuleiten. Diese Pflicht trifft darüber hinaus aber auch alle anderen Personen, die in maßgeblichem Umfang die Funktionen eines Geschäftsführers oder Mitgeschäftsführers übernommen haben. Dafür reicht zwar eine bloß interne Einwirkung auf den satzungsmäßigen Geschäftsführer nicht aus. Der formale Geschäftsführer muss aber auch nicht völlig verdrängt werden. Entscheidend ist vielmehr, ob der Nicht-Geschäftsführer die Geschicke der Gesellschaft durch eigenes, auch nach außen hervortretendes Handeln so in die Hand genommen hat, wie dies üblicherweise nur ein Geschäftsführer tut.[64]

27 Eine Haftung des Kommanditisten gegenüber der GmbH & Co. KG aus **§§ 30, 31 GmbHG analog**[65] führt dagegen nicht zu einem Anspruch des Gesellschaftsgläubigers nach § 823 Abs. 2 BGB, weil § 30 GmbHG **kein Schutzgesetz** ist.[66] Wohl kann der Gesellschaftsgläubiger den Erstattungsanspruch der Gesellschaft gegen den Kommanditisten pfänden und sich überweisen lassen.[67]

28 Der Kommanditist haftet aus **§ 826 BGB,** wenn er einen Dritten vorsätzlich und sittenwidrig schädigt.[68] Häufig wird gleichzeitig der Tatbestand des Verschuldens bei Vertragsschluss oder der §§ 823 Abs. 2 BGB, 263 StGB, 130 a Abs. 1 erfüllt sein. Bei § 826 BGB müssen noch zusätzliche Umstände hinzutreten, die das Handeln des Kommanditisten als einen Verstoß gegen das Anstandsgefühl aller billig und gerecht Denkenden erscheinen lässt.[69] Diese Voraussetzung ist etwa erfüllt, wenn der Kommanditist aus eigensüchtigen Beweggründen handelt.[70] Teilweise werden auch Unterkapitalisierung und Rechtsmissbrauch als Fallgruppen des § 826 BGB angesehen.[71] Zu der sich häufig mit § 826 BGB überschneidenden Haftung wegen existenzvernichtenden Eingriffs s. RdNr. 32.

29 **e) Rechtsmissbrauch, Durchgriffshaftung.** Entgegen einer früher vertretenen Lehre[72] besteht kein zwingender Gleichklang von „Herrschaft und Haftung". Auch wenn der Kommanditist die Geschäfte der Gesellschaft bestimmt und als Komplementär eine vermögenslose Person eingesetzt hat, haftet er nicht wegen **Missbrauchs der Rechtsform** der KG.[73] Eine Haftung wegen Rechtsmiss-

---

[62] BGH Urt. v. 9. 7. 1979 (Fn. 50) S. 107/1826.
[63] BGH Urt. v. 5. 10. 1988 (Fn. 52) S. 293; zu § 64 GmbHG: BGH Urt. v. 26. 6. 1989 – II ZR 289/88, BGHZ 108, 134, 136 = NJW 1989, 3277; *K. Schmidt* ZHR 168 (2004), 637, 639 ff.; zum Haftungsumfang s. § 130 a RdNr. 24.
[64] BGH Urt. v. 21. 3. 1988 – II ZR 194/87, BGHZ 104, 44 = NJW 1988, 1789; Urt. v. 11. 7. 2005 – II ZR 235/03, NZG 2005, 816; Hachenburg/*Ulmer* § 64 RdNr. 11; Scholz/*K. Schmidt* § 64 RdNr. 7 (jeweils für die GmbH); enger noch BGH Urt. v. 9. 7. 1979 (Fn. 50) S. 106/1826 (für die KGaA); siehe auch BGH Urt. v. 24. 10. 1973 – VIII ZR 82/72, WM 1973, 1354, 1355 (für die GmbH).
[65] S. dazu BGH Urt. v. 19. 2. 1990 – II ZR 268/88, BGHZ 110, 342, 355 f. = NJW 1990, 1725, 1728 f. und § 172 a RdNr. 8 ff.
[66] BGH Urt. v. 19. 2. 1990 (Fn. 65) S. 359 f./1729 f.
[67] BGH Urt. v. 19. 2. 1990 (Fn. 65) S. 360/1730.
[68] BGH Urt. v. 30. 11. 1978 – II ZR 204/76, NJW 1979, 2104; Urt. v. 25. 1. 1984 (Fn. 49) S. 2285; Urt. v. 5. 10. 1988 (Fn. 52) S. 293; *Hofmann* NJW 1969, 577, 582; *Grunewald* ZGR 1986, 580, 597 ff.; für den GmbH-Gesellschafter: BGH Urt. v. 24. 10. 1973 (Fn. 64); für das Verwaltungsrats- und Aufsichtsratsmitglied der KGaA: BGH Urt. v. 9. 7. 1979 (Fn. 50) S. 114/1828.
[69] RGRK-BGB/*Steffen* § 826 RdNr. 13 ff.
[70] BGH Urt. v. 30. 11. 1978 (Fn. 68) S. 2105; Urt. v. 9. 7. 1979 (Fn. 50) S. 114/1828.
[71] BGH Urt. v. 5. 10. 1988 (Fn. 52) S. 293; RGRK-BGB/*Steffen* § 826 RdNr. 67 ff.; s. dazu RdNr. 29 f.
[72] *Müller-Erzbach*, Deutsches Handelsrecht, 2. und 3. Aufl. 1928, S. 180 f.; *Haupt/Reinhardt*, Gesellschaftsrecht, 4. Aufl. 1952, § 20 III.
[73] BGH Urt. v. 17. 3. 1966 – II ZR 282/63, BGHZ 45, 204 = NJW 1966, 1309; *Hofmann* NJW 1969, 577; *H. Westermann*, Vertragsfreiheit und Typengesetzlichkeit im Recht der Personengesellschaften, 1970, S. 284 ff., 288; Elsing S. 62 ff.; Staub/*Schilling* § 164 RdNr. 12; MünchKommHGB/*K. Schmidt* § 172 a RdNr. 9; s. auch BSG Urt. v. 27. 9. 1994 – 10 RAr 1/92, NJW-RR 1995, 730, 731; aA *Schulte*, FS H. Westermann, 1974, S. 525, 532; *Wiedemann*, FS Bärmann, 1975, S. 1037, 1049 f.; *ders.* GesR I § 10 III 2 a; Schlegelberger/*Martens* § 164 RdNr. 44; vermittelnd *Boerner* S. 104 ff.; rechtsvergleichend *Wiedemann* GesR II § 9 III 10; s. auch § 105 Anh. RdNr. 31.

Haftung des Kommanditisten 30–33 § 171

brauchs nach § 242 BGB kommt nur dann in Betracht, wenn mit der Gesellschaft Zwecke verfolgt werden, für die sie von ihrer Rechtsform her nicht bestimmt ist, oder wenn durch die Verwendung dieser Rechtsform die Gesellschaftsgläubiger getäuscht werden.[74] Dann greifen in der Regel aber schon andere Haftungstatbestände ein, so dass sich ein Rückgriff auf § 242 BGB erübrigt.

Streitig ist, ob eine **Durchgriffshaftung** oder eine Innenhaftung des die Gesellschaft beherrschenden Kommanditisten wegen **Unterkapitalisierung** in Betracht kommt.[75] Diese Frage stellt sich nur bei der GmbH & Co. KG. Ist dagegen der persönlich haftende Gesellschafter eine natürliche Person, kann seine Vermögenslosigkeit keine Rechtfertigung für einen Haftungsdurchgriff auf den Kommanditisten geben. Das gilt auch, wenn der Gläubiger über die Vermögenslosigkeit getäuscht worden ist. Denn dann greifen §§ 823 Abs. 2, 826 BGB ein. Vergleicht man diesen Fall mit der GmbH & Co. KG, wird deutlich, dass nicht die Unterkapitalisierung der KG, sondern nur die der **Komplementär-GmbH** Anlass für eine Durchgriffshaftung sein kann, und dann auch nur gegenüber den Gesellschaftern der GmbH.[76] Bezeichnenderweise ging es in der eine Durchgriffshaftung wegen Unterkapitalisierung annehmenden Entscheidung des Bundessozialgerichts[77] auch nicht um den Kommanditisten, sondern um den Gesellschafter der Komplementär-GmbH. Der Kommanditist wird erst dann in entsprechender Anwendung der §§ 30, 31 GmbHG für die Kapitalausstattung der GmbH & Co. KG verantwortlich, wenn er Entnahmen tätigt, die das Stammkapital der Komplementär-GmbH angreifen (s. § 172 a RdNr. 8 ff.). 30

Auch bei einer **Vermögensvermengung** kann sich der Kommanditist nicht auf den Haftungsausschluss nach § 171 Abs. 1 HS 2 berufen. Voraussetzung ist, dass die Abgrenzung zwischen Gesellschafts- und Privatvermögen durch eine undurchsichtige Buchführung oder auf sonstige Weise verschleiert wird.[78] Die Regelung der §§ 171 Abs. 1, 172 Abs. 4 – Haftungsausschluss durch Leistung der Einlage und Wiederaufleben der Haftung bei Rückzahlung oder zu hoher Gewinnentnahme – ist dann nicht mehr praktikabel. Der Kommanditist muss sich so behandeln lassen, als wäre ihm die Einlage zurückgewährt worden. Er haftet dann bis zur Höhe der Haftsumme. 31

Im **Konzern** (s. § 105 Anh. RdNr. 10 ff., 32 ff.) gab die Rechtsprechung den Gesellschaftsgläubigern in Analogie zu §§ 303, 322 Abs. 2, 3 AktG einen Durchgriffsanspruch gegen den die GmbH & Co. KG beherrschenden Gesellschafter, wenn dieser die Gesellschaft im Interesse des von ihm geleiteten „qualifizierten faktischen Konzerns" dauernd und umfassend selbst geführt und dabei benachteiligt hat.[79] Diese Rechtsprechung ist aufgegeben. Seit der Entscheidung vom 17. 9. 2001 (Bremer Vulkan)[80] nimmt der BGH unabhängig von dem Konzerntatbestand eine Durchgriffshaftung bei einem **existenzgefährdenden Eingriff** des Gesellschafters in das Vermögen der GmbH an, sofern der Nachteil nicht nach §§ 30 f. einem Einzelausgleich zugänglich ist.[81] Entsprechendes muss für die GmbH & Co. KG gelten, bei der keine natürliche Person unbeschränkt haftet.[82] Zur Haftung im Vertragskonzern s. § 105 Anh. RdNr. 41 ff. 32

f) **Rechtsschein.** Eine besondere Art der Rechtsscheinhaftung des Kommanditisten ist in § 176 geregelt (s. § 176 RdNr. 1). Darüber hinaus haftet der Kommanditist, wenn er bei einem Vertragspartner der KG den Eindruck erweckt, er selbst sei persönlich haftender Gesellschafter, sei es der 33

---

[74] BGH Urt. v. 17. 3. 1966 (Fn. 73); MünchHdbKG/*Neubauer* § 30 RdNr. 109.
[75] Befürwortend BSG Urt. v. 7. 12. 1983 – 7 RAr 20/82, ZIP 1984, 1217; BAG Urt. v. 8. 9. 1998 – 3 AZR 185/97, ZIP 1999, 723; Baumbach/*Hopt* § 172 a RdNr. 42; allg. für juristische Personen *Wiedemann* GesR I § 4 III 1 b; *K. Schmidt* GesR §§ 9 IV 4, 18 II 4, 5; ablehnend BGH Urt. v. 4. 5. 1977 – VIII ZR 298/75, BGHZ 68, 312 = NJW 1977, 1449 (für die GmbH); *H. Westermann* (Fn. 67); vermittelnd *Wilhelm* S. 354 ff.; Hachenburg/*Ulmer* Anh. § 30 RdNr. 55 ff. (jeweils für die GmbH); *Altmeppen* ZIP 1996, 909, 911 f. mwN.
[76] AA *K. Schmidt* DB 1973, 2227, 2229.
[77] S. Fn. 75.
[78] BGH Urt. v. 12. 11. 1984 – II ZR 250/83, NJW 1985, 740; Urt. v. 16. 9. 1985 – II ZR 275/84, BGHZ 95, 330, 333 f. = NJW 1986, 188, 189; BSG Urt. v. 27. 9. 1994 (Fn. 73); *Wiedemann* GesR I § 4 III 1 a; *K. Schmidt* GesR § 9 IV 2.
[79] BAG Urt. v. 15. 1. 1991 – 1 AZR 94/90, NJW 1991, 2923, 2926; Urt. v. 1. 8. 1995 – 9 AZR 378/94, NJW 1996, 1491, 1492, jeweils in Anlehnung an die Rechtsprechung des BGH zur GmbH, s. Urt. v. 16. 9. 1985 – II ZR 275/84 „Autokran", BGHZ 95, 330 = NJW 1986, 188; Urt. v. 29. 3. 1993 – II ZR 265/91 „TBB", BGHZ 122, 123 = NJW 1993, 1200; Urt. v. 13. 12. 1993 – II ZR 89/93, NJW 1994, 446; im Erg. ebenso, aber ohne Rückgriff auf §§ 302 ff. AktG: BGH Urt. v. 5. 2. 1979 – II ZR 210/76, NJW 1980, 231.
[80] II ZR 178/99, BGHZ 149, 10, 16 = NJW 2001, 3622, 3623.
[81] BGH Urt. v. 25. 2. 2002 – II ZR 196/00, BGHZ 150, 61, 67 f. = NJW 2002, 1803, 1805; Urt. v. 24. 6. 2002 – II ZR 300/00, BGHZ 151, 181, 186 = NJW 2002, 3024, 3025 f. (KBV). Urt. v. 13. 12. 2004 – II ZR 206/02, ZIP 2005, 117 mit Anm. *Altmeppen*; *Röhricht*, FS 50 Jahre BGH, 2000, S. 83 ff.; *ders.*, RWS-Forum Gesellschaftsrecht 2003, S. 1 ff.; Lutter/Hommelhoff § 13 GmbHG RdNr. 15 ff.; Roth/*Altmeppen* § 13 GmbHG RdNr. 72 ff.; ebenso BAG Urt. v. 14. 12. 2004 – 1 AZR 504/03, NZG 2005, 628, 630.
[82] *Wiedemann* GesR II § 9 IV 4 b bb mit Ausnahme für Anlagegesellschafter einer Publikumsgesellschaft, die aber den Tatbestand kaum jemals erfüllen dürften; aA (analoge Anwendung der §§ 302 f. AktG im qualifizierten faktischen Konzern) § 105 Anh. RdNr. 39, 64 (Lange).

KG, sei es einer angeblichen OHG.[83] Der Kommanditist einer **GmbH & Co. KG** haftet in analoger Anwendung des § 179 Abs. 1 BGB ferner, wenn er im Rahmen von Vertragsverhandlungen unter Verstoß gegen § 19 Abs. 2 den Eindruck entstehen lässt, persönlich haftender Gesellschafter sei eine natürliche Person.[84] Zwischen seiner und der Haftung der Gesellschaft besteht ein Gesamtschuldverhältnis.[85] Ein bloß mündlicher Vertragsschluss ohne Hinweis auf den GmbH & Co.-Zusatz in der Firma reicht für eine Rechtsscheinhaftung aber noch nicht aus.[86] Wer als Kommanditist lediglich duldet, dass der Geschäftsführer der Komplementär-GmbH ohne den Rechtsformzusatz nach § 19 Abs. 2 handelt, dürfte ebenfalls auf Grund (mit-)veranlassten Rechtsscheins haften.[87]

34   g) Haftungsfreistellungsklausel. Der Kommanditist kann sich – abweichend von § 167 Abs. 3 – im Gesellschaftsvertrag verpflichten, den Komplementär von der Haftung freizustellen. Die Gesellschaftsgläubiger können dann den **Freistellungsanspruch des Komplementärs** gegen den Kommanditisten pfänden und so auf dessen Vermögen unbeschränkt zugreifen.[88] Die bloße Vereinbarung, dass der persönlich haftende Gesellschafter am Verlust nicht teilnehmen solle, reicht aber noch nicht zur Annahme eines Freistellungsanspruchs aus.[89]

35   4. Erstattungsanspruch. Wird der Kommanditist von einem Gesellschaftsgläubiger in Anspruch genommen, sei es nach §§ 128, 161 Abs. 2, 171 Abs. 1 HS 1, sei es auf Grund einer Haftung aus anderem Rechtsgrund (s. RdNr. 20 ff.), hat er einen Erstattungsanspruch gegen die Gesellschaft. Das ergibt sich aus **§ 110,** für den ausgeschiedenen Kommanditisten aus **§§ 426 Abs. 1, 670 BGB,** neben denen § 426 Abs. 2 BGB zur Anwendung kommt.[90] Der Anspruch richtet sich mit Einschränkungen auch gegen die Mitgesellschafter (s. § 110 RdNr. 29), gegen die Mitkommanditisten jedoch nur, soweit sie ihre Einlage noch nicht geleistet bzw. wieder zurückerhalten haben oder soweit sie auf Grund einer die Einlage überschreitenden Haftsumme in Anspruch genommen werden können.[91]

36   Ein Erstattungsanspruch besteht nicht, wenn der Kommanditist mit der Leistung an den Gesellschaftsgläubiger zugleich seine (Pflicht-)**Einlage** erbringt. Im Gesellschaftsvertrag kann vorgesehen sein, dass die Einlage gerade darin bestehen soll, einen Gesellschaftsgläubiger zu befriedigen. Zwischen Kommanditist und Gesellschaft kann aber auch nachträglich vereinbart werden, dass die Befriedigung des Gläubigers als Leistung an Erfüllungs Statt bezüglich der Einlagepflicht gelten solle.[92] In allen anderen Fällen wird die Einlagepflicht durch die Leistung an den Gläubiger nicht erfüllt. Besteht die Einlage in einer Geldzahlung, kann der Kommanditist mit seinem Rückgriffsanspruch **aufrechnen,** und zwar unabhängig von der Werthaltigkeit der Forderung des befriedigten Gesellschaftsgläubigers[93] und auch noch in der Insolvenz.[94] Bei einer Sacheinlage hat er ein **Zurückbehaltungsrecht** aus § 273 BGB.[95] In der Insolvenz ist dieses Recht aber wirkungslos.[96] Es empfiehlt sich deshalb für den zu einer Sacheinlage verpflichteten Kommanditisten, dem Gläubigerzugriff dadurch zu entgehen, dass er die Einlage an die Gesellschaft leistet.

---

[83] *Wiedemann,* FS Bärmann, 1975, S. 1037, 1052; *Röhricht/Graf v. Westphalen* Anh. § 5 RdNr. 16.
[84] BGH Urt. v. 1. 6. 1981 – II ZR 1/81, NJW 1981, 2569 (für den GmbH-Geschäftsführer); Urt. v. 24. 6. 1991 – II ZR 293/90, NJW 1991, 2627, m. zust. Anm. *Canaris* (für den Angestellten einer GmbH); aA *Beinert/Hennerkes/Binz* BB 1979, 299, 301 (Haftung nur desjenigen, der für sich in Anspruch nimmt, persönlich haftender Gesellschafter zu sein).
[85] BGH Urt. v. 24. 6. 1991 (Fn. 84).
[86] BGH Urt. v. 1. 6. 1981 (Fn. 84).
[87] Offengelassen von Schlegelberger/*K. Schmidt* § 172a RdNr. 8; s. auch MünchKommHGB/*K. Schmidt* § 172a RdNr. 10.
[88] BGH Urt. v. 20. 12. 1956 – II ZR 177/55, BGHZ 23, 17, 22 (Abtretung); Urt. v. 28. 11. 1994 – II ZR 240/93, WM 1995, 196; *Sudhoff* DB 1973, 2175, 2176; *Huber* S. 307 f.
[89] BGH Urt. v. 27. 9. 1982 – II ZR 241/81, NJW 1983, 164; Urt. v. 28. 11. 1994 (Fn. 88); *K. Schmidt* GesR §§ 53 III 6, 56 IV 1a; *Binz* § 7 RdNr. 114 f.; aA *Weber/Jansen* NJW 1971, 1678.
[90] BGH Urt. v. 9. 5. 1963 – II ZR 124/61, BGHZ 39, 319, 323 ff. = NJW 1963, 1873, 1874; Urt. v. 30. 4. 1984 – II ZR 132/83, NJW 1984, 2290; *Lindacher,* FS Hadding, 2004, S. 529; anders Staub/*Schilling* RdNr. 2, der grundsätzlich von einer Tilgung der Einlageschuld durch die Befriedigung des Gesellschaftsgläubigers ausgeht; aA auch *Hadding,* FS Fleck, 1988, S. 71, der auf den ausgeschiedenen Kommanditisten § 110 analog anwenden will; zum Ausgleichsanspruch bei freiwilliger Zahlung BGH Urt. v. 17. 12. 2001 – II ZR 382/99, NJW-RR 2002, 455.
[91] *H. Westermann,* FS Barz, 1974, S. 81, 89 ff.; *K. Schmidt* DB 1995, 1381, 1382; einschränkend OLG Koblenz Urt. v. 15. 12. 1994 – 6 U 289/91, WM 1995, 765.
[92] BGH Urt. v. 30. 4. 1984 – II ZR 132/83, NJW 1984, 2290.
[93] BGH Urt. v. 8. 7. 1985 – II ZR 269/84, BGHZ 95, 188, 195 f. = NJW 1985, 2947, 2948; *Wiedemann* GesR II § 9 III 5; auch gegen den titulierten Einlageanspruch: OLG Hamm Urt. v. 19. 5. 1999 – 8 U 298/98, NZG 2000, 200, 201.
[94] BGH Urt. v. 19. 12. 1974 – II ZR 27/73, BGHZ 63, 338, 342 f. = NJW 1975, 1022, 1023 f.
[95] MünchKommHGB/*K. Schmidt* RdNr. 50.
[96] HK-InsO/*Eickmann* § 51 RdNr. 9.

IV. Befreiung von der Haftung (Abs. 1 HS 2)

Der Kommanditist hat grundsätzlich zwei Möglichkeiten, sich von seiner persönlichen Haftung zu befreien: Er kann seine Einlage **an die Gesellschaft** leisten. Dann haftet er gem. § 171 Abs. 1 HS 2 nur noch mit seinem Anteil am Gesellschaftsvermögen. Oder er kann einen **Gesellschaftsgläubiger** befriedigen (s. RdNr. 76). Dann ist seine nach § 171 Abs. 1 HS 1 summenmäßig beschränkte Haftung erfüllt. **37**

1. Leistung an die Gesellschaft. a) Leistung der Einlage. Gem. § 171 Abs. 1 HS 2 muss der Kommanditist seine im Gesellschaftsvertrag vereinbarte (Pflicht-)Einlage an die Gesellschaft leisten, um sich von seiner persönlichen Haftung zu befreien. Nach der von *Wiedemann* so bezeichneten Vertragstheorie muss **auf die Einlage** geleistet werden.[97] Der Kommanditist muss seine gesellschafts- vertragliche Pflicht erfüllen wollen. Die Erfüllung eines davon unabhängigen Verkehrsgeschäfts (Kauf, Darlehen o.ä.) reicht nicht aus. Dabei kommt es nicht auf die formale Ausgestaltung an. Der Gesellschaftsvertrag kann etwa vorsehen, dass die Einlage ganz oder teilweise in Form eines Darlehens erbracht werden soll (dazu RdNr. 62). Dann wird der Kommanditist in Höhe der Darlehensauszah- lung von seiner persönlichen Haftung frei. Umgekehrt können die Gesellschafter vereinbaren, dass ein Teil der Einlageleistung eines neu eintretenden Kommanditisten auf den Kapitalkonten der Altgesellschafter verbucht wird, etwa zur Abgeltung der Teilhabe des neuen Gesellschafters an den stillen Reserven. Der eintretende Kommanditist wird dann nur in Höhe des seinem Kapitalkonto gutgeschriebenen Betrages von der persönlichen Haftung frei.[98] **38**

Die Erfüllung der Einlagepflicht genügt für die Haftungsbefreiung nach § 171 Abs. 1 HS 2 allerdings nicht. Nach dem im Recht der KG geltenden **Kapitalaufbringungsgrundsatz** (s. RdNr. 3) muss die Leistung auch werthaltig sein. Der Kommanditist wird nur in dem Maße von der persönlichen Haftung frei, in dem Gesellschaftskapital aufgebracht wird.[99] Darauf kommt es an, wenn der Kommanditist gegen die Einlageforderung aufrechnet (dazu RdNr. 48 ff.) oder wenn er eine Sacheinlage schuldet (dazu RdNr. 56 ff.). Stille, nicht aufgelöste Reserven sind im Rahmen des § 171 nicht zu berücksichtigen[100] (anders bei als Sacheinlage eingebrachten Unternehmen, s. RdNr. 57). **39**

Eine haftungsbefreiende Einlageleistung setzt nicht zwingend voraus, dass der Gesellschaft neues Kapital zugeführt wird. Entscheidend ist, dass Kapital aufgebracht wird, welches der **Bindung des § 172 Abs. 4** unterliegt, dessen Rückgewähr also die persönliche Haftung des Kommanditisten wiederaufleben lässt.[101] Dieses Kapital kann der Gesellschaft schon vorher zur Verfügung gestanden haben, sofern es nicht durch § 172 Abs. 4 gebunden war. Deshalb kann die haftungsbefreiende Einlageleistung auch durch Einbuchung oder Umbuchung bewirkt werden (s. RdNr. 45 f., 69 ff.). Dagegen reicht es nicht aus, wenn, etwa anlässlich des Eintritts eines neuen Gesellschafters, die Kapitalanteile der Altkommanditisten erhöht werden und den Kapitalkonten dann stille, nicht in bilanzrechtlich zulässiger Weise aufgelöste Reserven gutgeschrieben werden.[102] **40**

Das Gesetz geht in § 171 Abs. 1 von dem Regelfall aus, dass die **Einlage** (im Gesellschafts-Innen- verhältnis) und die **Haftsumme** (im Außenverhältnis) übereinstimmen. Das muss jedoch nicht so sein. Die Pflichteinlage kann **höher** sein. Dann reicht es zur Haftungsbefreiung, wenn der Kom- manditist die Einlage bis zur Höhe der Haftsumme erbringt. Die Pflichteinlage kann auch **niedriger** sein, etwa bei Überbewertung einer Sacheinlage (s. RdNr. 56). Dann haftet der Kommanditist nach Leistung seiner Einlage noch in Höhe des überschießenden Teils der Haftsumme. Er hat aber das Recht, diesen Differenzbetrag an die Gesellschaft zu zahlen und sich dadurch auch insoweit von der Haftung zu befreien.[103] Bei Einverständnis mit der Gesellschaft genügt auch eine Sachleistung im **41**

---

[97] *Wiedemann,* FS Bärmann, 1975, S. 1037, 1040 ff., der zwischen Vertrags- und Verrechnungstheorie unterscheidet; zu ersterer *Keuk* ZHR 135 (1971), 410; zu letzterer *Furrer,* Die Haftung des Kommanditisten im Vergleich mit der Haftung des Komplementärs, 1902, S. 227 ff.; s. auch *Huber* S. 211 f.; *K. Schmidt* ZGR 1976, 307, 315 ff.
[98] *Schulze-Osterloh* ZGR 1991, 488, 492 ff., 511 f.; *Huber* S. 212 f.
[99] BGH Urt. v. 9. 5. 1963 (Fn. 90) S. 329/1876; Urt. v. 8. 7. 1985 – II ZR 269/84, BGHZ 95, 188, 195 ff. = NJW 1985, 2947, 2948 f. = JZ 1986, 851 m. Anm. *Wiedemann;* BFH Beschl. v. 12. 2. 2004 – VIII B 51/03, juris; FG München Urt. v. 4. 12. 2001 – 13 K 3719/00, juris; *Wiedemann* GesR II § 9 III 2, 4 b aa; *K. Schmidt* ZGR 1976, 307, 317 f.
[100] OLG Stuttgart Urt. v. 2. 12. 1998 – 20 U 29/98, NZG 1999, 113, 114 f.; *Buchner* DNotZ 1988, 467, 472.
[101] OLG Schleswig Urt. v. 27. 10. 2005 – 5 U 82/05, ZIP 2005, 2211, 2213 (insoweit von BGH Urt. v. 26. 3. 2007 – II ZR 310/05 nicht abgeändert); *K. Schmidt* ZGR 1976, 307, 319 f.
[102] BFH Urt. v. 14. 3. 1989 – I R 214/84, BStBl. 1989 II S. 570; *Hardt* MDR 1990, 120; *Schulze-Osterloh* ZGR 1991, 488, 492; s. auch Fn. 100.
[103] BGH Urt. v. 9. 12. 1971 – II ZR 33/68, BGHZ 58, 72, 76 = NJW 1972, 480, 482; aA *Schmelz* DStR 2006, 1704, 1708 f.

Wert des Differenzbetrages.[104] Wichtig ist das insbesondere für den ausgeschiedenen Kommanditisten. Er schuldet keine Einlage mehr, haftet für die bei seinem Ausscheiden bestehenden Verbindlichkeiten aber dennoch in Höhe der Haftsumme. Auch er darf sich durch Leistung an die Gesellschaft von seiner persönlichen Haftung befreien (s. RdNr. 81).

42 **b) Geldeinlage. aa) Erfüllung.** Sieht der Gesellschaftsvertrag als Einlage des Kommanditisten einen Geldbetrag vor, so wird der Kommanditist durch eine entsprechende Zahlung von seiner persönlichen Haftung befreit. Ein etwaiges **Aufgeld** (Agio) bleibt außer Betracht, sofern es nicht dem Kapitalkonto des Kommanditisten gutgeschrieben wird;[105] s. aber zum Einlagesplitting RdNr. 62 ff. In Höhe etwaiger mit der Gesellschaft vereinbarter **Abzüge** tritt gem. § 172 Abs. 3 keine Haftungsbefreiung ein. Schuldet der Kommanditist neben der Einlage eine weitere Zahlung auf Grund eines Verkehrsgeschäfts mit der Gesellschaft (Kauf, Darlehen etc.), muss anhand der **Tilgungsbestimmung,** notfalls nach § 366 Abs. 2 BGB, ermittelt werden, ob er auf die Einlage und damit haftungsbefreiend geleistet hat.[106]

43 Die **Überweisung** auf ein debitorisch geführtes Bankkonto der Gesellschaft führt – im Gegensatz zum GmbH-Recht[107] – immer zum Erlöschen der Haftung. Können die geschäftsführenden Gesellschafter trotz des Debetsaldos frei über die Valuta verfügen, erlischt die Einlageschuld[108] und damit auch die Haftung. Wird die Valuta dagegen von der Bank dauerhaft vereinnahmt, handelt es sich bei der Überweisung um eine Leistung an einen Gesellschaftsgläubiger (die Bank), so dass aus diesem Grunde die Haftung nach § 171 entfällt. Der Kommanditist hat dann einen Erstattungsanspruch gegen die Gesellschaft, mit dem er gegen die Einlageforderung aufrechnen kann (s. RdNr. 35 f., 51).[109] Bei einer Zahlung in ausländischer Währung kommt es auf den Betrag an, der auf dem Gesellschaftskonto gutgeschrieben wird. Haftungsbefreiend wirkt auch eine – das Einverständnis der geschäftsführenden Gesellschafter voraussetzende – Leistung **an Erfüllungs Statt,** allerdings nur in Höhe des tatsächlichen Wertes des Geleisteten.[110] Bei der GmbH & Co. KG reicht die Zahlung auf ein Konto der Komlplementär-GmbH nicht aus; das Guthaben muss von dort auf ein Konto der KG weitergeleitet werden.[111] Zur Aufrechnung s. RdNr. 48 ff.

44 **bb) Stehenlassen von Gewinnen.** Die Absprache, dass die Einlage durch Kürzung künftiger Tantiemen geleistet sein solle, wirkt nicht haftungsbefreiend.[112] Anders ist es, wenn die dem Kommanditisten zustehenden Gewinnanteile auf seinem **Kapitalkonto** verbucht werden. Soweit der bereits eingezahlte Teil der Einlage nicht durch Verluste gemindert und daher gem. § 169 Abs. 1 S. 2 HS 2 wieder aufzufüllen ist, wird durch ein „Stehenlassen von Gewinnen" die Einlageschuld erfüllt.[113] Die Gewinne müssen tatsächlich entstanden, ausgewiesen und verteilt sein. Der gute Glaube des Kommanditisten wird nicht geschützt.[114] Stille, nicht aufgelöste Reserven befreien nicht von der Haftung nach § 171.[115] Auch die Verbuchung von Gewinnen auf dem **zweiten Konto** des Kommanditisten (Privatkonto, Darlehenskonto, Verrechnungskonto)[116] reicht nicht aus. Diese Buchung steht nämlich einer Entnahme gleich.[117] Umgekehrt kann der Kommanditist aber ein Guthaben von seinem zweiten Konto auf sein Kapitalkonto umbuchen lassen und damit seine Einlage iSd. § 171 Abs. 1 leisten.[118] Dadurch wird nämlich bisher ungebundenes Kapital der Bindung des § 172 Abs. 4 unterworfen (wegen der Bewertung s. RdNr. 46, 50).

45 **cc) Umwandlung der Gesellschafterstellung.** Wechselt der persönlich haftende Gesellschafter einer OHG oder KG in die Stellung eines Kommanditisten, findet eine **Umbuchung** statt. Das bisherige Kapitalkonto des persönlich haftenden Gesellschafters wird nun als das Kapitalkonto des Kommanditisten weitergeführt. Während er für die bis zu der Umwandlung seiner Gesellschafterstellung begründeten Gesellschaftsschulden im Rahmen des § 160 weiterhaftet (s. § 160

---

[104] BGH Urt. v. 9. 5. 1963 (Fn. 90) S 329/1876.
[105] BGH Urt. v. 12. 7. 1982 – II ZR 201/81, BGHZ 84, 383, 387 = NJW 1982, 2500, 2501; *Huber* ZGR 1988, 1, 22.
[106] S. Fn. 97.
[107] Dazu BGH Urt. v. 3. 12. 1990 – II ZR 215/89, NJW 1991, 1294.
[108] Zur rechtlichen Konstruktion (Erfüllung oder Leistung an Erfüllungs Statt) s. Palandt/*Grüneberg* § 362 RdNr. 9.
[109] IE ebenso OLG Schleswig (Fn. 101).
[110] Düringer/Hachenburg/*Flechtheim* RdNr. 5.
[111] OLG Hamm Urt. v. 31. 1. 1995 – 7 U 92/94, NJW-RR 1996, 27; § 177 a Anh. A RdNr. 186.
[112] BGH Urt. v. 26. 10. 1981 – II ZR 176/80, WM 1982, 5, 7.
[113] MünchKommHGB/*K. Schmidt* RdNr. 57.
[114] *Sassenrath* in H. P. Westermann RdNr. I 2887; s. § 172 RdNr. 50.
[115] OLG Stuttgart (Fn. 100); *Buchner* DNotZ 1988, 467, 472.
[116] Zu den Begriffen § 120 RdNr. 69 ff., § 167 RdNr. 6 ff. und *Huber* ZGR 1988, 1, 46 ff.
[117] *Huber* ZGR 1988, 1, 7 ff., 29, 35.
[118] Staub/*Schilling* RdNr. 6.

RdNr. 24 ff.), wird seine Haftung als Kommanditist für neue Verbindlichkeiten durch die Umbuchung ausgeschlossen, soweit der Kapitalanteil zu diesem Zeitpunkt werthaltig ist.[119] Zwar wird der Gesellschaft kein neues Kapital zugeführt. Die Rechtfertigung für die Haftungsbefreiung besteht aber ebenso wie bei dem „Stehenlassen von Gewinnen" (s. RdNr. 44) und der Einbuchung (s. RdNr. 69 ff.) in der Bindung des bisher ungebundenen Kapitals durch § 172 Abs. 4. Häufiger Anwendungsfall der Umbuchung ist die **Vererbung eines Komplementäranteils** mit gleichzeitiger oder anschließender (§ 139) **Umwandlung in einen Kommanditanteil** (s. § 176 RdNr. 28).

Bei der Umbuchung kommt es nicht allein auf den Buchwert an. Bei Einverständnis der Mitgesellschafter sind auch die **stillen Reserven** zu berücksichtigen.[120] Allerdings ist Vorsicht geboten. Nicht aufgelöste stille Reserven dürfen dem Kapitalkonto nicht gutgeschrieben werden.[121] Der Kommanditist hat im Rahmen des § 171 Abs. 1 HS 2 aber die Beweislast für Existenz und Höhe von stillen Reserven (s. RdNr. 86). Deshalb muss er - etwa durch ein steuerlich unschädliches Sachverständigengutachten[122] - Vorkehrungen treffen, damit ihm dieser Beweis später möglich ist. Außerdem muss er ein Sonderkonto führen, auf dem die stillen Reserven - steuerlich ebenfalls unschädlich - ausgewiesen und fortgeschrieben werden. Andernfalls lässt sich nicht zuverlässig feststellen, ob spätere Gewinnausschüttungen oder sonstige Leistungen der Gesellschaft zu einem Wiederaufleben der persönlichen Haftung nach § 172 Abs. 4 führen.[123]

Zur Umwandlung einer stillen Beteiligung in einen Kommanditanteil s. RdNr. 50, zur Anwendung von § 173 s. dort RdNr. 43.

dd) Aufrechnung/Verrechnung. Der Kommanditist kann den Anspruch der Gesellschaft auf Zahlung der **(Pflicht-)Einlage** auch durch Aufrechnung oder Verrechnung tilgen. Gem. § 389 BGB erlöschen die beiden Forderungen dann in Höhe des übereinstimmenden Nennwerts.[124] Das führt aber nach dem Kapitalaufbringungsgrundsatz (s. RdNr. 3) nicht zwingend zu einer Befreiung von der **Haftung** nach § 171 Abs. 1. Dafür ist zum einen erforderlich, dass der Gesellschaft ein der Forderung des Kommanditisten entsprechender **Gegenwert** zugeflossen ist.[125] Die Aufrechnung mit einer Kaufpreisforderung etwa kann nur in Höhe des objektiven Wertes der Kaufsache zur Haftungsbefreiung führen. Zum anderen muss die zur Aufrechnung/Verrechnung gestellte Forderung auch noch im Zeitpunkt der Aufrechnung bzw. Verrechnung **werthaltig** sein.[126] Um das zu ermitteln, ist die Forderung nach der aktuellen Vermögenslage der Gesellschaft einschließlich etwaiger Einlageansprüche gegen andere Gesellschafter zu bewerten. Entscheidend ist, ob und ggf. inwieweit das Vermögen der Gesellschaft ausreicht, um sämtliche Gläubiger zu befriedigen.[127]

Ob dem Kommanditisten die Mitgesellschafter haften, ist für die Bewertung seiner Forderung ohne Bedeutung.[128] Die Werthaltigkeit hat der Kommanditist zu beweisen (s. RdNr. 86). Ist die Forderung **teilweise werthaltig**, tritt durch die Aufrechnung/Verrechnung nur insoweit Haftungsbefreiung ein.[129] Die (Pflicht-)Einlageforderung wird dagegen auch dann in vollem Umfang getilgt, da im Innenverhältnis zwischen Gesellschaft und Gesellschafter der Kapitalaufbringungsgrundsatz des § 171 nicht gilt.[130]

Das Prinzip der Haftungsbefreiung nur im Umfang der Werthaltigkeit und nicht des Nennwerts gilt bei jeder Aufrechnung/Verrechnung mit einer Forderung des Kommanditisten gegen die Gesell-

---

[119] BGH Urt. v. 1. 6. 1987 – II ZR 259/86, BGHZ 101, 123, 126 ff. = NJW 1987, 3184; MünchKommHGB/*K. Schmidt* RdNr. 45; *K. Schmidt* GesR § 54 II 4 b; gegen die Einschränkung *Buchner* DNotZ 1988, 467, 475, der allein auf die (frühere) Leistung des Komplementärs abstellt.
[120] BGH Urt. v. 1. 6. 1987 – II ZR 259/86, BGHZ 101, 123, 126 f. = NJW 1987, 3184, 3185; *K. Schmidt* GesR § 54 II 4 b; *Kubis* ZHR 153 (1989), 361, 362; aA OLG Hamburg Urt. v. 25. 11. 1982 – 6 U 60/82, ZIP 1983, 59, 61 f.; *Saßenrath* S. 97 ff., 109; *ders.* BB 1990, 1209, 1211.
[121] BFH Urt. v. 14. 3. 1989 – I R 214/84, BStBl. 1989 II, S. 570; aA *Sassenrath* in H. P. Westermann RdNr. I 2867.
[122] *Felix* NJW 1973, 491, 492.
[123] *Frey* ZGR 1988, 281, 289; s. § 172 RdNr. 23, 45.
[124] *von Gerkan*, FS Kellermann, 1991, S. 67, 68; aA *von Olshausen* ZGR 2001, 175.
[125] RG Urt. v. 2. 5. 1906 – Rep. I. 448/05, RGZ 63, 265, 267; BGH Urt. v. 3. 3. 1969 – II ZR 222/67, BGHZ 51, 391, 394 = NJW 1969, 1210; Urt. v. 10. 11. 1975 – II ZR 202/74, NJW 1976, 418; *Wiedemann*, FS Bärmann, 1975, S. 1037, 1042 f.; *K. Schmidt* Einlage S. 52 f.
[126] BGH Urt. v. 8. 7. 1985 – II ZR 269/84, BGHZ 95, 188, 194 ff. = NJW 1985, 2947, 2948 = JZ 1986, 851 m. Anm. *Wiedemann*; *ders.*, FS Bärmann, 1975, S. 1037, 1042 f. und GesR II § 9 III 4 b bb; MünchKommHGB/*K. Schmidt* RdNr. 58 ff.; aA noch BGH Urt. v. 3. 3. 1969 (Fn. 125); einschränkend bereits BGH Urt. v. 25. 6. 1973 – II ZR 133/70, BGHZ 61, 59, 70 ff. = NJW 1973, 1691, 1694 f.; Urt. v. 10. 11. 1975 (Fn. 125); ungenau OLG Hamm Urt. v. 7. 10. 1992 – 8 U 21/92, GmbHR 1993, 817 und OLG Köln Urt. v. 17. 12. 1993 – 19 U 169/93, BB 1994, 380, dazu *v. Gerkan* EWiR 1994, 367; krit. *Harrer* GesRZ 1997, 65.
[127] BGH Urt. v. 26. 3. 1984 – II ZR 14/84, BGHZ 90, 370, 373 = NJW 1984, 1891.
[128] *Brandes* WM 1986 Sonderbeilage 1 S. 20; MünchHdbKG/*Neubauer* § 30 RdNr. 37.
[129] AA OLG Hamm (Fn. 126) (völliger Ausschluss der Haftungsbefreiung).
[130] S. Fn. 124.

schaft. Auch die **Umwandlung von Fremdkapital** (stehengelassene Gewinne, stille Einlagen oder Darlehen) in durch § 172 Abs. 4 gebundenes Kapital (s. RdNr. 44) setzt Werthaltigkeit im Zeitpunkt der Umbuchung auf das Kapitalkonto voraus.[131] Unabhängig von der Werthaltigkeit wirkt die Aufrechnung/Verrechnung allerdings dann nicht haftungsbefreiend, wenn das Darlehen bzw. die stille Beteiligung schon von Anfang an als Einlage iSd. § 171 Abs. 1 gelten sollte, so beim Einlagensplitting (s. RdNr. 62), oder wenn die Leistung des Kommanditisten wegen einer Krise der Gesellschaft wie eine Einlage zu behandeln ist.[132]

51 Hat der Kommanditist einen Gesellschaftsgläubiger auf Grund der Haftung aus §§ 128, 161 Abs. 2, 171 Abs. 1 befriedigt und rechnet nun mit seinem **Erstattungsanspruch** aus § 110 gegen den Einlageanspruch auf, stellen sich keine Haftungsfragen. Dann ist der Kommanditist schon durch die Leistung an den Gläubiger von seiner Haftung frei geworden, ohne dass es dabei auf die Werthaltigkeit der Gläubigerforderung ankommt.[133] Die Aufrechnung richtet sich nur noch gegen den (Pflicht-)Einlageanspruch und wirkt insoweit in Höhe des Nennwerts. Nach dem Rechtsgedanken der §§ 404, 406 BGB ist eine Aufrechnung mit dem Erstattungsanspruch auch dann noch möglich, wenn die Einlageforderung **abgetreten** ist und der Kommanditist erst nach der Abtretung einen anderen Gesellschaftsgläubiger befriedigt.[134]

52 Haftet der Kommanditist den Gesellschaftsgläubigern nach **§ 171**, ohne zugleich der Gesellschaft eine Einlage zu schulden, kann er sich durch Leistung an die Gesellschaft von der Haftung befreien (s. RdNr. 41). Statt dessen kann er auch gegenüber der Gesellschaft mit einer gegen diese gerichteten Forderung **aufrechnen**.[135] Zwar fehlt es an der Gegenseitigkeit – der Kommanditist ist Schuldner der Gesellschaftsgläubiger und nicht der Gesellschaft. Die Interessenlage rechtfertigt aber eine analoge Anwendung des § 387 BGB. Hat der Kommanditist eine Forderung gegen den Gesellschaftsgläubiger, kann er gegen dessen Anspruch aus §§ 128, 161 Abs. 2, 171 Abs. 1 aufrechnen und wird dadurch in Höhe des Nennwerts der sich gegenüberstehenden Ansprüche von seiner Haftung frei.[136]

53 Zur Aufrechnung mit **eigenkapitalersetzenden Darlehen** in der GmbH & Co. KG s. § 172a RdNr. 54, zur Aufrechnung in der **Insolvenz** s. RdNr. 111 ff.

54 **c) Sacheinlage. aa) Gegenstand.** Während der **Beitrag** des Kommanditisten iSd. §§ 705 BGB, 105 Abs. 3, 161 Abs. 2 in jeder Förderung des Gesellschaftszwecks bestehen kann, kommt als (Sach-)**Einlage** nur ein bilanzierungsfähiger Vermögensgegenstand in Betracht (s. RdNr. 5 f.). Es muss ein wirtschaftlicher Wert feststellbar sein (§ 27 Abs. 2 HS 1 AktG). Bei Sachen ist dafür grundsätzlich die Übereignung, bei Forderungen und anderen Rechten deren Übertragung erforderlich. Eine Bilanzierung unter dem Gesichtspunkt „wirtschaftliches Eigentum" iSd. § 39 Abs. 2 Nr. 1 AO oder „Einbringung quoad sortem"[137] kommt ausnahmsweise dann in Betracht, wenn die Gesellschaft auf Grund dinglicher oder schuldrechtlicher Vereinbarung mit dem Berechtigten eine Position erlangt, die ihr auf Dauer die Substanz und den Ertrag des Vermögensgegenstandes sichert.[138]

55 Die **Gebrauchsüberlassung** oder die Einräumung sonstiger **Nutzungsrechte** reicht nicht aus. Hinzukommen muss eine dingliche (Nießbrauch, Dienstbarkeit) oder schuldrechtliche (Ausschluss des Kündigungsrechts, Befugnis zur Verwertung in der Insolvenz)[139] Absicherung der Nutzungsmöglichkeit.[140] Fehlt es daran, kommt eine Einlageleistung nur im Umfang ersparter Aufwendungen in Betracht.[141] Dem Kapitalkonto des Kommanditisten ist dann über den Zeitraum der Nutzung hinweg der Wert der dadurch für die Gesellschaft ersparten Aufwendungen gutzuschreiben. Auch gesellschaftsvertraglich vereinbarte **Dienstleistungen** können Sacheinlage sein. Das bloße Versprechen genügt jedoch nicht. Wie bei der Gebrauchsgewährung müssen die Dienste tatsächlich erbracht

---

[131] MünchKommHGB/*K. Schmidt* RdNr. 60.
[132] *K. Schmidt* ZGR 1986, 152, 158 ff.; s. § 172a RdNr. 30 ff.
[133] BGH Urt. v. 8. 7. 1985 (Fn. 126).
[134] BGH Urt. v. 1. 7. 1974 – II ZR 115/72, NJW 1974, 2000, 2001; Urt. v. 19. 12. 1974 – II ZR 27/73, BGHZ 63, 338, 342 f. = NJW 1975, 1022, 1023 f.
[135] BGH Urt. v. 9. 12. 1971 – II ZR 33/68, BGHZ 58, 72, 75 f. = NJW 1972, 480, 481 f.; Urt. v. 10. 11. 1975 – II ZR 202/74, NJW 1976, 418; aA *Schmelz* DStR 2006, 1704, 1708.
[136] Baumbach/*Hopt* RdNr. 7.
[137] S. § 105 RdNr. 139; MünchKommBGB/*Ulmer* § 706 RdNr. 12; *Huber* S. 196 f.
[138] BGH Urt. v. 6. 11. 1995, II ZR 164/94, NJW 1996, 458, 459; BFH Urt. v. 16. 11. 1977 – I R 83/75, BStBl. 1978/II S. 386; FG Schleswig-Holstein Urt. v. 9. 11. 1987 – V 584/87, BB 1988, 1217, 1220; *K. Schmidt* GesR § 20 II 2 d, 3 a; *Gädcke* S. 75 ff.; zur Einbringung „dem Werte nach" auch BGH Urt. v. 10. 1. 1955 – II ZR 294/53, BB 1955, 203 und Urt. v. 16. 12. 1971 – II ZR 38/69, WM 1972, 213, 214.
[139] AA (Zahlungspflicht des Kommanditisten in Höhe des Wertes des zur Nutzung eingebrachten Gegenstandes) *Ullrich* NJW 1974, 1486, 1490.
[140] *K. Schmidt* GesR § 20 II 3 a; Schlegelberger/*Martens* § 161 RdNr. 29; *Knobbe-Keuk* ZGR 1980, 214, 221 f.; großzügiger *Wiedemann* GesR II § 9 III 4 b aa; krit. *Ekkenga* ZHR 161 (1997), 599.
[141] *v. Falkenhausen* DStR 1992, 186, 188; aA *Huber* S. 214.

sein und können dann mit ihrem Wert dem Kapitalkonto des Kommanditisten gutgeschrieben werden.[142] Sacheinlagen können weiter sein eine **Forderung** des Kommanditisten gegen einen Dritten oder gegen die Gesellschaft, ein **Unternehmen,** ein Gesellschaftsanteil, ein **know how,**[143] ein gewerbliches Schutzrecht, die Übernahme einer Bürgschaft[144] und die Umbuchung einer im Gesellschaftsvermögen vorhandenen Rücklage.[145] Zu Darlehen und stiller Einlage s. RdNr. 62 ff., zu weiteren Beispielsfällen s. § 105 RdNr. 136.

bb) Bewertung. Den Gegenstand der (Pflicht-)Einlage können die Gesellschafter frei bewerten. 56
Von der Haftung aus §§ 128, 161 Abs. 2, 171 wird der Kommanditist dagegen nur frei in Höhe des **objektiven Wertes** seiner Einlageleistung.[146] Haben die Gesellschafter die Sacheinlage überbewertet, dann erfüllt der Kommanditist durch die Leistung dieser Einlage seine (interne) Einlageschuld (abgesehen von einer etwaigen Mängelgewährleistung),[147] er haftet den Gesellschaftsgläubigern aber weiter in Höhe der Differenz zwischen der Haftsumme und dem wahren Wert der Einlage. Maßgeblich ist bei marktgängigen Gegenständen der Beschaffungswert zum Einbringungszeitpunkt, bei nicht marktgängigen und solchen, die in dem Unternehmen nicht verwendet werden können oder erst kurz vor oder in der Insolvenz eingebracht worden sind, der Veräußerungswert.[148]

Bei einem eingebrachten Unternehmen sind **stille Reserven** und der Firmenwert zu berück- 57
sichtigen.[149] Die Beweislast hat der Kommanditist, so dass es sich empfiehlt, diese Werte durch ein – steuerlich unschädliches – Sachverständigengutachten festhalten zu lassen.[150] Ist das Unternehmen **überschuldet,** haftet der Kommanditist nicht in Höhe der Überschuldung, sondern nur bis zu seiner Haftsumme.[151] Wird eine **Forderung** eingebracht, kommt es auf die Zahlungsfähigkeit und -bereitschaft des Schuldners an.[152] Fremdwährungsforderungen sind nach dem Wechselkurs zum Zeitpunkt der Abtretung zu bewerten.[153] Besteht die Sacheinlage in der Übernahme einer **Bürgschaft,** befreit erst die Leistung des Kommanditisten-Bürgen von der Haftung nach § 171.[154] Den Wert der Einlage zu **beweisen** hat in jedem Fall der Kommanditist (s. RdNr. 86).

Der wahre Wert der Sacheinlage ist nicht nur bei der Über-, sondern auch bei der **Unterbe-** 58
wertung maßgebend.[155] Wird etwa ein Unternehmen zum Buchwert eingebracht und übersteigt die Haftsumme diesen Wert, so wird der Kommanditist auch in Höhe der stillen Reserven von seiner persönlichen Haftung frei. Er kann sich darauf sogar bei einer späteren Erhöhung der Haftsumme berufen,[156] sofern die stillen Reserven dann noch vorhanden sind (zur Einlagenrückgewähr in diesen Fällen s. § 172 RdNr. 23). Die Unterbewertung muss der Kommanditist allerdings dann gegen sich gelten lassen, wenn der Unterschiedsbetrag zu dem wahren Wert der Einlageleistung auf dem Kapitalkonto eines anderen Gesellschafters gutgeschrieben worden ist.[157]

d) Sanierungsgründung. Wollen die **Gläubiger** ein notleidend gewordenes Unternehmen 59
sanieren, bieten sich folgende Möglichkeiten an: Gehört das Unternehmen einer Personenhandels-

---

[142] Sudhoff NJW 1964, 1249, 1252; Schlegelberger/Martens § 161 RdNr. 28; Staub/Schilling § 161 RdNr. 19; Heymann/Horn § 161 RdNr. 79 f.; Sassenrath in H. P. Westermann RdNr. I 2861; aA Huber S. 191 ff., 213 f. und MünchKommHGB/K. Schmidt RdNr. 10, die aber eine Verrechnung mit dem Entgeltanspruch zulassen; nach K. Schmidt Einlage S. 12 ff. handelt es sich um einen Fall der Einbuchung, s. dazu unten RdNr. 69 ff.
[143] Barz, FS W. Schmidt, 1959, S. 157; Staub/Schilling § 161 RdNr. 18; aA (für AG und GmbH) Ballerstedt ZHR 127 (1965), 92, 97.
[144] BGH Urt. v. 10. 10. 1994 – II ZR 220/93, NJW 1995, 197; aA Knobbe-Keuk ZGR 1980, 214, 221; allg. Schlegelberger/Martens § 161 RdNr. 30.
[145] Röhricht/Graf von Westphalen/von Gerkan § 173 RdNr. 40.
[146] RG Urt. v. 2. 5. 1906 (Fn. 125) S. 266; RG Urt. v. 31. 1. 1936 – II 209/35, RGZ 150, 163, 166; BGH Urt. v. 9. 5. 1963 – II ZR 124/61, BGHZ 39, 319 = NJW 1963, 1873, 1876; Urt. v. 18. 11. 1976 – II ZR 129/75, WM 1977, 167; Urt. v. 8. 7. 1985 – II ZR 269/84, BGHZ 95, 188, 195 = NJW 1985, 2947, 2948.
[147] H. Westermann FS Barz, 1974, S. 81, 85.
[148] BGH Urt. v. 9. 5. 1963 (Fn. 146); BGH Urt. v. 5. 330/1876 (zum Insolvenzfall); Düringer/Hachenburg/Flechtheim RdNr. 6; Staub/Schilling RdNr. 9; Gursky DB 1978, 1261, 1264; aA Kornblum S. 215 (nur Veräußerungswert).
[149] BGH Urt. v. 29. 3. 1973 – II ZR 25/70, BGHZ 60, 324, 327 = NJW 1973, 1036, 1037; s. auch § 172 RdNr. 23.
[150] Felix NJW 1973, 491, 492.
[151] BGH Urt. v. 29. 3. 1973 (Fn. 149); aA (Haftung aus §§ 812, 242 BGB) Kuhn, FS Schilling, 1973, S. 69, 75 ff.; Baumbach/Hopt RdNr. 6.
[152] BGH Urt. v. 25. 6. 1973 – II ZR 133/70, BGHZ 61, 59, 71 = NJW 1973, 1691, 1694.
[153] Anders für die GmbH Strober DNotZ 1975, 17, 23 ff.
[154] So wohl auch BGH Urt. v. 10. 10. 1994 (Fn. 144).
[155] Felix NJW 1973, 491; Staub/Schilling RdNr. 9; Wiedemann GesR II § 9 III 4 b aa; Heymann/Horn RdNr. 16; MünchHdbKG/Neubauer § 30 RdNr. 32; ebenso bei Umwandlung des Komplementär- in eine Kommanditistenstellung nach Erbfall BGH Urt. v. 1. 6. 1987 – II ZR 259/86, BGHZ 101, 123, 126 f. = NJW 1987, 3184, 3185; einschränkend Sassenrath in H. P. Westermann RdNr. I 2902 (nur bei Zuweisung der stillen Reserven auf Grund Gesellschaftsvertrags); aA Düringer/Hachenburg/Flechtheim RdNr. 5; MünchKommHGB/K. Schmidt RdNr. 48; Huber S. 211 f.
[156] Felix NJW 1973, 491.
[157] Insoweit wie hier Huber S. 211 f.

gesellschaft, können die Gläubiger **als Kommanditisten beitreten**. Wird es in anderer Rechtsform betrieben, können sie zusammen mit dem bisherigen Rechtsträger eine KG als **Auffanggesellschaft** gründen und sich daran als Kommanditisten beteiligen, während der bisherige Rechtsträger das Unternehmen mit allen Aktiva und Passiva in die Gesellschaft einbringt. In beiden Fällen wird im Gesellschaftsvertrag vereinbart, dass die Kommanditisten entweder ihre **Forderungen** gegen den (bisherigen) Unternehmensträger als Kommanditeinlage (Sacheinlage) **einbringen** oder eine Geldeinlage in Höhe ihrer Forderungen schulden. Im ersteren Fall erlöschen die Forderungen mit der Abtretung an die Gesellschaft durch Konfusion, im letzteren können sie durch Aufrechnung getilgt werden.[158] Die wertlosen Forderungen werden dadurch in möglicherweise werthaltige Anteile am Gesellschaftsvermögen umgewandelt, die Eigenkapitalbasis des Unternehmens verbreitert sich.

60   Während diese Konstruktionen im Gesellschafts-Innenverhältnis keine Probleme bereiten, ist in Bezug auf die **Haftsumme** Vorsicht geboten: Wird eine nicht werthaltige Forderung eingebracht oder mit ihr aufgerechnet, erlischt zwar die (Pflicht-)Einlageschuld in Höhe des Nennwerts der Forderung, von der Haftung nach § 171 wird der Kommanditist jedoch nur in Höhe des **Wertes der Forderung** frei.[159] In Sanierungsfällen ist die Forderung des Kommanditisten nie vollwertig. Dem Haftungsrisiko kann er entgehen, indem er unabhängig von seiner Einlagepflicht eine nur geringe Haftsumme in das Handelsregister eintragen lässt.[160]

61   Die Sanierung eines Unternehmens kann auch durch Aufnahme eines **Investors** als Kommanditist oder durch Erhöhung der Einlage eines bereits vorhandenen Kommanditisten erfolgen. Dabei kann als Kommanditbeitrag die Pflicht vereinbart werden, einen Gesellschaftsgläubiger zu befriedigen.[161] Der Kommanditist wird dann durch Leistung an den Gläubiger in voller Höhe von der Haftung nach § 171 frei, auch wenn die Forderung nicht vollwertig war.[162] Vereinbart werden kann auch, dass der Kommanditist neben seiner Kommanditeinlage der Gesellschaft ein (Sanierungs-)Darlehen gewährt. Dabei kann es sich der Sache nach um einen Teil der (erhöhten) Einlage handeln. Dann gelten die Regeln über das Einlagesplitting (s. RdNr. 62 ff.). Unabhängig davon unterliegt das Sanierungsdarlehen bei der GmbH & Co. KG als eigenkapitalersetzende Gesellschafterleistung den Beschränkungen des § 172a und der §§ 30, 31 GmbHG, 135 InsO und 6 AnfG,[163] sofern nicht § 32a Abs. 3 S. 3 GmbHG eingreift (s. die Erläuterungen zu 172a).

62   **e) Einlagesplitting.** Der Beitrag des Kommanditisten iSd. §§ 705 BGB, 105 Abs. 3, 161 Abs. 2 kann darin bestehen, der Gesellschaft – meist neben der „Kommanditeinlage" – ein Darlehen zu gewähren (sog. **Finanzplankredit**).[164] Die Auszahlung des Darlehens hat dann ihren Rechtsgrund nicht nur in dem Darlehensvertrag, sondern auch in der Gesellschafterstellung. Dabei ist nicht entscheidend, ob sich die Verpflichtung aus dem Gesellschaftsvertrag ergibt (so die ältere Rspr.).[165] Es kommt vielmehr darauf an, ob nach dem gesamten Zuschnitt der Gesellschaft die Mittel der Sache nach den Charakter von **Eigenkapital** haben.[166] Anhaltspunkte dafür sind günstige Darlehenskonditionen, lange Laufzeit, Fehlen von Kündigungsrechten und vor allem die Annahme der Gesellschafter im Rahmen der Finanzplanung, auf ihre eigenen Darlehensmittel angewiesen zu sein, um das für eine weitergehende Fremdfinanzierung erforderliche Eigenkapital stellen oder sonst den Gesellschaftszweck erreichen zu können.[167]

63   Ist das Darlehen danach als Eigenkapital anzusehen (nach *Wiedemann*: Eigenkapitalergänzung),[168] wird es im **Außenverhältnis** auch als Teil der **Einlageleistung** behandelt. Die Einlage ist gesplittet

---

[158] *Müßigbrodt* BB 1982, 338.
[159] BGH Urt. v. 25. 6. 1973 – II ZR 133/70, BGHZ 61, 59, 71 f. = NJW 1973, 1691, 1694 f.; Urt. v. 18. 11. 1976 – II ZR 129/75, WM 1977, 167; s. RdNr. 48 ff., 56 ff.
[160] *K. Schmidt* ZGR 1986, 152, 161; MünchHdb KG/*Neubauer* § 30 RdNr. 39.
[161] *K. Schmidt* ZGR 1976, 307, 312.
[162] BGH Urt. v. 8. 7. 1985 – II ZR 269/84, BGHZ 95, 188, 195 f. = NJW 1985, 2947, 2948.
[163] *Wiedemann*, FS Beusch, 1993, S. 893.
[164] *Habersack* ZHR 161 [1997], 457; *Fleischer*, Finanzplankredite und Eigenkapitalersatz im Gesellschaftsrecht, 1995, zugl. Diss. Köln 1993; *Wiedemann* GesR II § 9 III 8 b, c; *Goette/Kleindiek* RdNr. 94 ff.; krit. *Roth/Altmeppen* § 32a GmbHG RdNr. 79; für eine Ausweitung des Tatbestands *Engert* ZGR 2004, 813, 837 f.
[165] BGH Urt. v. 28. 11. 1977 – II ZR 235/75, BGHZ 70, 61, 63 = NJW 1978, 376, 377; Urt. v. 10. 12. 1984 – II ZR 28/84, BGHZ 93, 159, 161 = NJW 1985, 1468, 1469; krit. *Joost* ZGR 1987, 370, 381 ff.
[166] BGH Urt. v. 14. 12. 1992 – II ZR 298/91, BGHZ 121, 31, 41 f. = NJW 1993, 392, 394 f.; Urt. v. 28. 6. 1999 – II ZR 272/98, BGHZ 142, 116, 120 ff. = NJW 1999, 2809, 2810 f.
[167] BGH Urt. v. 21. 3. 1988 – II ZR 238/87, BGHZ 104, 33, 40 f. = NJW 1988, 1841, 1843; Urt. v. 5. 11. 1979 – II ZR 145/78, NJW 1980, 1522; Urt. v. 9. 2. 1981 – II ZR 38/80, NJW 1981, 2251 (die beiden letzteren zur stillen Einlage); Urt. v. 9. 12. 1996 – II ZR 341/95, WM 1997, 576; BFH Urt. v. 7. 4. 2005 – IV R 24/03, NZG 2005, 685, 686 (zum Einfluss auf das Kapitalkonto iSd. § 15 Abs. 1 S. 1 EStG); *Fleischer* S. 111 ff.; *Wiedemann*, FS Beusch, 1993, S. 893, 900, 904 ff.; *Habersack* ZHR 161 (1997), 457, 480 ff.; Rowedder/Schmidt-Leithoff/*Pentz* § 32a GmbHG RdNr. 46 f.; krit. *Drygala* GmbHR 1996, 481, 485; *Altmeppen* ZIP 1996, 909; *Steinbeck* ZGR 2000, 503, 511 ff.
[168] *Wiedemann* GesR II § 9 III 8 a.

in die formelle Einlage und das daneben geschuldete Darlehen (Einlagesplitting). Damit befreit die Darlehenszahlung den Kommanditisten gem. § 171 Abs. 1 HS 2 von seiner persönlichen Haftung, andererseits führen Tilgungs- und durch Gewinne nicht gedeckte Zinszahlungen zu einem Wiederaufleben der Haftung nach § 172 Abs. 4.[169] Der Kommanditist muss den Darlehensvertrag unabhängig von der Haftsumme und ohne die Widerrufsmöglichkeit des § 610 BGB auch noch in der Liquidation oder Insolvenz erfüllen, soweit die Valuta zur Befriedigung der Gesellschaftsgläubiger benötigt wird; umgekehrt kann er seinen Darlehensrückzahlungsanspruch in der Insolvenz oder der Liquidation erst nach Befriedigung der übrigen Gläubiger geltend machen.[170] Diese Beschränkungen des Darlehensrückzahlungsanspruchs bestehen gem. § 404 BGB auch gegenüber einem Zessionar.[171] Sofern nichts anderes vereinbart ist, kann ein solches Darlehen für die Dauer des Gesellschaftsverhältnisses nicht gekündigt werden.[172] Wohl aber können die Gesellschafter den Darlehensvertrag vor der Krise (s. dazu § 172a RdNr. 30 ff.) einvernehmlich aufheben.[173]

Diese Grundsätze gelten nicht nur bei Publikumsgesellschaften, bei denen das Einlagesplitting **64** verbreitet ist (s. § 177a Anh. B RdNr. 105 ff.), sondern auch bei der „normalen" KG und GmbH & Co. KG.[174] Bei allen Formen der GmbH & Co. KG greifen daneben die Regeln über **eigenkapitalersetzende Gesellschafterleistungen** ein (s. § 172a RdNr. 43 f.).[175] Im Innenverhältnis der Gesellschafter wird das Darlehen mangels abweichender Vereinbarungen in keinem Fall auf den **Kapitalanteil** iSd. §§ 120 Abs. 2, 167 Abs. 2 angerechnet.[176] Bei der Liquidation ist das Darlehen vor den Einlagen ieS zurückzuerstatten.

Statt eines Darlehens kann im Rahmen des Einlagesplittings auch eine **stille Beteiligung** gem. **65** §§ 230 ff. vereinbart werden, zweckmäßigerweise unter Ausschluss der Verlustbeteiligung. Es gelten dann die gleichen Grundsätze wie beim Darlehen.[177] Entgegen § 236 kann der Kommanditist seine stille Einlage nicht als Insolvenzforderung geltend machen.[178] Schließlich kann nach den gleichen Grundsätzen auch ein **Miet-/Pachtvertrag**[179] oder ein **Aufgeld** (Agio) Teil einer gesplitteten Einlage sein.[180]

f) Leistung durch Dritten. aa) Grundsatz. Wenn im Gesellschaftsvertrag nichts anderes ver- **66** einbart ist und auch gesetzliche Auslegungsregeln wie § 613 BGB nicht entgegenstehen, braucht der Kommanditist seine Einlage gem. § 267 BGB nicht in Person zu leisten. Auch ein Dritter kann für ihn die Einlageschuld erfüllen und damit die Haftungsbefreiung des § 171 Abs. 1 herbeiführen.[181] Das gilt auch dann, wenn die Leistung von dem **persönlich haftenden Gesellschafter** oder einem persönlich haftenden Kommanditisten erbracht wird. Zwar verringert sich dadurch die dem Zugriff der Gesellschaftsgläubiger insgesamt offen stehende Vermögensmasse. Das ist jedoch unschädlich. Das Vermögen des einzelnen Gesellschafters ist dem Gläubigerzugriff nämlich nur in seinem jeweiligen Bestand ausgesetzt. Einen Kapitalerhaltungsgrundsatz gibt es insoweit nicht.[182] Entscheidend ist, dass

---

[169] BGH Urt. v. 17. 5. 1982 – II ZR 16/81, NJW 1982, 2253 m. Anm. *K. Schmidt*; Urt. v. 21. 3. 1988 (Fn. 167) S. 38 ff./1842 f.; *Huber* ZGR 1988, 1, 21; *Wiedemann* JZ 1986, 855, 857; *ders,* FS Beusch, 1993, S. 893, 904 ff.; aA *Knobbe-Keuk* ZGR 1980, 214, 221; *Wilken* ZIP 1996, 61.
[170] BGH Urt. v. 17. 5. 1982 (Fn. 169); Urt. v. 10. 12. 1984 (Fn. 165) S. 163 f./1470; Urt. v. 21. 3. 1988 (Fn. 167) S. 43/1843; Urt. v. 28. 6. 1999 – (Fn. 166) (jeweils noch zum Konkurs- bzw. Gesamtvollstreckungsverfahren); *Habersack* ZHR 161 (1997), 457, 489 f.; *ders.* ZGR 2000, 384, 417 f.; *Priester* DB 1991, 1917, 1921; *Wiedemann* GesR II § 9 III 8 a, d; krit. *Joost* ZGR 1987, 370, 393 ff.; *Schön* ZGR 1990, 220, 241 ff.; *K. Schmidt* ZIP 1999, 1241, 1249 f.; *Steinbeck* ZGR 2000, 503, 513 f.
[171] BGH Urt. v. 21. 3. 1988 (Fn. 167) S. 43/1843.
[172] BGH Urt. v. 28. 11. 1977 (Fn. 165) S. 63/376; Urt. v. 28. 6. 1999 (Fn. 166) S. 123 f./2811; *Grunewald,* FS Großfeld, 1999, S. 319, 323 ff.
[173] *Fleischer* DStR 1999, 1774, 1778; *Habersack* ZGR 2000, 384, 413; *Goette* GmbH § 4 RdNr. 99; aA *Wiedemann* GesR II § 9 III 8 d (auch noch in der Krise, wenn die Darlehensvaluta noch nicht ausgezahlt ist; dann ist der Darlehensanspruch aber schon bilanzwirksam).
[174] BGH Urt. v. 21. 3. 1988 (Fn. 167) S. 38 f./1842 f.
[175] *Huber* ZGR 1988, 1, 21; *Wiedemann* GesR II § 9 III 8 b.
[176] *Huber* ZGR 1988, 1, 21.
[177] BGH Urt. v. 12. 5. 1977 – II ZR 89/75, BGHZ 69, 160, 170 = NJW 1977, 2160, 2162; Urt. v. 5. 11. 1979 (Fn. 167); Urt. v. 9. 2. 1981 (Fn. 167); s. RdNr. 62 f.; *Wiedemann* GesR II § 9 III 8 a; zur Übernahme nur einer stillen Einlage und ihrer Behandlung wie eine Kommanditeinlage: BGH Urt. v. 17. 12. 1984 – II ZR 36/84, NJW 1985, 1079.
[178] BGH Urt. v. 9. 2. 1981 (Fn. 167).
[179] OLG Karlsruhe Urt. v. 29. 3. 1996 – 15 U 39/95, ZIP 1996, 918, 922 ff. m. krit. Anm. *Altmeppen* ZIP 1996, 909.
[180] *Huber* ZGR 1988, 1, 21 f.; MünchKommHGB/*K. Schmidt* RdNr. 49; zum Aufgeld allgemein s. RdNr. 42.
[181] BGH Urt. v. 28. 11. 1983 – II ZR 94/83, NJW 1984, 874, 875; BFH Urt. v. 29. 8. 1996 – VIII B 44/96, NJW 1997, 1527; Urt. v. 3. 12. 2002 – IX R 24/00, BFH/NV 2003, 894, 895.
[182] BGH Urt. v. 14. 1. 1985 – II ZR 103/84, BGHZ 93, 246, 249 ff. = NJW 1985, 1776; ebenso schon für das Innenverhältnis BGH Urt. v. 21. 5. 1973 – II ZR 22/72, BB 1973, 862, 863 und Urt. v. 30. 4. 1984 – II ZR 132/83, NJW 1984, 2290, 2291; MünchKommHGB/*K. Schmidt* RdNr. 44; *Petzoldt* DNotZ 1975, 529; aA *Steckhan* DNotZ 1974, 69; anders für die vergleichbare Problematik bei § 172 Abs. 4 auch *Riegger* BB 1975, 1282; *Kornblum* S. 257; s. § 172 RdNr. 32.

§ 171   67–71   2. Buch. 2. Abschnitt. Kommanditgesellschaft

die Leistung des Mitgesellschafters das durch § 172 Abs. 4 gebundene Gesellschaftsvermögen vermehrt. Erfolgt die Leistung aus einem von dem Gesellschafter aufgenommenen Kredit und sind der Bank dafür Sicherheiten aus dem Vermögen der Gesellschaft bestellt worden, fehlt es an einer solchen Vermögensvermehrung.[183]

67 Bei einer gezielten **Gläubigerbenachteiligung** kommt eine darauf gestützte Haftung in Betracht,[184] etwa aus § 826 BGB. Aus positiver Vertragsverletzung schließlich haftet ein Kommanditist, wenn er es zulässt, dass ein anderer Gesellschafter für ihn die Einlage aus einem Kredit leistet, zu dessen Rückzahlung er von vornherein nicht in der Lage ist, und dann später das Kapital wieder aus dem Gesellschaftsvermögen entnimmt, um den Kredit damit zurückzuzahlen.[185] Eine Besonderheit besteht auch bei der **GmbH & Co. KG**. Die Komplementär-GmbH kann wegen des Verbots der Stammkapitalrückzahlung aus § 30 GmbHG die Einlageschuld des Kommanditisten nur dann erfüllen, wenn sie danach noch Vermögen in Höhe ihres Stammkapitals behält (s. § 172 a RdNr. 10).

68 Um eine Fall der Leistung der Einlage durch einen Dritten handelt es sich auch dann, wenn ein **Einzelkaufmann** einen Kommanditisten unentgeltlich aufnimmt, indem er mit diesem eine KG gründet, sein Unternehmen einbringt und den Wert teilweise seinem und teilweise dem Kapitalkonto des Kommanditisten gutschreiben lässt.[186] Tritt die KG ihre Einlageforderung gegen den Kommanditisten an einen Nicht-Gesellschaftsgläubiger ab, etwa auf Grund eines Forderungskaufs, und erbringt der **Zessionar** dafür eine Gegenleistung in das Gesellschaftsvermögen, handelt es sich dabei haftungsrechtlich ebenfalls um die Leistung eines Dritten auf die Einlageforderung (s. RdNr. 72 ff.). Ist die Gegenleistung geringer als die Einlageforderung, wird der Kommanditist nur in dem geringeren Umfang von seiner persönlichen Haftung frei.[187]

69 **bb) Einbuchung.** Ein Sonderfall der Einlageleistung durch einen Dritten ist die sog. Einbuchung. Dabei wird die Einlage des Kommanditisten dadurch geleistet, dass von einem oder mehreren anderen Gesellschafterkonten Beträge **abgebucht** und dem Kapitalkonto des eintretenden oder seinen Anteil erhöhenden Kommanditisten **gutgeschrieben** werden.[188] Das bietet sich etwa an, wenn ein Familienmitglied der Altgesellschafter auf Grund einer Schenkung in die Gesellschaft aufgenommen werden soll[189] oder wenn die Anteile der Gesellschafter anders als bisher gewichtet werden sollen.[190]

70 Die Einbuchung wirkt haftungsbefreiend iSd. § 171 Abs. 1, wenn der leistende Gesellschafter zur Entnahme des seinem Konto zu belastenden Betrages **berechtigt** ist und das Konto auch eine entsprechende **Deckung** aufweist.[191] Die Berechtigung kann sich aus dem Gesellschaftsvertrag oder der Zustimmung der übrigen Gesellschafter ergeben. Bei der Prüfung, ob das zu belastende Konto ausreichende Deckung aufweist, sind bei Einverständnis der Mitgesellschafter auch die nicht aktivierten **stillen Reserven** zu berücksichtigen.[192] Der Kommanditist hat allerdings die Beweislast für Existenz und Höhe der stillen Reserven (s. RdNr. 86). Deshalb empfiehlt es sich, die stillen Reserven durch ein Sachverständigengutachten feststellen zu lassen. Außerdem muss im Hinblick auf § 172 Abs. 4 ein Sonderkonto bezüglich der stillen Reserven geführt werden (s. RdNr. 46). Zur Bedeutung stiller, nicht in zulässiger Weise aufgelöster Reserven im Übrigen s. RdNr. 39, 46, 57.

71 Durch die Einbuchung wird der Gesellschaft kein neues Kapital zugeführt. Der Grund für die Haftungsbefreiung nach § 171 Abs. 1 besteht jedoch darin, dass bisher ungebundenes Kapital in die **Bindung des § 172 Abs. 4** überführt wird. Das ist dann anders, wenn durch die Einbuchung das **Kapitalkonto** eines Mitkommanditisten, und nicht nur sein zweites Konto (Privatkonto, Darlehenskonto, Verrechnungskonto),[193] vermindert wird. Dann führt die Einbuchung bei dem leistenden Kommanditisten gem. § 172 Abs. 4 zu einem Wiederaufleben seiner persönlichen Haftung.[194]

---
[183] BGH Urt. v. 21. 5. 1973 (Fn. 182).
[184] BGH Urt. v. 14. 1. 1985 (Fn. 182).
[185] BGH Urt. v. 21. 5. 1973 (Fn. 182).
[186] BGH Urt. v. 2. 7. 1990 – II ZR 243/89, BGHZ 112, 40 = NJW 1990, 2616; von *K. Schmidt* BB 1990, 1992, 1993 ungenau als „Einbuchung" bezeichnet, dazu RdNr. 69 ff.
[187] Staub/*Schilling* RdNr. 13.
[188] *Huber* S. 200.
[189] BGH Urt. v. 2. 7. 1990 (Fn. 186); *K. Schmidt* BB 1990, 1992.
[190] *Wiedemann* Übertragung S. 309 f.
[191] BGH Urt. v. 21. 5. 1973 (Fn. 182) S. 862; OLG Düsseldorf Urt. v. 27. 11. 1958 – 6 U 156/57, GmbHR 1959, 114; OLG Köln Beschluss v. 22. 3. 1976 – 16 Wx 184/75, OLGZ 1976, 306; *Wiedemann* Übertragung S. 65; *K. Schmidt* GesR § 54 II 4 a; aA wohl *Steckhan* DNotZ 1974, 69.
[192] *v. Falkenhausen* DStR 1992, 186, 187; ebenso für den Erwerb des Gesellschaftsanteils im Wege der Erbfolge BGH Urt. v. 1. 6. 1987 – II ZR 259/86, BGHZ 101, 123, 125 ff. = NJW 1987, 3184; für die Umwandlung einer Komplementär- in eine Kommanditistenstellung MünchKommHGB/*K. Schmidt* RdNr. 45; aA OLG Hamburg Urt. v. 25. 11. 1982 – 6 U 60/82, ZIP 1983, 59, 61 f.
[193] Zu den Begriffen § 167 Rdn. 6 ff. und *Huber* ZGR 1988, 1, 46 ff.
[194] *K. Schmidt* GesR § 54 II 4 a; *Wiedemann* GesR II § 9 III 4 b aa.

2. Leistung an Dritten. a) Leistung auf abgetretene oder gepfändete Einlageforderung. 72
Der Anspruch der Gesellschaft auf Leistung der Kommanditeinlage ist **abtretbar**, sofern und soweit dadurch eine Gesellschaftsschuld getilgt oder gesichert wird oder sonst der Gegenwert in das Gesellschaftsvermögen fließt.[195] Wird die Einlageforderung **verkauft** oder **an Erfüllungs Statt** abgetreten, so wird der Kommanditist von seiner Haftung aus §§ 128, 161 Abs. 2, 171 schon durch die Zahlung des Kaufpreises seitens des Zessionars bzw. durch die Abtretung an Erfüllungs Statt frei.[196] Denn der Gesellschaft ist dadurch ein Vermögenswert in Höhe des Wertes der Einlageforderung zugeflossen. Dass ein Dritter geleistet hat, ist – ebenso wie bei Leistungen nach § 267 BGB (s. RdNr. 66 ff.) – unerheblich.

Die Höhe des Kaufpreises bzw. der Nennwert der Forderung, die durch die Abtretung an 73
Erfüllungs Statt getilgt werden soll, bilden die **Grenze für die haftungsbefreiende Wirkung** der Abtretung. Besonders belastende Vertragsregelungen, etwa im Rahmen eines unechten Factorings, können zur Nichtigkeit nach **§ 138 Abs. 1 BGB** führen.[197] Auf die Werthaltigkeit der durch die Abtretung getilgten Forderung kommt es dagegen nicht an.[198] Denn statt den Umweg über die Abtretung zu gehen, hätte der Gläubiger den Kommanditisten auch auf Grund der Haftung aus §§ 128, 161 Abs. 2, 171 in Anspruch nehmen können, und auch dann hätte sich diese Haftung unabhängig von der Werthaltigkeit erschöpft.[199]

Wird die Einlageforderung **zur Sicherheit** oder **erfüllungshalber** abgetreten, so wird der Kom- 74
manditist erst dann von seiner Haftung gegenüber allen Gesellschaftsgläubigern frei, wenn er an den Zessionar leistet. Erfolgt diese Leistung auf die abgetretene Einlageforderung, ergibt sich die Haftungsbefreiung aus § 171 Abs. 1 HS 2. Erfolgt sie auf Grund der daneben bestehenden Haftung aus §§ 128, 161 Abs. 2, 171, wird der Kommanditist wegen Erschöpfung dieser Haftung frei. Zugleich erwirbt er dann einen Erstattungsanspruch gegen die Gesellschaft aus § 110 HGB oder – falls er bereits aus der Gesellschaft ausgeschieden war – aus § 426 BGB (s. RdNr. 35 f.), mit dem er gegen die abgetretene Einlageforderung **aufrechnen** oder (bei einer Sacheinlage) ein Zurückbehaltungsrecht geltend machen kann. Diese Möglichkeit hat er ohne Einschränkung durch § 406 BGB auch, wenn er auf Grund seiner Haftung nach § 171 an einen anderen Gesellschaftsgläubiger gezahlt hat.[200] Auf die Werthaltigkeit der Forderung, die er zugunsten der Gesellschaft erfüllt hat, kommt es nicht an.[201] Die Aufrechnungsbefugnis bleibt ihm auch noch nach Eröffnung des **Insolvenzverfahrens** erhalten.[202] Zahlt er nach Insolvenzeröffnung an den Zessionar auf die abgetretene Einlageforderung, wird er damit auch von der Haftung gegenüber dem Insolvenzverwalter aus § 171 Abs. 2 frei.[203] Der Zahlung an den Zessionar steht gleich ein Erlass oder eine Weiterabtretung der Einlageforderung von dem Zessionar an den Kommanditisten.[204]

Die Einlageforderung kann **verpfändet** und **gepfändet** werden.[205] Sie kann dann in der Insolvenz 75
der Gesellschaft unabhängig von § 171 Abs. 2 geltend gemacht werden.[206] Ebenso wie bei der Abtretung läuft der Gläubiger aber Gefahr, dass der Kommanditist an einen anderen Gesellschaftsgläubiger leistet und dadurch einen dem Pfandgläubiger gegenüber aufrechenbaren oder zu einem Zurückbehaltungsrecht führenden Erstattungsanspruch erwirbt (s. RdNr. 72 ff.).

b) Zahlung auf Grund Haftung. Zahlt der Kommanditist auf Grund seiner Haftung aus 76
§§ 128, 161 Abs. 2, 171 an einen Gesellschaftsgläubiger, erschöpft sich damit seine Haftung auch gegenüber allen anderen Gläubigern. Der Kommanditist kann bis zur Insolvenzeröffnung (dann § 171 Abs. 2) **frei wählen,** an welchen Gesellschaftsgläubiger er zahlt[207] oder ob er sich statt dessen

---

[195] BGH Urt. v. 19. 12. 1974 – II ZR 27/73, BGHZ 63, 338 = NJW 1975, 1022; Urt. v. 28. 9. 1981 – II ZR 109/80, NJW 1982, 35; Urt. v. 28. 11. 1983 – II ZR 94/83, NJW 1984, 874; Staub/*Schilling* RdNr. 11, 13; Heymann/ *Horn* RdNr. 23; krit. *K. Schmidt* Einlage S. 63 ff., 115 ff., 130; *ders.* GesR § 54 II 2 b.
[196] BGH Urt. v. 19. 12. 1974 (Fn. 195) S. 341/1023 (Erfüllungs Statt); *Gramlich* NJW 1967, 1447, Fn. 16 (Verkauf); aA *K. Schmidt* ZGR 1976, 307, 346 f.; *Häsemeyer* ZHR 149 (1985), 43, 55, 58; MünchHdbKG/*v. Falkenhausen/H. C. Schneider* § 18 RdNr. 28.
[197] BGH Urt. v. 12. 10. 1978 – II ZR 217/77, WM 1978, 1400.
[198] BGH Urt. v. 19. 12. 1974 (Fn. 195) S. 341/1023; Staub/*Schilling* RdNr. 11.
[199] BGH Urt. v. 8. 7. 1985 – II ZR 269/84, BGHZ 95, 188, 195 f. = NJW 1985, 2947, 2948; s. RdNr. 51.
[200] BGH Urt. v. 19. 12. 1974 (Fn. 195) S. 342 f./1023 f.
[201] BGH Urt. v. 8. 7. 1985 (Fn. 199); s. RdNr. 51.
[202] BGH Urt. v. 19. 12. 1974 (Fn. 195) S. 343/1024; Urt. v. 28. 11. 1983 (Fn. 195).
[203] BGH Urt. v. 19. 12. 1974 (Fn. 195) S. 343/1024; Urt. v. 28. 11. 1983 (Fn. 195); Uhlenbruck/*Hirte* § 35 InsO RdNr. 205; aA *Gramlich* NJW 1967, 1447, 1449; *Gursky* DB 1978, 1261, 1265; *K. Schmidt* Einlage S. 117 f., 130; MünchHdb KG/*v. Falkenhausen* § 18 RdNr. 29 f.
[204] BGH Urt. v. 28. 11. 1983 (Fn. 195).
[205] BGH Urt. v. 10. 10. 1994 – II ZR 220/93, NJW 1995, 197; *Wiedemann* GesR II § 9 III 4 a.
[206] OLG Rostock Urt. v. 6. 6. 2001 – 6 U 253/99, NZG 2001, 1135.
[207] BGH Urt. v. 9. 5. 1963 – II ZR 124/61, BGHZ 39, 319, 328 = NJW 1963, 1873, 1875; Urt. v. 17. 9. 1964 – II ZR 162/62, BGHZ 42, 192, 193 = NJW 1964, 2407, 2409.

durch Leistung seiner Einlage an die Gesellschaft von der Haftung gegenüber den Gesellschaftsgläubigern befreit.[208] Dieses Wahlrecht besteht auch dann noch, wenn der Kommanditist von einem Gesellschaftsgläubiger **verklagt** worden ist,[209] und geht auch durch eine rechtskräftige Verurteilung nicht unter.[210] Der Kommanditist kann sich dann mit der Vollstreckungsabwehrklage gem. § 767 ZPO gegen den Titel wehren. Durch die Befriedigung eines Gesellschaftsgläubigers wird der Kommanditist grundsätzlich noch nicht von seiner Einlageschuld gegenüber der Gesellschaft frei.[211] Er erlangt aber einen Erstattungsanspruch, mit dem er gegen die Einlageforderung aufrechnen oder – bei einer Sacheinlage – ein Zurückbehaltungsrecht geltend machen kann (s. RdNr. 35 f.). Ein Vergleich zwischen dem Kommanditisten und einem Gesellschaftsgläubiger bewirkt keine Haftungsbefreiung in Bezug auf die übrigen Gläubiger.[212] Ebensowenig kann sich der Kommanditist von der Haftung befreien, indem er sich einem Gesellschaftsgläubiger gegenüber verbürgt oder ihm eine Sicherheit bestellt.[213]

77 Zahlt der Kommanditist an einen **Scheingläubiger,** wird er auch bei Gutgläubigkeit nicht von der Haftung frei.[214] Etwas anderes gilt nur dann, wenn in einem streitigen Verfahren gegen die Gesellschaft ein rechtskräftiges Urteil ergangen ist oder wenn der Kommanditist selbst rechtskräftig verurteilt worden ist und er das durch sorgfältige Prozessführung nicht hätte abwenden können.[215] Deshalb ist es für ihn ratsam, sich durch Einlageleistung an die Gesellschaft von der Haftung zu befreien. Er ist auch dann zu einer haftungsbefreienden Leistung an die Gesellschaft **berechtigt,** wenn er keine (Pflicht-)Einlage schuldet oder wenn seine (Pflicht-)Einlage geringer ist als die Haftsumme.[216] Bei Einverständnis der Gesellschaft reicht auch eine werthaltige Sachleistung.[217]

78 c) **Leistung aus anderem Rechtsgrund.** Haftet der Kommanditist einerseits auf Grund §§ 128, 161 Abs. 2, 171, andererseits aus einem anderen Rechtsgrund, etwa einer Bürgschaft, einem Schuldbeitritt oder einer Schadensersatzpflicht (s. RdNr. 20 ff.), so wird er durch seine Leistung unabhängig von dem Rechtsgrund von der gesellschaftsrechtlichen Haftung befreit.[218] Bei einer Sachleistung (möglich bei Schuldbeitritt) gilt das in Höhe des objektiven Wertes der Leistung.

79 d) **Aufrechnung.** Der Kommanditist kann den Anspruch, für den er nach §§ 128, 161 Abs. 2, 171 haftet, auch durch Aufrechnung mit einer eigenen, gegen den Gesellschaftsgläubiger gerichteten Forderung erfüllen.[219] Auf die Werthaltigkeit der Forderung des Gesellschaftsgläubigers kommt es dabei nicht an.[220] Umgekehrt kann auch der Gesellschaftsgläubiger, der von einem Kommanditisten aus einer diesem zustehenden Forderung in Anspruch genommen wird, dagegen aufrechnen. Das gilt auch noch in der Insolvenz, sofern der Gläubiger vor Insolvenzeröffnung zur Aufrechnung berechtigt war.[221]

80 3. **Haftungsbefreiung des ausgeschiedenen Kommanditisten.** Scheidet der Kommanditist aus der Gesellschaft aus, haftet er im Rahmen der Ausschlussfrist des § 160 weiter für die Verbindlichkeiten, die zum Zeitpunkt seines Ausscheidens begründet waren. Weder der Freistellungsanspruch aus §§ 738 Abs. 1 S. 2, 105 Abs. 3, 161 Abs. 2 noch eine Freistellungsvereinbarung zwischen dem Kommanditisten und der Gesellschaft können daran etwas ändern, selbst wenn die Freistellung mit Kenntnis und Zustimmung der Gläubiger vereinbart worden ist.[222] Den „Altgläubigern" steht es frei, sich an die Gesellschaft oder an den ausgeschiedenen Kommanditisten zu halten. Der ausgeschiedene Kommanditist haftet nicht nur subsidiär, ihm steht nicht die Einrede der Vorausklage gem. §§ 771 f. BGB zu.[223] Hatte er seine Einlage in Höhe der Haftsumme geleistet oder einen Gesellschaftsgläubiger befriedigt, bleibt es bei der Haftungsbefreiung nach § 171 Abs. 1 HS 2, sofern nicht die Haftung gem. § 172 Abs. 4 – etwa durch Auszahlung des Abfindungsguthabens (s. § 172

---

[208] Zur Einschränkung auf Grund der gesellschafterlichen Treuepflicht *Wiedemann* GesR II § 9 III 2.
[209] BGH Urt. v. 3. 3. 1969 – II ZR 222/67, BGHZ 51, 391, 393 = NJW 1969, 1210.
[210] *Wiedemann* GesR II § 9 III 3; *Sassenrath* in H. P. Westermann RdNr. I 2907; aA Staub/*Schilling* RdNr. 14.
[211] BGH Urt. v. 30. 4. 1984 – II ZR 132/83, NJW 1984, 2290; aA Staub/*Schilling* RdNr. 2.
[212] Düringer/Hachenburg/*Flechtheim* RdNr. 9.
[213] Düringer/Hachenburg/*Flechtheim* RdNr. 9; *Häsemeyer* ZHR 149 (1985), 42, 57.
[214] BGH Urt. v. 3. 3. 1969 – II ZR 222/67, BGHZ 51, 391, 394 = NJW 1969, 1210; *Sassenrath* in H. P. Westermann RdNr. I 2908.
[215] RGRK-HGB/*Weipert* Anm. 21.
[216] BGH Urt. v. 9. 12. 1971 – II ZR 33/68, BGHZ 58, 72, 76 = NJW 1972, 480, 482; *Huber* ZGR 1988, 1, 20; MünchKommHGB/*K. Schmidt* RdNr. 42.
[217] BGH Urt. v. 9. 5. 1963 (Fn. 207) S. 329/1876.
[218] Düringer/Hachenburg/*Flechtheim* RdNr. 9; anders in der Insolvenz, s. RdNr. 106.
[219] *Sassenrath* in H. P. Westermann RdNr. I 2917; Baumbach/*Hopt* RdNr. 7.
[220] BGH Urt. v. 8. 7. 1985 – II ZR 269/84, BGHZ 95, 188, 195 f. = NJW 1985, 2947, 2948; s. RdNr. 52.
[221] Heymann/*Horn* RdNr. 8; ebenso für den Komplementär unter Geltung der Konkursordnung RGZ 41, 25, 27.
[222] BGH Urt. v. 29. 1. 1976 – II ZR 156/74, WM 1976, 809.
[223] BGH Urt. v. 9. 5. 1963 (Fn. 207) S. 322/1874.

RdNr. 38) – wiederaufgelebt ist. Ansonsten kann er sich von der Haftung gegenüber den Altgläubigern befreien, indem er einen von ihnen befriedigt. Dabei hat er – wie auch sonst – ein **Wahlrecht**, solange nicht § 171 Abs. 2 zur Anwendung kommt.[224] Er erlangt dann einen **Erstattungsanspruch** gegen die Gesellschaft aus § 426 Abs. 1 BGB, und gem. § 426 Abs. 2 BGB geht die Forderung des Gläubigers gegen die Gesellschaft auf ihn über, einschließlich etwaiger Neben- und Vorzugsrechte gem. §§ 412, 401 BGB.[225]

Der ausgeschiedene Kommanditist kann sich auch dadurch von seiner Haftung befreien, dass er **der Gesellschaft** einen Vermögenswert in Höhe der Haftsumme zuführt.[226] Deshalb kann er auch, obwohl die Forderungen nicht gegenseitig sind, mit einer Forderung gegen die Gesellschaft aufrechnen.[227] Im Übrigen erlangt er einen **Rückgewähranspruch** gegen die Gesellschaft, denn ihr gegenüber ist er nicht zur Leistung verpflichtet. Im Gegenteil hat sie gem. §§ 738 Abs. 1 S. 2 BGB, 105 Abs. 3, 161 Abs. 2 den ausgeschiedenen Kommanditisten von den Gesellschaftsschulden zu befreien. 81

Wird der Erstattungs- oder Rückgewähranspruch des Kommanditisten von der Gesellschaft erfüllt, lebt seine Haftung gem. § 172 Abs. 4 S. 1 wieder auf. Das Gleiche gilt, wenn er die Einlage geleistet hatte und ihm dann das Auseinandersetzungsguthaben ausgezahlt wird. Zu den Einzelheiten s. § 172 RdNr. 38 ff., 42. 82

Zur Stellung des ausgeschiedenen Kommanditisten in der **Insolvenz** s. RdNr. 107 ff.; zur Frage, wie sich ein **Kommanditistenwechsel** auf die Haftung des ausscheidenden Kommanditisten auswirkt, s. § 173 RdNr. 18 ff. 83

4. Haftungsbefreiung bei Formwechsel. Entsteht aus einer Kapitalgesellschaft im Wege des Formwechsels nach §§ 190 ff. UmwG eine KG, haften die in dem Umwandlungsbeschluss gem. § 234 Nr. 2 UmwG zu bestimmenden Kommanditisten nach §§ 128, 161 Abs. 2, 171, 172 bis zur Höhe der Haftsumme. Diese ist ebenfalls in dem Umwandlungsbeschluss festzulegen. Mit „Einlage" in § 234 Nr. 2 UmwG ist die Haftsumme gemeint.[228] Von der Haftung werden sowohl Alt- als auch Neuschulden erfasst. Eine Beschränkung nur auf die Neuschulden ist schon deshalb nicht möglich, weil die Gesellschaft als Rechtssubjekt identisch bleibt.[229] Die persönliche Haftung des Kommanditisten ist gem. § 171 Abs. 1 HS 2 ausgeschlossen, wenn und soweit sein Kapitalanteil zum Zeitpunkt der Eintragung der neuen Rechtsform in das Handelsregister (§ 202 Abs. 1 Nr. 1 UmwG) wertmäßig die Haftsumme deckt. Der Anteil ist wie eine Sacheinlage objektiv zu bewerten.[230] Ebenso wie bei der Umwandlung der Stellung eines persönlich haftenden Gesellschafters in die eines Kommanditisten (dazu s. RdNr. 45 f.) sind auch im Falle eines Formwechsels nicht aktivierte stille Reserven bei der Bewertung des Kapitalanteils zu berücksichtigen. 84

5. Haftungsbefreiung bei Erbfall. Zur Haftungsbefreiung des Erben eines persönlich haftenden Gesellschafters, der in die Stellung eines Kommanditisten einrückt, s. §§ 139 RdNr. 114 ff., 173 RdNr. 43; zur Frage, wie der Erbe eines Kommanditisten haftet, s. § 173 RdNr. 25 ff. 85

6. Prozessrecht. Der Kommanditist hat die Darlegungs- und **Beweislast** für die nach § 171 Abs. 1 HS 2 haftungsbefreienden Tatsachen.[231] Er muss also beweisen, dass er entweder seine Einlage geleistet oder einen Gesellschaftsgläubiger befriedigt hat. Weiter hat er ggf. zu beweisen, dass der Wert seiner Einlageleistung der Haftsumme entsprochen hat.[232] Sind bei der Umbuchung (s. RdNr. 45 ff.), der Einbuchung (s. RdNr. 69 ff.) oder der Einbringung eines Unternehmens als Sacheinlage (s. RdNr. 56 ff.) Existenz und Höhe von stillen Reserven für die Haftungsbefreiung maßgebend, ist der Kommanditist auch insoweit beweisbelastet.[233] 86

---

[224] BGH Urt. v. 9. 5. 1963 (Fn. 207).
[225] BGH Urt. v. 20. 3. 1958 – II ZR 2/57, BGHZ 27, 51, 57 = NJW 1958, 787, 788; Urt. v. 9. 5. 1963 (Fn. 207) S. 323 ff./1874 f.
[226] BGH Urt. v. 9. 5. 1963 (Fn. 207) S. 329/1876; Heymann/*Horn* RdNr. 25; aA OLG Rostock Urt. v. 8. 2. 2001 – 1 U 59/99, NJW-RR 2002, 244, 245; *Häsemeyer* ZHR 149 (1985), 42, 70; Staub/*Schilling* RdNr. 16; wohl auch *Schmelz* DStR 2006, 1704, 1708 f.
[227] So für die Insolvenz MünchKommHGB/*K. Schmidt* RdNr. 118; zur Aufrechnungsmöglichkeit trotz Fehlens der Gegenseitigkeit s. RdNr. 52.
[228] *Happ* in Lutter UmwG § 234 RdNr. 31; Schmitt/Hörtnagl/*Stratz* § 234 UmwG RdNr. 2.
[229] Schmitt/Hörtnagl/*Stratz* § 190 UmwG RdNr. 5 ff.
[230] *Happ* in Lutter UmwG § 234 RdNr. 34; Schmitt/Hörtnagl/*Stratz* § 234 UmwG RdNr. 4 f.; *Felix* NJW 1973, 491, 492.
[231] BGH Urt. v. 11. 12. 1989 – II ZR 78/89, BGHZ 109, 334, 343 = NJW 1990, 1109, 1111; OLG Nürnberg Urt. v. 10. 11. 1960 – 3 V 31/60, WM 1961, 124, 126; OLG Köln Beschluss v. 14. 6. 1971 – 2 U 45/71, BB 1971, 1077.
[232] BGH Urt. v. 18. 11. 1976 – II ZR 129/75, WM 1977, 167, 168; Urt. v. 1. 6. 1987 – II ZR 259/86, BGHZ 101, 123, 127 = NJW 1987, 3184, 3185; OLG Nürnberg (Fn. 231); OLG Hamm Urt. v. 25. 10. 1999 – 2 U 181/97, NZG 2000, 366; großzügiger *Sassenrath* in H. P. Westermann RdNr. I 2906 (testierte Bilanz genügt); aA Staub/*Schilling* RdNr. 9.
[233] BGH Urt. v. 1. 6. 1987 (Fn. 232).

§ 171 87–91

87 Befreit sich der Kommanditist während eines gegen ihn gerichteten, auf § 171 Abs. 1 gestützten Prozesses durch Einlageleistung oder Befriedigung eines anderen Gesellschaftsgläubigers von seiner Haftung, erledigt sich der Rechtsstreit in der Hauptsache, und dem Kommanditisten sind gem. **§ 91 a ZPO** die Kosten aufzuerlegen. Tritt die Haftungsbefreiung erst nach dem Schluss der mündlichen Verhandlung ein, kann sich der Kommanditist gegen eine Zwangsvollstreckung mit der Vollstreckungsabwehrklage nach **§ 767 ZPO** wehren.[234] Der Kommanditist ist dem Gläubiger gem. § 242 BGB zur **Auskunft** darüber verpflichtet, ob er seine Einlage geleistet oder einen Gesellschaftsgläubiger befriedigt hat (str., s. § 172 RdNr. 4). Wenn er diese Auskunft vor Beginn des Prozesses verweigert und sich erst im Prozess auf die Haftungsbefreiung beruft, hat er dem Gläubiger die Kosten des Rechtsstreits zu ersetzen.[235]

88 Wird während des auf § 171 Abs. 1 gestützten Prozesses gegen den Kommanditisten das **Insolvenzverfahren** über das Vermögen der KG eröffnet, verliert der Gesellschaftsgläubiger gem. § 171 Abs. 2 die Aktivlegitimation. Analog § 17 Abs. 1 AnfG wird der Rechtsstreit **unterbrochen**.[236] Der Insolvenzverwalter kann den Rechtsstreit aufnehmen oder analog § 17 Abs. 3 S. 2 AnfG eine neue Klage erheben. Lehnt er die Aufnahme ab, kann über die bis dahin entstandenen Prozesskosten analog § 17 Abs. 3 S. 1 AnfG entschieden werden. Zieht der Insolvenzverwalter die Forderung ein, hat er analog § 16 Abs. 1 S. 2 AnfG dem klagenden Gläubiger die Kosten des Rechtsstreits vorweg zu erstatten.

89 Wird der Kommanditist von einem Arbeitnehmer der KG verklagt, sind nicht die Arbeits-, sondern die **ordentlichen Gerichte** zuständig.[237] Wohl kann der Kommanditist gem. § 2 Abs. 3 ArbGG in einem einheitlichen Prozess neben der Gesellschaft vor den Arbeitsgerichten verklagt werden. Für die **internationale Zuständigkeit** gelten Art. 5 Nr. 1 EuGVÜ, 5 Nr. 1 EuGVVO. Der Anspruch aus § 171 ist vertraglicher Art iS dieser Vorschriften.[238]

90 Von einem **Schiedsvertrag** zwischen der Gesellschaft und einem Dritten wird der Kommanditist grundsätzlich nicht erfasst.[239] Etwas anderes gilt dann, wenn der Schiedsvertrag ausdrücklich oder konkludent eine Erstreckung auf den Kommanditisten vorsieht. Eine derartige Vertragsauslegung liegt nahe, wenn der Kommanditist nach dem Gesellschaftsvertrag geschäftsführungsbefugt ist oder sogar im Innenverhältnis den Komplementär von der Haftung freizustellen hat.[240] Dann ist davon auszugehen, dass der Kommanditist den vertretungsberechtigten Gesellschafter konkludent bevollmächtigt hat, ihn der Schiedsabrede zu unterwerfen.[241] Dagegen ist der gem. § 176 unbeschränkt haftende Kommanditist mangels einer Vollmacht nicht an die Schiedsabrede gebunden.[242] Klagt der Kommanditist aus einer gem. **§ 426 Abs. 2 BGB** nach Befriedigung eines Gesellschaftsgläubigers auf ihn übergegangenen Forderung gegen die Gesellschaft, ist er einem zwischen dem vorherigen Gläubiger und der Gesellschaft geschlossenen Schiedsvertrag nicht unterworfen.[243]

V. Haftung in der Insolvenz (Abs. 2)

91 **1. Rechte des Insolvenzverwalters. a) Einlage.** Wird über das Vermögen der KG das Insolvenzverfahren eröffnet, ist der Insolvenzverwalter gem. § 80 Abs. 1 InsO berechtigt, eine noch offene Einlageforderung gegen den Kommanditisten geltend zu machen. Da die Gesellschaft gem. §§ 131 Abs. 1 Nr. 3, 161 Abs. 2 **aufgelöst** ist, schuldet der Kommanditist die Einlage nur noch insoweit, als sie zur Befriedigung der Gläubiger notwendig ist.[244] Das gilt auch für einen Anspruch gegen den Kommanditisten auf Auszahlung eines Darlehens, wenn dieses im Rahmen eines Einlagesplittings als Teil der Einlage anzusehen ist (s. RdNr. 62), und für **Sacheinlagen**.[245] Behauptet der Kommanditist,

---

[234] BGH Urt. v. 18. 1. 1973 – II ZR 114/71, BGHZ 61, 149, 153 = NJW 1973, 1878, 1879.
[235] Baumbach/*Hopt* RdNr. 10.
[236] BGH Urt. v. 28. 10. 1981 – II ZR 129/80, BGHZ 82, 209, 216 f. = NJW 1982, 883, 885 zu § 13 AnfG aF.
[237] BAG Urt. v. 23. 6. 1992 – 9 AZR 308/91, BAGE 70, 350 = NJW 1993, 2891; aA *Grunsky* EWiR 1992, 1159.
[238] BGH Urt. v. 2. 6. 2003 – II ZR 134/02, NJW 2003, 2609; aA bei Klage des Insolvenzverwalters (Anspruch insolvenzrechtlicher Art) *Haas* DStR 2001, 269; zum Anwendungsbereich von EuGVÜ und EuGVVO s. Musielak/*Weth*, ZPO Vorbem. EG-Verordnungen RdNr. 4, 9.
[239] *Glossner/Bredow/Bühler*, Das Schiedsgericht in der Praxis, 3. Aufl. 1990, RdNr. 126; *Wais* in Schütze/Tscherning/Wais, Handbuch des Schiedsverfahrens, 2. Aufl. 1990, RdNr. 59; Zöller/*Geimer*, § 1029 ZPO RdNr. 64.
[240] *Weber/v. Schlabrendorff*, FS Glossner, 1994, S. 477, 487 ff.; *K. Schmidt* DB 1989, 2315, 2318 f.
[241] Baumbach/*Hopt* RdNr. 3.
[242] AA MünchHdbKG/*Neubauer* § 33 RdNr. 25.
[243] MünchHdbKG/*Neubauer* § 33 RdNr. 26.
[244] BGH Urt. v. 9. 2. 1981 – II ZR 38/80, NJW 1981, 2251, 2252; Urt. v. 10. 12. 1984 – II ZR 28/84, BGHZ 93, 159, 161 f. = NJW 1985, 1468, 1469.
[245] Staub/*Schilling* RdNr. 19; Heymann/*Horn* RdNr. 29; aA OLG Celle Beschluss v. 1. 2. 1952 – 8 UH 107/51, NJW 1952, 427; Düringer/Hachenburg/*Flechtheim* RdNr. 16.

die Einlage werde nicht mehr benötigt, muss er das als den Ausnahmefall beweisen.[246] Eine Sacheinlage wird im Insolvenzverfahren schon dann benötigt, wenn sie sich versilbern lässt.[247] Andererseits kann der Gesellschaftsvertrag vorsehen, dass die Sacheinlage nur für den Betrieb der werbenden Gesellschaft bestimmt sein soll. Dann entfällt die Einlagepflicht mit der Insolvenzeröffnung.[248] Die Sacheinlage wandelt sich nicht in eine Bareinlage um.[249] Eine noch nicht fällige Einlageforderung wird mit der Insolvenzeröffnung **fällig**.[250] Die von dem Insolvenzverwalter eingezogene Einlage wird Teil der Insolvenzmasse.[251]

92 Inwieweit der Kommanditist durch die Leistung der Sacheinlage von seiner Haftung nach § 171 befreit wird, hängt – wie auch sonst (s. RdNr. 56 ff.) – von dem objektiven Wert für die Gesellschaft zum Zeitpunkt der Einbringung ab. Deshalb ist die Sacheinlage, wenn das Unternehmen nicht weitergeführt werden soll, nur mit dem **Versilberungswert** anzurechnen.[252]

93 Hat der Kommanditist seine Einlage schon geleistet, nimmt er am Insolvenzverfahren auch dann **nicht als Insolvenzgläubiger** teil, wenn seine Haftsumme geringer ist als die Einlage oder wenn er gesellschaftsvertraglich vom Verlust befreit ist.[253] Das ergibt sich aus §§ 733 Abs. 2 S. 1 BGB, 105 Abs. 3, 161 Abs. 2 und § 199 S. 2 InsO.

b) Haftung nach § 171 Abs. 2. Von der Einlageschuld zu unterscheiden ist auch in der **94** Insolvenz die Haftung des Kommanditisten gegenüber den Gesellschaftsgläubigern aus §§ 128, 161 Abs. 2, 171. Mit dieser Haftung befassen sich § 171 Abs. 2 und §§ 93, 280 InsO. Im Interesse einer gleichmäßigen Befriedigung der berechtigten Gesellschaftsgläubiger ordnet § 171 Abs. 2 an, dass die Gläubiger ihre Ansprüche gegen den Kommanditisten nicht mehr geltend machen dürfen und dass an ihre Stelle der Insolvenzverwalter oder – bei Eigenverwaltung nach §§ 270 ff. InsO – der Sachwalter tritt. Nach der Terminologie von *K. Schmidt* (Einlage S. 126 f.) hat die Vorschrift eine **Sperrwirkung** und eine **Ermächtigungsfunktion.** Der Insolvenzverwalter/Sachwalter hat die Legitimation, ein fremdes Recht im eigenen Namen für fremde Rechnung auszuüben.[254] Der Kommanditist kann nicht mehr haftungsbefreiend an einen Gesellschaftsgläubiger leisten. Das gilt auch dann, wenn er von der Insolvenzeröffnung keine Kenntnis hat. Insoweit sind §§ 82 InsO und 407 BGB nicht anwendbar.[255] Von § 171 Abs. 2 betroffen sind nur die Ansprüche aus §§ 171 Abs. 2, 128, 161 Abs. 2, nicht dagegen Ansprüche aus anderem Rechtsgrund.[256]

Der von dem Insolvenzverwalter/Sachwalter nach § 171 Abs. 2 geltend zu machende Anspruch **95** gehört **nicht zur Insolvenzmasse**.[257] Das in Erfüllung dieses Anspruchs Geleistete geht aber in der Insolvenzmasse auf, sofern der Kommanditist bei Insolvenzeröffnung allen Gesellschaftsgläubigern gehaftet hat.[258] Andernfalls hat der Insolvenzverwalter/Sachwalter einen **Sonderfonds** zugunsten der berechtigten Gläubiger zu bilden (so beim ausgeschiedenen Kommanditisten, s. RdNr. 107).

Abgesehen von dem Übergang der Einziehungsbefugnis auf den Insolvenzverwalter/Sachwalter **96** ändert sich durch § 171 Abs. 2 die materielle Rechtslage nicht.[259] Der Anspruch ist nur insoweit begründet, als die Leistung zur Befriedigung derjenigen Gesellschaftsgläubiger, denen der Kommanditist haftet, **erforderlich** ist.[260] Die Darlegungs- und Beweislast hinsichtlich der Forderungen, für die der Kommanditist haftet, hat der Insolvenzverwalter/Sachwalter – was nur bei der Haftung des ausgeschiedenen Kommanditisten von Bedeutung ist (s. dazu RdNr. 18). Macht der Kommanditist

---

[246] BGH Urt. v. 10. 12. 1984 (Fn. 244); RGRK-HGB/*Weipert* Anm. 38.
[247] AA wohl *K. Schmidt* GesR § 54 V 2 c.
[248] RGRK-HGB/*Weipert* Anm. 38.
[249] Heymann/*Horn* RdNr. 29; Uhlenbruck/*Hirte* § 35 InsO RdNr. 200; anders *Kuhn/Uhlenbruck* § 209 KO RdNr. 48 (Nachzahlungsanspruch).
[250] *Jaeger/Weber* KO, 8. Aufl. 1973, §§ 209 f. RdNr. 30.
[251] *K. Schmidt* Einlage S. 129.
[252] BGH Urt. v. 9. 5. 1963 – II ZR 124/61, BGHZ 39, 319, 329 f. = NJW 1963, 1873, 1876; Keuk ZHR 135 (1971), 410, 433; aA *Konietzko* S. 122 f.; MünchKommHGB/*K. Schmidt* RdNr. 99; anders auch *Gursky* DB 1978, 1261, 1264 f., der dann ein Leistungsverweigerungsrecht des Kommanditisten annimmt.
[253] BGH Urt. v. 9. 2. 1981 (Fn. 244); Urt. v. 10. 12. 1984 (Fn. 244) S. 163 f./1470.
[254] BGH Urt. v. 20. 3. 1958 – II ZR 2/57, BGHZ 27, 51, 56 f. = NJW 1958, 787, 788; Urt. v. 19. 5. 1958 – II ZR 83/57, NJW 1958, 1139; Urt. v. 17. 9. 1964 – II ZR 162/62, BGHZ 42, 192, 193 f. = NJW 1964, 2407, 2409; aA *Leven* S. 36 ff., 78, 80 (gesetzlicher Forderungsübergang).
[255] Uhlenbruck/*Hirte* § 35 InsO RdNr. 196; *Leven* S. 88 ff.
[256] BGH Urt. v. 4. 7. 2002 – IX ZR 265/01, BGHZ 151, 245, 249 = NJW 2002, 2718, 2719; Beschl. v. 2. 11. 2001 – VII B 155/01, NZG 2002, 345; s. Rn. 20 ff.
[257] BGH Urt. v. 20. 3. 1958 (Fn. 254) S. 57/788; Urt. v. 19. 5. 1958 (Fn. 254); aA *Michel* KTS 1991, 67, 70 ff.
[258] *K. Schmidt* GesR § 54 V 2 e.
[259] BGH Urt. v. 17. 9. 1964 (Fn. 259).
[260] RG Urt. v. 12. 2. 1902 – Rep. I. 333/01, RGZ 51, 33, 38 (wo allerdings ungenau von „Einlage" die Rede ist); BGH Urt. v. 19. 5. 1958 (Fn. 254); Urt. v. 11. 12. 1989 – II ZR 78/89, BGHZ 109, 334, 344 = NJW 1990, 1109, 1111; Uhlenbruck/*Hirte* § 35 InsO RdNr. 197.

dagegen geltend, seine Inanspruchnahme sei nicht erforderlich, weil bereits das Gesellschaftsvermögen zur Befriedigung der Gläubiger ausreiche, trägt er die Darlegungs- und Beweislast.[261] Die Feststellung einer Forderung nach § 178 InsO ist für den Kommanditisten verbindlich, sofern er im Prüfungstermin oder im schriftlichen Verfahren nach § 177 InsO nicht widersprochen hat.[262] Der Insolvenzverwalter/Sachwalter darf nur diejenigen Gläubiger berücksichtigen, die ihre Forderung zur **Insolvenztabelle** angemeldet haben.[263] Die Sperrwirkung des § 171 Abs. 2 gilt aber auch für die übrigen Gläubiger.[264]

97 Gegenüber der Haftung nach § 171 Abs. 2 kann sich der Kommanditist mit den **Einwendungen** gem. §§ 129, 161 Abs. 2 verteidigen. Außerdem kann er geltend machen, seine Haftung sei durch Leistung der Einlage oder durch Befriedigung eines Gesellschaftsgläubigers vor Insolvenzeröffnung erloschen. Einwendungen, die ihm nur gegen einzelne Gläubiger zustehen, kann er nicht mehr geltend machen, wohl solche, die sich gegen alle von § 171 Abs. 2 begünstigten Gläubiger richten.[265]

98 Der Insolvenzverwalter/Sachwalter hat die freie **Wahl**, ob er den Kommanditisten auf Leistung der Einlage oder aus der Haftung nach § 171 Abs. 2 in Anspruch nimmt.[266] Das Wahlrecht besteht nur dann nicht, wenn ein Gesellschaftsgläubiger an der Einlageforderung ein Absonderungsrecht nach §§ 50 Abs. 1, 51 Nr. 1 InsO hat. Beruht das Absonderungsrecht auf einer Sicherungsabtretung, so muss der Insolvenzverwalter/Sachwalter die Einlageforderung gem. §§ 166 Abs. 2, 170 Abs. 1 InsO zugunsten des Gläubigers einziehen und darf aus § 171 Abs. 2 nur in Höhe des ggf. die Forderung übersteigenden Teils der Haftsumme vorgehen. Besteht dagegen an der Einlageforderung ein Pfandrecht, so ist der Pfandgläubiger gem. §§ 166 Abs. 2, 173 InsO zur Verwertung berechtigt, und der Kommanditist haftet aus der Verwertung wiederum nur in Höhe des nicht gedeckten Betrages. Haften mehrere Kommanditisten und übersteigt ihre gemeinsame Haftsumme die Gläubigerforderungen, steht es im Ermessen des Insolvenzverwalters/Sachwalters, welchen der Kommanditisten er in Anspruch nimmt.[267]

99 Der Anspruch aus der Haftung nach § 171 Abs. 2 ist auf **Geld** gerichtet,[268] bei der Einlage kann es sich dagegen um eine **Sachleistung** handeln. Geht der Insolvenzverwalter/Sachwalter aus der Haftung vor, kann ihm der Kommanditist nicht die Sacheinlage aufdrängen.[269] Zahlt der Kommanditist auf Grund der Haftung, kann er gegen den Einlageanspruch **aufrechnen** bzw. – bei der Sacheinlage – ein Zurückbehaltungsrecht geltend machen (s. RdNr. 35 f.). Erfüllt er umgekehrt den Einlageanspruch, wird er damit nach § 171 Abs. 1 HS 2 auch in der Insolvenz von seiner Haftung befreit.

100 Haftet der Kommanditist nach § **176** unbeschränkt, gelten gem. §§ 93, 280 InsO dieselben Grundsätze wie bei der Haftung nach § 171 Abs. 2. Auch dann ist allein der Insolvenzverwalter/Sachwalter befugt, den Kommanditisten in Anspruch zu nehmen.[270]

101 Hat der Kommanditist seinen Gerichtsstand im **Ausland** und gilt dort das Prinzip der Territorialität der Insolvenz, kann der Gesellschaftsgläubiger unabhängig von dem deutschen Insolvenzverfahren seinen Anspruch aus §§ 128, 161 Abs. 2, 171 vor dem ausländischen Gericht geltend machen.[271]

102 Ist ein **Insolvenzplan** iSd. §§ 217 ff. InsO wirksam geworden und sind die Gesellschaftsgläubiger entsprechend den Festlegungen im gestaltenden Teil des Plans befriedigt worden, so erlischt gem. § 227 InsO auch die Haftung des Kommanditisten für die restlichen Gesellschaftsschulden.[272]

---

[261] OLG Stuttgart Urt. v. 2. 12. 1998 – 20 U 29/98, NZG 1999, 113, 115 f.; *K. Schmidt* Einlage S. 134; ebenso wohl auch (aber ohne die oben vorgenommene Differenzierung) BGH Urt. v. 11. 12. 1989 (Fn. 260); Staub/*Schilling* RdNr. 21; *Jaeger/Weber*, KO, 8. Aufl. 1973, §§ 209 f. RdNr. 31 (zu § 8 KO); unklar RG Urt. v. 12. 2. 1902 (Fn. 260) und *Keuk* ZHR 135 (1971), 410, 430 f.
[262] BGH Urt. v. 30. 1. 1961 – II ZR 78/59, WM 1961, 427, 429 zu § 144 KO; s. auch § 201 Abs. 2 InsO.
[263] BGH Urt. v. 19. 5. 1958 (Fn. 254); *Tschierschke* S. 89 f.; *Keuk* ZHR 135 (1971), 410, 432 f.; *K. Schmidt* Einlage S. 137; aA *Unger* KTS 1960, 33, 35; *Jaeger/Weber* (Fn. 261) RdNr. 33.
[264] *K. Schmidt* Einlage S. 137; Uhlenbruck/*Hirte* § 35 InsO RdNr. 196.
[265] BGH Urt. v. 14. 1. 1991 – II ZR 112/90, BGHZ 113, 216, 221 = NJW 1991, 922, 923; einschränkend Uhlenbruck/*Hirte* § 35 InsO RdNr. 203.
[266] *Michel* KTS 1991, 67, 73 f.; Uhlenbruck/*Hirte* § 35 InsO RdNr. 200; *Sassenrath* in H. P. Westermann RdNr. I 3155; Staub/*Schilling* RdNr. 19; *Jaeger/Weber* (Fn. 261); aA OLG Celle (Fn. 245); *K. Schmidt* Einlage S. 128; MünchKommHGB/*K. Schmidt* RdNr. 99; Heymann/*Horn* RdNr. 30 (Vorrang der Einlage).
[267] BGH Urt. v. 11. 12. 1989 (Fn. 260).
[268] BGH Urt. v. 17. 9. 1964 (Fn. 254) S. 194/2409.
[269] *Jaeger/Weber* (Fn. 261).
[270] Uhlenbruck/*Hirte* § 35 InsO RdNr. 199; MünchKommInsO/*Lwowski* § 35 RdNr. 204; anders unter Geltung der KO, s. RdNr. 115.
[271] Schweizerisches Bundesgericht Urt. v. 7. 12. 1981, ZIP 1982, 596.
[272] Uhlenbruck/*Hirte* § 11 InsO RdNr. 316 f.

c) **Weitergehende Anwendung des § 171 Abs. 2.** Da § 171 Abs. 2 die beschränkte Kommanditistenhaftung in der Insolvenz regelt, gilt die Bestimmung nicht nur in der Insolvenz der KG, sondern in jedem Insolvenzverfahren, in dem ein Anspruch aus §§ 128, 161 Abs. 2, 171 Abs. 1 geltend zu machen ist. Davon betroffen sind ehemalige Kommanditisten nach einer **Umwandlung** der KG in eine Kapitalgesellschaft und ausgeschiedene Kommanditisten, wenn aus der KG infolge des Ausscheidens sämtlicher Kommanditisten eine **OHG**, eine **GmbH** (im Falle der GmbH & Co. KG) oder ein **einzelkaufmännisches Unternehmen** geworden ist.[273] Auch in einer **fehlerhaften KG** ist § 171 Abs. 2 anwendbar.[274] Das Gleiche galt vor Inkrafttreten des HRefG für eine im Handelsregister als KG eingetragene BGB-Gesellschaft.[275]

d) **Anfechtungsrechte.** Rechtshandlungen des Kommanditisten gegenüber einem Gesellschaftsgläubiger, zB Zahlungen und Aufrechnungen, aus der Zeit **vor Insolvenzeröffnung** können vom Insolvenzverwalter unter den Voraussetzungen der §§ 129 ff. InsO angefochten werden.[276] Der Kommanditist ist insoweit als weiterer Schuldner iSd. §§ 130 ff. InsO anzusehen. Bei der Anfechtung nach § 133 InsO wegen vorsätzlicher Benachteiligung kommt es auf seinen Vorsatz an. Auch Rechtshandlungen der KG gegenüber dem Kommanditisten unterliegen den Regeln über die Insolvenzanfechtung. Dabei ist zu beachten, dass der zu mehr als einem Viertel am Gesellschaftsvermögen beteiligte Kommanditist gem. § 138 Abs. 2 Nr. 1 InsO als „nahe stehende Person" gilt, ihm gegenüber die Anfechtung also unter erleichterten Bedingungen möglich ist (s. auch § 138 Abs. 2 Nr. 2 und 3 InsO).

2. Rechte der Gesellschaftsgläubiger. Mit der Eröffnung des Insolvenzverfahrens verlieren die Gesellschaftsgläubiger das Recht, den Kommanditisten aus §§ 128, 161 Abs. 2, **171 Abs. 1** in Anspruch zu nehmen (zu den prozessrechtlichen Auswirkungen s. RdNr. 114). Nach § 171 Abs. 2 ist dazu nur der Insolvenzverwalter/Sachwalter berechtigt. Er kann dieses Recht treuhänderisch auf einen Gläubiger übertragen.[277] Ist das nicht geschehen und zahlt der Kommanditist dennoch an den Gläubiger, hat er einen Rückzahlungsanspruch aus § 812 BGB.[278] Davon zu unterscheiden sind die Rechte an der **Einlageforderung** gegen den Kommanditisten. Wer sich diese Forderung auf Grund eines Kaufs oder an Erfüllungs Statt hat abtreten lassen, kann die Forderung auch in der Insolvenz geltend machen (s. RdNr. 72 f.). Ist ihm die Forderung dagegen nur zur Sicherheit oder erfüllungshalber abgetreten worden, hat er nach §§ 50 Abs. 1, 51 Nr. 1 InsO ein Absonderungsrecht. Gem. §§ 166 Abs. 2, 170 InsO hat dann der Insolvenzverwalter/Sachwalter die Forderung einzuziehen und den Erlös nach Abzug der Kosten an den Gläubiger auszukehren. Hat der Gläubiger an der Einlageforderung ein Pfandrecht (s. RdNr. 75), bleibt er gem. §§ 50 Abs. 1, 173 Abs. 1 InsO auch nach Insolvenzeröffnung zur Verwertung berechtigt.

Haftet der Kommanditist dem Gesellschaftsgläubiger aus einem anderen Rechtsgrund, etwa einer **Bürgschaft** oder einem **Schuldbeitritt** (s. RdNr. 20), bleibt es dabei auch in der Insolvenz. **Sicherheiten,** die der Kommanditist einem Gesellschaftsgläubiger bestellt hat, sind nach Insolvenzeröffnung gem. §§ 49 ff., 165 ff. InsO zu verwerten. Mit der Leistung an den Gläubiger bzw. der Sicherheitenverwertung erlischt allerdings – im Gegensatz zur Rechtslage vor der Insolvenzeröffnung (s. RdNr. 78) – nicht auch die Haftung nach § 171 den anderen Gesellschaftsgläubigern gegenüber. Vielmehr kann der Kommanditist seinen Erstattungsanspruch nur als Insolvenzforderung anmelden. Eine Aufrechnung gegenüber dem Insolvenzverwalter ist ihm versagt (s. RdNr. 113).

3. Haftung des ausgeschiedenen Kommanditisten. Der ausgeschiedene Kommanditist schuldet keine Einlage mehr. Wohl haftet er den Altgläubigern nach §§ 128, 161 Abs. 2, 171 (zu den Einzelheiten s. RdNr. 80 ff.). Auch darauf ist § 171 Abs. 2 anwendbar. Der Insolvenzverwalter/Sachwalter und nur er hat den geschuldeten Geldbetrag einzuziehen und daraus eine **Sondermasse** neben der Insolvenzmasse zu bilden. Aus dieser Sondermasse hat er ausschließlich die Altgläubiger zu

---

[273] BGH Urt. v. 2. 7. 1990 – II ZR 139/89, BGHZ 112, 31 = NJW 1990, 3145; *K. Schmidt* JR 1976, 278; anders noch BGH Urt. v. 20. 10. 1975 – II ZR 214/74, NJW 1976, 751; aA für Formwechsel Röhricht/Graf von Westphalen/von Gerkan RdNr. 61.
[274] RG Urt. v. 12. 2. 1902 (Fn. 260) 36 f.; *Jaeger/Weber* (Fn. 261) RdNr. 31 aE; Uhlenbruck/*Hirte* § 35 InsO RdNr. 203; aA Düringer/Hachenburg/*Flechtheim* RdNr. 18; s. auch oben RdNr. 9.
[275] BGH Urt. v. 14. 1. 1991 – II ZR 112/90, BGHZ 113, 216 = NJW 1991, 922 m. krit. Anm. *v. Gerkan* ZGR 1992, 109; Urt. v. 23. 9. 1991 – II ZR 15/91, EWiR 1991, 1101 m. Anm. *Uhlenbruck*; *K. Schmidt* Einlage S. 278, 280; zur Bedeutung des 5 aF in diesem Zusammenhang: BGH Urt. v. 6. 7. 1981 – II ZR 38/81, NJW 1982, 45.
[276] *K. Schmidt* Einlage S. 138 f.; *Häsemeyer* ZHR 149 (1985), 42, 54, 57, 66.
[277] BGH Urt. v. 1. 7. 1974 – II ZR 115/72, NJW 1974, 2000, 2002; Uhlenbruck/*Hirte* § 35 InsO RdNr. 196; gegen jede Übertragung RGRK-HGB/*Weipert* Anm. 43; *Jaeger/Weber* (Fn. 261).
[278] *K. Schmidt* Einlage S. 154; aA Häsemeyer ZHR 149 (1985), 42, 56 und KTS 1982, 507, 555, der einen Bereicherungsanspruch des Insolvenzverwalters annimmt.

§ 171 108–111   2. Buch. 2. Abschnitt. Kommanditgesellschaft

befriedigen.[279] Dabei kommen die Verteilungsregeln der §§ 187 ff. InsO zur Anwendung.[280] Berücksichtigt werden nur diejenigen Gläubiger, die ihre Forderung zur Insolvenztabelle angemeldet haben (str., s. RdNr. 96). Der Insolvenzverwalter/Sachwalter darf nur das einfordern, was zur Befriedigung der Altgläubiger **erforderlich** ist (s. RdNr. 96).

108   Bei der Regelung des § 171 Abs. 2 bleibt es auch dann, wenn **nur ein Altgläubiger** vorhanden ist oder wenn sämtliche Forderungen der Altgläubiger auf Grund der Haftung des ausgeschiedenen Kommanditisten erfüllt werden können.[281] Das Gleiche gilt, wenn die **volle Befriedigung der Altgläubiger** durch die Haftung und die daneben bestehende Insolvenzquote erreicht wird.[282] Hat der Kommanditist allerdings dennoch an den oder die Altgläubiger gezahlt und sind dadurch unzweifelhaft alle Forderungen, für die er haftet, getilgt worden, so hat er aus § 242 BGB einen Anspruch gegen den Insolvenzverwalter/Sachwalter auf Genehmigung der Erfüllungsleistung nach §§ 362 Abs. 2, 185 Abs. 2 BGB.[283]

109   Die Altgläubiger nehmen gem. **§ 43 InsO** auch nach teilweiser Befriedigung aus der Sondermasse mit ihren Forderungen in der ursprünglichen Höhe am Insolvenzverfahren teil.[284] Deshalb ist der Kommanditist mit seinem **Erstattungsanspruch** und der gem. § 426 Abs. 2 BGB auf ihn teilweise übergegangenen Gläubigerforderung (s. RdNr. 80) ausgeschlossen. Er kann mit diesen Ansprüchen erst dann neben den Neugläubigern am Insolvenzverfahren teilnehmen, wenn die Altgläubiger voll befriedigt sind und damit die Sperrwirkung des § 43 InsO entfällt.[285] Zu den Aufrechnungsmöglichkeiten des ausgeschiedenen Kommanditisten s. RdNr. 111 ff.; zu Besonderheiten beim Kommanditistenwechsel s. § 173 RdNr. 13 ff., 18 ff.

110   Die vorstehenden Grundsätze gelten auch dann, wenn der Kommanditist nicht ausgeschieden ist, seine **Haftsumme** aber **herabgesetzt** worden ist. Dann muss der Insolvenzverwalter/Sachwalter aus der Differenz zwischen der alten und der neuen Haftsumme eine Sondermasse bilden und daraus diejenigen Ansprüche erfüllen, die vor der Herabsetzung begründet waren.[286]

111   **4. Aufrechnung.** Der Kommanditist kann sich sowohl von der (Pflicht-)Einlageforderung als auch von der Haftung aus §§ 128, 161 Abs. 2, 171 Abs. 1 durch Aufrechnung gegenüber der Gesellschaft befreien (zu den Voraussetzungen s. RdNr. 48 ff.). Diese Möglichkeit behält er gem. **§ 94 InsO** auch noch in der Insolvenz, sofern die Aufrechnungsbefugnis bereits bei Eröffnung des Insolvenzverfahrens bestand.[287] Das Gleiche gilt für den ausgeschiedenen Kommanditisten, der mit Ansprüchen aufrechnen will, die er vor seinem Ausscheiden erworben hat.[288] Der praktische Nutzen ist jedoch gering. Zwar wird durch die Aufrechnung die ggf. bestehende Einlageforderung bis zur Höhe des Nennwerts der Gegenforderung getilgt. Die Haftung aus § 171 Abs. 2 erlischt aber nur im Umfang der **Werthaltigkeit** des Gegenanspruchs (s. RdNr. 48 f.). Das ist in der Regel die Insolvenzquote.[289] Die Aufrechnung mit einem Anspruch auf Rückzahlung eines Teils der – die Haftsumme übersteigenden – Einlage ist in der Insolvenz gänzlich ausgeschlossen, wobei es auf die rechtliche Qualifizierung der Einlage, etwa als Darlehen, nicht ankommt.[290] Eine vor Insolvenzeröffnung erklärte Aufrechnung oder Verrechnung kann der Insolvenzverwalter ggf. nach § 130 InsO **anfechten**.[291]

---

[279] BGH Urt. v. 20. 3. 1958 (Fn. 254) S. 55 ff./787; Urt. v. 19. 5. 1958 (Fn. 254); Urt. v. 9. 5. 1963 – II ZR 124/61, BGHZ 39, 319, 321 = NJW 1963, 1873, 1874; Urt. v. 17. 9. 1964 – II ZR 162/62, BGHZ 42, 192, 194 = NJW 1964, 2407, 2409; Urt. v. 10. 5. 1978 – VIII ZR 32/77, BGHZ 71, 296, 304 f. = NJW 1978, 1525, 1526 f.; Uhlenbruck/*Hirte* § 35 InsO RdNr. 211; *Wiedemann*, FS Bärmann, 1975, S. 1037, 1039; *Jaeger/Weber* (Fn. 261) RdNr. 32; MünchKomm-InsO/*Lwowski* § 35 RdNr. 205; *Tschierschke* S. 42 ff.
[280] *Jaeger/Weber* (Fn. 261) RdNr. 33.
[281] *Leven* S. 81 f.; *K. Schmidt* Einlage S. 136 f.; *Jaeger/Weber* (Fn. 261) RdNr. 35; offengelassen von BGH Urt. v. 19. 5. 1958 (Fn. 254); aA *Tschierschke* S. 88; anders, wenn keiner der begünstigten Altgläubiger am Insolvenzverfahren teilnimmt, Uhlenbruck/*Hirte* § 35 InsO RdNr. 201.
[282] *K. Schmidt* Einlage S. 157 f.; offengelassen von BGH Urt. v. 20. 3. 1958 (Fn. 254) S. 59/789.
[283] *K. Schmidt* Einlage S. 147 ff., 154 ff.; *Wissmann* RdNr. 465.
[284] BGH Urt. v. 20. 3. 1958 (Fn. 254) S. 58/788; Urt. v. 9. 5. 1963 (Fn. 279) S. 327/1875; *Michel* KTS 1991, 67, 77 ff.; *Jaeger/Weber* (Fn. 261) RdNr. 33; aA *Häsemeyer* ZHR 149 (1985), 42, 71 f.
[285] BGH Urt. v. 9. 5. 1963 (Fn. 279) S. 326/1875; *Wissmann* RdNr. 468 f.; krit. *Jaeger/Weber* (Fn. 261) RdNr. 34.
[286] Staub/*Schilling* RdNr. 18; s. § 174 RdNr. 2 ff.
[287] Baumbach/*Hopt* RdNr. 13; Uhlenbruck/*Hirte* § 35 InsO RdNr. 204; ebenso für §§ 53 ff. KO BGH Urt. v. 9. 12. 1971 – II ZR 33/68, BGHZ 58, 72, 75 f. = NJW 1972, 480, 481 f.; Urt. v. 7. 7. 1980 – II ZR 233/79, NJW 1981, 232, 233 m. krit. Anm. *Fromm* BB 1981, 813.
[288] Uhlenbruck § 94 InsO RdNr. 30; für §§ 53 ff. KO BGH Urt. v. 7. 7. 1980 – II ZR 233/79, NJW 1981, 232, 233; aA (Aufrechnung auch mit Forderungen, die der Kommanditist nach seinem Ausscheiden, aber vor Insolvenzeröffnung erworben hat) Heymann/*Horn* RdNr. 36; noch anders (Aufrechnung gänzlich unzulässig) Staub/*Schilling* RdNr. 20; *Jaeger/Weber* (Fn. 261).
[289] *Keuk* ZHR 135 (1971), 410, 434; *v. Gerkan*, FS Kellermann, 1991, S. 67, 74 f.
[290] BGH Urt. v. 10. 12. 1984 – II ZR 28/84, BGHZ 93, 159, 163 f. = NJW 1985, 1468, 1470.
[291] *Häsemeyer* ZHR 149 (1985), 42, 57, 59 zu § 30 KO.

Gegenüber einem **Gesellschaftsgläubiger** kann der Kommanditist in der Insolvenz nicht mehr aufrechnen.[292] Umgekehrt kann auch der Gläubiger nicht mehr gegen eine Forderung des Kommanditisten aufrechnen, soweit § 171 Abs. 2 eingreift, und zwar auch nicht gegenüber einem Zessionar der Kommanditistenforderung.[293] 112

Da der Kommanditist nach Insolvenzeröffnung gem. § 171 Abs. 2 nicht mehr haftungsbefreiend an einen Gesellschaftsgläubiger leisten kann, erlangt er aus einer dennoch erbrachten Leistung an den Gläubiger auch keinen zur Aufrechnung geeigneten Erstattungsanspruch. Das gilt auch dann, wenn er dem Gläubiger zusätzlich aus **Schuldbeitritt, Bürgschaft** oder einem ähnlichen Rechtsgrund verpflichtet war.[294] Die vom BGH zu §§ 53 ff. KO vertretene Auffassung, eine Leistung auf Grund Schuldbeitritts oder ähnlichem begründe in dem Umfang einen aufrechenbaren Erstattungsanspruch, in dem sie die Haftung aus §§ 128, 161 Abs. 2, 171 übersteige, ist nach Inkrafttreten der InsO überholt. Bei Insolvenzeröffnung ist der Erstattungsanspruch aufschiebend bedingt durch die Zahlung des Kommanditisten an den Gläubiger, während der Anspruch des Insolvenzverwalters aus § 171 bereits fällig ist. Im Gegensatz zu § 54 Abs. 3 KO schließt § 95 Abs. 1 S. 3 InsO bei dieser Sachlage die Aufrechnung aus. Hat die KG die Einlageforderung **abgetreten** und zahlt der Kommanditist auf Grund seiner Haftung aus § 171 an den Insolvenzverwalter, kann er mit seinem Erstattungsanspruch (s. RdNr. 35 f.) gegenüber dem Zessionar der Einlageforderung aufrechnen[295] oder – bei einer Sacheinlage – ein Zurückbehaltungsrecht geltend machen. 113

5. Prozessrecht. Mit der Eröffnung des Insolvenzverfahrens werden Prozesse, in denen Gesellschaftsgläubiger den Kommanditisten aus der Haftung nach § 171 Abs. 1 in Anspruch nehmen, **unterbrochen** (s. RdNr. 88). Der Insolvenzverwalter/Sachwalter kann die Prozesse aufnehmen. Er kann den Anspruch aus §§ 128, 161 Abs. 2, 171 aber auch in einem neuen Prozess geltend machen.[296] Das kann gem. §§ 22, 17 ZPO im **Gerichtsstand** der Gesellschaft geschehen.[297] Dieser Gerichtsstand ist auch für die Klage gegen einen ausgeschiedenen Kommanditisten gegeben.[298] Macht der Insolvenzverwalter/Sachwalter die Einlageforderung geltend, hat der Kommanditist die **Beweislast** für die Behauptung, die Einlage werde für die Befriedigung der Gläubiger nicht benötigt (s. RdNr. 91). Geht der Insolvenzverwalter/Sachwalter dagegen aus der Haftung nach § 171 vor, hat er die Beweislast dafür, dass überhaupt Gläubiger vorhanden und am Insolvenzverfahren teilnehmen, denen der Kommanditist aus §§ 128, 161 Abs. 2, 171 haftet (s. RdNr. 96). 114

6. Rechtslage nach der KO/VglO/GesO. Da in der durch Art. 2 Nr. 4, 110 EGInsO mit Wirkung zum 1. 1. 1999 außer Kraft gesetzten KO eine den §§ 93, 280 InsO vergleichbare Regelung fehlte, war der Konkursverwalter im **Konkurs** der Gesellschaft (§ 209 KO) nicht befugt, Ansprüche auf Grund einer unbeschränkten Haftung nach § 176 gegen den Kommanditisten geltend zu machen.[299] Im Gegensatz zur jetzigen Rechtslage bestanden nach § 61 Abs. 1 Nr. 1 bis 5 KO für bestimmte Gläubiger **Konkursvorrechte**. Zahlte ein ausgeschiedener Kommanditist an den Konkursverwalter nach § 171 Abs. 2 und hatten die Altgläubiger, denen der Kommanditist nur noch haftete, derartige Konkursvorrechte, gingen diese Rechte gem. §§ 426 Abs. 2, 412, 401 Abs. 2 BGB auf den Kommanditisten über. Sofern die Konkursmasse zur vollen Erfüllung der Vorrechte ausreiche, bekam der Kommanditist also vom Konkursverwalter das zuvor Geleistete zurück. In einem solchen Fall konnte der Kommanditist unter Berufung auf § 242 BGB von vornherein die Zahlung an den Konkursverwalter verweigern.[300] Bei der **Konkursanfechtung** gab es keine dem § 138 Abs. 2 InsO vergleichbare Vorschrift. Eine Beweislastumkehr in Bezug auf die Kenntnis von der Absicht des Gemeinschuldners, durch einen Vertrag seine Gläubiger zu benachteiligen, war in § 31 Nr. 2 KO nur bei Ehegatten und bestimmten Verwandten/Verschwägerten vorgesehen. Diese Regelung wurde analog auf Verträge zwischen der KG und ihrem Kommanditisten angewandt.[301] 115

Im **Vergleichsverfahren** galt § 171 Abs. 2 nicht (anders im Zwangsvergleich nach §§ 173 ff. KO, da dann das Konkursverfahren noch andauerte). Vielmehr konnten die Gesellschaftsgläubiger den 116

---

[292] BGH Urt. v. 17. 9. 1964 – II ZR 162/62, BGHZ 42, 192 = NJW 1964, 2407, 2409.
[293] BFH Urt. v. 24. 7. 1984 – VII R 6/81, BFHE 141, 477, 480 = ZIP 1984, 1245, 1246 f.
[294] BGH Urt. v. 9. 12. 1971 (Fn. 287) S. 76 ff.; Urt. v. 1. 7. 1974 – II ZR 115/72, NJW 1974, 2000; *Uhlenbruck* § 94 InsO RdNr. 30; Uhlenbruck/*Hirte* § 35 InsO RdNr. 206.
[295] BGH Urt. v. 19. 12. 1974 – II ZR 27/73, BGHZ 63, 338, 342 f. = NJW 1975, 1022, 1023 f.
[296] MünchKommHGB/*K. Schmidt* RdNr. 113.
[297] Staub/*Schilling* RdNr. 23.
[298] Zöller/*Vollkommer* § 22 ZPO RdNr. 5.
[299] BGH Urt. v. 28. 10. 1981 – II ZR 129/80, BGHZ 82, 209, 214 = NJW 1982, 883, 885; Urt. v. 4. 7. 1983 – II ZR 235/82, NJW 1983, 2813; Urt. v. 21. 1. 1993 – IX ZR 275/91, BGHZ 121, 179, 190 f. = NJW 1993, 663, 665 f.
[300] BGH Urt. v. 9. 5. 1963 (Fn. 279) S. 326/1875.
[301] LG Hamburg Urt. v. 26. 2. 1975 – 8 O 292/74, KTS 1976, 63; differenzierender *Fehl* ZGR 1978, 725; offengelassen von BGH Urt. v. 12. 12. 1985 – IX ZR 1/85, BGHZ 96, 352, 357 = NJW 1986, 1047, 1049.

Kommanditisten weiter in Anspruch nehmen, der Kommanditist konnte an sie haftungsbefreiend leisten.[302] Der Vergleich wirkte – anders als beim persönlich haftenden Gesellschafter nach §§ 109 Abs. 1 Nr. 3 VglO, 211 Abs. 2 KO – nicht zugunsten des Kommanditisten.[303]

117 In der **Gesamtvollstreckung** nach der Gesamtvollstreckungsordnung – GesO – (idF der Bek. v. 23. 5. 1991, BGBl. I S. 1185, geändert durch Art. 5 des Gesetzes v. 24. 6. 1994, BGBl. I S. 1374), die bis zum Inkrafttreten der InsO in den neuen Bundesländern gegolten hat und durch Art. 2 Nr. 7, 110 EGInsO mit Wirkung zum 1. 1. 1999 außer Kraft gesetzt worden ist, hatte der Gesamtvollstreckungsverwalter gem. §§ 1 Abs. 4, 8 Abs. 2 GesO die gleiche Stellung wie der Konkursverwalter im Rahmen des § 171 Abs. 2. Er war anstelle der Gesellschaftsgläubiger berechtigt, die Ansprüche aus § 171 Abs. 1 geltend zu machen.

118 **7. Liquidation.** Wird die KG anders als durch Insolvenzeröffnung aufgelöst, findet gem. §§ 145 ff., 161 Abs. 2 die Liquidation statt, sofern die Gesellschafter nicht eine andere Art der Auseinandersetzung vereinbart haben. Die Liquidatoren haben nach §§ 149, 161 Abs. 2 die noch offenen **Einlagen** einzuziehen, soweit das für die Befriedigung der Gläubiger und – bei entsprechender im Gesellschaftsvertrag eingeräumter Befugnis der Liquidatoren – zum Ausgleich der Aktiv- und Passivsalden der einzelnen Gesellschafter erforderlich ist.[304] Bei Streit über die Erforderlichkeit trifft den Gesellschafter die Beweislast.[305] Daneben bleibt es – auch wenn keine Liquidation durchgeführt wird – bei der **Haftung** des Kommanditisten aus §§ 128, 161 Abs. 2, 171 Abs. 1.[306] Es gelten die gleichen Regeln wie bei der Haftung des ausgeschiedenen Kommanditisten außerhalb des Insolvenzverfahrens (s. RdNr. 80 ff.).

VI. Haftung in der GmbH & Co. KG

119 Die gesetzliche Regelung der beschränkten Kommanditistenhaftung in §§ 171 ff. geht von der Annahme aus, der Gläubigerschutz werde durch die Existenz und die unbeschränkte Haftung des Komplementärs sichergestellt.[307] Das trifft bei der GmbH & Co. KG (s. dazu § 177 a Anh. A) nur in sehr eingeschränktem Maße zu. Deshalb haben der Gesetzgeber und weitergehend die Rechtsprechung Sonderregeln für die GmbH & Co. KG aufgestellt. Nach § 172 Abs. 6 gilt die Kommanditeinlage nur dann als geleistet, wenn sie nicht in Anteilen an dem GmbH-Vermögen besteht. Nach § 172a sind die §§ 32 a, 32 b GmbHG bei eigenkapitalersetzenden Gesellschafterleistungen anwendbar. Die Rechtsprechung wendet darüber hinaus die Grundsätze der §§ 30, 31 GmbHG an. Erweiterte Anfechtungsmöglichkeiten in Bezug auf eigenkapitalersetzende Gesellschafterleistungen gewähren §§ 135 InsO, 6 AnfG. Nach § 177a iVm. §§ 125a, 130a und 130b schließlich muss die Haftungsbeschränkung im Rechtsverkehr offengelegt werden und ist neben der eingetretenen oder drohenden Zahlungsunfähigkeit auch die Überschuldung ein Insolvenzgrund (so auch § 19 InsO). S. dazu die Erläuterungen bei §§ 172, 172 a, 177.

VII. Haftung bei Treuhandverhältnissen

120 Wird der Kommanditanteil treuhänderisch für einen Dritten gehalten, hat nicht der Dritte, sondern allein der Treuhänder alle Rechte und Pflichten eines Kommanditisten (s. § 177 a Anh. B RdNr. 94). Das gilt – anders als bei der vergleichbaren Fallgestaltung im GmbH-Recht[308] – auch für die Haftung aus §§ 128, 161 Abs. 2, 171.[309] Der Hintermann haftet nur insofern, als er dem Treuhandkommanditisten gem. §§ 675, 670 BGB dessen Aufwendungen zu ersetzen hat. Dazu gehört auch, den Treuhänder von seiner den Gesellschaftsgläubigern gegenüber bestehenden Haftung – auch der durch Auszahlung eines Abfindungsguthabens gem. § 172 Abs. 4 wiederaufgelebten (s.

---

[302] BGH Urt. v. 9. 12. 1971 – II ZR 33/68, BGHZ 58, 72, 74 = NJW 1972, 480, 481; aA *Häsemeyer* ZHR 149 (1985), 42, 59 ff.; Staub/*Schilling* RdNr. 24.
[303] BGH Urt. v. 25. 5. 1970 – II ZR 183/68, NJW 1970, 1921; aA *Häsemeyer* und *Schilling* (Fn. 302) sowie Schlegelberger/K. *Schmidt* RdNr. 120.
[304] BGH Urt. v. 14. 11. 1977 – II ZR 183/75, NJW 1978, 424.
[305] BGH Urt. v. 3. 7. 1978 – II ZR 54/77, WM 1978, 898; Urt. v. 5. 11. 1979 – II ZR 145/78, NJW 1980, 1522, 1523.
[306] RG Urt. v. 17. 9. 1906 – Rep. VI. 584/05, RGZ 64, 77, 80 f.
[307] BGH Urt. v. 29. 3. 1973 – II ZR 25/70, BGHZ 60, 324, 332 = NJW 1973, 1036, 1038 f.; *Wiedemann*, FS Bärmann, 1975, S. 1037, 1038.
[308] BGH Urt. v. 14. 12. 1959 – II ZR 187/57, BGHZ 31, 258, 267 = NJW 1960, 285, 286.
[309] BGH Urt. v. 28. 1. 1980 – II ZR 250/78, BGHZ 76, 127, 130 = NJW 1980, 1163, 1164; Urt. v. 14. 1. 1985 – II ZR 103/84, NJW 1985, 1776; OLG Celle Urt. v. 28. 11. 1984 – 9 U 286/83, ZIP 1985, 100, 102; OLG Düsseldorf Urt. v. 28. 3. 1991 – 6 U 163/90, ZIP 1991, 1494 m. Anm. *Fleck* EWiR 1991, 801; *Wiesner*, FS Ulmer, 2003, S. 673; aA *Canaris*, FS Fischer, 1979, S. 31, 58.

§ 172 RdNr. 36) – zu befreien.³¹⁰ Zur Leistung der (Pflicht-)Einlage ist der Treugeber gegenüber der Gesellschaft nur dann verpflichtet, wenn der Treuhandkommanditist seinen Anspruch aus dem Treuhandvertrag auf Freistellung von der Einlagepflicht – oder auf Zahlung des vereinbarten Anlagebetrages – an die Gesellschaft abgetreten hat. Eine Abtretung ist jedoch gem. § 399 BGB unwirksam, solange im Treuhandvertrag vorausgesetzte Mittelfreigabekriterien nicht erfüllt sind.³¹¹ Eine Besonderheit besteht bei eigenkapitalersetzenden Gesellschafterleistungen. Gewährt der Treugeber der Gesellschaft ein Darlehen oder einen vergleichbaren Vermögensvorteil, muss er sich bei der Anwendung der §§ 30, 31, 32 a und 32 b GmbHG wie ein Kommanditist behandeln lassen.³¹²

§ 172 [Umfang der Haftung]

(1) Im Verhältnisse zu den Gläubigern der Gesellschaft wird nach der Eintragung in das Handelsregister die Einlage eines Kommanditisten durch den in der Eintragung angegebenen Betrag bestimmt.

(2) Auf eine nicht eingetragene Erhöhung der aus dem Handelsregister ersichtlichen Einlage können sich die Gläubiger nur berufen, wenn die Erhöhung in handelsüblicher Weise kundgemacht oder ihnen in anderer Weise von der Gesellschaft mitgeteilt worden ist.

(3) Eine Vereinbarung der Gesellschafter, durch die einem Kommanditisten die Einlage erlassen oder gestundet wird, ist den Gläubigern gegenüber unwirksam.

(4) ¹ Soweit die Einlage eines Kommanditisten zurückbezahlt wird, gilt sie den Gläubigern gegenüber als nicht geleistet. ² Das gleiche gilt, soweit ein Kommanditist Gewinnanteile entnimmt, während sein Kapitalanteil durch Verlust unter den Betrag der geleisteten Einlage herabgemindert ist, oder soweit durch die Entnahme der Kapitalanteil unter den bezeichneten Betrag herabgemindert wird.

(5) Was ein Kommanditist auf Grund einer in gutem Glauben errichteten Bilanz in gutem Glauben als Gewinn bezieht, ist er in keinem Falle zurückzuzahlen verpflichtet.

(6) ¹ Gegenüber den Gläubigern einer Gesellschaft, bei der kein persönlich haftender Gesellschafter eine natürliche Person ist, gilt die Einlage eines Kommanditisten als nicht geleistet, soweit sie in Anteilen an den persönlich haftenden Gesellschaftern bewirkt ist. ² Dies gilt nicht, wenn zu den persönlich haftenden Gesellschaftern eine offene Handelsgesellschaft oder Kommanditgesellschaft gehört, bei der ein persönlich haftender Gesellschafter eine natürliche Person ist.

Schrifttum: S. die Angaben vor § 171.

Übersicht

	RdNr.		RdNr.
I. Haftsumme	1–18	a) Minderung des Gesellschaftsvermögens	21–37
1. Bedeutung der Haftsumme	1	aa) Grundsatz	21–24
2. Maßgeblichkeit der Eintragung im Handelsregister (Abs. 1)	2–8	bb) Leistung auf Grund Verkehrsgeschäfts	25–27
a) Grundsatz	2–4	cc) Tätigkeitsvergütung	28–31
b) Ausnahmen	5, 6	dd) Leistung durch Dritten	32–35
c) Berichtigung	7, 8	ee) Leistung an Dritten	36, 37
3. Erhöhung der Haftsumme (Abs. 2)	9–15	b) Abfindung und Liquidation	38–40
a) Bedeutung der Eintragung	9–11	c) Anteilsübertragung	41
b) Tatbestände des Abs. 2	12–15	d) Erstattung des zur Gläubigerbefriedigung Geleisteten	42
4. Rechtsscheinhaftung	16	3. Gewinnentnahme (Abs. 4 S. 2)	43–48
5. Erlass oder Stundung (Abs. 3)	17, 18	4. Gutgaubensschutz beim Gewinnbezug (Abs. 5)	49–54
II. Wiederaufleben der Haftung (Abs. 4, 5)	19–57	a) Grundsatz	49
1. Bedeutung der Norm	19, 20	b) Gewinnbezug	50, 51
2. Einlagenrückgewähr (Abs. 4 S. 1)	21–42	c) Guter Glaube	52, 53
		d) Rechtsfolge	54

---

³¹⁰ BGH Urt. v. 28. 1. 1980 (Fn. 309); Urt. v. 24. 2. 1992 – II ZR 89/91, NJW-RR 1992, 930, 931 m. Anm. *Weipert* ZHR 157 (1993), 513.
³¹¹ BGH Urt. v. 10. 6. 1991 – II ZR 247/90, WM 1991, 1502, 1503.
³¹² BGH Urt. v. 8. 7. 1985 – II ZR 269/84, BGHZ 95, 188, 193 = NJW 1985, 2947, 2948; s. § 172 a RdNr. 15, 70.

§ 172 1–5　　　　　　　　　　　　　2. Buch. 2. Abschnitt. Kommanditgesellschaft

	RdNr.		RdNr.
5. Beweislast	55–57	2. Kapitalerhaltung in der Komplementär-GmbH	64–72
III. Haftung in der GmbH & Co. KG	58–72		
1. Trennung von Kommanditeinlage und Komplementärkapital (Abs. 6)	58–63		

I. Haftsumme

1. Bedeutung der Haftsumme. Die Haftsumme ist gem. § 171 Abs. 1 derjenige Betrag, bis zu dem der Kommanditist den Gesellschaftsgläubigern persönlich haftet. Sie kann höher oder niedriger als die (Pflicht-)Einlage sein. Auch bei einer Sacheinlage besteht die Haftsumme immer in einem Geldbetrag. Der Kommanditist kann seine persönliche Haftung ausschließen, indem er seine Einlage und ggf. die Differenz zu der höheren Haftsumme an die Gesellschaft leistet oder einen Gesellschaftsgläubiger befriedigt. Bei einseitigen Zuwendungen der Gesellschaft an ihn lebt seine persönliche Haftung wieder auf. Nie geht seine Haftung aus §§ 128, 161 Abs. 2, 171 aber weiter als bis zu der Haftsumme.[1] Wegen des Zusammenhangs zwischen Haftsumme und Einlage im Einzelnen s. § 171 RdNr. 5 ff.

2. Maßgeblichkeit der Eintragung im Handelsregister (Abs. 1). a) Grundsatz. Bei der Höhe der Haftsumme ist zu unterscheiden zwischen der Zeit vor der Eintragung des Kommanditisten in das Handelsregister und der Zeit danach. **Vor der Eintragung** haftet der Kommanditist nach § 176 grundsätzlich unbeschränkt. Eine Beschränkung auf die Haftsumme gilt nur bei Kenntnis des Gläubigers von der Kommanditistenstellung. Die Höhe der Haftsumme richtet sich dann nach der Vereinbarung im Gesellschaftsvertrag. Fehlt eine ausdrückliche Vereinbarung, ist im Wege der Auslegung davon auszugehen, dass die Haftsumme dem Wert der (Pflicht-)Einlage entspricht.[2] **Nach der Eintragung** haftet der Kommanditist dagegen grundsätzlich nur bis zur Höhe der eingetragenen Haftsumme (zu den Ausnahmen s. RdNr. 5 f.). Diese in § 172 Abs. 1 enthaltene Regel ist nicht abdingbar. Die Eintragung wirkt rechtsbegründend.[3] Eingetragen wird entgegen dem Wortlaut des § 162 Abs. 1 nicht die Einlage, sondern die Haftsumme. Die Eintragung wird gem. § 162 Abs. 2 in der mit Wirkung zum 25. 1. 2001 in Kraft getretenen Fassung des NaStraG nicht bekanntgemacht. Nach § 162 Abs. 2 aF war dagegen die Eintragung bekanntzumachen. Dabei wurde der Betrag der Haftsumme nicht angegeben. Deshalb konnte eine dennoch erfolgte, aber von der Eintragung abweichende Bekanntmachung auch der Haftsumme keinen Vertrauensschutz nach § 15 Abs. 3 auslösen.[4]

Auch die **fehlerhafte Eintragung** ist für die Höhe der persönlichen Haftung des Kommanditisten maßgebend. Die Eintragung gilt unabhängig von dem Inhalt des Gesellschaftsvertrages und auch unabhängig von dem Inhalt der Anmeldung.[5] Ist die eingetragene Haftsumme niedriger als die im Gesellschaftsvertrag vereinbarte oder in der Anmeldung angegebene, haftet der Kommanditist grundsätzlich nur in Höhe des niedrigeren Betrages. Ist sie höher, gilt grundsätzlich der höhere Wert. Zu den Ausnahmen s. RdNr. 5 f.

Ob der Kommanditist tatsächlich bis zum Betrag der eingetragenen Haftsumme persönlich haftet, geht aus dem Handelsregister nicht hervor. Er kann seine persönliche Haftung durch Leistungen an die Gesellschaft oder an Gesellschaftsgläubiger ausgeschlossen haben. Das kann auch schon zum Zeitpunkt der Eintragung geschehen sein.[6] Der Umfang der **tatsächlichen Haftung** ist keine eintragungsfähige Tatsache.[7] Ein Dritter hat grundsätzlich auch keinen Anspruch gegen die Gesellschaft oder den Kommanditisten auf **Auskunft** über den Umfang der tatsächlichen Haftung. Lediglich der Gesellschaftsgläubiger hat einen Auskunftsanspruch aus § 242 BGB.[8]

b) Ausnahmen. Ist die eingetragene **Haftsumme höher** als die vereinbarte oder in der Anmeldung angegebene, so ist die persönliche Haftung des Kommanditisten ausnahmsweise durch den niedrigeren Betrag begrenzt, wenn der Gläubiger den von der Eintragung abweichenden Inhalt des Gesellschaftsvertrages oder der Anmeldung bei Begründung seiner Forderung kannte.[9] Weicht

---

[1] BGH Urt. v. 29. 3. 1973 – II ZR 25/70, BGHZ 60, 324, 327 f. = NJW 1973, 1036, 1037.
[2] BGH Urt. v. 28. 3. 1977 – II ZR 230/75, NJW 1977, 1820; zu den Einzelheiten s. die Erläuterungen bei § 176.
[3] *Sassenrath* in H. P. Westermann RdNr. I 2834.
[4] Staub/*Schilling* RdNr. 1; Heymann/*Horn* RdNr. 2; aA Schlegelberger/*K. Schmidt* RdNr. 26.
[5] Schlegelberger/*K. Schmidt* RdNr. 27.
[6] MünchKommHGB/*K. Schmidt* RdNr. 32.
[7] BGH Urt. v. 29. 6. 1981 – II ZR 142/80, BGHZ 81, 82, 87 = NJW 1981, 2747, 2748; Urt. v. 1. 6. 1987 – II ZR 259/86, BGHZ 101, 123, 127 f. = NJW 1987, 3184, 3186.
[8] Staub/*Schilling* RdNr. 2; MünchKommHGB/*K. Schmidt* RdNr. 32 (Informationsrecht aus § 810 BGB); zurückhaltend Röhricht/Graf von Westphalen/*von Gerkan* RdNr. 10.
[9] MünchKommHGB/*K. Schmidt* RdNr. 31; *Wiedemann* GesR II § 9 III 3; Staub/*Schilling* RdNr. 3; aA hinsichtlich der Kenntnis vom Gesellschaftsvertrag Schlegelberger/*Martens* § 162 RdNr. 28; Heymann/*Horn* RdNr. 3; Baumbach/*Hopt* RdNr. 1.

allerdings die Anmeldung von dem Gesellschaftsvertrag ab und kannte der Gläubiger beides, wird er idR davon ausgehen dürfen, dass die Gesellschafter bei der Anmeldung, die von ihnen gemeinsam zu bewirken ist (s. § 162 RdNr. 11), den Gesellschaftsvertrag konkludent abgeändert haben. Eine weitere Ausnahme von der Maßgeblichkeit der Handelsregistereintragung gilt dann, wenn die Eintragung weder von der KG noch von einem ihrer Gesellschafter **veranlasst** worden ist.[10] Erfahren die Gesellschafter allerdings später von der Eintragung und bleiben dann untätig, kommt eine Haftung aus Rechtsschein in Betracht (s. RdNr. 16).

Auf eine im Handelsregister **niedriger** als vereinbart eingetragene Haftsumme kann sich der Kommanditist in entsprechender Anwendung des § 172 Abs. 2 ausnahmsweise dann nicht berufen, wenn die Gesellschaft oder er selbst den höheren Betrag in handelsüblicher Weise bekanntgemacht oder auf andere Art einem bestimmten Gläubiger mitgeteilt haben[11] (zu den Einzelheiten s. RdNr. 12 ff.). 6

c) **Berichtigung.** Ist in der Anmeldung eine höhere als die vereinbarte Haftsumme angegeben, besteht kein Grund zur Berichtigung des der Anmeldung entsprechenden Handelsregistereintrags. Die Gesellschafter müssen analog § 175 eine neue Eintragung beantragen.[12] Ist dagegen eine andere als die in der Anmeldung angegebene Haftsumme eingetragen worden, muss das Handelsregister auf Antrag eines Gesellschafters berichtigt werden.[13] Auch eine Löschung von Amts wegen nach § 142 FGG kommt in Betracht. Immer aber muss zugleich die richtige, also die in der Anmeldung genannte Haftsumme eingetragen werden.[14] 7

Wird im Wege der Neuanmeldung oder der Berichtigung die im Gesellschaftsvertrag vereinbarte niedrigere Haftsumme eingetragen, gilt für die Haftung des Kommanditisten analog **§ 174** der niedrigere Betrag erst ab dem Datum der Eintragung. Bei der Eintragung eines höheren Betrages bezieht sich die zusätzliche Haftung dagegen nach dem Rechtsgedanken des **§ 173** auch auf die zu diesem Zeitpunkt schon bestehenden Gesellschaftsschulden.[15] Ein Amtshaftungsanspruch wegen fehlerhafter Registereintragung wird idR an § 839 Abs. 3 BGB scheitern, da der Kommanditist die Eintragung nachprüfen und ihre Berichtigung verlangen kann.[16] 8

3. Erhöhung der Haftsumme (Abs. 2). a) Bedeutung der Eintragung. Die Erhöhung der Haftsumme setzt eine Änderung des Gesellschaftsvertrages voraus. Sie ist nach § 175 in das Handelsregister einzutragen. Nach dem Grundsatz des § 172 Abs. 1 wirkt auch bei der Erhöhung der Haftsumme die Eintragung **rechtsbegründend.**[17] Der Kommanditist haftet erst dann bis zu dem Betrag der erhöhten Haftsumme, wenn die Erhöhung im Handelsregister eingetragen ist. Von dieser Regel macht § 172 Abs. 2 eine **Ausnahme.** Auch ohne Eintragung ist die Erhöhung der Haftsumme den Gläubigern gegenüber wirksam, wenn sie in handelsüblicher Weise kundgemacht oder ihnen in anderer Weise mitgeteilt worden ist. Entgegen dem Wortlaut handelt § 172 Abs. 2 nicht von der (Pflicht-)Einlage, sondern von der Haftsumme. 9

Nach § 172 Abs. 1 ist für die Haftung des Kommanditisten die eingetragene Erhöhung der Haftsumme auch dann maßgebend, wenn die zugrundeliegende **Vereinbarung** der Gesellschafter **unwirksam** ist oder einen anderen Inhalt hat.[18] Ist eine Erhöhung der Haftsumme eingetragen worden, obwohl sie gar nicht **angemeldet** war, haftet der Kommanditist insoweit nur, wenn er die Eintragung kennt und duldet und der Gläubiger darauf vertraut hat (s. RdNr. 5).[19] Anders ist es, wenn lediglich eine von der Anmeldung abweichende Haftsumme eingetragen worden ist.[20] 10

Ab dem Zeitpunkt der Eintragung haftet der Kommanditist nach dem Rechtsgedanken des § 173 auch für die zu diesem Zeitpunkt **bereits bestehenden Gesellschaftsschulden** bis zu dem Betrag der erhöhten Haftsumme, wenn er seine persönliche Haftung nicht ausgeschlossen hat (s. RdNr. 1). Eine Beschränkung der zusätzlichen Haftung auf Neuschulden oder bestimmte andere Arten von Verbindlichkeiten ist nicht möglich.[21] 11

---

[10] Heymann/*Horn* RdNr. 3.
[11] MünchKommHGB/*K. Schmidt* RdNr. 30; *Wiedemann* GesR II § 9 III 3; Staub/*Schilling* RdNr. 3.
[12] Staub/*Schilling* RdNr. 4.
[13] Staub/*Schilling* RdNr. 4; Heymann/*Horn* RdNr. 4; MünchKommHGB/*K. Schmidt* RdNr. 27, die aber nur ein Antragsrecht des betroffenen Kommanditisten annehmen.
[14] KG Beschluss v. 23. 8. 1934 – 1 b X 322/34, JW 1934, 2699, 2700.
[15] Heymann/*Horn* RdNr. 4.
[16] *Sassenrath* in H. P. Westermann RdNr. I 2842.
[17] MünchKommHGB/*K. Schmidt* RdNr. 33 f.; s. RdNr. 2; zu den Ausnahmen s. RdNr. 5 f., 12 ff., 16.
[18] OLG Celle Urt. v. 28. 11. 1984 – 9 U 286/83, ZIP 1985, 100, 102.
[19] *Sassenrath* in H. P. Westermann RdNr. I 2845, 2839.
[20] MünchKommHGB/*K. Schmidt* RdNr. 34; anders Voraufl.
[21] MünchKommHGB/*K. Schmidt* RdNr. 34.

12 **b) Tatbestände des Abs. 2.** Auch ohne Eintragung im Handelsregister wird die Vereinbarung einer Erhöhung der Haftsumme wirksam, wenn die Erhöhung von der Gesellschaft **in handelsüblicher Weise** kundgemacht wird. Das hat zu geschehen durch eine Mitteilung entweder in einer in Wirtschaftskreisen vielgelesenen Zeitung[22] oder auf der Homepage der Gesellschaft oder in einem Rundschreiben an einen weiten Kreis von möglichen oder tatsächlichen Geschäftspartnern.[23] Angegeben werden muss der Name des Kommanditisten und der Betrag, um den sich seine Haftsumme erhöht hat,[24] oder der Betrag der erhöhten Haftsumme. Der Kommanditist muss der Kundmachung **zustimmen**.[25] Hat er nicht zugestimmt, ist der Kundmachung aber auch nicht entgegengetreten, kommt eine Haftung auf Grund Rechtsscheins in Betracht.[26] Die Mitteilung kann auch von ihm selbst an Stelle der Gesellschaft ausgehen.[27] Die Kundmachung in handelsüblicher Weise ersetzt die Registereintragung. Deshalb wirkt sie **gegenüber allen Gläubigern,** auch gegenüber denen, die davon keine Kenntnis erhalten haben, und auch für schon bestehende Gesellschaftsschulden. Sie kann nicht auf einzelne Gläubiger oder einzelne Arten von Verbindlichkeiten beschränkt werden.[28]

13 Neben der Kundmachung in handelsüblicher Weise reicht nach § 172 Abs. 2 auch eine **Mitteilung in anderer Weise,** um die Erhöhung der Haftsumme wirksam werden zu lassen. Darunter ist die gezielte Information eines oder einiger Personen in ihrer Eigenschaft als derzeitige oder künftige Geschäftspartner zu verstehen. Dass jemandem in anderer Eigenschaft – etwa der eines Mitgesellschafters – die Haftsummenerhöhung mitgeteilt wird, reicht nicht.[29] Ebensowenig genügt für § 172 Abs. 2, dass der Gläubiger auf andere Weise von der Haftsummenerhöhung erfahren hat.[30] Dann kommt aber eine Haftung auf Grund Rechtsscheins in Betracht (s. RdNr. 16). Ebenso wie die Kundmachung in handelsüblicher Weise kann auch die Mitteilung in anderer Weise statt von der Gesellschaft von dem Kommanditisten ausgehen[31] und bedarf, wenn sie von der Gesellschaft ausgeht, der **Zustimmung** des Kommanditisten (s. RdNr. 12). Zur Rechtsscheinhaftung bei Fehlen der Zustimmung s. RdNr. 16.

14 Im Gegensatz zu der Kundmachung in handelsüblicher Weise wirkt die Mitteilung in anderer Weise **nur zugunsten der Adressaten.** Deshalb können auf diesem Weg bestimmte Gläubiger von der Wirkung einer Haftsummenerhöhung ausgenommen werden. Eine Beschränkung auf bestimmte Arten von Verbindlichkeiten ist dagegen nicht möglich.[32] Auch Gläubiger, deren Forderungen schon vor dem Zugang der Mitteilung begründet worden sind, können sich auf die Haftsummenerhöhung berufen.[33]

15 Die Mitteilung der Haftsummenerhöhung in handelsüblicher oder anderer Weise ersetzt im Wirkungskreis des § 172 Abs. 2 die Eintragung in das Handelsregister. Deshalb kommt es ebenso wie bei § 172 Abs. 1 (s. RdNr. 3) auch bei § 172 Abs. 2 nicht auf die Wirksamkeit und den Inhalt der zugrundeliegenden Vereinbarung an. Die Mitteilung wirkt **rechtsbegründend.** Etwas anderes gilt nur in Bezug auf denjenigen Gläubiger, der die Unwirksamkeit, die Anfechtbarkeit (§ 142 Abs. 2 BGB) oder den abweichenden Inhalt der Vereinbarung über die Erhöhung der Haftsumme bei Begründung seiner Forderung kennt.

16 **4. Rechtsscheinhaftung.** Auch ohne die Voraussetzungen des § 172 Abs. 1 und 2 kann sich ein Gesellschaftsgläubiger nach allgemeinen Rechtsscheingrundsätzen auf eine höhere als die eingetragene Haftsumme berufen, wenn der Kommanditist ihm gegenüber in zurechenbarer Weise den Eindruck erweckt hat, seine Haftsumme habe eine bestimmte Höhe, und wenn der Gläubiger darauf vertraut hat.[34] Der Rechtsschein kann durch ein aktives Tun des Kommanditisten geschaffen werden, aber auch dadurch, dass der Kommanditist untätig bleibt, obwohl er etwa davon erfahren hat, dass

---

[22] RG Urt. v. 9. 7. 1929 – 181/28 II., JW 1930, 2658, 2659.
[23] MünchKommHGB/*K. Schmidt* RdNr. 36; anders für Rundschreiben *Sassenrath* in H. P. Westermann RdNr. I 2848.
[24] RG Urt. v. 9. 7. 1929 (Fn. 22).
[25] BGH Urt. v. 3. 7. 1989 – II ZB 1/89, BGHZ 108, 187, 198 = NJW 1989, 3152, 3155; MünchKommHGB/*K. Schmidt* RdNr. 36; Staub/*Schilling* RdNr. 5; aA Heymann/*Horn* RdNr. 6.
[26] MünchKommHGB/*K. Schmidt* RdNr. 36; s. unten RdNr. 16.
[27] MünchKommHGB/*K. Schmidt* RdNr. 36; aA Staub/*Schilling* RdNr. 6, der dann eine Haftung nur nach allgemeinen Vertrauensgrundsätzen annimmt.
[28] MünchKommHGB/*K. Schmidt* RdNr. 35; Heymann/*Horn* RdNr. 6; *Sassenrath* in H. P. Westermann RdNr. I 2846.
[29] RG Urt. v. 9. 7. 1929 (Fn. 22).
[30] Staub/*Schilling* RdNr. 6.
[31] BGH Urt. v. 24. 2. 1992 – II ZR 89/91, NJW-RR 1992, 930, 932.
[32] Staub/*Schilling* RdNr. 6.
[33] MünchKommHGB/*K. Schmidt* RdNr. 37.
[34] MünchKommHGB/*K. Schmidt* RdNr. 38, § 174 RdNr. 25.

Umfang der Haftung

ohne sein und der Gesellschaft Zutun eine bestimmte – zu hohe – Haftsumme oder eine Haftsummenerhöhung in das Handelsregister eingetragen worden ist (s. RdNr. 5).

5. Erlass oder Stundung (Abs. 3). Durch Vereinbarung der Gesellschafter kann die Pflicht des 17 Kommanditisten zur Leistung der **Einlage** erlassen, gestundet oder in sonstiger Weise beschränkt werden. Dem Gesellschaftsgläubiger, der auf Grund einer Pfändung der Einlageforderung gegen den Kommanditisten vorgeht, kann diese Vereinbarung entgegengehalten werden. Das Gleiche gilt gegenüber dem Insolvenzverwalter, der die Einlageforderung gegen den Kommanditisten geltend macht.[35] Grenzen ergeben sich lediglich aus §§ 138, 826 BGB und den Anfechtungsrechten der §§ 129 ff. InsO und des Anfechtungsgesetzes.

Davon zu unterscheiden ist das Schicksal der **Haftsumme.** Die Haftsumme betrifft die Haftung 18 des Kommanditisten im Außenverhältnis zu den Gläubigern. Für sie ist gem. § 172 Abs. 1, 2 allein die Eintragung im Handelsregister oder die Bekanntmachung in handelsüblicher oder anderer Weise maßgebend. Unabhängig von der Einlageforderung haftet der Kommanditist den Gesellschaftsgläubigern bis zur Höhe der Haftsumme, wenn er die Haftung nicht durch Leistung an die Gesellschaft ausgeschlossen hat oder die Voraussetzungen des § 172 Abs. 4 erfüllt sind (zum Verhältnis Einlage – Haftsumme s. § 171 RdNr. 5 ff.). Dieser Grundsatz wird durch § 172 Abs. 3 bestätigt. Wollen die Gesellschafter die Haftung auch im Außenverhältnis vermindern, müssen sie die Haftsumme herabsetzen und die Herabsetzung in das Handelsregister eintragen lassen (s. § 174).

II. Wiederaufleben der Haftung (Abs. 4, 5)

1. Bedeutung der Norm. Die §§ 171 Abs. 1 HS 2 und 172 Abs. 4 stehen in einem funk- 19 tionalen Zusammenhang: Die Haftung des Kommanditisten für Gesellschaftsschulden ist nur dann auf seinen Anteil am Gesellschaftsvermögen beschränkt, wenn er einen der eingetragenen Haftsumme entsprechenden Wert in das Gesellschaftsvermögen geleistet und ihn auch dort **belassen** hat (Prinzip der objektiven Vermögensdeckung, s. § 171 RdNr. 3). Hat der Kommanditist dagegen dasjenige, was er zur Befreiung von der persönlichen, den Gesellschaftsanteil übersteigenden Haftung eingebracht hat, wieder zurückerhalten, wird er so behandelt, als hätte er oder gar nicht erst geleistet. Seine persönliche Haftung lebt wieder auf. Zweck des § 172 Abs. 4 ist, dagegen vorzubeugen, dass die Fähigkeit der Gesellschaft zur Gläubigerbefriedigung gemindert wird.[36] Ebenso wie § 171 befasst sich auch § 172 Abs. 4 nur mit der Haftung des Kommanditisten im **Außenverhältnis,** also gegenüber den Gesellschaftsgläubigern. Das Gesellschafts-Innenverhältnis wird davon nicht berührt.[37] Ein Rückgewähranspruch der Gesellschaft gegen den Kommanditisten kann sich nur aus anderen Rechtsgründen ergeben, etwa aus § 812 BGB oder nach Anfechtung aus §§ 143 InsO, 11 AnfG.[38] Während die Gesellschafter im Innenverhältnis weitgehend frei sind, die Einlage zurückzugewähren, ist im Außenverhältnis der Kapitalerhaltungsgrundsatz des § 172 Abs. 4 mit der Haftungsfolge des § 171 Abs. 1 HS 1 zwingendes Recht. Die Regelung gilt auch dann, wenn der Kommanditist einen Anspruch gegen die Gesellschaft auf Rückzahlung der Einlage hat, etwa weil er ausgeschieden ist (s. RdNr. 38 ff.).

Der Grundsatz des § 172 **Abs.** 4 S. 1 wird eingeschränkt durch S. 2: Während nach § 172 Abs. 4 20 S. 1 jede einseitige Zuwendung an den Kommanditisten die Haftung wiederaufleben lässt (s. RdNr. 21 ff.), macht § 172 **Abs.** 4 S. 2 – in Entsprechung zu § 169 Abs. 1 S. 2 – eine Ausnahme für die Auszahlung von Gewinn. Die Gewinnentnahme ist grundsätzlich haftungsunschädlich. Diese Ausnahme wird sogleich wieder eingeschränkt: Wenn der Saldo des Kapitalkontos geringer ist als die Haftsumme des Kommanditisten oder durch die Gewinnentnahme geringer wird, führt auch die Gewinnentnahme zum Wiederaufleben der persönlichen Haftung des Kommanditisten (s. RdNr. 43 ff.). Wird dem Kommanditisten ein nicht bilanzierter Gewinn ausgezahlt, greift § 172 Abs. 4 S. 1 ein. Von § 172 Abs. 4 S. 2 macht § 172 **Abs.** 5 eine Ausnahme: Unter den dort genannten Gutglaubensvoraussetzungen ist der Bezug eines Gewinns, der die Voraussetzungen des § 172 Abs. 4 S. 2 erfüllt, haftungsunschädlich.

2. Einlagenrückgewähr (Abs. 4 S. 1). a) Minderung des Gesellschaftsvermögens. 21 **aa) Grundsatz.** Der Wortlaut des § 172 Abs. 4 S. 1 ist in doppelter Hinsicht zu eng: Weder muss

---

[35] MünchKommHGB/*K. Schmidt* RdNr. 39.
[36] BGH Urt. v. 9. 5. 1963 – II ZR 124/61, BGHZ 39, 319, 331 = NJW 1963, 1873, 1876; Urt. v. 13. 2. 1967 – II ZR 158/65, BGHZ 47, 149, 155 f. = NJW 1967, 1321; RGRK-HGB/*Weipert* Anm. 29; krit. *K. Schmidt* ZGR 1976, 307, 331.
[37] *Wiedemann* GesR II § 9 III 5 b; ebenso für die Freistellungs- oder Erstattungspflicht des Kommanditisten gegenüber einem Mitgesellschafter OLG Koblenz Urt. v. 15. 12. 1994 – 6 U 289/91, WM 1995, 765, 766.
[38] MünchKommHGB/*K. Schmidt* RdNr. 62.

gerade die (Pflicht-)Einlage zurückgewährt werden, noch muss etwas „gezahlt" werden. Unter Rückzahlung iSd. § 172 Abs. 4 S. 1 ist vielmehr **jede Zuwendung** an den Kommanditisten zu verstehen, durch die dem Gesellschaftsvermögen ein Wert ohne eine entsprechende Gegenleistung entzogen wird.[39] Das kann eine Zahlung sein, aber auch eine Sachleistung. Es kann sich um eine einseitige Zuwendung an den Kommanditisten handeln oder um eine Leistung im Rahmen eines Austauschgeschäfts.[40] Im letzteren Fall kommt es darauf an, ob die Gegenleistung des Kommanditisten geringwertiger ist als die Leistung der Gesellschaft (s. dazu RdNr. 25 ff.). Auch eine Entnahme durch den Kommanditisten selbst steht der Rückzahlung gleich. Ob der Rechtsgrund für die Zuwendung oder Entnahme in dem Gesellschaftsverhältnis liegt und ob der Kommanditist überhaupt ein Recht darauf hat, ist für § 172 Abs. 4 S. 1 ohne Bedeutung.[41] Allein die Auszahlung oder Entnahme von ausgewiesenem – auch stehengelassenem – Gewinn wird nicht von der Vorschrift erfasst, sondern ist in § 172 Abs. 4 S. 2 geregelt. Auf den Gesamt-Vermögensstand der Gesellschaft kommt es bei § 172 Abs. 4 – anders als im GmbH-Recht[42] – nicht an.[43] Die persönliche Haftung lebt in Höhe des **objektiven Wertes** der an den Kommanditisten fließenden Leistung wieder auf. Bei einem Unternehmen oder Unternehmensteil sind deshalb stille Reserven zu berücksichtigen.[44]

22 Fließt an den Kommanditisten ein über seine **Haftsumme** hinausgehender Wert zurück, haftet er dennoch nur in Höhe der Haftsumme.[45] Ist seine **Einlage** höher als seine Haftsumme (s. dazu § 171 RdNr. 5 ff., 38 ff.) oder hat er ein auf seinem Kapitalkonto verbuchtes Aufgeld (Agio) gezahlt, kann er die Differenz bis zur Haftsumme ohne ein Wiederaufleben der persönlichen Haftung entnehmen.[46] Unter der Voraussetzung, dass die Buchführung der Gesellschaft ordnungsgemäß ist, lässt sich folgende Faustregel aufstellen: Die persönliche Haftung des Kommanditisten lebt immer dann auf, wenn Gesellschaftsvermögen an ihn fließt und der Stand seines **Kapitalkontos** geringer ist oder durch die Vermögensübertragung geringer wird als die Haftsumme.[47]

23 Eine Ausnahme von dieser Regel besteht dann, wenn der Kommanditist ein Unternehmen zum Buchwert als Sacheinlage eingebracht hat und die **stillen Reserven** weder seinem noch dem Kapitalkonto eines anderen Gesellschafters gutgeschrieben worden sind. Da für die Haftungsbefreiung nach § 171 Abs. 1 HS 2 der wahre Wert der Sacheinlage maßgebend ist,[48] hat der Kommanditist, wenn seine Haftsumme dem Buchwert des von ihm eingebrachten Unternehmens entspricht, mit den stillen Reserven eine Zusatzleistung erbracht, die er auch ohne ein Wiederaufleben seiner persönlichen Haftung wieder entnehmen darf (str.).[49] Da der Kommanditist die Beweislast für Existenz und Höhe der stillen Reserven hat, empfiehlt es sich, diesen Wert durch ein Sachverständigengutachten festhalten zu lassen (s. § 171 RdNr. 57). Der Wert muss außerdem auf einem Sonderkonto fortgeschrieben werden. Das Gleiche gilt, wenn bei Um- oder Einbuchungen stille Reserven berücksichtigt werden sollen (s. § 171 RdNr. 45 ff., 69 ff.). Stille Reserven, die erst später entstanden und nicht aktiviert worden sind, bleiben dagegen im Rahmen des § 172 Abs. 4 außer Betracht.[50]

24 Nur wenn Vermögen aus der Gesellschaft abgezogen wird, greift § 172 Abs. 4 S. 1 ein. Die Umwandlung der Kommanditeinlage in eine **Darlehensforderung** reicht dagegen nicht. Erst die Rückzahlung der Darlehensvaluta wirkt haftungsauslösend, ebenso die Zahlung von Darlehenszinsen, sofern dafür kein ausgewiesener Gewinn verwendet wird (§ 172 Abs. 4 S. 1) und der Gewinn auch

---

[39] BGH Urt. v. 9. 5. 1963 (Fn. 36); Urt. v. 13. 2. 67 (Fn. 36); BAG Urt. v. 28. 9. 1982 – 3 AZR 304/80, NJW 1983, 1869, 1870; RGRK-HGB/*Weipert* Anm. 29; *Wiedemann*, FS Bärmann, 1975, S. 1037, 1041; ders. GesR II § 9 III 5 a; MünchKommHGB/*K. Schmidt* RdNr. 66; Staub/*Schilling* RdNr. 9.
[40] Zur Anwendbarkeit von § 172 Abs. 4 bei Spaltungen nach §§ 123 ff. UmwG und Verschmelzungen nach §§ 2 ff. UmwG *Naraschewski* DB 1995, 1265 und Röhricht/Graf von Westphalen/*von Gerkan* RdNr. 19.
[41] *Wiedemann*, FS Bärmann, 1975, S. 1037, 1041, 1046 f. („Verrechnungstheorie"); ders. JZ 1986, 855, 856; *K. Schmidt* ZGR 1976, 307, 332 ff. („Kapitalerhaltung"); MünchKommHGB/*K. Schmidt* RdNr. 67; *Huber* ZGR 1988, 1, 23 f.; aA *Keuk* ZHR 135 (1971), 410, 420; s. auch OLG München Urt. v. 21. 12. 1999 – 25 U 3744/99, NJW-RR 2000, 624, 625.
[42] BGH Urt. v. 14. 12. 1959 – II ZR 187/57, BGHZ 31, 258, 276; Hachenburg/*Goerdeler/Müller*, GmbHG, 8. Aufl. 1992, § 30 GmbHG RdNr. 28.
[43] *Huber* ZGR 1988, 1 Fn. 37; aA *Joost* ZGR 1987, 370, 386 ff.
[44] BGH Urt. v. 11. 12. 1989 – II ZR 78/89, BGHZ 109, 334, 337 = NJW 1990, 1109; anders bei § 172 Abs. 4 S. 2, s. RdNr. 45.
[45] BGH Urt. v. 29. 3. 1973 – II ZR 25/70, BGHZ 60, 324, 327 f. = NJW 1973, 1036, 1037; Urt. v. 19. 2. 1990 – II ZR 268/88, BGHZ 110, 342, 356 = NJW 1990, 1725, 1729; *Huber* ZGR 1988, 1, 14 f.; *Wiedemann* GesR II § 9 III 5 b; *Scholz* in H. P. Westermann RdNr. I 2978; aA *Joost* ZGR 1987, 370, 390; *Werner* WuB II G. § 30 GmbHG 3.91.
[46] BGH Urt. v. 12. 7. 1982 – II ZR 201/81, BGHZ 84, 383, 387 = NJW 1982, 2500, 2501; *Huber* ZGR 1988, 1, 13; *Wiedemann* GesR II § 9 III 5 b; Staub/*Schilling* RdNr. 10.
[47] *Huber* ZGR 1988, 1, 16.
[48] BGH Urt. v. 29. 3. 1973 (Fn. 45); s. § 171 RdNr. 56 ff.
[49] AA BGH Urt. v. 11. 12. 1989 – II ZR 78/89, BGHZ 109, 334, 339 ff. = NJW 1990, 1109, 1110.
[50] Insoweit wie BGH Urt. v. 11. 12. 1989 (Fn. 49).

nicht benötigt wird, um den Darlehenssaldo wieder auf den Stand der Haftsumme zu bringen (§ 172 Abs. 4 S. 2).[51] In der Insolvenz kann der Kommanditist den Darlehensanspruch bis zur Höhe der Haftsumme nicht geltend machen, weil die Darlehensvaluta in diesem Umfang der Bindung des § 172 Abs. 4 unterliegt.[52] Auch Sicherheiten, die ihm die Gesellschaft in Bezug auf diesen Zahlungsanspruch gewährt, muss er in der Insolvenz den übrigen Gesellschaftsgläubigern überlassen.[53] In der Liquidation kann er den Darlehensanspruch, soweit er nicht die Haftsumme übersteigt, erst nach Befriedigung der anderen Gläubiger geltend machen. Handelt es sich insgesamt um ein eigenkapitalersetzendes Darlehen, ist auch der über der Haftsumme liegende Teil gebunden (s. § 172a RdNr. 53). Die gleichen Regeln gelten bei einer Umwandlung der Kommanditeinlage in eine stille Beteiligung.

bb) Leistung auf Grund Verkehrsgeschäfts. Die haftungsauslösende Vermögenszuwendung 25 iSd. § 172 Abs. 4 S. 1 kann ihren Rechtsgrund auch in einem Verkehrsgeschäft haben (s. RdNr. 21). Dann handelt es sich um eine **verdeckte Gewinnausschüttung.**[54] So kann die Gesellschaft etwa von dem Kommanditisten ein Grundstück zu einem überhöhten Preis kaufen oder mieten, ihm umgekehrt etwas verkaufen oder vermieten für weniger als den Marktpreis, ihm für ein Darlehen einen überhöhten Zins oder für seine Dienste eine überhöhte Vergütung zahlen (zu letzterem s. RdNr. 28 ff.). Bei jedem Austauschgeschäft zwischen der Gesellschaft und dem Kommanditisten greift § 172 Abs. 4 S. 1 ein, wenn das Preis-Leistungs-Verhältnis für die Gesellschaft so ungünstig ist, dass sie sich einem Dritten gegenüber bei vernünftigem kaufmännischem Denken darauf nicht eingelassen hätte. In Höhe des Unterschiedsbetrags zu der angemessenen Gegenleistung lebt die persönliche Haftung des Kommanditisten wieder auf, sobald er die vertragliche Leistung erhält.[55]

Sind bei einem **Darlehen,** das die Gesellschaft dem Kommanditisten gewährt, der Zins und die 26 Konditionen marktüblich, liegt ein normales Umsatzgeschäft vor, das von § 172 Abs. 4 S. 1 nicht erfasst wird.[56] Etwas anderes gilt dann, wenn der Kommanditist nicht kreditwürdig ist und die Gesellschaft ihm deshalb, wäre er nicht Kommanditist, keinen Kredit geben würde. In diesem Fall lebt die persönliche Haftung des Kommanditisten in Höhe der ausgezahlten Darlehensvaluta wieder auf. Wird der Kommanditist dagegen erst später zahlungsunfähig, greift § 172 Abs. 4 S. 1 mangels einer dann erfolgten Einlagenrückgewähr nicht ein.[57]

Die **Stundung** einer Forderung der Gesellschaft gegen den Kommanditisten führt gem. § 172 27 Abs. 4 S. 1 in Höhe der gestundeten Forderung grundsätzlich zum Wiederaufleben der persönlichen Haftung des Kommanditisten. Auch hier kommt es aber auf den Vergleichsmaßstab des Geschäfts mit einem gesellschaftsfremden Dritten an. Die Stundung ist nicht haftungsauslösend, wenn sie auch einem Dritten gewährt worden wäre – was zB anzunehmen ist, wenn die Gesellschaft allen ihren Kunden ein bestimmtes Zahlungsziel einräumt.[58]

cc) Tätigkeitsvergütung. Zahlt die Gesellschaft dem Kommanditisten für dessen Dienstleistun- 28 gen eine Vergütung, ist im Rahmen des § 172 Abs. 4 zu unterscheiden: Beruht die Tätigkeit des Kommanditisten auf einem **Dienst- oder Arbeitsvertrag** mit der Gesellschaft, gelten die Grundsätze zum Leistungsaustausch auf Grund von Verkehrsgeschäften. Die persönliche Haftung des Kommanditisten lebt nur dann nach § 172 Abs. 4 S. 1 wieder auf, wenn und soweit die Vergütung unangemessen hoch ist (s. RdNr. 25).

Hat die Tätigkeit des Kommanditisten dagegen ihren Rechtsgrund in dem **Gesellschaftsverhält-** 29 **nis** – sind also etwa abweichend von § 164 im Gesellschaftsvertrag Geschäftsführungsbefugnisse auf

---

[51] BGH Urt. v. 9. 5. 1963 (Fn. 36) S. 331 f./1876; BFH Beschl. v. 11. 2. 2004 – VII B 224/03, BFH/NV 2004, 1060; Düringer/Hachenburg/*Flechtheim* RdNr. 10; *Wiedemann* JZ 1986, 855, 856; *Huber* ZGR 1988, 1, 24 ff.; aA *Keuk* ZHR 135 (1971), 410, 420 f.; *K. Schmidt* ZGR 1976, 307, 330 ff.; MünchKommHGB/*K. Schmidt* RdNr. 72.
[52] BGH Urt. v. 17. 5. 1982 – II ZR 16/81, NJW 1982, 2253; Urt. v. 10. 12. 1984 – II ZR 28/84, BGHZ 93, 159, 163 f. = NJW 1985, 1468 (jeweils zum Einlagensplitting, s. § 171 RdNr. 62 ff); Düringer/Hachenburg/*Flechtheim* RdNr. 10; Staub/*Schilling* RdNr. 14.
[53] Düringer/Hachenburg/*Flechtheim* RdNr. 10; aA Staub/*Schilling* RdNr. 14 und *K. Schmidt* ZGR 1976, 307, 335 (Bestellung der Sicherheit schon als Einlagenrückgewähr); offengelassen von BGH Urt. v. 20. 10. 1975 – II ZR 214/74, NJW 1976, 751, 752.
[54] Schmidt/*Weber-Grellet* § 20 EStG RdNr. 60 ff.
[55] *Wiedemann,* FS Bärmann, 1975, S. 1037, 1045, 1047 f.; ders. GesR II § 9 III 5 a; *Huber* ZGR 1988, 1, 26 ff.; *K. Schmidt* ZGR 1976, 307, 333; ebenso für einen Vergleich OLG Hamm Urt. v. 20. 11. 2000 – 8 U 22/00, NZG 2001, 359.
[56] *Scholz* in H. P. Westermann RdNr. I 2985, 2982, 2987; *Kornblum* S. 256; *Huber* ZGR 1988, 1, 26; aA Schlegelberger/*Geßler,* 4. Aufl. 1963, RdNr. 14; *K. Schmidt* ZGR 1976, 307, 332 f.
[57] *Scholz* in H. P Westermann RdNr. I 2987; aA Staub/*Schilling* RdNr. 9; Röhricht/Graf von Westphalen/*von Gerkan* RdNr. 20.
[58] *Sassenrath* (Fn. 57) und *Kornblum* (Fn. 56); aA Schlegelberger/*Geßler* und *K. Schmidt* (Fn. 56) sowie Staub/*Schilling* RdNr. 9.

den Kommanditisten übertragen worden –, ist weiter zu differenzieren: Besteht die Vergütung des Kommanditisten in einem vorab an ihn zu zahlenden **Gewinnanteil**, gelten keine Besonderheiten. Soweit Gewinn ausgewiesen ist, kommt § 172 Abs. 4 S. 1 nicht zur Anwendung. Die persönliche Haftung lebt in diesem Fall nur dann wieder auf, wenn die Voraussetzungen des § 172 Abs. 4 S. 2 erfüllt sind. Ist kein Gewinn ausgewiesen, greift § 172 Abs. 4 S. 1 ein. Die Zahlung der Vergütung wirkt dann in vollem Umfang haftungsauslösend. Besteht die Vergütung des Kommanditisten dagegen in einem gewinnunabhängigen **Festgehalt**, gelten die gleichen Grundsätze wie beim Dienst- oder Arbeitsvertrag. Der Kommanditist haftet nur dann wieder nach § 172 Abs. 4 S. 1 persönlich, wenn und soweit das Gehalt unangemessen hoch ist, einem gesellschaftsfremden Dritten also für die gleiche Leistung weniger bezahlt worden wäre.[59]

30 Wenn sich die Abgrenzung zwischen Gewinnvoraus und Festgehalt nicht schon aus dem Wortlaut des Gesellschaftsvertrags ergibt, kann auf die **Art der Verbuchung** abgestellt werden. Wird das Gehalt des Kommanditisten in der Handelsbilanz als Aufwand verbucht, spricht das für ein Festgehalt und gegen einen Gewinnvoraus.[60] Die steuerrechtliche Gleichbehandlung nach § 15 Abs. 1 S. 1 Nr. 2 EStG und die Abgrenzung im Sozialversicherungsrecht[61] sind für die Haftung ohne Bedeutung.

31 In der **GmbH & Co. KG** kann eine Tätigkeitsvergütung zwischen dem Kommanditisten und der KG vereinbart werden – dann gelten die vorstehenden Regeln (RdNr. 28 ff.). Der Kommanditist kann seine Vergütung aber auch von der Komplementär-GmbH beziehen. Wird dieser – wie üblich – die Gehaltszahlung aus dem Vermögen der KG erstattet, gelten ebenfalls die vorstehenden Regeln.[62] Denn auch eine nur mittelbare Zuwendung an den Kommanditisten fällt unter § 172 Abs. 4 S. 1 (s. RdNr. 36 f.). Daneben und unabhängig von § 172 Abs. 4 hat die KG aber auch einen Rückzahlungsanspruch aus §§ 31, 30 Abs. 1 GmbHG gegen den Kommanditisten, wenn die Voraussetzungen dieser Vorschriften in Bezug auf das GmbH-Vermögen erfüllt sind.[63] Zu den Einzelheiten s. § 172 a RdNr. 8 ff.

32 **dd) Leistung durch Dritten.** Die Erstattung der Einlage an den Kommanditisten durch einen Dritten führt nicht zum Wiederaufleben der persönlichen Haftung nach § 172 Abs. 4 S. 1. Das gilt auch für Leistungen des **Komplementärs** oder eines persönlich haftenden Kommanditisten, etwa im Rahmen einer Anteilsübernahme (s. § 173 RdNr. 40 f.) oder zur Abfindung eines ausgeschiedenen Kommanditisten (s. RdNr. 38 ff.). Geschützt durch die Bindung des § 172 Abs. 4 ist nur das Gesellschaftsvermögen, nicht auch das Privatvermögen der den Gesellschaftsgläubigern haftenden Gesellschafter.[64]

33 Die persönliche Haftung des Kommanditisten lebt aber dann wieder auf, wenn die Leistung des Dritten mittelbar das Gesellschaftsvermögen vermindert. Hauptfall ist die Leistung für Rechnung der Gesellschaft, bei der für den leistenden Dritten ein **Erstattungsanspruch** – etwa aus § 110 – begründet wird.[65] Nur wenn dieser Erstattungsanspruch nicht durchsetzbar ist, weil zB die KG vermögenslos ist, bleibt es bei der Haftungsbefreiung.[66] Eine mittelbare Zuwendung iSd. § 172 Abs. 4 S. 1 liegt auch dann vor, wenn dem Dritten schon vor seiner Leistung an den Kommanditisten eine darauf bezogene Gegenleistung aus dem Gesellschaftsvermögen gewährt worden ist.[67] Haftungsauslösend ist ferner die Leistung eines Dritten, wenn sie aus Kreditmitteln erfolgt und die Gesellschaft

---

[59] BAG Urt. v. 28. 9. 1982 – 3 AZR 304/80, NJW 1983, 1869, 1870; *Bork* AcP 1984, 465, 480 ff.; *Priester* DB 1975, 1878; *Huber* ZGR 1988, 1, 27; *K. Schmidt* Einlage S. 59 ff., 87 (aber ohne Differenzierung zwischen § 172 Abs. 4 S. 1 und S. 2); aA OLG Celle Urt. v. 26. 3. 1973 – 9 U 172/72, OLGZ 1973, 343, OLG Hamm Urt. v. 15. 11. 1976 – 8 U 80/76, DB 1977, 717 und FG Nürnberg Urt. v. 10. 12. 2002 – II 553/2000, DStRE 2003, 1354, 1356 (stets Einlagenrückgewähr bei Vergütung auf Grund Gesellschaftsvertrags); *Riegger* DB 1983, 1909 (wie OLG Celle und Hamm, anders aber bei GmbH & Co. KG).
[60] *Bork* AcP 1984, 465, 466, 478.
[61] BSG Urt. v. 30. 4. 1976 – 8 RU 78/75, GmbHR 1977, 131.
[62] BAG Urt. v. 28. 9. 1982 (Fn. 58); Staub/*Schilling* RdNr. 12.
[63] BGH Urt. v. 29. 3. 1973 – II ZR 25/70, BGHZ 60, 324, 328 ff. = NJW 1973, 1036, 1037 f.; Urt. v. 19. 2. 1990 – II ZR 268/88, BGHZ 110, 342, 355 ff. = NJW 1990, 1725, 1728 f.; teilw. anders *Bork* AcP 1984, 465, 495 f.; s. unten RdNr. 64 ff.
[64] BGH Urt. v. 14. 1. 1985 – II ZR 103/84, BGHZ 93, 246, 249 ff. = NJW 1985, 1776; *K. Schmidt* Einlage S. 100 ff.; *Wiedemann* GesR II § 9 5 a; offengelassen noch von BGH Urt. v. 28. 3. 1977 – II ZR 78/75, WM 1977, 917, 919 und Urt. v. 3. 7. 1978 – II ZR 110/77, WM 1978, 1228, 1229 f.; aA OLG Frankfurt Urt. v. 28. 2. 1961 – 5 U 121/60, NJW 1963, 545; *Steckhan* DNotZ 1974, 69, 73; *Riegger* BB 1975, 1282; *Hadding*, FS Fleck, 1988, S. 71, 85 f.; teilweise anders auch OLG Köln Urt. v. 11. 12. 1981 – 20 U 96/81, ZIP 1982, 181 bezüglich Prämienzahlungen für Erbschaftsteuerversicherung.
[65] BGH Urt. v. 18. 1. 1973 – II ZR 114/71, BGHZ 61, 149, 152 = NJW 1973, 1878, 1879; Urt. v. 28. 1. 1980 – II ZR 250/78, BGHZ 76, 127, 130 = NJW 1980, 1163.
[66] BGH Urt. v. 14. 1. 1985 (Fn. 64).
[67] BGH Urt. v. 13. 2. 1967 – II ZR 158/65, BGHZ 47, 149, 155 f. = NJW 1967, 1321.

für den Kredit **Sicherheiten** gestellt hat.[68] Andererseits führt eine Leistung der Gesellschaft an den Kommanditisten für Rechnung eines Mitgesellschafters nicht zum Wiederaufleben der Haftung des empfangenden Kommanditisten.[69] Lediglich in Bezug auf den Mitgesellschafter kann dann § 172 Abs. 4 eingreifen.

Zur Rechtslage bei der **GmbH & Co. KG** s. RdNr. 64 ff. 34

Die Trennung von – durch § 172 Abs. 4 geschütztem – Gesellschaftsvermögen und – nicht geschütz- 35
tem – Gesellschaftervermögen wird aufgehoben, wenn der einzige persönlich haftende Gesellschafter alle Kommanditanteile übernimmt und damit aus der KG ein **einzelkaufmännisches Unternehmen** wird. Deshalb wirken Abfindungsleistungen in diesem Fall haftungsauslösend, ohne dass es darauf ankommt, ob sie vor oder nach der Geschäftsübernahme geflossen sind und wie sie verbucht werden.[70]

ee) **Leistung an Dritten.** Auch eine Leistung der Gesellschaft an einen Dritten kann die 36
persönliche Haftung des Kommanditisten nach § 172 Abs. 4 wiederaufleben lassen. Voraussetzung ist, dass die Leistung dem Kommanditisten **zurechenbar** ist und ihr keine gleichwertige Gegenleistung gegenübersteht. Dabei gelten dieselben Grundsätze wie bei der Einlagenrückgewähr im Aktien- und GmbH-Recht.[71] So muss sich der Treuhandkommanditist entsprechend dem Rechtsgedanken des § 46 Abs. 5 AktG eine Leistung der Gesellschaft an seinen **Treugeber** zurechnen lassen.[72] Ebenfalls zugerechnet werden dem Kommanditisten Leistungen an Strohmänner und an Gesellschaften, an denen er beteiligt ist. Eine Leistung der Gesellschaft an einen Dritten – etwa der Erlass einer Forderung – mit der Bestimmung, dafür dem Kommanditisten einen Vermögensvorteil zukommen zu lassen, fällt ebenfalls unter § 172 Abs. 4 S. 1.[73] Auch die Zahlung von Steuern zugunsten des Kommanditisten durch die Gesellschaft wirkt haftungsauslösend, sofern es sich nicht um die Einkommensteuer auf den Gewinnanteil des Kommanditisten handelt und ihm nur der Nettogewinn ausgezahlt wird.[74] Überhaupt fällt jede Leistung **für Rechnung** des Kommanditisten, der keine gleichwertige Gegenleistung in das Gesellschaftsvermögen gegenübersteht, unter § 172 Abs. 4 S. 1.

Ob die Gesellschaft gegen den Kommanditisten einen vollwertigen Erstattungsanspruch hat, spielt 37
– wie auch sonst bei § 172 Abs. 4 – keine Rolle.[75] Der Dritte haftet neben dem Kommanditisten nur unter den Voraussetzungen des § 826 BGB oder – beim Treuhandverhältnis in der GmbH & Co. KG – der §§ 30, 31, 32 a und 32 b GmbHG (s. § 171 RdNr. 120).[76]

b) **Abfindung und Liquidation.** Der Kommanditist haftet auch noch nach seinem **Ausschei-** 38
den oder nach **Auflösung** der Gesellschaft bis zur Höhe der Haftsumme für die bis dahin begründeten Gesellschaftsschulden, bei der Auflösung auch für die in der Liquidation neu begründeten Verbindlichkeiten (s. § 171 RdNr. 17 ff., 80 ff.). Seine Haftung ist **zeitlich begrenzt** durch die Ausschlussfrist des § 160 und die Verjährungsfrist des § 159. Hat er sich durch Leistung der Einlage nach § 171 Abs. 1 HS 2 von der persönlichen Haftung befreit, bleibt er dabei auch nach dem Ausscheiden/der Auflösung. Wird dem Kommanditisten das Abfindungs- bzw. Auseinandersetzungsguthaben von der Gesellschaft **ausgezahlt**, lebt seine persönliche Haftung nach § 172 Abs. 4 S. 1 in Höhe der Auszahlung wieder auf.[77]

Wenn der ausgeschiedene Kommanditist sein Abfindungsguthaben zunächst auf einem **Forde-** 39
rungskonto stehen lässt, seinen Abfindungsanspruch also stundet, lebt die persönliche Haftung noch nicht wieder auf.[78] Das Gleiche gilt, wenn der Abfindungsanspruch in ein **Darlehen** oder eine **stille Einlage** umgewandelt wird. Erst die Rückzahlung des Darlehens/der stillen Einlage ist haftungsauslösend, ebenso die Zahlung von Zinsen, wenn kein Gewinn ausgewiesen ist oder der Gewinn zum Auffüllen des Darlehenssaldos/der stillen Einlage bis zur Höhe der Haftsumme benötigt wird.[79]

---

[68] BGH Urt. v. 20. 10. 1975 – II ZR 214/74, NJW 1976, 751.
[69] BGH Urt. v. 2. 7. 1990 – II ZR 139/89, BGHZ 112, 31, 36 ff. = NJW 1990, 3145, 3146.
[70] BGH Urt. v. 18. 1. 1973 (Fn. 65) S. 151 ff./1879.
[71] *Canaris*, FS Fischer, 1979, S. 31, 57 f.
[72] BGH Urt. v. 20. 10. 1975 – II ZR 214/74, NJW 1976, 751, 752; Urt. v. 28. 1. 1980 (Fn. 65); zur Freistellungspflicht des Treugebers s. § 171 RdNr. 120.
[73] BGH Urt. v. 13. 2. 1967 (Fn. 67); s. RdNr. 33.
[74] BGH Urt. v. 29. 3. 1973 (Fn. 63) S. 327 f./1037; MünchKommHGB/K. Schmidt RdNr. 70; aA *Scholz* in H. P. Westermann RdNr. I 2976.
[75] AA *Canaris*, FS Fischer, 1979, S. 31, 57.
[76] Teilw. aA *Canaris*, FS Fischer, 1979, S. 31, 57 f.
[77] RG Urt. v. 17. 9. 1906 – Rep. VI. 584/05, RGZ 64, 77, 81; *Wiedemann* GesR II § 9 III 2; zu den Voraussetzungen des erneuten Erlöschens der Haftung MünchKommHGB/K. Schmidt RdNr. 75.
[78] Staub/Schilling RdNr. 4.
[79] BGH Urt. v. 9. 5. 1963 – II ZR 124/61, BGHZ 39, 319, 331 f. = NJW 1963, 1873, 1876; *Wiedemann* GesR II § 9 III 5 a; einschränkend *Cebulla* DStR 2000, 1917, MünchKommHGB/K. Schmidt Rn. 73, die einen Rangrücktritt verlangen.

Übersteigt das Guthaben des Kommanditisten nach seinem Ausscheiden oder nach Auflösung der Gesellschaft die Haftsumme, kann ihm der Mehrbetrag ohne ein Wiederaufleben der persönlichen Haftung ausgezahlt werden (s. RdNr. 22).

40 Wird der Kommanditist von einem **Mitgesellschafter** abgefunden, ohne dass dieser dadurch einen Erstattungsanspruch gegen die Gesellschaft erlangt oder das Unternehmen einzelkaufmännisch fortführt, greift § 172 Abs. 4 nicht ein (s. RdNr. 32 ff.). Wird zwischen dem ausscheidenden Kommanditisten und einem Mitgesellschafter ein „Anteilskauf" vereinbart, muss anhand der Verbuchung bei der Gesellschaft geprüft werden, ob der Sache nach nicht doch eine Abfindung aus Gesellschaftsmitteln gewollt ist.[80]

41 c) **Anteilsübertragung.** Zur Haftung des Kommanditisten nach Übertragung seines Anteils s. § 173 RdNr. 18 ff.

42 d) **Erstattung des zur Gläubigerbefriedigung Geleisteten.** Besteht die Pflichteinlage des Kommanditisten nicht gerade darin, einen Gesellschaftsgläubiger zu befriedigen, so erlangt er einen Erstattungsanspruch gegen die Gesellschaft, wenn er auf Grund seiner Haftung nach §§ 128, 161 Abs. 2, 171 Abs. 1 an einen Gesellschaftsgläubiger zahlt (s. § 171 RdNr. 35 f.). Wird dieser Erstattungsanspruch von der Gesellschaft erfüllt, liegt darin eine haftungsauslösende Vermögenszuwendung iSd. § 172 Abs. 4 S. 1. Das Gleiche gilt, wenn ein Mitgesellschafter auf den Erstattungsanspruch zahlt und dadurch seinerseits einen Erstattungsanspruch gegen die Gesellschaft erwirbt.[81]

43 3. **Gewinnentnahme (Abs. 4 S. 2).** Nach **§ 169 Abs. 1 S. 2 HS 2** hat der Kommanditist im (Innen-)Verhältnis zur Gesellschaft keinen Anspruch auf Auszahlung von Gewinn, wenn sein Kapitalanteil durch Verlust unter den auf die vereinbarte Einlage geleisteten Betrag herabgemindert ist oder durch die Auszahlung auf diesen Betrag herabgemindert werden würde. Diese Regelung wird durch § 172 Abs. 4 S. 2 auf das (Außen-)Verhältnis zu den Gesellschaftsgläubigern **ausgedehnt.**[82] Zugleich wird dadurch der Grundsatz des § 172 Abs. 4 S. 1 ergänzt: Was der Kommanditist mit der Folge der Haftungsbefreiung nach § 171 Abs. 1 HS 2 an die Gesellschaft geleistet hat, soll ihr dauerhaft erhalten bleiben (§ 172 Abs. 4 S. 1). Geht das Geleistete durch eine ungünstige Geschäftsentwicklung verloren, ändert sich an der Haftungsbefreiung nichts. Wohl aber führt dann eine Gewinnauskehrung zum Wiederaufleben der persönlichen Haftung (§ 172 Abs. 4 S. 2). Der Gewinn soll zunächst dazu verwendet werden, einen etwaigen **Kapitalverlust** wieder aufzufüllen. Erst wenn das geschehen ist, kann der darüber hinausgehende Gewinn haftungsunschädlich ausgezahlt werden. Das Gleiche gilt bei einem Verlust, der schon vor der Einlageleistung entstanden ist.[83] Während § 169 Abs. 1 S. 2 HS 2 abbedungen werden kann, gilt § 172 Abs. 4 S. 2 unabhängig von den Vereinbarungen im Innenverhältnis.[84]

44 Anders als § 169 Abs. 1 S. 2 HS 2 ist in § 172 Abs. 4 S. 2 mit „Einlage" nicht die Pflichteinlage, sondern die **Haftsumme** gemeint. Nur in Höhe der Haftsumme gilt das Prinzip der objektiven Vermögensdeckung (s. § 171 RdNr. 3). Ist die Haftsumme niedriger als die (Pflicht-)Einlage, führt eine Gewinnauszahlung an den Kommanditisten, durch der der Stand seines Kapitalkontos vermindert wird, unabhängig von der Zulässigkeit nach § 169 Abs. 1 S. 2 HS 2 nur insoweit zu einem Wiederaufleben der persönlichen Haftung, als die Haftsumme auf dem Kapitalkonto unterschritten wird.[85] Umgekehrt ist bei einer höheren Haftsumme eine nach § 169 Abs. 1 S. 2 HS 2 zulässige Gewinnauskehrung haftungsauslösend, wenn und soweit danach das Kapitalkonto nicht mehr ein Guthaben in Höhe der Haftsumme aufweist.[86]

45 Unter **Gewinn** iSd. § 172 Abs. 4 S. 2 ist der in der Handelsbilanz ausgewiesene Jahresgewinn zu verstehen. Maßgebend sind die **Buchwerte.** Stille Reserven, auch soweit sie durch steuerliche Sonderabschreibungen gebildet worden sind, dürfen – ebenso wie bei § 30 GmbHG[87] – erst dann berücksichtigt werden, wenn sie in zulässiger Weise aufgelöst worden sind.[88] Insoweit besteht ein

---

[80] BGH Urt. v. 28. 9. 1995 – II ZR 87/94, NJW 1995, 3313.
[81] BGH Urt. v. 14. 1. 1985 – II ZR 103/84, BGHZ 93, 246, 249 = NJW 1985, 1776; *H. Westermann*, FS Barz, 1974, S. 81, 89 ff.; weitergehend *Hadding* (Fn. 64); s. oben RdNr. 32 ff.
[82] BAG Urt. v. 28. 9. 1982 – 3 AZR 304/80, NJW 1983, 1869, 1870.
[83] RGRK-HGB/*Weipert* Anm. 36; zum Gewinnbezug vor Einlageleistung und bei Teileinlageleistung s. RdNr. 46.
[84] MünchKommHGB/*K. Schmidt* RdNr. 76 f.
[85] Unzutreffend LG Hamburg Urt. v. 3. 6. 2004 – 326 O 209/03, NZG 2005, 76 m. Anm. Bollensen/Dörner, S. 66, die den Stand des Kapitalkontos unberücksichtigt lassen wollen.
[86] MünchKommHGB/*K. Schmidt* RdNr. 79.
[87] BGH Urt. v. 11. 5. 1987 – II ZR 226/86, NJW 1988, 139; Urt. v. 7. 11. 1988 – II ZR 46/88, BGHZ 106, 7, 12 = NJW 1989, 982, 983.
[88] BGH Urt. v. 11. 12. 1989 – II ZR 78/89, BGHZ 109, 334, 337 ff. = NJW 1990, 1109; OLG Hamburg Urt. v. 8. 2. 1989 – 8 U 120/88, WM 1989, 753, 755 f.; *Schulze-Osterloh* ZGR 1991, 488, 510; *Wiedemann* GesR II § 9 III 5 a;

Unterschied zu der Bewertung der Einlageleistung und der Einlagenrückgewähr im Rahmen der §§ 171 Abs. 1 HS 2 und 172 Abs. 4 S. 1, wo es auf den wahren Wert des Leistungsgegenstands ankommt (s. § 171 RdNr. 56 ff. und § 172 RdNr. 21 ff.). **Zinsen** auf die Kommanditeinlage und **feste Beträge,** die als Gewinnvoraus vereinbart sind – etwa im Rahmen einer Tätigkeitsvergütung (s. RdNr. 28 ff.) – fallen als Gewinnentnahmen unter § 172 Abs. 4 S. 2.[89] Zu den Zinsen bezüglich des Guthabens auf dem zweiten Konto des Kommanditisten s. RdNr. 48. Ein **Scheingewinn,** der zwar in der (unrichtigen) Bilanz ausgewiesen, tatsächlich aber nicht erwirtschaftet worden ist, fällt dagegen unter § 172 Abs. 4 S. 1.[90] Das Gleiche gilt für Gewinnanteile, die zwar erwirtschaftet, im Innenverhältnis aber nicht dem Kommanditisten, sondern einem anderen Gesellschafter zustehen. Ein Scheingewinn, der nicht in einer Bilanz ausgewiesen ist, wird erst recht von § 172 Abs. 4 S. 1 erfasst.[91]

Hat der Kommanditist noch **keine Einlage** geleistet und auch noch keinen Gesellschaftsgläubiger 46 befriedigt, kann an ihn Gewinn ohne Haftungsfolge ausgezahlt werden. Denn er haftet immer nur bis zur Höhe der Haftsumme persönlich. Durch § 172 Abs. 4 S. 2 wird diese Haftung nicht ausgeweitet.[92] Ist die Einlage **teilweise** geleistet worden, so ist eine auf den geleisteten Teil entfallende Gewinnauszahlung haftungsunschädlich, wenn das Kapitalkonto noch ein Guthaben in Höhe der Teilleistung aufweist und dieses Guthaben durch die Gewinnauszahlung nicht verringert wird.[93]

Gewinn, der nicht entnommen wird, obwohl er nach den vorstehend genannten Regeln haftungs- 47 unschädlich entnommen werden könnte, wird gem. § 167 Abs. 2 nicht dem Kapitalkonto, sondern einem **Privat- oder Darlehenskonto** des Kommanditisten gutgeschrieben. Diese Gutschrift steht der Auszahlung haftungsrechtlich gleich. Das Guthaben auf dem Privat- oder Darlehenskonto ist nicht durch § 172 Abs. 4 gebunden. Es kann an den Kommanditisten später ohne Haftungsfolge ausgezahlt werden, auch wenn das Guthaben auf seinem Kapitalkonto mittlerweile unter den Betrag der Haftsumme abgesunken ist.[94] In der Insolvenz kann der Kommanditist den Anspruch auf Auszahlung dieses Guthabens gleichberechtigt neben den anderen Gesellschaftsgläubigern geltend machen.[95] Bei der GmbH & Co. KG gilt das nur dann nicht, wenn die Voraussetzungen einer eigenkapitalersetzenden Gesellschafterleistung vorliegen (s. RdNr. 64 ff. und die Erläuterungen zu § 172 a).

Werden dem Kommanditisten bezüglich seines Guthabens auf dem Privat- oder Darlehenskonto 48 **Zinsen** gezahlt, greift § 172 Abs. 4 S. 2 – anders als bei Zinsen auf die Kommanditeinlage (s. RdNr. 45) – nicht ein. Vielmehr gelten die Grundsätze des § 171 Abs. 4 S. 1 für Leistungen im Austauschverhältnis: Entsprechen die Zinsen demjenigen, was die Gesellschaft auch einem gesellschaftsfremden Dritten für die Gewährung eines Darlehens gezahlt hätte, so ist ihre Auszahlung haftungsunschädlich. Sind sie dagegen höher, lebt die persönliche Haftung des Kommanditisten insoweit wieder auf.[96]

4. Gutglaubensschutz beim Gewinnbezug (Abs. 5). a) Grundsatz. Wird dem Komman- 49 ditist ein Scheingewinn ausgezahlt, lebt unter den Voraussetzungen des § 172 Abs. 4 seine persönliche Haftung wieder auf (s. RdNr. 45). Das Gleiche gilt, wenn ein tatsächlich erwirtschafteter Gewinn an ihn ausgekehrt wird, obwohl entweder sein Kapitalkonto auf Grund früherer Verluste kein Guthaben in Höhe der Haftsumme aufweist (s. RdNr. 43) oder dieser Gewinn einem anderen Gesellschafter gebührt (s. RdNr. 45). Davon macht § 172 Abs. 5 eine Ausnahme: Wenn der Kommanditist auf Grund einer gutgläubig aufgestellten Bilanz etwas als Gewinn ausgezahlt bekommt und er auch selbst gutgläubig ist, lebt seine persönliche Haftung selbst dann nicht wieder auf, wenn die Voraussetzungen des § 172 Abs. 4 S. 2 erfüllt sind.

b) Gewinnbezug. Von § 172 Abs. 5 wird nur der in der **Bilanz** ausgewiesene Gewinn erfasst. 50 **Vorauszahlungen** auf den Gewinn fallen nicht darunter, ebenso wenig Zahlungen auf eine **Gewinngarantie,** soweit sie den erwirtschafteten Gewinn übersteigen. Auch bei **verdeckten**

---
aA bezüglich Sonderabschreibungen: *Priester* BB 1976, 1004; *K. Schmidt* ZGR 1976, 307, 337; bezüglich der „einfachen KG": *Herrmann* WuB II F. § 172 HGB 1.89.
[89] BGH Urt. v. 9. 5. 1963 – II ZR 124/61, BGHZ 39, 319, 332 = NJW 1963, 1873, 1876; *Huber* ZGR 1988, 1, 25 f.; *Staub/Schilling* RdNr. 15.
[90] *Scholz* in H. P. Westermann RdNr. I 2999; anders Voraufl.
[91] MünchKommHGB/*K. Schmidt* RdNr. 78.
[92] *K. Schmidt* ZGR 1976, 307, 336 f.; MünchKommHGB/*K. Schmidt* RdNr. 80; Heymann/*Horn* RdNr. 16; aA Schlegelberger/*Geßler,* 4. Aufl. 1963, RdNr. 21, und (bezüglich Scheingewinn) Düringer/Hachenburg/*Flechtheim* RdNr. 12.
[93] Heymann/*Horn* RdNr. 16; Baumbach/*Hopt* RdNr. 8.
[94] *Huber* ZGR 1988, 1, 34 f.; aA MünchKommHGB/*K. Schmidt* RdNr. 86.
[95] *Huber* Vermögensanteil, S. 254.
[96] Ebenso *Huber* ZGR 1988, 1, 36 f., der allerdings § 172 Abs. 4 S. 2 anwendet; s. oben RdNr. 25 f.

Gewinnausschüttungen im Rahmen von Austauschgeschäften (s. RdNr. 25 ff.) wird der gute Glaube nicht geschützt.[97] Hauptfall des Gewinnbezugs ist die Auszahlung an den Kommanditisten nach Feststellung des Jahresabschlusses. Unterbleibt die Auszahlung, weil der Gewinn gem. §§ 120 Abs. 2, 167 Abs. 1, 2 dem Kapitalkonto des Kommanditisten zum Ausgleich eines Verlustes oder als Einlageleistung („stehengelassener Gewinn", s. § 171 RdNr. 44) gutgeschrieben worden ist, gilt § 172 Abs. 5 nicht.[98] Die Vorschrift ist aber anwendbar, wenn der Gewinn nicht ausgezahlt, sondern auf ein **Privat- oder Darlehenskonto** des Kommanditisten gebucht wird.[99] Wie bei § 172 Abs. 4 S. 2 (s. RdNr. 47) steht auch bei § 172 Abs. 5 die Gutschrift auf dem Privat- oder Darlehenskonto der Auszahlung gleich.[100] Wenn zum Zeitpunkt der Gutschrift die Gutglaubensvoraussetzungen des § 172 Abs. 5 erfüllt sind, kann das Guthaben auch dann ohne Haftungsfolge an den Kommanditist ausgezahlt werden, wenn zwischenzeitlich der gute Glaube entfallen ist. Eine unbefugte Gewinnentnahme durch den Kommanditisten fällt nicht unter § 172 Abs. 5.[101]

51 Entsprechend anwendbar ist § 172 Abs. 5 auf die Auszahlung eines tatsächlich entstandenen Gewinns, wenn das Kapitalkonto des Kommanditisten danach zwar nominell noch ein Guthaben in Höhe der Haftsumme aufweist, bei richtiger Buchführung aber unter den Betrag der Haftsumme abgesunken wäre.[102] Der gute Glaube muss sich dann auf die Führung des Kapitalkontos beziehen. Von § 172 Abs. 5 wird ferner eine Auszahlung von Gewinn erfasst, der einem anderen Gesellschafter zusteht.[103]

52 **c) Guter Glaube.** Das Haftungsprivileg des § 172 Abs. 5 setzt einen **doppelten guten Glauben** voraus: Nicht nur der **Kommanditist,** sondern auch die Personen, von denen die Bilanz errichtet worden ist, müssen in Bezug auf die Unrichtigkeit der Bilanz oder des Gewinnverteilungsschlüssels gutgläubig sein. Das gilt auch für Publikumsgesellschaften. Die für den Gesellschafter günstigeren Regelungen in § 62 Abs. 1 S. 2 und Abs. 3 AktG sind nicht analog anzuwenden.[104] Zur Errichtung der Bilanz gehört ihre Aufstellung und ihre Feststellung (s. § 120 RdNr. 8 ff., 33 ff.). Alle daran beteiligten Personen, also die geschäftsführenden Gesellschafter (oder die Geschäftsführer der Komplementär-GmbH) bei der Aufstellung und **sämtliche Gesellschafter,** die an der Beschlussfassung über die **Feststellung** mitwirken,[105] müssen gutgläubig sein.[106]

53 An einem guten Glauben fehlt es jedenfalls dann, wenn anerkannte Bilanzgrundsätze **vorsätzlich** verletzt worden sind.[107] Aber auch **grobe Fahrlässigkeit** schadet, und zwar sowohl bei dem Kommanditisten als auch bei den an der Bilanzerrichtung beteiligten Gesellschaftern.[108] Ein Rechtsirrtum entlastet nur, wenn er unverschuldet ist.[109] Wird der Gewinn an einen **Dritten** für Rechnung des Kommanditisten ausgezahlt, kann der böse Glaube des Dritten dem Kommanditisten nach § 166 BGB oder wegen einer besonderen Nähe zuzurechnen sein.[110] Der für die Gutgläubigkeit maßgebende **Zeitpunkt** ist derjenige der Bilanzerrichtung für die daran beteiligten Gesellschafter, aber auch die Zeitspanne bis zur Auszahlung des Gewinns an den Kommanditisten. Für diesen kommt es dagegen, wenn er nicht an der Bilanzerrichtung mitgewirkt hat, allein auf den Auszahlungszeitpunkt an.[111] Die Gutschrift auf dem Privat- oder Darlehenskonto des Kommanditisten steht – wie bei § 172 Abs. 4 S. 2 (s. RdNr. 47) – der Auszahlung gleich.[112] Zur **Beweislast** s. RdNr. 57.

---

[97] MünchKommHGB/*K. Schmidt* RdNr. 84.
[98] Heymann/*Horn* RdNr. 24.
[99] Zu den einzelnen Konten s. § 120 RdNr. 69 ff. und *Huber* ZGR 1988, 1, 46 ff.
[100] Staub/*Schilling* RdNr. 17; Heymann/*Horn* RdNr. 24 f., der allerdings zusätzlich noch die Mitteilung von der Gutschrift verlangt; aA MünchKommHGB/*K. Schmidt* RdNr. 85 f.; Baumbach/*Hopt* RdNr. 11; Düringer/Hachenburg/*Flechtheim* RdNr. 15 (Gutglaubensschutz nur bei Auszahlung bis zur Feststellung des nächsten Jahresabschlusses).
[101] MünchKommHGB/*K. Schmidt* RdNr. 85.
[102] Staub/*Schilling* RdNr. 16; Röhricht/Graf von Westphalen/*von Gerkan* RdNr. 53.
[103] Baumbach/*Hopt* RdNr. 9.
[104] BGH Urt. v. 12. 7. 1982 – II ZR 201/81, BGHZ 84, 383, 386 f. = NJW 1982, 2500, 2501 m. krit. Anm. *K. Schmidt.*
[105] Zum Mitwirkungsrecht der Kommanditisten BGH Urt. v. 29. 3. 1996 – II ZR 263/94, BGHZ 132, 263 = NJW 1996, 1678.
[106] AA Staub/*Schilling* RdNr. 18 und Röhricht/Graf von Westphalen/*von Gerkan* RdNr. 46 bezüglich der überstimmten Gesellschafter, denen aber auch bei bloßer Fahrlässigkeit vorzuwerfen ist, dass sie die Unrichtigkeit nicht erkannt und zur Sprache gebracht haben.
[107] BGH Urt. v. 12. 7. 1982 (Fn. 104) S. 385/2501.
[108] Baumbach/*Hopt* RdNr. 10; *Scholz* in H. P. Westermann RdNr. I 3023, 3025; Heymann/*Horn* RdNr. 25; aA *K. Schmidt* BB 1984, 1588, 1592 (nur Vorsatz, auch bedingter); Düringer/Hachenburg/*Flechtheim* RdNr. 13 (Fahrlässigkeit nach § 708 BGB).
[109] AA *K. Schmidt* BB 1984, 1588, 1592.
[110] RG Urt. v. 29. 4. 1893 – IV. 79/93, Gruchot 37 (1893), 1161, 1163 zum inhaltsgleichen Art. 165 Abs. 6 ADHGB bei Zahlung an Ehegatten.
[111] MünchKommHGB/*K. Schmidt* RdNr. 88 a, 90.
[112] Str., s. Fn. 100.

d) Rechtsfolge. Aus der Stellung des § 172 Abs. 5 im Gesetz ergibt sich, dass von der Vorschrift 54 entgegen ihrem Wortlaut nicht die Pflicht zur Rückzahlung an die Gesellschaft, sondern nur die Haftung gegenüber den Gesellschaftsgläubigern geregelt wird. Wenn der Kommanditist unter den Gutglaubensbedingungen des § 172 Abs. 5 Gewinn bezieht, gilt das nicht als Einlagenrückgewähr iSd. § 172 Abs. 4. Seine persönliche Haftung lebt, obwohl die Voraussetzungen des § 172 Abs. 4 erfüllt sind, nicht wieder auf. Wohl kann er – etwa aus § 812 BGB – der **Gesellschaft gegenüber** verpflichtet sein, das zu Unrecht Erhaltene zurückzuzahlen.[113] Anders als die Haftung im Außenverhältnis kann dieser Anspruch aber erlassen oder gestundet werden, nach § 818 Abs. 3 BGB untergehen und verjähren. Mit diesen Einschränkungen haben die Gesellschaftsgläubiger die Möglichkeit, den Rückzahlungsanspruch der Gesellschaft zu pfänden und so doch auf den durch § 172 Abs. 5 geschützten Kommanditisten zuzugreifen.[114]

5. Beweislast. Dass der Kommanditist von der Gesellschaft oder auf ihre Rechnung eine Zuwendung erhalten hat, muss im Rahmen des **§ 172 Abs. 4 S. 1** der Gläubiger oder der Insolvenzverwalter/Sachwalter beweisen. Sache des Kommanditisten ist es dann, Tatsachen darzulegen und zu beweisen, aus denen sich ergibt, dass die Voraussetzungen des § 172 Abs. 4 dennoch nicht erfüllt sind.[115] Bei einem Austauschgeschäft muss also der Kommanditist nachweisen, dass Leistung und Gegenleistung in einem angemessenen Verhältnis standen.

Beruft sich der Kommanditist darauf, die Gesellschaft habe an ihn lediglich den ihm zustehenden 56 Gewinn ausgezahlt, muss er das durch Vorlage der Bilanz und des Gewinnverteilungsplans beweisen. Weiter muss er im Rahmen des **§ 172 Abs. 4 S. 2** darlegen und beweisen, dass der Gewinn nicht zum Ausgleich eines Verlusts auf seinem Kapitalkonto hätte verwendet werden müssen.[116]

Macht der Kommanditist geltend, die Haftungsfolge des § 172 Abs. 4 sei wegen **§ 172 Abs. 5** nicht 57 eingetreten, muss der Gläubiger oder Insolvenzverwalter/Sachwalter beweisen, dass die Bilanz unrichtig ist. Der Kommanditist muss dann Tatsachen darlegen und beweisen, aus denen sich sein guter Glaube und der gute Glaube der an der Errichtung der Bilanz beteiligten Gesellschafter ergibt.[117]

III. Haftung in der GmbH & Co. KG

1. Trennung von Kommanditeinlage und Komplementärkapital (Abs. 6). In der GmbH 58 & Co. KG können die Gesellschafter der KG vereinbaren, dass die Kommanditisten als (Sach-)Einlagen ihre Geschäftsanteile an der Komplementär-GmbH einzubringen haben. Dadurch kann eine **Einheits-GmbH & Co. KG** entstehen, bei der die KG alle Geschäftsanteile ihrer Komplementär-GmbH innehat. Dieses Vorgehen ist zulässig (s. § 177 a Anh. A RdNr. 18), führt aber im Außenverhältnis nicht zu einer Haftungsbefreiung. Das Haftungsreservoir der KG wird nämlich durch die Anteile an der Komplementär-GmbH nicht erweitert. Die GmbH haftet den Gläubigern der KG ohnehin nach §§ 128, 161 Abs. 2 unbeschränkt. In der GmbH & Co. KG müssen deshalb das Stammkapital der Komplementär-GmbH und die Kommanditeinlagen **kumulativ** aufgebracht werden, um die Haftungsbefreiung nach § 171 Abs. 1 HS 2 herbeizuführen. Diese Regel galt als allgemein anerkannter Grundsatz der Kapitalaufbringung schon früher[118] und ist durch die GmbH-Novelle vom 4. 7. 1980 (BGBl. I S. 836) als § 172 Abs. 6 in das Gesetz eingefügt worden.

Bringt der Kommanditist als seine Einlage etwas anderes als einen Geschäftsanteil an der Kom- 59 plementär-GmbH in die KG ein, wird er in Höhe des Wertes des Geleisteten nach § 171 Abs. 1 HS 2 von seiner persönlichen Haftung auch dann frei, wenn die Komplementär-GmbH nach dem Gesellschaftsvertrag im Innenverhältnis keine Verluste tragen soll. Sie hat dann einen Anspruch gegen die Gesellschaft auf **Freistellung** von der persönlichen Haftung. Dieser Anspruch richtet sich aber gem. § 167 Abs. 3 nicht auch gegen die Kommanditisten persönlich. Dazu bedarf es vielmehr einer besonderen Vereinbarung im Gesellschaftsvertrag.[119] Ist allerdings eine solche Vereinbarung getroffen

---

[113] Schlegelberger/Martens § 169 RdNr. 16 ff.; Baumbach/Hopt RdNr. 9; Wiedemann GesR II § 9 III 5 c; Heymann/Horn RdNr. 23, der aber offenbar nur Ausgleichsansprüche der Gesellschafter untereinander zulassen will; aA K. Schmidt BB 1984, 1588, 1592 f.; MünchKommHGB/K. Schmidt RdNr. 92 ff.; Staub/Schilling RdNr. 16; Scholz in H. P. Westermann RdNr. I 3017.
[114] Schlegelberger/Martens § 169 RdNr. 18; aA Röhricht/Graf von Westphalen/von Gerkan § 169 RdNr. 17.
[115] MünchKommHGB/K. Schmidt RdNr. 74; aA (volle Beweislast des Kommanditisten) Keuk ZHR 135 (1971), 410, 425 f.
[116] AA Staub/Schilling RdNr. 18.
[117] Staub/Schilling RdNr. 18; aA MünchKommHGB/K. Schmidt RdNr. 95 (Beweislastumkehr bezüglich Gutgläubigkeit der an der Bilanzerrichtung Beteiligten); zur Art der Beweisführung BGH Urt. v. 12. 7. 1982 – II ZR 201/81, NJW 1982, 2500 (in BGHZ 84, 383 nicht abgedruckt).
[118] K. Schmidt DB 1973, 2227, 2231; ders. Einlage S. 106 ff; Schilling, FS Barz, 1974, S. 67, 74 f.
[119] Binz § 7 RdNr. 115 f.; K. Schmidt GesR §§ 53 III 6, 56 IV 1 a; aA Weber/Jansen NJW 1971, 1678.

worden, können die Gläubiger der KG den Freistellungsanspruch der Komplementär-GmbH gegen die Kommanditisten pfänden und auf diesem Weg die Kommanditisten in Anspruch nehmen.

60 Von § 172 Abs. 6 S. 1 werden außer der GmbH & Co. KG auch die AG & Co. KG, die KGaA & Co. KG und die Auslandskapitalgesellschaft & Co. KG erfasst.[120] Neben den Gesellschaften darf **keine natürliche Person** Komplementär sein. Nach § 172 Abs. 6 S. 2 ist S. 1 nicht anwendbar, wenn an der Komplementär-Gesellschaft eine natürliche Person als persönlich haftender Gesellschafter beteiligt ist. Das Gleiche gilt, wenn zwar bei der Komplementär-Gesellschaft wieder nur eine Gesellschaft unbeschränkt haftet, diese aber eine natürliche Person als persönlich haftenden Gesellschafter hat.[121]

61 Über seinen Wortlaut hinaus erfasst § 172 Abs. 6 auch die Fälle, in denen das durch § 172 Abs. 4 gebundene Vermögen der KG dazu verwendet wird, das Stammkapital der Komplementär-GmbH aufzubringen. So lebt die Haftung der Kommanditisten nach § 172 Abs. 4 S. 1, Abs. 6 wieder auf, wenn die KG die **Geschäftsanteile** an ihrer Komplementär-GmbH von den Kommanditisten **kauft** und den Kaufpreis aus den Kommanditeinlagen zahlt[122] (zu Einschränkungen durch § 33 GmbHG s. RdNr. 63; zur Anwendbarkeit der §§ 30 f. GmbHG s. RdNr. 64 ff.). Entscheidend ist, ob die Kapitalkonten der Kommanditisten auch nach der Zahlung des GmbH-Stammkapitals bzw. des Kaufpreises ein Guthaben in Höhe der jeweiligen Haftsumme aufweisen. In diesem Fall löst die Zahlung keine Haftung aus. Andernfalls lebt die persönliche Haftung der Kommanditisten in dem Umfang wieder auf, in dem die Zahlung aus dem durch § 172 Abs. 4 gebundenen Vermögen oder sogar aus Fremdmitteln geleistet worden ist. Das Gleiche gilt, wenn die KG von ihren Kommanditisten GmbH-Anteile erwirbt und die GmbH erst anschließend als persönlich haftende Gesellschafterin in die KG eintritt.[123]

62 Während § 172 Abs. 6 die Kapitalaufbringung und -erhaltung in der GmbH & Co. KG aus der Sicht der KG regelt, sind aufseiten der **GmbH** die dafür geltenden Grundsätze zu beachten. Danach muss der GmbH-Gesellschafter seine Stammeinlage auf ein Konto der GmbH einzahlen. Die Gutschrift auf einem Konto der KG befreit ihn auch dann nicht von seiner Einlagepflicht gegenüber der GmbH, wenn diese neben der Führung der Geschäfte der KG keine weitere Tätigkeit ausübt.[124] Anders ist es, wenn die Voraussetzungen der **§§ 362 Abs. 2, 185 BGB** erfüllt sind, mit der Zahlung an die KG eine ihr gegen die Komplementär-GmbH zustehende Forderung erfüllt werden soll und diese Forderung vollwertig, fällig und liquide ist.[125]

63 Auf den **Erwerb von Anteilen an der Komplementär-GmbH** durch die KG ist neben § 172 Abs. 6 auch § 33 GmbHG (analog) anwendbar. Nach **§ 33 Abs. 1 GmbHG** kann die KG keine GmbH-Anteile erwerben, die noch nicht voll eingezahlt sind, weil sonst die GmbH über §§ 161 Abs. 2, 128 sich selbst die Einzahlung der Einlage schulden würde.[126] Das gilt erst recht für Anteile aus einer Kapitalerhöhung der GmbH.[127] Deshalb kann die KG auch nicht – etwa nach dem Tod des einzigen persönlich haftenden Gesellschafters – eine GmbH als neue Komplementärin gründen.[128] Voll eingezahlte GmbH-Einlagen darf die KG dagegen erwerben, gem. **§ 33 Abs. 2 GmbHG** allerdings nur dann, wenn dadurch nicht mittelbar das Stammkapital der Komplementär-GmbH angegriffen wird (dazu RdNr. 64 ff.).[129] Bei einem Verstoß gegen § 33 Abs. 1 GmbHG sind Verpflichtungsgeschäft und Verfügung, bei einem Verstoß gegen § 33 Abs. 2 GmbHG ist nur das Verpflichtungsgeschäft unwirksam.[130] In letzterem Fall sind außerdem **§§ 30 f. GmbHG** anwendbar (s. RdNr. 64 ff.).

64 **2. Kapitalerhaltung in der Komplementär-GmbH.**[131] In der GmbH & Co. KG sind die Kommanditeinlagen in Höhe der Haftsummen durch § 172 Abs. 4 gebunden. Zuwendungen aus

---

[120] MünchKommHGB/*K. Schmidt* RdNr. 124 f.; zur Auslandskapitalgesellschaft & Co. KG s. auch unten § 172 a RdNr. 25.
[121] MünchKommHGB/*K. Schmidt* RdNr. 125.
[122] *Hunscha* GmbHR 1975, 145, 148; Schlegelberger/*Martens* § 161 RdNr. 102; *K. Schmidt* ZGR 1976, 307, 343; weitergehend *Schilling*, FS Barz, 1974, S. 67, 75, der auch den Kauf der GmbH-Anteile von Dritten als haftungsbegründend ansieht.
[123] *K. Schmidt* ZGR 1976, 307, 343; aA *Hunscha* GmbHR 1975, 145, 148 ff.
[124] BGH Urt. v. 25. 11. 1985 – II ZR 48/85, NJW 1986, 989; aA *K. Schmidt* DB 1985, 1986.
[125] BGH Urt. v. 25. 11. 1985 (Fn. 124).
[126] Baumbach/Hueck/*Hueck*/*Fastrich* § 33 GmbHG RdNr. 20; Röhricht/Graf von Westphalen/*von Gerkan* RdNr. 61; aA (unbeschränkte Haftung der Kommanditisten gegenüber der GmbH) *Schilling*, FS Barz, 1974, S. 67, 75 f.; *Binz* § 14 RdNr. 33 ff.; Heymann/*Horn* § 161 RdNr. 122.
[127] LG Berlin Beschluss v. 26. 8. 1986 – 98 T 24/86, ZIP 1986, 1564.
[128] AA *Schilling*, FS Barz, 1974, S. 67, 75.
[129] Baumbach/Hueck/*Hueck*/*Fastrich* § 33 GmbHG RdNr. 20; Röhricht/Graf von Westphalen/*von Gerkan* RdNr. 62.
[130] Baumbach/Hueck/*Hueck*/*Fastrich* § 33 GmbHG RdNr. 6, 14.
[131] S. dazu auch § 177 a Anh. A RdNr. 187 ff.

dem Vermögen der KG an die Kommanditisten führen insoweit zu einem Wiederaufleben der persönlichen Haftung. Das Stammkapital der Komplementär-GmbH ist durch **§§ 30 f. GmbHG** geschützt. Zuwendungen aus dem Vermögen der GmbH an die GmbH-Gesellschafter sind, soweit dadurch eine Unterbilanz (dazu s. § 172 a RdNr. 10) entsteht, nach § 30 Abs. 1 GmbHG verboten und begründen gem. § 31 Abs. 1, 2 und 4 GmbHG eine Rückgewährpflicht.

Aber auch Zuwendungen aus dem Vermögen der KG an die GmbH-Gesellschafter können von **65** §§ 30 f. GmbHG erfasst werden. Ist die Komplementär-GmbH an der KG kapitalmäßig beteiligt, führt jede Leistung aus dem Vermögen der KG ohne gleichwertige Gegenleistung auch zu einer **Minderung des Kapitalanteils** der GmbH. Dadurch kann das Gesamtvermögen der GmbH unter den Nennwert ihres Stammkapitals absinken. Das Gleiche kann geschehen, wenn die GmbH Rückstellungen in Bezug auf ihre Haftung für die Verbindlichkeiten der KG bilden muss, den ihr zustehenden Freistellungsanspruch aus § 110 aber wegen der Minderung des Vermögens der KG nicht mehr voll aktivieren kann. Kommt es auf diese Weise zu einer mittelbaren Aufzehrung des Stammkapitals der GmbH, hat der GmbH-Gesellschafter, an den die Leistung der KG geflossen ist, das Empfangene nach §§ 30 f. GmbHG zurückzugewähren.[132] Ist der GmbH-Gesellschafter zugleich Kommanditist, haftet er daneben nach §§ 171 Abs. 1, 172 Abs. 4 bis zur Höhe der Haftsumme.[133] Seine Rückzahlungspflicht aus § 31 Abs. 1 GmbHG ist dagegen nicht durch die Haftsumme begrenzt.[134]

Ist die GmbH bereits **überschuldet,** so ist eine Zuwendung aus dem Vermögen der KG an den **66** GmbH-Gesellschafter in entsprechender Anwendung des § 30 Abs. 1 GmbHG erst recht verboten und führt zu einem – ggf. den Betrag der Stammeinlage übersteigenden – Rückgewähranspruch analog § 31 GmbHG.[135] Die Ausfallhaftung der übrigen GmbH-Gesellschafter nach § 31 Abs. 3 GmbHG ist allerdings auch dann auf den Betrag der Stammeinlage des empfangenden Gesellschafters beschränkt.[136]

Der Rückgewähranspruch aus §§ 30 f. GmbHG steht der KG zu.[137] Die nicht beteiligten Kom- **67** manditisten können ihn ggf. im Wege der **actio pro socio** (s. § 105 RdNr. 149 ff.) geltend machen. Der Anspruch kann an einen Gesellschaftsgläubiger abgetreten werden, und zwar unabhängig davon, ob dessen Forderung vollwertig ist.[138] Bei Zuwendungen an einen Treugeber oder einen sonst dem Gesellschafter nahe stehenden **Dritten** haften der Gesellschafter und der Dritte nach § 31 Abs. 1 GmbHG gesamtschuldnerisch.[139]

Die gleichen Regeln gelten, wenn in der GmbH & Co. KG ein Kommanditist, der nicht auch **68** GmbH-Gesellschafter ist, aus dem Vermögen der KG eine Leistung ohne gleichwertige Gegenleistung erhält. Wird dadurch das Stammkapital der Komplementär-GmbH angegriffen oder ist die GmbH bereits überschuldet, muss auch der **Nur-Kommanditist** das Empfangene in entsprechender Anwendung der §§ 30 f. GmbHG an die KG zurückgewähren.[140] Das Gleiche gilt bei einer Zuwendung aus dem Vermögen der GmbH an die KG. Sind die GmbH-Gesellschafter zugleich Kommanditisten, handelt es sich dabei um eine **mittelbare Ausschüttung** der GmbH an ihre Gesellschafter. Ist dagegen die KG Gesellschafterin der GmbH, haften die Kommanditisten als „Hintermänner" nach dem Rechtsgedanken des § 46 Abs. 5 AktG.[141] Bei einer Leistung aus dem Vermögen der KG an die GmbH schließlich lebt die persönliche Haftung der Kommanditisten, die zugleich Gesellschafter der GmbH sind, nach § 172 Abs. 4 wieder auf (s. RdNr. 36 f.).[142]

---

[132] BGH Urt. v. 29. 3. 1973 – II ZR 25/70, BGHZ 60, 324, 328 f. = NJW 1973, 1036, 1037 f.; Urt. v. 29. 9. 1977 – II ZR 157/76, BGHZ 69, 274, 279 = NJW 1978, 160, 161 (jeweils für den Kommanditisten, der zugleich GmbH-Gesellschafter ist); *Canaris,* FS Fischer, 1979, S. 31, 60 ff.; *Kuhn,* Ehrengabe Heusinger, 1968, S. 203, 214 f.; *Fleck,* FS 100 Jahre GmbH-Gesetz, 1992, S. 391, 418 (jeweils auch für den Nur-GmbH-Gesellschafter).
[133] *Immenga* ZGR 1975, 487, 491.
[134] BGH Urt. v. 29. 9. 1977 (Fn. 132) S. 280/162.
[135] BGH Urt. v. 29. 3. 1973 (Fn. 132) S. 331 f./1038; Urt. v. 29. 9. 1977 (Fn. 132); für direkte Anwendung *K. Schmidt* DB 1973, 2227, 2230 und *Immenga* ZGR 1975, 487, 491.
[136] BGH Urt. v. 29. 3. 1973 (Fn. 132) S. 331/1038; im Ergebnis ebenso *K. Schmidt* BB 1985, 154, 157 f.; aA *Immenga* (Fn. 135).
[137] BGH Urt. v. 29. 3. 1973 (Fn. 132) S. 329 f./1038; *Hunscher* GmbHR 1973, 257, 263 (jeweils für GmbH-Gesellschafter, die zugleich Kommanditisten sind); *Kuhn,* Ehrengabe Heusinger, 1968, S. 203, 215 (für den Nur-GmbH-Gesellschafter); aA *Winkler* NJW 1969, 1009, 1011; *Lutter/Hommelhoff* GmbHG § 31 RdNr. 2.
[138] BGH Urt. v. 29. 9. 1977 (Fn. 132) S. 281 ff./162.
[139] Str., Rowedder/Schmidt-Leithoff/*Pentz* § 31 GmbHG RdNr. 10; differenzierend Baumbach/Hueck/*Hueck/Fastrich* § 31 GmbHG RdNr. 9 ff., jeweils mwN; offengelassen von BGH Urt. v. 26. 6. 2000 – II ZR 21/99, NJW 2000, 3278.
[140] BGH Urt. v. 19. 2. 1990 – II ZR 268/88, BGHZ 110, 342, 355 ff. = NJW 1990, 1725, 1728 f.; anders die früher hM, s. Nachweise bei *Schnelle* GmbHR 1995, 853; zur Verjährung BGH Urt. v. 27. 3. 1995 – II ZR 30/94, NJW 1995, 1960.
[141] *Canaris,* FS Fischer, 1979, S. 31, 58 f.; im Ergebnis ebenso, aber mit anderer Begr. *Schilling,* FS Barz, 1974, S. 67, 76.
[142] *Canaris,* FS Fischer, 1979, S. 31, 60.

§ 172 a

69 Die vorstehenden Grundsätze (s. RdNr. 64 ff.) gelten auch in der **Liquidation** der GmbH & Co. KG. Kehrt der Liquidator der KG Vermögen an die GmbH-Gesellschafter oder die Kommanditisten aus und wird dadurch das Stammkapital der Komplementär-GmbH angegriffen oder eine schon bestehende Überschuldung vertieft, tritt neben den Rückgewähranspruch der KG gegen die Gesellschafter ein Schadensersatzanspruch der KG gegen den Liquidator aus § 43 Abs. 3 GmbHG analog mit Verjährung nach § 43 Abs. 4 GmbHG analog.[143]

70 Beim **Ausscheiden** eines Kommanditisten aus der GmbH & Co. KG ist § 30 Abs. 1 GmbHG ebenfalls zu beachten. Das Abfindungsguthaben darf nur ausgezahlt werden, wenn die Komplementär-GmbH nicht überschuldet ist und auch ihr Stammkapital durch die Auszahlung nicht in der oben (RdNr. 64 ff.) beschriebenen Weise angegriffen wird. Unabhängig davon ist die Umwandlung des Abfindungsguthabens in ein **Darlehen** oder eine stille Beteiligung zulässig. Das Darlehen/die stille Einlage darf jedoch erst zurückgezahlt und Zinsen dürfen erst ausgezahlt werden, wenn die Voraussetzungen des § 30 Abs. 1 GmbHG nicht mehr vorliegen. Dagegen verstoßende Leistungen muss der ausgeschiedene Kommanditist gem. § 31 Abs. 1, 2 und 4 GmbHG zurückgewähren. Waren demgegenüber die Voraussetzungen des § 30 Abs. 1 GmbHG zum Zeitpunkt der Umwandlung des Abfindungsguthabens in ein Darlehen oder eine stille Beteiligung nicht erfüllt, sind spätere Auszahlungen ohne Rücksicht auf § 30 Abs. 1 GmbHG zulässig.[144]

71 **Veranlasst** in der GmbH & Co. KG ein GmbH-Gesellschafter oder ein Kommanditist, dass ein anderer Gesellschafter entgegen dem Verbot des § 30 Abs. 1 GmbHG eine Leistung erhält (s. RdNr. 64 ff.), oder ist er auf andere Art daran beteiligt, so haftet auch er, wenn ihn insoweit ein Verschulden trifft.[145]

72 Die vorstehend aufgezeigten Regeln (s. RdNr. 64 ff.) gelten auch dann, wenn der die Leistung empfangende Gesellschafter ausschließlich Anlegerinteressen verfolgt und keinen bestimmenden Einfluss auf die Geschäftsführung hat,[146] ebenso in der **Publikums-KG**.[147] Anders als bei eigenkapitalersetzenden Gesellschafterleistungen gilt auch keine Ausnahme zugunsten der nicht geschäftsführenden Gesellschafter, die nur mit höchstens 10% am Stammkapital beteiligt sind. Der durch das Kapitalaufnahmeerleichterungsgesetz v. 20. 4. 1998 (BGBl. I S. 707) eingefügte § 32 a Abs. 3 S. 2 GmbHG dürfte auf §§ 30 f. GmbHG – abgesehen von deren Anwendung iRd Eigenkapitalersatzes – nicht analog anwendbar sein.[148]

§ 172 a [Rückgewähr von Darlehen]

¹ Bei einer Kommanditgesellschaft, bei der kein persönlich haftender Gesellschafter eine natürliche Person ist, gelten die §§ 32 a, 32 b des Gesetzes betreffend die Gesellschaften mit beschränkter Haftung sinngemäß mit der Maßgabe, daß an die Stelle der Gesellschafter der Gesellschaft mit beschränkter Haftung die Gesellschafter oder Mitglieder der persönlich haftenden Gesellschafter der Kommanditgesellschaft sowie die Kommanditisten treten. ² Dies gilt nicht, wenn zu den persönlich haftenden Gesellschaftern eine offene Handelsgesellschaft oder Kommanditgesellschaft gehört, bei der ein persönlich haftender Gesellschafter eine natürliche Person ist.

§ 30 GmbHG [Rückzahlungen]

(1) Das zur Erhaltung des Stammkapitals erforderliche Vermögen der Gesellschaft darf an die Gesellschafter nicht ausgezahlt werden.

(2) ... (nicht abgedruckt)

§ 31 GmbHG [Erstattung von verbotenen Rückzahlungen]

(1) Zahlungen, welche den Vorschriften des § 30 zuwider geleistet sind, müssen der Gesellschaft erstattet werden.

---

[143] BGH Urt. v. 19. 2. 1990 (Fn. 140) S. 352 f./1728 (Verjährung offengelassen).
[144] BGH Urt. v. 29. 9. 1977 (Fn. 132) S. 280 f./162.
[145] BGH Urt. v. 10. 12. 1984 – II ZR 308/83, BGHZ 93, 146, 149 f. = NJW 1985, 1030; Urt. v. 27. 3. 1995 (Fn. 140); krit. Hachenburg/Goerdeler/*Müller* § 31 GmbHG RdNr. 57 (jeweils für GmbH-Gesellschafter).
[146] BGH Urt. v. 19. 2. 1990 (Fn. 140) S. 358/1729; aA für Kommanditisten mit Zwerganteilen *Werner* WuB II G. § 30 GmbHG 3.91.
[147] *Bergmann* EWiR 1990, 479; *Schnelle* GmbHR 1995, 853, 856 f.
[148] Zur Anwendung auf die Rechtsprechungsgrundsätze zum Eigenkapitalersatz s. § 172 a RdNr. 48.

Rückgewähr von Darlehen § 172 a

(2) War der Empfänger in gutem Glauben, so kann die Erstattung nur insoweit verlangt werden, als sie zur Befriedigung der Gesellschaftsgläubiger erforderlich ist.

(3) ¹Ist die Erstattung von dem Empfänger nicht zu erlangen, so haften für den zu erstattenden Betrag, soweit er zur Befriedigung der Gesellschaftsgläubiger erforderlich ist, die übrigen Gesellschafter nach Verhältnis ihrer Geschäftsanteile. ²Beiträge, welche von einzelnen Gesellschaftern nicht zu erlangen sind, werden nach dem bezeichneten Verhältnis auf die übrigen verteilt.

(4) Zahlungen, welche auf Grund der vorstehenden Bestimmungen zu leisten sind, können den Verpflichteten nicht erlassen werden.

(5) ¹Die Ansprüche der Gesellschaft verjähren in den Fällen des Absatzes 1 in zehn Jahren sowie in den Fällen des Absatzes 3 in fünf Jahren. ²Die Verjährung beginnt mit dem Ablauf des Tages, an welchem die Zahlung, deren Erstattung beansprucht wird, geleistet ist. ³In den Fällen des Absatzes 1 findet § 19 Abs. 6 Satz 2 entsprechende Anwendung.

(6) ¹Für die in den Fällen des Absatzes 3 geleistete Erstattung einer Zahlung sind den Gesellschaftern die Geschäftsführer, welchen in betreff der geleisteten Zahlung ein Verschulden zur Last fällt, solidarisch zum Ersatz verpflichtet. ²Die Bestimmungen in § 43 Abs. 1 und 4 finden entsprechende Anwendung.

§ 32 a GmbHG [Rückgewähr von Darlehen]

(1) Hat ein Gesellschafter der Gesellschaft in einem Zeitpunkt, in dem ihr die Gesellschafter als ordentliche Kaufleute Eigenkapital zugeführt hätten (Krise der Gesellschaft), statt dessen ein Darlehen gewährt, so kann er den Anspruch auf Rückgewähr des Darlehens im Insolvenzverfahren über das Vermögen der Gesellschaft nur als nachrangiger Insolvenzgläubiger geltend machen.

(2) Hat ein Dritter der Gesellschaft in einem Zeitpunkt, in dem ihr die Gesellschafter als ordentliche Kaufleute Eigenkapital zugeführt hätten, statt dessen ein Darlehen gewährt und hat ihm ein Gesellschafter für die Rückgewähr des Darlehens eine Sicherung bestellt oder hat er sich dafür verbürgt, so kann der Dritte im Insolvenzverfahren über das Vermögen der Gesellschaft nur für den Betrag verhältnismäßige Befriedigung verlangen, mit dem er bei der Inanspruchnahme der Sicherung oder des Bürgen ausgefallen ist.

(3) ¹Diese Vorschriften gelten sinngemäß für andere Rechtshandlungen eines Gesellschafters oder eines Dritten, die der Darlehensgewährung nach Absatz 1 oder 2 wirtschaftlich entsprechen. ²Die Regeln über den Eigenkapitalersatz gelten nicht für den nicht geschäftsführenden Gesellschafter, der mit zehn vom Hundert oder weniger am Stammkapital beteiligt ist. ³Erwirbt ein Darlehensgeber in der Krise der Gesellschaft Geschäftsanteile zum Zweck der Überwindung der Krise, führt dies für seine bestehenden oder neugewährten Kredite nicht zur Anwendung der Regeln über den Eigenkapitalersatz.

§ 32 b GmbHG [Haftung für zurückgezahlte Darlehen]

¹Hat die Gesellschaft im Fall des § 32 a Abs. 2, 3 das Darlehen im letzten Jahr vor dem Antrag auf Eröffnung des Insolvenzverfahrens oder nach diesem Antrag zurückgezahlt, so hat der Gesellschafter, der die Sicherung bestellt hatte oder als Bürge haftete, der Gesellschaft den zurückgezahlten Betrag zu erstatten; § 146 der Insolvenzordnung gilt entsprechend. ²Die Verpflichtung besteht nur bis zur Höhe des Betrags, mit dem der Gesellschafter als Bürge haftete oder der dem Wert der von ihm bestellten Sicherung im Zeitpunkt der Rückzahlung des Darlehens entspricht. ³Der Gesellschafter wird von der Verpflichtung frei, wenn er die Gegenstände, die dem Gläubiger als Sicherung gedient hatten, der Gesellschaft zu ihrer Befriedigung zur Verfügung stellt. ⁴Diese Vorschriften gelten sinngemäß für andere Rechtshandlungen, die der Darlehensgewährung wirtschaftlich entsprechen.

§ 135 InsO [Kapitalersetzende Darlehen]

Anfechtbar ist eine Rechtshandlung, die für die Forderung eines Gesellschafters auf Rückgewähr eines kapitalersetzenden Darlehens oder für eine gleichgestellte Forderung

1. Sicherung gewährt hat, wenn die Handlung in den letzten zehn Jahren vor dem Antrag auf Eröffnung des Insolvenzverfahrens oder nach diesem Antrag vorgenommen worden ist;

2. Befriedigung gewährt hat, wenn die Handlung im letzten Jahr vor dem Eröffnungsantrag oder nach diesem Antrag vorgenommen worden ist.

§ 32 a KO [Rückgewähr von Darlehen]

[1] Anfechtbar sind Rechtshandlungen, die dem Gläubiger einer von § 32 a Abs. 1, 3 des Gesetzes betreffend die Gesellschaften mit beschränkter Haftung erfaßten Forderung Sicherung gewähren. [2] Gleiches gilt für Rechtshandlungen, die dem Gläubiger einer solchen Forderung Befriedigung gewähren, wenn sie in dem letzten Jahre vor der Eröffnung des Verfahrens vorgenommen sind.

§ 6 AnfG nF Kapitalersetzende Darlehen

Anfechtbar ist eine Rechtshandlung, die für die Forderung eines Gesellschafters auf Rückgewähr eines kapitalersetzenden Darlehens oder für eine gleichgestellte Forderung
1. Sicherung gewährt hat, wenn die Handlung in den letzten zehn Jahren vor der Anfechtung vorgenommen worden ist;
2. Befriedigung gewährt hat, wenn die Handlung im letzten Jahr vor der Anfechtung vorgenommen worden ist.

§ 3 b AnfG aF [Rückgewähr von Darlehen]

[1] Anfechtbar sind Rechtshandlungen, die dem Gläubiger einer von § 32 a Abs. 1, 3 des Gesetzes betreffend die Gesellschaften mit beschränkter Haftung erfaßten Forderung Sicherung gewähren. [2] Gleiches gilt für Rechtshandlungen, die dem Gläubiger einer solchen Forderung Befriedigung gewähren, wenn sie in dem letzten Jahre vor der Anfechtung vorgenommen sind; § 3 Abs. 2 ist anzuwenden.

Schrifttum: S. die Angaben vor § 171; außerdem: *Altmeppen,* Neues zum Finanzplan- und Sanierungskredit, FS Sigle, 2000, S. 211; *Bäcker,* Die Vermietung von Betriebsmitteln an die GmbH durch einen Gesellschafter als kapitalersetzende Rechtshandlung gem. § 32 a GmbHG, ZIP 1989, 681; *Barth,* Der Anwendungsbereich des Eigenkapitalrechts nach § 32 a Abs. 3 S. 2 und S. 3 GmbHG, 2001, zugl. Diss. Bayreuth, 2000; *Beintmann,* Eigenkapitalersetzende Gesellschafterdarlehen in der Überschuldungsbilanz, BB 1999, 1543; *Böcker,* §§ 30, 31 GmbHG im Wandel, ZGR 2006, 213; *Braun,* Die Ableitung der Kreditunwürdigkeit gem. § 32 a GmbHG aus dem Jahresabschluß der Gesellschaft – Zugleich eine Anmerkung zu BGHZ 105, 168 ff. (Hamburger Stahlwerke Fall), WPg 1990, 553, 593; *Claussen,* Kapitalersetzende Darlehen und Sanierungen durch Kreditinstitute, ZHR 147 (1983), 195; *Dörrie,* Das Sanierungsprivileg des § 32 a Abs. 3 S. 3 GmbHG, ZIP 1999, 12; *Drygala,* Die Rechtsfolgen eigenkapitalersetzender Nutzungsüberlassung, BB 1992, 80; *Fastrich,* Ausfallsicherheiten als eigenkapitalersetzende Leistungen, NJW 1983, 260; *Fleischer,* Finanzplankredite und Eigenkapitalersatz im Gesellschaftsrecht, 1995; *Gehrlein,* Kollision zwischen eigenkapitalersetzender Nutzungsüberlassung und Vollstreckungszugriff durch Gesellschafter-Gläubiger, NZG 1998, 845; *von Gerkan,* Schwerpunkte und Entwicklungen im Recht der kapitalersetzenden Gesellschafterleistungen, GmbHR 1986, 218; ders., Zur Umqualifizierung stehengelassener Gesellschafterkredite zu Eigenkapitalersatz, GmbHR 1996, 400; *von Gerkan/Hommelhoff,* Kapitalersatz im Gesellschafts- und Insolvenzrecht, 5. Aufl. 1997; *Gersch/Herget/Marsch/Stützle,* Die GmbH-Reform, 1980; *Geßler,* Zur Problematik bei kapitalersetzenden Gesellschafterdarlehen, ZIP 1981, 228; *Goette,* Einige Aspekte des Eigenkapitalersatzrechts aus richterlicher Sicht, ZHR 162 (1998) 223; ders., Die GmbH, 2. Aufl. 2002; *Goette/Kleindiek,* Eigenkapitalersatzrecht in der Praxis, 4. Aufl. 2005; *Götz,* Juristische und ökonomische Analyse des Eigenkapitalersatzrechts, 2001, zugl. Diss. Tübingen, 2000; *Gyllensvärd,* Das Sanierungsprivileg – § 32 a Abs. 3 S. 3 GmbHG, Diss. Bonn, 2005; *Haarmann,* Der Rangrücktritt, FS Röhricht, 2005, S. 137; *Haas,* Fragen zum Adressatenkreis des Kapitalersatzrechts, DZWir 1999, 177; *Habersack,* Der Finanzplankredit und das Recht der eigenkapitalersetzenden Gesellschafterhilfen, ZHR 161 (1997), 457; *Hasebrink,* Abschied von der „eigenkapitalersetzenden Gebrauchsüberlassung"?, 2001, zugl. Diss. Leipzig, 2000; *Heublein,* Eigenkapitalersetzende Nutzungsüberlassung von Immobilien im Spannungsfeld von Insolvenz- und Zwangsverwaltung, ZIP 1998, 1899; *Hirte,* Aktuelle Schwerpunkte im Kapitalersatzrecht, in Hommelhoff/Röhricht, Gesellschaftsrecht 1997, RWS-Forum 10, 1998, S. 145; *Hommelhoff,* Eigenkapital-Ersatz im Konzern und in Beteiligungsverhältnissen, WM 1984, 1105; *G. Hueck,* Eigenkapitalersetzende Nutzungsüberlassung, FS Odersky, 1996, S. 823; *Joost,* Eigenkapitalersetzende Kommanditistenleistungen – Zugleich ein Beitrag zur Außenhaftung des Kommanditisten, ZGR 1987, 370; *Jungmann,* Das Zusammentreffen von Zwangsverwaltung und eigenkapitalersetzender Nutzungsüberlassung, ZIP 1999, 601; *Kleindiek,* Eigenkapitalersatz und gesetzestypische Personengesellschaften, FS Lutter, 2000, S. 871; *Lehner,* Sanierungsprivileg (§ 32 a Abs. 3 S. 3 GmbHG) für Gesellschaften mit beschränkter Haftung, 2001, zugl. Diss. Mannheim, 2000; *Lüdicke/Schneeweiß,* Haftung des Kommanditisten in der Publikums-GmbH & Co. KG, WiB 1996, 969; *Meister,* Die Sicherheitsleistung der GmbH für Gesellschafterverbindlichkeiten, WM 1980, 390; *Michalski/Barth,* Kollision von kapitalersetzender Nutzungsüberlassung und Grundpfandrechten, NZG 1998, 277; *Neuhof,* Sanierungsrisiken der Banken: Die Vor-Sanierungsphase, NJW 1998, 3225; *Pentz,* Zwischenbilanz zu Kleinbeteiligtenschwelle und Sanierungsprivileg, GmbHR 2004, 529; *Pichler,* Unternehmenssanierung auf der Grundlage des geänderten § 32 a GmbHG, WM 1999, 411; *Pohlmann,* Zusammentreffen von eigenkapitalersetzender Nutzungsüberlassung mit Grundpfandrechten, DStR 1999, 595; *Rümker,* Bankkredite als kapitalersetzende Gesellschafterdarlehen unter besonderer Berücksichtigung der Sanierungssituation, ZIP 1982, 1385; ders., Formen kapitalersetzender Gesellschafterdarlehen in der Bankpraxis, FS Stimpel, 1985, S. 673; *K. Schmidt,* Fortschritte und Abstimmungsprobleme im Recht der kapitalersetzenden Gesellschafterdarlehen, ZGR 1980, 567; ders., Kapitalersetzende Bankdarlehen?, ZHR 147 (1983), 165; ders., Kapitalersatz und Kommanditistendarlehen, GmbHR 1986, 337; ders., Eigenkapitalersatz und Überschuldungsfeststellung, GmbHR 1999, 9; ders., Zurechnungsprobleme um das Zwerganteilsprinzip des § 32 a Abs. 3 S. 2 GmbHG, GmbHR 1999, 1269; ders., Die Rechtsfolgen der „eigenkapitalersetzenden Sicherheiten", ZIP 1999, 1821; ders., Vom Eigenkapitalersatz in der Krise zur Krise des Eigenkapitalersatzrechts? Betrachtungen zu §§ 32 a, b GmbHG, §§ 129 a, 172 a HGB, §§ 39, 135 InsO,

GmbHR 2005, 797; *Schön*, Die Zukunft der Kapitalaufbringung/-erhaltung, Konzern 2004, 162; *Schulze-Osterloh*, Gläubiger- und Minderheitenschutz bei der steuerlichen Betriebsaufspaltung, ZGR 1983, 123; *Schwintowski/Dannischewski*, Eigenkapitalersetzende Darlehen durch den gesellschaftergleichen Dritten nach § 32a Abs. 3 GmbHG, ZIP 2005, 840; *Seibert*, Der Bundestag greift in die Diskussion zum Eigenkapitalersatz ein, GmbHR 1998, 309; *Sonnenhol/Stützle*, Bestellung von Sicherheiten durch eine GmbH und der Grundsatz der Erhaltung des Stammkapitals (§ 30 GmbHG), DB 1979, 925; *Teller/Steffan*, Rangrücktrittsvereinbarungen zur Vermeidung der Überschuldung der GmbH, 3. Aufl., 2003; *Uhlenbruck*, Privilegierung statt Diskriminierung von Sanierungskrediten de lege lata und als Problem der Insolvenzrechtsreform, GmbHR 1982, 141; *Wiedemann*, Gesellschaftsrechtliche Probleme der Betriebsaufspaltung, ZIP 1986, 1293; *ders.*, Reflexionen zur Durchgriffshaftung – Zugleich eine Besprechung des Urteils des BGH WM 2002, 1804 – KBV, ZGR 2003, 283; *Zeuner*, Die Anfechtung in der Insolvenz, 1999.

Übersicht

	RdNr.
I. Bedeutung der Norm	1–5
II. Zeitliche Geltung	6, 7
III. Gläubigerschutz unabhängig von der Insolvenz	8–24
1. Haftung nach §§ 30, 31 GmbHG analog (Rspr.-Grundsätze)	8–19
a) Persönliche Voraussetzungen	8, 9
b) Sachliche Voraussetzungen	10–12
c) Zeitliche Voraussetzungen	13
d) Erstattungspflicht (§ 31 GmbHG)	14–16
e) Eigenkapitalersetzende Gesellschafterleistungen	17, 18
f) Verhältnis zu §§ 171 ff.	19
2. Haftung nach Anfechtung außerhalb der Insolvenz	20–23
a) Anfechtung nach § 6 AnfG nF	20–22
b) Anfechtung nach § 3 b AnfG aF	23
3. Haftung aus besonderen Rechtsgründen	24
IV. Gläubigerschutz in der Insolvenz	25–78
1. Grundtatbestand (§ 32 a Abs. 1 GmbHG)	25–52
a) GmbH & Co. KG	25
b) Gesellschafter	26–28
c) Darlehensgewährung	29
d) Eigenkapitalersatz	30–49
aa) Legaldefinition	30–33
bb) Insolvenzreife	34, 35
cc) Kreditunwürdigkeit	36–39
dd) Rangrücktritt	40–42
ee) Finanzplankredit	43, 44
ff) Subjektive Voraussetzungen	45
gg) Ausnahmen	46–49

	RdNr.
α) Überbrückungskredit	46
β) Zurechnungszusammenhang	47
γ) Zwerganteilsprivileg, § 32 a Abs. 3 S. 2 GmbHG	48
δ) Sanierungsprivileg, § 32 a Abs. 3 S. 3 GmbHG	49
e) Stehenlassen einer Gesellschafterleistung	50–52
2. Rechtsfolgen	53–61
a) Kapitalbindung	53–55
b) Erstattungspflicht des Kommanditisten	56–61
aa) Haftung gem. § 31 GmbHG analog	56
bb) Haftung nach Anfechtung (§ 135 InsO)	57–59
cc) Anfechtung nach § 32 a KO	60, 61
3. Gleichgestellte Rechtshandlungen (§ 32 a Abs. 3 S. 1 GmbHG)	62–72
a) Sachliche Vergleichbarkeit	62–69
aa) Allgemein	62–64
bb) Gebrauchs- und Nutzungsüberlassung	65–69
b) Persönliche Vergleichbarkeit	70–72
4. Sicherung einer Drittforderung (§ 32 a Abs. 2 GmbHG)	73–78
a) Bindung der Gesellschaftersicherheit	73–76
b) Erstattungspflicht nach § 32 b GmbHG	77, 78
V. Gläubigerschutz in der Publikumsgesellschaft	79, 80
VI. Haftung der Geschäftsführer	81
VII. Reformüberlegungen	82

I. Bedeutung der Norm

Das Gesetz schreibt den Gesellschaftern nicht vor, mit welchem Eigenkapital sie ihre Gesellschaft **1** auszustatten haben. Die im Handelsregister eingetragenen Haftsummen müssen ebenso wenig wie die von den Gesellschaftern versprochenen Einlagen in einem angemessenen Verhältnis zu dem Gegenstand des Gesellschaftsunternehmens stehen. Die Gesellschafter sind in der Entscheidung frei, ob und in welchem Umfang sie die Gesellschaft mit Kapital ausstatten. An eine **materielle Unterkapitalisierung**[1] knüpfen sich grundsätzlich keine Rechtsfolgen.[2] Im Einzelfall können besondere Haftungstatbestände erfüllt sein, etwa Verschulden bei Vertragsschluss oder Delikt.[3] Ob die Unterkapitalisierung in Ausnahmefällen auch darüber hinaus eine Durchgriffs- oder Innenhaftung des Gesellschafters auslösen kann, ist str. (s. § 171 RdNr. 30).

In der gesetzestypischen KG, in der mindestens eine natürliche Person unbeschränkt haftet, sind **2** die Gesellschafter nicht nur in der Frage des „**Ob**" der Finanzierung, sondern auch im „**Wie**" **der Finanzierung** weitgehend frei. Nach dem gesetzlichen Leitbild der KG beruht bei ihr der Gläubigerschutz wesentlich auf der unbeschränkten Haftung der (mindestens) einen natürlichen Person. Dieser Gesellschafter ist der Unternehmer; seine Fähigkeiten und sein Vermögen entscheiden darüber, ob die Geschäftspartner bereit sind, der Gesellschaft Kredit zu gewähren. Gegenüber den

---

[1] Zum Begriff Hachenburg/*Ulmer* Anh. § 30 GmbHG RdNr. 16, 21.
[2] BGH Urt. v. 24. 4. 1980 – II ZR 213/77, BGHZ 76, 326, 334 = NJW 1980, 1524, 1525.
[3] *K. Schmidt* GesR §§ 9 IV 4, 18 II 4, 5.

Entnahmewünschen der Kommanditisten übt er eine „Bremsfunktion" aus.[4] Die Gesellschafter haben deshalb eine weitgehende **Finanzierungsfreiheit**. Sie können der Gesellschaft neben ihren Einlagen Kapital auch in anderer Form zuführen, etwa als Darlehen, und dieses Kapital dann auch wieder nach den Regeln des zugrundeliegenden Rechtsgeschäfts wie ein Fremdgläubiger abziehen.[5]

3 In der **GmbH & Co. KG** (zu den übrigen von § 172 a erfassten Gesellschaftsformen s. RdNr. 25) fällt die Garantenfunktion des Komplementärs weitgehend weg. An seiner Stelle haben die Kommanditisten und die Gesellschafter der Komplementär-GmbH die Verantwortung für eine ordnungsgemäße Finanzierung der Gesellschaft. Zwar sind sie auch in der GmbH & Co. KG nicht verpflichtet, der Gesellschaft in der Krise neues Kapital zuzuführen.[6] Entschließen sie sich aber zu einer Finanzhilfe, um die Gesellschaft vor dem drohenden Zusammenbruch zu bewahren, so haben sie nicht mehr die Freiheit, ihr Risiko durch die Wahl der Finanzierungsform einzuschränken. Würde ein ordentlicher Kaufmann in dieser Situation Eigenkapital zuführen, werden die Gesellschafter auch dann, wenn sie der Gesellschaft lediglich ein Darlehen gewähren oder auf sonstigem Wege Fremdkapital einschießen, so behandelt, als hätten sie Eigenkapital eingebracht.

4 Diese von der Rechtsprechung für Leistungen der GmbH-Gesellschafter an die GmbH entwickelte **Finanzierungsfolgenverantwortung**[7] gilt ebenso für die Leistungen der Kommanditisten an die GmbH & Co. KG.[8] In beiden Fällen geht es um eine **nominelle Unterkapitalisierung**:[9] Die Gesellschaft hat ein für ihre Zwecke zu geringes Eigenkapital, die Gesellschafter haben neues Kapital zugeführt, aber nicht in Form von Eigenkapital, sondern als Darlehen oder in sonstigen Formen von Fremdkapital. Während der BGH darin ursprünglich ein widersprüchliches Verhalten sah,[10] begründet er in neueren Entscheidungen die Gleichstellung von eigenkapitalersetzenden Gesellschafterleistungen und formellem Eigenkapital mit der Verantwortung des Gesellschafters für eine ordnungsgemäße Unternehmensfinanzierung[11] und dem wirtschaftspolitischen Gesichtspunkt, dass eine aus eigener Kraft nicht mehr lebensfähige Gesellschaft durch die Zuführung oder das Belassen von Fremdfinanzierungsmitteln nicht künstlich am Leben gehalten werden soll.[12]

5 Einen Teilbereich der Finanzierungsfolgenverantwortung in Fällen der nominellen Unterkapitalisierung deckt § 172 a ab. Die Vorschrift erstreckt den Anwendungsbereich der §§ 32 a, b GmbHG auf die GmbH & Co. KG. Daneben gelten die **Rechtsprechungsgrundsätze** zu den eigenkapitalersetzenden Gesellschafterleistungen weiter.[13] Danach hat der Geschäftsführer der Komplementär-GmbH in (entsprechender) Anwendung der **§§ 30, 31 GmbHG** das Recht und die Pflicht, jedwede Zuwendung und insbesondere die Rückgewähr eigenkapitalersetzender Gesellschafterleistungen an die Gesellschafter der GmbH und der GmbH & Co. KG zu verweigern und bereits zurückgewährte Leistungen wieder erstattet zu verlangen, sofern und soweit die Mittel erforderlich sind, um eine Unterbilanz oder eine Überschuldung zu verhindern oder zu verringern (s. RdNr. 8 ff.). Das gilt unabhängig von einem Insolvenzverfahren. Die Regeln der **§§ 32 a, b GmbHG** greifen dagegen nur im **Insolvenzverfahren** ein und sind allein vom Insolvenzverwalter anzuwenden, binden dann aber die Gesellschafterleistung **ohne Rücksicht auf die Höhe der Stammkapitalziffer**. Ergänzt

---

[4] BGH Urt. v. 29. 3. 1973 – II ZR 25/70, BGHZ 60, 324, 332 = NJW 1973, 1036, 1038 f.; *Wiedemann*, FS Bärmann, 1975, S. 1037, 1038.

[5] BGH Urt. v. 24. 4. 1980 (Fn. 2) S. 330/1525; zur Frage der Übertragung des Eigenkapitalrechts auf die gesetzestypische KG s. RdNr. 25.

[6] BGH Urt. v. 26. 3. 1984 – II ZR 171/83, BGHZ 90, 381, 389 = NJW 1984, 1893, 1895; Urt. v. 11. 7. 1994 – II ZR 162/92, BGHZ 127, 17, 30 = NJW 1994, 2760, 2763.

[7] BGH Urt. v. 26. 3. 1984 (Fn. 6) S. 388 f./1895; Urt. v. 19. 9. 1988 – II ZR 255/87, BGHZ 105, 168, 175 f. = NJW 1988, 3143, 3145; Urt. v. 14. 12. 1992 – II ZR 298/91, BGHZ 121, 31, 35 = NJW 1993, 392, 393; Urt. v. 11. 7. 1994 (Fn. 6); S. 29/2763; Urt. v. 7. 11. 1994 – II ZR 270/93, BGHZ 127, 336, 344 f. = NJW 1995, 326, 329; Urt. v. 28. 11. 1994 – II ZR 77/93, NJW 1995, 457, 458; Urt. v. 19. 12. 1994 – II ZR 10/94, NJW 1995, 658; Urt. v. 8. 11. 2004 – II ZR 300/02, NZG 2005, 137, 138; Urt. v. 31. 1. 2005 – II ZR 240/02, NZG 2005, 346; *Wiedemann* ZIP 1986, 1293, 1297; *Goette*, GmbH, § 4 RdNr. 2, 15, 60 ff.; zu den Begriffen „Eigenkapital" und „Fremdkapital" *Wiedemann*, FS Beusch, 1993, S. 893; krit. *Grunewald* GmbHR 1997, 7; *Koppensteiner* AG 1998, 308; *Engert* ZGR 2004, 813; *Götz*, Juristische und ökonomische Analyse des Eigenkapitalersatzrechts, 2001, zugl. Diss. Tübingen, 2000; *Buck*, Die Kritik am Eigenkapitalersatzgedanken, 2006, zugl. Diss. Konstanz, 2005.

[8] BGH Urt. v. 29. 3. 1973 – II ZR 25/70, BGHZ 60, 324 = NJW 1973, 1036; Urt. v. 27. 9. 1976 – II ZR 162/75, BGHZ 67, 171 = NJW 1977, 104; Urt. v. 19. 2. 1990 – II ZR 268/88, BGHZ 110, 342 = NJW 1990, 1725.

[9] *Ulmer/Habersack* §§ 32 a, b GmbHG RdNr. 9.

[10] BGH Urt. v. 14. 12. 1959 – II ZR 187/57, BGHZ 31, 258, 272 = NJW 1960, 285, 288; Urt. v. 27. 9. 1976 (Fn. 8) S. 175/105.

[11] BGH Urt. v. 26. 3. 1984 (Fn. 6).

[12] BGH Urt. v. 28. 11. 1994 (Fn. 7); nach neuerer Lehre soll es um eine Symmetrie von Herrschaft und Haftung gehen: *Wiedemann* ZGR 2003, 283, 287; *ders.* GesR II § 9 IV 4 c aa; *G. H. Roth* NZG 2003, 1081, 1083; s. auch *Fastrich*, Funktionales Rechtsdenken am Beispiel des Gesellschaftsrechts, 2001, S. 32 f.: Funktionszusammenhang zwischen Eigenkapital, Außenkontrolle des Kreditmarkts und Insolvenzantragsnotwendigkeit.

[13] BGH Urt. v. 26. 3. 1984 – II ZR 14/84, BGHZ 90, 370, 376 ff. = NJW 1984, 1891, 1892 f.

wird die Regelung durch die Anfechtungsrechte aus § 135 InsO und § 6 AnfG (s. RdNr. 57 ff., 20 ff.), die zwar in § 172 a nicht mit aufgeführt sind, aber gleichwohl auf die GmbH & Co. KG anwendbar sind.[14]

II. Zeitliche Geltung

Gemäß Art. 12 § 3, 13 § 2 der GmbH-Novelle vom 4. 7. 1980 (BGBl. I S. 836) sind §§ 32 a, b GmbHG, 135 InsO (32 a KO) und 6 AnfG (3 b AnfG aF) nicht auf Darlehen oder diesen gleichgestellte Rechtshandlungen anzuwenden, die vor dem 1. 1. 1981 gewährt bzw. vorgenommen worden sind. Bei einem „Stehenlassen" der Leistung in der beginnenden Gesellschaftskrise (s. dazu RdNr. 50 ff.) kommt es auf den Zeitpunkt der Umqualifizierung an,[15] bei einer Prolongation auf den Zeitpunkt der Prolongationsvereinbarung.[16] Die **Rechtsprechungsgrundsätze** zu den eigenkapitalersetzenden Gesellschafterleistungen gelten dagegen auch für die davor liegenden Rechtsgeschäfte.[17]

In den **neuen Bundesländern** gelten §§ 172 a HGB, 32 a, b GmbHG, 135 InsO und 6 AnfG gem. Anlage II Nr. III 3, 4 des Staatsvertrages über die Schaffung einer Währungs-, Wirtschafts- und Sozialunion vom 18. 5. 1990 (ZIP 1990, 743) und §§ 16, 18 des Gesetzes über die Inkraftsetzung von Rechtsvorschriften der Bundesrepublik Deutschland in der DDR vom 21. 6. 1990 (GBl. DDR I S. 357) für Gesellschafterleistungen aus der Zeit ab dem 1. 7. 1990. Davon ausgeschlossen sind bestimmte Kredite der Treuhandanstalt gem. § 56 e DMBilG (eingeführt durch Art. 11 § 6 des Zweiten Vermögensrechtsänderungsgesetzes vom 14. 7. 1992 – BGBl. I S. 1257) iVm. Art. 25 Abs. 7 des Einigungsvertrages vom 31. 8. 1990 (BGBl. II S. 889) und Art. 14 Abs. 4 S. 1 des Zweiten Vermögensrechtsänderungsgesetzes.[18] Auch die Rechtsprechungs-Grundätze zum Eigenkapitalersatz (s. RdNr. 8 ff.) gelten erst ab dem 1. 7. 1990.[19]

III. Gläubigerschutz unabhängig von der Insolvenz

1. Haftung nach §§ 30, 31 GmbHG analog (Rspr.-Grundsätze). a) Persönliche Voraussetzungen. Nach § 30 Abs. 1 GmbHG darf das zur Erhaltung des Stammkapitals erforderliche Vermögen einer GmbH nicht an die Gesellschafter ausgekehrt werden. Bei einem Verstoß gegen dieses Verbot ist das Empfangene gem. § 31 Abs. 1 GmbHG an die GmbH zurückzugewähren. In der GmbH & Co. KG gilt diese Regelung in direkter Anwendung, wenn die Komplementär-GmbH aus ihrem Vermögen eine Leistung an einen GmbH-Gesellschafter erbringt. Entsprechend anwendbar sind §§ 30, 31 GmbHG, wenn **der Gesellschafter der Komplementär-GmbH oder der Kommanditist** eine Zuwendung **aus dem Vermögen der KG** erhält. Diese Analogie ist von der Rechtsprechung zunächst für den Fall entwickelt worden, dass der Kommanditist zugleich Gesellschafter der Komplementär-GmbH ist.[20] Sie ist dann erweitert worden auf den Fall des Nur-Kommanditisten, der nicht auch an der Komplementär-GmbH beteiligt ist.[21] Ebenso gilt sie für den Nur-GmbH-Gesellschafter, der nicht auch als Kommanditist der KG angehört.[22] Diese Ausweitung der Kapitalerhaltungsregeln des GmbH-Rechts beruht auf der gesellschaftsrechtlichen und kapitalmäßigen Verknüpfung von GmbH und KG in der GmbH & Co. KG und der daraus folgenden Verantwortung aller Gesellschafter für die Erhaltung des Stammkapitals der Komplementär-GmbH.[23]

Diese Verantwortung trifft auch den Gesellschafter, der nur **Anlegerinteressen** verfolgt und keinen bestimmenden Einfluss auf die Geschäftsführung hat.[24] Zur Ausnahme des **§ 32 a Abs. 3 S. 2**

---

[14] MünchKommHGB/*K. Schmidt* RdNr. 44.
[15] Scholz/*K. Schmidt* §§ 32 a, b GmbHG 9. Aufl. RdNr. 24.
[16] OLG Hamburg Urt. v. 16. 5. 1986 – 11 U 219/85, WM 1986, 826, 827.
[17] Rowedder/Schmidt-Leithoff/*Pentz* § 32 a GmbHG RdNr. 19, 214 f.
[18] BGH Urt. v. 7. 12. 1998 – II ZR 62/97, BGHZ 140, 156 = NJW 1999, 579; Urt. v. 11. 1. 1999 – II ZR 247/97, NZG 1999, 550; Urt. v. 14. 1. 1999 – IX ZR 208/97, NJW 1999, 1182, 1184 f., insoweit in BGHZ 140, 270 nicht mit abgedruckt; *Goette* GmbH § 4 RdNr. 17; Rowedder/Schmidt-Leithoff/*Pentz* § 32 a GmbHG RdNr. 29.
[19] BGH Urt. v. 11. 10. 1994 – XI ZR 189/93, BGHZ 127, 212, 221 = NJW 1995, 47, 49; aA Scholz/*K. Schmidt* GmbHG 9. Aufl. § 32 a, b RdNr. 27.
[20] BGH Urt. v. 29. 3. 1973 (Fn. 8) S. 328 ff./1037 ff.; Urt. v. 27. 9. 1976 (Fn. 8) S. 174/105; Urt. v. 29. 9. 1977 – II ZR 157/76, BGHZ 69, 274, 279 = NJW 1978, 160, 161; Urt. v. 24. 3. 1980 – II ZR 213/77, BGHZ 76, 326, 336 f. = NJW 1980, 1526; Urt. v. 8. 7. 1985 – IX ZR 269/84, BGHZ 95, 188, 191 = NJW 1985, 2947; Urt. v. 16. 10. 1989 – II ZR 307/88, BGHZ 109, 55, 67 = NJW 1990, 516, 518; *Kuhn*, Ehrengabe für Heusinger, 1968, S. 203, 213 ff.
[21] BGH Urt. v. 19. 2. 1990 (Fn. 8) S. 355 ff./1728 f.; Urt. v. 22. 10. 1990 – II ZR 238/89, NJW 1991, 1057, 1059; *Hunscha* GmbHR 1973, 257, 260 ff.; einschränkend Ulmer/*Habersack* § 30 GmbHG RdNr. 105 (nur bei dem § 51 a GmbHG entsprechenden Informationsrechten).
[22] Ulmer/*Habersack* § 30 GmbHG RdNr. 104.
[23] BGH Urt. v. 29. 3. 1973 (Fn. 8) S. 329 f./1038; Urt. v. 19. 2. 1990 (Fn. 8) S. 357 f./1729.
[24] BGH Urt. v. 19. 2. 1990 (Fn. 8) S. 358/1729.

GmbHG s. RdNr. 48. Der **Treugeber** haftet für Leistungen an den Treuhandkommanditisten wie ein Gesellschafter.[25] Das Gleiche kann für ein herrschendes Unternehmen iSd. § 17 AktG gelten, wenn das von ihm abhängige Unternehmen an der KG beteiligt ist.[26] Umgekehrt haftet der Gesellschafter für Leistungen an ein mit ihm **verbundenes Unternehmen,** nicht unbedingt auch an den Ehegatten oder ein Kind[27] (zur vergleichbaren Problematik bei § 32 a Abs. 3 GmbHG s. RdNr. 70 ff.).

10 **b) Sachliche Voraussetzungen.** Von § 30 Abs. 1 GmbHG werden Zuwendungen an Gesellschafter der GmbH und der GmbH & Co. KG verboten, durch die das Aktivvermögen der GmbH unter den Betrag ihrer echten Passiva (Fremdkapital und Rückstellungen) zuzüglich der Stammkapitalziffer absinkt **(Unterbilanz)** oder sogar eine **Überschuldung** herbeigeführt oder vertieft wird.[28] Maßgebend dafür ist eine für den Zeitpunkt der Entnahme nach allgemeinen Bewertungsgrundsätzen aufzustellende Bilanz zu fortgeführten Buchwerten.[29] Stille Reserven sind nicht aufzudecken, sofern sie nicht auch im Jahresabschluss aufgedeckt werden dürften.[30] Eigenkapitalersetzende Gesellschafterleistungen sind zu passivieren,[31] ebenso solche mit Rangrücktritt.[32] Gewährt die Gesellschaft dem Gesellschafter ein Darlehen, ist der Darlehensrückzahlungsanspruch nach der Rspr. des BGH nicht zu aktivieren, auch wenn er werthaltig ist.[33] Das dürfte allerdings nur dann gelten, wenn bei Darlehensgewährung bereits eine Unterbilanz besteht.[34] Die Aufstellung einer Zwischenbilanz schon zum Zeitpunkt der Auszahlung ist nicht erforderlich,[35] ebenso wenig die Aufstellung einer Abschichtungsbilanz.[36]

11 **Ist die GmbH an der KG beteiligt,** mindert jeder Abfluss von Vermögenswerten der KG auch den Kapitalanteil und damit das Aktivvermögen der GmbH. Das kann sich vor allem dann auf das Stammkapital der GmbH auswirken, wenn sie außer ihrem Anteil an der KG kein oder kein nennenswertes Vermögen hat. Aber auch darüber hinaus und auch wenn die **GmbH nicht an der KG beteiligt** ist, haben Verminderungen des KG-Vermögens Auswirkungen auf das GmbH-Vermögen: Da die GmbH als persönlich haftende Gesellschafterin der KG für deren Verbindlichkeiten gem. §§ 161 Abs. 2, 128 haftet, muss sie in ihrer Bilanz entsprechende Passivposten bilden. Andererseits kann sie den gegen die KG gerichteten Freistellungsanspruch aus § 110 in ihrer Bilanz aktivieren. Führt nun eine Leistung der KG an einen Gesellschafter zu einer Überschuldung der KG, so ist der Freistellungsanspruch der GmbH nicht mehr durchsetzbar, der Bilanzposten muss wertberichtigt werden, eine Unterbilanz oder Überschuldung entsteht oder wird vertieft.[37]

---

[25] BGH Urt. v. 14. 12. 1959 (Fn. 10) S. 265/286; Urt. v. 26. 11. 1979 – II ZR 104/77, BGHZ 75, 334, 335 f. = NJW 1980, 592; Urt. v. 8. 7. 1985 (Fn. 20) S. 193/2948; Urt. v. 14. 11. 1988 – II ZR 115/88, NJW 1989, 1219, 1220; Urt. v. 15. 2. 1996 – II ZR 245/94, NJW 1996, 1341, 1342.

[26] BGH Urt. v. 21. 9. 1981 – II ZR 104/80, BGHZ 81, 311 f. = NJW 1982, 383, 384; Urt. v. 24. 9. 1990 – II ZR 174/89, NJW 1991, 357, 358; Urt. v. 21. 6. 1999 – II ZR 70/98, NJW 1999, 2822; Urt. v. 21. 11. 2005 – II ZR 277/03, ZIP 2006, 279, 282.

[27] BGH Urt. v. 21. 6. 1999 – II ZR 70/98, NJW 1999, 2822; Urt. v. 28. 2. 2005 – II ZR 103/02, NZG 2005, 395; zu nahen Angehörigen: BGH Urt. v. 18. 2. 1991 – II ZR 259/89, WM 1991, 678, 679; Urt. v. 16. 12. 1991 – II ZR 294/90, NJW 1992, 1167, 1168; Urt. v. 21. 6. 1999 – II ZR 70/98, NJW 1999, 2822; Urt. v. 26. 6. 2000 – II ZR 21/99, NJW 2000, 3278; weitergehend noch BGH Urt. v. 28. 9. 1981 – II ZR 223/80, BGHZ 81, 365, 368 f. = NJW 1982, 386, 387; allg.: *Canaris,* FS Fischer, 1979, S. 31, 38, 41 ff., 54 ff.; *Hachenburg/Goerdeler/Müller* § 30 GmbHG RdNr. 47 ff.; s. auch unten RdNr. 71.

[28] BGH Urt. v. 5. 2. 1990 – II ZR 114/89, NJW 1990, 1730, 1731 f.; Urt. v. 29. 3. 1973 – II ZR 25/70, BGHZ 60, 324, 331 ff. = NJW 1973, 1036, 1038 f. (dort noch nur analoge Anwendung bei Überschuldung); *Scholz/H. P. Westermann,* GmbHG, § 30 GmbHG RdNr. 15 ff.; *Rowedder/Schmidt-Leithoff/Pentz* § 30 GmbHG RdNr. 7 ff.

[29] BGH Urt. v. 11. 5. 1987 – II ZR 226/86, NJW 1988, 139; Urt. v. 13. 2. 2006 – II ZR 62/04, ZIP 2006, 703 Tz. 29.

[30] BGH Urt. v. 7. 11. 1988 – II ZR 46/88, BGHZ 106, 7, 12 = NJW 1989, 982; *Ulmer/Habersack* §§ 32 a, b GmbHG RdNr. 34; *Rowedder/Schmidt-Leithoff/Pentz* § 30 GmbHG RdNr. 10; einschränkend *Sonnenhol/Stützle* DB 1979, 925, 927 f.; *Meister* WM 1980, 390, 394.

[31] BGH Urt. v. 8. 1. 2001 – II ZR 88/99, BGHZ 146, 264, 269 ff. = NJW 2001, 1280, 1281 f.; Urt. v. 13. 2. 2006 (Fn. 29); s. unten RdNr. 35.

[32] BGH Urt. v. 13. 2. 2006 (Fn. 29); s. RdNr. 35, 40.

[33] BGH Urt. v. 24. 11. 2003 – II ZR 171/01, BGHZ 157, 72 = NJW 2004, 1111; *Stimpel,* FS 100 Jahre GmbHG, 1992, S. 335, 351 ff.; *Schön* ZHR 159 (1995), 351 ff.; *Bayer/Lieder* ZGR 2005, 133; *Roth/Altmeppen* § 30 GmbHG RdNr. 91 ff.; aA *Cahn* Konzern 2004, 235; zur Auswirkung des Urteils auf das Cash-Pooling s. auch *Habersack/Schürnbrand* NZG 2004, 689; *Schäfer* GmbHR 2005, 133, *Joost* in: Die GmbH-Reform in der Diskussion, 2006, S. 31, *Engert* BB 2005, 1951, *Böcker* ZGR 2006, 212, 218 ff., *Pentz* ZIP 2006, 781, *Schilmar* DStR 2006, 568, *Hentzen* DStR 2006, 948 und *Altmeppen* ZIP 2006, 1025, 1033; zu den Reformüberlegungen zum Cash-Pooling s. *Wessels* ZIP 2006, 1701, *Bayer/Lieder* GmbHR 2006, 1121; *Haas/Oechsler* NZG 2006, 806 sowie unten RdNr. 82; zur Auswirkung auf Kredite der Komplementärgesellschaft an die KG s. *Wachter* GmbHR 2004, 1249, 1254 f.

[34] *Stimpel* (Fn. 33); *Goette* DStR 2006, 767, 768; *Böcker* ZGR 2006, 212, 225 ff.

[35] Str., *Ulmer/Habersack* §§ 32 a, b GmbHG RdNr. 41 mwN.

[36] BGH Urt. v. 24. 3. 1980 (Fn. 20) S. 328/1524.

[37] BGH Urt. v. 29. 3. 1973 (Fn. 28) S. 329/1038; *Goette/Kleindiek* RdNr. 160.

„Auszahlung" iSd. § 30 GmbHG ist auch eine **Aufrechnung** oder Verrechnung mit einer **12**
Forderung der Gesellschaft gegen den Gesellschafter, auch der Einlageforderung,[38] die **Stundung**
einer Forderung[39] sowie die Zahlung von **Darlehenszinsen**,[40] Mieten[41] und Gewinnanteilen auf
eine stille Beteiligung. Auch die Rückführung eines Darlehens, für das ein Gesellschafter Sicherheit
geleistet hat, wird von § 30 GmbHG erfasst.[42] Auszahlung iSd. § 30 GmbHG ist auch eine **Sicherheitsleistung** der Gesellschaft für eine Verbindlichkeit des Gesellschafters. Der Freistellungs- bzw.
Rückstellungsanspruch steht nicht entgegen, selbst wenn er vollwertig ist.[43] Unbedenklich kann eine
Sicherheitsleistung lediglich dann sein, wenn ihre Verwertung so unwahrscheinlich ist, dass eine
Rückstellung nicht gebildet werden muss.[44] Unschädlich ist dagegen eine Leistung, der eine **vollwertige Gegenleistung** gegenübersteht.[45] Zur Rückzahlung eines von dem Gesellschafter vor der
Krise gewährten Darlehens durch die Gesellschaft s. RdNr. 50 ff. Die **Beweislast** für die Voraussetzungen des § 30 Abs. 1 hat die Gesellschaft.[46] Stehen die Voraussetzungen des § 30 Abs. 1 GmbHG
für einen bestimmten Zeitpunkt fest, so muss der Gesellschafter beweisen, dass sie später entfallen
sind, die Krise der Gesellschaft also überwunden ist. Eine Beweislastumkehr gilt insoweit für den
ausgeschiedenen Gesellschafter (s. dazu RdNr. 13), der keine Möglichkeit mehr hat, sich ein Bild
von der Lage der Gesellschaft zu machen.[47]

c) **Zeitliche Voraussetzungen.** Die Auszahlungssperre des § 30 GmbHG gilt so lange, bis die **13**
Unterbilanz **nachhaltig** beseitigt ist.[48] Auch der **ausgeschiedene Gesellschafter** unterliegt dieser
Bindung, sofern ihm die Leistung, die er nach seinem Ausscheiden erhält oder erhalten soll, vor oder
bei seinem Ausscheiden versprochen worden ist und in diesem Zeitpunkt die sachlichen Voraussetzungen des § 30 Abs. 1 GmbHG erfüllt waren.[49] Das ist vor allem bedeutsam für die **Umwandlung
einer Einlage** in ein Darlehen[50] oder eine stille Beteiligung[51] aus Anlass des Ausscheidens eines
Gesellschafters. Hätte die Einlage zum Zeitpunkt des Ausscheidens nicht zurückgezahlt werden
dürfen, weil danach das Vermögen der Komplementär-GmbH unter dem Betrag ihrer Stammkapitalziffer gelegen hätte, dann darf auch das Darlehen bzw. die Einlage des stillen Gesellschafters erst
zurückgezahlt werden, wenn wieder soviel Vermögen vorhanden ist, dass durch die Zahlung das
Stammkapital der GmbH nachhaltig nicht angetastet wird (zur Beweislast s. RdNr. 12). Das Gleiche
gilt für die Darlehenszinsen und die Gewinnanteile des stillen Gesellschafters.[52] Umgekehrt darf eine
Forderung, die beim Ausscheiden des Gesellschafters begründet worden ist und zu diesem Zeitpunkt
nach § 30 GmbHG hätte erfüllt werden dürfen, später auch dann bedient werden, wenn dadurch das
Stammkapital der GmbH angegriffen wird.[53]

d) **Erstattungspflicht (§ 31 GmbHG).** Leistungen der Gesellschaft, die gegen das Verbot des **14**
§ 30 Abs. 1 GmbHG verstoßen, sind gem. § 31 GmbHG zurückzugewähren. Hat die Komplementär-GmbH aus ihrem Vermögen geleistet, kommt § 31 GmbHG unmittelbar zur Anwendung; der
Erstattungsanspruch steht der GmbH zu und ist auf Rückgewähr an die GmbH gerichtet. Entstammt

---

[38] BGH Urt. v. 8. 7. 1985 (Fn. 20) S. 191/2947.
[39] BGH Urt. v. 21. 9. 1981 (Fn. 26) S. 321/385.
[40] BGH Urt. v. 27. 9. 1976 – II ZR 162/75, BGHZ 67, 171, 179 f. = NJW 1977, 104, 106; Urt. v. 19. 9. 2005 – II ZR 229/03, NJW 2006, 225; zur Anwendbarkeit von § 30 GmbHG auf Darlehen s. oben RdNr. 10.
[41] BGH Urt. v. 16. 10. 1989 (Fn. 20) S. 66/518; Urt. v. 11. 7. 1994 – II ZR 146/92, BGHZ 127, 1, 7 = NJW 1994, 2349, 2350.
[42] BGH Urt. v. 22. 12. 2005 – IX ZR 190/02, NZG 2006, 264, 265; zu § 32 b GmbHG s. RdNr. 73 ff.
[43] BGH Urt. v. 24. 11. 2003 (Fn. 33); *Habersack/Schürnbrand* NZG 2004, 689, 695 f.; *Bayer/Lieder* ZGR 2005, 133, 144 ff.; *Roth/Altmeppen* § 30 GmbHG RdNr. 95 ff.; Baumbach/Hueck/*Hueck/Fastrich* § 30 GmbHG RdNr. 28.
[44] *Lutter/Hommelhoff* § 30 GmbHG RdNr. 32; weitergehend BGH Urt. v. 20. 10. 1975 – II ZR 214/74, NJW 1976, 751, 752 zu § 172 Abs. 4 (auch ohne Rückstellung); ebenso *Roth/Altmeppen* § 30 GmbHG RdNr. 97; enger Hachenburg/*Goerdeler/Müller* § 30 GmbHG RdNr. 66 (§ 30 GmbHG grundsätzlich erst bei Einlösung anwendbar); differenzierend zwischen dinglicher und schuldrechtlicher Sicherung *Meister* WM 1980, 390, 393 ff.
[45] BGH Urt. v. 29. 3. 1973 (Fn. 28) S. 328/1038; Urt. v. 29. 9. 1977 – II ZR 157/76, BGHZ 69, 274, 279 = NJW 1978, 160, 161, enger *Servatius* DStR 2004, 1176.
[46] BGH Urt. v. 7. 3. 2005 – II ZR 138/03, NJW-RR 2005, 766, 767; Urt. v. 17. 2. 2003 – II ZR 281/00, NZG 2003, 393; Urt. v. 24. 4. 1989 – II ZR 207/88, WM 1989, 1166, 1168; Rowedder/Schmidt-Leithoff/*Pentz* § 30 GmbHG RdNr. 43.
[47] BGH Urt. v. 27. 11. 1989 – II ZR 43/89, NJW-RR 1990, 290, 291; weitergehend *Haas* DStR 2000, 698 (auch bei Abtretung).
[48] BGH Urt. v. 19. 9. 2005 – II ZR 229/03, NJW 2006, 225; OLG München Beschl. v. 24. 2. 2006 – 7 U 4776/05, DB 2006, 552.
[49] BGH Urt. v. 27. 11. 2000 – II ZR 179/99, NJW 2001, 1490, 1491; Urt. v. 15. 11. 2004 – II ZR 299/02, NZG 2005, 179; Urt. v. 19. 9. 2005 (Fn. 48).
[50] BGH Urt. v. 29. 9. 1977 – II ZR 157/76, BGHZ 69, 274 = NJW 1978, 160.
[51] BGH Urt. v. 8. 11. 2004 – II ZR 300/02, NZG 2005, 137; Urt. v. 19. 9. 2005 (Fn. 48).
[52] BGH Urt. v. 8. 11. 2004 (Fn. 51) S. 138.
[53] BGH Urt. v. 29. 9. 1977 (Fn. 50) S. 280 f./162; *Goette* GmbH § 4 RdNr. 106.

die verbotene Leistung dagegen dem Vermögen der KG, hat in analoger Anwendung des § 31 GmbHG die **KG** einen Anspruch auf Rückgewähr in ihr Vermögen.[54] Dieser Anspruch ist von den Geschäftsführern der Komplementär-GmbH oder den Liquidatoren der KG geltend zu machen, in der Insolvenz vom Insolvenzverwalter. Bei Untätigkeit der Geschäftsführer können die Mitgesellschafter im Wege der **actio pro socio** vorgehen.[55] Entsprechend § 19 Abs. 2 S. 2 kann der Gesellschafter nicht aufrechnen.[56] Die Gläubiger der KG können den Erstattungsanspruch pfänden und sich überweisen lassen. Der Erstattungsanspruch kann an einen Gesellschaftsgläubiger auch **abgetreten** werden, und zwar unabhängig davon, ob dessen Forderung vollwertig ist.[57]

15 Der Erstattungsanspruch richtet sich gegen den Gesellschafter, der die Leistung erhalten hat. Der Gesellschafter haftet auch, wenn für seine Rechnung an einen **Dritten** geleistet worden ist. Hat dagegen ein hinter dem Gesellschafter stehender Treugeber oder eine sonst dem Gesellschafter **nahe stehende Person** die Leistung erhalten (s. RdNr. 9), haften der Gesellschafter und der Empfänger als Gesamtschuldner.[58] Auch der **ausgeschiedene Gesellschafter** kann nach § 31 GmbHG zur Erstattung verpflichtet sein (s. RdNr. 13).[59]

16 Kannte der Empfänger die Umstände nicht, aus denen sich die Verbotswidrigkeit der Leistung nach § 30 Abs. 1 GmbHG ergab, und ist ihm insoweit auch keine grobe Fahrlässigkeit vorzuwerfen (vgl. § 932 Abs. 2 BGB), war er also **gutgläubig**, so ist er gem. § 31 Abs. 2 GmbHG nur insoweit zur Erstattung verpflichtet, als die Mittel zur Befriedigung der Gesellschaftsgläubiger erforderlich sind.[60] Die **Solidarhaftung** des § 31 Abs. 3 GmbHG gilt für den Kommanditisten, der nicht auch an der Komplementär-GmbH beteiligt ist, nicht.[61] Der einmal begründete Anspruch aus § 31 GmbHG bleibt auch dann bestehen, wenn zwischenzeitlich das Gesellschaftskapital der Komplementär-GmbH anderweit bis zur Höhe der Stammkapitalziffer aufgefüllt worden ist.[62] Der Erstattungsanspruch **verjährt** gem. § 31 Abs. 5 GmbHG in der ab dem 15. 12. 2004 geltenden Fassung des Verjährungsanpassungsgesetzes[63] in 10 Jahren, der Solidarhaftungsanspruch aus § 31 Abs. 3 in fünf Jahren. Nach der alten Fassung des § 31 Abs. 5 betrug die Verjährungsfrist fünf Jahre, bei „böslicher" Handlungsweise 30 Jahre. Eine „bösliche" Handlungsweise lag schon dann vor, wenn der Gesellschafter gewusst hatte, dass durch die empfangene Leistung das Stammkapital der Komplementär-GmbH verringert oder eine Überschuldung vertieft wurde.[64]

17 e) **Eigenkapitalersetzende Gesellschafterleistungen.** Von §§ 30, 31 GmbHG werden grundsätzlich keine Leistungen der Gesellschaft erfasst, deren Rechtsgrund in einem entgeltlichen und von der Mitgliedschaft unabhängigen Vertrag mit dem Gesellschafter besteht **(Drittgeschäft).** Anders verhält es sich mit der Rückzahlung von Darlehen und wirtschaftlich gleichartigen Gesellschafterleistungen, die **eigenkapitalersetzenden Charakter** haben. Führt der Gesellschafter seiner Gesellschaft statt des an sich erforderlichen Eigenkapitals Fremdkapital zu, muss er sich auf Grund seiner Finanzierungsfolgenverantwortung so behandeln lassen, als hätte er zusätzliches Eigenkapital einge-

---

[54] BGH Urt. v. 29. 3. 1973 (Fn. 28) S. 329 f./1038; Urt. v. 29. 9. 1977 (Fn. 50) S. 279/161; *K. Schmidt* GesR § 56 V 1 b; Ulmer/*Habersack* § 31 b GmbHG RdNr. 6; aA Hachenburg/*Goerdeler/Müller* § 31 GmbHG RdNr. 8 (GmbH, aber gerichtet an KG); *Wiedemann* GesR II § 9 IV 4 b aa.
[55] BGH Urt. v. 29. 3. 1973 (Fn. 28) S. 330/1038; *Brandi* ZIP 1995, 1391, 1395 f.
[56] BGH Urt. v. 27. 11. 2000 – II ZR 83/00, BGHZ 146, 105 = NJW 2001, 830; aA – schwebend unwirksam – Roth/*Altmeppen* § 32 a GmbHG RdNr. 116, § 31 GmbHG RdNr. 25 ff.
[57] BGH Urt. v. 29. 9. 1977 (Fn. 50) S. 281 ff./162 f.
[58] Str., Rowedder/Schmidt-Leithoff/*Pentz* § 31 GmbHG RdNr. 10; differenzierend Baumbach/Hueck/*Hueck/Fastrich* § 31 GmbHG RdNr. 9 ff., jeweils mwN; zurückhaltend Scholz/*H. P. Westermann*, GmbHG, § 31 RdNr. 11 ff.; offengelassen von BGH Urt. v. 26. 6. 2000 (Fn. 27); zur Haftung bei Eigenkapitalersatz BGH Urt. v. 28. 2. 2005 – II ZR 103/02, NZG 2005, 395; zur Haftung des Treugebers s. Fn. 25.
[59] Ulmer/*Habersack* § 31 GmbHG RdNr. 15.
[60] BGH Urt. v. 29. 3. 1973 (Fn. 28) S. 329/1038; einschränkend *Lüdicke/Schneeweiß* WiB 1996, 969, 972 f. (Analogie zu § 172 Abs. 5 bei Nur-Kommanditist).
[61] *K. Schmidt* GmbHR 1986, 337, 341; *Werner* WuB II G § 30 GmbHG 3.91; *Lüdicke/Schneeweiß* WiB 1996, 969, 973 ff.; Ulmer/*Habersack* § 32 a, b GmbHG RdNr. 257 (der die Solidarhaftung auch für den GmbH-Gesellschafter ablehnt); aA *Wiedemann* GesR II § 9 IV 4 b, c cc; zur Begrenzung der Solidarhaftung auf die Stammkapitalziffer BGH Urt. v. 25. 2. 2002 – II ZR 196/00, BGHZ 150, 61 = NJW 2002, 1803; Urt. v. 22. 9. 2003 – II ZR 229/02, NJW 2003, 3629, 3632; *K. Schmidt*, FS Raiser, 2005, S. 311.
[62] BGH Urt. v. 29. 5. 2000 – II ZR 118/98, BGHZ 144, 336 = NJW 2000, 2577; Urt. v. 29. 5. 2000 – II ZR 347/97, ZIP 2000, 1256; Urt. v. 22. 9. 2003 – II ZR 229/02, NJW 2003, 3629, 3631 (auch bei einer später aufgelösten Rückstellung); anders noch BGH Urt. v. 11. 5. 1987 – II ZR 226/86, NJW 1988, 139.
[63] Gesetz zur Anpassung von Verjährungsvorschriften an das Gesetz zur Modernisierung des Schuldrechts vom 9. 12. 2004, BGBl. I S. 3214; zur zeitlichen Geltung s. Art. 229 § 12 EGBGB; dazu *Thiessen* NJW 2005, 2120; Roth/*Altmeppen* § 31 GmbHG RdNr. 30 ff.
[64] BGH Urt. v. 19. 2. 1990 – II ZR 268/88, BGHZ 110, 342, 352 = NJW 1990, 1725, 1727; Urt. v. 23. 6. 1997 – II ZR 220/95, BGHZ 136, 125, 131 = NJW 1997, 2599; anders bei dem Nur-Kommanditisten bei Leistungen vor Erlass des Urt. v. 19. 2. 1990: BGH Urt. v. 27. 3. 1995 – II ZR 30/94, NJW 1995, 1960, 1961.

schossen (s. RdNr. 3 f.). Diesen Grundsatz hat die **Rechtsprechung** entwickelt. Er ist durch die GmbH-Novelle von 1980 in **§§ 32 a, b GmbHG** Gesetz geworden. Die Rechtsprechungsregeln gelten daneben weiter.[65]

In den Voraussetzungen entsprechen die Rechtsprechungsregeln über die eigenkapitalersetzenden **18** Gesellschafterleistungen im Wesentlichen den §§ 32 a, b GmbHG,[66] so dass auf die Erläuterungen dazu verwiesen werden kann (s. RdNr. 25 ff.). Die Rechtsfolgen unterscheiden sich allerdings.[67] Da die Rechtsprechungsregeln auf §§ 30 f. GmbHG beruhen, ist danach die Rückgewähr eigenkapitalersetzender Gesellschafterleistungen nur verboten, wenn und soweit und solange dadurch das Vermögen der Komplementär-GmbH unter die **Stammkapitalziffer** sinkt bzw. eine schon bestehende Unterbilanz oder Überschuldung noch verstärkt wird.[68] Von §§ 32 a, b GmbHG wird dagegen die gesamte Gesellschafterleistung erfasst, auch wenn das Stammkapital der GmbH unangetastet ist. Andererseits gehen die Rechtsprechungsregeln insofern weiter, als sie auch Fälle **außerhalb der Insolvenz** erfassen und als danach die **Geschäftsführer** der Komplementär-GmbH befugt sind, eine dem Verbot des § 30 Abs. 1 GmbHG zuwiderlaufende Leistung zu verweigern und den Rückgewähranspruch aus § 31 GmbHG geltend zu machen. Demgegenüber gelten §§ 32 a, b GmbHG nur in der Insolvenz. Die Rechtsprechungsregeln haben damit nach wie vor eine erhebliche Bedeutung bei Liquidationen außerhalb des Insolvenzverfahrens und bei Ablehnung der Insolvenzeröffnung oder Einstellung des Insolvenzverfahrens mangels einer die Kosten deckenden Masse. Schließlich besteht ein Unterschied in der zeitlichen Geltung. Während die Rückgewähr einer eigenkapitalersetzenden Gesellschafterleistung gem. §§ 135 InsO, 6 AnfG nur angefochten werden kann, wenn sie innerhalb eines Jahres vor der Insolvenzeröffnung bzw. der Gläubigeranfechtung erfolgt ist, gilt für den Erstattungsanspruch des § 31 GmbHG gem. dessen Abs. 5 grundsätzlich eine **zehnjährige Verjährungsfrist**.

f) **Verhältnis zu §§ 171 ff.** Jede Leistung der KG an den Kommanditisten, der keine gleich- **19** wertige Gegenleistung gegenübersteht, lässt gem. §§ 171 Abs. 1, 172 Abs. 4 die persönliche Haftung des Kommanditisten wieder aufleben (s. § 172 RdNr. 21). **Daneben** sind §§ 30, 31 GmbHG analog anwendbar.[69] Während der Gesellschafter nach §§ 171, 172 Abs. 4 an die Gesellschaftsgläubiger zu leisten hat, steht der Erstattungsanspruch des § 31 GmbHG der Gesellschaft zu (s. RdNr. 14 ff.). Die Haftung nach §§ 171, 172 Abs. 4 ist begrenzt auf die **Haftsumme** (s. § 172 RdNr. 22), der Erstattungsanspruch kann darüber hinausgehen, ist andererseits begrenzt auf dasjenige, was zum Wiederauffüllen des **Stammkapitals** der Komplementär-GmbH erforderlich ist.[70] Schließlich gilt für den Erstattungsanspruch aus § 31 GmbHG grundsätzlich die zehnjährige Verjährungsfrist nach Abs. 5, während sich die Verjährung bei der Haftung gem. §§ 171, 172 Abs. 4 nach dem zugrundeliegenden Rechtsverhältnis richtet.

2. **Haftung nach Anfechtung außerhalb der Insolvenz. a) Anfechtung nach § 6 AnfG nF.** **20** Während §§ 172 a HGB, 32 a, b GmbHG nur im Insolvenzverfahren gelten, stehen den Gesellschaftsgläubigern außerhalb der Insolvenz andere Rechtsbehelfe zur Verfügung, um sich gegen Benachteiligungen durch eigenkapitalersetzende Gesellschafterleistungen zu schützen. Ist dem Kommanditisten oder dem Gesellschafter der Komplementär-GmbH eine Leistung trotz ihres eigenkapitalersetzenden Charakters (s. dazu RdNr. 30 ff.) zurückgewährt worden, ohne dass noch ein das Stammkapital der Komplementär-GmbH deckendes Vermögen vorhanden ist, kann der Gesellschaftsgläubiger den gem. **§ 31 GmbHG** (analog) der GmbH & Co. KG oder – bei Leistung aus dem GmbH-Vermögen – der GmbH zustehenden Erstattungsanspruch pfänden und sich überweisen lassen (s. RdNr. 14 ff.). Er muss dann lediglich die fünfjährige Verjährungsfrist des § 31 Abs. 5 GmbHG beachten.

Daneben kann der Gesellschaftsgläubiger das Erfüllungsgeschäft anfechten nach **§ 6 Nr. 2 AnfG** **21** (eingeführt durch Art. 1 EGInsO v. 5. 10. 1994 – BGBl. I S. 2911). Er hat dann gem. § 11 AnfG einen Anspruch gegen den Gesellschafter auf Duldung der Zwangsvollstreckung – bei Unmöglichkeit auf Wertersatz.[71] Dieser Anspruch erfasst, anders als der Erstattungsanspruch aus § 31 GmbHG, die

---

[65] BGH Urt. v. 26. 3. 1984 – II ZR 14/84, BGHZ 90, 370, 376 ff. = NJW 1984, 1891, 1892 f.; Urt. v. 8. 7. 1985 (Fn. 20) S. 192/2947; Urt. v. 16. 10. 1989 (Fn. 20); Urt. v. 6. 7. 1998 – II ZR 284/94, NJW 1998, 3273; Urt. v. 8. 11. 2004 – II ZR 300/02, NZG 2005, 137, 138.
[66] BGH Urt. v. 14. 12. 1959 – II ZR 187/57, BGHZ 31, 258, 268 ff. = NJW 1960, 285, 287 f.; Urt. v. 24. 3. 1980 (Fn. 20) S. 329 ff./1524 ff.; Urt. v. 26. 3. 1984 – II ZR 171/83, BGHZ 90, 381, 388 f. = NJW 1984, 1893, 1895.
[67] v. Gerkan/Hommelhoff RdNr. 2.4 ff.; Ulmer/Habersack §§ 32 a, b GmbHG RdNr. 23.
[68] BGH Urt. v. 8. 11. 2004 (Fn. 65); Goette GmbH § 4 RdNr. 127.
[69] BGH Urt. v. 29. 3. 1973 (Fn. 28) S. 327 ff./1037 f.; Urt. v. 19. 2. 1990 (Fn. 64) S. 358/1729.
[70] Ulmer/Habersack § 30 GmbHG RdNr. 111.
[71] Huber, AnfG, 10. Aufl. 2006, § 11 RdNr. 17 ff., 37 ff.

gesamte an den Gesellschafter geflossene Leistung und nicht nur den Teil, der zur Wiederherstellung des Stammkapitals der Komplementär-GmbH erforderlich ist.[72] Allerdings kann die Anfechtung nur **binnen eines Jahres** seit dem Zeitpunkt der Erfüllungshandlung gerichtlich geltend gemacht werden. Bei dieser in § 6 Nr. 2 AnfG bestimmten Frist handelt es sich um eine Ausschlussfrist.[73] Zu den möglichen Fristverlängerungen s. §§ 7 Abs. 2, 3 und 18 Abs. 2 AnfG. War die Anfechtungsmöglichkeit nach bisherigem Recht (s. RdNr. 23) am 1. 1. 1999 wegen Fristablaufs verlorengegangen, ist gem. § 20 Abs. 1 AnfG auch nach neuem Recht die Anfechtung ausgeschlossen. Wird eine Gesellschaft „kalt" liquidiert, kann darin, dass ein Anspruch der Gesellschaft gegen den Gesellschafter aus § 31 GmbHG nicht geltend gemacht wird, eine vorsätzliche Gläubigerbenachteiligung liegen, die nach § 3 Abs. 1 AnfG zur Anfechtung **binnen 10 Jahren** berechtigt.[74] Wegen weiterer Einzelheiten zur Anfechtung von Erfüllungshandlungen s. die Erläuterungen zu dem vergleichbaren § 135 InsO, RdNr. 57 ff.

22   Ist dem Kommanditisten oder dem Gesellschafter der Komplementär-GmbH für eine eigenkapitalersetzende Leistung eine Sicherung gewährt worden, kann der Gesellschaftsgläubiger gem. **§ 6 Nr. 1 AnfG** das die Sicherung begründende Rechtsgeschäft anfechten. Damit gilt ihm gegenüber das Sicherungsgut wieder als Vermögen der Gesellschaft, auf das er zur Befriedigung wegen seiner Forderung gegen die Gesellschaft zugreifen kann.[75] Die gerichtliche Geltendmachung des Anfechtungsrechts ist nur innerhalb einer Frist von zehn Jahren ab Bestellung der Sicherung möglich. Diese in § 6 Nr. 1 AnfG bestimmte Frist ist eine Ausschlussfrist.[76] Hinsichtlich möglicher Fristverlängerungen und des Übergangsrechts s. RdNr. 21. Zur Anfechtung bei **Eigentumsvorbehalt** und zu weiteren Einzelheiten der Anfechtung von Sicherungsbestellungen s. die Erläuterungen zu § 135 InsO, RdNr. 59.

23   **b) Anfechtung nach § 3 b AnfG aF.** War die Anfechtbarkeit bis zum 31. 12. 1998 gerichtlich geltend gemacht, bleibt es gem. § 20 Abs. 2 AnfG nF bei der Anwendung des § 3 b AnfG aF (zum Übergangsrecht im Übrigen s. § 20 Abs. 1 AnfG nF). Diese Vorschrift verwies zwar nur auf § 32 a GmbHG und war in § 172 a nicht erwähnt. Dennoch war sie auch in den Fällen des § 172 a und auch im Rahmen der Rechtsprechungsregeln zu den eigenkapitalersetzenden Gesellschafterleistungen anwendbar.[77] Von dem neuen Recht unterscheidet sich § 3 b AnfG aF nur dadurch, dass für die Anfechtung einer eine Sicherung gewährenden Rechtshandlung keine Ausschlussfrist vorgesehen war. Im Übrigen wurde in die einjährige Ausschlussfrist für die Anfechtung von Erfüllungsgeschäften gem. § 3 Abs. 2 AnfG aF die Zeit nicht eingerechnet, während der ein Verfahren auf Herbeiführung eines Vergleichs zur Abwendung des Konkursverfahrens anhängig war. Während des Vergleichsverfahrens bestand kein Anfechtungsrecht (s. RdNr. 61).

24   **3. Haftung aus besonderen Rechtsgründen.** Ein Schutz der Gesellschaftsgläubiger kann sich auch aus allgemeinen Grundsätzen ergeben, die im Einzelfall zu einer Haftung des Gesellschafters führen können. So kommt etwa eine Haftung des Gesellschafters wegen Verschuldens bei Vertragsschluss oder aus Rechtsschein in Betracht. Zu den allgemeinen Haftungsregeln s. § 171 RdNr. 20 ff.

IV. Gläubigerschutz in der Insolvenz

25   **1. Grundtatbestand (§ 32 a Abs. 1 GmbHG). a) GmbH & Co. KG.** Über § 172 a findet § 32 a GmbHG Anwendung in der KG, in der keiner der persönlich haftenden Gesellschafter eine natürliche Person ist. Im Regelfall handelt es sich dabei um eine GmbH & Co. KG. Erfasst werden aber etwa auch die AG & Co. KG und die Stiftung & Co. KG.[78] Das Gleiche gilt für eine Auslandskapitalgesellschaft & Co. KG, in der Praxis ist das vorwiegend die **Ltd. & Co. KG.** Solche Unternehmensverbindungen sind jedenfalls dann zulässig, wenn die Auslandsgesellschaft in einem Mitgliedstaat der EU oder des EWR oder einem diesen durch völkerrechtlichen Vertrag gleichgestellten Staat gegründet worden ist.[79] Auch für eine Auslandsgesellschaft als Komplementärin gilt allerdings

---

[72] Schlegelberger/*K. Schmidt* RdNr. 50.
[73] *Zeuner* RdNr. 425; *Huber* (Fn. 71) § 7 RdNr. 4 ff.
[74] BGH Urt. v. 22. 12. 2005 – IX ZR 190/02, NZG 2006, 264.
[75] *Huber* (Fn. 71) § 11 RdNr. 14 ff.
[76] *Zeuner* RdNr. 425; *Huber* (Fn. 71) § 7 RdNr. 4 ff.
[77] Schlegelberger/*K. Schmidt* RdNr. 5.
[78] MünchKommHGB/*K. Schmidt* RdNr. 4; Baumbach/*Hopt* RdNr. 3; zu diesen Gesellschaftsformen s. § 177 a Anh. A RdNr. 22, 24.
[79] BayObLG Beschl. v. 21. 3. 1986 – BReg 3 Z 148/85, NJW 1986, 3029; OLG Frankfurt Beschl. v. 28. 7. 2006 – 20 W 191/06, NJW 2006, 1673; LG Bielefeld Beschl. v. 11. 8. 2005 – 24 T 19/05, NZG 2006, 504; MünchKommBGB/*Kindler* IntGesR RdNr. 552 f., 124 ff., 406 ff.; *Zimmer* NJW 2003, 3585, 3587; s. auch § 177 a Anh. A RdNr. 23; aA AG Bad Oeynhausen Beschl. v. 15. 3. 2005 – 16 AR 15/05, GmbHR 2005, 693.

§ 172 a. Ob daraus folgt, dass die Auslandsgesellschaft auch dann ein Mindestkapital i. H. v. 25 000 € haben muss, wenn sie dazu nach ihrem Gründungsstatut nicht verpflichtet ist,[80] erscheint allerdings fraglich. Das könnte gegen das Diskriminierungsverbot des EU-Gemeinschaftsrechts[81] verstoßen. Jedenfalls ist auch bei einer Komplementärgesellschaft ohne gesetzliches oder satzungsmäßiges Mindestkapital zu prüfen, ob das von dem Gesellschafter gewährte Fremdkapital auf Grund der konkreten Vermögenssituation die Funktion von Eigenkapital hat. Dann kommt § 172 a zur Anwendung.[82] Eine Ausnahme gilt gem. § 172 a S. 2, wenn mittelbar als Gesellschafter der Komplementär-Gesellschaft eine natürliche Person für die Gesellschaftsverbindlichkeiten haftet. Wegen dieser gesetzlichen Ausnahme verbietet sich eine analoge Anwendung des § 172 a auf Kommanditgesellschaften, deren **Komplementär eine natürliche Person** ist. Ob demgegenüber § 32 a GmbHG die Ausprägung eines allgemeinen, für alle Handelsgesellschaften geltenden Finanzierungsgrundsatzes ist und damit die Regeln über eigenkapitalersetzende Gesellschafterleistungen auch auf gesetzestypische Kommanditgesellschaften übertragbar sind,[83] erscheint zweifelhaft. In **mehrstöckigen Gesellschaften,** bei denen erst auf der dritten oder einer weiteren Ebene eine natürliche Person unbeschränkbar haftet, gelten §§ 32 a, b GmbHG nach dem Rechtsgedanken des § 172 a S. 2 nicht.[84]

b) Gesellschafter. Voraussetzung für die Anwendung des § 32 a GmbHG ist nach § 172 a, dass **26** ein Gesellschafter der Komplementär-GmbH oder ein Kommanditist die eigenkapitalersetzende Leistung erbracht hat. Sofern eine **Handelsgesellschaft** Kommanditistin ist, fallen auch deren Gesellschafter in den Anwendungsbereich des § 32 a GmbHG.[85] Ausgenommen sind gem. § 24 UBGG idF der Bek. v. 9. 9. 1998 (BGBl. I S. 2765) lediglich die Gesellschafter einer an der KG beteiligten Unternehmensbeteiligungsgesellschaft. Ob darüber hinaus auch Leistungen der **Komplementär-Gesellschaft** nach §§ 32 a, b GmbHG zu beurteilen sind, ist str., dürfte im Wege eines Erst-Recht-Schlusses aber anzunehmen sein.[86] Es kommt auf die formale Gesellschafterstellung an. Deshalb gilt § 172 a auch für **Treuhandkommanditisten.**[87] Banken und andere **institutionelle Kreditgeber** fallen ebenfalls unter § 172 a, wenn sie einen Gesellschaftsanteil innehaben. Ein allgemeines Sanierungs- oder Bankenprivileg besteht nicht.[88] Zu den möglichen Ausnahmen, insbesondere des § 32 a Abs. 3 S. 3 GmbHG, s. RdNr. 46 ff. Auf die Größe des Gesellschaftsanteils kommt es – abgesehen von der Ausnahme des § 32 a Abs. 3 S. 2 GmbHG (s. dazu RdNr. 48) – ebenso wenig an wie auf einen unternehmerischen Einfluss des Gesellschafters.[89] Unbeachtlich ist auch der Zweck der Beteiligung, so dass auch Körperschaften des öffentlichen Rechts, die sich an einer Gesellschaft beteiligen,

---

[80] *K. Schmidt* GesR § 56 VII 2; *Duys,* Auslands-Kapitalgesellschaft & Co. KG, Diss. Bonn, 2001, S. 88 ff.; *Haidinger,* Die „ausländische Kapitalgesellschaft & Co. KG", 1990, Diss. Freiburg 1989, S. 114 ff.; aA *Wachter* GmbHR 2006, 79; *Schlichte* DB 2006, 87, 88 ff.; *Baumbach/Hopt* Anh § 177 a RdNr. 11.
[81] S. dazu EuGH Urt. v. 19. 3. 1999 – Rs. C-212/97 (Centros), NJW 1999, 2027; Urt. v. 5. 11. 2002 – Rs. C-208/00 (Überseering), NJW 2002, 3614; Urt. v. 30. 9. 2003 – Rs. C-167/01 (Inspire Art), NJW 2003, 3331; *Huber,* Gesellschafterdarlehen bei ausländischen Kapitalgesellschaften in der Inlandsinsolvenz, in Lutter, Europäische Auslandsgesellschaften in Deutschland, 2005, S. 131 ff.; *Fleischer,* Kapitalschutz und Durchgriffshaftung bei Auslandsgesellschaften, in Lutter, Europäische Auslandsgesellschaften in Deutschland, 2005, S. 49, 95 f., 115 ff.; *Eidenmüller* in Eidenmüller, Ausländische Kapitalgesellschaften im deutschen Recht, 2004, § 4 RdNr. 12 ff., 51 ff., § 9 RdNr. 41 ff.; *Sandrock/Wetzler* (Hrsg.), Deutsches Gesellschaftsrecht im Wettbewerb der Rechtsordnungen, 2004; *Zöllner* GmbHR 2006, 1.
[82] *Werner* GmbHR Sonderheft 2006, 41, 43; *Huber* (Fn. 81) S. 206 f., der allerdings die Rechtsprechungsregeln zum Eigenkapitalersatz (s. RdNr. 8 ff.) in diesem Fall für unanwendbar hält; ebenso *Schlichte* DB 2006, 1357 (auch zur Anwendbarkeit des englischen, die Ltd. betreffenden Rechts); generell anders, für die direkte – nicht über § 172 a auf die KG übertragene – Anwendung der Kapitalerhaltungsregeln auf die EU-ausländische Kapitalgesellschaft *Eidenmüller* (Fn. 81) § 9 RdNr. 41 ff.; zur Anwendbarkeit der §§ 30 f. GmbHG auf eine Gesellschaft mit einem Stammkapital von 0 €: *Schön* Konzern 2004, 162, 168.
[83] So *K. Schmidt* GmbHR 1986, 337, 340, 341 f.; *ders.* GesR § 18 III 4; *Wiedemann* GesR II § 9 III 9; *Linden* DZWiR 2007, 5; ablehnend *Huber* ZGR 1988, 1, 40; *Kleindiek,* FS Lutter, 2000, S. 871; offengelassen von BGH Urt. v. 2. 7. 1990 – II ZR 139/89, BGHZ 112, 31, 38 f. = NJW 1990, 3145, 3147.
[84] BayObLG Beschluss v. 8. 9. 1994 – 3 Z BR 118/94, ZIP 1994, 1694, 1695; aA KG Beschluss v. 5. 7. 1988 – 1 W 1485/87, ZIP 1988, 1194; *MünchKommHGB/Bokelmann* § 19 RdNr. 63 jeweils zu dem vergleichbaren § 19 Abs. 5 S. 2 aF; *Röhricht/Graf von Westphalen/von Gerkan* RdNr. 1.
[85] *Heymann/Horn* RdNr. 10.
[86] IE ebenso *MünchKommHGB/K. Schmidt* RdNr. 25; *Wiedemann* GesR II § 9 IV 4 c bb; *Uhlenbruck,* Die GmbH & Co. KG in Krise, Konkurs und Vergleich, 2. Aufl. 1988, S. 703 f.; aA *Staub/Habersack* § 129 a RdNr. 6; *Gersch/Herget/Marsch/Stützle* RdNr. 373; *Koller/Roth/Morck* RdNr. 11.
[87] BGH Urt. v. 19. 9. 1988 – II ZR 255/87, BGHZ 105, 168, 174 f. = NJW 1988, 3143, 3145; *MünchKommHGB/K. Schmidt* RdNr. 22; einschränkend *Rümker,* FS Stimpel, 1985, S. 673, 685 ff.
[88] BGH Urt. v. 21. 9. 1981 – II ZR 104/80, BGHZ 81, 311, 315 = NJW 1982, 383, 384; Urt. v. 13. 7. 1992 – II ZR 251/91, BGHZ 119, 191= NJW 1992, 3035, 3036; *K. Schmidt* ZHR 147 (1983), 165, 175 ff.; *ders.* GmbHR 2005, 797, 804; *Fleck,* FS Werner, 1984, S. 107; *Roth/Altmeppen* § 32 a GmbHG RdNr. 58; aA *H. Westermann* ZIP 1982, 379, 386 ff.; *Rümker* ZIP 1982, 1385; *Uhlenbruck* GmbHR 1982, 141; *Claussen* ZHR 147 (1983), 195, 215 ff.; *Engert* ZGR 2004, 813, 839.
[89] *Hachenburg/Ulmer* §§ 32 a, b GmbHG RdNr. 35 ff.; *Scholz/K. Schmidt* §§ 32 a, b GmbHG RdNr. 32.

in den Anwendungsbereich des § 32a GmbHG fallen.[90] Zur Einbeziehung von **Dritten** in den Anwendungsbereich der Norm s. RdNr. 70 ff.

27 Die Gesellschafterstellung muss grundsätzlich zum **Zeitpunkt der eigenkapitalersetzenden Leistung** bestehen. Es genügt aber, wenn die Leistung im Vorgriff auf einen dann folgenden Erwerb der Mitgliedschaft erbracht wird.[91] Der **ausgeschiedene Gesellschafter** unterliegt der Bindung des § 172a, wenn er während seiner Mitgliedschaft eigenkapitalersetzend geleistet oder eine Leistung eigenkapitalersetzend stehengelassen hat.[92] Das Gleiche gilt, wenn der Gesellschafter die Leistung zwar erst nach seinem Ausscheiden aus der Gesellschaft erbringt, aber vorher schon versprochen hat, oder wenn er eine von vornherein als Krisenfinanzierung angelegte Leistung bei seinem Ausscheiden stehenlässt.[93] Sind diese Voraussetzungen nicht erfüllt, kann der ausgeschiedene Gesellschafter seine Leistung ohne die Gefahr einer Anfechtung nach § 135 Nr. 2 InsO oder eines Rückerstattungsverlangens nach § 31 Abs. 1 GmbHG auch dann abziehen, wenn die Gesellschaft **nachträglich in eine Krise** gerät. Denn dann ist er für eine ordnungsgemäße Kapitalausstattung der Gesellschaft nicht mehr verantwortlich.[94] Str. ist, ob bei einem Gesellschafterwechsel in der Komplementär-GmbH die Anmeldung nach § 16 Abs. 1 GmbHG für die Kapitalbindung nach § 32a Abs. 1 GmbHG maßgeblich ist.[95] Die Frage hat nur geringe Bedeutung, da der Anteilserwerber in der Zeit bis zur Anmeldung von § 32a Abs. 3 S. 1 GmbHG erfasst wird.[96]

28 Durch eine **Abtretung** des Rückgewähranspruchs seitens des Gesellschafters ändert sich an der Kapitalbindung nichts. Dem Zessionar können die Rechtsfolgen der §§ 32a GmbHG, 6 AnfG (s. RdNr. 20 ff.) und 135 InsO (s. RdNr. 57 ff.) gem. § 404 BGB entgegengehalten werden.[97]

29 c) **Darlehensgewährung.** Grundfall der eigenkapitalersetzenden Gesellschafterleistung ist das Gesellschafterdarlehen nach **§ 488 BGB**. Entscheidend ist die Vereinbarung der Darlehenshingabe. Die Rechtsfolgen der §§ 32a, b GmbHG werden aber erst ausgelöst, wenn die Darlehensvaluta ausgezahlt worden ist.[98] Ein zwischenzeitliches Ausscheiden des Gesellschafters aus der Gesellschaft ist unschädlich (s. RdNr. 27 f.). Unter § 32a GmbHG fällt auch das **Vereinbarungsdarlehen**.[99] Auf eine Verzinsung kommt es nicht an.[100] Der **Zweck** des Darlehens ist ebenfalls ohne Bedeutung.[101] Insbesondere muss das Darlehen nicht gerade auf der Gesellschafterstellung beruhen. Zu möglichen Ausnahmen s. RdNr. 46 ff. Als Darlehensgewährung anzusehen ist auch die Einräumung einer **Kreditlinie**,[102] die Gewährung eines Kontokorrentkredits,[103] ferner der Abschluss eines **Factoringvertrages**, wenn er auf Forderungseinzug unter zwischenzeitlicher Kreditierung der erfüllungshalber abgetretenen Forderungen gerichtet ist.[104] Auch ein Sachdarlehen iSd. § 607 BGB fällt unter § 32a GmbHG. Davon zu unterscheiden sind Gebrauchs- und Nutzungsüberlassungsverträge, bei denen die überlassene Sache nicht in das Eigentum der Gesellschaft übergeht. Zu diesen und anderen darlehensähnlichen Geschäften s. RdNr. 62 ff.; zu den subjektiven Voraussetzungen s. RdNr. 45.

30 d) **Eigenkapitalersatz. aa) Legaldefinition.** Das Darlehen – oder die sonstige Gesellschafterleistung – wird nach §§ 172a HGB, 32a GmbHG grundsätzlich nur dann wie Eigenkapital behandelt, wenn es zu einem Zeitpunkt gewährt worden ist, in dem die Gesellschafter als ordentliche

---

[90] BGH Urt. v. 19. 9. 1988 – II ZR 255/87, BGHZ 105, 168, 178 f. = NJW 1988, 3143, 3145 f.; OLG Düsseldorf Urt. v. 23. 9. 1994 – 17 U 210/93, ZIP 1995, 465, 466; zum Einfluss des europäischen Beihilfrechts: OLG Jena Urt. v. 30. 11. 2005 – 6 U 906/04, ZIP 2005, 2218 (nicht rkr., Revision anhängig unter II ZR 1/06); *Geuting/Michels* ZIP 2004, 12; *Roth/Altmeppen* § 32a GmbHG RdNr. 13; *Ulmer/Habersack* §§ 32a, b GmbHG RdNr. 15.
[91] OLG Hamm Urt. v. 7. 7. 1986 – 8 U 278/85, WM 1987, 17, 18.
[92] BGH Urt. v. 19. 2. 1990 – II ZR 268/88, BGHZ 110, 342, 353 = NJW 1990, 1725, 1728 (zu §§ 30 f. GmbHG); Urt. v. 11. 7. 1994 – II ZR 146/92, BGHZ 127, 1, 6 f. = NJW 1994, 2349, 2350; *Ulmer/Habersack* §§ 32a, b GmbHG RdNr. 53 ff.; zu den Voraussetzungen im Einzelnen s. unten RdNr. 30 ff., 50 ff.
[93] BGH Urt. v. 13. 7. 1981 – II ZR 256/79, BGHZ 81, 252, 258 f. = NJW 1981, 2570, 2571 f.; Urt. v. 6. 5. 1985 – II ZR 132/84, NJW 1985, 2719, 2720; Urt. v. 9. 10. 1986 – II ZR 58/86, NJW 1987, 1080, 1081 f.; Urt. v. 15. 2. 1996 – II ZR 245/94, NJW 1996, 1341, 1342, jeweils zu dem gleichgelagerten § 30 GmbHG.
[94] BGH Urt. v. 6. 5. 1985 und 9. 10. 1986 (Fn. 93).
[95] So *Ulmer/Habersack* §§ 32a, b GmbHG RdNr. 52; aA *Scholz/K. Schmidt* §§ 32a, b GmbHG RdNr. 33; *Baumbach/Hueck/Hueck/Fastrich* § 32a GmbHG RdNr. 16; *Roth/Altmeppen* § 32a GmbHG RdNr. 47.
[96] *Ulmer/Habersack* §§ 32a, b GmbHG RdNr. 52.
[97] BGH Urt. v. 21. 3. 1988 – II ZR 238/87, BGHZ 104, 33, 43 = NJW 1988, 1841, 1843.
[98] BGH Urt. v. 19. 9. 1996 – IX ZR 249/95, BGHZ 133, 298 = NJW 1996, 3203; *Ulmer/Habersack* §§ 32a, b GmbHG RdNr. 42.
[99] Dazu s. MünchKommBGB/*Berger* § 488 RdNr. 18 ff.
[100] *Scholz/K. Schmidt* §§ 32a, b GmbHG RdNr. 29.
[101] BGH Urt. v. 21. 9. 1981 (Fn. 88); Urt. v. 19. 9. 1988 (Fn. 87).
[102] OLG Hamburg Urt. v. 17. 2. 2006 – 11 U 98/05, GmbHR 2006, 813, 814.
[103] OLG Celle Urt. v. 14. 7. 1999 – 9 U 342/98, NZG 2000, 104.
[104] *Hachenburg/Ulmer* §§ 32a, b GmbHG RdNr. 24; *Scholz/K. Schmidt* §§ 32a, b GmbHG RdNr. 124, der aber einen Fall des § 32a Abs. 3 S. 1 GmbHG annimmt.

Kaufleute der Gesellschaft (nominelles) Eigenkapital zugeführt hätten (zum Stehenlassen einer Gesellschafterleistung s. RdNr. 50 ff.). Dabei gilt ein **objektiver Beurteilungsmaßstab**.[105] Entscheidend ist, ob sich die Gesellschaft derart in einer Krise befindet, dass ein ordentlicher Kaufmann an der Stelle der Gesellschafter entweder zusätzliches Eigenkapital aufgebracht oder die Gesellschaft liquidiert hätte. Unterstützt der Gesellschafter in dieser Situation die Gesellschaft lediglich mit einem Darlehen oder mit sonstigem (nominellen) Fremdkapital, muss er sich auf Grund seiner Finanzierungsfolgenverantwortung (s. RdNr. 4) so behandeln lassen, als hätte er Eigenkapital aufgebracht.[106] Ob er die Möglichkeit hatte, eine (formelle) Eigenkapitalerhöhung durchzusetzen, ist ohne Bedeutung.[107] Zu den subjektiven Voraussetzungen s. RdNr. 45.

Eine Krise iSd. Eigenkapitalersatzrechts liegt dann vor, wenn die Gesellschaft **insolvenzreif** (s. RdNr. 34 f.) oder aus sonstigen Gründen **kreditunwürdig** (s. RdNr. 36 ff.) ist.[108] Außerdem kommt § 32a GmbHG zur Anwendung, wenn der Gesellschafter seine Leistung durch eine **Rangrücktrittserklärung** (s. RdNr. 40 ff.) oder als Finanzierungsbeitrag für eine **künftige Krise**[109] von vornherein dem Eigenkapital gleichgestellt hat. Ausnahmen sind nur in engen Grenzen anzuerkennen (s. RdNr. 46 ff.). Die von der Rechtsprechung im Rahmen der §§ 30 f. GmbHG entwickelten Voraussetzungen des Eigenkapitalersatzes sind auf § 32a GmbHG in vollem Umfang übertragbar.[110] Ähnliche Regeln gelten für den **Finanzplankredit** (s. RdNr. 43 f.).

Mehrere Darlehen bzw. sonstige Gesellschafterleistungen sind jeweils getrennt zu beurteilen.[111] Eine einheitliche Gesellschafterleistung kann dagegen nicht in einen eigenkapitalersetzenden und einen nicht eigenkapitalersetzenden Teil aufgespalten werden.[112] Bei einem **Konsortialkredit** eines Außenkonsortiums ist – sofern ausnahmsweise Kreditunwürdigkeit iSd. § 32a GmbHG anzunehmen ist – (nur) die Kreditquote der Gesellschafter-Konsorten gebunden. Bei einem Innenkonsortium kommt es darauf an, wer Konsortialführer ist. Tritt der Gesellschafter als Konsortialführer auf, ist das gesamte Darlehen gebunden. Ansonsten fällt nur der im Innenverhältnis auf den Gesellschafter entfallende Anteil in den Anwendungsbereich des § 32a GmbHG.[113] Zur Diskussion über die Anwendbarkeit der §§ 32a, b GmbHG auf Konsortialkredite s. RdNr. 47.

Die **Beweislast** hat der die Rechte aus §§ 32a, b GmbHG, 135 InsO (s. RdNr. 57 ff.) geltend machende Insolvenzverwalter.[114] Er kann sich dabei auf Indizien stützen (s. RdNr. 39). Liegen konkrete Anhaltspunkte für das Vorhandensein von stillen Reserven vor, die der Annahme einer Krise entgegenstehen (s. RdNr. 39), hat der Insolvenzverwalter das Nichtvorhandensein dieser stillen Reserven zu beweisen.[115] In Ausnahmefällen kommt auch eine Beweislastumkehr in Betracht.[116] Stellt der Insolvenzverwalter auf Überschuldung ab (s. RdNr. 134 f.), hat er dazu grundsätzlich eine Überschuldungsbilanz aufzustellen und darin die stillen Reserven aufzudecken und die Vermögensgegenstände zu Veräußerungswerten anzusetzen. Es genügt aber auch, anhand der Handelsbilanz darzulegen, dass die darin aufgeführten Werte auch nach den für die Überschuldungsbilanz geltenden Regeln zutreffen, ggf. in welchem Umfang sie davon abweichen.[117] Wird innerhalb der Jahresfrist der §§ 32b GmbHG, 135 InsO, 6 AnfG nach Rückgewähr der Gesellschafterleistung das Insolvenzverfahren eröffnet, so ist unwiderleglich davon auszugehen, dass der eigenkapitalersetzende Charakter der Gesellschafterleistung auch noch zum Zeitpunkt der Rückgewähr bestanden

---

[105] Ulmer/*Habersack* §§ 32a, b GmbHG RdNr. 59 f.
[106] Krit. zum Merkmal der Krise *Böcker* ZGR 2006, 212, 225 ff.
[107] BGH Urt. v. 26. 3. 1984 – II ZR 171/83, BGHZ 90, 381, 390 = NJW 1984, 1893, 1895.
[108] BGH Urt. v. 27. 11. 2000 – II ZR 179/99, NJW 2001, 1490, 1491 f.; Urt. v. 3. 4. 2006 – II ZR 332/05, Tz. 7.
[109] Röhricht/Graf von Westphalen/*von Gerkan* RdNr. 36 f.; s. RdNr. 42, 49 und Fn. 93.
[110] BGH Urt. v. 6. 5. 1985 (Fn. 93); Urt. v. 14. 11. 1988 – II ZR 115/88, NJW 1989, 1219, 1220; Urt. v. 16. 10. 1989 – II ZR 307/88, BGHZ 109, 55, 57 = NJW 1990, 516; Urt. v. 14. 6. 1993 – II ZR 252/92, NJW 1993, 2179, 2180.
[111] BGH Urt. v. 13. 7. 1992 – II ZR 269/91, BGHZ 119, 201, 212 = NJW 1992, 2891, 2893; Ulmer/*Habersack* §§ 32a, b GmbHG RdNr. 71.
[112] Ulmer/*Habersack* §§ 32a, b GmbHG RdNr. 71; Scholz/*K. Schmidt* §§ 32a, b GmbHG RdNr. 53; Baumbach/Hueck/*Fastrich* § 32a GmbHG RdNr. 56; aA *Gersch*/Herget/*Marsch*/*Stützle* RdNr. 249; Roth/*Altmeppen* § 32a GmbHG RdNr. 29 f., 83 f.; *Heymann*/*Horn* RdNr. 27.
[113] *v. Gerkan*/*Hommelhoff* RdNr. 3.38 ff.; für Mietzinsansprüche einer Vermietergemeinschaft BGH Urt. v. 16. 6. 1997 – II ZR 154/96, NJW 1997, 3026.
[114] BGH Urt. v. 28. 9. 1987 – II ZR 28/78, NJW 1988, 824; Urt. v. 14. 11. 1988 (Fn. 110); Urt. v. 17. 2. 2003 – II ZR 281/00, NZG 2003, 393; zu den Anforderungen an den Beweis BGH Urt. v. 2. 6. 1997 – II ZR 211/95, NJW 1997, 3171; Urt. v. 17. 11. 1997 – II ZR 224/96, NJW 1998, 1143.
[115] BGH Urt. v. 12. 7. 1999 – II ZR 87/98, NJW 1999, 3120, 3121; Urt. v. 7. 3. 2005 – II ZR 138/03, NJW-RR 2005, 766, 767 Roth/*Altmeppen* § 32a GmbHG RdNr. 53 ff.
[116] Hachenburg/*Ulmer* §§ 32a, b GmbHG RdNr. 64; Ulmer/*Habersack* §§ 32a, b GmbHG RdNr. 83.
[117] BGH Urt. v. 7. 3. 2005 – II ZR 138/03, NJW-RR 2005, 766; 767; Urt. v. 18. 12. 2000 – II ZR 191/99, NJW 2001, 1136; Urt. v. 8. 1. 2001 – II ZR 88/99, BGHZ 146, 264, 268 = NJW 2001, 1280; Urt. v. 2. 4. 2001 – II ZR 261/99, ZIP 2001, 839.

hat.[118] Die Forderung auf Rückgewähr einer eigenkapitalersetzenden Gesellschafterleistung kann im Verfahren nach §§ 179 ff. InsO Gegenstand eines **Vergleichs** oder **Anerkenntnisses** sein; wird gegen die nicht nur als nachrangig angemeldete Forderung kein Widerspruch erhoben, kann sich der Insolvenzverwalter gem. § 178 InsO ebenfalls nicht mehr auf § 32 a GmbHG berufen.[119]

34 bb) **Insolvenzreife.** Liegen bei der GmbH & Co. KG die Voraussetzungen einer **Überschuldung** iSd. § 19 InsO vor, so ist jede Gesellschafterleistung, der nicht eine sofortige vollwertige Gegenleistung entspricht, eigenkapitalersetzend; das Gleiche gilt bei **Zahlungsunfähigkeit** iSd. § 17 InsO und **drohender Zahlungsunfähigkeit** iSd. § 18 InsO.[120] In dieser Lage dient die Gesellschafterleistung zumindest objektiv dazu, die Insolvenz abzuwenden oder hinauszuschieben, und ist schon deshalb ohne Rücksicht auf die weiteren Voraussetzungen der Kreditunwürdigkeit eigenkapitalersetzend. Ausgenommen sind allenfalls ganz kurzfristige Überbrückungskredite.[121]

35 Im Jahresabschluss ist eine eigenkapitalersetzende Gesellschafterleistung zu passivieren.[122] Das Gleiche gilt für die **Überschuldungsbilanz**, es sei denn, der Gesellschafter hat eine Rangrücktrittserklärung abgegeben.[123] Der Anspruch des Gesellschafters bleibt nämlich trotz der Eigenkapitalersatzfunktion bestehen. Lediglich seine Durchsetzbarkeit ist beschränkt. Die Passivierungspflicht entlastet im Übrigen auch die Geschäftsführer. Sie müssen bei der Beurteilung der Insolvenzreife im Rahmen des § 64 nicht entscheiden, ob ein bestimmtes Gesellschafterdarlehen oder eine bestimmte sonstige Leistung des Gesellschafters eigenkapitalersetzend ist oder nicht. Erklärt der Gesellschafter keinen Rangrücktritt – und dazu haben ihn die Geschäftsführer ggf. aufzufordern –, müssen sie die Forderung in die Überschuldungsbilanz aufnehmen. Damit ist eine ohne Rangrücktritt gewährte eigenkapitalersetzende Gesellschafterleistung nicht geeignet, die Überschuldung abzuwenden.

36 cc) **Kreditunwürdigkeit.** Über die Grenzen der Insolvenzreife hinaus und unabhängig davon ist eine Gesellschaftskrise iSd. §§ 172 a HGB, 32 a GmbHG auch bei Kreditunwürdigkeit anzunehmen. Kreditunwürdig in diesem Sinne ist die Gesellschaft, wenn sie von einem gesellschaftsfremden Dritten den zur Fortführung ihres Unternehmens benötigten Kredit zu marktüblichen Bedingungen nicht erhalten würde und deshalb liquidiert werden müsste, sofern nicht der Gesellschafter mit seiner Leistung einspringt oder eingesprungen wäre.[124] Diese Voraussetzungen sind nicht rückblickend, sondern **ex ante** vom Zeitpunkt der Kreditvergabe oder des Stehenlassens der Gesellschafterleistung aus zu beurteilen; entscheidend ist, ob bei **objektiver Betrachtungsweise** ein anderer, wirtschaftlich vernünftig handelnder Kreditgeber, der weder an der Gesellschaft beteiligt ist noch sich an ihr beteiligen will, unter denselben Verhältnissen und zu denselben Bedingungen wie der Gesellschafter bereit gewesen wäre, der Gesellschaft einen Kredit oder eine Kreditsicherung zu gewähren.[125]

---

[118] BGH Urt. v. 26. 3. 1984 – II ZR 14/84, BGHZ 90, 370, 380 f. = NJW 1984, 1891, 1893; Urt. v. 20. 1. 2006 – II ZR 357/03, NZG 2006, 263 = DStR 2006, 478 m. Anm. *Goette*; aA *K. Schmidt* ZGR 1980, 567, 577 f.; *Geßler* ZIP 1981, 228, 233; *Roth/Altmeppen* § 32 a GmbHG RdNr. 50 f.; anders iRd Rechtsprechungsregeln zum Eigenkapitalersatz, s. RdNr. 8 ff.; zum Sonderfall des ausgeschiedenen Gesellschafters s. RdNr. 27.

[119] BGH Urt. v. 21. 2. 1991 – II ZR 133/90, BGHZ 113, 381, 383 = NJW 1991, 1615 zur KO.

[120] BGH Urt. v. 14. 12. 1959 – II ZR 187/57, BGHZ 31, 258, 268 ff. = NJW 1960, 285, 287 f.; Urt. v. 29. 11. 1971 – II ZR 121/69, BB 1972, 111, 112; Urt. v. 27. 9. 1976 – II ZR 162/75, BGHZ 67, 171, 175 f. = NJW 1977, 104, 105; Urt. v. 29. 9. 1977 – II ZR 157/76, BGHZ 69, 274, 278 f. = NJW 1978, 160, 161; Urt. v. 26. 11. 1979 – II ZR 104/77, BGHZ 75, 334, 337 f. = NJW 1980, 592 f.; Urt. v. 14. 11. 1988 (Fn. 110) S. 1221; Urt. v. 16. 10. 1989 (Fn. 110) S. 59 f./517; Urt. v. 11. 1989 – II ZR 310/88, WM 1990, 100, 102; Urt. v. 14. 6. 1993 (Fn. 110); Urt. v. 21. 2. 1994 – II ZR 60/93, BGHZ 125, 141, 147 = NJW 1994, 1477, 1478; Urt. v. 28. 11. 1994 – II ZR 77/93, NJW 1995, 457, 459; Urt. v. 19. 9. 1996 (Fn. 98) S. 302/3204; *v. Gerkan/Hommelhoff* RdNr. 3.20 ff.

[121] BGH Urt. v. 17. 7. 2006 – II ZR 106/05, ZIP 2006, 2130; s. unten RdNr. 46.

[122] BGH Urt. v. 6. 12. 1993 – II ZR 102/93, BGHZ 124, 282, 284 f. = NJW 1994, 724; *Goette* GmbH § 4 RdNr. 33; *Röhricht/Graf von Westphalen/von Gerkan* RdNr. 38; *Kleindiek* in Großkomm. Bilanzrecht, § 246 RdNr. 33 ff.

[123] BGH Urt. v. 8. 1. 2001 – II ZR 88/99, BGHZ 146, 264, 269 ff. = NJW 2001, 1280, 1281 f.; Urt. v. 13. 2. 2006 – II ZR 62/04, ZIP 2006, 703, Tz. 29; *Beintmann* BB 1999, 1543, 1548; *Goette/Kleindiek* RdNr. 31 ff.; *Rowedder/Schmidt-Leithoff* § 63 GmbHG RdNr. 62 ff.; aA *Teller/Steffan* RdNr. 293 ff.; *Lutter* ZIP 1999, 641, 644 ff.; *Baumbach/Schulze-Osterloh* § 64 GmbHG RdNr. 18;. *Förster/Wendland* GmbHR 2006, 169, 176; *Bormann*, Eigenkapitalersetzende Gesellschafterleistungen in der Jahres- und Überschuldungsbilanz, 2001, zugl. Diss. Heidelberg, 2001, S. 288 ff.; *Fleischer* ZIP 1996, 773 (für den Geltungsbereich der KO); s. auch (jedenfalls keine Passivierung bei Rangrücktritt) BGH Urt. v. 9. 2. 1987 – II ZR 104/86, NJW 1987, 1697, 1698; Urt. v. 6. 12. 1993 – II ZR 102/93, BGHZ 124, 282, NJW 1994, 724; *K. Schmidt* GmbHR 1999, 9; zum Inhalt der Rangrücktrittserklärung s. Rn. 40; zu Reformüberlegungen s. Rdn. 82.

[124] BGH Urt. v. 24. 3. 1980 – II ZR 213/77, BGHZ 76, 326, 330 = NJW 1980, 1524, 1525; Urt. v. 21. 9. 1981 – II ZR 104/80, BGHZ 81, 311, 314 f. = NJW 1982, 383, 384; Urt. v. 28. 9. 1987 – II ZR 28/87, NJW 1988, 824; Urt. v. 9. 10. 1986 – II ZR 58/86, NJW 1987, 1080, 1081; Urt. v. 14. 11. 1988 (Fn. 110); Urt. v. 13. 7. 1992 (Fn. 111) S. 206/2892; Urt. v. 21. 2. 1994 (Fn. 120); Urt. v. 28. 11. 1994 (Fn. 120); Urt. v. 2. 6. 1997 (Fn. 114); Urt. v. 12. 7. 1999 – II ZR 87/98, NJW 1999, 3120, 3121; Urt. v. 12. 12. 2005 – II ZR 190/02, NZG 2006, 264, 265 f.; *Ulmer/Habersack* §§ 32 a, b GmbHG RdNr. 62; *Lutter/Hommelhoff* §§ 32 a, b GmbHG RdNr. 18 ff.

[125] BGH Urt. v. 28. 9. 1987 (Fn. 124); Urt. v. 13. 7. 1992 (Fn. 111) S. 207 f./2892; Urt. v. 4. 12. 1995 – II ZR 281/94, NJW 1996, 720.

Das gilt auch bei einer in einen zentralistisch finanzierten **Konzern** eingegliederten Gesellschaft.[126] Ein vertraglich begründeter Anspruch der Gesellschaft gegen die Konzernmutter auf Verlustausgleich ist bei der Prüfung der Kreditunwürdigkeit außer Betracht zu lassen.[127] **37**

Kreditunwürdigkeit ist nicht schon dann anzunehmen, wenn bei der Komplementär-GmbH eine **Unterbilanz** entstanden ist. Die Unterbilanz ist nur im Rahmen der §§ 30 f. GmbHG von Bedeutung.[128] Auch sonst gibt es keine allgemeingültigen Abgrenzungskriterien bei der Feststellung der Kreditunwürdigkeit. Vielmehr ist immer auf die **konkrete Gesellschafterleistung** mit Laufzeit, Umfang, Anlass und Besicherung abzustellen sowie auf die Liquidität und den Liquiditätsbedarf der Gesellschaft.[129] Im Prozess ist idR ein Sachverständiger hinzuzuziehen. **38**

Für eine Kreditunwürdigkeit können sprechen das Drohen des baldigen Eintritts der Insolvenzreife, eine außergewöhnlich lange oder an die Mitgliedschaft in der Gesellschaft gebundene Laufzeit des Kredits, der Verzicht oder die Vereinbarung einer vom Üblichen nach oben oder unten abweichenden Verzinsung, die Besicherung durch Mitgesellschafter, eine gemeinsame Finanzierung durch mehrere Gesellschafter, ein krasses Ungleichgewicht von Eigen- und Fremdkapital, die Verwendung der Gesellschafterleistung zur Finanzierung von langfristigen Anlageinvestitionen und eine maßgebliche Beteiligung des kreditgebenden Gesellschafters.[130] **Gegen eine Kreditunwürdigkeit** können sprechen eine nur ganz kurze Laufzeit des Kredits,[131] eine Beteiligung auch von außenstehenden Kreditgebern an der Finanzierungsaktion,[132] der Umstand, dass die Gesellschaft noch eine offene Kreditlinie bei einem außenstehenden Kreditinstitut hatte,[133] eine nachfolgende Kreditgewährung durch einen Dritten und die vollwertige Besicherung oder jedenfalls die Möglichkeit der vollwertigen Besicherung des Gesellschafterkredits durch die Gesellschaft.[134] Dabei ist auch auf etwaige stille Reserven abzustellen.[135] Allerdings sind alle diese Umstände für sich allein bei der Beurteilung der Kreditwürdigkeit nicht zwingend. Vielmehr bedarf es im Einzelfall einer sorgfältigen **Gesamtwürdigung**. So ist etwa das Verlangen einer Bank nach einer Gesellschaftersicherheit ohne Bedeutung, wenn die Gesellschaft auch eigene Sicherheiten stellen kann und die Bank lediglich routinemäßig auf der Besicherung durch die Gesellschafter besteht.[136] **39**

dd) Rangrücktritt. Der Gesellschafter kann sich gegenüber der Gesellschaft damit einverstanden erklären, dass der Anspruch auf Rückzahlung seines Darlehens, auf Ersatz seiner Aufwendungen als Sicherungsgeber (s. RdNr. 75) oder auf Vergütung oder Erstattung seiner sonstigen Leistung (s. § 171 RdNr. 35 f.) hinter die Ansprüche der übrigen Gesellschaftsgläubiger zurücktreten und nur aus künftigen Bilanzgewinnen, aus einem Liquidationsüberschuss oder aus künftig sonst anfallendem, die weiteren Schulden der Gesellschaft übersteigenden Vermögen erfüllt werden soll (sog. qualifizierter Rangrücktritt). Kraft dieser **Vereinbarung** wird die Gesellschafterleistung dem Eigenkapital gleichgestellt.[137] Es treten daher die Rechtsfolgen der §§ 32 a, b GmbHG, 6 AnfG (s. RdNr. 20 ff.) und 135 InsO (s. RdNr. 57 ff.) ein, ohne dass es auf deren Tatbestandsvoraussetzungen ankommt. Außerhalb der Insolvenz darf der Anspruch des Gesellschafters nicht erfüllt werden, solange die Voraussetzungen des vereinbarten Rangrücktritts vorliegen.[138] Daneben sind §§ 30 f. GmbHG anwendbar (s. RdNr. 8 ff.). Gem. § 39 Abs. 2 InsO werden die durch den Rangrücktritt gebundenen Ansprüche **40**

---

[126] *Hommelhoff* WM 1984, 1105, 1107 f.
[127] BGH Urt. v. 19. 9. 1988 – II ZR 255/87, BGHZ 105, 168, 182 ff. = NJW 1988, 3143, 3146 f.; einschränkend *Scholz/K. Schmidt* §§ 32 a, b GmbHG RdNr. 41.
[128] BGH Urt. v. 13. 7. 1992 (Fn. 111) S. 212 f./2893; Urt. v. 12. 7. 1999 (Fn. 124); s. RdNr. 10; *Ulmer/Habersack* §§ 32 a, b GmbHG RdNr. 78; aA *Geßler* ZIP 1981, 228, 232.
[129] *Braun* WPg 1990, 553 ff., 593 ff.; *Ulmer/Habersack* §§ 32 a, b GmbHG RdNr. 62 ff.; *Scholz/K. Schmidt* §§ 32 a, b GmbHG RdNr. 41; *Rowedder/Schmidt-Leithoff/Pentz* § 32 a GmbHG RdNr. 40.
[130] *Ulmer/Habersack* §§ 32 a, b GmbHG RdNr. 65; *Scholz/K. Schmidt* §§ 32 a, b GmbHG RdNr. 41; *Lutter/Hommelhoff* §§ 32 a, b GmbHG RdNr. 19 ff. jeweils m. weit. Nachw.; krit. *Roth/Altmeppen* § 32 a GmbHG RdNr. 21.
[131] BGH Urt. v. 26. 11. 1979 (Fn. 120); Urt. v. 27. 11. 1989 (Fn. 120); zur möglichen Ausnahme von kurzfristigen Krediten trotz Kreditunwürdigkeit s. RdNr. 46.
[132] BGH Urt. v. 19. 9. 1988 (Fn. 127) S. 184 f./3147; Urt. v. 13. 7. 1992 (Fn. 111) S. 207/2892; zu Konsortialkrediten s. RdNr. 47.
[133] BGH Urt. v. 13. 7. 1992 (Fn. 111) S. 207/2892.
[134] BGH Urt. v. 19. 11. 1984 – II ZR 84/84, NJW 1985, 858; Urt. v. 6. 5. 1985 – II ZR 132/84, NJW 1985, 2719, 2720; Urt. v. 9. 10. 1986 (Fn. 124) S. 1082; Urt. v. 28. 9. 1987 (Fn. 124); Urt. v. 14. 11. 1988 (Fn. 110) S. 1221; Urt. v. 27. 11. 1989 (Fn. 120) S. 101 f., *Lutter/Hommelhoff* §§ 32 a, b GmbHG RdNr. 29 f.
[135] BGH Urt. v. 12. 7. 1999 – II ZR 87/98, NJW 1999, 3120, 3121; Urt. v. 2. 4. 2001 – II ZR 261/99, ZIP 2001, 839, 840.
[136] BGH Urt. v. 28. 9. 1987 (Fn. 124); Urt. v. 27. 11. 1989 (Fn. 120) S. 101 f.
[137] BGH Urt. v. 8. 3. 1982 – II ZR 86/81, NJW 1983, 120, 121; *Scholz/K. Schmidt* §§ 32 a, b GmbHG RdNr. 105 ff.; zur steuerrechtlichen Beurteilung: *Hölzle* GmbHR 2005, 852; *Klein* GmbHR 2005, 663; zur Formulierung des Rangrücktritts s. auch Fn. 142.
[138] *Habersack* ZGR 2000, 384, 404 f.

im Zweifel nach allen übrigen Forderungen berichtigt. Bei gleichzeitigem Vorliegen der Voraussetzungen des § 32a GmbHG haben sie i. d. R. den Rang der Forderungen gem. § 39 Abs. 1 Nr. 5 InsO.[139] Auch Zinsen und Kosten werden gem. § 39 Abs. 3 InsO von dem Rangrücktritt erfasst. Gesellschafter und Gesellschaft können den Rangrücktritt vor Eintritt der Krise einvernehmlich **aufheben**.[140]

41 Der Vorteil des Rangrücktritts für die Gesellschaft besteht zum einen darin, dass die Geschäftsführer über § 30 GmbHG hinaus (s. RdNr. 17 ff.) das Recht erhalten, die Erfüllung des Gesellschafteranspruchs zu verweigern, und dabei nicht einmal die Voraussetzungen einer Finanzierungskrise **beweisen** müssen – das Nichtvorliegen einer Krise hat bei einem Rangrücktritt der Gesellschaft zu beweisen.[141] Zum anderen ist eine mit einem Rangrücktritt verbundene Gesellschaftsverbindlichkeit in der **Überschuldungsbilanz** nicht zu passivieren,[142] durch einen Rangrücktritt kann also die Überschuldung abgewendet werden. Ansprüche aus eigenkapitalersetzenden Gesellschafterleistungen ohne Rangrücktritt sind dagegen nach hM zu passivieren. Diese Hilfen können also eine Überschuldung nicht verhindern (s. RdNr. 35).

42 Im Ergebnis einem Rangrücktritt kommt es gleich, wenn ein Gesellschafter der Gesellschaft vor der Krise einen Kredit gewährt oder eine Sicherheit bestellt mit der **Abrede**, dass diese Leistung gerade auch Bestand haben soll, wenn sich die Vermögensverhältnisse der Gesellschaft verschlechtern.[143]

43 ee) **Finanzplankredit.** Hat sich der Kommanditist verpflichtet, der Gesellschaft neben oder statt der Kommanditeinlage ein Darlehen zu gewähren oder Gewinne in Darlehensform stehen zu lassen, so kann das als eine gesplittete Einlage zu werten sein. Die Einlage ieS und das Darlehen (Finanzplankredit) bilden zusammen den **Eigenkapitalbeitrag.** Zu den Voraussetzungen s. § 171 RdNr. 62. Die Bindung des Finanzplankredits ergibt sich aus der Abrede der Gesellschafter, nicht aus den Regeln über den Eigenkapitalersatz.[144] Danach muss das Darlehen, sofern und soweit es in der Insolvenz oder der Liquidation zur Gläubigerbefriedigung benötigt wird, trotz der Auflösung der Gesellschaft und entgegen § 490 Abs. 1 BGB noch eingezahlt werden; war es schon eingezahlt, darf es erst nach Befriedigung aller übrigen Gläubiger zurückgezahlt werden (Nachweise bei § 171 RdNr. 63).

44 Sobald die Gesellschaft in eine Krise iSd. § 32 a gerät, sind neben den Vereinbarungen der Gesellschafter die Rechtsprechungsregeln zum **Eigenkapitalersatz** und §§ 172a HGB, 32a GmbHG anwendbar.[145] Da das Darlehen von vornherein den Charakter von Eigenkapital hatte, kommt es nicht darauf an, ob der Kommanditist bei Eintritt der Krise die Möglichkeit hatte, das Darlehen abzuziehen oder die Liquidation herbeizuführen.[146] Andererseits ist der Gesellschafter nicht gehindert, vor der Krise das Darlehen abzuziehen, sofern er die Gesellschaft damit nicht gerade in die Krise stürzt[147] und entweder die Mitgesellschafter einverstanden sind oder die Kündigung nicht – wie allerdings in der Regel – ausgeschlossen ist.[148] Er ist dann aber den Anfechtungsmöglichkeiten der §§ 135 Nr. 2 InsO, 6 Nr. 2 AnfG ausgesetzt. Für die vereinbarungsgemäße Bindung des Finanzplankredits gilt nicht die Privilegierung des § 32a Abs. 3 S. 2, 3 GmbHG.[149]

---

[139] *K. Schmidt* ZGR 1998, 633, 658; *ders.* DB 2006, 2503 ff.; *Noack*, Gesellschaftsrecht, 1999, RdNr. 197; *Haarmann*, FS Röhricht, 2005, S. 137, 146 ff.
[140] *v. Gerkan/Hommelhoff* RdNr. 1.33 ff.; wohl auch BGH Urt. v. 8. 3. 1982 (Fn. 137); *Teller/Steffan* RdNr. 380 ff.; einschränkend *Habersack* ZGR 2000, 384, 405 ff.; weitergehend *K. Schmidt* ZIP 1999, 1241, 1247 und Rowedder/Schmidt-Leithoff/*Pentz* § 32a GmbHG RdNr. 228 (ohne zeitliche Einschränkung, dann aber ggf. weitere Bindung nach § 32a GmbHG); ähnlich *Haarmann*, FS Röhricht, 2005, S. 137, 149 f. (Aufhebung kann anfechtbar sein).
[141] *v. Gerkan/Hommelhoff* RdNr. 1.41.
[142] BGH Urt. v. 9. 2. 1987 (Fn. 123); BGH Urt. v. 8. 1. 2001 – II ZR 88/99, BGHZ 146, 264, 269 ff. = NJW 2001, 1280, 1281 f.; Urt. v. 13. 2. 2006 – II ZR 62/04, ZIP 2006, 703 Tz. 29; *K. Schmidt* GmbHR 1999, 9, 11 f.; wohl aber in der Handels- und Steuerbilanz: BGH Urt. v. 13. 2. 2006; BFH Urt. v. 20. 10. 2004 – I R 11/03, BB 2005, 545, 546; Urt. v. 10. 11. 2005 – IV R 13/04, ZIP 2006, 249, 252; einschränkend zum Inhalt des Rangrücktritts (Nachrang soll nicht genügen, Gleichstellung mit Einlageforderung soll nötig sein) *Goette* GmbH § 4 RdNr. 37 f.; dagegen *K. Schmidt* DB 2006, 2503 ff., *Westerburg/Schwenn* BB 2006, 501, 502, *Haarmann*, FS Röhricht, 2005, S. 137, 144 ff. und Ulmer/*Habersack* §§ 32a, b GmbHG RdNr. 241.
[143] BGH Urt. v. 9. 10. 1986 (Fn. 124) S. 1081 f; Urt. v. 9. 3. 1992 – II ZR 168/91, NJW 1992, 1763, 1764; Urt. v. 28. 6. 1999 – II ZR 272, 98, BGHZ 142, 116, 120 = NJW 1999, 2809, 2810.
[144] BGH Urt. v. 28. 6. 1999 (Fn. 143) S. 122/2811 m. Anm. *Altmeppen*; *Goette* GmbH § 4 RdNr. 98; *Wiedemann* GesR II § 9 III 8; MünchKommHGB/*K. Schmidt* RdNr. 31; *ders.* GmbHR 2005, 797, 806; Rowedder/Schmidt-Leithoff/*Pentz* § 32a GmbHG RdNr. 48 ff.; Ulmer/*Habersack* §§ 32a, b GmbHG RdNr. 243.
[145] MünchKommHGB/*K. Schmidt* RdNr. 31; *Wiedemann* GesR II § 9 III 7.
[146] Ulmer/*Habersack* §§ 32a, b GmbHG RdNr. 245; *Wilken* ZIP 1996, 61; iE ebenso *Steinbeck* ZGR 2000, 503, 521 f.
[147] BGH Urt. v. 28. 6. 1999 (Fn. 143) S. 121/2810; *Goette/Kleindiek* RdNr. 96; einschränkend *Habersack* ZGR 2000, 384, 406 f., 413 ff.
[148] BGH Urt. v. 28. 11. 1977 – II ZR 235/75, BGHZ 70, 61, 63 = NJW 1978, 376, 377; Urt. v. 28. 6. 1999 – II ZR 272/98, BGHZ 142, 116, 120 ff. = NJW 1999, 2809, 2810 f.
[149] *K. Schmidt* GmbHR 1999, 1269, 1273; *Habersack* ZGR 2000, 384, 412; *Wiedemann* GesR II § 9 III 8 c.

ff) Subjektive Voraussetzungen. Da die Kapitalbindung nach §§ 172 a HGB, 32 a, b GmbHG 45
auf der Finanzierungsfolgenverantwortung des Gesellschafters beruht (s. RdNr. 4), setzt sie nicht
voraus, dass der Gesellschafter den Willen hatte, Eigenkapital zu ersetzen. Wohl aber muss es ihm bei
der Gewährung oder dem Stehenlassen (s. RdNr. 29, 50 ff.) des Darlehens oder der sonstigen
Leistung objektiv möglich gewesen sein, die Voraussetzungen der Krise und damit der Umqualifizierung seiner Leistung in Eigenkapital zu **erkennen**.[150] Dabei sind keine hohen Anforderungen zu
stellen. Der Gesellschafter hat die Pflicht, von sich aus sicherzustellen, dass er laufend zuverlässig über
die wirtschaftliche Lage der Gesellschaft informiert wird. Nur in ganz außergewöhnlichen, von ihm
zu beweisenden Fällen wird er sich mit Erfolg darauf berufen können, nicht in der Lage gewesen zu
sein, den eigenkapitalersetzenden Charakter seiner Leistung zu erkennen.[151]

gg) Ausnahmen. α) Überbrückungskredit. Ganz kurzfristige Vermögensüberlassungen, ins- 46
besondere Überbrückungskredite bei einem kurzfristigen Liquiditätsengpass, sind jedenfalls dann
eigenkapitalersetzend iSd. § 32 a GmbHG, wenn die Gesellschaft **insolvenzreif** ist.[152] Etwas anderes soll nach der Rspr. des BGH gelten können, wenn lediglich eine **Kreditunwürdigkeit** überbrückt werden soll.[153] Allerdings dürfen bloße Verschleppungsdarlehen nicht aus der Anwendung
des § 32 a GmbHG herausfallen. Deshalb können – außerhalb der Insolvenzreife – kurzfristige
Liquiditätshilfen nur dann als nicht eigenkapitalersetzend angesehen werden, wenn ernsthaft damit
zu rechnen ist, dass die Gesellschaft in der Lage sein wird, den Kredit abzulösen.[154] Bei einer
derartigen Prognose wird die Gesellschaft idR auch kreditwürdig sein. Jedenfalls wird ein Überbrückungskredit eigenkapitalersetzend, wenn er nach Ablauf der vorgesehenen Frist **stehengelassen** wird, obwohl der Liquiditätsengpass noch nicht überwunden ist.[155] Werden **ständig** kurzfristige Kredite gewährt, liegt jedenfalls in Höhe des durchschnittlichen Saldos eine eigenkapitalersetzende Leistung vor.[156]

β) Zurechnungszusammenhang. Eine weitere Ausnahme von dem Anwendungsbereich des 47
§ 32 a GmbHG wird vertreten für den Fall, dass jeder **Zurechnungszusammenhang** zwischen der
Gesellschafterstellung und der Vermögenszuwendung fehlt. Das soll anzunehmen sein bei **Konsortialkrediten**, an denen sich auch gesellschaftsfremde Konsorten beteiligen, und bei Krediten von
Hausbanken mit Kleinanteilen an der zu sanierenden Gesellschaft.[157] Ein solcher Ausnahmetatbestand
ist nicht anzuerkennen.[158] Für ihn besteht kein Bedürfnis, da in den davon erfassten Fällen idR von
einer Kreditwürdigkeit der Gesellschaft auszugehen sein wird und im Übrigen der Normzweck der
§§ 32 a, b GmbHG eine Privilegierung verbietet. Ein allgemeines Sanierungs- oder Bankenprivileg
über § 32 a Abs. 3 S. 2, 3 GmbHG hinaus (s. dazu RdNr. 48, 49) besteht jedenfalls nicht.[159]

γ) Zwerganteilsprivileg, § 32 a Abs. 3 S. 2 GmbHG. Von dem Umfang des Gesellschafts- 48
anteils hängt die Anwendbarkeit des § 32 a GmbHG grundsätzlich nicht ab. Insbesondere fallen
darunter nach hM auch sog. Zwerganteile.[160] Etwas anderes gilt gemäß dem durch das Kapitalaufnahmeerleichterungsgesetz v. 20. 4. 1998 (BGBl. I S. 707) neu geschaffenen § 32 a Abs. 3 S. 2
GmbHG für nicht geschäftsführende Gesellschafter, die mit nicht mehr als 10% an der Gesellschaft

---

[150] BGH Urt. v. 7. 11. 1994 – II ZR 270/93, BGHZ 127, 336, 344 ff. = NJW 1995, 326, 329 f.; Urt. v. 19. 12. 1994 – II ZR 10/94, NJW 1995, 658; Urt. v. 11. 12. 1995 – II ZR 128/94, NJW 1996, 722 (jeweils zum Stehenlassen); Roweder/Schmidt-Leithoff/*Pentz* § 32 a GmbHG RdNr. 67; Scholz/*K. Schmidt* § 32 a, b GmbHG RdNr. 44; Baumbach/Hueck/*Hueck/Fastrich* § 32 a GmbHG RdNr. 59; aA Ulmer/*Habersack* §§ 32 a, b GmbHG RdNr. 41, 44 f., 74; Roth/*Altmeppen* § 32 a GmbHG RdNr. 17, 39 ff.
[151] BGH Urt. v. 26. 11. 1979 (Fn. 120) S. 339/593; Urt. v. 18. 11. 1991 – II ZR 258/90, NJW 1992, 1169, 1170; Urt. v. 7. 11. 1994 (Fn. 150); Urt. v. 11. 12. 1995 (Fn. 150); Urt. v. 23. 2. 2004 – II ZR 207/01, NZG 2004, 619, 621.
[152] BGH Urt. v. 17. 7. 2006 – II ZR 106/05, ZIP 2006, 2130; Urt. v. 27. 11. 1989 – II ZR 310/88, WM 1990, 100, 102; Urt. v. 19. 9. 1996 – IX ZR 249/95, BGHZ 133, 298 = NJW 1996, 3203; Lutter/Hommelhoff §§ 32 a, b GmbHG RdNr. 35 unter Hinweis auf die Dreiwochenfrist nach §§ 130 a Abs. 1 S. 3 HGB, 64 Abs. 1 S. 1 GmbHG.
[153] BGH Urt. v. 17. 7. 2006 (Fn. 152); Urt. v. 14. 12. 1959 (Fn. 120) S. 269/287; Urt. v. 26. 11. 1979 (Fn. 120); Urt. v. 26. 3. 1984 – II ZR 171/83, BGHZ 90, 381, 393 f. = NJW 1984, 1893, 1896; Urt. v. 28. 11. 1994 – II ZR 77/93, NJW 1995, 457, 458 f.; Urt. v. 2. 6. 1997 – II ZR 211/95, NJW 1997, 3171, 3172; ebenso *Wiedemann*, FS Beusch, 1993, S. 893, 896 f.; aA Roweder/Schmidt-Leithoff/*Pentz* § 32 a GmbHG RdNr. 36, 44.
[154] BGH Urt. v. 17. 7. 2006 (Fn. 152); Urt. v. 2. 6. 1997 (Fn. 153) S. 3172; OLG Düsseldorf Urt. v. 2. 3. 1989 – 12 U 74/88, WM 1989, 1168, 1170 f.; OLG Frankfurt Urt. v. 23. 6. 1992 – 5 U 69/90, GmbHR 1993, 436, 437; Scholz/*K. Schmidt* § 32 a, b GmbHG RdNr. 43.
[155] BGH Urt. v. 17. 7. 2006 (Fn. 152); Scholz/*K. Schmidt* §§ 32 a, b GmbHG RdNr. 43.
[156] BGH Urt. v. 28. 11. 1994 (Fn. 153) zum Lieferantenkredit; OLG Hamburg Urt. v. 17. 2. 2006 – 11 U 98/05, GmbHR 2006, 813.
[157] *Gersch/Herget/Marsch/Stützle* RdNr. 250; *K. Schmidt* ZHR 147 (1983), 165, 185 f.; Scholz/*K. Schmidt* §§ 32 a, b GmbHG RdNr. 45.
[158] Hachenburg/*Ulmer* §§ 32 a, b GmbHG RdNr. 35 ff.
[159] S. Fn. 88.
[160] OLG München Urt. v. 13. 3. 1992 – 14 U 840/91, GmbHR 1993, 439; Hachenburg/*Ulmer* §§ 32 a, b GmbHG RdNr. 37.

beteiligt sind. Auf sie sind die Regeln über den Eigenkapitalersatz nicht anwendbar.[161] Das gilt sowohl für §§ 172a HGB, 32a, b GmbHG als auch für die Rechtsprechungsgrundsätze zum Eigenkapitalersatz (s. RdNr. 8 ff.).[162] Die Privilegierung gilt nur für die nach dem Inkrafttreten der Vorschrift am 24. 4. 1998 verwirklichten Tatbestände.[163] Bei interessengemäßer Auslegung der §§ 172a HGB, 32a Abs. 3 S. 2 GmbHG sind in der GmbH & Co. KG die Anteile des jeweiligen Gesellschafters an der KG und ggf. an der Komplementär-GmbH zusammenzurechnen, so dass die Regeln über den Eigenkapitalersatz nur entweder einheitlich anzuwenden oder einheitlich nicht anzuwenden sind.[164] Gesellschafter mit einer faktischen Geschäftsführerposition werden von § 32a Abs. 3 S. 2 GmbHG nicht privilegiert,[165] ebenso wenig mehrere Gesellschafter mit Beteiligungen von zusammen mehr als 10%, die der Gesellschaft gemeinsam mehr als 10% in Darlehen geben.[166] Nicht schutzwürdig ist schließlich auch ein Gesellschafter, der im Rahmen einer Betriebsaufspaltung (s. RdNr. 65) der Gesellschaft das gesamte Betriebsvermögen zur Verfügung stellt.[167]

49 **δ) Sanierungsprivileg, § 32a Abs. 3 S. 3 GmbHG.** Entschließt sich ein Gesellschaftsgläubiger, in der Krise der Gesellschaft zum Zweck der Sanierung einen Gesellschaftsanteil zu erwerben, so ist er nach dem durch das Gesetz zur Kontrolle und Transparenz im Unternehmensbereich (KonTraG) v. 27. 4. 1998 (BGBl. I S. 786) neu geschaffenen § 32a Abs. 3 S. 3 GmbHG von der Anwendung der Regeln über den Eigenkapitalersatz befreit. Ebenso wie § 32a Abs. 3 S. 2 GmbHG bezieht sich auch das sog. Sanierungsprivileg sowohl auf die Anwendbarkeit der §§ 172a HGB, 32a, b GmbHG als auch auf die Rechtsprechungsgrundsätze zum Eigenkapitalersatz (s. RdNr. 8 ff.).[168] Erfasst werden neben den Darlehen auch andere Finanzierungshilfen iSd. § 32a Abs. 3 S. 1 GmbHG.[169] Voraussetzung ist, dass der Gläubiger zuvor entweder noch nicht Gesellschafter war oder die Voraussetzungen der Privilegierung nach § 32a Abs. 3 S. 2 GmbHG erfüllte (s. RdNr. 48).[170] Von § 32a Abs. 3 S. 3 GmbHG wird sowohl die Übernahme eines neu gebildeten Gesellschaftsanteils im Rahmen einer Kapitalerhöhung als auch der Erwerb eines Anteils von einem Altgesellschafter erfasst.[171] Ob das Darlehen oder die sonstige Finanzierungshilfe vor oder nach diesem Zeitpunkt gewährt wird, ist unerheblich.[172] Die Sanierungsbemühung muss ernst gemeint sein. Dazu müssen – bei einer ex ante-Betrachtung vom Standpunkt eines objektiven Dritten aus – die Gesellschaft als sanierungsfähig und die in Angriff genommenen Maßnahmen als geeignet erscheinen, die Gesellschaft in überschaubarer Zeit nachhaltig zu sanieren.[173] IdR bedarf es für diese Beurteilung eines dokumentierten Sanierungskonzepts. Nach der Überwindung der Krise entfällt das Sanierungsprivileg. Behält der Gläubiger den Gesellschaftsanteil, so unterliegt er bei der nächsten Krise wie jeder andere Gesellschafter den Eigenkapitalersatzregeln.[174]

50 **e) Stehenlassen einer Gesellschafterleistung.** Gibt der Gesellschafter seiner Gesellschaft in wirtschaftlich guten Zeiten ein Darlehen, das **von vornherein** dazu bestimmt ist, der Gesellschaft (auch) **für eine Krise** zur Verfügung zu stehen, so kann er das Darlehen bei Eintritt der Krise nicht mehr abziehen. Es wird ohne weiteres – wie bei einem vereinbarten Rangrücktritt – eigenkapital-

---

[161] AA bei Kenntnis von der Krise *Barth*, Der Anwendungsbereich des Eigenkapitalersatzrechts nach § 32a Abs. 3 S. 2 und 3 GmbHG, 2001, zugl. Diss. Bayreuth, 2000, S. 117 ff.; zur Kritik an der gesetzlichen Regelung: *Goette* ZHR 162 (1998), 223, 226 ff.; *K. Schmidt* ZIP 1996, 1586; *Altmeppen* ZIP 1996, 1455; *Pentz* GmbHR 2004, 529.
[162] BGH Urt. v. 13. 2. 2006 – II ZR 62/04, ZIP 2006, 703 Tz. 32; *Seibert* GmbHR 1998, 309; *Haas* DZWir 1999, 177, 178; *Pentz* GmbHR 2004, 529, 530; *Goette* GmbH § 4 RdNr. 110; krit. noch *ders.* ZHR 162 (1998), 223, 226 ff.; krit. auch *K. Schmidt* GmbHR 2005, 797, 804.
[163] BGH Urt. v. 27. 11. 2000 – II ZR 179/99, NJW 2001, 1490, 1491; Urt. v. 11. 7. 2005 – II ZR 285/03, NJW-RR 2005, 1485, 1486; Urt. v. 13. 2. 2006 (Fn. 162); OLG Jena Urt. v. 30. 11. 2005 – 6 U 906/04, ZIP 2005, 2218, 2220; aA Roth/*Altmeppen* § 32a GmbHG RdNr. 12.
[164] AA Ulmer/*Habersack* §§ 32a, b GmbHG RdNr. 251.
[165] *K. Schmidt* GmbHR 1999, 1269, 1271; *Pentz* GmbHR 1999, 677, 681.
[166] BGH Urt. v. 9. 5. 2005 – II ZR 66/03, NZG 2005, 712, 713 f. (für AG); *K. Schmidt* GmbHR 1999, 1269, 1272; *Pentz* GmbHR 1999, 437, 444; Ulmer/*Habersack* §§ 32a, b GmbHG RdNr. 194; aA *Pichler* WM 1999, 411, 414.
[167] *Hirte*, RWS-Forum 10, 1998, S. 145, 159; *v. Gerkan* EWiR 2000, 301.
[168] BGH Urt. v. 21. 11. 2005 – II ZR 277/03, ZIP 2006, 279, 281; *Goette* GmbH § 4 RdNr. 15.
[169] OLG Düsseldorf Urt. v. 19. 12. 2003 – I-17 U 77/03, ZIP 2004, 508, 509 (Bürgschaft).
[170] *Dauner-Lieb* DStR 1998, 1517, 1520; *Neuhof* NJW 1998, 3225, 3233; *Tillmann* DB 2006, 199, 203; Lutter/*Hommelhoff* § 32a RdNr. 80; Ulmer/*Habersack* §§ 32a, b GmbHG RdNr. 200; aA *Pentz* GmbHR 1999, 437, 449; *ders.* ZIP 2006, 1169, 1173 f.; *Dörrie* ZIP 1999, 12, 17; *Altmeppen*, FS Sigle, 2000, S. 211, 220 ff.; Roth/*Altmeppen* § 32a GmbHG RdNr. 59 ff.
[171] *Seibert* GmbHR 1998, 309, 310.
[172] OLG Düsseldorf (Fn. 169); *Tetzlaff* ZInsO 2005, 644, 646.
[173] BGH Urt. v. 21. 11. 2005 – II ZR 277/03, ZIP 2006, 279, 281; *Pentz* GmbHR 1999, 437, 449 f.; *Gyllensvärd*, Das Sanierungsprivileg – § 32a Abs. 3 S. 3 GmbHG, Diss. Bonn 2005, S. 113 ff., 153 ff.; *Barth* (Fn. 161) S. 198 ff.; ähnlich („sorgfältiger Sanierungsversuch") *Lehner*, Sanierungsprivileg (§ 32a Abs. 3 S. 3 GmbHG) für GmbH, 2001, zugl. Diss. Mannheim, 2000, S. 118 ff.; aA (Sanierungsabsicht soll genügen) Scholz/*K. Schmidt* §§ 32a, b GmbHG RdNr. 217.
[174] *Neuhof* NJW 1998, 3225, 3233 f.; *Seibert* GmbHR 1998, 309, 310.

ersetzend und damit nach § 32a GmbHG gebunden.[175] Das gilt auch nach einem Ausscheiden des Gesellschafters.[176] Ist ein unter wirtschaftlich gesunden Verhältnissen gewährtes Gesellschafterdarlehen dagegen nicht mit einer solchen Zweckbestimmung verbunden, so ist der Gesellschafter weder durch § 30 GmbHG noch durch § 32a GmbHG gehindert, **bei Eintritt der Krise** das Darlehen zu kündigen und sich zurückzahlen zu lassen.[177]

Eine Kapitalbindung entsteht dagegen, wenn der Gesellschafter das Darlehen bei Eintritt der Krise **stehenlässt**, obwohl ihm eine Kündigung oder eine Rückforderung möglich gewesen wäre.[178] Das Darlehen wird dann nachträglich zum Eigenkapitalersatz iSd. § 32a Abs. 1 GmbHG.[179] Klassische Fälle sind die **Verlängerung** eines fällig gewordenen Darlehens oder die **Stundung** des Darlehensrückzahlungsanspruchs. Es genügt aber auch das bloße Nicht-Geltendmachen eines Kündigungsrechts oder des Rückzahlungsanspruchs ohne besondere Finanzierungsabrede.[180] Unschädlich ist dagegen eine kurzfristige Überziehung, wie sie auch ein aussenstehender Darlehensgeber dulden würde.[181] Das Gleiche gilt für eine Gesellschaftersicherheit, wobei es nicht darauf ankommt, ob sie im Verhältnis zu dem Sicherungsnehmer gekündigt werden kann. Es reicht, wenn der Gesellschafter gegenüber der Gesellschaft einen Freistellungsanspruch hat und diesen nicht geltend macht.[182]

51

Allerdings muss der Gesellschafter zumindest in der Lage gewesen sein, die tatsächlichen Voraussetzungen der Krise zu **erkennen**.[183] Davon ist im Regelfall auszugehen (s. RdNr. 45). Der bloße Umstand, dass die Gesellschaft im Falle einer Darlehenskündigung oder der Geltendmachung des Freistellungsanspruchs liquidiert werden muss, macht die Kündigung bzw. die Anspruchsstellung noch nicht wegen Verstoßes gegen die **gesellschaftliche Treuepflicht** unzulässig.[184] Eine Kapitalbindung tritt nicht ein, wenn das Darlehen zwar nicht zurückgefordert bzw. die Freistellung verlangt wird, dafür aber die Liquidation eingeleitet oder Antrag auf Eröffnung des Insolvenzverfahrens gestellt wird.[185] Die Gesellschafterleistung wird dagegen auch dann eigenkapitalersetzend, wenn sie unkündbar ist, der Gesellschafter aber bei Eintritt der Krise die Möglichkeit hat, die **Liquidation** der Gesellschaft herbeizuführen oder die Geschäftsführer der Komplementär-GmbH zu veranlassen, die Eröffnung des Insolvenzverfahrens zu beantragen.[186] In jedem Fall muss dem Gesellschafter eine angemessene, und den Maßstäben des § 64 Abs. 1 GmbHG entsprechende **Überlegungszeit** eingeräumt werden, damit er sich entscheiden kann, ob er seine Leistung stehen lässt oder sie abzieht und damit das Ende der Gesellschaft herbeiführt.[187]

52

2. Rechtsfolgen. a) Kapitalbindung. Der Anspruch des Gesellschafters gegen die Gesellschaft auf Rückgewähr einer eigenkapitalersetzenden Leistung kann gem. §§ 172a HGB, **32a Abs. 1 GmbHG, 39 Abs. 1 Nr. 5 InsO** in der Insolvenz nur im Rang hinter allen übrigen Forderungen geltend gemacht werden. Er ist damit in der Insolvenz praktisch nicht durchsetzbar. Außerhalb der Insolvenz, insbesondere bei der insolvenzfreien Liquidation, ist § 32a GmbHG dagegen nicht

53

---

[175] BGH Urt. v. 9. 3. 1992 (Fn. 143); *Goette* GmbH § 4 RdNr. 57 ff.; Rowedder/Schmidt-Leithoff/*Pentz* § 32a GmbHG RdNr. 63 f.; s. RdNr. 40 ff.; krit. *Götz*, Juristische und ökonomische Analyse des Eigenkapitalersatzrechts, 2001, zugl. Diss. Tübingen, 2000.
[176] BGH Urt. v. 9. 10. 1986 – II ZR 58/86, NJW 1985, 2719, 2720; s. RdNr. 27.
[177] BGH Urt. v. 8. 7. 1985 – II ZR 269/84, BGHZ 95, 188, 194 = NJW 1985, 2947, 2948.
[178] BGH Urt. v. 26. 11. 1979 – II ZR 104/77, BGHZ 75, 334, 337 f. = NJW 1980, 592 f.; Urt. v. 24. 3. 1980 – II ZR 213/77, BGHZ, 76, 326, 330 f. = NJW 1980, 1524, 1525; Urt. v. 28. 1. 1985 – II ZR 223/80, BGHZ 81, 365, 367 = NJW 1982, 386; Urt. v. 6. 5. 1985 – II ZR 132/84, NJW 1985, 2719 f.; Urt. v. 24. 9. 1990 – II ZR 174/89, NJW 1991, 357; Urt. v. 14. 12. 1992 – II ZR 298/91, BGHZ 121, 31, 35 f. = NJW 1993, 392, 393; ebenso für fortlaufende Stundungen im Rahmen einer ständigen Geschäftsbeziehung BGH Urt. v. 28. 11. 1994 – II ZR 77/93, NJW 1995, 457.
[179] Ulmer/*Habersack* §§ 32a, b GmbHG RdNr. 43 f.; krit. *Engert* ZGR 2004, 813, 832 ff.
[180] BGH Urt. v. 6. 5. 1985 (Fn. 178); Urt. v. 19. 9. 1988 – II ZR 255/87, BGHZ 105, 168, 185 = NJW 1988, 3143, 3147; Urt. v. 18. 11. 1991 (Fn. 151); Urt. v. 17. 2. 1992 – II ZR 154/91, NJW 1992, 1764, 1766; Urt. v. 7. 11. 1994 – II ZR 270/93, BGHZ 127, 336 = NJW 1995, 326; Goette GmbH § 4 RdNr. 61; Baumbach/Hueck/*Hueck/Fastrich* § 32a GmbHG RdNr. 40; Roth/*Altmeppen* § 32a GmbHG RdNr. 38 ff.; Ulmer/*Habersack* §§ 32a, b GmbHG RdNr. 45; aA Hachenburg/*Ulmer* §§ 32a, b GmbHG RdNr. 30 ff.
[181] BGH Urt. v. 28. 11. 1994 (Fn. 178) S. 459; Roth/*Altmeppen* § 32a GmbHG RdNr. 191 f.
[182] OLG München Urt. v. 22. 3. 2006 – 7 U 5152/05, DB 2006, 1420, 1421.
[183] BGH Urt. v. 7. 11. 1994, 19. 12. 1994 und 11. 12. 1995 (Fn. 150); Ulmer/*Habersack* §§ 32a, b GmbHG RdNr. 48, 50; aA *v. Gerkan* GmbHR 1996, 400, 402 f.; Roth/*Altmeppen* § 32a GmbHG RdNr. 192.
[184] OLG Stuttgart Urt. v. 28. 3. 1994 – 2 U 196/93, NJW-RR 1994, 1123, 1125; Hachenburg/*Ulmer* §§ 32a, b GmbHG RdNr. 183.
[185] BGH Urt. v. 19. 12. 1994 (Fn. 150) S. 658 f. für Mietvertrag.
[186] BGH Urt. v. 14. 12. 1992 (Fn. 178) S. 36 f./393; Urt. v. 11. 7. 1994 – II ZR 146/92, BGHZ 127, 1, 6 = NJW 1994, 2349, 2350; Urt. v. 19. 12. 1994 (Fn. 150); *v. Gerkan* GmbHR 1996, 400, 402 f.; Ulmer/*Habersack* §§ 32a, b GmbHG RdNr. 49; Baumbach/Hueck/*Hueck/Fastrich* § 32a GmbHG RdNr. 45; aA Scholz/K. *Schmidt* §§ 32a, b GmbHG RdNr. 51; *ders.* ZIP 1999, 1241, 1246.
[187] BGH Urt. v. 7. 11. 1994 (Fn. 150) S. 341/328; Urt. v. 19. 12. 1994 (Fn. 150) S. 658 f.; Urt. v. 11. 12. 1995 (Fn. 150) S. 723; Urt. v. 15. 6. 1998 – II ZR 17/97, NJW 1998, 3200.

anwendbar.[188] Die Geschäftsführer der Komplementär-GmbH sind also grundsätzlich verpflichtet, einen unter § 32a GmbHG fallenden Anspruch des Gesellschafters zu erfüllen. Den Gesellschaftsgläubigern und dem Insolvenzverwalter bleiben dann die Anfechtungsrechte der §§ 6 AnfG bzw. 135 InsO (s. RdNr. 20ff., 57ff.). Ein Tilgungsverbot besteht in (analoger) Anwendung des **§ 30 Abs. 1 GmbHG** allerdings dann, wenn und soweit durch die Erfüllung des Anspruchs das Vermögen der Komplementär-GmbH unter den Betrag ihrer Stammkapitalziffer herabsinkt oder bei ihr eine Überschuldung eintritt oder verstärkt wird (s. RdNr. 10). Von **§ 32a GmbHG** wird dagegen die Forderung des Gesellschafters **in voller Höhe** erfasst ohne Rücksicht darauf, ob und in welchem Umfang ihre Tilgung das Stammkapital der Komplementär-GmbH berührt. Eine Teilung der Forderung in einen eigenkapitalersetzenden und einen freien Teil findet nicht statt (str., s. RdNr. 32).

54 Nach § 32a GmbHG ist in der Insolvenz auch die **Aufrechnung** mit einer gebundenen Forderung unwirksam.[189] Ebensowenig dürfen **Zinsansprüche** und sonstige Nebenforderungen erfüllt werden.[190] **Sicherheiten** der Gesellschaft berechtigen den Gesellschafter nicht, eine abgesonderte Befriedigung nach §§ 49ff. InsO zu verlangen. Das folgt für akzessorische Sicherheiten aus dem Wesen der Akzessorietät, im Übrigen aus einer extensiven Auslegung des § 32a GmbHG.[191] Zur zeitlichen Bindung der Sicherheiten s. RdNr. 57ff. Sicherheiten Dritter werden von § 32a GmbHG nicht erfasst.[192] Durch eine Abtretung entfällt die Kapitalbindung nicht. Es gilt § 404 BGB.[193]

55 Auf die durch § 32a GmbHG gebundene Forderung kann ein **Insolvenzantrag** nicht gestützt werden.[194] Im **Sequestrationsverfahren** nach §§ 21ff. InsO ist § 32a GmbHG entsprechend anwendbar. Zur Passivierungspflicht in der Überschuldungsbilanz s. RdNr. 35, zu **Beweislast**, Vergleich, Anerkenntnis und Nicht-Widerspruch gegen die Anmeldung der Forderung RdNr. 33. Zur steuerrechtlichen Behandlung von eigenkapitalersetzenden Gesellschafterleistungen s. BFH Urt. v. 26. 9. 1996 – IV R 105/94, DStR 1997, 444.

56 **b) Erstattungspflicht des Kommanditisten. aa) Haftung gem. § 31 GmbHG analog.** Ist an den Kommanditisten vor Eröffnung des Insolvenzverfahrens eine eigenkapitalersetzende Leistung zurückgewährt worden, kann der Insolvenzverwalter diese in entsprechender Anwendung des § 31 GmbHG erstattet verlangen, wenn und soweit durch die Leistung an den Gesellschafter das Vermögen der Komplementär-GmbH unter den Betrag ihrer **Stammkapitalziffer** gesunken oder bei ihr eine Überschuldung eingetreten oder verstärkt worden ist. Die sog. Rechtsprechungsgrundsätze zu §§ 30, 31 GmbHG bei der GmbH & Co. KG gelten auch in der Insolvenz (s. RdNr. 17ff.). Anders als das Anfechtungsrecht des § 135 Nr. 2 InsO bezieht sich der Rückzahlungsanspruch des § 31 GmbHG nicht nur auf die Leistungen aus dem letzten Jahr vor dem Eröffnungsantrag.[195] Zur Ausfallhaftung nach § 31 Abs. 3 GmbHG s. RdNr. 16, 80.

57 **bb) Haftung nach Anfechtung (§ 135 InsO).** Ist dem Gesellschafter für eine Forderung auf Rückgewähr einer eigenkapitalersetzenden Leistung iSd. § 32a Abs. 1, 3 GmbHG Befriedigung gewährt oder eine Sicherung bestellt worden, so hat der Insolvenzverwalter ein Anfechtungsrecht aus § 135 InsO. Nach der Anfechtung ist der Gesellschafter gem. § 143 InsO zur Herausgabe oder – bei Unmöglichkeit der Herausgabe – zur Leistung von Wertersatz an den Insolvenzverwalter verpflichtet.[196] Der Anspruch erfasst – im Gegensatz zu dem Erstattungsanspruch aus § 31 GmbHG (s. RdNr. 56) – die Befriedigung bzw. Sicherung **in voller Höhe** ohne Rücksicht auf die Stammkapitalziffer der Komplementär-GmbH.[197] Der Gesellschafter kann mit seinem Anspruch auf Rückgewähr des Darlehens oder der sonstigen Gesellschafterhilfe nicht aufrechnen.[198] Ist ein gesellschaftsfremder **Dritter** Empfänger der Erfüllungsleistung oder der Sicherung und liegen bei ihm die Voraussetzungen des § 32a Abs. 3 S. 1 GmbHG vor, so ist die Anfechtung ihm gegenüber zu

---

[188] BGH Urt. v. 26. 3. 1984 – II ZR 14/84, BGHZ 90, 370, 378 f. = NJW 1984, 1891, 1893.
[189] BGH Urt. v. 19. 12. 1994 (Fn. 150) S. 659.
[190] *Schlößer* GmbHR 2005, 273; Ulmer/*Habersack* §§ 32a, b GmbHG RdNr. 89; Roth/*Altmeppen* § 32a GmbHG RdNr. 90; ebenso für die Rechtsprechungsregeln zum Eigenkapitalersatz BGH Urt. v. 8. 11. 2004 – II ZR 300/02, NZG 2005, 137, 138.
[191] Scholz/*K. Schmidt* §§ 32a, b GmbHG RdNr. 61; aA (Anfechtungseinrede) Hachenburg/*Ulmer* §§ 32a, b GmbHG RdNr. 71; Lutter/*Hommelhoff* §§ 32a, b GmbHG RdNr. 100.
[192] Scholz/*K. Schmidt* §§ 32a, b GmbHG RdNr. 62; offengelassen von BGH Urt. v. 15. 2. 1996 – IX ZR 245/94, NJW 1996, 1341, 1342.
[193] BGH Urt. v. 21. 3. 1988 – II ZR 238/87, BGHZ 104, 33, 43 = NJW 1988, 1841, 1843; Urt. v. 2. 2. 2006 – IX ZR 67/02, ZIP 2006, 578 Tz. 12.
[194] LG München I, Beschluss v. 1. 12. 1982 – 13 T 21079/82, ZIP 1983, 66.
[195] AA *Geßler* ZIP 1981, 228, 233 f.
[196] *Hess*, InsO, 1999, § 143 RdNr. 65 ff., 88 ff.; *Zeuner* RdNr. 311 ff.
[197] Schlegelberger/*K. Schmidt* RdNr. 50.
[198] BGH Urt. v. 19. 12. 1994 – II ZR 10/94, NJW 1995, 658, 659.

erklären.[199] Zur Anfechtung gegen Rechtsnachfolger s. § 145 InsO. Befriedigungen und Sicherungen für Leistungen, die durch **Stehenlassen** eigenkapitalersetzend geworden sind (s. RdNr. 50 ff.), fallen ebenfalls unter § 135 InsO.[200] Der Anfechtungsanspruch verjährt gem. §§ 146 InsO nF,[201] 195, 199 BGB nach drei Jahren – bei Unkenntnis längstens nach zehn Jahren – seit der Eröffnung des Insolvenzverfahrens. Nach § 146 InsO aF betrug die Verjährungsfrist zwei Jahre.

Unter **Befriedigung** iSd. § 135 Nr. 2 InsO fallen auch die **Aufrechnung**[202] und Verrechnung, die Leistung an Erfüllungs Statt, die Hinterlegung, die Befriedigung im Wege der **Zwangsvollstreckung**[203] und die Befriedigung aus einer an Gegenständen des Gesellschaftsvermögens bestellten Sicherheit.[204] Auch die Befriedigung von Nebenforderungen aus eigenkapitalersetzenden Leistungen, etwa von Zinsansprüchen, ist anfechtbar.[205] Zeitlich erstreckt sich das Anfechtungsrecht gem. § 135 Nr. 2 InsO nur auf Befriedigungshandlungen, die **ein Jahr** vor dem Antrag auf Eröffnung des Insolvenzverfahrens oder später vorgenommen worden sind. Zur Fristberechnung s. §§ 139 f. InsO. Es gilt eine unwiderlegbare Vermutung, dass eine Gesellschafterleistung, die bei ihrer Hingabe eigenkapitalersetzend war, diese Funktion auch noch zum Zeitpunkt der Rückgewähr hatte, wenn innerhalb eines Jahres danach der Antrag auf Eröffnung des Insolvenzverfahrens gestellt wird.[206] **58**

Der Begriff **Sicherung** in § 135 Nr. 1 InsO ist im weitesten Sinn zu verstehen.[207] Darunter fällt auch der mit einer Forderungsstundung verbundene **Eigentumsvorbehalt**. Nach der Anfechtung kann die Vorbehaltsware zur Insolvenzmasse gezogen werden.[208] Auch **Pfändungspfandrechte** und **Sicherungshypotheken** können Gegenstand einer Anfechtung sein.[209] Dass die Sicherheiten für Ansprüche aus eigenkapitalersetzenden Gesellschafterleistungen in der Insolvenz schon nach § 32 a Abs. 1, 3 S. 1 GmbHG nicht geltend gemacht werden können (s. RdNr. 53 ff.), steht nicht entgegen. Erst durch die Anfechtung erhält der Insolvenzverwalter bei Sicherheiten, die mit einer Vollrechtsübertragung verbunden sind, die Möglichkeit, das Sicherungsgut zur Masse zu ziehen.[210] Zeitlich gilt gem. § 135 Nr. 1 InsO eine Grenze von zehn Jahren. Davor liegende Sicherheitsbestellungen können nicht mehr angefochten werden. Daraus wird man folgern müssen, dass für solche Sicherheiten auch die Sperre des § 32 a Abs. 1, 3 S. 1 GmbHG nicht mehr gilt. **59**

cc) **Anfechtung nach § 32 a KO.** Anfechtungen, die in einem vor dem 1. 1. 1999 beantragten Insolvenzverfahren erklärt worden sind, werden gem. Art. 103 EGInsO von § 135 InsO nicht erfasst (s. zum Übergangsrecht von Art. 104, 106 EGInsO). Für sie gilt noch § 32 a KO. Diese Vorschrift, die im Gegensatz zu § 135 InsO nur auf § 32 a GmbHG Bezug nahm und nicht allgemein auf eigenkapitalersetzende Leistungen, war zwar in § 172 a nicht erwähnt, galt aber dennoch auch im Anwendungsbereich des § 172 a.[211] Sie unterschied sich von § 135 InsO zum einen dadurch, dass für die Anfechtung von Sicherungsbestellungen keine Frist vorgesehen war. Zum anderen war die Jahresfrist für die Anfechtung von Erfüllungsgeschäften in § 32 a S. 2 KO an die Konkurseröffnung und nicht, wie bei § 135 InsO, an den Eröffnungsantrag gebunden. Das führte zu Schwierigkeiten bei längerfristigen Sequestrationen. Der Sequester hatte (und hat auch nach der InsO) kein Anfechtungsrecht, und bei Konkurseröffnung konnte die Frist des § 32 a S. 2 KO schon abgelaufen sein. Zur Lösung dieses Problems wurde eine analoge Anwendung der §§ 107 Abs. 2 VerglO, 46 c KWG erwogen, wonach bei der Berechnung der Anfechtungsfristen auf den Zeitpunkt der Eröffnung des Vergleichsverfahrens oder der Sicherungsmaßnahmen nach § 46 a Abs. 1 KWG abzustellen war.[212] Ansonsten galten für die Anfechtung nach § 32 a KO die gleichen Grundsätze wie jetzt zu § 135 **60**

---

[199] Ulmer/*Habersack* §§ 32 a, b GmbHG RdNr. 95.
[200] OLG Hamburg Urt. v. 6. 12. 1985 – 11 U 158/85, WM 1986, 130 zu § 3 b AnfG aF.
[201] Art. 5 des Gesetzes zur Anpassung der Verjährungsvorschriften an das Gesetz zur Modernisierung des Schuldrechts v. 9. 12. 2004 (BGBl. I S. 3214).
[202] OLG Karlsruhe Urt. v. 23. 7. 2003 – 6 U 203/01, ZIP 2003, 2082, 2083; Roth/*Altmeppen* § 32 a GmbHG RdNr. 104.
[203] Ulmer/*Habersack* §§ 32 a, b GmbHG RdNr. 99.
[204] Scholz/*K. Schmidt* §§ 32 a, b GmbHG RdNr. 71.
[205] BGH Urt. v. 11. 7. 1994 (Fn. 186) S. 7/2350; Urt. v. 11. 7. 1994 – II ZR 162/92, BGHZ 127, 17, 21 = NJW 1994, 2760, 2761; Ulmer/*Habersack* §§ 32 a, b GmbHG RdNr. 99.
[206] BGH Urt. v. 26. 3. 1984 (Fn. 188) S. 381/1893; Urt. v. 30. 1. 2006 – II ZR 357/03, NZG 2006, 263 = DStR 2006, 478 m. Anm. *Goette*; zur Gegenmeinung s. Fn. 118; anders iRd Rechtsprechungsregeln zum Eigenkapitalersatz, s. RdNr. 8 ff.
[207] Ulmer/*Habersack* §§ 32 a, b GmbHG RdNr. 97.
[208] OLG Karlsruhe Urt. v. 16. 12. 1988 – 14 U 26/86, WM 1989, 497, 500; aA Roth/*Altmeppen* § 32 a GmbHG RdNr. 208 ff.; Ulmer/*Habersack* §§ 32 a, b GmbHG RdNr. 118.
[209] Scholz/*K. Schmidt* §§ 32 a, b GmbHG RdNr. 74.
[210] Scholz/*K. Schmidt* §§ 32 a, b GmbHG RdNr. 73; aA Roth/*Altmeppen* § 32 a GmbHG RdNr. 101.
[211] BGH Urt. v. 27. 11. 2000 – II ZR 179/99, NJW 2001, 1490, 1491.
[212] Hachenburg/*Ulmer* §§ 32 a, b GmbHG RdNr. 81.

InsO, so dass auf die vorstehenden Erläuterungen verwiesen werden kann. Die Anfechtung nach § 32 a KO konnte gem. § 41 KO nur binnen Jahresfrist erfolgen.

61 Im **Vergleichsverfahren** gab es kein Anfechtungsrecht des Vergleichsverwalters.[213] Im Übrigen unterlagen die von §§ 172 a HGB, 32 a GmbHG erfassten Gesellschafterforderungen gem. §§ 108 Abs. 2 S. 3, 109 Abs. 2, 29 Nr. 3, 4 VerglO dem Vollstreckungsverbot des § 47 VerglO. Daher war im Vergleichsverfahren auch die Gläubigeranfechtung nach § 3 b AnfG aF ausgeschlossen.[214]

62 **3. Gleichgestellte Rechtshandlungen (§ 32 a Abs. 3 S. 1 GmbHG). a) Sachliche Vergleichbarkeit. aa) Allgemein.** Durch § 32 a Abs. 3 S. 1 GmbHG werden alle Rechtshandlungen in den Anwendungsbereich des § 32 a GmbHG einbezogen, die wirtschaftlich einer Darlehensgewährung entsprechen. Das können Willenserklärungen als Teil von Rechtsgeschäften sein, aber auch bloße Unterlassungen.[215] Entscheidend ist, dass der Gesellschaft Kapital in anderer Form als der des (nominellen) Eigenkapitals zugeführt oder belassen und ihr dadurch ein Fortbestand in der Krise ermöglicht wird.[216]

63 Darunter fällt die **Stundung** einer Forderung des Gesellschafters gegen die Gesellschaft aus einem Verkehrsgeschäft,[217] die Verlängerung eines Kredits,[218] ein **pactum de non petendo**,[219] ein bloßes **Nicht-Geltendmachen** einer fälligen Forderung,[220] eine **Wechselprolongation**, eine Wechseldiskontierung,[221] eine **Fälligkeitsvereinbarung** in einem Kauf- oder sonstigen Austauschvertrag, wenn sie von den marktüblichen Konditionen deutlich abweicht und der Gesellschaft die Möglichkeit einer anderweitigen Kapitalnutzung verschafft,[222] der **Erwerb einer gestundeten Forderung** durch den Gesellschafter[223] und das **Finanzierungsleasing** einschließlich des sale and lease back.[224] Auch die **stille Beteiligung** iSd. § 230 gehört hierher. Allerdings muss der Stille zugleich Gesellschafter sein. Dann verdrängt § 32 a GmbHG, wenn seine sonstigen Voraussetzungen erfüllt sind, den § 236.[225] Zur Haftung des stillen Gesellschafters, der nicht auch sonst an der Gesellschaft beteiligt ist, s. RdNr. 71.

64 Von § 32 a Abs. 3 S. 1 GmbHG werden auch Vermögensgegenstände erfasst, die der Gesellschafter der Gesellschaft überlässt, damit sie damit im eigenen Namen **Sicherheiten** stellen kann[226] – nicht zu verwechseln mit den Sicherheiten, die der Gesellschafter im eigenen Namen stellt und die von § 32 a Abs. 2 erfasst werden. Auch Gesellschafter-**Dienstleistungen** können betroffen sein.[227] Schließlich fallen unter §§ 172 a HGB, 32 a Abs. 3 S. 1 GmbHG eigenkapitalersetzende Leistungen eines Nur-Kommanditisten an den Komplementär-GmbH.[228] Zum **Stehenlassen** eines Darlehens und zum **Factoring** s. RdNr. 50 ff., 29; zur Behandlung von **Eigentumsvorbehaltsware** bei der Stundung eines Kaufpreises s. RdNr. 50.

65 **bb) Gebrauchs- und Nutzungsüberlassung.** Einen Sonderfall bilden die **Gebrauchs- oder Nutzungsüberlassungen** durch Miet- oder Pachtverträge, aber auch auf rein tatsächlicher Grundlage.[229] Dabei werden die Wirtschaftsgüter nicht in das Vermögen der Gesellschaft überführt, sondern ihr lediglich zur Nutzung überlassen. Da auch auf diese Weise eine sonst nicht mehr lebensfähige Gesellschaft fortgeführt werden kann, werden Nutzungsüberlassungen von § 32 a Abs. 3 S. 1 GmbHG erfasst.[230] Davon ist vor allem die **Betriebsaufspaltung** in eine Besitz- und eine Betriebs-

---

[213] Hachenburg/*Ulmer* §§ 32 a, b GmbHG RdNr. 77.
[214] Hachenburg/*Ulmer* (Fn. 213); s. auch BGH Urt. v. 6. 4. 1995 – II ZR 108/94, NJW 1995, 1962.
[215] Rowedder/Schmidt-Leithoff/*Pentz* § 32 a GmbHG RdNr. 153; Ulmer/*Habersack* §§ 32 a, b GmbHG RdNr. 107, 109; aA bezüglich Unterlassungen Hachenburg/*Ulmer* §§ 32 a, b GmbHG RdNr. 89 f.; s. o. RdNr. 50 ff.
[216] BGH Urt. v. 16. 10. 1989 – II ZR 307/88, BGHZ 109, 55, 57 = NJW 1990, 516.
[217] BGH Urt. v. 21. 9. 1981 – II ZR 104/80, BGHZ 81, 311, 320 f. = NJW 1982, 383, 385.
[218] BGH Urt. v. 19. 11. 1984 – II ZR 84/84, NJW 1985, 858.
[219] Baumbach/Hueck/*Hueck*/*Fastrich* § 32 a GmbHG RdNr. 38.
[220] BGH Urt. v. 28. 11. 1994 – II ZR 77/93, NJW 1995, 457, 458 f.
[221] Scholz/K. *Schmidt* §§ 32 a, b GmbHG RdNr. 125.
[222] OLG Karlsruhe Urt. v. 16. 12. 1988 – 14 U 26/86, WM 1989, 497, 500; zur Bindung des Nutzungsersatzanspruchs aus § 346 nach einem Rücktritt vom Kaufvertrag BGH Urt. v. 2. 7. 2001 – II ZR 264/99, NJW-RR 2002, 691.
[223] Baumbach/Hueck/*Hueck*/*Fastrich* § 32 a GmbHG RdNr. 39.
[224] BGH Urt. v. 22. 10. 1990 – II ZR 238/89, NJW 1991, 1057, 1059 (für § 30 GmbHG); OLG Düsseldorf Urt. v. 12. 12. 1996 – 10 U 33/95, GmbHR 1997, 353; Ulmer/*Habersack* §§ 32 a, b GmbHG RdNr. 116 f.; aA Roth/*Altmeppen* § 32 a GmbHG RdNr. 212 ff.
[225] Baumbach/Hueck/*Hueck*/*Fastrich* § 32 a GmbHG RdNr. 30.
[226] Ulmer/*Habersack* §§ 32 a, b GmbHG RdNr. 119 f.
[227] *Dittmer*, Gesellschafter-Dienstleistungen als eigenkapitalersetzende Rechtshandlungen iSd. § 32 a Abs. 3 GmbHG, 1997.
[228] Hachenburg/*Ulmer* §§ 32 a, b GmbHG RdNr. 190.
[229] *Goette* GmbH § 4 RdNr. 86; Baumbach/Hueck/*Hueck*/*Fastrich* § 32 a GmbHG RdNr. 33.
[230] BGH Urt. v. 16. 10. 1989 – II ZR 307/88, BGHZ 109, 55, 58 f. = NJW 1990, 516 f.; Urt. v. 14. 12. 1992 – II ZR 298/91, BGHZ 121, 31, 33 = NJW 1993, 392, 393; Urt. v. 14. 6. 1993 – II ZR 252/92, NJW 1993, 2179, 2180; Urt. v. 11. 7. 1994 – II ZR 146/92, BGHZ 127, 1, 4 ff. = NJW 1994, 2349, 2350 ff.; Urt. v. 11. 7. 1994 – II ZR

gesellschaft betroffen.[231] Die Besitzgesellschaft muss nicht einmal an der Betriebsgesellschaft beteiligt sein. Es reicht für § 32a Abs. 3 S. 1 GmbHG aus, wenn die Gesellschafter der beiden Gesellschaften ganz oder überwiegend personengleich sind.[232]

Die Nutzungsüberlassung hat **Eigenkapitalersatzfunktion,** wenn die Gesellschaft zum Zeitpunkt **66** der Einräumung des Nutzungsrechts insolvenzreif ist oder wenn ihr das Wirtschaftsgut nach Eintritt der Insolvenzreife belassen wird, obwohl der Gesellschafter die Möglichkeit hat, es zurückzunehmen (s. RdNr. 34f., 50ff.). Das Gleiche gilt, wenn die Nutzungsüberlassung nach dem Zuschnitt der Gesellschaft – ähnlich einem Finanzplankredit – von vornherein als Teil der Eigenfinanzierung geplant war.[233] Im Übrigen ist eine Eigenkapitalersatzfunktion anzunehmen, wenn ein vernünftig handelnder Vermieter oder Verpächter, der nicht an der Gesellschaft beteiligt ist und sich auch nicht an ihr beteiligen will, der Gesellschaft die Wirtschaftsgüter unter denselben Verhältnissen und zu denselben Bedingungen nicht überlassen hätte.[234] Diese **Überlassungsunwürdigkeit** wird sich bei speziellen, auf die besonderen Bedürfnisse der Gesellschaft zugeschnittenen Wirtschaftsgütern, für die es keinen allgemeinen Markt gibt, und insbesondere für die Überlassung kompletter Betriebseinrichtungen idR mit der Kreditunwürdigkeit (s. RdNr. 36ff.) decken.[235] Bei Standardwirtschaftsgütern ist dagegen wegen des geringeren Insolvenzrisikos die Kreditunwürdigkeit kein geeigneter Maßstab. Hier kommt es darauf an, wie ein außenstehender Dritter die Fähigkeit der Gesellschaft zur Begleichung der Miet- oder Pachtraten und etwaiger Schadensersatzansprüche einschätzen würde.[236]

Soweit Gebrauchs- und Nutzungsüberlassungen danach der Kapitalbindung unterliegen, dürfen **67** **Miet- oder Pachtraten** entsprechend § 30 Abs. 1 GmbHG nicht aus dem zur Deckung des Stammkapitals der Komplementär-GmbH erforderlichen Vermögen und gem. § 32a GmbHG nach Insolvenzeröffnung überhaupt nicht mehr gezahlt werden.[237] Ein Verwertungsrecht an den zur Nutzung überlassenen Wirtschaftsgütern hat der Insolvenzverwalter dagegen nicht, da die Sachen trotz ihres Eigenkapitalersatzcharakters **nicht** in das **Eigentum** der Gesellschaft übergehen. Die den Eigenkapitalersatzregeln unterliegende Leistung des Gesellschafters besteht vielmehr allein darin, dass er der Gesellschaft die Möglichkeit verschafft hat, die überlassenen Güter tatsächlich innerhalb der vereinbarten Laufzeit zu nutzen. Folglich ist der Gesellschafter verpflichtet, der Gesellschaft nach Eintritt der Krise bzw. dem Insolvenzverwalter nach Insolvenzeröffnung die **Miet- oder Pachtsachen weiter zu belassen,** und zwar bis zum Ablauf der vereinbarten Vertragslaufzeit.[238]

Diese zeitliche Begrenzung muss allerdings ernst gemeint sein, dh. auf sachlichen Gründen **68** beruhen und nicht gerade dazu dienen, das Insolvenzrisiko des Gesellschafters zu begrenzen.[239] Ist die Vertragslaufzeit danach unbeachtlich, gilt die übliche Frist.[240] An den Insolvenzfall anknüpfende vertragliche Kündigungs- oder Beendigungsgründe werden nicht wirksam; ebenso wenig bestand ein Kündigungsrecht nach § 19 KO.[241]

162/92, BGHZ 127, 17, 21 = NJW 1994, 2760, 2761; Urt. v. 16. 6. 1997 – II ZR 154/96, NJW 1997, 3026, 3027 (auch zur quotalen Bindung bei Miteigentum); Urt. v. 7. 12. 1998 – II ZR 382/96, BGHZ 140, 147 = NJW 1999, 577; Urt. v. 26. 6. 2000 – II ZR 370/98, NJW 2000, 3565; Urt. v. 31. 1. 2005 – II ZR 240/02, NZG 2005, 346; Urt. v. 28. 2. 2005 – II ZR 103/02, NZG 2005, 395; Baumbach/Hueck/*Hueck*/*Fastrich* § 32a GmbHG RdNr. 32; aA Scholz/K. *Schmidt* §§ 32a, b GmbHG RdNr. 135; *ders.* GesR § 37 IV 3 b; Roth/*Altmeppen* § 32a GmbHG RdNr. 202ff.
[231] *Wiedemann* ZIP 1986, 1293.
[232] BGH Urt. v. 14. 12. 1992 – II ZR 298/91, BGHZ 121, 31, 35f. = NJW 1993, 392, 393; Urt. v. 11. 7. 1994 – II ZR 146/92, BGHZ 127, 1, 5 = NJW 1994, 2349, 2350.
[233] OLG Karlsruhe Urt. v. 29. 3. 1996 – 15 U 39/95, ZIP 1996, 918, 922ff.; Ulmer/*Habersack* §§ 32a, b GmbHG RdNr. 129; s. o. RdNr. 43f.; ablehnend *Drygala* GmbHR 1996, 481, 485.
[234] BGH Urt. v. 16. 10. 1989 (Fn. 230) S. 62ff./517f.; Urt. v. 14. 12. 1992 (Fn. 230) S. 38f./394.
[235] Ulmer/*Habersack* §§ 32a, b GmbHG RdNr. 128; weitergehend *Wiedemann* ZIP 1986, 1293, 1298.
[236] BGH Urt. v. 16. 10. 1989 (Fn. 230) S. 62ff./517f.; OLG Brandenburg Urt. v. 21. 5. 1997 – 3 U 248/96, OLGR 1998, 390; Baumbach/Hueck/*Hueck*/*Fastrich* § 32a GmbHG RdNr. 57; krit. *v. Gerkan* GmbHR 1986, 218, 222.
[237] BGH Urt. v. 16. 10. 1989 (Fn. 230) S. 66/518; Urt. v. 14. 12. 1992 (Fn. 230) S. 43/395; Urt. v. 11. 7. 1994 (Fn. 232) S. 7/2350; 11. 7. 1994 – II ZR 162/92, BGHZ 127, 17, 21 = NJW 1994, 2760, 2761; Urt. v. 31. 1. 2005 – II ZR 240/02, NZG 2005, 346; Urt. v. 28. 2. 2005 – II ZR 103/02, NZG 2005, 395, 396.
[238] BGH Urt. v. 11. 7. 1994 (Fn. 232) S. 8ff./2351f.; Urt. v. 11. 7. 1994 (Fn. 237) S. 22ff./2761ff.; Urt. v. 15. 6. 1998 – II ZR 17/97, NJW 1998, 3200; Urt. v. 7. 12. 1998 (Fn. 230) S. 150/578; Urt. v. 31. 1. 2005 (Fn. 237); Urt. v. 28. 2. 2005 (Fn. 237); Hachenburg/*Ulmer* §§ 32a, b GmbHG RdNr. 113ff.; Heymann/*Horn* RdNr. 23a; G. *Hueck*, FS Odersky, 1996, S. 823, 840ff.; einschränkend (nur auf der Grundlage einer Finanzplanabrede) Ulmer/*Habersack* §§ 32a, b GmbHG RdNr. 131; für ein Verwertungsrecht dagegen *Schulze-Osterloh* ZGR 1983, 123, 142; *Wiedemann* ZIP 1986, 1293, 1300; *Drygala* BB 1992, 80, 81 (bei nicht wertbeständigen Sachen); für einen Wertersatzanspruch *v. Gerkan* GmbHR 1986, 218, 222f.; *Bäcker* ZIP 1989, 681, 691.
[239] BGH Urt. v. 14. 12. 1992 (Fn. 230) S. 40/394; Urt. v. 11. 7. 1994 (Fn. 232) S. 10/2351.
[240] BGH Urt. v. 11. 7. 1994 (Fn. 232) S.10/2351; Urt. v. 7. 12. 1998 (Fn. 230) S. 150/578; Urt. v. 31. 1. 2005 (Fn. 237); Urt. v. 28. 2. 2005 (Fn. 237); Heymann/*Horn* RdNr. 23a; anders Ulmer/*Habersack* §§ 32a, b GmbHG RdNr. 135 (hypothetischer Parteiwille).
[241] BGH Urteile v. 11. 7. 1994 (Fn. 232) S. 10/2351 und (Fn. 237) S. 26/2762; s. jetzt § 112 InsO.

69 Innerhalb der danach geltenden Frist darf der Insolvenzverwalter das Nutzungsrecht **verwerten,** indem er die Miet- oder Pachtsachen – im Rahmen einer Betriebsfortführung – selbst nutzt oder die Nutzung Dritten überlässt – etwa im Rahmen einer Unternehmensübertragung. Ist das aus praktischen Gründen nicht möglich, gehen die Gesellschaftsgläubiger leer aus.[242] Ein **Wertersatzanspruch** besteht ausnahmsweise dann, wenn der Gesellschafter die Miet- oder Pachtsache dem Insolvenzverwalter gegen dessen Willen entzieht oder wenn beide (konkludent) vereinbaren, dass die Sache veräußert und das Nutzungsrecht in Geld abgegolten werden soll.[243] Die Bindung der Miet- oder Pachtansprüche endet, wenn der Gesellschafter das Grundstück an einen außenstehenden Dritten veräußert.[244] Das Gleiche gilt im Falle einer **Zwangsverwaltung** des vermieteten oder verpachteten Grundstücks zu dem in §§ 1123 f. BGB iVm. §§ 146 ff. ZVG bestimmten Zeitpunkt,[245] bei der **Zwangsversteigerung** analog §§ 57, 57 b ZVG, 573 S. 1 BGB,.[246] und wohl auch bei Insolvenz des Gesellschafters.[247] Daneben hat der Ersteher das Sonderkündigungsrecht aus § 57 a ZVG, nach dessen Wirksamwerden bis zur Herausgabe der Miet- oder Pachtsache eine Entschädigung nach § 557 BGB zu zahlen ist.[248] Soweit der Insolvenzverwalter an den Erwerber oder den Zwangsverwalter Miete oder Pacht zahlen oder die Miet- oder Pachtsache herausgeben muss, hat er einen Regressanspruch gegen den Kommanditisten.[249]

70 **b) Persönliche Vergleichbarkeit.** Von § 32 a Abs. 3 S. 1 GmbHG werden auch alle Rechtshandlungen Dritter erfasst, die wirtschaftlich einer Darlehensgewährung oder einer dieser sachlich gleichgestellten Rechtshandlung des Gesellschafters selbst entsprechen. Der Dritte muss sich dann behandeln lassen wie ein Gesellschafter. Das gilt allgemein für den mit dem Gesellschafter oder der Gesellschaft **verbundene Unternehmen** iSd. Legaldefinition des § 15 AktG,[250] für Gesellschafter-Gesellschafter[251] (zur Betriebsaufspaltung s. RdNr. 65 ff.) und für **Treugeber.**[252] Von §§ 172 a HGB, 32 a Abs. 3 S. 1 GmbHG werden demgemäß auch die Gesellschafter der mit der KG verbundenen Unternehmen erfasst. Ausgenommen sind gem. § 24 UBGG idF der Bek. v. 9. 9. 1998 (BGBl. I S. 2765) lediglich die Gesellschafter einer an der KG beteiligten **Unternehmensbeteiligungsgesellschaft.** Die Beweislast für den Wegfall eines Treuhandverhältnisses vor Darlehensgewährung trägt der Treugeber.[253] Der Treuhandkommanditist wird schon von § 32 a Abs. 1 erfasst (s. RdNr. 26).

71 **Nahe Angehörige,** insbesondere Ehegatten und Kinder, und andere nahe stehende Personen iSd. § 138 InsO fallen nur dann unter § 32 a Abs. 3 S. 1 GmbHG, wenn ihre Leistung aus Mitteln stammt, die der Gesellschafter für diesen Zweck zur Verfügung gestellt oder ihnen unentgeltlich zugewandt hat oder für die er eine Erstattung zugesagt hat; dafür kann aber je nach Lage des Falles ein Anscheinsbeweis sprechen.[254] Den stillen Gesellschafter trifft keine Finanzierungsverantwortung

---

[242] BGH Urt. v. 11. 7. 1994 (Fn. 232) S. 14/2352; Urt. v. 31. 1. 2005 (Fn. 237) S. 347.
[243] BGH Urt. v. 11. 7. 1994 (Fn. 232) S. 14 ff./2352.
[244] BGH Urt. v. 2. 2. 2006 – IX ZR 67/02, ZIP 2006, 578 Tz. 13 f.; aA *Fichtelmann* GmbHR 2004, 1310, 1313.
[245] BGH Urt. v. 7. 12. 1998 – II ZR 382/96, BGHZ 140, 147 = NJW 1999, 577; Urt. v. 31. 1. 2000 – II ZR 309/98, NZG 2000, 371; Urt. v. 28. 2. 2005 – II ZR 103/02, NZG 2005, 395, 396; *Pohlmann* DStR 1999, 595; aA *Heublein* ZIP 1998, 1899.
[246] *Michalski/Barth* NZG 1999, 277, 280 f; aA *Gehrlein* NZG 1998, 845, 847.
[247] OLG Brandenburg Urt. v. 12. 7. 2006 – 3 U 220/05, ZIP 2006, 1582, 1583.
[248] *Gehrlein* NZG 1998, 845, 847 f.; *Michalski/Barth* NZG 1999, 277, 281.
[249] BGH Urt. v. 31. 1. 2005 – II ZR 240/02, NZG 2005, 346; Urt. v. 28. 2. 2005 (Fn. 245); Urt. v. 2. 2. 2006 – IX ZR 67/02, ZIP 2006, 578 Tz. 18.
[250] BGH Urt. v. 21. 9. 1981 – II ZR 104/80, BGHZ 81, 311, 315 f. = NJW 1982, 383, 384; Urt. v. 10. 10. 1983 – II ZR 233/82, NJW 1984, 1036; Urt. v. 9. 10. 1986 – II ZR 58/86, NJW 1987, 1080, 1081; Urt. v. 19. 9. 1988 – II ZR 255/87, BGHZ 105, 168, 176 f. = NJW 1988, 3143, 3145; Urt. v. 22. 10. 1990 (Fn. 175); Urt. v. 16. 12. 1991 – II ZR 294/90, NJW 1992, 1167, 1168; BGH Urt. v. 14. 12. 1992 (Fn. 180) S. 35 f./393; Urt. v. 11. 7. 1994 (Fn. 182); Urt. v. 18. 11. 1996 – II ZR 207/95, NJW 1997, 740, 741; Urt. v. 21. 6. 1999 – II ZR 70/98, NJW 1999, 2822 (auch nach Ausscheiden des Gesellschafters); Urt. v. 27. 11. 2000 – II ZR 179/99, NJW 2001, 1490, 1491; Urt. v. 28. 2. 2005 – II ZR 103/02, NZG 2005, 395; OLG Brandenburg Urt. v. 12. 1. 2005 – 7 U 97/04, ZIP 2006, 184 (auch Gebietskörperschaft, mittlerweile rkr.); OLG Hamburg Urt. v. 16. 12. 2005 – 11 U 198/05, GmbHR 2006, 200; *Ulmer/Habersack* §§ 32 a, b GmbHG RdNr. 144 ff.; differenzierend *Scholz/K. Schmidt* §§ 32 a, b GmbHG RdNr. 149 und *Roth/Altmeppen* § 32 a GmbHG RdNr. 145 ff.
[251] BGH Urt. v. 21. 11. 2005 – II ZR 277/03, ZIP 2006, 279, 282 (auch Gebietskörperschaft); ebenso für Mitglieder einer Gesellschafter-Erbengemeinschaft OLG Düsseldorf Urt. v. 3. 7. 2003 – 12 U 6/03, NJW-RR 2003, 1617, 1618.
[252] BGH Urt. v. 14. 12. 1959 – II ZR 187/57, BGHZ 31, 258, 266 f. = NJW 1960, 285, 286 f.; Urt. v. 26. 11. 1979 – II ZR 104/77, BGHZ 75, 334, 335 f. = NJW 1980, 592; Urt. v. 8. 7. 1985 – II ZR 269/84, BGHZ 95, 188, 193 = NJW 1985, 2948; Urt. v. 14. 11. 1988 – II ZR 115/88, NJW 1989, 1219, 1220; *Goette* GmbH § 4 RdNr. 119; *Ulmer/Habersack* § 32 b GmbHG RdNr. 149; *Baumbach/Hueck/Hueck/Fastrich* § 32 a GmbHG RdNr. 23.
[253] BGH Urt. v. 14. 11. 1988 (Fn. 252).
[254] BGH Urt. v. 18. 2. 1991 – II ZR 259/89, WM 1991, 678, 679; Urt. v. 26. 6. 2000 – II ZR 21/99, NJW 2000, 3278; *Ulmer/Habersack* §§ 32 a, b GmbHG RdNr. 143; *Baumbach/Hueck/Hueck/Fastrich* § 32 a GmbHG RdNr. 25; zur Rechtslage bei § 30 GmbHG s. oben RdNr. 9.

(s. aber § 136 InsO). Anders verhält es sich beim **atypischen stillen Gesellschafter**. Sind ihm ähnliche Mitsprache- und Vermögensbeteiligungsrechte eingeräumt wie einem Kommanditisten oder einem GmbH-Gesellschafter, wird er von § 32 a Abs. 3 S. 1 GmbHG erfasst.[255] Der stille Gesellschafter, der daneben auch noch Gesellschafter der KG oder der GmbH ist, fällt dagegen schon unter § 32 a Abs. 1 GmbHG (s. RdNr. 63).

Die gleichen Grundsätze gelten für **Unterbeteiligte**,[256] Pfandgläubiger,[257] Nießbraucher[258] und **72 Banken**.[259] Allgemein werden von § 32 a Abs. 3 S. 1 GmbHG alle Personen erfasst, die **für Rechnung eines Gesellschafters** oder einer sonst nach § 32 a Abs. 3 S. 1 GmbHG gleichgestellten Person an die Gesellschaft leisten.[260] Der **Rechtsnachfolger** des Gesellschafters fällt nicht unter § 32 a Abs. 3 S. 1 GmbHG; ihm können die Kapitalersatzregeln nach § 404 BGB entgegengehalten werden.[261]

4. Sicherung einer Drittforderung (§ 32 a Abs. 2 GmbHG). a) Bindung der Gesellschaf- 73 tersicherheit. Während § 32 a Abs. 1, 3 S. 1 GmbHG im Regelfall Leistungen des Gesellschafters oder einer ihm nahe stehenden Person an die Gesellschaft erfassen, geht es bei § 32 a Abs. 2, 3 S. 1 GmbHG um Leistungen Dritter an die Gesellschaft, für die der Gesellschafter oder eine ihm nahe stehende Person eine Sicherung gewährt oder sich verbürgt. Wirtschaftlich besteht zwischen diesen beiden Fallgestaltungen kein Unterschied. Deshalb muss sich der Gesellschafter auch bei der **Gewährung von Kredithilfen** so behandeln lassen, als hätte er **Eigenkapital** aufgebracht.[262] Das ergibt sich aus § 32 a Abs. 3 S. 1 GmbHG, der durch § 32 a Abs. 2 GmbHG im Sinne einer insolvenzrechtlichen Abwicklungsregel ergänzt wird.[263]

Voraussetzung ist wie bei § 32 a Abs. 1 GmbHG, dass sich die Gesellschaft in einer **Krise** befindet, **74** also insolvenzreif oder kreditunwürdig ist (s. RdNr. 34 f., 36 ff.). Der Umstand, dass der Kreditgeber auf einer Besicherung durch den Gesellschafter bestanden hat, ist ein **Indiz** für die Kreditunwürdigkeit der Gesellschaft, schließt den Gegenbeweis aber nicht aus.[264] Die Gesellschaftskrise muss zum **Zeitpunkt der Gewährung** der Kredithilfe bestanden haben. Eine in diesem Zeitpunkt nicht eigenkapitalersetzende Kredithilfe wird allerdings in Eigenkapitalersatz **umgewidmet**, wenn der Gesellschafter sie nach Eintritt der Krise aufrechterhält[265] (s. RdNr. 50 ff.). Der Begriff Sicherung ist weit auszulegen und erfasst alle gegenständlichen und persönlichen Absicherungen, wie zB Sicherungsübereignungen, Grundpfandrechte, Schuldversprechen[266] und Patronatserklärungen, soweit sie einen Anspruch des Kreditgebers begründen.[267] Auch die Gewährung einer Sicherheit für einen Dritten, der seinerseits nur eine Sicherheit zugunsten der Gesellschaft stellt, fällt unter § 32 a Abs. 2 GmbHG.[268]

Sind die Voraussetzungen des § 32 a Abs. 2, 3 S. 1 GmbHG erfüllt, muss sich der Gläubiger in der **75** Insolvenz vorrangig an den Gesellschafter halten. Er ist zwar mit seiner vollen Forderung Insolvenzgläubiger,[269] nimmt am Verteilungsverfahren aber nur insoweit teil, als er bei der Inanspruchnahme der Sicherung oder des Bürgen ausgefallen ist. Die Regelung des § 190 InsO gilt entsprechend.[270] Ein **Verzicht** auf die abgesonderte Befriedigung ist zwar gegenüber dem Gesellschafter wirksam,

---

[255] BGH Urt. v. 7. 11. 1988 – II ZR 46/88, BGHZ 106, 7, 9 ff. = NJW 1989, 982; Urt. v. 13. 2. 2006 – II ZR 62/04, ZIP 2006, 703 Tz. 24 ff.; Scholz/K. *Schmidt* §§ 32 a, b GmbHG RdNr. 152; differenzierend Roth/*Altmeppen* § 32 a GmbHG RdNr. 175 ff.; zur stillen Beteiligung an Kreditinstituten nach § 10 Abs. 4 KWG *Wiedemann*, FS Beusch, 1993, S. 893, 911.
[256] Baumbach/Hueck/*Hueck/Fastrich* § 15 GmbHG RdNr. 59, § 32 a GmbHG RdNr. 21.
[257] BGH Urt. v. 13. 7. 1992 – II ZR 251/91, BGHZ 119, 191 = NJW 1992, 3035; aA *Altmeppen* ZIP 1993, 1677.
[258] Scholz/K. *Schmidt* §§ 32 a, b GmbHG RdNr. 152; Roth/*Altmeppen* § 32 a GmbHG RdNr. 181 f.
[259] Schwintowski/Dannischewski ZIP 2005, 840; insoweit zurückhaltend K. *Schmidt* GmbHR 2005, 797, 803.
[260] BGH Urt. v. 28. 9. 1981 – II ZR 223/80, BGHZ 81, 365, 368 = NJW 1982, 386, 387; Urt. v. 18. 11. 1996 (Fn. 250).
[261] BGH Urt. v. 21. 3. 1988 – II ZR 238/87, BGHZ 104, 33, 43 = NJW 1988, 1841, 1843; Urt. v. 2. 2. 2006 – IX ZR 67/02, ZIP 2006, 578 Tz. 12.
[262] BGH Urt. v. 27. 9. 1976 – II ZR 162/75, BGHZ 67, 171, 182 = NJW 1977, 104, 106; Urt. v. 13. 7. 1981 – II ZR 256/79, BGHZ 81, 252, 256 f. = NJW 1981, 2570, 2571.
[263] K. *Schmidt* ZIP 1999, 1821, 1822 f.
[264] BGH Urt. v. 28. 9. 1987 – II ZR 28/87, NJW 1988, 824; Hachenburg/*Ulmer* §§ 32 a, b GmbHG RdNr. 133; zur Aktivierung des Freistellungsanspruchs gegen den Gesellschafter im Jahresabschluss und in der Überschuldungsbilanz s. K. *Schmidt* ZIP 1999, 1821, 1825.
[265] BGH Urt. v. 13. 7. 1981 (Fn. 262); Urt. v. 17. 2. 1992 – II ZR 154/91, NJW 1992, 1764, 1765; Urt. v. 7. 11. 1994 – II ZR 270/93, BGHZ 127, 336, 340 f. = NJW 1995, 326, 328.
[266] BGH Urt. v. 9. 3. 1992 – II ZR 168/91, NJW 1992, 1763, 1764.
[267] Scholz/*K. Schmidt* §§ 32 a, b GmbHG RdNr. 161; Ulmer/*Habersack* §§ 32 a, b GmbHG RdNr. 162; Rowedder/Schmidt-Leithoff/*Pentz* § 32 a GmbHG RdNr. 177; allg. zur Patronatserklärung s. BankR IV RdNr. 621.
[268] BGH Urt. v. 27. 11. 1989 – II ZR 310/88, WM 1990, 100.
[269] *Uhlenbruck*, InsO § 52 RdNr. 12 ff.
[270] K. *Schmidt* ZIP 1999, 1821, 1826 f.

ändert in Abweichung von § 52 InsO aber nichts an der Sperrwirkung des § 32a Abs. 2 GmbHG.[271] Auch auf eine Ausfallsicherheit, zB eine **Ausfallbürgschaft,** ist § 32a Abs. 2 GmbHG anwendbar. Die Subsidiärhaftung wandelt sich bei Vorliegen der Voraussetzungen des § 32a Abs. 2 GmbHG in eine Primärhaftung um.[272] Der aus der Sicherung oder Bürgschaft in Anspruch genommene Gesellschafter hat einen **Erstattungsanspruch** gegen die Gesellschaft, nimmt damit aber gem. § 39 Abs. 1 Nr. 5 InsO nur nachrangig am Insolvenzverfahren teil.[273]

76 Haben sowohl der Gesellschafter als auch die Gesellschaft eine Sicherheit bestellt **(Doppelsicherung),** ist der Gläubiger nicht gehindert, die Sicherheit der Gesellschaft zu verwerten. Tut er das, hat die Gesellschaft unter den Voraussetzungen des § 32a Abs. 2 GmbHG einen Erstattungsanspruch gegen den frei gewordenen Gesellschafter.[274] In diesen Fällen ist allerdings besonders genau zu prüfen, ob die Sicherheit des Gesellschafters tatsächlich eigenkapitalersetzend war.

77 b) Erstattungspflicht nach § 32b GmbHG. Da §§ 172a HGB, 32a Abs. 2, 3 S. 1 GmbHG im Ergebnis nicht gegen den Kreditgeber, sondern gegen den sicherungsgebenden Gesellschafter gerichtet sind, kann sich der Kreditgeber auch bei Vorliegen der Voraussetzungen des Eigenkapitalersatzes den Kredit von der Gesellschaft zurückgewähren lassen. Der Insolvenzverwalter hat dann keinen Anspruch gegen den Kreditgeber auf Rückzahlung der Valuta. Wohl aber ist der sicherungsgebende Gesellschafter, wenn die Rückgewähr **im letzten Jahr vor dem Antrag auf Insolvenzeröffnung oder danach** erfolgt ist, gem. §§ 172a HGB, 32b GmbHG zur Erstattung desjenigen Betrages verpflichtet, in dessen Höhe er auf Grund der Rückgewähr frei geworden ist. Der Anspruch ist begrenzt durch den **Wert der Sicherheit** im Zeitpunkt der Rückgewähr des Kredits. Einen Streit über diesen Wert kann der Gesellschafter dadurch vermeiden, dass er dem Insolvenzverwalter die Sicherungsgegenstände zur Verwertung überlässt. Hatte der Gesellschafter nur für einen Teil des Kredits eine Bürgschaft übernommen oder eine Sicherung bestellt und wird der Kredit dann von der Gesellschaft **teilweise zurückbezahlt,** besteht aus § 32b GmbHG nur eine Erstattungspflicht des Gesellschafters in Höhe der Differenz zwischen seiner ursprünglichen und seiner noch weiterbestehenden Haftung.[275] Auf eine Verwertung einer Sicherheit nach Insolvenzeröffnung ist § 32b entsprechend anwendbar.[276] Gem. §§ 32b S. 1 HS 2 GmbHG, 146 nF InsO[277] **verjährt** der Erstattungsanspruch in den Regelfristen der §§ 195, 199 BGB ab Insolvenzeröffnung.[278]

78 Außerhalb des Insolvenzverfahrens ist § 32b GmbHG nicht anwendbar. Eine entsprechende Erstattungspflicht besteht jedoch im Rahmen der Rechtsprechungsgrundsätze zu §§ 30f. GmbHG (s. RdNr. 17 ff.), wenn durch die Rückgewähr eines eigenkapitalersetzend besicherten Kredits das Stammkapital der Komplementär-GmbH angetastet oder eine bestehende Überschuldung verstärkt wird.[279] Vor der Rückgewähr ist der Gesellschafter in diesen Fällen verpflichtet, die Gesellschaft von der Darlehensschuld freizustellen.[280]

V. Gläubigerschutz in der Publikumsgesellschaft

79 In der Publikumsgesellschaft ist der Anleger-Kommanditist idR nicht an der Komplementär-GmbH beteiligt, er ist **Nur-Kommanditist** (zur Organisationsform der Treuhandgesellschaft s. § 177a Anh. B RdNr. 9). Dennoch gilt auch für ihn, dass analog **§ 30 Abs. 1 GmbHG** keine Zahlungen aus dem Vermögen der KG geleistet werden dürfen, wenn und soweit dadurch bei der Komplementär-GmbH eine Unterbilanz oder eine Überschuldung entsteht oder verstärkt wird, und dass etwaige dennoch erfolgte Leistungen analog **§ 31 GmbHG** zurückerstattet werden müssen. Das Auszahlungsverbot und die Haftung nach §§ 30f. GmbHG finden auch auf den Kommanditisten

---

[271] *K. Schmidt* ZIP 1999, 1821, 1826; Hachenburg/*Ulmer* §§ 32a, b GmbHG RdNr. 141 zu § 64 KO.
[272] BGH Urt. v. 28. 9. 1987 – II ZR 28/87, NJW 1988, 824, 825; Schlegelberger/*K. Schmidt* RdNr. 43; iE ebenso *Fastrich* NJW 1983, 260.
[273] *K. Schmidt* ZIP 1999, 1821, 1824, 1828; Ulmer/*Habersack* §§ 32a, b GmbHG RdNr. 77.
[274] BGH Urt. v. 19. 11. 1984 – II ZR 84/84, NJW 1985, 858; Urt. v. 14. 10. 1985 – II ZR 280/84, NJW 1986, 429, 430; Urt. v. 9. 12. 1991 – II ZR 43/91, NJW 1992, 1166; Ulmer/*Habersack* §§ 32a, b GmbHG RdNr. 174; aA *K. Schmidt* ZIP 1999, 1821, 1827; krit. auch *Roth/Altmeppen* § 32a GmbHG RdNr. 140.
[275] BGH Urt. v. 2. 4. 1990 – II ZR 149/89, NJW 1990, 2260.
[276] *von Gerkan*, FS Ulmer, 2003, S. 1293; Scholz/*K. Schmidt* §§ 32a, b GmbHG RdNr. 188.
[277] S. RdNr. 57 bei Fn. 201
[278] AA in Fällen, in denen der Haftungstatbestand erst nach Eröffnung des Insolvenzverfahrens erfüllt ist, *von Gerkan* (Fn. 276) S. 1301 f.; zur Rechtslage vor Inkrafttreten der InsO BGH Urt. v. 20. 9. 1993 – II ZR 151/92, BGHZ 123, 289, 291 = NJW 1993, 3265.
[279] BGH Urt. v. 13. 7. 1981 – II ZR 256/79, BGHZ 81, 252, 260 = NJW 1981, 2570, 2572; Urt. v. 14. 3. 2005 – II ZR 129/03, NZG 2005, 396; *K. Schmidt* ZIP 1999, 1821, 1824 f.
[280] BGH Urt. v. 9. 12. 1991 (Fn. 274).

Anwendung, der ausschließlich Anlegerinteressen verfolgt und keinen bestimmenden Einfluss auf die Geschäftsführung ausüben kann.[281] Eine – in der Publikumsgesellschaft bedeutsame – Ausnahme bildet lediglich **§ 32 a Abs. 3 S. 2 GmbHG** für den nicht geschäftsführenden Gesellschafter, der nur mit höchstens 10% am Stammkapital von GmbH und KG beteiligt ist (s. RdNr. 48).

Die Ausfallhaftung des § 31 Abs. 3 GmbHG trifft den Nur-Kommanditisten nicht.[282] Für ihn **80** gelten im Übrigen ohne Einschränkung §§ 172 a HGB, 32 a, b GmbHG, 135 InsO und 6 AnfG. Das wird praktisch bedeutsam beim **Einlagesplitting,** wenn also der Kommanditist neben seiner Einlage ieS noch ein Darlehen oder eine stille Einlage verspricht (s. RdNr. 43 f. und § 171 RdNr. 62 ff.).

VI. Haftung der Geschäftsführer

Die Geschäftsführer der Komplementär-GmbH haften der GmbH nach § 43 GmbHG, wenn sie **81** Leistungen aus dem Vermögen der GmbH oder der KG gewähren, die gegen die Kapitalerhaltungsregel des § 30 GmbHG verstoßen (zur Anwendbarkeit auf die GmbH & Co. KG s. RdNr. 8 ff.), oder wenn sie einen Freistellungs- oder Erstattungsanspruch der GmbH oder der GmbH & Co. KG gegen einen Gesellschafter aus §§ 31, 32 b GmbHG nicht geltend machen.[283] Besteht die Aufgabe der GmbH im Wesentlichen darin, die Geschäfte der KG zu führen, hat die KG, in der Insolvenz der Insolvenzverwalter, einen eigenen Anspruch aus § 43 GmbHG gegen die Geschäftsführer.[284] Daneben kommt eine Haftung der Geschäftsführer gegenüber den Gläubigern der GmbH & Co. KG wegen Verschuldens bei Vertragsschluss, aus Rechtsschein oder aus Delikt in Betracht.[285]

VII. Reformüberlegungen

Nach dem Referentenentwurf eines Gesetzes zur Modernisierung des GmbH-Rechts und zur **82** Bekämpfung von Missbräuchen **(MoMiG)** vom Juni 2006 (abrufbar im Internet unter www.bmj.de > Gesetzentwürfe > Handels- und Wirtschaftsrecht) soll § 172 a gestrichen werden. Ebenso sollen §§ 32 a und b GmbHG entfallen. Die Verfasser des Referentenentwurfs – und ggf. der Gesetzgeber – wollen damit das aus den Novellen- und Rechtsprechungsregeln zusammengesetzte **Recht der eigenkapitalersetzenden Gesellschafterleistungen** (s. RdNr. 5) **abschaffen** und durch ein für die Praxis einfacher handhabbares System ersetzen. So soll durch eine Ergänzung des § 30 GmbHG klargestellt werden, dass die Rechtsprechungsregeln zum Eigenkapitalersatz nicht mehr anzuwenden sind. Nach § 39 Abs. 1 Nr. 5 InsO-E soll grundsätzlich jeder Anspruch auf Rückzahlung eines Gesellschafterdarlehens oder einer vergleichbaren Gesellschafterleistung – ohne Rücksicht darauf, ob sie Eigenkapital ersetzt oder nicht – nachrangig hinter allen übrigen Gläubigerforderungen zu berichtigen sein. Dementsprechend sollen diese Forderungen nach § 19 Abs. 2 S. 3 InsO-E im Überschuldungsstatus nicht mehr zu berücksichtigen sein. In § 135 InsO-E soll die Beschränkung der Anfechtungsmöglichkeit auf eigenkapitalersetzende Rechtshandlungen aufgegeben werden. Stattdessen soll hinsichtlich jedes Gesellschafterdarlehens und jeder gleichartigen Gesellschafterleistung die Rückzahlung im Jahr vor dem Antrag auf Eröffnung des Insolvenzverfahrens und danach anfechtbar sein. Bei der Sicherheitenbestellung soll dasselbe für einen Zeitraum von 10 Jahren gelten. Die Regelung des § 32 b GmbHG wird in § 44 a InsO-E übernommen. Das Sanierungsprivileg und das Zwerganteilsprivileg des § 32 a Abs. 3 S. 2 und 3 GmbHG finden sich in § 39 Abs. 4 und 5 InsO-E wieder. Entsprechend soll das Anfechtungsrecht außerhalb des Insolvenzverfahrens durch Änderungen der §§ 6, 6 a und 11 AnfG angepasst werden. Der Referentenentwurf war Gegenstand der Beratungen des 66. Deutschen Juristentages im September 2006.[286] Mit einem Abschluss des Gesetzgebungsverfahrens und einem Inkrafttreten des Reformgesetzes ist nicht vor Anfang 2008 zu rechnen.

---

[281] BGH Urt. v. 19. 2. 1990 – II ZR 268/88, BGHZ 110, 342, 355 ff. = NJW 1990, 1725, 1728 f.
[282] S. – auch zur Gegenmeinung – Fn. 61.
[283] BGH Urt. v. 9. 12. 1991 (Fn. 274); zur Haftung des Geschäftsführers gegenüber den Gesellschaftern Scholz/*U. H. Schneider* § 43 GmbHG RdNr. 212; Roth/*Altmeppen* § 32 a GmbHG RdNr. 117 f.
[284] BGH Urt. v. 12. 11. 1979 – II ZR 174/77, BGHZ 75, 321, 323 f. = NJW 1980, 589, 590 f.; Urt. v. 16. 2. 1981 – II ZR 49/80, WM 1981, 440; aA Rowedder/Schmidt-Leithoff//*Koppensteiner* § 43 GmbHG RdNr. 64 f.
[285] Baumbach/*Hopt* RdNr. 45.
[286] S. dazu den Tagungsband des DJT, Abteilung Wirtschaftsrecht, und den Tagungsbericht von *Schall* JZ 2007, 239 f.; zu dem Referentenentwurf im Übrigen s. etwa *K. Schmidt* ZIP 2006, 1925; *Noack* DB 2006, 1475; *Bayer/Graff* DStR 2006, 1654; *Gesmann-Nuissl* WM 2006, 1756; *Mülbert* WM 2006, 1977; *Ekkenga* WM 2006, 1986; *Römermann* GmbHR 2006, 673; *Flesner* NZG 2006, 641.

§ 173 [Haftung bei Eintritt als Kommanditist]

(1) Wer in eine bestehende Handelsgesellschaft als Kommanditist eintritt, haftet nach Maßgabe der §§ 171 und 172 für die vor seinem Eintritte begründeten Verbindlichkeiten der Gesellschaft, ohne Unterschied, ob die Firma eine Änderung erleidet oder nicht.

(2) Eine entgegenstehende Vereinbarung ist Dritten gegenüber unwirksam.

Schrifttum: S. die Angaben vor § 171; außerdem: *Adel*, Kommanditistenwechsel und Haftung, DStR 1994, 1580; *Burgard*, Handelsregisterpublizität von Kommanditisten und GbR-Gesellschaftern, FS Hadding, 2004, 325; *Crezelius*, Unternehmenserbrecht, 1998; *Eckert*, Rechtsfolgen des Kommanditistenwechsels, ZHR 147 (1983), 565; *Grunewald*, Die Auswirkungen der Änderungen der Publizitätsnormen auf die Haftung der Kommanditisten, ZGR 2003, 541; *Herfs*, Haftung des Erben als Nachfolger eines Kommanditisten, DB 1991, 1713; *Huber*, Eintragungsfehler bei der Abtretung von Kommanditanteilen – Besprechung der Entscheidungen BGHZ 81, 82 und BGH WM 1983, 651, ZGR 1984, 146; *Jeschke*, Der Rechtsnachfolgevermerk im Handelsregister bei der Übertragung von Mitgliedschaftsrechten an Kommanditgesellschaften, DB 1983, 541; *Koller/Buchholz*, Der bedingte Beitritt zu einer KG, DB 1982, 2172; *Michel*, Die Rechtsfolgen von Vermögensverschiebungen nach einer Kommanditanteilsübertragung, ZGR 1993, 118; *von Olshausen*, Haftungsprobleme beim Kommanditistenwechsel unter Lebenden – eine wechselvolle unendliche Geschichte, Gedächtnisschrift für Knobbe-Keuk, 1997, S. 247; *Richert*, Der Kommanditistenwechsel und seine Erscheinungsform im Handelsregister, NJW 1958, 1472; *K. Schmidt*, Kommanditistenwechsel und Nachfolgevermerk, GmbHR 1981, 253; *ders.*, Haftungsprobleme der „bürgerlich-rechtlichen KG", DB 1973, 653, 703.

Übersicht

	RdNr.
I. Bedeutung der Norm	1
II. Gesetzlicher Regelfall	2–9
1. Personenhandelsgesellschaft	2–4
2. Eintritt	5, 6
3. Rechtsfolge	7–9
III. Kommanditistenwechsel	10–39
1. Einzelrechtsnachfolge	10–24
a) Tatbestand	10–12
b) Haftung des Erwerbers	13–17
c) Haftung des Veräußerers	18–24
aa) Regelfall	18–22
bb) Haftung bei Eintragungsfehlern	23, 24
2. Erbfolge	25–36
a) Grundsatz	25–30
b) Miterben	31
c) Qualifizierte Nachfolgeklausel	32, 33
d) Vor-/Nacherbschaft	34
e) Eintrittsklausel	35
f) Vermächtnis	36
3. Gesamtrechtsnachfolge durch Umwandlung	37–39
IV. Veränderung der Gesellschafterstellung	40–43
1. Anteilsübertragung auf Mitgesellschafter	40–42
a) Kommanditist erwirbt weiteren Kommanditanteil	40
b) Komplementär erwirbt Kommanditanteil	41
c) Kommanditist erwirbt Komplementäranteil	42
2. Umwandlung der Gesellschafterstellung	43

I. Bedeutung der Norm

1 Die Haftung des Kommanditisten aus §§ 128, 161 Abs. 2, 171 bezieht sich – sofern mit dem Gläubiger nichts anderes vereinbart ist – auf alle Verbindlichkeiten der Gesellschaft. Dieser Grundsatz wird durch § 173 bestätigt für die Fälle, in denen eine neue Kommanditistenstellung begründet wird. Das kann geschehen durch Aufnahme eines neuen Gesellschafters (s. RdNr. 6), durch Einzel- oder Gesamtrechtsnachfolge in einen schon bestehenden Kommanditanteil (s. RdNr. 10 ff., 25 ff., 37 f.) oder durch Umwandlung der Stellung eines persönlich haftenden Gesellschafters in diejenige eines Kommanditisten (s. RdNr. 43). Ebenso wie in der OHG – dort § 130 – besteht auch in der KG kein Unterschied zwischen Alt- und Neuverbindlichkeiten. Jeder Gesellschafter haftet für alle Verbindlichkeiten. Diese Regel ist gem. §§ 130 Abs. 2, 173 Abs. 2 nicht abdingbar.

II. Gesetzlicher Regelfall

2 **1. Personenhandelsgesellschaft.** Von § 173 wird nur der Eintritt in eine schon bestehende OHG oder KG erfasst (zur BGB-Gesellschaft s. RdNr. 3). Auch der Eintritt in eine aufgelöste, aber noch nicht vollbeendete Gesellschaft fällt darunter.[1] Wird dagegen durch den Beitritt erst eine Gesellschaft gebildet, richtet sich die Altschuldenhaftung der neuen Gesellschaft und damit auch ihrer Gesellschafter nach § 28 und kann gem. § 28 Abs. 2 abbedungen werden. Das gilt für den „Eintritt" in das Geschäft eines Einzelkaufmanns, also die Gründung einer Gesellschaft mit ihm, ebenso wie für die Bildung einer KG unter Beteiligung einer bereits bestehenden Kapital- oder Personengesellschaft, wenn diese ihr Geschäft einbringt (s. § 28 RdNr. 13 ff.; zu der analogen Anwendung des § 28 für die Haftung der aufnehmenden Gesellschaft s. § 28 RdNr. 24 ff.).

---

[1] Staub/*Schilling* RdNr. 1.

Haftung bei Eintritt als Kommanditist 3–8 § 173

Wird eine **Gesellschaft bürgerlichen Rechts** durch Eintragung in das Handelsregister nach 3
§ 105 Abs. 2 zur KG, bleibt es bezüglich der Altverbindlichkeiten iRd Ausschlussfrist der §§ 736 Abs. 2 BGB, 160 HGB bei der grundsätzlich unbeschränkten Haftung der ehemaligen BGB-Gesellschafter und jetzigen Kommanditisten. Im Übrigen ist § 173 anwendbar.[2] Ist die BGB-Gesellschaft vor der Handelsregistereintragung schon als KG aufgetreten, haften die Gesellschafter, die als Kommanditisten vorgesehen waren, nach der bisherigen Rechtsprechung des BGH grundsätzlich nur in dem Umfang, in dem sie auch haften würden, wenn sie damals schon Kommanditisten gewesen wären.[3] Ob daran nach der neueren Rechtsprechung zur unbeschränkten Haftung von BGB-Gesellschaftern[4] festzuhalten ist, erscheint zweifelhaft.

Wenn eine kein Handelsgewerbe betreibende und nicht im Handelsregister eingetragene Gesell- 4
schaft bürgerlichen Rechts mit dem Eintritt eines neuen Gesellschafters als Kommanditist ein **Handelsgewerbe** beginnt und damit gem. §§ 123 Abs. 2, 161 Abs. 2 zur KG wird, ist § 173 auf den Neugesellschafter anwendbar.[5] Das Gleiche gilt, wenn die Gesellschaft zwar kein Handelsgewerbe betreibt, sich aber nach §§ 2 Satz 2, 105 Abs. 2, 161 Abs. 2 als KG in das Handelsregister eintragen lässt. Entsprechendes gilt für Vorgänge aus der Zeit vor der Novellierung der §§ 1 ff. durch das HRefG zum 1. 7. 1998. Auf eine im Handelsregister als KG eingetragene Gesellschaft mit nicht- oder minderkaufmännischem Gewerbe iSd. §§ 1, 4 HGB aF war § 173 ebenfalls anwendbar, wie sich aus § 5 aF ergab.[6]

2. Eintritt. Das Merkmal „Eintritt" in § 173 ist angesichts des Gesetzeszwecks (s. RdNr. 1) weit 5
auszulegen. Darunter fällt sowohl der **originäre Erwerb** einer Gesellschafterstellung durch Begründung eines neuen Kommanditanteils als auch der **derivative Erwerb** durch Rechtsnachfolge oder Umwandlung einer Komplementärbeteiligung in einen Kommanditanteil.[7] Zu den letzteren Fallgruppen s. RdNr. 10 ff., 25 ff., 37 f.

Der Eintritt ieS, also die Aufnahme eines neuen Kommanditisten, vollzieht sich auf der Grundlage 6
eines Aufnahmevertrags. Grundsätzlich sind daran alle Gesellschafter beteiligt. Im Gesellschaftsvertrag kann allerdings auch der persönlich haftende Gesellschafter oder sogar die Gesellschaft selbst zur Aufnahme neuer Kommanditisten bevollmächtigt oder ermächtigt werden.[8] Zum fehlerhaften Beitritt s. § 130 RdNr. 6, § 105 RdNr. 201 f. **Wirksam** wird der Beitritt mit Abschluss des Aufnahmevertrags, es sei denn, darin ist eine aufschiebende Zeitbestimmung oder **Bedingung** enthalten,[9] spätestens aber mit Eintragung in das Handelsregister.[10] Wegen § 176 Abs. 2 ist es ratsam, den Eintritt unter die aufschiebende Bedingung der Handelsregistereintragung zu stellen (s. § 176 RdNr. 33). Zusätzlich kann mit Wirkung nur im Innenverhältnis vereinbart werden, dass der eintretende Kommanditist am Gewinn und Verlust schon von einem früheren Zeitpunkt an beteiligt sein soll.[11] Dem steht § 173 Abs. 2 nicht entgegen.

3. Rechtsfolge. Für die zum Zeitpunkt des Wirksamwerdens seines Eintritts begründeten Gesell- 7
schaftsschulden haftet der Kommanditist gem. § 173 nach Maßgabe der §§ 128, 161 Abs. 2, 171, 172, also ebenso wie für die anschließend begründeten Verbindlichkeiten. Seine persönliche Haftung ist **für Alt- wie für Neuschulden** auf den Betrag der im Handelsregister eingetragenen Haftsumme beschränkt und wird durch Leistung der (Pflicht-)Einlage und – bei höherer Haftsumme – eines darüber hinausgehenden Vermögenswertes in Höhe der Haftsumme ausgeschlossen (s. Erläuterungen zu §§ 171, 172). Auf eine Kenntnis des Kommanditisten von den Altschulden kommt es nicht an.[12] Die Haftung kann gem. § 173 Abs. 2 **nicht ausgeschlossen** werden. Wohl können die Gesellschafter im **Innenverhältnis** vereinbaren, dass der Kommanditist von der Haftung für Altschulden freizustellen ist.[13]

Wird der Eintritt des Kommanditisten erst später in das Handelsregister eingetragen, ohne dass die 8
Wirksamkeit des Eintritts von der Eintragung abhängig gemacht worden ist, haftet der Kommanditist

---

[2] MünchKommHGB/*K. Schmidt* RdNr. 10; s. auch unten RdNr. 43.
[3] BGH Urt. v. 25. 6. 1973 – II ZR 133/70, BGHZ 61, 59, 64 ff. = NJW 1973, 1691, 1693; Urt. v. 13. 6. 1977 – II ZR 232/75, BGHZ 69, 95, 98 ff. = NJW 1977, 1683, 1684 f.; aA *Flume* § 16 IV 5.
[4] BGH Urt. v. 27. 9. 1999 – II ZR 371/98, BGHZ 142, 315 = NJW 1999, 3483; v. 29. 1. 2001 – II ZR 331/00, BGHZ 146, 341 = NJW 2002, 1207; v. 7. 4. 2003 – II ZR 56/02, BGHZ 154, 370 = NJW 2003, 1803.
[5] MünchKommHGB/*K. Schmidt* RdNr. 14.
[6] BGH Urt. v. 6. 7. 1981 – II ZR 38/81, NJW 1982, 45 zu § 130.
[7] MünchKommHGB/*K. Schmidt* RdNr. 3 ff.
[8] BGH Urt. v. 17. 11. 1975 – II ZR 120/74, WM 1976, 15; Urt. v. 14. 11. 1977 – II ZR 95/76, NJW 1978, 1000.
[9] BGH Urt. v. 18. 6. 1979 – II ZR 194/77, WM 1979, 1057, insoweit nicht mit abgedruckt in NJW 1980, 54.
[10] *Koller/Buchholz* DB 1982, 2172, 2174.
[11] Staub/*Schilling* RdNr. 3.
[12] MünchKommHGB/*K. Schmidt* RdNr. 21.
[13] MünchKommHGB/*K. Schmidt* RdNr. 18; *Wiedemann* GesR II § 9 III 6 a.

§ 173 9–11   2. Buch. 2. Abschnitt. Kommanditgesellschaft

für die in der Zeit zwischen seinem Eintritt und der Eintragung begründeten Gesellschaftsverbindlichkeiten nach **§ 176 Abs.** 2 grundsätzlich unbeschränkt, falls nicht seine Stellung als Kommanditist dem Gläubiger bekannt war. Eine Zustimmung des Kommanditisten zur Fortführung der Geschäfte ist nicht erforderlich (s. § 176 RdNr. 13 ff., 35, 31). Auf die vor dem Wirksamwerden des Beitritts begründeten Gesellschaftsschulden ist § 176 Abs. 2 dagegen nicht anwendbar. Insoweit gilt die Haftungsbeschränkung aus § 171 unabhängig von der Eintragung (s. § 176 RdNr. 35).

9   Steht der Eintritt eines Kommanditisten in zeitlichem Zusammenhang mit dem **Austritt** eines anderen, ohne dass im Handelsregister ein Nachfolgevermerk eingetragen wird (s. dazu RdNr. 11), sind beide Vorgänge haftungsrechtlich getrennt zu behandeln. Der ausscheidende Kommanditist haftet für die bis zu seinem Ausscheiden begründeten Gesellschaftsverbindlichkeiten innerhalb der Ausschlussfrist des § 160 weiter nach §§ 128, 161 Abs. 2, 171 f., ein etwaiger Ausschluss der persönlichen Haftung nach § 171 Abs. 1 HS 2 entfällt gem. § 172 Abs. 4 mit Auszahlung des Abfindungsguthabens (s. § 171 RdNr. 80 ff., § 172 RdNr. 38 ff.). Der eintretende Kommanditist haftet **daneben** nach §§ 128, 161 Abs. 2, 171, 172, 173 sowohl für die Alt- als auch für die Neuschulden. Er kann sich nicht mit Erfolg darauf berufen, der ausgeschiedene Gesellschafter habe seine Einlage erbracht.[14] Zum Kommanditistenwechsel im Wege der Rechtsnachfolge s. RdNr. 10 ff.

III. Kommanditistenwechsel

10   **1. Einzelrechtsnachfolge. a) Tatbestand.** Entgegen §§ 719 Abs. 1 BGB, 105 Abs. 3, 161 Abs. 2 kann der Kommanditanteil durch Rechtsgeschäft übertragen werden, wenn der Gesellschaftsvertrag das zulässt oder die Mitgesellschafter zustimmen.[15] Der Erwerber wird **Rechtsnachfolger** des veräußernden Kommanditisten. Darauf ist § 173 über seinen Wortlaut hinaus anwendbar.[16] Wirksam wird der Rechtsübergang mangels abweichender Bestimmung im Übertragungsvertrag mit Abschluss dieses Vertrages, sonst mit Eintritt des darin angegebenen Zeitpunkts oder der vereinbarten Bedingung. Die Übertragung ist entsprechend §§ 107, 143 Abs. 2, 161 Abs. 2, 162 in das **Handelsregister** einzutragen. Ihre Wirksamkeit hängt jedoch von der Eintragung nicht ab. Da der BGH auf dem Standpunkt steht, der Erwerber hafte in der Zeit zwischen Wirksamwerden der Übertragung und Handelsregistereintragung nach § 176 Abs. 2 unbeschränkt (s. § 176 RdNr. 26), empfiehlt es sich, die Übertragung unter die aufschiebende Bedingung der Eintragung zu stellen (s. § 176 RdNr. 34).

11   In der Eintragung muss zum Ausdruck kommen, dass eine Rechtsnachfolge vorliegt (sog. **Nachfolgevermerk**).[17] Andernfalls entsteht nämlich der unzutreffende Eindruck, die Haftungsgrundlage habe sich erweitert, weil ein neuer Kommanditist unabhängig von dem Austritt des alten und von dessen Weiterhaftung für die Altschulden eingetreten sei (zur Haftung bei voneinander unabhängigem Aus- und Eintritt s. RdNr. 9). Der Nachfolgevermerk wird eingetragen, wenn die anmeldenden Gesellschafter (außer dem neuen Kommanditisten, der dazu nichts sagen kann) bei der Anmeldung versichern, dass dem ausgeschiedenen Kommanditisten von Seiten der Gesellschaft eine Abfindung weder gewährt noch versprochen worden ist.[18] Der Nachfolgevermerk kann nach *Wiedemann* etwa wie folgt formuliert werden: „Die Beteiligung des Kommanditisten X ist im Wege der Sonderrechtsnachfolge auf Y übergegangen, der damit Kommanditist geworden ist".[19] Gem. § 162 Abs. 2 in der mit Wirkung zum 25. 1. 2001 in Kraft getretenen Fassung des NaStraG ist die Eintragung des Kommanditistenwechsels nicht mehr bekanntzumachen. Nach der alten Rechtslage musste dagegen

---

[14] RG GrSZ Beschluss v. 30. 9. 1944 – GSE 39/1943, DNotZ 1944, 195, 196 f. = WM 1964, 1130, 1131 f.

[15] RG Beschluss v. 30. 9. 1944 (Fn. 14) S. 198/1132; BGH Urt. v. 28. 4. 1954 – II ZR 8/53, BGHZ 13, 179, 185 f. = NJW 1954, 1155, 1156; Urt. v. 29. 6. 1981 – II ZR 142/80, BGHZ 81, 82, 84 = NJW 1981, 2747; *Wiedemann* Übertragung S. 58 ff.

[16] OLG Rostock Urt. v. 8. 2. 2001 – 1 U 59/99, NJW-RR 2002, 244, 245; MünchKommHGB/*K. Schmidt* RdNr. 3 ff.

[17] RG Beschluss v. 30. 9. 1944 (Fn. 14) S. 199 f./1133; OLG Köln Beschl. v. 4. 2. 2004 – 2 Wx 36/03, NZG 2004, 416, 417 f.; OLG Rostock Urt. v. 8. 2. 2001 (Fn. 16); *K. Schmidt* GmbHR 1981, 253, 254 f.; MünchKommHGB/*K. Schmidt* RdNr. 26 f.; Röhricht/Graf v. Westphalen/*v. Gerkan* Nachtrag zur 2. Aufl. Rdn. 21/2; aA für die Zeit nach Neufassung des § 162 im Jahr 2001 MünchKommHGB/*Krebs* § 15 RdNr. 56.

[18] BGH Urt. v. 19. 9. 2005 – II ZB 11/04, ZIP 2005, 2257; RG Beschluss v. 30. 9. 1944 (Fn. 14) S. 200/1133; *Engler* DB 2005, 483; *Terbrack* Rpfleger 2003, 105; *Eckert* ZHR 147 (1983), 565, 567; *Wiedemann* GesR II § 9 III 5 a, 6 b; Schlegelberger/*Martens* § 162 RdNr. 18; MünchKommHGB/*K. Schmidt* RdNr. 27; Röhricht/Graf von Westphalen/*von Gerkan* § 162 RdNr. 15; aA *Richert* NJW 1958, 1472, 1475; *Jeschke* DB 1983, 541, 542; *Herfs* DB 1991, 1713 Fn. 5; *Waldner* Rpfleger 2002, 156; *Wachter* EWiR § 162 HGB 1/06; MünchKommHGB/*Grunewald* § 162 RdNr. 15; zweifelnd auch Staub/*Schilling* RdNr. 7.

[19] *Wiedemann* GesR II § 9 III 6 b; ähnlich OLG Rostock Urt. v. 8. 2. 2001 (Fn. 16); MünchKommHGB/*K. Schmidt* RdNr. 28.

in der Bekanntmachung entsprechend § 162 Abs. 2, 3 aF die Rechtsnachfolge zum Ausdruck kommen.[20]

Ein Kommanditanteil kann auch nur **teilweise übertragen** werden. Dann gelten insoweit die gleichen Regeln wie bei der Übertragung eines vollen Anteils.[21] Erwerber kann auch ein **Mitgesellschafter** sein, dazu s. RdNr. 40 ff. 12

b) Haftung des Erwerbers. Der Erwerber tritt auf Grund der Rechtsnachfolge in die **Rechtsstellung des Veräußerers** ein, haftet deshalb in demselben Umfang, in dem jener vor der Übertragung gehaftet hat. War die Haftung des Veräußerers durch Leistung an die Gesellschaft gem. § 171 Abs. 1 HS 2 ausgeschlossen oder durch Befriedigung eines Gesellschaftsgläubigers erloschen, gilt das auch für die Haftung des Erwerbers. Ob die von dem Veräußerer eingezahlte Einlage noch vorhanden ist, das von ihm auf den Erwerber umzubuchende Kapitalkonto also noch eine Deckung aufweist, ist für die Haftungsfrage ohne Bedeutung.[22] Hatte der Veräußerer seine Einlage dagegen noch nicht geleistet oder eine entsprechenden Vermögenswert von der Gesellschaft zurückerhalten (§ 172 Abs. 4), haftet der Erwerber persönlich bis zum Betrag der Haftsumme.[23] 13

Der Erwerber kann diese Haftung durch Leistung an die Gesellschaft gem. § 171 Abs. 1 HS 2 ausschließen. Aber auch eine **Leistung des Veräußerers** an die Gesellschaft führt zur **Haftungsbefreiung des Erwerbers,** wenn diese Leistung entweder nach § 267 BGB zur Erfüllung von dessen Einlageschuld bestimmt ist oder wenn sie jedenfalls dazu dienen soll, die eigene Haftung des Veräußerers (s. RdNr. 18 ff.) auszuschließen.[24] Im letzteren Fall ergibt sich die Haftungsbefreiung des Erwerbers aus dem Wesen der Rechtsnachfolge: Der Rechtsnachfolger haftet nicht weiter als sein Vorgänger. 14

Erhält der **Veräußerer** nach der Anteilsübertragung **von der Gesellschaft** eine Leistung, die ihren Rechtsgrund weder in einem von der Gesellschafterstellung zu unterscheidenden, in Leistung und Gegenleistung ausgeglichenen Verkehrsgeschäft (s. dazu § 172 RdNr. 25 ff., 28 ff.) noch in einer nach § 172 Abs. 4, 5 haftungsunschädlichen Gewinnverteilung hat, lebt die **Haftung des Erwerbers** wieder auf. Er muss sich als Rechtsnachfolger des Veräußerers die an diesen erfolgte Leistung im Rahmen des § 172 Abs. 4 zurechnen lassen.[25] Zur daneben bestehenden Haftung des Veräußerers s. RdNr. 18 ff. Im Übrigen haftet der Erwerber gem. § 171 Abs. 1 persönlich, wenn an ihn selbst Gesellschaftsvermögen unter den Voraussetzungen des § 172 Abs. 4 ausgekehrt wird. 15

Für die Haftung des Erwerbers kommt es – abgesehen von der Anwendung des § 176 Abs. 2 (dazu § 176 RdNr. 24 ff.) – nicht auf die Handelsregistereintragung an. Wird der Erwerber **ohne einen Nachfolgevermerk** eingetragen, kommt ihm dennoch eine durch den Veräußerer geschaffene Haftungsbefreiung zugute.[26] Dass die Gesellschaftsgläubiger diese Haftungsbefreiung aus dem Handelsregister nicht erkennen können, ist unschädlich. Ob ein Kommanditist seine persönliche Haftung durch Leistung der Einlage oder auf andere Weise ausgeschlossen hat, ergibt sich auch sonst nicht aus dem Handelsregister (s. auch § 172 RdNr. 4). Eine Leistung der Gesellschaft an den Veräußerer iSd. § 172 Abs. 4 ist – ebenso wie bei Eintragung eines Nachfolgevermerks – auch für den Erwerber haftungsbegründend[27] (zur Haftung des Veräußerers s. RdNr. 18 ff.). Das ergibt sich aus dem Wesen der Rechtsnachfolge. 16

In allen Fällen, in denen neben dem Erwerber auch der Veräußerer haftet (dazu RdNr. 18 ff.), besteht eine **Gesamtschuld.** Grundlage der Haftung ist nämlich der eine übertragene Kommanditanteil.[28] 17

c) Haftung des Veräußerers. aa) Regelfall. War die persönliche Haftung des Veräußerers **vor der Anteilsübertragung ausgeschlossen,** bleibt sie es auch danach. Der Kapitalanteil des ausscheidenden Kommanditisten wird lediglich auf den eintretenden umgebucht. Die Zahlung des Kaufpreises für den Gesellschaftsanteil stellt keine Einlagenrückgewähr iSd. § 174 Abs. 4 dar, weil sie nicht aus dem Gesellschaftsvermögen erfolgt (s. § 172 RdNr. 32 ff.). Den Gesellschaftsgläubigern 18

---

[20] Schlegelberger/*Martens* § 162 RdNr. 19.
[21] Staub/*Schilling* RdNr. 6.
[22] BGH Urt. v. 29. 6. 1981 (Fn. 15) S. 88/2748.
[23] RG Beschluss v. 30. 9. 1944 (Fn. 14) S. 199/1133; BGH Urt. v. 29. 6. 1981 (Fn. 15) S. 84 f./2747.
[24] RG Beschluss v. 30. 9. 1944 (Fn. 14) S. 199/1133; OLG Köln Beschluss v. 9. 4. 1953 – 8 W 11/52, DNotZ 1953, 435; *Michel* ZGR 1993, 118, 133 ff.; zu der letzteren Fallgestaltung s. § 171 RdNr. 81.
[25] Heymann/*Horn* § 172 RdNr. 20; *Michel* ZGR 1993, 118, 126 ff.; aA RGRK-HGB/*Weipert* Anm. 25; *Scholz* in H. P. Westermann RdNr. I 3056.
[26] BGH Urt. v. 29. 6. 1981 (Fn. 15) S. 85 ff./2747 f.; Urt. v. 7. 7. 1986 – II ZR 167/85, WM 1986, 1280; MünchKommHGB/*K. Schmidt* RdNr. 36; Staub/*Schilling* RdNr. 9; aA RGRK-HGB/*Weipert* Anm. 24; einschränkend bei mehr voll gedecktem Kapitalkonto *Eckert* ZHR 147 (1983), 565, 567 ff., 570 f.
[27] Staub/*Schilling* RdNr. 9.
[28] *Richert* NJW 1958, 1472, 1474; *Michel* ZGR 1993, 118, 119.

§ 173   19, 20   2. Buch. 2. Abschnitt. Kommanditgesellschaft

gegenüber kann sich der Veräußerer darauf jedoch nur dann berufen, wenn zeitgleich mit der Eintragung des neuen Kommanditisten ein **Nachfolgevermerk** (s. RdNr. 11) in das Handelsregister eingetragen wird[29] oder dem betreffenden Gläubiger die Rechtsnachfolge zum Zeitpunkt der Eintragung bekannt ist (dazu s. RdNr. 23 f.). Das folgt aus § 15 Abs. 1. Die Eintragung des Nachfolgevermerks ist zwar nicht Tatbestandsvoraussetzung der Haftungsbefreiung des veräußernden Kommanditisten,[30] sie ist aber erforderlich, um die Rechtsscheinhaftung abzuwehren.[31] Zur Haftung bei Fehlen des Nachfolgevermerks s. RdNr. 24. Nach der Neufassung des § 162 durch das NaStraG mit Wirkung zum 25. 1. 2001 ist die Bekanntmachung der Eintragung der Übertragung eines Kommanditanteils nicht mehr erforderlich. Damit kommt bei einer dennoch erfolgten Bekanntmachung § 15 nicht zur Anwendung, wie in § 162 Abs. 2 HS 2 klargestellt ist. Ob im Übrigen – also in Bezug auf die Eintragung – **§ 15** noch anwendbar ist oder ob der Kommanditist ggf. nur nach allgemeinen Rechtsscheingrundsätzen haftet, ist str.[32] Vorzuziehen ist die erstere Meinung. Die Neufassung des § 162 geht zurück auf die Entscheidung des BGH vom 16. 7. 2001,[33] in der die Fähigkeit der BGB-Gesellschaft, Kommanditist zu sein, festgestellt worden ist. Der BGH hat in Bezug auf die Eintragung der Gesellschafter der BGB-Gesellschaft ausgeführt, die Anwendung des § 15 sei insoweit geboten, nicht dagegen genüge die an engere Voraussetzungen gebundene allgemeine Rechtsscheinhaftung.[34] Dass der Gesetzgeber des NaStraG davon abweichen wollte, ist der Gesetzesbegründung nicht zu entnehmen.[35] Dafür besteht auch kein Bedürfnis. Angesichts der mittlerweile eröffneten und noch geplanten Möglichkeiten, die Daten des Handelsregisters auf elektronischem Wege abrufen zu können, verliert die Bekanntmachung ohnehin an Bedeutung.[36]

19 Bestand **vor der Anteilsübertragung** eine **persönliche Haftung** des Veräußerers, weil er die Einlage nicht oder nicht in der erforderlichen Höhe erbracht oder eine Leistung iSd. § 172 Abs. 4 zurückerhalten hatte, so bleibt es dabei auch nach der Anteilsübertragung. Der Kommanditist kann sich einer bestehenden persönlichen Haftung nicht durch eine Anteilsübertragung entziehen. Für die bei Wirksamwerden der Anteilsübertragung begründeten Gesellschaftsverbindlichkeiten haftet er im Rahmen der Ausschlussfrist des § 160 neben dem Anteilserwerber (s. dazu RdNr. 13 ff.) weiter.[37] Für die danach entstandenen Verbindlichkeiten haftet er nur unter den Voraussetzungen des § 15 Abs. 1 (s. RdNr. 18). Von seiner persönlichen Haftung kann sich der Veräußerer durch Leistung eines Vermögenswertes in Höhe der Haftsumme an die Gesellschaft **befreien** (s. § 171 RdNr. 81). Aber auch eine **Leistung des Erwerbers** an die Gesellschaft auf die Einlageschuld oder eine etwa darüber hinausgehende Haftsumme führt dazu, dass die Haftung des Veräußerers erlischt.[38] Denn Grundlage der Haftung ist der eine Kommanditanteil.

20 Gewährt die Gesellschaft nach der Anteilsübertragung eine **Leistung an den Veräußerer,** ist hinsichtlich der Haftung zu unterscheiden: Ist Rechtsgrund ein von dem Gesellschaftsverhältnis zu unterscheidendes Verkehrsgeschäft mit ausgewogenem Leistungs-Gegenleistungs-Verhältnis, lebt die persönliche Haftung des Veräußerers nicht wieder auf (s. § 172 RdNr. 25 ff., 28 ff.). Haftungsunschädlich ist auch die Auszahlung von Gewinn an den Veräußerer, sofern nicht die Voraussetzungen des § 172 Abs. 4 erfüllt sind. In allen anderen Fällen einer Leistung der Gesellschaft an den Veräußerer lebt dagegen dessen Haftung für die zum Zeitpunkt der Anteilsübertragung begründeten Gesellschaftsverbindlichkeiten gem. **§ 172 Abs. 4** wieder auf,[39] begrenzt lediglich durch den Betrag der Haftsumme und die Ausschlussfrist des § 160. Zur daneben bestehenden Haftung des Erwerbers

---

[29] RG Beschluss v. 30. 9. 1944 (Fn. 14) S. 198 ff./1133; BGH Urt. v. 7. 7. 1986 (Fn. 26) S. 1281; *K. Schmidt* GmbHR 1981, 253, 256; *Huber* S. 399 ff.
[30] AA *Huber* ZGR 1984, 146, 156 unter Berufung auf BGH Urt. v. 29. 6. 1981 (Fn. 15) S. 89/2748.
[31] MünchKommHGB/*K. Schmidt* RdNr. 36; *Wiedemann* GesR II § 9 III 6 b aa; *Eckert* ZHR 147 (1983), 565, 571.
[32] Für die Anwendung des § 15: *Wilhelm* DB 2002, 1979, 1982 ff.; *Grunewald* ZGR 2003, 541, 543 ff.; *Paul* MDR 2004, 849; *Burgard*, FS Hadding, 2004, S. 325; Baumbach/*Hopt* § 162 RdNr. 5; Koller/Roth/*Morck* § 162 RdNr. 2; Koller/*Roth*/Morck § 15 RdNr. 19; dagegen: MünchKommHGB/*K. Schmidt* RdNr. 37; *ders.* ZIP 2002, 413, 415, 417 f.; MünchKommHGB/*Krebs* § 15 RdNr. 28 f.; *Terbrack* Rpfleger 2003, 105, 106; *Peters* RNotZ 2002, 425, 438; MünchHdbGesR-II/*Piehler*/Schulte § 35 RdNr. 39.
[33] II ZB 23/00, BGHZ 148, 291 = NJW 2001, 3121; zur Gesetzesgeschichte *Grunewald* ZGR 2003, 541, 542 f.
[34] Fn. 33, S. 296/3122.
[35] BT-Drucks. 14/4051 S. 19.
[36] *Grunewald* ZGR 2003, 541, 546; insoweit zustimmend *K. Schmidt* ZIP 2002, 413, 419; zur digitalen Abfrage von Unternehmensdaten *Noack*, FS Ulmer, 2003, S. 1245.
[37] RG Beschluss v. 30. 9. 1944 (Fn. 14) S. 199/1133; OLG Rostock Urt. v. 8. 2. 2001 – 1 U 59/99, NJW-RR 2002, 244; MünchKommHGB/*K. Schmidt* RdNr. 31.
[38] RG Beschluss v. 30. 9. 1944 (Fn. 14) S. 199/1133.
[39] *Michel* ZGR 1993, 118, 126 ff.; Baumbach in H. P. Westermann RdNr. I 3056; im Grundsatz ebenso, aber ohne die Differenzierungen RG Beschluss v. 30. 9. 1944 (Fn. 14) S. 199/1133; BGH Urt. v. 13. 2. 1967 – II ZR 158/65, BGHZ 47, 149, 154 f. = NJW 1967, 1321; Heymann/*Horn* § 172 RdNr. 20.

s. RdNr. 13 ff.; zur Haftung des Veräußerers bei einer Leistung an ihn zu Lasten des Kapitalkontos des Erwerbers s. RdNr. 21.

Erbringt die Gesellschaft unter den Voraussetzungen des § 172 Abs. 4 nach der Anteilsübertragung 21 eine **Leistung an den Erwerber** oder für seine Rechnung an den Veräußerer oder einen Dritten, so lebt nach **§ 172 Abs. 4** auch die persönliche Haftung des Veräußerers wieder auf, und zwar bezogen auf die zum Zeitpunkt der Anteilsübertragung begründeten Gesellschaftsverbindlichkeiten und begrenzt durch die Haftsumme und die Ausschlussfrist des § 160.[40] Die Altgläubiger sind in ihrem Vertrauen darauf zu schützen, dass ihnen im Falle einer unter § 172 Abs. 4 fallenden Verminderung des Gesellschaftsvermögens diejenigen Personen haften, die bei Begründung der Forderung Gesellschafter waren. Das ist nur dann anders, wenn der Erwerber des Kommanditanteils persönlich haftender Gesellschafter wird[41] oder der Anteil an einen persönlich haftenden Mitgesellschafter veräußert wird (dazu s. RdNr. 41). Wenn dem Erwerber dann die Einlage zurückgezahlt wird, hat das wegen der unbeschränkten persönlichen Haftung auf die den Gesellschaftsgläubigern zur Verfügung stehende Haftungsmasse keine Auswirkung.

Wenn der Veräußerer haftet, steht diese Haftung **gesamtschuldnerisch** neben derjenigen des 22 Erwerbers. Eine Leistung des einen bringt auch die Schuld des anderen zum Erlöschen.[42] Aus dem Übertragungsvertrag ergibt sich die (Neben-)Pflicht des Erwerbers, den Veräußerer von der Haftung freizustellen.[43] Hat der Veräußerer auf Grund der Haftung an den Gläubiger oder zur Abwendung der Haftung an die Gesellschaft geleistet, hat er aus § 812 BGB einen **Erstattungsanspruch** gegen den Erwerber. Der Erwerber ist zwar durch die Leistung des Veräußerers nicht von seiner Einlageschuld gegenüber der Gesellschaft freigeworden,[44] wohl aber von seiner persönlichen Haftung gegenüber den Gesellschaftsgläubigern. Er kann die Ausgleichszahlung an den Veräußerer davon abhängig machen, dass dieser ihm seinen Erstattungs- bzw. Rückgewähranspruch gegen die Gesellschaft (s. § 171 RdNr. 80 f.) abtritt.

bb) Haftung bei Eintragungsfehlern. Die mit der Übertragung des Gesellschaftsanteils ver- 23 bundene Rechtsnachfolge ist unabhängig von der Handelsregistereintragung. Auch wenn nichts in das Handelsregister eingetragen wird oder **nur der Eintritt** des neuen Kommanditisten, bleibt es im Grundsatz dabei, dass der Veräußerer, der zum Zeitpunkt des Wirksamwerdens der Anteilsübertragung seine persönliche Haftung ausgeschlossen hatte, auch danach nicht haftet (s. RdNr. 18). Dieser Grundsatz wird aber durch **§ 15 Abs. 1** weitgehend außer Kraft gesetzt.[45] Gegenüber den Gläubigern, die von der Rechtsnachfolge keine Kenntnis haben, kann sich der ausgeschiedene Kommanditist nicht mit Erfolg auf die Wirkungen der Rechtsnachfolge berufen. Er wird so behandelt, als wäre er noch Kommanditist, und zwar auch gegenüber den Neugläubigern. Da sein Kapitalanteil durch die Anteilsübertragung auf den Erwerber übergegangen ist, fehlt es an einer seine Haftung ausschließenden Vermögenseinlage. Deshalb lebt analog § 172 Abs. 4 seine persönliche Haftung wieder auf.[46] Zum Haftungsausschluss zugunsten des neuen Kommanditisten s. RdNr. 14.

Wird im Falle einer Anteilsübertragung in das Handelsregister **ohne Nachfolgevermerk** unzutref- 24 fend eingetragen, dass Kommanditist A ausgeschieden und Kommanditist B eingetreten sei, liegt dennoch eine Rechtsnachfolge vor.[47] Der veräußernde Kommanditist kann sich darauf aber nur gegenüber denjenigen (Alt-)Gläubigern berufen, die von der Rechtsnachfolge zum Zeitpunkt der Handelsregistereintragung Kenntnis hatten. Ansonsten muss er sich gem. **§ 15 Abs. 1** so behandeln lassen, als wäre er unabhängig von dem Eintritt des neuen Kommanditisten aus der Gesellschaft ausgeschieden.[48] Denn das ist der Eindruck, der durch die falsche Registereintragung vermittelt wird. Die persönliche Haftung des Veräußerers lebt **analog § 172 Abs. 4** wieder auf, weil seine Einlageleistung nach der

---

[40] RG Beschluss v. 30. 9. 1944 (Fn. 14) S. 199/1133; BGH Urt. v. 20. 10. 1975 – II ZR 214/74, NJW 1976, 751, 752; *Wiedemann* Übertragung S. 225; *ders.* GesR II § 9 III 6 b aa; *von Olshausen*, Gedächtnisschrift für Knobbe-Keuk, 1997, S. 247, 268 f.; *Flume* § 17 IV; Staub/*Schilling* RdNr. 8; Heymann/*Horn* § 172 RdNr. 20; aA *K. Schmidt* DB 1973, 703, 709; MünchKommHGB/*K. Schmidt* RdNr. 33; *Michel* ZGR 1993, 118, 120 ff.; *Huber* S. 400; Baumbach/*Hopt* RdNr. 12.
[41] *K. Schmidt* ZGR 1976, 307, 344.
[42] S. RdNr. 17; zur Anwendbarkeit des § 366 BGB bei Anteilsübertragung an einen Mitgesellschafter und Teilerfüllung der Einlageschuld durch diesen OLG Rostock Urt. v. 8. 2. 2001 – 1 U 59/99, NJW-RR 2002, 244, 245 f. = WuB II G. § 171 HGB 1.01 m. krit. Anm. *Ebbing*.
[43] AA offenbar *Eckert* ZHR 147 (1983), 565, 573, der eine Freistellungsklausel empfiehlt.
[44] *Michel* ZGR 1993, 118, 140.
[45] Str., zu der Frage der Anwendbarkeit des § 15 nach der Neufassung des § 162 durch das NaStraG s. RdNr. 18.
[46] BGH Urt. v. 29. 6. 1981 – II ZR 142/80, BGHZ 81, 82, 89 = NJW 1981, 2747, 2748; MünchKommHGB/*K. Schmidt* RdNr. 37 f.; *Huber* ZGR 1984, 146, 158; iE ebenso RG Urt. v. 12. 12. 1939 – VIII 112/39, RGZ 162, 264, 268, wo aber auf die Umbuchung des Kapitalkontos abgestellt wird.
[47] BGH Urt. v. 29. 6. 1981 (Fn. 46) S. 85 ff./2747 f.; s. RdNr. 16.
[48] S. Fn. 45.

Anteilsübertragung allein dem Erwerber zugute kommt (s. RdNr. 21).⁴⁹ Die Haftung bezieht sich nur auf die bei Anteilsübertragung schon begründeten Verbindlichkeiten und ist begrenzt durch die Haftsumme und die Ausschlussfrist des § 160. Von der Haftung befreien kann sich der Veräußerer nur durch Leistung eines entsprechenden Vermögenswerts an die Gesellschaft (s. § 171 RdNr. 81). Zum Freistellungs- und Erstattungsanspruch des Veräußerers gegen den Erwerber s. RdNr. 22.

25 **2. Erbfolge. a) Grundsatz.** Der Kommanditanteil ist, wie sich aus § 177 ergibt, auch ohne Nachfolgeklausel im Gesellschaftsvertrag vererblich, sofern der Vertrag nichts anderes bestimmt.⁵⁰ Nach § 1922 BGB geht mit dem übrigen Vermögen auch die Mitgliedschaft des Erblassers auf den Erben über (zur Frage der Trennung der Gesellschafterstellung vom übrigen Nachlassvermögen s. § 139 RdNr. 114 ff.). Entsprechend dem Gesetzeszweck ist § 173 auch auf diese Rechtsnachfolge anwendbar.⁵¹ Hatte der Erblasser seine persönliche Haftung nach § 171 Abs. 1 HS 2 ausgeschlossen und keine Leistungen iSd. § 172 Abs. 4 zurückerhalten, so haftet auch der Erbe nicht persönlich. Andernfalls haftet er gem. §§ 128, 161 Abs. 2, 171, 172, 173 genauso, wie zuvor der Erblasser gehaftet hatte, also höchstens bis zum Betrag der Haftsumme. Daneben haftet der Erbe für die Schulden des Erblassers auch nach **§§ 1967 BGB, 171 f.**⁵² Die erbrechtliche Haftung erfasst nur die zum Zeitpunkt des Erbfalls begründeten Gesellschaftsverbindlichkeiten, ist durch § 160 zeitlich begrenzt⁵³ und kann gem. §§ 1973 ff. BGB auf den Nachlass beschränkt werden. Dagegen bezieht sich die gesellschaftsrechtliche Haftung nach § 173 sowohl auf Alt- als auch auf Neuschulden und lässt sich nicht nach erbrechtlichen Grundsätzen beschränken.⁵⁴

26 Der für den Erben des Komplementärs geltende **§ 139 Abs. 4** findet auf den Erben des Kommanditisten keine Anwendung.⁵⁵ Der Kommanditisten-Erbe kann eine mit der Erbfolge verbundene persönliche Haftung nur abwehren, indem er entweder die Erbschaft ausschlägt oder nach § 171 Abs. 1 HS 2 einen entsprechenden Vermögenswert an die Gesellschaft leistet. Haftete der Erblasser nur bis zu einem **Teilbetrag der Haftsumme** persönlich, etwa weil er seine Einlage teilweise geleistet hatte, kann der Erbe diese Haftung für die **nach** seiner Handelsregistereintragung entstehenden Gesellschaftsverbindlichkeiten ausschließen, indem er – bei Einverständnis der übrigen Gesellschafter – eine entsprechend geringere Haftsumme eintragen lässt.⁵⁶ Zur Haftung für Schulden aus der Zeit zwischen Erbfall und Handelsregistereintragung s. § 176 RdNr. 25 ff. War die Gesellschaft zum Zeitpunkt des Erbfalls bereits **aufgelöst**, ist § 173 nicht anwendbar. Der Erbe haftet ausschließlich nach erbrechtlichen Grundsätzen.⁵⁷ Zur Haftung des Erben eines Komplementärs, der kraft gesellschaftsvertraglicher Regelung oder Vereinbarung nach § 139 Abs. 1 Kommanditist wird, s. die Erläuterungen zu § 139.

27 Ebenso wie bei der Abtretung eines Kommanditanteils muss auch bei der Rechtsnachfolge kraft Erbrechts ein **Nachfolgevermerk** in das Handelsregister eingetragen werden.⁵⁸ Ansonsten entsteht der falsche Rechtsschein, dass den Altgläubigern der im Handelsregister als ausgeschieden eingetragene Kommanditist innerhalb der Frist des § 160 weiter haftet und daneben der Neukommanditist. Fehlt der Nachfolgevermerk, ändert sich an der Haftung oder Nicht-Haftung des Erben im Rahmen des § 173 nichts. Wohl haftet er nach **§§ 1967 BGB, 15 Abs. 1, 160** – unabhängig von und ggf. zusätzlich zu der Haftung nach § 173 – für die bis zu der Eintragung begründeten Gesellschaftsverbindlichkeiten bis zur Höhe der Haftsumme.⁵⁹ Diese Haftung besteht nicht gegenüber

---

⁴⁹ BGH Urt. v. 29. 6. 1981 (Fn. 46) S. 85 ff./2747 f.; MünchKommHGB/*K. Schmidt* RdNr. 36; iE ebenso RG Urt. v. Urt. v. 12. 12. 1939 (Fn. 46); Staub/*Schilling* RdNr. 9; *Scholz* in H. P. Westermann RdNr. I 3063; einschränkend *Eckert* ZHR 147 (1983), 565, 571 f.; *Herfs* DB 1991, 1713, 1714 (Vertrauensschutz nur für Altgläubiger, die nach der Eintragung noch gehandelt, zB Stundung gewährt oder mögliche Zwangsvollstreckungsmaßnahmen unterlassen haben); weitergehend *Huber* ZGR 1984, 146, 156 f. (keine Rechtsscheinhaftung, sondern erweiternde Auslegung des § 172 Abs. 4); aA RGRK-HGB/*Weipert* Anm. 24.
⁵⁰ *Wiedemann* Übertragung S. 232.
⁵¹ MünchKommHGB/*K. Schmidt* RdNr. 8; Staub/*Schilling* RdNr. 11; krit. Heymann/*Horn* RdNr. 8; aA *Liebisch* ZHR 116 (1954), 128, 160 ff.; Staudinger/*Marotzke* § 1967 RdNr. 62.
⁵² RG Urt. v. 15. 3. 1929 – II B 3/29, RGZ 123, 366, 370; MünchKommHGB/*K. Schmidt* RdNr. 44.
⁵³ Staub/*Schilling* § 159 aF RdNr. 11.
⁵⁴ Lange/*Kuchinke* § 47 VI 2 b; *Wiedemann* Übertragung S. 232, 234; *Herfs* DB 1991, 1713; MünchKommHGB/*K. Schmidt* RdNr. 44; Staub/*Schilling* RdNr. 11.
⁵⁵ AA Staudinger/*Marotzke* § 1967 RdNr. 62; *Adel* DStR 1994, 1580, 1583; ders. ZEV 1994, 183; Heymann/*Horn* RdNr. 8; wie hier die in Fn. 54 Genannten sowie *Scholz* in H. P. Westermann RdNr. I 3074; Baumbach/*Hopt* RdNr. 15; *Crezelius*, Unternehmenserbrecht 1998, RdNr. 305; *Wolf* DB 2003, 1423, 1425.
⁵⁶ *Herfs* DB 1991, 1713.
⁵⁷ BGH Urt. v. 21. 9. 1995 – II ZR 273/93, NJW 1995, 3314.
⁵⁸ RG Beschluss v. 30. 9. 1944 – GSE 39/1943, DNotZ 1944, 195, 198 = WM 1964, 1130, 1132; Staub/*Schilling* RdNr. 11; s. oben RdNr. 11.
⁵⁹ Str., zu der Frage der Anwendbarkeit des § 15 nach der Neufassung des § 162 durch das NaStraG s. RdNr. 18; zur Rechtslage vor der Neufassung: Schlegelberger/*K. Schmidt* RdNr. 44; entsprechend für den Fall der Abtretung des

demjenigen Gläubiger, der den wahren Sachverhalt kennt (§ 15 Abs. 1 aE).[60] Sie kann nach erbrechtlichen Grundsätzen auf den Nachlass beschränkt werden.

Ist das **Ausscheiden** des verstorbenen Kommanditisten überhaupt **nicht eingetragen,** haftet der Erbe unabhängig von § 173 und ggf. zusätzlich zu der dadurch begründeten Haftung sowohl den Alt- als auch den Neugläubigern nach §§ 1967 BGB, 15 Abs. 1 (str., s. RdNr. 18). Ihn als den Rechtsnachfolger des Erblassers treffen die Rechtsfolgen des falschen Rechtsscheins, neben ihm hafte der nicht gelöschte Altkommanditist weiter. Dessen Einlage gilt auf Grund der Rechtsnachfolge analog § 172 Abs. 4 als zurückgewährt, so dass der Erbe sich insoweit nicht mit Erfolg darauf berufen kann, der Erblasser habe seine Einlage geleistet iSd. § 171 Abs. 1 HS 2.[61] 28

War der verstorbene Kommanditist nicht im Handelsregister eingetragen, so haftete er gem. **§ 176 Abs. 2** unbeschränkt. Für den Erben gilt dasselbe.[62] Ansonsten ist § 176 Abs. 2 auf den Erben nicht anwendbar. Auch für die in der Zeit zwischen dem Erbfall und der Handelsregistereintragung begründeten Gesellschaftsverbindlichkeiten haftet der Erbe nur bis zur Höhe der Haftsumme (str., s. § 176 RdNr. 25 ff.). 29

Zu den Eintragungserfordernissen beim Erbfall an einen **Mitgesellschafter** s. RdNr. 40 ff.; zur Haftung bei Erbfolge in den Anteil eines persönlich haftenden Gesellschafters mit **Umwandlung** in einen Kommanditanteil s. RdNr. 43 und § 139 RdNr. 120 ff. 30

b) Miterben. Sind mehrere Erben vorhanden, kann die Trennung von gesellschaftsrechtlicher und erbrechtlicher Haftung praktisch bedeutsam werden: Im Wege der Sondererbfolge werden die Miterben ohne Zwischenschaltung der Erbengemeinschaft Kommanditisten, wobei der vererbte Gesellschaftsanteil entsprechend den Erbquoten unter ihnen aufgeteilt ist.[63] In diesem Umfang – also mit den jeweiligen (Teil-)Haftsummen – treten sie gem. **§ 173** in die haftungsrechtliche Stellung des Erblassers ein. Es gilt das zu RdNr. 25 ff. Gesagte. Daneben haften sie gem. **§§ 1967, 2058 BGB, 171 f.** für die zum Zeitpunkt des Erbfalls begründeten Gesellschaftsverbindlichkeiten als **Gesamtschuldner** in voller Höhe, soweit der Erblasser dafür gehaftet hat.[64] Im Gegensatz zu der weniger weitgehenden Haftung aus § 173 kann die erbrechtliche Haftung nach § 1973 ff. BGB auf den Nachlass beschränkt werden (s. RdNr. 25). Im Handelsregister sind bezüglich aller Miterben **Nachfolgevermerke** einzutragen. Wird das unterlassen, gilt das zu RdNr. 27 Gesagte (s. auch RdNr. 33). Zur Frage der Anwendbarkeit des § 176 Abs. 2 für die Zeit bis zur Handelsregistereintragung s. RdNr. 29. 31

c) Qualifizierte Nachfolgeklausel. Sieht der Gesellschaftsvertrag vor, dass nur ein Teil der Erben die Nachfolge in der Gesellschaft antreten soll (sog. qualifizierte Nachfolgeklausel), werden diese Erben mit dem Erbfall ohne Zwischenschaltung der Erbengemeinschaft und Beteiligung der übrigen Erben neue Kommanditisten.[65] Sofern in der letztwilligen Verfügung oder dem Gesellschaftsvertrag nichts anderes bestimmt ist, teilt sich der vererbte Kommanditanteil unter ihnen im Verhältnis ihrer Erbquoten auf. Bezüglich der Haftung ist die Rechtslage im Grundsatz nicht anders, als wenn alle Erben Gesellschafter geworden wären. Hatte der Erblasser seine persönliche Haftung ausgeschlossen, bleibt es dabei. Ansonsten haften die zur Nachfolge in den Gesellschaftsanteil **berufenen Erben** nach § 173 im Umfang ihrer (Teil-)Haftsummen, und **alle Erben** daneben als Gesamtschuldner nach §§ 1967, 2058 BGB, 171 f. mit der Möglichkeit der Beschränkung auf den Nachlass.[66] 32

In das Handelsregister muss mit **Nachfolgevermerk** (s. RdNr. 11) eingetragen werden, dass und zu welchen Teilen der Kommanditanteil von dem Erblasser auf die neuen Kommanditisten übergegangen ist. Fehlt der Nachfolgevermerk, haften **alle Erben** nach §§ 1967, 2058 BGB, 171, 172, 160, 15 Abs. 1 – außer bei Kenntnis des Gläubigers von der Erbfolge[67] – für die Gesellschaftsschulden, die 33

Kommanditanteils BGH Urt. v. 29. 6. 1981 – II ZR 142/80, BGHZ 81, 82, 84 ff. = NJW 1981, 2747 f.; krit. MünchKommHGB/*Lieb,* 1. Aufl. 1996, § 15 RdNr. 48.

[60] Schlegelberger/*K. Schmidt* RdNr. 44; weitergehend *Herfs* DB 1991, 1713, 1714 (Vertrauensschutz nur für Altgläubiger, die nach der Eintragung noch gehandelt, zB Stundung gewährt oder mögliche Zwangsvollstreckungsmaßnahmen unterlassen haben); ebenso *Eckert* ZHR 147 (1983), 565, 571 f. für den Fall der Abtretung des Kommanditanteils.

[61] *Herfs* DB 1991, 1713, 1714; entsprechend für den Fall der Abtretung des Kommanditanteils BGH Urt. v. 29. 6. 1981 (Fn. 59).

[62] *Herfs* DB 1991, 1713, 1716.

[63] BGH Urt. v. 22. 11. 1956 – II ZR 222/55, BGHZ 22, 186, 191 ff. = NJW 1957, 180; Urt. v. 24. 5. 1976 – II ZR 164/74, WM 1976, 738, 739 (insoweit nicht mit abgedruckt in NJW 1976, 1538); Urt. v. 4. 5. 1983 – IV a ZR 229/81, NJW 1983, 2376, 2377; MünchKommHGB/*K. Schmidt* § 177 RdNr. 16 und Lange/*Kuchinke* § 5 VI B 1, jeweils mwN.

[64] MünchKommHGB/*K. Schmidt* RdNr. 46; Staub/*Schilling* RdNr. 11.

[65] BGH Urt. v. 10. 2. 1977 – II ZR 120/75, BGHZ 68, 225, 237 f. = NJW 1977, 1339, 1342.

[66] MünchKommBGB/*Heldrich* § 2058 RdNr. 15.

[67] Strenger hinsichtlich der Kausalität des Rechtsscheins *Herfs* und *Eckert* (Fn. 60).

§ 173 34–38

zum Zeitpunkt des Erbfalls begründet waren, und zwar in Höhe der Haftsumme, die für den Erblasser eingetragen war.[68] Das gilt auch dann, wenn der Erblasser seine persönliche Haftung nach §§ 171 Abs. 1 HS 2, 172 Abs. 4 ausgeschlossen hatte. Denn der Übergang seines Kapitalanteils auf die berufenen Erben wird analog § 172 Abs. 4 als Einlagenrückgewähr angesehen.[69] Die Haftung ist nach erbrechtlichen Regeln auf den Nachlass beschränkbar. Daneben haften die zur Nachfolge in den Gesellschaftsanteil berufenen Erben nach § 173 gegenständlich unbeschränkbar, sofern der Erblasser seine persönliche Haftung nicht nach §§ 171 Abs. 1 HS 2, 172 Abs. 4 ausgeschlossen hatte. Wird der Anteilsübergang überhaupt nicht in das Handelsregister eingetragen, haften sämtliche Erben nach §§ 1967, 2058 BGB, 171, 172, 15 Abs. 1 sowohl für die Alt- als auch für die Neuschulden ohne zeitliche Begrenzung.[70]

34   **d) Vor-/Nacherbschaft.** Der Vorerbe ist Rechtsnachfolger des Erblassers. Bezüglich seiner Haftung gelten deshalb dieselben Regeln wie für normale Erben (s. RdNr. 25 ff.). Mit Eintritt des Nacherbfalls wird der Nacherbe haftungsrechtlich **Rechtsnachfolger des Vorerben** (s. § 177 RdNr. 11).[71] Die für den normalen Erben geltenden haftungsrechtlichen Regeln kommen in gleicher Weise auf den Nacherben in seinem Verhältnis zum Vorerben zur Anwendung.[72]

35   **e) Eintrittsklausel.** Sieht der Gesellschaftsvertrag vor, dass beim Tod eines Gesellschafters dessen Erben oder ein Teil der Erben oder ein Dritter ein Eintrittsrecht haben sollen, findet in Bezug auf den Gesellschaftsanteil keine Erbfolge statt. Vielmehr wächst der Anteil zunächst gem. §§ 738 Abs. 1 S. 1 BGB, 105 Abs. 3, 161 Abs. 2 den übrigen Gesellschaftern zu. Diese sind verpflichtet, den Eintrittsberechtigten in die Gesellschaft aufzunehmen (s. § 139 RdNr. 38 ff.). Diese Aufnahme ist Eintritt iSd. § 173.[73] Die für den gesetzlichen Regelfall geltenden Haftungsgrundsätze kommen zur Anwendung[74] (s. RdNr. 10 ff.). In das Handelsregister ist ein **Nachfolgevermerk** (s. RdNr. 11) einzutragen.[75] Der eintretende Kommanditist wird jeweils Teilrechtsnachfolger der übrigen Gesellschafter, die ihm ihre Anteile in Höhe der angewachsenen Teile übertragen.

36   **f) Vermächtnis.** Ist der Kommanditanteil Gegenstand eines Vermächtnisses, vollziehen sich zwei Rechtsnachfolgen: Mit dem Erbfall geht die Mitgliedschaft auf den oder die Erben über, sodann wird sie von dem oder den Erben nach §§ **413, 398** BGB auf den Vermächtnisnehmer übertragen.[76] Auf die erste Rechtsnachfolge sind die für den Erbfall allgemein geltenden Haftungsregeln anwendbar (s. RdNr. 25 ff.). Die Haftung des den Anteil erwerbenden Vermächtnisnehmers richtet sich dagegen nach den Regeln, die allgemein für die Anteilsübertragung gelten.[77] In beiden Fällen sind Nachfolgevermerke in das Handelsregister einzutragen.

37   **3. Gesamtrechtsnachfolge durch Umwandlung.** Überträgt der Kommanditist sein Vermögen im Wege der **Verschmelzung** oder der **Vermögensübertragung** auf einen übernehmenden oder neuen Rechtsträger, so wird dieser Rechtsträger im Wege der Gesamtrechtsnachfolge gem. §§ 20 Abs. 1 Nr. 1, 36, 176 Abs. 3, 178 Abs. 2, 180 Abs. 2, 186, 188 Abs. 2 UmwG neuer Kommanditist. Das Gleiche geschieht im Wege der partiellen Gesamtrechtsnachfolge nach §§ 125, 20, 36, 177, 179, 176 Abs. 3, 184 Abs. 2, 189 Abs. 2 UmwG, wenn der Kommanditist einen Teil seines Vermögens, zu dem der Gesellschaftsanteil gehört, im Wege der **Aufspaltung, Abspaltung, Ausgliederung** oder **Teil-Vermögensübertragung** einem übernehmenden oder neuen Rechtsträger überlässt. Auch auf diese Fallgestaltungen ist § 173 anwendbar.[78] Bezüglich der Haftung gilt das zur Erbfolge Gesagte (s. RdNr. 25 ff.).

38   In das Handelsregister ist ein **Nachfolgevermerk** einzutragen.[79] Wird die Rechtsnachfolge nicht oder ohne Nachfolgevermerk eingetragen, ist bezüglich der dann eingreifenden Rechtsscheinhaftung (s. RdNr. 27 f.) zu unterscheiden: Besteht der übertragende Altkommanditist als Rechtssubjekt noch fort – wie etwa bei der Abspaltung –, haftet er ebenso wie der Veräußerer bei der Übertragung des

---

[68] Str., zur Frage der Anwendbarkeit des § 15 nach der Neufassung des § 162 durch das NaStraG s. RdNr. 18; s. auch *Scholz* in H. P. Westermann RdNr. I 3081.
[69] Staub/*Schilling* RdNr. 15; s. RdNr. 28.
[70] IE ebenso *Scholz* Fn. 68.
[71] Zur erbrechtlichen Rechtsnachfolge Lange/*Kuchinke* § 28 I 2.
[72] Staub/*Schilling* RdNr. 11, 15; zur Haftung in einer zweigliedrigen KG *Timmann*, Vor- und Nacherbschaft innerhalb der zweigliedrigen OHG oder KG, 2000, zugl. Diss. Heidelberg 1999, S. 83, 107 ff.
[73] MünchKommHGB/*K. Schmidt* RdNr. 42.
[74] Heymann/*Horn* RdNr. 8 will die Wertung des § 139 Abs. 4 auch auf diesen Fall übertragen, s. dazu oben bei Fn. 54, 55.
[75] Staub/*Schilling* RdNr. 13; Heymann/*Horn* RdNr. 12.
[76] BGH Urt. v. 20. 11. 1975 – III ZR 112/73, WM 1976, 251, 252.
[77] MünchKommHGB/*K. Schmidt* RdNr. 48; s. oben RdNr. 10 ff.
[78] Staub/*Schilling* RdNr. 14.
[79] RG Beschluss v. 30. 9. 1944 (Fn. 58) S. 197 f./1132.

Haftung bei Eintritt als Kommanditist   39–42 § 173

Gesellschaftsanteils (s. RdNr. 18 ff.). Ist er dagegen erloschen – wie etwa bei der Verschmelzung –, geht die Rechtsscheinhaftung auf Grund der Rechtsnachfolge auf den übernehmenden oder neuen Rechtsträger über und tritt dort neben die ggf. aus § 173 bestehende Haftung. Bei der Aufspaltung und der Übertragung des gesamten Vermögens im Wege mehrerer gleichzeitiger Teil-Vermögensübertragungen richtet sich die Rechtsscheinhaftung gegen die übrigen übernehmenden oder neuen Rechtsträger.

Ein **Formwechsel** fällt nicht unter § 173. Es fehlt an einer Rechtsnachfolge. Der Rechtsträger **39** besteht gem. § 202 Abs. 1 Nr. 1 UmwG fort.[80]

IV. Veränderung der Gesellschafterstellung

1. Anteilsübertragung auf Mitgesellschafter. a) Kommanditist erwirbt weiteren Kom- 40 manditanteil. Wird der Kommanditanteil durch Abtretung oder im Wege der Gesamtrechtsnachfolge auf einen der Gesellschaft schon angehörenden Kommanditisten übertragen, ist § 173 entsprechend anwendbar.[81] Der übernehmende Kommanditist haftet ab Wirksamwerden des Anteilsübergangs sowohl für die Alt- als auch für die Neuschulden bis zur Höhe der neuen, durch den Anteilserwerb erhöhten Haftsumme persönlich, sofern diese Haftung nicht nach §§ 171 Abs. 1 HS 2, 172 Abs. 4 ausgeschlossen ist. Der Anteilsübergang ist mit **Nachfolgevermerk** (s. RdNr. 11) in das Handelsregister einzutragen. Für die Haftung des ausscheidenden und des übernehmenden Kommanditisten gelten dieselben Regeln wie bei einer Rechtsnachfolge durch einen gesellschaftsfremden Dritten (s. RdNr. 10 ff., 25 ff.). Zahlt der übernehmende Kommanditist an den übertragenden eine **Vergütung** aus seinem gesellschaftsrechtlich nicht gebundenen Privatvermögen, ist das keine haftungsauslösende Einlagenrückgewähr iSd. § 172 Abs. 4 (s. § 172 RdNr. 32 f.).[82]

b) Komplementär erwirbt Kommanditanteil. Der Kommanditanteil kann im Wege der **41** Einzel- oder Gesamtrechtsnachfolge auf einen persönlich haftenden Gesellschafter der KG übergehen, vereinigt sich dann aber mit dem bisherigen Anteil des Komplementärs zu einem **einheitlichen Anteil**.[83] Für eine entsprechende Anwendung des § 173 besteht kein Bedürfnis. Der übernehmende Gesellschafter haftet ohnehin für alle Gesellschaftsschulden unbeschränkt. Dennoch muss ein **Nachfolgevermerk** in das Handelsregister eingetragen werden.[84] Andernfalls haftet der ausgeschiedene Kommanditist den Altgläubigern unter den Voraussetzungen der §§ 171 Abs. 1, 172 Abs. 4, 160, 15 Abs. 1.[85] Seine Einlage gilt dann auf Grund der Umbuchung auf den erwerbenden Gesellschafter als zurückgewährt iSd. § 172 Abs. 4 (s. RdNr. 24). Erhält der Kommanditist für seinen Anteil eine **Vergütung** aus dem Vermögen des Komplementärs, führt das nicht zu einem Wiederaufleben der Haftung nach § 172 Abs. 4, es sei denn, die Gesellschaft würde sich infolge der Anteilsübertragung in ein **einzelkaufmännisches Unternehmen** umwandeln (s. § 172 RdNr. 32 ff.).

c) Kommanditist erwirbt Komplementäranteil. Erwirbt der Kommanditist den Anteil eines **42** persönlich haftenden Gesellschafters, wird er dadurch selbst zum persönlich haftenden Gesellschafter. Ist dagegen – wie häufig bei Erbfolgen – bestimmt, dass sich die Gesellschafterstellung mit dem Erwerb in die eines **Kommanditisten** umwandeln soll, bleibt der Erwerber Kommanditist mit einem einheitlichen, um den Kapitalanteil seines Rechtsvorgängers erhöhten Kommanditanteil. In entsprechender Anwendung des § 173 haftet er für Alt- und Neuschulden bis zur Höhe der neuen, höheren Haftsumme persönlich, sofern diese Haftung nicht nach §§ 171 Abs. 1, 172 Abs. 4 ausgeschlossen ist.[86] Zu den Voraussetzungen des Haftungsausschlusses bei Umwandlung der Komplementär- in eine Kommanditistenstellung s. RdNr. 43 und § 171 RdNr. 45 ff. Wird das Ausscheiden des bisherigen persönlich haftenden Gesellschafters nicht in das Handelsregister eingetragen, haftet dieser unter den Voraussetzungen des § 15 Abs. 1 weiter (zur Entbehrlichkeit der Bekanntmachung s. RdNr. 18). Ist er von dem Kommanditist **beerbt** worden, trifft diesen die Rechtsscheinhaftung,

---

[80] Schmitt/Hörtnagl/*Stratz* § 190 UmwG RdNr. 5 ff.; *Decher* in Lutter UmwG § 202 RdNr. 10.
[81] Rostock Urt. v. 8. 2. 2001 – 1 U 59/99, NJW-RR 2002, 244, 245; Staub/*Schilling* RdNr. 16.
[82] Zur Anwendung des § 366 bei einer Teilzahlung des übernehmenden Kommanditisten auf die Einlage Rostock Urt. v. 8. 2. 2001 – 1 U 59/99, NJW-RR 2002, 244, 245 f.; *Ebbing* WuB II G. § 171 HGB 1.01.
[83] *BGH* Urt. v. 10. 6. 1963 – II ZR 88/61, BB 1963, 1076; BayObLG Beschluss v. 10. 12. 1982 – BReg. 3 Z 98/82, BB 1983, 334; *Wiedemann* Übertragung S. 72; nach Staub/*Schilling* RdNr. 17 soll das keine Rechtsnachfolge sein.
[84] *Wolfsteiner* BB 1985, 1217; *Jahnke* BB 1986, 757; MünchKommHGB/*K. Schmidt* RdNr. 27 aE; aA BayObLG Beschluss v. 10. 12. 1982 (Fn. 83); OLG Köln Beschluss v. 24. 6. 1992 – 2 Wx 43/91, NJW-RR 1992, 1389; Staub/*Schilling* RdNr. 17; Heymann/*Horn* RdNr. 14; Röhricht/Graf von Westphalen/*von Gerkan* RdNr. 34.
[85] Str., zu der Frage der Anwendbarkeit des § 15 nach der Neufassung des § 162 durch das NaStraG s. RdNr. 18.
[86] IE ebenso (ohne Anwendung des § 173) Staub/*Schilling* RdNr. 20; Röhricht/Graf von Westphalen/*von Gerkan* RdNr. 36.

allerdings beschränkbar auf den Nachlass. Dagegen ist § 176 Abs. 2 nicht anwendbar (str., s. § 176 RdNr. 25 ff.).

43 **2. Umwandlung der Gesellschafterstellung.** Wird die Stellung eines **persönlich haftenden Gesellschafters** in die eines **Kommanditisten** umgewandelt, findet § 173 entsprechende Anwendung.[87] Im Rahmen der Ausschlussfrist des § 160 haftet der Gesellschafter für die zum Zeitpunkt der Eintragung in das Handelsregister bestehenden Gesellschaftsschulden unbeschränkt. Im Übrigen – also auch nach Ablauf der Frist – haftet er für Alt- und Neuschulden bis zur Höhe der Haftsumme. Zu der Haftungsbefreiung nach § 171 Abs. 1 HS 2 s. § 171 RdNr. 45 ff. Auf die Umwandlung ist § 176 Abs. 2 nicht anwendbar, wohl § 15 Abs. 1, 2 S. 1 (s. § 176 RdNr. 29). Die Umwandlung der Stellung eines **Kommanditisten** in die eines **persönlich haftenden Gesellschafters** begründet eine unbeschränkbare Haftung nach § 130 (s. § 130 RdNr. 5).

§ 174 [Herabsetzung der Einlage]

Eine Herabsetzung der Einlage eines Kommanditisten ist, solange sie nicht in das Handelsregister des Gerichts, in dessen Bezirke die Gesellschaft ihren Sitz hat, eingetragen ist, den Gläubigern gegenüber unwirksam; Gläubiger, deren Forderungen zur Zeit der Eintragung begründet waren, brauchen die Herabsetzung nicht gegen sich gelten zu lassen.

I. Anwendungsbereich

1 Systematisch gehört § 174 zu § 172 Abs. 2. In beiden Vorschriften geht es um die **Haftsumme** und nicht um die **(Pflicht-)Einlage** (zur Terminologie s. § 171 RdNr. 5 ff.). In § 172 Abs. 2 sind die Wirkungen einer Erhöhung der Haftsumme geregelt, in § 174 die einer Herabsetzung. Von der Änderung der Haftsumme zu unterscheiden ist die Änderung der (Pflicht-)Einlage. Beides setzt eine Änderung des Gesellschaftsvertrags voraus. Die Änderung der (Pflicht-)Einlage betrifft aber nur das Gesellschafts-Innenverhältnis und ist deshalb ohne Handelsregistereintragung wirksam. Allerdings wird eine Änderung der Einlage im Regelfall dahin auszulegen sein, dass auch die Haftsumme entsprechend verändert werden soll.[1] Von § 174 nicht erfasst wird das **Ausscheiden** eines Gesellschafters und die **Anteilsübertragung** (s. dazu § 171 RdNr. 80 ff., 107 ff. sowie die Erläuterungen zu § 173). Das gilt auch für die Teilveräußerung des Gesellschaftsanteils. Dadurch wird die Haftsumme nicht herabgesetzt, sondern nur anders verteilt.[2]

II. Haftung des Kommanditisten

2 Ebenso wie die Erhöhung der Haftsumme nach § 172 Abs. 2 wird auch die Herabsetzung erst mit der Handelsregistereintragung wirksam. Bis zum **Tag der Eintragung** ist für die Haftung nach §§ 128, 161 Abs. 2, 171 die alte Haftsumme maßgebend, ab dann die neue. Durch § 174 HS 2 wird klargestellt, dass sich an der Haftung für die vor der Eintragung begründeten Verbindlichkeiten nichts ändert. Insoweit bleibt die alte Haftsumme maßgebend. Da § 174 keine Vertrauensschutznorm ist, werden davon nicht nur rechtsgeschäftlich begründete Forderungen erfasst, sondern auch solche aus **gesetzlichen Schuldverhältnissen**.[3]

3 Der im Handelsregister nicht eingetragene Kommanditist haftet gem. § 176 denjenigen Gläubigern, die seine Beteiligung als Kommanditist kannten, nur in Höhe der vereinbarten Haftsumme. Diese gesetzgeberische Wertung ist im Wege der teleologischen Reduktion auf § 174 zu übertragen. Der Kommanditist haftet danach schon **vor der Eintragung** nur in Höhe der herabgesetzten Haftsumme gegenüber solchen Gläubigern, denen die Herabsetzung bei Begründung ihrer Forderung **bekannt** war.[4] Nach §§ 175 S. 2, 162 Abs. 2 in der ab dem 25. 1. 2001 geltenden Fassung wird die Eintragung einer Veränderung der Einlage nicht mehr bekanntgemacht. Gem. § 162 Abs. 2 HS. 2 ist deshalb insoweit auch § 15 nicht mehr anwendbar.[5] Nach der alten Fassung der §§ 175 S. 2, 162 Abs. 2 war dagegen die Bekanntmachung der Eintragung einer Herabsetzung der Haftsumme erforderlich und auch für den Haftungsumfang bedeutsam. War nämlich die Herabsetzung der

---

[87] Staub/*Schilling* RdNr. 18.
[1] BGH Urt. v. 28. 3. 1977 – II ZR 230/75, NJW 1977, 1820.
[2] Staub/*Schilling* RdNr. 2.
[3] MünchKommHGB/*K. Schmidt* RdNr. 16 f.
[4] MünchKommHGB/*K. Schmidt* RdNr. 17.
[5] Zur Anwendbarkeit des § 15 im Übrigen s. § 173 RdNr. 18.

Haftsumme zwar eingetragen, aber noch nicht bekanntgemacht, so galt § 15 Abs. 1. Der Kommanditist haftete bis zur Höhe der alten Haftsumme, es sei denn, dem betreffenden Gläubiger war die Herabsetzung bekannt (wegen der Einzelheiten s. die Erläuterungen zu § 15). In den ersten fünfzehn Tagen nach der Bekanntmachung galt § 15 Abs. 2.

Mit der Eintragung der Haftsummenherabsetzung beginnt analog § 160 eine fünfjährige **Ausschlussfrist** bezüglich der Altverbindlichkeiten, für die der Kommanditist noch in Höhe der alten Haftsumme haftet.[6] Der Ausschluss bezieht sich allerdings nur auf den Teil der jeweiligen Forderung, der die neue Haftsumme übersteigt. Im Übrigen gelten die allgemeinen Verjährungsregeln. 4

§ 175 [Anmeldung der Änderung einer Einlage]

[1] Die Erhöhung sowie die Herabsetzung einer Einlage ist durch die sämtlichen Gesellschafter zur Eintragung in das Handelsregister anzumelden. [2] § 162 Abs. 2 gilt entsprechend. [3] Auf die Eintragung in das Handelsregister des Sitzes der Gesellschaft finden die Vorschriften des § 14 keine Anwendung.

Gemäß § 162 Abs. 1, 3 ist die für den jeweiligen Kommanditisten geltende Haftsumme in das Handelsregister einzutragen. Diese Vorschrift wird ergänzt durch § 175, der die Eintragung einer Erhöhung oder Herabsetzung der Haftsumme regelt. Es geht nur um die Haftsumme und nicht um die (Pflicht-)Einlage (zur Terminologie s. § 171 RdNr. 5 ff.). Die Änderung der Haftsumme ist nach § 175 eine in das Handelsregister **einzutragende Tatsache**. Nach §§ 175 S. 2, 162 Abs. 2 in der mit Wirkung vom 25. 1. 2001 geltenden Neufassung durch das NaStraG ist § 15 nicht mehr anwendbar, soweit es um die Wirkungen einer Bekanntmachung geht (s. Rdn. 3). Im Übrigen kommt § 15 weiter zur Anwendung.[1] Voraussetzung für die Änderung der Haftsumme ist eine Änderung des Gesellschaftsvertrags. Ändern die Gesellschafter nur die (Pflicht-)Einlage, ist im Zweifel anzunehmen, dass sie auch die Haftsumme ändern wollen (s. § 174 RdNr. 1). Während die Änderung der (Pflicht-)Einlage sofort wirksam werden kann, ist für die Änderung der Haftsumme die Handelsregistereintragung **konstitutiv**, wie sich aus §§ 172 Abs. 2 (Erhöhung der Haftsumme) und § 174 (Herabsetzung der Haftsumme) ergibt. Ein von dem Tag der Eintragung abweichender Wirksamkeitszeitpunkt kann nicht eingetragen werden.[2] 1

Die Anmeldung muss – was sich auch schon aus § 108 Abs. 1, 161 Abs. 2 ergibt – **von allen Gesellschaftern** bewirkt werden. Dabei können sie sich vertreten lassen, etwa durch den Notar oder einen Mitgesellschafter.[3] Aufgrund des Gesellschaftsvertrags sind sie einander zur Mitwirkung bei der Anmeldung verpflichtet. Im Weigerungsfall kann die Verpflichtung eingeklagt werden mit der Folge des § 16.[4] Dagegen besteht gem. § 175 S. 3 **keine registerrechtliche Pflicht** zur Anmeldung. Deshalb kann das Registergericht auch nicht die Vorlage der bei Zweigniederlassungen nach § 13 c Abs. 1, 4 erforderlichen Schriftstücke erzwingen.[5] Kommen die Gesellschafter einer entsprechenden Aufforderung nicht freiwillig nach, wird ihr Eintragungsantrag zurückgewiesen. 2

Nach §§ 175 S. 2, 162 Abs. 2 in der ab dem 25. 1. 2001 geltenden Fassung des NaStraG wird die Änderung der Haftsumme **nicht mehr bekanntgemacht**. Nach der alten Fassung des § 175 S. 2 erfolgte zwar eine Bekanntmachung. Dabei wurde auf die Änderung der Haftsumme hingewiesen. Der Name des betroffenen Kommanditisten und die neue Höhe der Haftsumme wurden aber nicht mitgeteilt. 3

Wegen der Wirkungen der Eintragung s. § 172 RdNr. 9 ff., § 174 RdNr. 2 ff. 4

§ 176 [Haftung vor Eintragung]

(1) [1] Hat die Gesellschaft ihre Geschäfte begonnen, bevor sie in das Handelsregister des Gerichts, in dessen Bezirke sie ihren Sitz hat, eingetragen ist, so haftet jeder Kommanditist, der dem Geschäftsbeginne zugestimmt hat, für die bis zur Eintragung begründeten Verbindlichkeiten der Gesellschaft gleich einem persönlich haftenden Gesellschafter, es sei

---

[6] Staub/*Schilling* RdNr. 3.
[1] Str., s. § 173 RdNr. 18.
[2] MünchKommHGB/*K. Schmidt* RdNr. 10.
[3] Einschränkend (nicht allgemein im Gesellschaftsvertrag) Staub/*Fischer* § 108 RdNr. 5; offengelassen von LG Berlin Beschluss v. 9. 10. 1974 – 98 T 16/74, BB 1975, 250.
[4] MünchKommHGB/*K. Schmidt* RdNr. 9.
[5] AA MünchKommHGB/*K. Schmidt* RdNr. 13.

denn, daß seine Beteiligung als Kommanditist dem Gläubiger bekannt war. ²Diese Vorschrift kommt nicht zur Anwendung, soweit sich aus § 2 oder § 105 Abs. 2 ein anderes ergibt.

(2) Tritt ein Kommanditist in eine bestehende Handelsgesellschaft ein, so findet die Vorschrift des Absatzes 1 Satz 1 für die in der Zeit zwischen seinem Eintritt und dessen Eintragung in das Handelsregister begründeten Verbindlichkeiten der Gesellschaft entsprechende Anwendung.

Schrifttum: S. die Angaben vor § 171; außerdem: *Beyerle*, Der unbeschränkt haftende Kommanditist – Ein Beitrag zur Rechtsposition des nicht eingetragenen Kommanditisten, 1976; *Crezelius*, Zur Stellung des § 176 HGB im Handels- und Gesellschaftsrecht, BB 1983, 5; *Emmel*, Die Haftung des nicht eingetragenen Kommanditisten unter besonderer Berücksichtigung von gesetzlichen Verbindlichkeiten der KG, Diss. Mainz 1982; *Dauner-Lieb*, Die Kommanditistenhaftung vor Eintragung (§ 176 Abs. 1 HGB) – Ansätze zu einer Neuorientierung –, FS Lutter, 2000, 835; *Herfs*, Haftung des Erben als Nachfolger eines Kommanditisten, DB 1991, 1713; *Hofmann*, Die Haftung des Kommanditisten aus § 176 HGB bei der GmbH & Co. KG, GmbHR 1970, 182; *Huber*, Haftungsprobleme der GmbH & Co. KG im Gründungsstadium, FS Hefermehl, 1976, S. 127; *Knobbe-Keuk*, Die unbeschränkte Kommanditistenhaftung nach § 176 HGB – Schein und Wirklichkeit, FS Stimpel, 1985, S. 185; *Lieb*, Der unbeschränkt haftende Kommanditist, ZHR 141 (1977), 374; *Limbach*, Die Haftung des Kommanditisten einer GmbH & Co. KG vor der Eintragung, GmbHR 1967, 165; *Mayer-Maly*, Die Umwandlung der Gesellschafterstellung, FS H. Westermann, 1974, S. 369; *Priester*, Unbeschränkte Kommanditistenhaftung bei Firmenänderung – Zum Anwendungsbereich von § 176 HGB, BB 1980, 911; *Riegger*, Zur Haftung des Kommanditisten vor der Eintragung ins Handelsregister, BB 1979, 1380; *K. Schmidt*, Anwendungsgrenzen des § 176 Abs. 2, ZHR 144 (1980), 192; *ders.*, Was wird aus der unbeschränkten Kommanditistenhaftung nach § 176 HGB? – Auslegung, Vertragsgestaltung und Gesetzgebung vor einer haftungsrechtlichen Neubesinnung –, GmbHR 2002, 341; *Wagner*, Neue Haftungsrisiken für Kommanditisten einer kleingewerblichen KG vor Eintragung, NJW 2001, 1110.

Übersicht

	RdNr.		RdNr.
I. Bedeutung der Norm	1	c) Wirkung der Eintragung	19–21
II. Haftung vor Eintragung der Gesellschaft (Abs. 1)	2–23	3. Haftung bei Gründung einer GmbH & Co. KG	22, 23
1. Tatbestand	2–12	III. Haftung bei Eintritt (Abs. 2)	24–35
a) Kommanditgesellschaft	2–6	1. Tatbestand	24–34
b) Firmenänderung	7	a) Eintritt in Handelsgesellschaft	24–30
c) Nichteintragung	8	b) Keine Zustimmung zum Geschäftsbetrieb	31
d) Geschäftsbeginn	9	c) Nichtkenntnis des Gläubigers	32
e) Zustimmung des Kommanditisten	10	d) Möglichkeiten der Haftungsbeschränkung	33, 34
f) Nichtkenntnis des Gläubigers	11, 12	2. Rechtsfolge	35
2. Rechtsfolge	13–21		
a) Unbeschränkte Haftung	13–16		
b) Beschränkte Haftung	17, 18		

I. Bedeutung der Norm

1 Eine KG entsteht nicht erst mit ihrer Eintragung in das Handelsregister, sondern gem. §§ 123 Abs. 2, 161 Abs. 2 auch schon mit dem Beginn ihrer **Geschäftstätigkeit,** sofern es sich dabei um ein Handelsgewerbe iSd. § 1 Abs. 2 oder um die Fortführung eines übernommenen, im Handelsregister bereits eingetragenen Unternehmens (s. RdNr. 6) handelt.¹ In der Zeitspanne bis zu der Handelsregistereintragung sind die Haftungsverhältnisse für die Gläubiger häufig nicht durchschaubar. Das Gleiche gilt, wenn ein Dritter in eine bestehende Handelsgesellschaft **eintritt,** für die Zeit bis zu der Eintragung des Beitritts. Um die am Rechts- und Geschäftsverkehr Beteiligten zu schützen, ordnet § 176 deshalb an, dass der Kommanditist bis zur Eintragung der Gesellschaft oder seines Beitritts grundsätzlich wie ein persönlich haftender Gesellschafter unbeschränkt für die Gesellschaftsschulden haftet. Diese Haftungsverschärfung im Verhältnis zu der Regel des § 171² soll nach hM dem **abstrakten Vertrauensschutz** dienen.³ Der Rechtsverkehr soll ganz allgemein darauf vertrauen dürfen, dass in einer Personenhandelsgesellschaft der einzelne Gesellschafter nur bei entsprechen-

---
¹ Einschränkend *Beyerle* S. 61 ff. (Vor-KG); dazu krit. *Lieb* ZHR 141 (1977), 374, 376.
² BGH Urt. v. 4. 3. 1976 – II ZR 145/75, BGHZ 66, 98, 101 = NJW 1976, 848, 849; Urt. v. 13. 6. 1977 – II ZR 232/75, BGHZ 69, 95, 100 = NJW 1977, 1683, 1684; anders *Flume* § 16 IV 7, *Crezelius* BB 1983, 5, 8 ff. und *Mülbert* AcP 199 (1999), 38, 96 ff. (§ 176 als Regel und § 171 als Ausnahme); krit. auch *Knobbe-Keuk*, FS Stimpel, 1985, S. 185, 194 ff.
³ BGH Urt. v. 4. 3. 1976 (Fn. 2); Urt. v. 28. 10. 1981 – II ZR 129/80, BGHZ 82, 209, 213, 215 = NJW 1982, 883, 884, 885; BAG Urt. v. 24. 8. 1979 – 3 AZR 981/78, NJW 1980, 1071; *Priester* BB 1980, 911; *Limbach* GmbHR 1967, 165; *K. Schmidt* GesR § 55 I 1 b; aA *Knobbe-Keuk* (Fn. 2) und *Wiedemann* GesR II § 9 III 7 a, jeweils auch mit Darstellung der Gesetzesgeschichte.

der **Publizität** durch das Handelsregister beschränkt haftet.[4] Ein tatsächliches Vertrauen des Gläubigers ist nicht erforderlich. Auf § 176 kann sich nach Abs. 1 S. 1 aE nur derjenige nicht berufen, der bei Begründung der Verbindlichkeit positiv gewusst hat, dass der später in Anspruch Genommene nur Kommanditist ist (s. RdNr. 11). Insoweit wirkt die Norm mittlerweile als Privilegierung der nicht eingetragenen KG gegenüber der BGB-Gesellschaft, bei der die Gesellschafter auch bei positiver Kenntnis des Gläubigers von einer beabsichtigten Haftungsbeschränkung nach der neueren Rechtsprechung des BGH[5] grundsätzlich unbeschränkt haften. Damit entsteht eine vom Gesetzgeber nicht beabsichtigte Umkehrung der Haftungsverhältnisse. Gesellschaften, die kein Handelsgewerbe betreiben, aber dennoch den Status einer KG anstreben, sind vor ihrer Eintragung im Handelsregister BGB-Gesellschaften.[6] Ihre Gesellschafter haften also auch dann unbeschränkt, wenn sie als Kommanditisten vorgesehen sind und der Gläubiger davon positive Kenntnis hat. Der Kommanditist einer nicht eingetragenen, als KG gegründeten Gesellschaft, die ein Handelsgewerbe nach § 1 Abs. 2 betreibt und deshalb gem. §§ 105 Abs. 1, 123 Abs. 2, 161 Abs. 2 bereits mit dem Geschäftsbeginn eine KG ist, kann sich dagegen auf den Haftungsausschluss nach § 176 Abs. 1 S. 1 aE – Kenntnis des Gläubigers – iVm. § 171 berufen. Deshalb mehren sich Stimmen in der Literatur, die Haftungsbeschränkung nach § 176 Abs. 1 S. 1 aE de lege lata oder jedenfalls de lege ferenda auch auf solche BGB-Gesellschaften zu übertragen, die kein Handelsgewerbe betreiben, aber eine Eintragung in das Handelsregister als KG beantragt haben.[7] Jedenfalls setzt § 176 eine Veranlassung durch den Gesellschafter voraus. Sie liegt bei Abs. 1 in der Zustimmung zu dem Geschäftsbeginn, bei Abs. 2 in dem Beitritt (s. RdNr. 10, 31). Neben dem bislang im Vordergrund gesehenen Vertrauensschutz hat § 176 auch die Wirkung, **mittelbaren Druck** auf die Gesellschafter auszuüben, die Gesellschaft oder den Beitritt rasch zum **Handelsregister** anzumelden.[8]

II. Haftung vor Eintragung der Gesellschaft (Abs. 1)

1. Tatbestand. a) Kommanditgesellschaft. Nur auf eine KG ist § 176 anwendbar. Ein **Gesellschaftsvertrag** muss abgeschlossen worden sein. Der einzelne Kommanditist braucht daran nicht beteiligt gewesen zu sein. Es genügt, wenn er der Gesellschaft vor der Eintragung beigetreten ist.[9] Auf den Beitritt nach Eintragung ist § 176 Abs. 2 anwendbar. Der Gesellschaftsvertrag muss die Merkmale des § 161 Abs. 1 erfüllen, damit eine KG zustandekommt. Daraus folgt, dass ein **Handelsgewerbe** iSd. § 1 Abs. 2 bezweckt sein muss. Ein Unternehmen, das einen in kaufmännischer Weise eingerichteten Geschäftsbetrieb nicht erfordert, oder ein Betrieb der Land- oder Forstwirtschaft iSd. § 3 reicht nicht aus.[10] Das wird klargestellt durch **§ 176 Abs. 1 S. 2**. Nach dem durch das HRefG außer Kraft gesetzten § 4 Abs. 2 genügte auch nicht ein nur minderkaufmännisches Gewerbe.[11]

Werden mehrere Personen unter einer Firma tätig, ohne dass ein Gesellschaftsvertrag abgeschlossen worden ist, liegt eine **Scheingesellschaft** vor. Darauf ist § 176 nicht anwendbar.[12] Wohl können die Scheingesellschafter nach allgemeinen Rechtsscheingrundsätzen haften.

Ist ein Gesellschaftsvertrag geschlossen, betreibt die Gesellschaft aber kein Handelsgewerbe iSd. § 1 Abs. 2, sondern ein Kleingewerbe iSd. § 2, ein land- oder forstwirtschaftliches Unternehmen iSd. § 3 Abs. 2 oder verwaltet sie nur eigenes Vermögen, entsteht eine KG gem. §§ 105 Abs. 2, 161 Abs. 2 erst mit der Eintragung in das Handelsregister. Bis dahin existiert nur eine **Gesellschaft**

---

[4] BGH Urt. v. 28. 10. 1981 (Fn. 3) S. 213/884.
[5] BGH Urt. v. 27. 9. 1999 – II ZR 371/98, BGHZ 142, 315 = NJW 1999, 3483; v. 29. 1. 2001 – II ZR 331/00, BGHZ 146, 341 = NJW 2001, 1056; v. 7. 4. 2003 – II ZR 56/02, BGHZ 154, 370 = NJW 2003, 1803; Urt. v. 12. 12. 2005 – II ZR 283/03, NJW 2006, 765; MünchKommBGB/*Ulmer* § 714 RdNr. 23 ff.
[6] BGH Urt. v. 13. 7. 1972 – II ZR 111/70, BGHZ 59, 179, 181, 184 = NJW 1972, 1660, 1661; Urt. v. 13. 6. 1977 (Fn. 2) S. 97/1684; Urt. v. 16. 3. 1983 – VIII ZR 346/81, NJW 1983, 1905, 1907; *Wiedemann* GesR II § 9 III 7 b.
[7] *Dauner-Lieb*, FS Lutter, 2000, S. 835, 839, 845 f.; *K. Schmidt* GmbHR 2002, 341, 347; *ders.* GesR § 55 I 2 a; *Wertenbruch* in H. P. Westermann RdNr. I 3104; *Wagner* NJW 2001, 1110; iE ebenso *Armbrüster* ZGR 2005, 34, 60 f.; aA *Wiedemann* GesR II § 9 7 b; *Baumbach/Hopt* RdNr. 6; *Jacobs* DB 2005, 2227, 2232; *Clauss/Fleckner* WM 2003, 1790; MünchHdbGesR II/*Gummert* § 18 RdNr. 93 f.; *Koller/Roth/Morck* RdNr. 6.
[8] *K. Schmidt* GmbHR 2002, 341, 344; *Wertenbruch* in H. P. Westermann RdNr. I 3102; weitergehend RG Urt. v. 4. 3. 1930 – II 207/29, RGZ 128, 172, 181 („zivilrechtliche Strafe" als Hauptzweck); *Kornblum* S. 250 („Sanktionscharakter"); *Wiedemann* GesR II § 9 III 7 a.
[9] *Heymann/Horn* RdNr. 2; aA (§ 176 Abs. 2) wohl Staub/*Schilling* RdNr. 23.
[10] BGH Urt. v. 13. 7. 1972 – II ZR 111/70, BGHZ 59, 179, 181 = NJW 1972, 1660, 1661; Urt. v. 25. 6. 1973 – II ZR 133/70, BGHZ 61, 59, 65 f. = NJW 1973, 1691, 1693; Urt. v. 11. 12. 1978 – II ZR 235/77, BGHZ 73, 217, 220 = NJW 1979, 1361 (jeweils zu § 2 idF vor Inkrafttreten des HRefG am 1. 7. 1998); *Wiedemann* GesR II § 9 III 7 b; *Hueck* G. GesR § 18 VI 3 e; aA *Dauner-Lieb*, FS Lutter, 2000, S. 835, 846; *K. Schmidt* GmbHR 2002, 341, 346 f.
[11] Schlegelberger/*K.* RdNr. 3.
[12] BGH Urt. v. 22. 5. 1978 – II ZR 160/77, WM 1978, 1151; aA MünchKommHGB/*K. Schmidt* RdNr. 7; Röhricht/Graf von Westphalen/*von Gerkan* RdNr. 8.

bürgerlichen Rechts (s. Fn. 6). Auf sie ist § 176 Abs. 1 S. 1 nicht anwendbar, schon weil es an dem Tatbestandsmerkmal „Kommanditist" fehlt, im Übrigen auch kraft der Regelung des § 176 Abs. 1 S. 2. Die Gesellschafter haften nach den Regeln der BGB-Gesellschaft. Aufgrund der Änderung der Rechtsprechung des BGH zur dieser Haftung – grundsätzlich persönliche und unbeschränkte Haftung für die Gesellschaftsschulden (s. Fn. 5) – sind die Gesellschafter einer solchen „Kann-KG" gegenüber den Kommanditisten einer schon bestehenden, aber noch nicht eingetragenen „Muss-KG" benachteiligt, weil für sie die Haftungsbeschränkung des § 176 Abs. 1 S. 1 aE bei Kenntnis des Gläubigers nicht gilt (s. RdNr. 1). Es bleibt abzuwarten, ob sich die im Schrifttum vertretene Meinung durchsetzt, die Haftungsausnahme des § 176 Abs. 1 S. 1 aE sei entgegen dem Wortlaut des § 176 Abs. 1 S. 2 auch auf die als Kommanditisten vorgesehenen Gesellschafter der „Kann-KG" nach Stellung des Eintragungsantrags anwendbar (s. Fn. 7). Tritt eine solche Gesellschaft im Rechtsverkehr schon als KG auf, bleibt es bei der Haftung der Gesellschafter dieser **Schein-KG** nach den Regeln der BGB-Gesellschaft.[13] Der BGH hat demgegenüber angenommen, die Gesellschafter, die mit dem Auftreten der Schein-KG einverstanden gewesen seien, hafteten für die Gesellschaftsverbindlichkeiten so, als wäre die Gesellschaft tatsächlich eine KG. Das wiederum könne sie bei Fehlen eines Handelsgewerbes (damals noch: Grundhandelsgewerbes) nur sein, wenn sie im Handelsregister eingetragen sei. Folglich hafteten die als Kommanditisten vorgesehenen Gesellschafter wie Kommanditisten einer eingetragenen KG. Ihre Haftung sei beschränkt auf den Betrag der vereinbarten Haftsumme.[14] Daneben sei für eine Haftung der für die Gesellschaft Handelnden nach § 179 BGB kein Raum.[15] Diese Rechtsprechung erscheint überholt, nachdem der BGH für die Haftung der Gesellschafter einer BGB-Gesellschaft den Grundsatz herausgestellt hat, dass derjenige, der als Einzelperson oder in Gemeinschaft mit anderen Geschäfte betreibt, für die daraus entstehenden Verpflichtungen mit seinem gesamten Vermögen haftet, solange sich aus dem Gesetz nichts anderes ergibt oder mit dem Vertragspartner keine Haftungsbeschränkung vereinbart wird, und dass daran die Kundgabe des Willens, nur beschränkt zu haften, nichts ändern kann.[16] Wenn danach der Zusatz „GbR mbH" nicht zur Haftungsbegrenzung ausreicht, kann es auch nicht die fehlerhafte Bezeichnung als KG.

5   Nach der Rechtsprechung des BGH haften aus einem **Wechsel,** der für die Scheinkommanditgesellschaft ausgestellt oder angenommen worden ist, die Gesellschafter auf Grund veranlassten Rechtsscheins, als wäre die Gesellschaft im Handelsregister eingetragen. Der für sie Handelnde haftet daneben nicht aus Art. 8 WG.[17] Anders liegt der Fall, wenn dem Gläubiger bekannt oder erkennbar war, dass die Gesellschaft kein Handelsgewerbe iSd. § 1 Abs. 2 betreibt und deshalb ohne Eintragung keine KG sein kann. Dann sollen die Gesellschafter mangels Rechtsscheins nicht aus dem Wechsel haften. Statt dessen soll der für die Gesellschaft aufgetretene Unterzeichner des Wechsels – ggf. der Geschäftsführer der als Komplementärin vorgesehenen GmbH – nach Art. 8 WG unbeschränkt haften.[18]

6   Eine KG und damit ein Anwendungsfall des § 176 liegt vor, wenn die Gesellschaft einen zwar nicht die Voraussetzungen des § 1 Abs. 2 erfüllenden, aber schon für einen Einzelkaufmann oder eine andere Personengesellschaft im Handelsregister eingetragenen **Betrieb übernimmt.**[19] Die Übernahme des Betriebs einer Kapitalgesellschaft reicht dagegen nicht aus.[20]

7   **b) Firmenänderung.** Beschließen die Gesellschafter einer im Handelsregister eingetragenen KG eine Firmenänderung, ist **§ 176 Abs. 1 entsprechend** anwendbar.[21] Die Firmenänderung wird schon mit der Änderung des Gesellschaftsvertrags und nicht erst mit der Eintragung wirksam.[22] Vor der Eintragung darf der Rechtsverkehr davon ausgehen, es sei eine neue, noch nicht eingetragene Gesellschaft gegründet worden. Auf die Frage, wie stark die neue von der alten Firma abweicht,

---

[13] Flume § 16 IV 5; Dauner-Lieb, FS Lutter, 2000, S. 835, 844 f.; Crezelius BB 1983, 5, 11; Clauss/Fleckner WM 2003, 1790, 1796; Wiedemann GesR II § 9 III 7 b; K. Schmidt GesR § 55 I 2 b; Wertenbruch in H. P. Westermann RdNr. I 3103; Röhricht/Graf von Westphalen/von Gerkan RdNr. 7; Koller/Roth/Morck RdNr. 7; aA Kollhosser ZGR 1976, 231; Staub/Schilling RdNr. 14; Baumbach/Hopt RdNr. 7 und die Voraufl.
[14] BGH Urt. v. 25. 6. 1973 (Fn. 10) S. 65 ff./1693; Urt. v. 13. 6. 1977 (Fn. 2) S. 97 ff./1684.
[15] BGH Urt. v. 13. 6. 1977 (Fn. 2) S. 101/1684 f.; anders BGH Urt. v. 8. 7. 1974 – II ZR 180/72, BGHZ 63, 45 = NJW 1974, 1905 in einem Sonderfall.
[16] BGH Urt. v. 27. 9. 1999 – II ZR 371/98, BGHZ 142, 315, 319 = NJW 1999, 3483; bestätigt und weitergeführt durch Urt. v. 29. 1. 2001 – II ZR 331/00, BGHZ 146, 341, 358 = NJW 2001, 1056.
[17] BGH Urt. v. 25. 6. 1973 (Fn. 10) S. 67 ff./1693 f.
[18] BGH Urt. v. 13. 7. 1972 (Fn. 10) S. 185 ff./1662; krit. Huber, FS Hefermehl, 1976, S. 127, 135 ff.
[19] BGH Urt. v. 11. 12. 1978 (Fn. 10).
[20] BGH Urt. v. 13. 7. 1972 (Fn. 10) S. 183 f./1661.
[21] BAG Urt. v. 24. 8. 1979 (Fn. 3); Priester BB 1980, 911, 914 ff.; aA (Haftung nur bei konkretem Rechtsschein) Röhricht/Graf von Westphalen/von Gerkan RdNr. 10.
[22] Schlegelberger/Martens § 106 RdNr. 27.

kommt es dabei nicht an.²³ Schützen können sich die Gesellschafter vor dieser Haftungsverschärfung durch die Vereinbarung, dass die Firmenänderung erst mit Eintragung im Handelsregister wirksam werden soll.²⁴

c) Nichteintragung. Für § 176 Abs. 1 ist entscheidend, dass die Gesellschaft nicht im Handelsregister eingetragen ist. Die bloße Anmeldung führt noch nicht zur Haftungsbeschränkung. Ebensowenig genügen eine **Bekanntmachung** oder andere Verlautbarungen.²⁵ Sie können aber nach § 176 Abs. 1 S. 1 aE demjenigen Gläubiger entgegengehalten werden, der von ihnen Kenntnis genommen hat (s. RdNr. 11). Wird die Gesellschaft eingetragen, nicht aber der Kommanditist, ist Abs. 2 entsprechend anwendbar.²⁶ Unerheblich ist, ob die Nichteintragung oder Falscheintragung auf einem **Versehen des Registergerichts** beruht.²⁷ Dem dann möglichen Amtshaftungsanspruch wird idR ein Mitverschulden des Kommanditisten entgegenstehen, da er sich über die ordnungsgemäße Eintragung hätte vergewissern können.

d) Geschäftsbeginn. Die Gesellschaft muss ihre Geschäfte begonnen haben. Das ist dann der Fall, wenn erkennbar **für die Gesellschaft** gehandelt worden ist. Der Gebrauch der Firma ist nicht erforderlich, wenn auch der Regelfall.²⁸ Wegen der Einzelheiten s. § 123 RdNr. 17 ff.

e) Zustimmung des Kommanditisten. Bei der OHG ist streitig, ob sie gem. § 123 Abs. 2 nur dann entsteht, wenn **sämtliche Gesellschafter** mit der Geschäftsaufnahme einverstanden sind.²⁹ Bei der KG reicht es – wie § 176 zeigt – jedenfalls aus, wenn sämtliche Komplementäre einverstanden sind. Die Zustimmung auch der **Kommanditisten** ist nicht erforderlich. Sie ist nur für die Haftung des jeweiligen Kommanditisten erforderlich. Der Kommanditist kann dem Geschäftsbeginn auch durch **schlüssiges Verhalten** zustimmen.³⁰ Der bloße Abschluss des Gesellschaftsvertrags reicht nur dann, wenn sich aus dem Vertrag Anhaltspunkte dafür ergeben, dass die Geschäfte schon vor der Eintragung aufgenommen werden sollen.³¹ Davon ist vor allem dann auszugehen, wenn sofort ein Unternehmen in die Gesellschaft eingebracht wird. Die Zustimmung kann auch **nachträglich** erteilt werden, erfasst dann aber nur die Geschäfte, die anschließend getätigt werden. Der Gläubiger muss von der Zustimmung keine Kenntnis haben.³²

f) Nichtkenntnis des Gläubigers. Ein Vertrauen des Gläubigers in die unbeschränkte Haftung des Gesellschafters ist bei § 176 nicht nötig. Der Gläubiger muss nicht einmal gewusst haben, dass die ihm als Geschäftspartnerin gegenüberstehende Gesellschaft eine KG ist und dass der dann später von ihm in Anspruch Genommene daran als Gesellschafter beteiligt ist. Der Kommanditist haftet nach § 176 Abs. 1 S. 1 aE nur dann nicht unbeschränkt, wenn seine **Beteiligung als Kommanditist** dem Gläubiger bekannt war.³³ Als Ausnahmetatbestand muss der Kommanditist die Kenntnis **beweisen**.³⁴ Ausreichend ist der Nachweis, dass der Gläubiger die persönlich haftenden Gesellschafter nach Person und Zahl gekannt hat. Denn dann wusste er auch, dass jeder andere nur Kommanditist sein konnte.³⁵ Zur Kenntnis auf Grund des Firmenzusatzes „GmbH & Co. KG" s. RdNr. 22. **Fahrlässige Unkenntnis** schadet dem Gläubiger nicht,³⁶ ebenso wenig die Kenntnis, es mit einer KG zu tun zu haben.³⁷ Auf eine Kenntnis von der Höhe der Haftsumme kommt es nicht an.³⁸

Die Kenntnis von der Kommanditisteneigenschaft muss im **Zeitpunkt** der Begründung der Verbindlichkeit bestanden haben. Erlangt der Gläubiger erst nachträglich diese Kenntnis, bleibt es bei der unbeschränkten Haftung des Kommanditisten.³⁹ Zu Dauerschuldverhältnissen und Abtretungsfällen s. RdNr. 15 f.

---

²³ *Priester* (Fn. 21); aA BAG Urt. v. 24. 8. 1979 (Fn. 3); *Wertenbruch* in H. P. Westermann RdNr. I 3108.
²⁴ *Priester* (Fn. 21) S. 916.
²⁵ Staub/*Schilling* RdNr. 3.
²⁶ MünchKommHGB/*K. Schmidt* RdNr. 10.
²⁷ Düringer/Hachenburg/*Flechtheim* RdNr. 4.
²⁸ MünchKommHGB/*K. Schmidt* RdNr. 11; enger *Priester* BB 1980, 911, 912 f.
²⁹ So Heymann/*Emmerich* § 123 RdNr. 13 a; Baumbach/*Hopt* § 123 RdNr. 12; aA *Kornblum* S. 248; MünchKommHGB/*K. Schmidt* § 123 RdNr. 10; s. oben § 123 RdNr. 20.
³⁰ RG Urt. v. 4. 3. 1930 – II 207/29, RGZ 128, 172, 180; BGH Urt. v. 28. 10. 1981 – II ZR 129/80, BGHZ 82, 209, 211 = NJW 1982, 883, 884.
³¹ Staub/*Schilling* RdNr. 5; *Wiedemann* GesR II § 9 III 7 b.
³² Staub/*Schilling* RdNr. 6.
³³ RG Urt. v. 4. 3. 1930 (Fn. 30) S. 182 (für § 176 Abs. 2); MünchKommHGB/*K. Schmidt* RdNr. 13; teilw. aA *Binz* § 7 RdNr. 29 ff.
³⁴ BGH Urt. v. 28. 10. 1981 (Fn. 30) S. 212 f./884.
³⁵ RG Urt. v. 4. 3. 1930 (Fn. 30) S. 183; BGH Urt. v. 7. 7. 1986 – II ZR 167/85, WM 1986, 1280.
³⁶ OLG Nürnberg Urt. v. 10. 11. 1960 – 3 V 31/60, WM 1961, 124, 126.
³⁷ MünchKommHGB/*K. Schmidt* RdNr. 13.
³⁸ BGH Urt. v. 18. 6. 1979 – II ZR 194/77, NJW 1980, 54, 55.
³⁹ BGH Urt. v. 28. 10. 1981 (Fn. 30) S. 214/884.

13 **2. Rechtsfolge. a) Unbeschränkte Haftung.** Sind die Voraussetzungen des § 176 Abs. 1 erfüllt, haftet der Kommanditist gleich einem persönlich haftenden Gesellschafter, also nach **§§ 128, 161 Abs. 2** unbeschränkt. Im Gesellschafts-Innenverhältnis bleibt es dagegen bei der Rechtsstellung als Kommanditist.[40] In der **Insolvenz** wird die Haftung gem. §§ 93, 280 InsO von dem Insolvenzverwalter oder Sachwalter geltend gemacht. Dagegen ist § 171 Abs. 2 nicht anwendbar, was für Konkursverfahren nach altem Recht Bedeutung hat.[41]

14 Da § 176 seiner ursprünglichen Konzeption nach einen (abstrakten) Vertrauensschutz bezweckt (s. RdNr. 1), werden davon nur solche Gesellschaftsverbindlichkeiten erfasst, bei denen ein Vertrauen des Gläubigers überhaupt möglich ist. Dazu zählen alle **rechtsgeschäftlich begründeten Forderungen** einschließlich der Ansprüche aus der Rückabwicklung von Verträgen und aus Leistungsstörungen, ferner Ansprüche aus culpa in contrahendo und aus Geschäftsführung ohne Auftrag. Forderungen aus **gesetzlichen Schuldverhältnissen** – etwa Steuerschulden oder Ansprüche aus unerlaubter Handlung – fallen nicht unter § 176 (str.).[42] Das gilt auch dann, wenn der Gläubiger eine solche Forderung gestundet hat.[43] Wohl kann der Kommanditist nach allgemeinen Rechtsscheingrundsätzen unbeschränkt haften, wenn er bei dem Gläubiger ein konkretes Vertrauen in eine unbeschränkte Haftung hervorgerufen hat.[44] Dagegen kommt es für § 176 auf eine Kenntnis des Gläubigers von der Gesellschafterstellung des Kommanditisten oder gar auf ein Vertrauen in dessen unbeschränkte Haftung nicht an (s. RdNr. 11). Die Ansprüche der **Mitgesellschafter,** auch der stillen Gesellschafter, fallen nicht unter § 176.[45] Zur Haftung in der nicht eingetragenen GmbH & Co. KG s. RdNr. 22 f.

15 **Zeitlich** werden von § 176 Abs. 1 alle Forderungen erfasst, die **nach** dem Geschäftsbeginn und der Zustimmung des Kommanditisten dazu und **vor** der Eintragung der Gesellschaft in das Handelsregister oder der Kenntniserlangung des Gläubigers von der Kommanditistenstellung begründet worden sind. Entscheidend ist der Abschluss des der Forderung zugrundeliegenden Rechtsgeschäfts, nicht der Eintritt einer Bedingung[46] oder sonstiger Fälligkeitsvoraussetzungen. Ist für einen bestimmten Anspruch eine unbeschränkte Haftung nach § 176 begründet, bleibt es dabei auch nach der Eintragung[47] bzw. dem Zeitpunkt, in dem der Gläubiger bösgläubig geworden ist (s. RdNr. 11 f.). Zu Ausschlussfrist und Verjährung s. RdNr. 20. Bei **Dauerschuldverhältnissen** haftet der Kommanditist analog § 160 unbeschränkt für die Einzelansprüche, die innerhalb von fünf Jahren nach der Handelsregistereintragung oder der Kenntniserlangung fällig werden (s. – auch zu den Ausnahmen – RdNr. 20 f.).

16 Haftet der Kommanditist für einen bestimmten Anspruch nach § 176 unbeschränkt, so ändert sich daran durch eine **Abtretung** selbst dann nichts, wenn der Zessionar bösgläubig ist. Im Einzelfall – etwa im Verhältnis zu einem Mitgesellschafter – kann aber § 242 BGB entgegenstehen, so dass sich der Kommanditist dann doch auf die Haftungsbeschränkung der §§ 171, 172 berufen kann.[48]

17 **b) Beschränkte Haftung.** Verbindlichkeiten, die **vor der Zustimmung** des Kommanditisten zu dem Geschäftsbeginn begründet worden sind, fallen nicht unter § 176. Für sie haftet der Kommanditist aber nach §§ 171, 172 bis zur Höhe der Haftsumme mit der Möglichkeit der Haftungsbefreiung durch entsprechende Leistung an die Gesellschaft.[49] In gleicher Weise haftet er für die vor der Handelsregistereintragung begründeten Ansprüche aus **gesetzlichen Schuldverhältnissen** (s. RdNr. 14) und für Ansprüche von Gläubigern, denen seine Beteiligung als Kommanditist bei Begründung der Forderung **bekannt** war (s. RdNr. 11 f.). In den Grenzen der §§ 171, 172 haftet der Kommanditist nach Auffassung des BGH schließlich auch dann, wenn vor der Eintragung mangels eines Handelsgewerbes nur eine **Scheinkommanditgesellschaft** bestanden hat (s. RdNr. 4).

---

[40] MünchKommHGB/*K. Schmidt* RdNr. 35.
[41] S. § 171 RdNr. 100, 115 ff.
[42] BGH Urt. v. 28. 10. 1981 (Fn. 30) S. 215/885 (unerlaubte Handlung, offengelassen für öffentlich-rechtliche Ansprüche der Sozialversicherungsträger; FG Berlin Urt. v. 20. 10. 1982 – II 439/79, EFG 1983, 396 (Steuerschulden im Rahmen des § 176 Abs. 2); MünchKommHGB/*K. Schmidt* RdNr. 37; *Priester* BB 1980, 911, 914; aA BSG Urt. v. 26. 6. 1975 – 3/12 RK 1/74, BSGE 40, 96; Urt. v. 26. 5. 1976 – 12/3/12 RK 7/74, MDR 1976, 962; *Jacobs* DB 2005, 227, 2232 f. mit beachtlichen Argumenten; *Kornblum* S. 250; *Knobbe-Keuk*, FS Stimpel, 1985, S. 187, 200, 202; *Crezelius* BB 1983, 5, 11; *Emmel* S. 19 ff., 141 ff.; speziell zur unerlaubten Handlung *Flume* § 16 IV 8.
[43] AA *Priester* (Fn. 42).
[44] MünchKommHGB/*K. Schmidt* RdNr. 37.
[45] KG Urt. v. 18. 11. 1955 – 2 U 1751/54, WM 1956, 544; Röhricht/Graf von Westphalen/*von Gerkan* RdNr. 26; enger MünchKommHGB/*K. Schmidt* RdNr. 4.
[46] BGH Urt. v. 11. 12. 1978 (Fn. 10); Urt. v. 28. 10. 1981 (Fn. 30) S. 215/885.
[47] MünchKommHGB/*K. Schmidt* RdNr. 42; aA *Siegmund/van Venrooy*, Gesellschaftsrecht 1983, RdNr. 336.
[48] MünchKommHGB/*K. Schmidt* RdNr. 14, 36.
[49] *Kornblum* S. 248 f.

In all diesen Fällen bestimmt sich die **Höhe der Haftsumme** mangels Handelsregistereintrags 18
nach dem Gesellschaftsvertrag. Enthält der keine anderslautende Regelung, ist im Wege der ergänzenden Vertragsauslegung davon auszugehen, dass die Haftsumme der (Pflicht-)Einlage entspricht und dass es bei einer **Sacheinlage** auf deren objektiven Wert ankommt.[50] Ist die Sacheinlage im Gesellschaftsvertrag anders bewertet worden, gilt der vereinbarte Wert im Zweifel auch für die Haftsumme.[51] Ist das Sacheinlageversprechen ganz oder teilweise – etwa wegen Formmangels – unwirksam, richtet sich die Haftsumme dennoch nach der (teilweise) unwirksamen Vereinbarung (anders BGH).[52] Denn auch dann wollten die Gesellschafter im Zweifel die Haftsumme in dieser Höhe festsetzen und in das Handelsregister eintragen lassen.

c) Wirkung der Eintragung. Auf Ansprüche, die nach der Eintragung der Gesellschaft in das 19
Handelsregister begründet werden, ist § 176 Abs. 1 nicht anwendbar. Der Kommanditist haftet ab dann mit seinem Privatvermögen gem. §§ 171, 172 nur noch bis zur Höhe der Kommanditeinlage und hat die Möglichkeit, diese Haftung durch entsprechende Leistung an die Gesellschaft auszuschließen. Auf die **Bekanntmachung** der Eintragung, die bis zur Neufassung des § 162 Abs. 2 im Jahr 2001 erforderlich war, kam es nach Wortlaut und Sinn des § 176 Abs. 1 nicht an. Deshalb war § 15 Abs. 1, 2 unanwendbar.[53] Eine Ausnahme galt nur, wenn der Kommanditist einen besonderen Vertrauenstatbestand gegenüber einem bestimmten Gläubiger geschaffen hatte und es um die Frage ging, ab wann dieses Vertrauen nicht mehr schutzwürdig war.[54]

Mit der Eintragung beginnt analog § 160 Abs. 3 S. 1, Abs. 1, 2 eine fünfjährige **Ausschlussfrist** 20
bezüglich derjenigen Ansprüche, für die der Kommanditist nach §§ 128, 161 Abs. 2, 176 unbeschränkt haftet.[55] Die Frist wird durch gerichtliche Geltendmachung unterbrochen, auch wenn sich der Gläubiger dabei nicht auf § 176 beruft, sondern nur auf § 171.[56] Der Ausschluss betrifft nur den Teil des Anspruchs, für den der Kommanditist nicht auch nach §§ 171, 172 haftet. Im Umfang der beschränkten Kommanditistenhaftung ist § 160 dagegen nicht anwendbar. Insoweit gelten die allgemeinen Verjährungsregeln.[57]

Bei **Dauerschuldverhältnissen** erstreckt sich die Haftung aus § 176 Abs. 1 in entsprechender 21
Anwendung des § 160 auch auf Einzelansprüche, die innerhalb von fünf Jahren nach der Eintragung fällig werden.[58] Die ältere Rechtsprechung, die nach der sog. Kündigungstheorie eine Nachhaftung bei § 159 aF wie bei § 176 grundsätzlich nur bis zum nächsten auf die Eintragung folgenden ordentlichen Kündigungstermin angenommen hat,[59] ist seit der Neufassung des § 160 durch das NachhBG überholt (s. § 160 RdNr. 3 f.). Sie gilt gem. Art. 35 f. EGHGB aber noch für Verbindlichkeiten, die vor Inkrafttreten der Neufassung des § 160 am 26. 3. 1994 entstanden sind (s. Anh. zu § 160).

3. Haftung bei Gründung einer GmbH & Co. KG. Auch die GmbH & Co. KG fällt in 22
den Anwendungsbereich des § 176,[60] sofern sie ein Handelsgewerbe iSd. § 1 Abs. 2 betreibt.[61] Andernfalls ist sie vor der Eintragung in das Handelsregister eine Gesellschaft bürgerlichen Rechts, und ihre Gesellschafter haften nach den dafür geltenden Regeln, bei Auftreten als Scheinkommanditgesellschaft nach Auffassung des BGH gemäß den Regeln einer eingetragenen KG (s. RdNr. 4). Auch in dem verbleibenden Anwendungsbereich des § 176 ist die unbeschränkte Haftung jedoch weitgehend ausgeschlossen. Tritt die GmbH & Co. KG im Rechtsverkehr mit einem Firmenzusatz gem. **§ 19 Abs. 2** auf, so gehen die Geschäftspartner in aller Regel davon aus, dass ihnen nur juristische Personen unbeschränkt haften, während die an der Gesellschaft beteiligten natürlichen Personen Kommanditisten sind. Diese Verkehrserwartung dürfte so typisch sein, dass sie mit der von § 176 Abs. 1 S. 1 aE geforderten positiven **Kenntnis** gleichgestellt

---

[50] BGH Urt. v. 28. 3. 1977 – II ZR 230/75, NJW 1977, 1820 (zu § 176 Abs. 2).
[51] *Riegger* BB 1979, 1380, 1382; aA *Müller-Graff* JuS 1979, 24, 27; offengelassen von BGH Urt. v. 28. 3. 1977 (Fn. 50).
[52] Urt. v. 28. 3. 1977 (Fn. 50); Baumbach/Hopt RdNr. 9; wie hier *K. Schmidt* DB 1977, 2313, 2314 f.; *Riegger* (Fn. 51); *Müller-Graff* (Fn. 51) S. 27 ff.
[53] MünchKommHGB/*K. Schmidt* RdNr. 45 ff.; aA Düringer/Hachenburg/*Flechtheim* RdNr. 4.
[54] Schlegelberger/*K. Schmidt* RdNr. 45.
[55] BGH Urt. v. 22. 9. 1980 – II ZR 204/79, BGHZ 78, 114, 117 = NJW 1981, 175; Urt. v. 4. 7. 1983 – II ZR 235/82, NJW 1983, 2813, jeweils zu § 159 aF.
[56] BGH Urt. v. 4. 7. 1983 (Fn. 55) zu § 159 aF.
[57] Staub/*Schilling* RdNr. 9.
[58] BGH Urt. v. 27. 9. 1999 – II ZR 356/98, BGHZ 142, 324 = NJW 2000, 208, 210 zu § 160.
[59] BGH Urt. v. 19. 12. 1977 – II ZR 202/76, BGHZ 70, 132, 137 = NJW 1978, 636, 637; Urt. v. 11. 11. 1991 – II ZR 287/90, BGHZ 116, 37, 46 f. = NJW 1992, 505, 507; BAG Urt. v. 21. 7. 1977 – 3 AZR 189/76, NJW 1978, 391; BGH Urt. v. 19. 5. 1983 – II ZR 50/82, BGHZ 87, 286, 292 = NJW 1983, 2254, 2255.
[60] BGH Urt. v. 18. 6. 1979 (Fn. 38) S. 54; *K. Schmidt* ZHR 144 (1980), 192, 202; aA *Priester* BB 1980, 911, 913 f.
[61] Vor der Neufassung des § 1 Abs. 2 durch das HRefG war ein vollkaufmännisches Grundhandelsgewerbe erforderlich.

werden kann.[62] Der BGH hat den gegenteiligen Standpunkt vertreten,[63] aber angedeutet, dass er für die Zeit nach Inkrafttreten des § 19 Abs. 5 aF, dem 1. 1. 1981, anders entscheiden wird.[64] Damit besteht auch kein Bedürfnis, die **Publikums-KG**, in der die Kommanditisten typischerweise nicht nach außen in Erscheinung treten, aus dem Anwendungsbereich des § 176 herauszunehmen.[65] Dabei handelt es sich nämlich überwiegend um GmbH & Co. KGs (s. auch § 177a Anh. B RdNr. 1 ff.; A RdNr. 45).

23 Fehlt nicht nur die Handelsregistereintragung der KG, sondern ist auch die **Komplementär-GmbH nicht eingetragen,** gelten ebenfalls die vorstehenden Haftungsregeln. Bei einer ein Handelsgewerbe iSd. § 1 Abs. 2 betreibenden Gesellschaft ist dann statt der GmbH die Vorgesellschaft Komplementärin.[66] Ansonsten haftet die Vorgesellschaft nach dem Recht der BGB-Gesellschaft[67] oder – wenn die Voraussetzungen einer Scheinkommanditgesellschaft erfüllt sind (s. RdNr. 4) – kraft Rechtsscheins nach §§ 128, 161 Abs. 2. Daneben haftet das handelnde Organ nach § 11 Abs. 2 GmbHG persönlich und unbeschränkt bis zur Eintragung der GmbH.[68] Ferner haften die Gesellschafter der nicht eingetragenen GmbH dieser gegenüber im Verhältnis ihrer Beteiligungen für die durch das GmbH-Vermögen nicht gedeckten Verluste.[69] Für die Haftung der Kommanditisten ergeben sich keine Besonderheiten.[70]

III. Haftung bei Eintritt (Abs. 2)

24 **1. Tatbestand. a) Eintritt in Handelsgesellschaft.** Die unbeschränkte Haftung des § 176 Abs. 1 wird durch § 176 Abs. 2 auf den Fall ausgedehnt, dass ein Kommanditist in eine bestehende Handelsgesellschaft eintritt, ohne den Eintritt in das Handelsregister eintragen zu lassen. Als **Handelsgesellschaft** in diesem Sinne kommt nur eine OHG, die dann zur KG wird, oder eine KG in Betracht.[71] Möglich ist auch eine Scheinhandelsgesellschaft (s. RdNr. 4). **Eintritt** iSd. § 176 Abs. 2 ist die rechtsgeschäftliche **Aufnahme** eines der Gesellschaft noch nicht angehörenden Dritten als Kommanditist unter Bildung eines neuen Kommanditanteils.[72] Nicht ausreichend dürfte dagegen die Aufnahme eines Gesellschafters in eine Gesellschaft bürgerlichen Rechts sein, die ihrerseits Kommanditistin ist.[73]

25 Anders als von § 173 (s. dort RdNr. 5) wird von § 176 Abs. 2 der derivative Erwerb eines Kommanditanteils im Wege der **Einzel- oder Gesamtrechtsnachfolge** nicht erfasst. Der rechtsgeschäftliche Erwerber des Kommanditanteils haftet für die in der Zeit zwischen dem Wirksamwerden des Anteilsübergangs und der Handelsregistereintragung begründeten Gesellschaftsverbindlichkeiten mit seinem Privatvermögen grundsätzlich nur nach **§ 171** bis zur Höhe der Haftsumme, wenn nicht die Haftung zuvor nach §§ 171 Abs. 1 HS 2, 172 Abs. 4 ausgeschlossen war. Das Gleiche gilt für den Erben eines Kommanditisten bezüglich der Zeit zwischen dem Erbfall und der Eintragung. In all diesen Fällen greift jedoch die Rechtsscheinhaftung nach § 15 Abs. 1, 2 S. 1 ein, die wegen § 162 Abs. 2 nur an die Eintragung und nicht auch an die Bekanntmachung anknüpft.[74] Das Ausscheiden des Anteilsveräußerers bzw. des Erblassers ist eine nach §§ 143 Abs. 2, 161 Abs. 2 in das Handelsregister einzutragende Tatsache. Es haften der Anteilsveräußerer bzw. der Erbe. Letzterer kann diese Haftung – im Gegensatz zu der daneben bestehenden aus § 171 – nach erbrechtlichen Grundsätzen auf den Nachlass beschränken (s. § 173 RdNr. 18 ff., 25 ff.).

---

[62] OLG Schleswig Beschl. v. 14. 9. 2004 – 5 U 86/04, DZWiR 2005, 163; LG Lübeck Urt. v. 10. 6. 2004 – 6 O 332/02, DZWiR 2004, 391; *Limbach* GmbHR 1967, 165; *Huber*, FS Hefermehl, 1976, S. 127, 131; *ders.* ZGR 1984, 146, 165 ff.; *K. Schmidt* ZHR 144 (1980), 192, 202 ff.; *ders.* GmbHR 2002, 341, 344; Staub/*Schilling* RdNr. 27; aA *Hofmann* GmbHR 1970, 182, 185 f.; *Keil* DZWiR 2005, 163; *Meyer, J.,* S. 138; *Wiedemann* GesR II § 9 III 7 b.
[63] Urt. v. 18. 6. 1979 (Fn. 38) S. 54 f.
[64] BGH Urt. v. 21. 3. 1983 – II ZR 113/82, NJW 1983, 2258, 2259.
[65] Dafür *K. Schmidt* ZHR 144 (1980), 192, 201 f.; *ders.* NJW 1982, 886; aA wohl BGH Urt. v. 28. 10. 1981 – II ZR 129/80, BGHZ 82, 209, 213 = NJW 1982, 883, 884.
[66] BGH Urt. v. 9. 3. 1981 – II ZR 54/80, BGHZ 80, 129, 132 = NJW 1981, 1373.
[67] MünchKommHGB/*K. Schmidt* RdNr. 53.
[68] BGH Urt. v. 9. 3. 1981 (Fn. 66) S. 133, 143/1374, 1376; Urt. v. 16. 3. 1981 – II ZR 59/80, BGHZ 80, 182 = NJW 1981, 1452.
[69] BGH Urt. v. 27. 1. 1997 – II ZR 123/94, BGHZ 134, 333 = NJW 1997, 1507; Baumbach/Hueck/*Hueck*/*Fastrich* § 11 RdNr. 24 ff.; aA *Binz* § 3 RdNr. 33 ff.; für Außenhaftung *Altmeppen* NJW 1997, 1509.
[70] MünchKommHGB/*K. Schmidt* RdNr. 54.
[71] MünchKommHGB/*K. Schmidt* RdNr. 17.
[72] BGH Urt. v. 4. 3. 1976 – II ZR 145/75, BGHZ 66, 98, 100 = NJW 1976, 848, 849.
[73] *Wagner* NZG 2001, 1133, 1134; *Grunewald* ZGR 2003, 541, 548; aA *Ulmer* ZIP 2001, 1714, 1716 f.; zur Fähigkeit einer BGB-Gesellschaft, sich an einer KG zu beteiligen, BGH Urt. v. 16. 7. 2001 – II ZB 23/00, BGHZ 148, 291 = NJW 2001, 3121.
[74] Str., s. *§ 173 RdNr. 18.*

Die Frage der Anwendbarkeit des § 176 Abs. 2 auf den derivativen Erwerb eines Kommanditanteils ist allerdings **streitig**. Der **BGH** hat in seinem Urt. v. 4. 3. 1976 (Fn. 72, S. 100 ff./849) § 176 Abs. 2 auch dann für anwendbar erklärt, wenn der Gesellschaftsanteil eines persönlich haftenden Gesellschafters vererbt und dabei in eine Kommanditbeteiligung umgewandelt wird, davon aber eine Ausnahme gemacht, wenn der Erbe bereits zuvor Kommanditist war.[75] In dem Urt. v. 21. 3. 1983 (Fn. 64) hat der BGH ganz allgemein ausgeführt, nicht eingetragene Gesellschafter würden allein auf Grund ihrer Zugehörigkeit zu der Gesellschaft von § 176 erfasst, ohne dass es darauf ankäme, ob die Mitgliedschaft durch Mitgründung der Gesellschaft, durch gesellschaftsvertraglichen Beitritt, durch Anteilsübertragung oder durch Erbfolge zustandegekommen sei, bei der Erbfolge sei dem Erben allerdings eine „Schonfrist" einzuräumen. In dem Beschluss vom 3. 7. 1989[76] heißt es dagegen einschränkend, für den in die Gesellschaft eintretenden Erben gelte § 176 Abs. 2 wohl nicht. Das **Schrifttum** nimmt überwiegend an, dass die Erbfolge in einen eingetragenen Kommanditanteil nicht von § 176 Abs. 2 erfasst wird.[77] Für die Erbfolge in den Anteil eines persönlich haftenden Gesellschafters mit Umwandlung in einen Kommanditanteil wird die Auffassung vertreten, § 176 Abs. 2 sei zwar analog anwendbar, erfasse aber nicht die Verbindlichkeiten, die begründet würden innerhalb der Dreimonatsfrist des § 139 und einer sich daran oder – bei automatischer Umwandlung kraft Gesellschaftsvertrags – an den Erbfall anschließenden angemessenen Frist zur Bewirkung der Eintragung.[78] Die wohl hL nimmt dagegen an, § 176 Abs. 2 sei **weder** auf die Erbfolge **noch** auf den Anteilsübergang kraft Einzelrechtsnachfolge anwendbar.[79]

Diese Meinung erscheint **zutreffend**. Das Handelsregister weist den Kommanditanteil aus, auch wenn die Rechtsnachfolge nicht eingetragen ist. Lediglich der Name des Kommanditisten stimmt nicht mehr. Durch die Rechtsnachfolge – und nicht erst durch die Eintragung – übernimmt der Nachfolger genau die Rechtsposition, die sein Vorgänger innegehabt hat.[80] Dann erscheint es konsequent, dem Nachfolger auch sogleich die mit dem Gesellschaftsanteil verbundene Haftungsbeschränkung zugutekommen zu lassen. Der Schutzzweck des § 176 (s. RdNr. 1) steht nicht entgegen. Wird die Rechtsnachfolge nicht eingetragen, haften neben dem Neukommanditisten auch der ausgeschiedene Kommanditist oder – beim Erbfall – die Erben nach § 15 Abs. 1, 2 S. 1 (s. RdNr. 25) jeweils bis zur Höhe der Haftsumme, ein etwaiger Haftungsausschluss durch Einlageleistung kommt ihnen nicht mehr zugute (s. § 173 RdNr. 24, 27). Die Gesellschaftsgläubiger werden also bei Nichteintragung der Rechtsnachfolge ohnehin so besser gestellt, als es der materiellen Rechtslage entspricht. Ihnen darüber hinaus auch noch die Wohltat des § 176 Abs. 2 zukommen zu lassen, besteht kein Bedürfnis.[81] Im Übrigen passt die Regelung des § 176 Abs. 2 auch nicht auf die Rechtsnachfolge. Bei uneingeschränkter Anwendung würde der Erbe eines Kommanditisten ohne jede Abhilfemöglichkeit für die sogleich nach dem Erbfall begründeten Verbindlichkeiten unbeschränkt haften – ein kaum vertretbares Ergebnis. Deshalb versucht die Gegenmeinung mit einer „Schonfrist" Abhilfe zu schaffen. Das führt zu Abgrenzungsschwierigkeiten. Nimmt man aber die Erbfolge aus dem Anwendungsbereich des § 176 Abs. 2 heraus, wozu der BGH jetzt wohl neigt (Fn. 76), muss man das Gleiche mit der Einzelrechtsnachfolge tun. Für eine unterschiedliche Behandlung gibt es keine überzeugenden Gründe.

Was vorstehend für die Rechtsnachfolge in einen Kommanditanteil gesagt worden ist, gilt auch für die Nachfolge in den Anteil eines **persönlich haftenden Gesellschafters** mit **Umwandlung** in einen Kommanditanteil (anders BGH[82]).[83] Zwar ist der neue Kommanditanteil vor der Eintragung noch nicht aus dem Handelsregister zu erkennen.[84] Die Systematik der Rechtsnachfolge und die Ungereimtheit in Bezug auf die „Schonfrist" sprechen aber auch in diesem Fall gegen eine Anwendung des § 176 Abs. 2. Außerdem ist auch sonst im Falle der Umwandlung eines Komplementäranteils in einen Kommanditanteil § 176 Abs. 2 nicht anwendbar (RdNr. 29). Im Übrigen sind die Gesellschaftsgläubiger wiederum nicht schutzbedürftig: Wird die Nachfolge nicht eingetragen, haften

---

[75] Gegen diese Ausnahme *Wiedemann* GesR II § 9 III 6 c.
[76] II ZB 1/89, BGHZ 108, 187, 197 = NJW 1989, 3152, 3155.
[77] MünchKommHGB/*K. Schmidt* RdNr. 23 mwN; *Crezelius*, Unternehmenserbrecht 1998, RdNr. 305 (bei Eintragung eines Rechtsnachfolgevermerks); aA Düringer/Hachenburg/*Flechtheim* § 177 RdNr. 4; *Wiedemann* GesR II § 9 III 6 b bb; s. auch § 139 RdNr. 123 ff.
[78] Staub/*Schilling* RdNr. 18; Staub/*Ulmer* § 139 RdNr. 161; Röhricht/Graf von Westphalen/*von Gerkan* RdNr. 43.
[79] *K. Schmidt* ZHR 144 (1980), 192; MünchKommHGB/*K. Schmidt* RdNr. 22 bis 24, 26; *Huber* ZGR 1984, 146, 160 f.; *Herfs* DB 1991, 1713, 1715 f.; *Horn* RdNr. 14 f.; Baumbach/*Hopt* RdNr. 11 f.
[80] BGH Urt. v. 29. 6. 1981 – II ZR 142/80, BGHZ 81, 82, 85 = NJW 1981, 2747.
[81] *Huber* (Fn. 79) spricht treffend von „Schatzfund".
[82] Urt. v. 4. 3. 1976 (Fn. 72).
[83] *K. Schmidt, Herfs,* Heymann/*Horn,* Baumbach/*Hopt* (Fn. 79).
[84] Darauf stellt Staub/*Schilling* RdNr. 18 ab.

der ausgeschiedene Gesellschafter bzw. dessen Erben unter den Voraussetzungen des § 15 Abs. 1, 2 S. 1 (s. Fn. 74) unbeschränkt, wenn auch – bei Erbfolge – auf den Nachlass beschränkbar.[85] Daneben besteht die – nicht auf den Nachlass beschränkbare – Haftung nach § 171 in Höhe der Haftsumme. Sie ist ausgeschlossen, wenn und soweit der Kapitalanteil des persönlich haftenden Gesellschafters werthaltig war (s. § 171 RdNr. 45 ff.).

29 Wer einen **nicht eingetragenen Kommanditanteil** im Wege der Einzel- oder Gesamtrechtsnachfolge erwirbt, haftet für die bis zu seiner Eintragung in das Handelsregister begründeten Verbindlichkeiten gem. § 176 Abs. 2 unbeschränkt, wenn auch schon sein Vorgänger nach dieser Vorschrift unbeschränkt gehaftet hat.[86] Erwirbt ein Kommanditist einen **weiteren Kommaditanteil** hinzu, findet § 176 Abs. 2 auch nach Auffassung des BGH keine Anwendung, ebenso nicht bei der **Umwandlung** einer Komplementärstellung in einen Kommanditanteil. Solange die Umwandlung nicht in das Handelsregister eingetragen worden ist, besteht allerdings die Rechtsscheinhaftung nach § 15 Abs. 1, 2 S. 1.[87]

30 Hat der Erbe eines Gesellschafters nach dem Gesellschaftsvertrag lediglich ein **Eintrittsrecht,** so muss ein Aufnahmevertrag geschlossen werden, und der Erbe tritt als neuer Kommanditist der Gesellschaft bei (s. § 173 RdNr. 35). Das ist keine Rechtsnachfolge. Deshalb ist § 176 Abs. 2 anwendbar.[88] Das Gleiche gilt für die Erfüllung eines **Vermächtnisses.**[89]

31 **b) Keine Zustimmung zum Geschäftsbetrieb.** Obwohl § 176 Abs. 2 auf § 176 Abs. 1 S. 1 verweist und dort eine Zustimmung des Kommanditisten zu dem Geschäftsbeginn gefordert wird, ist eine solche Zustimmung bei Abs. 2 nicht erforderlich.[90] Die Veranlassung der verschärften Haftung liegt bereits in dem Beitritt selbst. Ohnehin könnte der Kommanditist durch eine Verweigerung der Zustimmung nicht erreichen, dass die Gesellschaft ihre Geschäfte anders als bisher fortführt.

32 **c) Nichtkenntnis des Gläubigers.** Wie bei § 176 Abs. 1 ist auch bei § 176 Abs. 2 die Haftungsverschärfung gegenüber demjenigen Gläubiger ausgeschlossen, der Kenntnis von der Stellung des Gesellschafters als Kommanditist hatte. Zu den Einzelheiten s. RdNr. 11. Dass der Gläubiger von der Existenz des Gesellschafters nichts gewusst hat und in dem Glauben war, die im Handelsregister eingetragenen seien die einzigen Gesellschafter, steht der Anwendung des § 176 Abs. 2 nicht entgegen.[91]

33 **d) Möglichkeiten der Haftungsbeschränkung.** Der Eintritt eines Kommanditisten in eine Handelsgesellschaft wird grundsätzlich mit Abschluss des Beitrittsvertrags wirksam.[92] Die Eintragung in das Handelsregister erfolgt notwendigerweise erst danach. Um der damit immer drohenden Haftungsfolge des § 176 Abs. 2 zu entgehen, sollte der Beitritt unter die **aufschiebende Bedingung** der Handelsregistereintragung gestellt werden.[93] Darüber hinaus können die Gesellschafter vereinbaren, dass der Beitretende im Innenverhältnis so gestellt werden soll, als wäre der Beitritt sofort wirksam. Soll dagegen – etwa aus steuerlichen Gründen – sogleich eine Gesellschafterstellung begründet werden, besteht die Möglichkeit, auflösend bedingt als atypischer **stiller Gesellschafter** und aufschiebend bedingt als Kommanditist einzutreten, wobei die Bedingung jeweils in der Handelsregistereintragung besteht.[94] Damit kann jedoch ein anderes Haftungsrisiko verbunden sein: Leistet der Gesellschafter seine Einlage schon vor der Eintragung, kann er nicht sicher sein, dass bei der Umwandlung der stillen Beteiligung in den Kommanditanteil die persönliche Haftung nach § 171 Abs. 1 HS 2 ausgeschlossen ist. Dafür muss die Beteiligung nämlich zum Zeitpunkt der Umwandlung noch werthaltig sein (s. § 171 RdNr. 50).

34 Da die Auffassung vertreten wird, § 176 Abs. 2 sei auch auf eine **rechtsgeschäftliche Anteilsübertragung** anwendbar (s. RdNr. 25 ff.), empfiehlt es sich, in dem Übertragungsvertrag die

---

[85] *K. Schmidt* ZHR 144 (1980), 192, 197 ff.
[86] *K. Schmidt* NJW 1983, 2260.
[87] BGH, Urt. v. 4. 3. 1976 (Fn. 72) S. 101/849; *Mayer-Maly*, FS Westermann, 1974, S. 369, 379; str., s. § 173 RdNr. 18.
[88] Staub/*Schilling* RdNr. 19; zweifelnd MünchKommHGB/*K. Schmidt* RdNr. 25 und Heymann/*Horn* RdNr. 16.
[89] Staub/*Schilling* RdNr. 19; s. § 173 RdNr. 36.
[90] BGH Urt. v. 28. 10. 1981 – II ZR 129/80, BGHZ 82, 209, 211 = NJW 1982, 883, 884; *K. Schmidt* ZHR 144 (1980), 192, 195; *Wiedemann* GesR II § 9 III 6 a; aA RG Urt. v. 4. 3. 1930 – II 207/29, RGZ 128, 172, 180 f.
[91] RG Urt. v. 4. 3. 1930 (Fn. 90) S. 182; BGH Urt. v. 28. 10. 1981 (Fn. 90) S. 212 f./884; aA *Priester* BB 1980, 911, 913.
[92] BGH Urt. v. 18. 6. 1979 – II ZR 194/77, WM 1979, 1057, insoweit nicht mit abgedruckt in NJW 1980, 54; aA *Beyerle* S. 168 (grundsätzlich Handelsregistereintragung als aufschiebende Bedingung), dagegen FG Berlin Urt. v. 20. 10. 1982 – II 439/79, EFG 1983, 396.
[93] BGH Urt. v. 28. 10. 1981 (Fn. 90) S. 212/884; Urt. v. 21. 3. 1983 – II ZR 113/82, NJW 1983, 2258, 2259, jeweils für Anteilsübertragungen.
[94] *K. Schmidt* ZHR 144 (1980), 192, 201; *Hecht* ZEV 2004, 105.

Handelsregistereintragung als aufschiebende Bedingung zu vereinbaren.[95] Daneben kann vereinbart werden, dass im Innenverhältnis die Wirkungen des Anteilsübergangs sofort eintreten sollen. Der Altkommanditist hält den Anteil dann als Treuhänder für seinen Nachfolger.[96]

2. Rechtsfolge. Die Rechtsfolge des § 176 Abs. 2 entspricht derjenigen des **§ 176 Abs. 1.** 35 Wegen der Einzelheiten s. daher die Erläuterungen dort (RdNr. 13 ff.). Der Kommanditist haftet unbeschränkt für alle rechtsgeschäftlich begründeten oder vertragsähnlichen Gesellschaftsverbindlichkeiten, sofern der Vertragsschluss oder der sonstige Entstehungstatbestand in die Zeit zwischen dem Wirksamwerden des Beitrittsvertrags und der Handelsregistereintragung fällt. Für die davor begründeten Verbindlichkeiten haftet er nur beschränkt nach **§§ 171, 172, 173**.[97] Mit der Eintragung beginnt die fünfjährige Ausschlussfrist analog § 160 bezüglich der Haftung nach § 176. Tritt der Kommanditist in eine **GmbH & Co. KG** ein, die einen Firmenzusatz gem. § 19 Abs. 2 führt, entfällt die unbeschränkte Haftung nach § 176 (s. RdNr. 22).

§ 177 [Tod des Kommanditisten]

Beim Tod eines Kommanditisten wird die Gesellschaft mangels abweichender vertraglicher Bestimmung mit den Erben fortgesetzt.

Schrifttum: S. die Angaben vor § 171; außerdem: *Deckert,* Vererbung von Anteilen an Personengesellschaften, NZG 1998, 43; *Gustavus,* Die Neuregelungen im Gesellschaftsrecht nach dem Regierungsentwurf eines Handelsrechtsreformgesetzes, GmbHR 1998, 17; *Köbler,* Die Erbengemeinschaft als Kommanditistin, DB 1972, 2241; *Lorz,* Testamentsvollstreckung und Unternehmensrecht, 1995, zugleich Diss. Konstanz; *Plank,* Die Eintragungsfähigkeit des Testamentsvollstreckervermerks im Handelsregister, ZEV 1998, 325; *Rowedder,* Die Zulässigkeit der Testamentsvollstreckung bei Kommanditbeteiligungen, FS Goerdeler, 1987, S. 445; *K. Schmidt,* Löschungsgesetz und GmbH & Co. – Zugleich über die Auflösung der Komplementär-GmbH als Auflösungsgrund der KG, BB 1980, 1497; *ders.,* Die obligatorische Gruppenvertretung im Recht der Personengesellschaften und der GmbH, ZHR 146 (1982), 525; *ders.,* Zur Ablösung des Löschungsgesetzes – Was ändert die Insolvenzrechtsreform für GmbH bzw. GmbH & Co.?, GmbHR 1994, 829; *ders.,* HGB-Reform im Regierungsentwurf, ZIP 1997, 909; *Ulmer,* Gesellschafternachfolge und Erbrecht, ZGR 1972, 195, 324; *ders.,* Testamentsvollstreckung an Kommanditanteilen? – Ein Beitrag zu den Auswirkungen der Sondervererbung im Personengesellschaftsrecht auf letztwillige Verwaltungsanordnungen des Erblassers, ZHR 146 (1982), 555; *ders.,* Testamentsvollstreckung am Kommanditanteil – Voraussetzungen und Rechtsfolgen, NJW 1990, 73.

Übersicht

	RdNr.		RdNr.
I. Auflösung der KG	1–5	a) Rechtsnachfolge	8–15
II. Vererbung von Gesellschaftsanteilen	6–22	b) Haftung des Erben	16
1. Grundsatz	6, 7	c) Testamentsvollstreckung	17–22
2. Vererbung des Kommanditanteils	8–22		

I. Auflösung der KG

Gemäß **§§ 131 Abs. 1,** 161 Abs. 2 wird die KG aufgelöst durch den Ablauf der vereinbarten Zeit, 1 durch einen Beschluss der Gesellschafter, durch die Eröffnung des Insolvenzverfahrens über das Vermögen der Gesellschaft oder durch gerichtliche Entscheidung nach § 133. Ein – konkludenter – Gesellschafterbeschluss liegt auch dann vor, wenn sämtliche Gesellschafter die Auflösung der Gesellschaft zur Eintragung in das Handelsregister anmelden.[1] Die Auflösung führt zur **Liquidation.** Liquidatoren und damit gesetzliche Vertreter der Liquidationsgesellschaft sind gem. §§ 146 Abs. 1, 161 Abs. 2 – vorbehaltlich einer anderweitigen Regelung im Gesellschaftsvertrag – sämtliche Gesellschafter, also auch die Kommanditisten.[2] Wegen der Einzelheiten s. die Erläuterungen zu §§ 131 ff., 145 ff.

Eine Gesellschaft, für deren Schulden keine natürliche Person unbeschränkt haftet, wie die **GmbH** 2 **& Co. KG,** wird gem. **§§ 131 Abs. 2,** 161 Abs. 2 auch dann aufgelöst, wenn die Eröffnung des Insolvenzverfahrens rechtskräftig mangels Masse abgelehnt oder die Gesellschaft nach § 141 a FGG wegen bei ihr und ihren Komplementären eingetretener Vermögenslosigkeit gelöscht wird. Die **Auflösung der Komplementär-GmbH** führt dagegen noch nicht zur Auflösung auch der KG. Diese bleibt vielmehr als werbende Gesellschaft bestehen und wird vertreten durch die GmbH i. L.,

---

[95] BGH Urt. v. 28. 10. 1981 (Fn. 90) S. 212/884; Urt. v. 21. 3. 1983 (Fn. 93).
[96] MünchKommHGB/*K. Schmidt* RdNr. 31.
[97] BGH Urt. v. 28. 10. 1981 (Fn. 90) S. 215/885.
[1] OLG Köln Beschluss v. 28. 8. 1978 – 2 Wx 137/77, DNotZ 1979, 54.
[2] BGH Urt. v. 24. 9. 1982 – V ZR 188/79, WM 1982, 1170.

für die wiederum die Liquidatoren der GmbH handeln.[3] Die Komplementär-GmbH geht erst unter im Zeitpunkt ihrer Vollbeendigung, also mit Abschluss der Liquidation oder bei Vermögenslosigkeit und Löschung nach § 141 a Abs. 1 FGG. Dann hat die KG im Normalfall, in dem die GmbH der einzige Komplementär war, keinen Komplementär mehr. Die Kommanditisten müssen deshalb dafür sorgen, dass einer von ihnen oder ein neu hinzutretender Dritter neuer Komplementär wird. Tun sie das nicht und setzen dennoch die werbende Tätigkeit der Gesellschaft fort, entsteht automatisch eine OHG.[4]

3   Die Regelung des § 131 Abs. 2 iVm. § 141 a FGG ist durch Art. 23 Nr. 1, 40 Nr. 6 EGInsO mit Wirkung ab dem **1. 1. 1999** in das Gesetz eingefügt worden. **Zuvor** galt die Ablehnung der Eröffnung des Konkursverfahrens über das Vermögen der KG mangels Masse nicht als Auflösungsgrund.[5] Ebensowenig war eine Löschung der KG wegen Vermögenslosigkeit vorgesehen. Nach dem durch Art. 2 EGInsO aufgehobenen Gesetz über die Auflösung und Löschung von Gesellschaften und Genossenschaften vom 9. 10. 1934[6] wurde lediglich die Komplementär-GmbH bei Masse- oder Vermögenslosigkeit gelöscht. Das allein führte nach hM noch nicht zur Auflösung der KG (s. Fn. 3). Anders war es jedoch, wenn die GmbH tatsächlich kein Vermögen mehr hatte. Dann führte die Löschung zur Vollbeendigung, und die Vollbeendigung hatte – wie der Tod eines Gesellschafters – nach §§ 131 Nr. 4 aF, 161 Abs. 2 die Auflösung der KG zur Folge.[7]

4   Ist die Komplementär-Gesellschaft als übertragender Rechtsträger an einer **Verschmelzung** oder **Vermögensübertragung** iSd. §§ 2 ff., 174 ff. UmwG beteiligt, wird – vorbehaltlich entgegenstehender Regeln im Gesellschaftsvertrag – der übernehmende oder neu gegründete Rechtsträger neuer Komplementär.[8] Desgleichen wird bei einer Umwandlung einer als Kommanditist beteiligten Gesellschaft der übernehmende oder neue Rechtsträger Kommanditist.[9]

5   Nach § 131 Nr. 4 aF hatte der Tod eines Gesellschafters die Auflösung der Gesellschaft zur Folge. Von dieser Regel, die gem. § 161 Abs. 2 auch für die KG galt, machte § 177 in Bezug auf den Kommanditisten eine Ausnahme. Nach der durch das HRefG eingefügten **Neufassung des § 131** führt der Tod eines Gesellschafters nicht zur Auflösung der Gesellschaft. Wenn im Gesellschaftsvertrag nichts anderes bestimmt ist, wird im Falle des Todes eines Gesellschafters – Komplementär oder Kommanditist – die Gesellschaft fortgesetzt. Zu der Rechtsstellung der Erben oder sonstiger zur Nachfolge in den Gesellschaftsanteil des verstorbenen Gesellschafters Berufenen s. RdNr. 6 ff. Stirbt der einzige Komplementär, wird die Gesellschaft, wenn sie ihre werbende Tätigkeit ohne einen neuen Komplementär fortsetzt, zur OHG.

II. Vererbung von Gesellschaftsanteilen

6   **1. Grundsatz.** Der Tod eines **Komplementärs** führt zwar gem. § 131 Abs. 3 Nr. 1 nicht zur Auflösung der Gesellschaft,[10] die Erben treten nach der gesetzlichen Regelung aber nicht in die Gesellschaft ein. Sie haben lediglich Ansprüche aus §§ 738 Abs. 1 S. 2, 740 BGB, 105 Abs. 3, 161 Abs. 2, vor allem also einen Abfindungsanspruch. Das ist nur dann anders, wenn der Gesellschaftsvertrag eine entsprechende Nachfolgeklausel enthält. Beim Tod eines **Kommanditisten** ist die Rechtslage dagegen umgekehrt: Nach § 177 treten die Erben in die Gesellschaft ein, und es bedarf einer gesellschaftsvertraglichen Regelung, wenn etwas anderes gelten soll.

7   Die Vererbung eines **Komplementäranteils** richtet sich gem. § 161 Abs. 2 nach den für die Vererbung von Anteilen an einer OHG geltenden Regeln. Danach geht der Gesellschaftsanteil des verstorbenen Gesellschafters nicht im Wege der Gesamtrechtsnachfolge (Universalsukzession) auf die Erbengemeinschaft über. Vielmehr erwerben bei Vorliegen einer entsprechenden **Nachfolgeklausel** im Gesellschaftsvertrag die einzelnen Miterben im Wege der **Sondererbfolge** (Singularsukzession) jeweils eigenständige Anteile an dem Gesellschaftsanteil des Erblassers, und zwar im Umfang ihrer

---

[3] BGH Urt. v. 8. 10. 1979 – II ZR 257/78, BGHZ 75, 178, 181 f. = NJW 1980, 233; OLG Frankfurt Beschluss v. 14. 5. 1976 – 20 W 313/76, DNotZ 1976, 619; OLG Hamburg Urt. v. 13. 3. 1987 – 11 U 184/86, NJW 1987, 1896; Staub/*Ulmer* § 131 RdNr. 85; *Lüke* in Hesselmann/Tillmann/Müller-Thuns, Handbuch der GmbH & Co. KG, 19. Aufl. 2005, § 11 RdNr. 21 ff.; aA für die GmbH & Co. KG, die außer der GmbH keinen Komplementär hat, *K. Schmidt* BB 1980, 1497, 1499 f., jeweils zur Rechtslage vor Neufassung des § 131; aA zum neuen Recht: *K. Schmidt* GmbHR 1994, 829, 834; *Henze* § 177 a Anh. A RdNr. 219.
[4] BGH Urt. v. 23. 11. 1978 – II ZR 20/78, NJW 1979, 1705.
[5] BGH Urt. v. 8. 10. 1979 (Fn. 3) S. 180/233; OLG Frankfurt Beschluss v. 14. 5. 1976 (Fn. 3); aA für den Normalfall der GmbH & Co. KG *K. Schmidt* BB 1980, 1497, 1501.
[6] BGBl. III Nr. 4120–3, geändert durch Art. 9 des Gesetzes vom 19. 12. 1985, BGBl. I S. 2355.
[7] Staub/*Schilling* RdNr. 5; aA Schlegelberger/*K. Schmidt* RdNr. 3.
[8] MünchKommHGB/*K. Schmidt* RdNr. 11.
[9] RG Urt. v. 12. 2. 1929 – II 295/28, RGZ 123, 289, 294.
[10] Zu der auf Grund der Übergangsregelung in Art. 41 EGHGB möglichen Anwendung der §§ 131 bis 142 und 177 aF s. RdNr. 15 und § 131 RdNr. 9.

Erbquoten.[11] Ist im Gesellschaftsvertrag vorgesehen, dass nur einer der Erben Gesellschafter werden soll (**qualifizierte Nachfolgeklausel**), so erwirbt er im Wege der Sondererbfolge den gesamten Gesellschaftsanteil des Erblassers und ist den übrigen Miterben, soweit die Erbquoten nicht mit der gesellschaftsvertraglichen Regelung übereinstimmen, zum Ausgleich verpflichtet.[12] Entsprechendes gilt, wenn nach dem Gesellschaftsvertrag nur ein Teil der Erben in die Gesellschafterstellung nachfolgen soll. Der Gesellschaftsvertrag kann bei mehreren Gesellschafter-Erben eine obligatorische Gruppenvertretung vorsehen.[13] Möglich ist auch die Vereinbarung einer **Eintrittsklausel** im Gesellschaftsvertrag. Dann hat der Erbe oder ein im Gesellschaftsvertrag schon bestimmter oder von dem Erben zu bestimmender Dritter lediglich das Recht, in die Gesellschaft einzutreten. Der Eintritt vollzieht sich nach den Regeln über einen Anteilserwerb unter Lebenden.[14] Wegen der Einzelheiten zur Erbnachfolge in den Anteil eines Komplementärs s. die Erläuterungen zu § 139.

2. Vererbung des Kommanditanteils. a) Rechtsnachfolge. Während die Erben eines persönlich haftenden Gesellschafters gem. § 131 Abs. 3 Nr. 1 aus der Gesellschaft ausgeschlossen sind, treten die Erben eines Kommanditisten nach § 177 in die Gesellschaft ein. Nicht die Erbengemeinschaft, sondern die einzelnen Erben werden Gesellschafter. Jeder Erbe erwirbt einen seiner Erbquote entsprechenden Anteil an der Kommanditbeteiligung des Erblassers. Der Übergang erfolgt **kraft Erbrechts.** Eine Auseinandersetzung hinsichtlich der Nachfolge in den Gesellschaftsanteil ist nicht erforderlich. Es gelten die gleichen Regeln wie bei der Vererbung des Anteils eines persönlich haftenden Gesellschafters auf Grund einer Nachfolgeklausel.[15] Wegen der Einzelheiten s. RdNr. 7 und § 139 RdNr. 5 ff. Im Handelsregister sind Nachfolgevermerke einzutragen (s. § 173 RdNr. 27, 31).

Ist der Erbe bereits Kommanditist, **vereinigen** sich die beiden Kommanditanteile zu einem einheitlichen Anteil. Ist er Komplementär, erhöht sich sein Kapitalanteil um den Kommanditanteil. Er ist zur Einzahlung eines noch offenen Beitrags auf den früheren Kommanditanteil verpflichtet, erlangt aber neben seiner Komplementärstellung nicht auch die Stellung eines Kommanditisten.[16] Ist der einzige Mitgesellschafter Erbe, erlischt die Gesellschaft, und der Erbe führt das Unternehmen als **Einzelkaufmann** fort. Dessen Haftung richtet sich nach § 27.[17] Zu den Besonderheiten bei der Testamentsvollstreckung s. RdNr. 17 ff.

Im Gesellschaftsvertrag kann die Nachfolge abweichend geregelt werden. So ist eine **Ausschließungsklausel** möglich, nach der die Gesellschaft ohne die Erben fortgesetzt wird. In den Nachlass fallen dann lediglich der **Abfindungsanspruch** und die übrigen Ansprüche aus §§ 738 Abs. 1 S. 2, 740 BGB, 105 Abs. 3, 161 Abs. 2. Auch der Abfindungsanspruch kann im Gesellschaftsvertrag **ausgeschlossen** oder eingeschränkt werden.[18] Im Gesellschaftsvertrag kann auch bestimmt werden, dass nur einer oder einzelne von mehreren Erben des Kommanditisten Gesellschafter werden sollen (Teilausschließungsklausel oder **qualifizierte Nachfolgeklausel**). Es gelten dann die gleichen Grundsätze wie bei der qualifizierten Nachfolge in den Anteil eines persönlich haftenden Gesellschafters (s. RdNr. 7 und § 139 RdNr. 20 ff.). In Ausnahmefällen können die Gesellschafter auf Grund der **gesellschaftlichen Treuepflicht** verpflichtet sein, abweichend von dem Gesellschaftsvertrag eine Gesellschafternachfolge zuzulassen.[19] Scheitert die im Gesellschaftsvertrag vorgesehene Nachfolgeregelung daran, dass der darin Benannte nicht Erbe wird, kann auf Grund ergänzender Vertragsauslegung ein Eintrittsrecht des Benannten in Betracht kommen.[20]

Der Kommanditanteil kann auch Gegenstand einer **Vor- und Nacherbfolge** sein. Gesellschaftsrechtlich wird der Nacherbe Rechtsnachfolger des Vorerben.[21] Die Nacherbfolge kann allerdings im Gesellschaftsvertrag **ausgeschlossen** werden. Das kann auch durch eine Änderung des Gesellschaftsvertrags unter Mitwirkung des Vorerben geschehen, sofern diese Mitwirkung bei Beachtung aller

---

[11] BGH Urt. v. 22. 11. 1956 – II ZR 222/55, BGHZ 22, 186, 191 ff. = NJW 1957, 180; Urt. v. 10. 2. 1977 – II ZR 120/75, BGHZ 68, 225, 229 ff. = NJW 1977, 1339; Urt. v. 4. 5. 1983 – IVa ZR 229/81, NJW 1983, 2376; Urt. v. 14. 5. 1986 – IVa ZR 155/84, BGHZ 98, 48, 50 ff. = NJW 1986, 2431; *Wiedemann* Übertragung S. 151 ff.; *Ulmer* ZGR 1972, 195 ff., 324 ff.; iE ebenso, aber gegen die Annahme einer Singularsukzession *K. Schmidt* GesR § 45 V 4 c.
[12] BGH Urt. v. 10. 2. 1977 (Fn. 11) S. 236 f./1342 f.
[13] BGH Urt. v. 12. 12. 1966 – II ZR 41/65, BGHZ 46, 291; *K. Schmidt* ZHR 146 (1982), 525 ff.
[14] *Lange/Kuchinke* § 5 VI A 3 c; *Ulmer* ZGR 1972, 195, 216 ff.
[15] BGH Urt. v. 4. 5. 1983 (Fn. 11); *Lange/Kuchinke* § 5 VI B 1; *Wiedemann* Übertragung S. 196 ff.; aA *Köbler* DB 1972, 2241.
[16] *Heymann/Horn* RdNr. 12.
[17] BGH Urt. v. 10. 12. 1990 – II ZR 256/89, BGHZ 113, 132 = NJW 1991, 844.
[18] BGH Urt. v. 22. 11. 1956 (Fn. 11) S. 194 f./181; Urt. v. 14. 7. 1971 – III ZR 91/70, WM 1971, 1338; *K. Schmidt* GesR § 45 V 3 b; krit. *Wiedemann* Übertragung S. 188 ff.; *Heymann/Emmerich* § 138 RdNr. 43 ff.
[19] BGH Urt. v. 20. 10. 1986 – II ZR 86/85, NJW 1987, 952.
[20] BGH Urt. v. 29. 9. 1977 – II ZR 214/75, NJW 1978, 264; *Göz* NZG 2004, 345, 353.
[21] *Heymann/Horn* RdNr. 12; s. § 173 RdNr. 34; zur Rechtslage, wenn der Erbe bereits Gesellschafter war, s. § 105 RdNr. 35.

12 Der Kommanditanteil kann auch Gegenstand eines **Vermächtnisses** sein. Der Erbe wird dann Inhaber des Gesellschaftsanteils und muss diesen nach §§ 413, 398 BGB auf den Vermächtnisnehmer übertragen. Ist im Gesellschaftsvertrag eine solche Übertragung nicht zugelassen und verweigern die Mitgesellschafter ihre Zustimmung, muss der Erbe dem Vermächtnisnehmer wenigstens die übertragbaren Rechte, also insbesondere den Anspruch auf Gewinn und Auseinandersetzungsguthaben, abtreten.[23] Auch hier kann sich jedoch aus der gesellschaftlichen Treuepflicht eine Verpflichtung der Mitgesellschafter zur Zustimmung ergeben.[24]

13 Schließt der Gesellschaftsvertrag die Erbfolge in den Kommanditanteil aus und begründet statt dessen ein **Eintrittsrecht** des Erben oder eines der Erben oder eines Dritten, so wächst der Anteil des verstorbenen Gesellschafters den übrigen Gesellschaftern an. Der Begünstigte hat gegen die verbliebenen Gesellschafter einen Anspruch auf Aufnahme in die Gesellschaft als Kommanditist.[25] Im Gesellschaftsvertrag kann vereinbart werden, dass der Begünstigte sein Eintrittsrecht durch einseitige Gestaltungserklärung ausüben kann.

14 Wird gem. §§ 1975 ff. BGB **Nachlassverwaltung** angeordnet oder ein **Nachlassinsolvenzverfahren** eröffnet, bleiben die Mitgliedschaftsrechte des Kommanditisten davon unberührt.[26] Das Nachlassinsolvenzverfahren führt auch nicht zum Ausscheiden des Gesellschafter-Erben nach § 131 Abs. 3 Nr. 2.[27] Dem Verfügungsrecht des Nachlassverwalters oder Nachlassinsolvenzverwalters unterliegen die übertragbaren Rechte des Gesellschafters, insbesondere der Gewinnanspruch und der Anspruch auf das Auseinandersetzungsguthaben. Ferner kann der Verwalter die Gesellschaft unter den Voraussetzungen des § 135 kündigen.[28]

15 Die Formulierung des § 177 ist durch das **HRefG** mit Wirkung zum 1. 7. 1998 geändert worden. Die alte Fassung lautete: „Der Tod eines Kommanditisten hat die Auflösung der Gesellschaft nicht zur Folge." Diese Regelung stand in Verbindung mit § 131 Nr. 4 aF, wonach die OHG und damit gem. § 161 Abs. 2 auch die KG durch den Tod eines persönlich haftenden Gesellschafters aufgelöst wurde. Auch nach altem Recht war der Kommanditanteil vererblich, wie sich aus § 177 aF ergab.[29] Das HRefG hat den § 177 redaktionell an die Neufassung des § 131 angepasst mit dem Ziel, die Rechtslage hinsichtlich des Kommanditanteils nicht zu verändern.[30] Die §§ 131 bis 142 und 177 in der vor dem Inkrafttreten des HRefG geltenden Fassung sind gem. Art. 41 EGHGB auch nach diesem Zeitpunkt anwendbar, wenn ein Gesellschafter bis zum 31. 12. 2001 die Anwendung dieser Vorschriften schriftlich verlangt, bevor ein zur Auflösung der Gesellschaft oder zum Ausscheiden eines Gesellschafters führender Grund eingetreten ist, und wenn dieses Verlangen nicht durch Gesellschafterbeschluss zurückgewiesen wird (s. dazu § 131 RdNr. 9).

16 b) **Haftung des Erben.** Die **Haftung** des Erben eines Kommanditanteils richtet sich sowohl nach **Gesellschafts-**, als auch nach **Erbrecht.** Gesellschaftsrechtlich haftet der Gesellschafter-Erbe über § 173 nach §§ 171 f., erbrechtlich haften alle Erben nach §§ 1967, 2058 ff. BGB, 171 f., sofern und soweit die persönliche Haftung des Erblassers nicht ausgeschlossen war. Wegen der Einzelheiten s. § 173 RdNr. 25 ff.

17 c) **Testamentsvollstreckung.** Während bei einem persönlich haftenden Gesellschafter nur die mit der Gesellschaftsbeteiligung verbundenen Vermögensrechte, insbesondere der Anspruch auf das künftige Auseinandersetzungsguthaben, nicht jedoch das Mitgliedschaftsrecht selbst der Testamentsvollstreckung unterliegt,[31] ist in Bezug auf den Kommanditanteil Testamentsvollstreckung grundsätzlich uneingeschränkt möglich.[32] Dem steht nicht entgegen, dass der Gesellschaftsanteil im Wege

---

[22] BGH Urt. v. 6. 10. 1980 – II ZR 268/79, BGHZ 78, 177, 181 ff. = NJW 1981, 115.
[23] BGH Urt. v. 20. 11. 1975 – III ZR 112/73, WM 1976, 251, 252.
[24] S. RdNr. 10; ähnlich MünchKommHGB/*K. Schmidt* RdNr. 21.
[25] Lange/*Kuchinke* § 5 VI A 3 c.
[26] BGH Urt. v. 30. 3. 1967 – II ZR 102/65, BGHZ 47, 293, 296 = NJW 1967, 1961; Urt. v. 30. 4. 1984 – II ZR 293/83, BGHZ 91, 132 = NJW 1984, 2104; Urt. v. 14. 5. 1986 (Fn. 19) S. 55/2433; zur Rechtslage, wenn der Erbe bereits Gesellschafter war, s. § 105 RdNr. 34.
[27] BGH Urt. v. 30. 4. 1984 (Fn. 26) zu § 131 aF; aA Lange/*Kuchinke* § 5 VI A 6 g; s. § 131 RdNr. 47.
[28] BGH Urt. v. 30. 3. 1967 (Fn. 26); Urt. v. 30. 4. 1984 (Fn. 26) S. 136 f./2105.
[29] MünchKommHGB/*K. Schmidt* RdNr. 2.
[30] Zur Kritik an dem gegenteiligen RegE. *K. Schmidt* ZIP 1997, 909, 917; *Gustavus* GmbHR 1998, 17.
[31] BGH Urt. v. 10. 2. 1977 – II ZR 120/75, BGHZ 68, 225, 239 = NJW 1977, 1339, 1343; Urt. v. 12. 1. 1998 – II ZR 23/97, NJW 1998, 1313.
[32] BGH Beschluss v. 3. 7. 1989 – II ZB 1/89, BGHZ 108, 187, 191 ff. = NJW 1989, 3152; MünchKommHGB/*K. Schmidt* RdNr. 24; Staub/*Schilling* RdNr. 10 ff.; zweifelnd *Ulmer* ZHR 146 (1982), 555, 558 ff.; aA *Wiedemann* Übertragung S. 320 ff.

der Sondererbfolge auf den oder die Erben übergeht (s. RdNr. 7 f.). Denn er gehört trotzdem zum Nachlass.³³

Allerdings ergeben sich – wie bei der Vererbung von Gesellschaftsanteilen allgemein – auch bei der Testamentsvollstreckung Besonderheiten aus dem Gesellschaftsrecht. So bedarf es für die Testamentsvollstreckung an einem Kommanditanteil wegen dessen Personenbezogenheit einer **Zulassung im Gesellschaftsvertrag** oder der **Zustimmung** sämtlicher Mitgesellschafter.³⁴ Zwar ist der Kommanditanteil bei Fehlen einer abweichenden vertraglichen Bestimmung frei vererblich, so dass die Gesellschafter nicht auf eine ihnen genehme personelle Zusammensetzung der Gesellschaft vertrauen können. Es besteht aber ein Unterschied, ob ein unbekannter Dritter Gesellschafter wird oder ob zusätzlich auch noch ein Testamentsvollstrecker tätig wird. Während nämlich der neue Gesellschafter in der Regel ein persönliches Interesse an dem Wohlergehen der Gesellschaft hat, gilt das für den Testamentsvollstrecker nur in geringerem Maße. Läßt ein Gesellschaftsvertrag einem Kommanditisten für seine Nachfolgeregelung völlig freie Hand, kann darin die konkludente Zulassung auch einer Testamentsvollstreckung liegen.³⁵ Dabei ist aber aus dem vorstehend genannten Grund Zurückhaltung geboten.³⁶ Das Gleiche dürfte gelten, wenn der Gesellschaftsvertrag die freie Übertragung des Kommanditanteils gestattet.³⁷ Fehlt es an der Zulassung oder Zustimmung, so bezieht sich die dennoch angeordnete Testamentsvollstreckung lediglich auf die nicht mitgliedschaftlich gebundenen Vermögensrechte, nämlich den Anspruch auf das künftige Auseinandersetzungsguthaben³⁸ und die Gewinnausschüttung sowie auf das Kündigungsrecht aus § 132.

Der Übergang des Gesellschaftsanteils im Wege der Sondererbfolge führt nicht zu einer unbeschränkten Haftung des Erben nach **§ 176 Abs. 2** (str., s. § 176 RdNr. 25 ff.). Wohl kann schon der Erblasser nach § 176 unbeschränkt gehaftet haben. Dann trifft auch den Erben diese Haftung. Das schließt eine Testamentsvollstreckung jedoch nicht aus. Denn die unbeschränkte Haftung ist keine Folge der Testamentsvollstreckung, sondern würde den Erben auch sonst treffen. Aus dem gleichen Grunde ist die Testamentsvollstreckung an einem Kommanditanteil auch dann zulässig, wenn die **Einlage nicht voll eingezahlt** oder an den Erblasser zurückgezahlt worden ist und der Erbe deshalb gem. §§ 128, 161 Abs. 2, 171 Abs. 1, 172 nicht nur mit dem Nachlassvermögen, sondern mit seinem gesamten Vermögen haftet.³⁹ Nimmt der Testamentsvollstrecker ohne Zustimmung des Erben Rechtsgeschäfte oder Rechtshandlungen vor, die gem. **§ 172 Abs. 4** zur persönlichen Haftung des Erben führen (s. § 172 RdNr. 21 ff.), liegt darin jedenfalls ein Verstoß gegen die Pflicht zur ordnungsgemäßen Verwaltung aus § 2216 BGB und damit ein Missbrauch der Vertretungsmacht. Der Testamentsvollstrecker ist dann zur Rückgewähr und ggf. zum Schadensersatz verpflichtet. Ebenso kommt eine Haftung des aufseiten der Gesellschaft an dem Geschäft beteiligten vertretungsberechtigten Gesellschafters in Betracht.⁴⁰ War für diesen Gesellschafter erkennbar, dass der Erbe dem Geschäft nicht oder nicht wirksam zugestimmt hatte, dürfte darüber hinaus sogar ein Mangel der Vertretungsmacht des Testamentsvollstreckers vorliegen. Das Geschäft ist dann unwirksam.⁴¹

Der Testamentsvollstrecker ist berechtigt, die **Einlage** des Erben zu erhöhen, sofern die dafür erforderlichen Mittel im Nachlass vorhanden sind.⁴² Nicht aber darf er ohne Zustimmung des Erben die **Haftsumme** erhöhen (zum Unterschied s. § 171 RdNr. 5 ff.). Denn davon wäre wegen der persönlichen Haftung des Gesellschafter-Erben nicht nur das Nachlassvermögen betroffen.⁴³ Eine dennoch vereinbarte Erhöhung der Haftsumme darf nicht in das Handelsregister eingetragen werden. Auch eine Haftung nach § 172 Abs. 2 auf Grund einer Kundmachung der Haftsummenerhöhung scheidet aus, weil dafür grundsätzlich die Zustimmung des Gesellschafters erforderlich ist (s. § 172 RdNr. 12 ff.). Über die Haftsummenerhöhung hinaus sind auch alle anderen Änderungen des Gesellschaftsvertrags, die in den **Kernbereich der Mitgliedschaft** eingreifen, von der Vertretungsmacht des Testamentsvollstreckers nicht erfasst.⁴⁴

---

³³ BGH Urt. v. 4. 5. 1983 – IVa ZR 229/81, NJW 1983, 2376, 2377; Urt. v. 14. 5. 1986 – IVa ZR 155/84, BGHZ 98, 48, 51 = NJW 1986, 2431, 2432; Beschluss v. 3. 7. 1989 (Fn. 32) S. 192/3153.
³⁴ BGH Urt. v. 10. 2. 1977 (Fn. 31) S. 241/1344; Urt. v. 25. 2. 1985 – II ZR 130/84, NJW 1985, 1953, 1954; Beschluss v. 3. 7. 1989 (Fn. 32) S. 191/3153.
³⁵ BGH Urt. v. 10. 2. 1977 (Fn. 31) S. 241/1344; MünchKommBGB/*Zimmermann* § 2205 RdNr. 44.
³⁶ Einschränkend auch Staub/*Schilling* RdNr. 13.
³⁷ *Ulmer* NJW 1990, 73, 76.
³⁸ BGH Urt. v. 25. 2. 1985 (Fn. 34).
³⁹ BGH Beschluss v. 3. 7. 1989 (Fn. 32) S. 196 f./3155; einschränkend *Rowedder*, FS Goerdeler, 1987, S. 445, 460 ff.
⁴⁰ BGH Beschluss v. 3. 7. 1989 (Fn. 32) S. 197 f./3155; *Ulmer* ZHR 146 (1982), 555, 567.
⁴¹ BGH Beschluss v. 3. 7. 1989 (Fn. 32) S. 197 f./3155; MünchKommHGB/*K. Schmidt* RdNr. 31; aA Heymann/*Horn* RdNr. 15.
⁴² *Ulmer* NJW 1990, 73, 79; unklar BGH Beschluss v. 3. 7. 1989 (Fn. 32) S. 198/3155.
⁴³ BGH Beschluss v. 3. 7. 1989 (Fn. 32) S. 198/3155; MünchKommHGB/*K. Schmidt* RdNr. 31.
⁴⁴ *Ulmer* NJW 1990, 73, 79 f.; Röhricht/Graf von Westphalen/*von Gerkan* RdNr. 16; aA *Lorz* S. 173 ff.

21 Problematisch ist die Testamentsvollstreckung, wenn der **Erbe bereits Gesellschafter** ist. Grundsätzlich ist die Beteiligung eines Gesellschafters an einer Personengesellschaft notwendig eine einheitliche. Eine Aufspaltung der einheitlichen Beteiligung in zwei selbständige Gesellschaftsanteile wird als unmöglich angesehen.[45] Folglich vereinigt sich der ererbte mit dem ursprünglichen Gesellschaftsanteil des Gesellschafter-Erben zu einem einheitlichen Anteil (s. RdNr. 9). Bei dieser Rechtslage wäre eine Testamentsvollstreckung nicht möglich, weil sie mehr als den ererbten Gesellschaftsanteil erfassen würde. Der für das Erbrecht zuständige IVa-Zivilsenat des BGH hat jedoch von dem Grundsatz der Einheitlichkeit des Gesellschaftsanteils im Falle der Testamentsvollstreckung eine Ausnahme zugelassen. Obwohl sich sämtliche Anteile an einer OHG in der Hand eines Gesellschafters vereinigt hatten, hat der Senat die Gesellschaft im Hinblick auf die Testamentsvollstreckung als fortbestehend angesehen.[46] In seinem Beschluss vom 10. 1. 1996[47] hat er diese Rechtsprechung bestätigt und ausdrücklich erklärt, die angeordnete Testamentsvollstreckung verhindere die uneingeschränkte Vereinigung des schon gehaltenen und des hinzuerworbenen Anteils. Der für das Gesellschaftsrecht zuständige II. Zivilsenat des BGH hat in seinem Beschluss vom 3. 7. 1989[48] offengelassen, ob er an seiner ablehnenden Haltung festhält. Zu folgen ist der Auffassung des Erbrechtssenats. Nur die Annahme eines **abspaltbaren Sondervermögens**, welches der Testamentsvollstreckung unterliegt, wird den praktischen Bedürfnissen gerecht. Die Gegenmeinung muss zu Ersatzlösungen greifen. Sie nimmt an, in der Anordnung der Testamentsvollstreckung liege für den Fall der Vereinigung des vererbten Anteils mit einem schon gehaltenen Anteil eine Erbeinsetzung unter der Auflage, dass der Erbe einen dem Erblasseranteil entsprechenden Teil seines Gesellschaftsanteils an den Testamentsvollstrecker als Treuhänder abtritt.[49]

22 Die Testamentsvollstreckung ist im **Handelsregister** einzutragen, sofern es sich nicht nur um eine Auseinandersetzungsvollstreckung iSd. §§ 2203, 2204 BGB handelt.[50] Im Übrigen hat der Testamentsvollstrecker das Recht und die Pflicht, auch alle übrigen Registeranmeldungen vorzunehmen, insbesondere die Anmeldung des Anteilsübergangs auf den Erben.[51] Ob daneben auch der Erbe ein Anmelderecht hat, ist streitig.[52] Jedenfalls ist er berechtigt und verpflichtet, an den Anmeldungen des Testamentsvollstreckers mitzuwirken.[53]

§ 177a [Angaben auf Geschäftsbriefen; Antragspflicht bei Zahlungsunfähigkeit oder Überschuldung]

¹Die §§ 125a, 130a und 130b gelten auch für die Gesellschaft, bei der ein Kommanditist eine natürliche Person ist, § 130a jedoch mit der Maßgabe, daß anstelle des Absatzes 1 Satz 1 zweiter Halbsatz der § 172 Abs. 6 Satz 2 anzuwenden ist. ²Der in § 125a Abs. 1 Satz 2 für die Gesellschafter vorgeschriebenen Angaben bedarf es nur für die persönlich haftenden Gesellschafter der Gesellschaft.

I. Anwendungsbereich der Norm

1 Gemäß § 161 Abs. 2 sind §§ 125a, 130a und 130b auf die KG entsprechend anwendbar. Durch § 177a wird der Anwendungsbereich erweitert auf die Fälle, in denen einer KG zwar natürliche Personen als Gesellschafter angehören, aber nur in der Rolle von Kommanditisten. Damit ist vor allem die GmbH & Co. KG angesprochen, die auch den Hauptanwendungsfall der §§ 125a, 130a und 130b darstellt. Immer dann, wenn keine natürliche Person unbeschränkt für die Gesellschaftsschulden haftet, wird die Gesellschaft hinsichtlich der Anforderungen an die Geschäftsbriefe und der Pflichten im Insolvenzfall gem. §§ 177a, 125a, 130a und 130b wie eine Kapitalgesellschaft behandelt.

---

[45] BGH Urt. v. 11. 4. 1957 – II ZR 182/55, BGHZ 24, 106, 113 = NJW 1957, 1026, 1028; Urt. v. 1. 6. 1987 – II ZR 259/86, BGHZ 101, 123; 129 = NJW 1987, 3184, 3186.
[46] Urt. v. 14. 5. 1986 (Fn. 33) S. 57/2433.
[47] IV ZB 21/94, NJW 1996, 1284, 1286.
[48] Fn. 32, S. 199/3155.
[49] Ulmer NJW 1990, 73, 77.
[50] MünchKommHGB/*K. Schmidt* RdNr. 37; *Ulmer* NJW 1990, 73, 82; *Plank* ZEV 1998, 325, 330; aA KG Beschluss v. 4. 7. 1995 – 1 W 5374/92, WM 1995, 1890; Staub/*Schilling* RdNr. 20.
[51] BGH Beschluss vom 3. 7. 1989 (Fn. 32) S. 190/3153.
[52] Dafür Staub/*Schilling* RdNr. 20; dagegen *Ulmer* NJW 1990, 73, 82, offengelassen von BGH Beschluss v. 3. 7. 1989 (Fn. 32) S. 190/3153.
[53] *Ulmer* NJW 1990, 73, 82.

Für den Anwendungsbereich der §§ 130a und b stellt § 177a durch die Verweisung auf § 172 **2** Abs. 6 S. 2 klar, dass diejenigen Kommanditgesellschaften ausgenommen sind, zu deren persönlich haftenden Gesellschaftern eine OHG oder KG gehört, bei der ein persönlich haftender Gesellschafter eine natürliche Person ist. Das Gleiche muss – über den Wortlaut des § 177a S. 1 hinaus – auch für den Anwendungsbereich des § 125a gelten. Ein Grund für eine unterschiedliche Behandlung besteht nicht. Folglich ist § 172 Abs. 6 S. 2 nicht nur an Stelle von § 130a Abs. 1 S. 1 HS 2, sondern auch an Stelle von § 125a Abs. 1 S. 3 anwendbar.

II. Angaben auf Geschäftsbriefen

Nach § 177a S. 1 müssen auch die Geschäftsbriefe einer KG die in **§ 125 Abs. 1 S. 2** aufgeführ- **3** ten Angaben enthalten, wenn keine natürliche Person für die Gesellschaftsschulden unbeschränkt haftet (s. RdNr. 2). Dabei genügt gem. § 177a S. 2, die Namen der persönlich haftenden Gesellschafter anzugeben. Das gilt auch dann, wenn § 125a nicht erst über § 177a, sondern – wenn nicht einmal als Kommanditist eine natürliche Person beteiligt ist – bereits über die allgemeine Verweisung des § 161 Abs. 2 anwendbar ist.[1] Die Geschäftsbriefe müssen daneben die für die Komplementär-Gesellschaften in §§ 35a GmbHG, 80 AktG vorgesehenen Angaben enthalten. Bei Zuwiderhandlungen können gegen die organschaftlichen Vertreter der Komplementär-Gesellschaften oder die Liquidatoren gem. §§ 37 Abs. 4, 125a Abs. 2, 161 Abs. 2, 177a Zwangsgelder festgesetzt werden. Wegen der Einzelheiten s. die Kommentierung zu § 125a.

III. Pflichten im Insolvenzfall

Bei einer KG, bei der keine natürliche Person für die Gesellschaftsschulden unbeschränkt haftet, **4** kann gem. §§ 15 ff. InsO im Falle der Zahlungsunfähigkeit, der drohenden Zahlungsunfähigkeit und der Überschuldung das Insolvenzverfahren eröffnet werden. Bezüglich der Eröffnungsgründe Zahlungsunfähigkeit und Überschuldung besteht gem. **§§ 130a Abs. 1**, 161 Abs. 2, 177a nicht nur ein Antragsrecht, sondern auch eine **Antragspflicht** der organschaftlichen Vertreter der Komplementär-Gesellschaften und der Liquidatoren. Ferner ist es diesen Personen gem. **§§ 130a Abs. 2**, 161 Abs. 2, 177a grundsätzlich verboten, Zahlungen zu Lasten der Gesellschaft zu leisten, wenn Zahlungsunfähigkeit eingetreten ist oder eine Überschuldung erkennbar wird. Sie dürfen dann auch keine Neuverbindlichkeiten begründen, die mit der Sorgfalt eines ordentlichen und gewissenhaften Geschäftsleiters nicht vereinbar sind,[2] oder Kundenschecks auf ein debitorisches Bankkonto einziehen lassen.[3] Bei Verletzung dieser Pflichten haben sie Schadensersatz zu leisten, und zwar sowohl der Gesellschaft gem. **§§ 130a Abs. 3**, 161 Abs. 2, 177a als auch den Gesellschaftsgläubigern gem. § 823 Abs. 2 BGB iVm. §§ 130a, 161 Abs. 2, 177a.[4] Außerdem machen sie sich nach **§§ 130b**, 161 Abs. 2, 177a strafbar. Bei den Adressaten dieser Normen handelt es sich im Regelfall um die Geschäftsführer der Komplementär-GmbH einer GmbH & Co. KG. Aber auch „faktische Geschäftsführer" werden davon erfasst.[5] Das kann dann auch für einen Kommanditisten gelten. Wegen der Einzelheiten zu §§ 130a, b siehe die Erläuterungen dort.

---

[1] MünchKommHGB/*K. Schmidt* RdNr. 3.
[2] MünchKommHGB/*K. Schmidt* RdNr. 12.
[3] BGH ZIP 2007, 1006; Urt. v. 26. 3. 2007 – II ZR 310/05, ZIP 2007, 1006; Urt. v. 29. 11. 1999 – II ZR 273/98, BGHZ 143, 184, 186 ff. = NJW 2000, 668 (für den vergleichbaren § 64 Abs. 2 GmbHG).
[4] BGH Urt. v. 7. 11. 1994 – II ZR 138/92, WM 1995, 108, 109; *K. Schmidt* ZHR 168 (2004), 637, 639 ff.; s. § 171 RdNr. 26.
[5] BGH Urt. v. 21. 3. 1988 – II ZR 194/87, BGHZ 104, 44 = NJW 1988, 1789; Urt. v. 11. 7. 2005 – II ZR 235/03, NZG 2005, 816 (zu dem vergleichbaren § 64 GmbHG).

Anhang nach § 177 a

Sondertypen der Kommanditgesellschaft

A. GmbH & Co. KG

Schrifttum zur GmbH & Co. KG: *Bärwaldt/Jedlitschka*, Ansprüche einer GmbH & Co. KG gegen ihre Geschäftsführer und deren Verjährung, GmbHR 2005, 509; *Ballerstedt*, Der gemeinsame Zweck als Grundbegriff des Rechts der Personengesellschaften, JuS 1963, 253; *Barth*, Die Publizitäts- und Prüfungspflicht der GmbH & Co. KG, BB 1986, 2235; *Beckmann*, Die AG & Co. KG, 1992; *Biener*, Einzelne Fragen zur Rechnungslegung der GmbH & Co. KG nach dem Publizitätsgesetz, GmbHR 1975, 5–13, 30–35; *Binz/Mayer*, Die ausländische Kapitalgesellschaft & Co. KG im Aufwind? – Konsequenzen aus dem „Überseering" – Urteil des EuGH v. 5. 11. 2002 – Rs. C 208/00, GmbHR 2002, 1137; *dies.*, Beurkundungspflichten bei der GmbH & Co. KG, NJW 2002, 3054–3062; *Binz/Sorg*, Die GmbH & Co. KG, 10. Aufl 2005; *dies.*, Manager-Beteiligung auf Zeit – ein unzulässiger Etikettenschwindel? – Gesellschafts- und steuerrechtliche Aspekte eines Beteiligungsmodells bei GmbH und GmbH & Co. KG, GmbHR 2005, 893; *v. Bitter*, Das Informationsrecht der GmbH-Gesellschafter in §§ 51 a, 51 b GmbHG, ZIP 1981, 825; *Borsch*, Die Stärkung des Einflusses der Komplementär-GmbH in der GmbH & Co. KG, GmbHR 2003, 881; *Britsch*, Die Rechte der Kommanditisten bei der Bestellung und Abberufung des Geschäftsführers der Komplementär-GmbH, 1976; *Brönner/Rux/Wagner*, Die GmbH & Co. KG in Recht und Praxis, 10. Aufl. 2004; *Bülow*, Zur wechselseitigen Beteiligung bei der GmbH & Co. KG – Institutionsmißbrauch oder institutionsgerechter Gebrauch?, DB 1982, 527; *Cahn*, GmbH & Co. Kommanditgesellschaft, 1922; *Canaris*, Die Rückgewähr von Gesellschaftereinlagen durch Zuwendungen an Dritte, FS Robert Fischer, 1979, S. 31; *Carlé/Bauschatz*, Vermeidbares Haftungsrisiko bei der Umwandlung einer GmbH in eine GmbH & Co. KG, ZIP 2002, 2072; *Ebenroth/Eyles*, Die Beteiligung ausländischer Gesellschaften an einer inländischen Kommanditgesellschaft, Beilage Nr. 2/88 DB 1988, Heft Nr. 6 vom 12. 2. 1988; *Ebke*, Die „ausländische Kapitalgesellschaft & Co. KG" und das europäische Gemeinschaftsrecht, ZGR 16 (1987), 245; *Eltermann*, Zur Zulässigkeit der Einheits-GmbH & Co. unter dem Gesichtspunkt des Gläubigerschutzes, GmbHR 1973, 207; *Enters*, Offenlegung der Jahresabschlüsse der Kapitalgesellschaften und Einbeziehung der GmbH & Co. KG – Beschluss des Europäischen Gerichtshofes vom 23. 9. 2004, Stgb 2005, 93; *Esch*, Die GmbH & Co. als „Einheitsgesellschaft", BB 1991, 1129; *Fleck*, Die Drittanstellung des GmbH-Geschäftsführers, ZHR 149 (1985), 387; *Fröhler*, Die Insichgeschäftsbeschränkung nach § 181 BGB bei der GmbH & Co. KG, BWNotZ 2005, 129; *Gaul*, Die Wettbewerbsbeschränkung des Geschäftsführers der GmbH innerhalb und im Anschluß an den stillschweigend verlängerten Vertrag, GmbHR 1991, 144; *Göz*, Die Nachfolgeregelung bei der GmbH & Co. KG, NZG 2004, 345; *Grothe*, Die „ausländische Kapitalgesellschaft & Co.", 1989; *Großfeld, Bernhard*, Vom Deutschen zum Europäischen Gesellschaftsrecht, AG 1987, 261; *Grunewald*, Haftung für fehlerhafte Geschäftsführung in der GmbH & Co. KG, BB 1981, 581; *Gundlach/Frenzel/N. Schmidt*, Die Simultaninsolvenz einer GmbH & Co. KG und ihrer Komplementär-GmbH, DStR 2004, 1658; *Haase*, Die Vorteile der GmbH und der GmbH & Co. KGaA in gesellschaftsrechtlicher Sicht, GmbHR 1997, 917; *Haidinger*, Die „ausländische Kapitalgesellschaft & Co. KG", 1990; *Halasz/Kloster/Kloster*, Die GmbH & Co. KGaA – Eine Rechtsformalternative zur GmbH & Co. KG?, GmbHR 2002, 77; *dies.*, Umwandlung von GmbH und GmbH & Co. KG in eine GmbH & Co. KGaA, GmbHR 2002, 310–320 (I); 359–369 (II); *Heitsch*, (Gmbh & Co.) KG und übertragende Sanierung, ZinsO 2004, 1339; *Henze*, Handbuch zum GmbH-Recht, 2. Aufl. 1997; *ders.*, Die Treupflicht im Aktienrecht, BB 1996, 489; *Henze/Notz*, in: GroßkommAktG 4. Aufl. 2004; *Herschel*, Der Geschäftsführer der GmbH & Co. KG, Gedächtnisschrift für Rudolf Schmidt, 1966, 329; *ders.*, Der Geschäftsführer der GmbH & Co. KG, DB 1967, 2202; *Hesselmann*, Aktuelle Probleme der GmbH & Co. KG, 3. Aufl. 1974; *Hesselmann/Tillmann/Mueller-Thuns*, Handbuch der GmbH & Co., 19. Aufl. 2005; *Hommelhoff/Ihrig/Schlitt/Schäfer/Casper*, Die GmbH & Co. KGaA nach BGHZ 134, 392, ZHR-Sonderheft, 1998; *Hopt*, Zur Abberufung des GmbH-Geschäftsführers bei der GmbH & Co., insbesondere bei der Publikumskommanditgesellschaft, ZGR 8 (1979), 1; *Hopt/Hehl*, Gesellschaftsrecht, 4. Aufl. 1996; *Huber, Ulrich*, Das Auskunftsrecht des Kommanditisten, ZGR 11 (1982), 539; *ders.*, Vermögensanteil, Kapitalanteil und Gesellschaftsanteil an Personalgesellschaften des Handelsrechts, 1970; *Hüffer*, Organpflichten und Haftung in der Publikums-Personengesellschaft, ZGR 10 (1981), 348; *Hüttche/Maurer*, Zweifelfragen bei der Prüfung einer GmbH & Co. KG, GmbHR 2001, 841; *Hunscha*, Gläubigerschutz und wechselseitig beteiligte GmbH & Co. KG, GmbHR 1975, 145; *Joost*, Eigenkapitalersetzende Kommanditistenleistungen, ZGR 16 (1987), 370; *Klamroth*, Auswirkung des Mitbestimmungsgesetzes auf die GmbH & Co. KG, BB 1977, 305; *Knur*, Unternehmensform und Betriebsverfassungsgesetz, DNotZ 1953, 6; *Koch*, Mitwirkungsrechte der Kommanditaktionäre bei der GmbH & Co. KG – Grenzen satzungsmäßiger Einschränkungen; *Konzen*, Geschäftsführung, Weisungsrecht und Verantwortlichkeit in der GmbH und GmbH & Co. KG, NJW 1989, 2977; *Kowalski/Bormann*, Beteiligung einer ausländischen juristischen Person als Komplementärin an einer deutschen KG, GmbHR 2005, 1045; *Krebs*, Geschäftsführungshaftung bei der GmbH & Co. KG und das Prinzip der Haftung für sorgfaltswidrige Leitung, 1991; *Kübler, Friedrich*, Gesellschaftsrecht, 5. Aufl. 1999; *Löffler*, Zur Reichweite des gesetzlichen Wettbewerbsverbots in der Kommanditgesellschaft, NJW 1986, 223; *Lüdtke-Handjery*, Gesellschaftszweck und Unternehmensgegenstand der GmbH & Co., BB 1973, 68; *Lutter*, Haftungsrisiken bei der Gründung einer GmbH, JuS 1998, 1073; *ders.*, Europäisches Unternehmensrecht, ZGR-Sonderheft 1, 4. Aufl. 1991; *Monhemius*, Bilanzrecht, Gründerhaftung und Scheitern der Vor-GmbH, GmbHR 1997, 384; *Müller, Klaus*, Haftungsfragen im Zusammenhang mit der Geschäftsführung der GmbH & Co. KG durch die Komplementär-GmbH, GmbHR 1972, 18; *Niedner/Kusterer*, Der Weg von der GmbH in die GmbH & Co. KGaA, GmbHR 1998, 588; *Naujok*, Gemeinschaftswidrigkeit der Offenlegungspflichten der GmbH & Co. KG, GmbHR 2003, 263; *Pauli*, Fallstricke bei Errichtung einer gewerblich geprägten Immobilien GmbH & Co. KG, DB 2005, 1021; *Paus*, Die GmbH & Co. GbR – eine unendliche Geschichte? Anmerkungen zu der zweiten Übergangsregelung der Verwaltung, DStZ 2002, 66; *Priester*, Die Unversehrtheit des Stammkapitals bei Eintragung der GmbH – ein notwendiger Grundsatz?, ZIP 1982, 1141; *Rechenberg, Freiherr von*, Erbfolge und Erbteilung in der GmbH & Co. KG – Gesellschaftsrechtliche, erbschaft- und ertragsteuerliche Rahmenbedingungen, GmbHR 2005, 386; *Rehbinder*, Treupflichten im GmbH-Konzern, ZGR 3 (1976), 386; *Reuter*, Privatrechtliche Schranken der Perpetuierung von Unternehmen, 1973; *Riegger*, Unterliegt die Komplementär-GmbH dem gesetzlichen Wettbewerbsverbot?, BB 1983, 90; *Rinze*, Die Haftung von Beiratsmitgliedern einer personalistischen GmbH & Co. KG, NJW 1992, 2790; *Schäfer*, Das

GmbH & Co. KG § 177 a Anh. A

Handelsrechtsreformgesetz nach dem Abschluß des parlamentarischen Verfahrens, DB 1998, 1269; *Schilling*, Die GmbH & Co. KG als Einheitsgesellschaft, FS Barz, 1974, 67; *Schiffers*, Aktuelle Fragen der Rechnungslegung für GmbH und GmbH & Co. KG, GmbH-StB 2005, 170; *Schmidt, Christian H.*, Jahresabschlusspublizität bei der GmbH & Co. KG – Luxemburg locuta, causa finita, GmbHR 2004, 1512; *Schmidt, Karsten*, Löschungsgesetz und GmbH & Co., BB 1980, 1497; *ders.*, Zum Liquidationsrecht der GmbH & Co., GmbHR 1980, 261; *ders.*, Die GmbH & Co. – eine Zwischenbilanz, GmbHR 1984, 272; *ders.*, Kapitalersetzende Kommanditistendarlehen, GmbHR 1986, 337; *ders.*, Kapitalsicherung in der GmbH & Co. KG: Schlußbilanz oder Zwischenbilanz einer Rechtsfortbildung?, GmbHR 1989, 141; *ders.*, Die Handels-Personengesellschaft in Liquidation, ZHR 153 (1989), 270; *ders.*, Handelsrechtliche Probleme der doppelstöckigen GmbH & Co. KG, DB 1990, 93; *ders.*, Zur Durchgriffsfestigkeit der GmbH, ZIP 1994, 837; *ders.*, HGB-Reform im Regierungsentwurf, ZIP 1997, 909; *ders.*, Das Handelsrechtsreformgesetz, NJW 1998, 2161; *ders.*, HGB-Reform und gesellschaftsrechtliche Gestaltungspraxis, DB 1998, 61; *ders.*, Haftung aus Rechtsgeschäften vor Errichtung einer GmbH, GmbHR 1998, 613; *ders.*, Übermäßige Geschäftsführerrisiken aus § 64 Abs. 2 GmbHG, § 130 a Abs. 3 HGB – eine Kritik der Praxis zu den Zahlungsverboten bei Insolvenz einer GmbH oder GmbH & Co. KG, ZIP 2005, 2177; *ders.*, Insolvenz und Insolvenzabwicklung bei der Typischen GmbH & Co. KG – Thesen und Fragen zur Verzahlung von Insolvenzverwaltung und -abwicklung bei der GmbH & Co. KG, GmbHR 2002, 1209; *ders.*, Insolvenzabwicklung bei der Simultaninsolvenz der Gesellschaften in der GmbH & Co. KG – Nachtrag zu den Ausführungen in GmbHR 2002, 1209 ff. und Bemerkungen zum Beschluss des OLG Hamm vom 3. 7. 2000 – 15 W 375/02, GmbHR 2003, 1361, GmbHR 2003, 1404; *Schneider, U. H.*, Der Anstellungsvertrag des Geschäftsführers einer GmbH im Konzern, GmbHR 1993, 10; *Schön*, Die vermögensverwaltende Personenhandelsgesellschaft – Ein Kind der HGB-Reform –, DB 1998, 1169; *Schulze-Osterloh*, Kapitalgesellschaft & Co. – Handelsgesellschaft kraft Rechtsform?, NJW 1983, 1281; *Simon/Leuering*, Umwandlung von GmbH & Co. KGs – Ende des Treuhandmodells, NJW-Spezial 2005, 459; *Spiegelberger*, Die Familien-GmbH & Co. KG, ZEV 2003, 391; *Spiegelberger/Walz*, Die Prüfung der Kapitalaufbringung im Rahmen der GmbH-Gründung, GmbHR 1998, 761; *Streim/Klaus*, Zur Rechnungslegung, Prüfung und Publizität der GmbH & Co. KG, BB 1994, 1109; *Tillmann*, Umwandlung auf doppelstöckige GmbH & Co. KG, DB 1986, 1319; *ders.*, Die Verschmelzung von Schwestergesellschaften unter Beteiligung von GmbH und GmbH & Co. KG – Probleme der Anteilsgewährung und Kapitalerhöhung, GmbHR 2003, 740; *Uhlenbruck*, Insolvenzordnung, 12. Aufl. 2003; *ders.*, Die GmbH & Co. KG in Krise, Konkurs und Vergleich, 2. Aufl. 1988; *Ulmer*, Abschied vom Vorbelastungsverbot im Gründungsstadium der GmbH, ZGR 10 (1981), 593; *ders.*, Zur Haftungsverfassung in der Vor-GmbH, ZIP 1996, 733; *Veismann*, Die GmbH & Co. als Handelsgesellschaft, BB 1970, 1159; *Wachter*, Kreditvergabe und Kapitalschutz bei der GmbH & Co. KG, GmbHR 2004, 1248; *Watermeyer*, Umwandlung einer GmbH & Co. KG in eine GmbH durch Anwachsung, GmbH-StB 2003, 96; *Weimar/Geitzhaus*, Die GmbH & Co. KG vor den Toren des GmbH-Rechts, DB 1987, 2026–2032, 2085–2088; *Weinhardt*, Stimmverbote bei der GmbH & Co. KG, DB 1989, 2417; *Wessel*, Die GmbH & Co. als Handelsgesellschaft, BB 1970, 1276; *Westermann*, GmbH-Konzernrecht kraft richterlicher Rechtsfortbildung?, GmbHR 1976, 77; *ders.*, Handbuch der Personengesellschaften, 3. Aufl. 1967/91; *Wiedemann*, Gesellschaftsrecht Bd. I, 1980; Bd. II, 2004; *ders.*, Die Bedeutung der ITT-Entscheidung, JZ 1976, 392; *Winkler*, Die Haftungsverfassung der GmbH & Co. (KG), NJW 1969, 1009; *Winter*, Mitgliedschaftliche Treubindung im GmbH-Recht, 1988; *Zöllner*, Die Schranken mitgliedschaftlicher Stimmrechtsmacht bei den privatrechtlichen Personenverbänden, 1963; *ders.*, Konkurrenz für inländische Kapitalgesellschaften durch ausländische Rechtsträger, insbesondere durch die englische Private Limited Company, GmbHR 2006, 1.

Übersicht

	RdNr.		RdNr.
I. Grundlagen	1–26	b) Haftungsverhältnisse bei der GmbH & Co. KG	51–54
1. Begriff, Rechtsform und Vorteile der GmbH & Co. KG	1–12 a	c) Vorgründungsgesellschaft und GmbH & Co. KG	55–57
a) Begriff und Rechtsform	1–7		
b) Vorteile	8–12 a	4. Die Firma der GmbH & Co. KG	58–62
2. Die historische Entwicklung und Anerkennung der GmbH & Co. KG	13, 14	5. Umwandlung einer AG in eine GmbH & Co. KG	62 a, 62 b
a) Entwicklung in der Rechtsprechung	13	**III. Das Innenverhältnis der GmbH & Co. KG**	63–160
b) Anerkennung durch den Gesetzgeber	14		
3. Erscheinungsformen der GmbH & Co. KG	15–26	1. Die Geschäftsführung in der GmbH & Co. KG	64–83 a
a) Personen- und beteiligungsgleiche GmbH & Co. KG	15	a) Geschäftsführungsbefugnis der GmbH	64–70
b) Einmann-GmbH & Co. KG	16	b) Besonderheiten im Rechtsverhältnis zwischen GmbH und Geschäftsführer	71–75
c) Nicht personen- und beteiligungsgleiche GmbH & Co. KG	17	c) Vertragliche Beziehungen zwischen GmbH & Co. KG und Geschäftsführer	76–79
d) Einheits-GmbH & Co. KG	18		
e) Die doppelstöckige (mehrstufige) GmbH & Co. KG	19	d) Die Organ- und Vertragshaftung der Geschäftsführer im Innenverhältnis der GmbH & Co. KG	80–83 a
f) Kapitalistische GmbH & Co. KG	20		
g) Verbindung der KG mit anderen Rechtsträgern	21–24	2. Treupflichten in der GmbH & Co. KG	84–89
h) GmbH & Co. GbR	25	a) Grundsätze zur Treupflicht	84, 85
i) GmbH & Co. KGaA	26	b) Treupflichten in der GmbH & Co. KG	86–89
II. Die Entstehung der GmbH & Co. KG	27–62 b	3. Wettbewerbsverbot	90–98
1. Gründung der Komplementär-GmbH	29–36	a) Komplementär-GmbH	90–93
2. Die KG im Gründungsstadium	37, 38	b) Kommanditisten	94–97
3. Die Haftungsverhältnisse im Gründungsstadium	39–57	c) Herrschender GmbH-Gesellschafter und GmbH-Geschäftsführer	98
a) Haftungsverhältnisse bei der Vor-GmbH & Co. KG	39–50	4. Kontroll- und Informationsrecht der Gesellschafter	99–109
		a) Kommanditist	99–105

Henze

	RdNr.		RdNr.
b) GmbH-Gesellschafter	106–108	c) Entziehung der Vertretungsmacht	181
c) Kritik zur Unterschiedlichkeit der Rechte	109	2. Kapitalaufbringung und Kapitalerhaltung in der GmbH & Co. KG	182–198
5. Der Beirat in der GmbH & Co. KG	110–113	a) Kapitalaufbringung	183–186 a
6. Die Gesellschafterversammlung	114–131	b) Kapitalerhaltung	187–198
a) Komplementär-GmbH	114–117	3. Die Haftung gegenüber Drittgläubigern	199–213
b) GmbH & Co. KG	118–131	a) GmbH & Co. KG	199
7. Der Gesellschafterwechsel in der GmbH & Co. KG	132–160	b) Komplementär-GmbH	200
a) Anteilsübertragung	132–137	c) Die Haftung des Geschäftsführers gegenüber Gläubigern der GmbH und der KG	201–205
b) Kündigung	138–143	d) Haftung des Geschäftsführers gegenüber der GmbH & Co. KG	206–213
c) Ausschließung eines Gesellschafters	144–155	VII. Die Beendigung der GmbH & Co. KG	214–249
d) Wegfall eines Gesellschafters	156–160	1. Die Auflösung der GmbH & Co. KG	214–222
IV. Mitbestimmung in der GmbH & Co. KG	161–165	2. Die Abwicklung der Gesellschaften	223–231
1. Drittelbeteiligungsgesetz	161	3. Insolvenz der GmbH & Co. KG	232–249
2. MitbestG	162–165	a) Allgemeine Fragen	232–236
V. Rechnungslegung in der GmbH & Co. KG	166, 167	b) Insolvenz der Komplementär-GmbH	237, 238
		c) Insolvenz der GmbH & Co. KG	239–249
VI. Das Außenverhältnis der GmbH & Co. KG	168–213	VIII. BetrAVG und GmbH & Co. KG	250–254
1. Die Vetretung der GmbH & Co. KG	168–181	1. Zweck des BetrAVG	250
a) Rechtsgeschäftliches Handeln	168–173	2. BetrAVG in der GmbH & Co. KG	251–254
b) Selbstkontrahierungsverbot	174–180		

I. Grundlagen

1 1. **Begriff, Rechtsform und Vorteile der GmbH & Co. KG. a) Begriff und Rechtsform.** Für die GmbH & Co. kommen als Trägergesellschaften GbR, oHG und KG in Betracht. Als geschäftsführende Gesellschafterin ist eine GmbH beteiligt.

2 In der Praxis überwiegt die GmbH & Co. KG. Dabei handelt es sich um eine KG iSd. § 161 HGB, an der eine GmbH als persönlich haftende Gesellschafterin (Komplementärin) beteiligt ist. Ist die GmbH die Einzige persönlich haftende Gesellschafterin, spricht man von einer typischen oder **echten GmbH & Co. KG**. Hat die KG außer der GmbH noch eine natürliche Person als persönlich haftenden Gesellschafter,[1] wird von einer unechten GmbH & Co. KG gesprochen.

3 Die **Rechtsform** der GmbH & Co. KG ist im **Schrifttum** nach wie vor **umstritten**. Sie wird als modifizierte echte Personengesellschaft bezeichnet.[2] Andere Autoren sehen in ihr eine Mischform, in der kapitalistische Züge überwiegen[3] bzw. in der die Grundformen der Personen- und Kapitalgesellschaft zu einer wirtschaftlichen und organisatorischen Einheit verzahnt werden.[4] Aus der an Aktien- und GmbH-Recht orientierten Herausbildung von Sonderregeln durch die Rechtsprechung und aus der Entwicklung daran ausgerichteter eigenständiger Regelungen durch den Gesetzgeber[5] wird im Schrifttum weiter der Schluss gezogen, es sei rechtssystematisch geboten, diese Gesellschaft als eigenständige Erscheinungsform der Kapitalgesellschaft einzuordnen.[6]

4 In der **Rechtsprechung** wird die GmbH & Co. KG der Form nach als Personengesellschaft gesehen. Sachlich wird sie jedoch als GmbH gewertet, die den Kapitalgesellschaften näher stehe als einer normalen OHG oder KG. Als Gründe dafür werden angeführt: Beschränkung der Haftung für Unternehmensverbindlichkeiten auf eine bestimmte Vermögensmasse, Fehlen der persönlichen Haftung natürlicher Personen als gläubigerschützendes Element und – darüber hinaus – stärkere Gefährdung der Gläubiger als bei den Kapitalgesellschaften, weil die Vorschriften über die Sicherung der Kapitalaufbringung nur für die Komplementär-GmbH, nicht aber für die KG gelten.[7]

---

[1] Zur Haftung des nicht eingetragenen Kommanditisten vor dem Inkrafttreten des bis 1998 geltendenden § 19 Abs. 5 HGB am 1. 1. 1981 vgl. BGH Urt. v. 15. 6. 1979 – II ZR 194/77, NJW 1980, 54, 55; davon jedoch abw. für die Zeit nach Inkrafttreten des § 19 Abs. 5 HGB BGH Urt. v. 21. 3. 1983 – II ZR 113/82, NJW 1983, 2258, 2260; zur Kritik vgl. *K. Schmidt* GmbHR 1984, 272, 282 f.
[2] *Barth* BB 1986, 2235, 2236.
[3] *G. Hueck* GesR § 37 I 3; § 37 III 4.
[4] *Hesselmann/Tillmann/Mueller-Thuns,* 19. Aufl. 1991 § 3 RdNr. 19 ff.; *Binz/Sorg* § 8 RdNr. 38; *K. Schmidt* GmbHR 1984, 272, 274.
[5] Vgl. dazu die Übersicht bei *Weimar/Geitzhaus* DB 1987, 2026, 2027 ff.
[6] *Th. Raiser/Veil* KapGesR § 42 I RdNr. 1 f.
[7] BGH Urt. v. 18. 3. 1974 – II ZR 167/72, BGHZ 62, 216, 227; vgl. auch BVerfG Urt. v. 2. 10. 1968 – 1 BrF 3/65, BVerfGE 24, 174, 182.

Keine dieser Ansichten vermag eine Lösung für das Grundproblem der GmbH & Co. KG zu bieten, die unterschiedlichen Rechtsvorschriften, die für GmbH und KG gelten, aufeinander abzustimmen. Eine solche „Verzahnung" muss in den verschiedenen, für beide Gesellschaftsformen maßgebenden Rechtsbereichen im Einzelnen vorgenommen werden, wie das in Gesetzgebung, Rechtsprechung und Schrifttum bislang geschehen ist. 5

Nach der **Rechtslage vor Inkrafttreten des Handelsrechtsreformgesetzes** vom 22. 6. 1998 (BGBl. I S. 1474) lag, da die KG Trägerin des Unternehmens ist, eine handelsrechtliche GmbH & Co. KG nur vor, wenn sie entweder ein vollkaufmännisches Grundhandelsgewerbe nach § 1 Abs. 2 HGB aF betrieb oder im Handelsregister eingetragen war (§ 2 HGB aF).[8] Es wurde nicht als ausreichend angesehen, dass die Komplementär-GmbH Formkaufmann iSd. § 13 Abs. 3 GmbHG war.[9] Ob in der **dreistöckigen GmbH & Co. KG** die KG, die allein mit der Führung der Geschäfte einer GmbH & Co. KG betraut war, auf Grund der Ausstrahlungswirkung der Kaufmannseigenschaft dieser Betriebs-GmbH & Co. KG ein Handelsgewerbe iSd. § 1 Abs. 2 HGB aF betrieb, war ebenfalls umstritten.[10] Eine OHG oder KG verlor ihren Status als Handelsgesellschaft, wenn sie ihren Gewerbebetrieb verpachtete.[11] 6

Der **Kritik**, die an der Unterwerfung des Handelns der GmbH und der GmbH & Co. KG unter die verschiedenen Teilrechtsordnungen geübt wurde und die in die Forderung einmündete, auf die Personengesellschaft über § 6 Abs. 1 HGB die handelsrechtlichen Sondervorschriften anzuwenden,[12] kann nach der neuen Rechtslage nicht mehr ohne weiteres mit dem Argument begegnet werden, die Anwendung des § 6 Abs. 1 HGB setze die Eigenschaft als Handelsgesellschaft voraus.[13] Versteht man § 105 Abs. 2 HGB nF dahin, dass jede nichtgewerbliche Außengesellschaft unter die Eintragungsoption dieser Vorschrift fallen kann,[14] gelangt man zwanglos zur Anerkennung der Personengesellschaft als Formkaufmann. 7

b) Vorteile. Da eine Doppelbesteuerung der Erträge der Kapitalgesellschaften seit Einführung des Anrechnungsverfahrens im Jahre 1977 im Wesentlichen beseitigt worden war und durch das seit 2001 an seine Stelle getretene Halbeinkünfteverfahren im Wesentlichen vermieden wird, sind heute für die Wahl der GmbH & Co. KG als Unternehmensform in erster Linie gesellschaftsrechtliche Gründe bedeutsam. Mit der Zusammenführung von in ihrer Haftungs- und Organisationsstruktur grundverschiedenen Gesellschaftstypen wird bezweckt, die Vorzüge der Kapitalgesellschaft mit denen der Personengesellschaft zu vereinen. 8

Im Vordergrund der Gründerüberlegungen steht die **Haftungsbegrenzung** für die beteiligten natürlichen Personen. Zwar unterliegt die Komplementär-GmbH mit ihrem Gesellschaftsvermögen der unbeschränkten Haftung (§ 13 Abs. 2 GmbHG); entscheidend ist aber, dass ihre Gesellschafter nur mit der in das Gesellschaftsvermögen geleisteten Stammeinlage haften und die Haftung der Kommanditisten nach Eintragung der KG in das Handelsregister auf den in der Eintragung angegebenen Betrag der Haftsumme beschränkt wird (§ 172 Abs. 1 HGB). 9

Organisatorisch besteht der Vorteil, dass die Gesellschafter praktisch von der Möglichkeit der **Drittorganschaft** Gebrauch machen können; denn der Geschäftsführer der Komplementär-GmbH braucht nicht zu den Gesellschaftern der KG zu gehören, ist aber mittelbar das Organ der KG. Dem im Recht der Personengesellschaft geltenden Grundsatz der Selbstorganschaft wird genügt, weil die Geschäfte der KG rechtlich von der GmbH geführt werden. Der Aspekt kann auch bei der **Sicherung der Unternehmensfortführung** erhebliche Bedeutung erlangen.[15] Die durch die Neuregelung des § 131 Abs. 3 Nr. 1 HGB bei Fehlen einer Nachfolgeklausel (§ 139 HGB) ausgelösten Probleme (erhöhtes Erpressungspotential durch Beschränkung der Verhandlungen zwischen Erben und restlichen Gesellschaftern auf die Abfindung, ggf. durch den Zwang zur Wiederaufnahme 10

---

[8] BGH Urt. v. 13. 7. 1972 – II ZR 111/70, BGHZ 59, 179, 181, 183 f.; BGH Urt. v. 25. 6. 1973 – II ZR 133/70, BGHZ 61, 59, 62; BGH Urt. v. 13. 6. 1977 – II ZR 232/75, BGHZ 69, 95, 97 = NJW 1977, 1683 f.; *Binz* (8. Aufl.) § 3 RdNr. 7 f.; Baumbach/*Hopt* (29. Aufl.) Anh. § 177 a RdNr. 1.
[9] BayObLG Beschl. v. 13. 11. 1984 – 3 Z 60 und 119/83, NJW 1985, 982, 983 mwN aus dem Schrifttum; aA *Veismann* BB 1970, 1159, 1160.
[10] Bejahend *Veismann* BB 1970, 1159, 1160; Baumbach/*Hopt* (29. Aufl.) Anh. § 177 a RdNr. 9; *Binz* § 13 RdNr. 8; ablehnend *K. Schmidt* DB 1990, 93, 94; *Tillmann* DB 1986, 1319, 1322; *Wessel* BB 1970, 1276, 1277; Schlegelberger/*Martens* § 161 RdNr. 103.
[11] BGH Urt. v. 19. 5. 1960 – II ZR 72/59, BGHZ 32, 307, 311 f. = NJW 1960, 1664, 1665; BGH Urt. v. 13. 11. 1961 – II ZR 202/60, WM 1962, 10, 12.
[12] *Schulze-Osterloh* NJW 1983, 1281, 1286.
[13] Vgl. dazu MünchKommHGB/*K. Schmidt* § 6 RdNr. 1; *K. Schmidt* HandelsR § 10 II 3; *ders.* GesR § 56 II 1 a.
[14] So *K. Schmidt* NJW 1998, 2161, 2164, 2166; *ders.* DB 1998, 61 f.; *ders.* ZIP 1997, 909, 916 f.; *ders.* DB 2003, 703, 706; *ders.* JZ 2003, 585, 591; aA Baumbach/*Hopt* § 105 Rn. 13; *Schäfer* DB 1998, 1269, 1273 f.; *Schön* DB 1998, 1169 f.
[15] *Binz/Sorg* § 1 RdNr. 33 f.

der Erben bei Fehlen hinreichender Liquidität für die Abfindung)[16] treten bei der GmbH & Co. KG nicht auf.

11   Im Vergleich zur GmbH kann der Gesellschaftsvertrag das **Innenverhältnis flexibler** gestalten; es können Entnahmerechte gewährt werden, ohne dass ein Gewinn erwirtschaftet worden ist; das Drittelbeteiligungsgesetz[17] finden auf die GmbH & Co. KG keine, die Vorschriften über die Bildung eines Aufsichtsrates nach dem MitbestG finden nur in sehr beschränktem Umfang Anwendung (§ 4 MitbestG).

12   Bislang war die GmbH & Co. KG wegen ihrer **Nichteinbeziehung in das BiRiLiG**[18] nicht verpflichtet, ihren Jahresabschluss nach den §§ 316–329 HGB prüfen zu lassen und offenzulegen; in dieser Gesellschaftsform war bisher allein die Komplementär-GmbH der Rechnungslegungs-, Prüfungs- und Publizitätspflicht nach §§ 264–289, 316–329 HGB unterworfen. Da die Komplementär-GmbH jedoch idR eine kleine Kapitalgesellschaft iSd. § 267 Abs. 1 HGB ist, griffen die Erleichterungen der §§ 266 Abs. 1 S. 3, 276, 288 HGB ein. Die Prüfungspflicht nach § 316 Abs. 1 HGB entfällt für eine Komplementär-GmbH iSv. § 267 Abs. 1 HGB. Ihre Offenlegungspflicht nach den §§ 325 Abs. 1, 326 Abs. 1 HGB ist beschränkt.

12 a   Durch das **Kapitalgesellschaften- und Co-Richtlinie-Gesetz** vom 24. 2. 2000 (BGBl. I S. 154) ist die ihm zugrunde liegende Richtlinie mit siebenjähriger Verspätung in deutsches Recht umgesetzt worden. Am 8. November 1990 hatte der EG-Ministerrat die Richtlinie 90/605/EWG[19] verabschiedet, deren Ziel es ist, die GmbH & Co. KG in die 4. Richtlinie vom 25. Juli 1978 (Jahresabschlussrichtlinie – 78/660/EWG)[20] und die 7. Richtlinie vom 13. Juni 1983 (Richtlinie über die konsolidierten Jahresabschluss – 83/349/EWG) sowie 8. Richtlinie vom 10. April 1984 (Prüferbefähigungsrichtlinie – 84/253/EWG)[21] einzubeziehen. Die neuen Vorschriften (§§ 264a–c HGB) gelten für Jahres- und Konzernabschlüsse und die zugehörigen Lageberichte erstmals für die nach dem 31. 12. 1999 begonnenen Geschäftsjahre, Art. 48 EGHGB idF des Art. 5 Nr. 2 KapCoRiLiG. § 264a HGB stellt die KG in bilanzrechtlicher Hinsicht dann der Kapitalgesellschaft gleich, wenn bei ihr nicht zumindest ein persönlich haftender Gesellschafter eine natürliche Person oder eine Personengesellschaft ist, bei der eine natürliche Person persönlich haftender Gesellschafter ist. Eine unmittelbare Beteiligung ist nicht erforderlich. Es reicht aus, dass die Personengesellschaft mittelbar über eine andere Personengesellschaft an der KG beteiligt ist.[22] Von der Anwendung der Regelung kann abgesehen werden, wenn die Gesellschaft in einen Konzernabschluss iS des § 264 b HGB einbezogen ist. Ausleihungen, Forderungen und Verbindlichkeiten gegenüber Gesellschaftern müssen gesondert ausgewiesen oder im Anhang angegeben werden. Die Anwendung des § 266 Abs. 3 Buchstabe A HGB wird nach Maßgabe des § 264c Abs. 2 HGB modifiziert.[23]

13   **2. Die historische Entwicklung und Anerkennung der GmbH & Co. KG. a) Entwicklung in der Rechtsprechung.** Die GmbH & Co. KG wurde in der Rechtsprechung erstmals im Jahre 1912 durch das BayObLG[24] anerkannt. Das RG[25] hat die zivilrechtliche Zulässigkeit dieser Gesellschaftsform im Jahre 1922 bejaht. Der BGH folgte dieser Rechtsprechung.[26]

14   **b) Anerkennung durch den Gesetzgeber.** Die Anerkennung der GmbH & Co. KG durch den Gesetzgeber erfolgte inzwischen in einer Reihe gesetzlicher Vorschriften.[27]

15   **3. Erscheinungsformen der GmbH & Co. KG. a) Personen- und beteiligungsgleiche GmbH & Co. KG.** Kennzeichnend für sie ist, dass die Gesellschafter der GmbH und die Kommanditisten der KG personenidentisch sind und gleich hohe Beteiligungsquoten in der GmbH und KG haben.[28] Ziel der Gesellschafter ist es, auf diese Weise den organisatorischen Gleichlauf und die

---

[16] Vgl. dazu *K. Schmidt* NJW 1998, 2161, 2166; *ders.* DB 1998, 61, 64.
[17] Gesetz über die Drittelbeteiligung der Arbeitnehmer im Aufsichtsrat (DrittelbG) v. 18. 5. 2004 (BGBl. I S. 974).
[18] Gesetz zur Durchführung der 4., 7. und 8. Richtlinie des Ministerrates der EG zur Koordinierung des Gesellschaftsrechts vom 19. 12. 1985 (Bilanzrichtliniengesetz, BGBl. I S. 2355).
[19] Abgedr. bei *Lutter* EuropUnternehmensR, 3. Aufl. 1991 S. 226; zur Wirksamkeit vgl. EuGH, Beschl. v. 23. 9. 2004 – Rs C-435/02 und C-103/03, ZIP 2004, 2134 sowie dessen Besprechung durch *Enters* Stbg 2005, 93 f.
[20] Abgedr. bei *Lutter* (Fn. 19) S. 207.
[21] Abgedr. bei *Lutter* (Fn. 19) S. 257 und S. 273.
[22] *Baumbach/Hueck/Schulze-Osterloh* § 41 RdNr. 5.
[23] Zu aktuellen Fragen der Rechnungslegung für die GmbH & Co. KG vgl. *Schiffers* GmbH-StB 2005, 170–175.
[24] BayObLG Beschl. v. 16. 2. 1912 – III. 12/1912, OLGE 13, 69, 72 = GmbHR 1914, 9.
[25] RG Beschl. v. 4. 7. 1922 – II B 2/22, RGZ 105, 101, 106.
[26] BGH Beschl. v. 14. 7. 1966 – II ZB 4/66, BGHZ 46, 7, 13.
[27] Vgl. §§ 19 Abs. 2, 125 a Abs. 1 Satz 2, 129 a, 130 a, b, 172 Abs. 6, 172 a, 177 a HGB; vgl. auch die Übersicht bei *Baumbach/Hopt* Anh. § 177 a RdNr. 5 sowie *Weimar/Geitzhaus* DB 1987, 2026 f./2085 f.
[28] BGH Urt. v. 24. 5. 1976 – II ZR 164/74, NJW 1976, 1538, 1539.

rechtliche Verzahnung beider Gesellschaften zu erreichen.[29] Die personengleiche GmbH & Co. KG ist typisch für Gesellschaften mit geringer Mitgliederzahl. Sie ist in der Praxis – vor allem in Form von Familiengesellschaften – weit verbreitet. Da sich die Beteiligungen an Kapital- und Personengesellschaften in ihrer rechtlichen Struktur grundlegend unterscheiden, ist zur Wahrung übereinstimmender Beteiligungsverhältnisse an GmbH und KG eine sorgfältige und aufeinander abgestimmte Gestaltung der Gesellschaftsverträge notwendig (praktisch bedeutsam im Fall des Gesellschafterwechsels durch Übertragung des GmbH- bzw. Kommanditanteils oder bei Ausscheiden/Ausschließung eines Gesellschafters).[30]

b) Einmann-GmbH & Co. KG. Sie ist ein Spezialfall der personengleichen GmbH & Co. KG. Die Einmann-GmbH (vgl. § 1 GmbHG) ist Komplementär und ihr Alleingesellschafter der einzige Kommanditist der KG. Ist der Alleingesellschafter der GmbH zugleich ihr Geschäftsführer, muss das Selbstkontrahierungsverbot für Rechtsgeschäfte mit der GmbH beachtet werden (vgl. § 35 Abs. 4 S. 1 GmbHG iVm. § 181 BGB). Eine Befreiung vom Verbot des Selbstkontrahierens muss, um wirksam zu sein, in die GmbH-Satzung aufgenommen und in das Handelsregister eingetragen werden.[31]

c) Nicht personen- und beteiligungsgleiche GmbH & Co. KG. Die Gesellschafter der GmbH und die Kommanditisten der KG sind hier nicht personenidentisch oder ihre Beteiligungsverhältnisse an beiden Gesellschaften weichen voneinander ab. Diese Erscheinungsform der GmbH & Co. KG wird hauptsächlich dann gewählt, wenn bestimmten Gesellschaftern kein Einfluss auf die Geschäftsführung gewährt werden soll.[32] Sie wird hin und wieder auch als persönlich haftende Gesellschafterin mehrerer GmbH & Co. KG eingesetzt (sternförmige Gestaltungsform).[33] Besondere Ausgestaltungen dieses in der Praxis häufig vorkommenden Typs sind die kapitalistisch strukturierte GmbH & Co. KG und die PublikumsKG.

d) Einheits-GmbH & Co. KG. Die KG ist Alleingesellschafterin ihrer Komplementär-GmbH, ihr sind sämtliche Geschäftsanteile der Komplementär-GmbH übertragen worden.[34] Zweck dieser Rechtskonstruktion ist es, die Gefahr des Auseinanderfallens der Beteiligungsidentität an beiden Gesellschaften auszuschließen und zugleich die Geschäftsführung in der KG zu vereinen. Ihre Zulässigkeit ist unbestritten und wurde in § 172 Abs. 6 S. 1 HGB vom Gesetzgeber anerkannt. Diese Vorschrift stellt aus Gründen des Gläubigerschutzes gleichzeitig klar, dass die Kommanditisten ihre Haftsumme nicht durch Einbringung von Geschäftsanteilen an der Komplementär-GmbH leisten können. Nach Satz 2 gilt das nicht, wenn letztlich doch eine natürliche Person persönlich haftender Gesellschafter/Komplementärin (OHG oder KG) der GmbH & Co. KG ist. Erhebliche Probleme kann die Willensbildung in der Einheitsgesellschaft hervorrufen.[35]

e) Die doppelstöckige (mehrstufige) GmbH & Co. KG. Eine GmbH & Co. KG tritt hier an die Stelle einer GmbH als Komplementärin der GmbH & Co. KG.[36] Diese Gestaltung kann als zulässig angesehen werden.[37] Der Streit, ob eine GbR oder eine GmbH & Co. KG vorliegt, wenn der Unternehmensgegenstand der Gesellschaft lediglich in der Geschäftsführung einer anderen KG besteht (vgl. RdNr. 6 und Fn. 10), verliert an Bedeutung, wenn die zweite Variante des § 105 Abs. 2 HGB nF so interpretiert wird, dass jede nichtgewerbliche Außengesellschaft erfasst wird. Dann kann die Firma der Komplementär-GmbH & Co. KG auf ihren (freigestellten) Antrag in das Handelsregister eingetragen und so ihre Kaufmannseigenschaft begründet werden (vgl. RdNr. 7 und Fn. 14).

f) Kapitalistische GmbH & Co. KG. Die GmbH & Co. KG lässt sich durch entsprechende Gestaltung des Gesellschaftsvertrages so strukturieren, dass die Kommanditisten als Geldgeber im Wesentlichen die Beteiligungen an der Gesellschaft halten und über die Gesellschafterversammlung den beherrschenden Einfluss ausüben, die Komplementär-GmbH hingegen bloße Verwaltungstätigkeiten ausübt und im Innenverhältnis regelmäßig weisungsgebunden ist. Diese Ausgestaltung führt zu einer körperschaftlich strukturierten KG, bei der es Hauptaufgabe ist, eine große Zahl von Kom-

---

[29] Krit. hierzu *Reuter* S. 239 f.
[30] *Binz/Sorg* § 8 RdNr. 38 ff.
[31] BGH Beschl. v. 28. 2. 1983 – II ZB 8/82, BGHZ 87, 59, 60 = NJW 1983, 1676, 1677; BayObLG Beschl. v. 22. 5. 1987 – 3 Z 163/86, BayObLGZ 1987, 153, 157 f. = NJW-RR 1987, 1175 f.
[32] *Brönner/Rux/Wagner* RdNr. 26.
[33] Baumbach/*Hopt* Anh. § 177 a RdNr. 7.
[34] *Bülow* DB 1982, 527, 528; *Esch* BB 1991, 1129, 1130; *Binz/Sorg* § 8; krit. *K. Schmidt* GesR § 56 II 3 e.
[35] Scholz/*K. Schmidt* Anh. § 45 RdNr. 58 f.; *K. Schmidt* GesR § 56 II 3 e; *Binz/Sorg* § 8 RdNr. 8 ff.
[36] LG Bremen Beschl. v. 3. 8. 1971 – 14 T 10/71, BB 1971, 1121, 1122; *K. Schmidt* DB 1990, 93; Schlegelberger/*Martens* § 161 RdNr. 103; *Binz/Sorg* 2 RdNr. 14 ff.
[37] *Binz/Sorg* § 2 RdNr. 18 f.; krit. im Hinblick auf die Regeln zur Mitbestimmung *Klamroth* BB 1977, 305.

manditisten zu organisieren und deren Rechte zu koordinieren.[38] Dabei werden der Organisationsverfassung der AG vergleichbare Regelungen gewählt, zB – abweichend von § 119 HGB – Abstimmung nach Mehrheit und Kapitalbeiträgen, Gesellschafterwechsel ohne Einfluss auf den Bestand der Gesellschaft, Pooling der Kontrollrechte der Gesellschafter, Übertragung auf Aufsichtsratsgremien usw.

21 **g) Verbindung der KG mit anderen Rechtsträgern.** In der Praxis seltener sind Verbindungen der KG mit der AG, Auslandskapitalgesellschaften oder rechtsfähigen Stiftungen.

22 **aa) AG & Co. KG.** Bei der AG & Co. KG wird die Stellung des persönlich haftenden Gesellschafters von einer AG eingenommen. Die formelle Strenge des Aktienrechts, das im Hinblick auf § 23 Abs. 5 AktG weitgehend zwingenden Charakter hat, machen bei der Abstimmung und Verzahnung der für die beiden Gesellschaftstypen erforderlichen Regelungen in hohem Maße eine Angleichung des KG-Vertrages an das Aktienrecht erforderlich. Daher geht bei der Gestaltung dieses Gesellschaftstyps viel von dem Spielraum verloren, der bei der GmbH & Co. KG gegeben ist.[39]

23 **bb) Die Auslands-Kapitalgesellschaft & Co. KG.** Nach der Rechtsprechung einiger Oberlandesgerichte kann eine ausländische juristische Person Komplementärin einer KG sein.[40] Diese Entscheidungen haben im Schrifttum seinerzeit Zustimmung, aber auch Ablehnung hervorgerufen.[41] Zu prüfen ist, ob die Gesellschaft (nach IPR) als rechtsfähig anerkannt werden muss. Das ist nach der Rechtsprechung des EuGH nicht nur für die Gesellschaften zu bejahen, die in einem der EG-Staaten gegründet worden sind,[42] sondern nach der Rechtsprechung des BGH auch für Gesellschaften aus den EFTA-Staaten[43] und den Vereinigten Staaten von Amerika.[44] Es liegt in der Konsequenz dieser Rechtsprechung, dass die Eintragung der Zweigniederlassung einer im EG-Ausland gegründeten Gesellschaft in ein deutsches Handelsregister allgemein als zulässig angesehen wird.[45] Der EuGH[46] hat entschieden, es verstoße gegen den Grundsatz der Niederlassungsfreiheit, wenn die Eintragung der Verschmelzung einer Gesellschaft mit Sitz in einem anderen Mitgliedstaat auf eine Gesellschaft mit Sitz im Inland in das inländische Handelsregister verweigert wird. Nach dieser eindeutigen Tendenz der Rechtsprechung ist davon auszugehen, dass eine im EG-Ausland gegründete Kapitalgesellschaft Komplementärin einer Kommanditgesellschaft sein kann. Würde man das verneinen, käme das einem Verstoß gegen die Niederlassungsfreiheit gleich. Die Entscheidung des Amtsgerichts Bad Oeynhausen,[47] mit der die Beteiligung einer ausländischen juristischen Person als einzige persönliche haftende Gesellschafterin an einer inländischen KG als mit der Haftungsstruktur der einheitlich zu betrachtenden „juristischen Person & Co. KG" nicht vereinbar und die Eintragung einer solchen Gesellschaft als nicht eintragungsfähig angesehen wird, ist somit verfehlt.[48] Des Weiteren kann nicht verlangt werden, dass sie sich nach ihrem Heimatrecht an der Gesellschaftsform beteiligen kann, die der KG entspricht.[49]

24 **cc) Stiftung & Co. KG.** Bei der Stiftung & Co. KG fungiert eine rechtsfähige, vom Vorhandensein eines Garantiekapitals unabhängige Stiftung als persönlich haftende Gesellschafterin einer KG. Überträgt man auch auf diese Gesellschaftsform den Gedanken, dass eine Stiftung als Komplementärin einer KG nur dann akzeptiert werden kann, wenn sie über ein bestimmtes Mindestvermögen verfügt, dessen Erhaltung in gewissen Grenzen gewährleistet sein muss, so ist durch Regelung in der

---

[38] *Hopt/Hehl* GesR § 3 RdNr. 790 mwN in Fn. 13.
[39] Vgl. *Beckmann*, Die AG & Co. KG, 1992.
[40] So BayObLG Beschl. v. 21. 3. 1986 – 3 Z 148/85, BayObLGZ 1986, 61, 66 f. = NJW 1986, 3029 f. (private limited company britischen Rechts); OLG Saarbrücken Beschl. v. 21. 4. 1989 – 5 W 60/88, NJW 1990, 647, 648 (AG schweizerischen Rechts); OLG Hamm Beschl. v. 6. 4. 1987 – 15 W 194/85, NJW-RR 1987, 990, 991.
[41] Zust. u. a. Baumbach/*Hopt* Anh. § 177 a RdNr. 11; *Binz* (8. Aufl.) § 4 RdNr. 34 ff.; *Hesselmann/Tillmann/Mueller-Thuns* § 4 RdNr. 34 ff.; *Grothe* S. 252 ff.; *Haidinger* S. 109 ff.; abl. *Ebenroth/Eyles* DB 1988 Beil. 2 S. 15 f.; *Ebke* ZGR 16 (1987) S. 245 ff.; MünchKommBGB/*Kindler* IntGesR RdNr. 552 f.; *Großfeld* S. 263 f.
[42] EuGH Urt. v. 5. 11. 2002 – Rs C 208/00, NZG 2002, 1164 – Überseering; Urt. v. 30. 9. 2003 – Rs C 167/01, NZG 2003, 1064 – Inspire Art; ferner BGH Urt. v. 13. 3. 2003 – VII ZR 370/98, BGHZ 154, 185; grundlegend zu dieser Rechtsprechung *Zöllner* GmbHR 2006, 1.
[43] BGH Urt. v. 19. 9. 2005 – II ZR 372/03, NZG 2005, 974; Urt. v. 14. 3. 2005 – II ZR 5/03, NZG 2005, 508.
[44] BGH Urt. v. 5. 7. 2004 – II ZR 389/02, ZIP 2004, 1549; Urt. v. 29. 1. 2003 – VIII ZR 155/02, BGHZ 153, 353; BGH, Urt. v. 13. 10. 2004 – I ZR 245/01, ZIP 2004, 2230.
[45] Thüringer OLG Beschl. v. 22. 8. 2006 – 6 W 302/05; OLG München Beschl. v. 17. 8. 2005 – 31 Wx 49/05; OLG Hamm Beschl. v. 28. 6. 2005 – 15 W 159/05; LG Göttingen Beschl. v. 12. 7. 2005 – 3 T 1/05; LG Chemnitz Beschl. v. 24. 3. 2005 – 2 HTK 54/05; LG Frankfurt am Main Beschl. v. 15. 2. 2005 – 3–16 T 42/04 – sämtlich veröffentlicht unter cas.jurion.de.
[46] EuGH Urt. v. 13. 12. 2005 – C-411/03, BB 2006, 11.
[47] AG Bad Oeynhausen Beschl. v. 15. 3. 2005 – 16 AR 15/05, GmbHR 2005, 693.
[48] Zur eingehenden Kritik an dieser Entscheidung vgl. *Kowalski/Bormann* GmbHR 2005, 1045; allgemein zur Zulässigkeit *Binz/Mayer* GmbHR 2003, 249, 254 ff.; *Wachter* GmbHR 2005, 1181–1185.
[49] *Baumbach/Hopt* Anh. § 177a RdNr. 11; Staub/*Hüffer* § 19 RdNr. 79.

Stiftungsverfassung sicherzustellen, dass – wie bei der GmbH – ein Mindestkapital aufgebracht und auch erhalten wird. Diese Voraussetzung hat der Registerrichter bei Eintragung der KG in das Handelsregister zu überprüfen.[50]

h) GmbH & Co. GbR. Zu den zivil- und steuerlichen Aspekten dieser Gesellschaftsform vgl. *Petersen* GmbHR 1997, 1088 f. mwN. sowie *Paus* DStZ 2002, 66 ff. **25**

i) GmbH & Co. KGaA. Im Jahre 1997 hat der BGH in einer Grundsatzentscheidung klargestellt, **26** dass eine GmbH auch Komplementärin einer KGaA sein kann. Als Voraussetzung hat er verlangt, dass das Fehlen einer natürlichen Person als Komplementär in der Firma der Gesellschaft kenntlich gemacht wird.[51] Dieser Gedanke hat mit dem Handelsrechtsreformgesetz Eingang in das Aktienrecht gefunden (§ 279 Abs. 2 AktG). Damit hat der im Schrifttum über lange Zeit geführte Streit zur Zulässigkeit dieser Erscheinungsform der KGaA ein Ende gefunden. Die Lehre wendet sich nunmehr der Aufarbeitung der sich aus dem Beschluss des BGH ergebenden Folgeprobleme zu.[52] Die Vorteile bei der Eigenkapitalbeschaffung, der Minimierung von Haftungsrisiken sowie der Fremdeinflüsse durch Kapitalgeber und die Lösung von Management-, Personal- und Nachfolgeproblemen sind ebenso bereits behandelt worden[53] wie Fragen der Umwandlung einer GmbH in eine GmbH & Co. KGaA.[54]

II. Die Entstehung der GmbH & Co. KG

Die **Gründung einer KG** unter Beteiligung einer GmbH als unbeschränkt haftende Gesell- **27** schafterin richtet sich nach den für Personenhandelsgesellschaften allgemein geltenden Grundsätzen: Entstehungstatbestand und Grundlage der GmbH & Co. KG ist der Abschluss eines Gesellschaftsvertrages; im Verhältnis zu Dritten wird sie mit der Eintragung in das Handelsregister, vorher durch Aufnahme der Geschäftstätigkeit wirksam (§§ 161 Abs. 2, 123 HGB).

Die **GmbH-Komplementärin** kann ebenfalls aus einer **Neugründung** hervorgehen; sie kann **28** aber auch als bereits bestehende Gesellschaft mit ihren Gesellschaftern einen KG-Vertrag abschließen und ihr Unternehmen in die KG einbringen (vgl. § 28 Abs. 1 HGB); die Einbeziehung von Dritten ist nicht ausgeschlossen. Schließlich kann die GmbH & Co. KG auch im Wege der Umwandlung aus einer GmbH hervorgehen (§§ 228 ff. UmwG).

1. Gründung der Komplementär-GmbH. Die Komplementär-GmbH wird nach GmbH- **29** Recht (§§ 1 ff. GmbHG) gegründet. Die Umschreibung des Unternehmensgegenstandes im Gesellschaftsvertrag (§§ 3 Abs. 1 Nr. 2, 10 Abs. 1 S. 1 GmbHG) muss den Hinweis enthalten, dass die GmbH als persönlich haftende Gesellschafterin Beteiligungen an Handelsgesellschaften übernehmen soll. In der **Rechtsprechung** wird zusätzlich gefordert, dass der Geschäftszweig der GmbH & Co. KG angegeben wird.[55] Diese Gerichtspraxis wird im **Schrifttum** zu Recht abgelehnt; denn es kommt nur auf den Unternehmensgegenstand der GmbH als Dienstleister an, nicht aber auf den der KG.[56] Wird der Gegenstand des Unternehmens an einer Komplementär-GmbH im Gesellschaftsvertrag ausreichend individualisiert wiedergegeben, ist die Eintragung des Zusatzes, eine Tätigkeit nach § 34 c GewO werde nicht ausgeübt, zulässig, wenn Anhaltspunkte für eine genehmigungspflichtige Betätigung der Komplementär-GmbH nicht bestehen.[57]

Die GmbH entsteht mit der **Eintragung in das Handelsregister** (§§ 10, 11 Abs. 1 GmbHG).[58] **30** Vor der Eintragung in das Handelsregister besteht die GmbH nicht (§ 11 Abs. 1 GmbHG). Mit der Errichtung der GmbH durch Abschluss des notariellen Gesellschaftsvertrages (§§ 2, 3 GmbHG) entsteht eine **Vor-GmbH**.[59]

---

[50] *K. Schmidt* GesR § 56 VII 3.
[51] BGH Beschl. v. 24. 2. 1997 – II ZB 11/96, BGHZ 134, 392, 393 f. = NJW 1997, 1923 f.
[52] Vgl. *Hommelhoff/Ihrig/Schlitt/Schäfer/Casper*, ZHR-Sonderheft „Die GmbH" & Co. KG aA", 1998; *Halasz/Kloster/Kloster* GmbHR 2002, 77 ff.; zu den Mitwirkungsrechten der Kommanditaktionäre vgl. *Koch* DB 2002, 1701.
[53] *Haase* GmbHR 1997, 917 f.
[54] *Niedner/Kusterer* GmbHR 1998, 584 f.; *Halasz/Kloster/Kloster* GmbHR 2002, 310 ff., 359 ff.; *Watermeyer* GmbHStB 2003, 96 ff.; *Carlé/Bauschatz* ZIP 2002, 2072 ff.; *Simon/Leuering* NJW-Spezial 2005, 459–460.
[55] BayObLG Beschl. v. 15. 12. 1975 – 2 Z 53/75, NJW 1976, 1694, 1695; OLG Hamburg Beschl. v. 16. 9. 1967 – 2 W 125/67, BB 1968, 267.
[56] *Schlegelberger/Martens* § 161 RdNr. 107; *K. Schmidt* GesR § 56 III 2.
[57] BayObLG Beschl. v. 16. 9. 1993 – 3Z BR 121/92, BayObLGZ 1993, 319, 322 = NJW-RR 1994, 227 f.
[58] Zu den Einzelheiten der Kapitalaufbringung bei der GmbH – Bar- und Sachgründung und ihrer Prüfung vgl. *Spiegelberger/Walz* GmbHR 1998, 761 f.
[59] BGH Urt. v. 12. 7. 1956 – II ZR 218/54, BGHZ 21, 242, 246 = NJW 1956, 1435; BGH Urt. v. 2. 5. 1966 – II ZR 219/63, BGHZ 45, 338, 347; BGH Urt. v. 24. 10. 1968 – II ZR 216/66, BGHZ 51, 30, 32 = NJW 1969, 509, 510.

§ 177 a Anh. A 31–35   2. Buch. 2. Abschnitt. Kommanditgesellschaft

31   Die Vor-GmbH kann **Komplementärin** einer KG sein. Das ist seit Aufgabe des Vorbelastungsverbotes durch den BGH anerkannt.[60] Ihre Eintragung als persönlich haftende Gesellschafterin der KG in das Handelsregister ist daher zulässig und geboten. Allerdings ist allein die GmbH als Komplementärin in das Handelsregister einzutragen, wenn im Zeitpunkt der Eintragung der KG die GmbH ihrerseits bereits eingetragen und damit entstanden ist. Das gilt auch dann, wenn die KG bereits mit der Vor-GmbH als Komplementärin ihre Geschäfte aufgenommen hatte.[61] Die Vor-GmbH trägt die Firma der GmbH mit dem Zusatz „i. G.". Nach Eintragung der GmbH erfolgt die Löschung dieses Zusatzes.

32   Die Vor-GmbH untersteht einem **Sonderrecht,** das aus den gesetzlichen und vertraglichen Gründungsvorschriften sowie dem Recht der eingetragenen GmbH besteht, soweit dieses nicht die Eintragung bzw. Rechtsfähigkeit der GmbH voraussetzt.[62] Die Vor-GmbH kann Trägerin von Rechten und Pflichten sein, Rechte erwerben und Verbindlichkeiten eingehen;[63] sie ist konto- und grundbuchfähig,[64] konkursfähig und im Zivilprozess aktiv und passiv parteifähig.[65] Sie wird auch als aktiv und passiv wechsel- und scheckfähig angesehen.[66]

33   Der **Geschäftsführer** der Vor-GmbH hat nach der Rspr. und der überwiegenden Ansicht im Schrifttum nach §§ 35, 37 Abs. 2 GmbHG nach außen keine unbeschränkbare Vertretungsmacht. Die Vertretungsmacht bestimmt sich, falls eine anders lautende Regelung fehlt, allein nach dem Gründungszweck der Vor-GmbH und beschränkt sich auf gründungsnotwendige Geschäfte.[67] Bei Bargründungen werden also im allgemeinen Rechtshandlungen zur Herbeiführung der Rechtsfähigkeit durch Eintragung umfasst. Wird dagegen ein als Sacheinlage eingebrachtes Handelsgeschäft fortgeführt, deckt die Vertretungsmacht der Geschäftsführer der Vor-GmbH den vollen unternehmerischen Bereich entspr. § 37 Abs. 2 GmbHG.[68] Die Gründungsgesellschafter können aber die Vertretungsmacht des Geschäftsführers formlos (vgl. § 2 GmbHG; keine Aufnahme in die Satzung erforderlich) erweitern, indem sie diesen ausdrücklich oder konkludent übereinstimmend ermächtigen, über die auf Grund Gesetzes oder Satzung notwendigen Geschäfte hinaus tätig zu werden. So können die GmbH-Gründer auch bestimmen, dass die Vor-GmbH die Komplementärrolle in einer KG übernimmt.[69] Eine etwaige Beschränkung der Vertretungsmacht des Geschäftsführers der Vor-GmbH wirkt sich dann gem. §§ 126 Abs. 2, 161 Abs. 2 HGB nicht mehr aus, soweit die Vor-GmbH durch ihren Geschäftsführer im Namen der KG handelt.

34   Diese Ansicht wird verschiedentlich im **Schrifttum abgelehnt.**[70] Zur Begründung wird auf die Identität von Vor-GmbH und GmbH verwiesen. Mit der Aufgabe des Vorbelastungsverbotes beschränke sich der Zweck der Vorgesellschaft nicht mehr auf die Vollendung des Gründungsvorganges, vielmehr seien die Zwecke von Vorgesellschaft und einzutragender Gesellschaft identisch. Die abweichende Meinung verwechsle das Ziel der Gründung und den bis dahin zugelassenen Tätigkeitsrahmen mit dem Verbandszweck. Da die **ultra-vires-Doktrin,** nach der die Organvertretungsmacht durch den Verbandszweck beschränkt werde, nicht anerkannt werden könne, komme sie zur Rechtfertigung dieser Ansicht ebenfalls nicht in Betracht. Ferner könne derjenige, der eine Organisation wie die Vorgesellschaft ins Leben rufe, das Risiko eines pflichtwidrigen Geschäftsführerhandelns nicht dem Rechtsverkehr aufbürden.

35   **Stellungnahme.** Rspr. und hM im Schrifttum ist zu folgen. Die eingetragene Gesellschaft ist zwar Rechtsnachfolgerin der Vor-GmbH und übernimmt deren aktives und passives Vermögen. Eine

---

[60] BGH Urt. v. 9. 3. 1981 – II ZR 54/80, BGHZ 80, 129, 132 = NJW 1981, 1373 f.; BGH Beschl. v. 16. 3. 1992 – II ZB 17/91, BGHZ 117, 323, 326 (AG) = NJW 1992, 1824 f.; BGH Beschl. v. 12. 11. 1984 – II ZB 2/84, NJW 1985, 736, 737; OLG Hamburg Beschl. v. 4. 10. 1973 – 3 W 114/73, BB 1973, 1505; Baumbach/*Hueck*/*Fastrich* GmbHG § 11 RdNr. 6 ff.; *K. Schmidt* GesR § 56 III 2 mwN.
[61] BGH Beschl. v. 12. 11. 1984 – II ZB 2/84, NJW 1985, 736, 737.
[62] BGH Urt. v. 12. 7. 1956 – II ZR 218/54, BGHZ 21, 242, 246 = NJW 1956, 1435; BGH Urt. v. 2. 5. 1966 – II ZR 219/63, BGHZ 45, 338, 347; BGH Urt. v. 24. 10. 1968 – II ZR 216/66, BGHZ 51, 30, 32 = NJW 1969, 509, 510; BGH Urt. v. 9. 3. 1981 – II ZR 54/80, BGHZ 80, 129, 132 = NJW 1981, 1373 f.
[63] BGH Urt. v. 9. 3. 1981 – II ZR 54/80, BGHZ 80, 129, 132 = NJW 1981, 1373 f.
[64] BGH Urt. v. 2. 5. 1966 – II ZR 219/63, BGHZ 45, 338, 347 f.
[65] BGH Urt. v. 23. 1. 1981 – I ZR 30/79, BGHZ 79, 239, 241 = NJW 1981, 873, 874; BGH Beschl. v. 16. 3. 1992 – II ZB 17/91, BGHZ 117, 323, 326 = NJW 1992, 1824 f.; OLG Hamburg Beschl. v. 4. 10. 1973 – 3 W 114/73, BB 1973, 1505.
[66] BGH Beschl. v. 16. 3. 1992 – II ZB 17/91, BGHZ 117, 323, 326 = NJW 1992, 1824 f.; Baumbach/*Hueck*/*Fastrich* GmbHG § 11 RdNr. 15.
[67] BGH Urt. v. 9. 3. 1981 – II ZR 54/80, BGHZ 80, 129, 139 f. = NJW 1981, 1373 f.
[68] BGH Urt. v. 9. 3. 1981 – II ZR 54/80, BGHZ 80, 129, 139 = NJW 1981, 1373 f.; aA *Ulmer* ZGR 10 (1981), 593, 596 ff.
[69] BGH Urt. v. 9. 3. 1981 – II ZR 54/80, BGHZ 80, 129, 139, 141 = NJW 1981, 1373 f.
[70] Scholz/*K. Schmidt* § 11 RdNr. 26, 64; Schlegelberger/*Martens* § 161 RdNr. 36; *K. Schmidt* GesR § 8 V 2; § 34 III 3 b, bb mwN in Fn. 76; § 56 III 2.

vollständige Identität der Gesellschaften, ihres Zwecks und ihrer Organisation besteht aber nicht. Dass keine Identität vorliegt, folgt schon aus der unterschiedlichen Rechtsstruktur (Gesamthandsgemeinschaft und juristische Person) der Gesellschaften.[71] Im Ausgangspunkt verbleibt es nach der Rspr. ferner bei der gesetzlichen Konzeption des Vorbelastungsverbotes, das eine Tätigkeit der Vorgesellschaft nur zu dem Zweck zulässt, die Eintragung mit der Folge des Eintritts der Rechtsfähigkeit herbeizuführen. Die Folgen, die sich für die Geschäftsführer aus einer Überschreitung des Zweckes ergeben, regelt § 11 Abs. 2 GmbHG. Daraus ergibt sich zugleich, dass nach dem Gesetz eine über diesen Zweck hinausgehende Organvertretungsmacht – im Gegensatz zu § 37 Abs. 2 GmbHG bei der eingetragenen GmbH – nicht vorgesehen ist. Folgerichtig lassen Rspr. und hM eine Ausnahme von diesem Grundsatz nur zu, wenn alle Gründergesellschafter damit einverstanden sind, dass die Aufnahme der Geschäfte durch die Vor-GmbH vorzeitig erfolgt.

Damit wird **wirtschaftlichen Gesichtspunkten** Rechnung getragen. Die Zweckverfolgung **36** durch Vor-GmbH und GmbH als identisch anzusehen, verbietet sich unter diesem Gesichtspunkt. Das hat entspr. Einschnitte für das Organvertretungsrecht zur Folge. Damit steht die Haftungsstruktur in Einklang: Läßt man eine vorzeitige Geschäftsaufnahme um den Preis der persönlichen Haftung der Gründergesellschafter zu, muss den Gesellschaftern die Entscheidung überlassen bleiben, ob sie dieses Risiko auf sich nehmen wollen. Diese Haftung allein daran zu knüpfen, dass eine Organisation in Form der Vor-GmbH ins Leben gerufen wird, würde diese Belange der Gesellschafter vernachlässigen. Ein solcher Schritt ist andererseits nicht erforderlich, um einen angemessenen Schutz des Rechtsverkehrs zu erreichen. Denn ermächtigen die Gesellschafter die Geschäftsführer vorzeitig zur Aufnahme der Geschäfte, greift das Vertretungsrecht entspr. § 37 Abs. 2 GmbHG ein. Die von der Mindermeinung als maßgebend in den Vordergrund gestellten dogmatischen Gesichtspunkte sind nicht zwingend und führen im praktischen Ergebnis zu einer unausgewogenen Verteilung der Risiken, die auch nicht über den Missbrauch der Vertretungsmacht angemessen korrigiert werden kann.

2. Die KG im Gründungsstadium. Die Eintragung der KG in das Handelsregister (§§ 106, 162 **37** HGB) ist auf jeden Fall nach Eintragung der Komplementär-GmbH zulässig. Eine frühere Eintragung ließ die Rspr. nicht zu, weil die GmbH vor Eintragung nicht bestehe (§ 11 Abs. 1 GmbHG) und deswegen nicht Komplementärin einer KG sein könne.[72] Mit der Anerkennung der Komplementärfähigkeit der Vor-GmbH ist diese Rspr. überholt.[73] Es ist mit dem formellen Registerrecht vereinbar, wenn die KG mit einer Vor-GmbH als Komplementärin eingetragen wird.[74] Ist die Gesellschaft noch nicht in das Handelsregister eingetragen worden, wird sie im Verhältnis zu Dritten unter den Voraussetzungen der §§ 123 Abs. 2, 161 Abs. 2 HGB wirksam. Im Übrigen gelten die §§ 105 Abs. 2, 161 Abs. 2 HGB. Die Gesellschaft, deren Gewerbebetrieb nicht schon nach § 1 Abs. 2 HGB Handelsgewerbe und deren Firma auch nicht in das Handelsregister eingetragen ist, erfüllt lediglich die Voraussetzungen einer GbR.

Bei Anmeldung der GmbH & Co. KG zum Handelsregister genügt es, wenn die handschriftlich **38** gezeichnete Firma der anzumeldenden KG und die Unterschriften der für die GmbH vertretungsberechtigten Personen beim Registergericht hinterlegt sind; die Firma der Komplementär-GmbH braucht nicht zusätzlich gezeichnet zu werden.[75] Handelt der Kommanditist, der GmbH-Geschäftsführer ist, eindeutig für sich und die GmbH, genügt eine Unterschrift.[76]

3. Die Haftungsverhältnisse im Gründungsstadium. a) Haftungsverhältnisse bei der 39 Vor-GmbH & Co. KG. aa) Die **KG** hat nach §§ 124, 161 Abs. 2 HGB für die Erfüllung der von ihr begründeten Verbindlichkeiten einzustehen und haftet bei deren Verletzung mit ihrem Gesellschaftsvermögen. Die **Vor-GmbH** haftet nach §§ 128, 161 Abs. 2 HGB als Komplementärin der KG für deren Verbindlichkeiten persönlich und unbeschränkt mit ihrem Gesellschaftsvermögen.[77] In das Gesellschaftsvermögen kann gem. § 735 ZPO vollstreckt werden, wenn der Gläubiger ein Urteil gegen die Vor-GmbH erwirkt hat.[78]

---

[71] Hachenburg/*Ulmer* § 11 RdNr. 10.
[72] BayObLG Beschl. v. 14. 10. 1966 – 2 Z 39/66, GmbHR 1967, 9, 10; BayObLG Beschl. v. 8. 11. 1968 – 2 Z 63/68, GmbHR 1969, 22, 23; OLG Hamm Beschl. v. 16. 6. 1976 – 15 W 195/76, OLGZ 77, 58, 59 = NJW 1977, 538.
[73] BGH Beschl. v. 12. 11. 1984 – II ZB 2/84, NJW 1985, 736, 737; *K. Schmidt* GesR § 56 III 3 mwN.
[74] BGH Beschl. v. 12. 11. 1984 – II ZB 2/84, NJW 1985, 736, 737.
[75] OLG Celle Beschl. v. 1. 7. 1994 – 9 W 55/94, NJW-RR 1995, 294, 295; aA BayObLG Beschl. v. 12. 11. 1987 – 3 Z 130/87, BayObLGZ 1987, 399, 409 f. = NJW 1988, 2051, 2052 mwN.
[76] BayObLG Beschl. v. 5. 7. 1974 – 2 Z 19/74, BayObLGZ 1974, 283 = BB 1974, 1089; OLG Düsseldorf Beschl. v. 8. 11. 1965 – 3 W 306/65, OLGZ 1966, 346, 347; OLG Hamm Beschl. v. 3. 3. 1983 – 15 W 1/82, DB 1983, 984.
[77] BGH Urt. v. 9. 3. 1981 – II ZR 54/80, BGHZ 80, 129, 144 = NJW 1981, 1373 f.
[78] OLG Hamburg Beschl. v. 4. 10. 1973 – 3 W 114/73, BB 1973, 1505; Baumbach/*Hueck/Fastrich* GmbHG § 11 RdNr. 17.

§ 177 a Anh. A 40–43   2. Buch. 2. Abschnitt. Kommanditgesellschaft

40 bb) Nach der **bisherigen Rspr. des BGH** traf die Haftung für rechtsgeschäftlich begründete Gesellschaftsverbindlichkeiten der KG nach § 128 HGB neben der Vor-GmbH auch deren Gesellschafter mit ihrem Privatvermögen; die Höhe der Haftung war auf den Betrag der noch nicht geleisteten Stammeinlagen beschränkt, sofern der Rechtsverkehr erkennen konnte, dass die Vertretungsmacht der Geschäftsführer darauf beschränkt war, die Gründungsgesellschafter nur bis zur Höhe ihrer Einlagen zu verpflichten.[79] Diese Haftung ist – auf der Grundlage des Vorbelastungsverbotes – als Außenhaftung verstanden worden[80] und sollte mit der Eintragung der GmbH in das Handelsregister enden.[81]

41 Diese Rspr. hat der BGH **aufgegeben.** Er befürwortet nunmehr eine anteilige, unbeschränkte Haftung der Gesellschafter im Innenverhältnis zur Gesellschaft.[82] Wird diese in das Handelsregister eingetragen, erstreckt sich die Haftung bis zur Höhe der Differenz zwischen dem Wert des Gesellschaftsvermögens und der Stammkapitalziffer (Unterbilanz- oder Vorbelastungshaftung).[83] Die Darlegungs- und Beweislast für das Vorliegen einer Unterbilanz und daraus folgender Haftungsansprüche trifft die Gesellschaft bzw. im Falle der Insolvenz den Insolvenzverwalter. Diesem stehen jedoch erfahrungsgemäß häufig für die Feststellung der erforderlichen Tatsachen keine ausreichenden Unterlagen zur Verfügung. Ist eine Vorbelastungsbilanz nicht erstellt worden und sind auch keine geordneten Geschäftsaufzeichnungen vorhanden, ergeben sich aber hinreichende Anhaltspunkte dafür, dass das Stammkapital der Gesellschaft bereits im Stadium ihrer Gründung angegriffen oder verbraucht worden ist oder dass gar darüber hinausgehende Verluste entstanden sind, greifen die Grundsätze zur sekundären Darlegungs- und Beweislast ein. In diesen Fällen ist es Sache der Gesellschafter darzulegen, dass eine Unterbilanz nicht bestanden hat.[84] Bis zur Eintragung der GmbH besteht eine Verlustdeckungshaftung; die Gesellschafter haben die Verluste auszugleichen, die vom Gesellschaftsvermögen nicht abgedeckt werden. Scheitert die Eintragung der Gesellschaft oder wird sie aufgegeben, bedarf es über den Ausgleich der Verluste hinaus keiner Wiederauffüllung des Stammkapitals.[85]

42 Der **unmittelbare Zugriff** auf das **Vermögen der Gründungsgesellschafter** wird bei der Verlustdeckungshaftung nur dann gestattet, wenn keine Abwicklungsschwierigkeiten zu befürchten sind wie im Falle der Einmann-Vor-GmbH,[86] der Vermögenslosigkeit der Gesellschaft, bei deren Feststellung die Verlustdeckungspflicht der Gesellschafter unberücksichtigt bleibt[87] oder des Nichtvorhandenseins weiterer Gläubiger.[88] In diesen Durchgriffsfällen trifft die Außenhaftung mehrere Gesellschafter nicht gesamtschuldnerisch, sondern anteilig.[89]

43 Wird **der Geschäftsbetrieb** der Vor-GmbH **nach Aufgabe der Eintragungsabsicht fortgesetzt,** sollte nach der früheren Rspr. des BGH für alle offenen Verbindlichkeiten der Vorgesellschaft eine gesamtschuldnerische Außenhaftung der Gesellschafter eintreten.[90] Diese Rspr. hat der BGH – nach vorübergehendem Schwanken, bei dem er die gegenteilige Position einzunehmen

---

[79] BGH Urt. v. 15. 12. 1975 – II ZR 95/73, BGHZ 65, 378, 382 f. = NJW 1976, 419, 420; BGH Urt. v. 15. 6. 1978 – II ZR 205/76, BGHZ 72, 45, 48 f. = NJW 1978, 1978 f.; BGH Urt. v. 16. 3. 1981 – II ZR 59/80, BGHZ 80, 182, 184 = NJW 1981, 1452, 1453.

[80] BGH Urt. v. 15. 12. 1975 – II ZR 95/73, BGHZ 65, 378, 382 = NJW 1976, 419, 420; BGH Urt. v. 15. 6. 1978 – II ZR 205/76, BGHZ 72, 45, 48 f. = NJW 1978, 1978 f.; BGH Urt. v. 16. 3. 1981 – II ZR 59/80, BGHZ 80, 182, 184 = NJW 1981, 1452, 1453.

[81] BGH Urt. v. 9. 3. 1981 – II ZR 54/80, BGHZ 80, 129, 144 = NJW 1981, 1373 f.

[82] Die Unterbilanzhaftung bleibt auch dann Innenhaftung, wenn die GmbH vermögenslos oder nur eine Einpersonengesellschaft ist, BGH Urt. v. 24. 10. 2005 – II ZR 129/04, ZIP 2005, 2257.

[83] BGH Urt. v. 9. 3. 1981 – II ZR 54/80, BGHZ 80, 129, 140 = NJW 1981, 1373; BGH Urt. v. 24. 10. 1988 – II ZR 176/88, BGHZ 105, 300, 303 = NJW 1989, 710, 711.

[84] BGH, Urt. v. 17. 2. 2003 – II ZR 281/00, ZIP 2005, 625 626 f.

[85] BGH Urt. v. 27. 1. 1997 – II ZR 123/94, BGHZ 134, 333, 334 = NJW 1997, 1507, 1508; BGH Urt. v. 4. 3. 1996 – II ZR 123/94, NJW 1996, 1210, 1211; BGH Urt. v. 19. 3. 2001 – II ZR 249/99, ZIP 2001, 789, 790; zur Vorgesellschaft BGH Urt. v. 10. 12. 2001 – II ZR 89/01. BGHZ 149, 273, 274 f.; krit. gegenüber dieser Rspr. zur Innenhaftung LAG Köln Urt. v. 21. 3. 1997 – 4 Sa 1288/96, ZIP 1997, 1921 f.; LAG Hessen Urt. v. 22. 10. 1997 – 16 Sa 1135/96, GmbHR 1998, 782, 783 f.; LSG Stuttgart Urt. v. 25. 7. 1997 – L 4 Kr 1317/96, NJW-RR 1997, 1463, 1464.

[86] BGH Urt. v. 27. 1. 1997 – II ZR 123/94, BGHZ 134, 333, 341 = NJW 1997, 1507, 1509; *Lutter* JuS 1998, 1073, 1077.

[87] BGH Urt. v. 27. 1. 1997 – II ZR 123/94, BGHZ 134, 333, 341 = NJW 1997, 1507, 1509; BAG Urt. v. 27. 5. 1997 – 9 AZR 483/96, NJW 1998, 628, 629; LAG Hessen Urt. v. 22. 10. 1997 – 16 Sa 1135/96, GmbHR 1998, 782, 784.

[88] BAG Urt. v. 22. 1. 1997 – 10 AZR 908/94, NJW 1997, 3331, 3332; BAG Urt. v. 27. 5. 1997 – 9 AZR 483/96, NJW 1998, 628, 629; krit. *Monheimis* GmbHR 1997, 384, 390.

[89] BGH Urt. v. 19. 3. 2001 – II ZR 249/99, ZIP 2001, 789, 790; BAG Urt. v. 22. 1. 1997 – 10 AZR 908/94, NJW 1997, 3331, 3332 m. krit. Anm. *Ensthaler* in BB 1997, 1209, 1210; offengelassen von BAG Urt. v. 27. 5. 1997 – 9 AZR 483/96, NJW 1998, 628, 629; abl. LAG Hessen Urt. v. 22. 10. 1997 – 16 Sa 1135/96, GmbHR 1998, 782, 784.

[90] BGH Urt. v. 9. 3. 1981 – II ZR 54/80, BGHZ 80, 129, 142 f = NJW 1981, 1373, 1374.

schien⁹¹ – bestätigt.⁹² Das BAG⁹³ ist unter Bezugnahme auf die frühere Rspr. des BGH stets von einer gesamtschuldnerischen Außenhaftung der Gesellschafter ausgegangen.

cc) Die **Kommanditisten** haften den Gläubigern nach § 171 Abs. 1 HGB bis zur Höhe ihrer 44 Einlagen, soweit diese noch nicht geleistet worden sind.

Hat die KG ihre Geschäfte bereits **vor der Eintragung** in das Handelsregister aufgenommen, 45 haftet jeder Kommanditist, der dem Geschäftsbeginn zugestimmt hat, für die bis zur Eintragung begründeten Verbindlichkeiten unbeschränkt, es sei denn, der Gläubiger hat die Beteiligung als Kommanditist gekannt (§ 176 Abs. 1 HGB). Diese Vorschrift gilt auch für die GmbH & Co. KG. Tritt die Gesellschaft unter Verwendung der Firma der GmbH & Co. KG im Rechtsverkehr auf, kann sich der Gläubiger auf die Vorschrift nicht berufen, weil aus der Firma hervorgeht, dass die der Gesellschaft angehörenden natürlichen Personen Kommanditisten sind (§ 19 Abs. 2 HGB).⁹⁴ Unterlässt der Geschäftsführer der (Vor-)GmbH einen Hinweis auf die Haftungsbeschränkung, setzt er sich der Gefahr der Schadenersatzpflicht gegenüber dem – unbeschränkt haftenden – Kommanditisten aus. Zu weiteren Einzelheiten vgl. die Kommentierung zu § 176 RdNr. 22.

Erfüllt eine Gesellschaft die Voraussetzungen nach §§ 1, 161 Abs. 2 und 105 Abs. 1 HGB nicht, 46 ist sie als **GbR** anzusehen.⁹⁵ Firmiert sie im Geschäftsverkehr mit dem Zusatz „GmbH & Co. KG", kommt eine Haftung nach § 176 Abs. 1 HGB nicht in Betracht.⁹⁶ Für die Haftung gelten die vom Bundesgerichtshof in den letzten Jahren neu entwickelten Grundsätze.⁹⁷

dd) Handelndenhaftung. Mit der Errichtung der GmbH durch Abschluss des Gesellschafts- 47 vertrages bzw. die Errichtungserklärung bei der Einmann-GmbH (§§ 1 und 2 GmbHG) greift die Haftung der Geschäftsführer und der Beteiligten, die faktisch die Geschäftsführung der Komplementär-Vor-GmbH wahrnehmen, nach § 11 Abs. 2 GmbHG für rechtsgeschäftlich oder rechtsgeschäftsähnlich begründete Verbindlichkeiten der Vor-GmbH & Co. KG gegenüber außenstehenden Dritten.⁹⁸ Gründungsgesellschafter der KG gehören nicht zu dem Kreis dieser Dritten.⁹⁹

Zwar wird die Vor-GmbH aus dem Rechtsgeschäft nicht selbst verpflichtet, so dass der § 11 Abs. 2 48 GmbHG zugrundeliegende Rechtscharakter der Haftung aus rechtsgeschäftlichem Handeln¹⁰⁰ nicht zuzutreffen scheint. Es ist jedoch zu berücksichtigen, dass durch den Abschluss des Rechtsgeschäfts die **gesetzliche Haftung** der Vor-GmbH **nach § 128 HGB** als dessen Folge **ausgelöst** wird. Diese wäre nicht ebenso sicher wie die Haftung der eingetragenen GmbH, wenn die Handelndenhaftung nicht die Haftung der Vor-GmbH aus § 128 HGB umfassen würde.¹⁰¹ Das kann zwar nach der neuen Rspr. des BGH zur Verlustdeckungshaftung in der Vor-GmbH¹⁰² nicht mehr mit der Überlegung begründet werden, die unbeschränkte Haftung wenigstens einer Person schaffe einen Ausgleich dafür, dass die begrenzte Kapitalgrundlage der Gesellschaft (die Gesellschafter hafteten im Außenverhältnis nur in Höhe ihrer Resteinlagenverpflichtung) nicht in gleichem Maße gerichtlich kontrolliert, bekanntgemacht und durch zwingende Schutzvorschriften gesichert sei wie bei der eingetragenen GmbH.¹⁰³ Der Handelndenhaftung werden heute andere Funktionen zugemessen: Einmal soll sie dem Gläubiger die Durchsetzung seines gegen die Vor-GmbH bestehenden Anspruchs dadurch erleichtern, dass er wenigstens eine Person unmittelbar und in Höhe des vollen Betrages

---

⁹¹ BGH Beschl. v. 4. 3. 1996 – II ZR 123/94, NJW 1996, 1210, 1212.
⁹² BGH Urt. v. 4. 11. 2002 – II ZR 204/00, GmbHR 2003, 97, 98 f.; für gesamtschuldnerische Haftung auch BayObLG Beschl. v. 6. 11. 1985 – 3 Z 15/85, DB 1986, 106, 107; Hachenburg/*Ulmer* § 11 RdNr. 19; *Scholz/K. Schmidt* § 11 RdNr. 89.
⁹³ BAG Urt. v. 27. 5. 1997 – 9 AZR 483/96, NJW 1998, 628, 629.
⁹⁴ Vgl. BGH Urt. v. 21. 3. 1983 – II ZR 113/82, NJW 1983, 2258, 2259 m. Anm. *K. Schmidt*; OLG Schleswig-Holstein Beschl. v. 14. 9. 2004 – 5 U 86/04 mit krit. Anm. *Keil* DZWiR 2005, 163–165; abw. noch BGH Urt. v. 18. 6. 1979 – II ZR 194/77, NJW 1980, 54, 55.
⁹⁵ BGH Urt. v. 13. 6. 1977 – II ZR 232/75, BGHZ 69, 95, 97 = NJW 1977, 1683 f.; BGH Urt. v. 17. 3. 1980 – II ZR 11/79, BGHZ 76, 320, 323 f. = NJW 1980, 1630, 1631.
⁹⁶ BGH Urt. v. 13. 7. 1972 – II ZR 111/70, BGHZ 59, 179, 181; BGH Urt. v. 25. 6. 1973 – II ZR 133/70, BGHZ 61, 59, 65 f.; BGH Urt. v. 13. 6. 1977 – II ZR 232/75, BGHZ 69, 95, 98 f. = NJW 1977, 1683 f.
⁹⁷ BGH Urt. v. 27. 9. 1999 – II ZR 371/98, BGHZ 142, 315; BGH Urt. v. 29. 1. 2001 – II ZR 331/00, BGHZ 146, 341; vgl. im Übrigen dazu die Zusammenstellung bei Palandt/*Sprau* § 714 RdNr. 18.
⁹⁸ BGH Urt. v. 13. 6. 1977 – II ZR 232/75, BGHZ 69, 95, 103 = NJW 1977, 1683 f.; BGH Urt. v. 16. 3. 1981 – II ZR 59/80, BGHZ 80, 182, 184 = NJW 1981, 1452, 1453.
⁹⁹ KG Urt. v. 13. 7. 1995 – 2 U 5396/94, GmbHR 1996, 56.
¹⁰⁰ BGH Urt. v. 9. 2. 1970 – II ZR 137/69, BGHZ 53, 210, 214 = NJW 1970, 806; BGH Urt. v. 15. 12. 1975 – II ZR 95/73, BGHZ 65, 378, 380 = NJW 1976, 419, 420.
¹⁰¹ BGH Urt. v. 9. 3. 1981 – II ZR 54/80, BGHZ 80, 129, 133 = NJW 1981, 1373, 1374.
¹⁰² BGH Urt. v. 27. 1. 1997 – II ZR 123/94, BGHZ 134, 333 f. = NJW 1997, 1507 f.; BGH Urt. v. 4. 3. 1996 – II ZR 123/94, NJW 1996, 1210 f.
¹⁰³ Vgl. zuletzt BGH Urt. v. 7. 5. 1984 – II ZR 276/83, BGHZ 91, 148, 152 = NJW 1984, 2164, 2165.

seiner Forderung in Anspruch nehmen kann.[104] Das steht in Übereinstimmung mit Art. 7 der Richtlinie vom 9. 3. 1968,[105] der eine gesamtschuldnerische Haftung der Handelnden vorschreibt, soweit die Gesellschaft die Verbindlichkeiten nicht erfüllt. Sie schafft außerdem einen Haftungsausgleich für den Fall, dass der Geschäftsführer für die Vor-GmbH Geschäfte ohne Einwilligung der Gesellschafter oder eines Teils von ihnen aufnimmt.[106] Ferner wird der Kreis der Haftenden mit dem Fremdgeschäftsführer erweitert.

49 Die gem. § 11 Abs. 2 GmbHG in Anspruch genommenen handelnden Geschäftsführer können, soweit sie auftragsgemäß für die Vor-GmbH gehandelt haben, ihren **Regressanspruch** – auch in Form eines Freistellungsanspruchs – gegen die Vor-GmbH mittels der Unterbilanz-/Verlustdeckungshaftung **gegenüber den Gesellschaftern** durchsetzen.[107]

50 Für die persönliche Haftung des Handelnden nach § 11 Abs. 2 GmbHG gilt dieselbe **Verjährungsfrist** wie für die Gesellschaft, wenn sie bei Vertragsschluss schon eingetragen wäre.[108] Die Haftung aus § 11 Abs. 2 GmbHG enthält **kein zwingendes Recht**. Sie kann durch Vereinbarung mit dem jeweiligen Gläubiger beschränkt oder ausgeschlossen werden.[109]

51 **b) Haftungsverhältnisse bei der GmbH & Co. KG. aa) Haftung der Komplementär-GmbH.** Mit der Eintragung in das Handelsregister (§§ 10, 11 GmbHG) erlangt die GmbH Rechtsfähigkeit. Die Aktiva und Passiva der Vor-GmbH gehen im Wege der Gesamtrechtsnachfolge auf die GmbH über.[110] Die GmbH haftet für Verbindlichkeiten der KG im Zeitpunkt der Eintragung mit ihrem gesamten Vermögen. Dazu gehören auch ihre Ansprüche gegen die Mitgesellschafter aus der Vorbelastungs- oder Unterbilanzhaftung. Danach haben die GmbH-Gesellschafter den Differenzbetrag zwischen tatsächlich vorhandenem Vermögen (auch: Negativvermögen bei Überschuldung) und Stammkapitalziffer entsprechend ihren Beteiligungsverhältnissen aufzubringen (Vorbelastungs- oder Unterbilanzhaftung). Die Haftung geht also auf vollen Verlustausgleich. Insoweit trifft die Gesellschafter auch eine Ausfallhaftung entsprechend § 24 GmbHG.[111]

52 **bb) Feststellung der Unterbilanz.** Der Feststellung, ob und ggf. in welcher Höhe eine Unterbilanz vorliegt, hat der BGH bislang drei Ansätze zugrundegelegt: In der Vorbelastungsbilanz, die eine Vermögensbilanz ist, haben die Gesellschafter das Gesellschaftsvermögen nach Fortführungsgrundsätzen so zu bewerten, als würde es im Zeitpunkt der Eintragung der Gesellschaft als Einlage eingebracht. Damit wird die Vorbelastungsbilanz der Eröffnungsbilanz angenähert, auf die nach § 242 Abs. 1 S. 2 HGB die für den Jahresabschluss maßgebenden Vorschriften anzuwenden sind.[112] Das setzt jedoch voraus, dass eine positive Fortbestehungsprognose gestellt werden kann und die Gesellschaft trotz der vor Eintragung erfolgten Aufnahme der Geschäfte noch nicht über einen über die einzelnen Vermögenswerte hinausgehenden Vermögenswert verfügt. Ist die **Fortbestehungsprognose negativ,** ist das Gesellschaftsvermögen für den Zeitpunkt der Eintragung nicht mit Fortführungs-, sondern mit Veräußerungswerten zu bilanzieren.[113] Hat die Vor-GmbH bereits vor Eintragung eine Geschäftstätigkeit aufgenommen und hat sich auf Grund dessen zwischen Beginn der Geschäftstätigkeit und Zeitpunkt der Eintragung eine **Organisationseinheit** gebildet, die einen über die einzelnen Vermögenswerte hinausgehenden Vermögenswert repräsentiert, ist das Unternehmen nach der Ertragswertmethode zu bewerten und der danach festgestellte – den Geschäfts- und Firmenwert umfassende – Ertragswert der Feststellung einer möglichen Unterbilanz zugrundezulegen.[114]

53 Unberücksichtigt bleiben die gesetzlich und satzungsmäßig notwendigen Gründungskosten.[115]

---

[104] *Ulmer* ZIP 1996, 733, 736; Hachenburg/*Ulmer* § 11 RdNr. 66, 97; Lutter/*Hommelhoff* § 11 RdNr. 21.
[105] *Lutter* EuropUnternehmensR S. 104 ff.
[106] BGH Urt. v. 14. 6. 2004 – II ZR 47/02, ZIP 2004, 1409, 1410; BGH Urt. v. 7. 7. 2003 – II ZB 4/02, ZIP 2003, 1698, 1701.
[107] *Henze* RdNr. 216; *Lutter* JuS 1998, 1073, 1079.
[108] BGH Urt. v. 13. 6. 1977 – II ZR 232/75, BGHZ 69, 95, 102 f. = NJW 1977, 1683 f.
[109] BGH Urt. v. 20. 11. 1954 – II ZR 53/53, BGHZ 15, 204, 207; BGH Urt. v. 9. 2. 1970 – II ZR 137/69, BGHZ 53, 210, 213 = NJW 1970, 806.
[110] BGH Urt. v. 9. 3. 1981 – II ZR 54/80, BGHZ 80, 129, 134, 140 = NJW 1981, 1373, 1374; *Priester* ZIP 1982, 1141, 1142; Hachenburg/*Ulmer* § 11 RdNr. 74; Baumbach/*Hueck/Fastrich* GmbHG § 11 RdNr. 55 f.
[111] BGH Urt. v. 9. 3. 1981 – II ZR 54/80, BGHZ 80, 129, 140 = NJW 1981, 1373, 1374; BGH Urt. v. 23. 11. 1981 – II ZR 115/81, WM 1982, 40.
[112] BGH Urt. v. 16. 12. 1993 – II ZR 102/93 – BGHZ 124, 282, 285 = NJW 1994, 724, 725.
[113] BGH Urt. v. 29. 9. 1997 – II ZR 245/96, NJW 1998, 233, 234; zur Darlegungs- und Beweislast für das Bestehen von Unterbilanzhaftungsansprüchen und zur sekundären Behauptungslast der Gesellschafter vgl. ferner BGH Urt. v. 17. 2. 2003 – II ZR 281/00, DB 2003, 760.
[114] BGH Urt. v. 9. 11. 1998 – II ZR 190/97, BGHZ 140, 35 f. = NJW 1999, 283, 284; BGH, Urt. v. 16. 1. 2006 – II ZR 65/04, BGHZ 165, 391 = NJW 2006, 1594.
[115] BGH Urt. v. 9. 3. 1981 – II ZR 54/80, BGHZ 80, 129, 140 = NJW 1981, 1373, 1374.

Die Frist für die Verjährung von Ansprüchen aus **der Vorbelastungs- oder Unterbilanzhaftung** der GmbH-Gesellschafter ist nach einer Entscheidung des BGH aus dem Jahre 1988 analog § 9 Abs. 2 GmbHG mit **5 Jahren** seit der Eintragung der Gesellschaft in das Handelsregister bemessen worden.[116] Da die Frist nach § 9 Abs. 2 GmbHG nunmehr auf 10 Jahre ausgedehnt worden ist,[117] gilt das auch für Ansprüche aus der Vorbelastungs- oder Unterbilanzhaftung.

cc) Handelndenhaftung der Geschäftsführer. Die Haftung nach § 11 Abs. 2 GmbHG erlischt mit der Eintragung der GmbH in das Handelsregister.[118] Die Verbindlichkeiten der Vor-GmbH gehen auf die eingetragene GmbH über. Dem Gläubiger steht nunmehr das gerichtlich kontrollierte, veröffentlichte und durch zwingende Schutzvorschriften gesicherte Stammkapital als Haftungsmasse zur Verfügung, so dass es des Schutzes durch die Handelndenhaftung nicht mehr bedarf. Bei Dauerschuldverhältnissen erlischt die Haftung mit der Eintragung der GmbH auf jeden Fall für künftige Teilleistungen.[119] Die Haftung tritt gegenüber Dritten, nicht aber gegenüber Gründungsgesellschaftern oder Personen ein, die der werdenden Gesellschaft beitreten möchten.[120] Daran ändert sich auch dann nichts, wenn ein Gründungsgesellschafter vor der Eintragung der GmbH als Drittgläubiger eine Forderung gegen die Gesellschaft erworben hat. Dasselbe gilt für den Treugeber, der einen Gründungsgesellschafter nach innen vertreten und von allen Verbindlichkeiten freihalten soll.[121]

c) Vorgründungsgesellschaft und GmbH & Co. KG. Mit der Vorgründungsgesellschaft wird der Zweck verfolgt, die Gründung einer GmbH durch gemeinsames Handeln vorzubereiten. Sie ist eine GbR. Betreibt sie in diesem Stadium ein Handelsgewerbe unter gemeinsamer Firma, handelt es sich um eine OHG.[122] Nur die Vorgründungsgesellschaft in Form der **OHG** kommt als **Komplementärin der KG** in Betracht.

Die OHG und ihre Gesellschafter haften für Verbindlichkeiten der KG unbeschränkt (§§ 161 Abs. 2, 128 HGB). Diese Haftung endet weder mit Errichtung der Vor-GmbH noch mit der Eintragung der GmbH in das Handelsregister Eine schuldbefreiende **Übernahme** von Verbindlichkeiten kann **nur** im Wege der §§ 414 f. BGB **vereinbart,** eine Schuld kann nur durch Vereinbarung mit dem Gläubiger erlassen **werden.** Vermögensgegenstände müssen im Wege der Singularsukzession übertragen werden.[123] Ein automatischer Übergang des aktiven oder passiven Vermögens der Vorgründungsgesellschaft auf die Vorgesellschaft oder auf die eingetragene GmbH findet nicht statt.[124]

§ 11 Abs. 2 GmbHG findet auf Personen, die rechtsgeschäftlich für eine Vorgründungsgesellschaft handeln, keine Anwendung. Das ist auch dann nicht der Fall, wenn der Handelnde die Existenz einer (Vor-)GmbH vorgetäuscht hat.[125]

4. Die Firma der GmbH & Co. KG. Für die Firmen der Komplementär-GmbH und der KG gilt der Grundsatz der **Gestaltungsfreiheit.** Schranken für die Firmenbildung ergeben sich lediglich aus der Kennzeichnungseignung, der Unterscheidungskraft, der öffentlichen Ordnung sowie den guten Sitten (vgl. §§ 17 f. HGB nF). Die Problematik der Firmenunterscheidbarkeit wurde durch das neue Firmenrecht entschärft (§§ 18 f. HGB nF).[126] Nach § 19 Abs. 1 Nr. 3 HGB nF muss die Firma der KG die Bezeichnung **Kommanditgesellschaft** oder eine allgemein verständliche **Abkürzung** dieser Bezeichnung sowie einen Zusatz enthalten, der auf die Tatsache der Haftungsbeschränkung hinweist. Nach § 4 GmbHG besteht eine solche Verpflichtung auch für die GmbH. Haben die GmbH & Co. KG und die Komplementär-GmbH ihren Sitz an demselben Ort, so ist § 30 Abs. 1 HGB zu beachten.[127]

---

[116] BGH Urt. v. 24. 10. 1988 – II ZR 176/88, BGHZ 105, 300, 304 = NJW 1989, 710, 711.
[117] Art. 13 Nr. 1 des Gesetzes zur Anpassung von Verjährungsvorschriften an das Gesetz zur Modernisierung des Schuldrechts vom 9. 12. 2004 – BGBl. I S. 3214.
[118] BGH Urt. v. 9. 3. 1981 – II ZR 54/80, BGHZ 80, 182, 183, 185 = NJW 1981, 1373, 1374; offengelassen noch in BGH Urt. v. 13. 6. 1977 – II ZR 232/75, BGHZ 69, 95, 104 = NJW 1977, 1683 f.
[119] BGH Urt. v. 19. 12. 1977 – II ZR 262/76, BGHZ 70, 132, 133 = NJW 1978, 636, 637.
[120] BGH Urt. v. 20. 11. 1954 – II ZR 53/53, BGHZ 15, 204, 206; BGH Urt. v. 27. 2. 1961 – II ZR 253/59, NJW 1961, 1016, 1017.
[121] BGH Urt. v. 17. 3. 1980 – II ZR 11/79, BGHZ 76, 320, 323 f. = NJW 1980, 1630, 1631.
[122] BGH Urt. v. 7. 5. 1984 – II ZR 276/83, BGHZ 91, 148, 151 = NJW 1984, 2164, 2165; BGH Urt. v. 24. 9. 1984 – II ZR 311/81, WM 1984, 1507, 1508.
[123] Vgl. BGH Urt. v. 20. 6. 1983 – II ZR 200/82, NJW 1983, 2822, 2823; BGH Urt. v. 13. 1. 1992 – II ZR 63/91, GmbHR 1992, 164, 165; BGH Urt. v. 9. 3. 1998 – II ZR 366/96, NJW 1998, 1645, 1646; *K. Schmidt* GmbHR 1998, 613, 616; *Koller*/Roth/Morck § 172 a RdNr. 28 mwN.
[124] BGH Urt. v. 7. 5. 1984 – II ZR 276/83, BGHZ 91, 148, 151 = NJW 1984, 2164, 2165.
[125] BGH Urt. v. 7. 5. 1984 – II ZR 276/83, BGHZ 91, 148, 151 = NJW 1984, 2164, 2165.
[126] *K. Schmidt* NJW 1998, 2161, 2167.
[127] BGH Beschl. v. 14. 7. 1966 – II ZB 4/66, BGHZ 46, 7, 8; OLG Frankfurt Beschl. v. 3. 4. 1973 – 20 W 64/72, BB 1973, 676, 677; OLG Celle Beschl. v. 16. 6. 1976 – 15 W 195/76, OLGZ 1977, 59, 60 f.; BayObLG Beschl. v. 20. 2. 1978 – 1 Z 1/78, NJW 1980, 129.

§ 177 a Anh. A   59–62 a   2. Buch. 2. Abschnitt. Kommanditgesellschaft

59   Das in der Rspr. entwickelte **Gebot des Rechtsformzusatzes**,[128] nunmehr in § 19 Abs. 2 HGB nF ausdrücklich normiert, gebietet, dass die Firma der KG, die keine natürliche Person als persönlich haftenden Gesellschafter hat, unabhängig davon, ob es sich um die Neubildung oder die Übernahme und Fortführung einer Firma handelt, einen warnenden Firmenzusatz wie **GmbH & Co.** trägt. Es muss der Eindruck vermieden werden, dass noch zusätzliche Haftungssubjekte vorhanden sein könnten.[129] § 19 Abs. 2 HGB erfasst nunmehr auch die doppelstöckige GmbH & Co. KG.[130] Der Rechtsformzusatz darf auch dann nicht weggelassen werden, wenn neben der Komplementär-GmbH weitere Komplementäre in der Form natürlicher Personen vorhanden sind.[131] Ein **Verstoß** gegen § 19 Abs. 2 HGB nF durch Nichtgebrauch eines die Haftungsbeschränkung kennzeichnenden Rechtsformzusatzes kann eine **Rechtsscheinhaftung** auslösen.[132]

60   Unerheblich ist, dass sich die wahren Verhältnisse der Gesellschaft aus dem Handelsregister ergeben und Dritte die bekanntgemachten Eintragungen nach **§ 15 Abs. 2 HGB** gegen sich gelten lassen müssen; denn der durch die irreführende Firmenbezeichnung geschaffene Vertrauenstatbestand ist gegenüber der Aussage des Handelsregisters vorrangig, die Berufung auf eine Eintragung kann rechtsmissbräuchlich sein.[133] Auch würde der Zweck des § 4 GmbHG, die beschränkte Haftung einer Gesellschaft schon aus der Firma, dh. ohne Einsichtnahme in das Handelsregister erkennbar werden zu lassen, vereitelt, hätte diese Vorschrift nicht gegenüber § 15 Abs. 2 HGB Vorrang.[134]

61   Dieser **Rechtsscheinhaftung** unterliegt zunächst der handelnde **Geschäftsführer** der Komplementär-GmbH, der die Firma ohne den nach § 19 Abs. 2 HGB erforderlichen kennzeichnenden Rechtsformzusatz im Rechtsverkehr gebraucht.[135] Dabei kann jedoch nicht schon jede mündliche Erklärung die Rechtsscheinhaftung begründen.[136] Der Scheintatbestand kann auch von den Gesellschaftern der Komplementär-GmbH dadurch veranlasst werden, dass sie nicht für eine ordnungsgemäße Firmenbezeichnung sorgen.[137]

62   Den im Namen der GmbH & Co. KG ohne Firmenzusatz handelnden rechtsgeschäftlich **Bevollmächtigten** trifft die Haftung entspr. § 179 BGB, weil er die unbeschränkte Haftung des Firmeninhabers vorgetäuscht hat.[138]

62 a   **5. Umwandlung einer AG in eine GmbH & Co. KG.** Im Zuge der formwechselnden Umwandlung einer AG in eine (Publikums-)GmbH & Co. KG kann es zu Spannungen zwischen Mehrheit und Minderheit kommen. Wird bei Durchführung einer solchen Maßnahme die als Minderheitsaktionärin an der AG beteiligte 100%ige Tochtergesellschaft der Mehrheitsaktionärin zur Komplementärin bestellt und erhalten die Mehrheitsaktionärin und die übrigen Minderheitsaktionäre rechtlich die Stellung von Kommanditisten, stellt das keinen Verstoß gegen die Kontinuität der Mitgliedschaft, den Gleichbehandlungsgrundsatz, das Verbot der Verfolgung von Sondervorteilen oder die Treupflicht unter Gesellschaftern dar.[139] Die **Kontinuität der Mitgliedschaft** ist gewahrt, wenn die Anteilsinhaber der bisherigen Gesellschaft an dem aus der Umwandlung hervorgehenden Rechtsträger nach den für die neue Form geltenden Vorschriften beteiligt werden, soweit die Beteiligung nicht nach den gesetzlichen Vorschriften entfällt (§§ 194 Abs. 1 Nr. 3, 202 Abs. 1 Nr. 2 S. 1 UmwG). Formell genügt es, wenn die HV mit ¾-Stimmenmehrheit einen Aktionär oder einen im Zuge des Formwechsels neu hinzukommenden Gesellschafter mit dessen Einverständnis zum Komplementär wählt und die übrigen Aktionäre die Rechtsstellung von Kommanditisten erlangen.

---

[128] BGH Urt. v. 18. 3. 1974 – II ZR 167/72, BGHZ 62, 216, 226 f.; BGH Beschl. v. 18. 9. 1975 – II ZB 9/74, BGHZ 65, 103, 104; KG Beschl. v. 13. 1. 1978 – 1 W 498/77, GmbHR 1978, 113; BayObLG Beschl. v. 13. 3. 1978 – 1 Z 12/78, DB 1978, 1685; BayObLG Beschl. v. 20. 2. 1978 – 1 Z 1/78 BB 1979, 185.
[129] BGH Beschl. v. 28. 5. 1979 – II ZB 4/79, NJW 1979, 1986, 1987; BGH Beschl. v. 13. 10. 1980 – II ZB 4/80, NJW 1981, 342, 343; BGH Beschl. v. 12. 11. 1984 – II ZB 2/84, NJW 1985, 736, 737; OLG Frankfurt Beschl. v. 13. 3. 1980 – 2 W 176/79, WM 1980, 912; OLG Hamm Beschl. v. 21. 4. 1980 – 15 W 304/79, BB 1980, 796, 797.
[130] So bereits BayObLG Beschl. v. 8. 9. 1994 – 3 Z BR 118/94, NJW-RR 1995, 172, 173; klarstellend nunmehr BT-Drs. 13/8444, S. 54 f. gegen KG Beschl. v. 5. 7. 1988 – 1 W 1485/87, NJW-RR 1989, 33, 34.
[131] OLG Hamm Beschl. v. 12. 2. 1993 – 15 W 229/93, NJW-RR 1994, 608, 609.
[132] BGH Urt. v. 8. 5. 1978 – II ZR 97/77, BGHZ 71, 354, 355 = NJW 1978, 2030, 2594, 2595; BGH Urt. v. 6. 10. 1977 – II ZR 4/77, DB 1978, 78, 79; BGH Urt. v. 1. 6. 1981 – II ZR 1/81, NJW 1981, 2569, 2570; BGH Urt. v. 15. 1. 1990 – II ZR 311/88, NJW 1990, 2678, 2679; OLG Hamm Urt. v. 12. 10. 1977 – 20 U 37/77, DB 1977, 2273, 2274; OLG Oldenburg Urt. v. 4. 5. 1977 – 8 U 257/76, DB 1977, 1310, 1311; *Binz/Sorg* § 11 RdNr. 63 mwN.
[133] BGH Urt. v. 8. 5. 1978 – II ZR 97/77, BGHZ 71, 354, 357 = NJW 1978, 2030, 2594, 2595; BGH Urt. v. 1. 6. 1981 – II ZR 1/81, NJW 1981, 2569, 2570.
[134] BGH Urt. v. 8. 5. 1978 – II ZR 97/77, BGHZ 71, 354, 357 = NJW 1978, 2030, 2594, 2595; BGH Urt. v. 1. 6. 1981 – II ZR 1/81, NJW 1981, 2569, 2570.
[135] BGH Urt. v. 8. 5. 1978 – II ZR 97/77, BGHZ 71, 354, 357 = NJW 1978, 2030, 2594, 2595.
[136] BGH Urt. v. 1. 6. 1981 – II ZR 1/81, NJW 1981, 2569, 2570.
[137] AA *Binz/Sorg* § 11 RdNr. 56.
[138] BGH Urt. v. 1. 6. 1981 – II ZR 1/81, NJW 1981, 2569, 2570; ihm folgend *Binz/Sorg* § 11 RdNr. 57 ff.
[139] BGH Urt. v. 9. 5. 2005 – II ZR 29/03, ZIP 2005, 1318.

Eine sachwidrige **Ungleichbehandlung der Anteilsinhaber** bringt der Vorgang nicht mit sich. Die früheren Aktionäre haben gemessen an ihrer früheren Rechtsstellung in der GmbH & Co. KG eine vergleichbare Position. Das wäre nur dann anders, wenn die Mehrheitsaktionärin den Formwechsel funktionswidrig dazu benutzen würde, um die Rechte der Minderheit im Vergleich zur ihrer Position in der AG zu schmälern. Solange solches nicht geschieht, kann in den durch die Rechtsform der umgewandelten Gesellschaft bedingten Änderungen der rechtlichen Stellung von Mehrheitsaktionärin und ihrer Tochtergesellschaft keine willkürliche Ungleichbehandlung gesehen werden. Die **Treupflicht der Mehrheitsgesellschafterin gegenüber den Minderheitsgesellschaftern** gebietet nicht, dass sie durch Treuhandkonstruktionen oder die Bildung einer Einheitsgesellschaft in der Komplementärgesellschaft dieselben Mehrheitsverhältnisse wie in der KG schafft. Erforderlich ist nur, dass Änderungen der bestehenden Gesellschaftsstruktur an der neuen Rechtsform ausgerichtet werden. Der Charakter der Gesellschaft, die Grundlagen der Gesellschaftsorganisation, die Kompetenzen der Gesellschaftsorgane und die Rechtsstellung der einzelnen Gesellschafter dürfen nur nach den Grundsätzen des geringstmöglichen Eingriffs verändert werden.[140] Die Festlegung der Geschäftsführung ist von der Gesellschafterversammlung in gesetzlich zulässiger Weise beschlossen worden. Im Übrigen können die Gesellschafter der KG der Komplementärin die Geschäftsführungsbefugnis aus wichtigem Grund wieder entziehen (§§ 161 Abs. 2, 117 HGB).

Erlangt die Mehrheitsgesellschafterin durch die Umwandlung der AG in eine GmbH & Co. KG **62 b** auf Grund der bestehenden Steuergesetze einen **steuerlichen Vorteil,** stellt das **keinen unzulässigen Sondervorteil** i. S. der §§ 53 a, 243 Abs. 2 AktG dar. Die Gesellschafter, die einen solchen Steuervorteil nicht erlangen können, müssen diese aus der unterschiedlichen steuerlichen Behandlung von Kapital- und Personengesellschaften folgende steuerrechtliche Rechtsfolge hinnehmen.[141]

III. Das Innenverhältnis der GmbH & Co. KG

Die unterschiedlichen zur Rechtsform der GmbH & Co. KG vertretenen Ansichten ändern nichts **63** daran, dass auf das Rechtsverhältnis der Gesellschafter untereinander grundsätzlich die **§§ 161 Abs. 2, 163 ff., 109 ff. HGB** anzuwenden sind. Da die Vorschriften der §§ 163 ff., 161 Abs. 2 iVm. § 109 HGB **abdingbar** sind, bestimmt sich das Innenverhältnis in erster Linie nach dem Gesellschaftsvertrag und nur mangels vertraglicher Regelungen nach dem Gesetz. Ob und in welchem Umfang es geboten ist, an den Nahtstellen zwischen den für die KG maßgebenden Vorschriften des Personengesellschaftsrechts und denen des für die Komplementär-GmbH gültigen Kapitalgesellschaftsrechts Anpassungen an das Kapitalgesellschaftsrecht vorzunehmen und – idR zwingende – Sonderregelungen zu treffen, ist im Einzelnen aufzuzeigen.

1. Die Geschäftsführung in der GmbH & Co. KG. a) Geschäftsführungsbefugnis der 64 GmbH. aa) Ausschließlichkeit. Nach den §§ 164, 161 Abs. 2 und 114 Abs. 1 HGB ist in einer echten GmbH & Co. KG ausschließlich die Komplementär-GmbH zur **Führung der Geschäfte der KG** befugt; die Kommanditisten sind von der Geschäftsführung ausgeschlossen. Als juristische Person kann die GmbH ihren Geschäftsführerpflichten nur durch Handeln ihres Geschäftsführungsorgans (§§ 6 Abs. 1, 35 Abs. 1 GmbHG) nachkommen. Da die Geschäftsführer der GmbH demnach die Geschäfte der KG mittelbar führen, wird von ihnen auch als den **mittelbaren Geschäftsführern** der GmbH & Co. KG gesprochen.[142]

Die Handlungen und das Wissen der Geschäftsführer sind der KG über die GmbH als Kom- **65** plementärin zuzurechnen.

Den Kommanditisten steht **kein Widerspruchsrecht** gegen die Geschäftsführung zu, soweit sie **66** den gewöhnlichen Betrieb des Handelsgewerbes der KG betrifft (§ 164 Satz 1 Halbs. 2 HGB). Sie können die Unterlassung einer solchen Geschäftsführungsmaßnahme auch nicht mit der Behauptung durchsetzen, die Komplementärin werde mit der beanstandeten Handlung ihre Pflicht zur ordnungsgemäßen Geschäftsführung verletzen; denn sonst würden die nicht geschäftsführungsberechtigten Gesellschafter über die Geschäftsführung bestimmen.[143]

bb) Umfang. Nach §§ 161 Abs. 2, 116 Abs. 1 HGB erfasst die Geschäftsführung alle Handlungen, die der gewöhnliche Betrieb des Handelsgewerbes der KG mit sich bringt. Handlungen, die darüber hinausgehen, bedürfen der Zustimmung der Kommanditisten (§ 164 Satz 1 Halbs. 2 HGB).

---

[140] BGH Urt. v. 9. 5. 2005 – II ZR 29/03, ZIP 2005, 1318, 1320; BGH Urt. v. 15. 11. 1982 – II ZR 62/82, BGHZ 85, 350, 355 ff.
[141] BGH Urt. v. 9. 5. 2005 – II ZR 29/03, ZIP 2005, 1318, 1321.
[142] *Cahn* S. 20; *Hesselmann/Tillmann/Mueller-Thuns* § 5 RdNr. 12; *Tillmann* RdNr. 77.
[143] BGH Urt. v. 11. 2. 1980 – II ZR 41/79, BGHZ 76, 160, 165 = NJW 1980, 1463, 1465.

Zur Erteilung einer **Prokura** – auch an einen Kommanditisten – ist die Komplementärin berechtigt, wenn sich die Prokura im Rahmen des § 116 Abs. 1 HGB hält (arg. §§ 164 Satz 1 Halbs. 2, 116 Abs. 3 Satz 1 HGB). Auch den Widerruf kann sie jederzeit aussprechen (§ 52 Abs. 1 HGB). Ist ihre Erteilung an den Kommanditisten im Gesellschaftsvertrag geregelt, kann sie – im Innenverhältnis – nur aus wichtigem Grund widerrufen werden.[144]

67 cc) **Sorgfalt.** Die Komplementärin einer **personalistisch strukturierten GmbH & Co. KG** hat die Geschäftsführung nach §§ 161 Abs. 2, 105 Abs. 3 HGB, § 708 BGB mit der Sorgfalt zu erledigen, die sie in eigenen Angelegenheiten anzuwenden pflegt; bei der kapitalistisch oder **körperschaftlich strukturierten GmbH & Co. KG** hat die Komplementärin die Sorgfalt eines ordentlichen Geschäftsmannes (§ 43 Abs. 1 GmbHG) anzuwenden.[145]

68 dd) **Entzug der Geschäftsführungsbefugnis – Ausschließung.** Nach §§ 161 Abs. 2, 117 HGB kann der Komplementärin die Geschäftsführungsbefugnis aus wichtigem Grund durch gerichtliche Entscheidung oder bei entspr. vertraglicher Regelung durch Gesellschafterbeschluss entzogen werden. Das ist auch dann möglich, wenn sie alleinige geschäftsführungsberechtigte Gesellschafterin ist.[146] Die verbleibenden Gesellschafter (Kommanditisten) haben alle erforderlichen Maßnahmen zu treffen, welche die Neuregelung der Geschäftsführungsbefugnis betreffen.[147] Das Handeln ihres Geschäftsführers muss sich die Komplementärin zurechnen lassen,[148] ohne dass sie nach dem Grundsatz der Anwendung des mildesten Mittels einwenden könnte, ihr müsste zunächst Gelegenheit gegeben werden, ihren Geschäftsführer abzuberufen.[149]

69 Die Kommanditisten können – als ultima ratio – auch die **Ausschließung der Komplementärin** aus der KG herbeiführen, wenn ihnen deren weiterer Verbleib in der Gesellschaft nicht mehr zugemutet werden kann, weil der Entzug der Geschäftsführungsbefugnis zur Befriedung der Verhältnisse in der Gesellschaft nicht ausreichend erscheint.[150] Ein solcher Beschlussgegenstand hat eine derart große Bedeutung, dass er in der Gesellschafterversammlung erörtert werden muss, um der Minderheit die Gelegenheit zu geben, auf die Meinungsbildung Einfluss zu nehmen.[151] Scheidet die Komplementär-GmbH aus und übernimmt eine natürliche Person deren Gesellschafterstellung, kann die Anmeldung des Gesellschafterwechsels nicht mehr mit der Begründung versagt werden, die Weiterführung des Firmenbestandteils „GmbH" sei zur Täuschung geeignet.[152]

70 ee) **Gesellschaftsvertragliche Vereinbarungen.** Die dispositiven gesetzlichen Regelungen zur Geschäftsführungsbefugnis werden in der Praxis weitgehend durch gesellschaftsvertragliche Vereinbarungen abgeändert. So kann die Komplementär-GmbH im Gesellschaftsvertrag verpflichtet werden, im Rahmen ihrer Geschäftsführung die Genehmigung der Kommanditisten einzuholen oder nur nach deren Weisung tätig zu werden. Die Komplementär-GmbH kann von der Geschäftsführung ausgeschlossen, diese kann einem oder mehreren Kommanditisten übertragen werden. Die Betriebsführung auf Grund eines entspr. Vertrages durch einen Dritten verstößt nicht gegen den Grundsatz der Selbstorganschaft, wenn dem Komplementär die Verantwortung für den Betrieb der KG verbleibt.[153] Die Vertretungsmacht kann der Komplementär-GmbH nicht entzogen werden, da die selbstorganschaftliche Vertretung der KG auf Grund der zwingenden Regelung des § 170 HGB gewährleistet sein muss.[154]

---

[144] Arg. §§ 117, 127 HGB, vgl. BGH Urt. v. 27. 6. 1955 – II ZR 232/54, BGHZ 17, 392, 394 ff.
[145] HM vgl. *Hüffer* ZGR 10 (1981), 348, 362 f.; Baumbach/*Hopt* Anh. § 177 a RdNr. 26; aA *Ballerstedt* JuS 1963, 253, 258 f.; Scholz/*U. H. Schneider* § 43 RdNr. 267 mwN in Fn. 468; vgl. BGH Urt. v. Publikums-KG BGH Urt. v. 12. 11. 1979 – II ZR 174/77, BGHZ 75, 321, 327 = NJW 1980, 589 f.; BGH Urt. v. 11. 2. 1980 – II ZR 41/79, BGHZ 76, 160, 166 f. = NJW 1980, 1463 f.; BGH Urt. v. 24. 3. 1980 – II ZR 213/77, BGHZ 76, 326, 337 f. = NJW 1980, 1524; BGH Urt. v. 14. 11. 1994 – II ZR 160/93, NJW 1995, 1353, 1357.
[146] BGH Urt. v. 9. 12. 1968 – II ZR 33/67, BGHZ 51, 198, 201 f.; BGH Urt. v. 25. 4. 1983 – II ZR 170/82, NJW 1984, 173, 174.
[147] BGH Urt. v. 9. 12. 1968 – II ZR 33/67, BGHZ 51, 198, 201 f.
[148] BGH Urt. v. 18. 10. 1976 – II ZR 98/75, BGHZ 68, 81, 82 f. = NJW 1977, 1013, 1014; BGH Urt. v. 25. 4. 1983 – II ZR 170/82, NJW 1984, 173, 174; BGH Urt. v. 28. 6. 1993 – II ZR 119/92, NJW-RR 1993, 1123, 1124.
[149] *H. P. Westermann* ZIP 1983, 1070, 1071 – Anm. zu BGH Urt. v. 25. 4. 1983 – II ZR 170/82; Baumbach/*Hopt* Anh. § 177 a RdNr. 26.
[150] BGH Urt. v. 18. 10. 1976 – II ZR 98/75, BGHZ 68, 81, 82 f. = NJW 1977, 1013, 1014; BGH Urt. v. 28. 6. 1993 – II ZR 119/92, NJW-RR 1993, 1123, 1124.
[151] KG Urt. v. 1. 7. 1994 – 14 U 748/93, GmbHR 1995, 525.
[152] BayObLG Beschl. v. 3. 3. 1988 – 3 Z 184/87, GmbHR 1988, 306, 307.
[153] BGH Urt. v. 9. 12. 1968 – II ZR 33/67, BGHZ 51, 198, 201; BGH Urt. v. 5. 10. 1981 – II ZR 203/80, NJW 1982, 1817, 1818.
[154] BGH Urt. v. 25. 5. 1964 – II ZR 42/62, BGHZ 41, 367, 369; BGH Urt. v. 9. 12. 1968 – II ZR 33/67, BGHZ 51, 198, 200.

b) Besonderheiten im Rechtsverhältnis zwischen GmbH und Geschäftsführer. § 38 **71**
Abs. 1 GmbHG differenziert zwischen der **Bestellung** der Geschäftsführer und dem **Anstellungsvertrag**, der zwischen GmbH und Geschäftsführungsmitglied die schuldrechtlichen Beziehungen regelt. Der körperschaftliche Akt der Bestellung und der Dienstvertrag begründen rechtlich voneinander unabhängige Rechtsverhältnisse, mögen zwischen beiden auch bestimmte Zusammenhänge bestehen, die zu gegenseitigen tatsächlichen und rechtlichen Auswirkungen führen können.[155]

Für die Berufung in das Organverhältnis, den Abschluss des Anstellungsvertrages und seine **72** Kündigung bzw. Aufhebung ist die Gesellschafterversammlung der GmbH zuständig.[156] Auf diese Maßnahme ist das Recht der GmbH anzuwenden. Sie bedürfen grundsätzlich keiner Zustimmung der Kommanditisten.[157] Ist eine GmbH & Co. KG Alleingesellschafterin einer GmbH, werden sie von dem Geschäftsführer der Komplementär-GmbH getroffen.[158]

Die Entscheidungen der GmbH-Gesellschafter zur Organbestellung und deren Widerruf unterliegen **73** jedoch im wohlverstandenen Interesse der KG **Einschränkungen:** Da die Komplementärin verpflichtet ist, die Geschäfte der KG ordnungsgemäß zu führen (§ 114 HGB), trifft sie auch die Pflicht, in ihrem Geschäftsbereich für eine Organisation zu sorgen, die sicherstellt, dass die Aufgaben der Geschäftsführung im Interesse der KG sach- und ordnungsgemäß wahrgenommen werden können. Die GmbH-Gesellschafter müssen daher einen für die Wahrnehmung der Geschäftsführungsaufgaben **geeigneten Geschäftsführer** bestellen. Umgekehrt heißt das, dass sie einen Geschäftsführer nicht bestellen dürfen, gegen dessen Bestellung schwerwiegende Gründe sprechen. Die Fälle des § 6 Abs. 2 GmbHG, in denen die Geschäftsführertätigkeit kraft Gesetzes ausgeschlossen ist, dürften von nur theoretischer Bedeutung haben. Eher kommen schon die Fälle der **Unfähigkeit** zur sach- und ordnungsgemäßen Geschäftsführung, **Straffälligkeit** wegen Betruges, Unterschlagung oder Untreue und sonstige **grobe Pflichtverletzungen** wie wiederholter Verstoß gegen ein Wettbewerbsverbot o. ä. in Betracht.[159]

Im Schrifttum ist erwogen worden, den Kommanditisten analog §§ 117, 127 HGB das Recht zu **74** gewähren, dem Geschäftsführer durch gerichtliche Entscheidung seine **Kompetenzen** – beschränkt auf den Zuständigkeitsbereich der KG – **entziehen** zu lassen.[160] Soweit der Geschäftsführer in der GmbH auch andere Aufgaben als die Führung der Geschäfte der KG wahrnimmt, wäre eine solche Maßnahme **mit § 37 Abs. 2 GmbH nicht vereinbar.** Es bedarf ihrer zum Schutze der Kommanditisten auch nicht, weil diese die Pflicht zur ordnungsgemäßen Geschäftsführung gegenüber der Komplementär-GmbH – ggf. im Wege der actio pro socio – durchsetzen können. Will oder kann die GmbH ihrer Verpflichtung nicht nachkommen, können die Kommanditisten das Recht aus §§ 117, 127 HGB ihr gegenüber wahrnehmen.[161]

Einer Einschränkung unterliegt auch die nach § 38 Abs. 1 GmbHG unbeschränkte **Widerruf-** **75** **lichkeit der Organbestellung.** Auch hier lässt es die Verpflichtung der Komplementärin zur ordnungsgemäßen Geschäftsführung (§ 114 HGB) nicht zu, den integeren, fähigen und das Unternehmen bestens führenden Gesellschafter- oder Fremdgeschäftsführer auszuwechseln und dadurch Qualität und Kontinuität der Geschäftsführung sowie den Unternehmenserfolg zu beeinträchtigen.[162]

c) Vertragliche Beziehungen zwischen GmbH & Co. KG und Geschäftsführer. In der **76** Praxis kommt es vor, dass der **Anstellungsvertrag** zwischen **Geschäftsführer und GmbH & Co. KG** abgeschlossen wird.[163] Ist die GmbH alleinige Komplementärin der KG und hat sie nur einen Geschäftsführer, stellt sich die Frage, unter welchen Voraussetzungen der Vertrag zustandekommt. Nach der Rspr. des BGH verstößt ein solcher Vertrag gegen **§ 181 BGB,** wenn der Gesellschaftsvertrag der KG keine Befreiung vom Verbot des Selbstkontrahierens vorsieht oder die Kommanditisten diese Befreiung nicht mit der nach dem Gesellschaftsvertrag für seine Änderungen festgelegten Mehrheit erteilen.[164] Ist das nicht geschehen und kommt für den erforderlichen Beschluss die

---

[155] Vgl. die Rspr.-Nachweise bei *Henze* RdNr. 1166 f. in Fn. 1067 f.
[156] Vgl. die Rspr.-Nachweise bei *Henze* RdNr. 924 und 926 in Fn. 767 und 769.
[157] BGH Urt. v. 1. 12. 1969 – II ZR 224/67, DB 1970, 389, 390.
[158] BGH Urt. v. 27. 3. 1995 – II ZR 140/93, NJW 1995, 1750, 1751.
[159] *Hopt* ZGR 8 (1979), 1 f.; *Binz/Sorg* § 9 RdNr. 2 f.; *Hesselmann/Tillmann/Mueller-Thuns* § 5 RdNr. 34; *Britsch* S. 29 f.
[160] *Hopt* ZGR 8 (1979), 1, 16 f.; *Hüffer* ZGR 10 (1981), 348, 359.
[161] *Schlegelberger/Martens* § 164 RdNr. 6; *Hesselmann/Tillmann/Mueller-Thuns* § 6 RdNr. 18.
[162] *Binz/Sorg* § 9 RdNr. 3 Fn. 5; *Hesselmann/Tillmann/Mueller-Thuns* § 5 RdNr. 41.
[163] Zur Zulässigkeit vgl. BAG Urt. v. 15. 4. 1982 – 2 AZR 1101/79, NJW 1983, 2405, 2407; OLG Celle Urt. v. 21. 9. 1979 – 3 U 179/79, GmbHR 1980, 32, 33; für Zustimmungsbedürftigkeit des zuständigen GmbH-Organs: *Lutter/Hommelhoff* Anh. § 6 RdNr. 9; *Fleck* ZHR 149 (1985), 387, 388; differenzierend nach Tätigkeitsbereichen: *U. H. Schneider* GmbHR 1993, 10, 15.
[164] BGH Urt. v. 1. 12. 1969 – II ZR 224/67, DB 1970, 389, 390; BGH Urt. v. 16. 1. 1995 – II ZR 290/93, NJW 1995, 1158, 1159.

notwendige Mehrheit nicht zustande, kann nur die Gesellschafterversammlung der GmbH als deren Vertretungsorgan den Vertrag namens der KG abschließen.[165] Diese Entscheidungen gehen offensichtlich davon aus, dass der Abschluss des Dienstvertrages mit der KG eine Geschäftsführungsangelegenheit der GmbH ist. Das Kammergericht hat dem widersprochen: Die Vereinbarung einer Vergütung für die Geschäftsführung der Komplementärin und damit auch für deren Geschäftsführer sei – ebenso wie bei der GmbH – keine Maßnahme der Geschäftsführung.[166] Diese Begründung kann dann entscheidungserheblich sein, wenn die GmbH-Gesellschafter den Vertrag als Vertreter der Komplementärin mit dem Geschäftsführer abschließen und GmbH-Gesellschafter und Kommanditisten personenverschieden sind. Gefolgt werden kann ihr nur, wenn die Gründe, die bei der GmbH die Zuständigkeit der Gesellschafter gebieten, auch bei der GmbH & Co. KG vorliegen. Die **Regelung bei der GmbH** beruht auf der Überlegung, die Entscheidungskompetenz der Gesellschafter für die Organbestellung und deren Widerruf nicht durch voreilige Abschlüsse oder Auflösungen von Anstellungsverträgen durch die Geschäftsführer unterlaufen zu lassen.[167] Bei der **GmbH & Co. KG** bestehen diese Gefahren nicht; denn die Entscheidung über Organbestellung und Abschluss des Dienstvertrages treffen die GmbH-Gesellschafter. Ein Unterlaufen der Entscheidungskompetenz der GmbH-Gesellschafter zur Organbestellung ist somit nicht möglich. Der Entscheidung des Kammergerichts kann daher nicht gefolgt werden.

77   Der mit der KG abgeschlossene Anstellungsvertrag endet nicht ohne weiteres mit der Eröffnung des **Insolvenzverfahrens** über deren Vermögen (§ 113 Abs. 1 InsO). Das gilt auch dann, wenn der Geschäftsführer zugleich alleiniger Gesellschafter der GmbH und einziger Kommanditist der KG ist.[168] Der Vertrag ist – ebenso wie ein mit der GmbH abgeschlossener Anstellungsvertrag – in der Frist des § 622 Abs. 1 BGB kündbar.[169]

78   Ist der Anstellungsvertrag mit der KG wirksam abgeschlossen worden, kann der Geschäftsführer für seine von der KG übernommene **Erfindung** jedenfalls dann die übliche Vergütung nach § 612 Abs. 2 BGB verlangen, wenn er auf Grund seines Dienstvertrages Arbeitgeberfunktion ausübt. Die Vergütungsrichtlinien des ArbEG finden keine Anwendung.[170]

79   Für die sachliche **Zuständigkeit der Arbeitsgerichte** (§ 5 Abs. 1 Satz 3 ArbGG) und die Anwendbarkeit des KSchG (§ 14 KSchG) kommt es darauf an, ob der Geschäftsführer der GmbH, die ausschließlich die Geschäfte der KG führt, nach der Ausgestaltung des Vertrages als selbständig Tätiger oder als Arbeitnehmer bzw. arbeitnehmerähnliche Person der GmbH & Co. KG anzusehen ist.[171] Schließt der wirksam bestellte Geschäftsführer mit der KG einen fehlerhaften Anstellungsvertrag, ist dieser für die Dauer der Beschäftigung des Betroffenen nach den Grundsätzen des fehlerhaften Anstellungsverhältnisses wie ein wirksamer Vertrag zu behandeln.[172] Im Verhältnis zur GmbH besteht das Organverhältnis mit der Folge der sich aus § 43 GmbHG ergebenden Rechte und Pflichten. Ist auch die Bestellung zum Geschäftsführer fehlerhaft, ist die Organstellung für den Zeitraum als wirksam anzusehen, in der sie ausgeübt worden ist.[173] Wird jemand als Geschäftsführer tätig, ohne dass dem ein Bestellungsakt zugrunde liegt und ohne dass ein Anstellungsvertrag abgeschlossen worden ist (faktischer Geschäftsführer), ist nach der neuesten Entwicklung der Rechtsprechung davon auszugehen, dass er sowohl bei der GmbH als auch bei der GmbH & Co. KG wie ein echter Geschäftsführer für fehlerhafte Tätigkeit auf Schadenersatz haftet.[174]

80   **d) Die Organ- und Vertragshaftung der Geschäftsführer im Innenverhältnis der GmbH & Co. KG.** Für den Fall, dass den Anstellungsvertrag Geschäftsführer und Komplementär-GmbH abschließen, wird im Schrifttum die Frage aufgeworfen, ob zwischen Geschäftsführer und GmbH & Co. KG vertragliche Beziehungen auf Grund eines **berechtigenden Vertrages zugunsten Dritter**

---
[165] BGH Urt. v. 1. 12. 1969 – II ZR 224/67, DB 1970, 389, 390.
[166] KG Urt. v. 4. 5. 1992 – 2 U 4536/91, GmbHR 1993, 818, 820.
[167] Vgl. u. a. BGH, Urt. v. 27. 10. 1986 – II ZR 240/85, ZIP 1987, 293, 294 ff.
[168] BGH Urt. v. 25. 6. 1979 – II ZR 219/78, BGHZ 75, 209, 211 = NJW 1980, 595, 596.
[169] BGH Urt. v. 29. 1. 1981 – II ZR 92/80, BGHZ 79, 291, 293 = NJW 1981, 1270, 1271; BGH Urt. v. 26. 3. 1984 – II ZR 120/83, BGHZ 91, 217, 220 = NJW 1984, 2528, 2529; BGH Urt. v. 9. 3. 1987 – II ZR 132/86, NJW 1987, 2073, 2074.
[170] BGH Urt. v. 24. 10. 1989 – X ZR 58/88, NJW-RR 1990, 349, 350.
[171] Zur Anwendbarkeit des KSchG: BAG Urt. v. 15. 4. 1982 – 2 AZR 1101/79, NJW 1983, 2405, 2407; zur Zuständigkeit der Arbeitsgerichtsbarkeit: BAG Urt. v. 10. 7. 1980 – 3 AZR 68/79, NJW 1981, 302, 303; BAG Urt. v. 15. 4. 1982 – 2 AZR 1101/79, NJW 1983, 2405, 2406.
[172] Vgl. BGH Urt. v. 6. 4. 1964 – II ZR 75/62, BGHZ 41, 282; BGH Urt. v. 23. 10. 1975 – II ZR 90/73, BGHZ 65, 190.
[173] BGH Urt. v. 20. 2. 1995 – II ZR 143/93, BGHZ 129, 30, 32.
[174] Zur Entwicklung der Rechtsprechung vgl. BGH Urt. v. 21. 3. 1988 – II ZR 194/87, BGHZ 104, 44, 47 = NJW 1988, 1789, 1790; BGH Urt. v. 25. 2. 2002 – II ZR 196/00, BGHZ 150, 61; BGH Urt. v. 27. 6. 2005 – II ZR 113/03, ZIP 2005, 1414; BGH Urt. v. 11. 7. 2005 – II ZR 235/03, ZIP 2005, 1550.

(§ 328 BGB) bestehen.[175] Das wird einmal mit dem Gedanken des Leiharbeitsverhältnisses,[176] zum anderen damit begründet, Geschäftsführervertrag und Gesellschaftsvertrag der KG enthielten konkludent die Geschäftsführertätigkeit für die GmbH & Co. KG, so dass die Auslegung dieser Verträge (§ 133 BGB) auch die Rechte und Pflichten zwischen Geschäftsführer und KG bestimme.[177]

Stellungnahme: Dem kann nicht gefolgt werden. Nach dem Inhalt des Gesellschaftsvertrages 81 hatte die Komplementärin die Geschäfte der KG zu führen. Dazu bedient sie sich ihrer Geschäftsführer. Der Geschäftsführervertrag begründet lediglich Rechte und Pflichten des Geschäftsführers gegenüber der GmbH. Alle weitergehenden Schlüsse, die daraus gezogen werden, dass sich das Tätigkeitsfeld des Geschäftsführers im Geschäftsbereich der KG befindet, sind Fiktionen, die nicht notwendigerweise dem wirklichen Willen von Geschäftsführer und Komplementärin entsprechen. Entscheidend ist allein, ob Geschäftsführer und GmbH den Inhalt des Dienstvertrages – ggf. unter Berücksichtigung des Inhaltes des KG-Gesellschaftsvertrages, soweit dem Geschäftsführer bekannt – iS eines berechtigenden Vertrages zugunsten der GmbH & Co. KG verstanden haben oder verstehen mussten. Das kann man ohne weitere Anhaltspunkte, die über den o. g. Rahmen hinausgehen, nicht annehmen.[178] Dementsprechend hat die Rechtsprechung bisher lediglich anerkannt, dass sich der **Schutzbereich** des zwischen der Komplementär-GmbH und ihrem Geschäftsführer zustandegekommenen Dienstverhältnisses im Hinblick auf die Haftung des Geschäftsführers aus § 43 Abs. 2 GmbHG auf die KG erstreckt, wenn die wesentliche Aufgabe der GmbH in der Führung der Geschäfte für die KG besteht.[179]

aa) Haftung der Komplementär-GmbH. Für Pflichtverletzungen im Rahmen ihrer Geschäfts- 82 führertätigkeit[180] haftet die GmbH der KG. Für die Handlungen ihrer Organmitglieder hat sie entspr. § 31 BGB einzustehen, der als Ausdruck eines allgemeinen Rechtsgedankens auf juristische Personen Anwendung findet.[181] Die GmbH hat der KG daher Schadensersatz für Pflichtverletzungen ihres Geschäftsführers zu leisten, die dieser in Ausübung der ihm als Organ obliegenden Pflichten begeht. Schäden, die der Geschäftsführer nur bei Gelegenheit seiner Tätigkeit verursacht, werden von der Organhaftung nicht umfasst.

bb) Haftung des Geschäftsführers gegenüber der Komplementär-GmbH. Der Geschäfts- 83 führer haftet der Komplementärin nach § 43 Abs. 2 GmbHG sowie aus Dienstvertrag. Dem Haftungsanspruch aus dem Anstellungsvertrag kommt jedoch gegenüber der Organhaftung aus § 43 Abs. 2 GmbHG keine eigenständige Bedeutung zu. Die Organhaftung nimmt als weitere gesetzliche Regelung und als Spezialregelung die vertragliche Haftungsgrundlage in sich auf.[182] Der Sorgfaltsmaßstab ergibt sich aus § 43 Abs. 1 GmbHG. Gilt für die Komplementärin derjenige des § 708 BGB, kommt dem Geschäftsführer eine Haftungserleichterung bis zur Grenze des grob fahrlässigen Verhaltens zugute. Eine Verschärfung der Haftung über den Rahmen des § 43 Abs. 1 GmbHG hinaus kommt nicht in Betracht.[183]

Darlegungs- und Beweislast. Die im Schrifttum umstrittene, von der Rechtsprechung bislang 83a nicht klar beantwortete Frage nach der Verteilung der Darlegungs- und Beweislast bei Geltendmachung eines Schadenersatzanspruchs gegen den Geschäftsführer hat der BGH nunmehr eindeutig entschieden.[184] Die auch für die Haftung der Geschäftsführer nach § 43 GmbHG maßgebende, für die Haftung eines Vorstandsmitgliedes im Aktienrecht getroffene Beweisregel erlegt dem Vorstandsmitglied die Beweislast dafür auf, dass es die Sorgfalt eines ordentlichen und gewissenhaften Geschäftsleiters angewandt hat (§ 93 Abs. 2 S. 2 AktG). Der **Gesellschaft** obliegt die Beweislast nur dafür, dass und inwieweit ihr durch ein Verhalten des Geschäftsführungsmitgliedes in dessen Pflichtenkreis ein Schaden erwachsen ist. Es reicht aus, dass sie Tatsachen vorträgt und unter Beweis stellt, die hinreichende Anhaltspunkte für eine Schadenschätzung nach § 287 ZPO bieten. Unter diese Vorschrift fällt auch die Frage, **ob und inwieweit** der Gesellschaft durch das dem Geschäftsführungs-

---

[175] *Cahn* S. 22.
[176] *Herschel* S. 329, 332; *ders.* DB 1967, 2202 ff.
[177] *Hesselmann/Tillmann* 18. Aufl., 1997 RdNr. 278 ff.
[178] *Hopt* ZGR 8 (1979), 1, 14; *K. Müller* GmbHR 1972, 18 f.; *Sudhoff/Breitfeld* § 15 RdNr. 112; abl. auch BGH Urt. v. 29. 9. 1955 – VI ZR 28/53, WM 1956, 61, 62 f.
[179] Vgl. zuletzt BGH, Urt. v. 25. 2. 2002 – II ZR 236/00, DB 2002, 1150 mwN aus der Rspr.; vgl. auch *Hesselmann/Tillmann/Mueller-Thuns* § 5 RdNr. 52 ff.; *Sudhoff/Breitfeld* § 15 RdNr. 112.
[180] Zu den Pflichten des geschäftsführenden Gesellschafters in der Personenhandelsgesellschaft vgl. *Baumbach/Hopt* § 114 RdNr. 9 ff.; *Schlegelberger/Martens* § 114 RdNr. 29 ff.
[181] Allg. Meinung, vgl. MünchKommBGB/*Reuter* § 31 RdNr. 11.
[182] BGH Urt. v. 12. 6. 1989 – II ZR 334/89, NJW-RR 1989, 1255, 1257; BGH Urt. v. 9. 12. 1996 – II ZR 240/95, NJW 1997, 741, 742.
[183] MünchKommBGB/*Ulmer* § 708 RdNr. 16 (zu § 276 BGB).
[184] BGH Urt. v. 4. 11. 2002 – II ZR 224/00, ZIP 2002, 2314.

mitglied vorgeworfene Verhalten ein Schaden entstanden ist, weil der Ursachenzusammenhang zwischen der Pflichtverletzung und einem daraus erwachsenen Schaden nicht zur haftungsbegründenden, sondern zur haftungsausfüllenden Kausalität gehört. Das **Geschäftsführungsmitglied** hat darzulegen und zu beweisen, dass es seinen Sorgfaltspflichten als Geschäftsführungsmitglied nachgekommen ist. Ist es dazu nicht in der Lage, hat es darzulegen und zu beweisen, dass es an der Pflichtverletzung kein Verschulden trifft. Es kann sich ferner mit dem Umstand entlasten, dass der Schaden auch bei pflichtgemäßem Alternativverhalten eingetreten wäre.

84   **2. Treupflichten in der GmbH & Co. KG. a) Grundsätze zur Treupflicht.** Treupflichten im Verhältnis der Gesellschafter zur Gesellschaft sowie der Gesellschafter untereinander sind in Rspr. und dem weit überwiegenden Schrifttum sowohl für das Personen-[185] als auch das Kapitalgesellschaftsrecht[186] **anerkannt. Inhaltlich** werden sie in Handlungs- bzw. aktive Förderpflichten, Unterlassungspflichten und Loyalitätspflichten unterteilt. Letztere sind Ausdruck der Schrankenfunktion der Treubindung, die den Gesellschafter zur Loyalität gegenüber der Gesellschaft und zur Rücksichtnahme auf die gesellschaftsbezogenen Belange der Mitgesellschafter verpflichtet. Die Bestimmung dieses Inhaltes richtet sich nach der Art des ausgeübten Rechts, seiner gesellschaftsrechtlichen Funktion (Gemeinschafts- bzw. Zweckverfolgungsnähe); Umfang und Intensität der Treupflicht sind vom konkreten Gegenstand der Rechtsausübung und der Realstruktur der Gesellschaft abhängig.[187] Handlungspflichten kommen hauptsächlich bei der Wahrnehmung uneigennütziger, zur Förderung des gemeinsamen Zwecks gewährter Rechte, jedoch nur in Ausnahmefällen bei eigennützigen Rechten in Betracht. Unterlassungspflichten können sowohl uneigennützige als auch eigennützige Rechte betreffen. Die Schrankenfunktion hindert die rechtsmissbräuchliche Ausübung dieser Rechte. Sie kann zur Unbeachtlichkeit des gerügten Verhaltens oder zur Undurchsetzbarkeit des missbräuchlich geltendgemachten Rechts führen.

85   Die **Wirkungen der Treupflicht** bestimmen sich im Einzelfall weitgehend nach der Abwägung der einander gegenüberstehenden Belange. Die Verfolgung eigennütziger Mitgliedschaftsrechte muss hinter die Ausübung uneigennütziger Mitgliedschaftsrechte zurücktreten. Eigene Interessen braucht der Gesellschafter nicht hinter die Gesellschaftsinteressen zurückzustellen, er darf sich über die Belange der Gesellschaft jedoch nicht grundlos oder willkürlich hinwegsetzen. Gesellschaftsbezogene Interessen von Mitgesellschaftern dürfen nur unter Wahrung des Verhältnismäßigkeitsgrundsatzes beeinträchtigt werden.[188]

86   **b) Treupflichten in der GmbH & Co. KG.** Diese Grundsätze, die auch für das Verhältnis von Mehrheit und Minderheit bestimmend sind,[189] gelten auch in der GmbH, die als Komplementärin die Geschäfte einer KG führt, sowie in der von ihr geführten GmbH & Co. KG, wobei Tragweite und Intensität der Treubindung von der Realstruktur der jeweiligen Gesellschaft abhängen.[190]

87   Eine **besondere Ausgestaltung** erfährt die Treupflicht in der Gesellschaftsform der GmbH & Co. KG im Verhältnis der Gesellschafter der GmbH zu den Kommanditisten. Da der GmbH als persönlich haftende Gesellschafterin die Aufgabe obliegt, die Geschäfte der KG zu führen, trifft sie im Rahmen der Geschäftsführung die Verpflichtung, die wohlverstandenen Interessen der KG und ihrer Kommanditisten wahrzunehmen und dieser zum Nachteil gereichende Handlungen zu unterlassen. In der **personenidentischen GmbH** hat der Mehrheitsgesellschafter der GmbH dieser Konstellation Rechnung zu tragen: Da sich der wesentliche Teil der Geschäfte in der KG verwirklicht, erstreckt sich die Pflicht, die gesellschaftsbezogenen Interessen des Minderheitsgesellschafters nicht willkürlich zu schädigen, auch auf die Rechts- und Vermögensposition des Minderheitsgesellschafters in der KG. Er darf die Geschäftsführung der GmbH nicht dahingehend beeinflussen, dass sie

---

[185] Vgl. u. a. BGH Urt. v. 15. 6. 1959 – II ZR 44/58, BGHZ 30, 195, 201; BGH Urt. v. 10. 6. 1965 – II ZR 6/63, BGHZ 44, 40, 41; BGH Urt. v. 28. 4. 1975 – II ZR 16/73, BGHZ 64, 253, 257; BGH Urt. v. 18. 10. 1976 – II ZR 98/75, BGHZ 68, 81, 82 = NJW 1977, 1013, 1014; Staub/*Ulmer* § 105 RdNr. 232 ff.; *K. Schmidt* GesR § 20 IV.
[186] Vgl. u. a. BGH Urt. v. 1. 4. 1953 – II ZR 235/52, BGHZ 9, 157, 163; BGH Urt. v. 9. 6. 1954 – II ZR 70/53, BGHZ 14, 25, 38; BGH Urt. v. 1. 2. 1988 – II ZR 75/87, BGHZ 103, 184, 194 f. = NJW 1988, 1579 f.; BGH Urt. v. 20. 3. 1995 – II ZR 205/94, BGHZ 129, 136, 142 ff. = NJW 1995, 1739 f.; *Hüffer* § 53 a RdNr. 13 ff.; *Henze/Notz* Anh. § 53 a RdNr. 25 f.; *Lutter/Hommelhoff* § 14 RdNr. 18 ff.
[187] Vgl. Staub/*Ulmer* § 105 RdNr. 235 ff.; *Baumbach/Hueck/Fastrich* § 13 RdNr. 28; *Scholz/Winter* § 14 RdNr. 52 ff.; *Zöllner* § 30 II.
[188] *Henze* BB 1996, 489, 493 f.; Staub/*Ulmer* § 105 RdNr. 239 ff.; *Baumbach/Hueck/Fastrich* GmbHG § 13 RdNr. 2 f.; *M. Winter* S. 23 ff.
[189] BGH Urt. v. 5. 6. 1975 – II ZR 23/74, BGHZ 65, 15, 18 f. = NJW 1976, 191, 192; BGH Urt. v. 1. 2. 1988 – II ZR 75/87, BGHZ 103, 184, 194 f. = NJW 1988, 1579 f.; BGH Urt. v. 20. 3. 1995 – II ZR 205/94, BGHZ 129, 136, 143 ff = NJW 1995, 1739 f.
[190] Zu den Einzelheiten der Realstruktur vgl. Staub/*Ulmer* § 105 RdNr. 238; *Baumbach/Hueck/Fastrich* § 13 RdNr. 28; *Lutter/Hommelhoff* § 14 RdNr. 18.

für die KG Geschäfte abschließt, die ihm zu Lasten der KG und der an ihr als Kommanditisten beteiligten Minderheitsgesellschafter Vorteile bringen.[191]

Dieser Ansatz der auf die Verhältnisse in der KG ausstrahlenden Treupflicht unter GmbH-Gesellschaftern kann jedoch dann **nicht** gewählt werden, wenn Kommanditisten und GmbH-Gesellschafter nicht identisch sind. Schließt der Geschäftsführer der GmbH in diesem Falle auf Veranlassung der GmbH-Gesellschafter für die KG ein für diese nachteiliges Geschäft zugunsten der GmbH-Gesellschafter ab, haftet die GmbH der KG und den Kommanditisten aus der Verletzung ihrer Geschäftsführerpflicht. Der GmbH-Geschäftsführer haftet darüberhinaus der KG aus dem zwischen ihm und der GmbH bestehenden Rechtsverhältnis, das Schutzwirkung zugunsten der KG entfaltet. Es wird zwar die Ansicht vertreten, die Gesellschafter(-versammlung) der GmbH habe auf Grund der Komplementärstellung dieser Gesellschaft unter Treupflichtgesichtspunkten die Interessen der KG zu beachten.[192] Bei Nichtbeachtung dieser Pflicht ergeben sich jedoch für die GmbH-Gesellschafter im Verhältnis zur KG oder deren Kommanditisten keine haftungsrechtlichen Konsequenzen, weil rechtliche Beziehungen nur zwischen den beiden Gesellschaften, nicht aber zwischen deren Gesellschaftern bestehen. 88

Liegt eine **Einheits-GmbH & Co. KG** vor, ist also die KG Inhaberin der Geschäftsanteile der GmbH, beschränken sich die rechtlichen Beziehungen einschließlich der Treupflichten auf die Kommanditisten, beide Gesellschaften und den GmbH-Geschäftsführer. Nutznießer der beschriebenen schädigenden Handlung könnte nur der Geschäftsführer der GmbH oder ein Kommanditist sein. Im Verhältnis zum Geschäftsführer greifen vertragliche Ansprüche oder solche aus dem Rechtsverhältnis mit Schutzwirkung zugunsten der KG. Ist ein Kommanditist Begünstigter, haftet er aus Treupflichtverletzung. 89

3. Wettbewerbsverbot. a) Komplementär-GmbH. Diese trifft kraft Gesetzes (§§ 161 Abs. 2, 112 f. HGB) ein Wettbewerbsverbot. Das soll jedoch zumindest nicht für eine Komplementär-GmbH gelten, die als Teil einer kapitalistischen KG eine anonyme Beteiligung darstellt.[193] Dieser Ansicht kann nicht gefolgt werden.[194] 90

Die Aufnahme oder Fortführung der Tätigkeit als geschäftsführende Gesellschafterin einer anderen Personen- oder Kapitalgesellschaft bedarf der **Einwilligung aller Gesellschafter** einschließlich der Kommanditisten. Ist die Tätigkeit bei Gründung der KG – entsprechendes gilt für den Eintritt der GmbH in eine bestehende KG – allen Gesellschaftern bekannt, greift die unwiderlegliche Vermutung des § 112 Abs. 2 HGB ein. Geht es um die Fortsetzung von Geschäften im gleichen Handelszweig (§ 112 Abs. 1 Alt. 1 HGB), werden die Gesellschafter idR davon ausgehen, dass die GmbH diese Geschäfte aufgibt.[195] Beruft sich die GmbH auf das stillschweigend erteilte Einverständnis der Gesellschafter zur Fortführung der Geschäfte, trifft sie die **Darlegungs- und Beweislast**.[196] 91

Das Wettbewerbsverbot kann im Gesellschaftsvertrag oder durch Gesellschafterbeschluss modifiziert werden. Das Verbot steht nicht in Widerspruch zu der zwingenden Vorschrift des **§ 1 GWB**. Es dient allein Bestand und Erhaltung des Gesellschaftsunternehmens und soll verhindern, dass das Unternehmen ausgehöhlt wird. Die Abwägung von Wettbewerbsfreiheit und Schutzzweck des Wettbewerbsverbotes führt zur Anerkennung des Verbotes.[197] 92

Von dem Wettbewerbsverbot kann die Komplementär-GmbH durch den Gesellschaftsvertrag oder einen Gesellschafterbeschluss befreit werden; lässt der Gesellschaftsvertrag die Befreiung durch Mehrheitsbeschluss zu, drohen KG und Kommanditistenminderheit erhebliche Gefahren. Die Treupflicht der Gesellschaftermehrheit gegenüber der Minderheit gebietet, dass die Befreiung vom Wettbewerbsverbot nur wirksam wird, wenn sie im Interesse der KG sachlich geboten ist. Die GmbH hat wegen Interessenkollision bei der Beschlussfassung kein Stimmrecht.[198] 93

---

[191] BGH Urt. v. 5. 6. 1975 – II ZR 23/74, BGHZ 65, 15, 20 = NJW 1976, 191, 192 m. Anm. *Ulmer* NJW 1976, 192, 193 und Anm. *Schilling* BB 1975, 1451, 1452; vgl. dazu auch *Rehbinder* ZGR 5 (1976), 386 f.; *H. P. Westermann* GmbHR 1976, 77; *Wiedemann* JZ 1976, 392.
[192] *Hesselmann/Tillmann/Mueller-Thuns* § 5 RdNr. 97.
[193] OLG Frankfurt Urt. v. 15. 4. 1982 – 6 U 104/81, BB 1982, 1383, 1384 (Heumann-Ogilvy).
[194] So überzeugend *Riegger* BB 1983, 90, 91.
[195] *Hesselmann/Tillmann/Mueller-Thuns* § 5 RdNr. 245 f.; aA Schlegelberger/*Martens* § 165 RdNr. 34; zur Interessenlage vgl. *Lüdke-Handjery* BB 1973, 68, 69.
[196] Schlegelberger/*Martens* § 112 RdNr. 21; *Hesselmann/Tillmann/Mueller-Thuns* § 5 RdNr. 245 f.
[197] BGH Urt. v. 21. 2. 1978 – KZR 6/77, BGHZ 70, 331, 335 = NJW 1978, 1001, 1002 unter Klarstellung von BGH Urt. v. 6. 12. 1962 – KZR 4/62, BGHZ 38, 306, 312; BGH Urt. v. 5. 12. 1983 – II ZR 242/82, BGHZ 89, 162, 169 = NJW 1984, 1351 f.
[198] Staub/*Ulmer* § 112 RdNr. 31 mwN; Baumbach/*Hopt* § 122 RdNr. 13; zur GmbH vgl. BGH Urt. v. 16. 2. 1981 – II ZR 168/79, BGHZ 80, 69, 73 f. = NJW 1981, 1512, 1513 *(Süssen)*.

94 **b) Kommanditisten.** Sie unterliegen nicht dem gesetzlichen Wettbewerbsverbot (§ 165 HGB). Ist ein Kommanditist jedoch mehrheitlich an dem Kapital der KG beteiligt, entstehen besondere Gefahren für die Leistungs- und Wettbewerbsfähigkeit der Gesellschaft und damit für den Bestand ihres Unternehmens, wenn dieser Gesellschafter außerhalb der KG unternehmerisch tätig wird und zu dieser in Konkurrenz tritt. Das gilt in gleicher Weise für eine die Gesellschaft beherrschende Gruppe. Die Gefährdungslage ergibt sich daraus, dass der Kommanditist jederzeit zum Nachteil der von ihm abhängigen KG handeln kann und ein objektiver Maßstab für die in diesen Fällen zu ergreifenden Maßnahmen, die Feststellung der Benachteiligung und den für sie zu gewährenden Ausgleich fehlt. Ferner hat er auf Grund seiner beherrschenden Stellung jederzeit die Möglichkeit, gesellschaftsinterne Informationen zu erlangen und zum Nachteil der KG zu verwerten. Ist er somit in der Lage, im Innenverhältnis über Wohl und Wehe der KG zu bestimmen, bedarf die Gesellschafterminderheit eines besonderen Schutzes, um den Bestand des Unternehmens in ihrem Interesse zu sichern. Dieser Schutz kann nur dadurch gewährleistet werden, dass den die KG beherrschenden Kommanditisten ein Wettbewerbsverbot trifft. Dieses folgt aus der erhöhten Treupflicht des Mehrheitsgesellschafters oder der Mehrheitsgruppe gegenüber der Minderheit.[199]

95 Das aus der Treupflicht folgende Wettbewerbsverbot besteht auch, wenn der **Kommanditist** im Hinblick auf Leitung und Einfluss eine dem **Komplementär vergleichbare Stellung** hat, wenn ihm die Geschäftsführungsbefugnis eingeräumt ist, er über die umfassenden Kontroll- und Informationsrechte des § 118 HGB[200] oder er über eine entscheidungserhebliche Sperrminorität verfügt, mit der alle wesentlichen Vertragsänderungen blockiert werden können.[201]

96 Handelt es sich bei dem beherrschenden Gesellschafter um eine **Holding-Gesellschaft,** so kann das Wettbewerbsverbot auch gegenüber der Mutter-Gesellschaft durchgreifen.[202]

97 Ein Wettbewerbsverbot von Kommanditisten kann im Gesellschaftsvertrag vereinbart werden. Es ist kartellrechtlich zulässig, wenn der Eingriff in die Wettbewerbsfreiheit nicht weiter geht als das aus § 112 HGB oder der Treupflicht folgende Wettbewerbsverbot.[203]

98 **c) Herrschender GmbH-Gesellschafter und GmbH-Geschäftsführer.** Ein Wettbewerbsverbot des auf Grund einer hohen Mehrheitsbeteiligung die Gesellschaft beherrschenden GmbH-Gesellschafters und des GmbH-Geschäftsführers folgt mangels gesetzlicher Regelung aus ihrer Treupflicht zur Komplementär-GmbH.[204] Diese Treupflicht lässt **mittelbar ein Wettbewerbsverbot** gegenüber der GmbH & Co. KG entstehen. Im Anstellungsvertrag des Geschäftsführers mit der Komplementär-GmbH kann ein Wettbewerbsverbot zugunsten der GmbH & Co. KG vereinbart werden. Es wird mit dem Ausscheiden des Geschäftsführers aus dem Anstellungsverhältnis wirkungslos.[205] Ihn trifft jedoch eine **nachwirkende Treupflicht.** Vorteile, die der Gesellschaft auf Grund seiner Förderpflicht zuteil geworden sind, darf er nach seinem Ausscheiden in dem Amt nicht beeinträchtigen.[206] Ein im Anstellungsvertrag vereinbartes nachvertragliches Wettbewerbsverbot des GmbH-Geschäftsführers ist zulässig, soweit es dem Schutz eines berechtigten Interesses der Gesellschaft dient und nach Gegenstand, Zeit und Ort die Berufsausübung und die wirtschaftliche Betätigung des Geschäftsführers nicht unbillig erschwert.[207] Die Wirksamkeit des nachvertraglichen Wettbewerbsverbotes ist nicht von der Vereinbarung einer für seine Dauer zu zahlenden **Entschädigung entspr. § 74 Abs. 2 HGB** abhängig. Die Anwendung der für den Handelsvertreter maßgebenden Vorschriften ist nicht zwingend; sie sind insoweit nicht anwendbar, als sie die Freiheit der Willensbetätigung der GmbH beschränken. Von dem in **§ 75 a HGB** normierten Recht des Prinzipals kann die GmbH

---

[199] BGH Urt. v. 5. 12. 1983 – II ZR 242/82, BGHZ 89, 162, 165 f. = NJW 1984, 1351 f. für die GmbH & Co. KG; *Löffler* NJW 1986, 223, 225 ff.; Schlegelberger/*Martens* § 165 RdNr. 16 f.; Staub/*Schilling* § 165 RdNr. 2; Baumbach/ *Hopt* Anh. § 177 a RdNr. 23.
[200] Staub/*Schilling* § 165 RdNr. 2.
[201] Schlegelberger/*Martens* § 165 RdNr. 17.
[202] BGH Urt. v. 5. 12. 1983 – II ZR 242/82, BGHZ 89, 162, 165 = NJW 1984, 1351 f.
[203] BGH Beschl. v. 1. 12. 1981 – KRB 5/79, BGHZ 82, 332 = NJW 1982, 938, 939; vgl. ferner Schlegelberger/ *Martens* § 165 RdNr. 32; *K. Schmidt* GesR § 20 V 2.
[204] BGH Urt. v. 9. 11. 1967 – II ZR 64/67, BGHZ 49, 30, 31 = NJW 1968, 396; BGH Urt. v. 28. 9. 1992 – II ZR 299/91, BGHZ 119, 257, 262 = NJW 1993, 193, 194; vgl. weit. Rspr.-Nachweise bei *Henze* RdNr. 860 ff., 882 ff.
[205] BGH Urt. v. 11. 10. 1976 – II ZR 104/75, NJW 1977, 247; OLG Frankfurt Urt. v. 13. 5. 1997 – 11 U 68/96, GmbHR 1998, 376, 377.
[206] BGH Urt. v. 11. 10. 1976 – II ZR 104/75, NJW 1977, 247.
[207] BGH Urt. v. 26. 3. 1984 – II ZR 229/83, BGHZ 91, 1, 5 = NJW 1984, 2366 f.; BGH Urt. v. 29. 10. 1990 – II ZR 241/89, NJW 1991, 699, 700; Prüfungsmaßstab für die Zulässigkeit eines nachvertraglichen Wettbewerbsverbotes sind § 138 BGB sowie Art. 2 und 12 GG; zuletzt BGH, Urt. v. 18. 7. 2005 – II ZR 159/03, ZIP 2005, 1778, 1779 f. mwN aus der Rspr.

daher Gebrauch machen.[208] Bei **Verstößen** gegen ein Wettbewerbsverbot kann die Gesellschaft Unterlassung und Schadenersatz bzw. Herausgabe des Erlangten nach §§ 112 f. HGB beanspruchen. Ein Verstoß gegen das Wettbewerbsverbot stellt einen wichtigen Grund für die Abberufung des Geschäftsführers dar (§ 38 Abs. 2 GmbHG).

4. Kontroll- und Informationsrecht der Gesellschafter. a) Kommanditist. Soweit der Kommanditist nicht zugleich GmbH-Gesellschafter ist, beschränken sich seine gesetzlichen Kontrollrechte gegenüber der KG auf das **Auskunftsrecht nach §§ 713, 666 BGB**[209] und auf die in § 166 HGB geregelten **individuellen und höchstpersönlichen**[210] Auskunfts- und Einsichtsrechte. Zu weiteren Einzelheiten vgl. ergänzend die Kommentierung zu § 166.

aa) Umfang. Über den Wortlaut des § 166 Abs. 1 HGB hinaus kann der Kommanditist auch die Prüfungsberichte des Abschlußprüfers, die nicht Teil des Jahresabschlusses sind, einsehen.[211] Informationsrechte hinsichtlich laufender Geschäfte hat der Kommanditist nicht.[212] Diese beschränkte ordentliche Kontrollmöglichkeit wird durch das **außerordentliche Informationsrecht** bei Vorliegen eines wichtigen Grundes nach § 166 Abs. 3 HGB erweitert. Ein wichtiger Grund liegt zB vor bei begründetem Verdacht ordnungswidriger Geschäfts- und Buchführung,[213] erheblichen Steuernachforderungen auf Grund einer steuerlichen Betriebsprüfung, der Einleitung eines Steuerstrafverfahrens,[214] wenn allgemein die Belange des Kommanditisten durch das vertragliche oder aus § 166 Abs. 1 HGB folgende Einsichtsrecht nicht hinreichend gewahrt sind und die besondere Gefahr einer Schädigung besteht[215] oder bei Verweigerung der Kontrolle nach § 166 Abs. 1 HGB.[216]

Seine Informationsrechte hat der Kommanditist gegenüber der KG oder dem Geschäftsführer der Komplementär-GmbH geltend zu machen.[217] Auch wenn der Anspruch gegen die Komplementär-GmbH geltend gemacht wird, ist das Amtsgericht am Sitz der KG zuständig.[218]

Die in § 166 HGB getroffene Regelung ist nicht erschöpfend. Dem Kommanditisten steht nach allgemeinen gesellschaftsrechtlichen Grundsätzen darüber hinaus ein die Gesellschaftsangelegenheiten betreffender Auskunftsanspruch zu, soweit die Information zur **sachgemäßen Wahrnehmung seiner Mitgliedschaftsrechte** erforderlich ist.[219] Der Umfang seiner Auskunftsrechte hängt somit von dem Umfang seiner Mitwirkungsrechte ab. Da die Feststellung der Bilanz als Grundlagengeschäft der Zustimmung der Kommanditisten bedarf,[220] ist es unabdingbar, dass er sich über die Einzelheiten des Rechnungswesens informieren kann.

bb) Rechte nach dem Ausscheiden. Mit dem Ausscheiden des Kommanditisten erlöschen seine Kontrollrechte. Der ausgeschiedene Kommanditist hat gem. §§ 810, 242 BGB bei Vorliegen rechtlich geschützter Interessen einen Anspruch auf Einsicht der Bücher und Papiere aus der Zeit seiner Zugehörigkeit zur KG, insbes. wenn er sie zur Berechnung seines Abfindungsguthabens benötigt.[221] Auch der Kommanditist der GmbH & Co. KG, der aus seiner früheren Stellung als Gesellschafter der Komplementär-GmbH noch Gewinnbezugsrechte gegen die Gesellschaft geltend machen kann, hat nach § 810 BGB ein Einsichtsrecht in die Geschäftsunterlagen der Komplementär-

---

[208] BGH Urt. v. 26. 3. 1984 – II ZR 229/83, BGHZ 91, 1, 3 f. = NJW 1984, 2366 f.; BGH Urt. v. 17. 2. 1992 – II ZR 140/91, NJW 1992, 1892, 1893; vgl. zuletzt BGH, Urt. v. 4. 3. 2002 – II ZR 77/00, DB 2002, 890; zust. Hachenburg/*Stein* § 35 RdNr. 312 ff.; für unbeschränkte Anwendung *Gaul* GmbHR 1991, 144, 147 ff.
[209] Sog. kollektives Informationsrecht; zur Geltendmachung auf Grund der actio pro socio vgl. Staub/*Schilling* § 166 RdNr. 3; *Binz/Sorg* § 5 RdNr. 96; *Huber* S. 46 ff.; aA Schlegelberger/*Martens* § 166 RdNr. 17.
[210] Vgl. hierzu BGH Urt. v. 8. 7. 1957 – II ZR 54/56, BGHZ 25, 115, 122 f.; BGH Urt. v. 28. 5. 1962 – II ZR 156/61, BB 1962, 899, 900; BGH Urt. v. 2. 7. 1979 – II ZR 213/78, DB 1979, 1837, 1838; OLG Celle Urt. v. 11. 5. 1983 – 9 U 160/82, WM 1983, 741, 742 f.
[211] BGH Urt. v. 17. 4. 1989 – II ZR 258/88, NJW 1989, 3272, 3273; Baumbach/*Hopt* § 166 RdNr. 4; *Binz* § 7 RdNr. 73 mwN.
[212] BGH Urt. v. 23. 3. 1992 – II ZR 128/91, NJW 1992, 1890, 1891.
[213] KG KGJ 1930 A, S. 120, 124; OLG Hamburg Urt. v. 11. 5. 1965 – 2 U 19/65, MDR 1965, 666, 667; Staub/*Schilling* § 166 RdNr. 11.
[214] OLG Hamburg Urt. v. 11. 5. 1965 – 2 U 19/65, MDR 1965, 666, 667.
[215] BGH Urt. v. 16. 1. 1984 – II ZR 36/83, NJW 1984, 2470, 2471 zu § 233 Abs. 3 HGB; BayObLG Beschl. v. 4. 7. 1991 – 3 Z 151/90, NJW-RR 1991, 1444, 1445; LG Berlin Beschl. v. 20. 6. 1994 – 98 T 35/94, GmbHR 1995, 58, 59.
[216] OLG Hamm Beschl. v. 27. 2. 1970 – 15 W 4/70, BB 1970, 509.
[217] BGH Urt. v. 29. 9. 1955 – II ZR 66/54, WM 1955, 1585, 1586 f.; BGH Urt. v. 11. 7. 1988 – II ZR 346/87, NJW 1989, 225, 226; BayObLG Beschl. v. 4. 7. 1991 – 3 Z 151/90, NJW-RR 1991, 1444, 1445; BayObLG Beschl. v. 7. 11. 1994 – 3Z AR 64/94, NJW-RR 1995, 299, 300; nur gegenüber dem Komplementär: OLG Hamm Beschl. v. 11. 12. 1969 – 15 W 483/69, OLGZ 1970, 195, 196.
[218] BayObLG Beschl. v. 7. 11. 1994 – 3Z AR 64/94, NJW-RR 1995, 299, 300.
[219] BGH Urt. v. 20. 6. 1983 – II ZR 85/82, WM 1983, 910, 911; Staub/*Schilling* § 166 RdNr. 2; Schlegelberger/*Martens* § 166 RdNr. 18 f.; *Binz/Sorg* § 5 RdNr. 94.
[220] BGH Urt. v. 29. 3. 1996 – II ZR 263/94, BGHZ 132, 263, 266 = NJW 1996, 1678 f.
[221] BGH Urt. v. 17. 4. 1989 – II ZR 258/88, BGH NJW 1989, 3272, 3273 mwN; OLG Hamm Urt. v. 18. 1. 1993 – 8 U 132/92, NJW-RR 1994, 933.

GmbH. Dieses Recht kann er sowohl gegenüber der GmbH als auch der GmbH Co. KG verfolgen.[222]

104   **cc) Vertragliche Erweiterungen und Beschränkungen.** Durch Gesellschaftsvertrag können die ordentlichen Kontroll- und Informationsrechte der Kommanditisten erweitert, aber auch eingeschränkt werden. Informationsrechte, die zur Geltendmachung unverzichtbarer Beteiligungsrechte erforderlich sind und damit den Kern des Informations- und Kontrollrechts berühren, können nicht abbedungen werden.[223] Ob der in § 51 a GmbHG zum Ausdruck kommende Gesichtspunkt eines wirksamen Minderheitenschutzes auch dem gesellschaftsvertraglichen Einschränkbarkeit des gesetzlichen Informationsrechtes des Kommanditisten aus § 166 HGB Grenzen setzt, hat die Rspr. offengelassen.[224]

105   **dd) Rechte bei Personenidentität.** Ein Kommanditist, der zugleich Gesellschafter der Komplementär-GmbH ist, hat sowohl Informationsansprüche aus § 166 HGB als auch aus § 51 a GmbHG. Zu den Angelegenheiten der Komplementär-GmbH iSd. § 51 a Abs. 1 GmbHG gehören auch die Angelegenheiten der KG.[225] Der Gesellschafter der GmbH braucht sich nicht auf die eingeschränkten Rechte des § 166 HGB verweisen zu lassen.

106   **b) GmbH-Gesellschafter.** Ihm steht das Auskunfts- und Einsichtsrecht aus § 51 a Abs. 1 GmbHG zu, das im Verfahren nach § 51 b GmbHG gegenüber der Komplementär-GmbH durchgesetzt werden kann.[226] Die Angelegenheiten der unternehmenstragenden KG sind zugleich Angelegenheiten der allein ihre Geschäfte führenden Komplementär-GmbH. Sie unterliegen somit in vollem Umfang der Kontrolle nach § 51 a GmbHG.[227] Dieses umfassende Auskunftsrecht der GmbH-Gesellschafter erstreckt sich auch auf Angelegenheiten einschließlich der Unterlagen des **GmbH-Aufsichtsrates** bzw. eines **Beirates**.[228] Fallen Angelegenheiten der KG in den Bereich der in der GmbH zu gewährleistenden Kontrollrechte, gehören die Angelegenheiten und Unterlagen des **bei der KG gebildeten Beirates** auch dazu.

107   **Gegenstand des Informationsrechtes** sind alle Umstände, die für den wirtschaftlichen Wert des Unternehmens und der Beteiligung, die gegenwärtige Gewinnsituation und die zukünftigen Gewinnerwartungen relevant sind und damit die Lage der Komplementär-GmbH oder der KG beeinflussen. Angelegenheiten des einzelnen Gesellschafters umfasst das Informationsrecht nach § 51 a GmbHG nicht.[229] Der informationssuchende GmbH-Gesellschafter braucht sein Einsichts- und Auskunftsbegehren nicht zu begründen und nicht auf einzelne Angelegenheiten der Gesellschaft zu konkretisieren.[230] Das Kontrollrecht kann von dem GmbH-Gesellschafter nur **persönlich** geltend gemacht werden, die unwiderrufliche Bevollmächtigung eines Dritten dazu ist unwirksam.[231] Ein **Verlust des Informationsrechtes** durch Zeitablauf ist anzunehmen, wenn die ersuchte Angelegenheit durch Zeitablauf jeden aktuellen Bezug zur Gesellschaft verloren hat.[232]

108   Das Auskunfts- und Einsichtsrecht **entsteht** mit dem Erwerb der Gesellschafterstellung und endet mit deren Verlust.[233] Der ausgeschiedene Gesellschafter ist auf allgemeine Auskunftsansprüche, zB aus §§ 810, 242 BGB beschränkt. Eine **Verkürzung** der Informationsrechte der GmbH-Gesellschafter durch Regelung im Gesellschaftsvertrag ist nicht möglich (§ 51 a Abs. 3 GmbHG).

---

[222] BGH Urt. v. 11. 7. 1988 – II ZR 346/87, NJW 1989, 225, 226.
[223] BGH Urt. v. 10. 10. 1994 – II ZR 18/94, NJW 1995, 194, 195; Baumbach/*Hopt* § 166 RdNr. 18.
[224] BGH Urt. v. 11. 7. 1988 – II ZR 346/87, NJW 1989, 225, 226.
[225] OLG Hamm Beschl. v. 6. 2. 1986 – 8 W 52/82, NJW 1986, 1693, 1694; OLG Karlsruhe Beschl. v. 8. 5. 1998 – 4 W 46/98, NJW-RR 1998, 1410, 1411.
[226] OLG Hamm Beschl. v. 6. 2. 1986 – 8 W 52/82, NJW 1986, 1693, 1694; KG Beschl. v. 23. 12. 1987 – 2 W 6008/87, NJW-RR 1989, 230, 231.
[227] BGH Urt. v. 11. 7. 1988 – II ZR 346/87, NJW 1989, 225, 226; OLG Hamburg Urt. v. 6. 4. 1984 – 11 U 68/84, GmbHR 1985, 120, 121; OLG Hamm Beschl. v. 6. 2. 1986 – 8 W 52/82, NJW 1986, 1693, 1694; KG Beschl. v. 23. 12. 1987 – 2 W 6008/87, NJW-RR 1989, 230, 231; OLG Düsseldorf Beschl. v. 2. 3. 1990 – 17 W 40/89 und 17 W 43/89, NJW-RR 1991, 620, 621; OLG Karlsruhe Beschl. v. 8. 5. 1998 – 4 W 46/98, NJW-RR 1998, 1410, 1411; zur vergleichbaren Situation bei dem Auskunftsverlangen der Mitglieder eines Vereins über Angelegenheiten seiner Tochtergesellschaft vgl. BGH Urt. v. 11. 11. 2002 – II ZR 125/02, ZIP 2003, 345, 346 f.; *Lutter/Hommelhoff* § 51 a RdNr. 13; *Brönner/Rux/Wagner* RdNr. 249 ff.; aA *v. Bitter* ZIP 1981, 825, 830 f.; *Binz/Sorg* § 5 RdNr. 101.
[228] OLG Karlsruhe Beschl. v. 8. 2. 1984 – 15 W 42/83, GmbHR 1985, 59, 60.
[229] BGH Urt. v. 14. 3. 2005 – II ZR 153/03, ZIP 2005, 706, 708.
[230] OLG Stuttgart Beschl. v. 8. 2. 1983 – 8 W 496/82, BB 1983, 677, 678; KG Beschl. v. 23. 12. 1987 – 2 W 6008/87, NJW-RR 1989, 230, 231.
[231] KG Beschl. v. 23. 12. 1987 – 8 W 6008/87, NJW-RR 1989, 230, 231.
[232] KG Beschl. v. 23. 12. 1987 – 8 W 6008/87, NJW-RR 1989, 230, 233.
[233] BGH Urt. v. 11. 7. 1988 – II ZR 346/87, NJW 1989, 225, 226; OLG Karlsruhe Beschl. v. 11. 12. 1984 – 11 W 135/84, GmbHR 1985, 362, 363.

c) Kritik zur Unterschiedlichkeit der Rechte. Nicht nur der unterschiedliche Minderheiten- 109 schutz, sondern auch das formale Ungleichgewicht, das zwischen den Informations- und Einsichtsrechten in beiden Gesellschaften besteht, ist materiell nicht gerechtfertigt. Der Kommanditist ist wie der GmbH-Gesellschafter mit Eigenkapital beteiligt und berechtigt, an Grundlagen- und Strukturentscheidungen sowie bei den über den gewöhnlichen Betrieb eines Handelsgewerbes hinausreichenden Geschäftsführungshandlungen mitzuwirken; er ist aber nicht in der Lage, sich wie der GmbH-Gesellschafter auf eine breite Informationsgrundlage zu stützen. In einer Gesellschaftsform, in der die beiden Gesellschaftstypen zu einer wirtschaftlichen Einheit verbunden werden, führt das – bei unterschiedlicher Gesellschaftsstruktur – zu verschiedenen Informationsständen bei gleicher Verantwortung, vergleichbaren Risiken und teilweise übereinstimmenden Mitwirkungsrechten. Unter diesen Umständen wird zu Recht eine Angleichung der Informationsrechte durch Rechtsfortbildung gefordert.[234]

5. Der Beirat in der GmbH & Co. KG (vgl. ergänzend die Kommentierung zu § 114 110 RdNr. 21 ff.). Das HGB kennt die Institution eines Beirates für Personenhandelsgesellschaften nicht. Die Satzungsautonomie erlaubt es jedoch, sowohl bei der GmbH & Co. KG als auch bei ihrer Komplementär-GmbH oder bei beiden Gesellschaften ein derartiges Gesellschaftsorgan zu schaffen. Dementsprechend sind die Gesellschafter auch bei der Ausgestaltung der Aufgaben und Befugnisse des Beirates frei. Die Funktion und Kompetenz des Beirates kann daher von der bloßen Beratung der Geschäftsleitung über die Überwachung der Geschäftsführung bis hin zu Weisungsrechten oder zur Befugnis zu Änderungen oder Anpassungen des Gesellschaftsvertrages reichen.[235] Dem Beirat können mit dem Mitgliedschaftsrecht verbundene Befugnisse der Gesellschafter übertragen werden, soweit dadurch nicht in den Kernbereich der Gesellschafterstellung eingegriffen oder die Gesellschafterversammlung entmachtet wird; eine solche Entmachtung liegt nicht vor, wenn die Gesellschafterversammlung Entscheidungen und Beschlüsse des Beirates mit der erforderlichen Mehrheit wieder außer Kraft setzen kann.[236]

Derartige Einzelheiten der Funktion, Teilnahme- oder Stimmberechtigung der Beiratsmitglieder 111 oder deren Abberufung müssen im **Gesellschaftsvertrag** geregelt werden. Die Bestellung und Abberufung der Beiratsmitglieder[237] erfolgt durch Gesellschafterbeschluss. Sieht der Gesellschaftsvertrag vor, dass jeder Gesellschafter berechtigt ist, ein Beiratsmitglied zu bestimmen, kommt dafür eine Person, die zu der KG in einem Konkurrenzverhältnis steht, nicht in Betracht, wenn nach dem Gesellschaftsvertrag Inhaber von Konkurrenzunternehmen von der Benennung ausgeschlossen sind.[238] **Rechtsstreitigkeiten** über die Zusammensetzung des Beirates haben die Gesellschafter untereinander auszutragen.[239]

Die Gesellschafterversammlung der GmbH & Co. KG kann mangels abweichender Regelung des 112 Gesellschaftsvertrages einen Beschluss des Beirates nur mit der zur Änderung des Gesellschaftsvertrages erforderlichen Mehrheit ändern.[240] Denn da seine Befugnisse im Gesellschaftsvertrag geregelt werden, stellen sich Eingriffe in diese Befugnisse als Änderungen des Gesellschaftsvertrages dar.

Beiratsmitglieder einer GmbH & Co. KG sind der Gesellschaft bei schuldhafter Verletzung ihrer 113 Sorgfaltspflichten **schadenersatzpflichtig.** Als Haftungsgrundlage kommt unabhängig von der Gesellschaftsstruktur die entspr. Anwendung der §§ 43, 52 GmbHG iVm. §§ 116, 93 AktG in Betracht.[241] Unterlassungs-, Schadenersatz- und Auskunftsansprüche des einzelnen Kommanditisten gegen die Beiratsmitglieder einer GmbH & Co. KG bestehen nicht.[242]

6. Die Gesellschafterversammlung. a) Komplementär-GmbH. aa) Auswirkungen der 114 **Beschlüsse auf die KG.** Die Gesellschafter sind berechtigt, durch Regelung im Gesellschaftsvertrag oder durch Beschlussfassung die Geschäftsführung weitgehend an sich zu ziehen oder den Geschäftsführern in Einzelfragen Weisungen zu erteilen. Sie sind daher in der Lage, über die GmbH als Geschäftsführerin erheblichen Einfluss auf die KG als Unternehmensträgerin auszuüben. Im Hinblick auf die sich im Rahmen der Geschäftsführung ergebende Pflichtenbindung und die gesellschaftliche

---

[234] *K. Schmidt* GesR § 53 III 3 b; *Wiedemann* GesR I § 7 II 2 a; zurückhaltend *Binz/Sorg* § 5 RdNr. 105; Hachenburg/*Hüffer* § 51 a RdNr. 76.
[235] BGH Urt. v. 19. 11. 1984 – II ZR 102/84, NJW 1985, 972, 973.
[236] BGH Urt. v. 19. 11. 1984 – II ZR 102/84, NJW 1985, 972, 973.
[237] BGH Urt. v. 23. 10. 1967 – II ZR 164/65, BB 1968, 145, 146.
[238] BGH Urt. v. 28. 2. 1977 – II ZR 58/75, DB 1977, 1086, 1087.
[239] BGH Urt. v. 23. 10. 1967 – II ZR 164/65, BB 1968, 145, 146; BGH Urt. v. 28. 2. 1977 – II ZR 58/75, DB 1977, 1086, 1087.
[240] BGH Urt. v. 1. 12. 1969 – II ZR 224/67, DB 1970, 389, 390.
[241] *Rinze* NJW 1992, 2790 mwN; Lutter/*Hommelhoff* § 52 RdNr. 75; Hachenburg/*Raiser* § 52 RdNr. 356; für die Publikums-KG vgl. BGH Urt. v. 4. 7. 1977 – II ZR 150/75, BGHZ 69, 207, 209 = NJW 1977, 2311, 2312.
[242] OLG Karlsruhe Urt. v. 30. 12. 1997 – 19 U 205/96, GmbHR 1998, 645, 646.

Treupflicht der GmbH hat deren Gesellschafterversammlung die **Interessen der KG** bei der Beschlussfassung angemessen zu **berücksichtigen**. Auswirkungen der in der GmbH getroffenen Gesellschafterentscheidungen auf die KG ergeben sich vor allem bei Jahresabschluss und Ergebnisverwendung (§ 46 Nr. 1 GmbHG), Bestellung und Abberufung der Geschäftsführer (§ 46 Nr. 5 GmbHG) sowie Prüfung und Überwachung ihrer Geschäftsführung (§ 46 Nr. 6 GmbHG). Bei der **Entlastung** (§ 46 Nr. 5 GmbHG) tritt eine Präklusion von Ansprüchen der KG gegenüber den Geschäftsführern der GmbH bei der **personenidentischen GmbH & Co. KG** ein, soweit zwischen KG und Geschäftsführung unmittelbare Rechtsbeziehungen (Dienstvertrag, Rechtsverhältnis mit Schutzwirkung zugunsten der KG) bestehen. Bei **anderen Beteiligungsstrukturen** kann Entlastung nur das zuständige Organ der KG erteilen.[243]

115 Da die KG die Verkehrsgeschäfte als Unternehmensträgerin betreibt, ist es sinnvoll, Prokuristen und Handlungsbevollmächtigte durch die Komplementärin für die KG bestellen zu lassen. Für diese Bestellung ist im Innenverhältnis im Hinblick auf die unbeschränkte Haftung der GmbH nach § 128 HGB ein Beschluss der Gesellschafter der Komplementär-GmbH erforderlich.[244]

116 Um den Auswirkungen der GmbH-Gesellschafterbeschlüsse auf die KG angemessen Rechnung tragen zu können, ist es als zweckmäßig anzusehen, zumindest für die beteiligungsgleiche GmbH & Co. KG bei den genannten Beschlussgegenständen im Gesellschaftsvertrag auch auf die Verhältnisse der KG abzustellen.[245]

117 bb) **Fehlerhafte Beschlüsse.** Haftet den Beschlüssen ein Mangel an, können Nichtigkeits-, Anfechtungs- und Beschlussfeststellungsklage nur von den GmbH-Gesellschaftern erhoben werden. Bei schweren Eingriffen in die Kompetenzen der Kommanditisten wird diesen nicht nur eine **Schadenersatz-**, sondern auch eine **Abwehrklage** gegenüber KG und/oder GmbH zuerkannt.[246] Dem wird man sich im Hinblick auf die **Holzmüller-/Gelatine-Entscheidungen** des BGH[247] nicht verschließen können. Die Unterlassung von Geschäftsführungsmaßnahmen iSd. § 116 Abs. 1 HGB kann hingegen grundsätzlich nicht verlangt werden.[248]

118 b) **GmbH & Co. KG.** Im Personengesellschaftsrecht, dem die GmbH & Co. KG untersteht, gibt es keine gesetzlichen Vorschriften über die **Durchführung einer Gesellschafterversammlung**. In der Praxis ist sie heute die Regel; für Publikumsgesellschaften ist sie unverzichtbar. Die Einzelheiten ihrer Durchführung sind gesellschaftsvertraglicher Regelung vorbehalten.

119 aa) **Gesellschafterzuständigkeiten, Mehrheitsbeschlüsse.** Der Gesellschaftsvertrag kann die **Kommanditistenversammlung** mit weitgehenden Rechten ausstatten. Diese können den Umfang der einer GmbH-Gesellschafterversammlung zustehenden Befugnisse erreichen. Das bedarf jedoch einer klaren Regelung. Allein der Umstand, dass die GmbH & Co. KG der GmbH sachlich sehr nahe steht, lässt die Annahme einer derart weitgehenden Zuständigkeit nicht zu.[249]

120 Abweichend von der gesetzlichen Regelung (§ 119 Abs. 2 HGB) kann das Einstimmigkeitsprinzip durch **Kapitalmehrheiten** ersetzt werden. Nach dem im Personengesellschaftsrecht herrschenden **Bestimmtheitsgrundsatz** reicht eine allgemein gehaltene Mehrheitsklausel nur für Beschlüsse in allgemeinen Geschäftsführungsangelegenheiten, nicht aber für Grundlagenbeschlüsse aus. Aus dem Gesellschaftsvertrag muss sich zweifelsfrei ergeben, dass der Mehrheitsbeschluss gerade für die im jeweiligen Einzelfall in Betracht kommende Maßregel gelten soll.[250] Dieser Grundsatz gilt auch in der GmbH & Co. KG. So kann der Beschluss über den Eintritt einer GmbH als Komplementärin in eine KG mit einer ¾-Mehrheit gefasst werden, wenn der Gesellschaftsvertrag „Beschlüsse über Änderungen des Gesellschaftsvertrages, Abtretung von Gesellschaftsbeteiligungen oder über die Auflösung der Gesellschaft" mit einer ¾-Mehrheit aller abgegebenen Stimmen zulässt. Den Anforderungen des Bestimmtheitsgrundsatzes ist in einem solchen Falle entsprochen.[251] Zu weiteren Einzelheiten vgl. die Kommentierung zu § 119 RdNr. 45 ff.

---

[243] Scholz/K. Schmidt Anh. § 45 RdNr. 4 ff.; teilw. abw. zur Entlastung (Einheitsbetrachtung) Hesselmann/Tillmann/Mueller-Thuns § 5 RdNr. 98 ff.; zu Umfang und Wirkung der Entlastung vgl. BGH Urt. v. 21. 4. 1986 – II ZR 165/85, BGHZ 97, 382, 384 = NJW 1986, 2250, 2251.
[244] Scholz/K. Schmidt Anh. § 45 RdNr. 9; § 46 RdNr. 137.
[245] Scholz/K. Schmidt Anh. § 45 RdNr. 3; Hesselmann/Tillmann/Mueller-Thuns § 5 RdNr. 97.
[246] Scholz/K. Schmidt Anh. § 45 RdNr. 3; K. Schmidt GesR § 21 V 3; Hesselmann/Tillmann/Mueller-Thuns § 5 RdNr. 103.
[247] BGH Urt. v. 25. 2. 1982 – II ZR 41/79, BGHZ 83, 122, 134 f = NJW 1982, 1703 f.; BGH, Urt. v. 26. 4. 2004 – II ZR 155/02, BGHZ 159, 30, 43 ff.; BGH, Urt. v. 26. 4. 2004 – II ZR 154/02, ZIP 2004, 1001.
[248] BGH Urt. v. 11. 2. 1980 – II ZR 41/79, BGHZ 76, 160, 165 = NJW 1980, 1463 f.
[249] Scholz/K. Schmidt Anh. § 45 RdNr. 22.
[250] BGH Urt. v. 12. 11. 1952 – II ZR 260/51, BGHZ 8, 35, 41 f.; BGH Urt. v. 23. 10. 1972 – II ZR 35/70, WM 1973, 100, 101 f.; BGH Urt. v. 15. 6. 1987 – II ZR 261/86, NJW 1988, 411, 412.
[251] BayObLG Beschl. v. 10. 11. 2004 – 3 Z BR 148/04, GmbHR 2005, 364 mit Anm. S. 366 f.

Liegt eine **personenidentische GmbH & Co. KG** vor und sehen die Gesellschaftsverträge eine **121** gleichzeitige Beschlussfassung in GmbH und KG vor, soll auf Grund der Übereinstimmung der Zuständigkeiten im Vertrag der KG die Regelung genügen, dass die Grundsätze des GmbH-Rechts auch für die Kommanditistenversammlung gelten sollen. Bei der **nicht personenidentischen GmbH & Co. KG** sollen gezielte Verweisungen auf das GmbH-Recht anstelle eines umfassenden Kataloges für Mehrheitszuständigkeiten ausreichen, wobei die Anforderungen an strukturändernde Beschlüsse schärfer ausfallen sollen als bei den Beschlussgegenständen des § 46 GmbHG.[252]

Stellungnahme. Diese Differenzierung ist überzeugend. Die Nähe der GmbH & Co. KG zur **122** GmbH lässt es bei der **nicht beteiligungsidentischen GmbH & Co. KG** als ausreichend erscheinen, durch Verweisung auf einzelne Vorschriften des GmbH-Rechts den erforderlichen Minderheitsschutz für die Regelung von Beschlussangelegenheiten in der Gesellschafterversammlung zu gewährleisten. Die Unterscheidung zwischen Strukturänderungen, sonstigen Grundlagenentscheidungen und Geschäftsführungsmaßnahmen sorgt für eine hinreichende Kenntlichmachung der an die verschiedenen Maßnahmen zu stellenden Anforderungen. Die pauschale Verweisung auf das GmbH-Recht bei der **personenidentischen GmbH & Co. KG** genügt ebenfalls, weil die Minderheitsgesellschafter durch die Beschlussfassung in der GmbH über die Anforderungen, die an die zu den einzelnen Punkten zu fassenden Beschlüsse gestellt werden, unterrichtet sind.

Als weiterer Lösungsansatz für die Gewährleistung des Minderheitenschutzes kommt die **Kern-** **123** **bereichslehre** in Betracht. Danach muss jedem Personengesellschafter ein Kernbereich von Rechten verbleiben, der durch Mehrheitsentscheidungen nicht angegriffen werden darf. Dazu gehören Gewinn-, Geschäftsführungs- und Informationsrecht sowie das Recht auf Beteiligung am Liquidationserlös. Die Legitimation für den Eingriff in diese Rechte kann sich entweder aus einer antizipierten Zustimmung des betroffenen Gesellschafters oder aus seiner Verpflichtung ergeben, die Maßnahme unter dem Gesichtspunkt der Treupflicht im Interesse der Gesellschaft hinzunehmen.[253] Die Intensität der Treupflicht hängt von der Gesellschaftsstruktur ab. Das Belastungsverbot iSd. § 707 BGB und die Einräumung von Sonderrechten an einen Gesellschafter unterstehen ebenfalls diesem Schutz. Diese Grundsätze gelten auch bei der GmbH & Co. KG. Hingegen wird der Kernbereich der Rechtsstellung eines in einer GmbH & Co. KG mit 20% beteiligten Kommanditisten nicht durch eine Änderung des Gesellschaftsvertrages berührt, mit der der Eintritt einer nicht stimmberechtigten und nicht am Gewinn beteiligten GmbH als Komplementärin und die Umwandlung der Stellung eines Mitgesellschafters vom Komplementär zum Kommanditisten mit einer im Gesellschaftsvertrag vorgesehenen ¾-Mehrheit der abgegebenen Stimmen beschlossen wird.[254] Zu weiteren Einzelheiten vgl. die Kommentierung zu § 119 RdNr. 45 ff.

bb) Einberufungs-, Teilnahme- und Stimmrecht. Den Kommanditisten steht das Recht zu, **124** die Einberufung einer Gesellschafterversammlung zu verlangen, wenn ein wichtiger Grund vorliegt. Kommt die Komplementärin dem Verlangen nicht nach, können sie die Versammlung selbst einberufen.[255] Das Minderheitenrecht nach § 50 Abs. 1 GmbHG steht den Kommanditisten nur bei entspr. Regelung im Gesellschaftsvertrag zu.[256] Dazu genügt eine Verweisung des KG-Gesellschaftsvertrages auf den GmbH-Gesellschaftsvertrag.[257]

Das **Teilnahmerecht** der Gesellschafter ist substantiell unentziehbar.[258] Es besteht auch bei **125** Ausschluss des Stimmrechts. Ist die GmbH teilnahmeberechtigt, wird sie in der KG-Versammlung durch den Geschäftsführer vertreten.

Das **Stimmrecht der Gesellschafter** kann im Gesellschaftsvertrag ausgeschlossen werden.[259] Bei **126** der personengleichen GmbH & Co. KG kann das Stimmrecht der Komplementär-GmbH auf jedenfall dann ausgeschlossen werden, wenn die Versammlung als reine Kommanditistenversammlung ausgestaltet ist. Der Ausschluss bezieht sich auch auf Beschlüsse, die in den Kernbereich der Mitgliedschaft der GmbH eingreifen. Ist die GmbH am Gesellschaftsvermögen nicht beteiligt, kann der Ausschluss auch dadurch erreicht werden, dass das Stimmrecht an die Kapitalanteile gebunden wird. Der Ausschluss des Stimmrechts des Kommanditisten ist zulässig; er darf aber nicht zu einem Eingriff in seine Rechtsstellung führen.[260] Abweichend von der gesetzlichen Regelung (§ 119 Abs. 2

---

[252] Scholz/*K. Schmidt* Anh. § 45 RdNr. 23, 26, 27.
[253] BGH Urt. v. 10. 10. 1994 – II ZR 18/94, NJW 1995, 194, 195.
[254] BayObLG Beschl. v. 10. 11. 2004 – 3 Z BR 148/04, GmbHR 2005, 364 mit Anm. S. 366 f.
[255] BGH Urt. v. 9. 11. 1987 – II ZR 100/87, BGHZ 102, 172, 175 = NJW 1988, 969, 970.
[256] *Hesselmann/Tillmann/Mueller-Thuns* § 5 RdNr. 119.
[257] Scholz/*K. Schmidt* Anh. § 45 RdNr. 32.
[258] Scholz/*K. Schmidt* Anh. § 45 RdNr. 36.
[259] BGH Urt. v. 24. 5. 1993 – II ZR 73/92, NJW 1993, 2100, 2101.
[260] BGH Urt. v. 14. 5. 1956 – II ZR 229/54, BGHZ 20, 363, 369.

HGB) erfolgt die Abstimmung idR nach Kapitalanteilen; oft werden Gesellschaftern oder Gruppen für bestimmte Beschlussgegenstände **Vetorechte** eingeräumt.

127   Das Stimmrecht kann durch **gesetzliche Vertreter** und **Parteien kraft Amtes** (Insolvenzverwalter, Testamentsvollstrecker) ausgeübt werden.[261] **Rechtsgeschäftliche Stellvertretung** wird nur bei gesellschaftsvertraglicher Regelung oder mit Billigung aller Gesellschafter zugelassen.[262] Daran wird zu Recht Kritik mit dem Hinweis geübt, die Zulässigkeit der gewillkürten Vertretung sollte in gleichem Umfang wie bei der GmbH zugelassen werden.[263]

128   Die sog. **Drittstimmrechte,** deren Einräumung an einen Nichtgesellschafter die Rspr. ausnahmsweise zulässt,[264] sind im Hinblick auf das Verbot der Abspaltung des Stimmrechts vom Mitgliedschaftsrecht einschließlich aller der Umgehung des Verbotes dienenden Gestaltungsformen, die auch für die GmbH & Co. KG gelten,[265] nur als Einräumung der Möglichkeit zur Einflussnahme zu werten, die jederzeit wieder rückgängig gemacht werden kann.[266]

129   Die sog. **obligatorische Gruppenvertretung** wird allgemein als zulässig angesehen.[267] Dabei handelt es sich um eine **Vertreterklausel,** nach der Erben eines Gesellschafters die Gesellschafterrechte nicht persönlich, sondern nur durch einen Vertreter einheitlich ausüben können. Das Rechtsverhältnis zwischen den betroffenen Gesellschaftern richtet sich nach den Regeln der GbR. Sie können daher mangels gegenteiliger vertraglicher Regelung ihre Beschlüsse nur einstimmig fassen (§ 709 BGB). Die im Schrifttum vertretene gegenteilige Ansicht, die auf interne Gruppenbeschlüsse § 745 BGB entsprechend anwenden will, weil der die Gruppe überwölbende Gesellschaftsvertrag die Rechtsverhältnisse innerhalb der Gruppe nicht regele,[268] hat der BGH ausdrücklich verworfen.[269] Diese Ansicht gehe an der Tatsache vorbei, dass die Gesellschafter durch Suborganisation im Gesellschaftsvertrag in den einzelnen Gruppen jederzeit regeln können. Der BGH weist im Übrigen zu Recht daraufhin, dass auch unter der Geltung des Einstimmigkeitsprinzips eine aus wichtigem Grund zu treffende Maßnahme nicht an dem Widerspruch des betroffenen Gesellschafters scheitern kann, weil er in einem solchen Falle kein Stimmrecht hat.[270]

130   Das Stimmverbot des § 47 Abs. 4 GmbHG und das Selbstkontrahierungsverbot gelten auch bei der GmbH & Co. KG.[271]

131   **cc) Fehlerhafte Beschlüsse.** Sie sind in der Personengesellschaft nichtig oder – bei Genehmigungsfähigkeit – unwirksam.[272] Der Streit um die Wirksamkeit ist im Wege der Feststellungsklage (§ 256 Abs. 1 ZPO) unter den Gesellschaftern auszutragen. Der Gesellschaftsvertrag kann aber bestimmen, dass ein derartiger Prozess mit der Gesellschaft auszufechten ist.[273] Eine zeitliche Befristung für die Erhebung der Klage besteht nicht. Es gelten aber die Grundsätze der Verwirkung.[274] Eine Präklusionswirkung kann jedoch durch Regelung in dem Gesellschaftsvertrag herbeigeführt werden. Die Frist darf nicht kürzer bemessen werden als die des § 246 Abs. 1 AktG.[275]

132   **7. Der Gesellschafterwechsel in der GmbH & Co. KG. a) Anteilsübertragung. aa)** Nach § 15 Abs. 1 GmbHG sind Geschäftsanteile an einer GmbH, vorbehaltlich anderer gesellschaftsvertraglicher Vereinbarungen (§ 15 Abs. 5 GmbHG) frei übertragbar. Das schuldrechtliche Verpflichtungsgeschäft und das dingliche Verfügungsgeschäft der Abtretung (§§ 413, 398 BGB) bedürfen der

---

[261] RG Urt. v. 12. 2. 1929 – II 295/28, RGZ 123, 289, 298, 299; BGH Urt. v. 21. 6. 1965 – II ZR 68/63, BGHZ 44, 98, 100 f. = NJW 1965, 1961, 1962; zur Testamentsvollstreckung am Kommandit-Anteil vgl. BGH Beschl. v. 3. 7. 1989 – II ZB 1/89, BGHZ 108, 187 f. = NJW 1989, 3152 f.
[262] RG Urt. v. 12. 2. 1929 – II 295/28, RGZ 123, 289, 298, 299; BGH Urt. v. 10. 11. 1951 – II ZR 111/50, BGHZ 3, 354, 357; BGH Urt. v. 1. 12. 1969 – II ZR 14/68, NJW 1970, 706.
[263] Scholz/K. Schmidt Anh. § 45 RdNr. 42.
[264] BGH Urt. v. 22. 2. 1960 – VII ZR 83/59, NJW 1960, 963, 964.
[265] BGH Urt. v. 10. 11. 1951 – II ZR 111/50, BGHZ 3, 354; BGH Urt. v. 14. 5. 1956 – II ZR 229/54, BGHZ 20, 363, 364.
[266] Scholz/K. Schmidt Anh. § 45 RdNr. 45; Hesselmann/Tillmann/Mueller-Thuns § 5 RdNr. 112; Huber S. 39, 47 ff.
[267] BGH Urt. v. 12. 12. 1966 – II ZR 41/65, BGHZ 46, 291, 293 f.; Scholz/K. Schmidt Anh. § 45 RdNr. 44 mwN in Fn. 112.
[268] Staub/Schilling § 163 RdNr. 17; K. Schmidt ZHR 146 (1982), 525, 533; Staub/Ulmer § 119 RdNr. 65.
[269] BGH Urt. v. 4. 10. 2004 – II ZR 356/02, ZIP 2004, 2282, 2284.
[270] BGH Urt. v. 4. 10. 2004 – II ZR 356/02, ZIP 2004, 2282, 2284.
[271] Weinhardt DB 1989, 2417 ff.; Scholz/K. Schmidt Anh. § 45 RdNr. 46; Hesselmann/Tillmann/Mueller-Thuns § 5 RdNr. 118.
[272] BGH Urt. v. 25. 11. 2002 – II ZR 69/01, ZIP 2003, 116, 118; hM vgl. Hesselmann/Tillmann/Mueller-Thuns § 5 RdNr. 137; aA Scholz/K. Schmidt Anh. § 45 RdNr. 52 ff.
[273] BGH Urt. v. 24. 3. 2003 – II ZR 4/01, ZIP 2003, 843, 844; BGH Urt. v. 7. 6. 1999 – II ZR 278/98, DB 1999, 1800, 1801; BGH Urt. v. 13. 2. 1995 – II ZR 15/94, ZIP 1995, 460 mwN.
[274] BGH Urt. v. 7. 6. 1999 – II ZR 278/98, DB 1999, 1800 mwN.
[275] BGH Urt. v. 21. 3. 1988 – II ZR 308/87, BGHZ 104, 66, 69 f. = NJW 1988, 1844 f.; BGH Urt. v. 13. 2. 1995 – II ZR 15/94, NJW 1995, 1218, 1219; BGH Urt. v. 7. 6. 1999 – II ZR 278/98, DB 1999, 1800.

notariellen Beurkundung (§ 15 Abs. 3, 4 GmbHG). Die Beurkundungspflicht bezieht sich auf alle Abreden, welche die Vertragsparteien im Zusammenhang mit der Übertragungspflicht für wesentlich erachtet haben.[276] Die Übertragung von GmbH-Geschäftsanteilen kann nicht in das Handelsregister eingetragen werden.[277] Das Verhältnis des Erwerbers zur GmbH richtet sich – auch bei Nichtigkeit der Übertragung – allein nach § 16 Abs. 3 GmbHG.[278]

bb) Kommanditgesellschaft. Im Recht der Personengesellschaften ist eine derartige **Anteils-** **133** **übertragung** gesetzlich nicht vorgesehen, ein Gesellschafterwechsel erfolgt durch Ein- und Austritt eines Gesellschafters. Dennoch ist die Zulässigkeit einer Anteilsübertragung an einer Personengesellschaft unbestritten.[279] Die Übertragung setzt voraus, dass sie im Gesellschaftsvertrag zugelassen ist oder die Mitgesellschafter ihr zustimmen.[280] Die Übertragung des Kommanditanteils an einer KG ist ein formlos wirksames Verfügungsgeschäft iSd. §§ 398, 413 BGB. Die Formfreiheit gilt – vorbehaltlich einer Missbrauchsabsicht – auch dann, wenn das Gesellschaftsvermögen der KG überwiegend aus Grundeigentum oder GmbH-Anteilen besteht.[281] Dem Anteilserwerber wird die von seinem Rechtsvorgänger geleistete Einlage zugerechnet.[282] Mit der Übertragung des Kommanditanteils gehen alle Mitgliedschaftsrechte und -pflichten auf den Rechtsnachfolger des ausgeschiedenen Kommanditisten über.[283] Der Wechsel ist nach §§ 161 Abs. 1, 107 HGB in das Handelsregister einzutragen **(sog. Sonderrechtsnachfolgevermerk).** Durch diese Eintragung wird deutlich gemacht, dass nicht zeitgleich mit dem Austritt eines Kommanditisten ein neuer eintritt, sondern dass sich lediglich die Person des Kommanditisten in Bezug auf einen gleich bleibenden Kommanditanteil ändert. Der Unterschied besteht darin, dass bei Aus- und Eintritt die Haftungssumme (§ 173 HGB) gegenüber den Gläubigern in den Personen der aus- und eintretenden Kommanditisten verdoppelt wird, hingegen bei dem **Kommanditistenwechsel im Wege der Sonderrechtsnachfolge** eine Haftsumme nur einmal in Anspruch genommen werden kann. Vor diesem Hintergrund ist es gerechtfertigt, dass die Registergerichte die Eintragung des Sonderrechtsnachfolgevermerks von der Einreichung der **sog. (negativen) Abfindungsversicherung** abhängig machen. Sie besteht in der Erklärung des seinen Anteil abtretenden Kommanditisten, dass ihm von der Gesellschaft keinerlei Abfindung aus dem Gesellschaftsvermögen gewährt oder versprochen worden ist.[284] Nach § 176 Abs. 2 HGB haftet der Kommanditist, der seinen Geschäftsanteil durch Abtretung erworben hat, in der Zeit zwischen Beitritt und Eintragung in das Handelsregister allerdings unbeschränkt. Das gilt aber nicht, wenn die Wirksamkeit des Beitritts durch Eintragung in das Handelsregister aufschiebend bedingt ist.[285] Zur Haftung bei Erwerb des Anteils an einer GmbH & Co. KG ohne natürlichen persönlich haftenden Gesellschafter vgl. RdNr. 137. Zu weiteren Einzelheiten vgl. die Kommentierung zu § 173 RdNr. 10 ff.

cc) GmbH & Co. KG. Für die GmbH & Co. KG gelten verschiedene Besonderheiten. Für die **134** **Gestaltung der Gesellschaftsverträge** der KG kann es zur Ausschöpfung der Vorteile dieser Gesellschaftsform wichtig sein, dass die Übertragung der Kommanditanteile bei den Gesellschaften, in denen die Kommanditisten nur beschränkte oder keine Mitwirkungsmöglichkeiten haben, an erleichterte Voraussetzungen gebunden werden. Das setzt aber voraus, dass die Möglichkeiten der Einflussnahme auf die Geschäftsführung eingeschränkt werden, insbes. die Kenntnis der Kalkulation und Liquidität sowie von Geschäftsabläufen wie den Planungen oder in Vorbereitung befindlichen Acquisitionen etc. des Unternehmens gering gehalten bzw. ausgeschlossen wird. Dazu bedarf es eingehender Regelungen im Gesellschaftsvertrag wie Ausschluss des Widerspruchsrechts gegen die über den gewöhnlichen Betrieb des Handelsgewerbes hinausgehenden Maßnahmen, Beschränkung der Informationsrechte auf Aushändigung und Erläuterung der Jahresbilanz sowie Erstattung eines Berichtes über Entwicklung und Lage der Gesellschaft. Als Ausgleich für die eintretende Rechts-

---

[276] BGH Urt. v. 23. 2. 1983 – IVa ZR 187/81, NJW 1983, 1843, 1844; BGH Urt. v. 19. 1. 1987 – II ZR 81/86, NJW-RR 1987, 807, 808; zu der Ausnahme, dass die Parteien die nicht formbedürftigen Abreden auch ohne die formpflichtigen vereinbart hätten, vgl. BGH Urt. v. 14. 4. 1986 – II ZR 155/85, NJW 1986, 2642, 2643.
[277] OLG Hamm Urt. v. 24. 4. 1991 – 8 U 29/91, DB 1991, 1926.
[278] BGH Urt. v. 22. 1. 1990 – II ZR 25/89, NJW 1990, 1915, 1916.
[279] BGH Urt. v. 28. 4. 1954 – II ZR 8/53, BGHZ 13, 179, 185 f.; BGH Urt. v. 11. 4. 1957 – II ZR 182/55, BGHZ 24, 106, 114; BGH Urt. v. 8. 11. 1965 – II ZR 223/64, BGHZ 44, 229, 231 = NJW 1966, 499, 500; BGH Urt. v. 29. 6. 1981 – II ZR 142/80, BGHZ 81, 82, 84 = NJW 1981, 2747, 2748; BGH Urt. v. 14. 5. 1986 – IVa ZR 155/84, BGHZ 98, 48, 50 = NJW 1986, 2431 f.; *K. Schmidt* GesR § 45 III 2 mwN.
[280] BGH Urt. v. 11. 4. 1957 – II ZR 182/55, BGHZ 24, 106, 114; BGH Urt. v. 30. 6. 1980 – II ZR 219/79, BGHZ 77, 392, 394 = NJW 1980, 2708, 2709.
[281] BGH Urt. v. 31. 1. 1983 – II ZR 288/81, BGHZ 86, 367, 369 f. = NJW 1983, 1110, 1111.
[282] BGH Urt. v. 29. 6. 1981 – II ZR 142/80, BGHZ 81, 82, 89 = NJW 1981, 2747, 2748.
[283] BGH Urt. v. 5. 5. 1986 – II ZR 163/85, NJW-RR 1987, 286, 287.
[284] BGH, Beschl. v. 19. 9. 2005 – II ZB 11/04, ZIP 2005, 2257, 2258.
[285] BGH Urt. v. 21. 3. 1983 – II ZR 113/82, NJW 1983, 2258 f.

minderung wird die Prüfung der Jahresbilanz durch einen von der Gesellschafterversammlung zu wählenden Wirtschaftsprüfer vorgeschlagen.[286]

135 Ist die das Unternehmen tragende KG **personalistisch strukturiert** oder ist gar **Beteiligungsidentität** gegeben, empfiehlt es sich, die Übertragbarkeit der GmbH-Anteile den strengen Voraussetzungen für die Übertragung der Kommanditanteile anzupassen, ganz auszuschließen, an bestimmte Eigenschaften des Erwerbers zu koppeln oder von der Genehmigung eines der Gesellschaftsorgane abhängig zu machen.[287]

136 Die Abtretung der Kommanditanteile bei Vorliegen einer **Einheitsgesellschaft** kann dem Formzwang des § 15 Abs. 3 und 4 Satz 1 GmbHG nicht deswegen unterstellt werden, weil mittelbar auch die im Gesellschaftsvermögen der KG befindlichen GmbH-Anteile übertragen werden. Maßgebend sind dafür die Überlegungen, die für die Abtretung von Personengesellschaftsanteilen an Gesellschaften entwickelt worden sind, zu deren Vermögen Grundstücke gehören (vgl. RdNr. 133).

137 Mit Rücksicht auf die in § 19 Abs. 2 HGB getroffene Regelung scheidet die Haftung eines Kommanditisten für Geschäfte, die zwischen dem Anteilserwerb und seiner Eintragung in das Handelsregister getätigt werden, nach § 176 Abs. 2 HGB aus. Da aus der Firma klar ersichtlich ist, dass eine natürliche Person als persönlich haftender Gesellschafter nicht in Betracht kommt, benötigt der Rechtsverkehr einen derartigen Rechtsschutz nicht.[288]

138 b) **Kündigung. aa) GmbH.** Das GmbHG kennt das Ausscheiden eines Gesellschafters auf Grund **ordentlicher Kündigung** nicht. Die Satzung kann jedoch ein Kündigungsrecht der Gesellschafter vorsehen. Ein **außerordentliches Kündigungsrecht** steht dem GmbH-Gesellschafter bei Vorliegen eines wichtigen Grundes und bei Fehlen anderer zumutbarer Trennungsmöglichkeiten zu.[289] Sieht der **Gesellschaftsvertrag** ein Kündigungsrecht vor, behält der Gesellschafter trotz Kündigungserklärung bis zur endgültigen Einziehung oder Abtretung seiner Gesellschaftsanteile[290] sein Stimmrecht, sofern der Vertrag nichts Abweichendes regelt.[291] Aufgrund seiner fortbestehenden gesellschaftlichen Treupflicht hat er jedoch Zurückhaltung bei der Wahrnehmung seiner Mitgliedschaftsrechte zu üben und darf nicht grundlos gegen Maßnahmen stimmen, die seine Vermögensinteressen nicht beeinträchtigen.[292]

139 **bb) Kommanditgesellschaft.** In einer auf unbestimmte Dauer eingegangenen KG kann jeder Gesellschafter zum Schluss eines Geschäftsjahrs mit einer Frist von 6 Monaten kündigen (§§ 161 Abs. 2, 132, 131 Abs. 3 Nr. 3 HGB). Dieses **ordentliche Kündigungsrecht** kann im Gesellschaftsvertrag erleichtert oder erschwert, es darf jedoch nicht völlig ausgeschlossen oder in einer Weise eingeschränkt werden, dass die Beschränkung seinem Ausschluss gleichkommt (§§ 161 Abs. 2, 105 Abs. 2 HGB, § 723 Abs. 3 BGB).

140 Anstelle des außerordentlichen Kündigungsrechtes kann jeder Gesellschafter **Auflösungsklage** nach §§ 133, 161 Abs. 2 HGB erheben. Die Regelung schließt nicht aus, dass in den Gesellschaftsvertrag ein **außerordentliches Kündigungsrecht** aus wichtigem Grund aufgenommen wird.[293]

141 cc) **Abfindungsanspruch.** Der Gesellschafter erwirbt einen Abfindungsanspruch gegen die Gesellschaft in Höhe des Verkehrswertes seines Gesellschaftsanteils oder eines anderen im Gesellschaftsvertrag festgesetzten Wertes. Der Gesellschaftsvertrag kann die Einzelheiten der Abfindung regeln; ein völliger Ausschluss des Abfindungsanspruchs ist unzulässig, die Grenze seiner Beschränkung bildet § 138 BGB. Entwickelt sich im Laufe der Geschäftstätigkeit zwischen dem im Gesellschaftsvertrag vereinbarten Wert und dem Verkehrswert ein grobes Missverhältnis, ist ein angemessener Abfindungsbetrag zu zahlen, der eine unangemessene Benachteiligung des Ausscheidenden verhindert und die Fortsetzung der Gesellschaft nicht gefährdet.[294]

---

[286] *Hesselmann/Tillmann/Mueller-Thuns* § 10 RdNr. 20 ff. mit Beispielen für die Vertragsgestaltung in RdNr. 26 ff.; vgl. auch *Binz/Sorg* § 6 RdNr. 7.

[287] *Binz/Sorg* § 6 RdNr. 7.

[288] In dieser Richtung schon BGH Urt. v. 21. 3. 1983 – II ZR 113/82, NJW 1983, 2258 f. für § 19 Abs. 5 HGB aF.

[289] BGH Urt. v. 16. 12. 1991 – II ZR 58/91, BGHZ 116, 359, 360, 369 = NJW 1992, 892 f. mwN.

[290] Vgl. hierzu BGH Urt. v. 26. 10. 1983 – II ZR 87/83, BGHZ 88, 320, 322 = NJW 1984, 489 f.; *Brönner/Rux/Wagner* RdNr. 558.

[291] BGH Urt. v. 30. 6. 2003 – II ZR 326/01, GmbHR 2003, 1062, 1063 f.; BGH Urt. v. 26. 10. 1983 – II ZR 87/83, BGHZ 88, 320, 322 = NJW 1984, 489 f.; OLG Celle Urt. v. 23. 2. 1983 – 9 U 114 und 191/82, WM 1983, 425; *Binz/Sorg* § 6 RdNr. 62; *Lutter/Hommelhoff* § 34 RdNr. 29, 65; aA *Hachenburg/Ulmer* Anh. § 34 RdNr. 57.

[292] BGH Urt. v. 26. 10. 1983 – II ZR 87/83, BGHZ 88, 320, 328 = NJW 1984, 489 f.

[293] BGH Urt. v. 30. 3. 1967 – II ZR 102/65, BGHZ 47, 293, 302 = BGH NJW 1967, 1961, 1963.

[294] BGH Urt. v. 16. 12. 1991 – II ZR 58/91, BGHZ 116, 359, 370 f. = NJW 1992, 892 f.; BGH Urt. v. 20. 9. 1993 – II ZR 104/92, BGHZ 123, 281, 289 = NJW 1993, 3193 f.; BGH Urt. v. 13. 6. 1994 – II ZR 38/93, BGHZ 126, 226, 242 ff. = *NJW* 1994, 2536 f.; BGH Urt. v. 24. 5. 1993 – II ZR 36/92, NJW 1993, 2101 f.

dd) GmbH & Co. KG. Die vorstehenden Grundsätze gelten mit wenigen Modifikationen auch **142** für die GmbH & Co. KG. Durch die Neuregelung der §§ 131 f. HGB mit dem HRefG vom 22. 6. 1998 (BGBl. I S. 1474) ist die **Austrittskündigung** bei Fehlen einer Regelung im Gesellschaftsvertrag nicht mehr auf die Publikums-KG beschränkt.[295] Denn die Kündigung eines Gesellschafters führt nunmehr mangels abweichender vertraglicher Regelung zu seinem Ausscheiden aus der Gesellschaft.

Bei einer **personenidentischen GmbH & Co. KG** sollte, um den Gleichklang der Mitglied- **143** schaft in GmbH und KG zu wahren, in beide Gesellschaftsverträge die Regelung aufgenommen werden, dass bei Kündigung der KG der Kündigende seinen Geschäftsanteil auf die Komplementär-GmbH überträgt oder die GmbH das Recht hat, den Anteil einzuziehen.[296] Als sinnvoll kann es sich auch erweisen, dem Gesellschafter das Recht einzuräumen, beide Gesellschaftsanteile auf denselben Erwerber zu übertragen.

c) Ausschließung eines Gesellschafters. aa) Kommanditgesellschaft. Das Gesetz sieht nur **144** die Ausschließungsklage gegen einen Gesellschafter vor (§§ 161 Abs. 2, 140 HGB). Der Gesellschaftsvertrag kann aber auch bestimmen, dass die Ausschließung eines Gesellschafters bei Vorliegen eines wichtigen Grundes in seiner Person durch Gesellschafterbeschluss möglich ist.[297] Die Feststellung, ob ein wichtiger Grund für den Ausschluss vorliegt, erfordert eine umfassende, alle maßgebenden Umstände berücksichtigende Prüfung, eine Gesamtabwägung der beteiligten Interessen und des Verhaltens der übrigen Gesellschafter. Verfehlungen der den Ausschluss betreibenden Gesellschafter können das Fehlverhalten des Auszuschließenden in einem derart milden Licht erscheinen lassen, dass es als Ausschließungsgrund ausscheidet. Regelt der Gesellschaftsvertrag den Ausschluss eines Gesellschafters aus wichtigem Grund, muss vor Beschlussfassung das Vorliegen des Ausschlussgrundes in der Gesellschafterversammlung erörtert und festgestellt werden. Ferner muss sich der gefasste Beschluss erkennbar auf das Vorliegen des festgestellten wichtigen Grundes stützen.[298] Zu weiteren Einzelheiten vgl. die Kommentierung zu § 140.

Eine Vertragsklausel, die den Ausschluss eines Gesellschafters ohne wichtigen Grund zulässt, also in **145** das freie Ermessen des Mehrheitsgesellschafters bzw. der Mehrheit stellt, ist wegen Verstoßes gegen die Grundprinzipien des Gesellschaftsrechts und die Grundsätze des in der Rechtsordnung rechtlich und sittlich Erlaubten nichtig (sog. **Hinauskündigungsklausel**).[299] Sie ist nur dann zulässig, wenn sie wegen außergewöhnlicher Umstände sachlich gerechtfertigt ist. Die Vertragsfreiheit der Gesellschafter ist insoweit durch die Grundprinzipien des Gesellschaftsrechts begrenzt.[300] Eine **sachliche Rechtfertigung wegen außergewöhnlicher Umstände** hat der BGH bereits mehrfach angenommen: Es könne **nicht** als **sittenwidrig** angesehen werden, wenn ein neuer Gesellschafter in eine seit langer Zeit bestehende Sozietät von Freiberuflern aufgenommen werde und das Ausschließungsrecht allein dazu diene, den Altgesellschaftern binnen einer angemessenen Frist die Prüfung zu ermöglichen, ob sie zu dem neuen Partner das erforderliche Vertrauen herstellen könnten und die Gesellschafter auf Dauer in der für die gemeinsame Berufsausübung notwendigen Weise harmonieren könnten. Eine Prüfungsfrist von zehn Jahren ist als unangemessen angesehen worden.[301] Die in der Satzung als Ausschlussgrund angegebene ordentliche Beendigung eines **Kooperationsvertrages** ist nicht als sittenwidrig gewertet worden, weil die gesellschaftsrechtliche Bindung gegenüber dem Vertrag von völlig untergeordneter Bedeutung war und mit ihr keine Chancen verbunden waren, die nicht schon der Kooperationsvertrag mit sich gebracht hätte.[302] Der BGH hat sowohl für die GmbH als auch für Personengesellschaften das sog. **Managermodell** bzw. **Mitarbeitermodell** in die

---

[295] So wohl noch *Hesselmann/Tillmann/Mueller-Thuns* § 2 RdNr. 261 unter Hinweis auf BGH Urt. v. 19. 12. 1974 – II ZR 27/73, BGHZ 63, 338, 345 f. und BGH Urt. v. 12. 5. 1977 – II ZR 89/75, BGHZ 69, 160, 162 ff. = NJW 1977, 2160 f.
[296] *Binz/Sorg* § 8 RdNr. 41, 45.
[297] BGH Urt. v. 17. 12. 1959 – II ZR 32/59, BGHZ 31, 295, 300; BGH Urt. v. 20. 1. 1977 – II ZR 217/75, BGHZ 68, 212, 214 = NJW 1977, 1292, 1293; BGH Urt. v. 13. 7. 1981 – II ZR 56/80, BGHZ 81, 263, 265 = NJW 1981, 2565 f.; BGH Urt. v. 5. 6. 1989 – II ZR 227/88, BGHZ 107, 351, 356 = NJW 1989, 2681 f.
[298] BGH Urt. v. 13. 2. 1995 – II ZR 225/93, NJW 1995, 1358, 1359.
[299] BGH Urt. v. 20. 1. 1977 – II ZR 217/75, BGHZ 68, 212, 214 f. = NJW 1977, 1292, 1293; BGH Urt. v. 13. 7. 1981 – II ZR 56/80, BGHZ 81, 263, 266 f. = NJW 1981, 2565 f.; BGH Urt. v. 19. 9. 1988 – II ZR 329/87, BGHZ 105, 213, 217 = NJW 1989, 834 f.; BGH Urt. v. 25. 3. 1985 – II ZR 240/84, NJW 1985, 2421, 2422; BGH Urt. v. 8. 3. 2004 – II ZR 165/02, ZIP 2004, 903; BGH Urt. v. 14. 3. 2005 – II ZR 153/03, ZIP 2005, 706; BGH Urt. v. 19. 9. 2005 – II ZR 173/04, ZIP 2005, 1917; BGH Urt. v. 19. 9. 2005 – II ZR 342/03, ZIP 2005, 1920.
[300] BGH Urt. v. 20. 1. 1977 – II ZR 217/75, BGHZ 68, 212, 215 = NJW 1977, 1292, 1293; BGH Urt. v. 13. 7. 1981 – II ZR 56/80, BGHZ 81, 263, 269 = NJW 1981, 2565 f.; BGH Urt. v. 19. 9. 1988 – II ZR 329/87, BGHZ 105, 213, 217 = NJW 1989, 834 f.; *Binz/Sorg* § 6 RdNr. 95. mwN.
[301] BGH Urt. v. 8. 3. 2004 – II ZR 165/02, ZIP 2004, 903 (GbR).
[302] BGH Urt. v. 14. 3. 2005 – II ZR 153/03, ZIP 2005, 706 (GmbH).

Ausnahmen eingereiht. Wird einem Geschäftsführer im Hinblick auf seine Geschäftsführerstellung eine Minderheitsbeteiligung eingeräumt, für die er nur ein Entgelt in Höhe des Nennwertes zu zahlen hat und die er bei Beendigung seines Geschäftsführeramtes gegen eine der Höhe nach begrenzte Abfindung zurückzuübertragen hat, verstößt das nicht gegen die guten Sitten. Eine solche Vereinbarung ist vielmehr wirksam.[303] Das ist auch dann anzunehmen, wenn einem verdienten Mitarbeiter eines Gesellschaftsunternehmens unentgeltlich oder gegen Entgelt in Höhe des Nennwertes eine Minderheitsbeteiligung gewährt wird, die er bei seinem Ausscheiden aus dem Unternehmen gegen Rückzahlung des Erwerbspreises zurückzuübertragen hat.[304]

146 Kündigungsklauseln, die an den Tod des Gesellschafter-Erblassers anknüpfen, können nicht als **Hinauskündigungsklauseln** gewertet werden. Sind sie zeitlich unbeschränkt, können sie in entspr. Anwendung des § 139 BGB aufrechterhalten werden.[305] Das gilt auch für eine gesellschaftsvertragliche Regelung, die in Anlehnung an § 140 HGB unter Eliminierung des Erfordernisses eines wichtigen Grundes und der Ersetzung der Ausschließungsklage durch rechtsgestaltende Erklärung getroffen worden ist. In diesem Falle kann die Klausel als Kündigungsrecht aus wichtigem Grund entspr. § 139 BGB aufrechterhalten werden.[306]

147 **bb) GmbH.** Abgesehen von dem Sonderfall des Ausschlusses eines säumigen Gesellschafters (§§ 21, 28 Abs. 1 GmbHG) ist der Gesellschafterausschluss nicht geregelt.

148 Die GmbH-Satzung kann allerdings vorsehen, dass der Geschäftsanteil eines GmbH-Gesellschafters von der GmbH eingezogen werden kann (§ 34 GmbHG). Die Einziehung erfolgt durch Gesellschafterbeschluss nach § 46 Nr. 4 GmbHG. Dem ausgeschiedenen Gesellschafter steht ein Abfindungsanspruch gegen die GmbH zu, bei dessen Erfüllung § 30 Abs. 1 GmbHG beachtet werden muss.

149 Die Satzung kann ferner einen Gesellschafter zur **Abtretung** seines Anteils an die GmbH, an Mitgesellschafter oder an Dritte verpflichten. Der Gesellschaftsvertrag kann die Gesellschafter auch ermächtigen, einen Mitgesellschafter dadurch auszuschließen, dass sie selbst die Abtretung des Geschäftsanteils vornehmen.[307] Regelt die Satzung weder die Zwangseinziehung noch die Abtretungsverpflichtung, kann – als ultima ratio – bei Vorliegen eines wichtigen Grundes in der Person des Gesellschafters seine Ausschließung im Wege der Ausschlussklage erfolgen.[308] Ein wichtiger Grund liegt vor, wenn die Person oder das Verhalten des auszuschließenden Gesellschafters die Erreichung des Gesellschaftszweckes unmöglich machen oder erheblich gefährden und sein Verbleiben in der Gesellschaft daher unzumutbar erscheint.[309] Ein Verschulden des Betroffenen ist nicht erforderlich;[310] schuldhaftes Verhalten der Mitgesellschafter kann die Annahme eines wichtigen Grundes ausschließen.[311]

150 Kläger der Ausschließungsklage ist die GmbH, vertreten durch ihren Geschäftsführer. Der Gesellschafterbeschluss zur Erhebung der Ausschließungsklage bedarf entspr. § 60 Abs. 1 Nr. 2 GmbHG der Zustimmung von ¾ der bei der Beschlussfassung vertretenen Gesellschafter.[312]

151 Das der Ausschlussklage stattgebende Gestaltungsurteil macht die Ausschlusswirkung im Interesse der Sicherung des Abfindungsanspruchs des betroffenen Gesellschafters von der aufschiebenden Bedingung abhängig, dass die GmbH die im Urteil bestimmte Abfindungssumme innerhalb einer Frist zahlt.[313]

---

[303] BGH Urt. v. 19. 9. 2005 – II ZR 173/04, ZIP 2005, 1917 (GmbH); das Modell ablehnend *Binz/Sorg* GmbHR 2005, 893, 897 f.
[304] BGH Urt. v. 19. 9. 2005 – II ZR 342/03, ZIP 2005, 1920 (GmbH).
[305] BGH Urt. v. 19. 9. 1988 – II ZR 329/87, BGHZ 105, 213, 218 f. = NJW 1989, 834 f.
[306] BGH Urt. v. 5. 6. 1989 – II ZR 227/88, BGHZ 107, 351, 356 f. = NJW 1989, 2681 f.
[307] BGH Urt. v. 20. 6. 1983 – II ZR 237/82, NJW 1983, 2880, 2881.
[308] BGH Urt. v. 1. 4. 1953 – II ZR 235/52, BGHZ 9, 157, 159 f. zum Ausschluss im Liquiditätsstadium; BGH Urt. v. 17. 2. 1955 – II ZR 316/53, BGHZ 16, 317, 322; BGH Urt. v. 25. 1. 1960 – II ZR 22/59, BGHZ 32, 17, 22 = NJW 1960, 866; BGH Urt. v. 6. 7. 1961 – II ZR 219/58, BGHZ 35, 272, 283; BGH Urt. v. 20. 6. 1983 – II ZR 237/82, NJW 1983, 2880, 2881; BGH Urt. v. 22. 1. 1990 – II ZR 21/89, NJW-RR 1990, 530, 531.
[309] BGH Urt. v. 23. 2. 1981 – II ZR 229/79, BGHZ 80, 346, 350 = NJW 1981, 2302, 2303; OLG Frankfurt Urt. v. 15. 1. 1992 – 13 U 196/88, GmbHR 1993, 659, 660; OLG Hamm Urt. v. 8. 7. 1992 – 8 U 268/91, GmbHR 1993, 662, 663; vgl. die Zusammenstellung umfangreicher Kasuistik bei *Hachenburg/Ulmer* Anh. § 34 RdNr. 11 mwN.
[310] BGH Urt. v. 1. 4. 1953 – II ZR 235/52, BGHZ 9, 157, 164.
[311] BGH Urt. v. 17. 2. 1955 – II ZR 316/53, BGHZ 16, 317, 323; BGH Urt. v. 25. 1. 1960 – II ZR 22/59, BGHZ 32, 17, 21 = NJW 1960, 866.
[312] BGH Urt. v. 1. 4. 1953 – II ZR 235/52, BGHZ 9, 157, 177; OLG Frankfurt Urt. v. 26. 6. 1979 – 5 U 219/78, DB 1979, 2127; aA Baumbach/*Hueck* Anh. § 34 RdNr. 9; Scholz/*Winter* § 15 RdNr. 140.
[313] BGH Urt. v. 1. 4. 1953 – II ZR 235/52, BGHZ 9, 157, 174; OLG Hamm Urt. v. 6. 5. 1992 – 8 U 171/91, DB 1992, 2181, 2182.

In dem Gesellschaftsvertrag kann bestimmt werden, dass die Ausschließung durch rechtsgestalten- 152
den Gesellschafterbeschluss vorgenommen wird.[314] Gesellschaftsvertragliche Regelungen, die einem
oder mehreren Gesellschaftern der GmbH die Befugnis geben, Mitgesellschafter nach freiem Ermessen auszuschließen, sind auch im GmbH-Recht nichtig, es sei denn, dass die Regelung wegen der
besonderen Umstände gerechtfertigt ist.[315]

cc) GmbH & Co. KG. Für die GmbH & Co. KG sind zu diesen Grundsätzen einige Anmerkun- 153
gen angezeigt: Nicht nur die Kommanditisten, sondern auch die Komplementär-GmbH kann aus
der Gesellschaft ausgeschlossen werden. Die Möglichkeit, ihr die **Geschäftsführungsbefugnis zu
entziehen** (§ 117 HGB), hindert die Möglichkeit der Ausschließung nicht. Liegt eine **personenidentische GmbH & Co. KG** vor, wird man davon auszugehen haben, dass die Gesellschafter an
ihrem Ausschluss kein Interesse haben.

Der Ausschlussgrund wird idR auf einer **Pflichtverletzung** der (Gesellschafter-)**Geschäftsführer** 154
der GmbH beruhen. Da die GmbH dafür entspr. § 31 BGB einzustehen hat, steht den Gesellschaftern das Recht zu, sie wegen dieses Umstandes auszuschließen.

In Anlehnung an die vor Inkrafttreten des Handelsreformgesetzes[316] geltende Regelung des § 131 155
Nr. 4 HGB aF, wonach die Gesellschaft mit dem Tod eines Gesellschafters aufgelöst wurde, ist
überwiegend die Ansicht vertreten worden, dass ein Grund für die Auflösung der GmbH & Co. KG
erst mit der Vollbeendigung der GmbH, nicht aber schon mit ihrer Auflösung gegeben sei (zur Kritik
vgl. Rn. 219). Folgte man dem, konnte man die Auflösung der GmbH als einen wichtigen Grund zu
deren Ausschließung ansehen. Dementsprechend war es angebracht, in den Gesellschaftsvertrag der
KG als Regelung das Ausscheiden der GmbH mit ihrer Auflösung und die Fortsetzung der KG unter
den übrigen Gesellschaftern aufzunehmen.[317] Da auch nach Inkrafttreten des HRefG, nach dem der
Tod eines Gesellschafters zu dessen Ausscheiden, nicht aber zur Auflösung der Gesellschaft führt,
weiterhin die Ansicht vertreten wird, die GmbH scheide aus der GmbH & Co. KG erst mit ihrer
Vollbeendigung aus,[318] ist die vorstehende Schlussfolgerung auf der Grundlage dieser Ansicht immer
noch angebracht.[319]

d) Wegfall eines Gesellschafters. aa) GmbH. Der Tod eines Gesellschafters der Komplemen- 156
tär-GmbH berührt den Fortbestand der Gesellschaft nicht, weil der Geschäftsanteil auf den oder die
Erben übergeht (§ 15 Abs. 1 GmbHG). Mehrere Erben werden Anteilsinhaber zur gesamten Hand
(§§ 2038 ff BGB, § 18 GmbHG).

bb) GmbH & Co. KG. Fällt die **Komplementär-GmbH** als werbende Gesellschaft weg, stellt 157
sich die Frage, wann die KG in das Stadium der Auflösung gerät. Zu den Einzelheiten vgl.
RdNr. 214 ff.

Stirbt ein **Kommanditist,** wird die Gesellschaft mit dem oder den **Erben** fortgesetzt (§ 177 158
HGB). Sind mehrere Erben vorhanden, treten diese die Nachfolge nicht als Erbengemeinschaft,
sondern im Wege der Sondererbfolge als Kommanditisten mit dem jeweils ihrer Erbquote entspr. Teil
des Kommanditanteils des Erblassers an.[320]

Zur Frage der zwingenden **Einheitlichkeit des Anteils** an einer Personengesellschaft bei Erwerb 159
eines zweiten Anteils durch einen Gesellschafter vgl. die kritischen Ausführungen von Priester, DB
1998, 55 mit Nachweisen aus der Rspr. des BGH.

Zu den gesellschaftsvertraglichen **Gestaltungsmöglichkeiten** für den Fall des Todes eines Kom- 160
manditisten vgl. *Binz/Sorg* § 6 RdNr. 31 ff.

IV. Mitbestimmung in der GmbH & Co. KG

1. Drittelbeteiligungsgesetz.[321] Die **GmbH & Co. KG** trifft keine Pflicht zur Bildung eines 161
Aufsichtsrates nach dem Drittelbeteiligungsgesetz, das per 1. 7. 2004 das BetrVerfG 1952 abgelöst
hat, dessen Vorschriften über die Mitbestimmung im AR das BetrG 1972 bestehen gelassen hatte.
Das Drittelbeteiligungsgesetz findet auf Personengesellschaften keine Anwendung (§ 1 Abs. 1 Drit-

---

[314] BGH Urt. v. 25. 1. 1960 – II ZR 22/59, BGHZ 32, 17, 22 = NJW 1960, 866.
[315] BGH Urt. v. 9. 7. 1990 – II ZR 194/89, BGHZ 112, 103, 108 = NJW 1990, 2622 f.; vgl. im Übrigen die
Nachweise in Fn. 296–298.
[316] Gesetz zur Neuregelung des Kaufmanns- und Firmenrechts und zur Änderung anderer handels- und gesellschaftsrechtlicher Vorschriften (HRefG) vom 22. 6. 1998, BGBl. I S. 1474.
[317] Vgl. zu diesen Fragen *Binz* (8. Aufl.) § 8 RdNr. 50 ff.; *Hesselmann/Tillmann* (18. Aufl.) RdNr. 589, 591 ff.
[318] *Baumbach/Hopt* § 131 RdNr. 20 mwN; vgl. auch die Nachweise bei *Binz/Sorg* § 7 RdNr. 10 Fn. 12.
[319] Zu den Einwänden gegen diese Ansicht vgl. Rn. 219 und *Binz/Sorg* § 6 RdNr. 29 sowie § 7 RdNr. 10.
[320] BGH Urt. v. 10. 2. 1977 – II ZR 120/75, BGHZ 68, 225, 230 = NJW 1977, 1339 f.
[321] Gesetz über die Drittelbeteiligung der Arbeitnehmer im Aufsichtsrat (DrittelbG) v. 18. 5. 2004 (BGBl. I S. 974).

telbG). Der Gesichtspunkt einer Gesetzesumgehung kann nicht zu der Annahme führen, die GmbH & Co. KG sei zur Bildung eines Aufsichtsrates verpflichtet.[322] Beschäftigt die **Komplementär-GmbH** mehr als 500 Arbeitnehmer, ist bei ihr nach § 1 Abs. 1 Nr. 3 DrittelbG ein Aufsichtsrat zu bilden. Eine GmbH, deren Tätigkeit auf die Führung der Geschäfte der KG beschränkt ist, erfüllt diese Voraussetzungen in der Regel nicht. Bei einer GmbH, die darüber hinaus eigenständig Handelsgeschäfte betreibt, kann das anders sein. Für die GmbH & Co. KG ist noch von Bedeutung, dass Arbeitnehmer von Konzernunternehmen dem herrschenden Unternehmen zugerechnet werden, wenn zwischen ihnen ein Unternehmensvertrag besteht (§ 2 Abs. 2 DrittelbG). Die Konstituierung eines mitbestimmten Beirates als Beratungsorgan ist ebenso wenig vorgeschrieben wie die Übertragung von Beratungsaufgaben auf den obligatorischen Aufsichtsrat.

162 **2. MitbestG.** Die Unternehmensmitbestimmung (mit der Verpflichtung zur Bildung eines paritätisch besetzten Aufsichtsrates) ist grundsätzlich auf Kapitalgesellschaften mit regelmäßig mehr als 2000 Arbeitnehmern beschränkt (vgl. § 1 Abs. 1 MitbestG). Die **GmbH & Co. KG** als Personengesellschaft wird jedoch unter den Voraussetzungen des § 4 Abs. 1 MitbestG der Mitbestimmung unterworfen, damit Umgehungsgestaltungen von vornherein unterbunden werden. Nach der gesetzlichen Regelung müssen die Kommanditisten die Mehrheit in der KG und der Komplementär-GmbH, berechnet nach Anteilen oder Stimmen, innehaben, die Komplementär-GmbH darf keinen eigenen Geschäftsbetrieb mit mehr als 500 Arbeitnehmern führen und GmbH und KG müssen zusammen idR mehr als 2000 Arbeitnehmer beschäftigen. Liegen diese Voraussetzungen vor, ist bei der Komplementär-GmbH – unter Hinzurechnung der Belegschaft der KG – ein Aufsichtsrat zu bilden, dessen Kontrollfunktion die KG vollständig erfasst, solange die Geschäfte der KG von ihrer Komplementär-GmbH geführt werden. § 4 Abs. 2 MitbestG untersagt den Ausschluss der mitbestimmten Komplementär-GmbH von der Führung der Geschäfte der KG. § 4 Abs. 1 Satz 2 und 3 MitbestG erfasst die mehrstufige GmbH & Co. KG.

163 Nach dem Wortlaut des Gesetzes findet die Regelung auf die **Einheits-GmbH & Co. KG** keine Anwendung. Da auch bei dieser Gesellschaftsform der mehrheitliche Identität von Kommanditisten und Gesellschaftern der GmbH – wenn auch nur mittelbar über die Beteiligung der KG an der GmbH – gegeben ist, trifft der gesetzliche Zweck nach allg. Meinung auch auf sie zu. Es ist eine **Regelungslücke** anzunehmen, die im Wege der **Analogie** zu schließen ist.[323] Zwar war die Gestaltung der GmbH & Co. KG als Einheitsgesellschaft und ihre mitbestimmungsrechtliche Regelungsbedürftigkeit bei der Verabschiedung des Mitbestimmungsgesetzes bekannt.[324] Der Gesetzgeber hat diesen Umstand jedoch offensichtlich nicht zur Kenntnis genommen, so dass die Einheitsgesellschaft von der gesetzlichen Regelung unberührt geblieben ist. Dieser Umstand spricht dafür, die Regelung des § 4 Abs. 1 MitbestG auf die GmbH & Co. KG in Gestalt der Einheitsgesellschaft entsprechend anzuwenden.[325]

164 Ist die GmbH & Co. KG herrschendes Unternehmen eines **Konzerns,** werden der Komplementär-GmbH auch die Arbeitnehmer der Konzernunternehmen zugerechnet, wenn bei der GmbH & Co. KG die Voraussetzungen des § 4 MitbestG erfüllt sind (§ 5 Abs. 2 MitbestG). In einem **mehrstufigen Konzern,** in dem die der ausländischen Konzernmutter am nächsten stehende inländische GmbH die Mehrheitsbeteiligungen an nachgeordneten Kommanditgesellschaften vermittelt, gilt die inländische GmbH auch dann als herrschendes Unternehmen iSd. § 5 Abs. 3 MitbestG, wenn die Leitung der nachgeordneten Kommanditgesellschaften über eine in den Konzern eingegliederte ausländische Komplementär-GmbH erfolgt.[326]

165 Zur Problematik der Anwendung des Konzernbegriffs iSd. § 18 AktG auf die GmbH & Co. KG im Rahmen des § 5 Abs. 1 MitbestG vgl. *Binz/Sorg* § 14 RdNr. 46 ff.

V. Rechnungslegung in der GmbH & Co. KG[327]

166 Die GmbH & Co. KG unterlag bis zum Inkrafttreten des KapCoRiLiG[328] als Personengesellschaft nicht den für Kapitalgesellschaften geltenden §§ 264 ff. HGB, sondern nur den für alle Kaufleute maßgebenden §§ 238–263 HGB. Ab einer gewissen Mindestgröße wurde sie wie Kapitalgesell-

---

[322] So zutreffend *Binz/Sorg* § 14 Rn. 2 sowie *Hesselmann/Tillmann* (18. Aufl. – zum BetrVerfG 1952) RdNr. 357 f. gegen *Knur* DNotZ 1953, 6, 18 ff.
[323] HM vgl. OLG Celle Beschl. v. 30. 8. 1979 – 9 Wx 8/78, DB 1979, 2502; OLG Bremen Beschl. v. 30. 4. 1980 – 1 W 3/80 DB 1980, 1332 f.; *Hesselmann/Tillmann* (18. Aufl. – zum BetrVerfG 1952) RdNr. 345.
[324] Vgl. dazu die Kritik von *Martens* ZHR 138 (1974), 179 ff.
[325] So überzeugend *Binz/Sorg* § 14 RdNr. 67 f. mwN in Fn. 113.
[326] OLG Stuttgart Beschl. v. 30. 3. 1995 – 8 W 355/93, NJW-RR 1995, 1067, 1068.
[327] Vgl. dazu bereits RdNr. 12 a.
[328] Kapitalgesellschaften- und Co.-Richtlinie-Gesetz vom 24. 2. 2000 (BGBl. I S. 154).

schaften von der Rechnungslegungs-, Prüfungs- und Publizitätspflicht nach dem Publizitätsgesetz erfasst (§ 1 Abs. 1 PublG).[329] Als Personenhandelsgesellschaft war sie jedoch von der Verpflichtung zur Erstellung von Anhang und Lagebericht befreit (§ 5 Abs. 2 PublG). Bei der Offenlegung der Bilanz konnte eine Untergliederung des Postens „Eigenkapital" unterbleiben (§ 9 Abs. 3 PublG). Unter der Voraussetzung des § 5 Abs. 2 PublG brauchte die Gewinn- und Verlustrechnung nicht offengelegt zu werden.

Unter Umsetzung der GmbH & Co. KG-Richtlinie[330] wurden Personengesellschaften, bei denen nicht wenigstens eine natürliche Person persönlich haftender Gesellschafter ist, durch das KapCoRiLiG in den Anwendungsbereich der 4., 7. und 8. Richtlinie einbezogen.[331] Damit war die GmbH & Co. KG, die keine natürliche Person zusätzlich als persönlich haftenden Gesellschafter hat, im Hinblick auf Rechnungslegungs-, Prüfungs- und Publizitätspflicht sowie Konzernrechnungs- und Konzernpublizitätspflicht den Kapitalgesellschaften gleichgestellt.[332] Maßgebend sind die §§ 264 a–264 c HGB. Wegen der Einzelheiten der Auslegung und Anwendung dieser Bestimmungen ist auf die entsprechende Kommentierung zu verweisen.

VI. Das Außenverhältnis der GmbH & Co. KG

1. Die Vertretung der GmbH & Co. KG. a) Rechtsgeschäftliches Handeln. aa) Komplementär-GmbH. Nach §§ 161 Abs. 2, 125 Abs. 1 HGB ist die **Komplementär-GmbH** als persönlich haftende Gesellschafterin zur organschaftlichen Vertretung der GmbH & Co. KG berechtigt. Eine Beschränkung des Umfangs der organschaftlichen Vertretungsmacht ist Dritten gegenüber unwirksam (§§ 126 Abs. 2, 161 Abs. 2 HGB).

Das gilt auch für die organschaftliche Vertretung der GmbH durch ihren **Geschäftsführer** (§ 37 Abs. 2 GmbHG). Verstößt der Geschäftsführer gegen eine ihm nach dem Gesellschaftsvertrag auferlegte Beschränkung der Vertretungsbefugnis (§ 37 Abs. 1 GmbHG), muss sich ein Dritter diese Beschränkung nur entgegenhalten lassen, wenn die Überschreitung der Vertretungsmacht evident ist.[333] Es besteht Einigkeit darin, dass die KG grundsätzlich Dritte iSd. § 37 Abs. 2 GmbHG ist.[334] Für den Fall der **Einheits-GmbH & Co. KG** wird dies jedoch verneint.[335] Dem kann nur im Ergebnis gefolgt werden. Formell handelt es sich um unterschiedliche Rechtspersonen, auch wenn die KG Gesellschafterin der GmbH ist. Damit tritt die KG der GmbH im Außenverhältnis in rechtsgeschäftlichen Verkehr als Dritte gegenüber. Richtig ist allerdings, dass sich die KG auf die Beschränkung im rechtsgeschäftlichen Außenverhältnis nicht berufen kann, weil ihr als Gesellschafterin der GmbH die gesellschaftsvertragliche Beschränkung bekannt ist.

Die Vertretungsmacht der GmbH wird durch den Geschäftsführer als ihr Organ ausgeübt (§ 35 Abs. 1 GmbHG). Dieser vertritt unmittelbar die Komplementärin und mittelbar die GmbH & Co. KG. Dabei ist nicht erforderlich, dass der Geschäftsführer im Rechtsverkehr im Namen der GmbH zeichnet. Er ist nicht genötigt, bei der Zeichnung für die KG deutlich zu machen, dass er in von der GmbH abgeleiteter Vertretungsmacht handelt. Es genügt, wenn er für die GmbH & Co. KG zeichnet oder zumindest in ihrem Namen handelt.[336]

Die Komplementär-GmbH kann auch durch Prokuristen oder Handlungs-, bzw. Generalbevollmächtigte vertreten werden.[337] Da die GmbH ein Handelsgeschäft betreibt, zu dem der Betrieb des Handelsgeschäfts der KG gehört, sind der Prokurist und der Handlungs- sowie Generalbevollmächtigte im Rahmen der für sie maßgebenden gesetzlichen Vorschriften zu Handlungen berechtigt, die von diesem Wirkungskreis umfasst werden. Dem GmbH-Geschäftsführer kann auch Prokura (§§ 48 f. HGB) für die KG erteilt werden.[338] Wegen der Personenverschiedenheit von GmbH und

---

[329] Vgl. hierzu *Biener* GmbHR 1975, 5, 6; *Binz* (8. Aufl.) § 17 RdNr. 23 f.
[330] Vom 8. 11. 1990 – 90/605/EWG, abgedruckt bei *Lutter* (Fn. 19) S. 226; Zur Wirksamkeit vgl. EuGH Beschl. v. 23. 9. 2004 – Rs C-435/02 und C-103/03, ZIP 2004, 2134 sowie Besprechung durch *Enters* Stbg 2005, 93 f.
[331] 4. EG-Richtlinie vom 25. 7. 1978 (Jahresabschlussrichtlinie) – 78/660/EWG, ABl. EG Nr. L 317 vom 16. 4. 1990, S. 60 ff., abgedruckt bei *Lutter* EuropUnternehmensR S. 147 ff.; 7. EG-Richtlinie vom 13. 6. 1983 (Richtlinie über den konsolidierten Abschluss) – 83/349/EWG, abgedruckt bei *Lutter* aaO S. 211 ff.; 8. EG-Richtlinie vom 10. 4. 1984 (Prüferbefähigungsrichtlinie) – 84/253/EWG, abdruckt bei *Lutter* aaO S. 232 ff.
[332] Vgl. *Streim/Klaus* BB 1994, 1109, 1110.
[333] Zum Stand von Rspr. und Schrifttum vgl. *Henze* RdNr. 1235 ff. mwN in Fn. 1141 ff.
[334] *Hesselmann/Tillmann/Mueller-Thuns* § 6 RdNr. 7.
[335] *Scholz/U. H. Schneider* § 35 RdNr. 39 gegen *Hesselmann* S. 81.
[336] BGH Urt. v. 18. 3. 1974 – II ZR 167/72, BGHZ 62, 216, 229; BGH Urt. v. 17. 12. 1987 – VII ZR 299/86, NJW-RR 1988, 475, 476.
[337] OLG Hamm Beschl. v. 3. 7. 1967 – 15 W 283/67, NJW 1967, 2163.
[338] OLG Hamburg Beschl. v. 15. 12. 1960 – 2 W 190/59, GmbHR 1961, 128, 129; OLG Hamm Beschl. v. 8. 2. 1973 – 15 W 344/72, BB 1973, 354.

KG wird die Organvertretungsmacht des Geschäftsführers der GmbH rechtlich durch die Handlungen, die auf die Vertretung der KG im Wirkungskreis des von ihr betriebenen Handelsgeschäftes beschränkt sind, nicht berührt. Ist eine GmbH in eine GmbH & Co. KG umgewandelt worden, ist der Formwechsel im Handelsregister vermerkt und die KG in das Handelsregister eingetragen worden, bedarf es keiner Neuanmeldung einer im Handelsregister für die GmbH eingetragenen Prokura zur Eintragung bei der KG; denn es ändert sich allein die rechtliche Organisation des Unternehmensträgers, hingegen bleiben seine rechtliche und wirtschaftliche Identität erhalten.[339]

172   bb) GmbH & Co. KG. Die Vertretung einer GmbH & Co. KG durch einen **gesamtvertretungsberechtigten** Geschäftsführer der Komplementär-GmbH zusammen mit einem gesamtvertretungsberechtigten Prokuristen der KG ist nicht möglich, weil sich die Vertretungsmacht zweier gesamtvertretungsberechtigter Personen auf dieselbe Gesellschaft beziehen muss.[340] Die Erteilung einer solchen Prokura ist unwirksam. Wegen des Grundsatzes der Selbstorganschaft im Recht der Personengesellschaften ist es unzulässig, die Vertretungsmacht des Geschäftsführers der Komplementär-GmbH durch die Notwendigkeit der Mitwirkung eines Prokuristen der GmbH & Co. KG zu beschränken.[341] Zulässig ist es hingegen, den Prokuristen bei der Vertretung der KG an die Mitwirkung des Komplementär-GmbH zu binden (sog. gemischte Gesamtprokura).[342]

173   Die **organschaftliche Vertretung** der GmbH & Co. KG durch **Kommanditisten** ist zwingend ausgeschlossen (§ 170 HGB). Aus diesem Grunde kann die Befugnis zur Vertretung der KG nicht auf den oder die Kommanditisten übergehen, wenn dem einzigen persönlich haftenden Gesellschafter die Vertretungsmacht entzogen wird.[343] Die Erteilung rechtsgeschäftlicher Vertretungsmacht oder Prokura für die GmbH & Co. KG oder die Komplementär-GmbH an Kommanditisten ist hingegen zulässig. In das HR kann nur die organschaftliche Vertretung eingetragen werden (§ 106 Abs. 2 Nr. 4 HGB). Sind einem Kommanditisten Geschäftsführungsbefugnis und rechtsgeschäftliche Vertretungsmacht übertragen worden, ist das nicht eintragungsfähig.[344] Geschäftsführer der Komplementär-GmbH können auch Kommanditisten sein; § 170 HGB steht dem nicht entgegen.

174   b) **Selbstkontrahierungsverbot.** Es ist auch auf die organschaftliche Vertretung der GmbH & Co. KG anzuwenden. Daher kann die Komplementär-GmbH ohne Gestattung der KG keine Rechtsgeschäfte zwischen der KG und sich selbst vornehmen. Dasselbe gilt für In-sich-Geschäfte des GmbH-Geschäftsführers mit der Komplementär-GmbH oder der GmbH & Co. KG. § 181 BGB ist auch anwendbar, wenn zwei GmbH & Co. Kommanditgesellschaften zwar durch unterschiedliche Komplementär-Gesellschaften mit beschränkter Haftung, diese aber durch denselben Geschäftsführer vertreten werden.[345]

175   aa) **Befreiung durch Regelung im Gesellschaftsvertrag.** Eine Befreiung von den Beschränkungen des § 181 BGB muss bei der Komplementär-GmbH und kann bei der KG im Gesellschaftsvertrag geregelt werden. Dabei ist zu beachten, dass für Verträge, die der Geschäftsführer der GmbH im eigenen Namen mit der KG, vertreten durch die Komplementärin, abschließt, diesem Befreiung nur durch die KG erteilt werden kann. Dazu wäre der Geschäftsführer als Vertretungsorgan der die KG vertretenden GmbH berufen. Da er auch daran durch § 181 BGB gehindert ist und die Gesellschafter der GmbH nicht befugt sind, namens der GmbH mit einem Dritten in rechtsgeschäftlichen Verkehr zu treten, können der Geschäftsführer nur die Kommanditisten von dem Selbstkontrahierungsverbot befreien. Das kann aber nur durch Änderung des Gesellschaftsvertrages der KG geschehen, weil die Kommanditisten keine Vertretungsmacht haben (§ 170 HGB). Sie müssen den Gesellschaftsvertrag der KG dahin abändern oder ergänzen, dass der Geschäftsführer für ein bestimmtes Geschäft mit der KG von den Beschränkungen des § 181 BGB befreit sein soll. Eine solche Änderung kann für den Einzelfall auch ohne Einhaltung der dafür im Vertrag vorgeschriebenen Form durch übereinstimmende Willenserklärung aller Gesellschafter der KG vorgenommen werden, soweit sich aus dem Gesellschaftsvertrag nichts anderes ergibt.[346] Wenn der Geschäftsführer der Komplemen-

---

[339] OLG Köln Beschl. v. 6. 5. 1996 – 2 Wx 9/96, GmbHR 1996, 773, 774.
[340] OLG Hamburg Beschl. v. 15. 12. 1960 – 2 W 190/59, GmbHR 1961, 128, 129; BayObLG Beschl. v. 20. 1. 1970 – 2 Z 68/69, WM 1970, 333, 334; BayObLG Beschl. v. 3. 8. 1994 – 3 ZBR 174/94, NJW 1994, 2965.
[341] BGH Urt. v. 6. 2. 1958 – II ZR 210/56, BGHZ 26, 330, 332.
[342] BGH Beschl. v. 6. 11. 1986 – V ZB 8/86, BGHZ 99, 76, 78 = NJW 1987, 841, 842; BayObLG Beschl. v. 20. 1. 1970 – 2 Z 68/69, WM 1970, 333, 334.
[343] BGH Urt. v. 9. 12. 1968 – II ZR 33/67, BGHZ 51, 198, 200.
[344] OLG Frankfurt am Main Beschl. v. 26. 9. 2005 – 20 W 192/05 – veröffentlicht bei cas.jurion.de.
[345] BayObLG Urt. v. 31. 5. 1979 – 2 Z 67/78, GmbHR 1979, 252, 253.
[346] BGH Urt. v. 7. 2. 1972 – II ZR 169/69, BGHZ 58, 115, 117; BGH Urt. v. 1. 12. 1969 – II ZR 224/67, DB 1970, 389, 390; OLG Hamm Beschl. v. 25. 7. 1968 – 15 W 116/68, NJW 1968, 2110, 2111; OLG Hamm Urt. v. 20. 2. 1995 – 8 U 178/94, OLG-Report Hamm 1995, 245, 247.

tär-GmbH zugleich Kommanditist ist, muss er durch die GmbH von den Beschränkungen des § 181 BGB befreit werden, damit er diese bei der Änderung des Gesellshaftsvertrages vertreten kann.[347]

Bei der GmbH ist die Befreiung nach § 10 Abs. 1 Satz 2 GmbHG in das Handelsregister **176** einzutragen, auch wenn sie nur in rechtlich beschränktem Umfang erteilt worden ist.[348] Hingegen kann die Befreiung des Geschäftsführers der Komplementär-GmbH vom Selbstkontrahierungsverbot nicht in das Handelsregister der KG eingetragen werden.[349]

§ 35 Abs. 4 GmbHG bestimmt, dass § 181 BGB auch auf Rechtsgeschäfte des geschäftsführenden **177** Alleingesellschafters mit der GmbH Anwendung findet.[350] Die Befreiung vom Verbot des Selbstkontrahierens ist im Gesellschaftsvertrag zu erteilen und in das Handelsregister einzutragen.[351] Ein einfacher Gesellschafterbeschluss reicht bei der Einmann-GmbH zur Genehmigung des In-sich-Geschäftes nicht aus.[352] Allerdings bleibt die satzungsmäßige Befreiung des Geschäftsführers einer mehrgliedrigen GmbH vom Verbot des In-sich-Geschäftes wirksam, wenn der Geschäftsführer später Alleingesellschafter der (Einmann-)GmbH wird.[353]

bb) Befreiung durch rechtsgeschäftliche Erklärung. Fehlt eine Befreiung im Gesellschafts- **178** vertrag, kann das – schwebend unwirksame – Rechtsgeschäft nur durch **Genehmigung** (§ 184 BGB) wirksam werden. Ein Rechtsgeschäft zwischen der GmbH & Co. KG und dem Geschäftsführer der Komplementär-GmbH kann nur die KG, vertreten durch einen anderen Komplementär bzw. einen anderen GmbH-Geschäftsführer genehmigen; dazu sind weder die GmbH-Gesellschafter noch die Kommanditisten in der Lage.[354]

§ 181 BGB ist auf den Beschluss der Gesellschafter einer Personenhandelsgesellschaft anwendbar, **179** der die Änderung des Gesellschaftsvertrages zum Gegenstand hat und der mangels abweichender Vereinbarung einstimmig gefasst werden muss.[355]

Sind die Kommanditisten der GmbH & Co. KG mit den Gesellschaftern der Komplementär- **180** GmbH identisch **(personen- und beteiligungsgleiche GmbH & Co. KG)** und ist ein Gesellschafter Geschäftsführer der GmbH, liegt in dem einstimmig gefassten Beschluss, den Gesellschaftsvertrag der KG zu ändern, für den Geschäftsführer der GmbH die Befreiung vom Selbstkontrahierungsverbot. Ihm wird damit die Erlaubnis erteilt, sowohl als Vertreter der GmbH als auch in eigenem Namen als Kommanditist an der Vertragsänderung mitzuwirken.[356]

c) Entziehung der Vertretungsmacht. Die Entziehung der Vertretungsmacht der Komplemen- **181** tär-GmbH erfolgt nach den §§ 127, 161 Abs. 2 HGB. Sie ist unzulässig, wenn neben der Komplementär-GmbH keine weiteren persönlich haftenden und damit organschaftlich vertretungsberechtigten Gesellschafter der GmbH & Co. KG existieren.[357] Die Kommanditisten können in diesem Falle der Komplementär-GmbH lediglich die Geschäftsführungsbefugnis entziehen (§§ 117, 161 Abs. 2 HGB) oder eine Auflösungs- (§ 133 HGB) bzw. Ausschließungsklage (§ 140 HGB) erheben.

2. Kapitalaufbringung und Kapitalerhaltung in der GmbH & Co. KG. Kapitalaufbringung **182** und Kapitalerhaltung richten sich für jede der beiden Gesellschaften nach den für sie maßgebenden gesetzlichen Vorschriften (GmbH: §§ 5 Abs. 4, 7 ff., 19, 55 ff. sowie §§ 30 f. GmbHG; KG: §§ 171 ff. HGB). Schwierigkeiten treten an den Nahtstellen beider Gesellschaftstypen auf, an denen sich Maßnahmen zugunsten von Gesellschaftern nachteilig auf die Vermögens- und Kapitalverhält-

---

[347] BGH Urt. v. 7. 2. 1972 – II ZR 169/69, BGHZ 58, 115, 118 f.; OLG Düsseldorf Beschl. v. 29. 9. 2004 – I – 3 Wx 125704, DB 2004, 2806, 2807.
[348] BGH Beschl. v. 28. 2. 1983 – II ZB 8/82, BGHZ 87, 59, 62 = NJW 1983, 1676, 1677; BayObLG Beschl. v. 7. 5. 1984 – 3 Z 163/83, WM 1984, 1570, 1571; OLG Düsseldorf Beschl. v. 1. 7. 1994 – 3 Wx 20/93, GmbHR 1995, 51, 52; OLG Köln Beschl. v. 22. 2. 1995 – 2 Wx 5/95, GmbHR 1996, 218, 219.
[349] LG München Beschl. v. 6. 2. 1998 – 17 HKT 1511/97, GmbHR 1998, 789.
[350] Überholt sind somit BGH Urt. v. 19. 4. 1971 – II ZR 98/68, BGHZ 56, 97; BGH Urt. v. 19. 11. 1979 – II ZR 187/78, BGHZ 75, 358 f. = NJW 1980, 932 f.; zur Einmann-GmbH & Co. KG vgl. BGH Urt. v. 22. 10. 1979 – II ZR 184/78, ZIP 1980, 279, 280; vgl. *Binz/Sorg* § 4 RdNr. 11.
[351] BGH Urt. v. 19. 11. 1979 – II ZR 197/78, BGHZ 75, 358, 363 = NJW 1980, 932 f.; BGH Beschl. v. 28. 2. 1983 – II ZB 8/82, BGHZ 87, 59, 60 = NJW 1983, 1676, 1677; BayObLG Beschl. v. 10. 4. 1981 – 1 Z 26/81, NJW 1981, 1565, 1566.
[352] BGH Beschl. v. 28. 2. 1983 – II ZB 8/82, BGHZ 87, 59, 60 = NJW 1983, 1676, 1677; OLG Köln Beschl. v. 2. 10. 1992 – 2 Wx 33/92, NJW 1993, 1018.
[353] BGH Beschl. v. 8. 4. 1991 – II ZB 3/91, BGHZ 114, 167, 170 = NJW 1991, 1731 f.; AG Köln Beschl. v. 22. 2. 1991 – 42 HRB 6934, ZIP 1991, 372, 373 f.; aA BayObLG Beschl. v. 22. 5. 1987 – 3 Z 163/86, GmbHR 1987, 428, 429; BayObLG Beschl. v. 21. 9. 1989 – 3 Z 5/89, GmbHR 1990, 213, 214 f.
[354] BGH Urt. v. 7. 2. 1972 – II ZR 169/69, BGHZ 58, 115, 117 f. = NJW 1972, 623, 624.
[355] BGH Urt. v. 26. 1. 1961 – II ZR 240/59, NJW 1961, 724, 725; BGH Urt. v. 24. 5. 1976 – II ZR 164/74, NJW 1976, 1538, 1539.
[356] BGH Urt. v. 24. 5. 1976 – II ZR 164/74, NJW 1976, 1538, 1539.
[357] BGH Urt. v. 9. 12. 1968 – II ZR 33/67, BGHZ 51, 198, 200.

§ 177 a Anh. A 183–185   2. Buch. 2. Abschnitt. Kommanditgesellschaft

nisse der Gesellschaften auswirken können. Da das Kapitalaufbringungs- und -erhaltungsrecht auf Grund seiner Ausgestaltung mit **Präventiv- und Verbotsmaßnahmen im GmbH-Recht** wesentlich schärfer konzipiert ist als in den für die GmbH geltenden gesetzlichen Vorschriften und die GmbH mit ihrem Vermögen unbeschränkt für die KG haftet, können die für das Gesellschaftsvermögen der KG nachteiligen Maßnahmen bei der GmbH zu Gefahren führen, die mit den Vorschriften über die Kapitalaufbringung und -erhaltung im GmbH-Recht nicht mehr vereinbar sind. Das Gesetz hat daraus für die Kapitalaufbringung in der **Einheits-GmbH & Co. KG** (§ 172 Abs. 6 Satz 1 HGB) und allgemein für den **Eigenkapitalersatz** in der GmbH & Co. KG (§ 172 a HGB) Konsequenzen gezogen. Rspr. und Schrifttum haben darüber hinaus Gefahrenpunkte aufgespürt und die durchlässigen Stellen zu verschließen versucht.

183   a) **Kapitalaufbringung.** Die Gefahr, der die Regelung des § 172 Abs. 6 Satz 1 HGB vorbeugt, ist plastisch dargestellt worden: Halbierung des Gläubigerschutzes durch Begleichung von 2 Einlageschulden mit einer Bareinlage.[358] Zu Recht wird auch bemängelt, dass die Kommanditisten in der Lage sind, ihre Einlagen unverhältnismäßig niedrig festzulegen, weil es für die KG – im Gegensatz zur GmbH – **kein Mindestkapital** gibt.[359] Die Gefahr, dass in diesen Fällen auf Grund der Haftung der GmbH deren Kapitalgrundlage aufgezehrt wird, ist unter solchen Umständen groß. Praktisch können dadurch die Vorschriften über die Sicherung der Kapitalaufbringung im GmbH-Recht unterlaufen werden.

184   Eine vergleichbare Gefahr tritt in den Fällen der **gesplitteten Einlage** auf: Die Kommanditisten verpflichten sich, der KG neben der Kommanditeinlage als Teil der gesellschaftsvertraglichen Einlagepflicht ein Darlehen zur Verfügung zu stellen, das in der Regel das Mehrfache der Einlage ausmacht. Sind die Kommanditisten in der Lage, dieses von der KG für die Verfolgung ihrer Geschäftsziele fest eingeplante Kapital zu einem bestimmten Zeitpunkt abzuziehen, können erhebliche Gefahren für die Gesellschaften und ihre Gläubiger heraufbeschworen werden, weil den Gesellschaften nicht mehr genügend Kapital zur Verfügung steht. Die Situation der Gläubiger verschlechtert sich entsprechend. Auf ein derartiges Modell würde sich eine natürliche Person als persönlich haftender Gesellschafter wegen des damit verbundenen Haftungsrisikos nicht ohne besondere vertragliche Vorkehrungen einlassen. Es kommt daher nicht von ungefähr, dass es sich zunächst bei den Publikumsgesellschaften entwickelt[360] und sodann auch auf die „normale" GmbH & Co. KG übergegriffen hat.[361] Die **Rspr.** hat **korrigierend** eingegriffen: Da der Darlehensbetrag nur formal als Fremdkapital ausgewiesen wird, in Wirklichkeit aber nach seiner konkreten Funktion in der Gesamtfinanzierung der Gesellschaft Eigenkapital darstellt, muss es den Gläubigern der Gesellschaft als haftendes Kapital zur Verfügung stehen. Der Anspruch auf Rückzahlung des Darlehensbetrages kann daher in der **Insolvenz** der Gesellschaft weder geltend gemacht noch kann mit ihm aufgerechnet werden.[362] Letztlich hat der Kommanditist erst dann einen Anspruch auf Rückzahlung, wenn die KG keine Gläubigerforderungen mehr zu erfüllen hat. Ob ein solches Kommanditistendarlehen funktional als Eigenkapital anzusehen ist, muss anhand der vertraglichen Einzelheiten und der für die Gewährung maßgebenden gesamten Umstände festgestellt werden.[363]

185   An anderer Stelle zeigt sich, dass die Gesellschaften rechtlich formal ihre **Eigenständigkeit** behalten: Auf die **Leistung der Kommanditisteneinlage** ist § 46 Nr. 2 GmbHG nicht anwendbar. Ihre Fälligkeit richtet sich nach den im KG-Vertrag getroffenen Vereinbarungen. Darin kann aber auf die Vorschrift des GmbH-Gesetzes verwiesen werden.[364] Die formale Eigenständigkeit der Gesellschaften kann für die GmbH-Gesellschafter **Gefahren** heraufbeschwören, wenn sie diesem Umstand in der Praxis nicht hinreichend Rechnung tragen (davon sind insbes. die Gesellschafter der personenidentischen GmbH & Co. KG betroffen): **Zahlen** die Gesellschafter den zur Erfüllung ihrer Einlagepflicht gegenüber der GmbH erforderlichen Betrag auf ein Konto der KG ein, ist nach der Rspr.

---

[358] K. Schmidt GesR § 56 V 1.
[359] K. Schmidt GesR § 56 V 1.
[360] Vgl. u. a. BGH Urt. v. 28. 11. 1977 – II ZR 235/75, BGHZ 70, 61, 63 = NJW 1978, 376 f.; BGH Urt. v. 10. 12. 1984 – II ZR 28/84, BGHZ 93, 159, 161 = NJW 1985, 1468 f.; BGH Urt. v. 17. 12. 1984 – II ZR 36/84, NJW 1985, 1079, 1080.
[361] BGH Urt. v. 21. 3. 1988 – II ZR 238/87, BGHZ 104, 33, 35 = NJW 1988, 1841 f.
[362] BGH Urt. v. 10. 12. 1984 – II ZR 28/84, BGHZ 93, 159, 161 = NJW 1985, 1468 f.; BGH Urt. v. 21. 3. 1988 – II ZR 238/87, BGHZ 104, 33, 35 = NJW 1988, 1841 f.; BGH Urt. v. 9. 12. 1996 – II ZR 341/95, DStR 1997, 505; BGH Urt. v. 28. 6. 1999 – II ZR 272/98, BGHZ 142, 116.
[363] Vgl. im einzelnen BGH Urt. v. 21. 3. 1988 – II ZR 238/87, BGHZ 104, 33, 40 ff. = NJW 1988, 1841 f.; Hachenburg/Ulmer § 32 a, b RdNr. 48, 61; K. Schmidt GesR § 18 III 3; Hesselmann/Tillmann/Mueller-Thuns § 7 RdNr. 39; zur Analyse der Rechtsprechung vgl. Röhricht in Gesellschaftsrechtliche Vereinigung (Hrsg.), Gesellschaftsrecht in der Diskussion Bd. 2 1999 S. 3, 20 ff.
[364] Scholz/K. Schmidt § 46 RdNr. 59; ders. § 56 a RdNr. 27.

die Einlageverpflichtung nicht ohne weiteres erfüllt. Einmal wird angenommen, dieser Vorgang sei rechtlich als **Leistung einer Sacheinlage** zu werten,[365] zum anderen wird er als **Zahlung an einen Dritten** iSd. § 362 Abs. 2 BGB angesehen, der den Einlageschuldner nach den Grundsätzen der Kapitalaufbringung nur dann von seiner Schuld befreit, wenn der Betrag an die GmbH weitergeleitet wird oder die Leistung mit Einverständnis der GmbH zur Erfüllung ihrer Einlageverpflichtung gegenüber der KG vorgenommen worden ist und diese Forderung fällig, liquide und vollwertig ist.[366] Der im Schrifttum vertretenen Ansicht, die GmbH & Co. KG, bei der sich die Rolle der GmbH in der Führung der Geschäfte der KG erschöpfe, sei als **Einheitsgesellschaft** anzusehen, so dass die KG im Verhältnis zu den GmbH-Gesellschaftern die Funktion eines Treuhänders und einer Zahlstelle wahrnehme,[367] ist der BGH nicht gefolgt.

Wird umgekehrt die **Kommanditeinlage** auf ein Konto der Komplementär-GmbH eingezahlt, **186** so wird der Kommanditist von seiner Haftung nach § 171 Abs. 1 HGB erst frei, wenn die Komplementär-GmbH diese Zahlung als Einlage des Kommanditisten an die KG weitergeleitet hat.[368]

Nach der Rechtsprechung des BGH liegt **keine Leistung zur freien Verfügung der Geschäfts-** **186 a** **führung** (§ 8 Abs. 2 S. 1 GmbHG) vor, wenn der – anlässlich der Gründung oder einer Kapitalerhöhung – eingezahlte **Einlagebetrag als Darlehn an den Inferenten** oder ein mit ihm verbundenes Unternehmen zurückfließt.[369] Zwar liegt dem ein „Hin- und Herzahlen" zugrunde. Da jedoch die Rückzahlung an den Gesellschafter als „Darlehn" fließt, liegt keine „verdeckte Sacheinlage" vor, weil keine Forderungen bestehen, die als „Sacheinlage" eingebracht werden könnten. Insbesondere könnte ein (vermeintlicher) Anspruch der Gesellschaft gegen den Inferenten auf „Darlehnsrückzahlung" keine Forderung sein, die als Sacheinlage dienen könnte.[370] Diese Rechtsprechung hat zwar keine Auswirkungen auf eine GmbH & Co. KG, bei der die GmbH-Gesellschafter und Kommanditisten nicht identisch sind. Allerdings trifft sie auf die Gestaltungen zu, in denen die KG die Anteile an der GmbH hält (Einheitsgesellschaft) bzw. in denen die GmbH-Gesellschafter zugleich Inhaber der Kommanditanteile sind. Im ersten Falle würde das Darlehn aus Einlagemitteln der Gesellschafterin unmittelbar gewährt, im zweiten Falle wären die Kommanditisten als GmbH-Gesellschafter mittelbar Nutznießer der Darlehnsgewährung. Die Leistung zur freien Verfügung ist dann nicht gegeben, wenn der Einlagebetrag in Form des Darlehns **umgehend** an den Gesellschafter zurückfließt. Hier wird man die Rechtsprechung des BGH zugrunde legen können, die er im Rahmen der verdeckten Sacheinlage zu der widerleglichen Vermutung entwickelt hat, ob anlässlich des Kapitalerhöhungsbeschlusses eine Abrede über die Rückzahlung des Einlagebetrages getroffen worden ist. Er hat offen gelassen, ob die Vermutung dann noch eingreift, wenn zwischen Kapitalerhöhungsbeschluss und Auszahlung ein Zeitraum von sechs Monaten liegt. Auf keinen Fall greift die Vermutung jedoch dann, wenn der Zeitabstand mehr als acht Monate beträgt.[371] Wird also eine Auszahlung des Einlagebetrages als Darlehn an eine Einheits-GmbH & Co. KG oder eine KG, deren Kommanditisten mit den GmbH-Gesellschaftern identisch sind, vorgenommen, ist das nach dem gegenwärtigen Stand der Rechtsprechung nur dann unschädlich, wenn die Auszahlung mehr als acht Monate nach der Einlageleistung liegt. Sodann ist jedoch die Hürde der **Kapitalerhaltung** zu überwinden (vgl. dazu **RdNr. 194 a und b**). Wird eine Auszahlung des Einlagebetrages als Darlehn unter den dargelegten Umständen von vornherein ins Auge gefasst, mit der Auszahlung jedoch etwas mehr als acht Monate zugewartet, lässt das den Rückschluss auf eine Vorabsprache zu, liegt eine Leistung zur freien Verfügung nicht vor.

b) Kapitalerhaltung (vgl. zu den folgenden RdNr. Ergänzend die Kommentierung zu § 172 **187** RdNr. 64 ff.). Wird dem **Kommanditisten** die Einlage **zurückgezahlt,** gilt sie den Gläubigern gegenüber als nicht geleistet, so dass er bis zur Höhe seiner Einlage wieder unmittelbar haftet (§§ 172 Abs. 4 Satz 1, 171 Abs. 1 Satz 1 HGB). Diese Haftung wird auch dann durch die Höhe der Haftsumme begrenzt, wenn dem Kommanditisten ein diese Summe übersteigender Betrag ausgezahlt worden ist. Zur Begründung wird darauf verwiesen, dass die Gesellschafter Vermögen der KG jederzeit entnehmen könnten, weil das Recht der KG den Gesellschaftsgläubigern kein bestimmtes

---

[365] OLG Stuttgart Urt. v. 24. 1. 1985 – 7 U 261/84, WM 1985, 1066, 1067.
[366] BGH Urt. v. 25. 11. 1985 – II ZR 48/85, NJW 1986, 989, 990; OLG Düsseldorf Beschl. v. 8. 4. 1994 – 16 W 15/94, GmbHR 1995, 122; OLG Zweibrücken Urt. v. 17. 9. 1965 – 1 U 110/65, NJW 1966, 840, 841; vgl. die Darstellung bei *Wachtel* GmbHR 2004, 1249, 1250.
[367] *K. Schmidt* DB 1985, 1986, Anm. zu OLG Stuttgart Urt. v. 24. 1. 1985 – 7 U 261/84.
[368] OLG Hamm Urt. v. 31. 1. 1995 – V 92/94, NJW-RR 1996, 27.
[369] BGH, Urt. v. 2. 12. 2002 – II ZR 101/02, BGHZ 153, 107; BGH, Urt. v. 21. 11. 2005 – II ZR 140/04, ZIP 2005, 2203.
[370] BGH, Urt. v. 21. 11. 2005 – II ZR 140/04, ZIP 2005, 2203, 2204.
[371] BGH, Urt. v. 16. 9. 2002 – II ZR 1/00, BGHZ 152, 37, 45; BGH, Urt. v. 2. 12. 2002 – II ZR 101/02, BGHZ 153, 107, 109 f.

Gesellschaftsvermögen garantiere. Soweit die Gläubiger bei der Gesellschaft und den Kommanditisten ausfielen, könnten sie sich an den Komplementär halten, der ihnen mit seinem Vermögen unbeschränkt hafte.[372] Die unbeschränkte Haftung solle eine wirtschaftlich sinnvolle Unternehmensführung garantieren und die KG vor der Aushöhlung ihres Vermögens im Interesse der Gesellschaftsgläubiger schützen.

188 Ein solches Korrektiv fehlt bei einer **Kapitalgesellschaft als persönlich haftender Gesellschafterin** der KG. Sie haftet zwar ebenfalls unbeschränkt, jedoch nur mit dem im Zeitpunkt der Liquidation vorhandenen Vermögen. Schüttet die KG Vermögen an die Kommanditisten aus, kann auch das zur Deckung des Stammkapitals notwendige Vermögen angegriffen werden. Das ist dann denkbar, wenn die Komplementär-GmbH ihr Vermögen in Höhe des Stammkapitals in die KG eingebracht hat, der Wert ihrer Beteiligung durch die Ausschüttungsmaßnahmen unter die Kapitalziffer sinkt und sie weiteres Vermögen nicht besitzt oder wenn sie Passivposten, die sich aus ihrer Haftung für die Verbindlichkeiten der KG ergeben, infolge der Auszehrung des Vermögens der KG nicht durch einen dieser gegenüber realisierbaren Freistellungsanspruch ausgleichen kann und aus diesem Grunde ihr Vermögen die Stammkapitalziffer nicht mehr deckt oder gar eine Überschuldung eintritt. Dem steht der Fall gleich, dass beide Gesellschaften im Zeitpunkt der Ausschüttung bereits überschuldet waren.[373] Einer derartigen Gefährdung der Gläubigerbelange kann dadurch begegnet werden, dass auch in diesen Fällen die Grundsätze der Kapitalerhaltung im GmbH-Recht eingewandt werden. Dem hat der BGH mit verschiedenen Entscheidungen Rechnung getragen.

189 Begleicht eine KG Steuerschulden ihres Kommanditisten und führt das zu einer Unterbilanz oder Überschuldung der Komplementär-GmbH, finden die §§ 30 f. GmbHG Anwendung. Der Kommanditist ist verpflichtet, den unter Verstoß gegen § 30 Abs. 1 GmbHG gezahlten Betrag zurückzuzahlen.[374]

190 Da auf Grund der persönlichen Haftung der Komplementärin eine Unterbilanz oder Überschuldung unabhängig davon eintritt, ob sie an der KG kapitalmäßig beteiligt ist, greifen die Rechtsfolgen der §§ 30 f. GmbHG auch ohne eine solche Beteiligung ein.[375]

191 Der Erstattungsanspruch der GmbH gehört zum Gesamthandsvermögen der GmbH & Co. KG. Soweit diese ihn nicht verfolgt, sind die Kommanditisten berechtigt, ihn im Wege der **actio pro socio** auch gegen die Willen der Komplementärin oder anderer Mitgesellschafter geltend zu machen.[376]

192 Ging der BGH zunächst noch davon aus, dass der Kommanditist zugleich Gesellschafter der GmbH sein müsse, hat er die Grundsätze in einer späteren Entscheidung auch auf den Nur-Kommanditisten angewandt.[377] Als ausschlaggebend hat er die unterschiedliche Haftungsverfassungen in KG und GmbH & Co. KG angesehen: Bei der KG mit einer natürlichen Person als Komplementär bietet den Gesellschaftsgläubigern die Haftung des persönlich haftenden Gesellschafters mit seinem persönlichen Vermögen ein Sicherheitsäquivalent für den Abzug von Gesellschaftsvermögen. Bei der GmbH & Co. KG wird das als Sicherheit zur Verfügung stehende Haftkapital jedoch durch die Ausschüttung verbraucht. Es ist daher gerechtfertigt, ihn wie einen GmbH-Gesellschafter zu verpflichten, seine Entnahme insoweit zu erstatten, als sie zu Lasten des Garantiekapitals in der GmbH gegangen ist.[378]

193 Diese Rspr. wird als dogmatisch nicht zwingend angesehen, weil Unterschiede in der Ausgestaltung der Kommanditistenhaftung und der Rückgewährpflicht nach §§ 30 f. GmbHG, insbes. im Hinblick auf die Ausfallhaftung der übrigen Gesellschafter und die Verjährung bei Gutgläubigkeit des Zahlungsempfängers bestünden.[379] Dem ist entgegenzuhalten, dass in diesem Punkte der Besonder-

---

[372] BGH Urt. v. 29. 3. 1973 – II ZR 25/70, BGHZ 60, 324, 327 f. = NJW 1973, 1036 f.; BGH Urt. v. 19. 2. 1990 – II ZR 268/88, BGHZ 110, 342, 356 f. = NJW 1990, 1725, 1729; krit. dazu Scholz/*H. P. Westermann* § 30 RdNr. 40; aA *Joost* ZGR 16 (1987), 370, 383 f.; *Werner* WuB II G § 30 GmbHG 3/91, S. 877, 882, Anm. zu BGH Urt. v. 19. 2. 1990 – II ZR 268/88.
[373] BGH Urt. v. 29. 3. 1973 – II ZR 25/70, BGHZ 60, 324, 329 = NJW 1973, 1036 f.; BGH Urt. v. 19. 2. 1990 – II ZR 268/88, BGHZ 110, 342, 356 f. = NJW 1990, 1725, 1729; Scholz/*H. P. Westermann* § 30 RdNr. 39; vgl. ferner BGH Urt. v. 27. 9. 1976 – II ZR 162/75, BGHZ 67, 171, 175 f. = NJW 1977, 104 f.; BGH Urt. v. 29. 9. 1977 – II ZR 157/76, BGHZ 69, 274, 279 = NJW 1978, 160, 161; BGH Urt. v. 24. 3. 1980 – II ZR 213/77, BGHZ 76, 326, 328 f. = NJW 1980, 1524, 1526; BGH Urt. v. 8. 7. 1985 – II ZR 269/84, BGHZ 95, 188, 191 = NJW 1985, 2947 f.
[374] BGH Urt. v. 29. 3. 1973 – II ZR 25/70, BGHZ 60, 324, 328 f. = NJW 1973, 1036 f.
[375] BGH Urt. v. 29. 9. 1977 – II ZR 157/76, BGHZ 69, 274, 279 = NJW 1978, 160, 161.
[376] BGH Urt. v. 29. 3. 1973 – II ZR 25/70, BGHZ 60, 324 f. = NJW 1973, 1036 f.; BGH Urt. v. 29. 9. 1977 – II ZR 157/76, BGHZ 69, 274 f. = NJW 1978, 160, 161.
[377] BGH Urt. v. 19. 2. 1990 – II ZR 268/88, BGHZ 110, 342, 358 = NJW 1990, 1725, 1729; BGH Urt. v. 27. 3. 1995 – II ZR 30/94, NJW 1995, 1960 f.; dazu krit. Scholz/*H. P. Westermann* § 30 RdNr. 40; *Werner* WuB II G § 30 GmbHG 3/91 S. 882, Anm. zu BGH Urt. v. 19. 2. 1990 – II ZR 268/88.
[378] BGH Urt. v. 19. 2. 1990 – II ZR 268/88, BGHZ 110, 342, 358 = NJW 1990, 1725, 1729.
[379] *Werner* WuB II G § 30 GmbHG 3/91 S. 882, Anm. zu BGH Urt. v. 19. 2. 1990 – II ZR 268/88; Scholz/*H. P. Westermann* § 30 RdNr. 40.

heit einer bestimmten gesellschaftsrechtlichen Gestaltungsform und ihren Auswirkungen Rechnung getragen wird, so dass die Anwendung eines Grundsatzes aus dem GmbH-Recht auf Kommanditisten gerechtfertigt ist.[380] Die Kapitalerhaltungsregeln des § 172 Abs. 4 HGB und der §§ 31 f. GmbHG bestehen nebeneinander. Sie stehen in Anspruchskonkurrenz.[381]

Der BGH hat in einer jüngeren Entscheidung die **Verjährungsregelung des § 31 Abs. 5 GmbHG**[382] auf den Nur-Kommanditisten angewandt.[383] Es läge in der Konsequenz dieser Rspr., wenn der BGH die **Ausfallhaftung** des § 31 Abs. 3 GmbHG in der GmbH & Co. KG auf die Kommanditisten ausdehnen würde.

Der BGH[384] hat entschieden, dass die **Kreditgewährung an einen Gesellschafter,** die nicht aus Rücklagen oder Gewinnvorträgen, sondern **zu Lasten des gebundenen Vermögens** der GmbH vorgenommen wird, auch dann grundsätzlich als **verbotene Auszahlung** von Gesellschaftsvermögen zu werten ist, wenn der Rückzahlungsanspruch gegen den Gesellschafter im Einzelfall vollwertig ist. Denn der Vermögensschutz des § 30 Abs. 1 GmbHG erschöpfe sich nicht in der Garantie einer bilanzmäßigen Rechnungsziffer, sondern gebiete die Erhaltung einer die Stammkapitalziffer deckenden Haftungsmasse. Zudem erlangten die Gläubiger des Gesellschafters zum Nachteil der Gläubiger der Gesellschaft durch die Darlehnshingabe im Ergebnis einen vollstreckungs- und insolvenzrechtlichen Zugriff auf Vermögenswerte der Gesellschaft.[385]

Diese Rechtsprechung hat auch **Auswirkungen auf die Gewährung von Darlehn durch die GmbH an die GmbH & Co. KG.** Führt die GmbH allein die Geschäfte der KG, besteht ihr Vermögen in der Regel nur in der die Stammkapitalziffer deckenden Vermögensmasse. Ein Darlehn würde sie der KG somit aus dem gebundenen Vermögen gewähren. Das kann man formaliter solange als unschädlich ansehen, wie keine Identität zwischen GmbH-Gesellschaftern und Kommanditisten vorliegt. Ist die KG Inhaberin der GmbH-Anteile (Einheits-GmbH & Co. KG) oder sind die GmbH-Gesellschafter zugleich Inhaber der Kommanditanteile, würde das Darlehn unmittelbar der Gesellschafterin bzw. über die KG mittelbar ihren Kommanditisten und damit den GmbH-Gesellschaftern gewährt. Dem wird zwar entgegengehalten, dass Komplementär-GmbH und KG wirtschaftlich als Einheit tätig werden und der Wirtschaftsverkehr die GmbH & Co. KG auch nur als eine Gesellschaft wahrnimmt, so dass es nicht erforderlich erscheint, der Komplementär-GmbH im Verhältnis zur GmbH & Co. KG einen gesonderten Liquiditätsschutz zu gewähren.[386] Dagegen hat der BGH bereits früher von dem Argument des Schutzes der GmbH-Gläubiger gewandt.[387] Dass er an der getrennten Beurteilung der Belange beider Gesellschaften weiterhin festhält, kommt in einem Urteil zum Ausdruck, nach dem die Eröffnung des Insolvenzverfahrens über das Vermögen der Komplementär-GmbH einer GmbH & Co. KG mit einem Kommanditisten zum Ausscheiden der Komplementär-GmbH aus der KG führt (§ 131 Abs. 3 Nr. 2 HGB), während die KG mit der Folge ihrer liquidationslosen Vollbeendigung aufgelöst wird und der Kommanditist die Gesamtrechtsnachfolge antritt.[388] Unter dem Gesichtspunkt des Fehlens einer Schutzlücke im Kapitalschutz wird die Zulässigkeit der Darlehnsgewährung mit der Begründung bejaht, dass auch die Kommanditisten zur Rückgewähr entsprechend §§ 30, 31 GmbHG verpflichtet seien.[389] Dieses Argument vermag jedoch nicht darüber hinwegzuhelfen, dass die Konkurrenzsituation zwischen den Gläubigern der beiden Gesellschaften bestehen bleibt. Misslich ist, dass bei dieser – sehr formalen – Sicht das in der GmbH gebundene Vermögen nicht in den wirtschaftlichen Kreislauf einbezogen werden kann.[390] Es bleibt hier nur die Hoffnung, dass der BGH auf die GmbH & Co. KG die von ihm offen gelassene Ausnahmeregelung anwendet, nach der die Darlehnsgewährung aus gebundenem Vermögen an einen Gesellschafter als zulässig angesehen werden könnte, wenn sie im Interesse der Gesellschaft liegt, die Darlehnsbedingungen einem Drittvergleich standhalten und die Kreditwürdigkeit des Gesellschafters auch bei Anlegung eines strengen Maßstabes außerhalb jedes vernünftigen Zweifels steht oder die Darlehnsrückzahlung durch werthaltige Sicherheiten gewährleistet werden

---

[380] Vgl. Schlegelberger/*K. Schmidt* §§ 171/172 RdNr. 132; *K. Schmidt* GesR § 56 V 1 b; *ders.* GmbHR 1986, 337, 341; *ders.* GmbHR 1989, 141, 143.
[381] Hachenburg/*Goerdeler/Welf Müller* § 30 RdNr. 90.
[382] Die Verjährungsfrist ist durch Art. 13 Nr. 3 lit. a des Gesetzes zur Anpassung von Verjährungsvorschriften an das Gesetz zur Modernisierung des Schuldrechts vom 9. 12. 2004 (BGBl. I S. 3214) geändert worden.
[383] BGH Urt. v. 27. 3. 1995 – II ZR 30/94, NJW 1995, 1960 f.
[384] BGH, Urt. v. 24. 11. 2003 – II ZR 171/01, BGHZ 157, 72.
[385] BGH, Urt. v. 24. 11. 2003 – II ZR 171/01, BGHZ 157, 72, 75, 76.
[386] Vgl. insoweit OLG Köln Urt. v. 5. 2. 2002 – 18 U 183/01, GmbHR 2002, 968; *K. Schmidt* DB 1985, 1986.
[387] BGH Urt. v. 25. 11. 1985 – II ZR 48/85, GmbHR 1986, 115.
[388] BGH Urt. v. 15. 3. 2004 – II ZR 316/01, GmbHR 2004, 952.
[389] *Wachter* GmbHR 2004, 1249, 1255.
[390] Vgl. *Wachter* GmbHR 2004, 1249, 1255.

kann.³⁹¹ Die beiden letztgenannten Kriterien der Kreditwürdigkeit des Gesellschafters und der Stellung werthaltiger Sicherheiten werden die Darlehnsgewährung in kritischen Situationen, in denen die Haftung der Komplementärin nach § 128 HGB droht, jedoch kaum zulassen.

195 **Scheidet ein Kommanditist** aus der GmbH & Co. KG **aus** und wird ihm die Rückzahlung seiner Einlage bei dieser Gelegenheit unter gleichzeitiger Umwandlung in ein der Gesellschaft zunächst noch verbleibendes Darlehen versprochen, sind für die Anwendung der §§ 30 f. GmbHG die in diesem Zeitpunkt bestehenden Vermögensverhältnisse der beiden Gesellschaften maßgebend. Verstößt danach die Rückzahlung gegen § 30 Abs. 1 GmbHG, ist die Erfüllung des Rückgewährversprechens auch nach dem Ausscheiden des Gesellschafters solange unzulässig, wie durch die Auszahlung Vermögen in Höhe der Stammkapitalziffer beeinträchtigt würde.³⁹²

196 Formen die Kommanditisten die GmbH & Co. KG dadurch zu einer **Einheitsgesellschaft** um, dass sie ihre Anteile an der GmbH der KG veräußern, kann ebenfalls die Gefahr nicht ausgeschlossen werden, dass die **Anteile mittelbar mit Vermögen der GmbH bezahlt** werden, das der Bindung als Haftkapital unterliegt. Diese Voraussetzung wird zB dann gegeben sein, wenn sich das Vermögen beider Gesellschaften in den von den Gesellschaftern geleisteten Einlagen erschöpft, wenn die GmbH nur über ein die Kapitalziffer deckendes Vermögen verfügt und bei der KG die Verbindlichkeiten nicht mehr gedeckt oder wenn beide Gesellschaften überschuldet sind. In diesen Fällen tritt bei der GmbH durch die Auszahlung an die Kommanditisten eine Unterbilanz oder eine Überschuldung ein, so dass die Anwendung der §§ 30 f. GmbHG zum Schutze der Gläubiger geboten ist.³⁹³

197 Zahlt die GmbH gebundenes Vermögen an die KG aus, können die Kommanditisten jederzeit darauf zugreifen. Insoweit können sie mit einem Treugeber verglichen werden, dem der Treuhänder Vorteile aus dem Gesellschaftsverhältnis kraft Auftragsrechts zu überlassen hat. So wie der Treugeber bei Übernahme gesetzwidriger Zahlungen entspr. §§ 30 f. GmbHG haftet, greift eine solche Haftung auch zu Lasten des Kommanditisten ein.³⁹⁴

198 Zur eigenkapitalersetzenden Gesellschafterleistung in der GmbH & Co. KG – auch nach den Grundsätzen der Rspr. – vgl. die Kommentierung zu § 172 a HGB.

199 **3. Die Haftung gegenüber Drittgläubigern. a) GmbH & Co. KG.** Sie haftet ihren Gläubigern unbeschränkt mit ihrem gesamten Vermögen. Für das Organhandeln der GmbH als Geschäftsführerin haftet sie nach § 31 BGB.³⁹⁵ Die Haftung erstreckt sich auf den außerrechtsgeschäftlichen und – nach überwiegender Ansicht – auf den rechtsgeschäftlichen Bereich.³⁹⁶ Da sich die GmbH das Handeln ihrer Geschäftsführer nach § 31 BGB zurechnen lassen muss, hat die GmbH & Co. KG über die GmbH als ihre geschäftsführende Gesellschafterin für das Verhalten der Geschäftsführer einzustehen.

200 **b) Komplementär-GmbH.** Sie haftet unmittelbar und unbeschränkt mit ihrem gesamten Vermögen für die Verbindlichkeiten der Gesellschaft (§§ 128, 161 Abs. 2 HGB). Diese Haftung kann durch Vereinbarung der Gesellschafter mit Wirkung gegenüber Dritten nicht ausgeschlossen werden (§§ 128 Satz 2, 161 Abs. 2 HGB). Im Innenverhältnis ist die Vereinbarung einer Haftungsfreistellung der Komplementär-GmbH durch die Kommanditisten oder die GmbH & Co. KG jedoch möglich;³⁹⁷ sie kann zur unbeschränkten Binnenhaftung führen. Dieser Freistellungsanspruch kann von den Gläubigern der GmbH & Co. KG gepfändet und im Konkurs der Komplementär-GmbH vom Konkursverwalter gegen die Kommanditisten geltend gemacht werden.³⁹⁸ Für eine solche Freistellungsvereinbarung gibt es gesellschaftsrechtlich anzuerkennende Gründe.³⁹⁹ Die Rspr. des BGH zur unbegrenzten Weiterhaftung des persönlich haftenden Gesellschafters, der bei Umwandlung der

---

³⁹¹ BGH Urt. v. 24. 11. 2003 – II ZR 171/01, BGHZ 157, 72, 77.
³⁹² BGH Urt. v. 29. 9. 1977 – II ZR 157/76, BGHZ 69, 274, 279 = NJW 1978, 160, 161.
³⁹³ *Hunscha* GmbHR 1975, 145 ff.; *Eltermann* GmbHR 1973, 207, 208; *Winkler* NJW 1969, 1009, 1012; Hachenburg/*Goerdeler/Welf Müller* § 30 RdNr. 88; Scholz/*H. P. Westermann* § 30 RdNr. 41; *Lutter/Hommelhoff* § 30 RdNr. 43.
³⁹⁴ *Schilling*, FS Carl Hans Barz, S. 67, 76 f.; *Canaris*, FS Robert Fischer, S. 31, 59 unter Hinweis auf § 46 Abs. 5 AktG; Hachenburg/*Goerdeler/Welf Müller* § 30 RdNr. 89; Scholz/*H. P. Westermann* § 30 RdNr. 41, 30.
³⁹⁵ Zur Anwendung dieser Vorschrift auf Personenhandelsgesellschaften vgl. BGH Urt. v. 8. 2. 1952 – I ZR 92/51, NJW 1952, 537, 538; BGH Urt. v. 3. 12. 1973 – II ZR 144/72, WM 1974, 153, 154; MünchKommBGB/*Reuter* § 31 RdNr. 14; Palandt/*Heinrichs* § 31 RdNr. 3; *K. Schmidt* GesR § 10 IV 2 c.
³⁹⁶ Vgl. Palandt/*Heinrichs* § 31 RdNr. 10; MünchKommBGB/*Reuter* § 31 RdNr. 29 ff., insbes. 34 ff.; *K. Schmidt* GesR § 10 IV 3; BGH Urt. v. 12. 7. 1977 – VI ZR 159/75, NJW 1977, 2259 f. zitiert §§ 31 und 278 BGB nebeneinander.
³⁹⁷ BGH Urt. v. 28. 11. 1994 – II ZR 240/93, NJW-RR 1995, 226, 227; OLG Karlsruhe Urt. v. 25. 11. 1981 – 6 U 14/81, WM 1982, 340, 341.
³⁹⁸ OLG Karlsruhe Urt. v. 25. 11. 1981 – 6 U 14/81, WM 1982, 340, 341.
³⁹⁹ BGH Urt. v. 28. 11. 1994 – II ZR 240/93, NJW-RR 1995, 226, 227.

Gesellschaft in eine GmbH & Co. KG Kommanditist wurde, jedoch die Geschäfte der GmbH führte,[400] ist auf Grund der Neuregelung des § 160 Abs. 3 HGB überholt.

c) Die Haftung des Geschäftsführers gegenüber Gläubigern der GmbH und der KG. 201
Anspruchsgrundlagen für eine Haftung des Geschäftsführers gegenüber den Gläubigern beider Gesellschaften sind **Verschulden bei Vertragsschluss** (§ 311 Abs. 2 BGB) wegen der Inanspruchnahme persönlichen Vertrauens und wegen wirtschaftlichen Eigeninteresses[401] sowie die Vorschriften über **unerlaubte Handlungen** (§§ 823, 826 BGB). Von den Schutznormen iSd. § 823 Abs. 2 BGB sind insbes. § 64 GmbHG bzw. §§ 177 a, 130 a HGB, §§ 264 a, 266 a, 283 Abs. 1 Nr. 5–7 und 283 b StGB zu nennen. Hingegen kommt § 43 Abs. 1 GmbHG nicht in Betracht.[402] Auch im Übrigen scheidet eine Eigenhaftung des Geschäftsführers gegenüber Dritten aus,[403] es sei denn, er geht neben der GmbH & Co. KG eine vertragliche Verpflichtung ein.[404]

Es gelten für die GmbH & Co. KG im Wesentlichen die gleichen Grundsätze wie sie im Recht 202
der GmbH entwickelt worden sind. Es wird daher auf die einschlägigen Kommentierungen zu §§ 43 und 64 GmHG sowie §§ 177 a und 130 a HGB Bezug genommen. Auf einige Fallentscheidungen mit spezifischem Bezug zur GmbH & Co. KG ist hinzuweisen:

Der Geschäftsführer einer Komplementär-GmbH haftet beitretenden Kommanditisten aus **Ver-** 203
schulden bei Vertragsschluss wegen unvollständiger oder geschönter Beschreibung des Unternehmens.[405] Er haftet nach Rechtsscheingrundsätzen, wenn er gutgläubige Dritte nicht darauf hinweist, dass er eine GmbH & Co. KG vertritt, bei der keine natürliche Person unbeschränkt haftet.[406]

Die Geschäftsführer einer Komplementär-GmbH haften auf Grund ihrer gesellschaftsrechtlichen 204
Stellung auch für Wettbewerbsverstöße einer werbenden GmbH & Co. KG als Störer. Es stellt daher grundsätzlich keinen Rechtsmissbrauch dar, wenn die Geschäftsführer und die GmbH & Co. KG getrennt verklagt werden.[407]

Haben die geschäftsführenden Gesellschafter einer Komplementär-GmbH eine Bürgschaft für 205
Forderungen eines Gläubigers aus dessen Geschäftsverbindung mit der Komplementär-GmbH übernommen, so sind sie auch verpflichtet, für die sich aus §§ 161 Abs. 2, 128 Satz 1 HGB ergebende Haftungsschuld der Komplementär-GmbH für Verbindlichkeiten der GmbH & Co. KG einzustehen.[408] Die Bürgschaft von Kommanditisten, die zugleich geschäftsführende Gesellschafter der Komplementär-GmbH sind, für Verbindlichkeiten einer GmbH & Co. KG erstreckt sich auf Verbindlichkeiten der GmbH nach Liquidation der KG und Fortführung der Geschäfte durch die GmbH.[409] Hat sich der Alleingesellschafter-Geschäftsführer der Komplementär-GmbH für Verbindlichkeiten der GmbH & Co. KG verbürgt, so erweitert sich der Umfang seiner Bürgschaftsverpflichtung nicht dadurch, dass er später durch Übernahme sämtlicher Kommanditanteile alleiniger Gesellschafter der Hauptschuldnerin wird und eine Einmann-GmbH & Co. KG entsteht.[410]

d) Haftung des Geschäftsführers gegenüber der GmbH & Co. KG. Die Rspr. hat aner- 206
kannt, dass sich der **Schutzbereich** des zwischen der GmbH und ihrem Geschäftsführer bestehenden Dienstverhältnisses im Hinblick auf dessen Haftung aus § 43 Abs. 2 GmbHG auch auf die GmbH & Co. KG erstreckt, wenn die wesentliche Aufgabe der Komplementär-GmbH in der Führung der

---

[400] BGH Urt. v. 22. 9. 1980 – II ZR 204/79, BGHZ 78, 114, 116 = NJW 1981, 175, 176; BGH Urt. v. 19. 5. 1983 – II ZR 49/82, NJW 1983, 2256, 2258; BGH Urt. v. 19. 5. 1983 – II ZR 207/81, NJW 1983, 2940, 2941.
[401] Zur Einschränkung der Haftung unter diesem Gesichtspunkt bei Stellung von Sicherheiten oder Eingehung einer Bürgschaft zugunsten der Gesellschaft vgl. BGH, Urt. v. 6. 6. 1994 – II ZR 292/91, BGHZ 126, 181, 183 ff.
[402] BGH Urt. v. 13. 4. 1994 – II ZR 16/93, BGHZ 125, 366, 375 = NJW 1994, 1801 f. m. Anm. *Altmeppen* DZWiR 1994, 379, 380; zur Schutzgesetzeigenschaft des § 43 GmbHG vgl. BGH, Urt. v. 13. 4. 1994 – II ZR 16/93, BGHZ 125, 366, 375 = NJW 1994, 1801 f.; OLG Düsseldorf Urt. v. 3. 12. 1993 – 22 U 122/93, NJW-RR 1994, 424, 425; *K. Schmidt* ZIP 1994, 837, 842, 843; Scholz/*K. Schmidt* § 43 RdNr. 236; Baumbach/Hueck/*Zöllner/Noack* § 43 RdNr. 79 mwN.
[403] BGH Urt. v. 3. 10. 1989 – XI ZR 157/88, NJW 1990, 389, 390; BGH Urt. v. 1. 7. 1991 – II ZR 180/90, NJW-RR 1991, 1312, 1313.
[404] BGH Urt. v. 19. 9. 1985 – VII ZR 338/84, NJW 1986, 580, 581.
[405] BGH Urt. v. 24. 4. 1978 – II ZR 172/76, BGHZ 71, 284, 286 f. = NJW 1978, 1625, 1626; BGH Urt. v. 6. 10. 1980 – II ZR 60/80, BGHZ 79, 337, 339 = NJW 1981, 1449 f.; OLG Hamm Urt. v. 18. 4. 1991 – 27 U 137/90, GmbHR 1991, 426; zur Garantiehaftung für den Inhalt der Firmendarstellung vgl. BGH Urt. v. 31. 5. 1990 – VII ZR 340/88, NJW 1990, 2461 f.
[406] BGH Urt. v. 1. 6. 1981 – II ZR 1/81, NJW 1981, 2569, 2570; BGH Urt. v. 24. 6. 1991 – II ZR 293/90, NJW 1991, 2627, 2628 m. Anm. *Canaris*; OLG Hamm Urt. v. 12. 4. 1994 – 7 U 2/94, GmbHR 1995, 127.
[407] KG Urt. v. 15. 11. 1994 – 5 U 6421/93, WRP 1995, 357; OLG Düsseldorf Urt. v. 21. 1. 1997 – 20 U 230/95, NJWE-WettbR 1997, 245, 246.
[408] OLG Brandenburg Urt. v. 7. 6. 1995 – 3 U 193/94, NJW-RR 1996, 674, 675.
[409] OLG Hamm Urt. v. 9. 1. 1981 – 20 U 61/80, ZIP 1981, 863, 864.
[410] BGH Urt. v. 6. 6. 1977 – VIII ZR 323/75, DB 1977, 1594, 1595.

Geschäfte der KG liegt.[411] Ausgangspunkt dieser Rspr. ist der **Vertrag mit Schutzwirkung zugunsten Dritter,** der Schutz- und Obhutspflichten für Rechtsgüter einschließlich des Vermögens von Personen entfaltet, die typischerweise mit der geschuldeten Hauptleistung in Berührung kommen.[412] Das Schutzbedürfnis des Dritten entfällt, wenn sein Interesse bereits durch eigene vertragliche Ansprüche voll abgedeckt ist.[413] Bereits diese Voraussetzungen zeigen, dass die Rechtsfigur des Vertrages zugunsten Dritter für die Haftung des Geschäftsführers gegenüber der GmbH & Co. KG nicht herangezogen werden kann: Die GmbH & Co. KG als Dritter im Verhältnis zum Geschäftsführer erlangt die Hauptleistung von der GmbH, ihr stehen Ansprüche aus Vertrag zu, so dass ihre Interessen abgedeckt sind.[414] Dieser Sachverhalt ist mit dem Fall vergleichbar, in dem der Untermieter Schadenersatzansprüche gegen den Vermieter geltendmachte, durch den BGH jedoch auf sein Rechtsverhältnis zu dem Hauptmieter verwiesen wurde.[415]

207 Es kommt hinzu, dass der Geschäftsführer-Vertrag hinter die Norm des § 43 Abs. 2 GmbHG als Spezialregelung zurücktritt. Somit kann eine Haftung nur aus dieser gesetzlichen Regelung hergeleitet werden. Dabei kann man sie als GmbH & Co. KG – spezifische Fortbildung des § 43 GmbHG zu einem Sonderrechtsverhältnis mit Schutzwirkung zugunsten der KG ansehen.[416] Man muss nur akzeptieren, dass bei dieser Sonderrechtsfigur das Bestehen der vertraglichen Ansprüche gegen die GmbH die Entstehung des Anspruchs gegen den Geschäftsführer nicht hindert. Eine Verallgemeinerung und Übernahme des in §§ 309 Abs. 1, 317 Abs. 3 und 323 Abs. 1 Satz 2 AktG für das Konzernrecht zum Ausdruck kommenden Gedankens[417] erscheint jedoch problematisch; denn er betrifft das Organ einer die Untergesellschaft beherrschenden Obergesellschaft, nicht aber einen Fall „mittelbarer Geschäftsführung", wie wir ihn bei der GmbH & Co. KG antreffen.[418]

208 Fraglich ist, unter welchen Voraussetzungen eine Haftung des Geschäftsführers ausscheidet, wenn er nach **Weisung der Gesellschafter der GmbH** gehandelt hat. Dem Weisungsrecht werden Grenzen durch Gesetz, Satzung, gute Sitten[419] und die Treuepflicht gegenüber der Gesellschaft und den Mitgesellschaftern[420] gesetzt. Verstößt eine Weisung gegen Gesetz, Satzung oder die guten Sitten und wird sie vom Geschäftsführer befolgt, macht er sich gegenüber der KG schadenersatzpflichtig. Berücksichtigt eine Weisung treupflichtwidrig nicht die Interessen der KG, hat der Geschäftsführer Gegenvorstellungen zu erheben und darf letztlich die Weisung nicht befolgen. Zu berücksichtigen ist, dass bei unternehmerischen Entscheidungen ein bestimmter **Handlungsspielraum** gegeben ist, der die Grenzen der Treupflichtwidrigkeit im Einzelfall in die Nähe des **Rechtsmissbrauchs** rücken kann. Die Weisung muss sachlich vertretbar sein.[421] Ob eine Weisung in den Grenzen ordnungsgemäßer Geschäftsführung liegt, ist aus dem Recht der Personengesellschaft zu beantworten, weil die Belange der KG betroffen sind.[422]

209 Die Figur des **faktischen Geschäftsführers** hat in der Rechtsprechung konkrete Konturen erhalten. Eine Person, die Geschäftsführeraufgaben wahrnimmt, obwohl sie nicht einmal auf Grund fehlerhaften Bestellungsaktes in die Geschäftsführung berufen worden ist, ist verpflichtet, rechtzeitig Insolvenzantrag nach § 64 Abs. 1 GmbHG zu stellen. Für den Eintritt dieser Verpflichtung ist nicht erforderlich, dass sie die gesetzlich bestellten Geschäftsführer aus ihrer Aufgabenstellung völlig verdrängt.[423] Es genügt jedoch nicht, dass der Betreffende auf die satzungsmäßigen Geschäftsführer Gesellschaftsintern einwirkt.[424] Stellung und Verantwortlichkeit als faktischer Geschäftsführer erfordern vielmehr, dass der Handelnde nach dem Gesamterscheinungsbild seines Auftretens die Geschi-

---

[411] BGH Urt. v. 12. 11. 1979 – II ZR 174/77, BGHZ 75, 321, 323 f. = NJW 1980, 589 f.; BGH Urt. v. 24. 3. 1980 – II ZR 213/77, BGHZ 76, 326, 337 = NJW 1980, 1524 f. (GmbH & Co. KG); BGH Urt. v. 16. 2. 1981 – II ZR 49/80, WM 1981, 440, 441; BGH Urt. v. 28. 6. 1982 – II ZR 121/81, NJW 1982, 2869, 2870 m. Anm. *Westermann*; BGH Urt. v. 14. 11. 1994 – II ZR 160/93, NJW 1995, 1353, 1355 f.; OLG München Urt. v. 12. 11. 1990 – 31 U 1675/90, DStR 1991, 1291, 1292; OLG Hamm Urt. v. 28. 10. 1992 – 8 U 25/92, GmbHR 1993, 294, 295; OLG Düsseldorf Urt. v. 24. 7. 1992 – 17 U 245/91, DStR 1993, 1637, 1638; BGH Urt. v. 25. 2. 2002 – II ZR 236/00, DB 2002, 1150 mwN aus der Rspr.
[412] MünchKommBGB/*Gottwald* § 328 RdNr. 148 f.
[413] BGH Urt. v. 15. 2. 1978 – VIII ZR 47/77, BGHZ 70, 327, 329 f. = NJW 1978, 883.
[414] Vgl. *Grunewald* BB 1981, 581 f.
[415] BGH Urt. v. 15. 2. 1978 – VIII ZR 47/77, BGHZ 70, 327, 329 f. = NJW 1978, 883.
[416] *K. Schmidt* GmbHR 1984, 272, 279; *ders.* GesR § 56 IV 3 b.
[417] *Scholz/U. H. Schneider* § 43 RdNr. 265; *Krebs* S. 149 f.
[418] Vgl. *K. Schmidt* GesR § 56 IV 3 b Fn. 98.
[419] BGH Urt. v. 14. 12. 1959 – II ZR 187/57, BGHZ 31, 258, 278.
[420] BGH Urt. v. 5. 6. 1975 – II ZR 23/74, BGHZ 65, 15, 19 = NJW 1976, 191, 192.
[421] BGH Urt. v. 12. 11. 1979 – II ZR 174/74, BGHZ 75, 321, 326 = NJW 1980, 589 f.
[422] Vgl. im Einzelnen *Konzen* NJW 1989, 2977, 2981 ff.; abweichend auf Bindung des Geschäftsführers und Schadenersatzpflicht der GmbH abstellend *Hesselmann/Tillmann/Mueller-Thuns* § 5 RdNr. 70.
[423] BGH Urt. v. 21. 3. 1988 – II ZR 194/87, BGHZ 104, 44, 46 = NJW 1988, 1789, 1790.
[424] *BGH Urt. v. 25. 2. 2002 – II ZR 196/00, BGHZ 150, 61, 68 ff.*

cke der Gesellschaft durch eigenes Handeln im Außenverhältnis, das die Tätigkeit des rechtlichen Geschäftsführungsorgans nachhaltig prägt, maßgeblich in die Hand genommen hat.[425] Ist das der Fall, trifft ihn bei Versäumung der Pflicht zur rechtzeitigen Stellung des Insolvenzantrages die Haftung auf Grund dieser Pflichtverletzung. Das hat der BGH im Hinblick auf die Pflicht zum Ersatz von Zahlungen i. S. des § 64 Abs. 2 GmbHG entschieden.[426] Nach diesen Grundsätzen kommt auch eine Haftung als Teilnehmer einer Handlung nach § 823 Abs. 2, 830 BGB i. V. m. § 266 StGB in Betracht.[427]

Der **Maßstab der Haftung des Geschäftsführers** ist daran auszurichten, wie die GmbH als Komplementärin haftet. Dagegen wird eingewandt, § 708 BGB könne deswegen nicht zur Anwendung kommen, weil die Kommanditisten der KG auf die Auswahl des Geschäftsführers keinen Einfluss nehmen könnten.[428] Dem ist entgegenzuhalten, dass die GmbH für die Auswahl eines untauglichen Geschäftsführers durch die Gesellschafterversammlung einzustehen hat und die Kommanditisten aus fehlerhafter Geschäftsführung die Konsequenzen ziehen können (Entzug der Geschäftsführungsbefugnis). Liegt eine kapitalistisch und körperschaftlich strukturierte KG vor, findet der Maßstab des § 43 Abs. 1 GmbHG ohnehin Anwendung. 210

Der Geschäftsführer kann sich gegenüber der KG auf die fünfjährige **Verjährungsfrist** des § 43 Abs. 4 GmbHG berufen. Verletzt er neben seinen Geschäftsführerpflichten zugleich seine Pflichten als Kommanditist der Gesellschaft (insbes. gesellschafterliche Treupflicht), haftet er der KG auch aus positiver Forderungsverletzung des KG-Gesellschaftsvertrages.[429] Dieser nunmehr in § 280 BGB verankerte Haftungsgrund unterliegt nicht mehr – wie zu Zeiten des Erlasses der beiden Entscheidungen des BGH – einer Frist von 30 Jahren, sondern der regelmäßigen Verjährungsfrist von 3 Jahren (§ 195 BGB). Ihr Beginn richtet sich nach § 199 Abs. 1 BGB. 211

Zur Verantwortlichkeit des Geschäftsführers der Komplementär-GmbH für die Erfüllung der Pflichten aus §§ 16 Abs. 1, 18 Nr. 12 MaBV vgl. OLG Düsseldorf Beschluss vom 19. 6. 1995 – 5 Ss (OWi) 218/95, DB 1995, 2261, 2262. 212

Die KG kann auch deliktische Ansprüche (§§ 823 Abs. 2 BGB iVm. § 266 StGB) gegen den Geschäftsführer der Komplementär-GmbH geltend machen.[430] Die Verjährung dieses Anspruches richtet sich nach §§ 195, 199 Abs. 1 BGB. 213

VII. Die Beendigung der GmbH & Co. KG

1. Die Auflösung der GmbH & Co. KG. Die Auflösung der GmbH & Co. KG bestimmt sich nach den für die KG geltenden Vorschriften der §§ 161 Abs. 2, 131 ff. und 177 HGB, die Auflösung der Komplementär-GmbH nach den §§ 60 ff. GmbHG. Für die GmbH & Co. KG ergeben sich daraus einige **Besonderheiten**: 214

In den **Gesellschaftsverträgen** sollten die Auflösungsgründe koordiniert werden. Eine Koordination ist nur für den Fall der Eröffnung des Insolvenzverfahrens über das Vermögen der GmbH (§ 60 Abs. 1 Nr. 4 GmbHG) vorgesehen: Sie führt – mangels abweichender vertraglicher Regelung – zum Ausscheiden der GmbH aus der KG (§ 131 Abs. 3 Nr. 2 HGB). Ist kein anderer Komplementär zur Stelle, bewirkt das Ausscheiden die Auflösung der KG.[431] 215

Für alle **weiteren** für die GmbH vorgesehenen **Auflösungsgründe** stellt sich die Frage nach den Folgen für die KG: Als Regelung, die auf diesen Fall angewandt werden kann, kommt nur das Ausscheiden des Gesellschafters infolge Todes (**§ 131 Abs. 3 Nr. 1 HGB**) in Betracht. Fraglich ist hier, ob dem Tod der natürlichen Person die „Auflösung" oder die „Vollbeendigung" der juristischen Person gleichsteht. Das war in der Zeit vor Inkrafttreten des HRefG,[432] also vor dem Ableben eines Gesellschafters noch zur Auflösung der Gesellschaft führte, umstritten. Rspr. und das überwiegende Schrifttum vertraten die Ansicht, erst die **Vollbeendigung der GmbH** führe zur Auflösung der KG. 216

---

[425] BGH Urt. v. 11. 7. 2005 – II ZR 235/03, ZIP 2005, 1550; BGH Urt. v. 27. 6. 2005 – II ZR 113/03, ZIP 2005, 1414.
[426] BGH Urt. v. 11. 7. 2005 – II ZR 235/03, ZIP 2005, 1550, 1551.
[427] BGH Urt. v. 27. 6. 2005 – II ZR 113/03, ZIP 2005, 1414, 1415.
[428] Scholz/ *U. H. Schneider* § 43 RdNr. 267.
[429] BGH Urt. v. 28. 6. 1982 – II ZR 121/81, NJW 1982, 2869; BGH Urt. v. 27. 3. 1995 – II ZR 30/94, NJW 1995, 1960, 1962.
[430] BGH Urt. v. 17. 3. 1987 – VI ZR 282/85, BGHZ 100, 190, 192 f. = NJW 1987, 2008 f.; BGH Urt. v. 17. 3. 1987 – 5 StR 272/86, DB 1987, 1083; *Hesselmann/Tillmann-Mueller-Thuns* § 5 RdNr. 73.
[431] BGH Urt. v. 12. 11. 1952 – II ZR 260/51, BGHZ 8, 35, 37; vgl. auch BGH Urt. v. 16. 2. 1978 – II ZR 53/76, WM 1978, 675, 676; Baumbach/*Hopt* Anhang § 177 a RdNr. 45; Scholz/*K. Schmidt* § 60 RdNr. 65 mwN.
[432] Gesetz zur Neuregelung des Kaufmanns- und Firmenrechts und zur Änderung anderer handels- und gesellschaftsrechtlicher Vorschriften vom 22. 6. 1998, BGBl. I S. 1474.

Die GmbH sei auch als Liquidationsgesellschaft zur Führung der Geschäfte und Vertretung der KG in der Lage. Die Interessen der Kommanditisten verlangten nicht die Auflösung der Gesellschaft, da sie diese Folge selbst herbeiführen könnten.[433]

217 Dem ist **widersprochen** worden: Dem Tod der natürlichen Person stehe bereits die **Auflösung der GmbH** jedenfalls dann gleich, wenn sie der einzige Komplementär der KG sei. Die Auflösung der GmbH sei ein in § 131 HGB nicht aufgeführter Auflösungsgrund, weil dem HGB-Gesetzgeber die GmbH & Co. KG noch nicht bekannt gewesen sei. Außerdem sei eine in Liquidation befindliche GmbH bereits im Hinblick auf die unbeschränkte persönliche Haftung nach § 128 HGB nicht in der Lage, ihrer Funktion und Aufgabe als Komplementärin der KG gerecht zu werden.[434]

218 Diese Streitfrage und die im Einzelnen angeführten Gründe sind auch für die **geänderte Regelung** maßgeblich. Für sie geht es – vordergründig – darum, ob die GmbH mit ihrer Auflösung aus der KG ausgeschieden ist. Von der Antwort hängt es aber ab, ob die GmbH die Geschäfte bis zu ihrer Vollbeendigung weiterführen kann oder die Kommanditisten einen anderen Komplementär bestellen müssen, um die Auflösung und Liquidation der KG zu vermeiden.

219 **Stellungnahme.** Die Kritik an der hM ist rechtlich nicht zwingend. Maßgebend für die Beantwortung der Frage sind wirtschaftliche Erwägungen. Hier ist zu differenzieren: In der überwiegenden Zahl der Fälle wird die Auflösung von GmbH und KG parallel verlaufen. Soweit ein solcher Fall nicht eintritt, **sprechen für die Mindermeinung wirtschaftliche Gründe.** Es ist schwer vorstellbar, dass der Liquidator der Komplementärin, der die ihm vom Gesetz auferlegten Pflichten zu erfüllen hat (§§ 70 f. GmbHG), in der Lage oder hinreichend bemüht sein wird, die Geschäfte der KG erfolgreich und prosperierend fortzuführen. Die Frage der Haftung verschärft das Problem: Welcher Geschäftspartner kann ruhigen Gewissens Geschäfte mit einer KG tätigen, wenn er weiß, dass deren Komplementärin liquidiert wird? Er wird das auch tunlichst vermeiden, wenn er auf einen solchen Geschäftspartner, dessen Zukunft alles andere als sicher erscheint, nicht unbedingt angewiesen ist. Der weitere Weg der KG ist unter derartigen Umständen vorgezeichnet: Er wird zu wirtschaftlichen Schwierigkeiten und letztlich in die Liquidation oder Insolvenz führen. Dann ist es schon sinnvoller, die Kommanditisten mit der Auflösung der GmbH zu einer Entscheidung zu zwingen, wenn sie es schon aus eigenem Antrieb nicht tun: Entweder ist die KG aufgelöst und wird ebenfalls liquidiert, oder die Kommanditisten bestellen eine neue Komplementärin. In beiden Fällen wird der **Eintritt weiteren wirtschaftlichen Schadens** von den Kommanditisten und von potenziellen Geschäftspartnern der KG **abgewendet.**

220 Verbleibt nur noch **ein Gesellschafter** der GmbH & Co. KG, erlischt die Gesellschaft. Auf die Gesellschafter gehen alle Rechte und Pflichten im Wege der Gesamtrechtsnachfolge über. Ist der verbleibende Gesellschafter der einzige Kommanditist, haftet dieser für Verbindlichkeiten der KG nur mit dem ihm zugefallenen Gesellschaftsvermögen.[435] Handelt es sich dabei um die GmbH, wird diese Träger des Unternehmens.[436]

221 Die **Auflösung der KG** führt nicht automatisch zur Auflösung der GmbH, soweit im Gesellschaftsvertrag der GmbH keine anderweitige Regelung getroffen ist (§ 60 Abs. 2 GmbHG). Besteht der Unternehmensgegenstand der GmbH allein in der Führung der Geschäfte der KG, haben die Gesellschafter die GmbH aufzulösen, soweit sich keine qualifizierte Mehrheit für ihre Fortführung mit geändertem Unternehmensgegenstand findet. Notfalls ist eine Entscheidung durch Erhebung der Auflösungsklage (§ 61 GmbHG) herbeizuführen.[437]

222 Der in der **personen- und beteiligungsgleichen GmbH & Co. KG gefasste Auflösungsbeschluss** kann auch als Beschluss über die Auflösung der GmbH ausgelegt werden.[438] Voraussetzung

---

[433] BGH Urt. v. 8. 10. 1979 – II ZR 257/78, BGHZ 75, 178, 181 f. = NJW 1980, 233, 234; vgl. auch BGH Urt. v. 24. 10. 1985 – VII ZR 337/84, BGHZ 96, 151, 154 = NJW 1986, 850, 851; OLG Frankfurt Beschl. v. 14. 5. 1976 – 20 W 313/76, DNotZ 1976, 619, 620 f.; OLG Frankfurt Beschl. v. 15. 7. 1982 – 20 W 797/81, WM 1982, 1266, 1267; vgl. im Übrigen die Schrifttumsnachweise bei Scholz/K. Schmidt § 60 RdNr. 66 Fn. 223.
[434] Scholz/K. Schmidt § 60 RdNr. 66; Roth/Altmeppen § 60 RdNr. 117; Schlegelberger/K. Schmidt § 131 RdNr. 32; Heymann/Emmerich § 131 RdNr. 22 mwN; K. Schmidt GesR § 56 VI 1 a; ders. BB 1980, 1497, 1498; ders. GmbHR 1980, 261 f.; ders. ZHR 153 (1989), 270, 279 f.
[435] BGH, Urt. v. 15. 3. 2004 – II ZR 247/01, ZIP 2004, 1047, 1048; BGH, Urt. v. 10. 12. 1990, BGHZ 113, 132.
[436] BGH Urt. v. 13. 7. 1967 – II ZR 268/64, BGHZ 48, 203, 206; BGH Urt. v. 10. 5. 1978 – VII ZR 32/77, BGHZ 71, 296, 299 f. = NJW 1978, 1525 f.; BGH Beschl. v. 24. 11. 1978 – V ZB 24/78, BB 1979, 397; BGH Urt. v. 9. 12. 1987 – VIII ZR 374/86, NJW-RR 1988, 477, 478; BGH Urt. v. 19. 2. 1990 – II ZR 42/89, NJW-RR 1990, 798, 799; BayObLG Beschl v. 19. 6. 2001 – 3 Z BR 48/01, NZG 2001, 877; Scholz/K. Schmidt § 60 RdNr. 71; Rowedder/Schmidt-Leithoff/Rasner § 60 RdNr. 86; K. Schmidt GesR § 44 II 2.
[437] Hachenburg/Ulmer § 60 RdNr. 113 f.; Scholz/K. Schmidt § 60 RdNr. 68.
[438] Scholz/K. Schmidt § 60 RdNr. 68; Hachenburg/Ulmer § 60 RdNr. 113; zweifelnd Rowedder/Schmidt-Leithoff/Rasner § 60 RdNr. 59.

ist jedoch, dass im Einzelfall objektive konkrete Anhaltspunkte dafür vorliegen, dass der Beschluss auch die Auflösung der GmbH umfassen sollte. Das kann zB der Fall sein, wenn zu einer Simultanversammlung beider Gesellschaften einberufen worden ist und unpräzise nur die Auflösung der „Gesellschaft" beschlossen wird.

2. Die Abwicklung der Gesellschaften. Sie richtet sich für die KG nach §§ 145 ff. HGB, für die GmbH nach §§ 66 ff. GmbHG. **Gesetzliche Liquidatoren** bei der GmbH sind die Geschäftsführer (§ 66 Abs. 1 GmbHG), bei der KG alle Gesellschafter (§§ 161 Abs. 2, 146 Abs. 1 HGB).[439] Diese Diskrepanz der Regelungen kann bei der körperschaftlich konstituierten **GmbH & Co. KG** und wird bei der **Publikums-KG** im Hinblick auf die Vielzahl der Gesellschafter und wegen der bestehenden Interessengegensätze zu Schwierigkeiten führen. Dennoch kann nicht im Hinblick auf die Gesellschaftsstruktur als im Wege der Vertragsauslegung selbstverständlich davon ausgegangen werden, dass die Komplementär-GmbH als Liquidatorin berufen ist.[440] Die körperschaftliche Struktur bzw. die Vielzahl von Gesellschaftern reichen als Anhaltspunkte für eine derart weitgehende (einfache) **Auslegung** nicht aus. Allenfalls wäre an eine ergänzende Vertragsauslegung zu denken. Eine solche scheitert aber regelmäßig daran, dass keine Lücke gegeben ist. 223

Für die **personengleiche GmbH & Co. KG** soll der Gesichtspunkt der Kontinuität der Verwaltung vor und nach Auflösung der GmbH dafür sprechen, dass § 146 HGB vertraglich abbedungen ist.[441] Auch insoweit gelten die dargelegten Bedenken. Bestehen unüberbrückbare Interessengegensätze unter den Gesellschaftern oder ist auf Grund der Vielzahl der Gesellschafter eine sachgemäße Liquidation nicht gewährleistet, liegen die Voraussetzungen für die Ernennung von Liquidatoren durch das Gericht vor (§ 146 Abs. 2 HGB). Da dieses Verfahren bereits auf Antrag eines Beteiligten eingeleitet werden kann, wird dieser Weg idR eine sachgemäße Regelung gewährleisten.[442] 224

Damit ist zugleich der Vorteil verbunden, dass Bestellung und Abberufung der Liquidatoren von Amts wegen in das **Handelsregister** eingetragen werden (§ 148 Abs. 2 HGB). Die Schwierigkeiten, die eine nach § 148 Abs. 1 HGB zwingend vorgeschriebene Beteiligung aller Gesellschafter an dem Anmeldungsverfahren mit sich bringt und der nicht durch eine analoge Anwendung des § 67 GmbHG begegnet werden kann,[443] treten unter diesen Umständen regelmäßig nicht auf. 225

Auf der Grundlage der hM stellt sich weiterhin die Frage, wie die Liquidatoren der Komplementär-GmbH für die Tätigkeit von Geschäften für die nicht aufgelöste KG **zeichnen**. Bei Geschäften für die GmbH ist § 68 Abs. 2 GmbHG einschlägig. Bei rechtsgeschäftlichem Handeln für die KG bedarf es der Kennzeichnung der GmbH-Firma als Liquidationsfirma nicht, weil sie lediglich als Vertreterin, nicht aber als Kontrahentin auftritt.[444] 226

Das Gesetz schreibt für die KG lediglich die Erstellung einer (internen) **Liquidationseröffnungs- und Liquidationsschlussbilanz** vor (§ 154 HGB). Nicht zwingend, aber zweckmäßig mag es sein, die externe periodische Rechnungslegung entspr. der für die GmbH geltenden Regelung auch für die GmbH & Co. KG im Liquidationsverfahren beizubehalten. Eine besondere Belastung ist damit nicht verbunden, weil die KG auch während des Liquidationsverfahrens der jährlichen Besteuerung unterliegt und aus diesem Grunde ohnehin Jahresbilanzen zu erstellen hat.[445] 227

Besonderheiten der GmbH & Co. KG erfordern nicht die Anwendung des für die GmbH in § 71 Abs. 5 GmbHG normierten Rechtsgedankens. Zur Frage, ob die Übertragung dieser Regelung auf die Personenhandelsgesellschaften generell als erforderlich anzusehen ist, weil die **Angaben auf Geschäftsbriefen** nicht hinter den Publizitätserfordernissen bei Gebrauch der Firma (§ 153 HGB) zurückbleiben dürfen, vgl. Scholz/K. Schmidt, § 71 RdNr. 48. 228

Die Regelungen zur **Ausschüttung** nach Abschluss des Liquidationsverfahrens sind unterschiedlich (KG: § 155 HGB; GmbH: §§ 72 f. GmbHG). § 73 GmbHG als im Verhältnis zu § 155 HGB schärfere Bestimmung verbietet jegliche Rückzahlung vor Tilgung oder Sicherung der Gesellschaftsschulden; selbst wenn Tilgung oder Sicherung erfolgt sind, besteht eine einjährige Auszahlungssperre. Im Schrifttum wird gefordert, diese Regelung auf die **GmbH & Co. KG entspr. anzuwenden**. Die Vorschrift beinhalte eine Verschärfung des Ausschüttungsverbotes iSd. § 30 GmbHG für das Liquidationsverfahren. Dieses Ausschüttungsverbot gelte auch für Zahlungen aus dem Vermögen der 229

---

[439] Vgl. dazu BGH, Urt. v. 24. 9. 1982 – V ZR 188/79, WM 1982, 1170; OLG Frankfurt Beschl. v. 19. 10. 1987 – 14 W 118/87, NJW-RR 1988, 807, 808.
[440] So aber Scholz/K. Schmidt § 66 RdNr. 54.
[441] Scholz/K. Schmidt § 66 RdNr. 54.
[442] Vgl. Rowedder/Schmidt-Leithoff/Rasner § 66 RdNr. 33.
[443] Scholz/K. Schmidt § 67 RdNr. 18.
[444] Scholz/K. Schmidt § 68 RdNr. 17.
[445] Scholz/K. Schmidt § 71 RdNr. 37.

KG. Damit werde nicht nur ein reflexiver Schutz des GmbH-Vermögens vorgenommen, sondern die Kapitalsicherung werde analog auf die GmbH & Co. KG angewandt.[446]

230 Dem ist **zuzustimmen.** Unabhängig davon, ob man in der Ausdehnung der Kapitalerhaltung des GmbH-Rechts (§ 30 GmbHG) auf Nur-Kommanditisten eine bestimmte Ausgestaltung des Reflexivschutzes zugunsten des GmbH-Vermögens oder eine analoge Anwendung dieses Gedankens auf die GmbH & Co. KG sieht, ist es konsequent, die Regelung des § 73 GmbHG auf die GmbH & Co. KG zu übertragen. Beide Vorschriften dienen – wenn auch mit unterschiedlicher Strenge – dem Gläubigerschutz. Da die GmbH über § 128 HGB für die Forderungen der Gläubiger der KG haftet, muss im Falle des § 30 GmbHG gewährleistet sein, dass das Vermögen der GmbH durch Ausschüttungen aus dem Vermögen der GmbH an die Kommanditisten nicht unter die Kapitalziffer sinkt. Bei Anwendung des § 73 GmbHG müsste demnach sichergestellt werden, dass die Vermögensmasse, die zur Befriedigung der KG-Gläubiger nicht benötigt wird, sondern die vorläufig an die Gesellschafter der KG verteilt werden kann (§ 155 Abs. 2 Satz 1 HGB) und die sich im Vermögen der KG widerspiegelt, bei der KG verbleibt.

231 Das **Sperrjahr** dient dem Schutz unbekannter Gläubiger, die sich erfahrungsgemäß in dieser Zeit mit ihrer Forderung an die Gesellschaft wenden werden.[447] Dabei unterstellt das GmbH-Gesetz, dass diese Gesellschafter ihre Forderung möglicherweise nicht mehr realisieren können, wenn das Liquidationsverfahren vor Ablauf dieser Frist abgeschlossen und das überschüssige Vermögen unter die Gesellschafter verteilt wird. Diese Gefahr sieht das Gesetz im Falle der KG mit Rücksicht auf die unbeschränkte Haftung des Komplementärs offensichtlich nicht. Vielmehr geht es hier davon aus, dass auch die nach Ausschüttung geltendgemachte Forderung in aller Regel noch realisiert werden kann. Ist aber nicht eine natürliche Person, sondern eine GmbH persönlich haftende Gesellschafterin, trifft auf die Gefahrenlage bei Liquidation der GmbH & Co. KG die dem GmbH-Recht zugrundeliegende Wertung zu. Das spricht für eine Anwendung des in § 73 GmbHG normierten Rechtsgedankens auf die GmbH & Co. KG.

232 **3. Insolvenz der GmbH & Co. KG. a) Allgemeine Fragen.** Die Insolvenz der beiden Gesellschaften ist in **zwei getrennten Verfahren** abzuwickeln. Die Regelungen sind jedoch einander angeglichen. Maßgebend sind folgende Vorschriften: **GmbH:** §§ 11 Abs. 1, 3; 15 Abs. 1, 2; 17; 18; 19 Abs. 1, 2; 217 ff.; 227 Abs. 1 InsO; § 64 GmbHG; **GmbH & Co. KG:** §§ 11 Abs. 2 Nr. 1, Abs. 3; 15 Abs. 3; 17; 18; 19 Abs. 3; 217 ff.; 227 InsO; §§ 161 Abs. 2; 130 a; 131 Abs. 1 Nr. 3; 177 a HGB. In der **Praxis** führt die Insolvenz der KG mit Rücksicht auf die unbeschränkte Haftung der Komplementärin nach § 128 HGB auch zur Insolvenz der GmbH, soweit bei dieser die Eröffnung des Insolvenzverfahrens nicht mangels Masse abgelehnt wird (§ 26 Abs. 1 InsO). Soweit beide Verfahren, wie es sich für die Praxis empfiehlt, einem **Insolvenzverwalter** übertragen werden, ist eine einheitliche Abwicklung gewährleistet.[448]

233 Die Insolvenz der GmbH führt zu ihrem Ausscheiden aus der KG, soweit in deren Gesellschaftsvertrag nichts Abweichendes geregelt ist (§ 131 Abs. 3 Nr. 2 HGB). Existiert kein weiterer persönlicher Gesellschafter, ist die GmbH damit aufgelöst.[449] Die Auflösung führt zugleich zur liquidationslosen Vollbeendigung der KG unter Gesamtrechtsnahfolge ihres einzigen Kommanditisten. Im Prozess führt dieser Vorgang zur Anwendung der §§ 239, 246 ZPO.[450]

234 Beide Gesellschaften sind **insolvenzfähig** (§ 11 Abs. 1, 2 Nr. 1 InsO). Die frühere Streitfrage, unter welchen Voraussetzungen die KG bereits vor Eintragung konkursfähig ist,[451] ist seit Inkrafttreten der InsO obsolet, weil das Gesetz auch die Insolvenzfähigkeit der GbR anerkennt.

235 Die Auflösung beider Gesellschaften hindert die **Eröffnung des Insolvenzverfahrens** nicht, solange das Vermögen nicht verteilt ist (§ 11 Abs. 3 InsO). Werden die Anteile an einer KG auf eine GmbH übertragen, erlischt die KG. Die Eröffnung eines Insolvenzverfahrens über ihr Vermögen ist nicht mehr möglich.[452] Die Insolvenz des auf die GmbH übergegangenen Unternehmens kann nur zu einer Insolvenz dieser Gesellschaft führen.[453]

---

[446] Scholz/K. *Schmidt* § 73 RdNr. 39; Schlegelberger/K. *Schmidt* § 155 RdNr. 49; K. *Schmidt* GmbHR 1989, 141 ff.; *ders.* GesR § 56 V 1 b.
[447] Hachenburg/*Hohner* § 73 RdNr. 4.
[448] Scholz/K. *Schmidt* § 63 RdNr. 88; Hachenburg/*Ulmer* § 63 RdNr. 128; *Uhlenbruck* S. 217 f.
[449] BGH Urt. v. 12. 11. 1952 – II ZR 260/51, BGHZ 8, 35, 37; BGH Urt. v. 16. 2. 1978 – II ZR 53/76, WM 1978, 675, 676; BGH Urt. v. 15. 3. 2004 – II ZR 247/01, ZIP 2004, 1047, 1048.
[450] BGH, Urt. v. 15. 3. 2004 – II ZR 247/01, ZIP 2004, 1047, 1048 mwN.
[451] Vgl. dazu Scholz/K. *Schmidt* § 63 RdNr. 89; Hachenburg/*Ulmer* § 63 RdNr. 132.
[452] BGH Urt. v. 10. 5. 1978 – VIII ZR 32/77, BGHZ 71, 296, 299 = NJW 1978, 1525 f.
[453] Scholz/K. *Schmidt* § 63 RdNr. 90; Hachenburg/*Ulmer* § 63 RdNr. 133.

Die Insolvenz der Gesellschaften tritt bei **Zahlungsunfähigkeit und Überschuldung** ein. Überschuldung liegt vor, wenn das Vermögen die Verbindlichkeiten nicht mehr deckt. Bei der Bewertung des Vermögens ist jedoch die Fortführung des Unternehmens zugrundezulegen, wenn ein solche nach den Umständen überwiegend wahrscheinlich ist (**alternativer Überschuldungsbegriff,** § 19 Abs. 2 InsO). Der von Lehre[454] und Rspr.[455] entwickelte zweistufige Überschuldungsbegriff ist seit Inkrafttreten der InsO überholt. 236

b) Insolvenz der Komplementär-GmbH. Ob und ggf. wie schnell eine Überschuldung der KG auf die GmbH durchschlägt, hängt mit Rücksicht auf ihre nach §§ 161 Abs. 2, 128 HGB bestehende unbeschränkte Haftung von der vermögensmäßigen Ausstattung der Komplementär-GmbH ab. Diese ist idR auf das nach dem Gesetz vorgeschriebene Mindeststammkapital (§ 5 Abs. 1 GmbHG) beschränkt und damit gering bemessen. Tritt unter diesen Umständen bei der KG eine Überschuldung ein, führt das auch zu einer Überschuldung der GmbH. In diesem Falle hat die GmbH die Verbindlichkeiten der KG gegenüber den Gläubigern auch in ihrer Überschuldungsbilanz zu passivieren, ohne dass sie den Aufwendungsersatzanspruch gegen die KG (§ 110 HGB) aktivieren könnte; denn der ist wertlos.[456] 237

Eine solche Sachlage löst die **Insolvenzantragspflicht** nach § 64 Abs. 1 GmbHG aus. Ist die KG hingegen gesund, ist der Aufwendungsersatzanspruch der GmbH werthaltig; er gleicht ihr Haftungsrisiko aus. Zudem kommt es bei dieser Sachlage erst gar nicht zur Inanspruchnahme der persönlich haftenden Gesellschafterin.[457] Da im Übrigen für sie als Komplementärin keine Besonderheiten gelten, kann wegen weiterer Einzelheiten auf die einschlägigen Kommentierungen verwiesen werden. 238

c) Insolvenz der GmbH & Co. KG. In der im Insolvenzfalle aufzustellenden **Überschuldungsbilanz** dürfen Haftungsansprüche der Gläubiger der KG gegen die Komplementärin (§ 128 HGB) und die Kommanditisten (§§ 171 Abs. 1, 172 Abs. 4 trotz § 171 Abs. 2 HGB; § 176 HGB) nicht aktiviert werden.[458] Als Aktiva sind hingegen zu verbuchen werthaltige Einlageansprüche gegen die GmbH, ausstehende Pflichteinlagen der Kommanditisten, Rückerstattungsforderungen aus Zahlungen, die unter Verstoß gegen § 30 Abs. 1 GmbHG vorgenommen worden sind, Erstattungsansprüche aus Rückzahlung eigenkapitalersetzender Gesellschafterdarlehen,[459] soweit sie nicht erst nach Konkurseröffnung durch Ausübung des Anfechtungsrechtes des Insolvenzverwalters entstanden sind (§§ 135, 143 InsO, § 172a HGB)[460] oder die selbstschuldnerische Bürgschaftsübernahme durch einen Kommanditisten, der auf seine Rückgriffsforderung verzichtet, zumindest aber den Rücktritt im Range hinter den der Gesellschaftsgläubiger erklärt hat.[461] 239

Zu **passivieren** sind Eigenkapital ersetzende Gesellschafterdarlehn[462] und Gesellschafterforderungen aus Drittgeschäften, jedoch nicht der Aufwendungsersatzanspruch der Komplementärin wegen bevorstehender Inanspruchnahme durch Gläubiger der KG, wenn diese die Ansprüche in der Bilanz berücksichtigt hat.[463] Der Darlehensteil der **gesplitteten Einlage,** die atypische stille Beteiligung, mit der im Innenverhältnis die Rechte und Pflichten eines Kommanditisten verbunden sind, und mit Rangrücktritt versehene Kommanditistendarlehen sind nicht zu passivieren.[464] 240

Die **Geschäftsführer** der Komplementär-GmbH trifft die **Pflicht,** bei Zahlungsunfähigkeit oder Überschuldung der GmbH & Co. KG ohne schuldhaftes Zögern, spätestens 3 Wochen nach Eintritt der Insolvenz, den Antrag auf Eröffnung des Insolvenzverfahrens zu stellen (§§ 161 Abs. 2, 130a HGB). Zahlungen für die Gesellschaft dürfen von diesem Zeitpunkt an nicht mehr geleistet werden (§ 130a Abs. 2 HGB). Wegen der Einzelheiten wird auf die Kommentierung dieser § 64 GmbHG entsprechenden Vorschrift verwiesen. 241

---

[454] Scholz/*K. Schmidt* § 63 RdNr. 10 ff. mwN.
[455] BGH Urt. v. 13. 7. 1992 – II ZR 269/91, BGHZ 119, 201, 203 f. = NJW 1992, 2891 f.
[456] Vgl. BGH Urt. v. 22. 10. 1990 – II ZR 237/89, BB 1991, 246.
[457] Hachenburg/*Ulmer* § 63 RdNr. 131.
[458] Hachenburg/*Ulmer* § 63 RdNr. 135; Scholz/*K. Schmidt* § 63 RdNr. 94 f.; Rowedder/*Schmidt-Leithoff* § 63 RdNr. 153; *Uhlenbruck* InsO § 19 RdNr. 41; *ders.* S. 294.
[459] OLG München, Beschl. v. 8. 7. 1994 – 3 Ws 87/94, NJW 1994, 3112, 3113.
[460] Hachenburg/*Ulmer* § 63 RdNr. 135.
[461] BGH Urt. v. 9. 2. 1987 – II ZR 104/86, NJW 1987, 1697, 1698.
[462] Für die GmbH BGH Urt. v. 8. 1. 2001 – II ZR 88/99, BGHZ 146, 264, 269 ff.
[463] Hachenburg/*Ulmer* § 63 RdNr. 136.
[464] Scholz/*K. Schmidt* § 63 RdNr. 96; für das mit Rangrücktritt versehene (Eigenkapital ersetzende) Darlehn eines GmbH-Gesellschafters vgl. BGH Urt. v. 8. 1. 2001 – II ZR 88/99, BGHZ 146, 264, 271; zur Klarstellung des Begriffes „Rangrücktritt" vgl. *Röhricht* in Gesellschaftsrechtliche Vereinigung (Hrsg.), Gesellschaftsrecht in der Diskussion, 2001 Bd. 5, S. 3, 19.

242 § 130 a Abs. 3 HGB verpflichtet die Geschäftsführer bei Pflichtverletzung zum Schadenersatz. Diese Vorschrift entspricht im Wesentlichen der Regelung des § 43 GmbHG. Auch hier wird auf die einschlägige Kommentierung verwiesen.

242 a **Simultaninsolvenz.** Die Eröffnung des Insolvenzverfahrens über das Vermögen sowohl der Komplementär-GmbH als auch der KG führt nicht zur Vollbeendigung der GmbH & Co. KG. Vor Abschluss ihrer Liquidation kommt daher die Eintragung des Erlöschens ihrer Firma nicht in Betracht.[465] Ein liquidationsloses Erlöschen wäre zwar dann ins Auge zu fassen, wenn nach Ausscheiden der Komplementär-GmbH infolge ihrer Insolvenz (§ 131 Abs. 3 S. 1 Nr. 2 HGB) nur der Kommanditist in der KG verbleibt.[466] Scheidet jedoch der einzige Kommanditist (Kommanditisten-Gesellschaft) ebenfalls infolge Insolvenz aus der GmbH & Co. KG aus, ist kein Gesellschafter mehr da, auf den Aktiva und Passiva im Wege der Gesamtrechtsnachfolge übergehen könnten. Das hat zur Folge, dass das Insolvenzverfahren durchgeführt und das Gesellschaftsvermögen durch den Insolvenzverwalter zugunsten der Gesellschaftsgläubiger verwertet werden muss. Zu der zu verwertenden Masse (§ 35 InsO) gehört auch die Firma der GmbH & Co. KG, die vielfach der einzig werthaltige Vermögensposten der Gesellschaft ist.[467]

243 Die **Organstellung der Geschäftsführer** wird bei der Eröffnung des Insolvenzverfahrens beider Gesellschaften ebenso wenig berührt wie ihr **Anstellungsvertrag.** Allerdings werden ihre Kompetenzen in dem durch § 80 InsO gesteckten Rahmen eingeschränkt.[468] Ihr Anstellungsvertrag bleibt unberührt, kann aber durch den Insolvenzverwalter nach § 113 Abs. 1 InsO gekündigt werden.[469]

244 Die Gläubiger der KG können in der Insolvenz der GmbH nur den Ausfall geltend machen, den sie im Insolvenzverfahren der KG erlitten haben. Dennoch wird ihnen empfohlen, ihre Forderungen in beiden Verfahren anzumelden.[470]

245 **Masseschulden** der KG sind auch als Masseschulden der Komplementär-GmbH anzusehen; **Vorrechte** in der Insolvenz der KG sind auch in der Insolvenz der GmbH wirksam.[471]

246 Schon vor dem Inkrafttreten des HRefG[472] wurde dem Konkursverwalter das Recht zuerkannt, die Firma der GmbH & Co. KG zu verwerten.[473] Dazu hat sich unter dem neuen – liberaler gestalteten – Firmenrecht nichts geändert.

247 Kommt ein **Insolvenzplan** für die KG zustande (§§ 217 ff., 244 f. InsO), wird sie nach dessen Durchführung von Restverbindlichkeiten befreit (§ 227 Abs. 1 InsO). Das ist für die GmbH von großer Bedeutung, weil auch sie in entsprechendem Umfang von ihrer persönlichen Haftung freigestellt wird (§ 227 Abs. 2 InsO). Ob den Kommanditisten diese Vergünstigung zukommt, ist umstritten.[474] Die InsO hat es trotz des schon lange schwelenden Streites zu dieser Frage bei der Regelung des § 109 Abs. 3 VerglO bzw. § 211 Abs. 2 KO belassen. Diese Beschränkung lässt für eine Ausweitung der Regelung auf den Kommanditisten keinen Raum.

248 Nach Abschluss des Insolvenzverfahrens ist die **Fortsetzung der GmbH & Co. KG** unter den Voraussetzungen des § 144 HGB bzw. § 60 Abs. 1 Nr. 4 GmbHG möglich. Soweit die alte Komplementärin ihre Tätigkeit nicht fortsetzt, haben die Kommanditisten die Möglichkeit, das Unternehmen unter Aufnahme einer anderen GmbH fortzusetzen.[475]

249 Bei einer **doppelstöckigen** (mehrstufigen) **GmbH & Co. KG** sind die Geschäftsführer der obersten Gesellschaft antragspflichtig.[476]

---

[465] OLG Hamm Beschl. v. 3. 7. 2003 – 15 W 375/02, GmbHR 2003, 1361.
[466] BGH Urt. v. 15. 3. 2004 – II ZR 247/01, ZIP 2004, 1047.
[467] OLG Hamm Beschl. v. 3. 7. 2003 – 15 W 375/02, GmbHR 2003, 1361, 1362; gegen die Anwendung des § 131 Abs. 3 Nr. 2 HGB im Falle der Simultaninsolvenz von Komplementärin und KG *K. Schmidt* GmbHR 2003, 1404, 1406.
[468] BGH Urt. v. 28. 3. 1996 – IX ZR 77/95, NJW 1996, 2035, 2036; BGH, Beschl. v. 4. 7. 2005 – II ZR 396/03, veröffentlicht unter www.bundesgerichtshof.de; KG, Beschl. v. 4. 8. 2005 – 1 W 397/03; Hachenburg/*Ulmer* § 63 RdNr. 74.
[469] Hachenburg/*Ulmer* § 63 RdNr. 102.
[470] Scholz/*K. Schmidt* § 63 RdNr. 102.
[471] BGH Urt. v. 16. 2. 1961 – III ZR 71/60, BGHZ 34, 293, 296 = NJW 1961, 1022, 1023; BAG Urt. v. 28. 6. 1981 – 5 AZR 398/79, NJW 1982, 2399, 2400; krit. dazu Kilger/*K. Schmidt* § 212 Anm. 3; Kuhn/*Uhlenbruck* § 212 RdNr. 5, 5 a, 6; *Uhlenbruck* S. 607 ff.
[472] Gesetz zur Neuregelung des Kaufmanns- und Firmenrechts und zur Änderung anderer handels- und gesellschaftsrechtlicher Vorschriften vom 22. 6. 1998, BGBl. I S. 1474.
[473] BGH Urt. v. 14. 12. 1989 – I ZR 17/88, BGHZ 109, 364, 368 = NJW 1990, 1605 f.; Hachenburg/*Ulmer* § 63 RdNr. 142 f. mwN.
[474] Vgl. Scholz/*K. Schmidt* § 63 RdNr. 104 zur Darstellung des Streitstandes und der Nachweise in Fn. 425 f.; *K. Schmidt* GesR § 54 V 4 b.
[475] Hachenburg/*Ulmer* § 63 RdNr. 146; Scholz/*K. Schmidt* § 63 RdNr. 105.
[476] Kilger/*K. Schmidt* § 210 Anm. 1; Scholz/*K. Schmidt* § 64 RdNr. 68.

VIII. BetrAVG und GmbH & Co. KG

1. Zweck des BetrAVG. Das BetrAVG[477] bezweckt den Schutz wirtschaftlich abhängiger Arbeitnehmer, die im Alter oder bei Invalidität auf die betriebliche Versorgung angewiesen sind. Nach § 17 Abs. 1 Satz 2 BetrAVG fallen unter den Anwendungsbereich dieses Gesetzes auch solche Personen, die zwar keine Arbeitnehmer sind, denen aber u. a. Leistungen der Altersversorgung aus Anlass ihrer Tätigkeit für ein Fremdunternehmen zugesagt worden sind. Nach dem sozialen Charakter des BetrAVG als Arbeitnehmerschutzgesetz werden Unternehmer von dem Normzweck des § 17 Abs. 1 Satz 2 BetrAVG nicht erfasst.[478] Versorgungsberechtigte persönlich haftende Gesellschafter einer Personengesellschaft mit Geschäftsführungs- und Vertretungsbefugnis bzw. geschäftsführende Allein- oder Mehrheitsgesellschafter einer Kapitalgesellschaft, denen wirtschaftlich betrachtet das Unternehmen gehört, sind ihnen gleichzustellen.[479]

2. BetrAVG in der GmbH & Co. KG. Wird das Unternehmen in Form einer GmbH & Co. KG geführt, so ist auch hier für die Beurteilung einer **unternehmerähnlichen** Stellung des Gesellschafters iSd. § 17 Abs. 1 Satz 2 BetrAVG die Kombination zwischen gesellschaftsrechtlicher Beteiligung und – durch Geschäftsführertätigkeit vermittelte – Leitungsmacht des Gesellschafters entscheidend. Nach dieser wirtschaftlichen Betrachtungsweise werden, soweit Tätigkeit und Unternehmensgegenstand der Komplementär-GmbH auf die Geschäftsführung der KG beschränkt ist, beide Gesellschaften als eine **wirtschaftliche Einheit** betrachtet und die vermittelnde Beteiligung an der Komplementär-GmbH sowie die unmittelbare Beteiligung an der Personengesellschaft zusammengerechnet.[480]

Ein **Minderheitsgesellschafter,** dessen Beteiligungen an der KG und deren Komplementär-GmbH insgesamt nicht mehr als 20% betragen, genießt den Schutz des BetrAVG.[481] Eine bestimmte Beteiligungsquote, oberhalb derer auch einem geschäftsführenden Minderheitsgesellschafter die Vergünstigungen des BetrAVG versagt bleiben, ist gesetzlich nicht festgelegt. Es wäre ein willkürliches Vorgehen, wenn die Rspr. ohne hinreichende Anknüpfungspunkte im Gesetz eine solche Höhe bestimmen würde.[482]

Als **Unternehmer** iSd. § 17 Abs. 1 Satz 2 BetrAVG gilt auch ein geschäftsführender Minderheitsgesellschafter, dessen unmittelbare und/oder über die Komplementär-GmbH vermittelte Beteiligung an der KG nicht gänzlich unbedeutend ist und der zusammen mit einem oder mehreren anderen an der Personengesellschaft beteiligten Geschäftsführern **über die Mehrheit** der Kapitalanteile oder Stimmen **verfügt.**[483]

Ein hälftig an einer KG beteiligter **Kommanditist,** der – frei widerruflich durch den persönlich haftenden Gesellschafter – eine Gesamtprokura innehat, ist als Berechtigter iSd. § 17 Abs. 1 Satz 2 BetrAVG anzusehen.[484] Die Gleichstellung eines Kommanditisten mit einem – versorgungsmäßig ungesicherten – Unternehmer kommt nur dann in Betracht, wenn dieser auf Grund einer mehrheitlichen Kapitalbeteiligung und entspr. Leitungsmacht im Innenverhältnis als eigenverantwortlicher Leiter des Unternehmens anzusehen ist. Das kann dann der Fall sein, wenn er im Innenverhältnis maßgebender Geschäftsführer mit Prokura ist.[485]

B. Die Publikumskommanditgesellschaft

Schrifttum zur PublikumsKG: *Altmeppen,* Die Publikums-Fonds-Gesellschaft und das Rechtsberatungsgesetz, ZIP 2006, 1; *v. Armansperg,* Die Abschreibungsgesellschaft, 1983; *Brönner/Rux/Wagner,* Die GmbH & Co. KG in Recht und Praxis, 7. Aufl.; *Henze,* Handbuch zum GmbH-Recht, 2. Aufl. 1997; *ders.,* Aspekte des Verbraucherschutzes in der

---

[477] Gesetz zur Verbesserung der betrieblichen Altersversorgung vom 19. 12. 1974, BGBl. I S. 3610.
[478] BGH Urt. v. 9. 6. 1980 – II ZR 255/78, BGHZ 77, 233, 237 = NJW 1980, 2257 f.; BGH Urt. v. 2. 4. 1990 – II ZR 156/89, NJW-RR 1990, 800, 801.
[479] BGH Urt. v. 28. 4. 1980 – II ZR 254/78, BGHZ 77, 94, 102 = NJW 1980, 2254 f.; BGH Urt. v. 9. 6. 1980 – II ZR 255/78, BGHZ 77, 233, 236 f. = NJW 1980, 2257 f.; BGH Urt. v. 25. 9. 1989 – II ZR 259/88, BGHZ 108, 330, 333 = NJW 1990, 49 f.; BGH Urt. v. 2. 4. 1990 – II ZR 156/89, NJW-RR 1990, 800, 801.
[480] BGH Urt. v. 28. 4. 1980 – II ZR 254/78, BGHZ 77, 94, 105 = NJW 1980, 2254 f.; BGH Urt. v. 9. 6. 1980 – II ZR 255/78, BGHZ 77, 233, 239 = NJW 1980, 2257 f.; BGH Urt. v. 25. 9. 1989 – II ZR 259/88, BGHZ 108, 330, 333 = NJW 1990, 49 f.; OLG Köln Urt. v. 14. 5. 1987 – 14 U 24/86, BB 1987, 1393, 1394.
[481] BGH Urt. v. 25. 9. 1989 – II ZR 259/88, BGHZ 108, 330 f. = NJW 1990, 49 f.; die in dieser Entscheidung (aaO 341) aus der Geschäftsführertätigkeit des Kommanditisten für die Komplementär-GmbH gezogenen Schlussfolgerungen sind durch § 160 Abs. 3 Satz 2 HGB idF NachhBG vom 18. 3. 1994 überholt.
[482] BGH Urt. v. 28. 4. 1980 – II ZR 254/78, BGHZ 77, 94, 103 = NJW 1980, 2254 f.
[483] BGH Urt. v. 9. 6. 1980 – II ZR 255/78, BGHZ 77, 233, 240 f. = NJW 1980, 2257 f.; OLG Köln Urt. v. 14. 5. 1987 – 14 U 24/86, BB 1987, 1393, 1394.
[484] BGH Urt. v. 1. 2. 1999 – II ZR 276/97, NJW 1999, 1263, 1264.
[485] BGH Urt. v. 28. 4. 1980 – II ZR 254/78, BGHZ 77, 94, 104 = NJW 1980, 2254 f.

§ 177 a Anh. B 1   2. Buch. 2. Abschnitt. Kommanditgesellschaft

neuesten Rechtsprechung des Bundesgerichtshofes, FS Röhricht, 2005, S. 201; *Hoffmann*, Die EuGH-Entscheidungen „Schulte" und „Crailsheimer Volksbank": Ein Meilenstein für den Verbraucherschutz beim kreditfinanzierten Immobilienerwerb?, ZIP 2005, 1985; *Hüffer*, Die Publikumspersonengesellschaft und das Problem des Anlegerschutzes, JuS 1979, 457; *Immenga*, Die Minderheitsrechte des Kommanditisten, ZGR 3 (1974), 385; *Jakob*, Das Verlustausgleichspotential eines Kommanditisten gemäß § 15 a Abs. 1 EStG, BB 1988, 1429–1440; *Kellermann*, Zur Anwendung körperschaftlicher Grundsätze und Vorschriften auf die Publikums-Kommanditgesellschaft, FS Stimpel, 1985, S. 295; *Klumpe/Nastold*, Immobilienfonds, 2. Aufl. 1997; *Knobbe-Keuk*, Zur Aufgabe der Gepräjerechtsprechung, BB 1985, 473; *Krieger, A.* Empfiehlt sich eine gesetzliche Regelung der Publikums-KG?, FS Stimpel, 1985, S. 307; *Nirk*, Der Emissionsprospekt einer sog. Publikums-(Abschreibungs-)Kommanditgesellschaft als Anspruchsgrundlage für geschädigte Kapitalzeichner, FS Hefermehl, 1976, S. 189; *Schmidt, Karsten*, Die obligatorische Gruppenvertretung im Recht der Personengesellschaften und der GmbH, ZHR 146 (1982), 525; *Schneider, U. H.*, Sonderrecht für Publikumspersonengesellschaften, ZHR 142 (1978), 228; *Schulze-Osterloh*, Die Regelung des Anstellungsverhältnisses der Mitglieder des Beirats einer Personengesellschaft, ZIP 2006, 49; *Stimpel*, Anlegerschutz durch Gesellschaftsrecht in der Publikums-Kommanditgesellschaft, FS Robert Fischer, 1979, S. 771; *Westermann*, Vertragsfreiheit und Typengesetzlichkeit im Recht der Personengesellschaften, 1970; *Wittmann*, Zivilrechtliche Prospekthaftung beim Vertrieb von steuerbegünstigten Kapitalanlagen, DB 1980, 1579.

Übersicht

	RdNr.		RdNr.
I. Grundlagen	1–16	4. Der Schaden des Kapitalanlegers	66–70
1. Gesellschaftstypische Merkmale und Entwicklung	1–6	a) Umfang	66, 67
		b) Anrechnung von Vorteilen	68, 69
2. Rechtliche Erscheinungsformen der Publikums-KG	7–9	c) Mitverschulden	70
		5. Verjährung	71–73
a) Gesellschaftsarten	7	a) Prospekthaftung	71
b) Grundform; unechte Treuhand	8	b) Haftung aus Auskunftsvertrag und c. i. c.	72
c) Echte Treuhand	9	c) Berufsrechtliche Verjährungsvorschriften	73
3. Der Beitritt zur Publikums-KG	10–16	6. Gerichtsstand	74
a) Ermächtigung der Komplementärin	11	IV. Das Innenverhältnis der Publikums-KG	75–113
b) Ermächtigung der KG	12	1. Geschäftsführung	75–78
c) Anwendung der Grundsätze zur fehlerhaften Gesellschaft	13	2. Die Gesellschafterversammlung	79–86
d) Beitritt unter aufschiebender Bedingung	14	a) Zulässigkeit von Mehrheitsbeschlüssen	79
e) Form des Beitritts	15	b) Einberufungs-, Teilnahme- und Stimmrecht	80–82
f) Vertragsschluss durch schlüssiges Verhalten	16	c) Vertreterregelung	83–86
II. Sonderrecht der Publikums-KG	17–40	3. Aufsichtsorgane der Publikums-KG	87–93
1. Form, Auslegung und Inhaltskontrolle von Gesellschaftsverträgen	18–32	a) Aufgaben des Aufsichtsorgans	88
a) Form des Gesellschaftsvertrages	18, 19	b) Haftung der Mitglieder des Aufsichtsorgans	89–92
b) Vertragsauslegung	20–23	c) Repräsentationsaufgaben	93
c) Gerichtliche Inhaltskontrolle	24–32	4. Der Treuhandkommanditist	94–103
2. Zulässigkeit von Mehrheitsbeschlüssen	33–40	a) Rechtsstellung des Treuhandkommanditisten	94, 95
III. Der Kapitalanlegerschutz	41–74	b) Stellung und Schutz des Treugebers	96–103
1. Tatsächliche und rechtliche Ausgangslage	41–43	5. Kapitalsicherung	104–113
a) Haftungsgrundlagen. Weitgespannte Aufklärungs- und Beratungspflichten	41	a) Rechtsgrundlagen der Kapitalsicherung	104
		b) Gesplittete Einlage	105–110
b) Inhalt und Umfang der Aufklärungspflicht – offenbarungspflichtige Tatsachen	42, 43	c) Atypische stille Gesellschafterbeteiligung	111
		d) Abtretung zur Einziehung	112
2. Prospekthaftung	44–60 a	e) Sonderprüfung der Publikums-KG	113
a) Rechtsgrundlage, Inhalt und Rechtsfolgen der Haftung	44–48	V. Ausscheiden des Anlagekommanditisten, Auflösung und Liquidation der Publikumsgesellschaft	114–122
b) Prospekthaftung im engeren Sinne – Kreis der Prospekthaftpflichtigen	49–55	1. Austritt des Anlagekommanditisten	114–116
c) Prospekthaftung im weiteren Sinne – Kreis der Prospekthaftpflichtigen	56–60 a	2. Die Auflösung der Publikums-KG	117–120
3. Sonstige Haftungstatbestände bei Verletzung vorvertraglicher Informations- und Aufklärungspflichten	61–65	3. Die Liquidation der Publikums-KG	121, 122
a) Haftung aus Auskunftsvertrag und c. i. c.	61–64	VI. Das Außenverhältnis der Publikums-KG	123
b) Haftung aus unerlaubter Handlung	65		

I. Grundlagen

1 **1. Gesellschaftstypische Merkmale und Entwicklung.** Ein besonderer Fall der nicht personen- und beteiligungsgleichen GmbH & Co. KG ist die Publikums-KG, auch Massen-KG, Massenanlagegesellschaft, Abschreibungs- bzw. Verlustzuweisungsgesellschaft genannt. Sie ist eine auf *Kapitalansammlung* angelegte Personenhandelsgesellschaft, die eine unbegrenzte Vielzahl von Kapitalgebern als rein kapitalistisch beteiligten Anlagegesellschaftern – unmittelbar als Kommanditisten oder mittelbar über einen die Gesellschaftsanteile haltenden Treuhandgesellschafter, sog. echte Treuhand – aufnimmt.

Die **Anlagegesellschafter** werden durch Prospekte oder Anzeigen geworben. Sie unterzeichnen einen von den Initiatoren vorformulierten Gesellschaftsvertrag, auf dessen Inhalt sie zur Wahrung eigener Interessen keinen Einfluss nehmen können. Sie stehen weder untereinander noch zur Gesellschaft oder deren Gründungsgesellschaftern in persönlichen Beziehungen; an Auswahl und Beitritt weiterer Gesellschafter sind sie nicht beteiligt. Verbindendes Element ist für sie lediglich ihr Kapitalanlageinteresse.

Die Publikums-KG hat sich von dem **Leitbild** der §§ 161 ff. HGB weit entfernt; ihre **Organisation** ist an korporationsrechtlichen Grundsätzen ausgerichtet. Die Rechte der Kommanditisten werden stark eingeschränkt und oftmals auf wenige Kontroll- und Überwachungsrechte reduziert, die häufig nur über ein Vertretungsorgan (Beirat, Kommanditistenausschuss, sog. **unechte Treuhand**) wahrgenommen werden können.[1]

Die Gesellschaft wird von den **Gesellschaftern der Komplementär-GmbH**, die idR zu den Gründungsgesellschaftern gehören, beherrscht. Diesen bietet sie die Möglichkeit, durch Inanspruchnahme des Kapitalmarktes große Investitionsprojekte u. a. im Schiffs- und Flugzeugbau sowie auf dem Immobilienmarkt ohne nennenswerten Einsatz eigenen Kapitals durchzuführen.[2]

Hintergrund der Entwicklung dieses Gesellschaftstyps war es, die im Vergleich zum Aktienrecht **freieren Gestaltungsmöglichkeiten des Personengesellschaftsrechts** zu nutzen. So können zB Kapitalerhöhungen einfach durch Aufnahme neuer Gesellschafter bewirkt werden.

Ein weiterer Grund lag im **Steuerrecht:** Die Kapitalanleger wurden steuerlich Mitunternehmer der Gesellschaft (§ 15 Abs. 1 Satz 1 Nr. 2 EStG) und konnten durch deren Verlustzuweisungen über die so geschaffenen negativen Kapitalanteile ihre Einkommensteuerbelastung mindern.[3] Die Inanspruchnahme derartiger Steuervorteile ist durch Einführung des § 15 a EStG im Jahre 1980 (BGBl. I S. 1545), die Entscheidung des großen Senats des BFH vom 25. 6. 1984 und die Einführung des § 2 b EStG im Jahre 1999 erheblich beschnitten worden.[4] Die Zahl der Neugründungen ist seitdem spürbar zurückgegangen.[5]

2. Rechtliche Erscheinungsformen der Publikums-KG. a) Gesellschaftsarten. Die **GmbH & Co. KG** ist auf Grund der steuerrechtlichen Vorzüge der Personengesellschaft für die Anleger, der organisatorischen und haftungsrechtlichen Vorteile der Kapitalgesellschaft für die Initiatoren und Leiter sowie der Publizitätsvorzüge der Handelsgesellschaft die Gesellschaftsform, die am häufigsten verwendet wird.[6] Desweiteren sind in der Praxis Gesellschaften mit **natürlichen Personen als Komplementären** sowie häufig auch die **Publikums-BGB-Gesellschaft**[7] oder die **stille Gesellschaft**[8] anzutref-

---

[1] Vgl. BGH Urt. v. 14. 4. 1975 – II ZR 147/73, BGHZ 64, 238, 241 = NJW 1975, 1318, 1319; BGH Urt. v. 3. 5. 1982 – II ZR 78/81, BGHZ 84, 11, 13 f. = NJW 1982, 2303, 2304; BGH Urt. v. 9. 11. 1987 – II ZR 100/87, BGHZ 102, 172, 174 = NJW 1988, 969 f.; BGH Urt. v. 21. 3. 1988 – II ZR 135/87, BGHZ 104, 50 f. = NJW 1988, 1903 f.; BGH Urt. v. 19. 12. 1974 – II ZR 27/73, NJW 1975, 1022 f.

[2] Brönner/Rux/Wagner RdNr. 28.

[3] Hüffer JuS 1979, 457; Schlegelberger/Martens § 161 RdNr. 94 f., 133 f.; v. Armansperg, Die Abschreibungsgesellschaft, 1983; Klumpe/Nastold, Immobilienfonds, 1983; Hopt, Gutachten zum 51. DJT S. 28 ff.; vgl. dazu auch BGH Urt. v. 10. 10. 1994 – II ZR 95/93, NJW 1995, 130 f.

[4] BFH Urt. v. 25. 6. 1984 – GrS 4/82, BFHE 141, 405 f. = NJW 1984, 1481 f.; Jakob BB 1988, 1429; Knobbe-Keuk BB 1985, 473; Binz/Sorg § 16 RdNr. 277 ff.; die Reichweite der Anwendung des § 2 b EStG regelt § 52 Abs. 4 EStG.

[5] Baumbach/Hopt Anh. § 177 a RdNr. 55; Schlegelberger/Martens § 161 RdNr. 133.

[6] K. Schmidt GesR § 57 I 2 a.

[7] BGH Urt. v. 16. 11. 1981 – II ZR 213/80, NJW 1982, 877 f.; BGH Urt. v. 22. 3. 1982 – II ZR 74/81, NJW 1982, 2495, 2496; BGH Urt. v. 13. 3. 1989 – II ZR 193/88, NJW-RR 1989, 993 f.; BGH Urt. v. 16. 12. 2002 – II ZR 109/01, ZIP 2003, 169; BGH Urt. v. 14. 6. 2004 – II ZR 393/02, ZIP 2004, 1394; BGH Urt. v. 14. 6. 2004 – II ZR 395/01, ZIP 2004, 1402; BGH Urt. v. 14. 6. 2004 – II ZR 407/02, EWiR § 9 VerbrKrG 6/2004, 941; BGH Urt. v. 14. 6. 2004 – II ZR 392/01, EWiR § 9 VerbrKrG 7/2004, 1057; BGH Urt. v. 14. 6. 2004 – II ZR 374/02, ZIP 2004, 1407; BGH Urt. v. 23. 1. 2006 – II ZR 126/04, WM 2006, 774; BGH Urt. v. 23. 1. 2006 – II ZR 306/04, WM 2006, 577; BGH Urt. v. 25. 4. 2006 – XI ZR 29/05, WM 2006, 1008; BGH Urt. v. 25. 4. 2006 – XI ZR 106/05, WM 2006, 1066; BGH Urt. v. 25. 4. 2006 – XI ZR 193/04, WM 2006, 1003; BGH Urt. v. 25. 4. 2006 – XI ZR 219/04, WM 2006, 1060; OLG Köln Urt. v. 14. 8. 1989 – 7 U 205/88, NJW-RR 1989, 1339 f.; OLG Düsseldorf Urt. v. 7. 1. 1993 – 6 U 44/92, DStR 1993, 844; OLG Köln Urt. v. 31. 10. 1991 – 12 U 58/91, DStR 1992, 1771, 1772; OLG Köln Urt. v. 11. 12. 1991 – 2 U 187/89, DStR 1993, 405, 406; OLG Köln Urt. v. 12. 1. 1994 – 13 U 121/93, NJW-RR 1994, 491 f.; OLG Köln Urt. v. 16. 2. 1994 – 2 U 186/92, NJW-RR 1995, 547 f.; OLG Köln Urt. v. 14. 12. 1994 – 17 U 33/93, DStR 1996, 879.

[8] BGH Urt. v. 16. 2. 1994 – II ZR 191/92, BGHZ 125, 74, 77 = NJW 1994, 1156, 1157; BGH Urt. v. 10. 10. 1994 – II ZR 32/94, BGHZ 127, 176, 192 = NJW 1995, 192 f.; BGH Urt. v. 29. 6. 1987 – II ZR 173/86, WM 1987, 1193, 1194; BGH Urt. v. 5. 2. 1990 – II ZR 94/89, NJW 1990, 2684, 2685; BGH Urt. v. 14. 11. 1994 – II ZR 160/93, NJW 1995, 1353 f.; BGH Urt. v. 30. 3. 1998 – II ZR 20/97, NJW 1998, 1946 f.; BGH Urt. v. 19. 7. 2004 – II ZR 354/02, ZIP 2004, 1706; BGH Urt. v. 29. 11. 2004 – II ZR 6/03, ZIP 2005, 254; BGH Urt. v. 21. 3. 2005 – II ZR 124/03,

fen. Oft findet man auch eine **Mischform** zwischen stiller Gesellschaft und Publikums-KG. Die Kapitalanleger erbringen ihre Kapitalleistung als Kommanditeinlage und als stille Beteiligung bzw. als Gesellschafterdarlehen (sog. **gesplittete Einlage**).[9]

8 **b) Grundform; unechte Treuhand.** Bei der Grundform der Publikums-KG sind die Kapitalanleger direkt als Kommanditisten an der KG beteiligt.[10] Da sie bei der Größe der Zahl ihre Kontroll- und sonstigen Gesellschafterrechte einzeln nicht wirkungsvoll ausüben können, werden aus Praktikabilitätsgründen und im Interesse einer funktionierenden Gesamtorganisation ihre Rechte häufig auf ein **Aufsichtsgremium** oder ein Organ übertragen, das die Aufgabe hat, alle Kommanditisten zu vertreten (Kommanditisten-/Gesellschafterversammlung, Kommanditistenausschuss, Aufsichts-/Beirat, Treuhänder, der selbst nicht Gesellschafter sein muss: sog. **unechte Treuhand**).[11] Diese Gestaltungsform nutzen die Gesellschafter der Komplementär-GmbH (Initiatoren) dazu, die **Rechte der Kommanditisten** im Gesellschaftsvertrag möglichst weitgehend zu beschneiden und sich dadurch maßgeblichen Einfluss in diesen Organen zu sichern.

9 **c) Echte Treuhand.** In noch stärkerem Maße werden die Kapitalanleger aus der Publikumsgesellschaft bei der in der Praxis verbreiteten Organisationsform der **Treuhandgesellschaft** herausgehalten. Bei diesem Modell ist allein der Treuhänder (idR eine juristische Person, zB eine Bank) im Außenverhältnis Kommanditist; auf ihn werden alle Anlegerinteressen übertragen.[12] Er zieht die Beiträge der Kommanditisten ein und bringt sie im eigenen Namen als Einlage in die KG ein. Die Kapitalanleger sind nicht Gesellschafter, sondern als Treugeber mit dem Treuhänder durch Treuhandvereinbarungen in Form von Geschäftsbesorgungsverträgen (§ 675 BGB)[13] rechtlich verbunden. Sie sind über ihn mittelbar an der Gesellschaft beteiligt. Im Gesellschaftsvertrag kann in solchen Fällen vereinbart werden, dass der Treuhänder mit der Beitrittserklärung des Treugebers zugleich das Angebot der Komplementärin auf Erweiterung der Einlagesumme des Treuhänders in Höhe des vom Treugeber gezeichneten Betrages annimmt.[14] Bei dieser Gestaltungsform gehören die Treugeber zusammen mit dem Treuhandkommanditisten idR einer GbR in Form einer **Innengesellschaft** an.

10 **3. Der Beitritt zur Publikums-KG.** Der Beitritt zu einer Personengesellschaft wird grundsätzlich durch Abschluss eines Vertrages zwischen dem Beitretenden und den bisherigen Gesellschaftern vollzogen.[15] Dieses Verfahren ist bei einer Publikumsgesellschaft wegen der unbegrenzten Zahl der (Alt-)Gesellschafter praktisch nicht durchführbar. Deshalb finden sich im Gesellschaftsvertrag idR andere Aufnahmeverfahren.

11 **a) Ermächtigung der Komplementärin.** Im Gründungsvertrag der Publikums-KG kann die Komplementär-GmbH ermächtigt werden, in Vertretung der übrigen Gesellschafter Aufnahmeverträge mit neuen Kommanditisten im Rahmen der gesellschaftsvertraglichen Grenzen zu schließen.[16] In einem solchen Falle wird das erforderliche Einverständnis der übrigen Gesellschafter in zulässiger Weise im Voraus ausgesprochen. Eine derartige Ermächtigung kann auch dadurch erteilt werden, dass in dem Formular über die Beitrittserklärung darauf hingewiesen wird, die Erklärung bedürfe der

---

ZIP 2005, 766; BGH Urt. v. 21. 3. 2005 – II ZR 140/03, ZIP 2005, 753; BGH Urt. v. 21. 3. 2005 – II ZR 149/03, ZIP 2005, 763; BGH Urt. v. 21. 3. 2005 – II ZR 310/03, ZIP 2005, 759; BGH Urt. v. 26. 9. 2005 – II ZR 314/03, ZIP 2005, 2060; BGH Urt. v. 14. 11. 2004 – II ZR 234/04, WM 2004, 438; BGH Urt. v. 8. 5. 2004 – II ZR 123/05, WM 2006, 1154; OLG Düsseldorf Urt. v. 3. 9. 1992 – 6 U 247 und 283/91, GmbHR 1993, 508; OLG Düsseldorf Urt. v. 17. 2. 1994 – 6 U 44/93, NJW-RR 1995, 420 f.; zur mehrgliedrigen stillen Gesellschaft vgl. BGH Urt. v. 7. 2. 1994 – II ZR 191/92, NJW 1994, 1156, 1157.
[9] BGH Urt. v. 12. 5. 1977 – II ZR 89/75, BGHZ 69, 160, 161 = NJW 1977, 2160 f.; BGH Urt. v. 5. 11. 1979 – II ZR 145/78, NJW 1980, 1522 f.; zur Verrechnung von Darlehen und Einlageforderung vgl. BGH Urt. v. 17. 5. 1982 – II ZR 16/81, NJW 1982, 2253, 2254; zur stillen Beteiligung an einer Publikums-KG im Konkursverfahren vgl. BGH Urt. v. 24. 11. 1980 – VIII ZR 317/79, NJW 1981, 761, 762; *Binz/Sorg* § 5 RdNr. 71.
[10] BGH Urt. v. 9. 2. 1976 – II ZR 65/75, NJW 1976, 894 zu einer Gesellschaft mit mehr als 1000 Kommanditisten; BGH Urt. v. 17. 7. 2006 – II ZR 242/04, veröffentlicht unter www.bundesgerichtshof.de.
[11] BGH Urt. v. 12. 12. 1966 – II ZR 41/65, BGHZ 46, 291, 292.
[12] BGH Urt. v. 28. 1. 1980 – II ZR 250/78, BGHZ 76, 127, 131 = NJW 1980, 1163, 1164; BGH Urt. v. 24. 5. 1982 – II ZR 124/81, BGHZ 84, 141, 144 = NJW 1982, 2493, 2494; zum stillen Treuhandgesellschafter vgl. BGH Urt. v. 9. 11. 1987 – II ZR 100/87, BGHZ 102, 172, 175 f. = NJW 1988, 969 f.; BGH Urt. v. 21. 3. 1988 – II ZR 135/87, BGHZ 104, 50, 55 = NJW 1988, 1903 f.; BGH Urt. v. 30. 3. 1987 – II ZR 163/86, NJW 1987, 2677, 2678; BGH Urt. v. 10. 10. 1994 – II ZR 95/93, NJW 1995, 130 f.; BGH Urt. v. 20. 3. 2006 – II ZR 326/04, WM 2006, 860; BGH Urt. v. 8. 5. 2006 – II ZR 123/05, WM 2006, 1154.
[13] BGH Urt. v. 21. 3. 1988 – II ZR 135/87, BGHZ 104, 50 f. = NJW 1988, 1903 f.; BGH Urt. v. 10. 6. 1991 – II ZR 247/90, NJW 1991, 2906, 2907; BGH Urt. v. 24. 2. 1992 – II ZR 89/91, NJW-RR 1992, 930 f.
[14] BGH Urt. v. 24. 2. 1992 – II ZR 135/91, EWiR 1992, 891.
[15] BGH Urt. v. 17. 11. 1975 – II ZR 120/74, BB 1976, 154; BGH Urt. v. 19. 11. 1984 – II ZR 47/84, NJW 1985, 1080, 1081; BGH Urt. v. 10. 12. 1984 – II ZR 28/84, BGHZ 93, 159, 160 = NJW 1985, 1468 f.
[16] BGH Urt. v. 19. 12. 1974 – II ZR 27/73, BGHZ 63, 338, 345 = NJW 1975, 1022 f.; BGH Urt. v. 14. 12. 1972 – II ZR 82/70, NJW 1973, 1604, 1605; BGH Urt. v. 5. 12. 1987 – II ZR 70/82, NJW 1983, 1117, 1118; BGH Urt. v. 17. 11. 1975 – II ZR 120/74, WM 1976, 15, 16.

Annahme durch die Komplementärin. Sie wirkt gegenüber den Kommanditisten als Einzelermächtigung.[17]

b) Ermächtigung der KG. Zulässig ist ferner die Ermächtigung der Publikums-KG, im eigenen Namen mit Wirkung für alle Gesellschafter Aufnahmeverträge abzuschließen;[18] der Eintritt der Neukommanditisten vollzieht sich in diesem Fall unmittelbar durch Abschluss des Aufnahmevertrages mit der Gesellschaft.[19] Eine solche Ermächtigung bezieht sich nicht nur auf den Abschluss der Beteiligungsvereinbarung, sie erstreckt sich auch auf Vereinbarungen, die noch einen unmittelbaren Bezug zur Erfüllung und Abwicklung der Pflichten haben, die sich aus der Beteiligungserklärung ergeben. Aus diesem Grunde kann die Komplementärin namens der Gesellschaft auch die Beteiligungssumme des beitretenden Kommanditisten herabsetzen, wenn die Beschaffung des Bankdarlehens, mit dem die Einlage finanziert werden sollte, durch die KG mißlungen ist. Die Vereinbarung bedarf keiner Schriftform, weil sie zur Gewährleistung des Anlegerschutzes und der Funktionsfähigkeit der Publikums-KG nicht erforderlich ist.[20] Schließt der Komplementär den Aufnahmevertrag „namens der Publikums-KG" ab, kann das nach dem objektiven Erklärungswert als ein Handeln sowohl im Namen der KG als auch im Namen der Altgesellschafter verstanden werden.[21] Schaltet die zur Aufnahme bevollmächtigte Komplementärin einen **Kapitalanlagevermittler** mit dem Auftrag ein, Beitrittserklärungen entgegenzunehmen, hat dieser die Stellung eines Empfangsboten der Gesellschaft.[22] Die Gesellschafter können einen Dritten in weitem Umfang mit Geschäftsführungsaufgaben betrauen und ihn mit einer umfassenden Vollmacht ausstatten. Dazu gehört auch das Recht, als Treuhänder für die Gesellschafter zu fungieren.[23]

c) Anwendung der Grundsätze zur fehlerhaften Gesellschaft. Ist die Aufnahme eines neuen Gesellschafters durch die Vollmacht nicht gedeckt und ein Aufnahmevertrag daher nicht zustande gekommen, sind die Rechtsbeziehungen des neuen Mitgliedes zu den übrigen Gesellschaftern nach den Regeln über die fehlerhafte Gesellschaft zu beurteilen.[24] Scheitert der Abschluss eines Beitrittsvertrages an der **Geschäftsunfähigkeit** des Anlegers (§ 105 Abs. 1 BGB), ist der Vertrag in jedem Fall nichtig. Die Rechtsgrundsätze zur fehlerhaften Gesellschaft finden auf diesen Fall keine Anwendung.[25]

d) Beitritt unter aufschiebender Bedingung. Der Beitritt kann unter einer aufschiebenden Bedingung erfolgen.[26] Ein Einlageanspruch bzw. eine Beitragspflicht besteht nicht, wenn der Beitritt unter der Bedingung der im Prospekt genannten Verlustzuweisung erfolgt ist und die vom Finanzamt anerkannte Verlustzuweisung prospektwidrig die Einlagehöhe nicht wesentlich übersteigt.[27]

e) Form des Beitritts. Der Beitrittsvertrag ist grundsätzlich formfrei. Wird der Kapitalanleger durch den Beitritt jedoch verpflichtet, ein **Grundstück** zu erwerben oder in die Gesellschaft einzubringen, bedarf der Aufnahmevertrag nach § 313 BGB der notariellen Beurkundung.[28] **Mündliche Nebenabreden** bleiben auch bei schriftlicher Beitrittserklärung wirksam. Sieht der Gesellschaftsvertrag für Änderungen und Ergänzungen die Schriftform vor, gilt das nicht für Verträge, durch die eine Gesellschafterstellung erst begründet oder eine Kapitalbeteiligung herabgesetzt wird.[29]

---

[17] BGH Urt. v. 17. 11. 1975 – II ZR 120/74, WM 1976, 15, 16; BGH Urt. v. 14. 11. 1977 – II ZR 95/76, NJW 1978, 1000, 1001.
[18] BGH Urt. v. 10. 12. 1984 – II ZR 28/84, BGHZ 93, 159, 160 = NJW 1985, 1468 f.; BGH Urt. v. 17. 11. 1975 – II ZR 120/74, WM 1976, 15, 16; BGH Urt. v. 14. 11. 1977 – II ZR 95/76, NJW 1978, 1000, 1001; BGH Urt. v. 6. 12. 1987 – II ZR 70/82, NJW 1983, 1117, 1118; BGH Urt. v. 16. 5. 1994 – II ZR 223/92, NJW-RR 1994, 1185 f. unter Einschaltung einer Vertriebsagentur.
[19] BGH Urt. v. 14. 11. 1977 – II ZR 95/76, NJW 1978, 1000, 1001.
[20] BGH Urt. v. 6. 12. 1987 – II ZR 70/82, NJW 1983, 1117, 1118.
[21] BGH Urt. v. 17. 11. 1975 – II ZR 120/74, WM 1976, 15, 16.
[22] BGH Urt. v. 19. 11. 1984 – II ZR 47/84, NJW 1985, 1080, 1081.
[23] BGH Urt. v. 16. 11. 1981 – II ZR 213/80, NJW 1982, 877, 879.
[24] BGH Urt. v. 22. 3. 1982 – II ZR 74/81, NJW 1982, 2495, 2496; OLG Frankfurt Urt. v. 15. 7. 1994 – 24 U 155/93, NJW-RR 1994, 1321 f.; zuletzt BGH Urt. v. 26. 9. 2005 – II ZR 314/03, ZIP 2005, 2060 zur stillen Gesellschaft sowie Beschl. v. 10. 4. 2006 – II ZR 218/04, veröffentlicht unter www.bundesgerichtshof.de, zum geschlossenen Immobilienfonds – jeweils mwN.
[25] BGH Urt. v. 29. 6. 1970 – II ZR 158/69, BGHZ 55, 5, 9 = NJW 1971, 375 f.; BGH Urt. v. 16. 11. 1981 – II ZR 213/80, NJW 1982, 877, 879.
[26] BGH Urt. v. 22. 1. 1979 – II ZR 185/78, WM 1979, 612, 613; BGH Urt. v. 19. 11. 1984 – II ZR 47/84, NJW 1985, 1080, 1081; BGH Urt. v. 24. 2. 1992 – II ZR 135/91, EWiR 1992, 891; OLG München Urt. v. 9. 11. 1983 – 7 U 2743/83, WM 1984, 1335, 1336.
[27] BGH Urt. v. 22. 1. 1979 – II ZR 185/78, WM 1979, 612, 613; BGH Urt. v. 18. 11. 1985 – II ZR 51/85, WM 1986, 255, 256; OLG München Urt. v. 9. 11. 1983 – 7 U 2743/83, WM 1984, 1335, 1336.
[28] BGH Urt. v. 10. 4. 1978 – II ZR 61/77, NJW 1978, 2505, 2506.
[29] BGH Urt. v. 6. 12. 1982 – II ZR 70/82, NJW 1983, 1117, 1118; BGH Urt. v. 19. 11. 1984 – II ZR 47/84 NJW 1985, 1080, 1081.

16 **f) Vertragsschluss durch schlüssiges Verhalten.** Ist der Abschluss eines Beitrittsvertrages am **Dissens** der Willenserklärungen gescheitert, kommt er später dadurch zustande, dass der Anleger schlüssig zu erkennen gibt, am Gesellschaftsverhältnis auf der Grundlage und im Umfang des von der Gesellschaft als wirksam erachteten Aufnahmevertrages festhalten zu wollen.[30]

II. Sonderrecht der Publikums-KG

17 Als Personengesellschaft unterliegt die Publikums-KG an sich den gesetzlichen Vorschriften der §§ 161 ff. HGB. Leitbild des Gesetzes ist die Zweckgemeinschaft mit geringem Gesellschafterbestand, dem Bestehen eines persönlichen Vertrauensverhältnisses unter den Gesellschaftern und ihrer Mitarbeit in der Gesellschaft.[31] Davon ist die Publikums-KG mit ihren korporativen Strukturen weit entfernt. Sie kommt in ihrer tatsächlichen Erscheinungsform und der dadurch bedingten rechtlichen Organisation der **Kapitalgesellschaft** – insbes. der Aktiengesellschaft – sehr nahe. Zur Gewährleistung ihrer Funktionsfähigkeit und zum Schutze der Kapitalanleger hat sich die Rspr. daher veranlasst gesehen, im Wege richterlicher Rechtsfortbildung für diesen Gesellschaftstyp eigenständige, an den Bestimmungen des Aktien- und GmbH-Rechts orientierte Rechtsgrundsätze zu entwickeln, die sich zu einem **Sonderrecht für die Publikums-KG** verdichtet haben.[32] Das hat letztlich zu der Überzeugung geführt, dass ein Bedürfnis für eine gesetzliche Regelung dieser Gesellschaftsform nicht mehr besteht.[33]

18 **1. Form, Auslegung und Inhaltskontrolle von Gesellschaftsverträgen. a) Form des Gesellschaftsvertrages.** Offensichtlich an § 26 Abs. 1 und 3 AktG orientiert sich die Forderung, dass gesellschaftsrechtliche Verpflichtungen, die der Gesellschaft gegenüber ihren Gründergesellschaftern auferlegt werden und diesen Vorteile bringen (**Gründervorteile** wie Tätigkeitsvergütungen, Gründerhonorare, besondere Tantiemen usw), in den Gesellschaftsvertrag oder in einen ordnungsgemäß zustandegekommenen und protokollierten Gesellschafterbeschluss aufgenommen werden müssen.[34] Diese Form ist auch für eine Vereinbarung gefordert worden, mit der ein Gründer von einer Kommanditeinlageverpflichtung freigestellt wurde.[35] Wird die Form nicht eingehalten, sind derartige Vereinbarungen und die zu ihrer Ausführung vorgenommenen Rechtshandlungen unwirksam. Das gilt im Übrigen auch, wenn die Kapitalanleger nicht unmittelbar, sondern über einen für sie handelnden Treuhandkommanditisten an der Gesellschaft beteiligt sind.[36]

19 Das Formerfordernis dient der Information der beitretenden Gesellschafter: Sie sollen in die Lage versetzt werden, sich über Vorbelastungen der Gesellschaft, die ja letzten Endes zu Lasten des von ihnen aufzubringenden Kapitals gehen, zu unterrichten, um erforderlichenfalls noch rechtzeitig von einem Beitritt Abstand nehmen zu können. Wie bei den dem gesetzlichen Leitbild entsprechende Personengesellschaften[37] machen auch bei der Publikums-KG die Besonderheiten des Einzelfalles den Abschluss eines Gesellschaftsvertrages formbedürftig: Verpflichtung des Gesellschafters gegenüber der Gesellschaft zur Veräußerung oder zum Erwerb eines Grundstücks bzw. einer Eigentumswohnung erfordern die notarielle Beurkundung des Vertrages, § 311 b Abs. 1 BGB.[38] Im Schrifttum wird ferner gefordert, dass in entsprechender Anwendung des § 27 AktG Vereinbarungen über Sacheinlagen in den schriftlich niedergelegten Gesellschaftsvertrag aufgenommen werden.[39]

---

[30] BGH Urt. v. 21. 10. 1985 – II ZR 78/85 WM 1986, 321, 322 zur Erhöhung der Kommanditeinlage bei mangelhafter Vertragsgrundlage.
[31] Binz/Sorg § 13 RdNr. 13.
[32] Binz/Sorg § 13 RdNr. 13 mwN; Baumbach/Hopt Anh. § 177 a RdNr. 53; vgl. dazu auch Kellermann, FS Stimpel, S. 295, 305 f.
[33] A. Krieger, FS Stimpel, S. 307, 332 f.; vgl. aber Art. 2 § 8 f des Anlegerschutzverbesserungsgesetzes (AnSVG) v. 28. 10. 2004 (BGBl. I, S. 2630), mit Wirkung vom 1. 7. 2005 (Art. 6 Satz 2 AnSVG) eingefügt in § 8 f unter Abschnitt III a des VerkProspG v. 9. 9. 1998 (BGBl. I, S. 2701), nach dem für im Inland öffentlich angebotene nicht in Wertpapieren im Sinne des § 1 VerkProspG verbriefte Anteile, die eine Beteiligung am Ergebnis eines Unternehmens gewähren, für Anteile an einem Vermögen, das ein Unternehmen in eigenem Namen für fremde Rechnung verwaltet (Treuhandvermögen) oder für Anteile an sonstigen geschlossenen Immobilienfonds der Anbieter einen Verkaufsprospekt veröffentlichen muss, soweit das nicht schon anderweit vorgeschrieben ist. Der Inhalt ist in § 8 g VerkProspG festgelegt. Vgl. dazu ferner die auf der Grundlage des § 8 Abs. 2 VerkProspG erlassene Vermögensanlagen-Verkaufsprospektverordnung (VermVerkProspV) vom 16. 12. 2004 (BGBl. I, S. 3464).
[34] BGH Urt. v. 24. 11. 1975 – II ZR 89/74, BGHZ 66, 82, 86 f.; BGH Urt. v. 4. 3. 1976 – II ZR 178/74, NJW 1976, 1451; BGH Urt. v. 7. 11. 1977 – II ZR 105/76, NJW 1978, 755, 756; BGH Urt. v. 6. 12. 1982 – II ZR 70/82, NJW 1983, 1117, 1118; BGH Urt. v. 10. 10. 1994 – II ZR 95/93, NJW 1995, 130, 131; BGH Urt. v. 14. 1. 1985 – II ZR 41/84, WM 1985, 533, 534.
[35] BGH Urt. v. 7. 11. 1977 – II ZR 105/76, NJW 1978, 755, 756.
[36] BGH Urt. v. 7. 11. 1977 – II ZR 105/76, NJW 1978, 755, 756; BGH Urt. v. 10. 10. 1994 – II ZR 95/93, NJW 1995, 130, 131.
[37] Ulmer § 705 RdNr. 33.
[38] BGH Urt. v. 10. 4. 1978 – II ZR 61/77, NJW 1978, 2505, 2506.
[39] U. H. Schneider ZHR 142 (1978), 228, 254.

b) Vertragsauslegung. Da die Gesellschaftsverträge von Publikumsgesellschaften für eine Vielzahl erst später beitretender Gesellschafter bestimmt sind, werden sie – wie die Gesellschaftsverträge der Kapitalgesellschaften – nach rein objektiven und damit revisiblen Kriterien ausgelegt. Subjektive Vorstellungen und der Wille der Gründungsgesellschafter bei Vertragsschluss, die in der Vertragsurkunde keinen Niederschlag gefunden haben,[40] dürfen nicht berücksichtigt werden.[41] Maßgeblich ist danach allein der schriftliche Inhalt des Vertrages, der aus sich heraus auszulegen ist. Mündliche Nebenabreden der Gründungsgesellschafter sind unbeachtlich.[42] Eine von den gesellschaftsvertraglichen Regelungen ohne förmliche Vertragsänderung abweichende Praxis ist – für die Zukunft – nicht bindend, selbst wenn sie längere Zeit widerspruchslos hingenommen worden ist.[43]

Unklare und/oder überraschende Regelungen des Gesellschaftsvertrages, die ungewöhnliche Belastungen für die Kommanditisten mit sich bringen, müssen restriktiv ausgelegt werden.[44] Sind die Kommanditisten unter bestimmten Voraussetzungen verpflichtet, auf Anforderung des Komplementärs ihren Kapitalanteil zu erhöhen, ist diese Vertragsklausel einschränkend dahin zu verstehen, dass die Verpflichtung nur dann besteht, wenn das zusätzliche Kapital der Förderung des Gesellschaftszwecks dienen soll. Soll es zur Drittgläubigerbefriedigung bei Vermögensverfall der Gesellschaft verwendet werden, muss das eindeutig und klar herausgehoben werden.[45] Diese Klarheit fehlt auch einer Bestimmung, nach der die Gesellschafter erforderlichenfalls die von Finanzierungsinstituten in Zusammenhang mit der Gewährung von Baudarlehen und Zwischenfinanzierungen gemachten Auflagen zu erfüllen haben. Hier muss klar gesagt werden, dass jeder Gesellschafter gegenüber dem Finanzierungsinstitut Rückbürgschaften in Höhe von X Prozent seiner Einlage zu übernehmen hat.[46] Eine gesellschaftsvertragliche Klausel, nach der die Kommanditisten auf Anforderung der persönlich haftenden Gesellschafterin eine unwiderrufliche Handelsregistervollmacht zu erteilen haben, ist geltungserhaltend dahin auszulegen, dass die Kommanditisten nach ihrer Wahl die Handelsregisteranmeldung zu unterzeichnen oder der Komplementärin eine nur aus wichtigem Grund widerrufbare General-Anmeldevollmacht zu erteilen haben.[47]

Diese Auslegungsgrundsätze gelten auch für Verträge, die eine Publikums-KG zur Errichtung einer Innengesellschaft – GbR – abschließt; denn die Auslegung dieses Vertrages hat Bedeutung für die Rechtsstellung der Kommanditisten, weil sich das Konkurrenzverhältnis der Kommanditisten zu den stillen Gesellschaftern nach dem Vertrag bestimmt.[48]

Für Individualvereinbarungen mit beitretenden Kapitalanlegern gelten die allgemeinen Auslegungsgrundsätze.[49] Sind einzelne Bestimmungen des Gesellschaftsvertrages unwirksam und entsteht dadurch eine Lücke, kann diese durch ergänzende Vertragsauslegung geschlossen werden.[50]

c) Gerichtliche Inhaltskontrolle. aa) Allg. Grundsatz. Ausgangspunkt für das Erfordernis der gerichtlichen Inhaltskontrolle ist, dass die Gesellschafts- und Treuhandverträge den Kommanditisten wie Formularverträge zur Unterschrift vorgelegt werden und sie außerstande sind, auf Inhalt und Gestaltung Einfluss zu nehmen. Wie bei den Allgemeinen Geschäftsbedingungen besteht daher auch bei dieser Art von Gesellschaftsverträgen ein Bedürfnis für den Schutz der Anleger. Dem drohenden Missbrauch der Vertragsautonomie muss daher mit einer an den Grundsatz von Treu und Glauben

---

[40] Vgl. die Rspr. Nachweise bei *Henze* RdNr. 68 f.; auch BGH, Urt. v. 4. 7. 2005 – II ZR 354/03, ZIP 2005, 1455, 1456; ferner BGH, Urt. v. 17. 7. 2006 – II ZR 242/04, Umdruck S. 7 f., veröffentlicht unter www.bundesgerichtshof.de.
[41] BGH Urt. v. 30. 4. 1979 – II ZR 57/78, NJW 1979, 2102, 2103; BGH Urt. v. 28. 9. 1978 – II ZR 218/77, NJW 1979, 419, 420; BGH Urt. v. 16. 11. 1981 – II ZR 213/80, NJW 1982, 877, 878; BGH Urt. v. 10. 6. 1991 – II ZR 247/90, NJW 1991, 2906 f.; BGH Urt. v. 10. 10. 1983 – II ZR 312/82, WM 1983, 1407, 1408; BGH Urt. v. 13. 3. 1989 – II ZR 193/88, WM 1989, 786 f. und OLG Hamburg Urt. v. 24. 11. 1995 – 11 U 174/93, NJW-RR 1996, 1436 f. zur Auslegung des Vertrages einer Publikums-GbR, die sich als stille Gesellschafterin an einer KG beteiligt; OLG München Urt. v. 28. 9. 1990 – 14 U 320/90, WM 1991, 100 f.
[42] BGH Urt. v. 16. 11. 1981 – II ZR 213/80, NJW 1982, 877, 878; BGH Urt. v. 13. 3. 1989 – II ZR 193/88, WM 1989, 786, 788; BGH Urt. v. 5. 2. 1990 – II ZR 94/89, NJW 1990, 2684, 2685; OLG Hamburg Urt. v. 24. 11. 1995 – 11 U 174/93, NJW-RR 1996, 1436, 1438.
[43] BGH Urt. v. 5. 2. 1990 – II ZR 84/89 NJW 1990, 2684, 2685.
[44] BGH Urt. v. 30. 4. 1979 – II ZR 57/78, NJW 1979, 2102, 2103.
[45] BGH Urt. v. 27. 9. 1982 – II ZR 241/81, NJW 1983, 164.
[46] BGH Urt. v. 28. 9. 1978 – II ZR 218/77, NJW 1979, 419, 420; KG Urt. v. 10. 2. 1978 – 5 U 432/77, DB 1978, 1025, 1026; *Binz/Sorg* § 13 RdNr. 74 ff., 77–79 mwN.
[47] BGH Urt. v. 17. 7. 2006 – II ZR 242/04, Umdruck S. 1 und 8 – veröffentlicht unter www.bundesgerichtshof.de.
[48] OLG Hamburg Urt. v. 24. 11. 1995 – 11 U 174/93, NJW-RR 1996, 1436, 1438.
[49] BGH Urt. v. 22. 1. 1979 – II ZR 185/78, WM 1979, 612, 613; BGH Urt. v. 6. 12. 1982 – II ZR 70/82, NJW 1983, 1117, 1118.
[50] BGH Urt. v. 15. 5. 1977 – II ZR 89/75, BGHZ 69, 160, 166 = NJW 1977, 2160 f.; BGH Urt. v. 13. 3. 1978 – II ZR 63/77, BGHZ 71, 53, 59 = NJW 1978, 1382, 1383.

(§ 242 BGB) ausgerichteten Kontrolle des Vertragsinhaltes mit Hilfe der Gerichte begegnet werden.[51]

25   Diese Kontrolle kommt nur als **ultima ratio** in Betracht; die Vertragsauslegung geht ihr vor.[52] § 310 Abs. 4 S. 1 BGB (früher: § 23 Abs. 1 AGBG) schließt sie nicht aus. Die für die Austauschverträge entwickelten Grundsätze können nur mit Vorsicht übertragen werden, weil das dem zwischen Gesellschaft, Gesellschaftern und Gesellschaftergruppen bestehenden Beziehungsgeflecht nicht ohne weiteres gerecht wird. Außerdem kann ein bestimmter **Vertrauensschutz** für Gesellschafter zu berücksichtigen sein, die an der Gestaltung und Formulierung des Vertrages nicht beteiligt waren.[53]

26   Die Rspr. lehnt den **Kontrollmaßstab** an die Regelungen des Kapitalgesellschafts-, insbes. des Aktienrechts an. Eine sklavische Übertragung dieser Regeln lehnt sie allerdings mit Rücksicht darauf ab, dass die Publikums-KG zu dem Typus der Personengesellschaften gehört. Sie prüft daher in jedem Einzelfall, ob der Übertragung nicht die konkrete Ausgestaltung des zu beurteilenden Gesellschaftsverhältnisses entgegensteht.[54] Die Anwendung der Kapitalgesellschaftsnormen dient dem **Schutz der Kapitalanleger** und soll die **Funktionsfähigkeit** der Gesellschaft gewährleisten. Sie soll jedoch **keine Gläubigerschutzvorschriften beeinträchtigen;** denn dem Gläubigerschutz kommt in der Publikums-KG besondere Bedeutung zu. Die Vorschrift des § 172 Abs. 5 HGB darf daher nicht durch eine Heranziehung der in § 62 Abs. 1 und 3 AktG normierten Rechtsgedanken eingeschränkt werden.[55] Ist den gesetzlichen Regelungen eine normative Wertung für den Einzelfall nicht zu entnehmen, ist eine Entscheidung an dem Leitbild der Gesellschaft unter Abwägung der Interessen der beteiligten Gesellschafter auszurichten. Wird dem Komplementär im Gesellschaftsvertrag einseitig das Recht eingeräumt, die Kommanditbeteiligungen nach freiem Ermessen zu übernehmen, entsprechen Risiken und Chancen für die Beteiligung als Kommanditist nicht dem Wesen der Kommanditbeteiligung und sind völlig unausgewogen; eine solche Klausel ist daher unwirksam.[56]

27   Ist eine Publikums-KG so organisiert, dass sich die Kapitalanleger nur mittelbar über einen **Treuhandkommanditisten** an ihr beteiligen können, so unterliegt das zusammengehörende Bündel von Absprachen von Gesellschaftsvertrag und Treuhandabrede der Inhaltskontrolle nach § 242 BGB.[57]

28   **bb) Einzelfälle.** Regelungen im Gesellschaftsvertrag, nach denen der **Geschäftsführer** aus wichtigem Grund nur mit qualifizierter Mehrheit[58] bzw. mit Zustimmung aller Gesellschafter[59] **abberufen** werden kann, halten einer Inhaltskontrolle nach § 242 BGB nicht stand; sie sind unwirksam. Für die Abberufung genügt – entgegen § 84 Abs. 3 AktG – die einfache Mehrheit der Gesellschafter. Das gilt sowohl für den in einer Publikums-GbR bestellten, nicht zum Kreise der Gesellschafter gehörenden Verwalter als auch für den Gesellschafter-Geschäftsführer in einer Publikums-KG. In gleicher Weise zu bewerten ist eine Vertragsbestimmung, die den Gründungsgesellschaftern eine **Sperrminorität** sichert, wenn der von ihnen bestellte Geschäftsführer ersetzt bzw. der den Geschäftsführer kontrollierende Aufsichtsrat (Beirat) gewählt werden soll.[60] Auch dafür darf nur die **einfache Mehrheit** vorgesehen werden. Sowohl für die Unterwerfung unter einen Mehrheitsbeschluss als auch für eine antizipierte Zustimmung gilt, dass **nachträgliche Beitragserhöhungen** auch bei einer PublikumsKG nur dann zulässig sind, wenn die gesellschaftsvertragliche Regelung eindeutig ist und Ausmaß und Umfang der möglichen zusätzlichen Belastung erkennen lässt. Das

---

[51] BGH Urt. v. 14. 4. 75 – II ZR 147/73, BGHZ 64, 238, 241 = NJW 1975, 1318; BGH Urt. v. 3. 5. 1982 – II ZR 78/81, BGHZ 84, 11, 14 = NJW 1982, 2303, 2304; BGH Urt. v. 9. 11. 1987 – II ZR 100/87, BGHZ 102, 172, 178 = NJW 1988, 969 f.; BGH Urt. v. 21. 3. 1988 – II ZR 135/87, BGHZ 104, 50, 53 = NJW 1988, 1903 f.; BGH Urt. v. 22. 3. 1982 – II ZR 74/81, NJW 1982, 2495, 2496; BGH Urt. v. 10. 6. 1991 – II ZR 247/90, NJW 1991, 2906, 2907; BGH Urt. v. 10. 10. 1983 – II ZR 213/82, WM 1983, 1407, 1408.
[52] BGH Urt. v. 30. 4. 1979 – II ZR 57/78, NJW 1979, 2102, 2103.
[53] BGH Urt. v. 14. 4. 1975 – II ZR 147/73, BGHZ 64, 238, 241 = NJW 1975, 1318; BGH Urt. v. 3. 5. 1982 – II ZR 78/81, BGHZ 84, 11, 15 = NJW 1982, 2303, 2304; BGH Urt. v. 9. 11. 1987 – II ZR 100/87, BGHZ 102, 172, 177 = NJW 1988, 969 f.; BGH Urt. v. 21. 3. 1988 – II ZR 135/87, BGHZ 104, 50, 53 = NJW 1988, 1903 f.
[54] BGH Urt. v. 4. 7. 1977 – II ZR 150/75, BGHZ 69, 207, 220 = NJW 1977, 2311 f.; BGH Urt. v. 12. 7. 1982 – II ZR 201/81, BGHZ 84, 383, 386 = NJW 1982, 2500 f.; BGH Urt. v. 7. 3. 1983 – II ZR 11/82, BGHZ 87, 84, 87 = NJW 1983, 1675, 1676; BGH Urt. v. 10. 11. 1979 – II ZR 184/78 NJW 1980, 1049, 1050.
[55] BGH Urt. v. 3. 5. 1982 – II ZR 78/81, BGHZ 84, 383, 385 = NJW 1982, 2303, 2304; OLG Düsseldorf Urt. v. 28. 3. 1991 – 6 U 163/90, ZIP 1991, 1494 f.; *Stimpel,* FS Robert Fischer, S. 771, 773.
[56] BGH Urt. v. 12. 7. 1982 – II ZR 201/81, BGHZ 84, 11, 15 = NJW 1982, 2500 f.
[57] BGH Urt. v. 21. 3. 1988 – II ZR 135/87, BGHZ 104, 50, 55 = NJW 1988, 1903 f.; OLG Düsseldorf Urt. v. 28. 3. 1991 – 6 U 163/90, ZIP 1991, 1494 f.; OLG München Urt. v. 14. 1. 1987 – 7 U 3828/86, NJW-RR 1987, 925 f.
[58] BGH Urt. v. 22. 3. 1982 – II ZR 74/81, NJW 1982, 2495, 2496; BGH Urt. v. 10. 10. 1983 – II ZR 213/82 WM 1983, 1407, 1408; vgl. auch Heymann/*Horn* § 161 RdNr. 166 mwN aus dem Schrifttum.
[59] BGH Urt. v. 9. 11. 1987 – II ZR 100/87, BGHZ 102, 172, 178 = NJW 1988, 969 f.; BGH Urt. v. 10. 10. 1983 – II ZR 213/82, WM 1983, 1407, 1408.
[60] BGH Urt. v. 10. 10. 1983 – II ZR 213/82, WM 1983, 1407, 1408.

erfordert die Angabe einer Obergrenze oder die Angabe sonstiger Kriterien, die das Erhöhungsrisiko eingrenzen.[61] Eine im Gesellschaftsvertrag enthaltene Bestimmung, die den einzelnen Gesellschafter zu Nachschusszahlungen verpflichtet, soweit die laufenden Einnahmen die laufenden Ausgaben nicht decken, genügt diesen Anforderungen nicht. Sie lässt eine Konkretisierung der laufenden Einnahmen und Ausgaben vermissen; sie legt insbesondere nicht fest, nach welchen Maßstäben der Wirtschaftsplan aufzustellen ist und welche Positionen in die Kalkulation einzubeziehen sind. Sie kann deshalb keine Grundlage für eine Nachschussverpflichtung sein.[62]

Bereits für die dem gesetzlichen Leitbild entsprechende KG hat der BGH entschieden, dass eine Klausel, nach der ein Gesellschafter ohne Vorliegen eines wichtigen Grundes durch Gesellschafterbeschluss der Gesellschaft ausgeschlossen werden kann (**Hinauskündigungsklausel**), nichtig ist, es sei denn, dass der Ausschluss wegen außergewöhnlicher Umstände sachlich gerechtfertigt werden kann.[63] Der Umstand, dass dem Gesellschafter für den Fall seines Ausschlusses eine angemessene **Abfindung** gewährt werden muss, ändert daran nichts.[64] Das gilt auch für die Publikums-KG, gleichgültig, in welcher Form der Ausschluss durchgeführt werden soll: Die Einräumung einer Option an die Komplementär-GmbH, die – auch treuhänderisch gehaltenen – Kommanditbeteiligungen nach freiem Ermessen zu übernehmen oder auf Dritte zu übertragen, ist unwirksam.[65] Auch hier ist die Gewährung einer angemessenen Abfindung ohne Bedeutung.[66] Es soll verhindert werden, dass die Initiatoren die Risiken dadurch einseitig auf die Kommanditisten verlagern können, dass sie bei erfolgreicher Geschäftstätigkeit die Kommanditisten von diesem Erfolg ausschließen, bei Misslingen des Geschäftsvorhabens diese jedoch die Nachteile tragen lassen. **29**

Die **Verjährungsfrist** für Schadenersatzansprüche gegen Gesellschafter als Mitglieder des Beioder Aufsichtsrates darf nicht mit einem geringeren Zeitraum als 5 Jahren bemessen werden. Diese Frist, die sich an der gesetzlichen Regelung der §§ 116, 93 Abs. 6 AktG, 43 Abs. 4 GmbHG und 41, 34 Abs. 6 GenG orientiert, ist zwingend. Sie kann auch nicht verlängert werden.[67] Diese Rechtsprechung besteht unverändert fort; die genannten Verjährungsvorschriften sind vom Gesetz zur Anpassung von Verjährungsvorschriften an das Gesetz zur Modernisierung des Schuldrechts (vom 9. 12. 2004, BGBl. I S. 3214) unberührt geblieben. **30**

Zu dem alten Schiedsverfahrensrecht ist entschieden worden, dass **Schiedsklauseln in Gesellschaftsverträgen** einer Publikums-KG der Form des § 1027 Abs. 1 ZPO bedürfen, sofern nicht § 1027 Abs. 2 ZPO eingreift; § 1048 ZPO war danach auch nicht entsprechend anwendbar.[68] Obwohl durch das Schiedsverfahrens-Neuregelungsgesetz[69] die Formstrenge der Schiedsvereinbarung gelockert worden ist (vgl. § 1031 ZPO), behält diese Rspr. ihre Gültigkeit. Denn entscheidend ist, dass die Rspr. die Anwendung des § 1048 ZPO aF verneint hat, die in Form der Bestimmung des § 1066 ZPO nF beibehalten worden ist. Die Formbedürftigkeit der Schiedsvereinbarung erfüllt auch mit den in der neuen Regelung gewährten Erleichterungen eine der Vorschrift des § 1066 ZPO fehlende Warnfunktion, auf die gerade die Kommanditisten einer Publikums-KG idR angewiesen sind.[70] Bei **Übertragung des Gesellschaftsanteils** geht die mit dem Hauptvertrag verbundene Schiedsvereinbarung formfrei auf den Erwerber über.[71] **31**

Der Gesellschaftsvertrag kann wirksam bestimmen, dass bei Streitigkeiten aus dem Vertrag der Rechtsweg erst nach einem **Schlichtungsversuch des Beirats** eröffnet ist. Ein ausgeschiedener **32**

---

[61] BGH Urt. v. 4. 7. 2005 – II ZR 354/03, ZIP 2005, 1455, 1456; BGH Urt. v. 23. 1. 2006 – II ZR 126/04, WM 2006, 774, 775 f.; BGH Urt. v. 23. 1. 2006 – II ZR 306/04, WM 2006, 577, 578.
[62] BGH Urt. v. 23. 1. 2006 – II ZR 126/04, WM 2006, 774, 776.
[63] BGH Urt. v. 20. 1. 1977 – II ZR 217/75, BGHZ 68, 212, 215 = NJW 1977, 1292, 1293; BGH Urt. v. 13. 7. 1981 – II ZR 56/80, BGHZ 81, 263, 269 = NJW 1981, 2565, 2566; BGH Urt. v. 19. 9. 1988 – II ZR 329/87, BGHZ 105, 213, 217 = NJW 1989, 834 f.; für die GmbH vgl. BGH Urt. v. 9. 7. 1990 – II ZR 194/89, BGHZ 112, 103, 108 = NJW 1990, 2622 f.; vgl. im übrigen RdNr. 145 sowie Fn. 299–304 zur GmbH & Co. KG.
[64] BGH Urt. v. 13. 7. 1981 – II ZR 56/80, BGHZ 81, 263, 268 = NJW 1981, 2565, 2566.
[65] BGH Urt. v. 3. 5. 1982 – II ZR 78/81, BGHZ 84, 11, 15 = NJW 1982, 2303, 2304; BGH Urt. v. 21. 3. 1988 – II ZR 135/87, BGHZ 104, 50, 57 = NJW 1988, 1903 f.; OLG München Urt. v. 14. 1. 1987 – 7 U 3828/86, NJW-RR 1987, 925 f.
[66] BGH Urt. v. 13. 7. 1981 – II ZR 56/80, BGHZ 81, 263, 268 f. = NJW 1981, 2565, 2566; BGH Urt. v. 21. 3. 1988 – II ZR 135/87, BGHZ 104, 50, 58 f. = NJW 1988, 1903 f.; BGH Urt. v. 7. 2. 1994 – II ZR 191/92, BGHZ 125, 74, 80 = NJW 1994, 1156 f.
[67] BGH Urt. v. 14. 4. 1975 – II ZR 147/73, BGHZ 64, 238, 244 = NJW 1975, 1318; BGH Urt. v. 7. 3. 1983 – II ZR 11/82, BGHZ 87, 84, 88 = NJW 1983, 1675, 1676.
[68] BGH Urt. v. 4. 7. 1977 – II ZR 55/76, NJW 1977, 2263, 2264; BGH Urt. v. 11. 10. 1979 – III ZR 184/78, NJW 1980, 1049, 1050; krit. *K. Schmidt* GesR § 57 IV 1 b.
[69] Gesetz zur Neuregelung des Schiedsverfahrensrechts (Schiedsverfahrens-Neuregelungsgesetz) vom 22. Dezember 1997, BGBl. I S. 3224.
[70] BGH Urt. v. 11. 10. 1979 – III ZR 184/78 NJW 1980, 1049, 1050.
[71] BGH Urt. v. 2. 10. 1997 – III ZR 2/96, NJW 1998, 371, 372.

Gesellschafter ist an diese Schlichtungsklausel jedoch dann nicht gebunden, wenn der Beirat seine Tätigkeit von Voraussetzungen abhängig macht, für die der Gesellschaftsvertrag keine klare Grundlage enthält und mit der die Anrufung der Gerichte unangemessen erschwert wird.[72]

33   **2. Zulässigkeit von Mehrheitsbeschlüssen.** In der **gesetzestypischen** Personenhandelsgesellschaft kann von dem für Gesellschafterbeschlüsse geltenden **Einstimmigkeitsgrundsatz** durch Zulassung des Mehrheitsprinzips im Gesellschaftsvertrag abgewichen werden. Die allgemeine **Zulassung von Mehrheitsbeschlüssen** ist auf Maßnahmen der Geschäftsführung, bei Erstreckung auf Vertragsänderungen auf gewöhnliche Beschlussgegenstände beschränkt. Für außergewöhnliche Änderungen des Vertrages muss der Gegenstand der Beschlussfassung ausdrücklich im Gesellschaftsvertrag bezeichnet werden **(Bestimmtheitsgrundsatz).**[73]

34   Der Bestimmtheitsgrundsatz gilt für die **Publikums-KG** nicht. Er würde in dieser Gesellschaftsform dazu führen, dass eine vernünftige Fortentwicklung der Gesellschaftsunternehmungen zum Scheitern verurteilt wäre und selbst krisenhafte Zustände nicht beseitigt werden könnten. Sieht daher der Gesellschaftsvertrag einer Publikums-KG vertragsändernde Beschlussfassungen durch Mehrheitsentscheid vor, brauchen die Beschlussgegenstände nicht im Einzelnen bezeichnet zu werden.[74]

35   **Beispiele aus der Rechtsprechung:** Kapitalerhöhungen durch Mehrheitsbeschluss der Gesellschafter sind wirksam, soweit die Gesellschafter an der Teilnahme entsprechend ihrer Beteiligung nur berechtigt, nicht aber verpflichtet sind;[75] Verzicht auf Verzinsung von Kapitaleinlagen;[76] Auswechslung des persönlich haftenden Gesellschafters;[77] Übernahme der Gesellschaftsbeteiligungen insolventer Gesellschafter;[78] Änderung des Gesellschaftszwecks;[79] Beschluss, die Gesellschaft fortzusetzen, weil der vereinbarte Gesellschaftszweck nicht mehr zu erreichen war.[80]

36   Der Gesellschaftsvertrag kann festlegen, dass die Versammlung bei Anwesenheit bzw. Vertretung von 51% des Gesellschaftskapitals **beschlussfähig** ist[81] und/oder, dass für die Beschlussfassung die einfache Mehrheit ausreicht.[82] Ob ein Mehrheitsbeschluss in der Publikums-KG in Anlehnung an § 179 Abs. 2 AktG auch ohne Regelung im Gesellschaftsvertrag zulässig ist, hat die Rspr. offengelassen.[83] Im Schrifttum wird das bejaht.[84]

37   Der Befugnis der **Gesellschaftermehrheit** zur Vertragsänderung sind jedoch auch in der Publikums-KG Grenzen gesetzt. Der Grundsatz der **Gleichbehandlung** im Gesellschaftsrecht verbietet eine willkürliche, sachlich nicht gerechtfertigte unterschiedliche Behandlung der Gesellschafter.[85] Ohne seine Zustimmung können ihm keine erhöhten Pflichten auferlegt werden.[86] In den **Kernbereich** der Gesellschafterrechte, zu dem auch Sonderrechte gehören, darf ohne Zustimmung des Gesellschafters nicht eingegriffen werden.[87] Das Recht der Komplementär-GmbH zur (einfachen) **Geschäftsführung** darf nicht dadurch beeinträchtigt werden, dass ihr durch Mehrheitsbeschluss **Weisungen** erteilt werden, wenn ein solcher Beschluss eine Änderung des Gesellschaftsvertrages

---

[72] BGH Urt. v. 4. 7. 1977 – II ZR 55/76, NJW 1977, 2263, 2264.
[73] BGH Urt. v. 13. 5. 1985 – II ZR 170/84, NJW 1985, 2830, 2831; BGH Urt. v. 15. 6. 1987 – II ZR 261/86, NJW 1988, 411, 412; BGH Urt. v. 14. 4. 1966 – II ZR 194/64, WM 1966, 707, 708; BGH Urt. v. 23. 10. 1972 – II ZR 35/70, WM 1973, 100, 102; BGH Urt. v. 2. 6. 1986 – II ZR 169/85, NJW-RR 1986, 1417.
[74] BGH Urt. v. 12. 5. 1977 – II ZR 89/75, BGHZ 69, 160, 165 f. = NJW 1977, 2160 f.; BGH Urt. v. 13. 3. 1978 – II ZR 63/77, BGHZ 71, 53, 57 f. = NJW 1978, 1382, 1383; BGH Urt. v. 15. 11. 1982 – II ZR 62/82, BGHZ 85, 350, 355 f. = NJW 1983, 1056, 1058 zur Umwandlung in eine Kapitalgesellschaft; BGH Urt. v. 19. 11. 1984 – II ZR 102/84, NJW 1985, 972, 973 zur Aussetzung der Zahlung von Gesellschafterzinsen; BGH Urt. v. 5. 11. 1984 – II ZR 111/84, NJW 1985, 974, 975; OLG Köln Urt. v. 12. 1. 1994 – 13 U 121/93, NJW-RR 1994, 491 f.; Schlegelberger/Martens § 161 RdNr. 149; Heymann/Horn § 161 RdNr. 165; Binz/Sorg § 13 RdNr. 68 ff. mwN.
[75] BGH Urt. v. 24. 11. 1975 – II ZR 89/74, BGHZ 66, 82, 85 f.; KG Urt. v. 23. 6. 1978 – 5 U 1675/77, DB 1978, 1922, 1923.
[76] BGH Urt. v. 5. 11. 1984 – II ZR 111/84, NJW 1985, 974, 975.
[77] BGH Urt. v. 13. 3. 1978 – II ZR 63/77, BGHZ 71, 53, 58 f. = NJW 1978, 1382, 1383; KG Beschl. v. 20. 6. 1975 – 1 W 455/75, WM 1976, 44, 45.
[78] OLG Köln Urt. v. 12. 1. 1994 – 13 U 121/93, NJW-RR 1994, 491.
[79] OLG Köln Urt. v. 11. 12. 1991 – 2 U 187/89, DStR 1993, 405, 406.
[80] BGH Urt. v. 12. 5. 1977 – II ZR 89/75, BGHZ 69, 160, 166 = NJW 1977, 2160 f.
[81] BGH Urt. v. 13. 3. 1978 – II ZR 63/77, BGHZ 71, 53, 54, 60 = NJW 1978, 1382, 1383.
[82] Vgl. BGH Urt. v. 24. 11. 1974 – II ZR 89/74, BGHZ 66, 82, 86; Heymann/Horn § 161 RdNr. 165.
[83] BGH Urt. v. 13. 3. 1978 – II ZR 63/77, BGHZ 71, 53, 58 f. = NJW 1978, 1382, 1383: BGH, Urt. v. 30. 3. 1998 – II ZR 20/97, NJW 1998, 1946, 1948 lässt den Mehrheitsbeschluss für die stG auch ohne gesellschaftsvertragliche Regelung zu.
[84] Kellermann, FS Stimpel, S. 295, 301; Koller/Roth/Morck § 161 RdNr. 12; Binz/Sorg § 13 RdNr. 70.
[85] BGH Urt. v. 10. 11. 1954 – II ZR 299/53, BGHZ 15, 177, 181 zum Genossenschaftsrecht; BGH Urt. v. 16. 12. 1991 – II ZR 58/91, BGHZ 116, 359, 360 = NJW 1992, 892 f. zum GmbH-Recht.
[86] BGH Urt. v. 14. 5. 1956 – II ZR 229/54, BGHZ 20, 363, 369; BGH Urt. v. 16. 12. 1991 – II ZR 58/91, BGHZ 116, 359, 363 = NJW 1992, 892 f. zum GmbH-Recht.
[87] BGH Urt. v. 10. 11. 1954 – II ZR 299/53, BGHZ 15, 177, 181; BGH Urt. v. 19. 11. 1984 – II ZR 102/84, NJW 1985, 972, 973.

voraussetzt, die kraft ausdrücklicher Regelung im Vertrag nur mit Zustimmung der Komplementärin wirksam werden kann.[88] Im Einzelfall kann der durch Mehrheitsbeschluss erfolgte Eingriff in gesellschaftsvertragliche Individualrechte der Kommanditisten dadurch ausgeglichen werden, dass ihnen ein Recht zum sofortigen Austritt aus der Gesellschaft gewährt wird. Das Recht zur fristlosen Kündigung seines Gesellschaftsverhältnisses ist einem Kommanditisten gewährt worden, der einer Änderung des Gesellschaftszwecks nicht zustimmen wollte, obwohl das Erreichen des ursprünglichen Gesellschaftszwecks unmöglich geworden war.[89]

Die mehrheitlich beschlossene Vertragsänderung, die in Individualrechte der Kommanditisten eingreift, ist – gleichgültig, ob sie im Gesellschaftsvertrag eine Grundlage hatte oder nicht – stets dann wirksam, wenn die **gesellschafterliche Treupflicht** eine Zustimmung gebietet. Das ist dann anzunehmen, wenn unter Berücksichtigung des Verhältnismäßigkeitsgrundsatzes eine Abwägung der Gesellschafts- und Gesellschafterinteressen ergibt, dass die Gesellschaftsinteressen überwiegen und den Kommanditisten daher ihre Beachtung zugemutet werden kann.[90] **38**

Ist der Kommanditist kraft Treupflicht gehalten, der vorgeschlagenen, zur Erhaltung der Funktionsfähigkeit der Gesellschaft erforderlichen Maßnahme zuzustimmen, ist die nicht oder pflichtwidrig abgegebene Stimme so zu behandeln, als ob sie entsprechend der bestehenden Verpflichtung abgegeben worden wäre.[91] Einer Zustimmungsklage der Mitgesellschafter bedarf es bei einer solchen Sachlage nicht. **39**

Der Streit um die Wirksamkeit von Gesellschafterbeschlüssen ist grundsätzlich im Wege der Feststellungsklage (§ 256 ZPO) gegenüber allen Mitgesellschaftern geltend zu machen.[92] Eine analoge Anwendung des § 246 Abs. 2 Satz 1 AktG kommt nicht in Betracht.[93] Im Gesellschaftsvertrag der Publikums-KG oder durch ergänzenden Gesellschafterbeschluss kann jedoch bestimmt werden, dass die Nichtigkeit eines Gesellschafterbeschlusses gegenüber der Gesellschaft geltend zu machen und umgekehrt auch diese berechtigt ist, die Wirksamkeit eines Beschlusses gegen den bestreitenden Gesellschafter mit Wirkung für und gegen alle übrigen Gesellschafter feststellen zu lassen.[94] Enthält der Gesellschaftsvertrag einer PublikumsKG Bestimmungen über das Recht „zur Klageerhebung", die nahezu wörtlich den Vorschriften über die Anfechtungsbefugnis nach § 245 Nr. 1–3 AktG aF entsprechen und nach dem Vorbild des § 246 Abs. 1 AktG eine Ausschlussfrist für die Erhebung einer Anfechtungsklage gegen Gesellschafterbeschlüsse vorsehen, ist die Regelung dahingehend auszulegen, dass die Klage gegen die Gesellschaft zu richten ist.[95] Haben die Gesellschafter einer Publikums-GbR die Wahrnehmung ihrer Rechte und Pflichten aus ihrer Gesellschaftsbeteiligung einem Treuhand-Gesellschafter übertragen, kann die Feststellungsklage nur gegen ihn erhoben werden.[96] Erhebt ein Kommanditist Klage auf Feststellung der Nichtigkeit eines Beschlusses, durch den andere Kommanditisten aus der Gesellschaft ausgeschlossen worden sind, fehlt der Klage das nach § 256 Abs. 1 ZPO erforderliche Feststellungsinteresse.[97] **40**

III. Der Kapitalanlegerschutz

1. Tatsächliche und rechtliche Ausgangslage. a) Haftungsgrundlagen. Weitgespannte Aufklärungs- und Beratungspflichten. Die Erfahrung hat gelehrt, dass die Anleger immer wieder durch unzutreffende oder irreführende Angaben oder durch falsche Beratung veranlasst worden sind, sich an einer Publikums-KG zu beteiligen, ohne dass diesem Phänomen mit dem vorvertraglichen und deliktischen Haftungsrecht in ausreichendem Maße Rechnung getragen werden konnte. Die Rechtsprechung hat sich daher veranlasst gesehen, weitgespannte Aufklärungs- und Beratungspflichten zu entwickeln, die Grundlage für die Haftung nicht nur aus c. i. c., sondern auch aus – stillschweigend geschlossenem – Geschäftsbesorgungs-, Auskunfts- und Beratungsvertrag sind und darü- **41**

---

[88] BGH Urt. v. 11. 2. 1980 – II ZR 41/79, BGHZ 76, 160, 164 f. = NJW 1980, 1463 f.
[89] BGH Urt. v. 12. 5. 1977 – II ZR 89/75, BGHZ 69, 160, 167 = NJW 1977, 2160 f.
[90] Vgl. BGH Urt. v. 28. 4. 1975 – II ZR 16/73, BGHZ 64, 253, 257 f.; BGH Urt. v. 5. 11. 1984 – II ZR 111/84, NJW 1985, 974, 975; auch BGH, Urt. v. 23. 1. 2006 – II ZR 126/04, WM 2006, 774, 775.
[91] BGH Urt. v. 5. 11. 1984 – II ZR 111/84, NJW 1985, 974, 975; BGH Urt. v. 19. 11. 1984 – II ZR 102/84, NJW 1985, 972, 973; BGH Urt. v. 28. 5. 1979 – II ZR 172/78, WM 1979, 1058, 1059 f.
[92] BGH Urt. v. 15. 6. 1959 – II ZR 44/58, BGHZ 30, 195, 200 ff.; OLG Köln Urt. v. 11. 12. 1991 – 2 U 187/89, DStR 1993, 405, 406.
[93] OLG Frankfurt Urt. v. 19. 3. 1993 – 24 U 50/92, NJW-RR 1994, 727, 728.
[94] BGH Urt. v. 15. 11. 1982 – II ZR 62/82, BGHZ 85, 350, 353 = NJW 1983, 1056, 1057; BGH Urt. v. 30. 6. 1966 – II ZR 149/64, WM 1966, 1036, 1037; BGH Urt. v. 2. 5. 1983 – II ZR 94/82, WM 1983, 785, 786; vgl. ergänzend RdNr. 131 und Fn. 273–275 bei der GmbH & Co. KG.
[95] BGH Urt. v. 17. 7. 2006 – II ZR 242/04, Umdruck S. 1 und 10 f., veröffentlicht unter www.bundesgerichtshof.de.
[96] OLG Köln Urt. v. 12. 1. 1994 – 13 U 121/93, NJW-RR 1994, 491 f.
[97] BGH Urt. v. 17. 7. 2006 – II ZR 242/04, S. 11 f. – veröffentlicht unter www.bundesgerichtshof.de.

berhinaus die Voraussetzungen der aus der c. i. c. als Sondertatbestand entwickelten Prospekthaftung erfüllen können. Die Kapitalanleger sind danach über alle Umstände aufzuklären, die für ihre Entschließung von wesentlicher Bedeutung sind oder sein können, insbes. auch über Tatsachen, die zu einer Vereitelung des Vertragszweckes führen können.[98]

42   b) **Inhalt und Umfang der Aufklärungspflicht – offenbarungspflichtige Tatsachen.** Im Einzelnen gehören zu den offenbarungspflichtigen Tatsachen wesentliche kapitalmäßige und personelle **Verflechtungen zwischen der Komplementär-GmbH, ihren Geschäftsführern und den sie beherrschenden Gesellschaftern einerseits und den Unternehmen sowie deren Geschäftsführern** und beherrschenden Gesellschaftern andererseits, in deren Hand die nach dem Emissionsprospekt durchzuführenden Vorhaben ganz oder im Wesentlichen liegen.[99] Hängt der wirtschaftliche Bestand der Gesellschaft von der Übernahme und dem Betrieb eines Handelsgeschäftes ab, ist aber nicht sichergestellt, dass die Gesellschaft das Objekt erwerben kann, muss darauf hingewiesen werden; das gilt auch dann, wenn sich die im Anlageprospekt enthaltenen Angaben bis zum Abschluss des Beitrittsvertrages ändern und für den Beitrittsentschluss von wesentlicher Bedeutung sind.[100] Von erheblicher wirtschaftlicher Tragweite für ein Anlageprojekt ist es, wenn das **aufgebrachte Kapital zu einem wesentlichen Teil an den Initiator zurückfließt** und somit für die beworbene Investition nicht zur Verfügung steht. Wird dieser Umstand im Prospekt nicht offenbart, haften die Initiatoren und Betreiber den beigetretenen Interessenten für den ihnen auf Grund dieses Prospektfehlers entstehenden Schaden. Fallen bei einem Anlagemodell „weiche" Kosten in nicht unerheblicher Höhe an, muss ein Anleger, der dem Prospekt nicht ohne weiteres entnehmen kann, in welchem Umfang die von ihm eingezahlten Eigenmittel nicht in das Anlageobjekt einfließen, sondern für Aufwendungen außerhalb der Anschaffungs- und Herstellungskosten verwendet werden, darüber aufgeklärt werden. Er muss auch darauf hingewiesen werden, dass für die Errichtung von Stellplätzen noch ein dem Gesellschaftsgrundstück benachbartes Grundstück erworben werden muss. Das gilt auch, wenn feststeht, dass die Gesellschaft durch den Zukauf nicht mit wesentlichen zusätzlichen Kosten belastet wird.[101] Das gilt erst recht, wenn die Investitionsmittel für die Funktionsträger verwendet werden müssen, weil sich vor Herausgabe des Prospektes die **Marktverhältnisse geändert** haben, so dass eine zeitgerechte Umsetzung des Projektes nicht möglich ist.[102] Fehlende vertragliche Absicherungen des Planungsobjekts[103] sind ebenso offenzulegen wie Risiken des wirtschaftlichen Konzeptes. Beruht der Erfolg einer Geldanlage allein auf der langjährigen Sicherung von Pachtzahlungen, reicht es nicht aus, langjährige Pachtverträge abzuschließen. Vielmehr muss auch die konkrete Möglichkeit der Erwirtschaftung der zugesagten Pachtbeträge einer Plausibilitätsprüfung unterzogen und diese im Prospekt dargestellt werden.[104] Beteiligt sich ein Anleger an einem **ausländischen Immobilienfonds,** ist er darüber aufzuklären, dass dessen Grundstücke zu ca. 75% ihres Wertes mit Grundpfandrechten belastet sind.[105] Ferner sind die für den Zeitpunkt des Beitritts geltenden wirtschaftlichen Daten der Gesellschaft offenzulegen.[106] **Sondervorteile,** die einem Gründungsgesellschafter gewährt werden, müssen ebenfalls offen gelegt werden. Auf solche Sondervorteile muss im Emissionsprospekt eines geschlossenen Immobilienfonds auch dann hingewiesen werden, wenn sie bereits vor dem Beitritt des Anlegers erfolgt sind, aber im Zusammenhang mit dem

---

[98] BGH Urt. v. 24. 4. 1978 – II ZR 172/76, BGHZ 71, 284, 287 f. = NJW 1978, 1625, 1626; BGH Urt. v. 8. 6. 1978 – III ZR 136/76, BGHZ 72, 92, 103 = NJW 1978, 2145 f.; BGH Urt. v. 6. 10. 1980 – II ZR 60/80, BGHZ 79, 337, 344 = NJW 1981, 1449 f.; BGH Urt. v. 31. 5. 1990 – VII ZR 340/88, BGHZ 111, 314, 317 = NJW 1990, 2461 f.; BGH Urt. v. 29. 6. 1991 – VII ZR 376/89, BGHZ 115, 213, 220 = NJW 1992, 228 f.; BGH Urt. v. 2. 2. 1983 – IVa ZR 118/81, NJW 1983, 1730, 1731; BGH Urt. v. 15. 12. 2003 – II ZR 244/01, ZIP 2004, 312; BGH Urt. v. 1. 3. 2004 – II ZR 88/02, ZIP 2004, 1104; BGH Urt. v. 21. 3. 2005 – II ZR 140/03, ZIP 2005, 753; BGH Urt. v. 21. 3. 2005 – II ZR 149/03, ZIP 2005, 763; BGH Urt. v. 21. 3. 2005 – II ZR 310/03, NJW 2005, 1784; BGH Urt. v. 26. 9. 2005 – II ZR 314/03, ZIP 2005, 2060.
[99] BGH Urt. v. 16. 11. 1978 – II ZR 94/77, BGHZ 72, 382, 385 ff. = NJW 1979, 718, 719; BGH Urt. v. 6. 10. 1980 – II ZR 60/80, BGHZ 79, 337, 344 = NJW 1981, 1449 f.; BGH Urt. v. 25. 11. 1981 – IVa ZR 286/80, NJW 1982, 1095, 1096; BGH Urt. v. 10. 10. 1994 – II ZR 95/93, NJW 1995, 130, 131.
[100] BGH Urt. v. 24. 4. 1978 – II ZR 172/76, BGHZ 71, 284, 287 = NJW 1978, 1625, 1626; BGH Urt. v. 16. 11. 1978 – II ZR 94/77, BGHZ 72, 382, 388 = NJW 1979, 718, 719; BGH Urt. v. 24. 5. 1982 – II ZR 124/81, BGHZ 84, 141, 149 = NJW 1982, 2493, 2494; BGH Urt. v. 9. 10. 1989 – II ZR 257/88, WM 1990, 145, 146; BGH Urt. v. 10. 10. 1994 – II ZR 95/93, NJW 1995, 130, 131.
[101] BGH Urt. v. 6. 2. 2006 – II ZR 329/04, WM 2006, 905, 906.
[102] BGH Urt. v. 29. 5. 2000 – II ZR 280/98, DB 2000, 1608; BGH, Urt. v. 21. 3. 2005 – II ZR 310/03, NJW 2005, 1784.
[103] BGH Urt. v. 22. 3. 1979 – VII ZR 259/77, BGHZ 74, 103, 110 = NJW 1979, 1449 f.; BGH Urt. v. 22. 5. 1980 – II ZR 209/79, BGHZ 77, 172, 178 = NJW 1980, 1840, 1841.
[104] BGH Urt. v. 1. 3. 2004 – II ZR 88/02, ZIP 2004, 1104; zur Mietgarantie vgl. auch BGH Urt. v. 7. 7. 2003 – II ZR 18/01, ZIP 2003, 1536.
[105] BGH Urt. v. 10. 4. 1978 – II ZR 103/76, WM 1978, 611, 612.
[106] *BGH Urt. v. 25. 11. 1981 – IVa ZR 286/80, NJW 1982, 1095, 1096.*

Anlageprojekt stehen.[107] Das gilt auch für die **Maklercourtage,** die einer Gesellschaft gezahlt wird, an der der Initiator und seine Ehefrau mit je 25% beteiligt sind.[108] Auch kann die **Pflicht zur Prüfung der steuerlichen Anerkennung** von Verlustzuweisungen bestehen.[109] Sind **Prospektangaben unrichtig geworden,** ist der Beitrittswillige darauf hinzuweisen. Der Werbeprospekt ist zudem unverzüglich zu berichten.[110] Verändern sich die für die Entscheidung der Interessenten maßgebenden Umstände bis zum Abschluss des jeweiligen Beitrittsvertrages, muss der Prospekt ebenfalls berichtigt oder ergänzt werden. Diese Pflicht besteht auch dann, wenn sich die Durchführung eines Projektes verzögert und dadurch eine Verminderung der für den Abschreibungszeitraum in Aussicht gestellten Verlustzuweisung eintritt. Dabei ist es unerheblich, worauf die Verzögerung beruht.[111] Die auf der Unrichtigkeit eines Prospektes beruhende Haftung wird nicht allein dadurch beseitigt, dass die Verantwortlichen einen neuen Prospekt erstellen, ohne auf die Änderungen in geeigneter Weise hinzuweisen.[112] Dem Anleger sind auch **rechtliche Bedenken gegen die Durchführbarkeit des Anlagemodells** auf Grund einer gesetzlichen Änderung bekannt zu geben. Dabei ist nicht entscheidend, ob sich die Rechtslage tatsächlich geändert hat; maßgebend sind vielmehr die Schwierigkeiten, die sich aus einem drohenden Prozessrisiko ergeben können.[113] Er muss auch darüber aufgeklärt werden, dass er **an den Verlusten beteiligt** ist und **Nachschüsse erheblichen Ausmaßes** auf ihn zukommen können, ferner, dass die gewinnunabhängigen Entnahmen in Höhe von 10% der gezahlten Einlagen bereits ab dem Jahr nach dem Vertragsschluss zu einer deutlichen Verringerung des für Investitionen zur Verfügung stehenden Kapitals führen und die Entnahmen auch im Falle der Wiederanlage keinen Kapitalzuwachs bewirken, so dass sie in hohem Maße die Gefahr einer späteren Nachschusspflicht begründen. Auch muss darauf hingewiesen werden, dass die **Entnahmen** trotz ihrer gewinnunabhängigen Ausgestaltung **unter einem Liquiditätsvorbehalt** stehen, der die Gesellschaft berechtigt, bei einem Liquiditätsmangel die Ausschüttungen einseitig einzustellen. Der Anleger muss auch über das geplante Investitionsvolumen informiert werden, wenn es von den üblicherweise zu erwartenden Werten abweichen sollte.[114] Ein Anleger ist auch dann noch **aufklärungsbedürftig,** wenn er Zweifel an der Seriosität des Anlagemodells hat und den Vertrag daher rückgängig macht, **im Rahmen eines erneuten Werbegesprächs** aber dazu veranlasst wird, den Widerruf zurückzunehmen.[115]

Der **Anlagevermittler** schuldet eine richtige und vollständige Information über alle für den Anlageentschluss maßgeblichen Umstände. Er muss die dem Anleger überlassenen schriftlichen Unterlagen über das Beteiligungsobjekt kontrollieren und ihm erläutern; dabei muss er Widersprüche aufdecken, falsche Angaben im Prospekt richtig stellen und – um diesen Pflichten nachkommen zu können – ggf. auch Nachforschungen anstellen.[116] Eine über die Auskunftserteilung hinausgehende Beratung muss differenziert und fundiert sein.[117] Der Vermittler muss den Anlageinteressenten auf jeden Fall darüber unterrichten, wenn der Kapitalabfluss für Provisionen 15% des eingeworbenen Kapitals überschreitet. Sind im Prospekt Vertriebsprovisionen von 11% des einzuwerbenden Kapitals aufgeführt, dem Anlagevermittler jedoch noch weitere Zahlungen in Höhe von 14% des Kommanditkapitals eingeräumt worden, ohne im Prospekt ausgewiesen zu sein, muss dieser Umstand dem Anlageinteressenten unaufgefordert bekannt gegeben werden.[118] Eine Aufklärungspflicht entfällt, wenn der Kapitalanleger über anderweitige gleichwertige Erkenntnismöglichkeiten verfügt; er kann dann redlicherweise nicht darauf vertrauen, von seinem Verhandlungspartner über wesentliche Umstände aufgeklärt zu werden.[119] Den **Anlageberater** trifft die Pflicht, dem Anleger eine an

---

[107] BGH Urt. v. 10. 10. 1994 – II ZR 95/93, NJW 1995, 130, 131; BGH Urt. v. 7. 4. 2003 – II ZR 160/02, ZIP 2003, 996, 997 f.
[108] BGH Urt. v. 6. 2. 2003 – III ZR 287/02, veröffentlicht unter www.bundesgerichtshof.de.
[109] BGH Urt. v. 27. 10. 1983 – VII ZR 12/82, NJW 1983, 863, 864.
[110] BGH Urt. v. 24. 4. 1978 – II ZR 172/76, BGHZ 71, 284, 291 = NJW 1978, 1625, 1626; BGH Urt. v. 16. 11. 1978 – II ZR 94/77, BGHZ 72, 382, 385 f. = NJW 1979, 718, 719; BGH Urt. v. 6. 10. 1980 – II ZR 60/80, BGHZ 79, 337, 343 = NJW 1981, 1449 f.; vgl. auch BGH Urt. v. 13. 1. 2004 – XI ZR 355/02, ZIP 2004, 452.
[111] BGH Urt. v. 15. 12. 2003 – II ZR 244/01, ZIP 2004, 312; BGH Urt. v. 19. 7. 2004 – II ZR 354/02, ZIP 2004, 1706, 1707.
[112] OLG Düsseldorf Urt. v. 27. 5. 1993 – 6 U 81/92, NJW-RR 1994, 37, 38 f.
[113] BGH Urt. v. 21. 3. 2005 – II ZR 149/03, ZIP 2005, 763.
[114] BGH Urt. v. 26. 9. 2005 – II ZR 314/03, ZIP 2005, 2060.
[115] BGH Urt. v. 21. 3. 2005 – II ZR 310/03, NJW 2005, 1784.
[116] BGH Urt. v. 22. 3. 1979 – VII ZR 259/77, BGHZ 74, 103, 111 = NJW 1979, 1449 f.; BGH Urt. v. 25. 11. 1981 – IVa ZR 286/80, NJW 1982, 1095, 1096; BGH Urt. v. 2. 2. 1983 – IVa ZR 118/81, NJW 1983, 1730, 1731.
[117] BGH Urt. v. 25. 11. 1981 – IVa ZR 286/80, NJW 1982, 1095, 1096.
[118] BGH Urt. v. 12. 2. 2004 – III ZR 359/02, ZIP 2004, 1055; BGH Urt. v. 12. 2. 2004 – II ZR 355/02, EWiR § 675 BGB 5/2004, 543.
[119] BGH Urt. v. 22. 4. 1981 – VIII ZR 34/80, WM 1981, 876, 878; BGH Urt. v. 12. 5. 1986 – II ZR 84/85, WM 1986, 1047, 1048.

§ 177 a Anh. B   44–46   2. Buch. 2. Abschnitt. Kommanditgesellschaft

seinem Anlageinteresse ausgerichtete Information zu erteilen, die das tatsächliche und wirtschaftliche Anlagerisiko erkennbar werden lässt. Er ist zu einer anleger- und objektgerechten Kundenberatung verpflichtet.[120]

44   **2. Prospekthaftung. a) Rechtsgrundlage, Inhalt und Rechtsfolgen der Haftung.** Die Werbung der Anleger für den Beitritt zu einer Anlagegesellschaft wie der Publikums-KG wird idR durch den **Vertrieb von Prospekten** und anderem Werbematerial bewerkstelligt. Die Regelungen des § 13 VerkProspG[121] knüpfte bis zum 28. Oktober 2004, diejenige der §§ 44 bis 47 BörsG sowie des § 127 InvG (§§ 19 f. KAGG[122] bzw. §§ 3, 12 AuslInvG aF) knüpfen für den Erwerb von Wertpapieren an einen vergleichbaren Tatbestand an. Da es bislang keine spezialgesetzliche Regelung der Prospekthaftung für Anteile an geschlossenen Fonds gab, lag es nahe, in Anlehnung an diese gesetzlichen Vorschriften aus dem Rechtsinstitut der c. i. c. (§ 311 Abs. 2 BGB nF) als besonderen haftungsrechtlichen Tatbestand für die Beitrittswerbung zur Publikums-KG eine **zivilrechtliche Prospekthaftung** zu entwickeln. Das hat die Rechtsprechung getan.

45   Es handelt sich dabei um eine Haftung für die **sachliche Richtigkeit und Vollständigkeit** der Angaben in Emmissionsprospekten und dem sie begleitenden Werbematerial gegenüber Anlegern, die sich im Vertrauen auf diese Informationen mit einer Kommanditeinlage an der Gesellschaft beteiligen.[123] Auch nur **mittelbar** über einen Treuhandkommanditisten **beteiligte Anleger** können Prospekthaftungsansprüche gegen die Initiatoren haben.[124] Die Haftung beruht nicht auf einem durch den Prospekt geschaffenen konkreten persönlichen Vertrauenstatbestand, sondern auf der davon unabhängigen Überlegung, dass das Vertrauen der Beitretenden typischerweise der Personengruppe gilt, die zu der für die Herausgabe des Werbe- und Informationsmaterials verantwortlichen Leitungsgruppe oder zu den das Anlageunternehmen beherrschenden Hintermännern gehört (**Haftung für typisiertes Vertrauen**).[125] Grundlage dieser Vertrauenshaftung ist somit eine Garantenstellung aus der Tätigkeit und Verantwortlichkeit für die Gesellschaft. Anlageberater unterliegen der Prospekthaftung, weil sie unter Hinweis und Bezugnahme auf den Prospekt oder in sonstiger Weise **ein besonderes persönliches Vertrauen** in Anspruch nehmen.

46   Im Prospekt enthaltene **Freizeichnungsklauseln** schließen die Bildung von Vertrauen – und die darauf gründende Haftung – idR nicht aus.[126] Die Prospekthaftungsgrundsätze wurden auch für Prospekte, mit denen für den **Erwerb von Aktien** außerhalb der geregelten Aktienmärkte[127] und für Bauherrenmodelle[128] geworben wurde, entwickelt. Die Grundsätze der Prospekthaftung galten nicht, wenn eine GmbH mit inhaltlich unrichtigen Prospekten im Geschäftsverkehr warb.[129] Seit **Inkrafttreten des Anlegerschutzverbesserungsgesetzes und dem Erlass der Vermögensanlagen-Verkaufsprospektverordnung**[130] ist die Prospektpflicht für sämtliche nicht verbrieften Unternehmensbeteiligungen wie Anteile an Personenhandelsgesellschaften, GmbH-Anteile, Anteile an Gesellschaften bürgerlichen Rechts sowie stillen Beteiligungen an diesen Gesellschaften gesetzlich geregelt.[131] **Man**

---

[120] BGH Urt. v. 6. 7. 1993 – XI ZR 12/93, WM 1993, 1455; vgl. auch *Assmann* ZIP 2002, 637.
[121] Vgl. dazu OLG Frankfurt am Main Urt. v. 1. 2. 1994 – 5 U 213/92, NJW – RR 1994, 946. Danach beurteilen sich Vollständigkeit und Richtigkeit einer Bilanz nach dem Gesamteindruck, den ein durchschnittlicher Anleger gewinnt, „der eine Bilanz zu lesen versteht, aber nicht unbedingt mit der in eingeweihten Kreisen gebräuchlichen Schlüsselsprache vertraut zu sein braucht."
[122] Zu den Anforderungen an Verkaufsprospekte von Kapitalanlagegesellschaften vgl. BGH Urt v. 22. 2. 2005 – XI ZR 359/03, WM 2005, 782.
[123] BGH Urt. v. 16. 11. 1978 – II ZR 94/77, BGHZ 72, 382, 388 = NJW 1979, 718, 179; BGH Urt. v. 6. 10. 1980 – II ZR 60/80, BGHZ 79, 337, 344 = NJW 1981, 1449 f.; BGH Urt. v. 27. 6. 1984 – IVa ZR 231/82, NJW 1984, 2524, 2525; BGH Urt. v. 21. 5. 1984 – II ZR 83/84, NJW 1984, 2523; BGH Urt. v. 17. 6. 1991 – II ZR 121/90, NJW-RR 1991, 1246, 1247 f.; OLG Bremen Urt. v. 21. 12. 1982 – 1 U 66/82, ZIP 1983, 423 f.; BGH Urt. v. 6. 2. 2006 – II ZR 329/04, WM 2006, 905. 906.
[124] BGH Urt. v. 30. 3. 1987 – I ZR 163/86, NJW 1987, 2677, 2678.
[125] BGH Urt. v. 24. 4. 1978 – IV ZR 172/76, BGHZ 71, 284, 287 f. = NJW 1978, 1625, 1626; BGH Urt. v. 16. 11. 1978 – II ZR 94/77, BGHZ 72, 382, 385 f. = NJW 1979, 718, 719; BGH Urt. v. 6. 10. 1980 – II ZR 60/80, BGHZ 79, 337, 341 = NJW 1981, 1449 f.; BGH Urt. v. 21. 5. 1984 – II ZR 83/84, NJW 1984, 2523.
[126] BGH Urt. v. 27. 6. 1984 – IVa ZR 231/82, NJW 1984, 2524, 2525; zur Unwirksamkeit einer Klausel, die eine Haftung des Anlagevermittlers auf Vorsatz und grobe Fahrlässigkeit beschränkt, vgl. BGH, Urt. v. 11. 12. 2003 – III ZR 118/03, ZIP 2004, 414; zur Unwirksamkeit der Beschränkung der Prospekthaftung auf Vorsatz und grobe Fahrlässigkeit im Prospekt vgl. BGH Urt. v. 14. 1. 2002 – II ZR 40/00, NZM 2002, 964.
[127] BGH Urt. v. 5. 7. 1993 – II ZR 194/92, BGHZ 123, 106, 109 = NJW 1993, 2865 f.; BGH Urt. v. 25. 9. 1985 – IVa ZR 237/83, WM 1985, 1520, 1521.
[128] BGH Urt. v. 31. 5. 1990 – VII ZR 340/88, BGHZ 111, 314, 317 f. = NJW 1990, 2461 f.; BGH Urt. v. 26. 9. 1991 – VII ZR 376/89, 2218 f. = NJW 1992, 228; BGH Urt. v. 25. 10. 1990 – VII ZR 284/88, WM 1991, 13, 14; BGH Urt. v. 10. 10. 1994 – II ZR 95/93, NJW 1995, 130, 131.
[129] BGH Urt. v. 4. 5. 1981 – II ZR 193/80, NJW 1981, 2810, 2811.
[130] Vgl. dazu die Anmerkung in Fn. 519.
[131] Vgl. § 8 f Abs. 1 VerkProspG und insbesondere §§ 1 und 9 VermVerkProspV.

kann wohl davon ausgehen, dass – die Altfälle ausgenommen – die gesetzliche Prospekthaftung für nicht verbriefte Unternehmensbeteiligungen die zivilrechtliche Prospekthaftung im engeren Sinne ersetzt.

Haftungsvoraussetzung ist allein, dass die Unrichtigkeit oder Unvollständigkeit der Prospektangaben für den Beitritt ursächlich war. Der Anlegerschutz beschränkt sich nicht darauf, dass sich die unvollständigen oder unrichtigen Angaben auf Umstände beziehen, die sich später auf die wirtschaftliche Entwicklung der Anlage auch tatsächlich negativ auswirken.[132] 47

Darlegungs- und beweispflichtig für die Ursächlichkeit zwischen der Verletzung der Aufklärungspflicht und dem Beitritt ist der Anleger. Die Rspr. stellt jedoch keine strengen Anforderungen an diesen Kausalitätsnachweis. Nach der Lebenserfahrung ist davon auszugehen, dass ein in wesentlichen Punkten unrichtiger Prospekt für den auf seiner Grundlage erklärten Beitritt ursächlich geworden ist.[133] Der Tatrichter hat – bei streitigem Sachverhalt ggfs. nach Erhebung der angetretenen Beweise – in der nach § 286 ZPO vorzunehmenden Gesamtwürdigung darüber zu befinden, ob er von der Kausalität des Aufklärungsmangels für die Beitrittsentscheidung überzeugt ist. Dabei muss er die Einzelheiten, die den Geschädigten nach seinem Vortrag dazu bewogen hätten, dass er sich bei Kenntnis der verschwiegenen Umstände gegen den Beitritt entschieden hätte, ebenso berücksichtigen wie die objektive Bedeutung dieser Umstände für die Werthaltigkeit des Anlageobjektes.[134] Andererseits darf er nicht zu dem Ergebnis gelangen, dass der Prospektfehler nur als Vorwand für die Rückgängigmachung einer Investitionsentscheidung genommen wird, weil sie sich für den Anleger später aus anderen Gründen als nachteilig erwiesen hat.[135] Der Beweis der Kausalität kann als geführt angesehen werden, wenn der Richter unter Würdigung dieser Umstände zu der Überzeugung gelangt, dass der Kommanditist dem Anlageprojekt nicht beigetreten wäre, wenn der Prospekt richtig und vollständig gewesen wäre.[136] Den Vorschlägen des Schrifttums, eine Beweislastumkehr[137] oder die Grundsätze des prima-facie-Beweises anzuwenden,[138] ist der BGH nicht gefolgt.[139] 48

b) Prospekthaftung im engeren Sinne – Kreis der Prospekthaftpflichtigen. aa) Komplementäre bzw. Komplementär-GmbH, Initiatoren, Gründer und Hintermänner. Prospekthaftungspflichtig sind neben der Komplementär-GmbH – bzw. den Komplementären –[140] alle Personen, die besonderen Einfluss in der Publikums-KG ausüben, Mitverantwortung tragen, mit deren Wissen und Wollen oder mit deren Initiative der Prospekt in den Verkehr gebracht worden ist und die ein Vertrauen des Anlegers für die Richtigkeit und Vollständigkeit des Prospektes in Anspruch nehmen (**sog. typisiertes Vertrauen**), dem aber nicht gerecht werden können.[141] Das sind die in der Anlagegesellschaft das Management bildenden oder beherrschenden **Gründer**,[142] **Initiatoren** der Gesellschaft[143] sowie alle Personen, die neben der Geschäftsleitung besonderen Einfluss in der Gesellschaft ausüben und deshalb Mitverantwortung tragen, einschließlich – auch erst später beigetretener – Kommanditisten, die einen solchen Einfluss ausüben.[144] Bedeutung und Einfluss dieser Personen braucht nicht aus dem Prospekt hervorzugehen und dem beitrittswilligen Kommanditisten 49

---

[132] BGH Urt. v. 5. 7. 1993 – II ZR 194/92, BGHZ 123, 106, 111 f. = NJW 1993, 2865 f.
[133] BGH Urt. v. 6. 10. 1980 – II ZR 60/80, BGHZ 79, 337, 346 = NJW 1981, 1449 f.; BGH Urt. v. 24. 5. 1982 – II ZR 124/81, BGHZ 84, 141, 148 = NJW 1982, 2493, 2494; BGH Urt. v. 12. 2. 1979 – II ZR 177/77, NJW 1979, 1595, 1597; BGH Urt. v. 17. 6. 1991 – II ZR 121/90, NJW-RR 1991, 1246, 1248; BGH Urt. v. 14. 1. 2002 – II ZR 40/00, NZM 2002, 964; BGH Urt. v. 29. 5. 2000 – II ZR 280/98, ZIP 2000, 1297, 1298 mwN.; BGH Urt. v. 6. 2. 2006 – II ZR 329/04, WM 2006, 905, 906.
[134] BGH Urt. v. 17. 6. 1991 – II ZR 121/90, NJW-RR 1991, 1246, 1247 f.
[135] BGH Urt. v. 5. 7. 1993 – II ZR 194/92, BGHZ 123, 106, 109 = NJW 1993, 2865 f.
[136] BGH Urt. v. 5. 7. 1993 – II ZR 225/92, DStR 1993, 1600, 1601.
[137] *Wittmann* DB 1980, 1579, 1586.
[138] *Nirk*, FS Hefermehl, S. 189, 200.
[139] Zur Frage der sekundären Beweislast der Gesellschaft und der richterlichen Beweiswürdigung vgl. BGH Urt. v. 26. 9. 2005 – II ZR 314/03, ZIP 2005, 2060.
[140] Komplementäre bzw. Komplementär-GmbH BGH Urt. v. 24. 4. 1978 – II ZR 172/76, BGHZ 71, 284, 286 = NJW 1978, 1625, 1626; BGH Urt. v. 17. 6. 1991 – II ZR 121/90, NJW-RR 1991, 1246, 1247 f.
[141] BGH Urt. v. 24. 4. 1978 – II ZR 172/76, BGHZ 71, 284, 287 = NJW 1978, 1625, 1626; BGH Urt. v. 16. 11. 1978 – II ZR 94/77, BGHZ 72, 382, 386 f. = NJW 1979, 718, 719; BGH Urt. v. 6. 10. 1980 – II ZR 60/80, BGHZ 79, 337, 340 f. = NJW 1981, 1449 f.; BGH Urt. v. 22. 3. 1982 – II ZR 114/81, BGHZ 83, 222, 223 = NJW 1982, 1514, 1515; BGH Urt. v. 5. 10. 1990 – VII ZR 340/88, BGHZ 111, 314, 319 = NJW 1990, 2461 f.; BGH Urt. v. 21. 5. 1984 – II ZR 83/84, NJW 1984, 2523; BGH Urt. v. 14. 1. 1985 – II ZR 124/82, WM 1985, 534, 535; BGH Urt. v. 17. 2. 1986 – II ZR 238/84, WM 1986, 583, 584; BGH Urt. v. 1. 10. 1984 – II ZR 158/84, WM 1984, 1529, 1530; BGH Urt. v. 30. 3. 1987 – II ZR 163/86, NJW 1987, 2677, 2678; BGH Urt. v. 11. 3. 1991 – II ZR 132/90, NJW-RR 1991, 804, 805; BGH Urt. v. 20. 1. 1992 – II ZR 90/91, NJW-RR 1992, 542, 543; OLG Düsseldorf Urt. v. 27. 5. 1993 – 6 U 81/92, NJW-RR 1994, 37, 38 f.
[142] BGH Urt. v. 9. 10. 1989 – II ZR 257/88, WM 1990, 145, 148.
[143] BGH Urt. v. 6. 10. 1980 – II ZR 60/80, BGHZ 79, 337, 341 = NJW 1981, 1449 f.
[144] BGH Urt. v. 25. 2. 1991 – II ZR 60/90, NJW 1991, 1608, 1609.

auch nicht bekannt zu werden; als Anknüpfungspunkt genügt die Tätigkeit und Verantwortung dieser Personen in der Publikums-KG.

50   Ein Gründungsgesellschafter hat nach **§ 278 BGB** für die unrichtigen Prospektangaben einzustehen, mit denen die beim Abschluss des Aufnahmevertrages eingeschalteten Erfüllungsgehilfen den Anleger zum Beitritt bewogen haben.[145]

51   **bb) Sachverständige.** Prospekthaftpflichtig sind auch all diejenigen Personen, die durch ihre nach außen in Erscheinung tretende Mitwirkung an der Prospektgestaltung einen besonderen – zusätzlichen – Vertrauenstatbestand schaffen. Davon betroffen sind solche Personen oder Unternehmen, die auf Grund ihrer besonderen **beruflichen Qualifikation**, ihrer **wirtschaftlichen Stellung** oder mit Rücksicht auf ihre Eigenschaft als **berufsmäßige Sachkenner** die Richtigkeit und Vollständigkeit der Emissionsprospekte garantieren. Sie werden im Prospekt ausdrücklich genannt. In erster Linie kommen **Rechtsanwälte, Wirtschaftsprüfer und Steuerberater** in Betracht, die mit ihrer Zustimmung im Prospekt als Sachverständige namentlich genannt werden und in dieser Eigenschaft Erklärungen (zB Kurzgutachten) abgeben.[146]

52   Diese Personen haften – anders als die unter aa) Genannten – nicht für jede Unrichtigkeit oder Unvollständigkeit des Prospektes. Ihre Haftung kommt nur insoweit in Betracht, als sie mit ihren Angaben im Prospekt selbst einen Vertrauenstatbestand geschaffen haben.[147] Das kann zB im Hinblick auf die Vollständigkeit und Richtigkeit ihrer im Prospekt wiedergegebenen gutachtlichen Beurteilung des Anlageobjektes einschl. der zugrundeliegenden Feststellungen der Fall sein;[148] ferner, wenn im Prospekt versichert wird, dass der dort namentlich aufgeführte Rechtsanwalt die seinem **Anderkonto** gutzubringenden Einlagen bestimmungsgemäß freigeben werde, während in Wirklichkeit die sofortige Weiterleitung der Gelder vereinbart worden ist.[149]

53   Der im Prospekt enthaltene Hinweis, dass jemand das Amt eines Beiratsmitgliedes bekleide oder als Kommanditist beteiligt sei, führt zu einer Garantie des Betreffenden für die Richtigkeit dieser Mitteilung, nicht jedoch des übrigen Prospektinhaltes.[150]

54   Nicht prospekthaftpflichtig sind die nach außen unbekannt gebliebenen Prospektverfasser. Auch der Hinweis auf ein Gutachten ohne Benennung seines Verfassers führt nicht zu dessen Prospekthaftung. Wohl kommt bei Unrichtigkeit des Gutachtens eine Haftung nach § 826 BGB in Betracht, wenn der Verfasser leichtfertig gehandelt und damit eine Schädigung der Anleger in Kauf genommen hat.[151]

55   **cc) Kommanditisten.** Die Kommanditisten trifft die Prospekthaftung, wenn sie selbst mit **unrichtigen Angaben** den Beitritt von Anlegern herbeiführen.[152] Veranlasst der Komplementär Anlageinteressenten durch unrichtige Angaben zum Beitritt, kann dieses pflichtwidrige Verhalten den Kommanditisten, die zu einem früheren Zeitpunkt, aber nach Gründung der Anlagegesellschaft beigetreten sind, idR nicht nach **§ 278 BGB** zugerechnet werden, weil die Schaffung des Vertragswerkes ihrem Einflussbereich entzogen war und sie keinen Einfluss auf die Beitrittsverhandlungen nehmen konnten.[153] Hingegen haftet ein Anlagegesellschafter, der selbst durch unrichtige Angaben bewirkt, dass der Publikums-KG Anlagegesellschafter beitreten.[154] Kommanditisten, die als Garanten für Vorbereitung und Durchführung gesellschaftlicher Vorhaben in Erscheinung treten[155] oder durch

---

[145] BGH Urt. v. 30. 3. 1987 – II ZR 163/86, NJW 1987, 2677, 2678; BGH Urt. v. 9. 10. 1989 – II ZR 257/88, WM 1990, 145, 148; BGH Urt. v. 25. 2. 1991 – II ZR 60/90, NJW 1991, 1608, 1609; BGH Urt. v. 11. 3. 1991 – II ZR 132/90, NJW-RR 1991, 804, 805.
[146] BGH Urt. v. 22. 5. 1980 – II ZR 209/79, BGHZ 77, 172, 176 f. = NJW 1980, 1840, 1841; BGH Urt. v. 6. 10. 1980 – II ZR 60/80, BGHZ 79, 337, 348 = NJW 1981, 1449 f.; BGH Urt. v. 22. 3. 1982 – II ZR 114/81, BGHZ 83, 222, 224 = NJW 1982, 1514 f.; BGH Urt. v. 31. 5. 1990 – VII ZR 340/88, BGHZ 111, 314, 319 = NJW 1990, 2461 f.; BGH Urt. v. 21. 11. 1983 – II ZR 27/83, NJW 1984, 865, 866; BGH Urt. v. 14. 4. 1986 – II ZR 123/85, WM 1986, 904, 906; BGH Urt. v. 19. 1. 1987 – II ZR 158/86, WM 1987, 425, 426; BGH Urt. v. 31. 3. 1992 – XI ZR 70/91, WM 1992, 901, 906.
[147] BGH Urt. v. 14. 4. 1986 – II ZR 123/85, WM 1986, 904, 906; OLG Düsseldorf Urt. v. 11. 6. 1985 – 23 U 245/84, EWiR 1986, 25, 26.
[148] BGH Urt. v. 6. 10. 1980 – II ZR 60/80, BGHZ 79, 337, 348 = NJW 1981, 1449 f.
[149] BGH Urt. v. 21. 11. 1983 – II ZR 27/83, NJW 1984, 865, 866.
[150] BGH Urt. v. 6. 10. 1980 – II ZR 60/80, BGHZ 79, 337, 348 = NJW 1981, 1449 f.
[151] BGH Urt. v. 14. 4. 1986 – II ZR 123/85, WM 1986, 904, 906.
[152] BGH Urt. v. 1. 10. 1984 – II ZR 158/84, NJW 1985, 380, 381; BGH Urt. v. 30. 3. 1987 – II ZR 163/86, NJW 1987, 2677, 2678; BGH Urt. v. 20. 1. 1992 – II ZR 90/91, WM 1992, 482, 483; BGH Urt. v. 14. 12. 1972 – II ZR 82/70, NJW 1973, 1604, 1605.
[153] BGH Urt. v. 24. 4. 1978 – II ZR 172/76, BGHZ 71, 284, 286 = NJW 1978, 1625, 1626; BGH Urt. v. 14. 12. 1972 – II ZR 82/70, NJW 1973, 1604, 1605; BGH Urt. v. 14. 1. 1985 – II ZR 41/84, WM 1985, 533, 534; BGH Urt. v. 11. 3. 1991 – II ZR 132/90, NJW-RR 1991, 804, 805.
[154] BGH Urt. v. 20. 1. 1992 – II ZR 90/91, NJW-RR 1992, 542, 543.
[155] *BGH Urt. v. 1. 10. 1984 – II ZR 158/84, NJW 1985, 380, 381.*

ihr finanzielles Engagement die Gesellschaft am Leben erhalten[156] und auf diese Weise aus der anonymen Masse der Kapitalanleger herausragen und im **Lager der Initiatoren** stehen, haften gem. **§ 278 BGB** für pflichtwidriges Verhalten von Anlagevermittlern oder der Komplementärgesellschaft anlässlich der Beitrittsverhandlungen.

c) Prospekthaftung im weiteren Sinne – Kreis der Prospekthaftpflichtigen. Die Prospekt- 56 haftung im weiteren Sinne trifft die Personen, die dadurch ein besonderes persönliches Vertrauen in Anspruch nehmen, dass sie sich bei der Erfüllung der ihnen obliegenden Aufklärungspflichten auf einen Prospekt stützen. Sie machen sich den Informationsgehalt des Prospektes zu eigen oder rufen auf sonstige Weise den Eindruck einer besonderen Zuverlässigkeit bei dem umworbenen Anleger hervor.

aa) Haftung der Treuhandkommanditisten. Ist der Anleger an der Publikums-KG mittelbar 57 über einen Treuhandkommanditisten beteiligt, so trifft die Prospekthaftung auch den Treuhänder.[157] Dieser hat uU auch für Pflichtverletzungen eingeschalteter Dritter nach § 278 BGB zu haften.[158] Mit dem Schadenersatzanspruch aus Prospekthaftung kann nicht gegen die Einlageforderung der Gesellschaft aufgerechnet werden; denn die schuldhafte Irreführung des beitretenden Kommanditisten durch die Verantwortlichen kann der Publikums-KG sowie den Anlagegesellschaftern nicht zugerechnet werden, weil diese idR nicht zu dem verantwortlichen Personenkreis zählen.[159]
In den letzten Jahren haben einige Zivilsenate des BGH eine ständige Rechtsprechung entwickelt, nach der **Treuhändervollmachten** und die ihnen zugrunde liegenden Geschäftsbesorgungsverträge gegen **Art. 1 § 1 RBerG** verstoßen und damit nach § 134 BGB nichtig sind, wenn Gegenstand des Auftrages nicht nur die wirtschaftlichen Belange des Anlegers, sondern die rechtliche Abwicklung des Grundstückserwerbs oder des Fondsbeitritts sind.[160] Einer GmbH, die derartige Geschäfte durchführt, hilft es nicht, wenn sie einen als Rechtsanwalt zugelassenen Geschäftsführer hat. Auch in diesem Falle bedarf die GmbH einer Erlaubnis nach dem Rechtsberatungsgesetz.[161]

Offen gelassen hat der II. Zivilsenat, ob die Nichtigkeit auch den abgeschlossenen **Darlehnsvertrag erfasst**. Diese Frage wird vom XI. Senat grundsätzlich verneint und nur für den Fall bejaht, dass sich der Darlehnsvertrag als wirtschaftliches Teilstück zur Erreichung eines verbotenen Gesamtzweckes darstellt. Davon könne bei einem kreditfinanzierten Immobilienerwerb zu Steuersparzwecken – anders als bei den sog. Unfallhilfefällen – keine Rede sein.[162] Der II. Zivilsenat geht auf jeden Fall von der Unwirksamkeit des Vertrages aus, weil keine wirksame Vollmacht vorgelegen hat.

Der IV. und der XI. Senat bejahen die **Anwendbarkeit der §§ 171, 172 BGB** sowie der Grundsätze der Duldungs- und Anscheinsvollmacht auf die nach Art. 1 § 1 RBerG nichtige Vollmacht.[163] Der II. Zivilsenat[164] hat dagegen obiter dictum Bedenken erhoben und erkennen lassen, dass er sich dieser Meinung nicht anschließen könne. Einer Rechtsscheinhaftung werde dem Umstand nicht gerecht, dass Beitritt und Finanzierung ein verbundenes Geschäft darstellten und der Treuhänder als Vertreter des Anlageinteressenten von den Gründern und Initiatoren in Kenntnis der Bank eingeschaltet werde. Die Bank gliedere sich bewusst in die Vertriebsorganisation ein, soweit sie ihre Vertragsformulare der von den Initiatoren eingeschalteten Vertriebsgesellschaft überlasse oder sich der Selbstauskunftsformulare des Vertriebsunternehmens bediene und den Darlehnsvertrag nicht mit den Interessenten, sondern dem Treuhänder schließe. Da die Bank sich des von den Fonds-

---

[156] BGH Urt. v. 25. 2. 1991 – II ZR 60/90, NJW 1991, 1608, 1609.
[157] BGH Urt. v. 24. 5. 1982 – II ZR 124/81, BGHZ 84, 141, 143, 145 = NJW 1982, 2493, 2494 zur Prospekthaftung und c. i. c.; BGH Urt. v. 27. 10. 1983 – VII ZR, 12/82 NJW 1984, 863, 864 zur Prospekthaftung; BGH Urt. v. 14. 1. 1985 – II ZR 41/84, WM 1985, 533, 534 zur Prospekthaftung und c. i. c.; BGH Urt. v. 19. 1. 1987 – II ZR 158/86, NJW 1987, 1262, 1264 zur Prospekthaftung; BGH Urt. v. 21. 10. 1991 – II ZR 204/90, BGHZ 116, 7, 9 f. = NJW 1992, 241 f. zur Prospekthaftung; BGH Urt. v. 10. 10. 1994 – II ZR 95/93, NJW 1995, 130, 131 zur Prospekthaftung und c. i. c.; BGH Urt. v. 14. 1. 2002 – II ZR 40/00, NZM 2002, 964; BGH Urt. v. 17. 2. 1986 – II ZR 238/84, NJW-RR 1986, 968, 969 zur Haftung des Geschäftsführers des Treuhandkommanditisten.
[158] BGH Urt. v. 30. 10. 1967 – VII ZR 82/65, BGHZ 49, 19, 23 = NJW 1968, 391; BGH Urt. v. 24. 5. 1982 – II ZR 124/81, BGHZ 84, 141, 145 = NJW 1982, 2493, 2494; BGH Urt. v. 14. 1. 1985 – II ZR 41/86, WM 1985, 533, 534; BGH Urt. v. 21. 10. 1991 – II ZR 204/90, BGHZ 116, 7, 12 = NJW 1992, 241, 242.
[159] BGH Urt. v. 24. 4. 1978 – II ZR 172/76, BGHZ 71, 284, 286 = NJW 1978, 1625, 1626; BGH Urt. v. 14. 12. 1972 – II ZR 82/70, NJW 1973, 1604, 1605; BGH Urt. v. 1. 10. 1984 – II ZR 158/84, NJW 1985, 380, 381; BGH Urt. v. 22. 1. 1979 – II ZR 185/78, NJW 1979, 612, 613.
[160] Vgl. BGH Urt. v. 25. 4. 2006 – XI ZR 29/05, WM 2006, 1008, 1010 mwN.
[161] BGH Urt. v. 22. 2. 2005 – XI ZR 41/04, ZIP 2005, 896.
[162] Vgl. zuletzt BGH Urt. v. 23. 3. 2004 – XI ZR 194/02, ZIP 2004, 1188, 1191, Urt. v. 26. 10. 2004 – XI ZR 255/03, ZIP 2005, 69; Urt. v. 9. 11. 2004 – XI ZR 315/03, ZIP 2005, 110.
[163] Vgl. zuletzt BGH Urt. v. 10. 3. 2004 – IV ZR 143/03, WM 2004, 922, 923 f.; Urt. v. 20. 4. 2004 – XI ZR 164/03, WM 2004, 1227, 1228 f.; BGH, Urt. v. 25. 4. 2006 – XI ZR 29/05, NJW 2006, 1952.
[164] BGH Urt. v. 14. 6. 2004 – II ZR 393/02, WM 2004, 1529, 1531; Urt. v. 14. 6. 2004 – II ZR 407/02, WM 2004, 1536, 1538.

§ 177 a Anh. B 58–60   2. Buch. 2. Abschnitt. Kommanditgesellschaft

initiatoren bestimmten und vorgegebenen Modells zur Verwirklichung ihrer Geschäftschancen bediene, könne sie nicht wie ein gutgläubiger Dritter behandelt werden, der im Hinblick auf einen in diesem Vertriebskonzept entstandenen Vertrauenstatbestand schutzwürdig sei. Es erscheine daher unangemessen, die mit dem Vertriebskonzept verbundenen Risiken allein auf den Anleger abzuwälzen.

Gegen diese Auffassung hat sich der XI. Zivilsenat – für den Bereich kreditfinanzierter Grundstücksgeschäfte – gewandt.[165] Dieser brauchte den Großen Senat für Zivilsachen nicht anzurufen, weil sich der II. Zivilsenat nur obiter dictum zu dem Problem geäußert hatte, im Übrigen auch mitgeteilt hat, dass er an seiner Auffassung nicht festhalten.[166] Die §§ 171 ff. BGB setzten kein Vertrauensverhältnis zwischen Vertreter und Vertretenem voraus. Sie knüpften ausschließlich an die Vorlage der vom Vertretenen ausgestellten Vollmachtsurkunde und den guten Glauben des Vertragspartners an die Wirksamkeit der Vollmacht an. Ein Konflikt zwischen dem Interesse des Vertreters und des Vertretenen rechtfertige zudem nicht die Anwendung des § 181 BGB. Der Schutz des Vertretenen werde lediglich unter den besonderen Voraussetzungen des Missbrauchs der Vertretungsmacht gewährleistet. Die Regelung der §§ 171 ff. BGB könnte nicht einfach für unanwendbar erklärt werden. Zwar könne man im Rahmen einer Güterabwägung die Schutzinteressen des Vollmachtgebers ausnahmsweise höher bewerten als die des auf die Vollmachtkundgabe vertrauenden Vertragspartners, etwa, wenn die Vollmachturkunde dem Vollmachtgeber entwendet worden sei.[167] Davon könne indes bei Anlegern in einem Geschäft wie dem vorliegenden nicht die Rede sein. Das Kreditverwendungsrisiko habe allein der Darlehnsnehmer zu tragen; auf die kreditgebende Bank könne es nicht abgewälzt werden. Diese trage das Bonitätsrisiko des Darlehnsnehmers.

58   **bb) Haftung des Anlagevermittlers.** Die Prospekthaftung trifft ferner die selbständigen Vermittler von Kapitalanlagen, die bei der Erfüllung der ihnen obliegenden Aufklärungspflichten (vgl. RdNr. 43) auf einen Prospekt zurückgreifen, sich seinen Informationsgehalt zu eigen machen oder auf andere Weise den Eindruck erwecken, besonders zuverlässig zu sein. Diese Voraussetzungen sind zB gegeben, wenn sie selbst Angaben über das Anlageobjekt gemacht oder entsprechende Prospekte versandt haben.[168]

59   **cc) Haftung der Kreditgeber.** Grundsätzlich besteht für ein Kreditinstitut **keine Rechtspflicht zur Aufklärung** des Darlehensnehmers über die Risiken einer zu finanzierenden Beteiligung. Etwas anderes kann sich im Einzelfall aus Treu und Glauben dann ergeben, wenn die Bank einen erkennbaren konkreten Wissensvorsprung über die speziellen Gefahren eines bestimmten Projekts besitzt oder einen besonderen Gefährdungstatbestand für das Vermögen des Kapitalanlegers begünstigt oder schafft.[169] In Fällen, in denen ein institutionalisiertes Zusammenwirken der kreditgebenden Bank und des Verkäufers oder Vertreibers eines Objektes vorliegt, können sich Anleger unter erleichterten Voraussetzungen auf einen die Aufklärungspflicht auslösenden Wissensvorsprung der finanzierenden Bank im Zusammenhang mit einer arglistigen Täuschung des Anlegers durch den Vermittler, Verkäufer oder Fondsinitiator bzw. des Fondsprospekts über das Anlageobjekt berufen. Die Kenntnis der Bank von einer derartigen arglistigen Täuschung, die eine Aufklärungspflicht auslöst, wird nämlich widerleglich vermutet, wenn die Finanzierung der Kapitalanlage vom Verkäufer oder Vermittler angeboten worden ist und die Unrichtigkeit der Angaben des Verkäufers, Fondsinitiators oder der für sie tätigen Vermittler bzw. des Verkaufs- oder Fondsprospektes nach den Umständen des Falles evident ist, so dass sich die Annahme aufdrängt, die Bank habe sich der Kenntnis der arglistigen Täuschung geradezu verschlossen.[170]

60   § 358 Abs. 1 BGB nF (§ 9 Abs. 4 VerbrKrG) erstreckt die gesetzliche Regelung über die Finanzierung des Erwerbs einer Sache auf Kredite, mit denen das Entgelt für *eine andere Leistung finanziert wird*. Nach der Rechtsprechung des BGH ist der **Gedanke des verbundenen Geschäftes** auf einen Kredit anzuwenden, der zur Finanzierung der Beteiligung an einer Anlagegesellschaft

---

[165] BGH Urt. v. 26. 10. 2004 – XI ZR 255/03, ZIP 2005, 69; Urt. v. 9. 11. 2004 – II ZR 315/03, ZIP 2005, 110; bestätigt durch Urteile vom 25. 4. 2006 – XI ZR 219/04, ZIP 2006, 1088 und XI ZR 29/05, ZIP 2006, 987.
[166] BGH, Urt. v. 25. 4. 2006 – XI ZR 29/05, NJW 2006, 1952 Tz. 41.
[167] BGH, Urt. v. 5. 6. 1975 – II ZR 23/74, BGHZ 65, 13 ff.
[168] BGH Urt. v. 22. 3. 1979 – VII ZR 259/77, BGHZ 74, 103, 106 = NJW 1979, 1449 f.; BGH Urt. v. 10. 4. 1978 – II ZR 103/78, BB 1978, 1031, 1032; BGH Urt. v. 25. 11. 1981 – IVa ZR 286/80 NJW 1982, 1095, 1096; BGH Urt. v. 27. 6. 1984 – IVa ZR 231/82, NJW 1984, 2524, 2525; OLG Frankfurt Urt. v. 26. 10. 1978 – 1 U 235/77, WM 1979, 1393, 1395 f.
[169] BGH Urt. v. 8. 6. 1978 – III ZR 136/76, BGHZ 72, 92, 104 = NJW 1978, 2145 f.; BGH Urt. v. 29. 5. 1978 – II ZR 173/77, NJW 1978, 2547, 2548; BGH Urt. v. 13. 11. 1980 – III ZR 96/78, NJW 1981, 389, 390; BGH Urt. v. 14. 6. 2004 – II ZR 393/02, ZIP 2004, 1394 mwN aus der Rechtsprechung des XI. ZS des BGH; OLG München Urt. v. 22. 2. 1990 – 1 U 4624/87, EWiR 1992, 979, 980; Baumbach/*Hopt* § 177 a RdNr. 66.
[170] BGH Urt. v. 16. 5. 2006 – XI ZR 6/04, ZIP 2006, 1187.

Die Publikumskommanditgesellschaft 60a § 177 a Anh. B

aufgenommen wird.[171] Wenn auch der Beitritt zu einer Anlagegesellschaft kein auf eine entgeltliche Leistung gerichtetes Geschäft sei, könne er auf Grund des wirtschaftlichen Zwecks und der Schutzbedürftigkeit des Anlegers einem Vertrag über eine entgeltliche Leistung gleichgestellt werden. Ähnlich hatte der BGH bereits früher ausgeführt, es liege ein Vertrag über eine entgeltliche Leistung vor, weil sich der Anleger in der Hoffnung auf Gewinnerzielung zur Entgeltzahlung für den Erwerb eines Gesellschaftsanteils verpflichte. Dabei handele es sich nicht um ein dem Beitritt zu einem Verein oder einer Genossenschaft vergleichbares organisationsrechtliches Geschäft.[172] Nach § 358 Abs. 3 S. 1 BGB nF (§ 9 Abs. 1 S. 1 VerbrKrG) sind ein Verbraucherdarlehnsvertrag und der Vertrag über die *Erbringung einer anderen Leistung* ein verbundenes Geschäft, wenn der Kredit der Finanzierung der anderen Leistung dient und beide Verträge eine **wirtschaftliche Einheit bilden.** Die Verbindung zu einer wirtschaftlichen Einheit tritt nach der Rechtsprechung grundsätzlich dann ein, wenn Bank und Gründungsgesellschafter ein gemeinsames Konzept entwickeln, nach dem das **Darlehn ausschließlich zur Finanzierung der Beteiligung** an der Gesellschaft dient, so dass keiner der beiden Verträge ohne den anderen abgeschlossen worden wäre.[173] Das Gesetz bestimmt für die Kreditfinanzierung, dass eine wirtschaftliche Einheit insbesondere dann anzunehmen ist, wenn sich der Darlehnsgeber bei der Vorbereitung oder dem Abschluss des Verbraucherdarlehnsvertrages der Mitwirkung des Unternehmers bedient (§ 358 Abs. 3 S. 2 BGB nF; § 9 Abs. 1 S. 2 VerbrKrG). Diese **unwiderlegliche Vermutung**[174] ist dann erfüllt, wenn Bank und Initiatoren des Fonds **dieselbe Vertriebsorganisation** einschalten.[175] Rechtsfolge dieser Voraussetzungen ist der Rückforderungs- und Einwendungsdurchgriff: Hat der Verkäufer das Darlehn erhalten, muss der Darlehnsgeber für die sich aus dem **Widerruf** ergebenden Rechtsfolgen gegenüber dem Verbraucher in die Rechte und Pflichten des Verkäufers aus dem Kaufvertrag eintreten (**Rückforderungsdurchgriff, § 358 Abs. 4 S. 3 BGB nF, § 9 Abs. 2 S. 4 VerbrKrG**). Ohne Beschränkung auf den Widerruf trifft das Gesetz ferner die Anordnung, dass der Verbraucher die Rückzahlung des Kredites ablehnen kann, wenn ihm gegenüber dem Verkäufer Einwendungen aus dem (verbundenen) Kaufvertrag zustehen, die ihn zur Verweigerung seiner Leistung berechtigen würden (**Einwendungsdurchgriff, § 359 BGB nF, § 9 Abs. 3 S. 1 VerbrKrG**). Nach der Rechtsprechung ist die Rechtsfolge des Rückforderungsdurchgriffs auch bei anderen Fallkonstellationen als dem Widerruf des verbundenen Geschäftes (Nichtigkeit, Anfechtung wegen arglistiger Täuschung) anwendbar.[176] Zu den sich für Verbraucher und Bank daraus ergebenden Abwicklungsfolgen vergl. die Darstellung bei *Henze,* FS Röhricht, 2005, S. 209 ff.[177]

Einwendungs- und Rückgriffsdurchgriff gelten nicht für Geschäfte, die keine verbundenen Geschäfte sind, aber die Voraussetzungen eines **Haustürwiderrufsgeschäftes** erfüllen. Hier steht den 60a

---

[171] BGH Urt. v. 21. 7. 2003 – II ZR 387/02, BGHZ 156, 46, 50 f.; BGH Urt. v. 14. 6. 2004 – II ZR 395/01, ZIP 2004, 1402, 1405; BGH Urt. v. 14. 6. 2004 – II ZR 374/02, ZIP 2004, 1407; BGH Urt. v. 14. 6. 2004 – II ZR 393/02, ZIP 2004, 1394; BGH Urt. v. 27. 9. 2004 – II ZR 320/03, 321/03 sowie 380/02, www.bundesgerichtshof.de – jeweils S. 5 bzw. S. 4/5; BGH Urt. v. 31. 1. 2005 – II ZR 200/03, ZIP 2005, 565; vgl. auch BGH Urt. v. 23. 9. 2003 – XI ZR 135/02, WM 2003, 2232, 2233.
[172] BGH Urt. v. 17. 9. 1996 – XI ZR 164/95, BGHZ 133, 254, 261 f.; BGH Urt. v. 2. 7. 2001 – II ZR 304/00, BGHZ 148, 201, 203; BGH Urt. v. 20. 1. 1997 – II ZR 105/96, DB 1997, 672; BGH Urt. v. 18. 10. 2004 – II ZR 352/02, 2319.
[173] BGH Urt. v. 17. 9. 1996 – XI ZR 164/95, BGHZ 133, 254, 259; BGH Urt. v. 9. 4. 2002 – XI ZR 91/99, BGHZ 150, 248, 263; BGH Urt. v. 21. 7. 2003 – II ZR 387/02, BGHZ 156, 46, 51; BGH Urt. v. 23. 9. 2003 – XI ZR 135/02, WM 2003, 2232, 2233; BGH Urt. v. 25. 4. 2006 – XI ZR 193/04, ZIP 2006, 940.
[174] BGH Urt. v. 21. 7. 2003 – II ZR 387/02, ZIP 2003, 1592, 1594; BGH Urt. v. 23. 9. 2003 – XI ZR 135/02, ZIP 2003, 2111, 2113.
[175] BGH Urt. v. 14. 6. 2004 – II ZR 407/02 – www.bundesgerichtshof.de; BGH Urt. v. 14. 6. 2004 – II ZR 374/02, ZIP 2004, 1407; BGH Urt. v. 14. 6. 2004 – II ZR 393/02, ZIP 2004, 1394; zu den weitergehenden Einzelheiten der Voraussetzungen in der Rechtsprechung vgl. die Darstellung bei *Henze,* FS Röhricht, 2005, S. 201, 206 ff. sowie die nach Abfassung des Beitrages ergangenen Entscheidungen BGH Urt. v. 31. 1. 2005 – II ZR 200/03, ZIP 2005, 565; BGH Urt. v. 21. 3. 2005 – II ZR 411/02, ZIP 2005, 750; BGH Urt. v. 26. 10. 2004 – XI ZR 255/03, ZIP 2005, 69; BGH Urt. v. 9. 11. 2004 – XI ZR 315/03, ZIP 2005, 110. Nach Erlass dieser Urteile ist die Zuständigkeit für Verfahren nach dem Verbraucherkreditrecht vollständig auf den XI. Zivilsenat des BGH übertragen worden. Den Widerspruch zu den Realkreditverträgen aus den Entscheidungen BGH Urt. v. 14. 6. 2004 – II ZR 395/02, ZIP 2004, 1402 und BGH Urt. v. 26. 10. 2004 – XI ZR 255/02, ZIP 2005, 69 hat der XI. ZS durch Urteil vom 25. 4. 2006 – XI ZR 219/04, ZIP 2006, 1088 im Sinne seiner Rechtsprechung beseitigt. Er hat damit zugleich die Entscheidung BGH Urt. v. 21. 3. 2005 – II ZR 411/02, ZIP 2005, 750 aufgehoben, nach der die Bereichsausnahme für Verbundgeschäfte (§ 3 Abs. 2 Nr. 2 VerbrKrG) auf Darlehn, die zur Finanzierung der Beteiligung an einer Anlagegesellschaft gewährt werden, nicht angewandt werden sollte.
[176] BGH Urt. v. 21. 7. 2003 – II ZR 387/02, ZIP 2003, 1592, 1593 f.
[177] Vgl. dazu aber die nach Übertragung des Verfahrens nach dem Verbraucherkreditrecht auf den XI. ZS davon teilweise abweichenden Urteile BGH Urt. v. 25. 4. 2006 – XI ZR 106/05, ZIP 2006, 1084 (LS b und d); BGH Urt. v. 25. 4. 2006 – XI ZR 219/04, ZIP 2006, 1088 (LS a, b und e); BGH Urt. v. 25. 4. 2006 – XI ZR 193/04, ZIP 2006, 940 (LS e).

§ 177 a Anh. B   61, 62   2. Buch. 2. Abschnitt. Kommanditgesellschaft

Banken ein Anspruch auf Darlehnsrückzahlung zu. Das entsprach stets der Rechtsprechung des BGH.[178] Sie ist mit der Verbraucherschutzrichtlinie[179] vereinbar.[180] Die Bank kann von dem Verbraucher auch die marktüblichen Zinsen verlangen, es sei denn, sie hat ihn über sein Widerrufsrecht nicht ordnungsgemäß belehrt.[181] Für das Haustürwiderrufsgeschäft ist **jedoch folgendes zu beachten:** Nach § 5 Abs. 2 HaustürWG ist nur das Verbraucherkreditrecht maßgebend, wenn das Rechtsgeschäft dessen Voraussetzungen erfüllt. Das gilt aber auf Grund richtlinienkonformer Auslegung dann nicht, wenn das Verbraucherkreditrecht kein gleich weit reichendes Widerrufsrecht einräumt wie das Haustürwiderrufsgesetz. Hier sind die weiterreichenden Regelungen des Haustürwiderrufsgesetzes maßgebend.[182] Das gilt unabhängig davon, ob ein Real- oder ein Personalkredit gewährt oder die Erklärung in einer Haustürsituation abgegeben oder lediglich angebahnt worden ist.[183] Außerdem ist § 1 HaustürWG richtlinienkonform[184] dahingehend auszulegen, dass sich ein Vertragspartner, der nicht selbst die Vertragsverhandlungen führt, die in der Person des Verhandlungsführers objektiv bestehende Haustürsituation ohne weiteres zurechnen lassen muss. Die frühere Rechtsprechung, die für die Zurechenbarkeit auf eine entsprechende Anwendung des § 123 Abs. 2 BGB abstellte, ist aufgegeben worden.[185]

61   **3. Sonstige Haftungstatbestände bei Verletzung vorvertraglicher Informations- und Aufklärungspflichten. a) Haftung aus Auskunftsvertrag und c. i. c. aa) Initiatoren und Gründungsgesellschafter.** Nach den Grundsätzen der c. i. c. haftet derjenige, der Vertragspartner werden soll und seine Beratungs- und Informationspflichten schuldhaft verletzt. Anders als bei der Prospekthaftung im engeren Sinne wird nicht typisiertes Vertrauen, sondern **persönliches Vertrauen des Anlegers** in Anspruch genommen.[186] Die Haftung aus c. i. c. trifft die **Initiatoren** und **Gründungsgesellschafter** der Publikumsgesellschaft.[187] Sie haften nach § 278 BGB für schuldhaftes Verhalten aller Personen, deren sie sich bei der Vertragsanbahnung bedienen. Der **Gründungskommanditist,** der selbst Vertragspartner der Beitrittsverträge geworden ist, haftet den durch unrichtige Emmissionsprospekte der Komplementär-GmbH geschädigten Kapitalanlegern nach § 278 BGB.[188]

62   **bb) Kapitalanlageberater und Anlagevermittler.** Nach der Rspr. des BGH haften diese Personen auch aus einem Geschäftsbesorgungs-, Beratungs- oder Auskunftsvertrag, wenn sie ihre Verpflichtung zur vollständigen Auskunft und Beratung verletzen,[189] insbes. Umstände nicht, unvollständig oder unrichtig mitteilen, die für den Anleger von erheblicher oder besonderer Bedeutung sind.[190] Dieser Konstruktion kann kaum gefolgt werden, weil sie lediglich mit Hilfe einer Fiktion zu einem Vertragsverhältnis gelangt.

---

[178] BGH Urt. v. 14. 6. 2004 – II ZR 395/01, ZIP 2004, 1402; BGH Urt. v. 12. 11. 2002 – XI ZR 47/01, BGHZ 152, 331; BGH Urt. v. 27. 1. 2004 – II ZR 37/03, ZIP 2004, 606, 609.
[179] Art. 3 Abs. 2 lit. a der Richtlinie 85/577/EWG des Rates vom 20. 12. 1985.
[180] EuGH Urt. v. 25. 10. 2005 – Rs. C-350/03 und Rs C-229/04, ZIP 2005, 1959 und 1965; vgl. zu diesen Entscheidungen *Hoffmann* ZIP 2005, 1985.
[181] EuGH Urt. v. 25. 10. 2005 – Rs C-350/03, ZIP 2005, 1959, 1964; vgl. ferner BGH Urt. v. 16. 5. 2006 – XI ZR 6/04, ZIP 2006, 1187; der BGH verneint einen solchen Schadenersatzanspruch jedenfalls für die Fälle, in denen der Verbraucher bei Abschluss des Darlehnsvertrages bereits an seine Erklärung zum Abschluss des Immobilienvertrages gebunden ist.
[182] EuGH Urt. v. 13. 12. 2001 – Rs. C-481/99, WM 2001, 2434; BGH Urt. v. 9. 4. 2002 – XI ZR 91/99, BGHZ 150, 248.
[183] BGH Urt. v. 9. 4. 2002 – XI ZR 91/99, BGHZ 150, 248; BGH Urt. v. 14. 6. 2004 – II ZR 395/01, ZIP 2004, 1402, 1403; BGH Urt. v. 18. 10. 2004 – II ZR 352/02, ZIP 2004, 2319, 2322; BGH Urt. v. 31. 1. 2005 – II ZR 200/03, ZIP 2005, 565, 567; BGH Urt. v. 12. 12. 2005 – II ZR 327/04, ZIP 2006, 221.
[184] Verbraucherschutzrichtlinie 85/577 EWG des Rates vom 20. 12. 1985, ABl. 372, S. 31.
[185] BGH Urt. v. 12. 12. 2005 – II ZR 327/04, ZIP 2006, 221; BGH Urt. v. 14. 2. 2006 – XI ZR 255/04, ZIP 2006, 652; EuGH Urt. v. 25. 10. 2005 – Rs. C-229/04, WM 2005, 2086.
[186] BGH Urt. v. 22. 3. 1982 – II ZR 114/81, BGHZ 83, 222, 227 = NJW 1982, 1514 f.; BGH Urt. v. 10. 9. 1989 – II ZR 257/88, WM 1990, 145, 148; vgl. auch BGH Urt. v. 21. 5. 1984 – II ZR 83/84, NJW 1984, 2523 zur Abgrenzung der Prospekthaftung von der allgemeinen Haftung aus c. i. c.
[187] BGH Urt. v. 24. 4. 1978 – II ZR 172/76, BGHZ 71, 284, 286 f. = NJW 1978, 1625, 1626; BGH Urt. v. 4. 2. 1985 – II ZR 229/84, EWiR 1985, 191, 192; BGH Urt. v. 30. 3. 1987 – II ZR 163/86, NJW 1987, 2677, 2678; BGH Urt. v. 9. 10. 1989 – II ZR 257/88, NJW-RR 1990, 229, 230.
[188] BGH Urt. v. 1. 10. 1984 – II ZR 158/84, NJW 1985, 380, 381; BGH Urt. v. 12. 2. 2004 – III ZR 355/02, EWiR § 675 BGB 5/2004, 543; BGH Urt. v. 13. 1. 2000 – III ZR 62/99, www.bundesgerichtshof.de; OLG Hamm Urt. v. 26. 3. 2003 – 8 U 170/02, Revision verworfen durch BGH Versäumnisurteil v. 7. 4. 2005 – III ZR 385/03 (nicht veröffentlicht); BGH Urt. v. 13. 1. 2004 – XI ZR 355/02, ZIP 2005, 452.
[189] BGH Urt. v. 22. 3. 1979 – VII ZR 259/77, BGHZ 74, 103, 106 = NJW 1979, 1449 f.; BGH Urt. v. 25. 11. 1981 – IVa ZR 286/80, NJW 1982, 1095, 1096.
[190] BGH Urt. v. 22. 3. 1979 – VII ZR 259/77, BGHZ 74, 103, 106 = NJW 1979, 1449 f.; zum Umfang der Informationspflicht vgl. BGH Urt. v. 25. 11. 1981 – IVa ZR 286/80, NJW 1982, 1095, 1096; BGH Urt. v. 2. 2. 1983 – IVa ZR 118/81, NJW 1983, 1730, 1731; BGH Urt. v. 27. 6. 1984 – IVa ZR 231/82, NJW 1984, 2524, 2525; BGH Urt. v. 4. 3. 1987 – IVa ZR 122/85, BGHZ 100, 117, 121 = NJW 1987, 1815 f.

Eher zu denken ist hier an eine Haftung nach den Grundsätzen der c. i. c. (§ 311 Abs. 2 BGB), **63** weil etwa dem (selbständigen) Anlagevermittler eine Sachwalterstellung zukommt oder weil er als Vertreter der Anteilsvertreiber idR ein besonderes persönliches Vertrauen des Anlegers in Anspruch nimmt bzw. ein eigenes wirtschaftliches Interesse am Geschäftsabschluss verfolgt.[191] Ein Anlagevermittler haftet daher, wenn ein Anlageinteressent ihn im Hinblick auf seine besonderen Kenntnisse um Beratung und Information im Hinblick auf eine Anlageentscheidung ersucht, der Anlagevermittler dem Ersuchen nachkommt und dabei seine Informationspflichten verletzt.[192]

Die Komplementäre und die **Komplementär-GmbH** sind idR die **Vertreiber der Anteile.** **64** Selbst wenn der **Vertrieb im Namen der KG** vorgenommen wird, haftet diese nicht. Der Schutz der Gläubiger der Publikums-KG gebietet, dass das Anlagekapital nicht durch Schadensersatzansprüche der Anleger verbraucht wird. Der Gläubigerschutz geht daher dem Anlegerschutz vor.[193] In diesem Falle ebenfalls einen Vertriebsvertrag zwischen Komplementär und Anleger anzunehmen, ist nur möglich, wenn man auch hier mit einer Fiktion arbeitet. Das ist abzulehnen. Es verbleibt daher lediglich eine Haftung aus c. i. c. wegen der Inanspruchnahme besonderen persönlichen Vertrauens oder der Verfolgung eigener wirtschaftlicher Interessen. Das gilt auch für die **Geschäftsführer** der Komplementär-GmbH und **Verhandlungsgehilfen.**[194] Bei dem **Angestellten eines Handelsgeschäftes** ist idR davon auszugehen, dass er im Rahmen von Vertragsverhandlungen weder ein besonderes persönliches Vertrauen in Anspruch nimmt noch eigene wirtschaftliche Interessen am Vertragsabschluss verfolgt. Seine Haftung kommt somit regelmäßig nicht in Betracht.[195]

b) Haftung aus unerlaubter Handlung. Schließlich verwirklicht sich der Anlegerschutz auch **65** noch über § 823 Abs. 2 BGB iVm. § 264 a StGB oder §§ 263, 266 StGB sowie über § 826 BGB.[196] § 264 a StGB ist als Schutzgesetz im Sinne von § 823 Abs. 2 BGB zugunsten der Kapitalanleger anerkannt worden.[197]

4. Der Schaden des Kapitalanlegers. a) Umfang. Es sind die Vermögenseinbußen zu erset- **66** zen, die dem Kapitalanleger im Vertrauen auf die Richtigkeit und Vollständigkeit der Prospektangaben und seinen erfolgten Beitritt entstanden sind **(Vertrauensschaden).**[198] Der Schaden des Anlegers besteht in dem vollständigen oder teilweise eingetretenen Verlust seiner Einlage, den Nebenkosten (zB Maklerprovision, Agio)[199] und den entgangenen – üblichen – Zinsvorteilen, die er bei anderem Einsatz seines Einlagekapitals erlangt hätte.[200] Auch die **Steuervorteile**, die der Kapitalanleger erlangt hätte, wenn er sich mit seiner Einlage an einer anderen – erfolgreichen – Abschreibungsgesellschaft hätte beteiligen können und beteiligt hätte, sind zu ersetzen.[201]

---

[191] BGH Urt. v. 5. 4. 1971 – VII ZR 163/69, BGHZ 56, 81, 83 f. = NJW 1971, 1309; BGH Urt. v. 19. 12. 1977 – II ZR 164/78, BGHZ 70, 337, 343 = NJW 1978, 1374, 1375; BGH Urt. v. 22. 3. 1979 – VII ZR 259/77, BGHZ 74, 103, 109 = NJW 1979, 1449 f.; BGH Urt. v. 27. 6. 1984 – IVa ZR 231/82, NJW 1984, 2524, 2525; BGH Urt. v. 23. 10. 1985 – VIII ZR 210/84, NJW 1986, 586, 587; BGH Urt. v. 10. 4. 1978 – II ZR 103/76, BB 1978, 1031, 1032.
[192] BGH Urt. v. 30. 3. 1987 – II ZR 163/86, NJW 1987, 2677, 2678.
[193] Vgl. u. a. BGH Urt. v. 10. 12. 1984 – II ZR 28/84, BGHZ 93, 159, 164 = NJW 1985, 1468, 1469; BGH Urt. v. 14. 12. 1972 – II ZR 82/70, NJW 1973, 1604; OLG Hamm Urt. v. 7. 3. 1977 – 8 U 194/76, NJW 1978, 225, 226; Heymann/*Horn* § 161 RdNr. 196; hier hat im Aktienrecht und Kapitalmarktrecht zu dem Verhältnis von Anleger- und Gläubigerschutz ein Umdenken in der Rechtsprechung des BGH eingesetzt, vgl. BGH Urt. v. 9. 5. 2005 – II ZR 287/02, ZIP 2005, 1270 – EM.TV.
[194] Vgl. BGH Urt. v. 12. 5. 1986 – II ZR 84/85, WM 1986, 1047, 1048; OLG Hamm Urt. v. 18. 4. 1991 – 27 U 137/90, GmbHR 1991, 426.
[195] BGH Urt. v. 4. 7. 1983, BGHZ 88, 67, 69 f. = NJW 1983, 2696, 2697; BGH Urt. v. 26. 9. 1991 – VII ZR 376/89, BGHZ 115, 213, 219 = NJW 1992, 228 f.
[196] BGH Urt. v. 28. 2. 2005 – II ZR 13/03, ZIP 2005, 709; OLG München Urt. v. 22. 2. 1990 – 1 U 4624/87, EWiR 1992, 979, 980.
[197] BGH Urt. v. 21. 10. 1991 – II ZR 204/90, BGHZ 116, 7, 13 = NJW 1992, 241 f.
[198] BGH Urt. v. 26. 9. 1991 – VII ZR 376/89, BGHZ 115, 213, 221 = NJW 1992, 228 f.; BGH Urt. v. 5. 7. 1993 – II ZR 194/92, BGHZ 123, 106, 111 = NJW 1993, 2865 f.; BGH Urt. v. 19. 5. 1980 – II ZR 241/79, WM 1980, 953, 954; BGH Urt. v. 16. 1. 1991 – VIII ZR 14/90, WM 1991, 695, 698; BGH Urt. v. 14. 6. 2004 – II ZR 392/01, EWiR § 9 VerbrKrG 7/2004, 1057; BGH Urt. v. 14. 6. 2004 – II ZR 407/02, EWiR § 9 VerbrKrG 6/2004, 941; BGH Urt. v. 14. 6. 2004 – II ZR 395/01, ZIP 2004,1402; BGH Urt. v. 14. 6. 2004 – II ZR 393/02, ZIP 2004, 1394.
[199] BGH Urt. v. 16. 11. 1978 – VII ZR 94/77, BGHZ 72, 382, 389 = NJW 1979, 718, 719; BGH Urt. v. 22. 3. 1979 – VII ZR 259/77, BGHZ 74, 103, 113 = NJW 1979, 1449 f.; BGH Urt. v. 6. 10. 1980 – II ZR 60/80, BGHZ 79, 337, 346 = NJW 1981, 1449 f.; BGH Urt. v. 24. 5. 1982 – II ZR 124/81, BGHZ 84, 141, 148 = NJW 1982, 2493, 2494; BGH Urt. v. 5. 7. 1993 – II ZR 194/92, BGHZ 123, 106, 111 = NJW 1993, 2865, 2866; BGH Urt. v. 10. 4. 1978 – II ZR 103/78, WM 1978, 611, 612; BGH Urt. v. 19. 5. 1980 – II ZR 241/79, WM 1980, 953, 954; BGH Urt. v. 27. 6. 1984 – IVa ZR 231/82, NJW 1984, 2524, 2525; BGH Urt. v. 10. 1. 1984 – II ZR 158/84, NJW 1985, 380, 381; BGH Urt. v. 5. 7. 1990 – VII ZR 26/89, NJW 1990, 2464, 2465; BGH Urt. v. 16. 1. 1991 – VIII ZR 14/90, WM 1991, 695, 698.
[200] BGH Urt. v. 2. 12. 1991 – II ZR 141/90, NJW 1992, 1223, 1224.
[201] BGH Urt. v. 27. 10. 1983 – VII ZR 12/82, NJW 1984, 863, 864; BGH Urt. v. 27. 6. 1984 – IVa ZR 231/82, NJW 1984, 2524, 2525.

§ 177 a Anh. B 67–71   2. Buch. 2. Abschnitt. Kommanditgesellschaft

67 Stehen dem Kapitalanleger noch werthaltige Ansprüche aus seiner Beteiligung an der Gesellschaft zu, so kann er Ersatz seines Schadens nur **Zug um Zug** gegen Abtretung der gegen die Gesellschaft bestehenden Ansprüche aus seinem Gesellschaftsanteil an den zum Schadenersatz Verpflichteten fordern.[202] Ist der Anleger nur **mittelbar über einen Treuhandkommanditisten** an der Gesellschaft beteiligt und nimmt er diesen Treuhänder auf Schadenersatz in Anspruch, entfällt diese Einschränkung, weil ein etwa bestehender Auseinandersetzungsanspruch ohnehin nur dem Treuhänder zustehen würde.[203]

Wegen der Bemessung der Schadenersatzansprüche bei Rechtsgeschäften, die dem Verbraucherkreditrecht und dem Haustürwiderrufsgesetz unterliegen, vgl. RdNr. **60 und 60 a** mit den dortigen Nachweisen.

68 **b) Anrechnung von Vorteilen.** Auf den Schadenersatzanspruch sind alle Vorteile aus der Gesellschaftsbeteiligung im Wege der **Vorteilsanrechnung** anspruchsmindernd anzurechnen.[204] Dazu zählen grundsätzlich auch die **Steuern**, die der Anleger auf Grund seiner Schädigung erspart hat.[205] Muss der geschädigte Anleger seinerseits die erlangten Schadenersatzleistungen wieder als Einkommen versteuern, entfällt die Anrechnung auf die Ersatzleistung, da der darin liegende Nachteil den ursprünglichen Steuervorteil aufwiegt. Unter Anwendung des § 287 ZPO erübrigt sich dabei eine exakte **Berechnung der steuerlichen Vor- und Nachteile,** soweit nicht – nach Vergleich der steuerlichen Ersparnisse und Belastungen – ein dennoch verbleibender Steuervorteil außergewöhnlich hoch ist.[206]

69 In die Schadenberechnung ist idR die **Werthaltigkeit der Kapitalanlage** einzubeziehen. Daher kann ein Schaden des getäuschten Anlegers entfallen, wenn der Wert der Gesellschaftsbeteiligung den seines eingezahlten Betrages (Einlage nebst Agio) erreicht.[207] Die Werthaltigkeit der Anlage findet bei dem Schadenausgleich dann keine Berücksichtigung, wenn es sich bei dem tatsächlichen Anlagemodell um ein im Vergleich zu dem im Prospekt beschriebenen grundsätzlich verschiedenes Investitionsmodell handelt. Der Werthaltigkeit kann hier dadurch Rechnung getragen werden, dass der Anleger seine Beteiligung **Zug um Zug** gegen Leistung von Schadenersatz zurückgibt.[208]

70 **c) Mitverschulden.** Ein Mitverschulden des geschädigten Anlegers an der Schadenentstehung ist **idR nicht anzunehmen.**[209] Der Einwand des Mitverschuldens (§ 254 BGB) greift ausnahmsweise dann durch, wenn Warnungen Dritter bzw. differenzierende Hinweise des Beraters nicht beachtet werden oder weitere Aufklärung trotz erkennbar unklarer Situation unterlassen wird.[210]

71 **5. Verjährung. a) Prospekthaftung.** Die Ersatzansprüche aus Prospekthaftung verjähren binnen **sechs Monaten** seit dem Zeitpunkt, in dem der Anleger von der Unrichtigkeit oder Unvollständigkeit des Prospekts Kenntnis erlangt, **spätestens** jedoch **in drei Jahren** seit dem Beitritt zur Gesellschaft.[211] Zur Begründung ist auf die Analogie zur Verjährungsregelung für die seinerzeit

---

[202] BGH Urt. v. 18. 12. 1969 – VII ZR 121/67, BGHZ 53, 132, 134 = NJW 1970, 461; BGH Urt. v. 6. 10. 1980 – II ZR 60/80, BGHZ 79, 337, 346 = NJW 1981, 1449 f.; BGH Urt. v. 26. 9. 1991 – VII ZR 376/89, BGHZ 115, 213, 221 = NJW 1992, 228 f.; BGH Urt. v. 6. 11. 1989 – II ZR 235/88, NJW 1990, 571, 572; BGH Urt. v. 9. 12. 1987 – IVa ZR 204/86, WM 1988, 220, 221.

[203] BGH Urt. v. 24. 5. 1982 – II ZR 124/81, BGHZ 84, 141, 148 = NJW 1982, 2493, 2494.

[204] BGH Urt. v. 26. 9. 1991 – VIII ZR 376/89, BGHZ 115, 213, 221 = NJW 1992, 228 f.; auch OLG Koblenz Urt. v. 17. 12. 1991 – 3 U 1897/90, WM 1992, 244, 245.

[205] BGH Urt. v. 18. 12. 1969 – VII ZR 121/67, BGHZ 53, 132, 134 = NJW 1970, 461; BGH Urt. v. 21. 3. 2005 – II ZR 411/02, ZIP 2005, 750; BGH Urt. v. 28. 6. 2004 – II ZR 373/00, ZIP 2004, 1543.

[206] BGH Urt. v. 18. 12. 1969 – VII ZR 121/67, BGHZ 53, 132, 138 = NJW 1970, 461; BGH Urt. v. 22. 3. 1979 – VII ZR 259/77, BGHZ 74, 103, 114 = NJW 1979, 1449 f.; BGH Urt. v. 26. 2. 1980 – VI ZR 2/79, NJW 1980, 1788, 1789; BGH Urt. v. 27. 6. 1984 – IVa ZR 231/82, NJW 1984, 2524, 2525; BGH Urt. v. 12. 2. 1986 – IVa ZR 76/84, WM 1986, 517, 520; BGH Urt. v. 9. 12. 1987 – IVa ZR 204/86, WM 1988, 220, 221; BGH Urt. v. 25. 2. 1988 – VII ZR 152/87, WM 1988, 586, 587; BGH Urt. v. 9. 10. 1989 – II ZR 257/84, WM 1990, 145, 148; zweifelnd BGH Urt. v. 6. 10. 1980 – II ZR 60/80, BGHZ 79, 337, 347 = NJW 1979, 1449 f.; BGH Urt. v. 6. 11. 1989 – II ZR 235/88, NJW 1990, 571, 572: Übertragung einer Eigentumswohnung auf die Publikums-KG; auf die Prüfung im Einzelfall abstellend BGH Urt. v. 17. 11. 2005 – III ZR 350/04, WM 2006, 174; BGH Urt. v. 6. 2. 2006 – II ZR 329/04, WM 2006, 905, 907.

[207] BGH Urt. v. 19. 12. 1989 – XI ZR 29/89, WM 1990, 681, 684; BGH Urt. v. 27. 9. 1988 – XI ZR 4/88, WM 1988, 1685, 1688.

[208] BGH Urt. v. 5. 7. 1993 – II ZR 194/92, BGHZ 123, 106, 108 f. = NJW 1993, 2865 f.; BGH Urt. v. 26. 9. 1991 – VII ZR 376/89, BGHZ 115, 213, 214 = NJW 1992, 228 f.; BGH Urt. v. 9. 10. 1989 – II ZR 257/88, WM 1990, 145, 147; BGH Urt. v. 20. 3. 1990 – V ZR 16/89, WM 1990, 1210, 1212; BGH Urt. v. 14. 6. 2004 – II ZR 393/02, ZIP 2004, 1394; BGH Urt. v. 14. 6. 2004 – II ZR 395/01, ZIP 2004, 1402.

[209] BGH Urt. v. 22. 3. 1979 – VII ZR 259/77, BGHZ 74, 103, 112 = NJW 1978, 2145 f.; BGH Urt. v. 19. 1. 1977 – VIII ZR 211/75, WM 1977, 334, 337.

[210] BGH Urt. v. 25. 11. 1981 – IVa ZR 286/80, NJW 1982, 1095, 1096; OLG Düsseldorf Urt. v. 27. 5. 1993 – 6 U 81/92, NJW-RR 1994, 37, 38.

[211] BGH Urt. v. 22. 3. 1982 – II ZR 114/81, BGHZ 83, 222, 225 = NJW 1982, 1514 f.; BGH Urt. v. 24. 5. 1982 – II ZR 124/81, BGHZ 84, 141, 149 = NJW 1982, 2493, 2494; BGH Urt. v. 21. 5. 1984 – II ZR 83/84, NJW 1984, 2523; BGH Urt. v. 27. 6. 1984 – IVa ZR 231/82, NJW 1984, 2524, 2525; BGH Urt. v. 1. 10. 1984 – II ZR 158/84,

gesetzlich geregelte Prospekthaftung (§ 20 Abs. 5 KAGG; § 12 AuslInvestmG) verwiesen worden. Diese Verjährungsfrist wurde auch für die Prospekthaftung beim Vertrieb von Aktien außerhalb der geregelten Aktienmärkte angenommen.[212] Legt man die Haftung nach §§ 13, 13 a des Verkaufsprospektgesetzes i. V. m. §§ 44–47 BörsG zugrunde, verjähren die Ansprüche in einem Jahr seit Kenntniserlangung von der Fehlerhaftigkeit des Prospekts (§ 46 BörsG) bzw. von der Pflicht, einen Prospekt oder Verkaufsprospekt zu veröffentlichen (§ 13 a Abs. 3 Verkaufsprospektgesetz).

b) Haftung aus Auskunftsvertrag und c. i. c. Die Verjährung der Haftungsverbindlichkeiten **72** aus Geschäftsbesorgungs-, Beratungs- bzw. Auskunftsvertrag oder aus c. i. c. (§ 311 Abs. 2 BGB) richtet sich nach § 195 BGB,[213] weil hier nicht wie bei der Prospekthaftung aus einer bestimmten Garantiestellung hergeleitetes typisiertes Vertrauen, sondern persönliches Vertrauen durch den Verhandlungspartner in Anspruch genommen wird.[214] Der Anspruch aus c. i. c. verjährt auch dann nach den Vorschriften des bürgerlichen Rechts, wenn er mit einem Prospekthaftungsanspruch konkurriert oder wenn über den Beitritt unter Verwendung von Prospekten verhandelt worden ist.[215] Zur **fünfjährigen Verjährung** der Schadenersatzansprüche eines Gesellschafters wegen fehlerhafter Prospekte im Fall des **Bauherrenmodells** vgl. BGH Urt. v. 31. 5. 1990 – VII ZR 340/88, BGHZ 111, 314, 323 = NJW 1990, 2461 f.; BGH Urt. v. 26. 9. 1991 – VII ZR 376/89, BGHZ 115, 213, 224 = NJW 1992, 228 f.; BGH Urt. v. 25. 10. 1990 – VII ZR 284/88, WM 1991, 13, 14. Die außergewöhnliche Entscheidung zur Verjährung eines Schadensersatzanspruches gegen einen **Rechtsanwalt als Treuhandgesellschafter** BGH Urt. v. 9. 11. 1992 – VII ZR 141/91, BGHZ 120, 157, 159 = NJW 1993, 199, 200 ist aufgegeben worden.[216] Die Verjährung wird künftig maximal drei Jahre betragen.[217]

c) Berufsrechtliche Verjährungsvorschriften. Zu den eigenständigen früheren berufsrecht- **73** lichen Verjährungsvorschriften der §§ 51 a WPO, 68 StBerG, 51 b BRAO vgl. BGH Urt. v. 26. 9. 1991 – VII ZR 376/89, BGHZ 115, 213, 226 = NJW 1992, 228 f.; BGH Urt. v. 9. 11. 1992 – II ZR 141/91, BGHZ 120, 157 f. = NJW 1993, 199, 200; BGH Urt. v. 21. 4. 1982 – IVa ZR 291/80, BGHZ 83, 328 f. = NJW 1982, 1866, 1867). § 51 a WPO ist mit Wirkung vom 1. Januar 2004 durch die regelmäßige Verjährung des § 195 BGB ersetzt worden.[218] § 68 StBerG und § 51 b BRAO sind durch Gesetz vom 9. Dezember 2002 aufgehoben worden.[219]

6. Gerichtsstand. Prospekthaftungsansprüche gegen Gründungsgesellschafter und Initiatoren **74** einer Publikums-KG können entspr. § 22 ZPO bei dem **Gericht am Sitz der Gesellschaft** eingeklagt werden.[220] Der Gerichtsstand für Klagen aus **unerlaubter Handlung** (§ 32 ZPO) begründet nicht zugleich die örtliche Zuständigkeit für Prospekthaftungsansprüche.[221] Für die Ansprüche nach dem Verkaufsprospektgesetz richtet sich die Zuständigkeit nach §§ 13 Abs. 2, 13 a Abs. 7 VerkProspG.

NJW 1985, 380, 381; BGH Urt. v. 31. 5. 1990 – VII ZR 340/88, BGHZ 111, 314, 321 = NJW 1980, 2461 f. und BGH Urt. v. 26. 9. 1991 – VII ZR 376/89, BGHZ 115, 213, 225 = NJW 1992, 228 f. betr. die Verjährung der Prospekthaftung bei Beitritt zu einem Bauherrenmodell; BGH Urt. v. 14. 12. 2002 – II ZR 40/00, NZM 2002, 964; BGH Urt. v. 18. 12. 2000 – II ZR 84/99, ZIP 2001, 369.
[212] BGH Urt. v. 5. 7. 1993 – II ZR 194/92, BGHZ 123, 106, 109 f. = NJW 1993, 2865 f.
[213] BGH Urt. v. 22. 3. 1982 – II ZR 114/81, BGHZ 83, 222, 227 = NJW 1982, 1514 f.; BGH Urt. v. 27. 6. 1984 – IVa ZR 135/83, WM 1984, 1216, 1217; BGH Urt. v. 21. 5. 1984 – II ZR 83/84, NJW 1984, 2523; BGH Urt. v. 27. 6. 1984 – IVa ZR 231/82, NJW 1984, 2524, 2525; BGH Urt. v. 1. 10. 1984 – II ZR 158/84, NJW 1985, 380, 381; BGH Urt. v. 20. 3. 2006 – II ZR 326/04, WM 2006, 860.
[214] BGH Urt. v. 22. 3. 1982 – II ZR 114/81, BGHZ 83, 222, 227 = NJW 1982, 1514 f.; BGH Urt. v. 24. 5. 1982 – II ZR 124/81, BGHZ 84, 141, 149 = NJW 1982, 2493, 2494; BGH Urt. v. 21. 5. 1984 – II ZR 83/84, NJW 1984, 2523; BGH Urt. v. 27. 6. 1984 – IVa ZR 231/82, NJW 1984, 2524, 2525; BGH Urt. v. 1. 10. 1985 – IV ZR 41/86, WM 1985, 533, 536; BGH Urt. v. 9. 10. 1989 – II ZR 257/88, WM 1990, 145, 148; BGH Urt. v. 17. 6. 1991 – II ZR 121/90, WM 1991, 1543, 1545; OLG Frankfurt Urt. v. 28. 6. 1984 – 1 U 245/83, WM 1985, 383, 384; zu beachten ist die Verkürzung der Verjährungsfrist (§ 195 BGB) und die Änderung der Voraussetzungen für deren Beginn (§ 199 BGB); für den Übergang vgl. BGH Urt. v. 20. 3. 2006 – II ZR 326/04, WM 2006, 860.
[215] BGH Urt. v. 24. 5. 1982 – II ZR 124/81, BGHZ 84, 141, 149 = NJW 1982, 2493, 2494; BGH Urt. v. 21. 5. 1984 – II ZR 83/84, NJW 1984, 2523; BGH Urt. v. 27. 6. 1984 – IVa ZR 231/82, NJW 1984, 2524, 2525; BGH Urt. v. 1. 10. 1984 – II ZR 158/84, NJW 1985, 380, 381; BGH Urt. v. 10. 10. 1994 – II ZR 95/93, NJW 1995, 130, 131; BGH Urt. v. 14. 1. 1985 – II ZR 41/84, WM 1985, 533, 534.
[216] BGH Urt. v. 20. 3. 2006 – II ZR 326/04, WM 2006, 860, 861.
[217] BGH Urt. v. 8. 6. 2004 – X ZR 283/02, NJW 2004, 3420.
[218] BGH Urt. v. 8. 6. 2004 – X ZR 283/02, NJW 2004, 3420.
[219] Art. 4 und 16 des Gesetzes zur Anpassung von Verjährungsvorschriften an das Gesetz zur Modernisierung des Schuldrechts vom 9. 12. 2004 (BGBl. I S. 3214).
[220] BGH Urt. v. 13. 3. 1980 – II ZR 258/78, BGHZ 76, 231, 234 = NJW 1980, 1470, 1471.
[221] BGH Urt. v. 11. 2. 1980 – II ZR 259/78, WM 1980, 825, 826.

IV. Das Innenverhältnis der Publikums-KG

75 **1. Geschäftsführung.** Geschäftsführendes Leitungsorgan und gesetzliches Vertretungsorgan der Publikums-KG ist – für den Regelfall der GmbH & Co. KG – die Komplementär-GmbH, die durch ihren Geschäftsführer handelt. Auch in der Publikums-KG kann durch Regelung im Gesellschaftsvertrag oder durch Gesellschafterbeschluss ein Dritter in weitem Umfang mit Geschäftsführungsaufgaben betraut und mit umfassender Vollmacht ausgestattet werden. Der Grundsatz der **Selbstorganschaft** steht dem nicht entgegen, weil er nur den Ausschluss sämtlicher Gesellschafter von der Geschäftsführung und der organschaftlichen Vertretung der Gesellschaft verbietet.[222] Sieht der Gesellschaftsvertrag vor, dass die **Geschäftsführungsbefugnis** und die **Vertretungsmacht** aus wichtigem Grund durch Beschluss der Gesellschafter entzogen werden können (vgl. §§ 117 und 127 HGB), genügt dazu ein mit einfacher Mehrheit gefasster Beschluss; die Regelung über das Erfordernis einer qualifizierten Mehrheit ist nichtig: Eine Minderheit kann der Mehrheit keinen Geschäftsführer aufzwingen.[223] Durch Gesellschaftsvertrag können die Komplementär-GmbH und ihr Geschäftsführer vom Selbstkontrahierungsverbot (§ 181 BGB) befreit werden.[224] Der Geschäftsführer der Komplementär-GmbH haftet der Publikums-KG wegen pflichtwidrigen Handelns, da die KG in den Schutzbereich des zwischen Komplementär-GmbH und ihrem Geschäftsführer bestehenden Rechtsverhältnisses einbezogen ist.[225] Bei diesem Rechtsverhältnis handelt es sich um das zwischen Geschäftsführer und Komplementär-GmbH bestehende Organverhältnis.[226] Der Haftungsmaßstab für das Verhalten des Geschäftsführers bestimmt sich nach § 43 GmbHG. Eine Anwendung des § 708 BGB kommt nicht in Betracht, weil dieser Maßstab mit dem Erfordernis eines erhöhten Schutzes der Anlagegesellschafter in einer Publikums-Gesellschaft unvereinbar ist.[227] Der Schutzbereich des Rechtsverhältnisses, das zwischen dem Geschäftsführer und einer als Treuhandkommanditistin fungierenden GmbH besteht, erstreckt sich auch auf die Publikums-KG und die Treugeber, wenn die Treuhandkommanditistin durch Vertrag Geschäftsführungsaufgaben übernommen hat.[228] Die Kommanditisten können und dürfen ohne entsprechende Grundlage im Gesellschaftsvertrag nicht auf die Geschäftsführer der Komplementär-GmbH einwirken, insbes. steht ihnen eine Klage auf Unterlassung von Geschäftsführungshandlungen nicht zu. Sie können lediglich den Ersatz von Schäden geltend machen, die durch pflichtwidriges Geschäftsführerhandeln eingetreten sind.[229] Zu weiteren Einzelheiten vgl. die Kommentierung zu § 114 RdNr. 15 ff.

76 Eine Vollmacht, die ein Kommanditist der Komplementär-GmbH zur Vornahme von Handelsregisteranmeldungen erteilt hat, ist grundsätzlich nicht frei widerrufbar.[230]

77 Zur Frage der Bilanzerstellung durch geschäftsführende Gesellschafter der Publikums-KG „in gutem Glauben" iSd. § 172 Abs. 5 HGB vgl. BGH Urt. v. 12. 7. 1982 – II ZR 201/81, BGHZ 84, 383, 385 = NJW 1982, 2500, 2501.

78 Die Geschäfte einer Publikumsgesellschaft, die auf die **Beteiligung stiller Gesellschafter** ausgerichtet ist, sind ebenfalls mit der Sorgfalt eines ordentlichen Kaufmanns zu führen.[231] Der Schutzbereich des zwischen der Komplementär-GmbH und ihrem Geschäftsführer bestehenden Rechtsverhältnisses kann sich auch auf den stillen Gesellschafter erstrecken.[232] Die Rechtsprechung wendet die Grundsätze zur fehlerhaften Gesellschaft seit langem nicht nur auf die atypische, sondern auch auf

---

[222] BGH Urt. v. 22. 1. 1962 – II ZR 11/61, BGHZ 36, 292, 293; BGH Urt. v. 16. 11. 1981 – II ZR 213/80, NJW 1982, 877, 878; OLG Düsseldorf Urt. v. 21. 3. 1985 – 6 U 192/84, EWiR 1985, 387, 388; OLG Köln Urt. v. 31. 10. 1991 – 12 U 58/91, DStR 1992, 1771, 1772.
[223] BGH Urt. v. 9. 11. 1987 – II ZR 100/87, BGHZ 102, 172, 178 = NJW 1988, 969 f.
[224] BGH Urt. v. 11. 2. 1980 – II ZR 41/79, BGHZ 76, 160, 163 = NJW 1980, 1463, 1464; abw. Schlegelberger/Martens § 161 RdNr. 147 mwN.
[225] BGH Urt. v. 12. 11. 1979 – II ZR 174/77, BGHZ 75, 321, 323 f. = NJW 1980, 589, 591; OLG München Urt. v. 12. 11. 1990 – 31 U 1675/90, DStR 1991, 1291, 1292; BGH Urt. v. 25. 2. 2002 – II ZR 236/00 DB 2002, 1150 mwN aus der Rechtspr.
[226] Vgl. A. RdNr. 83; zur Streitfrage ausführlich Schlegelberger/Martens § 164 RdNr. 9 ff.
[227] BGH Urt. v. 12. 11. 1979 – II ZR 174/77, BGHZ 75, 321, 327 = NJW 1980, 589, 590.
[228] OLG Düsseldorf Urt. v. 8. 3. 1984 – 6 U 75/83, WM 1984, 1080, 1087.
[229] BGH Urt. v. 11. 2. 1980 – II ZR 41/79, BGHZ 76, 160, 168 = NJW 1980, 1463, 1464; krit. dazu Schlegelberger/Martens § 161 RdNr. 157 mwN.
[230] KG Beschl. v. 4. 5. 1979 – 1 W 3868/76, DNotZ 1980, 166 f.; zur Auslegung einer gesellschaftsvertraglichen Regelung, nach der Kommanditisten auf Anforderung der persönlich haftenden Gesellschafterin eine unwiderrufliche Handelsregistervollmacht zu erteilen haben, vgl. BGH Urt. v. 17. 7. 2006 – II ZR 242/04, S. 1 und 8 – veröffentlicht unter www.bundesgerichtshof.de; BGH Urt. v. 9. 5. 2005 – II ZR 29/03, ZIP 2005, 1318, 1322.
[231] BGH Urt. v. 14. 11. 1994 – II ZR 160/93, NJW 1995, 1353, 1354; BGH Urt. v. 29. 6. 1987 – II ZR 173/86, WM 1987, 1193, 1194.
[232] BGH Urt. v. 14. 11. 1994 – II ZR 160/93, NJW 1995, 1353, 1357.

die typische stille Gesellschaft ohne Gesamthandsvermögen an.[233] Beansprucht der Anleger einer zweigliedrigen stillen Gesellschaft die Rückzahlung seiner Einlage als Schadensersatz, kann er keinen Anspruch auf Auszahlung des Auseinandersetzungsguthabens geltend machen.[234] Sein Anspruch auf Einlagenrückgewähr wird nach den Grundsätzen der fehlerhaften Gesellshaft dann nicht eingeschränkt, wenn der Inhaber des Handelsgeschäftes verpflichtet ist, den stillen Gesellschafter im Wege des Schadensersatzes so zu stellen, wie er für den Fall des Nichtbeitritts stehen würde.[235]

2. Die Gesellschafterversammlung. a) Zulässigkeit von Mehrheitsbeschlüssen. Zur Zulässigkeit von Mehrheitsbeschlüssen und ihren Grenzen vgl. RdNr. 33 ff. sowie GmbH & Co. KG RdNr. 119 ff. 79

b) Einberufungs-, Teilnahme- und Stimmrecht. Zum Einberufungs-, Teilnahme- und Stimmrecht vgl. GmbH & Co. KG RdNr. 124 ff. Ergänzend ist für die Publikums-KG zu bemerken: Ist eine Gesellschafterversammlung in Folge eines **Ladungsmangels** nicht ordnungsmäßig einberufen worden und aus diesem Grunde ein Gesellschafter nicht erschienen, sind die in der Versammlung gefassten Beschlüsse grundsätzlich nichtig, weil Gesellschafter nur im Rahmen von Gesetz und Satzung an Mehrheitsentscheidungen gebunden sind. Wenn dieser Grundsatz jedoch ausnahmslos Geltung beanspruchen könnte, würden Willensbildung und -betätigung in der Gesellschaft und ihre Rechtsbeziehungen nach außen mit erheblichen Unsicherheiten belastet. Steht fest, dass der Fehler das Abstimmungsergebnis auf keinen Fall beeinflusst haben kann, ist der Beschluss wirksam. Diese Voraussetzung kann erfüllt sein, wenn die Stimme des abwesenden Gesellschafters für das Beschlussergebnis auf keinen Fall relevant gewesen wäre. Sie ist nicht erfüllt, wenn vorgesehen war, dass der Abstimmung eine Aussprache vorausgehen sollte, und wenn nicht ausgeschlossen werden kann, dass die nicht eingeladenen Mitglieder, wären sie erschienen, auf die Stimmabgabe anderer Gesellschafter Einfluss genommen hätten und auf Grund dessen ein Beschluss mit entgegengesetztem Ergebnis gefasst worden wäre.[236] 80

Die Kommanditisten bzw. – im Falle der echten Treuhand – die Treugeber haben entspr. **§ 50 Abs. 3 GmbHG** das Recht, eine Gesellschafterversammlung einzuberufen.[237] Orientieren sich in dem Gesellschaftsvertrag einer Publikums-GbR die Vorschriften über die Einberufung der Gesellschafterversammlung an **§ 51 GmbHG,** ist ein in der Gesellschafterversammlung gefasster Beschluss nichtig, wenn die für die Einberufung vorgeschriebene Form nicht gewahrt worden ist.[238] Es ist nicht erforderlich, dass bei einer als stille Gesellschaft organisierten Publikumsgesellschaft die **Beschlussgegenstände** entspr. **§ 51 GmbHG** zusammen mit der Einladung zur Gesellschafterversammlung verschickt werden, solange im Gesellschaftsvertrag eine anderweitige Regelung getroffen worden ist. In diesem Fall beginnt die **Einberufungsfrist** in entspr. Anwendung des § 121 Abs. 4 Satz 1 Halbs. 2 AktG mit der Aufgabe der Einladungsschreiben zur Post, sofern der Gesellschaftsvertrag keine abweichende Regelung enthält.[239] Die Einberufung einer Gesellschafterversammlung ist entspr. § 121 Abs. 2 Satz 2 AktG auch dann wirksam, wenn sie von einem wirksam abberufenen, aber noch im Handelsregister eingetragenen Geschäftsführer vorgenommen worden ist.[240] 81

Ist den Treugebern faktisch die Stellung von Kommanditisten, und zwar auch im Hinblick auf das Stimmrecht eingeräumt worden, so steht das **Stimmrecht** auch nur ihnen in der Gesellschafterversammlung zu. Machen die Treugeber von ihrem Stimmrecht keinen Gebrauch, so fällt es nicht automatisch an den Treuhänder zurück. Form und Wirksamkeit der Bevollmächtigung zur Ausübung des Stimmrechtes orientieren sich an der Regelung der §§ 134, 135 AktG.[241] 82

c) Vertreterregelung. Wie bei der gesetzestypischen KG und der GmbH & Co. KG kann durch gesellschaftsvertragliche Regelung auch bei der Publikums-KG vorgeschrieben werden, dass die Kommanditisten oder bestimmte Gruppen von ihnen ihre Verwaltungsrechte (Informations- und 83

---

[233] BGH Urt. v. 29. 11. 1952 – II ZR 15/52, BGHZ 8, 157, 166; BGH Urt. v. 29. 6. 1970 – II ZR 158/69, BGHZ 55, 5, 8; vgl. BGH Urt. v. 19. 7. 2004 – II ZR 354/02, ZIP 2004, 1706, 1707.
[234] BGH Urt. v. 19. 12. 2005 – II ZR 234/04, ZIP 2006, 279.
[235] BGH Urt. v. 19. 7. 2004 – II ZR 354/02, ZIP 2004, 1706, 1707 f.
[236] BGH Urt. v. 9. 11. 1972 – II ZR 63/71, BGHZ 59, 369, 375 = NJW 1973, 60; BGH Urt. v. 10. 10. 1983 – II ZR 213/82, WM 1983, 1407, 1408; BGH Urt. v. 5. 11. 1984 – II ZR 111/84, NJW 1985, 974, 975; BGH Urt. v. 19. 11. 1984 – II ZR 102/84, NJW 1985, 972, 973; BGH Urt. v. 29. 9. 1986 – II ZR 285/85, WM 1986, 1556, 1557; BGH Urt. v. 19. 1. 1987 – II ZR 158/86, NJW 1987, 1262, 1263.
[237] BGH Urt. v. 9. 11. 1987 – II ZR 100/87, BGHZ 102, 172, 175 = NJW 1988, 969 f.; BGH Urt. v. 30. 3. 1998 – II ZR 20/97, NJW 1998, 1946, 1947 f.
[238] OLG Köln Urt. v. 14. 12. 1994 – 17 U 33/93, DStR 1996, 879.
[239] BGH Urt. v. 30. 3. 1998 – II ZR 20/97, NJW 1998, 1946, 1947 f.
[240] OLG Hamm Urt. v. 28. 10. 1991 – 8 U 36/91, DB 1992, 265.
[241] OLG Koblenz Urt. v. 22. 1. 1987 – 6 U 777/86, WM 1989, 260, 261 f.

§ 177 a Anh. B 84-86   2. Buch. 2. Abschnitt. Kommanditgesellschaft

Kontrollrechte, Stimmrecht) nur durch einen **Vertreter** ausüben können.[242] Bei der Publikums-KG wird mit einer solchen Klausel die Zusammenfassung der Verwaltungsrechte einer Vielzahl von Anlagekommanditisten erreicht. Das führt zu einer **Verwaltungsvereinfachung**. Das Rechtsverhältnis zwischen dem Gruppenvertreter und den durch ihn vertretenen Kommanditisten richtet sich nach den **Regeln der GbR**. Mangels gegenteiliger vertraglicher Regelung wird also Einstimmigkeit bei der Beschlussfassung vorausgesetzt.[243] Die Regelung unterliegt **Grenzen:** Die (Stimmrechts-)Vollmacht darf nicht unwiderruflich unter gleichzeitigem Verzicht auf die persönliche Ausübung erteilt sein, also der **Abspaltung** des Verwaltungs- vom Mitgliedschaftsrecht nicht gleichkommen.[244] Dem wird durch Widerruflichkeit der Vollmacht und durch Meinungsgebundenheit des Gruppenvertreters Rechnung getragen.[245] Eine bindende Vertretung im **Kernbereich der Mitgliedschaftsrechte**[246] ist ebenso wenig zulässig wie bei Maßnahmen, die in die Rechtsstellung des Gesellschafters als solche eingreifen.[247] In die mitgliedschaftlichen Rechte eines Kommanditisten kann durch Mehrheitsbeschluss nur bei Vorhandensein eines wichtigen Grundes eingegriffen werden. In einem solchen Fall hat der betroffene Gesellschafter kein Stimmrecht.[248] Das im Gesellschaftsvertrag für den Kommanditisten vorgesehene Mitarbeitsrecht kann ihm als ein solches Mitgliedschaftsrecht gegen seinen Willen nur bei Vorliegen eines wichtigen Grundes entzogen werden.[249] **Höchstpersönliche Rechte** (wie Kündigungsrecht, unentziehbare Informationsrechte, Prozessführungsrecht um persönliche Gesellschafterrechte) umfasst sie nicht.[250] Ihre Ausübung muss in den von der gesellschafterlichen **Treupflicht** gezogenen Grenzen erfolgen, da lediglich ein von dem Gesellschafter abgeleitetes Recht wahrgenommen wird.[251] Zu weiteren Einzelheiten vgl. die Kommentierung zu § 163 RdNr. 14 ff.

84   Die **Bestellung** erfolgt entweder im Gesellschaftsvertrag oder durch Beschluss der Kommanditisten. Im letzteren Fall kann der Gesellschaftsvertrag die Wahl durch (auch qualifizierten) Mehrheitsbeschluss zulassen oder von der Einstimmigkeit des Beschlusses abhängig machen.[252] Grundsätzlich kann nur ein Gesellschafter bestellt werden. Der Gesellschaftsvertrag kann die Zulässigkeit der Wahl eines Nicht-Gesellschafters vorsehen.[253]

85   Die (jederzeitige) **Abberufung** des Gruppenvertreters kann ebenfalls an einen mehrheitlich oder einstimmig zu fassenden Beschluss der Vertretenen gebunden werden. Für die Abberufung **aus wichtigem Grund** genügt die einfache Mehrheit.[254] Die Autoren, die das Rechtsverhältnis der Vertretenen untereinander nicht als GbR, sondern als Gemeinschaft iSd. §§ 741 ff. BGB ansehen, billigen darüber hinaus den einzelnen Kommanditisten ein Widerrufsrecht nach § 744 Abs. 2 BGB zu.[255]

86   Der Gruppenvertreter ist **weisungsabhängig**. Über die zu erteilenden **Weisungen** beschließen die Vertretenen einstimmig, soweit keine abweichende Regelung getroffen ist.[256] Sind Weisungen nicht erteilt, hat der Vertreter seine Entscheidung an der Wahrung der Interessen der Vertretenen auszurichten.[257]

---

[242] BGH Urt. v. 12. 12. 1966 – II ZR 41/65, BGHZ 46, 291, 294; OLG Zweibrücken Beschl. v. 18. 11. 1974 – 3 W 71/74, OLGZ 1975, 402, 404; Baumbach/*Hopt* § 163 RdNr. 10; Heymann/*Horn* § 164 RdNr. 16 mwN.
[243] BGH Urt. v. 4. 10. 2004 – II ZR 356/02, ZIP 2004, 2282, 2294; die gegenteilige Ansicht, die auf Gruppenbeschlüsse den Rechtsgedanken des § 745 BGB anwenden möchte (Staub/*Schilling* § 163 RdNr. 17; *K. Schmidt* ZHR 146 (1982), 525, 551), lehnt der BGH ausdrücklich ab.
[244] BGH Urt. v. 10. 11. 1951 – II ZR 111/50, BGHZ 3, 354, 357; BGH Urt. v. 22. 1. 1962 – II ZR 11/61, BGHZ 36, 292, 295; BGH Urt. v. 12. 7. 1965 – II ZR 118/63, BGHZ 44, 158, 161; BGH Urt. v. 12. 12. 1966 – II ZR 41/65, BGHZ 46, 291, 296.
[245] Schlegelberger/*Martens* § 161 RdNr. 80 mwN; Baumbach/*Hopt* § 163 RdNr. 10.
[246] BGH Urt. v. 5. 11. 1984 – II ZR 111/84, NJW 1985, 974, 975; Baumbach/*Hopt* § 119 RdNr. 36; Heymann/*Horn* § 164 RdNr. 17.
[247] BGH Urt. v. 14. 5. 1956 – II ZR 229/54, BGHZ 20, 363, 368 ff.; Baumbach/*Hopt* § 163 RdNr. 6; Heymann/*Horn* § 161 RdNr. 49.
[248] BGH Urt. v. 4. 10. 2004 – II ZR 356/02, ZIP 2004, 2282, 2284 mwN aus Rechtspr. und Schrifttum.
[249] BGH Urt. v. 4. 10. 2004 – II ZR 356/02, ZIP 2004, 2282, 2284.
[250] BGH Urt. v. 12. 12. 1966 – II ZR 41/65, BGHZ 46, 291, 300; Baumbach/*Hopt* § 163 RdNr. 11.
[251] Vgl. für die AG BGH Urt. v. 20. 3. 1995 – II ZR 205/94, BGHZ 129, 136, 137, 148 = NJW 1995, 1739 f.; Baumbach/*Hopt* § 163 RdNr. 10.
[252] *Immenga* ZGR 3 (1974), 385, 386; Heymann/*Horn* § 164 RdNr. 18; *H. P. Westermann* S. 348; vgl. auch BGH Urt. v. 12. 12. 1966 – II ZR 41/65, BGHZ 46, 291, 296; aA (Gemeinschaft mit Mehrheitsprinzip nach § 745 Abs. 1 BGB) *K. Schmidt* ZHR 146 (1982), 525, 539 ff., 545 ff.; ders. GesR § 21 II 5 c; Staub/*Schilling* § 163 RdNr. 17.
[253] Baumbach/*Hopt* § 163 RdNr. 10; Schlegelberger/*Martens* § 161 RdNr. 84; wohl auch BGH Urt. v. 12. 12. 1966 – II ZR 41/65, BGHZ 46, 291, 295.
[254] Heymann/*Horn* § 164 RdNr. 18; aA *K. Schmidt* ZHR 146 (1982), 525, 550 (nur Mehrheitsbeschluss); Schlegelberger/*Martens* § 161 RdNr. 85 (nur Einstimmigkeit).
[255] *K. Schmidt* ZHR 146 (1982), 525, 551; Schlegelberger/*Martens* § 161 RdNr. 87.
[256] Schlegelberger/*Martens* § 161 RdNr. 88; aA *K. Schmidt* ZHR 146 (1982), 525, 549.
[257] Heymann/*Horn* § 164 RdNr. 16.

3. Aufsichtsorgane der Publikums-KG. IdR wird in Publikumsgesellschaften durch gesell- 87
schaftsvertragliche Regelung ein **Aufsichtsorgan** (Aufsichtsrat, Beirat, Verwaltungsrat, Kontrollausschuss) zur Überwachung der Geschäftsführung in Anlehnung an § 111 AktG gebildet.[258] Diese Gremien sind **Gesellschaftsorgane** der Publikums-KG, die von der Gesellschafterversammlung eingerichtet werden. Ihre Mitglieder werden ebenfalls von der Gesellschafterversammlung gewählt; sie stehen in einem unmittelbaren Rechtsverhältnis zur Gesellschaft. Sie sind ihrem Wohl verpflichtet und ihr – bei entspr. Ausgestaltung des Organverhältnisses auch den Kommanditisten gegenüber – für die Erfüllung der ihnen auferlegten Pflichten haftbar.[259]

a) Aufgaben des Aufsichtsorgans. Die Aufgaben des Organs bestehen vor allem in der Wah- 88
rung der Interessen der Gesellschafter gegenüber der Geschäftsführung und deren Beratung und/oder Überwachung.[260] Seine Mitglieder sind allerdings nicht verpflichtet, jede Geschäftsführungsmaßnahme zu überwachen und zu überprüfen. Bei ungewöhnlich leichtfertigen und risikoreichen Geschäften hat das Aufsichtsgremium jedoch mit allen ihm zu Gebote stehenden Mitteln auf die Geschäftsführung einzuwirken, um das Vorhaben zu verhindern.[261] Zur Gewährleistung einer wirksamen **Kontrolle** hat es die Geschäftsführung zu regelmäßiger Berichterstattung zu veranlassen, uU auch eigene Nachforschungen durchzuführen.[262] Es hat ferner auf die rechtzeitige und sachgemäße Erstellung des **Jahresabschlusses** zu achten, diesen selbst zu überprüfen und durch einen unabhängigen Sachverständigen überprüfen zu lassen; Zweifelsfragen muss es nachgehen.[263] Das Aufsichtsorgan muss sich vergewissern, inwieweit die im Prospekt dargestellten Investitionsvorhaben der Gesellschaft verwirklicht werden. Diese Überwachungspflichten obliegen jedem einzelnen Aufsichtsratsmitglied in eigener Verantwortung.[264] Eine Haftung der Mitglieder des Aufsichtsorgans wegen unzulässiger Gewinnausschüttung setzt den Nachweis voraus, dass eine Wiedereinziehung der Beträge nicht möglich ist oder ein Versuch dazu nach vernünftiger kaufmännischer Betrachtung nicht lohnend erscheint.[265]

b) Haftung der Mitglieder des Aufsichtsorgans. Auf die Verantwortlichkeit der Mitglieder 89
des Aufsichtsorgans für Pflichtverletzungen kann § 708 BGB nicht angewandt werden. Der Haftungsmaßstab ist den §§ 116, 93 AktG zu entnehmen; danach haben die Beiratsmitglieder bei Erfüllung ihrer Pflichten die Sorgfalt eines ordentlichen und gewissenhaften Kaufmanns zu beachten.[266]

Die Schadenersatzansprüche verjähren in entspr. Anwendung der §§ 93 Abs. 6, 116 AktG und 90
§ 52 Abs. 3 GmbHG in fünf Jahren.[267] Die Beweisregelung des § 93 Abs. 2 Satz 2 AktG ist entsprechend anwendbar.[268]

Die Haftung ist ausgeschlossen, wenn die pflichtwidrige Handlung auf einem (bindenden) Be- 91
schluss der Gesellschafterversammlung beruht oder wenn sie nachträglich gebilligt wird. Besteht die Pflichtverletzung aber darin, dass die gebotenen Maßnahmen zur Verhinderung des die Gesellschaft schädigenden Beschlusses unterlassen worden sind, kommt eine Haftung in Betracht.[269] Der Gesellschaft kann ein etwaiges **Mitverschulden** ihres Geschäftsführers (§ 254 BGB) anspruchsmindernd nicht entgegengehalten werden, weil die Aufgabe des Mitgliedes des Aufsichtsorgans gerade in der Überwachung der Geschäftsführung besteht.[270]

---

[258] BGH Urt. v. 22. 10. 1979 – II ZR 151/77, WM 1979, 1425, 1426 f.; zur Auslegung der Begriffe Aufsichtsrat und Beirat vgl. BGH Urt. v. 8. 11. 1989 – IVa ZR 163/88, NJW-RR 1990, 219, 220.
[259] BGH Urt. v. 14. 4. 1975 – II ZR 147/73, BGHZ 64, 238, 240 f. = NJW 1975, 1318; BGH Urt. v. 4. 7. 1977 – II ZR 150/75, BGHZ 69, 207, 209 f. = NJW 1977, 2311, 2312; BGH Urt. v. 7. 3. 1983 – II ZR 11/82, BGHZ 87, 84, 87 = NJW 1983, 1675. 1676; BGH Urt. v. 22. 10. 1979 – II ZR 151/77, WM 1979, 1425, 1426 f.; BGH Urt. v. 22. 10. 1984 – II ZR 2/84, NJW 1985, 1900, 1901.
[260] BGH Urt. v. 22. 10. 1979 – II ZR 151/77, WM 1979, 1425, 1426 f.
[261] BGH Urt. v. 4. 7. 1977 – II ZR 150/75, BGHZ 69, 207, 214 = NJW 1977, 2311, 2312.
[262] BGH Urt. v. 7. 11. 1977 – II ZR 43/76, NJW 1978, 425, 426.
[263] BGH Urt. v. 7. 11. 1977 – II ZR 43/76, NJW 1978, 425, 426.
[264] BGH Urt. v. 22. 10. 1979 – II ZR 151/77, WM 1979, 1425, 1427; OLG Düsseldorf Urt. v. 8. 3. 1984 – 6 U 75/83, WM 1984, 1080, 1084 zur Geschäftstätigkeit im Ausland.
[265] BGH Urt. v. 7. 11. 1977 – II ZR 43/76, NJW 1978, 425, 426.
[266] BGH Urt. v. 4. 7. 1977 – II ZR 150/75, BGHZ 69, 207, 213 = NJW 1977, 2311, 2312; BGH Urt. v. 12. 11. 1979 – II ZR 174/77, BGHZ 75, 321, 327 = NJW 1980, 589 f.; BGH Urt. v. 7. 3. 1983 – II ZR 11/82, BGHZ 87, 84, 86 = NJW 1983, 1675. 1676; BGH Urt. v. 22. 10. 1979 – II ZR 151/77, WM 1979, 1425, 1426 f.; OLG Düsseldorf Urt. v. 8. 3. 1984 – 6 U 75/83, WM 1984, 1080, 1085; OLG Frankfurt Urt. v. 25. 9. 1979 – 5 U 210/78, WM 1979, 1246, 1247 f.
[267] BGH Urt. v. 7. 3. 1983 – II ZR 11/82, BGHZ 87, 84, 87 = NJW 1983, 1675, 1676.
[268] BGH Urt. v. 7. 11. 1977 – II ZR 43/76, NJW 1978, 425, 426; BGH Urt. v. 22. 10. 1979 – II ZR 151/77, WM 1979, 1425, 1428.
[269] BGH Urt. v. 4. 7. 1977 – II ZR 150/75, BGHZ 69, 207, 217 = NJW 1977, 2311, 2312.
[270] BGH Urt. v. 4. 7. 1977 – II ZR 150/75, BGHZ 69, 207, 218 = NJW 1977, 2311, 2312.

92 Der Schadenersatzanspruch steht der Publikums-KG zu; er kann grundsätzlich nur von ihr geltend gemacht werden, weil ein Rechtsverhältnis nur zu ihr besteht.[271] Kommanditisten können den Gesellschaftsschaden allenfalls dann geltend machen, wenn nach der Gestaltung des Gesellschaftsvertrages das Rechtsverhältnis der Publikums-KG zum Beirat zugleich Schutzwirkung zugunsten der Kommanditisten entfaltet.[272]

93 c) Repräsentationsaufgaben. Als Repräsentationsorgan der an der Publikums-KG beteiligten Kommanditisten kann ein **Kommanditistenausschuss** gebildet werden. Er ist von den Aufsichtsgremien zu unterscheiden. Er wahrt nur die Einzelinteressen der Kommanditisten gegenüber der Publikums-KG; er ist kein Gesellschaftsorgan. Die Mitglieder des Kommanditistenausschusses sind nicht auf Wahrung der Gesellschaftsinteressen verpflichtet. Sie haften den Kommanditisten bei schuldhafter Verletzung ihrer Pflichten. Der sich daraus ergebende Schadenersatzanspruch steht nicht der Gesellschaft, sondern den Kommanditisten gemeinschaftlich zu.[273]

94 4. Der Treuhandkommanditist. a) Rechtsstellung des Treuhandkommanditisten. Wird der Kommanditanteil an der Publikums-KG treuhänderisch begründet oder an einen Treuhänder abgetreten, so wird allein der Treuhänder mit allen Rechten und Pflichten Gesellschafter.[274] Der Treugeber ist nur wirtschaftlich an der Gesellschaft beteiligt, da der Treuhänder im eigenen Namen – wenn auch für Rechnung des jeweiligen Kapitalanlegers – handelt. Der Treuhänder muss von der Geschäftsführung der Publikums-KG **unabhängig** sein. Nur so kann er pflichtgemäß die Interessen der Treugeber wahrnehmen.[275] Entspricht die Stellung des Treuhänders nicht dieser Voraussetzung, muss das im Prospekt offengelegt werden. Geschieht das nicht, kann das zu Kündigungsrechten und Schadenersatzpflichten führen.[276]

95 Der Treuhandkommanditist kann aus wichtigem Grund mit Mehrheitsbeschluss **abberufen** werden.[277]

96 b) Stellung und Schutz des Treugebers. Den Treuhandkommanditisten treffen gegenüber den künftigen Treugebern **vorvertragliche Aufklärungspflichten.** Er hat sich über alle für die mittelbare Beteiligung wesentlichen Fragen zu informieren und den Beitrittsinteressenten aufzuklären. Verletzt der Treuhänder diese Unterrichtungspflicht, so haftet er den Anlegern für den daraus entstehenden Schaden. Sieht sich der Treuhandkommanditist zur sachgerechten Prüfung und Aufklärung nicht in der Lage oder sieht er das als unzumutbar an, muss er die Übernahme der Treuhänderstellung ablehnen oder aber die Beitrittsinteressenten darauf hinweisen, dass er eine Prüfung des Anlageobjekts nicht vorgenommen hat.[278] Vgl. im Übrigen zu den Aufklärungs- und Hinweispflichten **RdNr. 41–43.** Die Informationsrechte des **unterbeteiligten Anlegers** ergeben sich aus einer entspr. Anwendung des § 233 HGB.[279]

97 Aufgrund des Treuhandverhältnisses ist der Treuhandkommanditist im Innenverhältnis schuldrechtlich berechtigt und verpflichtet, die **Anleger wie Kommanditisten** der Publikums-KG zu stellen.[280] Er hat sich einen Überblick über die rechtlichen und finanziellen Grundlagen der Gesellschaft zu verschaffen und seine Gesellschafterrechte – insbes. evtl. Mitwirkungs-, Kontroll- und Überwachungsbefugnisse – pflichtgemäß und sachverständig im Interesse der Treugeber auszuüben. Bei Pflichtverletzungen des Treuhänders nach Abschluss des Treuhandvertrages haftet er den Anlegern aus dem Treuhandverhältnis und aus Geschäftsbesorgungsvertrag (§ 675 BGB). Durch Vereinbarung im Gesellschaftsvertrag der Publikums-KG können die nur mittelbar über den Treuhandkommanditisten beteiligten **Treugeber** im Innenverhältnis zur Publikums-KG **wie Kommanditisten gestellt** werden.[281]

---

[271] BGH Urt. v. 22. 10. 1984 – II ZR 2/84, NJW 1985, 1900, 1901.
[272] BGH Urt. v. 21. 2. 1983 – II ZR 128/82, WM 1983, 555, 557; BGH Urt. v. 22. 10. 1984 – II ZR 2/84, NJW 1985, 1900, 1901.
[273] BGH Urt. v. 21. 2. 1983 – II ZR 128/82, WM 1983, 555, 557.
[274] BGH Urt. v. 30. 6. 1980 – II ZR 178/79, BGHZ 77, 392, 395 = NJW 1980, 2708, 2709; BGH Urt. v. 21. 3. 1988 – II ZR 135/87, BGHZ 104, 50, 55 = NJW 1988, 1903 f.
[275] BGH Urt. v. 22. 1. 1979 – II ZR 178/77, BGHZ 73, 294, 299 = NJW 1979, 1503, 1504; BGH Urt. v. 17. 12. 1979 – II ZR 240/78, WM 1980, 401, 402.
[276] BGH Urt. v. 22. 1. 1979 – II ZR 178/77, BGHZ 73, 294, 299 = NJW 1979, 1503, 1505; BGH Urt. v. 17. 12. 1979 – II ZR 240/78, NJW 1980, 1162, 1163.
[277] BGH Urt. v. 9. 11. 1987 – II ZR 100/87, BGHZ 102, 172, 176 = NJW 1988, 969, 970.
[278] BGH Urt. v. 24. 5. 1982 – II ZR 124/81, BGHZ 84, 141, 144 = NJW 1982, 2493, 2494.
[279] BGH Urt. v. 10. 10. 1994 – II ZR 285/93, NJW-RR 1995, 165, 166.
[280] BGH Urt. v. 30. 3. 1987 – II ZR 163/86, NJW 1987, 2677, 2678.
[281] BGH Urt. v. 13. 5. 1953 – II ZR 157/52, BGHZ 10, 44, 49 f.; BGH Urt. v. 30. 3. 1987 – II ZR 163/86, NJW 1987, 2677, 2678; OLG Düsseldorf Urt. v. 28. 3. 1991 – 6 U 163/90, ZIP 1991, 1494 f.; OLG Frankfurt Urt. v. 9. 11. 1976 – 5 U 188/75, BB 1976, 1626, 1627.

Den Anlegern können einzelne – auch an sich nicht abspaltbare – **Mitwirkungsrechte** übertragen werden.[282]

Ist der Treuhandvertrag zwischen Gesellschaft und Treuhänder abgeschlossen, handelt es sich um einen echten Vertrag zugunsten der Anleger (§ 328 BGB). Die Treuhandabrede soll die Anleger davor schützen, dass über die Anlagebeträge vertragswidrig verfügt wird.[283] Ist der Publikums-KG in diesem Fall durch Pflichtverletzungen des Treuhänders ein Schaden entstanden, steht der Ersatzanspruch der Gesellschaft zu; der einzelne Gesellschafter oder Kapitalanleger kann nicht auf Leistung an sich klagen.[284]

Darf der Treuhänder die Einlage nach den vertraglichen Vereinbarungen erst dann an die KG weiterleiten, wenn bestimmte Voraussetzungen für die **Freigabe** dieser Mittel erfüllt sind, ist eine Abtretung, die vor Eintritt der **Mittelfreigabevoraussetzungen** vorgenommen wird, nach § 399 BGB unwirksam. Eine im Gesellschaftsvertrag enthaltene Abtretungsvereinbarung erfasst die Beiträge, für die die Freigabekriterien noch nicht erfüllt sind, nicht.[285] Das gilt auch dann, wenn zwar die Mittelfreigabekriterien erfüllt sind, der Treuhandkommanditist die Verwendung der Gelder durch die Publikums-KG jedoch zu kontrollieren hat und die Mittel erst nach Vorlage einer Investitions- und Finanzierungsrechnung weitergeleitet werden dürfen, eine solche Rechnung jedoch noch nicht vorgelegt worden ist.[286] Steht fest, dass die Mittelfreigabekriterien nicht erfüllt werden können, entfällt die Pflicht der Treugeber, Zeichnungsbeträge dem Treuhandkommanditisten vorschussweise zur Verfügung zu stellen.[287] Ist der Treugeber einer später gescheiterten Publikums-KG unter der **aufschiebenden Bedingung** beigetreten, dass bestimmte, im Vertrag niedergelegte Freigabekriterien erfüllt sind, so kann der Treuhänder Ansprüche gegen den Treugeber wegen Beitragsleistungen nur geltend machen, wenn die Mittelfreigabekriterien vor dem Scheitern der Gesellschaft erfüllt gewesen sind.[288]

Im Außenverhältnis haftet nur der Treuhänder als Kommanditist, während im Innenverhältnis die Kapitalanleger das Kommanditistenrisiko tragen. Wird zB eine Einlage an den Anleger zurückgezahlt, so haftet im Außenverhältnis der Treuhänder den Gesellschaftsgläubigern gem. § 172 Abs. 4 HGB; er kann jedoch im Innenverhältnis bei dem Anleger auf Grund des Geschäftsbesorgungs- und Treuhandvertrages in Höhe der erstatteten Einlage Regress nehmen.[289]

Die Publikums-KG hat aus eigenem Recht keine Ansprüche gegen die Treugeber auf Leistung ihrer Einlage; der Kapitalanleger ist vielmehr nur gegenüber dem Treuhänder nach Maßgabe des Treuhandvertrages verpflichtet.[290] Der Einlageanspruch der KG richtet sich gegen den Treuhänder. Seine Verpflichtung zur Leistung soll davon abhängen, ob der Treugeber seinerseits an den Treuhänder leistet. Da vor dieser Zahlung keine Verpflichtung des Treuhänders zur Leistung des Einlagebetrages bestehen soll, soll ihm auch kein Anspruch auf Freistellung von dieser Verpflichtung durch den Treugeber zustehen.[291] Diese Ansicht ist zu Recht kritisiert worden, da sie auf die Unverbindlichkeit der zwischen Treuhänder und Treugeber (Anleger) getroffenen Vereinbarung hinausläuft. Das ist jedoch nur bei Nichtigkeit oder wirksamer Arglistanfechtung der Fall (§ 138, § 123 iVm. § 142 BGB).[292] Der Treuhänder muss die Möglichkeit haben, seinen Anspruch – unabhängig von den zwischen ihm und der KG getroffenen Vereinbarungen – gegen den Treugeber durchzusetzen. Dazu gehört auch, dass er den Anleger auf Freistellung in Anspruch nehmen kann.[293]

Der Treuhandkommanditist muss die empfangenen Einlagen grundsätzlich auch dann an die Publikums-KG weiterleiten, wenn sich deren drohende **Insolvenz** abzeichnet.[294] Denn den Anleger

---

[282] BGH Urt. v. 30. 3. 1987 – II ZR 163/86, NJW 1987, 2677, 2678; OLG Koblenz Urt. v. 22. 10. 1987 – 6 U 777/86, WM 1989, 260, 261.
[283] BGH Urt. v. 14. 4. 1986 – II ZR 123/85, WM 1986, 904, 905.
[284] BGH Urt. v. 16. 3. 1987 – II ZR 179/86 NJW 1987, 3121, 3122; BGH Urt. v. 19. 1. 1987 – II ZR 158/86, NJW 1987, 1262, 1263 f.
[285] BGH Urt. v. 10. 6. 1991 – II ZR 247/90, NJW 1991, 2906, 2907; BGH Urt. v. 24. 2. 1992 – II ZR 89/91, NJW-RR 1992, 930 f.; OLG München Urt. v. 28. 9. 1990 – 14 U 320/90, WM 1991, 100; OLG Düsseldorf Urt. v. 13. 2. 1991 – 17 U 183/90, WM 1991, 1029, 1034.
[286] BGH Urt. v. 10. 6. 1991 – II ZR 247/90, NJW 1991, 2906, 2907.
[287] BGH Urt. v. 26. 10. 1992 – II ZR 277/91, DStR 1993, 365, 366.
[288] BGH Urt. v. 24. 2. 1992 – II ZR 135/91, EWiR 1992, 891.
[289] BGH Urt. v. 28. 1. 1980 – II ZR 250/78, BGHZ 76, 127, 130 f. = NJW 1980, 1163, 1164.
[290] OLG Düsseldorf Urt. v. 28. 3. 1991 – 6 U 163/90, ZIP 1991, 1494, 1496 f.; OLG München Urt. v. 22. 2. 1984 – 7 U 4726/83, WM 1984, 810, 811 f.; aA BGH Urt. v. 15. 6. 1959 – II ZR 44/58, BGHZ 30, 195, 201; BGH Urt. v. 28. 4. 1975 – II ZR 16/73, BGHZ 64, 253, 257; BGH Urt. v. 18. 10. 1976 – II ZR 98/75, BGHZ 68, 81, 82 = NJW 1977, 1013, 1014; Staub/*Ulmer* § 105 RdNr. 232 f.; *K. Schmidt* GesR § 20 IV.
[291] OLG München Urt. v. 22. 2. 1984 – 7 U 4726/83, WM 1984, 810, 812 f.
[292] Heymann/*Horn* § 161 RdNr. 176.
[293] Vgl. BGH Urt. v. 22. 1. 1979 – II ZR 178/77, BGHZ 73, 294, 301 = NJW 1979, 1503, 1504.
[294] BGH Urt. v. 17. 12. 1979 – II ZR 240/78, NJW 1980, 1162, 1163.

trifft das Anlagerisiko so als ob er sich unmittelbar als Kommanditist betätigt hätte. Gegenüber der vertraglichen Forderung des Treuhandkommanditisten gegen den Treugeber auf Leistung der vereinbarten Einlage kann der Treugeber im Konkurs der Publikums-KG mit Schadenersatzansprüchen oder Prospekthaftungsansprüchen gegen den Treuhänder solange nicht aufrechnen, wie die Einlage zur Befriedigung der Gesellschaftsgläubiger benötigt wird.[295]

103   Eine grobe Pflichtverletzung des Treuhänders gibt dem Anleger das Recht, das Treuhandverhältnis durch Erklärung gegenüber dem Treuhänder fristlos zu kündigen.[296] Wird in diesem Fall der Gesellschaftsvertrag nicht geändert und weder ein neuer Treuhänder bestimmt noch die Gesellschaftsbeteiligung unmittelbar vom Treugeber übernommen, kann sich der Kapitalanleger insgesamt von seinen Verpflichtungen lösen.[297] IdR sieht der Gesellschaftsvertrag bei einer Auflösung des Treuhandverhältnisses eine entspr. Verringerung der vom Treuhandkommanditisten gehaltenen Kommanditeinlage vor, die dieser bei Fortbestand des Treuhandverhältnisses nach dem mit der Gesellschaft geschlossenen Vertrag gegen den Treugeber geltend zu machen verpflichtet wäre.[298] Wird dem aus der KG ausgeschiedenen Anleger die Einlage zurückerstattet und der Treuhandkommanditist später von den Gesellschaftsgläubigern nach § 172 Abs. 4 HGB in Anspruch genommen, gehen die Gläubigeransprüche auf den Treuhänder über. Bei diesem verbleiben sie auch dann, wenn der Treugeber dem Treuhänder den Betrag nach dem Geschäftsbesorgungsvertrag erstattet. Demnach ist der Treuhandkommanditist berechtigt, von der KG Erfüllung der auf ihn übergegangenen Gläubigeransprüche zu verlangen, solange sie nicht auf den Anleger übertragen worden sind. Zu dieser Übertragung ist der Treuhandkommanditist verpflichtet.[299] Zu Stellung und Haftung des Treuhandkommanditisten vgl. ferner **RdNr. 57.** Zu weiteren Einzelheiten zu den RdNr. 94 ff. vgl. die Kommentierung zu § 163 RdNr. 21 ff.

104   **5. Kapitalsicherung. a) Rechtsgrundlagen der Kapitalsicherung.** Die Kapitalsicherung in der Publikums-KG folgt aus den §§ 171 f. HGB. Bei der GmbH & Co. KG sichern zusätzlich die §§ 30 f. GmbHG die Haltung des Eigenkapitals. Der Kapitalanleger ist zur Leistung seiner Einlage an die Publikums-KG auch dann verpflichtet, wenn das Finanzamt – später – die steuerliche Verlustzuweisung ablehnt.[300] Der Kommanditist ist zur Zahlung einer erhöhten Einlage verpflichtet, wenn er das Gesellschaftsverhältnis auf der Grundlage eines Kapitalerhöhungsvertrages fortsetzen möchte.[301]

105   **b) Gesplittete Einlage.** Häufig hat der Kommanditist eine Kapitaleinlage nach dem Gesellschaftsvertrag teilweise als Kommanditeinlage und teilweise als Darlehen oder als stille Beteiligung an der Gesellschaft zu erbringen **(gesplittete Einlage).**[302] Der in die Form eines Darlehens oder einer stillen Einlage gekleidete – zusätzliche – Kapitalbeitrag des Kommanditisten ist bei Publikumsgesellschaften im Zweifel als Leistung anzusehen, die auf einer gesellschaftsrechtlichen Beitragsverpflichtung und nicht auf einer gesonderten schuldrechtlichen Vereinbarung beruht.[303] Das gilt insbes. dann, wenn die zusätzlich von den Gesellschaftern zu erbringenden Mittel zur Erreichung des Gesellschaftszwecks unverzichtbar sind, weil die Publikums-KG diese Mittel von Anfang an in ihre finanzielle Planung einbezogen und dieser Umstand im Gesellschaftsvertrag seinen Niederschlag gefunden hat.[304]

106   Solchen als Darlehen oder stille Beteiligung bezeichneten Beträgen kommt nach der ihnen zugedachten Funktion **Eigenkapitalcharakter** zu.[305] **Rechtsfolge** ist, dass sie – auch soweit sie die

---

[295] OLG Düsseldorf Urt. v. 28. 3. 1991 – 6 U 163/90, ZIP 1991, 1494 f.
[296] BGH Urt. v. 13. 5. 1953 – II ZR 157/52, BGHZ 10, 294, 299; BGH Urt. v. 22. 1. 1979 – II ZR 178/77, BGHZ 73, 294, 300 = NJW 1979, 1503, 1504.
[297] BGH Urt. v. 22. 1. 1979 – II ZR 178/77, BGHZ 73, 294, 300 = NJW 1979, 1503, 1504.
[298] BGH Urt. v. 22. 1. 1979 – II ZR 178/77, BGHZ 73, 294, 301 = NJW 1979, 1503, 1504; BGH Urt. v. 18. 11. 1985 – II ZR 51/85, WM 1986, 255, 256.
[299] BGH Urt. v. 14. 1. 1985 – II ZR 103/84, BGHZ 93, 246, 247 = NJW 1985, 1776, 1777.
[300] BGH Urt. v. 18. 11. 1985 – II ZR 51/85, WM 1986, 255, 256.
[301] BGH Urt. v. 21. 10. 1985 – II ZR 78/85, WM 1986, 321, 322.
[302] Zu einem besonderen Fall des „Einlagesplittings" vgl. OLG Düsseldorf Urt. v. 7. 1. 1993 – 6 U 44/92, DStR 1993, 844: Die Gesellschafter einer Publikums-GbR traten – als Teil ihrer Einlageverpflichtung – Valutierungsansprüche aus Darlehensverträgen mit einer Bank an die Gesellschaft ab; zur Zusage der Gewährung eines Sanierungsdarlehns bei vgl. BGH Urt. v. 9. 12. 1996 – II ZR 341/95, WM 1997, 576, und bei der AG BGH Urt. v. 8 1. 2006 – II ZR 94/05, ZIP 2006, 1199 *(Boris Becker);* zum „Finanzplankredit" für eine GmbH vgl. BGH Urt. v. 28. 6. 1999 – II ZR 272/98, BGHZ 142, 116.
[303] BGH Urt. v. 28. 11. 1977 – II ZR 235/75, BGHZ 70, 61, 63 = NJW 1978, 376 f.; BGH Urt. v. 17. 12. 1984 – II ZR 36/84, NJW 1985, 1079, 1080; zur GbR vgl. BGH Urt. v. 23. 1. 2006 – II ZR 126/04, ZIP 2006, 754.
[304] BGH Urt. v. 12. 5. 1977 – II ZR 89/75, BGHZ 69, 160, 170 = NJW 1977, 2160 f.; BGH Urt. v. 10. 12. 1984 – II ZR 28/84, BGHZ 93, 159, 161 = NJW 1985, 1468, 1469; BGH Urt. v. 21. 3. 1988 – II ZR 238/87, BGHZ 104, 33, 36 f. = NJW 1988, 1841 f.; BGH Urt. v. 5. 11. 1979 – II ZR 145/78, NJW 1980, 1522 f.; BGH Urt. v. 9. 2. 1981 – II ZR 38/80, NJW 1981, 2251, 2252; BGH Urt. v. 17. 5. 1982 – II ZR 16/81, NJW 1982, 2253, 2254.
[305] BGH Urt. v. 21. 3. 1988 – II ZR 238/87, BGHZ 104, 33, 36, 40 = NJW 1988, 1841 f.

Haftsumme übersteigen – als Teil der materiellen Eigenkapitalausstattung der KG wie die ausdrücklich als Kommanditeinlage bezeichneten Beträge den Gesellschaftsgläubigern im **Insolvenzfall oder in der Liquidation** der Gesellschaft als Haftungsmasse zur Verfügung stehen müssen.[306] Dementsprechend können Insolvenzverwalter oder Liquidator diese Beträge – soweit sie noch nicht geleistet worden sind – einfordern, wenn sie zur Befriedigung der Gesellschaftsgläubiger erforderlich sind.[307] Die **Darlegungs- und Beweislast** dafür, dass der eingeforderte Betrag nicht zur Gläubigerbefriedigung benötigt wird, trägt der in Anspruch genommene Gesellschafter.[308] Die Darlehensforderung und – entgegen § 236 Abs. 1 HGB – die stille Einlage des Kommanditisten können in der Insolvenz der Gesellschaft nicht zur Insolvenztabelle angemeldet werden; sie können nur im Rahmen des Liquidations- und Auseinandersetzungsverfahrens berücksichtigt werden, wenn die Beträge nicht zur Befriedigung der Gesellschaftsgläubiger benötigt werden.[309] Auch ein Zessionar, dem der Darlehensanspruch vor Eröffnung des Insolvenzverfahrens abgetreten worden ist, kann die Forderung im Insolvenzverfahren nicht geltend machen. Ebenso scheidet eine Aufrechnung gegen eine Gesellschaftsforderung aus.[310]

Zahlungen auf diese Forderung sind als Einlageleistungen iSv. § 171 Abs. 1 HGB auf die Haftsumme anzurechnen, soweit die im Handelsregister einzutragende Haftsumme sich aus der eigentlichen Kommanditeinlage und dem vereinbarten „funktionalen Eigenkapitalbetrag" zusammensetzt.[311] Die Rückzahlung dieser Beträge führt dazu, dass die Kommanditistenhaftung iSd. § 172 Abs. 4 HGB wiederauflebt.

Im Verhältnis von Gesellschaft und Gesellschaftern kann das als funktionale Einlage zu behandelnde Gesellschafterdarlehen, wenn im Gesellschaftsvertrag nichts anderes vereinbart ist, nicht wie eine echte Einlage behandelt werden. Ein auf dem Gesellschaftersonderkonto verbuchter Verlust kann daher nicht mit dem auf dem Darlehenskonto befindlichen Guthaben ausgeglichen werden. Scheidet der Kommanditist aus der Gesellschaft aus, muss ihm der Darlehensbetrag, soweit er nicht zur Befriedigung von Gläubigerforderungen benötigt wird, ausgezahlt werden.[312]

Die Gesellschafter müssen diese Kapitalleistungen der Gesellschaft im Zweifel bis zum Ablauf der festgesetzten Zeit belassen.[313] Die stille Beteiligung oder die Darlehensvaluta können nur bei vorheriger oder gleichzeitiger Beendigung des Gesellschaftsverhältnisses vorzeitig zurückgefordert werden.[314] Die Vereinbarung einer gespaltenen Einlage, die in einer einmaligen Zahlung und in laufenden, dem jeweiligen Liquiditätsbedarf zu erbringenden Leistungen besteht, bedarf zu ihrer Wirksamkeit einer klaren Bestimmung im Gesellschaftsvertrag.[315]

Aus der **Treupflicht** des Kapitalanlegers kann sich ergeben, dass er die vertraglich vereinbarten Zinsen für ein Darlehen, das er neben seiner Hafteinlage zu leisten hatte, nicht verlangen kann. Das ist insbes. dann der Fall, wenn die finanzielle Situation der Gesellschaft so angespannt ist, dass Zinszahlungen auf Kommanditistendarlehen zum Zusammenbruch der Gesellschaft zu führen drohen.[316] Zu weiteren Einzelheiten zu RdNr. 105 ff. vgl. die Kommentierung zu § 171 RdNr. 62 ff.

c) Atypische stille Gesellschafterbeteiligung. Die aufgezeigten Grundsätze gelten auch, wenn der Anleger sich an der Publikums-KG nicht als Kommanditist, sondern lediglich als atypischer stiller Gesellschafter beteiligt und ihm im Innenverhältnis faktisch die Stellung eines Kommanditisten

---

[306] BGH Urt. v. 17. 12. 1984 – II ZR 36/84, NJW 1985, 1079, 1080.
[307] Für Darlehen: BGH Urt. v. 21. 3. 1988 – II ZR 238/87, BGHZ 104, 33, 35 = NJW 1988, 1841 f.; BGH Urt. v. 10. 12. 1984 – II ZR 28/84, BGHZ 93, 159, 161 = NJW 1985, 1468, 1469; BGH Urt. v. 3. 7. 1978 – II ZR 54/77, BB 1978, 1133, 1134; BGH Urt. v. 17. 5. 1982 – II ZR 16/81, NJW 1982, 2253, 2254; OLG Köln Urt. v. 16. 12. 1982 – 7 U 70/82, ZIP 1983, 310, 311; für stille Beteiligung: BGH Urt. v. 5. 11. 1979 – II ZR 145/78, NJW 1980, 1522, 1523; BGH Urt. v. 9. 2. 1981 – II ZR 38/80, NJW 1981, 2251, 2252.
[308] BGH Urt. v. 3. 7. 1978 – II ZR 54/77, BB 1978, 1133, 1134; BGH Urt. v. 5. 11. 1979 – II ZR 145/78, NJW 1980, 1522, 1523 f.
[309] BGH Urt. v. 10. 12. 1984 – II ZR 28/84, BGHZ 93, 159, 163 = NJW 1985, 1468, 1469; BGH Urt. v. 21. 3. 1988 – II ZR 238/87, BGHZ 104, 33, 43 = NJW 1988, 1841 f.; BGH Urt. v. 9. 2. 1981 – II ZR 38/80, NJW 1981, 2251, 2252; BGH Urt. v. 5. 11. 1979 – II ZR 145/78, NJW 1980, 1522, 1523 f.; BGH Urt. v. 17. 5. 1982 – II ZR 16/81, NJW 1982, 2253, 2254.
[310] BGH Urt. v. 10. 12. 1984 – II ZR 28/84, BGHZ 93, 159, 164 = NJW 1985, 1468, 1469.
[311] BGH Urt. v. 10. 12. 1984 – II ZR 28/84, BGHZ 93, 159, 162 = NJW 1985, 1468, 1469; BGH Urt. v. 17. 5. 1982 – II ZR 16/81, NJW 1982, 2253, 2254.
[312] OLG Koblenz Urt. v. 21. 11. 1986 – 6 U 1239/85, NJW-RR 1987, 484, 485.
[313] BGH Urt. v. 28. 11. 1977 – II ZR 235/75, BGHZ 70, 61, 63 f. = NJW 1978, 376 f.; OLG Hamburg Urt. v. 28. 1. 1983 – 11 U 156/82, ZIP 1983, 573 f.
[314] BGH Urt. v. 12. 5. 1977 – II ZR 89/75, BGHZ 69, 160, 169 f. = NJW 1977, 2160 f.; BGH Urt. v. 28. 11. 1977 – II ZR 235/75, BGHZ 70, 61, 64 = NJW 1978, 376 f.; BGH Urt. v. 10. 12. 1984 – II ZR 28/84, BGHZ 93, 159, 161 = NJW 1985, 1468, 1469.
[315] OLG Köln Urt. v. 14. 12. 1994 – 17 U 33/93, DStR 1996, 879.
[316] OLG Koblenz Urt. v. 5. 4. 1984 – 6 U 218/83, WM 1984, 1051, 1052.

eingeräumt worden ist.³¹⁷ Zur Durchsetzung eines die Auseinandersetzung vorbereitenden Bilanzerstellungsanspruches durch einen stillen Gesellschafter nach Kündigung des Gesellschaftsverhältnisses durch diesen vgl. OLG Düsseldorf Urt. v. 17. 2. 1994 – 6 U 44/93, NJW-RR 1995, 420 f.

112 **d) Abtretung zur Einziehung.** Die Abtretung von Kommanditeinlageforderungen durch eine Publikums-KG mittels Globalzession im Wege des unechten Factorings ist sittenwidrig, wenn der Vertrag die Gesellschaft in ihrer wirtschaftlichen Bewegungsfreiheit im Übermaß einschränkt.³¹⁸

113 **e) Sonderprüfung der Publikums-KG.** Lassen die Kommanditisten der Publikums-KG zur Klärung ihrer finanziellen Situation eine Sonderprüfung durchführen, darf das Registergericht den Sonderprüfer nicht entspr. § 145 Abs. 4 Satz 3 AktG durch Androhung eines Zwangsgeldes veranlassen, den Bericht beim Registergericht einzureichen.³¹⁹

V. Ausscheiden des Anlagekommanditisten, Auflösung und Liquidation der Publikumsgesellschaft

114 **1. Austritt des Anlagekommanditisten.** War ein Kommanditist im Rahmen der Beitrittsverhandlungen **arglistig getäuscht** worden und infolge der Täuschung der Gesellschaft beigetreten, wurde ihm – im Wege der ergänzenden Vertragsauslegung – ein außerordentliches Recht zur fristlosen Kündigung seiner – zunächst wirksamen – Gesellschaftsbeteiligung zugestanden. Dieses Kündigungsrecht brauchte im Gesellschaftsvertrag nicht geregelt zu sein.³²⁰ Es trat an die Stelle der Auflösungsklage nach §§ 161 Abs. 2, 133 HGB. Zur Begründung wurde ausgeführt, es sei mit dem Charakter einer Massengesellschaft und den von ihr verfolgten Zielen unvereinbar, den Anlagekommanditisten – idR mit geringer Beteiligung – aus Gründen, die nur ihn betreffen und die nach dem Gesetz zur Erhebung der Auflösungsklage berechtigen würden, auf diesen mühsamen Weg zu verweisen. Für seine Zwecke genüge es, ihm den Austritt aus der KG zu ermöglichen.³²¹ Seit 1998³²² steht ein Kündigungsrecht kraft Gesetzes jedem Gesellschafter einer oHG oder KG zu. Mit Zugang der Kündigungserklärung endet seine Mitgliedschaft in der Publikums-KG ex nunc.³²³ Die Kündigung ist gegenüber der Publikums-KG vorzunehmen, wenn diese selbst die Aufnahmeverträge abschließt; ist die Komplementär-GmbH berechtigt, Beitrittserklärungen entgegenzunehmen, kann die Kündigung auch ihr gegenüber erklärt werden.³²⁴ Der Provisionsanspruch eines – uU an der arglistigen Täuschung beteiligten – Maklers, der den Beitritt des Kapitalanlegers vermittelt hat, entfällt.³²⁵

115 Die Leistung einer noch **nicht erbrachten Kommanditeinlage** kann der ausgeschiedene Kommanditist grundsätzlich verweigern.³²⁶ Um feststellen zu können, in welcher Höhe eine Verpflichtung zur Beitragsleistung noch besteht, ist eine **Abschichtungsbilanz**³²⁷ aufzustellen. Der ausgeschiedene Kommanditist (bzw. im Falle der echten Treuhand der Treuhandkommanditist) ist nur noch in Höhe eines negativen Kapitalanteils zur Beitragsleistung verpflichtet. Dieser Fall tritt dann ein, wenn die Publikums-KG zwischen Eintritt und Kündigung des Gesellschafters Verluste erlitten hat, an denen der Kommanditist nach dem Gesellschaftsvertrag teilnimmt und die seine Einlage, wäre

---

³¹⁷ BGH Urt. v. 17. 12. 1984 – II ZR 36/84, NJW 1985, 1079, 1080; zur vergleichbaren Wertung bei der stillen Beteiligung an einer GmbH vgl. BGH Urt. v. 7. 11. 1988 – II ZR 46/88, BGHZ 106, 7; BGH Urt. v. 13. 2. 2006 – II ZR 62/04, WM 2006, 691.
³¹⁸ BGH Urt. v. 12. 10. 1978 – II ZR 217/77, WM 1978, 1400, 1401; BGH Urt. v. 8. 10. 1979 – II ZR 96/78, WM 1979, 1258.
³¹⁹ BayObLG Beschl. v. 4. 7. 1985 – 3 Z 43/85, WM 1985, 1231, 1232.
³²⁰ BGH Urt. v. 19. 12. 1974 – II ZR 17/73, BGHZ 63, 338, 345 f.; BGH Urt. v. 12. 5. 1977 – II ZR 89/75, BGHZ 69, 160, 162 f. = NJW 1977, 2160 f.; BGH Urt. v. 28. 11. 1977 – II ZR 235/75, BGHZ 70, 61, 67 = NJW 1978, 376 f.; BGH Urt. v. 27. 2. 1975 – II ZR 77/73, NJW 1975, 1700, 1701; BGH Urt. v. 17. 11. 1980 – II ZR 242/79, WM 1981, 452, 453; OLG Hamm Urt. v. 7. 3. 1977 – 8 U 194/76, NJW 1978, 225 f.
³²¹ BGH Urt. v. 19. 12. 1974 – II ZR 17/73, BGHZ 63, 338, 345; BGH Urt. v. 12. 5. 1977 – II ZR 89/75, BGHZ 69, 160, 163 = NJW 1977, 2160 f.; BGH Urt. v. 28. 11. 1977 – II ZR 235/75, BGHZ 70, 61, 66 = NJW 1978, 376 f.; BGH Urt. v. 18. 2. 1974 – II ZR 1973, 1604, 1605; BGH Urt. v. 27. 2. 1975 – II ZR 77/73, NJW 1975, 1700, 1701; BGH NJW Urt. v. 9. 2. 1976 – II ZR 65/75, NJW 1976, 894, 895; BGH Urt. v. 17. 11. 1980 – II ZR 242/79, WM 1981, 452, 453; OLG Hamm Urt. v. 7. 3. 1977 – 8 U 194/76, NJW 1978, 225, 226.
³²² Durch Einfügung des § 131 Abs. 3 Nr. 3 HGB mit HRefG vom 22. 6. 1998 (BGBl. I S. 1474).
³²³ BGH Urt. v. 19. 12. 1974 – II ZR 17/73, BGHZ 63, 338, 344 f.; BGH Urt. v. 27. 2. 1975 – II ZR 77/73, NJW 1975, 1700, 1701; OLG Düsseldorf Urt. v. 13. 2. 1991 – 17 U 183/90, WM 1991, 1029, 1030 f.
³²⁴ BGH Urt. v. 19. 12. 1974 – II ZR 17/73, BGHZ 63, 338, 345 f.; BGH Urt. v. 27. 2. 1975 – II ZR 77/73, NJW 1975, 1700, 1701; OLG Hamm Urt. v. 7. 3. 1977 – 8 U 194/76, NJW 1978, 225, 226.
³²⁵ BGH Urt. v. 29. 11. 1978 – IV ZR 44/77, NJW 1979, 975, 976.
³²⁶ BGH Urt. v. 19. 12. 1974 – II ZR 179/77, WM 1978, 299, 300.
³²⁷ BGH Urt. v. 19. 12. 1974 – II ZR 17/73, BGHZ 63, 338, 345; BGH Urt. v. 22. 1. 1979 – II ZR 178/77, BGHZ 73, 294, 302 = NJW 1979, 1503, 1504; BGH Urt. v. 14. 12. 1972 – II ZR 82/70, NJW 1973, 1604, 1605; BGH Urt. v. 17. 11. 1980 – II ZR 242/79, WM 1981, 452, 453; BGH Urt. v. 16. 11. 1981 – II ZR 213/80, WM 1982, 877, 879.

sie geleistet worden, in dieser Höhe aufgezehrt hätten.[328] Die Darlegungs- und Beweislast für entstandene Verluste trägt die Publikumsgesellschaft.[329] **Einzelansprüche** kann der Kommanditist nach der Kündigung nicht mehr geltend machen; diese Ansprüche verlieren ihre rechtliche Selbständigkeit; sie werden zu Abrechnungsposten in der Abschichtungsbilanz.[330] Gegenüber der Verpflichtung zur Ausgleichsleistung kann der – arglistig getäuschte und ausgeschiedene – Kommanditist keine **Arglisteinrede** erheben; denn die arglistige Täuschung des Komplementärs wird der Publikums-KG und den Anlagegesellschaftern nicht zugerechnet, und zwar auch dann nicht, wenn dieser bei Abschluss der Beitrittsverträge als ihr Vertreter tätig gewesen ist.[331]

Der ausscheidende **atypische Gesellschafter** erhält keinen Anspruch auf Rückgewähr seiner Einlage. Er wird auch nicht mit dem gegebenenfalls berichtigten Buchwert seiner Einlage abgefunden, sondern erhält ein Auseinandersetzungsguthaben, dessen Wert sich nach dem tatsächlichen Geschäftswert bestimmt.[332] Hier ist anzumerken, dass nach der neuesten Rechtsprechung des BGH zu den Fondsgesellschaften der Gesellschafter einer **zweigliedrigen stillen Gesellschaft** gegen den Inhaber des Handelsgeschäftes auch dann statt des Abfindungsanspruchs einen Schadenersatzanspruch, der auch auf die Rückzahlung der Einlage gerichtet sein kann, geltend machen kann, wenn **Inhaber des Handelsgeschäftes eine GmbH oder Aktiengesellschaft** ist.[333] Das gilt umso mehr für eine natürliche Person als Inhaber des Handelsgeschäftes, weil bei diesem Probleme, die mit der Kapitalaufbringung oder Kapitalerhaltung zusammenhängen, nicht auftreten können. Diesen Haftungsgedanken wird man auch auf die PublikumsKG übertragen können.

2. Die Auflösung der Publikums-KG. Die **Auflösungsklage** nach § 133 HGB greift bei der Publikums-KG nicht ein, wenn der wichtige Grund noch durch mehrheitlichen Gesellschafterbeschluss ausgeräumt werden kann,[334] oder dem Interesse des einzelnen betroffenen Kommanditisten ein außerordentliches Austrittsrecht genügt.[335]

Nicht jeder wichtige Grund iSd. § 133 HGB gibt dem Kommanditisten die Möglichkeit zur fristlosen Kündigung.[336] Ein Kündigungsrecht entfällt, wenn ein wichtiger Grund vorliegt, der nicht auf die Person eines einzelnen Anlegers bezogen ist, sondern alle Gesellschafter gleichermaßen betrifft. In diesem Falle kommt zur Gesellschaftsbeendigung nur eine Auflösungsklage nach §§ 161 Abs. 2, 133 HGB in Betracht.[337] Ein solcher Auflösungsgrund, der die Risikogemeinschaft der Gesellschafter betrifft, ist die **Unerreichbarkeit des Gesellschaftszwecks** (etwa wegen des finanziellen Zusammenbruchs der KG).[338] Ausnahmsweise wurde früher dem einzelnen Kommanditisten auch in diesem Fall ein Recht zur fristlosen Kündigung zugestanden, wenn die übrigen Gesellschafter die Auflösung der Gesellschaft ablehnten und mit der nach dem Gesellschaftsvertrag erforderlichen Mehrheit beschlossen, das Gesellschaftsverhältnis mit geänderter Zweckrichtung und Beitragsverpflichtung fortzusetzen und wenn die einzelnen Gesellschafter nicht verpflichtet waren, der Fortsetzung der Gesellschaft auf Grund der veränderten Umstände zuzustimmen.[339] Nach Einführung des

---

[328] BGH Urt. v. 6. 2. 1958 – II ZR 210/56, BGHZ 26, 330, 336; BGH Urt. v. 19. 12. 1974 – II ZR 17/73, BGHZ 63, 338, 346; BGH Urt. 22. 1. 1979 – II ZR 178/77, BGHZ 73, 294, 302 = NJW 1979, 1503, 1504; BGH Urt. v. 27. 2. 1975 – II ZR 77/73, NJW 1975, 1700, 1701; BGH Urt. v. 14. 12. 1972 – II ZR 82/70, NJW 1973, 1604, 1605; BGH Urt. v. 24. 1. 1974 – II ZR 158/72, WM 1974, 318, 319; BGH Urt. v. 17. 11. 1980 – II ZR 242/79, WM 1981, 452, 453; BGH Urt. v. 16. 11. 1981 – II ZR 213/80, NJW 1982, 877, 879; BGH Urt. v. 9. 5. 1988 – II ZR 298/87, NJW-RR 1988, 1059; OLG Hamm Urt. v. 7. 3. 1977 – 8 U 194/76, NJW 1978, 225 f.
[329] BGH Urt. v. 9. 5. 1988 – II ZR 298/87, NJW-RR 1988, 1059.
[330] BGH Urt. v. 14. 11. 1977 – II ZR 183/75, NJW 1978, 424, 425; OLG Hamm Urt. v. 7. 3. 1977 – 8 U 194/76, NJW 1978, 225, 226.
[331] BGH Urt. v. 19. 12. 1974 – II ZR 17/73, BGHZ 63, 338, 346; BGH Urt. v. 14. 12. 1972 – II ZR 82/70, NJW 1973, 1604, 1605; BGH Urt. v. 27. 2. 1975 – II ZR 77/73, NJW 1975, 1700, 1701; BGH Urt. v. 9. 2. 1976 – II ZR 65/75, NJW 1976, 894, 895; OLG Hamm Urt. v. 7. 3. 1977 – 8 U 194/76, NJW 1978, 225, 226.
[332] BGH Urt. v. 13. 4. 1995 – II ZR 132/94, NJW-RR 1995, 1061, 1062; BGH Urt. v. 16. 5. 1994 – II ZR 223/92, NJW-RR 1994, 1185, 1186.
[333] Vgl. dazu BGH Urt. v. 19. 7. 2004 – II ZR 354/02, ZIP 2004, 1706; BGH Urt. v. 19. 12. 2005 – II ZR 234/04, ZIP 2006, 279.
[334] BGH Urt. v. 12. 5. 1977 – II ZR 89/75, BGHZ 69, 160, 163 = NJW 1977, 2160 f.
[335] BGH Urt. v. 12. 5. 1977 – II ZR 89/75, BGHZ 69, 160, 162 = NJW 1977, 2160 f.; BGH Urt. v. 28. 11. 1977 – II ZR 235/75, BGHZ 70, 61, 66 = NJW 1978, 376 f.
[336] BGH Urt. v. 12. 5. 1977 – II ZR 89/75, BGHZ 69, 160, 162 f. = NJW 1977, 2160 f.
[337] BGH Urt. v. 14. 12. 1972 – II ZR 82/70, NJW 1973, 1604, 1605; BGH Urt. v. 12. 5. 1977 – II ZR 89/75, BGHZ 69, 160, 162 f. = NJW 1977, 2160 f.
[338] BGH Urt. v. 12. 5. 1977 – II ZR 89/75, BGHZ 69, 160, 163 = NJW 1977, 2160 f.
[339] BGH Urt. v. 12. 5. 1977 – II ZR 89/75, BGHZ 69, 160, 167 = NJW 1977, 2160 f.; BGH Urt. v. 28. 11. 1977 – II ZR 235/75, BGHZ 70, 61, 66 = NJW 1978, 376 f.; BGH Urt. v. 13. 3. 1978 – II ZR 63/77, BGHZ 71, 53, 60 f. = NJW 1978, 1382, 1383; BGH Urt. v. 22. 1. 1979 – II ZR 178/77, BGHZ 73, 294, 299 = NJW 1979, 1503, 1504; BGH Urt. v. 21. 4. 1980 – II ZR 144/79, WM 1980, 868, 869.

§ 131 Abs. 3 Nr. 3 HGB kann der Kommanditist durch Kündigung aus der Gesellschaft problemlos ausscheiden.

119 Das Recht zur außerordentlichen Kündigung der Mitgliedschaft endet mit der **Auflösung der Gesellschaft**.[340] Dem arglistig getäuschten Anleger kann es in diesem Fall zugemutet werden, an der Abwicklung der Gesellschaft teilzunehmen. Der übereinstimmende Austritt von 93% der Gesellschafter einer **Publikums-GbR** erfordert trotz entgegenstehender gesellschaftsvertraglicher Fortsetzungsklausel eine Auflösung der Gesellschaft.[341]

120 Ist der getäuschte Anleger nur mittelbar über einen Treuhandkommanditisten an der Publikums-KG beteiligt, berechtigt ihn die bei Abschluss des Treuhandvertrages vorgenommene arglistige Täuschung zur Auflösung des Treuhandverhältnisses. Der Treuhänder seinerseits kann für die treuhänderisch gehaltene Gesellschaftsbeteiligung das außerordentliche Kündigungsrecht ausüben.[342] Einlageansprüche des Treuhandkommanditisten aus dem Treuhandverhältnis entfallen mit dessen Kündigung; vor deren Ausspruch steht ihrer Geltendmachung der Arglisteinwand entgegen.[343]

121 **3. Die Liquidation der Publikums-KG.** Im Liquidationsstadium der Publikums-KG kann eine **rückständige Kommanditisteneinlage** erst dann eingezogen werden, wenn die Auseinandersetzungsrechnung einen Passivsaldo zu Lasten des Kommanditisten ergibt.[344] Der Kommanditist muss den als stille Einlage oder Darlehen versprochenen Teil seiner Kapitalanlage auch noch in der Liquidation der Gesellschaft einzahlen, soweit zur Befriedigung der Gesellschaftsgläubiger nicht auf den persönlich haftenden Gesellschafter und die übrigen Kommanditanteile zugegriffen werden kann.[345] Ist den Liquidatoren die Aufgabe übertragen worden, den endgültigen **Ausgleich unter den Gesellschaftern** herbeizuführen, sind ausstehende Einlagen in Höhe der Passivsalden einzuziehen, soweit das Gesellschaftsvermögen zum Ausgleich der Ansprüche der Gesellschafter mit aktiven Kapitalanteilen nicht ausreicht.[346] Zur Pflicht der Liquidatoren einer Publikums-KG zur Erstellung von **Zwischenbilanzen** und zum Einsichtsrecht der Kommanditisten in diese Bilanz vgl. OLG Celle Urt. v. 11. 5. 1983 – 9 U 160/82, WM 1983, 741 f.

122 Für die Nachtragsliquidation der Publikums-KG sind die für die Nachtragsliquidation der AG geltenden Grundsätze maßgebend.[347] § 273 Abs. 3 AktG ist nur auf Publikumsgesellschaften entspr. anzuwenden.[348] Schließen sich einige Kommanditisten zur Sanierung einer nicht mehr liquiden Publikums-KG zusammen, entsteht eine GbR.[349] Die Durchführung einer Nachtragsliquidation ist davon abhängig, dass in entsprechender Anwendung des § 273 Abs. 4 AktG ein Nachtragsliquidator bestellt wird.[350]

VI. Das Außenverhältnis der Publikums-KG

123 Hinsichtlich des Außenverhältnisses der Publikums-KG gelten die für die Kommanditgesellschaft maßgebenden Vorschriften sowie die für die GmbH & Co. KG entwickelten Sonderregeln.

§§ 178–229 *(aufgehoben)*

---

[340] BGH Urt. v. 19. 12. 1974 – II ZR 17/73, BGHZ 63, 338, 344; BGH Urt. v. 6. 10. 1980 – II ZR 60/80, BGHZ 79, 337, 347 = NJW 1981, 1449 f.; BGH Urt. v. 11. 12. 1978 – II ZR 41/78, NJW 1979, 765, 766; OLG Koblenz Urt. v. 1. 12. 1977 – 6 U 722/76, DB 1978, 1972, 1973.
[341] OLG Stuttgart Urt. v. 24. 5. 1982 – 5 U 187/81, BB 1983, 12 f.
[342] BGH Urt. v. 22. 1. 1979 – II ZR 178/77, BGHZ 73, 294, 301 = NJW 1979, 1503, 1504.
[343] OLG München Urt. v. 22. 2. 1984 – 7 U 4726/83, WM 1984, 810, 811 f.
[344] BGH Urt. v. 22. 1. 1979 – II ZR 178/77, BGHZ 73, 294, 302 = NJW 1979, 1503, 1504; BGH Urt. v. 14. 11. 1977 – II ZR 183/75, NJW 1978, 424, 425.
[345] BGH Urt. v. 5. 11. 1979 – II ZR 145/78, NJW 1980, 1522, 1523.
[346] BGH Urt. v. 21. 11. 1983 – II ZR 19/83, NJW 1984, 435.
[347] BayObLG Beschl. v. 5. 11. 1992 – 3Z BR 46/92, NJW-RR 1993, 359, 360; vgl. auch OLG Hamm Beschl. v. 13. 7. 1990 – 15 W 40/90, NJW-RR 1990, 1371, 1372 f.
[348] OLG Hamm Beschl. v. 5. 9. 1996 – 15 W 125/96, NJW 1997, 32 f.
[349] OLG Hamm Urt. v. 1. 7. 1987 – 8 U 55/83, NJW-RR 1988, 1119, 1120.
[350] BGH Urt. v. 2. 6. 2003 – II ZR 102/02, ZIP 2003, 1338.

Dritter Abschnitt. Stille Gesellschaft

§ 230 [Begriff und Wesen der stillen Gesellschaft]

(1) Wer sich als stiller Gesellschafter an dem Handelsgewerbe, das ein anderer betreibt, mit einer Vermögenseinlage beteiligt, hat die Einlage so zu leisten, daß sie in das Vermögen des Inhabers des Handelsgeschäfts übergeht.

(2) Der Inhaber wird aus den in dem Betriebe geschlossenen Geschäften allein berechtigt und verpflichtet.

Schrifttum: *Bayer/Riedel*, Kapitalbeteiligung an Personengesellschaften und Anlegerschutz, NJW 2003, 2567; *Blaurock*, Handbuch der Stillen Gesellschaft, 6. Aufl. 2003 (zitiert *Blaurock* RdNr. . . .); *ders.*, Unterbeteiligung und Treuhand an Gesellschaftsanteilen, 1981 (zitiert *Blaurock* Unterbeteiligung); *ders.*, Zur stillen Beteiligung mehrerer Personen an einer Apotheke, NJW 1972, 1119; *Rob. Fischer*, Fragen aus dem Recht der stillen Gesellschaft, JR 1962, 201; *Gehrlein*, Der Konsortialkredit als Modell einer Innengesellschaft, DStR 1994, 1314; *ders.*, Anlegerschutz bei stillen Beteiligungen – Abschied von der fehlerhaften Gesellschaft? WM 2005, 1489; *Geibel*, Die Lehre von der fehlerhaften Gesellschaft als Beschränkung von Schadensersatzansprüchen? BB 2005, 1009; *Hadding*, Zur gesellschafts-rechtlichen Vereinbarkeit von stillen Vermögenseinlagen und Genußrechten mit dem Förderungszweck eingetragenen Kreditgenossenschaften, ZIP 1984, 1295; *Horn*, Unternehmensbeteiligungen der Arbeitnehmer und Gesellschaftsrecht, ZGR 1974, 133; *Elke Herrmann*, Sogenannte Schenkungen stiller Beteiligungen, ZHR 147 (1983), 313 mit Erwiderung *Hengeler* ZHR 147 (1983), 329; *Iber*, Die mehrgliedrige stille Gesellschaft als Unternehmensform zur freiwilligen Beteiligung von Arbeitnehmern, RdA 1973, 303; *Loritz*, Stille Beteiligungen und Einlagenbegriff des Kreditwesengesetzes, ZIP 2001, 309; *Paulick*, Die Unterbeteiligung in gesellschaftsrechtlicher und steuerrechtlicher Sicht, ZGR 1974, 253; *Renner*, Die Stellung des atypisch stillen Gesellschafters in der Insolvenz des Geschäftsinhabers, ZIP 2002, 1430; *Reuter*, Verbesserung der Risikokapitalausstattung der Unternehmen durch Mitarbeiterbeteiligung?, NJW 1984, 1849; *C. Schäfer* Die Lehre vom fehlerhaften Verband 2002; *K. Schmidt*, Die Vertragsparteien der stillen Beteiligung, DB 1976, 1705; *ders.*, Das Vollstreckungs- und Insolvenzrecht der stillen Gesellschaft, KTS 1977, 1; *ders.*, Abfindung, Unternehmensbewertung und schwebende Geschäfte, DB 1983, 2101; *Weimar*, Die GmbH und Still im Fortschritt des Gesellschaftsrechts, ZIP 1983, 1509.

Übersicht

	RdNr.		RdNr.
I. Konzeption der stillen Gesellschaft	1–4	d) Vorrang schutzwürdiger Interessen	34–37
1. Standort der gesetzlichen Regelung	1	aa) Schutz nicht voll geschäftsfähiger Personen	35
2. Rechtliche Grundkoordinaten – Normzweck	2–4	bb) Gesetz- oder Sittenverstoß	36
a) Personengesellschaft	3	cc) Täuschung	37
b) Innengesellschaft	4	e) Rechtsfolgen	38, 39
II. Wesenselemente der stillen Gesellschaft	5–19	aa) Vollgültiger Verband; Kündigungsrecht; Auseinandersetzung	38
1. Inhaber eines Handelsgewerbes als Unternehmensträger	5–9	bb) Anspruch auf Einlagenrückgewähr	39
2. Die Rechtsstellung des stillen Gesellschafters	10–19	6. Vertragsinhalt – Inhaltskontrolle	40, 41
a) Rechtsform des Beteiligten	10–13	IV. Kompetenzordnung der stillen Gesellschaft	42
b) Beitrag und Vermögenseinlage	14–18	1. Wechselseitige Rücksichtnahme	42–46
c) Gewinnbeteiligung des stillen Gesellschafters	19	a) Treuepflicht	42, 43
		b) Wettbewerbsschranken	44, 45
III. Vertragsabrede	20–34	c) Sorgfalt in eigenen Angelegenheiten	46
1. Beginn der Gesellschaft mit Vertragseinigung	20	2. Befugnisse und Verantwortlichkeiten des Geschäftsinhabers	47–58
2. Leistungsstörungen	21	a) Beitrag: Betrieb des Handelsgewerbes im gemeinsamen Interesse	47
3. Form	22–24	b) Geschäftsführung	48–57
a) Grundsatz der Formfreiheit	22	aa) Befugnis des Geschäftsinhabers	48
b) Schenkung	23, 24	bb) Immanente Schranken der Geschäftsführung	49–52
4. Stellvertretung	25–30	cc) Rechtsfolgen bei Verletzung der Geschäftsführungsbefugnisse	53–57
a) Vertretung Minderjähriger	26, 27	c) Tätigkeitsvergütung	58
b) Vertretung von Gesellschaften	28–30	3. Befugnisse und Verantwortlichkeiten des stillen Gesellschafters	59–63
5. Grundsätze der fehlerhaften Gesellschaft	31–39	a) Handeln im Außenverhältnis	59–61
a) Geltung	31	b) Erfüllung der Einlagepflicht	62
b) Fehlerhafter Vertragsschluss	32	c) Geschäftsführung	63
c) Vollzug	33, 39		

	RdNr.		RdNr.
4. Die atypische stille Gesellschaft	64–67	1. Zweigliedrige stille Gesellschaft	82
a) Teilhabe des stillen Gesellschafters am Gesellschaftsvermögen	65	2. Konforme Willensbildung	83
b) Teilhabe des stillen Gesellschafters an der Geschäftsführung	66, 67	3. Einheitliches Gesellschaftsverhältnis	84–90
		a) Rechtliche Beschaffenheit	84
5. Verkehrsfähigkeit der Gesellschafterstellung	68–73	b) Konstituierung der stillen Gesellschaft mit Verbandscharakter	85
a) Gesetzliche Konzeption	68	c) Rechte und Pflichten	86–90
b) Verfügungen des Geschäftsinhabers	69	VII. Unterbeteiligung	91–104
c) Verfügungen des stillen Gesellschafters	70–72	1. Begriffsmerkmale	91, 92
aa) Vermögensansprüche	70	a) Gegenstand der Unterbeteiligung	91
bb) Einvernehmliche Veräußerung der Gesellschafterstellung	71	b) Gesellschaftsrechtliche Klassifizierung	92
cc) Nießbrauch	72	2. Vertragsgrundlage	93
d) Verpfändung – Zwangsvollstreckung	73	3. Befugnisse und Verantwortlichkeiten des Hauptbeteiligten	94–96
V. Unterscheidung gegenüber sonstigen Rechtsfiguren	74–80	a) Rechtsstellung in Hauptgesellschaft	94, 95
		b) Haftung	96
1. Personenhandelsgesellschaft – Gesellschaft bürgerlichen Rechts	74, 75	4. Befugnisse und Verantwortlichkeiten des Unterbeteiligten	97
a) Personengesellschaften (OHG und KG)	74	a) Rechtsstellung gegenüber Hauptbeteiligtem und Hauptgesellschaft	97
b) Gesellschaft bürgerlichen Rechts	75	b) Beitrag	98
2. Partiarische Verträge	76–79	c) Gewinnbeteiligung – Informationsrecht	99, 100
a) Partiarisches Darlehen	77	d) Verfügbarkeit	101
b) Partiarische Dienstverträge	78	5. Treuepflicht – Wettbewerbsverbot	102, 103
c) Partiarische Überlassungsverträge	79	6. Abgrenzung zur Treuhand	104
3. Metageschäft – Unterbeteiligung	80		
VI. Mehrgliedrige Organisationsformen der stillen Gesellschaft	81–90		

I. Konzeption der stillen Gesellschaft

1 **1. Standort der gesetzlichen Regelung.** Die auf Art. 250 ff. des Allgemeinen deutschen Handelsgesetzbuchs (ADHGB) rückführbare Gesetzesfassung der stillen Gesellschaft war ursprünglich in den §§ 335 bis 342[1] angesiedelt. Mit dem Inkrafttreten des Bilanzrichtliniengesetzes am 1. Januar 1986 wurde der Gesamtkomplex ohne sachliche Änderung und wörtlich übereinstimmend in die §§ 230 bis 237 verpflanzt;[2] lediglich § 233 Abs. 1 hat im Vergleich zu § 338 Abs. 1 aF eine geringfügige Änderung erfahren.[3] Mit dem Inkrafttreten der Insolvenzordnung zum 1. Januar 1999 wird der Wortlaut des § 236 dem neuen Recht angepasst und der durch § 136 InsO ersetzte § 237 gestrichen.

2 **2. Rechtliche Grundkoordinaten – Normzweck.** Eine Definition der stillen Gesellschaft enthielt Art. 250 Abs. 1 ADHGB. Sie liegt unausgesprochen auch der heutigen Regelung der §§ 230, 231 Abs. 1 zugrunde.[4] Auf eine Kurzformel gebracht kann die stille Gesellschaft als Innengesellschaft **definiert** werden, bei der ein allein nach außen in Erscheinung tretender Gesellschafter in Verfolgung des gemeinsamen Zwecks ein Handelsgewerbe zur Gewinnerzielung betreibt, der stille Gesellschafter an dem Handelsgeschäft durch eine in das Vermögen des Geschäftsinhabers übertragene Vermögenseinlage beteiligt ist und dafür am Gewinn (oder Gewinn und Verlust) des Handelsgewerbes partizipiert.[5] Die stille Gesellschaft ist eine Personengesellschaft, aber – wie auch der Überschrift des dritten im Unterschied zum zweiten Abschnitt zu entnehmen ist – keine Handelsgesellschaft, weil sie kein Handelsgewerbe betreibt, sondern aus den Ergebnissen des von einem ihrer Gesellschafter geführten Handelsgewerbes Nutzen zieht.[6]

3 **a) Personengesellschaft.** Die stille Gesellschaft ist ein vertraglicher Zusammenschluss von zwei oder mehr Personen zur Förderung eines gemeinsamen Zwecks und deshalb als Gesellschaft bürgerlichen Rechts zu betrachten.[7] Der gemeinsame **Zweck** ist im lohnenden Betrieb des Handels-

---

[1] Nicht nur §§ 335 bis 341, so aber: Staub/*Zutt* RdNr. 5.
[2] Baumbach/*Hopt* RdNr. 1.
[3] Heymann/*Horn* RdNr. 1.
[4] MünchHdbStG/*Bezzenberger* § 1 RdNr. 1.
[5] Heymann/*Horn* RdNr. 2; Staub/*Zutt* RdNr. 6; Baumbach/*Hopt* RdNr. 1; *Koller*/*Roth*/*Morck* RdNr. 2; vgl. auch MünchKommHGB/*K. Schmidt* RdNr. 2; *Blaurock* RdNr. 154.
[6] Staub/*Zutt* RdNr. 7, 11; Heymann/*Horn* RdNr. 3; MünchKommHGB/*K. Schmidt* RdNr. 10; Röhricht/Graf v. Westphalen/*v. Gerkan* RdNr. 6.
[7] BGH Urt. v. 11. 7. 1951 – II ZR 45/50, BGHZ 3, 75, 79 = NJW 1951, 710; BGH Urt. v. 29. 10. 1952 – II ZR 16/52, BGHZ 7, 378, 382; BGH Urt. v. 9. 2. 1967 – III ZR 226/64, BB 1967, 349; MünchKommBGB/*Ulmer* § 705 RdNr. 236 f.

gewerbes durch den tätigen Gesellschafter zu erblicken.[8] Der Typus der stillen Gesellschaft erschließt sich also aus dem Regelungskonzept der §§ 230 ff. HGB **in Verbindung mit** §§ 705 ff. BGB;[9] danach sind die Normen der §§ 705 ff. BGB auf die stille Gesellschaft anzuwenden, soweit nicht die Materie der §§ 230 ff. eine Sonderregelung bereit hält.[10]

b) Innengesellschaft. Die stille Gesellschaft ist eine Innengesellschaft, wobei die Gesellschaft nach außen **nicht** in Erscheinung tritt und folglich eine Vertretung der Gesellschafter unterbleibt. Die Geschäfte der Innengesellschaft werden durch einen Gesellschafter im eigenen Namen, aber im Innenverhältnis für Rechnung der Gesellschaft geführt.[11] Ein rechtsgeschäftliches Handeln von Organen und Vertretern für die Gesellschaft scheidet darum ebenso wie eine Haftung des stillen Gesellschafters aus.[12] Die stille Gesellschaft nimmt also nicht am Rechtsverkehr teil und kann deshalb nicht Vertragspartner, Gläubiger oder Schuldner werden.[13] Damit ist die stille Gesellschaft weniger als Organisation, sondern vielmehr als Schuldverhältnis zu charakterisieren.[14] Generell ist die stille Gesellschaft in ihrer Eigenschaft als Innengesellschaft materiell **rechtsunfähig:** Sie kann keine Rechte und Pflichten haben, nicht rechtsgeschäftlich vertreten und Erbe werden, zudem auch kein Gesellschaftsvermögen erwerben; ferner ist die stille Gesellschaft weder delikts-, partei- noch insolvenzfähig.[15] Die stille Gesellschaft kann ebenso nicht ins Handelsregister eingetragen werden.[16] Die Streitfrage, ob einer Innengesellschaft der Erwerb von Gesellschaftsvermögen ausnahmslos verwehrt ist,[17] stellt sich nicht für die stille Gesellschaft. Der stille Gesellschafter kann außerhalb seiner Beteiligung etwa als Kommanditist oder GmbH-Gesellschafter unmittelbare Rechte an dem Unternehmensträger erlangen. Außerdem können der Geschäftsinhaber und der stille Gesellschafter Bruchteilseigentum[18] und Gesamthandseigentum[19] schaffen. Von derartigen Gestaltungen bleibt aber die stille Gesellschaft unberührt, bei der es wegen der in das Vermögen des Inhabers übergehenden Einlage schon rein begrifflich ein Gesellschaftsvermögen nicht geben kann.[20]

II. Wesenselemente der stillen Gesellschaft

1. Inhaber eines Handelsgewerbes als Unternehmensträger. Die stille Beteiligung ist gem. § 230 Abs. 1 an das von einem anderen betriebene Handelsgewerbe geknüpft; mit diesem Tatbestandsmerkmal wird der **Kaufmannsbegriff** der §§ 1 bis 6 für die Bestimmung des Unternehmensträgers einer stillen Gesellschaft **fruchtbar** gemacht.[21] Die abweichende Konzeption, die §§ 230 ff. auf eine stille Beteiligung an jedem beliebigen Unternehmen zu erstrecken,[22] widerspricht der eindeutigen Gesetzeslage. Als tätiger Gesellschafter kommt der Inhaber eines Grundhandelsgewerbes (§ 1)[23] wie auch der Inhaber eines kraft Eintragung einem Grundhandelsgewerbe gleichgestellten gewerblichen Unternehmens (§§ 2, 3 Abs. 2) in Betracht.[24] Ebenso wie ein Minderkaufmann (§ 4) ist ein Formkaufmann (§ 5), der allerdings nicht nur ein Unternehmen, sondern ein Gewerbe betreiben muss,[25] als Unternehmensträger geeignet.[26] Nach Streichung des § 4 setzt eine stille Beteiligung am Unternehmen eines Kleingewerbebetreibenden dessen nunmehr mögliche (§ 2) Eintragung in das Handelsregister voraus.[27] Die §§ 230 ff. sind bereits anwendbar, wenn die Auf-

---

[8] Heymann/*Horn* RdNr. 2; Staub/*Zutt* RdNr. 7; MünchHdbStG/*Bezzenberger* § 1 RdNr. 12; *Blaurock* RdNr. 158.
[9] *Koller*/Roth/Morck RdNr. 2.
[10] Staub/*Zutt* RdNr. 7; MünchKommHGB/*K. Schmidt* RdNr. 6.
[11] BGH Urt. 24. 2. 1954 – II ZR – 3/53, BGHZ 12, 308, 314 = NJW 1954, 1159.
[12] Staub/*Zutt* RdNr. 9; *Blaurock* RdNr. 164.
[13] Staub/*Zutt* RdNr. 9; Heymann/*Horn* RdNr. 3.
[14] MünchKommHGB/*K. Schmidt* RdNr. 17; MünchKommBGB/*Ulmer* § 705 RdNr. 236.
[15] Staub/*Zutt* RdNr. 9; MünchKommHGB/*K. Schmidt* RdNr. 8; *Blaurock* RdNr. 163.
[16] Staub/*Zutt* RdNr. 102; MünchKommHGB/*K. Schmidt* RdNr. 11; MünchHdbStG/*Bezzenberger* § 1 RdNr. 11; Röhricht/Graf v. Westphalen/*v. Gerkan* RdNr. 6.
[17] Vgl. *Gehrlein* DStR 1994, 1314 mwN.
[18] BGH Urt. v. 29. 11. 1952 – II ZR 15/52, BGHZ 8, 157, 161 = NJW 1953, 818.
[19] BGH Beschl. v. 20. 5. 1981 – II ZR 25/79, NJW 1982, 170.
[20] BGH Urt. v. 24. 9. 1952 – II ZR 136/51, BGHZ 7, 174, 178 = NJW 1952, 1412; MünchKommHGB/*K. Schmidt* RdNr. 9; Staub/*Zutt* RdNr. 10; MünchKommBGB/*Ulmer* RdNr. 236.
[21] BGH Urt. v. 7. 2. 1994 – II ZR 191/92, NJW 1994, 1156; Heymann/*Horn* RdNr. 4; Baumbach/*Hopt* RdNr. 5; Staub/*Zutt* RdNr. 35; *Koller*/Roth/Morck RdNr. 8; *Blaurock* RdNr. 187; Röhricht/Graf v. Westphalen/*v. Gerkan* RdNr. 22.
[22] Vgl. MünchKommHGB/*K. Schmidt* RdNr. 19.
[23] BGH (Fn. 20); BGH Urt. v. 29. 10. 1952 (Fn. 7).
[24] Staub/*Zutt* RdNr. 35.
[25] BGH Urt. v. 19. 5. 1960 – II ZR 72/59, BGHZ 32, 307, 313 f. = NJW 1960, 1664.
[26] Heymann/*Horn* RdNr. 4; Staub/*Zutt* RdNr. 35 f.; MünchHdbStG/*Bezzenberger* § 5 RdNr. 5, 7.
[27] Röhricht/Graf v. Westphalen/*v. Gerkan* RdNr. 22.

nahme eines Handelsgewerbes demnächst beabsichtigt ist.[28] Im Liquidationsstadium kann indes eine stille Beteiligung nicht mehr begründet werden,[29] sondern allenfalls eine bürgerlichrechtliche Innengesellschaft.[30] Die Beteiligung kann auf einen **selbständigen Geschäftszweig** des Handelsgewerbes beschränkt sein.

6 Außerdem sind die Personenhandelsgesellschaften (§ 6 Abs. 1) OHG[31] und KG[32] taugliche Unternehmen einer stillen Beteiligung.[33] Die stille Beteiligung wird unmittelbar mit der OHG bzw. KG und **nicht** den Gesellschaftern, deren Rechtsverhältnis durch die stille Beteiligung nicht berührt wird, begründet;[34] der Vertrag kann ohne Mitwirkung der übrigen mit einem vertretungsberechtigten Gesellschafter ausbedungen werden.[35] Da der stille Gesellschafter nicht in das Vertragsverhältnis der Gesellschafter einer Handelsgesellschaft einrückt,[36] haften die Gesellschafter einer OHG bzw. KG gem. § 128 dem stillen Gesellschafter – anders als ihren Mitgesellschaftern – persönlich.[37]

7 Nach zutreffender Auffassung konnte vor dem Inkrafttreten des HRefG eine von **Minderkaufleuten** gebildete Gesellschaft bürgerlichen Rechts (vgl. § 4 Abs. 2) einen stillen Teilhaber aufnehmen, weil diese Befugnis bereits einem einzelnen Minderkaufmann offensteht.[38] Wegen der Anerkennung der Rechtsfähigkeit kann ein Gesellschafter eine stille Beteiligung mit der Gesellschaft bürgerlichen Rechts[38a] begründet werden; Vertragspartner ist also nicht sie.[39] Infolge der Aufhebung des § 4 durch das HRefG kommt nur noch eine stille Beteiligung an einer von Kleingewerbetreibenden gebildeten OHG bzw. KG (§ 105 Abs. 2, § 161 Abs. 2) in Betracht.[40] Schließlich kann eine Erbengemeinschaft, die ein auf sie übergegangenes Handelsgeschäft weiterführt, als Geschäftsinhaber fungieren.[41]

8 Als Formkaufleute (§ 6 Abs. 2) können die **Kapitalgesellschaften** GmbH (§ 13 Abs. 2 GmbHG), AG (§ 3 AktG),[42] KGaA (§ 278 Abs. 3 AktG) und Genossenschaft (§ 17 Abs. 2 GenG) die Rolle des Unternehmensträgers wahrnehmen.[43] Dies gilt auch im Stadium zwischen Errichtung und Eintragung insbesondere für Vor-GmbH und Vor-AG.[44] Die genannten juristischen Personen als Partner eines stillen Gesellschafters brauchen kein Handelsgewerbe auszuüben; allerdings muss der Unternehmensgegenstand, was bei ideellen, gemeinnützigen Zwecken fraglich sein könnte, auf die Erzielung eines verteilungsfähigen Gewinns (§ 231 Abs. 1) gerichtet sein.[45] Mangels Gewinnerzielungsabsicht kann ein Versicherungsverein auf Gegenseitigkeit nicht das Objekt einer stillen Beteiligung darstellen.[46] Dagegen können auf die Erwirtschaftung von Überschüssen gerichtete Unternehmen der öffentlichen Hand, die – etwa wie Sparkassen – eine eigenständige Rechtsform besitzen, einen stillen Gesellschafter aufnehmen.[47] **Ausländische Kapitalgesellschaften** wie eine Limited sind nach neuerem Verständnis geeignet, die Rechtsstellung der Unternehmensträger einzunehmen.

9 Eine in **Liquidation** getretene Gesellschaft kann nicht als Geschäftsinhaber eine stille Gesellschaft errichten, weil dies mit dem Zweck der Abwicklung nicht zu vereinbaren wäre.[48] Zur Erleichterung

---

[28] Staub/*Zutt* RdNr. 35, 38.
[29] *Blaurock* RdNr. 207.
[30] Baumbach/*Hopt* RdNr. 5.
[31] BGH Urt. v. 24. 2. 1954 – II ZR 3/53, BGHZ 12, 308, 314 = NJW 1954, 1159; RGZ 142, 13, 21; 153, 371.
[32] BGH Urt. v. 29. 6. 1970 – II ZR 158/69, NJW 1971, 375 f; BGH Urt. v. 15. 11. 1982 – II ZR 23/82, WM 1983, 170.
[33] Baumbach/*Hopt* RdNr. 5; Heymann/*Horn* RdNr. 4; Staub/*Zutt* RdNr. 37; *Koller*/Roth/Morck RdNr. 8; MünchHdbStG/*Bezzenberger* § 5 RdNr. 6.
[34] BGH Urt. v. 29. 6. 1970 (Fn. 32), NJW 1971, 375 f.
[35] BGH Urt. v. 29. 6. 1970 (Fn. 32), NJW 1971, 375 f.; RGZ 153, 371, 373 f.; Baumbach/*Hopt* RdNr. 5; *Blaurock* RdNr. 463.
[36] RGZ 170, 98, 105.
[37] BGH Urt. v. 11. 1. 1960 – II ZR 69/59, LM § 128 Nr. 7; Baumbach/*Hopt* RdNr. 5.
[38] MünchHdbStG/*Bezzenberger* § 5 RdNr. 8; Staub/*Zutt* RdNr. 39; Heymann/*Horn* RdNr. 4; Röhricht/Graf v. Westfalen/*v. Gerkan* RdNr. 25.
[38a] BGH Urt. v. 29. 1. 2002 – II ZR 331/00, BGHZ 146, 341.
[39] MünchKomm HGB/*K. Schmidt* RdNr. 28.
[40] Röhricht/Graf v. Westphalen/*v. Gerkan* RdNr. 25.
[41] Staub/*Zutt* RdNr. 39; Heymann/*Horn* RdNr. 4; Baumbach/*Hopt* RdNr. 5; MünchKommHGB/*K. Schmidt* RdNr. 30; MünchHdbStG/*Bezzenberger* § 5 RdNr. 9; Röhricht/Graf v. Westphalen/*v. Gerkan* RdNr. 24.
[42] Vgl. zur Abgrenzung von stiller Beteiligung und Genussrechten mit Verlustbeteiligung BGH Urt. v. 21. 7. 2003 – II ZR 109/02, NJW 2003, 3412 ff.
[43] Staub/*Zutt* RdNr. 37; Heymann/*Horn* RdNr. 4; Baumbach/*Hopt* RdNr. 5; *Weimar* ZIP 1993, 1509; *Hadding* ZIP 1984, 1295; *Blaurock* RdNr. 200 bis 203.
[44] *Blaurock* RdNr. 201.
[45] Staub/*Zutt* RdNr. 37; Heymann/*Horn* RdNr. 4; MünchHdbKG/*Bezzenberger* § 9 RdNr. 10; aA *Blaurock* RdNr. 200, anders noch Voraufl. S. 65.
[46] MünchHdbStG/*Bezzenberger* § 5 RdNr. 12.
[47] MünchHdbStG/*Bezzenberger* § 5 RdNr. 14 bis 16 mwN.
[48] Baumbach/*Hopt* RdNr. 5; MünchHdbStG/*Bezzenberger* § 5 RdNr. 13; Staub/*Zutt* RdNr. 38; aA MünchKommHGB/*K. Schmidt* RdNr. 29.

der Abwicklung kann lediglich eine bürgerlichrechtliche Innengesellschaft installiert werden.[49] Dagegen ist eine stille Beteiligung zur Sanierung einer aufgelösten Gesellschaft zulässig.[50] Nach allgemeiner Auffassung ist eine stille Beteiligung an einer stillen Gesellschaft, die als Innengesellschaft keinen tauglichen Unternehmensträger abgibt, ausgeschlossen.[51] Handelt es sich um ein nichtkaufmännisches – freiberufliches oder gemeinnütziges – Unternehmen, so ist das Rechtsverhältnis als Innengesellschaft (§ 705 BGB) zu beurteilen;[52] indes ist ebenso wie bei einer Partnerschaftsgesellschaft[53] eine analoge Anwendung der §§ 230 ff. zu erwägen.[54]

2. Die Rechtsstellung des stillen Gesellschafters. a) Rechtsform des Beteiligten. Der 10
Kreis möglicher stiller Gesellschafter ist denkbar weit gezogen. Jeder Träger von Rechten und Pflichten, also **jede natürliche und juristische Person** einschließlich der **ausländischen Kapitalgesellschaften** wie Limited, kann stiller Gesellschafter werden. Daneben können sich auch Gesamthandsgemeinschaften – die Handelsgesellschaften OHG und KG, die Gesellschaft bürgerlichen Rechts, die Erbengemeinschaft,[55] eine Partnerschaftsgesellschaft wie auch ein nicht rechtsfähiger Verein (§ 54 BGB) – einem Handelsgewerbe als stiller Teilhaber anschließen.[56] Nicht nur bei OHG und KG, sondern auch der Gesellschaft bürgerlichen Rechts, der Erbengemeinschaft, der Partnerschaftsgesellschaft und dem nicht rechtsfähigen Verein wird der Verband selbst ohne Aufspaltung der Beteiligung auf die Gesamthänder stiller Gesellschafter; deshalb tangiert ein Gesellschafterwechsel innerhalb der Gesamthand die stille Beteiligung nicht.[57] Körperschaften des öffentlichen Rechts und Genossenschaften können ebenfalls eine stille Beteiligung eingehen.[58]

Mangels Außenwirkung kann eine **stille Gesellschaft** nicht in die Stellung eines stillen Gesell- 11
schafters eintreten; mittelbar kommen indes der stillen Gesellschaft Erträge zugute, die der Geschäftsinhaber als alleiniger stiller Gesellschafter eines dritten Geschäftspartners erwirtschaftet.[59] Die Position eines stillen Gesellschafters kann nur eine dritte Person, nicht der Inhaber des Handelsgewerbes selbst einnehmen.[60]

Demgegenüber sind **Gesellschafter** eines Unternehmensträgers – Komplementäre, Kommanditis- 12
ten, GmbH-Gesellschafter, Aktionäre oder Gesellschafter bürgerlichen Rechts – an einer weiteren stillen Beteiligung nicht gehindert.[61] Im Unterschied zum Unternehmensträger braucht der stille Gesellschafter kein Handelsgewerbe zu betreiben und nicht Kaufmann zu sein.[62] Der stille Gesellschafter muss auch nicht den an den Inhaber zu stellenden fachlichen Anforderungen genügen und etwa über eine Gewerbeerlaubnis verfügen.[63] Der stille Gesellschafter wird in dieser Eigenschaft auch nicht zum Kaufmann.[64]

Der Konzeption der §§ 230 ff. liegt eine **eingliedrige** stille Gesellschaft zwischen dem Geschäfts- 13
inhaber und dem Teilhaber zugrunde.[65] Im Falle einer Personenmehrheit können verschiedene stille Gesellschafter mit dem Geschäftsinhaber jeweils eine eigenständige Beteiligung begründen.[66] Ebenso ist es aber möglich, eine stille Einlage mehrerer Personen durch Bildung einer Gesamthandsgemeinschaft zu vereinigen.[67]

---

[49] Staub/*Zutt* RdNr. 38.
[50] *Blaurock* RdNr. 208.
[51] Staub/*Zutt* RdNr. 39; MünchKommHGB/*K. Schmidt* RdNr. 32; Baumbach/*Hopt* RdNr. 5; Röhricht/Graf v. Westfalen/*v. Gerkan* RdNr. 27.
[52] BGH Urt. v. 22. 6. 1981 – II ZR 94/80, NJW 1982, 99 f.
[53] *Blaurock* RdNr. 193.
[54] Staub/*Zutt* RdNr. 35; Heymann/*Horn* RdNr. 14; *Blaurock* RdNr. 195.
[55] RGZ 126, 386, 390.
[56] MünchKommHGB/*K. Schmidt* RdNr. 34; Staub/*Zutt* RdNr. 40; Baumbach/*Hopt* RdNr. 6; MünchHdbStG/*Bezzenberger* § 5 RdNr. 17; Heymann/*Horn* RdNr. 7; *Blaurock* RdNr. 216 ff.
[57] MünchKommHGB/*K. Schmidt* RdNr. 34; Staub/*Zutt* RdNr. 40; *Blaurock* RdNr. 218.
[58] MünchKommHGB/*K. Schmidt* RdNr. 34; Staub/*Zutt* RdNr. 40; *Blaurock* RdNr. 216, 223 f.
[59] Staub/*Zutt* RdNr. 41.
[60] MünchKommHGB/*K. Schmidt* RdNr. 35; Röhricht/Graf v. Westfalen/*v. Gerkan* RdNr. 29.
[61] MünchKommHGB/*K. Schmidt* RdNr. 35; Staub/*Zutt* RdNr. 42; Koller/Roth/Morck RdNr. 9; Röhricht/Graf v. Westfalen/*v. Gerkan* RdNr. 29.
[62] Staub/*Zutt* RdNr. 40; *Blaurock* RdNr. 222; Heymann/*Horn* RdNr. 7; Baumbach/*Hopt* RdNr. 6.
[63] Vgl. BGH Urt. vom 29. 11. 1952 (Fn. 18).
[64] MünchHdbStG/*Bezzenberger* § 5 RdNr. 17; Baumbach/*Hopt* RdNr. 6; Heymann/*Horn* RdNr. 7; *Blaurock* RdNr. 222.
[65] Heymann/*Horn* RdNr. 8; *Blaurock* RdNr. 225; MünchHdbStG/*Bezzenberger* § 5 RdNr. 18; MünchKommHGB/*K. Schmidt* RdNr. 85.
[66] *Blaurock* RdNr. 225.
[67] BGH Urt. v. 13. 2. 2006 – II ZR 62/04, BB 2006, 792 mit Anm. *Gehrlein*; MünchKommHGB/*K. Schmidt* RdNr. 34, 83 ff.; *Blaurock* RdNr. 227.

14 **b) Beitrag und Vermögenseinlage.** Unverzichtbare Grundbedingung für den Erwerb einer stillen Beteiligung ist die Leistung einer Einlage an den Vermögensträger (§ 230 Abs. 1).[68] Die Auslegung des § 230 Abs. 1 hat zu der durch Missverständnisse geprägten, in den praktischen Auswirkungen nicht hoch zu veranschlagenden Kontroverse geführt, ob die Einbringung einer Vermögenseinlage durch den stillen Gesellschafter in das Vermögen des Unternehmensträgers als **konstitutive** Voraussetzung der stillen Gesellschaft zu beurteilen ist[69] oder auch die Leistung eines sonstigen von den Vertragsparteien vereinbarten Beitrags genügt.[70] Nach der letztgenannten Auffassung statuiert § 230 Abs. 1 **kein Rechtsformerfordernis,** sondern erfasst nur den Spezialfall, wie eine nach dem Gesellschaftsvertrag als Beitrag geschuldete Vermögenseinlage von dem stillen Gesellschafter an den Geschäftsinhaber zu bewirken ist.[71]

15 Diese Streitfrage gewinnt nur dann praktische Bedeutung, wenn man als Einlage ausschließlich übertragbare, einer bilanzfähigen Vermehrung des Unternehmensvermögens dienende Gegenstände (Geld, bewegliche und unbewegliche Sachen, Wertpapiere, Forderungen, gewerbliche Schutzrechte), sonstige Zuwendungen wie Gebrauchsüberlassungen, Dienstleistungen, Know How und den Abschluss günstiger Lieferverträge lediglich als Beiträge einordnet.[72] In großem Umfang eingeebnet werden die Meinungsunterschiede indes mit Hilfe einer von der hM vertretenen weiten Auslegung des Tatbestandsmerkmals der Vermögenseinlage.[73] Danach muss die Beitragsleistung nicht in einer **bilanzierungsfähigen Einlageleistung** bestehen,[74] sondern es genügt die Hingabe irgendeines einer **Schätzung zugänglichen Vermögenswerts:**[75] Neben einer selbständig bewertbaren Kreditvereinbarung[76] wie auch der Umwandlung einer Darlehensforderung[77] können die für erbrachte Dienstleistungen geschuldete Vergütung,[78] die Überlassung von Know How[79] und die Bekanntgabe einer Bezugsquelle[80] als Einlage qualifiziert werden. Die Einlage kann von einem Dritten geleistet und auch vom Geschäftsinhaber selbst durch bloße Einbuchung zugunsten des stillen Gesellschafters erbracht werden.[81] Ferner ist es möglich, neben einem dem Einlagekonto gutgeschriebenen Barbetrags die Zahlung eines **Ausgabeaufgelds** zu vereinbaren, das bei der Auseinandersetzung unberücksichtigt bleibt, dem Gesellschafter aber eine zusätzliche Gewinnbeteiligung vermittelt.[82]

16 In Konsequenz des weiten Einlagebegriffs sollte **jede vereinbarungegemäße Beitragsleistung** als Einlage genügen, weil andernfalls eine Innengesellschaft bürgerlichen Rechts vorläge und die §§ 230 ff. ohnehin ergänzend anzuwenden wären.[83] Hierfür spricht die zusätzliche Erwägung, dass die Gesellschafter in der Bewertung der Einlage einen breiten Ermessensspielraum haben. Damit wird der Tatsache Rechnung getragen, dass der Wert des Beitrags und der Umfang der stillen Beteiligung nicht miteinander korrespondieren müssen.

17 Der Wert der Einlage ist unter einem bestimmten Geldbetrag im Einlagekonto als Guthaben auszuweisen (§ 232 Abs. 2 und 3, § 236 Abs. 1) und als Fremdkapital auf der Passivseite zu verbuchen.[84] Gleichfalls zulässig ist es, die Einlage als Bruchteil oder Prozentsatz des Gesellschaftsvermögens anzugeben.[85] Die Partner der stillen Gesellschaft sind in der Bewertung der Einlage weitgehend **frei.**[86] Allerdings ist bei einer schenkweisen Überbewertung, die sich nach dem Willen und den Vorstellungen beider Parteien als unentgeltliche Zuwendung des Inhabers an den stillen Gesellschafter darstellt, und vor allem einer einfachen Gutschrift durch den Geschäftsinhaber nach Auffassung des BGH die Formvorschrift des § 518 Abs. 1 BGB zu

---

[68] *Blaurock* RdNr. 238.
[69] HM: BGH (Fn. 20) BGHZ 7, 174, 177; *Staub/Zutt* RdNr. 12; *Baumbach/Hopt* RdNr. 2.
[70] MünchKommHGB/*K. Schmidt* RdNr. 37; *Rob. Fischer* JR 1962, 201 f.; *Blaurock* RdNr. 239.
[71] MünchKommHGB/*K. Schmidt* RdNr. 37; *Blaurock* RdNr. 244 sowie Voraufl. S. 77.
[72] MünchHdbStG/*Kühn* § 16 RdNr. 2 mwN; MünchKommHGB/*K. Schmidt* RdNr. 143 f.
[73] *Blaurock* RdNr. 238.
[74] BFH Urt. v. 23. 2. 2000 – VIII R 40/98, NJW-RR 2001, 817 f.
[75] MünchHdbStG/*Kühn* § 16 RdNr. 2; *Baumbach/Hopt* RdNr. 20; *Heymann/Horn* RdNr. 9; *Staub/Zutt* RdNr. 75; aA *Röhricht/Graf v. Westphalen/v. Gerkan* RdNr. 32.
[76] Saarl OLG Urt. v. 1. 9. 1998 – 4 U 635/97 – 253 ZIP 1999, 2150 f.
[77] BGH (Fn. 20) BGHZ 7, 174, 177.
[78] BGH Urt. v. 22. 11. 1965 – II ZR 189/63, NJW 1966, 501.
[79] RGZ 122, 70, 72.
[80] RGZ 95, 147, 150.
[81] *Staub/Zutt* RdNr. 14.
[82] BFH Urt. v. 23. 2. 2000 – VIII R 40/98, NJW-RR 2001, 817 f.
[83] *Rob. Fischer* JR 1962, 201 f.
[84] *Heymann/Horn* RdNr. 9; MünchKommHGB/*K. Schmidt* RdNr. 165; *Blaurock* RdNr. 290 f.
[85] BGH (Fn. 20) BGHZ 7, 174, 179; *Röhricht/Graf v. Westphalen/v. Gerkan* RdNr. 39.
[86] BGH (Fn. 20) BGHZ 7, 174, 178 f; BGH Urt. v. 21. 4. 1955 – II ZR 112/54, BGHZ 17, 130, 134 = NJW 1955, 1025; *Blaurock* RdNr. 292; MünchKommHGB/*K. Schmidt* RdNr. 150.

beachten.⁸⁷ Im Zweifel wird der Willen der Vertragspartner freilich dahin gehen, die stille Beteiligung dem objektiven Wert der Einlage anzupassen.⁸⁸

Fazit: Als Einlage ist jeder in seinem Wert frei bemessbare Beitrag geeignet; er muss nicht aus dem Vermögen des stillen Gesellschafters stammen; der Beitrag ist auf dem Einlagekonto der stillen Beteiligung in der vereinbarten Höhe zu verbuchen. 18

c) Gewinnbeteiligung des stillen Gesellschafters. Die Beteiligung des stillen Gesellschafters 19 äußert sich in der Teilhabe an den Ergebnissen (Gewinn und Verlust) des Handelsgeschäfts. Während die Übernahme des Verlusts ausgeschlossen werden kann (§ 231 Abs. 2), ist die Gewinnbeteiligung als **zwingendes Element** einer stillen Gesellschaft vorgeschrieben.⁸⁹ Eine feste, stets gleich bleibende Verzinsung, die sich nicht an den wechselnden Ergebnissen des Geschäfts ausrichtet, ist als Darlehen und nicht als stille Beteiligung konzipiert.⁹⁰ Eine Umsatzbeteiligung oder Gewinngarantie ist nur dann als stille Beteiligung zu ermessen, wenn die Zusage an ein positives Geschäftsergebnis des Handelsgeschäfts gekoppelt ist.⁹¹ Im Unterschied zum stillen Gesellschafter kann der Geschäftsinhaber von der Beteiligung an Gewinn und Verlust ausgeschlossen werden.⁹²

III. Vertragsabrede

1. Beginn der Gesellschaft mit Vertragseinigung. Die Errichtung einer stillen Gesellschaft 20 verlangt nach § 705 BGB den Abschluss eines – im Fall einer Haustürsituation – dem HWiG unterliegenden⁹³ Gesellschaftsvertrages.⁹⁴ Die Wirksamkeit des Vertragsschlusses bestimmt sich nach den **allgemeinen** Regeln über das Zustandekommen von Rechtsgeschäften.⁹⁵ Die stille Gesellschaft entsteht regelmäßig mit der Einigung, vereinbarungsgemäß aber zu einem späteren – auch aufschiebend bedingten – Zeitpunkt. Das Inkraftsetzen des Vertrages ist nicht an die Leistung der Einlage und die Aufnahme des Handelsgewerbes gebunden. Umgekehrt kann schuldrechtlich eine rückwirkende Ingangsetzung des Vertrages verabredet werden, um etwa dem stillen Gesellschafter einen Gewinnanteil ab einem in der Vergangenheit liegenden Stichtag zukommen zu lassen.⁹⁶ Gemeinsamer Vertragszweck ist das Streben nach Gewinn durch das von dem Unternehmensträger geleitete Handelsgewerbe.⁹⁷ Der Vertrag kann auch durch **konkludentes** Handeln zustandekommen, wenn zwei Merkmale erfüllt sind: Einmal muss die Möglichkeit bestehen, Stimm-, Kontroll- und Widerspruchsrechten angenäherte Gesellschaftsrechte auszuüben. Daneben muss ein Mitunternehmerrisiko hinzutreten, das sich in einer Beteiligung am Gewinn, nicht notwendig auch Verlust (§ 231 Abs. 2) manifestiert.⁹⁸

2. Leistungsstörungen. Der Gesellschaftsvertrag zur Errichtung einer stillen Gesellschaft unter- 21 liegt als schuldrechtlicher Vertrag grundsätzlich den Vorschriften des allgemeinen **Schuldrechts** (§§ 241 bis 432),⁹⁹ soweit nicht spezielle Vorschriften (etwa § 708 BGB anstelle von § 276 BGB) Vorrang genießen.¹⁰⁰ Während beispielsweise §§ 284 ff. BGB im Verzugsfall ohne weiteres anzuwenden sind,¹⁰¹ bereitet die Handhabung der §§ 320 bis 327 BGB mannigfache Schwierigkeiten. Nach zutreffender herrschender Ansicht sind §§ 320 bis 322 bei einer zweigliedrigen stillen Gesellschaft einschlägig. Danach kann im Unterschied zu § 273 Abs. 3 BGB der Einrede des nicht erfüllten Vertrages nicht mit Hilfe einer Sicherheitsleistung begegnet werden.¹⁰² Die Gegenauffassung hält in derartigen Konstellationen eine Verurteilung Zug um Zug nach § 273 BGB im Sinne der Verwirklichung der Gesellschaft für vorzugswürdig.¹⁰³ Bei einer mehrgliedrigen stillen Gesellschaft tritt § 273

---

⁸⁷ BGH (Fn. 20) BGHZ 7, 174, 179; Baumbach/*Hopt* RdNr. 22; MünchHdbStG/*Kühn* § 16 RdNr. 16, 20; Staub/*Zutt* RdNr. 78.
⁸⁸ MünchKommHGB/*K. Schmidt* RdNr. 167; *Blaurock* RdNr. 301.
⁸⁹ *Blaurock* RdNr. 322; MünchKommHGB/*K. Schmidt* RdNr. 38; Staub/*Zutt* RdNr. 16.
⁹⁰ BGH Urteil v. 9. 2. 1967 – II ZR 226/64, BB 1967, 349; *Blaurock* RdNr. 325; Röhricht/Graf v. Westphalen/v. *Gerkan* RdNr. 48.
⁹¹ RGZ 122, 387, 390; Staub/*Zutt* RdNr. 17; MünchKommHGB/*K. Schmidt* RdNr. 38.
⁹² Staub/*Zutt* RdNr. 18; MünchKommHGB/*K. Schmidt* RdNr. 40 iVm. § 231 RdNr. 25.
⁹³ BGH Urt. v. 16. 10. 1995 – II ZR 298/94, ZIP 1995, 1996.
⁹⁴ Staub/*Zutt* RdNr. 52; MünchHdbStG/*Bezzenberger* § 7 RdNr. 1; *Blaurock* RdNr. 415; Heymann/*Horn* RdNr. 20.
⁹⁵ MünchKommHGB/*K. Schmidt* RdNr. 93; Münch-HdbStG/*Bezzenberger* § 6 RdNr. 2.
⁹⁶ Staub/*Zutt* RdNr. 53; MünchKommHGB/*K. Schmidt* RdNr. 119; *Blaurock* RdNr. 434; Heymann/*Horn* RdNr. 20; MünchHdbStG/*Bezzenberger* § 7 RdNr. 4 f.
⁹⁷ *Blaurock* RdNr. 417.
⁹⁸ BFH Urt. v. 1. 8. 1996 – VIII R 12/94, NJW 1997, 2702; vgl. auch § 230 RdNr. 70 ff.
⁹⁹ Staub/*Zutt* RdNr. 54.
¹⁰⁰ Staub/*Zutt* RdNr. 54.
¹⁰¹ *Blaurock* RdNr. 424.
¹⁰² Staub/*Zutt* RdNr. 54; MünchKommHGB/*K. Schmidt* RdNr. 158; MünchHdbStG/*Bezzenberger* § 6 RdNr. 4.
¹⁰³ *Blaurock* RdNr. 423.

BGB auch nach hM an die Stelle der §§ 320 bis 322 BGB. Allerdings kann – was im Ergebnis auf § 320 BGB hinausläuft – einer Verurteilung Zug um Zug mit der Arglisteinrede begegnet werden.[104] Dagegen findet § 326 Abs. 2 BGB uneingeschränkt Anwendung.[105] Die Befreiungs- und Lösungsrechte aus §§ 323, 326 Abs. 1 BGB werden durch das Recht zur außerordentlichen Kündigung (§ 723 BGB) ersetzt.[106]

22   **3. Form. a) Grundsatz der Formfreiheit.** Der Gesellschaftsvertrag einer stillen Gesellschaft bedarf – wie Art. 250 Abs. 2 ADHGB ausdrücklich festlegte – regelmäßig keiner besonderen Form. Er kann schriftlich, aber auch mündlich und durch schlüssiges Verhalten eingegangen werden.[107] Freilich sind Sondervorschriften zu entnehmende Formerfordernisse zu beachten, wenn etwa von dem stillen Gesellschafter als Vermögenseinlage ein Grundstück (§ 311b Abs. 1 BGB) oder ein GmbH-Anteil (§ 15 Abs. 4 GmbHG) geschuldet ist. Dies gilt umgekehrt auch für den Geschäftsinhaber, sofern er sich verpflichtet, derartige Gegenstände im Zuge der Auseinandersetzung dem stillen Gesellschafter zu überlassen.[108] Durch den Abschluss des Gesellschaftsvertrages werden einzelne Vermögensgegenstände des Geschäftsinhabers betreffende Formvorschriften ansonsten **nicht berührt,** weil die Rechtszuständigkeit im Rahmen einer Innengesellschaft unangetastet bleibt.[109] Schließlich sind die Heilungsmöglichkeiten von Formverstößen in den Blick zu fassen (§ 311b Abs. 1 S. 2 BGB, § 15 Abs. 4 GmbHG).[110] Der Formmangel hat im Zweifel die Nichtigkeit des gesamten Vertrages zur Folge.[111]

23   **b) Schenkung.** Formprobleme birgt insbesondere die Schenkung einer stillen Beteiligung. Eine als Ausstattung (§ 1624 BGB) zu charakterisierende unentgeltliche Zuwendung einer stillen Beteiligung an Kinder ist nicht dem Formzwang des § 518 Abs. 1 BGB unterworfen.[112] Ist im Übrigen die Form des § 518 Abs. 1 BGB nicht gewahrt, so ist eine **Heilung** durch Bewirkung der geschuldeten Leistung (§ 518 Abs. 2 BGB) zu erwägen. Insoweit sind **zwei Konstellationen** zu unterscheiden: Wird dem Beschenkten eine bereits bestehende stille Beteiligung von dem stillen Gesellschafter durch Abtretung übertragen, so gilt der Formmangel nach einhelliger Auffassung als durch den Vollzug geheilt.[113] Anders verhält es sich nach Auffassung der Rechtsprechung, wenn die stille Beteiligung vom Geschäftsinhaber durch eine Einbuchung, nämlich Umbuchung des Einlagebetrags vom Kapitalkonto des Geschäftsinhabers auf das Einlagekonto des stillen Gesellschafters, begründet wird. Die Einbuchung ist demzufolge nicht als Vollziehung der Schenkung anzuerkennen, weil der Buchungsvorgang lediglich die formlose Verpflichtung durch eine andere gleicher Art ersetzt.[114] Demgegenüber sieht eine verbreitete Strömung im Schrifttum in der Einbuchung die Verschaffung der mitgliedschaftlichen Rechtsstellung und damit den Vollzug der Schenkung.[115] Gegen die Auffassung der Rechtsprechung ist einzuwenden, dass die als zulässige Einlage eingestufte Einbuchung einer weiteren Vollziehung nicht zugänglich ist. Die **Praxis** sollte jedoch vorsorglich der engeren Auffassung der Rechtsprechung[116] Rechnung tragen. Die Heilungswirkung des § 518 Abs. 2 BGB erstreckt sich zumindest auf die unter Befolgung einer formnichtigen Schenkung ausgezahlten Gewinnanteile.[117]

24   Unzutreffend ist jedenfalls die weitergehende Annahme, bei einer unentgeltlichen Zuwendung des Einlagebetrags durch den Geschäftsinhaber scheitere die Wirksamkeit einer stillen Gesellschaft bereits an dem fehlenden Beitrag des Beschenkten.[118] Dem wird zutreffend entgegengehalten, dass der

---

[104] Staub/*Zutt* RdNr. 54.
[105] Staub/*Zutt* RdNr. 54; MünchKommHGB/*K. Schmidt* RdNr. 158.
[106] RGZ 78, 303, 305; 145, 274, 283; MünchKommHGB/*K. Schmidt* RdNr. 158; MünchHdbStG/*Bezzenberger* § 6 RdNr. 4; Staub/*Zutt* RdNr. 54.
[107] Staub/*Zutt* RdNr. 56; MünchKommHGB/*K. Schmidt* RdNr. 95; *Blaurock* RdNr. 436; Baumbach/*Hopt* RdNr. 10; MünchHdbStG/*Bezzenberger* § 7 RdNr. 6; Röhricht/Graf v. Westphalen/*v. Gerkan* RdNr. 8.
[108] Staub/*Zutt* RdNr. 56; MünchKommHGB/*K. Schmidt* RdNr. 96; MünchHdbStG/*Bezzenberger* § 7 RdNr. 8; Baumbach/*Hopt* RdNr. 10; Koller/Morck RdNr. 14; vgl. auch RGZ 166, 160, 165.
[109] Baumbach/*Hopt* RdNr. 10; *Blaurock* RdNr. 440.
[110] Staub/*Zutt* RdNr. 56.
[111] *Blaurock* RdNr. 441; MünchHdbStG/*Bezzenberger* § 7 RdNr. 9.
[112] BGH Urt. v. 6. 3. 1967 – II ZR 180/65, DB 1967, 1258; BFH Urt. v. 8. 3. 1984, WM 1984, 1207 f.; *Blaurock* RdNr. 439.
[113] Röhricht/Graf v. Westphalen/*v. Gerkan* RdNr. 11; Heymann/*Horn* RdNr. 22; MünchKommHGB/*K. Schmidt* RdNr. 101; MünchHdbStG/*Bezzenberger* § 7 RdNr. 9.
[114] BGH (Fn. 20) BGHZ 7, 174, 179; BGH Urt. v. 29. 10. 1952 (Fn. 7) BGHZ 7, 378, 380 = NJW 1953, 138; zustimmend Heymann/*Horn* RdNr. 22; MünchKommHGB/*K. Schmidt* RdNr. 103; unentschieden Röhricht/Graf v. Westphalen/*v. Gerkan* RdNr. 11.
[115] *Blaurock* RdNr. 257 ff.; Baumbach/*Hopt* RdNr. 10; Staub/*Zutt* RdNr. 82; Koller/Roth/Morck RdNr. 14; MünchKommBGB/*Ulmer* § 705 RdNr. 39.
[116] Neuerdings offengelassen in BGH Urt. v. 2. 7. 1990 – II ZR 243/89, BGHZ 112, 40, 46 = NJW 1990, 2616.
[117] Heymann/*Horn* RdNr. 22; Koller/Roth/Morck RdNr. 14.
[118] *Elke Herrmann* ZHR 147 (1983), 313 ff.

Beitrag des (beschenkten) stillen Gesellschafters darin zum Ausdruck kommt, die Einlage dem Unternehmen auf Dauer zur Verfügung zu stellen.[119]

4. Stellvertretung. Die Vertretung der Vertragspartner beim Abschluss der stillen Beteiligung ist zulässig und richtet sich nach den allgemeinen Vorschriften.[120] Neben einer Prokura ermächtigt eine Generalvollmacht oder eine besondere Bevollmächtigung, aber nicht eine Handlungsvollmacht, zur Vornahme des Geschäfts mit Wirkung für den Vollmachtgeber.[121] 25

a) Vertretung Minderjähriger. Sofern nicht § 112 BGB, der die Aufnahme eines typischen stillen Gesellschafters durch den minderjährigen Geschäftsinhaber gestattet,[122] maßgeblich ist, kann ein Minderjähriger nach den **allgemeinen Vorschriften** mit Einwilligung seines gesetzlichen Vertreters (§ 107 BGB) oder durch diesen vertreten (§ 1629 BGB) eine stille Beteiligung verwirklichen.[123] Das Angebot zur Schenkung einer Einlage ohne Verlustbeteiligung kann der Minderjährige, weil er lediglich einen rechtlichen Vorteil erlangt (§ 107 BGB), selbst verbindlich annehmen.[124] Aus diesem Grund kann der gesetzliche Vertreter die schenkweise Zuwendung der Einlage mittels Einbuchung ohne Mitwirkung des Minderjährigen in Einklang mit § 181 BGB vornehmen. Wirkt der gesetzliche Vertreter dagegen als Geschäftsinhaber am Vertragsschluss über eine **entgeltliche** stille Beteiligung des Minderjährigen mit, so ist dem Minderjährigen ein Ergänzungspfleger zu bestellen.[125] 26

Umstritten ist, ob der gesetzliche Vertreter eines Minderjährigen für den Abschluss einer stillen Beteiligung gem. § 1643 Abs. 1, § 1822 Nr. 3 BGB die **Genehmigung des Vormundschaftsgerichts** benötigt. Verschiedentlich wird eine vormundschaftsgerichtliche Genehmigung als unumgänglich bezeichnet, unbeschadet ob der Minderjährige als Geschäftsinhaber einen stillen Gesellschafter an sich bindet oder sich als stiller Gesellschafter bei einem anderen Unternehmen betätigt.[126] Bereits seinem **Wortlaut** nach ist § 1822 Nr. 3 BGB bei der Aufnahme eines stillen Gesellschafters durch den Minderjährigen als Inhaber eines Handelsgewerbes nicht einschlägig.[127] Ebenfalls ist der Wortlaut des § 1822 Nr. 3 BGB nicht erfüllt, wenn der Minderjährige die stille Beteiligung eingeht.[128] Auch der BGH hat mit Hinweis auf die damals fast einhellige Ansicht des gesamten Schrifttums ausgesprochen, dass eine stille Beteiligung nicht zum Betrieb eines Erwerbsgeschäftes (§ 1822 Nr. 3 BGB) eingegangen wird.[129] Lediglich in einer Hilfsbegründung wird eine vormundschaftsgerichtliche Genehmigung für entbehrlich gehalten, wenn der Minderjährige mit der Einlage mangels einer Verlustbeteiligung kein höheres Risiko als bei einem Darlehen zu befürchten hat. Diese Hilfsbegründung vernachlässigt indessen den Aspekt, dass im Rahmen des § 1822 Nr. 3 BGB aus Gründen der Rechtssicherheit eine eng am Wortlaut des Gesetzes orientierte Auslegung geboten ist.[130] Dagegen ist bei einer atypischen stillen Beteiligung des Minderjährigen mit gesteigerten Rechten und Pflichten eine vormundschaftsgerichtliche Genehmigung einzuholen.[131] 27

b) Vertretung von Gesellschaften. Die **Personengesellschaften** OHG und KG werden bei Vereinbarung einer stillen Beteiligung als Geschäftsinhaber ebenso wie als stiller Gesellschafter durch den oder die geschäftsführenden Gesellschafter vertreten.[132] Allerdings ist die Aufnahme eines stillen Gesellschafters als außergewöhnliches Geschäft (§ 116 Abs. 2) im Innenverhältnis zustimmungspflichtig. Hingegen bedarf eine atypische Beteiligung mit gesteigerten Rechten und Pflichten als Grundlagengeschäft der Mitwirkung sämtlicher Gesellschafter.[133] 28

Räumt eine **Aktiengesellschaft** einem Dritten eine stille Beteiligung an ihrem Geschäftsbetrieb ein, so ist diese Vereinbarung als ein nicht der Vertretungsmacht des Vorstands offen stehender 29

---

[119] MünchKommHGB/*K. Schmidt* RdNr. 48; vgl. auch *Hengeler* ZHR 147 (1983), 329 ff.; *Blaurock* RdNr. 256.
[120] Staub/*Zutt* RdNr. 61.
[121] Heymann/*Horn* RdNr. 24; MünchKommHGB/*K. Schmidt* RdNr. 118; *Blaurock* RdNr. 428 f.
[122] Röhricht/Graf v. Westphalen/*v. Gerkan* RdNr. 19.
[123] Staub/*Zutt* RdNr. 63.
[124] Staub/*Zutt* RdNr. 63 mwN; *Koller/Roth/Morck* RdNr. 13; vgl. BGH Urt. v. 28. 1. 1957 – III ZR 155/55, JZ 1957, 382; aA MünchHdbStG/*Bezzenberger* § 7 RdNr. 11.
[125] BFH Urt. v. 9. 7. 1987 – IV R 95/85, NJW 1988, 1343 f.; MünchHdbStG/*Bezzenberger* § 7 RdNr. 12; Röhricht/Graf v. Westphalen/*v. Gerkan* RdNr. 19; vgl. auch § 1629 Abs. 2, § 1795 BGB.
[126] Staub/*Zutt* RdNr. 65.
[127] Baumbach/*Hopt* RdNr. 8; Heymann/*Horn* RdNr. 23; *Rob. Fischer* JR 1962, 201 f.
[128] *Rob. Fischer* JR 1962, 202; aA Baumbach/*Hopt* RdNr. 8; Heymann/*Horn* RdNr. 23.
[129] BGH Urt. v. 28. 1. 1957 – III ZR 155/55, JZ 1957, 382.
[130] *Rob. Fischer* JR 1962, 202; MünchKommHGB/*K. Schmidt* RdNr. 108.
[131] MünchKommHGB/*K. Schmidt* RdNr. 108; Röhricht/Graf v. Westphalen/*v. Gerkan* RdNr. 20.
[132] BGH Urt. v. 14. 2. 1957 – II ZR 190/55, WM 1957, 543 f.; BGH Urt. v. 11. 1. 1960 – II ZR 69/59, WM 1960, 187 f.; BGH Urt. v. 18. 10. 1962 – II ZR 12/61, WM 1962, 1353 f.
[133] Staub/*Zutt* RdNr. 62; Heymann/*Horn* RdNr. 24; *Blaurock* RdNr. 463 ff.; MünchKommHGB/*K. Schmidt* RdNr. 111 ff.; Röhricht/Graf v. Westphalen/*v. Gerkan* RdNr. 15 f.

Teilgewinnabführungsvertrag (§ 292 AktG) zu bewerten, der zu seiner Wirksamkeit gemäß § 293 AktG der Zustimmung der Hauptversammlung und der Eintragung in das Handelsregister bedarf.[134] Rückt demgegenüber die Aktiengesellschaft bei einem anderen Unternehmen in die Position eines stillen Gesellschafters ein, so wird sie wirksam durch den Vorstand vertreten.[135]

30 Im Unterschied zur Aktiengesellschaft deckt bei der **GmbH** die organschaftliche Vertretungsmacht der Geschäftsführer unbeschadet einer fehlenden Zustimmung der Gesellschafterversammlung nicht nur eine stille Beteiligung der GmbH an einem anderen Handelsgewerbe, sondern auch den Vertragsschluss betreffend eine stille Beteiligung eines Außenstehenden am Unternehmen der GmbH ab. Die Gültigkeit des Vertrages ist nicht an das im Innenverhältnis einzuholende Einverständnis sämtlicher Gesellschafter gebunden.[136] Indes hängt der Abschluss bei einer **atypischen** stillen Beteiligung an einer GmbH von der Zustimmung sämtlicher Gesellschafter ab.[137]

31 **5. Grundsätze der fehlerhaften Gesellschaft. a) Geltung.** Die Wirksamkeit eines Gesellschaftsvertrages kann an Willensmängeln, unzureichender Vertretungsmacht, beschränkter Geschäftsfähigkeit, Formfehlern wie auch Gesetzes- und Sittenverstößen (§§ 134, 138 BGB) kranken. In Rechtsprechung und Schrifttum bietet sich ein buntes Meinungsbild darüber, ob derartige Problemlagen mit Hilfe der Grundsätze über die fehlerhafte Gesellschaft handzuhaben sind. Einmal wird die Anwendung dieser Regeln generell abgelehnt, weil mangels Gesamthandseigentums die Rückabwicklung nach Bereicherungsrecht keine besonderen Schwierigkeiten bereite.[138] Eine vermittelnde Auffassung tritt dafür ein, die Grundsätze der fehlerhaften Gesellschaft allein atypischen stillen Gesellschaften mit einer Gesamthandsgemeinschaften angenäherten Vermögens- und Organisationsstruktur vorzubehalten.[139] Demgegenüber lautet die von Teilen des Schrifttums gebilligte Rechtsprechung des BGH dahin, Wirksamkeitsmängel typischer wie auch atypischer Formen der stillen Gesellschaft mit dem Institut der fehlerhaften Gesellschaft einer angemessenen Lösung zuzuführen.[140] Der Rechtsprechung ist **zuzustimmen,** weil die Bildung von Gesamthandseigentum auch bei Personengesellschaften nicht zwingend notwendig ist, dieser Umstand im Übrigen nicht überbetont werden darf[141] und schließlich, worauf BGHZ 55, 5, 9[142] im Anschluss an *Rob. Fischer* JR 1962, 201, 204 zutreffend hinweist, der gewichtige Aspekt der Risikogemeinschaft im Falle einer starren – bei positiver Geschäftsentwicklung zugunsten des Inhabers, bei einer negativen zugunsten des stillen Gesellschafters ausschlagenden – Rückabwicklung zu kurz käme. Die Grundsätze der fehlerhaften Gesellschaft sind unter den **drei Voraussetzungen** anwendbar, dass der Gesellschaftsvertrag an einem Wirksamkeitsmangel leidet, die Gesellschaft in Vollzug gesetzt worden ist und den rechtlichen Anerkennung der stillen Gesellschaft nicht gewichtige Interessen der Allgemeinheit entgegenstehen.

32 **b) Fehlerhafter Vertragsschluss.** Die fehlerhafte Gesellschaft bedarf wie jede andere Gesellschaft auch einer Vertragsgrundlage, begnügt sich indessen mit einem mangelhaften Vertrag, der aus Rechtsgründen nichtig oder anfechtbar ist. Unzureichend ist eine nur **tatsächliche Gemeinschaft ohne jede Vertragseinigung,** bei der es schon an einem wirklich vorhandenen, aber rechtlich fehlerhaften Willen der Vertragsschließenden fehlt.[143] Folgerichtig finden bei einem nur zum Schein abgeschlossenen Gesellschaftsvertrag die Grundsätze über die fehlerhafte Gesellschaft ebenfalls keine Anwendung.[144] Ausreichend ist hingegen der **stillschweigende Abschluss** eines fehlerhaften Gesellschaftsvertrages.[145] Unbedeutend ist, auf welchem Umstand der Fehler beruht. Als Wirksamkeits-

---

[134] BGH Urt. v. 21. 7. 2003 – II ZR 109/02, BGHZ 156, 38, 43; BGH Urt. v. 29. 11. 2004 – II ZR 6/03, NJW-RR 2005, 627; Staub/*Zutt* RdNr. 58; MünchKommHGB/*K. Schmidt* RdNr. 116; *Blaurock* RdNr. 475 ff.; Röhricht/Graf v. Westphalen/*v. Gerkan* RdNr. 17.
[135] Heymann/*Horn* RdNr. 25.
[136] Röhricht/Graf v. Westphalen/*v. Gerkan* RdNr. 15.
[137] *Blaurock* RdNr. 471 ff.; MünchKommHGB/*K. Schmidt* RdNr. 115; Staub/*Zutt* RdNr. 59; Heymann/*Horn* RdNr. 26.
[138] MünchHdbStG/*Bälz* § 31 RdNr. 16 ff., 26; MünchKommBGB/*Ulmer* § 705 RdNr. 275 f.
[139] MünchKommHGB/*K. Schmidt* RdNr. 127 ff., 114; Baumbach/*Hopt* RdNr. 11; Heymann/*Horn* RdNr. 28; *Rob. Fischer* JR 1962, 202, 204.
[140] BGH (Fn. 18) BGHZ 8, 157, 167 f.; BGH Urt. v. 29. 6. 1970 – II ZR 158/69 BGHZ 55, 5, 8 f. = NJW 1971, 375; BGH Urt. v. 25. 3. 1974 – II ZR 63/72, BGHZ 62, 234, 237 = NJW 1974, 1201; BGH Urt. v. 24. 9. 1979 – II ZR 95/78, BGHZ 75, 214, 217 f.; BGH Urt. v. 29. 6. 1992 – II ZR 284/91, NJW 1992, 2696, 2698; Urt. v. 24. 5. 1993 – II ZR 136/92, NJW 1993, 2107; Urt. v. 29. 9. 2005 – II ZR 314/03, BB 2005, 2595; *Blaurock* RdNr. 564 ff.; Staub/*Zutt* RdNr. 69.
[141] BGH (Fn. 18) BGHZ 8, 157, 169.
[142] BGH Urt. v. 29. 6. 1970 (Fn. 140).
[143] BGH v. 28. 11. 1953 – II ZR 188/52, BGHZ 11, 190= NJW 1954, 231.
[144] BGH v. 28. 11. 1953 – II ZR 188/52, BGHZ 11, 190= NJW 1954, 231; BGH v. 27. 5. 1953 – II ZR 171/52; Soergel/*Hadding* § 705 RdNr. 72; Staudinger/*Habermeier* § 705 RdNr. 64.
[145] BGH v. 28. 11. 1953, BGHZ 11, 190; Bamberger/Roth/*Timm/Schöne* § 705 RdNr. 84; Erman/*Westermann* § 705 RdNr. 71.

mangel kommen fehlende Geschäftsfähigkeit (§§ 104 ff. BGB), eine fehlerhafte Willensbildung (§§ 119, 123 BGB), Dissens (§ 154 BGB), Formnichtigkeit (§ 125 BGB) wie auch ein Gesetz- oder Sittenverstoß (§§ 134, 138 BGB) in Betracht.[146] Eine **Verletzung der Aufklärungspflicht** ist gegeben, wenn der stille Gesellschafter nicht darauf hingewiesen wird, dass nur ein geringer Teil der Anlagegelder zu Investitionszwecken verwendet werden soll, während mit einem Großteil des Geldes weiche Kosten – an die Initiatoren über Vertragsverflechtungen zurückfließende Gelder – abgedeckt werden.[147] Ebenso verhält es sich, wenn bei einer mit einer Verlustbeteiligung einhergehenden Nachschusspflicht bescheinigt wird, dass Entnahmebefugnisse mit hoher Wahrscheinlichkeit die Gefahr einer Nachschusspflicht begründen.[147a] Entsprechendes gilt, wenn der Anleger nicht auf rechtliche Bedenken hingewiesen wird, denen das Investitionsmodell infolge einer Gesetzesänderung ausgesetzt ist.[148] Ein Verstoß gegen das HWiG ist über die Grundsätze der fehlerhaften Gesellschaft abzuwickeln.[149] Im Falle fehlender Vertretungsmacht kommen mangels Zurechenbarkeit der Willenserklärung zu Lasten des Vertretenen die Grundsätze der fehlerhaften Gesellschaft dagegen nicht zum Zuge. Die Mitgesellschafter können allein den Vertreter nach § 179 BGB in Rückgriff nehmen.[150]

c) Vollzug. Mangels Registereintragung wird eine auf fehlerhafter Vertragsgrundlage gebildete Gesellschaft bürgerlichen Rechts wie auch eine stille Gesellschaft mit tatsächlichem Vollzug rechtlich wirksam. Mitunter schwierig ist die Konkretisierung, ab wann eine Gesellschaft in Vollzug gesetzt ist. Wenig hilfreich ist die in der Rechtsprechung vielfach verwendete Formel, wonach die Gesellschaft vollzogen ist, wenn Rechtstatsachen geschaffen worden sind, an denen die Rechtsordnung nicht vorbeigehen kann.[151] Ein Vollzug liegt jedenfalls vor, wenn die Gesellschaft mit Einverständnis der Gesellschafter[152] im Handels- oder Geschäftsverkehr tätig geworden ist.[153] Entsprechendes gilt, wenn der Gesellschafter Beiträge geleistet oder seine gesellschaftsrechtlichen Befugnisse ausgeübt hat.[154] Gerade im Bereich der stillen Gesellschaft verwirklicht sich der Vollzug – wie der BGH betont – bereits in der Leistung der ausbedungenen Einlage.[155] Damit ist auch eine bloß interne Vertragsausführung als Vollzug zu qualifizieren.[156] Das Invollzugsetzen kann sich also sowohl durch Maßnahmen im Innen- als auch im Außenverhältnis manifestieren.[157]

d) Vorrang schutzwürdiger Interessen. Die Rechtsfigur der fehlerhaften Gesellschaft findet keine Anwendung, wenn der Anerkennung des Rechtsgebildes höherrangige Interessen einzelner oder der Allgemeinheit entgegenstehen.

aa) Schutz nicht voll geschäftsfähiger Personen. Nach einhelliger Auffassung können die Regeln der fehlerhaften Gesellschaft gegenüber einem nicht voll geschäftsfähigen Gesellschafter keine Geltung beanspruchen.[158] Der gesetzliche Vertreter, der den Vertragsschluss nicht genehmigt, kann Herausgabe etwaiger Einlageleistungen nach §§ 812 ff. bzw. § 985 BGB verlangen.[159] Der nicht voll geschäftsfähige Gesellschafter nimmt nicht am Verlust teil. Umgekehrt partizipiert er nicht an den Gewinnen, weil Verlust- und Gewinnbeteiligung untrennbar sind und der Schutz beschränkt geschäftsfähiger Gesellschafter nicht auf eine Vermögensmehrung gerichtet ist.[160] Handelt es sich – abgesehen von dem nicht voll geschäftsfähigen Gesellschafter – um mehr als zwei Gesellschafter, kann

---

[146] MünchKommBGB/*Ulmer* § 705 RdNr. 328; Erman/*Westermann* § 705 RdNr. 71 ff.; Bamberger/Roth/*Timm/Schöne* § 705 RdNr. 84.
[147] BGH Urt. v. 21. 3. 2005 – II ZR 310/03, NJW 2005, 1784; BGH Urt. v. 21. 3. 2005 – II ZR 140/03, NZG 2005, 472.
[147a] BGH v. 26. 9. 2005 – II ZR 314/03, NJW-RR 2006, 178.
[148] BGH Urt. v. 21. 3. 2005 – II ZR 149/03, NZG 2005, 476.
[149] BGH v. 2. 7. 2001 – II ZR 304/00, BGHZ 148, 201, 207 = NJW 2001, 2718, 2720; BGH Urt. v. 21. 3. 2005 – II ZR 310/03, NJW 2005, 1784; BGH Urt. v. 21. 3. 2005 – II ZR 140/03, NZG 2005, 472; BGH Urt. v. 29. 11. 2004 – II ZR 6/03, NJW-RR 2005, 627; MünchKommBGB/*Ulmer* § 705 RdNr. 329.
[150] *C. Schäfer* Die Lehre vom fehlerhaften Verband, 2002, S. 208 ff.; aA Soergel/*Hadding* § 705 RdNr. 73.
[151] BGH v. 27. 6. 2000 – XI ZR 174/99, NJW 2000, 3558, 3560.
[152] *C. Schäfer* (Fn. 150) S. 252 ff.
[153] BGH v. 24. 10. 1951 – II ZR 18/51, BGHZ 3, 285, 288 = NJW 1952, 97; MünchKommBGB/*Ulmer* § 705 RdNr. 331; Bamberger/Roth/*Timm/Schöne* § 705 RdNr. 85.
[154] BGH v. 10. 4. 1978 – II ZR 61/77, NJW 1978, 2505 f.; BGH v. 27. 6. 2000 – XI ZR 174/99, NJW 2000, 3558, 3560; MünchKommBGB/*Ulmer* § 705 RdNr. 331; Staudinger/*Habermeier* § 705 RdNr. 66; aA Bamberger/Roth/*Timm/Schöne* § 705 RdNr. 84; Erman/*Westermann* § 705 RdNr. 74.
[155] BGH v. 21. 3. 2005 – II ZR 310/03; BGH v. 21. 3. 2005 – II ZR 149/03; BGH Urt. v. 29. 11. 2004 – II ZR 6/03, NJW-RR 2005, 627; BGH v. 29. 6. 1992 – II ZR 284/91, NJW 1992, 2696; BGH v. 29. 11. 1952 – II ZR 15/52, BGHZ 8, 157 = NJW 1953, 818; BGH v. 25. 3. 1974 – II ZR 63/72, BGHZ 62, 234 = NJW 1974, 1201.
[156] Bamberger/Roth/*Timm/Schöne* § 705 RdNr. 85.
[157] Soergel/*Hadding* § 705 RdNr. 71, 74.
[158] MünchKommBGB/*Ulmer* § 705 RdNr. 337.
[159] Staudinger/*Habermeier* § 705 RdNr. 69; Erman/*Westermann* § 705 RdNr. 72; MünchKommBGB/*Ulmer* § 705 RdNr. 337.
[160] Bamberger/Roth/*Timm/Schöne* § 705 RdNr. 88; Erman/*Westermann* § 705 RdNr. 72.

§ 230 36, 37   2. Buch. 3. Abschnitt. Stille Gesellschaft

die Vertragsauslegung ergeben, dass der Gesellschaftsvertrag zwischen den verbleibenden Gesellschaftern Bestand haben soll. Erstreckt sich der Beitrittsmangel hingegen auf den Gesamtvertrag, findet im Verhältnis der geschäftsfähigen Gesellschafter die Lehre über die fehlerhafte Gesellschaft Anwendung.[161]

36   **bb) Gesetz- oder Sittenverstoß.** Sind einzelne Klauseln eines Gesellschaftsvertrages nach §§ 134, 138 BGB nichtig, wird davon weder der Restvertrag noch die Wirksamkeit der Gesellschaft berührt. Vielmehr entfällt die betroffene Klausel, die im Wege der ergänzenden Vertragsauslegung oder des dispositiven Gesetzesrechts auszufüllen ist.[162] Unanwendbar sind die Grundsätze der fehlerhaften Gesellschaft hingegen, wenn der Gesellschaftszweck gegen die guten Sitten oder ein Gesetz verstößt.[163] Dies wurde etwa im Zusammenhang mit dem verbotenen Zweck der **Besorgung fremder Rechtsangelegenheiten**,[164] dem Verbot eines Zusammenschlusses eines öffentlich bestellten mit einem nicht öffentlichen bestellten Vermessungsingenieur,[165] im Rahmen der stillen **Beteiligung eines Nichtapothekers an einer Apotheke** bei persönlicher und wirtschaftlicher Abhängigkeit des Inhabers[166] und – entsprechend damaliger Gesetzeslage – beim Betrieb eines Bordells[167] befürwortet. Eine solche Gesellschaft ist im Innenverhältnis nach Bereicherungsrecht abzuwickeln, während gegenüber gutgläubigen Dritten eine Haftung nach Rechtsscheinsgrundsätzen durchgreift.[168] Ob Verstöße einer stillen Beteiligung gegen Vorschriften des KWG gemäß § 134 BGB zur Nichtigkeit führen, konnte der BGH offen lassen, weil der jeweilige Tatbestand der Vorschrift nicht erfüllt war.[169] Die lange Laufzeit einer stillen Beteiligung bedingt keine Sittenwidrigkeit, wenn der Vertrag eine Alterssicherung bezweckt und dem Gesellschafter zudem das Recht auf vorzeitige Kündigung eingeräumt ist.[170] Der Vorwurf, der Geschäftsinhaber betreibe mit Hilfe der von ihm angeworbenen zahlreichen stillen Beteiligungen ein „Schnellballsystem", kann ebenfalls einen Sittenverstoß nicht begründen, weil der – darüber getäuschte – stille Teilhaber diesen Zweck gerade nicht teilt.[171] Schließlich führen auch Verstöße gegen ein Schriftformerfordernis nur zur Unwirksamkeit der betroffenen Klausel, aber nicht zur Rückabwicklung eines Gesellschaftsverhältnisses.[172]

37   **cc) Täuschung.** Nach heute einheitlicher Auffassung sind die Grundsätze der fehlerhaften Gesellschaft auch in Fällen einschlägig, in denen ein Gesellschafter durch Drohung – ausgenommen vis absoluta – oder Täuschung zum Vertragsschluss bewegt wurde.[173] In vereinzelten älteren Entscheidungen hatte der BGH eine rückwirkende Anfechtung für den Sonderfall zugelassen, dass sich ein Gesellschafter durch Drohung oder Täuschung einen besonders hohen Gewinn- und Liquidationsanteil versprechen lässt und ein in den zur Auseinandersetzung einzustellender Schadensersatzanspruch keinen genügenden Ausgleich ermöglicht.[174] Richtigerweise sollte man in diesen Konstellationen die unwirksame Klausel im Wege ergänzender Vertragsauslegung durch eine beiden Seiten entsprechende Gewinnverteilungsregel – etwa nach Kapitalanteilen – ersetzen. Davon abgesehen hat der BGH stets betont, dass nicht einmal ein durch arglistige Täuschung (§ 123 BGB) veranlasster Beitritt zu einer Gesellschaft zur rückwirkenden Anfechtung des Vertrages berechtigt. Von den Regeln der fehlerhaften Gesellschaft ist also auch in Fällen der arglistigen Täuschung keine Ausnahme zu machen.[175] Zum Schutz des Betrogenen sind seine Schadensersatzansprüche bei der

---

[161] Soergel/*Hadding* § 705; Staudinger/*Habermeier* § 705 69.
[162] BGH v. 16. 11. 1981 – II ZR 213/80, NJW 1982, 877, 879; BGH v. 9. 2. 1970 – II ZR 76/68, NJW 1970, 1540; Staudinger/*Habermeier* § 705 RdNr. 68; MünchKommBGB/*Ulmer* § 705 RdNr. 333; Erman/*Westermann* § 705 RdNr. 71.
[163] BGH v. 16. 11. 1981 – II ZR 213/80, NJW 1982, 877, 879; BGH v. 9. 2. 1970 – II ZR 76/68, NJW 1970, 1540; MünchKommBGB/*Ulmer* § 705 RdNr. 334; Bamberger/Roth/*Timm/Schöne* § 705 RdNr. 87; Soergel/*Hadding* § 705 RdNr. 81.
[164] BGH v. 25. 3. 1974 – II ZR 63/72, BGHZ 62, 234 = NJW 1974, 1201; BGH v. 16. 12. 2002 – II ZR 109/01, BGHZ 153, 214, 222 = NJW 2003, 1252, 1254; BGH v. 21. 3. 2005 – II ZR 310/03, NJW 2005, 1784.
[165] BGH v. 20. 3. 1986 – II ZR 75/85, NJW 1987, 65.
[166] BGH v. 24. 9. 1979 – II ZR 95/78, BGHZ 75, 214 = NJW 1980, 638; vgl. aber ein zulässiges Beteiligungsmodell bei BGH v. 15. 11. 1971 – II ZR 130/69, NJW 1972, 338.
[167] BGH v. 16. 5. 1988 – II ZR 316/87, NJW-RR 1988, 1379; Soergel/*Hadding* § 705 RdNr. 81.
[168] MünchKommBGB/*Ulmer* § 705 RdNr. 334.
[169] BGH v. 21. 3. 2005 – II ZR 310/03 NJW 2005, 1784; BGH v. 21. 3. 2005 – II ZR 140/03, NZG 2005, 472.
[170] BGH v. 21. 3. 2005 – II ZR 310/03 NJW 2005, 1784; BGH v. 21. 3. 2005 – II ZR 140/03, NZG 2005, 472.
[171] BGH v. 21. 3. 2005 – II ZR 310/03 NJW 2005, 1784; BGH v. 21. 3. 2005 – II ZR 140/03, NZG 2005, 472.
[172] BGH v. 21. 3. 2005 – II ZR 140/03, NZG 2005, 472; BGH v. 21. 3. 2005 – II ZR 310/03, NJW 2005, 1784.
[173] Soergel/*Hadding* § 705 RdNr. 83; Staudinger/*Habermeier* § 705 RdNr. 70; Bamberger/Roth/*Timm/Schöne* § 705 RdNr. 90.
[174] BGH v. 12. 5. 1954 – II ZR 167/53, BGHZ 13, 320 f. = NJW 1954, 1562; BGH v. 6. 2. 1958 – II ZR 210/56, BGHZ 26, 330, 335 = NJW 1958, 668; BGH v. 13. 11. 1970 – II ZR 49/69, BGHZ 55, 5, 9 = NJW 1971, 375, 377.
[175] BGH v. 2. 7. 2001 – II ZR 304/00, BGHZ 148, 201, 207 = NJW 2001, 2718, 2720; BGH v. 19. 12. 1974 – II ZR 27/73, BGHZ 63, 338 = NJW 1975, 1022, 1024.

Auseinandersetzung zu berücksichtigen.[176] Der infolge arglistiger Täuschung beigetretene Gesellschafter ist im Rahmen der Auseinandersetzung so zu stellen, wie wenn er nie beigetreten wäre.[177]

e) Rechtsfolgen. aa) Vollgültiger Verband; Kündigungsrecht; Auseinandersetzung. 38
Wurde ein Gesellschaftsvertrag abgeschlossen und in Vollzug gesetzt, so kann ein dem Vertrag anhaftender Gültigkeitsmangel **nicht mehr rückwirkend,** sondern nur im Wege einer **Kündigung aus wichtigem Grund** für die Zukunft mit der Folge der Auflösung der Gesellschaft und anschließenden Auseinandersetzung Berücksichtigung finden. Bis zur Auflösung bestimmt sich das Rechtsverhältnis der Gesellschafter nach dem Inhalt des nichtigen Gesellschaftsvertrages; nichtige Klauseln werden indes durch eine den gegebenen Verhältnissen entsprechende angemessene Regelung ersetzt.[178] Der fehlerhafte Vertragsschluss schafft grundsätzlich einen nach innen und außen voll gültigen Verband. Versprochene Beiträge sind zu entrichten.[179] Keine Bindungswirkung erzeugen einzelne fehlerhafte Klauseln, die etwa unter Verstoß gegen § 311b BGB Einlagepflichten statuieren.[180] Organisation und Willensbildung der Gesellschaft vollziehen sich auf dem Boden des fehlerhaften Vertrages.[181] Die **Abwicklung** der fehlerhaften Gesellschaft geht nicht nach Bereicherungsrecht vonstatten. Vielmehr sind die allgemeinen gesellschaftsrechtlichen Liquidationsvorschriften zu beachten. Darum kann der Gesellschafter keine Einzelansprüche, sondern nur den ihm nach der **Auseinandersetzung** infolge einer Gesamtabrechnung zustehenden **Abfindungsanspruch** geltend machen.[182] Schadensersatzansprüche des getäuschten Gesellschafters sind Bestandteil der Auseinandersetzungsrechnung.[183]

bb) Anspruch auf Einlagenrückgewähr. Ausnahmsweise kann der Gesellschafter schon vor 39
Beendigung der Auseinandersetzung Zahlung verlangen, soweit bereits feststeht, dass ihm die geltend gemachte Forderung als Mindestbetrag der Auseinandersetzung zusteht.[184] In einer **zweigliedrigen stillen Gesellschaft** unterliegt nach der Rechtsprechung des BGH der Anspruch des stillen Gesellschafters gegen den Inhaber des Handelsgeschäfts auf Einlagenrückgewähr keinen Beschränkungen nach den Grundsätzen der fehlerhaften Gesellschaft, wenn der Inhaber des Handelsgeschäfts gleichzeitig verpflichtet ist, den stillen Gesellschafter im Wege des Schadensersatzes so zu stellen, wie er stehen würde, wenn er nicht beigetreten wäre. Adressat des gesellschaftsrechtlichen Rückabwicklungsanspruchs ist ausschließlich der Inhaber des Handelsgewerbes im Sinne des § 230 HGB, mit dem allein der stille Gesellschaftsvertrag zustande gekommen und der zugleich im Wege des Schadensersatzes verpflichtet ist, etwaige Minderungen der gesellschaftsrechtlichen Einlage auszugleichen. Demjenigen, der sich auf Grund eines Prospektmangels, der Verletzung der Aufklärungspflicht oder aus sonstigen Gründen schadensersatzpflichtig gemacht hat, soll es danach nicht zugute kommen, dass er auch an dem mit dem geschädigten Anleger geschlossenen Gesellschaftsvertrag beteiligt ist. Dann aber kann der Schadensersatzanspruch nicht nach den Regeln über die fehlerhafte Gesellschaft beschränkt sein.[185] Dieser Rechtsprechung zufolge kann die durch arglistige wie auch fahrlässige Falschangaben zum Abschluss eines stillen Gesellschaftsvertrages bewogene Anleger – in einer zweigliedrigen stillen Gesellschaft – seine Einlage außerhalb der Auseinandersetzung im Wege des Schadensersatzes zurückfordern. Im Gegenzug folgert der BGH, dass der Anleger in diesen Fällen nicht sein Auseinandersetzungsguthaben beanspruchen kann. Wenn der Anleger im Wege des Schadensersatzes verlangt, gestellt zu werden, wie wenn er den Gesellschaftsvertrag nicht abgeschlossen hätte, kann er nicht gleichzeitig den Vertrag als wirksam behandeln und sich die Möglichkeit

---

[176] BGH v. 13. 11. 1970 – II ZR 49/69, BGHZ 55, 5, 9 = NJW 1971, 375, 377; BGH v. 6. 2. 1958 – II ZR 210/56, BGHZ 26, 330, 335 = NJW 1958, 668; MünchKommBGB/*Ulmer* § 705 RdNr. 340; Bamberger/Roth/*Timm/Schöne* § 705 RdNr. 90; Soergel/*Hadding* § 705 RdNr. 83; Erman/*Westermann* § 705 RdNr. 73.
[177] *K. Schmidt* GesR S. 152.
[178] BGH Urt. v. 8. 4. 1976 – II ZR 203/74, WM 1976, 1027, 1030; *Blaurock* RdNr. 579; MünchKommHGB/*K. Schmidt* RdNr. 120 mwN.
[179] BGH v. 6. 2. 1958 – II ZR 210/56, BGHZ 26, 330, 335 = NJW 1958, 668; MünchKommBGB/*Ulmer* § 705 RdNr. 343; Bamberger/Roth/*Timm/Schöne* § 705 RdNr. 91.
[180] MünchKommBGB/*Ulmer* § 705 RdNr. 344.
[181] BGH v. 19. 12. 1974 – II ZR 27/73, BGHZ 63, 338 = NJW 1975, 1022, 1024; BGH v. 6. 2. 1958 – II ZR 210/56, BGHZ 26, 330, 335 = NJW 1958, 668; MünchKommBGB/*Ulmer* § 705 RdNr. 343; Erman/*Westermann* § 705 RdNr. 76.
[182] BGH v. 2. 7. 1962 – II ZR 204/60, BGHZ 37, 299, 305 = NJW 1962, 1863; BGH v. 6. 2. 1984 – II ZR 88/83, NJW 1984, 1455 f.; MünchKommBGB/*Ulmer* § 730 RdNr. 49.
[183] BGH v. 13. 11. 1970 – II ZR 49/69, BGHZ 55, 5, 9 = NJW 1971, 375, 377; BGH v. 6. 2. 1958 – II ZR 210/56, BGHZ 26, 330, 335 = NJW 1958, 668; *K. Schmidt* GesR S. 152; Soergel/*Hadding* § 705 RdNr. 83.
[184] BGH v. 2. 7. 2001 – II ZR 304/00, BGHZ 148, 201, 208 = NJW 2001, 2718, 2720; BGH v. 24. 5. 1993 – II ZR 136/92, NJW 1993, 2107.
[185] BGH v. 19. 7. 2004 – II ZR 354/02, NJW-RR 2004, 1407; BGH v. 29. 11. 2004 – II ZR 6/03, NJW-RR 2005, 624; BGH v. 21. 3. 2005 – II ZR 140/03, NZG 2005, 472; BGH v. 21. 3. 2005 – II ZR 310/03, NJW 2005, 1784; BGH v. 21. 3. 2005 – II ZR 149/03, NZG 2005, 476; BGH v. 26. 9. 2005 – II ZR 314/03, NJW-RR 2006, 179.

offen halten, Vorteile aus dem Vertrag zu ziehen.[186] Demgemäß stehen sich der Schadensersatzanspruch und der Auseinandersetzungsanspruch als **Alternativen** gegenüber.[187] Ob diese Grundsätze auch in einer **mehrgliedrigen** stillen Gesellschaft gelten, erscheint zweifelhaft.

40 **6. Vertragsinhalt – Inhaltskontrolle.** Als **Mindestinhalt** muss der Gesellschaftsvertrag die zentralen Erfordernisse einer stillen Gesellschaft ausfüllen.[188] Im Übrigen herrscht, sieht man von den zwingenden Vorschriften (§ 231 Abs. 2, § 234 Abs. 1, § 236 Abs. 2, § 237 bzw. § 136 InsO) ab, weitgehende Vertragsfreiheit.[189] Neben §§ 230 ff. sind ergänzend §§ 705 ff. BGB heranzuziehen.[190] Der nähere Vertragsinhalt sollte im Interesse der Vertragsparteien alle klärungsbedürftigen Punkte ansprechen.[191]

41 §§ 305 bis 310 BGB, das Recht der **allgemeinen Geschäftsbedingungen,** finden auf Verträge über die Errichtung stiller Gesellschaften **keine Anwendung,** weil derartige Vereinbarungen von der Bereichsausnahmeregelung des § 310 Abs. 4 BGB erfasst werden.[192] Dies sollte aus Gründen der Rechtssicherheit auch für schuldrechtlich strukturierte stille Gesellschaften angenommen werden. Für eine Vielzahl als stille Gesellschafter eingebundene Anleger vorformulierte, über den Bezirk eines OLG hinaus verwendete Geschäftsbedingungen können gemäß § 242 BGB einer ähnlichen Auslegung und Inhaltskontrolle wie nach §§ 305 ff. unterzogen werden.[193] Bei **Publikumsgesellschaften** werden Vertragsklauseln einer dem AGB-Recht entsprechenden Kontrolle unterzogen.[193a]

IV. Kompetenzordnung der stillen Gesellschaft

42 **1. Wechselseitige Rücksichtnahme. a) Treuepflicht.** Wie jedes andere Gesellschaftsverhältnis wird auch die stille Gesellschaft durch eine Treupflicht der Gesellschafter geprägt.[194] Bedingt durch die Eigenart der dem stillen Gesellschafter nur beschränkte Einflussmöglichkeiten eröffnenden Gesellschaftsform ist die Treupflicht **weniger stark entwickelt** als bei den Personenhandelsgesellschaften.[195] Die Gesellschafter sind gleichwohl an den Grundsatz gebunden, sog. uneigennützige Rechte (Geschäftsführungs- und Mitwirkungsbefugnisse) nur im Interesse der Gesellschaftergesamtheit wahrzunehmen und umgekehrt bei der Ausübung der sog. eigennützigen Rechte das Gesellschaftsverhältnis und die Mitgesellschafter tunlichst zu schonen.[196] Mit anderen Worten ist der gemeinsame Zweck bei ungestörtem Verlauf nach Kräften zu fördern, im Konfliktfall aber nach Möglichkeit zu achten.[197]

43 Aus dem Wesen der stillen Gesellschaft kann als konkludenter Bestandteil der Treupflicht folgen, das Gesellschaftsverhältnis geheimzuhalten. Als Rechtsfolge einer pflichtwidrigen Offenlegung stehen dem anderen Teil **Schadensersatzansprüche** und das Recht auf fristlose Kündigung zu.[198] Eine der Treupflicht zuwiderlaufende Maßnahme ist im Außenverhältnis als gültig, hingegen im Innenverhältnis als unbeachtlich zu behandeln.[199] Im Zuge der Geschäftsführung begangene Treupflichtverletzungen des Inhabers lösen Schadensersatzansprüche des stillen Gesellschafters bis hin zum Recht auf fristlose Kündigung aus.[200] Umgekehrt braucht der Geschäftsinhaber einen zwar gesellschaftsvertraglich verbindlichen, im Einzelfall aber treuwidrigen, willkürlichen, Schadensersatzansprüche wie auch das Recht zur fristlosen Kündigung (§ 723 BGB) begründenden Widerspruch des stillen Gesellschafters gegen die Vornahme eines Geschäfts nicht zu beachten.[201] Stärkere, dem Personenhandelsgesellschaftsrecht angenäherte Treubindungen können sich in einer atypisch strukturierten stillen Gesellschaft ergeben.

---

[186] BGH v. 21. 3. 2005 – II ZR 149/03, NZG 2005, 476.
[187] BGH v. 21. 3. 2005 – II ZR 149/03, NZG 2005, 476.
[188] *Blaurock* RdNr. 492; MünchHdbStG/*Bezzenberger* § 9 RdNr. 1.
[189] Staub/*Zutt* RdNr. 66.
[190] Heymann/*Horn* RdNr. 30.
[191] Vgl. im Einzelnen *Blaurock* RdNr. 494 bis 551; MünchHdbStG/*Bezzenberger* § 9.
[192] BGH Urt. v. 10. 10. 1994 – II ZR 32/94, NJW 1995, 192.
[193] BGH Urt. v. 27. 11. 2000 – II ZR 218/00, WM 2001, 314.
[193a] MünchKommHGB/*K. Schmidt* RdNr. 125.
[194] BGH Urt. v. 11. 7. 1951 (Fn. 7) BGHZ 3, 75, 81; BGH Urt. v. 25. 9. 1963 – V ZR 133/61, WM 1963, 1209 f.; BGH Urt. v. 29. 6. 1987 – II ZR 173/86, NJW 1988, 413 f.; Staub/*Zutt* RdNr. 70; MünchKommHGB/*K. Schmidt* RdNr. 140; Heymann/*Horn* RdNr. 30; *Blaurock* RdNr. 630, 643; *Koller*/Roth/Morck RdNr. 20.
[195] Staub/*Zutt* RdNr. 70; *Blaurock* RdNr. 631.
[196] Staub/*Zutt* RdNr. 70.
[197] *Blaurock* RdNr. 632.
[198] *Blaurock* RdNr. 633, 643.
[199] Vgl. Staub/*Zutt* RdNr. 70.
[200] Staub/*Zutt* RdNr. 70.
[201] *Blaurock* RdNr. 643 f.; Staub/*Zutt* RdNr. 70.

b) Wettbewerbsschranken. Der **stille Gesellschafter** unterliegt ebenso wie ein Kommanditist grundsätzlich keinem Wettbewerbsverbot (§§ 165, 112, 113).[202] Ein umfassendes Wettbewerbsverbot kann auch nicht mittelbar aus der Treupflicht abgeleitet werden.[203] Allerdings kann die Treupflicht dem stillen Gesellschafter gewisse Beschränkungen auferlegen: Kenntnisse und Erfahrungen, die er kraft seiner Gesellschafterstellung über den Betrieb des Geschäftsinhabers gewonnen hat, darf der stille Gesellschafter nicht zum eigenen Vorteil ausschlachten.[204] Auf den atypischen, mit Geschäftsführungsbefugnissen ausgestatteten stillen Gesellschafter sind §§ 112, 113 analog anwendbar.[205]

Obgleich ebenfalls den **Geschäftsinhaber** kein ausdrücklich geregeltes Wettbewerbsverbot trifft und eine Analogie zu § 112 Bedenken begegnet,[206] belastet ihn die Treupflicht mit vermehrten Bindungen. Deshalb darf der Unternehmensträger Geschäfte, die nach dem Gesellschaftszweck seinem Handelsgewerbe zuzuordnen sind, nicht auf eigene Rechnung durchführen.[207] Erlaubt sind dem Inhaber außerhalb des Handelsgewerbes anzusiedelnde sowie solche Geschäfte, denen der stille Gesellschafter widersprochen hat.[208] Bei Verstößen erlangt der stille Gesellschafter nicht das mit dem Wesen der Innengesellschaft unvereinbare Eintrittsrecht (§ 113), sondern einen auf Naturalrestitution gerichteten und darum dem Eintrittsrecht angenäherten Schadensersatzanspruch.[209] Bei einer atypischen stillen Gesellschaft kann eine uneingeschränkte Analogie zu den §§ 112, 113 einschließlich des Eintrittsrechts zu erwägen sein.[210]

c) Sorgfalt in eigenen Angelegenheiten. Die Gesellschafter haften einander – unbeschadet grob fahrlässiger und vorsätzlicher Pflichtverletzungen – nur für die Sorgfalt, die sie in eigenen Angelegenheiten anzuwenden pflegen (§§ 708, 277 BGB).[211] Diese im besonderen Vertrauensverhältnis der Gesellschafter wurzelnde Vergünstigung kommt sowohl dem regelmäßig mit der Geschäftsführung betrauten Unternehmensinhaber wie auch einem stillen Gesellschafter, dem im Rahmen einer atypischen stillen Gesellschaft Geschäftsführungsaufgaben übertragen werden, zustatten.[212] Der Geschäftsinhaber hat für seine Erfüllungsgehilfen gegenüber dem stillen Gesellschafter nach § 278 BGB im Umfang des § 708 BGB einzustehen.[213] Der gemilderte Haftungsmaßstab kommt nicht zum tragen, wo der stille Gesellschafter **außerhalb** des Gesellschaftsverhältnisses dem Geschäftsinhaber auf Grund einer speziellen Vertragsbeziehung wie ein Dritter als angestellter Prokurist bzw. Handlungsbevollmächtigter, Verkäufer oder Vermieter gegenübertritt.[214] Für gesellschaftsfremde, von der Geschäftsführung zu trennende Verhaltensweisen gilt der normale Verschuldensmaßstab (§ 276 BGB).[215] Eine weitere Ausnahme erfährt § 708 BGB bei Publikumsgesellschaften, wo Geschäftsinhaber und Initiatoren mangels einer besonderen Vertrauensbeziehung nach § 276 BGB haften.[216]

2. Befugnisse und Verantwortlichkeiten des Geschäftsinhabers. a) Beitrag: Betrieb des Handelsgewerbes im gemeinsamen Interesse. Der Beitrag des Geschäftsinhabers (§§ 705, 706 BGB) erwächst aus der gegenüber dem stillen Gesellschafter übernommenen Verpflichtung, sein Handelsgewerbe fortan im **gemeinsamen Interesse** auf gemeinsame Rechnung zu führen.[217] Der tätige Gesellschafter bleibt allein Inhaber und ist Rechtsträger der dem Geschäft zugeführten Vermögenswerte einschließlich der von dem stillen Gesellschafter eingebrachten Vermögenseinlage.[218] Zielvorgabe der Geschäftstätigkeit ist die Förderung des gemeinsamen Vorteils; ein seinerseits als

---

[202] *Röhricht/Graf v. Westphalen/v. Gerkan* RdNr. 85; *Heymann/Horn* RdNr. 48; *Blaurock* RdNr. 646.
[203] *Staub/Zutt* RdNr. 71.
[204] *MünchHdbStG/Mattfeld* § 15 RdNr. 8; *Staub/Zutt* RdNr. 71; *MünchKommHGB/K. Schmidt* RdNr. 154 f.; *Heymann/Horn* RdNr. 48; großzügiger offenbar *Blaurock* RdNr. 646.
[205] BGH Urt. v. 5. 12. 1983 – II ZR 242/82, BGHZ 89, 162, 166 = NJW 1984, 1351; *v. Gerkan* (Fn. 6) RdNr. 85; *Staub/Zutt* RdNr. 71; *Blaurock* RdNr. 647.
[206] HM: *MünchHdbStG/Mattfeld* § 15 RdNr. 2; *Blaurock* RdNr. 636; für Analogie *Staub/Zutt* RdNr. 72 und wohl auch *MünchKommHGB/K. Schmidt* RdNr. 141.
[207] *Blaurock* RdNr. 637; *Baumbach/Hopt* RdNr. 16.
[208] *Blaurock* RdNr. 638; *Staub/Zutt* RdNr. 72.
[209] *Staub/Zutt* RdNr. 72; *MünchHdbStG/Mattfeld* § 15 RdNr. 4; *Blaurock* RdNr. 637.
[210] *Blaurock* RdNr. 639.
[211] *MünchKommHGB/K. Schmidt* RdNr. 164.
[212] *Blaurock* RdNr. 623, 679; *Staub/Zutt* RdNr. 73.
[213] *Blaurock* RdNr. 623.
[214] *Blaurock* RdNr. 623, 679.
[215] RGZ 158, 302, 312; *MünchHdbStG/Kühn* § 12 RdNr. 29.
[216] Urt. v. 4. 7. 1977 – II ZR 150/75, BGHZ 69, 207, 209 ff. = NJW 1977, 2311; BGH Urt. v. 12. 11. 1979 – II ZR 174/77, BGHZ 75, 321, 328 = NJW 1980, 589; *Röhricht/Graf v. Westphalen/v. Gerkan* RdNr. 79; *MünchKommBGB/Ulmer* § 708 RdNr. 5.
[217] *MünchHdbStG/Kühn* § 12 RdNr. 1; *MünchKommHGB/K. Schmidt* RdNr. 137; *Staub/Zutt* RdNr. 85; *Blaurock* RdNr. 586.
[218] *Heymann/Horn* RdNr. 33.

Gesellschaft organisierter Unternehmensinhaber hat das gemeinsame Interesse seiner Gesellschafter dem mit dem stillen Teilhaber verfolgten gemeinsamen Interesse unterzuordnen.[219] Der Unternehmensträger ist nach dem Inhalt des § 707 BGB ohne spezielle Abrede nicht verpflichtet, Verluste durch Zuführung von Mitteln aus seinem Privatvermögen auszugleichen.[220]

48 **b) Geschäftsführung. aa) Befugnis des Geschäftsinhabers.** Die Geschäftsführung liegt in der **alleinigen Hand** des Geschäftsinhabers.[221] Dem stillen Gesellschafter ist entgegen §§ 709 ff. BGB nach der Konzeption der §§ 230 bis 237 jede Mitwirkung an der Geschäftsführung grundsätzlich versagt.[222] Bei der Wahrnehmung der Geschäftsführung ist dem Inhaber ein weiter unternehmerischer Handlungsspielraum zuzubilligen.[223] Selbst den Abschluss ungewöhnlicher Geschäfte kann der stille Gesellschafter (entgegen §§ 711 BGB, 115, 164) durch seinen Widerspruch nicht verhindern.[224] Ebensowenig kann dem Geschäftsinhaber die nicht gesellschaftsrechtlich begründete Geschäftsführungsbefugnis auf der Grundlage des § 712 BGB aus wichtigem Grund entzogen werden.[225] Jedoch kann die Geschäftsführungsbefugnis durch den Gesellschaftsvertrag etwa bei bestimmten Arten von Geschäften an eine Zustimmung durch den stillen Gesellschafter geknüpft werden.[226] Führt der Inhaber ein derartiges Geschäft gegen den Willen des stillen Gesellschafters aus, so nimmt jener an den Ergebnissen nicht teil.[227]

49 **bb) Immanente Schranken der Geschäftsführung.** Gleichwohl treffen die Geschäftsführungsbefugnisse im Innenverhältnis auf gewisse unüberwindliche Grenzen. Dabei sind im Wesentlichen drei Sachverhaltsgruppen zu unterscheiden:

50 Einmal darf der Geschäftsinhaber die Einlage des Gesellschafters nicht für **gesellschaftsfremde Zwecke** verwenden.[228] Als Kehrseite dürfen auch sonstige Betriebsmittel nicht in das Privatvermögen des Inhabers überführt werden.[229]

51 Des Weiteren kann der stille Gesellschafter verlangen, dass der Geschäftsbetrieb fortgeführt wird und in seinen wesentlichen Grundlagen **keine Änderungen** gegen seinen Willen erfährt.[230] Ohne Zustimmung des stillen Gesellschafters ist es dem Unternehmensträger verwehrt, den Betrieb zu veräußern oder einzustellen, ihn wesentlich zu erweitern oder einzuschränken, den Gegenstand des Geschäfts oder die Firma auszutauschen sowie den Sitz des Unternehmens zu verlegen.[231] Die Ausdehnung einer Fabrikation von Herrenbekleidung auf Arbeitsbekleidung hält sich beispielsweise in den Grenzen, wie sie bei „gleichartigen und mit gleichen Mitteln ausgestatteten Unternehmungen üblich" sind.[232] Ein Wechsel der Rechtsform wie die Aufnahme neuer – im Zweifel auch stiller – Gesellschafter bedarf gleichfalls der Zustimmung des stillen Gesellschafters, soweit seine Interessen – etwa wegen der Einflussmöglichkeiten und Gewinnrechte neuer Gesellschafter oder der Änderung der Haftungslage – tangiert sein können.[233] Wenn seine Belange ersichtlich nicht betroffen werden, kann der stille Gesellschafter als Ausfluss der Treuepflicht gehalten sein, Rechtsformänderungen des Handelsgeschäfts zuzustimmen.[234] Dies hat etwa für einen stillen Gesellschafter zu gelten, der bei Abschluss des Vertrages über die Absicht des Geschäftsinhabers, weitere stille Beteiligungen einzugehen, unterrichtet wird.[235]

52 Schließlich braucht der stille Gesellschafter nach dem Inhalt des Gesellschaftsvertrages **außerhalb des Unternehmensgegenstandes** und damit auch des gemeinsamen Zwecks gelegene

---

[219] Staub/*Zutt* RdNr. 85.
[220] *Blaurock* RdNr. 613; Staub/*Zutt* RdNr. 86.
[221] MünchKommHGB/*K. Schmidt* RdNr. 178; Staub/*Zutt* RdNr. 91; Baumbach/*Hopt* RdNr. 14.
[222] Heymann/*Horn* RdNr. 34.
[223] Staub/*Zutt* RdNr. 88; MünchHdbStG/*Kühn* § 12 RdNr. 3.
[224] Staub/*Zutt* RdNr. 91; *Blaurock* RdNr. 589; MünchKommHGB/*K. Schmidt* RdNr. 178; Heymann/*Horn* RdNr. 34; Röhricht/Graf v. Westphalen/*v. Gerkan* RdNr. 78.
[225] Baumbach/*Hopt* RdNr. 14; MünchKommHGB/*K. Schmidt* RdNr. 178; *Blaurock* RdNr. 591; MünchHdbStG/*Kühn* § 12 RdNr. 21; Staub/*Zutt* RdNr. 93; Röhricht/Graf v. Westphalen/*v. Gerkan* RdNr. 78.
[226] *Blaurock* RdNr. 588.
[227] Staub/*Zutt* RdNr. 92.
[228] BGH Urt. v. 29. 6. 1987 (Fn. 194) NJW 1988, 413 f.; RGZ 126, 386, 391; Staub/*Zutt* RdNr. 86; MünchHdbStG/*Kühn* § 12 RdNr. 5; MünchKommHGB/*K. Schmidt* RdNr. 138.
[229] BGH Urt. v. 14. 11. 1994 – II ZR 160/93, NJW 1995, 1353 f.; Röhricht/Graf v. Westphalen/*v. Gerkan* RdNr. 78; MünchHdbStG/*Kühn* § 12 RdNr. 5.
[230] BGH (Fn. 228) NJW 1988, 413 f.; BGH (Fn. 194) WM 1963, 1209 f.; Saarl. OLG Urt. v. 1. 9. 1998 – 4 U 635/97–253, ZIP 1999, 2150 f.
[231] Staub/*Zutt* RdNr. 86; *Blaurock* RdNr. 594, 598 ff.; MünchKommHGB/*K. Schmidt* RdNr. 137; Baumbach/*Hopt* RdNr. 15; Koller/Roth/Morck RdNr. 20; Röhricht/Graf v. Westphalen/*v. Gerkan* RdNr. 78.
[232] RGZ 92, 292 f.
[233] MünchKommHGB/*K. Schmidt* RdNr. 137; Heymann/*Horn* RdNr. 35.
[234] Staub/*Zutt* RdNr. 89.
[235] Heymann/*Horn* RdNr. 35.

Geschäfte ohne seine Zustimmung nicht gegen sich gelten zu lassen.[236] Erfährt der stille Gesellschafter von einem derartigen Geschäft, so gebietet der Grundsatz von Treu und Glauben, sich alsbald darüber zu erklären. Sieht der Gesellschafter, der nicht erst die Entwicklung des Geschäfts abwarten darf, von einem unverzüglichen Widerspruch ab, kann er sich nicht nachträglich auf die Unzulässigkeit des Geschäfts berufen.[237] In gleicher Weise kann der Geschäftsinhaber ein über das Handelsgewerbe abgewickeltes nicht nachträglich zum unternehmensfremden Geschäft umwidmen.[238]

cc) Rechtsfolgen bei Verletzung der Geschäftsführungsbefugnisse. Überschreitet der Inhaber seine Geschäftsführungsbefugnisse, so ist die Maßnahme materiell-rechtlich uneingeschränkt nach außen **wirksam;** deshalb muss auch der stille Gesellschafter beispielsweise eine Veräußerung des Betriebs rechtlich hinnehmen.[239] Die Rechtsstellung des Unternehmensträgers wird durch die im Innenverhältnis mit dem stillen Gesellschafter getroffene Absprache nicht angetastet.[240]

Die Einstellung der Geschäftstätigkeit kann der stille Gesellschafter durch eine **Klage auf Fortführung** des Geschäftsbetriebs bekämpfen.[241] Aus einem stattgebenden Urteil kann indes nicht vollstreckt werden (§ 888 Abs. 2 ZPO).[242]

Ferner können dem stillen Gesellschafter aus Anlass eines Verstoßes gegen die Geschäftsführungsbefugnisse unter dem Gesichtspunkt der Positiven Vertragsverletzung das Recht zur außerordentlichen **Kündigung** der Gesellschaft (§ 723 BGB) und **Schadensersatzansprüche** zuzuerkennen sein.[243] Die Grundsätze der Naturalrestitution und der Zweckbindung bedeuten, dass der stille Gesellschafter nicht Schadensersatzzahlung an sich, sondern nur Ausgleich des Wertverlustes seiner stillen Beteiligung beim Inhaber beanspruchen kann.[244] Die aus diesem Lösungsansatz folgende Leistung des Schädigers an sich selbst ist auch aus dem Blickwinkel des stillen Gesellschafters nicht unbillig, weil er dieses Ergebnis durch eine fristlose Kündigung des Gesellschaftsvertrages vermeiden kann. Ist dagegen auf Grund gesellschaftsvertraglicher Vereinbarung – etwa eines Mehrheitsbeschlusses der stillen Gesellschafter – die Vermögensbindung der Ersatzleistung aufgehoben worden, können die stillen Gesellschafter Zahlung an sich selbst verlangen.[245]

Im Zuge der Gewinnermittlung ist der stille Gesellschafter jedenfalls berechtigt, die Nichtberücksichtigung unzulässiger Geschäftsführungsmaßnahmen zu verlangen.[246] Auch soweit der Unternehmensgegenstand verlassen wurde, nimmt der stille Gesellschafter grundsätzlich am Gewinn und Verlust des Geschäfts nicht teil.[247]

Schließlich kann abweichend von der gesetzlichen Konzeption im Gesellschaftsvertrag vereinbart werden, dass dem Unternehmensinhaber im Falle einer schwerwiegenden Pflichtverletzung die Geschäftsführungsbefugnis von dem stillen Gesellschafter entzogen und diesem oder einem Dritten übertragen werden darf.[248] Dadurch verliert der Inhaber aber nicht die Verfügungsbefugnis, seine Betriebsmittel wirksam nach außen zu veräußern. Das **Auseinanderfallen** von Geschäftsführungsbefugnis und Vertretungsmacht kann nur bereinigt werden, indem der Unternehmensinhaber dem Geschäftsführer Prokura oder Handlungsvollmacht einräumt. Findet sich der Inhaber hierzu nicht bereit, so hat diese Divergenz die Auflösung der stillen Gesellschaft zur Folge.[249]

c) Tätigkeitsvergütung. In der Geschäftsführung erfüllt der Unternehmensträger seine Beitragspflicht (§ 706 BGB).[250] Fehlt eine entsprechende Vereinbarung, so hat er keinen Anspruch auf eine Tätigkeitsvergütung.[251] Verbreitet wird dem Geschäftsinhaber ein Anspruch auf **Aufwendungsersatz nach** §§ 713, 670 BGB zugebilligt.[252] Dieser Erstattungsanspruch ist

---

[236] BGH Urt. v. 29. 6. 1987 (Fn. 194) NJW 1988, 413 f.; MünchHdbStG/*Kühn* § 12 RdNr. 4; MünchKommHGB/ *K. Schmidt* RdNr. 178; *Blaurock* RdNr. 610; Röhricht/Graf v. Westphalen/*v. Gerkan* RdNr. 78.
[237] *Staub/Zutt* RdNr. 92; *Blaurock* RdNr. 610.
[238] *Staub/Zutt* RdNr. 92; MünchKommHGB/*K. Schmidt* RdNr. 178; aA RGZ 92, 292, 294.
[239] *Staub/Zutt* RdNr. 87; MünchHdbStG/*Kühn* § 12 RdNr. 19.
[240] *Blaurock* RdNr. 627.
[241] MünchHdbStG/*Kühn* § 12 RdNr. 20.
[242] MünchHdbStG/*Kühn* § 12 RdNr. 20; missverständlich *Blaurock* RdNr. 587.
[243] MünchKommHGB/*K. Schmidt* RdNr. 138; MünchHdbStG/*Kühn* § 12 RdNr. 25; *Staub/Zutt* RdNr. 87.
[244] BGH Urteil v. 29. 6. 1987 (Fn. 194) NJW 1988, 413 f.; Heymann/*Horn* RdNr. 39; *Staub/Zutt* RdNr. 87.
[245] BGH Urt. v. 14. 11. 1994 – II ZR 160/93, NJW 1995, 1353, 1356.
[246] Heymann/*Horn* RdNr. 39.
[247] *Staub/Zutt* RdNr. 92.
[248] *Staub/Zutt* RdNr. 93; *Blaurock* RdNr. 620 f.; MünchHdbStG/*Kühn* § 12 RdNr. 21.
[249] MünchHdbStG/*Kühn* § 12 RdNr. 21; *Staub/Zutt* RdNr. 93.
[250] *Staub/Zutt* RdNr. 95; Heymann/*Horn* RdNr. 34 f.
[251] Baumbach/*Hopt* RdNr. 18; *Staub/Zutt* RdNr. 95.
[252] Baumbach/*Hopt* RdNr. 18.

aus dem Gewinnüberschuss zu begleichen, aber nicht von dem stillen Gesellschafter zu tragen.[253]

59 **3. Befugnisse und Verantwortlichkeiten des stillen Gesellschafters. a) Handeln im Außenverhältnis.** Das Handelsgewerbe wird von dem Geschäftsinhaber im eigenen Namen geführt. Im Rahmen der Geschäftstätigkeit des Unternehmens tritt der stille Gesellschafter ebenso wie die stille Gesellschaft nicht in Erscheinung. Allein berechtigt und verpflichtet ist gem. § 230 Abs. 2 der **Inhaber**.[254] Deswegen haftet der stille Gesellschafter nicht den Geschäftsgläubigern.[255] Auch als eigentlicher Geschäftsherr hat der stille Gesellschafter bei atypischer Beteiligung nicht für die Geschäftsverbindlichkeiten aufzukommen.[256]

60 Eine **persönliche Haftung** ist in Erwägung zu ziehen, wenn sich der stille Gesellschafter als Geschäftsinhaber oder persönlich haftender Gesellschafter ausgibt und damit einen Rechtsscheintatbestand setzt[257] oder nach Erteilung einer Prokura oder Handlungsvollmacht als Vertreter einer Gesellschaft auftritt.[258] Bei missbräuchlicher Einschaltung eines mittellosen Geschäftsinhabers ist § 826 BGB zu erwägen.[259]

61 Wird dem stillen Gesellschafter mit Rücksicht auf seine Gesellschafterstellung durch den Gesellschaftsvertrag Prokura oder Handlungsvollmacht erteilt, so können diese Rechte als **Bestandteil der Mitgliedschaft** in Abweichung von § 52 nur nach den Bestimmungen des Gesellschaftsrechts unter der Voraussetzung eines wichtigen Grundes entzogen werden.[260]

62 **b) Erfüllung der Einlagepflicht.** Gegenstand der Vermögenseinlage (vgl. oben RdNr. 15) können neben Geld auch Sacheinlagen – bewegliche und unbewegliche Sachen, Wertpapiere, Forderungen, gewerbliche Schutzrechte wie auch die Kundschaft eines Geschäfts und dessen Bezugsquellen – bilden. Ebenso können auf einen Geldbetrag umzustellende Dienstleistungen und Gebrauchsüberlassungen als Vermögenseinlage Anerkennung finden.[261] Die Rechtsinhaberschaft an übertragbaren Vermögensgegenständen ist dem Unternehmensträger nach den **maßgeblichen Vorschriften** zu verschaffen (vgl. etwa §§ 925, 929 BGB, § 15 Abs. 3 GmbHG).[262] Sind Sachen oder Rechte dem Geschäftsbetrieb gutzubringen, so finden die Gewährleistungsbestimmungen entsprechende Anwendung (§§ 433 ff., 459 ff. BGB).[263] Eine Geldeinlage kann nicht nur durch Barzahlung oder Überweisung, sondern auch durch eine andere Art der Erfüllung, etwa Aufrechnung oder Leistung an Erfüllungs Statt erbracht werden.[264]

63 **c) Geschäftsführung.** Im Unterschied zum gesetzlichen Modell können Geschäftsführungsbefugnisse des stillen Gesellschafters durch den **Gesellschaftsvertrag** begründet werden. Dem stillen Gesellschafter kann ein Widerspruchsrecht gegen bestimmte Geschäfte bis hin zur alleinigen Geschäftsführung mit einem Weisungsrecht gegenüber dem Inhaber verliehen werden.[265] Unter der Voraussetzung eines wichtigen Grundes kann dem stillen Gesellschafter analog § 712 BGB die Geschäftsführung aberkannt werden; eine Tätigkeitsvergütung kann der stille Gesellschafter ebenso wie der Inhaber nur bei einer dahingehenden gesellschaftsvertraglichen Absprache verlangen.[266]

64 **4. Die atypische stille Gesellschaft.** Die vom gesetzlichen Leitbild eines fehlenden Gesamthandsvermögens und fehlender Geschäftsführungsbefugnisse des stillen Gesellschafters abweichende atypische stille Gesellschaft begegnet nach herkömmlicher Anschauung in zwei Gestaltungsformen: Der jeweils bloß gesellschaftsvertraglich verwirklichten **Vermögensbeteiligung** und/oder **Geschäftsführungsbeteiligung** des stillen Gesellschafters.[267] Die zunehmend in Rechtsprechung und

---

[253] MünchKommHGB/*K. Schmidt* RdNr. 180; Staub/*Zutt* RdNr. 96; Heymann/*Horn* RdNr. 38; Röhricht/Graf v. Westphalen/*v. Gerkan* RdNr. 81.
[254] *Blaurock* RdNr. 627.
[255] Staub/*Zutt* RdNr. 103; Heymann/*Horn* RdNr. 42; Röhricht/Graf v. Westphalen/*v. Gerkan* RdNr. 89.
[256] BGH Urt. v. 19. 10. 1966 – VII ZR 152/64, WM 1966, 1219, 1221; Urt. v. 6. 11. 1963 – IV ZR 32/63, BB 1964, 327; *Blaurock* RdNr. 686 f.; Heymann/*Horn* RdNr. 42.
[257] BGH (Fn. 256) WM 1966, 1219, 1221; BAG Urt. v. 16. 3. 1955 – 2 AZR 28/54, JZ 1955, 582; Heymann/*Horn* § 231 RdNr. 42; *Blaurock* RdNr. 42.
[258] BGH Urt. v. 27. 3. 1961 – II ZR 256/59, BB 1961, 583; *Blaurock* Voraufl. S. 217.
[259] *Blaurock* RdNr. 688; Röhricht/Graf v. Westphalen/*v. Gerkan* RdNr. 90.
[260] BGH Urt. v. 27. 6. 1955 – II ZR 232/54, BGHZ 17, 392, 395 = NJW 1955, 1394; *Blaurock* RdNr. 677; aA: MünchKommHGB/*K. Schmidt* RdNr. 78; Staub/*Zutt* RdNr. 95.
[261] Staub/*Zutt* RdNr. 75; Heymann/*Horn* RdNr. 45.
[262] MünchKommHGB/*K. Schmidt* RdNr. 149; Staub/*Zutt* RdNr. 80; Heymann/*Horn* RdNr. 44.
[263] Staub/*Zutt* RdNr. 81; Röhricht/Graf v. Westphalen/*v. Gerkan* RdNr. 84.
[264] MünchHdbStG/*Kühn* § 16 RdNr. 6; Staub/*Zutt* RdNr. 81.
[265] Staub/*Zutt* RdNr. 94; *Blaurock* RdNr. 673.
[266] Staub/*Zutt* RdNr. 95; *Blaurock* RdNr. 674 f.
[267] Heymann/*Horn* RdNr. 51; Röhricht/Graf v. Westphalen/*v. Gerkan* RdNr. 66 ff.

Schrifttum als dritte Ausprägung einer atypischen stillen Gesellschaft betrachtete mehrgliedrige Organisation mit Verbandscharakter[268] gehört nicht in diesen begrenzten Kontext einer Erweiterung der Befugnisse des stillen Gesellschafters als Mitunternehmer[269] und wird daher an anderer Stelle erörtert (nachfolgend unter RdNr. 74 ff.).

a) Teilhabe des stillen Gesellschafters am Gesellschaftsvermögen. Der stille Gesellschafter kann schuldrechtlich durch den Gesellschaftsvertrag so gestellt werden, wie wenn ihm und dem Geschäftsinhaber das Gesellschaftsvermögen gemeinschaftlich gehören würde.[270] Im Innenverhältnis zu dem atypischen stillen Gesellschafter führt der tätige Gesellschafter die Geschäfte für die Gesellschafter entsprechend der vereinbarten Gemeinschaftsordnung. Die Verbindlichkeiten des tätigen Gesellschafters werden ebenso wie Erträge im Innenverhältnis den Gesellschaftern entsprechend ihrem Beteiligungsfaktor zugerechnet.[271] Damit nimmt der stille Gesellschafter an Wertschwankungen des Anlagevermögens,[272] einem Zuwachs der stillen Reserven und des Firmenwerts[273] und folglich jeder Änderung des Betriebsvermögens des Geschäftsinhabers teil.[274] Bei der wegen der Weiterführung des Handelsgewerbes durch den Inhaber nicht mit einer Liquidation verbundenen[275] Auseinandersetzung ist der stille Gesellschafter einem am tatsächlichen Geschäftswert partizipierenden **Gesamthändler** gleichzustellen.[276] Zu beachten ist, dass diese Vertragsgestaltung auf das Innenverhältnis der Gesellschafter beschränkt ist, lediglich eine Treuhandbeziehung, aber keine dinglichen Rechtswirkungen erzeugt.[277] Fraglich erscheint, ob dem atypisch beteiligten stillen Gesellschafter ohne vertragliche Absprache allein auf Grund der schuldrechtlichen Beteiligung am Betriebsvermögen die Mitwirkungsrechte eines Kommanditisten (insbesondere § 164) zuzuerkennen sind.[278]

b) Teilhabe des stillen Gesellschafters an der Geschäftsführung. Die Mitwirkungsbefugnisse des stillen Gesellschafters bei der Geschäftsführung können über Widerspruchsrechte, Zustimmungserfordernisse und Weisungsbefugnisse hinaus bis zur eigentlichen Geschäftsführungsbefugnis gestaffelt werden.[279] Zwischen dem stillen Gesellschafter und dem Geschäftsinhaber kann eine Einzel- und Gesamtgeschäftsführung, aber auch eine Verteilung der Geschäftsführungsbefugnisse je nach Tätigkeitsfeld (Ressortzuständigkeit) vereinbart werden.[280] Rechtlich unbedenklich ist überdies eine **Alleingeschäftsführung** durch den stillen Gesellschafter.[281] Diese Erweiterungen der Geschäftsführungsbefugnisse des stillen Gesellschafters beschränken sich rein schuldrechtlich auf das Innenverhältnis der Vertragspartner und berühren nicht die Verfügungsbefugnisse des Geschäftsinhabers.[282]

Die unter den Voraussetzungen des § 712 BGB entziehbaren Geschäftsführungsrechte des stillen Gesellschafters[283] werden vernünftigerweise durch eine **Vertretungsregelung** – wohlgemerkt im Verhältnis zu dem Geschäftsinhaber und nicht der nach außen handlungsunfähigen stillen Gesellschaft[284] – vervollständigt. Von einem Einzelkaufmann oder einer Handelsgesellschaft kann der stille Gesellschafter mit einer Prokura oder Handlungsvollmacht versehen, weitergehend der stille Gesellschafter einer GmbH wegen des dort nicht geltenden Grundsatzes der Selbstorganschaft sogar als Geschäftsführer mit umfassenden Vertretungsbefugnissen betraut werden.[285] Eine kraft des Gesellschafterverhältnisses eingeräumte Prokura oder Handlungsvollmacht kann dem stillen Gesellschafter

---

[268] BGH Urt. v. 7. 2. 1994 – II ZR 191/92, NJW 1994, 1156; MünchHdbStG/*Bezzenberger* § 2 RdNr. 4; MünchKommHGB/*K. Schmidt* RdNr. 83; *Blaurock* RdNr. 177 f.
[269] Heymann/*Horn* RdNr. 52; Staub/*Zutt* RdNr. 33.
[270] RGZ 126, 386, 390; *Blaurock* RdNr. 180; Heymann/*Horn* RdNr. 51; Staub/*Zutt* RdNr. 31.
[271] BFH Urt. v. 26. 11. 1996 – VIII R 42/94, NJW 1997, 2003 f.
[272] RGZ 126, 386, 390.
[273] Heymann/*Horn* RdNr. 51.
[274] MünchHdbStG/*Bezzenberger* § 2 RdNr. 7.
[275] Röhricht/Graf v. Westphalen/*v. Gerkan* RdNr. 67.
[276] BGH (Fn. 20); BGH Urt. v. 13. 4. 1995 – II ZR 132/94, WM 1995, 1277; Röhricht/Graf v. Westphalen/*v. Gerkan* RdNr. 67.
[277] RGZ 126, 386, 390; MünchKommHGB/*K. Schmidt* RdNr. 80; Heymann/*Horn* RdNr. 53; *Blaurock* RdNr. 180.
[278] Eher skeptisch: Heymann/*Horn* RdNr. 54; MünchHdbStG/*Bezzenberger* § 2 RdNr. 8; zustimmend dagegen MünchKommHGB/*K. Schmidt* RdNr. 80.
[279] Baumbach/*Hopt* RdNr. 3; Heymann/*Horn* RdNr. 51; MünchKommHGB/*K. Schmidt* RdNr. 77; MünchHdbStG/*Bezzenberger* § 203 RdNr. 11; Röhricht/Graf v. Westphalen/*v. Gerkan* RdNr. 68.
[280] BGH (Fn. 18) BGHZ 8, 157, 160; BGH Urt. v. 29. 6. 1992 – II ZR 284/91, NJW 1992, 2696 f.; BGH Urt. v. 18. 10. 1965 – II ZR 232/63, WM 1966, 29 f.; MünchKommHGB/*K. Schmidt* RdNr. 77; Staub/*Zutt* RdNr. 94; MünchHdbStG/*Kühn* § 14 RdNr. 5.
[281] BFH Urt. v. 28. 1. 1982 – IV R 197/79, WM 1982, 773; Heymann/*Horn* RdNr. 51; MünchKommHGB/*K. Schmidt* § 230 RdNr. 77; MünchHdbStG/*Kühn* § 14 RdNr. 5.
[282] MünchHdbStG/*Kühn* § 14 RdNr. 4; Staub/*Zutt* RdNr. 94.
[283] MünchHdbStG/*Kühn* § 14 RdNr. 12.
[284] MünchHdbStG/*Kühn* § 14 RdNr. 13.
[285] MünchKommHGB/*K. Schmidt* RdNr. 78; Röhricht/Graf v. Westphalen/*v. Gerkan* RdNr. 69.

durch den Geschäftsinhaber nicht rechtsgeschäftlich (vgl. § 52), sondern nur bei Vorliegen eines wichtigen Grundes durch Kündigung des Gesellschaftsvertrages entzogen werden.[286] Auch als eigentlicher Geschäftsherr haftet der stille Gesellschafter den Gläubigern des Geschäftsinhabers ohne besonderen Rechtsscheinstatbestand nicht persönlich.[287]

68   **5. Verkehrsfähigkeit der Gesellschafterstellung. a) Gesetzliche Konzeption.** Einer Übertragung der gesamten Gesellschafterrechte steht grundsätzlich die Regelung des § 717 Satz 1 BGB entgegen. Unübertragbar sind danach die nicht vermögensrechtlichen **Verwaltungsrechte** der Gesellschafter, insbesondere Geschäftsführungs- und Rechnungslegungsrechte, Stimmrechte, Informations- und Kontrollrechte sowie das Kündigungsrecht.[288] Wegen der Höchstpersönlichkeit dieser Rechte ist es unzulässig, sie einem Dritten zur Ausübung im eigenen Namen zu überlassen.[289] Abweichend vom Abspaltungsverbot des § 717 Satz 1 BGB erlaubt § 717 Satz 2 BGB die Abtretung von **Vermögensansprüchen**, dh. Ansprüchen auf Vergütung für die Geschäftsführung, den anteiligen Gewinn, einen Rückgewähranspruch nach § 732 BGB sowie das künftige Auseinandersetzungsguthaben.[290] Diese Geldansprüche ordnet das Gesetz nicht dem gesellschaftsrechtlichen Bereich, sondern der vermögensrechtlichen Individualsphäre der Gesellschafter zu.[291]

69   **b) Verfügungen des Geschäftsinhabers.** Als Vermögensanspruch aus der Sphäre des Geschäftsinhabers ist der Anspruch auf Leistung der rückständigen **Einlageforderung** abtretbar.[292] Ist in der Abtretung durch den Geschäftsinhaber eine bestimmungswidrige Verwendung der Einlage zu erblicken, kann der stille Teilhaber zu einer fristlosen Kündigung des Gesellschaftsvertrages berechtigt sein.[293] Ebenso kommt eine Abtretung der dem Geschäftsinhaber eingeräumten Geschäftsführervergütung in Betracht.[294] Von einer unzulässigen Übertragung der Gesellschafterstellung des Geschäftsinhabers ist die Veräußerung des Unternehmens an einen Dritten, an der er grundsätzlich nicht gehindert ist, zu trennen.[295]

70   **c) Verfügungen des stillen Gesellschafters. aa) Vermögensansprüche.** Der stille Teilhaber ist insbesondere nach § 717 Satz 2 BGB berechtigt, seinen Anspruch auf den Gewinnanteil und Auszahlung der stillen Einlage im Auseinandersetzungsfall ebenso wie einem Rückgewähranspruch aus § 732 BGB einem Dritten zuzuwenden.[296] Allerdings scheitert die Abtretung der Auseinandersetzungsforderung, wenn der stille Gesellschafter die Beteiligung vor Entstehen des Anspruchs auf einen Dritten überträgt; lediglich der Erbe bleibt an die Abtretung gebunden.[297] Ist der künftige Anspruch auf Auszahlung des Auseinandersetzungsguthaben vom Erblasser abgetreten worden, erwirbt der Abtretungsempfänger den Auseinandersetzungsanspruch in Höhe des abgetretenen Betrags, sobald die Voraussetzungen für das Entstehen dieses Anspruchs in der Person des Erben erfüllt sind.[298] Mit der Abtretung gehen nicht auch die Informations- und Kontrollrechte des § 233 auf den Erwerber über.[299] Dennoch ist der Geschäftsinhaber nach Treu und Glauben verpflichtet, dem Zessionar den errechneten Gewinnanteil der Höhe nach mitzuteilen.[300] Im Rahmen einer atypischen Gesellschaft kann die Geschäftsführervergütung des stillen Teilhabers ebenfalls abgetreten werden.[301]

71   **bb) Einvernehmliche Veräußerung der Gesellschafterstellung.** Die Zustimmung des Geschäftsinhabers zu einer Verfügung über die Gesellschafterposition, die bereits im Gesellschaftsvertrag erklärt werden kann, eröffnet dem stillen Gesellschafter die Rechtsmacht, seine Beteiligung als solche mit allen Rechten und Pflichten einem Dritten abzutreten. Diese Gestaltung bedeutet einen **Über-**

---

[286] BGH (Fn. 260) BGHZ 17, 392, 395; *Blaurock* RdNr. 677; aA: MünchKommHGB/*K. Schmidt* RdNr. 71; Staub/ *Zutt* RdNr. 95.
[287] BGH (Fn. 256) WM 1966, 1219, 1221; BGH Urt. v. 6. 11. 1963 – IV ZR 32/63, BB 1964, 327; *Blaurock* RdNr. 684 ff.; Heymann/*Horn* RdNr. 42; MünchHdbStG/*Kühn* § 14 RdNr. 14 ff.
[288] BGH Urt. v. 3. 11. 1975 – II ZR 98/74, BB 1976, 11; Staub/*Zutt* RdNr. 97; *Blaurock* RdNr. 520; MünchHdbStG/*Bezzenberger* § 26 RdNr. 2.
[289] BGH (Fn. 288).
[290] BGH (Fn. 288); BGH Urt. v. 12. 1. 1998 – II ZR 98/96, NJW 1998, 1551 f.; MünchHdbStG/*Bezzenberger* § 26 RdNr. 2; Heymann/*Horn* RdNr. 49; MünchKommHGB/*K. Schmidt* RdNr. 174; Staub/*Zutt* RdNr. 97; Röhricht/Graf v. Westphalen/*v. Gerkan* RdNr. 46.
[291] *Blaurock* RdNr. 522.
[292] Staub/*Zutt* RdNr. 97; MünchHdbStG/*Bezzenberger* § 26 RdNr. 7.
[293] MünchHdbStG/*Bezzenberger* § 26 RdNr. 7.
[294] MünchHdbStG/*Bezzenberger* § 26 RdNr. 8.
[295] Staub/*Zutt* RdNr. 98.
[296] BGH (Fn. 288); BGH Urt. v. 12. 1. 1998 (Fn. 290); Staub/*Zutt* RdNr. 97; MünchKommHGB/*K. Schmidt* RdNr. 174; *Blaurock* RdNr. 522.
[297] BGH Urt. v. 14. 7. 1997 – II ZR 122/96, NJW 1997, 3370.
[298] BGH Urt. v. 13. 11. 2000 – II ZR 52/99, NJW-RR 2001, 463 = MDR 2001, 222 f.
[299] *Blaurock* RdNr. 523.
[300] BGH (Fn. 288).
[301] Heymann/*Horn* RdNr. 49.

gang der Mitgliedschaft als Ganzes unter Wahrung der Identität der bestehenden stillen Gesellschaft.[302] Für die Wirksamkeit der Zustimmung einer Personengesellschaft als Geschäftsinhaber in die Veräußerung gelten dieselben Anforderungen an die Vertretung wie bei Abschluss eines entsprechenden Gesellschaftsvertrages.[303] Bei einer mehrgliedrigen stillen Gesellschaft bedarf es ferner der Zustimmung der weiteren unter dem Dach einer Gesellschaft bürgerlichen Rechts vereinten stillen Gesellschafter.[304]

cc) Nießbrauch. Die gem. § 1069 BGB in den tatbestandlichen Voraussetzungen an die Übertragung des Gesellschaftsanteils gekoppelte Bestellung eines Nießbrauchs an einer stillen Beteiligung als Ganzes (und nicht nur an den gem. § 717 Satz 2 BGB übertragbaren Rechten) setzt die Zustimmung des Geschäftsinhabers und – im Falle einer mehrgliedrigen Beteiligung – der weiteren stillen Teilhaber voraus.[305] Gegenstand des Nießbrauchs bilden die Nutzungen, insbesondere entnahmefähige Erträge[306] als die Früchte der Mitgliedschaft (§ 100 BGB), aber nicht die Verwaltungsrechte.[307] Am Auseinandersetzungsguthaben nach Auflösung der Gesellschaft erlangt der Nießbraucher keine Rechte.[308]

d) Verpfändung – Zwangsvollstreckung. Die Ansprüche des stillen Gesellschafters auf Auszahlung laufender Gewinnanteile wie auch auf das Auseinandersetzungsguthaben sind als abtretbare Ansprüche (§ 1274 Abs. 2 BGB, § 851 ZPO) verpfändbar und pfändbar.[309] Sofern die Übertragbarkeit im Gesellschaftsvertrag zugelassen ist, kann auch die stille Beteiligung selbst verpfändet werden.[310] Neben der unproblematischen Zwangsvollstreckung in die einzelnen Gewinn- und Auseinandersetzungsansprüche (§ 717 Satz 2 BGB, § 851 ZPO) kann die Pfändung gem. § 859 Abs. 1 ZPO wohl ebenfalls auf den Gesellschaftsanteil als solchen erstreckt werden.[311] Pfändbar ist gegenüber dem Geschäftsinhaber sein Anspruch auf Leistung der Einlage.[312]

V. Unterscheidung gegenüber sonstigen Rechtsfiguren

1. Personenhandelsgesellschaft – Gesellschaft bürgerlichen Rechts. a) Von **Personengesellschaften (OHG und KG)** ebenso wie der **Gesellschaft bürgerlichen Rechts** unterscheidet sich die stille Gesellschaft als Innengesellschaft vor allem darin, dass **kein Gesamthandsvermögen** angesammelt wird, die Gesellschaft mangels Teilnahme am Geschäftsverkehr keine Rechte und Pflichten erwirbt (§ 230 Abs. 2) und der stille Gesellschafter auch bei Nichtleistung seiner Einlage (anders § 171) nach außen kein Haftungsrisiko trägt.[313]

b) Für eine **Gesellschaft bürgerlichen Rechts** ist die Bildung von Gesamthandseigentum zwar kein zwingendes Rechtsformkriterium.[314] Fehlt es an einem Gesamthandsvermögen, so kann eine stille Gesellschaft aber nur an einem Handelsgewerbe begründet werden. Betrifft die stille Beteiligung ein anders geartetes Unternehmen etwa eines Freiberuflers, so spricht man von einer „unechten" stillen Gesellschaft.[315] Auf eine solche Gesellschaft bürgerlichen Rechts sollten richtigerweise die §§ 230 ff. entsprechend angewendet und §§ 705 ff. BGB nur ergänzend herangezogen werden.[316]

2. Partiarische Verträge. Wird im Rahmen eines Austauschvertrages, etwa eines Darlehens-, Miet- oder Dienstvertrages als Gegenleistung eine **Gewinnbeteiligung** zugesagt, so ist in dieser Rechtsbeziehung ein partiarisches Rechtsverhältnis zu erkennen. Partiarische Verträge stehen wegen des mit der Gewinnbeteiligung verbundenen gemeinsamen wirtschaftlichen Ziels einer stillen Gesellschaft zwar nahe, ihnen fehlt indes das entscheidende Merkmal der Verfolgung eines gemeinsamen Zwecks.[317] Die Bedeutung der Unterscheidung zeigt sich u. a. in der erschwerten Übertrag-

---

[302] *Blaurock* RdNr. 524, 526; *Staub/Zutt* RdNr. 97.
[303] MünchKommHGB/*K. Schmidt* RdNr. 175; *Heymann/Horn* RdNr. 49.
[304] MünchKommHGB/*K. Schmidt* RdNr. 175; *Heymann/Horn* RdNr. 49.
[305] *Staub/Zutt* RdNr. 100; MünchKommHGB/*K. Schmidt* Vor § 230 RdNr. 16.
[306] BGH Urt. v. 20. 4. 1972 – II ZR 143/69, BGHZ 58, 316, 320 = NJW 1972, 1755.
[307] *Heymann/Horn* RdNr. 78; MünchKommHGB/*K. Schmidt* Vor § 230 RdNr. 21.
[308] MünchKommHGB/*K. Schmidt* Vor § 230 RdNr. 19; *Heymann/Horn* RdNr. 78.
[309] MünchHdbStG/*Bezzenberger* § 26 RdNr. 18.
[310] *Staub/Zutt* RdNr. 100.
[311] *Heymann/Horn* RdNr. 50; MünchKommHGB/*K. Schmidt* RdNr. 176; *Staub/Zutt* RdNr. 101; MünchHdbStG/*Bezzenberger* § 25 RdNr. 26; MünchKommBGB/*Ulmer* § 725 RdNr. 8.
[312] *Staub/Zutt* RdNr. 101.
[313] *Blaurock* RdNr. 368; *Staub/Zutt* RdNr. 26; MünchHdbStG/*Bezzenberger* § 3 RdNr. 2; *Heymann/Horn* RdNr. 15.
[314] MünchKommBGB/*Ulmer* § 705 RdNr. 209, 221.
[315] *Blaurock* Voraufl. S. 108.
[316] MünchHdbStG/*Bezzenberger* § 3 RdNr. 6; *Blaurock* RdNr. 365.
[317] BGH Urt. v. 10. 10. 1994 – II ZR 32/94, NJW 1995, 192 mwN; *Heymann/Horn* RdNr. 16; *Staub/Zutt* RdNr. 21; MünchKommHGB/*K. Schmidt* RdNr. 54; MünchHdbStG/*Bezzenberger* § 3 RdNr. 9 f.; *Blaurock* RdNr. 379.

barkeit einer stillen Beteiligung, dem fehlenden Einfluss eines Darlehensgebers auf die Verwendung der Mittel, den unterschiedlichen Kündigungsfristen (etwa § 489 BGB, § 234 Abs. 1) sowie schließlich der Beendigung der stillen Gesellschaft durch Insolvenz (§ 236).[318]

77 **a) Partiarisches Darlehen.** Besondere Schwierigkeiten bereitet die Abgrenzung zwischen einem partiarischen Darlehen und einer stillen Beteiligung. Für die Beurteilung kann die Bezeichnung eines Rechtsverhältnisses als stille Beteiligung oder Darlehen einen Anhaltspunkt bilden, aber nicht allein ausschlaggebend sein.[319] Unter Berücksichtigung der **Gesamtumstände** ist auf die wirtschaftliche Zielsetzung als Wahrnehmung eines durch wechselseitige Beiträge geförderten gemeinsamen Zwecks abzustellen.[320] Eine mit der ungeschmälerten Rückzahlungsverpflichtung eines Darlehens unvereinbare Verlustbeteiligung oder quotale Unternehmensbeteiligung schließt die Annahme eines partiarischen Darlehens zwingend aus.[321] Umgekehrt ist eine Festverzinsung in Verbindung mit einem Ausschluss der Verlustbeteiligung als Darlehen zu qualifizieren.[322] Dagegen kann der in § 231 Abs. 2 für die stille Gesellschaft ausdrücklich zugelassene Ausschluss einer Verlustbeteiligung ebenso wie die Vereinbarung einer garantierten Mindestvergütung nicht als unumstößliches Indiz für ein partiarisches Darlehen gewertet werden.[323] In derartigen Fällen deuten dem Geldgeber eingeräumte Kontroll- und Mitwirkungsbefugnisse eher auf eine stille Beteiligung,[324] wenngleich speziell Kontrollrechte ebenso dem Sicherungsbedürfnis eines Darlehensgebers dienen können.[325] Entscheidend ist letztlich die Richtschnur, ob das Vertragsverhältnis durch eine Unübertragbarkeit der Beteiligung und das Fehlen von Sicherheiten gesellschaftsrechtlich aufgebaut und statt einer bloßen Kreditgewährung eine wirkliche Zweckgemeinschaft gewollt ist.[326]

78 **b) Partiarische Dienstverträge.** Diese Grundsätze finden für die Unterscheidung partiarischer, neben einer Festvergütung auf einer Gewinnbeteiligung aufbauender Dienstverträge von einer stillen Gesellschaft sinngemäße Anwendung. Dem Dienstverpflichteten eingeräumte besondere Mitwirkungs-, Kontroll- und Überwachungsrechte legen die Verfolgung eines gemeinsamen Zwecks und damit eine stille Beteiligung nahe.[327]

79 **c) Partiarische Überlassungsverträge.** Nach den genannten Kriterien richtet sich schließlich auch die Abgrenzung partiarischer Miet-, Pacht- und Lizenzverträge von einer stillen Beteiligung. Bei der Auslegung derartiger Überlassungsverträge als stille Gesellschaft sollte eher **Zurückhaltung** geübt werden. Nur bei einer erheblichen Gewinnbeteiligung über einen längeren Zeitraum sowie besonderen Kontrollbefugnissen und Mitspracherechten kommt eine stille Beteiligung in Betracht.[328] Beispielsweise ist eine an der Stückzahl unter Lizenz hergestellter Gegenstände bemessene Vergütung nicht bereits als stille Beteiligung zu verstehen.[329]

80 **3. Metageschäft – Unterbeteiligung.** Im Gegensatz zu einer stillen Beteiligung erstrecken sich Metageschäfte nicht auf einen gesamten Unternehmensbetrieb, sondern lediglich einzelne Geschäfte, die der Geschäftsinhaber im eigenen Namen, aber auf gemeinsame Rechnung eingeht.[330] Dieses Rechtsverhältnis ist als bürgerlich-rechtliche Innengesellschaft (Gelegenheitsgesellschaft) zu qualifizieren. – Eine Unterbeteiligung (vgl. RdNr. 91 ff.) hat im Unterschied zu einer stillen Gesellschaft nicht ein Unternehmen als Ganzes, sondern lediglich ein Beteiligungsrecht (einen Gesellschaftsanteil daran) zum Gegenstand.[331]

---

[318] MünchHdbStG/*Bezzenberger* § 3 RdNr. 13; MünchKommHGB/*K. Schmidt* RdNr. 59; *Blaurock* RdNr. 384; Röhricht/Graf v. Westphalen/*v. Gerkan* RdNr. 59.
[319] BGH (Fn. 317); BGH Urt. v. 9. 2. 1967 – II ZR 226/64, BB 1967, 349; BGH Urt. v. 19. 9. 1951 – II ZR 20/51, BB 1951, 849 f.
[320] BGH (Fn. 317); Heymann/*Horn* RdNr. 16; Staub/*Zutt* RdNr. 23; MünchKommHGB/*K. Schmidt* RdNr. 58; *Blaurock* RdNr. 391.
[321] MünchHdbStG/*Bezzenberger* § 3 RdNr. 14; MünchKommHGB/*K. Schmidt* RdNr. 60; Staub/*Zutt* RdNr. 23; *Blaurock* RdNr. 392; Röhricht/Graf v. Westphalen/*v. Gerkan* RdNr. 61.
[322] BGH Urt. v. 9. 2. 1967 (Fn. 319) BB 1967, 349; BGH Urt. v. 19. 9. 1951 (Fn. 319) BB 1951, 849 f.; MünchKommHGB/*K. Schmidt* RdNr. 63; Heymann/*Horn* RdNr. 16; Röhricht/Graf v. Westphalen/*v. Gerkan* RdNr. 63.
[323] Staub/*Zutt* RdNr. 23; Heymann/*Horn* RdNr. 16; *Blaurock* RdNr. 393, 395; MünchKommHGB/*K. Schmidt* RdNr. 63.
[324] BGH (Fn. 317); BGH Urt. v. 29. 6. 1992 – II ZR 284/91, NJW 1992, 2696; Staub/*Zutt* RdNr. 23; *Blaurock* RdNr. 394; MünchHdbStG/*Bezzenberger* § 3 RdNr. 14; Röhricht/Graf v. Westphalen/*v. Gerkan* RdNr. 62.
[325] MünchKommHGB/*K. Schmidt* RdNr. 64.
[326] *Blaurock* Voraufl. S. 115.
[327] *Blaurock* RdNr. 398, 405; Heymann/*Horn* RdNr. 17; MünchHdbStG/*Bezzenberger* § 3 RdNr. 2; Röhricht/Graf v. Westphalen/*v. Gerkan* RdNr. 57.
[328] MünchHdbStG/*Bezzenberger* § 3 RdNr. 17; *Blaurock* RdNr. 409.
[329] MünchHdbStG/*Bezzenberger* § 3 RdNr. 19.
[330] BGH Urt. v. 27. 11. 1963 – VIII ZR – 142/62, BB 1964, 12; Staub/*Zutt* RdNr. 29; Heymann/*Horn* RdNr. 18.
[331] Staub/*Zutt* RdNr. 28.

VI. Mehrgliedrige Organisationsformen der stillen Gesellschaft

Mehrere Personen können sich in unterschiedlicher Weise als stille Gesellschafter eines Handelsunternehmens betätigen: Die stillen Gesellschaftsverhältnisse können einmal rechtlich unverbunden nebeneinander stehen; zum anderen können sich die durch voneinander getrennte Verträge an dem Geschäft beteiligten stillen Gesellschafter zur Wahrnehmung ihrer Rechte als Gesellschafter bürgerlichen Rechts zusammenschließen; und schließlich kann ein Geschäftsinhaber mit anderen stillen Gesellschaftern ein einheitliches Gesellschaftsverhältnis mit umfassenden wechselseitigen Rechten und Pflichten begründen.

1. Zweigliedrige stille Gesellschaft. Nach traditioneller, der Regelung der §§ 230 ff. zugrundeliegender Anschauung ist die stille Gesellschaft stets nur zweigliedrig ausgebildet. Mehrere stille Beteiligungen an dem selben Handelsunternehmen sind bei dieser Gestaltung jeweils **rechtlich selbständig**.[332] Zwischen den einzelnen stillen Gesellschaften knüpfen sich keine Rechtsbeziehungen; zur Aufnahme weiterer stiller Gesellschafter benötigt der Geschäftsinhaber, zumindest sofern deren Belange unangetastet bleiben, nicht die Zustimmung der schon vorhandenen Teilhaber.[333]

2. Konforme Willensbildung. Als erste Stufe der Koordination einer Mehrzahl von stillen Gesellschaftsverhältnissen ist der Zusammenschluss der Gesellschafter zu einer Gesellschaft bürgerlichen Rechts mit dem Zweck der **gemeinsamen** Willens- und Interessenwahrnehmung gegenüber dem Unternehmensträger zu nennen.[334] Die stillen Gesellschafter können durch die Konstituierung von Ausschüssen oder Beiräten Gremien für die Ausübung ihrer Rechte einsetzen oder einem von ihnen die ihnen eröffneten Mitspracherechte übertragen.[335] Ein solcher Zusammenschluss kann mit oder ohne Zustimmung des seinerseits in das Vertragswerk nicht eingebundenen Geschäftsinhabers bei Eingehung der stillen Beteiligung oder später erfolgen.[336] Von dieser Vereinbarung bleibt die Rechtsbeziehung der Einzelnen stillen Gesellschafter zu dem Geschäftsinhaber unberührt;[337] deshalb steht der jeweilige Abfindungsanspruch dem einzelnen stillen Gesellschafter persönlich und nicht der zwischen den stillen Gesellschaftern gebildeten Vereinigung zu.[337a] Die Tragweite der Zusammenführung der Gesellschafterbefugnisse unter dem Dach der Gesellschaft bürgerlichen Rechts bestimmt sich nach dem Vertragsinhalt (Poolvertrag, Konsortium); über die Kontrollrechte hinaus können auch die Einlagerechte gepoolt und von einem Gesellschafter in gewillkürter Prozessstandschaft für sämtliche Gesellschafter verfolgt werden.[338] Allerdings kann das Kündigungsrecht des einzelnen stillen Gesellschafters durch eine derartige Vereinbarung nicht beschränkt werden.[339] Keine Besonderheiten sind zu berücksichtigen, wenn die stille Beteiligung mehrerer Personen insgesamt in einer Gesellschaft bürgerlichen Rechts zusammengefasst ist.[340]

3. Einheitliches Gesellschaftsverhältnis. a) Rechtliche Beschaffenheit. Schließlich gestattet die Vertragsfreiheit, dass sich der Geschäftsinhaber und mehrere stille Gesellschafter zu einer einzigen mehrgliedrigen stillen Gesellschaft zusammenfinden.[341] Ein Bedürfnis für derartige rechtliche Gebilde ist nicht nur bei den als Publikumsgesellschaften betriebenen Anlagemodellen, sondern auch bei Unternehmensbeteiligungen von Arbeitnehmern gegeben.[342] Der gemeinsame Zweck wird dadurch

---

[332] BGH Urt. v. 21. 4. 1980 – II ZR 144/79, WM 1980, 868; BGH Urt. v. 10. 7. 1958 – II ZR 320/56, WM 1958, 1336 f.; Heymann/*Horn* RdNr. 60; *Blaurock* RdNr. 225; MünchKommHGB/*K. Schmidt* RdNr. 83; Staub/*Zutt* RdNr. 45; MünchHdbStG/*Kühn* § 6 RdNr. 13; Baumbach/*Hopt* RdNr. 7; Röhricht/Graf v. Westphalen/*v. Gerkan* RdNr. 70.
[333] Staub/*Zutt* RdNr. 45; *Blaurock* RdNr. 225.
[334] BGH Urt. v. 13. 2. 2006 – II ZR 62/04, BB 2006, 792 f. mit Anm. *Gehrlein* aaO 1018; BGH (Fn. 245) NJW 1995, 1353; BGH Urt. v. 29. 6. 1987 – II ZR 173/86, NJW 1988, 413; Staub/*Zutt* RdNr. 47; *Blaurock* RdNr. 229; MünchHdbStG/*Bezzenberger* § 2 RdNr. 15; Heymann/*Horn* RdNr. 61; Röhricht/Graf v. Westphalen/*v. Gerkan* RdNr. 71.
[335] MünchHdbStG/*Kühn* § 6 RdNr. 14.
[336] Staub/*Zutt* RdNr. 47; MünchHdbStG/*Kühn* § 6 RdNr. 15.
[337] Staub/*Zutt* RdNr. 47; MünchHdbStG/*Kühn* § 6 RdNr. 15.
[337a] BGH Urt. v. 13. 2. 2006 (Fn. 334) BB 2006, 792 f. mit Anm. *Gehrlein* aaO 1018.
[338] BGH (Fn. 245) NJW 1995, 1353, 1355; BGH Urt. v. 7. 2. 1994 – II ZR 191/92, NJW 1994, 1156; BGH (Fn. 334) NJW 1988, 413; Staub/*Zutt* RdNr. 47; MünchHdbStG/*Bezzenberger* § 2 RdNr. 15; Röhricht/Graf v. Westphalen/*v. Gerkan* RdNr. 71.
[339] *BGH* Urt. v. 21. 4. 1980 – II ZR 144/79, WM 1980, 868; MünchHdbStG/*Kühn* § 6 RdNr. 16; *Blaurock* RdNr. 229.
[340] MünchKommHGB/*K. Schmidt* RdNr. 85; *Blaurock* RdNr. 228.
[341] BGH (Fn. 245) NJW 1995, 1353; BGH (Fn. 338) NJW 1994, 1156; BGH Urt. v. 3. 2. 1990 – II ZR 94/89, NJW 1990, 2684; BGH (Fn. 334) NJW 1988, 413; BGH (Fn. 339) WM 1980, 868; Urt. v. 18. 11. 1971 – II ZR 130/69, NJW 1972, 338; Heymann/*Horn* RdNr. 60; *ders.* ZGR 1974, 133, 157; Staub/*Zutt* RdNr. 48; MünchKommHGB/*K. Schmidt* RdNr. 84.
[342] *Horn* ZGR 1974, 133 ff., 156 f.; *Reuter* NJW 1984, 1849; *Iber* RdA 1973, 303.

gefördert, dass der Inhaber das Unternehmen lenkt und die stillen Gesellschafter die versprochenen Einlagen leisten. Dabei ist die gesellschaftsrechtliche Bindung nicht auf die einzelnen Gesellschafter und den Inhaber einerseits sowie die stillen Gesellschafter untereinander andererseits aufgespalten, sondern sie umfasst alle Beteiligten einschließlich der Einlageverhältnisse zu einem gemeinsamen Rechtsverhältnis mit Verbandscharakter.[343] Deshalb steht der Anspruch auf Erbringung der Einlage nicht nur dem Geschäftsinhaber, sondern auch den anderen stillen Gesellschaftern zu.[344] Allerdings haften die stillen Gesellschafter nicht gesamtschuldnerisch für die Erfüllung der Einlagepflicht durch einzelne Mitgesellschafter.[345]

85 **b) Konstituierung der stillen Gesellschaft mit Verbandscharakter.** Eine mehrgliedrige stille Gesellschaft mit Verbandscharakter wird durch den Gesellschaftsvertrag, auf dessen Boden sich die Aufnahme neuer Gesellschafter vollzieht, ins Leben gerufen. Enthält der Prospekt einer Publikumsgesellschaft ein unwiderrufliches Angebot, so kommt der Gesellschaftsvertrag durch den Beitritt des Anlegers zustande, selbst wenn sich die Gesellschaft in der von ihr vorformulierten Beitrittserklärung die Annahme vorbehält.[346] Schadensersatzpflichtig nach den Grundsätzen der Anlagevermittlung und der Prospekthaftung macht sich eine Publikumsgesellschaft, die Anlegern ein unzutreffendes Bild der Risiken vermittelt.[347] Der Gesellschaftsvertrag erzeugt eine gemeinsame Verbandsstruktur, indem er Kontrollorgane wie eine Gesellschafterversammlung oder einen Beirat schafft, wo der Geschäftsinhaber und die Gesellschafter zusammenarbeiten.[348] Grundsätzlich erfolgt die **Aufnahme** neuer Gesellschafter nach personengesellschaftlichen Regeln durch einen Vertrag mit allen bereits am Verband Beteiligten. Wie bei anderen Publikumsgesellschaften können die Gesellschafter durch den Gesellschaftsvertrag den Geschäftsinhaber zum Abschluss neuer Aufnahmeverträge bevollmächtigen[349] oder ermächtigen.[350] Der Gesellschaftsverband wird auch bei Ausscheiden einzelner stiller Gesellschafter fortgesetzt.[351]

86 **c) Rechte und Pflichten.** Die Mitwirkungsrechte der stillen Gesellschafter werden regelmäßig durch die Einrichtung von Kontrollorganen, in denen auch der Geschäftsinhaber mit Stimmrecht vertreten sein kann, gebündelt; die Geschäftsführung kann der **Zustimmung und Weisung** durch diese Gremien unterworfen werden.[352] Bei einer Publikumsgesellschaft mit körperschaftlicher Struktur wird die Einberufungsfrist für die Gesellschafterversammlung analog § 121 Abs. 4 AktG mit der Aufgabe der Einladungsschreiben auf die Post in Lauf gesetzt; die Beschlussgegenstände müssen nicht entsprechend § 51 GmbHG mit der Einladung mitgeteilt werden.[353] Die Mitbefassung kann auch in der Weise vonstatten gehen, dass den stillen Gesellschaftern in der Gesellschafterversammlung des Unternehmensträgers gleichberechtigte Mitwirkungsbefugnisse zugestanden werden.[354]

87 Die Entscheidungen der stillen Gesellschaft sind grundsätzlich durch Mehrheitsbeschluss zu fällen.[355] Abweichend von dem im Personengesellschaftsrecht geltenden **Bestimmtheitsgrundsatz** kann die Gesellschaftermehrheit auch ohne entsprechende vertragliche Aufzählung der abänderbaren Gegenstände Änderungen des Gesellschaftsvertrages beschließen.[356] Als Ausgleich ist den überstimmten Gesellschaftern, sofern sie nicht auf Grund der Treuepflicht einer Umgestaltung des Gesellschaftsverhältnisses zuzustimmen haben, das Recht zur fristlosen Kündigung zuzubilligen.[357]

88 Eine **Änderung des Gesellschaftsvertrages** durch eine **abweichende** – schriftlich nicht fixierte – **Übung** der Gesellschafter kann bei der Publikumsgesellschaft nicht anerkannt werden.[358] Die

---

[343] *Blaurock* RdNr. 227; Staub/*Zutt* § 230 RdNr. 48; aA zum Einlageverhältnis MünchKommHGB/*K. Schmidt* RdNr. 84.
[344] *Blaurock* RdNr. 230.
[345] *Blaurock* NJW 1972, 1119; Heymann/*Horn* RdNr. 60; aA MünchHdbStG/*Kühn* § 6 RdNr. 15.
[346] BGH Urt. v. 13. 4. 1995 – II ZR 132/94, WM 1995, 1277.
[347] OLG Köln Urt. v. 24. 4. 1995 – 5 U 222/94, WM 1996, 345.
[348] BGH Urt. v. 7. 11. 1988 – II ZR 46/88, BGHZ 106, 7, 10 = NJW 1989, 982; MünchHdbStG/*Kühn* § 6 RdNr. 18; Heymann/*Horn* RdNr. 61; Staub/*Zutt* RdNr. 49; *Blaurock* RdNr. 234.
[349] BGH Urt. v. 17. 11. 1975 – II ZR 120/74, WM 1976, 15 f.
[350] BGH Urt. v. 14. 11. 1977 – II ZR 95/76, WM 1978, 136 f.; MünchKommHGB/*K. Schmidt* RdNr. 84; Heymann/*Horn* RdNr. 61.
[351] Staub/*Zutt* RdNr. 49.
[352] MünchHdbStG/*Kühn* § 6 RdNr. 18; Heymann/*Horn* RdNr. 62; Staub/*Zutt* RdNr. 49; *Blaurock* RdNr. 234.
[353] BGH Urt. v. 30. 3. 1998 – II ZR 20/97, ZIP 1998, 859 f.
[354] BGH Urt. v. 17. 12. 1984 – II ZR 36/84, NJW 1985, 1079; MünchHdbStG/*Kühn* § 6 RdNr. 18.
[355] BGH (Fn. 339) WM 1980, 868 = BB 1980, 958 f.; Staub/*Zutt* RdNr. 49.
[356] BGH Urt. v. 12. 5. 1977 – II ZR 89/75, BGHZ 69, 160, 165 f. = NJW 1977, 2160; BGH (Fn. 339) WM 1980, 868 = BB 1980, 958 f.; MünchHdbStG/*Kühn* § 6 RdNr. 26.
[357] BGH (Fn. 356) BGHZ 69, 160, 167; BGH (Fn. 339) BGH BB 1980, 958 f.
[358] BGH Urt. v. 5. 2. 1990 – II ZR 94/89, NJW 1990, 2684 f.

Auslegung des Gesellschaftsvertrages einer Publikumsgesellschaft erfolgt nach dem Grundsatz der objektiven, allein am Wortlaut des schriftlichen Gesellschaftsvertrags orientierten Auslegung.[359] Beiratsmitgliedern kann für die Wahrnehmung spezieller Aufgaben von der Gesellschafterversammlung eine zusätzliche Vergütung gewährt werden.[360]

Ein **freies einseitiges Kündigungsrecht** des nicht oder kaum an Gewinn und Verlust beteiligten 89 Geschäftsinhabers gegenüber den stillen Gesellschaftern, die im Wesentlichen das Anlagekapital aufgebracht haben, ist unwirksam.[361] Der Geschäftsinhaber macht sich schadensersatzpflichtig, wenn er von einer Ausschüttung zur Erfüllung des Gesellschaftszwecks nicht benötigter Gelder an die stillen Gesellschafter absieht und die Beiträge bestimmungswidrig verwendet.[362] Die stillen Gesellschafter können **nach Aufhebung der Vermögensbindung** Zahlung von Schadensersatz an sich selbst fordern.[363] Die stillen Gesellschafter sind in den Schutzbereich des zwischen dem Unternehmensträger und seinem Geschäftsführer geschlossenen Dienstvertrages eingebunden und können den Geschäftsführer demgemäß bei einer Pflichtverletzung wie unlauteren Geldausgaben unmittelbar in Anspruch nehmen.[364]

Sind die stillen Gesellschafter **wie Kommanditisten** atypisch an der Publikumsgesellschaft betei- 90 ligt, so sind ihre Einlagen der Eigenkapitalgrundlage des Geschäftsträgers zuzurechnen und stehen den Gläubigern als Haftungssumme zur Verfügung.[365] Ist die stille Beteiligung mit einer Kommanditeinlage verknüpft, scheidet eine isolierte Kündigung eines der Gesellschaftsverhältnisse aus.[366] Die mit den Rechten eines GmbH-Gesellschafters versehene atypische stille Beteiligung an einer GmbH unterliegt außerdem den Grundsätzen über den Eigenkapitalersatz.[367]

VII. Unterbeteiligung

1. Begriffsmerkmale. a) Gegenstand der Unterbeteiligung. Die Unterbeteiligung ist als 91 vertraglich begründete Mitberechtigung einer oder mehrerer Personen an den Erträgen eines **Gesellschaftsanteils** oder **sonstigen Vermögensrechts** eines Hauptbeteiligten zu kennzeichnen.[368] Als häufigste Erscheinungsform manifestiert sich die Unterbeteiligung in einer stillen Beteiligung an einem Gesellschaftsanteil.[369] Unterbeteiligungen an sonstigen Vermögensrechten kennt die Praxis bei der Vergabe von Konsortialkrediten.[370] Der Hauptbeteiligte bleibt alleiniger Träger des Vermögensrechts, aus dem der Unterbeteiligte nur schuldrechtlich Nutzen zieht. Dementsprechend wird auch bei der Unterbeteiligung kein Gesamthandsvermögen gebildet.[371] Jedoch kann der Unterbeteiligte schuldrechtlich so gestellt werden, als wäre er gleich einem Gesellschafter auch an der Vermögenssubstanz des Unternehmens beteiligt.[372] Jedes Gesellschaftsrecht ist für eine Unterbeteiligung tauglich: Die Aktie, der GmbH-Geschäftsanteil, der Gesellschaftsanteil an einer Handelsgesellschaft oder Gesellschaft bürgerlichen Rechts, die stille Beteiligung wie auch selbst die Unterbeteiligung.[373] An einem Recht können mehrere Unterbeteiligungen bestehen, die – wie häufig beim Konsortialkredit – als mehrgliedrige Unterbeteiligungen ausgeformt sind.[374]

b) Gesellschaftsrechtliche Klassifizierung. Der Gesellschaftszweck der Unterbeteiligung äu- 92 ßert sich darin, den Anteil zu halten und gewinnbringend zu nutzen.[375] Die Unterbeteiligung ist **keine stille Gesellschaft,** weil ein Gesellschaftsanteil oder sonstiges Vermögensrecht kein Handels-

---

[359] BGH (Fn. 358) NJW 1990, 2684 f.; BGH Urt. v. 30. 4. 1979 – II ZR 57/78, NJW 1979, 2102.
[360] BGH (Fn. 353) ZIP 1998, 859, 861 f.
[361] BGH (Fn. 338) NJW 1994, 1156 f.
[362] BGH (Fn. 245) NJW 1995, 1353 f; BGH (Fn. 334) NJW 1988, 413 f.
[363] BGH (Fn. 245) NJW 1995, 1353, 1356 im Unterschied zu BGH (Fn. 334) NJW 1988, 413 f.
[364] BGH (Fn. 245) NJW 1995, 1353, 1357.
[365] BGH (Fn. 348) BGHZ 106, 7, 9; BGH (Fn. 354) NJW 1985, 1079.
[366] Röhricht/Graf v. Westphalen/v. Gerkan RdNr. 74.
[367] BGH (Fn. 348) BGHZ 106, 7, 9 f.
[368] Staub/Zutt § 230 RdNr. 107; Heymann/Horn RdNr. 65; Koller/Roth/Morck RdNr. 3; MünchKommBGB/Ulmer Vor § 705 RdNr. 70.
[369] MünchKommHGB/K. Schmidt RdNr. 192.
[370] Gehrlein DStR 1994, 1314.
[371] BGH Urt. v. 26. 6. 1989 – II ZR 128/88, NJW 1990, 573 f.; BGH Urt. v. 22. 6. 1981 – II ZR 94/80, NJW 1982, 99 f.; Blaurock Unterbeteiligung S. 93 ff.; Gehrlein DStR 1994, 1314; Heymann/Horn RdNr. 67; Röhricht/Graf v. Westphalen/v. Gerkan RdNr. 92.
[372] BFH Urt. v. 2. 10. 1997 – IV R 75/96, NJW 1998, 1255 f.
[373] Röhricht/Graf v. Westphalen/v. Gerkan RdNr. 95; Staub/Zutt RdNr. 107; MünchKommHGB/K. Schmidt RdNr. 195; Blaurock RdNr. 1868.
[374] Blaurock Unterbeteiligung S. 100; MünchKommHGB/K. Schmidt RdNr. 213; Heymann/Horn RdNr. 66.
[375] Blaurock RdNr. 1868; Heymann/Horn RdNr. 67; Röhricht/Graf v. Westphalen/v. Gerkan RdNr. 96.

§ 230   93, 94   2. Buch. 3. Abschnitt. Stille Gesellschaft

unternehmen (§ 230 Abs. 1) darstellt.[376] Demgemäß ist die Unterbeteiligung als Innengesellschaft bürgerlichen Rechts anzusehen, auf die neben den §§ 705 ff. BGB auch §§ 230 ff. analog anzuwenden sind.[377] Unterbeteiligter kann jedermann sein; der Hauptbeteiligte muss naturgemäß eine mitgliedschaftliche Beteiligung inne haben.[378]

93 **2. Vertragsgrundlage.** Das Unterbeteiligungsverhältnis kommt durch einen Gesellschaftsvertrag nach § 705 BGB zustande.[379] Die Abrede unterliegt keinem Formzwang; vor allem muss nicht die für die Übertragung der Hauptbeteiligung zu beachtende Form (etwa § 15 Abs. 3 GmbHG) gewahrt werden.[380] Allerdings muss im Falle einer Schenkung nach Auffassung des BGH der Form des § 518 Abs. 1 BGB genügt werden.[381] Auch die sonstigen für eine Übertragung der Hauptbeteiligung geltenden Voraussetzungen müssen nicht eingehalten werden.[382] **Nicht erforderlich** ist die Zustimmung der Hauptgesellschaft wie auch der Hauptgesellschafter in die Einräumung der Unterbeteiligung.[383] Selbst wenn der Vertrag der Hauptgesellschaft Veräußerungen von Gesellschaftsanteilen unter einen Genehmigungsvorbehalt stellt oder Unterbeteiligungen verbietet, erfasst der Verstoß des Hauptbeteiligten, der freilich Sanktionen seiner Mitgesellschafter bis hin zum Ausschluss ausgesetzt sein kann, nicht die Wirksamkeit des Vertrages.[384] § 1643 Abs. 1, § 1822 Nr. 3 BGB sind auf die stille Beteiligung, die sich auf einen Gesellschaftsanteil, aber nicht ein Erwerbsgeschäft bezieht, unanwendbar.[385] Die Grundsätze über die fehlerhafte Gesellschaft sind heranzuziehen.[386]

94 **3. Befugnisse und Verantwortlichkeiten des Hauptbeteiligten. a) Rechtsstellung in Hauptgesellschaft.** In Einklang mit der stillen Gesellschaft scheidet auch bei der Unterbeteiligung ein Handeln nach außen und damit eine Vertretung der Unterbeteiligungsgesellschaft aus.[387] Die **Geschäftsführung** liegt beim Hauptbeteiligten und kann ihm grundsätzlich nicht gem. § 712 BGB entzogen werden.[388] Als alleiniger Rechtsinhaber nimmt der Hauptbeteiligte die mitgliedschaftlichen Rechte in der Hauptgesellschaft (Stimm- und Informationsrechte, aber auch Geschäftsführungsrechte als persönlich haftender Gesellschafter einer OHG oder KG) wahr.[389] Grundsätzlich ist der Hauptbeteiligte in der Ausübung seiner Gesellschafterrechte Weisungen und Beschränkungen durch den Unterbeteiligten nicht unterworfen.[390] Allerdings hat der Hauptbeteiligte die Wahrnehmung seiner Befugnisse auch an den Interessen des Unterbeteiligten auszurichten.[391] Sind in der Hauptgesellschaft auf die Grundlagen des Unterbeteiligungsverhältnisses einwirkende Entscheidungen herbeizuführen (Kapitalerhöhung, Änderung der Gewinnverteilung, Kündigung, Rechtsformwechsel), so hat der Hauptbeteiligte, soweit er nicht wegen seiner gegenüber der Hauptgesellschaft zu beachtenden Treuepflicht zu einer bestimmten Stimmabgabe verpflichtet ist, Einvernehmen mit dem Unterbeteiligten herzustellen.[392]

---

[376] Staub/*Zutt* RdNr. 107; MünchKommBGB/*Ulmer* Vor § 705 RdNr. 70; aA MünchKommHGB/*K. Schmidt* RdNr. 204.
[377] BGH Urt. v. 11. 7. 1968 – II ZR 179/66, BGHZ 50, 316, 321 = NJW 1968, 2003; Staub/*Zutt* RdNr. 107; Heymann/*Horn* RdNr. 67; MünchKommHGB/*K. Schmidt* RdNr. 204; *Koller*/Roth/Morck RdNr. 4; *Blaurock* RdNr. 1891; Röhricht/Graf v. Westphalen/*v. Gerkan* RdNr. 94; MünchKommBGB/*Ulmer* Vor § 705 RdNr. 70.
[378] Staub/*Zutt* RdNr. 108; Heymann/*Horn* RdNr. 67; MünchKommHGB/*K. Schmidt* RdNr. 206; Heymann/*Horn* RdNr. 68.
[379] Staub/*Zutt* RdNr. 111; *Blaurock* RdNr. 1893; MünchKommBGB/*Ulmer* Vor § 705 RdNr. 73; MünchKommHGB/*K. Schmidt* RdNr. 220.
[380] Heymann/*Horn* RdNr. 68; Staub/*Zutt* RdNr. 111; *Blaurock* RdNr. 1896; MünchKommBGB/*Ulmer* Vor § 705 RdNr. 70.
[381] BGH Urt. v. 6. 3. 1967 – II ZR 180/65, WM 1967, 685; zweifelhaft wegen des Vollzugs in Parallele zur Einbuchung: richtig Staub/*Zutt* RdNr. 114; MünchKommBGB/*Ulmer* Vor § 705 RdNr. 73.
[382] Heymann/*Horn* RdNr. 68.
[383] Heymann/*Horn* RdNr. 68; *Blaurock* Unterbeteiligung S. 153; Staub/*Zutt* § 230 RdNr. 111; MünchKommHGB/*K. Schmidt* RdNr. 221; MünchKommBGB/*Ulmer* Vor § 705 RdNr. 73; Röhricht/Graf v. Westphalen/*v. Gerkan* RdNr. 108.
[384] MünchKommHGB/*K. Schmidt* RdNr. 221; Heymann/*Horn* RdNr. 68; Staub/*Zutt* RdNr. 111; *Blaurock* RdNr. 1894; MünchKommBGB/*Ulmer* Vor § 705 RdNr. 73.
[385] Röhricht/Graf v. Westphalen/*v. Gerkan* RdNr. 109; anders aber die hM: MünchKommHGB/*K. Schmidt* RdNr. 227; Staub/*Zutt* RdNr. 111; *Blaurock* Unterbeteiligung S. 157 ff.
[386] Staub/*Zutt* RdNr. 111; Heymann/*Horn* RdNr. 68; *Blaurock* Unterbeteiligung S. 160 ff.
[387] *Blaurock* RdNr. 1906; MünchKommHGB/*K. Schmidt* RdNr. 238; *Paulick* ZGR 1974, 253, 276; Staub/*Zutt* RdNr. 237; *Gehrlein* DStR 1994, 1314, 1316.
[388] *Blaurock* RdNr. 1907; Staub/*Zutt* RdNr. 113; Heymann/*Horn* RdNr. 70; MünchKommHGB/*K. Schmidt* RdNr. 237; *Gehrlein* DStR 1994, 1314, 1316; MünchKommBGB/*Ulmer* Vor § 705 RdNr. 74.
[389] MünchKommHGB/*K. Schmidt* RdNr. 232; Heymann/*Horn* RdNr. 70.
[390] BGH Urt. v. 22. 3. 1965 – II ZR 196/62, WM 1965, 458 (Konsortialkredit); Staub/*Zutt* RdNr. 114; MünchKommHGB/*K. Schmidt* RdNr. 232; Heymann/*Horn* RdNr. 70.
[391] MünchKommHGB/*K. Schmidt* RdNr. 241; Staub/*Zutt* RdNr. 114.
[392] Staub/*Zutt* RdNr. 114; *Blaurock* RdNr. 1910.

Über diese immanenten Schranken hinaus kann dem Unterbeteiligten indes Einfluss auf die **Stimmrechtsausübung** durch den Hauptbeteiligten eingeräumt werden. Der Gesellschaftsvertrag kann Mitspracherechte, aber auch Weisungsrechte des Unterbeteiligten im Verhältnis zum Hauptbeteiligten vorsehen.[393] Zu diesem Zweck kann eine Stimmbindung vereinbart werden.[394] In den Grenzen des Abspaltungsverbots kann der Unterbeteiligte zur Wahrnehmung der Mitspracherechte bevollmächtigt werden.[395]

b) Haftung. In seiner Funktion als Gesellschafter der Hauptgesellschaft haftet der Hauptbeteiligte Gläubigern und Mitgesellschaftern im **üblichen Rahmen**.[396] Setzt sich der Hauptbeteiligte über immanente Schranken oder vertraglich vereinbarte Bindungen bei der Vornahme von Gesellschafterrechten hinweg, so sind die Handlungen nach außen insbesondere gegenüber der Hauptgesellschaft und den Mitgesellschaftern wirksam.[397] In diesem Fall kann der Unterbeteiligte Schadensersatz verlangen oder das Gesellschaftsverhältnis aus wichtigem Grund kündigen.[398] Der Hauptbeteiligte hat daneben für einen mittelbaren Schaden des Unterbeteiligten durch einen der Hauptgesellschaft zugefügten und dort auszugleichenden Vermögensnachteil einzustehen.[399] Haftungsmaßstab ist § 708 BGB.[400]

4. Befugnisse und Verantwortlichkeiten des Unterbeteiligten. a) Rechtsstellung gegenüber Hauptbeteiligtem und Hauptgesellschaft. Der Unterbeteiligte geht **keine Verpflichtungen** zur Hauptgesellschaft und deren Mitgliedern ein, kann aber umgekehrt bei ihnen auch **keine Ansprüche** erheben.[401] Eine Haftung gegenüber der Hauptgesellschaft wie auch ihren Gläubigern findet nicht statt.[402] Mitgliedschaftsrechte in der Hauptgesellschaft sind dem Unterbeteiligten regelmäßig verschlossen.[403] Durch den Unterbeteiligungsvertrag kann ihm lediglich Einfluss – etwa in Gestalt von Zustimmungsvorbehalten – auf das mitgliedschaftsrechtliche Verhalten des Hauptbeteiligten eröffnet werden.[404]

b) Beitrag. Der Unterbeteiligte hat die vertraglich geschuldeten Beiträge zu leisten;[405] insoweit kommen Geld-, Sach- und Dienstleistungen in Betracht.[406] Eine bilanzfähige Einlage muss dagegen nicht vorhanden sein.[407]

c) Gewinnbeteiligung – Informationsrecht. Der Hauptbeteiligte hat dem Unterbeteiligten den vertraglich festgelegten oder den nach § 231 angemessenen Gewinn zu überlassen.[408] Der Unterbeteiligte, der Entnahmebeschränkungen hinzunehmen hat, nimmt an dem **ausgeschütteten** Gewinn teil. An stillen Reserven partizipiert er mit deren Auflösung; der Bildung angemessener Rücklagen kann der Unterbeteiligte nicht widersprechen.[409] Entnimmt der Hauptbeteiligte über diesen Anteil hinaus Gewinne zum Nachteil des Unterbeteiligten, hat er den Differenzbetrag zu verzinsen.[410]

Das Informationsrecht des Unterbeteiligten erstreckt sich entsprechend § 233 im Rahmen der **Innengesellschaft** auf Stand und Erträgnisse des Hauptgesellschaftsanteils.[411] Ebenso bestimmen sich die Kontrollrechte eines Unterbeteiligten an einem Kommanditanteil allein nach § 233.[412] Einsicht in Bilanzen und andere Unterlagen der Hauptgesellschaft kann der Unterbeteiligte ausnahmsweise nur nehmen, wenn dies der Hauptgesellschaftsvertrag und der Unterbeteiligungsvertrag gestatten.[413]

---

[393] MünchKommHGB/*K. Schmidt* RdNr. 237.
[394] MünchKommHGB/*K. Schmidt* RdNr. 232; *Blaurock* RdNr. 1909; Staub/*Zutt* RdNr. 114; Röhricht/Graf v. Westphalen/*v. Gerkan* RdNr. 113; vgl. BGHZ 48, 163, 166 ff.
[395] MünchKommHGB/*K. Schmidt* RdNr. 237; *Paulick* ZGR 1974, 253, 275.
[396] MünchKommHGB/*K. Schmidt* RdNr. 234.
[397] Staub/*Zutt* RdNr. 114; Heymann/*Horn* RdNr. 70.
[398] Staub/*Zutt* RdNr. 114.
[399] MünchKommHGB/*K. Schmidt* RdNr. 246; Röhricht/Graf v. Westphalen/*v. Gerkan* RdNr. 121.
[400] *Blaurock* RdNr. 1914; Staub/*Zutt* RdNr. 116; MünchKommHGB/*K. Schmidt* RdNr. 246; Heymann/*Horn* RdNr. 73; Röhricht/Graf v. Westphalen/*v. Gerkan* RdNr. 122.
[401] Staub/*Zutt* RdNr. 114; MünchHdbKG/*Weipert* § 9 RdNr. 64.
[402] MünchKommHGB/*K. Schmidt* RdNr. 234.
[403] MünchKommHGB/*K. Schmidt* RdNr. 232.
[404] MünchKommHGB/*K. Schmidt* RdNr. 237.
[405] Heymann/*Horn* RdNr. 72.
[406] *Blaurock* RdNr. 1903; MünchKommHGB/*K. Schmidt* RdNr. 230.
[407] Heymann/*Horn* RdNr. 72 gegen MünchKommHGB/*K. Schmidt* RdNr. 231.
[408] Heymann/*Horn* RdNr. 71.
[409] *Blaurock* RdNr. 1917.
[410] BGH, Urt. v. 9. 10. 2000 – II ZR 345/98, ZIP 2000, 2259.
[411] BGH (Fn. 377) BGHZ 50, 316, 323.
[412] BGH Urt. v. 10. 10. 1994 – II ZR 285/93, GmbHR 1995, 57.
[413] BGH (Fn. 377) BGHZ 50, 316, 325; *Gehrlein* DStR 1994, 1314, 1316.

101   **d) Verfügbarkeit.** Die Unterbeteiligung ist grundsätzlich nicht übertragbar. Sie kann jedoch durch eine vertragliche Abrede veräußerlich gestellt werden.[414]

102   **5. Treuepflicht – Wettbewerbsverbot.** Der Hauptbeteiligte hat einer **doppelten** Treuepflicht zu genügen, nämlich gegenüber der Hauptgesellschaft und dem Unterbeteiligten.[415] Zwar hat der Hauptbeteiligte auf berechtigte Interessen des Unterbeteiligten Bedacht zu nehmen.[416] Freilich sind im Konfliktfall die Treuepflichten des Hauptbeteiligten in der Hauptgesellschaft vorrangig, weil die Unterbeteiligung auf die Hauptbeteiligung zurückgeht.[417] Jedoch ist dem Hauptbeteiligten die Verfolgung eigener, der Unterbeteiligung fremder Sonderinteressen versagt.[418]

103   Aus der Treupflicht folgt grundsätzlich **kein Wettbewerbsverbot** des Unterbeteiligten zum Schutz der Belange der Hauptgesellschaft.[419] Ist der Hauptbeteiligte mit einem Wettbewerbsverbot belastet, so kann es wegen der die Unterbeteiligung überlagernden Treuepflicht auch auf den Unterbeteiligten ausstrahlen.[420] Dies dürfte jedenfalls anzunehmen sein, wenn dem Unterbeteiligten gegenüber der Hauptgesellschaft Informationsrechte oder gegenüber dem Hauptbeteiligten in der Wahrnehmung seiner Mitgliedschaftsrechte Mitspracherechte offen stehen.[421] Zwischen dem Hauptbeteiligten und dem Unterbeteiligten herrscht nur ausnahmsweise ein Wettbewerbsverbot.[422]

104   **6. Abgrenzung zur Treuhand.** Während der Hauptbeteiligte eigene Interessen und Interessen des Unterbeteiligten wahrnimmt, hat der Treuhänder im Unterschied zur Unterbeteiligung ausschließlich die fremden Interessen des Treugebers zu achten.[423] Im Innenverhältnis baut die Treuhand auf einem Auftrag oder Geschäftsbesorgungsvertrag auf ohne die im Gesellschaftsverhältnis wurzelnde Haftungsmilderung des Hauptbeteiligten aus § 708 BGB.[424] Anders als der Unterbeteiligte wird der Treugeber in der Zwangsvollstreckung und der Insolvenz gegen den Treuhänder durch die Rechte aus §§ 771 ZPO, 47 InsO geschützt und als wirtschaftlicher Rechtsinhaber anerkannt.[425]

§ 231 [Gewinn und Verlust]

(1) Ist der Anteil des stillen Gesellschafters am Gewinn und Verluste nicht bestimmt, so gilt ein den Umständen nach angemessener Anteil als bedungen.

(2) Im Gesellschaftsvertrage kann bestimmt werden, daß der stille Gesellschafter nicht am Verluste beteiligt sein soll; seine Beteiligung am Gewinne kann nicht ausgeschlossen werden.

Übersicht

	RdNr.		RdNr.
I. Normzweck – Reichweite der Vorschrift	1, 2	III. Ausschluss der Gewinnbeteiligung des stillen Gesellschafters	9, 10
1. Gegenstand der Regelung	1	1. Rechtsfolge eines Gewinnausschlusses	9
2. Abdingbarkeit	2	2. Gewinnausschluss – zulässige Gewinnbegrenzung	10
II. Beteiligungsfaktor	3–8		
1. Gesellschaftsvertrag	3	IV. Ausschluss von Gewinn- und Verlustbeteiligung des Geschäftsinhabers	11, 12
a) Gewinn- und Verlustbeteiligung	3, 4	1. Ausschluss der Gewinnbeteiligung	11
b) Ausschluss der Verlustbeteiligung	5–7	2. Ausschluss der Verlustbeteiligung	12
2. Gesetz	8	V. Unterbeteiligung	13

---

[414] *Blaurock* RdNr. 1915; Heymann/*Horn* RdNr. 73; MünchKommHGB/*K. Schmidt* RdNr. 247.
[415] MünchKommHGB/*K. Schmidt* RdNr. 241; *Gehrlein* DStR 1994, 1314 f.
[416] MünchKommHGB/*K. Schmidt* RdNr. 241.
[417] Staub/*Zutt* RdNr. 115; MünchKommHGB/*K. Schmidt* RdNr. 241; Röhricht/Graf v. Westphalen/*v. Gerkan* RdNr. 119; MünchKommBGB/*Ulmer* § 705 RdNr. 72.
[418] *Paulick* ZGR 1974, 253, 274; *Gehrlein* DStR 1994, 1314, 1316.
[419] BGH (Fn. 377) BGHZ 50, 316, 324; MünchKommHGB/*K. Schmidt* RdNr. 244.
[420] Staub/*Zutt* RdNr. 115.
[421] MünchKommHGB/*K. Schmidt* RdNr. 244; Röhricht/Graf v. Westphalen/*v. Gerkan* RdNr. 118.
[422] MünchKommHGB/*K. Schmidt* RdNr. 243.
[423] MünchKommHGB/*K. Schmidt* Vor § 230 RdNr. 45; Heymann/*Horn* RdNr. 75; Röhricht/Graf v. Westphalen/*v. Gerkan* RdNr. 101.
[424] MünchKommHGB/*K. Schmidt* Vor § 230 RdNr. 72, 76; Heymann/*Horn* RdNr. 75.
[425] MünchKommHGB/*K. Schmidt* Vor § 230 RdNr. 80 ff., Heymann/*Horn* RdNr. 75.

I. Normzweck – Reichweite der Vorschrift

1. Gegenstand der Regelung. Ein dem stillen Gesellschafter zukommender Gewinn ergibt sich ebenso wie ein von ihm zu tragender Verlust aus dem Geschäftsergebnis und dem daraus auf den stillen Gesellschafter entfallenden Anteil. Die Ermittlung von Gewinn und Verlust erfolgt auf der Grundlage des § 232;[1] demgegenüber betrifft § 231 die an sich nachrangige Frage, nach welchem Maßstab Gewinn und Verlust auf die Gesellschafter zu verteilen sind (**Verteilungsschlüssel**).[2] Ohne Bedeutung ist § 231 für die Bestimmung des Gewinn- und Verlustanteils innerhalb des Unternehmensträgers.[3]

2. Abdingbarkeit. Nach dem ausdrücklichen Wortlaut des § 231 Abs. 1 richtet sich die Beteiligungsquote des stillen Gesellschafters vornehmlich nach dem Inhalt des Gesellschaftsvertrages. Nur im ungewöhnlichen Fall einer fehlenden Bestimmung gilt nach § 231 Abs. 1 ein angemessener Anteil als ausbedungen.[4] Auch § 231 Abs. 2 Halbsatz 2 ist dispositiv und bedeutet nicht, dass ein Ausschluss der Gewinnbeteiligung ungültig ist, sondern bringt lediglich zum Ausdruck, dass ein solches Rechtsverhältnis nicht als stille Gesellschaft zu qualifizieren ist.[5]

II. Beteiligungsfaktor

1. Gesellschaftsvertrag. a) Gewinn- und Verlustbeteiligung. Die Höhe des Gewinn- und Verlustanteils, der **Beteiligungsfaktor**, kann von den Vertragspartnern innerhalb der Grenzen des § 138 BGB frei vereinbart werden.[6] Es genügt eine Klausel über den Anteil des stillen Gesellschafters,[7] weil der Restbetrag ohnehin dem Geschäftsinhaber verbleibt.[8] Als Verteilungsschlüssel kann ein gewisser Prozentsatz, das Verhältnis der Einlage zum Eigenkapital des Geschäftsinhabers oder das Verhältnis der Kapitalanteile gewählt werden.[9] Wird auf das Verhältnis der Einlage zum Eigenkapital des Geschäftsinhabers abgehoben, so sind die Gegebenheiten bei Vertragsschluss maßgeblich und später eintretende Wertveränderungen unbeachtlich.[10] Deshalb ist wegen etwaiger Wertschwankungen ein bestimmter Bilanzstichtag als Bemessungsgrundlage ungeeignet.[11]

Der Beteiligungsfaktor **kann** für Gewinn und Verlust **divergieren**;[12] ein isoliert entweder für die Gewinn- oder Verlustbeteiligung vereinbarter Beteiligungsfaktor gilt im Zweifel nach § 722 Abs. 2 BGB auch für den ungeregelten, konträren Ergebnisanteil.[13] Dem stillen Gesellschafter kann eine feste Verzinsung neben einem Mindestgewinn oder einem weiteren Gewinnanteil versprochen,[14] andererseits der Gewinn auf einen bestimmten zahlenmäßigen Höchstbetrag limitiert werden.[15] Dem stillen Gesellschafter wie auch dem Geschäftsinhaber kann ein Gewinnvoraus (entsprechend § 168 Abs. 1) oder eine feste Vorabdividende zugestanden werden.[16] Ergibt die Gewinnbeteiligung eine Verzinsung von mehr als 6%, so greift gleichwohl das Kündigungsrecht aus § 247 aF BGB nicht ein;[17] nichts anderes gilt mangels einer Darlehensgewährung für das Kündigungsrecht aus § 490 BGB.[18] Ebenso ist auf Grund bestimmter Umstände eine konkludente Vereinbarung des Beteiligungsfaktors etwa bei Umwandlung einer Kommanditistenbeteiligung in eine stille Beteiligung im Sinne eines Festhaltens am bisherigen Verteilungsschlüssel nahe liegend.[19]

---

[1] Staub/*Zutt* RdNr. 1.
[2] Staub/*Zutt* RdNr. 1; K. MünchKommHGB/*K. Schmidt* RdNr. 2; MümchHdbKG/*Bezzenberger* § 22 RdNr. 1; Heymann/*Horn* RdNr. 1.
[3] Koller/Roth/*Morck* RdNr. 1.
[4] MünchHdbStG/*Bezzenberger* § 22 RdNr. 1; *Blaurock* RdNr. 831; Staub/*Zutt* RdNr. 2; Röhricht/Graf v. Westphalen/*v. Gerkan* RdNr. 2.
[5] MünchKommHGB/*K. Schmidt* RdNr. 3; Staub/*Zutt* RdNr. 2; Röhricht/Graf v. Westphalen/*v. Gerkan* RdNr. 11.
[6] RGZ 25, 41, 44; Koller/Roth/*Morck* RdNr. 2; MünchKommHGB/*K. Schmidt* RdNr. 9; Heymann/*Horn* RdNr. 1; Röhricht/Graf v. Westphalen/*v. Gerkan* RdNr. 6.
[7] Heymann/*Horn* RdNr. 1.
[8] MünchHdbStG/*Bezzenberger* § 22 RdNr. 1.
[9] MünchKommHGB/*K. Schmidt* RdNr. 9; MünchHdbStG/*Bezzenberger* § 22 RdNr. 6; Heymann/*Horn* RdNr. 1; *Blaurock* RdNr. 832; Koller/Roth/*Morck* RdNr. 2.
[10] RGZ 25, 41, 46; Baumbach/*Hopt* RdNr. 1; MünchHdbStG/*Bezzenberger* § 22 RdNr. 6; Staub/*Zutt* RdNr. 4; Heymann/*Horn* RdNr. 1.
[11] Staub/*Zutt* RdNr. 4; MünchHdbStG/*Bezzenberger* § 22 RdNr. 6; *Blaurock* RdNr. 832, anders Voraufl. S. 267.
[12] MünchKommHGB/*K. Schmidt* RdNr. 9; Heymann/*Horn* RdNr. 1.
[13] Urt. v. 30. 11. 1959 – II ZR 204/57, BB 1960, 14; *Horn* RdNr. 1; MünchKommHGB/*K. Schmidt* RdNr. 8; Staub/*Zutt* RdNr. 7; Röhricht/Graf v. Westphalen/*v. Gerkan* RdNr. 6.
[14] MünchKommHGB/*K. Schmidt* RdNr. 9; Staub/*Zutt* RdNr. 5; Röhricht/Graf v. Westphalen/*v. Gerkan* RdNr. 6.
[15] MünchKommHGB/*K. Schmidt* RdNr. 9; *Blaurock* RdNr. 834.
[16] Staub/*Zutt* § 230 RdNr. 5; *Blaurock* RdNr. 834.
[17] BGH Urt. v. 27. 9. 1982 – II ZR 16/82, BGHZ 85, 61 = NJW 1983, 111.
[18] Staub/*Zutt* RdNr. 5.
[19] MünchKommHGB/*K. Schmidt* RdNr. 10; *Blaurock* RdNr. 835.

5 **b) Ausschluss der Verlustbeteiligung.** Eine solche Vergünstigung kann dem stillen Gesellschafter nach § 231 Abs. 2 Halbsatz 1 eingeräumt werden.[20] Wird in dem Vertrag nur die Gewinnbeteiligung ausdrücklich angesprochen, die Verlustbeteiligung dagegen überhaupt nicht erwähnt, so kann allein daraus nicht ein Ausschluss der Verlustbeteiligung gefolgert werden (vgl. § 722 Abs. 2 BGB).[21] Vielmehr erstreckt sich die vereinbarte Gewinnbeteiligung auch auf den Verlust.[22] Im Versprechen eines garantierten Mindestgewinns liegt der konkludente Ausschluss einer Verlustbeteiligung.[23] Die Zusicherung der vollen Rückzahlung der Einlage nach Vertragsbeendigung bedeutet dagegen keinen Verlustausschluss, weil diese Regelung einen Ausgleich zwischenzeitlicher Verluste durch nachfolgende Gewinne ermöglicht;[24] der stille Gesellschafter kann in diesem Fall lediglich verlangen, ihm seine Einlage bei Auflösung der Gesellschaft trotz negativem Einlagekonto in voller Höhe zurückzuerstatten.[25]

6 Schuldet der stille Gesellschafter als Einlage **Dienstleistungen** oder **Gebrauchsüberlassungen**, so wird die Verlustbeteiligung nicht stillschweigend ausgeschlossen. Ohne besondere Abrede sind vielmehr die Verluste von dem bilanzierten Wert der Einlage in Abzug zu bringen.[26]

7 Der Ausschluss der Verlustbeteiligung entfaltet nur im **Innenverhältnis** der Gesellschafter Rechtswirkungen.[27] In der Insolvenz des Geschäftsinhabers erlangt der stille Gesellschafter gegenüber den übrigen Gläubigern kein Vorrecht, sondern ist als normaler Insolvenzgläubiger zu behandeln.[28] Allerdings kann der stille Gesellschafter, sofern nicht § 237 bzw. § 136 InsO Platz greift, die Rechte aus einer ordnungsgemäß bestellten Sicherheit geltend machen.[29]

8 **2. Gesetz.** Fehlt eine ausdrückliche oder durch Auslegung des Vertrages feststellbare Regelung, gilt nach § 231 Abs. 1 ein den Umständen nach angemessener Anteil als bedungen. Unanwendbar ist danach § 722 Abs. 1 BGB, da der Gesellschaftern ohne nähere Differenzierung stets gleiche Anteile zubilligt.[30] Auch eine Vorwegverzinsung nach § 168 Abs. 1 scheidet aus.[31] Ist nur einseitig eine bestimmte Gewinn – oder Verlustbeteiligung vereinbart worden, lässt der Vertrag aber ausdrücklich erkennen, dass dieser Faktor nicht auf die ungeregelte Ergebnisverteilung zu übertragen ist, so ist abweichend von § 722 Abs. 2 BGB auf der Grundlage des § 231 Abs. 1 ein angemessener Anteil an Gewinn oder Verlust festzusetzen.[32] Im Rahmen der Zuweisung eines angemessenen Anteils an Gewinn und Verlust sind **alle Umstände** des Einzelfalls und das Verhältnis der beiderseitigen Beitragsleistungen in Rechnung zu stellen: Art und Umfang der Einlage des stillen Gesellschafters im Verhältnis zu Goodwill und Eigenkapital des Unternehmers, eine eigene unternehmerische Betätigung eines atypisch beteiligten stillen Gesellschafters, daneben als anteilsmindernde Faktoren die fehlende persönliche Haftung des stillen Gesellschafters wie auch ein etwaiger Ausschluss der Verlustbeteiligung.[33]

III. Ausschluss der Gewinnbeteiligung des stillen Gesellschafters

9 **1. Rechtsfolge eines Gewinnausschlusses.** Das Verbot des § 231 Abs. 2 Halbsatz 2, dem stillen Gesellschafter eine Gewinnbeteiligung zu verwehren, lässt die Gültigkeit des Rechtsverhältnisses **unangetastet** und hat lediglich die Unanwendbarkeit der §§ 230 bis 237 zur Folge.[34] Dann ist das Vertragsgebilde vielmehr als Darlehen oder Gesellschaft bürgerlichen Rechts zu qualifizieren.[35] Ist trotz des vereinbarten Gewinnausschlusses ausnahmsweise ernstlich eine stille Beteiligung gewollt, so ist die Klausel nichtig und gem. § 231 Abs. 1 ein angemessener Gewinnanteil zu bestimmen.[36]

---

[20] Staub/*Zutt* RdNr. 11.
[21] BGH Urt. v. 29. 6. 1992 – II ZR 284/91, NJW 1992, 2696 f.; BFH Urt. v. 23. 7. 2002 – VIII R 36/01, NJW-RR 2003, 31 f.; Röhricht/Graf v. Westphalen/*v. Gerkan* RdNr. 13.
[22] BFH Urt. v. 23. 7. 2002 – VIII R 36/01, NJW-RR 2003, 31 f.
[23] Staub/*Zutt* RdNr. 5, 11; Heymann/*Horn* RdNr. 4; MünchKommHGB/*K. Schmidt* RdNr. 21.
[24] Heymann/*Horn* § 230 RdNr. 4; Staub/*Zutt* § 230 RdNr. 11.
[25] MünchKommHGB/*K. Schmidt* RdNr. 21; *Blaurock* RdNr. 357; Röhricht/Graf v. Westphalen/*v. Gerkan* RdNr. 13.
[26] Heymann/*Horn* RdNr. 4; Staub/*Zutt* RdNr. 12; MünchKommHGB/*K. Schmidt* § 230 RdNr. 20; Koller/Roth/Morck RdNr. 4; MünchHdbStG/*Bezzenberger* § 22 RdNr. 20; Röhricht/Graf v. Westphalen/*v. Gerkan* RdNr. 13.
[27] Heymann/*Horn* RdNr. 4.
[28] Staub/*Zutt* RdNr. 13; MünchKommHGB/*K. Schmidt* RdNr. 21.
[29] Staub/*Zutt* § 230 RdNr. 13.
[30] Staub/*Zutt* RdNr. 8; MünchKommHGB/*K. Schmidt* RdNr. 6; Röhricht/Graf v. Westphalen/*v. Gerkan* RdNr. 4.
[31] MünchHdbStG/*Bezzenberger* § 22 RdNr. 5.
[32] Staub/*Zutt* RdNr. 7; MünchKommHGB/*K. Schmidt* RdNr. 8.
[33] MünchHdbStG/*Bezzenberger* § 22 RdNr. 1; Staub/*Zutt* RdNr. 8; Heymann/*Horn* RdNr. 2.
[34] Staub/*Zutt* RdNr. 9; MünchKommHGB/*K. Schmidt* RdNr. 23; Heymann/*Horn* RdNr. 5; Koller/Roth/Morck RdNr. 2.
[35] Staub/*Zutt* RdNr. 9; Koller/Roth/Morck RdNr. 2; MünchKommHGB/*K. Schmidt* RdNr. 23 f.
[36] Baumbach/*Hopt* RdNr. 2; Heymann/*Horn* RdNr. 5.

2. Gewinnausschluss – zulässige Gewinnbegrenzung. Ein Ausschluss der Gewinnbeteiligung **10** ist nicht erst anzunehmen, wenn dem stillen Gesellschafter überhaupt kein Ertrag aus der Einlage zufließen soll, sondern auch bei einer festen, von den wechselnden Geschäftsergebnissen unabhängigen Vergütung gegeben.[37] In beiden Fällen liegt ein Darlehen vor, das einmal zinslos und zum anderen verzinslich ausgeformt ist.[38] Demgemäß fehlt eine Gewinnbeteiligung bei Vereinbarung einer reinen gewinnunabhängigen Umsatzrendite.[39] Eine nicht auf einen Gewinnausschluss hinauslaufende Begrenzung der Gewinnbeteiligung ist zulässig, wenn der stille Gesellschafter auf einen bestimmten Teil des Gesamtgewinns oder den Gewinn aus einzelnen Geschäften, Geschäftssparten oder Zweigniederlassungen verzichtet.[40] Unbedenklich sind auch Abreden, die dem stillen Gesellschafter einen Mindestgewinn einräumen oder umgekehrt erst jenseits einer Mindestrendite eine Gewinnbeteiligung vorsehen.[41] Ebenso zulässig ist die Kombination einer festen Vergütung mit einer Gewinnbeteiligung.[42]

IV. Ausschluss von Gewinn- und Verlustbeteiligung des Geschäftsinhabers

1. Ausschluss der Gewinnbeteiligung. Im Unterschied zum stillen Gesellschafter begegnet ein **11** Ausschluss des Geschäftsinhabers von der Gewinnbeteiligung grundsätzlich **keinen** rechtlichen Bedenken.[43] Eine solche gleichwohl an § 138 BGB zu messende Vertragsgestaltung ist nahe liegend, wenn der stille Gesellschafter in einer Treuhandbeziehung der eigentliche Unternehmensträger ist.[44] In derartigen Konstellationen wird dem Geschäftsinhaber für seine Tätigkeit regelmäßig eine feste Vergütung als Gehalt gewährt.[45]

2. Ausschluss der Verlustbeteiligung. Ebenso grundsätzlich zulässig ist ein Ausschluss der **12** Verlustbeteiligung des Geschäftsinhabers,[46] mit dem häufig ein Ausschluss der Gewinnbeteiligung einhergehen wird. Eine solche Abmachung bietet sich an, wenn der stille Gesellschafter der eigentliche **Kapitalgeber** und **Träger** des Handelsgeschäfts ist.[47] Die Haftung des Geschäftsinhabers nach außen bleibt dabei erhalten.[48] Der von den Gläubigern in Anspruch genommene Geschäftsinhaber kann dann aber von dem stillen Gesellschafter Ersatz seiner Aufwendungen verlangen.[49]

V. Unterbeteiligung

Für die Unterbeteiligung gelten die skizzierten rechtlichen Maßstäbe entsprechend.[50] **13**

§ 232 [Gewinn- und Verlustrechnung]

(1) Am Schlusse jedes Geschäftsjahrs wird der Gewinn und Verlust berechnet und der auf den stillen Gesellschafter fallende Gewinn ihm ausbezahlt.

(2) ¹**Der stille Gesellschafter nimmt an dem Verluste nur bis zum Betrage seiner eingezahlten oder rückständigen Einlage teil.** ²**Er ist nicht verpflichtet, den bezogenen Gewinn wegen späterer Verluste zurückzuzahlen; jedoch wird, solange seine Einlage durch Verlust vermindert ist, der jährliche Gewinn zur Deckung des Verlustes verwendet.**

(3) Der Gewinn, welcher von dem stillen Gesellschafter nicht erhoben wird, vermehrt dessen Einlage nicht, sofern nicht ein anderes vereinbart ist.

---

[37] BGH Urt. v. 17. 6. 1952 – IV ZR 87/51, LM § 139 Nr. 8; RGZ 122, 387, 390; MünchKommHGB/*K. Schmidt* RdNr. 24; Staub/*Zutt* RdNr. 9; Röhricht/Graf v. Westphalen/*v. Gerkan* RdNr. 12.
[38] MünchKommHGB/*K. Schmidt* RdNr. 24.
[39] Staub/*Zutt* RdNr. 9; *Hopt* RdNr. 2; Röhricht/Graf v. Westphalen/*v. Gerkan* RdNr. 12; Heymann/*Horn* RdNr. 5; vgl. aber BGHZ 85, 61.
[40] RGZ 122, 387, 390; MünchKommHGB/*K. Schmidt* RdNr. 24; Staub/*Zutt* RdNr. 9.
[41] MünchKommHGB/*K. Schmidt* RdNr. 24; Staub/*Zutt* RdNr. 9.
[42] RGZ 92, 292 f.; Staub/*Zutt* RdNr. 9; Heymann/*Horn* RdNr. 5.
[43] MünchHdbStG/*Bezzenberger* § 22 RdNr. 7; Staub/*Zutt* RdNr. 10; MünchKommHGB/*K. Schmidt* RdNr. 25; Röhricht/Graf v. Westphalen/*v. Gerkan* RdNr. 14.
[44] Staub/*Zutt* RdNr. 10; *Blaurock* RdNr. 336.
[45] MünchHdbStG/*Bezzenberger* § 22 RdNr. 7; *Blaurock* RdNr. 336.
[46] Staub/*Zutt* RdNr. 14.
[47] *Blaurock* RdNr. 361.
[48] Staub/*Zutt* RdNr. 14.
[49] *Blaurock* RdNr. 361.
[50] Staub/*Zutt* RdNr. 18; MünchKommHGB/*K. Schmidt* RdNr. 26.

Übersicht

	RdNr.		RdNr.
I. Normzweck	1	**IV. Gewinnrealisierung durch Auszahlung oder Gutschrift**	17–24
II. Rechnungslegung	2–8	1. Auszahlung des Gewinns	17–20
1. Pflicht des Geschäftsinhabers	2	a) Gewinnanspruch – kein Entnahmerecht	17
2. Handelsbilanz als Grundlage der Rechnungslegung	3–5	b) Auszahlungshindernisse	18
		c) Rückständige Einlage	19
3. Inhalt der Abrechnung	6	d) Konditktion bei fehlerhafter Berechnung	20
4. Frist zur Rechnungslegung	7	2. Gutschrift	21–24
5. Durchsetzung der Rechnungslegung	8	a) Einlagekonto	21–23
III. Ermittlung von Gewinn und Verlust	9–16	b) Privatkonto (Darlehenskonto)	24
1. Betriebsergebnis	9	**V. Verlustbeteiligung**	25, 26
2. Herkunft von Gewinn und Verlust	10, 11	1. Eckwerte: Einlage als Obergrenze – Verlustausgleich durch Gewinne	25
3. Umlaufvermögen	12	2. Bezogene Gewinne	26
4. Anlagevermögen	13	**VI. Atypische stille Gesellschaft – Unterbeteiligung**	27, 28
5. Rückstellungen – Rücklagen	14	1. Schuldrechtliche Beteiligung am Gesellschaftsvermögen	27
6. Steueraufwand – Tätigkeitsvergütung	15		
7. Verluste	16	2. Unterbeteiligung	28

I. Normzweck

1 § 232 Abs. 1 befasst sich mit der **Ermittlung des Geschäftsergebnisses**, nämlich der Berechnung von Gewinn und Verlust, sowie der Auszahlung des Gewinnanteils an den stillen Gesellschafter. Die Verlustbeteiligung des stillen Gesellschafters und die Verwendung von Gewinnen zur Verlustdeckung ist in § 232 Abs. 2 niedergelegt. Schließlich untersagt § 232 Abs. 3, nicht erhobene Gewinne der Einlage zuzuschlagen.[1] Die Vorschrift hat insgesamt dispositiven Charakter und kann durch den Gesellschaftsvertrag abbedungen werden.[2]

II. Rechnungslegung

2 **1. Pflicht des Geschäftsinhabers.** Der Geschäftsinhaber ist gehalten, anhand der von ihm zu führenden Bücher den Gewinn und Verlust zu ermitteln. Die Verpflichtung folgt aus der **Geschäftsführungstätigkeit** des Geschäftsinhabers; der stille Gesellschafter hat an der Aufstellung des Jahresabschlusses grundsätzlich nicht mitzuwirken.[3] Durch Vertrag kann die Rechnungslegung auch dem stillen Gesellschafter, insbesondere bei einer atypischen stillen Beteiligung mit Geschäftsführungsaufgaben wie auch einer mehrgliedrigen stillen Gesellschaft, auferlegt werden.[4]

3 **2. Handelsbilanz als Grundlage der Rechnungslegung.** Das Gesetz spricht in § 232 Abs. 1 lediglich davon, dass der „Gewinn und Verlust berechnet wird", klärt aber nicht, in welcher Weise dies zu geschehen hat.[5] Hinzu kommt, dass eine eigene Bilanz der stillen Gesellschaft, die als Innengesellschaft keine Vermögensrechte und Verbindlichkeiten zu erwerben vermag, auf Grund ihrer Rechtsform ausscheidet.[6] Deswegen erteilt der Geschäftsinhaber dem stillen Gesellschafter nur eine **interne Abrechnung**.[7] Diese bereits den Ausgangspunkt der Rechnungslegung prägenden Unwägbarkeiten lassen es ratsam erscheinen, die Ansätze für die Gewinn- und Verlustberechnung im Gesellschaftsvertrag verbindlich festzulegen.[8]

4 In Ermangelung einer vertraglichen Vereinbarung bildet die von dem Geschäftsinhaber für das Unternehmen zu fertigende Erfolgsrechnung, auf der die Gewinn- und Verlustanteile des stillen Gesellschafters aufbauen, die **Grundlage der Rechnungslegung**.[9] Der Geschäftsinhaber hat den Jahresabschluss für sein Handelsgewerbe nach den rechtsformspezifischen bilanzrechtlichen Vorschrif-

---

[1] Staub/*Zutt* RdNr. 1; MünchKommHGB/*K. Schmidt* RdNr. 1.
[2] MünchKommHGB/*K. Schmidt* RdNr. 2; *Koller*/Roth/Morck RdNr. 1.
[3] MünchHdbStG/*Bezzenberger* § 21 RdNr. 1 f; Heymann/*Horn* RdNr. 1; Staub/*Zutt* RdNr. 20; MünchKommHGB/*K. Schmidt* RdNr. 20; Röhricht/Graf v. Westphalen/*v. Gerkan* RdNr. 8; *Blaurock* RdNr. 774, 776, 840.
[4] MünchHdbStG/*Bezzenberger* § 21 RdNr. 4; Röhricht/Graf v. Westphalen/*v. Gerkan* RdNr. 8.
[5] MünchKommHGB/*K. Schmidt* RdNr. 7; Staub/*Zutt* RdNr. 2.
[6] Staub/*Zutt* RdNr. 2; MünchKommHGB/*K. Schmidt* RdNr. 11; MünchHdbStG/*Bezzenberger* § 21 RdNr. 7; *Blaurock* RdNr. 772.
[7] *Blaurock* RdNr. 772.
[8] *Blaurock* RdNr. 838; Staub/*Zutt* RdNr. 6; *Koller*/Roth/Morck RdNr. 1.
[9] MünchHdbStG/*Bezzenberger* § 21 RdNr. 7.

ten zu fertigen.[10] Der Geschäftsinhaber unterliegt zwar, soweit er vor dem Inkrafttreten des HRefG als Minderkaufmann einzustufen war und jetzt nicht im Handelsregister eingetragener Kleingewerbetreibender ist, nicht dem handelsrechtlichen Bilanzrecht, hat jedoch im Rahmen der stillen Gesellschaft die Geschäftsvorfälle nach den Grundsätzen ordnungsgemäßer Buchführung aufzuzeichnen und eine jährliche Erfolgsrechnung vorzunehmen.[11]

Als Bemessungsgrundlage der Rechnungslegung (wie auch der Gewinnermittlung) kommt die **Handels-** oder die **Steuerbilanz** in Betracht.[12] Während die Handelsbilanz wegen der Möglichkeit, stille Reserven zu bilden, eher den Geschäftsinhaber begünstigt, gereicht die Steuerbilanz, weil bestimmte durch den Geschäftsbetrieb veranlasste Aufwendungen steuerlich nicht als Betriebsausgaben anerkannt werden, umgekehrt dem stillen Gesellschafter zum Vorteil. Vorzugswürdig als Bemessungsgrundlage erscheint die **Handelsbilanz,** weil mit dem Bilanzrichtlinien-Gesetz die Befugnis, stille Reserven einzustellen, für alle kaufmännischen Unternehmen eingeengt wurde.[13] Durch gesetzliche Bestimmungen eröffnete Bewertungsreserven wie auch bestimmte Risiken berücksichtigende Schätzungsreserven (Abschreibungen) hat der stille Gesellschafter gegen sich gelten zu lassen,[14] während er an Ermessensreserven, die durch die Ausübung von Wahlrechten begründet werden, bei Auflösung der Gesellschaft partizipiert.[15] Der Rechnungslegung einer **atypischen** stillen Gesellschaft mit Vermögensbeteiligung des stillen Gesellschafters ist ohne weiteres die Handelsbilanz zugrundezulegen.[16]

3. Inhalt der Abrechnung. Zum Zwecke der Gewinn- und Verlustberechnung ist der Jahresabschluss den Verhältnissen in der stillen Gesellschaft **anzupassen.**[17] Der Geschäftsinhaber kann sich der Pflicht zur Rechnungslegung also nicht allein durch Vorlage des Jahresabschlusses entledigen.[18] Die Ergebnisrechnung kann in eine Bilanz gekleidet, ebenso aber als Zusatzrechnung dem Jahresabschluss angehängt werden.[19] Auch in diesem Punkt empfiehlt sich zur Klärung der Einzelheiten eine vertragliche Absprache. Jedenfalls muss die Ergebnisrechnung die für die Beteiligung des stillen Gesellschafters maßgeblichen Erträge und Aufwendungen nachprüfbar aufzeigen: Der Jahresabschluss des Geschäftsinhabers ist durch Aussonderung der den stillen Gesellschafter nicht betreffenden Erträge und Verluste zur **Ertragsrechnung der stillen Gesellschaft** auszuformen.[20] Unbeachtlich sind Erträge und Verluste aus Geschäften, die nicht in den Rahmen des Zwecks der stillen Gesellschaft fallen.[21]

4. Frist zur Rechnungslegung. Der Geschäftsinhaber hat die Jahresrechnung innerhalb desselben Zeitraums wie den Jahresabschluss seines Unternehmens aufzustellen und dem stillen Gesellschafter zur Kenntnis zu bringen. Gesetzliche Fristen (§ 264, § 42 a GmbHG, § 175 AktG) gelten entsprechend. Im Übrigen ist § 243 Abs. 3 anzuwenden.[22] Als Abrechnungszeitraum schreibt § 232 Abs. 1 das Geschäftsjahr vor.[23]

5. Durchsetzung der Rechnungslegung. Der stille Gesellschafter kann Klage auf Abrechnung wie auch Berichtigung einer fehlerhaften Abrechnung erheben. Im Wege der **Stufenklage** (§ 254 ZPO) kann damit der Anspruch auf Auszahlung des Gewinnanteils verbunden werden.[24]

III. Ermittlung von Gewinn und Verlust

1. Betriebsergebnis. Fehlt eine – dringend anzuratende – vertragliche Vereinbarung, so bereitet die Beurteilung, welche Gewinne und Verluste zu verteilen sind, bei der typischen stillen Gesellschaft

---

[10] Staub/*Zutt* RdNr. 2; MünchHdbStG/*Bezzenberger* § 21 RdNr. 8.
[11] Staub/*Zutt* RdNr. 2; MünchHdbStG/*Bezzenberger* § 21 RdNr. 8; *Blaurock* RdNr. 837; Baumbach/*Hopt* RdNr. 3; Röhricht/Graf v. Westphalen/*v. Gerkan* RdNr. 7.
[12] *Blaurock* RdNr. 838, 846.
[13] MünchHdbStG/*Bezzenberger* § 21 RdNr. 9; *Blaurock* RdNr. 846; Heymann/*Horn* RdNr. 2; *Koller*/Roth/Morck RdNr. 2; Röhricht/Graf v. Westphalen/*v. Gerkan* RdNr. 9.
[14] MünchHdbStG/*Bezzenberger* § 21 RdNr. 14, 16 f.
[15] MünchHdbStG/*Bezzenberger* § 21 RdNr. 15.
[16] MünchHdbStG/*Bezzenberger* § 21 RdNr. 10.
[17] BGH Urt. v. 30. 11. 1959 – II ZR 204/57, BB 1960, 14 f.; *Koller*/Roth/Morck RdNr. 3.
[18] Staub/*Zutt* RdNr. 3.
[19] Staub/*Zutt* RdNr. 3.
[20] MünchHdbStG/*Bezzenberger* § 21 RdNr. 11; Röhricht/Graf v. Westphalen/*v. Gerkan* RdNr. 6; *Blaurock* RdNr. 843.
[21] *Blaurock* RdNr. 858; MünchHdbStG/*Bezzenberger* § 21 RdNr. 11.
[22] Staub/*Zutt* RdNr. 20; MünchHdbStG/*Bezzenberger* § 21 RdNr. 5 f.; *Blaurock* RdNr. 844; MünchKommHGB/*K. Schmidt* RdNr. 19.
[23] Staub/*Zutt* RdNr. 5.
[24] Staub/*Zutt* RdNr. 23; Heymann/*Horn* RdNr. 7.

häufig Schwierigkeiten. Da der stille Gesellschafter nicht an einem Unternehmen als ganzes, sondern nur an dem von einem anderen betriebenen Handelsgewerbe beteiligt ist (§ 230 Abs. 1), beschränkt sich die Gewinn- und Verlustbeteiligung des stillen Gesellschafters auf das **Betriebsergebnis**.[25] Deshalb muss zwischen dem Unternehmensgewinn des Geschäftsinhabers und dem Gewinn aus seinem Geschäftsbetrieb unterschieden werden.[26]

10   **2. Herkunft von Gewinn und Verlust.** Die Berücksichtigung von Aufwendungen und Erträgen, Wertsteigerungen und Wertminderungen bestimmt sich nach ihrer Herkunft **(Verursachung)**. Verteilungsfähig sind nur die aus dem Betrieb des Handelsgeschäfts resultierenden Wertveränderungen.[27] An Gewinnen aus Handelsgeschäften, die vor Abschluss des Gesellschaftsvertrages eingegangen wurden, aber erst während des Bestehens der stillen Gesellschaft realisiert werden, nimmt der stille Gesellschafter im Zweifel teil.[28] Auszuklammern sind dagegen Gewinn- und Verlustvorträge aus der Zeit vor Abschluss der stillen Gesellschaft.[29] Erlöse aus Geschäften oder sonstigen Leistungen im Geschäftsbetrieb sind stets Bestandteil der Ergebnisermittlung.[30] Nach diesem Grundsatz stehen ordnungsgemäß außerhalb des Handelsgewerbes erwirtschaftete Gewinne allein dem Geschäftsinhaber zu.[31]

11   Der **privaten** Vermögenssphäre des Geschäftsinhabers zuzuordnende Vorgänge wie der schenkweise Erlass einer Forderung durch einen Familienangehörigen oder der Wegfall einer Forderung kraft Erbgangs bleiben als außerordentliche Erträge von der Gewinnverteilung ausgeschlossen.[32] Im Gegensatz dazu sind Erträge aus der Verjährung einer **geschäftlichen** Verbindlichkeit wie auch aus dem geschäftlich veranlassten Erlass einer Forderung ebenso wie Sanierungs- und Währungsgewinne dem Betriebsergebnis zuzuschlagen.[33] **Vertragswidrige** (unternehmensfremde) Geschäfte, die nicht vom Gegenstand des Handelsgewerbes gedeckt sind, die Grundlagen der stillen Gesellschaft verändern oder nach Art und Umfang für den Geschäftsbetrieb ungewöhnlich sind, finden keinen Eingang in das Geschäftsergebnis.[34] Allerdings kann der stille Gesellschafter derartige Geschäfte genehmigen.[35] Dem Unternehmensgegenstand zugehörige, zum Vorteil des Geschäftsinhabers über Strohmänner abgewickelte Geschäfte sind gewinnerhöhend zu verbuchen.[36]

12   **3. Umlaufvermögen.** An Wertschwankungen des **Umlaufvermögens,** jener dem Verbrauch, der Verarbeitung oder der Veräußerung dienender Wirtschaftsgüter, die einem fortlaufenden Wechsel in ihrem Bestand unterliegen,[37] ist der stille Gesellschafter grundsätzlich beteiligt. Dies gilt unbeschadet der Frage, ob Wertveränderungen auf Umsatzgeschäfte zurückgehen, weil das Umlaufvermögen den Gegenstand der Gewinn- und Verlustgemeinschaft bildet.[38]

13   **4. Anlagevermögen.** Demgegenüber sind Wertschwankungen im **Anlagevermögen,** den Wirtschaftsgütern, die dauernd den Zwecken des Betriebes zu dienen bestimmt sind,[39] grundsätzlich außer Betracht zu lassen, soweit sie, wie etwa die Steigerung des Verkehrswerts eines Grundstücks, **nicht** mit der Unternehmenstätigkeit in Zusammenhang stehen.[40] Dieser Grundsatz erfährt aber unter dem Gesichtspunkt der **Betriebsbezogenheit** mehrere Ausnahmen: Gewinne aus der Veräußerung von Gegenständen des Anlagevermögens sind beachtlich, sofern das Geschäft, etwa der Verkauf alter, inzwischen ersetzter Maschinen, als betriebsbezogen zu charakterisieren ist.[41] Dies ist auch anzunehmen, wenn die Veräußerung von Anlagevermögen – etwa Grundstücke durch eine

---

[25] RGZ 120, 410, 411; 126, 386, 393; Röhricht/Graf v. Westphalen/v. Gerkan RdNr. 2; MünchHdbStG/Bezzenberger § 20 RdNr. 2; MünchKommHGB/K. Schmidt RdNr. 5 f.; Staub/Zutt RdNr. 6; Blaurock RdNr. 864.
[26] MünchHdbStG/Bezzenberger § 20 RdNr. 7.
[27] Staub/Zutt RdNr. 6; MünchKommHGB/K. Schmidt RdNr. 7 f.; Blaurock RdNr. 864; Heymann/Horn RdNr. 2; Koller/Roth/Morck RdNr. 3; MünchHdbStG/Bezzenberger § 20 RdNr. 3, 13.
[28] Blaurock RdNr. 860; Baumbach/Hopt RdNr. 1.
[29] Koller/Roth/Morck RdNr. 4.
[30] MünchHdbStG/Bezzenberger § 20 RdNr. 13.
[31] RGZ 120, 410 f.; Baumbach/Hopt RdNr. 2.
[32] MünchKommHGB/K. Schmidt RdNr. 8; Staub/Zutt RdNr. 7; Blaurock RdNr. 859.
[33] BGH Urt. v. 24. 2. 1969 – II ZR 123/67, BGHZ 51, 350, 353 = NJW 1969, 1211; RGZ 120, 410, 412; Staub/Zutt RdNr. 9; MünchKommHGB/K. Schmidt RdNr. 8; Blaurock RdNr. 867; Heymann/Horn RdNr. 3; Röhricht/Graf v. Westphalen/v. Gerkan RdNr. 3.
[34] RGZ 92, 292 f.; MünchHdbStG/Bezzenberger § 20 RdNr. 15; Heymann/Horn RdNr. 3; Staub/Zutt RdNr. 7.
[35] MünchHdbStG/Bezzenberger § 20 RdNr. 16.
[36] Blaurock Voraufl. S. 274.
[37] Blaurock RdNr. 724.
[38] MünchKommHGB/K. Schmidt RdNr. 8; Röhricht/Graf v. Westphalen/v. Gerkan RdNr. 3; Blaurock RdNr. 867; Baumbach/Hopt RdNr. 1; dagegen offenbar auf Umsatzgeschäfte abzielend: Staub/Zutt RdNr. 12.
[39] Blaurock RdNr. 722.
[40] MünchKommHGB/K. Schmidt RdNr. 9; Heymann/Horn RdNr. 3; Baumbach/Hopt RdNr. 1; Röhricht/Graf v. Westphalen/v. Gerkan RdNr. 4.
[41] Staub/Zutt RdNr. 11; Heymann/Horn RdNr. 3.

Bauträgergesellschaft oder PKW durch eine Kfz-Werkstatt – zur eigentlichen Betriebstätigkeit des Unternehmens gehört.[42] Wertminderungen des Anlagevermögens infolge betrieblicher Abnutzung ebenso wie Werterhöhungen durch Verwendung von Gesellschaftsmitteln beeinflussen ebenso das Betriebsergebnis.[43] Ferner ist der stille Gesellschafter an Anlagegütern beteiligt, die während der Dauer der Gesellschaft mit ihren Mitteln erworben werden.[44] An der Auflösung **stiller Reserven** bei der Veräußerung von Anlagegegenständen, die bereits bei Begründung der stillen Gesellschaft vorhanden waren, partizipiert der stille Gesellschafter im Umfang des ihm durch die Bildung der stillen Reserven entgangenen Gewinnanteils; aus sonstigen Quellen stammende Werterhöhungen – Kurssteigerungen von Wertpapieren, Ausweisung von Grundstücken als Bauland – sind außer Betracht zu lassen.[45]

5. Rückstellungen – Rücklagen. Kaufmännisch gebotene Rückstellungen muss der stille Gesellschafter gegen sich gelten lassen; Erträge aus aufgelösten Rückstellungen fließen ungeachtet, ob sie vor oder nach Beginn der stillen Gesellschaft entstanden sind, in die Ergebnisermittlung ein.[46] Offene Rücklagen schmälern nicht den Gewinn, weil der stille Gesellschafter an der damit verbundenen Erhöhung des Vermögens des Geschäftsbetriebs nicht teilnimmt.[47]

6. Steueraufwand – Tätigkeitsvergütung. Die durch den Geschäftsbetrieb hervorgerufene Steuerlast ist als gewinnmindernder Faktor zu berücksichtigen. Abzusetzen vom Gewinn ist die Umsatzsteuer, die Gewerbesteuer wie auch die Grundsteuer auf Betriebsgrundstücke.[48] Dagegen wird der verteilungsfähige Gewinn durch die der persönlichen Steuerschuld des Geschäftsinhabers zuzuordnenden Ertrags- und Vermögenssteuern wie Einkommensteuer und Körperschaftsteuer nicht gemindert.[49] – Eine vereinbarte Tätigkeitsvergütung des Geschäftsinhabers schmälert den Gewinn. Dies gilt bei den Kapitalgesellschaften GmbH und AG auch für die Geschäftsführer- und Vorstandsbezüge.[50]

7. Verluste. Die – vertraglich abdingbare (§ 231 Abs. 2) – Verlustbeteiligung des stillen Gesellschafters umfasst den durch den Geschäftsbetrieb verursachten Verlust. Ihre Berechnung richtet sich nach denselben Grundsätzen wie die Gewinnermittlung.[51]

IV. Gewinnrealisierung durch Auszahlung oder Gutschrift

1. Auszahlung des Gewinns. a) Gewinnanspruch – kein Entnahmerecht. Dem stillen Gesellschafter ist der auf ihn entfallende Gewinn nach § 232 Abs. 1 auszubezahlen. Ein **Entnahmerecht** wird dem stillen Gesellschafter abweichend von § 122 und im Unterschied zum Geschäftsinhaber, der durch Entnahmen freilich nicht den Gesellschaftszweck gefährden darf, nicht anders als dem Kommanditisten (§ 169) von Gesetzes wegen verwehrt.[52] Der am Ende des Geschäftsjahres entstehende Auszahlungsanspruch wird fällig, sobald der Gewinn berechnet ist oder im Falle einer Verzögerung bei ordnungsgemäßem Geschäftsgang berechnet sein könnte.[53] Der Gewinnanteil ist an den Sitz des stillen Gesellschafters zu übersenden (§ 270 BGB).[54] Im Verzug ist der Anspruch nach § 288 zu verzinsen; ist der stille Gesellschafter Kaufmann, kann er gem. §§ 352, 353 darüber hinaus Fälligkeitszinsen berechnen.[55] Der Anspruch auf Auszahlung des Gewinns ist abtretbar, pfändbar und verpfändbar[56] und verjährt nach der neuen Allgemeinen Verjährungsfrist in drei Jahren (§ 195 BGB).[57] Der Gewinnanspruch verfällt also nicht wie bei der OHG mit der Feststellung der nächsten Jahresrechnung.[58]

---

[42] MünchKommHGB/*K. Schmidt* RdNr. 9; Röhricht/Graf v. Westphalen/*v. Gerkan* RdNr. 4.
[43] *Blaurock* RdNr. 870; Röhricht/Graf v. Westphalen/*v. Gerkan* RdNr. 4; MünchKommHGB/*K. Schmidt* RdNr. 9.
[44] RGZ 120, 410, 412; Baumbach/*Hopt* RdNr. 1; zweifelnd MünchKommHGB/*K. Schmidt* RdNr. 9.
[45] Staub/*Zutt* RdNr. 11; aA MünchHdbStG/*Bezzenberger* § 20 RdNr. 24.
[46] Staub/*Zutt* RdNr. 13.
[47] Staub/*Zutt* RdNr. 14; *Blaurock* RdNr. 861; *Rob. Fischer* JR 1962, 201, 204.
[48] Staub/*Zutt* RdNr. 16; MünchHdbStG/*Bezzenberger* § 21 RdNr. 19 ff.
[49] Staub/*Zutt* RdNr. 16; MünchHdbStG/*Bezzenberger* § 21 RdNr. 21 ff.; Koller/Roth/Morck RdNr. 4.
[50] Staub/*Zutt* RdNr. 15.
[51] MünchHdbStG/*Bezzenberger* § 20 RdNr. 33.
[52] Heymann/*Horn* RdNr. 6; Staub/*Zutt* RdNr. 26; MünchKommHGB/*K. Schmidt* RdNr. 30; Baumbach/*Hopt* RdNr. 4; Röhricht/Graf v. Westphalen/*v. Gerkan* RdNr. 14.
[53] *Blaurock* RdNr. 878; Staub/*Zutt* RdNr. 23; MünchKommHGB/*K. Schmidt* RdNr. 24; Baumbach/*Hopt* RdNr. 4; Röhricht/Graf v. Westphalen/*v. Gerkan* RdNr. 12.
[54] Staub/*Zutt* RdNr. 23; *Blaurock* RdNr. 881.
[55] Heymann/*Horn* RdNr. 7; Staub/*Zutt* RdNr. 24; Koller/Roth/Morck RdNr. 6.
[56] Staub/*Zutt* RdNr. 23; *Blaurock* RdNr. 882; MünchKommHGB/*K. Schmidt* RdNr. 25; Röhricht/Graf v. Westphalen/*v. Gerkan* RdNr. 13.
[57] BGH Urt. v. 6. 4. 1981 – II ZR 186/80, BGHZ 80, 357, 359 = NJW 1981, 2563.
[58] Staub/*Zutt* RdNr. 24; Heymann/*Horn* RdNr. 7.

18 **b) Auszahlungshindernisse.** Die Auszahlung des Gewinns unterliegt, selbst wenn sie die Liquidität des Unternehmensträgers beeinträchtigt, mangels Anwendbarkeit des § 122 keinen gesetzlichen Beschränkungen.[59] Allerdings muss der stille Gesellschafter bei der Geltendmachung des Gewinnanspruchs auf die allgemeine Treuepflicht Rücksicht nehmen. Deshalb ist dem stillen Gesellschafter die Erhebung eines Gewinns zum offenbaren Schaden der Gesellschaft verboten.[60]

19 **c) Rückständige Einlage.** Der Anspruch auf Gewinnauszahlung ist grundsätzlich nicht an die Leistung der Einlage geknüpft. Ist die Einlage indes nicht oder nicht vollständig erbracht, kann der Geschäftsinhaber gegen den Auszahlungsanspruch aufrechnen. Handelt es sich um eine offen stehende Sacheinlage, kann sich der Geschäftsinhaber auf das allgemeine Zurückbehaltungsrecht (§ 273 BGB) berufen.[61]

20 **d) Kondiktion bei fehlerhafter Berechnung.** Wird dem stillen Gesellschafter auf der Grundlage einer unrichtigen Bilanz ein überhöhter Gewinn gewährt, so hat er ihn nach Bereicherungsgrundsätzen (§§ 812 ff. BGB) zu erstatten; insoweit ist § 172 Abs. 5 nicht einschlägig, darum kann sich der stille Gesellschafter lediglich auf den Wegfall der Bereicherung (§ 818 Abs. 3 BGB) stützen.[62] Außerdem kann der Geschäftsinhaber einen Bereicherungsausgleich reklamieren, wenn ein ausgezahlter Gewinnanteil nach § 232 Abs. 2 Satz 2 Halbsatz 2 wegen Verlusten zur Wiederauffüllung der Einlage benötigt wird.[63] Eine vom Geschäftsinhaber in Kenntnis der fehlenden Verpflichtung vorgenommene Gewinnauszahlung kann gem. § 814 BGB nicht zurückverlangt werden.[64]

21 **2. Gutschrift.** Nicht ausbezahlter, stehengelassener Gewinn ist dem Einlagekonto oder dem Privatkonto des stillen Gesellschafters gutzuschreiben.

a) Einlagekonto. Nicht abgehobener Gewinn ist regelmäßig auf dem Einlagekonto zu verbuchen, soweit der stille Gesellschafter seine Einlage noch **nicht vollständig** erbracht hat. Eine dahin lautende Aufrechnungserklärung ist nach Treu und Glauben der Entschließung des stillen Gesellschafters, den Gewinn stehen zu lassen, zu entnehmen.[65]

22 An die Stelle der Gewinnauszahlung tritt gem. § 232 Abs. 2 Halbsatz 2 eine Gutschrift, wenn die Einlage des stillen Gesellschafters durch **frühere Verluste** geschmälert ist und ein Gewinn dem Verlustausgleich dient. Der Gewinn ist „zur Deckung der Verluste zu verwenden", indem sich der Auszahlungsanspruch in einen Anspruch auf eine Gutschrift im Einlagekonto verwandelt.[66] Gewinnauszahlung kann der stille Gesellschafter also erst postulieren, wenn sein Einlagekonto den Betrag der ausbedungenen Einlage wieder erreicht.[67]

23 Ist dagegen die Einlage voll getilgt und nicht durch Verluste geschrumpft, kann **stehengelassener Gewinn** dem Einlagekonto nach § 232 Abs. 3 nur zugeschrieben werden, sofern die Gesellschafter dies vereinbaren. Der stille Gesellschafter kann also nicht einseitig durch Stehenlassen von Gewinnen seinen Gewinnanteil aufstocken.[68] Gleichwohl können die Vertragspartner durch einvernehmliche Gutschrift von Gewinnen auf dem Einlagekonto stillschweigend eine Erhöhung der Einlage vereinbaren.[69]

24 **b) Privatkonto (Darlehenskonto).** Können die Gewinne nicht auf das Einlagekonto transferiert werden, so ist der nicht ausgezahlte Gewinnanteil wie eine normale Gläubigerforderung zu behandeln und auf einem Privatkonto (Darlehenskonto) des stillen Gesellschafters auszuweisen. Dieses Konto wird nicht durch spätere Verluste, die nur dem Einlagekonto abgeschrieben werden dürfen, aufgezehrt. Indes kommen stehengelassene Gewinne als kapitalersetzende Gesellschafterdarlehen in Betracht.[70] Ohne besondere Vereinbarung dürfte eine Verzinsung des Darlehenskontos ausscheiden.[71]

---

[59] RGZ 48, 77, 52; MünchKommHGB/*K. Schmidt* RdNr. 22; *Blaurock* RdNr. 880.
[60] *Blaurock* RdNr. 880; MünchKommHGB/*K. Schmidt* RdNr. 22; Staub/*Zutt* RdNr. 22; Baumbach/*Hopt* RdNr. 4; Koller/Roth/Morck RdNr. 6; MünchHdbStG/*Bezzenberger* § 22 RdNr. 15; Röhricht/Graf v. Westphalen/*v. Gerkan* RdNr. 11.
[61] Staub/*Zutt* RdNr. 22; MünchKommHGB/*K. Schmidt* RdNr. 23; Heymann/*Horn* RdNr. 7.
[62] Heymann/*Horn* RdNr. 7; MünchKommHGB/*K. Schmidt* RdNr. 35; *Blaurock* RdNr. 887.
[63] Staub/*Zutt* RdNr. 27; MünchKommHGB/*K. Schmidt* RdNr. 35; *Blaurock* RdNr. 887.
[64] Staub/*Zutt* RdNr. 27; MünchKommHGB/*K. Schmidt* RdNr. 36.
[65] MünchKommHGB/*K. Schmidt* RdNr. 27.
[66] Staub/*Zutt* RdNr. 28; MünchKommHGB/*K. Schmidt* RdNr. 32; Heymann/*Horn* RdNr. 10; Baumbach/*Hopt* RdNr. 7.
[67] MünchKommHGB/*K. Schmidt* RdNr. 32; *Blaurock* RdNr. 886.
[68] MünchKommHGB/*K. Schmidt* RdNr. 28; Heymann/*Horn* RdNr. 8; Staub/*Zutt* RdNr. 25; *Blaurock* RdNr. 889 f.; Baumbach/*Hopt* RdNr. 8; Röhricht/Graf v. Westphalen/*v. Gerkan* RdNr. 15.
[69] MünchKommHGB/*K. Schmidt* RdNr. 28; *Blaurock* RdNr. 889.
[70] *Blaurock* RdNr. 890; MünchKommHGB/*K. Schmidt* RdNr. 29; Staub/*Zutt* RdNr. 25; Röhricht/Graf v. Westphalen/*v. Gerkan* RdNr. 15.
[71] MünchKommHGB/*K. Schmidt* RdNr. 29; vgl. auch Staub/*Zutt* RdNr. 25 sowie Heymann/*Horn* RdNr. 8.

V. Verlustbeteiligung

1. Eckwerte: Einlage als Obergrenze – Verlustausgleich durch Gewinne. Verluste werden 25 dem Einlagekonto des stillen Gesellschafters abgebucht. Am Verlust nimmt der stille Gesellschafter gem. § 232 Abs. 2 Satz 1 wie ein Kommanditist nur bis zum Betrag seiner eingezahlten oder rückständigen Einlage teil.[72] Freilich werden Verluste selbst dann belastet, wenn das Einlagekonto dadurch erschöpft und passiv wird. In nachfolgenden Abrechnungsperioden erzielter Gewinn ist gem. § 232 Abs. 2 Satz 2 Halbsatz 2 zur Tilgung des Passivsaldos und zur Auffüllung der Einlage auf ihren Nennbetrag zu gebrauchen. Der stille Gesellschafter ist ebenso wie ein Kommanditist aber nicht gehalten, ein durch Verlust passiv gewordenes Einlagekonto während der werbenden Tätigkeit oder bei Auflösung der stillen Gesellschaft mit Hilfe von **Nachschüssen** zu bereinigen.[73] Durch eine ausdrückliche vertragliche Regelung kann dennoch eine Nachschusspflicht vereinbart werden.[74] Damit ist das Risiko des stillen Gesellschafters, dessen Verlustbeteiligung vertraglich sogar ausgeschlossen werden kann, grundsätzlich auf den Verlust der Einlage nebst künftiger Gewinne begrenzt.[75]

2. Bezogene Gewinne. Die Verlustdeckungspflicht, derzufolge Gewinne zum Ausgleich von 26 Verlusten dienen, gilt gem. § 232 Abs. 2 Satz 2 Halbsatz 1 nicht im Verhältnis **bezogener** Gewinne zu **späteren** Verlusten. Allein bereits erlittene Verluste sind durch **künftige** Gewinne zu verringern. Ausgezahlter Gewinn kann also nicht wegen späterer Verluste zurückgefordert werden.[76] Bezogen ist nicht nur der dem stillen Gesellschafter ausgezahlte, sondern auch der dem Privatkonto gutgeschriebene Gewinn; folglich kann die Auszahlung auf dem Privatkonto ruhender Gewinne nicht wegen späterer Verluste verweigert werden.[77] Sofern ausnahmsweise nicht erhobene Gewinne vereinbarungsgemäß (entgegen § 232 Abs. 3) die Einlage erhöhen sollen, nehmen hingegen stehengelassene Gewinne an künftigen Verlusten teil.[78]

VI. Atypische stille Gesellschaft – Unterbeteiligung

1. Schuldrechtliche Beteiligung am Gesellschaftsvermögen. Besonderheiten für die Ergeb- 27 nisermittlung ergeben sich nur bei einer atypischen stillen Gesellschaft in der Ausgestaltung, dass der stille Gesellschafter durch eine **schuldrechtliche Beteiligung am Geschäftsvermögen** einem **Gesamthänder** gleichgestellt wird. Hier nimmt der stille Gesellschafter grundsätzlich wie ein Kommanditist (§ 169) an sämtlichem Gewinn und Verlust, damit auch an allen Wertveränderungen des Anlagevermögens, teil. Demgemäß richtet sich die Gewinn- und Verlustbeteiligung regelmäßig allein nach der Handels- bzw. Steuerbilanz des Geschäftsinhabers.[79]

2. Unterbeteiligung. Im Unterschied zur typischen stillen Gesellschaft erfasst die **Unterbetei-** 28 **ligung** den gesamten Ertrag aus dem Anteil des Hauptbeteiligten. Maßgeblich ist der dem Hauptbeteiligten zugewiesene Bilanzgewinn.[80] An einer Tätigkeitsvergütung des Hauptbeteiligten partizipiert der Unterbeteiligte nicht; Aufwendungen im Zusammenhang mit der Ausübung von Gesellschafterrechten kann der Hauptbeteiligte gewinnmindernd absetzen.[81]

§ 233 [Kontrollrecht des stillen Gesellschafters]

(1) Der stille Gesellschafter ist berechtigt, die abschriftliche Mitteilung des Jahresabschlusses zu verlangen und dessen Richtigkeit unter Einsicht der Bücher und Papiere zu prüfen.

---

[72] MünchKommHGB/*K. Schmidt* RdNr. 31; Staub/*Zutt* RdNr. 29.
[73] MünchKommHGB/*K. Schmidt* RdNr. 31; Staub/*Zutt* RdNr. 29; MünchHdbStG/*Bezzenberger* § 22 RdNr. 18; Heymann/*Horn* RdNr. 9; Baumbach/*Hopt* RdNr. 7.
[74] BGH Urt. v. 17. 3. 1966 – II ZR 282/63, NJW 1966, 1309.
[75] Heymann/*Horn* RdNr. 9.
[76] Staub/*Zutt* RdNr. 27; MünchKommHGB/*K. Schmidt* RdNr. 34; Heymann/*Horn* RdNr. 11; Baumbach/*Hopt* RdNr. 7; Röhricht/Graf v. Westphalen/*v. Gerkan* RdNr. 19.
[77] MünchKommHGB/*K. Schmidt* RdNr. 34; Heymann/*Horn* RdNr. 11.
[78] MünchKommHGB/*K. Schmidt* RdNr. 34; Heymann/*Horn* RdNr. 11.
[79] Staub/*Zutt* RdNr. 19; MünchKommHGB/*K. Schmidt* RdNr. 38; Heymann/*Horn* RdNr. 5; MünchHdbStG/*Bezzenberger* § 20 RdNr. 35.
[80] MünchKommHGB/*K. Schmidt* RdNr. 46; Staub/*Zutt* RdNr. 37; Röhricht/Graf v. Westphalen/*v. Gerkan* RdNr. 22.
[81] Staub/*Zutt* RdNr. 37.

(2) Die in § 716 des Bürgerlichen Gesetzbuchs dem von der Geschäftsführung ausgeschlossenen Gesellschafter eingeräumten weiteren Rechte stehen dem stillen Gesellschafter nicht zu.

(3) Auf Antrag des stillen Gesellschafters kann das Gericht, wenn wichtige Gründe vorliegen, die Mitteilung einer Bilanz und eines Jahresabschlusses oder sonstiger Aufklärungen sowie die Vorlegung der Bücher und Papiere jederzeit anordnen.

Übersicht

	RdNr.		RdNr.
I. Normzweck	1	a) Nachrangige Streitfrage	14
II. Prüfungsberechtigter – Prüfungspflichtiger	2–5	b) Wichtiger Grund	15
1. Prüfungsberechtigter	2–4	2. Umfang der außerordentlichen Aufsichtsbefugnisse	16
a) Mitgliedschaftsrecht	2, 3	V. Verfahrensrechtliche Durchsetzung der Aufsichtsbefugnisse	17–21
b) Fortfall der Rechte	4	1. Regelmäßige Aufsichtsbefugnisse	18, 19
2. Prüfungsverpflichteter	5	a) Klageverfahren	18
III. Regelmäßige Aufsichtsbefugnisse	6–13	b) Vorläufiger Rechtsschutz	19
1. Mitteilung des Jahresabschlusses	7, 8	2. Außerordentliche Aufsichtsbefugnisse	20, 21
2. Einsichtrecht	9–11	a) Klageverfahren	20
3. Auskunftsrecht	12, 13	b) Vorläufiger Rechtsschutz	21
IV. Außerordentliche Aufsichtsbefugnisse	14–16	VI. Unterbeteiligung	22
1. § 233 Abs. 3: Rechtsgrundlage oder Verfahrensvorschrift	14, 15		

I. Normzweck

1   Allein wegen der wörtlichen Übereinstimmung in den Absätzen 1 und 3 entspricht § 233 seinem Inhalt nach **voll** den in § 166 niedergelegten Auskunftsansprüchen des Kommanditisten. Zudem verweist § 233 Abs. 2 auf § 716 BGB, der mit dem in § 166 Abs. 2 genannten § 118 inhaltsgleich ist. Die Regelung des § 233 Abs. 1 und 2 ist grundsätzlich dispositiv: Die Kontrollrechte können erweitert, aber wohl auch in Maßen beschränkt werden. Die dem stillen Gesellschafter durch § 233 Abs. 3 eingeräumten Rechte sind hingegen unentziehbar.[1] Einer vertraglichen Beschränkung der Kontrollrechte aus § 233 Abs. 1 begegnet die Rechtsprechung im Blick auf den Rechtsgedanken des § 51 a GmbHG mit zunehmender Skepsis.[2] Das Informationsrecht gehört zum Kernbestand der nur unter engen Voraussetzungen beschränkbaren Mitgliedschaftsrechte.[3]

II. Prüfungsberechtigter – Prüfungspflichtiger

2   § 233 gewährt dem stillen Gesellschafter Überwachungsbefugnisse, die sich gegen den Geschäftsinhaber richten.

1. Prüfungsberechtigter. a) Mitgliedschaftsrecht. Die Kontrollrechte des stillen Gesellschafters wurzeln in seiner Mitgliedschaft und stehen ihm darum persönlich zu.[4] Ihre Durchsetzung ist nicht an die Leistung der Einlage geknüpft.[5] Mit der zulässigen Abtretung des Gewinnanteils (§ 717 Satz 2 BGB) gehen die Kontrollrechte des § 233 nicht auf den Erwerber über. Der Geschäftsinhaber ist lediglich verpflichtet, dem Zessionar den errechneten Gewinnanteil der Höhe nach mitzuteilen.[6]

3   Mit den **persönlich wahrzunehmenden** Aufsichtsrechten kann der stille Gesellschafter ausnahmsweise einen Dritten betrauen, wenn er auf Grund unverschuldeter Umstände – zB längere Krankheit oder Abwesenheit – an der Ausübung gehindert ist.[7] Andererseits kann bei mehrgliedrigen stillen Gesellschaften der Gesellschaftsvertrag die Übertragung der Informationsrechte auf einen Beirat oder Ausschuss vorsehen. Dadurch werden die stillen Gesellschafter, deren Befugnisse aus

---

[1] Staub/*Zutt* RdNr. 17; Heymann/*Horn* RdNr. 14; MünchKommHGB/*K. Schmidt* RdNr. 25 ff.; Baumbach/*Hopt* RdNr. 11; Koller/Roth/Morck RdNr. 3; MünchHdbStG/*Kühn* § 13 RdNr. 2.
[2] BGH Urt. v. 11. 7. 1988 – II ZR 346/87, NJW 1989, 225 f.
[3] BGH Urt. v. 10. 10. 1994 – II ZR 18/94, GmbHR 1995, 55 ff.
[4] Staub/*Zutt* RdNr. 3; Blaurock RdNr. 648; Heymann/*Horn* RdNr. 1; MünchKommHGB/*K. Schmidt* RdNr. 3.
[5] Staub/*Zutt* RdNr. 3 mwN; MünchKommHGB/*K. Schmidt* RdNr. 3; Baumbach/*Hopt* RdNr. 1; Heymann/*Horn* RdNr. 1; MünchHdbStG/*Kühn* § 13 RdNr. 12.
[6] BGH Urt. v. 8. 11. 1957 – II ZR 54/56, BGHZ 25, 115, 122 ff. = NJW 1957, 1555; BGH Urt. v. 3. 11. 1975 – II ZR 98/74, BB 1976, 11; Staub/*Zutt* RdNr. 3; Blaurock RdNr. 648; MünchHdbStG/*Kühn* § 13 RdNr. 11; Röhricht/Graf v. Westphalen/*v. Gerkan* RdNr. 2.
[7] BGH (Fn. 6) BGHZ 25, 115, 123; Heymann/*Horn* RdNr. 2.

§ 233 Abs. 3 freilich nicht zur Disposition stehen, im Zweifel in ihrer individuellen Rechtsausübung beschränkt.[8]

b) Fortfall der Rechte. Als Bestandteil der Mitgliedschaft umspannen die Aufsichtsbefugnisse nur die Dauer des Gesellschaftsverhältnisses. **Nach der Beendigung** des Gesellschaftsverhältnisses stehen dem stillen Gesellschafter die Rechte aus § 233 nicht mehr zu.[9] Im Rahmen der Abrechnung kann sich der stille Gesellschafter auch für die Zeit vor seinem Ausscheiden nur noch auf §§ 810, 242 BGB berufen.[10] Gerät der Geschäftsinhaber ins Liquidationsstadium, sollte § 233 aber wohl fortwirken.[11]

2. Prüfungsverpflichteter. Schuldner der Informationsrechte ist nicht die stille Gesellschaft, sondern der Unternehmensträger.[12] Als Geschäftsinhaber auskunftspflichtig ist eine Gesellschaft als solche und nicht ihre Gesellschafter; anderes gilt jedoch gem. § 123 für persönlich haftende Gesellschafter.[13]

III. Regelmäßige Aufsichtsbefugnisse

Die wesentlichen Kontrollrechte des stillen Gesellschafters fußen auf § 233 Abs. 1: Danach hat der stille Gesellschafter Anspruch auf abschriftliche Mitteilung einzelner Unterlagen sowie Einsichtnahme in Bücher und Papiere zur Prüfung der Richtigkeit des Jahresabschlusses.[14]

1. Mitteilung des Jahresabschlusses. Dem Wortlaut des § 233 Abs. 1 gemäß hat der stille Gesellschafter einen Anspruch auf Aushändigung des Jahresabschlusses, nämlich der **Handelsbilanz nebst der Gewinn- und Verlustrechnung** (§ 242 Abs. 3).[15] Sofern für die Gewinnbeteiligung des stillen Gesellschafters nach dem Gesellschaftsvertrag die Steuerbilanz oder eine andere Aufstellung maßgeblich ist, sind ihm daneben die betreffenden Listen zur Verfügung zu stellen.[16] Schließlich kann der stille Gesellschafter unabhängig von § 233 Abs. 1 auf der Grundlage der Rechnungslegungspflicht des Geschäftsinhabers die Mitteilung der jährlichen Gewinn- und Verlustrechnung der stillen Gesellschaft (§ 232) begehren.[17] Die Abschriften sind dem stillen Gesellschafter nach Feststellung des Jahresabschlusses unaufgefordert zuzuleiten.[18]

Die Beteiligung an einem minderkaufmännischen Betrieb früheren Rechts bedingte nicht, dass der Inhaber abweichend von § 4 Abs. 1a aF zur Bilanzierung verpflichtet war. Vielmehr hatte der Inhaber dem stillen Gesellschafter neben der jährlichen Gewinn- und Verlustrechnung der stillen Gesellschaft ein Doppel der für seine eigenen Zwecke gefertigten Aufstellung der Geschäftsergebnisse auszuhändigen.[19] Heute sind Kleingewerbetreibende, die die Eintragungsoption des § 2 nF wahrnehmen, bilanzierungspflichtig.

2. Einsichtsrecht. Der stille Gesellschafter kann **zum Zweck der Prüfung** des Jahresabschlusses nach § 233 Abs. 1 nach seiner Wahl Einblick in die Bücher und alle Geschäftsunterlagen des Geschäftsinhabers nehmen;[20] wegen dieser Zweckbindung kann der stille Gesellschafter kein allgemeines Einsichtsverlangen geltend machen.[21] Das Einsichtsrecht verleiht keinen Anspruch auf die Herausgabe des Jahresabschlusses,[22] ebenso scheidet eine Mitnahme oder Versendung der Schriftstücke aus.[23] Die Originalunterlagen sind in den Geschäftsräumen des Unternehmensträgers binnen einer angemessenen Zeitspanne zu begutachten. Neben der Befugnis, sich Notizen zu fertigen, umfasst das Einsichtsrecht nur aus begründetem Anlass die Berechtigung, einzelne Unterlagen auf

---

[8] MünchHdbStG/*Kühn* § 13 RdNr. 13; Heymann/*Horn* RdNr. 2; Baumbach/*Hopt* RdNr. 5; Koller/Roth/Morck RdNr. 2 f.; Röhricht/Graf v. Westphalen/*v. Gerkan* RdNr. 8.
[9] BGH Urt. v. 11. 7. 1968 – II ZR 179/76, BGHZ 50, 316, 324 = NJW 1968, 2003; Staub/*Zutt* RdNr. 16; MünchKommHGB/*K. Schmidt* RdNr. 31 mwN; Baumbach/*Hopt* RdNr. 2.
[10] Staub/*Zutt* RdNr. 16; MünchKommHGB/*K. Schmidt* RdNr. 31; Baumbach/*Hopt* RdNr. 2; Röhricht/Graf v. Westphalen/*v. Gerkan* RdNr. 10; aA: Heymann/*Horn* RdNr. 4; Blaurock RdNr. 1015.
[11] Heymann/*Horn* RdNr. 3; im selben Sinn aber mit Hinweis auf § 716 BGB: MünchHdbStG/*Kühn* § 13 RdNr. 9.
[12] Staub/*Zutt* RdNr. 4; MünchHdbStG/*Kühn* § 13 RdNr. 2.
[13] Staub/*Zutt* RdNr. 4.
[14] Staub/*Zutt* RdNr. 2.
[15] Staub/*Zutt* RdNr. 6; Heymann/*Horn* RdNr. 6.
[16] MünchKommHGB/*K. Schmidt* RdNr. 9, 11; Heymann/*Horn* RdNr. 6; Koller/Roth/Morck § 232 RdNr. 2; *Blaurock* RdNr. 652; MünchHdbStG/*Kühn* § 13 RdNr. 5.
[17] Staub/*Zutt* RdNr. 7; Koller/Roth/Morck RdNr. 2.
[18] Staub/*Zutt* RdNr. 7.
[19] Heymann/*Horn* RdNr. 6; Staub/*Zutt* RdNr. 7.
[20] BGH (Fn. 6) BGHZ 25, 115, 120; Staub/*Zutt* RdNr. 8; Heymann/*Horn* RdNr. 7; Baumbach/*Hopt* RdNr. 4.
[21] BGH (Fn. 6) BGHZ 25, 115, 120; BGH Urt. v. 16. 1. 1984 – II ZR 36/83, NJW 1984, 2470.
[22] BGH (Fn. 21) NJW 1984, 2470.
[23] Baumbach/*Hopt* RdNr. 4.

eigene Kosten zu kopieren.[24] Nicht vom Einsichtsrecht gedeckt ist eine Prüfung des Warenbestands oder der Kasse.[25]

10 Ohne weiteres umschließt das Einsichtsrecht eigene Unterlagen des Geschäftsinhabers, die sich auf das Verhältnis zu **verbundenen Unternehmen** beziehen.[26] Darüber hinaus erstreckt sich das Einsichtsrecht nicht nur auf die Bücher und Papiere des Geschäftsinhabers, sondern auch auf die Unterlagen der von ihm als **Alleingesellschafter** geführten Tochterunternehmen, weil die Ausgliederung von Unternehmensteilen nicht zu einer Verkürzung der Kontrollrechte des stillen Gesellschafters führen darf.[27] Allerdings richtet sich das Recht gegen den Geschäftsinhaber und nicht die Tochtergesellschaft.[28] Halten an dem Tochterunternehmen auch außenstehende Gesellschafter in nicht unbedeutendem Umfang Anteile, so ist dem stillen Gesellschafter mit Rücksicht auf deren schutzwürdige Belange der Einblick in die Geschäftsunterlagen verwehrt.[29]

11 Mit der Ausübung des – an sich höchstpersönlichen – Einsichtsrechts kann der stille Gesellschafter einen zur **Berufsverschwiegenheit verpflichteten Sachverständigen** beauftragen, sofern hierfür ein sachlicher Grund anzuerkennen ist und Geheimhaltungsinteressen des Geschäftsinhabers nicht entgegenstehen.[30] Ausnahmsweise sind dem stillen Gesellschafter die Kosten für die Beauftragung des Sachverständigen zu erstatten, wenn dessen Einsatz wegen mangelhafter Buchführung oder sonstiger Versäumnisse des Geschäftsinhabers objektiv geboten war.[31]

12 **3. Auskunftsrecht.** Über die gesetzlich geregelten Aufsichtsbefugnisse hinaus ist dem stillen Gesellschafter nach zutreffender vorherrschender Ansicht ein Auskunftsrecht zuzugestehen. Das Auskunftsrecht dient dem Zweck, dem stillen Gesellschafter die zur **ordnungsgemäßen Ausübung seiner Mitgliedschaftsrechte** erforderlichen Informationen zu verschaffen. Aus der Wechselbeziehung zu den Mitgliedschaftsrechten folgt, dass das Auskunftsrecht nur die einer Mitwirkung des stillen Gesellschafters bedürfenden Grundlagengeschäfte sowie Maßnahmen, die vertraglich begründeten Mitwirkungs- und Widerspruchsrechten unterliegen, zum Gegenstand hat.[32]

13 Überwiegend wird im Schrifttum eine **Berichtspflicht** des Geschäftsinhabers aus §§ 666, 713 BGB auch in der zweigliedrigen stillen Gesellschaft befürwortet.[33] Dies ist nicht ganz unproblematisch, weil § 233 Abs. 2 dem stillen Gesellschafter mit dem Ausschluss des § 716 BGB gerade ein laufendes Informationsrecht vorenthält.[34] Deshalb kann die Berichtspflicht letztlich nur die Bedeutung haben, dem stillen Gesellschafter ergänzende Erläuterungen zu den ihm vorzulegenden Jahresrechnungen zu vermitteln.[35] § 810 BGB ist unanwendbar, weil andernfalls die beschränkten Prüfungsrechte des § 233 umgangen werden könnten.[36]

IV. Außerordentliche Aufsichtsbefugnisse

14 **1. § 233 Abs. 3: Rechtsgrundlage oder Verfahrensvorschrift? a) Nachrangige Streitfrage.** Im Schrifttum werden unterschiedliche Auffassungen dazu vertreten, ob § 233 Abs. 3 als Rechtsgrundlage eines außerordentlichen Prüfungsrechts[37] oder lediglich als Verfahrensvorschrift zur Durchsetzung eines vom Gesetz stillschweigend vorausgesetzten außerordentlichen Informationsrechts[38] zu qualifizieren ist. Diese Streitfrage kann letztlich auf sich beruhen, weil der von den Verfechtern einer Verfahrensregel als materielles Erfordernis eines außerordentlichen Kontrollrechts genannte **wichtige Grund**[39] auch vom Wortlaut des im Übrigen für Maßnahmen aller Art offenen („sonstige Aufklärungen") § 233 Abs. 3 postuliert wird.

---

[24] Heymann/*Horn* RdNr. 7; großzügiger bezüglich Kopien: Staub/*Zutt* RdNr. 8.
[25] Staub/*Zutt* RdNr. 8.
[26] BGH (Fn. 21) NJW 1984, 2470; BGH Urt. v. 20. 6. 1983 – II ZR 85/82, ZIP 1983, 935 f.; Röhricht/Graf v. Westphalen/*v. Gerkan* RdNr. 7.
[27] BGH (Fn. 6) BGHZ 25, 115, 118; BGH (Fn. 21) NJW 1984, 2470.
[28] BGH (Fn. 21) NJW 1984, 2470; MünchHdbStG/*Kühn* § 13 RdNr. 6; *Blaurock* RdNr. 667.
[29] BGH (Fn. 21) NJW 1984, 2470; MünchHdbStG/*Kühn* § 13 RdNr. 6.
[30] BGH (Fn. 6) BGHZ 25, 115, 123; Röhricht/Graf v. Westphalen/*v. Gerkan* RdNr. 5.
[31] OLG München BB 1954, 669; Staub/*Zutt* RdNr. 8; MünchKommHGB/*K. Schmidt* § 236 RdNr. 7; Heymann/*Horn* RdNr. 2; *Blaurock* RdNr. 654.
[32] Staub/*Zutt* RdNr. 10; MünchHdbStG/*Kühn* § 13 RdNr. 3; Heymann/*Horn* RdNr. 11.
[33] Staub/*Zutt* RdNr. 9; Baumbach/*Hopt* RdNr. 7; Beschränkung auf mehrgliedrige stille Gesellschaft: MünchKommHGB/*K. Schmidt* RdNr. 9.
[34] Vgl. Staub/*Zutt* RdNr. 5; skeptisch wohl auch BGH Urt. v. 10. 10. 1994 – II ZR 285/93, GmbHR 1995, 57 f.
[35] Staub/*Zutt* RdNr. 9; Heymann/*Horn* RdNr. 11.
[36] *Blaurock* RdNr. 669; Staub/*Zutt* RdNr. 5; aA Heymann/*Horn* RdNr. 11.
[37] Staub/*Zutt* RdNr. 12 ff.; Heymann/*Horn* RdNr. 9.
[38] MünchKommHGB/*K. Schmidt* RdNr. 13; Baumbach/*Hopt* RdNr. 6.
[39] MünchKommHGB/*K. Schmidt* RdNr. 13 ff.; Baumbach/*Hopt* RdNr. 6.

b) Wichtiger Grund. Allein die Weigerung des Geschäftsinhabers, seiner Verpflichtung aus 15
§ 233 Abs. 1 zu genügen, wird nicht schon einen wichtigen Grund im Sinne des §233 Abs. 3
darstellen. Hinzukommen muss, dass die Verwirklichung der Rechte aus § 233 Abs. 1 – etwa durch
die drohende Beseitigung von Unterlagen – gefährdet ist oder diese ihrem Inhalt nach begrenzten
Befugnisse im Einzelfall für eine sachgerechte Prüfung nicht tauglich sind.[40] Ein wichtiger, außerordentliche Aufsichtsbefugnisse rechtfertigender wichtiger Grund ist also gegeben, wenn die Belange
des stillen Gesellschafters durch das vertragliche oder aus § 233 Abs. 1 folgende Einsichtsrecht nicht
hinreichend gewahrt sind und darüber hinaus die Gefahr der Schädigung besteht.[41]

2. Umfang der außerordentlichen Aufsichtsbefugnisse. Die Regelung des § 233 Abs. 3 ist 16
nicht auf das Prüfungsziel des § 233 Abs. 1, die Richtigkeit des Jahresabschlusses zu untersuchen,
beschränkt.[42] Ebenso geht § 233 Abs. 3, der dem stillen Gesellschafter einen Anspruch auf „sonstige
Aufklärungen" zubilligt, über die Prüfungsmittel des § 233 Abs. 1 hinaus.[43] Das außerordentliche
Informationsrecht kann auf Auskunft, Vorlage und Einsichtnahme jeglicher Art gerichtet sein.[44]
Gleichwohl werden die außerordentlichen Aufsichtsbefugnisse durch die Thematik des wichtigen
Grundes, das daraus erwachsende Informationsbedürfnis und die Belange des Geschäftsinhabers
eingegrenzt.[45] Das außerordentliche Kontrollrecht kann dem stillen Gesellschafter einen Anspruch
gegen den Geschäftsinhaber einräumen auf Einsicht in Bücher und Papiere eines auch von außenstehenden Gesellschaftern gehaltenen Beteiligungsunternehmens.[46] Dabei kann von Bedeutung sein,
ob die Einlage des stillen Gesellschafters im Ergebnis dem verbundenen Unternehmen zugute kommt
und dort die vom Zweck des stillen Gesellschaftsverhältnisses getragenen Geschäfte abgewickelt
werden.[47]

V. Verfahrensrechtliche Durchsetzung der Aufsichtsbefugnisse

Insbesondere im Blick auf die Eilkompetenz des Registergerichts (§ 233 Abs. 3, § 145 FGG) 17
bereitet die **Abgrenzung der Zuständigkeit** der ordentlichen Gerichte und des Registergerichts
bei der Effektivierung der Aufsichtsbefugnisse Schwierigkeiten.

1. Regelmäßige Aufsichtsbefugnisse. a) Klageverfahren. Die regelmäßigen Aufsichtsbefug- 18
nisse des § 233 Abs. 1 sind im Wege der Leistungsklage vor den ordentlichen Gerichten zu verwirklichen; die Vollstreckung vollzieht sich nach §§ 883 ff. ZPO.[48]

b) Vorläufiger Rechtsschutz. Eine verbreitete Auffassung vertritt den Standpunkt, dass in 19
Eilfällen die regelmäßigen Aufsichtsbefugnisse nach § 233 Abs. 3 im Verfahren vor dem Registergericht am Sitz des Geschäftsinhabers verfolgt werden können.[49] Die Sonderregelung des § 233 Abs. 3
verbietet dem stillen Gesellschafter in dringenden Fällen aber nicht, die regelmäßigen Aufsichtsbefugnisse im Verfahren einer einstweiligen Verfügung (§§ 935 ff., 940 ZPO) zu erwirken.[50] Vom
Gesetz nicht gefordert ist es, einstweiligen Rechtsschutz für regelmäßige wie auch außerordentliche
Aufsichtsbefugnisse nur nach § 233 Abs. 3 zu gewähren.[51]

2. Außerordentliche Aufsichtsbefugnisse. a) Klageverfahren. Allgemein anerkannt ist das 20
Recht, die außerordentlichen Kontrollrechte mit einer Leistungsklage vor den ordentlichen Gerichten durchzusetzen.[52] Auch in Eilfällen geht das Verfahren nach § 233 Abs. 3 einer Leistungsklage
nicht vor.[53]

b) Vorläufiger Rechtsschutz. Für die Durchsetzung der außerordentlichen Aufsichtsbefugnisse 21
in Eilfällen sieht § 233 Abs. 3 mit der Zuständigkeit des Registergerichts ein spezielles Verfahren vor.
Deshalb ist eine Sperrwirkung für Verfahren auf Erlass einer einstweiligen Verfügung anzunehmen.[54]

---

[40] Staub/*Zutt* RdNr. 15.
[41] BGH (Fn. 21) NJW 1984, 2470; MünchHdbStG/*Kühn* § 13 RdNr. 7.
[42] Baumbach/*Hopt* RdNr. 6; Heymann/*Horn* RdNr. 9.
[43] Heymann/*Horn* RdNr. 9.
[44] MünchKommHGB/*K. Schmidt* RdNr. 13.
[45] Heymann/*Horn* RdNr. 13.
[46] BGH (Fn. 21) NJW 1984, 2470 f.; MünchKommHGB/*K. Schmidt* RdNr. 13.
[47] BGH (Fn. 21) NJW 1984, 2470 f.; MünchHdbStG/*Kühn* § 13 RdNr. 7; *Blaurock* RdNr. 665.
[48] BGH (Fn. 21) NJW 1984, 2470; Staub/*Zutt* RdNr. 15; Baumbach/*Hopt* RdNr. 8; MünchKommHGB/*K. Schmidt* RdNr. 28.
[49] Heymann/*Horn* RdNr. 10.
[50] Heymann/*Horn* RdNr. 10; Staub/*Zutt* RdNr. 15.
[51] In diesem Sinne aber: MünchKommHGB/*K. Schmidt* RdNr. 29.
[52] BGH (Fn. 21) NJW 1984, 2470; Heymann/*Horn* RdNr. 10; MünchKommHGB/*K. Schmidt* RdNr. 28; Baumbach/*Hopt* RdNr. 8.
[53] Heymann/*Horn* RdNr. 10.
[54] MünchKommHGB/*K. Schmidt* RdNr. 29; Staub/*Zutt* RdNr. 13; Heymann/*Horn* RdNr. 10.

VI. Unterbeteiligung

22 Die Aufsichtsbefugnisse des Unterbeteiligten bestimmen sich gleichfalls nach § 233.[55] Das Informationsrecht des Unterbeteiligten erstreckt sich auf Stand und Erträgnisse des Hauptgesellschaftsanteils. Die jährliche Bilanz des Hauptgesellschafters ist in der Weise zu gestalten, dass der stille Gesellschafter die auf den Hauptgesellschaftsanteil entfallenden Erträgnisse und deren Zusammensetzung sowie die Entwicklung des Kapitalkontos und seines Anteils ersehen kann.[56] Kenntnis von Unterlagen der Hauptgesellschaft ist dem Unterbeteiligten nur zu geben, wenn die Hauptgesellschaft dem Hauptbeteiligten die Bekanntgabe gestattet und dem Unterbeteiligungsvertrag eine dahingehende Erweiterung der Informationsrechte zu entnehmen ist.[57] Bei einer Unterbeteiligung an einem Kommanditanteil kann ein umfassendes Einsichtsrecht in alle die Kommanditistenbeteiligung betreffenden Unterlagen eingeräumt werden.[58] Die Informationsrechte des Unterbeteiligten aus § 233 sollen nicht mit Auflösung der Unterbeteiligungsgesellschaft untergehen.[59]

Zur Anwendung des § 234 auf die Unterbeteiligung vgl. § 234 RdNr. 37, 38; zur Auseinandersetzung s. § 235 RdNr. 34.

§ 234 [Kündigung der Gesellschaft; Tod des stillen Gesellschafters]

(1) ¹Auf die Kündigung der Gesellschaft durch einen der Gesellschafter oder durch einen Gläubiger des stillen Gesellschafters finden die Vorschriften der §§ 132, 134 und 135 entsprechende Anwendung. ²Die Vorschriften des § 723 des Bürgerlichen Gesetzbuchs über das Recht, die Gesellschaft aus wichtigen Gründen ohne Einhaltung einer Frist zu kündigen, bleiben unberührt.

(2) Durch den Tod des stillen Gesellschafters wird die Gesellschaft nicht aufgelöst.

Übersicht

	RdNr.		RdNr.
I. Rechtsnatur der Auflösung	1–6	III. Kündigungsbedingte Auflösungsgründe	21–31
1. Normzweck	1	1. Ordentliche Kündigung	22–26
2. Auflösung und Beendigung	2–6	a) Bestimmte Dauer	22
a) Liquidation als Zwischenstufe vor Vollbeendigung	2	b) Unbestimmte Dauer	23, 24
b) Keine Liquidation der stillen Gesellschaft	3	c) Vertragsabsprachen	25
c) Auflösung: Fortfall gesellschaftsrechtlicher und sonstiger vertraglicher Bindungen	4, 5	d) Verbot des freien Ausschließungsrechts	26
		2. Außerordentliche Kündigung	27–30
		a) Kündigungserklärung	27
d) Fortsetzung der stillen Gesellschaft	6	b) Wichtiger Grund	28, 29
II. Kündigungsfremde Auflösungsgründe	7–20	c) Verhältnismäßigkeit	30
1. Zeitablauf, Bedingung, Aufhebungsvertrag	8	3. Kündigung durch Gläubiger des stillen Gesellschafters	31
2. Zweckerreichung – Zweckvereitelung	9	IV. Veräußerung, Verschmelzung, Umwandlung: Einfluss auf stille Beteiligung	32–34
3. Tod und Auflösung des Geschäftsinhabers	10–15		
a) Ableben des Einzelunternehmers	10–12	1. Veräußerung	32
b) Auflösung juristischer Person	13, 14	2. Verschmelzung	33
c) Verlust der Geschäftsfähigkeit	15	3. Umwandlung	34
4. Insolvenz eines Gesellschafters	16–18	V. Tod des stillen Gesellschafters	35, 36
a) Auflösungsgrund	16	1. Keine Auflösung	35
b) Wirksamwerden	17	2. Vererblichkeit	36
c) Nachlassverwaltung	18	VI. Unterbeteiligung	37, 38
5. Konfusion	19		
6. Übernahmerecht	20		

---

[55] BGH (Fn. 9) BGHZ 50, 316, 323; Staub/*Zutt* RdNr. 18; Baumbach/*Hopt* RdNr. 16; MünchKommHGB/*K. Schmidt* RdNr. 33; aA Heymann/*Horn* RdNr. 12 mwN, der § 716 BGB bevorzugt.
[56] BGH (Fn. 9) BGHZ 50, 316, 323; Staub/*Zutt* RdNr. 18.
[57] BGH (Fn. 9) BGHZ 50, 316, 325; Staub/*Zutt* RdNr. 18; Heymann/*Horn* RdNr. 13; MünchKommHGB/*K. Schmidt* RdNr. 34; *Gehrlein* DStR 1994, 1314, 1316; Röhricht/Graf v. Westphalen/*v. Gerkan* RdNr. 13.
[58] BGH (Fn. 34) GmbHR 1995, 57 f.
[59] BGH (Fn. 9) BGHZ 50, 316, 324; zutreffend aA Röhricht/Graf v. Westphalen/*v. Gerkan* RdNr. 14.

I. Rechtsnatur der Auflösung

1. Normzweck. § 234 befasst sich mit der Auflösung der stillen Gesellschaft. Im Blick auf die **ordentliche Kündigung** statuiert § 234 Abs. 1 einen Vorrang der §§ 132, 134, 135 gegenüber den Bestimmungen des § 723 BGB. Ausdrücklich wird durch § 234 Abs. 1 Satz 2 indes mit der Bezugnahme auf § 723 BGB eine Kündigung aus **wichtigem Grund** anerkannt. Nach § 234 Abs. 2 wird das Gesellschaftsverhältnis durch den Tod des stillen Gesellschafters nicht aufgelöst.

2. Auflösung und Beendigung. a) Liquidation als Zwischenstufe vor Voll-Beendigung. Der Bestand einer Gesellschaft bürgerlichen Rechts und der Handelsgesellschaften des HGB wird durch das Eingreifen von Auflösungsgründen nicht unmittelbar bedroht. Vielmehr tritt die Gesellschaft infolge der Auflösung in das Liquidationsstadium mit dem **Zweck,** das Gesellschaftsvermögen auseinanderzusetzen, um aus dem Erlös die gemeinsamen Schulden zu berichtigen und die geleisteten Einlagen zu erstatten (§ 733 BGB) sowie einen etwaigen Überschuss zu verteilen (§ 734 BGB). Erst mit dem Abschluss der Abwicklung erfolgt die Voll-Beendigung der Gesellschaft.[1]

b) Keine Liquidation der stillen Gesellschaft. Demgegenüber findet bei der stillen Gesellschaft nach der Auflösung die Zwischenphase der Liquidation nicht statt. Da die stille Gesellschaft als Innengesellschaft am Rechtsverkehr nicht teilnimmt und auch kein Gesamthandsvermögen erlangt, fällt nach zutreffender hM die Auflösung mit der Voll-Beendigung zusammen. Dies bedeutet, dass nach Auflösung nur noch ein schuldrechtlicher Anspruch des stillen Gesellschafters gegen den Geschäftsinhaber auf Feststellung und Auszahlung des Abfindungsguthabens gegeben ist. Da es sich nurmehr um eine Abwicklung schuldrechtlicher Beziehungen handelt, findet eine **Gesamtabrechnung** der wechselseitigen Forderungen statt.[2] Gekünstelt erscheint es, allein wegen der Teilnahme des stillen Gesellschafters an schwebenden Geschäften (§ 235 Abs. 2) auch bei der stillen Gesellschaft zwischen Auflösung, Liquidation und Beendigung zu differenzieren.[3] Auch bei der atypischen stillen Gesellschaft findet bloß eine Forderungsabrechnung statt.[4] Demgegenüber mag eine Auseinandersetzung im herkömmlichen Sinne bei der Auflösung einer mehrgliedrigen stillen Gesellschaft vorzuziehen sein.[5]

c) Auflösung: Fortfall gesellschaftsrechtlicher und sonstiger vertraglicher Bindungen. Mit der Auflösung endet die mitgliedschaftliche Bindung und erlöschen die wechselseitigen Rechte und Pflichten der Gesellschafter. Die Aufsichtsbefugnisse des stillen Gesellschafters (§ 233) und ein etwaiges Wettbewerbsverbot gehen unter, der stille Gesellschafter nimmt nicht mehr an Gewinn und Verlust aus künftigen, sondern allein den schwebenden Geschäften teil.[6]

Zwar wirkt sich die Beendigung des Gesellschaftsverhältnisses grundsätzlich auf außergesellschaftliche, individualrechtliche Rechtsbeziehungen der Gesellschafter nicht aus. Im **Zweifel** wird man aber davon auszugehen haben, dass Dauerschuldverhältnisse wie Miet-, Dienst- und Darlehensverträge nach dem Willen der Beteiligten mit der Auflösung der Gesellschaft ebenfalls abgeschlossen sein sollen.[7]

d) Fortsetzung der stillen Gesellschaft. Da sich bei der stillen Gesellschaft Auflösung und Voll-Beendigung in einem Akt vollziehen, scheidet eine Fortsetzung der aufgelösten (eben noch nicht beendeten Gesellschaft) begriffsnotwendig aus.[8] Allerdings besteht kein Hindernis für eine **schuldrechtliche Vereinbarung** der Gesellschafter, einander so zu behandeln, als habe sich die Beendigung der stillen Gesellschaft nie ereignet.[9] Damit partizipiert der stille Gesellschafter an Gewinn und Verlust der zwischenzeitlich abgeschlossenen Geschäfte.[10] Die Tragweite einer solchen Vereinbarung entspricht letztlich einer Fortsetzung der Gesellschaft.[11]

---

[1] BGH Urt. v. 30. 11. 1967 – II ZR 14/65, BB 1968, 268; Staub/*Zutt* RdNr. 2; Heymann/*Horn* RdNr. 2.
[2] BGH Urt. v. 22. 6. 1981 – II ZR 94/80, NJW 1982, 99 f.; BGH (Fn. 1) BB 1968, 268; Staub/*Zutt* RdNr. 2 f.; MünchKommHGB/*K. Schmidt* RdNr. 1; Koller/Roth/Morck RdNr. 13; MünchHdbStG/*Bezzenberger* § 26 RdNr. 1.
[3] In diesem Sinn aber: Heymann/*Horn* RdNr. 2 f.; *Blaurock* RdNr. 901; Baumbach/*Hopt* RdNr. 1, der bei fehlenden schwebenden Geschäften Voll-Beendigung annimmt.
[4] Staub/*Zutt* RdNr. 3; Koller/Roth/Morck RdNr. 13; aA: MünchHdbStG/*Bezzenberger* § 28 RdNr. 3.
[5] Staub/*Zutt* RdNr. 3; MünchKommHGB/*K. Schmidt* RdNr. 2.
[6] Staub/*Zutt* RdNr. 2; MünchKommHGB/*K. Schmidt* RdNr. 1; *Blaurock* RdNr. 901.
[7] MünchKommHGB/*K. Schmidt* RdNr. 1; *Blaurock* RdNr. 903.
[8] Staub/*Zutt* RdNr. 36.
[9] Staub/*Zutt* RdNr. 36; Heymann/*Horn* RdNr. 4; MünchHdbStG/*Polzer* § 27 RdNr. 1; Röhricht/Graf v. Westphalen/*v. Gerkan* RdNr. 2.
[10] *Blaurock* RdNr. 905.
[11] Richtig Heymann/*Horn* RdNr. 4: Streit um Worte.

II. Kündigungsfremde Auflösungsgründe

7 Die gesetzlich nicht erschöpfend geregelten, außerhalb einer Kündigung angesiedelten Auflösungsgründe stimmen mit denen der Gesellschaft bürgerlichen Rechts überein.

8 **1. Zeitablauf, Bedingung, Aufhebungsvertrag.** Die stille Gesellschaft endet ohne weiteres mit einem im Gesellschaftsvertrag festgelegten Zeitpunkt; jedoch können die Gesellschafter die Fortdauer vereinbaren.[12] Die Beendigung geht auch mit dem Eintritt einer im Gesellschaftsvertrag vorgesehenen auflösenden Bedingung einher.[13] Schließlich kann die stille Gesellschaft jederzeit durch einen Aufhebungsvertrag, indem der Geschäftsinhaber die stille Beteiligung abwickelt und der stille Gesellschafter diese Abwicklung dem Grunde nach akzeptiert,[14] die mehrgliedrige stille Gesellschaft mit Verbandscharakter auch kraft Mehrheitsbeschluss, aufgelöst werden.[15] Wie § 237 aF bzw. § 136 InsO verdeutlicht, ist in der Rückgewähr der stillen Einlage eine stillschweigende Aufhebung des Gesellschaftsverhältnisses nicht zu erkennen.[16]

9 **2. Zweckerreichung – Zweckvereitelung.** Wird der vereinbarte Zweck erreicht oder dessen Verwirklichung unmöglich, so bedingt dieser Umstand gem. § 726 BGB die Auflösung der stillen Gesellschaft.[17] § 726 BGB verlangt eine dauernde und offenbare Unmöglichkeit der Zweckerreichung.[18] Die bei der stillen Gesellschaft nur selten anzutreffende dauernde Unmöglichkeit der Zweckerreichung kann vorliegen, wenn dem Geschäftsinhaber die Fortführung des Betriebs wegen des Entzugs einer behördlichen Erlaubnis rechtlich unmöglich wird.[19] Die **unumkehrbare** Einstellung, Aufgabe oder Veräußerung des Gewerbebetriebs führt zur dauernden Unmöglichkeit der Zweckerreichung; als Ausgleich kann der stille Gesellschafter Schadensersatz begehren.[20] Dies gilt auch, wenn das Unternehmen wegen des Fortfalls existentieller Importmöglichkeiten oder seiner Zerschlagung (Konfiskation im Ausland) dauernd zum Erliegen kommt.[21] Verluste wie auch eine Unrentabilität des Unternehmens sind nicht als Auflösungsgründe, sondern als hinreichender Anlass für eine außerordentliche Kündigung zu betrachten.[22] Verliert der Geschäftsinhaber die Kaufmannseigenschaft, so verwandelt sich die stille Beteiligung in eine für eine analoge Anwendung der §§ 230 ff. offene Gesellschaft bürgerlichen Rechts.[23]

10 **3. Tod oder Auflösung des Geschäftsinhabers. a) Ableben des Einzelunternehmers.** Der Tod des Geschäftsinhabers löst die stille Gesellschaft, die umgekehrt den Tod des stillen Gesellschafters überdauert, nach der Grundregel des § 727 Abs. 1 BGB übereinstimmend mit § 131 Abs. 3 Nr. 1 auf.[24] Die Auflösung tritt auch dann ein, wenn die Erben das **Handelsgeschäft fortführen** oder die Gesellschaft bereits gekündigt war.[25] Sofern es sich nicht um ein Einzelunternehmen, sondern eine Gesellschaft handelt, findet der Auflösungsgrund indes keine Anwendung.[26]

11 Die **Erben** haben den Tod des Geschäftsinhabers nach § 727 Abs. 2 Satz 1 BGB unverzüglich dem stillen Gesellschafter anzuzeigen.[27] Da die stille Gesellschaft mit der Auflösung ohne die Zwischenstufe des Liquidationsverfahrens sofort beendet ist, scheidet eine Verpflichtung der Erben, die **Geschäfte einstweilen fortzuführen** (§ 727 Abs. 2 Satz 1 BGB) aus.[28] Die Erben, die das Handelsgeschäft

---

[12] Blaurock RdNr. 909; MünchHdbStG/Polzer § 27 RdNr. 47.
[13] MünchKommHGB/K. Schmidt RdNr. 5; Staub/Zutt RdNr. 5.
[14] BGH Urt. v. 13. 11. 2000 – II ZR 52/99 NJW-RR 2001, 463 = MDR 2001, 222 f.
[15] Staub/Zutt RdNr. 6; MünchHdbStG/Polzer § 27 RdNr. 48.
[16] Staub/Zutt RdNr. 6; Baumbach/Hopt RdNr. 2; MünchHdbStG/Polzer § 27 RdNr. 49; Röhricht/Graf v. Westphalen/v. Gerkan RdNr. 10.
[17] MünchKommHGB/K. Schmidt RdNr. 14; Staub/Zutt RdNr. 7; Heymann/Horn RdNr. 32.
[18] Urt. v. 12. 7. 1982 – II ZR 157/81, BGHZ 84, 379, 381 = NJW 1982, 2821; BGH Urt. v. 23. 5. 1957 – II ZR 250/55 BGHZ 24, 279, 293 = NJW 1957, 1436.
[19] Staub/Zutt RdNr. 7; MünchKommHGB/K. Schmidt RdNr. 16; Blaurock RdNr. 914 f.; MünchHdbStG/Polzer § 27 RdNr. 50.
[20] Heymann/Horn RdNr. 32; MünchKommHGB/K. Schmidt RdNr. 73; Blaurock RdNr. 913; aA: Staub/Zutt RdNr. 7; MünchHdbStG/Polzer § 27 RdNr. 50.
[21] Staub/Zutt RdNr. 7; MünchKommHGB/K. Schmidt RdNr. 16.
[22] MünchKommHGB/K. Schmidt RdNr. 16; Staub/Zutt RdNr. 7; Blaurock RdNr. 916.
[23] Staub/Zutt RdNr. 19; Blaurock RdNr. 969; Koller/Roth/Morck RdNr. 5.
[24] Staub/Zutt RdNr. 12; MünchKommHGB/K. Schmidt RdNr. 7; Heymann/Horn RdNr. 19; Baumbach/Hopt RdNr. 4; Blaurock RdNr. 941; Röhricht/Graf v. Westphalen/v. Gerkan RdNr. 19.
[25] Staub/Zutt RdNr. 12; MünchHdbStG/Polzer § 27 RdNr. 18; Koller/Roth/Morck RdNr. 7.
[26] MünchKommHGB/K. Schmidt RdNr. 7.
[27] Koller/Roth/Morck RdNr. 7; Heymann/Horn RdNr. 19.
[28] Staub/Zutt RdNr. 13; MünchKommHGB/K. Schmidt RdNr. 8; MünchHdbStG/Polzer § 27 RdNr. 19; Koller/Roth/Morck RdNr. 7; aA: Blaurock RdNr. 941; Heymann/Horn RdNr. 19.

allenfalls im eigenen Interesse weiterbetreiben,[29] sind lediglich gem. § 235 Abs. 2 verpflichtet, die schwebenden Geschäfte abzuwickeln.[30]

Abweichend von § 727 Abs. 1 BGB kann im Gesellschaftsvertrag eine **Fortsetzungsklausel** 12 vereinbart werden, nach der die stille Gesellschaft mit den Erben weiterzuführen ist. An die Stelle des Geschäftsinhabers rückt der Erbe oder im Falle einer Mehrheit von Erben die Erbengemeinschaft. Dieser Verpflichtung kann sich ein Erbe, dem nicht § 139 zustatten kommt, nur durch Ausschlagung der Erbschaft entziehen.[31] Im Falle einer Fortsetzungsklausel kann der stille Gesellschafter den Tod des Geschäftsinhabers nicht als Anlass für eine außerordentliche Kündigung wählen.[32] Schließen sich die Erben zur Fortsetzung des Handelsgewerbes in einer OHG zusammen, bedürfen sie nicht der Zustimmung des stillen Gesellschafters. Die Übertragung des Unternehmens auf einen von mehreren Erben oder die Einbringung des Unternehmens in eine KG oder Kapitalgesellschaft erfordert hingegen das Einverständnis des stillen Gesellschafters. Allerdings kann der stille Gesellschafter, wenn seine Interessen ersichtlich keinen Nachteil erfahren, auf Grund der Treuepflicht gehalten sein, seine Zustimmung zu erteilen.[33]

b) **Auflösung juristischer Person.** Die Auflösung einer juristischen Person (GmbH, AG) oder 13 Handelsgesellschaft als Geschäftsinhaber zeitigt nicht die mit dem Tod des Geschäftsinhabers verbundenen Rechtsfolgen. Diese Gebilde scheiden mit der Auflösung nicht aus dem Geschäftsverkehr aus, sondern bestehen im Liquidationsstadium unter **gewandeltem Zweck** mit allen Rechten und Pflichten fort.[34] Die Auflösung der als Geschäftsinhaber fungierenden Hauptgesellschaft kann beiden Seiten ein Recht zur außerordentlichen Kündigung des Gesellschaftsverhältnisses vermitteln.[35] Im Falle der willkürlichen Auflösung der Hauptgesellschaft kann der stille Gesellschafter Vertragserfüllung und, wenn gleichwohl eine Voll-Beendigung eintritt, Schadensersatz beanspruchen.[36]

Allerdings kann die stille Gesellschaft nicht mehr existieren, sobald die das Handelsgewerbe 14 tragende Gesellschaft voll beendet ist. Deshalb kann die Hauptgesellschaft nicht voll beendet sein, bevor die Ansprüche des stillen Gesellschafters gegen den Geschäftsinhaber **bereinigt** sind.[37]

c) **Verlust der Geschäftsfähigkeit.** Der Verlust der Geschäftsfähigkeit erzeugt keinen Auf- 15 lösungsgrund. Allerdings wird eine außerordentliche Kündigung gerechtfertigt sein, wenn der Geschäftsinhaber oder der kraft Gesellschaftsvertrag mit Geschäftsführungsbefugnissen ausgestattete stille Gesellschafter die Geschäftsfähigkeit einbüßt.[38]

4. Insolvenz eines Gesellschafters. a) Auflösungsgrund. Mit der Eröffnung des Insolvenz- 16 verfahrens gegen den Geschäftsinhaber oder den stillen Gesellschafter wird die stille Gesellschaft nach § 728 Abs. 1 S. 2, Abs. 2 BGB aufgelöst.[39] Dies gilt auch, sofern die Gesellschaft nicht schon durch den Tod des stillen Gesellschafters aufgelöst wird, im Fall eines Nachlassinsolvenzverfahrens.[40] In einer zweigliedrigen stillen Gesellschaft ist für eine Fortsetzungsklausel (§ 736 BGB), derzufolge die stille Gesellschaft mit der Maßgabe, dass der in Insolvenz gefallene Gesellschafter ausscheidet, weitergeführt wird, kein Bedürfnis; zulässig und sinnvoll und im Zweifel gewollt ist eine solche Regelung aber in einer mehrgliedrigen Publikumsgesellschaft.[41] Bei Insolvenz des Geschäftsinhabers bleibt die einem atypischen stillen Gesellschafter verliehene Geschäftsführungsbefugnis so lange erhalten (§§ 728, 727, 729 BGB), bis er Kenntnis von dem Auflösungsgrund erlangt hat oder davon wissen muss.[42]

---

[29] MünchKommHGB/*K. Schmidt* RdNr. 8.
[30] Staub/*Zutt* RdNr. 13; Röhricht/Graf v. Westphalen/*v. Gerkan* RdNr. 13.
[31] Staub/*Zutt* RdNr. 33; *Blaurock* RdNr. 943.
[32] Staub/*Zutt* RdNr. 33; *Heymann*/*Horn* RdNr. 20.
[33] Staub/*Zutt* RdNr. 33; MünchKommHGB/*K. Schmidt* RdNr. 10; *Blaurock* RdNr. 945; MünchHdbStG/*Polzer* § 27 RdNr. 24; Röhricht/Graf v. Westphalen/*v. Gerkan* RdNr. 14.
[34] BGH (Fn. 18) BGHZ 84, 379, 380 f.; BGH Urt. v. 5. 11. 1979 – II ZR 145/78, NJW 1980, 1522 f.; Staub/*Zutt* RdNr. 14; MünchKommHGB/*K. Schmidt* RdNr. 22; *Blaurock* RdNr. 957; MünchHdbStG/*Polzer* § 27 RdNr. 52.
[35] BGH (Fn. 18) BGHZ 84, 379, 382; Staub/*Zutt* RdNr. 14; MünchKommHGB/*K. Schmidt* RdNr. 22, 24; Röhricht/Graf v. Westphalen/*v. Gerkan* RdNr. 20.
[36] Staub/*Zutt* RdNr. 14; *Blaurock* RdNr. 960.
[37] Staub/*Zutt* RdNr. 15; MünchKommHGB/*K. Schmidt* RdNr. 28.
[38] *Blaurock* RdNr. 966; Staub/*Zutt* RdNr. 19.
[39] BGH Urt. v. 24. 2. 1969 – II ZR 123/67, BGHZ 51, 350, 352 = NJW 1969, 1211; RGZ 122, 70, 72; Staub/*Zutt* RdNr. 8; MünchKommHGB/*K. Schmidt* RdNr. 11; *Heymann*/*Horn* RdNr. 21; *Blaurock* RdNr. 961; Baumbach/*Hopt* RdNr. 5; Koller/Roth/Morck RdNr. 6; MünchHdbStG/*Polzer* § 27 RdNr. 29 ff., 36.
[40] Staub/*Zutt* RdNr. 8; MünchKommHGB/*K. Schmidt* RdNr. 11; *Heymann*/*Horn* RdNr. 21; Röhricht/Graf v. Westphalen/*v. Gerkan* RdNr. 15; aA: *Blaurock* RdNr. 964.
[41] *Heymann*/*Horn* RdNr. 21; Staub/*Zutt* RdNr. 8; MünchKommHGB/*K. Schmidt* RdNr. 11; *Blaurock* RdNr. 963; MünchHdbStG/*Polzer* § 27 RdNr. 37 f.; Koller/Roth/Morck RdNr. 6; Röhricht/Graf v. Westphalen/*v. Gerkan* RdNr. 15.
[42] Staub/*Zutt* RdNr. 9; Koller/Roth/Morck RdNr. 6.

17 **b) Wirksamwerden.** Die Auflösung wird mit dem Erlass des Eröffnungsbeschlusses, also seiner Unterzeichnung und Herausgabe zum Zweck der Bekanntgabe, und mithin vor der Zustellung wirksam. Eine sofortige Beschwerde hat keine aufschiebende Wirkung. Freilich entfällt die Auflösung **rückwirkend,** wenn der Eröffnungsbeschluss durch das Rechtsmittelgericht aufgehoben wird.[43]

18 **c) Nachlassverwaltung.** Die Anordnung der **Nachlassverwaltung** bildet keinen Auflösungsgrund. Gleichwohl kann eine außerordentliche Kündigung des Gesellschaftsverhältnisses gerechtfertigt sein.[44]

19 **5. Konfusion.** Die stille Gesellschaft wird schließlich ohne Auseinandersetzung beendet, indem das Schuldverhältnis auf Grund einer Konfusion erlischt, weil sich die Gesellschafterrechte in einer Person vereinigen. Dies ist der Fall, wenn ein Gesellschafter den anderen beerbt oder Unternehmen und stille Beteiligung bei einer Eheschließung in das Gesamtgut einer Gütergemeinschaft (§ 1416 BGB) eingebracht werden.[45]

20 **6. Übernahmerecht.** Ein Übernahmerecht im Sinne des § 142 kennt die stille Gesellschaft nicht (RGZ 165, 265). Es kann dem stillen Gesellschafter aber, etwa im Rahmen eines Treuhandverhältnisses, durch den Gesellschaftsvertrag eingeräumt werden. Dann hat der stille Gesellschafter einen schuldrechtlichen Anspruch auf Übertragung des Gesellschaftsvermögens **gegen Abfindung.**[46]

III. Kündigungsbedingte Auflösungsgründe

21 Das Gesellschaftsverhältnis kann durch eine **ordentliche oder außerordentliche Kündigung** beider Gesellschafter wie auch die Kündigung eines Gläubigers des stillen Gesellschafters aufgelöst werden.[47] Die Regelung des § 234 lautet dahin, die ordentliche Kündigung den Vorschriften über die OHG, dagegen die außerordentliche Kündigung den Vorschriften über die Gesellschaft bürgerlichen Rechts zu unterstellen.[48] Die Kündigungserklärung ist eine von der organschaftlichen Vertretungsmacht umfasste, einseitige, formlose, an den anderen Gesellschafter zu richtende empfangsbedürftige Willenserklärung.[49]

22 **1. Ordentliche Kündigung. a) Bestimmte Dauer.** Eine auf bestimmte Dauer, also einen festen Zeitraum, vereinbarte stille Gesellschaft kann **nicht ordentlich** gekündigt werden. Vielmehr endet diese Gesellschaft erst mit Zeitablauf.[50] Eine zeitliche Begrenzung muss nicht kalendermäßig festgelegt sein, sondern kann sich auch aus dem Zweck der Gesellschaft ergeben.[51] Bei derartigen zeitlichen Gestaltungen kommt nur eine außerordentliche Kündigung in Betracht.[52]

23 **b) Unbestimmte Dauer.** Wegen der Verweisung des § 234 Abs. 1 auf § 132 kann eine auf unbestimmte Zeit eingegangene stille Gesellschaft nur mit einer **Frist von sechs Monaten** zum Schluss des Geschäftsjahres gekündigt werden. Maßgebend ist das Geschäftsjahr des Geschäftsinhabers.[53] Bei Versäumen der Frist gilt die Kündigung für den folgenden Termin.[54] Die Kündigung ist bereits zulässig, bevor der Gesellschaftsvertrag in Vollzug gesetzt wurde.[55] Eine auf die Lebenszeit eines Gesellschafters eingegangene oder nach Zeitablauf stillschweigend verlängerte stille Gesellschaft steht gem. § 134 einer auf unbestimmte Zeit geschlossenen Gesellschaft gleich. Eine stillschweigende Verlängerung ist nicht bereits in dem – auch bei Ausscheiden des stillen Gesellschafters unveränderten – Weiterbetrieb des Handelsgewerbes zu erblicken, sondern erfordert konkrete, auf einen Fortsetzungswillen deutende Umstände.[56]

---

[43] Staub/*Zutt* RdNr. 10; *Blaurock* RdNr. 962, der auf der Basis einer Liquidation eine Wiederherstellung der werbenden stillen Gesellschaft annimmt.
[44] Staub/*Zutt* RdNr. 11; *Blaurock* RdNr. 964; Baumbach/*Hopt* RdNr. 6; Röhricht/Graf v. Westphalen/*v. Gerkan* RdNr. 22.
[45] Heymann/*Horn* RdNr. 22; MünchKommHGB/*K. Schmidt* RdNr. 69; Staub/*Zutt* RdNr. 31.
[46] Staub/*Zutt* RdNr. 35; MünchKommHGB/*K. Schmidt* RdNr. 619; Heymann/*Horn* RdNr. 23; Röhricht/Graf v. Westphalen/*v. Gerkan* RdNr. 28.
[47] Staub/*Zutt* RdNr. 21.
[48] *Blaurock* RdNr. 918.
[49] *Blaurock* RdNr. 920; Staub/*Zutt* RdNr. 21; MünchHdbStG/*Polzer* § 27 RdNr. 2.
[50] Heymann/*Horn* RdNr. 6.
[51] BGH Urt. v. 11. 7. 1968 – II ZR 179/66, BGHZ 50, 316, 321 = NJW 1968, 2003; BGH Urt. v. 29. 6. 1992 – II ZR 284/91, NJW 1992, 2696, 2698; BGH Urt. v. 12. 1. 1998 – II ZR 98/96, NJW 1998, 1551; MünchHdbStG/*Polzer* § 27 RdNr. 3.
[52] Heymann/*Horn* RdNr. 6.
[53] Staub/*Zutt* RdNr. 22; MünchKommHGB/*K. Schmidt* RdNr. 45; Heymann/*Horn* RdNr. 7; MünchHdbStG/*Polzer* § 27 RdNr. 3; Baumbach/*Hopt* RdNr. 8; *Koller*/Roth/Morck RdNr. 1.
[54] *Blaurock* RdNr. 926.
[55] BGH Urt. v. 13. 4. 1995 – II ZR 132/94, WM 1995, 1277.
[56] Staub/*Zutt* RdNr. 22; MünchKommHGB/*K. Schmidt* RdNr. 46; *Blaurock* RdNr. 919; MünchHdbStG/*Polzer* § 27 RdNr. 3.

24 Als auf unbestimmte Zeit geschlossen und folglich ordentlich kündbar gilt auch ein Gesellschaftsverhältnis, dessen zeitliche Festlegung der Lebenserwartung eines Gesellschafters entspricht bzw. sie gar überschreitet oder dessen Ende von einem **zeitlich völlig ungewissen Ereignis** – etwa der Dauer einer Hauptgesellschaft – abhängt.[57] Eine Bindung bis zu 30 Jahre als feste zeitliche Verpflichtung wird nicht zu beanstanden sein.[58] Erliegen beide Vertragsteile dem Irrtum, mit einer Vereinbarung der Gesellschaft auf die Lebenszeit eines Gesellschafters einen wirksamen Kündigungsausschluss zu statuieren, kann eine Vertragsanpassung geboten sein, die auf eine zulässige, längerfristige feste Laufzeit und eine anschließende unbestimmte Dauer der Gesellschaft gerichtet ist.[59]

25 **c) Vertragsabsprachen.** Das ordentliche Kündigungsrecht kann nicht kraft Vertrages ausgeschlossen werden (§ 723 Abs. 3 BGB).[60] Allerdings ist es zulässig, die Kündigungsfristen zu verlängern oder zu verkürzen wie auch für den Geschäftsinhaber und den stillen Gesellschafter unterschiedlich zu bemessen.[61] Freilich darf das Kündigungsrecht nicht durch eine unangemessene Abfindungsklausel faktisch beschnitten werden.[62] Sieht der Gesellschaftsvertrag erstmals nach sechs Jahren ein rechtliches Kündigungsrecht vor, enthält er aber zugleich eine dem stillen Gesellschafter im Falle einer früheren Beendigung nachteilige Abfindungsregelung, so ist der Gesellschafter nach diesen Bedingungen zu einer vorzeitigen Kündigung berechtigt. Für die Wirksamkeit der Kündigung spielt es keine Rolle, ob sich der Gesellschafter ausdrücklich auf dieses Kündigungsrecht beruft.[63]

26 **d) Verbot des freien Ausschließungsrechts.** Das im Personengesellschaftsrecht entwickelte Verbot des freien Ausschließungsrechts besagt, dass einzelnen Gesellschaftern durch den Gesellschaftsvertrag nicht die Befugnis verliehen werden darf, andere Gesellschafter ohne wichtigen Grund nach freiem Ermessen aus der Gesellschaft herauszukündigen und das Unternehmen ohne Liquidation fortzuführen.[64] Dieser Grundsatz kann nicht auf die typische stille Gesellschaft übertragen werden. Allerdings ist das Verbot auf die in Form einer stillen Gesellschaft geführte Publikumsgesellschaft anwendbar. Dies gilt zumal, wenn das Gesellschaftskapital nahezu vollständig von den stillen Gesellschaftern aufgebracht wurde und die Anleger durch ein freies Kündigungs- oder Ausschließungsrecht um die Früchte der Beteiligung gebracht werden.[65]

27 **2. Außerordentliche Kündigung. a) Kündigungserklärung.** Mit der Verweisung auf § 723 BGB macht § 234 Abs. 1 deutlich, dass die stille Gesellschaft aus wichtigem Grund durch Erklärung gegenüber dem Gesellschafter – also abweichend von § 133 ohne gerichtliches Gestaltungsurteil – fristlos gekündigt werden kann.[66] Dieses Recht kann nicht durch den Gesellschaftsvertrag entzogen werden (§ 723 Abs. 3 BGB).[67] Dort können aber bestimmte Gegebenheiten ausdrücklich als außerordentliche Kündigungsgründe anerkannt oder ausgeschlossen werden.[68] Eine unwirksame außerordentliche Kündigung kann gemäß § 140 BGB grundsätzlich in eine ordentliche Kündigung **umgedeutet** werden, wenn die ordentliche Kündigung dem Willen des Kündigenden entspricht und dieser Wille in seiner Erklärung für den Empfänger der Kündigung erkennbar zum Ausdruck kommt.[69]

28 **b) Wichtiger Grund.** Ein wichtiger Grund (§ 723 BGB) ergibt sich aus Umständen, die das Vertrauen des stillen Gesellschafters in die Tüchtigkeit und Rechtschaffenheit des Geschäftsinhabers erschüttern.[70] Die Fortsetzung der stillen Gesellschaft muss dem kündigenden Gesellschafter wegen einer nachhaltigen Störung des Vertrauensverhältnisses zu seinem Geschäftspartner **unzumutbar**

---

[57] BGH (Fn. 51) BGHZ 50, 316, 321 f.; BGH (Fn. 51) NJW 1992, 2696, 2698; Heymann/*Horn* RdNr. 6; MünchHdbStG/*Polzer* § 27 RdNr. 5.
[58] MünchHdbStG/*Polzer* § 27 RdNr. 5.
[59] BGH Urt. v. 19. 1. 1967 – II ZR 27/65, MDR 1967, 384; Heymann/*Horn* RdNr. 6; *Blaurock* RdNr. 922.
[60] BGH Urt. v. 20. 12. 1956 – II ZR 166/55, BGHZ 23, 10, 14 = NJW 1957, 461; BGH (Fn. 51) BGHZ 50, 316, 321; BGH (Fn. 51) NJW 1992, 2696, 2698; Heymann/*Horn* RdNr. 5; Baumbach/*Hopt* RdNr. 6; MünchKommHGB/*K. Schmidt* RdNr. 47; Staub/*Zutt* RdNr. 23; *Blaurock* RdNr. 921.
[61] MünchHdbStG/*Polzer* § 27 RdNr. 4; Heymann/*Horn* RdNr. 7; *Blaurock* RdNr. 926.
[62] MünchHdbStG/*Polzer* § 27 RdNr. 4; MünchKommHGB/*K. Schmidt* RdNr. 47.
[63] BGH Urt. v. 27. 11. 2000 – II ZR 218/00, WM 2001, 314.
[64] Heymann/*Horn* RdNr. 11.
[65] BGH Urt. v. 7. 2. 1994 – II ZR 191/92, NJW 1994, 1156 f; *Blaurock* RdNr. 925.
[66] Staub/*Zutt* RdNr. 24; Baumbach/*Hopt* RdNr. 9; MünchKommHGB/*K. Schmidt* RdNr. 48; MünchHdbStG/*Polzer* § 27 RdNr. 7.
[67] BGH Urt. v. 21. 4. 1980 – II ZR 144/79, BB 1980, 958 f.; Heymann/*Horn* RdNr. 8; *Blaurock* RdNr. 932; MünchKommHGB/*K. Schmidt* RdNr. 48; Koller/*Roth*/Morck RdNr. 3; Röhricht/Graf v. Westphalen/v. Gerkan RdNr. 6.
[68] Staub/*Zutt* RdNr. 28; *Blaurock* RdNr. 932.
[69] BGH Urt. v. 12. 1. 1998 – II ZR 98/96, NJW 1998, 1551.
[70] RG JW 1927, 1350; MünchKommHGB/*K. Schmidt* RdNr. 49; *Blaurock* RdNr. 930.

sein.[71] Es liegt in der Eigenart der stillen Gesellschaft, dass zwar einerseits die persönliche Vertrauensbeziehung der Gesellschafter weniger intensiv ausgeprägt ist als etwa in einer OHG und deshalb persönliche Spannungen nicht ohne weiteres als Kündigungsgrund anzuerkennen sind, andererseits aber wegen der geringen Mitwirkungsbefugnisse des stillen Gesellschafters bereits geringe Sorgfaltsverstöße zu einem Vertrauensverlust führen können.[72] Stets bedarf es einer Würdigung aller Umstände des Einzelfalles und einer umfassenden Interessenabwägung.[73]

29 **Einzelfälle** einer **berechtigten** außerordentlichen Kündigung: Wesentliche Änderungen der Grundlagen oder der Rechtsform des Unternehmens;[74] Einstellung oder nachhaltige – über gewöhnliche Geschäftsrisiken hinausgehende – Unrentabilität des Geschäftsbetriebs;[75] Auflösung des Unternehmensträgers (BGHZ 84, 379: aber stets Tatfrage); Vermögensverfall des Geschäftsinhabers, insbesondere wenn dessen Anspruch auf Zahlung der Einlage gepfändet wird;[76] zweckwidrige Verwendung der Einlage;[77] Vorenthaltung des Gewinnanteils;[78] auf bankrechtlichen Bedenken beruhende Weigerung des Geschäftsinhabers, die dem Anleger als Auseinandersetzungsguthaben zugesagte Rente ratenweise auszubezahlen;[79] Ungeeignetheit zur Geschäftsführung;[80] Verletzung der Beitragspflicht durch stillen Gesellschafter, der die als Einlage geschuldeten Dienste nicht leistet;[81] Behinderung des stillen Gesellschafters bei der Wahrnehmung von Mitwirkungsrechten;[82] wesentliche Veränderungen im Gesellschafterbestand des Unternehmensträgers;[83] drohende Umqualifizierung der Einlage in Kapitalersatz.[84]

30 **c) Verhältnismäßigkeit.** Zu einer außerordentlichen Kündigung darf nur als äußerstes Mittel (ultima ratio) gegriffen werden. Kann der Kündigungsgrund durch eine Vertragsänderung ausgeräumt werden, so besteht die Pflicht zu Nachverhandlungen, um etwa Betriebsmittel zuzuführen oder einen ungeeigneten Geschäftsführer auszuwechseln.[85] Ist jede Fortsetzung des Gesellschaftsverhältnisses unzumutbar, kann die Kündigung auch zur Unzeit (§ 723 Abs. 2 BGB) erfolgen.[86] Eine zur Unzeit erklärte Kündigung ist zwar wirksam; jedoch hat der Kündigende den dem anderen Teil dadurch entstehenden Schaden zu ersetzen.[87]

31 **3. Kündigung durch Gläubiger des stillen Gesellschafters.** Das Kündigungsrecht der Gläubiger eines stillen Gesellschafters findet auf Grund der Verweisung des § 234 seine Grundlage in § 135 und nicht in § 725 BGB.[88] Es setzt voraus, dass innerhalb der letzten sechs Monate – auch durch einen dritten Gläubiger – ohne Erfolg eine Zwangsvollstreckung in das bewegliche Vermögen des Gesellschafters versucht wurde, der Gläubiger über einen nicht bloß vorläufig vollstreckbaren Schuldtitel verfügt und auf Grund des Schuldtitels die Pfändung und Überweisung des Auseinandersetzungsguthabens erwirkt hat.[89] Mit Hilfe der Kündigung wird die gepfändete und überwiesene Forderung fällig.[90] Für ein Kündigungsrecht der Gläubiger des **Geschäftsinhabers** besteht hingegen kein Bedürfnis, weil sie ohnehin auf das Geschäfts – und Privatvermögen des Geschäftsinhabers nebst der Einlage Zugriff nehmen können.[91]

---

[71] Heymann/*Horn* RdNr. 9; Staub/*Zutt* RdNr. 25; MünchHdbStG/*Polzer* § 27 RdNr. 8; Röhricht/Graf v. Westphalen/*v. Gerkan* RdNr. 7.
[72] BGH Urt. v. 8. 7. 1976 – II ZR 34/75, DB 1977, 87 f.; Staub/*Zutt* RdNr. 26; Heymann/*Horn* RdNr. 9; Koller/Roth/Morck RdNr. 3; MünchHdbStG/*Polzer* § 27 RdNr. 8.
[73] BGH (Fn. 18) BGHZ 84, 379, 382 f.; BGH (Fn. 72) DB 1977, 87 f.; Blaurock RdNr. 930; MünchHdbStG/*Polzer* § 27 RdNr. 8.
[74] BGH (Fn. 67) BB 1980, 958; *Blaurock* RdNr. 930; MünchHdbStG/*Polzer* § 27 RdNr. 10.
[75] MünchKommHGB/*K. Schmidt* RdNr. 49; Heymann/*Horn* RdNr. 10; Baumbach/*Hopt* RdNr. 9; MünchHdbStG/*Polzer* § 27 RdNr. 11; Röhricht/Graf v. Westphalen/*v. Gerkan* RdNr. 7.
[76] MünchKommHGB/*K. Schmidt* RdNr. 49.
[77] Heymann/*Horn* RdNr. 10; MünchHdbStG/*Polzer* § 27 RdNr. 10.
[78] Heymann/*Horn* RdNr. 10; MünchHdbStG/*Polzer* § 27 RdNr. 10.
[79] BGH v. 26. 9. 2005 – II ZR 314/03, NJW-RR 2006, 178; BGH Urt. v. 21. 3. 2005 – II ZR 310/03, NJW 2005, 1784, 1786; BGH, Urt. v. 21. 3. 2005 – II ZR 124/03, NZG 2005, 471; BGH Urt. v. 21. 3. 2005 – II ZR 140/03, NZG 2005, 472.
[80] Staub/*Zutt* RdNr. 26; MünchHdbStG/*Polzer* § 27 RdNr. 10.
[81] MünchHdbStG/*Polzer* § 27 RdNr. 10.
[82] BGH (Fn. 72) DB 1977, 87 f.; MünchKommHGB/*K. Schmidt* RdNr. 49; Staub/*Zutt* RdNr. 26; Röhricht/Graf v. Westphalen/*v. Gerkan* § 234 RdNr. 7.
[83] MünchKommHGB/*K. Schmidt* RdNr. 49.
[84] Röhricht/Graf v. Westphalen/*v. Gerkan* RdNr. 7.
[85] Staub/*Zutt* RdNr. 27; MünchHdbStG/*Polzer* § 27 RdNr. 8; MünchKommHGB/*K. Schmidt* RdNr. 49.
[86] BGH (Fn. 72) DB 1977, 87, 89; MünchKommHGB/*K. Schmidt* RdNr. 48; Heymann/*Horn* RdNr. 8.
[87] *Blaurock* RdNr. 935; Staub/*Zutt* RdNr. 28.
[88] Staub/*Zutt* RdNr. 29; MünchHdbStG/*Polzer* § 27 RdNr. 51.
[89] MünchHdbStG/*Polzer* § 27 RdNr. 15; MünchKommHGB/*K. Schmidt* RdNr. 51; *Blaurock* RdNr. 938; Baumbach/*Hopt* § 234 RdNr. 10.
[90] MünchKommHGB/*K. Schmidt* RdNr. 51.
[91] Heymann/*Horn* RdNr. 12; Staub/*Zutt* RdNr. 29; MünchKommHGB/*K. Schmidt* RdNr. 52; Röhricht/Graf v. Westphalen/*v. Gerkan* RdNr. 9.

IV. Veräußerung, Verschmelzung, Umwandlung: Einfluss auf stille Beteiligung

1. Veräußerung. Mit der Veräußerung des Unternehmens geht das stille Gesellschaftsverhältnis auf Grund der mitgliedschaftsrechtlichen Bindungen **nicht auf den Erwerber** über.[92] Vielmehr bleibt die Rechtsbeziehung des stillen Gesellschafters zum vormaligen Geschäftsinhaber erhalten.[93] Allerdings kann die Veräußerung wegen Zweckerreichung (§ 726 BGB) die Auflösung der stillen Gesellschaft bewirken.[94] Der mit der Veräußerung nicht einverstandene stille Gesellschafter kann, sofern keine Auflösung eintritt, statt der Geltendmachung eines Rechts zur ordentlichen Kündigung und Schadensersatzansprüchen verlangen, dass der Inhaber den früheren Zustand wiederherstellt oder ein gleichartiges Geschäft aufbaut.[95] Die Veräußerung von Gesellschaftsanteilen des Unternehmensträgers hat auf die stille Beteiligung keinen Einfluss.[96]

2. Verschmelzung. Die Verschmelzung der Inhabergesellschaft mit einer anderen Gesellschaft lässt die stille Beteiligung nicht untergehen. Dies gilt sowohl für eine Verschmelzung durch Aufnahme wie eine Verschmelzung durch Neubildung.[97]

3. Umwandlung. Die stille Beteiligung wird ebenso durch eine Umwandlung des Geschäftsinhabers nicht angetastet. Umwandlungsvorgänge auf Seiten einer Gesellschaft, die eine stille Beteiligung hält, berühren das Geschäftsverhältnis nicht.[98]

V. Tod des stillen Gesellschafters

1. Keine Auflösung. Abweichend von § 727 BGB und im Unterschied zum Ableben des Geschäftsinhabers wird die stille Gesellschaft gem. § 234 Abs. 2 durch den Tod des stillen Gesellschafters nicht aufgelöst.[99] Die Bestimmung ist jedoch **abdingbar**. Allerdings wird man ein stillschweigenden Ausschluss der Regelung nicht schon annehmen können, wenn der stille Gesellschafter Geschäftsführungsbefugnisse wahrnimmt oder höchstpersönliche Dienstleistungen erbringt.[100] Hier wird aber eine außerordentliche Kündigung durch den Geschäftsinhaber zu billigen sein.[101]

2. Vererblichkeit. Die fehlende Auflösung bedingt, dass die stille Beteiligung zum Nachlass des stillen Gesellschafters gehört. Mehrere Erben rücken nicht einzeln, sondern als Erbengemeinschaft in die Gesellschafterstellung.[102] Die für Gesamthandsanteile entwickelten Grundsätze der Sondervererbung finden **keine Anwendung**.[103] Wird im Rahmen der Erbauseinandersetzung die stille Beteiligung einem oder mehreren bestimmten Erben zugewiesen, entwickelt diese Regelung gegenüber dem Geschäftsinhaber nicht bereits aus sich heraus Bindungskraft, sondern nur dann, wenn er sich mit der Aufspaltung der stillen Beteiligung vertraglich einverstanden erklärt.[104] Ungeklärt ist, ob eine Sondererbfolge nach dem Vorbild von OHG und KG bei einer atypischen stillen Beteiligung, insbesondere einer Kombination mit einer Kommanditeinlage, anzunehmen ist.[105] Zumindest können Nachfolgeprobleme durch eine vertragliche Eintrittsklausel vermieden werden.[106]

VI. Unterbeteiligung

§ 234 ist auf die Unterbeteiligung, bei der ebenfalls Auflösung und Beendigung zusammenfallen, **analog anwendbar**.[107] Die Auflösungsgründe für eine stille Gesellschaft sind also auf die Unterbeteiligung auszudehnen.[108] Regelmäßig führt der Tod des Hauptbeteiligten in Ermangelung näherer

---

[92] MünchKommHGB/K. Schmidt RdNr. 39; Röhricht/Graf v. Westphalen/v. Gerkan RdNr. 27.
[93] Staub/Zutt RdNr. 18; Heymann/Horn RdNr. 26.
[94] Staub/Zutt RdNr. 18; MünchKommHGB/K. Schmidt RdNr. 39.
[95] Koller/Roth/Morck RdNr. 10; Heymann/Horn RdNr. 26.
[96] MünchKommHGB/K. Schmidt RdNr. 43; Staub/Zutt RdNr. 18.
[97] Röhricht/Graf v. Westphalen/v. Gerkan RdNr. 31; Staub/Zutt RdNr. 16; Heymann/Horn RdNr. 27; MünchKommHGB/K. Schmidt RdNr. 33 bis 36.
[98] Staub/Zutt RdNr. 17; Heymann/Horn RdNr. 28; MünchKommHGB/K. Schmidt RdNr. 30 bis 32.
[99] Heymann/Horn RdNr. 14; Staub/Zutt RdNr. 38; MünchHdbStG/Polzer § 27 RdNr. 20.
[100] Staub/Zutt RdNr. 38; MünchKommHGB/K. Schmidt RdNr. 56; MünchHdbStG/Polzer § 27 RdNr. 26; aA Blaurock RdNr. 949, anders Voraufl. S. 297.
[101] Heymann/Horn RdNr. 15.
[102] RGZ 126, 386, 391 f.; Staub/Zutt RdNr. 39.
[103] Staub/Zutt RdNr. 39; MünchKommHGB/K. Schmidt RdNr. 56; Heymann/Horn RdNr. 14; MünchHdbStG/Polzer § 27 RdNr. 21; Blaurock RdNr. 952; missverständlich BGH Urt. v. 28. 6. 1962 – II ZR 61/61, WM 1962, 1084.
[104] Blaurock RdNr. 953; MünchHdbStG/Polzer § 27 RdNr. 21; Staub/Zutt RdNr. 39.
[105] MünchHdbStG/Polzer § 27 RdNr. 22.
[106] BGH (Fn. 103) WM 1962, 1084.
[107] Staub/Zutt RdNr. 40; MünchKommHGB/K. Schmidt RdNr. 70.
[108] Staub/Zutt RdNr. 40; Koller/Roth/Morck RdNr. 14.

§ 235 1   2. Buch. 3. Abschnitt. Stille Gesellschaft

Vereinbarungen zur Auflösung der Unterbeteiligung (§ 727 Abs. 1 BGB), während beim Tod des Unterbeteiligten § 234 Abs. 2 eingreift.[109] Ist der Hauptbeteiligte eine Gesellschaft, so wird mit deren Voll-Beendigung auch die Unterbeteiligung aufgelöst.[110] Die Veräußerung des Hauptbeteiligungsrechts ist ebenfalls regelmäßig als Auflösungsgrund anzuerkennen.[111]

38   Die **ordentliche Kündigung** ist unter den Voraussetzungen der §§ 234, 132, 134 gegeben. Eine auf die Dauer der Hauptgesellschaft geschlossene Unterbeteiligung ist als Gesellschaftsverhältnis unbestimmter Dauer (§ 132) jederzeit ordentlich kündbar.[112] Eine außerordentliche Kündigung kann unter den Voraussetzungen des § 723 BGB erfolgen.[113]

§ 235 [Auseinandersetzung]

(1) Nach der Auflösung der Gesellschaft hat sich der Inhaber des Handelsgeschäfts mit dem stillen Gesellschafter auseinanderzusetzen und dessen Guthaben in Geld zu berichtigen.

(2) ¹Die zur Zeit der Auflösung schwebenden Geschäfte werden von dem Inhaber des Handelsgeschäfts abgewickelt. ²Der stille Gesellschafter nimmt teil an dem Gewinn und Verluste, der sich aus diesen Geschäften ergibt.

(3) Er kann am Schlusse jedes Geschäftsjahrs Rechenschaft über die inzwischen beendigten Geschäfte, Auszahlung des ihm gebührenden Betrags und Auskunft über den Stand der noch schwebenden Geschäfte verlangen.

Übersicht

	RdNr.		RdNr.
I. Wesen der Auseinandersetzung	1–3	a) Rückgewähr bei positivem Einlagekonto	17
1. Gesetzliche Regelung	1, 2	b) Rückständige Einlage	18
a) Keine Liquidation	1	IV. Durchsetzung des Anspruchs	19, 20
b) Geldanspruch	2	1. Fälligkeit	19
2. Abdingbarkeit	3	2. Prozessuales	20
II. Feststellung des Auseinandersetzungsguthabens in der typischen stillen Gesellschaft	4–14	V. Atypische stille Gesellschaft	21–25
1. Zahlungsanspruch – passives Einlagekonto	4–6	1. Abfindungsguthaben	22, 23
a) Stiller Gesellschafter als Gläubiger	4	a) Berechnungsfaktoren	22
b) Geschäftsinhaber als Gläubiger	5, 6	b) Auseinandersetzungsbilanz	23
2. Prinzip der Gesamtabrechnung	7	2. Rückständige Einlage	24
3. Auseinandersetzungsbilanz (Schlussabrechnung)	8–11	3. Übernahmerecht – Liquidation	25
a) Inhalt	8, 9	VI. Auseinandersetzung schwebender Geschäfte	26–34
b) Pflicht zur Rechnungslegung	10	1. Vorrang vertraglicher Regelungen	26
c) Auflösungsstichtag	11	2. Definition der schwebenden Geschäfte	27, 28
4. Einzelne Bilanzposten	12–14	3. Abwicklung	29, 30
a) Offene Rücklagen	12	a) Zuständigkeit	29
b) Stille Reserven	13	b) Pflichtverletzung	30
c) Firmenwert	14	4. Abrechnung	31–33
III. Abrechnung von Sacheinlagen, Dienstleistungen und Gebrauchsüberlassungen	15–18	a) Kein Bestandteil der Auseinandersetzungsbilanz	31
1. Sacheinlagen	15, 16	b) Inhalt	32
a) Rückgewähr bei positivem Einlagekonto	15	c) Ausgleichsanspruch	33
b) Rückständige Einlage	16	5. Aufsichtsbefugnisse	34
2. Dienstleistungen, Gebrauchsüberlassungen	17, 18	VII. Unterbeteiligung	35

I. Wesen der Auseinandersetzung

1   **1. Gesetzliche Regelung. a) Keine Liquidation.** Bei der stillen Gesellschaft vollziehen sich Auflösung und Beendigung ohne die Zwischenstufe eines Abwicklungsstadiums **in einem Akt**.

---

[109] Staub/Zutt RdNr. 40; Heymann/Horn RdNr. 31; MünchKommHGB/K. Schmidt RdNr. 65, 77.
[110] Heymann/Horn RdNr. 31; MünchKommHGB/K. Schmidt RdNr. 66.
[111] Staub/Zutt RdNr. 41; Heymann/Horn RdNr. 32.
[112] BGH (Fn. 51) BGHZ 50, 316, 321 f.
[113] BGH Urt. v. 13. 6. 1994 – II ZR 259/92, BB 1994, 1597, 1599; Heymann/Horn RdNr. 30.

Deshalb scheidet eine Liquidation der stillen Gesellschaft im herkömmlichen Sinn mit Berichtigung der Gesellschaftsverbindlichkeiten, Aufhebung der gesamthänderischen Vermögensbindung und Verteilung des Reinvermögens unter den Gesellschaftern aus.[1] Vielmehr bleibt der Geschäftsinhaber alleiniger Träger des Handelsgewerbes, das er in eigener Verantwortung weiterführen, veräußern oder liquidieren kann.[2] §§ 730 ff. BGB, §§ 145 ff. finden also keine Anwendung.[3]

b) Geldanspruch. Nach der Grundregel des § 235 Abs. 1 braucht der Geschäftsinhaber den stillen Gesellschafter lediglich in Geld abzufinden.[4] Die Auseinandersetzung vollzieht sich als Forderungsabrechnung;[5] sie dient der Berechnung der Ausgleichsforderung des stillen Gesellschafters.[6] Dabei handelt es sich nur noch um eine **Abwicklung** der schuldrechtlichen Beziehungen der Gesellschafter.[7] Das Endguthaben bestimmt sich nach dem Stand der Einlage unter Berücksichtigung der noch nicht abgerechneten Gewinne und Verluste.[8] Grundsätzlich ist der Abfindungsanspruch in Geld zu berichtigen, auch wenn eine Sacheinlage geleistet wurde.[9] Gleichwohl kann vereinbart werden, dass dem Geschäftsinhaber für den Zeitraum der stillen Gesellschaft überlassene Gegenstände an den stillen Gesellschafter zurückzugeben sind.[10]

2. Abdingbarkeit. § 235 enthält nachgiebiges Recht. Es kann eine „echte" Liquidation mit der Folge einer Auflösung des Handelsunternehmens vorgesehen werden.[11] Erstreckt sich die Liquidation auch auf Grundstücke, so muss die Vereinbarung der Form des § 311 b Abs. 1 BGB genügen.[12] Ebenso kann ein fester Abfindungsbetrag oder als Abfindung die Übertragung eines bestimmten Vermögensgegenstandes vereinbart werden.[13]

II. Feststellung des Auseinandersetzungsguthabens in der typischen stillen Gesellschaft

1. Zahlungsanspruch – passives Einlagekonto. Mit Hilfe der Auseinandersetzung wird ein dem stillen Gesellschafter auszuzahlender oder ein von ihm noch geschuldeter Betrag bestimmt.[14]

a) Stiller Gesellschafter als Gläubiger. Im Rahmen der Auseinandersetzung werden die wechselseitigen Ansprüche der Gesellschafter ermittelt. Dies muss aber nicht bedeuten, dass die Auseinandersetzung stets mit einem Zahlungsanspruch des stillen Gesellschafters abschließt. Grundsätzlich kann der stille Gesellschafter bei günstigem Geschäftsverlauf allerdings Rückerstattung seiner Einlage nebst Auskehr stehengelassener Gewinne verlangen.[15] Hat der stille Gesellschafter neben der Einlage ein vereinbarungsgemäß nicht dem Einlagekonto gutzuschreibendes **Ausgabeaufgeld** entrichtet, das ihm eine zusätzliche Gewinnbeteiligung gewährt, so ist dieses Ausgabeaufgeld bei der Auseinandersetzung nicht zu berücksichtigen.[16]

b) Geschäftsinhaber als Gläubiger. Demgegenüber kann aber auch eine Zahlungsverpflichtung des stillen Gesellschafters gegeben sein, wenn sein Einlagekonto einen Passivsaldo aufweist. Hat der stille Gesellschafter seine Einlage **voll erbracht,** so braucht er, weil er am Verlust nur bis zum Betrag seiner eingezahlten oder rückständigen Einlage teilnimmt (§ 232 Abs. 2), das negative Einlagekonto nicht durch einen Nachschuss aufzufüllen.[17] Eine rückständige Einlage hat der stille Gesellschafter

---

[1] Staub/*Zutt* RdNr. 1; *Blaurock* RdNr. 978; MünchKommHGB/*K. Schmidt* RdNr. 2; Heymann/*Horn* RdNr. 6; RGZ 166, 160, 164.
[2] Staub/*Zutt* RdNr. 1; MünchHdbStG/*Bezzenberger* § 28 RdNr. 2.
[3] MünchHdbStG/*Bezzenberger* § 28 RdNr. 2; *Blaurock* RdNr. 978; Röhricht/Graf v. Westphalen/*v. Gerkan* RdNr. 2; aA: MünchKommHGB/*K. Schmidt* RdNr. 3 ff.; die Streitfrage hat indes kaum praktische Bedeutung: Staub/*Zutt* RdNr. 2.
[4] BGH Urt. v. 2. 5. 1983 – II ZR 148/82, NJW 1983, 2375 f.; RGZ 166, 160, 164.
[5] BGH Urt. v. 29. 6. 1992 – II ZR 284/91, NJW 1992, 2696 f.; Röhricht/Graf v. Westphalen/*v. Gerkan* RdNr. 1.
[6] Heymann/*Horn* RdNr. 5.
[7] BGH Urt. v. 30. 11. 1967 – II ZR 14/65, BB 1968, 268.
[8] MünchKommHGB/*K. Schmidt* RdNr. 2; MünchHdbStG/*Bezzenberger* § 28 RdNr. 3; Staub/*Zutt* RdNr. 2; Koller/Roth/Morck HGB RdNr. 2; Baumbach/*Hopt* RdNr. 1.
[9] Heymann/*Horn* RdNr. 1; Baumbach/*Hopt* RdNr. 2; MünchHdbStG/*Bezzenberger* § 28 RdNr. 3; Staub/*Zutt* RdNr. 17.
[10] Heymann/*Horn* RdNr. 1; *Blaurock* RdNr. 1004; MünchKommHGB/*K. Schmidt* RdNr. 12; Staub/*Zutt* RdNr. 21.
[11] Staub/*Zutt* RdNr. 3; *Blaurock* RdNr. 982; MünchKommHGB/*K. Schmidt* RdNr. 10; Röhricht/Graf v. Westphalen/*v. Gerkan* RdNr. 3.
[12] BGH (Fn. 4) NJW 1983, 2375 f.; RGZ 166, 160, 165.
[13] Staub/*Zutt* RdNr. 3; *Blaurock* RdNr. 983.
[14] MünchKommHGB/*K. Schmidt* RdNr. 15.
[15] Staub/*Zutt* RdNr. 2; Heymann/*Horn* RdNr. 5.
[16] BFH Urt. v. 23. 2. 2000 – VIII R 40/98, NJW-RR 2001, 817 f.
[17] OLG Karlsruhe ZIP 1986, 916 f.; Staub/*Zutt* RdNr. 18; MünchKommHGB/*K. Schmidt* RdNr. 32; MünchHdbStG/*Bezzenberger* § 28 RdNr. 22; *Blaurock* RdNr. 1018; Heymann/*Horn* RdNr. 3.

hingegen nur in der Höhe zu entrichten, die zur Deckung eines negativen Einlagekontos und des damit von ihm zu tragenden Verlusts benötigt wird. Mehr als den Rückstand braucht der stille Gesellschafter auch bei einem höheren Passivsaldo nicht zu erbringen. Ist der Passivsaldo geringer als die rückständige Einlage, so schuldet der stille Gesellschafter nur Zahlung in Höhe des Passivsaldos, weil der Zweck, das Handelsgewerbe des Geschäftsinhabers zu fördern, mit der Auflösung entfallen ist (§ 726 BGB).[18]

6 Hiervon zu trennen sind **außerhalb** der Gewinn- und Verlustbeteiligung angesiedelte Forderungen des Geschäftsinhabers etwa aus Darlehen oder ungerechtfertigter Bereicherung wegen der Auszahlung falsch berechneter Gewinne, die der stille Gesellschafter uneingeschränkt zu tilgen hat.[19] Bei Rückgabe eines dem Geschäftsinhaber verpachteten Betriebs braucht der stille Gesellschafter für einen vom Geschäftsinhaber erwirtschafteten vermehrten Goodwill keine Ablöse zu leisten.[20]

7 **2. Prinzip der Gesamtabrechnung.** Die Auseinandersetzung ist in Form einer Gesamtabrechnung vorzunehmen. Dieser – auch auf die fehlerhafte Gesellschaft auszudehnende – Grundsatz besagt, dass die wechselseitigen Verbindlichkeiten des Geschäftsinhabers und des stillen Gesellschafters aus dem Gesellschaftsverhältnis ihre Selbständigkeit verlieren und sich, ohne dass es einer Aufrechnung oder der Geltendmachung von Zurückbehaltungsrechten (§ 273 BGB) bedarf, in nicht mehr einzeln verfolgbare **Rechnungsposten** umwandeln. Folglich kann der stille Gesellschafter im Anschluss an die Beendigung der Gesellschaft seine Einlage nur nach Durchführung einer Gesamtabrechnung zurückverlangen.[21] Allerdings kann der stille Gesellschafter bereits vor Durchführung der Auseinandersetzung Zahlung beanspruchen, wenn mit Sicherheit fest steht, dass er jedenfalls einen bestimmten Mindestbetrag beanspruchen kann.[22] Ist die Verlustbeteiligung ausgeschlossen, so erweist sich ein Anspruch des stillen Gesellschafters auf Zahlung des Buchwerts seiner Einlage schon vor Beendigung der Auseinandersetzung als begründet.[23] Nicht in die Gesamtabrechnung gehören selbständig verfolgbare Drittgläubigeransprüche, dh. außerhalb des Gesellschaftsverhältnisses begründete Verbindlichkeiten.[24]

8 **3. Auseinandersetzungsbilanz (Schlussabrechnung). a) Inhalt.** Zur Berechnung des Auseinandersetzungsguthabens ist eine Auseinandersetzungsbilanz zu errichten. Dieses Zahlenwerk ist nur dann entbehrlich, sofern sich der endgültige Anspruch des stillen Gesellschafters ohne besondere Abrechnung ermitteln lässt.[25] Die Auseinandersetzungsbilanz ist als **Gewinnermittlungsbilanz** und mangels Beteiligung des stillen Gesellschafters an den Betriebsmitteln nicht als Vermögensbilanz zu fassen.[26] Der ausscheidende stille Gesellschafter ist nämlich nicht am wirklichen Wert des Unternehmens, insbesondere den in rechtlich zulässiger Weise gebildeten stillen Reserven und dem Firmenwert, zu beteiligen.[27]

9 Die Schlussabrechnung hat der **jährlichen Ergebnisrechnung** nach § 232 zu **entsprechen** und setzt sich regelmäßig aus der Bilanz nebst Gewinn- und Verlustrechnung des Geschäftsinhabers sowie einer Zusatzrechnung zusammen. Dabei sind die Grundsätze der jährlichen Ergebnisrechnung heranzuziehen.[28] Das Abfindungsguthaben resultiert aus dem Buchwert der durch das Ergebnis vorheriger Geschäftsjahre beeinflussten Einlage sowie der bis zum Auflösungszeitpunkt noch nicht berücksichtigten Gewinne und Verluste.[29] Folglich ist die **ordentliche Jahresrechnung** bis zum Stichtag der Auflösung **fortzuschreiben.**[30]

---

[18] Staub/*Zutt* RdNr. 18; Heymann/*Horn* RdNr. 3; *Blaurock* RdNr. 1018; MünchKommHGB/*K. Schmidt* RdNr. 32; MünchHdbStG/*Bezzenberger* § 28 RdNr. 22.
[19] Heymann/*Horn* RdNr. 4; MünchKommHGB/*K. Schmidt* RdNr. 32.
[20] BGH Urt. v. 12. 5. 1986 – II ZR 11/86, NJW 1986, 2306.
[21] BGH (Fn. 5) NJW 1992, 2696 f.; BGH Urt. v. 12. 5. 1977 – III ZR 91/75, WM 1977, 973 f.; BGH Urt. v. 8. 7. 1976 – II ZR 34/75, DB 1977, 87, 89; BGH Urt. v. 12. 6. 1972 – II ZR 109/71, WM 1972, 1056; Staub/*Zutt* RdNr. 6; Heymann/*Horn* RdNr. 9; MünchHdbStG/*Bezzenberger* § 28 RdNr. 15; *Koller/Roth/Morck* RdNr. 1; Röhricht/Graf v. Westphalen/*v. Gerkan* RdNr. 7; aA: BGH (Fn. 7) BB 1968, 268; *Baumbach/Hopt* RdNr. 1.
[22] BGH (Fn. 5) NJW 1992, 2696 f.; BGH (Fn. 21) WM 1977, 973 f.; BGH (Fn. 21) DB 1977, 87, 89.
[23] MünchKommHGB/*K. Schmidt* RdNr. 18; Heymann/*Horn* RdNr. 9; Staub/*Zutt* RdNr. 22; MünchHdbStG/*Bezzenberger* § 28 RdNr. 17; Röhricht/Graf v. Westphalen/*v. Gerkan* RdNr. 6.
[24] BGH Urt. v. 23. 2. 1978 – II ZR 145/76, WM 1978, 342 f.; MünchHdbStG/*Bezzenberger* § 28 RdNr. 18; Staub/*Zutt* RdNr. 6; Heymann/*Horn* RdNr. 9, anders aber RdNr. 4 am Ende.
[25] BGH (Fn. 21) WM 1977, 973 f.
[26] Heymann/*Horn* RdNr. 7; *Blaurock* RdNr. 989; Staub/*Zutt* RdNr. 8; Röhricht/Graf v. Westphalen/*v. Gerkan* RdNr. 6.
[27] BGH Urt. v. 10. 10. 1994 – II ZR 32/94, NJW 1995, 192 f.; BGH (Fn. 20) NJW 1986, 2306; RGZ 126, 386, 393; 120, 410 f.
[28] Staub/*Zutt* RdNr. 8; Heymann/*Horn* RdNr. 7; *Koller/Roth/Morck* RdNr. 2; *Blaurock* RdNr. 989; vgl. auch MünchHdbStG/*Bezzenberger* § 28 RdNr. 5.
[29] Staub/*Zutt* RdNr. 8; Heymann/*Horn* RdNr. 7; MünchKommHGB/*K. Schmidt* RdNr. 22; *Blaurock* RdNr. 989
[30] MünchHdbStG/*Bezzenberger* § 28 RdNr. 19; MünchKommHGB/*K. Schmidt* RdNr. 20.

b) Pflicht zur Rechnungslegung. Die Auseinandersetzungsbilanz hat gem. § 235 Abs. 1 der **10** Geschäftsinhaber allein zu fertigen, wenn nicht eine Mitwirkung des stillen Gesellschafters vertraglich vereinbart ist. Die Berechnung ist unverzüglich nach Auflösung der Gesellschaft durchzuführen.[31] Im Falle einer erheblichen Verzögerung ist eine Abrechnung durch den stillen Gesellschafter nicht ausgeschlossen.[32] Die beiderseitige Billigung der Bilanz und Gesamtabrechnung ist als bindender, lediglich den Anfechtungsregeln (§§ 119, 123 BGB) unterliegender Feststellungsvertrag zu verstehen.[33] Allerdings besteht kein Anspruch auf Zustimmung in die erteilte Abrechnung.[34]

c) Auflösungsstichtag. Die Auseinandersetzungsbilanz ist auf den Stichtag der Auflösung der **11** stillen Gesellschaft zu erstellen. Es ist jeweils auf den **Tag des Auflösungsgrundes** abzuheben (Ablauf der vereinbarten Zeit, Tod eines Gesellschafters, Zweckerreichung). Bei einer ordentlichen Kündigung ist der Ablauf der Kündigungsfrist, bei einer außerordentlichen Kündigung der Zugang der Erklärung maßgebend.[35]

4. Einzelne Bilanzposten. Im Rahmen der Auseinandersetzungsbilanz bereitet die Beurteilung, **12** ob und wie einzelne Wertansätze zu berücksichtigen sind, besondere Schwierigkeiten.

a) Offene Rücklagen. Gewinnerhöhend zugunsten des stillen Gesellschafters schlagen offene Rücklagen, die **aufzulösen** sind, zu Buche, wenn sie während der Dauer der stillen Gesellschaft gebildet wurden und in die jährliche Gewinnrechnung bislang keinen Eingang fanden.[36]

b) Stille Reserven. Ebenso vermehren während der Dauer der stillen Gesellschaft aus Betriebs- **13** gewinnen erwachsene stille Reserven das auf den stillen Gesellschafter entfallende Auseinandersetzungsguthaben.[37] Nicht ganz so weit geht die Rechtsprechung, die offenbar nur die Einbeziehung von **rechtlich unzulässigen** stillen Reserven zugesteht.[38] Überhöhte Abschreibungen sind zu reduzieren,[39] umgekehrt aber unterlassene Abschreibungen mit der Folge einer Verminderung des Auseinandersetzungsguthabens nachzuholen.[40] Eine durch den Einsatz von Gesellschaftsmitteln, vor allem der Investition von Gewinnen, bedingte Vermehrung des Geschäftsvermögens ist dem stillen Gesellschafter bei der Auseinandersetzung gutzubringen.[41] Dagegen bleiben nicht betriebsbezogene Wertveränderungen im Anlagevermögen außer Ansatz.[42] Wechselseitige Schadensersatzansprüche der Gesellschaftsgläubiger fließen in die Auseinandersetzung ein.[43]

c) Firmenwert. An einer Erhöhung des Firmenwerts (Goodwill) nimmt der stille Gesellschafter **14** nach dem Wortlaut des § 235 Abs. 1 nicht teil.[44] Dies erklärt sich aus dem Wesen der typischen stillen Gesellschaft.

III. Abrechnung von Sacheinlagen, Dienstleistungen und Gebrauchsüberlassungen

1. Sacheinlagen. a) Rückgewähr bei positivem Einlagekonto. Dem Geschäftsinhaber nur **15** zum Gebrauch überlassene Gegenstände sind (Rechtsgedanke des § 732 BGB) dem stillen Gesellschafter im Rahmen der Auseinandersetzung zurückzugeben.[45] Wegen etwaiger Gegenansprüche kann sich der Geschäftsinhaber auf ein Zurückbehaltungsrecht (§ 273 BGB) berufen.[46] Dagegen kann der stille Gesellschafter, sofern eine Treuhandabrede fehlt, nicht die Rückübereignung dem Geschäftsinhaber zu Eigentum übertragener Sachen verlangen. Stattdessen hat der stille Gesell-

---

[31] Staub/*Zutt* RdNr. 16; *Blaurock* RdNr. 986 f. MünchKommHGB/*K. Schmidt* RdNr. 19; MünchHdbStG/*Bezzenberger* § 28 RdNr. 36 f.; *Koller*/Roth/Morck RdNr. 2; Röhricht/Graf v. Westphalen/*v. Gerkan* RdNr. 5.
[32] BGH Urt. v. 23. 6. 1986 – II ZR 130/85, NJW-RR 1986, 1419.
[33] Staub/*Zutt* RdNr. 16; Heymann/*Horn* RdNr. 10; MünchKommHGB/*K. Schmidt* RdNr. 19.
[34] BGH (Fn. 32) NJW-RR 1986, 1419; Röhricht/Graf v. Westphalen/*v. Gerkan* RdNr. 5.
[35] Staub/*Zutt* RdNr. 15.
[36] MünchKommHGB/*K. Schmidt* RdNr. 23; Heymann/*Horn* RdNr. 12; Staub/*Zutt* RdNr. 11; *Blaurock* RdNr. 992; *Rob. Fischer* JR 1962, 201, 204; *Koller*/Roth/Morck RdNr. 3; Röhricht/Graf v. Westphalen/*v. Gerkan* RdNr. 7.
[37] MünchKommHGB/*K. Schmidt* RdNr. 24; Heymann/*Horn* RdNr. 12.
[38] BGH (Fn. 27) NJW 1995, 192 f. im Anschluss an *Rob. Fischer* JR 1962, 201, 204.
[39] BGH Urt. v. 30. 11. 1959 – II ZR 204/57, BB 1960, 14 f.; RGZ 94, 106, 108; MünchKommHGB/*K. Schmidt* RdNr. 24.
[40] MünchKommHGB/*K. Schmidt* RdNr. 24; *Blaurock* RdNr. 993.
[41] BGH (Fn. 39) BB 1960, 14 f.; RGZ 120, 410 f.; *Blaurock* RdNr. 992; MünchKommHGB/*K. Schmidt* RdNr. 24; MünchHdbStG/*Bezzenberger* § 28 RdNr. 10; Heymann/*Horn* RdNr. 12; Röhricht/Graf v. Westphalen/*v. Gerkan* RdNr. 8.
[42] MünchKommHGB/*K. Schmidt* RdNr. 25.
[43] BGH Urt. v. 29. 6. 1970 – II ZR 158/89, NJW 1971, 375, 378.
[44] BGH (Fn. 27) NJW 1995, 192 f.; BGH (Fn. 20) NJW 1986, 2306; Staub/*Zutt* RdNr. 13; MünchKommHGB/*K. Schmidt* RdNr. 26; *Koller*/Roth/Morck RdNr. 3; aA: MünchHdbStG/*Bezzenberger* § 28 RdNr. 13 f; ebenso *Blaurock* RdNr. 994, wenn Firmenwert durch Gesellschaftsmittel erhöht wurde.
[45] BGH Urt. v. 12. 1. 1998 – II ZR 98/96, NJW 1998, 1551.
[46] BGH Urt. v. 29. 6. 1981 – II ZR 165/80, NJW 1981, 2802.

schafter nur einen Anspruch auf Rückzahlung der für das Eigentum ausbedungenen Einlage in Geld.[47]

16 **b) Rückständige Einlage.** Eine rückständige Sacheinlage hat der stille Gesellschafter auch nach Auflösung der stillen Gesellschaft zum Ausgleich eines negativen Einlagekontos zu erbringen. Dabei hat der stille Gesellschafter grundsätzlich die Wahl, die Sacheinlage in Natur zu leisten oder seinen Verlustanteil durch Zahlung abzulösen. Allerdings kann der Geschäftsinhaber bei Interessewegfall (§ 286 Abs. 2, § 323 Abs. 2 BGB) auf einer Geldzahlung (Schadensersatzgedanke) bestehen. Übersteigt der Wert der Sacheinlage den Verlustanteil des stillen Gesellschafters, so hat der Geschäftsinhaber die Differenz in Geld zu erstatten.[48]

17 **2. Dienstleistungen, Gebrauchsüberlassungen. a) Rückgewähr bei positivem Einlagekonto.** Hat der stille Gesellschafter vereinbarungsgemäß die Einlage durch Dienste oder Gebrauchsüberlassungen erfüllt, so hat er bei Auseinandersetzung der Gesellschaft einen Zahlungsanspruch in Höhe der in Geld bemessenen Einlage.[49]

18 **b) Rückständige Einlage.** Die Verpflichtung des stillen Gesellschafters zu Diensten und Gebrauchsüberlassungen endet mit Auflösung der stillen Gesellschaft und wirkt nicht in die Zukunft. Sind die Leistungen zur Auffüllung der Einlage nicht im vorgesehenen Umfang erbracht, so hat der stille Gesellschafter seinen Verlustanteil in Geld zu berichtigen.[50]

IV. Durchsetzung des Anspruchs

19 **1. Fälligkeit.** Der abtretbare (vgl. § 230 RdNr. 63), pfändbare und verpfändbare Anspruch[51] entsteht mit Auflösung der stillen Gesellschaft und wird in dem Zeitpunkt fällig, in dem das Auseinandersetzungsguthaben ermittelt ist oder bei ordnungsgemäßem Geschäftsgang ermittelt werden könnte.[52] Sofort fällig ist ein bereits feststehender Mindestanspruch des stillen Gesellschafters.[53] Für die Verzinsung gelten §§ 288, 286 BGB sowie §§ 352, 353.[54]

20 **2. Prozessuales.** Der stille Gesellschafter kann mit Hilfe einer Stufenklage (§ 254 ZPO) den Geschäftsinhaber auf Rechnungslegung und Zahlung des Auseinandersetzungsguthabens in Anspruch nehmen.[55] Die **Beweislast** für die Höhe des Abfindungsguthabens liegt grundsätzlich beim stillen Gesellschafter, der sich indes auf die Geschäftsbücher stützen kann. Folglich hat der Geschäftsinhaber zu beweisen, dass eine gebuchte Einlage durch Verluste aufgezehrt ist. Deshalb kommt die Beweislast praktisch nur zum Tragen, wenn die Forderung über den Buchwert der Einlage hinausgeht.[56]

V. Atypische stille Gesellschaft

21 Besonderheiten bei der Auseinandersetzung sind nur für die atypische stille Gesellschaft **mit Vermögensbeteiligung** zu beachten, wenn also der stille Gesellschafter schuldrechtlich wie ein Gesamthänder am Vermögen des Geschäftsinhabers teil hat. Hingegen verbleibt es bei den allgemeinen Grundsätzen, sofern sich die atypische Ausgestaltung in Geschäftsführungsbefugnissen des stillen Gesellschafters erschöpft[57] oder lediglich eine mehrgliedrige stille Gesellschaft gebildet wurde.[58]

---

[47] MünchKommHGB/*K. Schmidt* RdNr. 12; Heymann/*Horn* RdNr. 1; Staub/*Zutt* RdNr. 21; Koller/Roth/Morck RdNr. 5; *Blaurock* RdNr. 1004.
[48] Staub/*Zutt* RdNr. 20; *Blaurock* RdNr. 1020; MünchHdbStG/*Bezzenberger* § 28 RdNr. 23; aA reiner Zahlungsanspruch: MünchKommHGB/*K. Schmidt* RdNr. 34, anders aber wohl § 236 RdNr. 23; Röhricht/Graf v. Westphalen/*v. Gerkan* RdNr. 18.
[49] BGH Urt. v. 24. 9. 1952 – II ZR 136/51, BGHZ 7, 174 = NJW 1952, 1412; BGH Urt. v. 22. 11. 1965 – II ZR 189/63, NJW 1966, 501; MünchHdbStG/*Bezzenberger* § 28 RdNr. 24; Staub/*Zutt* RdNr. 21; Baumbach/*Hopt* RdNr. 1; im Ergebnis ähnlich MünchKommHGB/*K. Schmidt* RdNr. 14.
[50] Staub/*Zutt* RdNr. 21; MünchKommHGB/*K. Schmidt* RdNr. 13, 34; MünchHdbStG/*Bezzenberger* § 28 RdNr. 24.
[51] Staub/*Zutt* RdNr. 19; MünchKommHGB/*K. Schmidt* RdNr. 30; Heymann/*Horn* RdNr. 1.
[52] Staub/*Zutt* RdNr. 19; Baumbach/*Hopt* RdNr. 2; Heymann/*Horn* RdNr. 2; MünchHdbStG/*Bezzenberger* § 28 RdNr. 41; MünchKommHGB/*K. Schmidt* RdNr. 29.
[53] BGH (Fn. 21) DB 1977, 87, 89.
[54] Staub/*Zutt* RdNr. 19; Röhricht/Graf v. Westphalen/*v. Gerkan* RdNr. 16.
[55] BGH Urt. v. 16. 5. 1994 – II ZR 223/92, NJW-RR 1994, 1185 f.; Staub/*Zutt* RdNr. 22; Heymann/*Horn* RdNr. 1; MünchKommHGB/*K. Schmidt* RdNr. 53; Röhricht/Graf v. Westphalen/*v. Gerkan* RdNr. 26.
[56] BGH (Fn. 39) BB 1960, 14 f.; Staub/*Zutt* RdNr. 22; MünchKommHGB/*K. Schmidt* RdNr. 54; Heymann/*Horn* RdNr. 15.
[57] Heymann/*Horn* RdNr. 21; MünchKommHGB/*K. Schmidt* RdNr. 56; MünchHdbStG/*Bezzenberger* § 28 RdNr. 25.
[58] Staub/*Zutt* RdNr. 25; MünchHdbStG/*Bezzenberger* § 28 RdNr. 34.

Auseinandersetzung 22–26 § 235

1. Abfindungsguthaben. a) Berechnungsfaktoren. Der atypisch am Geschäftsvermögen des 22 Handelsgewerbes beteiligte stille Gesellschafter ist bei seinem Ausscheiden einem gesamthänderisch beteiligten Gesellschafter **gleichzubehandeln.** Allerdings hat der stille Gesellschafter gegen den Geschäftsinhaber eine reine Zahlungsforderung und kann von diesem nicht verlangen, den Geschäftsbetrieb zum Zwecke der Auseinandersetzung zu versilbern und den Liquidationserlös zu verteilen.[59] Der stille Gesellschafter hat Anspruch auf den vollen Wert seiner Beteiligung am Vermögen des Geschäftsinhabers, also den Substanzwert, der die stillen Reserven, das Anlagevermögen wie auch den Geschäftswert umfasst.[60] Als Berechnungsquote für den Anteil des stillen Gesellschafters ist statt des vereinbarten Gewinnanteils im Zweifel das Verhältnis des Werts der Einlage zum Wert des Unternehmens zum Zeitpunkt des Vertragsschlusses zugrundezulegen.[61]

b) Auseinandersetzungsbilanz. Zur Ermittlung des Auseinandersetzungsguthabens ist eine 23 Auseinandersetzungsbilanz als Vermögensbilanz aufzustellen.[62] In die Abschichtungsbilanz sind nicht nur die Buchwerte, sondern die **wirklichen Werte** der Einzelnen zum Betriebsvermögen gehörenden Wirtschaftsgüter einzusetzen.[63] Eine Mitwirkung des stillen Gesellschafters an der Bilanzaufstellung kann vertraglich vorgesehen werden.[64]

2. Rückständige Einlage. Eine rückständige Einlage mindert den Betrag des Abfindungsguthabens. 24 Sofern die Auseinandersetzung ein **Negativsaldo** ergibt, muss eine rückständige Einlage entrichtet werden.[65] Selbst wenn eine Verlustbeteiligung ausgeschlossen ist, muss eine rückständige Einlage, die Eigenkapitalcharakter hat, zur Deckung der Schulden des Handelsgewerbes gezahlt werden.[66] Eine Nachschusspflicht besteht dagegen abgesehen von einer besonderen Absprache nicht.[67]

3. Übernahmerecht – Liquidation. Die Gesellschafter können ein Übernahmerecht des stillen 25 Gesellschafters vertraglich vereinbaren.[68] Eine solche Befugnis folgt nicht schon daraus, dass der stille Gesellschafter das Unternehmen dem Geschäftsinhaber übertragen hat oder jener sich vertragswidrig verhält.[69] Die Gesellschafter können außerdem **vertraglich** festlegen, dass das Unternehmen zum Zwecke der Auseinandersetzung zu liquidieren ist.[70] Ferner können die Parteien eine differenzierende Abfindungsregelung treffen, je nach dem, ob das Unternehmen des Inhabers nach Ablauf der Beendigung der stillen Gesellschaft fortgeführt oder eingestellt wird. Für den Fall der Fortführung kann dem stillen Gesellschafter eine Abfindung entsprechend dem Wert seiner Beteiligung an dem lebenden Unternehmen, hingegen bei Einstellung des Unternehmens entsprechend dem Wert seiner Beteiligung an dem Liquidationserlös zugebilligt werden. Wird das Unternehmen liquidiert, kann der stille Gesellschafter nicht den höheren Fortführungswert beanspruchen.[71]

VI. Auseinandersetzung schwebender Geschäfte

1. Vorrang vertraglicher Regelungen. § 235 Abs. 2 bestimmt, dass der stille Gesellschafter 26 nach Auflösung der Gesellschaft an den Ergebnissen schwebender Geschäfte teilnimmt. Die Vorschrift ist vertraglich abdingbar.[72] Es erscheint durchaus **ratsam,** durch den Gesellschaftsvertrag für die Auseinandersetzung einen Stichtag festzulegen und eine Beteiligung an den schwebenden

---

[59] BGH (Fn. 4) NJW 1983, 2375 f.; BGH Urt. v. 8. 3. 1966 – V ZR 32/64, WM 1966, 639 f.; BGH Urt. v. 14. 7. 1960 – II ZR 188/58, WM 1960, 1121 f.; RGZ 166, 160, 164; Staub/*Zutt* RdNr. 24; MünchKommHGB/*K. Schmidt* RdNr. 57; Heymann/*Horn* RdNr. 21; MünchHdbStG/*Bezzenberger* § 28 RdNr. 27.
[60] BGH Urt. v. 9. 7. 2001 – II ZR 205/99, NJW 2001, 3777; BGH (Fn. 54) NJW-RR 1994, 1185 f.; BGH Urt. v. 13. 4. 1995 – II ZR 132/94, WM 1995, 1277; Staub/*Zutt* RdNr. 26; Heymann/*Horn* RdNr. 22; MünchKommHGB/*K. Schmidt* RdNr. 58; *Koller*/Roth/Morck RdNr. 4; MünchHdbStG/*Bezzenberger* § 28 RdNr. 28; *Blaurock* RdNr. 997; Röhricht/Graf v. Westphalen/*v. Gerkan* RdNr. 21.
[61] BGH (Fn. 49) BGHZ 7, 174; MünchKommHGB/*K. Schmidt* RdNr. 59 iVm. § 230 RdNr. 155; Staub/*Zutt* RdNr. 26; *Koller*/Roth/Morck RdNr. 4; aA: MünchHdbStG/*Bezzenberger* § 28 RdNr. 29.
[62] BGH (Fn. 54) NJW-RR 1994, 1185 f.; Staub/*Zutt* RdNr. 26; MünchHdbStG/*Bezzenberger* § 28 RdNr. 28; MünchKommHGB/*K. Schmidt* RdNr. 58; *Koller*/Roth/Morck RdNr. 4; Röhricht/Graf v. Westphalen/*v. Gerkan* § 234 RdNr. 21.
[63] BGH (Fn. 54) NJW-RR 1994, 1185 f.; BGH WM 1995, 1277 (Fn. 60); *Blaurock* RdNr. 997.
[64] MünchKommHGB/*K. Schmidt* RdNr. 66; Heymann/*Horn* RdNr. 33.
[65] Staub/*Zutt* RdNr. 27.
[66] BGH Urt. v. 21. 3. 1988 – II ZR 238/87, NJW 1988, 1841; BGH Urt. v. 17. 12. 1984 – II ZR 36/84, NJW 1985, 1079; BGH Urt. v. 5. 11. 1979 – II ZR 145/78, NJW 1980, 1522; Staub/*Zutt* RdNr. 27; MünchKommHGB/*K. Schmidt* RdNr. 60; Heymann/*Horn* RdNr. 24; Röhricht/Graf v. Westphalen/*v. Gerkan* RdNr. 23.
[67] Staub/*Zutt* RdNr. 27; Heymann/*Horn* RdNr. 24; MünchKommHGB/*K. Schmidt* RdNr. 61.
[68] Röhricht/Graf v. Westphalen/*v. Gerkan* RdNr. 25.
[69] MünchKommHGB/*K. Schmidt* RdNr. 69; Heymann/*Horn* RdNr. 23.
[70] Heymann/*Horn* RdNr. 23; MünchKommHGB/*K. Schmidt* RdNr. 10, 66.
[71] BGH Urt. v. 9. 7. 2001 – II ZR 205/99, NJW 2001, 3777.
[72] Staub/*Zutt* RdNr. 33; MünchKommHGB/*K. Schmidt* RdNr. 48; *Blaurock* RdNr. 1025; Heymann/*Horn* RdNr. 19; Baumbach/*Hopt* RdNr. 4.

§ 235 27–30   2. Buch. 3. Abschnitt. Stille Gesellschaft

Geschäften auszuschließen oder durch einen festen Zuschlag abzugelten.[73] Mangels einer gesetzlichen Regelung über den Beginn der stillen Gesellschaft wird man im Zweifel davon auszugehen haben, dass der stille Gesellschafter an den bei Wirksamwerden des Vertrages schwebenden Geschäften partizipiert.[74] Eine solche Vertragsabrede lässt aber schwerlich den umgekehrten Schluss zu, dass der stille Gesellschafter aus den bei seinem Ausscheiden schwebenden Geschäften keinen Nutzen ziehen soll.[75]

27 **2. Definition der schwebenden Geschäfte.** Als schwebende Geschäfte sind solche Vertragsverhältnisse zu charakterisieren, die bereits zum Auflösungszeitpunkt eine Verpflichtung des Geschäftsinhabers begründen, aber von beiden Vertragspartnern noch nicht vollständig erfüllt sind.[76] Als Beispiel sind verbindlich eingegangene, aber noch nicht ausgeführte Lieferverträge zu nennen.[77] Ausnahmsweise sind nach Auflösung eingegangene **neue Verträge,** die der raschen und reibungslosen Abwicklung der schwebenden Geschäfte dienen, in die Auseinandersetzung einzubeziehen.[78] Dabei sind nur solche Geschäfte zu berücksichtigen, deren wirtschaftliches Ergebnis dem stillen Gesellschafter nach dem Inhalt des Gesellschaftsvertrages zugute kommen soll.[79] Ungewisse Forderungen, über deren Bestand noch Vergleichsverhandlungen oder Prozesse geführt werden, sind den schwebenden Geschäften gleichzustellen.[80]

28 Als schwebende Geschäfte kommen nur unmittelbar auf Erwerb gerichtete Rechtsgeschäfte, mit anderen Worten **unternehmensbezogene** Umsatzgeschäfte, die zum Betriebsgewinn beitragen sollen, in Betracht.[81] Hierzu gehören die Hilfsgeschäfte wie die Geschäftsraummiete, Kapitalanlageverträge oder der Erwerb und die Veräußerung von Gegenständen des Anlagevermögens.[82] Dauerschuldverhältnisse wie Rahmenverträge bei Sukzessivlieferungen stellen keine schwebenden Geschäfte dar. Allerdings können einzelne auf dem Boden eines Sukzessivlieferungsvertrages nicht vollständig ausgeführte Austauschverträge zu den schwebenden Geschäften zählen.[83] Mitgliedschaftliche Rechtsverhältnisse, insbesondere gesellschaftsrechtliche Beteiligungen an Drittunternehmen, sind nicht den schwebenden Geschäften zuzuordnen. Vielmehr endet die in die Auseinandersetzungsbilanz einzustellende Gewinnbeteiligung des stillen Gesellschafters mit dem Auflösungsstichtag.[84]

29 **3. Abwicklung. a) Zuständigkeit.** Die Abwicklung der schwebenden Geschäfte obliegt dem **Geschäftsinhaber,** auch wenn der stille Gesellschafter während der Dauer der stillen Gesellschaft Geschäftsführungsbefugnisse inne hatte.[85] Ein Liquidator ist also nicht zu berufen.[86]

30 **b) Pflichtverletzung.** Der Geschäftsinhaber hat die schwebenden Geschäfte so abzuwickeln, wie es ihm „am vorteilhaftesten erscheint" (§ 740 Abs. 1 Satz 2 BGB), folglich nach pflichtgemäßem Ermessen.[87] Der stille Gesellschafter hat einen wohl auch durch einstweilige Verfügung durchsetzbaren Anspruch auf ordnungsgemäße Abwicklung.[88] Zwar wird das Gesellschaftsverhältnis durch die Abwicklung der schwebenden Geschäfte nicht verlängert.[89] Da aber das aufgelöste Gesellschaftsverhältnis ein **nachwirkendes Schuldverhältnis** begründet,[90] führen Pflichtverletzungen des Ge-

---

[73] Staub/Zutt RdNr. 33; MünchKommHGB/K. Schmidt RdNr. 48; Blaurock RdNr. 1031; Baumbach/Hopt RdNr. 4.
[74] Staub/Zutt RdNr. 33; Blaurock RdNr. 1030.
[75] Staub/Zutt RdNr. 33; Blaurock RdNr. 1030; MünchKommHGB/K. Schmidt RdNr. 48; aA: Baumbach/Hopt RdNr. 4.
[76] BGH Urt. v. 16. 12. 1985 – II ZR 38/85, WM 1986, 709 f.; BGH Urt. v. 29. 4. 1985 – II ZR 167/84, WM 1985, 1166; RGZ 171, 129, 133; Heymann/Horn RdNr. 16; MünchHdbStG/Bezzenberger § 28 RdNr. 50; Blaurock RdNr. 1026; Röhricht/Graf v. Westphalen/v. Gerkan RdNr. 29.
[77] MünchKommHGB/K. Schmidt RdNr. 38.
[78] MünchKommHGB/K. Schmidt RdNr. 39; Heymann/Horn RdNr. 16, 18; MünchHdbStG/Bezzenberger § 28 RdNr. 50; Blaurock RdNr. 1026; Baumbach/Hopt RdNr. 5.
[79] Heymann/Horn RdNr. 16; Blaurock RdNr. 1025; MünchHdbStG/Bezzenberger § 28 RdNr. 51.
[80] Heymann/Horn RdNr. 16; Blaurock RdNr. 1026; aA: MünchKommHGB/K. Schmidt RdNr. 39.
[81] MünchKommHGB/K. Schmidt RdNr. 39; ders. DB 1983, 2404 f.; Heymann/Horn RdNr. 17; Röhricht/Graf v. Westphalen/v. Gerkan RdNr. 30.
[82] MünchKommHGB/K. Schmidt RdNr. 39 mwN.
[83] MünchKommHGB/K. Schmidt RdNr. 40; MünchHdbStG/Bezzenberger § 28 RdNr. 50; Heymann/Horn RdNr. 17.
[84] MünchKommHGB/K. Schmidt RdNr. 40; Heymann/Horn RdNr. 17.
[85] Staub/Zutt RdNr. 30; MünchKommHGB/K. Schmidt RdNr. 42; MünchHdbStG/Bezzenberger § 28 RdNr. 52; Blaurock RdNr. 1027; Heymann/Horn RdNr. 18; Röhricht/Graf v. Westphalen/v. Gerkan RdNr. 32.
[86] RGZ 19, 164.
[87] Staub/Zutt RdNr. 30; Heymann/Horn RdNr. 18.
[88] Staub/Zutt RdNr. 30; MünchKommHGB/K. Schmidt RdNr. 42.
[89] Staub/Zutt RdNr. 29; MünchKommHGB/K. Schmidt RdNr. 43; MünchHdbStG/Bezzenberger § 28 RdNr. 52; aA: Blaurock RdNr. 1028; Baumbach/Hopt RdNr. 5; ebenso wohl Heymann/Horn RdNr. 18.
[90] Staub/Zutt RdNr. 29; MünchKommHGB/K. Schmidt RdNr. 43.

4. Abrechnung. a) Kein Bestandteil der Auseinandersetzungsbilanz. Die schwebenden 31
Geschäfte sind außerhalb der gem. § 235 Abs. 1 zu fertigenden Auseinandersetzungsbilanz abzurechnen und darum nicht in die Auseinandersetzungsbilanz aufzunehmen.[92] Anderes kann gelten, wenn die Aufnahme der schwebenden Geschäfte in die Auseinandersetzungsbilanz ohne Verzögerung möglich ist.[93] Der Geschäftsinhaber kann die Zahlung eines Abfindungsguthabens **nicht** wegen befürchteter Verluste und umgekehrt der stille Gesellschafter die Zahlung eines Verlustausgleichs nicht wegen erwarteter Gewinne aus schwebenden Geschäften verweigern.[94]

b) Inhalt. Die gem. § 235 Abs. 3 zu erstellende Abrechnung ist durch Vorlage einer **geordneten** 32
Zusammenstellung über die Erlöse aus den während eines Geschäftsjahres abgewickelten Geschäften, die hiermit verbundenen Aufwendungen sowie das auf den stillen Gesellschafter entfallende Ergebnis (§ 259 BGB) vorzunehmen.[95] Der Anteil des stillen Gesellschafters richtet sich nach den Maßstäben des Gesellschaftsvertrages.[96]

c) Ausgleichsanspruch. Ein Ausgleichsanspruch wird in dem Zeitpunkt **fällig,** in dem der 33
Geschäftsinhaber die jährliche Bilanz aufzustellen hat.[97] Entweder ist der auf ihn entfallende Gewinnanteil dem stillen Gesellschafter auszuzahlen oder ein Verlustanteil von dem stillen Gesellschafter, soweit seine Einlage rückständig ist oder ihm bereits zurückerstattet wurde, zu berichtigen.[98] Ausgleichszahlungen können nicht im Blick auf eine Verlust- bzw. Gewinnerwartung aus schwebenden Geschäften vorbehalten werden.[99]

5. Aufsichtsbefugnisse. Dem stillen Gesellschafter ist nach § 235 Abs. 3 Auskunft über die schwe- 34
benden Geschäfte zu erteilen. Insoweit stehen dem stillen Gesellschafter aber nicht mehr die umfassenden Aufsichtsbefugnisse des § 233 zu.[100] Vielmehr beschränken sich die Kontrollbefugnisse gem. §§ 810, 242 BGB auf die Einsicht in die für die schwebenden Geschäfte maßgeblichen Unterlagen.[101]

VII. Unterbeteiligung

§ 235 ist auf die Unterbeteiligung **entsprechend anzuwenden.**[102] Der Auseinandersetzungs- 35
anspruch des Unterbeteiligten bemisst sich nach dem Buchwert seiner Einlage unter Berücksichtigung noch nicht verrechneter Gewinne und Verluste.[103] Bei einer atypischen Unterbeteiligung ist das Auseinandersetzungsguthaben des stillen Gesellschafters anhand einer Vermögensbilanz aufzuschlüsseln.[104] Eine Nachschusspflicht besteht nicht.[105] Der Unterbeteiligte nimmt an schwebenden Geschäften teil.[106]

§ 236 [Insolvenz des Inhabers]

(1) Wird über das Vermögen des Inhabers des Handelsgeschäfts das Insolvenzverfahren eröffnet, so kann der stille Gesellschafter wegen der Einlage, soweit sie den Betrag des auf ihn fallenden Anteils am Verlust übersteigt, seine Forderung als Insolvenzgläubiger geltend machen.

---

[91] Staub/*Zutt* RdNr. 29; MünchKommHGB/*K. Schmidt* RdNr. 42 f.; MünchHdbStG/*Bezzenberger* § 28 RdNr. 52; Heymann/*Horn* RdNr. 18.
[92] BGH Urt. v. 8. 4. 1976 – II ZR 203/74, DB 1976, 2106 f.; BGH (Fn. 39) BB 1960, 14 f.; Heymann/*Horn* RdNr. 19; Staub/*Zutt* RdNr. 29; Baumbach/*Hopt* RdNr. 5; MünchKommHGB/*K. Schmidt* RdNr. 47; Röhricht/Graf v. Westphalen/*v. Gerkan* RdNr. 33.
[93] Staub/*Zutt* RdNr. 31; MünchKommHGB/*K. Schmidt* RdNr. 47; Heymann/*Horn* RdNr. 19.
[94] Staub/*Zutt* RdNr. 29.
[95] MünchHdbStG/*Bezzenberger* § 28 RdNr. 53; vgl. BGH (Fn. 66) NJW 1980, 1522 f.
[96] Staub/*Zutt* RdNr. 31; MünchKommHGB/*K. Schmidt* RdNr. 44; MünchHdbStG/*Bezzenberger* § 28 RdNr. 54.
[97] Staub/*Zutt* RdNr. 31; Heymann/*Horn* RdNr. 19; MünchHdbStG/*Bezzenberger* § 28 RdNr. 54.
[98] Staub/*Zutt* RdNr. 31; MünchHdbStG/*Bezzenberger* § 28 RdNr. 54; MünchKommHGB/*K. Schmidt* RdNr. 45 f.
[99] Staub/*Zutt* RdNr. 31; MünchKommHGB/*K. Schmidt* RdNr. 45 f.; *Blaurock* RdNr. 1035.
[100] Staub/*Zutt* RdNr. 32; MünchHdbStG/*Bezzenberger* § 28 RdNr. 53; MünchKommHGB/*K. Schmidt* RdNr. 49 f.; aA: *Blaurock* RdNr. 1033; Baumbach/*Hopt* RdNr. 5; Heymann/*Horn* RdNr. 20.
[101] BGH (Fn. 92) DB 1976, 2106 f.; Röhricht/Graf v. Westphalen/*v. Gerkan* RdNr. 36.
[102] Staub/*Zutt* RdNr. 34; Heymann/*Horn* RdNr. 25.
[103] MünchKommHGB/*K. Schmidt* RdNr. 70; Heymann/*Horn* RdNr. 25.
[104] MünchKommHGB/*K. Schmidt* RdNr. 71; Heymann/*Horn* RdNr. 25.
[105] Staub/*Zutt* RdNr. 34.
[106] MünchKommHGB/*K. Schmidt* RdNr. 73; Staub/*Zutt* RdNr. 34; Heymann/*Horn* RdNr. 25; Röhricht/Graf v. Westphalen/*v. Gerkan* RdNr. 39.

(2) Ist die Einlage rückständig, so hat sie der stille Gesellschafter bis zu dem Betrage, welcher zur Deckung seines Anteils am Verlust erforderlich ist, zur Insolvenzmasse einzuzahlen.

Übersicht

	RdNr.		RdNr.
I. Inhalt der Vorschrift	1, 2	a) Verlustdeckungspflicht	9, 10
1. Normzweck	1	b) Leistungsinhalt	11
2. Abdingbarkeit	2	III. Stille Beteiligung als Eigenkapital	12–18
II. Auseinandersetzung bei Insolvenz des Geschäftsinhabers	3–11	1. Eigenkapital kraft Rangrücktrittsvereinbarung	13
1. Zuständigkeit	3	2. Eigenkapital kraft Vertragsausgestaltung	14–16
2. Anmeldung des Auseinandersetzungsguthabens als Insolvenzforderung	4	a) Gesplittete Einlage	14
		b) Gleichstellung mit Kommanditist oder GmbH-Gesellschafter	15
3. Berechnungsposten	5, 6	c) Rechtsfolgen	16
a) Betriebsvermögen	5	3. Eigenkapitalersatz	17, 18
b) Schwebende Geschäfte	6	a) Voraussetzungen	17
4. Aktives Einlagekonto: Abfindungsguthaben	7, 8	b) Rechtsfolgen	18
a) Insolvenzforderuerung	7	IV. Insolvenz des stillen Gesellschafters	19
b) Insolvenzvorrechte	8	V. Unterbeteiligung	20
5. Passives Einlagekonto: Zahlung rückständiger Einlage	9–11		

I. Inhalt der Vorschrift

1 **1. Normzweck.** § 236 betrifft die Insolvenz des **Unternehmensträgers** und befasst sich mit dem Risiko des stillen Gesellschafters, seine Einlage zu verlieren.[1] Eine Insolvenz der **stillen Gesellschaft** scheidet mangels Rechtsfähigkeit aus.[2] Mit der Insolvenz des Geschäftsinhabers wird die stille Gesellschaft nach § 728 Abs. 1 BGB aufgelöst.[3] § 236 hat die Auseinandersetzung der durch die Insolvenz des stillen Gesellschafters aufgelösten Gesellschaft zum Thema[4] und regelt darum die wechselseitigen Ansprüche des stillen Gesellschafters auf Rückerstattung seiner Einlage und des an die Stelle des Insolvenzschuldners getretenen Insolvenzverwalters auf Leistung einer rückständigen Einlage.[5] Die Einlageforderung eines am Verlust beteiligten stillen Gesellschafters führt nicht zur Überschuldung des Geschäftsinhabers; anderes gilt, wenn eine Verlustbeteiligung ausgeschlossen ist.[6]

2 **2. Abdingbarkeit.** Die Bestimmung hat insoweit **zwingenden** Charakter, als von ihr nicht zum Nachteil der Insolvenzgläubiger abgewichen werden darf.[7] Ungültig sind folglich Abmachungen, nach denen der Gesellschafter bei Insolvenz bevorzugt zu befriedigen ist oder im Insolvenzfall von der – ansonsten gewollten – Verlustbeteiligung freigestellt wird. Eine die sonstigen Insolvenzgläubiger **begünstigende** Vertragsklausel, die etwa eine nachrangige Befriedigung des stillen Gesellschafters vorsieht, ist demgegenüber wirksam.[8] Gesellschaftsvertragliche Mitwirkungsbefugnisse des stillen Gesellschafters enden mit der Eröffnung des Insolvenzverfahrens.[9]

II. Auseinandersetzung bei Insolvenz des Geschäftsinhabers

3 Die Auseinandersetzung folgt grundsätzlich der Regelung des § 235,[10] erfährt aber bei Insolvenz des Unternehmensträgers gewisse Modifikationen.

1. Zuständigkeit. Nach der Insolvenzeröffnung nimmt die Rechte und Pflichten des Geschäftsinhabers der **Insolvenzverwalter** wahr.[11] Zur Berechnung des Auseinandersetzungsguthabens hat der Insolvenzverwalter auf der Grundlage des – im Falle fehlender Gläubigerbenachteiligung weiter

---

[1] MünchKommHGB/*K. Schmidt* RdNr. 1.
[2] MünchKommHGB/*K. Schmidt* RdNr. 1; Staub/*Zutt* RdNr. 1; *Blaurock* RdNr. 1042; *Koller*/Roth/Morck RdNr. 1.
[3] Staub/*Zutt* RdNr. 3; Heymann/*Horn* RdNr. 1; MünchHdbStG/*Kühn* § 29 RdNr. 1; Baumbach/*Hopt* RdNr. 1.
[4] MünchHdbStG/*Kühn* § 29 RdNr. 1.
[5] Staub/*Zutt* RdNr. 1.
[6] *Blaurock* RdNr. 1045.
[7] Staub/*Zutt* RdNr. 2; MünchKommHGB/*K. Schmidt* RdNr. 4; Heymann/*Horn* RdNr. 1; Röhricht/Graf v. Westphalen/*v. Gerkan* RdNr. 1.
[8] Staub/*Zutt* RdNr. 2; Heymann/*Horn* RdNr. 1; *Blaurock* RdNr. 1045; *Koller*/Roth/Morck RdNr. 3, 6.
[9] Staub/*Zutt* RdNr. 2; *Koller*/Roth/Morck RdNr. 2.
[10] Staub/*Zutt* RdNr. 3.
[11] *Blaurock* RdNr. 1065; *Koller*/Roth/Morck RdNr. 2.

Insolvenz des Inhabers 4, 5 § 236

wirksamen – Gesellschaftsvertrages eine Auseinandersetzungsbilanz als Masseschuld (§ 55 Abs. 1 Nr. 1 InsO) zu fertigen.[12] Der stille Gesellschafter kann den Anspruch auf Abrechnung gegen den Insolvenzverwalter im Klageweg durchsetzen.[13] Die Auseinandersetzung findet gem. § 84 InsO außerhalb des Insolvenzverfahrens statt.[14] Der Rückforderungsanspruch des stillen Gesellschafters ist dagegen gem. § 236 Abs. 1 eine Insolvenzforderung.[15] Als Schuldner eines sich aus der Auseinandersetzung ergebenden Abfindungsguthabens fungiert statt des Gemeinschuldners nunmehr der Insolvenzverwalter.[16]

2. Anmeldung des Auseinandersetzungsguthabens als Insolvenzforderung. Wurde der Abfindungsanspruch von dem Insolvenzverwalter anerkannt oder diesem gegenüber rechtskräftig festgestellt, so können ihn die übrigen Insolvenzgläubiger nicht mehr bestreiten.[17] Mangels einer Bindungswirkung kann der stille Gesellschafter sein Guthaben selbst (überschlägig) berechnen und den Betrag als Insolvenzforderung anmelden (§§ 174 ff. InsO). Bei einem Widerspruch des Insolvenzverwalters oder eines Insolvenzgläubigers läuft der stille Gesellschafter indes Gefahr, im Rahmen der Feststellungsklage (§ 180 InsO) keinen höheren als den angemeldeten – möglicherweise zu niedrig angesetzten – Betrag geltend machen zu können. Diese Festlegung kann der stille Gesellschafter freilich **vermeiden,** indem er den Insolvenzverwalter vor Anmeldung auf Feststellung eines – vorbehaltlich einer Antragserweiterung – bestimmten Guthabens oder besser auf Abrechnung seines Guthabens verklagt. Dann kann der stille Gesellschafter mit der Anmeldung bis zur Rechtskraft des Feststellungsurteils abwarten.[18] Ein Schadensersatzanspruch gegen den Gemeinschuldner wegen des Verlusts der Einlage kann grundsätzlich ebenfalls als Insolvenzforderung angemeldet werden.[19] Im **Insolvenzplanverfahren** gehört der stille Gesellschafter zur Gruppe der nicht nachrangigen Insolvenzgläubiger (§ 221 Abs. 1 Nr. 2 InsO). Der stille Gesellschafter steht sonstigen Kreditgebern derselben Gläubigergruppe gleich. Der vom Gericht benötigte Plan gestaltet nicht das Gesellschaftsverhältnis, sondern die Forderung des stillen Gesellschafters um.

3. Berechnungsposten. a) Betriebsvermögen. Stichtag für die Bemessung eines Abfindungsguthabens bzw. eines Verlustanteils ist der Zeitpunkt der Eröffnung des Insolvenzverfahrens.[20] Aktiva und Passiva sind mit ihrem Wert an diesem **Stichtag** zu bemessen. Im Blick auf die durch die Insolvenz veranlassten Wertveränderungen ist nach zutreffender hM zu unterscheiden zwischen den den stillen Gesellschafter betreffenden Verlusten, die sich aus der Insolvenzreife ergeben, und den den stillen Gesellschafter nicht berührenden Verlusten, die mit der Durchführung des Insolvenzverfahrens verbunden sind.[21] Deshalb bleibt eine durch die Verfahrenseröffnung bedingte Entwertung des Betriebsvermögens außer Ansatz, während der stille Gesellschafter andererseits aus besonderen Gewinnen der Masseverwertung keinen Nutzen zieht.[22] Deshalb profitiert ein stiller Gesellschafter ebenfalls nicht aus einem Zwangsvergleich.[23] Das **Anlagevermögen** ist nach dem Liquidationswert zum Stichtag der Insolvenzeröffnung zu bewerten; insoweit gibt der später erzielte tatsächliche Erlös nur einen Anhaltspunkt.[24] Dies gilt auch für das **Umlaufvermögen.**[25] Besondere Verwertungsgewinne und -verluste erstrecken sich nicht auf den stillen Gesellschafter.[26] Schließlich nimmt der stille Gesellschafter nicht an Verlusten teil, die auf pflichtwidrige, durch den stillen Gesellschaftsvertrag nicht gedeckte Handlungen des Geschäftsinhabers zurückzuführen sind.[27]

---

[12] Staub/Zutt RdNr. 4, 18; Heymann/Horn RdNr. 1; MünchHdbStG/Kühn § 29 RdNr. 1; Röhricht/Graf v. Westphalen/v. Gerkan RdNr. 2.
[13] Staub/Zutt RdNr. 4; MünchHdbStG/Kühn § 29 RdNr. 1; aA MünchKommHGB/K. Schmidt RdNr. 16.
[14] Röhricht/Graf v. Westphalen/v. Gerkan RdNr. 2; Heymann/Horn RdNr. 1; Staub/Zutt RdNr. 3; Blaurock RdNr. 1066; MünchHdbStG/Kühn § 29 RdNr. 2; aA MünchKommHGB/K. Schmidt RdNr. 12.
[15] BGH Urt. v. 9. 2. 1981 – II ZR 38/80, NJW 1981, 2251; MünchKommHGB/K. Schmidt RdNr. 14; Röhricht/Graf v. Westphalen/v. Gerkan RdNr. 5.
[16] Staub/Zutt RdNr. 4.
[17] Heymann/Horn RdNr. 7; Staub/Zutt RdNr. 4; MünchHdbStG/Kühn § 29 RdNr. 3; Blaurock RdNr. 1072.
[18] Staub/Zutt RdNr. 5; Blaurock RdNr. 1071; Röhricht/Graf v. Westphalen/v. Gerkan RdNr. 6; aA MünchKommHGB/K. Schmidt RdNr. 16.
[19] BGH Urt. v. 1. 3. 1982 – II ZR 23/81, BGHZ 83, 341, 344 = NJW 1983, 42; Röhricht/Graf v. Westphalen/v. Gerkan RdNr. 8.
[20] MünchKommHGB/K. Schmidt RdNr. 18; Heymann/Horn RdNr. 2; MünchHdbStG/Kühn § 29 RdNr. 5; Blaurock RdNr. 1068; Baumbach/Hopt RdNr. 1.
[21] MünchHdbStG/Kühn § 29 RdNr. 5; Blaurock RdNr. 1068; MünchKommHGB/K. Schmidt § 236 RdNr. 18; Koller/Roth/Morck RdNr. 2.
[22] Blaurock RdNr. 1068; Heymann/Horn RdNr. 5.
[23] Blaurock RdNr. 1068; MünchHdbStG/K. Schmidt RdNr. 11.
[24] MünchKommHGB/K. Schmidt RdNr. 18; Heymann/Horn RdNr. 2; MünchHdbStG/Kühn § 29 RdNr. 5; Röhricht/Graf v. Westphalen/v. Gerkan RdNr. 3.
[25] Heymann/Horn RdNr. 2 Fn. 2.
[26] Heymann/Horn RdNr. 5.
[27] BGH (Fn. 19) BGHZ 83, 341, 344.

6 b) Schwebende Geschäfte. Der stille Gesellschafter partizipiert gem. § 235 Abs. 2 an den bei Eröffnung des Insolvenzverfahrens schwebenden Geschäften.[28] Die Abwicklung der schwebenden Geschäfte obliegt dem Insolvenzverwalter und vollzieht sich auf der Grundlage der §§ 103 ff. InsO.[29] Das Interesse der Gläubigermehrheit wird häufig **gegen eine Erfüllung** schwebender Geschäfte ausschlagen, weil solche Verträge als Masseschulden (§ 55 Abs. 1 Nr. 2 InsO) voll zu befriedigen sind, im Falle der Nichterfüllung auf den Schadensersatzanspruch des Vertragspartners aber nur die Insolvenzquote zu entrichten ist. Entscheidet sich der Insolvenzverwalter für die Nichterfüllung, so entspricht es der Billigkeit, den stillen Gesellschafter mit den damit verbundenen Folgen nicht zu belasten.[30] Wegen künftiger Ansprüche aus schwebenden Geschäften kann der stille Gesellschafter nicht die Zahlung einer rückständigen Einlage verweigern, sondern lediglich Sicherheitsleistung (§ 95 InsO) verlangen.[31] Bei der Abwicklung der schwebenden Geschäfte haftet der Insolvenzverwalter dem stillen Gesellschafter ohne Rücksicht auf das Haftungsprivileg des § 708 BGB nach § 60 InsO für jedes Verschulden.[32]

7 4. Aktives Einlagekonto: Abfindungsguthaben. a) Insolvenzforderung. Schließt die Auseinandersetzung nach Abzug der Verlustanteile mit einem positiven Einlagekonto ab, so hat der stille Gesellschafter nach § 236 Abs. 1 einen Anspruch auf Rückgewähr der Einlage als Insolvenzforderung. Damit wird die stille Einlage, sofern sie nicht ein Eigenkapital darstellt, vom Gesetz einem Kredit angenähert; anders als ein **Miteigentümer (Gesamthänder)** muss der stille Gesellschafter nicht den sonstigen Gläubigern weichen.[33] Der auf Geld lautende Rückgewähranspruch umfasst auch auf die Einlage angerechnete Dienstleistungen und Gebrauchsüberlassungen.[34] Auch wenn eine Sacheinlage erbracht wurde, kann der stille Gesellschafter lediglich eine auf Geld lautende Insolvenzforderung erheben.[35] Nur zum Gebrauch überlassene Gegenstände kann der stille Gesellschafter allerdings als Eigentümer aussondern (§ 47 InsO).[36] Stehengelassene Gewinne sind als gewöhnliche Insolvenzforderung zu betrachten.[37]

8 b) Insolvenzvorrechte. Als einfacher Insolvenzgläubiger kann der stille Gesellschafter im Verhältnis zu den anderen Gläubigern **keine** bevorzugte Befriedigung verlangen.[38] Selbst wenn die Einlage noch unterscheidbar im Vermögen des Insolvenzschuldners vorhanden ist, steht dem stillen Gesellschafter mangels eines gemeinschaftlichen Vermögens ein Aussonderungsrecht nach § 84 Abs. 1 S. 1 und 2 InsO nicht zu.[39] Aus anderen rechtlichen Gesichtspunkten kann der stille Gesellschafter im Falle der – anfechtungsfreien – Bestellung eines Pfandrechts oder einer Sicherungsübereignung zur Sicherung seiner Vermögenseinlage zur abgesonderten Befriedigung (§§ 49, 50 InsO) berechtigt sein.[40]

9 5. Passives Einlagekonto: Zahlung rückständiger Einlage. a) Verlustdeckungspflicht. Bei einem Passivsaldo trifft den stillen Gesellschafter nach § 236 Abs. 2 unter der zweifachen Voraussetzung eine Einzahlungspflicht, dass er am Verlust beteiligt und seine Einlage rückständig ist.[41] Die Forderung beschränkt sich auf die Differenz zwischen dem Verlustanteil und der geleisteten Einlage.[42] Der stille Gesellschafter muss die rückständige Einlage nur in **Höhe seines Verlustanteils** erbringen, wird aber im Übrigen von der Zahlungspflicht befreit.[43] Davon unberührt bleibt ein etwaiger

---

[28] MünchKommHGB/*K. Schmidt* RdNr. 19; Staub/*Zutt* RdNr. 17; MünchHdbStG/*Kühn* § 29 RdNr. 6; Baumbach/*Hopt* RdNr. 2; *Blaurock* RdNr. 1068.
[29] Heymann/*Horn* RdNr. 3; Röhricht/Graf v. Westphalen/*v. Gerkan* RdNr. 4; Baumbach/*Hopt* RdNr. 2.
[30] Staub/*Zutt* RdNr. 17; *Blaurock* RdNr. 1069; Koller/Roth/Morck RdNr. 3; MünchKommHGB/*K. Schmidt* RdNr. 19; Heymann/*Horn* RdNr. 3; MünchHdbStG/*Kühn* § 29 RdNr. 6.
[31] Staub/*Zutt* RdNr. 10; *Koller*/Roth/Morck RdNr. 3.
[32] Staub/*Zutt* RdNr. 19.
[33] BGH Urt. v. 24. 2. 1969 – II ZR 123/67, BGHZ 51, 350, 352 = NJW 1969, 1211; BGH Urt. v. 21. 3. 1983 – II ZR 139/82 = NJW 1983, 1855 f.; RGZ 84, 434, 436 f.; 31, 33, 36; Staub/*Zutt* RdNr. 6; Heymann/*Horn* RdNr. 6; *Blaurock* RdNr. 1072; MünchHdbStG/*Kühn* § 29 RdNr. 8.
[34] Staub/*Zutt* RdNr. 8.
[35] Staub/*Zutt* RdNr. 7.
[36] Heymann/*Horn* RdNr. 9; Staub/*Zutt* RdNr. 8; MünchKommHGB/*K. Schmidt* RdNr. 21; Baumbach/*Hopt* RdNr. 1; *Blaurock* RdNr. 1073.
[37] Staub/*Zutt* RdNr. 7.
[38] RGZ 31, 33, 36.
[39] BGH Urt. v. 18. 12. 1954 – II ZR 177/53, BB 1955, 331; Staub/*Zutt* RdNr. 8; MünchKommHGB/*K. Schmidt* RdNr. 21; Heymann/*Horn* RdNr. 6; MünchHdbStG/*Kühn* § 29 RdNr. 4; *Blaurock* RdNr. 1072; Baumbach/*Hopt* RdNr. 1.
[40] Staub/*Zutt* RdNr. 8; *Blaurock* RdNr. 1072; MünchKommHGB/*K. Schmidt* RdNr. 20; Heymann/*Horn* RdNr. 9; MünchHdbStG/*Kühn* § 29 RdNr. 4; Baumbach/*Hopt* RdNr. 1.
[41] MünchKommHGB/*K. Schmidt* RdNr. 22; Staub/*Zutt* RdNr. 9; Heymann/*Horn* RdNr. 10; *Blaurock* RdNr. 1074; Baumbach/*Hopt* RdNr. 4; Koller/Roth/Morck RdNr. 3; Röhricht/Graf v. Westphalen/*v. Gerkan* RdNr. 9.
[42] MünchKommHGB/*K. Schmidt* RdNr. 23.
[43] Staub/*Zutt* RdNr. 9; Baumbach/*Hopt* RdNr. 4; *Blaurock* RdNr. 1075; MünchHdbStG/*Kühn* § 29 RdNr. 7.

Verzugsschaden wegen verspäteter Leistung der Einlage.[44] Auch Verbindlichkeiten aus selbständigem Rechtsgrund hat der stille Gesellschafter voll zu bereinigen.[45]

Ist der stille Gesellschafter generell **nicht am Verlust beteiligt,** scheidet eine Einzahlungspflicht aus.[46] Dies gilt bei fehlender Verlustbeteiligung auch dann, wenn sich der stille Gesellschafter mit der Zahlung seiner Einlage in Verzug befindet. Gleichwohl kann der Insolvenzverwalter einen etwaigen Verzugsschaden gegenüber dem stillen Gesellschafter beanspruchen.[47] Wegen der Qualifizierung der stillen Einlage als Kredit wird der stille Gesellschafter, der nicht geleistet hat, bei Insolvenz des Geschäftsinhabers begünstigt.[48]

b) Leistungsinhalt. Die rückständige Einlage ist in der durch den Gesellschaftsvertrag vereinbarten Form an den Insolvenzverwalter zu erbringen. Die Verpflichtung zu einer Sacheinlage als Naturalleistung verwandelt sich mit der Insolvenzeröffnung auch **nicht** in eine Geldschuld.[49] Ist der Verlustanteil geringer als der Wert der Sacheinlage, so kann der stille Gesellschafter eine dem Verlustanteil entsprechende Geldsumme zahlen.[50]

III. Stille Beteiligung als Eigenkapital

Die stille Beteiligung kann dem haftenden Kapital gleichzuordnen sein. Dann ist der stille Gesellschafter abweichend von § 236 jedenfalls gehindert, den Anspruch auf Erstattung einer geleisteten Einlage bei Insolvenz des Geschäftsinhabers als Insolvenzforderung anzumelden. Vielmehr kann der stille Gesellschafter nur als nachrangiger Gläubiger (§ 39 Abs. 1 Nr. 5 InsO) berücksichtigt werden. Ist die Einlage nicht nur als Kapitalersatz, sondern als **Eigenkapital** einzustufen, so ist eine rückständige Einlage über den Verlustanteil des § 236 Abs. 2 hinaus in voller Höhe zur Befriedigung der Insolvenzgläubiger aufzubringen.

1. Eigenkapital kraft Rangrücktrittsvereinbarung. Zwischen dem Geschäftsinhaber und dem stillen Gesellschafter kann in Anlehnung an § 10 Abs. 4 Satz 1 HS. 2 KWG verabredet werden, dass die Einlage erst **nach Befriedigung** der übrigen Gläubiger zurückzugewähren ist. Dies setzt eine reinen Ausschüttungsbeschränkungen nicht zu entnehmende[51] Einigung des Inhalts voraus, die Einlage aus dem die Verbindlichkeiten übersteigenden Vermögen des Geschäftsinhabers zu erstatten.[52] Dann ist die Einlage nicht nur in Höhe des Verlustanteils, sondern in vollem Umfang zur Befriedigung der Gläubiger zur Verfügung zu stellen.[53] Eine rückständige Einlage kann der Insolvenzverwalter also ohne Begrenzung auf den Verlustanteil im Nominalwert einfordern.[54] Eine Rangrücktrittsvereinbarung können die Gesellschafter bis zur Insolvenzeröffnung vertraglich aufheben; insoweit können aber die Regeln über den Kapitalersatz eingreifen.[55]

2. Eigenkapital kraft Vertragsausgestaltung. Die stille Beteiligung kann ferner nach der Fassung des Gesellschaftsvertrages dem Eigenkapital zuzuordnen sein.

a) Gesplittete Einlage. Damit ist die vor allem in Publikumsgesellschaften anzutreffende Konstellation gemeint, in der die Aufnahme eines Gesellschafters als Kommanditist von vornherein vertraglich mit einer stillen Beteiligung oder einem Darlehen **gekoppelt** wird. Die stille Einlage ist dem Eigenkapital zuzurechnen, wenn sie als Teil der Beitragspflicht zur Erreichung des Gesellschaftszwecks unerlässlich ist.[56] Entsprechendes gilt, wenn **außerhalb** von Publikumsgesellschaften eine Kommanditistenstellung mit einer stillen Beteiligung vereinigt wird.[57] Die vertraglich eingeräumte

---

[44] Staub/*Zutt* RdNr. 9.
[45] Heymann/*Horn* RdNr. 10.
[46] RGZ 84, 434, 436; MünchKommHGB/*K. Schmidt* RdNr. 22; Heymann/*Horn* RdNr. 10; Koller/Roth/Morck RdNr. 3; Baumbach/*Hopt* RdNr. 4.
[47] Staub/*Zutt* RdNr. 9; MünchKommHGB/*K. Schmidt* RdNr. 22.
[48] MünchKommHGB/*K. Schmidt* RdNr. 22; Staub/*Zutt* RdNr. 9; Heymann/*Horn* RdNr. 10.
[49] *Blaurock* RdNr. 1078; Staub/*Zutt* RdNr. 10; Heymann/*Horn* RdNr. 11.
[50] Staub/*Zutt* RdNr. 10.
[51] OLG Hamm Urt. v. 6. 3. 1996 – 8 U 155/95, WM 1997, 2323.
[52] MünchHdbStG/*Kühn* § 17 RdNr. 13.
[53] BGH (Fn. 19) BGHZ 83, 341, 345; BGH Urt. v. 17. 12. 1984 – II ZR 36/84, NJW 1985, 1079; BGH Urt. v. 21. 3. 1983 – II ZR 139/82, NJW 1983, 1855 f.
[54] Staub/*Zutt* RdNr. 12, 15; MünchHdbStG/*Kühn* § 29 RdNr. 16, 17; Heymann/*Horn* RdNr. 14; Röhricht/Graf v. Westphalen/*v. Gerkan* RdNr. 16, anders wohl MünchKommHGB/*K. Schmidt* RdNr. 31, 27.
[55] MünchKommHGB/*K. Schmidt* RdNr. 29.
[56] BGH (Fn. 15) NJW 1981, 2251; BGH Urt. v. 5. 11. 1979 – II ZR 145/78, NJW 1980, 1522 f.; MünchHdbStG/ *Kühn* § 29 RdNr. 12; Staub/*Zutt* RdNr. 13; MünchKommHGB/*K. Schmidt* RdNr. 27; Heymann/*Horn* RdNr. 15; Koller/Roth/Morck RdNr. 4; Baumbach/*Hopt* RdNr. 3; Röhricht/Graf v. Westphalen/*v. Gerkan* RdNr. 13.
[57] BGH Urt. v. 21. 3. 1988 – II ZR 238/87, ZIP 1988, 638 ff.; MünchHdbStG/*Kühn* § 29 RdNr. 14; Koller/Roth/ Morck RdNr. 4.

bloße Möglichkeit, die stille Beteiligung in eine Kommanditbeteiligung umzuwandeln, führt nicht schon zur Umqualifizierung in Eigenkapital.[58]

15 **b) Gleichstellung mit Kommanditist oder GmbH-Gesellschafter.** Die genannten Maßstäbe finden ebenfalls Anwendung, sofern dem stillen Gesellschafter durch den Gesellschaftsvertrag die Einflussmöglichkeiten eines Kommanditisten oder GmbH-Gesellschafters eingeräumt werden.[59] Hiervon kann nicht ausgegangen werden, wenn die stille Beteiligung zeitlich befristet ist und zudem von dem Geschäftsinhaber ohne Angabe von Gründen gekündigt werden kann.[60] Nicht jede atypische stille Beteiligung gewinnt Eigenkapitalcharakter, sondern nur eine solche, die dem stillen Gesellschafter über eine schuldrechtliche Teilhabe am Gesellschaftsvermögen hinaus **unternehmerische Gestaltungsbefugnisse** verleiht.[61] Allein die rechnerische Beteiligung an dem Verlust macht den stillen Gesellschafter nicht zum Mitunternehmer.[62]

16 **c) Rechtsfolgen.** Unter diesen Gegebenheiten kann der stille Gesellschafter den Rückgewähranspruch entgegen § 236 nicht als Insolvenzforderung anmelden, umgekehrt aber der Insolvenzverwalter die rückständige Einlage **wie ein Liquidator** beanspruchen, soweit sie zur Befriedigung der Gläubiger benötigt wird. Die Verbindlichkeit wird durch den Ausschluss der Verlustbeteiligung nicht beseitigt.[63]

17 **3. Eigenkapitalersatz. a) Voraussetzungen.** Auch wenn die stille Beteiligung nicht als materielles Eigenkapital zu behandeln ist, können die Regelungen über die Rückgewähr von Eigenkapitalersatz (§ 32 a Abs. 3 GmbHG, § 172 a) einschlägig sein. Voraussetzung hierfür ist, dass entweder der typische stille Gesellschafter zugleich Gesellschafter der Inhabergesellschaft (GmbH, GmbH & Co. KG) ist, der stille Gesellschafter wegen seiner atypischen Beteiligung wie ein GmbH-Gesellschafter wesentlichen Einfluss zu nehmen vermag[64] oder der stille Gesellschafter zumindest den Finanzierungsbeitrag aus Mitteln eines mit ihm verwandten Gesellschafters bestreitet[65] und die sonstigen Voraussetzungen des § 32 a Abs. 3 GmbHG bzw. § 172 a oder die von der Rechtsprechung in Analogie zu §§ 30, 31 GmbHG entwickelten Grundsätze eingreifen.[66] Unterliegt das von einem Gesellschafter seiner GmbH gewährte Darlehen den Bindungen des Eigenkapitalersatzrechts, so ist er auch nach seinem Ausscheiden aus der Gesellschaft an der Rückforderung des Darlehens gehindert. Folglich sind die Eigenkapitalersatzregeln anwendbar, wenn ein GmbH-Gesellschafter bei seinem Ausscheiden das der GmbH gegebene Darlehen in eine stille Einlage umwandelt.[67] Im Falle einer **atypischen** stillen Gesellschaft sind auch ohne direkte gesellschaftsrechtliche Beteiligung an dem Unternehmensträger die skizzierten Regeln zu berücksichtigen, wenn die sowohl Teilhabe am Gesellschaftsvermögen als auch unternehmerische Mitspracherechte umfassende stille Beteiligung im Zuge einer Krise des Geschäftsinhabers eingegangen wurde.[68]

18 **b) Rechtsfolgen.** Als Ergebnis der Eigenkapitalersatzregeln kann die stille Einlage einschließlich etwaiger Sicherheiten abweichend von § 236 in voller Höhe nicht als Insolvenzforderung verfolgt werden, sondern nur als nachrangige Forderung geltend gemacht werden.[69] **Im Unterschied** zu einer Eigenkapital gleichzusetzenden stillen Einlage braucht eine rückständige Einlage nur nach Maßgabe des § 236 Abs. 2 in Höhe der Verlustbeteiligung geleistet zu werden, weil § 32 a GmbHG, § 172 a von der Einzahlung („Gewährung") der Einlage ausgehen.[70] Die Rückerstattung Eigenkapital erset-

---

[58] OLG Hamm (Fn. 51).
[59] BGH (Fn. 53) NJW 1985, 1079; BGH Urt. v. 7. 11. 1988 – II ZR 46/88, BGHZ 106, 7 = NJW 1989, 982; Baumbach/*Hopt* RdNr. 3; Staub/*Zutt* RdNr. 13; MünchHdbStG/*Kühn* § 29 RdNr. 13; *Koller*/Roth/Morck RdNr. 4; Heymann/*Horn* RdNr. 16.
[60] Saarl. OLG Urt. v. 1. 9. 1998 – 4 U 635/97 – 253 ZIP 1999, 2150 f.
[61] MünchHdbStG/*Kühn* § 29 RdNr. 13, § 17 RdNr. 10; Heymann/*Horn* 230 RdNr. 59; *Blaurock* RdNr. 1060; aA: OLG Frankfurt WM 1981, 1371 f.; MünchKommHGB/*K. Schmidt* § 230 RdNr. 171.
[62] OLG Hamm (Fn. 51)
[63] BGH (Fn. 53) NJW 1985, 1079 f.; BGH (Fn. 15) NJW 1981, 2251 f.; BGH (Fn. 56) NJW 1980, 1522 f.; MünchKommHGB/*K. Schmidt* RdNr. 31; MünchHdbStG/*Kühn* § 29 RdNr. 15; *Koller*/Roth/Morck RdNr. 4; Röhricht/Graf v. Westphalen/*v. Gerkan* RdNr. 14.
[64] BGH Urt. v. 13. 2. 2006 – II ZR 62/04, BB 2006, 792 f. mit Anm. *Gehrlein* aaO 1018; BGHZ 106, 7, 9; Saarl. OLG (Fn. 60).
[65] OLG Hamm (Fn. 58).
[66] BGH (Fn. 59); BGHZ 106, 7, 9; BGH (Fn. 53) NJW 1983, 1855 f; Staub/*Zutt* RdNr. 14; Heymann/*Horn* RdNr. 13; MünchHdbStG/*Kühn* § 29 RdNr. 18, 22; Baumbach/*Hopt* RdNr. 7.
[67] BGH Urt. v. 19. 9. 2005 – II ZR 229/03, BB 2006, 16; BGH Urt. v. 8. 11. 2004 – II ZR 300/02, BB 2005, 176 f. = NZI 2005, 283.
[68] BGH (Fn. 59) BGHZ 106, 7, 9 f.; OLG Hamm Urt. v. 13. 9. 2000 – 8 U 79/99, NJW-RR 247 f.; OLG Hamm Urt. v. 6. 3. 1996 – 8 U 155/95, WM 1997, 2323; Baumbach/*Hopt* RdNr. 7; MünchHdbStG/*Kühn* § 29 RdNr. 21.
[69] MünchKommHGB/*K. Schmidt* RdNr. 26; Staub/*Zutt* RdNr. 15; MünchHdbStG/*Kühn* § 29 RdNr. 19; *Koller*/Roth/Morck RdNr. 7.
[70] Heymann/*Horn* RdNr. 13; MünchKommHGB/*K. Schmidt* RdNr. 27; Staub/*Zutt* RdNr. 15.

zender Leistungen kann vom Insolvenzverwalter nach § 135 InsO angefochten werden.[71] Darlehen und andere von dem stillen Gesellschafter in der Krise dem Geschäftsinhaber zur Verfügung gestellte Leistungen wie aus früherer Zeit stehengelassene Gewinne sind ebenfalls den allgemeinen Grundsätzen über den Eigenkapitalersatz zu unterstellen.[72]

IV. Insolvenz des stillen Gesellschafters

Ein Insolvenzverfahren über das Vermögen des stillen Gesellschafters bedingt zwingend (§ 728 BGB) die **Auflösung** der Gesellschaft.[73] Da die Auseinandersetzung gem. § 235 vom Geschäftsinhaber vorzunehmen ist, findet sie gemäß § 84 InsO außerhalb des Insolvenzverfahrens statt.[74] Ein Auseinandersetzungsguthaben des stillen Gesellschafters fällt in die Insolvenzmasse, während der Geschäftsinhaber einen Passivsaldo als Insolvenzforderung anzumelden hat.[75]

19

V. Unterbeteiligung

Für die Unterbeteiligungsgesellschaft gilt § 236 entsprechend.[76]

20

§ 237 *(aufgehoben)*

Fassung des § 237 bis zur Aufhebung am 31. 12. 1998; vgl. ab 1. 1. 1999 § 136 InsO

§ 237 [Konkursanfechtung]

(1) ¹ Anfechtbar ist eine Rechtshandlung, durch die einem stillen Gesellschafter die Einlage ganz oder teilweise zurückgewährt oder sein Anteil an dem entstandenen Verlust ganz oder teilweise erlassen wird, wenn die zugrundeliegende Vereinbarung im letzten Jahr vor dem Antrag auf Eröffnung des Insolvenzverfahrens über das Vermögen des Inhabers des Handelsgeschäfts oder nach diesem Antrag getroffen worden ist. ² Dies gilt auch dann, wenn im Zusammenhang mit der Vereinbarung die stille Gesellschaft aufgelöst worden ist.

(2) Die Anfechtung ist ausgeschlossen, wenn ein Eröffnungsgrund erst nach der Vereinbarung eingetreten ist.

§ 136 InsO

(1) ¹ Anfechtbar ist eine Rechtshandlung, durch die einem stillen Gesellschafter die Einlage ganz oder teilweise zurückgewährt oder sein Anteil an dem entstandenen Verlust ganz oder teilweise erlassen wird, wenn die zugrundeliegende Vereinbarung im letzten Jahr vor dem Antrag auf Eröffnung des Insolvenzverfahrens über das Vermögen des Inhabers des Handelsgeschäfts oder nach diesem Antrag getroffen worden ist. ² Dies gilt auch dann, wenn im Zusammenhang mit der Vereinbarung die stille Gesellschaft aufgelöst worden ist.

(2) Die Anfechtung ist ausgeschlossen, wenn ein Eröffnungsgrund erst nach der Vereinbarung eingetreten ist.

Übersicht

	RdNr.		RdNr.
I. **Normzweck**	1	c) Gesetzliche Verpflichtung	7
II. **Tatbestandliche Voraussetzungen der Anfechtung**	2–20	d) Inhalt besonderer Vereinbarungen	8
		e) Benachteiligungsabsicht	9
1. Stille Gesellschaft	2, 3	4. Jahresfrist	10, 11
2. Insolvenz des Geschäftsinhabers	4	a) Berechnung	10
3. Besondere Vereinbarung	5–9	b) Zeitpunkt der Vereinbarung	11
a) Grundlagen	5	5. Anfechtbare Leistungen	12–20
b) Gesellschaftsvertragliche Abrede	6	a) Gegenstand der Anfechtung	12
		b) Einlagenrückgewähr	13–18

---

[71] Blaurock RdNr. 1058; MünchHdbStG/*Kühn* § 29 RdNr. 20; *Koller*/Roth/Morck RdNr. 5.
[72] Staub/*Zutt* RdNr. 16; *Koller*/Roth/Morck RdNr. 5.
[73] MünchKommHGB/*K. Schmidt* RdNr. 43; Staub/*Zutt* RdNr. 20; Heymann/*Horn* RdNr. 17; *Blaurock* RdNr. 1080.
[74] Blaurock RdNr. 1080; MünchHdbHGB/*K. Schmidt* RdNr. 44.
[75] Blaurock RdNr. 1080 f.; Heymann/*Horn* RdNr. 17; Staub/*Zutt* RdNr. 20.
[76] Staub/*Zutt* RdNr. 25; Röhricht/Graf v. Westphalen/*v. Gerkan* RdNr. 26.

	RdNr.		RdNr.
aa) Anfechtbarkeit	13–15	2. Geltendmachung	24, 25
bb) Unanfechtbarkeit	16–18	a) Formen der Durchsetzung	24
c) Erlass der Verlustbeteiligung	19, 20	b) Wirkung der Anfechtung	25
III. Ausschluss der Anfechtbarkeit	21, 22	3. Frist	26
1. Voraussetzungen	21	4. Inhalt des Anspruchs	27, 28
2. Beweislast	22	a) Rückgewähr	27
IV. Verwirklichung der Konkursanfechtung	23–28	b) Gegenforderungen des stillen Gesellschafters	28
1. Anzuwendende Normen – Zuständigkeit	23	V. Unterbeteiligung	29

I. Normzweck

1 Die Vorschrift statuiert im Interesse der Gläubigergesamtheit einen vom Konkursverwalter des Geschäftsinhabers wahrzunehmenden, über § 29 KO hinausgehenden **Sondertatbestand** der konkursrechtlichen Anfechtung.[1] Ab 1. Januar 1999 wird § 237 ohne wesentliche sachliche Änderung der objektiven Anfechtungsvoraussetzungen durch § 136 InsO ersetzt.[2] Der Regelung liegt die Erwägung zugrunde, einer Bevorzugung des wegen seiner Kontrollrechte in einem besonderen Näheverhältnis zum Geschäftsführer stehenden stillen Gesellschafters vorzubeugen.[3] Die Einlage ist, sofern eine Insolvenzanfechtung nicht zum Zuge kommt, als eine der übrigen Forderungen (§ 39 Abs. 1 InsO) und nicht erst nachrangig (§ 39 Abs. 1 Nr. 5 InsO) geltend zu machen. Die Rückgewähr der Einlage oder der Erlass der Verlustbeteiligung ist nach dieser Vorschrift anfechtbar, wenn sie auf einer im letzten Jahr vor der Eröffnung des Konkurses getroffenen Vereinbarung beruhen.[4] Abweichend wird der Zeitpunkt durch § 136 InsO auf den **Antrag auf Eröffnung** des Verfahrens vorverlegt. Wegen seiner gläubigerschützenden Funktion kann § 237 nicht vertraglich abbedungen oder eingeschränkt werden.[5] Umgekehrt kann der Anwendungsbereich der Vorschrift durch Vertragsabreden nicht erweitert und etwa auf eine bürgerlich-rechtliche Innengesellschaft ausgedehnt werden.[6]

II. Tatbestandliche Voraussetzungen der Anfechtung

2 **1. Stille Gesellschaft.** Nach dem Wortlaut des § 237 ist zu verlangen, dass innerhalb des letzten Jahres vor Konkurseröffnung (nunmehr: Antragstellung) eine stille Gesellschaft vorgelegen hat. Nicht erforderlich ist hingegen, dass die stille Gesellschaft im Zeitpunkt der Eröffnung des Konkursverfahrens oder der Ausübung des Anfechtungsrechts noch fortdauert.[7] Ein Anfechtungsrecht scheidet freilich aus, wenn selbst eine fehlerhafte stille Gesellschaft **nie rechtsverbindlich** zustandekam, weil der Gesellschaftsvertrag nach §§ 134, 138 BGB oder wegen fehlerhafter Beteiligung nicht voll Geschäftsfähiger unwirksam ist.[8]

3 Gleichwohl unterliegt eine **fehlerhafte** stille Gesellschaft grundsätzlich der Regelung des § 237 bzw. § 136 InsO. Dabei ist aber regelmäßig zu beachten, dass eine fehlerhafte stille Gesellschaft aus wichtigem Grund gekündigt werden kann und die Einlagenrückgewähr dann entgegen dem unanwendbaren § 237 (§ 136 InsO) nicht auf Grund einer **besonderen Vereinbarung** erfolgt ist.[9] Eine Anfechtung kommt auch nicht in Betracht, wenn bei einem Wirksamkeitsmangel die Modalitäten der Rückgewähr der ohnedies zu erstattenden Einlage in einen Vergleich gekleidet werden.[10]

4 **2. Insolvenz des Geschäftsinhabers.** Das Anfechtungsrecht kommt nur bei Insolvenz des Geschäftsinhabers und zwar im Zeitraum von der Eröffnung bis zur Beendigung des Verfahrens zum

---

[1] Staub/*Zutt* RdNr. 1, 3; MünchKommHGB/*K. Schmidt* RdNr. 1; Baumbach/*Hopt* RdNr. 1; Heymann/*Horn* RdNr. 1; *Blaurock* RdNr. 1087 f.
[2] *Blaurock* RdNr. 1128.
[3] *K. Schmidt* KTS 1977, 65, 68; Staub/*Zutt* RdNr. 1; *Koller*/Roth/Morck RdNr. 1; *Blaurock* RdNr. 1087.
[4] MünchHdbStG/*Kühn* § 29 RdNr. 23.
[5] MünchHdbStG/*Kühn* § 29 RdNr. 23; MünchKommHGB/*K. Schmidt* RdNr. 2; Staub/*Zutt* RdNr. 2; Heymann/*Horn* RdNr. 1; *Blaurock* RdNr. 1089.
[6] *Koller*/Roth/Morck RdNr. 2; Staub/*Zutt* RdNr. 2; MünchHdbStG/*Kühn* § 29 RdNr. 23; aA: offenbar *Blaurock* RdNr. 1089.
[7] Staub/*Zutt* RdNr. 4; *Blaurock* RdNr. 1092; Heymann/*Horn* RdNr. 2; MünchKommHGB/*K. Schmidt* RdNr. 4; Röhricht/Graf v. Westphalen/*v. Gerkan* RdNr. 2.
[8] MünchKommHGB/*K. Schmidt* RdNr. 4; Staub/*Zutt* RdNr. 5; *Blaurock* RdNr. 1092.
[9] BGH Urt. v. 29. 6. 1970 – II ZR 158/69, BGHZ 55, 5, 10 = NJW 1971, 375; Staub/*Zutt* RdNr. 5; Heymann/*Horn* RdNr. 2; MünchKommHGB/*K. Schmidt* RdNr. 4; MünchHdbStG/*Kühn* § 29 RdNr. 24.
[10] MünchKommHGB/*K. Schmidt* RdNr. 4, 6; MünchHdbStG/*Kühn* § 29 RdNr. 24.

Tragen.[11] Das Anfechtungsrecht geht deshalb **nach Abschluss** des Verfahrens nicht auf den Geschäftsinhaber über.[12] Zur Geltendmachung des Anfechtungsrechts muss das Verfahren über das Vermögen einer Personengesellschaft und nicht bloß gegen einen ihrer Gesellschafter eröffnet werden.[13]

3. Besondere Vereinbarung. a) Grundlagen. Die anfechtbaren Rechtshandlungen – Rückgewähr der Einlage, Erlass des Verlustanteils – müssen nach § 237 Abs. 1 (§ 136 Abs. 1 InsO) auf einer besonderen Vereinbarung der Gesellschafter basieren.[14] Eine besondere Vereinbarung ist in einer freiwilligen, nicht durch den Gesellschaftsvertrag oder Gesetz vorgezeichneten Abmachung zu erblicken.[15] An einer freiwilligen Rückgewähr in diesem Sinne fehlt es demgegenüber, wenn der stille Gesellschafter einen **vertraglichen** oder **gesetzlichen** Anspruch auf die Rückerstattung der Einlage hat.[16]

b) Gesellschaftsvertragliche Abrede. Demgemäß greift ein Anfechtungsrecht nicht durch, wenn die Pflicht zur Rückgewähr in dem ursprünglichen Gesellschaftsvertrag, dessen Abschluss **kürzer** als ein Jahr zurückliegen kann, niedergelegt wurde. Ebenso unschädlich ist eine vor **mehr** als einem Jahr durch eine Änderung des Gesellschaftsvertrages vereinbarte Rückgewähr der Einlage. Die Gläubiger haben nach dem Willen des Gesetzes keinen Anspruch darauf, besser gestellt zu werden, als es dem ursprünglichen Gesellschaftsvertrag und vor Ablauf der Frist des § 237 (§ 136 InsO) getroffenen Abreden der Gesellschafter entspricht.[17]

c) Gesetzliche Verpflichtung. Eine Anfechtung scheidet ferner aus, wenn die Rückgewähr auf eine berechtigte ordentliche oder außerordentliche Kündigung sowie einen gesetzlichen Auflösungsgrund zurückgeht.[18] Nichts anderes gilt, soweit die Einlage wegen einer Anfechtung des Gesellschaftsvertrages oder einer sonstigen Nichtigkeit ohne Rücksicht auf die Grundsätze der fehlerhaften Gesellschaft gem. § 812 BGB auszugleichen ist.[19] Absprachen, welche die geschilderten gesetzlichen Rechtsfolgen festschreiben, unterliegen nicht der Anfechtung.[20] Erkennt der Geschäftsinhaber dagegen eine **unwirksame** Kündigung an, so handelt es sich um eine anfechtbare Auflösungsvereinbarung.[21]

d) Inhalt besonderer Vereinbarungen. Als anfechtungsbegründende Abmachungen sind die nachträgliche Vereinbarung eines vorzeitigen Kündigungsrechts wie auch eine vorzeitige Auflösungsvereinbarung zu nennen.[22] Die Vereinbarung muss aber, wie § 237 Abs. 1 Satz 2 (§ 136 Abs. 1 Satz InsO) verdeutlicht, **nicht notwendig** die Auflösung der stillen Gesellschaft bezwecken.[23] Wird die Einlagenrückgewähr im Wege der Zwangsvollstreckung durchgesetzt, greift die Anfechtung Platz, wenn der Titel auf einer besonderen Vereinbarung beruht.[24] Erhält der stille Gesellschafter auf Grund einer Vereinbarung mehr, als ihm von Rechts wegen zukommt, so ist die überschießende Leistung anfechtbar.[25]

e) Benachteiligungsabsicht. Sie wird tatbestandlich nicht vorausgesetzt. Die besondere Vereinbarung braucht also nicht durch die Absicht, andere Gläubiger zu benachteiligen, motiviert zu sein. Aus seiner Gutgläubigkeit kann der stille Gesellschafter keinen Rechtsvorteil herleiten.[26]

---

[11] Blaurock RdNr. 1093; Staub/Zutt RdNr. 6; Koller/Roth/Morck RdNr. 3; MünchKommHGB/K. Schmidt RdNr. 5.
[12] Staub/Zutt RdNr. 6.
[13] RGZ 30, 33, 35 f.; MünchKommHGB/K. Schmidt RdNr. 5; Staub/Zutt RdNr. 6; Blaurock RdNr. 1093; Koller/Roth/Morck § 237 RdNr. 3.
[14] MünchHdbStG/Kühn § 29 RdNr. 24; MünchKommHGB/K. Schmidt RdNr. 6; Staub/Zutt RdNr. 7; Heymann/Horn RdNr. 3; Röhricht/Graf v. Westphalen/v. Gerkan RdNr. 13.
[15] Heymann/Horn RdNr. 3.
[16] MünchKommHGB/K. Schmidt RdNr. 6; Staub/Zutt RdNr. 7; MünchHdbStG/Kühn § 29 RdNr. 24; Blaurock RdNr. 1097.
[17] BGH Urt. v. 29. 6. 1970 – II ZR 32/68, WM 1971, 183 f.; RGZ 84, 434, 437 f.; MünchKommHGB/K. Schmidt RdNr. 6; Staub/Zutt RdNr. 7; Baumbach/Hopt RdNr. 1; MünchHdbStG/Kühn § 29 RdNr. 24; Blaurock RdNr. 1095.
[18] BGH (Fn. 9) BGHZ 55, 5, 10; BGH, Urt. v. 27. 11. 2000 – II ZR 218/00, WM 2001, 314; MünchKommHGB/K. Schmidt RdNr. 6; Staub/Zutt RdNr. 7; Koller/Roth/Morck RdNr. 3; MünchHdbStG/Kühn § 29 RdNr. 24; Röhricht/Graf v. Westphalen/v. Gerkan RdNr. 15.
[19] Staub/Zutt RdNr. 7; Koller/Roth/Morck RdNr. 3; MünchHdbStG/Kühn § 29 RdNr. 24.
[20] BGH, Urt. v. 27. 11. 2000 – II ZR 218/00, WM 2001, 314; Staub/Zutt RdNr. 9; MünchKommHGB/K. Schmidt § 237 RdNr. 6; MünchHdbStG/Kühn § 29 RdNr. 24.
[21] MünchKommHGB/K. Schmidt RdNr. 6; Staub/Zutt RdNr. 9; Heymann/Horn RdNr. 4; Baumbach/Hopt RdNr. 2; Blaurock RdNr. 1098.
[22] Koller/Roth/Morck RdNr. 3.
[23] MünchKommHGB/K. Schmidt RdNr. 6; Staub/Zutt RdNr. 10.
[24] Staub/Zutt RdNr. 10; MünchKommHGB/K. Schmidt RdNr. 6; Koller/Roth/Morck RdNr. 3.
[25] Staub/Zutt RdNr. 10; Heymann/Horn RdNr. 4.
[26] Staub/Zutt RdNr. 12; Heymann/Horn RdNr. 10; Koller/Roth/Morck RdNr. 4; MünchHdbStG/Kühn § 29 RdNr. 26.

10 **4. Jahresfrist. a) Berechnung.** Die Absprache über die Einlagenrückgewähr oder die Verlustbefreiung muss **innerhalb des letzten Jahres** vor Eröffnung des Konkursverfahrens über das Vermögen des Geschäftsinhabers bzw nunmehr vor **Stellung des Antrags** auf Eröffnung des Insolvenzverfahrens (§ 136 Abs. 1 InsO) vorgenommen worden sein. Die Berechnung der Frist bestimmt sich nach §§ 187, 188 BGB, bzw § 139 InsO, wobei eine Hemmung der Verjährung ausscheidet.[27] Schließt sich der (Anschluss)Konkurs einem Vergleichsverfahren an, so ist die Fristberechnung am Zeitpunkt der Eröffnung des Vergleichsverfahrens auszurichten (§ 107 Abs. 2 VglO).[28]

11 **b) Zeitpunkt der Vereinbarung.** Die Anfechtung dringt nur durch, wenn die besondere Vereinbarung innerhalb der Jahresfrist **verabredet** wurde; der Zeitpunkt ihrer faktischen Durchsetzung ist abweichend von den sonstigen Anfechtungsvorschriften nicht entscheidend. Eine vor Beginn der Jahresfrist abgesprochene, aber erst innerhalb der Jahresfrist vollzogene Rückgewähr ist darum höchstens nach anderen Vorschriften (§§ 129 ff. InsO) anfechtbar.[29]

12 **5. Anfechtbare Leistungen. a) Gegenstand der Anfechtung.** Der Anfechtung unterworfen ist nicht die im letzten Jahr geschlossene besondere Vereinbarung, sondern die auf ihrer Grundlage an den stillen Gesellschafter erbrachte **masseschmälernde Leistung**. Nur die konkrete Verwirklichung der Vereinbarung durch die (teilweise) Rückgewähr der Einlage oder den (teilweisen) Erlass des Verlustanteils ist einer Anfechtung ausgesetzt.[30]

13 **b) Einlagenrückgewähr. aa) Anfechtbarkeit.** Eine Rückgewähr ist anzunehmen, wenn dem stillen Gesellschafter zur Erfüllung seines Einlagenerstattungsanspruchs aus dem Vermögen des Geschäftsinhabers Werte zufließen.[31] Die Rückgewähr umfasst neben der Rückerstattung durch Zahlung jede Art der Erfüllung (§ 362 BGB), also die befreiende Leistung an einen Dritten (§ 362 Abs. 2 BGB), die Leistung an Erfüllungs Statt (§ 364 BGB) durch Hingabe sonstiger Güter wie auch die Aufrechnung (§§ 387, 389 BGB).[32] Bei der Aufrechnung bedarf es indes nach § 96 Nr. 3 InsO keiner Anfechtung. Die Rückgewähr ist nicht bloß in Höhe des Verlustanteils gem. § 237 (§ 136 InsO) und im Übrigen ausschließlich nach sonstigen Bestimmungen (§§ 30 ff. KO, §§ 129 ff. InsO) anfechtbar;[33] das Anfechtungsrecht kommt nach dem Willen des Gesetzes auch bei einem Ausschluss der Verlustbeteiligung in voller Höhe der Einlage zum Zuge.[34]

14 Die Bestellung von **Sicherheiten** (zB Pfandrecht, Hypothek, Sicherungsübereignung) am Vermögen des Unternehmensträgers für den Rückzahlungsanspruch des stillen Gesellschafters ist als anfechtbare Einlagenrückgewähr zu begreifen.[35] Anfechtungsfrei sind solche Rechtshandlungen nur, wenn sie im ursprünglichen Gesellschaftsvertrag oder vor Ablauf der Jahresfrist vorgesehen werden.[36]

15 Die Auszahlung von **Gewinnen** ist lediglich unter der Voraussetzung als Rückgewähr zu charakterisieren, dass die Gewinne gem. § 232 Abs. 2 zur Deckung eines Verlustes benötigt werden. Sonstige – nicht durch eine Erhöhung des Bezugsrechts im Vorjahr bedingte – Gewinne verbleiben dem stillen Gesellschafter unanfechtbar.[37]

16 **bb) Unanfechtbarkeit.** Anfechtungsfest sind Leistungen Dritter, die nicht auf Rechnung des Geschäftsinhabers ergehen.[38] Ferner ist eine Rückgewähr mangels Masseschmälerung nicht anfechtbar, wenn der stille Gesellschafter eine **gleichwertige Gegenleistung** erbringt.[39]

---

[27] RGZ 139, 110, 112; Staub/Zutt RdNr. 11; Koller/Roth/Morck RdNr. 3; MünchKommHGB/K. Schmidt RdNr. 7; Heymann/Horn RdNr. 5; Röhricht/Graf v. Westphalen/v. Gerkan RdNr. 17.
[28] Staub/Zutt RdNr. 11; Heymann/Horn RdNr. 5; MünchHdbStG/Kühn § 29 RdNr. 25; MünchKommHGB/K. Schmidt RdNr. 7; Blaurock RdNr. 1096.
[29] RGZ 84, 434, 437 f.; Staub/Zutt RdNr. 11; Heymann/Horn RdNr. 5; MünchKommHGB/K. Schmidt RdNr. 8; Blaurock RdNr. 1095; MünchHdbStG/Kühn § 29 RdNr. 25; Röhricht/Graf v. Westphalen/v. Gerkan RdNr. 17.
[30] MünchKommHGB/K. Schmidt RdNr. 9; Staub/Zutt RdNr. 13; MünchHdbStG/Kühn § 29 RdNr. 27; Blaurock RdNr. 1099.
[31] MünchHdbStG/Kühn § 29 RdNr. 27; MünchKommHGB/K. Schmidt RdNr. 10; Staub/Zutt RdNr. 14; Heymann/Horn RdNr. 6; Blaurock RdNr. 1100; Koller/Roth/Morck RdNr. 4.
[32] Staub/Zutt RdNr. 15; MünchKommHGB/K. Schmidt RdNr. 10; MünchHdbStG/Kühn § 29 RdNr. 28; Koller/Roth/Morck RdNr. 4; Heymann/Horn RdNr. 6; Blaurock RdNr. 1100.
[33] So aber: Blaurock Voraufl. S 334.
[34] Staub/Zutt RdNr. 14; MünchKommHGB/K. Schmidt RdNr. 10; ders. KTS 1977, 65, 71; Heymann/Horn RdNr. 6; MünchHdbStG/Kühn § 29 RdNr. 27; Koller/Roth/Morck RdNr. 4; ebenso jetzt Blaurock RdNr. 1090.
[35] BGH (Fn. 9) NJW 1971, 375, 377 f. = BGHZ 55, 5; RGZ 84, 434 f.
[36] MünchKommHGB/K. Schmidt RdNr. 12; Staub/Zutt RdNr. 16; Heymann/Horn RdNr. 6; Koller/Roth/Morck RdNr. 4; MünchHdbStG/Kühn § 29 RdNr. 28; Blaurock RdNr. 1100; vgl. auch BGH (Fn. 17) WM 1971, 183 f.
[37] MünchKommHGB/K. Schmidt RdNr. 14; Staub/Zutt RdNr. 17; MünchHdbStG/Kühn § 29 RdNr. 28; Heymann/Horn RdNr. 8; Blaurock RdNr. 1105.
[38] Staub/Zutt RdNr. 15; Heymann/Horn RdNr. 7; Blaurock RdNr. 1100.
[39] Staub/Zutt RdNr. 23; Koller/Roth/Morck RdNr. 4; Heymann/Horn RdNr. 7.

Die **Umwandlung** der Einlage **in ein Darlehen** ist für sich genommen nicht bereits als Rück- 17
gewähr zu begreifen, wenn der vormalige stille Gesellschafter keine Zahlung erhält und im Insolvenzverfahren eine Darlehensforderung statt des Einlagerückgewähranspruchs anmeldet. Wird durch die
Umwandlung aber der Rückzahlungsanspruch früher fällig gestellt (vgl. auch § 609 BGB), so handelt
es sich dabei um eine besondere Vereinbarung, die – sofern sie innerhalb der Jahresfrist getroffen
wurde – die Anfechtbarkeit einer Rückgewähr nach sich zieht.[40] Zu weitgehend und unvereinbar
mit § 237 erscheint es, ungeachtet des Zeitpunkts der Umwandlung jede Darlehensrückgewähr
innerhalb der Jahresfrist einer Anfechtung zu unterwerfen.[41]

Schließlich ist die Rückgabe zum **Gebrauch** überlassener, aussonderungsfähiger und daher nicht 18
masseschmälernder Gegenstände (vgl. § 47 InsO) unanfechtbar.[42] Der **Erlass** der offenen, rückständigen Einlageforderung durch den Geschäftsinhaber ist beim typischen stillen Gesellschafter, der
nur den Verlust der erbrachten Einlage riskiert, nicht als Rückgewähr aufzufassen. Ist damit freilich
ein Verzicht auf den Verlustanteil verbunden (§ 236 Abs. 2), bedeutet dies einen Anfechtungstat-
bestand.[43]

c) Erlass der Verlustbeteiligung. Anfechtbar ist nur ein Erlass der Verlustbeteiligung des stillen 19
Gesellschafters an einem zum Zeitpunkt der Einigung bereits entstandenen, wenngleich noch nicht
notwendig bilanzierten Verlust.[44] Die Abmachung, wonach der stille Gesellschafter an künftigen
Verlusten nicht mehr teilnimmt, ist nicht nach § 237, sondern höchstens gem. §§ 29 ff. KO bzw.
§§ 129 ff. InsO anfechtbar.[45] Eine im Laufe eines Geschäftsjahres getroffene Vereinbarung, derzufolge
der stille Gesellschafter am Verlust dieses Jahres nicht mehr beteiligt sein soll, ist im Blick auf den
bereits vergangenen Teil des Geschäftsjahrs anfechtbar. Erforderlichenfalls ist eine Zwischenbilanz zu
fertigen.[46] Als Erlass des Verlustanteils ist der Verzicht auf eine rückständige Einlage in Höhe der
Verlustbeteiligung anfechtbar.[47]

Wird der Erlass im Austausch mit einer **gleichwertigen** Gegenleistung vereinbart, besteht wegen 20
einer fehlenden Masseschmälerung für eine Anfechtung keine Rechtfertigung.[48] In der Garantie der
Verlustfreiheit durch einen Dritten, welche die eigene Verpflichtung des stillen Gesellschafters nicht
aufhebt, liegt kein Erlass der Verlustbeteiligung.[49]

III. Ausschluss der Anfechtbarkeit

1. Voraussetzungen. Eine Anfechtung findet nach § 237 Abs. 2 nicht statt, wenn der Konkurs 21
allein auf Umstände zurückgeht, die nach der Vereinbarung der Rückgewähr oder des Erlasses
eingetreten sind. Die Ursache des Konkurses muss in Gegebenheiten (zB Krieg, unvorhersehbarer
Preisverfall, Konkurs eines Hauptgeschäftspartners, Unfall, behördliche Liefersperre) wurzeln, die
sich zeitlich erst nach der Vereinbarung zugetragen haben.[50] Die Anfechtung ist schon bei einer
Mitverursachung des Konkurses durch die Zuwendung an den stillen Gesellschafter begründet.[51]
Abweichend vom früheren Rechtszustand ergibt sich aus § 136 Abs. 2 InsO eine Erschwernis der
Anfechtbarkeit. Danach ist die Anfechtbarkeit ausgeschlossen, wenn ein **Eröffnungsgrund**
(§§ 17–19 InsO) erst **nach** der Vereinbarung eingetreten ist. Im Zeitpunkt der Vereinbarung muss
also bereits ein Grund für die Eröffnung des Insolvenzverfahrens verwirklicht sein.

2. Beweislast. Abweichend von § 237 Abs. 1, für dessen Voraussetzungen der Konkursverwalter 22
beweisbelastet ist, trägt der stille Gesellschafter die Beweislast für den Ausnahmetatbestand des § 237

---

[40] MünchHdbStG/*Kühn* § 29 RdNr. 28; Staub/*Zutt* RdNr. 16; ebenso wohl auch Heymann/*Horn* RdNr. 7 und Koller/Roth/Morck RdNr. 4.
[41] So aber MünchKommHGB/*K. Schmidt* RdNr. 10; Röhricht/Graf v. Westphalen/*v. Gerkan* RdNr. 6 und *Blaurock* RdNr. 1101.
[42] MünchKommHGB/*K. Schmidt* RdNr. 11; Staub/*Zutt* RdNr. 18; Heymann/*Horn* RdNr. 7; *Blaurock* RdNr. 1100; Röhricht/Graf v. Westphalen/*v. Gerkan* RdNr. 8.
[43] MünchKommHGB/*K. Schmidt* RdNr. 13; Staub/*Zutt* RdNr. 19; Baumbach/*Hopt* RdNr. 1; Koller/Roth/Morck RdNr. 5; Heymann/*Horn* RdNr. 7; *Blaurock* RdNr. 1104.
[44] RGZ 31, 33, 37; MünchHdbStG/*Kühn* § 29 RdNr. 29; Koller/Roth/Morck RdNr. 5; Staub/*Zutt* RdNr. 20; MünchKommHGB/*K. Schmidt* RdNr. 16; *Blaurock* RdNr. 1103; Heymann/*Horn* RdNr. 9.
[45] Staub/*Zutt* RdNr. 20; MünchKommHGB/*K. Schmidt* RdNr. 16; *Blaurock* RdNr. 1103; Heymann/*Horn* RdNr. 9; MünchHdbStG/*Kühn* § 29 RdNr. 29.
[46] Staub/*Zutt* RdNr. 20; MünchKommHGB/*K. Schmidt* RdNr. 16.
[47] Staub/*Zutt* RdNr. 22.
[48] MünchKommHGB/*K. Schmidt* RdNr. 17; Staub/*Zutt* RdNr. 23.
[49] Staub/*Zutt* RdNr. 21.
[50] MünchKommHGB/*K. Schmidt* RdNr. 19; Staub/*Zutt* RdNr. 24; Heymann/*Horn* RdNr. 11; *Blaurock* RdNr. 1106.
[51] BGH Urt v. 1. 3. 1982 – II ZR 23/81, BGHZ 83, 341, 346 = NJW 1983, 42; Staub/*Zutt* RdNr. 24; MünchKommHGB/*K. Schmidt* RdNr. 19; Heymann/*Horn* RdNr. 11; *Blaurock* RdNr. 1107.

Abs. 2 wie auch des § 136 Abs. 2 InsO.[52] Insoweit **genügt nicht** schon der Nachweis durch den stillen Gesellschafter, dass der Geschäftsinhaber bei Abschluss der Vereinbarung zahlungsfähig und nicht überschuldet war.[53]

IV. Verwirklichung der Konkursanfechtung

23   **1. Anzuwendende Normen – Zuständigkeit.** Für die Durchsetzung der Konkursanfechtung verweist § 237 Abs. 3 auf die §§ 35 bis 41 KO.[54] Das Anfechtungsrecht ist, wie sich neben § 237 Abs. 1 auch aus § 36 KO ergibt, vom **Konkursverwalter** wahrzunehmen.[55] Die besondere Befugnis kann nicht vom Geschäftsinhaber ausgeübt werden.[56] Ohne sachlichen Unterschied weist nunmehr § 129 Abs. 1 InsO das Anfechtungsrecht dem Insolvenzverwalter zu.

24   **2. Geltendmachung. a) Formen der Durchsetzung.** Die Konkursanfechtung wird gerichtlich durch Klage, Widerklage und Replik sowie außerprozessual im Wege der Einrede verfolgt.[57] Anfechtungegegner ist der stille Gesellschafter oder sein Gesamtrechtsnachfolger (vgl. § 40 KO bzw. § 145 InsO).[58] Die Einrede der Anfechtbarkeit – etwa gegen die Forderung auf Rückerstattung der Einlage, einen Anspruch auf abgesonderte Befriedigung oder ein Herausgabeverlangen – ist als Leistungsverweigerungsrecht ein Sonderfall des Arglisteinwands.[59] Eine Klage ist am allgemeinen Gerichtsstand des stillen Gesellschafters rechtshängig zu machen.[60]

25   **b) Wirkung der Anfechtung.** Die Anfechtung beseitigt nicht im Sinne des § 142 BGB die Gültigkeit der angefochtenen Vereinbarung, sondern richtet sich gegen deren Ausführung.[61] Nur bei dem Erlass eines Verlustanteils sind beide Maßnahmen gleichmäßig betroffen.[62] Die Rechtsfolge der Anfechtung äußert sich in einem **obligatorischen Rückgewähranspruch.**[63]

26   **3. Frist.** Die Anfechtung ist im Klagewege gem. § 41 Abs. 1 KO binnen Jahresfrist seit der rechtskräftigen Eröffnung des Konkursverfahrens zu verfolgen.[64] Beim **Anschlusskonkurs** beginnt die Frist nicht mit der Vergleichseröffnung, sondern erst mit dem Eröffnungsbeschluss über den Anschlusskonkurs zu laufen.[65] Die rechtzeitige Klageerhebung vor einem unzuständigen Gericht ist fristwahrend.[66] Die rechtzeitige Klageeinreichung genügt, sofern die Zustellung demnächst (§ 270 Abs. 3 ZPO) bewirkt wird.[67] Durch § 136 InsO wird der Beginn der Jahresfrist auf den Zeitpunkt des Antrags auf Eröffnung des Insolvenzverfahrens **vorverlegt. Die Anfechtung kann neuerdings gemäß § 146 InsO innerhalb der verlängerten zweijährigen** Verjährungsfrist seit der Verfahrenseröffnung ausgeübt werden. Die einredeweise Geltendmachung wird auch durch Verstreichen der Jahresfrist gem. § 41 Abs. 2 KO (§ 146 Abs. 2 InsO) nicht gehindert.[68]

27   **4. Inhalt des Anspruchs. a) Rückgewähr.** Der Anspruch lautet gem. § 37 Abs. 1 KO (§ 143 InsO) auf Rückgewähr der durch die anfechtbare Handlung aus dem Vermögen des Geschäftsinhabers weggegebenen Werte.[69] Der Zustand vor Ausführung der anfechtbaren Handlung ist wieder herzustellen. Die zurückgewährte Einlage ist erneut durch Zahlung zu entrichten. Eine durch Aufrechnung mit dem Einlagerückerstattungsanspruch erloschene Forderung ist an die Konkursmasse

---

[52] *Koller/Roth/Morck* RdNr. 5; *Blaurock* RdNr. 1107; *Heymann/Horn* RdNr. 11; MünchKommHGB/*K. Schmidt* RdNr. 20, der allerdings zu § 237 Abs. 1 eine eigenständige Beweislastverteilung entwickelt aaO RdNr. 18.
[53] BGH (Fn. 51) BGHZ 83, 341, 346; Staub/*Zutt* RdNr. 24; *Blaurock* RdNr. 1107.
[54] MünchHdbStG/*Kühn* § 29 RdNr. 30.
[55] Staub/*Zutt* RdNr. 25; MünchKommHGB/*K. Schmidt* RdNr. 22; *Heymann/Horn* RdNr. 12.
[56] *Blaurock* RdNr. 1108.
[57] Staub/*Zutt* RdNr. 25; MünchKommHGB/*K. Schmidt* RdNr. 23; *Heymann/Horn* RdNr. 12; *Blaurock* RdNr. 1109.
[58] BGH Urt. v. 24. 10. 1973 – VIII ZR 82/72, NJW 1974, 57; MünchKommHGB/*K. Schmidt* RdNr. 26; Staub/*Zutt* RdNr. 25; *Blaurock* RdNr. 1108.
[59] MünchKommHGB/*K. Schmidt* RdNr. 23; Staub/*Zutt* RdNr. 32.
[60] MünchHdbStG/*Kühn* § 29 RdNr. 30; *Koller/Roth/Morck* RdNr. 6.
[61] BGH (Fn. 17) BGH WM 1971, 183f.; MünchHdbStG/*Kühn* § 29 RdNr. 30; *Heymann/Horn* RdNr. 13; MünchKommHGB/*K. Schmidt* RdNr. 23; Staub/*Zutt* RdNr. 25; *Koller/Roth/Morck* RdNr. 6.
[62] *Heymann/Horn* RdNr. 13.
[63] BGH (Fn. 17) WM 1971, 183f.; MünchHdbStG/*Kühn* § 29 RdNr. 30; Staub/*Zutt* RdNr. 25; *Heymann/Horn* RdNr. 13.
[64] MünchHdbStG/*Kühn* § 29 RdNr. 30.
[65] BGH Urt. v. 5. 5. 1976 – VIII ZR 281/74, BGHZ 66, 215f. = NJW 1976, 1406; Staub/*Zutt* RdNr. 29; MünchKommHGB/*K. Schmidt* RdNr. 24; *Heymann/Horn* RdNr. 12.
[66] BGH Urt. v. 11. 5. 1953 – IV ZR 170/52, NJW 1953, 1139f.; RGZ 149, 9f.; Staub/*Zutt* RdNr. 30; MünchKommHGB/*K. Schmidt* RdNr. 24.
[67] BGH (Fn. 66) NJW 1953, 1139f.; RGZ 149, 9f.
[68] MünchKommHGB/*K. Schmidt* RdNr. 24; *Heymann/Horn* RdNr. 12; Staub/*Zutt* RdNr. 32; *Koller/Roth/Morck* RdNr. 6; *Blaurock* RdNr. 1109.
[69] Staub/*Zutt* RdNr. 26; MünchKommHGB/*K. Schmidt* RdNr. 25.

zu erfüllen. Der stille Gesellschafter darf sich nicht aus einer ihm geleisteten Sicherheit befriedigen, sondern hat die Sicherheit etwa durch Löschung einer Hypothek oder Rückgabe eines verpfändeten oder sicherungsübereigneten Gegenstandes aufzugeben.[70] Beim Erlass des Verlustanteils kann der Konkursverwalter ohne den Umweg, eine Willenserklärung auf erneute Begründung der Verlustbeteiligung zu verlangen, sofort **unmittelbar** Zahlungsklage erheben.[71] Die Berufung auf den **Wegfall der Bereicherung** kommt mangels einer Schenkung (§§ 37 Abs. 2, § 32 KO, 143 Abs. 2 InsO) nicht zum Zuge.[72]

b) Gegenforderungen des stillen Gesellschafters. Ein für die anfechtbare Leistung erhaltener Gegenwert ist, soweit vorhanden, aus der Masse zu erstatten; darüber hinaus kann der Anspruch gem. § 38 KO (§ 144 Abs. 2 InsO) nur als Insolvenzforderung geltend gemacht werden.[73] Infolge der Rückgewähr der anfechtbaren Leistung tritt nach § 39 KO (§ 144 Abs. 1 InsO) die eigene Forderung des stillen Gesellschafters auf sein **Auseinandersetzungsguthaben** wieder in Kraft; er kann diesen Anspruch durch Anmeldung verfolgen.[74] Das Auseinandersetzungsguthaben ist nach dem Stichtag einer durch die Anfechtung in ihrer Wirksamkeit ungetasteten Auflösungsvereinbarung oder, sofern die Rückgewähr nicht auf einer Auflösungsvereinbarung beruht, nach dem Zeitpunkt der Antragstellung (§ 136 Abs. 1 InsO) bzw Eröffnung des Konkursverfahrens zu bestimmen.[75] Zugleich leben unanfechtbare – insbesondere von Dritten – für die Einlagenrückforderung bestellte akzessorische Sicherheiten wieder auf.[76]

V. Unterbeteiligung

Wegen seines zwingenden Charakters kann § 237 (§ 136 InsO) nicht auf eine Unterbeteiligung erstreckt werden.[77]

---

[70] Staub/*Zutt* RdNr. 26; *Blaurock* RdNr. 1109.
[71] MünchKommHGB/*K. Schmidt* RdNr. 25; Heymann/*Horn* RdNr. 13.
[72] MünchKommHGB/*K. Schmidt* RdNr. 25; Staub/*Zutt* RdNr. 26; *Koller*/Roth/Morck RdNr. 6.
[73] Staub/*Zutt* RdNr. 26.
[74] Staub/*Zutt* RdNr. 27; Heymann/*Horn* RdNr. 13; MünchKommHGB/*K. Schmidt* RdNr. 27; *Blaurock* RdNr. 1110.
[75] Staub/*Zutt* RdNr. 27; *Blaurock* RdNr. 1110.
[76] BGH NJW 1974, 57; Staub/*Zutt* RdNr. 28; MünchKommHGB/*K. Schmidt* RdNr. 27; Heymann/*Horn* RdNr. 13.
[77] Staub/*Zutt* RdNr. 33; Heymann/*Horn* RdNr. 16.

Drittes Buch. Handelsbücher

Erster Abschnitt. Vorschriften für alle Kaufleute

Erster Unterabschnitt. Buchführung. Inventar

§ 238 Buchführungspflicht

(1) ¹Jeder Kaufmann ist verpflichtet, Bücher zu führen und in diesen seine Handelsgeschäfte und die Lage seines Vermögens nach den Grundsätzen ordnungsmäßiger Buchführung ersichtlich zu machen. ²Die Buchführung muß so beschaffen sein, daß sie einem sachverständigen Dritten innerhalb angemessener Zeit einen Überblick über die Geschäftsvorfälle und über die Lage des Unternehmens vermitteln kann. ³Die Geschäftsvorfälle müssen sich in ihrer Entstehung und Abwicklung verfolgen lassen.

(2) Der Kaufmann ist verpflichtet, eine mit der Urschrift übereinstimmende Wiedergabe der abgesandten Handelsbriefe (Kopie, Abdruck, Abschrift oder sonstige Wiedergabe des Wortlauts auf einem Schrift-, Bild- oder anderen Datenträger) zurückzubehalten.

Schrifttum: (ohne die Einzelbeiträge in den verschiedenen Handbüchern der Rechnungslegung) *IDW* ERS ÖFA 1: Rechnungslegung der öffentlichen Verwaltung nach den Grundsätzen der doppelten Buchführung, WPg 2001, 1405; *IDW* RS HFA 5: Rechnungslegung von Stiftungen, WPg 2000, 391; *IDW* RS HFA 12: Rechnungslegung von politischen Parteien, WPg 2005, 856; *IDW* RS HFA 14: Rechnungslegung von Vereinen, WPg 2006, 692; *KPMG* Doppik schlägt Kameralistik – Fragen und Antworten zur Einführung eines doppischen Haushalts- und Rechnungswesens, 4. Aufl. 2005.

Übersicht

	RdNr.		RdNr.
I. Allgemeine Grundsätze	1–4	4. Steuerliche Buchführungspflichten	27
II. Persönlicher Anwendungsbereich (Abs. 1)	5–12	V. Grundsätze ordnungsmäßiger Buchführung	28, 29
III. Zu führende Handelsbücher	13–16	VI. Sachverständiger Dritter	30, 31
IV. Buchführungspflicht	17–27	VII. Verfolgbarkeit der Geschäftsvorfälle	32, 33
1. Beginn der Buchführungspflicht	17	VIII. Wiedergabe abgesandter Handelsbriefe (Abs. 2)	34, 35
2. Ende der Buchführungspflicht	18–20	IX. Verletzung der Buchführungspflicht	36, 37
3. Inhalt der Buchführungspflicht	21–26		
a) Buchführungssystem	22–25		
b) Buchführungsform	26		

I. Allgemeine Grundsätze

§ 238 normiert in Abs. 1 S. 1 die **handelsrechtliche Buchführungspflicht**. Diese ist **öffentlich-rechtlich** ausgestaltet und formuliert die allgemeinen Anforderungen, die an eine ordnungsmäßige Buchführung gestellt werden. 1

Die S. 2 und 3 des Abs. 1 entsprechen § 145 Abs. 1 AO. Es muss gewährleistet sein, dass sich ein **sachverständiger Dritter** innerhalb einer angemessenen Zeit über die Geschäftsvorfälle und die Lage des Unternehmens umfassend informieren kann. Ausgehend von den Grundsätzen ordnungsmäßiger Dokumentation erfordert dies die Beachtung des **Belegprinzips**, der zeitnahen und geordneten Erfassung der Geschäftsvorfälle, der Zugriffsmöglichkeit und Lesbarmachung der Aufzeichnungen sowie der Einhaltung der Aufbewahrungsvorschriften. Zu den steuerlichen Buchführungspflichten vgl. RdNr. 27. Aus anderen Gesetzen ergeben sich uU zusätzliche Aufzeichnungspflichten, zB ergänzende und abweichende Regelungen für die Rechtsformen.[1] 2

Obwohl in § 298 Abs. 1 der § 238 nicht erwähnt wird, gelten die Aufzeichnungspflichten auch für die zur **Erstellung des Konzernabschlusses** notwendigen Daten. Die Nachvollziehbarkeit für einen sachverständigen Dritten ist wegen der Prüfungspflicht für den Konzernabschluss notwendig.[2] 3

---

[1] *ADS* RdNr. 64 ff.
[2] *ADS* RdNr. 54 ff.

4 In Abs. 2 wird die spezifische Dokumentationspflicht über die Zurückbehaltung von Kopien abgesandter **Handelsbriefe** geregelt. Dieser Bestimmung kommt wegen der in Abs. 1 normierten GoB nur noch klarstellende Bedeutung zu.

II. Persönlicher Anwendungsbereich (Abs. 1)

5 Die handelsrechtliche Verpflichtung zur Buchführung nach § 238 ist an die **Kaufmannseigenschaft** geknüpft. Nach dem am 1. 7. 1998 in Kraft getretenen Handelsrechtsreformgesetz wurde der Kaufmannsbegriff den veränderten Verhältnissen angepasst und vereinfacht. Zu den Kaufleuten iSd. Abs. 1 gehören solche, deren Tätigkeit nach § 1 Abs. 2, § 5 oder § 6 HGB als Handelsgewerbe gilt. Als Handelsgewerbe gilt nach § 1 Abs. 2 jeder Gewerbebetrieb, es sei denn, dass das Unternehmen nach Art oder Umfang einen in kaufmännischer Weise eingerichteten Geschäftsbetrieb nicht erfordert. Ein Handelsgewerbe betreibt, wer sich selbstständig nachhaltig mit Gewinnerzielungsabsicht am allgemeinen wirtschaftlichen Verkehr beteiligt, sofern die Betätigung nicht in Ausübung eines freien Berufs oder der Land- und Forstwirtschaft geschieht.[3]

6 Von der Buchführungspflicht werden vorrangig die ein Handelsgewerbe iSv. § 1 Abs. 2 betreibenden **Istkaufleute**, daneben aber auch die **Kannkaufleute** (§ 2, § 3 Abs. 2) erfasst.[4] **Scheinkaufleute** (§ 5) sind, unberührt einer eventuellen Handelsregistereintragung, nicht buchführungspflichtig.[5]

7 Für die Anwendung des § 238 kommt es auf die tatsächliche Kaufmannseigenschaft an. Folglich unterstehen **AG** (§ 3 AktG), **KGaA** (§§ 3, 278 Abs. 3 AktG), **GmbH** (§ 13 Abs. 3 GmbHG) sowie die Personenhandelsgesellschaften **OHG** und **KG** (§ 6 Abs. 1) dem Anwendungsbereich des § 238. Ferner unterliegt auch eine **Europäische AG** den Rechnungslegungsvorschriften, die für AG des jeweiligen Sitzstaates gelten. Auch **GbR**, welche ein Handelsgewerbe betreiben, können der Regelung des § 238 unterliegen.

8 Da die **EWIV** nach § 1 EWIVG als Handelsgesellschaft iSd. HGB gilt, besteht für sie die Buchführungspflicht auch dann, wenn ihre Mitglieder **Freiberufler** sind.[6] Ebenfalls gelten **eG** als Kaufleute (§ 17 Abs. 2 GenG). Für **VVaG** ergibt sich die Buchführungspflicht aus §§ 16, 55 Abs. 1 S. 3 VAG. Angehörige freier Berufe können eine Partnerschaftsgesellschaft nach PartGG bilden. Eine PartG übt gem. § 1 PartGG kein Handelsgewerbe aus.

9 **Wirtschaftsbetriebe der öffentlichen Hand** unterliegen, wenn sie in der Rechtsform einer **AG** oder **GmbH** organisiert sind, nach § 6 Abs. 1 als Kaufleute der Buchführungspflicht. Im Übrigen kommt es auf die Erfüllung der Voraussetzungen des § 1 an.[7] Praxisrelevant sind dabei **Stiftungen**[8] (§ 80 BGB) und **Vereine**, deren Zweck auf einen **wirtschaftlichen Geschäftsbetrieb** gerichtet ist (§ 22 BGB). Betreibt ein **nichtwirtschaftlicher Verein** (§ 21 BGB) zusätzlich ein Handelsgewerbe, das nach Art und Umfang einen in kaufmännischer Weise eingerichteten Geschäftsbetrieb erfordert, besteht für diesen kaufmännischen Betrieb Buchführungspflicht.[9] Gleiches gilt auch für politische Parteien, soweit das PartG nichts Anderes vorschreibt (§ 24 Abs. 2 PartG).[10] Auch **nicht rechtsfähige Vereine**, die einen wirtschaftlichen Geschäftsbetrieb betreiben, können handelsrechtlich buchführungspflichtig sein.

10 § 238 gilt auch für **inländische Zweigniederlassungen** von ausländischen Kaufleuten, Personengesellschaften oder juristischen Personen mit Kaufmannseigenschaft.[11] **Minderjährige**, die ein Handelsgeschäft ohne Zustimmung des gesetzlichen Vertreters (§ 112 BGB) betreiben, sind nicht buchführungspflichtig.

11 Die **Buchführungspflicht** obliegt bei **Einzelunternehmen** dem **Einzelkaufmann**. Bei **Personenhandelsgesellschaften** (OHG, KG) trifft diese Pflicht alle voll haftenden – nicht nur die geschäftsführenden – **Gesellschafter**. Innerhalb einer **EWIV** sind sämtliche **Geschäftsführer** verantwortlich (§ 6 EWIV-AusfG). Bei **AG** oder **eG** trifft die Buchführungspflicht alle **Vorstandsmitglieder** (§§ 91 AktG, 33 Abs. 1 GenG), bei der **KGaA** alle **persönlich haftenden Gesellschafter** (§ 283 Nr. 9 AktG) und bei der **GmbH** sämtliche **Geschäftsführer** (§ 41 GmbHG).

---

[3] BGHZ 33, 325; zu den einzelnen Begriffselementen vgl. *Winkeljohann/Klein* BeBiKo RdNr. 5 ff.
[4] *Pfitzer/Oser* HdR RdNr. 4.
[5] *ADS* RdNr. 4.
[6] *Winkeljohann/Klein* BeBiKo RdNr. 24.
[7] *Winkeljohann/Klein* BeBiKo RdNr. 38, 41.
[8] IDW RS HFA 5, WPg 2000, 391.
[9] IDW RS HFA 14, WPg 2006, 692.
[10] IDW RS HFA 12, WPg 2005, 856.
[11] *Pfitzer/Oser* HdR RdNr. 5.

Sonstige Buchführungspflichten können aus Gesetz oder Vertrag entstehen: **Beauftragte** (§ 662 BGB), **Geschäftsbesorger** (§ 675 BGB), **geschäftsführende Gesellschafter** (§ 713 BGB), **Geschäftsführer ohne Auftrag** (§ 677 BGB), **Vormünder** (§§ 1840 ff. BGB), **Nachlassverwalter** (§ 1985 BGB), **Betreuer** (§ 1901 BGB), **Testamentsvollstrecker** (§§ 2215, 2218 BGB). Für die Dauer der **Liquidation** obliegt die Buchführungspflicht dem Insolvenzverwalter.[12]

III. Zu führende Handelsbücher

Gesetzliche Vorgaben, welche Bücher zu führen sind, bestehen nicht. Üblicherweise wird zwischen **Grund-, Haupt- und Nebenbüchern** unterschieden. Dabei ist der Begriff „Bücher" unabhängig von der äußeren Form zu sehen, so dass auch **EDV-Datenträger** unter den Handelsbuchbegriff fallen.

In **Grundbüchern** werden Geschäftsvorfälle chronologisch dokumentiert. Die Anzahl der Grundbücher hängt vom Umfang und der Organisation des Geschäftsbetriebs ab. Es können zB ein Kassenbuch, ein Wareneingangs- sowie Warenausgangsbuch sowie Bankbuch geführt werden. IdR sind dabei Angaben über Datum, Vorgang, Beleghinweis, Konto und Gegenkonto sowie Betrag vorzunehmen.

Das **Hauptbuch** dient der systematischen Ordnung der Geschäftsvorfälle. Um dieser in sachlicher Hinsicht gerecht zu werden, orientiert man sich anhand des Kontenplans. In bestimmten Zeitabständen werden die Geschäftsvorfälle vom Grund- ins Hauptbuch übertragen.

In **Nebenbüchern** (Hilfsbüchern) werden bestimmte Teilbereiche gesondert erfasst und von dort summenweise in das Hauptbuch übertragen. Die Nebenbücher haben die vorrangige Aufgabe die Aussagefähigkeit der Hauptbücher in Bezug auf bestimmte Einzelinformationen zu erweitern, ohne gleichzeitig deren Klarheit und Übersichtlichkeit zu gefährden. Die wichtigsten Nebenbücher sind die Kontokorrent-, Wechsel-, Kassen-, Anlagen-, Lager-, Lohn- und Gehaltsbuchhaltungen.

IV. Buchführungspflicht

1. Beginn der Buchführungspflicht. Die in den §§ 238 ff. normierte Buchführungspflicht beginnt mit dem ersten buchungspflichtigen Geschäftsvorfall nach der Aufnahme des Handelsgewerbes durch den Kaufmann.[13] Fallen die Aufnahme des Handelsgewerbes und das Entstehen der Kaufmannseigenschaft zeitlich auseinander, sind Besonderheiten zu beachten. Für den Kannkaufmann beginnt die Buchführungsverpflichtung mit der Handelsregistereintragung (Wahlrecht). Bei **Formkaufleuten** liegt die Verpflichtung nach hM und stRspr. – ohne Rücksicht auf die Eintragung – im Zeitpunkt der Gründung der Gesellschaft vor.[14] Die **Vorgründungsgesellschaft** einer Kapitalgesellschaft ist OHG oder GbR und unterliegt entsprechend den Buchführungspflichten. Die Vorgesellschaft ist zwar nicht Kapitalgesellschaft, auf sie ist jedoch das Recht der späteren Gesellschaft anzuwenden, außer wenn in Ausnahmefällen unterlassen wird, die späteren Organe zu bestellen.[15]

2. Ende der Buchführungspflicht. Die Buchführungspflicht endet mit der Kaufmannseigenschaft. Diese endet beim Istkaufmann, wenn Art und Umfang des Unternehmens einen in kaufmännischer Weise eingerichteten Geschäftsbetrieb nicht mehr erfordern und die Handelsregistereintragung gelöscht ist.

Beim eingetragenen Kleingewerbetreibenden sowie beim Kannkaufmann ist allein die Löschung im Handelsregister maßgeblich für die Beendigung der Kaufmannseigenschaft.[16] Auch wenn die handelsrechtlichen Buchführungspflichten entfallen, können weiterhin steuerliche Buchführungspflichten bestehen (vgl. RdNr. 27).

Bei **Personengesellschaften** und **Formkaufleuten** endet die Buchführungspflicht mit Beendigung der **Abwicklung**. Wird die Gesellschaft vor dem Ende der Abwicklung im Handelsregister gelöscht, so hebt das die Buchführungspflicht nicht auf.[17] Bei **unrechtmäßiger Handelsregisterlöschung** endet die Buchführungspflicht – außer bei **Kannkaufleuten** – nicht.[18]

3. Inhalt der Buchführungspflicht. Buchführung ist die laufende, systematische und in Geldgrößen vorgenommene Dokumentation von Geschäftsvorfällen, in einem kaufmännischen Unter-

---

[12] Baumbach/Hopt/*Merkt* RdNr. 8.
[13] *ADS* RdNr. 21 f.
[14] Baumbach/Hopt/*Merkt* RdNr. 16.
[15] *ADS* RdNr. 17.
[16] Winkeljohann/*Klein* BeBiKo RdNr. 53.
[17] Baumbach/Hopt/*Merkt* RdNr. 17.
[18] Tipke/*Kruse* § 140 AO RdNr. 23.

nehmen. **Geschäftsvorfälle** bewirken eine Veränderung des kaufmännischen Vermögens in Höhe und/oder Struktur. Wann eine Änderung des kaufmännischen Vermögens eingetreten ist, bestimmen im Wesentlichen die materiellen GoB (Realisationsprinzip, Vorsichtsprinzip, wirtschaftliches Eigentum). Dabei darf keine Buchung ohne Beleg vorgenommen werden **(Belegprinzip).**[19]

22   a) **Buchführungssystem.** Ein bestimmtes Buchführungssystem wird durch § 238 nicht vorgeschrieben. Der Kaufmann kann daher frei zwischen der **einfachen, doppelten oder kameralistischen Buchführung** wählen und sich dabei an den spezifischen Anforderungen seines Unternehmens ausrichten.[20]

23   Die **doppelte Buchführung** ist in besonderer Weise geeignet, den Anforderungen eines Unternehmens gerecht zu werden, da die geschlossene Systematik des zugrunde liegenden Buchungsformalismus in Bezug auf die Beweiskraft den anderen Systemen überlegen ist.[21] Die Bezeichnung „doppelte" Buchführung ergibt sich aus mehreren Wesensarten dieses Buchführungssystems.
– Der Erfolg einer Periode wird doppelt ermittelt, da Buchungen auf Bestands- und auf Erfolgskonten stattfinden. Der Jahresabschluss entsteht, indem die Erfolgskonten in die GuV und die Bestandskonten in die Bilanz abgeschlossen werden. Die GuV wird als Unterkonto des Eigenkapitals in die Bilanz abgeschlossen. Daher kann der Erfolg sowohl durch den Vermögensvergleich aus der Bilanz als auch aus dem Vergleich von Aufwendungen und Erträgen aus der GuV abgeleitet werden.
– Jeder Geschäftsvorfall wird auf zwei Konten gebucht, und zwar einmal im Soll und einmal im Haben jeweils der gleiche Betrag.
– Jeder Geschäftsvorfall wird in zwei verschiedenen Büchern, nämlich dem Grundbuch und dem Hauptbuch aufgezeichnet. Differenzierungen ergeben sich, wenn Nebenbücher geführt werden (s. RdNr. 16).[22]

24   In der **einfachen Buchführung** werden nur Bestandskonten geführt, eine Ableitung der GuV ist bei umfangreichem Geschäftsbetrieb nur mit Hilfe von Nebenrechnungen möglich. Daher ist diese Form der Buchführung nur für Unternehmen mit geringem Geschäftsaufkommen (insbesondere zB echte Komplementär-GmbH, kleinere Handwerksbetriebe) geeignet. Der Erfolg ist nur mit Hilfe der Bilanz als Vermögensvergleich ermittelbar. Im System der einfachen Buchhaltung werden ein oder mehrere **Grundbücher** geführt, in denen die Geschäftsvorfälle zeitfolgegemäß aufgeführt werden (Kassenbuch für bare Geschäftsvorfälle, Bankbuch für alle die Bankkonten berührenden Geschäftsvorfälle, Journal für alle Kreditgeschäfte). Im **Hauptbuch** mit Personenkonten für den Kreditverkehr mit Kunden und Lieferanten werden Geschäftsvorfälle eingetragen, die auch im Grundbuch erfasst sind. Im Inventar oder Bilanzbuch sind die Inventare und Bilanzen enthalten.[23]

25   Die **kameralistische Buchführung** wird in der öffentlichen Verwaltung eingesetzt. Ihr Ziel ist die Ermittlung des finanzwirtschaftlichen Ergebnisses. Die Verbuchung der Geschäftsvorfälle knüpft an den Zahlungsstrom (Kassenein- und -ausgänge) an. Die Aufgabe der Kameralistik besteht darin, eine Abstimmung zwischen dem festgelegten Haushaltsplan (Gesetz) und der Haushaltsführung herbeizuführen, Abweichungen zwischen den von der Verwaltung angeordneten und den tatsächlich ausgeführten Zahlungen zu erfassen und das Ergebnis der öffentlichen Wirtschaftsführung auszuweisen.[24] Wegen der Anknüpfung der Kameralistik an die Zahlungsströme ist die Ableitung einer Bilanz und GuV nicht möglich. Durch die Reformprozesse in den öffentlichen Verwaltungen ist eine Verdrängung der Kameralistik durch die doppelte Buchführung zu beobachten.[25]

26   b) **Buchführungsform.** Die Buchführungsform bezieht sich auf die äußere Aufmachung der Bücher. Hauptform ist heutzutage die **EDV-Buchführung.** Der **Loseblatt- oder Durchschreibebuchführung,** der **Buchführung in gebundenen Büchern** und der **Offene-Posten-Buchführung** kommen dagegen nur noch untergeordnete Bedeutung zu. Abweichend von diesen Buchführungsformen sind in der **amerikanischen Journalbuchführung** Grund- und Hauptbuch zusammengefasst in einem Buch (Journal).[26]

---

[19] *Winkeljohann/Klein* BeBiKo RdNr. 59 ff.
[20] Zum Diskussionsstand über die zwingende Verpflichtung zur doppelten Buchführung s. *Pfitzer/Oser* HdR RdNr. 11.
[21] *Pfitzer/Oser* HdR RdNr. 11.
[22] *Hölzli* BHdR A 120 RdNr. 5.
[23] *Hölzli* BHdR A 120 RdNr. 35 ff.
[24] *Hölzli* BHdR A 120 RdNr. 40 ff.
[25] IDW ERS ÖFA 1, WPg 2001, 1405 ff.; *KPMG* Doppik schlägt Kameralistik, 4. Aufl. 2005.
[26] *Winkeljohann/Klein* BeBiKo RdNr. 83 ff.

4. Steuerliche Buchführungspflichten. Nach § 140 AO hat der, der nach anderen Gesetzen als 27
den Steuergesetzen Bücher und Aufzeichnungen zu führen hat, die für die Besteuerung von
Bedeutung sind, die Verpflichtungen, die ihm nach den anderen Gesetzen obliegen, auch für die
Besteuerung zu erfüllen. Unabhängig von § 140 AO besteht aber nach § 141 AO Buchführungspflicht für gewerbliche Unternehmer, deren Umsatz 350 000 Euro im Kalenderjahr oder deren
Gewinn 30 000 Euro im Wirtschaftsjahr übersteigt. Zu beachten sind weitere steuerliche Buchführungspflichten, wie zB die Aufzeichnung des Wareneingangs und Warenausgangs (§§ 143, 144
AO), umsatzsteuerliche Aufzeichnungspflichten (§ 22 UStG, §§ 13, 17 c UStDV), Aufzeichnungen
zum Lohnkonto (§ 4 LStDV) sowie erweiterte Aufzeichnungspflichten im EStG und den entsprechenden DV (zB für Sonderbetriebsvermögen).[27]

V. Grundsätze ordnungsmäßiger Buchführung

Den GoB kommt eine zentrale Bedeutung zu, da das HGB nur wenige Buchführungsvorschriften 28
enthält. Dabei sind **formelle GoB** (Buchführungs- und Bilanzierungstechnik) und **materielle GoB**
(zB allgemeine Bilanzierungsgrundsätze, Gliederungs-, Ansatz- u. Bewertungsregeln etc.) zu unterscheiden. Die Rechtsnatur der GoB ist umstritten (Handelsbrauch, Gewohnheitsrecht; ausführlich
dazu § 243 RdNr. 7 ff.).

Die GoB sind Regeln, nach denen der Kaufmann zu verfahren hat, um zu einer dem gesetzlichen 29
Zweck entsprechenden Buchführung und Bilanz zu gelangen, nicht aber Regeln, die tatsächlich
eingehalten werden (ausführlich dazu § 243 RdNr. 1 ff.).

VI. Sachverständiger Dritter

Nach Abs. 1 S. 2 muss die Buchhaltung so beschaffen sein, dass ein „sachverständiger Dritter" sich 30
in **angemessener Zeit** einen Überblick über die Geschäftsvorfälle und die Lage des Unternehmens
verschaffen kann. **Sachverständige** sind idR Buchhalter, Wirtschaftsprüfer, Angehörige der steuerberatenden Berufe und Außenprüfer.[28]

Von dem Umfang des Rechenwerks und dem Grad der Sachkunde des Dritten ist es abhängig, 31
welche **Zeit** erforderlich ist, um den notwendigen Überblick zu bekommen.[29] Der Überblick muss
weitestgehend anhand des Buchwerks und der Belege zügig gewonnen werden können.

VII. Verfolgbarkeit der Geschäftsvorfälle

Gem. Abs. 1 S. 3 müssen sich die Geschäftsvorfälle in ihrer Entstehung und Abwicklung verfolgen 32
lassen. Damit die Buchführung diesen materiellen Erfordernissen entspricht, müssen die formellen
GoB erfüllt sein.[30]

Die GoB bezwecken die klare, übersichtliche und nachprüfbare Darstellung des Vermögens sowie 33
dessen Entwicklung. Die Hauptaufgabe liegt in der **Sicherung des Rechtsverkehrs** sowie dem
Gläubiger- und Gesellschafterschutz. Zusätzlich wird der **Beweissicherungsfunktion** Genüge
getan und der **Selbstinformation** Rechnung getragen.[31]

VIII. Wiedergabe abgesandter Handelsbriefe (Abs. 2)

Abs. 2 verpflichtet den Kaufmann eine mit der Urschrift übereinstimmende Wiedergabe der 34
abgesandten Handelsbriefe zu Dokumentationszwecken zurückzubehalten. Dies kann in Form von
Kopien, Abdrucken, Abschriften oder als sonstige Wiedergabe auf Schrift-, Bild- oder Datenträgern
geschehen. Zum Begriff „Handelsbrief" und zu den Wiedergabemöglichkeiten auf Bild- und sonstigen Datenträgern vgl. § 257 Abs. 2, 3.

Die übereinstimmende Wiedergabe iSv. Abs. 2 verlangt, dass die Urschrift vollständig wiederge- 35
geben sein muss, da nur vollständige Abschriften Beweiswert besitzen.[32]

---

[27] H 4.1 EStR.
[28] *Winkeljohann/Klein* BeBiKo RdNr. 66.
[29] ADS RdNr. 41.
[30] ADS RdNr. 46.
[31] Zum Beweiswert vgl. Baumbach/Hopt/*Merkt* RdNr. 3.
[32] ADS RdNr. 68.

IX. Verletzung der Buchführungspflicht

36 Verstöße gegen die Buchführungspflicht werden handelsrechtlich nicht sanktioniert.[33] Allerdings können sich im Falle der Insolvenz **strafrechtliche Konsequenzen** (§§ 283 Abs. 1 Nr. 5, 283b Abs. 1 Nr. 1 StGB) ergeben. Die Verletzung der Buchführungspflicht kann beim prüfungspflichtigen Unternehmer die Einschränkung oder Versagung des **Bestätigungsvermerks** nach sich ziehen.[34]

37 Kommt der Steuerpflichtige steuerlichen Buchführungs- und Aufzeichnungspflichten nicht nach, kann die Finanzbehörde den Beitrag des Steuerpflichtigen zur Sachverhaltsermittlung ohne Rücksicht auf ein Verschulden oder Nichtverschulden des Steuerpflichtigen erzwingen, indem sie dem Steuerpflichtigen aufgibt, Bücher und/oder Aufzeichnungen zu führen und für den Fall der Zuwiderhandlung ein Zwangsgeld androht und auch festsetzt.[35] Kann der Steuerpflichtige Bücher oder Aufzeichnungen, zu deren Führung er verpflichtet ist, nicht vorlegen oder sind diese unvollständig, formell oder sachlich unrichtig, so sind gem. § 162 Abs. 2 AO die Besteuerungsgrundlagen zu schätzen.[36] Parallel muss daher in solchen Fällen zusätzlich geprüft werden, ob nicht der Tatbestand einer ordnungswidrigen **Steuergefährdung** (§ 379 AO), einer leichtfertigen **Steuerverkürzung** (§ 378 AO) oder der **Steuerhinterziehung** (§ 370 AO) erfüllt ist.

§ 239 Führung der Handelsbücher

(1) ¹Bei der Führung der Handelsbücher und bei den sonst erforderlichen Aufzeichnungen hat sich der Kaufmann einer lebenden Sprache zu bedienen. ²Werden Abkürzungen, Ziffern, Buchstaben oder Symbole verwendet, muß im Einzelfall deren Bedeutung eindeutig festliegen.

(2) Die Eintragungen in Büchern und die sonst erforderlichen Aufzeichnungen müssen vollständig, richtig, zeitgerecht und geordnet vorgenommen werden.

(3) ¹Eine Eintragung oder eine Aufzeichnung darf nicht in einer Weise verändert werden, daß der ursprüngliche Inhalt nicht mehr feststellbar ist. ²Auch solche Veränderungen dürfen nicht vorgenommen werden, deren Beschaffenheit es ungewiß läßt, ob sie ursprünglich oder erst später gemacht worden sind.

(4) ¹Die Handelsbücher und die sonst erforderlichen Aufzeichnungen können auch in der geordneten Ablage von Belegen bestehen oder auf Datenträgern geführt werden, soweit diese Formen der Buchführung einschließlich des dabei angewandten Verfahrens den Grundsätzen ordnungsmäßiger Buchführung entsprechen. ²Bei der Führung der Handelsbücher und der sonst erforderlichen Aufzeichnungen auf Datenträgern muß insbesondere sichergestellt sein, daß die Daten während der Dauer der Aufbewahrungsfrist verfügbar sind und jederzeit innerhalb angemessener Frist lesbar gemacht werden können. ³Absätze 1 bis 3 gelten sinngemäß.

Schrifttum: *IDW* RS FAIT 1: Grundsätze ordnungsmäßiger Buchführung bei Einsatz von Informationstechnologie, WPg 2002, 1157; *IDW* RS FAIT 2: Grundsätze ordnungsmäßiger Buchführung bei Einsatz von Electronic Commerce, WPg 2003, 1258; *IDW* ERS FAIT 3: Grundsätze ordnungsmäßiger Buchführung bei Einsatz elektronischer Archivierungsverfahren, WPg 2005, 746; BMF Grundsätze zum Datenzugriff und zur Prüfbarkeit digitaler Unterlagen (GDPdU), WPg 2001, 852

Übersicht

	RdNr.		RdNr.
I. Allgemeine Grundsätze	1	V. Veränderungen (Abs. 3)	8, 9
II. Lebende Sprache (Abs. 1 S. 1)	2	VI. Andere Buchführungsformen und deren Anwendungsvoraussetzungen (Abs. 4)	10–15
III. Abkürzungen, Ziffern, Buchstaben oder Symbole (Abs. 1 S. 2)	3	VII. Folgen der Nichtbeachtung	16
IV. Vollständigkeit, Richtigkeit, Zeitnähe und Ordnung (Abs. 2)	4–7		

---

[33] AA Baumbach/Hopt/*Merkt* RdNr. 18.
[34] *Winkeljohann/Klein* BeBiKo RdNr. 56.
[35] Tipke/*Kruse* Vor § 140 RdNr. 22.
[36] Tipke/*Kruse* Vor § 140 RdNr. 23.

I. Allgemeine Grundsätze

§ 239 regelt die formalen Aspekte der Buchführung. Die handelsrechtlichen Anforderungen entsprechen weitgehend denjenigen in § 146 Abs. 1 S. 3 bis 5 AO,[1] wobei die steuerlichen Vorschriften zusätzlich als Ort der Buchführung das Inland bestimmen, eine Übersetzungspflicht für in ausländischer Sprache geführte Bücher fordern und schärfere Anforderungen an die Verfügbarkeit und das Lesbarmachen von auf Datenträgern gespeicherten Daten stellen. **1**

II. Lebende Sprache (Abs. 1 S. 1)

Abs. 1 S. 1 verlangt, dass der Kaufmann die Handelsbücher bzw. die sonst erforderlichen Aufzeichnungen in einer **lebenden Sprache** führt. Im Hinblick auf die Zweckbestimmung der Buchführung und auf Grund der Tatsache, dass einem sachverständigen Dritten innerhalb einer angemessenen Zeit ein entsprechender Überblick über die Handelsgeschäfte und die Vermögenslage ermöglicht werden soll, darf nur eine lebende Sprache verwendet werden, deren (deutsche) Übersetzung jederzeit durch einen erreichbaren Dolmetscher erfolgen kann.[2] „Lebende" sind gegenwärtig gesprochene Sprachen. Daher scheiden beispielsweise die lateinische ebenso wie die altgriechische Sprache aus; auch die Verwendung von **Kunstsprachen** (zB Esperanto) kann nicht anerkannt werden.[3] Gleiches gilt für Zeichen in **Kurzschrift**.[4] Hingegen ist die Verwendung der deutschen Sprache – anders als bei der Aufstellung des Jahresabschlusses (§ 244) – nicht zwingend vorgeschrieben.[5] Gem. § 146 Abs. 3 kann die Finanzbehörde Übersetzungen verlangen, wenn eine andere als die deutsche Sprache für Buchungen und die sonst erforderlichen Aufzeichnungen verwendet wird. **2**

III. Abkürzungen, Ziffern, Buchstaben oder Symbole (Abs. 1 S. 2)

Aus dem übergreifenden Klarheitsgrundsatz folgt die Forderung, dass bei der Führung der Handelsbücher nach Abs. 1 S. 2 nur Schriftzeichen mit eindeutiger Bedeutung zulässig sind. Die in der kaufmännischen Praxis üblichen Abkürzungen, Ziffern, Buchstaben oder Symbole sind insbesondere für die **EDV-Buchführung** von Bedeutung. Soweit keine allgemein üblichen Codierungen verwendet werden, muss deren Bedeutung und einheitliche Benutzung durch **Schlüsselverzeichnisse** nachgewiesen werden.[6] Die entsprechende steuerliche Vorschrift ist in § 146 Abs. 3 S. 3 AO enthalten. **3**

IV. Vollständigkeit, Richtigkeit, Zeitnähe und Ordnung (Abs. 2)

Abs. 2 konkretisiert § 238 Abs. 1 S. 2, 3 und entspricht inhaltlich § 146 Abs. 1 S. 1 AO. Der darin enthaltene **Grundsatz der Vollständigkeit** verlangt die lückenlose Erfassung sämtlicher Geschäftsvorfälle. Die Verwendung von **Nebenbüchern** (etwa Debitoren-/Kreditoren- oder Anlagenbuchhaltung) ist zulässig, wenn diese mit dem **Hauptbuch** verknüpft und jederzeit abstimmbar sind. Handelsrechtlich bestehen keine Einwände gegen eine **Fernbuchführung,** die sich dadurch auszeichnet, dass sie an einem anderen Ort, ggf. auch im Ausland, vorgenommen wird. Voraussetzung dafür ist jedoch, dass die Grundaufzeichnungen im Unternehmen selbst erfolgen und die Bücher vor Ort nachprüfbar sind.[7] Nach der steuerlichen Vorschrift des § 146 Abs. 2 AO sind die Bücher und die sonst erforderlichen Aufzeichnungen im Geltungsbereich dieses Gesetzes zu führen. Gerade bei EDV-Buchführungen stößt bereits die Bestimmung des Orts der Buchführung auf Schwierigkeiten, da verschiedene Funktionen wie zB Datenerfassung, Datenverarbeitung oder Datenspeicherung in internationalen Unternehmen an verschiedenen Orten stattfinden können. Das Erfordernis, sämtliche für die Buchführung relevanten Vorgänge im Inland durchführen zu müssen, erscheint aber weder zeitgemäß noch für die von der Finanzverwaltung zu erreichenden Zwecke erforderlich. Als eine vertretbare Auslegung des Erfordernissen der Buchführung im Inland erscheint Folgendes:[8] Das Sammeln und Ordnen der Originalbelege muss stets im Inland erfolgen, das Kontieren der Belege kann unter qualifizierten Voraussetzungen im Ausland durchgeführt werden (Originalbelege verbleiben im Inland, Kontierung erfolgt durch fachkundiges Personal, zumindest stichprobenartige Über- **4**

---

[1] *Winkeljohann/Klein* BeBiKo RdNr. 1.
[2] *Winkeljohann/Klein* BeBiKo RdNr. 2.
[3] *Kußmaul* HdR RdNr. 1.
[4] *Winkeljohann/Klein* BeBiKo RdNr. 2.
[5] AA Baumbach/Hopt/*Merkt* RdNr. 1; *Kußmaul* HdR RdNr. 1.
[6] *Winkeljohann/Klein* BeBiKo RdNr. 2.
[7] *Winkeljohann/Klein* BeBiKo RdNr. 3.
[8] Tipke/*Kruse* § 146 RdNr. 31.

wachung der Kontierung durch den Steuerpflichtigen). Die Erfassung der kontierten Belege im Ausland ist zulässig (Erfassung erfolgt durch fach- und sprachkundiges Personal, Vollständigkeit und Richtigkeit ist anhand von im Inland aufbewahrten Erfassungsprotokollen überprüfbar). Die Datenverarbeitung im Ausland ist zulässig.[9] Eine Bewilligung von Erleichterungen bei der Buchführung durch die Finanzbehörde (§ 148 AO) wird nur gewährt, wenn durch die Pflichten Härten hervorgerufen werden und keine Beeinträchtigung der Besteuerung droht. Eine reine Erleichterung und Kostenersparnis gilt dabei nicht als Härte.

5 Das **Erfordernis der materiellen Richtigkeit** besagt, dass die Buchführung auf den richtigen Grundaufzeichnungen aufbaut und die Beschreibung der Geschäftsvorfälle mit den zugrundeliegenden Tatbeständen dem Grund und der Höhe nach übereinstimmt. Fiktive Buchungen und Konten sind verboten; es gilt der Grundsatz „Keine Buchung ohne Beleg". Grundsätzlich stellt auch eine EDV-gestützte Buchführung keine Ausnahme von diesem Grundsatz dar. Jedoch kann dabei beispielsweise auf die Erstellung von Eigenbelegen verzichtet werden, soweit sichergestellt bleibt, dass „keine Buchung ohne Belegfunktion" erfolgt, das heißt, der verfahrensmäßige Nachweis des Zusammenhangs zwischen dem einzelnen Geschäftsvorfall und seiner Buchung gegeben ist.[10] Dabei ist Belegfunktion als „der nachvollziehbare Nachweis über den Zusammenhang der realen buchungspflichtigen Vorgänge ... und deren Abbildung in der Buchführung"[11] zu verstehen.

6 Die Notwendigkeit der **zeitgerechten Erfassung** betrifft den zeitlichen Zusammenhang zwischen Geschäftsvorfall und Buchung. **Kassenvorgänge** sind dabei täglich zu erfassen (§ 146 Abs. 1 S. 2 AO). Bei den übrigen Geschäftsvorfällen reicht es aus, wenn sie in kurzfristigen Zeiträumen erfasst werden. Insbesondere wird auch ein Zusammenhang zwischen zeitgerechter Erfassung und Unternehmensgröße dergestalt zu berücksichtigen sein, dass mit Zunehmen der Unternehmensgröße und somit einem höheren Buchungsvolumen eine kurzfristigere Erfassung als bei einem kleineren Unternehmen erforderlich ist. Bestimmte **zeitliche Grenzen** werden nicht vorgegeben, jedoch sollten kurzfristige, vernünftige Buchungsintervalle von nicht länger als einem Monat eingehalten werden.[12]

7 Der Forderung nach einer **geordneten Vornahme der Eintragungen** wird durch eine sachgerechte Kontierung der Geschäftsvorfälle und deren hinreichend identifizierte Erfassung in einem geeigneten Kontenrahmen nachzukommen sein.[13]

V. Veränderungen (Abs. 3)

8 Änderungen der Eintragungen oder Aufzeichnungen sind nur dann zulässig, wenn der ursprüngliche Inhalt feststellbar bleibt. Es dürfen keine unausgefüllten Zwischenräume gelassen werden. Durchstreichungen, Rasuren, Überklebungen, Auslöschen etc. haben zu unterbleiben. Es ist dokumentenechtes Schreibmaterial (Tinte, Kugelschreiber, Maschinenschrift etc., nicht aber Bleistift) zu verwenden. Im Hinblick auf den **Grundsatz der Klarheit** und zur **Sicherung des Dokumentationszwecks** muss sichergestellt sein, dass das Geschriebene nicht spurlos beseitigt oder geändert werden kann und es bis zum Ablauf der Aufbewahrungsfrist lesbar bleibt. Die entsprechende steuerliche Vorschrift ist in § 146 Abs. 4 AO enthalten.

9 Dies gilt auch und insbesondere für die Buchführung mittels **EDV**. Im Grundsatz besteht hier die Möglichkeit, dass Buchungen nachträglich hinzugefügt, geändert oder gelöscht werden können. Um den GoB Genüge zu tun, sind geeignete Verfahren anzuwenden, durch die nicht identifizierbare nachträgliche Veränderungen ausgeschlossen werden können.[14]

Die Vorschrift des Abs. 3 kann gerade im EDV-Bereich nur erfüllt werden, wenn eindeutig **nachprüfbare Sicherungsmechanismen** eingerichtet werden, welche nicht feststellbare Änderungen des ursprünglichen Inhalts verhindern.

VI. Andere Buchführungsformen und deren Anwendungsvoraussetzungen (Abs. 4)

10 Soweit die GoB eingehalten werden, können die Handelsbücher und die sonst erforderlichen Aufzeichnungen auch in der geordneten Ablage von Belegen oder auf Datenträgern geführt werden. Die Formulierung in Abs. 4 ist bewusst weit gehalten, um auch **neu entwickelte Buchführungs-**

---
[9] So auch OFD München BB 1998, 741.
[10] *WPH* R RdNr. 306; *Kußmaul* HdR RdNr. 4 ff.
[11] *Streim* BoHR RdNr. 20.
[12] BFH v. 25. 3. 1992 – 2 I R 69/91, BB 1992, 1964.
[13] *Winkeljohann/Klein* BeBiKo RdNr. 6.
[14] Dazu ausführlich *Kußmaul* HdR RdNr. 33 f.

systeme zu erfassen. So hat die traditionelle Buchführung in Form gebundener Bücher, die einstmals das Leitbild des Gesetzgebers darstellte, heute kaum noch praktische Bedeutung.

Das im Gesetzeswortlaut als „geordnete Ablage von Belegen" beschriebene Verfahren der Buchführung kommt als Lose-Blatt-Buchhaltung und Offene-Posten-Buchführung zur Anwendung. Die **Lose-Blatt-Buchhaltung** zeichnet sich dadurch aus, dass eine feste Bindung der Bücher fehlt. Das erfordert gleichzeitig zusätzliche organisatorische Vorkehrungen und/oder die Einrichtung zusätzlicher Kontrollen, die Fehler ausschließen, die auf das Verschwinden einzelner Seiten zurückzuführen sind.[15] Dies kann etwa durch die Übertragung des Saldos auf das Folgeblatt gewährleistet werden.[16]

Die **Offene-Posten-Buchführung** bietet sich in der Hauptsache für die Verwaltung der Debitoren und Kreditoren an. Dabei werden die Rechnungsbelege in der Form abgelegt, dass nach erledigten und nicht erledigten Geschäftsvorfällen unterschieden wird. Auf dem Beleg werden dann jeweils die Entstehungs- und Tilgungsbuchung vorgenommen.[17]

Das Gesetz erwähnt als weiteres zulässiges Verfahren die Führung der Handelsbücher und der sonst erforderlichen Aufzeichnungen auf Datenträgern. Dieser Buchführung mittels EDV kommt in der heutigen Praxis überragende Bedeutung zu. Die Zulässigkeit der **EDV-Buchführung** ist grundsätzlich – ebenso wie diejenige anderer Buchführungssysteme – anhand der Grundsätze ordnungsmäßiger Buchführung zu beurteilen. Hierzu gehören auch die Beurteilung der Ordnungsmäßigkeit und Sicherheit bei der Verwendung verschiedener Informations- und Kommunikationstechnologien über öffentlich zugängliche Netzwerke.[18] Ergänzend muss bei der Aufzeichnung mittels Datenträgern sichergestellt sein, dass die Daten während der Dauer der Aufbewahrungsfrist verfügbar sind und jederzeit innerhalb einer angemessenen Zeitdauer lesbar gemacht werden können.[19] Ansonsten gelten nach S. 3 die Abs. 1 bis 3 auch für die besonderen Aufzeichnungsformen sinngemäß.

Zwar bedarf es insoweit keiner neuen GoB,[20] jedoch ist eine eigenständige Auslegung der GoB erforderlich, die in den **Grundsätzen ordnungsmäßiger DV-gestützter Buchführungssysteme (GoBS)** zum Ausdruck kommt.[21] Das BMF-Schreiben v. 7. 11. 1995 enthält zu den folgenden Punkten eigenständige Anforderungen an EDV-Buchführungen:

- Beleg-, Journal- und Kontenfunktion,
- Buchung,
- Internes Kontrollsystem,
- Datensicherheit,
- Dokumentation und Prüfbarkeit,
- Aufbewahrungsfristen,
- Wiedergabe der auf Datenträgern geführten Unterlagen,
- Verantwortlichkeit.

Ab 1. 1. 2002 muss für buchführungsrelevante Unterlagen iSd § 147 AO, die mit Datenverarbeitungssystemen erstellt wurden, sichergestellt sein, dass während der Dauer der Aufbewahrungsfrist die Daten jederzeit verfügbar sind, unverzüglich lesbar gemacht und maschinell ausgewertet werden können (§ 146 Abs. 6 S. 2 und § 147 Abs. 2 AO).[22] Nach der Gesetzesbegründung wird dies damit erklärt, dass moderne Technologien die sofortige Lesbarkeit ermöglichen und die Einräumung einer angemessenen Frist demnach nicht mehr realitätsnah ist.[23]

VII. Folgen der Nichtbeachtung

Vgl. Erläuterungen zu § 238.

---

[15] *ADS* RdNr. 48 f.
[16] *Kußmaul* HdR RdNr. 36.
[17] *Kußmaul* HdR RdNr. 37 f.; ferner *ADS* RdNr. 50 f.
[18] IDW RS FAIT 2, WPg 2003, 1258.
[19] Vgl. dazu *IDW* RS FAIT 1, WPg 2002, 1157; diese Stellungnahme wird bezüglich der Anforderungen an elektronischen Archivierungsverfahren konkretisiert durch *IDW* ERS FAIT 3, WPg 2005, 746.
[20] *ADS* RdNr. 47 f.
[21] BMF-Schreiben v. 7. 11. 1995, DB 1996, Beilage 2; *IDW* WPg 1996, 124; *IDW* RS FAIT 1, WPg 2002, 1157.
[22] BMF WPg 2001, 852.
[23] Tipke/*Kruse* § 146 RdNr. 56.

§ 240 Inventar

(1) Jeder Kaufmann hat zu Beginn seines Handelsgewerbes seine Grundstücke, seine Forderungen und Schulden, den Betrag seines baren Geldes sowie seine sonstigen Vermögensgegenstände genau zu verzeichnen und dabei den Wert der einzelnen Vermögensgegenstände und Schulden anzugeben.

(2) [1] Er hat demnächst für den Schluß eines jeden Geschäftsjahrs ein solches Inventar aufzustellen. [2] Die Dauer des Geschäftsjahres darf zwölf Monate nicht überschreiten. [3] Die Aufstellung des Inventars ist innerhalb der einem ordnungsmäßigen Geschäftsgang entsprechenden Zeit zu bewirken.

(3) [1] Vermögensgegenstände des Sachanlagevermögens sowie Roh-, Hilfs- und Betriebsstoffe können, wenn sie regelmäßig ersetzt werden und ihr Gesamtwert für das Unternehmen von nachrangiger Bedeutung ist, mit einer gleichbleibenden Menge und einem gleichbleibenden Wert angesetzt werden, sofern ihr Bestand in seiner Größe, seinem Wert und seiner Zusammensetzung nur geringen Veränderungen unterliegt. [2] Jedoch ist in der Regel alle drei Jahre eine körperliche Bestandsaufnahme durchzuführen.

(4) Gleichartige Vermögensgegenstände des Vorratsvermögens sowie andere gleichartige oder annähernd gleichwertige bewegliche Vermögensgegenstände und Schulden können jeweils zu einer Gruppe zusammengefaßt und mit dem gewogenen Durchschnittswert angesetzt werden.

Schrifttum: *BMF* vom 8. März 1993, in: BStBl. 1993 I S. 276; *IDW,* St/HFA 1/1990: Zur körperlichen Bestandsaufnahme im Rahmen von Inventurverfahren, WPg 1990, 143 ff.; *IDW* PS 301: Prüfung der Vorratsinventur, WPg 2003, 715.

Übersicht

	RdNr.		RdNr.
I. Allgemeine Grundsätze	1	c) Stichtagsinventur	15, 16
II. Pflicht zur Aufstellung eines Inventars (Abs. 1, 2 S. 1, 3)	2–20	d) Ausgeweitete Stichtagsinventur	17
		e) Sonstige Verfahren	18
1. Allgemeines	2–4	4. Auswertung der Inventur	19
2. Inventurgrundsätze	5–9	5. Aufstellungsfristen	20
a) Vollständigkeitsgrundsatz	6	III. Dauer des Geschäftsjahres (Abs. 2 S. 2)	21, 22
b) Richtigkeit der Bestandsaufnahme	7		
c) Einzelerfassung	8	IV. Festwertverfahren (Abs. 3)	23–32
d) Nachprüfbarkeitsgrundsatz	9	V. Gruppenbewertung (Abs. 4)	33–38
3. Inventurverfahren	10–18	VI. Folgen der Nichtbeachtung	39
a) Körperliche Bestandsaufnahme	12		
b) Buchinventur	13, 14		

I. Allgemeine Grundsätze

1 § 240 stellt die gesetzliche Grundlage für die Durchführung der **Inventur** und der Aufstellung des **Inventars** dar. Zusätzlich werden die **Dauer des Geschäftsjahres** bestimmt und die Voraussetzungen für die **Fest- und Gruppenbewertung** normiert.

II. Pflicht zur Aufstellung eines Inventars (Abs. 1, 2 S. 1, 3)

2 **1. Allgemeines.** Jeder zur Buchführung verpflichtete Kaufmann hat zu Beginn seines Handelsgewerbes ein **Anfangs- bzw. Eröffnungsinventar** aufzustellen. Die Aufstellung des Inventars wird am Schluss eines jeden Geschäftsjahres erneut vorgenommen.

3 **Inventar** ist das auf einen bestimmten Zeitpunkt nach Art und Wert aufgestellte Verzeichnis der einzelnen Vermögensgegenstände und Schulden. So kann zB die Anlagenkartei als Bestandteil des Inventars angesehen werden, sofern Mengen und Werte der Anlagegegenstände aus ihr problemlos überprüft werden können. Als **Vermögensgegenstände**[1] gelten im Handelsrecht grundsätzlich nur Gegenstände der Aktivseite der Bilanz, und zwar sowohl körperliche Gegenstände als auch immaterielle Güter. Damit ist der Begriff des Vermögensgegenstandes enger gefasst als der steuerliche Begriff des Wirtschaftsguts, da dieser auch Posten der Passivseite der Bilanz mit einschließt.[2] Das

---
[1] Zum Begriff des Vermögensgegenstandes vgl. § 246 RdNr. 3.
[2] *Winkeljohann/Philipps* BeBiKo RdNr. 3.

Inventar soll vor allem die Ergebnisse der Inventur festhalten (**Dokumentations- und Nachweisfunktion**).

Als **Inventur** wird die Bestandsaufnahme aller Vermögensgegenstände und Schulden nach Art, Menge und Wert zu einem bestimmten Stichtag (Stichtagsprinzip) bezeichnet. Bilanzpositionen, die weder einen Vermögensgegenstand noch eine Schuld darstellen (zB Bilanzierungshilfen oder Aufwandsrückstellungen), sind nicht inventur- und inventarpflichtig.[3] Für die Steuerbilanz ist die bestandsmäßige Erfassung von Wirtschaftsgütern des beweglichen Anlagevermögens nicht erforderlich bei geringwertigen Wirtschaftsgütern bis zu 60 Euro sowie bei fest bewerteten und gesondert aufgezeichneten Wirtschaftsgütern (R 5.4 Abs. 3. EStR).

2. Inventurgrundsätze. Bei der Durchführung der Inventur sind die aus den GoB abgeleiteten „**Grundsätze ordnungsmäßiger Inventur**" (GoI) zu beachten. Danach sind bei der Inventur neben der Einzelerfassung der Bestände (Bestände sind nach Art, Menge und Beschaffenheit grundsätzlich **einzeln** zu erfassen; Ausnahmen: Festbewertung und Gruppenbewertung, vgl. RdNr. 23 ff.) die Vollständigkeit (im Inventar sind die Bestände **sämtlicher** Vermögensgegenstände und Schulden zu erfassen), Richtigkeit (Bestandspositionen sind nach Art und Menge **zutreffend** festzustellen) und Nachprüfbarkeit (Bestandsaufnahme und deren Ergebnis müssen dokumentiert und aufbewahrt werden) der Bestandsaufnahme zu beachten.[4]

a) Vollständigkeitsgrundsatz. Der Kaufmann ist auf Grund des Vollständigkeitsgrundsatzes verpflichtet, sämtliche ihm wirtschaftlich zuzurechnenden Vermögenspositionen und Schulden im Inventar zu erfassen.[5] Wenn Abs. 1 vorschreibt, dass der Kaufmann „seine" Vermögensgegenstände und Schulden zu verzeichnen hat, werden nach hM davon diejenigen erfasst, welche in dessen **wirtschaftlichem Eigentum** stehen.[6] Für die Inventarisierung unterwegs befindlicher Ware ist die Erlangung der Verfügungsmacht bzw. der für den Eigentumsübergang vereinbarte Gefahrenübergang maßgeblich.[7]

b) Richtigkeit der Bestandsaufnahme. Gefordert wird eine zutreffende Erfassung der Vermögensgegenstände nach **Art und Menge**.[8] Um richtige Inventurergebnisse zu erhalten, ist es erforderlich, dass alle für die Bewertung relevanten Informationen (zB Anschaffungs- oder Herstellungskosten, Qualität, Zustand, technische und wirtschaftliche Verwertbarkeit, Überbestände) so genau erfasst werden, dass nicht nur der mengenmäßige Nachweis des Bestandes, sondern auch die zutreffende Bewertung gesichert wird.[9]

c) Einzelerfassung. Eine ordnungsmäßige Inventur setzt grundsätzlich die Einzelerfassung sämtlicher Bestände voraus.[10] Damit wird gleichzeitig dem in § 252 Abs. 1 Nr. 3 kodifizierten **Grundsatz der Einzelbewertung** Rechnung getragen (vgl. § 252 RdNr. 20 ff.). Die Bewertungsvereinfachungsverfahren in Abs. 3 und Abs. 4 gehen dem Grundsatz der Einzelbewertung jedoch vor (vgl. dazu RdNr. 23 ff.).

d) Nachprüfbarkeitsgrundsatz. Die Nachprüfbarkeit der Bestandsaufnahme setzt voraus, dass sowohl das Verfahren als auch die Ergebnisse der Bestandsaufnahme so dokumentiert werden, dass sich ein **sachverständiger Dritter** innerhalb einer angemessenen Zeit einen Überblick über Art, Menge und Beschaffenheit der aufgenommenen Bestände verschaffen kann.[11]

3. Inventurverfahren. Die zur Aufstellung des Inventars in Frage kommenden Inventurverfahren unterscheiden sich nach **Art** (körperliche Bestandsaufnahme, Buchinventur), **Zeitpunkt** (Stichtagsinventur, ausgeweitete Stichtagsinventur, vor- oder nachverlegte Stichtagsinventur, permanente Inventur) und **Umfang** der Bestandsaufnahme (vollständige Aufnahme, Stichprobeninventur). Nicht ausdrücklich im Gesetz erwähnt ist die **Buchinventur**. Sie ist jedoch insbesondere bei unkörperlichen Gegenständen (zB Forderungen, Rechte etc.) ein für die Bestandsaufnahme anerkanntes Verfahren. **Verfahrenskombinationen** (zB Ergänzung der permanenten Inventur durch eine Buchinventur zum Abschlussstichtag) sind möglich.[12]

---

[3] *ADS* RdNr. 8.
[4] *IDW,* St/HFA 1/1990, WPg 1990, 144 f.
[5] *IDW,* St/HFA 1/1990, WPg 1990, 144.
[6] Vgl. dazu die Ausführungen bei § 246 RdNr. 6 ff., insbesondere auch zum Leasing als typischem Anwendungsfall.
[7] *Winkeljohann/Philipps* BeBiKo RdNr. 58.
[8] *IDW,* St/HFA 1/1990, WPg 1990, 144.
[9] *ADS* RdNr. 21.
[10] *IDW,* St/HFA 1/1990, WPg 1990, 144.
[11] *IDW,* St/HFA 1/1990, WPg 1990, 145.
[12] *ADS* RdNr. 45.

11 Eine sorgfältige Inventurplanung ist Voraussetzung einer zuverlässigen Bestandsaufnahme. Die Inventurplanung sollte in einer Inventurrichtlinie oder Inventuranweisung niedergelegt sein und sich auf folgende Aspekte beziehen:[13]
- **Zeitliche Planung:** Festlegung der Inventurtermine und Aufstellen eines Jahresplans zur Koordinierung der einzelnen Termine;
- **Räumliche Planung:** sinnvolle Abgrenzung der einzelnen Inventurbereiche, um eine gezielte Zuordnung des Aufnahmepersonals zu ermöglichen;
- **Personalplanung:** Sicherstellung der Verfügbarkeit und des richtigen Einsatzes von geeignetem fachlich qualifiziertem Personal, wobei Aspekte wie die Überwachung des eingesetzten Personals und die Einhaltung des 4-Augen-Prinzips bei der Zusammenstellung der Aufnahmeteams zu berücksichtigen sind.

12 **a) Körperliche Bestandsaufnahme.** Bei der körperlichen Bestandsaufnahme werden die körperlich fassbaren Vermögensgegenstände durch Inaugenscheinnahme artmäßig identifiziert und mengenmäßig durch Zählen, Messen, Wiegen oder Schätzen festgestellt.[14] Unabhängig davon, ob die Bestandsaufnahme vollständig oder stichprobenweise erfolgt, ermöglicht sie zugleich eine Abstimmung mit den Buchbeständen.

13 **b) Buchinventur.** Art, Menge und Wert der Vermögensgegenstände und der Schulden werden bei der Buchinventur anhand der **Buchführungsunterlagen** festgestellt. Dieses Inventurverfahren ist bei immateriellen Vermögensgegenständen, Rechten, Forderungen und Verbindlichkeiten grundsätzlich die einzige Aufnahmemöglichkeit. Die Bestände lassen sich mittels Belegen, Konten, Saldenlisten, Offene-Posten-Listen etc. feststellen. Da hierbei jedoch nur Sollbestände angegeben werden, sind besondere Anforderungen an die Genauigkeit der Buchführung und die Zuverlässigkeit des internen Kontrollsystems zu stellen.[15] Es muss sichergestellt sein, dass sämtliche Bestandsveränderungen zeitnah und ordnungsgemäß in den der Inventur zugrundeliegenden Büchern ihren Niederschlag finden.[16]

14 Die Buchinventur ist aber auch bei körperlichen Gegenständen zulässig, wenn Buchführung und internes Kontrollsystem eine zuverlässige Bestandsfortschreibung gewährleisten. So kann bspw. der Bestand der Sachanlagen durch Fortschreibung in der Anlagekartei ermittelt werden, wenn diese zuverlässig ist und sich aus dem Betriebsablauf zwangsläufig eine ständige Überwachung der wesentlichen Teile des Anlagevermögens ergibt.[17] Mindestbestandteile der Anlagekartei sind die genaue Bezeichnung des Gegenstandes, der Tag seiner Anschaffung oder Herstellung, die Höhe der Anschaffungs- oder Herstellungskosten, die Abschreibungsmethode und Nutzungsdauer, der Bilanzwert am Bilanzstichtag und der Tag des Abgangs; außerdem müssen Zuschreibungen und außerplanmäßige Abschreibungen erkennbar sein.[18]

15 **c) Stichtagsinventur.** Die körperliche Bestandsaufnahme zum Abschlussstichtag wird als Stichtagsinventur bezeichnet. Neben der hohen Gewähr für das Vorhandensein der in die Bilanz zu übernehmenden Bestände macht sie zudem eine **Fortschreibung** oder **Rückrechnung** auf den Stichtag überflüssig. Die Stichtagsinventur ist deshalb dann anzuwenden, wenn es wirtschaftlich geboten und wegen des Fehlens hinreichender buchungsmäßiger Unterlagen erforderlich ist.[19] Notwendig ist eine körperliche Bestandsaufnahme zum Bilanzstichtag insbesondere bei besonders wertvollen und ohne erhebliche Schwierigkeiten aufnehmbaren Beständen, bei Beständen mit starker Bewegung und erfahrungsgemäß starken Mengendifferenzen und unkontrollierbarem Schwund sowie bei Beständen, deren Buchmengen – zB auf der Grundlage einer fiktiven Schwundrechnung – retrograd ermittelt werden.[20]

16 Die Durchführung der Stichtagsinventur erfordert eine sorgfältige Vorbereitung.[21] Bei der körperlichen Erfassung durch Zählen, Messen oder Wiegen – die entweder lückenlos oder in Stichproben gem. § 241 Abs. 1 erfolgen kann – sind auch bewertungsrelevante Hinweise zu berücksichtigen.[22]

---

[13] *Winkeljohann/Philipps* BeBiKo RdNr. 35 ff.
[14] *ADS* RdNr. 28.
[15] *ADS* RdNr. 32.
[16] *Knop* HdR RdNr. 90.
[17] *ADS* RdNr. 33; *IDW,* St/HFA 1/1990, WPg 1990, 144.
[18] *IDW,* St/HFA 1/1990, WPg 1990, 144.
[19] *IDW,* St/HFA 1/1990, WPg 1990, 145.
[20] *IDW,* St/HFA 1/1990, WPg 1990, 145.
[21] Vgl. Ausführungen zur Inventurplanung RdNr. 11.
[22] *Winkeljohann/Philipps* BeBiKo RdNr. 48 ff.

d) Ausgeweitete Stichtagsinventur. In der Praxis ist die körperliche Bestandsaufnahme häufig aus den verschiedensten Gründen nicht am Bilanzstichtag durchführbar. Damit ergibt sich die Notwendigkeit, die Bestandserfassung in einem bestimmten Zeitraum vor oder nach dem Stichtag vorzunehmen. Das Verfahren der ausgeweiteten Stichtagsinventur ist aber aus Sicherheitsgründen nur zulässig, wenn die Zeitspanne zwischen Aufnahme und Bilanzstichtag möglichst kurz ist. In der Regel sollte ein Zeitraum von **zehn Tagen** nicht überschritten werden, wobei Bestandsveränderungen bis zum oder seit dem Abschlussstichtag nach Art, Menge und Wert auf diesen fortgeschrieben oder rückgerechnet werden müssen.[23] An die Belege über die Einzelbewegungen zwischen dem Aufnahme- und dem Abschlussstichtag sind strenge Anforderungen zu stellen.[24]

e) Sonstige Verfahren. Zur **permanenten Inventur** und zur **vor- oder nachverlegten Stichtagsinventur** vgl. § 241 RdNr. 13, 17 ff.

4. Auswertung der Inventur. Die Ergebnisse der körperlichen Bestandsaufnahme zum Abschlussstichtag sind, soweit keine Lagerbuchführung (laufende Bestandsfortschreibung) vorliegt, in die Bestandskonten zu übernehmen; existiert eine Lagerbuchführung, sind die Buchbestände mit den Inventurergebnissen abzustimmen. Bei vollständiger körperlicher Aufnahme ist im Falle von Abweichungen zum Buchbestand immer der bei der körperlichen Aufnahme festgestellte Ist-Bestand maßgeblich.[25] Bei der Stichprobeninventur dagegen ist der Buchbestand maßgeblich, solange sich die Fehlerquote innerhalb einer zulässigen Toleranzgrenze hält; ansonsten ist eine vollständige körperliche Aufnahme durchzuführen.[26] Weist eine Kapitalgesellschaft Inventurdifferenzen bei den Vorräten auf, sind sowohl Mehr- als auch Mindermengen in der Gewinn- und Verlustrechnung zu erfassen. Wendet die Kapitalgesellschaft das Gesamtkostenverfahren nach § 275 Abs. 2 an, sind die Unterschiedsbeträge unter „Erhöhung oder Verminderung des Bestands an fertigen oder unfertigen Erzeugnissen" (Posten Nr. 2) oder unter „Aufwendungen für Roh-, Hilfs- und Betriebsstoffe und für bezogene Waren" (Posten Nr. 5 a) auszuweisen. Wird das Umsatzkostenverfahren nach § 275 Abs. 3 angewendet, erfolgt der Ausweis unter den „Herstellungskosten der zur Erzielung der Umsatzerlöse erbrachten Leistungen" (Posten Nr. 2).[27]

5. Aufstellungsfristen. Abs. 2 S. 3 schreibt die **(Schluss-)Inventurfrist** nicht selbst vor, sondern verweist auf die GoB. Die Fristen für die Bestandsaufnahme folgen schon aus dem **Stichtagsprinzip** und aus dem jeweiligen Inventurverfahren. Praktische Bedeutung behält Abs. 2 S. 3 für die Bewertung und Fertigstellung des Inventars.[28] Da die Inventur unerlässliche Grundlage der Bilanz ist, muss so rechtzeitig inventarisiert werden, dass die Frist für die Bilanzaufstellung (§ 243 Abs. 3) eingehalten werden kann.[29]

III. Dauer des Geschäftsjahres (Abs. 2 S. 2)

Abs. 2 S. 2 bestimmt, dass die Dauer des Geschäftsjahres zwölf Monate nicht überschreiten darf. Als **Geschäftsjahr** wird dabei die vom Kaufmann festgelegte Rechnungsperiode verstanden.[30] Damit wurde die Höchstdauer für ein Geschäftsjahr festgelegt. Die Festlegung des Geschäftsjahres erfolgt üblicherweise bei Errichtung des Unternehmens. Wird es nicht ausdrücklich festgelegt, so ist es mit dem Kalenderjahr identisch.

Dem Kaufmann steht es jedoch frei, **ein vom Kalenderjahr abweichendes Geschäftsjahr** zu bestimmen. Ein beliebiger oder willkürlicher **Wechsel** des Geschäftsjahres ist unzulässig. In sachlich begründeten **Ausnahmefällen** (zB Umwandlungen, Neugründungen, Einbringungen, Begründung oder Änderung der Konzernzugehörigkeit etc.) ist eine Änderung des Geschäftsjahres und damit ein weniger als zwölf Monate dauerndes Rumpfgeschäftsjahr zulässig.[31] Steuerlich ist eine Umstellung auf ein vom Kalenderjahr abweichendes Geschäftsjahr nur im Einvernehmen mit dem Finanzamt möglich (§§ 4 a EStG, 8 b EStDV).

---

[23] *ADS* RdNr. 38.
[24] *IDW,* St/HFA 1/1990, WPg 1990, 145.
[25] *ADS* RdNr. 54.
[26] *ADS* RdNr. 54.
[27] *ADS* RdNr. 55.
[28] *Winkeljohann/Philipps* BeBiKo RdNr. 66.
[29] Baumbach/Hopt/*Merkt* RdNr. 6; vgl. auch § 243 RdNr. 16 ff.
[30] *ADS* RdNr. 68.
[31] *Winkeljohann/Philipps* BeBiKo RdNr. 60.

IV. Festwertverfahren (Abs. 3)

23 Der Festwertansatz ist ein besonderes Bewertungsverfahren und stellt eine Ausnahme vom Grundsatz der Einzelerfassung und -bewertung dar (vgl. RdNr. 8). Dabei wird für einen abgegrenzten Bestand von Sachanlagen oder Roh-, Hilfs- und Betriebsstoffen eine Festmenge zugrunde gelegt, und die einzelnen Gegenstände werden zu einem festen Wert angesetzt.[32] In der Bilanz erscheint der Bestand von Jahr zu Jahr mit dem gleichen **Festwert** (vgl. auch § 256 RdNr. 2). Typische Anwendungsfälle für das Festwertverfahren sind zB Formen, Walzen, Modelle, Gerüst- und Schalungsteile, Hotelgeschirr und -bettwäsche.[33]

24 Dem Festwertverfahren liegt die Fiktion zugrunde, dass Neuzugänge und Verbrauch sich ungefähr entsprechen. **Ersatzbeschaffungen** (Zugänge) werden sofort als Aufwand verrechnet. **Abschreibungen** werden auf den Festwert nicht vorgenommen. Eine jährliche körperliche Bestandsaufnahme ist nicht erforderlich.

25 Die Zulässigkeit des Festwertverfahrens ist nach Abs. 3 an folgende Voraussetzungen geknüpft, die kumulativ erfüllt sein müssen:
- es muss sich um Vermögensgegenstände des Sachanlagevermögens oder Roh-, Hilfs- und Betriebsstoffe handeln;
- die betreffenden Vermögensgegenstände müssen regelmäßig ersetzt werden;
- ihr Gesamtwert darf für das Unternehmen nur von nachrangiger Bedeutung sein;
- ihr Bestand darf in seiner Größe, seinem Wert und seiner Zusammensetzung nur geringen Veränderungen unterliegen;
- eine Bestandsaufnahme ist regelmäßig durchzuführen.

26 Auch in der Steuerbilanz bestimmt sich die Zulässigkeit nach § 240 Abs. 3 (H 6.8 EStR). Voraussetzung ist nach dem Maßgeblichkeitsprinzip auch, dass in der Handelsbilanz entsprechend verfahren wird. Beim Vorratsvermögen darf der Festwert nur der Erleichterung der Inventur und der Bewertung, nicht jedoch dem Ausgleich von Preisschwankungen, insbesondere Preissteigerungen, dienen (H 6.8 EStR). Bei Wirtschaftsgütern des Anlagevermögens ist nach hM der Festwert erst nach Vornahme einer AfA bis zu einem Festhaltewert von etwa 40–50% der Anschaffungs- oder Herstellungskosten zu bilden.[34]

27 Die Forderung nach **regelmäßigem Ersatz** der Vermögensgegenstände beruht auf dem Grundgedanken der Festbewertung, dass sich Neuzugänge einerseits und Abgänge, Abschreibungen sowie Verbrauch andererseits in etwa entsprechen. Für einen „regelmäßigen" Ersatz ist es nicht erforderlich, dass umgehend oder monatlich Ersatz beschafft wird. Es dürfte ausreichen, wenn der Verbrauch eines Jahres grundsätzlich bis zum Abschlussstichtag ersetzt wird.[35]

28 Weiterhin darf der Gesamtwert der in die Festbewertung einbezogenen Vermögensgegenstände nur **nachrangige Bedeutung** für das Unternehmen haben. Nach hM ist diese Voraussetzung für jeden Festwert gesondert zu prüfen und nicht für die Summe aller Festwerte insgesamt.[36] Offen ist, wie der unbestimmte Rechtsbegriff der nachrangigen Bedeutung zu definieren ist. Nach Auffassung des *BMF*[37] kann eine nachrangige Bedeutung noch angenommen werden, wenn der **einzelne Festwert 10%** der Bilanzsumme nicht übersteigt. Demgegenüber wird teilweise die nachrangige Bedeutung im Verhältnis zu den anderen Vermögensgegenständen bestimmt, wonach nur solche Vermögensgegenstände für eine Festbewertung in Frage kämen, deren Gesamtwert deutlich unter dem des Großteils der anderen Vermögensgegenstände liegt, und die Bilanzsumme nur in Ausnahmefällen als Maßstab heranzuziehen ist.[38] Die überwiegende Meinung orientiert sich an quantitativen Richtgrößen im Vergleich zur Bilanzsumme.[39]

29 Schließlich wird eine nur **geringe Veränderung** hinsichtlich Größe, Wert und Zusammensetzung des Bestandes gefordert. Unter **Größe** ist dabei die dem Festwert zugrundeliegende Menge zu verstehen. Bei geringen Wertveränderungen kann der Festwert unverändert fortgeführt werden. Aber

---

[32] *ADS* RdNr. 73.
[33] *ADS* RdNr. 92 f.
[34] *Schmidt* EStG § 6 RdNr. 270.
[35] *ADS* RdNr. 78.
[36] *ADS* RdNr. 79; *Biener/Berneke* BiRiLiG Erl. zu § 240 HGB S. 50; *Knop* HdR RdNr. 58; aA *Winkeljohann/Philipps* BeBiKo RdNr. 86, die die Gesamtbetrachtung für erforderlich halten.
[37] BStBl. 1993 I S. 276.
[38] So *Knop* HdR RdNr. 58.
[39] *ADS* RdNr. 80 f.; ähnlich *Winkeljohann/Philipps* BeBiKo RdNr. 87, die sich aber auf ein Verhältnis von höchstens 5% der Bilanzsumme als Maßstab für die nachrangige Bedeutung festlegen, jedoch keine starren Grenzen angewendet wissen wollen, sondern auf die Wesentlichkeit der Festwerte abstellen.

auch bei größeren Mengenveränderungen ist die Anwendung des Festwertverfahrens nicht ausgeschlossen, sondern es ist lediglich eine **Festwertanpassung** erforderlich.[40] Bei **Mehrmengen** kann der Festwert grundsätzlich beibehalten werden, solange der ermittelte Wert den bisherigen Festwert um nicht mehr als 10% (so die steuerliche Regelung in R 5.4 Abs. 4 EStR, die auch handelsrechtlich angewandt werden kann) überschreitet;[41] anderenfalls gilt der ermittelte Wert als neuer Festwert. Die Anpassung erfolgt in Übereinstimmung mit den steuerrechtlichen Regelungen (R 5.4 Abs. 4 EStR; H 6.8 EStR) in der Weise, dass der bisherige Festwert um die Zugänge des letzten Geschäftsjahres solange erhöht wird, bis der neue Festwert erreicht ist (R 5.4 Abs. 4 S. 3 EStR). **Minderungen** des Bestandes gegenüber dem bisherigen Festwert führen immer zu einer Anpassung und sind durch **Abschreibungen** oder **Abgänge** zu berücksichtigen.[42]

Geringe Wertveränderungen betreffen die der Bewertung zugrunde liegenden Preisansätze. Bestände, die erfahrungsgemäß erheblichen Preisschwankungen unterliegen (zB zu Weltmarktpreisen gehandelte Rohstoffe wie Kupfer oder Blei), scheiden daher für eine Festwertbildung aus.[43] 30

Das **Erfordernis der geringen Veränderung der Bestandszusammensetzung** erfordert eine gewisse Stetigkeit, wobei es weniger auf die körperliche, als vielmehr auf die **Funktionsgleichheit** ankommt.[44] Das bedeutet, dass die Vermögensgegenstände zwar nicht unbedingt der gleichen Warengattung angehören, aber dem gleichen Verwendungszweck dienen müssen.[45] Strukturelle Änderungen sind daher bei Vorliegen der übrigen Voraussetzungen – insbesondere der Gleichwertigkeit – nicht unbedingt schädlich.[46] 31

Die **Festwertansätze** gelten **nicht unbegrenzt.** Abs. 3 S. 2 fordert, dass in der Regel alle **drei Jahre** eine körperliche Bestandsaufnahme vorzunehmen ist. Hierdurch sollen Mengenänderungen festgestellt werden. Wie die Formulierung „in der Regel" erkennen lässt, kann in Ausnahmefällen auch ein kürzerer oder längerer Zeitraum in Frage kommen. So ist bspw. bei Anzeichen dafür, dass das Beibehalten des Festwertansatzes ein falsches Bild der tatsächlichen Verhältnisse vermitteln würde, auch schon vor Ablauf der Dreijahresfrist eine körperliche Bestandsaufnahme durchzuführen.[47] Wird der Festwert zwischenzeitlich anhand von plausiblen Schlüsselgrößen angepasst, erscheint auch eine Überschreitung der Frist zulässig. Steuerlich ist spätestens nach dem fünften Bilanzstichtag eine körperliche Bestandsaufnahme vorzunehmen.[48] 32

V. Gruppenbewertung (Abs. 4)

Abs. 4 regelt eine weitere Ausnahme von der Einzelbewertung. Gleichartige Vermögensgegenstände des Vorratsvermögens sowie andere gleichartige oder annähernd gleichwertige bewegliche Vermögensgegenstände und Schulden können danach jeweils zu einer Gruppe zusammengefasst werden.[49] 33

Gleichartig sind die Vermögensgegenstände dann, wenn sie zur gleichen Warengattung gehören oder in ihrer Verwertbarkeit oder Funktion bei annähernd gleichen Preisen vergleichbar sind.[50] 34

Annähernde Gleichwertigkeit ist gegeben, wenn die Preise der in der Gruppe zusammengefassten nicht völlig ungleichen Gegenstände nicht wesentlich voneinander abweichen. Dabei wird ein Spielraum von 20 vH noch als vertretbar angesehen.[51] Bei **Schulden,** insbesondere Rückstellungen, ist die annähernde Gleichwertigkeit der Risikoarten maßgebend. 35

Die Gruppenbewertung muss gem. Abs. 4 zum gewogenen Durchschnittswert (der **einfache Durchschnittswert** ist nach dem Gesetzeswortlaut nicht zulässig) erfolgen. Bei dessen Ermittlung wird zwischen dem **einfach gewogenen und dem gleitenden Durchschnittsverfahren** unterschieden. Beim **einfach gewogenen Durchschnittsverfahren** wird die Summe der mit den Mengen multiplizierten Preise des Anfangsbestandes und der mit den tatsächlichen Preisen bewerteten Zugänge während des Geschäftsjahres oder einer anderen Zeitperiode durch die Summe der Menge von Anfangsbestand und Zugängen des Zeitraums geteilt. Das Ergebnis ist der einfach gewogene Durch- 36

---

[40] *Winkeljohann/Philipps* BeBiKo RdNr. 89.
[41] *ADS* RdNr. 102.
[42] *ADS* RdNr. 104.
[43] *Winkeljohann/Philipps* BeBiKo RdNr. 90.
[44] *ADS* RdNr. 89.
[45] *ADS* RdNr. 120.
[46] *Winkeljohann/Philipps* BeBiKo RdNr. 91.
[47] *ADS* RdNr. 95 ff.; *Knop* HdR RdNr. 63.
[48] *Knop* HdR RdNr. 63.
[49] Zur Anwendbarkeit auf den Jahresabschluss vgl. § 256 S. 2.
[50] Ausführlich dazu *ADS* RdNr. 120 ff.
[51] *Winkeljohann/Philipps* BeBiKo RdNr. 137.

§ 241

schnitt.⁵² Beim **gleitenden Durchschnittsverfahren** wird nach jedem Zugang ein neuer Durchschnittswert ermittelt und jeder Abgang mit dem zuletzt ermittelten Durchschnittspreis berücksichtigt.⁵³

37 Auch bei der Gruppenbewertung ist das **Niederstwertprinzip** (§ 253 Abs. 2 S. 3, Abs. 3) zu beachten. Ein niedrigerer Wert ist regelmäßig dann anzusetzen, wenn im Rahmen der Inventur Qualitätsminderungen oder andere Beeinträchtigungen der Gängigkeit bzw. Verwendbarkeit festgestellt wurden oder wenn die durchschnittlichen Wiederbeschaffungs- bzw. Wiederherstellungskosten oder die durchschnittlichen Absatzpreise für die in der Gruppe zusammengefassten Vermögensgegenstände am Abschlussstichtag unter dem gewogenen Durchschnitt liegen.

38 Steuerlich ist die Gruppenbewertung grundsätzlich anerkannt, soweit diese GoB entspricht.⁵⁴ In R 6.8 Abs. 4 EStR ist geregelt, unter welchen Voraussetzungen gleichartige Wirtschaftsgüter des Vorratsvermögens zu einer Gruppe zusammengefasst und mit dem gewogenen Durchschnittswert angesetzt werden können. Hierbei wird keine Gleichwertigkeit der in einer Gruppe zusammenzufassenden Wirtschaftsgüter gefordert, jedoch muss ein Durchschnittswert bekannt sein. Das ist der Fall, wenn bei der Bewertung der gleichartigen Wirtschaftsgüter ein ohne weiteres feststellbarer, nach den Erfahrungen der betreffenden Branche sachgemäßer Durchschnittswert verwendet wird.⁵⁵

VI. Folgen der Nichtbeachtung

39 Verstöße gegen § 240 werden handelsrechtlich nicht sanktioniert. Allerdings können sich im Falle der Insolvenz **strafrechtliche Konsequenzen** (§§ 283 Abs. 1 Nr. 7 Buchst b, 283 b Abs. 1 Nr. 3 Buchst b StGB) ergeben. Wegen Verstößen gegen die Bewertungsvorschriften siehe Erl. zu § 252 RdNr. 47; die Ausführungen gelten auch für Gruppen- und Festbewertung.⁵⁶

§ 241 Inventurvereinfachungsverfahren

(1) ¹ Bei der Aufstellung des Inventars darf der Bestand der Vermögensgegenstände nach Art, Menge und Wert auch mit Hilfe anerkannter mathematisch-statistischer Methoden auf Grund von Stichproben ermittelt werden. ² Das Verfahren muß den Grundsätzen ordnungsmäßiger Buchführung entsprechen. ³ Der Aussagewert des auf diese Weise aufgestellten Inventars muß dem Aussagewert eines auf Grund einer körperlichen Bestandsaufnahme aufgestellten Inventars gleichkommen.

(2) Bei der Aufstellung des Inventars für den Schluß eines Geschäftsjahrs bedarf es einer körperlichen Bestandsaufnahme der Vermögensgegenstände für diesen Zeitpunkt nicht, soweit durch Anwendung eines den Grundsätzen ordnungsmäßiger Buchführung entsprechenden anderen Verfahrens gesichert ist, daß der Bestand der Vermögensgegenstände nach Art, Menge und Wert auch ohne die körperliche Bestandsaufnahme für diesen Zeitpunkt festgestellt werden kann.

(3) In dem Inventar für den Schluß eines Geschäftsjahrs brauchen Vermögensgegenstände nicht verzeichnet zu werden, wenn

1. der Kaufmann ihren Bestand auf Grund einer körperlichen Bestandsaufnahme oder auf Grund eines nach Absatz 2 zulässigen anderen Verfahrens nach Art, Menge und Wert in einem besonderen Inventar verzeichnet hat, das für einen Tag innerhalb der letzten drei Monate vor oder der ersten beiden Monate nach dem Schluß des Geschäftsjahrs aufgestellt ist, und
2. auf Grund des besonderen Inventars durch Anwendung eines den Grundsätzen ordnungsmäßiger Buchführung entsprechenden Fortschreibungs- oder Rückrechnungsverfahrens gesichert ist, daß der am Schluß des Geschäftsjahrs vorhandene Bestand der Vermögensgegenstände für diesen Zeitpunkt ordnungsgemäß bewertet werden kann.

Schrifttum: *IDW,* HFA 1/1990: Zur körperlichen Bestandsaufnahme im Rahmen von Inventurverfahren, WPg 1990, 143; *IDW,* HFA 1/1981 idF 1990: Stichprobenverfahren für die Vorratsinventur zum Jahresabschluß, WPg 1990, 649; *Köhler,* Inventur und Inventar, StBp. 1999, 85.

---

⁵² *Winkeljohann/Philipps* BeBiKo RdNr. 139.
⁵³ Bsp. bei *ADS* RdNr. 133.
⁵⁴ *Winkeljohann/Philipps* BeBiKo RdNr. 141; *Schmidt* EStG § 6 RdNr. 260.
⁵⁵ *ADS* RdNr. 136 f.
⁵⁶ *ADS* RdNr. 142.

Übersicht

	RdNr.		RdNr.
I. Allgemeine Grundsätze	1	III. Andere Inventurverfahren (Abs. 2)	12–16
II. Stichprobeninventur (Abs. 1)	2–11	1. Permanente Inventur	13
1. Anerkanntes mathematisch-statistisches Verfahren	3–6	2. Einlagerungsinventur	14, 15
2. Beachtung der GoB	7, 8	3. Systemgestützte Werkstattinventur	16
3. Aussageäquivalenz	9, 10	IV. Vor- oder nachverlegte Stichtagsinventur (Abs. 3)	17–23
4. Bestandszuverlässigkeit der Lagerbuchführung	11	V. Kombination und Wechsel der Inventurverfahren	24–26

I. Allgemeine Grundsätze

1 Durch die **Inventurvereinfachungsregelung** in § 241 werden gewisse Erleichterungen bei der Ermittlung des Mengengerüsts gegenüber den in § 240 Abs. 1 und Abs. 2 enthaltenen Inventurvorschriften zugelassen. Geregelt werden die **Stichprobeninventur** (Abs. 1), **bestandszuverlässige Fortschreibungsverfahren** (Abs. 2) sowie die **vor- oder nachverlegte Stichtagsinventur** (Abs. 3). Die Vereinfachungsverfahren schließen zwar grundsätzlich alle Vermögensgegenstände ein. Aufgrund der tatsächlichen Ausgestaltung kommt die Anwendung aber in der Praxis nur beim Vorratsvermögen in Frage.[1]

II. Stichprobeninventur (Abs. 1)

2 Während in § 240 eine vollständige körperliche Aufnahme vorgesehen ist, gestattet es § 241 Abs. 1, den Bestand der Vermögensgegenstände (nach Art, Menge und Wert) auf Grund von Stichproben zu ermitteln. Um dennoch zu einer hinreichend zuverlässigen Aussage über den Inventurbestand zu gelangen, ist die Anwendung an folgende Voraussetzungen geknüpft:
– die Verwendung eines **anerkannten mathematisch-statistischen Verfahrens** (S. 1),
– die Beachtung der **GoB** (S. 2),
– die Gewährung eines identischen Aussagewertes zur Vollinventur (**Aussageäquivalenz**, S. 3) und
– die **Bestandszuverlässigkeit** der Lagerbuchführung.

Die Anwendung der Stichprobeninventur ist auch steuerrechtlich zulässig.[2]

3 **1. Anerkanntes mathematisch-statistisches Verfahren.** Das angewandte Stichprobenverfahren muss wahrscheinlichkeitstheoretisch abgesichert sein. Dies setzt eine ausreichende und genau abgegrenzte **Grundgesamtheit** voraus.[3] Um eine wirtschaftliche Durchführung der Stichprobeninventur zu gewährleisten, sollte die Grundgesamtheit – ggf. durch eine dahingehende Schichtung – möglichst homogen sein.[4] Voraussetzung für zulässige Rückschlüsse von der Stichprobe auf die Grundgesamtheit ist die zufällige Auswahl der Stichprobe. Dies ist sowohl dann gewährleistet, wenn sämtliche Elemente der Grundgesamtheit mit der gleichen Wahrscheinlichkeit in der Stichprobe enthalten sein können, als auch wenn für jedes Element eine berechenbare, von Null verschiedene Chance besteht, in die Stichprobe zu gelangen.[5]

4 Als anerkannte mathematisch-statistische Schätzverfahren kommen so genannte freie Mittelwertverfahren und gebundene Verfahren in Betracht. Die Inventurwertermittlung beruht bei der einfachen Mittelwertschätzung auf der Multipplikation des Stichprobenmittelwerts mit der Anzahl der Lagerpositionen. Eine höhere Genauigkeit kann ggf. durch die Schichtung der Grundgesamtheit erreicht werden. Die gebundenen Stichprobenverfahren, zu denen die Differenz-, die Verhältnis- und die Regressionsschätzung zählen, zeichnen sich dadurch aus, dass Beziehungen zwischen Buch- und Inventurwerten bei der Hochrechnung ausgewertet werden.

5 Als geeignetes, in der Praxis weit verbreitetes Verfahren kommt unter Umständen auch das **Monetary-Unit-Sampling (MUS)** in Betracht. Die Wahrscheinlichkeit, dass ein Element der Grundgesamtheit in die Stichprobe gelangt, verhält sich dabei proportional zum Buchwert des Elements. Unter der – für das Vorratsvermögen häufig zutreffenden – Annahme, dass das Risiko in

---
[1] *Winkeljohann/Philipps* BeBiKo RdNr. 1. Zur Anwendbarkeit auf Passivposten vgl. RdNr. 22.
[2] Vgl. *Köhler* StBp. 1999, 85.
[3] *Weiss/Heiden* HdR RdNr. 70 ff.
[4] *IDW,* HFA 1/1981 idF 1990, WPg 1990, 651 f.
[5] *IDW,* HFA 1/1981 idF 1990, WPg 1990, 652.

einem zu hohen Ausweis liegt, zeichnet sich das Verfahren dadurch aus, dass die Auswahlwahrscheinlichkeit mit steigendem Buchwert der einzelnen Elemente zunimmt. Zu berücksichtigen ist dabei, dass Nullbestände laut Lagerbuchführung bei diesem Verfahren definitionsgemäß nicht Bestandteil der Stichprobe werden können. Dies schließt eine Anwendung grundsätzlich aus, soweit die Nullbestände nicht in anderer Form geprüft werden.

6 Mathematisch-statistische Testverfahren stellen unmittelbar auf die Überprüfung der Bestandszuverlässigkeit der Lagerbuchführung ab. Sofern diese Verfahren mit hinreichender Sicherheit die Hypothese stützen, dass die von der Lagerbuchführung zur Verfügung gestellten Informationen zuverlässig sind, können die Buchwerte als Inventurbestände übernommen werden. Der mathematisch-statistisch anerkannte **Sequentialtest** lässt den kleinstmöglichen Stichprobenumfang erwarten,[6] da der Test idR in mehreren Stufen durchgeführt wird und die Ergebnisse der Vorstufen Einfluss auf die weitere Bestimmung des Stichprobenumfangs haben.[7]

7 **2. Beachtung der GoB.** Die Berücksichtigung der GoB hat zur Folge, dass im Zusammenhang mit der Stichprobeninventur die **Grundsätze der Vollständigkeit, Richtigkeit und Nachprüfbarkeit** gewährleistet sein müssen.[8]

8 Voraussetzung für die Vornahme einer Stichprobenauswahl ist die **Vollständigkeit** der zur Auswahl herangezogenen Unterlagen. Es muss sichergestellt sein, dass sämtliche Vermögensgegenstände der Grundgesamtheit eine gleiche oder berechenbare Chance haben, in die Stichprobe zu gelangen bzw. durch Vollerhebung erfasst zu werden. Dem Grundsatz der **Richtigkeit** wird entsprochen, wenn die Aussagen mit einer bestimmten Wahrscheinlichkeit und Genauigkeit getroffen werden können. Als **Sicherheitsgrad** werden 95%, als **Stichprobenfehler** höchstens 1% des Werts der Grundgesamtheit festgesetzt.[9] Dem Erfordernis der **Nachprüfbarkeit** ist Genüge getan, wenn die Zufallsauswahl der Stichprobeninventur sowie deren Auswertung für einen **sachverständigen Dritten** nachvollziehbar sind.[10] Zudem muss kontrolliert werden können, welche Vermögensteile nach Art, Menge und Wert im Bilanzansatz erfasst sind.

9 **3. Aussageäquivalenz.** Die Durchführung einer Stichprobeninventur darf grundsätzlich keinen Informationsverlust im Vergleich zu einer vollständigen körperlichen Bestandsaufnahme zur Folge haben.[11] Der Aussagewert der Stichprobeninventur muss deshalb demjenigen einer Vollaufnahme gleichkommen. Hinsichtlich des Gesamtwertes werden ein Sicherheitsgrad von mindestens 95% und ein relativer Stichprobenfehler von 1% für unverzichtbar gehalten. Inhaltlich bedeutet dies, dass in 95% aller Stichprobeninventuren der statistisch ermittelte Inventurwert nicht mehr als 1% vom tatsächlichen Inventurwert abweicht.

10 Ferner muss auch bei Durchführung einer Stichprobeninventur zwingend ein Einzelnachweis der Bestände gewährleistet sein. Dieser Anforderung wird entsprochen, wenn auf Grund der angewandten Inventurverfahren nicht nur ein Gesamt-, sondern auch ein Einzelnachweis nach Art, Menge und Wert erbracht werden kann.[12] Da ein solcher Einzelnachweis nicht in allen Fällen durch die der Stichprobeninventur zugrunde liegenden statistischen Verfahren zu erreichen ist,[13] sind zur Erreichung der Aussageäquivalenz besondere Anforderungen an die Qualität der Lagerbuchhaltung zu stellen.

11 **4. Bestandszuverlässigkeit der Lagerbuchführung.** Die erforderliche Bestandszuverlässigkeit ist gegeben, wenn die Stichprobeninventur bestätigt, dass der Umfang der Einzelabweichungen der Soll- und Ist-Bestände einen vertretbaren Rahmen nicht überschreitet. Für die Stichprobeninventur folgt daraus, dass das Fortschreibungsverfahren, dh. die Fortschreibung und das Umfeld so organisiert sein müssen, dass – unterstützt durch ein internes Kontrollsystem – eine ausreichende Zuverlässigkeit erreicht wird. Im Regelfall wird dies bereits aus unternehmensinternen Gründen gewährleistet sein, da die Disposition von diesem Datenmaterial abhängig ist. Zur Sicherung und Beurteilung der Zuverlässigkeit ist ein adäquates internes Kontrollsystem von wesentlicher Bedeutung.[14] Eine Überprüfung der Lagerbuchführung wird bei der Stichprobeninventur durch die Untersuchung der Abweichungen zwischen Buch- und Istbeständen erfolgen. Größere Abweichungen zwischen Buch-

---

[6] *IDW*, HFA 1/1981 idF 1990, WPg 1990, 653.
[7] *Winkeljohann/Philipps* BeBiKo RdNr. 11 ff.
[8] *ADS* RdNr. 9.
[9] *IDW*, HFA 1/1981 idF 1990, WPg 1990, 655.
[10] *Winkeljohann/Philipps* BeBiKo RdNr. 21.
[11] *Winkeljohann/Philipps* BeBiKo RdNr. 22.
[12] *Weiss/Heiden* HdR RdNr. 67 ff.
[13] *Winkeljohann/Philipps* BeBiKo RdNr. 23 f.
[14] *Winkeljohann/Philipps* BeBiKo RdNr. 27.

III. Andere Inventurverfahren (Abs. 2)

Nach Abs. 2 bedarf es keiner körperlichen Bestandsaufnahme der Vermögensgegenstände zum Bilanzstichtag, sofern der Bestand nach Art, Menge und Wert durch ein den GoB entsprechendes anderes Verfahren gesichert ist. Die häufigsten in diesem Zusammenhang verwendeten Verfahren sind die permanente Inventur, die Einlagerungsinventur und die systemgestützte Werkstattinventur. Zusätzlich ist die im Folgenden nicht weiter erläuterte **warenwirtschaftssystemgestützte Inventur im Handel** zu nennen, die bei einer systemseitig gesicherten, vollständigen und artikelgenauen Bestandsfortschreibung unterjährige Teilinventuren zulässt und bei der unkontrollierte Abgänge (Schwund) über differenziert ermittelte Erfahrungswerte berücksichtigt werden können (Toleranzgrenze 2%).[15]

1. Permanente Inventur. Bei der permanenten Inventur erfolgt die körperliche Aufnahme nicht zum Bilanzstichtag und auch nicht an einem anderen für alle Gegenstände einheitlichen Stichtag, sondern verteilt über das ganze Geschäftsjahr.[16] Dazu ist es erforderlich, dass die Veränderungen der Bestände aus einer Bestandsbuchführung belegmäßig nachgewiesen werden können. Dazu ist es notwendig, dass die Zu- und Abgänge nach Tag, Art und Menge (Stückzahl, Gewicht oder Kubikinhalt) aufgezeichnet werden. Mindestens einmal im Geschäftsjahr sind die Sollbestände laut Bestandsbuchführung mit den Istbeständen der Gegenstände durch körperliche Aufnahme zu vergleichen.[17] An die Dokumentation dieser Inventuraufnahme sind die gleichen Anforderungen zu stellen wie an eine Stichtagsinventur; die über die Durchführung und das Ergebnis der körperlichen Bestandsaufnahme erstellten Protokolle unterliegen einer zehnjährigen **Aufbewahrungsfrist**. Sich aus der Bestandsaufnahme ergebende Abweichungen sind in der Bestandsbuchführung zu erfassen (zu den weitgehend entsprechenden steuerlichen Anforderungen vgl. H 5.3 EStR). Für Bestände mit **unkontrollierbaren Abgängen** (Schwund, Verdunstung, Verderb, leichte Zerbrechlichkeit etc.) ist dieses Inventurverfahren ebenso wenig anwendbar wie bei **besonders wertvollen Beständen**.[18]

2. Einlagerungsinventur. Insbesondere bei Hochregallagern kommen in der Praxis automatisch gesteuerte Lagersysteme zum Einsatz. Diese zeichnen sich dadurch aus, dass die Ein- und Auslagerung durch automatisch gesteuerte Arbeitsgeräte erfolgt und die Lagerung einzelner Artikel aus Effizienzgründen an wechselnden Plätzen erfolgt. Durch dieses Verfahren und die fehlende Begehbarkeit des Lagers stoßen herkömmliche Inventurverfahren an ihre Grenzen. Unter diesen Voraussetzungen kann zur Ermittlung des Mengengerüsts auf die mit der Mengensteuerung gekoppelte, EDV-gestützte Fortschreibung der Bestände zurückgegriffen werden, sofern im laufenden Betrieb keine menschlichen Eingriffe in das Lager möglich sind. Ferner müssen die im Geschäftsjahr nicht bewegten Gegenstände spätestens zum Bilanzstichtag aufgenommen und der gesamte Bestand dahingehend dokumentiert werden, dass Artikel und Lagerplatz erkennbar sind.[19] Die entsprechende Dokumentation erfüllt die Funktion des Inventurbelegs.

Fehlt es an einer Synchronisation von Lagersteuerung und Bestandsfortschreibung oder sind andere Bedingungen nicht erfüllt, ist die Anwendung herkömmlicher Inventurverfahren unvermeidlich.[20]

3. Systemgestützte Werkstattinventur. Werkstattbestände sind dadurch gekennzeichnet, dass es sich um Aufträge in unterschiedlichen Phasen des Produktionsprozesses handelt. Der Bestand ist insoweit nur unter Berücksichtigung des Fertigungsgrads der einzelnen Aufträge zu ermitteln. Sofern zur Steuerung des Produktionsprozesses computergestützte Produktionsplanungs- und Steuerungssysteme (PPS) eingesetzt werden, kann auf das dabei erzeugte Datenmaterial zur Erstellung des Inventars zurückgegriffen werden. Voraussetzung ist, dass in die Datenverarbeitung laufende Rückmeldungen einfließen, die über die Veränderungen des Mengengerüsts Auskunft geben. Ferner müssen die so gewonnenen Inventurdaten hinreichend aussagefähig und die Bestandssicherheit des PPS-Systems sichergestellt sein.

---

[15] *Winkeljohann/Philipps* BeBiKo RdNr. 40 ff.
[16] *Winkeljohann/Philipps* BeBiKo RdNr. 31.
[17] Zu der künftigen Möglichkeit der Ausweitung des zeitlichen Abstands vgl. *Winkeljohann/Philipps* BeBiKo RdNr. 32.
[18] *Winkeljohann/Philipps* BeBiKo RdNr. 33; R 5.3 Abs. 3 EStR.
[19] *IDW*, HFA 1/1990, WPg 1990, 147 f.
[20] *Winkeljohann/Philipps* BeBiKo RdNr. 36.

IV. Vor- oder nachverlegte Stichtagsinventur (Abs. 3)

17 Abs. 3 gestattet eine zeitliche Trennung der Inventur vom Bilanzstichtag, ohne dass es einer **mengenmäßigen** Bestandsfortschreibung bedarf (so auch die Finanzverwaltung für die Steuerbilanz).[21] Bei diesem Inventurverfahren wird das Mengengerüst der Bestände nicht in das Inventar zum Abschlussstichtag aufgenommen. Art, Menge und Wert der einzelnen Vermögensgegenstände werden vielmehr für einen abweichenden Stichtag verzeichnet und dann nur noch wertmäßig auf den Abschlussstichtag fortgeschrieben oder zurückgerechnet (**Wertfortschreibung** oder **Wertrückrechnung**).

18 Voraussetzung ist ein zeitnah – bis zu drei Monate vor und zwei Monate nach dem Schluss des Geschäftsjahres – aufgestelltes Inventar. Innerhalb dieses Zeitraums kann der Inventurstichtag frei gewählt werden. Dabei können die Einzelnen (Teil-) Bestände an unterschiedlichen Stichtagen aufgenommen werden.[22]

19 Das vor- oder nachverlegte Inventar kann entweder durch körperliche Bestandsaufnahme oder auf Grund eines nach Abs. 2 zulässigen anderen Verfahrens aufgestellt werden (Nr. 1). Dabei muss sicher gestellt sein, dass der für die Bewertung am Bilanzstichtag maßgebliche Bestand durch ein den GoB entsprechendes Fortschreibungs- oder Rückrechnungsverfahren ermittelt werden kann (Nr. 2).

20 Das Fortschreibungs- oder Rückrechnungsverfahren braucht – anders als bei der zeitlich ausgeweiteten, unter § 240 Abs. 2 fallenden körperlichen Bestandsaufnahme – nicht artikelgenau und mengenmäßig zu erfolgen; es genügt eine allein wertmäßige Fortschreibung.[23] Die Wertfortschreibung bzw. Wertrückrechnung erfolgt nach folgendem Schema:

Wertfortschreibung (vorverlegte Inventur)	Wertrückrechnung (nachverlegte Inventur)
Wert der Bestände am Inventurstichtag	Wert der Bestände am Inventurstichtag
+ Wert der Zugänge zwischen Inventur- und Bilanzstichtag	./. Wert der Zugänge zwischen Inventur- und Bilanzstichtag
./. Wert der Abgänge zwischen Inventur- und Bilanzstichtag	+ Wert der Abgänge zwischen Inventur- und Bilanzstichtag
= Wert des Bestands am Bilanzstichtag	= Wert des Bestands am Bilanzstichtag

21 Eine der Vorschrift des Abs. 3 genügende, nur wertmäßige Vor- oder Rückrechnung kann dann zu Schwierigkeiten führen, wenn am Bilanzstichtag auch Informationen über die Art, Menge und die Beschaffenheit der Bestandspositionen erforderlich sind. Dies kann sowohl für Bewertungsfragen bei der Anwendung des **Niederstwertprinzips** als auch für die Inanspruchnahme **steuerlicher Vergünstigungen** (zB Anwendung des Lifo-Verfahrens)[24] von Bedeutung sein. Aus diesen Gründen kann neben der wertmäßigen auch eine **art- und mengenmäßige** Vor- oder Rückrechnung unvermeidbar sein.[25]

22 Selbst wenn sich der Wortlaut von Abs. 3 nur auf Vermögensgegenstände bezieht, wird eine Ausweitung auf Schulden – und hier vor allem auf Pensionsrückstellungen – für vertretbar gehalten, da mit einer Ermittlung des Mengengerüsts erst am Bilanzstichtag eine Verzögerung der Jahresabschlusserstellung verbunden sein könnte.[26] Diese Vorgehensweise wird in R 6 a Abs. 18 EStR auch von der Finanzverwaltung für Zwecke der Steuerbilanz ausdrücklich gebilligt.

23 Neben der Verlegung des Inventuraufnahmetermins kann sich zur Verminderung des Arbeitsaufwands bei der Inventur uU eine Änderung des Abschlussstichtags anbieten, wenn die Bestände saisonbedingt starken Schwankungen unterliegen.[27]

V. Kombination und Wechsel der Inventurverfahren

24 Der Kaufmann kann sich frei für geeignete Inventurverfahren entscheiden, sofern die Anwendungsvoraussetzungen für die zur Auswahl stehenden Verfahren erfüllt sind. Die Entscheidung wird auf Grundlage der jeweils besten Zweckeignung getroffen werden. Dabei können sich in zweifacher Hinsicht Kombinationen als geeignet erweisen: Zum einen können für organisatorisch getrennte Läger eines Unternehmens unterschiedliche Inventurverfahren zur Anwendung gelangen.[28] Während

---

[21] R 5.3 Abs. 2, 3 EStR.
[22] *ADS* RdNr. 37.
[23] *Winkeljohann/Philipps* BeBiKo RdNr. 53.
[24] R 5.3 Abs. 2 EStR.
[25] *IDW*, HFA 1/1990, WPg 1990, 145.
[26] *Winkeljohann/Philipps* BeBiKo RdNr. 50.
[27] *Weiss/Heiden* HdR RdNr. 36.
[28] *Winkeljohann/Philipps* BeBiKo RdNr. 62.

etwa bei besonders wertvollen Lagerbeständen eine permanente Inventur ausscheidet und insoweit eine Stichtagsinventur notwendig ist, kann die Bestandsaufnahme anderer, hierfür geeigneter Bestände durch permanente Inventur erfolgen, sofern eine räumliche Abgrenzung möglich ist.

Zum anderen können sich Kombinationen durch die Verbindung unterschiedlicher Inventurverfahren – etwa vor- oder nachverlegte Stichtagsinventur und permanente Inventur – ergeben. Entsprechend können Stichprobenverfahren nicht nur bei der Stichtagsinventur, sondern auch bei vor- oder nachverlegter sowie permanenter Inventur angewendet werden.[29]

Für die Inventurverfahren gilt kein „Stetigkeitsgrundsatz"; auch § 284 Abs. 2 Nr. 3 ist nicht einschlägig, da Inventurverfahren nicht unter die Bilanzierungs- und Bewertungsmethoden fallen.[30] Der Kaufmann kann sich also grundsätzlich in jedem Jahr neu für ein Verfahren entscheiden. Der Wechsel wird dabei insbesondere von den tatsächlichen Gegebenheiten abhängen. Beispielsweise ist mit dem Übergang von der Stichtagsinventur zur permanenten Inventur ein gewisser organisatorischer Vorlauf verbunden, so dass die Umstellung nicht kurzfristig am Jahresende erfolgen kann.

---

[29] *IDW*, HFA 1/1990, WPg 1990, 147.
[30] *Winkeljohann/Philipps* BeBiKo RdNr. 63.

Zweiter Unterabschnitt. Eröffnungsbilanz. Jahresabschluß

Erster Titel. Allgemeine Vorschriften

§ 242 Pflicht zur Aufstellung

(1) [1]Der Kaufmann hat zu Beginn seines Handelsgewerbes und für den Schluß eines jeden Geschäftsjahrs einen das Verhältnis seines Vermögens und seiner Schulden darstellenden Abschluß (Eröffnungsbilanz, Bilanz) aufzustellen. [2] Auf die Eröffnungsbilanz sind die für den Jahresabschluß geltenden Vorschriften entsprechend anzuwenden, soweit sie sich auf die Bilanz beziehen.

(2) Er hat für den Schluß eines jeden Geschäftsjahrs eine Gegenüberstellung der Aufwendungen und Erträge des Geschäftsjahrs (Gewinn- und Verlustrechnung) aufzustellen.

(3) Die Bilanz und die Gewinn- und Verlustrechnung bilden den Jahresabschluß.

Schrifttum: *IDW* RS HFA 7: Zur Rechnungslegung bei Personenhandelsgesellschaften, WPg 2002, 1259.

Übersicht

	RdNr.		RdNr.
I. Allgemeine Grundsätze	1–3	IV. Gewinn- und Verlustrechnung (Abs. 2)	13, 14
II. Eröffnungsbilanz (Abs. 1)	4–9	V. Jahresabschluss (Abs. 3)	15, 16
1. Aufstellung	4–8	VI. Folgen der Nichtbeachtung	17
2. Entsprechende Anwendung der Jahresabschlussvorschriften	9		
III. Jahresbilanz (Abs. 1)	10–12		

I. Allgemeine Grundsätze

1 § 242 beinhaltet die **öffentlich-rechtliche Verpflichtung** des Kaufmanns zur Aufstellung von Eröffnungsbilanz, Bilanz sowie GuV. Abs. 1 S. 2 enthält den gesetzestechnischen Verweis, wonach die für den Jahresabschluss geltenden Vorschriften auf die – in Abs. 1 S. 1 definierte – **Eröffnungsbilanz** entsprechend anzuwenden sind.[1] In Abs. 2 wurde die Legaldefinition der **GuV**, in Abs. 3 die des **Jahresabschlusses** normiert. § 242 stellt somit eine Grundsatznorm zur handelsrechtlichen Aufstellungspflicht dar, in der die Vorschrift den Informationsgehalt über die Lage des Unternehmens nach dem **Stichtagsprinzip** (Beginn des Handelsgewerbes, Schluss des Geschäftsjahres) komprimiert. Damit stellt § 242 als zentrale Vorschrift zur Aufstellung des Jahresabschlusses das Gegenstück zu § 238 als der Generalnorm zur Buchführungspflicht dar.[2] Näheres zu Form und Inhalt des Jahresabschlusses sowie zu den maßgeblichen Grundsätzen ist in §§ 243 bis 256 und – für Kapitalgesellschaften sowie OHG/KG iSv. § 264 a – in §§ 264 ff. geregelt.

2 Die entsprechenden **Regelungen zur steuerlichen Gewinnermittlung** knüpfen in mehrfacher Weise an die handelsrechtlichen Vorschriften an. Zum Ersten nimmt § 140 AO Bezug auf Buchführungspflichten in außersteuerlichen Gesetzen und verlangt die Erfüllung dieser Verpflichtungen auch für steuerliche Zwecke. Zweitens knüpft die steuerliche Gewinnermittlung über den **Maßgeblichkeitsgrundsatz** (zu Einzelheiten vgl. Erl. zu § 243) in § 5 Abs. 1 S. 1 EStG an die Handelsbilanz an. Drittens schließlich greift das Steuerrecht auf handelsrechtliche Jahresabschlussunterlagen zurück. Sofern ein Anhang, ein Lagebericht oder ein Prüfungsbericht vorliegen, sind diese Unterlagen ebenso wie die Bilanz und die GuV der Steuererklärung beizufügen (§ 60 Abs. 3 EStDV).

3 § 242 dient neben der **Selbstinformation** und der **Selbstkontrolle** des Kaufmanns letztendlich vorrangig dem **Gläubigerschutz.** Die Pflichten aus § 242 betreffen grundsätzlich alle Kaufleute. Von der Verpflichtung zur Aufstellung eines Jahresabschlusses sind alle diejenigen Personen befreit, die zum Aufstellungszeitpunkt keine Position mehr innehaben, die sie zur Aufstellung verpflichtet hätte (zB ausgeschiedene Gesellschafter einer OHG, ausgeschiedene Vorstände oder Geschäftsführer).[3]

---

[1] ADS RdNr. 1.
[2] ADS RdNr. 2.
[3] *Ellerich/Swart* HdR RdNr. 3.

II. Eröffnungsbilanz (Abs. 1)

1. Aufstellung. Die Eröffnungsbilanz bildet den Ausgangspunkt der handels- und steuerrechtlichen Gewinnermittlung für das Erste (Rumpf-)Geschäftsjahr. Zu bilanzieren sind das im Rahmen der **Eröffnungsinventur** aufgenommene Vermögen sowie die Schulden des Kaufmanns. Insbesondere bei Einzelkaufleuten kann die **Abgrenzung von betrieblicher und privater Sphäre** problematisch sein.[4] Da aber für Zwecke der Bilanzierung nur das unternehmerische, nicht aber das private Vermögen in Betracht kommt, ist die Zuordnung von ausschlaggebender Bedeutung. Neben einer Reihe von Gegenständen, deren Qualifikation als zum unternehmerischen Bereich (zB Produktionsmaschinen) oder zum privaten Bereich (zB ausschließlich zu eigenen Wohnzwecken genutztes Einfamilienhaus) gehörend unstrittig ist, lassen andere Vermögenspositionen (zB Wertpapiere) sowohl eine betriebliche als auch eine private Nutzung zu. In diesen Zweifelsfällen bedarf es einer eindeutigen Zuordnungsentscheidung (**„Widmungsakt"**) des Bilanzierenden.[5]

Die Formulierung „zu Beginn" legt die Vermutung nahe, dass eine Eröffnungsbilanz ausschließlich zu Beginn des Geschäftsbetriebs aufzustellen ist. Daneben könne aber auch die Erweiterung eines Kleingewerbes zum kaufmännischen Betrieb oder die Übernahme eines bestehenden Handelsgeschäfts eine Eröffnungsbilanz erforderlich werden lassen. Etwas anderes gilt im Fall eines Gesellschafterwechsels bei einer bestehenden Gesellschaft: Da die Gesellschaft als solche unverändert bestehen bleibt, liegt kein Grund für eine Eröffnungsbilanz vor.[6]

Die Pflicht zur Aufstellung der Eröffnungsbilanz zu Beginn des Geschäftsbetriebs gilt auch für Kapitalgesellschaften und Kaufleute, deren Kaufmannseigenschaft erst durch Eintragung entsteht.[7] Liegt die tatsächliche Geschäftsaufnahme vor der Eintragung, hat dieser frühere Zeitpunkt Vorrang vor dem Eintragungstermin.[8] Ist eine Gesellschaft Formkaufmann, so beginnt die Buchführungspflicht nach hM bereits ohne Rücksicht auf die Eintragung nach Abschluss des Gesellschaftsvertrags (§ 238 RdNr. 17). Damit erscheint in diesen Fällen auch die Aufstellung der Eröffnungsbilanz auf diesen Zeitpunkt sinnvoll. Liegt die tatsächliche Geschäftsaufnahme vor dem Abschluss des Gesellschaftsvertrags, dh. in der Vorgründungsgesellschaft, ist zumindest aus steuerlicher Sicht die Eröffnungsbilanz der Kapitalgesellschaft dennoch erst zum Zeitpunkt des Abschlusses des Gesellschaftsvertrags aufzustellen, da die von der Vorgründungsgesellschaft erzielten Einkünfte nicht in das der Körperschaftsteuerpflicht unterliegende Einkommen einzubeziehen sind (H 2 KStR).

Bei Gründung einer **Aktiengesellschaft** ist neben der Aufstellung einer Eröffnungsbilanz auch eine **Gründungsprüfung** gesetzlich vorgeschrieben (§ 33 AktG). In jedem Fall haben die Mitglieder des Vorstands und des Aufsichtsrats den Hergang der Gründung zu prüfen (§ 34 Abs. 1 AktG). Unter bestimmten Umständen – u. a. bei einer Gründung mit Sacheinlagen oder Sachübernahmen – hat ferner die Prüfung durch einen externen Gründungsprüfer zu erfolgen (§ 33 Abs. 2 AktG). Der Gegenstand der Prüfung ergibt sich aus § 34 Abs. 1 Nr. 1, Abs. 2 AktG. Die Prüfung hat sich demnach darauf zu erstrecken, ob die Angaben der Gründer über die Übernahme der Aktien, über die Einlagen auf das Grundkapital und über die Festsetzungen nach §§ 26 und 27 AktG richtig sind und ob der Wert der Sacheinlagen oder Sachübernahmen den Nennbetrag der dafür zu gewährenden Aktien oder den Wert der dafür zu gewährenden Leistungen erreicht.[9]

Hinsichtlich des Zeitraums, in dem die Eröffnungsbilanz aufzustellen ist, wird auf die für den Jahresabschluss geltenden Vorschriften zurückgegriffen. Für Einzelkaufleute und Personengesellschaften gilt demnach auch für die Eröffnungsbilanz, dass die **Aufstellung innerhalb der einem ordnungsmäßigen Geschäftsgang entsprechenden Zeit** zu erfolgen hat (§ 243 Abs. 3). Ein Ermessensspielraum besteht in diesem Zusammenhang nicht nur wegen der Auslegungsbedürftigkeit des Begriffs „der einem ordnungsmäßigen Geschäftsgang entsprechenden Zeit", sondern auch in der Festlegung des Zeitpunkts, in dem der Geschäftsbetrieb aufgenommen wurde.[10] Kapitalgesellschaften und OHG/KG iSd. § 264a sind bei der Aufstellung der Eröffnungsbilanz an die gleichen Fristen gebunden, die auch für den Jahresabschluss in § 264 Abs. 1 vorgeschrieben sind.[11]

---

[4] ADS RdNr. 16.
[5] ADS RdNr. 16; zur steuerlichen Abgrenzung des Betriebsvermögens vgl. § 246 RdNr. 12 ff.
[6] Winkeljohann/Philipps BeBiKo RdNr. 7; Ellerich/Swart HdR RdNr. 4.
[7] ADS RdNr. 8; Winkeljohann/Philipps BeBiKo RdNr. 6.
[8] Vgl. ausführlich Ellerich/Swart HdR RdNr. 8 f.; Winkeljohann/Philipps BeBiKo RdNr. 6.
[9] Zu Einzelheiten der Gründungsprüfung vgl. WPH C.
[10] Ellerich/Swart HdR RdNr. 7.
[11] Ellerich/Swart HdR RdNr. 6.

9 **2. Entsprechende Anwendung der Jahresabschlussvorschriften.** Nach § 242 Abs. 1 S. 2 sind auf die Eröffnungsbilanz die für den Jahresabschluss geltenden Vorschriften entsprechend anzuwenden.[12] Folglich sind bereits für die Eröffnungsbilanz die **allgemeinen Vorschriften** (§§ 243 bis 245) ebenso zu beachten wie die **Ansatz- und Bewertungsvorschriften** der §§ 246 bis 256. Kapitalgesellschaften und Personengesellschaften iSd. § 264a müssen zudem die ergänzenden Vorschriften des zweiten Abschnitts (§§ 264 ff.) befolgen. Dagegen bestehen für die Eröffnungsbilanzen **keine Prüfungs- oder Offenlegungsfristen.**[13] Jedoch verpflichtet § 60 Abs. 1 EStDV den Steuerpflichtigen ausdrücklich zur Einreichung beim Finanzamt.

III. Jahresbilanz (Abs. 1)

10 Die Jahresbilanz ist zum Schluss eines jeden Geschäftsjahres aufzustellen (zur Dauer des Geschäftsjahres s. § 240 RdNr. 21, 22). Am Ende des Geschäftsjahres, in dem sich das Handelsgewerbe so weit reduziert, dass das Unternehmen nach Art und Umfang keinen in kaufmännischer Weise eingerichteten Geschäftsbetrieb mehr erfordert, muss keine Jahresbilanz mehr aufgestellt werden. Jedoch ist zu dem – uU schwierig feststellbaren – Zeitpunkt, ab dem die Kaufmannseigenschaft nicht mehr gegeben ist, eine **Schlussbilanz** aufzustellen.

11 Einen Sonderfall der Eröffnungsbilanz stellt die **Abwicklungseröffnungsbilanz** dar, die durch die Abwickler auf den Stichtag zu erstellen ist, an dem die Liquidation beschlossen wird (§ 154 HGB, § 71 Abs. 1 GmbHG, § 270 Abs. 1 AktG). Diese Eröffnungsbilanz ist unter entsprechender Anwendung der Vorschriften über den Jahresabschluss aufzustellen (§ 71 Abs. 2 S. 2 GmbHG, § 270 Abs. 2 S. 2 AktG), wobei jedoch die Beendigung der werbenden Tätigkeit der Gesellschaft ihren Niederschlag in der Bewertung der Vermögensgegenstände des Anlagevermögens nach den für das Umlaufvermögen geltenden Vorschriften findet. Dies gilt, sofern die Veräußerung innerhalb eines überschaubaren Zeitraums beabsichtigt ist oder diese Vermögensgegenstände nicht mehr dem Geschäftsbetrieb dienen (§ 71 Abs. 2 S. 3 GmbHG, § 270 Abs. 2 S. 3 AktG). Die Abwicklungseröffnungsbilanz entspricht der Schlussbilanz der werbenden Gesellschaft; der Bilanzzusammenhang bleibt insoweit gewahrt.[14]

12 Die **Jahresbilanz** als zeitpunktbezogene Gegenüberstellung von Vermögensgegenständen und Schulden bildet grundsätzlich einen **Vermögensstatus am Bilanzstichtag.** Werterhebliche Ereignisse sind nur insoweit zu berücksichtigen, als sie vor dem Abschlussstichtag verursacht wurden und somit wertaufhellenden Charakter haben.[15]

IV. Gewinn- und Verlustrechnung (Abs. 2)

13 Neben der Bilanz ist zum Schluss eines jeden Geschäftsjahres eine GuV aufzustellen. Die GuV wird vom Gesetz als eine Gegenüberstellung von Aufwendungen und Erträgen eines Geschäftsjahres definiert. Sie ist damit ein **zeitraumbezogenes Informationsinstrument.**[16] Während die Bilanz den Status zu einem Abschlussstichtag abbildet, spiegelt die GuV die Erträge und Aufwendungen wider, die seit dem letzten Stichtag angefallen sind. Der Saldo aus Erträgen und Aufwendungen schlägt sich in der Bilanz – abgesehen von Einlagen und Entnahmen – als Veränderung des Eigenkapitals nieder. Die Rechtsbeziehungen zwischen einer Personenhandelsgesellschaft und ihren Gesellschaftern haben für die GuV zur Folge, dass eine Abgrenzung zwischen der Sphäre der Gesellschaft und derjenigen der Gesellschafter stattfinden muss. Je nach Ausgestaltung des Vertrages kann ein Entgelt als Ergebnisverteilung oder als Aufwand/Ertrag zu berücksichtigen sein. Steuerlich handelt es sich bei Vergütungen, die der Gesellschafter von der Gesellschaft für seine Tätigkeit im Dienst der Gesellschaft oder für die Hingabe von Darlehen oder für die Überlassung von Wirtschaftsgütern bezieht (Sondervergütungen), bei der Gewinnermittlung der Gesellschaft nicht um Aufwand, sondern um eine unmittelbare Einkommenszurechnung (§ 15 Abs. 1 Nr. 2 EStG). Die Ausgestaltung des Vertrages als Ergebnisverteilung oder als Aufwand/Ertrag kann aber Auswirkungen haben, wenn Verlustausgleichsbeschränkungen nach § 15a EStG vorliegen.[17] Erträge aus Beteiligungen an Kapitalgesellschaften umfassen auch die einbehaltenen Kapitalertragsteuern, die bei Einbuchung des Beteiligungsertrags als von den Gesellschaftern entnommen zu betrachten sind. Zur Herstellung der Vergleichbarkeit mit dem Abschluss einer Kapitalgesellschaft kann in der GuV jedoch in einem

---

[12] Vgl. Auflistung in *ADS* RdNr. 26.
[13] *Ellerich/Swart* HdR RdNr. 5.
[14] *WPH* H RdNr. 293. Zu weiteren Besonderheiten der Rechnungslegung in der Abwicklungsphase vgl. *WPH* H RdNr. 277ff.
[15] Zu Einzelheiten vgl. Erl. zu § 252; ferner *Winkeljohann/Philipps* BeBiKo RdNr. 9.
[16] *ADS* RdNr. 36.
[17] *Schmidt* EStG § 15a RdNr. 104.

statistischen Posten nach dem Jahresergebnis ein fiktiver Steueraufwand ausgewiesen werden (vgl. § 264 c RdNr. 25 f).

Für **Kapitalgesellschaften** und OHG/KG iSv. § 264 a sind in § 275 zwingende Gliederungsvorschriften enthalten. Für andere Gesellschaften sieht das Gesetz kein Gliederungsschema vor, jedoch ist aus den GoB abzuleiten, dass die GuV hinreichend aufzugliedern ist. Eine Anlehnung an die für Kapitalgesellschaften sowie für OHG KG iSv. § 264 a vorgeschriebene Gliederung nach dem **Gesamtkosten-** oder **Umsatzkostenverfahren** (§ 275 Abs. 2, 3) ist üblich (vgl. Erl. zu § 247). Sofern der Bilanzierende nicht den ergänzenden Vorschriften der §§ 264 ff. unterliegt, steht es in seinem Ermessen, ob er die GuV in Konto- oder Staffelform aufstellt. 14

V. Jahresabschluss (Abs. 3)

Gem. Abs. 3 besteht der Jahresabschluss der Einzelkaufleute und Personenhandelsgesellschaften, die nicht solche iSv. § 264 a sind, aus der Bilanz und der GuV. Für Kapitalgesellschaften und Personengesellschaften iSd. § 264 a wird diese Vorschrift dahingehend modifiziert, dass der Jahresabschluss um einen **Anhang** zu erweitern ist (**„erweiterter Jahresabschluss"**, § 264 Abs. 1). Für Unternehmen, die dem **PublG** unterliegen, ergibt sich die Verpflichtung zur Aufstellung eines Anhangs aus § 5 Abs. 2 PublG. Für **eG** ist die entsprechende Verpflichtung in § 336 Abs. 1 enthalten. 15

Anderen Unternehmen steht es jedoch frei, zusätzliche – dem Anhang inhaltlich entsprechende – Unterlagen zu erstellen.[18] 16

VI. Folgen der Nichtbeachtung

Die Bedeutung der Aufstellungspflicht wird bereits dadurch verdeutlicht, dass unrichtige Darstellungen in der Eröffnungsbilanz oder dem Jahresabschluss von Kapitalgesellschaften und OHG/KG iSv. § 264 a mit Freiheitsstrafen oder Geldstrafen sowie bei Ordnungswidrigkeiten mit Geldbußen geahndet werden.[19] Mitglieder des vertretungsberechtigten Organs einer Kapitalgesellschaft oder einer OHG/KG iSv. § 264 a können gemäß § 335 unter bestimmten Voraussetzungen vom Registergericht durch Festsetzung eines Zwangsgeldes zur Befolgung ihrer Pflichten angehalten werden. Vgl. auch die Erl. zu § 238 RdNr. 36 f. verwiesen. 17

§ 243 Aufstellungsgrundsatz

(1) Der Jahresabschluß ist nach den Grundsätzen ordnungsmäßiger Buchführung aufzustellen.

(2) Er muß klar und übersichtlich sein.

(3) Der Jahresabschluß ist innerhalb der einem ordnungsmäßigen Geschäftsgang entsprechenden Zeit aufzustellen.

Schrifttum: (ohne die Einzelbeiträge in den verschiedenen Handbüchern der Rechnungslegung) *Haller*, Die Grundlagen der externen Rechnungslegung in den USA unter besonderer Berücksichtigung der rechtlichen, institutionellen und theoretischen Rahmenbedingungen, 4. Aufl. 1994; *Havermann*, FS Moxter, 1994, S. 669; *Herlinghaus*, Steuerbilanz und Europäisches Gemeinschaftsrecht, FR 2005, 1189; *Herzig*, IAS/IFRS und steuerliche Gewinnermittlung, WPg 2005, 211; *Leffson*, Die Grundsätze ordnungsmäßiger Buchführung, 7. Aufl. 1987; *Spengel*, IFRS als Ausgangspunkt der steuerlichen Gewinnermittlung in der Europäischen Union – Steuerbelastungskonsequenzen im Länder- und Branchenvergleich, DB 2006, 681.

Übersicht

	RdNr.		RdNr.
I. Allgemeine Grundsätze	1–4	2. Regelungsinhalt	12–14
II. Grundsätze ordnungsmäßiger Buchführung (Abs. 1)	5–9	3. Rechtslage bei Verstößen gegen Abs. 2	15
1. Kodifizierte und nicht kodifizierte GoB	5–7	**IV. Aufstellungsfrist (Abs. 3)**	16–21
2. Stille Reserven	8, 9	1. Geltungsbereich	16
III. Grundsatz der Klarheit und Übersichtlichkeit (Abs. 2)	10–15	2. Zeitlicher Rahmen	17–20
1. Anwendungsbereich	10, 11	3. Rechtsfolgen bei Versäumung der Aufstellungsfrist	21
		V. Der Grundsatz der Maßgeblichkeit	22–29

---

[18] *Ellerich/Swart* HdR RdNr. 11.
[19] *ADS* RdNr. 6f.

I. Allgemeine Grundsätze

1 Der Begriff „Grundsätze ordnungsmäßiger Buchführung" wird im HGB und in anderen Gesetzen, zB § 5 EStG verwendet, ohne dass eine Legaldefinition existiert. Sehr allgemein werden die GoB definiert als ein „System von Regeln, das die gesamte Rechnungslegung umfasst".[1] Die ökonomischen Notwendigkeiten eines solchen Systems liegen darin, dass Geschäftsvorfälle systematisch geordnet auf Konten und im Jahresabschluss zusammengefasst werden müssen, damit die Kapitalgeber Rechenschaft über die gegebenen Mittel und die Erträge daraus erhalten können.[2]

2 In der Literatur wird erörtert, wie GoB abgeleitet werden können. Dabei werden grundsätzlich zwei Wege der Gewinnung von GoB, nämlich der induktive, bei der von der Ansicht der Kaufleute auf die GoB geschlossen wird, und der deduktive, bei der die GoB durch Nachdenken aus übergeordneten Grundsätzen abgeleitet werden, genannt.[3]

3 Zum Teil wird die Meinung vertreten, dass GoB ausschließlich auf deduktivem Weg ermittelt werden sollen.[4] Andere weisen darauf hin, dass die Ansichten und Gewohnheiten der Kaufleute zwar nicht ausschließlich Grundlage für die Herleitung von GoB sein können, dass sie jedoch bei deren Ermittlung, Weiterentwicklung und Interpretation eine tragende Rolle spielen.[5] Diese wichtige Rolle der Anwender bei deren Ermittlung, Weiterentwicklung und Interpretation zeigt sich im System der US-amerikanischen Entwicklung von Rechnungslegungsgrundsätzen *(standard setting process)*. Die *preparers* sind in hohem Maß in diesen Prozess eingebunden. Es wird zwar die auch in der deutschen Literatur als Kritik an der induktiven Methode bekannte Befürchtung geäußert, dass sie den *standard setting process* kontrollieren und ihre Diskussionsbeiträge ineffizient seien. Trotz der Gefahr des „*business lobbying*" wird insgesamt davon ausgegangen, dass Vorschriften entstehen, die dem Ziel der Rechnungslegung (Information und Schutz der Anteilseigner und des Kapitalmarktes) entsprechen und deren praktische Anwendbarkeit gesichert ist.[6] Die den Rechnungslegungsregeln übergeordneten Grundsätze sind in den *Conceptual Frameworks* festgelegt. Die *Conceptual Frameworks* sind im Wesentlichen induktiv gewonnen, obwohl sie als deduktiv gewonnene Grundsätze geplant waren.[7] Ihr Einfluss auf die Entwicklung neuer *standards* ist gering. Die IFRS sind ebenfalls eher als induktiv gewonnene Rechnungslegungsregeln anzusehen.

3 a Dem Standardisierungsrat im DRSC wird bei der induktiven Entwicklung der die Konzernrechnungslegung betreffenden Grundsätze ordnungsmäßiger Buchführung auf Grund der Vermutungsregelung des § 342 Abs. 2 eine besondere Funktion zugewiesen. Danach wird die Beachtung der die Konzernrechnungslegung betreffenden Grundsätze ordnungsmäßiger Buchführung vermutet, soweit vom Bundesministerium der Justiz bekannt gemachte Empfehlungen des Standardisierungsrates beachtet worden sind (vgl. Erläuterungen zu § 342).

4 Die GoB lassen sich nach verschiedenen Kriterien unterteilen. Bedeutsam ist die Einteilung in kodifizierte und nicht kodifizierte Grundsätze und die Einteilung in Grundsätze der Dokumentation und der Rechenschaft.[8]

II. Grundsätze ordnungsmäßiger Buchführung (Abs. 1)

5 **1. Kodifizierte und nicht kodifizierte GoB.** Die 4. EU-RL formuliert neben der Generalnorm (4. EU-RL Art. 2): „Der Jahresabschluss hat ein den tatsächlichen Verhältnissen entsprechendes Bild der Vermögens-, Finanz- und Ertragslage der Gesellschaft zu vermitteln", eine Reihe von Grundsätzen zur formellen Gestaltung und zur Bewertung. Zu den wichtigsten GoB, die im HGB kodifiziert sind, zählen insbesondere folgende Grundsätze der Dokumentation (vgl. § 238 RdNr. 28 ff.):
– Klarheit und Übersichtlichkeit (§§ 238 Abs. 1 S. 2; 243 Abs. 2; 247 Abs. 1),
– Vollständigkeit (§§ 239 Abs. 2; 246 Abs. 1 S. 1),
– Grundsätze der Rechenschaft, zB Stetigkeit des Kontenrahmens, Realisations- und Imparitätsprinzip zur Auslösung der Buchungspflicht,

---

[1] *Förschle* BeBiKo RdNr. 1.
[2] *Leffson* LexRewe 1994 S. 283.
[3] *Baetge/Kirsch* HdR Kapitel IV RdNr. 8.
[4] *Leffson* LexRewe 1994 S. 283; Blümich/*Schreiber* § 5 EStG RdNr. 209.
[5] *Baetge/Kirsch* HdR Kapitel IV RdNr. 16; *Förschle* BeBiKo RdNr. 12.
[6] *Siebert* S. 52 f.
[7] *Haller* S. 220.
[8] *Leffson* LexRewe 1994 S. 283.

und folgende Grundsätze der Rechenschaft:
- Stichtagsprinzip (§ 242 Abs. 1, Abs. 2),
- Verrechnungsverbot (§ 246 Abs. 2),
- Bilanzidentität (§ 252 Abs. 1 Nr. 1),
- Going-concern-Prinzip (§ 252 Abs. 1 Nr. 2),
- Einzelbewertung (§ 252 Abs. 1 Nr. 3),
- Bewertungsstetigkeit (§ 252 Abs. 1 Nr. 6),
- Anschaffungswertprinzip (§ 253 Abs. 1, Abs. 2),
- Vorsichtsgrundsatz, konkretisiert durch das Imparitätsprinzip (§ 252 Abs. 1 Nr. 4 1. Hs.) und das Realisationsprinzip (§ 252 Abs. 1 Nr. 4 2. Hs.),
- Niederstwertprinzip (§ 253 Abs. 1 bis 3),
- Periodengerechte Zuordnung von Aufwendungen und Erträgen (§ 253 Abs. 1 Nr. 5).

Für Kapitalgesellschaften, OHG/KG iSv. § 264 a, Genossenschaften und publizitätspflichtige Unternehmen wird der Grundsatz der Klarheit durch die Gliederungsvorschriften der §§ 265, 266, 275 und 277 konkretisiert. Die Bewertungsgrundsätze werden durch die §§ 279 bis 281 ergänzt, wobei beabsichtigt ist, die Legung stiller Reserven einzuschränken.

Nicht kodifizierte GoB sind mit rechtlichem Geltungsanspruch ausgestattet. Sie haben wegen der Kodifizierung vieler GoB im Zuge der Umsetzung der 4. EU-RL nur noch geringen Umfang. Der Grundsatz der wirtschaftlichen Betrachtungsweise im Bilanzrecht ist ein bedeutsamer nicht kodifizierter GoB.[9]

2. Stille Reserven. In Umsetzung der 4. EU-RL, die für Kapitalgesellschaften gilt, hat nach § 264 Abs. 2 der Jahresabschluss einer **Kapitalgesellschaft** (sowie OHG/KG iSv. § 264 a, **eG,** § 336 Abs. 2 und Unternehmen, die unter das Publizitätsgesetz fallen) unter Beachtung der GoB ein den tatsächlichen Verhältnissen entsprechendes Bild der Vermögens-, Finanz- und Ertragslage der Gesellschaft zu vermitteln (*true and fair view;* vgl. § 264 RdNr. 21 ff.). Die „einfache" Generalklausel in § 243 sieht dagegen von einer dem § 264 Abs. 2 entsprechenden Vorschrift ab, da die Umsetzung der 4. EU-RL die Vorschriften für **Einzelkaufleute** und **Personengesellschaften** nicht verschärfen sollte. Mit der Umsetzung der GmbH & Co.-Richtlinie durch das KapCoRiLiG erfolgte eine Ausdehnung der Anwendung der schärferen Vorschriften auf Personenhandelsgesellschaften, bei denen nicht wenigstens ein perösnlich haftender Gesellschafter unmittelbar oder mittelbar eine natürliche Person ist.

Die Legung stiller Reserven verstößt gegen das Postulat der 4. EU-RL, dass der „Jahresabschluss ein den tatsächlichen Verhältnissen entsprechendes Bild der Vermögens-, Finanz- und Ertragslage der Gesellschaft" vermitteln soll. Insofern ist es folgerichtig, dass für **Kapitalgesellschaften und Personengesellschaften iSv. § 264 a** die Grundsätze der Bewertung durch die §§ 279 bis 281 dahingehend konkretisiert werden, dass die Möglichkeiten der Legung stiller Reserven eingeschränkt werden.

III. Grundsatz der Klarheit und Übersichtlichkeit (Abs. 2)

1. Anwendungsbereich. An zentraler Stelle der 4. EU-RL ist der Grundsatz der Klarheit und Übersichtlichkeit, der durch Abs. 2 transformiert wurde, festgelegt. Er gilt für **alle Kaufleute,** also auch für die Kapitalgesellschaften und Unternehmen nach PublG, auch wenn für diese die Kodifizierung der Gliederungsvorschriften (§§ 265, 266, 275, 277) eine weitere Konkretisierung darstellt.[10] Der Grundsatz der Klarheit und Übersichtlichkeit betrifft auch den Anhang. Es muss daher gefordert werden, dass zB die Erläuterungen im Anhang erkennbaren Ordnungskriterien genügen, dass der Zusammenhang zwischen den erläuterten Posten und den Erläuterungen erkennbar ist.

Der Grundsatz wirkt sich für Gesellschaften, für die die speziellen Gliederungsvorschriften nicht gelten, dahingehend aus, dass eine Mindestgliederung, die nachvollziehbaren Ordnungskriterien genügt, gefordert werden muss. Die Mindestgliederung ist bezüglich des getrennten Ausweises der Posten in § 247 Abs. 1 und 3 konkretisiert (vgl. § 247 RdNr. 3 f.).

2. Regelungsinhalt. Der Grundsatz der Klarheit und Übersichtlichkeit gehört sowohl in den Bereich der Dokumentation als auch zu den Grundsätzen der Rechenschaft. Buchführung und Jahresabschluss müssen einem **sachverständigen Dritten** (§ 238 Abs. 1 S. 2) verständlich sein. Dies ist die Grundvoraussetzung für die Vermittlung von Informationen. Die Gebote der Richtigkeit,

---

[9] *ADS* RdNr. 11.
[10] *Förschle* BeBiKo RdNr. 71.

Klarheit und Vollständigkeit ergeben sich unmittelbar aus den Zwecken der Dokumentation. In Bezug auf die Rechenschaft sind Richtigkeit (Willkürfreiheit), Klarheit und Vollständigkeit als Rahmengrundsätze gekennzeichnet.[11] Klarheit bedeutet sowohl, dass Geschäftsvorfälle richtig erfasst und im Jahresabschluss korrekt zusammengefasst sein müssen, als auch, dass der Jahresabschluss für denjenigen, der Einblick nimmt, klar erkennen lässt, was im Einzelnen dargestellt wird. Der Grundsatz der Klarheit ergänzt insofern den Grundsatz der Richtigkeit, da er festlegt, dass der Jahresabschluss **formal** richtig sein muss.[12]

13   Für **Einzelkaufleute** und **Personengesellschaften** mit Ausnahme solcher iSd. § 264a ist gesetzlich kein Gliederungsschema vorgeschrieben. Die Posten des Jahresabschlusses sind in § 247 aufgezählt. Die Bezeichnungen der einzelnen Posten des Jahresabschlusses müssen eindeutig sein. Da die in den gesetzlichen Schemata verwendeten Begriffe und deren Inhalt allgemein bei Sachverständigen bekannt sind, ist deren Verwendung ratsam. Dasselbe gilt für die Form der Darstellung (Kontoform, Staffelform in der GuV). Von den gesetzlichen Bezeichnungen sollte nur abgewichen werden, wenn der Inhalt des Postens nicht durch die vorgeschriebenen Bezeichnungen gedeckt wird (§ 265 Abs. 5 S. 2). Die **Saldierung** von Aktiv- und Passivposten ist ebenso unzulässig wie diejenige von Aufwendungen mit Erträgen, wobei dieses Verrechnungsverbot in Ausnahmefällen durchbrochen wird (vgl. Erl. zu § 246). Da Abs. 2 nur die äußere Form des Jahresabschlusses betrifft, hat die Norm praktisch **keine steuerliche Bedeutung**.

14   Zur Klarheit gehört außerdem eine eindeutige und stringente Darstellung der Bilanz und der GuV. Die Zuordnung von Beträgen und Postenbezeichnungen und die Abgrenzung der Postenbezeichnungen müssen eindeutig sein. Leerposten sind nicht aufzuführen. Die Gliederungsbezeichnungen müssen durchgängig sein, dh. ein weggelassener Leerposten führt nicht zur Unterbrechung einer Nummerierung, sondern zur Änderung.[13] In Bezug auf das Gliederungsschema des § 266 bedeutet dies zB, dass, wenn zu den immateriellen Vermögensgegenständen nur Konzessionen und geleistete Anzahlungen gehören, das Gliederungsschema lauten würde:
(2) Aktivseite
  A. Anlagevermögen
    I. Immaterielle Vermögensgegenstände
      1. Konzessionen
      2. geleistete Anzahlungen

15   **3. Rechtslage bei Verstößen gegen Abs. 2.** Die Verletzung des Gebots der Klarheit und der Übersichtlichkeit kann handelsrechtlich mit **Freiheits-** oder **Geldstrafe** sowie der Zahlung von **Bußgeld** bestraft werden (§§ 331 Nr. 1, 334 Abs. 1 Nr. 1a HGB, 20 Abs. 1 Nr. 1 PublG). Ggf. führt der Verstoß gegen Abs. 2 sogar zur **Nichtigkeit** des Jahresabschlusses (§ 256 Abs. 4 AktG). Ebenso kommt eine **strafrechtliche Sanktionierung** iRd. Insolvenzstraftaten (§§ 283 Abs. 1 Nr. 7a; 283b Abs. 1 Nr. 3a StGB) in Betracht.

IV. Aufstellungsfrist (Abs. 3)

16   **1. Geltungsbereich.** Regelungsgegenstand des Abs. 3 ist die Aufstellungsfrist für Jahresabschlüsse. Aufgrund der Stellung im Ersten Abschnitt des Dritten Buches gilt die Vorschrift grundsätzlich für alle Kaufleute. Da jedoch die Aufstellungsfristen für OHG/KG iSv. § 264a in § 264 Abs. 1 und für die großen Einzelkaufleute und Personengesellschaften bereits in § 5 Abs. 1 PublG geregelt sind, erlangt § 243 Abs. 3 nur für die **nicht vom PublG und nicht von § 264a erfassten Einzelkaufleute und Personenhandelsgesellschaften** Bedeutung. Nach § 264 Abs. 1 und § 5 Abs. 1 PublG ist der Jahresabschluss innerhalb von 3 Monaten nach Beendigung des Geschäftsjahres aufzustellen, für kleine Kapitalgesellschaften beträgt die Frist 6 Monate. Genossenschaften haben eine Frist von 5 Monaten (§ 336 Abs. 1 S. 2), Versicherungsunternehmen eine von 4 Monaten (§ 341a Abs. 1) und Kreditinstitute eine von 3 Monaten (§ 26 Abs. 1 KWG).

17   **2. Zeitlicher Rahmen.** Für die nicht vom PublG und nicht von § 264a erfassten Einzelkaufleute und Personenhandelsgesellschaften sieht Abs. 3 jedoch keine absoluten Aufstellungsfristen vor, sondern verlangt eine Aufstellung „**innerhalb der einem ordnungsmäßigen Geschäftsgang entsprechenden Zeit**".

18   Die Bemessung der Aufstellungsfrist für die nicht vom PublG erfassten Einzelkaufleute und Personenhandelsgesellschaften hängt von den Umständen des Einzelfalls ab. Für ein Unternehmen in

---
[11] *Leffson* 1987 S. 179.
[12] *Leffson* 1987 S. 207.
[13] *Förschle* BeBiKo RdNr. 62 f.

der Krise und im Bereich des Insolvenzstrafrechts sind kürzere Fristen anzunehmen; Fristen von mehreren Jahren sind unzulässig. Fristen unter einem Jahr werden im Allgemeinen als zulässig anzusehen sein.[14]

Eine **Verlängerung** durch gesellschaftsvertragsrechtliche Vereinbarung ist **nicht zulässig**.[15] 19

Für **steuerliche Zwecke** gelten dieselben Grundsätze, da die Buchführung ohne die Einhaltung 20
der Fristen nicht ordnungsgemäß ist. Die Abgabenordnung enthält Fristen nur für die Abgabe der ESt-/KSt-Erklärung (§ 149 Abs. 2 AO und § 109 Abs. 1 AO). Die Steuerbilanz ist als „Unterlage" der Steuererklärung beizufügen.[16] Bei verspäteter Bilanzaufstellung sind wertaufhellende Umstände jedoch nicht mehr zu berücksichtigen (vgl. § 252 RdNr. 24).

3. Rechtsfolgen bei Versäumung der Aufstellungsfrist. Eine unmittelbare **handelsrecht-** 21
liche Sanktionierung für das Überschreiten der Aufstellungsfrist wurde vom Gesetzgeber nicht normiert. Da ein nicht innerhalb der von Abs. 3 festgelegten Frist aufgestellter Jahresabschluss jedoch nicht mehr den GoB entspricht, stellt die verspätete Aufstellung nach § 334 Abs. 1 Nr. 1 a iVm. § 243 Abs. 1 eine **Ordnungswidrigkeit** dar. Kommt der Kaufmann, trotz Kenntnis einer **insolvenzrechtlichen Krisensituation,** der Aufstellungsfrist nicht nach, sehen die **Straftatbestände** (§§ 283 Abs. 1 Nr. 7 b, 283 b Abs. 1 Nr. 3 b StGB) sowohl **Geldstrafen** als auch **Freiheitsstrafen** vor.[17]

V. Der Grundsatz der Maßgeblichkeit

Der sog. Maßgeblichkeitsgrundsatz ist in § 5 Abs. 1 S. 1 EStG verankert. Er besagt, dass, wenn die 22
Handelsbilanz nach den Grundsätzen ordnungsmäßiger Buchführung erstellt wird und nicht gegen zwingende handelsrechtliche Vorschriften verstößt, sie die Grundlage für die **steuerliche Gewinnermittlung** bildet. Der umfassende Maßgeblichkeitsgrundsatz wird eingeschränkt durch den Bewertungsvorbehalt des § 5 Abs. 6 EStG, der den steuerlichen Vorschriften über die Entnahmen und Einlagen, die Zulässigkeit der Bilanzänderung, die Betriebsausgaben, die Bewertung und über die Absetzungen für Abnutzung oder Substanzverringerung den Vorrang einräumt. § 5 Abs. 1 S. 2 EStG bestimmt außerdem, dass „steuerliche Wahlrechte bei der Gewinnermittlung in Übereinstimmung mit der handelsrechtlichen Jahresbilanz auszuüben" sind.

Die Literatur unterscheidet zwischen der **materiellen** und der **formellen Maßgeblichkeit**.[18] 23
Inhalt der materiellen Maßgeblichkeit ist, dass handelsrechtlich zwingende Vorschriften auch steuerlich zwingend sind (Aktivierungsgebote, -verbote bzw. Passivierungsgebote, -verbote). Beispielsweise dürfen selbst erstellte immaterielle Vermögensgegenstände des Anlagevermögens auch steuerlich nicht aktiviert werden.[19] Durchbrochen wird die materielle Maßgeblichkeit durch den BFH-Grundsatz, dass handelsrechtliche Aktivierungswahlrechte steuerlich zu Aktivierungsgeboten führen, handelsrechtliche Passivierungswahlrechte zu steuerlichen Passivierungsverboten. Handelsrechtliche Bilanzierungshilfen dürfen steuerlich nicht aktiviert werden.[20]

Der Steuerpflichtige hat nicht nur die abstrakten handelsrechtlichen Vorgaben zu befolgen, 24
sondern ist darüber hinaus an die konkret zulässigerweise gebildeten handelsrechtlichen Ansätze gebunden.[21] Dies hat zB Auswirkungen, indem die Wahl der Abschreibungsmethode, die Wahl einer Bewertungserleichterung oder die Wahl der Bestandteile der Herstellungskosten jeweils auf die Steuerbilanz wirkt.

Die Vorschrift des § 5 Abs. 1 S. 2 EStG: „Steuerrechtliche Wahlrechte sind in Übereinstimmung 25
mit der handelsrechtlichen Jahresbilanz auszuüben", schreibt die formelle Maßgeblichkeit fest. In der Wirkung führt sie jedoch zur so genannten **umgekehrten Maßgeblichkeit,** die durch § 254 handelsrechtlich abgesichert wird (vgl. § 254 RdNr. 2). Die Beeinträchtigung der Aussagefähigkeit der Handelsbilanz wegen steuerlich dominierter Wertansätze ist besonders gravierend, da die Inanspruchnahme subventioneller Steuervergünstigungen an den gleichen Ausweis in der Handelsbilanz geknüpft ist. Dadurch werden zB Vermögensgegenstände, für die eine steuerliche Sonderabschreibung vorgenommen werden kann, handelsrechtlich mit einem Wert ausgewiesen, der den GoB nicht entspricht.

---

[14] *ADS* RdNr. 39 f., ebenso *Förschle* BeBiKo RdNr. 93.
[15] *Förschle* BeBiKo RdNr. 93.
[16] *Förschle* BeBiKo RdNr. 94.
[17] *ADS* RdNr. 47.
[18] Blümich/*Schreiber* § 5 EStG RdNr. 180 f.; *Knobbe-Keuk* S. 17 ff.
[19] *Knobbe-Keuk* S. 21.
[20] *Förschle* BeBiKo RdNr. 114 ff.
[21] Formelle Maßgeblichkeit, *Knobbe-Keuk* S. 22.

26 Daraus resultieren folgende in der Praxis häufig auftretende Ansatz- und Bewertungsunterschiede zwischen Handels- und Steuerbilanz:

	Handelsbilanz	Steuerbilanz
Bilanzierungshilfen (zB Aktivierung von Aufwendungen für die Ingangsetzung des Geschäftsbetriebs iSd § 269)	Ansatzwahlrecht	Ansatzverbot (siehe RdNr. 23)
Rückstellungen für drohende Verluste aus schwebenden Geschäften	Ansatzpflicht (§ 249 Abs. 1)	Ansatzverbot (§ 5 Abs. 4 a EStG)
Rückstellungen für bestimmte Entsorgungsverpflichtungen radioaktiver Stoffe	Ansatzpflicht (§ 249 Abs. 1)	Ansatzverbot (§ 5 Abs. 4 b EStG)
Aufwandsrückstellungen	Ansatzwahlrecht (§ 249 Abs. 2)	Ansatzverbot (siehe RdNr. 23)
Rückstellungen für bestimmte Altersteilzeitverpflichtungen (Potentiale mit unentziehbarer Option)	Ansatzwahlrecht	Ansatzverbot
Rückstellungen für Pensionen und ähnliche Verpflichtungen	Bewertung grundsätzlich mit dem Barwert § 253 Abs. 1 S. 2; Rechnungszins variabel	Bewertung grundsätzlich zum Teilwert § 6 a Abs. 3 EStG; zusätzliche Einschränkungen in § 52 EStG (zB Anwärter) und R 6 a EStR; Zinsfuß 6 %
Planmäßige Abschreibungen des derivativen Geschäfts- oder Firmenwertes	Obligatorisch: 4 Jahre (§ 255 Abs. 4); Abweichungen möglich	15 Jahre (§ 7 Abs. 1 S. 3 EStG)
Außerplanmäßige Abschreibungen/Teilwertabschreibungen auf Anlagevermögen	Wahlrecht bei nicht dauerhafter Wertminderung § 253 Abs 2; gilt bei Kapitalgesellschaften und OHG/KG iSv. § 264 a nur für Finanzanlagen § 279	Nur bei dauernder Wertminderung (§ 6 Abs. 1 EStG)
Wertaufholungen	Beibehaltungswahlrecht für Nicht-Kapitalgesellschaften § 253 Abs. 5	Grundsätzlich Wertaufholungsgebot (§ 6 Abs. 1, 7 EStG)
Abzinsung bestimmter Verbindlichkeiten und Rückstellungen (ohne Rentenverpflichtungen)	Nach hM keine Abzinsung von Verbindlichkeiten; Rückstellungen nur, wenn Zinsanteil enthalten	Pflicht (§ 6 Abs. 1 Nr. 3, 3 a EStG)
Einbeziehung von notwendigen, anteiligen und angemessenen Fertigungs- und Materialgemeinkosten in die Herstell- bzw. Herstellungskosten	Wahlrecht § 255 Abs. 2	Pflicht (R 6.3 EStR)

27 Das Maßgeblichkeitsprinzip – „eine heilige Kuh des deutschen Bilanzrechts"[22] – ist „für subventionelle Steuervergünstigungen ein ungeheuerlicher Übergriff des Steuerrechts auf die Institution der Handelsbilanz".[23] Es befindet sich wegen seiner zahllosen Durchbrechungen und der historisch angestrebten Vereinfachung, die nur bedingt erreicht wurde, schon aus der rein nationalrechtlichen Perspektiven in der Kritik.[24] Im Zuge der Internationalisierung der Rechnungslegung, die sich zB zuletzt durch das Bilanzrechtsreformgesetz (BilReG) auch in der deutschen Gesetzgebung niedergeschlagen hat, hat sich die kritische Diskussion über den Maßgeblichkeitsgrundsatz weiter verschärft. Zurzeit ist die Internationalisierung im Wesentlichen auf Konzernabschlüsse beschränkt, so dass aktuell noch kein direkter Zusammenhang mit dem Maßgeblichkeitsprinzip besteht. Auch die durch das BilReG eingeführte Möglichkeit, nach § 325 Abs. 2b einen freiwillig aufgestellten IFRS-Einzelabschluss zu Informationszwecken anstelle des handelsrechtlichen Jahresabschlusses im Bundesanzeiger offen zu legen, wirkt sich nicht auf das Maßgeblichkeitsprinzip aus, da in der Gesetzesbegründung hervorgehoben wird, dass ein Wegfall des Kapitalerhaltungsgrundsatzes im Jahresabschluss nicht vorgesehen ist.[25] Demnach wird der IFRS-Einzelabschluss als Grundlage für die Ausschüttungsbemessung und die steuerliche Gewinnermittlung als nicht geeignet angesehen. Zweifel an der Zukunftsfähigkeit des Maßgeblichkeitsprinzips existieren insofern, als die weiterhin anstehende Modernisierung des deutschen Bilanzrechts zwangsläufig eine weitere Auseinanderentwicklung von handelsrechtlichen und steuerlichen Rechnungslegungsnormen mit sich bringen wird. Durch die noch in deutsches Handelsrecht umzusetzende Modernisierungsrichtlinie und die Fair-Value-Richt-

---

[22] *Knobbe-Keuk* S. 31.
[23] *Havermann*, FS Moxter, S. 669.
[24] *Herlinghaus* FR 2005, 1189.
[25] *Herzig* WPg 2005, 211.

linie der EU wird die Anknüpfung an die informationsorientiert ausgerichteten IFRS weiter gefördert.[26]

Hinzu kommt, dass die Auslegungskompetenzen hinsichtlich des harmonisierten Handelsbilanzrechts (einschließlich der übernommenen IFRS) und des angeknüpften Steuerbilanzrechts zwischen den nationalen Gerichten und dem EuGH verteilt sind und daher das Maßgeblichkeitsprinzip vor dem Hintergrund der Internationalisierung der Rechnungslegung in seinem Bestand erheblich bedroht ist.[27]

Jüngere Untersuchungen haben gezeigt, dass eine unmittelbare Anknüpfung der steuerlichen Gewinnermittlung an die IFRS nicht zweckmäßig ist, da zB das die Anwendung des Fair-value-Konzeptes steuerlich zu nicht akzeptablen Ergebnissen führt. Allerdings wird ein IFRS-Einzelabschluss als geeigneter Ausgangspunkt („starting point") für die steuerliche Gewinnermittlung angesehen, an den ein eigenständiges (nationales) Steuerbilanzrecht oder eine EU-weite steuerliche Gewinnermittlungsrichtlinie anknüpft.[28] Bei einem Übergang zu einer EU-weiten steuerlichen Gewinnermittlungsrichtlinie wird eine tendenziell verbesserte steuerliche Wettbewerbsposition deutscher Unternehmen erwartet.[29]

§ 244 Sprache. Währungseinheit

Der Jahresabschluß ist in deutscher Sprache und in Euro aufzustellen.

I. Allgemeine Grundsätze

§ 244 fordert die Aufstellung des Jahresabschlusses in deutscher Sprache und in deutscher Währung. Der Umfang der in dieser Form zu erstellenden Unterlagen hängt von der Rechtsform ab: Erfasst werden bei Einzelunternehmen und Personenhandelsgesellschaften mit mindestens einer natürlichen Person als unmittelbar oder mittelbar persönlich haftendem Gesellschafter die **(Eröffnungs-)Bilanz** und die **Gewinn- und Verlustrechnung** (§ 242 Abs. 3); bei Kapitalgesellschaften und Personengesellschaften iSv. § 264a auch der **Anhang** (§ 264 Abs. 1 S. 1). Obwohl der Gesetzgeber die Vorschrift des § 244 nicht explizit auf den **Lagebericht** ausgedehnt hat, ist die entsprechende Anwendung erforderlich.[1] Ferner ist § 244 bei allen Formen von Sonderbilanzen anzuwenden, auf die die Vorschriften zum Jahresabschluss sinngemäß anzuwenden sind.[2] Durch den Verweis in § 298 Abs. 1 findet die Norm auch für den **Konzernabschluss** eines Mutterunternehmens mit Sitz im Inland Anwendung.[3] Für IFRS-Abschlüsse gelten die Vorschriften des § 244 wegen der Verweise in § 315a Abs. 1 und § 325 Abs. 2a entsprechend.

II. Verwendung der deutschen Sprache

Im Gegensatz zur Buchführungspflicht (§ 239 Abs. 1 S. 1), welche eine „lebende" Sprache genügen lässt, verlangt § 244 ausdrücklich die Erstellung des Jahresabschlusses in „deutscher" Sprache. Dies entspricht insoweit den steuerlichen Parallelregelungen in §§ 87 Abs. 1, 146 Abs. 3 AO. Diese Klarstellung ist insbesondere für ausländische Kaufleute von Bedeutung.[4]

III. Währung

Nach § 244 sind die gesamten Jahresabschlüsse inländischer – inklusive Niederlassungen ausländischer – Unternehmen in Euro aufzustellen. In Fremdwährung erfasste und bewertete Vermögensgegenstände sind zum Bilanzstichtag in Euro umzurechnen. § 244 bietet jedoch keinen Anhaltspunkt dafür, in welcher Form diese Umrechnung zu erfolgen hat. Insoweit stellt § 244 keine Vorschrift zur Fremdwährungsumrechnung dar; auch das **Nominalwertprinzip** (Euro = Euro) lässt sich nicht aus § 244 herleiten.[5] Zu Einzelheiten der Fremdwährungsumrechnung vgl. Erläuterungen zu § 253.

---

[26] *Herzig* WPg 2005, 213, 235 mwN.
[27] *Herlinghaus* FR 2005, 1195.
[28] *Herzig* WPg 2005, 235.
[29] *Spengel* DB 2006, 687.
[1] *ADS* RdNr. 1.
[2] *ADS* RdNr. 2.
[3] *ADS* RdNr. 3.
[4] BT-Drucks. 10/317 S. 73.
[5] *ADS* RdNr. 7.

4 In Verbindung mit der Einführung des Euro ist durch das Euro-Einführungsgesetz vom 9. Juni 1998 eine Änderung von § 244 erfolgt, nach der die Wörter **„Deutsche Mark" durch** das Wort **„Euro" ersetzt** wurden. Die Neuregelung war erstmals auf das nach dem 31. Dezember 1998 endende Geschäftsjahr anzuwenden (vgl. Art. 42 Abs. 1 EGHGB). Aufgrund der Übergangsregelungen war der 31. Dezember 2001 der letzte Stichtag, an dem der Abschluss noch in DM aufgestellt werden konnte.

IV. Folgen der Nichtbeachtung

5 Nach § 334 Abs. 1 Nr. 1 a) stellt die Verletzung der Vorschrift des § 244 einen **Ordnungswidrigkeitstatbestand** dar, der nach § 334 Abs. 3 mit einer Geldbuße gegen die Mitglieder des vertretungsberechtigten Organs oder des Aufsichtsrats einer Kapitalgesellschaft geahndet werden kann.

§ 245 Unterzeichnung

[1] Der Jahresabschluß ist vom Kaufmann unter Angabe des Datums zu unterzeichnen. [2] Sind mehrere persönlich haftende Gesellschafter vorhanden, so haben sie alle zu unterzeichnen.

I. Allgemeine Grundsätze

1 § 245 normiert die öffentlich-rechtliche Verpflichtung zur datierten Unterzeichnung des Jahresabschlusses. Die Unterzeichnung dient der Bestätigung der Verantwortung für die Richtigkeit und Vollständigkeit des aufgestellten Jahresabschlusses sowie der Rechtsklarheit. Zudem wird dem **Beweiskrafterfordernis** des § 416 ZPO dahingehend Rechnung getragen, dass die im Jahresabschluss enthaltenen Erklärungen von den Unterzeichnenden zu den an diesem Datum möglichen Erkenntnissen abgegeben wurden, was insbesondere im Hinblick auf die **Strafvorschrift** des § 331 Bedeutung erlangen kann.[1] Hingegen können Gläubiger keine unmittelbaren Ansprüche aus dem unterschriebenen Jahresabschluss herleiten; die Unterschrift begründet kein Schuldanerkenntnis.[2] Allerdings können Mitgesellschafter ggf. aus der Unterzeichnung Ansprüche etwa hinsichtlich der Gewinnverteilung geltend machen.[3] Für IFRS-Abschlüsse gilt die Vorschrift des § 245 wegen der Verweise in § 315 a Abs. 1 und § 325 Abs. 2 a entsprechend.

II. Inhalt der Unterzeichnung

2 **1. Zeitpunkt und Gegenstand der Unterzeichnung.** Die in § 245 normierte Unterzeichnungspflicht bezieht sich auf den verbindlich festgestellten Jahresabschluss, der im Fall der Kapitalgesellschaft auch den Anhang einschließt.[4] Eine Unterzeichnung vor der Feststellung – etwa zum Zeitpunkt der Aufstellung – ist möglich, aber nicht verpflichtend und ersetzt insbesondere nicht die Unterzeichnung des festgestellten Jahresabschlusses.[5]

3 Obgleich eine gesetzliche Unterzeichnungspflicht nicht besteht, liegt es nahe, die Unterzeichnung auch auf den **Lagebericht** auszudehnen.[6] § 245 findet auch auf **Sonderbilanzen** Anwendung, sofern für diese die Jahresabschlussvorschriften gelten. Dagegen wird die Unterzeichnung des **Inventars** nicht verlangt, wobei es jedoch nahe liegend erscheint, dass einzelne Teile des Inventars von den jeweils Verantwortlichen unterzeichnet werden.[7]

4 Für den **Konzernabschluss** ist durch die Verweisung in § 298 Abs. 1 bzw. § 315 a Abs. 1 die Vorschrift des § 245 ebenfalls anzuwenden. Wird von der Möglichkeit Gebrauch gemacht, nach § 298 Abs. 3 den **Konzernanhang** und den **Anhang** des Jahresabschlusses des Mutterunternehmens zusammenzufassen, muss deutlich gemacht werden, dass sich die geleistete Unterschrift auf beide Abschlüsse erstreckt.[8]

---

[1] Staub/*Hüffer* RdNr. 1.
[2] *Winkeljohann/Schellhorn* BeBiKo RdNr. 6.
[3] *Winkeljohann/Schellhorn* BeBiKo RdNr. 6; zurückhaltender *ADS* RdNr. 15.
[4] *ADS* RdNr. 3; *Ellerich/Swart* HdR RdNr. 7 f.
[5] *ADS* RdNr. 7 f.; weniger eindeutig *Ellerich/Swart* HdR RdNr. 13.
[6] *ADS* RdNr. 3.
[7] *ADS* § 240 RdNr. 65.
[8] *ADS* RdNr. 3; *Ellerich/Swart* HdR RdNr. 15.

Zu unterzeichnen ist die **Urschrift** des Jahresabschlusses, die in der Folge bei dem Unternehmen verbleibt.[9] Werden **Änderungen** am Jahresabschluss vorgenommen, so wird eine erneute Unterzeichnung mit Datumsangabe (ggf. Doppel-Datum) erforderlich.[10] Für den Fall, dass auch ein Exemplar des Jahresabschlusses für Zwecke der Offenlegung zum Handelsregister einzureichen ist, ist dieses ebenfalls zu unterzeichnen.[11]

2. Kreis der unterzeichnungspflichtigen Personen. Die Unterzeichnung hat durch den **Einzelkaufmann** höchstpersönlich zu erfolgen. Eine Vertretung ist nicht möglich.[12] Bei **Erbengemeinschaften** sind sämtliche Mitglieder zeichnungspflichtig, bei einer Testamentsvollstreckung ist dagegen nur der **Testamentsvollstrecker** allein zeichnungsberechtigt. Der **gesetzliche Vertreter** unterzeichnet für den Vertretenen.[13]

Nach S. 2 müssen bei **Personenhandelsgesellschaften** sämtliche persönlich haftende Gesellschafter bzw. Komplementäre unterzeichnen. **Kommanditisten** werden nicht erfasst.[14]

Bei **Kapitalgesellschaften** haben alle – auch stellvertretende – Mitglieder des Vorstandes bzw. alle Geschäftsführer den Jahresabschluss zu unterzeichnen.[15] Die Unterzeichnungspflicht ist insbesondere unabhängig von den Vertretungsregeln innerhalb der Gesellschaft. Bei Kapitalgesellschaften in Abwicklung fällt dem **Abwickler** diese Pflicht zu (§ 265 Abs. 2 S. 3 AktG). Bei einer **GmbH & Co. KG** ist der Jahresabschluss durch die GmbH zu unterzeichnen, welche wiederum durch so viele Geschäftsführer handelt, wie zur Vertretung erforderlich sind.[16] Bei einer **KGaA** unterzeichnen sämtliche persönlich haftenden Gesellschafter.[17]

Bei zweifelsfreier **Verhinderung** aus wichtigem Grund eines von mehreren Unterzeichnungspflichtigen und drohender Fristversäumnis ist die **willensgemäße Vertretung** von einem anderen Mitunterzeichnungspflichtigen zulässig.[18]

Unterzeichnungsberechtigt sind diejenigen Personen, welche im maßgeblichen Zeitpunkt der Unterschriftsleistung eine Stellung innehaben, welche die Unterzeichnungspflicht begründet.[19] Damit ist der Zeitpunkt der Abschlussfeststellung der ausschlaggebende Zeitpunkt für die Bestimmung des zur Unterzeichnung berechtigten und verpflichteten Personenkreises. Bis zum Zeitpunkt der Feststellung Ausgeschiedene und Suspendierte unterliegen grundsätzlich keiner Unterzeichnungspflicht.[20] Neu Eingetretene haben den Jahresabschluss auch dann zu unterschreiben, wenn sie zwar im Aufstellungszeitpunkt noch keine, wohl aber im Feststellungszeitpunkt organschaftliche Vertreter der Kapitalgesellschaft waren.[21]

3. Leistung der Unterschrift unter Angabe des Datums. Die Unterzeichnung erfordert die persönliche Unterschrift des Zeichnungspflichtigen auf dem Original des Jahresabschlusses mit seinem Namen.[22] Die Angabe der Firma ergibt sich aus dem Jahresabschluss; insbesondere erfolgt die Unterschrift nicht für die Firma, sondern in Erfüllung der persönlichen Verpflichtung.[23] Auf den Vornamen kann verzichtet werden. Vorstandsmitglieder zeichnen unter dem Vermerk „Der Vorstand".[24] Eine mechanische oder faksimilierte Unterschrift genügt nicht.[25]

Der Jahresabschluss ist unter Angabe des Datums, dh. Tag/Monat/Jahr zu unterzeichnen. Nur dann ist die Nachweisfunktion der Unterschrift vollständig gewährleistet.[26] Eine Ortsangabe wird dagegen nicht vorausgesetzt. Als frühestmögliches Datum kommt der Tag der Feststellung in Frage.[27]

---

[9] *ADS* RdNr. 4.
[10] *Winkeljohann/Schellhorn* BeBiKo RdNr. 5.
[11] *ADS* RdNr. 4; insoweit unklar *Ellerich/Swart* HdR RdNr. 15.
[12] *ADS* RdNr. 9; *Ellerich/Swart* HdR RdNr. 5.
[13] *ADS* RdNr. 9.
[14] *ADS* RdNr. 10.
[15] *ADS* RdNr. 12; *Winkeljohann/Schellhorn* BeBiKo RdNr. 2; *Ellerich/Swart* HdR RdNr. 3.
[16] *ADS* RdNr. 11.
[17] *Winkeljohann/Schellhorn* BeBiKo RdNr. 2.
[18] *Ellerich/Swart* HdR RdNr. 5; aA unter Aufgabe der Ansicht aus der Vorauflage: *ADS* RdNr. 13a, die nun die Unterzeichnung als eine höchstpersönliche Pflicht ansehen, bei der eine Vertretung nicht zulässig sei. In Fällen einer Verhinderung auf Grund höherer Gewalt sei auf eine Mitwirkung bei der Unterzeichnung zu verzichten.
[19] *ADS* RdNr. 14.
[20] *ADS* RdNr. 14; *Ellerich/Swart* HdR RdNr. 4; *Winkeljohann/Schellhorn* BeBiKo RdNr. 2.
[21] So auch: *ADS* RdNr. 14.
[22] *ADS* RdNr. 5.
[23] *ADS* RdNr. 5.
[24] *ADS* RdNr. 5.
[25] *Winkeljohann/Schellhorn* BeBiKo RdNr. 2; *Ellerich/Swart* HdR RdNr. 5.
[26] *Winkeljohann/Schellhorn* BeBiKo RdNr. 3.
[27] *ADS* RdNr. 8; aA *Ellerich/Swart* HdR RdNr. 13, die eine Unterzeichnung vor dem Feststellungszeitpunkt und somit auch eine frühere Datierung für möglich halten.

§ 246

13 Die Unterzeichnung hat sich auf den gesamten Jahresabschluss zu erstrecken. Aufgrund einer fehlenden konkreten gesetzlichen Vorschrift zum Ort der Unterzeichnung bietet sich bei Einzelkaufleuten und Personenhandelsgesellschaften, bei denen wenigstens ein persönlich haftender Gesellschafter unmittelbar oder mitttelbar eine natürliche Person ist, eine Unterzeichnung am Ende der Gewinn- und Verlustrechnung, bei Kapitalgesellschaften und OHG/KG iSv. § 264a unter dem Anhang an.[28] Dies setzt voraus, dass die Teile des Jahresabschlusses fest miteinander verbunden sind; andernfalls ist eine separate Unterzeichnung der einzelnen Bestandteile unumgänglich.[29]

III. Fehlende Unterschrift

14 Die **fehlende Unterzeichnung** ist ein **formeller Bilanzfehler,** der bei Nichtkapitalgesellschaften ohne unmittelbare handelsrechtliche Folgen bleibt.[30] Sind hingegen Jahresabschlüsse einer Kapitalgesellschaft nicht unterzeichnet, liegt eine Ordnungswidrigkeit iSv. § 334 Abs. 1 Nr. 1a vor.[31] Bei OHG/KG iSv. § 264a ergibt sich dies aus § 335b iVm. § 334 Abs. 1 Nr. 1a. Die fehlende Unterzeichnung führt jedoch nicht zur Nichtigkeit des Jahresabschlusses.[32] Ebenso wenig ist eine nicht geleistete Unterschrift ein **Abberufungsgrund** für Geschäftsführer und Vorstandsmitglieder.[33] Bedeutung erlangt das Fehlen allenfalls im **Insolvenzfall** (§§ 283 bis 283b StGB). Sofern aber keine weiteren Verstöße gegen gesetzliche Vorschriften zur Aufstellung vorliegen, können aus dem Fehlen der Unterschrift allein keine strafrechtlichen Konsequenzen hergeleitet werden.[34]

Zweiter Titel. Ansatzvorschriften

§ 246 Vollständigkeit. Verrechnungsverbot

(1) ¹Der Jahresabschluß hat sämtliche Vermögensgegenstände, Schulden, Rechnungsabgrenzungsposten, Aufwendungen und Erträge zu enthalten, soweit gesetzlich nichts anderes bestimmt ist. ²Vermögensgegenstände, die unter Eigentumsvorbehalt erworben oder an Dritte für eigene oder fremde Verbindlichkeiten verpfändet oder in anderer Weise als Sicherheit übertragen worden sind, sind in die Bilanz des Sicherungsgebers aufzunehmen. ³In die Bilanz des Sicherungsnehmers sind sie nur aufzunehmen, wenn es sich um Bareinlagen handelt.

(2) Posten der Aktivseite dürfen nicht mit Posten der Passivseite, Aufwendungen nicht mit Erträgen, Grundstücksrechte nicht mit Grundstückslasten verrechnet werden.

Schrifttum: *BFH* vom 26. Januar 1970, BStBl. 1970 II S. 264 ff.; *BFH* vom 8. März 1977, BStBl. 1977 II S. 629 ff.; BMF-Schreiben vom 19. April 1971, BStBl. 1971 I S. 264 ff.; BMF-Schreiben vom 21. März 1972, BStBl. 1972 I S. 188 ff.; BMF-Schreiben vom 23. Dezember 1991, BStBl. 1992 I S. 13 ff.; BMF-Schreiben vom 22. Dezember 1975, DB 1976, 172 f.; IDW RS HFA 8, Zweifelsfragen der Bilanzierung von asset backed securities-Gestaltungen und ähnlichen Transaktionen, WPg 2002, 1151 (geändert am 9. 12. 2003, WPg 2004, 138); IDW ERS HFA 13, Einzelfragen zum Übergang des wirtschaftlichen Eigentums und zur Gewinnrealisierung nach HGB, WPg 2004, 952; IDW RS HFA 15, Bilanzierung von Emissionsberechtigungen nach HGB, WPg 2006, 574; IDW St/HFA 1/1989: Zur Bilanzierung beim Leasinggeber, WPg 1989, 625.

Übersicht

	RdNr.		RdNr.
I. Überblick	1	5. Steuerliche Regelungen	12–24
II. Vollständigkeitsgebot (Abs. 1)	2–38	a) Wirtschaftsgüter	12–17
1. Allgemeines	2	b) Personelle Zuordnung	18
2. Vermögensgegenstände und Schulden	3–9	c) Sachliche Zuordnung	19–24
3. Rechnungsabgrenzungsposten	10	6. Exkurs: Leasingverträge	25–38
4. Aufwendungen und Erträge	11	III. Verrechnungsverbot (Abs. 2)	39, 40

---

[28] *ADS* RdNr. 6; *Ellerich/Swart* HdR RdNr. 10.
[29] *ADS* RdNr. 6; *Ellerich/Swart* HdR RdNr. 10; Staub/*Hüffer* RdNr. 11.
[30] Staub/*Hüffer* RdNr. 14; *Winkeljohann/Schellhorn* BeBiKo RdNr. 6.
[31] *ADS* RdNr. 16; *Winkeljohann/Schellhorn* BeBiKo RdNr. 6; *Ellerich/Swart* HdR RdNr. 14.
[32] OLG Karlsruhe v. 21. 11. 1986 – 15 U 78/84, WM 1987, 533 u. OLG Frankfurt Urt. v. 10. 5. 1988 – 5 U 285/86, BB 1989, 395.
[33] *ADS* RdNr. 15.
[34] *Ellerich/Swart* HdR RdNr. 14.

I. Überblick

In § 246 werden grundsätzlich für alle Kaufleute der **Vollständigkeitsgrundsatz** und das **Ver-** 1
rechnungsverbot vorgeschrieben. Vollständigkeitsgebot und Verrechnungsverbot dienen dem in
§ 243 Abs. 2 für den Jahresabschluss normierten Grundsatz der Klarheit und Übersichtlichkeit.[1] Das
Vollständigkeitsgebot gilt nach Abs. 1 S. 1 nur insoweit, als gesetzlich nichts Anderes bestimmt ist,
und wird durch eine Reihe gesetzlich vorgesehener Ansatzwahlrechte und Ansatzverbote durchbrochen.[2] Ähnliches gilt für das Verrechnungsverbot, von dem es verschiedene Ausnahmen gibt.[3]

II. Vollständigkeitsgebot (Abs. 1)

1. Allgemeines. Nach Abs. 1 S. 1 sind in der Bilanz die Vermögensgegenstände, Schulden und 2
Rechnungsabgrenzungsposten, in der Gewinn- und Verlustrechnung die Aufwendungen und Erträge
vollständig aufzunehmen, soweit gesetzlich nichts anderes bestimmt ist. Das bedeutet, dass grundsätzlich alle bilanzierungsfähigen Vermögensgegenstände, Schulden und Rechnungsabgrenzungsposten in der Bilanz zu erfassen sind, die in **personeller** Hinsicht dem Kaufmann und in **sachlicher**
Hinsicht dem Betriebsvermögen zuzurechnen sind.[4] Die Gewinn- und Verlustrechnung muss alle
Aufwendungen und Erträge enthalten, die aus für Rechnung des Unternehmens erfolgten Geschäftsvorfällen stammen.[5] Welche Posten im Einzelnen in der Bilanz bzw. der Gewinn- und Verlustrechnung ausgewiesen werden dürfen oder müssen, bestimmen die **Ansatzvorschriften**, zB §§ 246 bis
251, 266 bis 278.[6]

2. Vermögensgegenstände und Schulden. Der Begriff des **Vermögensgegenstands** wird im 3
Gesetz nicht definiert. Nach überwiegender Auffassung stellen alle nach der Verkehrsanschauung
individualisierbaren Güter, die sich bei wirtschaftlicher Betrachtung einzeln verwerten lassen, Vermögensgegenstände dar.[7] Neben **körperlichen** Gegenständen zählen zu den Vermögensgegenständen iSv. Abs. 1 auch **immaterielle Vermögensgegenstände**[8] (zB Schutzrechte, Lizenzen, Software, Emissionsrechte).[9] Diese sind handelsrechtlich allerdings nur dann aktivierbar, wenn sie selbstständig bewertbar sowie selbstständig veräußerbar bzw. verkehrsfähig sind.[10] Weiterhin stellen
Forderungen, die rechtlich entstanden sind und noch Bestand haben, grundsätzlich Vermögensgegenstände dar und sind daher zu aktivieren.[11] **Bilanzierungshilfen** sind keine Vermögensgegenstände; sie sollen durch die Aktivierung von ansonsten nicht bilanzierbaren Aufwendungen einen
Verlustausweis verhindern. Zu den Bilanzierungshilfen zählen zB die Aufwendungen für die Ingangsetzung und Erweiterung des Geschäftsbetriebs[12] und die aktiven latenten Steuern.[13]

Schulden sind der Oberbegriff für **Verbindlichkeiten** und **Rückstellungen,** die Schuldcharak- 4
ter besitzen.[14] Voraussetzung für die Annahme einer Schuld ist, dass eine rechtliche oder wirtschaftliche Verpflichtung zu einer Leistung besteht, diese am Abschlussstichtag eine wirtschaftliche
Belastung begründet und selbstständig bewertbar ist.[15] Nicht zu den Schulden iSv. Abs. 1 gehören
Sonderposten mit Rücklageanteil. Trotzdem besteht für diese ein Ansatzwahlrecht.[16] Ebenfalls
nicht zu den Schulden zählen **Haftungsverhältnisse** (sog. Eventualverbindlichkeiten), die nach der
speziellen Regelung des § 251 nicht in der Bilanz zu erfassen, sondern unter der Bilanz zu vermerken
sind.[17]

Das Vollständigkeitsgebot des Abs. 1 bezieht sich für die Passivseite der Bilanz nur auf Schulden 5
und Rechnungsabgrenzungsposten;[18] das **Eigenkapital** wird nicht ausdrücklich genannt. Dieses

---

[1] *ADS* RdNr. 2.
[2] Vgl. hierzu die Beispiele bei *ADS* RdNr. 448 ff.
[3] Vgl. RdNr. 39.
[4] *Förschle/Kroner* BeBiKo RdNr. 2; vgl. auch RdNr. 6 ff., 9.
[5] *Förschle/Kroner* BeBiKo RdNr. 91.
[6] *Baumbach/Hopt/Merkt* RdNr. 2.
[7] *ADS* RdNr. 26.
[8] Zur Aktivierbarkeit immaterieller Vermögensgegenstände, vgl. Erl. zu § 248 RdNr. 6 f.
[9] Vgl. *IDW* RS HFA 15, WPg 2006, 574.
[10] *Baumbach/Hopt/Merkt* RdNr. 4 f.
[11] Zu Besonderheiten vgl. *ADS* RdNr. 45 ff.
[12] Vgl. Erl. zu § 269 RdNr. 1 ff.
[13] Vgl. Erl. zu § 274 RdNr. 8 f.
[14] Vgl. Erl. zu § 249 RdNr. 15 ff.
[15] *ADS* RdNr. 103 ff.
[16] Vgl. auch Erl. zu § 247 RdNr. 18 ff. und zu § 273 RdNr. 1.
[17] Vgl. Erl. zu § 251 RdNr. 1 ff.
[18] Vgl. RdNr. 2.

§ 246 6–9 3. Buch. 1. Abschnitt. Vorschriften für alle Kaufleute

ergibt sich erst als Saldo aus den in der Bilanz anzusetzenden Aktiv- und Passivposten,[19] ist aber gesondert auszuweisen (§ 247 Abs. 1).

6 Für die Zuordnung von Vermögensgegenständen zu bestimmten Personen zum Zwecke der Rechnungslegung **(personelle Zuordnung)** ist nicht das zivilrechtliche, sondern das **wirtschaftliche Eigentum** maßgebend.[20] IdR fallen zivilrechtliches und wirtschaftliches Eigentum zusammen. Es ist aber auch derjenige wirtschaftlicher Eigentümer, der, ohne das rechtliche Eigentum zu haben, die tatsächliche Sachherrschaft über einen Vermögensgegenstand in der Weise ausübt, dass der nach bürgerlichem Recht Berechtigte wirtschaftlich auf Dauer von der Einwirkung ausgeschlossen ist.[21] Unabhängig von einem formalen Recht hat die tatsächliche Sachherrschaft über einen Vermögensgegenstand idR derjenige, bei dem Besitz, Gefahr, Nutzen und Lasten der Sache liegen.[22] Nach *IDW ERS HFA 13* verfügt der wirtschaftliche Eigentümer regelmäßig über das Verwertungsrecht durch Nutzung oder Weiterveräußerung, trägt die Chancen und Risiken aus der laufenden Nutzung des Gegenstands, kommt in den Genuss von Wertsteigerungen und trägt das Risiko der Wertminderung bzw. des Verlustes.[23] Dementsprechend wird in Abs. 1 S. 2 klargestellt, dass Vermögensgegenstände, die unter Eigentumsvorbehalt erworben oder an Dritte für eigene oder fremde Verbindlichkeiten verpfändet oder in anderer Weise als Sicherheit übertragen worden sind, in die Bilanz des Sicherungsgebers aufzunehmen sind. Dies gilt nach Abs. 1 S. 3 jedoch nicht, wenn zu Sicherungszwecken Bareinlagen erfolgen; diese sind dann in die Bilanz des Sicherungsnehmers aufzunehmen. Ein von den freien Vermögensgegenständen getrennter Ausweis der durch eine Sicherungsabrede gebundenen Vermögensgegenstände in der Bilanz des Sicherungsgebers ist nach überwiegender Auffassung nicht erforderlich.[24] Werden vom Sicherungsgeber zur Besicherung bestimmter Verbindlichkeiten Vermögensgegenstände an Gläubiger übereignet, so ist dies gem. § 285 S. 1 Nr. 1 b) im **Anhang** anzugeben.

7 Ein wichtiger Anwendungsfall für die personelle Zuordnung in der Praxis ist das **Leasing**.[25] Leasinggeschäfte können sowohl reine Miet- und Pachtverträge als auch Rechtsgeschäfte, die nach ihrem Gesamtbild wirtschaftlich einen Ratenkaufvertrag darstellen, sowie alle denkbaren Zwischenformen beinhalten. Für die bilanzielle Behandlung ist letztlich entscheidend, ob das wirtschaftliche Eigentum am Leasinggegenstand beim Leasingnehmer oder beim Leasinggeber liegt. Ist von vornherein ein Eigentumsübergang nach Ablauf der Mietzeit vereinbart, so liegt das wirtschaftliche Eigentum beim Leasingnehmer; das Gleiche ist anzunehmen, wenn der Leasinggegenstand dem Leasingnehmer steuerlich zugerechnet wird.[26] Mit den steuerrechtlichen Leasing-Erlassen wurden typisierende Regeln zur wirtschaftlichen Zurechnung von Leasinggegenständen entwickelt, die prinzipiell auch den handelsrechtlichen Grundsätzen zur Abgrenzung wirtschaftlichen Eigentums Rechnung tragen.[27] Somit werden in der Praxis in allen Fällen, in denen die steuerlichen Erlasse das wirtschaftliche Eigentum des Leasingnehmers verneinen, die Leasinggegenstände in der Bilanz des Leasinggebers erfasst.[28]

8 Weitere Beispiele für ein Auseinanderfallen von rechtlichem und wirtschaftlichem Eigentum sind Treuhandverhältnisse (zB Contractual Trust Arrangements),[29] Kommissionsgeschäfte, Pensionsgeschäfte (zB Sale-and-buy-back-Geschäfte),[30] ABS-Transaktionen (Refinanzierung von Finanzaktiva über Zweckgesellschaften),[31] Wertgarantien bei Veräußerungsgeschäften[32] oder Factoring.[33]

9 Bilanziert werden dürfen weiterhin nur Gegenstände, die **sachlich** dem unternehmerischen Bereich zuzuordnen sind; somit ist das Betriebsvermögen vom Privatvermögen des Kaufmanns abzugrenzen.[34] Dementsprechend sind Schulden auch nur die im Betrieb des Handelsgewerbes bzw.

---

[19] *ADS* RdNr. 79.
[20] *Förschle/Kroner* BeBiKo RdNr. 5; Baumbach/Hopt/*Merkt* RdNr. 11.
[21] *Förschle/Kroner* BeBiKo RdNr. 6 mwN.
[22] *BFH* v. 8. 3. 1977 S. 629.
[23] *IDW* ERS HFA 13, WPg 2004, 952.
[24] *Förschle/Kroner* BeBiKo RdNr. 20; *WPH* E RdNr. 40.
[25] S. dazu im Einzelnen sogleich unter RdNr. 25 ff.
[26] *WPH* E RdNr. 25 sowie zur steuerlichen Zurechnung die sog. Leasing-Erlasse in den BMF-Schreiben v. 19. 4. 1971 S. 264 ff., v. 21. 3. 1972 S. 188 ff., v. 22. 12. 1975, S. 172 f., v. 23. 12. 1991 S. 112 f.
[27] *ADS* RdNr. 392.
[28] *ADS* RdNr. 190; *WPH* E RdNr. 25; zur Bilanzierung bei Zurechnung zum Leasinggeber vgl. auch *IDW,* St/HFA 1/1989, WPg 1989, 625 f.
[29] *WPH* E RdNr. 175.
[30] Vgl. Erl. zu § 340 b; *IDW* ERS HFA 13, WPg 2004, 952.
[31] Vgl. hierzu *IDW* RS HFA 8, WPg 2002, 1151 (geändert am 9. 12. 2003, WPg 2004, 138); *WPH* E RdNr. 46.
[32] *Förschle/Kroner* BeBiKo RdNr. 35 f.
[33] Vgl. hierzu und zu weiteren Fällen *ADS* RdNr. 274 ff.; *Förschle/Kroner* BeBiKo RdNr. 7 ff.; Rowedder/*Kessler* GmbHG Anhang I nach § 42 a RdNr. 48 ff.; *WPH* E RdNr. 45.
[34] *Förschle/Kroner* BeBiKo RdNr. 55; Baumbach/Hopt/*Merkt* RdNr. 21; dies wird auch in § 5 Abs. 4 PublG bestätigt.

Unternehmens begründeten Verbindlichkeiten.[35] Soweit Steuerverbindlichkeiten des Einzelkaufmanns durch den Unternehmensgewinn oder das Unternehmensvermögen verursacht sind, dürfen sie in der Bilanz ausgewiesen werden; eine Verpflichtung hierzu besteht nicht.[36] Bei Kapitalgesellschaften, die kein Privatvermögen haben, ist diese Unterscheidung nicht von Bedeutung; bei Personengesellschaften ist Betriebsvermögen das Gesamthandsvermögen.

3. Rechnungsabgrenzungsposten. Das Vollständigkeitsgebot des Abs. 1 gilt auch für die Rechnungsabgrenzungsposten der Aktiv- und der Passivseite der Bilanz. Rechnungsabgrenzungsposten dienen der zutreffenden Erfassung des einer bestimmten Periode zurechenbaren Erfolges.[37]

4. Aufwendungen und Erträge. In der Gewinn- und Verlustrechnung müssen nach Abs. 1 grundsätzlich alle Aufwendungen und Erträge unter den dafür vorgesehenen Posten ausgewiesen werden, unsaldiert und unter Eliminierung von Einlagen und Entnahmen.[38] **Aufwendungen** sind der gesamte Werteverzehr an Gütern und Dienstleistungen, der das Netto- oder Reinvermögen des Handelsgewerbes mindert und einer Geschäftsperiode zuzurechnen ist; unter **Erträgen** wird dementsprechend jede Erhöhung des Netto- oder Reinvermögens durch Güter und Dienstleistungen, die einer Geschäftsperiode zuzurechnen sind, verstanden.[39]

5. Steuerliche Regelungen. a) Wirtschaftsgüter. Eine Aktivierung erfordert, dass am Bilanzstichtag ein aktivierungsfähiges Wirtschaftsgut, das dem Steuerpflichtigen zuzurechnen ist, vorhanden ist oder ein Rechnungsabgrenzungsposten anzusetzen ist. Der einkommensteuerliche Begriff des Wirtschaftsguts umfasst Sachen, Tiere und nichtkörperliche Gegenstände, die am Bilanzstichtag als realisierbare Vermögenswerte oder als bloße vermögenswerte Vorteile, wie etwa tatsächliche Zustände oder konkrete Möglichkeiten, angesehen werden können. Voraussetzung ist aber, dass diese der Kaufmann sich etwas kosten lässt, nach der Verkehrsauffassung einer selbstständigen Bewertung zugänglich sind und idR einen Nutzen für mehrere Wirtschaftsjahre erbringen. Für den Begriff des Wirtschaftsgutes wird die Übertragbarkeit zusammen mit dem Betrieb, nicht jedoch die Einzelveräußerbarkeit gefordert.[40] Handelsrechtliche Bilanzierungshilfen (vgl. § 269) sind in der Steuerbilanz nicht zu aktivieren.[41]

Grundsätzlich ist jede Sache iSv. § 90 BGB ein selbstständiges Wirtschaftsgut, abweichend vom BGB können aber auch wesentliche Bestandteile bilanzrechtlich selbstständige Wirtschaftsgüter sein und umgekehrt verschiedene Sachen ein Wirtschaftsgut sein, wenn sie eine wirtschaftliche Einheit bilden. Betriebliche Aufwendungen, die nicht zur Anschaffung (Herstellung) selbstständiger Wirtschaftsgüter führen, sind entweder sofort abziehbar oder Teil der Anschaffungs- oder Herstellungskosten bereits vorhandener Wirtschaftsgüter, insbesondere nachträgliche Anschaffungs- oder Herstellungskosten.[42]

Selbstständige Wirtschaftsgüter sind der Grund und Boden einerseits sowie das aufstehende Gebäude andererseits, obwohl zivilrechtlich eine Sache vorliegt. Gebäudeteile, die nicht in einem einheitlichen Nutzungs- und Funktionszusammenhang mit dem Gebäude stehen, sind selbstständige Wirtschaftsgüter. Ein Gebäudeteil ist selbstständig, wenn er besonderen Zwecken dient, mithin in einem von der eigentlichen Gebäudenutzung verschiedenen Nutzungs- und Funktionszusammenhang steht (zB Betriebsvorrichtungen, Scheinbestandteile, Ladeneinbauten, sonstige Mietereinbauten).[43] Wird ein Gebäude teils eigenbetrieblich, teils fremdbetrieblich, teils zu eigenen und teils zu fremden Wohnzwecken genutzt, so ist jeder der vier unterschiedlich genutzten Gebäudeteile ein besonderes Wirtschaftsgut, weil das Gebäude in verschiedenen Nutzungs- und Funktionszusammenhängen steht.[44] Unselbstständige Gebäudeteile liegen hingegen vor, wenn der Gebäudeteil der eigentlichen Nutzung als Gebäude dient (zB Rolltreppen eines Kaufhauses oder Umzäunung oder Garage bei einem Wohngebäude).[45]

Für die steuerliche Behandlung von Wirtschaftsgütern sind verschiedene Abgrenzungen erforderlich, wie zB materiell/immateriell, beweglich/unbeweglich, abnutzbar/nicht abnutzbar, Anlagevermögen/Umlaufvermögen.[46]

---

[35] Baumbach/Hopt/Merkt RdNr. 21.
[36] Förschle/Kroner BeBiKo RdNr. 70.
[37] ADS RdNr. 161; zur Frage, wann Rechnungsabgrenzungsposten anzusetzen sind, vgl. Erl. zu § 250 RdNr. 1 ff.
[38] Förschle/Kroner BeBiKo RdNr. 92.
[39] ADS RdNr. 165 ff.
[40] Schmidt EStG § 5 RdNr. 94, 95.
[41] Schmidt EStG § 5 RdNr. 101.
[42] Schmidt EStG § 5 RdNr. 131, 132.
[43] R 4.2 Abs. 3 EStR.
[44] R 4.2 Abs. 4 EStR.
[45] H 4.2 Abs. 5 EStR.
[46] Vgl. zu näheren Erl. Schmidt EStG § 5 RdNr. 111 ff.

16 Dingliche oder obligatorische Nutzungsrechte sind nach hM selbstständige immaterielle Wirtschaftsgüter. Zu beachten ist, dass die bloße Nutzung eines fremden Wirtschaftsguts zu betrieblichen Zwecken nicht in ein Betriebsvermögen eingelegt werden kann. Dies gilt auch für unentgeltlich erworbene dingliche oder obligatorische Nutzungsrechte.[47]

17 Trägt ein Dritter Anschaffungs- oder Herstellungskosten für ein vom Steuerpflichtigen zur Erzielung von Einkünften genutztes Wirtschaftsgut, so ergibt sich hieraus keine steuerliche Abschreibungsberechtigung des Steuerpflichtigen (so genannter Drittaufwand).[48] Trägt ein Steuerpflichtiger aus betrieblichem Anlass die Anschaffungs- oder Herstellungskosten für ein Gebäude oder einen Gebäudeteil, die im Alleineigentum oder Miteigentum eines Dritten stehen, mit dessen Zustimmung und darf er den Eigentumsanteil des Dritten unentgeltlich nutzen, so hat er die durch die Baumaßnahme geschaffene Nutzungsbefugnis an dem fremden Gebäude oder Gebäudeteil „wie ein materielles Wirtschaftsgut" mit den Anschaffungs- oder Herstellungskosten anzusetzen und nach den für Gebäude geltenden Regelungen abzuschreiben.[49] Beteiligt sich ein Steuerpflichtiger (Ehegatte) finanziell an den Anschaffungs- oder Herstellungskosten eines Hauses, das dem anderen Ehegatten gehört, und nutzt er Räume dieses Gebäudes zur Einkünfteerzielung, kann er die auf diese Räume entfallenden eigenen Aufwendungen grundsätzlich als Betriebsausgaben oder Werbungskosten (AfA) abziehen.[50] Bei Miteigentümern, die beide Anschaffungskosten/Herstellungskosten tragen, ist der jeweilige Aufwandsbeitrag in vollem Umfang primär dem jeweils eigenbetrieblich/eigenberuflich genutzten Teil zuzuordnen mit der Folge der vollen AfA unabhängig vom Miteigentumsanteil des anderen.[51]

18 **b) Personelle Zuordnung.** Gem. § 39 Abs. 1 und Abs. 2 Nr. 1 AO sind Wirtschaftsgüter dem Eigentümer oder abweichend davon demjenigen zuzurechnen, der die tatsächliche Herrschaft über ein Wirtschaftsgut in der Weise ausübt, dass er den Eigentümer im Regelfall für die gewöhnliche Nutzungsdauer von der Einwirkung auf das Wirtschaftsgut ausschließen kann (wirtschaftlicher Eigentümer). Zum möglichen Auseinanderfallen von zivilrechtlichem und wirtschaftlichem Eigentum s. oben RdNr. 6 ff.

19 **c) Sachliche Zuordnung.** Für die sachliche Zuordnung von Wirtschaftsgütern zu Betriebs- oder Privatvermögen wird zwischen notwendigem Betriebsvermögen, gewillkürtem Betriebsvermögen und notwendigem Privatvermögen unterschieden. Wirtschaftsgüter, die ausschließlich und unmittelbar für eigenbetriebliche Zwecke des Steuerpflichtigen genutzt werden oder dazu bestimmt sind, sind notwendiges Betriebsvermögen. Wirtschaftsgüter, die in einem gewissen objektiven Zusammenhang mit dem Betrieb stehen und ihn zu fördern bestimmt und geeignet sind, können als gewillkürtes Betriebsvermögen behandelt werden. Bei Wirtschaftsgütern, die nicht Grundstücke oder Grundstücksteile sind, liegt bei einer eigenbetrieblichen Nutzung zu mehr als 50% in vollem Umfang notwendiges Betriebsvermögen vor. Bei einer betrieblichen Nutzung von mindestens 10% bis 50% ist ein Ausweis als gewillkürtes Betriebsvermögen möglich. Bei einer betrieblichen Nutzung unter 10% liegt stets notwendiges Privatvermögen vor.[52] Bei Grundstücken und Grundstücksteilen liegt bei einer eigenbetrieblichen Nutzung grundsätzlich notwendiges Betriebsvermögen vor, bei einer Nutzung zu eigenen Wohnzwecken grundsätzlich notwendiges Privatvermögen.[53] Bei Vermietung an Dritte zu Wohnzwecken oder zur gewerblichen Nutzung kann eine Behandlung als gewillkürtes Betriebsvermögen vorgenommen werden.[54] Bei Gewinnermittlung nach § 4 Abs. 3 EStG kommt gewillkürtes Betriebsvermögen nur in den Fällen des Wechsels der Gewinnermittlungsart und der Nutzungsänderung in Betracht.[55]

20 Bei Personengesellschaften umfasst das Betriebsvermögen sowohl die Wirtschaftsgüter, die zum Gesamthandsvermögen gehören, als auch diejenigen Wirtschaftsgüter, die im Eigentum eines oder mehrerer Gesellschafter stehen (Sonderbetriebsvermögen). Solche Wirtschaftsgüter, die nicht zum Gesamthandsvermögen gehören, sind notwendiges Betriebsvermögen, wenn sie entweder unmittelbar dem Betrieb der Personengesellschaft dienen (Sonderbetriebsvermögen I) oder unmittelbar zur Begründung oder Stärkung der Beteiligung des Mitunternehmers an der Personengesellschaft eingesetzt werden sollen (Sonderbetriebsvermögen II). Solche Wirtschaftsgüter können zum gewillkürten Betriebsvermögen gehören, wenn sie objektiv geeignet und subjektiv dazu bestimmt sind, den

---

[47] H 4.3 Abs. 1 EStR.
[48] *Schmidt* EStG § 5 RdNr. 100; EStR H 18.
[49] BStBl. 1995 II S. 281.
[50] BStBl. 1999 II S. 778.
[51] *Schmidt* EStG § 4 RdNr. 139 mit Verweis auf BStBl. 1999 II S. 774.
[52] R 4.2 Abs. 1 EStR.
[53] R 4.2 Abs. 7 EStR.
[54] R 4.2 Abs. 9 EStR.
[55] H 4.5 Abs. 6 EStR.

Betrieb der Gesellschaft (Sonderbetriebsvermögen I) oder die Beteiligung des Gesellschafters (Sonderbetriebsvermögen II) zu fördern.[56]

21 Eine Entnahme liegt vor, wenn ein Wirtschaftsgut aus dem betrieblichen oder beruflichen in den privaten oder einen anderen betriebs- oder berufsfremden Bereich übergeht. Eine Entnahme ist regelmäßig nur dann gegeben, wenn eine Entnahmehandlung, getragen von einem Entnahmewillen, vorgenommen wird. Eine Entnahme liegt aber auch ohne Entnahmeerklärung oder Entnahmebuchung vor, wenn der Steuerpflichtige die Nutzung des Wirtschaftsguts auf Dauer so ändert, dass es seine Beziehung zum Betrieb verliert und damit Privatvermögen wird.[57]

22 Eine Verbindlichkeit ist grundsätzlich dann dem Betriebsvermögen zuzuordnen, wenn der die Schuld auslösende Vorgang einen tatsächlichen oder wirtschaftlichen Zusammenhang mit dem Betrieb aufweist. Ein rechtlicher Zusammenhang (zB Absicherung durch Grundschuld auf Betriebsgrundstück) oder ein Ausweis in der Handelsbilanz genügt nicht. Schulden, deren Entstehung nicht betrieblich veranlasst ist, gehören notwendig zum Privatvermögen.[58]

23 Mit der Entnahme eines fremdfinanzierten Wirtschaftsguts des Anlagevermögens wird die zur Finanzierung des Wirtschaftsguts aufgenommene betriebliche Schuld zu einer privaten Schuld. Umgekehrt wird mit der Einlage eines fremdfinanzierten Wirtschaftsguts die zur Finanzierung des Wirtschaftsguts aufgenommene private Schuld zu einer betrieblichen Schuld.[59]

24 Die Zulässigkeit sog. Mehrkontenmodelle wurde durch die Rechtsprechung grundsätzlich bestätigt, dh. es steht dem Steuerpflichtigen frei im Betrieb vorhandene Mittel zur Privatnutzung zu entnehmen und gleichzeitig weitere betriebliche Aufwendungen über Betriebsschulden zu bestreiten. Die Grenze zur privaten Entnahmefinanzierung ist dann überschritten, wenn dem Betrieb keine entnahmefähigen Finanzmittel mehr zur Verfügung stehen und die Entnahme nur dadurch möglich wird, dass Darlehensmittel in das Unternehmen fließen.[60] Zu beachten ist auch die Regelung zur Nichtabziehbarkeit von Schuldzinsen nach § 4 Abs. 4a EStG, die dann eingreift, wenn so genannte Überentnahmen getätigt werden und Darlehensmittel nicht zur Finanzierung von Wirtschaftsgütern des Anlagevermögens verwendet werden.

25 **6. Exkurs: Leasingverträge.** Leasingverträge stellen schuldrechtliche Verträge besonderer Art dar, da sie sowohl Bestandteile des Kaufs (Eigentumsübertragung) als auch der Miete (Nutzungsüberlassung) enthalten (Mischverträge). Sie werden zwischen dem juristischen Eigentümer, dem Leasinggeber (LG), und dem Nutzer, dem Leasingnehmer (LN), über bewegliche oder unbewegliche Sachen geschlossen. Leasingverträge stellen idR Abzahlungsverträge dar, insbesondere dann, wenn der LN nach Ablauf der Grundmietzeit verpflichtet ist, auf Verlangen des LG die Sache käuflich zu erwerben. Wird ausnahmsweise eine Abnahmeverpflichtung wahrscheinlich nicht realisiert, liegt **kein** verdecktes Abzahlungsgeschäft vor. Dies gilt vor allem auch dann, wenn bei einem Finanzierungs-Leasingvertrag der LN das Recht, aber nicht die Pflicht hat, die Sache nach Ablauf der Mietzeit zu Eigentum zu erwerben. Eigene Gewährleistungsansprüche gegen den Lieferanten hat der LN nur im Fall eines eindeutigen Kaufgeschäfts (Abzahlungsgeschäft). Charakteristisch für die meisten Leasingverträge ist die weitgehende Überwälzung der Pflichten und Gefahren des LG auf den LN.

26 Von **Operating Leasing** spricht man, wenn Leasinggüter relativ kurzfristig überlassen werden und das Investitionsrisiko regelmäßig beim LG verbleibt. Solche Verträge sind zB für Leasinggeschäfte der Automobil- oder der Computerbranche charakteristisch. Die Leasinggegenstände sind nach Ablauf der Grundmietzeit noch nicht verbraucht, so dass ein sog. Second-hand-Leasing möglich und auch üblich ist. Die bilanzielle Behandlung solcher Verträge wirft keine besonderen Probleme auf: Aufgrund von Operating-Leasing-Verträgen vermietete Vermögensgegenstände sind beim LG als zivilrechtlichem Eigentümer zu aktivieren.

27 Vom Operating-Leasing ist das **Finanzierungs-Leasing** zu unterscheiden. Gegenstand der Leasingverträge können Mobilien und Immobilien sein. Zur Bilanzierung von Finanzierungs-Leasingverträgen haben sich grundlegend geäußert:
– der BFH in den Urteilen v. 26. 1. 1970[61] und v. 18. 11. 1970;
– die Finanzverwaltung in den Schreiben des Bundesministers der Finanzen v. 19. 4. 1971 (zum **Mobilien-Leasing**);[62] des Bundesministers für Wirtschaft und Finanzen v. 21. 3. 1972 (zum

---

[56] R 4.2 Abs. 2 EStR.
[57] R 4.3 Abs. 2, 3 EStR.
[58] *Schmidt* EStG § 4 RdNr. 226.
[59] R 4.2 Abs. 15 EStR.
[60] *Schmidt* EStG § 4 RdNr. 241 f.
[61] BStBl. 1970 II S. 264.
[62] BStBl. 1971 I S. 264.

Immobilien-Leasing);[63] des Bundesministers der Finanzen vom 22. 12. 1975 (zu **Mobilien-Leasing-Teilamortisationsverträgen**);[64] des Bundesministers der Finanzen v. 23. 12. 1991 (zu **Immobilien-Leasing-Teilamortisationsverträgen**);[65]
– der Hauptfachausschuss beim IDW.[66]

27a Eine Sonderform des Leasing ist das sog. **sale-and-lease-back**, bei dem der Leasingnehmer ursprünglich Eigentümer des Leasingobjekts ist und es an den Leasinggeber verkauft, um es dann von diesem wieder zurück zu leasen. Dabei kann es sich sowohl um neue als auch um gebrauchte Vermögensgegenstände handeln. Sale-and-lease-back dient der Generierung von **Liquidität** oder der Aufdeckung **stiller Reserven**. Die lease-back-Vereinbarungen können als Operating Leasing oder Finanzierungs-Leasing ausgestaltet sein, wobei diese Kategorisierung anhand des Verbleibs oder des Übergangs des wirtschaftlichen Eigentums zu beurteilen ist. Verbleibt das wirtschaftliche Eigentum beim Leasingnehmer, so handelt es sich um eine reine Beschaffung von Liquidität und der Leasingnehmer hat den Vermögensgegenstand zu bilanzieren (Finanzierungs-Leasing). Voraussetzung zur Aufdeckung stiller Reserven und Realisierung eines Veräußerungsgewinns ist hingegen der Übergang des wirtschaftlichen Eigentums auf den Leasinggeber.[67] Zu umsatzsteuerlichen Problematiken vgl. BFH-Urteil vom 9. Februar 2006 V R 22/03, wonach beim Verbleib des wirtschaftlichen Eigentums beim Leasingnehmer weder die Übertragung noch die Rückübertragung des zivilrechtlichen Eigentums umsatzsteuerlich als Lieferung zu behandeln ist.[68]

28 Die Bilanzierung von Leasing ist im Handelsrecht nicht explizit geregelt, sondern stützt sich auf höchstrichterliche Rechtsprechung, IDW-Stellungnahme, Verwaltungsmeinung und eingehende Diskussion im Schrifttum. Daher werden im Folgenden nur die steuerrechtlichen Zurechnungsregeln sowie die Regelungen der HFA-Stellungnahme dargestellt. Nach Verwaltungsmeinung ist Finanzierungs-Leasing nur anzunehmen, wenn
– der Vertrag über eine bestimmte Zeit (**Grundmietzeit**) abgeschlossen wird,
– während der Grundmietzeit der Vertrag bei vertragsgemäßer Erfüllung für beide Vertragsparteien **unkündbar** ist und
– der LN mit den in der Grundmietzeit zu entrichtenden Raten **mindestens** die Anschaffungs- oder Herstellungskosten sowie alle Nebenkosten einschließlich der Finanzierungskosten des LG deckt.

29 Beim Finanzierungs-Leasing lassen sich im Wesentlichen **fünf Vertragstypen** unterscheiden:
1. Leasingverträge, die weder eine **Kauf-** noch eine **Verlängerungsoption** für den LN enthalten, wobei zwei Fälle zu unterscheiden sind:
   – Grundmietzeit und betriebsgewöhnliche Nutzungsdauer des Leasinggegenstandes decken sich,
   – Grundmietzeit ist geringer als die betriebsgewöhnliche Nutzungsdauer des Leasinggegenstandes.
2. Leasingverträge mit **Kaufoption**, dh. der LN hat das Recht, den Leasinggegenstand nach Ablauf der Grundmietzeit, die idR kürzer als dessen betriebsgewöhnliche Nutzungsdauer ist, zu erwerben.
3. Leasingverträge mit **Mietverlängerungsoption**, dh. der LN hat das Recht, nach Ablauf der Grundmietzeit, die idR kürzer als die betriebsgewöhnliche Nutzungsdauer des Leasinggegenstandes ist, das Vertragsverhältnis auf bestimmte oder unbestimmte Zeit zu verlängern (dies gilt sinngemäß auch bei automatischer Vertragsverlängerung ohne ausdrückliches Optionsrecht).
4. Verträge über **Spezialleasing**, dh. Verträge über speziell auf die Bedürfnisse des LN zugeschnittene Leasinggegenstände, die nach Ablauf der Grundmietzeit wirtschaftlich sinnvoll nur bei diesem zu verwenden sind (mit oder ohne Optionsklausel).
5. **Teilamortisationsverträge**, bei denen während der Grundmietzeit nur eine Teilamortisation erfolgt und die restliche Amortisation über die Ausübung eines Andienungsrechts oder einer Abschlusszahlung erfolgt.

30 Die **steuerliche Zurechnung** der Leasinggegenstände bestimmt sich nach der Vertragsgestaltung und deren tatsächlicher Durchführung. Dabei gilt für die im Einzelnen angesprochenen Vertragstypen Folgendes:

---

[63] BStBl. 1972 I S. 188.
[64] IV B 2 – S. 2170 – 161/75.
[65] BStBl. 1992 I S. 13.
[66] *IDW*, St/HFA 1/1989, WPg 1989, 625 f. „Zur Bilanzierung beim Leasinggeber".
[67] Vgl. *ADS* RdNr. 395.
[68] *BFH Pressemitteilung* Nr. 32 vom 19. Juli 2006.

Vollständigkeit. Verrechnungsverbot

Verträge ohne Optionsrecht:
- Grund und Boden sind dem LG zuzurechnen.
- Gebäude und Mobilien sind dem LG zuzurechnen, wenn die Grundmietzeit mindestens 40% und höchstens 90% der betriebsgewöhnlichen Nutzungsdauer des Leasinggegenstandes beträgt. Beträgt die Grundmietzeit weniger als 40% und mehr als 90% der betriebsgewöhnlichen Nutzungsdauer, sind sie dem LN zuzurechnen.

Verträge mit Kaufoptionen:
- Nach dem BFH-Urteil v. 26. 1. 1970 (BStBl. 1970 II S. 264) ist der Leasinggegenstand **idR** dem LN zuzurechnen, wenn die betriebsgewöhnliche Nutzungsdauer erheblich länger als die Grundmietzeit ist und der LN eine Option hat, den Leasinggegenstand zu einem Anschlusskaufpreis zu erwerben, der sich lediglich als eine Art Anerkennungsgebühr und nicht als eine echte Gegenleistung darstellt.
- Daraus hat die Verwaltung den Schluss gezogen, dass **Grund und Boden sowie Gebäude** nur dann dem **LN** zugerechnet werden können, wenn der für den Fall der Option vorgesehene Gesamtkaufpreis nicht niedriger ist als der unter Anwendung der linearen AfA ermittelte Buchwert des Gebäudes zuzüglich des Buchwerts des Grund und Bodens oder der niedrigere gemeine Wert des Grundstücks zum Zeitpunkt der Veräußerung; der LN hat somit dem LG den wirtschaftlichen Wert des Objekts zum Ende der Grundmietzeit voll zu vergüten, wenn er Eigentümer werden will.
- **Mobilien** sind dem **LG** zuzurechnen, wenn die Grundmietzeit mindestens 40% und höchstens 90% der betriebsgewöhnlichen Nutzungsdauer des Leasinggegenstandes beträgt und der für den Fall der Ausübung des Optionsrechts vorgesehene Kaufpreis nicht niedriger ist als der bei Anwendung der linearen AfA ermittelte Buchwert oder niedrigere gemeine Wert im Veräußerungszeitpunkt.
- Eine andere Beurteilung der Zurechnungsfrage kann sich ergeben, wenn die **Höhe des Optionspreises** erst nach Abschluss des Vertrages oder nach Ablauf der Grundmietzeit festgelegt und verändert wird.

Verträge mit Mietverlängerungsoptionen:
- **Grund und Boden** sind dem **LG** zuzurechnen.
- **Gebäude** können idR **nur dann dem LG** zugerechnet werden, wenn die Anschlussmiete, die der LN für die Zeit nach Ablauf der Grundmietzeit zahlen muss, mehr als 75% des für ein nach Art und Lage der Ausstattung vergleichbares Grundstück üblicherweise gezahlten Mietentgelts beträgt.
- **Mobilien** sind dem **LG** zuzurechnen, wenn die Grundmietzeit mindestens 40% und höchstens 90% der betriebsgewöhnlichen Nutzungsdauer des Leasinggegenstandes beträgt und die Anschlussmiete so bemessen ist, dass sie den Wertverzehr für den Leasinggegenstand deckt, der sich auf der Basis des unter Berücksichtigung der linearen AfA ermittelten Buchwerts oder des niedrigeren gemeinen Werts und der Restnutzungsdauer laut amtlicher AfA-Tabelle ergibt.
- Entspricht die Anschlussmiete nicht dem noch vorhandenen Wert des Leasinggegenstandes, sondern stellt sie lediglich eine Art Anerkennungsgebühr und keine echte Gegenleistung dar, dann kann nach Auffassung der Finanzverwaltung von vornherein davon ausgegangen werden, dass der Mieter sein Optionsrecht ausüben wird, weil es wirtschaftlich unvernünftig wäre, während der Grundmietzeit hohe Mietraten zu zahlen und danach auf die Weiternutzung des Leasinggegenstandes gegen Zahlung der viel niedrigeren Anschlussmiete zu verzichten. In diesem Fall erfolgt die Zurechnung zum LN.

Spezial-Leasingverträge:
- **Grund und Boden, Gebäude** und **Mobilien** sind idR dem LN zuzurechnen, ohne Rücksicht auf das Verhältnis von Grundmietzeit und Nutzungsdauer und ohne Rücksicht auf Optionsklauseln. Neben der Vertragsgestaltung ist auch auf die Beteiligung des LN am **Veräußerungserlös** des Leasinggegenstandes abzustellen. Die Übernahme des Risikos einer Wertveränderung des Leasinggegenstandes ist ein wesentliches Merkmal des wirtschaftlichen Eigentums. An den speziellen Zuschnitt, der zur Zurechnung des Leasinggegenstandes führt, sind besonders strenge Anforderungen zu stellen: Die Möglichkeit einer weiteren wirtschaftlichen Verwendung, einschließlich der Möglichkeit der Verschrottung bei entsprechendem Schrottwert, schließt die Annahme von Spezialleasing aus.

35 Teilamortisationsverträge bei Mobilien-Leasing:
Bei Verträgen mit einer unkündbaren Grundmietzeit zwischen 40% und 90% der betriebsgewöhnlichen Nutzungsdauer des Leasinggegenstandes, aber nur einer teilweisen Amortisation der Anschaffungs- oder Herstellungskosten, der Nebenkosten und der Finanzierungskosten des LG während der Grundmietzeit durch die Leasingraten (Teilamortisationsvertrag) erfolgt die Zurechnung des Leasinggegenstandes nach den folgenden Grundsätzen: (BMF v. 22. 12. 1975).
– Hat der Leasinggeber das Recht, den Leasinggegenstand dem LN zu einem festen Preis, der bereits bei Vertragsabschluss fest vereinbart wird, anzudienen, der LN jedoch kein Recht zum Erwerb des Leasinggegenstandes, dann ist der Leasinggegenstand dem LG zuzurechnen. Der LG ist in diesem Falle wirtschaftlicher Eigentümer, da er bei einer Wertsteigerung das Andienungsrecht nicht ausüben muss, sondern das Wirtschaftsgut zu dem über dem Andienungspreis liegenden Marktpreis verkaufen kann.
– Der Leasinggegenstand ist ebenfalls dem LG zuzurechnen, wenn die Parteien vereinbaren, dass der Leasinggegenstand nach Ablauf der Grundmietzeit durch den LG veräußert wird und der LN eine **Abschlusszahlung** in Höhe der Differenz zwischen Restamortisation (Gesamtkosten des LG abzüglich der in der Grundmietzeit entrichteten Leasingraten) und Veräußerungserlös zu zahlen hat, bei die Restamortisation übersteigenden **Veräußerungserlösen** jedoch 75% hiervon erhält. Da der LG 25% des die Restamortisation übersteigenden Veräußerungserlöses erhält, nimmt er wirtschaftlich an den Wertsteigerungen des Leasinggegenstandes teil und ist somit wirtschaftlicher Eigentümer.
– Vereinbaren die Parteien, dass der LN den Leasingvertrag frühestens nach Ablauf einer 40% der betriebsgewöhnlichen Nutzungsdauer entsprechenden Grundmietzeit kündigen kann, bei der Kündigung aber eine **Abschlusszahlung** in Höhe der Restamortisation zu leisten hat und dass auf diese Abschlusszahlung 90% des vom LG erzielten **Veräußerungserlöses** anzurechnen sind, dann ist der Leasinggegenstand dem LG zuzurechnen.

36 Teilamortisationsverträge bei Immobilien-Leasing:
Hierunter fallen Leasingverträge über unbewegliche Leasinggegenstände, die während einer bestimmten Grundmietzeit nur aus wichtigem Grund gekündigt werden können und bei denen die Leasingraten die Anschaffungs- oder Herstellungskosten sowie sämtliche Nebenkosten einschließlich der Finanzierungskosten des LG nur zum Teil decken. Die Zurechnung des Leasinggegenstandes richtet sich nach der Vertragsgestaltung und deren tatsächlicher Durchführung, wobei unter Würdigung aller Umstände jeweils im Einzelfall zu entscheiden ist, wem der Leasinggegenstand zuzurechnen ist. Im Einzelnen gilt Folgendes:
Grund und Boden ist grundsätzlich demjenigen zuzurechnen, dem auch das Gebäude zugerechnet wird. **Gebäude** werden grundsätzlich dem LG und nur in bestimmten Fällen ausnahmsweise dem LN zugerechnet (BMF v. 23. 12. 1991 S. 13):
1. Bei **Spezial-Leasingverträgen** sind Gebäude ohne Rücksicht auf das Verhältnis von Grundmietzeit und Nutzungsdauer sowie auf etwaige Optionsklauseln regelmäßig dem LN zuzurechnen.
2. Bei **Leasingverträgen mit Kaufoption** werden Gebäude regelmäßig dann dem LN zugerechnet, wenn die Grundmietzeit mehr als 90% der betriebsgewöhnlichen Nutzungsdauer beträgt oder der vorgesehene Kaufpreis geringer als der Restbuchwert unter Berücksichtigung der AfA gem. § 7 Abs. 4 EStG nach Ablauf der Grundmietzeit ist.
3. Bei **Leasingverträgen mit Mietverlängerungsoption,** bei denen die Grundmietzeit mehr als 90% der betriebsgewöhnlichen Nutzungsdauer beträgt oder die Anschlussmiete nicht mindestens 75% des für ein vergleichbares Grundstück üblichen Mietentgelts beträgt, sind Gebäude regelmäßig dem LN zuzurechnen.
4. Bei **Leasingverträgen mit Kauf- oder Mietverlängerungsoption** werden Gebäude stets dem LN zugerechnet, wenn diesem eine der folgenden Verpflichtungen auferlegt wird:
   – Der LN trägt die Gefahr des zufälligen ganzen oder teilweisen Untergangs des Leasinggegenstandes und die Leistungspflicht aus dem Mietvertrag mindert sich in diesen Fällen nicht.
   – Bei einer ganzen oder teilweisen Zerstörung des Leasinggegenstandes, die der LN nicht zu vertreten hat, ist er dennoch auf Verlangen des LG zur Wiederherstellung bzw. zum Wiederaufbau auf seine Kosten verpflichtet oder die Leistungspflicht aus dem Mietvertrag mindert sich trotz der Zerstörung nicht.
   – Die Leistungspflicht aus dem Mietvertrag mindert sich für den LN nicht, wenn die Nutzung des Leasinggegenstandes auf Grund eines von ihm nicht zu vertretenden Umstands langfristig *ausgeschlossen ist.*

- Der LN hat dem LG die bisher nicht gedeckten Kosten – ggf. auch einschließlich einer Pauschalgebühr zur Abgeltung von Verwaltungskosten – zu erstatten, wenn es zu einer vorzeitigen durch den LN nicht zu vertretenden Vertragsbeendigung kommt.
- Der LG wird vom LN von sämtlichen Ansprüchen Dritter freigestellt, die diese hinsichtlich des Leasinggegenstandes gegenüber dem LG geltend machen, es sei denn, der Anspruch des Dritten ist durch den LN verursacht worden.
- Der LN ist als Eigentümer des Grund und Bodens, auf dem der LG als Erbbauberechtigter den Leasinggegenstand errichtet, auf Grund des Erbbaurechtsvertrages aus wirtschaftlichen Gesichtspunkten gezwungen, den Leasinggegenstand nach Ablauf der Grundmietzeit zu erwerben.

Bei **wirtschaftlichem Eigentum des LG** ist der Leasinggegenstand von diesem als Anlage- oder Umlaufvermögen (da es sich um Leasingvermögen handelt, ist idR ein gesonderter Ausweis innerhalb des Anlage- oder Umlaufvermögens erforderlich) zu bilanzieren und mit Anschaffungs- oder Herstellungskosten,[69] vermindert um nach betriebsgewöhnlicher Nutzungsdauer bestimmte AfA, zu bewerten. Für die ergebniswirksame Vereinnahmung der Leasingraten und eventueller sonstiger Entgelte ist von den vertraglichen Vereinbarungen auszugehen, soweit diese zu einem sachgerechten Ausgleich von Leistung und Gegenleistung in den einzelnen Perioden führen (Kongruenz von Leasingentgelten und Nutzungsverlauf bzw. Aufwandsverlauf). Sofern ein sachgerechter Ausgleich von Leistung und Gegenleistung (zB durch degressive oder progressive Ratenvereinbarungen) nicht gegeben ist, ist eine abweichende ergebniswirksame Vereinnahmung erforderlich (passive Rechnungsabgrenzung fälliger Leasingentgelte oder Aktivierung noch nicht fälliger Leasingforderungen unter den sonstigen Vermögensgegenständen). Maßgeblich für die **passive Abgrenzung** fälliger Leasingentgelte ist der Aufwandsverlauf, für die **Aktivierung** noch nicht fälliger Leasingforderungen der Nutzungsverlauf.[70]

37

Bei **wirtschaftlichem Eigentum des LN** aktiviert der LG eine Kaufpreisforderung an den LN in Höhe der den Leasingraten zugrunde gelegten Anschaffungs- oder Herstellungskosten, die der vom LN ausgewiesenen Verbindlichkeit entspricht. Die Leasingraten sind in einen **Zins- und Kostenanteil** sowie in einen Anteil **Tilgung der Kaufpreisforderung** aufzuteilen. Bei der Aufteilung ist zu berücksichtigen, dass sich infolge der laufenden Tilgung der Zinsanteil verringert und der Tilgungsanteil entsprechend erhöht. Der Zins- und Kostenanteil stellt eine Betriebseinnahme des LG bzw. eine Betriebsausgabe des LN dar, während der Tilgungsanteil erfolgsneutral mit der Kaufpreisforderung beim LG bzw. Kaufpreisverbindlichkeit beim LN zu verrechnen ist. Die Ausführungen zur Ertragsvereinnahmung bei LG gelten entsprechend.

38

III. Verrechnungsverbot (Abs. 2)

Nach dem Verrechnungsverbot des Abs. 2 dürfen Posten der Aktivseite nicht mit Posten der Passivseite, Aufwendungen nicht mit Erträgen und Grundstücksrechte nicht mit Grundstückslasten verrechnet werden. Unter **Verrechnung** ist dabei jede Zusammenfassung von Aktiva und Passiva sowie von Aufwendungen und Erträgen zu verstehen, die im Jahresabschluss für sich nicht mehr erkennbar ist.[71] Die explizite Normierung der Unzulässigkeit einer Verrechnung von Grundstücksrechten mit Grundstückslasten ist historisch bedingt.[72] Das Verrechnungsverbot dient nicht nur dem Grundsatz der **Klarheit und Übersichtlichkeit** des Jahresabschlusses (§ 243 Abs. 2), sondern auch dem **Vollständigkeitsgebot** des Abs. 1.

39

Sowohl in der Bilanz als auch in der Gewinn- und Verlustrechnung wird das Verrechnungsverbot jedoch durch zahlreiche Ausnahmen durchbrochen. In der Bilanz können Forderungen und Verbindlichkeiten gegenüber denselben Personen bei einer Aufrechnungslage nach § 387 BGB gegeneinander aufgerechnet werden.[73] Bei Gesamtschuldverhältnissen kann eine im Außenverhältnis bestehende Gesamtschuld mit den im Innenverhältnis bestehenden Rückgriffsansprüchen gegen die Mitschuldner verrechnet werden, soweit diese rechtlich zweifelsfrei und vollwertig sind und dadurch ein genaueres Bild der Vermögens- und Finanzlage vermittelt wird.[74] In der Gewinn- und Verlustrechnung besteht nach § 265 Abs. 7 die Möglichkeit der Zusammenfassung der mit arabischen Ziffern versehenen Posten. Dies gilt auch für die mit Kleinbuchstaben versehenen Unter-

40

---

[69] Vgl. dazu *IDW,* St/HFA 1/1989, WPg 1989, 625 f.
[70] *IDW,* St/HFA 1/1989, WPg 1989, 626.
[71] *ADS* RdNr. 454.
[72] Vgl. dazu *ADS* RdNr. 459; *Kußmaul* HdR RdNr. 21.
[73] *ADS* RdNr. 466 ff.; *Förschle/Kroner* BeBiKo RdNr. 106 ff.
[74] *Förschle/Kroner* BeBiKo RdNr. 109.

gliederungen. Nach § 275 Abs. 2 Nr. 2 sind Bestandserhöhungen und Bestandsminderungen an fertigen und unfertigen Erzeugnissen in einem Posten auszuweisen. § 276 lässt bei kleinen und mittelgroßen Kapitalgesellschaften (§ 267 Abs. 1, 2) die Zusammenfassung verschiedener Posten (§ 275 Abs. 2 Nr. 1–5, Abs. 3 Nr. 1–3 und 6) zu einem Posten „Rohergebnis" zu, was grundsätzlich auch für Nicht-Kapitalgesellschaften gilt. Steuererstattungen können in bestimmtem Umfang mit Steuernachzahlungen verrechnet werden.[75] Darüber hinaus sind bspw. folgende weiteren Zusammenfassungen nach § 265 Abs. 7 Nr. 2 möglich:[76]
– Materialaufwand (Posten Abs. 2 Nr. 5 a und b),
– Personalaufwand (Posten Abs. 2 Nr. 6 a und b),
– Abschreibungen (Posten Abs. 2 Nr. 7 a und b),
– Erträge aus Finanzanlagen und sonstige Zinsen (Posten Abs. 2 Nr. 9–11, Abs. 3 Nr. 8–10),
– Beteiligungsergebnis (Posten Abs. 2 Nr. 9, Abs. 3 Nr. 8 und Posten nach § 277 Abs. 3 S. 2),
– Zinsergebnis (Posten Abs. 2 Nr. 10, 11 und 13, Abs. 3 Nr. 9, 10 und 12),
– Finanzergebnis (Posten Abs. 2 Nr. 9–13, Abs. 3 Nr. 8–12),
– außerordentliches Ergebnis (Posten Abs. 2 Nr. 15–17, Abs. 3 Nr. 14–16).

§ 247 Inhalt der Bilanz

(1) In der Bilanz sind das Anlage- und das Umlaufvermögen, das Eigenkapital, die Schulden sowie die Rechnungsabgrenzungsposten gesondert auszuweisen und hinreichend aufzugliedern.

(2) Beim Anlagevermögen sind nur die Gegenstände auszuweisen, die bestimmt sind, dauernd dem Geschäftsbetrieb zu dienen.

(3) [1] Passivposten, die für Zwecke der Steuern vom Einkommen und vom Ertrag zulässig sind, dürfen in der Bilanz gebildet werden. [2] Sie sind als Sonderposten mit Rücklageanteil auszuweisen und nach Maßgabe des Steuerrechts aufzulösen. [3] Einer Rückstellung bedarf es insoweit nicht.

Schrifttum: *Förschle/Kropp*, Mindestinhalt der Gewinn- und Verlustrechnung für Einzelkaufleute und Personenhandelsgesellschaften, DB 1989, 1037 und 1096; *IDW* RS HFA 7, Zur Rechnungslegung bei Personenhandelsgesellschaften, WPg 2002, 1259 (redaktionell geändert, WPg 2005, 669); *Schellein*, Der Einfluß der §§ 264–289 HGB auf die Rechnungslegung der Personenhandelsgesellschaften, WPg 1988, 693.

Übersicht

	RdNr.		RdNr.
I. Überblick	1, 2	6. Rechnungsabgrenzungsposten	9
II. Gliederung der Bilanz für alle Kaufleute (Abs. 1)	3–9	III. Gliederung der Gewinn- und Verlustrechnung für alle Kaufleute	10–13
1. Allgemeines	3, 4	IV. Begriff des Anlagevermögens (Abs. 2)	14–17
2. Anlagevermögen	5	V. Sonderposten mit Rücklageanteil (Abs. 3)	18–21
3. Umlaufvermögen	6	VI. Folgen der Nichtbeachtung	22
4. Eigenkapital	7		
5. Schulden	8		

I. Überblick

1 § 247 enthält verschiedene Anforderungen an den Inhalt der Bilanz. **Abs. 1** zählt Gliederungsposten auf, die auf der Aktiv- und der Passivseite der Bilanz gesondert auszuweisen und hinreichend aufzugliedern sind. **Abs. 2** enthält die Definition des Anlagevermögens, die auch für die Bilanz von Kapitalgesellschaften (§ 266) gültig ist. **Abs. 3** enthält ein Wahlrecht zur Bildung eines Sonderpostens mit Rücklageanteil auf der Passivseite (vgl. hierzu auch Erl. zu § 273 RdNr. 1 ff.).

2 Die Vorschrift des § 247 ergänzt das in § 246 Abs. 1 niedergelegte Vollständigkeitsgebot hinsichtlich des Ausweises der Aktiva und Passiva. Die Vorschrift gilt grundsätzlich für **alle Kaufleute**. Für Kapitalgesellschaften und OHG/KG iSv. § 264a haben jedoch die detaillierteren Regelungen hinsichtlich der Anforderungen an die Gliederung in den §§ 265 ff. als lex specialis Vorrang vor

---
[75] *ADS* RdNr. 478 mwN; *Förschle/Kroner* BeBiKo RdNr. 115.
[76] Vgl. *ADS* § 275 RdNr. 48.

Abs. 1.[1] Die Gliederungsvorschriften für Kapitalgesellschaften sind von Bilanzierenden, die weder Kapitalgesellschaften noch OHG/KG iSv. § 264a sind, nicht unmittelbar anzuwenden; fallen diese jedoch unter das **PublG**, so müssen sie grundsätzlich die für Kapitalgesellschaften geltenden Gliederungsvorschriften anwenden (§ 5 Abs. 1 PublG).

II. Gliederung der Bilanz für alle Kaufleute (Abs. 1)

1. Allgemeines. Ein dem § 266 Abs. 2, 3 vergleichbares Gliederungsschema ist für Bilanzierende, die weder Kapitalgesellschaften noch OHG/KG iSv. § 264a sind, nicht vorgeschrieben. Nach Abs. 1 sind in der Bilanz das **Anlage- und das Umlaufvermögen**, das **Eigenkapital**, die **Schulden** und die **Rechnungsabgrenzungsposten** gesondert auszuweisen und hinreichend aufzugliedern. Damit werden aber zunächst nur Posten umrissen, die für den Ausweis in der Bilanz grundsätzlich in Frage kommen;[2] eine Bilanzgliederung, die lediglich diese Posten enthält, entspricht noch nicht den GoB.[3] Aus diesem Grund fordert Abs. 1, dass die genannten Posten „hinreichend aufzugliedern" sind; diese Formulierung hat insofern klarstellenden Charakter. Was dabei unter „hinreichend aufgliedern" zu verstehen ist, kann nur im Einzelfall entschieden werden; als Maßstab ist der in § 243 Abs. 2 niedergelegte Grundsatz der Klarheit und Übersichtlichkeit heranzuziehen.[4] Einen Anhaltspunkt stellt das für **Kapitalgesellschaften** vorgeschriebene Gliederungsschema dar. Obwohl das Mindestgliederungsschema nach § 266 für Bilanzierende, die weder Kapitalgesellschaften noch OHG/KG iSv. § 264a sind, nicht verbindlich sein kann, setzt es sich in der Praxis wohl auch für Einzelkaufleute und Personenhandelsgesellschaften durch, zumindest in der nach § 266 Abs. 1 S. 3 für kleine Kapitalgesellschaften vorgeschriebenen verkürzten Form.[5]

Da Abs. 1 offen lässt, ob die Bilanz in **Konto-** oder **Staffelform** aufzustellen ist, können beide Formen als zulässig angesehen werden; die Darstellung in der Kontoform ist allerdings aus Gründen der Übersichtlichkeit vorzuziehen.[6]

2. Anlagevermögen. Das Anlagevermögen ist in Anlehnung an § 266 in
– immaterielle Vermögensgegenstände,
– Sachanlagen und
– Finanzanlagen

aufzugliedern;[7] im Einzelfall können diese Gruppen weiter aufzugliedern sein. Ein Anlagespiegel iSv. § 268 Abs. 2 kann für Bilanzierende, die weder Kapitalgesellschaften noch OHG/KG iSv. § 264a sind, nicht gefordert werden, eine freiwillige Aufstellung wäre jedoch auf Grund des damit verbundenen Informationszuwachses zu begrüßen.[8]

3. Umlaufvermögen. Beim Umlaufvermögen ist von einer Aufgliederung in die Gruppen
– Vorräte,
– Forderungen und sonstige Vermögensgegenstände,
– Wertpapiere,
– Schecks, Kassenbestand, Bundesbankguthaben, Guthaben bei Kreditinstituten

auszugehen, wobei idR die Vorräte weiter in **Roh-, Hilfs- und Betriebsstoffe, Erzeugnisse und Leistungen, Waren** sowie **geleistete Anzahlungen** zu unterteilen und unter den Forderungen die **Forderungen aus Lieferungen und Leistungen** getrennt von den sonstigen Vermögensgegenständen auszuweisen sind.[9] Bei Personenhandelsgesellschaften sollten wesentliche Forderungen an **Gesellschafter** gesondert ausgewiesen oder durch Vermerk kenntlich gemacht werden.[10] Bei OHG/KG iSv. § 264a sind diese Angaben zwingend (§ 264c Abs. 1). Die freiwillige Angabe des Betrages der Forderungen mit einer Restlaufzeit von mehr als einem Jahr analog zu § 268 Abs. 4, der nur für Kapitalgesellschaften und OHG/KG iSv. § 264a gilt, ist wegen des damit verbundenen Informationszuwachses zu empfehlen.[11]

---

[1] *ADS* RdNr. 7.
[2] *Ellrott/Krämer* BeBiKo RdNr. 4.
[3] *ADS* RdNr. 9; *Ellrott/Krämer* BeBiKo RdNr. 5.
[4] *ADS* RdNr. 20; *Baumbach/Hopt/Merkt* RdNr. 2.
[5] *ADS* RdNr. 24; *Hütten/Lorson* HdR RdNr. 13; *Schellein* WPg 1988, 695; vgl. dazu auch Ausführungen bei *ADS* RdNr. 23 ff.
[6] *ADS* RdNr. 29; *Ellrott/Krämer* BeBiKo RdNr. 7.
[7] *ADS* RdNr. 40; *Hütten/Lorson* HdR RdNr. 20.
[8] *ADS* RdNr. 43.
[9] *ADS* RdNr. 44 f.; auch *Ellrott/St.Ring* BeBiKo RdNr. 55.
[10] *IDW* RS HFA 7, WPg 2002, 1259 (redaktionell geändert, WPg 2005, 669).
[11] *ADS* RdNr. 47.

7 4. Eigenkapital. Das Eigenkapital stellt den Unterschied zwischen den Bilanzwerten der Vermögensgegenstände und der aktiven Rechnungsabgrenzung und den Bilanzwerten von Rückstellungen, Verbindlichkeiten, Sonderposten mit Rücklageanteil und passiver Rechnungsabgrenzung dar. Auch das Eigenkapital ist nach Abs. 1 gesondert auszuweisen und hinreichend aufzugliedern. Eine Orientierung kann an der Gliederung gem. § 264c Abs. 2, die für OHG/KG iSv. § 264a zwingend vorzunehmen ist, erfolgen. Danach ist ein gesonderter Ausweis von Kapitalanteilen, Rücklagen, Gewinnvortrag/Verlustvortrag sowie Jahresüberschuss/Jahresfehlbetrag erforderlich.[12] In Krisensituationen können Gesellschafterdarlehn bei Kapitalgesellschaften und OHG/KG iSv. § 264a wie Eigenkapital zu behandeln sein (**kapitalersetzende Darlehen** iSd. §§ 32a, 32b GmbHG iVm. §§ 129a, 172a). Der Ausweis erfolgt allerdings stets unter den Verbindlichkeiten, auch wenn eine Rückzahlung an Gesellschafter nicht erfolgen darf. Das gilt auch für Darlehen mit einem qualifizierten Rangrücktritt, das insolvenzrechtlich wie Eigenkapital behandelt wird.

8 5. Schulden. Schulden sind durch die Merkmale Leistungszwang gegenüber einem anderen, wirtschaftliche Belastung und Wahrscheinlichkeit der Inanspruchnahme gekennzeichnet.[13] Sie sind zumindest in **Rückstellungen** (mit Schuldcharakter, vgl. hierzu auch Erläuterungen zu § 249) und **Verbindlichkeiten** aufzugliedern. Ggf. kann eine weitere Aufgliederung erforderlich sein, bspw. der gesonderte Ausweis bedeutender Pensionsrückstellungen und die Aufgliederung der Verbindlichkeiten in Verbindlichkeiten gegenüber Kreditinstituten, erhaltene Anzahlungen, Verbindlichkeiten aus Lieferungen und Leistungen und Wechselverbindlichkeiten.[14] Bei Personenhandelsgesellschaften sollten wesentliche Verbindlichkeiten gegenüber **Gesellschaftern** gesondert ausgewiesen oder durch Vermerk kenntlich gemacht werden.[15] Bei OHG/KG iSv. § 264a sind diese Angaben zwingend (§ 264c Abs. 1). Die für Kapitalgesellschaften geforderten Angaben über Restlaufzeiten von Verbindlichkeiten (§ 268 Abs. 5, § 285 Nr. 1a) brauchen von Bilanzierenden, die weder Kapitalgesellschaften noch OHG/KG iSv. § 264a sind, nicht gemacht zu werden; freiwillige Angaben hierzu wären aber wünschenswert.[16]

9 6. Rechnungsabgrenzungsposten. Zu den aktiven und passiven Rechnungsabgrenzungsposten vgl. die Erläuterungen zu § 250.

III. Gliederung der Gewinn- und Verlustrechnung für alle Kaufleute

10 Für die Gliederung der Gewinn- und Verlustrechnung von Bilanzierenden, die weder Kapitalgesellschaften noch OHG/KG iSv. § 264a sind, gibt es kein gesetzlich vorgeschriebenes Gliederungsschema. Als Maßstab für die Gliederung können daher nur die Forderungen, dass die Gewinn- und Verlustrechnung den GoB entsprechen (§ 243 Abs. 1) und eine Gegenüberstellung von Aufwendungen und Erträgen darstellen muss (§ 242 Abs. 2), sowie der Grundsatz der Klarheit und Übersichtlichkeit (§ 243 Abs. 2), das Saldierungsverbot (§ 246 Abs. 2), wonach Aufwendungen nicht mit Erträgen verrechnet werden dürfen, und der Vollständigkeitsgrundsatz (§ 246 Abs. 1) dienen.[17] Da die Gewinn- und Verlustrechnung den Zweck hat, die **Erfolgsquellen** aufzuzeigen, aus denen sich das Jahresergebnis zusammensetzt, ist eine hinreichende Aufgliederung der Aufwendungen und Erträge erforderlich, so dass die für das Zustandekommen des Jahresergebnisses maßgeblichen Einflussfaktoren erkennbar werden.[18]

11 Entsprechend der Gliederung der Bilanz wird sich die Gliederung der Gewinn- und Verlustrechnung von Nicht-Kapitalgesellschaften in der Praxis an dem für **Kapitalgesellschaften** vorgeschriebenen Schema des § 275 für das Gesamtkosten- oder das Umsatzkostenverfahren orientieren.[19] Unterschiede zu der für Kapitalgesellschaften und OHG/KG iSv. § 264a vorgeschriebenen Gliederung dürften sich lediglich dahingehend ergeben, dass ggf. bestimmte Posten zu größeren Einheiten zusammengefasst werden.[20]

---

[12] *ADS* RdNr. 57. Zu den Besonderheiten der Bilanzierung des Eigenkapitals bei Nichtkapitalgesellschaften vgl. *ADS* RdNr. 57 ff.; *Förschle/Hoffmann* BeBiKo RdNr. 150 ff.; *IDW* RS HFA 7, WPg 2002, 1259 (redaktionell geändert, WPg 2005, 669).
[13] *Hoyos/M.Ring* BeBiKo RdNr. 201 ff.
[14] *Hoyos/M.Ring* BeBiKo RdNr. 241.
[15] *IDW* RS HFA 7, WPg 2002, 1259 (redaktionell geändert, WPg 2005, 669).
[16] *ADS* RdNr. 51.
[17] *ADS* RdNr. 77 f.
[18] *ADS* RdNr. 79; *Förschle* BeBiKo RdNr. 641.
[19] *ADS* RdNr. 81; *IDW* RS HFA 7, WPg 2002, 1259 (redaktionell geändert, WPg 2005, 669); *Schellein* WPg 1988, 695.
[20] *Förschle/Kropp* DB 1989, 1039.

Zumindest die **wesentlichen Strukturelemente** der Gliederungsschemata für Kapitalgesellschaften sind dabei auch von Bilanzierenden, die weder Kapitalgesellschaften noch OHG/KG iSv. § 264a sind, auszuweisen, was zu folgender Grundstruktur führt, die dann in Anlehnung an § 275 ggf. weiter aufzugliedern ist:[21] **12**

	betriebliches Ergebnis
+/−	Finanzergebnis
=	Ergebnis der gewöhnlichen Geschäftstätigkeit
+/−	außerordentliches Ergebnis
−	ergebnisabhängige Steuern
=	Jahresergebnis

Zulässig für die Aufstellung der Gewinn- und Verlustrechnung sind sowohl die **Kontoform** als auch die **Staffelform,** wobei der Staffelform der Vorzug zu geben ist.[22] **13**

IV. Begriff des Anlagevermögens (Abs. 2)

Nach Abs. 2 sind beim **Anlagevermögen** nur die Gegenstände auszuweisen, die bestimmt sind, **dauernd** dem **Geschäftsbetrieb** zu dienen. Demgegenüber gehören zum **Umlaufvermögen,** für das eine entsprechende gesetzliche Bestimmung fehlt und das sich daher aus der Negativabgrenzung zum Anlagevermögen ergibt, alle Posten, die weder dem Anlagevermögen noch den aktiven Rechnungsabgrenzungsposten zuzurechnen sind.[23] Positiv umschrieben werden somit beim Umlaufvermögen zB alle diejenigen Gegenstände ausgewiesen, die zur Veräußerung oder zum Verbrauch bzw. zur Verarbeitung im betrieblichen Prozess bestimmt sind.[24] **14**

Bei der Definition des Anlagevermögens wird nicht explizit auf die **Verhältnisse am Bilanzstichtag** abgestellt. Das bedeutet jedoch nicht, dass es nicht in erster Linie auf die Verhältnisse an diesem Tag ankommt; es soll lediglich zum Ausdruck gebracht werden, dass auch vor oder nach dem Bilanzstichtag liegende Tatsachen Berücksichtigung finden können.[25] Entscheidend für die Zuordnung eines Gegenstands zum Anlagevermögen ist das Kriterium, ob der Gegenstand **dauernd** dem Geschäftsbetrieb dient. Der Begriff „dauernd" darf dabei nicht im Sinne von „immer" oder „für alle Zeiten" verstanden werden;[26] vielmehr ist er so auszulegen, dass mit dem Vermögensgegenstand ein bestimmter Zweck, der durch eine gewisse Dauerhaftigkeit gekennzeichnet ist, verfolgt wird.[27] Objektive Merkmale für die Zweckbestimmung sind zB die Art des Vermögensgegenstands, der Geschäftszweig des Unternehmens und die tatsächliche Verwendung des Vermögensgegenstands im Unternehmen; führt die objektivierte Betrachtungsweise nicht zu eindeutigen Ergebnissen, weil der Vermögensgegenstand sowohl für den eigenen Geschäftsbetrieb verwendet als auch veräußert werden kann, muss zusätzlich als subjektive Komponente auf den Willen des Kaufmanns abgestellt werden.[28] Ändert sich die Zweckbestimmung eines Vermögensgegenstands im Zeitablauf, so ist grundsätzlich eine entsprechende Umgliederung vom Anlagevermögen in das Umlaufvermögen bzw. umgekehrt vorzunehmen.[29] **15**

Die Vermögensgegenstände müssen außerdem dem **Geschäftsbetrieb dienen.** Dieses Kriterium setzt nicht voraus, dass die Gegenstände auch unmittelbar im Geschäftsbetrieb verwendet werden, wie zB Sachanlagen oder immaterielle Vermögensgegenstände; auch Finanzanlagen, bei denen eine unmittelbare Nutzung im Geschäftsbetrieb nicht gegeben ist, dienen dem Geschäftsbetrieb.[30] **16**

Die steuerliche Abgrenzung zwischen Anlage- und Umlaufvermögen wird entsprechend der handelsbilanziellen Definition vorgenommen. Ob ein Wirtschaftsgut zum Anlagevermögen gehört, ergibt sich dabei aus seiner Zweckbestimmung, nicht aus seiner Bilanzierung. Ein Wirtschaftsgut des Anlagevermögens, dessen Veräußerung beabsichtigt ist, bleibt so lange Anlagevermögen, wie sich seine bisherige Nutzung nicht ändert, auch wenn bereits vorbereitende Maßnahmen zu seiner Veräußerung getroffen worden sind (R 6.1 Abs. 1 EStR). **17**

---

[21] *ADS* RdNr. 90 f.; *Förschle* BeBiKo RdNr. 662.
[22] *ADS* RdNr. 86; Baumbach/Hopt/*Merkt* RdNr. 3.
[23] *ADS* RdNr. 123.
[24] *Hütten/Lorson* HdR RdNr. 45ff.
[25] *ADS* RdNr. 105 mwN.
[26] *Hoyos/F.Huber* BeBiKo RdNr. 353; Baumbach/Hopt/*Merkt* RdNr. 5.
[27] *ADS* RdNr. 107.
[28] *ADS* RdNr. 110 ff. mit entsprechenden Beispielen.
[29] *ADS* RdNr. 117 ff.; *Hoyos/F.Huber* BeBiKo RdNr. 360 ff.
[30] *Hoyos/F.Huber* BeBiKo RdNr. 354 ff.; *Hütten/Lorson* HdR RdNr. 47; Baumbach/Hopt/*Merkt* RdNr. 7.

V. Sonderposten mit Rücklageanteil (Abs. 3)

18 Nach Abs. 3 S. 1 dürfen in der Bilanz Passivposten, die für **Zwecke der Steuern vom Einkommen und vom Ertrag** zulässig sind, gebildet werden. Diese sind dann als „Sonderposten mit Rücklageanteil" auszuweisen. Durch dieses Wahlrecht wird der Forderung des § 5 Abs. 1 S. 2 EStG Rechnung getragen, der zur Ausnutzung der durch das Steuerrecht in Sonderfällen vorgesehenen gewinnmindernden Bildung von Rücklagen für deren steuerliche Wirksamkeit eine entsprechende Handhabung in der Handelsbilanz voraussetzt. Soweit ein Sonderposten mit Rücklageanteil nach den Bestimmungen des Steuerrechts aufzulösen ist, muss nach Abs. 3 S. 2 auch in der Handelsbilanz eine entsprechende Auflösung erfolgen; eine vorzeitige Auflösung in der Handelsbilanz ist zulässig, hat aber regelmäßig auch steuerliche Konsequenzen.[31] Abs. 3 S. 3 stellt klar, dass es beim Ausweis eines Sonderpostens mit Rücklageanteil keiner **Rückstellung** für latente Steuern bedarf.

19 Die mit der Bildung eines Sonderpostens mit Rücklageanteil verbundene Gewinnminderung führt zu einer Steuerstundung und damit zu einem zeitlich begrenzten Finanzierungseffekt. Der Sonderposten hat somit einen **Mischcharakter** insoweit, als er in Höhe der später anfallenden Steuerbelastung **Fremdkapital** darstellt und ansonsten **Eigenkapitalcharakter** (Gewinnrücklage) hat.[32]

20 Als Sonderposten mit Rücklageanteil kommen insbesondere die **steuerfreien Rücklagen** in Betracht. Dazu zählen folgende Fälle:[33]
– Rücklage gem. § 6 b EStG,
– Rücklage für Zuschüsse gem. R 6.5 Abs. 4 EStR,
– Rücklage für Ersatzbeschaffung gem. R 6.6 EStR,
– sog. Ansparabschreibung gem. § 7 g EStG.

21 Außerdem können in den Sonderposten mit Rücklageanteil auch die ausschließlich **steuerrechtlich begründeten Abschreibungsbeträge** eingestellt werden (§ 281 Abs. 1 S. 1).[34]

VI. Folgen der Nichtbeachtung

22 Die unrichtige Wiedergabe oder Verschleierung der Verhältnisse im Jahresabschluss ist durch § 331 Nr. 1 unter Strafe gestellt; Zuwiderhandlungen gegen die Vorschriften des § 247 werden als Ordnungswidrigkeiten behandelt (§ 334 Abs. 1 Nr. 1 a). Im Falle der Insolvenz können sich **strafrechtliche Konsequenzen** (§§ 283 Abs. 1 Nr. 7 b), 283 b Abs. 1 Nr. 3 b) StGB) ergeben.

§ 248 Bilanzierungsverbote

(1) Aufwendungen für die Gründung des Unternehmens und für die Beschaffung des Eigenkapitals dürfen in die Bilanz nicht als Aktivposten aufgenommen werden.

(2) Für immaterielle Vermögensgegenstände des Anlagevermögens, die nicht entgeltlich erworben wurden, darf ein Aktivposten nicht angesetzt werden.

(3) Aufwendungen für den Abschluß von Versicherungsverträgen dürfen nicht aktiviert werden.

Schrifttum: *DRSC*, DRS 12, Immaterielle Vermögenswerte des Anlagevermögens, Stand 15. Juli 2005, Bekanntmachung durch das BMJ am 31. August 2005; *IDW* RS HFA 11, Bilanzierung von Software beim Anwender, WPg 2004, 817; *IDW*, RS HFA 15, Bilanzierung von Emissionsberechtigungen nach HGB, WPg 2006, 574; *Keßler*, Entwicklungskosten für Software in der Bilanz des Herstellers, BB 1994, Beilage 12; *Sauer*, Bilanzierung von Software: Rechnungslegung für Anwendersoftware nach Handels- und Steuerrecht unter Berücksichtigung US-amerikanischer Vorschriften, 1988; *Treiber*, Die Behandlung von Software in der Handels- und Steuerbilanz, DStR 1993, 887 ff.

Übersicht

	RdNr.		RdNr.
I. Allgemeines..................................	1	III. **Immaterielle Vermögensgegenstände**	6–10 a
II. **Aufwendungen für die Gründung und Eigenkapitalbeschaffung (Abs. 1)**.........	2–5	1. Immaterielle Vermögensgegenstände des Anlagevermögens (Abs. 2)................	6–9

---

[31] *Hoyos/Gutike* BeBiKo RdNr. 602.
[32] *ADS* RdNr. 132.
[33] Vgl. hierzu im Einzelnen *Hoyos/Gutike* BeBiKo RdNr. 604 ff.
[34] *WPH E* RdNr. 80; *Hoyos/Gutike* BeBiKo RdNr. 613.

Bilanzierungsverbote   1–6 § 248

	RdNr.		RdNr.
2. Immaterielle Vermögensgegenstände des Umlaufvermögens	10, 10 a	V. Sonstige steuerliche Bilanzierungsverbote	13
IV. Aufwendungen für den Abschluss von Versicherungsverträgen (Abs. 3)	11, 12	VI. Folgen der Nichtbeachtung	14

I. Allgemeines

Das Bilanzierungsverbot des § 248 für bestimmte Aufwendungen und Vermögensgegenstände soll **1** verhindern, dass zum einen die eventuell vom Unternehmen getragenen Kosten der Eigenkapitalbeschaffung auf mehrere Rechnungsperioden verteilt werden und zum anderen unsichere Werte, die nicht aus einem Anschaffungsgeschäft herrühren, Eingang in die Bilanz finden.[1] Somit entspricht die Vorschrift dem **Grundsatz der Bilanzklarheit** (§ 243 Abs. 2) und dem in § 252 Abs. 1 Nr. 4 normierten **Vorsichtsprinzip** (vgl. auch Erl. zu § 252 RdNr. 25 ff.).

II. Aufwendungen für die Gründung und Eigenkapitalbeschaffung (Abs. 1)

Unter **Gründung** sind alle Maßnahmen zu verstehen, die das Entstehen eines Unternehmens – **2** hinsichtlich seiner **rechtlichen Existenz** – zum Ziel haben. Aufwendungen für die Gründung unterscheiden sich daher von den **Ingangsetzungsaufwendungen** (vgl. Erl. zu § 269 RdNr. 1 ff.), da die Ingangsetzung des Geschäftsbetriebs die Maßnahmen zur Er- und Einrichtung des technischen und kaufmännischen Betriebs umfasst.[2] Ingangsetzungsaufwendungen fallen damit nicht unter das Verbot des Abs. 1. Zu den Gründungsaufwendungen zählen zB Notariatskosten, Genehmigungsgebühren, Beratungsgebühren, Gründungsprüfungskosten, Gutachterkosten für Sacheinlagenbewertung oder Reisekosten der Gründer.[3]

Das Bilanzierungsverbot des Abs. 1 umfasst weiterhin die Aufwendungen für die **Beschaffung** **3** **des Eigenkapitals.** Dies gilt sowohl für die erstmalige Kapitalaufbringung bei der Gründung als auch für sämtliche späteren Maßnahmen zur Eigenkapitalbeschaffung. Hierunter fallen insbesondere Aufwendungen in Zusammenhang mit der Ausgabe von Gesellschaftsanteilen, Kosten der Börseneinführung und alle Kosten einer Kapitalerhöhung, also zB Bankgebühren oder Druckkosten für Aktienurkunden und Börsenprospekte.[4] Abs. 1 beinhaltet nicht die Aufwendungen für die Beschaffung von **Fremdkapital.** Hinsichtlich der Frage der Aktivierbarkeit von Fremdkapitalbeschaffungskosten ist jeweils zu prüfen, ob sich aus anderen Vorschriften (§ 250 Abs. 3, § 255 Abs. 3) eine Aktivierungsfähigkeit ergibt.

Das handelsbilanzielle Aktivierungsverbot führt auf Grund des Maßgeblichkeitsprinzips auch in **4** der Steuerbilanz zu einem Aktivierungsverbot.[5]

Das Bilanzierungsverbot bezieht sich lediglich auf die **Aktivseite** der Bilanz. Die Berücksichtigung **5** von angefallenen Gründungsaufwendungen oder Aufwendungen für die Eigenkapitalbeschaffung im Rahmen von **Passivposten** (Rückstellungen, Verbindlichkeiten) bleibt davon unberührt.[6]

III. Immaterielle Vermögensgegenstände

1. Immaterielle Vermögensgegenstände des Anlagevermögens (Abs. 2): Nach Abs. 2 **6** besteht ein Aktivierungsverbot für solche **immateriellen Vermögensgegenstände** des Anlagevermögens, die **nicht entgeltlich** erworben wurden. Nach dem Wortsinn ist ein immaterieller Vermögensgegenstand durch die **nicht körperliche Erscheinungsform** gekennzeichnet.[7] Zu den immateriellen Vermögensgegenständen iS dieser Vorschrift zählen Konzessionen, gewerbliche Schutzrechte (zB Patente, Marken-, Urheber- und Verlagsrechte sowie Geschmacks- und Gebrauchsmuster) und ähnliche Rechte und Werte (zB Produktionsverfahren, EDV-Programme, Rezepte, Know-how) sowie Lizenzen an solchen Rechten und Werten.[8]

---

[1] *ADS* RdNr. 1.
[2] *ADS* RdNr. 4; *Baetge/Fey/Weber* HdR RdNr. 14.
[3] *ADS* RdNr. 5; *Förschle* BeBiKo RdNr. 2; *Baumbach/Hopt/Merkt* RdNr. 1.
[4] *Förschle* BeBiKo RdNr. 3; *Baumbach/Hopt/Merkt* RdNr. 1.
[5] *Schmidt* EStG § 5 RdNr. 30.
[6] *ADS* RdNr. 6 u. 8.
[7] *Baetge/Fey/Weber* HdR RdNr. 21.
[8] *WPH* E RdNr. 64; zur Bilanzierung von EDV-Software vgl. *IDW* RS HFA 11, WPg 2004, 817; *Baetge/Fey/Weber* HdR RdNr. 21, 39 ff.; *Treiber* DStR 1993, 887 ff.; *Keßler* BB 1994 Beilage 12; sowie BdF v. 20. 1. 1992, BB 1992, 531; BGH Urt. v. 14. 7. 1993, DB 1993, 1871. Zur Bilanzierung eines Geschäfts- oder Firmenwerts vgl. § 255 RdNr. 44 ff.

7 Dem Aktivierungsverbot liegt die Überlegung zugrunde, dass immaterielle Werte schwer schätzbar und daher unsicher sind und erst mit dem entgeltlichen Erwerb eine gewisse **Objektivierung** des Wertes eintritt.[9] Insoweit kann die Vorschrift als Ausprägung des **Vorsichtsprinzips** nach § 252 Abs. 1 Nr. 4 verstanden werden.[10] Ein **Erwerb** liegt dann vor, wenn das wirtschaftliche Eigentum an einem Gegenstand aus dem Vermögen eines anderen in das Vermögen des Erwerbers gelangt, wobei unerheblich ist, ob der immaterielle Vermögensgegenstand schon vorher bestanden hat oder erst durch das Erwerbsgeschäft entsteht. Als Erwerbsvorgänge kommen bspw. Kauf, Tausch, Verschmelzung oder Einbringung in Betracht.[11] **Entgeltlich** ist der Erwerb dann, wenn eine Gegenleistung, die zum Zwecke der Abgeltung für den Rechtsverlust der Gegenpartei entrichtet wird, erbracht wurde; die Gegenleistung muss dabei nicht in Geld bestehen, sondern kann bspw. auch in einer Dienstleistung oder sonstigen Leistung sowie in der Gewährung neuer Gesellschaftsrechte oder der Aufgabe bisheriger Beteiligungsrechte gesehen werden.[12] Der entgeltliche Erwerb ist auch nach DRS 12.8,[13] der grdsl. auf Konzernabschlüsse beschränkt ist, Voraussetzung für eine Aktivierung. Zusätzlich fordert DRS 12.8, dass der Vermögenswert im Zugangszeitpunkt verlässlich bewertbar ist und dem Unternehmen ein künftiger wirtschaftlicher Nutzen aus dem Vermögenswert zufließt.

8 **Selbsterstellte** immaterielle Vermögensgegenstände des Anlagevermögens sind nicht aktivierbar. Dies betrifft zB interne Aufwendungen für die Herstellung eines immateriellen Vermögensgegenstands. Auch externe Aufwendungen dürfen nicht aktiviert werden, wenn das Herstellungsrisiko vom Auftraggeber getragen wird (zB Programmierarbeiten auf Basis eines Dienstleistungsvertrags). Zu den Anschaffungskosten von entgeltlich erworbener Standardsoftware (inkl. ERP-Software) rechnen neben dem Kaufpreis auch die Customizing-Ausgaben, soweit sie entweder der Herstellung der Betriebsbereitschaft der Software dienen oder im Zusammenhang mit Maßnahmen zur Erweiterung oder wesentlichen Verbesserung der Software anfallen, für die ein Dritter das Herstellerrisiko trägt. Aufwendungen für Updates und Releasewechsel sind nur zu aktivieren, wenn es sich um eine tief greifende Überarbeitung im Sinne eines Generationenwechsels handelt, die über die Aufrechterhaltung der Funktionsfähigkeit hinausgeht. Nicht aktivierungsfähig sind Aufwendungen zum Erkennen und Bewerten von Beschaffungsalternativen, Schulungsmaßnahmen, Kosten der Altdatenübernahme sowie Aufwendungen für die Anpassung innerbetrieblicher Prozesse.[14]

9 In der Steuerbilanz entspricht dem Aktivierungsverbot des Abs. 2 die Vorschrift des § 5 Abs. 2 EStG. Danach sind immaterielle Wirtschaftsgüter des Anlagevermögens nur anzusetzen, wenn sie entgeltlich erworben wurden. Eine Einlage in ein Betriebsvermögen und eine verdeckte Einlage in eine Kapitalgesellschaft gelten hierbei auch als entgeltlicher Erwerb.[15]

10 **2. Immaterielle Vermögensgegenstände des Umlaufvermögens:** Das Aktivierungsverbot des Abs. 2 gilt **nicht** für immaterielle Vermögensgegenstände des **Umlaufvermögens**, so dass diese auch ohne Vorliegen eines entgeltlichen Erwerbs nach § 246 Abs. 1 aktivierungspflichtig sind.[16]

10 a Nach dem Emissionshandelssystem benötigen Unternehmen **Emissionsrechte**, um Treibhausgase ausstoßen zu dürfen.[17] Die Emissionsrechte werden den Unternehmen teilweise unentgeltlich zugeteilt, wobei mit nicht benötigten Rechten gehandelt werden kann, bzw. weitere Rechte hinzu erworben werden können. Emissionsrechte stellen **immaterielle Vermögensgegenstände** dar, die im Umlaufvermögen auszuweisen sind. **Unentgeltlich erworbene** Emissionsrechte dürfen zum beizulegenden Zeitwert oder zu einem Erinnerungswert angesetzt werden. Erfolgt die Zugangsbewertung zum Zeitwert, ist eine sofortige Ertragsrealisierung nicht zulässig; vielmehr ist ein gesonderter Posten zwischen Eigenkapital und Fremdkapital zu bilden (vgl. Erl. in § 265 RdNr. 22). Steht den zum Abschlussstichtag verursachten Emissionen keine entsprechende Anzahl von Emissionsrechten gegenüber, so ist eine Rückstellung für noch zu erwerbende Emissionsrechte zu bilden.[18]

---

[9] *ADS* RdNr. 14; *Förschle* BeBiKo RdNr. 7 u. 9.
[10] *ADS* RdNr. 14; Baumbach/Hopt/*Merkt* RdNr. 2.
[11] *Förschle* BeBiKo RdNr. 12; *WPH* E RdNr. 64.
[12] *Förschle* BeBiKo RdNr. 12.
[13] DRS 12: Immaterielle Vermögenswerte des Anlagevermögens.
[14] *IDW* RS HFA 11, WPg 2004, 817.
[15] R 5.5 Abs. 2 EStR; *Förschle* BeBiKo RdNr. 15.
[16] *ADS* RdNr. 23; *Förschle* BeBiKo RdNr. 8; *Baetge/Fey/Weber* HdR RdNr. 31.
[17] *IDW* RS HFA 15, WPg 2006, 574.
[18] *IDW* RS HFA 15, WPg 2006, 574.

IV. Aufwendungen für den Abschluss von Versicherungsverträgen (Abs. 3)

Abs. 3 bestimmt, dass Aufwendungen für den Abschluss von Versicherungsverträgen nicht aktiviert werden dürfen. Das Ansatzverbot umfasst bspw. Verwaltungskosten für die Antragsprüfung und Abschlussprovisionen sowie mittelbare Aufwendungen für Schulungen der Aussendienstmitarbeiter oder Werbekosten.[19] Das Verbot gilt auch für die Bildung eines RAP. Die Anwendung des Zillmer-Verfahrens im Rahmen der Bewertung von Deckungsrückstellungen bei Versicherungsunternehmen stellt keinen Verstoß gegen das Aktivierungsverbot dar.[20] **11**

§ 248 Abs. 3 gilt auch steuerlich.[21] **12**

V. Sonstige steuerliche Bilanzierungsverbote

Steuerlich sind die folgenden weiteren Bilanzierungsverbote zu beachten: **13**
- Verbindlichkeiten iSv. § 5 Abs. 2 a EStG
  Verbindlichkeiten oder Rückstellungen, die nur zu erfüllen sind, soweit künftig Einnahmen oder Gewinne anfallen, sind erst anzusetzen, wenn die Einnahmen oder Gewinne angefallen sind. Die Regelung betrifft nur bedingt entstehende Verbindlichkeiten, nicht den Rangrücktritt und auch nicht eigenkapitalersetzende Darlehen.[22]
- Rückstellungen wegen Verletzung fremder Schutzrechte
  Rückstellungen dürfen nur gebildet werden, wenn der Rechtsinhaber Ansprüche wegen der Rechtsverletzung geltend gemacht hat oder mit einer Inanspruchnahme wegen der Rechtsverletzung ernsthaft zu rechnen ist. Im letzteren Fall ist die Rückstellung nach drei Jahren aufzulösen, wenn Ansprüche nicht geltend gemacht worden sind.
- Rückstellungen für Dienstjubiläumszuwendungen
  Rückstellungen für Dienstjubiläumszuwendungen dürfen nur gebildet werden, wenn das Dienstverhältnis mindestens zehn Jahre bestanden hat, das Dienstjubiläum das Bestehen eines Dienstverhältnisses von mindestens fünfzehn Jahren voraussetzt, die Zusage schriftlich erteilt ist und soweit der Zuwendungsberechtigte seine Anwartschaft nach dem 31. 12. 1992 erwirbt.
- Rückstellungen für Drohverlustrückstellungen
  Rückstellungen für drohende Verluste aus schwebenden Geschäften dürfen steuerlich nicht gebildet werden.
- Rückstellungen für ungewisse Verbindlichkeiten
  Rückstellungen für ungewisse Verbindlichkeiten dürfen nicht gebildet werden, soweit die zurückgestellten Aufwendungen zu Anschaffungs- oder Herstellungskosten für ein Wirtschaftsgut führen würden.
- Rückstellungen für schadlose Verwertung radioaktiver Reststoffe iSv. § 5 Abs. 4 b EStG.

VI. Folgen der Nichtbeachtung

Ein Verstoß gegen § 248 führt bei Kapitalgesellschaften grundsätzlich zur **Nichtigkeit** des Jahresabschlusses (bei AG und KGaA: § 256 Abs. 1 Nr. 1, Abs. 5 Nr. 1 und § 278 Abs. 2 AktG; bei GmbH analoge Anwendung der Vorschriften für AG).[23] Die unrichtige Wiedergabe oder Verschleierung der Verhältnisse im JA ist durch § 331 Nr. 1 unter **Strafe** gestellt, Zuwiderhandlungen gegen die Vorschriften des § 248 werden als **Ordnungswidrigkeiten** behandelt (§ 334 Abs. 1 Nr. 1 a). **14**

§ 249 Rückstellungen

(1) ¹**Rückstellungen sind für ungewisse Verbindlichkeiten und für drohende Verluste aus schwebenden Geschäften zu bilden.** ²**Ferner sind Rückstellungen zu bilden für**

---
[19] *WPH* E RdNr. 67.
[20] *Förschle* BeBiKo RdNr. 16.
[21] *Förschle* BeBiKo RdNr. 16.
[22] *Schmidt* EStG § 5 RdNr. 315.
[23] Rowedder/Schmidt-Leithoff/*Tiedchen* GmbHG § 42 a RdNr. 74 mwN.

1. im Geschäftsjahr unterlassene Aufwendungen für Instandhaltung, die im folgenden Geschäftsjahr innerhalb von drei Monaten, oder für Abraumbeseitigung, die im folgenden Geschäftsjahr nachgeholt werden,
2. Gewährleistungen, die ohne rechtliche Verpflichtung erbracht werden.

³ Rückstellungen dürfen für unterlassene Aufwendungen für Instandhaltung auch gebildet werden, wenn die Instandhaltung nach Ablauf der Frist nach Satz 2 Nr. 1 innerhalb des Geschäftsjahrs nachgeholt wird.

(2) Rückstellungen dürfen außerdem für ihrer Eigenart nach genau umschriebene, dem Geschäftsjahr oder einem früheren Geschäftsjahr zuzuordnende Aufwendungen gebildet werden, die am Abschlußstichtag wahrscheinlich oder sicher, aber hinsichtlich ihrer Höhe oder des Zeitpunkts ihres Eintritts unbestimmt sind.

(3) ¹ Für andere als die in den Absätzen 1 und 2 bezeichneten Zwecke dürfen Rückstellungen nicht gebildet werden. ² Rückstellungen dürfen nur aufgelöst werden, soweit der Grund hierfür entfallen ist.

Schrifttum: *Bode/Grabner,* Rückstellungen für Verpflichtungen aus betrieblichen Altersteilzeitregelungen, DStR 2000, 141; *Eckstein/Fuhrmann,* Steuerliche Nichtanerkennung von Drohverlustrückstellungen – Abgrenzung zu anderen Rückstellungen, DB 1998, 529; *Höfer,* Rückstellungen für Altersteilzeitverpflichtungen in der Handels- und Steuerbilanz, DStR 1998, 1; *IDW,* HFA 1/1997, Bilanzierung und Bewertung von Pensionsverpflichtungen gegenüber Beamten und deren Hinterbliebenen, WPg 1997, 233; *IDW* RS HFA 3, Bilanzierung von Verpflichtungen aus Altersteilzeitregelungen nach IAS und nach handelsrechtlichen Vorschriften, WPg 1998, 1063; *IDW* HFA 4, Zweifelsfragen zum Ansatz und zur Bewertung von Drohverlustrückstellungen, WPg 2000, 716; *IDW* ERS HFA 6 n. F., Änderung von Jahres- und Konzernabschlüssen, WPg 2006, 1298; *Moxter,* Bilanzrechtsprechung, 5. Aufl. 1999; *Schönborn,* Verbindlichkeitsrückstellungen bei progressiver Miete, BB 1998, 1099; *Schurbohm-Ebneth,* Rückstellungen für Risiken wegen Produkthaftung und Umwelthaftung, 1995; *Schwartmann,* Das neue Bundes-Bodenschutzgesetz: Altlastenrisiko, Konzernhaftung und Gesamtschuldnerausgleich, DStR 1999, 324; *Wiedmann,* Die Bewertungseinheit im Handelsrecht, FS Moxter, 1994, S. 453.

Übersicht

	RdNr.		RdNr.
I. Allgemeine Grundsätze	1–14	b) Absatzgeschäfte	61–63
1. Überblick	1–4	c) Dauerrechtsverhältnisse	64–67
2. Rückstellungsarten	5, 6	3. Bestimmte Drohverlustrückstellungen	68–73
3. Rückstellungen in der Steuerbilanz	7, 8	a) Dauerrechtsverhältnisse aus dem Personalbereich	68, 69
4. Abgrenzung zu anderen Abschlussposten	9	b) Miet-, Pacht- und Leasingverträge	70–73
5. Grundsätze der Bildung und Beibehaltung von Rückstellungen dem Grunde nach	10–14	**IV. Rückstellungen für im Geschäftsjahr unterlassene Aufwendungen für Instandhaltung, die im folgenden Geschäftsjahr innerhalb von drei Monaten nachgeholt werden**	74–80
II. Rückstellungen für ungewisse Verbindlichkeiten	15–51a	1. Abgrenzung	74, 75
1. Passivierungskriterien	15	2. Voraussetzungen	76–80
2. Außenverpflichtung	16–20	**V. Rückstellungen für im Geschäftsjahr unterlassene Aufwendungen für Abraumbeseitigung, die im folgenden Geschäftsjahr nachgeholt werden**	81–83
3. Wirtschaftliche Verursachung	21–27		
4. Wahrscheinlichkeit der Inanspruchnahme	28		
5. Bestimmte Verbindlichkeitsrückstellungen	29–51a	**VI. Rückstellungen für Gewährleistungen, die ohne rechtliche Verpflichtung erbracht werden**	84, 85
a) Pensionsrückstellungen	29–41		
b) Umweltschutzrückstellungen	42–47		
c) Personalbereich	48–51	**VII. Rückstellungen ohne Drittverpflichtung – Ansatzwahlrechte**	86–101
d) Weitere Einzelfälle	51a		
III. Rückstellungen für drohende Verluste aus schwebenden Geschäften	52–73	**VIII. Folgen der Nichtbeachtung**	102, 103
1. Passivierungskriterien	52–57		
2. Schwebende Geschäfte	58–67		
a) Beschaffungsgeschäfte	58–60		

I. Allgemeine Grundsätze

1 1. Überblick. In § 249 ist der Ansatz von Rückstellungen **dem Grunde nach** geregelt, während für die **Bewertung** § 253 Abs. 1 S. 1 anzuwenden ist.

2 Rückstellungen sind Passivposten, mit denen bestimmte künftige Aufwendungen (Vermögensabgänge und insbesondere Ausgaben) oder Aufwendungsüberschüsse gewinnmindernd erfasst werden.¹

---

¹ *Hoyos/M. Ring* BeBiKo RdNr. 1.

Es wird unterschieden zwischen Rückstellungen mit Verpflichtungscharakter (Verbindlichkeits- 3
rückstellungen), bei denen die künftigen Aufwendungen oder Aufwendungsüberschüsse auf einer
Außenverpflichtung, dh. einem (rechtlichen oder faktischen) Leistungszwang gegenüber Dritten
beruhen, und (reinen) Aufwandsrückstellungen. Bei Letzteren fehlt eine Leistungsverpflichtung
gegenüber Dritten.[2] Für Verbindlichkeitsrückstellungen gilt generell die Passivierungspflicht, während für die Bildung Aufwandsrückstellungen zT ein Wahlrecht besteht.[3]

Der **Zweck** der Rückstellungen liegt zum einen darin, die Verpflichtungen in der Bilanz voll- 4
ständig auszuweisen. Gleichzeitig und darüber hinaus werden die Periodenaufwendungen zutreffend
erfasst, da durch die Passivierung von Rückstellungen bereits der Periode zuzurechnender Aufwand,
der jedoch noch nicht zu einer Ausgabe geführt hat, erfasst werden kann. Der erstgenannte Zweck
wird durch Verbindlichkeitsrückstellungen erfüllt, während dem zweitgenannten besser entsprochen
wird, wenn Aufwandsrückstellungen gebildet werden.

2. Rückstellungsarten. Folgender Katalog von Rückstellungen ist in § 249 aufgeführt: 5
Die **Passivierungspflicht** gilt für Rückstellungen für
– ungewisse Verbindlichkeiten (einschließlich Pensionsneuzusagen nach dem 1. Januar 1987),
– drohende Verluste aus schwebenden Geschäften,
– unterlassene Instandhaltung, wenn Nachholung innerhalb der Ersten drei Monate des Folgegeschäftsjahres,
– Gewährleistungen ohne rechtliche Verpflichtung (Kulanz),
– Abraumbeseitigung, die innerhalb von zwölf Monaten nach dem Bilanzstichtag nachgeholt wird.

Ein **Passivierungswahlrecht** wurde eingeräumt für Rückstellungen für 6
– „Altzusagen" bei Pensionen und ähnlichen Verpflichtungen,
– unterlassene Instandhaltung, wenn Nachholung innerhalb der Monate vier bis zwölf des Folgegeschäftsjahres,
– genau umschriebene Aufwendungen.

3. Rückstellungen in der Steuerbilanz. Der Maßgeblichkeitsgrundsatz des § 5 Abs. 1 EStG 7
wurde vom BFH in Bezug auf Rückstellungen dahingehend eingeschränkt, dass steuerlich nur
handelsbilanziell passivierungspflichtige Rückstellungen angesetzt werden dürfen (BStBl. 1969 II
S. 291).

Das Maßgeblichkeitsprinzip wird jedoch darüber hinaus sowohl hinsichtlich des Ansatzes von 8
Rückstellungen (vgl. § 248 RdNr. 13) als auch hinsichtlich der Bewertung von Rückstellungen (vgl.
§ 253 RdNr. 16 ff.) vielfältig durch gesetzliche Einzelregelungen durchbrochen.

4. Abgrenzung zu anderen Abschlussposten. Verbindlichkeitsrückstellungen unterscheiden 9
sich von **Verbindlichkeiten** dadurch, dass sie dem Grunde nach oder bezüglich ihrer Höhe ungewiss
sind. Passive **Rechnungsabgrenzungsposten** nehmen nach § 250 Abs. 2 ausschließlich Einnahmen
auf, die noch nicht Ertrag geworden sind. Rückstellungen beinhalten dagegen Aufwand, der noch
nicht zu Ausgaben geführt hat. Die Abgrenzung zum Eigenkapital (**Rücklagen**) besteht darin, dass
Rückstellungen nur gebildet werden müssen/dürfen, um konkreten Aufwand abzugrenzen. Dies ist
ein Vorgang, der der Ergebnisermittlung zuzurechnen ist. Die Bildung von Rücklagen ist dagegen
ein Vorgang der Ergebnisverwendung. Schließlich sind die Rückstellungen abgegrenzt von den
Eventualverbindlichkeiten durch den Grad der Wahrscheinlichkeit der Inanspruchnahme. Bei **Eventualverbindlichkeiten** wird nach den Verhältnissen am Stichtag nicht mit der Inanspruchnahme
gerechnet. Sie sind unter der Bilanz oder im Anhang auszuweisen (§ 251 iVm. § 268 Abs. 7).
Angabepflichtige sonstige finanzielle Verpflichtungen (§ 285 Nr. 3) betreffen dagegen schwebende
Geschäfte, bei denen sich die Gesellschaft zu Zahlungen verpflichtet hat, die jedoch am Bilanzstichtag
in Bezug auf Leistung und Gegenleistung ausgeglichen sind.[4]

5. Grundsätze der Bildung und Beibehaltung von Rückstellungen dem Grunde nach. 10
Der Zeitpunkt für die Bildung von Verbindlichkeitsrückstellungen ist gegeben, wenn alle Voraussetzungen erfüllt sind, an die das Gesetz und die Rechtsprechung die Passivierungspflicht knüpfen. Die
Voraussetzungen werden im Folgenden in den entsprechenden Abschnitten dargelegt.

Die Anwendung des **Stichtagsprinzips** auf den Ansatz von Rückstellungen dem Grunde und der 11
Höhe nach bedeutet, dass die am Bilanzstichtag bestehenden Tatsachen maßgeblich sind. Dabei sind

---

[2] *Hoyos/M. Ring* BeBiKo RdNr. 1.
[3] *Coenenberg* LexRewe S. 539.
[4] *Mayer-Wegelin/Kessler/Höfer* HdR RdNr. 22.

Informationen zu berücksichtigen, die nach dem Bilanzstichtag erlangt werden, soweit sie wertaufhellend sind.

12 Wenn eine zu einem früheren Bilanzstichtag zu bildende Rückstellung nicht angesetzt wurde, stellt sich die Frage, ob die **unterlassene Rückstellung** an einem späteren Bilanzstichtag **nachzuholen** ist bzw. nachgeholt werden darf. In der Handelsbilanz ist eine unterlassene Pflichtrückstellung zumindest im letzten noch nicht festgestellten Jahresabschluss nachzuholen. Sofern die Unterlassung zur Nichtigkeit des Jahresabschlusses führt, sind rückwirkend alle Jahresabschlüsse bis zur Quelle des Fehlers zu berichtigen.[5]

Zu den Voraussetzungen für die Änderung bereits festgestellter Jahresabschlüsse vgl. auch IDW ERS HFA 6.[6] Steuerlich ist bei Pensionsrückstellungen jedoch das Nachholverbot des § 6a Abs. 4 EStG zu berücksichtigen.

13 Die Zulässigkeit der Nachholung einer Aufwandsrückstellung nach Abs. 2 ist umstritten (dazu RdNr. 78).

14 Nach Abs. 3 S. 2 müssen Rückstellungen aufgelöst werden, wenn der Grund für ihre Bildung entfallen ist. Der Wegfall der Wahrscheinlichkeit der Inanspruchnahme kann dadurch bedingt sein, dass neue Informationen vorliegen, die zu einer anderen Beurteilung der Verhältnisse führen. Rückstellungen sind daher zu jedem Bilanzstichtag dahingehend zu überprüfen, ob die Voraussetzungen für ihren Ansatz sowohl dem Grunde als auch der Höhe nach noch gegeben sind. Anderenfalls sind sie ergebniswirksam aufzulösen oder zu vermindern.[7] Im Fall von Rückstellungen für Sachverhalte, die Gegenstand einer gerichtlichen Auseinandersetzung sind, ist eine Auflösung grdsl. nur bei rechtskräftiger Klageabweisung zulässig. Nach der Rechtsprechung des BFH handelt es sich bei dem Verzicht auf ein Rechtsmittel des Klägers oder das Verstreichenlassen der Rechtsmittelfrist um wertbegründende Ereignisse, die für die Bilanzierung unerheblich sind.[8] Der BFH stellt darauf ab, dass nicht die Inanspruchnahme an sich sondern das Risiko der Inanspruchnahme zum Bilanzstichtag ausschlaggebend ist.

II. Rückstellungen für ungewisse Verbindlichkeiten

15 **1. Passivierungskriterien.** Ein Sachverhalt ist
- als Verbindlichkeitsrückstellung passivierungspflichtig, wenn es sich um eine Verbindlichkeit gegenüber Dritten oder eine öffentlich-rechtliche Verpflichtung handelt,
- die Verpflichtung vor dem Bilanzstichtag wirtschaftlich verursacht ist und
- mit einer Inanspruchnahme aus einer nach ihrer Entstehung oder Höhe ungewissen Verbindlichkeit ernsthaft zu rechnen ist.[9]

16 **2. Außenverpflichtung.** Ein Geschäftsvorfall besitzt Schuldcharakter, wenn eine Verpflichtung gegenüber **Dritten** vorliegt oder eine solche zumindest bei sorgfältiger Abwägung aller bekannten Umstände nicht verneint werden kann.[10] Eine ungewisse Verbindlichkeit ist allerdings nur passivierbar, wenn mit dem **Be- oder Entstehen der Verbindlichkeit** ernsthaft zu rechnen ist, dh. wenn sie ausreichend konkretisiert ist.

17 Der BFH hält eine ungewisse Verbindlichkeit für ausreichend konkretisiert, wenn mehr Gründe für als gegen die Inanspruchnahme sprechen.[11] Ob eine ausreichende Konkretisierung vorliegt, kann insgesamt nur als Ermessensentscheidung im Einzelfall angesehen werden. Weiterführende Objektivierungskriterien können nicht formuliert werden. Für die **Konkretisierung einer öffentlich-rechtlichen Verpflichtung** hat der BFH gesonderte Kriterien entwickelt. Demnach ist eine Rückstellung für eine ungewisse öffentlich-rechtliche Verpflichtung nur dann zulässig, wenn entweder die Verfügung einer Behörde vorliegt oder die gesetzliche Regelung ein inhaltlich genau bestimmtes Handeln innerhalb eines bestimmten Zeitraums enthält und ihre Verletzung an Sanktionen geknüpft ist.[12]

18 Falls die Außenverpflichtung dahingehend konkretisiert ist, dass nur ungewiss ist, **wem gegenüber** die Verbindlichkeit besteht oder **wann** sie fällig wird, ist der Vorgang nicht als Rückstellung, sondern als **Verbindlichkeit** auszuweisen.[13]

---

[5] *Hoyos/M. Ring* BeBiKo RdNr. 19.
[6] *IDW,* ERS HFA 6, WPg 2006, 1298.
[7] *Hoyos/M. Ring* BeBiKo RdNr. 21 ff.
[8] *BFH* vom 30. 1. 2002, DB 2002, 871.
[9] *Hoyos/M. Ring* BeBiKo RdNr. 24; R 5.7 Abs. 2 EStR.
[10] *ADS* RdNr. 43.
[11] BFH, Urt. v. 2. 10. 1992, BStBl. 1993 II S. 154.
[12] BFH, Urt. v. 19. 10. 1993, BStBl. II S. 891 ff.
[13] *ADS* RdNr. 76 ff.

Die Verpflichtung kann sich aus dem Zivilrecht oder aus öffentlichem Recht[14] oder aus einem 19
faktischen Leistungszwang ergeben.[15] Ein **faktischer Leistungszwang** besteht, wenn ein Kaufmann
sich einer nicht einklagbaren Leistungsverpflichtung aus tatsächlichen, wirtschaftlichen oder sittlichen
Gründen nicht entziehen kann oder glaubt, sich nicht entziehen zu können.[16] Unter die faktischen
Verpflichtungen fallen u. a. die Rückstellungen für Gewährleistungen ohne rechtliche Verpflichtung
(Kulanzrückstellung) nach Abs. 1 S. 2 Nr. 2 (dazu RdNr. 84).

Umstritten ist, ob **Nebenpflichten und unselbstständige Nebenleistungen** mit in eine Rück- 20
stellung einzubeziehen sind. Der BFH hat dies für die Schadenbearbeitungsaufwendungen eines
Sachversicherers verneint (BFHE 98, 50). Handelsrechtlich ist dieser Fall insofern eindeutig, da nach
§ 341 g in die Schadensrückstellungen alle Aufwendungen der Schadenregulierung einzubeziehen
sind. Allgemein ist eine Verbindlichkeitsrückstellung nicht aus Sicht des Geld- oder Sachleistungs-
gläubigers zu beurteilen, sondern aus Sicht des Leistungsverpflichteten. Die in die Rückstellung
einbezogenen Aufwendungen müssen der Erfüllung einer ungewissen Verbindlichkeit direkt zurechenbar sein.[17]

3. Wirtschaftliche Verursachung. Im Kriterium der wirtschaftlichen Verursachung finden das 21
Realisationsprinzip, das Vorsichtsprinzip und das Prinzip der wirtschaftlichen Betrachtungsweise
Ausdruck. Abzugrenzen ist, ob künftiger Aufwand künftigen Erträgen zuzuordnen ist oder ob er
bereits mit realisierten Erträgen (oder dem betrieblichen Geschehen der Vergangenheit) in Verbindung steht.[18]

Insbesondere im Rahmen der BFH-Rechtsprechung wurde eine Reihe von Kriterien zur Ab- 22
grenzung der wirtschaftlichen Verursachung entwickelt (Verwirklichung des wesentlichen Tatbestandes, Verknüpfung mit dem betrieblichen Geschehen des abgelaufenen Geschäftsjahrs, Zusammenhang von Verbindlichkeit und Anspruch, Bezugpunkt der Verbindlichkeit in der Vergangenheit,
zukunftsorientierte Verpflichtung/Verpflichtung mit künftigen Gewinnchancen).[19]

Aufgrund des vom BFH entwickelten Kriteriums, dass die Annahme der wirtschaftlichen Ver- 23
ursachung voraussetzt, dass der Tatbestand, an den das Gesetz oder der Vertrag die Verpflichtung
knüpft, im Wesentlichen verwirklicht ist, wird vielfach die Frage diskutiert, inwieweit das Kriterium
des rechtlichen Entstehens der Außenverpflichtung mit dem Kriterium der wirtschaftlichen Verursachung verknüpft ist. Denn bei einer so verstandenen Definition des Kriteriums der wirtschaftlichen
Verursachung könnte die wirtschaftliche Verursachung nicht der rechtlichen Entstehung nachfolgen.[20]

Nach Literaturmeinung ist das Kriterium der wirtschaftlichen Verursachung als selbstständiges 24
Kriterium neben dem Kriterium der rechtlichen Entstehung zu sehen und dabei die wirtschaftliche
Verursachung im Sinne des Realisationsprinzips nach Maßgabe der Zuordnung von künftigen
Aufwendungen zu realisierten Erträgen (oder – hilfsweise – zum vergangenen betrieblichen Geschehen) zu bestimmen.[21] Dabei wird auf die Problematik der Zurechnung von Ausgaben zu bereits
realisierten oder zu zukünftigen Erträgen hingewiesen.[22] Zu beachten ist jedoch, dass der Grundsatz
der Vollständigkeit (der Verbindlichkeit) nicht verletzt wird. Sofern die rechtliche Entstehung einer
Verbindlichkeit vor der wirtschaftlichen Verursachung liegt, kann es deshalb geboten sein, die Rückstellung im Zeitpunkt der rechtlichen Entstehung zu bilden.[23]

Der BFH hat für die Steuerbilanz entschieden, dass es bei zum Bilanzstichtag bereits rechtlich 25
entstandenen Verbindlichkeiten nicht mehr auf die wirtschaftliche Verursachung ankommt, sondern
vielmehr unabhängig davon in jedem Fall die Rückstellungsbildung vorzunehmen ist.[24] Nur bei
Verbindlichkeiten, die rechtlich noch nicht entstanden sind und denen somit zum Bilanzstichtag
nicht bereits der (unbedingte) Anspruch eines Gläubigers auf ein bestimmtes Tun oder Unterlassen
des Kaufmanns gegenübersteht, ist das Kriterium der wirtschaftlichen Verursachung zu prüfen. Dabei
ist zu berücksichtigen, dass der BFH für die Anerkennung von Verbindlichkeitsrückstellungen die
wirtschaftliche Verursachung nach engen Maßstäben prüft. So ist ein Zusammenhang, der die

---

[14] *ADS* RdNr. 49.
[15] *Hoyos/M. Ring* BeBiKo RdNr. 29.
[16] *Hoyos/M. Ring* BeBiKo RdNr. 31.
[17] *ADS* RdNr. 58.
[18] *Hoyos/M. Ring* BeBiKo RdNr. 34 ff.
[19] *Schmidt* EStG § 5 RdNr. 386.
[20] *Hoyos/M. Ring* BeBiKo RdNr. 36.
[21] *Schmidt* EStG § 5 RdNr. 381.
[22] *Moxter* S. 106 ff.
[23] *ADS* RdNr. 63 ff.
[24] BFH v. 27. 6. 2001, DStR 2001, 1384.

Veranlassung und grundsätzliche Verursachung künftiger Aufwendungen in ein Wirtschaftsjahr legt, dann nicht ausreichend für das Kriterium der wirtschaftlichen Verursachung, wenn auch ein in gewisser Weise erheblicher Zusammenhang der künftigen Aufwendungen mit künftigem betrieblichem Geschehen vorliegt (zB Ablehnung der wirtschaftlichen Verursachung für künftigen Aufwand zur Überholung eines Hubschraubers oder künftige Nachbetreuungsleistungen bei Hörgeräten, da hier kein (unbedingter) Anspruch gegen den Kaufmann besteht und die Verpflichtung nur an Vergangenes knüpft, nicht aber Vergangenes abgilt).[25]

26 Andere Meinungen in der Literatur lehnen in den Fällen, in denen die rechtliche Verpflichtung zeitlich vor der wirtschaftlichen Verursachung liegt, die Passivierung bereits im Zeitpunkt der rechtlichen Entstehung der Verpflichtung (zB bei Auffüllungs-, Rekultivierungsverpflichtungen oder Pflichten zur Stilllegung eines Kraftwerks) als Wahlrecht ab oder sehen die Pflicht zur Rückstellungsbildung bereits vor der wirtschaftlichen Verursachung mangels Stütze im Gesetz bislang ab.[26] Es wurde für zweckmäßig angesehen, Rückstellungen ratierlich anzusammeln, wenn es wahrscheinlich ist, dass die entsprechenden Erträge über mehrere Perioden verteilt realisiert werden.[27] Diese Auffassung wird für die Handelsbilanz auch vor dem Hintergrund der jüngsten BFH-Entscheidung beizubehalten sein. Die Auffassung der Finanzverwaltung zu zunehmenden Verpflichtungen kann dagegen zumindest teilweise als überholt angesehen werden. Danach war steuerlich zwischen Fällen, in denen der laufende Betrieb des Unternehmens im wirtschaftlichen Sinne ursächlich für die Entstehung der Verpflichtung ist (zB Verpflichtung zur Erneuerung oder zum Abbruch von Betriebsanlagen), und Fällen, in denen die Verpflichtungen von Jahr zu Jahr nicht nur im wirtschaftlichen Sinne, sondern tatsächlich zunehmen (zB Rekultivierungs- oder Auffüllungsverpflichtungen), zu unterscheiden. In der ersten Fallgruppe war der Rückstellungsbetrag durch jährlich gleiche Zuführungsraten in den Wirtschaftsjahren anteilig anzusammeln (§ 6 Abs. 1 Nr. 3a Buchst. d EStG; R 6.11 Abs. 2 EStR). In der zweiten Fallgruppe waren die Rückstellungen bezogen auf den am Bilanzstichtag tatsächlich entstandenen Verpflichtungsumfang zu bewerten (R 6.11 Abs. 2 EStR). Nach der neuesten Rechtsprechung erscheint es notwendig, rechtlich bereits entstandene Verbindlichkeiten unabhängig davon, ob diese wirtschaftlich zukünftigen Perioden zuzuordnen sind, in der Steuerbilanz in voller Höhe zu passivieren.[28]

27 Handelsrechtlich werden die Rückstellungsbildung dem Grund nach und die Bewertung zu trennen sein. Sofern die Höhe der Verpflichtung im Zeitablauf zunimmt, ist eine ratierliche Zuführung zur Rückstellung zwingend.

28 **4. Wahrscheinlichkeit der Inanspruchnahme.** Neben der Wahrscheinlichkeit, dass eine Verbindlichkeit be- oder entsteht, ist die Wahrscheinlichkeit der Inanspruchnahme aus der Verbindlichkeit Voraussetzung für die Passivierung. Eine ungewisse Verbindlichkeit ist nur dann zu passivieren, wenn der Kaufmann mit der Inanspruchnahme aus der Verpflichtung ernsthaft zu rechnen hat. Es müssen mehr Gründe für als gegen die Inanspruchnahme sprechen. Muss der Kaufmann davon ausgehen, dass der Gläubiger seinen Anspruch (aus einem Vertrag oder einer öffentlich-rechtlichen Verpflichtung) kennt oder voraussichtlich von ihm Kenntnis erlangen wird, ist regelmäßig davon auszugehen, dass die Inanspruchnahme erfolgen wird, wenn das Be- oder Entstehen der Verpflichtung wahrscheinlich ist.[29]

29 **5. Bestimmte Verbindlichkeitsrückstellungen. a) Pensionsrückstellungen.** Obwohl die Pensionsrückstellungen zu den Rückstellungen für ungewisse Verbindlichkeiten gehören und daher nicht gesondert in § 249 genannt sind, ist für sie in Teilbereichen ein Passivierungswahlrecht kodifiziert worden. Für **Pensionszusagen, die vor dem 1. 1. 1987** erteilt wurden, besteht ein Passivierungswahlrecht. Art. 28 Abs. 1 S. 1 EGHGB schließt die Erhöhung dieser sog. Altzusagen ausdrücklich in das Passivierungswahlrecht mit ein. Die nicht passivierten Beträge (Unterdeckung) sind im Anhang anzugeben.[30]

30 Pensions- und ähnliche Verpflichtungen sind von der oben genannten Ausnahme abgesehen durch eine Rückstellung zu berücksichtigen. Die Höhe der Rückstellung hängt dabei entscheidend davon ab, ob es sich um eine mittelbare oder eine unmittelbare Pensionszusage handelt. Grundsätzlich ist das Unternehmen jedoch in beiden Fällen selbst verpflichtet, die Pension zu zahlen. Die Vorsorge für die Verpflichtung kann unter Einschaltung eines externen Versorgungsträgers vorgenommen werden

---

[25] *Schmidt* EStG § 5 RdNr. 389; R 5.7 Abs. 4 EStR.
[26] Vgl. Diskussion in *Hoyos/M. Ring* BeBiKo RdNr. 34.
[27] *ADS* RdNr. 210 ff.
[28] *Mayer-Wegelin/Kessler/Höfer* HdR RdNr. 43.
[29] *Hoyos/M. Ring* BeBiKo RdNr. 42 ff.
[30] *Mayer-Wegelin/Kessler/Höfer* HdR RdNr. 386 ff. und 397 f.

(mittelbar). Sollte der externe Versorgungsträger die Pensionsverpflichtung nicht decken, ist das Unternehmen rechtlich verpflichtet, selbst einzutreten. Eine unmittelbare Pensionsverpflichtung liegt vor, wenn sich das Unternehmen gegenüber dem Begünstigten selbst, ohne Einschaltung eines Dritten, zur Pensionszahlung verpflichtet. Eine solche Verpflichtung kann eine Einzelzusage sein oder auf einer Betriebsvereinbarung beruhen.

Da rechtlich unselbstständige Sondervermögen einer Gebietskörperschaft verpflichtet sind, nach HGB Rechnung zu legen, gelten die Grundsätze über die Passivierung von Pensionsverpflichtungen auch für sie. Konkret haben sie die Zahlungen, die sie im Wege einer Umlage an die Versorgungskasse leisten, periodengleich als Aufwand zu erfassen. Für die Pensionsverpflichtung gegenüber den Beschäftigten ist eine Rückstellung zu bilden, da die Beamten einen Anspruch auf Pensionszahlung gegenüber dem Sondervermögen haben. Die Höhe der Pensionsrückstellung ist finanzmathematisch zu ermitteln. Die Zahlung der Umlage ist betragsmindernd zu berücksichtigen. Art. 28 EGHGB ist anwendbar auf die Altzusagen. Werden Beamte einer Gebietskörperschaft dagegen für eine Kapitalgesellschaft tätig und übernimmt die Kapitalgesellschaft vertragsmäßig die Altersversorgungslasten, so hat die Kapitalgesellschaft keine Pensionsverpflichtung, sondern eine sonstige Verpflichtung gegenüber der Gebietskörperschaft. Gleichwohl wird empfohlen, diese Rückstellung als Pensionsrückstellung auszuweisen, da dies dem wirtschaftlichen Gehalt entspricht.[31]

Steuerrechtlich ist die Zulässigkeit einer Pensionsrückstellung daran geknüpft, dass die Pensionsverpflichtung betrieblich veranlasst ist und die in § 6a EStG kodifizierten Voraussetzungen erfüllt sind. Dabei sind folgende Anforderungen an die Pensionszusage zu stellen. Der Pensionsberechtigte muss einen Rechtsanspruch auf eine laufende oder einmalige Pensionsleistung erhalten haben. Der Rechtsanspruch muss am Bilanzstichtag bereits vorliegen, dh. vereinbart sein. Rückdatierungen, auch wenn diese zivilrechtlich wirksam sein sollten, sind dabei steuerlich unbeachtlich.[32] Es ist für die Rückstellungsbildung nicht erforderlich, dass die Pensionsanwartschaft bereits gesetzlich unverfallbar ist. Die Pensionszusage darf unter keinem Widerrufsvorbehalt stehen, es sei denn, dass es nach allgemeinen Rechtsgrundsätzen und unter Beachtung billigen Ermessens zulässig ist. Wenn der Arbeitgeber die Zusage nach freiem Belieben widerrufen darf, liegt in jedem Fall ein schädlicher Widerrufsvorbehalt vor. Weiterhin ist erforderlich, dass die Pensionszusage schriftlich gewährt wird.

Steuerlich darf eine Pensionsrückstellung für einen Pensionsberechtigten frühestens in dem Wirtschaftsjahr gebildet werden, bis zu dessen Mitte dieser das 30. Lebensjahr (für Neuzusagen nach dem 31. 12. 2000: 28. Lebensjahr) vollendet hat, sofern nicht bereits davor der Versorgungsfall eingetreten ist.

Das **steuerliche Nachholverbot** besagt, dass zulässige Zuführungen zur Pensionsrückstellung, die in einem Wirtschaftsjahr nicht gebildet wurden, grundsätzlich nicht in Folgejahren nachgeholt werden dürfen. Hierbei gelten nur die folgenden Ausnahmen. Erhöht sich der Teilwert von Pensionsrückstellungen durch die erstmalige Anwendung neuer oder geänderter biometrischer Rechnungsgrundlagen, ist der Unterschiedsbetrag auf mindestens drei Jahre (im Fall der Anpassung auf in 2005 veröffentlichte neue oder geänderte biometrische Rechnungsgrundlagen gleichmäßig auf genau drei Wirtschaftsjahre; vgl. Erl. zu § 253 RdNr. 37) zu verteilen. Bei erstmaliger Erfüllung der steuerlichen Voraussetzungen zur Rückstellungsbildung zum Ende eines Wirtschaftsjahres kann der Teilwert auf drei Wirtschaftsjahre gleichmäßig verteilt werden. Gleiches gilt, wenn sich der Barwert der künftigen Pensionsleistungen um mehr als 25% gegenüber dem vorangegangenen Wirtschaftsjahr erhöht. Im Jahr des Eintritts des Versorgungsfalls oder der Beendigung des Arbeitsverhältnisses bei Unverfallbarkeit des Versorgungsanspruchs kann die Pensionsrückstellung bis zur Höhe des Teilwerts der Pensionsverpflichtung gebildet werden oder die entsprechende Zuführung auf drei Wirtschaftsjahre gleichmäßig verteilt werden.

Besondere steuerliche Anforderungen an die Bildung von Pensionsrückstellungen gelten bei Pensionszusagen gegenüber **Gesellschaftergeschäftsführern.** Insbesondere folgende wesentliche zusätzliche Kriterien sind zu erfüllen. Die Erteilung einer Pensionszusage darf erst nach einer wie unter Fremden üblichen Wartezeit erfolgen. Um der Voraussetzung der Erdienbarkeit zu genügen, muss zwischen dem Zeitpunkt der Zusage der Pension und dem vorgesehenen Zeitpunkt des Eintritts in den Ruhestand ein Zeitraum von mindestens 10 Jahren liegen. Die Finanzierbarkeit der Zusage ist dann zu verneinen, wenn der unmittelbar nach dem Bilanzstichtag eintretende Versorgungsfall zu einer Überschuldung der Gesellschaft führen würde. Die vertragliche Altersgrenze muss bei mindestens 60 Jahren liegen (R 6a Abs. 8 EStR).

---

[31] *IDW,* HFA 1/1997, WPg 1997, 233.
[32] *Ellrott/Rhiel* BeBiKo RdNr. 176.

36 Pensionsrückstellungen für **Gesellschafter von Mitunternehmerschaften** werden steuerlich nicht wirksam, da diese durch einen zeit- und betragsgleichen Aktivposten in der Steuerbilanz wieder ausgeglichen werden müssen.[33]

37 **Mittelgroße und große Kapitalgesellschaften** iSv. § 267 Abs. 2 und 3 sind verpflichtet, den Gesamtbetrag der Pensionsrückstellungen gesondert auszuweisen. Kleine Kapitalgesellschaften dürfen die Pensionsrückstellungen gemeinsam mit den Steuerrückstellungen und den sonstigen Rückstellungen ausweisen.[34]

38 Die Pensionsverpflichtung kann auf der **Grundlage eines Einzelvertrags oder durch einen Gesamtvertrag** (Tarifvertrag, Betriebsvereinbarung, Besoldungsordnung) entstehen. Mündliche Zusagen stehen handelsrechtlich schriftlichen Zusagen gleich, während die steuerliche Anerkennung von einer schriftlichen Zusage abhängt. Die Pensionsverpflichtung entsteht im Zeitpunkt der Zusage, dh. bei Abgabe der darauf gerichteten Willenserklärung durch den Arbeitgeber. Die Einzel- und Gesamtzusagen können als einseitige, begünstigende Willenserklärung durch den Arbeitnehmer angesehen werden, so dass eine Annahmeerklärung durch den Begünstigten nicht notwendig ist. Eine kollektive Pensionszusage begründet eine Verpflichtung im Zeitpunkt des Diensteintritts des Arbeitnehmers. Auch Vorschaltzeiten oder eine Wartezeit hindern die Entstehung der Anwartschaft nicht.[35]

39 Für die **handelsrechtliche Bewertung** können grundsätzlich folgende **finanzmathematischen Verfahren** angewandt werden:
– Barwert der laufenden Pensionsleistungen,
– Barwert bei Anwartschaften auf laufende Pensionsleistungen oder einmalige Kapitalzahlung, wenn keine Gegenleistung mehr zu erwarten ist,
– Teilwert (§ 6a Abs. 3 Nr. 1 EStG) bei Anwartschaften von Aktiven, berechnet nach Zusageerteilung ab Diensteintritt als Unterschied des Barwerts der künftigen Leistungen abzüglich des Barwerts der künftigen Gegenleistungen (fiktive Nettoprämien).
– Gegenwartswert, berechnet ab dem Zeitpunkt der Pensionszusage als Unterschied des Barwerts der künftigen Leistungen abzüglich des Barwerts der künftigen Gegenleistungen.
– IFRS/US-GAAP-Regeln zur Bewertung der Pensionsrückstellungen.

40 Der gem. § 6a EStG zu ermittelnde Wert darf nicht unterschritten werden.[36]

41 Bei der **Bewertung von mittelbaren Pensionszusagen** ist zu berücksichtigen, inwieweit die zukünftige Belastung des die Zusage erteilenden Unternehmens durch seine Ansprüche gegenüber externen Vermögen gemindert wird. Soweit eine mittelbare Pensionszusage über eine **Unterstützungskasse** abgewickelt wird, ist festzustellen, inwieweit das Kassenvermögen die Pensionsverpflichtungen deckt. Handelsrechtlich ist der Differenzbetrag zwischen dem Teilwert der Unterstützungskassenverpflichtungen und dem Unterstützungskassenvermögen passivierungsfähig. Bei Abwicklung der mittelbaren Pensionszusagen über **Pensionskassen VVaG** ist eine sonstige Rückstellung zu bilden, wenn Zuwendungen notwendig sind wegen eines Fehlbetrags der Kasse oder einer entsprechenden Anordnung der Versicherungsaufsichtsbehörde. Sofern unmittelbare Ansprüche des Arbeitnehmers gegenüber dem Arbeitgeber entstehen (§ 2 Abs. 3 BetrAVG), sind sie durch eine Pensionsrückstellung zu berücksichtigen.[37] Zu **Contractual Trust Arrangements** (CTA) siehe Erl. zu § 253 RdNr. 42.

42 **b) Umweltschutzrückstellungen. Altlastensanierung:** Die Pflicht zur Sanierung einer Altlast (Boden-/Grundwasserverunreinigung) kann sich aus privatem oder öffentlichem Recht ergeben. Als öffentlich-rechtliche Rechtsgrundlage dient überwiegend die Generalklausel zur Gefahrenabwehr des allgemeinen Ordnungs- und Polizeirechts. Ein Bundes-Bodenschutzgesetz ist zum 1. 3. 1999 in Kraft getreten.[38] Privatrechtliche Grundlagen sind im Nachbarschaftsrecht, im Deliktsrecht und im Umwelthaftungsgesetz zu finden.[39]

43 Die wirtschaftliche Verursachung einer Altlast ist zweifelsfrei. Die Verpflichtung gilt als hinreichend konkretisiert, wenn der Bilanzierende die Altlast kennt, für die er in Anspruch genommen werden kann. Steuerrechtlich ist allerdings zu beachten, ob ggf. die Anforderungen an die Konkretisierung einer öffentlich-rechtlichen Verpflichtung erfüllt sind (dazu RdNr. 25).

---

[33] *Schmidt* EStG § 6a RdNr. 32.
[34] *Lück* LexRewe S. 469 ff.
[35] *Ellrott/Rhiel* BeBiKo RdNr. 159.
[36] *Ellrott/Rhiel* BeBiKo RdNr. 204.
[37] *Ellrott/Rhiel* BeBiKo RdNr. 206, 253 f.
[38] *Schwartmann* DStR 1999, 324.
[39] *Schurbohm-Ebneth* S. 56 ff.

Bei **kontaminierten Grundstücken** ist zu beachten, dass möglicherweise eine **außerplanmäßi-** 44 **ge Abschreibung** notwendig sein kann, wenn die Nutzung des Grundstücks eingeschränkt ist. Allerdings ist umstritten, ob es sich um eine Abschreibungspflicht handelt, wenn konkrete Sanierungsabsicht besteht. Entscheidend ist, dass die Sanierungsaufwendungen nicht mehrfach erfasst werden, einerseits durch Rückstellungsbildung, andererseits durch die Wertminderung des Grundstücks. Wenn das Grundstück abgeschrieben wurde, sind die Sanierungsaufwendungen als nachträgliche Herstellungskosten zu interpretieren und entsprechend zu aktivieren, um die Doppelerfassung des Sanierungsaufwandes zu verhindern.[40]

Anpassungsverpflichtungen: Der Kaufmann hat dafür Sorge zu tragen, dass betroffene Anlagen 45 im Hinblick auf Emissions- und Sicherheitsstandards dem jeweiligen Stand der Technik entsprechen. Die öffentlich-rechtliche Verpflichtung ist hinreichend konkretisiert, sobald eine Anlage die Grenzwerte überschreitet und die Voraussetzungen für die vorgeschriebenen Maßnahmen erfüllt sind. Eine Rückstellung kommt nur insoweit in Betracht, als die notwendigen Maßnahmen nicht zu aktivierungspflichtigen Vermögensgegenständen führen. Die Finanzverwaltung lehnt den Ansatz einer Rückstellung für Verpflichtungen auf Grund der Technischen Anleitung zur Reinhaltung der Luft – TA Luft – ab, da sie die wirtschaftliche Verursachung nicht in der Vergangenheit sieht (vgl. BMF vom 21. 1. 2003, BStBl. I 125). Es wird argumentiert, dass die Anpassung vorgenommen wird, um die Anlage in der Zukunft weiter betreiben zu dürfen. Die handelsrechtliche Rückstellungspflicht ist nach hM bei der rechtlichen Vollentstehung der Verpflichtung unabhängig von der wirtschaftlichen Verursachung gegeben.[41]

Abfallbeseitigungs- und Entsorgungsverpflichtungen: Aus unterschiedlichen Rechtsquellen 46 ergeben sich Verpflichtungen zur Beseitigung von Abfällen, Verwertung von Reststoffen, Rücknahme von Verpackungen und Ähnliches. Die Verpflichtungen sind zumeist durch die gesetzliche Grundlage ausreichend konkretisiert, so dass ein Handeln der Behörde nicht als Rückstellungsvoraussetzung gilt. Ausgaben für Abfallbeseitigungs- und Entsorgungsrückstände sind daher rückstellungspflichtig. Zweifelhaft kann ggf. sein, ob bestimmte Gegenstände als Abfall anzusehen sind.

Rekultivierungsverpflichtungen: Dazu gehören Auffüll-, Wiederanlage-, Wiederaufforstungs- 47 und Entfernungsverpflichtungen ebenso wie Gruben- und Schachtversatz im Bergbau. Der Verpflichtungscharakter ist unbestritten. Umstritten ist allerdings, in welcher Höhe die Rückstellung zu bilden ist. Überwiegend wird davon ausgegangen, dass eine ratierliche Ansammlung über die Perioden angemessen sei. Der BFH hält eine Dotierung in Höhe des Betrages, der am Bilanzstichtag aufzuwenden wäre, um der bis dahin entstandenen Verpflichtung nachzukommen, für zutreffend.[42] Zur Bewertung von Rückstellungen für Aufwendungen zur Stilllegung, Rekultivierung und Nachsorge von Deponien siehe BMF vom 25. 7. 2005 (BStBl I 826).

c) Personalbereich. Im Personalbereich sind ggf. neben Pensionsrückstellungen Verbindlich- 48 keitsrückstellungen für folgende Sachverhalte zu bilden:[43] Altersteilzeitarbeit, Berufsgenossenschaftsbeiträge der vergangenen Periode, Gleitzeitüberhänge (Überstunden), Resturlaub, Gratifikationen, Jubiläumszuwendungen, Sozialplan.

Altersteilzeit: Das am 1. 8. 1996 in Kraft getretene Gesetz über die Altersteilzeit sieht zwei 49 Alternativen vor:
– Der im Altersteilzeitverhältnis stehende Arbeitnehmer arbeitet während der gesamten Laufzeit des Vertrags 50% der bisherigen Wochenarbeitszeit und erhält 50% seiner bisherigen Bezüge zuzüglich eines Aufstockungsbetrages.
– Der im Altersteilzeitverhältnis stehende Arbeitnehmer arbeitet während der halben Laufzeit des Vertrags vollzeitlich und scheidet entsprechend früher aus dem Arbeitsleben aus, wobei er während der Laufzeit des Vertrags 50% seiner bisherigen Bezüge zuzüglich eines Aufstockungsbetrags erhält (Blockmodell).

In beiden Fällen ist der Aufstockungsbetrag zurückzustellen, wenn die ungewisse Verbindlichkeit 50 sich hinreichend konkretisiert hat, da die Aufstockungsbeträge Abfindungscharakter für den partiellen und vorzeitigen Verlust des Arbeitsplatzes haben. Von dieser Position ist das IDW auch nach dem Urteil des BFH vom 30. 11. 2005 (vgl. RdNr. 51) nicht abgerückt.[44] Dabei sind Inanspruchnahmen aus seitens der Arbeitnehmer noch nicht ausgeübten Wahlrechten auf Grundlage von Erfahrungs-

---

[40] *Bartels* LexRewe S. 16 ff.
[41] *Mayer-Wegelin/Kessler/Höfer* HdR RdNr. 107.
[42] *Hoyos/M. Ring* BeBiKo RdNr. 100.
[43] Im Einzelnen: *Hoyos/M. Ring* BeBiKo RdNr. 100.
[44] Vgl. HFA des IDW, Berichterstattung über Sitzungen, FN-IDW 8/2006, mit Bezug auf RIC, Positionspapier vom 17. 1. 2006.

§ 249 51, 51a   3. Buch. 1. Abschnitt. Vorschriften für alle Kaufleute

werten aus der Vergangenheit oder von vergleichbaren Gestaltungen anderer Unternehmen oder von Ergebnissen einer unternehmens- bzw. betriebsinternen Umfrage vorsichtig zu schätzen. Bei der Bewertung ist die Wahrscheinlichkeit des frühzeitigen Vertragsendes wegen Tod oder Invalidität zu berücksichtigen. Nach IDW RS HFA 3[45] sind die Beträge gem. § 253 Abs. 1 S. 2 abzuzinsen.[46] Dies ergibt sich daraus, dass sie einerseits als vorzeitige Rentenzahlung interpretiert werden können. Andererseits kann angenommen werden, dass ein in einer Summe bei Vertragsabschluss zu zahlender Abfindungsbetrag über eine bestimmte Vertragsdauer verteilt wird, so dass ein Zinsanteil aus Sicht des Arbeitnehmers enthalten sein kann. In einigen Fällen werden von der Bundesagentur für Arbeit Erstattungsbeträge gezahlt. Wenn die Voraussetzungen für die Erstattung aus öffentlichen Mitteln vorliegen bzw. die Erfüllung der Voraussetzungen hinreichend sicher ist, muss der Erstattungsbetrag bei der Bewertung der Rückstellung berücksichtigt werden.[47] Es kommt nicht darauf an, ob ein Verwaltungsakt erlassen wurde und ein Bescheid vorliegt. Im Falle des Blockmodells ist zusätzlich zu den Aufstockungsbeträgen eine Rückstellung für den Erfüllungsrückstand zu bilden, der sich in der Beschäftigungsphase, in der der Arbeitnehmer die volle Arbeitsleistung erbringt, aber nur entsprechend einer Teilzeitvereinbarung entlohnt wird, aufbaut.

51 Die **Finanzverwaltung** sah in der Vergangenheit hingegen die Möglichkeit zur steuerlichen Rückstellungsbildung im Falle von Altersteilzeit deutlich restriktiver. So sollte im Fall einer durchgehenden Teilzeitbeschäftigung (kein Blockmodell) gar keine Rückstellungsbildung zulässig sein (auch nicht für den Aufstockungsbetrag). Bei Anwendung des Blockmodells sollte lediglich eine Rückstellung für einen Erfüllungsrückstand insoweit zulässig sein, als die Summe vom Teilzeitentgelt und der Aufstockungsleistung das Arbeitsentgelt bei Vollzeitbeschäftigung unterschreitet.[48] Der BFH hat in seinem Urteil vom 30. 11. 2005[49] Altersteilzeitrückstellungen nach dem Blockmodell in einem weitergehenden Umfang anerkannt. Danach ist nunmehr auch steuerlich die Rückstellung während der Beschäftigungsphase ratierlich in Höhe der gesamten Vergütung der Freistellungsphase (50% des Entgelts vor Beginn der Altersteilzeit und Aufstockungsbeträge) anzusammeln. Potenzielle Anwärter dürfen steuerlich jedoch weiterhin nicht berücksichtigt werden. Eine Minderung des Rückstellungsbetrags um die künftigen Erstattungsleistungen bei einer hinreichend sicheren Wiederbesetzung des Arbeitsplatzes ist vorzunehmen (vgl. RdNr. 50). Für biometrische Faktoren (zB Tod, Invalidität) wird eine Pauschalminderung von 2% als zulässig angesehen. Auf durchgehende Teilzeitbeschäftigung (kein Blockmodell) wirkt sich das Urteil nicht aus, da es sich nach Ansicht des BFH bei den Aufstockungsbeträgen vom Charakter und Zweck nach um Arbeitsentgelt handelt. Folglich ist steuerlich eine Rückstellung weiterhin nicht zulässig.

51 a d) **Weitere Einzelfälle.** Rückstellungen für ungewisse Verbindlichkeiten sind unter den Voraussetzungen des § 249 Abs. 1 Satz 1 zu bejahen für[50]
– Verpflichtungen zum **Abbruch** von Gebäuden;
– Verpflichtungen zur Gewährung von **Abfindungen;**
– **Aufbewahrungsverpflichtungen** von Geschäftsunterlagen;
– **Aufsichtsratsvergütungen** für das abgelaufene GJ;
– den **Ausgleichsanspruch** des Handelsvertreters nach § 89 b;
– **ausstehende Rechnungen;**
– **Bergschäden;**
– das abgelaufene GJ betreffende **Berufsgenossenschaftsbeiträge;**
– **Boni und Rabatte** für das abgelaufene GJ;
– drohende Inanspruchnahme aus **Bürgschaften;**
– drohende Verhängung von **Bußgeldern** für im abgelaufenen GJ begangene Rechtsverstöße;
– **ERA-Anpassungsfond;**[51] steuerlich ist diese allerdings umstritten;
– **Erfüllungsrückstände** aus Arbeits-, Miet-, Pacht-, Leasing- und Darlehensverhältnissen;
– die Verpflichtung zur Erstellung eines **Geschäftsberichts;**
– **Gewährleistungen;**
– **Jubiläumszuwendungen;**

---

[45] *IDW* RS HFA 3, WPg 1998, 1063.
[46] Vgl. *IDW,* RS HFA 3, WPg 1998, 1063 ff. RdNr. 13.
[47] Vgl. a. *Höfer* DStR 1998, 1.
[48] BMF v. 11. 11. 1999, DStR 1999, 1902; krit. *Bode/Grabner* DStR 2000, 142 f.
[49] BFH v. 30. 11. 2005, WPg 2006, 457.
[50] Mit weiteren Erl. *ADS* RdNr. 133; *Hoyos/M. Ring* BeBiKo RdNr. 100.
[51] *WPH* E, RdNr. 125.

- die Verpflichtung zur **Erstellung und Prüfung des JA**;
- **Patentverletzungen** sowie Verletzungen anderer Schutzrechte; zur steuerlichen Regelung vgl. § 5 Abs. 3 EStG;
- Verpflichtungen aus **Produkthaftung**;
- **Prozesskosten** für am Bilanzstichtag anhängige Verfahren;
- **Rücknahmeverpflichtungen** bei Lieferungen mit Rückgaberecht;
- Leistungen auf Grund eines **Sozialplans** (§§ 111, 112 BetrVG), wenn der Unternehmer den Betriebsrat vor dem Bilanzstichtag über die geplante Betriebsänderung unterrichtet hat oder wenn vor dem Bilanzstichtag ein entsprechender Entschluss gefasst wurde oder wirtschaftlich unabwendbar war;
- die Verpflichtung zur Erstellung betrieblicher **Steuererklärungen**;
- latente **Steuerschulden**;
- die Verpflichtung zur Vornahme von **Uferschutz- und Entschlammungsarbeiten**;
- die sich aus einem Beherrschungs-/Gewinnabführungsvertrag oder im Rahmen eines qualifiziert faktischen Konzerns ergebende Verpflichtung, bis zum Bilanzstichtag entstandene **Verluste** zu übernehmen;
- die Verpflichtung zur **Veröffentlichung** im Bundesanzeiger;
- bedingt **rückzahlbare Zuschüsse**, sofern die Rückzahlung nicht an den Gewinn des Unternehmens, sondern an eine andere Bezugsgröße (zB den Erlös des geförderten Projekts) geknüpft ist (vgl. St/HFA 1/1984, WPg 1984, 612 (614 f.).

III. Rückstellungen für drohende Verluste aus schwebenden Geschäften

1. Passivierungskriterien. Voraussetzung für den Ansatz einer Rückstellung für drohende Verluste aus schwebenden Geschäften (Drohverlustrückstellung) ist, dass ein schwebendes Geschäft existiert. Handelsrechtlich muss dazu am Bilanzstichtag ein Vertrag, ein Vorvertrag oder zumindest ein verbindliches Vertragsangebot, mit dessen Annahme ernsthaft gerechnet wird, vorliegen. Ein Geschäft schwebt, solange es von der zur Lieferung oder sonstigen Leistung verpflichteten Partei noch nicht voll erfüllt ist.[52] Geleistete oder erhaltene Anzahlungen sind Finanzierungsvorgänge. Sie haben, ebenso wie die Aktivierung von Herstellungskosten, keine Auswirkung darauf, ob ein Vertrag schwebt.[53]

Jegliche Bilanzierung unterbleibt, solange Leistung und Gegenleistung sich gleichwertig gegenüberstehen und das Gleichgewicht nicht durch Vorleistungen oder Erfüllungsrückstände gestört ist. Aus dem Imparitätsprinzip ergibt sich, dass ein Verpflichtungsüberschuss passiviert werden muss (Drohverlustrückstellung), während ein Anspruchsüberschuss nicht aktiviert werden darf.[54]

Für den Begriff „Geschäft" gibt das Gesetz **keine Definition**. Einigkeit besteht darüber, dass es sich um zweiseitige oder mehrseitige, gegenseitig verpflichtende Rechtsgeschäfte oder rechtsähnliche Handlungen handeln muss. Einseitig verpflichtende Rechtsgeschäfte oder Willenserklärungen können nicht schwebend sein und sind daher nicht von Abs. 1 gedeckt. Strittig ist, ob ausschließlich Geschäfte gemeint sind, denen ein auf einen Leistungsaustausch gerichteter schuldrechtlicher Vertrag zugrunde liegt. Die bisherige Meinung, dass schwebende Geschäfte sich auch aus anderen Rechtsgeschäften, zB gesellschaftsrechtlichen, organisationsrechtlichen oder öffentlich-rechtlichen, ergeben können, wird in der IDWStellungnahme zur Rechnungslegung IDW RS HFA 4 widersprochen. Ggf. sind aber Rückstellungen für ungewisse Verbindlichkeiten zu bilden.[55]

Da wegen der Ungewissheit über zukünftige Ereignisse für jeden schwebenden Vertrag die Möglichkeit des Verlustes nicht auszuschließen ist, ist von einem **drohenden** Verlust erst auszugehen, wenn im konkreten Fall eine gewisse, ggf. auf Erfahrung beruhende Wahrscheinlichkeit besteht, dass ein Verlust bevorsteht.[56]

Der Grundsatz der Einzelbewertung gilt auch für schwebende Geschäfte. Allerdings kann, wenn ein enger rechtlicher oder wirtschaftlicher Zusammenhang besteht, die Zusammenfassung mehrerer Verträge zu einer Bewertungseinheit notwendig sein,[57] um zu einer besseren Darstellung der tatsäch-

---

[52] *Hoyos/M. Ring* BeBiKo RdNr. 52 f.
[53] *ADS* RdNr. 135; vgl. auch *IDW* RS HFA 4, WPg 2000, 716.
[54] *ADS* RdNr. 136.
[55] *ADS* RdNr. 140.
[56] Vgl. *IDW* RS HFA 4, WPg 2000, 716.
[57] *Mayer-Wegelin/Kessler/Höfer* HdR RdNr. 64.

lichen Verhältnisse zu gelangen. Dies gilt zB für Koppelungsgeschäfte und geschlossene Positionen bei Devisentermingeschäften.[58]

57 Nach § 5 Abs. 4 a EStG besteht in der **Steuerbilanz** ein generelles Verbot der Passivierung von Drohverlustrückstellungen. Damit kommt steuerlich der Abgrenzung zwischen Rückstellungen für ungewisse Verbindlichkeiten einerseits und Drohverlustrückstellungen andererseits eine besondere Bedeutung zu. Gemeinsam ist Drohverlustrückstellungen und Rückstellungen für ungewisse Verbindlichkeiten, dass sie für zukünftige Aufwendungen gebildet werden, die auf einer Verpflichtung des Bilanzierenden gegenüber Dritten (sog. Außenverpflichtung) beruhen. Bei Rückstellungen für ungewisse Verbindlichkeiten werden aber nur solche Aufwendungen berücksichtigt, denen keine zukünftigen Erträge gegenüberstehen, entweder weil die Aufwendungen bereits in der Vergangenheit realisierten Erträgen zuzuordnen sind oder weil den Aufwendungen auf Grund des besonderen Sachverhalts weder zukünftige noch vergangene Erträge gegenüberstehen. Dagegen erfassen Drohverlustrückstellungen solche zukünftigen Aufwendungen, die im Zusammenhang mit zukünftigen Erträgen stehen bzw. denen aus der Eigenart des ihnen zugrunde liegenden Geschäfts grundsätzlich noch zukünftige Erträge gegenüberstehen können.[59] Zur Abgrenzung der Drohverlustrückstellung von der Teilwertabschreibung vgl. Erl. zu § 253 RdNr. 32 a.

58 **2. Schwebende Geschäfte. a) Beschaffungsgeschäfte.** Schwebende Beschaffungsgeschäfte können sich auf aktivierungsfähige **Vermögensgegenstände** des Anlage- oder Umlaufvermögens und auf nicht aktivierbare **Leistungen** beziehen. Sie können auf eine einmalige Leistung oder auf ein Dauerrechtsverhältnis gerichtet sein (dazu RdNr. 52). Drohverlustrückstellungen sind zu bilden, wenn der Wert des Lieferungs- oder Leistungsanspruchs am Bilanzstichtag niedriger ist als der Wert der Gegenleistung.[60] Bei Vermögensgegenständen des Anlage- oder des Umlaufvermögens bemisst sich der Wert des Lieferungs- oder Leistungsanspruchs gem. § 255 mit der Unterstellung, dass der Vermögensgegenstand am Bilanzstichtag bereits aktiviert worden wäre. Für Beschaffungsgeschäfte im Umlaufvermögen sind in der Handelsbilanz Drohverlustrückstellungen zu bilden, wenn der Börsen- oder Marktpreis am Bilanzstichtag oder der den Vermögensgegenständen beizulegende Wert unter dem vereinbarten Kaufpreis liegt. Ob der Preis am Absatz- oder Beschaffungsmarkt relevant ist, richtet sich nach den für die Bewertung des Umlaufvermögens entwickelten Grundsätzen.[61] Fraglich ist, ob eine Drohverlustrückstellung für Beschaffungsgeschäfte, die auf Vermögensgegenstände des Anlagevermögens gerichtet sind, zu bilden ist, wenn der niedrigere Wert voraussichtlich nicht dauernd unter dem vereinbarten Preis liegt. Dies ist mit dem Argument abzulehnen, dass in diesen Fällen über die Rückstellungsbildung Wertminderungen vorzunehmen wären, für die bei der Bewertung von Anlagevermögen ein Wahlrecht besteht.

59 Die Ermittlung der Drohverlustrückstellung kann zur Bildung stiller Reserven führen, da trotz gesunkener Beschaffungsmarktpreise die Preise auf den Absatzmärkten ausreichend sein können, so dass bei der Verwertung der Vorräte kein Verlust entsteht. Wenn sicher ist, dass Waren verlustfrei veräußert werden können, ist eine Drohverlustrückstellung nicht zulässig.

60 Bei Beschaffungsgeschäften über **einmalige Leistungen** kommt eine Drohverlustrückstellung im Allgemeinen nicht in Betracht. Bei einer einmaligen Leistung lässt sich der Wert nicht feststellen. Deshalb wird angenommen, dass Leistung und Gegenleistung bei solchen Verträgen ausgeglichen sind. Eine Drohverlustrückstellung wäre ausnahmsweise in Erwägung zu ziehen, wenn die vertraglich vereinbarte Leistung nicht mehr benötigt wird.[62]

61 **b) Absatzgeschäfte.** Bei schwebenden Absatzgeschäften ist ein Verlust erkennbar, wenn die Anschaffungskosten bzw. die Selbstkosten höher sind als der vereinbarte Absatzpreis. Gründe dafür können sein, dass bewusst ein Verlustgeschäft eingegangen wurde, dass die kalkulierten Kosten nicht eingehalten werden können oder dass der Wert der Gegenleistung sinkt (Wechselkursrisiko).[63]

62 Abschreibungen auf Vermögensgegenstände, die dem Absatzgeschäft zuzuordnen sind, haben Vorrang vor einer Drohverlustrückstellung (vgl. Erl. zu § 253 RdNr. 32 a). Die Drohverlustrückstellung ist mit dem **Wert der eigenen Verpflichtung** zu bemessen. Die voraussichtlich noch anfallenden Aufwendungen sind anders als die aktivierten Anschaffungs- oder Herstellungskosten stets zu Vollkosten zu bewerten. Die **Vollkostenbewertung** ist auch vorzunehmen, wenn ein insgesamt verlustbringendes schwebendes Absatzgeschäft mit positiven Deckungsbeiträgen zur Verbesserung der Kapa-

---

[58] *Wiedmann*, FS Moxter, S. 455; vgl. § 252 RdNr. 22.
[59] *IDW* RS HFA 4, WPg 2000, 716.
[60] *Hoyos/M. Ring* BeBiKo RdNr. 63.
[61] *Hoyos/M. Ring* BeBiKo RdNr. 70.
[62] *Hoyos/M. Ring* BeBiKo RdNr. 73.
[63] *Hoyos/M. Ring* BeBiKo RdNr. 74.

zitätsauslastung abgeschlossen wird. Bei der Ermittlung der zuzurechnenden Gemeinkosten ist aber die normale Kapazitätsauslastung oder ein höherer zu erwartender Beschäftigungsgrad zugrunde zu legen. Drohende Verluste sind nicht nur in dem Umfang zurückzustellen, der sich nach den Wertverhältnissen des Abschlussstichtags konkretisiert hat, sondern in dem (ggf. höheren oder niedrigeren) Umfang, der am Abschlussstichtag auf Grund vorhersehbarer Entwicklungen bis zur Beendigung des Schwebezustands zu erwarten ist. Bereits angefallene, nicht aktivierte Aufwendungen sowie kalkulatorische Kosten oder ein Gewinnzuschlag sind in die Ermittlung der Drohverlustrückstellung nicht einzubeziehen.[64] Falls bereits **auftragsbezogene Vorräte** vorhanden sind, stellt sich die Frage, ob die Abwertung dieser Vorräte vor dem Ansatz einer Rückstellung vorzunehmen ist. Grundsätzlich sind Rückstellungen nicht eine Wertberichtigung für Aktiva. Soweit bereits Aktivwerte vorhanden sind, die dem Verlustauftrag zuzurechnen sind, müssen diese abgewertet werden. Für den darüber hinausgehenden Verlust ist der Ansatz einer Rückstellung zwingend. Die Entscheidung ist nicht ausschließlich eine Ausweisfrage. Falls für den schwebenden Auftrag kein Verlust mehr droht, wäre die Rückstellung aufzulösen, während der niedrigere Wert der Vorräte beibehalten werden kann.[65]

Der BFH hat im sog. Apotheker-Urteil festgelegt, dass in den **Saldierungsbereich** zur Feststellung, ob ein drohender Verlust vorliegt, neben den sich aus dem Vertrag ergebenden Vorteilen und Nachteilen auch alle sonstigen wirtschaftlichen Vorteile einzubeziehen seien, die nach dem Inhalt des Vertrags oder nach den Vorstellungen beider Vertragspartner (subjektive Geschäftsgrundlage) eine Gegenleistung für die vereinbarte Sachleistung darstellen.[66] Es sind nur solche wirtschaftlichen Vorteile zu berücksichtigen, die in ursächlichem wirtschaftlichem Zusammenhang mit dem schwebenden Geschäft stehen (zB gleichzeitiger Abschluss eines verlustbehafteten Absatzgeschäfts und eines gewinnträchtigen langfristigen Wartungsvertrags). Nicht berücksichtigt werden dürfen dagegen bloße Hoffnungen oder vage Vermutungen (zB bewusst eingegangenes Verlustgeschäft mit dem Ziel der Markterschliessung).[67] 63

c) Dauerrechtsverhältnisse. Um Dauerrechtsverhältnisse im bilanzrechtlichen Sinne handelt es sich bei Austauschverhältnissen, die sich über einen längeren Zeitraum erstrecken und bei denen auf der Grundlage einer Vereinbarung mit einem Dritten im Zeitablauf ständig neue Pflichten (Haupt-, Neben- und Schutzpflichten) entstehen und bei denen einzelne Erfüllungshandlungen das fortdauernde Vertragsverhältnis nicht erledigen.[68] 64

Für die Frage, ob am Bilanzstichtag ein Verlust droht, können grundsätzlich drei Betrachtungsweisen herangezogen werden:[69] 65
– **Ganzheitsbetrachtung:** ein Verlust droht, wenn aus dem Rechtsgeschäft über seine Gesamtlaufzeit voraussichtlich ein Verlust entsteht;
– **Restwertbetrachtung:** ein Verlust droht, wenn für den noch ausstehenden Teil des Rechtsgeschäfts voraussichtlich ein Verlust entsteht;
– ein Verlust entsteht, wenn für künftige Rechnungsperioden Verluste drohen, die nicht durch Gewinne in vorhergehenden oder künftigen Perioden ausgeglichen werden.

Es kommt darauf an, dass für den schwebenden Teil des Dauerrechtsverhältnisses ein Verlust droht, dh. es ist auf die Restwertbetrachtung abzustellen. Für den bereits erfüllten Teil des Vertrags kommt allenfalls eine Verbindlichkeitsrückstellung wegen Erfüllungsrückständen in Frage.[70] 66

Die **Bewertung** bei Dauerbeschaffungsgeschäften kann sich am Absatz- oder am Beschaffungsmarkt orientieren. Nach der alten Rechtslage, bei der ein steuerlicher Ansatz von Drohverlustrückstellungen noch zulässig war, ließ der BFH bei Dauerbeschaffungsgeschäften Drohverlustrückstellungen nicht zu, mit der Begründung, dass die Bewertung absatzmarktorientiert vorzunehmen sei, der Erfolgsbeitrag des Rechtsverhältnisses zum Gesamtunternehmerserfolg aber nicht feststellbar sei. Danach bilden nur solche Dauerbeschaffungsgeschäfte eine Ausnahme, die keinen Beitrag zum Erfolg des Unternehmens leisten (zB Leasing einer nicht mehr benötigten Anlage). Diese Auffassung wurde kritisiert und eine beschaffungsmarktorientierte Bewertung für zulässig gehalten.[71] In der IDW Stellungnahme zur Rechnungslegung IDW RS HFA 4 wird jedoch eine an den Wiederbeschaffungskosten orientierte Bewertung der Gegenleistung für nicht sachgerecht befunden. 67

---

[64] *IDW* RS HFA 4, WPg 2000, 716.
[65] *Hoyos/M.Ring* BeBiKo RdNr. 68.
[66] BFH Beschluss vom 23. 6. 1997 GrS 2/93, DB 1997, 1897.
[67] *IDW* RS HFA 4, WPg 2000, 716.
[68] *ADS* RdNr. 155.
[69] *ADS* RdNr. 146.
[70] *Mayer-Wegelin/Kessler/Höfer* HdR RdNr. 70.
[71] *Hoyos/M. Ring* BeBiKo RdNr. 77.

68 **3. Bestimmte Drohverlustrückstellungen. a) Dauerrechtsverhältnisse aus dem Personalbereich. Ausbildungskosten:** Wenn die Anzahl der von einem Unternehmen beschäftigten Auszubildenden für den eigenen Bedarf notwendige Zahl unter Berücksichtigung eines Reservebestandes übersteigt, ist ggf. eine Drohverlustrückstellung zu bilden. Der Verpflichtungsüberschuss ergibt sich als Differenz zwischen den Ausbildungsaufwendungen und der produktiven Arbeit des Auszubildenden, bewertet mit der Entlohnung, die einem ausgebildeten Arbeitnehmer gezahlt werden müsste.

69 **Verdienstsicherung:** Vereinbarungen, die vorsehen, dass Arbeitnehmer, die auf einen geringer entlohnten Arbeitsplatz umgesetzt werden, weiterhin die der höherwertigen Arbeit entsprechende Vergütung erhalten, könnten zu Drohverlustrückstellungen führen, wenn die Zulässigkeit der beschaffungsmarktorientierten Bewertung bejaht wird.[72] Die an den Wiederbeschaffungskosten orientierte Bewertung ist vor dem Hintergrund von IDW RS HFA 4 jedoch kritisch zu sehen (vgl. Erl. zu RdNr. 67).

70 **b) Miet-, Pacht- und Leasingverträge.** Soweit es sich um Beschaffungsverträge handelt, können die Aussagen zu den Dauerbeschaffungsgeschäften auch auf Miet-, Pacht- und Leasingverträge übertragen werden (vgl. RdNr. 67).

71 Neben dem Fall der völligen Wertlosigkeit der durch das Dauerrechtsverhältnis beschafften Sache wird man nur bei einer Kombination von Beschaffungs- und Absatzgeschäften eine Drohverlustrückstellung in Erwägung ziehen können. Der Beschaffer hat eine Drohverlustrückstellung zu bilden, wenn der Preis im Beschaffungsgeschäft höher liegt als im Absatzgeschäft.

72 Eine beschaffungsmarktorientierte Bewertung ist handelsrechtlich notwendig, wenn hinsichtlich der beschafften Leistung eine vollends fehlende oder nicht nennenswerte Nutzungs- oder Verwertungsmöglichkeit vorliegt.[73]

73 Fraglich ist die Berücksichtigung von **progressiven Entgelten** zB bei einem Leasing- oder Mietvertrag. Es kann insgesamt ein ausgeglichener Vertrag vorliegen, da das Durchschnittsentgelt angemessen ist. Mit Inanspruchnahme der Leistung zu Beginn der Vertragslaufzeit bei geringer Entgeltzahlungen muss jedoch von Unausgewogenheit zwischen Leistung und Gegenleistung ausgegangen werden. Hierfür kommt einerseits eine Verbindlichkeitsrückstellung in Betracht, da in Bezug auf die in Anspruch genommene Leistung später Entgeltzahlungen zu leisten sind, oder eine Drohverlustrückstellung, da für die noch ausstehende Laufzeit das Entgelt über den Wert der Gegenleistung hinausgeht. Handelsrechtlich ist die Entscheidung unerheblich, da beide Rückstellungsarten zur gleichen Aufwandsverteilung führen. Die Verbindlichkeitsrückstellung wäre in den Jahren, in denen das zu zahlende Entgelt unter dem Durchschnittsentgelt liegt, in Höhe der Differenz zu bilden, während sie in den Jahren, in denen das zu zahlende Entgelt über dem Durchschnittsentgelt liegt, in Anspruch zu nehmen wäre. Eine Drohverlustrückstellung wäre nach Ablauf der ersten Rechnungsperiode, in der ein unter dem Durchschnitt liegendes Entgelt gezahlt wurde, in Höhe der noch ausstehenden Differenz zwischen Durchschnittsentgelt und über dem Durchschnitt liegender Entgelte abzüglich der noch ausstehenden Differenz zwischen Durchschnitt und unter dem Durchschnitt liegender Entgelte zu bilden. Soweit tatsächlich ein Erfüllungsrückstand vorliegt, wovon bei progressiven Entgelten für gleich bleibende Gegenleistung ausgegangen werden muss, ist die Rückstellung als Verbindlichkeitsrückstellung zu qualifizieren und folglich auch steuerlich relevant.[74]

IV. Rückstellungen für im Geschäftsjahr unterlassene Aufwendungen für Instandhaltung, die im folgenden Geschäftsjahr innerhalb von drei Monaten nachgeholt werden

74 **1. Abgrenzung.** Rückstellungen nach Abs. 1 S. 2 Nr. 1 sind zu bilden, wenn die unterlassene Instandhaltung auf einer „Innenverpflichtung" beruht. Da es sich um eine Pflichtrückstellung handelt, ist sie auch in der Steuerbilanz zu bilden (R 5.7 Abs. 11 EStR). Falls die Instandhaltung wegen vertraglicher oder öffentlich-rechtlicher Bestimmungen durchzuführen ist, kann nur eine Verbindlichkeitsrückstellung in Betracht gezogen werden.

75 Beachtlich ist die Abgrenzung zwischen Instandhaltungs- und Herstellungsaufwendungen. Falls der Verfall des betroffenen Vermögensgegenstandes so weitgehend ist, dass die notwendigen Aufwendungen als Herstellungskosten zu qualifizieren sind, kommt nur eine außerplanmäßige Abschreibung des Vermögensgegenstandes in Frage, da Instandhaltung nicht vorliegt.[75]

---

[72] *Hoyos/M. Ring* BeBiKo RdNr. 100.
[73] *Mayer-Wegelin/Kessler/Höfer* HdR RdNr. 224 ff.
[74] Vgl. auch *Schönborn* BB 1998, 1099; *Eckstein/Fuhrmann* DB 1998, 529.
[75] *ADS* RdNr. 170.

2. Voraussetzungen. Das Gesetz formuliert folgende Anforderungen:
- Es müssen unterlassene Aufwendungen vorliegen.
- Die Ausgaben müssen in der Rechnungsperiode unterlassen worden sein.
- Die Ausgaben werden innerhalb der Ersten drei Monate der folgenden Rechnungsperiode anfallen.
- Es muss sich um Aufwendungen für Instandhaltung (nicht aktivierungspflichtigen Herstellungsaufwand) handeln.

Unterlassene Aufwendungen liegen dann vor, wenn objektive Anhaltspunkte dafür sprechen, dass die vorzunehmenden Arbeiten aus betriebswirtschaftlicher Sicht notwendig gewesen wären. Hinweise auf die Unterlassung liefern zB kaufmännische Übung (Instandhaltungspläne), langfristige Wartungsverträge oder die Empfehlung des Herstellers. Diese Indizien für eine unterlassene Instandhaltung sind jedoch daraufhin zu überprüfen, dass nicht eine Rückstellung für eine später vorzunehmende Instandhaltung gebildet wird. Eine unterlassene Instandhaltung liegt zB vor, wenn ein geplanter Instandhaltungstermin aus produktionstechnischen Gründen verschoben werden muss. Sie liegt nicht vor, wenn turnusmäßig am Anfang eines Geschäftsjahres Instandhaltungsarbeiten durchgeführt werden.[76]

Da die Aufwendungen im abgelaufenen Geschäftsjahr unterlassen worden sein müssen, ist eine **Nachholung** der Rückstellung für in Vorjahren unterlassene Instandhaltung nicht zulässig.

Die Nachholungsfrist innerhalb der Ersten drei Monate der nachfolgenden Berichtsperiode ist dahingehend zu verstehen, dass die Instandhaltungsarbeiten innerhalb dieser Frist abgeschlossen sein müssen.[77]

Die Rückstellung für unterlassene Instandhaltung muss nicht gesondert ausgewiesen werden, es sei denn, die Erläuterungspflicht nach § 285 S. 1 Nr. 12 („nicht unerheblicher Umfang") ist gegeben.

V. Rückstellungen für im Geschäftsjahr unterlassene Aufwendungen für Abraumbeseitigung, die im folgenden Geschäftsjahr nachgeholt werden

Es handelt sich wie bei den unterlassenen Instandhaltungen um eine Aufwandsrückstellung, die auf einer Innenverpflichtung beruht. Rückstellungen für die Abraumbeseitigung kommen typischerweise im Abbau von Rohstoffen im Tagebau in Betracht. Dabei sind folgende Sachverhalte zu unterscheiden: Die vor dem Beginn des Rohstoffabbaus anfallenden Aufwendungen zur Vorbereitung, zB Abtragen des Deckgebirges, werden als „Grubenaufschluss" aktiviert (Anlagegut im Sinne einer Betriebsvorrichtung). Während der laufenden Förderungen kann es erforderlich werden, „Vorabraum" zu aktivieren, wenn die Abraumbeseitigung weiter geht als für den Produktionsfortschritt notwendig. Umgekehrt muss eine Rückstellung für Abraumbeseitigung gebildet werden, wenn die Abraumbeseitigung nicht dem Produktionsfortschritt entspricht.

Auch bei der Rückstellung für Abraumbeseitigung ist die strenge Zeitraumbezogenheit gegeben, so dass nur für in der Berichtsperiode unterlassene Abraumbeseitigung der Ansatz zulässig und geboten ist. Die Nachholung kann allerdings innerhalb des gesamten folgenden Geschäftsjahres durchgeführt werden.

Da es sich um eine handelsrechtliche Passivierungspflicht handelt, ist steuerlich ebenfalls eine Rückstellungspflicht gegeben (R 5.7 Abs. 11 EStR).

VI. Rückstellungen für Gewährleistungen, die ohne rechtliche Verpflichtung erbracht werden

Die Rückstellung für Gewährleistung ohne rechtliche Verpflichtung gehört zu den Verbindlichkeitsrückstellungen. Die Aufnahme in den Katalog der explizit genannten Rückstellungen hat ausschließlich klarstellenden Charakter und sichert die steuerliche Anerkennung.

Die Kulanzleistung ist abzugrenzen von Leistungen allgemeiner Art, für die eine Rückstellung nicht gebildet werden darf oder muss. Es ist daher hM, dass eine Kulanzleistung nur dann vorliegen kann, wenn die erwarteten Ausgaben im Zusammenhang mit Lieferungen oder Leistungen in der Vergangenheit stehen. Der Grund für die Kulanzleistung muss die Beseitigung eines Mangels, die Ersatzlieferung oder die Wiederholung der Leistung sein, wobei es auf die Ursache des Fehlers (bilanzierender Kaufmann, unsachgemäße Behandlung durch den Kunden) nicht ankommt. Das entscheidende Kriterium für die Ansatzpflicht einer Kulanzrückstellung ist die faktische Verpflich-

---
[76] *Mayer-Wegelin/Kessler/Höfer* HdR RdNr. 75 f.
[77] *ADS* RdNr. 178.

tung gegenüber einem Dritten. Auch wenn keine konkreten Fälle wahrscheinlicher Kulanzleistungen vorliegen, kann der Ansatz einer Rückstellung notwendig sein, wenn auf Grund der Erfahrungen aus der Vergangenheit regelmäßig mit Kulanzleistungen zu rechnen ist (Pauschalrückstellung).[78]

VII. Rückstellungen ohne Drittverpflichtung – Ansatzwahlrechte

86 Der Gesetzgeber hat Ansatzwahlrechte zugelassen für Rückstellungen für unterlassene Instandhaltung, die in den Monaten vier bis zwölf des folgenden Geschäftsjahres nachgeholt werden.

87 Außerdem eröffnet Abs. 2 ein Wahlrecht für Rückstellungen für genau umschriebene, dem Geschäftsjahr oder einem früheren Geschäftsjahr zuzuordnende Aufwendungen, die am Abschlussstichtag wahrscheinlich oder sicher, aber hinsichtlich ihrer Höhe oder des Zeitpunkts ihres Eintritts unbestimmt sind.

88 Die Rückstellung nach Abs. 2 ist ein antizipativer Passivposten, der der zutreffenden **Periodisierung des Unternehmensergebnisses** dient.[79]

89 Da der Ansatz einer Rückstellung, für die ein Wahlrecht besteht, wie eine **Ausschüttungssperre** wirkt und somit die Verfügungsmacht der Anteilseigner einschränkt, ohne dass bei Kapitalgesellschaften die gesetzlichen Bedingungen einer Gewinnthesaurierung eingehalten sein müssen, sind die Voraussetzungen restriktiv zu interpretieren. Es wird damit ebenfalls erreicht, dass die Grenze zur allgemeinen Vorsorge, der durch Rücklagen (Verstärkung des Eigenkapitals) Rechnung getragen wird, beachtet wird.[80]

90 In Bezug auf die **Stetigkeit** der Ausübung des Wahlrechts herrscht keine einheitliche Meinung. Das Ansatzwahlrecht kann für jeden Sachverhalt anders und, wenn neue, gleiche Sachverhalte auftreten, in den Grenzen des Willkürverbots für jeden Jahresabschluss neu ausgeübt werden.[81] Umstritten ist, ob nach der Ausübung des Wahlrechts zum Ansatz der Rückstellung unter Zugrundelegung eines Zuführungsplans für denselben Sachverhalt in späteren Jahren die Zuführung unterlassen werden kann. Dieser Fall wird zum Teil unter dem Gesichtspunkt der Bewertung beurteilt. Dann ist das Prinzip der Bewertungsstetigkeit einschlägig. Die weitere planmäßige Zuführung könnte nur mit der besonderen auf Tatsachen beruhenden Begründung, der zugrunde liegende Sachverhalt habe sich geändert, unterlassen werden.[82]

91 Andere halten die Entscheidung für eine Frage des Ansatzes der Rückstellung, dh. die unterlassene weitere Dotierung entspricht einer Entscheidung gegen die Passivierung der Rückstellung. Die Ansatzwahlrechte unterliegen nicht dem Prinzip der Stetigkeit, so dass das Unterlassen der weiteren Zuführung zulässig wäre.[83]

92 Diese weitgehende Interpretation führt jedoch dazu, dass die Vergleichbarkeit aufeinander folgender Jahresabschlüsse ggf. erheblich eingeschränkt wird, so dass bei wesentlichen Sachverhalten von einer Einschränkung eines den tatsächlichen Verhältnissen entsprechenden Bildes der Vermögens-, Finanz- und Ertragslage ausgegangen werden muss und bei Kapitalgesellschaften zusätzliche Erläuterungen im Anhang notwendig werden (§ 264 Abs. 2 S. 2).

93 Ebenfalls umstritten ist die Frage, ob eine in Vorjahren **unterlassene Rückstellung in späteren Jahren nachgeholt** werden darf. Für die Möglichkeit der Nachholung sprechen der Gesetzeswortlaut und die Nichtanwendbarkeit des Stetigkeitsprinzips.[84] Gegen die Nachholung einer bewusst unterlassenen Rückstellung nach Abs. 2 wird wiederum mit dem Stetigkeitsprinzip argumentiert, wobei angenommen wird, dass es sich um eine Frage der Bewertung handelt.[85] Dagegen spricht auch, dass die Zielsetzung der Rückstellung, nämlich die periodengerechte Ergebnisverteilung, gerade nicht erreicht würde.

94 Eine Rückstellung nach Abs. 2 darf nicht für zukünftige Ausgaben gebildet werden, die aktivierungspflichtige Herstellungskosten sind.

95 Das Gesetz knüpft den Ansatz der Rückstellung an die Bedingung, dass die zukünftigen Ausgaben dem Geschäftsjahr oder einem früheren Geschäftsjahr als Aufwand zuzurechnen sind. Als Zurechnungskriterium kann auf die zugehörigen Erträge abgestellt werden. Nach dem **dynamischen Verursachungsprinzip** sind Aufwendungen den Perioden zuzurechnen, in denen die sie verursa-

---

[78] *Mayer-Wegelin/Kessler/Höfer* HdR RdNr. 90.
[79] *ADS* RdNr. 189.
[80] *ADS* RdNr. 193.
[81] *ADS* RdNr. 217ff.
[82] *Hoyos/M. Ring* BeBiKo RdNr. 310.
[83] *ADS* RdNr. 217.
[84] *ADS* RdNr. 218–220.
[85] *Hoyos/M. Ring* BeBiKo RdNr. 311.

chenden Erträge anfallen. Das Verursachungsprinzip ist jedoch nicht in jedem Fall geeignet, eine Aufwandszurechnung zu begründen (vgl. RdNr. 21). Zusätzlich kann nach dem „Prinzip des mangelnden Grundes" eine Verteilung der Zeit nach (zB gleichmäßige Verteilung von Großreparaturen über das Zeitintervall, in dem sie anfallen) notwendig sein oder die Verteilung über die Zeit, weil der bloße Zeitablauf zu bestimmten Ausgaben zwingt (Jubiläumsrückstellungen).[86]

Der Gesetzgeber fordert, dass die Aufwendungen, die mit den Rückstellungen berücksichtigt werden, **genau umschrieben** sind. Durch diese Formulierung werden die Konkretisierung und die Überprüfbarkeit der Rückstellung gesichert. Im Einzelfall ist sicherzustellen, dass sich die Rückstellung auf einen konkreten Sachverhalt, zB eine konkrete Anlage, bezieht. 96

Auch die Formulierung, dass die Aufwendungen am Abschlussstichtag **„wahrscheinlich oder sicher"** sein sollen, bezweckt, dass eine enge Abgrenzung der Zulässigkeit einer Aufwandsrückstellung für einen konkreten Sachverhalt gefordert wird. „Wahrscheinlich oder sicher" bedeutet daher mit hoher Wahrscheinlichkeit. 97

Die Bedingung der **Unbestimmtheit hinsichtlich der Höhe oder des Zeitpunkts** des Eintritts ist alternativ zu verstehen. Im Normalfall kann davon ausgegangen werden, dass Unsicherheiten bestehen, da die Rückstellung sich auf zukünftige Ereignisse bezieht. Wenn jedoch bereits ein Kontrakt abgeschlossen wurde, der sowohl die Höhe als auch den Zeitpunkt des Ausgabenanfalls festlegt, kann die Rückstellung nicht aus diesem Grund ausgeschlossen werden.[87] 98

Folgende Beispiele für Rückstellungen nach Abs. 2 werden genannt: 99
– **Großreparaturen und Generalüberholungen,** die durch hohe Aufwendungen, Anfall in größeren zeitlichen Abständen und Auftreten in gewisser Regelmäßigkeit gekennzeichnet sind;
– **Anlagenabbruch,** sofern die Ausgaben nicht als Anschaffungsnebenkosten oder als nachträgliche Anschaffungskosten aktivierungspflichtig sind (zB bebaute Grundstücke, die mit Abbruchabsicht erworben werden). Für langlebige Anlagengüter kann es sinnvoll sein, die Rückstellung für die Abbruchkosten anzusetzen, wenn keine Rückstellungen für Reparaturen oder Instandhaltungen mehr gebildet werden.
– **Sicherheitsinspektionen,** soweit sie auf Außenverpflichtungen beruhen (bei Innenverpflichtungen handelt es sich um Instandhaltung) und die Betriebszeit oder sonstige Frist noch nicht abgelaufen ist. Eine Verbindlichkeitsrückstellung ist für vertragliche oder öffentlich-rechtliche Verpflichtung zur Sicherheitsinspektion erst zulässig, wenn die Verpflichtung im bilanzrechtlichen Sinne entstanden ist. Dies ist, da die wirtschaftliche Verursachung nach hM nicht in der Vergangenheit liegt, erst der Fall, wenn die Betriebszeit abgelaufen ist, an die die Verpflichtung zur Inspektion geknüpft ist.
– Rückstellungen für **Gebäuderenovierung, Schadenbeseitigung** nach Katastrophenereignissen, Erhaltung und Wartung von Software, freiwillige Umweltschutzmaßnahmen.[88]

In der Rechnungsperiode, in der die Maßnahmen durchgeführt werden, für die die Rückstellung angesetzt wurde, ist die Rückstellung in Anspruch zu nehmen. IdR wird die Aufwandsrückstellung bei einer GuV nach **Gesamtkostenverfahren** über sonstige betriebliche Aufwendungen gebildet. Wenn die Ausgaben anfallen, können diese den entsprechenden GuV-Positionen als Aufwand belastet werden und die Inanspruchnahme der Rückstellung wird über sonstige betriebliche Erträge gebucht. Alternativ kann die Inanspruchnahme der Rückstellung direkt gegen die Ausgaben gebucht werden, so dass in der GuV weder Aufwand noch Ertrag zu berücksichtigen ist. Bei einer GuV nach **Umsatzkostenverfahren** werden die Zuführungen zur Rückstellung idR im Rahmen der Herstellungskosten der zur Erzielung der Umsatzerlöse erbrachten Leistungen ausgewiesen und sind über diese Position zu verbrauchen. Falls bei der Zuführung eine andere Position angesprochen wurde, ist der Verbrauch über diese andere Position zu buchen. 100

Wenn der Grund für die Aufwandsrückstellung entfällt, ist die Rückstellung ertragswirksam aufzulösen. 101

VIII. Folgen der Nichtbeachtung

Verstöße gegen die Bewertungsvorschriften in § 249 können gemäß § 334 Abs. 1 Nr. 1 a) mit einem Bußgeld belegt werden. Schwere Verstöße können gemäß § 331 mit Freiheitsstrafe oder Geldstrafe geahndet werden. Im Falle der Insolvenz können sich **strafrechtliche Konsequenzen** aus §§ 283 bis 283 d StGB ergeben. Ein Verstoß gegen die Bewertungsvorschriften kann beim 102

---

[86] *ADS* RdNr. 207.
[87] *ADS* RdNr. 216.
[88] *ADS* RdNr. 232 ff mit weiteren Beispielen.

§ 250 1–5　　　　　　　　　　3. Buch. 1. Abschnitt. Vorschriften für alle Kaufleute

prüfungspflichtigen Unternehmer je nach Schwere die Einschränkung oder Versagung des **Prüfungsvermerks** nach sich ziehen.

103　　Eine Über- bzw. Unterbewertung von Bilanzposten im Jahresabschluss einer **AG oder KGaA** kann wegen § 256 AktG zu einer **Nichtigkeit** des Jahresabschlusses führen. Diese Vorschrift bezieht sich nicht auf einzelne Vermögensgegenstände oder Schulden, sondern auf Bilanzposten iSd. § 266. Allerdings muss es sich um wesentliche Über- bzw. Unterbewertungen handeln, die ausserhalb einer vernünftigen kaufmännischen Beurteilung liegen.[89] Der BGH hat die Vorschriften des § 256 AktG auch für eine **GmbH** entsprechend angewandt.[90] Bei Nichtigkeit durch Über- oder Unterbewertung kann ein pflichtwidriges Verhalten des Geschäftsführungs- und Aufsichtsorgans vorliegen, das eine Schadenersatzpflicht der Organmitglieder gegenüber der Gesellschaft begründet.

§ 250 Rechnungsabgrenzungsposten

(1) ¹ Als Rechnungsabgrenzungsposten sind auf der Aktivseite Ausgaben vor dem Abschlußstichtag auszuweisen, soweit sie Aufwand für eine bestimmte Zeit nach diesem Tag darstellen. ² Ferner dürfen ausgewiesen werden

1. als Aufwand berücksichtigte Zölle und Verbrauchsteuern, soweit sie auf am Abschlußstichtag auszuweisende Vermögensgegenstände des Vorratsvermögens entfallen,
2. als Aufwand berücksichtigte Umsatzsteuer auf am Abschlußstichtag auszuweisende oder von den Vorräten offen abgesetzte Anzahlungen.

(2) Auf der Passivseite sind als Rechnungsabgrenzungsposten Einnahmen vor dem Abschlußstichtag auszuweisen, soweit sie Ertrag für eine bestimmte Zeit nach diesem Tag darstellen.

(3) ¹ Ist der Rückzahlungsbetrag einer Verbindlichkeit höher als der Ausgabebetrag, so darf der Unterschiedsbetrag in den Rechnungsabgrenzungsposten auf der Aktivseite aufgenommen werden. ² Der Unterschiedsbetrag ist durch planmäßige jährliche Abschreibungen zu tilgen, die auf die gesamte Laufzeit der Verbindlichkeit verteilt werden können.

Schrifttum: *Busse von Colbe/Pellens,* Lexikon des Rechnungswesens (LexRewe), 4. Aufl. 1998; *Crezelius,* Bestimmte Zeit und passive Rechnungsabgrenzung, DB 1998, 633; *IDW,* HFA 1/1989, Zur Bilanzierung beim Leasinggeber, WPg 1989, 625.

I. Allgemeine Grundsätze

1　Das Gesetz definiert Rechnungsabgrenzungsposten auf der Aktivseite als Ausgaben vor dem Abschlussstichtag, soweit sie Aufwand für eine bestimmte Zeit nach diesem Tag darstellen, auf der Passivseite Einnahmen vor dem Abschlussstichtag, soweit sie Ertrag für eine bestimmte Zeit nach diesem Tag darstellen.

2　Steuerlich entspricht den Regelungen der Abs. 1 und 2 die inhaltsgleiche Definition in § 5 Abs. 5 EStG.

3　Unter den Positionen für Rechnungsabgrenzung dürfen daher nur transitorische Posten ieS. ausgewiesen werden. Sie sind zu unterscheiden von transitorischen Posten iwS., zB Reklamefeldzüge, und von antizipativen Posten. Antizipative Posten (Aufwand/Ertrag vor Auszahlung/Einzahlung) sind, sofern sie den Definitionen genügen, als Verbindlichkeiten, Forderungen, sonstige Vermögensgegenstände oder Rückstellungen auszuweisen.[1]

4　Der Ausweis von Rechnungsabgrenzungsposten dient der korrekten Periodenabgrenzung von Aufwendungen und Erträgen.[2]

5　Der Anwendungsbereich von Rechnungsabgrenzungsposten betrifft im Wesentlichen gegenseitige Verträge, die eine Leistung in einem bestimmten Zeitraum zum Gegenstand haben. Rechnungsabgrenzungen können aber auch bei Forfaitierungen oder Leistungen auf öffentlich-rechtlicher Grundlage zu bilden sein, wenn die Leistung der öffentlichen Hand und das vom Leistungsempfänger geschuldete Verhalten in einem Verhältnis stehen, das einem gegenseitigen Vertrag wirtschaftlich

---

[89] *ADS* § 256 AktG RdNr. 40.
[90] *Hoyos/M. Ring* BeBiKo, RdNr. 330.
[1] *WPH* E RdNr. 205.
[2] *ADS* RdNr. 4 f.

vergleichbar ist.³ Ebenfalls sind Rechnungsabgrenzungsposten bei Leasinggeschäften mit einem inkongruenten Verhältnis von Leistung und Gegenleistung zu bilden.⁴

II. Aktive und passive Rechnungsabgrenzungsposten

Rechnungsabgrenzungsposten sind durch drei Merkmale gesetzlich definiert: 6
– Zahlungsvorgänge vor dem Abschlussstichtag,
– Aufwand bzw. Ertrag nach dem Abschlussstichtag,
– bestimmte Zeit.

Die Aktivierung bzw. die Passivierung von Rechnungsabgrenzungsposten setzt voraus, dass Ausgaben bzw. Einnahmen vor dem Abschlussstichtag erfolgt sind. **Ausgaben und Einnahmen** umfassen sowohl Auszahlungen und Einzahlungen wie auch das Einbuchen von Forderungen oder Verbindlichkeiten.⁵ 7

Aufwand ist der Wertverbrauch, **Ertrag** der Wertzuwachs einer Periode.⁶ 8

Ob Aufwand für eine (bestimmte) Zeit nach dem Bilanzstichtag vorliegt, ist danach zu entscheiden, ob der wirtschaftliche Grund der Ausgaben in der Vergangenheit oder Zukunft liegt, insbesondere ob die Ausgaben durch im abgelaufenen Wirtschaftsjahr empfangene oder durch künftig zu erwartende Gegenleistungen wirtschaftlich verursacht sind. Ertrag für eine (bestimmte) Zeit nach dem Abschlussstichtag ist eine Einnahme, soweit sie Entgelt für noch nicht erbrachte, nach dem Bilanzstichtag zu erbringende zeitraumbezogene Leistungen (Tun, Dulden, Unterlassen) ist.⁷ Die Höhe des Rechnungsabgrenzungspostens bestimmt sich nach dem Verhältnis von Leistung zu Gegenleistung aus den vertraglichen Vereinbarungen. Hat die Gegenleistung für den Vorleistenden keinen oder einen niedrigeren Wert, dann ist der Rechnungsabgrenzungsposten entsprechend aufzulösen. 9

Der Begriff der **bestimmten Zeit** wird dahingehend interpretiert, dass der Zeitraum, in dem die Zahlungsvorgänge zu Aufwand oder Ertrag werden, kalendermäßig bestimmt oder bestimmbar ist. Umstritten ist, ob die Anforderungen an die Bestimmbarkeit geringer sein sollen, so dass auch im Wege der Schätzung der Zeitraum bestimmt werden kann (zB statistische Lebenserwartung, voraussichtliche Bauzeit eines Gebäudes). Dies wird mit der Begründung abgelehnt, dass damit die Rechtssicherheit beeinträchtigt wäre. Falls ein Vermögensgegenstand vorliegt, ist die Aktivierung als sonstiger Vermögensgegenstand uU zulässig und geboten.⁸ 10

Für passive Rechnungsabgrenzungsposten ist der Begriff der bestimmten Zeit im Hinblick auf das Imparitätsprinzip weniger restriktiv zu interpretieren.⁹ 11

Der BFH tendiert im Hinblick auf den Grundsatz zeitraumrichtiger Periodenabgrenzung zu einer extensiveren Auslegung. Für einen aktiven Rechnungsabgrenzungsposten kann der bestimmte Zeitraum nicht nur durch ein Zeitmaß, sondern zB durch die jeweilige Abbaumenge bestimmt werden. Für einen passiven Rechnungsabgrenzungsposten verzichtet der BFH auf einen kalendermäßig festgelegten Zeitraum und lässt – unter Hinweis auf die Funktion der Rechnungsabgrenzungsposten, nämlich eine willkürliche Beeinflussung des Gewinns zu verhindern – einen Mindestzeitraum genügen.¹⁰ 12

Rechnungsabgrenzungsposten sind aufzulösen, wenn der Werteverzehr/-zuwachs eintritt. Die Erfolgswirkungen sind dann unter den entsprechenden Posten in der GuV als Aufwand oder Ertrag auszuweisen (vgl. RdNr. 9).¹¹ 13

Die Auflösung kann linear oder erfolgsabhängig (zB nach Maßgabe der jährlichen Fördermenge) erfolgen und dabei auf Grund allgemein gültiger Maßstäbe geschätzt werden.¹² 14

III. Sonderfälle

1. Zölle und Verbrauchsteuern. Für Zölle und Verbrauchsteuern, die als Aufwand berücksichtigt wurden und die auf am Abschlussstichtag auszuweisendes Vorratsvermögen entfallen, darf ein Rechnungsabgrenzungsposten aktiviert werden. Das handelsrechtliche Wahlrecht führt zur steuerli- 15

---

[3] *Ellrott/Krämer* BeBiKo RdNr. 6 ff.
[4] *IDW,* HFA 1/1989, WPg 1989, 625.
[5] *ADS* RdNr. 25.
[6] *Weber* LexRewe S. 281.
[7] *Schmidt* EStG § 5 RdNr. 248, 249.
[8] *Ellrott/Krämer* BeBiKo RdNr. 21.
[9] *Crezelius* DB 1998, 633; *Ellrott/Krämer* BeBiKo RdNr. 24.
[10] *Schmidt* EStG § 5 RdNr. 252.
[11] *Trützschler* HdR RdNr. 53.
[12] *Schmidt* EStG § 5 RdNr. 254.

§ 251 1   3. Buch. 1. Abschnitt. Vorschriften für alle Kaufleute

chen Aktivierungspflicht. Alternativ können die Zölle und Verbrauchsteuern als Anschaffungs- oder Herstellungskosten im Vorratsvermögen aktiviert werden.

16 **Zölle** sind Abgaben, die an Warenbewegungen über Zollgrenzen hinweg anknüpfen. Nicht dazu gehören Abschöpfungen. Zu den **Verbrauchsteuern** gehören zB die Mineralölsteuer, die Branntweinsteuer und die Tabaksteuer.

17 Ein Rechnungsabgrenzungsposten darf nur gebildet werden, wenn Zölle und Verbrauchsteuern ergebniswirksam geworden sind. Es müssen also bereits Zahlungen stattgefunden haben; oder es wurde eine Verbindlichkeit oder Rückstellung gebucht.

18 Der Begriff Vorratsvermögen nimmt Bezug auf § 266 Abs. 1 Posten B. I.[13]

19 **2. Umsatzsteuer auf erhaltene Anzahlungen.** Nach § 13 Abs. 1 Nr. 1 a S. 4 UStG entsteht die Umsatzsteuer auf noch nicht ausgeführte Leistungen oder Teilleistungen bereits mit Ablauf des Voranmeldungszeitraums, in dem das Entgelt oder das Teilentgelt vereinnahmt worden ist. Wird die Anzahlung netto (ohne den Umsatzsteueranteil) passiviert, so ergibt sich kein Anlass für die Bildung eines Postens nach § 250 Abs. 1 Nr. 2. Wenn die erhaltene Anzahlung allerdings brutto gebucht wird, muss die Umsatzsteuerverbindlichkeit gegen Aufwand eingebucht werden. Dann kann nur durch eine Aktivierung (Ertrag) die Aufwandswirksamkeit der Umsatzsteuerbuchung neutralisiert werden. Im Falle des Bruttoausweises der Anzahlung sollte daher die Aktivierung der Umsatzsteuer Pflicht sein. Beim Aktivposten handelt es sich nicht um einen Abgrenzungsposten, da die Umsatzsteuer gerade nicht Aufwand wird.[14]

IV. Disagio/Agio

20 Der Rückzahlungsbetrag einer Verbindlichkeit ist höher als der Auszahlungsbetrag, wenn eine Verbindlichkeit mit einem Disagio bei der Auszahlung oder mit einem Agio bei der Rückzahlung ausgestattet ist. Der Unterschiedsbetrag darf unter den Rechnungsabgrenzungsposten ausgewiesen werden und muss dann, planmäßig maximal über die Laufzeit der Verbindlichkeit verteilt, aufwandswirksam werden.

21 Bei Zero-Bonds liegt der Extremfall eines Unterschiedsbetrags zwischen Auszahlungs- und Rückzahlungsbetrag vor. Sie werden mit dem Ausgabebetrag passiviert und der „Zinsbetrag" wird ratierlich dem Passivposten zugeführt (Stellungnahme HFA 1/1986).[15]

V. Folgen der Nichtbeachtung

22 Bei einem Verstoß können Rechtsfolgen nach §§ 331, 334, 335 eintreten.

§ 251 Haftungsverhältnisse

[1] Unter der Bilanz sind, sofern sie nicht auf der Passivseite auszuweisen sind, Verbindlichkeiten aus der Begebung und Übertragung von Wechseln, aus Bürgschaften, Wechsel- und Scheckbürgschaften und aus Gewährleistungsverträgen sowie Haftungsverhältnisse aus der Bestellung von Sicherheiten für fremde Verbindlichkeiten zu vermerken; sie dürfen in einem Betrag angegeben werden. [2] Haftungsverhältnisse sind auch anzugeben, wenn ihnen gleichwertige Rückgriffsforderungen gegenüberstehen.

Schrifttum: *IDW*, HFA 2/1976 idF 1990: Zur handelsrechtlichen Vermerk- und Berichterstattungspflicht bei Patronatserklärungen gegenüber dem Kreditgeber eines Dritten, WPg 1976, 528, Änderungen IDW FN 1990, 66.

I. Grundlagen

1 **1. Begriff der Haftungsverhältnisse.** Unter Haftungsverhältnissen werden am Bilanzstichtag bestehende einseitige rechtliche Verpflichtungen, die beim künftigen Eintritt eines Ereignisses oder einer Bedingung zu einer Vermögensbelastung führen, verstanden.[1] Für die Einordnung eines Sachverhalts als Haftungsverhältnis ist wesentlich, dass mit dem Eintritt nicht ernsthaft gerechnet wird und dieser auch nicht mehr dem Einfluss des Kaufmanns unterliegt; ist der Eintritt der Verpflichtungen dagegen wahrscheinlich oder sicher, so kommt ein Vermerk als Haftungsverhältnis nicht in Betracht,

---

[13] *ADS* RdNr. 62.
[14] *Trützschler* HdR RdNr. 67 ff.
[15] *WPH* E RdNr. 212.
[1] *Fey* HdR RdNr. 1.

sondern es ist **Passivierung** geboten. Somit ist zunächst zu untersuchen, ob der Sachverhalt nicht als Verbindlichkeit oder Rückstellung zu passivieren ist.[2] Möglich ist auch eine **Teilpassivierung** des Haftungsrisikos; in diesem Fall ist nur der nicht passivierte Teil des Haftungsverhältnisses unter der Bilanz zu vermerken.[3] Durch die Vermerkpflicht soll auf Risiken hingewiesen werden, die auf Grund bestehender Haftungsverhältnisse auf das Unternehmen zukommen können.[4] Ein vollständiger Ausweis aller Haftungsverhältnisse ist in § 251 nicht vorgesehen; dies ergibt sich auch aus § 285 S. 1 Nr. 3, der die Angabe von wesentlichen sonstigen finanziellen Verpflichtungen, die nicht passiviert und nicht als Haftungsverhältnisse nach § 251 zu vermerken sind, im Anhang fordert (vgl. auch Erl. zu § 285 RdNr. 5). Vielmehr zählt § 251 die vermerkpflichtigen Tatbestände im Einzelnen auf: Verbindlichkeiten aus der Begebung und Übertragung von Wechseln, aus Bürgschaften, Wechsel- und Scheckbürgschaften und aus Gewährleistungsverträgen sowie Haftungsverhältnisse aus der Bestellung von Sicherheiten für fremde Verbindlichkeiten.

2. Ausgestaltung des Vermerks. Der Vermerk über die Haftungsverhältnisse ist gem. S. 1 **unter** der Bilanz anzubringen; der Ausweis erfolgt dabei wegen des Verpflichtungscharakters zweckmäßigerweise unter der Passivseite. Kapitalgesellschaften können nach § 268 Abs. 7 die Haftungsverhältnisse auch im Anhang angeben. Das in S. 1 enthaltene Wahlrecht, die Haftungsverhältnisse in einem Betrag anzugeben, gilt nicht für Kapitalgesellschaften. Diese müssen gem. § 268 Abs. 7 die Haftungsverhältnisse jeweils gesondert unter Angabe der gewährten Pfandrechte und sonstigen Sicherheiten angeben; darüber hinaus ist eine gesonderte Angabe solcher Verpflichtungen gegenüber verbundenen Unternehmen vorgeschrieben. Eine Saldierung der Haftungsverhältnisse mit möglichen **Rückgriffsforderungen** ist nach S. 2 nicht zulässig; entsprechende Rückgriffsforderungen können aber unter der Aktivseite der Bilanz angegeben werden.[5]

Die Haftungsverhältnisse sind grundsätzlich mit dem vollen Haftungsbetrag anzugeben und nicht mit dem Betrag, in dessen Höhe eine Inanspruchnahme wahrscheinlich ist. Ist die Verpflichtung nicht exakt zu quantifizieren, so muss der Haftungsbetrag nach vernünftiger kaufmännischer Beurteilung **geschätzt** werden.[6] Ist auch eine Schätzung nicht möglich, ist ein Merkposten anzugeben, und es muss eine verbale Erläuterung unter der Bilanz oder im Anhang erfolgen.[7] Handelt es sich um weit in die Zukunft reichende Gewährleistungen für sukzessiv entstehende Verpflichtungen eines Dritten (zB Schuldbeitritt zu Verpflichtungen aus Mietverhältnissen), genügt es im Allgemeinen, die Jahresrate des Haftungsbetrages in den Vermerk einzubeziehen; auf die darüber hinaus bestehende Haftung ist durch einen verbalen Zusatz hinzuweisen.[8]

II. Vermerkpflichtige Tatbestände

1. Verbindlichkeiten aus der Begebung und Übertragung von Wechseln. Hier ist das Gesamtobligo aus begebenen und übertragenen Wechseln anzugeben. Der Bilanzierende kann als Aussteller (Art. 9 Abs. 1 WG) oder als Indossant (Art. 15 Abs. 1 WG) haften. Die Bonität des Akzeptanten spielt dabei keine Rolle; sie ist lediglich bei der Bemessung von ggf. erforderlichen Rückstellungen von Bedeutung.[9] Für die Bewertung des Wechselobligos wird in der Praxis regelmäßig von dem Betrag, mit dem die Gesellschaft aus dem Wechsel verpflichtet ist, ausgegangen. Die Nebenkosten (Zinsen, Kosten des Protestes und andere Auslagen) werden nicht in die Vermerkpflicht einbezogen.[10] Die Bildung einer **Rückstellung** wird erforderlich, wenn zwischen Abschlussstichtag und Bilanzaufstellung eine Inanspruchnahme aus dem Wechselobligo bekannt wird; der entsprechende Betrag ist dann wegen der erfolgten Passivierung nicht mehr in den Vermerk einzubeziehen. Bei einem wesentlichen Wechselobligo empfiehlt sich die Bildung einer **pauschalen** Rückstellung für eine mögliche Inanspruchnahme aus dem Obligo, auch wenn noch keine Ansprüche geltend gemacht worden sind.[11] Der Rückstellungsbetrag ist dann vom Vermerkbetrag abzusetzen.

2. Verbindlichkeiten aus Bürgschaften, Wechsel- und Scheckbürgschaften. Bürgschaften sind vertragliche Verpflichtungen des Bürgen gegenüber dem Gläubiger eines Dritten, für die

---

[2] *Ellrott* BeBiKo RdNr. 3.
[3] *ADS* RdNr. 6; *Ellrott* BeBiKo RdNr. 3.
[4] *ADS* RdNr. 2.
[5] *ADS* RdNr. 34.
[6] *ADS* RdNr. 108; *Ellrott* BeBiKo RdNr. 11.
[7] *ADS* RdNr. 109; *Fey* HdR RdNr. 28; aA *Ellrott* BeBiKo RdNr. 11, die zumindest von Nicht-Kapitalgesellschaften verbale Erläuterungen nicht verlangen.
[8] *ADS* RdNr. 105 f.
[9] *WPH* E RdNr. 70.
[10] *ADS* RdNr. 41; *Ellrott* BeBiKo RdNr. 19.
[11] *ADS* RdNr. 40.

Erfüllung der Verbindlichkeit des Dritten einzustehen (§ 765 Abs. 1 BGB). Die Bürgschaftsverbindlichkeiten umfassen Bürgschaften aller Art, zB selbstschuldnerische Bürgschaft, Gewährleistungsbürgschaft, Vertragserfüllungsbürgschaft, Nachbürgschaften, Rückbürgschaften, Ausfallbürgschaften, Kreditbürgschaften, Höchstbetragsbürgschaften, Zeitbürgschaften oder auch den Kreditauftrag gem. § 778 BGB. Nicht zu den vermerkpflichtigen Bürgschaften gehören solche Bürgschaften, die Dritte für den bilanzierenden Kaufmann übernommen haben.[12]

6 Die **Wechselbürgschaft** dient zur Absicherung der Zahlung einer Wechselsumme. Die Bürgschaftserklärung wird dabei auf den Wechsel oder einen Anhang gesetzt. Wird die Erklärung auf der Rückseite des Wechsels abgegeben, so ist ein ausdrücklicher Zusatz über die Übernahme der Bürgschaftsverpflichtung notwendig (Art. 31 Abs. 2 WG); ansonsten gelten die auf der Vorderseite des Wechsels gesetzten Unterschriften – soweit sie nicht vom Aussteller oder vom Bezogenen abgegeben werden – als Bürgschaftserklärung (Art. 31 Abs. 3 WG). Auch ein Gefälligkeitsgiro (Gefälligkeitsindossament), das zur Erhöhung der Bonität und Fungibilität des Wechsels gegeben wird, sollte zu den Wechselbürgschaften gezählt werden.[13] Entsprechend dem Zweck der Wechselbürgschaft dient die **Scheckbürgschaft** zur Sicherung der Zahlung einer Schecksumme. Die gesetzliche Regelung für Scheckbürgschaften (Art. 25 bis 27 ScheckG) entspricht weitgehend der für Wechselbürgschaften.

7 Eine Vermerkpflicht für die Bürgschaften liegt nur dann vor, wenn die Hauptschuld am Bilanzstichtag bestanden hat (§ 767 Abs. 1 BGB); daher richtet sich auch die Höhe der zu vermerkenden Bürgschaft nach dem jeweiligen Stand der Hauptschuld am Bilanzstichtag.

8 **3. Verbindlichkeiten aus Gewährleistungsverträgen.** Der Begriff des Gewährleistungsvertrages ist gesetzlich nicht definiert. Es handelt sich dabei um einen eigenständigen bilanzrechtlichen Begriff, der jede nicht als Bürgschaft zu qualifizierende vertragliche Verpflichtung umfasst, mit der eine Gewährleistung bezweckt wird, also zB das Einstehen für einen Erfolg oder eine Leistung oder für den Nichteintritt eines bestimmten Nachteils oder Schadens.[14]

9 Da es sich um **vertraglich** übernommene Haftungen handeln muss, werden von der Vermerkpflicht weder gesetzliche Gewährleistungen noch die Haftung für fremde Verbindlichkeiten auf Grund gesetzlicher Bestimmungen erfasst.[15] Die Gewährleistung kann **fremde** oder **eigene** Leistungen betreffen. Als Gewährleistungen für fremde Leistungen kommen bürgschaftsähnliche Rechtsverhältnisse, zB kumulative Schuldübernahme, Freistellungsverpflichtungen und sonstige Gewährleistungen für Dritte wie Kurs- und Ausbietungsgarantien, Patronatserklärungen oder Nachhaftungen bei Spaltung in Betracht.[16] Bei Gewährleistungen für eigene Leistungen handelt es sich um unselbständige Garantiezusagen (knüpfen an eine Leistungspflicht an, die bereits in einem bestehenden Vertrag enthalten ist) oder selbständige Garantiezusagen (beziehen sich auf einen über die Vertragsmäßigkeit der eigenen Leistung hinausgehenden Erfolg).[17] Unselbständige Garantiezusagen sind nur vermerkpflichtig, wenn sie über die branchen- oder geschäftsgewöhnlichen Garantiezusagen hinausgehen oder es sich um branchenungewöhnliche Risiken handelt.[18]

10 **4. Haftungsverhältnisse aus der Bestellung von Sicherheiten für fremde Verbindlichkeiten.** Die Vermerkpflicht bezieht sich auch auf dingliche Sicherheiten, die für fremde Verbindlichkeiten geleistet werden. Hierunter fallen bspw. Grundpfandrechte (zB Hypotheken, Grund- und Rentenschulden), Verpfändungen beweglicher Sachen und Rechte, Sicherungsübereignungen von Vermögensgegenständen des Bilanzierenden und Sicherungsabtretungen von Forderungen (auch Globalabtretungen, Mantelzessionen). Für den im Vermerk anzugebenden Betrag ist dabei nicht der Wert des Sicherungsgutes maßgebend, sondern die Höhe der am Bilanzstichtag für die fremde Verbindlichkeit bestehenden Haftung.[19] Sicherungsübereignungen von Leasinggegenständen, die Leasinggesellschaften zur Besicherung von an Kreditinstitute verkaufte Leasingforderungen vornehmen, fallen grundsätzlich nicht unter die Vermerkpflicht, da in Höhe der erhaltenen Zahlungen bereits ein passiver Rechnungsabgrenzungsposten zu bilden ist.[20]

---

[12] *ADS* RdNr. 47.
[13] *ADS* RdNr. 49; *Ellrott* BeBiKo RdNr. 17.
[14] *IDW,* HFA 2/1976 idF 1990 Abschn. I, WPg 1976, 528.
[15] *ADS* RdNr. 60.
[16] *WPH* E RdNr. 74; zu Patronatserklärungen *IDW,* HFA 2/1976 idF 1990, WPg 1976, 528; vgl. auch Erl. zu § 268 RdNr. 34.
[17] Vgl. hierzu *ADS* RdNr. 62 f.
[18] *Ellrott* BeBiKo RdNr. 26.
[19] *Ellrott* BeBiKo RdNr. 45.
[20] *ADS* RdNr. 98; *Fey* HdR RdNr. 50.

Allgemeine Bewertungsgrundsätze

III. Folgen der Nichtbeachtung

Verstöße gegen § 251 HGB können gem. § 331 HGB oder gem. § 283 b StGB auch strafrechtliche Konsequenzen gegen Organmitglieder nach sich ziehen. Zudem kann eine Ordnungswidrigkeit nach § 334 HGB vorliegen. **11**

Dritter Titel. Bewertungsvorschriften

§ 252 Allgemeine Bewertungsgrundsätze

(1) Bei der Bewertung der im Jahresabschluß ausgewiesenen Vermögensgegenstände und Schulden gilt insbesondere folgendes:
1. Die Wertansätze in der Eröffnungsbilanz des Geschäftsjahrs müssen mit denen der Schlußbilanz des vorhergehenden Geschäftsjahrs übereinstimmen.
2. Bei der Bewertung ist von der Fortführung der Unternehmenstätigkeit auszugehen, sofern dem nicht tatsächliche oder rechtliche Gegebenheiten entgegenstehen.
3. Die Vermögensgegenstände und Schulden sind zum Abschlußstichtag einzeln zu bewerten.
4. Es ist vorsichtig zu bewerten, namentlich sind alle vorhersehbaren Risiken und Verluste, die bis zum Abschlußstichtag entstanden sind, zu berücksichtigen, selbst wenn diese erst zwischen dem Abschlußstichtag und dem Tag der Aufstellung des Jahresabschlusses bekanntgeworden sind; Gewinne sind nur zu berücksichtigen, wenn sie am Abschlußstichtag realisiert sind.
5. Aufwendungen und Erträge des Geschäftsjahrs sind unabhängig von den Zeitpunkten der entsprechenden Zahlungen im Jahresabschluß zu berücksichtigen.
6. Die auf den vorhergehenden Jahresabschluß angewandten Bewertungsmethoden sollen beibehalten werden.

(2) Von den Grundsätzen des Absatzes 1 darf nur in begründeten Ausnahmefällen abgewichen werden.

Schrifttum: Arbeitskreis „Externe Unternehmensberichterstattung" der Schmalenbach-Gesellschaft, Bilanzierung von Finanzinstrumenten im Währungs- und Zinsbereich auf der Grundlage des HGB, DB 1997, 637; *Heinhold*, Aktivierung von Werbeaufwand?, DB 2005, 2033; *IDW* ERS HFA 13, Einzelfragen zum Übergang des wirtschaftlichen Eigentums und zur Gewinnrealisierung nach HGB, WPg 2004, 952; *IDW* RS HFA 18, Bilanzierung von Anteilen an Personenhandelsgesellschaften, WPg 2006, 1302; *IDW,* HFA 1/1989, Zur Bilanzierung beim Leasinggeber, WPg 1989, 625; *IDW,* HFA 2/1997, Zweifelsfragen der Rechnungslegung bei Verschmelzungen, WPg 2000, 439; *IDW,* HFA 3/1997, Zum Grundsatz der Bewertungsstetigkeit, WPg 1997, 540; *IDW* ERS HFA 6 n. F., Änderung von Jahresabschlüssen und Konzernabschlüssen, WPg 2006, 1298; *IDW* RS HFA 15, Bilanzierung von Emissionsberechtigungen nach HGB, WPg 2006, 574; *IDW* RS HFA 17, Auswirkungen einer Abkehr von der Going-Concern-Prämisse auf den handelsrechtlichen Jahresabschluss, WPg 2006, 40; *Marten,* Bilanzielle Auswirkungen von Preisstrategien am Beispiel von Handy-Subventionen, DB 2003, 2713; *Wiedmann,* Bewertungseinheit und Realisierungsprinzip, in: Neuorientierung der Rechenschaftslegung, 1994, S. 101.

Übersicht

	RdNr.		RdNr.
I. Allgemeine Grundsätze	1–3	VI. Aufwands- und Ertragsperiodisierung	34–36
II. Identität der Wertansätze in Eröffnungs- und Schlussbilanz	4–12	VII. Grundsatz der Bewertungsstetigkeit	37–42
III. Grundsatz der Unternehmensfortführung	13–19	VIII. Abweichungen von den Grundsätzen des Abs. 1 (Abs. 2)	43–46
IV. Der Grundsatz der Einzelbewertung und der stichtagbezogenen Bewertung	20–24	IX. Folgen der Nichtbeachtung	47, 48
V. Der Grundsatz der Vorsicht	25–33		

I. Allgemeine Grundsätze

Die in Abs. 1 aufgeführten Bewertungsgrundsätze bilden einen Teil der für die Bewertung **1** anzuwendenden GoB. Der Gesetzgeber hat lediglich die wichtigsten GoB kodifiziert. Daneben sind nicht kodifizierte GoB wie der Grundsatz der Methodenbestimmtheit zu beachten (vgl. auch § 243 RdNr. 5).

2 Die Bewertungsgrundsätze haben die Aufgabe, die speziellen Bewertungsregeln zu konkretisieren und zu ergänzen, also Regelungslücken auszufüllen. Sie sind allerdings gegenüber speziellen Regelungen nachrangig. Untereinander sind sie gleichrangig, wobei der Grundsatz Nr. 6 (Bewertungsstetigkeit), weil er als „Soll"-Vorschrift ausgestaltet ist, im Zweifel als nachrangig anzusehen ist.[1]

3 Die Bewertungsgrundsätze sind, soweit nicht spezielle Regelungen entgegenstehen, auch für die steuerliche Bewertung maßgeblich.[2]

II. Identität der Wertansätze in Eröffnungs- und Schlussbilanz

4 Um sicher zu stellen, dass im Ergebnis keine Abweichungen zwischen der Summe der Periodenergebnisse und dem Ergebnis der Totalperiode entstehen, schreibt Abs. 1 Nr. 1 vor, dass die Wertansätze der Eröffnungsbilanz mit den Wertansätzen in der Schlussbilanz übereinstimmen.[3]

5 Daraus ergibt sich nicht zwingend, dass der Kaufmann zu Beginn jeden Jahres eine formelle Eröffnungsbilanz aufzustellen hat. Zur Einhaltung der Vorschrift genügt es, dass die auf den einzelnen Bestandskonten **vorgetragenen Salden** mit den **Schlusssalden** des vorhergehenden Geschäftsjahres übereinstimmen.[4] Obwohl Abs. 1 Nr. 1 dem Wortlaut nach nur die „Wertidentität" verlangt und insofern vom Wortlaut des Art. 31 Abs. 1 Buchst. f der 4. EG-RL abweicht, der verlangt, dass die Eröffnungsbilanz mit der Schlussbilanz des Vorjahres übereinstimmen, müssen sowohl das Mengen- als auch das Wertgerüst von Anfangsbilanz und Schlussbilanz des Vorjahres identisch sein.[5]

6 In begründeten Ausnahmefällen kann nach Abs. 2 von den Grundsätzen des Abs. 1 abgewichen werden. Häufig wird der **Gewinnverwendungsbeschluss** bei der Einbuchung der Vorträge berücksichtigt, obwohl die Schlussbilanz vor Gewinnverteilungsbeschluss aufgestellt wurde. Soweit es sich um eine **Um- oder Aufgliederung von Bilanzposten** handelt, ist dies zulässig.[6] Eine weiter gehende Berücksichtigung des Gewinnverwendungsbeschlusses, zB die Berücksichtigung von Aufwand wegen dividendenabhängiger Vergütungen, ist nicht zulässig. Auch Abs. 2 könnte ein solches Vorgehen nicht rechtfertigen.[7]

7 Wenn bei **Unternehmensverkäufen** der Übergang zum Ende des Geschäftsjahres vereinbart wird, ist fraglich, ob sowohl das übernehmende wie auch das abgebende Unternehmen die Bilanzkontinuität unterbrechen dürfen, indem sie die Schlussbilanz nach den Verhältnissen vor der Unternehmensübernahme und die Anfangsbilanz nach den Verhältnissen nach der Unternehmensübernahme darstellen. Dies wird als zulässig angesehen für Unternehmen, die nicht verpflichtet sind, einen Anlagenspiegel aufzustellen und dies auch nicht freiwillig tun.[8] Wenn ein Anlagenspiegel aufgestellt wird, muss der Abgang bzw. der Zugang abhängig von der Gestaltung der Verträge entweder im alten oder im neuen Geschäftsjahr gezeigt werden.[9]

8 Bei **Verschmelzungen** ist im Verschmelzungsvertrag als Verschmelzungsstichtag der Tag anzugeben, von dem an die Handlungen der übertragenden Rechtsträger als für Rechnung des übernehmenden Rechtsträgers vorgenommen gelten. Der übernehmende Rechtsträger hat den durch die Verschmelzung erfolgenden Vermögensübergang als einen laufenden Geschäftsvorfall in seiner Buchführung zu erfassen. Liegt das wirtschaftliche Eigentum am Abschlussstichtag bereits beim übernehmenden Rechtsträger, so kann dieser aus Vereinfachungsgründen das übergehende Vermögen nach den Verhältnissen am (zeitlich vor dem Übergang des wirtschaftlichen Eigentums liegenden) Verschmelzungsstichtag einbuchen und Veränderungen dieses Vermögens (Aufwendungen und Erträge) seit dem Verschmelzungsstichtag wie eigene Geschäftsvorfälle abbilden (HFA 2/1997[10]).[11]

9 Die **Änderung von fehlerfreien festgestellten handelsbilanziellen Jahresabschlüssen** kommt unter bestimmten Voraussetzungen in Betracht, wenn gewichtige rechtliche, wirtschaftliche oder steuerliche Gründe vorliegen.[12] Die Änderung von Jahresabschlüssen, die gegen gesetzliche Bilanzierungsvorschriften verstoßen, ist grundsätzlich auch dann zulässig, wenn gewichtige rechtliche, wirtschaftliche oder steuerliche Gründe nicht vorliegen. Jahresabschlüsse mit Mängeln, die zur

---

[1] *ADS* RdNr. 6.
[2] *Selchert* HdR RdNr. 15 f.
[3] *Winkeljohann/Geißler* BeBiKo RdNr. 3 f.
[4] *ADS* RdNr. 11.
[5] *Selchert* HdR RdNr. 34.
[6] *ADS* RdNr. 16.
[7] *Selchert* HdR RdNr. 35.
[8] *ADS* RdNr. 18; *Winkeljohann/Geißler* BeBiKo RdNr. 8; aA *Selchert* HdR RdNr. 39 ff.
[9] *ADS* RdNr. 18.
[10] *IDW,* HFA 2/1997, WPg 2000, 439 ff.
[11] *Selchert* HdR RdNr. 42 ff.
[12] *IDW* ERS HFA 6 n. F. WPg 2006, 1298 ff.

Nichtigkeit führen, sind grundsätzlich durch wirksame zu ersetzen. Mängel, die nicht zur Nichtigkeit führen, können grundsätzlich immer in laufender Rechnung (nicht jedoch durch einfache Änderung der Eröffnungssalden) korrigiert werden. Wird ein Jahresabschluss geändert oder ein nichtiger Jahresabschluss durch einen wirksamen ersetzt, müssen wegen des Grundsatzes der Bilanzverknüpfung nach Abs. 1 Nr. 1 ggf. alle folgenden Jahresabschlüsse ebenfalls geändert werden, auch wenn diese bereits festgestellt sein sollten.[13]

Steuerlich wird zwischen den Begriffen Bilanzberichtigung und Bilanzänderung unterschieden. Eine Bilanzberichtigung liegt vor, wenn der ursprüngliche Ansatz in der Bilanz unrichtig war, eine Bilanzänderung, wenn der Steuerpflichtige bei verschiedenen zulässigen Bilanzansätzen einen anderen als den ursprünglichen Ansatz wählen will (R 4.4 EStR). **10**

Eine **Bilanzberichtigung** ist grundsätzlich zulässig bis zur bestandskräftigen Festsetzung der Ertragsteuern des betreffenden Wirtschaftsjahres (§ 4 Abs. 2 S. 1 EStG). Nach bestandskräftiger Festsetzung ist eine Bilanzberichtigung nur mehr in Rahmen einer Berichtigung der Veranlagung möglich, soweit eine solche Berichtigung nach den Vorschriften der Abgabenordnung zulässig ist. Nach Ablauf der Festsetzungsfrist ist daher keine Bilanzberichtigung mehr möglich. Für die Anwendung des Grundsatzes der Bilanzidentität stellt sich die (umstrittene) Frage, ob in solchen Fällen die Eröffnungsbilanzwerte der materiell richtigen Schlussbilanz des Vorjahres entsprechen sollen oder der unrichtigen (nicht mehr änderbaren) der Veranlagung zugrunde gelegten Bilanz. Die hM befürwortet die letztere Alternative und stellt somit den Grundsatz der Bilanzidentität vor dem Hintergrund der Ermittlung des richtigen Totalgewinns über den Grundsatz der Abschnittsbesteuerung.[14] **11**

Eine **Bilanzänderung** ist nur zulässig, wenn sie in einem engen zeitlichen und sachlichen Zusammenhang mit einer Bilanzberichtigung steht und soweit die Auswirkung der Bilanzberichtigung auf den Gewinn reicht (§ 4 Abs. 2 S. 2 EStG).[15] **12**

III. Grundsatz der Unternehmensfortführung

Abs. 1 Nr. 2 kodifiziert den Grundsatz, dass bei der Bewertung von der Unternehmensfortführung auszugehen ist. Es handelt sich dabei nicht um eine Bewertungsregel ieS, sondern um eine **Prämisse für die Anwendung der Bewertungsregeln.** Wenn nicht tatsächliche oder rechtliche Gegebenheiten dagegen sprechen, ist bei der Bewertung davon auszugehen, dass Vermögensgegenstände planmäßig innerhalb der normalen Unternehmenstätigkeit verwertet werden (Going-concern-Prämisse). **13**

Steuerlich kommt der Grundsatz der Unternehmensfortführung insbesondere in der Definition des Teilwerts nach § 6 Abs. 1 Nr. 1 S. 3 EStG zum Ausdruck. Danach ist der Teilwert der Betrag, den ein Erwerber des ganzen Betriebs im Rahmen des Gesamtkaufpreises für das einzelne Wirtschaftsgut ansetzen würde; dabei ist davon auszugehen, dass der Erwerber den Betrieb fortführt.[16] **14**

Die Fortführung der Unternehmenstätigkeit muss innerhalb einer **überschaubaren Zeitspanne** sicher gestellt sein. Eine Konkretisierung dieser Zeitspanne ist nur eingeschränkt möglich. Es wird die Ansicht vertreten, dass von der Unternehmensfortführung ausgegangen werden kann, wenn für die Zeit, die ausreichend sicher überschaubar ist, das Unternehmen seine Geschäftstätigkeit nicht einstellen kann. Dies kann auch kürzer als 12 Monate sein.[17] Ein Zeitraum von einem Wirtschaftsjahr nach dem Bilanzstichtag wird grundsätzlich als angemessen angesehen, wobei die Eigenart der Geschäftstätigkeit jedoch eine Verkürzung oder Verlängerung nahe legen kann.[18] Die Notwendigkeit, die Fortführung des Unternehmens gesondert zu untersuchen, besteht nur dann, wenn es Anzeichen dafür gibt, dass die Fortführung gefährdet ist. Maßgeblich für die Beurteilung sind grundsätzlich die Verhältnisse am Abschlussstichtag.[19] **15**

Rechtliche Gegebenheiten, die der Unternehmensfortführung entgegenstehen, sind zB: **16**
– Eröffnung des Insolvenzverfahrens,
– beantragter Abwicklungsvergleich,
– Satzungsbestimmungen, die die Auflösung oder Abwicklung des Unternehmens zum Gegenstand haben,
– Einschränkung oder Beendigung der Unternehmenstätigkeit auf Grund gesetzlicher Vorschriften,

---

[13] *IDW* ERS HFA 6 nF, WPg 2006, 1298 ff.
[14] *Schmidt* EStG § 4 RdNr. 700 ff.
[15] *ADS* RdNr. 19.
[16] *Selchert* HdR RdNr. 45.
[17] *ADS* RdNr. 24.
[18] *Winkeljohann/Geißler* BeBiKo RdNr. 11.
[19] *ADS* RdNr. 38 f.

– Änderung der rechtlichen Rahmenbedingungen, zB Kauf des Unternehmens durch ein Konkurrenzunternehmen.[20]

17 **Tatsächliche Gegebenheiten,** die die Unternehmensfortführung verhindern können, sind hauptsächlich wirtschaftliche Schwierigkeiten. Anzeichen hierfür sind zB Unterlassen notwendiger Investitionen wegen fehlender Finanzierung, Ausschöpfung sämtlicher Kreditlinien, Verschiebung des Nachfrageverhaltens, Ausfall wichtiger Lieferanten, Kreditgeber, Abnehmer oder mangelnde Eigenkapitalausstattung, die sich in bilanzieller Überschuldung manifestiert.[21]

18 Wenn die Going-concern-Prämisse wegfällt, sind **Besonderheiten bei der Bewertung** zu beachten. Bei freiwilliger Unternehmenseinstellung durch Beschluss der Gesellschafter ist eine Liquidationseröffnungsbilanz aufzustellen. Bei ungeplanter Beendigung der Unternehmensfortführung ist die Auswirkung auf die Bewertung nicht gesetzlich geregelt. Die Berücksichtigung der Unternehmenssituation bei der Bewertung kann nur im konkreten Fall entschieden werden, wobei tendenziell in stärkerem Maße von der Abkehr von der Going-Concern-Prämisse auszugehen ist, je sicherer bzw. in zeitlicher Nähe das tatsächliche Ende der unternehmerischen Tätigkeit ist. Im Falle einer Abkehr von der Going-Concern-Prämisse sind nur noch bis zum Zeitpunkt der Beendigung des Geschäftsbetriebs verwertbare Vermögensgegenstände zu aktivieren und neben den bislang zu passivierenden Schulden auch solche Verpflichtungen zu berücksichtigen sind, die durch die Abkehr von der Going-Concern-Prämisse verursacht wurden. Die Bewertung hat unter Veräußerungsgesichtspunkten zu erfolgen.[22]

19 Falls die Fortführung nur einzelner Betriebsteile gefährdet ist, muss diese Tatsache bei der Bewertung der auf sie entfallenden Vermögensteile berücksichtigt werden.[23]

IV. Der Grundsatz der Einzelbewertung und der stichtagbezogenen Bewertung

20 Die einzelnen Vermögensgegenstände und Schulden sind am Bilanzstichtag gesondert zu bilanzieren und zu bewerten (s. auch § 240). Durch den Grundsatz der Einzelbewertung soll verhindert werden, dass Wertsteigerungen und Wertminderungen gegeneinander saldiert werden und dadurch das Vorsichtsprinzip durchbrochen würde.[24]

21 Die Bewertung setzt voraus, dass die Vermögensgegenstände voneinander abgegrenzt wurden und dass die Entscheidung darüber, ob ein Vermögensgegenstand selbstständig ist oder ob er mit anderen Vermögensgegenständen zusammen eine Bewertungseinheit bildet, gefällt wurde.

22 Die Definition der **Bewertungseinheit** knüpft an das Kriterium der „wirtschaftlich einheitlichen Verfügung" an. Dh. zwei Vermögensgegenstände bilden eine Bewertungseinheit, wenn sie derart miteinander verbunden sind, dass eine Veräußerung getrennt voneinander nicht oder nur nach erheblichen Aufwendungen möglich ist.[25] Zunehmend werden auch in einem Risikozusammenhang stehende Vermögensgegenstände und Verträge als Bewertungseinheiten angesehen. Dabei kommt es darauf an, dass Verträge in Bezug auf einzelne Vermögensgegenstände geeignet sind, Wertänderungsrisiken auszuhalten.[26] Der Arbeitskreis „Externe Unternehmensrechnung" der Schmalenbach-Gesellschaft formuliert folgende Anforderungen an die gemeinsame Bewertung von **Grund- und Sicherungsgeschäften im Währungs- und Zinsbereich:**[27]

a) Die Grund- und Sicherungsgeschäfte stehen objektiv in einem einheitlichen **Nutzungs- und Funktionszusammenhang.**

b) Der Nutzungs- und Funktionszusammenhang ist vom Bilanzierenden über den Bewertungsstichtag hinaus gewollt **(Durchhalteabsicht).**

c) Der Wille des Bilanzierenden kommt durch eine vor dem Bilanzstichtag durchgeführte Zuordnung der Einzelpositionen, die eine Bewertungseinheit bilden, nachprüfbar zum Ausdruck **(Dokumentation).**

23 Der Gesetzgeber hat für einige **Bewertungsvorgänge Vereinfachungen** zugelassen, die einer Zusammenfassung zu Bewertungseinheiten gleichkommen und als Spezialregelungen anzusehen sind. In § 256 sind für bestimmte Vermögensgegenstände des Vorratsvermögens **Bewertungsvereinfachungsverfahren** zugelassen. Außerdem sind für bestimmte Sachanlagen sowie Roh-, Hilfs- und

---

[20] *Selchert* HdR RdNr. 48 f.
[21] *Selchert* HdR RdNr. 48 f.
[22] *IDW* RS HFA 17, WPg 2006, 40.
[23] *Winkeljohann/Geißler* BeBiKo RdNr. 21.
[24] *Winkeljohann/Geißler* BeBiKo RdNr. 22.
[25] *Selchert* HdR RdNr. 65 ff.
[26] *Wiedmann* S. 101 ff.
[27] Arbeitskreis „Externe Unternehmensberichterstattung" S. 639.

Betriebsstoffe das Festwertverfahren und für gleichartige und etwa gleichwertige Vorräte und Schulden die **Gruppenbewertung** anwendbar.[28] Für die Bewertung von Rückstellungen für drohende Verluste aus schwebenden Geschäften sind neben vertraglich vereinbarten Hauptleistungsverpflichtungen auch Nebenleistungen sowie konkrete wirtschaftliche Vorteile aus dem schwebenden Geschäft in den Saldierungsbereich einzubeziehen. Konkrete wirtschaftliche Vorteile müssen jedoch der Höhe und dem Grunde nach bestimmbar sein sowie in einem ursächlichen wirtschaftlichen Zusammenhang mit dem schwebenden Geschäft stehen. Nicht berücksichtigt werden dürfen dagegen bloße Hoffnungen oder vage Erwartungen, zB zukünftig erwartete Erträge aus einem Markt, zu dessen Erschliessung bewusst ein Verlustgeschäft eigegangen wurde.[29]

Der Bewertung sind, unabhängig vom Zeitpunkt der tatsächlichen Ermittlung des Wertes, die **Verhältnisse am Abschlussstichtag** zugrunde zu legen. Wertaufhellende Tatsachen müssen berücksichtigt werden. Das Stichtagsprinzip wird durch die Bewertungswahlrechte des § 253 Abs. 2 S. 3; Abs. 3 S. 3 und Abs. 5 durchbrochen.[30]

V. Der Grundsatz der Vorsicht

Das Postulat der vorsichtigen Bewertung ist als übergeordneter Grundsatz für verschiedene Bewertungsgrundsätze zu verstehen. Als Bewertungsregel ieS kommt das **Vorsichtsprinzip** in allen Fällen zur Anwendung, in denen wegen unvollkommener Information oder Ungewissheit über zukünftige Ereignisse zwangsläufig Ermessensspielräume vorhanden sind.

Der Grundsatz der Vorsicht kommt außerdem in allen Einzelvorschriften zum Ausdruck, die die Aktivierung beschränken und verhindern, dass „Nonvaleurs" ausgewiesen werden. Das Vorsichtsprinzip schlägt sich schließlich im **Realisationsprinzip** nieder, das den Ausweis eines Gewinns von der Realisation der Erlöse abhängig macht. Zum Bilanzierungszeitpunkt bereits verursachte, aber noch nicht realisierte Risiken oder Verluste sind hingegen zu berücksichtigen (**Imparitätsprinzip**).

In der Steuerbilanz ist das hier grundsätzlich auch geltende Vorsichtsprinzip an vielen Stellen durch einzelgesetzliche Regelungen durchbrochen (vgl. zB § 248 RdNr. 10; § 253 RdNr. 61).[31]

Für die wenigsten Bilanzpositionen (außer zB Kasse, Bankverbindlichkeiten, gezeichnetes Kapital) lassen sich die Wertansätze direkt aus den Büchern ableiten. Für alle anderen Vorgänge muss für das Mengengerüst eine Preiszuordnung (Bewertung) stattfinden. Das Vorsichtsprinzip beschränkt die Auswahl aus einer Menge von möglichen Werten auf die ungünstigen Alternativen, wobei alle vorhersehbaren Risiken und Verluste, die bis zum Abschlussstichtag entstanden sind, berücksichtigt werden müssen. Es darf allerdings auch nicht unbegründet der ungünstigste **Schätzwert** ausgewählt werden, da die bewusste Bildung stiller Reserven, insbesondere für Kapitalgesellschaften, nicht zulässig ist.[32]

Bei der Bewertung sind alle vorhersehbaren Risiken und Verluste zu berücksichtigen (Abs. 1 Nr. 4). Es muss sich dabei um konkrete Risiken handeln, die die Wertminderung bestimmter Aktiva oder die Entstehung bestimmter Aufwendungen zur Folge haben. Das allgemeine Unternehmensrisiko ist nicht gemeint.[33] Die Risiken müssen bereits am Bilanzstichtag bestanden haben. Die Risiken und Verluste sind auch zu berücksichtigen, wenn sie erst **nach dem Bilanzstichtag**, jedoch bis zur Bilanzaufstellung bekannt werden. Verluste, die ihre Ursache erst nach dem Bilanzstichtag haben, werden wegen des **Stichtagsprinzips** nicht berücksichtigt. Insofern sind nur nach dem Stichtag eintretende wertaufhellende Tatsachen, nicht aber wertbeeinflussende Tatsachen zu berücksichtigen. Wertaufhellende Tatsachen sind dabei solche Ereignisse, die im Bilanzierungszeitpunkt begründet und vorhersehbar waren (zB Insolvenzeröffnung eines bereits sich zum Bilanzstichtag in Schwierigkeiten befindlichen Schuldners). Zu den wertaufhellenden Tatsachen gehören sowohl negative als auch positive (werterhöhend oder wertmindernd). Wertbeeinflussende (oder wertbegründende) Tatsachen sind dagegen Ereignisse nach dem Bilanzstichtag, die keinen Rückschluss auf die Verhältnisse am Bilanzstichtag zulassen (zB Schadenereignis).[34] Der BFH hat sich das Begriffspaar zu eigen gemacht, so dass diese Grundsätze auch für die Steuerbilanz gelten. Wird die Bilanz verspätet erstellt, so sind wertaufhellende Umstände jedoch nicht mehr zu berücksichtigen[35] (vgl. auch § 243

---

[28] *Winkeljohann/Geißler* BeBiKo RdNr. 26.
[29] *IDW* RS HFA 4, WPg 2000, 716.
[30] *Selchert* HdR RdNr. 78 ff.
[31] *ADS* RdNr. 63 ff.; vgl. RdNr. 25.
[32] *Selchert* HdR RdNr. 86 ff.
[33] *ADS* RdNr. 74.
[34] *Winkeljohann/Geißler* BeBiKo RdNr. 37, 38.
[35] FG Düsseldorf EFG 2000, 304.

RdNr. 20).[36] Kapitalgesellschaften haben über wesentliche Ereignisse, die sich nach dem Bilanzstichtag ereignet haben, im Lagebericht zu berichten.[37]

30 Abs. 1 Nr. 4 besagt außerdem, dass Gewinne nur berücksichtigt werden dürfen, wenn sie am Abschlussstichtag realisiert sind. Wann Gewinne als realisiert gelten, bestimmt sich nach GoB im Einzelnen wie folgt:

- **Verkauf:** im Zeitpunkt der Lieferung, wenn der Anspruch auf Gegenleistung entstanden ist und die Gefahr auf den Käufer übergegangen ist;
- Verkauf mit **Rücklieferungsrecht:** wenn die Rücklieferungsfrist abgelaufen ist;
- **Mehrkomponentengeschäfte** liegen vor, wenn in einem Vertrag mehrere wesentliche unterschiedliche Leistungen geregelt sind oder mehrere Einzelverträge auf Grund ihres engen wirtschaftlichen Zusammenhangs als ein Geschäft gelten.[38] Die Gewinnrealisierung erfolgt erfolgt anhand der beizulegenden Zeitwerte der Einzelleistungen, wenn diese verlässlich bestimmbar sind und der Erwerber die Einzelleistungen auch getrennt voneinander erwerben oder nutzen könnte. Falls die vorstehenden Bedingungen nicht erfüllt sind, dann darf die Ertragsrealisierung erst erfolgen, wenn alle Einzelleistungen erbracht sind und nach den allgemeinen Grundsätzen als realisiert gelten. Diesen Grundsätzen hat auch das IDW in seiner Stellungnahme zu E-DRS 17[39] zugestimmt (vgl. IDW FN 2002, 388). Das BMF hält eine wirtschaftliche Betrachtungsweise bei Mobilfunkverträgen mit gewährten Vergünstigungen für angemessen und folgt damit im Grunde den vorstehenden Ausführungen;[40]
- **Sale-and-buy-back-Geschäfte:** Eine Gewinnrealisierung bei Gestaltungen, die zur Hebung von stillen Reserven eine Veräußerung von Vermögensgegenständen und einen Rückerwerb zu einem späteren Zeitpunkt vorsehen, richtet sich grundsätzlich nach dem Übergang des wirtschaftlichen Eigentums.[41] Zum Begriff des wirtschaftlichen Eigentums siehe § 246 RdNr. 6;
- **Tausch:** Handelsrechtlich wird überwiegend ein Wahlrecht zwischen der Realisation des Verkehrswertes des hingegebenen Vermögensgegenstands und der Fortführung des Buchwerts für zulässig gehalten.[42] Steuerlich führt ein Tausch zwingend zur Realisation des gemeinen Werts des hingegebenen Wirtschaftsguts;
- Bei **Dauerschuldverhältnissen** (zB Miet-, Pacht- und Leasingverträgen) erfolgt die Ertragsrealisierung pro rata temporis. Bei einem inkongruenten Verhältnis von Leistung (Nutzungsüberlassung) und Gegenleistung (Mietzins) ist eine abweichende ergebniswirksame Vereinnahmung erforderlich (passive Rechnungsabgrenzung fälliger Mietentgelte bzw Aktivierung noch nicht fälliger Mietforderungen unter den sonstigen Vermögensgegenständen);[43]
- **Dienstleistung:** Zeitpunkt, in dem die Leistung erbracht und der Anspruch auf Gegenleistung entstanden ist;
- **Gewinnbeteiligung** an Unternehmen: Gewinnausschüttung muss beschlossen sein;
- **Gewinnbeteiligung** an Unternehmen mit Mehrheit der Anteile: Ist das Mutterunternehmen zu 100% an einer GmbH/AG beteiligt, die Tochter-GmbH/AG abhängiges Konzernunternehmen, die Gewinnverwendung durch die Gesellschafter- bzw. Hauptversammlung vor Beendigung der Prüfung des Jahresabschlusses des Mutterunternehmens beschlossen und haben Mutter- und Tochterunternehmen ein übereinstimmendes Wirtschaftsjahr, so müssen die Beteiligungserträge phasengleich vereinnahmt werden.[44] Dasselbe gilt bei einer Mehrheitsbeteiligung unter 100%, wenn das herrschende Mutterunternehmen allein in der Lage ist, den entsprechenden Gewinnverwendungsbeschluss durchzusetzen. Darüber hinaus besteht weiterhin ein Aktivierungswahlrecht gemäß BGH v. 3. 11. 1975.[45] In der Steuerbilanz besteht auf Grund des Urteils GrS 2/99[46] grundsätzlich keine Möglichkeit mehr zur periodengleichen Vereinnahmung von Beteiligungserträgen;

---

[36] *Winkeljohann/Geißler* BeBiKo RdNr. 36.
[37] Vgl. § 289 RdNr. 15 ff.
[38] *Winkeljohann/Geißler* BeBiKo RdNr. 45.
[39] Der DSR hat in der 58. Sitzung am 14./15. November 2002 beschlossen, von einer Überarbeitung des „E-DRS 17 Erlöse" abzusehen und zunächst die Entwicklungen des internationalen Joint Projects „Revenue Recognition" zu verfolgen.
[40] BMF-Schreiben vom 20. 6. 2005 – IV B 2 – S 2134 – 17/05, DB 2005, 1417; aA *Heinhold*, DB 2005, 2033; *Marten*, DB 2003, 2713.
[41] *IDW,* ERS HFA 13, WPg 2004, 952.
[42] *Winkeljohann/Geißler* BeBiKo RdNr. 49.
[43] *IDW,* HFA 1/1989, WPg 1989, 625.
[44] BGH v. 12. 1. 1998, DB S. 567.
[45] WPg 1976, 80.
[46] GmbHR 2000, 1106.

- **Gewinnbeteiligung an Personengesellschaften:** Gewinne sind grundsätzlich mit dem Ablauf des Geschäftsjahres bilanzierungspflichtig;[47]
- **Gewinnabführungsverträge:** Erträge aus Gewinnabführungsverträgen sind stets zu vereinnahmen, wenn der Bilanzstichtag der abführenden Kapitalgesellschaft nicht nach dem Bilanzstichtag des empfangenden Mutterunternehmens liegt. Das früher angenommene Aktivierungswahlrecht ist auf Grund des Urteils des BGH v. 12. 1. 1998 wohl überholt. Drohende Verlustübernahmen des noch laufenden, abweichenden Geschäftsjahrs sind entsprechend dem Imparitätsprinzip bei dem Mutterunternehmen zu passivieren;[48]
- **Werkvertrag:** Zeitpunkt, in dem das Werk an den Auftraggeber ausgeliefert und abgenommen und damit der Anspruch auf die Gegenleistung entstanden ist;
- **Zinsansprüche** werden unabhängig vom Zeitpunkt der Fälligkeit pro rata temporis vereinnahmt;
- Gewinnansprüche bei **Investmentfonds** sind dann zu aktivieren, wenn sie nach den Fondsbedingungen entstanden sind. Dies ist bei ausschüttenden Fonds idR der Fall, unabhängig davon, ob der Betrag ausgeschüttet oder zur Wiederanlage verwendet wird. Bei thesaurierenden Fonds ist eine Vereinnahmung der Erträge während der Haltedauer nicht zulässig. Diese Regelungen gelten grundsätzlich auch für Spezialfonds;[49]
- Die sofortige Ertragsrealisierung bei unentgeltlich ausgegebenen **Emissionsrechten** im Zeitpunkt der Ausgabe ist ausgeschlossen. Erträge können erst nach Veräußerung der Emissionrechte realisiert werden (vgl. zur Höhe des Ertrages ausführlich HFA 15).[50]

Problematisch ist das Realisationsprinzip bei Unternehmen, die überwiegend sog. **langfristige Auftragsfertigung** betreiben. Werden Gewinne erst dann realisiert, wenn der Gesamtauftrag abgewickelt ist, führt das zu wenig aussagekräftigen Jahresabschlüssen, da die Gewinne nicht auf die Perioden der Leistung verteilt werden können. Teilgewinne sind unter folgenden Voraussetzungen zu realisieren:[51]

- Es muss sich um langfristige Fertigung handeln, dh. der Fertigungsprozess geht über ein Geschäftsjahr hinaus (zB Anlagenbau).
- Die langfristige Fertigung macht einen wesentlichen Teil der Geschäftstätigkeit des Unternehmens aus.
- Eine Realisierung der Gewinne aus dem Auftrag erst nach Abschluss der langfristigen Fertigung würde zu einer erheblichen Beeinträchtigung des Einblicks in die Ertragslage des Unternehmens führen.
- Der aus der langfristigen Fertigung zu erwartende Gewinn muss sicher kalkulierbar sein, und es dürfen keine Risiken ersichtlich sein, die das Ergebnis wesentlich beeinträchtigen können.
- Unvorhersehbare Garantieleistungen und Nachbesserungen sind durch vorsichtig angesetzte Beträge zu berücksichtigen.
- Es darf nur der auf die bereits erbrachte Teilleistung anteilmäßig entfallende Gewinn berücksichtigt werden.
- Es ist eine Nachkalkulation durchzuführen, um festzustellen, ob die Ist-Kosten erheblich über den Planungen liegen. In diesem Fall darf der anteilige Gewinn nicht vereinnahmt werden.
- Es dürfen keine Anzeichen dafür vorliegen, dass der Abnehmer Einwendungen erhebt, die zu einer Gewinnschmälerung führen.

Auch wenn der Abnehmer Teilzahlungen geleistet hat, sind die oben genannten Bedingungen zu beachten.

Im **Imparitätsprinzip** sind das Prinzip der Vorsicht und das Realisationsprinzip zusammengefasst. Das Imparitätsprinzip bringt zum Ausdruck, dass Gewinne erst durch einen Realisationsakt entstehen, der idR an eine Bestätigung durch den Markt anknüpft, dagegen sind Verluste bereits zu berücksichtigen, wenn sie vorhersehbar sind und auf Dispositionen oder latenten Ereignissen des abzuschließenden oder eines früheren Geschäftsjahres beruhen.[52]

---

[47] *IDW* RS HFA 18, WPg 2006, 1 302.
[48] *Förschle* BeBiKo § 277 RdNr. 17, 18.
[49] *ADS* § 246 RdNr. 232 ff.
[50] *IDW* RS HFA 15, WPg 2006, 574.
[51] *ADS* RdNr. 88, krit. *Ellrott/Brendt* BeBiKo § 255 RdNr. 460.
[52] *Winkeljohann/Geißler* BeBiKo RdNr. 34.

VI. Aufwands- und Ertragsperiodisierung

34 Das in Abs. 1 Nr. 5 gesetzlich festgeschriebene **Periodenabgrenzungsprinzip** besagt, dass Aufwendungen und Erträge des Geschäftsjahres unabhängig von den Zahlungszeitpunkten zu erfassen sind. Die Zuordnung von Zahlungen als Aufwand oder Ertrag zu bestimmten Geschäftsjahren richtet sich nach dem Verursachungsprinzip.[53] Aufwendungen entstehen durch den Verbrauch von Gütern und Dienstleistungen und durch die Nutzung von Gebrauchsgütern. Sie können durch Zeitablauf entstehen, zB bei ungenutzten Vermögensgegenständen, einem Unternehmen ohne direkte Gegenleistung auferlegt sein (zB Steuern) oder durch Marktereignisse begründet sein, die zu Wertminderungen führen (zB Wertpapiere).[54]

35 Der Zeitpunkt, zu dem Erträge entstehen, wird durch das Realisationsprinzip bestimmt (vgl. RdNr. 26). In jüngster Zeit wurde daher versucht, die Verursachung von Aufwand durch die entsprechenden Erträge zu begründen und der Periode zuzurechnen, in der diese Erträge anfallen (vgl. § 249 RdNr. 21).

36 Ausnahmen iSd. Abs. 2 ergeben sich aus gesetzlich zugelassenen Wahlrechten, wie zB die Aufwandsrückstellung gem. § 249 Abs. 2 oder die nach § 253 Abs. 4 zugelassenen stillen Reserven.[55]

VII. Grundsatz der Bewertungsstetigkeit

37 Der **Stetigkeitsgrundsatz** verlangt, die auf den vorherigen Jahresabschluss angewandten **Bewertungsmethoden** beizubehalten. Der Grundsatz soll die Vergleichbarkeit von zwei aufeinander folgenden und damit auch einer Reihe von Jahresabschlüssen sicherstellen. Insbesondere die Beeinflussung der Ertragslage durch unstetige Ausübung von Bewertungswahlrechten soll unterbunden werden.[56]

38 Aus dem Vergleichbarkeitspostulat folgt, dass art- und funktionsgleiche Bewertungsobjekte nicht ohne sachlichen Grund nach unterschiedlichen Methoden bewertet werden dürfen.[57] Ergänzt wird der Grundsatz der Bewertungsstetigkeit durch Angabepflichten im Anhang für Kapitalgesellschaften und Personengesellschaften iSd. § 264a (Angabe der angewandten Bilanzierungs- und Bewertungsmethoden (§ 284 Abs. 2 Nr. 1); Angabe, Begründung und Darstellung des Einflusses auf die Vermögens-, Finanz- und Ertragslage bei Abweichungen von Bilanzierungs- und Bewertungsmethoden (§ 284 Abs. 2 Nr. 3).

39 **Bewertungsmethoden** sind bestimmte Verfahren der Wertfindung, die in ihrem Ablauf definiert sind. Erfasst sind auch die unterschiedlichen Abschreibungsmethoden, die Auswahl der in die Herstellungskosten einbezogenen Bestandteile sowie das Verfahren zu Ermittlung der einbezogenen Gemeinkosten.[58]

40 Grundsätzlich gilt das Stetigkeitsgebot auch für die Inanspruchnahme steuerlicher Abschreibungen. Dennoch dürfen steuerliche Bewertungswahlrechte jährlich neu ausgeübt werden.[59]

41 Bilanzansatzwahlrechte sind nicht vom Stetigkeitsgebot erfasst, da § 252 Abs. 1 S. 6 ausdrücklich von Bewertungsmethoden spricht. Nach DRS 13.7 wird jedoch auch eine stetige Anwendung der Ansatz- und Ausweisvorschriften empfohlen.[60]

42 Obwohl die Kodifizierung des Stetigkeitsgrundsatzes nur als Soll-Vorschrift formuliert ist, wird allgemein davon ausgegangen, dass nur in begründeten Ausnahmefällen davon abgewichen werden darf.[61]

VIII. Abweichungen von den Grundsätzen des Abs. 1 (Abs. 2)

43 Die Abweichungen von den Grundsätzen des Abs. 1 in begründeten Ausnahmefällen lassen sich in drei Kategorien einordnen:[62]
1. Zwingende Abweichung auf Grund gesetzlicher Vorschriften
2. Abweichungen auf Grund gesetzlicher Gestattung
3. Abweichungen aus sonstigen Gründen

---

[53] *Winkeljohann/Geißler* BeBiKo RdNr. 52.
[54] *ADS* RdNr. 98.
[55] *Winkeljohann/Geißler* BeBiKo RdNr. 54.
[56] *ADS* RdNr. 103.
[57] *IDW,* HFA 3/1997, WPg 1997, 540.
[58] *Winkeljohann/Geißler* BeBiKo RdNr. 56.
[59] *ADS* RdNr. 105.
[60] Zur Ausstrahlungswirkung der DRS auf den Jahresabschluss siehe Erl zu § 342.
[61] *Winkeljohann/Geißler* BeBiKo RdNr. 57; *ADS* RdNr. 109.
[62] *Winkeljohann/Geißler* BeBiKo RdNr. 72 ff.

Zwingende Abweichungen auf Grund gesetzlicher Vorschriften liegen insbesondere dann 44 vor, wenn der Jahresabschluss einer Kapitalgesellschaft oder einer Personhandelsgesellschaft iSv. § 264a im Rahmen der GoB ein den tatsächlichen Verhältnissen entsprechendes Bild der Vermögens-, Finanz- und Ertragslage iSv. § 264 Abs. 2 nicht mehr vermittelt (zB bei langfristiger Auftragsfertigung; siehe RdNr. 31).

Abweichungen auf Grund gesetzlicher Gestattungen betreffen zB die Bewertungsvereinfachungsverfahren (§ 240 Abs. 3 und 4) und steuerlich orientierte Wertansätze (§§ 247 Abs. 3, 254). 45 Der Grundsatz der Bewertungsstetigkeit schränkt die Wahlrechte oft auf eine einmalige Ausübung ein, die später nur in Ausnahmefällen geändert werden können (siehe RdNr. 42). In vielen Umwandlungsfällen gestattet § 24 UmwG und zB § 3 UmwStG dem neuen Rechtsträger Wertansätze zu Verkehrswerten anstelle der bisherigen Buchwerte.[63]

Abweichungen aus sonstigen Gründen ergeben sich nicht aus gesetzlichen Vorschriften und 46 sind nur bei gewichtigen Gründen zulässig. Gewichtige Gründe können zB bei einer Änderung der Konzernzugehörigkeit vorliegen, wenn eine Anpassung an die Bilanzierungs- und Bewertungsmethoden der neuen Muttergesellschaft erfolgt. Auch Änderungen im System der Kostenrechnung sind zu nennen, wenn damit eine geänderte Zurechnung von Kostenbestandteilen verbunden ist und die Bewertung nach bisherigen Methoden unverhältnismäßig erschwert wird. Willkürliche Abweichungen sind unzulässig.[64]

IX. Folgen der Nichtbeachtung

Verstöße gegen die allgemeinen Grundsätze zur Bewertung in § 252 werden handelsrechtlich 47 nicht sanktioniert. Verstöße gegen die Einzelvorschriften zur Bewertung in den §§ 253, 255, 279 Abs. 1 Satz 2, 280, 282, 283 können gemäß § 334 Abs. 1 Nr. 1 Buchst. b mit einem Bußgeld belegt werden. Schwere Verstöße können gemäß § 331 mit Freiheitsstrafe oder Geldstrafe geahndet werden. Im Falle der Insolvenz können sich **strafrechtliche Konsequenzen** aus §§ 283 bis 283d StGB ergeben.

Eine Über- bzw. Unterbewertung von Bilanzposten im Jahresabschluss einer **AG oder KGaA** 48 kann wegen § 256 AktG zu einer **Nichtigkeit** des Jahresabschlusses führen.[65] Diese Vorschrift bezieht sich nicht auf einzelne Vermögensgegenstände oder Schulden, sondern auf Bilanzposten iSd § 266. Allerdings muss es sich um wesentliche Über- bzw. Unterbewertungen handeln, die außerhalb einer vernünftigen kaufmännischen Beurteilung liegen.[66] Der BGH hat die Vorschriften des § 256 AktG auch für eine **GmbH** entsprechend angewandt.[67] Bei Nichtigkeit durch Über- oder Unterbewertung kann ein pflichtwidriges Verhalten des Geschäftsführungs- und Aufsichtsorgans vorliegen, das eine Schadenersatzpflicht der Organmitglieder gegenüber der Gesellschaft begründet.[68]

§ 253 Wertansätze der Vermögensgegenstände und Schulden

(1) ¹Vermögensgegenstände sind höchstens mit den Anschaffungs- oder Herstellungskosten, vermindert um Abschreibungen nach den Absätzen 2 und 3 anzusetzen. ²Verbindlichkeiten sind zu ihrem Rückzahlungsbetrag, Rentenverpflichtungen, für die eine Gegenleistung nicht mehr zu erwarten ist, zu ihrem Barwert und Rückstellungen nur in Höhe des Betrags anzusetzen, der nach vernünftiger kaufmännischer Beurteilung notwendig ist; Rückstellungen dürfen nur abgezinst werden, soweit die ihnen zugrundeliegenden Verbindlichkeiten einen Zinsanteil enthalten.

(2) ¹Bei Vermögensgegenständen des Anlagevermögens, deren Nutzung zeitlich begrenzt ist, sind die Anschaffungs- oder Herstellungskosten um planmäßige Abschreibungen zu vermindern. ²Der Plan muß die Anschaffungs- oder Herstellungskosten auf die Geschäftsjahre verteilen, in denen der Vermögensgegenstand voraussichtlich genutzt werden kann. ³Ohne Rücksicht darauf, ob ihre Nutzung zeitlich begrenzt ist, können bei Vermögensgegenständen des Anlagevermögens außerplanmäßige Abschreibungen vorgenommen werden, um die Vermögensgegenstände mit dem niedrigeren Wert anzuset-

---

[63] *Winkeljohann/Geißler* BeBiKo RdNr. 74.
[64] *ADS* RdNr. 119.
[65] *ADS* Vor §§ 252 bis 256 RdNr. 24 ff.
[66] *ADS* § 256 AktG, RdNr. 40.
[67] *ADS* Vor §§ 252 bis 256 RdNr. 26.
[68] *ADS* Vor §§ 252 bis 256 RdNr. 32, 33.

§ 253   3. Buch. 1. Abschnitt. Vorschriften für alle Kaufleute

zen, der ihnen am Abschlußstichtag beizulegen ist; sie sind vorzunehmen bei einer voraussichtlich dauernden Wertminderung.

(3) [1] Bei Vermögensgegenständen des Umlaufvermögens sind Abschreibungen vorzunehmen, um diese mit einem niedrigeren Wert anzusetzen, der sich aus einem Börsen- oder Marktpreis am Abschlußstichtag ergibt. [2] Ist ein Börsen- oder Marktpreis nicht festzustellen und übersteigen die Anschaffungs- oder Herstellungskosten den Wert, der den Vermögensgegenständen am Abschlußstichtag beizulegen ist, so ist auf diesen Wert abzuschreiben. [3] Außerdem dürfen Abschreibungen vorgenommen werden, soweit diese nach vernünftiger kaufmännischer Beurteilung notwendig sind, um zu verhindern, daß in der nächsten Zukunft der Wertansatz dieser Vermögensgegenstände auf Grund von Wertschwankungen geändert werden muß.

(4) Abschreibungen sind außerdem im Rahmen vernünftiger kaufmännischer Beurteilung zulässig.

(5) Ein niedrigerer Wertansatz nach Absatz 2 Satz 3, Absatz 3 oder 4 darf beibehalten werden, auch wenn die Gründe dafür nicht mehr bestehen.

Schrifttum: *Günkel/Fenzl,* Ausgewählte Fragen zum Steuerentlastungsgesetz: Bilanzierung und Verlustverrechnung, 1999, S. 649; *IDW* RS HFA 4, Zweifelsfragen zum Ansatz und zur Bewertung von Drohverlustrückstellungen, WPg 2000, 716; *IDW* RS HFA 10, Anwendung der Grundsätze des IDW S 1 bei der Bewertung von Beteiligungen und sonstigen Unternehmensanteilen für die Zwecke eines handelsrechtlichen Jahresabschlusses, WPg 2003, 1257, redaktionelle Änderungen in WPg 2004, 434, und WPg 2005, 1322; *IDW* S 1, Grundsätze zur Durchführung von Unternehmensbewertungen, WPg 2005, 1303; *IDW,* HFA, Geänderter Entwurf einer Verlautbarung zur Währungsumrechnung im Jahres- und Konzernabschluß, WPg 1986, 664; *Schurbohm-Ebneth,* Rückstellungen für Risiken wegen Produkthaftung und Umwelthaftung, 1995; *Wiedmann,* Bewertungseinheit, in: Lexikon des Rechnungswesens, hrsg. von Walther Busse von Colbe und Bernhard Pellens, 4. Aufl. 1998, S. 96; *ders.,* Bewertungseinheit und Realisationsprinzip, in: IDW (Hrsg.) Neuorientierung der Rechenschaftslegung: Bericht über die Fachtagung des IDW vom 27.–28. Oktober 1994 in Stuttgart, 1995, 101.

Übersicht

	RdNr.		RdNr.
I. Die Bewertungskonzeption des § 253 ...	1–6	a) Vorräte	101–103
II. Bewertung von Verbindlichkeiten, Rentenverpflichtungen und Rückstellungen (Abs. 1 S. 2)	7–42	b) Forderungen	104–106
		c) Wertpapiere des Umlaufvermögens	107
		d) Liquide Mittel	108
1. Bewertung von Verbindlichkeiten	7–15	3. Steuerliche Bewertung zum niedrigeren Teilwert	109, 110
2. Bewertung von Rückstellungen	16–42	4. Bewertung auf Grund erwarteter zukünftiger Wertschwankungen	111–118
III. Bewertung des Anlagevermögens (Abs. 2)	43–90	V. Abschreibungen im Rahmen vernünftiger kaufmännischer Beurteilung (Abs. 4)	119–131
1. Planmäßige Abschreibungen	43–76		
a) Abschreibungsverfahren	49–64		
b) Nutzungsdauerschätzung	65–76	1. Erweiterte Abschreibungsmöglichkeiten als Instrument der Risikovorsorge	119–121
2. Außerplanmäßige Abschreibungen	77–90	2. Abschreibungsgründe	122, 123
a) Erweiterte Abschreibungsmöglichkeiten ..	77–79	3. Maßstab der „vernünftigen kaufmännischen Beurteilung"	124, 125
b) Relevanter Wertmaßstab	80–83		
c) Vorübergehende und dauernde Wertminderungen	84–88	4. Vornahme der Abschreibung	126, 127
d) Voraussichtlich dauernde Wertminderung nach § 6 Abs. 1 Nr. 1 EStG	89, 90	5. Beurteilung der Abschreibungen im Rahmen vernünftiger kaufmännischer Beurteilung	128–131
IV. Bewertung des Umlaufvermögens (Abs. 3)	91–118	VI. Beibehaltung niedrigerer Wertansätze (Abs. 5)	132–140
1. Bewertung auf Grund gesunkener Stichtagswerte	91–100	1. Handelsbilanzielles Beibehaltungswahlrecht	132–138
a) Niedrigere Wertansätze auf Grund gesunkener Börsen- oder Marktpreise	95–98	2. Steuerliches Wertaufholungsgebot	139, 140
b) Niedrigere Wertansätze auf Grund gesunkener beizulegender Werte	99, 100	VII. Folgen der Nichtbeachtung	141
2. Bewertung ausgewählter Vermögensgegenstände des Umlaufvermögens auf Grund des strengen Niederstwertprinzips	101–108		

I. Die Bewertungskonzeption des § 253

Während in § 252 die allgemeinen Bewertungsgrundsätze kodifiziert sind, stellen die §§ 253 bis 256 die konkretisierenden Bewertungsvorschriften dar. Aufgrund der Stellung unter den allgemeinen Vorschriften ist § 253 grundsätzlich für alle Kaufleute von Bedeutung, wobei jedoch für Kapitalgesellschaften und OHG/KG iSv. § 264a die Anwendung durch §§ 279, 280 eingeschränkt wird, soweit es sich um Abschreibungen bei nur vorübergehender Wertminderung des Sachanlagevermögens, um Abschreibungen auf Grund vernünftiger kaufmännischer Beurteilung sowie um die Möglichkeit der Beibehaltung niedrigerer Werte bei nicht mehr bestehenden Abschreibungsgründen handelt. Ferner haben Kapitalgesellschaften und OHG/KG iSv. § 264a bei den zu treffenden Bewertungsentscheidungen auch die Generalnorm des § 264 Abs. 2 zu beachten (s. dazu im Einzelnen die Erl. zu § 264).

Abs. 1 S. 1 stellt klar, dass die nach § 255 ermittelten **Anschaffungs- oder Herstellungskosten** nicht nur für die Erstbewertung relevant sind, sondern darüber hinaus die **Obergrenze** auch **für die Folgebewertung** darstellen.[1] Ferner sind die Anschaffungs- oder Herstellungskosten bei Vermögensgegenständen des abnutzbaren Anlagevermögens grundsätzlich zugleich **Bemessungsgrundlage für die planmäßige Abschreibung.** Nur ausnahmsweise kann diese Bemessungsgrundlage durch Abschreibungen im Rahmen vernünftiger kaufmännischer Beurteilung nach Abs. 4 oder nur steuerrechtlich zulässige Abschreibungen iSv. § 254 schon vor Beginn der planmäßigen Abschreibung gemindert sein. Für alle anderen Vermögensgegenstände, deren Nutzung keiner zeitlichen Begrenzung unterliegt, gilt, dass die Anschaffungs- oder Herstellungskosten auch für die Folgebewertung maßgeblich sind, sofern nicht wertmindernde Einflussfaktoren eingetreten sind, die zu einer Abschreibung nach Abs. 2 oder 3 führen.[2]

Für die Bewertung der Vermögensgegenstände wird an die **Differenzierung von Anlage- und Umlaufvermögen** angeknüpft, wie sie in § 247 Abs. 2 vorgenommen wird.[3] Während § 253 Abs. 2 die Folgebewertung des Anlagevermögens regelt, ist die Bewertung des Umlaufvermögens Gegenstand von Abs. 3. Die zentralen Unterschiede liegen in der Verpflichtung zur Vornahme von planmäßigen Abschreibungen, sofern die Nutzungsdauer zeitlich begrenzt ist, in der Möglichkeit, beim Anlagevermögen auf außerplanmäßige Abschreibungen zu verzichten, sofern eine nur vorübergehende Wertminderung vorliegt, sowie in der Abschreibungsmöglichkeit bei Wertschwankungen nach dem Abschlussstichtag bei Vermögensgegenständen des Umlaufvermögens.

Für **Verbindlichkeiten** ist nach Abs. 1 S. 2 der Rückzahlungsbetrag der maßgebliche Wertansatz; Rentenverpflichtungen, für die eine Gegenleistung nicht mehr zu erwarten ist, sind mit dem Barwert anzusetzen. **Rückstellungen**, die u. a. durch die Ungewissheit der Höhe des erforderlichen Betrags gekennzeichnet sind, können auf Grund dieser Unsicherheit nur mit dem nach vernünftiger kaufmännischer Beurteilung notwendigen Betrag angesetzt werden.

Die wichtigsten steuerlichen Bewertungsvorschriften enthält § 6 EStG. Er behandelt im Einzelnen:
– die Anschaffung und Herstellung abnutzbarer Wirtschaftsgüter des Anlagevermögens (§ 6 Abs. 1 Nr. 1 EStG),
– die Anschaffung und Herstellung von nicht der Abnutzung unterliegenden WG (§ 6 Abs. 1 Nr. 2 und 2 a),
– die Bewertung von Verbindlichkeiten (§ 6 Abs. 1 Nr. 3),
– die Bewertung von Rückstellungen (§ 6 Abs. 1 Nr. 3a),
– die Bewertung von Entnahmen und Einlagen (§ 6 Abs. 1 Nr. 4 und 5),
– die Bewertung bei der Eröffnung und beim entgeltlichen Erwerb eines Betriebs (§ 6 Abs. 1 Nr. 6 und 7),
– die Sofortabschreibung geringwertiger WG (§ 6 Abs. 2),
– die Bewertung bei unentgeltlichem Erwerb eines Betriebs (§ 6 Abs. 3),
– die Bewertung bei unentgeltlichem Erwerb von Einzelwirtschaftsgütern (§ 6 Abs. 4),
– die Bewertung bei Überführung von Wirtschaftsgütern zwischen verschiedenen Betriebsvermögen des Steuerpflichtigen (§ 6 Abs. 5),
– die Bewertung bei Tausch (§ 6 Abs. 6).

---

[1] *Wohlgemuth* BoHR RdNr. 6.
[2] *Wohlgemuth* BoHR RdNr. 6.
[3] *Wohlgemuth* BoHR RdNr. 148.

6 Für die Bewertung der abnutzbaren WG des Anlagevermögens wird in § 6 Abs. 1 Nr. 1 darauf hingewiesen, dass die AfA nach § 7 zu berücksichtigen sind. Die Regelungen in § 7 sind durch zahlreiche Vorschriften ergänzt worden, in denen aus wirtschaftspolitischen Gründen erhöhte Absetzungen oder Sonderabschreibungen zugelassen werden.[4] Zu beachten sind auch Sonderregelungen für die Bewertung wie etwa § 6a EStG für Pensionsrückstellungen oder §§ 3ff. UmwStG für Umwandlungsvorgänge.

II. Bewertung von Verbindlichkeiten, Rentenverpflichtungen und Rückstellungen (Abs. 1 S. 2)

7 **1. Bewertung von Verbindlichkeiten.** Verbindlichkeiten sind mit dem **Rückzahlungsbetrag** zu bewerten. Da Verbindlichkeiten nicht ausschließlich durch Zahlungen beglichen werden, wäre eine Bezeichnung wie „**Erfüllungsbetrag**" treffender. Sofern dem Bilanzierenden für die Verbindlichkeit Mittel zugeflossen sind, ist der Verfügungsbetrag für die Bilanzierung unerheblich (Ausnahme: Zero-Bonds, dazu RdNr. 9). Der Rückzahlungsbetrag ist nicht mit dem Nennbetrag gleichzusetzen, wenn im Nennbetrag verdeckte Zinsen enthalten sind.[5] Falls der Rückzahlungsbetrag einer Verbindlichkeit höher ist als der Ausgabebetrag, hat der Bilanzierende das Wahlrecht, die Differenz als Disagio nach § 250 Abs. 3 S. 1 zu aktivieren (dazu § 250 RdNr. 20). Falls der Rückzahlungsbetrag niedriger ist als der Ausgabebetrag, muss die Differenz zwischen dem Rückzahlungs- und dem Ausgabebetrag passiviert und über die Laufzeit aufgelöst werden.

8 Ist der Rückzahlungsbetrag nicht bekannt, zB bei **Fremdwährungsverbindlichkeiten** (dazu RdNr. 10), **Sachverbindlichkeiten** oder **Verbindlichkeiten mit Wertsicherungsklausel**, sind die Verhältnisse zum Zeitpunkt der Entstehung (Einbuchung) der Verbindlichkeit maßgeblich. An jedem Bilanzstichtag ist nach dem Imparitätsprinzip zu prüfen, ob der Verbindlichkeit ein höherer Wert beizulegen ist. Ggf. muss der Wert der Verbindlichkeit erfolgswirksam erhöht werden.[6] Eine Bewertung unterhalb des Ursprungsbetrags ist nicht zulässig.

9 Bei **unverzinslichen oder niedrigverzinslichen Verbindlichkeiten** ist ebenfalls wegen des Imparitätsprinzips der Rückzahlungsbetrag anzusetzen. Wenn dem Zinsvorteil ein wirtschaftlicher Nachteil gegenübersteht, ist dies zu berücksichtigen, jedoch nicht im Rückzahlungsbetrag der Verbindlichkeit. Bei einer zinslosen Kaufpreisstundung oder bei der Vereinbarung von Raten kann der Kaufpreis einen Zinsanteil enthalten. Der Vermögensgegenstand ist dann zum Barwert (ohne Zinsanteil) zu aktivieren, während die Verbindlichkeit über den vollen Betrag zu passivieren ist. Die Differenz kann (Wahlrecht) nach § 250 Abs. 3 S. 1 als Rechnungsabgrenzungsposten aktiviert und über die Laufzeit abgeschrieben werden.[7] Als Ausnahme sind sog. Zero-Bonds anzusehen, bei denen die Zinszahlungen nicht periodisch geleistet werden, sondern in einem Betrag am Ende der Laufzeit. **Zero-Bonds** sind zwingend nach der Nettomethode zu behandeln. Der Einzahlungsbetrag (Verfügungsbetrag) wird passiviert. Der Zinsanteil wird zeitanteilig der Verbindlichkeit aufwandswirksam zugeführt. Am Ende der Laufzeit ist die Verbindlichkeit in Höhe des Rückzahlungsbetrags ausgewiesen.[8] Bei überverzinslichen Verbindlichkeiten kann in Ausnahmefällen eine Rückstellung für drohende Verluste aus schwebenden Geschäften notwendig sein (dazu § 249 RdNr. 52ff.). Bei Verbindlichkeiten mit steigender Verzinsung ist eine Rückstellung in den Jahren der niedrigeren Zinsen notwendig, die in den Jahren der höheren Zinsen aufgelöst wird, so dass für die gesamte Laufzeit des Kredits der Zinsaufwand konstant bleibt.[9]

10 **Fremdwährungsverbindlichkeiten** werden im Zeitpunkt der Erstverbuchung mit dem Kassabriefkurs umgerechnet.[10] Wenn bei der Einbuchung der Verbindlichkeit bereits ein deckungsfähiges Sicherungsgeschäft besteht, kann die Verbindlichkeit zum **Sicherungskurs** angesetzt werden. Die gegenläufigen Geschäfte sind dann als Bewertungseinheit anzusehen.[11] Deckungsfähig sind Aktiv- und Passivposten einschließlich der Ansprüche und Verpflichtungen aus schwebenden Geschäften aus dem Lieferungs- und Leistungsverkehr. Gegenstände des Anlagevermögens sind nicht deckungsfähig. Eine **geschlossene Devisenposition** aus Aktiv- und Passivposten besteht, wenn sich Ansprüche und Verpflichtungen innerhalb einer Währung betragsmäßig ausgleichen. Wird das Sicherungs-

---

[4] Bordewin/*Mayer-Wegelin* EStG § 6 RdNr. 6.
[5] Dazu RdNr. 6; *Hoyos/M. Ring* BeBiKo RdNr. 51ff.
[6] *Karrenbauer/Döring/Buchholz* HdR RdNr. 76.
[7] *ADS* RdNr. 81.
[8] *ADS* RdNr. 86.
[9] *Karrenbauer/Döring/Buchholz* HdR RdNr. 80.
[10] *IDW*, HFA, WPg 1986, 664.
[11] *Wiedmann*, Bewertungseinheit und Realisationsprinzip, 1995, S. 106ff.

geschäft erst abgeschlossen, nachdem die Fremdwährungsverbindlichkeit eingebucht wurde, und soll dies bei der Bewertung berücksichtigt werden, so ist die Differenz zwischen Kassa- und Terminkurs als Kursgewinn oder Kursverlust zu behandeln.[12] Die Bewertung zum Sicherungskurs kann für geschlossene Positionen beibehalten werden. Die Einzelbewertung der Verbindlichkeit und des Sicherungsgeschäfts wird ebenfalls für zulässig gehalten.[13] Mit § 340 h über die Währungsumrechnung bei Kreditinstituten und Finanzdienstleistungsinstituten ist erstmals eine gesetzliche Regelung geschaffen worden (dazu § 340 h RdNr. 1 ff.). Wegen der Besonderheiten des Bankengeschäfts kann diese Regelung jedoch nicht als GoB für alle Kaufleute angesehen werden. Die Durchbrechung des Realisationsprinzips, wenigstens bei der Bewertung von **kurzfristigen Verbindlichkeiten,** insbesondere aus Lieferungen und Leistungen mit geringer Restlaufzeit, indem die Bewertung generell mit dem (auch niedrigeren) **Stichtagskurs** zugelassen oder vorgeschrieben wird (§ 340 h für Banken), wird zum Teil als sachgerecht angesehen.[14]

Wenn die Verbindlichkeit in Form von **Sachwerten** zu erfüllen ist, wird sie als Sachwertschuld 11 bezeichnet. Von einer Geldwertschuld wird gesprochen, wenn die Verbindlichkeit zwar in finanziellen Mitteln beglichen werden muss, die Höhe der Schuld jedoch vom Marktpreis bestimmter Güter abhängt. Geldwertschulden werden unter Zugrundelegung der Verhältnisse im Zugangszeitpunkt eingebucht. Am Bilanzstichtag ist ggf. der höhere beizulegende Wert zu berücksichtigen.[15]

Wenn Vermögensgegenstände zur Erfüllung einer Sachwertschuld noch beschafft werden müssen, 12 ist der Betrag einzubuchen, den das Unternehmen im Zeitpunkt der Einbuchung aufwenden müsste, um den Vermögensgegenstand auf zu beschaffen (Herstellung: Vollkosten).

Steuerlich sind zu passivierende Verbindlichkeiten in sinngemäßer Anwendung des § 6 Abs. 1 13 Nr. 2 EStG zu bewerten (§ 6 Abs. 1 Nr. 3 EStG), dh. dass Verbindlichkeiten sinngemäß mit den Anschaffungskosten oder ihrem höheren Teilwert anzusetzen sind. Die nach § 240 Abs. 4 handelsrechtlich zulässige Durchschnittsbewertung für Schulden kann auch steuerlich angesetzt werden.[16] Mangels eigentlicher Anschaffungskosten wie bei Forderungen ist bei Geldschulden für den Wertansatz der Rückzahlungs- (Erfüllungs-)Betrag nach Abs. 1 maßgebend, der idR. dem Nennbetrag entspricht (BStBl. 1980 II S. 491). Verbindlichkeiten, die Sach- oder Dienstleistungsverpflichtungen zum Gegenstand haben, sind mit dem Betrag anzusetzen, der den dazu erforderlichen Aufwendungen entspricht (idR Vollkosten; BStBl. 1986 II S. 788). Nach § 6 Abs. 1 Nr. 2 EStG erfordert der Ansatz des höheren Teilwerts sinngemäß eine voraussichtlich dauernde Werterhöhung. Damit ist der Ansatz eines höheren Teilwerts der Verbindlichkeit eingeschränkt. Eine dauernde Erhöhung wird nur ausnahmsweise anzunehmen sein, etwa bei dauerhafter Überverzinslichkeit eines Darlehens.[17]

Nach § 6 Abs. 1 Nr. 3 EStG besteht ein grundsätzliches Abzinsungsgebot für Verbindlichkeiten 14 (Zinssatz 5,5%). Damit wird unterstellt, dass die Verbindlichkeiten einen Zinsanteil enthalten. Diese steuerliche Regelung bedeutet eine wesentliche Abweichung von der handelsrechtlichen Bewertung. Ausgenommen sind nur Verbindlichkeiten, deren Laufzeit am Bilanzstichtag weniger als zwölf Monate beträgt, und Verbindlichkeiten, die verzinslich sind oder auf einer Anzahlung oder Vorausleistung beruhen. Zahlreiche Beispiele sind im BMF-Schreiben vom 26. 5. 2005 aufgeführt.[18] Eine Niedrigverzinsung nahe Null kann als Missbrauch angesehen werden (BStBl. 1999 I S. 818).

Wird eine Wandel- oder Optionsanleihe ausgegeben, ist das offen erhaltene Aufgeld für das 15 Optionsrecht nach § 272 Abs. 2 Nr. 2 handelsrechtlich in die Kapitalrücklage einzustellen. Steuerrechtlich kann ein Passivposten unter der Bezeichnung „Anzahlung" gebildet werden. Bei Ausübung des Wandelungs- oder Optionsrechts wird die „Anzahlung" auch steuerrechtlich Eigenkapital, bei Nichtausübung ist die Anzahlung zum Auslaufen der Optionsfrist als Betriebseinnahme zu erfassen. Entsprechend ist ein verdecktes Aufgeld zu behandeln, das bei niedrigverzinslichen Wandel- oder Optionsanleihen in Höhe des Unterschiedsbetrags zwischen Rückzahlungsbetrag und Emissionskurs einer marktüblich verzinsten Schuldverschreibung zum Ausweis eines aktiven Rechnungsabgrenzungspostens führt.[19]

2. Bewertung von Rückstellungen. Rückstellungen sind nach Abs. 1 S. 2 nur in Höhe des 16 Betrags anzusetzen, der nach vernünftiger kaufmännischer Beurteilung notwendig ist.

---

[12] *IDW,* HFA, WPg 1986, 665; aA *Hoyos/M. Ring* BeBiKo RdNr. 72.
[13] *IDW,* HFA, WPg 1986, 666.
[14] ADS RdNr. 92 f.; *IDW,* HFA, WPg 1997, 684; aA *Hoyos/M. Ring* BeBiKo RdNr. 74 f.
[15] *Karrenbauer/Döring/Buchholz* HdR RdNr. 97.
[16] *Schmidt* EStG § 6 RdNr. 386.
[17] *Schmidt* EStG § 6 RdNr. 401.
[18] BMF-Schreiben vom 26. 5. 2005, DStR 2005, 1005.
[19] Bayer. Staatsministerium der Finanzen (koordinierter Ländererlass) S-2136–1/24–31851 v. 24. 7. 2000.

17 Das Gesetz gibt damit den nach vernünftiger kaufmännischer Beurteilung **notwendigen Betrag für die Erfüllung der Verbindlichkeit** als bestimmten Wert vor. Allerdings liegt es in der Natur der Rückstellung, dass der Betrag nur geschätzt werden kann. Die gesetzliche Formulierung beinhaltet damit den Schätzrahmen.[20]

18 Für die Bewertung von Rückstellungen gilt das Höchstwertprinzip. Die Einfügung des „nur" verdeutlicht, dass eine bewusste Legung stiller Reserven vom Gesetzgeber nicht gewollt ist.[21]

19 Die einzelnen Rückstellungen sind zu jedem Bilanzstichtag daraufhin zu untersuchen, inwieweit sie noch notwendig sind. Nicht mehr benötigte Beträge sind erfolgswirksam aufzulösen.[22]

20 Das Vorsichtsprinzip gem. § 252 Abs. 1 Nr. 4 ist insofern anzuwenden, als der **Betrag mit der höchsten Wahrscheinlichkeit des Eintritts** (nicht der höchste Betrag) anzusetzen ist.[23] Werden alle Beträge mit gleicher Wahrscheinlichkeit erwartet, ist der höchste Betrag anzusetzen.[24]

21 Der Schätzmaßstab konkretisiert sich wie folgt:
Sach- und Dienstleistungsverpflichtungen: Handelsrechtlich sind diese mit dem Geldwert des erforderlichen Aufwands anzusetzen (Vollkosten), dh. mit den Einzelkosten zuzüglich der notwendigen Gemeinkosten. Bisher waren die Vollkosten auch für die steuerliche Bewertung maßgebend (Ausnahme: Bewertung von Rückstellungen für interne Jahresabschluss- und Betriebsteuererklärungskosten, in die Fixkosten nicht einbezogen werden dürfen; BStBl. 1984 II S. 301). Rückstellungen für Sachleistungsverpflichtungen sind mit den Einzelkosten und den angemessenen Teilen der notwendigen Gemeinkosten zu bewerten (§ 6 Abs. 3 a, b EStG). Begrifflich lehnt sich diese Regelung an den Herstellungskostenbegriff des § 255 Abs. 2 an, so dass die analoge Anwendung von R 6.3 Abs. 1 EStR für die Bewertung von Rückstellungen für Sachleistungsverpflichtungen nahe liegt. Eine Einschränkung der steuerlich zulässigen Bewertung dürfte sich demnach nur insoweit ergeben, als nunmehr die nicht angemessenen Teile der notwendigen Gemeinkosten auf Grund der gesetzlichen Regelung nicht mehr einbezogen werden können.[25]

22 **Abzinsung:** Abs. 1 S. 2 schreibt ausdrücklich vor, dass Rückstellungen nur abgezinst werden dürfen, wenn die ihnen zugrunde liegenden Verbindlichkeiten einen Zinsanteil enthalten. Wenn verdeckte Zinszahlungen enthalten sind, liegt zum Teil ein schwebendes Kreditgeschäft vor. Soweit dies nicht einseitig unausgeglichen ist, sind die zukünftigen Zinszahlungen nicht passivierungsfähig. Der Rückstellungsbetrag ist entsprechend abzuzinsen.[26] Ob eine Abzinsung anderer langfristiger Rückstellungen ein Verstoß gegen das Realisationsprinzip ist, bleibt umstritten.[27]

23 Steuerlich sind Rückstellungen für Verpflichtungen grundsätzlich mit einem Zinssatz von 5,5 vH abzuzinsen (§ 6 Abs. 1 Nr. 3 a, e EStG). Ausnahmen gelten nur, wenn die Laufzeit weniger als zwölf Monate beträgt, die Verpflichtung verzinslich ist oder auf einer Anzahlung oder Vorausleistung beruht. Die maßgebende Laufzeit ist der Zeitraum bis zum Beginn der Erfüllung.

24 **Ansammlungsrückstellung:** Bei der steuerlichen Bewertung von Rückstellungen, bei denen der laufende Betrieb des Unternehmens im wirtschaftlichen Sinne ursächlich für die Entstehung der Verpflichtung ist, ist der Rückstellungsbetrag durch jährliche Zuführungsraten in den Wirtschaftsjahren anzusammeln (§ 6 Abs. 1 Nr. 3 a, d EStG). Dies ist insbesondere der Fall bei Verpflichtungen zur Erneuerung oder zum Abbruch von Betriebsanlagen. Verpflichtungen, die von Jahr zu Jahr nicht nur im wirtschaftlichen Sinne, sondern tatsächlich zunehmen, sind bezogen auf den am Bilanzstichtag tatsächlich entstandenen Verpflichtungsumfang zu bewerten (zB Rekultivierungsverpflichtung oder Auffüllung abgebauter Hohlräume; R 6.11 Abs. 2 EStR). Rückstellungen für die Verpflichtung, ein Kernkraftwerk stillzulegen, sind ratierlich über den Zeitraum von erstmaliger Nutzung bis Stilllegung anzusammeln, hilfsweise ist ein Zeitraum von 25 Jahren zugrunde zu legen (§ 6 Abs. 1 Nr. 3 a, d S. 2 EStG).

25 **Seltene oder sehr hohe ungewisse Verbindlichkeiten:** Die Bewertung von solchen Rückstellungen kann besondere Schwierigkeiten bereiten, die jedoch nicht dazu führen dürfen, dass Rückstellungen nicht gebildet werden.[28]

---

[20] *ADS* RdNr. 175 ff.
[21] *Hoyos/M. Ring* BeBiKo RdNr. 152.
[22] *ADS* RdNr. 180.
[23] AA *ADS* RdNr. 192, die bei einmaligen Sachverhalten für eine etwas pessimistischere anstatt der wahrscheinlichsten Schätzalternative plädieren.
[24] *Hoyos/M. Ring* BeBiKo RdNr. 155.
[25] Vgl. *Günkel/Fenzl* DStR 1999, 654; *Schmidt* EStG § 6 RdNr. 404; *Hoyos/M. Ring* BeBiKo RdNr. 158; *ADS* RdNr. 196.
[26] *Hoyos/M. Ring* BeBiKo RdNr. 161.
[27] Pro: *Hoyos/M. Ring* BeBiKo RdNr. 161; Kontra: *ADS* RdNr. 197.
[28] *ADS* RdNr. 195.

Einzel- und Sammelrückstellung: Aus einer Vielzahl von Fällen und Erfahrungen aus der 26 Vergangenheit kann sich ergeben, dass nur die Zusammenfassung bestimmter Risiken zu Bewertungseinheiten zu einer vernünftigen kaufmännischen Beurteilung führt. Für häufig gleichartig auftretende Risiken ist daher der Ansatz von Sammel- oder Pauschalrückstellungen notwendig und zulässig (insbesondere Garantieverpflichtungen, Bürgschaftsverpflichtungen, Wechselobligo).[29] Die Höhe bestimmt sich nach den Erfahrungen aus der Vergangenheit, zB Anteil der Aufwendungen für Garantieleistungen zum Umsatz. Die Zulässigkeit der Bildung von Pauschalrückstellungen wurde vom EuGH bestätigt.[30]

Steuerlich ist bei der Bewertung von Rückstellungen für gleichartige Verpflichtungen auf der 27 Grundlage der Erfahrungen in der Vergangenheit aus der Abwicklung solcher Verpflichtungen die Wahrscheinlichkeit zu berücksichtigen, dass der Steuerpflichtige nur zu einem Teil der Summe dieser Verpflichtungen in Anspruch genommen wird (§ 6 Abs. 1 Nr. 3 a, Buchst. a EStG). Damit wird die Zulässigkeit der pauschalen Bewertung, die bereits von der Rechtsprechung vorgegeben wurde (BStBl. 1993 II S. 437), bestätigt. Die Beweisregel, dass die Bewertung auf Grundlage der Erfahrungen der Vergangenheit hinsichtlich der zu erwartenden Inanspruchnahme zu erfolgen hat, steht aber unter dem Vorbehalt eines zutreffenden Schätzungsergebnisses iSd. § 162 AO.[31]

Bei der Bewertung bestimmter Rückstellungen ist folgendes zu beachten: 28

Ersatzansprüche: Ersatzansprüche gegen Dritte, die ungewissen Verbindlichkeiten gegenüber- 29 stehen, sind nur dann bei der Rückstellungsbewertung zu berücksichtigen, wenn die Ersatzansprüche nicht zu aktivieren sind, da andernfalls eine Verletzung des Verrechnungsverbots des § 246 Abs. 2 vorliegen würde.[32]

Die diesbezügliche Rechtsprechung des BFH (BStBl. 1993 II S. 437) wurde für die steuerliche 30 Bewertung in § 6 Abs. 1 Nr. 3 a, b EStG dahingehend aufgenommen, dass künftige Vorteile, die mit der Erfüllung der Verpflichtung voraussichtlich verbunden sein werden, bei ihrer Bewertung wertmindernd zu berücksichtigen sind, soweit sie nicht als Forderung zu aktivieren sind. Eine Gegenrechnung setzt voraus, dass der Steuerpflichtige, zB auf Grund am Bilanzstichtag abgeschlossener Verträge, die mit der Erfüllung der Verpflichtung wirtschaftlich zusammenhängen, mit Vorteilen rechnen kann. Die bloße Möglichkeit, dass künftige wirtschaftliche Vorteile eintreten könnten, genügt für die Gegenrechnung nicht (R 6.11 Abs. 1 EStR). Diese Neuregelung dürfte keine Abweichung der Steuerbilanz von der Handelsbilanz bedeuten.[33]

Drohverlustrückstellungen, Beschaffungsgeschäfte: Drohverlustrückstellungen sind in Höhe 31 der Differenz zwischen Leistungsverpflichtung und Gegenleistungsanspruch zu bilden. Der Gegenleistungsanspruch bei Beschaffungsgeschäften für Vermögensgegenstände des Anlagevermögens ist nach den Regeln zu bemessen, die die Höhe der Aktivierung bestimmen. Bei Vorräten sind die Regeln der Vorratsbewertung anzuwenden. Steuerlich ergibt sich grdsl. keine Bewertungsthematik, da für Drohverlustrückstellungen ein generelles Ansatzverbot besteht (§ 5 Abs. 4 a EStG). Jedoch ist die Abgrenzung zur Abschreibung steuerlich relevant (vgl. RdNr. 32 a). Zur Abgrenzung des Saldierungsbereichs vgl. Erl. zu § 249 RdNr. 63.

Absatzgeschäfte: Im Fall der schwebenden Absatzgeschäfte ist der Wert der Lieferungs- oder 32 Leistungsverpflichtung zu messen. Die Lieferungs- oder Leistungsverpflichtung kann zu Voll- oder Teilkosten bewertet werden. Nach hM besteht ein Wahlrecht zwischen den beiden Ansätzen. Fraglich ist, ob Fixkosten leistungsbezogen oder zeitbezogen verrechnet werden sollen. Der Gesetzgeber lässt die Frage bei der Regelung der Aktivierung von Herstellungskosten offen. Bisher hat sich kein entsprechender GoB herausgebildet. Im Sinne der Methodenbestimmtheit der Bewertung wird befürwortet, dass bei Drohverlustrückstellungen und bei der Bewertung von Vorräten die gleichen Grundsätze angewandt werden sollen.[34] Drohende Verluste sind nicht nur in dem Umfang zurückzustellen, der sich nach den Wertverhältnissen des Abschlussstichtags konkretisiert hat, sondern in dem (ggf. höheren oder niedrigeren) Umfang, der am Abschlussstichtag auf Grund vorsehbarer Entwicklungen bis zur Beendigung des Schwebezustands zu erwarten ist. Bereits angefallene, nicht aktivierte Aufwendungen sowie kalkulatorische Kosten oder ein Gewinnzuschlag sind in die Ermittlung der Drohverlustrückstellung nicht einzubeziehen.[35]

---

[29] *Hoyos/M. Ring* BeBiKo RdNr. 162; *Schurbohm-Ebneth* S. 215 ff.
[30] EuGH, 5. Kammer Urt. v. 14. 9. 1999 – Rs. C-275/97, DB 1999, 2035.
[31] *Schmidt* EStG § 6 RdNr. 403.
[32] *Hoyos/M. Ring* BeBiKo RdNr. 157.
[33] *Hoyos/M. Ring* BeBiKo RdNr. 157.
[34] *Hoyos/M. Ring* BeBiKo RdNr. 171.
[35] *IDW* RS HFA 4, WPg 2000, 716.

32 a   Falls bereits **auftragsbezogene Vorräte** vorhanden sind, stellt sich die Frage, ob die Abwertung dieser Vorräte vor dem Ansatz einer Rückstellung vorzunehmen ist. Grundsätzlich sind Rückstellungen nicht eine Wertberichtigung für Aktiva. Aber soweit bereits Aktivwerte vorhanden sind, die dem Verlustauftrag zuzurechnen sind, müssen diese abgewertet werden.[36] Steuerlich wurde in der Vergangenheit jedoch die Auffassung vertreten, dass der Verlust nicht in der erwarteten Gesamthöhe zu berücksichtigen sei, sondern nur anteilig nach dem Fertigstellungsgrad als Teilwertabschreibung zulässig ist.[37] Der BFH hat in seinem Urteil vom 7. 9. 2005[38] zur Teilwertabschreibung von unfertigen Bauten auf fremden Grundstücken nunmehr entschieden, dass diese dem Umlaufvermögen zuzuordnen und die antizipierten Verluste in voller Höhe als Teilwertabschreibung zulässig sind. Die Teilwertabschreibung hat im Umlaufvermögen demnach Vorrang gegenüber der Drohverlustrückstellung.

33   **Dauerschuldverhältnisse:** Da es sich um langfristige Sachverhalte handeln kann, sind insbesondere die Grundsätze zur Berücksichtigung von Kosten- und Preissteigerungen und zur Abzinsung zu beachten (dazu RdNr. 22 f.). Die Bewertung bei Dauerbeschaffungsgeschäften kann sich am Absatz- oder am Beschaffungsmarkt orientieren (vgl. Erl. § 249 RdNr. 67).

34   **Pensionsrückstellungen:** Rentenverpflichtungen, für die keine Gegenleistung mehr zu erwarten ist (laufende Pensionsverpflichtungen, Anwartschaften ausgeschiedener Mitarbeiter), sind mit dem Barwert zu passivieren. Alle anderen Pensionsverpflichtungen sind in der Höhe zu passivieren, die nach vernünftiger kaufmännischer Beurteilung notwendig ist. Die Werte werden unter Heranziehung der Regeln der Versicherungsmathematik ermittelt. Dies widerspricht nicht dem Einzelbewertungsgrundsatz, da auf diese Weise der individuelle Wert mit der größten Wahrscheinlichkeit ermittelt wird.[39]

35   Am Abschlussstichtag ist eine Bestandsaufnahme der Pensionszusagen durchzuführen. Es wird für zulässig angesehen, diese Bestandsaufnahme drei Monate vor oder zwei Monate nach dem Stichtag durchzuführen.[40] Für die Bewertung sind die Verhältnisse am Stichtag maßgeblich. Soweit Kostensteigerungen bereits sicher feststehen (zB Lohnerhöhung wirksam ab April des Folgejahres), sind diese zu berücksichtigen, ansonsten erst, wenn sie wirksam geworden sind.[41]

36   Der Wert der Pensionsrückstellungen wird bestimmt durch den Zinssatz und biometrische Wahrscheinlichkeiten. Je geringer der Zinssatz gewählt wird, desto höher ist unter sonst gleichen Umständen die Rückstellung. Als Mindestwert wird ein Zinssatz von 3% angenommen, als Höchstwert der Marktzins für langfristige Verbindlichkeiten bzw. der steuerlich vorgeschriebene Zinssatz von 6%, wobei die Verwendung dieses Satzes in Abhängigkeit der tatsächlich geltenden Zinssätze in Niedrigzinsphasen handelsrechtlich durchaus bedenklich erscheint. Die Wahl eines niedrigeren Zinssatzes wird wegen des Vorsichtsprinzips vorgezogen, da durch niedrige Zinssätze eher gewährleistet wird, dass die Rückstellung ausreichend hoch ist.[42]

37   Die biometrische Wahrscheinlichkeit setzt sich zusammen aus der Sterbenswahrscheinlichkeit, dem Invaliditätsrisiko und der Berücksichtigung einer Zusage zur Zahlung von Witwen- bzw. Witwergeld. Die Wahrscheinlichkeiten sind eingeflossen in die zurzeit gültigen Richttafeln **2005 G** nach Prof. Dr. Klaus Heubeck. Der Unterschiedsbetrag, der sich beim Übergang der bis zum Bilanzstichtag 30. 6. 2006 noch anwendbaren Heubeck-Richttafeln 1998 auf die im Juli 2005 publizierten neuen Richttafeln ergibt, muss für steuerliche Zwecke gleichmäßig auf drei Wirtschaftsjahre verteilt werden.[43] Handelsrechtlich ist der Anpassungsbetrag sofort erfolgswirksam zu erfassen, wenn sich eine Erhöhung der Pensionsrückstellung ergibt. Wenn die Pensionsrückstellung beim Übergang auf die neuen Heubeck-Richttafeln sinkt und in der Steuerbilanz der Anpassungsbetrag auf mindestens drei Jahre verteilt wird, ist grundsätzlich auch handelsrechtlich entsprechend zu verfahren; alternativ ist es nicht zu beanstanden, wenn der Anpassungsbetrag handelsrechtlich voll erfasst wird, wobei in dem Fall eine Rückstellung für passive latente Steuern nach § 274 Abs. 1 HGB zu bilden ist. Die Verwendung anderer Tabellen ist handelsrechtlich zulässig, wenn sie die Verpflichtung angemessen widerspiegeln.[44] Auf die Höhe der Rückstellung hat auch die Fluktuation der Mitarbeiter Einfluss, insbesondere wenn diese keine unverfallbaren Anwartschaften erworben haben.

---

[36] *IDW* RS HFA 4, WPg 2000, 716.
[37] *Hoyos/M. Ring* BeBiKo § 249 RdNr. 68 mwN.
[38] BFH v. 7. 9. 2005, WPg 2006, 105.
[39] *ADS* RdNr. 303 ff.
[40] *Ellrott/Rhiel* BeBiKo § 249 RdNr. 169.
[41] *WPH* E RdNr. 90.
[42] *ADS* RdNr. 309 f.
[43] BMF-Schreiben vom 16. 12. 2005.
[44] *ADS* RdNr. 317.

Zumeist wird dem Rechnung getragen, indem die steuerliche Regelung, nach der erst ab dem 30. Lebensjahr des Pensionsberechtigten die Rückstellung beginnen darf, angewandt wird. Bei dieser Vorgehensweise ist jedoch zu überprüfen, ob die Gegebenheiten des konkreten Unternehmens ausreichend beachtet worden sind. Ein Abschlag auf den Zinsfuß kann ggf. die Tendenz zu einer zu niedrigen Rückstellung wegen des späten Rückstellungsbeginns wieder ausgleichen. Zu berücksichtigen ist auch das Renteneintrittsalter, das sich erheblich von der vertraglichen Altersgrenze unterscheiden kann.[45]

Als Bewertungsmethoden sind heranzuziehen: **38**
– der Rentenbarwert für die laufenden Pensionen,
– der Anwartschaftsbarwert für die Pensionsanwartschaften (unverfallbare Ansprüche von ausgeschiedenen Mitarbeitern),
– der Teilwert oder der Gegenwartswert für die Pensionsanwartschaften der noch im Unternehmen tätigen Mitarbeiter.

Der Teilwert einer Pensionsanwartschaft ergibt sich an einem bestimmten Abschlussstichtag, wenn **39** die versicherungsmathematische Gleichverteilung nicht mit dem Zeitpunkt der Pensionszusage, sondern mit dem Diensteintritt beginnt. Daher ist, wenn die Pension zu einem Zeitpunkt nach dem Diensteintritt zugesagt wurde, eine Einmalrückstellung zu bilden, die diesen Zwischenzeitraum abdeckt. Die Erhöhungen der Leistungen werden auf das Jahr des Diensteintritts zurückbezogen und auf die Zeit zwischen Diensteintritt und Pensionierung verteilt. Steuerlich ist ausschließlich das Teilwertverfahren zulässig. Der Teilwert einer Pensionsanwartschaft vor Beendigung des Dienstverhältnisses ist in § 6a Abs. 3 Nr. 1 EStG als Barwert der künftigen Pensionsleistungen am Schluss des Wirtschaftsjahres abzüglich des Barwerts gleich bleibender Jahresbeträge (fiktiver Nettoprämien) nach den Verhältnissen am Bilanzstichtag auf Basis eines früheren Diensteintritts definiert. Beim steuerlichen Teilwertverfahren ist zu beachten, dass bei einem Diensteintritt vor Vollendung des 30. Lebensjahres nicht der Diensteintritt, sondern das 30. Lebensjahr zugrunde gelegt wird. Der steuerliche Wert wird auch handelsrechtlich für zulässig erachtet, obwohl sich erhebliche Unterschiede ergeben können. Dies ist auch handelsrechtlich anerkannt.

Eine steuerliche Sonderregelung wird von der Finanzverwaltung gewährt, wenn eine Pensions- **40** verpflichtung gegenüber einem Arbeitnehmer, der bisher in einem anderen Unternehmen tätig gewesen ist, unter gleichzeitiger Übernahme von Vermögenswerten übernommen wird. In diesem Fall kann auch bei noch laufendem Dienstverhältnis der steuerliche Teilwert der Pensionsverpflichtung bis maximal zur Höhe des Barwerts der künftigen Pensionsleistungen angesetzt werden, soweit in mindestens entsprechender Höhe Vermögenswerte mit übergegangen sind (R 6a Abs. 13 EStR).

Beim Gegenwartswertverfahren wird der notwendige Betrag gleichmäßig über die Zeit von der **41** Pensionszusage bis zum Pensionseintritt verteilt. Bei einer Erhöhung der Zusage wird der Betrag auf die Zeit von der Erhöhung bis zum Pensionseintritt verteilt. Das Verfahren ist handelsrechtlich zulässig. Allerdings ist darauf zu achten, dass die Auswirkungen der Fluktuation richtig berücksichtigt werden. Insbesondere der Anwartschaftsbarwert für unverfallbare Zusagen an ausgeschiedene Mitarbeiter muss angepasst werden, da spätere Erhöhungen der Bemessungsgrundlage wie Neuzusagen behandelt werden. Diese Erhöhungen können jedoch auch die ruhenden Anwartschaften begünstigen. Der Sachverhalt kann entweder durch die Wahl eines niedrigeren Zinsfußes oder durch pauschale Zuschläge berücksichtigt werden.[46]

Mittelbare Pensionsverpflichtungen: Wenn Unternehmen zur Deckung der Pensionsverpflich- **42** tung Unterstützungskassen einschalten, reicht wegen des nach § 4d EStG zu engen Dotierungsrahmens das Kassenvermögen idR nicht aus, um die Pensionsansprüche zu decken. Da das Unternehmen selbst unmittelbar aus der Pensionszusage verpflichtet ist, muss es die Deckungslücke ausgleichen. Eine entsprechende Rückstellung ist jedoch steuerlich nicht anerkannt, da es sich um ein Wahlrecht nach Art. 28 Abs. 1 S. 2 EGHGB handelt. Die Deckungslücke ist, wenn keine Rückstellung gebildet wird, im Anhang anzugeben (Art. 28 Abs. 2 EGHGB).[47] Bei **Contractual Trust Arrangements** (CTA), insb. im Wege der Überführung von Vermögensgegenständen vom verpflichteten Unternehmen auf einen rechtlich selbstständigen Treuhänder in Verbindung mit Errichtung eines doppelseitigen Treuhandverhältnisses, kommt es soweit nicht zur Auflösung der Pensionsrückstellung wie das Unternehmen verpflichtet bleibt. Soweit das Unternehmen das wirtschaftliche Eigentum an den Treugütern zurück behält, hat es diese grdsl. zu bilanzieren.[48]

---

[45] *ADS* RdNr. 319.
[46] *ADS* RdNr. 332.
[47] *ADS* RdNr. 333.
[48] *WPH* E RdNr. 175.

III. Bewertung des Anlagevermögens (Abs. 2)

43 **1. Planmäßige Abschreibungen.** Für **Vermögensgegenstände des Anlagevermögens,** deren **Nutzung zeitlich begrenzt** ist, schreibt Abs. 2 S. 1 **zwingend** die Verminderung der Anschaffungs- oder Herstellungskosten um **planmäßige Abschreibungen** vor. Insbesondere kommt es nicht darauf an, ob den Abschreibungen eine tatsächliche Wertminderung in der betreffenden Höhe gegenübersteht. So sind die planmäßigen Abschreibungen auch dann fortzuführen, wenn der beizulegende Wert gleich geblieben oder gestiegen ist.[49] Darin kommt zum Ausdruck, dass die planmäßige Abschreibung weniger der Wertermittlung des Anlagevermögens zum Abschlussstichtag als vielmehr der **Periodisierung der angefallenen Ausgaben** dient.[50]

44 Eine zeitlich begrenzte Nutzung liegt immer dann vor, wenn Vermögensgegenstände der **technischen oder wirtschaftlichen Abnutzung,** dem **Verbrauch** oder der **Ausbeutung** unterliegen.[51] Insbesondere für immaterielle Vermögensgegenstände tritt die **gesetzliche oder vertragliche Regelung der Nutzungsdauer** als Kriterium für eine zeitliche Begrenzung der Nutzungsdauer hinzu.[52] Die handelsrechtliche Terminologie „zeitlich begrenzte Nutzung" entspricht inhaltlich der steuerlichen Begriffsbestimmung „der Abnutzung unterliegend". Hinsichtlich der zeitlich begrenzten Nutzung muss die Begrenzung im Vermögensgegenstand angelegt sein; unerheblich ist, ob die Nutzung im Unternehmen nur für einen bestimmten Zeitraum vorgesehen ist.[53] Keiner Abnutzung, die eine planmäßige Abschreibung erfordert, unterliegen geleistete Anzahlungen und Anlagen im Bau, Grundstücke, außer wenn auszubeutende Bodenschätze untrennbar mit dem Grundstück verbunden sind, und Finanzanlagen.[54] Darüber hinaus sind einige Sonderfälle zu beachten, bei denen grundsätzlich abschreibungsfähige Vermögensgegenstände dennoch nicht planmäßig abgeschrieben werden, da zu vermuten ist, dass sie keinem Wertverzehr unterliegen. Hierunter fallen etwa Kunstwerke, Sammlungs- und Anschauungsobjekte, soweit diese nicht in Gebrauch sind.[55]

45 Die Verpflichtung zur planmäßigen Abschreibung bedeutet insbesondere, dass die jährlichen Abschreibungsbeträge nicht im Ermessen des Bilanzierenden stehen, sondern mit der Entscheidung für ein Abschreibungsverfahren und eine Nutzungsdauer (bei leistungsabhängigen Abschreibungen: mit der Schätzung der erzielbaren Gesamtleistung für den Zeitraum der Nutzung) grundsätzlich verbindlich festgelegt sind.[56] Eine Änderung dieses Abschreibungsplans ist nur über § 252 Abs. 2 möglich, sofern Gründe vorliegen, die ein Abgehen von der Methodenstetigkeit iSv. § 252 Abs. 1 Nr. 6 rechtfertigen.[57] Durch den **Abschreibungsplan** sind zunächst die **Mindestabschreibungsbeträge** festgelegt.[58] Darüber hinausgehende Wertminderungen, die zu Beginn der Nutzung nicht absehbar waren und deshalb keine Berücksichtigung im Abschreibungsplan finden konnten, sind erforderlichenfalls durch außerplanmäßige Abschreibungen zu berücksichtigen.

46 Ausgangsbasis für die planmäßigen Abschreibungen sind die Anschaffungs- oder Herstellungskosten iSv. § 255. Soweit diese bereits auf Grund nur steuerrechtlich zulässiger Vorschriften iSv. § 254 oder durch Abschreibungen im Rahmen vernünftiger kaufmännischer Beurteilung (Abs. 4) gemindert wurden, stellen die sich so ergebenden niedrigeren Werte die Bemessungsgrundlage für die planmäßigen Abschreibungen dar. Zum Umfang der Anschaffungs- oder Herstellungskosten vgl. Erläuterungen zu § 255. Eine Orientierung an den Wiederbeschaffungskosten zum Zweck der Substanzerhaltung kommt auf Grund der eindeutigen Entscheidung des Gesetzgebers nicht in Betracht.[59]

47 Steuerlich sind planmäßige Abschreibungen bei Wirtschaftsgütern vorzunehmen, deren Verwendung oder Nutzung durch den Steuerpflichtigen zur Erzielung von Einkünften sich erfahrungsgemäß auf einen Zeitraum von mehr als einem Jahr erstreckt und die einer wirtschaftlichen oder technischen Abnutzung unterliegen (Absetzung für Abnutzung). Dies gilt auch für immaterielle Wirtschaftsgüter wie zB Warenzeichen und Arzneimittelzulassungen.[60] Die Zulässigkeit der Absetzung für Abnutzung auf Geschäfts- oder Firmenwerte ist gesetzlich normiert. Absetzungen für Substanzverringerung sind

---

[49] *ADS* RdNr. 342; *Karrenbauer/Döring/Buchholz* HdR RdNr. 112; *Wohlgemuth* BoHR RdNr. 142.
[50] *ADS* RdNr. 343; *Karrenbauer/Döring/Buchholz* HdR RdNr. 112; *Wohlgemuth* BoHR RdNr. 141.
[51] *ADS* RdNr. 355; *Hoyos/Schramm/M. Ring* BeBiKo RdNr. 213.
[52] *ADS* RdNr. 356 f.; *Karrenbauer/Döring/Buchholz* HdR RdNr. 107.
[53] *ADS* RdNr. 355; *Hoyos/Schramm/M. Ring* BeBiKo RdNr. 212; *Wohlgemuth* BoHR RdNr. 148.
[54] *ADS* RdNr. 357; *Karrenbauer/Döring/Buchholz* HdR RdNr. 107.
[55] *ADS* RdNr. 357; *Hoyos/Schramm/M. Ring* BeBiKo RdNr. 214 mit Verweis auf die BFH-Rspr.
[56] *ADS* RdNr. 362; *Wohlgemuth* BoHR RdNr. 149 f.
[57] *ADS* RdNr. 418; *Wohlgemuth* BoHR RdNr. 202 ff.
[58] *ADS* RdNr. 362 ff.
[59] *Karrenbauer/Döring/Buchholz* HdR RdNr. 115; *Wohlgemuth* BoHR RdNr. 152 ff.
[60] *Schmidt* EStG § 7 RdNr. 19.

bei Bergbauunternehmen, Steinbrüchen und anderen Betrieben, die einen Verbrauch der Substanz mit sich bringen, zulässig (§ 7 Abs. 6 EStG).

Bemessungsgrundlage für die steuerliche AfA sind grundsätzlich die Anschaffungs- oder Herstellungskosten.[61] 48

a) **Abschreibungsverfahren.** Das Gesetz schreibt kein Abschreibungsverfahren als verpflichtend vor; stattdessen ist die Zulässigkeit unter Rückgriff auf die Grundsätze ordnungsmäßiger Buchführung zu prüfen.[62] Grundsätzlich wäre der Abschreibungsverlauf mit den durch den Einsatz des Anlagegegenstands im betrieblichen Geschehen erzielten Erträgen zu synchronisieren. Der Wertverzehr würde somit parallel mit den durch die Nutzung erzielten Erträgen eintreten. Dieser Gleichlauf wird jedoch aus zwei Gründen regelmäßig nicht zu erreichen sein: Zum einen fehlt es an eindeutigen Zuordnungskriterien bestimmter Erträge im Verhältnis zum Einsatz von Vermögensgegenständen des Anlagevermögens. Zum anderen ist bei Festlegung des Abschreibungsplans zu Beginn der Nutzungsdauer eines Vermögensgegenstands meistens nicht abzusehen, wie hoch das Nutzenpotenzial insgesamt ist und wie es sich über den Zeitraum der Nutzung verteilt. 49

Insoweit stellen alle **Abschreibungsmethoden typisierende Vereinfachungsverfahren** dar.[63] In der Praxis sind ganz überwiegend die **lineare** und die **degressive Abschreibung vorherrschend.** Deutlich seltener sind **leistungsabhängige Abschreibungsverfahren,** die sich an der tatsächlichen Inanspruchnahme orientieren. Für eine **progressive Abschreibung** werden sich nur wenige Anwendungsfälle finden, in denen der Nutzenverlauf steigende Abschreibungsbeträge rechtfertigt.[64] Die letztendlich gewählte Abschreibungsmethode darf nicht in offensichtlichem Gegensatz zum tatsächlichen Nutzenverlauf stehen. In der Regel wird bei der linearen und der degressiven Abschreibung sowie einer leistungsabhängigen Verteilung der Anschaffungs- oder Herstellungskosten davon auszugehen sein, dass diese Voraussetzung erfüllt ist. 50

Steuerlich sind Absetzungen für Abnutzung grundsätzlich linear vorzunehmen. Eine degressive AfA ist lediglich bei beweglichen Wirtschaftsgütern des Anlagevermögens innerhalb der von § 6 Abs. 2 EStG gesetzten Grenzen zulässig. Bei einem Wechsel der AfA-Methode kommt nur der Übergang von der degressiven zur linearen AfA in Betracht. AfA nach Maßgabe der Leistung kann bei beweglichen Wirtschaftsgütern des Anlagevermögens vorgenommen werden, deren Leistung in der Regel erheblich schwankt und deren Verschleiß dementsprechend wesentliche Unterschiede aufweist (R 7.4 Abs. 5 EStR). 51

Die **lineare Abschreibung** ist dadurch gekennzeichnet, dass die Anschaffungs- oder Herstellungskosten – ggf. unter Berücksichtigung eines am Ende der Nutzungsdauer zu erwartenden Restwertes – in **gleichen Jahresbeträgen** über die Nutzungsdauer verteilt werden. Dabei ist jedoch zu berücksichtigen, dass selbst ein gleichmäßiger Nutzenverlauf nicht unbedingt durch eine lineare Abschreibung zutreffend erfasst wird, da gegen Ende der Nutzungsdauer häufig höhere Reparatur- und Instandhaltungsaufwendungen anfallen.[65] 52

Bei Gebäuden ist steuerlich die Bemessung der linearen AfA nach typisierten Vomhundertsätzen vorzunehmen. Nur wenn die tatsächliche Nutzungsdauer eines Gebäudes weniger als die den typisierten Vomhundertsätzen entsprechende Nutzungsdauer beträgt, können die der tatsächlichen Nutzungsdauer entsprechenden Absetzungen für Abnutzungen vorgenommen werden (§ 7 Abs. 4 EStG). Die Absicht, ein zunächst noch genutztes Gebäude abzubrechen oder zu veräußern, rechtfertigt es nicht, eine kürzere Nutzungsdauer des Gebäudes zugrunde zu legen. Eine Verkürzung der Nutzungsdauer kann erst angenommen werden, wenn die Gebäudeabbruchvorbereitungen soweit gediehen sind, dass die weitere Nutzung in der bisherigen oder einer anderen Weise so gut wie ausgeschlossen ist (H 7.4 EStR). 53

Demgegenüber vermindern sich bei **degressiven Abschreibungsverfahren** die jährlichen Abschreibungsbeträge im Laufe der Nutzung. Bei der **geometrisch-degressiven Abschreibung** kommt dies dadurch zum Ausdruck, dass die jährlichen Abschreibungen in Höhe eines konstanten Prozentsatzes bemessen werden. Nur im ersten Jahr stellen die Anschaffungs- oder Herstellungskosten die Bemessungsgrundlage dar; im Folge bemisst sich der Abschreibungsbetrag auf Basis der (sinkenden) Restbuchwerte. Dadurch ist eine vollständige Verteilung der Anschaffungs- oder Herstellungskosten systembedingt ausgeschlossen. Um die Anschaffungs- oder Herstellungskosten dennoch vollständig verteilen zu können, ist es entweder erforderlich, am Ende der Nutzungsdauer den 54

---

[61] Zu Einzelfragen zum steuerlichen Anschaffungskostenbegriff s. *Schmidt* EStG § 6 Tz. 75 ff.
[62] *Wohlgemuth* BoHR RdNr. 178.
[63] *Wohlgemuth* BoHR RdNr. 154.25.
[64] *WPH* E RdNr. 297; *Karrenbauer/Döring/Buchholz* HdR RdNr. 129; *Wohlgemuth* BoHR RdNr. 192 mit Beispielen.
[65] *Karrenbauer/Döring/Buchholz* HdR RdNr. 126; *Wohlgemuth* BoHR RdNr. 183.

verbleibenden Restwert abzuschreiben oder während der Nutzungsdauer von der degressiven zur linearen Abschreibung überzugehen. Entsprechend der auch steuerlich zulässigen Regelung wird in der Praxis überwiegend ab demjenigen Jahr zur linearen Abschreibung gewechselt, in dem die lineare Abschreibung zu höheren Abschreibungsbeträgen führt. Insoweit handelt es sich bei diesem Verfahren um eine (zulässige) **Kombination von degressiver und linearer Abschreibung.** Hinsichtlich des Prozentsatzes, mit dem die geometrisch-degressive Abschreibung vorzunehmen ist, bestehen handelsrechtlich keine betragsmäßigen Grenzen.[66] Ebenso wie für die Wahl des Abschreibungsverfahrens gilt, dass die sich durch die Abschreibung ergebende Wertentwicklung in keinem offensichtlichen Gegensatz zum tatsächlichen Nutzenverlauf stehen darf. Da jedoch in der Steuerbilanz der Abschreibungsprozentsatz nach § 7 Abs. 2 S. 2 EStG auf maximal das Doppelte (bei vor dem 1. Januar 2001 angeschafften Wirtschaftsgütern das Dreifache) des Prozentsatzes bei linearer Abschreibung, höchstens jedoch 20% (bei vor dem 1. Januar 2001 angeschafften Wirtschaftsgütern 30%) begrenzt ist, wird regelmäßig zur Vermeidung von Unterschieden zwischen Handelsbilanz und Steuerbilanz auf einen auch steuerlich zulässigen Wert zurückgegriffen.

55 Bei der steuerlichen degressiven AfA bei Gebäuden, die lediglich unter den engen Voraussetzungen des § 7 Abs. 5 EStG zulässig ist, handelt es sich nicht um eine degressive AfA im obigen Sinn, sondern um die Bemessung nach festen, im Laufe der Jahre fallenden Vomhundertsätzen.

56 Die **arithmetisch-degressive Abschreibung** ist ebenfalls durch fallende Abschreibungsbeträge gekennzeichnet. Bei der digitalen Abschreibung als Unterform der arithmetisch-degressiven Abschreibung vermindert sich die jährliche Abschreibungshöhe um gleich bleibende Beträge. Die praktische Bedeutung dieses Verfahrens ist allerdings wegen der fehlenden steuerlichen Anerkennung eher gering.

57 Die **leistungsabhängige Abschreibung** kommt dem Grundgedanken einer Synchronisierung von Aufwendungen und daraus resultierenden Umsatzerlösen am nächsten, sofern die Inanspruchnahme des abnutzbaren Anlagevermögens in den gleichen Perioden erfolgt, in denen auch die damit zusammenhängenden Umsatzerlöse erzielt werden und darüber hinaus der bloße Gebrauchsverschleiß die Wertminderung zutreffend wiedergibt.[67] Das Problem der Leistungsabschreibung liegt in der Schätzung des insgesamt zur Verfügung stehenden Leistungspotenzials, um daraus am Ende eines jeden Jahres den anteiligen Wertverzehr ermitteln zu können.[68] Zudem müssen die Anwendung der Leistungsabschreibung wirtschaftlich begründet und der jährliche Leistungsverbrauch nachweisbar sein, um die Abschreibung auch in der Steuerbilanz vornehmen zu können. Steuerlich ist ferner die Begrenzung der Leistungsabschreibung auf das bewegliche Anlagevermögen zu beachten (§ 7 Abs. 1 S. 5 EStG).[69]

58 In den Abschreibungsplan ist grundsätzlich der am Ende der Nutzungsdauer voraussichtlich noch vorhandene **Restwert** einzubeziehen. Wegen der damit verbundenen Schätzungsprobleme wird in der Praxis der Abschreibungsplan häufig auf der Grundlage eines Restwerts in Höhe von Null aufgestellt. Dies wird nur dann zu beanstanden sein, wenn sich erfahrungsgemäß bei vergleichbaren Vermögensgegenständen am Ende der Nutzungsdauer wesentlich höhere Restwerte ergeben haben.[70]

59 Die Abschreibung ist ab dem **Zeitpunkt der Betriebsbereitschaft** vorzunehmen. Sie ist erreicht, sobald der betreffende Vermögensgegenstand bestimmungsgemäß genutzt werden kann.[71] Auf den tatsächlichen Nutzungsbeginn kommt es hingegen nicht an, da die wirtschaftliche Abnutzung im Zweifel bereits ab der Lieferung oder Fertigstellung beginnt.

60 Im **Jahr des Anlagenzugangs** hat grundsätzlich eine **zeitanteilige Abschreibung** zu erfolgen. Angemessene **Vereinfachungsverfahren** sind zulässig.[72] Neben der Berechnung der Abschreibung auf Basis voller Monate ist das Wahlrecht zu nennen, dass bewegliche, abnutzbare Anlagegüter mit Anschaffungs- oder Herstellungskosten von bis zu 410 EUR (netto) im Jahr der Anschaffung oder Herstellung als **geringwertige Wirtschaftsgüter (GWG)** voll abgeschrieben werden können. Teilweise wird für handelsrechtliche Zwecke auch eine höhere betragsmäßige Grenze für zulässig

---

[66] *Wohlgemuth* BoHR RdNr. 187.
[67] *Karrenbauer/Döring/Buchholz* HdR RdNr. 130.
[68] *Karrenbauer/Döring/Buchholz* HdR RdNr. 130.
[69] Zu den Vorteilen der einzelnen Abschreibungsverfahren vgl. ausführlich *Karrenbauer/Döring/Buchholz* HdR RdNr. 125–130; *Hoyos/Schramm/M. Ring* BeBiKo RdNr. 238, 245 f.
[70] Ähnlich *Karrenbauer/Döring/Buchholz* HdR RdNr. 116; *Wohlgemuth* BoHR RdNr. 156.
[71] *Wohlgemuth* BoHR RdNr. 173; im Ergebnis glA *Karrenbauer/Döring/Buchholz* HdR RdNr. 118, die vom Zeitpunkt der Inbetriebnahme sprechen, dabei jedoch auf den Zeitpunkt abstellen, zu dem der Vermögensgegenstand in Betrieb genommen werden kann.
[72] *Wohlgemuth* BoHR RdNr. 174.

gehalten, so dass auch Vermögensgegenstände des abnutzbaren Anlagevermögens mit Anschaffungs- oder Herstellungskosten von beispielsweise bis zu 800 EUR im Jahr des Zugangs aus Vereinfachungsgründen voll abgeschrieben werden können.[73] Auch in diesem Fall ist jedoch zu berücksichtigen, dass im Rahmen der steuerlichen Gewinnermittlung für diejenigen Anlagegüter mit Anschaffungs- oder Herstellungskosten von mehr als 410 EUR eine Abschreibung über die betriebsgewöhnliche Nutzungsdauer vorzunehmen ist.

Die **Halbjahresregel,** nach der Zugänge des ersten Halbjahres mit dem vollen jährlichen Abschreibungsbetrag, Zugänge des zweiten Halbjahres mit dem halben Jahresbetrag abgeschrieben werden konnten, ist steuerlich nicht mehr zulässig. Handelsrechtlich widerspricht die Anwendung der Halbjahresregel nicht den GoB.[74] 61

Bei **nachträglichen Anschaffungs- oder Herstellungskosten** ist danach zu differenzieren, ob sie zu einer Verlängerung der Lebensdauer des ursprünglichen Gegenstands führen. Ist dies der Fall, so sind der Restbuchwert und die nachträglichen Anschaffungs- oder Herstellungskosten gemeinsam über die (neue) Restnutzungsdauer abzuschreiben. Bleibt die bisherige Lebensdauer hingegen unverändert, erfolgt eine Verteilung der nachträglichen Anschaffungs- oder Herstellungskosten über die ursprüngliche Restnutzungsdauer. 62

Für **Vermögensgegenstände** des abnutzbaren Anlagevermögens, die **vor Ende der Nutzungsdauer veräußert** werden, ist bis zum Zeitpunkt der Veräußerung grundsätzlich die anteilige Jahresabschreibung vorzunehmen, um eine zutreffende Aufteilung des Gesamterfolgs für Ausweiszwecke zu gewährleisten, da die Gewinne und Verluste aus Anlagenabgängen zu den sonstigen betrieblichen Erträgen bzw. den sonstigen betrieblichen Aufwendungen zählen. Allenfalls in betragsmäßig unbedeutenden Fällen kann auf eine anteilige Jahresabschreibung aus Vereinfachungsgründen verzichtet werden.[75] 63

Die Abschreibung kann sowohl in direkter Form durch **Absetzung von den aktivierten Anschaffungs- oder Herstellungskosten** als auch durch **Bildung einer passivischen Wertberichtigung** (indirekte Form) vorgenommen werden. Von praktischer Bedeutung ist jedoch nahezu ausschließlich die direkte Methode, zumal Kapitalgesellschaften, OHG/KG iSv. § 264a und dem PublG unterliegenden Unternehmen die indirekte Form nach dem Gliederungsschema in § 266 ohnehin verwehrt ist.[76] Etwas anderes gilt nur für den Sonderfall eines Unterschiedsbetrags zwischen handelsrechtlich zulässiger Abschreibung und einer nur steuerrechtlich zulässigen Abschreibung nach § 254 (vgl. Erl. zu §§ 254, 281). 64

b) **Nutzungsdauerschätzung.** Die Nutzungsdauer ist anhand derjenigen Tatbestandsmerkmale zu schätzen, die den Wertverzehr des Anlagegegenstands bestimmen. Dies können insbesondere sein:[77] 65
– technische Begrenzungen der Nutzungsdauer,
– wirtschaftliche Einflussfaktoren und/oder
– rechtlich-tatsächliche Restriktionen.

Die **technische Nutzungsdauer** stellt die **Obergrenze** für die Nutzungsdauerschätzung dar.[78] Nach Ablauf der – ggf. durch Wartungs- und Instandhaltungsmaßnahmen verlängerten – technischen Nutzungsdauer besteht keine (sinnvolle) Möglichkeit der betrieblichen Nutzung mehr, auch nicht zu anderen als den ursprünglichen Zwecken.[79] 66

Eine **Verkürzung** der unter technischen Gesichtspunkten möglichen Nutzungsdauer wird regelmäßig **durch wirtschaftliche Gründe** eintreten.[80] Dahinter können einerseits Überlegungen stehen, die aus wirtschaftlichen Gründen eine Weiternutzung der betroffenen Vermögensgegenstände nicht länger vorteilhaft erscheinen lassen, etwa weil die Wartungs- und Instandhaltungskosten ab einem bestimmten Zeitpunkt überproportional ansteigen oder weil sich mit einem neuen Anlagegegenstand höhere Stückzahlen und/oder qualitativ bessere Produkte herstellen ließen.[81] Wirtschaftliche Gründe sind auch ausschlaggebend, wenn die Nutzungsdauer auf Grund von Geschmacksän- 67

---

[73] *Karrenbauer/Döring/Buchholz* HdR RdNr. 137: „Anschaffungskosten zwischen dem einfachen und doppelten steuerrechtlichen Höchstwert"; ähnlich *Hoyos/Schramm/M. Ring* BeBiKo RdNr. 275.
[74] *Hoyos/Schramm/M. Ring* BeBiKo RdNr. 276; *WPH* E RdNr. 302.
[75] *Wohlgemuth* BoHR RdNr. 176.
[76] *Wohlgemuth* BoHR RdNr. 132 f.
[77] *WPH* E RdNr. 300; *ADS* RdNr. 366 f.; *Karrenbauer/Döring/Buchholz* HdR RdNr. 107–111, 120; *Wohlgemuth* BoHR RdNr. 160.
[78] *Wohlgemuth* BoHR RdNr. 164.
[79] *ADS* RdNr. 369; *Wohlgemuth* BoHR RdNr. 160.
[80] *ADS* RdNr. 368; *Karrenbauer/Döring/Buchholz* HdR RdNr. 121.
[81] *Karrenbauer/Döring/Buchholz* HdR RdNr. 120; *Wohlgemuth* BoHR RdNr. 161 ff.

derungen auf der Abnehmerseite oder durch Konjunkturschwankungen beeinträchtigt wird.[82] Derartige Wertminderungen treten unabhängig vom technischen Verschleiß ein.

68 Schließlich kann die Nutzungsdauer auch durch rechtliche Gründe von Beginn an oder durch Änderung zu einem späteren Zeitpunkt bestimmt sein. Dies gilt insbesondere für alle Arten von für einen bestimmten Zeitraum abgeschlossenen Verträgen über die Nutzung von Patenten, Konzessionen sowie für Miet- und Pachtverhältnisse.[83] Wiederum stellt die **rechtliche Nutzungsdauer** die Obergrenze dar, die uU durch den Zeitraum der wirtschaftlichen Nutzung unterschritten wird.

69 Kommen mehrere Einflussfaktoren zum Tragen, so ist die kürzeste sich daraus ergebende Nutzungsdauer maßgebend.[84] Treffen etwa physischer Verschleiß eines Anlagegegenstands und wirtschaftlich bedingte Wertminderungen zusammen, so ist die im Vergleich zur theoretisch möglichen kürzere (wirtschaftliche) Nutzungsdauer maßgebend.

70 Die Nutzungsdauer ist jeweils auf unternehmensindividueller Basis zu schätzen.[85] Besonderheiten, die zu einer Verkürzung der Nutzungsdauer führen, sind zu berücksichtigen (zB Mehrschichtbetrieb). Durch die **Unternehmensbezogenheit der Nutzungsdauer** ist mit der Schätzung ein erheblicher Spielraum des Bilanzierenden verbunden.[86]

71 Eine gewisse Normierung wird durch die steuerlichen **AfA-Tabellen** erreicht, die eine **Nutzungsdauervermutung der Finanzverwaltung** wiedergeben, die vom Steuerpflichtigen nur durch den Nachweis abweichender Verhältnisse im Einzelfall entkräftet werden kann. Diese standardisierten Tabellen befreien zwar nicht von der Verpflichtung zur sachgerechten Schätzung der (handelsrechtlichen) Nutzungsdauer, entfalten aber insbesondere immer dann eine faktische Bindungswirkung, wenn Abweichungen zwischen Handels- und Steuerbilanz vermieden werden sollen.[87] Tendenziell werden längere als in den AfA-Tabellen vorgeschlagene Nutzungsdauern für handelsrechtliche Zwecke kaum in Betracht kommen, während eine Verkürzung ggf. aus Vorsichtsgründen angebracht sein kann. Dies wird insbesondere immer dann der Fall sein, wenn betriebsindividuelle Aspekte (etwa Umwelteinflüsse, Unterlassung von Instandhaltungsmaßnahmen) zu berücksichtigen sind, für die sich in den AfA-Tabellen keine Entsprechung findet.

72 Steuerlich entspricht die Nutzungsdauer eines Wirtschaftsguts regelmäßig dem Zeitraum, in dem es sich technisch abnutzt. Eine kürzere wirtschaftliche Nutzungsdauer liegt nach der BFH-Rechtsprechung nicht vor, wenn das Wirtschaftsgut zwar nicht mehr entsprechend der ursprünglichen Zweckbestimmung rentabel nutzbar ist, aber noch einen erheblichen Verkaufswert hat (BStBl. 1998 II S. 59). Die Finanzverwaltung hat infolge dieses Urteils neue AfA-Tabellen für nach dem 31. 12. 2000 angeschaffte/hergestellte Wirtschaftsgüter herausgegeben, in denen idR. eine nunmehr längere Nutzungsdauer zugrunde gelegt wird.[88] Für steuerliche Zwecke haben diese Tabellen zunächst die Vermutung der Richtigkeit für sich, eine Abweichung von den AfA-Tabellen bedarf einer besonderen Begründung.

73 Für die planmäßige Abschreibung eines Geschäfts- oder Firmenwerts ist steuerlich zwingend die gesetzlich vorgeschriebene Nutzungsdauer von 15 Jahren anzuwenden (§ 7 Abs. 1 S. 3 EStG).

74 Schließlich ist die Nutzungsdauer unter praktischen Gesichtspunkten nicht völlig losgelöst von der gewählten Abschreibungsmethode zu sehen: So wird eine zu optimistische (lange) Nutzungsdauerschätzung durch die degressive Abschreibung zumindest teilweise kompensiert, während eine zu kurze Nutzungsdauer iVm. der degressiven Abschreibung zu einer Verschärfung des durch die Nutzungsdauerschätzung hervorgerufenen Fehlers führt.[89]

75 Von besonderer Bedeutung ist die Nutzungsdauerschätzung, wenn eine Vielzahl von **Vermögensgegenständen gemeinsam abgeschrieben** wird, **die sich hinsichtlich ihrer Nutzungsdauer voneinander unterscheiden.** Diese Problematik wird etwa bei Gebäuden oder bei Produktionsanlagen auftreten, die dadurch gekennzeichnet sind, dass die Nutzungsdauer der einzelnen Bestandteile stark voneinander abweicht. In diesen Fällen wird die Nutzungsdauer der Gesamtanlage auf Grundlage der Nutzungsdauer derjenigen Bestandteile zu bestimmen sein, die für die Anlage die größte Bedeutung haben. Bei der so ermittelten Nutzungsdauer ist zu beachten, dass sie einen „Kompromiss" zwischen den kürzeren und längeren Nutzungsdauern der Einzelbestandteile

---

[82] *ADS* RdNr. 368.
[83] *Wohlgemuth* BoHR RdNr. 154.9.
[84] *ADS* RdNr. 369; *Wohlgemuth* BoHR RdNr. 164.
[85] *ADS* RdNr. 369; *Wohlgemuth* BoHR RdNr. 159.
[86] *ADS* RdNr. 378; *Wohlgemuth* BoHR RdNr. 169.
[87] Ähnlich *Karrenbauer/Döring/Buchholz* HdR RdNr. 124; kritischer hinsichtlich der Übernahme der steuerlichen Nutzungsdauer *ADS* RdNr. 379.
[88] *Schmidt* EStG § 7 RdNr. 84.
[89] *ADS* RdNr. 380; *Wohlgemuth* BoHR RdNr. 170.

darstellt. Sofern etwa der wesentliche Bestandteil die im Vergleich zu den übrigen Bestandteilen längste Nutzungsdauer aufweist, wird dessen Nutzungsdauer nicht unmodifiziert als für die Gesamtanlage maßgeblich anzusehen sein.[90]

Hinsichtlich der Korrektur der ursprünglichen Nutzungsdauerschätzung durch eine eingetretene Verkürzung der Nutzungsdauer vgl. RdNr. 69. **76**

2. Außerplanmäßige Abschreibungen. a) Erweiterte Abschreibungsmöglichkeiten. **77** Wertminderungen von abnutzbaren Vermögensgegenständen des Anlagevermögens, die im Zeitpunkt des Eintritts der Wertminderung durch planmäßige Abschreibungen nicht hinreichend berücksichtigt werden können, stellen einen Anwendungsfall für außerplanmäßige Abschreibungen dar. Dies wird immer dann der Fall sein, wenn eine **Verkürzung der Nutzungsdauer** gegenüber der ursprünglichen Schätzung eintritt. Hingegen kann im umgekehrten Fall einer verlängerten Restnutzungsdauer allenfalls eine Verminderung der **zukünftigen** jährlichen Abschreibungsbeträge eintreten; eine Rückgängigmachung der **bisherigen** planmäßigen Abschreibungen ist ausgeschlossen. Bei Vermögensgegenständen des Anlagevermögens, deren Nutzung zeitlich nicht begrenzt ist, stellt sich die Frage nach einer außerplanmäßigen Abschreibung immer dann, wenn die ursprünglichen Anschaffungs- oder Herstellungskosten die Wertverhältnisse am Abschlussstichtag nicht (mehr) in der gesetzlich vorgeschriebenen Form widerspiegeln.

Das Gesetz unterscheidet zwischen **vorübergehenden** und **dauernden Wertminderungen**; **78** Erstere begründen eine Wahlrechtsabschreibung (gemildertes Niederstwertprinzip), während dauernde Wertminderungen verpflichtend durch eine Abschreibung zu erfassen sind. Das Abschreibungswahlrecht ist für Kapitalgesellschaften und OHG/KG iSv. § 264 a nach § 279 Abs. 1 S. 2 auf Finanzanlagen beschränkt. Fallen die Gründe für eine außerplanmäßige Abschreibung weg, kann auf das Beibehaltungswahlrecht iSv. § 253 Abs. 5 zurückgegriffen werden (vgl. RdNr. 107 ff.). Für Kapitalgesellschaften und OHG/KG iSv. § 264 a besteht dieses Beibehaltungswahlrecht nicht (§ 280 Abs. 1). Aufgrund des steuerlichen Wertaufholungsgebots geht auch die in der Vergangenheit regelmäßig anwendbare Vorschrift des § 280 Abs. 2 ins Leere. Ferner haben Kapitalgesellschaften und OHG/KG iSv. § 264 außerplanmäßige Abschreibungen auf Grund von § 277 Abs. 3 S. 1 entweder in der Gewinn- und Verlustrechnung gesondert auszuweisen oder im Anhang anzugeben.

Steuerlich sind Teilwertabschreibungen in nach dem 31. 12. 1998 endenden Wirtschaftsjahren nur **79** mehr bei voraussichtlich dauernden Wertminderungen zulässig. Eine voraussichtlich dauernde Wertminderung bedeutet dabei ein voraussichtlich nachhaltiges Absinken des Werts des Wirtschaftsguts unter den maßgeblichen Buchwert; eine nur vorübergehende Wertminderung reicht für eine Teilwertabschreibung nicht aus.

b) Relevanter Wertmaßstab. Ausgangspunkt für die Prüfung eines Abschreibungserfordernisses **80** iSv. Abs. 2 S. 3 ist bei abnutzbaren Vermögensgegenständen des Anlagevermögens der sich nach Vornahme der planmäßigen Abschreibung und eventueller früherer außerplanmäßiger Abschreibungen ergebende Restbuchwert.[91] Bei nicht abnutzbaren Anlagegegenständen ist der Vergleichswert durch die Anschaffungs- oder Herstellungskosten bestimmt. Sofern bereits in früheren Geschäftsjahren außerplanmäßige Abschreibungen vorgenommen wurden, sind diese ebenso wie Zuschreibungen bei der Ermittlung des Restbuchwerts vor der außerplanmäßigen Abschreibung des betreffenden Geschäftsjahres einzubeziehen.[92]

Als schwieriger erweist sich die Frage nach dem **beizulegenden Wert,** der den Vergleichsmaßstab **81** für eine eventuell vorzunehmende außerplanmäßige Abschreibung darstellt. Wenn nach der handelsrechtlichen Gewinnermittlungskonzeption der Wertansatz in der Bilanz Auskunft über die – ggf. um weitere noch entstehende Aufwendungen gekürzten – zu erwartenden Erträge geben soll, so ist diese Wertobergrenze nur bei unmittelbar zum Absatz bestimmten Vermögensgegenständen (etwa Fertigerzeugnisse und Waren) durch eine Orientierung an den erzielbaren Absatzmarktpreisen vergleichsweise einfach zu bestimmen. Für Vermögensgegenstände des Anlagevermögens hingegen ist mit der **Ermittlung der** noch erzielbaren **Erfolgsbeiträge** eine (häufig unlösbare) **Zurechnungsproblematik** verbunden, da eine Veräußerungsabsicht im Regelfall per definition nicht besteht und erwartete Erträge nur durch die mittels der Anlagegegenstände erzielbaren Umsatzerlöse zum Ausdruck kommen.

Eine **Untergrenze** für die Bewertung stellt der **Einzelveräußerungspreis** unter Berücksichti- **82** gung der mit der Veräußerung eventuell noch verbundenen Aufwendungen dar.[93] Sofern ein solcher

---

[90] Für eine nach Nutzungsdauern getrennte Abschreibung solcher Bestandteile ADS RdNr. 381.
[91] Hoyos/Schramm/M. Ring BeBiKo RdNr. 286.
[92] Hoyos/Schramm/M. Ring BeBiKo RdNr. 286.
[93] Wohlgemuth BoHR RdNr. 271 f.

Veräußerungspreis hinreichend objektiviert ermittelt werden kann – gerade im Bereich von gebrauchten (Spezial-)Maschinen kann die Bestimmung dieses Preises mit erheblichen Problemen verbunden sein –, kommen darin unmittelbar die noch erzielbaren Erträge zum Ausdruck. Jedoch kann der Einzelveräußerungspreis nur dann einen **Anhaltpunkt** für den Umfang einer außerplanmäßigen Abschreibung darstellen, **wenn** absehbar ist, dass **keine anderweitigen Erträge mehr** durch den zu bewertenden Anlagegegenstand – zB im Fall von stillgelegten Anlagen – **erzielbar** sind.[94]

83 Der potenzielle Veräußerungserlös – uU nur in Höhe des Schrottwertes – steht jedoch im Fall der weiteren Nutzungsabsicht in keinem Verhältnis zu den noch erzielbaren Erträgen. Andererseits wird die unmittelbare Bestimmung des Ertragspotenzials nur in Ausnahmefällen (etwa bei Beteiligungen,[95] Patenten, Lizenzen oder vermieteten Vermögensgegenständen) in Frage kommen, wobei die praktische **Ermittlung dieses Ertragswertes** mit **erheblichen Schwierigkeiten** verbunden sein kann.[96] Damit werden bei der Ermittlung des beizulegenden Wertes Hilfswerte heranzuziehen sein, die zumindest als Indizien für ein vermindertes Ertragspotenzial gelten können. Als akzeptabler Kompromiss zwischen Imparitätsprinzip und Objektivierungserfordernissen kann insbesondere der **Wiederbeschaffungswert** angesehen werden, soweit von der Unternehmensfortführung auszugehen ist. Dahinter steht die Vermutung, dass sich gesunkene Wiederbeschaffungskosten mit der Folge einer kostengünstigeren Produktion letztlich auch in niedrigeren Verkaufspreisen der Erzeugnisse niederschlagen, so dass gesunkene Wiederbeschaffungskosten als ein Indiz für das Risiko zukünftig nicht mehr kostendeckender Absatzpreise angesehen werden können. Sofern ein Börsen- oder Marktpreis auf dem Beschaffungsmarkt existiert, ist auf diesen zurückzugreifen, andernfalls auf die Wiederbeschaffungskosten, wie sie sich an dem für das Unternehmen relevanten Beschaffungsmarkt darstellen. Schließlich ist der **Reproduktionswert** maßgeblich, falls keine Möglichkeit der Beschaffung von Dritten besteht. In allen Fällen ist zu beachten, dass die Vergleichbarkeit mit dem zu bewertenden Vermögensgegenstand gegeben sein muss. Entweder ist unmittelbar auf die Preisverhältnisse für gebrauchte Anlagegegenstände in vergleichbarem Zustand abzustellen, oder es ist ein Abschlag auf die Preise für neuwertige Gegenstände in dem Umfang der bisherigen Nutzung vorzunehmen.

84 **c) Vorübergehende und dauernde Wertminderungen.** Das Wahlrecht zur Abschreibung bei vorübergehenden Wertminderungen entspricht der Verwendungsfiktion für Vermögensgegenstände des Anlagevermögens. Da diese Gegenstände dazu bestimmt sind, dauernd dem Geschäftsbetrieb zu dienen, stellen vorübergehende Wertminderungen nur ein begrenztes Risiko dar, sofern bis zum voraussichtlichen Abgangszeitpunkt die Wertminderung keinen Bestand mehr hat oder bis dahin durch planmäßige Abschreibungen vollständig erfasst wird.[97] Daraus wird aber nicht der Schluss zu ziehen sein, dass generell bei planmäßig abzuschreibenden Vermögensgegenständen wegen der im Laufe der Nutzungsdauer ohnehin anfallenden Abschreibungen eine vorübergehende Überbewertung für einen Zeitraum von bis zu fünf Jahren zu akzeptieren sei.[98]

85 Insbesondere bei **Vermögensgegenständen des beweglichen Anlagevermögens** wird der Fall einer späteren Werterholung eher untypisch sein, sofern die gegenwärtige Wertminderung auf gesunkene Wiederbeschaffungskosten oder fehlende Nutzungsmöglichkeiten des Anlagegegenstands zurückzuführen ist, so dass die Beschränkung der Abschreibungsmöglichkeiten nach Abs. 2 S. 3 auf Vermögensgegenstände des Finanzanlagevermögens für Kapitalgesellschaften gem. § 279 Abs. 1 S. 2 keine praktisch bedeutsame Restriktion darstellt.[99] **Im Zweifel** wird nicht zuletzt auf Grund der erheblichen Prognoseprobleme hinsichtlich des Zeitpunkts und des Umfangs einer zukünftigen Werterholung von einer **dauerhaften Wertminderung** mit der Folge einer Pflichtabschreibung auszugehen sein. Eine Abschreibung bei nur vorübergehender Wertminderung bei immateriellen Vermögensgegenständen und dem Sachanlagevermögen in der Handelsbilanz kann nicht auf § 254 iVm. § 279 Abs. 2 gestützt werden, da steuerliche Teilwertabschreibungen nur bei voraussichtlich dauernder Wertminderung zulässig sind.[100]

---

[94] *Wohlgemuth* BoHR RdNr. 271.
[95] Die Ermittlung des beizulegenden Werts einer Beteiligung nach den Grundsätzen des IDW S 1 „Grundsätze zur Durchführung von Unternehmensbewertungen" wird in IDW RS HFA 10 „Anwendung der Grundsätze des IDW S 1 bei der Bewertung von Beteiligungen und sonstigen Unternehmensanteilen für die Zwecke eines handelsrechtlichen Jahresabschlusses" konkretisiert.
[96] *Wohlgemuth* BoHR RdNr. 273 ff.
[97] *Wohlgemuth* BoHR RdNr. 278 ff.
[98] So aber *Karrenbauer/Döring/Buchholz* HdR RdNr. 165.
[99] *Hoyos/Schramm/M. Ring* BeBiKo RdNr. 280.
[100] Vgl. Erl. zu § 254; ferner *Hoyos/Schramm/M. Ring* BeBiKo RdNr. 280.

Von größerer Bedeutung ist eine **vorübergehende Wertminderung** im Bereich der **Finanz-** 86
anlagen. Sowohl bei festverzinslichen Wertpapieren als auch bei Anteilen an anderen Unternehmen sind Wertschwankungen denkbar, die auf nur vorübergehende Einflussfaktoren zurückzuführen sind. Dies gilt etwa für Zinsschwankungen oder zeitlich begrenzte Kursausschläge am Aktienmarkt. Gleiches ist bei Anlauf- oder zeitweiligen Verlusten von Beteiligungsunternehmen denkbar.[101]

Die **Entscheidung** darüber, **ob** noch eine nur **vorübergehende Wertminderung oder** bereits 87
eine **dauerhafte Wertminderung** vorliegt, ist auf Grund der Ausgestaltung der Vorschrift **restriktiv** zu treffen. Die mit der dauernden Wertminderung verknüpfte Abschreibungspflicht lässt es angebracht erscheinen, das Ermessen des Bilanzierenden in dieser Frage zu begrenzen. Zwar legt es die handelsrechtliche Gewinnermittlungskonzeption nahe, dass es ausreichen müsste, wenn die Werterholung bis zum Abgangszeitpunkt eingetreten ist, so dass in diesem Fall kein Verlust aus dem Abgang der betreffenden Vermögensgegenstände droht. Dem stehen jedoch Objektivierungsrestriktionen entgegen: Je weiter die erwartete Werterholung in der Zukunft liegt, desto größer sind die mit der Prognose der erwarteten Wertsteigerung verbundenen Risiken. Auch die Tatsache, dass die Bewertung zunächst stichtagsbezogen zu erfolgen hat und die Berücksichtigung nachfolgender Entwicklungen die Ausnahme darstellt, spricht für eine objektivierte Begrenzung des einzubeziehenden Zeitraums.

Vor diesem Hintergrund erscheint der Lösungsvorschlag angemessen, bei der Beurteilung der 88
Dauerhaftigkeit einer Wertminderung nur auf die Entwicklungen bis zum Zeitpunkt der Bilanzerstellung abzustellen. Ist bis zu diesem Zeitpunkt noch keine Werterholung eingetreten, sollte von einer dauerhaften Wertminderung mit der Folge einer Pflichtabschreibung ausgegangen werden.[102]

d) Voraussichtlich dauernde Wertminderung nach § 6 Abs. 1 Nr. 1 EStG. Gemäß Auf- 89
fassung der Finanzverwaltung liegt eine voraussichtlich nachhaltige Wertminderung vor, wenn der Steuerpflichtige hiermit aus der Sicht am Bilanzstichtag auf Grund objektiver Anzeichen ernsthaft zu rechnen hat. Aus der Sicht eines sorgfältigen und gewissenhaften Kaufmanns müssen mehr Gründe für als gegen eine Nachhaltigkeit sprechen. Wertminderungen aus besonderem Anlass sind regelmäßig von Dauer (zB Katastrophen oder technischer Fortschritt). Zusätzliche Erkenntnisse bis zum Zeitpunkt der Aufstellung der Handelsbilanz sind zu berücksichtigen.

Bei abnutzbarem Anlagevermögen kann von einer voraussichtlich dauernden Wertminderung 90
ausgegangen werden, wenn der Wert des jeweiligen Wirtschaftsguts zum Bilanzstichtag mindestens unter dem Buchwert liegt, den das Wirtschaftsgut bei planmäßiger Abschreibung bis zur Hälfte der verbleibenden Restnutzungsdauer erreicht hätte (BStBl. 2000 I S. 372).

IV. Bewertung des Umlaufvermögens (Abs. 3)

1. Bewertung auf Grund gesunkener Stichtagswerte. Das Abschreibungserfordernis auf 91
Grund niedriger Börsen- oder Marktpreise folgt unmittelbar aus dem **Imparitätsprinzip:** Nachteilige Veränderungen der Preisverhältnisse, die sich bereits am Abschlussstichtag abzeichnen, sollen bereits zu diesem Zeitpunkt berücksichtigt werden, selbst wenn die Realisation des Verlusts noch aussteht. Da die Vermögensgegenstände des Umlaufvermögens per definitione zur Veräußerung bestimmt sind, ist die gesetzliche Konzeption konsequent, bei jeglichen Wertminderungen am Abschlussstichtag unabhängig von deren Dauerhaftigkeit eine Pflichtabschreibung vorzuschreiben **(strenges Niederstwertprinzip).** Die Wahrscheinlichkeit, dass spätere Werterholungen eine Abschreibung überflüssig machen könnten, ist bei Vermögensgegenständen des Umlaufvermögens auf Grund der kürzeren Verweildauer im Unternehmen wesentlich geringer als bei Anlagegegenständen (vgl. in diesem Zusammenhang auch die abweichende Ausgestaltung bei Vermögensgegenständen des Anlagevermögens in Abs. 2 S. 3).

Eine so begründete Abschreibung kann immer nur auf der Überlegung beruhen, dass die 92
Anschaffungs- oder Herstellungskosten die **erwarteten Erfolgsbeiträge** der betreffenden Vermögensgegenstände **übersteigen.** Damit ist ein Zurechnungsproblem verbunden, da der Erfolgsbeitrag in Form eines erzielbaren Verkaufspreises im Bereich des Vorratsvermögens grundsätzlich nur für Fertigerzeugnisse und Waren als eindeutig bestimmbar angesehen werden kann. Unfertige Erzeugnisse sowie insbesondere Roh-, Hilfs- und Betriebsstoffe sind hingegen durch eine Absatzmarktferne gekennzeichnet, da diese Vermögensgegenstände erst im weiteren Produktionsprozess dahingehend eingesetzt werden, dass verwertbare Erzeugnisse entstehen.

---

[101] WPH E RdNr. 306; Karrenbauer/Döring/Buchholz HdR RdNr. 167.
[102] Mellwig BHdR B 164 RdNr. 52 f.; weniger restriktiv Karrenbauer/Döring/Buchholz HdR RdNr. 167.

93 Insoweit stellt sich die Frage, welche Märkte als Bewertungsmaßstab heranzuziehen sind. Die **Absatzmarktorientierung** ist insbesondere in den Fällen allein sinnvoll, in denen sich die Vorräte durch eine Nähe zum Absatzmarkt auszeichnen. Das wird insbesondere bei Fertigerzeugnissen, Handelswaren und Überbeständen an Roh-, Hilfs- und Betriebsstoffen der Fall sein.[103] Bei unfertigen Erzeugnissen wird der maßgebliche Vergleichswert retrograd unter Berücksichtigung der voraussichtlich noch bis zur Veräußerung anfallenden Aufwendungen zu ermitteln sein, so dass letztlich auch hier eine Absatzmarktorientierung zum Tragen kommt. Auf die Preisverhältnisse am **Beschaffungsmarkt** wird schließlich bei Roh-, Hilfs- und Betriebsstoffen zurückzugreifen sein, soweit es sich nicht um Überbestände handelt.[104] Hingegen kommt es bei unfertigen und fertigen Erzeugnissen nicht auf die Preise des Beschaffungsmarktes an, selbst wenn ein Fremdbezug möglich ist. Sofern am Absatzmarkt keine gesunkenen Preise erkennbar sind, droht bei der zukünftigen Verwertung der Vorräte kein Verlust.[105] Aus diesem Grund ist auch eine sog. **„doppelte Maßgeblichkeit" abzulehnen,** wonach für Handelswaren sowohl die Preisverhältnisse des Absatzmarktes als auch des Beschaffungsmarktes zur Bewertung heranzuziehen wären, um eine Abschreibung auf den niedrigeren der beiden Werte vorzunehmen.[106]

94 Zur Bewertung von einzelnen Posten des Umlaufvermögens vgl. RdNr. 78 ff.

95 **a) Niedrigere Wertansätze auf Grund gesunkener Börsen- oder Marktpreise.** Als Börsenpreise gelten die an einer amtlich anerkannten Börse festgestellten Kurse. Abgrenzungsprobleme zwischen Börsen- und Marktpreis werden schon deshalb nicht von Bedeutung sein, weil bei einer zweifelhaften Qualifikation als Börsenpreis der Preis regelmäßig die Voraussetzungen eines Marktpreises erfüllen wird. Märkte zeichnen sich dadurch aus, dass räumlich abgegrenzt häufig Geschäftsabschlüsse über homogene Güter zustande kommen.[107] Der dabei erzielte Durchschnittspreis ist als Marktpreis anzusehen. Ausschlaggebend für die Bewertung iSv. Abs. 3 S. 1 können dabei nur Märkte sein, zu denen der Bilanzierende auch tatsächlich Zugang hat.[108]

96 Nach dem eindeutigen Gesetzeswortlaut ist der relevante Wertansatz ein sich aus dem Börsen- oder Marktpreis „ergebender" Wert. Das lässt erkennen, dass offensichtlich eine unmodifizierte Übernahme den Anforderungen des Gesetzes nicht gerecht wird; es handelt sich vielmehr um einen abgeleiteten Wert.[109] Eine **Anpassung des Börsen- oder Marktpreises** kann aus zwei Gründen erforderlich sein:

97 Zum Ersten werden Modifikationen immer dann in Frage kommen, wenn der **Stichtagspreis erheblich von den Preisen unmittelbar vor oder nach dem Stichtag abweicht.** In diesen Fällen wird die Ermittlung eines Durchschnittspreises für einen Zeitraum von vier bis sechs Wochen vor oder nach dem Stichtag als angemessenes Verfahren zur Ableitung des relevanten Wertes anzusehen sein.[110] In den Fällen, in denen der Stichtagskurs über dem so ermittelten Durchschnittspreis liegt, ist eine Abschreibung auf den niedrigeren Durchschnittspreis verpflichtend.[111] Da im umgekehrten Fall (Stichtagskurs niedriger als Durchschnittspreis) eine Bewertung zum Stichtagspreis die Antizipation von Verlusten bedeutet, die tatsächlich nicht drohen, erscheint es fraglich, ob in diesem Fall die Bewertung zum (niedrigeren) Stichtagskurs zwingend ist.[112]

98 Zum Zweiten ist der **Börsen- oder Marktpreis** in den Fällen, in denen eine Orientierung am Beschaffungsmarkt angezeigt ist, **um** eventuelle **Anschaffungsnebenkosten zu erhöhen,** um zu den relevanten Wiederbeschaffungskosten zu gelangen.[113] Soweit der Absatzmarkt als Bewertungsmaßstab heranzuziehen ist („Grundsatz der verlustfreien Bewertung"), sind noch **anfallende Verkaufskosten** zu berücksichtigen.[114] Ein Verzicht auf die Modifikation des Börsen- oder Marktpreises aus Vereinfachungsgründen ist vor dem Hintergrund des Gesetzeswortlauts kritisch zu beurteilen.

99 **b) Niedrigere Wertansätze auf Grund gesunkener beizulegender Werte.** Sofern Vermögensgegenstände des Umlaufvermögens zu bewerten sind, für die ein Börsen- oder Marktpreis nicht festgestellt werden kann, ist der Wert heranzuziehen, der den Vermögensgegenständen am

---

[103] *WPH* E RdNr. 339.
[104] *WPH* E RdNr. 339.
[105] AA *WPH* E RdNr. 339.
[106] *Karrenbauer/Döring/Buchholz* HdR RdNr. 187, anders jedoch unter RdNr. 179; aA *WPH* E RdNr. 339.
[107] *Karrenbauer/Döring/Buchholz* HdR RdNr. 175; *Wohlgemuth* BoHR RdNr. 323.
[108] *Karrenbauer/Döring/Buchholz* HdR RdNr. 175.
[109] *ADS* RdNr. 510; *Karrenbauer/Döring/Buchholz* HdR RdNr. 177; *Mellwig* BHdR B 164 RdNr. 60.
[110] *ADS* RdNr. 511.
[111] *WPH* E RdNr. 341; *Karrenbauer/Döring/Buchholz* HdR RdNr. 178; *Mellwig* BHdR B 164 RdNr. 61.
[112] So aber *WPH* E RdNr. 341; *ADS* RdNr. 512; *Karrenbauer/Döring/Buchholz* HdR RdNr. 178.
[113] *WPH* E RdNr. 340.
[114] *WPH* E RdNr. 340; *Mellwig* BHdR B 164 RdNr. 60.

Abschlussstichtag beizulegen ist. Hinsichtlich der Orientierung an der Absatz- bzw. Beschaffungsseite kann für den niedrigeren beizulegenden Wert nichts anderes gelten, als wenn ein Börsen- oder Marktpreis festgestellt werden könnte. So wird mit Ausnahme der Roh-, Hilfs- und Betriebsstoffe auf die – ggf. um noch anfallende Aufwendungen korrigierten – erzielbaren Veräußerungspreise abzustellen sein. Als Hilfsmaßstab sind bei fehlenden Marktpreisen beispielsweise Verkäufe in zeitlicher Nähe des Abschlussstichtags oder vertraglich vereinbarte Verkaufspreise heranzuziehen. Für Roh-, Hilfs- und Betriebsstoffe wird dementsprechend auf die letzten Beschaffungspreise – einschließlich der Anschaffungsnebenkosten – vor dem Bilanzstichtag abzustellen sein, soweit es sich um verwertbare Materialien handelt; andernfalls sind zusätzliche Wertminderungen durch Gängigkeitsabschläge zu berücksichtigen.[115]

Für **unfertige Erzeugnisse** wird es besonders schwierig sein, einen beizulegenden Wert zu bestimmen, da im Zweifel weder Wiederbeschaffungs- noch Veräußerungspreise mit hinreichender Sicherheit ermittelt werden können. In diesem Fall können die **Wiederherstellungskosten** einen Hilfsmaßstab für die Bestimmung des beizulegenden Wertes darstellen.[116] Bei der Bewertung von Erzeugnissen besteht handelsrechtlich kein Raum für einen Abschlag in Höhe eines durchschnittlichen Gewinns, da allein ein drohender Verlust durch eine Abschreibung zu berücksichtigen ist, nicht jedoch das Risiko eines entgangenen Gewinns.[117] Dabei ist jedoch zu berücksichtigen, dass ein solcher Abschlag – soweit er steuerlich anerkannt wird – auf dem Weg über § 254 auch in die Handelsbilanz übernommen werden kann.[118] Diese Übernahme eines nur steuerlich zulässigen Wertansatzes zieht dann allerdings (bei Kapitalgesellschaften und OHG/KG iSv. § 264 a) zusätzliche Angabepflichten nach sich (vgl. Erl. zu § 281).

2. Bewertung ausgewählter Vermögensgegenstände des Umlaufvermögens auf Grund des strengen Niederstwertprinzips. a) Vorräte. Für **Roh-, Hilfs- und Betriebsstoffe** sind grundsätzlich die **Preisverhältnisse am Beschaffungsmarkt** einschließlich der Anschaffungsnebenkosten heranzuziehen; nur für Überbestände hat eine Orientierung an den Absatzmarktverhältnissen unter Berücksichtigung der noch anfallenden Veräußerungskosten zu erfolgen.[119] Sind die Roh-, Hilfs- und Betriebsstoffe durch Überalterung, Beschädigung oder andere Mängel in ihrer Verwendbarkeit eingeschränkt, kann dies in Form von pauschalen Abschlägen, sogenannten Gängigkeitsabschreibungen, berücksichtigt werden.

Unfertige und fertige Erzeugnisse sind **absatzmarktbezogen zu bewerten.**[120] Der Bilanzwert darf bei fertigen Erzeugnissen unter Berücksichtigung noch für den Verkauf anfallender Aufwendungen nicht den am Absatzmarkt erzielbaren Preis übersteigen. Bei unfertigen Erzeugnissen sind vom Absatzmarktpreis darüber hinaus noch diejenigen Aufwendungen abzusetzen, die zur Fertigstellung erforderlich sind.[121] Im Allgemeinen sind Wiederbeschaffungspreise bei unfertigen Erzeugnissen, die fremdbezogen werden können, unbeachtlich. Etwas anderes kann nur gelten, wenn unfertige Erzeugnisse tatsächlich teils selbst erstellt, teils fremdbezogen werden.[122] Bei Überbeständen an unfertigen und fertigen Erzeugnissen ergeben sich keine Besonderheiten. Dem Grundsatz der Verlustantizipation ist Genüge getan, solange der Bilanzansatz die am Absatzmarkt erzielbaren Preise nicht übersteigt. Die Berücksichtigung niedrigerer Wiederbeschaffungs- oder Wiederherstellungskosten bedeutet demgegenüber eine nicht gerechtfertigte Antizipation entgangener Gewinne.[123]

Bei **Waren** ist ebenso wie bei Fertigerzeugnissen allein ein Vergleich mit den Preisen am **Absatzmarkt** angebracht, wobei wiederum noch anfallende Veräußerungskosten abzusetzen sind. Für einen zusätzlichen Vergleich mit den Wiederbeschaffungskosten im Sinne einer „doppelten Maßgeblichkeit" ist kein Raum, da die gesetzlich geforderte Verlustantizipation durch eine verlustfreie Bewertung sichergestellt ist.[124]

b) Forderungen. Auch für Forderungen gilt, dass der Ansatz zu den Anschaffungskosten oder dem niedrigeren Stichtagswert zu erfolgen hat. Als **Anschaffungskosten von Forderungen** wird bei Forderungen aus Lieferungen und Leistungen der **Nennbetrag** anzusehen sein.[125] Ein nied-

---

[115] *WPH* E RdNr. 342.
[116] *Karrenbauer/Döring/Buchholz* HdR RdNr. 176.
[117] *Karrenbauer/Döring/Buchholz* HdR RdNr. 183.
[118] *WPH* E RdNr. 342; *Karrenbauer/Döring/Buchholz* HdR RdNr. 183, vgl. aber RdNr. 21 zu § 254.
[119] *Karrenbauer/Döring/Buchholz* HdR RdNr. 184.
[120] *Karrenbauer/Döring/Buchholz* HdR RdNr. 185.
[121] *Mellwig* BHdR B 164 RdNr. 119.
[122] *Karrenbauer/Döring/Buchholz* HdR RdNr. 185.
[123] *Karrenbauer/Döring/Buchholz* HdR RdNr. 185.
[124] *Karrenbauer/Döring/Buchholz* HdR RdNr. 187.
[125] *Karrenbauer/Döring/Buchholz* HdR RdNr. 189.

rigerer beizulegender Wert kann insbesondere aus Bonitätsproblemen des Schuldners resultieren. Dem ist durch eine Abschreibung auf den voraussichtlich noch eingehenden Betrag unter Berücksichtigung der bis dahin noch anfallenden Kosten Rechnung zu tragen. Dies kann sowohl in Form von **Einzelwertberichtigungen** als auch durch Pauschalwertberichtigungen erfolgen. Einzelwertberichtigungen gelangen immer dann zur Anwendung, wenn konkrete Risiken hinsichtlich eines Schuldners bekannt sind, die den Forderungseingang ganz oder teilweise zweifelhaft erscheinen lassen.[126] Da andererseits auch bei den verbleibenden Schuldnern im Einzelnen (noch) nicht bekannte Risiken bestehen können, ist es allgemein üblich, auf den nach Abzug der einzelwertberichtigten Forderungen verbleibenden Bestand einen **pauschalen Abschlag** vorzunehmen.[127] Eine Kombination von Einzelwertberichtigung und pauschalen Verfahren liegt immer dann vor, wenn Wertberichtigungen auf Basis der Altersstruktur vorgenommen werden. Dabei werden die Forderungen nach der Fälligkeit klassifiziert und in Abhängigkeit der Überfälligkeit „pauschal einzelwertberichtigt". Von Wertberichtigungen ausgenommen bleiben Forderungen, soweit das Ausfallrisiko durch besondere Umstände ganz oder teilweise eliminiert ist. Davon wird etwa bei bestehenden Aufrechnungsmöglichkeiten, Bürgschaften, Sicherungen und Delkredereversicherungen auszugehen sein.[128]

105 Ein weiterer Abschreibungsgrund bei Forderungen kann in der **Un- bzw. Unterverzinslichkeit** bestehen. Der relevante beizulegende Wert ergibt sich dann nach Abzug des Barwertes des Zinsverlusts. Bei einer Restlaufzeit von weniger als einem Jahr wird aus Vereinfachungsgründen auf eine Abzinsung verzichtet werden können.[129]

106 Schließlich kann sich ein Abwertungsbedarf bei **Fremdwährungsforderungen** ergeben, wenn am Abschlussstichtag der Fremdwährungskurs gegenüber dem EUR im Vergleich zum Wechselkurs im Zeitpunkt der Forderungsentstehung gesunken ist. Sofern keine Maßnahmen der Kurssicherung (etwa durch Devisentermingeschäfte oder Währungsoptionen) getroffen wurden, ist in diesem Fall zwingend auf den sich bei Umrechnung mit dem niedrigeren Stichtagskurs ergebenden Wert abzuschreiben.[130] Bei gestiegenem Stichtagskurs führt die Umrechnung mit dem **Stichtagskurs** grundsätzlich zur Vereinnahmung von unrealisierten Gewinnen. Dies wird aus Vereinfachungsgründen im Fall von **kurzfristigen Forderungen** mit einer Laufzeit bis zu einem Jahr für vertretbar gehalten.[131]

107 c) **Wertpapiere des Umlaufvermögens.** Soweit Wertpapiere dem Umlaufvermögen zugeordnet sind, besteht die Vermutung, dass eine alsbaldige Veräußerung beabsichtigt ist. Aus diesem Grund ist bei der Bewertung am Abschlussstichtag der **erzielbare Absatzpreis** heranzuziehen. Im Fall von börsennotierten Wertpapieren ist der Börsenpreis – andernfalls der Marktpreis oder der beizulegende Wert – als der relevante Wertmaßstab um die mit einer Veräußerung verbundenen Transaktionskosten zu vermindern. Liegt der sich auf diesem Weg ergebende Wert unter dem bisherigen Buchwert, ist zwingend eine Abschreibung vorzunehmen.[132]

108 d) **Liquide Mittel.** Die Bewertung der liquiden Mittel ist regelmäßig ohne Schwierigkeiten möglich. Bonitätsprobleme auf Seiten der Kreditinstitute, bei denen Guthaben bestehen, werden ohne große praktische Relevanz sein. Ausnahmsweise erforderliche Abschreibungen auf Guthaben bei Kreditinstituten ziehen gleichzeitig eine Umgliederung zu den sonstigen Vermögensgegenständen nach sich.[133] Hinsichtlich der flüssigen Mittel in Fremdwährung hat sich die Bewertung zum Stichtagskurs durchgesetzt. Dies bedeutet bei strenger Betrachtung im Fall von gestiegenen Fremdwährungskursen zwar einen Verstoß gegen das Realisationsprinzip, der jedoch wegen der kurzfristigen Verfügbarkeit der Mittel aus Vereinfachungsgründen für vertretbar gehalten wird.[134]

109 3. **Steuerliche Bewertung zum niedrigeren Teilwert.** Wirtschaftsgüter des Umlaufvermögens können auf den niedrigeren Teilwert abgeschrieben werden, wenn es sich um eine voraussichtlich dauernde Wertminderung handelt (§ 6 Abs. 1 Nr. 2 EStG). Bei Wirtschaftsgütern des Umlaufvermögens entspricht der Teilwert grundsätzlich den Wiederbeschaffungskosten. Der Teilwert von zum Absatz bestimmten Wirtschaftsgütern des Vorratsvermögens hängt jedoch auch von dem voraussichtlichen Veräußerungserlös ab.[135] Bei der Ermittlung des Teilwerts kann von dem voraussichtlichen

---

[126] *Karrenbauer/Döring/Buchholz* HdR RdNr. 189.
[127] *Karrenbauer/Döring/Buchholz* HdR RdNr. 189.
[128] *Karrenbauer/Döring/Buchholz* HdR RdNr. 189.
[129] *ADS* RdNr. 532; aA *Karrenbauer/Döring/Buchholz* HdR RdNr. 189, die eine Abzinsung bereits bei einer Restlaufzeit von mehr als drei Monaten für geboten halten.
[130] *Karrenbauer/Döring/Buchholz* HdR RdNr. 189.
[131] *ADS* RdNr. 94; *Ellrott/Brendt* BeBiKo § 255 RdNr. 258; aA *WPH* E RdNr. 437.
[132] *Karrenbauer/Döring/Buchholz* HdR RdNr. 191.
[133] *Karrenbauer/Döring/Buchholz* HdR RdNr. 192.
[134] *ADS* RdNr. 92 ff.
[135] *Schmidt* EStG § 6 RdNr. 233.

Veräußerungserlös neben dem noch nach dem Bilanzstichtag anfallenden Aufwand auch ein durchschnittlicher Unternehmergewinn in Abzug gebracht werden (R 6.8 Abs. 2 EStR). Wirtschaftsgüter des Vorratsvermögens, die keinen Börsen- oder Marktpreis haben, können auch bei Vorliegen eines niedrigeren Teilwerts mit den Anschaffungs- oder Herstellungskosten oder mit einem zwischen diesen Kosten und dem niedrigeren Teilwert liegenden Wert angesetzt werden, wenn und soweit bei vorsichtiger Beurteilung aller Umstände damit gerechnet werden kann, dass bei einer späteren Veräußerung der angesetzte Wert zuzüglich der Veräußerungskosten zu erlösen ist.[136] Die Wirtschaftsgüter des Vorratsvermögens sind grundsätzlich einzeln zu bewerten (zu Durchschnittsbewertung, Gruppenbewertung und unterstellten Verbrauchs- und Veräußerungsfolgen s. § 256).

Bei der Frage, wann eine voraussichtlich dauernde Wertminderung vorliegt, ist zu berücksichtigen, dass Wirtschaftsgüter des Umlaufvermögens nicht dazu bestimmt sind, dem Betrieb auf Dauer zu dienen. Stattdessen werden sie regelmäßig für den Verkauf oder den Verbrauch gehalten. Unter diesem Gesichtspunkt ist es aus Sicht der Finanzverwaltung ausreichend, wenn die Wertminderung bis zum Zeitpunkt der Bilanzaufstellung oder dem vorangegangenen Verkaufs- oder Verbrauchszeitpunkt andauert. Zusätzliche Erkenntnisse bis zu diesen Zeitpunkten sind zu berücksichtigen, so stellen zB Kursschwankungen von börsennotierten Wertpapieren des Umlaufvermögens zusätzliche Erkenntnisse dar und sind als solche in die Beurteilung einer voraussichtlich dauernden Wertminderung der Wirtschaftsgüter zum Bilanzstichtag einzubeziehen (BStBl. 2000 I S. 374). **110**

4. Bewertung auf Grund erwarteter zukünftiger Wertschwankungen. Für Vermögensgegenstände des Umlaufvermögens wird in Abs. 3 S. 3 ein Abschreibungswahlrecht für den Fall eingeräumt, dass andernfalls in der nächsten Zukunft der Wertansatz der betreffenden Vermögensgegenstände auf Grund von Wertschwankungen geändert werden müsste. Da es sich um eine fakultative Abschreibung handelt, können offensichtlich nur **Wertschwankungen in Form zukünftiger Wertminderungen** betroffen sein.[137] Die Wahlrechtsabschreibung kann erst eingreifen, wenn der Bewertung nach dem strengen Niederstwertprinzip Genüge getan ist.[138] Insoweit ist zu trennen zwischen der Abschreibungspflicht bei einem Zufallskurs am Abschlussstichtag, der über den Kursen unmittelbar vor oder nach dem Stichtag liegt (vgl. Erl. zu Abs. 3 S. 1 und 2), und einem Abschreibungswahlrecht auf Grund in nächster Zukunft zu erwartender Wertminderungen. **111**

Vorrangig wird eine Abschreibung nach Abs. 3 S. 3 Anwendung finden, wenn die zur Bewertung heranzuziehenden Börsen- oder Marktpreise Schwankungen unterworfen sind, die eine Abschreibung auf einen niedrigeren Zukunftswert ermöglichen.[139] Dies gilt sowohl für Roh-, Hilfs- und Betriebsstoffe als auch für Waren und Fertigerzeugnisse. Insoweit ist eindeutig bestimmbar, dass der Abschreibungsgrund in der Veränderung wertbildender Faktoren nach dem Abschlussstichtag liegt. Hingegen wird bei Abschreibungen auf Grund von Gängigkeitsproblemen, Überbeständen, Vertriebsrisiken, Strukturverschiebungen und technischen Neuerungen streng zu prüfen sein, ob die Gründe erst nach dem Stichtag eingetreten sind oder nicht bereits die Voraussetzungen von Abs. 3 S. 1 und 2 mit der Folge einer Pflichtabschreibung vorliegen. **112**

Obwohl die Abschreibung auf einen niedrigeren Zukunftswert nicht als Instrument zur Bildung stiller Rücklagen vorgesehen ist,[140] was unter anderem darin zum Ausdruck kommt, dass diese Abschreibung auch Kapitalgesellschaften offen steht, unterscheidet sie sich deutlich von der Pflichtabschreibung nach Abs. 3 S. 1 und 2. Während nach dem Imparitätsprinzip nur die Verluste zu berücksichtigen sind, die aus zum Abschlussstichtag bereits eingeleiteten Einzelgeschäften drohen, ist die **Abschreibung auf einen niedrigeren Zukunftswert** dadurch gekennzeichnet, dass diese **Stichtagsorientierung partiell aufgehoben** wird.[141] Es werden der betreffenden Periode insoweit Aufwendungen zukünftiger Perioden angelastet, als es an einer Entstehung im abgelaufenen Geschäftsjahr fehlt. Aus diesem Grund werden die Abschreibungen nach Abs. 3 S. 3 auch unter dem Begriff des **erweiterten Niederstwertprinzips** gefasst.[142] **113**

Die Frage, innerhalb welchen **Zeitraums** die **Wertschwankungen** eintreten müssen, um für die Bewertung nach Abs. 3 S. 3 Berücksichtigung finden zu können, ist strittig. Ein Zeitraum von bis zu **114**

---
[136] R 6.8 Abs. 1 EStR; kritisch *Ellrott/St. Ring* BeBiKo RdNr. 537.
[137] *ADS* RdNr. 550; *Karrenbauer/Döring/Buchholz* HdR RdNr. 195; *Ellrott/St. Ring* BeBiKo RdNr. 619.
[138] *ADS* RdNr. 542; *Mellwig* BHdR B 164 RdNr. 54.
[139] *ADS* RdNr. 550.
[140] *ADS* RdNr. 542; *Ellrott/St. Ring* BeBiKo RdNr. 616; *Mellwig* BHdR B 164 RdNr. 55.
[141] *ADS* RdNr. 544; *Karrenbauer/Döring/Buchholz* HdR RdNr. 193; *Ellrott/Scherer* BeBiKo RdNr. 616; *Wohlgemuth* BoHR RdNr. 337.
[142] *Ellrott/St. Ring* BeBiKo RdNr. 616; *ADS* RdNr. 545; *Mellwig* BHdR B 164 RdNr. 62 f.

zwei Jahren[143] wird nicht zuletzt wegen der damit verbundenen Prognoseprobleme kritisiert.[144] Eine **restriktive Auslegung** wird insbesondere unter Objektivierungsgesichtspunkten zu fordern sein. Insoweit stellt die Begrenzung auf den **Zeitraum bis zur Bilanzerstellung** grundsätzlich ein geeignetes Kriterium zur Ermessensbeschränkung dar. Etwas anderes kann nur gelten, sofern die betroffenen Vermögensgegenstände bis zum Bilanzerstellungstag nicht veräußert werden können (unfertige Erzeugnisse, Roh-, Hilfs- und Betriebsstoffe, Saisonmodeartikel).[145] Diese strenge Sichtweise ist dadurch begründet, dass der Verzicht auf eine mögliche Veräußerung zu den am Abschlussstichtag geltenden Wertverhältnissen nicht zu erklären ist, wenn in der Folge mit einem Preisverfall gerechnet wird.[146] Zweifelsfrei sind diejenigen Fälle, in denen der Vermögensgegenstand bis zum Bilanzerstellungszeitpunkt bereits mit Verlust veräußert wurde.[147]

115   Die Vermögensgegenstände des Umlaufvermögens, die einer Abschreibung nach Abs. 3 S. 3 zugänglich sind, werden sich regelmäßig durch einen häufigen Umschlag auszeichnen. Problemlos ist eine Zuordnung nur bei Vermögensgegenständen, die nicht wiederbeschafft werden (zB Auslaufmodelle). In diesem Fall bieten einerseits die Abgänge und die dadurch erzielten Veräußerungserlöse einen zuverlässigen Anhaltspunkt für eine erforderliche Abschreibung.[148] Andererseits ist sichergestellt, dass sich die Abwertung tatsächlich auf bereits zum Abschlussstichtag vorhandene Vermögensgegenstände bezieht. Schwieriger gestaltet sich die Beurteilung bei solchen **Vermögensgegenständen, die regelmäßig wiederbeschafft werden.** Es wird bei der Anwendung von Verbrauchsfolgeverfahren nicht ohne weiteres zu identifizieren sein, welche Vermögensgegenstände im für die Bewertung nach Abs. 3 S. 3 relevanten Zeitraum bereits abgegangen sind. Teilweise wird daher auf das Mengengerüst zum Abschlussstichtag abgestellt, so dass sich die Abschreibung auch auf Ersatzbeschaffungen erstreckt.[149] Diese Vorgehensweise führt nicht nur zu einem Konflikt mit dem Gesetzeswortlaut („Wertansatz **dieser** Vermögensgegenstände", Hervorhebung durch den Verf.), sondern vermag auch inhaltlich nicht zu überzeugen: Eine Verlustantizipation für Vermögensgegenstände, die erst im Folgejahr beschafft werden, ist grundsätzlich nicht zu rechtfertigen.[150] Besteht eine bindende Verpflichtung zu verlustbringenden Beschaffungsgeschäften, ist die Bildung einer Rückstellung für drohende Verluste aus schwebenden Geschäften zu prüfen. Andernfalls kann ein Verlust noch durch die Unterlassung der Beschaffungsmaßnahme vermieden werden, so dass eine Abschreibung in diesem Fall die „Antizipation von Scheinverlusten"[151] bedeutet. Somit wird nicht nur eine Mengenidentität, sondern auch eine **Stückidentität** als Voraussetzung für eine Abschreibung nach Abs. 3 S. 3 zu fordern sein.[152]

116   Die Höhe der nach Abs. 3 S. 3 zulässigen Abschreibung bestimmt sich nach der **vernünftigen kaufmännischen Beurteilung.** Zur Auslegung des unbestimmten Rechtsbegriffs der vernünftigen wirtschaftlichen Beurteilung vgl. die Erläuterungen zu Abs. 4, wobei zu berücksichtigen ist, dass auf Grund der unterschiedlichen Zielsetzung von Abs. 3 S. 3 (erweitertes Niederstwertprinzip) und Abs. 4 (gezielte Reservenbildung) der Begriff für Zwecke des Abs. 3 S. 3 im Zweifel restriktiver auszulegen ist.[153] Außer Frage steht, dass bei einem Verkauf innerhalb des Bilanzerstellungszeitraums der erzielte Veräußerungserlös die Untergrenze der Bewertung darstellt.

117   Für die Abschreibung nach Abs. 3 S. 3 gibt es **keine Entsprechung in der Steuerbilanz,** so dass der handelsrechtliche Wertansatz nicht in die (strikt stichtagsorientierte) Steuerbilanz übernommen werden kann.[154]

118   Der mit einer Abschreibung nach Abs. 3 S. 3 einhergehenden „Entobjektivierung der Bilanzwerte"[155] soll im Jahresabschluss von Kapitalgesellschaften und OHG/KG iSv. § 264a zumindest durch die Verpflichtung zum gesonderten Ausweis der Abschreibung oder zur Angabe im Anhang (§ 277 Abs. 3 S. 1) entgegengewirkt werden.

---

[143] So etwa *WPH* E RdNr. 344; *ADS* RdNr. 558; *Karrenbauer/Döring/Buchholz* HdR RdNr. 197; *Ellrott/St. Ring* BeBiKo RdNr. 620.
[144] *Mellwig* BHdR B 164 RdNr. 66 f.
[145] *Mellwig* BHdR B 164 RdNr. 66.
[146] *Mellwig* BHdR B 164 RdNr. 56 f., 66 f.
[147] *Ellrott/St. Ring* BeBiKo RdNr. 616.
[148] *WPH* E RdNr. 345; *ADS* RdNr. 566; *Karrenbauer/Döring/Buchholz* HdR RdNr. 199.
[149] So etwa *ADS* RdNr. 567 ff.; *Ellrott/St. Ring* BeBiKo RdNr. 624; *Wohlgemuth* BoHR RdNr. 343.
[150] *Mellwig* BHdR B 164 RdNr. 64.
[151] *Mellwig* BHdR B 164 RdNr. 64.
[152] *Mellwig* BHdR B 164 RdNr. 64; ähnlich *Karrenbauer/Döring/Buchholz* HdR RdNr. 200; aA *WPH* E RdNr. 345; *ADS* RdNr. 567–569; *Ellrott/St. Ring* BeBiKo RdNr. 623 f.
[153] Ähnlich *Karrenbauer/Döring/Buchholz* HdR RdNr. 209.
[154] *ADS* RdNr. 543; *Ellrott/St. Ring* BeBiKo RdNr. 626.
[155] *Mellwig* BHdR B 164 RdNr. 67.

V. Abschreibungen im Rahmen vernünftiger kaufmännischer Beurteilung (Abs. 4)

1. Erweiterte Abschreibungsmöglichkeiten als Instrument der Risikovorsorge. Neben 119
den nach Abs. 2 und 3 verpflichtenden bzw. zulässigen Abschreibungen wird in Abs. 4 ein Wahlrecht zu darüber hinausgehenden Abschreibungen eingeräumt, soweit diese sich im Rahmen der vernünftigen kaufmännischen Beurteilung bewegen. Diese **zusätzlichen Abschreibungen bleiben Kapitalgesellschaften** und OHG/KG iSv. § 264 a **verwehrt** und können somit nur von Einzelunternehmen und Personenhandelsgesellschaften, bei denen mindestens ein persönlich haftender Gesellschafter unmittelbar oder mittelbar eine natürliche Person ist, ohne Größenbeschränkung durch das PublG sowie von Genossenschaften in Anspruch genommen werden.[156] Ferner bleiben auf Abs. 4 beruhende Wertansätze **für Zwecke der steuerlichen Gewinnermittlung ohne Bedeutung**, soweit sich nicht durch die Vornahme nur steuerrechtlich zulässiger Abschreibungen nach § 254 (ausnahmsweise) identische Wertansätze ergeben.[157] Insoweit ist bei Einzelunternehmen und Personenhandelsgesellschaften, bei denen mindestens ein persönlich haftender Gesellschafter unmittelbar oder mittelbar eine natürliche Person ist, eine Differenzierung zwischen Abschreibungen nach Abs. 4 und Abschreibungen nach § 254 entbehrlich, falls keine gesellschaftsvertraglichen Vereinbarungen bestehen, die die Vornahme von Abschreibungen nach § 253 Abs. 4 beschränken.[158]

Aufgrund des eindeutigen Gesetzeswortlauts ist die durch Abs. 4 eröffnete Möglichkeit der 120
Risikovorsorge auf die Unterbewertung von Vermögensgegenständen begrenzt. Eine **höhere Bewertung von Passivpositionen** oder der **Ansatz zusätzlicher Passivpositionen** zum Zweck der Reservenbildung ist somit **ausgeschlossen**.[159] Insbesondere wird durch Abs. 1 S. 2, in dem iVm. der Rückstellungsbewertung ebenfalls auf die vernünftige kaufmännische Beurteilung Bezug genommen wird, **keine Überdotierung von Rückstellungen** zugelassen. Der dort vorgesehene Bewertungsspielraum resultiert aus der den Rückstellungen anhaftenden Ungewissheit, ist aber nicht zur Überschreitung der Bewertungsbandbreite zum Zweck der allgemeinen Risikovorsorge vorgesehen.

Abs. 4 weist hinsichtlich des Wortlauts und der Funktion eine Gemeinsamkeit mit der Vorschrift 121
des § 340 f auf, wonach Kreditinstitute ein Wahlrecht zur stillen Reservenbildung zur Sicherung gegen die besonderen Risiken des Geschäftszweigs der Kreditinstitute haben (zu Einzelheiten vgl. Erl. zu § 340 f.).

2. Abschreibungsgründe. Abschreibungen nach Abs. 4 sind dadurch gekennzeichnet, dass 122
ihnen **keine Wertminderung einzelner, konkreter Vermögensgegenstände** zugrunde liegt, da derartige Bewertungsmaßnahmen bereits durch Abs. 2 und 3 abgedeckt sind.[160] Sofern die Abschreibung zur Risikovorsorge vorgenommen wird, muss es sich um solche **Risiken** handeln, **die nicht in einzelnen Vermögensgegenständen angelegt sind** und deshalb durch „reguläre" Abschreibungen nicht berücksichtigungsfähig sind.[161] Auf dieser Grundlage ist eine ggf. erforderliche Unterscheidung zu den Abschreibungen nach Abs. 2 oder 3 vorzunehmen. Soweit Wertschwankungen einzelner Vermögensgegenstände zugeordnet werden können und ein hinreichender Abschreibungsgrund vorliegt, kommt zunächst eine Abschreibung nach Abs. 2 oder 3 zum Tragen.[162]

Anders als bei der Bildung offener Rücklagen muss für die Bildung stiller Rücklagen durch die 123
Anwendung von Abs. 4 ein **sachlicher Grund** vorhanden sein,[163] ohne dass dies angesichts der Vielzahl in Frage kommender Abschreibungsgründe eine echte Restriktion darstellt. Im Einzelnen wird eine Risikovorsorge für das allgemeine Unternehmensrisiko in Zusammenhang mit den folgenden Sachverhalten als angemessen angesehen:[164]

– Vorbereitung von Maßnahmen zur Sicherung des Unternehmens (zB bevorstehende Erbschaftsteuerzahlungen oder Abfindungen),
– Substanzerhaltung,

---

[156] *WPH* E RdNr. 346; *ADS* RdNr. 570; *Karrenbauer/Döring/Buchholz* HdR RdNr. 204; *Hoyos/Schramm/M. Ring* BeBiKo RdNr. 641; *Mellwig* BHdR B 164 RdNr. 141.
[157] *Hoyos/Schramm/M. Ring* BeBiKo RdNr. 651.
[158] *Hoyos/Schramm/M. Ring* BeBiKo RdNr. 648.
[159] *WPH* E RdNr. 347; *ADS* RdNr. 572; *Mellwig* BHdR B 164 RdNr. 143.
[160] *Mellwig* BHdR B 164 RdNr. 144; ähnlich *Hoyos/Schramm/M. Ring* BeBiKo RdNr. 646; *WPH* E RdNr. 347 f.; aA *ADS* RdNr. 576 f., 581, die eine Anwendungsfall bei Sachanlagen in wenig rentablen Bereichen sehen; *Karrenbauer/Döring/Buchholz* HdR RdNr. 212 f., der die Bemessung der planmäßigen und außerplanmäßigen Abschreibungen nach Abs. 2 und 3 mit dem kaufmännischen Ermessen zum Zweck der Reservenbildung verbinden will.
[161] *Mellwig* BHdR B 164 RdNr. 144; *Hoyos/Schramm/M. Ring* BeBiKo RdNr. 646 f.
[162] *Hoyos/Schramm/M. Ring* BeBiKo RdNr. 646; *Mellwig* BHdR B 164 RdNr. 144.
[163] *Hoyos/Schramm/M. Ring* BeBiKo RdNr. 644.
[164] *WPH* E RdNr. 349; *ADS* RdNr. 577; *Hoyos/Schramm/M. Ring* BeBiKo RdNr. 646 f.; *Mellwig* BHdR B 164 RdNr. 145.

- zweckorientierte Ansammlung von Mitteln zur Fortentwicklung des Unternehmens (zB für größere Investitionen),
- Förderung der Geschäftstätigkeit im Allgemeinen durch höhere Flexibilität und Risikobereitschaft,
- Berücksichtigung von Länderrisiken,
- Verstetigung des Gewinnausweises durch Ausgleich von Konjunkturschwankungen durch unauffällige Bildung und Auflösung stiller Reserven.[165]

124 **3. Maßstab der „vernünftigen kaufmännischen Beurteilung".** Eine Abschreibung nach Abs. 4 ist dadurch gekennzeichnet, dass es an konkreten, nachprüfbaren Anhaltspunkten für den erforderlichen Umfang der Abschreibung fehlt.[166] Soweit etwa die Berücksichtigung von Unternehmensrisiken Grund für die Abschreibung ist, sind diese gerade nicht abschließend zu beziffern, da sie sich noch nicht in Einzelsachverhalten niedergeschlagen haben. Aus diesem Grund konnte der Gesetzgeber keine Wertgrenzen wie etwa in Abs. 2 oder 3 vorgeben. Die Höhe der Abschreibung nach vernünftiger kaufmännischer Beurteilung unterliegt somit dem Ermessen des Bilanzierenden. Das **zulässige Abschreibungsvolumen** ist durch Auslegung des unbestimmten Rechtsbegriffs der vernünftigen kaufmännischen Beurteilung zu ermitteln. Zentraler Ansatzpunkt für die Auslegung ist die Forderung nach **Willkürfreiheit**.[167] Demnach muss der Bilanzierende einen Zweck für die Reservenbildung nennen können und ferner darlegen können, dass die Bildung stiller Reserven ein geeignetes Mittel zur Verfolgung dieses Zwecks ist. Tatsächlich sollte dieser Nachweis im Regelfall zumindest dem Grunde nach ohne Probleme zu führen sein, da die allgemein für zulässig gehaltenen Zwecke eine Reservenbildung nur ausnahmsweise unangemessen erscheinen lassen.

125 Eine Grenze finden die Abschreibungen im Rahmen der vernünftigen kaufmännischen Beurteilung durch das Willkürverbot und die **gesellschaftsrechtliche Treuepflicht**.[168] Eine exzessive stille Rücklagenbildung, die Ausdruck einer Dominanz der Unternehmensinteressen gegenüber den Gesellschafterinteressen wäre, könnte gegen diese Treuepflicht verstoßen. Dies gilt umso mehr, als diese Maßnahmen das steuerliche Ergebnis idR nicht beeinflussen, so dass die Gesellschafter ein Einkommen zu versteuern haben, das ihnen im Zweifel handelsrechtlich nicht oder nicht in entsprechender Höhe zur Verfügung steht.[169]

126 **4. Vornahme der Abschreibung.** Abs. 4 enthält keine Regelung, wie das angestrebte Abschreibungsvolumen auf einzelne Vermögensgegenstände zu verteilen ist. Der zu verteilende Betrag kann sowohl von **einzelnen Vermögensgegenständen** als auch durch einen **pauschalen Abschlag** auf die Gesamtheit der abschreibungsfähigen Vermögensgegenstände abgesetzt werden.[170] Sinnvoll, aber nicht verpflichtend ist eine Verteilung der Abschreibung auf solche Gegenstände, bei denen die Bindungsfrist der stillen Reserven mit dem Zweck der Rücklagenbildung korrespondiert.[171]

127 Eine Abschreibung von Kassenbestand, Bundesbankguthaben und Guthaben bei Kreditinstituten stellt einen Verstoß gegen den Grundsatz der Klarheit dar.[172] Ebenso scheidet die Verminderung eines aktiven Rechnungsabgrenzungspostens aus, da dieser nicht zu den Vermögensgegenständen zählt und § 253 nur die Bewertung der Vermögensgegenstände und Schulden, nicht aber der Rechnungsabgrenzungsposten regelt.[173] Ferner ist es unzulässig, die beabsichtigte Unterbewertung durch den völligen Verzicht auf die Aktivierung einzelner Vermögensgegenstände herbeizuführen.[174] Im Rahmen der allgemeinen Aufzeichnungspflichten muss sichergestellt sein, dass in Folgejahren feststellbar ist, auf welche Vermögensgegenstände in welchem Umfang Abschreibungen vorgenommen wurden, um bei einem späteren Wegfall der Gründe für die Reservenbildung eine (fakultative) Wertaufholung vornehmen zu können.[175]

128 **5. Beurteilung der Abschreibungen im Rahmen vernünftiger kaufmännischer Beurteilung.** Abs. 4 stellt in mehrfacher Hinsicht einen Fremdkörper im Bilanzrecht dar. Erstens wird der

---

[165] Zu den damit verbundenen Risiken *WPH* E RdNr. 350; *Karrenbauer/Döring/Buchholz* HdR RdNr. 207.
[166] *WPH* E RdNr. 349.
[167] *ADS* RdNr. 578; *Karrenbauer/Döring/Buchholz* HdR RdNr. 209 f.; *Wohlgemuth* BoHR RdNr. 420; krit. zur Eignung der „vernünftigen kaufmännischen Beurteilung" zur Willkürbeschränkung *Mellwig* BHdR B 164 RdNr. 142.
[168] *WPH* E RdNr. 348; *ADS* RdNr. 574, 580; *Hoyos/Schramm/M. Ring* BeBiKo RdNr. 644; *Mellwig* BHdR B 164 RdNr. 147; *Wohlgemuth* BoHR RdNr. 414.
[169] *Mellwig* BHdR B 164 RdNr. 147.
[170] *ADS* RdNr. 581 f.; *Hoyos/Schramm/M. Ring* BeBiKo RdNr. 649.
[171] *ADS* RdNr. 582; *Hoyos/Schramm/M. Ring* BeBiKo RdNr. 649.
[172] *ADS* RdNr. 583; *Hoyos/Schramm/M. Ring* BeBiKo RdNr. 649.
[173] *ADS* RdNr. 583.
[174] *ADS* RdNr. 573; *Mellwig* BHdR B 164 RdNr. 143.
[175] *ADS* RdNr. 589.

Grundsatz der Einzelbewertung durchbrochen.[176] Durch die – hinsichtlich der Auswahl der unterbewerteten Vermögensgegenstände – willkürliche Abwertung einzelner Vermögensgegenstände, die definitiv keiner nicht bereits durch Abschreibungen nach Abs. 2 oder 3 berücksichtigten Wertminderung unterlegen haben, wirken sich reservenbildende Vorgänge auf Unternehmensebene bei der Bewertung einzelner Vermögensgegenstände aus.

Zweitens wird die **Trennung zwischen Gewinnermittlung und Gewinnverwendung verwischt**.[177] Die klassischen Fälle, in denen Ermessensabschreibungen nach Abs. 4 zur Anwendung gelangen, betreffen Sachverhalte, die durch eine Gewinnverwendung in Form einer Rücklagenbildung zu berücksichtigen wären. Hingegen wird durch die Abschreibung im Rahmen vernünftiger kaufmännischer Beurteilung bereits der disponible Gewinn reduziert, so dass damit eine Einschränkung der Gesellschafterrechte der nicht an der Geschäftsführung beteiligten Gesellschafter einhergeht, wenn solche Abschreibungen nicht Gegenstand von gesellschaftsvertraglichen Regelungen oder Gesellschafterbeschlüssen sind.[178]

Drittens ist die Anwendung von Abs. 4 mit der **Aufgabe der Methodenstetigkeit** verbunden.[179] Dies bringt eine Verschiebung der Jahresabschlusszwecke mit sich. Der **Informationsgehalt des Jahresabschlusses reduziert** sich für einen Außenstehenden drastisch, da der Wertansatz sämtlicher Vermögensgegenstände unter dem Vorbehalt einer betragsmäßig nicht erkennbaren Ermessensabschreibung steht.[180] Dies gilt nicht nur in den Jahren der Reservenbildung, sondern insbesondere auch in den Jahren der Reservenauflösung, da insoweit auch Gläubigerschutzaspekte berührt sind.[181] Aus diesem Grund sind Abschreibungen nach Abs. 4 nicht mit dem Gläubigerschutz zu begründen, zumal die Entnahmeregelungen bei den betroffenen Einzelunternehmen und Personengesellschaften ohnehin unabhängig vom ausgewiesenen Ergebnis ausgestaltet sein können.[182]

Bei der Kritik an der Regelung des Abs. 4 ist jedoch nicht zu übersehen, dass die **praktische Bedeutung** der Vorschrift nicht überschätzt werden darf. Von der Nichtanwendbarkeit durch Kapitalgesellschaften abgesehen, dürften auch bei den verbleibenden Unternehmen häufig Restriktionen bestehen, die eine Anwendung der Vorschrift ausschließen bzw. wirkungslos werden lassen. Potenzielle Eigen- oder Fremdkapitalgeber werden – soweit sie ihre Entscheidung auf den Jahresabschluss stützen – auf die Vorlage der Steuerbilanz oder die Offenlegung des Umfangs der nach Abs. 4 vorgenommenen Abschreibungen drängen. Durch die in der Vergangenheit weit verbreitete Aufstellung einer Einheitsbilanz, die auch ertragsteuerlichen Zwecken genügt, reduzierte sich der Anwendungsbereich von Abschreibungen nach Abs. 4 weiter.[183] Bei Personenhandelsgesellschaften besteht darüber hinaus die Möglichkeit, durch gesellschaftsvertragliche Regelungen die Zulässigkeit und den Umfang von Unterbewertungen festzulegen.[184]

VI. Beibehaltung niedrigerer Wertansätze (Abs. 5)

1. Handelsbilanzielles Beibehaltungswahlrecht. Abs. 5 regelt die Behandlung niedrigerer Wertansätze in Folgejahren, soweit der Grund für die Abschreibung nicht mehr besteht (**Beibehaltungswahlrecht**). Betroffen sind davon Wertansätze, die auf Abschreibungen nach Abs. 2 S. 3, Abs. 3 und Abs. 4 zurückzuführen sind, sowie durch die Verweisung in § 254 S. 2 auch die aus nur steuerrechtlich zulässigen Abschreibungen resultierenden Werte.[185] Hingegen greift Abs. 5 nicht bei Wertansätzen ein, die sich allein durch planmäßige Abschreibungen ergeben haben,[186] soweit in den Abschreibungsbeträgen keine Mehrabschreibungen iSv. Abs. 4 enthalten waren.[187] Eine Wertkorrektur mit Wirkung für die Vergangenheit scheidet in diesem Fall aus; eine Anpassung kann allenfalls durch die Änderung des Abschreibungsplans im Wege einer Verlängerung der Restnutzungsdauer erreicht werden (vgl. Erl. zu Abs. 2). Die **Anwendung** der Vorschrift ist **auf Einzelkaufleute, Personenhandelsgesellschaften,** bei denen mindestens ein persönlich haftender Gesellschafter unmittelbar oder mittelbar eine natürliche Person ist, und Genossenschaften be-

---

[176] Hoyos/Schramm/M. Ring BeBiKo RdNr. 643.
[177] Mellwig BHdR B 164 RdNr. 148.
[178] Hoyos/Schramm/M. Ring BeBiKo RdNr. 644.
[179] ADS RdNr. 581; Hoyos/Schramm/M. Ring BeBiKo RdNr. 643.
[180] Mellwig BHdR B 164 RdNr. 149.
[181] WPH E RdNr. 347; Mellwig BHdR B 164 RdNr. 149.
[182] WPH E RdNr. 347.
[183] Mellwig BHdR B 164 RdNr. 150; Wohlgemuth BoHR RdNr. 416.
[184] ADS RdNr. 574; Wohlgemuth BoHR RdNr. 414.
[185] WPH E RdNr. 354; ADS RdNr. 591. Hoyos/Schramm/M. Ring BeBiKo RdNr. 652; Wohlgemuth BoHR RdNr. 442.
[186] ADS RdNr. 605.
[187] Karrenbauer/Döring/Buchholz HdR RdNr. 223.

schränkt.[188] Für Kapitalgesellschaften und OHG/KG iSv. § 264a sowie OHG und KG, bei denen keine natürliche Person unmittelbar oder mittelbar persönlich haftender Gesellschafter ist, wird die Regelung des Abs. 5 durch die eigenständige Regelung in § 280 verdrängt, die in Abs. 1 ein Wertaufholungsgebot vorsieht. Aufgrund der Einführung des steuerlichen Wertaufholungsgebots ist die Regelung des § 280 Abs. 2, wonach von einer handelsbilanziellen Wertaufholung abgesehen werden kann, wenn Voraussetzung für die steuerliche Wertbeibehaltung ist, dass in der Handelsbilanz ebenso verfahren wird, für nach dem 31. Dezember 1998 endende Wirtschaftsjahre nicht mehr geeignet, die Wirkungen von § 280 Abs. 1 zu verdrängen (vgl. Erl. zu § 280).

133   **Voraussetzung** für die wahlweise Beibehaltung oder Wertaufholung ist der **Wegfall von zuvor vorhandenen Abschreibungsgründen.** Wurde die vorangegangene Abschreibung unberechtigt in Anspruch genommen, ist eine Wertaufholung bis zum zutreffenden Wert zwingend.[189] Wenn die Abschreibung auf Grund eines Wahlrechts erfolgt ist und der Abschreibungsgrund weiterbesteht, kommt die Zuschreibung nur im Rahmen der durch den Grundsatz der Methodenstetigkeit iSv. § 252 Abs. 1 Nr. 6 iVm. Abs. 2 gezogenen Grenzen in Betracht.[190]

134   Sofern eine Wertaufholung vorgenommen wird, findet sie beim Umlaufvermögen und beim nicht abnutzbaren Anlagevermögen ihre **Obergrenze** in den Anschaffungs- oder Herstellungskosten, bei den Vermögensgegenständen des abnutzbaren Anlagevermögens in den um planmäßige Abschreibungen verminderten Anschaffungs- oder Herstellungskosten.[191] Zu diesem Zweck ist der Buchwert zu bestimmen, wie er sich ohne vorherige außerplanmäßige Abschreibung ergeben hätte. Dieser Buchwert stellt dann den Vergleichswert im Zuschreibungszeitpunkt dar, durch den das Wertaufholungsvolumen begrenzt ist.

135   Als **Zeitpunkt der Wertaufholung** kommt nur der Abschlussstichtag des Geschäftsjahres in Betracht, in dem die Gründe für die Abschreibung weggefallen sind; andernfalls kann eine spätere Zuschreibung nur unter Berufung auf eine begründete Ausnahme iSv. § 252 Abs. 2 erfolgen.[192]

136   Weiterhin ist bei einem (vollständigen) Wegfall der Abschreibungsgründe eine nur **teilweise Wertaufholung** bis zu einem Zwischenwert aus Abs. 5 heraus nicht zu begründen. Dabei ist jedoch zu berücksichtigen, dass ein vom Maximalbetrag abweichender Wertansatz ohne große Probleme durch die Kombination mit einer Abschreibung nach Abs. 4 erreicht werden kann, sofern dem keine gesellschaftsvertraglichen Vereinbarungen hinsichtlich der Anwendbarkeit dieser Vorschriften entgegenstehen. Somit kann der Ansatz eines Zwischenwertes regelmäßig nicht ausgeschlossen werden.[193]

137   Gleiches gilt auch für den Fall, dass eine einmal vorgenommene Wertaufholung wieder rückgängig gemacht werden soll. Ausgehend von Abs. 5 ist kein Wahlrecht zur Rückgängigmachung einer einmal vorgenommenen Wertaufholung zu begründen,[194] sofern keine neuen Abschreibungsgründe eingetreten sind. Wiederum wird der gewünschte Effekt durch eine Abschreibung nach Abs. 4 – ggf. sogar unter Hinweis auf die fehlende Möglichkeit zur Rückgängigmachung der Wertaufholung nach Abs. 5 – zu erreichen sein.

138   Die Wertaufholung ist in jedem Fall als Zuschreibung gesondert auszuweisen; eine Saldierung mit Abschreibungen der gleichen Periode scheidet ebenso aus wie die Aussetzung der planmäßigen Abschreibung.[195]

139   **2. Steuerliches Wertaufholungsgebot.** Für nach dem 31. Dezember 1998 endende Wirtschaftsjahre ist anstelle des bisherigen steuerlichen Wertbeibehaltungswahlrechts ein steuerliches Wertaufholungsgebot getreten (§ 6 Abs. 1 Nr. 1 S. 4 und Nr. 2 S. 3 EStG). Der Wertansatz eines Wirtschaftsguts für jeden Bilanzstichtag ergibt sich nunmehr aus dem Vergleich der um die zulässigen Abzüge geminderten Anschaffungs- oder Herstellungskosten oder des an deren Stelle tretenden Werts als der Bewertungsobergrenze und dem niedrigeren Teilwert als der Bewertungsuntergrenze. Nach Auffassung der Finanzverwaltung ist eine Zuschreibung bis zu den historischen Anschaffungs- oder

---

[188] *WPH* E RdNr. 355; *Karrenbauer/Döring/Buchholz* HdR RdNr. 217; *Hoyos/Schramm/M. Ring* BeBiKo RdNr. 652.
[189] *ADS* RdNr. 596; *Hoyos/Schramm/M. Ring* BeBiKo RdNr. 652.
[190] *ADS* RdNr. 593; *Hoyos/Schramm/M. Ring* BeBiKo RdNr. 652; strenger *Wohlgemuth* BoHR RdNr. 445.
[191] *ADS* RdNr. 603 f.; *Karrenbauer/Döring/Buchholz* HdR RdNr. 222; *Hoyos/Schramm/M. Ring* BeBiKo RdNr. 655; *Wohlgemuth* BoHR RdNr. 454.
[192] *ADS* RdNr. 600; aA *WPH* E RdNr. 356; *Karrenbauer/Döring/Buchholz* HdR RdNr. 219; *Hoyos/Schramm/M. Ring* BeBiKo RdNr. 659; vgl. ferner Erl. zu § 280.
[193] Im Ergebnis glA *ADS* RdNr. 606; *Karrenbauer/Döring/Buchholz* HdR RdNr. 220; *Hoyos/Schramm/M. Ring* BeBiKo RdNr. 657; *Wohlgemuth* BoHR RdNr. 456.
[194] Vgl. RdNr. 94; *WPH* E RdNr. 356; *Karrenbauer/Döring/Buchholz* HdR RdNr. 221; *Hoyos/Schramm/M. Ring* BeBiKo RdNr. 661; *ADS* RdNr. 607: „Das Beibehaltungswahlrecht erlischt durch Wertaufholung".
[195] *ADS* RdNr. 604; *Karrenbauer/Döring/Buchholz* HdR RdNr. 224; *Hoyos/Schramm/M. Ring* BeBiKo RdNr. 656.

Herstellungskosten auch vorzunehmen, wenn der Anschaffungs- oder Herstellungsvorgang weit in der Vergangenheit liegt (BStBl. 2000 I S. 375). Dagegen im Gesetzgebungsverfahren vorgebrachte verfassungsrechtliche Bedenken wurden bislang nicht aufgegriffen. Für Zuschreibungen, die im ersten Jahr der Wirksamkeit des steuerlichen Wertaufholungsgebots vorgenommen werden, kann eine den Gewinn mindernde Rücklage in Höhe von vier Fünftel des Zuschreibungsbetrags gebildet werden, die in den vier Folgejahren zu jeweils mindestens einem Viertel aufzulösen ist (§ 52 Abs. 16 EStG).

Voraussetzung für die steuerliche Anerkennung der Rücklage ist die entsprechende Bildung in der Handelsbilanz. Dies gilt aber nur, soweit in der Handelsbilanz ein entsprechender Zuschreibungsbetrag gebucht ist. 140

VII. Folgen der Nichtbeachtung

Hierzu wird auf die Erl. zu § 252 RdNr. 47, 48 verwiesen. 141

§ 254 Steuerrechtliche Abschreibungen

¹ Abschreibungen können auch vorgenommen werden, um Vermögensgegenstände des Anlage- oder Umlaufvermögens mit dem niedrigeren Wert anzusetzen, der auf einer nur steuerrechtlich zulässigen Abschreibung beruht. ² § 253 Abs. 5 ist entsprechend anzuwenden.

Schrifttum: BFH vom 27. 10. 1983 – IV R 143/80, BStBl. 1984 II S. 35; *Knobbe-Keuk*, Bilanz- und Unternehmenssteuerrecht, 9. Aufl. 1993; *Wohlgemuth*, Niedrigere Wertansätze in der Handelsbilanz, Abt. I/11, in: Handbuch des Jahresabschlusses in Einzeldarstellungen, hrsg. von *v. Wysocki/Schulze-Osterloh*, 1984 ff. (Loseblatt).

Übersicht

	RdNr.		RdNr.
I. Zweck der Vorschrift	1–3	2. Abgrenzung der nur steuerrechtlich zulässigen Abschreibungen von handelsrechtlichen Abschreibungen	7–10
II. Bedeutung der Vorschrift für Einzelkaufleute und Personengesellschaften	4	V. Anwendungsfälle nur steuerrechtlich zulässiger Abschreibungen	11–15
III. Bedeutung der Vorschrift für Kapitalgesellschaften	5	VI. Nicht unter § 254 fallende steuerliche Bewertungsmaßnahmen	16–25
IV. Umfang der nur steuerrechtlich zulässigen Abschreibungen	6–10	VII. Beibehaltung niedrigerer Wertansätze auf Grund von S. 2	26
1. Reichweite des Begriffs der „Abschreibung"	6		

I. Zweck der Vorschrift

Die Vorschrift des § 254 stellt eine **Öffnungsklausel zur Übernahme nur steuerrechtlich zulässiger Abschreibungen** in die Handelsbilanz dar. Somit ist nicht mehr im Einzelfall zu untersuchen, ob sich steuerliche Wertansätze im Rahmen der Bewertungsvorschriften nach § 253 bewegen. Stattdessen können solche steuerlichen Werte in jedem Fall in die Handelsbilanz übernommen werden. Das ist insbesondere auch deshalb von Bedeutung, weil die Ausübung steuerlicher Bewertungswahlrechte von einer Übernahme in die Handelsbilanz abhängig gemacht wird (§ 5 Abs. 1 S. 2 EStG). Sofern nun nicht wiederum das Handelsrecht eine solche Übernahme ermöglichte, bliebe die Inanspruchnahme dieser Wahlrechte – soweit sie den handelsrechtlich zulässigen Rahmen überschreiten – auch für die Steuerbilanz ausgeschlossen.[1] 1

Dieser als **umgekehrte Maßgeblichkeit** bezeichnete Grundsatz ist nicht unumstritten, da mit der Übernahme von steuerlichen Wertansätzen eine Deformation der Handelsbilanz einhergeht.[2] Der damit verbundene Informationsverlust wird durch die für Kapitalgesellschaften in § 281 vorgeschriebenen Anhangangaben zumindest teilweise kompensiert (vgl. Erl. zu § 281). Außerdem beschränken sich niedrigere steuerliche Wertansätze im Wesentlichen auf Vermögensgegenstände des Anlagevermögens, so dass die potenzielle Verzerrung auf diese Positionen eingegrenzt werden kann.[3] 2

---
[1] *Ernsting/Haeger/Küting* HdR RdNr. 1; *Heni* BoHR RdNr. 2; *Mellwig* BHdR B 164 RdNr. 151.
[2] *Heni* BoHR RdNr. 4 mwN; prägnant: *Knobbe-Keuk* S. 31: „ungeheuerlicher Übergriff des Steuerrechts auf die Institution der Handelsbilanz".
[3] *Heni* BoHR RdNr. 21.

3 Immerhin wurde durch diese **Verknüpfung von Handels- und Steuerbilanz** in der Vergangenheit die Möglichkeit eröffnet, in vielen Fällen eine „**Einheitsbilanz**" aufzustellen, die sowohl den handelsrechtlichen als auch den steuerrechtlichen Erfordernissen entsprach.[4] Dies bedeutete insbesondere für kleinere und mittlere Unternehmen eine nicht unerhebliche Vereinfachung. Gleichzeitig folgt aus der Verknüpfung von handels- und steuerrechtlichem Jahresabschluss jedoch ein **Hindernis bei der weiteren internationalen Harmonisierung der Rechnungslegungsvorschriften**, weil ein der Maßgeblichkeit vergleichbares Institut international kaum verbreitet ist. Durch die zunehmende Loslösung der Steuerbilanz von der Handelsbilanz verliert das Argument der „Einheitsbilanz" jedoch an Bedeutung.

II. Bedeutung der Vorschrift für Einzelkaufleute und Personengesellschaften

4 In welchem Umfang Abschreibungen als „nur steuerrechtlich zulässig" anzusehen sind, hängt zunächst davon ab, ob es sich um Einzelkaufleute und Personengesellschaften, die nicht solche iSv. § 264 a sind, oder aber um Kapitalgesellschaften oder OHG/KG iSv. § 264 a handelt. Durch die **Einzelkaufleuten und Personengesellschaften** in § 253 Abs. 4 eingeräumte Abschreibungsmöglichkeit „im Rahmen vernünftiger kaufmännischer Beurteilung" werden die sich auf Grund von steuerlichen Abschreibungen ergebenden Wertansätze in aller Regel auch durch die Vornahme einer Abschreibung nach § 253 Abs. 4 zu erreichen sein.[5] Insoweit sind **praktisch keine Anwendungsfälle** zu erkennen, in denen Einzelkaufleute und Personengesellschaften durch Abschreibungen nach § 254 zu Wertansätzen gelangen, die nicht innerhalb der Bandbreite der nach § 253 Abs. 4 zulässigen Abschreibungen liegen.[6] Etwas anderes könnte etwa dann gelten, wenn die Vornahme von Abschreibungen im Rahmen vernünftiger kaufmännischer Beurteilung durch gesellschaftsvertragliche Regelungen beschränkt wird.[7]

III. Bedeutung der Vorschrift für Kapitalgesellschaften

5 Von erheblich größerer Bedeutung ist die Regelung des § 254 für **Kapitalgesellschaften** und OHG/KG iSv. § 264 a.[8] Da diesen nach § 279 Abs. 1 S. 1 die Anwendung von § 253 Abs. 4 verwehrt ist, können **steuerliche Wertansätze**, die unter den handelsrechtlichen Werten nach § 253 Abs. 2 und 3 liegen, **nur über § 254 in die Handelsbilanz übernommen** werden. Die zusätzlich zu beachtende Vorschrift des § 279 Abs. 2, wonach diese Übernahme nur in den Fällen zulässig ist, in denen das Steuerrecht die Anerkennung der Abschreibungen von der Übernahme in die Handelsbilanz abhängig macht (umgekehrte Maßgeblichkeit), stellt keine zusätzliche Restriktion dar, nachdem durch die Einfügung von § 5 Abs. 1 S. 2 EStG die Inanspruchnahme von Wahlrechten bei der steuerlichen Gewinnermittlung durchgängig an eine entsprechende Wahlrechtsausübung in der Handelsbilanz geknüpft wird.[9]

IV. Umfang der nur steuerrechtlich zulässigen Abschreibungen

6 **1. Reichweite des Begriffs der „Abschreibung".** Der Begriff der Abschreibung ist umfassend für alle Maßnahmen zu verstehen, die zu einem nur steuerrechtlich zulässigen niedrigeren Wertansatz führen. Diese Definition schließt neben erhöhten Absetzungen und Sonderabschreibungen insbesondere auch Abzüge von den Anschaffungs- oder Herstellungskosten auf Grund steuerlicher Vorschriften ein.[10]

7 **2. Abgrenzung der nur steuerrechtlich zulässigen Abschreibungen von handelsrechtlichen Abschreibungen.** Die Abgrenzung der nur steuerrechtlich zulässigen Abschreibungen von den (auch) handelsrechtlich vorzunehmenden Abschreibungen ist für Kapitalgesellschaften und OHG/KG iSv. § 264 a von Bedeutung, weil diese nach § 281 Abs. 2 besondere Angabepflichten zu beachten haben.[11] Diese Offenlegung der Abschreibungen nach § 254 in Bilanz, Gewinn- und Verlustrechnung und/oder Anhang beschränkt sich auf steuerliche Bewertungsmaßnahmen, die über die handelsrechtlichen Abschreibungen hinausgehen.[12] Ferner besteht nur für einen steuerrechtlichen

---

[4] *Heni* BoHR RdNr. 5.
[5] *ADS* RdNr. 5; *Ellrott/Lorenz* BeBiKo RdNr. 5.
[6] *Heni* BoHR RdNr. 9.
[7] *Ellrott/Lorenz* BeBiKo RdNr. 5.
[8] *ADS* RdNr. 6.
[9] Vgl. Erl. zu § 279; ferner *ADS* RdNr. 6; *Heni* BoHR RdNr. 3, 10; *Mellwig* BHdR B 164 RdNr. 152.
[10] *ADS* RdNr. 10; *Ernsting/Haeger/Küting* HdR RdNr. 14; *Heni* BoHR RdNr. 20; *Mellwig* BHdR B 164 RdNr. 155.
[11] Vgl. Erl. zu § 281; ferner *Ernsting/Haeger/Küting* HdR RdNr. 2; *Mellwig* BHdR B 164 RdNr. 157.
[12] *ADS* RdNr. 9; *Heni* BoHR RdNr. 15.

Mehrbetrag die Möglichkeit der passivischen Absetzung in Form eines Sonderpostens mit Rücklageanteil (vgl. Erl. zu § 281).

Fraglich kann dabei sein, ob die handelsrechtlich maximal zulässigen[13] oder die im Unternehmen üblichen Abschreibungen den Vergleichsmaßstab bilden.[14] In beiden Fällen ist die Bestimmung der zum Vergleich heranzuziehenden handelsrechtlichen Abschreibung auf Grund des dabei bestehenden Ermessensspielraums problembehaftet. Im Ergebnis wird man deshalb als Vergleichswert alle Wertansätze akzeptieren müssen, die innerhalb der handelsrechtlich zulässigen Bandbreite liegen.[15] 8

Auf dieser Grundlage ist jeweils das handelsrechtliche Abschreibungsvolumen einschließlich eventueller außerplanmäßiger Abschreibungen[16] zu ermitteln und dem (höheren) Abschreibungsbetrag auf Grund steuerrechtlicher Vorschriften gegenüberzustellen. In Höhe der Differenz liegen dann steuerliche Mehrabschreibungen vor.[17] Im Fall von Sonderabschreibungen, die dadurch charakterisiert sind, dass sie neben den planmäßigen Abschreibungen vorgenommen werden können, entspricht der Betrag der Mehrabschreibung der vorgenommenen Sonderabschreibung. Gleiches gilt bei Abzügen von den Anschaffungs- oder Herstellungskosten. 9

Hinsichtlich der **Zulässigkeit steuerrechtlicher Abschreibungen** muss es ausreichen, wenn der Bilanzierende **hinreichende Gründe** für die steuerliche Durchsetzbarkeit entsprechender Abschreibungen anführen kann. Demgegenüber wäre es kein praktikabler Weg, auf die objektive, im Zweifel finanzgerichtlich überprüfte Zulässigkeit abzustellen.[18] Werden handelsrechtlich Abschreibungen unter Berufung auf § 254 geltend gemacht, die letztendlich in der Steuerbilanz nicht vorgenommen werden, folgt daraus für Kapitalgesellschaften und OHG/KG iSv. § 264a im Folgejahr eine zwingende Wertaufholung nach § 280 Abs. 1.[19] Ein Beibehaltungswahlrecht gem. § 280 Abs. 2 kommt nicht zum Tragen, da mit der (handelsrechtlichen) Wertaufholung keine negativen steuerlichen Konsequenzen verbunden sind.[20] 10

V. Anwendungsfälle nur steuerrechtlich zulässiger Abschreibungen

Es sind im Wesentlichen **drei Bereiche** erkennbar, in denen nur steuerrechtlich zulässige niedrigere Wertansätze durch die Regelung des § 254 Eingang in die Handelsbilanz finden:[21] 11
– Abzüge von den Anschaffungs- oder Herstellungskosten (§ 6b EStG, R 6.6 EStR),
– Sonderabschreibungen (zB § 7g EStG),
– erhöhte Absetzungen (zB § 7h EStG, § 7i EStG).

Nur steuerrechtlich zulässige niedrigere Wertansätze ergeben sich zunächst in allen Fällen, in denen allein auf Grund steuerlicher Vorschriften Abzüge von den Anschaffungs- oder Herstellungskosten vorgenommen werden können. Dabei handelt es sich um die Möglichkeiten der **Übertragung stiller Reserven** (§ 6b EStG und R 6.6 EStR). In allen Fällen handelt es sich dabei um eine Verminderung der Anschaffungs- oder Herstellungskosten, der keine tatsächliche Wertminderung gegenübersteht. Somit sind die niedrigeren Wertansätze nur durch die jeweilige steuerliche Spezialregelung zu erreichen; es handelt sich insoweit um keine GoB-konforme Bewertungsmaßnahme.[22] 12

Die Vorschrift des § 6b EStG schafft die Möglichkeit, die beim Ausscheiden eines Wirtschaftsgutes aufgedeckten **stillen Reserven** auf ein **Reinvestitionsobjekt** zu übertragen und damit die Besteuerung der Veräußerungsgewinne im Wege einer **Steuerstundung** aufzuschieben. Mit dieser Regelung sollen betriebswirtschaftlich sinnvolle Unternehmensentscheidungen, die ansonsten durch die auf die aufgedeckten stillen Reserven anfallende Steuerlast behindert würden, gefördert werden. Die Begünstigung ist auf bestimmte **Wirtschaftsgüter des Anlagevermögens** beschränkt (§ 6b Abs. 1 EStG, zB Grundstücke, Gebäude), die im Regelfall mindestens sechs Jahre zum Anlagevermögen einer inländischen Betriebsstätte gehört haben müssen (§ 6b Abs. 4 Nr. 2 EStG). Nach § 6b 13

---

[13] So etwa *Ellrott/Lorenz* BeBiKo RdNr. 4, wobei daneben aus Praktikabilitätsgründen auch unternehmensübliche handelsrechtliche Abschreibungen zulässig sein sollen.
[14] *ADS* RdNr. 14; *Ernsting/Haeger/Küting* HdR RdNr. 10 f.; *Mellwig* BHdR B 164 RdNr. 158; vermittelnd *Heni* BoHR RdNr. 16.
[15] Ähnlich *Ernsting/Haeger/Küting* HdR RdNr. 12; zu Einzelheiten vgl. Erl. zu § 281.
[16] *ADS* RdNr. 15.
[17] *Ernsting/Haeger/Küting* HdR RdNr. 7; *Heni* BoHR RdNr. 14.
[18] *ADS* RdNr. 11; *Ernsting/Haeger/Küting* HdR RdNr. 17 ff.; *Heni* BoHR RdNr. 18 f.; *Mellwig* BHdR B 164 RdNr. 156; *Wohlgemuth* HdJ RdNr. 59.
[19] *ADS* RdNr. 12.
[20] *Heni* BoHR RdNr. 35; *Wohlgemuth* HdJ RdNr. 60.
[21] *ADS* RdNr. 17; *Ellrott/Lorenz* BeBiKo RdNr. 10; *Ernsting/Haeger/Küting* HdR RdNr. 23; *Heni* BoHR RdNr. 2.
[22] *Heni* BoHR RdNr. 28; *Mellwig* BHdR B 164 RdNr. 160.

Abs. 10 EStG ist die Begünstigung auch für die Veräußerung von Anteilen an Kapitalgesellschaften durch natürliche Personen oder Personengesellschaften möglich. Der bei der Veräußerung dieser Gegenstände aufgedeckte Gewinn kann abhängig von den betroffenen Wirtschaftsgütern ganz oder teilweise auf im Wirtschaftsjahr oder im vorherigen Wirtschaftsjahr angeschaffte oder hergestellte Wirtschaftsgüter übertragen werden. § 6b Abs. 1 S. 2 und 3 und Abs. 10 regeln die zulässigen **Reinvestitionsobjekte** (zB Grundstücke, Gebäude, Anteile an Kapitalgesellschaften entsprechend Abs. 10, abnutzbare bewegliche Vermögensgegenstände entsprechend Abs. 10). Stattdessen besteht auch die Möglichkeit, eine **gewinnmindernde Rücklage** zu bilden, die über einen Zeitraum von vier Jahren (bei Gebäuden, sofern am Ende des vierten Jahres nach der Bildung der Rücklage mit der Herstellung begonnen wurde, sechs Jahre) beibehalten werden kann (§ 6b Abs. 3 EStG). Nach diesem Zeitpunkt ist die Rücklage gewinnerhöhend aufzulösen; darüber hinaus tritt für jedes volle Wirtschaftsjahr, in dem die Rücklage bestanden hat, eine Gewinnerhöhung um 6% des aufgelösten Rücklagenbetrags ein (§ 6b Abs. 7 EStG).

14 R 6.6 EStR stellt eine von der Finanzrechtsprechung entwickelte, in die EStR aufgenommene Möglichkeit der **Übertragung stiller Reserven von zwangsweise ausgeschiedenen Wirtschaftsgütern auf Ersatzwirtschaftsgüter** dar. Die Zielsetzung ist mit derjenigen des § 6b EStG vergleichbar: Die Vornahme von bestimmten Ersatzinvestitionen soll nicht durch die Besteuerung von – im Fall von R 6.6 EStR zwangsweise, gegen den Willen des Bilanzierenden – aufgedeckten stillen Reserven beeinträchtigt werden.

15 Typische Fälle, in denen eine Ersatzbeschaffung nach R 6.6 EStR begünstigt ist, sind das unfreiwillige Ausscheiden von Vermögensgegenständen durch Brand, Überschwemmung, Diebstahl und unabwendbare Ereignisse, aber auch durch Enteignung. Weitere tatbestandliche Voraussetzungen für die Übertragung der stillen Reserven sind eine Entschädigung, die für das Wirtschaftsgut gewährt wird, die am Bilanzstichtag bestehende Absicht, ein Ersatz-Wirtschaftsgut anzuschaffen oder herzustellen, der bilanzielle Ausweis und ein enger zeitlicher Zusammenhang zwischen dem Ereignis und der Ersatzbeschaffung. Erfolgt die Ersatzbeschaffung im gleichen Geschäftsjahr wie der Abgang, können die Anschaffungs- oder Herstellungskosten unmittelbar um den Betrag der aufgedeckten stillen Reserven vermindert werden. Andernfalls kann der erzielte Mehrgewinn durch die Bildung einer Rücklage neutralisiert werden.

VI. Nicht unter § 254 fallende steuerliche Bewertungsmaßnahmen

16 Soweit steuerliche Bewertungsmaßnahmen sich in Übereinstimmung mit den handelsrechtlichen GoB befinden, liegen keine nur steuerrechtlich zulässigen Abschreibungen vor.[23] Dies gilt zunächst für **sämtliche planmäßigen Abschreibungen bei immateriellen Vermögensgegenständen und dem beweglichen Sachanlagevermögen.** Die Abschreibungsbeträge, die sich unter Berücksichtigung der in den steuerlichen AfA-Tabellen vorgesehenen Nutzungsdauern sowie der Restriktionen bei beweglichen Wirtschaftsgütern hinsichtlich der Höhe der degressiven Abschreibung ergeben, führen generell zu keinen Restbuchwerten, die unterhalb des handelsrechtlich vertretbaren Wertes liegen.[24] Allenfalls erscheint der umgekehrte (für die Anwendung von § 254 unerhebliche) Fall denkbar, dass die handelsrechtlichen Abschreibungsbeträge die steuerlich zulässigen Beträge übersteigen.

17 Bei der **Abschreibung von Gebäuden** ist zu unterscheiden zwischen der linearen Abschreibung und der degressiven Gebäude-AfA mit fallenden Staffelsätzen. Soweit die **lineare Abschreibung** nach § 7 Abs. 4 EStG zur Anwendung gelangt, handelt es sich nicht um ein steuerliches Wahlrecht, sondern um den gesetzlich normierten Regelfall. Insoweit ist diese Abschreibung nicht von einer handelsrechtlichen Abschreibung in gleicher Höhe abhängig; vielmehr handelt es sich um einen Fall des steuerlichen Bewertungsvorbehalts nach § 5 Abs. 6 EStG. Sollte der (wenig realistische) Fall eintreten,[25] dass der lineare steuerliche Abschreibungsbetrag teilweise als Mehrabschreibung gegenüber der handelsrechtlichen Abschreibung zu qualifizieren ist, besteht für Kapitalgesellschaften auf Grund von § 279 Abs. 2 keine Möglichkeit, die höhere Abschreibung in der Handelsbilanz vorzunehmen.[26]

18 Im Grundsatz anders ist die Situation bei der **degressiven Gebäudeabschreibung** nach § 7 Abs. 5 EStG zu beurteilen. Die in der Vergangenheit relativ hohen Eingangssätze von bis zu 10% in den ersten Jahren der Nutzung stellten ein steuerliches Bewertungswahlrecht dar, das im Einzelfall darauf zu untersuchen gewesen wäre, ob die daraus resultierenden Wertansätze als noch im Rahmen

---

[23] ADS RdNr. 13; Ellrott/Lorenz BeBiKo RdNr. 4; Ernsting/Haeger/Küting HdR RdNr. 22.
[24] ADS RdNr. 30 f.; Ernsting/Haeger/Küting HdR RdNr. 75; Mellwig BHdR B 164 RdNr. 163.
[25] Hierzu ausführlich Heni BoHR RdNr. 31.
[26] ADS RdNr. 32; Ernsting/Haeger/Küting HdR RdNr. 81; Mellwig BHdR B 164 RdNr. 164.

der handelsrechtlichen Bewertung vertretbar anzusehen sind. In diesen Fällen könnte der steuerliche Abschreibungsmehrbetrag über § 254 in den handelsrechtlichen Jahresabschluss übernommen werden.[27] Die Frage, ob die steuerlichen Abschreibungssätze nach § 7 Abs. 5 EStG das handelsrechtlich zulässige Maß überschreiten, hat jedoch mit der zunehmenden Reduzierung der steuerlichen Gebäude-AfA weitgehend an Bedeutung verloren.[28]

Die Voraussetzungen für die **steuerrechtliche Absetzung für außergewöhnliche Abnutzung (AfaA)** iSv. § 7 Abs. 1 S. 5 EStG unterscheiden sich grundsätzlich nicht von denjenigen, die für eine handelsrechtlich außerplanmäßige Abschreibung zu erfüllen sind. Zumindest kann die AfaA insoweit keinen Mehrabschreibungsbetrag nach sich ziehen.[29] **19**

Inwieweit die steuerliche **Abschreibung auf den niedrigeren Teilwert** zu einem unter dem handelsrechtlichen Wertansatz liegenden Buchwert führen kann, ist umstritten. Bei einem „funktionalen Teilwertverständnis" ist bei einer sachgerechten Interpretation des Teilwertbegriffs von einer Deckungsgleichheit zwischen niedrigerem beizulegendem Wert und niedrigem Teilwert auszugehen.[30] Geht man hingegen davon aus, dass der Teilwert sich von den handelsrechtlichen Wertkategorien unterscheiden kann, ist der folgende Fall denkbar, in dem die steuerliche Teilwert-AfA grundsätzlich zu einem unter dem handelsrechtlichen Wertansatz liegenden Wert führt. **20**

Im Rahmen der verlustfreien Bewertung für steuerliche Zwecke soll bei der retrograden Bewertung von Warenbeständen neben den bis zur Veräußerung noch anfallenden Aufwendungen auch ein **Gewinnabschlag** abgesetzt werden können.[31] Für einen derartigen Abschlag gibt es keine handelsrechtliche Entsprechung, so dass sich ein nur steuerlich begründeter niedrigerer Wert ergibt.[32] Zwar wird bisher ein solcher Gewinnabschlag von der steuerlichen Rechtsprechung akzeptiert,[33] jedoch erscheint eine derartige steuerliche Bewertung mit der ursprünglichen Teilwertkonzeption, die gerade Unterbewertungen vermeiden sollte, nur schwer vereinbar.[34] **21**

In der Vergangenheit war bei einer nur vorübergehenden Wertminderung von immateriellen Vermögensgegenständen sowie Vermögensgegenständen des Sachanlagevermögens steuerlich die Abschreibung auf einen niedrigeren Teilwert grundsätzlich möglich, da die Dauerhaftigkeit der Wertminderung nach dem Gesetzeswortlaut des EStG kein Kriterium für den Ansatz des niedrigeren Teilwerts war. Ein solcher niedriger Teilwert konnte dann von Kapitalgesellschaften über § 279 Abs. 2 iVm. § 254 in die Handelsbilanz übernommen werden.[35] Durch die Beschränkung der steuerlichen Teilwertabschreibung auf Fälle voraussichtlich dauernder Wertminderung für nach dem 1. Januar 1999 endende Wirtschaftsjahre sind solche Konstellationen nunmehr nicht mehr denkbar.[36] **22**

Daraus folgt, dass zwar im Einzelfall ein unter dem niedrigeren beizulegenden Wert liegender Teilwert und damit die Übernahme unter Berufung auf § 254 in die Handelsbilanz denkbar ist. Allerdings ist von keiner großen praktischen Relevanz auszugehen. **23**

Nicht unter die Regelung des § 254 fallen – unabhängig von ihrer Bilanzierung – Zuwendungen der öffentlichen Hand in Form von Subventionen oder Zuschüssen (zB Förderung nach Investitionszulagengesetz) sowie auch private Zuschüsse.[37] **24**

Die **steuerliche Vereinfachungsregel,** die die **Sofortabschreibung geringwertiger Wirtschaftsgüter** mit Anschaffungskosten von bis zu 410 EUR netto zulässt (§ 6 Abs. 2 EStG), fällt ebenfalls nicht unter die nur steuerrechtlich zulässigen Abschreibungen. Vielmehr handelt es sich hierbei um eine Vereinfachungsregel, die (auch) durch die handelsrechtlichen GoB gedeckt ist.[38] **25**

VII. Beibehaltung niedrigerer Wertansätze auf Grund von S. 2

Hinsichtlich der **Beibehaltung niedrigerer Wertansätze, wenn die Gründe für die Abschreibung nicht mehr bestehen,** wird in § 254 S. 2 auf § 253 Abs. 5 verwiesen. Somit können **26**

---

[27] ADS RdNr. 33; Ernsting/Haeger/Küting HdR RdNr. 85 f.; Mellwig BHdR B 164 RdNr. 165.
[28] Ernsting/Haeger/Küting HdR RdNr. 86; Heni BoHR RdNr. 31, der generell von einer GoB-Konformität der steuerlichen Gebäude-AfA ausgeht.
[29] Ernsting/Haeger/Küting HdR RdNr. 23; Heni BoHR RdNr. 32; Mellwig BHdR B 164 RdNr. 168.
[30] Zweifelnd: Ernsting/Haeger/Küting HdR RdNr. 23; Mellwig BHdR B 164 RdNr. 171f.; ähnlich Wohlgemuth HdJ RdNr. 57.
[31] Heni BoHR RdNr. 12; Ernsting/Haeger/Küting HdR RdNr. 65 ff.
[32] ADS RdNr. 38; Ernsting/Haeger/Küting HdR RdNr. 66.
[33] Vgl. BFH v. 27. 10. 1983 – IV R 143/80, BStBl. 1984 II S. 35 mwN.
[34] AA Ernsting/Haeger/Küting HdR RdNr. 67.
[35] Ernsting/Haeger/Küting HdR RdNr. 60 ff.; Heni BoHR RdNr. 12.
[36] Ellrott/Gutike BeBiKo § 279 RdNr. 8.
[37] Ellrott/Lorenz BeBiKo RdNr. 25.
[38] Vgl. Erl. zu § 253; ferner ADS RdNr. 34; Ernsting/Haeger/Küting HdR RdNr. 54; Heni BoHR RdNr. 33; Mellwig BHdR B 164 RdNr. 167; aA Wohlgemuth HdJ RdNr. 58.

§ 255   3. Buch. 1. Abschnitt. Vorschriften für alle Kaufleute

Einzelkaufleute und Personengesellschaften, die nicht solche iSv. § 264a sind, einen niedrigeren Wertansatz auch dann beibehalten, wenn der Abschreibungsgrund zwischenzeitlich entfallen ist. Hingegen wird für Kapitalgesellschaften und OHG/KG iSv. § 264a die Anwendung von § 254 S. 2 durch § 280 Abs. 1 S. 2 ausgeschlossen. Damit bleibt letztendlich kein eigenständiger Anwendungsbereich von § 254 S. 2: Während die Regelung für Kapitalgesellschaften und OHG/KG iSv. § 264a auf Grund von § 280 Abs. 1 S. 2 nicht anwendbar ist, ergibt sich das Beibehaltungswahlrecht für Personenunternehmen bereits aus § 253 Abs. 5, da nur steuerrechtlich zulässige Abschreibungen von diesen auch in Abschreibungen im Rahmen vernünftiger kaufmännischer Beurteilung umgedeutet werden können.

§ 255 Anschaffungs- und Herstellungskosten

(1) [1] Anschaffungskosten sind die Aufwendungen, die geleistet werden, um einen Vermögensgegenstand zu erwerben und ihn in einen betriebsbereiten Zustand zu versetzen, soweit sie dem Vermögensgegenstand einzeln zugeordnet werden können. [2] Zu den Anschaffungskosten gehören auch die Nebenkosten sowie die nachträglichen Anschaffungskosten. [3] Anschaffungspreisminderungen sind abzusetzen.

(2) [1] Herstellungskosten sind die Aufwendungen, die durch den Verbrauch von Gütern und die Inanspruchnahme von Diensten für die Herstellung eines Vermögensgegenstands, seine Erweiterung oder für eine über seinen ursprünglichen Zustand hinausgehende wesentliche Verbesserung entstehen. [2] Dazu gehören die Materialkosten, die Fertigungskosten und die Sonderkosten der Fertigung. [3] Bei der Berechnung der Herstellungskosten dürfen auch angemessene Teile der notwendigen Materialgemeinkosten, der notwendigen Fertigungsgemeinkosten und des Wertverzehrs des Anlagevermögens, soweit er durch die Fertigung veranlaßt ist, eingerechnet werden. [4] Kosten der allgemeinen Verwaltung sowie Aufwendungen für soziale Einrichtungen des Betriebs, für freiwillige soziale Leistungen und für betriebliche Altersversorgung brauchen nicht eingerechnet zu werden. [5] Aufwendungen im Sinne der Sätze 3 und 4 dürfen nur insoweit berücksichtigt werden, als sie auf den Zeitraum der Herstellung entfallen. [6] Vertriebskosten dürfen nicht in die Herstellungskosten einbezogen werden.

(3) [1] Zinsen für Fremdkapital gehören nicht zu den Herstellungskosten. [2] Zinsen für Fremdkapital, das zur Finanzierung der Herstellung eines Vermögensgegenstands verwendet wird, dürfen angesetzt werden, soweit sie auf den Zeitraum der Herstellung entfallen; in diesem Falle gelten sie als Herstellungskosten des Vermögensgegenstands.

(4) [1] Als Geschäfts- oder Firmenwert darf der Unterschiedsbetrag angesetzt werden, um den die für die Übernahme eines Unternehmens bewirkte Gegenleistung den Wert der einzelnen Vermögensgegenstände des Unternehmens abzüglich der Schulden im Zeitpunkt der Übernahme übersteigt. [2] Der Betrag ist in jedem folgenden Geschäftsjahr zu mindestens einem Viertel durch Abschreibungen zu tilgen. [3] Die Abschreibung des Geschäfts- oder Firmenwerts kann aber auch planmäßig auf die Geschäftsjahre verteilt werden, in denen er voraussichtlich genutzt wird.

Schrifttum: *BFH* vom 20. Mai 1988, BStBl. 1988 II S. 962; *BFH* vom 26. Februar 1975, BStBl. 1976 II S. 15; *IDW,* St/HFA 1/1984 idF 1990: Bilanzierungsfragen bei Zuwendungen, dargestellt am Beispiel finanzieller Zuwendungen der öffentlichen Hand, WPg 1984, 612; *IDW,* St/HFA 1/1985 idF 1990: Zur Behandlung der Umsatzsteuer im Jahresabschluß, WPg 1985, 257; *IDW,* St/HFA 5/1991: Zur Aktivierung von Herstellungskosten, WPg 1992, 94; *IDW,* St/HFA 1/1996: Zweifelsfragen beim Formwechsel, WPg 1996, 507; *IDW,* St/HFA 2/1997: Zweifelsfragen der Rechnungslegung bei Verschmelzungen, WPg 1997, 235, Änderungen WPg 2000, 439; *Küting/Lorson,* Grundsatzfragen der Ermittlung von Herstellungskosten in der Handelsbilanz, DStR 1994, 666; *Mellwig,* Herstellungskosten und Realisationsprinzip, in: Rechnungslegung im Wandel, FS Budde, 1995, S. 397; *Moxter,* Bilanzrechtsprechung, 5. Aufl. 1999; *Selchert,* Probleme der Unter- und Obergrenze von Herstellungskosten, BB 1986, 2298.

Übersicht

	RdNr.		RdNr.
I. Allgemeines	1–3	c) Nachträgliche Anschaffungskosten	17
II. Anschaffungskosten (Abs. 1)	4–37	d) Anschaffungspreisminderungen	18
1. Begriff der Anschaffungskosten	4–9	3. Einzelfragen	19–24a
2. Umfang der Anschaffungskosten	10–18	a) Anschaffungskosten bei Zuschüssen, Zulagen und Subventionen	19, 20
a) Anschaffungspreis	13, 14	b) Anschaffungskosten bei unentgeltlichem Erwerb	21
b) Anschaffungsnebenkosten	15, 16		

	RdNr.		RdNr.
c) Anschaffungskosten nach UmwG	22, 23	2. Umfang der Herstellungskosten	42–55
d) Anschaffungskosten bei Tausch	24	a) Einbeziehungspflichten	43–45
e) Anschaffungskosten bei immateriellen Vermögensgegenständen	24 a	b) Einbeziehungswahlrechte	46–52
		c) Einbeziehungsverbot	53–55
4. Einzelfragen zum steuerlichen Anschaffungskostenbegriff	25–37	3. Einbeziehung von Fremdkapitalzinsen	56–58
a) Nachträgliche Anschaffungskosten	25	4. Herstellungskosten im Steuerrecht	59–62
b) Nachträgliche Minderung der Anschaffungskosten	26	5. Einzelfragen zum steuerlichen Herstellungskostenbegriff	63–66
c) Zuschüsse, Zulagen	27, 28	a) Anschaffungsnahe Aufwendungen	63
d) Unentgeltlicher Erwerb	29	b) Vereinfachungsregel Erhaltungsaufwand	64
e) Tausch	30	c) Erhaltungs- und Herstellungsaufwand bei einheitlichen Maßnahmen	65
f) Einlage	31	d) Herstellungskosten bei Leistungsstörungen	66
g) Überführung von Wirtschaftsgütern in ein anderes Betriebsvermögen	32	IV. Geschäfts- oder Firmenwert (Abs. 4)	67–74
h) Vorgänge nach dem Umwandlungssteuergesetz	33, 34	1. Begriff des Geschäfts- oder Firmenwerts	67–71
i) Abbruch	35	2. Bilanzielle Behandlung des Geschäfts- oder Firmenwerts	72–74
j) Grund und Boden/Gebäude	36, 37		
III. Herstellungskosten (Abs. 2 und 3)	38–66	V. Folgen der Nichtbeachtung	75
1. Begriff der Herstellungskosten	38–41		

I. Allgemeines

In § 255 werden für alle Kaufleute die Begriffe Anschaffungskosten und Herstellungskosten **1** definiert sowie die bilanzielle Behandlung des Geschäfts- oder Firmenwerts geregelt. Die Vorschrift konkretisiert insoweit die Bestimmung des § 253 Abs. 1 S. 1, wonach Vermögensgegenstände höchstens mit Anschaffungs- oder Herstellungskosten anzusetzen sind. Anschaffungs- oder Herstellungskosten stellen somit die absolute Wertobergrenze der Bewertung dar.[1]

Zu **Anschaffungskosten** sind solche Vermögensgegenstände zu bewerten, die von Dritten **2** erworben wurden und bei denen in dem Unternehmen keine Bearbeitung stattgefunden hat; bei Herstellung oder Bearbeitung der Gegenstände im eigenen Unternehmen sind dagegen die **Herstellungskosten** als Bewertungsmaßstab zugrunde zu legen.[2] Während für die Anschaffungskosten der Wertansatz eindeutig bestimmt ist, bestehen bei den Herstellungskosten neben Einbeziehungspflichten für bestimmte Kostenkomponenten auch Einbeziehungswahlrechte, so dass es für die Herstellungskosten sowohl eine **Wertuntergrenze** als auch eine **Wertobergrenze** gibt.

Steuerlich kommt der Abgrenzung zwischen Herstellungs- und Anschaffungskosten einerseits und **3** steuerlich sofort abzugsfähigem Aufwand andererseits besondere Bedeutung zu. Beispielsfälle sind die Abgrenzung von Werbungskosten zu Anschaffungskosten im sog. Bauherrenerlass (BStBl. 1990 I S. 366) sowie die Abgrenzung von Anschaffungskosten zu Herstellungskosten bei immateriellen Wirtschaftsgütern des Anlagevermögens im sog. Medienerlass (BStBl. 2001 I S. 175). Im letztgenannten Fall kann das Aktivierungsverbot für immaterielle Wirtschaftsgüter bei eigener Herstellung (§ 5 Abs. 2 EStG) zu sofort steuerwirksamem Aufwand führen.

II. Anschaffungskosten (Abs. 1)

1. Begriff der Anschaffungskosten. Anschaffungskosten sind nach Abs. 1 S. 1 die Aufwendun- **4** gen, die geleistet werden, um einen Vermögensgegenstand zu erwerben und ihn in einen betriebsbereiten Zustand zu versetzen, soweit sie dem Vermögensgegenstand einzeln zugeordnet werden können. Die Anschaffungskosten sind somit durch die **Gegenleistung** bestimmt.[3] Damit ist gewährleistet, dass der Zugang von Vermögensgegenständen **erfolgsneutral** erfasst wird und sich als eine reine Vermögensumschichtung darstellt.[4] Der Begriff der Anschaffungskosten für das Steuerrecht ist in § 6 EStG verwendet und insoweit inhaltsgleich zu § 255 Abs. 1 HGB definiert.[5]

Der Anschaffungsvorgang, der sich rechtlich in den Formen Kauf, Tausch, unentgeltlicher Erwerb, **5** Sacheinlage, Umwandlung und Verschmelzung vollziehen kann, lässt sich wirtschaftlich in die Phasen **Erwerb**, also Erlangung der wirtschaftlichen Verfügungsgewalt, und **Versetzung in den Zustand der Betriebsbereitschaft** zerlegen.

---

[1] Ellrott/Brendt BeBiKo RdNr. 1; Knop/Küting HdR RdNr. 1.
[2] ADS RdNr. 2.
[3] Prinzip der Maßgeblichkeit der Gegenleistung; ADS RdNr. 5.
[4] Vgl. dazu ADS RdNr. 5; Ellrott/Brendt BeBiKo RdNr. 20; Knop/Küting HdR RdNr. 3.
[5] Schmidt EStG § 6 RdNr. 81.

6 Der Erwerb beginnt, sobald Aufwendungen anfallen, die dazu bestimmt sind, das wirtschaftliche Eigentum an einem Vermögensgegenstand zu erlangen (finales Anschaffungskostenverständnis); Aufwendungen, die nur mittelbar dem Zweck der Anschaffung dienen (zB Kosten der Begutachtung von verschiedenen Kaufobjekten), sind noch keine Anschaffungskosten.[6] Der Erwerbsvorgang ist somit nicht notwendigerweise ein zeitpunktbezogener Vorgang, sondern kann auch zeitraumbezogen sein.[7] Der für die Bilanzierung beim Erwerber maßgebliche Zeitpunkt (Anschaffungszeitpunkt) ist grundsätzlich der Zeitpunkt der Erlangung der wirtschaftlichen Verfügungsmacht über den Vermögensgegenstand.

7 Um den Anschaffungsvorgang soweit wie möglich erfolgsneutral zu behandeln,[8] werden zu den Anschaffungskosten auch noch solche Aufwendungen gerechnet, die nach der Erlangung der wirtschaftlichen Verfügungsgewalt für die Versetzung des Vermögensgegenstands in einen betriebsbereiten Zustand anfallen. Dafür kommen jedoch nach Abs. 1 S. 1 nur solche Aufwendungen in Frage, die sich dem Vermögensgegenstand einzeln zuordnen lassen, also nur Aufwendungen mit Einzelkostencharakter und keine Gemeinkosten.[9] Dies gilt gemäß H 6.2 EStR auch für die Steuerbilanz. Die Versetzung in den betriebsbereiten Zustand muss sich nicht unmittelbar an den Erwerbsvorgang anschließen, sondern kann auch später erfolgen; entscheidend ist, dass nur solche Kosten der Inbetriebsetzung Teil der Anschaffungskosten sind, die bei der **erstmaligen Inbetriebnahme** des Vermögensgegenstands anfallen.[10] Die Versetzung in einen betriebsbereiten Zustand umfasst idR den innerbetrieblichen Transport des Vermögensgegenstands sowie die Vornahme weiterer für die Inbetriebnahme notwendiger Maßnahmen (zB Fundamentierungsarbeiten, Aufstellung, Montage, Anschlüsse).

8 Relevant ist die Versetzung in einen betriebsbereiten Zustand vor allem bei Gegenständen des Sachanlagevermögens; bei Vermögensgegenständen des Umlaufvermögens ist dies normalerweise nicht der Fall. So können Aufwendungen, die im Zusammenhang mit der Aufnahme solcher Vermögensgegenstände in ein Materiallager oder, im Falle von Handelswaren, mit deren Einsortierung in die Verkaufsregale stehen, nicht mehr den Anschaffungskosten zugerechnet werden.[11]

9 Anschaffungskosten können im Wege der Einzelfeststellung, nach der Durchschnittsmethode, mittels Bewertungsvereinfachungsverfahren (vgl. Erl. zu § 256), Festbewertung (vgl. Erl. zu § 240), Gruppenbewertung (vgl. Erl. zu § 240) oder retrograd durch Abzug der Bruttospanne vom Verkaufswert ermittelt werden.[12] Die retrograde Wertermittlung *(retail method)* wird vorwiegend bei Einzelhandelsunternehmen angewandt, bei denen die Waren beim Einkauf durch Aufschlag der Bruttospanne mit den Verkaufspreisen ausgezeichnet werden. Durch Rückrechnung, wobei ggf. eine Unterteilung nach Warengruppen und eine Ausschaltung von zwischenzeitlich reduzierten Verkaufspreisen erfolgen kann, werden die ursprünglichen durchschnittlichen Anschaffungskosten einschließlich der Anschaffungsnebenkosten berechnet.[13]

10 **2. Umfang der Anschaffungskosten.** Ausgehend von Abs. 1 S. 1 bis 3 setzen sich die Anschaffungskosten wie folgt zusammen:

  Anschaffungspreis
 + Anschaffungsnebenkosten
 + nachträgliche Anschaffungskosten
 − Anschaffungspreisminderungen
 = Anschaffungskosten

11 Zu den Anschaffungskosten zählen grundsätzlich auch **überhöhte Anschaffungskosten.** Überhöhte Aufwendungen in dem Sinne, dass den Anschaffungskosten zu günstige Annahmen über die Werthaltigkeit zugrunde liegen, müssen jedoch zu einem entsprechend niedrigeren Wertansatz des Vermögensgegenstands führen. Dies wird durch Abschreibungen nach § 253 Abs. 2 S. 3 oder § 253 Abs. 3 S. 1 und 2 erreicht.[14]

12 Zum Umfang der Anschaffungskosten im Steuerrecht vgl. H 6.2 EStR.

---

[6] *ADS* RdNr. 8; *Ellrott/Brendt* BeBiKo RdNr. 22 mwN.
[7] *ADS* RdNr. 9.
[8] Vgl. *ADS* RdNr. 12.
[9] *WPH* E RdNr. 248.
[10] *ADS* RdNr. 12; *Ellrott/Brendt* BeBiKo RdNr. 23.
[11] *ADS* RdNr. 15; aA *Knop/Küting* HdR RdNr. 12, die eine Versetzung in einen betriebsbereiten Zustand auch für Gegenstände des Umlaufvermögens anerkennen.
[12] *ADS* RdNr. 109 ff.
[13] *Ellrott/Brendt* BeBiKo RdNr. 211.
[14] *ADS* RdNr. 18; *WPH* E RdNr. 263; *Rowedder/Schmidt-Luthoff/Kessler* GmbHG Anh. I nach § 42 a RdNr. 73.

a) Anschaffungspreis. Der Anschaffungspreis bildet idR den Hauptbestandteil der Anschaffungs- 13
kosten. Er wird in erster Linie mit dem in der Eingangsrechnung ausgewiesenen Preis (Rechnungspreis) identisch sein,[15] kann sich aber auch aus der Bankabrechnung (bei Wertpapieren, Devisen) oder aus einem schriftlichen Kaufvertrag ergeben (bei Grundstücken, Beteiligungen).[16] Vom Verkäufer in Rechnung gestellte Umsatzsteuer (Vorsteuer) gehört grundsätzlich zu den Anschaffungskosten, es sei denn, der Erwerber ist zum Vorsteuerabzug berechtigt; in diesem Fall ist die Umsatzsteuer nicht Bestandteil des Anschaffungspreises.[17]

Bei Rechnungsstellung in **Fremdwährung** ist auf Grund von § 244 eine Umrechnung erforder- 14
lich (vgl. auch Ausführungen zu § 244 RdNr. 3 f.). Die Wahl des anzuwendenden Umrechnungskurses richtet sich danach, wann der Geschäftsvorfall nach den GoB einzubuchen ist; maßgebend ist also der Tag der Erlangung der wirtschaftlichen Verfügungsmacht durch den Erwerber.

b) Anschaffungsnebenkosten. Nach Abs. 1 S. 2 gehören zu den Anschaffungskosten ausdrück- 15
lich auch Nebenkosten. Anschaffungsnebenkosten sind alle Aufwendungen, die in unmittelbarem Zusammenhang mit dem Erwerb und der Versetzung des Vermögensgegenstands in einen betriebsbereiten Zustand stehen und dem angeschafften Vermögensgegenstand als Einzelkosten direkt zurechenbar sind.[18] Zu den unternehmensextern anfallenden Anschaffungsnebenkosten zählen einerseits Nebenkosten des Erwerbs, wie zB Vermittlungs- und Maklergebühren, Provisionen, Courtagen, Kommissionskosten, Gutachtergebühren, Notariats-, Gerichts- und Registerkosten, Anlieger- und Erschließungsbeiträge sowie mit dem Erwerbsvorgang zusammenhängende Grunderwerbsteuern oder Zölle, andererseits die Nebenkosten der Anlieferung und Inbetriebnahme, wie Eingangsfrachten, Transport- und Speditionskosten, Anfuhr-, Umlade- und Abladekosten, Transportversicherungsprämien, Roll-, Wiege- und Zwischenlagergelder, Montage- und Fundamentierungskosten, Umbaukosten oder Kosten der Sicherheitsüberprüfung und Abnahme von Gebäuden und Anlagen.[19] Unternehmensintern anfallende Aufwendungen zur Erlangung der Betriebsbereitschaft (zB Montage durch eigenes Personal) dürfen nur dann als Anschaffungsnebenkosten aktiviert werden, wenn sie Einzelkosten darstellen.[20]

Fremdkapitalzinsen gehören nur insoweit zu den Anschaffungsnebenkosten, als sie für Kredite 16
angefallen sind, die zur Finanzierung der Herstellung von Neuanlagen mit längerer Bauzeit durch Anzahlungen oder Vorauszahlungen dienen.[21] Darüber hinaus ist eine Aktivierung von Finanzierungskosten nicht möglich; insbesondere die Aktivierung von Eigenkapitalzinsen ist unzulässig.

c) Nachträgliche Anschaffungskosten. Abs. 1 S. 2 bestimmt, dass auch Aufwendungen, die 17
erst längere Zeit nach dem Erwerb eines Vermögensgegenstands anfallen, zu den Anschaffungskosten gehören (nachträgliche Anschaffungskosten). Dabei kann es sich um nachträgliche Aufwendungen für bereits beschaffte Vermögensgegenstände handeln (zB sog. anschaffungsnahe Aufwendungen, soweit sie nach der erstmaligen Versetzung des Vermögensgegenstands in einen betriebsbereiten Zustand anfallen, auf einem Erwerb von Dritten beruhen und den Vermögensgegenstand erweitern bzw. über seinen ursprünglichen Zustand hinaus wesentlich verbessern) oder um nachträgliche Erhöhungen des ursprünglichen Anschaffungspreises, ggf. auch der ursprünglichen Anschaffungsnebenkosten.[22]

d) Anschaffungspreisminderungen. Nach Abs. 1 S. 3 sind Anschaffungspreisminderungen von 18
den Anschaffungskosten abzusetzen. Trotz des im Gesetz gewählten Wortlauts sind hierunter nicht nur Minderungen des Anschaffungspreises, sondern auch solche der Anschaffungsnebenkosten und der nachträglichen Anschaffungskosten zu erfassen.[23] Alle Arten von Nachlässen, wie Boni, Skonti und Rabatte oder zurückgewährte Entgelte, sind daher von den Anschaffungskosten abzusetzen.

3. Einzelfragen. a) Anschaffungskosten bei Zuschüssen, Zulagen und Subventionen. 19
Nicht rückzahlbare Zuwendungen Dritter, die im Zusammenhang mit der Beschaffung bestimmter Gegenstände gewährt werden, sind entweder unmittelbar von den Anschaffungskosten abzusetzen oder durch Einstellung in einen gesonderten Passivposten zu neutralisieren.[24] Die sofortige erfolgswirksame Vereinnahmung kann grundsätzlich nicht als sachgerecht angesehen werden; als Ausnah-

---

[15] *Knop/Küting* HdR RdNr. 19.
[16] *ADS* RdNr. 19.
[17] *ADS* RdNr. 20; so auch *IDW,* St/HFA 1/1985 idF 1990 Abschn. C., WPg 1985, 257.
[18] *Ellrott/Brendt* BeBiKo RdNr. 70.
[19] *ADS* RdNr. 22 ff.
[20] *ADS* RdNr. 27 ff.; *Ellrott/Brendt* BeBiKo RdNr. 73; *Knop/Küting* HdR RdNr. 36 ff.
[21] *WPH* E RdNr. 250.
[22] *ADS* RdNr. 41 ff.
[23] *ADS* RdNr. 49; *Knop/Küting* HdR RdNr. 56.
[24] *ADS* RdNr. 56 ff.; *WPH* E RdNr. 253; *IDW,* St/HFA 1/1984 idF 1990, WPg 1984, 612.

men hiervon kommen Sanierungsfälle oder eine außerplanmäßige Abschreibung des bezuschussten Vermögensgegenstands in Frage.[25]

20 Wird ein Zuschuss von privater Seite geleistet und ist er nach den Parteivereinbarungen derart in einen Leistungsaustausch einbezogen, dass er sich als Entgelt für eine zukünftige Leistung des Zuschussempfängers darstellt, ist der Zuschuss als Teil der Gegenleistung zu passivieren.[26]

21 **b) Anschaffungskosten bei unentgeltlichem Erwerb.** Da es sich bei einem unentgeltlichen Erwerb – zB bei Erbschaft, Schenkung, Stiftung – um einen Erwerbsvorgang ohne Gegenleistung des Erwerbers handelt, ist das Prinzip der Bestimmung der Anschaffungskosten nach der Gegenleistung (Abs. 1 S. 1: „Anschaffungskosten sind die Aufwendungen, die geleistet werden, um einen Vermögensgegenstand zu erwerben ...") nicht ohne weiteres anwendbar. Nach dem Vollständigkeitsprinzip des § 246 Abs. 1 S. 1 ist grundsätzlich von einer Aktivierungspflicht auszugehen; dies gilt wegen des ausdrücklichen Aktivierungsverbots in § 248 Abs. 2 jedoch nicht für unentgeltlich erworbene immaterielle Vermögensgegenstände. Gemäß dem Prinzip des erfolgsneutralen Anschaffungsvorgangs ist allerdings bei unentgeltlich erworbenen Vermögensgegenständen ein Wertansatz grundsätzlich nicht zu bilden; bei gegebener Aktivierungsfähigkeit kann jedoch von einem am Zweck der Zuwendung orientierten Bewertungswahlrecht ausgegangen werden.[27] Bewertungsobergrenze ist der Wert, der bei vorsichtiger Schätzung für den Vermögensgegenstand auch sonst aufgewandt worden wäre.[28]

22 **c) Anschaffungskosten nach UmwG.** Durch das UmwG sind seit 1995 die vier Umwandlungsformen Verschmelzung, Spaltung, Vermögensübernahme und Formwechsel in einem Gesetz geregelt. Für die Bilanzierung ist zu unterscheiden zwischen der übertragenden Umwandlung (Verschmelzung, Spaltung, Vermögensübernahme), bei der ein Vermögensübergang zwischen übertragendem und übernehmendem Rechtsträger stattfindet, und der formwechselnden Umwandlung (Formwechsel), bei welcher unter Wahrung der Identität des Rechtsträgers nur das Rechtskleid wechselt.

23 Beim Formwechsel sind zwingend nach allgemeinen Bilanzierungsregeln die Buchwerte des formwechselnden Rechtsträgers fortzuführen, da keine Vermögensübertragung stattfindet (vgl. HFA 1/1996). Bei der übertragenden Umwandlung liegt aus Sicht des übernehmenden Rechtsträgers ein Anschaffungsgeschäft vor. Die Anschaffungskosten bestimmen sich nach Maßgabe der Gegenleistung, die entweder in der Gewährung neuer Anteile ggf. unter Leistung barer Zuzahlung (Verschmelzung mit Kapitalerhöhung) oder in dem Verzicht auf durch die Verschmelzung untergehende Anteile am übertragenden Rechtsträger liegen kann. Nach § 24 UmwG hat der übernehmende Rechtsträger aber auch das Wahlrecht, die übernommenen Wirtschaftsgüter mit deren Werten aus der Schlussbilanz des übertragenden Rechtsträgers anzusetzen. Bei Kapitalgesellschaften und Personengesellschaften iSd. § 264 a kann sich nach § 264 Abs. 2 das Erfordernis einer gesonderten Angabe eines Verschmelzungsgewinns oder Verschmelzungsverlustes ergeben, wenn durch die Buchwertfortführung die Darstellung der Vermögens- und Ertragslage erheblich beeinflusst wird.[29]

24 **d) Anschaffungskosten bei Tausch.** Beim Tausch besteht die Gegenleistung nicht in einem Kaufpreis, sondern in der Hingabe eines anderen Vermögensgegenstands. Die Anschaffungskosten können dabei grundsätzlich nach drei Methoden bestimmt werden: der „Buchwertfortführung" (der eingetauschte Vermögensgegenstand wird mit dem Buchwert des hingegebenen Gegenstandes angesetzt), der „Gewinnrealisierung" (der eingetauschte Vermögensgegenstand wird mit dem höheren Zeitwert des hingegebenen Gegenstandes, höchstens aber mit dem vorsichtig geschätzten Zeitwert des eingetauschten Gegenstandes angesetzt) oder der „ergebnisneutralen Behandlung" (der eingetauschte Vermögensgegenstand wird mit dem Buchwert des hingegebenen Gegenstandes zuzüglich Ertragsteuerbelastung angesetzt). Alle drei Methoden werden als zulässig angesehen.[30]

24 a **e) Anschaffungskosten bei immateriellen Vermögensgegenständen.** Vgl. Erl. zu § 248.

25 **4. Einzelfragen zum steuerlichen Anschaffungskostenbegriff. a) Nachträgliche Anschaffungskosten.** Kaufpreiserhöhungen sind im Wirtschaftsjahr ihres Anfallens als weitere Anschaffungskosten anzusetzen. Solche Anschaffungskosten setzen einen wirtschaftlichen Zusammenhang mit der Anschaffung voraus, zB bedingte Verbindlichkeiten, die erst bei ihrem Feststehen passiviert werden. Daneben können aber auch nachträgliche Anschaffungskosten in der Form bestimmter zur

---

[25] *WPH* E RdNr. 253; aA *Ellrott/Brendt* BeBiKo RdNr. 115 ff.
[26] *Ellrott/Brendt* BeBiKo RdNr. 119.
[27] Vgl. hierzu *ADS* RdNr. 83 ff.
[28] *Ellrott/Brendt* BeBiKo RdNr. 101.
[29] *IDW,* St/HFA 2/1997, WPg 1997, 235.
[30] *ADS* RdNr. 89 ff.

Wertsteigerung/Werterhöhung geeigneter Maßnahmen eintreten, wie zB Erschließungsbeiträge für Grundstücke und Einlagen bei Kapitalgesellschaftsanteilen. Geht es allein um die Wertveränderung der Kaufpreisverbindlichkeit, zB auf Grund einer Wertsicherungsklausel, so sind keine nachträglichen Anschaffungskosten anzusetzen.[31]

b) Nachträgliche Minderung der Anschaffungskosten. Mit dem Anschaffungsgeschäft in Zusammenhang stehende Ermäßigungen der Aufwendungen zur Anschaffung eines Wirtschaftsguts führen zu einer Minderung der Anschaffungskosten, sobald sie tatsächlich eingetreten sind. Als Anschaffungskostenminderung bei Kapitalgesellschaftsanteilen ist auch die Ausschüttung aus dem steuerlichen Einlagekonto anzusehen. **26**

c) Zuschüsse, Zulagen. Die Finanzverwaltung räumt ein Wahlrecht ein, Investitionszuschüsse als Betriebseinnahmen oder als Anschaffungskosten-/Herstellungskostenminderung zu behandeln (R 6.5 EStR). Das Wahlrecht wird allerdings nur gewährt, wenn der Zuschussgeber die Zuwendung zur Förderung eines – zumindest auch – in seinem Interesse liegenden Zwecks zuwendet. **27**

Steuerfrei sind nur bestimmte Zulagen, für die entsprechende gesetzliche Regelungen bestehen (zB § 5 Abs. 2 InvZulG). Andere Zuschüsse sind grundsätzlich steuerpflichtige Betriebseinnahmen, soweit nicht Einlagen gegeben sind. Bei Ertragszuschüssen, bei denen der Empfänger zu einer Leistung verpflichtet ist, kann die Passivierung eines Rechnungsabgrenzungspostens in Betracht kommen.[32] **28**

d) Unentgeltlicher Erwerb. Bei unentgeltlichem Erwerb eines Betriebs, Teilbetriebs oder Mitunternehmeranteils ist der Steuerpflichtige bei der Bemessung der AfA an die Anschaffungs- oder Herstellungskosten des Rechtsvorgängers gebunden (§ 7 Abs. 3 EStG, R 7.3 Abs. 3 EStR). Bei unentgeltlichem Erwerb einzelner Wirtschaftsgüter gilt deren gemeiner Wert (§ 9 Abs. 2 BewG) als Anschaffungskosten (§ 7 Abs. 4 EStG). **29**

e) Tausch. Steuerrechtlich ist bei Tausch und tauschähnlichen Vorgängen grundsätzlich von einer Gewinnverwirklichung auszugehen. Durch § 6 Abs. 6 EStG ist gesetzlich geregelt, dass sich die Anschaffungskosten eines Wirtschaftsgutes nach dem gemeinen Wert (§ 9 Abs. 2 BewG) des hingegebenen Wirtschaftsguts bemessen. Eine Ausnahme enthält § 6 Abs. 5 S. 3 EStG für die Übertragung eines Wirtschaftsguts aus einem Betriebsvermögen in eine Mitunternehmerschaft gegen Gewährung von Gesellschaftsrechten. Danach sind zwingend die bisherigen Buchwerte des Einbringenden anzusetzen (vgl. RdNr. 32). **30**

f) Einlage. Wurde das Wirtschaftsgut in das Betriebsvermögen eingelegt, ist der Teilwert zum Zeitpunkt der Zuführung anzusetzen. Wurde jedoch das zugeführte Wirtschaftsgut innerhalb der letzten drei Jahre vor dem Zeitpunkt der Zuführung angeschafft oder hergestellt oder handelt es sich um eine Beteiligung iSv. § 17 EStG, so sind höchstens die Anschaffungs- oder Herstellungskosten anzusetzen (§ 6 Abs. 1 Nr. 5 EStG). Wurde das Wirtschaftsgut bereits früher angeschafft oder hergestellt und im Rahmen von Überschusseinkunftsarten abgeschrieben, sollen für nach dem 31. 12. 1998 vorgenommene Einlagen nur die um die vorgenommene AfA gekürzten Anschaffungs- oder Herstellungskosten als Bemessungsgrundlage zugrunde zu legen sein (§ 7 Abs. 1 S. 4 EStG). Von der Intention des Gesetzgebers her ist diese Vorschrift aber wohl so auszulegen, dass der um die vorgenommene AfA gekürzte Teilwert im Zeitpunkt der Zuführung anzusetzen ist.[33] **31**

g) Überführung von Wirtschaftsgütern in ein anderes Betriebsvermögen. Die Überführung von Wirtschaftsgütern von einem Betriebsvermögen in ein anderes Betriebsvermögen des Steuerpflichtigen oder zB in das Betriebsvermögen einer Mitunternehmerschaft, an der der Steuerpflichtige beteiligt ist, fällt nicht unter den steuerlichen Begriff der Einlage. In der Rechtslage vor 1999 regelte der sog. Mitunternehmererlass weitgehende Wahlrechte hinsichtlich der Buchwertfortführung und des Ansatzes von Teil- und Zwischenwerten bei derartigen Vorgängen. Durch die erneute Änderung des § 6 Abs. 5 EStG im Rahmen des Steuersenkungsgesetzes (sog. Wiedereinführung des Mitunternehmererlasses in modifizierter Form, Fassung ab 1. 1. 2001) sollte wieder eine gewisse Annäherung in Richtung der vorherigen Rechtslage geschaffen werden. Wesentliche Abweichungen zur vorherigen Rechtslage sind aber weiterhin: **32**

– Bei Überführungen von Wirtschaftsgütern zwischen Betriebsvermögen sind, soweit Buchwerte zulässig sind, diese Buchwerte auch zwingend anzusetzen.
– Eine Buchwertfortführung ist nicht zulässig, soweit sich – bei Übertragungen zwischen Betriebsvermögen des Steuerpflichtigen und Gesamthandsvermögen einer Personengesellschaft, zwischen

---

[31] *Schmidt* EStG § 6 RdNr. 92 ff.
[32] *Schmidt* EStG § 6 RdNr. 99 ff.
[33] *Schmidt* EStG § 7 RdNr. 68.

Sonderbetriebsvermögen und Gesamthandsvermögen einer Personengesellschaft sowie zwischen Sonderbetriebsvermögen verschiedener Mitunternehmer – der Anteil einer Körperschaft, Personenvereinigung oder Vermögensmasse an dem Wirtschaftsgut unmittelbar oder mittelbar erhöht.

33 **h) Vorgänge nach dem Umwandlungssteuergesetz.** Im Umwandlungssteuergesetz sind für bestimmte Vorgänge steuerliche Sonderregelungen normiert, insbesondere bei:
- Verschmelzung/Vermögensübertragung von einer Körperschaft auf eine Personengesellschaft,
- Umwandlung einer Körperschaft in eine Personengesellschaft,
- Verschmelzung/Vermögensübertragung von einer Körperschaft auf eine andere Körperschaft,
- Aufspaltung/Abspaltung,
- Einbringung eines Betriebs, Teilbetriebs oder Mitunternehmeranteils in eine Kapitalgesellschaft gegen Gewährung von Gesellschaftsanteilen,
- Einbringung eines Betriebs, Teilbetriebs oder Mitunternehmeranteils in eine Personengesellschaft.

34 Soweit solche Vorgänge nach den Vorschriften des Umwandlungssteuergesetzes zu Buchwerten erfolgen, tritt der Übernehmer grundsätzlich in die Rechtsstellung des übertragenden Rechtsträgers bezüglich der Bewertung der übernommenen Wirtschaftsgüter, der Absetzungen für Abnutzung und der steuerlich gewinnmindernden Rücklagen ein (§§ 4 Abs. 2, 12 Abs. 3 UmwStG).

35 **i) Abbruch.** Wird ein Gebäude vom Steuerpflichtigen zum Zweck des Abbruchs erworben (Erwerb mit Abbruchabsicht) so gilt Folgendes:
War das Gebäude technisch oder wirtschaftlich nicht verbraucht und steht der Abbruch des Gebäudes mit der Herstellung eines neuen Wirtschaftsguts (Gebäudes) in einem engen wirtschaftlichen Zusammenhang, so sind der Buchwert und die Abbruchkosten zu den Herstellungskosten des neuen Wirtschaftsguts zu rechnen. Besteht kein enger wirtschaftlicher Zusammenhang mit der Herstellung eines neuen Wirtschaftsguts, sind der Buchwert und die Abbruchkosten als Anschaffungskosten des Grund und Bodens zu behandeln. War das Gebäude im Zeitpunkt des Erwerbs objektiv wertlos, so entfällt der volle Anschaffungspreis auf den Grund und Boden. Für die Abbruchkosten gilt die oben dargestellte Zuordnung wie im Fall des Abbruches eines technisch oder wirtschaftlich nicht verbrauchten Gebäudes (H 6.4 EStR).

36 **j) Grund und Boden/Gebäude.** Grund und Boden einerseits und aufstehendes Gebäude sind selbstständige Wirtschaftsgüter, ein Gesamtkaufpreis ist aufzuteilen.[34] Unselbständige Gebäudeteile bilden mit dem Gebäude ein einheitliches Wirtschaftsgut, wenn sie in einem einheitlichen Nutzungs- und Funktionszusammenhang mit dem Gebäude stehen (R 4.2 Abs. 3 EStR). Ein Gebäudebestandteil ist selbständig, wenn er besonderen Zwecken dient, die nicht in einem Nutzungs- und Funktionszusammenhang mit der eigentlichen Gebäudenutzung stehen (zB Betriebsvorrichtungen, Scheinbestandteile, Ladeneinbauten, Mietereinbauten).

37 Unselbständiger Teil des Grund und Bodens (nachträgliche Anschaffungskosten) sind der durch Anlieger- und Erschließungsbeiträge zur Erstanlage von Straßen erlangte Vorteil für ein angrenzendes Grundstück.[35] Werden hingegen Erschließungsanlagen ersetzt oder modernisiert, führen Erschließungsbeiträge grdsl. zu Erhaltungsaufwendungen (H 6.4 EStR).

III. Herstellungskosten (Abs. 2 und 3)

38 **1. Begriff der Herstellungskosten.** Abs. 2 S. 1 definiert den Begriff der Herstellungskosten. Danach sind dies die Aufwendungen, die durch den Verbrauch von Gütern und die Inanspruchnahme von Diensten für die Herstellung eines Vermögensgegenstands, seine Erweiterung oder für eine über seinen ursprünglichen Zustand hinausgehende wesentliche Verbesserung entstehen. Aus dieser Definition wird bereits deutlich, dass neben dem Grundtatbestand der **Neuschaffung** eines bisher noch nicht bestehenden Vermögensgegenstands auch die **Erweiterung** eines vorhandenen Vermögensgegenstands oder eine über dessen ursprünglichen Zustand hinausgehende **wesentliche Verbesserung** zu aktivierungspflichtigen Herstellungskosten führen.[36] Eine Bewertung zu Herstellungskosten ist in erster Linie bei unfertigen und fertigen Erzeugnissen, aber auch bei selbst erstellten Vermögensgegenständen des Anlagevermögens sowie Generalüberholungen oder Reparaturen, so-

---

[34] *Schmidt* EStG § 5 RdNr. 133.
[35] *Schmidt* EStG § 5 RdNr. 142.
[36] Zur Abgrenzung der Herstellungsvorgänge im Einzelnen s. ADS RdNr. 118 ff.; zur Abgrenzung von Herstellungs- und Erhaltungsaufwand in diesem Zusammenhang vgl. *Ellrott/Brendt* BeBiKo RdNr. 375 ff.

weit diese zu einer über den ursprünglichen Zustand hinausgehenden wesentlichen Verbesserung führen, vorzunehmen.[37]

Abs. 2 S. 1, 2 enthält eine auch für die einkommensteuerrechtliche Bewertung maßgebende Definition des Herstellungskostenbegriffs (s. auch RdNr. 59 f.). Steuerlich sind Herstellungskosten insbesondere gegenüber Anschaffungskosten und Erhaltungsaufwand abzugrenzen. Herstellungskosten liegen nur vor, wenn der Bilanzierende als Hersteller gilt. Der Herstellerbegriff ist dabei wirtschaftlich aufzufassen. Er erfordert Einflussnahme auf das Risiko der Herstellung.[38] Erhaltungsaufwand ist gegeben, wenn Maßnahmen zu keiner wesentlichen Verbesserung eines Wirtschaftsgutes führen. Wesentliche Verbesserungen liegen zB nicht vor bei der modernisierenden (auch werterhöhenden) Ersetzung von abgenutzten unselbstständigen Gebäudeteilen, selbst wenn es sich um einen hohen Aufwand handelt. Zu einer wesentlichen Verbesserung führen dagegen Maßnahmen, die über die zeitgemäße Erneuerung hinausgehen (zB durch Verwendung hochwertiger Materialien oder besondere bauliche Gestaltung) und die außerdem den Gebrauchswert deutlich erhöhen.[39]

Der bilanzrechtliche Herstellungskostenbegriff ist entsprechend dem der Anschaffungskosten **pagatorischer** Natur. Es dürfen nur tatsächlich angefallene Aufwendungen angesetzt werden; Kosten, die nicht mit Aufwendungen verbunden sind (zB kalkulatorische Kosten) oder denen geringere Aufwendungen gegenüberstehen (zB auf Basis der höheren Wiederbeschaffungskosten ermittelte Abschreibungen, sog. Anderskosten), gehören nicht zu den bilanziellen Herstellungskosten.[40] Mit der Orientierung an den Aufwendungen entsprechen die Herstellungskosten dem Realisationsprinzip, wonach die Herstellung grundsätzlich erfolgsneutral als Vermögensumschichtung in der Bilanz zu berücksichtigen ist.[41]

Die Herstellungskosten stellen wie die Anschaffungskosten lediglich den **Ausgangswert** für die Bewertung eines Vermögensgegenstands dar; letztlich ergibt sich der Wertansatz aus der Regelung des § 253.[42]

2. Umfang der Herstellungskosten. In Abs. 2 S. 2 bis 6 und Abs. 3 werden die Bestandteile der Herstellungskosten erschöpfend aufgezählt; weitere, hier nicht genannte Aufwendungen können nicht in die Herstellungskosten einbezogen werden. Bei der Abgrenzung der Herstellungskostenbestandteile werden **Einbeziehungspflichten**, **Einbeziehungswahlrechte** und **Einbeziehungsverbote** unterschieden.

a) Einbeziehungspflichten. Pflichtbestandteile der Herstellungskosten sind nach Abs. 2 S. 2 die Materialkosten, die Fertigungskosten und die Sonderkosten der Fertigung; hier sind jedoch lediglich die Einzelkosten gemeint und nicht die Gemeinkosten (dies ergibt sich aus Abs. 2 S. 3). Somit wird die handelsrechtliche **Wertuntergrenze** für die Herstellungskosten wie folgt festgelegt:

	Materialeinzelkosten
+	Fertigungseinzelkosten
+	Sondereinzelkosten der Fertigung
=	Wertuntergrenze der handelsrechtlichen Herstellungskosten

Aktivierungspflichtige **Einzelkosten** sind dem hergestellten und einzeln zu bewertenden Vermögensgegenstand direkt zurechenbare Kosten, dh. der durch die Herstellung des Vermögensgegenstands bedingte Einsatz an Gütern, Leistungen und Diensten muss sich ohne weitere Schlüsselung oder Umlage auf den zu bewertenden Vermögensgegenstand beziehen lassen; entscheidend für die Zuordnung zu den Einzelkosten ist jedoch nicht die tatsächliche kostenrechnungsmäßige Zurechnung, sondern die Möglichkeit einer direkten Zurechnung der Kosten.[43] Bei den **Gemeinkosten** handelt es sich dementsprechend um diejenigen Aufwendungen für Güter, Leistungen und Dienste, die nicht direkt in das Produkt eingehen, sondern nur über eine Schlüsselung oder Umlage zu dem hergestellten Vermögensgegenstand in Beziehung gebracht werden können.[44]

Zu den **Materialeinzelkosten** gehören insbesondere die verbrauchten Roh-, Hilfs- und Betriebsstoffe und die in Anspruch genommenen Leistungen (zB Energiekosten), sofern Verbrauch und Inanspruchnahme den Vermögensgegenständen zurechenbar sind, während die **Fertigungseinzelkosten** vor allem die bei der Fertigung anfallenden Personalkosten, also die Fertigungslöhne, umfassen. **Sondereinzelkosten der Fertigung** können bspw. Aufwendungen für Modelle, Spezial-

---
[37] *WPH* E RdNr. 268.
[38] *Schmidt* EStG § 6 RdNr. 77.
[39] *Schmidt* EStG § 6 RdNr. 197.
[40] *ADS* RdNr. 116; *Moxter* S. 153 f.
[41] *Knop/Küting* HdR RdNr. 145; *IDW,* St/HFA 5/1991, WPg 1992, 94.
[42] *Knop/Küting* HdR RdNr. 126.
[43] *IDW,* St/HFA 5/1991, WPg 1992, 95.
[44] *IDW,* St/HFA 5/1991, WPg 1992, 95.

werkzeuge, Vorrichtungen, Entwürfe, Schablonen, Schnitte, spezielle Konstruktionen, Gebühren für Fertigungslizenzen sowie auftrags- oder objektgebundene Aufwendungen für Planung, Entwicklung, Konstruktion und Versuche sein.[45]

46 **b) Einbeziehungswahlrechte.** In die Herstellungskosten dürfen neben den aktivierungspflichtigen Kosten weitere Kostenbestandteile einbezogen werden. Dies sind zunächst nach Abs. 2 S. 3 angemessene Teile der notwendigen Materialgemeinkosten, der notwendigen Fertigungsgemeinkosten sowie des durch die Fertigung veranlassten Wertverzehrs des Anlagevermögens.

47 **Angemessen** bedeutet, dass die Zurechnung der Gemeinkosten zu einem bestimmten Produkt vernünftigen betriebswirtschaftlichen Kriterien folgen muss und nicht willkürlich erfolgen darf.[46] Die Aktivierung von ungewöhnlich hohen Kosten, betriebsfremden und periodenfremden Kosten sowie außergewöhnlich oder einmalig anfallenden Kosten soll damit ebenso vermieden werden wie die von Unterbeschäftigungs- und Leerkosten.[47] Dies entspricht auch dem Grundsatz der **Notwendigkeit,** wonach bei der Berücksichtigung fertigungsbedingter Gemeinkosten bei der Ermittlung der Herstellungskosten vor allem auf einen der Normalbeschäftigung entsprechenden Auslastungsgrad abzustellen ist.[48] Insoweit handelt es sich um eine doppelte Regelung des gleichen Sachverhalts.[49] Da die Feststellung eines „normalen" Beschäftigungsgrades in der Praxis mit Schwierigkeiten verbunden sein dürfte, wird es vertretbar sein, aktivierbare Gemeinkosten so lange in **effektiver Höhe** anzusetzen, wie diese Kosten nicht durch eine offenbare Unterbeschäftigung, zB durch Kurzarbeit angezeigt, überhöht sind.[50]

48 **Materialgemeinkosten** sind vor allem Kosten des Einkaufs, der Warenannahme, der Material- und Rechnungsprüfung, der Lagerhaltung, der Materialverwaltung und -bewachung sowie Transport- und Versicherungskosten.[51] Zu den **Fertigungsgemeinkosten** zählen zB Kosten für Energie, Brennstoffe, Hilfsstoffe, Betriebsstoffe, laufende Instandhaltung von Betriebsbauten, Betriebseinrichtungen, Maschinen, Vorrichtungen und Werkzeuge, Anlageabschreibungen auf Fertigungsanlagen, sonstige Kosten wie Sachversicherungsprämien, Post- und Fernsprechgebühren, auf den Bereich der Fertigung anrechenbare Reiseauslagen, Lohnbüro, Arbeitsvorbereitung usw.[52] Der **Wertverzehr des Anlagevermögens** darf in die Herstellungskosten einbezogen werden, soweit er **durch die Fertigung veranlasst** ist. Der Wertverzehr kommt in den planmäßigen Abschreibungen zum Ausdruck; außerplanmäßige Abschreibungen nach § 253 Abs. 2 S. 3, Abschreibungen im Rahmen vernünftiger kaufmännischer Beurteilung nach § 253 Abs. 4 und steuerrechtliche Abschreibungen nach § 254 gehören nicht zu den Herstellungskosten, da sie nicht durch die Fertigung verursacht werden.[53] Für die Berechnung der einbeziehbaren Abschreibungen kann grundsätzlich von den kalkulatorischen Abschreibungen ausgegangen werden, der Ansatz ist jedoch nach oben durch die bilanziellen Abschreibungen begrenzt.[54]

49 Nach Abs. 2 S. 4 besteht auch für Kosten der allgemeinen Verwaltung, Aufwendungen für soziale Einrichtungen des Betriebs, freiwillige soziale Leistungen und betriebliche Altersversorgung ein Wahlrecht zur Einbeziehung in die Herstellungskosten. Als **Kosten der allgemeinen Verwaltung** sind zB Löhne und Gehälter des Verwaltungsbereichs, die entsprechenden Abschreibungen und die übrigen Gemeinkosten dieses Bereichs, wie Porto- und Telefonkosten, Reisekosten, Kosten des Aufsichtsrats und der Abschlussprüfung, Versicherungen usw., aktivierbar; gewinnabhängige Aufwendungen, wie zB Tantiemen, gehören nicht hierher, weil sie aus dem Ertrag zu zahlen sind. **Aufwendungen für soziale Einrichtungen des Betriebs** sind zB Personalkosten für Betriebskantinen, Sporteinrichtungen, Ferienerholungsheime, Unfallstationen und Betriebsarzt; als **Aufwendungen für freiwillige soziale Leistungen** kommen bspw. Jubiläumsgeschenke, Weihnachtszuwendungen, Wohnungsbeihilfen oder Aufwendungen für Betriebsausflüge in Betracht. Besteht für soziale Aufwendungen eine **Leistungspflicht** (zB auf Grund eines Tarifvertrags), so gilt, soweit das in der Fertigung tätige Personal betroffen ist und es sich um Einzelkosten handelt, eine **Aktivierungspflicht** im Rahmen der Herstellungskosten.[55] Dies gilt nicht für die **Aufwendungen für betrieb-**

---

[45] *ADS* RdNr. 149 ff.; *WPH* E RdNr. 277.
[46] *WPH* E RdNr. 278.
[47] *ADS* RdNr. 158.
[48] *ADS* RdNr. 161; *IDW,* St/HFA 5/1991, WPg 1992, 95.
[49] *Küting/Lorson* DStR 1994, 671.
[50] *ADS* RdNr. 161 f.
[51] *WPH* E RdNr. 280.
[52] *WPH* E RdNr. 281.
[53] *WPH* E RdNr. 282.
[54] *IDW,* St/HFA 5/1991, WPg 1992, 95.
[55] *Ellrott/Brendt* BeBiKo RdNr. 435.

liche Altersversorgung, auch wenn sie als Einzelkosten den Fertigungskosten zugerechnet werden können.[56] Unter diese Aufwendungen fallen vor allem Zuführungen zu Pensionsrückstellungen, Zuwendungen an Pensions- und Unterstützungskassen und Aufwendungen für Direktversicherungen.

Die Aufwendungen nach Abs. 2 S. 3 und 4 dürfen gem. Abs. 2 S. 5 nur insoweit berücksichtigt 50 werden, als sie auf den **Zeitraum der Herstellung** entfallen. Dabei ist der Beginn der Herstellung nicht mit dem Beginn des technischen Herstellungsprozesses gleichzusetzen, sondern er liegt dann vor, wenn erstmals in sachlichem Zusammenhang mit der Leistungserstellung stehende Aufwendungen anfallen; somit können auch schon Kosten für vorbereitende Maßnahmen, wie zB Architektenhonorare für Baupläne oder Abbruchkosten für ein in Abbruchabsicht erworbenes Gebäude, zu den Herstellungskosten gehören.[57] Die Herstellung endet mit der Fertigstellung des Vermögensgegenstandes; dies ist bei Vermögensgegenständen des Anlagevermögens regelmäßig dann der Fall, wenn sie zur bestimmungsgemäßen dauernden Nutzung eingesetzt werden können, bei Vermögensgegenständen des Umlaufvermögens dann, wenn sie auslieferungs- und/oder absatzfähig sind.[58]

Zur Aktivierung von Fremdkapitalzinsen (Abs. 3) vgl. Erläuterungen unter RdNr. 56 ff.; eine 51 Aktivierung von Eigenkapitalzinsen ist nicht zulässig (dies gilt nach H 6.3 EStR auch steuerrechtlich).

Unter Berücksichtigung von Abs. 2 S. 3 u. 4 sowie von Abs. 3 ergibt sich die handelsrechtliche 52 **Wertobergrenze** der Herstellungskosten wie folgt

```
    Materialeinzelkosten
+   Fertigungseinzelkosten
+   Sondereinzelkosten der Fertigung
+   Materialgemeinkosten
+   Fertigungsgemeinkosten
+   Sondergemeinkosten der Fertigung
+   Wertverzehr des Anlagevermögens
+   Kosten der allgemeinen Verwaltung
+   Aufwendungen für soziale Einrichtungen des Betriebs
+   Aufwendungen für freiwillige soziale Leistungen
+   Aufwendungen für betriebliche Altersversorgung
+   Fremdkapitalzinsen (unter bestimmten Voraussetzungen)
=   Wertobergrenze der handelsrechtlichen Herstellungskosten
```

c) **Einbeziehungsverbot.** Nach Abs. 2 S. 6 dürfen **Vertriebskosten** nicht in die Herstellungs- 53 kosten einbezogen werden. Dies gilt nicht nur für die Vertriebsgemeinkosten, sondern auch für die Vertriebseinzelkosten, einschließlich der Sondereinzelkosten des Vertriebs.[59] Was zu den nicht aktivierbaren Vertriebskosten gehört, ist im Gesetz nicht definiert und wird kasuistisch festgelegt. Nach *ADS* sind dies alle Personal- und Sachkosten von Vertriebs-, Werbe- und Marketingabteilung, des Vertreternetzes sowie der Fertigwaren- und Vertriebslager, außerdem Kosten der Werbung, Absatzförderung und Marktforschung, Ausstellungs- und Messekosten, Verkäufer- und Kundenschulung, Reisekosten des Vertriebsbereiches, Kosten für Warenproben und Muster sowie sämtliche auf den Vertriebsbereich entfallenden Verwaltungsgemeinkosten.[60] Als typische Sondereinzelkosten des Vertriebs sind bspw. Kosten für Außenverpackungen, Ausgangsfrachten und Transportversicherung, Verkaufsprovisionen, Ausfuhr-Kreditversicherung oder Konventionalstrafen anzusehen.[61]

Da Vertriebskosten auch schon während der Herstellung anfallen können, ist zur Abgrenzung der 54 Vertriebs- von den Herstellungskosten nicht auf zeitliche, sondern auf sachliche Kriterien abzustellen. So stellen zB Kosten für Verpackungen, die notwendig sind, um einen Vermögensgegenstand verkaufsfähig zu machen (zB Getränkeflaschen), Herstellungskosten dar, während transportbedingte Verpackungskosten Vertriebskosten sind.[62]

Für Kosten der **Auftragserlangung** besteht, soweit es zu einer späteren Auftragserteilung kommt, 55 nur in sehr eingeschränktem Umfang die Möglichkeit der Einbeziehung in die Herstellungskosten.[63] Während zB Reisekosten, Kosten für Planungen oder Modelle, die dem Auftrag zuordenbar sind, als

---

[56] *ADS* RdNr. 199; *Ellrott/Brendt* BeBiKo RdNr. 435.
[57] *ADS* RdNr. 166; *IDW,* St/HFA 5/1991 WPg 1992, 94.
[58] *ADS* RdNr. 169 f.
[59] *IDW,* St/HFA 5/1991, WPg 1992, 95; *ADS* RdNr. 211; *Knop/Küting* HdR RdNr. 286 ff.
[60] *ADS* RdNr. 216.
[61] *Ellrott/Brendt* BeBiKo RdNr. 443.
[62] Vgl. insbes. die steuerliche Rspr.: BFH v. 26. 2. 1975, I R 72/73, BStBl. 1976 II S. 15; BFH v. 20. 5. 1988, III R 31/84, BStBl. 1988 II S. 962.
[63] *ADS* RdNr. 213; *Ellrott/Brendt* BeBiKo RdNr. 456; für eine generelle Einbeziehung von Auftragserlangungskosten in die Herstellungskosten *Selchert* BB 1986, 2304 f.

Einzelkosten Sonderkosten der Fertigung darstellen können und dann in die Wertuntergrenze der Herstellungskosten einzubeziehen sind, gehören Provisionen oder ähnliche Zahlungen (sog. „nützliche Abgaben") zu den Vertriebskosten und dürfen nicht aktiviert werden.

56 **3. Einbeziehung von Fremdkapitalzinsen.** Fremdkapitalzinsen gehören nach Abs. 3 S. 1 grundsätzlich nicht zu den Herstellungskosten. Abs. 3 S. 2 gewährt jedoch ein Wahlrecht, wonach Zinsen für Fremdkapital, das zur Finanzierung der Herstellung eines Vermögensgegenstands verwendet wird, angesetzt werden dürfen, soweit sie auf den Zeitraum der Herstellung entfallen. In diesem Fall gelten die Fremdkapitalzinsen als Herstellungskosten des Vermögensgegenstands. Gefordert ist somit sowohl ein **sachlicher Bezug** (Finanzierung der Herstellung des zu bewertenden Vermögensgegenstands) als auch ein **zeitlicher Bezug** (Zeitraum der Herstellung) der Fremdkapitalzinsen zu dem Herstellungsvorgang. Der sachliche Bezug lässt sich jedoch in der Praxis, abgesehen von dem Fall, dass ein Kreditvertrag unter konkreter Bezugnahme auf einen herzustellenden Gegenstand abgeschlossen oder verlängert wird (Objektfinanzierung), schwer nachweisen. Da betriebswirtschaftlich vereinfachend davon ausgegangen werden kann, dass die einzelnen Vermögensgegenstände entsprechend der Kapitalstruktur anteilig mit Eigen- oder Fremdkapital finanziert sind, erscheint es aber vertretbar, die gesamten Fremdkapitalzinsen quotal den einzelnen Vermögensgegenständen zuzurechnen und insoweit eine anteilige Einbeziehung der Zinsen in die Herstellungskosten vorzunehmen.[64] Die Forderung nach dem zeitlichen Bezug entspricht insoweit der Regelung des Abs. 2 S. 5.

57 Werden Fremdkapitalzinsen in die Herstellungskosten einbezogen, so sind nach § 284 Abs. 2 Nr. 5 Angaben hierüber im **Anhang** zu machen (vgl. auch Erl. zu § 284 RdNr. 23).

58 Das Aktivierungswahlrecht gilt auch in der Steuerbilanz, allerdings unter der Voraussetzung, dass in der Handelsbilanz entsprechend verfahren wird (R 6.3 Abs. 4 EStR).

59 **4. Herstellungskosten im Steuerrecht.** Das Steuerrecht sieht für die Herstellungskosten eine höhere Wertuntergrenze vor als das Handelsrecht. Nach R 6.3 Abs. 1 EStR zählen zu den Einbeziehungspflichten neben den Einzelkosten im Material- und Fertigungsbereich auch angemessene Teile der notwendigen Materialgemeinkosten, Fertigungsgemeinkosten und Sondergemeinkosten der Fertigung sowie der durch die Herstellung des Wirtschaftsguts veranlasste Wertverzehr des Anlagevermögens. Die **steuerrechtliche Wertuntergrenze** setzt sich danach wie folgt zusammen:

	Materialeinzelkosten
+	Materialgemeinkosten
+	Fertigungseinzelkosten
+	Fertigungsgemeinkosten
+	Sondereinzelkosten der Fertigung
+	Sondergemeinkosten der Fertigung
+	Wertverzehr des Anlagevermögens
=	Wertuntergrenze der steuerrechtlichen Herstellungskosten

60 Nimmt der Steuerpflichtige beim beweglichen Anlagevermögen die degressive Abschreibung nach § 7 Abs. 2 EStG in Anspruch, kann bei der Einbeziehung des Wertverzehrs des Anlagevermögens in die Herstellungskosten dennoch von linearen Abschreibungsbeträgen ausgegangen werden (R 6.3 Abs. 3 EStR).

61 Die **steuerrechtliche Wertobergrenze** der Herstellungskosten ergibt sich durch die Hinzurechnung der Verwaltungskosten, der Aufwendungen für soziale Einrichtungen des Betriebs, für freiwillige soziale Leistungen und für betriebliche Altersversorgung sowie für Zinsen für Fremdkapital (R 6.3 Abs. 4 EStR).

62 Inwieweit der abweichende Umfang der Wertuntergrenze für die Herstellungskosten in Handels- und Steuerbilanz im Hinblick auf den Maßgeblichkeitsgrundsatz haltbar erscheint, ist strittig. Auch die nicht immer konsequente Rechtsprechung des BFH hat in dieser Frage nur begrenzt Klarheit erzeugt.[65] Es muss grundsätzlich von der **formellen Maßgeblichkeit** der Handelsbilanz für die Steuerbilanz ausgegangen werden, also der Gültigkeit des Maßgeblichkeitsprinzips (§ 5 Abs. 1 S. 1 EStG) für den **Ansatz** von Wirtschaftsgütern, während die handelsrechtlichen Bewertungsmaßnahmen nur dann für die **Bewertung** dieser Wirtschaftsgüter in der Steuerbilanz maßgeblich sind, wenn dem keine steuerrechtlichen Bewertungsvorschriften entgegenstehen (steuerlicher Bewertungsvorbehalt in § 5 Abs. 6 EStG). Da mangels einer steuerrechtlichen Definition der Herstellungskosten somit die Regelung des § 255 Abs. 2 als für das Steuerrecht maßgebliche Vorschrift anzusehen ist

---

[64] *ADS* RdNr. 204 mit Beispiel; ebenso *Knop/Küting* HdR RdNr. 326; für strenge Anforderungen an das Kriterium der sachlichen Zurechenbarkeit *IDW*, St/HFA 5/1991, WPg 1992, 95 f.

[65] Vgl. hierzu *Küting/Lorson* DStR 1994, 729 f. mwN.

und dementsprechend die handelsrechtlichen Wahlrechte auch steuerrechtlich anerkannt werden müssen, kann R 6.3 EStR – nicht zuletzt wegen der Eigenschaft einer keine Außenwirkung entfaltenden Verwaltungsvorschrift – keinerlei steuerrechtliche Bedeutung zugemessen werden. Eine steuerrechtliche Einbeziehungspflicht für die handelsrechtlichen Einbeziehungswahlrechte kann somit nicht begründet werden.[66]

5. Einzelfragen zum steuerlichen Herstellungskostenbegriff. a) Anschaffungsnahe Aufwendungen. Anschaffungsnahe Aufwendungen sind solche, die in zeitlicher Nähe zur Anschaffung von Gebäuden (3 Jahre; § 6 Abs. 1 Nr. 1 a EStG) in Form von im Verhältnis zum Kaufpreis hohen Reparatur- oder Modernisierungsaufwendungen anfallen. Sie sind steuerlich als Herstellungsaufwand zu behandeln, obwohl diese bei fehlender zeitlicher Nähe zur Anschaffung als Erhaltungsaufwand sofort steuerlich abzugsfähig wären. Die Finanzverwaltung sieht in der Regel von einer Prüfung, ob anschaffungsnahe Aufwendungen vorliegen, ab, wenn die Aufwendungen für Instandsetzung innerhalb des Dreijahreszeitraums 15% der Anschaffungskosten des Gebäudes nicht überschreiten. Mit Urteil vom 12. 9. 2001 hat der Bundesfinanzhof jedoch neue Grundsätze aufgestellt. Dem ist die Finanzverwaltung im Wesentlichen gefolgt (BMF 18. 7. 2003, BStBl. I S. 386). Danach sind nunmehr nur dann Anschaffungskosten gegeben, wenn durch die Aufwendungen das Gebäude für die vom Erwerber beabsichtigte Nutzung betriebsbereit gemacht wird. Schönheitsreparaturen und sonstige Instandsetzungsarbeiten, die nicht hierunter fallen, zählen grundsätzlich nicht mehr zu den Anschaffungskosten. Dem Erwerb nachfolgende Aufwendungen können dann nur nach den Grundsätzen nachträglicher Herstellungskosten aktiviert werden (vgl. RdNr. 38 mwN). Mit dem StÄndG 2003 wurde § 6 Abs. 1 Nr. 1 a EStG eingeführt, so dass nunmehr durch eine steuergesetzliche Vorschrift Schwellenwerte für den Zeitraum (3 Jahre) und die Höhe der Erhaltungsaufwendungen (15% der Anschaffungskosten) genau bestimmt sind, bei deren Überschreitung die Erhaltungsaufwendungen grdsl. zu aktivieren sind. Hierbei wird eine wesentliche Verbesserung unterstellt. Handelt es sich handelsrechtlich nicht um nachträgliche Herstellungskosten, dann liegt eine Durchbrechung des Maßgeblichkeitsgrundsatzes iSd. § 5 Abs. 6 EStG vor.

b) Vereinfachungsregel Erhaltungsaufwand. Betragen Aufwendungen nach Fertigstellung eines Gebäudes für die einzelne Baumaßnahme nicht mehr als 4 000 EUR (ohne Umsatzsteuer) je Gebäude, so ist auf Antrag dieser Aufwand stets als Erhaltungsaufwand zu behandeln (R 21.1 Abs. 2 EStR).

c) Erhaltungs- und Herstellungsaufwand bei einheitlichen Maßnahmen. Bei einheitlichen Maßnahmen, die in einem zeitlichen, räumlichen und sachlichen Zusammenhang stehen, sind der Erhaltungsaufwand und die Herstellungskosten ggf. auch im Wege der Schätzung auf die einzelne Maßnahme aufzuteilen. Etwas anderes gilt nur, wenn ein bautechnisches Ineinandergreifen der Maßnahmen vorliegt. Der Aufwand ist dann insgesamt als Herstellungsaufwand zu behandeln (BStBl. 1996 II S. 632).

d) Herstellungskosten bei Leistungsstörungen. Verlorene Anzahlungen führen nicht zu Herstellungskosten, da die tatsächliche Inanspruchnahme von Diensten sowie der Güterverbrauch wertbestimmend sind.[67] Vergebliche Planungskosten sind Herstellungskosten, wenn die ursprüngliche Planung zwar nicht verwirklicht, später aber ein die beabsichtigten Zwecke erfüllendes Gebäude erstellt wird und den Aufwendungen tatsächlich erbrachte Leistungen gegenüberstehen (H 6.4 EStR). Aufwendungen zur Beseitigung von Baumängeln gehören zu den Herstellungskosten des Gebäudes (H 6.4 EStR).

IV. Geschäfts- oder Firmenwert (Abs. 4)

1. Begriff des Geschäfts- oder Firmenwerts. Nach Abs. 4 S. 1 darf als Geschäfts- oder Firmenwert der Unterschiedsbetrag angesetzt werden, um den die für die Übernahme eines Unternehmens bewirkte **Gegenleistung** den Wert der einzelnen Vermögensgegenstände des Unternehmens abzüglich der Schulden im Zeitpunkt der Übernahme übersteigt. Zulässig ist somit ausschließlich der Ansatz eines **derivativen** (erworbenen) Geschäfts- oder Firmenwerts; ein **originärer** (selbst geschaffener) Geschäfts- oder Firmenwert darf nicht aktiviert werden. Das Aktivierungsverbot für den originären Geschäfts- oder Firmenwert gilt auch in der Steuerbilanz (§ 5 Abs. 2 EStG).

Mangels einer gesetzlichen Definition ist davon auszugehen, dass es sich bei einem Unternehmen um ein am Wirtschaftsverkehr teilnehmendes selbstständiges Gebilde handelt, das für sich einen

---
[66] So auch *Küting/Lorson* DStR 1994, 733; *Mellwig*, FS Budde, S. 416 f.
[67] *Schmidt* EStG § 6 RdNr. 181.

Geschäfts- oder Firmenwert haben kann. Auch Unternehmensteile können trotz fehlender rechtlicher Selbständigkeit Unternehmenscharakter haben, wenn sie für sich allein als Unternehmen geführt werden und selbstständig am Wirtschaftsverkehr teilnehmen könnten und zu diesem Zweck über eine entsprechende Organisation, Mitarbeiter, Kundenbeziehungen usw. verfügen.[68] Es fällt jedoch nicht jede Übernahme eines Unternehmens unter die Bestimmung des Abs. 4; ausgeschlossen sind Übernahmen in Form eines Anteilserwerbs von AG- und GmbH-Anteilen und der Erwerb von Anteilen an einer Personenhandelsgesellschaft, wenn nicht sämtliche Anteile übernommen werden.[69]

69 Steuerlich wird unter dem Geschäftswert der Mehrwert, der einem gewerblichen Unternehmen über den Substanzwert der Einzelnen materiellen und immateriellen Wirtschaftsgüter hinaus innewohnt (BStBl. 1996 II S. 576), verstanden. Dem Grund und der Höhe nach wird er durch die Gewinnaussichten bestimmt, die auf Grund bestimmter Umstände (zB Ruf, Kundenkreis, Organisation), losgelöst von der Person des Unternehmers, höher oder gesicherter erscheinen als bei einem anderen Unternehmen mit sonst vergleichbaren Wirtschaftsgütern.[70] Ein Geschäftswert ist an einen Betrieb (Teilbetrieb) gebunden und kann nicht ohne diesen veräußert oder „entnommen" werden (BStBl. 1994 II S. 922; BStBl. 1994 II S. 903). Es sollte daher einiges dafür sprechen, dass kein Geschäftswert vorliegen sollte, wenn die übertragenen Wirtschaftsgüter nicht als Teilbetrieb iSd. UmwStG angesehen werden können (BStBl. 1983 II S. 113).

70 Liegt der Unternehmenskaufpreis unter dem Wert der einzelnen Vermögensgegenstände abzüglich der Schulden, dann liegt ein sog. **negativer Geschäfts- oder Firmenwert** vor. Da jedoch in diesem Fall dem Anschaffungskostenprinzip folgend die Zeitwerte der erworbenen Vermögensgegenstände und Schulden entsprechend anzupassen wären, bleibt der Ansatz eines negativen Geschäfts- oder Firmenwerts wohl auf Ausnahmen beschränkt, nämlich auf solche Fälle, in denen nicht genügend abstockbare Aktiva und aufstockbare Passiva vorhanden sind. Bleibt dann ein Restbetrag, so ist dieser zu passivieren.

71 Steuerlich wird in solchen Fällen ebenfalls die Abstockung der nicht in Bar- und Buchgeld bestehenden Wirtschaftsgüter für zulässig gehalten. Für einen darüber hinausgehenden Betrag ist ein „passiver Ausgleichsposten" zu bilden, durch den spätere Verluste am Gesellschaftskapital neutralisiert werden.[71]

72 **2. Bilanzielle Behandlung des Geschäfts- oder Firmenwerts.** Für den Geschäfts- oder Firmenwert besteht nach Abs. 4 S. 1 ein Aktivierungswahlrecht; zulässig ist auch eine nur teilweise Aktivierung. Wurde auf eine vollständige oder teilweise Aktivierung im Zugangsjahr verzichtet, kommt eine Nachaktivierung (Zuschreibung) in Folgejahren nicht in Betracht.[72]

73 Für die **Abschreibung** eines aktivierten Geschäfts- oder Firmenwerts sieht das Gesetz zwei Möglichkeiten vor. Nach Abs. 4 S. 2 ist der Betrag in jedem folgenden Geschäftsjahr zu mindestens einem Viertel abzuschreiben **(pauschale Abschreibung).** Dabei ist auch eine höhere Abschreibung als 25% jederzeit zulässig. Entsprechend der Formulierung „in jedem folgenden Geschäftsjahr" ist eine Abschreibung für das Zugangsjahr nicht vorgeschrieben; sie ist aber zulässig.[73] Abs. 4 S. 3 lässt alternativ auch zu, die Abschreibung des Geschäfts- oder Firmenwerts planmäßig auf die Geschäftsjahre zu verteilen, in denen er voraussichtlich genutzt wird **(planmäßige Abschreibung).** Damit wird die Möglichkeit geschaffen, die Abschreibung des Geschäfts- oder Firmenwerts in Handels- und Steuerbilanz übereinstimmend zu handhaben; nach § 7 Abs. 1 S. 3 EStG ist der Geschäfts- oder Firmenwert zwingend mit einer betriebsgewöhnlichen Nutzungsdauer von 15 Jahren linear abzuschreiben. Eine Übernahme der Nutzungsdauer von 15 Jahren auch für die Handelsbilanz muss allerdings nicht zwingend erfolgen; vielmehr ist die Nutzungsdauer hier eigenständig zu schätzen.[74] Die Gründe für die Vornahme der planmäßigen Abschreibung des Geschäfts- oder Firmenwerts sind gem. § 285 S. 1 Nr. 13 im **Anhang** anzugeben. Außerplanmäßige Abschreibungen nach § 253 Abs. 2 S. 3 kommen in Betracht, wenn sich herausstellt, dass der angesetzte Geschäfts- oder Firmenwert im Hinblick auf die tatsächliche Ertragskraft des übernommenen Unternehmens nicht gerechtfertigt ist.[75]

---

[68] *ADS* RdNr. 260.
[69] Vgl. hierzu *ADS* RdNr. 261. Zum Ausweis eines Verschmelzungsmehrwerts als Geschäfts- oder Firmenwert vgl. *ADS* RdNr. 291 ff.; *Knop/Küting* HdR RdNr. 440 f.
[70] *Schmidt* EStG § 5 RdNr. 221.
[71] *Ellrott/Brendt* BeBiKo RdNr. 516; *Schmidt* EStG § 5 RdNr. 226.
[72] *Knop/Küting* HdR RdNr. 436.
[73] *ADS* RdNr. 279; *Ellrott/Brendt* BeBiKo RdNr. 519.
[74] *Knop/Küting* HdR RdNr. 461 ff.
[75] *ADS* RdNr. 285.

Steuerlich kommt die Teilwertabschreibung eines Geschäfts- oder Firmenwerts dann in Betracht, 74
wenn der Erwerb von Anfang an eine Fehlmaßnahme war (zB Irrtum über preisbildende Faktoren)
oder der Teilwert des einheitlichen Geschäftswerts (nach planmäßiger Abschreibung) unter die
Anschaffungskosten gesunken ist. Ob dabei auf die Gesamtheit des Geschäftswerts (einschließlich
seiner zwischenzeitlich angewachsenen originären Bestandteile, sog. Einheitstheorie) oder ausschließlich auf den erworbenen Geschäftswert nach den Bestimmungsfaktoren zum Zeitpunkt des Erwerbs
abzustellen ist, ist umstritten.[76]

V. Folgen der Nichtbeachtung

Hierzu wird auf die Erl. zu § 252 RdNr. 47, 48 verwiesen. 75

§ 256 Bewertungsvereinfachungsverfahren

¹ Soweit es den Grundsätzen ordnungsmäßiger Buchführung entspricht, kann für den Wertansatz gleichartiger Vermögensgegenstände des Vorratsvermögens unterstellt werden, daß die zuerst oder daß die zuletzt angeschafften oder hergestellten Vermögensgegenstände zuerst oder in einer sonstigen bestimmten Folge verbraucht oder veräußert worden sind. **²** § 240 Abs. 3 und 4 ist auch auf den Jahresabschluß anwendbar.

Schrifttum: *Siepe/Husemann/Borges*, Das Index-Verfahren als Bewertungsvereinfachungsverfahren iSd. § 256 HGB, WPg 1994, 645.

Übersicht

	RdNr.		RdNr.
I. Allgemeines	1, 2	a) Fifo-Verfahren	7
II. Verbrauchsfolgeverfahren (S. 1)	3–12	b) Lifo-Verfahren	8–10
1. Vereinbarkeit mit den Grundsätzen ordnungsmäßiger Buchführung	3, 4	c) Index-Verfahren	11
		d) Andere Verfahren	12
2. Anwendungsbereich der Verbrauchsfolgeverfahren	5, 6	III. Steuerliche Besonderheiten	13
3. Arten von Verbrauchsfolgeverfahren	7–12	IV. Verfahren nach § 240 Abs. 3 und 4 (S. 2)	14

I. Allgemeines

§ 256 lässt für die Bewertung von Vermögensgegenständen **Verbrauchsfolgeverfahren**, die 1
Festbewertung und die **Gruppenbewertung** zu und ergänzt damit die allgemeine Bewertungsvorschrift des § 253. Die Ermittlung der Anschaffungs- und Herstellungskosten ist bei Anwendung
des in § 252 Abs. 1 Nr. 3 vorgeschriebenen Prinzips der Einzelbewertung (vgl. auch Erl. zu § 252
RdNr. 20 ff.) in der Praxis häufig mit Schwierigkeiten verbunden. Kann der Ermittlungsaufwand
nicht mehr durch eine möglichst genaue Bewertung gerechtfertigt werden, so findet der Einzelbewertungsgrundsatz seine Grenzen. Dies ist insbesondere bei solchen Vermögensgegenständen der
Fall, bei denen die individuelle Erfassung von Zu- und Abgängen mit einem großen Arbeitsaufwand
verbunden oder sogar unmöglich ist (zB bei Schüttgütern oder Flüssigkeiten). Insoweit gewähren die
genannten Verfahren praxisgerechte Erleichterungen bei der Anschaffungs- und Herstellungskostenermittlung.

Die Vorschrift gilt für alle Kaufleute. Kapitalgesellschaften haben jedoch nach § 284 Abs. 2 Nr. 4 2
bei Inanspruchnahme der Gruppenbewertung (§ 240 Abs. 4) und der Verbrauchsfolgeverfahren
(§ 256 S. 1) gesonderte Angaben zu machen, wenn die Bewertung im Vergleich zu einer Bewertung
auf der Grundlage des letzten vor dem Abschlussstichtag bekannten Börsenkurses oder Marktpreises
einen erheblichen Unterschied aufweist (vgl. auch Erl. zu § 284 RdNr. 22).

II. Verbrauchsfolgeverfahren (S. 1)

1. Vereinbarkeit mit den Grundsätzen ordnungsmäßiger Buchführung. Die Verbrauchs- 3
folgeverfahren sind gem. S. 1 nur dann zulässig, wenn ihre Anwendung den Grundsätzen ordnungsmäßiger Buchführung entspricht. Damit soll ausgeschlossen werden, dass ein Verfahren – obwohl

---
[76] *Schmidt* EStG § 5 RdNr. 230; *Ellrott/Brendt* BeBiKo RdNr. 526.

technisch durchführbar – den mit der Rechnungslegung verfolgten Zielen widerspricht.[1] Diese Forderung ist jedoch nicht in dem Sinne auszulegen, dass die **tatsächliche** Verbrauchs- oder Veräußerungsfolge für die Anwendung des Verbrauchsfolgeverfahrens maßgebend ist. Der Wortlaut des Gesetzes („kann ... unterstellt werden") macht deutlich, dass der Gesetzgeber hier von einer **Fiktion** ausgeht und somit die angenommene Verbrauchsfolge durchaus von der Wirklichkeit abweichen kann. Dies darf aber nicht so weit gehen, dass die einem bestimmten Verfahren zugrunde liegende Fiktion den tatsächlichen Verhältnissen derart eklatant widerspricht, dass auch bei einer veränderten Gestaltung des Betriebsablaufs eine Übereinstimmung des tatsächlichen Ablaufs mit der Fiktion absolut undenkbar erscheint (zB Unterstellung der Lifo-Methode bei verderblichen Waren). Die Anwendung des betreffenden Verbrauchsfolgeverfahrens erscheint in einem solchen Fall unzulässig.[2]

4   Grundsätzlich ist zu fordern, dass die Inanspruchnahme eines Bewertungsvereinfachungsverfahrens mit dem Gebot des möglichst sicheren Einblicks in die Vermögens-, Finanz- und Ertragslage in Einklang steht. Dazu gehört auch die Einhaltung des strengen **Niederstwertprinzips**. Die Anwendung eines Verbrauchsfolgeverfahrens entbindet somit nicht von der Prüfung, ob statt der sich aus dem Verfahren ergebenden Anschaffungs- bzw. Herstellungskosten nicht ein niedrigerer Wertansatz nach § 253 Abs. 3 S. 1 u. 2 zu wählen ist (sog. Niederstwerttest).

5   **2. Anwendungsbereich der Verbrauchsfolgeverfahren.** Nach dem Wortlaut von S. 1 können Bewertungsvereinfachungsverfahren nur für **gleichartige** Vermögensgegenstände des Vorratsvermögens angewendet werden. Gleichartig bedeutet, dass die Vermögensgegenstände der gleichen Warengattung angehören oder funktionsgleich sind (vgl. auch Erl. zu § 240 RdNr. 34). Eine annähernde **Gleichwertigkeit** wird in S. 1 zwar nicht explizit verlangt, ist aber im Hinblick auf die sich durch Strukturverschiebungen zwischen gering- und hochwertigen Vermögensgegenständen innerhalb einer wertmäßig heterogenen Gruppe möglicherweise ergebenden realen Vermögensveränderungen grundsätzlich ebenfalls vorauszusetzen.[3] Wertmäßig heterogene Gruppen sind nur dann zulässig, wenn solche Strukturverschiebungen entsprechend berücksichtigt werden, zB durch geeignete Index-Verfahren.[4]

6   Die Anwendung der Verbrauchsfolgeverfahren ist auf gleichartige Vermögensgegenstände des **Vorratsvermögens** beschränkt. Von der Zulässigkeit für **andere Gegenstände des Umlaufvermögens** – insbesondere im Rahmen der Bewertung von Wertpapieren – kann nicht ausgegangen werden; dagegen spricht einerseits die Begründung zum früheren Gesetzentwurf,[5] in der kein Bedarf für eine Zulässigkeit von Verbrauchsfolgeverfahren für Wertpapiere gesehen wird, andererseits die in § 341 b Abs. 2 geregelte Zulässigkeit von Verbrauchsfolgeverfahren für die Bewertung der Kapitalanlagen von Versicherungsunternehmen, die bei der Zulässigkeit einer analogen Anwendung von § 256 auf Wertpapiere entbehrlich gewesen wäre.[6]

7   **3. Arten von Verbrauchsfolgeverfahren. a) Fifo-Verfahren.** Beim Fifo-Verfahren („first in – first out") wird unterstellt, dass die zuerst angeschafften oder hergestellten Vermögensgegenstände auch zuerst verbraucht oder veräußert werden. Die am Stichtag vorhandenen Bestände stammen somit aus den letzten Zugängen. Dies führt zu einer Bestandsbewertung mit zeitnahen Preisen, bei steigender Preistendenz allerdings zu Lasten einer korrekten Aufwandsverrechnung, da Scheingewinne ausgewiesen werden.

8   **b) Lifo-Verfahren.** Das Lifo-Verfahren („last in – first out") unterstellt, dass die zuletzt angeschafften oder hergestellten Vermögensgegenstände zuerst verbraucht oder veräußert werden. Bei diesem Verfahren stammen die Inventurbestände aus den ältesten Zugängen. Das Lifo-Verfahren führt zu einer Abrechnung des Materialverbrauchs zu gegenwartsnahen Preisen, was idR den Einblick in die Ertragslage verbessert; Scheingewinne bei steigender Preistendenz werden dadurch eliminiert. Wegen der damit zwangsläufig verbundenen Reservenbildung wird jedoch der zutreffende Vermögensausweis beeinträchtigt.

9   Hinsichtlich der technischen Durchführung des Lifo-Verfahrens lassen sich das **permanente Lifo** und das **Perioden-Lifo** unterscheiden, die jeweils zu unterschiedlichen Ergebnissen führen. Beim permanenten Lifo werden die Abgänge fortlaufend während des ganzen Jahres erfasst, und zwar mit den Wertansätzen der letzten Zugänge; sind die Abgänge höher als die Zugänge, wird auf den

---

[1] ADS RdNr. 14.
[2] ADS RdNr. 18; *Ellrott* BeBiKo RdNr. 28; aA *Mayer-Wegelin* HdR RdNr. 20 ff.
[3] ADS RdNr. 22; *Siepe/Husemann/Borges* WPg 1994, 645 f.; aA *Mayer-Wegelin* HdR RdNr. 28.
[4] ADS RdNr. 22 f.; *WPH* E RdNr. 359; vgl. hierzu auch RdNr. 11.
[5] Begr. RegE, BT-Drucks. 10/317 S. 91.
[6] *Ellrott* BeBiKo RdNr. 4; aA *ADS* RdNr. 25.

Anfangsbestand zurückgegriffen. Dieses Verfahren setzt eine laufende mengen- und wertmäßige Erfassung aller Zu- und Abgänge voraus und ist daher sehr aufwändig. Beim Perioden-Lifo – welches wegen der einfacheren Handhabung in der Praxis gebräuchlicher ist – wird der Bestand lediglich zum Ende des Geschäftsjahres bewertet, wobei die Bestandsmengen am Anfang und am Ende der Periode miteinander verglichen werden und der jeweilige Endbestand nach der unterstellten Verbrauchsfolge bewertet wird.[7]

Bei der periodischen Bewertung werden Mehrbestände am Periodenende vielfach als Layer („Ableger") des Anfangsbestands im Erstjahr (Basisbestand) isoliert betrachtet und in der Folgezeit jeweils für sich als eigenständige Teilmengen fortgeführt. Nach hM sind solche Layer dann jeweils für sich dem Niederstwerttest zum Jahresende zu unterziehen.[8]

c) Index-Verfahren. Das Index-Verfahren stellt eine Sonderform des Lifo-Verfahrens dar; es ermittelt die Anschaffungskosten nicht durch einen Vergleich von Mengen, sondern durch einen Vergleich von Werten. Zielsetzung des Verfahrens ist die Ermittlung eines Lifo-Wertes, bei dem sich Preissteigerungen des Geschäftsjahres nur auf die realen Mehrbestände auswirken, wobei die wertmäßigen Mehrbestände sowohl aus Struktur- als auch aus Mengenänderungen resultieren können.[9] Während das (Mengen-)Lifo-Verfahren auf der Annahme beruht, dass die zuletzt angeschafften Mengeneinheiten der Vermögensgegenstände zuerst verbraucht werden, unterstellt das Index-Verfahren, dass die zuletzt angeschafften realen Werteinheiten der Vermögensgegenstände zuerst verbraucht werden.[10] Bei Anwendung des Index-Verfahrens kann auf das Erfordernis einer annähernden Gleichwertigkeit verzichtet werden (vgl. auch RdNr. 5), da ein Austausch von Anschaffungspreisniveaus zwischen einzelnen Gütern ermöglicht wird.[11]

d) Andere Verfahren. Nach dem Wortlaut von S. 1 sind grundsätzlich auch weitere, nicht zeitlich bestimmte Verbrauchsfolgeverfahren zulässig („. . . oder in einer sonstigen bestimmten Folge verbraucht oder veräußert worden sind"), soweit es sich um eine bestimmte, nicht willkürlich beeinflussbare Folge handelt und das Verfahren den GoB entspricht. Das **Hifo-Verfahren** („highest in – first out") unterstellt, dass die zum höchsten Preis angeschafften oder hergestellten Vermögensgegenstände zuerst verbraucht oder veräußert werden. Bei steigenden Preisen wirkt dieses Verfahren wie das Lifo-Verfahren. Die Vereinbarkeit mit den GoB ist vorhanden. Das Verfahren basiert auf dem Vorsichtsprinzip; insbesondere bei starken Preisschwankungen werden künftige Verwertungsrisiken antizipiert.[12] Demgegenüber beruht das **Lofo-Verfahren** („lowest in – first out") auf der Annahme, dass die Zugänge mit den niedrigsten Anschaffungskosten zuerst verbraucht oder veräußert werden. Dieses Verfahren widerspricht dem Vorsichtsprinzip und es ist insoweit anzuzweifeln, ob es mit den Zielen der handelsrechtlichen Rechnungslegung in Einklang steht;[13] in der Praxis hat das Lofo-Verfahren dementsprechend keine Bedeutung. Schließlich kommen noch das **Kifo-Verfahren** („Konzern in – first out") und das **Kilo-Verfahren** („Konzern in – last out") in Betracht, die unterstellen, dass Vorratsbestände aus der Lieferung von Konzernunternehmen zuerst (Kifo) oder zuletzt (Kilo) veräußert oder verbraucht wurden. Diese Verfahren sind vor allem für die Konzernrechnungslegung von Bedeutung.

III. Steuerliche Besonderheiten

Bis zur Einfügung des § 6 Abs. 1 Nr. 2 a EStG durch das StRefG 1990 war die Anwendung von Verbrauchsfolgeverfahren im Steuerrecht grundsätzlich nicht anerkannt, da sie als nicht vereinbar mit den Bewertungsvorschriften des § 6 EStG angesehen wurden.[14] Nach der Vorschrift des § 6 Abs. 1 Nr. 2 a EStG kann nunmehr für den Wertansatz gleichartiger Wirtschaftsgüter des Vorratsvermögens unterstellt werden, dass die zuletzt angeschafften oder hergestellten Wirtschaftsgüter zuerst verbraucht oder veräußert worden sind. Damit wird zumindest das **Lifo-Verfahren** steuerlich allgemein anerkannt. Mit der Anwendung des Lifo-Verfahrens soll einerseits eine zeitnahe Verrechnung von Einkaufs- und erzielten Verkaufspreisen erfolgen und andererseits eine preissteigerungsbedingte Scheingewinnbesteuerung vermieden werden.[15] Voraussetzungen für die Anwendung sind, dass es

---

[7] Vgl. dazu ausführlich *ADS* RdNr. 37 ff.; *Mayer-Wegelin* HdR RdNr. 46 f.
[8] *Ellrott* BeBiKo RdNr. 53.
[9] *ADS* RdNr. 56.
[10] Vgl. hierzu im Einzelnen *Siepe/Husemann/Borges* WPg 1994, 645 ff.; *ADS* RdNr. 56 ff.
[11] *Siepe/Husemann/Borges* WPg 1994, 655.
[12] *ADS* RdNr. 71.
[13] *ADS* RdNr. 73; *Mayer-Wegelin* HdR RdNr. 80 f.
[14] *Ellrott* BeBiKo RdNr. 81.
[15] *Schmidt* EStG § 6 RdNr. 351.

sich um gleichartige Wirtschaftsgüter des Vorratsvermögens handelt und die Anwendung der Lifo-Methode den handelsrechtlichen GoB entspricht (vgl. dazu auch RdNr. 3). Steuerlich ist sowohl die permanente Lifo als auch die Perioden-Lifo zulässig. Bei Letztgenannter können auch Mehrbestände eines Jahres als besondere Posten (Layer) ausgewiesen werden (R 6.9 Abs. 4 EStR). Der Niederstwerttest zum Jahresende ist dann bezogen auf den einzelnen Layer durchzuführen (R 6.9 Abs. 6 EStR; vgl. dazu auch RdNr. 10). Soll in einem nachfolgenden Wirtschaftsjahr auf eine andere Bewertungsmethode übergegangen werden, so ist dies nur mit Zustimmung des Finanzamts zulässig (§ 6 Abs. 1 Nr. 2 a S. 3 EStG). Andere Bewertungsvereinfachungsverfahren als das Lifo-Verfahren dürfen steuerlich grundsätzlich nicht angewendet werden.

IV. Verfahren nach § 240 Abs. 3 und 4 (S. 2)

14 Nach S. 2 sind die gem. § 240 Abs. 3 und 4 für das Inventar zulässigen Verfahren der **Festbewertung** und der **Gruppenbewertung** auch auf den Jahresabschluss anwendbar. Die Regelung hat lediglich klarstellende Bedeutung insofern, als diese Vereinfachungsverfahren nicht nur bei der Aufstellung des Inventars, sondern auch bei der Bewertung im Jahresabschluss zulässig sind. Anderenfalls wäre eine unterschiedliche Behandlung in Inventar und Jahresabschluss erforderlich, was nicht gewünscht sein kann. Bei Vermögensgegenständen des Sachanlagevermögens und bei Roh-, Hilfs- und Betriebsstoffen darf das Festwertverfahren angewendet werden, sofern sie regelmäßig ersetzt werden und ihr Gesamtwert für das Unternehmen von nachrangiger Bedeutung ist (vgl. dazu auch Erl. zu § 240). Die Gruppenbewertung darf bei gleichartigen Vermögensgegenständen des Vorratsvermögens sowie bei anderen gleichartigen oder annähernd gleichwertigen beweglichen Vermögensgegenständen vorgenommen werden (vgl. im Einzelnen Erl. zu § 240).

Dritter Unterabschnitt. Aufbewahrung und Vorlage

§ 257[1] **Aufbewahrung von Unterlagen. Aufbewahrungsfristen**

(1) Jeder Kaufmann ist verpflichtet, die folgenden Unterlagen geordnet aufzubewahren:
1. Handelsbücher, Inventare, Eröffnungsbilanzen, Jahresabschlüsse, Einzelabschlüsse nach § 325 Abs. 2 a, Lageberichte, Konzernabschlüsse, Konzernlageberichte sowie die zu ihrem Verständnis erforderlichen Arbeitsanweisungen und sonstigen Organisationsunterlagen,
2. die empfangenen Handelsbriefe,
3. Wiedergaben der abgesandten Handelsbriefe,
4. Belege für Buchungen in den von ihm nach § 238 Abs. 1 zu führenden Büchern (Buchungsbelege).

(2) Handelsbriefe sind nur Schriftstücke, die ein Handelsgeschäft betreffen.

(3) [1] Mit Ausnahme der Eröffnungsbilanzen und Abschlüsse können die in Absatz 1 aufgeführten Unterlagen auch als Wiedergabe auf einem Bildträger oder auf anderen Datenträgern aufbewahrt werden, wenn dies den Grundsätzen ordnungsmäßiger Buchführung entspricht und sichergestellt ist, daß die Wiedergabe oder die Daten
1. mit den empfangenen Handelsbriefen und den Buchungsbelegen bildlich und mit den anderen Unterlagen inhaltlich übereinstimmen, wenn sie lesbar gemacht werden,
2. während der Dauer der Aufbewahrungsfrist verfügbar sind und jederzeit innerhalb angemessener Frist lesbar gemacht werden können.

[2] Sind Unterlagen auf Grund des § 239 Abs. 4 Satz 1 auf Datenträgern hergestellt worden, können statt des Datenträgers die Daten auch ausgedruckt aufbewahrt werden; die ausgedruckten Unterlagen können auch nach Satz 1 aufbewahrt werden.

(4) Die in Absatz 1 Nr. 1 und 4 aufgeführten Unterlagen sind zehn Jahre, die sonstigen in Absatz 1 aufgeführten Unterlagen sechs Jahre aufzubewahren.

(5) Die Aufbewahrungsfrist beginnt mit dem Schluß des Kalenderjahrs, in dem die letzte Eintragung in das Handelsbuch gemacht, das Inventar aufgestellt, die Eröffnungsbilanz oder der Jahresabschluß festgestellt, der Einzelabschluss nach § 325 Abs. 2 a oder der Konzernabschluß aufgestellt, der Handelsbrief empfangen oder abgesandt worden oder der Buchungsbeleg entstanden ist.

Schrifttum: *IDW* RS FAIT 1: Grundsätze ordnungsmäßiger Buchführung bei Einsatz von Informationstechnologie, WPg 2002, 1157; *IDW* RS FAIT 2: Grundsätze ordnungsmäßiger Buchführung bei Einsatz von Electronic Commerce, WPg 2003, 1258; *IDW,* ERS FAIT 3: Grundsätze ordnungsmäßiger Buchführung bei Einsatz elektronischer Archivierungsverfahren, WPg 2005, 746.

Übersicht

	RdNr.		RdNr.
I. Allgemeine Grundsätze	1, 2	b) Bildträger	22–24
II. Persönlicher Anwendungsbereich (Abs. 1)	3–8	c) Andere Datenträger	25
		d) Verfügbarkeit und Lesbarkeit	26–28
		e) Wahl und Wechsel der Aufbewahrungsmittel	29–31
III. Aufzubewahrende Unterlagen	9–18		
1. Unterlagen nach Abs. 1 Nr. 1	9–14	V. Aufbewahrungsdauer (Abs. 4)	32–34
2. Handelsbriefe nach Abs. 1 Nr. 2, 3, Abs. 2	15, 16	VI. Aufbewahrungsbeginn und -ende (Abs. 5)	35–38
3. Buchungsbelege nach Abs. 1 Nr. 4	17, 18	VII. Fristablauf	39
IV. Aufbewahrungsarten (Abs. 3)	19–31	VIII. Rechtsfolgen bei Verletzung der Aufbewahrungspflicht	40–42
1. Aufbewahrungsgrundsätze	19		
2. Aufbewahrungsort	20	IX. Bedeutung der Aufbewahrungsvorschriften für den Abschlussprüfer	43–45
3. Aufbewahrungsmittel	21–31		
a) Urschrift	21		

[1] Abs. 1 Nr. 1, Abs. 3, Abs. 5 geändert durch das Gesetz zur Einführung internationaler Rechnungslegungsstandards und zur Sicherung der Qualität der Abschlussprüfung (Bilanzrechtsreformgesetz – BilReG) vom 4. Dezember 2004; zur erstmaligen Anwendung s. Art. 58 EGHGB.

I. Allgemeine Grundsätze

1 § 257 regelt Umfang, Verfahren und Fristen der kaufmännischen Pflicht zur Aufbewahrung von Unterlagen. Die handelsrechtliche Aufbewahrungspflicht ist öffentlich-rechtlicher Natur. Ihr kommt eine Dokumentations- und Beweissicherungsfunktion zu. Eine privatrechtliche Einschränkung oder Abbedingung ist daher nicht möglich.

2 Die **steuerrechtliche Pflicht** zur Aufbewahrung von Unterlagen ist in § 147 AO geregelt. Unterschiede zu den handelsrechtlichen Pflichten ergeben sich im Anwendungsbereich der Vorschrift und im Umfang der aufbewahrungspflichtigen Unterlagen. Wegen der weitreichenden Übereinstimmung der handels- und der steuerrechtlichen Vorschriften gewinnt § 257 auch Bedeutung für die Aufbewahrung von Unterlagen bei Nichtkaufleuten.

II. Persönlicher Anwendungsbereich (Abs. 1)

3 § 257 verpflichtet jeden **Kaufmann** (vgl. § 238 RdNr. 5 ff.) zur Aufbewahrung. Namentlich fallen unter den Anwendungsbereich des § 257 natürliche Personen (Einzelkaufleute), Handelsgesellschaften (§. 6) und juristische Personen iSd. § 33, wie Vereine (§§ 21 f. BGB), privatrechtliche Stiftungen (§§ 80 ff. BGB), sowie – mit Ausnahmen – auch Körperschaften, Stiftungen und Anstalten des öffentlichen Rechts (§ 89 BGB), soweit sie ein Handelsgewerbe betreiben. Auch inländische Zweigniederlassungen ausländischer Unternehmen fallen unter § 257.

4 Die **Aufbewahrungspflicht des Kaufmanns beginnt** mit der Buchführungspflicht, dh. sobald die Kaufmannseigenschaft erworben bzw. die Anmeldeverpflichtung entstanden ist und aufbewahrungspflichtige Unterlagen angefallen sind. Sie endet mit dem Entfallen der Kaufmannseigenschaft. Für die Aufbewahrung ist stets der aufbewahrungspflichtige Kaufmann selbst verantwortlich, auch wenn ein Dritter mit der Buchführung beauftragt ist.[2] Ab dem Verlust der Kaufmannseigenschaft besteht die Aufbewahrungspflicht weiterhin für Unterlagen, die bis dahin aufbewahrungspflichtig waren.[3]

5 Im Fall eines Handelsgewerbes kraft Eintragung nach § 2 beginnt die Aufbewahrungspflicht mit der Eintragung in das Handelsregister. Steuerlich folgt die Aufbewahrungspflicht nach § 147 AO den Buchführungs- und Aufzeichnungspflichten nach § 140 AO oder anderen Steuergesetzen.

6 Die Aufbewahrungspflicht geht beim Tod des Kaufmanns auf die Erben über, auch wenn das Handelsgeschäft nicht fortgeführt wird.[4] Im Falle der Testamentsvollstreckung geht die Verantwortung auf den Testamentsvollstrecker über (Vollmachtslösung), im Falle der Treuhand auf den Treuhänder.[5] Während des Insolvenzverfahrens hat der Insolvenzverwalter die Aufbewahrungspflicht zu erfüllen. Im Vergleichsverfahren bleibt die Aufbewahrungspflicht beim Schuldner.[6]

7 Während der Abwicklungsphase einer Handelsgesellschaft wird die Aufbewahrungspflicht von den Liquidatoren erfüllt (§§ 268 Abs. 2 AktG, 71 Abs. 2 GmbHG, 89 GenG, 156 HGB). Nach Beendigung der Liquidation richtete sich die Aufbewahrung der Bücher und Schriften abhängig von der Gesellschaftsform nach speziellen gesetzlichen Vorschriften. Bei einer AG sind sie an einem vom Gericht bestimmten sicheren Ort zehn Jahre lang aufzubewahren (§ 273 Abs. 2 AktG). Gem. § 74 GmbHG sind die Bücher und Schriften der Gesellschaft mit beschränkter Haftung für die Dauer von zehn Jahren einem der Gesellschafter oder einem Dritten in Verwahrung zu geben. Die Frist von zehn Jahren gilt jeweils unabhängig davon, ob und wann die Fristen nach § 257 begonnen haben zu laufen.[7]

8 Unabhängig davon, ob lediglich Anteile oder das gesamte Handelsgeschäft veräußert werden, bleibt der Veräußerer steuerrechtlich für die bis zu diesem Zeitpunkt angefallenen Unterlagen aufbewahrungspflichtig. Handelsrechtlich geht im Rahmen eines redlichen Geschäfts nach überwiegender Meinung die Aufbewahrungspflicht mit den Handelsbüchern auf den Erwerber über. Zwar kann grundsätzlich eine öffentlich-rechtliche Pflicht nicht durch private Geschäfte abgedungen werden, jedoch ist die Aufbewahrungspflicht überwiegend durch sach- und nicht personenbezogene Merkmale bestimmt.[8]

---

[2] *IDW* RS FAIT 1, WPg 2002, 1157.
[3] *ADS* RdNr. 10.
[4] *ADS* RdNr. 11.
[5] OLG Hamm NJW 1963, 1554.
[6] *ADS* RdNr. 13.
[7] *ADS* RdNr. 12.
[8] *ADS* RdNr. 14.

III. Aufzubewahrende Unterlagen

1. Unterlagen nach Abs. 1 Nr. 1. Der Begriff der **Handelsbücher** umfasst sämtliche urkundlichen und nicht urkundlichen Informationsträger, die dazu bestimmt und geeignet sind, die Handelsgeschäfte des Kaufmanns und die Lage seines Vermögens sichtbar zu machen.[9] Unstreitig fallen darunter die Grund-, Haupt- und Nebenbücher.[10] Ebenso gehören die für die Konzernrechnungslegung erforderlichen Unterlagen dazu. Die Qualifizierung als Handelsbuch ist unabhängig von der Form der Unterlagen. Sie können auch auf Datenträgern geführt werden.[11]

Dem Inventarbegriff (§ 240 Abs. 1) unterfallen zB Aufnahmelisten, Anlageverzeichnisse, Saldenlisten für Konto- und Depotauszüge.

Unter Eröffnungsbilanzen sind die gem. § 242 Abs. 1 zu Beginn des Handelsgewerbes aufzustellenden Bilanzen zu verstehen.

Die aufzubewahrenden Jahresabschlüsse, Einzelabschlüsse nach § 325 Abs. 2a sowie die Lageberichte bestimmen sich nach der Legaldefinition des § 242 Abs. 3 bzw. §§ 264 Abs. 1 S. 1, § 325 Abs. 2a und § 289. Freiwillig erstellte Anhänge, Lageberichte und Zwischenabschlüsse, sofern diese keine Grundlagenfunktion für andere aufbewahrungspflichtige Rechenwerke ausüben, unterliegen nicht der Aufbewahrungsfrist.[12] Dagegen sind Abschlüsse für Rumpfgeschäftsjahre aufzubewahren. Auseinandersetzungsbilanzen können allenfalls nach Abs. 1 Nr. 4 aufbewahrungspflichtig sein.[13] Dagegen sind Prüfungsberichte sowie Vorstands- und Aufsichtsratsprotokolle wegen ihrer Bedeutung für das Verständnis von Geschäftsvorfällen Abs. 1 Nr. 1 zuzuordnen.

Als Bestandteile des Konzernabschlusses (§ 297 Abs. 1) sind die Konzernbilanz, die Konzerngewinn- und -verlustrechnung, die Kapitalflussrechnung, der Eigenkapitalspiegel sowie der Konzernanhang und der Konzernlagebericht (§ 315) in der gesetzlich vorgesehenen, nach § 245 unterzeichneten (und bei prüfungspflichtigen Unternehmen) mit Testat versehenen Form aufbewahrungspflichtig.

Die Aufbewahrungspflicht erstreckt sich zudem auf Arbeitsanweisungen und sonstige Organisationsunterlagen. Darunter versteht man Unterlagen, welche die Einrichtung der Buchführung oder des Datenverarbeitungssystems[14] betreffen, wie zB Kontenpläne, Kontenregister, Verfahrensdokumentationen und Arbeitsanweisungen. Auch Unterlagen zum Risikofrüherkennungssystem zählen hierzu.

2. Handelsbriefe nach Abs. 1 Nr. 2, 3, Abs. 2. Handelsbriefe sind nach der **Definition** des Abs. 2 Schriftstücke, die ein Handelsgeschäft betreffen, dh. sämtliche Schriftstücke mit Außenwirkung ohne Rücksicht auf die postalischen Versendungsformen, zB Fernschreiben, Telefaxe, Telefonnotizen und Datenfernübertragungen. Aufbewahrungspflichtig sind auch im Wege der Datenfernübertragung (EDI,[15] E-Mail, Internet usw.) übersendete Nachrichten.[16] Die Schriftstücke „betreffen" ein Handelsgeschäft, wenn sie dessen Vorbereitung, Abschluss, Durchführung oder Rückgängigmachung zum Gegenstand haben.[17]

Von den abgesandten Handelsbriefen hat der Kaufmann eine mit der Urschrift übereinstimmende Wiedergabe zurückzubehalten (Abs. 1 Nr. 3).

3. Buchungsbelege nach Abs. 1 Nr. 4. Nach dem **Belegprinzip** darf keine Buchung ohne Beleg durchgeführt werden. Dies gilt auch für Buchungen in den Nebenbüchern. Buchungsbelege können Eigen- oder Fremdbelege sein.[18] Bei autonom gebildeten Buchungen kann es sich auch um Datenverarbeitungsprotokolle oder -listen handeln. Fremdbelege entstehen, wenn Buchungen durch Rechtsgeschäfte mit Dritten veranlasst sind. Buchungsbelege sind dann zumeist die abgesandten oder die empfangenen Handelsbriefe. Interne Buchungsbelege entstehen insbesondere im Zusammenhang mit der Erstellung des Jahresabschlusses, zB Vornahme der Abschreibungen und Bildung der Rückstellungen.[19]

---

[9] Staub/*Hüffer* RdNr. 9.
[10] Vgl. Ausführungen bei *ADS* RdNr. 16 ff.
[11] *Winkeljohann/Philipps* BeBiKo RdNr. 20.
[12] *ADS* RdNr. 23, 26.
[13] *ADS* RdNr. 26.
[14] Vgl. hierzu *IDW* RS FAIT 1, WPg 2002, 1157.
[15] Vgl. *IDW* RS FAIT 2, WPg 2003, 1258.
[16] *Winkeljohann/Philipps* BeBiKo RdNr. 15.
[17] BT-Drucks. 4/2865 S. 8.
[18] *ADS* RdNr. 38 f.
[19] *ADS* RdNr. 39.

18 Der Umfang der für steuerliche Zwecke aufzubewahrenden Unterlagen ist in § 147 Abs. 1 AO geregelt und entspricht weitgehend dem Umfang nach § 238 Abs. 1. Nicht enthalten sind darin Unterlagen, die Konzernabschlüsse oder -lageberichte betreffen. Dagegen sind die aufzubewahrenden Unterlagen um solche sonstigen Unterlagen erweitert, soweit sie für die Besteuerung von Bedeutung sind.

IV. Aufbewahrungsarten (Abs. 3)

19 **1. Aufbewahrungsgrundsätze.** Das Ordnungsverfahren genügt den Anforderungen, wenn es gem. § 238 Abs. 1 S. 2 ggf. einem Dritten erlaubt, die gesuchten Unterlagen innerhalb angemessener Zeit aufzufinden. Zweckmäßig können Ordnungsverfahren nach Zeit, Sachgruppe, Kontenklassen, Belegnummern etc. sein.

20 **2. Aufbewahrungsort.** Ein Aufbewahrungsort wird – abgesehen von der Aufbewahrung nach Liquidationsende – im HGB nicht vorgeschrieben und kann daher grundsätzlich frei gewählt werden. Da die Unterlagen nach § 238 Abs. 1 S. 2 jedoch innerhalb einer angemessenen Zeit verfügbar sein müssen, wird die freie Aufbewahrungswahl durch Sachzwänge eingeengt. Nach §§ 146 Abs. 2 S. 1, 148 AO ist die Aufbewahrung im Ausland nur unter besonderen Voraussetzungen und in Ausnahmefällen erlaubt.

21 **3. Aufbewahrungsmittel. a) Urschrift.** Eröffnungsbilanzen, Jahres- und Konzernabschlüsse sowie Einzelabschlüsse nach § 325 Abs. 2a müssen in Urschrift archiviert werden. Eine Aufbewahrung dieser Unterlagen auf Bild- oder sonstigen Datenträgern wird durch Abs. 3 S. 1 untersagt. Dem entspricht die steuerliche Vorschrift des § 147 Abs. 2 S. 1 AO. Bei elektronischer Rechnungsübermittlung ist die Pflicht zur monatlichen Erstellung von Sammelrechnungen in Papierform seit dem 1. 1. 2004 unter restriktiven Voraussetzungen entfallen.[20]

22 **b) Bildträger.** Bildträger sind solche Aufbewahrungsmittel, die geeignet sind, die ursprüngliche Vorlage in ihrer inhaltlichen und äußerlichen Aufmachung wiederzugeben. Dazu zählen zB Fotokopien, Rollfilme, Mikrofiches, optische Speicherplatten, Einscannen etc. Für die Archivierung auf Bild- oder sonstigen Datenträgern muss gewährleistet sein, dass die GoB gewahrt sind,[21] eine Übereinstimmung mit dem Original vorliegt und die kurzfristige Verfügbarkeit und Lesbarmachung gewährleistet ist. Die Mikrofilm-Grundsätze sind nicht für das COM-Verfahren (Computer output on Microfilm) anwendbar.[22] Die Grundsätze sind darauf ausgerichtet, sicherzustellen, dass die Mikrofilmaufnahmen mit dem Original übereinstimmen. Die Originale dürfen nach ordnungsgemäßer Aufnahme grundsätzlich vernichtet werden.

23 Für empfangene Handelsbriefe und Buchungsbelege wird bildliche Übereinstimmung verlangt, damit die Urheberschaft der angebrachten Sicht-, Kontroll- und Bearbeitungsvermerke sowie von deren Inhalt festgestellt werden kann.[23]

24 Für die übrigen Unterlagen genügt inhaltliche Übereinstimmung, dh. Vollständigkeit und inhaltliche Richtigkeit der Wiedergaben; dies umfasst auch die erhaltenen Allgemeinen Geschäftsbedingungen.[24]

25 **c) Andere Datenträger.** Nach BT-Drucks. 6/3528 S. 52 ist unter dem Begriff „Datenträger" jedes Medium zu verstehen, das es ermöglicht, die Bücher oder Aufzeichnungen unmittelbar und jederzeit reproduzierbar festzuhalten. Der Begriff ist damit so gefasst worden, dass er auch für neue Entwicklungen offen ist. Zu den Grundsätzen ordnungsmäßiger DV-gestützter Buchführungssysteme (GoBS) vgl. IDW RS FAIT 1 „Grundsätze ordnungsmäßiger Buchführung bei Einsatz von Informationstechnologie",[25] IDW RS FAIT 2 „Grundsätze ordnungsmäßiger Buchführung bei Einsatz von Electronic Commerce"[26] und IDW ERS FAIT 3 „Grundsätze ordnungsmäßiger Buchführung beim Einsatz elektronischer Archivierungsverfahren".[27]

26 **d) Verfügbarkeit und Lesbarkeit.** Nach Abs. 3 S. 1 Nr. 2 müssen die Wiedergaben während der Aufbewahrungsfrist verfügbar sein und jederzeit während einer angemessenen Frist lesbar gemacht werden können. Erforderliche Lese- oder Reproduktionsgeräte müssen zumindest kurzfristig beschafft werden können. Die Lesbarmachungsfrist wird analog zu § 238 Abs. 1 S. 2 nach den Verhältnissen des Einzelfalls zu bestimmen sein.[28]

---

[20] Vgl. BMF-Schreiben vom 29. 1. 2004, BStBl. I S. 258.
[21] S. Mikrofilm-Grundsätze im BMF-Schreiben v. 1. 2. 1984, BStBl. I S. 155; vgl. auch *IDW* ERS FAIT 3, WPg 2005, 746.
[22] *ADS* RdNr. 57.
[23] *Winkeljohann/Philipps* BeBiKo RdNr. 20. Zu den Handelsbriefen mit Datenfernübertragung vgl. *ADS* RdNr. 58.
[24] *Winkeljohann/Philipps* BeBiKo RdNr. 20.
[25] *IDW* RS FAIT 1, WPg 2002, 1157.
[26] *IDW* RS FAIT 2, WPg 2003, 1258.
[27] *IDW* ERS FAIT 3, WPg 2005, 746.
[28] *ADS* RdNr. 59.

Bei **Datenverarbeitung außer Haus** muss der Zugriff auch über das Vertragsverhältnis hinaus möglich sein.

Steuerlich muss ab 1. 1. 2002 sichergestellt sein, dass die Wiedergabe oder die Daten während der Dauer der Aufbewahrungsfrist jederzeit verfügbar sind, unverzüglich lesbar gemacht und maschinell ausgewertet werden können (§ 147 Abs. 2 Nr. 2 nF AO; vgl. auch RdNr. 31).

e) Wahl und Wechsel der Aufbewahrungsmittel. Abs. 3 S. 2 gestattet es dem Kaufmann, Unterlagen, die auf Grund des § 238 Abs. 4 S. 1 auf Datenträgern hergestellt werden, auch ausgedruckt aufzubewahren oder diese ausgedruckten Unterlagen gem. Abs. 3 S. 1 zu archivieren. Damit wird es dem Kaufmann ermöglicht, unabhängig vom jeweiligen Entstehungsmedium, im Rahmen der GoB die jeweils für ihn zweckmäßigste Aufbewahrungsform zu nutzen.

Ab dem 1. 1. 2002 ist diese Vorgehensweise **für steuerliche Zwecke** nicht mehr zulässig, da § 147 Abs. 2 S. 2 AO gestrichen wurde.

Mit Wirkung ab 1. 1. 2002 wird den Finanzbehörden in § 147 Abs. 6 das Recht auf Datenzugriff gewährt, von dem die Finanzbehörde in folgenden Formen Gebrauch machen kann (vgl. (auch zu Übergangsregelungen) Grundsätze zum Datenzugriff und zur Prüfbarkeit digitaler Unterlagen (GDPdU):[29]
- Sie kann selbst unmittelbar auf das Datenverarbeitungssystem dergestalt zugreifen, dass sie Einsicht in die gespeicherten Daten nimmt und die eingesetzte Hard- und Software zur Prüfung der gespeicherten Daten einschließlich der Stammdaten und Verknüpfungen nutzt. Es obliegt dem Steuerpflichtigen, durch geeignete Zugriffsbeschränkungen sicherzustellen, dass der Prüfer nur auf steuerlich relevante Daten des Steuerpflichtigen zugreifen kann.
- Sie kann vom Steuerpflichtigen verlangen, dass er an ihrer Stelle die Daten nach ihren Vorgaben maschinell auswertet oder von einem beauftragten Dritten maschinell auswerten lässt, um den Nur-Lesezugriff durchführen zu können.
- Sie kann ferner verlangen, dass ihr die gespeicherten Unterlagen auf einem maschinell verwertbaren Datenträger zur Auswertung überlassen werden.

V. Aufbewahrungsdauer (Abs. 4)

Abs. 4 differenziert zwischen zehn- und sechsjährigen Aufbewahrungsfristen. Die **Zehnjahresfrist** gilt für Unterlagen nach Abs. 1 Nr. 1 und Nr. 4 und umfasst Handelsbücher, Inventare, Eröffnungsbilanzen, Jahresabschlüsse, Einzelabschlüsse nach § 325 Abs. 2a, Lageberichte, Konzernabschlüsse, Konzernlageberichte, Arbeitsanweisungen, sonstige Organisationsunterlagen und Buchungsbelege.

Dagegen gilt die **Sechsjahresfrist** für empfangene Handelsbriefe und die Wiedergabe der abgesandten Handelsbriefe. Entsprechende Fristen gelten für die Bild- und Datenträger.[30]

Auch steuerlich gelten die differenzierten 10- bzw. 6-jährigen Aufbewahrungsfristen. Sonstige Unterlagen, soweit sie für die Besteuerung von Bedeutung sind, fallen unter die 6-jährige Aufbewahrungsfrist. Steuerlich läuft die Aufbewahrungsfrist jedoch nicht ab, soweit und solange die Unterlagen für Steuern von Bedeutung sind, für welche die Festsetzungsfrist noch nicht abgelaufen ist (§ 147 Abs. 3 AO).

VI. Aufbewahrungsbeginn und -ende (Abs. 5)

Der Beginn der Aufbewahrungsfrist wurde aus Vereinfachungsgründen auf den **Schluss des Kalenderjahres** normiert, in dem der Sachverhalt verwirklicht wird, der zur Aufbewahrungspflicht führt. Dadurch verlängert sich die Aufbewahrungsdauer für Unterlagen, welche vor dem Jahresende entstanden sind, über die in Abs. 4 genannten Fristen hinaus.

Für die einzelnen Unterlagen differenziert Abs. 5 die Sachverhalte wie folgt:
- Bei Handelsbüchern wird auf den letzten Eintrag abgestellt. Erst mit Ablauf des Jahres, in dem die letzte Eintragung vorgenommen wurde, beginnt die Aufbewahrungsfrist abzulaufen. Wenn der Kaufmann die Bücher für jedes Geschäftsjahr gesondert führt, werden die letzten Eintragungen anlässlich des Jahresabschlusses im Folgejahr vorgenommen, so dass die Aufbewahrungsfrist mit dem Ende des Folgejahrs beginnt. Werden die Handelsbücher geändert, so stellt die Änderung die letzte Eintragung dar, so dass die Aufbewahrungsfrist mit dieser erneuten Änderung zu laufen beginnt.
- Bei Inventaren kommt es auf den Zeitpunkt der Aufstellung an.

---

[29] BMF-Schreiben v. 16. 7. 2001, DStR 2001, 1299.
[30] Vgl. detaillierte Übersicht in *Winkeljohann/Philipps* BeBiKo RdNr. 27.

§ 258

- Bei Eröffnungsbilanzen und bei Jahresabschlüssen ist der Zeitpunkt der Feststellung (§§ 172 f. AktG, 42 a Abs. 2 S. 1 GmbHG) maßgeblich. Bei Jahresabschlussänderungen ist für den Beginn der Aufbewahrungsfrist die Feststellung der geänderten Fassung maßgeblich.[31]
- Bei den – nichtfeststellungsbedürftigen – Konzernabschlüssen kommt es auf den Zeitpunkt der Aufstellung an.
- Bei Handelsbriefen ist der Empfang bzw. die Absendung maßgeblich.
- Bei den Buchungsbelegen wird auf den Entstehungszeitpunkt abgestellt. Dabei ist für Buchungsbelege der Sachzusammenhang mit den Handelsbüchern abzustellen.

37 Die entsprechende steuerliche Regelung ist in § 147 Abs. 4 AO enthalten. Anders als für die handelsrechtliche Aufbewahrungspflicht kommt es nicht auf die Feststellung, sondern auf die Aufstellung des Jahresabschlusses an.

38 Die Aufbewahrungsfrist beginnt mit dem Schluss des Kalenderjahres, in den das maßgebliche Ereignis fällt und endet nach zehn bzw. sechs Jahren mit Ablauf des 31. Dezembers (§ 188 Abs. 2 1. Alt. BGB). Im Gegensatz zum Steuerrecht kennt das Handelsrecht keine Ablaufhemmung der Aufbewahrungsfrist. Der Fristablauf tritt auch dann ein, wenn die Unterlagen noch von Bedeutung sind.

VII. Fristablauf

39 Mit Ablauf der Aufbewahrungsfrist können die Unterlagen, ohne dass daraus ein grundsätzlicher Rechtsnachteil entsteht, vernichtet werden. Sofern jedoch nach anderen Vorschriften längere Aufbewahrungsfristen angeordnet werden, sind diese maßgeblich. Allgemein sollten aber Unterlagen mit Dauerbedeutung unabhängig vom Ablauf gesetzlicher Aufbewahrungsfristen solange archiviert werden, wie ihnen Bedeutung zukommt.

VIII. Rechtsfolgen bei Verletzung der Aufbewahrungspflicht

40 Die handelsrechtliche Aufbewahrungspflicht ist nicht sanktionsbewehrt. Durch das Insolvenzstrafrecht (§§ 283 Abs. 1 Nr. 6, 283 b Abs. 1 Nr. 2 StGB) und den Tatbestand der Urkundenunterdrückung (§ 274 Abs. 1 Nr. 1 StGB) wird jedoch ein starker indirekter Zwang zur Einhaltung der Vorschrift bewirkt.

41 Da die Aufbewahrungspflicht Bestandteil der GoB ist, kann der Abschlussprüfer bei gravierenden Verstößen Konsequenzen für den Bestätigungsvermerk ziehen.[32]

42 Die Aufbewahrungspflicht ist ein Teil der Buchführungs- und Aufzeichnungspflicht. Daher führen Verstöße gegen die Aufbewahrungspflicht zu den gleichen Folgen wie Verstöße gegen die Buchführungspflicht (vgl. § 238 RdNr. 37).

IX. Bedeutung der Aufbewahrungsvorschriften für den Abschlussprüfer

43 Im Rahmen der Prüfung des Jahresabschlusses beurteilt der Abschlussprüfer, ob die Buchführung den gesetzlichen Vorschriften entspricht. Im Rahmen der Einzelfallprüfung anhand von Belegen sollte sich der Prüfer einen Überblick verschaffen, ob die Ablage und Aufbewahrung der Belege ordnungsgemäß ist.

44 Eine Einschränkung oder Versagung des Bestätigungsvermerks wird im Allgemeinen bei mangelhafter Einhaltung der Aufbewahrungsfristen nicht gegeben sein. Eine wesentliche Beanstandung wird allerdings vorliegen, wenn der Mangel die Prüfbarkeit des Jahresabschlusses erheblich beeinträchtigt.

45 Die Aufbewahrungsfrist des Abschlussprüfers ist im Wesentlichen in den allgemeinen Auftragsbedingungen für WP und WPG des IDW geregelt, sie beträgt grundsätzlich 7 Jahre.[33]

§ 258 Vorlegung im Rechtsstreit

(1) **Im Laufe eines Rechtsstreits kann das Gericht auf Antrag oder von Amts wegen die Vorlegung der Handelsbücher einer Partei anordnen.**

(2) **Die Vorschriften der Zivilprozeßordnung über die Verpflichtung des Prozeßgegners zur Vorlegung von Urkunden bleiben unberührt.**

---

[31] *ADS* RdNr. 71.
[32] *WPH* Q RdNr. 519.
[33] *WPH* A RdNr. 263 ff.

I. Allgemeine Grundsätze

Mit Abs. 1 wurde eine selbstständige – die allgemeinen ZPO-Vorschriften ergänzende – Rechtsgrundlage zur Vorlegung von Handelsbüchern geschaffen, die im Übrigen aber die sonstigen ZPO-Urkundenvorlegungsregelungen unberührt lässt (Abs. 2). Diese Sonderregelung berücksichtigt den besonderen Beweiswert der Handelsbücher.[1]

II. Anordnung des Gerichts zur Vorlegung der Handelsbücher (Abs. 1)

Handelsbücher sind gem. Abs. 1 vorzulegen in rechtshängigen **zivilrechtlichen Rechtsstreitigkeiten**. Die Vorschrift ist somit in arbeits- und schiedsgerichtlichen Verfahren[2] anwendbar. In Auseinandersetzungsverfahren in Angelegenheiten der freiwilligen Gerichtsbarkeit ist § 259 Abs. 1 anwendbar (vgl. auch § 260 RdNr. 3). Im **Strafprozess** ist dagegen die Beschlagnahmevorschrift des § 95 StPO lex specialis.

Die Vorlage kann ausschließlich gegenüber einer gesetzlich zur Führung von Handelsbüchern verpflichteten Partei des Rechtsstreits für deren Handelsbücher angeordnet werden.

Bei den nach Ablauf der **Aufbewahrungsfrist** vernichteten Handelsbüchern scheidet eine Vorlagepflicht naturgemäß aus. Nach Ablauf der Aufbewahrungsfrist nicht vernichtete Handelsbücher bleiben vorlegungspflichtig, da mit Fristablauf die Handelsbucheigenschaft nicht aufgehoben wird.

Das **Prozessgericht** ordnet auf Antrag einer Partei oder von Amts wegen nach Ausübung pflichtgemäßen Ermessens die Vorlegung an. Eine Verfahrensbestimmung wurde nicht getroffen. Voraussetzung für die Ermessensentscheidung des Gerichts ist ein Sachverhaltsvortrag, welcher darlegt, dass die Vorlage der Handelsbücher nach Überzeugung des Gerichts als Beweis für die Schlüssigkeit der Klage oder die Erheblichkeit der Einwendungen geeignet ist. Das Gericht hat bei seinen Anordnungen das berechtigte Interesse des Kaufmanns an der Geheimhaltung zu beachten. Einen Anspruch auf Anordnung der Vorlage räumt Abs. 1 den Parteien nicht ein.[3]

III. ZPO-Vorschriften zur Vorlegung von Urkunden (Abs. 2)

Abs. 2 ordnet an, dass die Vorschriften der ZPO über die Verpflichtung des Prozessgegners zur Vorlage von Urkunden unberührt bleiben. Dadurch wird auf die prozessrechtlichen Vorlegungspflichten nach §§ 422, 423 ZPO verwiesen.

Unerheblich ist, in welchen Schrift- oder Druckzeichen die Urkunde abgefasst ist, worauf sie geschrieben oder gedruckt wurde, ob sie unterschrieben ist und welchem Zweck sie dient. Auch Fotokopien, Computerausdrucke und ähnliche Aufzeichnungen können Urkunden sein.[4]

Nach § 423 ZPO ergibt sich die Vorlegungspflicht des Prozessgegners für alle in dessen Händen befindlichen Urkunden, auf die er im Prozess seinerseits zur Beweisführung – sei es auch nur in einem vorbereitenden Schriftsatz – Bezug genommen hat.

Gem. § 422 ZPO besteht eine zivilprozessuale Vorlegungspflicht darüber hinaus, wenn der Beweisführer nach den Vorschriften des bürgerlichen Rechts die Herausgabe oder Vorlegung der Urkunden verlangen kann. Hauptanspruchsgrundlagen sind §§ 809, 810 BGB und die Ansprüche auf Einsichtnahme durch Gesellschafter.[5]

IV. Rechtsfolgen

Auf Anordnung sind die Handelsbücher bzw. die sonstigen Urkunden grundsätzlich im **Original** beim Gericht vorzulegen.[6] Das Gericht kann allerdings auf die Vorlage der Originale verzichten. Das Gericht ist in der Würdigung der Beweiskraft frei.[7]

Bei Nichtvorlage durch die verpflichtete Partei können die dem Antrag zugrunde liegenden Auszüge und Behauptungen gem. § 427 ZPO (analog) als richtig angesehen werden.[8]

---

[1] Staub/*Hüffer* RdNr. 1.
[2] *ADS* RdNr. 2.
[3] Staub/*Hüffer* RdNr. 4 ff.
[4] *Winkeljohann/Philipps* BeBiKo RdNr. 4.
[5] Staub/*Hüffer* RdNr. 13 ff.
[6] Zum Verfahren vgl. OLG Mainz WM 1980, 1246.
[7] *ADS* RdNr. 13 ff.
[8] Staub/*Hüffer* RdNr. 23.

V. Verfahren in Steuersachen

12 Auf der Grundlage des § 97 Abs. 1 AO kann die Finanzbehörde von den Beteiligten und von anderen Personen verlangen, dass sie ihre Bücher und sonstige Aufzeichnungen zur Einsicht und Prüfung vorlegen. Es liegt im Ermessen der Behörde, ob und in welchem Umfang die genannten Urkunden zur Beurteilung herangezogen werden. Gem. § 97 Abs. 2 AO ist die Behörde jedoch verpflichtet, den Sachverhalt zunächst durch Auskunft des Vorlagepflichtigen aufzuklären. Im Rahmen der Außenprüfung sind Handelsbücher und Urkunden auf Verlangen ohne vorherige Auskunft vorzulegen (§ 200 Abs. 1 S. 2 AO). Das Finanzgericht kann auf der Grundlage des § 76 Abs. 1 S. 4 FGO die Vorlage der Handelsbücher und anderer Urkunden ohne weiteres anordnen.[9]

§ 259 Auszug bei Vorlegung im Rechtsstreit

[1] Werden in einem Rechtsstreit Handelsbücher vorgelegt, so ist von ihrem Inhalt, soweit er den Streitpunkt betrifft, unter Zuziehung der Parteien Einsicht zu nehmen und geeignetenfalls ein Auszug zu fertigen. [2] Der übrige Inhalt der Bücher ist dem Gericht insoweit offenzulegen, als es zur Prüfung ihrer ordnungsmäßigen Führung notwendig ist.

I. Allgemeine Grundsätze

1 In § 259 wird die Einsichtnahme und die Auszugserstellung geregelt. Er bezweckt, die Vorlegungspflicht und das damit kollidierende Geheimhaltungsinteresse des Kaufmanns miteinander zu vereinbaren. Dabei wird durch § 259 die Einsichtnahme der Parteien auf die für die Streitpunkte relevanten Teile der Handelsbücher beschränkt, während das Gericht selbst einen über den eigentlichen Streitpunkt hinausgehenden Einblick nehmen kann.

II. Einsichtnahme durch die Parteien (S. 1)

2 Das Gericht nimmt Einsicht in die Handelsbücher unter Hinzuziehung der Parteien. Die Einsichtnahme beschränkt sich auf die für den Rechtsstreit relevanten Teile der Handelsbücher. Die Beweisführer müssen daher bestimmte Tatsachen behaupten, die aus den Handelsbüchern bewiesen werden sollen, und nach Möglichkeit angeben, an welcher Stelle der Handelsbücher der Beweis zu finden ist.[1] Sodann obliegt es dem vorlegungspflichtigen Kaufmann, die den Streitpunkt betreffenden Teile aufzufinden und diese dem Gericht konkret zu bezeichnen. Das Gericht hat dann, ggf. mit Hilfe von Sachverständigen,[2] unter Hinzuziehung der Parteien Einsicht zu nehmen und geeignetenfalls einen Auszug zu fertigen und zu den Prozessakten zu nehmen.[3]

III. Einsichtnahme durch das Gericht (S. 2)

3 Das Gericht hat ein weitergehendes Einsichtsrecht, um ggf. unter Zuhilfenahme eines Sachverständigen beurteilen zu können, ob die Bücher ordnungsgemäß geführt wurden. Allerdings ist das Einsichtsrecht auf den Umfang beschränkt, der erforderlich ist, um die Ordnungsmäßigkeit zu überprüfen. Die Parteien haben kein über den Streitpunkt hinausgehendes Einsichts- und/oder Prüfungsrecht (Datenschutz).[4]

§ 260 Vorlegung bei Auseinandersetzungen

Bei Vermögensauseinandersetzungen, insbesondere in Erbschafts-, Gütergemeinschafts- und Gesellschaftsteilungssachen, kann das Gericht die Vorlegung der Handelsbücher zur Kenntnisnahme von ihrem ganzen Inhalt anordnen.

---

[9] Staub/*Hüffer* RdNr. 24.
[1] Dazu *ADS* RdNr. 4.
[2] RG JW 1927, 2416.
[3] Staub/*Hüffer* RdNr. 8 f.
[4] *Winkeljohann/Philipps* BeBiKo RdNr. 3.

I. Allgemeine Grundsätze

§ 260 trifft eine Sonderregelung für Vermögensauseinandersetzungen. Er erweitert die Bestimmungen der §§ 258 f., indem er die Vorlageverpflichtungen in den aufgezählten Fällen nicht auf bürgerlich-rechtliche Streitigkeiten, die der ZPO als Verfahrensordnung unterliegen, eingrenzt und die Kenntnisnahme des gesamten Inhalts der Handelsbücher zulässt. Da in den Verfahren zur Vermögensauseinandersetzung regelmäßig die gesamten Vermögensverhältnisse des kaufmännischen Betriebs von Bedeutung sind, beschränkt sich das Einsichtsrecht nicht auf bestimmte Teile der Handelsbücher, sondern umfasst deren gesamten Inhalt.[1]

II. Voraussetzungen der Vorlegung

Die Anordnungsbefugnis des Prozessgerichts besteht nach § 260 nur in gerichtlichen Vermögensauseinandersetzungsverfahren. Der Gegenstand der Auseinandersetzung muss ein vollkaufmännisches Handelsgeschäft sein. Betroffen können sowohl Personengesellschaften wie auch der Besitz sämtlicher Anteile an diesen sein. Für geringere Beteiligungen kommen die §§ 118 Abs. 1, 166 Abs. 3, 233 Abs. 3 HGB, 51 a Abs. 1 GmbHG zur Anwendung.[2]

§ 260 gilt für jede Art der Vermögensauseinandersetzung. Die im Gesetz aufgeführten Fälle der Erbschafts-, Gütergemeinschafts- und Gesellschaftsteilungssachen stellen – wie der Begriff „insbesondere" zeigt – keine abschließende Aufzählung dar.[3]

Dem Wortlaut des § 260 ist nicht zu entnehmen, dass die Anhängigkeit eines Rechtsstreits vorausgesetzt wird.[4] Daher ist die Vorschrift auch in den Verfahren der freiwilligen Gerichtsbarkeit anwendbar, wie zB nach §§ 86 ff. FGG in Nachlassauseinandersetzungsangelegenheiten oder nach § 99 FGG in der Auseinandersetzung von Gütergemeinschaften.[5]

Die Anordnung der Vorlegung ist in das Ermessen des Gerichts gestellt und kann von Amts wegen ohne Antrag der Prozessparteien angeordnet werden.

§ 261 Vorlegung von Unterlagen auf Bild- oder Datenträgern

Wer aufzubewahrende Unterlagen nur in der Form einer Wiedergabe auf einem Bildträger oder auf anderen Datenträgern vorlegen kann, ist verpflichtet, auf seine Kosten diejenigen Hilfsmittel zur Verfügung zu stellen, die erforderlich sind, um die Unterlagen lesbar zu machen; soweit erforderlich, hat er die Unterlagen auf seine Kosten auszudrucken oder ohne Hilfsmittel lesbare Reproduktionen beizubringen.

I. Allgemeine Grundsätze

§ 257 Abs. 3 gestattet, aufbewahrungspflichtige Unterlagen auf Bild- oder sonstigen Datenträgern aufzubewahren. § 261 ergänzt diese Vorschrift, indem er die Mitwirkungspflicht des Kaufmanns konstituiert, wenn die Unterlagen vorgelegt werden sollen und daher in lesbare Form überführt werden müssen.[1*] Dem Kaufmann werden die Kosten auferlegt.

§ 261 bezieht sich nicht nur auf Rechtsstreitigkeiten (§§ 258 f.) und Auseinandersetzungen (§ 260), sondern erstreckt sich auch auf Vorlegungen außerhalb eines Gerichtsverfahrens. Für Strafverfahren findet § 261 keine Anwendung.[2*]

II. Die Vorlegung nach § 261

1. Pflicht zur Lesbarmachung. Diese besteht mit Ausnahme der Eröffnungsbilanzen, Jahres- und Konzernabschlüsse (§ 257 Abs. 3 S. 1) für alle nach § 257 aufzubewahrenden Unterlagen, die nicht im Original aufgehoben werden. Betroffen sind neben der Vorlegung nach § 258 auch die bürgerlich-rechtlichen (§ 810 BGB) und die zivilprozessualen Vorlegungspflichten (§§ 422 f. ZPO). Ist das Original nicht greifbar, müssen die Abspeicherungen lesbar gemacht werden. Solange Bild-

---

[1] *ADS* RdNr. 6.
[2] *Winkeljohann/Philipps* BeBiKo RdNr. 1.
[3] *ADS* RdNr. 3.
[4] AA Staub/*Hüffer* RdNr. 2.
[5] *Winkeljohann/Philipps* BeBiKo RdNr. 2.
[1*] *Winkeljohann/Philipps* BeBiKo RdNr. 2.
[2*] *Winkeljohann/Philipps* BeBiKo RdNr. 3.

oder Datenträger existieren, gilt die Vorlagepflicht nach § 257 und somit auch die Pflicht nach § 261.³

4 **2. Art und Weise der Lesbarmachung.** Vorgaben, wie die Lesbarkeit erreicht werden soll, enthält das Gesetz nicht. Im Grundsatz reicht die Bereitstellung sachlicher und/oder personeller Hilfsmittel aus. Wenn Unterlagen nicht am Ort der Vorlegung sichtbar gemacht werden können oder der Zweck dies erfordert, sind diese in ausgedruckter Form oder in ohne Hilfsmittel lesbarer Form beizubringen.

III. Kosten

5 Sämtliche Kosten, die durch die Lesbarmachung der auf Speichermedien aufbewahrten Unterlagen entstehen, legt § 261 dem vorlagepflichtigen Kaufmann auf, da dieser die Rationalisierungseffekte des Einsatzes von Bild- und Datenträgern bei der Archivierung von Unterlagen realisiert.⁴ Als Sonderregelung verdrängt § 261 die allgemeinen Kostenerstattungsvorschriften (zB §§ 91 ZPO, 811 Abs. 2 BGB).⁵

IV. Verfahren in Steuersachen

6 In §§ 147 Abs. 5 und 97 Abs. 3 AO und in § 85 FGO finden sich vergleichbare steuerrechtliche Regelungen. Die Finanzbehörde kann verlangen, dass Unterlagen vollständig oder zum Teil in lesbaren Reproduktionen vorgelegt werden, ohne an den Maßstab der Erforderlichkeit gebunden zu sein.⁶ Die Finanzbehörde kann Erleichterungen nach § 148 AO gewähren.

---

³ *ADS* RdNr. 3.
⁴ BT-Drucks. 4/2865 S. 9.
⁵ Staub/*Hüffer* RdNr. 9 f.
⁶ Staub/*Hüffer* RdNr. 13.

Vierter Unterabschnitt. Landesrecht

§ 262 *(aufgehoben)*

§ 263 Vorbehalt landesrechtlicher Vorschriften

Unberührt bleiben bei Unternehmen ohne eigene Rechtspersönlichkeit einer Gemeinde, eines Gemeindeverbands oder eines Zweckverbands landesrechtliche Vorschriften, die von den Vorschriften dieses Abschnitts abweichen.

I. Allgemeine Grundsätze

§ 263 stellt Unternehmen ohne eigene Rechtspersönlichkeit einer Gemeinde, eines Gemeindeverbands oder eines Zweckverbands von der Anwendung der §§ 238 bis 261 frei, wenn und soweit landesrechtliche Vorschriften abweichende Regelungen treffen. Öffentlich-rechtliche Voll- und Sollkaufleute werden aus Wettbewerbsgründen und mit Rücksicht auf die BFH-Rechtsprechung allen übrigen Kaufleuten gleichgestellt. Abweichungen sind nur zulässig, sofern landesrechtliche Regelungen für Unternehmen auf kommunaler Ebene bestehen. Unternehmen des Bundes und der Länder werden von der Befreiung nicht erfasst.[1]   1

II. Regelungsbereich

Der Hauptanwendungsbereich des § 263 liegt bei den kommunalen Eigenbetrieben sowie den   2
Regiebetrieben[2] wie auch bei wirtschaftlichen Unternehmen ohne eigene Rechtspersönlichkeit von Landes-, Wohlfahrts- oder Umlandverbänden.[3] Der Terminus „ohne eigene Rechtspersönlichkeit" erfordert, dass die Gemeinde etc. selbst Rechtsträgerin des Unternehmens ist.[4]

Das Eigenbetriebsrecht fällt nach Art. 30 GG in die Gesetzgebungskompetenz der Länder.[5]   3

III. Steuerliche Vorschriften

Auch bei Unternehmen ohne eigene Rechtspersönlichkeit sind für die wesentlichen Steuern die   4
Vorschriften der Abgabenordnung maßgebend (§ 1 AO). Wirtschaftsbetriebe unterliegen der Körperschaft- (§ 1 Abs. 1 Nr. 6 KStG), der Gewerbesteuer (§ 2 Abs. 1 GewStDV).

---

[1] Zur Rechnungslegungspflicht nach dem PublG vgl. *ADS* RdNr. 8.
[2] Zur Unterscheidung von Netto- und Bruttoregiebetrieben s. *ADS* RdNr. 6.
[3] *Winkeljohann/Philipps* BeBiKo RdNr. 1.
[4] Staub/*Hüffer* RdNr. 4.
[5] Vgl. Auflistung der Eigenbetriebsgesetze oder -verordnungen bei *Winkeljohann/Philipps* BeBiKo RdNr. 2.

Zweiter Abschnitt. Ergänzende Vorschriften für Kapitalgesellschaften (Aktiengesellschaften, Kommanditgesellschaften auf Aktien und Gesellschaften mit beschränkter Haftung) sowie bestimmte Personenhandelsgesellschaften

Erster Unterabschnitt. Jahresabschluß der Kapitalgesellschaft und Lagebericht

Erster Titel. Allgemeine Vorschriften

§ 264 Pflicht zur Aufstellung[1]

(1) ¹Die gesetzlichen Vertreter einer Kapitalgesellschaft haben den Jahresabschluß (§ 242) um einen Anhang zu erweitern, der mit der Bilanz und der Gewinn- und Verlustrechnung eine Einheit bildet, sowie einen Lagebericht aufzustellen. ²Der Jahresabschluß und der Lagebericht sind von den gesetzlichen Vertretern in den ersten drei Monaten des Geschäftsjahrs für das vergangene Geschäftsjahr aufzustellen. ³Kleine Kapitalgesellschaften (§ 267 Abs. 1) brauchen den Lagebericht nicht aufzustellen; sie dürfen den Jahresabschluß auch später aufstellen, wenn dies einem ordnungsgemäßen Geschäftsgang entspricht, jedoch innerhalb der ersten sechs Monate des Geschäftsjahres.

(2) ¹Der Jahresabschluß der Kapitalgesellschaft hat unter Beachtung der Grundsätze ordnungsmäßiger Buchführung ein den tatsächlichen Verhältnissen entsprechendes Bild der Vermögens-, Finanz- und Ertragslage der Kapitalgesellschaft zu vermitteln. ²Führen besondere Umstände dazu, daß der Jahresabschluß ein den tatsächlichen Verhältnissen entsprechendes Bild im Sinne des Satzes 1 nicht vermittelt, so sind im Anhang zusätzliche Angaben zu machen. ³Die gesetzlichen Vertreter einer Kapitalgesellschaft, die Inlandsemittent im Sinne des § 2 Abs. 7 des Wertpapierhandelsgesetzes und keine Kapitalanlagegesellschaft im Sinne des § 327 a ist, haben bei der Unterzeichnung schriftlich zu versichern, dass nach besten Wissen der Jahresabschluss ein den tatsächlichen Verhältnissen entsprechendes Bild im Sinne des Satzes 1 vermittelt oder der Anhang Angaben nach Satz 2 enthält.

Abs. 3 idF für Geschäftsjahre, die vor dem 1. 1. 2006 beginnen:

(3) Eine Kapitalgesellschaft, die Tochterunternehmen eines nach § 290 zur Aufstellung eines Konzernabschlusses verpflichteten Mutterunternehmens ist, braucht die Vorschriften dieses Unterabschnitts und des Dritten und Vierten Unterabschnitts dieses Abschnitts nicht anzuwenden, wenn

1. alle Gesellschafter des Tochterunternehmens der Befreiung für das jeweilige Geschäftsjahr zugestimmt haben und der Beschluß nach § 325 offengelegt worden ist,
2. das Mutterunternehmen zur Verlustübernahme nach § 302 des Aktiengesetzes verpflichtet ist oder eine solche Verpflichtung freiwillig übernommen hat und diese Erklärung nach § 325 offengelegt worden ist,
3. das Tochterunternehmen in den Konzernabschluß nach den Vorschriften dieses Abschnitts einbezogen worden ist,
4. die Befreiung des Tochterunternehmens im Anhang des von dem Mutterunternehmen aufgestellten Konzernabschlusses angegeben wird und

---

[1] Abs. 3 geändert durch das Gesetz über elektronische Handelsregister und Genossenschaftsregister sowie das Unternehmensregister (EHUG) vom 10. November 2006. Zur erstmaligen Anwendung s. Art. 61 Abs. 5 EGHGB. Abs. 2 S. 4 wurde ergänzt durch das Transparenzrichtlinie-Umsetzungsgesetz vom 5. Januar 2007. Zur erstmaligen Anwendung s. *Art. 62 EGHGB.*

5. die von dem Mutterunternehmen nach den Vorschriften über die Konzernrechnungslegung gemäß § 325 offenzulegenden Unterlagen auch zum Handelsregister des Sitzes der die Befreiung in Anspruch nehmenden Kapitalgesellschaft eingereicht worden sind.

Abs. 3 idF des EHUG

(3) Eine Kapitalgesellschaft, die Tochterunternehmen eines nach § 290 zur Aufstellung eines Konzernabschlusses verpflichteten Mutterunternehmens ist, braucht die Vorschriften dieses Unterabschnitts und des Dritten und Vierten Unterabschnitts dieses Abschnitts nicht anzuwenden, wenn

1. alle Gesellschafter des Tochterunternehmens der Befreiung für das jeweilige Geschäftsjahr zugestimmt haben und der Beschluß nach § 325 offengelegt worden ist,
2. das Mutterunternehmen zur Verlustübernahme nach § 302 des Aktiengesetzes verpflichtet ist oder eine solche Verpflichtung freiwillig übernommen hat und diese Erklärung nach § 325 offengelegt worden ist,
3. das Tochterunternehmen in den Konzernabschluss nach den Vorschriften dieses Abschnitts einbezogen worden ist und
4. die Befreiung des Tochterunternehmens
    a) im Anhang des von dem Mutterunternehmen aufgestellten und nach § 325 durch Einreichung beim Betreiber des elektronischen Bundesanzeigers offen gelegten Konzernabschlusses angegeben und
    b) zusätzlich im elektronischen Bundesanzeiger für das Tochterunternehmen unter Bezugnahme auf diese Vorschrift und unter Angabe des Mutterunternehmens mitgeteilt worden ist.

(4) Absatz 3 ist auf Kapitalgesellschaften, die Tochterunternehmen eines nach § 11 des Publizitätsgesetzes zur Aufstellung eines Konzernabschlusses verpflichteten Mutterunternehmens sind, entsprechend anzuwenden, soweit in diesem Konzernabschluss von dem Wahlrecht des § 13 Abs. 3 Satz 1 des Publizitätsgesetzes nicht Gebrauch gemacht worden ist.

Schrifttum zu §§ 264, 264 a, 264 b, 264 c: *DRSC,* DRS 2 Kapitalflussrechnung, BAnz. 2000, 10189; *Gelhausen/Mujkanovic,* Der Entwurf eines Kapitalaufnahmeerleichterungsgesetzes. Bedeutung für die Rechnungslegung, Prüfung und Offenlegung, AG 1997, 337; *Giese/Rabenhorst/Schindler,* Erleichterungen bei der Rechnungslegung, Prüfung und Offenlegung von Konzerngesellschaften, BB 2001, 511; *IDW,* St/SABl. 3/1986: Zur Darstellung der Finanzlage i. S. v. § 264 Abs. 2 HGB, WPg 1986, 670; *Moxter,* Bilanzlehre (Band II): Einführung in das neue Bilanzrecht, 3. Aufl. 1986; *Streim,* Die Generalnorm des § 264 Abs. 2 HGB – Eine kritische Analyse, FS Moxter, 1994, S. 391.

Übersicht

	RdNr.		RdNr.
I. Allgemeine Grundsätze	1–6	**III. Generalnorm für Kapitalgesellschaften und OHG/KG iSv. § 264 a (Abs. 2)**	21–31
1. Überblick	2, 3	1. Allgemeines zur Generalnorm	21–25 a
2. Geltungsbereich	4–6	2. Inhalt der Generalnorm	26–29
II. Aufstellung von Jahresabschluss und Lagebericht (Abs. 1)	7–20	a) Überblick	26
		b) Vermögenslage	27
1. Aufstellungspflicht	7–11	c) Finanzlage	28
2. Aufstellungsfristen	12–15	d) Ertragslage	29
3. Verpflichteter Personenkreis	16, 17	3. Zusätzliche Erläuterungen im Anhang	30, 31
4. Erleichterungen für kleine Kapitalgesellschaften und OHG/KG iSv. § 264 a	18	**IV. Befreiung von Rechnungslegungsvorschriften (Abs. 3, 4)**	32–37
5. Exkurs: Kapitalflussrechnung als freiwilliger Bestandteil des Jahresabschlusses	19, 20	**V. Änderungen durch das EHUG**	38
		VI. Folgen der Nichtbeachtung	39–41

I. Allgemeine Grundsätze

§ 264 leitet den **Zweiten Abschnitt** des Dritten Buches ein, der die ergänzenden Vorschriften für Kapitalgesellschaften (Aktiengesellschaften, Kommanditgesellschaften auf Aktien, Gesellschaften mit beschränkter Haftung) enthält. Diese Vorschriften sind von den Kapitalgesellschaften zusätzlich zu den Regelungen des Ersten Abschnitts, der die Vorschriften für alle Kaufleute enthält, zu beachten. Bei der Aufstellung des Jahresabschlusses haben Kapitalgesellschaften dementsprechend neben den für alle Kaufleute geltenden Vorschriften der §§ 242–256 die ergänzenden Bestimmungen der §§ 264–289 zu beachten. Nach § 264 sind die ergänzenden Vorschriften grundsätzlich auch auf bestimmte offene Handelsgesellschaften und Kommanditgesellschaften anzuwenden. Erfasst werden solche Gesellschaften, bei denen nicht wenigstens ein persönlich haftender Gesellschafter eine natürliche Person oder eine OHG, KG oder eine andere Personengesellschaft mit einer natürlichen Person als persönlich haftendem Gesellschafter ist (insbesondere die in Deutschland üblichen Ausgestaltungen der Kapitalgesellschaft & Co. KG).[2]

2   **1. Überblick.** Abs. 1 bestimmt, dass der Jahresabschluss von Kapitalgesellschaften und OHG/KG iSv. § 264a außer der **Bilanz** und der **Gewinn- und Verlustrechnung** auch einen **Anhang** umfasst. Darüber hinaus haben Kapitalgesellschaften und OHG/KG iSv. § 264a einen **Lagebericht** aufzustellen, der jedoch nicht Bestandteil des Jahresabschlusses ist. Abs. 2 enthält die **Generalnorm** für den Jahresabschluss der Kapitalgesellschaften, wonach dieser unter Beachtung der Grundsätze ordnungsmäßiger Buchführung ein den tatsächlichen Verhältnissen entsprechendes Bild der Vermögens-, Finanz- und Ertragslage der Kapitalgesellschaft vermitteln soll.

3   Nach Abs. 3, der mit Inkrafttreten des „Gesetzes zur Verbesserung der Wettbewerbsfähigkeit deutscher Konzerne an Kapitalmärkten und zur Erleichterung der Aufnahme von Gesellschafterdarlehen (Kapitalaufnahmeerleichterungsgesetz – KapAEG)" am 24. April 1998 (BGBl. I S. 707–709) an § 264 angefügt wurde, sind Kapitalgesellschaften, die Tochterunternehmen von nach § 290 zur Aufstellung eines Konzernabschlusses verpflichteten Mutterunternehmen sind, bei Erfüllung bestimmter Voraussetzungen von der Anwendung der §§ 264–289, 316–329 befreit. Abs. 4 regelt die Anwendung von Abs. 3 für Kapitalgesellschaften, die Tochterunternehmen eines nach § 11 PublG zur Aufstellung eines Konzernabschlusses verpflichteten Mutterunternehmens sind.

4   **2. Geltungsbereich.** § 264 gilt grundsätzlich nur für Kapitalgesellschaften. Durch gesetzliche Verweisung, statutarisch oder sonst im Wege der Vereinbarung, kann eine entsprechende Anwendung für andere Unternehmen vorgesehen werden; eine analoge Anwendung auf Kaufleute anderer Rechtsform kommt darüber hinaus grundsätzlich nicht in Betracht.[3] Gem. § 341a sind die Regelungen des § 264, die große Kapitalgesellschaften betreffen, auch von **Versicherungsunternehmen** anzuwenden, mit der Einschränkung, dass die in Abs. 1 S. 2 festgelegte Dreimonatsfrist sowie die Erleichterungen des Abs. 3 nur eingeschränkt gelten. Entsprechendes gilt nach § 5 Abs. 1 VAG auch für **öffentlich-rechtliche Versicherungsunternehmen. Kreditinstitute und Finanzdienstleistungsinstitute** haben die Vorschrift des § 264, soweit sie große Kapitalgesellschaften betrifft, ebenfalls weitestgehend anzuwenden, auch wenn sie nicht in der Rechtsform einer Kapitalgesellschaft betrieben werden (§ 340a Abs. 1 und 2). Allerdings tritt die Generalnorm des Abs. 2 insoweit zurück, als einzelne Vorschriften der §§ 340ff. Bewertungsspielräume eröffnen, die wesentlich weiter reichen als dies bei Kapitalgesellschaften und OHG/KG iSv. § 264a der Fall ist. Die Generalnorm des Abs. 2 ist darüber hinaus nach § 336 Abs. 2 auch von **eingetragenen Genossenschaften** anzuwenden.

5   Unternehmen, die dem **PublG** unterliegen, müssen § 264 nicht anwenden, da die Vorschrift des § 5 Abs. 1 PublG nicht hierauf verweist.[4] Die Anwendbarkeit zumindest von Abs. 2 kann für diese Unternehmen auch nicht aus der Prüfungspflicht nach § 6 Abs. 1 PublG, wonach § 322 sinngemäß gilt, abgeleitet werden. Darin wird zwar der Wortlaut der Generalnorm des Abs. 2 aufgegriffen, eine zwingende Beachtung von Abs. 2 kann aber nicht verlangt werden, da für die Erfüllung der Generalnorm wesentliche Bewertungsvorschriften wie die §§ 279, 280 für publizitätspflichtige Unternehmen nicht gelten.[5]

6   Die Anwendung von § 264, insbesondere von Abs. 2, kann außerdem in **Statuten** oder **Gesellschaftsverträgen,** aber auch in **sonstigen Vereinbarungen** vertraglich festgelegt werden.[6]

II. Aufstellung von Jahresabschluss und Lagebericht (Abs. 1)

7   **1. Aufstellungspflicht.** Gem. Abs. 1 S. 1 haben die gesetzlichen Vertreter einer Kapitalgesellschaft und OHG/KG iSv. § 264a den nach § 242 aufzustellenden Jahresabschluss um einen **Anhang** zu erweitern. Nach § 242 Abs. 3, der auch für Kapitalgesellschaften und OHG/KG iSv. § 264a gilt,

---

[2] *WPH* F RdNr. 20.
[3] *ADS* RdNr. 6.
[4] So auch *WPH* H RdNr. 47.
[5] *ADS* RdNr. 9; *Baetge/Commandeur* HdR RdNr. 1 ff.
[6] *ADS* RdNr. 10.

besteht der Jahresabschluss für alle Kaufleute aus **Bilanz** und **Gewinn- und Verlustrechnung.** Bilanz, Gewinn- und Verlustrechnung und Anhang bilden nach Abs. 1 eine **Einheit.** Im Verhältnis zu Bilanz und Gewinn- und Verlustrechnung stellt der Anhang damit ein gleichrangiges Informationsinstrument dar, das es in einem gewissen Rahmen erlaubt, bestimmte Angaben aus Bilanz und Gewinn- und Verlustrechnung in den Anhang zu übernehmen und diese dadurch zu entlasten (vgl. §§ 284, 285).

8 Darüber hinaus steht der Anhang offen für **freiwillige Zusatzinformationen,** wie zB Kapitalflussrechnungen, Bewegungsbilanzen, Sozialbilanzen, Mehrjahresübersichten[7] und Segmentberichterstattungen sowie Eigenkapitalspiegel. Solche Zusatzrechnungen werden dann zu Bestandteilen des Jahresabschlusses iSd. HGB.[8]

9 Sämtliche an den Jahresabschluss anknüpfende Rechtsfolgen gelten auf Grund der Einheit der drei Bestandteile auch für den Anhang. So können Aufstellung, Prüfung, Feststellung, Unterzeichnung und Offenlegung des Jahresabschlusses nur dann ordnungsgemäß erfolgen, wenn sie sich auf alle drei Bestandteile beziehen.[9]

10 Neben dem **Jahresabschluss** haben Kapitalgesellschaften und OHG/KG iSv. § 264a nach Abs. 1 S. 1 einen **Lagebericht** (s. Erl. zu § 289) aufzustellen. Der Lagebericht, der u. a. zusätzliche Informationen zum Geschäftsverlauf, zur Lage der Kapitalgesellschaft und zu den Chancen und Risiken der künftigen Entwicklung enthält, ist jedoch nicht Teil des Jahresabschlusses.

11 Die Pflicht zur Aufstellung von Jahresabschluss und Lagebericht stellt eine zwingende **Verpflichtung öffentlich-rechtlicher Art** dar, auf die nicht verzichtet werden kann.[10]

12 **2. Aufstellungsfristen.** Nach Abs. 1 S. 2 sind Jahresabschluss und Lagebericht in den **ersten drei Monaten** des Geschäftsjahres für das vergangene Geschäftsjahr aufzustellen.

13 Für **kleine Kapitalgesellschaften und OHG/KG iSv. § 264a** iVm. § 267 Abs. 1, die zwingend nur den Jahresabschluss aufstellen müssen, gilt hinsichtlich der Aufstellungsfrist eine Ausnahme. Kleine Kapitalgesellschaften und OHG/KG iSv. § 264a dürfen nach Abs. 1 S. 3 Hs. 2 den Jahresabschluss auch später aufstellen, wenn dies einem ordnungsgemäßen Geschäftsgang entspricht; die Aufstellung muss jedoch innerhalb der **ersten sechs Monate** des Geschäftsjahres erfolgen. Die Einschränkung, dass die spätere Aufstellung einem ordnungsgemäßen Geschäftsgang entsprechen muss, ist dabei so zu verstehen, dass die Aufstellung nicht ohne sachliche Gründe, also willkürlich, auf einen späteren Zeitpunkt innerhalb der Sechsmonatsfrist aufgeschoben werden darf.[11] Eine generelle Verlängerung der Aufstellungsfrist auf sechs Monate durch Satzung oder Gesellschaftsvertrag der kleinen Kapitalgesellschaft ist unzulässig.[12]

14 Besondere Fristenregelungen bestehen für Kreditinstitute (§§ 26 KWG, 340a Abs. 1) und für Versicherungsunternehmen (§ 341a Abs. 1). Danach haben **Kreditinstitute** die Dreimonatsfrist zu beachten. Die Verlängerung der Aufstellungsfrist auf sechs Monate gilt nicht, da nach dem Wortlaut des § 340a lediglich die für große Kapitalgesellschaften geltenden Regelungen des § 264 auf Kreditinstitute entsprechend anzuwenden sind. Für **Versicherungsunternehmen** regelt § 341a Abs. 1 eine abweichende Aufstellungsfrist von **vier Monaten;** die Sechsmonatsfrist ist ebenfalls nicht anwendbar.

15 Mit der **Aufstellung** iSd. Abs. 1 ist die Vorlage eines Jahresabschlusses gemeint, der innerhalb der Frist entweder soweit fertig gestellt ist, dass er prüfungsbereit ist, oder – bei Fehlen der Prüfungspflicht – dem Aufsichtsrat bzw. den Gesellschaftern zur Feststellung vorgelegt werden kann.[13] Hiervon unberührt bleibt jedoch die Möglichkeit, auch nach Ablauf der Frist noch Änderungen oder Ergänzungen des Jahresabschlusses oder Lageberichts vorzunehmen.[14]

16 **3. Verpflichteter Personenkreis.** Zur Aufstellung von Jahresabschluss und Lagebericht verpflichtet sind nach Abs. 1 S. 1 die **gesetzlichen Vertreter** der Kapitalgesellschaft. Dies sind bei der **AG** der **Vorstand** (vgl. § 78 AktG), bei der **KGaA** die **persönlich haftenden Gesellschafter** (vgl. § 278 Abs. 2 AktG iVm. §§ 161 Abs. 2, 125, 170) und bei der **GmbH** die **Geschäftsführer** (vgl. § 35 Abs. 1 GmbHG). Für OHG/KG iSv. § 264a regelt § 264a Abs. 2, dass die Mitglieder des vertretungsberechtigten Organs der vertretungsberechtigten Gesellschaften als gesetzliche Vertreter

---

[7] *ADS* RdNr. 13, 14.
[8] *ADS* RdNr. 15.
[9] *ADS* RdNr. 15.
[10] *ADS* RdNr. 24. Zur Ausnahme im Fall kleiner Kapitalgesellschaften und OHG/KG iSv. § 264a vgl. Abs. 1 S. 3.
[11] *ADS* RdNr. 28 a; *Winkeljohann/Schellhorn* BeBiKo RdNr. 17.
[12] BayObLG BB 1987, 869 u. 1638.
[13] *Winkeljohann/Schellhorn* BeBiKo RdNr. 19.
[14] *ADS* RdNr. 31.

der Gesellschaft gelten, denen somit auf die Aufstellungsverpflichtung obliegt. Im Liquidationsstadium wird die Gesellschaft durch die **Abwickler** bzw. **Liquidatoren** vertreten (vgl. §§ 269, 270 AktG sowie §§ 70, 71 GmbHG).

17 Die Aufstellung von Jahresabschluss und Lagebericht kann im Innenverhältnis einem oder mehreren Vorstands- oder Geschäftsführungsmitgliedern übertragen werden, wobei für die zur Aufstellung erforderlichen Tätigkeiten die Einschaltung von Hilfspersonen möglich ist;[15] die anderen gesetzlichen Vertreter werden dadurch jedoch nicht von ihrer Verantwortung befreit.[16] Die Unterzeichnung des aufgestellten Jahresabschlusses durch **alle** gesetzlichen Vertreter gehört zur Aufstellung.[17] Der Lagebericht braucht nicht unterzeichnet zu werden; trotzdem ist eine Unterzeichnung unter Angabe des Datums zur Dokumentation des zeitlichen Endes der Informationserfassung sinnvoll.[18]

18 **4. Erleichterungen für kleine Kapitalgesellschaften und OHG/KG iSv. § 264 a.** Neben der Verlängerung der Aufstellungsfrist für den Jahresabschluss auf sechs Monate besteht eine weitere Erleichterung für kleine Kapitalgesellschaften und OHG/KG iSv. § 264 a darin, dass diese nach Abs. 1 S. 3 Hs. 1 von der Aufstellung eines Lageberichts befreit sind. Diese Befreiung geht auf die Umsetzung der Richtlinie 90/604/EWG vom 8. November 1990 (sog. **Mittelstandsrichtlinie;** ABl. EG Nr. L 317, 59) zurück. Mit dem „Gesetz zur Änderung des D-Markbilanzgesetzes und anderer handelsrechtlicher Bestimmungen" vom 25. Juli 1994 (BGBl. 1994 I S. 1682–1687) wurde die Richtlinie in deutsches Recht transformiert. Eine der dabei vorgenommenen Änderungen betraf die Neufassung des Abs. 1 S. 3, wonach kleine Kapitalgesellschaften und OHG/KG iSv. § 264 a den Lagebericht nicht aufzustellen brauchen. Nach der bis dahin gültigen Rechtslage waren auch kleine Kapitalgesellschaften und OHG/KG iSv. § 264 a zur Aufstellung eines Lageberichts verpflichtet.

19 **5. Exkurs: Kapitalflussrechnung als freiwilliger Bestandteil des Jahresabschlusses.** Die Kapitalflussrechnung ist gem. § 297 Abs. 1 Pflichtbestandteil des Konzernabschlusses (vgl. auch § 297 RdNr. 5 ff.). Demgegenüber besteht keine solche Verpflichtung für eine Ergänzung des Jahresabschlusses, obwohl die Mitgliedstaaten in der Protokollerklärung zu Art. 2 Abs. 6 der 4. EG-Richtlinie ermächtigt wurden, die Aufstellung einer Kapitalflussrechnung zu verlangen. Eine entsprechende Regelung ist jedoch nicht in das deutsche Recht aufgenommen worden. Dennoch können von den Unternehmen selbstverständlich auf freiwilliger Basis Kapitalflussrechnungen publiziert werden (vgl. dazu DRS 2 „Kapitalflussrechnung").

20 Eine Kapitalflussrechnung soll zusätzlich zu Bilanz, Gewinn- und Verlustrechnung und Anhang ergänzende Angaben über die finanzielle Entwicklung das Unternehmens enthalten, die sich aus dem Jahresabschluss nicht oder nur mittelbar entnehmen lassen. Ihre Aufgabe besteht darin, Zahlungsströme darzustellen und Auskunft darüber zu geben, wie finanzielle Mittel erwirtschaftet und welche Investitions- und Finanzierungsmaßnahmen vorgenommen wurden. Für eine umfassendere Darstellung der Finanzlage wäre daher die Aufstellung einer Kapitalflussrechnung wünschenswert.

III. Generalnorm für Kapitalgesellschaften und OHG/KG iSv. § 264 a (Abs. 2)

21 **1. Allgemeines zur Generalnorm.** Während die Generalnorm **für alle Kaufleute** in § 243 Abs. 1 lediglich verlangt, dass der Jahresabschluss nach den Grundsätzen ordnungsmäßiger Buchführung aufzustellen ist, schreibt Abs. 2 S. 1 darüber hinaus für Kapitalgesellschaften und OHG/KG iSv. § 264 a vor, dass der Jahresabschluss „unter Beachtung der Grundsätze ordnungsmäßiger Buchführung ein den tatsächlichen Verhältnissen entsprechendes Bild der Vermögens-, Finanz- und Ertragslage der Kapitalgesellschaft zu vermitteln" hat. Diese Regelung stellt die Generalnorm für die Aufstellung des Jahresabschlusses von **Kapitalgesellschaften und OHG/KG iSv. § 264 a** dar.

22 Die Generalnorm des Abs. 2 resultiert aus der Umsetzung von Art. 2 Abs. 3 der 4. EG-Richtlinie, deren Wortlaut wiederum auf den britischen *true and fair view* zurückzuführen ist. Obwohl keine Einigkeit darüber besteht, was unter dem Begriff *true and fair view* konkret zu verstehen ist, wurde er als handlungsleitende Zielnorm in der 4. EG-Richtlinie festgeschrieben.[19] Danach hat der Jahresabschluss „ein den tatsächlichen Verhältnissen entsprechendes Bild der Vermögens-, Finanz- und Ertragslage der Gesellschaft zu vermitteln." Diese Formulierung wurde auch nahezu wörtlich (unter Einfügung der Worte „unter Beachtung der Grundsätze ordnungsmäßiger Buchführung") in Abs. 2 S. 1 übernommen. In der 4. EG-Richtlinie ist der *true and fair view* als *overriding principle* konzipiert.

---

[15] Baumbach/Hopt/Merkt RdNr. 6.
[16] ADS RdNr. 20; Baetge/Commandeur HdR RdNr. 7.
[17] Baetge/Commandeur HdR RdNr. 8.
[18] ADS § 245 RdNr. 3; Winkeljohann/Schellhorn BeBiKo RdNr. 16.
[19] Streim, FS Moxter, S. 394 f.

Art. 2 Abs. 5 der Richtlinie bestimmt, dass von einzelnen Vorschriften abgewichen werden muss, falls diese mit der Vermittlung eines den tatsächlichen Verhältnissen entsprechenden Bildes nicht vereinbar sind. Der deutsche Gesetzgeber hat Art. 2 Abs. 5 nicht in nationales Recht transformiert.

Damit wäre klargestellt, dass die Generalnorm des Abs. 2 S. 1 **nicht** als vorrangige Norm im Sinne eines *overriding principle,* welches die für die Rechnungslegung von Kapitalgesellschaften und OHG/KG iSv. § 264a geltenden Einzelvorschriften außer Kraft setzt, anzusehen ist.[20] Gesetzliche Einzelvorschriften können nach dieser Auffassung durch die Generalnorm nicht außer Kraft gesetzt werden; insofern gilt die Regel „lex specialis derogat legi generali".[21] Um der Forderung nach dem *true and fair view* dennoch nachzukommen, verlangt Abs. 2 S. 2 über die Generalnorm des Abs. 2 S. 1 hinaus **zusätzliche Angaben** im Anhang, falls besondere Umstände dazu führen, dass der Jahresabschluss ein den tatsächlichen Verhältnissen entsprechendes Bild iSv. S. 1 nicht vermittelt. Folgt man der Abkoppelungsthese von *Moxter,* so stellt der Anhang das Informationsinstrument dar, das die durch den Vorrang der Einzelnormen verursachten Verzerrungen des den tatsächlichen Verhältnissen entsprechenden Bildes korrigiert.[22]

Abs. 2 S. 1, der fordert, dass der Jahresabschluss der Kapitalgesellschaft unter Beachtung der Grundsätze ordnungsmäßiger Buchführung ein den tatsächlichen Verhältnissen entsprechendes Bild der Vermögens-, Finanz- und Ertragslage vermittelt, und Abs. 2 S. 2, der zusätzliche Angaben im Anhang verlangt, falls besondere Umstände dazu führen, dass dieses Bild nicht vermittelt wird (Grundsatz der ordnungsmäßigen Informationsgewährung), müssen als gleichberechtigt nebeneinander stehende Vorschriften angesehen werden. Angesichts der detaillierten Regelungen zur Rechnungslegung (zB § 265 zur Gliederung sowie die GoB an sich, die als unbestimmter Rechtsbegriff in jeder Hinsicht erweiterungsfähig sind), besteht wenig Raum für eine Interpretation der Generalnorm des Abs. 2 im Sinne eines *overriding principle.* Wegen der gleichberechtigten Stellung von S. 1 und S. 2 ist jedoch auch die Schlussfolgerung, dass eine Bilanzierung, die den Grundsätzen ordnungsmäßiger Buchführung entspricht, in jedem Fall das den tatsächlichen Verhältnissen entsprechende Bild nach S. 1 vermittelt und keiner zusätzlichen Erläuterung iSv. S. 2 mehr bedarf, nicht zulässig. Vielmehr ist der Grundsatz der ordnungsmäßigen Informationsgewährung (S. 2) jeweils bei der Interpretation der einzelnen Vorschriften (zB Erläuterung von sonstigen Rückstellungen nach § 285 Nr. 12, Ausweis der sonstigen betrieblichen Erträge und Aufwendungen nach § 275 Abs. 2 Nr. 4 und 8 bzw. Abs. 3 Nr. 6 und 7) mit heranzuziehen und verlangt im Zweifel weiter gehende Aufgliederungen und Angaben, die bis zur Offenlegung stiller Reserven (zB Angabe der Differenz zwischen Vollkosten- und Teilkostenansatz) führen können.

Der Grundsatz der ordnungsmäßigen Informationsgewährung entspricht insoweit auch der wirtschaftlichen Betrachtungsweise, die allerdings im deutschen Handelsrecht nicht so weit geht wie der Grundsatz des *substance over form* in der US-amerikanischen Rechnungslegung. Dies zeigt sich beispielsweise bei der Bilanzierung langfristiger Fertigungsaufträge (Percentage-of-completion-Methode – vgl. Erl. zu § 252) oder beim Leasing (vgl. Erl. zu § 246).

Durch das TUG wurde Abs. 2 um Satz 3 ergänzt. Danach haben die gesetzlichen Vertreter der Kapitalgesellschaft mit Wirkung für Geschäftsjahre, die nach dem 31. Dezember 2006 beginnen, bei Unterzeichnung eine Versicherung abzugeben, dass nach bestem Wissen der Jahresabschluss ein den tatsächlichen Verhältnissen entsprechendes Bild im Sinne des § 264 Abs. 2 S. 1 vermittelt oder, falls dies nicht der Fall ist, entsprechende Angaben nach § 264 Abs. 2 S. 2 im Anhang enthalten sind.

2. Inhalt der Generalnorm. a) Überblick. Aus Abs. 2 ergibt sich, dass der Jahresabschluss in einer den tatsächlichen Verhältnissen entsprechenden Weise gleichrangig ein Bild der **Vermögens-, Finanz- und Ertragslage** der Kapitalgesellschaft zu vermitteln hat. Ein Rangverhältnis hinsichtlich ihrer Bedeutung gibt es zwischen der Vermögens-, Finanz- und Ertragslage nicht. Je nach Branche oder augenblicklicher wirtschaftlicher Situation kann mal der einen, mal der anderen eine größere Aussagekraft zukommen. Trennen lassen sich die drei Lagen dennoch nicht, denn sie beeinflussen sich gegenseitig. So wirkt sich zB die Ertragslage auf die Zusammensetzung und die Höhe von Vermögen und Kapital und somit auf die Vermögens- und Finanzlage aus; die künftige Ertragslage hängt umgekehrt aber auch von der Vermögenslage ab, welche die Grundlage für zukünftige Gewinne des Unternehmens bildet.[23] Die Forderung nach der Vermittlung des den tatsächlichen Verhältnissen entsprechenden Bildes über alle drei Lagen kann zu Zielkonflikten führen (zB bei der Ausübung von Bewertungswahlrechten). Da der Gesetzgeber in Abs. 2 alle drei Lagen **gleichrangig**

---

[20] *Baetge/Commandeur* HdR RdNr. 10; *Winkeljohann/Schellhorn* BeBiKo RdNr. 25.
[21] *Baetge/Commandeur* HdR RdNr. 10.
[22] *Moxter* S. 67.
[23] *Baetge/Commandeur* HdR RdNr. 14.

nebeneinander stellt, müssen solche Konflikte ggf. mit Hilfe geeigneter Angaben im Anhang gem. Abs. 2 S. 2 gelöst werden.[24]

27   **b) Vermögenslage.** Die Vermögenslage ergibt sich im Wesentlichen aus der **Bilanz,** die gem. § 242 Abs. 1 das Verhältnis zwischen Vermögen und Schulden darstellt. Die Vermögenslage bezieht sich jedoch nicht nur auf die Aktivseite der Bilanz, sondern schließt das auf der Passivseite ausgewiesene Eigen- und Fremdkapital ein.[25] Gefordert ist die Darstellung des **bilanziellen Vermögens,** also von Vermögen und Kapital, wie sie sich aus den im Gesetz vorgeschriebenen Bilanzierungsregeln ergeben, ohne Berücksichtigung von höheren Zeitwerten oder Zerschlagungswertgesichtspunkten.[26] Die in der Bilanz ausgewiesenen Aktiv- und Passivposten reichen jedoch zur Beurteilung der Vermögenslage nicht aus. Voraussetzung für die Vermittlung eines den tatsächlichen Verhältnissen entsprechenden Bildes der Vermögenslage ist darüber hinaus zB die Kenntlichmachung der Art der Vermögensteile und Schulden, deren Bindungsdauer oder Fristigkeit, der Bewertungsmethoden für die Vermögensteile und Schulden, der Beziehungen zu verbundenen Unternehmen und zu Unternehmen, mit denen ein Beteiligungsverhältnis besteht, des im Anlagevermögen ursprünglich investierten Kapitals, der besonderen Belastungen und Sicherheiten, der Struktur der Eigenkapitalposten, der Eventualverbindlichkeiten, der aus der Bilanz nicht erkennbaren finanziellen Verpflichtungen sowie der Veränderungen gegenüber dem Vorjahr.[27] Darüber hinaus können weitere Angaben und Erläuterungen zur Vermittlung des den tatsächlichen Verhältnissen entsprechenden Bildes erforderlich sein. Neben der Gegenüberstellung von Vermögen und Schulden in der Bilanz hat der Anhang eine wesentliche Funktion bei der Darstellung der Vermögenslage, da er bspw. zusätzliche Angaben zur Bewertung der Bilanzposten enthält.[28]

28   **c) Finanzlage.** Unter der Finanzlage kann die Gesamtheit aller sich auf die Finanzierung einer Gesellschaft beziehenden Aspekte verstanden werden, zB Finanzstruktur, Deckungsverhältnisse, Fristigkeiten, Finanzierungsspielräume, Investitionsvorhaben, schwebende Bestellungen und Kreditlinien.[29] Dementsprechend soll die Darstellung der Finanzlage Auskunft geben über Herkunft und Verwendung der im Unternehmen eingesetzten Mittel sowie deren Fristigkeiten, über die Liquidität des Unternehmens und dessen Fähigkeit, seinen Verpflichtungen in einer überschaubaren Zukunft nachkommen zu können.[30] Als Instrumente zur Darstellung der Finanzlage dienen im Wesentlichen die **Bilanz** sowie die zusätzlichen Angaben im **Anhang.** So sind insbesondere Angaben zu machen über die Fristigkeit von Forderungen und Verbindlichkeiten (§ 268 Abs. 4 und 5, § 285 Nr. 1 und 2) sowie über in der Bilanz nicht zum Ausdruck kommende sonstige finanzielle Verpflichtungen, sofern sie für die Beurteilung der Finanzlage von Bedeutung sind (§ 285 Nr. 3). Zu einer umfassenderen Darstellung der Finanzlage notwendige Zusatzrechnungen wie Kapitalflussrechnungen (vergangenheitsbezogen) oder Finanzpläne (zukunftsbezogen) werden vom Gesetz nur im Fall von Kapitalflussrechnungen für den Konzernabschluss vorgeschrieben (vgl. auch § 297).

29   **d) Ertragslage.** Mit Hilfe der Ertragslage sollen die Quellen und das Zustandekommen des Erfolgs im abgelaufenen Geschäftsjahr, die Struktur der Aufwendungen und Erträge, das Ergebnis der laufenden Geschäftstätigkeit, das außerordentliche Ergebnis, der Einfluss periodenfremder Aufwendungen und Erträge sowie besonderer steuerlicher Gestaltungen ersichtlich gemacht werden.[31] Zentrales Instrument für die Darstellung der Ertragslage ist die **Gewinn- und Verlustrechnung;** außerdem enthält der **Anhang** zusätzliche Angaben, die für die Beurteilung der Ertragslage von Bedeutung sind.

30   **3. Zusätzliche Erläuterungen im Anhang.** Für den Fall, dass der Jahresabschluss trotz der Anwendung der gesetzlichen Vorschriften und der GoB auf Grund **besonderer Umstände** das geforderte den tatsächlichen Verhältnissen entsprechende Bild nicht vermittelt, sind nach Abs. 2 S. 2 im Anhang zusätzliche Angaben zu machen. Solche besonderen Umstände liegen dann vor, wenn der Jahresabschluss trotz der Anwendung gesetzlicher Vorschriften keinen getreuen Einblick in die Entwicklungstendenz des Unternehmens gewährleistet. Hierbei kommt es auf den Gesamteindruck hinsichtlich des Entwicklungsverlaufes des Unternehmens an. Unerhebliche Abweichungen von den tatsächlichen Verhältnissen führen nicht zu der erweiterten Berichtpflicht im Anhang. Durch die

---

[24] *Winkeljohann/Schellhorn* BeBiKo RdNr. 38.
[25] *Baetge/Commandeur* HdR RdNr. 21.
[26] *ADS* RdNr. 64; *Baumbach/Hopt/Merkt* RdNr. 10.
[27] *ADS* RdNr. 65.
[28] *Baumbach/Hopt/Merkt* RdNr. 10; *Winkeljohann/Schellhorn* BeBiKo RdNr. 37.
[29] *WPH* F RdNr. 72; *IDW,* St/SABl. 3/1986, WPg 1986, 670.
[30] *Winkeljohann/Schellhorn* BeBiKo RdNr. 37.
[31] *ADS* RdNr. 78.

Formulierung „besondere Umstände" wird darüber hinaus klargestellt, dass die Wesentlichkeitsgrenze nicht zu niedrig anzusetzen ist.[32]

Zu unterscheiden sind Fälle, in denen ein **zu günstiges** Bild der Vermögens-, Finanz- und Ertragslage des Unternehmens gezeichnet wird, und Fälle, in denen ein **zu ungünstiges** Bild gezeichnet wird. Als Anwendungsfälle für die Korrektur eines zu günstigen Bildes kommen bspw. in Betracht: ungewöhnliche und rein bilanzpolitische Maßnahmen, wie zB *Sale-and-lease-back*-Verfahren,[33] Teilliquidationen von Filialen, Werken oder Betriebsabteilungen bei Unternehmen, die nach Fortführungswerten bilanzieren,[34] Erzielung von wesentlichen Teilen des Gewinns eines inländischen Unternehmens in einer ausländischen Betriebsstätte mit hoher Inflation und daher erheblichen Scheingewinnen.[35] Keine zusätzliche Berichtpflicht ergibt sich, wenn trotz Vorliegens der Voraussetzungen des § 252 Abs. 1 Nr. 2 Zweifel an der Fortsetzung der Unternehmenstätigkeit bestehen.[36] In dieser Situation sind jedoch im Rahmen der Berichterstattung über wesentliche Chancen und Risiken entsprechende Ausführungen in den Lagebericht aufzunehmen. Die Korrektur eines zu ungünstigen Bildes ist zB erforderlich bei langfristiger Fertigung im Schiffs- oder Anlagenbau,[37] Vermittlung eines unzutreffenden Bildes auf Grund des Nominalwertprinzips bei erheblichen Preissteigerungen und Geldwertänderungen.[38] In Ausnahmefällen können zusätzliche Angaben im Anhang auch bei wesentlichen Beeinflussungen im Rahmen eines **Vertragskonzerns** oder **faktischen Konzerns** erforderlich werden.[39] 31

IV. Befreiung von Rechnungslegungsvorschriften (Abs. 3, 4)

Nach Abs. 3 werden Kapitalgesellschaften bei Erfüllung folgender Voraussetzungen von der Anwendung der §§ 264–289 (Jahresabschluss der Kapitalgesellschaft und Lagebericht), der §§ 316–324 (Prüfung) und der §§ 325–329 (Offenlegung) befreit: 32
- Die Kapitalgesellschaft ist Tochterunternehmen eines nach § 290 zur Aufstellung eines Konzernabschlusses verpflichteten Mutterunternehmens.
- Alle Gesellschafter des Tochterunternehmens haben der Befreiung für das jeweilige Geschäftsjahr zugestimmt und der Beschluss ist nach § 325 offen gelegt worden.
- Das Mutterunternehmen ist zur Verlustübernahme nach § 302 AktG verpflichtet oder hat eine solche Verpflichtung freiwillig übernommen und diese Erklärung ist nach § 325 offen gelegt worden.
- Das Tochterunternehmen ist in den Konzernabschluss nach den Vorschriften des Zweiten Abschnitts des HGB einbezogen worden und die Befreiung des Tochterunternehmens wird im Anhang des von dem Mutterunternehmen aufgestellten Konzernabschlusses angegeben.
- Die von dem Mutterunternehmen nach den Vorschriften über die Konzernrechnungslegung gem. § 325 offen zu legenden Unterlagen sind auch zum Handelsregister des Sitzes der die Befreiung in Anspruch nehmenden Kapitalgesellschaft eingereicht worden.

Die Unternehmen haben die Möglichkeit zu wählen, ob alle Erleichterungen oder nur einzelne genutzt werden sollen. Hinsichtlich der Verlustübernahmeverpflichtung wird zu verlangen sein, dass diese mindestens bis zum Ende des auf den Abschlussstichtag folgenden Geschäftsjahres besteht, da nur so ein ausreichender Schutz der Interessen der Gläubiger des Tochterunternehmens gewährleistet ist.[40] 33

Bei dem Mutterunternehmen muss es sich um ein nach § 290 zur Aufstellung eines Konzernabschlusses verpflichtetes Unternehmen handeln. Damit kommen grundsätzlich nur Kapitalgesellschaften oder OHG/KG iSv. § 264a Abs. 1 mit Sitz im Inland in Betracht. Mutterunternehmen mit Sitz in einem Mitgliedstaat der EU oder im sonstigen Ausland fallen nicht in den Anwendungsbereich des Abs. 3.[41] Damit die **Einbeziehung der Tochtergesellschaft in den Konzernabschluss** erfolgen kann, ist die tatsächliche Aufstellung erforderlich. Zu berücksichtigen ist dies bei Muttergesellschaften, die die Voraussetzungen des § 293 erfüllen und somit von der Aufstellungspflicht befreit sind. 34

---

[32] *ADS* RdNr. 101; *Winkeljohann/Schellhorn* BeBiKo RdNr. 49.
[33] *ADS* RdNr. 117.
[34] Baumbach/Hopt/*Merkt* RdNr. 20.
[35] *ADS* RdNr. 119; *Winkeljohann/Schellhorn* BeBiKo RdNr. 50.
[36] *ADS* RdNr. 118.
[37] *ADS* RdNr. 122.
[38] *WPH* F RdNr. 841.
[39] *ADS* RdNr. 127.
[40] *ADS* RdNr. 56.
[41] *ADS* RdNr. 15.

Abs. 3 ist für deren Tochtergesellschaften nur dann anwendbar, wenn das Mutterunternehmen auf die Befreiung nach § 293 verzichtet und einen freiwilligen Konzernabschluss aufstellt.[42]

35 Ein Anwendungsfall von Abs. 3 ist auch dann gegeben, wenn das (deutsche) Mutterunternehmen einen **Konzernabschluss nach § 315 a** aufstellt.[43] Ausschlaggebend hierfür ist, dass die grdsl. Verpflichtung auf § 290 beruht. Dies galt bisher auch für befreiende Konzernabschlüsse nach § 292 a, der durch das BilReG aufgehoben wurde.[44] Fraglich ist, ob Abs. 3 auch dann zur Anwendung kommt, wenn das Mutterunternehmen nach § 291 bzw. § 292 von der Aufstellung eines Konzernabschlusses befreit ist, da dessen Mutterunternehmen einen befreienden Konzernabschluss aufstellt. Da das aus Sicht der betroffenen Tochtergesellschaft in Frage kommende Mutterunternehmen nach § 290 zur Aufstellung eines Konzernabschlusses verpflichtet sein muss, demnach nur eine Muttergesellschaft mit Sitz im Inland in Betracht kommt, ist eine **Befreiung nach § 292 nicht mit der Anwendung von Abs. 3 vereinbar,** weil der befreiende Konzernabschluss hier zwingend von einem ausländischen Mutterunternehmen aufgestellt wird. Die Nutzung der Befreiung nach § 291 hingegen steht der Anwendung von Abs. 3 nicht entgegen, sofern das den befreienden Konzernabschluss aufstellende Mutterunternehmen seinen Sitz im Inland hat. Vor dem Hintergrund, dass ansonsten Rechte aus grenzüberschreitenden Verlustübernahmeverpflichtungen im Ausland durchgesetzt werden müssten, ist die **Begrenzung auf inländische Mutterunternehmen** sinnvoll.[45] Hinsichtlich der Verlustübernahmeverpflichtung ist entweder eine direkte Übernahmeverpflichtung zwischen dem den befreienden Konzernabschluss aufstellenden Mutterunternehmen und der Enkelgesellschaft erforderlich oder eine durchgehende Verlustübernahmeverpflichtung.[46]

36 Mit der Anwendung von Abs. 3 kann für die betreffenden Tochtergesellschaften auch die Pflicht zur Abschlussprüfung entfallen. Die Prüfung des Konzernabschlusses erfordert jedoch immer auch eine Prüfung der Jahresabschlüsse der einbezogenen Tochterunternehmen (§ 317 Abs. 3 S. 1). Der Prüfungsumfang wird sich dabei im Einzelfall nach den Erfordernissen der **Konzernabschlussprüfung** richten. Einer gesonderten Beauftragung für die Prüfung der einbezogenen Jahresabschlüsse bedarf es insoweit nicht. Die Prüfung stützt sich auf die Auskunftsrechte des für die Prüfung des Konzernabschlusses beauftragten Abschlussprüfers nach § 320 Abs. 3. Eine Berichterstattung in Form eines separaten Prüfungsberichtes und die Erteilung eines Bestätigungsvermerks für den Einzelabschluss entfällt folgerichtig.[47]

37 Nach Abs. 4 können auch Tochterunternehmen in der Rechtsform der Kapitalgesellschaft, die in einen **nach § 11 PublG aufzustellenden Konzernabschluss** einbezogen werden, entsprechend Abs. 3 von der Anwendung der Rechnungslegungsvorschriften für Kapitalgesellschaften und von der Prüfungs- und Offenlegungspflicht befreit werden. Voraussetzung ist jedoch, dass im Konzernabschluss von dem Wahlrecht des § 13 Abs. 3 S. 1 PublG kein Gebrauch gemacht wird, d.h. die Bewertungsvorschriften für Kapitalgesellschaften angewendet worden sind und im Konzernanhang die Organbezüge sowie das Ausmaß der Beeinflussung des Konzernergebnisses durch steuerrechtliche Sachverhalte angegeben sind.

V. Änderungen durch das EHUG

38 Durch die Neugestaltung der Offenlegungsvorschriften durch das EHUG wurde eine Folgeänderung in Abs. 3 erforderlich. Nachdem die Offenlegung nicht mehr physisch durch Einreichung der erforderlichen Unterlagen zum Handelsregister des Sitzes erfolgt, waren auch die Voraussetzungen für die Inanspruchnahme der Erleichterungen nach Abs. 3 neu zu fassen. Die Inanspruchnahme der Erleichterungen ist zukünftig insoweit von einem abhängig von der Angabe der Befreiung im Konzernanhang des durch das Mutterunternehmen aufgestellten und dessen Einreichung vom elektronischen Bundesanzeiger offen gelegten Konzernabschlusses. Zum anderen hat eine zusätzliche Mitteilung im elektronischen Bundesanzeiger für das Tochterunternehmen unter Angabe des Mutterunternehmens zu erfolgen. Damit wird sichergestellt, dass ein Nutzer des elektronischen Unternehmensregisters unter dem Namen des befreiten Tochterunternehmens auch die Angabe zu dem Mutterunternehmens findet, in dessen Konzernabschluss das Tochterunternehmen einbezogen wird.

---

[42] *Giese/Rabenhorst/Schindler* BB 2001, 513. Nach der Begr. RegE, BT-Drucks. 967/96 S. 16 soll die Anwendung von Abs. 3 bei der freiwilligen Aufstellung eines Konzernabschlusses möglich sein.
[43] *WPH* F RdNr. 33; *Förschle/Deubert* BeBiKo RdNr. 97.
[44] *Giese/Rabenhorst/Schindler* BB 2001, 513.
[45] *Giese/Rabenhorst/Schindler* BB 2001, 514.
[46] *Förschle/Deubert* BeBiKo RdNr. 91.
[47] *Giese/Rabenhorst/Schindler* BB 2001, 517 f.

VI. Folgen der Nichtbeachtung

Abs. 1: Mitglieder des vertretungsberechtigten Organs einer KapGes oder KapCoGes können gemäß § 335 unter bestimmten Voraussetzungen vom Registergericht durch Festsetzung eines Zwangsgeldes zur Befolgung ihrer Pflichten gem. Abs. 1 angehalten werden. Bei einer Verletzung der Sorgfaltspflicht der gesetzlichen Vertreter in Bezug auf Abs. 1 können sich Schadensersatzansprüche und Konsequenzen für die Entlastung ergeben (§ 93 Abs. 1 AktG bzw. § 43 Abs. 1 GmbHG). 39

Abs. 2: Die unrichtige Wiedergabe oder Verschleierung der Verhältnisse im JA ist durch § 331 Nr. 1 unter Strafe gestellt, Zuwiderhandlungen gegen die Vorschriften des Abs. 2 werden als Ordnungswidrigkeiten behandelt (§ 334 Abs. 1 Nr. 1 a). Ein Verstoß gegen Abs. 2 kann die Nichtigkeit des JA (§ 256 Abs. 1 Nr. 1 AktG; die Vorschrift ist sinngemäß auf den JA einer GmbH anzuwenden) zur Folge haben. 40

Abs. 3 und 4: Wird eine Befreiung in Anspruch genommen, obwohl nicht alle Voraussetzungen der Abs. 3 und 4 erfüllt sind, ergeben sich die Rechtsfolgen aus §§ 334 ff. 41

§ 264 a Anwendung auf bestimmte offene Handelsgesellschaften und Kommanditgesellschaften

(1) Die Vorschriften des Ersten bis Fünften Unterabschnitts des Zweiten Abschnitts sind auch anzuwenden auf offene Handelsgesellschaften und Kommanditgesellschaften, bei denen nicht wenigstens ein persönlich haftender Gesellschafter
1. eine natürliche Person oder
2. eine offene Handelsgesellschaft, Kommanditgesellschaft oder andere Personengesellschaft mit einer natürlichen Person als persönlich haftendem Gesellschafter
ist oder sich die Verbindung von Gesellschaften in dieser Art fortsetzt.

(2) In den Vorschriften dieses Abschnitts gelten als gesetzliche Vertreter einer offenen Handelsgesellschaft und Kommanditgesellschaft nach Absatz 1 die Mitglieder des vertretungsberechtigten Organs der vertretungsberechtigten Gesellschaften.

Schrifttum: *Strobel,* Der Regierungsentwurf des Kapitalgesellschaften- und Co.-Richtlinie-Gesetzes, DB 1999, 1713; *IDW,* RS HFA 7: Zur Rechnungslegung bei Personenhandelsgesellschaften, WPg 2002, 1259 (redaktionell geändert WPg 2005, 669); *IDW* KapCoRiLiG, 2000, 39.

Übersicht

	RdNr.		RdNr.
I. Überblick	1–3	3. Mehrstöckige Gesellschaften	10
II. Anwendungsbereich	4–13	4. Rechtsfolge	11–13
1. Betroffene Gesellschaften	4, 5	III. Gesetzliche Vertreter	14
2. Haftungssituation	6–9	IV. Folgen der Nichtbeachtung	15

I. Überblick

Mit der Einfügung der §§ 264 a bis c wurde die 1990 von der EG verabschiedete GmbH & Co-Richtlinie[1] im Rahmen des KapCoRiLiG[2] in deutsches Recht transformiert. Hiernach sollen bestimmte Formen von Personenhandelsgesellschaften, deren Haftungsstruktur mit der von Kapitalgesellschaften vergleichbar ist, diesen auch hinsichtlich der Rechnungslegungsvorschriften gleichgestellt werden. Zur Anwendung gelangen somit Aufstellungsvorschriften für den Jahresabschluss und den Konzernabschluss, die Vorschriften über die Prüfung dieser Abschlüsse und deren Offenlegung. Damit sollte dem Grundsatz, „dass Publizität der Preis für Haftungsbeschränkung" sei, entsprochen werden.[3] 1

---

[1] EWG-Richtlinie 90/605 vom 8. November 1990, ABl. EG Nr. L 317/1990, 60 ff.
[2] Gesetz zur Durchführung der Richtlinie des Rates der Europäischen Union zur Änderung der Bilanz- und der Konzernbilanzrichtlinie hinsichtlich ihres Anwendungsbereichs (90/605/EWG), zur Verbesserung der Offenlegung von Jahresabschlüssen und zur Änderung anderer handelsrechtlicher Bestimmungen (Kapitalgesellschaften- und Co-Richtlinie-Gesetz – KapCoRiLiG).
[3] *IDW* KapCoRiLiG S. 39.

2 Abs. 1 enthält eine Definition der betroffenen Gesellschaften und schreibt die entsprechende Beachtung der Regelungen für Kapitalgesellschaften in den Unterabschnitten Eins bis Fünf des Zweiten Abschnitts des Dritten Buchs des HGB vor. In Abs. 2 wird herausgestellt, wer die Funktion des gesetzlichen Vertreters bei den betroffenen Personenhandelsgesellschaften innehat.

3 Die Verpflichtung zur Anwendung der §§ 264 ff. besteht für Geschäftsjahre, die nach dem 31. Dezember 1999 beginnen (Art. 48 Abs. 1 S. 1 EGHGB). Nach der Einführung der §§ 264 a bis c und deren erstmaliger Anwendung hat der Gesetzgeber die Regelungen des PublG für OHG/KG iSv. § 264 a Abs. 1 außer Kraft gesetzt (§ 3 Abs. 1 Nr. 1 iVm. § 23 Abs. 4 PublG), da diese gewisse Erleichterungen beinhalten, die eine Gleichbehandlung mit Kapitalgesellschaften nicht sicherstellen würden.

II. Anwendungsbereich

4 **1. Betroffene Gesellschaften.** Der Anwendungsbereich ist begrenzt auf bestimmte Ausprägungen von Personenhandelsgesellschaften in der Rechtsform OHG und der KG. Bei der KG ist die Haftung eines oder mehrerer Gesellschafter (Kommanditisten) auf den Betrag einer bestimmten Vermögenseinlage (Hafteinlage) beschränkt, während für den anderen Teil der Gesellschafter (Komplementäre) keine Haftungsbeschränkung – wie dies auch für alle Gesellschafter einer OHG der Fall ist – gilt. Diese Haftungsbeschränkungen sind in das Handelsregister einzutragen. Voraussetzung für eine Anwendung der Vorschriften ist, dass der Verwaltungssitz der Personenhandelsgesellschaft in Deutschland liegt; ausschlaggebend ist dabei der tatsächliche Sitz der Verwaltung.[4]

5 Im Einzelnen werden durch § 264 a Personenhandelsgesellschaften (OHG und KG), bei denen nicht wenigstens ein persönlich haftender Gesellschafter eine natürliche Person oder eine offene Handelsgesellschaft, Kommanditgesellschaft oder andere Personengesellschaft mit einer natürlichen Person als persönlich haftendem Gesellschafter ist, zur Beachtung der ergänzenden Vorschriften für Kapitalgesellschaften (§§ 264 ff.) verpflichtet. Typischer Fall einer solchen Gesellschaft ist eine KG, bei der eine GmbH die Stellung des Vollhafters übernommen hat.

6 **2. Haftungssituation.** Unter den § 264 a fallen OHG und KG, bei denen nicht mindestens ein persönlich haftender Gesellschafter als natürliche Person (mit seinem Privatvermögen) unbegrenzt haftet. Natürliche Personen als Kommanditisten können nicht zu einer Entbindung von der Pflicht zur Anwendung des § 264 a führen. Durch die Ausgestaltung der Vorschrift und das Abstellen auf die natürliche Person ist der Gesetzgeber über die Anforderungen der GmbH & Co.-Richtlinie hinausgegangen und hat damit für die Umgehung der Vorschrift durch andere gesellschaftliche Konstruktionen, zB Stiftung & Co[5] keinen Raum gelassen.

7 Das Gesetz enthält keine Regelung, bis zu welchem Zeitpunkt die persönliche Haftung eingetreten sein muss und welche Dauer erforderlich ist. Jedoch kann auf Grund des Verweises auf die Vorschriften für den Jahresabschluss und den Konzernabschluss festgestellt werden, dass auf den jeweiligen Abschlussstichtag abzustellen ist. Tritt der persönlich haftende Gesellschafter bereits unterjährig oder direkt am Abschlussstichtag ein, so entfällt die Pflicht zur Anwendung der für Kapitalgesellschaften geltenden Vorschriften, da der Zeitpunkt der Haftungsübernahme der Eintritt des persönlich haftenden Gesellschafters in die Gesellschaft ist.[6] Die Eintragung in das Handelsregister hat nur deklaratorischen Charakter. Allerdings lässt sich der Nachweis, dass eine natürliche Person zum Abschlussstichtag persönlich haftender Gesellschafter war, durch Einsicht in das Handelsregister erbringen. Entweder ist die Eintragung als persönlich haftender Gesellschafter daraus zu entnehmen; oder der Abschluss der Gesellschaft ist dort spätestens nach zwölf Monaten offen zu legen. Sind dem Handelsregister diese Informationen nicht zu entnehmen, so kann der Gesellschaft Ordnungsgeld gem. § 335 kann angedroht werden.

8 Die persönlichen Vermögensverhältnisse des persönlich haftenden Gesellschafters in seiner Funktion als Vollhafter bleiben außer Acht, dh. es muss keine Voraussetzung erfüllt sein, dass der persönlich haftende Gesellschafter ein angemessenes Vermögen hat oder ausreichende Einkünfte aus der Erwerbstätigkeit erzielt.

9 Tritt der persönlich haftende Gesellschafter aus der Gesellschaft nach dem Abschlussstichtag aus, so sind die Gläubiger durch die Nachhaftungsvorschriften gem. § 160 geschützt. Gleichwohl haftet den Gläubigern der Gesellschaft für nach dem Abschlussstichtag neu eingegangene Verbindlichkeiten weder der ehemalige persönlich haftende Gesellschafter noch können die Gläubiger den Jahres-

---

[4] *ADS* RdNr. 17.
[5] *Strobel* DB 1999, 1713.
[6] *ADS* RdNr. 35; *IDW* RS HFA 7, WPg 2002, 1259 (redaktionell geändert WPg 2005, 669).

abschluss zur Informationsbeschaffung einsehen, da nach den Verhältnissen am Abschlussstichtag keine Offenlegungspflicht bestand. Vor diesem Hintergrund stellt sich die Frage, ob die Voraussetzungen nicht bis zum Zeitpunkt der Offenlegung aufrechterhalten werden müssten.[7] Diese Ansicht erscheint nicht sachgerecht, da sich auch bei Kapitalgesellschaften die nach dem Abschlussstichtag entstandenen Geschäftsvorfälle erst im nächsten Abschluss niederschlagen und dieser erst nach weiteren zwölf Monaten offen gelegt werden muss.[8]

3. Mehrstöckige Gesellschaften. OHG und KG, bei denen mindestens eine natürliche Person unbegrenzt haftet, brauchen die ergänzenden Vorschriften für Kapitalgesellschaften hinsichtlich Rechnungslegung, Prüfung und Offenlegung nicht anzuwenden. Für diese Befreiung von der Anwendung des § 264a ist es unbeachtlich, ob die Haftung unmittelbar, dh. durch eine direkte Beteiligung an der Gesellschaft oder mittelbar, dh. über eine oder mehrere zwischengeschaltete Gesellschaften sichergestellt ist. Im zweiten Fall muss die Durchgriffshaftung auf die natürliche Person als persönlich haftender Gesellschafter am Ende einer Kette von OHG/KG iSv. § 264a sichergestellt sein. **10**

4. Rechtsfolge. Bei Vorliegen der Voraussetzungen für die Anwendung des § 264a sind zusätzlich zu den für alle Kaufleute geltenden Vorschriften die folgenden Regelungen (Unterabschnitte des Zweiten Abschnitts des HGB), die bisher nur von Kapitalgesellschaften zu beachten waren, anzuwenden: **11**

– §§ 264 bis 289	Jahresabschluss der Kapitalgesellschaften und Lagebericht	Erster Unterabschnitt
– §§ 290 bis 315 a	Konzernabschluss und Konzernlagebericht	Zweiter Unterabschnitt
– §§ 316 bis 324	Prüfung	Dritter Unterabschnitt
– §§ 325 bis 329	Offenlegung (Einreichung zu einem Register, Bekanntmachung im Bundesanzeiger). Veröffentlichung und Vervielfältigung, Prüfung durch das Registergericht	Vierter Unterabschnitt
– § 330	Verordnungsermächtigung für Formblätter und andere Vorschriften	Fünfter Unterabschnitt
– §§ 331 bis 335 a	Straf- und Bußgeldvorschriften. Zwangsgelder	Sechster Unterabschnitt

Die betroffenen Gesellschaften müssen somit einen Jahresabschluss und einen Lagebericht aufstellen und prüfen lassen, soweit sie nicht als kleine Gesellschaften iSv. § 267 Abs. 1 von der Pflicht zur Aufstellung des Lageberichts und von der Prüfungspflicht befreit sind. Ferner unterliegen sie den Offenlegungsvorschriften der §§ 325 ff. Darüber hinaus werden OHG/KG iSv. § 264a nach §§ 290 ff. konzernrechnungslegungspflichtig. Der aufzustellende Konzernabschluss sowie der Konzernlagebericht haben den Vorschriften für die Konzernrechnungslegung bei Kapitalgesellschaften zu entsprechen und unterliegen damit ebenfalls den für Kapitalgesellschaften geltenden Prüfungs- und Offenlegungspflichten. Hat die Gesellschaft zuvor einen Konzernabschluss nach den Vorschriften des PublG aufgestellt, gehen nunmehr die strengeren Vorschriften des HGB vor (§ 3 Abs. 1 S. 1 PublG). **12**

Gemäß dem Wortlaut des § 264a sind die aufgeführten Vorschriften in vollem Umfang und nicht nur sinngemäß anzuwenden. Dabei ist zu beachten, dass § 264c als Ergänzung wirkt. Die dort enthaltenen Regelungen berücksichtigen die Besonderheiten von Personenhandelsgesellschaften und verdrängen insoweit die Regelungen für Kapitalgesellschaften. **13**

III. Gesetzliche Vertreter

Zur Rechtssicherheit wird in Abs. 2 klargestellt, wer als gesetzlicher Vertreter einer OHG/KG iSv. § 264a anzusehen ist. Gesellschaften, die lt. Gesellschaftsvertrag zur Geschäftsführung und Vertretung berechtigt sind, gelten als vertretungsberechtigte Gesellschaft im Sinne dieser Vorschrift. Innerhalb dieser Gesellschaften wiederum sind die Mitglieder des vertretungsberechtigten Organs die gesetzlichen Vertreter der OHG/KG iSv. § 264a. Handelt es sich bei der vertretungsberechtigten Gesellschaft um eine AG, so gilt der Vorstand als gesetzlicher Vertreter der OHG/KG iSv. § 264a; im Falle einer GmbH ist/sind es der oder die Geschäftsführer. Ist der persönlich haftende Gesellschafter eine Personenhandelsgesellschaft, so sind deren persönlich haftende Gesellschafter als gesetzliche Vertreter der OHG/KG iSv. § 264a anzusehen. Liegt eine Beteiligungskette vor, so ist analog vorzugehen. **14**

---

[7] *ADS* RdNr. 36.
[8] *Förschle* BeBiKo RdNr. 29.

IV. Folgen der Nichtbeachtung

15 Die Nichtbeachtung der §§ 264 a bis c führt durch entsprechenden Verweis in § 335 b zur Anwendung der §§ 331 bis 335 a.

§ 264 b in der Fassung für Geschäftsjahre, die vor dem 1. Januar 2006 beginnen

§ 264 b Befreiung von der Pflicht zur Aufstellung eines Jahresabschlusses nach den für Kapitalgesellschaften geltenden Vorschriften

Eine Personenhandelsgesellschaft im Sinne des § 264 a Abs. 1 ist von der Verpflichtung befreit, einen Jahresabschluss und einen Lagebericht nach den Vorschriften dieses Abschnitts aufzustellen, prüfen zu lassen und offen zu legen, wenn

1. sie in den Konzernabschluss eines Mutterunternehmens mit Sitz in einem Mitgliedstaat der Europäischen Union oder einem anderen Vertragsstaat des Abkommens über den Europäischen Wirtschaftsraum oder in den Konzernabschluss eines anderen Unternehmens, das persönlich haftender Gesellschafter dieser Personenhandelsgesellschaft ist, einbezogen ist;
2. der Konzernabschluss sowie der Konzernlagebericht im Einklang mit der Richtlinie 83/349/EWG des Rates vom 13. Juni 1983 auf Grund von Artikel 54 Abs. 3 Buchstabe g des Vertrages über den konsolidierten Abschluss (ABl. EG Nr. L 193 S. 1) und der Richtlinie 84/253/EWG des Rates vom 10. April 1984 über die Zulassung der mit der Pflichtprüfung der Rechnungslegungsunterlagen beauftragten Personen (ABl. EG Nr. L 126 S. 20) in ihren jeweils geltenden Fassungen nach dem für das den Konzernabschluss aufstellende Unternehmen maßgeblichen Recht aufgestellt, von einem zugelassenen Abschlussprüfer geprüft und offen gelegt worden ist;
3. das den Konzernabschluss aufstellende Unternehmen die offen zu legenden Unterlagen in deutscher Sprache auch zum Handelsregister des Sitzes der Personenhandelsgesellschaft eingereicht hat und
4. die Befreiung der Personenhandelsgesellschaft im Anhang des Konzernabschlusses angegeben ist.

§ 264 b in der Fassung des EHUG[1]

§ 264 b Befreiung von der Pflicht zur Aufstellung eines Jahresabschlusses nach den für Kapitalgesellschaften geltenden Vorschriften

Eine Personenhandelsgesellschaft im Sinne des § 264 a Abs. 1 ist von der Verpflichtung befreit, einen Jahresabschluss und einen Lagebericht nach den Vorschriften dieses Abschnitts aufzustellen, prüfen zu lassen und offen zu legen, wenn

1. sie in den Konzernabschluss eines Mutterunternehmens mit Sitz in einem Mitgliedstaat der Europäischen Union oder einem anderen Vertragsstaat des Abkommens über den Europäischen Wirtschaftsraum oder in den Konzernabschluss eines anderen Unternehmens, das persönlich haftender Gesellschafter dieser Personenhandelsgesellschaft ist, einbezogen ist;
2. der Konzernabschluss sowie der Konzernlagebericht im Einklang mit der Richtlinie 83/349/EWG des Rates vom 13. Juni 1983 auf Grund von Artikel 54 Abs. 3 Buchstabe g des Vertrages über den konsolidierten Abschluss (ABl. EG Nr. L 193 S. 1) und der Richtlinie 84/253/EWG des Rates vom 10. April 1984 über die Zulassung der mit der Pflichtprüfung der Rechnungslegungsunterlagen beauftragten Personen (ABl. EG Nr. L 126 S. 20) in ihren jeweils geltenden Fassungen nach dem für das den Konzernabschluss aufstellende Unternehmen maßgeblichen Recht aufgestellt, von einem zugelassenen Abschlussprüfer geprüft und offen gelegt worden ist und
3. die Befreiung der Personenhandelsgesellschaft

---

[1] Nr. 2 bis 4 geändert durch das Gesetz über elektronische Handelsregister und Genossenschaftsregister sowie das Unternehmensregister (EHUG) vom 10. November 2006. Zur erstmaligen Anwendung s. Art. 61 Abs. 5 EGHGB.

a) im Anhang des von dem Mutterunternehmen aufgestellten und nach § 325 durch Einreichung beim Betreiber des elektronischen Bundesanzeigers offen gelegten Konzernabschlusses angegeben und
b) zusätzlich im elektronischen Bundesanzeiger für die Personenhandelsgesellschaft unter Bezugnahme auf diese Vorschrift und unter Angabe des Mutterunternehmens mitgeteilt worden ist.

Schrifttum: Bitter/Grashoff, Anwendungsprobleme des Kapitalgesellschaften- und Co-Richtlinie-Gesetzes, DB 2000, 833; Bitter/Grashoff, Das Publizitätsgesetz nach Inkrafttreten des KapCoRiLiG – unterschiedliche Anforderungen an die Rechnungslegung, DB 2000, 2285; IDW RS HFA 7: Zur Rechnungslegung bei Personenhandelsgesellschaften, WPg 2002, 1259 (redaktionell geändert WPg 2005, 669); IDW KapCoRiLiG, 2000, 39; Kusterer/Kirnberger/Fleischmann, Der Jahresabschluss der GmbH & Co. KG nach dem Kapitalgesellschaften- und Co-Richtlinie-Gesetz, DStR 2000, 606; Giese/Rabenhorst/Schindler, Erleichterungen bei der Rechnungslegung, Prüfung und Offenlegung von Konzerngesellschaften, BB 2001, 511.

Übersicht

	RdNr.		RdNr.
I. Überblick	1, 2	4. Angabe über die Befreiung im Konzernanhang	15, 16
II. Voraussetzungen für die Inanspruchnahme der Erleichterungen	3–16	III. Vergleich mit § 264 Abs. 3	17, 18
1. Einbeziehung in einen Konzernabschluss	3–6	IV. Änderungen durch das EHUG	19
2. Anforderungen an den Konzernabschluss	7–10	V. Folgen der Nichtbeachtung	20
3. Einreichung zum Handelsregister des befreiten Unternehmens	11–14		

I. Überblick

Die Vorschrift des § 264 b bietet OHG/KG iSv. § 264 a die Möglichkeit, sich unter bestimmten Voraussetzungen von der Anwendung der für Kapitalgesellschaften geltenden Rechnungslegungsvorschriften befreien zu lassen. In diesem Fall brauchen diese Gesellschaften den Jahresabschluss nicht um einen Anhang zu erweitern, keinen Lagebericht aufzustellen sowie die strengeren Anforderungen hinsichtlich Ansatz, Bewertung, Gliederung und Ausweis nicht zu beachten. Der Jahresabschluss einer solchen Personenhandelsgesellschaft muss demnach nur den für alle Kaufleute geltenden Vorschriften entsprechen; ferner können die Prüfung und die Offenlegung unterbleiben. Wenn die Voraussetzungen zur Befreiung von der Verpflichtung gem. § 264 a vorliegen, kann die Personenhandelsgesellschaft frei entscheiden, ob und in welchem Umfang sie diese Befreiung in Anspruch nimmt. Ein Anwendungsfall von § 264 b liegt bereits vor, wenn der Jahresabschluss zwar nach den für Kapitalgesellschaften geltenden Vorschriften aufgestellt und geprüft worden ist, die Offenlegung des Jahresabschlusses und der weiteren erforderlichen Unterlagen aber unterbleibt. Allerdings kann die Entscheidung über die Inanspruchnahme und den Umfang der Befreiung nur im Einklang mit den gesellschaftsvertraglichen Regelungen bzw. mit Einverständnis der Gesellschafter erfolgen, da diese ansonsten die Feststellung des Jahresabschlusses verweigern und somit ggf. ihren Willen durchsetzen könnten.[2] 1

Dem PublG unterliegende Unternehmen, die von der Befreiungsregelung nach § 264 b Gebrauch machen, sind nach § 3 Abs. 1 Nr. 1 PublG von der Anwendung der Vorschriften des PublG über den Jahresabschluss befreit. Für den Fall, dass die Voraussetzungen für eine Befreiung nach § 264 b vorliegen, sind somit durch das KapCoRiLiG die Rechnungslegungsanforderungen für die bislang nach PublG rechnungslegungspflichtigen OHG/KG geringer geworden. Für dem PublG unterliegende Unternehmen, die keine OHG/KG iSv. § 264 a sind, räumt § 5 Abs. 6 PublG eine vergleichbare Befreiungsvorschrift ein, die allerdings an strengere Anforderungen geknüpft ist.[3] 2

II. Voraussetzungen für die Inanspruchnahme der Erleichterungen

1. Einbeziehung in einen Konzernabschluss. Um die Befreiungsregelung gem. § 264 b in Anspruch nehmen zu können, muss die Personenhandelsgesellschaft in einen Konzernabschluss einbezogen werden. Die Einbeziehung hat nach der Methode der Vollkonsolidierung nach §§ 300 ff. zu erfolgen; Quotenkonsolidierung (vgl. § 310) oder eine Einbeziehung nach der Equity-Methode (vgl. §§ 311 f.) reichen nicht aus.[4] Wird ein Konzernunternehmen unter Ausübung von bestehenden 3

---

[2] Förschle/Deubert BeBiKo RdNr. 3.
[3] Die Befreiungsvoraussetzungen entsprechen denjenigen in § 264 Abs. 3, so dass eine Zustimmung der Gesellschafter sowie eine Verlustübernahme erforderlich sind; vgl. Förschle/Deubert BeBiKo RdNr. 4.
[4] IDW RS HFA 7, WPg 2002, 1259 (redaktionell geändert WPg 2005, 669); WPH F RdNr. 55; Förschle/Deubert BeBiKo RdNr. 35; aA in Hinblick auf die Equity- und Quotenkonsolidierung Bitter/Grashoff DB 2000, 837.

Einbeziehungswahlrechten nicht in den Konzernabschluss einbezogen, so tritt die befreiende Wirkung ebenfalls nicht ein.[5]

4 Da auch eine den Konzernabschluss aufstellende Personenhandelsgesellschaft zum Konsolidierungskreis gehört und damit in den Konzernabschluss einbezogen ist, tritt die befreiende Wirkung auch bezüglich ihres eigenen Jahresabschlusses ein.[6]

5 Üblicherweise wird ein Konzernabschluss von einem Mutterunternehmen aufgestellt, dh. zwischen dem aufstellenden Unternehmen und den übrigen Unternehmen besteht, ggf. auch nur mittelbar, ein Mutter-Tochter-Verhältnis. Dieses ist bei Vorliegen der Voraussetzungen von § 290 Abs. 1 oder Abs. 2 gegeben. In Nr. 1, 2. Alt. wird zugelassen, dass die befreiende Wirkung auch eintritt, wenn die Personenhandelsgesellschaft in den Konzernabschluss eines anderen Unternehmens einbezogen wird, sofern es sich dabei um einen persönlich haftenden Gesellschafter der Personenhandelsgesellschaft handelt.[7] Hier wird neben dem als 1. Alt. aufgeführten Mutter-Tochter-Verhältnis eine neue Einbeziehungsmöglichkeit geschaffen. Die Einbeziehung ist damit auch möglich, wenn kein Mutter-Tochter-Verhältnis, sondern lediglich eine Stellung als persönlich haftender Gesellschafter vorliegt, selbst wenn diese Stellung derart durch gesellschaftsvertragliche Regelungen beschränkt ist, dass der persönlich haftende Gesellschafter eben nicht die einheitliche Leitung ausüben kann oder ihm keine Rechte gem. § 290 Abs. 2 zustehen. Da die Regierungsbegründung[8] ein solches Unternehmensverhältnis ausdrücklich als Einbeziehungsvoraussetzung zulässt, ist von einer neuen Einbeziehungsmöglichkeit nach deutschen handelsrechtlichen Vorschriften auszugehen, nämlich von einem Konzernabschluss gem. Nr. 1, 2. Alt. iVm. § 290.[9]

6 Der Konzernabschluss muss – anders als bei der Anwendung von § 264 Abs. 3 – nicht zwingend von einem Unternehmen mit Sitz im Inland aufgestellt werden; die befreiende Wirkung tritt auch ein, wenn er von einem ausländischen Mutterunternehmen aufgestellt wird, solange gewährleistet ist, dass sich der Sitz des Mutterunternehmens in einem EU-Mitgliedstaat oder EWR-Vertragsstaat befindet. Sofern der Konzernabschluss durch den persönlich haftenden Gesellschafter aufgestellt wird, ist es unbeachtlich, in welchem Land dieses Unternehmen seinen Sitz hat.

7 **2. Anforderungen an den Konzernabschluss.** Der Konzernabschluss und der Konzernlagebericht müssen nach dem für das aufstellende Unternehmen geltenden maßgeblichen Landesrecht und im Einklang mit der 7. EG-Richtlinie aufgestellt sein. Sofern die 7. EG-Richtlinie in nationales Recht umgesetzt worden ist, sind diese Voraussetzungen bei Konzernabschlüssen erfüllt, die nach dem Recht eines Mitgliedstaats der EU oder eines Vertragsstaates des EWR aufgestellt werden.[10] Ist die 7. EG-Richtlinie nicht in nationales Recht umgesetzt worden oder ist das den Konzernabschluss aufstellende Unternehmen ein persönlich haftender Gesellschafter mit Sitz außerhalb des EWR, so ist zu prüfen, ob der Konzernabschluss im Einklang mit den EU-Richtlinien, insbesondere der 7. EG-Richtlinie, steht.[11]

8 Konzernabschlüsse, die gem. § 315a nach internationalen Rechnungslegungsgrundsätzen aufgestellt werden, sind ebenfalls geeignet, um eine Befreiungswirkung zu erzielen.[12]

9 Der Konzernabschluss nebst Konzernlagebericht muss von einem Prüfer, der nach der 8. EG-Richtlinie als Abschlussprüfer zugelassen ist, geprüft worden sein. Damit wird auf das nationale Recht des den Konzernabschluss aufstellenden Unternehmens abgestellt. Das Prüfungsurteil hingegen ist grundsätzlich nicht maßgebend. So hindert auch ein mit einer Einschränkung versehener Bestätigungsvermerk die Befreiung gem. § 264b nicht; wird dem Konzernabschluss ein Versagungsvermerk erteilt, so ist zu prüfen, ob der Einklang mit der 7. EG-Richtlinie noch gegeben ist.[13]

10 Ferner müssen der Konzernabschluss und der Konzernlagebericht offen gelegt werden. Art und Umfang der Offenlegung richten sich nach den für das aufstellende Unternehmen maßgeblichen nationalen Vorschriften. Besteht für das Mutterunternehmen eine Verpflichtung zur Aufstellung eines Konzernabschlusses, so muss dieser in einem zentralen Register oder beim Handels-/Gesellschaftsregister bekannt gemacht werden. Nach deutschem Recht ist dies die Veröffentlichung im Bundesanzeiger und im Handelsregister. Sehen die nationalen Vorschriften, etwa bei freiwillig aufgestellten

---

[5] ADS RdNr. 22; *Förschle/Deubert* BeBiKo RdNr. 34.
[6] IDW RS HFA 7, WPg 2002, 1259 (redaktionell geändert WPg 2005, 669).
[7] *Giese/Rabenhorst/Schindler* BB 2001, 515.
[8] BR-Drucks. 458/99 S. 35.
[9] ADS RdNr. 17, die auf Grund der gegen diese Konzeption bestehenden Bedenken für eine Anwendung nur in Ausnahmefällen plädieren.
[10] ADS RdNr. 18, 27; WPH F RdNr. 53.
[11] WPH F RdNr. 54; *Förschle/Deubert* BeBiKo RdNr. 43 f.
[12] IDW RS HFA 7, WPg 2002, 1259 (redaktionell geändert WPg 2005, 669); *Förschle/Deubert* BeBiKo RdNr. 45.
[13] *Hoyos/Ritter-Thiele* BeBiKo § 291 RdNr. 25.

Konzernabschlüssen, eine Offenlegung nicht vor, so ist die Offenlegung des Konzernabschlusses am Sitz des aufstellenden Unternehmens nicht erforderlich.[14]

3. Einreichung zum Handelsregister des befreiten Unternehmens. Die Vorschrift in Nr. 3, 11 dass die Einreichung der offenlegungspflichtigen Unterlagen am Sitz der Personenhandelsgesellschaft in deutscher Sprache erfolgen muss, ist notwendig, da nach Nr. 1 auch die Einbeziehung in den Konzernabschluss eines Unternehmens mit Sitz im Ausland möglich ist. Die Forderung nach Offenlegung der Unterlagen in deutscher Sprache entspricht den Regelungen in § 291 Abs. 1 S. 1 und § 292 iVm. § 1 S. 1 KonBefrV für befreiende Konzernabschlüsse ausländischer Mutterunternehmen.[15]

Die Anforderungen an die einzureichenden Unterlagen sind in § 325 und § 328 geregelt. Danach 12 sind der die befreiende Wirkung erzeugende Konzernabschluss, ggf. die Aufstellung des Anteilsbesitzes, der Konzernlagebericht und der vom Abschlussprüfer erteilte Prüfungsvermerk zum Handelsregister einzureichen.

Die Einreichung der Unterlagen in deutscher Sprache erfordert bei fremdsprachigen Original- 13 unterlagen weder eine beglaubigte Übersetzung noch eine Umrechnung in Euro.[16]

Da eine nicht die Befreiung in Anspruch nehmende OHG/KG iSv. § 264 a die offen zu legenden 14 Unterlagen innerhalb von zwölf Monaten nach dem Abschlussstichtag zum Handelsregister einzureichen hat, wird innerhalb dieses Zeitraums auch die Offenlegung des befreienden Konzernabschlusses erforderlich werden, da sonst ein Ordnungsgeld gem. § 335 a festgesetzt werden könnte.

4. Angabe über die Befreiung im Konzernanhang. Die Inanspruchnahme der Befreiungs- 15 möglichkeit für den Jahresabschluss der Personenhandelsgesellschaft ist im Anhang des den befreienden Konzernabschluss aufstellenden Unternehmens anzugeben. Die Personenhandelsgesellschaft, die die Befreiungsvorschrift in Anspruch genommen hat, ist namentlich aufzuführen. Es müssen keine Angaben über den Umfang der Befreiung gemacht werden.[17]

Der Hinweis im Konzernanhang könnte aus Sicht der beteiligten Unternehmen eine Angabe 16 bedeuten, die in den Anwendungsbereich der Schutzklausel nach § 313 Abs. 3 fällt. Danach müssen keine Informationen über die nach § 313 Abs. 2 ansonsten angabepflichtigen Unternehmensbeziehungen in den Konzernanhang aufgenommen werden, wenn diese geeignet sind, den betroffenen Unternehmen erhebliche Nachteile zuzufügen. Ob auch die Unterlassung der Angaben nach Nr. 4 zulässig ist, erscheint zweifelhaft, da gerade die Publizität einen Interessenausgleich gegenüber den Jahresabschlussadressaten schaffen soll, denen der Jahresabschluss des in den Konzernabschluss einbezogenen Unternehmens nicht mehr zur Verfügung steht. Die Einreichung des befreienden Konzernabschlusses zum Handelsregister der Personenhandelsgesellschaft kann jedoch dadurch in keinem Fall vermieden werden.[18]

III. Vergleich mit § 264 Abs. 3

Rechtssystematisch ist § 264 b dem § 264 Abs. 3 nachgebildet worden,[19] jedoch sind die Voraus- 17 setzungen auf Grund der Umsetzung der in der Richtlinie 90/605/EWG vorgesehenen Möglichkeiten weniger restriktiv.[20] Im Einzelnen sind die folgenden Unterschiede auszumachen:
— Im Fall des § 264 Abs. 3 muss der Konzernabschluss zwingend von einem Mutterunternehmen mit Sitz im Inland aufgestellt werden.
— Bei § 264 Abs. 3 müssen alle Gesellschafter der zu befreienden Gesellschaft der Befreiung zugestimmt haben.
— § 264 Abs. 3 setzt voraus, dass zwischen der zu befreienden Gesellschaft und dem Mutterunternehmen eine Verlustübernahmeverpflichtung besteht und diese gem. § 325 offen gelegt wird.

Die Anforderungen nach § 264 Abs. 3 reichen somit deutlich weiter als diejenigen nach § 264 b. 18 Insbesondere auf Grund der nicht bestehenden Verlustübernahmeverpflichtung sind die Gläubiger einer OHG/KG iSv. § 264 a schlechter gestellt als die Gläubiger einer Kapitalgesellschaft, die die Erleichterungen nach § 264 Abs. 3 in Anspruch nimmt.[21] Zudem verliert der den Gläubigern zur

---

[14] *ADS* RdNr. 30.
[15] *Giese/Rabenhorst/Schindler* BB 2001, 516.
[16] *Förschle/Deubert* BeBiKo RdNr. 53.
[17] *ADS* RdNr. 34; *Giese/Rabenhorst/Schindler* BB 2001, 513.
[18] *Förschle/Deubert* BeBiKo RdNr. 62.
[19] *ADS* RdNr. 2; *WPH* F RdNr. 51; *Kusterer/Kirnberger/Fleischmann* DStR 2000, 607.
[20] *Bitter/Grashoff* DB 2000, 2287.
[21] *Giese/Rabenhorst/Schindler* BB 2001, 516.

§ 264 c

Verfügung gestellte Konzernabschluss an Aussagekraft, da das dort ausgewiesene Konzernvermögen nicht als Haftungssubstrat zur Verfügung steht.[22]

IV. Änderungen durch das EHUG

19   Vgl. § 264 RdNr. 38.

V. Folgen der Nichtbeachtung

20   Die Nichtbeachtung der §§ 264 a bis c führt durch entsprechenden Verweis in § 335 b zur Anwendung der §§ 331 bis 335 a.

---

§ 264 c Besondere Bestimmungen für offene Handelsgesellschaften und Kommanditgesellschaften im Sinne des § 264 a

(1) [1]Ausleihungen, Forderungen und Verbindlichkeiten gegenüber Gesellschaftern sind in der Regel als solche jeweils gesondert auszuweisen oder im Anhang anzugeben. [2]Werden sie unter anderen Posten ausgewiesen, so muss diese Eigenschaft vermerkt werden.

(2) [1]§ 266 Abs. 3 Buchstabe A ist mit der Maßgabe anzuwenden, dass als Eigenkapital die folgenden Posten gesondert auszuweisen sind:

  I. Kapitalanteile
  II. Rücklagen
  III. Gewinnvortrag/Verlustvortrag
  IV. Jahresüberschuss/Jahresfehlbetrag.

[2]Anstelle des Postens „Gezeichnetes Kapital" sind die Kapitalanteile der persönlich haftenden Gesellschafter auszuweisen; sie dürfen auch zusammengefasst ausgewiesen werden. [3]Der auf den Kapitalanteil eines persönlich haftenden Gesellschafters für das Geschäftsjahr entfallende Verlust ist von dem Kapitalanteil abzuschreiben. [4]Soweit der Verlust den Kapitalanteil übersteigt, ist er auf der Aktivseite unter der Bezeichnung „Einzahlungsverpflichtungen persönlich haftender Gesellschafter" unter den Forderungen gesondert auszuweisen, soweit eine Zahlungsverpflichtung besteht. [5]Besteht keine Zahlungsverpflichtung, so ist der Betrag als „Nicht durch Vermögenseinlagen gedeckter Verlustanteil persönlich haftender Gesellschafter" zu bezeichnen und gemäß § 268 Abs. 3 auszuweisen. [6]Die Sätze 2 bis 5 sind auf die Einlagen von Kommanditisten entsprechend anzuwenden, wobei diese insgesamt gesondert gegenüber den Kapitalanteilen der persönlich haftenden Gesellschafter auszuweisen sind. [7]Eine Forderung darf jedoch nur ausgewiesen werden, soweit eine Einzahlungsverpflichtung besteht; dasselbe gilt, wenn ein Kommanditist Gewinnanteile entnimmt, während sein Kapitalanteil durch Verlust unter den Betrag der geleisteten Einlage herabgemindert ist, oder soweit durch die Entnahme der Kapitalanteil unter den bezeichneten Betrag herabgemindert wird. [8]Als Rücklagen sind nur solche Beträge auszuweisen, die auf Grund einer gesellschaftsrechtlichen Vereinbarung gebildet worden sind. [9]Im Anhang ist der Betrag der im Handelsregister gemäß § 172 Abs. 1 eingetragenen Einlagen anzugeben, soweit diese nicht geleistet sind.

(3) [1]Das sonstige Vermögen der Gesellschafter (Privatvermögen) darf nicht in die Bilanz und die auf das Privatvermögen entfallenden Aufwendungen und Erträge dürfen nicht in die Gewinn- und Verlustrechnung aufgenommen werden. [2]In der Gewinn- und Verlustrechnung darf jedoch nach dem Posten „Jahresüberschuss/Jahresfehlbetrag" ein dem Steuersatz der Komplementärgesellschaft entsprechender Steueraufwand der Gesellschafter offen abgesetzt oder hinzugerechnet werden.

(4) [1]Anteile an Komplementärgesellschaften sind in der Bilanz auf der Aktivseite unter den Posten A.III.1 oder A.III.3 auszuweisen. [2]§ 272 Abs. 4 ist mit der Maßgabe anzuwenden, dass für diese Anteile in Höhe des aktivierten Betrags nach dem Posten „Eigenkapital" ein Sonderposten unter der Bezeichnung „Ausgleichsposten für aktivierte eigene Anteile" zu bilden ist. [3]§§ 269, 274 Abs. 2 sind mit der Maßgabe anzuwenden, dass nach

---

[22] ADS RdNr. 39.

dem Posten „Eigenkapital" ein Sonderposten in Höhe der aktivierten Bilanzierungshilfen anzusetzen ist.

Schrifttum: *IDW* RS HFA 7: Zur Rechnungslegung bei Personenhandelsgesellschaften, WPg 2002, 1259 (redaktionell geändert WPg 2005, 669).

Übersicht

	RdNr.		RdNr.
I. Überblick	1, 2	IV. Abgrenzung zwischen Gesellschaftsvermögen und Gesellschaftervermögen (Abs. 3 S. 1)	22–24
II. Ausweis von Ansprüchen und Verbindlichkeiten gegenüber den Gesellschaftern (Abs. 1)	3–8	V. Fiktiver Steueraufwand der Gesellschafter (Abs. 3 S. 2)	25, 26
III. Ausweis des Eigenkapitals (Abs. 2)	9–21	VI. Ausweis von Anteilen an der Komplementärgesellschaft (Abs. 4 S. 1, 2)	27–34
1. Allgemein	9, 10	VII. Sonderposten für aktivierte Bilanzierungshilfen (Abs. 4 S. 3)	35–37
2. Kapitalanteile	11–13	VIII. Folgen der Nichtbeachtung	38
3. Zurechnung und Ausweis des Jahresergebnisses	14–17		
4. Rücklagen	18–20		
5. Anhangabe der Hafteinlage	21		

I. Überblick

§ 264c enthält Sonderregelungen für OHG/KG iSv. § 264a, also Personenhandelsgesellschaften, bei denen nicht wenigstens ein Gesellschafter eine natürliche Person ist, die unmittelbar oder mittelbar mit ihrem Privatvermögen unbegrenzt haftet. **1**

Im Einzelnen regelt § 264c: **2**
– den Ausweis der Ausleihungen, Forderungen und Verbindlichkeiten gegenüber Gesellschaftern,
– die Gliederung des Eigenkapitals der betroffenen Personenhandelsgesellschaften,
– die Trennung von Gesellschafter- und Gesellschaftsvermögen,
– die Ausweismöglichkeit eines fiktiven Steueraufwands,
– den Ausgleichsposten für aktivierte Anteile an der Komplementärgesellschaft und
– den Ausgleichsposten für aktivierte Bilanzierungshilfen.

II. Ausweis von Ansprüchen und Verbindlichkeiten gegenüber den Gesellschaftern (Abs. 1)

Abs. 1 entspricht inhaltlich der Vorschrift des § 42 Abs. 3 GmbHG. Durch den gesonderten Ausweis der Ansprüche und Verbindlichkeiten gegenüber den Gesellschaftern der Gesellschaft sollen die Verhältnisse zwischen der Gesellschaft und den Gesellschaftern für den Adressaten transparenter dargestellt werden. Dabei ist es unerheblich, ob der Gesellschafter beschränkt oder unbeschränkt haftet. **3**

Für den Ausweis derartiger Ausleihungen, Forderungen und Verbindlichkeiten stehen drei Alternativen zur Verfügung: **4**
– Ausweis in einem gesonderten Bilanzposten,
– Angabe im Anhang,
– Ausweis unter anderen Bilanzposten, bei denen ein Vermerk über die Eigenschaft als Ausleihung, Forderung oder Verbindlichkeit gegenüber Gesellschaftern vorgenommen wird (Mitzugehörigkeit).[1]

Das Rangverhältnis der Ausweis- bzw. Angabealternativen zueinander entspricht demjenigen bei der GmbH.[2] Danach sind der Ausweis in einem gesonderten Posten und die Angabe im Anhang als gleichwertig anzusehen, gehen aber dem Ausweis als Mitzugehörigkeitsvermerk vor. **5**

Der Ausweis in einem gesonderten Posten erweitert das gesetzliche Gliederungsschema gem. § 266. Bei der dann möglicherweise bestehenden Konkurrenz zum Ausweis als verbundenes Unternehmen oder Unternehmen, mit denen ein Beteiligungsverhältnis besteht, ist der Ausweis gem. Abs. 1 vorrangig.[3] **6**

---

[1] *ADS* RdNr. 10.
[2] *ADS* § 42 GmbHG RdNr. 48.
[3] *ADS* § 42 GmbHG RdNr. 50.

7 Die Ausweisalternativen gelten für nicht ausstehende Einlagen nach § 272 Abs. 1 S. 2, Forderungen auf eingeforderte Einlagen nach § 272 Abs. 1 S. 3 oder Einzahlungsverpflichtungen persönlich haftender Gesellschafter nach § 264c Abs. 2 S. 4.[4]

8 Diese Angabepflichten erstrecken sich auch auf OHG/KG iSv. § 264a, die die Größenmerkmale einer kleinen Gesellschaft iSv. § 267 Abs. 1 aufweisen. Die Möglichkeit, eine verkürzte Bilanz aufstellen, wird insoweit eingeschränkt.

III. Ausweis des Eigenkapitals (Abs. 2)

9 **1. Allgemein.** Abs. 2 passt die Gliederung des Eigenkapitals gem. § 266 Abs. 3 an die Verhältnisse von Personenhandelsgesellschaften an. Da gesellschaftsrechtliche Vorschriften zur Zusammensetzung des Eigenkapitals bei Personenhandelsgesellschaften fehlen, sind Differenzierungen zwischen gezeichnetem Kapital, Kapital- und Gewinnrücklagen, wie sie für Kapitalgesellschaften gelten, nicht übertragbar.

10 Laut Abs. 2 S. 1 soll das Eigenkapital für Personenhandelsgesellschaften iSv. § 264a wie folgt gegliedert werden:
    I. Kapitalanteile
    II. Rücklagen
    III. Gewinnvortrag/Verlustvortrag
    IV. Jahresüberschuss/Jahresfehlbetrag

11 **2. Kapitalanteile.** In der Praxis werden für einen Gesellschafter mehrere Kapitalkonten geführt. Bei den hier auszuweisenden Beträgen muss es sich um Eigenkapital der Gesellschaft handeln. Die Beträge dürfen nur dann als Eigenkapital ausgewiesen werden, wenn
– künftige Verluste mit diesen Konten bis zur vollen Höhe – auch mit Wirkung gegenüber den Gesellschaftsgläubigern – zu verrechnen sind und
– im Fall der Insolvenz die Salden der Konten nicht als Insolvenzforderung geltend gemacht werden können oder wenn bei einer Liquidation der Gesellschaft Ansprüche erst nach Befriedigung aller Gesellschaftsgläubiger auszugleichen sind.[5]

12 Nach der gesetzlichen Bestimmung entfällt auf jeden Gesellschafter einer Personenhandelsgesellschaft nur ein Kapitalanteil, der davon unabhängig ist, wie viele Unterkonten für das Eigenkapital eines Gesellschafters geführt werden. Maßgebend für die Bestimmung der Höhe des Kapitalanteils ist die im Gesellschaftsvertrag festgelegte Pflichteinlage. Soweit die Pflichteinlage nicht voll erbracht ist, gilt die Regelung des § 272 Abs. 1 S. 2 und 3 entsprechend, wonach sowohl für persönlich haftende Gesellschafter als auch für Kommanditisten der Ausweis als ausstehende Einlagen vorgeschrieben ist.[6] Für die Einlagen, die bereits eingefordert, jedoch nicht einbezahlt worden sind, erfolgt der Ausweis gesondert unter den Forderungen.

13 Die ausstehenden Einlagen, die eingeforderten Einlagen und die Kapitalanteile sind für persönlich haftende Gesellschafter und Kommanditisten jeweils gesondert auszuweisen, wobei eine Zusammenfassung für jede Gesellschaftergruppe möglich ist. Jedoch dürfen negative Kapitalanteile einzelner Gesellschafter nicht mit positiven Kapitalanteilen anderer Gesellschafter saldiert werden.[7] Negative Kapitalanteile sind als „Nicht durch Vermögenseinlagen gedeckter Verlustanteil" auszuweisen. Ist der Kapitalanteil durch Entnahmen negativ geworden, so ist neben den Verlustanteilen auch ein Ausweis des „Durch Entnahmen entstandenen negativen Kapitals" erforderlich.[8] Führen sowohl Entnahmen als auch Verluste zu einem negativen Kapitalanteil, so erscheint es sachgerecht, wenn die Entnahmen zuerst abgesetzt werden, da diese vor Abschluss des Geschäftsjahres erfolgt sind, wogegen die Verlustanteile erst zum Schluss des Geschäftsjahres vom Kapitalanteil abgesetzt werden.[9] Besteht zur Beseitigung oder zur Verminderung der negativen Kapitalanteile eine Einzahlungspflicht seitens der Gesellschafter, so ist diese für jede Gesellschaftergruppe ebenfalls gesondert auszuweisen.

14 **3. Zurechnung und Ausweis des Jahresergebnisses.** Gem. § 120 Abs. 2 wird der dem persönlich haftenden Gesellschafter zustehende Gewinn seinem Kapitalanteil zugeschrieben. Der auf ihn entfallende Verlust vermindert entsprechend seinen Kapitalanteil. Dieser Regelung trägt auch Abs. 2 S. 3 Rechnung.

---

[4] *Förschle/Hoffmann* BeBiKo RdNr. 11.
[5] *IDW RS HFA 7*, WPg 2002, 1259 (redaktionell geändert WPg 2005, 669).
[6] *Förschle/Hoffmann* BeBiKo RdNr. 20 und 31.
[7] *WPH* F RdNr. 240.
[8] *IDW RS HFA 7*, WPg 2002, 1259 (redaktionell geändert WPg 2005, 669).
[9] *IDW RS HFA 7*, WPg 2002, 1259 (redaktionell geändert WPg 2005, 669).

Die für den Kommanditisten bestehende Haftungsbeschränkung hat zur Folge, dass die Ergebnisverteilung in anderer Form erfolgt. Gem. § 167 Abs. 2 wird der auf den Kommanditisten entfallende Gewinn nur solange dem Kapitalanteil des Kommanditisten zugeschrieben, als dieser die Pflichteinlage nicht erreicht hat. Für darüber hinausgehende Gewinne hat der Kommanditist nach § 169 Abs. 1 einen Anspruch auf Auszahlung, so dass aus Sicht der Gesellschaft Fremdkapital vorliegt. Schließlich nimmt der Kommanditist nach § 167 Abs. 3 an Verlusten nur bis zur Höhe seines Kapitalanteils teil.

Sofern im Gesellschaftsvertrag keine von den gesetzlich vorgesehenen Gewinnverwendungsregelungen abweichenden Vereinbarungen getroffen sind, wird der Jahresabschluss somit grundsätzlich unter vollständiger Ergebnisverwendung aufgestellt.[10] Dies widerspricht dem Gliederungsvorschlag in Abs. 2 S. 1, der den gesonderten Ausweis von „Jahresüberschuss/Jahresfehlbetrag" und „Gewinnvortrag/-verlust" vorsieht. Voraussetzung für einen derartigen Ausweis ist jedoch, dass Gewinne nicht unmittelbar verteilt werden, sondern einer besonderen Beschlussfassung durch die Gesellschafter bedürfen.[11] Bezüglich der Behandlung von Verlusten ist davon auszugehen, dass die Spezialvorschrift des Abs. 2 S. 3 jeglichen gesellschaftsvertraglichen Regelungen vorgeht und Verluste somit zwingend von den Kapitalanteilen abzusetzen sind und insofern der Ausweis eines Jahresfehlbetrags und eines Verlustvortrags nicht möglich ist.[12]

Die Gewinn- und Verlustrechnung sollte in sinngemäßer Anwendung des § 158 AktG fortentwickelt werden, damit die Ergebnisverwendung bzw. Verteilung auf die Gesellschafter erkennbar wird.[13]

4. Rücklagen. Nach Abs. 2 S. 8 ist die Bildung von Rücklagen nur zulässig, wenn entsprechende gesellschaftsrechtliche Vereinbarungen vorliegen. Solche Vereinbarungen könnten etwa vorsehen, dass über die Gewinnverteilung gesondert beschlossen wird oder die Rücklagen schon vorab dotiert werden dürfen.

Ein getrennter Ausweis von Kapital- und Gewinnrücklagen ist nicht erforderlich, da die Rücklagen ohnehin nur auf der Grundlage von gesellschaftsvertraglichen Vereinbarungen dotiert werden können.[14]

Sind in der Bilanz entsprechende Rücklagen gebildet, so sind angefallene Verluste vorab von den Rücklagen abzusetzen, es sei denn, dass gesonderte gesellschaftsvertragliche Regelungen dem entgegenstehen. Erst bei einem darüber hinausgehenden Verlust sind die Kapitalanteile der Gesellschafter zu vermindern.[15] Andernfalls könnten die Kapitalanteile durch Verluste vollständig aufgezehrt und somit ein Ausweis als Verlustanteil auf der Aktivseite erforderlich werden, obwohl weiteres Eigenkapital in Form von Rücklagen vorhanden ist.

5. Anhangangabe der Hafteinlage. In den Fällen, in denen die gesellschaftsvertraglich vorgesehene Pflichteinlage der Kommanditisten niedriger als die im Handelsregister eingetragene Hafteinlage ist, ist im Anhang gem. Abs. 2 S. 9 die Höhe der Hafteinlage anzugeben. Dem Jahresabschlussadressaten wird dadurch der Umfang der ggf. noch bestehenden persönlichen Haftung des Kommanditisten angezeigt.[16] Entspricht hingegen die Pflichteinlage der eingetragenen Hafteinlage und ist die Pflichteinlage vollständig geleistet, ist demzufolge eine solche Angabe nicht erforderlich.

IV. Abgrenzung zwischen Gesellschaftsvermögen und Gesellschaftervermögen (Abs. 3 S. 1)

Abs. 3 S. 1 stellt klar, dass das Privatvermögen der Gesellschafter und die damit verbundenen Aufwendungen und Erträge nicht in dem handelsrechtlichen Jahresabschluss der Personenhandelsgesellschaft berücksichtigt werden dürfen.

Insoweit unterscheidet sich die handelsrechtliche Konzeption der Vermögensabgrenzung von der steuerlichen Konstruktion des Sonderbetriebsvermögens, das zwar zivilrechtlich im Privateigentum des Gesellschafters steht, aber gleichzeitig dem Betrieb der Gesellschaft bzw. der Beteiligung des Gesellschafters dient.[17] Solche im Rahmen der steuerlichen Gewinnermittlung Berücksichtigung

---

[10] WPH F RdNr. 117; Förschle/Hoffmann BeBiKo RdNr. 40.
[11] WPH F RdNr. 118; ADS RdNr. 25.
[12] IDW RS HFA 7, WPg 2002, 1259 (redaktionell geändert WPg 2005, 669).
[13] WPH F RdNr. 120; IDW, RS HFA 7, WPg 2002, 1259 (redaktionell geändert WPg 2005, 669).
[14] ADS RdNr. 26.
[15] IDW RS HFA 7, WPg 2002, 1259 (redaktionell geändert WPg 2005, 669).
[16] Förschle/Hoffmann BeBiKo RdNr. 60 f.
[17] Vgl. Schmidt EStG § 15 RdNr. 506 ff.

findenden Vermögensgegenstände und Schulden schlagen sich nicht im handelsrechtlichen Jahresabschluss nieder.

24 Entsprechendes gilt für Ergänzungsbilanzen einzelner Gesellschafter. Solche Ergänzungsbilanzen spiegeln die individuellen Anschaffungskosten des Gesellschafters für den ihm zustehenden Anteil an Vermögen und Schulden wider.[18] Diese Aufteilung auf die einzelnen Gesellschafter bleibt handelsrechtlich ohne Einfluss auf die Anschaffungskosten der Gesellschaft.

V. Fiktiver Steueraufwand der Gesellschafter (Abs. 3 S. 2)

25 Die Abgrenzung von Gesellschaftsvermögen und Privatvermögen und den daraus resultierenden Erträgen und Aufwendungen legt nahe, dass private Steuerzahlungen nicht im Jahresabschluss der Gesellschaft auszuweisen wären. Dennoch wird in Abs. 3 S. 2 ausdrücklich eine statistische Information hinsichtlich des Steueraufwands der Gesellschafter zugelassen. Damit sollen die Abschlüsse der Personenhandelsgesellschaften mit denen von Kapitalgesellschaften vergleichbar werden, da die Körperschaftsteuer ergebnismindernd wirkt, so dass der Jahresüberschuss unter sonst gleichen Umständen niedriger ausfällt als bei einer Personenhandelsgesellschaft.

26 Der fiktive Steueraufwand der Personenhandelsgesellschaft wird mit dem Steuersatz der Komplementärgesellschaft ermittelt. Der so berechnete fiktive Steueraufwand kann – mit einer erkennbaren Kennzeichnung – gesondert in einem Posten nach dem Jahresüberschuss ausgewiesen werden.[19]

VI. Ausweis von Anteilen an der Komplementärgesellschaft (Abs. 4 S. 1, 2)

27 Die Regelung des Abs. 4 S. 1 betrifft die Darstellung von Anteilen einer Kommanditgesellschaft an ihrer Komplementärgesellschaft. Die Anteile sind auf der Aktivseite unter den Finanzanlagen als Anteile an verbundenen Unternehmen oder als Beteiligung auszuweisen.

28 In Ergänzung zu § 272 Abs. 4 ist entsprechend des aktivierten Betrages auf der Passivseite nach dem Posten Eigenkapital ein Sonderposten unter der Bezeichnung „Ausgleichsposten für aktivierte eigene Anteile" zu bilden. Die Analogie zur Rücklage für eigene Anteile beruht darauf, dass die Personenhandelsgesellschaft durch die Beteiligung an ihrer Komplementärgesellschaft Anteile an sich selber hält. Dies wird besonders deutlich, wenn die Gesellschaften jeweils mit gleichen Beträgen beteiligt sind, also das Kapital der einen zum Erwerb der Anteile an der anderen Gesellschaft verwendet worden ist. Aber auch bei einer fehlenden kapitalmäßigen Beteiligung der Komplementärgesellschaft an der Personenhandelsgesellschaft greift diese Regelung, da in dem Umfang der bei der Personenhandelsgesellschaft aktivierten Anteile an der Komplementärin den Gläubigern Haftungsmasse entzogen wird.

29 Der Sonderposten muss nach § 272 Abs. 4 bereits bei der Bilanzaufstellung gebildet werden. Bei einer Kapitalgesellschaft kann der Sonderposten aus den frei verfügbaren Rücklagen, Ergebnisvortrag und Jahresüberschuss, notfalls auch zu Lasten eines Bilanzverlustes dotiert werden. Bei den Personenhandelsgesellschaften iSv. § 264a wird vorgeschlagen,[20] den Sonderposten ausschließlich zu Lasten der Kapitalanteile der Komplementärin zu bilden, selbst wenn diese dadurch auf der Aktivseite ausgewiesen werden müssen.

30 Die Gegenauffassung, wonach mit der Bildung die Kapitalanteile der Kommanditisten zu belasten sind,[21] führt nur für den Fall, dass zwischen den Gesellschaftern der Komplementärin und den Kommanditisten Personenidentität besteht, zu sachgerechten Ergebnissen. In diesem Fall hat die KG von ihren Kommanditisten die Anteile an der Komplementärin erworben. Der Erwerb ist mit dem in § 172 Abs. 6 beschriebenen Sachverhalt, wonach eine Einlage des Kommanditisten gegenüber den Gläubigern der Gesellschaft als nicht geleistet gilt, sofern sie in Anteilen an der persönlich haftenden Gesellschafterin erbracht wird, zu vergleichen. Diese für die Haftung relevante Vorschrift bleibt allerdings ohne Auswirkung auf den Ausweis in der Bilanz.

31 Besteht jedoch keine Personenidentität zwischen den Gesellschaftern der Komplementärgesellschaft und den Kommanditisten, so ist die Bildung des Sonderpostens zu Lasten der Kapitalanteile der Kommanditisten nicht sachgerecht. Erwirbt die KG die Anteile von den Gesellschaftern der Komplementärgesellschaft, so darf dieser Erwerb nicht dazu führen, dass die Kapitalanteile der Kommanditisten durch Bildung des Sonderpostens vermindert werden, zumal nicht ausgeschlossen ist, dass dieses Geschäft ohne Einverständnis der Kommanditisten vorgenommen worden ist.

---

[18] Vgl. *Schmidt* EStG § 15 RdNr. 460 ff.
[19] *Förschle/Hoffmann* BeBiKo RdNr. 75.
[20] *ADS* RdNr. 30.
[21] *IDW* RS HFA 7, WPg 2002, 1259 (redaktionell geändert WPg 2005, 669).

Im Ergebnis führt lediglich die Bildung zu Lasten der Kapitalanteile der Komplementärin zu sachgerechten Ergebnissen, zumal durch den Ausweis des ggf. negativen Kapitalanteils des Komplementärs die durch den Erwerb der Anteile an der Komplementärgesellschaft geschmälerte Haftungsmasse deutlich erkennbar wird. 32

Der Sonderposten ist ergebnisneutral aufzulösen, wenn die Anteile, die die KG an der Komplementärgesellschaft hat, veräußert oder abgeschrieben werden, dh. die bei der Bildung belasteten Kapitalanteile sind entsprechend zu erhöhen. Werden die Anteile an der Komplementärgesellschaft von einem Tochterunternehmen der Personenhandelsgesellschaft gehalten, so hat dieses Tochterunternehmen den Sonderposten zu bilden.[22] 33

Weitergehende Überlegungen, wonach der Sonderposten auch bei einer Beteiligung einer KG an ihrer Kommanditistin zu bilden ist,[23] erscheinen vor dem Hintergrund einer nicht vergleichbaren Haftungssituation der Kommanditistin überzogen. Den Gläubigern steht im Haftungsfall die in der Bilanz der KG ausgewiesene Beteiligung an der Kommanditistin als weiterhin werthaltiger Vermögensgegenstand zur Verwertung zur Verfügung, wogegen bei einer Beteiligung an der Komplementärgesellschaft diese Beteiligung wertlos wird. 34

VII. Sonderposten für aktivierte Bilanzierungshilfen (Abs. 4 S. 3)

Die Aktivierung einer Bilanzierungshilfe (§§ 269, 274 Abs. 2) ist bei einer Kapitalgesellschaft mit einer Ausschüttungssperre verbunden, damit der aktivierte Betrag, der gerade nicht den Anforderungen an einen Vermögensgegenstand genügt, nicht als zusätzliches Ausschüttungspotential zur Verfügung steht. An die Stelle dieser Ausschüttungsbeschränkung tritt für OHG/KG iSv. § 264a eine Entnahmesperre über die Bildung eines Sonderpostens.[24] 35

Der Sonderposten für aktivierte Bilanzierungshilfen ist wie der Ausgleichsposten für aktivierte eigene Anteile nach dem Eigenkapital in der Bilanz auszuweisen. Die Bildung erfolgt ergebnisneutral. Es bestehen hier allerdings keine Bedenken, die Kapitalanteile der Kommanditisten zu belasten, da diese auf Grund der Aktivierung der Bilanzierungshilfe entsprechend mehr Gewinne oder niedrigere Verluste zugerechnet bekommen haben. Da die Kapitalanteile der Kommanditisten einer Entnahmebeschränkung nach § 169 Abs. 1 unterliegen, schlägt sich der durch die Bilanzierungshilfe erzielte höhere Jahresüberschuss nicht als entnahmefähiger Betrag im Kapitalanteil der Kommanditisten nieder. 36

Der Sonderposten ist entsprechend der Wertentwicklung der Bilanzierungshilfe ergebnisneutral aufzulösen. Die bei der Bildung belasteten Kapitalanteile sind bei der Auflösung des Sonderpostens zu entlasten.[25] 37

VIII. Folgen der Nichtbeachtung

Die Nichtbeachtung der §§ 264a bis c führt durch entsprechenden Verweis in § 335b zur Anwendung der §§ 331 bis 335a. 38

§ 265 Allgemeine Grundsätze für die Gliederung

(1) ¹Die Form der Darstellung, insbesondere die Gliederung der aufeinanderfolgenden Bilanzen und Gewinn- und Verlustrechnungen, ist beizubehalten, soweit nicht in Ausnahmefällen wegen besonderer Umstände Abweichungen erforderlich sind. ²Die Abweichungen sind im Anhang anzugeben und zu begründen.

(2) ¹In der Bilanz sowie in der Gewinn- und Verlustrechnung ist zu jedem Posten der entsprechende Betrag des vorhergehenden Geschäftsjahrs anzugeben. ²Sind die Beträge nicht vergleichbar, so ist dies im Anhang anzugeben und zu erläutern. ³Wird der Vorjahresbetrag angepaßt, so ist auch dies im Anhang anzugeben und zu erläutern.

(3) ¹Fällt ein Vermögensgegenstand oder eine Schuld unter mehrere Posten der Bilanz, so ist die Mitzugehörigkeit zu anderen Posten bei dem Posten, unter dem der Ausweis erfolgt ist, zu vermerken oder im Anhang anzugeben, wenn dies zur Aufstellung eines klaren und übersichtlichen Jahresabschlusses erforderlich ist. ²Eigene Anteile dürfen un-

---

[22] *IDW* RS HFA 7, WPg 2002, 1259 (redaktionell geändert WPg 2005, 669).
[23] *Förschle/Hoffmann* BeBiKo RdNr. 83.
[24] *WPH* F RdNr. 331; *ADS* RdNr. 31.
[25] *ADS* RdNr. 31.

abhängig von ihrer Zweckbestimmung nur unter dem dafür vorgesehenen Posten im Umlaufvermögen ausgewiesen werden.

(4) [1] Sind mehrere Geschäftszweige vorhanden und bedingt dies die Gliederung des Jahresabschlusses nach verschiedenen Gliederungsvorschriften, so ist der Jahresabschluß nach der für einen Geschäftszweig vorgeschriebenen Gliederung aufzustellen und nach der für die anderen Geschäftszweige vorgeschriebenen Gliederung zu ergänzen. [2] Die Ergänzung ist im Anhang anzugeben und zu begründen.

(5) [1] Eine weitere Untergliederung der Posten ist zulässig; dabei ist jedoch die vorgeschriebene Gliederung zu beachten. [2] Neue Posten dürfen hinzugefügt werden, wenn ihr Inhalt nicht von einem vorgeschriebenen Posten gedeckt wird.

(6) Gliederung und Bezeichnung der mit arabischen Zahlen versehenen Posten der Bilanz und der Gewinn- und Verlustrechnung sind zu ändern, wenn dies wegen Besonderheiten der Kapitalgesellschaft zur Aufstellung eines klaren und übersichtlichen Jahresabschlusses erforderlich ist.

(7) Die mit arabischen Zahlen versehenen Posten der Bilanz und der Gewinn- und Verlustrechnung können, wenn nicht besondere Formblätter vorgeschrieben sind, zusammengefaßt ausgewiesen werden, wenn

1. sie einen Betrag enthalten, der für die Vermittlung eines den tatsächlichen Verhältnissen entsprechenden Bildes im Sinne des § 264 Abs. 2 nicht erheblich ist, oder
2. dadurch die Klarheit der Darstellung vergrößert wird; in diesem Falle müssen die zusammengefaßten Posten jedoch im Anhang gesondert ausgewiesen werden.

(8) Ein Posten der Bilanz oder der Gewinn- und Verlustrechnung, der keinen Betrag ausweist, braucht nicht aufgeführt zu werden, es sei denn, daß im vorhergehenden Geschäftsjahr unter diesem Posten ein Betrag ausgewiesen wurde.

Schrifttum: *Biener/Berneke*, Bilanzrichtlinien-Gesetz (BiRiLiG): Textausgabe des Bilanzrichtlinien-Gesetzes vom 19. 12. 1985, mit Begründung des Regierungsentwurfs, Bericht des Rechtsausschusses des Deutschen Bundestages, Richtlinien mit Begründung, Verweisungen, Erläuterungen, Sachverzeichnis, 1986; *Cairns*, A Guide to Applying International Accounting Standards, 1995; *IDW*, St/HFA 5/1988 i. d. F. 1998: Vergleichszahlen im Jahresabschluss und im Konzernabschluss sowie ihre Prüfung, WPg 1989, 42 und WPg 1998, 738; *IDW*, RS HFA 15, Bilanzierung von Emissionsberechtigungen nach HGB, WPg 2006, 574.

Übersicht

	RdNr.		RdNr.
I. Überblick	1–3	2. Angabe- und Begründungspflicht im Anhang	19
II. Stetigkeit der Darstellung (Abs. 1)	4–7	VI. Gliederungserweiterung (Abs. 5)	20–22
1. Grundsatz	4	1. Grundsatz	20
2. Anwendungsbereich	5	2. Weitere Untergliederung von Posten	21
3. Abweichungen von der Darstellungsstetigkeit	6, 7	3. Hinzufügen neuer Posten	22
III. Angabe der Vorjahresbeträge (Abs. 2)	8–14	VII. Änderung der Gliederung und der Postenbezeichnungen (Abs. 6)	23–27
1. Inhalt der Angabepflicht	8, 9	1. Grundsatz	23
2. Pflichten bei fehlender Vergleichbarkeit der Vorjahresbeträge	10, 11	2. Vorgeschriebene Änderungen	24–26
3. Pflichten bei Anpassung der Vorjahresbeträge	12–14	3. Freiwillige Änderungen	27
IV. Mitzugehörigkeitsvermerk (Abs. 3)	15–17	VIII. Postenzusammenfassung (Abs. 7)	28–33
1. Grundsatz	15	1. Grundsatz	28, 29
2. Anwendungsfälle	16	2. Zusammenfassung wegen Unerheblichkeit der Beträge	30, 31
3. Eigene Anteile	17	3. Zusammenfassung zur Vergrößerung der Klarheit der Darstellung	32, 33
V. Gliederung bei mehreren Geschäftszweigen (Abs. 4)	18, 19	IX. Ausweis von Leerposten (Abs. 8)	34, 35
1. Grundsatz	18	X. Folgen der Nichtbeachtung	36

I. Überblick

Das HGB enthält in den §§ 266 und 275 bestimmte **Gliederungsschemata** für die Bilanz und die Gewinn- und Verlustrechnung von Kapitalgesellschaften und OHG/KG iSv. § 264a. Diesen werden in § 265 **allgemeine Gliederungsgrundsätze** vorangestellt: 1
- Stetigkeit der Darstellung (Abs. 1),
- Angabe der Vorjahresbeträge (Abs. 2),
- Mitzugehörigkeitsvermerk (Abs. 3),
- Gliederung bei mehreren Geschäftszweigen (Abs. 4),
- Gliederungserweiterung (Abs. 5),
- Änderung der Gliederung und der Postenbezeichnungen (Abs. 6),
- Postenzusammenfassung (Abs. 7),
- Ausweis von Leerposten (Abs. 8).

Während die Grundsätze aus Abs. 1 und 8 analog auch für den **Anhang** und den **Lagebericht** gelten, wird eine entsprechende Anwendung der Abs. 2 bis 7 auf Anhang und Lagebericht bereits durch deren Wortlaut und Sinn ausgeschlossen.[1] Zu beachten ist jedoch, dass bei wahlweise im Anhang gemachten Angaben und bei Postenzusammenfassungen nach Abs. 7 Nr. 2 stets auch die Vorjahreszahlen im Anhang anzugeben sind.[2] 2

Die allgemeinen Gliederungsvorschriften gelten grundsätzlich auch für Kreditinstitute und Finanzdienstleistungsinstitute sowie Versicherungsunternehmen, obwohl diese ihre Bilanz und Gewinn- und Verlustrechnung nicht nach der in §§ 266, 275 vorgeschriebenen Gliederung aufstellen, sondern die branchenspezifischen Formblätter zu verwenden haben. Allerdings ist es Kreditinstituten und Finanzdienstleistungsinstituten auf Grund der festgelegten Formblätter verwehrt, Abs. 6, 7 anzuwenden (§ 340a Abs. 2 S. 1); für Versicherungsunternehmen ist die Anwendung von Abs. 6 ausgeschlossen (§ 341a Abs. 1 S. 1). Dem PublG unterliegende Unternehmen (§ 5 Abs. 1 S. 2) sowie eG (§ 336 Abs. 2 S. 1) haben ihrem Jahresabschluss die allgemeinen Gliederungsgrundsätze zu Grunde zu legen. 3

II. Stetigkeit der Darstellung (Abs. 1)

1. Grundsatz. Abs. 1 fordert, dass die einmal gewählte Form der Darstellung, insbesondere der aufeinander folgenden Bilanzen und Gewinn- und Verlustrechnungen, grundsätzlich beizubehalten ist. Durch diese **formelle Bilanzkontinuität** (zur materiellen Bilanzkontinuität vgl. § 252) soll die **Vergleichbarkeit** der Jahresabschlüsse im Zeitablauf gewährleistet werden, was Voraussetzung für eine Betrachtung der Entwicklung von Vermögens-, Finanz- und Ertragslage des Unternehmens ist.[3] 4

2. Anwendungsbereich. Der Gesetzestext nennt als **Geltungsbereich** des Stetigkeitsgebots nur beispielhaft die Gliederung der aufeinander folgenden Bilanzen und Gewinn- und Verlustrechnungen. Über die Gliederungsstetigkeit hinaus muss sich das Stetigkeitsgebot aber auch auf den Inhalt der einzelnen Posten und auf die Zuordnung von Angaben, die wahlweise in Bilanz, Gewinn- und Verlustrechnung oder im Anhang gemacht werden können, beziehen.[4] Obwohl für den **Anhang** eine Darstellungsform nicht gesetzlich konkretisiert ist, sollten auch eine einmal gewählte Strukturierung des Anhangs und die Reihenfolge der Angaben beibehalten werden; Entsprechendes gilt für den **Lagebericht,** für den eine gewisse Darstellungsstetigkeit im Aufbau des Berichts ebenfalls als zweckmäßig angesehen werden muss.[5] 5

3. Abweichungen von der Darstellungsstetigkeit. Abweichungen von der formellen Stetigkeit sind an besondere Voraussetzungen geknüpft. Es muss sich um Ausnahmefälle handeln, in denen wegen besonderer Umstände Abweichungen erforderlich sind, die dann im Anhang anzugeben und zu erläutern sind. Trifft dies zu, so darf die bisherige Darstellung nicht mehr beibehalten werden; es besteht somit **kein Wahlrecht** zwischen einer Beibehaltung der Darstellung und einem Abweichen von der Darstellungsstetigkeit. Eine Abweichung von der Darstellungsstetigkeit liegt begrifflich nur in denjenigen Ausnahmefällen vor, in denen zwischen zwei gleichermaßen zulässigen Darstellungsformen gewählt werden kann.[6] **Ausnahmefälle** für solche Abweichungen setzen **grundlegende Veränderungen** im Unternehmensumfeld und in den wirtschaftlichen Verhältnissen voraus (zB 6

---
[1] ADS RdNr. 3; Winkeljohann/Geißler BeBiKo RdNr. 1.
[2] ADS RdNr. 3.
[3] Winkeljohann/Geißler BeBiKo RdNr. 2.
[4] Hütten/Lorson HdR RdNr. 8.
[5] ADS RdNr. 13 f.
[6] ADS RdNr. 17, 19.

§ 265   7–12   3. Buch. 2. Abschnitt. Erg. Vorschr. für Kapitalgesellschaften

Wechsel des Mutterunternehmens, Änderungen des Produktionsprogramms oder Veränderungen der Bedeutung einzelner Posten, die zur Erreichung größerer Klarheit und Übersichtlichkeit weitere Untergliederungen oder Postenzusammenfassungen erforderlich machen).[7]

7   Abweichungen von der Darstellungsstetigkeit sind nach Abs. 1 S. 2 im Anhang **anzugeben** und zu **begründen,** jedoch nur bei **wesentlichen** Abweichungen.[8] Die Angabepflicht bezieht sich dabei auf die Bezeichnung der entsprechenden Sachverhalte. Die Begründung muss Ursache und Notwendigkeit der Stetigkeitsunterbrechung erkennen lassen. Im Rahmen dieser Erläuterungspflicht sind verbale Ausführungen ausreichend; die Angabe von Beträgen ist nicht erforderlich.[9]

III. Angabe der Vorjahresbeträge (Abs. 2)

8   **1. Inhalt der Angabepflicht.** Abs. 2 S. 1 verlangt von Kapitalgesellschaften und OHG/KG iSv. § 264a, zu jedem Posten der Bilanz und Gewinn- und Verlustrechnung die entsprechenden Vorjahresbeträge anzugeben. Dadurch wird die **Vergleichbarkeit** der Jahresabschlüsse im Zeitablauf gefördert. Die Vorschrift bezieht sich auf alle Posten der Bilanz und Gewinn- und Verlustrechnung, somit ist auch bei Davon-Vermerken, vorgeschriebenen weiteren Untergliederungen von Einzelposten sowie bei freiwilligen weiteren Untergliederungen und dem Hinzufügen neuer Posten iSv. Abs. 5 der entsprechende Vorjahresbetrag anzugeben.[10] Bei der Zusammenfassung von Posten und deren gesondertem Ausweis im **Anhang** gem. Abs. 7 Nr. 2 gilt die Angabepflicht für die Vorjahresbeträge auch für die im Anhang ausgewiesenen Einzelposten.[11] Obwohl der Anhang in Abs. 2 S. 1 nicht ausdrücklich erwähnt wird, erscheint die freiwillige Angabe von Vorjahresbeträgen auch bei anderen Anhangangaben wünschenswert.[12]

9   Ein **Auf- oder Abrunden** der Vorjahresbeträge, bei entsprechenden Größenordnungen auch eine Angabe der Beträge in „TEUR" oder „Mio. EUR", ist zulässig.[13]

10 **2. Pflichten bei fehlender Vergleichbarkeit der Vorjahresbeträge.** Eine Vergleichbarkeit mit den Vorjahresbeträgen ist nur dann gewährleistet, wenn der Posteninhalt sich in seiner Zusammensetzung gegenüber dem Vorjahr nicht verändert hat.[14] Bei fehlender Vergleichbarkeit fordert Abs. 2 S. 2 eine **Erläuterung im Anhang.** Zu dieser Erläuterungspflicht können bspw. ein Wechsel zwischen Umsatz- und Gesamtkostenverfahren, eine geänderte Zuordnung von Sachverhalten zu Einzelposten auf Grund von Veränderungen der rechtlichen oder tatsächlichen Verhältnisse, eine geänderte Rechtsprechung sowie Zu- oder Abgänge von ganzen Unternehmensteilen führen.[15] Aus der Einordnung der Regelung im Rahmen der Gliederungsvorschriften ergibt sich, dass Änderungen im Ansatz und in der Bewertung der Posten die Vergleichbarkeit im Sinne dieser Vorschrift nicht berühren. Führen solche Abweichungen zu einer Beeinträchtigung der Vergleichbarkeit, lösen sie vielmehr eine Erläuterungspflicht nach § 284 Abs. 2 Nr. 3 aus.[16]

11 Die betreffenden Posten sind im Anhang **anzugeben** und die Gründe für die fehlende Vergleichbarkeit zu **erläutern.** Dabei sind zahlenmäßige Angaben nach dem Gesetzeswortlaut nicht erforderlich; **verbale** Ausführungen sind ausreichend.[17]

12 **3. Pflichten bei Anpassung der Vorjahresbeträge.** Die Vergleichbarkeit von Vorjahreszahlen kann auch durch eine **Anpassung** der Vorjahresbeträge erreicht werden. Dies kommt insbesondere bei Veränderung der Zusammensetzung eines Posteninhalts gegenüber dem Vorjahr, bei einem Wechsel zwischen Gesamtkosten- und Umsatzkostenverfahren oder einem Wechsel zwischen den unterschiedlichen größenabhängigen Gliederungsschemata in Betracht.[18] Wird eine solche Anpassung vorgenommen, so ist dies nach Abs. 2 S. 3 ebenfalls im Anhang **anzugeben** und zu **erläutern.** Dabei sind die entsprechenden Einzelposten anzugeben und es ist zu erläutern, in welcher Weise sie angepasst wurden.[19] Auch hier fordert das Gesetz keine Zahlenangaben; verbale Darstellungen genügen somit.

---

[7] *ADS* RdNr. 20; *WPH* F RdNr. 75.
[8] *Hütten/Lorson* HdR RdNr. 22 ff.
[9] *ADS* RdNr. 23; *Winkeljohann/Geißler* BeBiKo RdNr. 4.
[10] *ADS* RdNr. 25–26; *Winkeljohann/Geißler* BeBiKo RdNr. 6; *IDW,* St/HFA 5/1988 idF 1998, WPg 1998, 738.
[11] *ADS* RdNr. 28.
[12] *ADS* RdNr. 29.
[13] *WPH* F RdNr. 76.
[14] *IDW,* St/HFA 5/1988 idF 1998, WPg 1998, 738.
[15] *ADS* RdNr. 31.
[16] *ADS* RdNr. 30.
[17] *ADS* RdNr. 32.
[18] *IDW,* St/HFA 5/1988 idF 1998, WPg 1998, 738.
[19] *Hütten/Lorson* HdR RdNr. 42.

Eine Anpassung von Vorjahresbeträgen ist jedoch nicht in jedem Fall zweckmäßig. Erfordern bspw. **13** geänderte rechtliche Verhältnisse zwingend eine abweichende Zuordnung einzelner Vermögensgegenstände oder Schulden, so würde die Anpassung der entsprechenden Vorjahreszahlen eine unzutreffende Darstellung der Vermögens-, Finanz- und Ertragslage des Vorjahres nach sich ziehen und ist damit nicht zulässig.[20]

Keine Anpassungspflicht besteht, wenn die die Vergleichbarkeit mit dem Vorjahr augrund von **14** **Verschmelzungen, Spaltungen** oder ähnlicher Vorgänge beeinträchtigt ist. In diesem Fall besteht allerdings eine Erläuterungspflicht im Anhang.

IV. Mitzugehörigkeitsvermerk (Abs. 3)

1. Grundsatz. Die gesetzlich vorgeschriebene Bilanzgliederung berücksichtigt unterschiedliche, **15** sich zT überschneidende Einteilungskriterien,[21] so dass es bei einzelnen Bilanzposten zu Abgrenzungsproblemen kommen kann. Fällt ein Vermögensgegenstand oder eine Schuld der Art nach unter mehrere Bilanzposten, so ist die **Mitzugehörigkeit** zu anderen Posten nach Abs. 3 S. 1 kenntlich zu machen. Dies kann entweder durch einen Vermerk bei dem Posten, unter dem der Ausweis erfolgt ist, oder durch Angabe und Erläuterung im Anhang geschehen. Die Vermerk- bzw. Erläuterungspflicht entsteht jedoch nur dann, wenn Klarheit und Übersichtlichkeit des Jahresabschlusses gefährdet sind. Demnach kommen hier nur **wesentliche** Fälle der Mitzugehörigkeit in Frage.[22] Maßstab zur Abgrenzung der vermerkpflichtigen Überschneidungen ist die Möglichkeit und Bedeutung von Fehlinterpretationen bei unterlassenem Vermerk.[23]

2. Anwendungsfälle. Bei Überschneidungen bedarf es einer Entscheidung, unter welchem der **16** infrage kommenden Posten der Ausweis unter Angabe der Mitzugehörigkeit erfolgen soll. Für die Zuordnung eines Vermögensgegenstandes oder einer Schuld zu einem bestimmten Bilanzposten kommen drei verschiedene Fälle in Betracht.[24] Haben die für eine Zuordnung infrage kommenden Bilanzposten eine **annähernd gleiche Bedeutung** (fehlende Vorrangigkeit), so sollte sich der Ausweis danach richten, wie am besten ein den tatsächlichen Verhältnissen entsprechendes Bild der Vermögens- und Finanzlage vermittelt wird. Liegt eine **qualitative Vorrangigkeit** einzelner Bilanzposten vor, dann sollte der Ausweis der entsprechenden Vermögensgegenstände oder Schulden grundsätzlich unter diesen Posten erfolgen und die Mitzugehörigkeit vermerkt werden. So sind zB Ausleihungen, Forderungen und Verbindlichkeiten gegenüber den Gesellschaftern einer GmbH gem. § 42 Abs. 3 GmbHG im Regelfall als solche gesondert auszuweisen und im Anhang anzugeben. Werden sie ausnahmsweise unter anderen Posten ausgewiesen, so ist die Mitzugehörigkeit zu vermerken. Schließlich kann der Ausweis unter einem bestimmten Posten auch zwingend vorgeschrieben sein **(zwingende Vorrangigkeit):** Nach § 42 Abs. 2 S. 2 GmbHG sind eingeforderte Nachschüsse bei der GmbH als solche gesondert auszuweisen, soweit mit ihrer Zahlung gerechnet werden kann.

3. Eigene Anteile. Der Ausweis **eigener Anteile** darf nach Abs. 3 S. 3 unabhängig von deren **17** Zweckbestimmung nur unter dem dafür vorgesehenen Posten im Umlaufvermögen erfolgen; ein Vermerk oder eine Angabe der Mitzugehörigkeit kommt nicht in Betracht. Diese Vorschrift soll die Bewertung der eigenen Anteile nach dem strengen Niederstwertprinzip (§ 253 Abs. 3 S. 1 und 2) gewährleisten.[25]

V. Gliederung bei mehreren Geschäftszweigen (Abs. 4)

1. Grundsatz. Die Gliederungsschemata für Kapitalgesellschaften und OHG/KG iSv. § 264a **18** (§§ 266 und 275) stellen auf die Normalfälle von **Industrie- und Handelsunternehmen** ab und berücksichtigen daher nicht die Besonderheiten anderer Wirtschaftszweige. Für andere Branchen, wie zB Banken, Versicherungsunternehmen, Wohnungsunternehmen oder Krankenhäuser, sind daher auf Grund der Ermächtigung in § 330 bestimmte **Formblätter** vorgeschrieben. Ist eine Kapitalgesellschaft in mehreren Geschäftszweigen tätig und bedingt dies die Anwendung unterschiedlicher Gliederungsvorschriften, so ist gem. Abs. 4 S. 1 der Jahresabschluss nach der für einen der Geschäftszweige vorgesehenen Gliederung aufzustellen und um die Besonderheiten der für die

---

[20] *ADS* RdNr. 34.
[21] Vgl. dazu *ADS* RdNr. 39.
[22] *WPH* F RdNr. 79; *Winkeljohann/Geißler* BeBiKo RdNr. 8.
[23] *ADS* RdNr. 40.
[24] *ADS* RdNr. 42 ff.
[25] *Biener/Berneke* BiRiLiG Erl. S. 139.

anderen Geschäftszweige vorgeschriebenen Gliederungen zu ergänzen.[26] Welche Gliederung zugrunde gelegt wird, lässt das Gesetz offen. Im Interesse der Klarheit und Übersichtlichkeit sollte die Gliederung, die möglichst wenige Ergänzungen erfordert,[27] bzw. bei Überwiegen eines Geschäftszweigs die Gliederung des Hauptgeschäftszweigs gewählt werden.[28]

19 **2. Angabe- und Begründungspflicht im Anhang.** Für die Ergänzung der Grundgliederung bei Vorhandensein mehrerer Geschäftszweige besteht nach Abs. 4 S. 2 eine **Angabe- und Begründungspflicht** im Anhang. Dabei ist im Einzelnen anzugeben und zu begründen, welche Gliederung der Aufstellung des Jahresabschlusses zugrunde gelegt wurde und welche Ergänzungen vorgenommen wurden.

VI. Gliederungserweiterung (Abs. 5)

20 **1. Grundsatz.** Abs. 5 lässt zur Anpassung der Gliederung an Besonderheiten der Kapitalgesellschaft sowohl eine **weitere Untergliederung der Posten** als auch das **Hinzufügen neuer Posten** zu. Der Einblick in die Vermögens-, Finanz- und Ertragslage darf jedoch nicht beeinträchtigt werden. Eine weitergehende Untergliederung kann dann erforderlich sein, wenn es zu Fehlinterpretationen von Bilanzposten oder zur Vermittlung eines unzutreffenden Bildes der Aufwands- und Ertragsverhältnisse kommen kann.[29] Grenzen sind einer weiteren Untergliederung auch durch den **Grundsatz der Klarheit und Übersichtlichkeit** gesetzt, der durch zu viele Untergliederungen insbesondere von unwesentlichen Posten beeinträchtigt werden kann.[30]

21 **2. Weitere Untergliederung von Posten.** Werden weitere Untergliederungen von Posten vorgenommen, muss aber nach Abs. 5 S. 1 Hs. 2 in jedem Fall die vorgeschriebene Gliederung beachtet werden. Eine weiter gehende Untergliederung kann daher unter Zugrundelegung der Gliederungsschemata der §§ 266 und 275 durch die **Aufgliederung eines Postens in einzelne Bestandteile** (zB Aufgliederung des Bilanzpostens „A.II.1. Grundstücke, grundstücksgleiche Rechte und Bauten einschließlich der Bauten auf fremden Grundstücken" in seine Bestandteile), durch Ausgliederungen aus Sammelposten (zB Ausgliederung der Posten „Provisionserträge", „Periodenfremde Erträge" und „Übrige Erträge" aus dem Posten „Sonstige betriebliche Erträge" in der Gewinn- und Verlustrechnung) oder durch **zusätzliche Davon-Vermerke** erfolgen.[31]

22 **3. Hinzufügen neuer Posten.** Abs. 5 S. 2 erlaubt das Hinzufügen neuer Posten in Bilanz und Gewinn- und Verlustrechnung, wenn entsprechende Vermögensgegenstände und Schulden sowie Aufwendungen und Erträge nicht von den vorgeschriebenen Gliederungsposten gedeckt werden. Dafür kommen vor allem unternehmens- oder branchenspezifische Besonderheiten, die in den auf die Normalfälle von Industrie- und Handelsunternehmen abgestellten Grundgliederungen nicht enthalten sind, in Frage; Beispiele sind Schiffe, Flugzeuge, Eisenbahnen, Gleisanlagen oder Leasingvermögen bei Leasingunternehmen.[32] Obwohl sich aus Abs. 5 S. 2 lediglich ein **Wahlrecht** zur Hinzufügung neuer Posten ergibt, kann bei bestimmten Sachverhalten auch eine **Pflicht** dazu bestehen, zB wenn es sich um wesentliche Beträge handelt, im gesetzlichen Gliederungsschema für den Sachverhalt kein Posten vorgesehen ist und auch eine Einbeziehung in einen vorhandenen Posten unter Anpassung der Bezeichnung iSv. Abs. 6 nicht sachgerecht wäre.[33] Ein weiterer Anwendungsfall sind unentgeltlich erhaltene **Emissionsrechte,** die zum Zeitwert im Ausgabezeitpunkt angesetzt werden. In diesem Fall ist in gleicher Höhe ein „Sonderposten für unentgeltlich ausgegebene Schadstoffemissionsrechte" zwischen Eigenkapital und Rückstellungen zu bilden.[34]

VII. Änderung der Gliederung und der Postenbezeichnungen (Abs. 6)

23 **1. Grundsatz.** Eine Verpflichtung zur Änderung der Gliederung und der Postenbezeichnungen liegt nach Abs. 6 vor, wenn Besonderheiten der Kapitalgesellschaft bestehen, die zur Aufstellung eines klaren und übersichtlichen Jahresabschlusses die Änderung erforderlich machen. Dadurch soll zur Vermittlung eines den tatsächlichen Verhältnissen entsprechenden Bildes der Vermögens-, Finanz- und Ertragslage der Gesellschaft beigetragen werden. Solche Besonderheiten ergeben sich

---

[26] *ADS* RdNr. 47.
[27] *ADS* RdNr. 49; *WPH* F RdNr. 81; *Baumbach/Hopt/Merkt* RdNr. 4.
[28] *Winkeljohann/Geißler* BeBiKo RdNr. 12.
[29] *ADS* RdNr. 53.
[30] *Winkeljohann/Geißler* BeBiKo RdNr. 14; *Baumbach/Hopt/Merkt* RdNr. 5.
[31] *ADS* RdNr. 55 ff. mit Beispielen.
[32] *Winkeljohann/Geißler* BeBiKo RdNr. 15.
[33] *ADS* RdNr. 68.
[34] Zu weiteren Einzelheiten vgl. *IDW* RS HFA 15, WPg 2006, 574.

insbesondere aus branchenspezifischen Sachverhalten bei Energieversorgungs-, Transport-, Bau-, Bergbau-, Mineralöl-, Leasing- oder Dienstleistungsunternehmen und Holdinggesellschaften.[35]

2. Vorgeschriebene Änderungen. Änderungen der Gliederung sind nur dann zulässig, wenn die neue Gliederung die gesetzlich vorgeschriebene Gliederung hinsichtlich Klarheit und Übersichtlichkeit **übertrifft;** eine in dieser Hinsicht gleichwertige Gliederung rechtfertigt noch nicht die Anwendung von Abs. 6.[36] Nach dem Wortlaut von Abs. 6 sind nur Änderungen der mit arabischen Zahlen nummerierten Posten möglich; die mit Großbuchstaben oder römischen Zahlen versehenen Posten dürfen nicht geändert werden. In den Gliederungen für die Gewinn- und Verlustrechnung nach § 275 Abs. 2 bzw. 3 gibt es ausschließlich mit arabischen Zahlen versehene Posten; römische Ziffern oder Großbuchstaben kommen hier nicht vor. So kann sich bspw. in der Gewinn- und Verlustrechnung von Holdinggesellschaften die Notwendigkeit ergeben, Aufwendungen und Erträge des Finanzbereichs voranzustellen, da diese im Gegensatz zu den Umsatzerlösen überragende Bedeutung haben.[37]

Anpassungen der Postenbezeichnung sind vorzunehmen, wenn sich die tatsächlichen Verhältnisse nicht mehr in vollem Umfang mit den vorgesehenen Postenbezeichnungen decken. Die Anpassung muss vorgenommen werden, wenn eine gesetzliche Bezeichnung irreführend wäre.[38] Dies kann der Fall sein, wenn Gliederungsposten mehrere Komponenten enthalten, wie zB der Posten „Fertige Erzeugnisse und Waren". In einem Handelsunternehmen, in dem es keine Fertigerzeugnisse gibt, reduziert sich die entsprechende Postenbezeichnung auf „Waren".[39]

Die Postennummerierungen (Buchstaben, römische und arabische Zahlen) gehören nicht zu der Postenbezeichnung iSd. Vorschrift und können daher entfallen oder sind ggf. der tatsächlichen Reihenfolge anzupassen.[40]

3. Freiwillige Änderungen. Liegen die Voraussetzungen von Abs. 6 nicht vor und besteht somit auch keine Pflicht zur Änderung von Gliederung und Postenbezeichnung, kommen freiwillige Änderungen in Frage. Dazu zählen das Ersetzen von Bezeichnungen der im gesetzlichen Gliederungsschema vorgesehenen Posten durch Kurzbezeichnungen (geleistete Anzahlungen sind auf der Aktivseite und erhaltene Anzahlungen auf der Passivseite auszuweisen; folglich können die entsprechenden Postenbezeichnungen auf „Anzahlungen" verkürzt werden) oder die Wahl einer engeren Postenbezeichnung (zB „Tochterunternehmen" bzw. „Mutterunternehmen" statt „Verbundene Unternehmen").[41] Unzulässig sind von den gesetzlichen Begriffen abweichende Bezeichnungen, wenn sie nicht zu einer zutreffenden Bestimmung des Posteninhalts führen.[42]

VIII. Postenzusammenfassung (Abs. 7)

1. Grundsatz. Die Zusammenfassung einzelner Posten von Bilanz und Gewinn- und Verlustrechnung ist nach Abs. 7 in zwei Fällen zulässig: bei **unerheblichen Beträgen** (Abs. 7 Nr. 1) oder zur **Vergrößerung der Klarheit der Darstellung** (Abs. 7 Nr. 2). Bei einer Zusammenfassung zur Vergrößerung der Klarheit der Darstellung müssen allerdings die zusammengefassten Posten im Anhang gesondert angegeben werden. Die Zusammenfassung ist nach dem Gesetzeswortlaut auf die mit **arabischen Zahlen** versehenen Posten beschränkt. In der Bilanz können somit Zusammenfassungen nur innerhalb der jeweiligen durch Buchstaben und römische Zahlen gekennzeichneten Postengruppe vorgenommen werden; während in der Gewinn- und Verlustrechnung auf Grund des Fehlens solcher Postengruppen Zusammenfassungen einzelner Posten zu Zwischensummen denkbar sind, zB Zusammenfassungen der mit Kleinbuchstaben versehenen Untergliederungen.[43]

Die Möglichkeit zur Zusammenfassung der Posten von Bilanz und Gewinn- und Verlustrechnung besteht nach Abs. 7 jedoch nur in Bezug auf die gesetzlichen Gliederungsschemata der §§ 266 und 275. Sind besondere **Formblätter** vorgeschrieben, darf eine Zusammenfassung nicht vorgenommen werden; es sei denn, die entsprechenden Formblattvorschriften lassen ausdrücklich eine Zusammenfassung zu.

---

[35] *Winkeljohann/Geißler* BeBiKo RdNr. 16; Baumbach/Hopt/*Merkt* RdNr. 6.
[36] *WPH* F RdNr. 84.
[37] *Biener/Berneke* BiRiLiG Erl. S. 140.
[38] *WPH* F RdNr. 85.
[39] *ADS* RdNr. 72.
[40] *WPH* F RdNr. 86.
[41] *ADS* RdNr. 79 ff.; Baumbach/Hopt/*Merkt* RdNr. 6.
[42] *WPH* F RdNr. 85.
[43] *ADS* RdNr. 86; *Hütten/Lorson* HdR RdNr. 110 ff.; *Winkeljohann/Geißler* BeBiKo RdNr. 17.

30 **2. Zusammenfassung wegen Unerheblichkeit der Beträge.** Nach Abs. 7 Nr. 1 dürfen Posten zusammengefasst ausgewiesen werden, wenn sie einen Betrag enthalten, der für die Vermittlung eines den tatsächlichen Verhältnissen entsprechenden Bildes der Vermögens-, Finanz- und Ertragslage der Gesellschaft **nicht erheblich** ist. Dieses Wahlrecht stellt einen Ausdruck des **Grundsatzes der Wesentlichkeit** dar. Die Unerheblichkeit eines Postens hängt dabei von seiner absoluten und relativen Größe, aber auch von seinem sachlichen Inhalt[44] ab.

31 Eine Zusammenfassung wegen Unerheblichkeit der Beträge ist nicht möglich, wenn für Posten zwingend ein gesonderter Ausweis vorgeschrieben ist, wie zB nach Abs. 3 S. 2 für eigene Anteile.[45] Entsprechendes gilt auch für im Gliederungsschema nicht enthaltene Posten, die auf Grund besonderer Vorschriften des HGB oder nach anderen Gesetzen gesondert auszuweisen sind, zB ausstehende Einlagen nach § 272 Abs. 1 oder Rückstellungen für latente Steuern nach § 274 Abs. 1 S. 1.[46]

32 **3. Zusammenfassung zur Vergrößerung der Klarheit der Darstellung.** Abs. 7 Nr. 2 lässt eine Zusammenfassung von Posten dann zu, wenn dadurch die Klarheit der Darstellung vergrößert wird. Der dadurch entstehende Informationsverlust wird durch die Forderung nach dem gesonderten Ausweis der zusammengefassten Posten im Anhang aufgefangen. Obwohl Abs. 7 Nr. 2 nur die **Klarheit der Darstellung** erwähnt, darf der Grundsatz der – auf den gesamten Jahresabschluss bezogenen – **Übersichtlichkeit** nicht unberücksichtigt bleiben. Je mehr Posten in Bilanz und Gewinn- und Verlustrechnung zusammengefasst und dadurch in den Anhang verlagert werden, desto unübersichtlicher kann dieser werden.[47] Der Anhang muss daher eine sinnvolle und klare Gliederung aufweisen und so strukturiert sein, dass die dorthin verlagerten Angaben einem entsprechenden Ausweis in Bilanz oder Gewinn- und Verlustrechnung gleichwertig sind. Unter dieser Voraussetzung kann auch eine Verkürzung der Bilanzgliederung nach dem Wahlrecht des § 266 Abs. 1 S. 3 (Ausweis nur der mit Buchstaben und römischen Zahlen versehenen Posten) unabhängig von der Größenordnung des Unternehmens als zulässig angesehen werden.[48]

33 Werden durch die Zusammenfassungen der Posten in Bilanz und Gewinn- und Verlustrechnung einzelne Posten in den Anhang verlagert, so sind dort auch die entsprechenden **Vorjahresbeträge** anzugeben.[49]

IX. Ausweis von Leerposten (Abs. 8)

34 Nach Abs. 8 besteht für Kapitalgesellschaften und OHG/KG iSv. § 264a das Wahlrecht, einen Posten der Bilanz oder Gewinn- und Verlustrechnung, der keinen Betrag ausweist **(Leerposten)**, nicht aufzuführen. Dies gilt auf Grund der Angabepflicht für Vorjahresbeträge (Abs. 2 S. 1) jedoch nur dann, wenn auch im vorhergehenden Geschäftsjahr unter diesem Posten kein Betrag ausgewiesen wurde.

35 Obwohl die Vorschrift ausdrücklich nur Posten der Bilanz und der Gewinn- und Verlustrechnung nennt, gilt dieses Wahlrecht auch für Davon-Vermerke.[50]

X. Folgen der Nichtbeachtung

36 Vgl. die Erl. zu § 266.

Zweiter Titel. Bilanz

§ 266 Gliederung der Bilanz

(1) ¹Die Bilanz ist in Kontoform aufzustellen. ²Dabei haben große und mittelgroße Kapitalgesellschaften (§ 267 Abs. 3, 2) auf der Aktivseite die in Absatz 2 und auf der Passivseite die in Absatz 3 bezeichneten Posten gesondert und in der vorgeschriebenen Reihenfolge auszuweisen. ³Kleine Kapitalgesellschaften (§ 267 Abs. 1) brauchen nur eine verkürzte Bilanz aufzustellen, in die nur die in den Absätzen 2 und 3 mit Buchstaben und

---

[44] Hütten/Lorson HdR RdNr. 116.
[45] WPH F RdNr. 88.
[46] ADS RdNr. 88.
[47] ADS RdNr. 92.
[48] ADS RdNr. 93 f.; WPH F RdNr. 89; Baumbach/Hopt/Merkt RdNr. 7.
[49] ADS RdNr. 94.
[50] ADS RdNr. 96; Winkeljohann/Geißler BeBiKo RdNr. 18.

Gliederung der Bilanz § 266

römischen Zahlen bezeichneten Posten gesondert und in der vorgeschriebenen Reihenfolge aufgenommen werden.

(2) Aktivseite
A. Anlagevermögen:
  I. Immaterielle Vermögensgegenstände:
    1. Konzessionen, gewerbliche Schutzrechte und ähnliche Rechte und Werte sowie Lizenzen an solchen Rechten und Werten;
    2. Geschäfts- oder Firmenwert;
    3. geleistete Anzahlungen;
  II. Sachanlagen:
    1. Grundstücke, grundstücksgleiche Rechte und Bauten einschließlich der Bauten auf fremden Grundstücken;
    2. technische Anlagen und Maschinen;
    3. andere Anlagen, Betriebs- und Geschäftsausstattung;
    4. geleistete Anzahlungen und Anlagen im Bau;
  III. Finanzanlagen:
    1. Anteile an verbundenen Unternehmen;
    2. Ausleihungen an verbundene Unternehmen;
    3. Beteiligungen;
    4. Ausleihungen an Unternehmen, mit denen ein Beteiligungsverhältnis besteht;
    5. Wertpapiere des Anlagevermögens;
    6. sonstige Ausleihungen.
B. Umlaufvermögen:
  I. Vorräte:
    1. Roh-, Hilfs- und Betriebsstoffe;
    2. unfertige Erzeugnisse, unfertige Leistungen;
    3. fertige Erzeugnisse und Waren;
    4. geleistete Anzahlungen;
  II. Forderungen und sonstige Vermögensgegenstände:
    1. Forderungen aus Lieferungen und Leistungen;
    2. Forderungen gegen verbundene Unternehmen;
    3. Forderungen gegen Unternehmen, mit denen ein Beteiligungsverhältnis besteht;
    4. sonstige Vermögensgegenstände;
  III. Wertpapiere:
    1. Anteile an verbundenen Unternehmen;
    2. eigene Anteile;
    3. sonstige Wertpapiere;
  IV. Kassenbestand, Bundesbankguthaben, Guthaben bei Kreditinstituten und Schecks.
C. Rechnungsabgrenzungsposten.

(3) Passivseite
A. Eigenkapital:
  I. Gezeichnetes Kapital;
  II. Kapitalrücklage;
  III. Gewinnrücklagen:
    1. gesetzliche Rücklage;
    2. Rücklage für eigene Anteile;
    3. satzungsmäßige Rücklagen;
    4. andere Gewinnrücklagen;
  IV. Gewinnvortrag/Verlustvortrag;
  V. Jahresüberschuß/Jahresfehlbetrag.
B. Rückstellungen:
  1. Rückstellungen für Pensionen und ähnliche Verpflichtungen;
  2. Steuerrückstellungen;
  3. sonstige Rückstellungen.

§ 266 1–3　　　3. Buch. 2. Abschnitt. Erg. Vorschr. für Kapitalgesellschaften

C. Verbindlichkeiten:
1. Anleihen,
   davon konvertibel;
2. Verbindlichkeiten gegenüber Kreditinstituten;
3. erhaltene Anzahlungen auf Bestellungen;
4. Verbindlichkeiten aus Lieferungen und Leistungen;
5. Verbindlichkeiten aus der Annahme gezogener Wechsel und der Ausstellung eigener Wechsel;
6. Verbindlichkeiten gegenüber verbundenen Unternehmen;
7. Verbindlichkeiten gegenüber Unternehmen, mit denen ein Beteiligungsverhältnis besteht;
8. sonstige Verbindlichkeiten,
   davon aus Steuern,
   davon im Rahmen der sozialen Sicherheit.

D. Rechnungsabgrenzungsposten.

Schrifttum: *Fischer,* Verschmelzung von GmbH in der Handels- und Steuerbilanz, DB 1995, 485; *IDW,* St/HFA 1/1994: Zur Behandlung von Genußrechten im Jahresabschluß von Kapitalgesellschaften, WPg 1994, 419; *IDW,* St/HFA 1/1985 i. d. F 1990: Zur Behandlung der Umsatzsteuer im Jahresabschluß, WPg 1985, 257; *IDW,* St/HFA 2/1997: Zweifelsfragen der Rechnungslegung bei Verschmelzungen, WPg 1997, 235.

Übersicht

	RdNr.		RdNr.
I. Grundlagen der Bilanzgliederung (Abs. 1)	1–10	c) Wertpapiere (Abs. 2 B.III.)	38–41
1. Formelle Grundsätze und Anwendungsbereich	1–8	d) Kassenbestand, Bundesbankguthaben, Guthaben bei Kreditinstituten und Schecks (Abs. 2 B.IV.)	42
2. Erleichterungen für kleine Kapitalgesellschaften und OHG/KG iSv. § 264 a	9, 10	4. Rechnungsabgrenzungsposten (Abs. 2 C.)	43
		5. Weitere Sonderposten der Aktivseite	44
II. Gliederung der Aktivseite (Abs. 2)	11–44	III. Gliederung der Passivseite (Abs. 3)	45–63
1. Ausstehende Einlagen, Ingangsetzungsaufwendungen	11–13	1. Eigenkapital (Abs. 3 A.)	45–48
2. Anlagevermögen	14–26	2. Sonderposten mit Rücklageanteil	49
a) Immaterielle Vermögensgegenstände (Abs. 2 A.I.)	15	3. Rückstellungen (Abs. 3 B.)	50–53
b) Sachanlagen (Abs. 2 A.II.)	16–20	4. Verbindlichkeiten (Abs. 3 C.)	54–61
c) Finanzanlagen (Abs. 2 A.III.)	21–26	5. Rechnungsabgrenzungsposten (Abs. 3 D.)	62
3. Umlaufvermögen	27–42	6. Weitere Sonderposten der Passivseite	63
a) Vorräte (Abs. 2 B.I.)	28–32	IV. Folgen der Nichtbeachtung	64
b) Forderungen und sonstige Vermögensgegenstände (Abs. 2 B.II.)	33–37		

I. Grundlagen der Bilanzgliederung (Abs. 1)

1 **1. Formelle Grundsätze und Anwendungsbereich.** Die Gliederungsvorschriften gelten hinsichtlich Bezeichnung, Inhalt und Reihenfolge der einzeln ausgewiesenen Posten sowie der Grundform der aufzustellenden Bilanz. Für die Grundform ist nach Abs. 1 S. 1 nur die **Kontoform** erlaubt; eine Aufstellung in der Staffelform ist **nicht zulässig**. Unter Kontoform ist dabei nicht nur die Gegenüberstellung **nebeneinander** in Form eines T-Kontos zu verstehen, sondern Aktiva und Passiva können auch – geschlossen und unsaldiert – **untereinander** gezeigt werden.[1]

2 Zweck der Gliederungsvorschriften ist die Konkretisierung der Generalnorm des § 264 Abs. 2 S. 2 und damit auch die Gewährleistung der Grundsätze der Bilanzklarheit, Bilanzkontinuität und der Stetigkeit nach § 265 Abs. 1 S. 1.

3 Abs. 1 S. 2 fordert den **gesonderten Ausweis** der einzelnen Bilanzposten. Zusammenfassungen von Posten sind grundsätzlich nicht zulässig, sie kommen nur ausnahmsweise bei Vorliegen der Voraussetzungen des § 265 Abs. 7 in Betracht. Darüber hinaus haben **große und mittelgroße Kapitalgesellschaften und OHG/KG iSv. § 264 a** die in den Abs. 2 und 3 bezeichneten Posten in der dort **vorgeschriebenen Reihenfolge** auszuweisen. Ausnahmen hiervon sind nur im Falle von

---

[1] *ADS* RdNr. 1; *Dusemond/Heusinger/Knop* HdR RdNr. 6.

§ 265 Abs. 6 möglich. Der gesonderte Ausweis und die Einhaltung der vorgeschriebenen Reihenfolge der Posten gelten auch für **kleine Kapitalgesellschaften und OHG/KG iSv. § 264a**, allerdings unter Berücksichtigung der Erleichterungsvorschrift des Abs. 1 S. 3. In bestimmten Fällen kann sich auch eine **Pflicht** zur Abweichung von dem vorgeschriebenen Gliederungsschema ergeben (vgl. hierzu Erl. zu § 265).

Die Gliederungsvorschriften des § 266 gelten ausschließlich für Kapitalgesellschaften und OHG/ KG iSv. § 264a, wobei OHG/KG iSv. § 264a darüber hinaus die zusätzlichen Gliederungsvorschriften des § 264c zu beachten haben. Zu Einzelheiten vgl. Erl. zu § 264c. **Nicht-Kapitalgesellschaften** können die Vorschrift **freiwillig** anwenden. Sie haben lediglich § 247 Abs. 1 zu beachten und demnach in der Bilanz das Anlage- und das Umlaufvermögen, das Eigenkapital, die Schulden sowie die Rechnungsabgrenzungsposten gesondert auszuweisen und hinreichend aufzugliedern. Dennoch haben sich in der Praxis zumindest die Gliederungsvorschriften für kleine Kapitalgesellschaften und OHG/KG iSv. § 264a nach Abs. 1 S. 3 allgemein durchgesetzt. Dies liegt auch daran, dass immer häufiger in Gesellschaftsverträgen die analoge Anwendung von Rechnungslegungsvorschriften der Kapitalgesellschaften verlangt wird.

Für Unternehmen, die ihre Bilanz nach vorgeschriebenen Formblättern aufstellen müssen (zB Kreditinstitute und Finanzdienstleistungsinstitute sowie Versicherungsunternehmen), gilt § 266 nicht. Dem **PublG** unterliegende Unternehmen haben gem. § 5 Abs. 1 S. 2 PublG das Gliederungsschema des § 266 sinngemäß anzuwenden, für eingetragene **Genossenschaften** gilt § 266 entsprechend (§ 336 Abs. 2).

Das Gliederungsschema des § 266 bezieht sich entsprechend der Einordnung der Vorschrift im Dritten Buch des HGB zwar nur auf die Aufstellung der Bilanz im Rahmen des **Jahresabschlusses**, eignet sich aber grundsätzlich auch für die Aufstellung von **Sonderbilanzen**.[2]

Dafür kommen insbesondere Eröffnungsbilanzen (§ 242 Abs. 1), Abwicklungsbilanzen (§ 270 Abs. 2 AktG, § 71 Abs. 2 GmbHG), Verschmelzungsbilanzen (§ 17 Abs. 2 UmwG), Bilanzen bei Vermögensübertragungen auf die öffentliche Hand (§ 176 Abs. 1 UmwG) oder auf öffentlich-rechtliche Versicherungsunternehmen (§ 178 Abs. 1 UmwG) sowie Erhöhungssonderbilanzen für Zwecke der Kapitalerhöhung aus Gesellschaftsmitteln (§ 209 Abs. 2 AktG, § 57f GmbHG) in Betracht.

Grundsätzlich gilt die Vorschrift des § 266 auch für die Gliederung der **Konzernbilanz;** es sei denn, die Eigenart des Konzernabschlusses macht eine Abweichung erforderlich oder es gelten besondere Vorschriften (§ 298 Abs. 1). So erlaubt zB § 298 Abs. 2 unter bestimmten Bedingungen die Zusammenfassung der Vorräte in einem Posten in der Konzernbilanz.

2. Erleichterungen für kleine Kapitalgesellschaften und OHG/KG iSv. § 264a. Für kleine Kapitalgesellschaften iSv. § 267 Abs. 1 besteht nach Abs. 1 S. 3 ein Wahlrecht, lediglich eine **verkürzte Bilanz** aufzustellen, die dann nur die mit Buchstaben und römischen Zahlen versehenen Posten der Abs. 2 und 3 enthält. Auch bei der verkürzten Bilanzgliederung sind die vorgeschriebene Reihenfolge sowie der gesonderte Ausweis der einzelnen Posten zu beachten.

Die praktischen Anwendungsmöglichkeiten der Erleichterungsregelung können jedoch durch die gesetzlich vorgesehenen **Auskunftsrechte** der Aktionäre bzw. Gesellschafter eingeschränkt sein. So kann jeder einzelne Aktionär einer AG – Entsprechendes gilt für die KGaA – nach § 131 Abs. 1 S. 3 AktG verlangen, dass ihm eine nach den Vorschriften für große Kapitalgesellschaften aufgestellte Bilanz vorgelegt wird. Das Auskunftsrecht des GmbH-Gesellschafters nach § 51a GmbHG enthält zwar nicht das Recht auf die Vorlage einer nach Abs. 2 und 3 gegliederten Bilanz; ein entsprechendes Auskunftsrecht kann sich aber aus dem Gesellschaftsvertrag ergeben.[3]

II. Gliederung der Aktivseite (Abs. 2)

1. Ausstehende Einlagen, Ingangsetzungsaufwendungen. Die **ausstehenden Einlagen auf das gezeichnete Kapital** sind nach § 272 Abs. 1 S. 2 auf der Aktivseite noch vor dem Anlagevermögen auszuweisen; die davon eingeforderten Einlagen sind gesondert zu vermerken (Bruttoausweis). Wegen ihres Charakters als **Korrekturposten zum Eigenkapital,** das auf der Passivseite an erster Stelle ausgewiesen wird, sollten die ausstehenden Einlagen auf der Aktivseite ebenfalls an erster Stelle, also noch vor den Aufwendungen für die Ingangsetzung und Erweiterung des Geschäftsbetriebs, ausgewiesen werden.[4]

---

[2] *ADS* RdNr. 14 ff.; *Ellrott/Krämer* BeBiKo RdNr. 3.
[3] *ADS* RdNr. 19; *Ellrott/Krämer* BeBiKo RdNr. 20.
[4] *Hoyos/F. Huber* BeBiKo RdNr. 50; vgl. auch Erl. zu § 272.

12 Die **nicht eingeforderten** ausstehenden Einlagen dürfen nach § 272 Abs. 1 S. 3 alternativ auch von dem Posten „Gezeichnetes Kapital" offen abgesetzt werden. In diesem Fall sind der verbleibende Betrag als Posten „Eingefordertes Kapital" in der Hauptspalte der Passivseite und außerdem der eingeforderte, aber noch nicht eingezahlte Betrag unter den Forderungen gesondert auszuweisen und entsprechend zu bezeichnen (Nettoausweis).

13 Nach § 269 dürfen **Aufwendungen für die Ingangsetzung und Erweiterung des Geschäftsbetriebs** als Bilanzierungshilfe aktiviert werden. Wird von der Bilanzierungshilfe Gebrauch gemacht, dann sind diese Aufwendungen auf der Aktivseite vor dem Anlagevermögen auszuweisen (vgl. auch Erl. zu § 269).

14 **2. Anlagevermögen.** Im Anlagevermögen sind gem. § 247 Abs. 2 nur die Gegenstände auszuweisen, die dazu bestimmt sind, dauernd dem Geschäftsbetrieb zu dienen. Das Anlagevermögen ist in die drei Bestandteile immaterielle Vermögensgegenstände, Sachanlagen und Finanzanlagen untergliedert.

15 a) **Immaterielle Vermögensgegenstände (Abs. 2 A. I.).** Unter den Posten immaterielle Vermögensgegenstände fallen, soweit sie entgeltlich erworben wurden: **Konzessionen und gewerbliche Schutzrechte** (zB Konzessionen, Patente, Lizenzen, Urheberrechte, Geschmacks- und Gebrauchsmuster, Marken), **ähnliche Rechte** (zB Kontingente, Nutzungsrechte, Belieferungsrechte, Vertriebsrechte), **ähnliche Werte** (zB ungeschützte Erfindungen, Know-how) sowie **Lizenzen an solchen Rechten und Werten** (A. I.1.); weiterhin gehören dazu ein entgeltlich erworbener **Geschäfts- oder Firmenwert** (A. I.2.) sowie **geleistete Anzahlungen** auf immaterielle Vermögensgegenstände (A. I.3.). Ein früher als Geschäfts- oder Firmenwert gesondert auszuweisender **Verschmelzungsmehrwert** ist nach der Neuregelung des Umwandlungsgesetzes nunmehr entfallen.[5]

16 b) **Sachanlagen (Abs. 2 A.II.).** Das Sachanlagevermögen setzt sich zusammen aus den Einzelposten Grundstücke, grundstücksgleiche Rechte und Bauten einschließlich der Bauten auf fremden Grundstücken (A.II.1.), technische Anlagen und Maschinen (A.II.2.), andere Anlagen, Betriebs- und Geschäftsausstattung (A.II.3.) sowie geleistete Anzahlungen und Anlagen im Bau (A.II.4.).

17 Der Posten **Grundstücke** (bebautes und unbebautes Grundvermögen), **grundstücksgleiche Rechte** (Erbbaurechte, Dauerwohnrechte) und **Bauten** einschließlich der Bauten auf fremden Grundstücken (Verwaltungs-, Fabrik-, Wohngebäude, Lagerhallen, selbständige Grundstückseinrichtungen wie zB Parkplätze) enthält das Grundvermögen einschließlich der Bauten, soweit es dazu bestimmt ist, dauernd dem Geschäftsbetrieb der Gesellschaft zu dienen. Aufgrund der zT erheblichen Unterschiede in der rechtlichen und wirtschaftlichen Bedeutung der genannten Positionen ist nach § 265 Abs. 5 eine weiter gehende freiwillige Untergliederung zulässig.[6]

18 **Technische Anlagen und Maschinen** sind solche Vermögensgegenstände, die keine Gebäude sind und ihrer Art nach **unmittelbar** dem betrieblichen Produktionsprozess dienen (zB Produktionsanlagen, Hochöfen, Gießereien, Hafenanlagen, Kräne, Krafterzeugungsanlagen und deren Spezialserveteile sowie Erstausstattungen an Ersatzteilen), während Anlagen, die **nicht unmittelbar** der Produktion dienen, unter **anderen Anlagen, Betriebs- und Geschäftsausstattung** (zB Gleisanlagen, Werkstätten- und Lagereinrichtungen, Werkzeuge, Fuhrpark, Büroeinrichtungen, EDV- und Telekommunikationsanlagen) ausgewiesen werden. Bei letzterem Posten handelt es sich im Prinzip um einen **Sammelposten** zur Erfassung aller Vermögensgegenstände, die sich nicht unter die anderen Posten des Sachanlagevermögens subsumieren lassen.[7]

19 **Geleistete Anzahlungen auf Sachanlagen** enthalten Anzahlungen, die auf die Anschaffung eines den Sachanlagen zuzuordnenden Vermögensgegenstands gerichtet sind. Unter den **Anlagen im Bau** werden die Herstellungskosten noch nicht fertig gestellter Anlagen ausgewiesen; diese werden nach Fertigstellung der Objekte auf die einzelnen Posten des Sachanlagevermögens umgebucht.[8]

20 **Zuordnungsprobleme** können auftreten hinsichtlich der Unterscheidung von Grundstücken und technischen Anlagen und Maschinen bei fest mit einem Gebäude oder dem Grund und Boden verbundenen Einrichtungen. Hier ist der Nutzungs- und Funktionszusammenhang maßgebend; dient ein Bestandteil unmittelbar oder überwiegend dem Produktionsprozess (sog. **Betriebsvorrichtung**), so ist er in jedem Fall den technischen Anlagen zuzuordnen (zB Förderanlagen, Hochregallager, Lastenaufzüge, Öfen, Kühltürme), ansonsten stellt er einen unselbständigen Bestandteil eines Gebäudes oder des Grund und Bodens dar (zB Heizungsanlagen, Rolltreppen, Fahrstühle).[9] **Mieterein- und**

---

[5] *IDW*, St/HFA 2/1997, WPg 1997, 235 ff.; *Fischer* S. 487.
[6] *WPH* F RdNr. 163.
[7] *ADS* RdNr. 55 f.
[8] *ADS* RdNr. 64.
[9] *ADS* RdNr. 33.

-umbauten können als Bauten auf fremdem Grund auszuweisen sein, wenn ein vom Gebäude verschiedener Nutzungs- und Funktionszusammenhang mit dem Betrieb des Mieters besteht oder der Mieter wirtschaftlicher Eigentümer ist. Handelt es sich bei den Mietereinbauten jedoch um technische Anlagen, Maschinen oder Betriebs- und Geschäftsausstattung so hat der Ausweis unter den jeweiligen Posten zu erfolgen, auch wenn es sich um wesentliche Gebäudebestandteile handelt.[10]

c) Finanzanlagen (Abs. 2 A.III.). Die Finanzanlagen unterscheiden sich von den Sachanlagen dadurch, dass mit den darin investierten Mitteln außerhalb des Unternehmens gearbeitet wird.[11]

Im Einzelnen werden unter den Finanzanlagen Anteile an verbundenen Unternehmen (A.III.1.), Ausleihungen an verbundene Unternehmen (A.III.2.), Beteiligungen (A.III.3.), Ausleihungen an Unternehmen, mit denen ein Beteiligungsverhältnis besteht (A.III.4.), Wertpapiere des Anlagevermögens (A.III.5.) sowie sonstige Ausleihungen (A.III.6.) ausgewiesen.

Anteile an verbundenen Unternehmen werden in vielen Fällen auch Beteiligungen sein,[12] wobei der Ausweis unter den Anteilen an verbundenen Unternehmen dem Ausweis unter den Beteiligungen vorgeht.[13] Zu den Anteilen an verbundenen Unternehmen sowie zu den Beteiligungen gehören verbriefte und unverbriefte gesellschaftsrechtliche Anteile an anderen Kapitalgesellschaften, Personengesellschaften und an ihnen gleichstehenden gesellschaftsähnlichen Kapitalanlagen. Bei Vorliegen der Voraussetzungen können auch stille Beteiligungen und Mitgliedschaften an einem Joint Venture dazu zählen.[14]

Ausleihungen enthalten alle Finanz- und Kapitalforderungen, die dem Anlagevermögen zuzuordnen und nicht unter den Wertpapieren auszuweisen sind. Als Begründung der Dauerhaftigkeit eines Darlehens wird eine Gesamtlaufzeit von wenigstens einem Jahr gefordert.[15] Forderungen aus Lieferungen und Leistungen, auch längerfristige, gehören nicht hierzu.[16] Im Überschneidungsfalle geht der Ausweis unter den Ausleihungen an verbundene Unternehmen dem Ausweis unter A.III.4. (Ausleihungen an Unternehmen, mit denen ein Beteiligungsverhältnis besteht) vor.

Unter den **Wertpapieren des Anlagevermögens** sind solche dem Anlagevermögen zuzuordnende Wertpapiere auszuweisen, die weder zu den Anteilen an verbundenen Unternehmen noch zu den Beteiligungen gehören. Dazu zählen übertragbare Inhaber- und Orderpapiere, die der längerfristigen Kapitalanlage dienen (zB Industrie- oder Bankobligationen, öffentliche Anleihen, Wandelschuldverschreibungen, Aktien, Gewinnschuldverschreibungen, Investmentanteile).[17]

Die **sonstigen Ausleihungen** stellen einen Auffangposten für alle dem Anlagevermögen zuzuordnenden Ausleihungen dar, die nicht unter A.III.2. oder A.III.4. ausgewiesen werden.[18] Zu den sonstigen Ausleihungen zählen zB auf Grund von Miet- und Pachtverträgen geleistete Kautionen, wenn der zugrunde liegende Vertrag für mehr als ein Jahr oder auf unbestimmte Zeit abgeschlossen ist, Anteile an einem Joint Venture, das zwar Gesamthandsvermögen besitzt, dem jedoch keine Unternehmenseigenschaft zukommt.[19]

3. Umlaufvermögen. Da eine gesetzliche Bestimmung für den Begriff des Umlaufvermögens im Gegensatz zum Anlagevermögen (vgl. § 247 Abs. 2) fehlt, ergibt sich der Umfang des Umlaufvermögens als Negativabgrenzung zum Anlagevermögen. Demnach gehören zum Umlaufvermögen die Gegenstände, die nicht dazu bestimmt sind, dauernd dem Geschäftsbetrieb der Gesellschaft zu dienen. Positiv umschrieben werden im Umlaufvermögen somit diejenigen Vermögensgegenstände ausgewiesen, die entweder zur Veräußerung oder zum Verbrauch bzw. zur Verarbeitung im betrieblichen Prozess bestimmt sind.[20] Nach dem Gliederungsschema des Abs. 2 sind unter dem Umlaufvermögen folgende vier Gruppen auszuweisen: Vorräte; Forderungen und sonstige Vermögensgegenstände; Wertpapiere; Kassenbestand, Bundesbankguthaben, Guthaben bei Kreditinstituten und Schecks.

a) Vorräte (Abs. 2 B. I.). Die Vorräte setzen sich nach Abs. 2 B.I. aus den Posten Roh-, Hilfs- und Betriebsstoffe (B.I.1.), unfertige Erzeugnisse bzw. unfertige Leistungen (B.I.2.), fertige Erzeugnisse und Waren (B.I.3.) sowie geleistete Anzahlungen (B.I.4.) zusammen.

---

[10] *Hoyos/F. Huber* BeBiKo § 247 RdNr. 462.
[11] *Hoyos/Gutike* BeBiKo RdNr. 69.
[12] Zu den Begriffen „verbundene Unternehmen" und „Beteiligungen" vgl. auch Erl. zu § 271.
[13] *ADS* RdNr. 70.
[14] *ADS* RdNr. 71.
[15] *ADS* RdNr. 76.
[16] *Hoyos/Gutike* BeBiKo RdNr. 77.
[17] *ADS* RdNr. 84.
[18] *WPH* F RdNr. 191.
[19] *ADS* RdNr. 90 f.
[20] *ADS* § 247 RdNr. 124.

29 **Roh-, Hilfs- und Betriebsstoffe** sind Güter, die unmittelbar in die Erzeugnisse eingehen, den Produktionsablauf bewirken oder zur Erbringung einer Dienstleistung benötigt werden.[21] Rohstoffe gehen unmittelbar als Hauptbestandteil in ein Erzeugnis ein. Hilfsstoffe gehen ebenfalls in ein Erzeugnis ein, jedoch nur als untergeordneter Bestandteil (zB Schrauben, Nägel). Betriebsstoffe dagegen stellen keinen Bestandteil eines Erzeugnisses dar, sondern werden bei dessen Herstellung verbraucht (zB Brennstoffe, Schmierstoffe).

30 Zu den **unfertigen Erzeugnissen** gehören Bestände, für die bereits Herstellungskosten angefallen sind, die aber am Abschlussstichtag noch nicht in einem verkaufsbereiten Zustand sind. Am Abschlussstichtag noch nicht abgeschlossene Dienstleistungen werden als **unfertige Leistungen** ausgewiesen.

31 Sind Vorräte versandfertig, zählen sie zu den **fertigen Erzeugnissen;** dabei stellen **Waren** von Dritten bezogene Fertigerzeugnisse dar, die ohne wesentliche Be- oder Verarbeitung weiterveräußert werden.

32 Unter den **geleisteten Anzahlungen** sind nur Anzahlungen auf die Lieferung von Gegenständen des Vorratsvermögens auszuweisen; dazu zählen auch Anzahlungen auf Dienstleistungen, die mit der Beschaffung der Vorräte oder mit dem Produktionsprozess in Zusammenhang stehen.[22]

33 **b) Forderungen und sonstige Vermögensgegenstände (Abs. 2 B.II.).** Unter diesem Posten sind nach Abs. 2 B.II. folgende Bestandteile auszuweisen: Forderungen aus Lieferungen und Leistungen (B.II.1.), Forderungen gegen verbundene Unternehmen (B.II.2.), Forderungen gegen Unternehmen, mit denen ein Beteiligungsverhältnis besteht, (B.II.3.) und sonstige Vermögensgegenstände (B.II.4.).

34 **Forderungen aus Lieferungen und Leistungen** resultieren aus gegenseitigen Verträgen, die die Haupttätigkeit des Unternehmens betreffen und bisher nur von dem bilanzierenden Unternehmen durch Lieferung oder Leistung erfüllt sind. Die Forderungen resultieren aus Geschäftsvorfällen, die in der Gewinn- und Verlustrechnung zu Umsatzerlösen führen. Forderungen aus Geschäften, die nicht die gewöhnliche und typische Unternehmenstätigkeit betreffen, sind nicht an dieser Stelle, sondern unter den sonstigen Vermögensgegenständen auszuweisen.[23]

35 Bestehen Forderungen aus Lieferungen und Leistungen gegen verbundene Unternehmen oder gegen Unternehmen, mit denen ein Beteiligungsverhältnis besteht, so sind sie unter dem Vermerk der Mitzugehörigkeit zu den Forderungen aus Lieferungen und Leistungen unter den Forderungen gegen verbundene Unternehmen bzw. den Forderungen gegen Unternehmen, mit denen ein Beteiligungsverhältnis besteht, auszuweisen.

36 Unter den **Forderungen gegen verbundene Unternehmen** sowie den **Forderungen gegen Unternehmen, mit denen ein Beteiligungsverhältnis besteht,** sind demzufolge alle dem Umlaufvermögen zuzuordnenden Forderungen, unabhängig von ihrer Entstehungsursache, gegen die genannten Unternehmen auszuweisen. Es kommen somit neben Forderungen aus Lieferungen und Leistungen auch Forderungen aus kurzfristigen Darlehen, Gewinnausschüttungen oder Gewinnabführungsverträgen in Betracht.[24]

37 Der Posten **sonstige Vermögensgegenstände** stellt einen **Sammelposten** für diejenigen Vermögensgegenstände des Umlaufvermögens dar, die nicht unter einem anderen Posten auszuweisen sind. Dazu zählen zB kurzfristige Darlehen, Gehaltsvorschüsse, Reisekostenvorschüsse, Steuererstattungsansprüche, Forderungen aus Bürgschaftsübernahmen und Treuhandverhältnissen, debitorische Kreditoren oder Ansprüche auf Investitionszulagen.[25]

38 **c) Wertpapiere (Abs. 2 B.III.).** Die im Umlaufvermögen auszuweisenden Wertpapiere unterscheiden sich dem Grunde nach nicht von den Wertpapieren des Anlagevermögens. Die Zuordnung zum Umlaufvermögen erfolgt lediglich auf Grund ihrer anderen (bezogen auf die zeitliche Komponente eher kurzfristigen) Zwecksetzung.[26] Dementsprechend kommen Beteiligungen nicht als Wertpapiere des Umlaufvermögens in Frage, da sie definitionsgemäß (§ 271 Abs. 1 S. 1) dazu bestimmt sind, einer dauernden Verbindung zu einem anderen Unternehmen zu dienen.[27] Im Einzelnen sind unter den Wertpapieren des Umlaufvermögens nach Abs. 2 B.III. Anteile an verbundenen Unternehmen (B.III.1.), eigene Anteile (B.III.2.) und sonstige Wertpapiere (B.III.3.) auszuweisen.

39 **Anteile an verbundenen Unternehmen** sind, soweit sie Wertpapiereigenschaft besitzen und nicht dem Anlagevermögen zuzuordnen sind, weil sie nur vorübergehend gehalten werden, unter

---

[21] *Dusemond/Heusinger/Knop* HdR RdNr. 67.
[22] *ADS* RdNr. 119; *Ellrott/Krämer* BeBiKo RdNr. 109.
[23] *ADS* RdNr. 120; *Ellrott/Krämer* BeBiKo RdNr. 113; *Dusemond/Heusinger/Knop* HdR RdNr. 83.
[24] *ADS* RdNr. 129, 132.
[25] *ADS* RdNr. 134; *Dusemond/Heusinger/Knop* HdR RdNr. 87.
[26] Zur Abgrenzung von Anlage- und Umlaufvermögen vgl. Erl. zu § 247.
[27] *Dusemond/Heusinger/Knop* HdR RdNr. 88.

den Wertpapieren des Umlaufvermögens auszuweisen. Grundsätzlich müssen die Anteile in Wertpapieren verbrieft sein, folglich können hier grundsätzlich nur Aktien eines verbundenen Unternehmens betroffen sein. Eine Ausnahme stellen Anteile an einer herrschenden oder mit Mehrheit an der Gesellschaft beteiligten GmbH dar, die trotz der fehlenden Wertpapiereigenschaft hier ausgewiesen werden sollten.[28]

Eigene Anteile stellen einerseits echte **Vermögenswerte**, andererseits reine **Korrekturposten** 40 zum Eigenkapital dar. In dieser Besonderheit begründet sich auch der gesonderte Ausweis dieser Vermögensgegenstände unter den Wertpapieren des Umlaufvermögens, der unabdingbar ist und Vorrang vor allen anderen Ausweispflichten hat, zB dem Ausweis als Wertpapiere des Anlagevermögens.[29]

Unter den **sonstigen Wertpapieren** sind alle verbleibenden Wertpapiere auszuweisen, die jederzeit veräußerbar sind und unter die beiden genannten Gruppen fallen. Dazu zählen zB abgetrennte 41 Zins- und Dividendenscheine, Genussrechte in Form von Inhaber- oder Orderpapieren ohne Dauerbesitzabsicht[30] sowie Schatzwechsel des Bundes oder der Länder.[31]

d) Kassenbestand, Bundesbankguthaben, Guthaben bei Kreditinstituten und Schecks 42 **(Abs. 2 B.IV.).** In diesem Posten werden sämtliche **flüssigen Mittel** der Gesellschaft zusammengefasst. Eine weitere Untergliederung des Postens ist nicht vorgesehen; durch die Zusammenfassung der einzelnen Bestandteile entsteht jedoch kein Informationsverlust.[32]

4. Rechnungsabgrenzungsposten (Abs. 2 C.). Zu den Rechnungsabgrenzungsposten vgl. die 43 Erläuterungen zu § 250. Soweit der Posten ein Disagio enthält, ist dieses nach § 268 Abs. 6 gesondert (zB als Davon-Vermerk) auszuweisen oder im Anhang anzugeben.

5. Weitere Sonderposten der Aktivseite. Neben den im Mindestgliederungsschema enthaltenen Posten sowie den freiwilligen Erweiterungen gem. § 265 Abs. 5 sind weitere Sonderposten 44 entweder in der Bilanz oder alternativ im Anhang gesetzlich vorgeschrieben. Dazu zählen:[33]
- Anlagenspiegel (§ 268 Abs. 2; vgl. Erläuterungen zu § 268),
- Ausleihungen und Forderungen gegenüber GmbH-Gesellschaftern (§ 42 Abs. 3 GmbHG),
- Ausleihungen und Forderungen gegenüber Gesellschaftern einer OHG/KG iSv. § 264 a (§ 264 c Abs. 1),
- Ausleihungen und Forderungen gegenüber persönlich haftenden Gesellschaftern einer KGaA (§ 286 Abs. 2 S. 4 AktG),
- eingeforderte, jedoch noch nicht eingezahlte Einlagen auf das gezeichnete Kapital (§ 272 Abs. 1 S. 3; vgl. Erläuterungen zu § 272),
- Einzahlungsverpflichtungen persönlich haftender Gesellschafter einer OHG/KG iSv. § 264 a (§ 264 c Abs. 2 S. 4),
- von GmbH-Gesellschaftern eingeforderte Nachschüsse (§ 42 Abs. 2 GmbHG),
- Einzahlungsverpflichtungen persönlich haftender Gesellschafter einer KGaA (§ 286 Abs. 2 S. 3 AktG),
- aktive latente Steuern (§ 274 Abs. 2 S. 2; vgl. Erläuterungen zu § 274),
- nicht durch Eigenkapital gedeckter Fehlbetrag (§ 268 Abs. 3; vgl. Erläuterungen zu § 268),
- nicht durch Vermögenseinlagen gedeckter Verlustanteil persönlich haftender Gesellschafter eine OHG/KG iSv. § 264 a (§ 264 c Abs. 2 S. 5),
- nicht durch Vermögenseinlagen gedeckter Verlustanteil persönlich haftender Gesellschafter einer KGaA (§ 286 Abs. 2 S. 3 AktG).

III. Gliederung der Passivseite (Abs. 3)

1. Eigenkapital (Abs. 3 A.). Gem. Abs. 3 sind sämtliche Eigenkapitalposten in einer Gruppe 45 auszuweisen. Im Einzelnen handelt es sich um die Posten gezeichnetes Kapital (A. I.), Kapitalrücklage (A.II.), Gewinnrücklagen (mit weiteren Untergliederungen) (A.III.), Gewinnvortrag/Verlustvortrag (A.IV.) und Jahresüberschuss/Jahresfehlbetrag (A. V.). Hinsichtlich der Gliederung des Eigenkapitals betreffend OHG/KG iSv. 264 a vgl. Erläuterungen zu 264 c.

---

[28] *ADS* RdNr. 138.
[29] *ADS* RdNr. 139; *Dusemond/Heusinger/Knop* HdR RdNr. 93.
[30] *IDW,* St/HFA 1/1994, WPg 1994, S. 422.
[31] *WPH* F RdNr. 226.
[32] *ADS* RdNr. 146; *Ellrott/Krämer* BeBiKo RdNr. 150.
[33] *ADS* RdNr. 157 ff.

46 Als **gezeichnetes Kapital** sind bei der AG das Grundkapital (§ 152 Abs. 1 S. 1 AktG) und bei der GmbH das Stammkapital (§ 42 Abs. 1 GmbHG) auszuweisen (vgl. auch Erl. zu § 272). Zu den Posten **Kapitalrücklage, Gewinnrücklagen, Gewinnvortrag/Verlustvortrag** und **Jahresüberschuss/Jahresfehlbetrag** vgl. Erläuterungen zu § 272 bzw. § 268.

47 Als **Sonderposten** des Eigenkapitals können **stille Beteiligungen** sowie **Genussrechtskapital** angesehen werden. Der Ausweis einer stillen Beteiligung an einer Gesellschaft ist gesetzlich nicht geregelt. Ein Ausweis als Eigenkapital ist geboten, wenn die Stellung des stillen Gesellschafters der eines Eigenkapitalgebers sehr nahe kommt (zB durch Beteiligung an stillen Reserven und Geschäftswert bzw. Liquidationserlös). Das Einfügen eines Sonderpostens „Kapital des stillen Gesellschafters" nach dem gezeichneten Kapital ist in diesem Falle sinnvoll.[34]

48 Auch entgeltlich begebene **Genussrechte** können je nach Ausgestaltung als Eigenkapital auszuweisen sein. Nach der Stellungnahme HFA 1/1994 muss das Genussrechtskapital dazu eine ausreichende Haftungsqualität besitzen, was bei Erfüllung der folgenden Kriterien gegeben ist: Rückzahlungsanspruch des Genussrechtsinhabers kann im Konkurs- oder Liquidationsfall erst nach Befriedigung aller anderen Gläubiger geltend gemacht werden, erfolgsabhängige Vergütung für die Kapitalüberlassung sowie Teilnahme am Verlust in voller Höhe, Überlassung des Genussrechtskapitals für einen längeren Zeitraum, während dessen die Rückzahlung für beide Seiten ausgeschlossen ist.[35] Wird Genussrechtskapital als Eigenkapital qualifiziert, ist ein Eigenkapitalsonderposten nach dem gezeichneten Kapital, nach den Gewinnrücklagen oder als letzter Posten des Eigenkapitals einzufügen.[36]

49 **2. Sonderposten mit Rücklageanteil.** Ein Sonderposten mit Rücklageanteil ist gem. § 273 auf der Passivseite vor den Rückstellungen auszuweisen (vgl. Erl. zu § 247 und § 273).

50 **3. Rückstellungen (Abs. 3 B.).** Nach dem Gliederungsschema des Abs. 3 B. sind folgende Rückstellungen gesondert auszuweisen: Rückstellungen für Pensionen und ähnliche Verpflichtungen (B.1.), Steuerrückstellungen (B.2.) und sonstige Rückstellungen (B.3.).

51 Unter den **Rückstellungen für Pensionen** sind alle Ansprüche auszuweisen, die auf Grund unmittelbarer Zusagen für laufende Pensionen und für Pensionsanwartschaften zu bilden sind. **Ähnliche Verpflichtungen** sind insbesondere Verpflichtungen gegenüber einer rechtlich selbstständigen betrieblichen Unterstützungseinrichtung, aber auch andere Verpflichtungen, die zu Ruhestandsbezügen führen (vgl. Erl. zu § 249).

52 Die **Steuerrückstellungen** enthalten sämtliche ungewissen Verbindlichkeiten aus Steuern, die die Gesellschaft selbst schuldet. Verbindlichkeiten für Steuern, für die die Gesellschaft nicht Schuldnerin ist, sondern allenfalls haftet, sind nicht hier, sondern unter den sonstigen Rückstellungen bzw. den sonstigen Verbindlichkeiten auszuweisen.[37] Für das laufende Jahr geleistete Vorauszahlungen sind von der sich voraussichtlich ergebenden Steuerschuld abzuziehen. Eine nach § 274 Abs. 1 S. 1 zu bildende Rückstellung für passive latente Steuern kann in die Steuerrückstellungen einbezogen werden, der Betrag muss allerdings gesondert angegeben werden, zB durch einen Davon-Vermerk. Alternativ ist auch der Ausweis eines eigenen Postens „Rückstellung für Steuerabgrenzung" zwischen den Steuerrückstellungen und den sonstigen Rückstellungen möglich.[38]

53 Unter den **sonstigen Rückstellungen** sind alle weiteren Rückstellungsarten, soweit sie nicht unter den Rückstellungen für Pensionen und ähnliche Verpflichtungen oder den Steuerrückstellungen erfasst sind, auszuweisen. Dazu zählen Rückstellungen für ungewisse Verbindlichkeiten (§ 249 Abs. 1 S. 1), Rückstellungen für drohende Verluste aus schwebenden Geschäften (§ 249 Abs. 1 S. 1), Rückstellungen für unterlassene Aufwendungen für Instandhaltung (§ 249 Abs. 1 S. 2 Nr. 1 bzw. S. 3), Rückstellungen für unterlassene Abraumbeseitigung (§ 249 Abs. 1 S. 2 Nr. 1), Rückstellungen für Gewährleistungen ohne rechtliche Verpflichtung (§ 249 Abs. 1 S. 2 Nr. 2) sowie Aufwandsrückstellungen iSv. § 249 Abs. 2.

54 **4. Verbindlichkeiten (Abs. 3 C.).** Am Abschlussstichtag der Höhe und Fälligkeit nach feststehende Verpflichtungen der Gesellschaft sind unter den Verbindlichkeiten auszuweisen. Eine Passivierungspflicht liegt dann vor, wenn es sich um eine Vermögensbelastung der Gesellschaft und damit nach den GoB um eine bilanzrechtliche Schuld handelt.[39] Die Verbindlichkeiten sind wie folgt

---

[34] *ADS* RdNr. 188 f.
[35] *IDW,* St/HFA 1/1994, WPg 1994, S. 420.
[36] *WPH* F RdNr. 277; *Baumbach/Hopt/Merkt* RdNr. 14.
[37] *ADS* RdNr. 206; aA zum Ausweis unter den sonstigen Rückstellungen *Dusemond/Heusinger/Knop* HdR RdNr. 133 f.
[38] *Hoyos/M. Ring* BeBiKo RdNr. 202.
[39] *WPH* F RdNr. 344.

untergliedert: Anleihen, davon konvertibel (C.1.), Verbindlichkeiten gegenüber Kreditinstituten (C.2.), erhaltene Anzahlungen auf Bestellungen (C.3.), Verbindlichkeiten aus Lieferungen und Leistungen (C.4.), Verbindlichkeiten aus der Annahme gezogener Wechsel und der Ausstellung eigener Wechsel (C.5.), Verbindlichkeiten gegenüber verbundenen Unternehmen (C.6.), Verbindlichkeiten gegenüber Unternehmen, mit denen ein Beteiligungsverhältnis besteht (C.7.), sonstige Verbindlichkeiten, davon aus Steuern, davon im Rahmen der sozialen Sicherheit (C.8.).

Unter **Anleihen** fallen grundsätzlich alle Schuldverpflichtungen, sofern sie am öffentlichen 55 Kapitalmarkt aufgenommen wurden; dazu gehören Schuldverschreibungen, Wandel- und Optionsanleihen, Gewinnschuldverschreibungen und Genussrechte, soweit das Genussrechtskapital Fremdkapital darstellt.[40] Als konvertibel sind solche Anleihen anzusehen, die dem Inhaber ein Umtausch- oder Bezugsrecht auf Anteile der Gesellschaft gewähren, dies ist insbesondere bei Wandelschuldverschreibungen und Optionsschuldverschreibungen der Fall.[41]

Als **Verbindlichkeiten gegenüber Kreditinstituten** sind sämtliche Verbindlichkeiten gegenüber 56 inländischen und vergleichbaren ausländischen Kreditinstituten auszuweisen; dazu gehören auch Bausparkassen.[42] Nicht in Anspruch genommene Kreditlinien bei Kreditinstituten sind nicht passivierungsfähig und dürfen somit hier nicht ausgewiesen werden.

Als **erhaltene Anzahlungen auf Bestellungen** sind Vorleistungen eines Vertragspartners im 57 Rahmen eines schwebenden Geschäfts auszuweisen. Eine Anzahlung liegt vor, wenn ein Dritter entweder auf Grund abgeschlossener Liefer- oder Leistungsverträge, für die die Lieferung oder Leistung noch aussteht, Zahlungen getätigt hat oder zumindest der Abschluss eines Vorvertrags oder die Abgabe eines bindenden Vertragsangebots stattgefunden hat.[43] Umsatzsteuer auf erhaltene Anzahlungen kann entweder nach der **Nettomethode** (erhaltene Anzahlungen werden netto, dh. ohne Umsatzsteueranteil ausgewiesen; die Umsatzsteuer wird unter den sonstigen Verbindlichkeiten passiviert) oder nach der **Bruttomethode** (erhaltene Anzahlungen werden brutto, dh. einschließlich Umsatzsteuer ausgewiesen, abgeführte Umsatzsteuer wird unter den Rechnungsabgrenzungsposten aktiviert) behandelt werden.[44] Die erhaltenen Anzahlungen dürfen gem. § 268 Abs. 5 S. 2 auch offen von den Vorräten abgesetzt werden (vgl. Erl. zu § 268), hierbei ist nur der Nettobetrag der Forderungen zu berücksichtigen. Die Umsatzsteuer ist unter sonstigen Verbindlichkeiten zu passivieren.[45]

Unter **Verbindlichkeiten aus Lieferungen und Leistungen** fallen alle Verbindlichkeiten, die 58 im Zusammenhang mit dem Erwerb oder der Inanspruchnahme von Gegenständen und Dienstleistungen eingegangen wurden. Somit zählen hierzu sämtliche Verpflichtungen, denen Kauf- und Werkverträge, Dienstleistungsverträge, Miet- und Pachtverträge sowie ähnliche Verträge zugrunde liegen, soweit die Höhe der Gegenleistung nicht ungewiss ist. Bestehen solche Verbindlichkeiten gegenüber verbundenen Unternehmen oder Unternehmen, mit denen ein Beteiligungsverhältnis besteht, geht der Ausweis unter diesen Posten grundsätzlich vor; andernfalls ist die Mitzugehörigkeit zu vermerken.[46]

Als **Verbindlichkeiten aus der Annahme gezogener Wechsel und der Ausstellung eigener** 59 **Wechsel** sind alle Schuldwechsel auszuweisen, die das Unternehmen als Bezogener akzeptiert hat, sowie eigene Wechsel (Solawechsel). Auch **Gefälligkeitswechsel** zählen zu den Wechselverbindlichkeiten.[47] Sog. **Kautions-, Sicherungs- oder Depotwechsel**, die bei einer bestimmten Stelle (zB Bank, Verband, Treuhänder) hinterlegt werden und nur dann in Verkehr gebracht werden dürfen, wenn das Unternehmen seinen Verpflichtungen nicht nachkommt, gehören nicht zu den Wechseln.[48] Verbindlichkeiten aus Wechseln, die an verbundene Unternehmen oder an Unternehmen, mit denen ein Beteiligungsverhältnis besteht, weitergegeben werden, sind grundsätzlich unter den entsprechenden besonderen Posten (§ 266 Abs. 3 C.6. bzw. C.7.) auszuweisen; ansonsten ist ihre Mitzugehörigkeit zu vermerken.

Verbindlichkeiten gegenüber verbundenen Unternehmen sowie **Verbindlichkeiten ge-** 60 **genüber Unternehmen, mit denen ein Beteiligungsverhältnis besteht,** enthalten Verbindlichkeiten, die insbesondere aus dem Waren-, Leistungs- und Finanzverkehr, dem Beteiligungsverhältnis

---

[40] *ADS* RdNr. 218; *IDW,* St/HFA 1/1994, WPg 1994, 421.
[41] *ADS* RdNr. 221; *Hoyos/M.Ring* BeBiKo RdNr. 213.
[42] *Hoyos/M.Ring* BeBiKo RdNr. 221; *Dusemond/Heusinger/Knop* HdR RdNr. 150 f.
[43] *ADS* RdNr. 223; *Dusemond/Heusinger/Knop* HdR RdNr. 152 f.
[44] *Hoyos/M.Ring* BeBiKo RdNr. 226; *IDW,* St/HFA 1/1985 idF 1990, Abschn. B.
[45] *Dörner/Hayn/Knop/Lorson/Wirth* HdR § 268 RdNr. 216.
[46] *ADS* RdNr. 228.
[47] *ADS* RdNr. 229.
[48] *ADS* RdNr. 230; *Dusemond/Heusinger/Knop* HdR RdNr. 159.

oder aus Unternehmensverträgen resultieren. Solche Verbindlichkeiten sind vorrangig unter diesen beiden Posten auszuweisen (qualitative Vorrangigkeit). Die Posten sind sachgerecht aufzugliedern, um die auf Grund der Überschneidung einzelner Bilanzposten gegebene Mitzugehörigkeit zB zu Verbindlichkeiten aus Lieferungen und Leistungen aufzeigen zu können. Erfolgt der Ausweis nach dem Grundsatz der Wesentlichkeit unter einem anderen Verbindlichkeitsposten, so ist die Mitzugehörigkeit zu den beiden oben genannten Posten zu vermerken.

61 Die **sonstigen Verbindlichkeiten** stellen einen Auffangposten für alle nicht gesondert auszuweisenden Verbindlichkeiten dar. Dazu zählen u. a. Steuerschulden der Gesellschaft (zB Körperschaftsteuer, Umsatzsteuer), einbehaltene und noch abzuführende Steuern (zB Lohnsteuer, Kapitalertragsteuer), rückständige Personalkosten, einbehaltene und noch abzuführende sowie von der Gesellschaft selbst zu tragende Sozialabgaben, fällige Zinsen (soweit sie nicht Bankschulden betreffen), noch auszuzahlende Dividenden, fällige Provisionen, Schuldscheindarlehen und ähnliche Verbindlichkeiten, Verbindlichkeiten gegenüber Kunden („kreditorische Debitoren"), als Fremdkapital zu qualifizierende Einlagen stiller Gesellschafter.[49] Zu den sonstigen Verbindlichkeiten sind zwei Davon-Vermerke vorgesehen. Der Vermerk **„davon aus Steuern"** umfasst dabei sowohl Verbindlichkeiten, für die die Gesellschaft selbst Steuerschuldnerin ist, als auch solche, die sie lediglich einzubehalten und abzuführen hat. Der Vermerk **„davon im Rahmen der sozialen Sicherheit"** betrifft Arbeitgeber- und einbehaltene Arbeitnehmerbeiträge zur Sozialversicherung und zu Ersatzkassen, Kosten für Sozialpläne, Leistungen an Versorgungseinrichtungen und den Pensionssicherungsverein, Rückdeckungsversicherung für Pensionszusagen, Beiträge zur Berufsgenossenschaft sowie Vorruhestandsverpflichtungen bei Einzelvereinbarungen und verbindlicher Option des Arbeitnehmers.

62 **5. Rechnungsabgrenzungsposten (Abs. 3 D.).** Zu den Rechnungsabgrenzungsposten vgl. die Erläuterungen zu § 250.

63 **6. Weitere Sonderposten der Passivseite.** Zusätzliche Sonderposten, die unter bestimmten Umständen auf der Passivseite der Bilanz eingestellt werden müssen, sind:[50]
– Kapitalanteile persönlich haftender Gesellschafter einer OHG/KG iSv. § 264a (§ 264c Abs. 2 S. 1),
– Kapitalanteile persönlich haftender Gesellschafter einer KGaA (§ 286 Abs. 2 AktG),
– Rücklage für eingeforderte Nachschüsse (§ 42 Abs. 2 S. 3 GmbHG),
– Ausgleichsposten für aktivierte eigene Anteile bei OHG/KG iSv. § 264a (§ 264c Abs. 4 S. 2),
– Sonderrücklage nach § 218 S. 2 AktG,
– Ausweis der Ergebnisrücklagen bei Genossenschaften (§ 337 Abs. 2; vgl. Erläuterungen zu § 337),
– Wertaufholungsrücklage (§ 58 Abs. 2a AktG, § 29 Abs. 4 GmbHG),
– Sonderrücklagen nach §§ 7 Abs. 6 S. 2, 17 Abs. 4 S. 3, 24 Abs. 5 S. 3 DMBilG,
– Sonderrücklage/gesetzliche Rücklage nach § 27 Abs. 2 S. 3 DMBilG,
– vorläufige Gewinnrücklage nach § 31 Abs. 1 S. 2 DMBilG,
– nachrangiges Kapital nach §§ 16 Abs. 3 S. 2, 17 Abs. 5 S. 4 DMBilG,
– Bilanzgewinn/Bilanzverlust (§ 268 Abs. 1 S. 2; vgl. Erläuterungen zu § 268),
– Ertrag auf Grund höherer Bewertung gemäß dem Ergebnis der Sonderprüfung (§ 261 Abs. 1 S. 6 AktG) bzw. gemäß gerichtlicher Entscheidung (§ 261 Abs. 2 S. 2 AktG),
– sog. negativer Geschäfts- oder Firmenwert,
– Rückstellung für latente Steuern (§ 274 Abs. 1 S. 1; vgl. Erläuterungen zu § 274),
– Verbindlichkeiten gegenüber GmbH-Gesellschaftern (§ 42 Abs. 3 GmbHG),
– Verbindlichkeiten gegenüber Gesellschaftern einer OHG/KG iSv. § 264a (§ 264c Abs. 1),
– Ausgleichsverbindlichkeiten nach § 25 Abs. 1 DMBilG,
– Verbindlichkeiten aus Ausgleichsforderungen nach § 24 Abs. 5 DMBilG.

IV. Folgen der Nichtbeachtung

64 Die unrichtige Wiedergabe oder Verschleierung der Verhältnisse im JA ist durch § 331 Nr. 1 unter **Strafe** gestellt, Zuwiderhandlungen gegen die Vorschriften zur Gliederung des § 266 werden als **Ordnungswidrigkeiten** behandelt (§ 334 Abs. 1 Nr. 1c). Wird durch Verstöße gegen die Vorschriften über die Gliederung die Klarheit und Übersichtlichkeit wesentlich beeinträchtigt, so droht

---

[49] ADS RdNr. 235; Hoyos/M. Ring BeBiKo RdNr. 246.
[50] ADS RdNr. 238 ff.

die **Nichtigkeit** des JA (§ 256 Abs. 4 AktG; die Vorschrift ist sinngemäß auf den JA einer GmbH anzuwenden).[51]

§ 267[1] Umschreibung der Größenklassen

(1) Kleine Kapitalgesellschaften sind solche, die mindestens zwei der drei nachstehenden Merkmale nicht überschreiten:
1. 4 015 000 Euro Bilanzsumme nach Abzug eines auf der Aktivseite ausgewiesenen Fehlbetrags (§ 268 Abs. 3).
2. 8 030 000 Euro Umsatzerlöse in den zwölf Monaten vor dem Abschlußstichtag.
3. Im Jahresdurchschnitt fünfzig Arbeitnehmer.

(2) Mittelgroße Kapitalgesellschaften sind solche, die mindestens zwei der drei in Absatz 1 bezeichneten Merkmale überschreiten und jeweils mindestens zwei der drei nachstehenden Merkmale nicht überschreiten:
1. 16 060 000 Euro Bilanzsumme nach Abzug eines auf der Aktivseite ausgewiesenen Fehlbetrags (§ 268 Abs. 3).
2. 32 120 000 Euro Umsatzerlöse in den zwölf Monaten vor dem Abschlußstichtag.
3. Im Jahresdurchschnitt zweihundertfünfzig Arbeitnehmer.

(3) [1] Große Kapitalgesellschaften sind solche, die mindestens zwei der drei in Absatz 2 bezeichneten Merkmale überschreiten. [2] Eine Kapitalgesellschaft gilt stets als große, wenn sie einen organisierten Markt im Sinne des § 2 Abs. 5 des Wertpapierhandelsgesetzes durch von ihr ausgegebene Wertpapiere im Sinne des § 2 Abs. 1 Satz 1 des Wertpapierhandelsgesetzes in Anspruch nimmt oder die Zulassung zum Handel an einem organisierten Markt beantragt worden ist.

(4) [1] Die Rechtsfolgen der Merkmale nach den Absätzen 1 bis 3 Satz 1 treten nur ein, wenn sie an den Abschlußstichtagen von zwei aufeinanderfolgenden Geschäftsjahren über- oder unterschritten werden. [2] Im Falle der Umwandlung oder Neugründung treten die Rechtsfolgen schon ein, wenn die Voraussetzungen des Absatzes 1, 2 oder 3 am ersten Abschlußstichtag nach der Umwandlung oder Neugründung vorliegen.

(5) Als durchschnittliche Zahl der Arbeitnehmer gilt der vierte Teil der Summe aus den Zahlen der jeweils am 31. März, 30. Juni, 30. September und 31. Dezember beschäftigten Arbeitnehmer einschließlich der im Ausland beschäftigten Arbeitnehmer, jedoch ohne die zu ihrer Berufsausbildung Beschäftigten.

(6) Informations- und Auskunftsrechte der Arbeitnehmervertretungen nach anderen Gesetzen bleiben unberührt.

Schrifttum: *Biener*, Einzelfragen zum Publizitätsgesetz, WPg 1972, 1.

Übersicht

	RdNr.		RdNr.
I. Allgemeines	1–3	3. Große Kapitalgesellschaften und OHG/KG iSv. § 264a (Abs. 3)	13
II. Größenmerkmale	4–10	IV. Zeitliche Voraussetzungen für den Eintritt der Rechtsfolgen (Abs. 4)	14–19
1. Bilanzsumme	4, 5		
2. Umsatzerlöse	6, 7	1. Grundsatz	14
3. Arbeitnehmerzahl	8–10	2. Besonderheiten bei Neugründung oder Umwandlung	15–19
III. Größenklassen (Abs. 1–3)	11–13		
1. Kleine Kapitalgesellschaften und OHG/KG iSv. § 264a (Abs. 1)	11	V. Informations- und Auskunftsrechte nach anderen Gesetzen (Abs. 6)	20
2. Mittelgroße Kapitalgesellschaften und OHG/KG iSv. § 264a (Abs. 2)	12		

---

[51] Beispiele vgl. *ADS* RdNr. 21.
[1] Abs. 1 und 2 geändert durch das Gesetz zur Einführung internationaler Rechnungslegungsstandards und zur Sicherung der Qualität der Abschlussprüfung (Bilanzrechtsreformgesetz – BilReG) vom 4. Dezember 2004. Zur erstmaligen Anwendung s. Art. 58 EGHGB.

I. Allgemeines

1   Die in § 267 definierten Größenklassen sind insbesondere für die Gewährung von **größenabhängigen Erleichterungen** maßgebend. Dazu zählen Erleichterungen bei der Aufstellung von Bilanz, Gewinn- und Verlustrechnung, Anhang und Lagebericht, aber auch bei der Abschlussprüfung sowie der Offenlegung; jedoch nicht hinsichtlich der **Bewertung**. § 267 enthält dabei nur die allgemeine Regelung zur Einordnung einer Kapitalgesellschaft in eine bestimmte Größenklasse, die sich daraus ergebenden Rechtsfolgen regeln die entsprechenden Einzelvorschriften.[2]

2   Die **Schwellenwerte** für die Größenmerkmale Bilanzsumme und Umsatzerlöse wurden zuletzt durch das BilReG erhöht. Die Erhöhung der Schwellenwerte beruht auf einer durch die EU im 5-Jahres-Abstand[3] durchzuführenden Überprüfung, bei der die wirtschaftliche und die monetäre Entwicklung der Gemeinschaft zu berücksichtigen sind. Diese Überprüfung ergab eine Anhebung der Schwellenwerte um rd. 17%.[4]

3   Die erhöhten Schwellenwerte sind nach Art. 58 EGHGB erstmals auf Jahres- und Konzernabschlüsse für das nach dem 31. 12. 2003 beginnende Geschäftsjahr anzuwenden. Außer für Kapitalgesellschaften und OHG/KG iSv. § 264a gelten die Vorschriften des § 267 auch für **eG** (§ 336 Abs. 2 S. 1). Für die vom PublG erfassten Unternehmen (§ 3 PublG) gelten dagegen die speziellen Bestimmungen der §§ 1 und 2 PublG. Für **Kreditinstitute** und Finanzdienstleistungsinstitute sowie **Versicherungsunternehmen** gelten gem. § 340a Abs. 2 S. 1 bzw. § 341a Abs. 2 S. 1 die Größenklassen des § 267 nicht; sie haben ihren Jahresabschluss stets nach den für große Kapitalgesellschaften geltenden Vorschriften aufzustellen.

Mit der Richtlinie 2006/46/EG des Europäischen Parlaments und des Rates der Europäischen Union vom 14. 6. 2006 wird den nationalen Gesetzgebern die Möglichkeit eröffnet, die Schwellenwerte weiter anzuheben (Bilanzsumme bis EUR 4 400 000 (EUR 17 500 000), Umsatzerlöse bis EUR 8 800 000 (EUR 35 000 000) als Schwellenwerte für die Bestimmung kleiner (mittelgroßer) Gesellschaften.

II. Größenmerkmale

4   **1. Bilanzsumme.** Als Bilanzsumme iSd. Größenmerkmale gilt die Summe aller Aktiva bzw. Passiva der auf den entsprechenden Abschlussstichtag aufgestellten Bilanz der Kapitalgesellschaft abzüglich eines nach § 268 Abs. 3 auf der Aktivseite ausgewiesenen Fehlbetrags bzw. – im Falle einer KGaA – abzüglich des nach § 286 Abs. 2 S. 3 AktG auf der Aktivseite ausgewiesenen Postens „Nicht durch Vermögenseinlagen gedeckter Verlustanteil persönlich haftender Gesellschafter".[5]

5   Bilanzvermerke sind bei der Bestimmung der Bilanzsumme **nicht** zu berücksichtigen. Durch die Ausnutzung zulässiger Bilanzierungs-, Bewertungs- und Ausweiswahlrechte hat die Kapitalgesellschaft grundsätzlich die Möglichkeit, auf die Höhe der Bilanzsumme Einfluss zu nehmen; sie muss dabei jedoch den Grundsatz der Stetigkeit beachten.

6   **2. Umsatzerlöse.** Die für die Größenklasseneinteilung maßgeblichen Umsatzerlöse ergeben sich aus § 277 Abs. 1 (vgl. Erl. zu 277). Danach zählen hierzu die Erlöse aus dem Verkauf und der Vermietung und Verpachtung von für die gewöhnliche Geschäftstätigkeit der Kapitalgesellschaft typischen Erzeugnissen und Waren sowie aus von für die gewöhnliche Geschäftstätigkeit der Kapitalgesellschaft bzw. OHG/KG iSv. § 264a typischen Dienstleistungen nach Abzug von Erlösschmälerungen und der Umsatzsteuer.

7   Da die Vorschrift des § 267 auf die Umsatzerlöse der letzten zwölf Monate vor dem Abschlussstichtag abstellt, müssen im Falle eines **Rumpfgeschäftsjahres** auch die Umsätze der entsprechenden letzten Monate des vorangegangenen Geschäftsjahres berücksichtigt werden. Dieselben Umsatzerlöse werden somit bei der Ermittlung der Größenmerkmale für zwei verschiedene Geschäftsjahre zugrunde gelegt. Es sind grundsätzlich die genauen Monatsumsätze heranzuziehen; eine Ermittlung durch die Proportionalisierung des gesamten Vorjahresumsatzes darf nur erfolgen, wenn die genauen Monatsumsätze ausnahmsweise nicht feststellbar sind.[6]

8   **3. Arbeitnehmerzahl.** Wer Arbeitnehmer ist, bestimmt sich nach den allgemeinen Abgrenzungsgrundsätzen des Arbeitsrechts.[7] Danach ist Arbeitnehmer jede natürliche Person, die auf Grund

---

[2] Zu Übersichten über größenabhängige Erleichterungen vgl. *ADS* RdNr. 29 ff.
[3] Art. 53 Abs. 2 der 4. EU-Richtlinie (78/660/EWG).
[4] RegBegr. BilReG, BT-Drucks. 15/3419 v. 24. 6. 2004, 29.
[5] *Knop* HdR RdNr. 7.
[6] *Winkeljohann/Lawall* BeBiKo RdNr. 8; *Knop* HdR RdNr. 13.
[7] *ADS* RdNr. 13; *Biener* WPg 1972, 3.

eines privatrechtlichen Vertrags einem anderen zur Leistung fremdbestimmter Arbeit in persönlicher Abhängigkeit verpflichtet ist. Zu den Arbeitnehmern gehören somit auch Heimarbeiter, Schwerbehinderte, unselbstständige Handelsvertreter und zu Wehrübungen kurzfristig freigestellte Arbeitnehmer. Im Ausland beschäftigte Arbeitnehmer sind nach Abs. 5 bei der Ermittlung der Arbeitnehmerzahl einzubeziehen, nicht jedoch die zu ihrer Berufsausbildung Beschäftigten. Bei Teilzeitbeschäftigten und Kurzarbeitern wird keine Umrechnung auf volle Arbeitskräfte vorgenommen, sondern es ist lediglich auf deren Anzahl abzustellen.[8]

Nicht zu den Arbeitnehmern zählen:[9]
- gesetzliche Vertreter von Kapitalgesellschaften;
- Mitglieder eines gesellschaftsrechtlichen Aufsichtsorgans, soweit es sich nicht um Arbeitnehmervertreter handelt;
- Leiharbeitnehmer, sofern sie arbeitsrechtlich nicht Arbeitnehmer der Kapitalgesellschaft sind;
- den Grundwehrdienst leistende Wehrpflichtige;
- nicht in den Betrieb eingeordnete Personen, die keine fremdbestimmte Arbeit in persönlicher Abhängigkeit erbringen, weil sie bspw. ihre Arbeitszeit selbst bestimmen können;
- Personen, deren Beschäftigung nicht auf einem Dienstvertrag, sondern auf einem anderen privatrechtlichen Vertrag, zB Werkvertrag oder Gesellschaftsvertrag, beruht;
- auf Grund von Vorruhestands-, Altersteilzeit- oder Altersfreizeitregelungen ausgeschiedene Arbeitnehmer;
- mitarbeitende Familienangehörige eines Gesellschafters, sofern mit diesen kein Arbeitsvertrag abgeschlossen wurde;
- zu ihrer Berufsausbildung Beschäftigte, zB Auszubildende, Umschüler, Volontäre, Praktikanten.

Die Arbeitnehmerzahl ist als Jahresdurchschnittswert zu ermitteln. Gem. Abs. 5 gilt als durchschnittliche Zahl der Arbeitnehmer der vierte Teil der Summe aus den Zahlen der jeweils am 31. März, 30. Juni, 30. September und 31. Dezember beschäftigten Arbeitnehmer. Dabei ist entscheidend, dass das Arbeitsverhältnis an den jeweiligen Stichtagen bestand. Diese Ermittlungsmethode ist auch in einem Rumpfgeschäftsjahr anzuwenden. Umfasst das Rumpfgeschäftsjahr weniger als vier Stichtage, müssen die letzten Stichtage vor Beginn des Rumpfgeschäftsjahrs herangezogen werden.[10]

III. Größenklassen (Abs. 1–3)

1. Kleine Kapitalgesellschaften und OHG/KG iSv. § 264a (Abs. 1). Eine Gesellschaft gilt als **klein** iSd. § 267, wenn sie an bestimmten Stichtagen mindestens zwei der drei Merkmale **Bilanzsumme: EUR 4 015 000, Umsatzerlöse: EUR 8 030 000** und durchschnittliche **Arbeitnehmerzahl: 50 nicht überschreitet** und nicht nach Abs. 3 S. 2 als große Gesellschaft gilt.

2. Mittelgroße Kapitalgesellschaften und OHG/KG iSv. § 264a (Abs. 2). Eine Gesellschaft gilt als **mittelgroß** iSd. § 267, wenn sie an bestimmten Stichtagen mindestens zwei der drei Merkmale nach Abs. 1 (siehe RdNr. 11) **überschreitet** und mindestens zwei der drei Merkmale **Bilanzsumme: EUR 16 060 000, Umsatzerlöse: EUR 32 120 000** und durchschnittliche **Arbeitnehmerzahl: 250 nicht überschreitet.** Außerdem darf sie nicht nach Abs. 3 S. 2 als große Gesellschaft gelten.

3. Große Kapitalgesellschaften und OHG/KG iSv. § 264a (Abs. 3). Als **groß** iSd. § 267 gilt eine Gesellschaft, wenn sie entweder an bestimmten Stichtagen mindestens zwei der drei Merkmale **Bilanzsumme: EUR 16 060 000, Umsatzerlöse: EUR 32 120 000** und durchschnittliche **Arbeitnehmerzahl: 250 überschreitet** oder das Kriterium des Abs. 3 S. 2 erfüllt ist. Danach gilt eine Kapitalgesellschaft stets (also unabhängig von den tatsächlichen Größenmerkmalen) als große iSd. § 267, wenn sie einen organisierten Markt iSd. § 2 Abs. 5 des WpHG durch von ihr ausgegebene Wertpapiere iSd. § 2 Abs. 1 S. 1 WpHG in Anspruch nimmt oder die Zulassung zum Handel an einem organisierten Markt beantragt worden ist. Der organisierte Markt idS umfasst in Deutschland den amtlichen Markt und den geregelten Markt. Die Klassifizierung einer **börsennotierten** Kapitalgesellschaft als große Kapitalgesellschaft mit den damit verbundenen höheren Informationsanforderungen dient letztlich dem Schutz der Kapitalgeber.[11]

---

[8] *Winkeljohann/Lawall* BeBiKo RdNr. 12.
[9] *ADS* RdNr. 13; *Knop* HdR RdNr. 14 f.; *Winkeljohann/Lawall* BeBiKo RdNr. 11.
[10] *ADS* RdNr. 15.
[11] *Knop* HdR RdNr. 20.

IV. Zeitliche Voraussetzungen für den Eintritt der Rechtsfolgen (Abs. 4)

14 **1. Grundsatz.** Die Rechtsfolgen der Größenmerkmale treten nach Abs. 4 S. 1 nur dann ein, wenn diese an **zwei aufeinander folgenden Abschlussstichtagen** über- oder unterschritten werden. Ein einmaliges Über- oder Unterschreiten der Größenmerkmale kann somit noch keine Rechtsfolgen auslösen. Es ist darüber hinaus nicht erforderlich, dass jeweils dieselben Merkmale über- oder unterschritten werden; so führt beispielsweise auch das Überschreiten der entsprechenden Schwellenwerte für Bilanzsumme und Umsatzerlöse an einem Abschlussstichtag und das Überschreiten der entsprechenden Schwellenwerte für Bilanzsumme und durchschnittliche Arbeitnehmerzahl am vorhergehenden Abschlussstichtag zu einer Klassifizierung als große Kapitalgesellschaft.

15 **2. Besonderheiten bei Neugründung oder Umwandlung.** Die Regelung des Abs. 4 S. 1 bezieht sich auf die kontinuierliche Fortführung eines Unternehmens. In den Fällen der Neugründung sowie der Umwandlung einer Kapitalgesellschaft treten nach Abs. 4 S. 2 die Rechtsfolgen der Größenmerkmale schon dann ein, wenn am ersten Abschlussstichtag nach der Neugründung oder Umwandlung die entsprechenden Größenmerkmale gegeben sind; die Voraussetzung des Vorliegens an zwei aufeinander folgenden Abschlussstichtag entfällt somit. Bei OGH/KG iSv. § 264a sind die Verhältnisse am Abschlussstichtag der erstmaligen Anwendung des § 267 maßgeblich.[12]

16 Besonderheiten hinsichtlich der Ermittlung der Größenmerkmale entstehen dann, wenn dabei ein **Rumpfgeschäftsjahr** zu Grunde zu legen ist.

17 Keine besonderen Fragen ergeben sich in diesen Fällen bei dem stichtagsbezogenen Kriterium **Bilanzsumme**; hier ist sowohl im Falle der Neugründung als auch in dem der Umwandlung von der Bilanzsumme am Abschlussstichtag des Rumpfgeschäftsjahres auszugehen. Da der Ermittlung der zeitraumbezogenen **Umsatzerlöse** im Normalfall ein Zeitraum von zwölf Monaten zu Grunde gelegt wird, im Falle der Neugründung jedoch nur Zahlen für die Monate des Rumpfgeschäftsjahrs vorliegen, wird hier eine Hochrechnung dieser Umsatzzahlen auf einen Jahresumsatz vorzunehmen sein.[13]

18 Liegt eine Umwandlung vor, so ist, soweit es sich um eine Verschmelzung handelt, auf die Umsätze der übertragenden Gesellschaften (bei Verschmelzung durch Neugründung) bzw. der übertragenden Gesellschaft(en) sowie der aufnehmenden Gesellschaft (bei Verschmelzung durch Aufnahme) zurückzugreifen, wobei ein Zeitraum von zwölf Monaten nicht überschritten werden darf. Handelt es sich um eine Spaltung, sollte auf die anteiligen Umsatzerlöse der bisherigen Rechtsträger zurückgegriffen werden.[14]

19 Bei der Ermittlung der ebenfalls zeitraumbezogenen Größe **Arbeitnehmerzahl** im Falle einer Neugründung beginnt die Durchschnittsbildung mit dem ersten in Abs. 5 genannten Stichtag, der der Errichtung folgt. Die dabei ermittelte Summe ist lediglich durch die Anzahl der tatsächlich erfassten Stichtage zu teilen; fällt keiner der in Abs. 5 genannten Stichtage in das Rumpfgeschäftsjahr, dürfte die Arbeitnehmerzahl am Abschlussstichtag des Rumpfgeschäftsjahres maßgebend sein.[15] Bei einer Umwandlung ist, soweit das Rumpfgeschäftsjahr weniger als vier der in Abs. 5 genannten Stichtage umfasst, auf den bzw. die vor der Umwandlung bestehenden Rechtsträger zurückzugreifen und es sind die Zahlen der entsprechenden vor dem Umwandlungszeitpunkt liegenden Stichtage heranzuziehen.[16]

V. Informations- und Auskunftsrechte nach anderen Gesetzen (Abs. 6)

20 In Abs. 6 wird klargestellt, dass Informations- und Auskunftsrechte der Arbeitnehmervertretungen (zB Recht der Arbeitnehmer auf Erläuterung des Jahresabschlusses gem. § 108 Abs. 5 BetrVG) durch die Rechtsfolgen, die sich aus der Einteilung in Größenklassen ergeben, nicht berührt werden. Den Arbeitnehmervertretungen sind daher auch diejenigen Teile des Jahresabschlusses, die von kleinen und mittelgroßen Kapitalgesellschaften nicht offen gelegt zu werden brauchen, im betriebsverfassungsrechtlich gebotenen Ausmaß zugänglich zu machen.[17] Eine Anwendung von Abs. 6 auf bereits bei der Aufstellung des Jahresabschlusses in Anspruch genommene Erleichterungen dürfte jedoch nicht in Frage kommen.[18]

---

[12] BR-Drucks. 458/99 S. 42 f.
[13] *ADS* RdNr. 19; aA *Knop* HdR RdNr. 29, der nur auf den Zeitraum des Rumpfgeschäftsjahrs abstellt.
[14] *ADS* RdNr. 22 ff.
[15] *ADS* RdNr. 20; *Knop* HdR RdNr. 25.
[16] *ADS* RdNr. 22 ff.; *Knop* HdR RdNr. 26.
[17] *ADS* RdNr. 32; *Winkeljohann/Lawall* BeBiKo RdNr. 30.
[18] *ADS* RdNr. 32.

§ 268 Vorschriften zu einzelnen Posten der Bilanz. Bilanzvermerke

(1) ¹Die Bilanz darf auch unter Berücksichtigung der vollständigen oder teilweisen Verwendung des Jahresergebnisses aufgestellt werden. ²Wird die Bilanz unter Berücksichtigung der teilweisen Verwendung des Jahresergebnisses aufgestellt, so tritt an die Stelle der Posten „Jahresüberschuß/Jahresfehlbetrag" und „Gewinnvortrag/Verlustvortrag" der Posten „Bilanzgewinn/Bilanzverlust"; ein vorhandener Gewinn- oder Verlustvortrag ist in den Posten „Bilanzgewinn/Bilanzverlust" einzubeziehen und in der Bilanz oder im Anhang gesondert anzugeben.

(2) ¹In der Bilanz oder im Anhang ist die Entwicklung der einzelnen Posten des Anlagevermögens und des Postens „Aufwendungen für die Ingangsetzung und Erweiterung des Geschäftsbetriebs" darzustellen. ²Dabei sind, ausgehend von den gesamten Anschaffungs- und Herstellungskosten, die Zugänge, Abgänge, Umbuchungen und Zuschreibungen des Geschäftsjahrs sowie die Abschreibungen in ihrer gesamten Höhe gesondert aufzuführen. ³Die Abschreibungen des Geschäftsjahrs sind entweder in der Bilanz bei dem betreffenden Posten zu vermerken oder im Anhang in einer der Gliederung des Anlagevermögens entsprechenden Aufgliederung anzugeben.

(3) Ist das Eigenkapital durch Verluste aufgebraucht und ergibt sich ein Überschuß der Passivposten über die Aktivposten, so ist dieser Betrag am Schluß der Bilanz auf der Aktivseite gesondert unter der Bezeichnung „Nicht durch Eigenkapital gedeckter Fehlbetrag" auszuweisen.

(4) ¹Der Betrag der Forderungen mit einer Restlaufzeit von mehr als einem Jahr ist bei jedem gesondert ausgewiesenen Posten zu vermerken. ²Werden unter dem Posten „sonstige Vermögensgegenstände" Beträge für Vermögensgegenstände ausgewiesen, die erst nach dem Abschlußstichtag rechtlich entstehen, so müssen Beträge, die einen größeren Umfang haben, im Anhang erläutert werden.

(5) ¹Der Betrag der Verbindlichkeiten mit einer Restlaufzeit bis zu einem Jahr ist bei jedem gesondert ausgewiesenen Posten zu vermerken. ²Erhaltene Anzahlungen auf Bestellungen sind, soweit Anzahlungen auf Vorräte nicht von dem Posten „Vorräte" offen abgesetzt werden, unter den Verbindlichkeiten gesondert auszuweisen. ³Sind unter dem Posten „Verbindlichkeiten" Beträge für Verbindlichkeiten ausgewiesen, die erst nach dem Abschlußstichtag rechtlich entstehen, so müssen Beträge, die einen größeren Umfang haben, im Anhang erläutert werden.

(6) Ein nach § 250 Abs. 3 in den Rechnungsabgrenzungsposten auf der Aktivseite aufgenommener Unterschiedsbetrag ist in der Bilanz gesondert auszuweisen oder im Anhang anzugeben.

(7) Die in § 251 bezeichneten Haftungsverhältnisse sind jeweils gesondert unter der Bilanz oder im Anhang unter Angabe der gewährten Pfandrechte und sonstigen Sicherheiten anzugeben; bestehen solche Verpflichtungen gegenüber verbundenen Unternehmen, so sind sie gesondert anzugeben.

Schrifttum: *IDW,* St/HFA 2/1976 i. d. F. 1990: Zur handelsrechtlichen Vermerk- und Berichterstattungspflicht bei Patronatserklärungen gegenüber dem Kreditgeber eines Dritten, WPg 1976, 528; *Limmer,* „Harte" und „weiche" Patronatserklärungen in der Konzernpraxis, DStR 1993, 1750.

Übersicht

	RdNr.		RdNr.
I. Bilanzaufstellung unter Berücksichtigung der Ergebnisverwendung (Abs. 1) …	1–11	c) Abgänge …	19
1. Grundlagen …	1–3	d) Umbuchungen …	20
2. Vollständige Ergebnisverwendung …	4–7	e) Zuschreibungen …	21
3. Teilweise Ergebnisverwendung …	8–11	f) Kumulierte Abschreibungen …	22
II. Anlagenspiegel (Abs. 2) …	12–23	g) Abschreibungen des Geschäftsjahrs …	23
1. Grundlagen …	12–15	III. Nicht durch Eigenkapital gedeckter Fehlbetrag (Abs. 3) …	24, 25
2. Bestandteile des Anlagenspiegels …	16–23	1. Grundlagen …	24
a) Gesamte Anschaffungs- und Herstellungskosten …	17	2. Ausweis …	25
b) Zugänge …	18	IV. Besondere Vorschriften zu Forderungen und sonstigen Vermögensgegenständen (Abs. 4) …	26–28

	RdNr.		RdNr.
1. Vermerk der Restlaufzeit	26, 27	3. Erläuterung von antizipativen Posten	32
2. Erläuterung von antizipativen Posten	28	**VI. Disagio (Abs. 6)**	33
V. Besondere Vorschriften zu Verbindlichkeiten (Abs. 5)	29–32	**VII. Haftungsverhältnisse (Abs. 7)**	34
1. Vermerk der Restlaufzeit	29, 30	**VIII. Folgen der Nichtbeachtung**	35
2. Ausweis der erhaltenen Anzahlungen	31		

I. Bilanzaufstellung unter Berücksichtigung der Ergebnisverwendung (Abs. 1)

1 **1. Grundlagen.** Das Bilanzgliederungsschema des § 266 sieht die Aufstellung der Bilanz ohne Berücksichtigung der Verwendung des Jahresergebnisses vor. § 268 Abs. 1 eröffnet das Wahlrecht, die Bilanz stattdessen nach teilweiser oder vollständiger Verwendung des Ergebnisses aufzustellen. Unter den Begriff **Ergebnisverwendung** fallen alle Vorgänge, die vom Jahresüberschuss bzw. -fehlbetrag zum Bilanzgewinn bzw. -verlust überleiten und die im Zuge der Aufstellung des Jahresabschlusses bereits zu berücksichtigen sind. Es handelt sich dabei zB um die Verrechnung des Geschäftsjahresergebnisses mit einem Ergebnisvortrag aus dem Vorjahr, Einstellungen in Gewinnrücklagen, Entnahmen aus Kapital- und Gewinnrücklagen, den Vortrag von Ergebnisbestandteilen auf neue Rechnung oder Ausschüttungen an Gesellschafter auf Grund ihrer Gesellschafterstellung.[1]

2 Voraussetzung für die Aufstellung einer Bilanz unter Berücksichtigung der Ergebnisverwendung ist somit, dass entweder eine gesetzliche oder satzungsmäßige bzw. gesellschaftsvertragliche Verpflichtung zur Rücklagendotierung oder Auflösung von Rücklagen besteht oder eine entsprechende Ermächtigung gegeben ist und in Anspruch genommen wird oder vor Bilanzaufstellung ein Gesellschafterbeschluss zur Ergebnisverwendung vorliegt.[2] Die Verwendung eines bereits ausgewiesenen Bilanzgewinns (zB nach § 174 Abs. 2 AktG) ist demnach keine weitere Ergebnisverwendung nach Abs. 1. Ebenso nicht zur Ergebnisübernahme gehört die Ergebnisübernahme auf Grund eines Ergebnisabführungsvertrags oder entsprechender Regelungen in Satzung oder Gesellschaftsvertrag. Derartige Ansprüche oder Verpflichtungen sind Aufwand oder Ertrag.[3]

3 Auch ergebnisabhängige Aufwendungen, wie zB Tantiemen oder Verpflichtungen aus Genuss- oder Besserungsscheinen, zählen nicht zur Ergebnisverwendung, sondern fallen in den Bereich der Ergebnisermittlung.

4 **2. Vollständige Ergebnisverwendung.** Die Bilanz kann unter Berücksichtigung der vollständigen Ergebnisverwendung aufgestellt werden, wenn die Verwendung des Jahresergebnisses weder zu einem verbleibenden Bilanzgewinn oder -verlust noch ausschließlich zu einem auf neue Rechnung vorzutragenden Ergebnis führt. Dies kann bei Ausgleich eines Verlustvortrages durch einen Jahresüberschuss oder eines Jahresfehlbetrages durch Auflösung von Rücklagen, bei satzungsmäßigen bzw. gesellschaftsvertraglichen Ermächtigungen zur Einstellung in Gewinnrücklagen sowie der Berücksichtigung von Vorzugsdividenden, nach deren Ausschüttung eine weitere Dividendenzahlung nicht mehr möglich ist, der Fall sein.[4]

5 Bei **GmbH** besteht die Möglichkeit, bereits vor Aufstellung und Feststellung des Jahresabschlusses über die Ergebnisverwendung zu beschließen.

6 Voraussetzung für die Aufstellung der Bilanz unter Berücksichtigung der vollständigen Verwendung des Jahresergebnisses ist stets, dass eine endgültige Ergebnisverwendung spätestens bei Aufstellung der Bilanz beschlossen ist.[5]

7 Ausweistechnisch führt die vollständige Ergebnisverwendung zu einem Bilanzgewinn/Bilanzverlust von null Euro; es kann allerdings auch ein auf das nächste Geschäftsjahr vorzutragendes Ergebnis verbleiben. Bei Gesellschaften iSd. **§ 264a** ist die Bilanzaufstellung unter vollständiger Verwendung des Jahresergebnisses der gesetzlich vorgesehene Regelfall (Ausnahme zB: Gesellschaftsvertrag sieht Gewinnverwendungsbeschluss vor).

8 **3. Teilweise Ergebnisverwendung.** Eine teilweise Berücksichtigung der Ergebnisverwendung bei der Bilanzaufstellung kommt dann in Betracht, wenn durch gesetzliche oder satzungsmäßige Verpflichtungen oder Ermächtigungen zur Einstellung in Gewinnrücklagen bzw. Auflösung von

---

[1] ADS RdNr. 15.
[2] ADS RdNr. 17.
[3] ADS RdNr. 15; Ellrott/Krämer BeBiKo RdNr. 2.
[4] ADS RdNr. 31.
[5] Ellrott/Krämer BeBiKo RdNr. 8.

Gewinn- oder Kapitalrücklagen nicht die gesamte Ergebnisverwendung der Beschlussfassung von Haupt- bzw. Gesellschafterversammlung entzogen wird.[6]

Wird die Bilanz nach teilweiser Verwendung des Ergebnisses aufgestellt, so werden nach Abs. 1 S. 2 die Posten Jahresüberschuss/Jahresfehlbetrag und Gewinnvortrag/Verlustvortrag durch den Posten **Bilanzgewinn/Bilanzverlust** ersetzt.

Die Aufstellung der Bilanz unter Berücksichtigung der teilweisen Ergebnisverwendung ist nach hM verpflichtend, wenn die Einstellung in bzw. die Auflösung von Gewinnrücklagen durch Gesetz, Gesellschaftsvertrag oder einen Gesellschafterbeschluss bindend vorgeschrieben werden.[7]

Das Wahlrecht ist ebenfalls aufgehoben, wenn Einstellungen in gesetzliche oder satzungsmäßige Rücklagen vorgenommen werden müssen.[8]

II. Anlagenspiegel (Abs. 2)

1. Grundlagen. Nach Abs. 2 ist in der Bilanz oder im Anhang die Entwicklung der einzelnen Posten des Anlagevermögens und der Aufwendungen für die Ingangsetzung und Erweiterung des Geschäftsbetriebs (sog. **Anlagenspiegel,** auch **Anlagengitter**) darzustellen. Mit Hilfe des Anlagenspiegels sollen das im Anlagevermögen gebundene Kapital, die Altersstruktur der Anlagen sowie die Entwicklung im abgelaufenen Geschäftsjahr dargestellt werden. Jedoch ist hierbei zu berücksichtigen, dass der Einblick in die Altersstruktur durch die Vornahme steuerrechtlicher Abschreibungen iSd. § 254 beeinträchtigt werden kann.[9]

Der Anlagenspiegel ist zwingend nach der sog. **direkten Bruttomethode** aufzustellen, die im Wesentlichen dadurch gekennzeichnet ist, dass ausgehend von den gesamten historischen Anschaffungs- und Herstellungskosten der zum Anlagevermögen gehörenden Vermögensgegenstände die Entwicklung zu den Buchwerten am Ende des Geschäftsjahrs zu zeigen ist.

Kleine Kapitalgesellschaften und OHG/KG iSv. § 264a sind von der Verpflichtung zur Aufstellung eines Anlagenspiegels ausgenommen (§ 274a HGB).

Kreditinstitute und Versicherungsunternehmen haben gem. §§ 340a, 341a die durch Rechtsverordnung erlassenen Formblätter zu verwenden, die den Anlagenspiegel nach Abs. 2 verdrängen.[10]

2. Bestandteile des Anlagenspiegels. Im Einzelnen sind für jeden Posten die gesamten Anschaffungs- und Herstellungskosten der am Beginn des Geschäftsjahrs vorhandenen Vermögensgegenstände, die Zugänge des Geschäftsjahrs, die Abgänge des Geschäftsjahrs, die Umbuchungen während des Geschäftsjahrs, die Zuschreibungen des Geschäftsjahrs sowie die kumulierten Abschreibungen aufzuführen. Darüber hinaus sollten auch die Abschreibungen des Geschäftsjahrs, die gem. Abs. 2 S. 3 ohnehin anzugeben sind, in den Anlagenspiegel aufgenommen werden. Unter Berücksichtigung der Restbuchwerte sowie der nach § 265 Abs. 2 vorgeschriebenen Vorjahresbuchwerte ergibt sich für den Anlagenspiegel somit eine **neunspaltige** Darstellung.[11]

a) Gesamte Anschaffungs- und Herstellungskosten. Die ursprünglichen Anschaffungs- und Herstellungskosten sind für **alle** am Beginn des Geschäftsjahrs vorhandenen Vermögensgegenstände auszuweisen, also auch dann, wenn diese bereits voll abgeschrieben, jedoch noch nicht abgegangen sind.[12] Der Umfang der Anschaffungs- und Herstellungskosten bestimmt sich nach § 255 (vgl. Erl. zu § 255). Für die erstmalige Erstellung eines Anlagenspiegels sieht die **Übergangsvorschrift** des Art. 24 Abs. 6 EGHGB vor, dass die Buchwerte aus dem Jahresabschluss des vorhergehenden Geschäftsjahrs als ursprüngliche Anschaffungs- oder Herstellungskosten übernommen und fortgeführt werden dürfen, wenn sich die Anschaffungs- oder Herstellungskosten nicht ohne unverhältnismäßige Kosten oder Verzögerungen feststellen lassen; dies gilt auch für die Aufwendungen für die Ingangsetzung und Erweiterung des Geschäftsbetriebs (vgl. auch Art. 48 Abs. 5 EGHGB). Praktische Bedeutung erlangt die Übergangsvorschrift zB bei Rechtsformwechseln, Umstrukturierungen oder Umgründungen.[13]

b) Zugänge. Unter einem Zugang ist jede **tatsächliche mengenmäßige Zunahme** von Gegenständen des Anlagevermögens bzw. der Aufwendungen für die Ingangsetzung und Erweiterung

---

[6] ADS RdNr. 18.
[7] ADS RdNr. 21; Ellrott/Krämer BeBiKo RdNr. 5; Dörner/S. Hayn/Knop/Lorson/Wirth HdR RdNr. 33 ff.
[8] Ellrott/Krämer BeBiKo RdNr. 5; ADS RdNr. 37.
[9] ADS RdNr. 37.
[10] ADS RdNr. 42.
[11] Zur neunspaltigen Darstellung vgl. ADS RdNr. 45; Hoyos/F.Huber BeBiKo RdNr. 13.
[12] WPH F RdNr. 103.
[13] Dörner/S. Hayn/Knop/Lorson/Wirth HdR RdNr. 68.

des Geschäftsbetriebs zu verstehen. Für den Zugangszeitpunkt ist generell der Zeitpunkt der Erlangung der wirtschaftlichen Verfügungsgewalt über den Vermögensgegenstand maßgebend. Zugänge sind mit den nach § 255 zu ermittelnden gesamten Anschaffungs- und Herstellungskosten auszuweisen;[14] eine Kürzung der Zugänge um die auf das Geschäftsjahr entfallenden Abschreibungen ist unzulässig (Bruttoprinzip).

19 c) Abgänge. Abgänge sind **mengenmäßige Verringerungen** des Anlagevermögens, wenn der Vermögensgegenstand endgültig aus der Verfügungsmacht des Unternehmens ausgeschieden ist. Als Ursache dafür kommen zB Veräußerung, Ausbau oder Vernichtung in Frage. Wertmäßige Verringerungen stellen dagegen keine Abgänge, sondern Abschreibungen dar.[15] Eine Saldierung von Abgängen mit Zugängen ist nicht zulässig.[16] Die Abgänge sind mit den Anschaffungs- und Herstellungskosten, mit denen sie ursprünglich als Zugang ausgewiesen wurden, und nicht mit den Restbuchwerten aufzuführen (Bruttoprinzip).[17] Der als Abgang zu zeigende Wert setzt sich dann aus dem Restbuchwert zum Abgangszeitpunkt und den entsprechenden kumulierten Abschreibungen zusammen.

20 d) Umbuchungen. Bei Umbuchungen handelt es sich um **Ausweisänderungen innerhalb des Anlagevermögens.** Umbuchungen sind grundsätzlich stichtagsbezogen zu betrachten. Sie zeigen die veränderte Zuordnung der am Schluss des vorangegangenen Geschäftsjahres unter einem bestimmten Posten ausgewiesenen Vermögensgegenstände zu anderen Posten des Anlagevermögens. Technische Anlagen sind zB bis zu ihrer Fertigstellung als „Anlagen im Bau" auszuweisen. Erst mit Fertigstellung der Anlage und Übernahme in den Betrieb erfolgt die Umbuchung in den Posten „Technische Anlagen und Maschinen."[18] Auch der Ausweis von Umgliederungen vom Anlagevermögen in das Umlaufvermögen bzw. umgekehrt unter den Umbuchungen muss als zulässig angesehen werden.[19] Da in diesem Fall die Umbuchungsspalte unausgeglichen bleibt, ist zur Gewährleistung der Bilanzklarheit eine entsprechende betragsmäßige Erläuterung in der Bilanz (zB als Fußnote) oder im Anhang erforderlich. Wie Zugänge und Abgänge sind auch Umbuchungen zu den gesamten historischen Anschaffungskosten auszuweisen; zwischenzeitlich bereits berücksichtigte Abschreibungen sind daher innerhalb des Anlagenspiegels umzugliedern.

21 e) Zuschreibungen. Zuschreibungen sind **wertmäßige Erhöhungen** des Anlagevermögens, die wegen des Nominalwertprinzips nur Korrekturen von in früheren Jahren vorgenommenen Abschreibungen darstellen können. Nach Abs. 2 S. 2 sind lediglich die Zuschreibungen des Geschäftsjahrs auszuweisen; die Behandlung von Zuschreibungen aus Vorjahren ist nicht geregelt. Blieben sie im Anlagenspiegel unberücksichtigt, könnte die Entwicklung von den Anschaffungs- und Herstellungskosten bis zum Endbestand des Geschäftsjahrs rechnerisch nicht nachvollzogen werden. Entsprechend ihrem Charakter als Korrektur früherer Abschreibungen sind die Zuschreibungen aus Vorjahren daher mit den kumulierten Abschreibungen der Vorjahre zu verrechnen.[20] Die kumulierten Zuschreibungen können aber auch in Form einer freiwilligen Erweiterung des Anlagenspiegels ausgewiesen werden.[21] Nachträgliche Anschaffungs- und Herstellungskosten und Nachaktivierungen zählen nicht zu den Zuschreibungen, sondern sind als Zugänge auszuweisen.[22] Um eine übersichtlichere Darstellung der Entwicklung der Zuschreibungen zu erreichen, kann als freiwillige Ergänzung zum Anlagenspiegel ein sog. **Zuschreibungsspiegel** erstellt werden, der vom Bestand an kumulierten Zuschreibungen zu Beginn des Geschäftsjahrs über Zu- und Abgänge sowie Umbuchungen zum Endbestand der Zuschreibungen kommt.[23]

22 f) Kumulierte Abschreibungen. Abschreibungen erfassen sämtliche **wertmäßigen Verminderungen** des Anlagevermögens sowie der Aufwendungen für die Ingangsetzung und Erweiterung des Geschäftsbetriebs. Die kumulierten Abschreibungen enthalten alle Vorjahresabschreibungen sowie die Abschreibungen des laufenden Geschäftsjahrs. Aufgrund des Bruttoprinzips sind bis zum Zeitpunkt des Ausscheidens eines Vermögensgegenstandes aus dem Anlagevermögen alle Wertminderungen unter den kumulierten Abschreibungen zu erfassen. Mit dem Abgang erfolgt eine Verrechnung der bis dahin aufgelaufenen Abschreibungen mit den Anschaffungs- und Herstellungskosten. Unter die kumulierten Abschreibungen fallen jedoch nicht nur die rein handelsrechtlich begründeten

---

[14] *ADS* RdNr. 50.
[15] *ADS* RdNr. 56.
[16] *Dörner/S. Hayn/Knop/Lorson/Wirth* HdR RdNr. 82.
[17] *WPH* F RdNr. 108.
[18] *ADS* RdNr. 59.
[19] *ADS* RdNr. 51; *WPH* F RdNr. 109; *Dörner/S. Hayn/Knop/Lorson/Wirth* HdR RdNr. 88.
[20] Begr. RegE, BT-Drucks. 10/4268 S. 105.
[21] *ADS* RdNr. 63; *Dörner/S. Hayn/Knop/Lorson/Wirth* HdR RdNr. 101.
[22] *ADS* RdNr. 53, 55.
[23] *ADS* RdNr. 63.

planmäßigen und außerplanmäßigen Abschreibungen, sondern auch die nur steuerrechtlich zulässigen Abschreibungen, soweit diese nicht in den Sonderposten mit Rücklageanteil eingestellt werden.[24] Erst mit dem Abgang eines Vermögensgegenstandes erfolgt eine Umbuchung der bis dahin aufgelaufenen Abschreibungen auf die Abgänge und damit die Eliminierung der kumulierten Abschreibungen, so dass auch voll abgeschriebene Vermögensgegenstände noch im Anlagenspiegel geführt werden.

g) Abschreibungen des Geschäftsjahrs. Die Abschreibungen des Geschäftsjahrs sind nach Abs. 2 S. 3 entweder in der Bilanz bei dem betreffenden Posten zu vermerken oder im Anhang in einer der Gliederung des Anlagevermögens entsprechenden Aufgliederung anzugeben. Dieses Wahlrecht kann zwar unabhängig davon ausgeübt werden, ob die anderen Angaben zur Entwicklung des Anlagevermögens in der Bilanz oder im Anhang gemacht werden, die Aufnahme dieser Angaben in den Anlagenspiegel erscheint allerdings sinnvoll.[25] Dies kann entweder in Form einer zusätzlichen Spalte im Anlagenspiegel oder durch den freiwilligen Ausweis eines sog. **Abschreibungsspiegels**, der die Entwicklung der gesamten Abschreibungen zu Beginn des Geschäftsjahrs über die Zugänge (Abschreibungen des Geschäftsjahrs), Abgänge sowie Umbuchungen bis zum Bestand der Abschreibungen am Ende des Geschäftsjahrs zeigt, erfolgen.

III. Nicht durch Eigenkapital gedeckter Fehlbetrag (Abs. 3)

1. Grundlagen. Der Ausweis des Eigenkapitals erfolgt nach § 266 Abs. 3 A. grundsätzlich innerhalb einer Postengruppe auf der Passivseite der Bilanz. Ist das gesamte Eigenkapital durch Verluste aufgebraucht und ergibt sich ein Überschuss der Passivposten über die Aktivposten, so ist dieser Betrag nach Abs. 3 unter der Bezeichnung „Nicht durch Eigenkapital gedeckter Fehlbetrag" am Schluss der Bilanz auf der Aktivseite gesondert auszuweisen.[26] Dieser Posten ist weder als Vermögensgegenstand noch als Bilanzierungshilfe anzusehen, sondern stellt eine **sich rein rechnerisch ergebende Korrekturgröße** zum Eigenkapital dar und drückt die bilanzielle Überschuldung aus. OHG/KG iSv. § 264a haben nach § 264c Abs. 2 S. 5 den entsprechenden Posten als „Nicht durch Vermögenseinlagen gedeckter Verlustanteil persönlich haftender Gesellschafter" zu bezeichnen, wenn keine Zahlungsverpflichtung besteht. Unternehmen, die dem **PublG** unterliegen, sind ebenfalls verpflichtet, die Vorschriften des Abs. 3 (§ 5 Abs. 1 S. 2 PublG) anzuwenden. **KGaA** haben nach § 286 Abs. 2 S. 3 AktG den Posten „Nicht durch Vermögenseinlagen gedeckter Verlustanteil persönlich haftender Gesellschafter" auszuweisen, wenn der Verlust den Kapitalanteil übersteigt und keine Zahlungsverpflichtung der Gesellschafter besteht.[27]

2. Ausweis. Durch den Ausweis des nicht durch Eigenkapital gedeckten Fehlbetrags auf der Aktivseite wird die Verpflichtung zum gesonderten Ausweis aller übrigen Eigenkapitalposten nicht berührt. Die einzelnen Posten der Eigenkapitalgruppe, deren Saldo null Euro beträgt, sind daher auf der Passivseite unverändert aufzuführen. Ein Verzicht auf den Ausweis auf der Passivseite würde gegen das Vollständigkeitsgebot und das Saldierungsverbot (§ 246 Abs. 1 und 2) verstoßen und ist somit unzulässig.[28]

IV. Besondere Vorschriften zu Forderungen und sonstigen Vermögensgegenständen (Abs. 4)

1. Vermerk der Restlaufzeit. Der Betrag von Forderungen mit einer Restlaufzeit von mehr als einem Jahr ist nach Abs. 4 S. 1 bei **jedem gesondert ausgewiesenen Posten** zu vermerken. Dieser Bilanzvermerk soll den Einblick in die Liquiditätslage der Gesellschaft verbessern.[29] Die Vermerkpflicht gilt für alle Unterposten der Postengruppe § 266 Abs. 2 B.II. „Forderungen und sonstige Vermögensgegenstände": Forderungen aus Lieferungen und Leistungen, Forderungen gegen verbundene Unternehmen, Forderungen gegen Unternehmen, mit denen ein Beteiligungsverhältnis besteht, und sonstige Vermögensgegenstände (soweit darin Forderungen enthalten sind), sowie für weitere Posten, die auf Grund gesetzlicher Vorschriften unter den Forderungen des Umlaufvermögens gesondert auszuweisen sind oder im Rahmen freiwilliger Erweiterungen des Gliederungsschemas hinzugefügt werden (zB Forderungen gegenüber GmbH-Gesellschaftern).[30] Die Vermerkpflicht gilt auch für dem **PublG** unterliegende Unternehmen (§ 5 Abs. 1 S. 2 PublG). Für **Kredit-**

---

[24] *ADS* RdNr. 64 f.; *Dörner/S. Hayn/Knop/Lorson/Wirth* HdR RdNr. 107.
[25] *WPH* F RdNr. 113.
[26] *Ellrott/Krämer* BeBiKo RdNr. 75.
[27] *ADS* RdNr. 88 f.
[28] *ADS* RdNr. 95.
[29] *Ellrott/Krämer* BeBiKo RdNr. 90.
[30] *ADS* RdNr. 99 f.

§ 268 27–32   3. Buch. 2. Abschnitt. Erg. Vorschr. für Kapitalgesellschaften

institute und **Versicherungsunternehmen** ist Abs. 4 S. 1 nicht anzuwenden (§§ 340 a, 341 a).[31] Dem Anlagevermögen zuzuordnende Forderungen fallen dem Sinn der Regelung entsprechend nicht unter die Vermerkpflicht.[32]

27   Die Restlaufzeit einer Forderung wird durch den Zeitraum zwischen dem Bilanzstichtag und dem voraussichtlichen Eingang der Forderung bestimmt. Die Restlaufzeiten sind zu jedem Bilanzstichtag neu zu beurteilen, wobei ggf. auch auf Schätzungen abzustellen ist.

28   **2. Erläuterung von antizipativen Posten.** Werden unter dem Posten „Sonstige Vermögensgegenstände" größere Beträge ausgewiesen, die erst **nach dem Abschlussstichtag** rechtlich entstehen, so sind diese gem. Abs. 4 S. 2 im Anhang zu erläutern. Antizipative Forderungen, die zum Abschlussstichtag rechtlich noch nicht entstanden sind, sind selten; darunter fallen zB abgegrenzte Zinserträge, auf den Jahresumsatz bezogene Boni, zeitanteilige Mieten und Versicherungsprämien oder bestimmte Steuererstattungsansprüche (KSt, GewSt).[33] Die Erläuterungspflicht entsteht nur bei Beträgen mit einem größeren Umfang; enthalten die sonstigen Vermögensgegenstände mehrere antizipative Forderungen, so kommt es auf den Gesamtbetrag an.[34] Für die Festlegung, was unter einem größeren Umfang zu verstehen ist, gilt der allgemeine Grundsatz der Wesentlichkeit. Kleine Kapitalgesellschaften und OHG/KG iSv. § 264 a sind nach § 274 a Nr. 2 von der Erläuterungspflicht im Anhang befreit.

V. Besondere Vorschriften zu Verbindlichkeiten (Abs. 5)

29   **1. Vermerk der Restlaufzeit.** Entsprechend dem Vermerk der Forderungen mit einer Restlaufzeit von mehr als einem Jahr verlangt Abs. 5 S. 1, den Betrag der Verbindlichkeiten mit einer Restlaufzeit von bis zu einem Jahr bei jedem gesondert ausgewiesenen Posten zu vermerken. Damit sollen die kurzfristigen Liquiditätsabflüsse aus dem Bestand an Verbindlichkeiten zum Abschlussstichtag gezeigt werden.[35] Die Vermerkpflicht bezieht sich auf alle Unterposten der Postengruppe § 266 Abs. 3 C. „Verbindlichkeiten".[36] Zur Bestimmung der Restlaufzeit siehe Erläuterungen zu Abs. 4, wobei aus Gründen der Vorsicht nicht der beabsichtigte Zahlungszeitpunkt, sondern der vertraglich festgelegte Fälligkeitstermin zugrunde zu legen ist. Neben der Vermerkpflicht des Abs. 5 sieht das Gesetz weitere Pflichtangaben zu den Verbindlichkeiten im Anhang vor: den Gesamtbetrag der Verbindlichkeiten mit einer Restlaufzeit von mehr als fünf Jahren (§ 285 Nr. 1 a) sowie den Gesamtbetrag der durch Pfandrechte oder ähnliche Rechte gesicherten Verbindlichkeiten (§ 285 Nr. 1 b). Sämtliche Angaben, die sich auf die Verbindlichkeiten beziehen, können zur Verbesserung der Übersichtlichkeit des Jahresabschlusses in einem sog. **Verbindlichkeitenspiegel** zusammengefasst werden, der entweder in der Bilanz oder im Anhang gezeigt werden kann.

30   Von kleinen Kapitalgesellschaften und OHG/KG iSv. § 264 a ist der Vermerk nach S. 1 für die Postengruppe Verbindlichkeiten zu machen, wenn sie die Verbindlichkeiten zu einem Posten zusammenfassen (§ 266 Abs. 1 S. 3). Von Kreditinstituten und Finanzdienstleistungsinstituten sowie Versicherungsunternehmen ist Abs. 5 S. 1 nicht anzuwenden (§§ 340 a, 341 a).

31   **2. Ausweis der erhaltenen Anzahlungen.** Abs. 5 S. 2 enthält ein Wahlrecht für den Ausweis von erhaltenen Anzahlungen auf Bestellungen. Diese sind entweder unter den Verbindlichkeiten gesondert auszuweisen oder von dem Posten „Vorräte" offen abzusetzen. Die auf die erhaltenen Anzahlungen zu leistenden Umsatzsteuern sind von dem abzusetzenden Betrag abzuziehen (vgl. Erl. zu § 266 RdNr. 57). Für kleine Kapitalgesellschaften und OHG/KG iSv. § 264 a besteht nach § 266 Abs. 1 S. 3 die Möglichkeit, die erhaltenen Anzahlungen mit den übrigen Verbindlichkeitsposten des § 266 Abs. 3 C. zusammenzufassen. Von Kreditinstituten und Finanzdienstleistungsinstituten sowie Versicherungsunternehmen ist Abs. 5 S. 1 nicht anzuwenden (§§ 340 a, 341 a).

32   **3. Erläuterung von antizipativen Posten.** Entsprechend der Erläuterungspflicht des Abs. 4 S. 2 verlangt Abs. 5 S. 3, größere Verbindlichkeiten, die erst nach dem Abschlussstichtag rechtlich entstehen, im Anhang zu erläutern. Als einziger Anwendungsfall wird in der Literatur eine nicht auf Vertrag beruhende Verlustübernahme genannt, wenn ein faktischer Übernahmezwang besteht und der Betrag feststeht.[37] Kleine Kapitalgesellschaften und OHG/KG iSv. § 264 a sind nach § 274 a Nr. 3 von der Erläuterungspflicht im Anhang befreit.

---

[31] *ADS* RdNr. 98.
[32] *ADS* RdNr. 96.
[33] *ADS* RdNr. 106; *Ellrot/Krämert* BeBiKo RdNr. 95.
[34] *ADS* RdNr. 107.
[35] *ADS* RdNr. 109.
[36] *Dörner/S. Hayn/Knop/Lorson/Wirth* HdR RdNr. 208.
[37] *ADS* RdNr. 118.

VI. Disagio (Abs. 6)

Wird ein Disagio nach § 250 Abs. 3 in den Rechnungsabgrenzungsposten auf der Aktivseite aufgenommen, so ist dieser Betrag gem. § 268 Abs. 6 gesondert in der Bilanz auszuweisen oder im Anhang anzugeben. Der gesonderte Ausweis in der Bilanz kann als Davon-Vermerk oder in Form einer Untergliederung der Rechnungsabgrenzungsposten erfolgen; als Bezeichnung des Postens kommen bspw. „Disagio", „Damnum" oder „Unterschiedsbetrag nach § 250 Abs. 3" in Betracht.[38] Bei Aktivierung mehrerer Unterschiedsbeträge aus verschiedenen Verbindlichkeiten können diese in einem Betrag zusammengefasst werden. Kleine Kapitalgesellschaften und OHG/KG iSv. § 264a sind gem. § 274a Nr. 4 von der Angabepflicht des Abs. 6 befreit.

VII. Haftungsverhältnisse (Abs. 7)

Nach Abs. 7 sind die in § 251 bezeichneten Haftungsverhältnisse (Verbindlichkeiten aus der Begebung und Übertragung von Wechseln; Verbindlichkeiten aus Bürgschaften, Wechsel- und Scheckbürgschaften; Verbindlichkeiten aus Gewährleistungsverträgen; Haftungsverhältnisse aus der Bestellung von Sicherheiten für fremde Verbindlichkeiten) jeweils gesondert unter der Bilanz oder im Anhang anzugeben.[39] Unter diese Angabepflicht können auch sog. **Patronatserklärungen** fallen. Dieser Begriff umfasst Erklärungen, in denen eine Muttergesellschaft einem Kreditgeber ihrer Tochtergesellschaft zur Förderung oder Erhaltung der Kreditbereitschaft Maßnahmen oder Unterlassungen in Aussicht stellt oder zusagt.[40] Eine Angabepflicht ergibt sich dann, wenn die Patronatserklärungen zwischen der Muttergesellschaft und dem Gläubiger der Tochtergesellschaft bürgschaftsähnliche Rechtsverhältnisse begründen.[41] Die Angabepflicht nach Abs. 7 umfasst außerdem für jeden einzelnen dieser Posten die gewährten Pfandrechte und sonstigen **Sicherheiten**. Bestehen entsprechende Verpflichtungen gegenüber verbundenen Unternehmen, so auch diese gesondert anzugeben. Zu den angabepflichtigen Pfandrechten und sonstigen Sicherheiten zählen insbesondere Pfandrechte an beweglichen Sachen und an Rechten, Grundpfandrechte (Grund- und Rentenschulden, Hypotheken, Schiffshypotheken, Reallasten), Eigentumsvorbehalt, Sicherungsübereignung, Sicherungsabtretung bei Forderungen und Rechten.[42] Obwohl die Angabepflichten des Abs. 7 auch für kleine Kapitalgesellschaften und OHG/KG iSv. § 264a gelten, wird im Hinblick auf die Vereinfachungsregelung des § 266 Abs. 1 S. 3, nach der kleine Kapitalgesellschaften und OHG/KG iSv. § 264a die Verbindlichkeiten in einem Posten ausweisen dürfen, von diesen die Anwendung des Abs. 7 nicht verlangt werden können.[43]

VIII. Folgen der Nichtbeachtung

Die unrichtige Wiedergabe oder Verschleierung der Verhältnisse im JA ist durch § 331 Nr. 1 unter **Strafe** gestellt, Zuwiderhandlungen gegen die Bestimmungen der Abs. 2 bis 7 werden als **Ordnungswidrigkeiten** behandelt (§ 334 Abs. 1 Nr. 1 c).

§ 269 Aufwendungen für die Ingangsetzung und Erweiterung des Geschäftsbetriebs

¹**Die Aufwendungen für die Ingangsetzung des Geschäftsbetriebs und dessen Erweiterung dürfen, soweit sie nicht bilanzierungsfähig sind, als Bilanzierungshilfe aktiviert werden; der Posten ist in der Bilanz unter der Bezeichnung „Aufwendungen für die Ingangsetzung und Erweiterung des Geschäftsbetriebs" vor dem Anlagevermögen auszuweisen und im Anhang zu erläutern.** ²**Werden solche Aufwendungen in der Bilanz ausgewiesen, so dürfen Gewinne nur ausgeschüttet werden, wenn die nach der Ausschüttung verbleibenden jederzeit auflösbaren Gewinnrücklagen zuzüglich eines Gewinnvortrags und abzüglich eines Verlustvortrags dem angesetzten Betrag mindestens entsprechen.**

Schrifttum. *Selchert,* Der Bilanzansatz von Aufwendungen für die Erweiterung des Geschäftsbetriebes, DB 1986, 977.

---

[38] *ADS* RdNr. 121 f.; *Ellrott/Krämer* BeBiKo RdNr. 111.
[39] Vgl. zu den Haftungsverhältnissen auch Erl. zu § 251.
[40] *IDW,* HFA 2/1976 idF 1990 I.; vgl. auch Erl. zu § 251.
[41] Sog. „harte" Patronatserklärungen; hierzu und zur Abgrenzung von „weichen" Patronatserklärungen vgl. im Einzelnen *IDW,* HFA 2/1976 idF 1990 III.; *Limmer* DStR 1993, 1750 ff.
[42] *ADS* RdNr. 126; *Ellrott* BeBiKo RdNr. 126.
[43] *ADS* RdNr. 125.

I. Überblick

1 **1. Bilanzierungshilfe.** Das Wahlrecht zur Aktivierung von Aufwendungen für die Ingangsetzung und Erweiterung des Geschäftsbetriebs wird in S. 1 ausdrücklich als **Bilanzierungshilfe** bezeichnet. Bei den aktivierten Aufwendungen handelt es sich somit **nicht** um einen **Vermögensgegenstand.** In der Steuerbilanz dürfen Ingangsetzungs- und Erweiterungsaufwendungen nicht aktiviert werden. Zweck der Bilanzierungshilfe ist es, durch die Aktivierung eines sonst zu berücksichtigenden Periodenaufwands für Unternehmen in der Anlaufphase oder in Erweiterungsphasen einen Verlustausweis, eine Unterbilanz oder eine **bilanzielle** Überschuldung zu vermeiden oder zu verringern.[1] Der Tatbestand einer rechnerischen Überschuldung kann durch den Ansatz einer Bilanzierungshilfe idR. jedoch nicht vermieden werden.[2]

2 **2. Aktivierungsfähige Aufwendungen.** S. 1 bestimmt als allgemeine Aktivierungsvoraussetzung, dass es sich um solche Aufwendungen handeln muss, die sonst nicht bilanzierungsfähig sind. Eine Berücksichtigung von bilanzierungspflichtigen Vermögensgegenständen und Rechnungsabgrenzungsposten scheidet somit aus.[3] Das Aktivierungswahlrecht kann nur in dem Geschäftsjahr ausgeübt werden, in dem die Aufwendungen angefallen sind. Eine Nachholung in Folgejahren ist nicht zulässig.[4] Ein Zwang zur Aktivierung besteht nicht; eine nur teilweise Aktivierung der Aufwendungen ist möglich.[5]

3 Zu den **Aufwendungen für die Ingangsetzung** zählen alle Aufwendungen, die nach der Gründung des Unternehmens während der Anlaufphase für den erstmaligen Aufbau der Innen- und Außenorganisation und das Vorbereiten der Aufnahme einer geregelten Leistungserbringung anfallen; dies sind nicht nur die Betriebsaufwendungen im engeren Sinne, sondern auch Kosten der Organisation des Betriebs und der Verwaltung.[6] Beispiele sind Aufwendungen für die Personalbeschaffung und -schulung, für den Aufbau von Beschaffungs- und Absatzwegen, für Organisationsgutachten oder Marktanalysen sowie für Einführungswerbung, aber auch Kosten für die Beschaffung von Fremdkapital, soweit sie die allgemeinen Kriterien der Ingangsetzungskosten erfüllen.[7]

4 Unter **Erweiterungsaufwendungen** sind alle Aufwendungen zu verstehen, die ihrer Art nach Ingangsetzungsaufwendungen wären, aber nicht durch die Ingangsetzung, sondern durch eine Ausweitung des Geschäftsbetriebs entstanden sind. Eine Erweiterung des Geschäftsbetriebs liegt vor, wenn zusätzliche Produkte oder Leistungen über die bisherige Leistungsfähigkeit des Unternehmens hinaus hergestellt oder abgesetzt werden können, zB bei Aufnahme eines neuen Geschäftszweigs, bei erheblichen Erweiterungen einer Produktionsstätte oder der Errichtung einer neuen Betriebsstätte.[8]

II. Ausweis und Erläuterung

5 **1. Ausweis in Bilanz und Gewinn- und Verlustrechnung.** Die Ingangsetzungs- und Erweiterungsaufwendungen sind gem. S. 1 in der Bilanz als gesonderter Posten vor dem Anlagevermögen mit der Bezeichnung „Aufwendungen für die Ingangsetzung und Erweiterung des Geschäftsbetriebs" auszuweisen. Nach § 268 Abs. 2 ist die Entwicklung dieses Postens auch im Anlagenspiegel darzustellen. Die Auswirkungen der Aktivierung von Ingangsetzungs- und Erweiterungsaufwendungen auf die Gewinn- und Verlustrechnung hängen davon ab, ob das Gesamtkosten- oder das Umsatzkostenverfahren angewendet wird. Bei Anwendung des **Gesamtkostenverfahrens** ist der aktivierte Betrag in den Posten „Andere aktivierte Eigenleistungen" einzubeziehen; stellt das Unternehmen die Gewinn- und Verlustrechnung nach dem **Umsatzkostenverfahren** auf, werden die den aktivierten Aufwendungen entsprechenden Aufwandsposten gekürzt.[9]

6 Der Posten „Aufwendungen für die Ingangsetzung und Erweiterung des Geschäftsbetriebs" ist nach § 282 ab dem der Aktivierung folgenden Geschäftsjahr jährlich zu mindestens einem Viertel abzuschreiben. Ein früherer Beginn und/oder höhere Abschreibungen sind zulässig.[10]

---

[1] *ADS* RdNr. 8 sowie die dort angegebene Literatur.
[2] *WPH* V RdNr. 20.
[3] *ADS* RdNr. 10.
[4] *ADS* RdNr. 11.
[5] *WPH* F RdNr. 156.
[6] *Winkeljohann/Lawall* BeBiKo RdNr. 2.
[7] *ADS* RdNr. 12.
[8] *Selchert* DB 1986, 981.
[9] *ADS* RdNr. 19.
[10] *WPH* F RdNr. 156.

2. Erläuterung im Anhang. Nach S. 1 ist der Posten „Aufwendungen für die Ingangsetzung und Erweiterung des Geschäftsbetriebs" im Anhang zu erläutern. Dabei sind zB Angaben darüber zu machen, welche Ingangsetzungs- oder Erweiterungsmaßnahmen die entsprechenden Aufwendungen ausgelöst haben und um welche Aufwendungen es sich handelt.[11] Kleine Kapitalgesellschaften und OHG/KG iSv. § 264a sind nach § 274a Nr. 5 von der Erläuterungspflicht im Anhang befreit.

III. Ausschüttungssperre

Werden Ingangsetzungs- und Erweiterungsaufwendungen aktiviert, dürfen nach S. 2 Gewinne nur ausgeschüttet werden, wenn die nach der Ausschüttung verbleibenden, jederzeit auflösbaren Gewinnrücklagen zuzüglich eines Gewinnvortrags und abzüglich eines Verlustvortrags dem angesetzten Betrag mindestens entsprechen. Durch die Ausschüttungssperre wird sichergestellt, dass die Aktivierung von Ingangsetzungs- und Erweiterungsaufwendungen nicht als ausschüttungspolitisches Instrument missbraucht wird.[12] Damit wird dem Gläubigerschutzgedanken Rechnung getragen.

Der Inanspruchnahme der Bilanzierungshilfe steht nicht entgegen, dass ggf. keine entsprechenden Gewinnrücklagen vorhanden sind. Die Höhe der Gewinnrücklage ist nur für Ausschüttungsentscheidungen relevant. Ausschüttungen dürfen nur dann und nur insoweit vorgenommen werden, wie nach der Ausschüttung in Höhe der aktivierten Ingangsetzungs- und Erweiterungsaufwendungen auflösbare Gewinnrücklagen verbleiben. Dabei ist der aktuelle Buchwert der Ingangsetzungs- und Erweiterungsaufwendungen am Bilanzstichtag und nicht der ursprünglich aktivierte Betrag maßgebend.[13]

IV. Folgen der Nichtbeachtung

Zu den Rechtsfolgen bei Verstößen gegen § 269 Satz 1 vgl. § 266 RdNr. 64. Wird gegen die Vorschrift des Satzes 2 verstoßen, ist der zugrundeliegende Gewinnausschüttungsbeschluss in vollem Umfang nichtig (§ 134 BGB und § 241 Nr. 3 AktG), da die Vorschrift überwiegend dem Gläubigerschutz dient. Für die verantwortlichen Personen können sich persönliche Regresspflichten ergeben (§ 823 Abs. 2 BGB).

§ 270 Bildung bestimmter Posten

(1) ¹**Einstellungen in die Kapitalrücklage und deren Auflösung sind bereits bei der Aufstellung der Bilanz vorzunehmen.** ²**Satz 1 ist auf Einstellungen in den Sonderposten mit Rücklageanteil und dessen Auflösung anzuwenden.**

(2) **Wird die Bilanz unter Berücksichtigung der vollständigen oder teilweisen Verwendung des Jahresergebnisses aufgestellt, so sind Entnahmen aus Gewinnrücklagen sowie Einstellungen in Gewinnrücklagen, die nach Gesetz, Gesellschaftsvertrag oder Satzung vorzunehmen sind oder auf Grund solcher Vorschriften beschlossen worden sind, bereits bei der Aufstellung der Bilanz zu berücksichtigen.**

I. Überblick

§ 270 enthält **klarstellende Bestimmungen** hinsichtlich der Bildung und Auflösung bestimmter Posten. Nach Abs. 1 sind Einstellungen in die Kapitalrücklage und in den Sonderposten mit Rücklageanteil sowie die Auflösung der Kapitalrücklage und des Sonderpostens bereits bei der Aufstellung der Bilanz vorzunehmen. Abs. 2 verlangt, dass Entnahmen aus und Einstellungen in Gewinnrücklagen, die nach Gesetz, Gesellschaftsvertrag oder Satzung vorzunehmen oder auf Grund solcher Vorschriften beschlossen worden sind, bereits bei der Aufstellung der Bilanz zu berücksichtigen sind, wenn diese unter Berücksichtigung der vollständigen oder teilweisen Verwendung des Jahresergebnisses aufgestellt wird.

II. Veränderungen der Kapitalrücklage und des Sonderpostens mit Rücklageanteil (Abs. 1)

Welche Beträge in die Kapitalrücklage einzustellen sind, wird grundsätzlich in § 272 Abs. 2 geregelt. Diese Beträge werden der Kapitalgesellschaft von außen zugeführt und unterscheiden sich

---
[11] *Winkeljohann/Lawall* BeBiKo RdNr. 12.
[12] *Baumbach/Hopt/Merkt* RdNr. 2.
[13] *Commandeur* HdR RdNr. 66.

so von den Gewinnrücklagen, die aus dem Ergebnis gebildet werden. Weitere Dotierungen der Kapitalrücklage können sich darüber hinaus im Falle der **AG** iVm. einer Kapitalherabsetzung nach §§ 229 Abs. 1, 231, 232, 237 Abs. 5 AktG und im Falle der **GmbH** iVm. der Aktivierung von eingeforderten Nachschüssen nach § 42 Abs. 2 S. 3 GmbHG ergeben.[1] Die nach § 272 Abs. 2 vorzunehmenden Einstellungen in die Kapitalrücklage berühren die Gewinn- und Verlustrechnung nicht; im Falle der vereinfachten Kapitalherabsetzung dagegen korrespondiert der nach § 240 S. 1 AktG in der Gewinn- und Verlustrechnung auszuweisende Ertrag mit den nach §§ 229 Abs. 1, 232 und 237 Abs. 5 AktG vorgenommenen Einstellungen in die Kapitalrücklage. Entnahmen aus der Kapitalrücklage sind, abgesehen von der Kapitalerhöhung aus Gesellschaftsmitteln, als Ergebnisverwendung anzusehen; liegt eine Auflösung vor, ist die Bilanz somit zwingend unter Berücksichtigung der teilweisen oder vollständigen Verwendung des Jahresergebnisses aufzustellen.[2] Im Sonderfall der **Kapitalerhöhung aus Gesellschaftsmitteln** (§§ 207 ff. AktG bzw. §§ 57 c ff. GmbHG) liegt, soweit dabei Kapitalrücklagen in Grund- bzw. Stammkapital umgewandelt werden, keine Auflösung iSv. Abs. 1 S. 1 vor.[3]

3 S. 2 bezieht sich auf den Sonderposten mit Rücklageanteil nach den §§ 247 Abs. 3 bzw. 273. Die Bildung von Sonderposten mit Rücklageanteil bewirkt handelsrechtlich eine Ergebnisminderung. Die Ausschüttung von Ergebnissen ist insoweit ausgeschlossen, wie die entsprechenden Steuervergünstigungen in Anspruch genommen werden.[4]

III. Veränderungen der Gewinnrücklagen (Abs. 2)

4 Abs. 2 bezweckt, dass bei zwingend vorzunehmenden Einstellungen in die Gewinnrücklagen diese bereits bei der Aufstellung der Bilanz und somit nach Berücksichtigung einer zumindest teilweisen Gewinnverwendung vorgenommen werden.[5] Die Regelung greift nur dann, wenn das Wahlrecht des § 268 Abs. 1 nicht besteht, Gewinnverwendungen also bei Aufstellung der Bilanz berücksichtigt werden müssen, oder wenn die Bilanz in Ausübung des Wahlrechts des § 268 Abs. 1 aufgestellt wird; nicht unter diese Vorschrift fallen Einstellungen in Gewinnrücklagen im Rahmen der Verwendung des Bilanzgewinns.[6]

§ 271[1] Beteiligungen. Verbundene Unternehmen

(1) [1] Beteiligungen sind Anteile an anderen Unternehmen, die bestimmt sind, dem eigenen Geschäftsbetrieb durch Herstellung einer dauernden Verbindung zu jenen Unternehmen zu dienen. [2] Dabei ist es unerheblich, ob die Anteile in Wertpapieren verbrieft sind oder nicht. [3] Als Beteiligung gelten im Zweifel Anteile an einer Kapitalgesellschaft, die insgesamt den fünften Teil des Nennkapitals dieser Gesellschaft überschreiten. [4] Auf die Berechnung ist § 16 Abs. 2 und 4 des Aktiengesetzes entsprechend anzuwenden. [5] Die Mitgliedschaft in einer eingetragenen Genossenschaft gilt nicht als Beteiligung im Sinne dieses Buches.

(2) Verbundene Unternehmen im Sinne dieses Buches sind solche Unternehmen, die als Mutter- oder Tochterunternehmen (§ 290) in den Konzernabschluß eines Mutterunternehmens nach den Vorschriften über die Vollkonsolidierung einzubeziehen sind, das als oberstes Mutterunternehmen den am weitestgehenden Konzernabschluß nach dem Zweiten Unterabschnitt aufzustellen hat, auch wenn die Aufstellung unterbleibt, oder das einen befreienden Konzernabschluß nach § 291 oder nach einer nach § 292 erlassenen Rechtsverordnung aufstellt oder aufstellen könnte; Tochterunternehmen, die nach § 296 nicht einbezogen werden, sind ebenfalls verbundene Unternehmen.

Schrifttum: *IDW,* RS HFA 18: Bilanzierung von Anteilen an Personenhandelsgesellschaften, WPg 2006, 1302; *IDW,* St/HFA 1/1993: Zur Bilanzierung von Joint Ventures, WPg 1993, 441; *IDW,* St/SABl. 1/1988: Zur Aufstellungspflicht für einen Konzernabschluß und zur Abgrenzung des Konsolidierungskreises, WPg 1988, 341.

---

[1] *ADS* RdNr. 3.
[2] *ADS* RdNr. 6.
[3] *ADS* RdNr. 7; *Förschle* BeBiKo RdNr. 13.
[4] *Förschle* BeBiKo RdNr. 21.
[5] *Förschle* BeBiKo RdNr. 26.
[6] *ADS* RdNr. 9.
[1] Abs. 2 geändert durch das Gesetz zur Einführung internationaler Rechnungslegungsstandards und zur Sicherung der Qualität der Abschlussprüfung (Bilanzrechtsreformgesetz – BilReG) vom 4. Dezember 2004. Zur erstmaligen Anwendung s. Art. 58 EGHGB.

I. Beteiligungen (Abs. 1)

1. Grundlagen. Beteiligungen gem. Abs. 1 S. 1 sind Anteile an anderen Unternehmen, die dazu bestimmt sind, dem eigenen Geschäftsbetrieb durch Herstellung einer dauerhaften Verbindung zu diesen Unternehmen zu dienen. Daraus wird deutlich, dass es sich bei Beteiligungen um **Anlagevermögen** handelt; der Ausweis der Beteiligungen erfolgt dementsprechend unter den Finanzanlagen.

2. Definitionsmerkmale der Beteiligungen. Nach der in Abs. 1 S. 1 formulierten Beteiligungsdefinition hängt das Vorliegen einer Beteiligung zunächst davon ab, dass **Anteile** an anderen Unternehmen gehalten werden. Anteile stellen grundsätzlich Mitgliedschaftsrechte dar, die sowohl Vermögensrechte, zB Teilnahme am Gewinn und Liquidationserlös, als auch Verwaltungsrechte, zB Mitsprache- und Informationsrechte, umfassen. Dazu zählen Kapitalanteile an Kapital- oder Personengesellschaften (zB Aktien, GmbH-Anteile, Kapitaleinlagen als persönlich haftender Gesellschafter oder Kommanditeinlagen).[2] Abs. 1 S. 2 stellt ausdrücklich klar, dass es für das Vorliegen einer Beteiligung unerheblich ist, ob die Anteile in Wertpapieren verbrieft worden sind oder nicht. Als Anteile anzusehen sind auch Gesamthandsanteile an Gesellschaften des bürgerlichen Rechts (zB Joint Ventures).[3] Grundsätzlich **nicht** zu den Anteilen zählen Rechte auf Grund eines schuldrechtlichen Verhältnisses. Das Gleiche gilt grdsl. auch für typische stille Beteiligungen und Genussrechte, da Letztere keine mitgliedschaftsrechtliche Stellung begründen.[4]

Weitere Voraussetzung für das Vorliegen einer Beteiligung ist, dass es sich um Anteile an einem anderen **Unternehmen** handelt. Das HGB selbst enthält keine Definition des Unternehmens.[5] Im Sinne der Vorschrift sind auf jeden Fall die zur Buchführung verpflichteten Kaufleute als Unternehmen anzusehen; darüber hinaus gelten aber auch solche Wirtschaftseinheiten als Unternehmen, die eigenständige Interessen kaufmännischer oder gewerblicher Art mit Hilfe einer nach außen in Erscheinung tretenden Organisation verfolgen.[6] Somit sind auch Stiftungen, Vereine, Körperschaften des öffentlichen Rechts, insbesondere Gebietskörperschaften, sowie sonstige juristische Personen des öffentlichen Rechts (zB Staatsbanken, Versicherungsanstalten, Rundfunkanstalten etc.) als Unternehmen anzusehen, wenn sie nicht nur ideelle Ziele verfolgen.[7]

Beteiligungen liegen weiterhin nur dann vor, wenn die Anteile dazu bestimmt sind, dem eigenen Geschäftsbetrieb durch die Herstellung einer **dauerhaften Verbindung** zu den anderen Unternehmen zu dienen. Es muss sich also um eine Daueranlage handeln, zu deren Beurteilung auf die zukunftsbezogene Besitzabsicht abzustellen ist. Darüber hinaus ist entscheidend, dass mit der Beteiligung mehr verfolgt wird als die Absicht einer Kapitalanlage gegen angemessene Verzinsung. Indizien hierfür können zB personelle Verflechtungen, interdependente Produktionsprogramme, die gemeinsame Nutzung von Vertriebswegen, die Erschließung neuer Märkte, langfristige Liefer- oder Abnahmeverträge, gemeinsame Forschung und Entwicklung oder faktische Mitsprachemöglichkeiten sein.[8]

Die Mitgliedschaft in einer **eingetragenen Genossenschaft** gilt nach Abs. 1 S. 5 ausdrücklich **nicht als Beteiligung,** und zwar unabhängig davon, ob die Definitionsmerkmale einer Beteiligung erfüllt sind. Sinn dieser Regelung ist es, im Falle von Kleinstanteilen an einer Kreditgenossenschaft zu verhindern, dass alle Beziehungen zu dieser Genossenschaft wie Beteiligungsverhältnisse ausgewiesen werden müssen.[9]

3. Beteiligungsvermutung. Nach Abs. 1 S. 3 gelten Anteile an einer Kapitalgesellschaft, die insgesamt 20% des Nennkapitals dieser Gesellschaft überschreiten, im Zweifel als Beteiligung. Mit der Zulassung von nennbetragslosen Stückaktien (§ 8 AktG idF StückAG) wurde der Begriff des Nennbetrags aus S. 3 gestrichen. Diese Vermutung ist grundsätzlich widerlegbar. So kann zB bei AG der Zweck der Anlage trotz Dauerbesitzabsicht in einer reinen Kapitalanlage bestehen. Bei GmbH dagegen gestaltet sich die Widerlegung der Beteiligungsvermutung auf Grund der regelmäßig engen Personenbezogenheit von GmbH-Anteilen und der daraus resultierenden umfassenden Einflussnahme

---

[2] ADS RdNr. 6; zu Anteilen an Personengesellschaften vgl. IDW RS HFA 18, WPg 2006, 1302.
[3] Hoyos/Gutike BeBiKo RdNr. 13; IDW, St/HFA 1/1993, WPg 1993, 442.
[4] ADS RdNr. 7.
[5] Vgl. zum institutionellen und zum funktionalen Unternehmensbegriff sowie deren Brauchbarkeit für die Begriffsbestimmung nach dem Sinn und Zweck der konzernrechtlichen Vorschriften Geßler/Hefermehl/Eckardt/Kropff Aktiengesetz § 15 RdNr. 11 ff.
[6] ADS RdNr. 11 f.; Hoyos/Gutike BeBiKo RdNr. 11; Bieg/Küting HdR RdNr. 12 f.; IDW, St/SABl. 1/1988, WPg 1988, 341.
[7] ADS § 15 AktG RdNr. 9.
[8] ADS RdNr. 19.
[9] Bericht Rechtsausschuss, BT-Drucks. 10/4268 S. 106.

auf die Gesellschaft idR schwieriger.[10] Die bloße verbale Erklärung eines Unternehmens reicht zur Widerlegung der Beteiligungsvermutung nicht aus; es müssen vielmehr eindeutige Anhaltspunkte gegen die besondere Zweckbestimmung von Beteiligungen sprechen.[11] Zu den Beteiligungen gehören idR auch Anteile an OHG und KG, sofern eine Daueranlageabsicht gegeben ist.[12]

7 Abs. 1 S. 4 bestimmt, dass für die Berechnung des der Beteiligungsvermutung zugrunde liegenden Anteilsbesitzes die Regelungen des § 16 Abs. 2 u. 4 AktG entsprechend anzuwenden sind. Aus der Anwendung von § 16 Abs. 2 AktG folgt, dass zur Ermittlung der Anteilsquote das Nennkapital der Kapitalgesellschaft um eigene Anteile sowie um Anteile, die einem anderen für Rechnung der Kapitalgesellschaft gehören, zu vermindern ist. Nach § 16 Abs. 4 AktG gelten als Anteile, die einem Unternehmen gehören, auch solche Anteile, die einem von ihm abhängigen Unternehmen oder einem anderen für Rechnung des Unternehmens oder eines von diesem abhängigen Unternehmens gehören; außerdem zählen bei dem Unternehmen eines Einzelkaufmanns auch die Anteile dazu, die in dessen sonstigem Vermögen gehalten werden.

II. Verbundene Unternehmen (Abs. 2)

8 **1. Grundlagen.** Mit Abs. 2 ist neben die in § 15 AktG enthaltene Definition des Begriffs der verbundenen Unternehmen eine weitere Definition gestellt worden, die allerdings ausschließlich für den Bereich des Dritten Buches des HGB sowie auf Grund der Verweisung in § 5 Abs. 1 S. 2 PublG auch für nach dem PublG aufgestellte Abschlüsse anzuwenden ist. Das HGB knüpft an den Tatbestand der verbundenen Unternehmen besondere Ausweis- und Angabepflichten für den Jahresabschluss, umso die wirtschaftlichen Beziehungen der Gesellschaft zu anderen Unternehmen, auf die entweder sie einen bestimmenden Einfluss ausüben kann oder die ihrerseits einen bestimmenden Einfluss ausüben können, transparent zu machen. Damit soll der Erkenntnis Rechnung getragen werden, dass die jeweilige Vermögens-, Finanz- und Ertragslage verbundener Unternehmen durch konzerninterne Umstände in starkem Maße beeinflusst werden kann.[13]

9 **2. Definitionsmerkmale der verbundenen Unternehmen.** Verbundene Unternehmen nach Abs. 2 müssen **Mutter- oder Tochterunternehmen** iSv. § 290 sein (vgl. im Einzelnen Erl. zu § 290). Weiterhin müssen die Unternehmen im Wege der **Vollkonsolidierung** in den Konsolidierungskreis des obersten nach § 290 zur Aufstellung des Konzernabschlusses verpflichteten Mutterunternehmens einbezogen werden. **Gemeinschaftsunternehmen** (§ 310) und **assoziierte Unternehmen** (§ 311) sind somit grundsätzlich keine verbundenen Unternehmen iSd. Abs. 2; eine äußerst seltene Ausnahme kann für Gemeinschaftsunternehmen im Falle der **gemeinschaftlichen einheitlichen** Leitung durch zwei oder mehrere Mutterunternehmen bestehen, da hierbei auch die Auffassung vertreten wird, dass das „Gemeinschaftsunternehmen" nach den Grundsätzen der Vollkonsolidierung als Tochterunternehmen gem. § 301 in deren Konzernabschluss einbezogen werden muss und damit als verbundenes Unternehmen anzusehen wäre.[14] Mutter- oder Tochterunternehmen, die in einen Konzernabschluss einzubeziehen sind, der nach § 291 oder § 292 befreiend ist, sind ebenfalls verbundene Unternehmen. Auf die **tatsächliche** Aufstellung des Konzernabschlusses kommt es für die Qualifizierung als verbundenes Unternehmen nach Abs. 2 nicht an.

10 **3. Nicht konsolidierte Tochterunternehmen.** Werden Tochterunternehmen auf Grund eines **Einbeziehungswahlrechts** (§ 296) nicht in den Konzernabschluss des obersten Mutterunternehmens einbezogen, so ist dies für deren Qualifizierung als verbundene Unternehmen unerheblich. Abs. 2 sieht im Hs. 2 ausdrücklich vor, dass diese Unternehmen ebenfalls verbundene Unternehmen sind.

11 **4. Nicht-Kapitalgesellschaft als Mutterunternehmen.** Steht im Falle eines **einstufigen** Konzerns eine inländische Kapitalgesellschaft unter der einheitlichen Leitung einer nach § 11 PublG zur Aufstellung eines Konzernabschlusses verpflichteten Personengesellschaft, so sind die Unternehmen als „verbunden" anzusehen, da es allein auf die in § 290 geregelten **Beziehungen** ankommt. Somit gelten die Unternehmen auch bereits dann als „verbunden", wenn ein „Control"-Verhältnis nach § 290 Abs. 2 Nr. 1 und 2 vorliegt.[15] In einem **mehrstufigen** Konzern gilt durch Verweis auf die Möglichkeit zur Aufstellung eines befreienden Konzernabschlusses nach § 291 jedes Unternehmen unabhängig von Rechtsform und Größe als verbundenes Unternehmen, wenn es bei der Annahme

---

[10] *ADS* RdNr. 22.
[11] *ADS* RdNr. 27; *Baumbach/Hopt/Merkt* RdNr. 6.
[12] *IDW* RS HFA 18, WPg 2006, 1302.
[13] *ADS* RdNr. 34; *Hoyos/Gutike* BeBiKo RdNr. 32.
[14] *WPH* M RdNr. 532.
[15] *ADS* RdNr. 72; aA *Bieg/Küting* HdR RdNr. 126.

der Rechtsform der Kapitalgesellschaft Mutterunternehmen iSd. § 290 wäre. Steht somit eine Kapitalgesellschaft, die gleichzeitig Mutterunternehmen iSd. § 290 gegenüber anderen Unternehmen ist, unter der einheitlichen Leitung einer an ihr beteiligten Personengesellschaft oder stehen der Personengesellschaft an der Kapitalgesellschaft die Rechte nach § 290 Abs. 2 zu, so gelten alle Unternehmen, die im Verhältnis zu dieser Personengesellschaft als Tochterunternehmen iSd. § 290 anzusehen sind, als untereinander verbunden.[16]

5. Mutterunternehmen mit Sitz im Ausland. Hat in einem **einstufigen** Konzern aus der Sicht einer inländischen Kapitalgesellschaft ein Unternehmen mit Sitz im Ausland die Stellung eines Mutterunternehmens, so gilt dieses Unternehmen als verbundenes Unternehmen iSd. Abs. 2; die Rechtsform des übergeordneten Unternehmens spielt keine Rolle.[17] Stehen mehrere Tochterunternehmen nebeneinander, sind sie auch untereinander verbunden. Bei einem **mehrstufigen** Konzern kann die Konzernspitze ihren Sitz in einem Mitgliedstaat der EU bzw. einem anderen Vertragsstaat des Abkommens über den EWR oder in einem anderen Staat haben. Für beide Fälle gelten grundsätzlich die gleichen Überlegungen wie bei einer inländischen Nicht-Kapitalgesellschaft als Mutterunternehmen.[18]

III. Folgen der Nichtbeachtung

Eine unzutreffende Anwendung des § 271 wird nicht unmittelbar sanktioniert, da es sich um eine Definitionsvorschrift handelt. Allerdings können sich bei unzutreffender Anwendung Verstöße gegen andere Bestimmungen ergeben (zB §§ 266, 268, 275, 285, 290, 311, 312, 313, 319, 323, 327, 331), die ihrerseits unterschiedlich geahndet werden (zu den Sanktionen s. Erl. zu den genannten §§). Grdsl. können Geld- oder Freiheitsstrafen (§ 331), Bußgelder (§ 334) oder die Nichtigkeit des JA (§ 256 AktG) die Rechtsfolge sein.

§ 272 Eigenkapital

(1) ¹Gezeichnetes Kapital ist das Kapital, auf das die Haftung der Gesellschafter für die Verbindlichkeiten der Kapitalgesellschaft gegenüber den Gläubigern beschränkt ist. ²Die ausstehenden Einlagen auf das gezeichnete Kapital sind auf der Aktivseite vor dem Anlagevermögen gesondert auszuweisen und entsprechend zu bezeichnen; die davon eingeforderten Einlagen sind zu vermerken. ³Die nicht eingeforderten ausstehenden Einlagen dürfen auch von dem Posten „Gezeichnetes Kapital" offen abgesetzt werden; in diesem Falle ist der verbleibende Betrag als Posten „Eingefordertes Kapital" in der Hauptspalte der Passivseite auszuweisen und ist außerdem der eingeforderte, aber noch nicht eingezahlte Betrag unter den Forderungen gesondert auszuweisen und entsprechend zu bezeichnen. ⁴Der Nennbetrag oder, falls ein solcher nicht vorhanden ist, der rechnerische Wert von nach § 71 Abs. 1 Nr. 6 oder 8 des Aktiengesetzes zur Einziehung erworbenen Aktien ist in der Vorspalte offen von dem Posten „Gezeichnetes Kapital" als Kapitalrückzahlung abzusetzen. ⁵Ist der Erwerb der Aktien nicht zur Einziehung erfolgt, ist Satz 4 auch anzuwenden, soweit in dem Beschluß über den Rückkauf die spätere Veräußerung von einem Beschluß der Hauptversammlung in entsprechender Anwendung des § 182 Abs. 1 Satz 1 des Aktiengesetzes abhängig gemacht worden ist. ⁶Wird der Nennbetrag oder der rechnerische Wert von Aktien nach Satz 4 abgesetzt, ist der Unterschiedsbetrag dieser Aktien zwischen ihrem Nennbetrag oder dem rechnerischen Wert und ihrem Kaufpreis mit den anderen Gewinnrücklagen (§ 266 Abs. 3 A.III.4.) zu verrechnen; weitergehende Anschaffungskosten sind als Aufwand des Geschäftsjahres zu berücksichtigen.

(2) Als Kapitalrücklage sind auszuweisen

1. der Betrag, der bei der Ausgabe von Anteilen einschließlich von Bezugsanteilen über den Nennbetrag oder, falls ein Nennbetrag nicht vorhanden ist, über den rechnerischen Wert hinaus erzielt wird;
2. der Betrag, der bei der Ausgabe von Schuldverschreibungen für Wandlungsrechte und Optionsrechte zum Erwerb von Anteilen erzielt wird;

---
[16] ADS RdNr. 76 f.
[17] ADS RdNr. 71.
[18] ADS RdNr. 78 ff.

§ 272

3. der Betrag von Zuzahlungen, die Gesellschafter gegen Gewährung eines Vorzugs für ihre Anteile leisten;

4. der Betrag von anderen Zuzahlungen, die Gesellschafter in das Eigenkapital leisten.

(3) [1] Als Gewinnrücklagen dürfen nur Beträge ausgewiesen werden, die im Geschäftsjahr oder in einem früheren Geschäftsjahr aus dem Ergebnis gebildet worden sind. [2] Dazu gehören aus dem Ergebnis zu bildende gesetzliche oder auf Gesellschaftsvertrag oder Satzung beruhende Rücklagen und andere Gewinnrücklagen.

(4) [1] In eine Rücklage für eigene Anteile ist ein Betrag einzustellen, der dem auf der Aktivseite der Bilanz für die eigenen Anteile anzusetzenden Betrag entspricht. [2] Die Rücklage darf nur aufgelöst werden, soweit die eigenen Anteile ausgegeben, veräußert oder eingezogen werden oder soweit nach § 253 Abs. 3 auf der Aktivseite ein niedrigerer Betrag angesetzt wird. [3] Die Rücklage, die bereits bei der Aufstellung der Bilanz vorzunehmen ist, darf aus vorhandenen Gewinnrücklagen gebildet werden, soweit diese frei verfügbar sind. [4] Die Rücklage nach Satz 1 ist auch für Anteile eines herrschenden oder eines mit Mehrheit beteiligten Unternehmens zu bilden.

Art. 42 EGHGB[1]

(3) [1] Stellen Unternehmen vor Umstellung ihres gezeichneten Kapitals auf Euro den Jahres- und Konzernabschluß in Euro auf, darf das gezeichnete Kapital in der Vorspalte der Bilanz weiterhin in Deutscher Mark ausgewiesen werden, sofern der sich in Euro ergebende Betrag in der Hauptspalte ausgewiesen wird. [2] Stellen Unternehmen den Jahres- und Konzernabschluß nach Umstellung ihres gezeichneten Kapitals auf Euro in Deutscher Mark auf, darf das gezeichnete Kapital in der Vorspalte in Euro ausgewiesen werden, sofern der sich in Deutscher Mark ergebende Betrag in der Hauptspalte ausgewiesen wird. [3] Statt des Ausweises in der Vorspalte darf das gezeichnete Kapital auch im Anhang angegeben werden.

Schrifttum: *Busse von Colbe/Großfeld/Kley/Martens/Schlede,* Bilanzierung von Optionsanleihen im Handelsrecht, 1987; *Hommelhoff/Priester,* Bilanzrichtliniengesetz und GmbH-Satzung, ZGR 1986, 463; *IDW,* St/HFA 1/1994: Zur Behandlung von Genußrechten im Jahresabschluß von Kapitalgesellschaften, WPg 1994, 419; *IDW,* St/HFA 2/1996, WPg 1996, 709; *Küting/Kessler,* Die Problematik der „anderen Zuzahlungen" gem. § 272 Abs. 2 Nr. 4 HGB, BB 1989, 25; *Schulze-Osterloh,* Rangrücktritt, Besserungsschein, eigenkapitalersetzende Darlehen, WPg 1996, 97; *Zilias/Lanfermann,* Die Neuregelung des Erwerbs und Haltens eigener Aktien, WPg 1980, 61.

Übersicht

	RdNr.		RdNr.
I. Überblick	1–3	5. Andere Zuzahlungen in das Eigenkapital (Abs. 2 Nr. 4)	21–24
II. Gezeichnetes Kapital und ausstehende Einlagen (Abs. 1)	4–13	**IV. Gewinnrücklagen (Abs. 3)**	25–32
1. Allgemeines	4	1. Allgemeines	25–28
2. Ausweis des gezeichneten Kapitals	5–7	2. Gesetzliche Rücklage	29
3. Ausstehende Einlagen (Abs. 1 S. 2)	8–11	3. Satzungsmäßige Rücklagen	30, 31
4. Eigene Aktien gem. § 71 Abs. 1 Nr. 6 und Nr. 8 AktG	12, 13	4. Andere Gewinnrücklagen	32
III. Kapitalrücklage (Abs. 2)	14–24	**V. Rücklage für eigene Anteile (Abs. 4)**	33–42
1. Grundlagen	14	1. Allgemeines	33–36
2. Ausgabeagio (Abs. 2 Nr. 1)	15–18	2. Bildung	37–39
a) Allgemeines	15	3. Auflösung	40, 41
b) Agio bei Sacheinlagen	16	4. Rücklagen für Anteile des herrschenden oder eines mit Mehrheit beteiligten Unternehmens	42
c) Agio bei mittelbarem Bezugsrecht	17		
d) Agio bei Verschmelzung	18		
3. Agio bei Ausgabe von Schuldverschreibungen mit Wandlungs- und/oder Optionsrechten (Abs. 2 Nr. 2)	19	**VI. Sanktionen bei Verstößen gegen § 272**	43
4. Zuzahlung bei Gewährung von Vorzügen (Abs. 2 Nr. 3)	20	**VII. Übergangsregelung zum Ausweis des gezeichneten Kapitals**	44, 45

---

[1] Art. 42 EGHGB wurde durch das Gesetz zur Einführung des Euro (Euro-Einführungsgesetz – EuroEG) v. 9. Juni 1998 (BGBl. I S. 1242) in das EGHGB eingefügt.

Eigenkapital

I. Überblick

§ 272 regelt den Ausweis des **gezeichneten Kapitals, der ausstehenden Einlagen, Kapitalrücklagen, Gewinnrücklagen** und der **Rücklage für eigene Anteile** für Kapitalgesellschaften (AG, KGaA, GmbH). § 5 Abs. 2 PublG erweitert den Anwendungsbereich von § 272 auf alle Unternehmen, die nach dem PublG Rechnung legen müssen. Für OHG/KG iSv. § 264a ist die Eigenkapitalgliederung auf Grund der rechtsformspezifischen Besonderheiten in § 264c ergänzend geregelt. Für Genossenschaften gilt die Sonderregelung des § 337. Kreditinstitute und Finanzdienstleistungsinstitute sowie Versicherungsunternehmen haben für die Bilanz und Gewinn- und Verlustrechnung gesonderte Formblätter zu verwenden, die sich hinsichtlich der Eigenkapitalgliederung an § 272 orientieren.

§ 272 enthält keine abschließende und vollständige Definition des Eigenkapitals, sondern wird von verschiedenen Regeln ergänzt, u.a. durch die Gliederungsvorschrift des § 266 Abs. 3 A., durch § 286 Abs. 2 AktG für den Bereich der KGaA, in Bezug auf die gesetzliche Rücklage in der AG durch § 150 AktG und für das Nachschusskapital im GmbH-Recht durch § 42 Abs. 2 GmbHG. Die Regelung des Abs. 4 enthält zugleich eine materielle Regel zur Bildung und Auflösung der Kapitalrücklage.[2]

Neben diesen Vorschriften sind die rechtsformspezifischen Regeln zur Bildung und zum Ansatz der Eigenkapitalposten zu beachten.[3] Nach § 265 Abs. 5 dürfen über die Gliederungsregelung des § 266 Abs. 3 A. hinaus unter bestimmten Voraussetzungen weitere Posten dem bilanziellen Eigenkapital zugeordnet werden. Hier ist insbesondere das Genussrechtskapital zu nennen, das unter bestimmten Voraussetzungen als bilanzielles Eigenkapital zu qualifizieren sein kann.[4]

II. Gezeichnetes Kapital und ausstehende Einlagen (Abs. 1)

1. Allgemeines. Das gesetzliche Haftkapital ist als „Gezeichnetes Kapital" auszuweisen. Der Begriff des gezeichneten Kapitals bezeichnet das **Haftungskapital der Kapitalgesellschaft**. Dies ist gleichbedeutend mit dem Grundkapital der AG (§ 7 AktG) und dem Stammkapital der GmbH (§ 5 GmbH). Nicht zum gezeichneten Kapital zählen stille Einlagen iSd. § 237 sowie Gesellschafterdarlehen.

2. Ausweis des gezeichneten Kapitals. § 152 Abs. 1 S. 2 AktG bestimmt, dass die **Gesamtnennbeträge der Aktien** jeder Gattung gesondert auszuweisen sind, wenn unterschiedliche Aktiengattungen existieren. Zu unterscheiden sind nach § 152 Abs. 1 S. 2 AktG insbesondere Stammaktien von Vorzugsaktien, die kein Stimmrecht, regelmäßig aber ein bevorzugtes Gewinnrecht vermitteln. Nach § 152 Abs. 1 S. 4 AktG sind ferner die mit einer erhöhten Stimmrechtskraft ausgestatteten (Mehrstimmrechts-)Aktien gesondert auszuweisen.[5] Im Gegensatz zum Aktienrecht ist der Vorzugsgeschäftsanteil eines GmbH-Gesellschafters nicht auszuweisen. Eine dem § 152 Abs. 1 S. 2, 4 AktG entsprechende Vorschrift kennt das GmbH-Recht nicht.[6]

Beim **Ausweis von Kapitalerhöhungen** unterscheidet man Kapitalerhöhungen gegen Einlagen, bedingte Kapitalerhöhungen iSd. §§ 192 ff. AktG, genehmigtes Kapital iSv. §§ 202 Abs. 1, 205 Abs. 1 AktG oder Kapitalerhöhungen aus Gesellschaftsmitteln iSv. §§ 207 ff. AktG, 57 c ff. GmbHG. Sieht man von der bedingten Kapitalerhöhung ab, hat die Eintragung der Kapitalerhöhung in das Handelsregister konstitutive Wirkung. Werden Einlagen bereits vor diesem Zeitpunkt erbracht, sind diese Leistungen unter der Gliederungsziffer des § 266 Abs. 3 A. als „Zur Durchführung beschlossener Kapitalerhöhungen geleistete Einlagen" zu passivieren.[7] Zu weiteren Vermerkpflichten vor Eintragung der Kapitalerhöhung in das Handelsregister vgl. §§ 152 Abs. 1 S. 3, 160 Abs. 1 Nr. 4 AktG. Zur Umwandlungsfähigkeit von Gesellschaftsmitteln in gezeichnetes Kapital vgl. §§ 208 Abs. 1 S. 1 AktG, 57 d AktG, 1 GmbHG.

Beim **Ausweis von Kapitalherabsetzungen** unterscheidet man ordentliche Kapitalherabsetzungen nach §§ 222 ff. AktG, 58 GmbHG, vereinfachte Kapitalherabsetzungen nach §§ 229 ff. AktG, 58 a ff. GmbHG oder Kapitalherabsetzungen durch Einziehung von Aktien nach §§ 237 ff. AktG. Der bilanzielle Ausweis im Rahmen des gezeichneten Kapitals erfolgt mit Wirksamwerden der Kapitalherabsetzung. Wirksam wird die jeweilige Kapitalherabsetzung in der Regel erst mit ihrer

---
[2] *ADS* RdNr. 1.
[3] *ADS* RdNr. 3–6.
[4] *IDW*, St/HFA 1/1994, WPg 1994, 419 ff.
[5] *WPH* F RdNr. 244. Zum Erlöschen von Mehrstimmrechten vgl. § 5 EGAktG.
[6] Zur abweichenden Behandlung von Sondervorteilen *ADS* RdNr. 15.
[7] *ADS* RdNr. 19.

Eintragung in das Handelsregister. Nach §§ 234, 235 AktG, 58 e, 58 f GmbHG entfaltet die vereinfachte Kapitalherabsetzung Rückwirkung. Bei der Kapitalherabsetzung durch Einziehung von Aktien gilt – soweit die Einziehung auf Grund der Satzung erfolgt – das Kapital gem. § 238 Abs. 1 S. 2 AktG als mit der Einziehung herabgesetzt.

8 **3. Ausstehende Einlagen (Abs. 1 S. 2).** Ausstehende Einlagen können als wirtschaftliche Korrekturposten zum gezeichneten Kapital einerseits und als rechtliche Forderungen der Gesellschaft gegenüber ihren Gesellschaftern andererseits wahlweise entweder auf der Aktivseite vor dem Anlagevermögen gesondert ausgewiesen oder auf der Passivseite vom Posten „Gezeichnetes Kapital" offen abgesetzt werden;[8] letzterenfalls sind zugleich unter dem Aktivposten „Forderungen und sonstige Vermögensgegenstände" die eingeforderten ausstehenden Einlagen anzusetzen. Das Gesetz lässt offen, wo die eingeforderten ausstehenden Einlagen zu aktivieren sind. In Betracht kommt – je nach Einzelfall – ein Ausweis im Rahmen der Nr. 3, soweit der zur Einlage verpflichtete Gesellschafter den bilanziellen Unternehmensbegriff erfüllt (vgl. dazu § 271 RdNr. 3), oder ein Ausweis im Rahmen der Nr. 4 als sonstiger Vermögensgegenstand.

9 Wie alle sonstigen Forderungen sind die ausstehenden Einlagen mit dem Wert anzusetzen, der ihnen am Bilanzstichtag zuzumessen ist. Die gesonderte Frage der **Bewertung** stellt sich, da die ausstehenden Einlagen weder dem Anlagevermögen noch dem Umlaufvermögen zuzurechnen sind. Da die ausstehenden Einlagen nicht dauernd dem Geschäftsbetrieb zu dienen bestimmt sind, kommt nur eine Bewertung analog den Bewertungsregeln für das Umlaufvermögen in Betracht.[9]

10 Aktionären und GmbH-Gesellschaftern können nach der Satzung auch **Nebenleistungspflichten** gem. §§ 55, 61 AktG, 3 Abs. 2 GmbHG auferlegt werden, die sich auf Barleistungen wie auf Sachleistungen beziehen können. Soweit der Nebenleistungspflicht keine Gegenleistungspflicht der Gesellschaft gegenübersteht, handelt es sich um eine Gesellschaftsforderung, die unter dem jeweiligen Bilanzposten auszuweisen ist.[10] Ein Ausweis als ausstehende Einlagen kommt nicht in Betracht. Vereinbarte Zuzahlungen der Gesellschafter sind gleichermaßen nicht als ausstehende Einlagen auszuweisen.[11]

11 Nicht eingeforderte ausstehende Einlagen können nach dem Gliederungswahlrecht gem. Abs. 1 S. 3 getrennt ausgewiesen werden.

12 **4. Eigene Aktien gem. § 71 Abs. 1 Nr. 6 und Nr. 8 AktG.** Werden Aktien zum Zwecke einer durch die Hauptversammlung beschlossenen Kapitalherabsetzung durch Einziehung von Aktien erworben (§ 71 Abs. 1 Nr. 6 AktG), oder ist die Ermächtigung der Hauptversammlung an den Zweck einer späteren Einziehung der eigenen Anteile gekoppelt (§ 71 Abs. 1 Nr. 8 AktG), ist der Nennbetrag dieser Aktien oder, falls ein solcher nicht vorhanden ist, der rechnerische Wert in der Vorspalte offen von dem Posten „Gezeichnetes Kapital" als Kapitalrückzahlung abzusetzen (Abs. 1 S. 4). Dies gilt auch dann, wenn die Ermächtigung der Hauptversammlung vorsieht, dass eine spätere Wiederveräußerung der eigenen Anteile einen erneuten nach § 182 Abs. 1 S. 1 AktG qualifizierten Beschluss der Hauptversammlung voraussetzt.

13 Werden die erworbenen Aktien vom gezeichneten Kapital abgesetzt ausgewiesen, wird der Unterschiedsbetrag zwischen dem Kaufpreis und dem Nennbetrag bzw. dem rechnerischen Wert mit den anderen Gewinnrücklagen (§ 266 Abs. 3) verrechnet. Übersteigen dabei die Anschaffungskosten die anderen Gewinnrücklagen, ist der übersteigende Betrag als Aufwand des Geschäftsjahres zu berücksichtigen.

III. Kapitalrücklage (Abs. 2)

14 **1. Grundlagen.** Zur Kapitalrücklage zählen alle Einlagen, die weder gezeichnetes Kapital noch Einlagen oder Kapitalanteile von unbeschränkt persönlich haftenden Gesellschaftern sind.

15 **2. Ausgabeagio (Abs. 2 Nr. 1). a) Allgemeines.** Als Kapitalrücklage gem. Abs. 2 Nr. 1 ist derjenige Betrag auszuweisen, um den die vereinbarte Gesellschafterleistung den Nennbetrag der Anteile oder Bezugsrechte übersteigt. Kosten der Anteilsausgabe sowie der Bezugsrechtsbegründung sind nicht zu berücksichtigen. Das bei der Anteilsausgabe erlangte Agio ist ungekürzt in die Kapitalrücklage einzustellen. Vom vereinbarten Agio nach Abs. 2 Nr. 1 sind freiwillige Zuzahlungen oder Zuschüsse zu unterscheiden. Diese sind nach Abs. 2 Nr. 4 in die Kapitalrücklage einzustellen.

---

[8] *Förschle/Hoffmann* BeBiKo RdNr. 14.
[9] *ADS* RdNr. 66 ff.
[10] *ADS* RdNr. 138 f.
[11] Zu deren Ausweis im Einzelnen *ADS* RdNr. 107 mwN.

b) Agio bei Sacheinlagen. Bei Sacheinlagen iSd. §§ 27 Abs. 1, 183 Abs. 1 AktG, 5 Abs. 4, 56 **16** Abs. 1 GmbHG entsteht ein Agio, soweit die eingebrachten Vermögensgegenstände mit einem Betrag angesetzt werden, der den Nennbetrag der im **Gegenzug** ausgekehrten Anteile übersteigt. Der über den Nennbetrag hinausgehende Sachwert ist nach Abs. 2 Nr. 1 in die Kapitalrücklage einzustellen.

c) Agio bei mittelbarem Bezugsrecht. Bei Kapitalerhöhungen von Publikums-Aktiengesell- **17** schaften werden die jungen Aktien regelmäßig von Kreditinstituten gezeichnet. Den Altaktionären wird lediglich ein **mittelbares Bezugsrecht** eingeräumt. Das übernehmende Kreditinstitut verpflichtet sich, den Altaktionären im Verhältnis ihrer bisherigen Anteilsquote die jungen Aktien zum Bezug anzubieten. Auch bei dieser Gestaltung ist der bei Bezugsrechtsausübung und Aktienerwerb über den Nennbetrag hinaus gewährte Betrag ungekürzt in die Kapitalrücklage nach Abs. 2 Nr. 1 einzustellen.

d) Agio bei Verschmelzung. Bei einer Verschmelzung kann ein Agio entstehen, wenn im **18** Verschmelzungsvertrag ein höherer Ausgabebetrag in Bezug auf die neuen Anteile vereinbart wird oder der Wertansatz der übernommen Vermögensgegenstände abzüglich der Verbindlichkeiten den Nennwert der neuen Anteile an der aufnehmenden oder neu gegründeten Gesellschaft übersteigt. Dies gilt nicht, wenn eigene Anteile der übernehmenden Gesellschaft aus deren Bestand ausgegeben werden. Denn Abs. 2 Nr. 1 setzt voraus, dass neue Anteile ausgegeben werden. Hier beeinflusst also ein etwaiger Verschmelzungsgewinn unmittelbar das Jahresergebnis.[12]

3. Agio bei Ausgabe von Schuldverschreibungen mit Wandelungs- und/oder Options- 19 rechten (Abs. 2 Nr. 2). Nach Abs. 2 Nr. 2 ist der Betrag, der bei Ausgabe von Schuldverschreibungen für Wandelungs- oder Optionsrechte erzielt wird, in die Kapitalrücklage einzustellen. Dazu zählt zunächst einmal derjenige Betrag, der über den Nennbetrag der Anleihe hinaus für die Einräumung des Wandelungs- oder Optionsrechtes gezahlt wird. Hinzu kommt jegliches Entgelt, das im Zusammenhang mit der Ausgabe von Wandelungs- oder Optionsrechten erlangt wird.[13]

4. Zuzahlung bei Gewährung von Vorzügen (Abs. 2 Nr. 3). Soweit ein Gesellschafter zur **20** Erlangung gesellschaftsrechtlicher Vorzugsrechte Zuzahlungen leistet, sind diese nach Abs. 2 Nr. 3 in die Kapitalrücklage einzustellen. Zu nennen sind insoweit insbesondere Zuzahlungen zur Erlangung besonderer Rechte im Rahmen der Gewinnverteilung oder zur Erlangung von Mehrfachstimmrechten.[14]

5. Andere Zuzahlungen in das Eigenkapital (Abs. 2 Nr. 4). Abs. 2 Nr. 4 rechnet andere **21** Zuzahlungen dem Eigenkapital zu und zwingt zur Einstellung in die Rücklage. Als andere Zuzahlungen sind alle freiwilligen Zahlungen der Gesellschafter zu verstehen, die die Gesellschafter zweckbestimmt und gewollt ohne Gewährung von Vorzügen seitens der Gesellschaft erbringen. Maßgeblich ist die zwischen dem Gesellschafter und der Gesellschaft getroffene Vereinbarung.[15] Damit ist es auch möglich, Zuschüsse eines Gesellschafters unmittelbar erfolgswirksam zu vereinnahmen, wenn eine dahingehende Vereinbarung getroffen wird.[16] Fehlt es an einer entsprechenden Vereinbarung, ist davon auszugehen, dass eine Einzahlung als andere Zuzahlung in die Kapitalrücklage beabsichtigt ist.[17]

Beträge, die im Rahmen des Schütt-aus-hol-zurück-Verfahrens an die Gesellschaft ohne formale **22** Kapitalerhöhung zurückfließen, sind in die Kapitalrücklage einzustellen.[18] In die Kapitalrücklage einzustellen ist auch der Differenzbetrag, der sich auf Grund einer unentgeltlichen oder einer gegen geringes Entgelt erfolgenden Veräußerung eines Vermögensgegenstandes im Verhältnis zu dessen Verkehrswert ergibt.[19]

Gesellschafterleistungen, insbesondere in Form von Gesellschafterdarlehen, denen eine Kapital- **23** ersatzfunktion iSd. § 32a GmbHG zukommt, können nicht in die Kapitalrücklage nach Abs. 2 Nr. 4 eingestellt werden.

---

[12] Ebenso *ADS* RdNr. 45 ff.
[13] *Förschle/Hoffmann* BeBiKo RdNr. 64, eingehend zu den Berechnungs- und Bewertungsschwierigkeiten bei der Ermittlung des maßgeblichen Betrags *Busse von Colbe/Großfeld/Kley/Martens/Schlede* S. 71 ff.
[14] *ADS* RdNr. 130.
[15] *Förschle/Hoffmann* BeBiKo RdNr. 67.
[16] *ADS* RdNr. 137.
[17] Ebenso *ADS* RdNr. 137; aA *IDW* HFA 2/1996, Abschn. 22, wonach es einer ausdrücklichen Erklärung des Gesellschafters bedarf.
[18] *ADS* RdNr. 132; *Küting/Kessler* BB 1989, 36; *Förschle/Hoffmann* BeBiKo RdNr. 67; aA *Hommelhoff/Priester* ZGR 1986, 463.
[19] *Förschle/Hoffmann* BeBiKo RdNr. 67 mwN.

§ 272 24–32 3. Buch. 2. Abschnitt. Erg. Vorschr. für Kapitalgesellschaften

24   Bei der AG gibt es über Abs. 2 hinaus weitere Gründe für die Bildung einer Kapitalrücklage. Nach §§ 229 Abs. 1 S. 1, 231 S. 1, 3, 232 AktG können Beträge im Rahmen der vereinfachten Kapitalherabsetzung und nach § 237 Abs. 5 AktG im Rahmen der Kapitalherabsetzung durch Einziehung von Aktien in die Kapitalrücklage eingestellt werden. Bei der GmbH normiert § 42 Abs. 2 GmbHG, dass innerhalb des Bilanzpostens „Kapitalrücklage" die von den Gesellschaftern eingeforderten Nachschüsse gesondert auszuweisen sind.

IV. Gewinnrücklagen (Abs. 3)

25   **1. Allgemeines.** Gewinnrücklagen sind nach Abs. 3 S. 1 aus dem Jahresergebnis zu bilden und unterscheiden sich somit von der Kapitalrücklage, die durch eine Zuführung von außen dotiert wird. Zu den Gewinnrücklagen gehören nach § 266 Abs. 3 A.III. die gesetzliche Rücklage, die Rücklage für eigene Anteile, die auf Grund der Satzung zu bildenden Rücklagen sowie die anderen Gewinnrücklagen. Andere Gewinnrücklagen werden ohne gesetzliche und statutarische Verpflichtung gebildet. Nicht zu den Gewinnrücklagen zählen die Sonderposten mit Rücklageanteil iSd. § 273. Kleine Kapitalgesellschaften iSv. § 267 Abs. 1 können auf die Untergliederung der Gewinnrücklagen verzichten und nach § 266 Abs. 1 S. 3 die Gewinnrücklagen in einer Summe ausweisen. Für mittelgroße Kapitalgesellschaften iSd. § 267 Abs. 2 besteht nach § 327 Nr. 1 eine entsprechende Erleichterung hinsichtlich der Offenlegung des Jahresabschlusses.

26   Gewinnrücklagen werden bei der AG/KGaA nach §§ 58, 150 Abs. 1, Abs. 2 AktG gebildet und nach § 150 Abs. 3, Abs. 4 AktG. aufgelöst.[20] Nach § 152 Abs. 3 AktG ist in der Bilanz selbst oder im Anhang jeweils zu den einzelnen Rücklagenposten anzugeben, welche Beträge die Hauptversammlung aus dem Bilanzgewinn des Vorjahres in die Gewinnrücklagen eingestellt hat, welche Beträge aus dem Jahresüberschuss des abgeschlossenen Geschäftsjahres in die Gewinnrücklagen eingestellt werden und welche Beträge für das laufende Geschäftsjahr aus den Gewinnrücklagen entnommen werden.

27   Das GmbH-Recht regelt die Bildung von gesetzlichen Rücklagen und deren Auflösung nicht ausdrücklich. Die entsprechenden Beträge werden gem. § 29 Abs. 2, Abs. 4 GmbHG von der Gesellschafterversammlung bzw. dem sonst zuständigen Gesellschaftsorgan in die Gewinnrücklagen eingestellt.[21] Im Einzelfall sind die Bestimmungen der GmbH-Satzung zu beachten. Angaben erfolgen bei der GmbH auf freiwilliger Basis.

28   Gewinnrücklagen können im Übrigen auf Grund der Satzung ebenso wie auf Grund spezieller gesetzlicher Vorschriften einer besonderen Zweckbindung unterliegen. Als spezielle gesetzliche Vorschriften kommen insbesondere die §§ 7 Abs. 1 HypBkG, § 7 Abs. 1 SchiffsBkG in Betracht.

29   **2. Gesetzliche Rücklage.** Nach Aktienrecht besteht eine Pflicht zur Bildung gesetzlicher Rücklagen. § 150 Abs. 1, Abs. 2 AktG bestimmt, dass grundsätzlich 5% des um einen etwaigen Verlustvortrag aus dem Vorjahr geminderten Jahresüberschusses in die gesetzliche Rücklage einzustellen sind. Dies gilt solange, bis die Summe aus der gesetzlichen Rücklage und den Kapitalrücklagen nach Abs. 2 Nr. 1 bis 3 10% oder den in der Satzung bestimmten höheren Betrag des nominellen Grundkapitals erreicht.

30   **3. Satzungsmäßige Rücklagen.** Die Satzung einer AG/KGaA bzw. der Gesellschaftsvertrag einer GmbH kann die Bildung weiterer Gewinnrücklagen vorsehen. Derartige Rücklagen sind formal von den vorgenannten gesetzlichen Rücklagen zu unterscheiden. Eine Zweckbestimmung kann vorgesehen werden.

31   Gesellschaftsvertragliche Rücklagen können in der GmbH nur kraft des Gesellschaftsvertrages gebildet werden und sind als solche entsprechend dem Gliederungsschema nach § 266 Abs. 3 A.III.3. auszuweisen.[22] Ein Gesellschafterbeschluss allein ist dazu nicht ausreichend, selbst wenn dieser einstimmig gefasst wird.

32   **4. Andere Gewinnrücklagen.** Andere Gewinnrücklagen sind alle Gewinnrücklagen, die weder gesetzliche Rücklagen noch satzungsmäßige Rücklagen noch Rücklagen für eigene Anteile sind. Die Zuführung zu anderen Gewinnrücklagen kann auf mehreren Gründen beruhen. In Betracht kommt eine Einstellung nach § 58 Abs. 1 AktG, eine Einstellung im Rahmen der Feststellung des Jahresabschlusses auf Grund einer gesetzlichen oder satzungsgemäßen Ermächtigung, eine Einstellung auf Grund von Eigenkapitalanteilen bei Wertaufholungen sowie von den nur bei der steuerlichen Gewinnermittlung gebildeten Passivposten nach §§ 58 Abs. 2a AktG, 29 Abs. 4 GmbHG.[23] Ferner

---

[20] Vgl. auch § 270 Abs. 2 und dortige Kommentierung RdNr. 4.
[21] *ADS* RdNr. 144.
[22] Im Einzelnen dazu *Hommelhoff/Priester* ZGR 1986, 463 und 497 ff.
[23] Dazu im Einzelnen *ADS* RdNr. 157.

kommt eine Einstellung durch die Haupt- bzw. Gesellschafterversammlung im Rahmen der Ergebnisverwendung nach §§ 58 Abs. 3 AktG, 29 Abs. 2 GmbHG in Betracht.

V. Rücklage für eigene Anteile (Abs. 4)

1. Allgemeines. Unter den Gewinnrücklagen ist nach Abs. 4 eine Rücklage für eigene Anteile 33 auszuweisen, sofern die Gesellschaft eigene Anteile hält. Diese Rücklage soll die gebotene Aktivierung der eigenen Anteile neutralisieren und bewirkt insoweit eine Ausschüttungssperre. Werden aktivierte eigene Anteile nach § 253 Abs. 3 abgeschrieben, ist die gebildete Rücklage entsprechend aufzulösen.

Im Aktienrecht ist der Erwerb eigener Anteile im Rahmen der §§ 71 ff. AktG zulässig. Die AG 34 darf eigene Anteile nur zu den im Rahmen des § 71 Abs. 1 Nr. 1 bis 8 AktG bestimmten Zwecken erwerben, soweit die AG ein Kreditinstitut oder Finanzdienstleistungsinstitut ist, nach § 71 Abs. 1 Nr. 7 AktG auch zu Zwecken des Wertpapierhandels. Der Erwerb eigener Anteile ist nur möglich, soweit die AG die nach Abs. 4 vorgeschriebene Rücklage bilden kann, ohne das Grundkapital oder eine nach Gesetz oder Satzung zu bildende Rücklage zu mindern, die nicht zu Zahlungen an die Aktionäre verwandt werden darf. Die Bildung einer Rücklage für eigene Anteile entfällt, wenn eigene Aktien gem. § 71 Abs. 1 Nr. 6 oder 8 zwecks Einziehung erworben wurden. Es gelten dann die Regelungen des Abs. 1 S. 4 bis 6 (offene Absetzung vom gezeichneten Kapital; vgl. RdNr. 12 und 13).

Im GmbH-Recht regelt § 33 GmbHG den Erwerb eigener Geschäftsanteile. Nach § 33 Abs. 2 35 S. 1 GmbHG ist der Erwerb eigener Geschäftsanteile nur zulässig, soweit diesbezüglich die Einlagen vollständig geleistet worden sind, der Erwerb aus dem über den Betrag des Stammkapitals hinausgehenden Gesellschaftsvermögen möglich ist und die Gesellschaft die nach Abs. 4 erforderliche Rücklage bilden kann.

Die jeweiligen Voraussetzungen nach §§ 71 Abs. 2 S. 2 AktG, 33 Abs. 2 S. 1 GmbHG müssen 36 zum Erwerbszeitpunkt als dem Zeitpunkt der dinglichen Übertragung vorliegen.

2. Bildung. Die Bildung der Rücklagen für eigene Anteile erfolgt im Rahmen der Bilanzauf- 37 stellung und unterliegt der Kompetenz des Vorstandes bzw. der Geschäftsführung.[24] Ein gesonderter Beschluss der Haupt- bzw. Gesellschafterversammlung ist nicht erforderlich. Abs. 4 S. 3 bestimmt, dass die Rücklage auch aus vorhandenen frei verfügbaren Gewinnrücklagen gebildet werden darf. Der Vorstand bzw. die Geschäftsführung hat somit ein Wahlrecht, ob die Rücklage für eigene Anteile aus dem Jahresüberschuss oder den anderen frei verfügbaren Gewinnrücklagen entnommen werden soll.

Bei der AG mindert die Einstellung eines Teils des Jahresergebnisses in die Rücklagen für eigene 38 Anteile nicht die Bemessungsgrundlage für die Zuweisung zu Gewinnrücklagen iSd. § 58 AktG.[25] Dies hat zur Folge, dass der Jahresüberschuss bei allen Zuweisungen zu den anderen Gewinnrücklagen vorweg um die in die gesetzliche Rücklage einzustellenden Beträge sowie um einen etwaigen Verlustvortrag zu kürzen ist. Entsteht durch die Zuführung der Rücklage für eigene Anteile ein Bilanzverlust oder wird ein bereits entstandener Bilanzverlust durch die Rücklageneinstellung vertieft, wird dieser Verlustvortrag in das nächste Geschäftsjahr übernommen. In diesem nächsten Geschäftsjahr besteht die Möglichkeit, im Rahmen des § 150 Abs. 3, Abs. 4 AktG die gesetzliche Rücklage und/oder die Kapitalrücklage aufzulösen. Die Zuführung der Rücklage für eigene Anteile kann ggf. auch zu Lasten eines vorhandenen Gewinnvortrags erfolgen. Durch die Einstellung in die Rücklage für eigene Anteile bleibt die Möglichkeit, Rücklagen nach § 58 Abs. 2a AktG zu bilden, unberührt.[26]

Die Bildung der Rücklage nach Abs. 4 geht vertraglichen Gewinnabführungsverpflichtungen 39 vor.[27] Allerdings können andere Gewinnrücklagen, die während der Dauer des Gewinnabführungsvertrages eingestellt worden sind, nach § 301 S. 2 AktG zur Bildung der Rücklage für eigene Anteile umgewandelt werden.

3. Auflösung. Abs. 4 S. 2 bestimmt, dass die Rücklage für eigene Anteile nur aufgelöst werden 40 darf, soweit die eigenen Anteile ausgegeben, veräußert, eingezogen oder mit einem niedrigeren Wert nach § 253 Abs. 4 angesetzt werden. Weitere Auflösungsgründe existieren nicht. Liegt einer der Fälle des Abs. 4 S. 2 vor, besteht eine Pflicht zur Auflösung der Rücklagen.

---

[24] *Hüffer* AktG § 172 RdNr. 2; *Lutter/Hommelhoff* GmbHG § 42 RdNr. 12 f.
[25] *Zilias/Lanfermann* WPg 1980, 61 und 93.
[26] Im Einzelnen *ADS* RdNr. 196 ff.
[27] Ebenso *ADS* RdNr. 200.

41 Wurde die Rücklage wegen einer Abschreibung der Anteilswerte nach § 253 Abs. 4 aufgelöst, ist bei nachträglicher Wertaufholung die Rücklage entsprechend wieder zu erhöhen. Entnahmen aus der Rücklage für eigene Anteile sind unterhalb der GuV der AG nach § 158 Abs. 1 Nr. 3b AktG auszuweisen.

42 **4. Rücklagen für Anteile des herrschenden oder eines mit Mehrheit beteiligten Unternehmens.** Abs. 4 S. 4 normiert die ausdrückliche Pflicht zur Rücklagenbildung für Anteile des herrschenden oder mehrheitlich beteiligten Unternehmens. Es gilt der konzernrechtliche Unternehmensbegriff einschließlich der Abhängigkeitstatbestände iSd. §§ 16 f. AktG. Abs. 4 S. 2 erstreckt sich nicht ohne weiteres auf wechselseitige Beteiligungen iSd. § 19 AktG, sondern nur, soweit mit diesen ein Abhängigkeitstatbestand einhergeht.[28]

VI. Sanktionen bei Verstößen gegen § 272

43 Wird das gezeichnete Kapital nicht zutreffend ausgewiesen, ist ein festgestellter Jahresabschluss nach § 256 Abs. 1 Nr. 1 AktG nichtig. Sind bei der Einstellung in oder der Entnahme aus Kapital- oder Gewinnrücklagen Bestimmungen des Gesetzes oder der Satzung verletzt worden, ist der Jahresabschluss nach § 256 Abs. 1 Nr. 4 AktG nichtig. § 256 Abs. 1 Nr. 1, Nr. 4 AktG gilt analog für den Jahresabschluss der GmbH.[29] Neben diesen Nichtigkeitsfolgen kann die Verletzung des § 272 eine Ordnungswidrigkeit nach §§ 334 Abs. 1 Nr. 1c), 340n Abs. 1 Nr. 1c), 341n Abs. 1 Nr. 1c) der Mitglieder des Vertretungsorgans sowie des Aufsichtsrats begründen.

VII. Übergangsregelung zum Ausweis des gezeichneten Kapitals

44 Art. 42 EGHGB enthält in Abs. 3 eine Übergangsregelung zum Ausweis des gezeichneten Kapitals, wenn die Umstellung auf den EUR im Jahresabschluss zu einem früheren Zeitpunkt erfolgt als die Umstellung des gezeichneten Kapitals et vice versa. Da die Fortführung des gezeichneten Kapitals grundsätzlich unbefristet in DM möglich ist (§ 86 Abs. 1 GmbHG), werden durch Art. 42 Abs. 3 EGHGB die Voraussetzungen geschaffen, dennoch eine Aufstellung des Jahresabschlusses in EUR vorzunehmen. Neben dem sich nach der Umrechnung ergebenden „krummen" EUR-Betrag in der Hauptspalte ist zusätzlich die Angabe des DM-Betrags in einer Vorspalte oder im Anhang zulässig.

45 Für Art. 42 Abs. 1 S. 2 EGHGB besteht für nach dem 31. 12. 2001 endende Geschäftsjahre keine Anwendungsmöglichkeit mehr.

§ 273 Sonderposten mit Rücklageanteil

¹ Der Sonderposten mit Rücklageanteil (§ 247 Abs. 3) darf nur insoweit gebildet werden, als das Steuerrecht die Anerkennung des Wertansatzes bei der steuerrechtlichen Gewinnermittlung davon abhängig macht, daß der Sonderposten in der Bilanz gebildet wird. ² Er ist auf der Passivseite vor den Rückstellungen auszuweisen; die Vorschriften, nach denen er gebildet worden ist, sind in der Bilanz oder im Anhang anzugeben.

I. Bildung des Sonderpostens mit Rücklageanteil (S. 1)

1 Nach § 247 Abs. 3 S. 1 u. 2 gelten als Sonderposten mit Rücklageanteil solche Passivposten, die für Zwecke der Steuern vom Einkommen und vom Ertrag zulässig sind (vgl. hierzu die Erl. zu § 247). S. 1 schränkt die Bildung von Sonderposten mit Rücklageanteil für Kapitalgesellschaften ein; diese dürfen den Sonderposten nur insoweit bilden, als das Steuerrecht die Anerkennung des Wertansatzes bei der steuerrechtlichen Gewinnermittlung davon abhängig macht, dass der Sonderposten in der Bilanz gebildet wird, also die **umgekehrte Maßgeblichkeit** gilt. Dabei kommt es darauf an, dass die Handelsbilanz für die Bildung einer den steuerlichen Gewinn mindernden Rücklage maßgeblich ist. Durch § 5 Abs. 1 S. 2 EStG, wonach steuerrechtliche Wahlrechte bei der Gewinnermittlung in Übereinstimmung mit der handelsrechtlichen Jahresbilanz auszuüben sind, ist diese Voraussetzung auch dann erfüllt, wenn die entsprechende steuerliche Vorschrift die Maßgeblichkeit der Handelsbilanz nicht ausdrücklich vorsieht. Ausgenommen sind nur die Fälle, in denen die Bildung der Rücklage steuerrechtlich explizit auch ohne den Ansatz in der Handels-

---

[28] Ebenso *ADS* RdNr. 204 ff.
[29] *Lutter/Hommelhoff* GmbHG Anh. § 47 RdNr. 26.

Steuerabgrenzung § 274

bilanz zulässig ist, was aber nach derzeitigem Rechtsstand für keine der möglichen Rücklagen zutrifft.[1]

Der Sonderposten mit Rücklageanteil kann neben unversteuerten Rücklagen (vgl. § 247 RdNr. 20) auch steuerrechtliche Wertberichtigungen enthalten, soweit diese nach § 281 Abs. 1 S. 1 in den Sonderposten eingestellt und nicht direkt abgesetzt werden (vgl. § 281 RdNr. 4). 2

§ 273 ist von Kapitalgesellschaften und OHG/KG iSv. § 264a, Kreditinstituten und Finanzdienstleistungsunternehmen sowie Versicherungsunternehmen jeglicher Rechtsform, eingetragenen Genossenschaften sowie dem PublG unterliegenden Unternehmen anzuwenden. 3

II. Ausweis des Sonderpostens mit Rücklageanteil (S. 2)

Der Sonderposten mit Rücklageanteil ist nach S. 2 in Erweiterung des Gliederungsschemas des § 266 auf der Passivseite vor den Rückstellungen auszuweisen. Mit der gliederungstechnischen Einordnung zwischen Eigen- und Fremdkapital wird dem Charakter des Postens, der sich aus einem Eigenkapital- und einem Fremdkapitalanteil zusammensetzt, Rechnung getragen.[2] Der Sonderposten muss sich erkennbar von den Bilanzposten Eigenkapital und Rückstellungen abheben; sinnvollerweise erfolgt die Einordnung mit dem Buchstaben B. vor den Rückstellungen, die sich dann mit dem Buchstaben C. anschließen.[3] 4

Die Vorschriften, nach denen der Sonderposten mit Rücklageanteil gebildet worden ist, sind nach S. 2 entweder in der Bilanz oder im Anhang anzugeben. Dabei genügt die Nennung der Vorschriften; betragsmäßige Aufgliederungen sind nicht erforderlich. Die Angabe im Anhang wird bei Zugrundeliegen mehrerer verschiedener Vorschriften übersichtlicher sein als die in der Bilanz.[4] 5

III. Auflösung des Sonderpostens mit Rücklageanteil

Der Sonderposten mit Rücklageanteil ist gem. § 273 iVm. § 247 Abs. 3 S. 2 nach Maßgabe des Steuerrechts aufzulösen. Die vorzeitige Auflösung des Sonderpostens ist zulässig und hat regelmäßig auch steuerlich maßgebende Wirkung.[5] Umgekehrt ist dagegen die Fortführung einer im Jahresabschluss gebildeten unversteuerten Rücklage, wenn diese für Zwecke der steuerlichen Gewinnermittlung vorzeitig aufgelöst wird, abzulehnen.[6] 6

IV. Folgen der Nichtbeachtung

Die Nichtbeachtung der Ansatzvorschriften für Sonderposten mit Rücklageanteil kann nach § 334 Abs. 1 Nr. 1a), bzw. Nr. 1c) als Ordnungswidrigkeit mit einer Geldbuße belegt werden. 7

§ 274 Steuerabgrenzung

(1) [1]Ist der dem Geschäftsjahr und früheren Geschäftsjahren zuzurechnende Steueraufwand zu niedrig, weil der nach den steuerrechtlichen Vorschriften zu versteuernde Gewinn niedriger als das handelsrechtliche Ergebnis ist, und gleicht sich der zu niedrige Steueraufwand des Geschäftsjahrs und früherer Geschäftsjahre in späteren Geschäftsjahren voraussichtlich aus, so ist in Höhe der voraussichtlichen Steuerbelastung nachfolgender Geschäftsjahre eine Rückstellung nach § 249 Abs. 1 Satz 1 zu bilden und in der Bilanz oder im Anhang gesondert anzugeben. [2]Die Rückstellung ist aufzulösen, sobald die höhere Steuerbelastung eintritt oder mit ihr voraussichtlich nicht mehr zu rechnen ist.

(2) [1]Ist der dem Geschäftsjahr und früheren Geschäftsjahren zuzurechnende Steueraufwand zu hoch, weil der nach den steuerrechtlichen Vorschriften zu versteuernde Gewinn höher als das handelsrechtliche Ergebnis ist, und gleicht sich der zu hohe Steueraufwand des Geschäftsjahrs und früherer Geschäftsjahre in späteren Geschäftsjahren voraussichtlich aus, so darf in Höhe der voraussichtlichen Steuerentlastung nachfolgender Geschäftsjahre ein Abgrenzungsposten als Bilanzierungshilfe auf der Aktivseite der Bilanz gebildet werden. [2]Dieser Posten ist unter entsprechender Bezeichnung gesondert aus-

---

[1] ADS RdNr. 11.
[2] ADS RdNr. 16.
[3] Tietze HdR RdNr. 22.
[4] ADS RdNr. 20.
[5] Hoyos/Gutike BeBiKo RdNr. 9.
[6] ADS RdNr. 26.

zuweisen und im Anhang zu erläutern. ³ Wird ein solcher Posten ausgewiesen, so dürfen Gewinne nur ausgeschüttet werden, wenn die nach der Ausschüttung verbleibenden jederzeit auflösbaren Gewinnrücklagen zuzüglich eines Gewinnvortrags und abzüglich eines Verlustvortrags dem angesetzten Betrag mindestens entsprechen. ⁴ Der Betrag ist aufzulösen, sobald die Steuerentlastung eintritt oder mit ihr voraussichtlich nicht mehr zu rechnen ist.

Schrifttum: *IDW,* St/SABI 3/1988: Zur Steuerabgrenzung im Einzelabschluß, WPg 1988, 683; *Marten/Weiser/Köhler,* Aktive latente Steuern auf steuerliche Velrustvorträge: zunehmende Tendenz zur Aktivierung, BB 2003, 2035.

Übersicht

	RdNr.		RdNr.
I. Überblick	1–7	III. Ausweis der Steuerabgrenzung	10–12
1. Allgemeines	1	1. Ausweis in der Bilanz	10, 11
2. Konzept der Steuerabgrenzung	2–5	2. Ausweis in der Gewinn- und Verlustrechnung	12
3. Ermittlung des Steuerabgrenzungspostens	6, 7		
II. Unterschiede zwischen Handels- und Steuerbilanz	8, 9	IV. Latente Steuern auf steuerliche Verlustvorträge	13
1. Aktive Steuerabgrenzungsposten	8	V. Folgen der Nichtbeachtung	14
2. Passive Steuerabgrenzungsposten	9		

I. Überblick

1 **1. Allgemeines.** Steuerabgrenzungen (latente Steuern) können im handelsrechtlichen JA grdsl. nur bei einer Durchbrechung des (umgekehrten) Maßgeblichkeitsprinzips entstehen. Die zunehmenden Einschränkungen des Maßgeblichkeitsprinzips durch eigenständige Regelungen im Bilanzsteuerrecht führen zu einer Ausweitung möglicher Steuerabgrenzungen. Auch die zunehmende Orientierung an internationalen Rechnungslegungsstandards, die sich zB im BilReG oder im DRS 10 widerspiegelt, führt zu einer steigenden Bereitschaft bei der Aktivierung von latenten Steuern.¹ Eine Ausstrahlungswirkung des DRS 10, der grdsl. nur GoB-Vermutungen für Konzernabschlüsse bewirkt, auf den JA sind in den Fällen denkbar, in denen der DRS das HGB interpretiert und Gesetzeslücken schließt. Gesetzliche Wahlrechte oder Gebote können durch den DRS 10 jedoch nicht beseitigt werden.²

2 **2. Konzept der Steuerabgrenzung.** Das Konzept der Steuerabgrenzung beruht auf zeitlich begrenzten Differenzen zwischen handelsrechtlichem Ergebnis vor Ertragsteuern und steuerpflichtigem Einkommen, die auf unterschiedliche Bilanzierungs- und Bewertungsvorschriften in Handels- und Steuerrecht zurückzuführen sind *(timing concept).* In diesen Fällen steht der tatsächliche Ertragsteueraufwand nicht in einem erklärbaren Zusammenhang zum handelsrechtlichen Ergebnis. Ziel der Steuerabgrenzung ist es, diesen Zusammenhang herzustellen und jeder Periode den Steueraufwand zuzuordnen, der mit dem handelsrechtlichen Ergebnis korrespondiert.³ Unterscheiden sich die Jahresergebnisse nach Handelsrecht und Steuerrecht auf Grund zeitlich begrenzter Bilanzierungs- und Bewertungsunterschiede, so ist der Steueraufwand zu korrigieren. Ist das Handelsbilanzergebnis vor Ertragsteuern höher als der nach steuerrechtlichen Vorschriften zu versteuernde Gewinn, so ist der Steueraufwand entsprechend zu erhöhen, ein passiver Abgrenzungsposten zu bilden und als Rückstellung für künftige Steuerbelastungen auszuweisen (**Passivierungspflicht;** Abs. 1 S. 1); ist umgekehrt das Handelsbilanzergebnis niedriger als der nach steuerrechtlichen Vorschriften zu versteuernde Gewinn, so kann der Steueraufwand entsprechend vermindert und ein aktiver Abgrenzungsposten für zukünftige Steuerentlastungen gebildet werden (**Aktivierungswahlrecht;** Abs. 2 S. 1).⁴ Grundvoraussetzung für die Aktivierung ist, dass voraussichtlich in den künftigen Jahren ausreichend zu versteuerndes Einkommen vorhanden sein wird.

3 Die Steuermehrbelastung bzw. die Steuerentlastung tritt grundsätzlich ein, wenn sich die zeitlichen Ergebnisunterschiede in zukünftigen Geschäftsjahren umkehren. Somit ist eine Grundvoraussetzung für die Steuerabgrenzung nach § 274, dass sich die Differenzen zwischen Handels- und Steuerbilanz in späteren Geschäftsjahren voraussichtlich ausgleichen *(timing differences)* und sich die Unterschiede

---

¹ *Hoyos/Fischer* BeBiKo RdNr. 1.
² *Hoyos/Fischer* BeBiKo RdNr. 2.
³ *Baumann/Spanheimer* HdR RdNr. 8 f.
⁴ *Hoyos/Fischer* BeBiKo RdNr. 5.

sowohl bei ihrer Entstehung als auch Umkehrung in der GuV niederschlagen.[5] Differenzen, die sich in späteren Geschäftsjahren nicht wieder ausgleichen (*permanent differences,* zB nicht abzugsfähige Betriebsausgaben oder steuerfreie Gewinne), sind nicht in die Steuerabgrenzung einzubeziehen. Differenzen, die zwar grundsätzlich zeitlich begrenzt sind, deren Ausgleich am Abschlussstichtag aber nicht absehbar ist (*quasi permanent differences,* zB Abschreibungen auf Beteiligungen), sind zunächst ebenfalls nicht in die Steuerabgrenzung einzubeziehen, aber jedes Jahr daraufhin zu überprüfen, ob sie sich auf Grund gesetzlicher Regelungen, geänderter Verhältnisse oder unternehmerischer Dispositionen nicht doch in einem überschaubaren Zeitraum ausgleichen werden (vgl. RdNr. 5).[6]

Die internationalen Standards (zB IAS 12 und SFAS 109) beruhen auf dem **temporary concept**, das die Ermittlung latenter Steuern auf Basis der Unterschiede im Bilanzwertansatz unter Einbeziehung der quasi-permanenten Differenzen vorsieht. Im Gegensatz zum *timing concept* sind somit auch ergebnisneutral entstandene Unterschiede und die quasi-permanenten Unterschiede zu berücksichtigen. Diesem Ansatz folgt der DRS 10, der Elemente der beiden Konzepte verbindet.[7] Ergebnisneutral entstandene Unterschiede sind im deutschen Bilanzrecht allerdings lediglich im Konzernabschluss von Bedeutung.

Nach DRS 10.8 sind latente Steuern auf quasi-permanente Differenzen (DRS 10.5) nur zu aktivieren, wenn die Realisierung hinreichend wahrscheinlich ist. Damit wird dem Vorsichtprinzip in Bezug auf den künftigen Ausgleich der latenten Steuer Rechnung getragen. Dem steht der Wortlaut des § 274 nicht entgegen, nach dem die Aktivierung latenter Steuern bei einem voraussichtlichen Ausgleich möglich ist.[8]

3. Ermittlung des Steuerabgrenzungspostens. Die zeitlich begrenzten Ergebnisdifferenzen zwischen Handelsbilanz und Steuerbilanz basieren zwar auf einzelnen Geschäftsvorfällen, die jeweils für sich genommen zu einem aktiven oder passiven Steuerabgrenzungsposten führen können; der Wortlaut des § 274 stellt jedoch nicht auf die einzelnen Differenzen, sondern auf den **gesamten Steueraufwand,** der dem Geschäftsjahr oder früheren Geschäftsjahren zuzurechnen ist, ab. Diese **Gesamtdifferenzenbetrachtung** führt dazu, dass der Steuerabgrenzungsposten in der Bilanz aus dem Gesamtunterschied zwischen dem handelsrechtlichen Ergebnis vor Steuern und dem steuerpflichtigen Einkommen ermittelt wird.[9] Bei der Gesamtdifferenzenbetrachtung kann es jedoch nicht bleiben, wenn der künftige höhere Steueraufwand **zeitlich früher** wirksam wird, als die erwartete Steuerentlastung eintritt. In diesem Fall kann gem. dem Vorsichtsgrundsatz (§ 252 Abs. 1 Nr. 4) eine Rückstellung gebildet werden; unterbleibt dies, sind bei wesentlichen Beträgen Angaben nach §§ 264 Abs. 2 S. 2 und 285 Nr. 3 zu machen.[10] Im Hinblick darauf, dass es sich um eine ungewisse Verbindlichkeit handelt und iSd. den tatsächlichen Verhältnissen entsprechenden Darstellung der Vermögens-, Finanz- und Ertragslage sollte bei wesentlichen Beträgen eine Rückstellung gebildet werden. Die Unterschiede zwischen Handels- und Steuerbilanz sind daher zu jedem Bilanzstichtag zu analysieren und im Zeitablauf zu verfolgen, um den Eintritt von Steuerbelastungen und -entlastungen im Zeitablauf erkennen zu können; in der Praxis geschieht dies zB in Form eines Differenzenspiegels oder eines anderen geeigneten Verfahrens.[11]

Nach dem Wortlaut von Abs. 1 und 2 ist für die Ermittlung der voraussichtlichen Steuerbelastung bzw. Steuerentlastung der Steuersatz zum Zeitpunkt der Umkehr der temporären Differenzen zugrunde zu legen (vgl. auch DRS 10.20). Somit sind bei Erwartung einer Steuersatzänderung die geänderten Steuersätze dann zugrunde zu legen, wenn diese hinreichend konkret feststehen.[12] Wegen der mit der Ermittlung des anzuwendenden Steuersatzes idR verbundenen Probleme werden in der Literatur einige pragmatische Lösungen u. a. vorgeschlagen:[13] Pauschalsatz von 50%, Mischsatz anhand des bisherigen Ausschüttungsverhaltens, höchster Satz bei passiven – niedrigster Satz bei aktiven latenten Steuern und Maximalbelastung. Die Bemessung der aktiven und passiven Steuerabgrenzungsposten auf der Grundlage einer **steuerlichen Maximalbelastung** dürfte der Zielsetzung der Steuerabgrenzung am ehesten entsprechen, es sollte jedoch nur so lange von einer steuerlichen Maximalbelastung ausgegangen werden, wie nicht spezielle Gründe dagegen

---

[5] *IDW,* St/SABI 3/1988, WPg 1988, 684.
[6] *ADS* RdNr. 16; *IDW,* St/SABI 3/1988, WPg 1988, 684.
[7] *Hoyos/Fischer* BeBiKo RdNr. 6 f.
[8] *Hoyos/Fischer* BeBiKo RdNr. 9.
[9] *ADS* RdNr. 21; *Baumbach/Hopt/Merkt* RdNr. 1; *Hoyos/Fischer* BeBiKo RdNr. 10.
[10] *WPH* F RdNr. 340.
[11] *IDW,* St/SABI 3/1988, WPg 1988, 684.
[12] Nach DRS 10.25 sind Gesetzesänderungen zu berücksichtigen, sobald die maßgebliche gesetzgebende Körperschaft die Änderung verabschiedet hat.
[13] Vgl. hierzu *ADS* RdNr. 23–24.

sprechen.[14] Hingegen wird die Verwendung eines Pauschalsatzes, der von den tatsächlich zu erwartenden Steuersätzen deutlich abweicht, nur schwer zu begründen sein. Mit dem Übergang zur Definitivbesteuerung auf Gesellschaftsebene hat die Bemessung des Steuersatzes, soweit er von dem Ausschüttungsverhalten abhing, an Bedeutung verloren.

II. Unterschiede zwischen Handels- und Steuerbilanz

1. Aktive Steuerabgrenzungsposten. Als Beispiele für Unterschiede zwischen Handels- und Steuerbilanz, die zu aktiven Steuerabgrenzungen führen, können genannt werden:[15]
- höhere Abschreibungen in der Handelsbilanz als in der Steuerbilanz auf Grund unterschiedlicher Abschreibungsmethoden oder Nutzungsdauern;
- Nichtaktivierung bzw. schnellere Abschreibung des Geschäfts- oder Firmenwertes in der Handelsbilanz;
- niedrigerer Ansatz der Herstellungskosten in der Handelsbilanz als in der Steuerbilanz;
- höhere Abschreibungen auf Vorräte und auf Forderungen in der Handelsbilanz als in der Steuerbilanz oder höhere Abzinsungsfaktoren auf Forderungen in der Handelsbilanz;
- Nichtaktivierung des Disagios in der Handelsbilanz bei Aktivierung und planmäßiger Abschreibung in der Steuerbilanz;
- Ansatz von steuerrechtlich nicht abzugsfähigen Rückstellungen, wie zB Rückstellungen für drohende Verluste aus schwebenden Geschäften nach § 249 Abs. 1 S. 1, Aufwandsrückstellungen nach § 249 Abs. 2 oder Rückstellungen für unterlassene Instandhaltung nach § 249 Abs. 1 S. 3;
- Abzinsung von Pensionsrückstellungen in der Handelsbilanz mit einem niedrigeren als dem nach steuerrechtlichen Vorschriften (§ 6 a Abs. 3 S. 3 EStG) anzuwendenden Zinsfuß;
- Nachaktivierungen oder Kürzungen von Rückstellungen und anderen Passivposten im Rahmen von Betriebsprüfungen.

2. Passive Steuerabgrenzungsposten. Als Beispiele für Unterschiede zwischen Handels- und Steuerbilanz, die zu passiven Steuerabgrenzungen führen, kommen in Frage:[16]
- Aktivierung von Aufwendungen für die Ingangsetzung und Erweiterung des Geschäftsbetriebs in der Handelsbilanz;
- bei steigenden Preisen Bewertung nach der Fifo-Methode in der Handelsbilanz und Durchschnittsbewertung in der Steuerbilanz;
- Aktivierung von Fremdkapitalzinsen gem. § 255 Abs. 3 in der Handelsbilanz, soweit der Kredit nicht nachweisbar in unmittelbarem wirtschaftlichem Zusammenhang mit der Herstellung steht (engere Aktivierungsvoraussetzung in R 6.3 Abs. 7 EStR);
- Abschreibung von Geschäfts- oder Fabrikbauten in der Handelsbilanz mit niedrigeren Abschreibungssätzen als nach § 7 Abs. 4 Nr. 1 EStG in der Steuerbilanz.

III. Ausweis der Steuerabgrenzung

1. Ausweis in der Bilanz. Ist nach Abs. 1 eine Rückstellung für latente Steuern zu bilden, so kann diese entweder in der **Bilanz gesondert** ausgewiesen oder in den Posten B.2. **„Steuerrückstellungen"** im Gliederungsschema des § 266 Abs. 3 einbezogen werden. Wird im letztgenannten Fall der Betrag nicht als Untergliederung oder „Davon"-Vermerk der Steuerrückstellungen ausgewiesen, muss er im Anhang gesondert angegeben werden.[17] Nach Abs. 1 S. 2 ist die Rückstellung für latente Steuern aufzulösen, sobald die höhere Steuerbelastung eintritt oder mit ihr voraussichtlich nicht mehr zu rechnen ist.

Für einen **aktiven Abgrenzungsposten** nach Abs. 2 enthält S. 2 lediglich die Anweisung, dass dieser Posten unter entsprechender Bezeichnung gesondert auszuweisen und im Anhang zu erläutern ist. Die Anhangangabe dürfte idR als verbale Erläuterung der Gründe zu verstehen sein; der Ausweis des Postens vor oder nach den Rechnungsabgrenzungsposten unter entsprechender Bezeichnung, zB „Steuerabgrenzungsposten nach § 274 Abs. 2" oder „Bilanzierungshilfe aus Steuerabgrenzung", bietet sich an.[18] Abs. 2 S. 3 enthält für den Fall eines aktiven Abgrenzungspostens eine ausdrückliche **Ausschüttungssperre:** Gewinne dürfen nur ausgeschüttet werden, wenn die nach der Ausschüttung

---

[14] ADS RdNr. 25; IDW, St/SABI 3/1988, WPg 1988, 684.
[15] Baumann/Spanheimer HdR RdNr. 21.
[16] Baumann/Spanheimer HdR RdNr. 22.
[17] ADS RdNr. 48; IDW, St/SABI 3/1988, WPg 1988, 684.
[18] ADS RdNr. 50.

verbleibenden jederzeit auflösbaren Gewinnrücklagen zuzüglich eines Gewinnvortrags und abzüglich eines Verlustvortrags dem angesetzten Betrag mindestens entsprechen. Der aktive Steuerabgrenzungsposten ist nach Abs. 2 S. 4 aufzulösen, sobald die Steuerentlastung eintritt oder mit ihr voraussichtlich nicht mehr zu rechnen ist; eine vorgezogene Auflösung ist möglich.[19]

2. Ausweis in der Gewinn- und Verlustrechnung. Ein Aufwand oder Ertrag aus der Bildung oder Auflösung von Steuerabgrenzungsposten ist in den **Posten „Steuern vom Einkommen und vom Ertrag"** einzubeziehen, soweit die entsprechenden Aufwands- und Ertragsposten aus dem Eintritt der erwarteten Steuerbelastung oder -entlastung oder Steuersatzänderungen resultieren. Entsprechendes gilt für die Auflösung einer Rückstellung für latente Steuern bzw. eines aktiven Steuerabgrenzungspostens, weil nicht mehr mit einer entsprechenden Steuerbelastung bzw. -entlastung zu rechnen ist oder im Hinblick auf das Aktivierungswahlrecht eine vorgezogene Auflösung erfolgt.[20]

IV. Latente Steuern auf steuerliche Verlustvorträge

Bisher ist die Aktivierung latenter Steuern auf steuerliche Verlustvorträge nach hM unzulässig.[21] In der Literatur finden sich seit Bekanntmachung des DRS 10 vermehrt Meinungen, die die Aktivierung latenter Steuern auf Verlustvorträge im JA (mit Ausschüttungssperre) als zulässig erachten.[22] Begründet wird dies idR. mit einer zutreffenderen Periodenabgrenzung und mit einer besseren Darstellung der tatsächlichen Verhältnisse. Nach DRS 10.11 sind latente Steuern auf steuerliche Verlustvorträge im Konzernabschluss zu aktivieren, wenn die Realisierung des Steuervorteils hinreichend wahrscheinlich ist. Der DSR geht von einer Vereinbarkeit von DRS 10 mit den geltenden handelsrechtlichen Vorschriften aus, ohne dass eine Anwendung des DRS 10 auch im Einzelabschluss empfohlen würde. Damit ist weiterhin davon auszugehen, dass die Bildung aktiver latenter Steuern auf steuerliche Verlustvorträge im handelsrechtlichen Einzelabschluss nicht in Betracht kommt.[23]

V. Folgen der Nichtbeachtung

Die unrichtige Wiedergabe oder Verschleierung der Verhältnisse im JA ist durch § 331 Nr. 1 unter **Strafe** gestellt. Zuwiderhandlungen gegen die Vorschriften des § 274 werden als **Ordnungswidrigkeiten** behandelt (§ 334 Abs. 1 Nr. 1 c).

§ 274 a Größenabhängige Erleichterungen

Kleine Kapitalgesellschaften sind von der Anwendung der folgenden Vorschriften befreit:
1. § 268 Abs. 2 über die Aufstellung eines Anlagegitters,
2. § 268 Abs. 4 Satz 2 über die Pflicht zur Erläuterung bestimmter Forderungen im Anhang,
3. § 268 Abs. 5 Satz 3 über die Erläuterung bestimmter Verbindlichkeiten im Anhang,
4. § 268 Abs. 6 über den Rechnungsabgrenzungsposten nach § 250 Abs. 3,
5. § 269 Satz 1 insoweit, als die Aufwendungen für die Ingangsetzung und Erweiterung des Geschäftsbetriebs im Anhang erläutert werden müssen.

I. Allgemeines

Diese Vorschrift regelt die Erleichterungen für kleine Kapitalgesellschaften und OHG/KG iSv. § 264 a in Bezug auf Ausweisvorschriften in der Bilanz oder entsprechende Erläuterungen im Anhang. Weitere Erleichterungsvorschriften für kleine und mittelgroße Gesellschaften sind in §§ 276, 288 enthalten (vgl. Erl. zu § 276 bzw. § 288).

Für kleine AG ist § 274 a hinsichtlich der in § 131 Abs. 1 S. 3 AktG geregelten Auskunftsrechte des Aktionärs bei der Vorlage des Jahresabschlusses in der Hauptversammlung von Bedeutung. Da die Vorschrift des § 274 a in der Aufzählung des § 131 Abs. 1 S. 3 AktG nicht genannt ist, können kleine

---
[19] *ADS* RdNr. 52.
[20] *ADS* RdNr. 53 f.
[21] *ADS* RdNr. 28.
[22] *Marten/Weiser/Köhler* BB 2003, 2335 mwN.
[23] So auch *HFA des IDW*, FN-IDW 2003, S. 22.

§ 275

AG in diesem Fall die Erleichterung des § 274a in Anspruch nehmen und einen Jahresabschluss vorlegen, bei dem lediglich auf die Erleichterungen nach den §§ 266 Abs. 1 S. 3, 276 und 288 verzichtet wird.[1]

3 Für Kreditinstitute und Finanzdienstleistungsinstitute sowie für Versicherungsunternehmen kommt eine Inanspruchnahme der Erleichterungen des § 274a nicht in Betracht, da sie auf Grund von § 340a bzw. § 341a auf ihren Jahresabschluss grundsätzlich die für große Kapitalgesellschaften geltenden Vorschriften anzuwenden haben. Demgegenüber können kleine eingetragene Genossenschaften von den Erleichterungen Gebrauch machen. Unternehmen, die zur Rechnungslegung nach den Vorschriften des PublG verpflichtet sind, fallen nicht in den Anwendungsbereich des § 274a, da die Merkmale nach § 1 PublG oberhalb derjenigen für kleine Kapitalgesellschaften liegen.

II. Einzelvorschriften

4 **1. Anlagenspiegel (Nr. 1).** Nach Nr. 1 sind kleine Kapitalgesellschaften und OHG/KG iSv. § 264a von der Aufstellung eines Anlagenspiegels gem. § 268 Abs. 2 befreit. Die Befreiung bezieht sich auch auf die in § 268 Abs. 2 S. 3 geforderte Angabe der Abschreibungen des Geschäftsjahres.[2]

5 Wird auf die Anwendung dieser Erleichterungsvorschrift in späteren Jahren entweder freiwillig verzichtet oder kommt sie wegen Überschreitens der Größenklassen des § 267 Abs. 1 nicht mehr in Frage, kann es in der Praxis zu Problemen bei der Ermittlung der historischen Anschaffungs- oder Herstellungskosten kommen. Da aber einerseits eine Inventarisierung der Vermögensgegenstände verpflichtend ist und andererseits in EDV-gestützten Buchführungssystemen alle für die Aufstellung eines Anlagengitters erforderlichen Informationen auch zu einem späteren Zeitpunkt verfügbar sein sollten, wird darin kein bedeutsames praktisches Problem liegen. Eine teilweise für sachgerecht gehaltene analoge Anwendung des Art. 24 Abs. 6 EGHGB, wonach auf die Ermittlung der Anschaffungs- oder Herstellungskosten einzelner Vermögensgegenstände verzichtet werden kann, wenn diese zu unverhältnismäßigen Kosten oder Verzögerungen führen würde,[3] erscheint deshalb vor diesem Hintergrund im Regelfall nicht notwendig.

6 **2. Erläuterung bestimmter Forderungen (Nr. 2).** Werden unter den „Sonstigen Vermögensgegenständen" Beträge für Vermögensgegenstände ausgewiesen, die erst nach dem Abschlussstichtag rechtlich entstehen (antizipative Aktiva) und einen größeren Umfang haben, so sind diese gem. § 268 Abs. 4 S. 2 im Anhang zu erläutern (vgl. § 268 RdNr. 28). Kleine Kapitalgesellschaften und OHG/KG iSv. § 264a sind nach Nr. 2 von dieser Erläuterungspflicht befreit.

7 **3. Erläuterung bestimmter Verbindlichkeiten (Nr. 3).** Unter dem Posten „Verbindlichkeiten" ausgewiesene Beträge, die erst nach dem Abschlussstichtag rechtlich entstehen (antizipative Passiva) und einen größeren Umfang haben, sind gem. § 268 Abs. 5 S. 3 im Anhang zu erläutern (vgl. § 268 RdNr. 32). Diese Erläuterungspflicht besteht für kleine Kapitalgesellschaften und OHG/KG iSv. § 264a nach Nr. 3 nicht.

8 **4. Rechnungsabgrenzungsposten (Nr. 4).** Ein aktiviertes Disagio muss gem. § 268 Abs. 6 gesondert in der Bilanz ausgewiesen oder im Anhang angegeben werden. Diese Ausweis- bzw. Angabepflicht entfällt nach Nr. 4 für kleine Kapitalgesellschaften und OHG/KG iSv. § 264a.

9 **5. Erläuterung der Aufwendungen für die Ingangsetzung und Erweiterung des Geschäftsbetriebs (Nr. 5).** Kleine Kapitalgesellschaften und OHG/KG iSv. § 264a sind, falls die Bilanzierungshilfe des § 269 S. 1 in Anspruch genommen und ein Posten „Aufwendungen für die Ingangsetzung und Erweiterung des Geschäftsbetriebs" ausgewiesen wird, nach Nr. 5 von der Verpflichtung, diesen Posten im Anhang zu erläutern, befreit.

Dritter Titel. Gewinn- und Verlustrechnung

§ 275 Gliederung

(1) ¹Die Gewinn- und Verlustrechnung ist in Staffelform nach dem Gesamtkostenverfahren oder dem Umsatzkostenverfahren aufzustellen. ²Dabei sind die in Absatz 2 oder 3 bezeichneten Posten in der angegebenen Reihenfolge gesondert auszuweisen.

---

[1] ADS RdNr. 4.
[2] Dörner/Wirth HdR RdNr. 2.
[3] ADS RdNr. 7.

Gliederung § 275

(2) Bei Anwendung des Gesamtkostenverfahrens sind auszuweisen:
1. Umsatzerlöse
2. Erhöhung oder Verminderung des Bestands an fertigen und unfertigen Erzeugnissen
3. andere aktivierte Eigenleistungen
4. sonstige betriebliche Erträge
5. Materialaufwand:
   a) Aufwendungen für Roh-, Hilfs- und Betriebsstoffe und für bezogene Waren
   b) Aufwendungen für bezogene Leistungen
6. Personalaufwand:
   a) Löhne und Gehälter
   b) soziale Abgaben und Aufwendungen für Altersversorgung und für Unterstützung, davon für Altersversorgung
7. Abschreibungen:
   a) auf immaterielle Vermögensgegenstände des Anlagevermögens und Sachanlagen sowie auf aktivierte Aufwendungen für die Ingangsetzung und Erweiterung des Geschäftsbetriebs
   b) auf Vermögensgegenstände des Umlaufvermögens, soweit diese die in der Kapitalgesellschaft üblichen Abschreibungen überschreiten
8. sonstige betriebliche Aufwendungen
9. Erträge aus Beteiligungen, davon aus verbundenen Unternehmen
10. Erträge aus anderen Wertpapieren und Ausleihungen des Finanzanlagevermögens, davon aus verbundenen Unternehmen
11. sonstige Zinsen und ähnliche Erträge, davon aus verbundenen Unternehmen
12. Abschreibungen auf Finanzanlagen und auf Wertpapiere des Umlaufvermögens
13. Zinsen und ähnliche Aufwendungen, davon an verbundene Unternehmen
14. Ergebnis der gewöhnlichen Geschäftstätigkeit
15. außerordentliche Erträge
16. außerordentliche Aufwendungen
17. außerordentliches Ergebnis
18. Steuern vom Einkommen und vom Ertrag
19. sonstige Steuern
20. Jahresüberschuß/Jahresfehlbetrag.

(3) Bei Anwendung des Umsatzkostenverfahrens sind auszuweisen:
1. Umsatzerlöse
2. Herstellungskosten der zur Erzielung der Umsatzerlöse erbrachten Leistungen
3. Bruttoergebnis vom Umsatz
4. Vertriebskosten
5. allgemeine Verwaltungskosten
6. sonstige betriebliche Erträge
7. sonstige betriebliche Aufwendungen
8. Erträge aus Beteiligungen, davon aus verbundenen Unternehmen
9. Erträge aus anderen Wertpapieren und Ausleihungen des Finanzanlagevermögens, davon aus verbundenen Unternehmen
10. sonstige Zinsen und ähnliche Erträge, davon aus verbundenen Unternehmen
11. Abschreibungen auf Finanzanlagen und auf Wertpapiere des Umlaufvermögens
12. Zinsen und ähnliche Aufwendungen, davon an verbundene Unternehmen
13. Ergebnis der gewöhnlichen Geschäftstätigkeit

§ 275 1, 2   3. Buch. 2. Abschnitt. Erg. Vorschr. für Kapitalgesellschaften

14. außerordentliche Erträge
15. außerordentliche Aufwendungen
16. außerordentliches Ergebnis
17. Steuern vom Einkommen und vom Ertrag
18. sonstige Steuern
19. Jahresüberschuß/Jahresfehlbetrag.

(4) Veränderungen der Kapital- und Gewinnrücklagen dürfen in der Gewinn- und Verlustrechnung erst nach dem Posten „Jahresüberschuß/Jahresfehlbetrag" ausgewiesen werden.

Schrifttum: *IDW* RS HFA 18: Bilanzierung von Anteilen an Personenhandelsgesellschaften, WPg 2006, 1302; *IDW,* St/SABI 1/1987: Probleme des Umsatzkostenverfahrens, WPg 1987, 141; *IDW,* St/HFA 1/1984: Bilanzierungsfragen bei Zuwendungen, dargestellt am Beispiel finanzieller Zuwendungen der öffentlichen Hand, WPg 1984, 612.

Übersicht

	RdNr.		RdNr.
I. Grundlagen	1–3	15. Außerordentliche Erträge und außerordentliche Aufwendungen	39
II. Form der Gewinn- und Verlustrechnung (Abs. 1)	4–9	16. Außerordentliches Ergebnis	40
		17. Steuern	41–44
III. Gewinn- und Verlustrechnung nach dem Gesamtkostenverfahren (Abs. 2)	10–45	18. Jahresüberschuss/Jahresfehlbetrag	45
1. Umsatzerlöse	10	IV. Gewinn- und Verlustrechnung nach dem Umsatzkostenverfahren (Abs. 3)	46–55
2. Bestandsveränderungen	11	1. Umsatzerlöse	46
3. Andere aktivierte Eigenleistungen	12, 13	2. Herstellungskosten der zur Erzielung der Umsatzerlöse erbrachten Leistungen	47–49
4. Sonstige betriebliche Erträge	14	3. Bruttoergebnis vom Umsatz	50
5. Materialaufwand	15–17	4. Vertriebskosten	51
6. Personalaufwand	18–23	5. Allgemeine Verwaltungskosten	52
7. Abschreibungen	24–26	6. Sonstige betriebliche Erträge	53
8. Sonstige betriebliche Aufwendungen	27	7. Sonstige betriebliche Aufwendungen	54
9. Erträge aus Beteiligungen	28–30	8. Posten Nr. 8 bis 19 des Umsatzkostenverfahrens	55
10. Erträge aus anderen Wertpapieren und Ausleihungen des Finanzanlagevermögens	31, 32	V. Veränderungen der Kapital- und Gewinnrücklagen (Abs. 4)	56
11. Sonstige Zinsen und ähnliche Erträge	33, 34	VI. Folgen der Nichtbeachtung	57
12. Abschreibungen auf Finanzanlagen und auf Wertpapiere des Umlaufvermögens	35, 36		
13. Zinsen und ähnliche Aufwendungen	37		
14. Ergebnis der gewöhnlichen Geschäftstätigkeit	38		

I. Grundlagen

1 Die Gewinn- und Verlustrechnung als Bestandteil des Jahresabschlusses enthält gem. § 242 Abs. 2 iVm. § 246 Abs. 1 sämtliche **Aufwendungen** und **Erträge** des Geschäftsjahres, soweit gesetzlich nichts anderes bestimmt ist (Vollständigkeitsgebot). Die Verrechnung von Aufwendungen mit Erträgen ist gem. § 246 Abs. 2 unzulässig (Saldierungsverbot; zu den Ausnahmen vgl. § 246 RdNr. 40). Neben der parallel zur Bilanz bestehenden **Gewinnermittlungsfunktion** ist als Aufgabe der Gewinn- und Verlustrechnung insbesondere die Darstellung der **Ertragslage** des Unternehmens anzusehen. Die in Abs. 2 bzw. Abs. 3 vorgeschriebenen Posten der Gewinn- und Verlustrechnung sollen die Aufwands- und Ertragsstruktur verdeutlichen und das Zustandekommen des Erfolgs aufzeigen.[1] Der dafür notwendigen Analyse der relevanten Jahresabschlussdaten dient das gesetzlich vorgesehene Gliederungsschema insbesondere durch den gesonderten Ausweis der wichtigsten Aufwands- und Ertragsposten, die Bildung von Zwischensummen und die Angabe der entsprechenden Vorjahreszahlen.[2]

2 Die Gliederungsvorschriften des § 275 gelten zunächst nur für Kapitalgesellschaften und OHG/KG iSv. § 264 a. Für **Nicht-Kapitalgesellschaften** fehlt es an einer gesetzlichen Vorschrift zur

[1] *ADS* RdNr. 19.
[2] *ADS* RdNr. 20.

Ausgestaltung der Gewinn- und Verlustrechnung. Allerdings hat sich die freiwillige Anwendung der Gliederungsvorschrift für die Gewinn- und Verlustrechnung weitgehend durchgesetzt.

Für Unternehmen, die ihre Bilanz nach vorgeschriebenen Formblättern aufstellen müssen (zB Kreditinstitute und Finanzdienstleistungsinstitute sowie Versicherungsunternehmen), wird die Gliederung nach § 275 durch die in den entsprechenden Verordnungen vorgeschriebenen Gliederungen verdrängt. Dem **PublG** unterliegende Unternehmen haben gem. § 5 Abs. 1 S. 2 PublG das Gliederungsschema des § 275 sinngemäß anzuwenden, für eingetragene **Genossenschaften** gilt § 275 entsprechend (§ 336 Abs. 2). 3

II. Form der Gewinn- und Verlustrechnung (Abs. 1)

Die Gewinn- und Verlustrechnung ist nach Abs. 1 S. 1 zwingend in der **Staffelform**, bei der die im Gesetz beschriebenen Posten untereinander in der angegebenen Reihenfolge (Abs. 1 S. 2) auszuweisen sind, aufzustellen. Die Staffelform hat gegenüber der Kontoform, die für die Gewinn- und Verlustrechnung von Kapitalgesellschaften und OHG/KG iSv. § 264a nicht zulässig ist, den Vorteil größerer Übersichtlichkeit.[3] 4

Darüber hinaus enthält Abs. 1 S. 1 das Wahlrecht, die Gewinn- und Verlustrechnung entweder nach dem **Gesamtkostenverfahren** (Abs. 2) oder nach dem **Umsatzkostenverfahren** (Abs. 3) aufzustellen. Beide Verfahren können als gleichwertig angesehen werden; sie führen zu demselben Jahresüberschuss bzw. -fehlbetrag. 5

Das **Gesamtkostenverfahren** stellt darauf ab, den Aufwand nach Aufwandsarten zu gliedern und so die sog. Primäraufwendungen des Geschäftsjahres zu zeigen, unabhängig davon, ob die hergestellten Produkte oder erbrachten Leistungen auch am Markt abgesetzt worden sind oder nicht.[4] Daher sind die Posten „Bestandsveränderungen" und „Andere aktivierte Eigenleistungen" notwendig.[5] Eine nach diesem Verfahren aufgestellte Gewinn- und Verlustrechnung ist **leistungsbezogen**. 6

Dagegen werden beim **Umsatzkostenverfahren** den Umsatzerlösen die Herstellungskosten der im Geschäftsjahr verkauften Produkte oder erbrachten Leistungen ohne Rücksicht darauf, in welchem Geschäftsjahr die Herstellungskosten angefallen sind, gegenübergestellt. Der Aufwand ist darüber hinaus nicht nach Aufwandsarten gegliedert, sondern nach Funktionsbereichen (Herstellung, Vertrieb, allgemeine Verwaltung).[6] Eine nach diesem Verfahren aufgestellte Gewinn- und Verlustrechnung ist **umsatzbezogen**. Da bei Anwendung des Umsatzkostenverfahrens der Materialaufwand und der Personalaufwand in der Gliederung nicht mehr erkennbar sind, fordert § 285 Nr. 8 zusätzliche Angaben hierzu im Anhang. 7

Da keinem der beiden Verfahren eindeutig der Vorzug gegeben werden kann, hängt die **Entscheidung** für eines der beiden Verfahren von Faktoren wie dem Adressatenkreis der Rechnungslegung, der Ableitbarkeit der Gewinn- und Verlustrechnung aus dem internen Rechnungswesen oder der Einbeziehung in einen Konzernabschluss ab.[7] Das Umsatzkostenverfahren stellt allerdings das international gebräuchlichere Verfahren dar.[8] Das einmal gewählte Verfahren ist auf Grund von § 265 Abs. 1 S. 1 (Gliederungsstetigkeit) beizubehalten, sofern nicht in Ausnahmefällen wegen besonderer Umstände eine Abweichung erforderlich ist. 8

Nach Abs. 1 S. 2 sind die Einzelnen in Abs. 2 und Abs. 3 bezeichneten Posten der Gewinn- und Verlustrechnung in der **angegebenen Reihenfolge gesondert** auszuweisen. Von der vorgeschriebenen Reihenfolge kann nur abgewichen werden, wenn eine Abweichung aus den in § 265 Abs. 6 genannten Gründen erforderlich ist, wenn Erleichterungen bestehen oder wenn andere Gliederungen vorgeschrieben sind, wie zB bei Kreditinstituten und Finanzdienstleistungsinstituten (§ 340a Abs. 2) sowie Versicherungen (§ 341a Abs. 2). 9

III. Gewinn- und Verlustrechnung nach dem Gesamtkostenverfahren (Abs. 2)

1. Umsatzerlöse. Die Umsatzerlöse werden in § 277 Abs. 1 definiert. Vgl. hierzu Erläuterungen zu § 277. 10

2. Bestandsveränderungen. Der Posten „Erhöhung oder Verminderung des Bestands an fertigen und unfertigen Erzeugnissen" ist bei Anwendung des Gesamtkostenverfahrens notwendig, weil 11

---

[3] *Förschle* BeBiKo RdNr. 11.
[4] ADS RdNr. 29.
[5] *Borchert/Budde* HdR RdNr. 14.
[6] ADS RdNr. 30.
[7] *Förschle* BeBiKo RdNr. 36; ADS RdNr. 35.
[8] *Baumbach/Hopt/Merkt* RdNr. 2.

als Aufwendungen die **gesamten im Geschäftsjahr angefallenen Aufwendungen** ausgewiesen werden und nicht, wie beim Umsatzkostenverfahren, nur die den Umsätzen entsprechenden Aufwendungen. Bestandserhöhungen an fertigen und unfertigen Erzeugnissen stellen somit gewissermaßen eine Ergänzung der Umsatzerlöse, Bestandsminderungen eine Korrektur der Umsatzerlöse dar, wobei sich das Wertniveau unterscheidet.[9]

Zu weiteren Ausführungen über Bestandsveränderungen vgl. die Erläuterungen zu § 277.

12 **3. Andere aktivierte Eigenleistungen.** Unter die anderen aktivierten Eigenleistungen fallen im Wesentlichen selbst erstellte Vermögensgegenstände des Anlagevermögens, aktivierte Großreparaturen, gem. § 269 aktivierte Aufwendungen für die Ingangsetzung und Erweiterung des Geschäftsbetriebs sowie sonstige aktivierungsfähige Anlauf-, Entwicklungs- und Versuchskosten;[10] die Bezeichnung „andere" soll verdeutlichen, dass auch die unter Nr. 2 erfassten Bestandserhöhungen Eigenleistungen sind und unter Nr. 3 alle aktivierten Eigenleistungen auszuweisen sind, die nicht bereits zu Nr. 2 gehören.[11] In den Posten können nur solche Eigenleistungen einbezogen werden, die aktiviert wurden.

13 Der Posten ist nur bei **Anwendung des Gesamtkostenverfahrens** erforderlich, weil die für die Herstellung der Eigenleistungen angefallenen Aufwendungen unter den jeweiligen Primäraufwendungen (zB Materialaufwand, Personalaufwand) in der Gewinn- und Verlustrechnung ausgewiesen sind und diese somit korrigiert werden müssen.[12] Enthalten die Aufwendungen, zB bei der Erstellung eigener Anlagen, in erheblichem Umfang fremdbezogene Leistungen und Materialien, dann sollte die sog. **Netto-Methode,** bei der diese Leistungen und Materialien direkt auf Anlagenkonten verbucht werden, angewandt werden; handelt es sich überwiegend um Eigenleistungen, ist die sog. **Brutto-Methode** angebracht, bei der die Fremdbezüge unter den Posten Nr. 5 a) bzw. 5 b) verrechnet werden.[13]

14 **4. Sonstige betriebliche Erträge.** Der Posten Nr. 4 stellt einen Sammelposten für alle betrieblichen Erträge dar, die nicht unter einem anderen Ertragsposten (zB Erträge aus Beteiligungen, Erträge aus anderen Wertpapieren und Ausleihungen des Finanzanlagevermögens, Ausleihungen und sonstigen Finanzanlagen, sonstige Zinsen und ähnliche Erträge, außerordentliche Erträge) auszuweisen sind. Für den Ausweis unter den sonstigen betrieblichen Erträgen kommen zB in Betracht:
– Erlöse aus Umsätzen, die nicht unter Nr. 1 fallen (zB Mieten, Pachten, Patent- und Lizenzgebühren, wenn die Erzielung derartiger Umsätze nicht den originären Unternehmenszweck darstellt);
– Erträge aus dem Abgang von Gegenständen des Anlagevermögens;
– Erträge aus der Heraufsetzung von Festwerten des Sachanlagevermögens;
– Erträge aus der Herabsetzung der Pauschalwertberichtigung auf Forderungen;
– Erträge aus der Auflösung von Rückstellungen;
– Erträge aus der Auflösung des Sonderpostens mit Rücklageanteil;
– Erträge aus Zuschreibungen;
– erhaltene Schadenersatzleistungen;
– Umlagen an verbundene Unternehmen;
– Erträge aus Zulagen und Zuschüssen.[14]

15 **5. Materialaufwand.** Als Materialaufwand sind auszuweisen die Posten Nr. 5 a) „**Aufwendungen für Roh-, Hilfs- und Betriebsstoffe und für bezogene Waren**" und Nr. 5 b) „**Aufwendungen für bezogene Leistungen**".

16 Unter Posten Nr. 5 a) sind sämtliche Aufwendungen für Roh-, Hilfs- und Betriebsstoffe sowie für bezogene Waren zu erfassen. Sind solche Aufwendungen den Bereichen Verwaltung oder Vertrieb zurechenbar, können sie auch unter den sonstigen betrieblichen Aufwendungen (Posten Nr. 8) ausgewiesen werden.[15] Abschreibungen auf Roh-, Hilfs- und Betriebsstoffe sowie auf bezogene Waren sind nur insoweit im Posten Nr. 5 a) zu erfassen, wie sie die in der Kapitalgesellschaft üblichen Abschreibungen nicht übersteigen; anderenfalls erfolgt der Ausweis unter Nr. 7 b). Wurde für Roh-, Hilfs- und Betriebsstoffe ein Festwert gem. § 240 Abs. 3 gebildet, so fallen laufende Ersatzbeschaf-

---

[9] *Förschle* BeBiKo RdNr. 75.
[10] *ADS* RdNr. 61.
[11] *Borchert/Budde* HdR RdNr. 34.
[12] *Förschle* BeBiKo RdNr. 80; *Baumbach/Hopt/Merkt* RdNr. 7.
[13] *ADS* RdNr. 63.
[14] *IDW* St/HFA 1/1984, WPg 1984, 612.
[15] *WPH* F RdNr. 422.

fungen sowie Herauf- oder Herabsetzungen des Festwerts unter Nr. 5 a).[16] Bei Festwerten des Sachanlagevermögens können Ersatzbeschaffungen ebenfalls unter Nr. 5 a) ausgewiesen werden.[17] Aufwendungen für bezogene Waren beziehen sich auf Handelswaren und entstehen durch Abschreibung oder bei Veräußerung.

Unter Posten Nr. 5 b) auszuweisende Aufwendungen für bezogene Leistungen müssen Materialaufwand sein; somit kommen insbesondere alle in die Fertigung eingehenden Fremdleistungen in Betracht, also zB die von Dritten durchgeführte Lohnbe- und -verarbeitung von Fertigungsstoffen und Erzeugnissen, wie etwa Kosten für das Umschmelzen von Metallen, für Stanzarbeiten oder das Härten von Fertigungsteilen.[18] Ebenfalls unter 5 b) fallen Aufwendungen für bezogene Energie. Nicht hierzu zählen zB Mieten, Beratungsgebühren, Werbekosten, Reisespesen oder Sachverständigenhonorare.[19]

6. Personalaufwand. Der Personalaufwand wird unterteilt in die Posten Nr. 6 a) „**Löhne und Gehälter**" und Nr. 6 b) „**soziale Abgaben und Aufwendungen für Altersversorgung und für Unterstützung, davon für Altersversorgung**".

Unter Posten Nr. 6 a) sind sämtliche im Geschäftsjahr angefallenen Löhne und Gehälter für gewerbliche Arbeitnehmer, Angestellte und Mitglieder des Vorstands bzw. der Geschäftsführung auszuweisen. Zu erfassen sind dabei die Bruttobeträge der Löhne und Gehälter, also die Beträge vor Abzug der Steuern und der vom Arbeitnehmer zu tragenden Sozialabgaben. Es sind dabei alle Arten von Bezügen der Mitarbeiter zu berücksichtigen, unabhängig von der Bezeichnung, der Art der dafür geleisteten Arbeit oder der Form der Vergütung.[20]

Vorschüsse auf künftige Löhne und Gehälter stellen keine Aufwendungen dar, sondern Forderungen; Rückstellungen für nach dem Abschlussstichtag anfallende Lohnaufwendungen (zB für Garantiearbeiten) sollten nicht über Posten Nr. 6 a), sondern über die sonstigen betrieblichen Aufwendungen (Posten Nr. 8) verrechnet werden.[21]

Im Posten Nr. 6 b) sind die **Sozialabgaben** und die **Aufwendungen für Altersversorgung** und für **Unterstützung** zusammengefasst. Unter die sozialen Abgaben fallen lediglich die gesetzlichen Pflichtabgaben, soweit sie die Gesellschaft zu tragen hat (Arbeitgeberanteile); dazu zählen die Beiträge an die Sozialversicherung (Renten-, Kranken- und Arbeitslosenversicherung, Knappschaft) und an die Berufsgenossenschaft. Nicht zu den sozialen Abgaben gehören Aufwendungen, die auf Grund eines Tarifvertrags oder einer Betriebsvereinbarung anfallen.[22]

Bei den **Aufwendungen für Altersversorgung** handelt es sich um Pensionszahlungen mit oder ohne Rechtsanspruch (soweit sie nicht zu Lasten von Pensionsrückstellungen geleistet werden), Zuführungen zu Pensionsrückstellungen, Zuweisungen zu anderen Versorgungseinrichtungen (Unterstützungs- und Pensionskassen), Beiträge an die Pensionssicherungsverein sowie andere von Unternehmen übernommene Aufwendungen für die künftige Altersversorgung von Mitarbeitern (zB Lebensversicherungsprämien).[23] Aufgrund des erheblichen Zinsanteils in den Zuführungen zu den Pensionsrückstellungen kann dieser alternativ auch unter den Zinsaufwendungen (Posten Nr. 13) ausgewiesen werden.[24] Da dies zu einem zutreffenderen Ausweis der Personal- und Finanzierungskosten führt, ist dieser Ausweis vorzuziehen. Zu den Aufwendungen für Unterstützung zählen ausschließlich solche Aufwendungen für tätige und nicht mehr tätige Mitarbeiter sowie deren Hinterbliebene, die freiwillig und damit nicht für eine Gegenleistung des Empfängers gezahlt werden, zB Krankheits- und Unfallunterstützungen, übernommene Kur- und Arztkosten, Erholungsbeihilfen, Heirats- und Geburtsbeihilfen, Unterstützungszahlungen an Invalide, Pensionäre, Hinterbliebene, Beihilfen an aktive Mitarbeiter in Notfällen, Zuweisungen an Sozialkassen, Betriebssportvereine und Unterstützungseinrichtungen.[25]

Die im Posten Nr. 6 b) enthaltenen Aufwendungen für Altersversorgung sind nach dem Gliederungsschema des Abs. 2 mit einem „Davon"-Vermerk gesondert anzugeben. Die gesonderte Angabe kann aber auch durch eine Untergliederung des Postens Nr. 6 b) oder nach § 265 Abs. 7 Nr. 2 im Anhang erfolgen.[26]

---

[16] *ADS* RdNr. 86.
[17] *WPH* F RdNr. 424.
[18] *ADS* RdNr. 93 f.
[19] *WPH* F RdNr. 428.
[20] *ADS* RdNr. 100.
[21] *WPH* F RdNr. 430.
[22] *ADS* RdNr. 115.
[23] *Förschle* BeBiKo RdNr. 135.
[24] *ADS* RdNr. 121; *Borchert/Budde* HdR RdNr. 61.
[25] *Borchert/Budde* HdR RdNr. 60.
[26] *ADS* RdNr. 123; *WPH* F RdNr. 439.

24 **7. Abschreibungen.** Der Posten Abschreibungen ist unterteilt in Nr. 7 a) Abschreibungen „auf immaterielle Gegenstände des Anlagevermögens und Sachanlagen sowie auf aktivierte Aufwendungen für die Ingangsetzung und Erweiterung des Geschäftsbetriebs" und Nr. 7 b) Abschreibungen „auf Vermögensgegenstände des Umlaufvermögens, soweit diese die in der Kapitalgesellschaft üblichen Abschreibungen überschreiten".

25 Der unter Nr. 7 a) ausgewiesene Betrag muss mit der Summe der gem. § 268 Abs. 2 S. 3 in Bilanz oder Anhang anzugebenden Beträge übereinstimmen.[27] Außerplanmäßige Abschreibungen iSv. § 253 Abs. 2 S. 3 sind nach § 277 Abs. 3 S. 1 unter Nr. 7 a) gesondert auszuweisen oder im Anhang anzugeben. Werden nur steuerrechtlich zulässige Abschreibungen iSv. § 254 S. 1 in den Sonderposten mit Rücklageanteil eingestellt, dann zählt der Aufwand nicht zu Nr. 7 a), sondern gem. § 281 Abs. 2 S. 2 zu den sonstigen betrieblichen Aufwendungen (Posten Nr. 8).

26 Unter Nr. 7 b) werden nur Abschreibungen auf Posten des Umlaufvermögens ausgewiesen, welche die im Unternehmen sonst üblichen Abschreibungen überschreiten. Als **unüblich** könnten Abschreibungen dann angesehen werden, wenn von den bisherigen Abschreibungsmethoden mit der Folge wesentlich höherer Abschreibungsbeträge abgewichen wird oder ungewöhnliche, seltene Abschreibungen (zB bei Sanierungsfällen oder Schließung einzelner Betriebe) vorliegen.[28] Abschreibungen iSv. § 253 Abs. 3 S. 3 sind gem. § 277 Abs. 3 S. 1 in der Gewinn- und Verlustrechnung gesondert auszuweisen oder im Anhang anzugeben.

27 **8. Sonstige betriebliche Aufwendungen.** Der Posten Nr. 8 stellt einen Sammelposten für alle betrieblichen Aufwendungen dar, die nicht unter anderen Aufwandsposten auszuweisen sind. Für den Ausweis unter den sonstigen betrieblichen Aufwendungen kommen zB Verluste aus dem Abgang von Gegenständen des Anlagevermögens, Verluste aus dem Abgang von Gegenständen des Umlaufvermögens (außer Vorräten), Abschreibungen auf Forderungen und sonstige Vermögensgegenstände, soweit sie nicht die üblichen Abschreibungen überschreiten, und Einstellungen in den Sonderposten mit Rücklageanteil in Betracht.[29]

28 **9. Erträge aus Beteiligungen.** Der Posten Nr. 9 umfasst alle Erträge, die aus Beteiligungen stammen; das Vorliegen einer Beteiligung ergibt sich aus § 271 Abs. 1 (vgl. Erl. zu § 271). Handelt es sich bei der Beteiligung gleichzeitig um ein verbundenes Unternehmen, so sind die entsprechenden Erträge in einem „Davon"-Vermerk gesondert anzugeben. Erträge aus einer Gewinngemeinschaft, einem Gewinnabführungs- oder Teilgewinnabführungsvertrag sind nicht als Erträge aus Beteiligungen, sondern nach § 277 Abs. 3 S. 2 gesondert unter entsprechender Bezeichnung auszuweisen. Als Erträge aus Beteiligungen kommen zB Dividenden, Gewinnanteile, Ausschüttungen oder Entnahmen bei Personengesellschaften in Betracht, soweit diese nicht als (erfolgsneutrale) Kapitalrückzahlungen zu qualifizieren sind.[30]

29 Die Erträge aus Beteiligungen sind grundsätzlich dann zu realisieren, wenn der Anspruch entstanden und der Eingang der Erträge bei vernünftiger kaufmännischer Beurteilung sicher zu erwarten ist.[31] Bei **Beteiligungen an Personenhandelsgesellschaften** ist, soweit nicht der Gesellschaftsvertrag eine abweichende Bestimmung enthält, der Gewinnanteil regelmäßig mit Ablauf des Geschäftsjahres der Personenhandelsgesellschaft entstanden. Bei gleichem Geschäftsjahr von Beteiligungsunternehmen und beteiligter Gesellschaft ist der Gewinn also in dem Jahr zu vereinnahmen, in dem er bei dem Beteiligungsunternehmen angefallen und im Jahresabschluss ausgewiesen ist; auf eine Ausschüttung kommt es insoweit nicht an.[32] Bei **Kapitalgesellschaften** entsteht der Gewinnanspruch grundsätzlich erst mit dem Ausschüttungsbeschluss. Kann jedoch das Mutterunternehmen bei einer im Mehrheitsbesitz stehenden Kapitalgesellschaft auf Grund seiner Stimmrechte in der Haupt- bzw. der Gesellschafterversammlung eine bestimmte Gewinnausschüttung durchsetzen, so kann ein entsprechender Ertrag auch schon dann vereinnahmt werden, wenn der Jahresabschluss des Tochterunternehmens festgestellt ist, der Abschlussstichtag nicht nach dem des Jahresabschlusses des Mutterunternehmens liegt und ein entsprechender Gewinnverwendungsvorschlag vorliegt (sog. **phasengleiche Gewinnvereinnahmung**).[33] Nachdem der EuGH bereits am 27. 6. 1996[34] mit Berichtigung vom 10. 7. 1997[35] festgestellt hat, dass die phasengleiche Vereinnahmung der Dividende

---
[27] *ADS* RdNr. 124; *WPH* F RdNr. 442; *Förschle* BeBiKo RdNr. 142.
[28] *ADS* RdNr. 132 u. 135 f.; *Borchert/Budde* HdR RdNr. 68.
[29] Ausführliche Übersicht in *ADS* RdNr. 141 f.
[30] *Baumbach/Hopt/Merkt* RdNr. 13; *IDW RS HFA 18*, WPg 2006, 1302.
[31] *ADS* RdNr. 150.
[32] Zu Ausnahmen vgl. u. a. *ADS* RdNr. 151; *IDW RS HFA 18*, WPg 2006, 1302.
[33] *ADS* RdNr. 152 mit Hinweisen auf entspr. Rspr.
[34] EuGH v. 27. 6. 1996 – Rs. C-234/94, DB 1996, 1400–1401.
[35] EuGH v. 10. 7. 1997 – Rs. C-234/94, DB 1997, 1513.

von Tochtergesellschaften nicht gegen die 4. EG-Richtlinie verstößt, hat der BGH für 100%ige Beteiligungen an Unternehmen in der Rechtsform der GmbH mit Urteil vom 12. 1. 1998 entschieden, dass bei Vorliegen der entsprechenden Voraussetzungen (Tochter-GmbH ist abhängiges Konzernunternehmen iSv. §§ 17 Abs. 2, 18 Abs. 3 S. 1 AktG; Beschluss der Gesellschafterversammlung der Tochter-GmbH über die Feststellung des Jahresabschlusses und die Gewinnverwendung für das abgelaufene Geschäftsjahr vor Beendigung der Jahresabschlussprüfung bei dem Mutterunternehmen; übereinstimmendes Geschäftsjahr bei Mutter- und Tochterunternehmen) eine Verpflichtung zur phasengleichen Gewinnvereinnahmung besteht.[36] Obwohl vom BGH so nicht entschieden, ist davon auszugehen, dass diese Verpflichtung bei sonst gleichen Voraussetzungen bereits bei einer mehrheitlichen Beteiligung besteht, da das Mutterunternehmen auch in diesem Fall auch allein in der Lage ist, einen entsprechenden Gewinnverwendungsbeschluss durchzusetzen. Demgegenüber hat der BFH entschieden, dass für steuerliche Zwecke eine phasengleiche Gewinnvereinnahmung nicht zulässig ist.[37] Sofern in der Handelsbilanz unter den genannten Voraussetzungen von der Möglichkeit der phasengleichen Gewinnvereinnahmung Gebrauch gemacht wird, resultiert daraus ein Anwendungsfall für den Ansatz passiver latenter Steuern, sofern kein ertragsteuerliches Anrechnungsverfahren zum Tragen kommt.

Der Ausweis der Beteiligungserträge erfolgt **brutto**, dh. einschließlich anrechenbarer einbehaltener KapESt;[38] die Saldierung der Erträge mit Aufwendungen für Finanzanlagen ist unzulässig.[39]

10. Erträge aus anderen Wertpapieren und Ausleihungen des Finanzanlagevermögens. Der Posten Nr. 10 enthält sämtliche Erträge aus Finanzanlagen (§ 266 Abs. 2 A.III.), die nicht als Erträge aus Beteiligungen (Posten Nr. 9) oder als Erträge aus Gewinngemeinschaften, Gewinnabführungs- oder Teilgewinnabführungsverträgen (§ 277 Abs. 3 S. 2) auszuweisen sind.[40] Für den Ausweis unter Nr. 10 kommen insbesondere Zinserträge, Dividendenerträge und ähnliche Ausschüttungen auf Wertpapiere des Anlagevermögens sowie Zinserträge aus Ausleihungen in Betracht; auch Erträge aus periodisch erfolgenden Aufzinsungen langfristiger Ausleihungen fallen unter diesen Posten.[41]

Der Ausweis erfolgt entsprechend den Erträgen aus Beteiligungen (Posten Nr. 9) nach dem **Bruttoprinzip**. Stammen die Erträge aus verbundenen Unternehmen, so sind sie in einem „Davon"-Vermerk gesondert anzugeben.

11. Sonstige Zinsen und ähnliche Erträge. Dieser Posten stellt einen Sammelposten für alle Zinsen und ähnliche Erträge dar, die nicht bereits unter den Posten Nr. 9 und Nr. 10 bzw. nach § 277 Abs. 3 S. 2 gesondert auszuweisen sind. Zu den sonstigen Zinsen gehören insbesondere Zinsen auf Guthaben, Termingelder und andere Einlagen bei Kreditinstituten, Zinsen aus Forderungen an Kunden, Lieferanten, Mitarbeiter und andere Dritte, Zinsen und Dividenden aus Wertpapieren des Umlaufvermögens, Erträge aus Aufzinsungen von Forderungen und Darlehen des Umlaufvermögens, den Kunden berechnete Verzugszinsen.[42] Als ähnliche Erträge kommen Erträge aus einem Agio oder Disagio, Kreditprovisionen, Erträge aus Kreditgarantien, Teilzahlungszuschläge uÄ in Betracht.[43]

Der Ausweis erfolgt entsprechend der Behandlung der Posten Nr. 9 und Nr. 10 **brutto**; Saldierungen von Zinserträgen und Zinsaufwendungen sind unzulässig.[44] Enthalten die Zinsen und ähnlichen Erträge solche aus verbundenen Unternehmen, so sind diese gesondert in einem „Davon"-Vermerk anzugeben.

12. Abschreibungen auf Finanzanlagen und auf Wertpapiere des Umlaufvermögens. Der Posten Nr. 12 enthält alle Abschreibungen des Geschäftsjahrs auf die in der Bilanz gezeigten Finanzanlagen sowie auf Wertpapiere des Umlaufvermögens (§ 266 Abs. 2 A.III. u. B.III.). Für den Ausweis unter Nr. 12 kommen sowohl Pflichtabschreibungen (§ 253 Abs. 2 S. 3 2. Hs., Abs. 3 S. 1 u. 2) als auch Abschreibungen, für die ein Wahlrecht besteht (§ 253 Abs. 2 S. 3 1. Hs., Abs. 3 S. 3; § 254), in Betracht.[45]

---

[36] BGH Urteil v. 12. 1. 1998 – II ZR 82/93, BB 1998, 635 ff.
[37] BFH v. 7. 8. 2000 – GrS 2/99, BStBl. II S. 632 ff.
[38] Zu den Besonderheiten bei Fällen, in denen die Beteiligung an einer Kapitalgesellschaft durch eine Personenhandelsgesellschaft gehalten wird, an der das bilanzierende Unternehmen beteiligt ist, vgl. ADS RdNr. 146 a; BGH Urteil v. 30. 1. 1995 – II ZR 42/94, BB 1995, 719–721.
[39] *Förschle* BeBiKo RdNr. 188.
[40] ADS RdNr. 154.
[41] ADS RdNr. 155; ebenso *Förschle* BeBiKo RdNr. 187; *Borchert/Budde* HdR RdNr. 80
[42] *Borchert/Budde* HdR RdNr. 81.
[43] ADS RdNr. 158.
[44] ADS RdNr. 157 u. 159.
[45] ADS RdNr. 167.

36 Nach dem Gesetzeswortlaut wären Abschreibungen auf Wertpapiere des Umlaufvermögens, soweit sie die in der Gesellschaft üblichen Abschreibungen überschreiten, nicht hier, sondern unter dem Posten Nr. 7 b) auszuweisen. Dem Ausweis unter Posten Nr. 12 ist jedoch der Vorzug zu geben, da einerseits die Gliederung der Gewinn- und Verlustrechnung nach § 275 es nahe legt, die Aufwendungen und Erträge des Finanzbereichs gesondert und in sich geschlossen zu zeigen, und andererseits auch bei Anwendung des Umsatzkostenverfahrens (Abs. 2) eine Ausgliederung der entsprechenden Abschreibungen aus dem gleich lautenden Posten Nr. 11 nicht vorgesehen ist.[46]

37 **13. Zinsen und ähnliche Aufwendungen.** Der Posten Nr. 13 enthält alle Zinsaufwendungen und ähnliche Aufwendungen, die auf lang-, mittel- oder kurzfristige Verbindlichkeiten entfallen; eine Saldierung mit Zinserträgen ist nicht zulässig.[47] Im Einzelnen kann es sich dabei um Zinsen für aufgenommene Kredite jeder Art (zB für Bankkredite, Hypotheken, Schuldverschreibungen, Schuldscheindarlehen, Darlehen, Lieferantenkredite und Genussscheine), Diskontbeträge für Wechsel und Schecks, Verzugszinsen, Kreditprovisionen, Überziehungsprovisionen, Bürgschafts- und Avalprovisionen, Kreditbereitstellungsgebühren, Verwaltungskostenbeiträge, Vermittlungsprovisionen und Frachtenstundungsgebühren, Besicherungskosten und andere Nebenkosten, Abschreibungen auf ein aktiviertes Agio, Disagio oder Damnum, den Zinsanteil der Zuführungen zu Pensionsrückstellungen handeln.[48] Gegenüber verbundenen Unternehmen angefallene Zinsen und ähnliche Aufwendungen sind in einem „Davon"-Vermerk gesondert auszuweisen.

38 **14. Ergebnis der gewöhnlichen Geschäftstätigkeit.** Der Posten Nr. 14 stellt eine Zwischensumme aus den unter den Posten Nr. 1 bis 13 ausgewiesenen Erträgen und Aufwendungen dar. Er enthält das **Betriebsergebnis** und das **Finanzergebnis**. Der Bereich der gewöhnlichen Geschäftstätigkeit wird dadurch vom außerordentlichen Bereich (Posten Nr. 15–17) und vom Steueraufwand (Posten Nr. 18–19) abgegrenzt. Da das Ergebnis der gewöhnlichen Geschäftstätigkeit positiv oder negativ sein kann, empfiehlt es sich, dies durch ein entsprechendes Vorzeichen oder besser durch eine modifizierte Bezeichnung, zB „Überschuss bzw. Fehlbetrag aus der gewöhnlichen Geschäftstätigkeit", kenntlich zu machen.[49]

39 **15. Außerordentliche Erträge und außerordentliche Aufwendungen.** Die außerordentlichen Erträge und die außerordentlichen Aufwendungen werden in § 277 Abs. 4 definiert. Vgl. hierzu Erläuterungen zu § 277.

40 **16. Außerordentliches Ergebnis.** Das außerordentliche Ergebnis stellt den Saldo aus den außerordentlichen Erträgen und Aufwendungen dar. Auch hier gilt, dass durch ein entsprechendes Vorzeichen oder eine abweichende Bezeichnung wie zB „Überschuss bzw. Fehlbetrag aus den außerordentlichen Posten" kenntlich gemacht werden sollte, ob ein Ertrags- oder ein Aufwandsüberschuss vorliegt.[50]

41 **17. Steuern.** Im Rahmen der Gliederung der Gewinn- und Verlustrechnung ist ein gesonderter Ausweis der erfolgsabhängigen Steuern vorgesehen. Die **Steuern vom Einkommen und vom Ertrag** (Posten Nr. 18) sind getrennt von den **sonstigen Steuern** (Posten Nr. 19) auszuweisen.

42 Unter die Steuern vom Einkommen und vom Ertrag fallen im Wesentlichen die Körperschaftsteuer (ggf. einschließlich Kapitalertragsteuer und Solidaritätszuschlag) und die Gewerbeertragsteuer, außerdem ausländische Steuern, die den deutschen Steuern vom Einkommen und Ertrag entsprechen, sowie entsprechende Steuerabgrenzungen gem. § 274 Abs. 1. Es müssen alle Steuern ausgewiesen werden, für die das Unternehmen wirtschaftlich Steuerschuldner ist.[51]

43 Unter den sonstigen Steuern sind alle Steuern auszuweisen, die nicht unter den Posten Nr. 18 fallen; dazu zählen zB Grundsteuer, Erbschaftsteuer, Schenkungsteuer;[52] außerdem entsprechende ausländische Steuern.[53] Abgaben, Gebühren, Bußgelder uÄ gehören nicht zu Posten Nr. 19, sondern werden idR unter den sonstigen betrieblichen Aufwendungen (Posten Nr. 8) ausgewiesen.[54]

44 Zur Frage der Darstellung des Steueraufwands in der Gewinn- und Verlustrechnung von OHG/KG iSv. § 264 a vgl. die Erläuterungen zu § 264 c.

---

[46] *ADS* RdNr. 169; *Förschle* BeBiKo RdNr. 201; *WPH* F RdNr. 471; für einen Ausweis unter Nr. 7 b) *Borchert/Budde* HdR RdNr. 82.
[47] *ADS* RdNr. 173.
[48] *Förschle* BeBiKo RdNr. 206.
[49] *WPH* F RdNr. 480.
[50] *WPH* F RdNr. 484.
[51] *WPH* F RdNr. 493.
[52] *Baumbach/Hopt/Merkt* RdNr. 23.
[53] *ADS* RdNr. 197.
[54] *ADS* RdNr. 200.

18. Jahresüberschuss/Jahresfehlbetrag. Der Posten Nr. 20 weist den im Geschäftsjahr erzielten 45 Gewinn oder eingetretenen Verlust vor Rücklagenbewegungen aus, der sich als Saldo aller in der Gewinn- und Verlustrechnung ausgewiesenen Erträge und Aufwendungen ergibt. Wird die Bilanz nicht unter Berücksichtigung der vollständigen oder teilweisen Verwendung des Jahresergebnisses aufgestellt (§ 268 Abs. 1 S. 1), so endet die Gewinn- und Verlustrechnung mit dem Posten Nr. 20; dieser muss dann mit dem entsprechenden Bilanzposten (§ 266 Abs. 3 A. V.) übereinstimmen. Wird die Verwendung des Jahresergebnisses dagegen bei Aufstellung der Bilanz vollständig oder teilweise berücksichtigt, so können die entsprechenden Posten auch in die Gewinn- und Verlustrechnung im Anschluss an den Posten Nr. 20 aufgenommen werden (für AG bzw. KGaA gem. § 158 Abs. 1 AktG Pflicht, soweit die entsprechenden Angaben nicht im Anhang gemacht werden).[55]

IV. Gewinn- und Verlustrechnung nach dem Umsatzkostenverfahren (Abs. 3)

1. Umsatzerlöse. Der Posten Umsatzerlöse stimmt inhaltlich mit dem entsprechenden Posten 46 Nr. 1 des Gesamtkostenverfahrens überein. Insoweit auch hier der Verweis auf die Erläuterungen zu § 277.

2. Herstellungskosten der zur Erzielung der Umsatzerlöse erbrachten Leistungen. Mit 47 Posten Nr. 2 sollen entsprechend dem Charakter und der Zielsetzung des Umsatzkostenverfahrens die Herstellungskosten der verkauften Produkte und in Rechnung gestellten Leistungen nachgewiesen werden, und zwar unabhängig davon, ob sie im letzten oder in früheren Geschäftsjahren angefallen sind.[56] Für die Bestimmung des Inhalts der Herstellungskosten kann § 255 Abs. 2 herangezogen werden. Dabei sind allerdings die in § 255 vorgesehenen Wahlrechte außer Acht zu lassen, dh. der Ansatz der Herstellungskosten in der Gewinn- und Verlustrechnung erfolgt, unabhängig von der Ausübung der Wahlrechte in der Bilanz, grundsätzlich zu Vollkosten.[57]

Somit umfasst der Begriff der Herstellungskosten in der Gewinn- und Verlustrechnung alle in 48 § 255 Abs. 2 aufgezählten Aufwandsbestandteile, mit Ausnahme der allgemeinen Verwaltungskosten. Allgemeine Verwaltungskosten sind unter dem Posten Nr. 5 auszuweisen. Soweit diese Kosten bei der Bestandsbewertung mit einbezogen wurden, kann nicht verlangt werden, dass sie bei der Veräußerung der entsprechenden Produkte umgegliedert werden.[58] Der Umfang der unter Nr. 2 ausgewiesenen Herstellungskosten muss im Rahmen der Erläuterung der Bilanzierungs- und Bewertungsmethoden im Anhang angegeben werden. Inventurdifferenzen und Aufwand aus der Bewertung der Vorräte sind ebenfalls in den Herstellungskosten als Aufwand anzusetzen.

Beim Verkauf von **Handelswaren,** die ohne Bearbeitung weiterveräußert werden, treten die 49 Anschaffungskosten an die Stelle der Herstellungskosten; bei einem größeren Umfang der Warenverkäufe kann im Hinblick auf § 265 Abs. 6 auch eine Änderung der Postenbezeichnung in Betracht kommen. Bei reinen Handelsbetrieben ist die Postenbezeichnung entsprechend anzupassen, zB „Anschaffungskosten der verkauften Waren".[59]

3. Bruttoergebnis vom Umsatz. Der Posten stellt eine Zwischensumme dar, die sich als Saldo 50 aus den Posten Nr. 1 und Nr. 2 ergibt. Liegt hier ausnahmsweise ein Aufwandsüberschuss vor, sollte dies durch ein entsprechendes Vorzeichen kenntlich gemacht werden.[60]

4. Vertriebskosten. Unter den Vertriebskosten sind alle während des abgelaufenen Geschäftsjahrs 51 angefallenen Aufwendungen auszuweisen, die dem Vertriebsbereich entweder direkt oder indirekt über Umlagen oder Schlüsselungen zuzuordnen sind. Dazu zählen sämtliche Aufwendungen der Verkaufsabteilungen, Werbeabteilungen, Marketingabteilungen, des Vertreternetzes, der verschiedenen Formen der Absatzförderung usw.[61] Auszuweisen sind hier auch angefallene Vertriebsaufwendungen für Produkte, die erst in späteren Perioden veräußert werden; der Gesichtspunkt des Umsatzbezuges ist bei diesem Posten somit ohne Bedeutung.[62]

5. Allgemeine Verwaltungskosten. Unter dem Posten Nr. 5 sind alle während des Geschäfts- 52 jahrs angefallenen Verwaltungsaufwendungen auszuweisen, soweit sie weder zu den Herstellungs- noch zu den Vertriebskosten zählen.[63] Das können Aufwendungen für die Geschäftsführung, das

---

[55] *ADS* RdNr. 207.
[56] *WPH* F RdNr. 535.
[57] *ADS* RdNr. 220; *Borchert/Budde* HdR RdNr. 133; *IDW,* St/SABI 1/1987, WPg 1987, 142.
[58] *ADS* RdNr. 225.
[59] *WPH* F RdNr. 540.
[60] *ADS* RdNr. 235.
[61] *WPH* F RdNr. 542.
[62] *ADS* RdNr. 236.
[63] *Förschle* BeBiKo RdNr. 290.

§ 276

53   6. Sonstige betriebliche Erträge. Der Posten Nr. 6 stimmt inhaltlich weitgehend mit Posten Nr. 4 des Gesamtkostenverfahrens überein. Werden Eigenleistungen der Gesellschaft im Anlagevermögen aktiviert, so ist es wegen des Fehlens eines dem Posten Nr. 3 (andere aktivierte Eigenleistungen) des Gesamtkostenverfahrens entsprechenden Postens im Umsatzkostenverfahren zulässig, einen Gegenposten unter Nr. 6 einzustellen. Vorzuziehen ist in diesem Fall aber die direkte Umbuchung von den jeweiligen Aufwandsposten auf die Bestandskonten.[65]

54   7. Sonstige betriebliche Aufwendungen. Wie bei dem entsprechenden Posten des Gesamtkostenverfahrens handelt es sich auch bei Posten Nr. 7 um einen Sammelposten für alle Aufwendungen, die nicht unter einem anderen Posten der Gewinn- und Verlustrechnung auszuweisen sind. Der hier auszuweisende Aufwand wird allerdings im Vergleich zum Gesamtkostenverfahren wesentlich niedriger ausfallen, weil der überwiegende Teil der in Frage kommenden Aufwandsarten bereits den Herstellungskosten (Nr. 2), den Vertriebskosten (Nr. 4) oder den allgemeinen Verwaltungskosten (Nr. 5) zuzurechnen sein wird.[66] Für einen Ausweis unter den sonstigen betrieblichen Aufwendungen kommen zB Aufwendungen für solche Nebenleistungen, bei denen die entsprechenden Erträge nicht unter Nr. 1, sondern unter Nr. 6 ausgewiesen werden, oder Forschungs- und Entwicklungskosten, die nicht im Zusammenhang mit der laufenden Produktion anfallen, in Betracht; Einstellungen in den Sonderposten mit Rücklageanteil müssen unter Posten Nr. 7 ausgewiesen werden.[67]

55   8. Posten Nr. 8 bis 19 des Umsatzkostenverfahrens. Die Posten Nr. 8–19 des Umsatzkostenverfahrens stimmen inhaltlich weitgehend mit den entsprechenden Posten Nr. 9–20 des Gesamtkostenverfahrens überein. Unterschiede können sich beim Posten Nr. 11 (Abschreibungen auf Finanzanlagen und auf Wertpapiere des Umlaufvermögens), da hier im Gegensatz zum Gesamtkostenverfahren auch für die Gesellschaft unübliche Abschreibungen auszuweisen sind, sowie bei den Posten Nr. 12 (Zinsen und ähnliche Aufwendungen, davon an verbundene Unternehmen) und 18 (sonstige Steuern), von denen Zinsen und Kostensteuern abzusetzen sind, die den Posten Nr. 2, 4 oder 5 zugerechnet wurden und für die kein Gegenposten unter Nr. 6 gebildet wurde, ergeben.[68]

V. Veränderungen der Kapital- und Gewinnrücklagen (Abs. 4)

56   Sollen die Veränderungen von Kapital- und Gewinnrücklagen auch in der Gewinn- und Verlustrechnung ausgewiesen werden, so darf dies gem. Abs. 4 erst nach dem Posten „Jahresüberschuss/Jahresfehlbetrag" geschehen (Posten Nr. 19 bzw. Nr. 20). Der Ausweis der Veränderung von Kapital- und Gewinnrücklagen in der Gewinn- und Verlustrechnung ist nicht zwingend. § 158 Abs. 1 S. 1 AktG bestimmt zwar, wie AG und KGaA die Gewinn- und Verlustrechnung nach dem Posten „Jahresüberschuss/Jahresfehlbetrag" zu ergänzen haben; § 158 Abs. 1 S. 2 AktG gestattet jedoch auch, diese Angaben im Anhang zu machen.

VI. Folgen der Nichtbeachtung

57   Die unrichtige Wiedergabe oder Verschleierung der Verhältnisse im JA ist durch § 331 Nr. 1 unter **Strafe** gestellt, Zuwiderhandlungen gegen die Vorschriften zur Gliederung des § 275 werden als **Ordnungswidrigkeiten** behandelt (§ 334 Abs. 1 Nr. 1 c). Wird durch Verstöße gegen die Vorschriften über die Gliederung die Klarheit und Übersichtlichkeit wesentlich beeinträchtigt, so droht die **Nichtigkeit** des JA (§ 256 Abs. 4 AktG; die Vorschrift ist sinngemäß auf den JA einer GmbH anzuwenden).

§ 276 Größenabhängige Erleichterungen

[1] Kleine und mittelgroße Kapitalgesellschaften (§ 267 Abs. 1, 2) dürfen die Posten § 275 Abs. 2 Nr. 1 bis 5 oder Abs. 3 Nr. 1 bis 3 und 6 zu einem Posten unter der Bezeichnung „Rohergebnis" zusammenfassen. [2] Kleine Kapitalgesellschaften brauchen außerdem die in § 277 Abs. 4 Satz 2 und 3 verlangten Erläuterungen zu den Posten „außerordentliche Erträge" und „außerordentliche Aufwendungen" nicht zu machen.

---

[64] *WPH* F RdNr. 544.
[65] *ADS* RdNr. 242.
[66] *WPH* F RdNr. 547; *IDW,* St/SABI 1/1987, WPg 1987, 143.
[67] *ADS* RdNr. 246 f.
[68] *ADS* RdNr. 249.

I. Betroffene Gesellschaften

Die Erleichterungen des S. 1 können grundsätzlich alle Kapitalgesellschaften in Anspruch nehmen, die nach den in § 267 Abs. 1 und 2 definierten Größenklassen als klein oder mittelgroß zu qualifizieren sind; S. 2 enthält eine weitere Erleichterung nur für kleine Kapitalgesellschaften. Gleiches gilt für OHG/KG iSv. § 264 a, die die jeweiligen Größenmerkmale aufweisen. Kreditinstitute und Finanzdienstleistungsinstitute sowie Versicherungsunternehmen haben ihren Jahresabschluss unabhängig von ihrer Rechtsform stets nach den für große Kapitalgesellschaften geltenden Vorschriften aufzustellen (§ 340 a Abs. 1 bzw. § 341 a Abs. 1); damit sind die Erleichterungsvorschriften für diese Unternehmen nicht anwendbar. Für dem PublG unterliegende Unternehmen gilt § 276 ebenfalls nicht, da § 276 nicht zu den in § 5 Abs. 1 S. 2 genannten Vorschriften zählt. Dagegen steht die Anwendung der größenabhängigen Erleichterungen des § 276 eingetragenen Genossenschaften in den entsprechenden Größenklassen offen.

II. Ausweis des Rohergebnisses (S. 1)

S. 1 gewährt kleinen und mittelgroßen Kapitalgesellschaften und OHG/KG iSv. § 264 a Erleichterungen bei der **Aufstellung** der Gewinn- und Verlustrechnung. Diese dürfen bei Anwendung des Gesamtkostenverfahrens (§ 275 Abs. 2) die Posten Nr. 1 bis 5 und bei Anwendung des Umsatzkostenverfahrens (§ 275 Abs. 3) die Posten Nr. 1 bis 3 und 6 zu einem Posten mit der Bezeichnung „Rohergebnis" zusammenfassen. Damit wird erreicht, dass die Umsatzerlöse nicht angegeben werden müssen. Unternehmen, deren Umsatztätigkeit nur auf wenige Produkte gerichtet ist oder die nur für einen/wenige Abnehmer arbeiten, können sich so vor Wettbewerbsnachteilen schützen.[1] Die Gewinn- und Verlustrechnung wird dadurch verkürzt; allerdings hat der Posten „Rohergebnis", je nachdem, ob das Gesamtkosten- oder das Umsatzkostenverfahren angewendet wird, einen unterschiedlichen Inhalt.[2] Die Aussagefähigkeit des Postens „Rohergebnis" muss als gering angesehen werden.[3] Bei AG muss zumindest intern eine Gewinn- und Verlustrechnung ohne die Erleichterungen des § 276 aufgestellt werden, da nach § 131 Abs. 1 S. 3 AktG jeder Aktionär verlangen kann, dass ihm in der über den Jahresabschluss beschließenden Hauptversammlung eine Gewinn- und Verlustrechnung in der Form vorgelegt wird, die sie ohne die Anwendung von § 276 hätte.

III. Vereinfachungen für kleine Kapitalgesellschaften (S. 2)

Während S. 1 für kleine und mittelgroße Kapitalgesellschaften sowie OHG/KG iSv. § 264 a gilt, enthält S. 2 eine weitere Erleichterung nur für kleine Kapitalgesellschaften und OHG/KG iSv. § 264 a. Danach sind diese von der Verpflichtung befreit, **außerordentliche** und **periodenfremde Aufwendungen** und **Erträge,** auch wenn sie nicht von untergeordneter Bedeutung sind, im Anhang hinsichtlich ihres Betrages und ihrer Art zu erläutern (§ 277 Abs. 4 S. 2 u. 3). Diese Vorschrift führt wie S. 1 zu einer Einschränkung der Aussagefähigkeit des Jahresabschlusses.[4] Auch hinsichtlich S. 2 gilt bei AG die Regelung des § 131 Abs. 1 S. 3 AktG.

§ 277 Vorschriften zu einzelnen Posten der Gewinn- und Verlustrechnung

(1) Als Umsatzerlöse sind die Erlöse aus dem Verkauf und der Vermietung oder Verpachtung von für die gewöhnliche Geschäftstätigkeit der Kapitalgesellschaft typischen Erzeugnissen und Waren sowie aus von für die gewöhnliche Geschäftstätigkeit der Kapitalgesellschaft typischen Dienstleistungen nach Abzug von Erlösschmälerungen und der Umsatzsteuer auszuweisen.

(2) Als Bestandsveränderungen sind sowohl Änderungen der Menge als auch solche des Wertes zu berücksichtigen; Abschreibungen jedoch nur, soweit diese die in der Kapitalgesellschaft sonst üblichen Abschreibungen nicht überschreiten.

(3) [1] Außerplanmäßige Abschreibungen nach § 253 Abs. 2 Satz 3 sowie Abschreibungen nach § 253 Abs. 3 Satz 3 sind jeweils gesondert auszuweisen oder im Anhang anzugeben. [2] Erträge und Aufwendungen aus Verlustübernahme und auf Grund einer Gewinngemein-

---

[1] *Förschle* BeBiKo RdNr. 2.
[2] *ADS* RdNr. 9; *Baumbach/Hopt/Merkt* RdNr. 1.
[3] *Borchert/Budde* HdR RdNr. 6.
[4] *Borchert/Budde* HdR RdNr. 7.

schaft, eines Gewinnabführungs- oder eines Teilgewinnabführungsvertrags erhaltene oder abgeführte Gewinne sind jeweils gesondert unter entsprechender Bezeichnung auszuweisen.

(4) ¹Unter den Posten „außerordentliche Erträge" und „außerordentliche Aufwendungen" sind Erträge und Aufwendungen auszuweisen, die außerhalb der gewöhnlichen Geschäftstätigkeit der Kapitalgesellschaft anfallen. ²Die Posten sind hinsichtlich ihres Betrags und ihrer Art im Anhang zu erläutern, soweit die ausgewiesenen Beträge für die Beurteilung der Ertragslage nicht von untergeordneter Bedeutung sind. ³Satz 2 gilt auch für Erträge und Aufwendungen, die einem anderen Geschäftsjahr zuzurechnen sind.

I. Überblick

1   Die Vorschriften des § 277 enthalten Umschreibungen zu einzelnen Posten der Gewinn- und Verlustrechnung sowie Bestimmungen für die Abgrenzung des Ergebnisses der gewöhnlichen Geschäftstätigkeit vom außerordentlichen Ergebnis. Durch § 277 soll nach der Begründung des Gesetzgebers sichergestellt werden, dass die entsprechenden Posten der Gewinn- und Verlustrechnung jeweils übereinstimmen und die Zwischensummen vergleichbar sind.¹ Kreditinstitute und Finanzdienstleistungsinstitute sind von der Anwendung von Abs. 1, 2, 3 S. 1 ausgenommen (§ 340a Abs. 2 S. 1); für Versicherungsunternehmen beschränkt sich die Ausnahme auf die Anwendung von Abs. 1 und 2 (§ 341a Abs. 1 S. 1). Für dem PublG unterliegende Unternehmen gilt § 277 ohne Einschränkung (§ 5 Abs. 1 PublG); eingetragene Genossenschaften brauchen Abs. 3 nicht anzuwenden (§ 336 Abs. 2 S. 1).

II. Besondere Vorschriften im Einzelnen

2   **1. Umsatzerlöse (Abs. 1).** Abs. 1 umschreibt die Erlöse, die sowohl bei Anwendung des Gesamtkostenverfahrens (§ 275 Abs. 2) als auch bei Anwendung des Umsatzkostenverfahrens (§ 275 Abs. 3) als Umsatzerlöse auszuweisen sind. Dies sind alle Erlöse aus dem Verkauf und der Vermietung oder Verpachtung von für die gewöhnliche Geschäftstätigkeit der Kapitalgesellschaft typischen Erzeugnissen und Waren sowie aus von für die gewöhnliche Geschäftstätigkeit typischen Dienstleistungen. Erlöse, die **außerhalb der gewöhnlichen Geschäftstätigkeit** anfallen, gehören somit **nicht** zu den Umsatzerlösen. Erlösschmälerungen, wie Preisnachlässe oder zurückgewährte Entgelte,² sind von den (Brutto-)Erlösen abzusetzen, ebenso die auf die Erlöse entfallende Umsatzsteuer.

3   **2. Bestandsveränderungen (Abs. 2).** Der Ausweis von Erhöhungen oder Verminderungen des Bestands an fertigen oder unfertigen Erzeugnissen ist nur bei Anwendung des **Gesamtkostenverfahrens** erforderlich. In dem Posten Bestandsveränderungen sind nach Abs. 2 1. Hs. sowohl **Wert-** als auch **Mengenänderungen** zu berücksichtigen. Gehen jedoch Änderungen des Wertes auf Abschreibungen zurück, so sind diese nach Abs. 2 Hs. 2 nur insoweit einzubeziehen, als sie die in der Kapitalgesellschaft sonst üblichen Abschreibungen nicht überschreiten. Dieser Klarstellung hätte es eigentlich nicht bedurft, da bereits in der Gliederung des Gesamtkostenverfahrens (§ 275 Abs. 2 Nr. 7 b)) der gesonderte Ausweis der für die Kapitalgesellschaft unüblichen Abschreibungen vorgeschrieben ist.³

4   **3. Außerplanmäßige Abschreibungen (Abs. 3 S. 1).** Abschreibungen auf Vermögensgegenstände des Anlagevermögens auf einen niedrigeren Wert, der ihnen am Abschlussstichtag beizulegen ist (§ 253 Abs. 2 S. 3), sowie Abschreibungen auf Vermögensgegenstände des Umlaufvermögens wegen Wertschwankungen in der nächsten Zukunft (§ 253 Abs. 3 S. 3) sind gem. Abs. 3 S. 1 in der Gewinn- und Verlustrechnung gesondert auszuweisen oder im Anhang anzugeben. Wird der gesonderte Ausweis in der Gewinn- und Verlustrechnung gewählt, so kommt entweder ein Sonderausweis unter entsprechender Bezeichnung oder ein Unterposten (zB in Form eines „Davon"-Vermerks) zu dem jeweiligen Aufwandsposten in Betracht; einfacher und ggf. auch übersichtlicher ist jedoch die Angabe im Anhang.⁴

5   **4. Erträge und Aufwendungen aus Verlustübernahme und auf Grund einer Gewinngemeinschaft, eines Gewinnabführungs- oder Teilgewinnabführungsvertrags erhaltene oder abgeführte Gewinne (Abs. 3 S. 2).** Die Gliederungsschemata des § 275 Abs. 2 u. 3 ent-

---

¹ BT-Drucks. 10/317 S. 85 f.
² ADS RdNr. 29.
³ Isele/Urner-Hemmeter/Paffrath HdR RdNr. 78.
⁴ ADS RdNr. 49.

halten keine besonderen Posten für Erträge und Aufwendungen aus Verlustübernahme (zB §§ 302, 324 Abs. 2 AktG) und für auf Grund einer Gewinngemeinschaft (§ 292 Abs. 1 Nr. 1 AktG), eines Gewinnabführungs- (§ 291 Abs. 1 AktG) oder eines Teilgewinnabführungsvertrags (§ 292 Abs. 1 Nr. 2 AktG) erhaltene oder abgeführte Gewinne. Abs. 3 S. 2 verlangt indes den gesonderten Ausweis solcher Erträge und Aufwendungen unter entsprechender Bezeichnung. Dieser Ausweis kann entweder in gesonderten Posten, die in die gesetzlichen Gliederungsschemata eingeordnet werden, oder als Untergliederung (zB „Davon"-Vermerk) der Posten, unter denen die Erträge und Aufwendungen ohne die Regelung des Abs. 3 S. 2 auszuweisen wären, erfolgen.[5]

5. Außerordentliche Erträge und Aufwendungen (Abs. 4 S. 1 u. 2). Für den Ausweis unter den Posten „Außerordentliche Erträge" und „Außerordentliche Aufwendungen" kommen nach Abs. 4 S. 1 nur solche Erträge und Aufwendungen in Frage, die außerhalb der gewöhnlichen Geschäftstätigkeit der Kapitalgesellschaft angefallen sind. Aufwendungen und Erträge sind nur dann als außerordentlich anzusehen, wenn sie **ungewöhnlich** in der Art, **selten** im Vorkommen und von einiger **materieller** Bedeutung sind;[6] zB Gewinne und Verluste aus der Veräußerung ganzer Betriebe, wesentlicher Betriebsteile oder bedeutender Beteiligungen, Gewinne und Verluste aus außergewöhnlichen Schadensfällen, Erträge aus Sanierungsleistungen wie bspw. Forderungsverzichte, Entlassungsentschädigungen bei Massenentlassungen oder Gewinne und Verluste aus Umwandlungen.[7] Sind außerordentliche Erträge und Aufwendungen für die Beurteilung der Ertragslage nicht von untergeordneter Bedeutung, so müssen sie nach Abs. 4 S. 2 hinsichtlich ihres Betrages und ihrer Art im Anhang erläutert werden. Für **kleine** Kapitalgesellschaften und OHG/KG iSv. § 264 a entfällt diese Erläuterungspflicht auf Grund von § 276 S. 2 (vgl. Erl. zu § 276).

6. Periodenfremde Erträge und Aufwendungen (Abs. 4 S. 3). Abs. 4 S. 3 fordert für Erträge und Aufwendungen, die **einem anderen Geschäftsjahr** zuzuordnen sind (periodenfremde Erträge und Aufwendungen), die gleiche Erläuterungspflicht im Anhang wie für die außerordentlichen Posten. Als periodenfremde Erträge und Aufwendungen kommen bspw. Buchgewinne und Verluste aus der Veräußerung von Vermögensgegenständen des Sachanlagevermögens, Erträge aus der Auflösung frei gewordener Rückstellungen, Steuernachzahlungen oder Steuererstattungen in Betracht. Dabei ist die Erläuterungspflicht für periodenfremde Posten von größerer Bedeutung als die für außerordentliche Posten, weil Letztere nicht erkennbar in verschiedenen Ertrags- und Aufwandsposten enthalten sind, während Erstere bereits betragsmäßig in der Gewinn- und Verlustrechnung gesondert aufgeführt werden.[8] Kleine Kapitalgesellschaften und OHG/KG iSv. § 264 a sind nach § 276 S. 2 von der Erläuterungspflicht befreit.

III. Folgen der Nichtbeachtung

Die unrichtige Wiedergabe oder Verschleierung der Verhältnisse im JA ist durch § 331 Nr. 1 unter **Strafe** gestellt, Zuwiderhandlungen gegen die Gliederungsbestimmungen des § 277 werden als **Ordnungswidrigkeiten** behandelt (§ 334 Abs. 1 Nr. 1 c). Wird durch Verstöße gegen die Vorschriften über die Gliederung die Klarheit und Übersichtlichkeit wesentlich beeinträchtigt, so droht die **Nichtigkeit** des JA (§ 256 Abs. 4 AktG; die Vorschrift ist sinngemäß auf den JA einer GmbH anzuwenden).

§ 278 Steuern

¹ **Die Steuern vom Einkommen und vom Ertrag sind auf der Grundlage des Beschlusses über die Verwendung des Ergebnisses zu berechnen; liegt ein solcher Beschluß im Zeitpunkt der Feststellung des Jahresabschlusses nicht vor, so ist vom Vorschlag über die Verwendung des Ergebnisses auszugehen.** ² **Weicht der Beschluß über die Verwendung des Ergebnisses vom Vorschlag ab, so braucht der Jahresabschluß nicht geändert zu werden.**

I. Grundlagen

Während sich der **Ausweis** des Steueraufwands in der Gewinn- und Verlustrechnung nach § 275 richtet, regelt die Vorschrift des § 278, welche Annahmen hinsichtlich der Ergebnisverwendung der

---

[5] WPH F RdNr. 386.
[6] ADS RdNr. 79.
[7] ADS RdNr. 80; Förschle BeBiKo § 275 RdNr. 222.
[8] ADS RdNr. 88.

Berechnung der Steuern vom Einkommen und vom Ertrag (Posten Nr. 18 bzw. Nr. 17 der Gewinn- und Verlustrechnung nach dem Gesamtkostenverfahren bzw. dem Umsatzkostenverfahren) zugrunde liegen. Da die Ergebnisverwendung nur für die **Körperschaftsteuer** von Relevanz ist, bezieht sich § 278 auch nur auf diesen Teilaspekt der Bemessung der Steuern vom Einkommen und vom Ertrag. Nach dem körperschaftsteuerlichen Systemwechsel durch das Steuersenkungsgesetz 2001 (vgl. RdNr. 6) ist die Ergebnisverwendung für die Körperschaftsteuer nur noch insofern relevant, als sich während des 18-jährigen Übergangszeitraums noch Minderungen oder Erhöhungen durch die Verwendung von Körpersteuerguthaben ergeben können. Für die ausschüttungsunabhängige Gewerbeertragsteuer ist diese Vorschrift ohne Belang, auch die ausschüttungsabhängige Kapitalertragsteuer fällt nicht hierunter, da sie kein Steueraufwand der ausschüttenden Gesellschaft ist.[1]

2 Zu der Personenhandelsgesellschaften iSv. § 264a eingeräumten Möglichkeit, nach § 264c Abs. 3 S. 2 einen fiktiven Steueraufwand zu zeigen, vgl. Erläuterungen zu § 264c.

II. Berechnung der Steuern vom Einkommen und vom Ertrag (S. 1)

3 Die Steuern vom Einkommen und vom Ertrag sind nach S. 1 grundsätzlich auf der Grundlage des **Beschlusses** über die Verwendung des Ergebnisses zu berechnen; liegt ein solcher Beschluss im Zeitpunkt der Feststellung des Jahresabschlusses nicht vor, ist vom **Vorschlag** über die Ergebnisverwendung auszugehen.[2] Demnach sind die Minderungen oder Erhöhungen der Körperschaftsteuer durch Verwendung von Körperschaftsteuerguthaben nach dem körperschaftsteuerlichen Systemwechsel handelsrechtlich bereits dann zu berücksichtigen, wenn ein entsprechender Ergebnisverwendungsvorschlag vorliegt. Steuerrechtlich ist diese Minderung oder Erhöhung erst im Jahr des Abflusses zu erfassen.[3]

4 Obwohl der Gesetzeswortlaut den Fall des Nichtvorliegens eines Ergebnisverwendungsbeschlusses zum Feststellungszeitpunkt als Ausnahme konzipiert hat, ist diese Konstellation in der Praxis als Regelfall anzusehen; sowohl bei der AG (§§ 172–174 AktG) als auch grundsätzlich bei der GmbH erfolgt die Feststellung des Jahresabschlusses vor dem Beschluss über die Ergebnisverwendung.[4] Die Berechnung auf der Grundlage des Ergebnisverwendungsvorschlags stellt somit den Normalfall dar.

III. Abweichung des Ergebnisverwendungsbeschlusses vom Vorschlag (S. 2)

5 Weicht der Beschluss über die Verwendung des Ergebnisses vom Vorschlag ab, so ist nach S. 2 die **Änderung** des Jahresabschlusses nicht erforderlich. Eine Änderung steht aber nach dem HGB im Ermessen der Organe der Gesellschaft.[5] Während bei AG auf Grund von § 174 Abs. 3 AktG der Gewinnverwendungsbeschluss nicht zu einer Änderung des Jahresabschlusses führt, ist eine Änderung bei GmbH auf Grund des Fehlens einer entsprechenden Vorschrift im GmbHG möglich. In diesem Fall ist jedoch bei prüfungspflichtigen GmbH's eine Nachtragsprüfung nach § 316 Abs. 3 erforderlich.

IV. Auswirkungen des Steuersenkungsgesetzes 2001 und des Steuervergünstigungsabbaugesetzes 2003

6 Durch das Gesetz zur Senkung der Steuersätze und zur Reform der Unternehmensbesteuerung (Steuersenkungsgesetz – StSenkG, BGBl. 2000 I S. 1433) wurde die Besteuerung der Kapitalgesellschaften grundlegend geändert. Das körperschaftsteuerliche Anrechnungsverfahren ist abgeschafft; an seine Stelle tritt das sog. Halbeinkünfteverfahren. Die Differenzierung zwischen Thesaurierungs- und Ausschüttungssteuersatz entfällt zugunsten einer definitiven Körperschaftsteuer in Höhe von 25% (für Veranlagungszeitraum 2003: 26,5%). Erstmalig anzuwenden ist dieser einheitliche Körperschaftsteuersatz für den Veranlagungszeitraum 2001 (Kalenderjahr gleich Wirtschaftsjahr, andernfalls Veranlagungszeitraum 2002). Zukünftig wird die Ergebnisverwendung ohne Einfluss auf die Berechnung der Steuern vom Einkommen und vom Ertrag bleiben. Allerdings werden für eine Übergangsphase weiterhin auf Ebene der Kapitalgesellschaft der Höhe nach festgeschriebene EK-Positionen aus der Zeit vor der Steuerreform bis zur bisherigen Ausschüttungsbelastung entlastet bzw. belastet.

7 Durch das im Rahmen des Gesetzes zum Abbau von Steuervergünstigungen und Ausnahmeregelungen (Steuervergünstigungsabbaugesetz – StVergAbG, BGBl. 2003 I S. 660) eingeführte Mo-

---

[1] *ADS* RdNr. 4.
[2] *Förschle/Büssow* BeBiKo RdNr. 11.
[3] *Förschle/Büssow* BeBiKo RdNr. 23.
[4] *ADS* RdNr. 18–20.
[5] *Förschle/Büssow* BeBiKo RdNr. 26.

ratorium wurde die Körperschaftssteuerminderung der Höhe nach eingeschränkt. Für Ausschüttungen, die nach dem 22. 11. 2002 beschlossen wurden und zwischen dem 11. 4. 2003 und 1. 1. 2006 erfolgten, gab es keine Körperschaftsteuerminderungen. Bei Ausschüttungen zwischen dem 31. 12. 2005 und dem Ende der Übergangsphase ist eine Minderung auf den Betrag begrenzt, der sich bei gleichmäßiger Verteilung des Körperschaftssteuerguthabens (zum Ende des vorangegangenen Geschäftsjahrs) über die verbleibende Übergangsphase ergibt (§ 37 Abs. 2 a KStG). Die Übergangsphase wurde von ursprünglich 15 auf 18 Jahre verlängert. Nach Ende der Übergangsphase (Geschäftsjahr 2019 bzw. 2019/2020) verliert § 278 seine Bedeutung. Für nach dem 1. 1. 2001 gegründete Gesellschaften ist § 278 bereits ohne Bedeutung.

Vierter Titel. Bewertungsvorschriften

§ 279 Nichtanwendung von Vorschriften. Abschreibungen

(1) [1] § 253 Abs. 4 ist nicht anzuwenden. [2] § 253 Abs. 2 Satz 3 darf, wenn es sich nicht um eine voraussichtlich dauernde Wertminderung handelt, nur auf Vermögensgegenstände, die Finanzanlagen sind, angewendet werden.

(2) Abschreibungen nach § 254 dürfen nur insoweit vorgenommen werden, als das Steuerrecht ihre Anerkennung bei der steuerrechtlichen Gewinnermittlung davon abhängig macht, daß sie sich aus der Bilanz ergeben.

Schrifttum: *Laicher,* Zur bilanziellen Behandlung von Investitionszuschüssen und Investitionszulagen in Steuer- und Handelsbilanz, DStR 1993, 297.

Übersicht

	RdNr.		RdNr.
I. Anwendungsbereich und praktische Relevanz der Vorschrift	1–3	IV. Beschränkung von Abschreibungen nach § 254 auf Fälle der umgekehrten Maßgeblichkeit	10–14
II. Nichtanwendung von § 253 Abs. 4	4–6	V. Folgen der Nichtbeachtung	15
III. Eingeschränkte Anwendung von § 253 Abs. 2 S. 3	7–9		

I. Anwendungsbereich und praktische Relevanz der Vorschrift

Während grundsätzlich die Vorschriften in §§ 253, 254 über Abschreibungen auch für Kapitalgesellschaften gelten, regelt § 279 diejenigen Fälle, in denen einzelne **Bestimmungen von Kapitalgesellschaften** und **OHG/KG iSv. § 264 a nicht oder nur eingeschränkt anwendbar** sind. Abs. 1 S. 2 ist bei Kreditinstituten und Finanzdienstleistungsinstituten sowie Versicherungsunternehmen unabhängig von der Rechtsform nicht anzuwenden (vgl. § 340 a Abs. 2 S. 1 und § 341 a Abs. 2 S. 1), wobei die Vorschrift durch ergänzende, inhaltlich vergleichbar ausgestaltete Regelungen (vgl. § 340 e Abs. 1 S. 3 und § 341 b Abs. 1 S. 3) ersetzt wird. Dem PublG unterliegende Unternehmen und eingetragene Genossenschaften sind von der Anwendung der Vorschriften des § 279 hingegen vollständig ausgenommen. 1

Mit den (strengeren) in § 279 enthaltenen Vorschriften soll bei Kapitalgesellschaften den Gewinnausschüttungsansprüchen der Anteilseigner Rechnung getragen werden, indem die **Bildung stiller Reserven im Interesse der Anteilseigner erschwert** wird.[1] Für OHG/KG iSv. § 264 a werden die für alle Kaufleute geltenden Bewertungsvorschriften ebenfalls eingeschränkt, selbst wenn bei diesen Personenhandelsgesellschaften die Entnahmemöglichkeiten der Gesellschafter nicht an das Jahresergebnis gebunden sind. Bisher waren sowohl das Verbot von Abschreibungen, die allein auf der vernünftigen kaufmännischen Beurteilung beruhen (Abs. 1 S. 1), als auch das Verbot von außerplanmäßigen Abschreibungen auf nicht dauerhaft wertgeminderte Vermögensgegenstände des Anlagevermögens, die keine Finanzanlagen sind (Abs. 1 S. 2), **von eher geringer praktischer Bedeutung.** Die Beschränkung von allein steuerrechtlich zulässigen Abschreibungen auf Fälle, in 2

---

[1] *ADS* RdNr. 1; *Wohlgemuth* BoHR RdNr. 6.

denen die steuerliche Anerkennung von der Übernahme in die Handelsbilanz abhängig gemacht wird, stellt ebenfalls keine wesentliche Beeinträchtigung für Kapitalgesellschaften und OHG/KG iSv. § 264a dar, als durch § 5 Abs. 1 S. 2 EStG die Inanspruchnahme von steuerlichen Vergünstigungen in nahezu allen Fällen an eine identische Vorgehensweise in der Handelsbilanz gekoppelt ist.

3 Zur Bildung von Sonderposten mit Rücklageanteil durch Kapitalgesellschaften und OHG/KG iSv. § 264a vgl. Erläuterungen zu § 273 und zu § 281.

II. Nichtanwendung von § 253 Abs. 4

4 Die den nicht unter §§ 264ff. fallenden Unternehmen in § 253 Abs. 4 eingeräumte Möglichkeit zur **Vornahme von Abschreibungen über das nach § 253 Abs. 1 bis 3 zulässige Maß hinaus bleibt Kapitalgesellschaften und OHG/KG iSv. § 264a verwehrt.** Damit steht **ein** Instrument zur Bildung von stillen Reserven nicht zur Verfügung, das bei Einzelkaufleuten und Personenhandelsgesellschaften mit einer unmittelbar oder mittelbar als Vollhafter beteiligten natürlichen Person zur Vorsorge für das allgemeine Unternehmensrisiko und zur Gestaltung des Gewinnausweises dient und insofern „die Grenze zwischen Gewinnermittlung und Gewinnverwendung in bedenklicher Weise (verwischt)".[2]

5 Mit der Nichtanwendbarkeit von § 253 Abs. 4 geht **kein allgemeines Verbot stiller Rücklagen bei Kapitalgesellschaften und OHG/KG iSv. § 264a** einher.[3] Die in anderen Bereichen weiterhin vorhandenen Ermessensspielräume und Bewertungswahlrechte werden durch die Vorschrift in Abs. 1 S. 1 nicht berührt. So verbleiben zum einen **Ermessensreserven** (Wahlrecht zur außerplanmäßigen Abschreibung bei nur vorübergehender Wertminderung von Finanzanlagen, Wahlrecht zur erweiterten Verlustantizipation bei Vermögensgegenständen des Umlaufvermögens, Vornahme von nur steuerrechtlich zulässigen Abschreibungen, Einrechnungswahlrechte bei der Herstellungskostenermittlung), zum anderen bestehen **Schätzungsreserven** (Nutzungsdauern von Vermögensgegenständen des Anlagevermögens).[4] Für Kapitalgesellschaften und OHG/KG iSv. § 264a sind jedoch die in Frage kommenden **Wertansätze in Form von verbindlichen Bewertungsvorschriften** („Bestimmtheit des Wertansatzes")[5] vorgegeben; eine Unterschreitung dieser Wertansätze unter Berufung auf die vernünftige kaufmännische Beurteilung ist nicht möglich.

6 Die Bedeutung der Nichtzulässigkeit von Abschreibungen auf Grund der vernünftigen kaufmännischen Beurteilung lag in der Vergangenheit eher im Grundsätzlichen als in der tatsächlichen praktischen Beschränkung.[6] Da Abschreibungen nach § 253 Abs. 4 keine Entsprechung in der Steuerbilanz finden, bestand für die übergroße Mehrzahl der nicht unter §§ 264ff. fallenden Unternehmen, die eine sowohl handelsrechtlichen als auch steuerrechtlichen Vorschriften genügende **Einheitsbilanz** erstellte, in der Praxis kein Wahlrecht zur Vornahme von derartigen Abschreibungen.[7] Mit der zunehmenden Zahl von eigenständigen steuerlichen Bilanzierungs- und Bewertungsvorschriften, die in vielen Fällen eine solche Einheitsbilanz nicht mehr zulassen, eröffnet sich den nicht unter §§ 264ff. fallenden Unternehmen an dieser Stelle ein zusätzlicher Spielraum (s. Erl. zu § 253 Abs. 4). Damit gewinnt auch die Einschränkung des Abs. 1 S. 1 für Kapitalgesellschaften und OHG/KG iSv. § 264a Abs. 1 wieder zunehmende praktische Bedeutung.

III. Eingeschränkte Anwendung von § 253 Abs. 2 S. 3

7 Soweit § 253 Abs. 2 S. 3 eine außerplanmäßige Abschreibung von Vermögensgegenständen des Anlagevermögens auch dann zulässt, wenn es sich um eine **nur vorübergehende Wertminderung** handelt, wird dieses **Wahlrecht für Kapitalgesellschaften und OHG/KG iSv. § 264a auf Finanzanlagen** beschränkt. Allerdings werden von solchen denkbaren Wertschwankungen auch insbesondere Finanzanlagen betroffen sein, so dass sich der **Spielraum** für diese Gesellschaften **nicht wesentlich reduziert.**[8] Nur vorübergehende Wertschwankungen können etwa auftreten bei Anteilen an verbundenen Unternehmen, Beteiligungen und Wertpapieren. Hingegen wird bei den immateriellen Vermögensgegenständen und dem Sachanlagevermögen eine solche Werterholung eher die Ausnahme bleiben, so dass die abschreibungsbegrenzende Wirkung von Abs. 1 S. 2 nicht überschätzt werden sollte. Schließlich verbleibt auch bei der **Beurteilung** einer Wertminderung

---

[2] *Mellwig* BHdR, B164 RdNr. 148.
[3] *ADS* RdNr. 6; *Tietze* HdR RdNr. 6.
[4] *ADS* RdNr. 7; *Wohlgemuth* BoHR RdNr. 8.
[5] *ADS* RdNr. 6; *Wohlgemuth* BoHR RdNr. 7.
[6] *Tietze* HdR RdNr. 7.
[7] *Mellwig* BHdR, B164 RdNr. 150.
[8] *ADS* RdNr. 13; *Wohlgemuth* BoHR RdNr. 14; *Ellrott/Gutike* BeBiKo RdNr. 4; *Tietze* HdR RdNr. 10.

hinsichtlich ihrer Dauerhaftigkeit, die eine Abschreibungspflicht nach sich zieht, ein **Ermessensspielraum,**[9] so dass sich auch vor diesem Hintergrund die Regelung des Abs. 1 S. 2 nicht als nachhaltige Einschränkung für die betroffenen Gesellschaften erweist.[10]

In der Vergangenheit bestand für Vermögensgegenstände des Anlagevermögens, die keine Finanzanlagen sind, ferner die Möglichkeit zur Vornahme von **außerplanmäßigen Abschreibungen,** soweit diese als **steuerliche Teilwertabschreibungen** durchsetzbar waren, die dann wiederum über § 254 in die Handelsbilanz übernommen werden konnten.[11] Mit der Änderung des § 6 Abs. 1 Nr. 1 und 2 EStG durch das Steuerentlastungsgesetz 1999 ist diese Möglichkeit **entfallen,** da nunmehr auch die steuerliche Teilwertabschreibung von einer voraussichtlich dauernden Wertminderung abhängig gemacht wird.[12]

Zu beachten ist die **Berichtspflicht** durch gesonderten Ausweis oder Angabe im Anhang bei der Vornahme von außerplanmäßigen Abschreibungen auf Finanzanlagen wegen nur vorübergehender Wertminderungen nach § 277 Abs. 3 S. 1. Wird diese Angabe nicht vorgenommen, so sind gem. § 285 S. 1 Nr. 19 entsprechende Anhangangaben erforderlich (vgl. § 285 RdNr. 30 ff.).

IV. Beschränkung von Abschreibungen nach § 254 auf Fälle der umgekehrten Maßgeblichkeit

Während § 254 generell die **Möglichkeit zur Übernahme von Wertansätzen,** die sich durch **allein steuerrechtlich zulässige Abschreibungen** ergeben, in die Handelsbilanz einräumt, wird dies durch § 279 Abs. 2 auf diejenigen Fälle begrenzt, in denen die **steuerliche Anerkennung von der Übernahme** dieser Abschreibungen **in die Handelsbilanz abhängig** ist. Ebenso wie in § 254 selbst ist der Begriff „Abschreibungen" wiederum dergestalt auszulegen, dass damit Steuervergünstigungen gemeint sind, die im Einzelfall (so etwa bei Bewertungsabschlägen und unversteuerten Rücklagen) über Abschreibungen ieS hinausreichen.[13]

Diese nur von Kapitalgesellschaften und OHG/KG iSv. § 264a zu beachtende, einschränkende Regelung ist auf Grund von § 5 Abs. 1 S. 2 EStG **ohne größerer praktische Bedeutung.**[14]

Durch **die Kodifizierung der umgekehrten Maßgeblichkeit für alle steuerrechtlichen Wahlrechte** bei der Gewinnermittlung besteht grundsätzlich kein Unterschied mehr zwischen Einzelkaufleuten sowie Personenhandelsgesellschaften mit einer unmittelbar oder mittelbar als Vollhafter beteiligten natürlichen Person auf der einen und Kapitalgesellschaften sowie OHG/KG iSv. § 264a auf der anderen Seite bei den Möglichkeiten zur Übernahme allein steuerlich motivierter Abschreibungen in die Handelsbilanz.[15]

Etwas anderes kann allenfalls für den **Ausnahmefall einer steuerlichen Pflichtabschreibung** (so etwa die Gebäudeabschreibung nach § 7 Abs. 4 EStG) infolge des Bewertungsvorbehaltes gem. § 5 Abs. 6 EStG gelten, die ausnahmsweise den nach handelsrechtlichen Grundsätzen – bei Kapitalgesellschaften und OHG/KG iSv. § 264a – zulässigen Abschreibungsrahmen übersteigen könnte.[16] In diesem – in der Praxis seltenen – Fall liegt kein Anwendungsfall einer steuerlichen Wahlrechtsausübung vor; insofern ist der steuerliche Wertansatz auch nicht von einer Übernahme in die Handelsbilanz abhängig. Damit scheitert die Übernahme des Abschreibungsmehrbetrags in die Handelsbilanz. Nur unter diesen Umständen kann sich damit eine Abweichung ergeben zwischen Kapitalgesellschaften und OHG/KG iSv. § 264a sowie Einzelkaufleuten bzw. Personenhandelsgesellschaften mit einer unmittelbar oder mittelbar als Vollhafter beteiligten natürlichen Person, denen durch § 254 generell die Übernahme von steuerlichen Wertansätzen ermöglicht wird.

Ohnehin nicht von § 254 (und in der Folge nicht von § 279 Abs. 2) betroffen sind diejenigen Fälle, in denen sich die steuerrechtlichen Abschreibungen in einem Rahmen bewegen, der nicht über die originär handelsrechtlichen Abschreibungen hinausgeht, da es sich insoweit **nicht um allein steuerrechtlich zulässige Abschreibungen** handelt.[17] Diese Unterscheidung ist zum einen von Bedeutung, wenn die allein steuerrechtlich zulässigen Abschreibungen gem. § 281 Abs. 1 S. 1

---

[9] *ADS* RdNr. 17.
[10] *Wohlgemuth* BoHR RdNr. 14.
[11] *ADS* RdNr. 15 f.; *Laicher* DStR 1993, 296; *Ellrott/Gutike* BeBiKo RdNr. 6.
[12] *Ellrott/Gutike* BeBiKo RdNr. 8.
[13] *Tietze* HdR RdNr. 15.
[14] *Mellwig* BHdR, B164 RdNr. 150, spricht zutreffend von der im Wesentlichen nur noch „deklaratorischen Bedeutung" von § 279 Abs. 2; ferner *Tietze* HdR RdNr. 18 f.
[15] *Ellrott/Gutike* BeBiKo RdNr. 7.
[16] *Siegel* HdJ, Abt. III/4 RdNr. 61 ff.; *Mellwig* BHdR, B164 RdNr. 157 ff. und 113; aA *Tietze* HdR RdNr. 18, § 281 RdNr. 13.
[17] *ADS* RdNr. 20; *Tietze* HdR RdNr. 15.

passivisch durch Einstellung in den Sonderposten mit Rücklageanteil berücksichtigt werden (vgl. § 281), zum anderen stellen die Erläuterungspflichten nach § 281 Abs. 2 und § 285 Nr. 5 auf den die handelsrechtlich zulässigen Abschreibungen übersteigenden Betrag ab.[18]

V. Folgen der Nichtbeachtung

15 Mitglieder des vertretungsberechtigten Organs, die gegen Abs. 1 S. 2 verstoßen, begehen eine Ordnungswidrigkeit (§ 334 Abs. 1 Nr. 1 b)), die mit einem Bußgeld geahndet werden kann (§ 334 Abs. 3). Wird eine Abschreibung entgegen § 279 vorgenommen, kann die damit verbundene Unterbewertung zur Nichtigkeit des Jahresabschlusses führen, wenn durch die Abschreibung die Vermögens- und Ertragslage der Gesellschaft vorsätzlich unrichtig wiedergegeben oder verschleiert wird. Zudem können die Mitglieder des vertretungsberechtigten Organs oder des AR der Gesellschaft mit einer Freiheitsstrafe bis zu drei Jahren oder mit Geldstrafe belegt werden (§ 331 Nr. 1).

§ 280 Wertaufholungsgebot

(1) ¹ Wird bei einem Vermögensgegenstand eine Abschreibung nach § 253 Abs. 2 Satz 3 oder Abs. 3 oder § 254 Satz 1 vorgenommen und stellt sich in einem späteren Geschäftsjahr heraus, daß die Gründe dafür nicht mehr bestehen, so ist der Betrag dieser Abschreibung im Umfang der Werterhöhung unter Berücksichtigung der Abschreibungen, die inzwischen vorzunehmen gewesen wären, zuzuschreiben. ² § 253 Abs. 5, § 254 Satz 2 sind insoweit nicht anzuwenden.

(2) Von der Zuschreibung nach Absatz 1 kann abgesehen werden, wenn der niedrigere Wertansatz bei der steuerrechtlichen Gewinnermittlung beibehalten werden kann und wenn Voraussetzung für die Beibehaltung ist, daß der niedrigere Wertansatz auch in der Bilanz beibehalten wird.

(3) Im Anhang ist der Betrag der im Geschäftsjahr aus steuerrechtlichen Gründen unterlassenen Zuschreibungen anzugeben und hinreichend zu begründen.

Schrifttum: *Haeger,* Zur Aufhebung des strengen Wertzusammenhanges im Steuerrecht, DB 1990, 541; *Henscheid,* Die Umkehrung des Maßgeblichkeitsprinzips, BB 1992, 98; *IDW* ERS HFA 6, Änderung von Jahres- und Konzernabschlüssen, WPg 2006, 1298; *Schulze-Osterloh,* Handelsbilanz und steuerrechtliche Gewinnermittlung, StuW 1991, 294.

Übersicht

	RdNr.		RdNr.
I. Vorbemerkungen	1–4	IV. Angaben im Anhang (Abs. 3)	12, 13
II. Wertaufholungsgebot (Abs. 1)	5–8	V. Folgen der Nichtbeachtung	14
III. Wertbeibehaltungswahlrecht (Abs. 2)	9–11		

I. Vorbemerkungen

1 Abs. 1 sieht für Vermögensgegenstände grundsätzlich eine Zuschreibungspflicht vor, wenn die Gründe für bestimmte in der Vergangenheit vorgenommene Abschreibungen nicht mehr bestehen. Dieses **Wertaufholungsgebot** war allerdings lange Zeit wegen des in Abs. 2 geregelten steuerlich motivierten **Beibehaltungswahlrechts** weitgehend ohne Bedeutung.[1] Eine Änderung ist durch den im Rahmen des Steuerentlastungsgesetzes 1999/2000/2002 neu gefaßten § 6 Abs. 1 Nr. 1 S. 4 EStG eingetreten, der eine zwingende Wertaufholung vorschreibt.

2 Das Wertaufholungsgebot gilt auch für **Kreditinstitute und Finanzdienstleistungsinstitute** (§ 340a Abs. 1) sowie **Versicherungsunternehmen** (§ 341a Abs. 1). Für **Einzelkaufleute** und **Personenhandelsgesellschaften,** bei denen keine natürliche Person unmittelbar oder mittelbar als Vollhafter beteiligt ist, gilt das Wertaufholungsgebot **nicht;** nach § 253 Abs. 5, § 254 S. 2 darf ein niedrigerer Wertansatz auch bei Wegfall der Gründe beibehalten werden. Unternehmen, die nach dem **PublG** rechnungslegungspflichtig sind (§ 5 Abs. 1 S. 2 PublG), und eingetragene **Genossenschaften** (§ 336 Abs. 2 S. 1) brauchen die Vorschrift des § 280 ebenfalls nicht anzuwenden.

---

[18] *Tietze* HdR RdNr. 18.
[1] Vgl. RdNr. 9 f.; *Winkeljohann/Taetzner* BeBiKo RdNr. 1 und 22 f.; *Baumbach/Hueck/Schulze-Osterloh* GmbHG § 42 RdNr. 416; BStBl. 1999 I S. 402.

Um den vom Wertaufholungsgebot betroffenen Unternehmen jedoch die Möglichkeit einzuräu- 3
men, die aus der Wertaufholung resultierende Erhöhung des Jahresergebnisses im Unternehmen zu
halten, dürfen nach den §§ 58 Abs. 2a AktG, 29 Abs. 4 GmbHG Vorstand und Aufsichtsrat bzw.
Geschäftsführung mit Zustimmung des Aufsichtsrats oder der Gesellschafter den Eigenkapitalanteil
von Wertaufholungen bei Vermögensgegenständen des Anlage- und Umlaufvermögens in andere
Gewinnrücklagen einstellen **(Wertaufholungsrücklage);** es handelt sich insoweit um eine Maßnahme der Gewinnverwendung.[2] Der Betrag dieser Rücklagen ist in der Bilanz gesondert auszuweisen oder im Anhang anzugeben (§ 58 Abs. 2a S. 2 AktG, § 29 Abs. 4 S. 2 GmbHG).

Bei Vermögensgegenständen des Anlage- und Umlaufvermögens gilt wegen Art. 24 Abs. 1 und 4
Abs. 2 EGHGB das Wertaufholungsgebot nicht für Abschreibungen, die bis zu dem am
31. Dezember 1986 endenden oder laufenden Geschäftsjahr nach altem Recht vorgenommen
wurden, soweit die Abschreibungsgründe später wegfallen. Eine Angabepflicht nach Abs. 3 entfällt,
da für die Wertbeibehaltung keine steuerrechtlichen Gründe maßgebend waren.

II. Wertaufholungsgebot (Abs. 1)

Die Vorschrift des Abs. 1 enthält für Kapitalgesellschaften und OHG/KG iSv. § 264a ein grund- 5
sätzliches Wertaufholungsgebot, wonach ein auf außerplanmäßigen Abschreibungen des Anlagevermögens (§ 253 Abs. 2 S. 3), Abschreibungen des Umlaufvermögens auf einen niedrigeren Wert am
Bilanzstichtag (§ 253 Abs. 3) oder Abschreibungen auf einen steuerrechtlich zulässigen niedrigeren
Wert (§ 254 S. 1) beruhender Wertansatz nicht beibehalten werden darf, wenn sich in einem späteren
Geschäftsjahr herausstellt, dass die Gründe für die Abschreibung nicht mehr bestehen. Bei Vermögensgegenständen des Anlagevermögens mit zeitlich begrenzter Nutzung ist eine Zuschreibung
unter Berücksichtigung der zwischenzeitlich vorzunehmenden planmäßigen Abschreibungen vorzunehmen. Die Wertaufholung ist also auf die Aufhebung einer früheren außerplanmäßigen Abschreibung beschränkt, die **Wertobergrenze** stellen die fortgeführten Anschaffungs- oder Herstellungskosten dar.[3] Andere Gründe als die in Abs. 1 genannten führen nicht zu einer Wertaufholung
nach § 280; **freiwillige Zuschreibungen** sind jedoch nicht ausgeschlossen (zB wenn die vorangegangene steuerliche Abschreibung nicht zwingend war).[4] Steuerlich sind nach den Vorschriften des
UmwStG **Höherbewertungen** über die Wertobergrenze hinaus bis zum Teilwert gestattet (zB § 3
UmwStG). Nach – umstrittener – Ansicht der Finanzverwaltung dürfen wegen des Maßgeblichkeitsprinzips solche Höherbewertungen nur nach den Regeln und in den Grenzen des Abs. 1 erfolgen.[5]

Das Wertaufholungsgebot gilt nach dem Wortlaut von § 280 nur für **Vermögensgegenstände.** 6
Aktivierte Aufwendungen für die Ingangsetzung und Erweiterung des Geschäftsbetriebs (§ 269), der
Geschäfts- oder Firmenwert (§ 255 Abs. 4), aktive latente Steuern (§ 274 Abs. 2), Rechnungs-
abgrenzungsposten (§ 250) sowie Schulden fallen daher nicht hierunter.[6]

Die Wertaufholung ist zwingend in dem Geschäftsjahr vorzunehmen, in dem über den Wegfall der 7
Abschreibungsgründe Kenntnis erlangt wurde,[7] auch wenn die Abschreibungsgründe bereits in einem
vorhergehenden Geschäftsjahr entfallen sind; eine Änderung bereits festgestellter Jahresabschlüsse
früherer Geschäftsjahre kommt grdsl. nicht in Frage.[8] Eine Änderung festgestellter fehlerfreier Jahresabschlüsse kommt nur in Betracht, wenn gewichtige rechtliche, wirtschaftliche oder steuerliche
Gründe vorliegen und ggf. die Betroffenen auf ihre Rechte ganz oder in erforderlicher Höhe
verzichten.[9] Auch ein **teilweiser Wegfall** der Abschreibungsgründe erfüllt die Voraussetzungen des
Abs. 1 und führt zu einer Zuschreibung in der entsprechenden Höhe.[10] Es ist daher **zu jedem
Abschlussstichtag** zu prüfen, ob und inwieweit die Gründe für in Vorjahren vorgenommene
außerplanmäßige Abschreibungen noch bestehen.[11]

Zuschreibungen sind in der **GuV** grundsätzlich unter den sonstigen betrieblichen Erträgen (§ 275 8
Abs. 2 Nr. 4 bzw. Abs. 3 Nr. 6) auszuweisen, auch wenn eine Wertaufholungsrücklage nach § 58
Abs. 2a AktG bzw. § 29 Abs. 4 GmbHG gebildet wurde. Betrifft die Wertaufholung Roh-, Hilfs-

---

[2] *ADS* RdNr. 67; *Winkeljohann/Taetzner* BeBiKo RdNr. 38; *Baumbach/Hueck/Fastrich* GmbHG § 29 RdNr. 18 f.
[3] *Küting/Zündorf* HdR RdNr. 34.
[4] *WPH* F RdNr. 94.
[5] *Winkeljohann/Taetzner* BeBiKo RdNr. 1.
[6] *ADS* RdNr. 10 ff.
[7] Dazu zählt auch der Zeitraum der Aufstellung des Jahresabschlusses; vgl. *ADS* RdNr. 17.
[8] *Winkeljohann/Taetzner* BeBiKo RdNr. 12; *Baumbach/Hopt/Merkt* RdNr. 1.
[9] *IDW* ERS HFA 6, WPg 2006, 1084 RdNr. 10.
[10] *ADS* RdNr. 16.
[11] *ADS* RdNr. 18; *Winkeljohann/Taetzner* BeBiKo RdNr. 10; *Baumbach/Hueck/Schulze-Osterloh* GmbHG § 42 RdNr. 414.

und Betriebsstoffe sowie Waren, erfolgt dagegen eine Erfassung unter dem Materialaufwand (§ 275 Abs. 2 Nr. 5) bzw. den Herstellungskosten der zur Erzielung der Umsatzerlöse erbrachten Leistungen (§ 275 Abs. 3 Nr. 2), bei Erzeugnissen unter der Erhöhung oder Verminderung des Bestands an fertigen und unfertigen Erzeugnissen (§ 275 Abs. 2 Nr. 2) bzw. unter den Herstellungskosten der zur Erzielung der Umsatzerlöse erbrachten Leistungen (§ 275 Abs. 3 Nr. 2) und bei Gegenständen des Finanzanlagevermögens ggf. unter den außerordentlichen Erträgen (§ 275 Abs. 2 Nr. 15 bzw. § 275 Abs. 3 Nr. 14).[12]

III. Wertbeibehaltungswahlrecht (Abs. 2)

9   Das grundsätzliche Wertaufholungsgebot des Abs. 1 wurde in der Vergangenheit regelmäßig durch die Vorschrift des Abs. 2 **relativiert.** Danach kann die in Abs. 1 vorgeschriebene Wertaufholung unterbleiben, wenn der niedrigere Wertansatz bei der steuerrechtlichen Gewinnermittlung beibehalten werden kann und wenn Voraussetzung für die Beibehaltung ist, dass auch in der Handelsbilanz keine Wertaufholung vorgenommen wird. Die Kapitalgesellschaften sollten durch diese Regelung vor den aus einer Zuschreibung resultierenden Steuerbelastungen bewahrt werden.[13]

10   Mit dem Wegfall des steuerrechtlichen Wertaufholungsverbots für das abnutzbare Anlagevermögen **(Grundsatz des strengen Wertzusammenhangs)** und der ausdrücklichen Kodifizierung des umgekehrten Maßgeblichkeitsprinzips in § 5 Abs. 1 S. 2 EStG im Jahr 1990[14] war im Regelfall die Vorschrift des Abs. 1 außer Kraft gesetzt und es galt ein allgemeines Wertbeibehaltungswahlrecht.[15]

11   Durch das **Steuerentlastungsgesetz 1999/2000/2002** (BStBl. 1999 I S. 402) wurde das bisher bestehende steuerrechtliche Wertbeibehaltungswahlrecht durch ein Wertaufholungsgebot ersetzt. Hieraus ergeben sich insofern Auswirkungen auf die handelsrechtliche Bilanzierung, als die Ausnahmeregelung des Abs. 2 nunmehr ins Leere geht, weil die Voraussetzung, dass ein steuerrechtliches Beibehaltungswahlrecht besteht, nicht mehr erfüllt ist.

IV. Angaben im Anhang (Abs. 3)

12   Sind auf der Grundlage von Abs. 2 Wertaufholungen, die nach Abs. 1 S. 1 grundsätzlich erforderlich sind, unterblieben, so ist gem. Abs. 3 der Betrag der im Geschäftsjahr aus steuerrechtlichen Gründen unterlassenen Zuschreibungen im Anhang **anzugeben** und hinreichend zu **begründen.** Unterlassene freiwillige Zuschreibungen führen nicht zu einer Angabepflicht nach Abs. 3. Die Angabe des Gesamtbetrages reicht aus; eine Aufteilung des Vermögensgegenstände des Anlage- und Umlaufvermögens ist nicht erforderlich.[16] Als Begründung dürfte der Hinweis, dass das Wertbeibehaltungswahlrecht zur Vermeidung eines höheren Wertansatzes in der Steuerbilanz in Anspruch genommen wurde, genügen. Die Angabe der steuerrechtlichen Vorschriften, auf denen die Beibehaltung der niedrigeren Wertansätze beruht, ist gleichermaßen erforderlich und ausreichend.[17]

13   Da nach den Änderungen durch das Steuerentlastungsgesetz 1999/2000/2002 Zuschreibungen aus steuerrechtlichen Gründen nicht mehr unterlassen werden können, ist für die Angabepflicht nach Abs. 3 ebenso wie für die Wertbeibehaltung nach Abs. 2 zukünftig kein Anwendungsfall mehr erkennbar.

V. Folgen der Nichtbeachtung

14   Mitglieder des vertretungsberechtigten Organs, die gegen § 280 Abs. 1 oder 3 verstoßen, begehen eine Ordnungswidrigkeit (§ 334 Abs. 1 Nr. 1 b) und d)), die mit einem Bußgeld geahndet werden kann (§ 334 Abs. 3). Wird eine gem. § 280 Abs. 1 erforderliche Wertaufholung unterlassen, kann die damit verbundene Unterbewertung zur Nichtigkeit des Jahresabschlusses führen, wenn durch die Abschreibung die Vermögens- und Ertragslage der Gesellschaft vorsätzlich unrichtig wiedergegeben oder verschleiert wird. Zudem können die Mitglieder des vertretungsberechtigten Organs oder des AR der Gesellschaft mit einer Freiheitsstrafe bis zu drei Jahren oder mit Geldstrafe belegt werden (§ 331 Nr. 1).

---

[12] *ADS* RdNr. 38; *Winkeljohann/Taetzner* BeBiKo RdNr. 16.
[13] *Winkeljohann/Taetzner* BeBiKo RdNr. 21.
[14] *Haeger* DB 1990, 541 ff.; *Henscheid* BB 1992, 98 ff.
[15] Krit. hinsichtlich der Vereinbarkeit mit der 4. EG-Richtlinie *Schulze-Osterloh* StuW 1991, 294 f.
[16] *ADS* RdNr. 65.
[17] *ADS* RdNr. 66.

§ 281 Berücksichtigung steuerrechtlicher Vorschriften

(1) ¹Die nach § 254 zulässigen Abschreibungen dürfen auch in der Weise vorgenommen werden, daß der Unterschiedsbetrag zwischen der nach § 253 in Verbindung mit § 279 und der nach § 254 zulässigen Bewertung in den Sonderposten mit Rücklageanteil eingestellt wird. ²In der Bilanz oder im Anhang sind die Vorschriften anzugeben, nach denen die Wertberichtigung gebildet worden ist. ³Unbeschadet steuerrechtlicher Vorschriften über die Auflösung ist die Wertberichtigung insoweit aufzulösen, als die Vermögensgegenstände, für die sie gebildet worden ist, aus dem Vermögen ausscheiden oder die steuerrechtliche Wertberichtigung durch handelsrechtliche Abschreibungen ersetzt wird.

(2) ¹Im Anhang ist der Betrag der im Geschäftsjahr allein nach steuerrechtlichen Vorschriften vorgenommenen Abschreibungen, getrennt nach Anlage- und Umlaufvermögen, anzugeben, soweit er sich nicht aus der Bilanz oder der Gewinn- und Verlustrechnung ergibt, und hinreichend zu begründen. ²Erträge aus der Auflösung des Sonderpostens mit Rücklageanteil sind in dem Posten „sonstige betriebliche Erträge", Einstellungen in den Sonderposten mit Rücklageanteil sind in dem Posten „sonstige betriebliche Aufwendungen" der Gewinn- und Verlustrechnung gesondert auszuweisen oder im Anhang anzugeben.

Schrifttum: *Bolin/Haeger/Zündorf,* Einzelaspekte des künftigen Bilanzrechts, DB 1985, 605; *Groh,* Das werdende Bilanzrecht in steuerlicher Sicht, DB 1985, 1849.

Übersicht

	RdNr.		RdNr.
I. Erfordernis zusätzlicher Informationen zu originär steuerlichen Bewertungsmaßnahmen	1–3	IV. Anhangangaben in Verbindung mit nur steuerrechtlich zulässigen Abschreibungen	14–22
II. Alternativer Ausweis von nur steuerrechtlich zulässigen Abschreibungen	4–11	1. Nach Abs. 2 S. 1 angabepflichtige Sachverhalte	14–16
III. Ausweis der Veränderungen des Sonderpostens in der GuV	12, 13	2. Umfang der erforderlichen Angaben	17–19
		3. Ermittlung des angabepflichtigen Mehrabschreibungsbetrags	20–22
		V. Folgen der Nichtbeachtung	23

I. Erfordernis zusätzlicher Informationen zu originär steuerlichen Bewertungsmaßnahmen

Mit der **Übernahme originär steuerrechtlicher Bewertungsmaßnahmen** in die Handelsbilanz kann insbesondere bei Kapitalgesellschaften eine **Verzerrung des Bilanzbildes**[1] einhergehen; das Ausmaß solcher steuerlichen Einflüsse auf die Handelsbilanz ist – sofern kein gesonderter Ausweis erfolgt oder zusätzliche Angaben vorgenommen werden – zunächst nicht erkennbar. Während bei Einzelkaufleuten und Personenhandelsgesellschaften mit einer unmittelbar oder mittelbar als Vollhafter beteiligten natürlichen Person ein vergleichbarer (handelsrechtlicher) Wertansatz regelmäßig auch über eine Abschreibung gem. § 253 Abs. 4 zu erreichen wäre, werden steuerrechtliche Abschreibungen bei Kapitalgesellschaften und OHG/KG iSv. § 264a auf Grund der Nichtanwendbarkeit von § 253 Abs. 4 (vgl. § 279 Abs. 1 S. 1) häufig zu einem Wertansatz führen, der die nach § 253 Abs. 1 bis 3 noch zulässigen Werte unterschreitet. 1

Zur Offenlegung dieser Einflüsse sieht § 281 für Kapitalgesellschaften und OHG/KG iSv. § 264a ergänzende Informationsmöglichkeiten hinsichtlich solcher allein steuerlich zulässigen Bewertungsmaßnahmen vor. Diese reichen von der (fakultativen) **Offenlegung des Unterschiedsbetrags** zwischen der originär handelsrechtlich (noch) zulässigen Bewertung und dem sich nach steuerrechtlichen Abschreibungen ergebenden Buchwert durch Einstellung in den Sonderposten mit Rücklageanteil (vgl. RdNr. 4 ff.) über die **Angabe der Vorschriften für die vorgenommenen Wertberichtigungen** bzw. für die allein nach steuerrechtlichen Vorschriften vorgenommenen Abschreibungen bis hin zum **gesonderten Ausweis** oder der **Angabe im Anhang** von steuerlich bedingten Bewertungsmaßnahmen (vgl. RdNr. 14 ff.). Schließlich wird auch die Behandlung des Sonderpostens in den Fällen geregelt, in denen die betreffenden Vermögensgegenstände aus dem Vermögen 2

---

[1] *Groh* DB 1985, 1851.

ausscheiden oder die steuerrechtliche Wertberichtigung durch handelsrechtliche Abschreibungen ersetzt wird.

3 Die ergänzenden Vorschriften für Kapitalgesellschaften hinsichtlich der auf steuerrechtliche Maßnahmen zurückgehenden Wertansätze gelten für **Kreditinstitute und Finanzdienstleistungsinstitute** uneingeschränkt, für **Versicherungsunternehmen** mit der Maßgabe, dass anstelle von Abs. 2 S. 2 § 51 Abs. 6 RechVersV anzuwenden ist. Durch den Verweis in § 5 Abs. 2 PublG sind auch dem PublG unterliegende Unternehmen zur sinngemäßen Anwendung von § 281 verpflichtet. Ferner unterliegen eingetragene **Genossenschaften** den Vorschriften des § 281, wobei diese von der Angabepflicht nach Abs. 2 S. 1 ausgenommen sind (vgl. § 336 Abs. 2 S. 1). Gegen einen (freiwilligen) passivischen Ausweis von steuerrechtlichen Abschreibungen iSv. § 254 im Jahresabschluss von **Einzelkaufleuten und Personenhandelsgesellschaften** mit einer unmittelbar oder mittelbar als Vollhafter beteiligten natürlichen Person ist nichts einzuwenden, da dies die Aussagefähigkeit des Jahresabschlusses erhöht.[2]

II. Alternativer Ausweis von nur steuerrechtlich zulässigen Abschreibungen

4 Neben der aktivischen Absetzung **(direkte Methode)** von nur steuerrechtlich zulässigen Abschreibungen räumt Abs. 1 S. 1 auch die Möglichkeit einer Einstellung des Abschreibungsmehrbetrags in den Sonderposten mit Rücklageanteil ein. Bei der passivischen Berücksichtigung **(indirekte Methode)** wird nur der Teil der Wertberichtigung, der der handelsrechtlich zulässigen Abschreibung entspricht, unmittelbar von den Anschaffungs- oder Herstellungskosten des Vermögensgegenstands abgesetzt.[3] Die darüber hinausgehenden allein steuerrechtlich zulässigen Abschreibungen sind in den **Sonderposten mit Rücklageanteil** einzustellen,[4] so dass die Abschreibung nicht in vollem Umfang passivisch vorgenommen wird, sondern nur entsprechend des Mehrbetrags.[5]

5 Für die Einzelnen betroffenen Vermögensgegenstände hat an jedem Abschlussstichtag eine Gegenüberstellung von handelsrechtlich und nur steuerrechtlich zulässigen Abschreibungen zu erfolgen. Auf dieser Grundlage ist der **Sonderposten in dem Maße aufzulösen, wie die steuerrechtlichen Wertberichtigungen durch handelsrechtliche Abschreibungen ersetzt** werden. Der Sonderposten ist dann vollständig aufgelöst, wenn keine nur steuerrechtlich zulässigen Abschreibungen mehr vorliegen, also auch handelsrechtliche Abschreibungen in mindestens gleicher Höhe vorgenommen werden können. Den gleichen Effekt haben außerplanmäßige (handelsrechtliche) Abschreibungen, die zu einem Wertansatz führen, der nicht höher ist als der sich nach steuerlichen Bewertungsmaßnahmen ergebende Wert.[6]

6 Ferner kann auf freiwilliger Basis eine **Zuschreibung** – jeweils in Handelsbilanz und Steuerbilanz – vorgenommen werden, die eine Auflösung des Sonderpostens im gleichen Umfang nach sich zieht. Diese vorzeitige Auflösung ist in der Regel mit **nachteiligen steuerlichen Konsequenzen** verbunden. Deshalb wird eine solche Vorgehensweise nur dann sinnvoll sein, wenn es dadurch gelingt, eine Ergebnisverlagerung in niedriger besteuerte Perioden zu erreichen,[7] oder wenn die handelsrechtliche Bilanzpolitik gegenüber den steuerlichen Konsequenzen im Vordergrund steht. Da dieser Entscheidung steuerrechtliche Bewertungswahlrechte zugrunde liegen, besteht keine Verpflichtung zur Stetigkeit.[8]

7 Die Auflösung des Sonderpostens ist nach Abs. 1 S. 3 spätestens dann unumgänglich, wenn der betroffene Vermögensgegenstand aus dem Vermögen ausscheidet.

8 Die Erfolgsauswirkungen können sich bei Einstellung in den Sonderposten mit Rücklageanteil im Vergleich zur direkten Methode (natürlich) nicht unterscheiden; insofern wirkt sich die **umgekehrte Maßgeblichkeit** auf die Erfolgssituation weiterhin in vollem Umfang aus.[9] **Auswirkungen** hat die Entscheidung für eines der Verfahren jedoch im Hinblick auf die **Bilanzsumme** und auf den **Ausweis der Wertberichtigung in der GuV**. Die indirekte Methode führt zu einer Bilanzverlängerung, was in Grenzfällen insbesondere im Hinblick auf die Rechtsfolgen von § 267 Abs. 1 bis 3 von Bedeutung sein kann.[10] Ferner ist zu beachten, dass die Bildung und Auflösung des Sonderpostens zu Lasten der sonstigen betrieblichen Aufwendungen bzw. der sonstigen betrieblichen

---

[2] *ADS* RdNr. 7; *Mundt* BHdR, B232 RdNr. 78; *Siegel* HdJ, Abt. III/4 RdNr. 49.
[3] *ADS* RdNr. 10.
[4] *ADS* RdNr. 28; *Ellrott/Gutike* BeBiKo RdNr. 3, dort wird dieses Verfahren zutreffend als „zweifache Bewertung" bezeichnet.
[5] *Ellrott/Gutike* BeBiKo RdNr. 3.
[6] *Mundt* BHdR, B232 RdNr. 48.
[7] *Siegel* HdJ, Abt. III/4 RdNr. 98; *Tietze* HdR RdNr. 40.
[8] *Siegel* HdJ, Abt. III/4 RdNr. 99; *Tietze* HdR RdNr. 34.
[9] *Bolin/Haeger/Zündorf* DB 1985, 609.
[10] *ADS* RdNr. 16.

Erträge erfolgt. Daraus resultiert gegenüber der direkten Methode in der ersten Periode eine Verringerung der Abschreibungen, der zusätzliche sonstige betriebliche Aufwendungen in gleicher Höhe gegenüberstehen. In den Folgeperioden übersteigen die Abschreibungen bei der indirekten Methode die bei Anwendung der direkten Methode anfallenden Aufwendungen in Höhe der durch die Auflösung des Sonderpostens anfallenden sonstigen betriebliche Erträge. Sofern ein Interesse an der Gestaltung der Höhe der betreffenden GuV-Posten besteht, werden diese Folgewirkungen der indirekten Methode zu berücksichtigen sein. Ferner wird die Bereitschaft zur (umfassenden) Offenlegung der durch steuerliche Mehrabschreibungen gebildeten stillen Reserven eine Rolle bei der Entscheidung für eine der zulässigen Methoden spielen: Die **erhöhte Aussagefähigkeit der indirekten Methode** wird durch die auch bei der aktivischen Wertberichtigung vorzunehmenden Angaben nicht vollständig kompensiert.

Gesetzlich **nicht geregelt** ist, ob mit der Entscheidung für einen passivischen Ausweis die **Verpflichtung zu einer einheitlichen Handhabung** bei sämtlichen steuerlichen Wertberichtigungen verbunden ist. Es spricht jedoch einiges dafür, die Entscheidung darüber dem Bilanzierenden zu überlassen, soweit es sich um keine offensichtlich willkürliche Ausnutzung des Wahlrechts handelt. Demnach muss es zulässig sein, für steuerliche Bewertungsmaßnahmen von nur untergeordneter Bedeutung die direkte Absetzung zu wählen, während die Einstellung in den Sonderposten nur bei betragsmäßig erheblichen steuerlichen Mehrabschreibungen erfolgt.[11] Nicht zu begründen wäre hingegen eine unterschiedliche Vorgehensweise bei Bewertungsmaßnahmen, die auf die gleiche steuerliche Vorschrift zurückgehen.[12] In jedem Fall ist für den Abschlussleser erkennbar, ob ein einheitliches Verfahren angewendet wurde, da andernfalls der Betrag der Zuführung zum Sonderposten nicht mit dem Betrag der allein nach Steuerrecht vorgenommenen Abschreibungen übereinstimmt.[13] Das gewählte Verfahren unterliegt der Ausweisstetigkeit nach § 265 Abs. 1 S. 1, wobei ein Wechsel von der direkten zur indirekten Methode auf Grund der damit verbundenen erhöhten Aussagefähigkeit zulässig sein muss.[14]

Der Zugewinn an Aussagefähigkeit der Bilanz sowie der GuV ist mit einem **zusätzlichen Aufwand im Rechnungswesen** zur Bereitstellung der erforderlichen Informationen verbunden.[15] Allerdings ist zu berücksichtigen, dass diese Informationen zumindest für die von großen und mittelgroßen Kapitalgesellschaften vorzunehmende Anhangangabe zum Ausmaß der Beeinflussung des Jahresergebnisses durch Abschreibungen auf Grund steuerrechtlicher Vorschriften nach § 285 S. 1 Nr. 5 ohnehin erforderlich sind.[16]

Die Vorschriften, nach denen der Sonderposten gebildet wurde, sind wahlweise in der Bilanz oder im Anhang anzugeben.[17]

III. Ausweis der Veränderungen des Sonderpostens in der GuV

Abs. 2 S. 2 legt fest, dass der Ausweis der Zuführung zum Sonderposten (Auflösung des Sonderpostens) unter den sonstigen betrieblichen Aufwendungen (sonstigen betrieblichen Erträgen) zu erfolgen hat.[18] Dass eine **Saldierung von Bildung und Auflösung des Sonderpostens nicht zulässig** ist, ergibt sich bereits implizit aus der gesetzlichen Forderung einer gesonderten Angabe; die per saldo eingetretene Veränderung des Postens wäre ansonsten der Bilanz bereits durch den Vergleich der Höhe des Sonderpostens mit der entsprechenden Vorjahreszahl zu entnehmen. Das Saldierungsverbot ist dabei in zweifacher Hinsicht zu beachten: Weder reicht es aus, die Veränderung des gesamten Sonderpostens per saldo in einem Betrag anzugeben, noch ist eine Verrechnung innerhalb einzelner Bestandteile des Sonderpostens (etwa in Form einer saldierten Darstellung der Veränderung des Sonderpostens nach § 6 b EStG) zulässig.[19]

Es besteht – wie bei den Angaben zu den Vorschriften, nach denen der Sonderposten gebildet wurde – ein Wahlrecht, ob die **Zuführungs- und Auflösungsbeträge** unmittelbar in der **GuV** (etwa durch einen Davon-Vermerk) oder im **Anhang** angegeben werden. Obwohl im Gesetz nicht

---

[11] *Mundt* BHdR, B232 RdNr. 37 ff.; strenger *ADS* RdNr. 22–26; aA *Siegel* HdJ RdNr. 108 ff.
[12] *Mundt* BHdR, B232 RdNr. 41.
[13] *Mundt* BHdR, B232 RdNr. 40; hingegen soll nach *ADS* RdNr. 24 und 26 eine zusätzliche Anhangangabe nach § 265 Abs. 1 S. 2 erforderlich sein.
[14] *ADS* RdNr. 21; *Tietze* HdR RdNr. 35.
[15] Zu den Anforderungen an das interne Rechnungswesen im Einzelnen vgl. *Tietze* HdR RdNr. 74 ff.
[16] *ADS* RdNr. 20; *Ellrott/Gutike* BeBiKo RdNr. 1.
[17] Zum Umfang der in diesem Zusammenhang erforderlichen Angaben vgl. Erl. unter RdNr. 17 ff.
[18] Zu Ausnahmen bei Rücklagen nach § 6 b EStG, bei denen in Einzelfällen die Veränderung des Sonderpostens im außerordentlichen Ergebnis zu zeigen ist, vgl. *Ellrott* BeBiKo RdNr. 16.
[19] *ADS* RdNr. 36; *Mundt* BHdR, B232 RdNr. 91; *Siegel* HdJ, Abt. III/4 RdNr. 120; *Ellrott* BeBiKo RdNr. 14.

ausdrücklich vorgesehen, wird es auch als zulässig anzusehen sein, wenn sich die Aufwendungen aus der Zuführung zum Sonderposten und die Erträge aus der Auflösung des Sonderpostens aus einem **Sonderpostenspiegel** in der Bilanz entnehmen lassen.[20] In der Praxis wird jedoch häufig von der Möglichkeit Gebrauch gemacht, die erforderlichen Angaben im Anhang zu machen, um die Bilanz und GuV zu entlasten.

IV. Anhangangaben in Verbindung mit nur steuerrechtlich zulässigen Abschreibungen

14 **1. Nach Abs. 2 S. 1 angabepflichtige Sachverhalte.** Vor dem Hintergrund einer uU maßgeblichen Beeinflussung der handelsrechtlichen Wertansätze durch allein steuerrechtliche Abschreibungen iSv. § 254 hat der Gesetzgeber es für erforderlich gehalten, die Offenlegung des Einflusses dieser Maßnahmen durch eine gesonderte Anhangangabe zu verlangen, sofern der Umfang dieser Abschreibungen nicht unmittelbar der Bilanz oder der GuV zu entnehmen ist.

15 Soweit der Wortlaut der Vorschrift Bezug nimmt auf „Abschreibungen", muss davon ausgegangen werden, dass damit auch eine eventuelle passivische Berücksichtigung durch Einstellung in den Sonderposten mit Rücklageanteil gemeint ist.[21] Eine Ungleichbehandlung nur auf Grund eines unterschiedlichen Ausweises ist in der Sache nicht zu begründen.

16 Dies entspricht der weiten Auslegung des Begriffs „Abschreibungen", wie sie auch bei der sachgerechten Auslegung von § 254 und § 279 Abs. 2 heranzuziehen ist.[22]

17 **2. Umfang der erforderlichen Angaben.** Der Betrag der allein nach steuerrechtlichen Vorschriften vorgenommenen Abschreibungen ist dahingehend zu **untergliedern**, inwieweit es sich um **Mehrabschreibungen auf Vermögensgegenstände des Anlagevermögens** und inwieweit es sich um **Mehrabschreibungen auf Vermögensgegenstände des Umlaufvermögens** handelt. Eine weitere Aufgliederung ist zulässig, solange daraus die gesetzlich geforderten Mindestangaben erkennbar bleiben. Sofern sich die steuerrechtlichen Abschreibungen auf das Anlagevermögen beschränken, ist auf das Fehlen von steuerrechtlichen Abschreibungen auf Vermögensgegenstände des Umlaufvermögens nicht gesondert hinzuweisen.[23] Die betragsmäßige Angabe kann wahlweise in der Bilanz oder der GuV oder aber im Anhang erfolgen.

18 Die gesetzlich vorgeschriebene **Begründung** der steuerrechtlichen Abschreibungen wird sich in der Regel auf die **Angabe der Vorschriften** beschränken, auf Grund derer die Abschreibungen vorgenommen wurden; eine weitergehende Offenlegung von Motiven zur Inanspruchnahme von steuerrechtlichen Abschreibungen ist nicht verpflichtend.[24] Damit muss aber auch ein nach Anlage- und Umlaufvermögen getrennter Ausweis in der Bilanz oder in der GuV unter Angabe der entsprechenden steuerrechtlichen Vorschriften genügen; eine zusätzliche Anhangangabe ist insoweit entbehrlich.[25] Ferner ist eine betragsmäßige Aufgliederung der vorgenommenen Abschreibungen auf einzelne Vorschriften nicht erforderlich.

19 Ebenso wie für allein steuerrechtlich zulässige Abschreibungen (vgl. RdNr. 14 ff.) ist auch über die den Sonderposten mit Rücklageanteil betreffenden Veränderungen des jeweiligen Geschäftsjahres eine gesonderte Angabe erforderlich. Neben einem unmittelbaren Ausweis in der GuV ist auch eine qualitativ gleichwertige Anhangangabe zulässig.

20 **3. Ermittlung des angabepflichtigen Mehrabschreibungsbetrags. Angabepflichtig** ist nur derjenige **Teil der steuerrechtlichen Abschreibungen, der über die handelsrechtlichen Abschreibungen hinausgeht.** Sofern sich ein Wertansatz ergibt, der im Rahmen der handelsrechtlichen Wertansätze liegt, ist dies nicht das Ergebnis einer nur steuerrechtlich zulässigen Bewertungsmaßnahme.[26] Insoweit liegt keine Abschreibung iSv. § 254 vor, so dass auch keine Angabepflicht besteht. Bei dem anzugebenden und zu begründenden Betrag kann es sich immer nur um einen Differenzbetrag zwischen handelsrechtlich zulässiger und (höherer) steuerrechtlicher Abschreibung handeln.

21 Offen ist, welcher Vergleichsmaßstab für die Ermittlung des sich nach handelsrechtlichen Vorschriften ergebenden Wertansatzes heranzuziehen ist.[27] Dabei kommen entweder der theoretisch

---

[20] *Ellrott* BeBiKo RdNr. 12.
[21] *Ellrott* BeBiKo RdNr. 7.
[22] *Siegel* HdJ, Abt. III/4 RdNr. 53.
[23] *ADS* RdNr. 70; *Tietze* HdR RdNr. 83.
[24] *ADS* RdNr. 71; *Siegel* HdJ, Abt. III/4 RdNr. 127; *Ellrott* BeBiKo RdNr. 11; *Tietze* HdR RdNr. 86.
[25] *Ellrott* BeBiKo RdNr. 11; *Tietze* HdR RdNr. 88.
[26] *Ellrott* BeBiKo RdNr. 8.
[27] *Mundt* BHdR, B232 RdNr. 47.

niedrigstmögliche handelsrechtliche Wertansatz oder derjenige Wertansatz in Frage, der sich im konkreten Einzelfall unter Anwendung des im Unternehmen üblichen handelsrechtlichen Abschreibungsverfahrens ergibt. Typischerweise werden im Unternehmen vergleichbare Vermögensgegenstände vorhanden sein, die als Maßstab für den Umfang der handelsrechtlichen Abschreibungen herangezogen werden können. Jedoch wird man dem Unternehmen auch nicht verwehren können, einen **Wertansatz als Vergleichswert** zu wählen, soweit dieser **in der Bandbreite der handelsrechtlich zulässigen Werte** liegt.[28] Anders als bei der grundsätzlichen Entscheidung über die Inanspruchnahme steuerrechtlicher Bewertungswahlrechte gilt für die Wahl des handelsrechtlichen Vergleichswertes jedoch das Stetigkeitsprinzip.[29]

Einzig steuerliche Mehrabschreibungen sind angabepflichtig; die Umkehrung in späteren Jahren ist nicht Gegenstand der Angabepflicht nach Abs. 2 S. 1. Aus diesem Grund ist auch eine Saldierung von steuerlichen Mehrabschreibungen mit steuerlichen Minderabschreibungen bei anderen Vermögensgegenständen unzulässig.[30] Sobald die steuerliche Abschreibung eines Vermögensgegenstands die handelsrechtliche nicht mehr übersteigt, liegt (in Hinblick auf diesen Vermögensgegenstand) kein angabepflichtiger Tatbestand mehr vor. Davon unberührt bleibt die bei mittelgroßen und großen Kapitalgesellschaften und OHG/KG iSv. § 264 a erforderliche Anhangangabe nach § 285 S. 1 Nr. 5, inwieweit das Jahresergebnis von steuerlichen Bewertungsmaßnahmen beeinflusst wurde.[31]

V. Folgen der Nichtbeachtung

Mitglieder des vertretungsberechtigten Organs einer Kapitalgesellschaft, die gegen Abs. 1 S. 2 oder 3 oder Abs. 2 S. 1 verstoßen, begehen eine Ordnungswidrigkeit (§ 334 Abs. 1 Nr. 1 d)), die mit einem Bußgeld geahndet werden kann (§ 334 Abs. 3). Führt der Verstoß zu einer unrichtigen Darstellung oder Verschleierung der Verhältnisse der Gesellschaft, können die Mitglieder des vertretungsberechtigten Organs oder des AR der Gesellschaft mit einer Freiheitsstrafe bis zu drei Jahren oder mit Geldstrafe belegt werden (§ 331 Nr. 1).

§ 282 Abschreibung der Aufwendungen für die Ingangsetzung und Erweiterung des Geschäftsbetriebs

Für die Ingangsetzung und Erweiterung des Geschäftsbetriebs ausgewiesene Beträge sind in jedem folgenden Geschäftsjahr zu mindestens einem Viertel durch Abschreibungen zu tilgen.

I. Allgemeines

Die Vorschrift des § 282 regelt die Abschreibung von Aufwendungen für die Ingangsetzung und Erweiterung des Geschäftsbetriebs, die gem. § 269 als Bilanzierungshilfe aktiviert werden dürfen. Eine spezielle Abschreibungsregelung ist erforderlich, da es sich bei den aktivierten Ingangsetzungs- und Erweiterungsaufwendungen nicht um einen Vermögensgegenstand handelt und daher die in § 253 enthaltenen Regelungen für die Abschreibung von Vermögensgegenständen keine Anwendung findet.[1]

§ 282 gilt für **Kapitalgesellschaften** und **OHG/KG iSv. § 264 a**, eingetragene **Genossenschaften** (§ 336 Abs. 2) und dem **PublG** unterliegende Unternehmen (§ 5 Abs. 1 S. 2 PublG). Darüber hinaus findet die Vorschrift bei **Kreditinstituten und Finanzdienstleistungsinstituten** (§ 340 a Abs. 1) sowie bei **Versicherungsunternehmen** (§ 341 a Abs. 1) unabhängig von der Rechtsform Anwendung.

Da für Aufwendungen für die Ingangsetzung und Erweiterung des Geschäftsbetriebs in der **Steuerbilanz** ein Aktivierungsverbot besteht (vgl. Erl. zu § 269), sind auch die entsprechenden Abschreibungen nach § 282 steuerlich ohne Bedeutung.

---

[28] *Ellrott* BeBiKo RdNr. 8; *Tietze* HdR RdNr. 30.
[29] *Tietze* HdR RdNr. 34.
[30] *ADS* RdNr. 69; *Ellrott* BeBiKo RdNr. 9; *Tietze* HdR RdNr. 83.
[31] *ADS* RdNr. 67; *Ellrott* BeBiKo RdNr. 8.
[1] *Commandeur* HdR RdNr. 2.

II. Inhalt der Abschreibungsregelung

4 Nach § 282 sind die als Aufwendungen für die Ingangsetzung und Erweiterung des Geschäftsbetriebs aktivierten Beträge in **jedem auf die Aktivierung folgenden Geschäftsjahr** zu mindestens einem Viertel durch Abschreibungen zu tilgen. Somit braucht im Jahr der erstmaligen Aktivierung noch keine Abschreibung zu erfolgen, ist aber auf freiwilliger Basis zulässig.[2] Mit der Abschreibung muss erst begonnen werden, wenn die Ingangsetzungs- und Erweiterungsmaßnahmen im Wesentlichen abgeschlossen sind. Eine Abschreibung der jeweils im vorausgegangenen Geschäftsjahr aktivierten Beträge, unabhängig davon, ob die betreffenden Maßnahmen abgeschlossen sind, entspricht weniger dem Sinn der Bilanzierungshilfe und steht auch nicht im Einklang mit der 4. EG-Richtlinie.[3]

5 Durch die **Mindestabschreibung** von einem Viertel in jedem Geschäftsjahr wird die Abschreibungsdauer auf einen Zeitraum von höchstens vier Jahren nach dem Jahr, in dem die Aktivierung erfolgte, begrenzt. Es handelt sich um eine gesetzlich normierte Nutzungsdauer. Eine bestimmte **Abschreibungsmethode** wird durch § 282 nicht vorgeschrieben; auch ein **Abschreibungsplan ist nicht erforderlich.** Es muss lediglich die Mindestabschreibung von 25% gewährleistet sein, wobei aber auch höhere Jahresbeträge möglich sind.[4] Übersteigt die jährliche Abschreibung zu Beginn 25%, folgen daraus am Ende des Abschreibungszeitraums entsprechend niedrigere Abschreibungen.[5] Eine Verkürzung des Abschreibungszeitraums kommt hingegen außer im Fall einer Fehlmaßnahme (vgl. RdNr. 6) nicht in Betracht.

6 Offenbart sich die Ingangsetzung oder Erweiterung des Geschäftsbetriebs als **wirtschaftliche Fehlmaßnahme** – dh. führen diese insgesamt zu einem negativen Erfolgsbeitrag –, so ist in dem Jahr, in dem diese als Fehlmaßnahme erkannt werden, eine vorzeitige Abschreibung des aktivierten Betrages vorzunehmen. Systematisch handelt es sich dabei wegen der fehlenden Vermögensgegenstandseigenschaft nicht um eine außerplanmäßige Abschreibung iSv. § 253 Abs. 2 S. 3, sondern um eine über den Mindestwert hinausgehende Abschreibung nach § 282. Wird diese Feststellung bereits vor der erstmaligen Aktivierung der Ingangsetzungs- oder Erweiterungsaufwendungen getroffen, kommt die Aktivierung erst gar nicht in Betracht.[6]

7 Eine Rückgängigmachung von Abschreibungen auf aktivierte Ingangsetzungs- und Erweiterungsaufwendungen durch **Zuschreibungen** ist **nicht zulässig**.[7] Für eine solche Zuschreibung fehlt ein gesetzlicher Anknüpfungspunkt, da es sich nicht um einen Vermögensgegenstand handelt und daher die Vorschrift des § 280 nicht anwendbar ist.

III. Ausweis der Abschreibungen

8 Die Abschreibungen auf die aktivierten Aufwendungen für die Ingangsetzung und Erweiterung des Geschäftsbetriebs sind gem. § 268 Abs. 2 in die Darstellung der Entwicklung der einzelnen Posten des Anlagevermögens **(Anlagenspiegel)** mit einzubeziehen. In der GuV erfolgt der Ausweis der Abschreibungen bei Anwendung des **Gesamtkostenverfahrens** unter § 275 Abs. 2 Nr. 7 a) (Abschreibungen auf immaterielle Vermögensgegenstände des Anlagevermögens und Sachanlagen sowie auf aktivierte Aufwendungen für die Ingangsetzung und Erweiterung des Geschäftsbetriebs). Wird das **Umsatzkostenverfahren** angewendet, kommt entweder eine Zuordnung der Abschreibungen zu den Funktionsbereichen oder ein Ausweis unter den sonstigen betrieblichen Aufwendungen in Betracht.[8]

IV. Folgen der Nichtbeachtung

9 Mitglieder des vertretungsberechtigten Organs einer Kapitalgesellschaft, die gegen § 282 verstoßen, begehen eine Ordnungswidrigkeit (§ 334 Abs. 1 Nr. 1 b)), die mit einem Bußgeld geahndet werden kann (§ 334 Abs. 3). Führt beispielsweise das Unterlassen der vorgeschriebenen Mindestabschreibung zu einer unrichtigen Darstellung oder Verschleierung der Verhältnisse der Gesellschaft, können die Mitglieder des vertretungsberechtigten Organs oder des AR der Gesellschaft mit einer Freiheitsstrafe bis zu drei Jahren oder mit Geldstrafe belegt werden (§ 331 Nr. 1).

---

[2] *ADS* RdNr. 5.
[3] Für ein Wahlrecht *ADS* RdNr. 6 f.; aA *Commandeur* HdR RdNr. 6; *Winkeljohann/Lawall* BeBiKo RdNr. 4; HK-HGB/*Kusterer* RdNr. 3.
[4] *ADS* RdNr. 9 f.; Baumbach/Hueck/*Schulze-Osterloh* GmbHG § 42 RdNr. 110.
[5] *ADS* RdNr. 9; *Winkeljohann/Lawall* BeBiKo RdNr. 3.
[6] *ADS* RdNr. 15; *Commandeur* HdR RdNr. 12 f.
[7] HK-HGB/*Kusterer* RdNr. 2; *ADS* RdNr. 16; *Winkeljohann/Lawall* BeBiKo RdNr. 4; *Commandeur* HdR RdNr. 14.
[8] *ADS* RdNr. 19; *Commandeur* HdR RdNr. 17.

§ 283 Wertansatz des Eigenkapitals

Das gezeichnete Kapital ist zum Nennbetrag anzusetzen.

Schrifttum: Siehe Schrifttum § 272.

§ 283 regelt – entgegen seiner zu weit gefassten Überschrift – nicht den Wertansatz des gesamten Eigenkapitals von Kapitalgesellschaften, sondern nur den Wertansatz des **gezeichneten Kapitals** iSd. § 266 Abs. 3 A. I. Nennbetrag ist der aus der Satzung ersichtliche Wert des Grund- bzw. Stammkapitals, der am Abschlussstichtag im Handelsregister eingetragen ist (Ausnahme §§ 234 f. AktG).[1] Der Ansatz zum Nennwert ist auch dann zwingend, wenn noch nicht alle Einlagen geleistet wurden. Nicht eingeforderte ausstehende Einlagen sind ggf. offen vom gezeichneten Kapital abzusetzen (§ 272 Abs. 1 S. 3). Gleiches gilt für den anteiligen Wert eigener Aktien, die zum Zwecke der Einziehung erworben worden sind (§ 272 Abs. 1 S. 4). Kapitalmaßnahmen werden grundsätzlich erst mit Eintragung in das Handelsregister wirksam, so dass auch der Nennbetrag bis zu diesem Zeitpunkt unverändert bleibt.[2] Die einzelnen Bestandteile des gezeichneten Kapitals konkretisiert § 272 Abs. 1 S. 1.   1

Nicht zum Nennbetrag zu rechnen ist das Agio, das als Kapitalrücklage iSd. § 266 Abs. 3 A.II. auszuweisen ist. Gewinne und Verluste beeinflussen den Nennbetrag des gezeichneten Kapitals ebenso wenig wie ausstehende Einlagen.   2

Für OHG/KG iSv. § 264 a ist zwar § 283 durch die Verweisung in § 264 a Abs. 1 grundsätzlich anzuwenden. Durch die unterschiedliche Struktur des Eigenkapitals von Personenhandelsgesellschaften läuft die Vorschrift allerdings ins Leere. Für die nach § 264 c an die Stelle des gezeichneten Kapitals bei Kapitalgesellschaften tretenden Kapitalanteile ist § 283 nicht anwendbar, da diese Kapitalanteile in Abhängigkeit des Ergebnisses variieren; ein Ansatz zum Nennbetrag also insoweit nicht in Betracht kommt.[3] Für dem PublG unterliegende Unternehmen ist § 283 HGB mangels einer Verweisung in § 5 Abs. 1 S. 1 PublG nicht anwendbar.   3

Fünfter Titel. Anhang

§ 284 Erläuterung der Bilanz und der Gewinn- und Verlustrechnung

(1) In den Anhang sind diejenigen Angaben aufzunehmen, die zu den einzelnen Posten der Bilanz oder der Gewinn- und Verlustrechnung vorgeschrieben oder die im Anhang zu machen sind, weil sie in Ausübung eines Wahlrechts nicht in die Bilanz oder in die Gewinn- und Verlustrechnung aufgenommen wurden.

(2) Im Anhang müssen

1. die auf die Posten der Bilanz und der Gewinn- und Verlustrechnung angewandten Bilanzierungs- und Bewertungsmethoden angegeben werden;
2. die Grundlagen für die Umrechnung in Euro angegeben werden, soweit der Jahresabschluß Posten enthält, denen Beträge zugrunde liegen, die auf fremde Währung lauten oder ursprünglich auf fremde Währung lauteten;
3. Abweichungen von Bilanzierungs- und Bewertungsmethoden angegeben und begründet werden; deren Einfluß auf die Vermögens-, Finanz- und Ertragslage ist gesondert darzustellen;
4. bei Anwendung einer Bewertungsmethode nach § 240 Abs. 4, § 256 Satz 1 die Unterschiedsbeträge pauschal für die jeweilige Gruppe ausgewiesen werden, wenn die Bewertung im Vergleich zu einer Bewertung auf der Grundlage des letzten vor dem Abschlußstichtag bekannten Börsenkurses oder Marktpreises einen erheblichen Unterschied aufweist;
5. Angaben über die Einbeziehung von Zinsen für Fremdkapital in die Herstellungskosten gemacht werden.

---

[1] *Förschle/Hoffmann* BeBiKo RdNr. 3.
[2] Zu Ausnahmen vgl. *ADS* § 272 RdNr. 17 ff.; MünchKommHGB/*Lange* RdNr. 9.
[3] Vgl. zur Darstellung des Eigenkapitals bei OHG/KG iSv. § 264 a die Erl. zu § 264 c.

§ 284 1–3

Schrifttum: DRSC, DRS 13 Grundsatz der Stetigkeit und Berichtigung von Fehlern, BAnz. 2004, Nr. 121a, *IDW,* St/HFA 3/1997: Zum Grundsatz der Bewertungsstetigkeit, WPg 1997, 540; *IDW,* HFA: Geänderter Entwurf einer Verlautbarung zur Währungsumrechnung im Jahres- und Konzernabschluß, WPg 1986, 664; *Mansch/Stolberg/v. Wysocki,* Die Kapitalflußrechnung als Ergänzung des Jahres- und Konzernabschlusses, WPg 1995, 185.

Übersicht

	RdNr.		RdNr.
I. Grundlagen	1–3	1. Bilanzierungs- und Bewertungsmethoden	14–19
1. Funktionen des Anhangs	1	2. Grundlagen der Währungsumrechnung	20
2. Anforderungen an Inhalt und Form des Anhangs	2, 3	3. Abweichungen von Bilanzierungs- und Bewertungsmethoden	21
II. Inhalt des Anhangs (Abs. 1)	4–13	4. Unterschiedsbeträge bei Bewertungsvereinfachungsverfahren	22
1. Pflichtangaben	4–7	5. Einbeziehung von Fremdkapitalzinsen in die Herstellungskosten	23
2. Wahlpflichtangaben	8–12		
3. Freiwillige Angaben	13	IV. Folgen der Nichtbeachtung	24
III. Allgemeine Angaben im Anhang (Abs. 2)	14–23		

I. Grundlagen

1   **1. Funktionen des Anhangs.** Der Anhang stellt neben Bilanz und GuV den dritten notwendigen Bestandteil des Jahresabschlusses von Kapitalgesellschaften und OHG/KG iSv. § 264a dar, wenn sie als Tochterunternehmen nicht die Befreiungen nach § 264 Abs. 3, Abs. 4 oder § 264b in Anspruch nehmen. Durch den Anhang werden Bilanz und GuV erläutert und ergänzt; darüber hinaus werden zusätzliche Informationen vermittelt. Dem Anhang kommen im Einzelnen die folgenden Funktionen zu:[1]

– **Informationsvermittlungsfunktion:** Im Anhang werden die in Bilanz und GuV enthaltenen Posten interpretiert, darüber hinaus enthält der Anhang Informationen über zusätzliche Sachverhalte, die sich der Bilanzierung entziehen.

– **Entlastungsfunktion:** Bestimmte in Bilanz und GuV vorgesehene Angaben können wahlweise auch in den Anhang verlagert werden, wodurch sich die Übersichtlichkeit und die Aussagefähigkeit des Jahresabschlusses erhöhen.

– **Erläuterungsfunktion:** Veränderungen gegenüber dem Vorjahr müssen nicht nur angegeben werden, sondern es ist auch ihr Einfluss auf die Vermögens-, Finanz- und Ertragslage darzustellen.

– **Ergänzungsfunktion:** Kann der Jahresabschluss in Ausnahmefällen ein den tatsächlichen Verhältnissen entsprechendes Bild der Vermögens-, Finanz- und Ertragslage der Gesellschaft nicht vermitteln, so sind gem. § 264 Abs. 2 S. 2 im Anhang zusätzliche Angaben zu machen (vgl. dazu § 264 RdNr. 30 f.).

2   **2. Anforderungen an Inhalt und Form des Anhangs.** Als gleichwertiger Bestandteil des Jahresabschlusses muss auch der Anhang nach § 264 Abs. 2 S. 1 unter Beachtung der GoB ein den tatsächlichen Verhältnissen entsprechendes Bild der Vermögens-, Finanz- und Ertragslage der Gesellschaft vermitteln. Für den Anhang gelten somit nicht nur der Grundsatz der gewissenhaften und getreuen Rechenschaftslegung, sondern die allgemeinen Vorschriften für den Jahresabschluss insgesamt.[2] Der Anhang muss **klar und übersichtlich** sein (§ 243 Abs. 2); und die Angaben im Anhang müssen **wahr** sein, also den tatsächlichen Verhältnissen entsprechen. Darüber hinaus muss der Anhang **vollständig** sein, dh. es muss über alle Sachverhalte berichtet werden, zu denen Angaben gesetzlich vorgeschrieben sind. Der Vollständigkeitsgrundsatz wird allerdings durch den Grundsatz der Wesentlichkeit eingeschränkt. Zur Gewährleistung der Vollständigkeit der Angaben bei der Aufstellung des Anhangs haben sich in der Praxis **Checklisten** als zweckmäßig erwiesen.[3]

3   Eine bestimmte Form für den Anhang wird im HGB nicht vorgeschrieben; insbesondere ist keine feste Gliederung vorgegeben. Insoweit besteht hinsichtlich der Form des Anhangs Gestaltungsfreiheit, wobei allerdings der Grundsatz der Klarheit und Übersichtlichkeit beachtet werden muss. Die Einteilung und Gruppierung der Anhangangaben nach sachlichen Gesichtspunkten ist daher geboten.[4] Eine einmal gewählte Darstellungsform des Anhangs sollte im Wesentlichen beibehalten

---
[1] ADS RdNr. 12–15.
[2] ADS RdNr. 16.
[3] ADS RdNr. 17; Beispiele in *WPH* F RdNr. 590; *Dörner/Wirth* HdR §§ 284–288 RdNr. 377.
[4] *WPH* F RdNr. 548.

Erläuterung der Bilanz und der Gewinn- und Verlustrechnung   4, 5   § 284

werden.[5] Für kleine und mittelgroße Kapitalgesellschaften und OHG/KG iSv. § 264a bestehen gem. §§ 274a, 276 S. 2 und 288 Erleichterungen.

II. Inhalt des Anhangs (Abs. 1)

1. **Pflichtangaben.** Nach Abs. 1 sind in den Anhang zunächst diejenigen Angaben aufzunehmen, 4 die zu den einzelnen Posten der Bilanz oder der GuV vorgeschrieben sind (sog. Pflichtangaben):

Pflichtangaben nach HGB und EGHGB (betreffen alle Kapitalgesellschaften und OHG/KG 5 iSv. § 264a; größenabhängige Erleichterungen siehe RdNr. 3):
- § 264 Abs. 2 S. 2: zusätzliche Angaben, wenn kein den tatsächlichen Verhältnissen entsprechendes Bild vermittelt wird,
- § 265 Abs. 1 S. 2: Abweichungen bei Darstellung und Gliederung zum Vorjahr,
- § 265 Abs. 2 S. 2: nicht vergleichbare Vorjahreszahlen,
- § 265 Abs. 2 S. 3: Anpassung von Vorjahreszahlen,
- § 265 Abs. 4 S. 2: Gliederung bei anderen Geschäftszweigen,
- § 265 Abs. 7 Nr. 2: gesonderter Ausweis bei Postenzusammenfassung,
- § 268 Abs. 4 S. 2: größere antizipative Posten in den sonstigen Vermögensgegenständen,
- § 268 Abs. 5 S. 3: größere antizipative Posten in den Verbindlichkeiten,
- § 269 S. 1 2. Hs.: aktivierte Aufwendungen für die Ingangsetzung und Erweiterung des Geschäftsbetriebs,
- § 274 Abs. 2 S. 2: aktive latente Steuern,
- § 277 Abs. 4 S. 2: betriebsfremde außerordentliche Erträge und Aufwendungen,
- § 277 Abs. 4 S. 3: periodenfremde Erträge und Aufwendungen,
- § 280 Abs. 3: aus steuerrechtlichen Gründen unterlassene Zuschreibungen,
- § 284 Abs. 2 Nr. 1: Bilanzierungs- und Bewertungsmethoden,
- § 284 Abs. 2 Nr. 2: Grundlagen der Währungsumrechnung,
- § 284 Abs. 2 Nr. 3: Abweichungen von Bilanzierungs- und Bewertungsmethoden sowie deren Einfluss auf die Vermögens-, Finanz- und Ertragslage,
- § 284 Abs. 2 Nr. 4: Unterschiedsbeträge bei Gruppenbewertung und Verbrauchsfolgeverfahren,
- § 284 Abs. 2 Nr. 5: Einbeziehung von Fremdkapitalzinsen in Herstellungskosten,
- § 285 S. 1 Nr. 1: Gesamtbetrag der Verbindlichkeiten mit Restlaufzeit von über fünf Jahren, gesicherte Verbindlichkeiten,
- § 285 S. 1 Nr. 3: Gesamtbetrag der sonstigen finanziellen Verpflichtungen,
- § 285 S. 1 Nr. 4: Aufgliederung der Umsatzerlöse,
- § 285 S. 1 Nr. 5: Ausmaß der Beeinflussung des Jahresergebnisses und erheblicher künftiger Belastungen durch steuerrechtliche Vergünstigungsvorschriften,
- § 285 S. 1 Nr. 6: Belastung des Ergebnisses der gewöhnlichen Geschäftstätigkeit und des außerordentlichen Ergebnisses durch Steuern,
- § 285 S. 1 Nr. 7: durchschnittliche Arbeitnehmerzahl,
- § 285 S. 1 Nr. 8: Material- und Personalaufwand bei Umsatzkostenverfahren,
- § 285 S. 1 Nr. 9: Angaben zu Organmitgliedern,
- § 285 S. 1 Nr. 10: Mitglieder des Geschäftsführungsorgans und Aufsichtsrats und deren ausgeübter Beruf, bei börsennotierten Gesellschaften Mitgliedschaften im Aufsichtsrat,
- § 285 S. 1 Nr. 11: Angaben zum Anteilsbesitz,
- § 285 S. 1 Nr. 11a: Unternehmen, deren unbeschränkt haftender Gesellschafter die Kapitalgesellschaft ist,
- § 285 S. 1 Nr. 12: nicht gesondert ausgewiesene sonstige Rückstellungen,
- § 285 S. 1 Nr. 13: Gründe für planmäßige Abschreibung des Geschäfts- oder Firmenwertes,
- § 285 S. 1 Nr. 14: Angaben zu Mutterunternehmen,
- § 285 S. 1 Nr. 16: Entsprechenserklärung zum Corporate Governance Kodex für börsennotierte Aktiengesellschaften,
- § 285 S. 1 Nr. 17: Abschlussprüferhonorar für kapitalmarktorientierte Gesellschaften,
- § 285 S. 1 Nr. 18, S. 2 bis 5: Angaben zu derivativen Finanzinstrumenten,

---

[5] *ADS* RdNr. 27; strenger hinsichtlich formeller Stetigkeit *Ellrott* BeBiKo RdNr. 26.

- § 285 S. 1 Nr. 19, S. 3 bis 5: Angaben über zu den Finanzanlagen gehörende Finanzinstrumente, bei denen gem § 253 Abs. 2 S. 3 eine außerplanmäßige Abschreibung unterblieben ist,
- § 286 Abs. 3 S. 3: Anwendung der Schutzklausel bei Angaben über den Anteilsbesitz,
- § 287 S. 3: Hinweis auf gesonderte Aufstellung des Anteilsbesitzes,
- § 291 Abs. 2 Nr. 3, § 292 iVm. § 2 Abs. 1 Nr. 4 KonBefrV: Angaben bei befreiendem Konzernabschluss,
- Art. 28 Abs. 2 EGHGB: Fehlbetrag bei Rückstellungen für laufende Pensionen, Anwartschaften auf Pensionen und ähnliche Verpflichtungen,
- Art. 53 Abs. 2 EGHGB iVm. Art. 44 Abs. 1 S. 4: Bilanzierungshilfe nach dem Altfahrzeug-Gesetz.

6 **Pflichtangaben nach HGB und EGHGB** (zusätzlich für OHG/KG iSv. § 264 a):
- § 264 c Abs. 2 S. 9: nicht geleistete, im Handelsregister eingetragene Hafteinlagen der Kommanditisten,
- § 285 Nr. 15: Name und Sitz der Gesellschaften, die persönlich haftende Gesellschafter sind, sowie deren gezeichnetes Kapital,
- Art. 48 Abs. 5 S. 3 EGHGB: Angabe, wenn bei erstmaliger Aufstellung des Anlagenspiegels statt der Anschaffungs- oder Herstellungskosten die Buchwerte des vorherigen Abschlusses verwendet wurden;

7 **Pflichtangaben nach AktG** (betreffen AG und KGaA):
- § 160 Abs. 1 Nr. 1: Vorratsaktien,
- § 160 Abs. 1 Nr. 2: eigene Aktien,
- § 160 Abs. 1 Nr. 4: genehmigtes Kapital,
- § 160 Abs. 1 Nr. 5: Bezugsrechte gem. § 192 Abs. 2 Nr. 3 AktG, Wandelschuldverschreibungen und vergleichbare Wertpapiere,
- § 160 Abs. 1 Nr. 6: Genussrechte, Besserungsscheine und ähnliche Rechte,
- § 160 Abs. 1 Nr. 7: wechselseitige Beteiligungen,
- § 160 Abs. 1 Nr. 8: nach § 20 AktG mitgeteilte Beteiligungen,
- § 240 S. 3: Verwendung der aus Kapitalherabsetzung oder Auflösung von Gewinnrücklagen gewonnenen Beträge,
- § 261 Abs. 1 S. 3 und S. 4: Angaben bei Sonderprüfung wegen unzulässiger Unterbewertung.

8 **2. Wahlpflichtangaben.** Neben den genannten Pflichtangaben sind nach Abs. 1 auch diejenigen Angaben in den Anhang aufzunehmen, die in Ausübung eines Wahlrechts nicht in die Bilanz oder in die GuV aufgenommen wurden (sog. Wahlpflichtangaben):

9 **Wahlpflichtangaben nach HGB:**
- § 265 Abs. 3 S. 1: Mitzugehörigkeit zu einem anderen Bilanzposten,
- § 268 Abs. 1 S. 2 2. Hs.: Gewinn- oder Verlustvortrag bei Bilanzaufstellung unter teilweiser Ergebnisverwendung,
- § 268 Abs. 2 S. 1: Anlagenspiegel,
- § 268 Abs. 2 S. 3: Abschreibungen des Geschäftsjahrs,
- § 268 Abs. 6: aktiviertes Disagio,
- § 268 Abs. 7: Haftungsverhältnisse,
- § 273 S. 2 2. Hs.: Sonderposten mit Rücklageanteil,
- § 274 Abs. 1 S. 1: Rückstellung für passive latente Steuern,
- § 277 Abs. 3 S. 1: außerplanmäßige Abschreibungen beim Anlagevermögen und Abschreibungen wegen Wertschwankungen beim Umlaufvermögen,
- § 281 Abs. 1 S. 2: Wertberichtigungen nach steuerrechtlichen Vorschriften im Sonderposten mit Rücklageanteil,
- § 281 Abs. 2 S. 1: allein nach steuerrechtlichen Vorschriften vorgenommene Abschreibungen,
- § 281 Abs. 2 S. 2: Erträge aus der Auflösung von und Einstellungen in Sonderposten mit Rücklageanteil,
- § 285 Nr. 2: Aufgliederung der Verbindlichkeiten mit einer Restlaufzeit von mehr als fünf Jahren und der gesicherten Verbindlichkeiten entsprechend dem vorgeschriebenen Gliederungsschema,
- § 327 Nr. 1: Angabe bestimmter Bilanzposten von mittelgroßen Kapitalgesellschaften und OHG/KG iSv. § 264 a bei Inanspruchnahme von Offenlegungserleichterungen.

Erläuterung der Bilanz und der Gewinn- und Verlustrechnung   10–16 § 284

– Art. 42 Abs. 3 S. 3: Angabe des gezeichneten Kapitals in DM, wenn der Jahresabschluss vor Umstellung des gezeichneten Kapitals auf EUR bereits in EUR aufgestellt wird;

Wahlpflichtangaben nach HGB (zusätzlich für OHG/KG iSv. § 264 a):   10
– § 264 c Abs. 1: Ausleihungen, Forderungen, Verbindlichkeiten gegenüber Gesellschaftern,

Wahlpflichtangaben nach AktG: 11
– § 58 Abs. 2 a S. 2: andere Gewinnrücklagen aus Einstellung des Eigenkapitalanteils von Wertaufholungen und steuerlichen Passivposten,
– § 152 Abs. 2: Einstellungen in und Entnahmen aus der Kapitalrücklage,
– § 152 Abs. 3: Einstellungen in und Entnahmen aus den Gewinnrücklagen,
– § 158 Abs. 1 S. 2: Entwicklung des Jahresüberschusses/-fehlbetrages zum Bilanzgewinn/-verlust,
– § 160 Abs. 1 Nr. 3: unterschiedliche Aktiengattungen;

Wahlpflichtangaben nach GmbHG: 12
– § 29 Abs. 4 S. 2: andere Gewinnrücklagen aus Einstellung des Eigenkapitalanteils von Wertaufholungen und steuerlichen Passivposten,
– § 42 Abs. 3: Ausleihungen, Forderungen und Verbindlichkeiten gegenüber Gesellschaftern.

3. Freiwillige Angaben. Der Anhang kann über die Pflichtangaben und Wahlpflichtangaben 13 hinaus um freiwillige Angaben erweitert werden. Auch diese zusätzlichen Angaben unterliegen der Offenlegungs- und ggf. der Prüfungspflicht.[6] Freiwillige Angaben sind insbesondere auch im Hinblick auf den Grundsatz der ordnungsmäßigen Informationsgewährung erforderlich (vgl. § 264 RdNr. 24). Als freiwillige Anhangangaben kommen zB Sozialbilanzen, Bewegungsbilanzen, Kapitalflussrechnungen (DRS 2),[7] Segmentberichterstattung (DRS 3), Eigenkapitalspiegel (DRS 7), Berichterstattung über Beziehungen zu nahe stehenden Personen (DRS 11), Angaben zu Zeitwerten von Vermögensgegenständen, Substanzerhaltungsrechnungen oder Kapitalerhaltungsrechnungen in Betracht.[8] Der Umfang der freiwilligen Angaben im Anhang wird durch den Grundsatz der Klarheit und Übersichtlichkeit begrenzt. Die freiwilligen Angaben können ggf. statt im Anhang auch im Lagebericht gemacht werden.[9]

III. Allgemeine Angaben im Anhang (Abs. 2)

1. Bilanzierungs- und Bewertungsmethoden. Nach Abs. 2 Nr. 1 sind die auf die Posten der 14 Bilanz und der GuV angewandten Bilanzierungs- und Bewertungsmethoden im Anhang anzugeben. Das Gesetz definiert dabei nicht, was unter Bilanzierungsmethoden einerseits und Bewertungsmethoden andererseits zu verstehen ist. Aus der Gesetzessystematik lässt sich jedoch ableiten, dass die Bilanzierungsmethoden diejenigen Entscheidungen umfassen, die den **Ansatz** in Bilanz und GuV zum Gegenstand haben, während unter Bewertungsmethoden bestimmte, in ihrem Ablauf definierte und den GoB entsprechende Verfahren der Wertfindung zu verstehen sind.[10] Die **Abschreibungsmethoden** werden den Bewertungsmethoden zugerechnet und daher nicht eigens erwähnt.[11]

Angabepflichten zu Bilanzierungsmethoden ergeben sich insbesondere aus **Ansatzwahlrechten;** 15 bei eindeutigen gesetzlichen Vorgaben, wie zu bilanzieren ist, sind Angaben im Anhang nicht erforderlich.

Folgende Ansatzwahlrechte sind im HGB enthalten:[12]   16
– § 247 Abs. 3 iVm. § 273: Sonderposten mit Rücklageanteil;
– § 249 Abs. 1 S. 1 iVm. Art. 28 Abs. 1 EGHGB: Nichtansatz von Pensionsrückstellungen unter bestimmten Voraussetzungen;
– § 249 Abs. 1 S. 3: Rückstellungen für unterlassene Aufwendungen für Instandhaltung, die nach Ablauf von drei Monaten, aber innerhalb des Geschäftsjahres nachgeholt werden;
– § 249 Abs. 2: Aufwandsrückstellungen;
– § 250 Abs. 1 S. 1 Nr. 1 u. 2: Bildung eines aktiven Rechnungsabgrenzungspostens für Zölle, Verbrauchsteuern und Umsatzsteuer;
– § 250 Abs. 3: Aufnahme eines Disagios in den aktiven Rechnungsabgrenzungsposten;

---

[6] *Ellrott* BeBiKo RdNr. 80.
[7] *Mausch/Stalberg/v. Wysocki* S. 185.
[8] *Ellrott* BeBiKo RdNr. 80.
[9] *ADS* RdNr. 36.
[10] *ADS* RdNr. 55 u. 60, IDW, St/HFA 3/1997, WPg 1997, 540.
[11] *WPH* F RdNr. 592.
[12] *ADS* RdNr. 58.

- § 255 Abs. 4 S. 1: Ansatz eines derivativen Geschäfts- oder Firmenwertes;
- § 269: Bilanzierungshilfe für Ingangsetzungs- bzw. Erweiterungsaufwendungen;
- § 274 Abs. 2: Bilanzierungshilfe für aktive latente Steuern;
- Art. 53 Abs. 2 EGHGB iVm. Art. 44 Abs. 1 S. 4: Bilanzierungshilfe nach dem Altfahrzeug-Gesetz.

17 Begründungen für eine Bilanzierungsentscheidung sind dabei im Rahmen der Angabepflicht nicht gefordert.[13] Auch bei den Bewertungsmethoden besteht eine Angabepflicht vor allem in den Fällen, in denen **Bewertungswahlrechte** vorgesehen sind.

18 Das HGB enthält folgende Bewertungswahlrechte:[14]
- § 240 Abs. 3 S. 1 iVm. § 256 S. 2: Festwertansatz;
- § 240 Abs. 4 iVm. § 256 S. 2: Gruppenbewertung;
- § 253 Abs. 2 S. 1 u. 2: Bemessung der planmäßigen Abschreibungen;
- § 253 Abs. 2 S. 3 iVm. § 279 Abs. 1 S. 2: Abschreibungen auf Finanzanlagen bei voraussichtlich nicht dauernder Wertminderung;
- § 253 Abs. 3 S. 3: Abschreibungen im Umlaufvermögen wegen künftiger Wertschwankungen;
- § 254 S. 1 iVm. § 279 Abs. 2: Abschreibungen auf Grund steuerrechtlicher Vorschriften;
- § 255 Abs. 2 u. 3: Bemessung der Herstellungskosten;
- § 255 Abs. 4 S. 2 u. 3: Abschreibung des Geschäfts- oder Firmenwertes;
- § 256 S. 1: Anwendung von Verbrauchsfolgeverfahren;
- § 280 Abs. 2: Wertbeibehaltungswahlrecht (auf Grund des strikten steuerrechtlichen Wertaufholungsgebot nicht mehr relevant).

19 Die Angaben sind in jedem Jahresabschluss zu machen; ein Verweis auf einen früheren Anhang ist nicht zulässig.[15]

20 **2. Grundlagen der Währungsumrechnung.** Für Fremdwährungsposten sind nach Abs. 2 Nr. 2 die Grundlagen für die Umrechnung in EUR anzugeben. Die Verpflichtung zur Umrechnung ergibt sich aus § 244 (Aufstellung des Jahresabschlusses in EUR). Die Währungsumrechnung stellt einen Bestandteil der Bewertung im Jahresabschluss dar.[16] Als Grundlagen der Währungsumrechnung sind die wesentlichen Methoden zur Umrechnung der Fremdwährungsbeträge in EUR und die Behandlung der entstehenden Unterschiedsbeträge zu verstehen, zB Art des Umrechnungskurses, Bewertungsstichtag, Beachtung des Niederstwertprinzips, Verrechnung von Währungsgewinnen und -verlusten, Umrechnung von Devisentermingeschäften.[17] Für eine erfolgsneutrale Kompensation von Kursgewinnen- und Kursverlusten ist unter bestimmten Voraussetzungen die Bildung von Bewertungseinheiten zulässig, über die grdsl. im Anhang zu berichten ist.[18]

21 **3. Abweichungen von Bilanzierungs- und Bewertungsmethoden.** Gem. Abs. 2 Nr. 3 sind Abweichungen von Bilanzierungs- und Bewertungsmethoden anzugeben und zu begründen, darüber hinaus ist der Einfluss dieser Abweichungen auf die Vermögens-, Finanz- und Ertragslage gesondert darzustellen. Dadurch soll die **Vergleichbarkeit** des Jahresabschlusses insbesondere hinsichtlich der im Vorjahr angewandten Bilanzierungs- und Bewertungsmethoden hergestellt werden.[19] Für die Darstellung der Auswirkungen von Abweichungen auf die Vermögens-, Finanz- und Ertragslage ist es bei wesentlichen Auswirkungen erforderlich, über verbale Erläuterungen hinaus auch zahlenmäßige Angaben zu machen.[20]

22 **4. Unterschiedsbeträge bei Bewertungsvereinfachungsverfahren.** Werden im Jahresabschluss die Gruppenbewertung (§ 240 Abs. 4) oder Verbrauchsfolgeverfahren (§ 256 S. 1) angewendet, dann sind nach Abs. 2 Nr. 4 im Anhang pauschal für jede Gruppe die Unterschiedsbeträge anzugeben, wenn die Bewertung im Vergleich zu einer Bewertung auf der Grundlage des letzten vor dem Abschlussstichtag bekannten Börsenkurses oder Marktpreises einen erheblichen Unterschied aufweist. Die Angabepflicht besteht nur bei einem **erheblichen** Bewertungsunterschied. Ist ein Börsen- oder Marktpreis nicht feststellbar, entfällt die Angabepflicht.[21] Kleine Kapitalgesellschaften und kleine OHG/KG iSv. § 264a sind von der Angabe der Unterschiedsbeträge befreit (§ 288 S. 1).

---

[13] *Ellrott* BeBiKo RdNr. 89.
[14] *ADS* RdNr. 63.
[15] *Ellrott* BeBiKo RdNr. 100.
[16] *IDW* HFA WPg 1986, 664.
[17] *ADS* RdNr. 96.
[18] *WPH* F RdNr. 614
[19] *ADS* RdNr. 103.
[20] *ADS* RdNr. 106; *WPH* F RdNr. 621; *IDW* St/HFA 3/1997, WPg 1997, 542; aA *Ellrott* BeBiKo RdNr. 170.
[21] *ADS* RdNr. 154; *WPH* F RdNr. 629.

5. Einbeziehung von Fremdkapitalzinsen in die Herstellungskosten. Werden zulässigerweise nach § 255 Abs. 3 S. 2 Fremdkapitalzinsen in die Herstellungskosten einbezogen, so sind gem. Abs. 2 Nr. 5 im Anhang Angaben hierüber zu machen. Die Nennung von Beträgen ist dabei nicht erforderlich;[22] es muss jedoch deutlich werden, bei welchen Bilanzposten das Aktivierungswahlrecht ausgeübt wurde.[23]

IV. Folgen der Nichtbeachtung

Die unrichtige Wiedergabe oder Verschleierung der Verhältnisse im Jahresabschluss einer Kapitalgesellschaft oder einer OHG/KG iSv. § 264a durch Mitglieder des vertretungsberechtigten Organs oder des AR ist nach § 331 Nr. 1 ein Straftatbestand, der mit Freiheitsstrafe oder Geldstrafe geahndet werden kann. Eine Ordnungswidrigkeit begeht, wer als eine der vorgenannten Personen bei der Aufstellung oder Feststellung des Jahresabschlusses einer Vorschrift des § 284 oder des § 285 über die in der Bilanz oder im Anhang zu machenden Angaben zuwiderhandelt (§ 334 Abs. 1 Nr. 1 Buchst. d)). Fehlt dem Jahresabschluss der Anhang, so ist er nichtig.[24]

§ 285[1, 2] Sonstige Pflichtangaben

[1] Ferner sind im Anhang anzugeben:
1. zu den in der Bilanz ausgewiesenen Verbindlichkeiten
   a) der Gesamtbetrag der Verbindlichkeiten mit einer Restlaufzeit von mehr als fünf Jahren,
   b) der Gesamtbetrag der Verbindlichkeiten, die durch Pfandrechte oder ähnliche Rechte gesichert sind, unter Angabe von Art und Form der Sicherheiten;
2. die Aufgliederung der in Nummer 1 verlangten Angaben für jeden Posten der Verbindlichkeiten nach dem vorgeschriebenen Gliederungsschema, sofern sich diese Angaben nicht aus der Bilanz ergeben;
3. der Gesamtbetrag der sonstigen finanziellen Verpflichtungen, die nicht in der Bilanz erscheinen und auch nicht nach § 251 anzugeben sind, sofern diese Angabe für die Beurteilung der Finanzlage von Bedeutung ist; davon sind Verpflichtungen gegenüber verbundenen Unternehmen gesondert anzugeben;
4. die Aufgliederung der Umsatzerlöse nach Tätigkeitsbereichen sowie nach geographisch bestimmten Märkten, soweit sich, unter Berücksichtigung der Organisation des Verkaufs von für die gewöhnliche Geschäftstätigkeit der Kapitalgesellschaft typischen Erzeugnissen und der für die gewöhnliche Geschäftstätigkeit der Kapitalgesellschaft typischen Dienstleistungen, die Tätigkeitsbereiche und geographisch bestimmten Märkte untereinander erheblich unterscheiden;
5. das Ausmaß, in dem das Jahresergebnis dadurch beeinflußt wurde, daß bei Vermögensgegenständen im Geschäftsjahr oder in früheren Geschäftsjahren Abschreibungen nach §§ 254, 280 Abs. 2 auf Grund steuerrechtlicher Vorschriften vorgenommen oder beibehalten wurden oder ein Sonderposten nach § 273 gebildet wurde; ferner das Ausmaß erheblicher künftiger Belastungen, die sich aus einer solchen Bewertung ergeben;
6. in welchem Umfang die Steuern vom Einkommen und vom Ertrag das Ergebnis der gewöhnlichen Geschäftstätigkeit und das außerordentliche Ergebnis belasten;
7. die durchschnittliche Zahl der während des Geschäftsjahrs beschäftigten Arbeitnehmer getrennt nach Gruppen;
8. bei Anwendung des Umsatzkostenverfahrens (§ 275 Abs. 3)
   a) der Materialaufwand des Geschäftsjahrs, gegliedert nach § 275 Abs. 2 Nr. 5,
   b) der Personalaufwand des Geschäftsjahrs, gegliedert nach § 275 Abs. 2 Nr. 6;

---

[22] *Ellrott* BeBiKo RdNr. 190; *Dörner/Wirth* HdR §§ 284–288 RdNr. 137.
[23] *ADS* RdNr. 156.
[24] *Ellrott* BeBiKo RdNr. 195 mit Verweis auf OLG Stuttgart 11. 2. 2004, ZIP 2004, 909.
[1] S. 1 Nr. 9 a) geändert durch das Gesetz über die Offenlegung der Vorstandsvergütungen (Vorstandsvergütungs-Offenlegungsgesetz – VorstOG) vom 3. August 2005. Zur erstmaligen Anwendung s. Art. 59 EGHGB.
[2] S. 1 Nrn. 17 bis 19, Sätze 2 bis 6 eingefügt durch das Gesetz zur Einführung internationaler Rechnungslegungsstandards und zur Sicherung der Qualität der Abschlussprüfung (Bilanzrechtsreformgesetz – BilReG) vom 4. Dezember 2004. Zur erstmaligen Anwendung s. Art. 58 EGHGB.

§ 285

9. für die Mitglieder des Geschäftsführungsorgans, eines Aufsichtsrats, eines Beirats oder einer ähnlichen Einrichtung jeweils für jede Personengruppe
   a) die für die Tätigkeit im Geschäftsjahr gewährten Gesamtbezüge (Gehälter, Gewinnbeteiligungen, Bezugsrechte und sonstige aktienbasierte Vergütungen, Aufwandsentschädigungen, Versicherungsentgelte, Provisionen und Nebenleistungen jeder Art). In die Gesamtbezüge sind auch Bezüge einzurechnen, die nicht ausgezahlt, sondern in Ansprüche anderer Art umgewandelt oder zur Erhöhung anderer Ansprüche verwendet werden. Außer den Bezügen für das Geschäftsjahr sind die weiteren Bezüge anzugeben, die im Geschäftsjahr gewährt, bisher aber in keinem Jahresabschluss angegeben worden sind. Bezugsrechte und sonstige aktienbasierte Vergütungen sind mit ihrer Anzahl und dem beizulegenden Zeitwert zum Zeitpunkt ihrer Gewährung anzugeben; spätere Wertänderungen, die auf einer Änderung der Ausübungsbedingungen beruhen, sind zu berücksichtigen. Bei einer börsennotierten Aktiengesellschaft sind zusätzlich unter Namensnennung die Bezüge jedes einzelnen Vorstandsmitglieds, aufgeteilt nach erfolgsunabhängigen und erfolgsbezogenen Komponenten sowie Komponenten mit langfristiger Anreizwirkung, gesondert anzugeben. Dies gilt auch für Leistungen, die dem Vorstandsmitglied für den Fall der Beendigung seiner Tätigkeit zugesagt worden sind. Hierbei ist der wesentliche Inhalt der Zusagen darzustellen, wenn sie in ihrer rechtlichen Ausgestaltung von den den Arbeitnehmern erteilten Zusagen nicht unerheblich abweichen. Leistungen, die dem einzelnen Vorstandsmitglied von einem Dritten im Hinblick auf seine Tätigkeit als Vorstandsmitglied zugesagt oder im Geschäftsjahr gewährt worden sind, sind ebenfalls anzugeben. Enthält der Jahresabschluss weitergehende Angaben zu bestimmten Bezügen, sind auch diese zusätzlich einzeln anzugeben;
   b) die Gesamtbezüge (Abfindungen, Ruhegehälter, Hinterbliebenenbezüge und Leistungen verwandter Art) der früheren Mitglieder der bezeichneten Organe und ihrer Hinterbliebenen. Buchstabe a Satz 2 und 3 ist entsprechend anzuwenden. Ferner ist der Betrag der für diese Personengruppe gebildeten Rückstellungen für laufende Pensionen und Anwartschaften auf Pensionen und der Betrag der für diese Verpflichtungen nicht gebildeten Rückstellungen anzugeben;
   c) die gewährten Vorschüsse und Kredite unter Angabe der Zinssätze, der wesentlichen Bedingungen und der gegebenenfalls im Geschäftsjahr zurückgezahlten Beträge sowie die zugunsten dieser Personen eingegangenen Haftungsverhältnisse;
10. alle Mitglieder des Geschäftsführungsorgans und eines Aufsichtsrats, auch wenn sie im Geschäftsjahr oder später ausgeschieden sind, mit dem Familiennamen und mindestens einem ausgeschriebenen Vornamen, einschließlich des ausgeübten Berufs und bei börsennotierten Gesellschaften auch der Mitgliedschaft in Aufsichtsräten und anderen Kontrollgremien im Sinne des § 125 Abs. 1 Satz 3 des Aktiengesetzes. Der Vorsitzende eines Aufsichtsrats, seine Stellvertreter und ein etwaiger Vorsitzender des Geschäftsführungsorgans sind als solche zu bezeichnen;
11. Name und Sitz anderer Unternehmen, von denen die Kapitalgesellschaft oder eine für Rechnung der Kapitalgesellschaft handelnde Person mindestens den fünften Teil der Anteile besitzt; außerdem sind die Höhe des Anteils am Kapital, das Eigenkapital und das Ergebnis des letzten Geschäftsjahrs dieser Unternehmen anzugeben, für das ein Jahresabschluß vorliegt; auf die Berechnung der Anteile ist § 16 Abs. 2 und 4 des Aktiengesetzes entsprechend anzuwenden; ferner sind von börsennotierten Kapitalgesellschaften zusätzlich alle Beteiligungen an großen Kapitalgesellschaften anzugeben, die fünf vom Hundert der Stimmrechte überschreiten;
11 a. Name, Sitz und Rechtsform der Unternehmen, deren unbeschränkt haftender Gesellschafter die Kapitalgesellschaft ist;
12. Rückstellungen, die in der Bilanz unter dem Posten „sonstige Rückstellungen" nicht gesondert ausgewiesen werden, sind zu erläutern, wenn sie einen nicht unerheblichen Umfang haben;
13. bei Anwendung des § 255 Abs. 4 Satz 3 die Gründe für die planmäßige Abschreibung des Geschäfts- oder Firmenwerts;
14. Name und Sitz des Mutterunternehmens der Kapitalgesellschaft, das den Konzernabschluß für den größten Kreis von Unternehmen aufstellt, und ihres Mutterunter-

nehmens, das den Konzernabschluß für den kleinsten Kreis von Unternehmen aufstellt, sowie im Falle der Offenlegung der von diesen Mutterunternehmen aufgestellten Konzernabschlüsse der Ort, wo diese erhältlich sind;
15. soweit es sich um den Anhang des Jahresabschlusses einer Personenhandelsgesellschaft im Sinne des § 264a Abs. 1 handelt, Name und Sitz der Gesellschaften, die persönlich haftende Gesellschafter sind, sowie deren gezeichnetes Kapital;
16. dass die nach § 161 des Aktiengesetzes vorgeschriebene Erklärung abgegeben und den Aktionären zugänglich gemacht worden ist;
17. soweit es sich um ein Unternehmen handelt, das einen organisierten Markt im Sinne des § 2 Abs. 5 des Wertpapierhandelsgesetzes in Anspruch nimmt, für den Abschlussprüfer im Sinne des § 319 Abs. 1 Satz 1, 2 das im Geschäftsjahr als Aufwand erfasste Honorar für
    a) die Abschlussprüfung,
    b) sonstige Bestätigungs- oder Bewertungsleistungen,
    c) Steuerberatungsleistungen,
    d) sonstige Leistungen;
18. für jede Kategorie derivativer Finanzinstrumente
    a) Art und Umfang der Finanzinstrumente,
    b) der beizulegende Zeitwert der betreffenden Finanzinstrumente, soweit sich dieser gemäß den Sätzen 3 bis 5 verlässlich ermitteln lässt, unter Angabe der angewandten Bewertungsmethode sowie eines gegebenenfalls vorhandenen Buchwerts und des Bilanzpostens, in welchem der Buchwert erfasst ist;
19. für zu den Finanzanlagen (§ 266 Abs. 2 A. III.) gehörende Finanzinstrumente, die über ihrem beizulegenden Zeitwert ausgewiesen werden, da insoweit eine außerplanmäßige Abschreibung gemäß § 253 Abs. 2 Satz 3 unterblieben ist:
    a) der Buchwert und der beizulegende Zeitwert der einzelnen Vermögensgegenstände oder der angemessener Gruppierungen sowie
    b) die Gründe für das Unterlassen einer Abschreibung gemäß § 253 Abs. 2 Satz 3 einschließlich der Anhaltspunkte, die darauf hindeuten, dass die Wertminderung voraussichtlich nicht von Dauer ist.

² Als derivative Finanzinstrumente im Sinne des Satzes 1 Nr. 18 gelten auch Verträge über den Erwerb oder die Veräußerung von Waren, bei denen jede der Vertragsparteien zur Abgeltung in bar oder durch ein anderes Finanzinstrument berechtigt ist, es sei denn, der Vertrag wurde geschlossen, um einen für den Erwerb, die Veräußerung oder den eigenen Gebrauch erwarteten Bedarf abzusichern, sofern diese Zweckwidmung von Anfang an bestand und nach wie vor besteht und der Vertrag mit der Lieferung der Ware als erfüllt gilt. ³ Der beizulegende Zeitwert im Sinne des Satzes 1 Nr. 18 Buchstabe b, Nr. 19 entspricht dem Marktwert, sofern ein solcher ohne weiteres verlässlich feststellbar ist. ⁴ Ist dies nicht der Fall, so ist der beizulegende Zeitwert, sofern dies möglich ist, aus den Marktwerten der einzelnen Bestandteile des Finanzinstruments oder aus dem Marktwert eines gleichwertigen Finanzinstruments abzuleiten, anderenfalls mit Hilfe allgemein anerkannter Bewertungsmodelle und -methoden zu bestimmen, sofern diese eine angemessene Annäherung an den Marktwert gewährleisten. ⁵ Bei der Anwendung allgemein anerkannter Bewertungsmodelle und -methoden sind die tragenden Annahmen anzugeben, die jeweils der Bestimmung des beizulegenden Zeitwerts zugrunde gelegt wurden. ⁶ Kann der beizulegende Zeitwert nicht bestimmt werden, sind die Gründe dafür anzugeben.

Schrifttum: BT-Drucks. Nr. 13/9712 vom 28. 1. 1998: Entwurf eines Gesetzes zur Kontrolle und Transparenz im Unternehmensbereich (KonTraG); *Gelhausen*, Die Aktienrechtsreform 1997: Reform der externen Rechnungslegung und ihrer Prüfung durch den Wirtschaftsprüfer, AG, Sonderheft 1997, 73; *IDW,* St/SABI 3/1986: Zur Darstellung der Finanzlage iSv. § 264 Abs. 2 HGB, WPg 1986, 670; *IDW* ERS HFA 18, Bilanzierung von Anteilen an Personenhandelsgesellschaften, WPg 2005, 1228; *IDW* RH HFA 1005, Anhangangaben nach § 285 Satz 1 Nr. 18 und 19 HGB sowie Lageberichterstattung nach § 289 Abs. 2 Nr. 2 HGB in der Fassung des Bilanzrechtsreformgesetzes, WPg 2005, 531; *IDW* RH HFA 1006, Anhangangaben nach § 285 Satz 1 Nr. 17 HGB bzw. § 314 Abs. 1 Nr. 9 HGB über das Abschlussprüferhonorar, WPg 2005, 1232; *IDW* RS HFA 7, Zur Rechnungslegung bei Personenhandelsgesellschaften, WPg 2002, 1259 (redaktionelle Änderungen, WPg 2005, 669); *IDW* RS HFA 10, Anwendung der Grundsätze des IDW S 1 bei der Bewertung von Beteiligungen für die Zwecke eines handelsrechtlichen Jahresabschlusses, WPg 2003, 1257 (redaktionell in 2004 und 2005 geändert); *IDW* RS VFA 2, Auslegung des § 341 b HGB (neu), WPg 2002, 475; *IDW* S 1, Grundsätze zur Durchführung von Unternehmensbewertungen, WPg 2005, 1303.

Übersicht

	RdNr.		RdNr.
I. Grundlagen	1, 2	10. Mitglieder des Geschäftsführungsorgans und Aufsichtsrats (S. 1 Nr. 10)	14
II. Angabepflichten des § 285 im Einzelnen	3–33	11. Angaben zum Anteilsbesitz (S. 1 Nr. 11 und 11 a)	15, 16
1. Angaben zu den in der Bilanz ausgewiesenen Verbindlichkeiten (S. 1 Nr. 1)	3	12. Sonstige Rückstellungen (S. 1 Nr. 12)	17
2. Aufgliederung der nach Nr. 1 verlangten Angaben (S. 1 Nr. 2)	4	13. Planmäßige Abschreibung des Geschäfts- oder Firmenwerts (S. 1 Nr. 13)	18
3. Sonstige finanzielle Verpflichtungen (S. 1 Nr. 3)	5	14. Angaben zu Mutterunternehmen (S. 1 Nr. 14)	19
4. Aufgliederung der Umsatzerlöse (S. 1 Nr. 4)	6	15. Angaben zu persönlich haftenden Gesellschaftern (S. 1 Nr. 15)	20
5. Ergebnisbeeinflussung durch Anwendung steuerrechtlicher Vergünstigungsvorschriften (S. 1 Nr. 5)	7	16. Entsprechenserklärung zum Corporate Governance Kodex (S. 1 Nr. 16)	21
6. Aufteilung der Einkommen- und Ertragsteuerbelastung (S. 1 Nr. 6)	8	17. Angaben über das im Geschäftsjahr erfasste Honorar des Abschlussprüfers (S. 1 Nr. 17)	22–24
7. Arbeitnehmerzahl (S. 1 Nr. 7)	9	18. Angaben zu derivativen Finanzinstrumenten (S. 1 Nr. 18)	25–29
8. Material- und Personalaufwand beim Umsatzkostenverfahren (S. 1 Nr. 8)	10	19. Angaben zu über ihrem beizulegenden Zeitwert ausgewiesenen Finanzinstrumenten in den Finanzanlagen (S. 1 Nr. 19)	30–33
9. Angaben zu Organmitgliedern (S. 1 Nr. 9)	11–13	III. Folgen der Nichtbeachtung	34

I. Grundlagen

1 § 285 sieht einen Katalog von Pflichtangaben vor, die grundsätzlich im Anhang jeder Kapitalgesellschaft bzw. OHG/KG iSv. § 264 a enthalten sein müssen. Allerdings müssen nur **börsennotierte Aktiengesellschaften** alle in § 285 geforderten Angaben machen; für kapitalmarktorientierte oder börsennotierte Gesellschaften bestehen umfangreiche Angabepflichten; für **kleine** und **mittelgroße** Gesellschaften (§ 267 Abs. 1 u. 2) gelten nach § 288 Erleichterungen bei der Aufstellung des Anhangs. Die Angaben nach § 285 müssen in jedem Jahresabschluss gemacht werden; die Bezugnahme auf einen früheren Anhang entbindet nicht von der Angabepflicht.[3] Kapitalmarktorientierte und börsennotierte Unternehmen gelten stets als groß iSd. § 267 Abs. 3 S. 2.

2 Die Einhaltung der in § 285 vorgesehenen Reihenfolge der Angaben ist nicht erforderlich; vielmehr ist es als zweckmäßig anzusehen, wenn die geforderten Angaben in sachlichem Zusammenhang mit anderen Angaben zu den entsprechenden Posten von Bilanz und GuV gemacht werden.[4] Der Grundsatz der ordnungsmäßigen Informationsgewährung im Hinblick auf die Generalnorm des § 264 Abs. 2 ist zu beachten (vgl. § 264 RdNr. 24). Die Verpflichtung zur gesonderten Darstellung **aller** einzelnen Pflichtangaben wird dadurch nicht berührt.[5] Ein nach § 325 Abs. 2 a freiwillig offengelegter IFRS-EA hat die Angaben nach S. 1 Nr. 7, 8b, 9 bis 11 a, 14 bis 17 ebenfalls zu enthalten.

II. Angabepflichten des § 285 im Einzelnen

3 **1. Angaben zu den in der Bilanz ausgewiesenen Verbindlichkeiten (S. 1 Nr. 1).** Nach S. 1 Nr. 1 sind im Anhang zu den in der Bilanz ausgewiesenen Verbindlichkeiten der Gesamtbetrag der Verbindlichkeiten mit einer Restlaufzeit von mehr als fünf Jahren (Nr. 1a) sowie der Gesamtbetrag der durch Pfandrechte oder ähnliche Rechte gesicherten Verbindlichkeiten (Nr. 1b) anzugeben. Die Angabepflicht schließt alle in § 266 Abs. 3 C. aufgeführten Verbindlichkeiten ein. Maßgebend für die Angabe nach Nr. 1a ist die **Restlaufzeit,** also der zwischen dem Abschlussstichtag und dem voraussichtlichen, vereinbarten oder gesetzlich festgelegten Fälligkeitstermin liegende Zeitraum und nicht die vereinbarte Laufzeit der Verbindlichkeit.[6] Dabei sind die objektiven Verpflichtungen maßgebend, die subjektive Bereitschaft oder die voraussichtliche Zahlungsfähigkeit ist nicht zu berücksichtigen.[7] Neben dem Gesamtbetrag der gesicherten Verbindlichkeiten ist nach Nr. 1b die Besiche-

---

[3] *WPH* F RdNr. 544.
[4] *ADS* RdNr. 3.
[5] *Ellrott* BeBiKo § 284 RdNr. 10 ff.
[6] *ADS* RdNr. 10.
[7] *Ellrott* BeBiKo RdNr. 6.

rung durch die Angabe von Art und Form der Sicherheiten zu erläutern. Dabei sind als Art der Sicherheiten die Rechtsgattung (zB Hypothek, Eigentumsvorbehalt, Pfandrecht) und als Form die Art und Weise der Verbriefung (zB Sicherungsübereignung, Buchgrundschuld, Briefgrundschuld) anzugeben.[8]

2. Aufgliederung der nach S. 1 Nr. 1 verlangten Angaben (S. 1 Nr. 2). S. 1 Nr. 2 verlangt, 4 entweder in der Bilanz oder im Anhang die Angabe der Beträge von Verbindlichkeiten mit einer Restlaufzeit von mehr als fünf Jahren und der gesicherten Verbindlichkeiten für **jeden einzelnen Posten** der Verbindlichkeiten, wie sie sich aus § 266 Abs. 3 C. ergeben, aufzugliedern. Dies gilt uneingeschränkt jedoch nur für große Kapitalgesellschaften (§ 267 Abs. 3); für kleine und mittelgroße Kapitalgesellschaften (§ 267 Abs. 1 u. 2) sind Erleichterungen vorgesehen (§ 288 S. 1 u. § 327 Nr. 2). Haben die geforderten Angaben einen größeren Umfang, empfiehlt sich die Darstellung in Form eines sog. **Verbindlichkeitenspiegels**.[9] Dieser Verbindlichkeitenspiegel könnte zB wie folgt aufgebaut sein:

	Restlaufzeit bis zu einem Jahr	Restlaufzeit zwischen einem und fünf Jahren	Restlaufzeit von mehr als fünf Jahren	Gesamtbetrag	davon durch Pfandrechte und ähnliche Rechte gesichert	Art und Form der Sicherheit
einzelne Posten der Verbindlichkeiten						

Dabei ist die Angabe der Restlaufzeit zwischen einem und fünf Jahren nicht verpflichtend, wird aber häufig vorgenommen, um die Summe der im Verbindlichkeitenspiegel angegebenen Beträge zu dem Bilanzposten abstimmen zu können.

3. Sonstige finanzielle Verpflichtungen (S. 1 Nr. 3). S. 1 Nr. 3 verlangt die Angabe des 5 Gesamtbetrags der nicht bilanzierten, also weder als Verbindlichkeit noch als Rückstellung passivierten, finanziellen Verpflichtungen, die auch nicht als Haftungsverhältnisse nach § 251 anzugeben sind. Bestehen solche Verpflichtungen gegenüber verbundenen Unternehmen, sind sie gesondert anzugeben. Die Angabe nach S. 1 Nr. 3 ist jedoch nur zu machen, wenn sie für die Beurteilung der Finanzlage von Bedeutung ist. Für kleine Kapitalgesellschaften und kleine OHG/KG iSv. § 264a entfällt die Angabepflicht (§ 288 S. 1). Unter finanziellen Verpflichtungen werden idR künftige Zahlungsansprüche Dritter zum Bilanzstichtag verstanden, die zu künftigen Ausgaben führen.[10] Als angabepflichtige finanzielle Verpflichtungen kommen zB mehrjährige Verpflichtungen aus Miet- oder Leasingverträgen (auch Sale-and-lease-back-Verträge), Verpflichtungen aus langfristigen Abnahmeverträgen, Verpflichtungen zum Erwerb von Sachanlagen (soweit sie über das bei dem Unternehmen übliche Reinvestitionsvolumen wesentlich hinausgehen), Verpflichtungen zur Übernahme von Beteiligungen, Verpflichtungen zur Abführung von Liquiditätsüberschüssen, Verpflichtungen zur Verlustabdeckung bei Beteiligungsgesellschaften, Verpflichtungen zur Einräumung von Krediten gegenüber Dritten, ggf. Verpflichtungen und Belastungen aus drohenden Großreparaturen sowie Verpflichtungen aus sonstigen Dauerschuldverhältnissen in Betracht,[11] aber auch wesentliche schwebende Geschäfte (zB Derivate), soweit sie mit Geldleistungsverpflichtungen verbunden sind. Demgegenüber bleiben Sachleistungsverpflichtungen an dieser Stelle unberücksichtigt. Die Bewertung hat der von Verbindlichkeiten und Rückstellungen zu entsprechen.[12] Die Verpflichtungen können abgezinst werden.[13] Bei Verpflichtung mit mehreren variablen Kriterien ist die Höhe zu schätzen. Ist eine Schätzung nicht möglich, so ist ein Merkposten mit EUR 1 aufzunehmen und verbal zu erläutern.[14]

4. Aufgliederung der Umsatzerlöse (S. 1 Nr. 4). Nach S. 1 Nr. 4 sind im Anhang die 6 Umsatzerlöse nach Tätigkeitsbereichen und geographisch bestimmten Märkten aufzugliedern, falls diese sich unter Berücksichtigung der Verkaufsorganisation von für die gewöhnliche Geschäftstätig-

---

[8] *Ellrott* BeBiKo RdNr. 9; *Dörner/Wirth* HdR §§ 284–288 RdNr. 149 f.
[9] *WPH* F RdNr. 657; *IDW,* St/SABI 3/1986, WPg 1986, 670.
[10] *Ellrott* BeBiKo RdNr. 22; zur Abgrenzung der sonstigen finanziellen Verpflichtungen von den Haftungsverhältnissen vgl. § 251 RdNr. 1.
[11] *IDW,* St/SABI 3/1986, WPg 1986, 671.
[12] *Ellrott* BeBiKo RdNr. 30.
[13] *ADS* RdNr. 78; *WPH* F RdNr. 671; aA *Ellrott* BeBiKo RdNr. 30.
[14] *Ellrott* BeBiKo RdNr. 30.

keit der Kapitalgesellschaft typischen Erzeugnissen und Dienstleistungen **erheblich** unterscheiden. Für kleine und mittelgroße Kapitalgesellschaften bzw. OHG/KG iSv. § 264a entfällt die Angabepflicht (§ 288); große Kapitalgesellschaften bzw. OHG/KG iSv. § 264a können sich ggf. auf die Schutzklausel des § 286 Abs. 2 berufen. S. 1 Nr. 4 verlangt die Aufgliederung der Umsatzerlöse nach **Tätigkeitsbereichen** und **geographisch bestimmten Märkten**. Eine Abgrenzung von Tätigkeitsbereichen kann zB in organisatorischer, sachlicher, funktionaler oder örtlicher Hinsicht vorgenommen werden.[15] Geografisch bestimmte Märkte können Ländergruppen oder einzelne Länder, aber auch Regionen innerhalb eines Landes sein.[16]

7 **5. Ergebnisbeeinflussung durch Anwendung steuerrechtlicher Vergünstigungsvorschriften (S. 1 Nr. 5).** Im Anhang ist gem. S. 1 Nr. 5 anzugeben, inwieweit das Jahresergebnis durch die Vornahme oder Beibehaltung von nach steuerrechtlichen Vorschriften zulässigen Abschreibungen (§§ 254, 280 Abs. 2) oder durch die Bildung eines Sonderpostens nach § 273 im Geschäftsjahr oder in früheren Geschäftsjahren beeinflusst wurde. Ergeben sich aus einer solchen Bewertung erhebliche künftige Belastungen, so sind auch diese anzugeben. Diese Angabepflicht ist nur von großen Kapitalgesellschaften und großen OHG/KG iSv. § 264a uneingeschränkt zu erfüllen; kleinen und mittelgroßen Kapitalgesellschaften sowie OHG/KG iSv. § 264a werden Erleichterungen eingeräumt (§ 288 S. 1 bzw. § 327 Nr. 2). Diese Vorschrift hat den Zweck, den auf Grund des **Maßgeblichkeitsprinzips** durch die Inanspruchnahme steuerlicher Erleichterungen beeinflussten Jahresabschluss mit Jahresabschlüssen von Unternehmen aus anderen Ländern, in denen die umgekehrte Maßgeblichkeit nicht gilt, vergleichbar zu machen.[17] Die Verpflichtung zur Berichterstattung besteht in jedem Jahresabschluss; die Veränderung des Jahresergebnisses darf allerdings nicht unwesentlich sein, da sonst keine Beeinflussung vorliegt.[18]

8 **6. Aufteilung der Einkommen- und Ertragsteuerbelastung (S. 1 Nr. 6).** S. 1 Nr. 6 fordert im Anhang die Angabe, in welchem Umfang die Steuern vom Einkommen und vom Ertrag das Ergebnis der gewöhnlichen Geschäftstätigkeit und das außerordentliche Ergebnis belasten. Diese Angabepflicht dient der Erläuterung der GuV und kommt auch nur dann in Frage, wenn einerseits Steuern vom Einkommen und vom Ertrag und andererseits ein außerordentliches Ergebnis ausgewiesen werden.[19] Die Berichterstattung sollte im Hinblick auf den Grundsatz der ordnungsmäßigen Informationsgewährung (§ 264 Abs. 2) in Form von betragsmäßigen Angaben erfolgen. Kleine Kapitalgesellschaften und kleine OHG/KG iSv. § 264a sind von der Angabepflicht nach S. 1 Nr. 6 befreit (§ 288 S. 1).

9 **7. Arbeitnehmerzahl (S. 1 Nr. 7).** S. 1 Nr. 7 verlangt die Angabe der durchschnittlichen Zahl der Arbeitnehmer während des Geschäftsjahrs, getrennt nach Gruppen. Die Ermittlung des Durchschnitts erfolgt nach der in § 267 Abs. 5 vorgesehenen Methode, wonach der vierte Teil der Summe aus den Arbeitnehmerzahlen der jeweils am 31. März, 30. Juni, 30. September und 31. Dezember beschäftigten Arbeitnehmer als die maßgebliche Zahl gilt.[20] Dabei sind außer den zu ihrer Berufsausbildung Beschäftigten (§ 267 Abs. 5) alle Arbeitnehmer der Gesellschaft zu erfassen, gleichgültig, ob sie im In- oder Ausland beschäftigt sind. Angaben zu Leiharbeitnehmern oder Auszubildenden können freiwillig gemacht werden. Für die nach S. 1 Nr. 7 geforderte Gruppenbildung bietet sich eine Aufteilung in gewerbliche Arbeitnehmer, Angestellte und leitende Angestellte an.[21] Kleine Kapitalgesellschaften und kleine OHG/KG iSv. § 264a sind gem. § 288 S. 1 von der Angabepflicht nach S. 1 Nr. 7 befreit.

10 **8. Material- und Personalaufwand beim Umsatzkostenverfahren (S. 1 Nr. 8).** Wird bei der Aufstellung der GuV das **Umsatzkostenverfahren** (§ 275 Abs. 3) angewandt, so gehen Material- und Personalaufwand nicht aus der GuV hervor. Sie sind dann nach S. 1 Nr. 8 in einer § 275 Abs. 2 Nr. 5 (Materialaufwand nach Gesamtkostenverfahren) bzw. § 275 Abs. 2 Nr. 6 (Personalaufwand nach Gesamtkostenverfahren) entsprechenden Gliederung im Anhang anzugeben. Diese Angabepflicht gilt uneingeschränkt nur für große Kapitalgesellschaften; kleine und mittelgroße Kapitalgesellschaften können von Erleichterungen Gebrauch machen (§ 288 S. 1 u. § 327 S. 2 Nr. 2). Entsprechendes gilt für OHG/KG iSv. § 264a der jeweiligen Größenklasse.

---

[15] *ADS* RdNr. 88.
[16] *Ellrott* BeBiKo RdNr. 75.
[17] Begr. RegE, BT-Drucks. 10/317 S. 94 zu § 272 HGB-E.
[18] *WPH* F RdNr. 719.
[19] *ADS* RdNr. 127 f.
[20] *ADS* RdNr. 144.
[21] *ADS* RdNr. 150; *Ellrott* BeBiKo RdNr. 144.

9. Angaben zu Organmitgliedern (S. 1 Nr. 9). S. 1 Nr. 9 verlangt verschiedene Angaben zu 11
den aktiven und den ehemaligen Mitgliedern des Geschäftsführungsorgans, eines Aufsichtsrats, eines
Beirats oder einer ähnlichen Einrichtung. Dazu zählen
– die Gesamtbezüge im Geschäftsjahr (S. 1 Nr. 9 a und S. 1 Nr. 9 b S. 1 u. 2) und Bezugsrechte;
– für ehemalige Mitglieder auch die gebildeten oder nicht gebildeten Pensionsrückstellungen (S. 1 Nr. 9 b S. 3);
– gewährte Vorschüsse, Kredite und Haftungsverhältnisse sowie die vereinbarten Konditionen (S. 1 Nr. 9 c).

Dabei ist für jede Personengruppe bei Gesellschaften, die nicht börsennotierte Aktiengesellschaften 12
sind, jeweils nur der **Gesamtbetrag** anzugeben. Durch das **KonTraG** wurde die Angabepflicht der
Nr. 9 a um Bezugsrechte erweitert. Diese Ergänzung erfolgte im Hinblick darauf, dass nunmehr die
Gewährung von Bezugsrechten auch an Organmitglieder der Gesellschaft oder eines verbundenen
Unternehmens zulässig ist (§ 192 Abs. 2 Nr. 3 AktG). Durch das Vorstandsvergütungs-Offenlegungsgesetz (**VorstOG**) wurde neben den erweiterten Angabepflichten für börsennotierte Aktiengesellschaften (siehe RdNr. 12 a) auch die Bewertung der Bezugsrechte geregelt. Durch Erweiterung
von S. 1 Nr. 9 a) um S. 4 wurde klargestellt, dass die Bezugsrechte und die sonstigen aktienbasierten
Vergütungen mit ihrem beizulegenden Zeitwert zum Zeitpunkt der Gewährung in die Gesamtbezüge einzurechnen sind und dass die entsprechende Anzahl anzugeben ist. Die Ermittlung des
beizulegenden Zeitwertes erfolgt unter Anwendung der einschlägigen Regeln des IFRS 2, auf den in
der Gesetzesbegründung Bezug genommen wird.[22] Lassen sich anhand der in S. 1 Nr. 9 a und b
verlangten Angaben zu den Gesamtbezügen die Bezüge eines der dort genannten Organmitglieder
feststellen, so können diese Angaben nach § 286 Abs. 4 für Gesellschaften, die nicht börsennotierte
Aktiengesellschaften sind, unterlassen werden (vgl. § 286 RdNr. 14–16). Kleine Kapitalgesellschaften
und kleine OHG/KG iSv. § 264 a brauchen die Angaben nach S. 1 Nr. 9 a und b gem. § 288 S. 1
ohnehin nicht zu machen.

Durch das VorstOG sind insbesondere die Angabepflichten für börsennotierte Aktiengesellschaften 12 a
zum Umfang der Gesamtbezüge und zu den Gesamtbezügen jedes einzelnen Vorstandsmitglieds
erweitert worden. Die Vorschriften des VorstOG sind eingeführt worden, um die Transparenz für
(potentielle) Anteilseigner in Bezug auf die Beurteilung der Angemessenheit der Gesamtbezüge jedes
einzelnen Vorstandmitglieds zu seinen Aufgaben und zur Lage der Gesellschaft zu erhöhen.[23]
Börsennotierte Aktiengesellschaften sind durch S. 1 Nr. 9 a) S. 5 bis 9 nunmehr verpflichtet, die
geforderten Angaben zu den Bezügen je Vorstandmitglied unterteilt nach erfolgsunabhängigen und
erfolgsabhängigen Komponenten sowie Komponenten mit langfristiger Anreizwirkung anzugeben.
Zusätzlich sind gem. S. 1 Nr. 9 a) S. 6 Angaben zu Leistungen im Fall einer Beendigung der Tätigkeit
(zB Abfindungen) sowie gem. S. 1 Nr. 9 a) S. 8 Angaben zu Leistungen von Dritten im Hinblick auf
die Tätigkeit als Vorstandsmitglied zu machen. Die Angaben gem. S. 1 Nr. 9 a) S. 5 bis 9 dürfen auch
im sog Vergütungsbericht des Lageberichts gemacht werden, der gem § 289 Abs. 2 Nr. 5 für
börsennotierte Aktiengesellschaften vorgeschrieben ist. Die Angaben können gem. § 286 Abs. 5
unterbleiben, wenn die Hauptversammlung dies mit einer Mehrheit von mindestens drei Viertel des
bei der Beschlussfassung vertretenen Grundkapitals beschließt.

Bei OHG/KG iSv. § 264 a sind die Gesamtbezüge anzugeben, die den Geschäftsführern der 13
persönlich haftenden Personenhandelsgesellschaft für die Geschäftsführung auf schuldrechtlicher Basis
gewährt worden sind.[24]

10. Mitglieder des Geschäftsführungsorgans und Aufsichtsrats (S. 1 Nr. 10). Alle Mitglie- 14
der des Geschäftsführungsorgans und eines Aufsichtsrats sind nach S. 1 Nr. 10 mit dem Familiennamen und mindestens einem ausgeschriebenen Vornamen anzugeben, auch wenn sie im Geschäftsjahr oder später ausgeschieden sind. Diese Angabpflicht für die Organmitglieder ist im Zuge des
KonTraG um deren ausgeübten Beruf und bei börsennotierten Gesellschaften um deren Mitgliedschaft in Aufsichtsräten und anderen Kontrollgremien erweitert worden, wodurch einerseits Fälle von
Personalunion bzw. Geschäftsleitungsverflechtungen offen gelegt werden können[25] und andererseits
mögliche Interessenkonflikte aufgezeigt werden sollen, die aus der Tätigkeit in Aufsichtsräten oder
ähnlichen Kontrollgremien in konkurrierenden Unternehmen resultieren.[26] Wurde ein Aufsichtsrat
mit entsprechenden Befugnissen auf **freiwilliger Basis** eingerichtet oder ist statt eines Aufsichtsrats

---

[22] Begründung zum Gesetzentwurf VorstOG BT-Drucks. 15/5577.
[23] *Ellrott* BeBiKo RdNr. 172.
[24] *IDW* RS HFA 7, WPg 2002, 1261 (redaktionelle Änderung, WPg 2005, 669).
[25] *Gelhausen* AG Sonderheft 1997, 74.
[26] Begr. RegE, BT-Drucks. 134/9712 S. 17, 26.

ein mit entsprechenden Befugnissen ausgestatteter **Beirat** vorhanden, so sind die Angaben für die Mitglieder dieser Organe zu machen.[27] Auch **stellvertretende** Mitglieder des Vorstands bzw. der Geschäftsführung sind anzugeben.[28] Der Vorsitzende eines Aufsichtsrats, seine Stellvertreter und ein etwaiger Vorsitzender des Geschäftsführungsorgans sind nach S. 1 Nr. 10 als solche zu bezeichnen. Die Pflicht zur gesonderten Bezeichnung bezieht sich nicht auf einen Sprecher des Geschäftsführungs- oder Aufsichtsorgans, da dessen Funktion nicht mit der eines Vorsitzenden übereinstimmt; es bestehen jedoch keine Bedenken gegen eine entsprechende Kennzeichnung.[29] Bei KapCoGes sind gem § 264 a Abs 2 die Geschäftsführungsmitglieder der unbeschränkt haftenden KapGes zu nennen.

15 **11. Angaben zum Anteilsbesitz (S. 1 Nr. 11 und 11 a).** S. 1 Nr. 11 verlangt verschiedene Angaben zu Unternehmen, von denen die berichtende Kapitalgesellschaft mindestens 20% der Anteile besitzt. Dies sind Name und Sitz des Unternehmens, Höhe des Kapitalanteils, Betrag des Eigenkapitals und des Ergebnisses des letzten Geschäftsjahrs des Unternehmens. Für die Berechnung des Anteilsbesitzes wird auf § 16 Abs. 2 u. 4 AktG verwiesen. Der Kapitalgesellschaft werden nach S. 1 Nr. 11 auch solche Anteile zugerechnet, die eine für ihre Rechnung handelnde Person besitzt, also zB auch von Treuhändern gehaltene Anteile.[30] Die in S. 1 Nr. 11 geforderten Angaben sind in jedem Anhang zu machen; die Bezugnahme auf einen früheren Anhang ist unzulässig.[31] Zur Erhöhung der Transparenz des Beteiligungsbesitzes wurde im Zuge des **KonTraG** die Angabepflicht der S. 1 Nr. 11 dahingehend erweitert, dass von börsennotierten Kapitalgesellschaften zusätzlich alle Beteiligungen an großen Kapitalgesellschaften anzugeben sind, die 5% der Stimmrechte überschreiten. Da der Wortlaut der Erweiterung keinen Verweis auf die einzelnen Angabepflichten der beiden ersten Teilsätze enthält, ist davon auszugehen, dass die Angabe des Namens der entsprechenden Gesellschaften ausreichend ist.[32] Gem. § 287 können die Angaben statt im Anhang auch in einer gesonderten **Aufstellung des Anteilsbesitzes** gemacht werden, die dann als Bestandteil des Anhangs gilt. Die Angaben zum Beteiligungsbesitz können unterbleiben, wenn sie für die Darstellung der Vermögens-, Finanz- und Ertragslage nach § 264 Abs. 2 von untergeordneter Bedeutung sind (§ 286 Abs. 3 S. 1 Nr. 1) oder wenn sie nach vernünftiger kaufmännischer Beurteilung geeignet sind, der Kapitalgesellschaft oder dem anderen Unternehmen einen erheblichen Nachteil zuzufügen (§ 286 Abs. 3 S. 1 Nr. 2; die Schutzklausel ist jedoch nicht für kapitalmarktorientierte Unternehmen anwendbar). Wenn das andere Unternehmen seinen Jahresabschluss nicht offen zu legen hat und die berichtende Kapitalgesellschaft bzw. OHG/KG iSv. § 264 a weniger als die Hälfte der Anteile besitzt, können zumindest die Angabe des Eigenkapitals und des Jahresergebnisses unterbleiben (§ 286 Abs. 3 S. 2).

16 Der durch das KapCoRiLiG eingefügte S. 1 Nr. 11 a sieht vor, dass die Aufstellung des Anteilsbesitzes von Kapitalgesellschaften und OHG/KG iSv. § 264 a um Name, Sitz und Rechtsform der Unternehmen zu erweitern ist, deren unbeschränkt haftender Gesellschafter sie ist. Neben dieser Angabe können sich aus der unbeschränkten Haftung zusätzlich passivierungspflichtige Verbindlichkeiten oder Angabepflichten nach § 251 HGB ergeben.[33] Gegenüber der Angabepflicht nach S. 1 Nr. 11 bedeuten die Nennung der Unternehmen bei Anteilsbesitz von weniger als 20% sowie die Verpflichtung zur Nennung der unbeschränkten Haftung eine Erweiterung.[34] Auf diese Angaben kann nach dem neu gefassten § 286 Abs. 3 S. 1 unter den gleichen Voraussetzungen verzichtet werden, wie dies auch bei den Angaben nach S. 1 Nr. 11 der Fall ist; im Fall von § 286 Abs. 1 hat die Angabe zwingend zu unterbleiben.[35] Der Eintritt des persönlich haftenden Gesellschafters wird im Zeitpunkt des Vertragsabschlusses mit den übrigen Gesellschaftern wirksam, wenn die Gesellschaft ihre Geschäfte mit Zustimmung des Eintretenden fortsetzt (entsprechende Anwendung des § 123 Abs. 2 HGB). Die nur deklaratorische Eintragung in das Handelsregister ist für die wirksame Begründung der Stellung als persönlich haftender Gesellschafter nicht erforderlich. Der Austritt des persönlich haftenden Gesellschafters nach dem Abschlussstichtag wirkt nicht auf den Beurteilungszeitpunkt zurück.[36]

---

[27] *ADS* RdNr. 207; *Ellrott* BeBiKo RdNr. 204.
[28] *ADS* RdNr. 209; *Dörner/Wirth* HdR RdNr. 290; aA *Ellrott* BeBiKo RdNr. 203.
[29] *ADS* RdNr. 209; *Ellrott* BeBiKo RdNr. 203.
[30] *Baumbach/Hopt/Merkt* RdNr. 11.
[31] *ADS* RdNr. 214.
[32] *WPH* F RdNr. 785.
[33] *WPH* F RdNr. 792; *IDW* ERS HFA 18, WPg 2005, 1228.
[34] *Ellrott* BeBiKo Ergänzungskommentar RdNr. 1.
[35] *Ellrott* BeBiKo Ergänzungskommentar RdNr. 1.
[36] *IDW* RS HFA 7, WPg 2002, 1260 (redaktionelle Änderung, WPg 2005, 669).

12. Sonstige Rückstellungen (S. 1 Nr. 12). Sind in dem Bilanzposten „Sonstige Rückstellungen" (§ 266 Abs. 3 B.3.) Rückstellungen mit einem nicht unerheblichen Umfang enthalten, die nicht gesondert ausgewiesen werden, so sind diese nach S. 1 Nr. 12 im Anhang zu erläutern. Dabei müssen auf jeden Fall die Art der gebildeten Rückstellungen und der Grund für ihre Bildung angegeben werden; auch Aussagen zur Größenordnung sind erforderlich.[37] In Bezug auf den „nicht unerheblichen Umfang" muss der Einfluss auf das Gesamtbild der Bilanz (unter besonderer Berücksichtigung des Eigenkapitals und des Jahresergebnisses) sowie unter der Berücksichtigung der sonstigen Rückstellungen im Übrigen beurteilt werden.[38] Für große Kapitalgesellschaften gilt die Angabepflicht nach S. 1 Nr. 12 uneingeschränkt; kleine und mittelgroße Kapitalgesellschaften können Erleichterungen in Anspruch nehmen (§ 288 S. 1, § 327 Nr. 2). Gleiches gilt für OHG/KG iSv. § 264a der jeweiligen Größenklassen.

13. Planmäßige Abschreibung des Geschäfts- oder Firmenwerts (S. 1 Nr. 13). Wird ein aktivierter Geschäfts- oder Firmenwert nicht, wie in § 255 Abs. 4 S. 2 vorgesehen, ab dem auf den Erwerb folgenden Geschäftsjahr mindestens zu einem Viertel in jedem weiteren Geschäftsjahr getilgt, sondern zulässigerweise auf die Geschäftsjahre der voraussichtlichen Nutzung planmäßig verteilt (§ 255 Abs. 4 S. 3), so sind nach S. 1 Nr. 13 die Gründe hierfür im Anhang anzugeben. Dabei sind insbesondere die voraussichtliche Nutzungsdauer und die Abschreibungsmethode zu nennen.[39]

14. Angaben zu Mutterunternehmen (S. 1 Nr. 14). Bei Konzernzugehörigkeit verlangt S. 1 Nr. 14 Angaben über das Mutterunternehmen, das den Konzernabschluss für den größten Kreis (also das in der Konzernhierarchie am höchsten stehende Unternehmen) und über das Mutterunternehmen, das den Konzernabschluss für den kleinsten Kreis von Unternehmen aufstellt (also das der Kapitalgesellschaft in der Konzernhierarchie am nächsten stehende Mutterunternehmen). Anzugeben sind Name und Sitz der Mutterunternehmen sowie im Falle der Offenlegung der Konzernabschlüsse der Ort, wo diese erhältlich sind. Die Angabepflicht besteht nur dann, wenn ein Konzernabschluss freiwillig aufgestellt wird oder eine Aufstellungspflicht besteht.[40]

15. Angaben zu persönlich haftenden Gesellschaftern (S. 1 Nr. 15). Nach der mit dem KapCoRiLiG eingefügten S. 1 Nr. 15 muss eine OHG/KG iSv. § 264a im Interesse größerer Transparenz in ihrem Anhang Name, Sitz und das gezeichnete Kapital der persönlich haftenden Gesellschafter nennen. Die Angabepflicht ist auf Gesellschaften beschränkt; die Angabe von natürlichen Personen, die als Vollhafter fungieren, ist nach dem Gesetzeswortlaut nicht vorgesehen.[41] Das gezeichnete Kapital ergibt sich für KapGes aus dem zum Bilanzstichtag im Handelsregister eingetragene Grund- bzw. Stammkapital. Handelt es sich um Personenhandelsgesellschaften, so sind die Kapitalanteile ihrer Gesellschafter anzugeben.[42] Diese Vorschrift korrespondiert mit S. 1 Nr. 11a.

16. Entsprechenserklärung zum Corporate Governance Kodex (S. 1 Nr. 16). Börsennotierte Aktiengesellschaften iSd. § 3 Abs. 2 AktG müssen im Anhangangaben über die jährliche Erklärung zum Deutschen Corporate Governance Kodex iSd. § 161 AktG machen. Angabepflichtig ist lediglich, ob die Erklärung des Vorstands und des AR iSd. § 161 AktG erfolgt ist und den Aktionären dauerhaft zugänglich gemacht wurde (zB Veröffentlichung auf der Website der Gesellschaft). Nach Ziff 3.10 des Corporate Governance Kodex soll die Gesellschaft nicht mehr aktuelle Entsprechenserklärungen zum Kodex fünf Jahre lang auf ihrer Internetseite zugänglich halten. Die Angabepflicht bezieht sich dagegen nicht auf den Inhalt der Erklärung, so dass nicht darauf einzugehen ist, ob und in welchem Umfang die Gesellschaft die im elektronischen Teil des BAnz. bekannt gemachten Empfehlungen der „Regierungskommission Deutscher Corporate Governance Kodex" befolgt oder nicht befolgt hat.[43]

17. Angaben über das im Geschäftsjahr erfasste Honorar des Abschlussprüfers (S. 1 Nr. 17). Kapitalmarktorientierte Gesellschaften haben im Anhang die Honorare des APr iSd. § 319 Abs. 1 S. 1, 2 das im Geschäftsjahr als Aufwand erfasste Honorar für
- die Abschlussprüfung,
- sonstige Bestätigungs- oder Bewertungsleistung,
- Steuerberatungsleistungen,
- sonstige Leistungen.

---

[37] *ADS* RdNr. 242; *Ellrott* BeBiKo RdNr. 241.
[38] *ADS* RdNr. 241; *WPH* F RdNr. 643.
[39] *WPH* F RdNr. 636; *Ellrott* BeBiKo RdNr. 245.
[40] *Ellrott* BeBiKo RdNr. 254.
[41] *Ellrott* BeBiKo Ergänzungskommentar RdNr. 2.
[42] *WPH* F RdNr. 837.
[43] *Ellrott* BeBiKo RdNr. 261.

§ 285 23–28

23 Unter APr ist grdsl. der APr iSd. § 318 zu verstehen. Der Begriff umfasst nicht den gesamten internationalen Verbund („Netzwerk"), in dem eine Wirtschaftsprüfungsgesellschaft organisiert ist. Leistungen von verbundenen Unternehmen iSv § 271 Abs. 2 des APr sind in die Angaben eizubeziehen.[44]

24 Das Honorar für die **Abschlussprüfung** umfasst im Wesentlichen die Aufwendungen für gesetzliche Abschlussprüfungen, Nachtragsprüfungen, Prüfungsleistungen im Rahmen von gesetzlichen Abschlussprüfungen (zB Prüfung Risikofrüherkennungssystem iSd. § 91 Abs. 2 AktG, Abhängigkeitsbericht nach § 313 AktG, Prüfungen nach § 53 HGrG) und die Prüfung von sog. Konzern-Reporting-Packages.[45] Die **sonstigen Bestätigungs- oder Bewertungsleistungen** umfassen neben allen Prüfungsleistungen, die nicht unter die Angaben zu S. 1 Nr 17 a) fallen (zB Prüfung von Zwischenabschlüssen, freiwillige Abschlussprüfungen, prüferische Durchsichten, Sonderprüfungen nach UmwG, Mittelverwendungsprüfungen), auch Bewertungsgutachten, die nicht im Rahmen der Abschlussprüfung erstellt wurden. Unter **Steuerberatungsleistungen** fallen zB laufende Steuerberatung, Beratung zur Steueroptimierung bzw. -gestaltung, Führung von Einspruchverfahren und Vertretung vor Finanzgerichten. Der Posten **sonstige Leistungen** ist als Auffangposten für Leistungen zu verstehen, die nicht unter die Kategorien a) bis c) fallen (zB prüfungsnahe Beratung). Wegen § 319 und insbesondere § 319 a sind Beratungs- und Bewertungsleistungen durch den APr jedoch nur eingeschränkt möglich.[46]

25 **18. Angaben zu derivativen Finanzinstrumenten (S. 1 Nr. 18).** Durch die Einführung des S. 1 Nr. 18 vollzieht der Gesetzgeber eine Anpassung an die sog. Fair-Value-Richtlinie.[47] Die Angaben sind für mittelgroße und große Gesellschaften verpflichtend; kleine Gesellschaften können von der Erleichterung des § 288 S. 1 Gebrauch machen. Für jede Kategorie von **derivativen Finanzinstrumenten** sind folgende Angaben zu machen:
– Art und Umfang der Finanzinstrumente;
– deren beizulegender Wert zum Bilanzstichtag unter Angabe der Bewertungsmethode, ggf Buchwert und Bilanzausweis.

26 **Derivative Finanzinstrumente** sind unbestimmte Rechtsbegriffe.[48] Grundsätzlich handelt es sich um als Fest- oder Optionswert ausgestaltete **Termingeschäfte**, deren Wert von einer Basisvariablen abhängt und deren Verpflichtungen durch Geldzahlung oder Zu- bzw Abgang von Finanzinstrumenten zu erfüllen ist (brutto oder netto).[49] Zusätzlich gehören nach S. 2 grdsl. auch Warentermingeschäfte zu den derivativen Finanzinstrumenten, sofern sie nicht zur Deckung eines physischen Bedarfs der Gesellschaft abgeschlossen wurden. Allerdings hat die Zweckbindung dauerhaft – sowohl bei Vertragsabschluss als auch zum Bilanzierungszeitpunkt – zu bestehen und der Vertrag muss mit der Lieuferung der Ware als erfüllt gelten.

27 Derivative Finanzinstrumente können folgenden **Kategorien** zugeordnet werden:[50]
– zinsbezogene Geschäft;
– währungsbezogene Geschäfte;
– aktien-/indexbezogene Geschäfte;
– sonstige Geschäfte.

Bei einer Zugehörigkeit zu mehreren Kategorien (zB Cross-Currency-Zinsswaps) sind die Angaben in einer eigenständigen Kategorie oder gesondert unter den sonstigen Geschäften auszuweisen. Als **Arten** sind insbesondere Optionen, Futures, Swaps und Forwards zu unterscheiden. Die Angabe des **Umfangs** erfordert die Nennung des Nominalwerts der derivativen Finanzinstrumente.

28 Der **beizulegende Zeitwert** ist nicht in jedem Fall mit dem beizulegenden Wert iSd. § 253 Abs. 2 S. 3 oder Abs. 3 S. 2 gleichzusetzen. Die beiden Werte können zB abweichen, wenn bei der Ermittlung des beizulegenden Wertes realisierbare Synergien berücksichtigt wurden.[51] Der beizulegende Zeitwert entspricht nach S. 3 grdsl. dem **Marktwert**, sofern dieser verlässlich ermittelbar ist

---

[44] *IDW* RH HFA 1006, WPg 2005, 1232; *WPH* F RdNr. 805; aA *Ellrott* BeBiKo RdNr. 269, der Leistungen von verbundenen Unternehmen des APr nicht für angabepflichtig hält.
[45] *IDW* RH HFA 1006, WPg 2005, 1232.
[46] *Ellrott* BeBiKo RdNr. 272.
[47] *WPH* F RdNr. 673.
[48] *Ellrott* BeBiKo RdNr. 282.
[49] *IDW* RH HFA 1005, WPg 2005, 531 in Anlehnung an die Begriffsbestimmungen in § 1 Abs. 11 KWG und § 2 Abs. 2b WpHG.
[50] *IDW* RH HFA 1005, WPg 2005, 531.
[51] *IDW* RS HFA 10, WPg 2003, 1257 (redaktionell in 2004 und 2005 geändert) iVm. *IDW* S1, WPg 2005, 1303.

(zB wenn ein öffentlich notierter Marktpreis verfügbar ist).[52] Ist dies nicht der Fall, dann hat die Ermittlung nach S. 4 anhand der **Marktwerte der einzelnen Bestandteile** (zB Referenzzinssatz, aktueller Zinssatz am Bilanzstichtag, Volatilität, Basispreis) zu erfolgen oder ist aus dem **Marktwert eines gleichwertigen Finanzinstruments** abzuleiten. Die Gleichwertigkeit sollte unter dem Gesichtspunkt einer marktnahen Zeitwertermittlung nicht zu eng abgegrenzt werden, sondern es sind auch vergleichbare Derivate zu berücksichtigen, die zum Zwecke der Vergleichbarkeit um Besonderheiten bereinigt wurden.[53] Ist auch auf diesem Wege eine verlässliche Ermittlung nicht möglich, dann sind anerkannte **Bewertungsmodelle** (zB Black-Scholes-Optionspreismodell oder Binomialmodell) unter der Nennung der tragenden Annahmen (zB marktgerechte Zinsstrukturen, Volatilität) anzuwenden.[54] Dementsprechend ist nur über wesentliche Annahmen zu berichten, nicht aber über Schätzunsicherheiten. Kann der beizulegende Zeitwert nicht verlässlich ermittelt werden, sind die Gründe dafür im Anhang zu angzugeben (S. 6). Mögliche Gründe können sein, dass der Anteil der Schätzungen und Annahmen sehr groß ist, keine anerkannten Modelle und Methoden zur Verfügung stehen oder vergleichbare Derivate fehlen.

Buchwert und **Bilanzposten** sind anzugeben, um dem JA-Adressaten ein vollständiges Bild über die Auswirkung von derivativen Finanzinstrumenten auf die Bilanz zu vermitteln. Handelsrechtlich handelt es sich idR um nicht zu bilanzierende schwebende Geschäfte, es sei denn, es sind AK angefallen oder es drohen Verluste aus dem Geschäft oder es sind erhaltene Zahlungen zu passivieren.[55] 29

19. Angaben zu über ihrem beizulegenden Zeitwert ausgewiesenen Finanzinstrumenten in den Finanzanlagen (S. 1 Nr. 19). Nach S. 1 Nr 19 sind für Finanzanlagen, die zu den Finanzinstrumenten gehören und die über ihrem beizulegenden Zeitwert ausgewiesen werden, folgende Angaben erforderlich: 30

- **Buchwert** und **beizulegender Zeitwert** der einzelnen Vermögensgegenstände oder angemessener Gruppierungen von Vermögensgegenständen,
- **Gründe für das Unterlassen einer Abschreibung** einschließlich der Anhaltspunkte dafür, dass die Wertminderung voraussichtlich nicht von Dauer ist.

Sämtliche in § 266 Abs. 2 A.III genannten Vermögensgegenstände erfüllen die Definition von Finanzinstrumenten und unterliegen daher der Angabepflicht, wenn eine Abschreibung auf den niedrigeren beizulegenden Wert ganz oder teilweise unterlassen wurde.[56] Eine **Gruppenbildung** ist dann zulässig, wenn gleichartige Gründe für das Unterlassen einer Abschreibung vorliegen (zB Restrukturierungsprogramme für mehrere Tochterunternehmen wurden verabschiedet) und der jeweilige Buchwert den beizulegenden Zeitwert übersteigt, so dass eine Verrechnung von stillen Reserven und Lasten ausgeschlossen ist.[57] 31

Der beizulegende Zeitwert ist grdsl. nach den gleichen Vorschriften wie für S. 1 Nr. 18 zu ermitteln (siehe RdNr. 28). 32

Zusätzlich sind die **Gründe** für das Unterlassen einer Abschreibung und die **Anhaltspunkte** für eine nur vorübergehende Wertminderung anzugeben. Wird eine Steigerung der beizulegenden Zeitwerte durch konkrete Maßnahmen erwartet (zB Kostensenkungsprogramme, Restrukturierungsmaßnahmen, Zusammenlegung von Produktionsstandorten), so sind diese zu erläutern. Erwartungen über steigende Marktpreise müssen konkretisiert und begründet werden. Erkenntnisse bis zum Ende des Aufhellungszeitraums sind zu berücksichtigen.[58] Zur Beurteilung von Wertminderungen bei Wertpapieren des Anlagevermögens wird auf *IDW RS VFA 2* verwiesen.[59] 33

III. Folgen der Nichtbeachtung

Hierzu wird auf die Erl. zu § 284 RdNr. 24 verwiesen. 34

---

[52] *Ellrott* BeBiKo RdNr. 288.
[53] *Ellrott* BeBiKo RdNr. 290.
[54] *WPH* F RdNr. 681.
[55] *Ellrott* BeBiKo RdNr. 294.
[56] *WPH* F RdNr. 687.
[57] *IDW* RH HFA 1005, WPg 2005, 531.
[58] *IDW* RH HFA 1005, WPg 2005, 531.
[59] *IDW* RS VFA 2, WPg 2002, 475.

§ 286[1,2] Unterlassen von Angaben

(1) Die Berichterstattung hat insoweit zu unterbleiben, als es für das Wohl der Bundesrepublik Deutschland oder eines ihrer Länder erforderlich ist.

(2) Die Aufgliederung der Umsatzerlöse nach § 285 Satz 1 Nr. 4 kann unterbleiben, soweit die Aufgliederung nach vernünftiger kaufmännischer Beurteilung geeignet ist, der Kapitalgesellschaft oder einem Unternehmen, von dem die Kapitalgesellschaft mindestens den fünften Teil der Anteile besitzt, einen erheblichen Nachteil zuzufügen.

(3) [1] Die Angaben nach § 285 Satz 1 Nr. 11 und 11a können unterbleiben, soweit sie
1. für die Darstellung der Vermögens-, Finanz- und Ertragslage der Kapitalgesellschaft nach § 264 Abs. 2 von untergeordneter Bedeutung sind oder
2. nach vernünftiger kaufmännischer Beurteilung geeignet sind, der Kapitalgesellschaft oder dem anderen Unternehmen einen erheblichen Nachteil zuzufügen.

[2] Die Angabe des Eigenkapitals und des Jahresergebnisses kann unterbleiben, wenn das Unternehmen, über das zu berichten ist, seinen Jahresabschluß nicht offenzulegen hat und die berichtende Kapitalgesellschaft weniger als die Hälfte der Anteile besitzt. [3] Satz 1 Nr. 2 findet keine Anwendung, wenn eine Kapitalgesellschaft einen organisierten Markt im Sinne des § 2 Abs. 5 des Wertpapierhandelsgesetzes durch von ihr oder einem ihrer Tochterunternehmen (§ 290 Abs. 1, 2) ausgegebene Wertpapiere im Sinne des § 2 Abs. 1 Satz 1 des Wertpapierhandelsgesetzes in Anspruch nimmt oder wenn die Zulassung solcher Wertpapiere zum Handel an einem organisierten Markt beantragt worden ist. [4] Im Übrigen ist die Anwendung der Ausnahmeregelung nach Satz 1 Nr. 2 im Anhang anzugeben.

(4) Bei Gesellschaften, die keine börsennotierten Aktiengesellschaften sind, können die in § 285 Satz 1 Nr. 9 Buchstabe a und b verlangten Angaben über die Gesamtbezüge der dort bezeichneten Personen unterbleiben, wenn sich anhand dieser Angaben die Bezüge eines Mitglieds dieser Organe feststellen lassen.

(5) [1] Die in § 285 Satz 1 Nr. 9 Buchstabe a Satz 5 bis 9 verlangten Angaben unterbleiben, wenn die Hauptversammlung dies beschlossen hat. [2] Ein Beschluss, der höchstens für fünf Jahre gefasst werden kann, bedarf einer Mehrheit, die mindestens drei Viertel des bei der Beschlussfassung vertretenen Grundkapitals umfasst. [3] § 136 Abs. 1 des Aktiengesetzes gilt für einen Aktionär, dessen Bezüge als Vorstandsmitglied von der Beschlussfassung betroffen sind, entsprechend.

Schrifttum: BMJ-Schreiben vom 6. März 1995 (III A 3–3507/1–13 (D)-1 II-32–2014/94): Transformation der Mittelstandsrichtlinie in Bezug auf die Organbezüge (§ 286 HGB), DB 1995, 639; OLG Düsseldorf vom 26. Juni 1997 (19 W 2/97): Auskunftsanspruch eines Aktionärs betreffend die Gesamtbezüge des Vorstandes trotz berechtigter Nichtangabe im Jahresabschluss, DB 1997, 1609; *Pfitzer/Wirth*, Die Änderungen des Handelsgesetzbuchs – Umsetzung der Mittelstandsrichtlinie, DB 1994, 1937.

Übersicht

	RdNr.		RdNr.
I. Allgemeines	1	V. Unterlassen der Angaben über Gesamtbezüge von aktiven und ehemaligen Organmitgliedern sowie deren Hinterbliebenen für Gesellschaften, die keine börsennotierten Aktiengesellschaften sind (Abs. 4)	14–16
II. Unterbleiben der Berichterstattung aus Gründen des Allgemeinwohls (Abs. 1)	2–5		
III. Unterlassen der Aufgliederung der Umsatzerlöse (Abs. 2)	6–9		
IV. Unterlassen der Angaben zum Anteilsbesitz (Abs. 3)	10–13	VI. Unterlassen der Angaben der individualisierten Vorstandsbezüge börsennotierter Aktiengesellschaften (Abs. 5)	17

---

[1] Abs. 2, Abs. 3 und Abs. 4 geändert durch das Gesetz zur Einführung internationaler Rechnungslegungsstandards und zur Sicherung der Qualität der Abschlussprüfung (Bilanzrechtsreformgesetz – BilReG) vom 4. Dezember 2004; zur erstmaligen Anwendung s. Art. 58 EGHGB.
[2] Abs. 4 neu gefasst und Abs. 5 angefügt durch das Gesetz über die Offenlegung der Vorstandsvergütungen (Vorstandsvergütungs-Offenlegungsgesetz – VorstOG) vom 3. August 2005; zur erstmaligen Anwendung s. Art. 59 EGHGB.

I. Allgemeines

Die Regelung des § 286 ergänzt die Vorschriften über den Anhang und sieht vor, dass unter 1
bestimmten Voraussetzungen Angaben im Anhang unterlassen werden dürfen bzw. müssen. Die
einzelnen Ausnahmeregelungen beziehen sich ausschließlich auf den Anhang und nicht auf Bilanz,
GuV oder Lagebericht, was einerseits aus der Gesetzessystematik folgt und sich andererseits daraus
ergibt, dass durch Abs. 1 ein mittelbarer und durch Abs. 2 bis 5 ein unmittelbarer Bezug zur Berichterstattung im Anhang hergestellt wird.[3] Bei Vorliegen der entsprechenden Voraussetzungen dürfen
bzw. müssen die betreffenden Anhangangaben unabhängig von der Größe der Gesellschaft unterbleiben; insoweit ist die Vorschrift des § 286 von § 288, der größenabhängige Erleichterungen
einräumt, abzugrenzen. Während in Abs. 1 die Unterlassung bestimmter Angaben zwingend vorgeschrieben wird, handelt es sich bei den Erleichterungen in Abs. 2 bis 4 um Wahlrechte, deren
Nutzung in das Ermessen der Unternehmen gestellt wird.

II. Unterbleiben der Berichterstattung aus Gründen des Allgemeinwohls (Abs. 1)

Nach Abs. 1 hat die Berichterstattung im Anhang insoweit zu unterbleiben, als es für das Wohl der 2
Bundesrepublik Deutschland oder eines ihrer Länder erforderlich ist (sog. **Schutzklausel**). Ob dies
der Fall ist, haben Vorstand bzw. Geschäftsführung nach pflichtgemäßem Ermessen zu entscheiden.[4]
Wird ein Sachverhalt, für den die tatbestandlichen Voraussetzungen gegeben sind, festgestellt, dann
ist die Unterlassung der Angabe zwingend.[5]

Durch die Vorschrift des Abs. 1 sollen insbesondere Landesverrat und die Offenbarung von Staats- 3
geheimnissen verhindert werden.[6] Für die Ausnahmeregelung kommen vor allem Angaben, die mit
Aufträgen der Bundeswehr oder der Polizei in Zusammenhang stehen, aber auch andere im öffentlichen Interesse übernommene Aufträge, wie zB Forschungs- und Entwicklungsaufträge, in Betracht.[7] Die schlechte wirtschaftliche Lage eines Unternehmens, an dem der Bund oder eines der
Länder beteiligt ist, rechtfertigt jedoch nicht das Unterlassen einer Angabe im Hinblick auf das
Staatsinteresse.[8]

Wird die Schutzklausel in Anspruch genommen, darf über die Anwendung im Anhang nicht 4
berichtet werden, da sonst der berichtspflichtige Sachverhalt auf diesem Wege erkennbar würde.[9]

Entsprechend dem Stellenwert der Vorschrift ist das Unterlassen entsprechender Angaben auch für 5
eingetragene Genossenschaften, Kreditinstitute und Finanzdienstleistungsinstitute, Versicherungsunternehmen und dem PublG unterliegende Unternehmen verpflichtend vorgeschrieben.

III. Unterlassen der Aufgliederung der Umsatzerlöse (Abs. 2)

Die in § 285 Nr. 4 geforderte Aufgliederung der Umsatzerlöse nach Tätigkeitsbereichen sowie 6
nach geographisch bestimmten Märkten kann nach Abs. 2 unterbleiben, wenn diese Angaben nach
vernünftiger kaufmännischer Beurteilung geeignet sind, der Kapitalgesellschaft bzw. der OHG/KG
iSv. § 264a oder einem Unternehmen, von dem diese mindestens 20% der Anteile besitzt, einen
erheblichen Nachteil zuzufügen. Aufgrund der Erleichterungsregelung des § 288, wonach kleine
und mittelgroße Kapitalgesellschaften bzw. OHG/KG iSv. § 264a ohnehin von dieser Angabepflicht
befreit sind, hat die Vorschrift nur für **große** Kapitalgesellschaften bzw. OHG/KG iSv. § 264a
Bedeutung.

Ein „erheblicher Nachteil" muss nicht notwendigerweise mit dem Eintritt eines konkret mess- 7
baren Schadens verbunden sein; schon die Beeinträchtigung immaterieller Werte, wie zB ein Imageverlust, ist ausreichend.[10] Zur Anwendung der Vorschrift reicht die Eignung der Angaben zur Nachteilszufügung aus, soweit sie mit großer Wahrscheinlichkeit gegeben oder zumindest plausibel ist.[11]
Als Nachteile können beispielsweise befürchtete Absatzeinbußen oder Maßnahmen von Konkurrenten, die ohne die geforderten Angaben nicht erfolgen würden, angesehen werden.[12] Die Nachteile

---

[3] *ADS* RdNr. 6.
[4] *WPH* F RdNr. 845.
[5] *ADS* RdNr. 10; *Ellrott* BeBiKo RdNr. 2; *Dörner/Wirth* HdR §§ 284–288 RdNr. 301.
[6] *Ellrott* BeBiKo RdNr. 3; *Baumbach/Hopt/Merkt* RdNr. 1.
[7] *WPH* F RdNr. 845.
[8] *ADS* RdNr. 16.
[9] *ADS* RdNr. 17; *Baumbach/Hopt/Merkt* RdNr. 1.
[10] *ADS* RdNr. 23.
[11] *Ellrott* BeBiKo RdNr. 5.
[12] *WPH* F RdNr. 711.

müssen **erheblich** – also für das Unternehmen spürbar – sein; Nachteile von untergeordneter Bedeutung sind in Kauf zu nehmen und dürfen nicht zum Weglassen der geforderten Angaben führen.[13]

8   Die Anwendung der Ausnahmeregelung ist nicht angabepflichtig.[14] Da bei Unterlassen der Angaben aber nicht festgestellt werden kann, ob dies auf die Ausnahmeregelung zurückzuführen ist oder darauf, dass sich die Tätigkeitsbereiche der Gesellschaft oder die geographisch bestimmten Märkte nicht erheblich unterscheiden, ist zur Gewährleistung des *true and fair view* (§ 264 Abs. 2 S. 2) ggf. eine klarstellende Angabe erforderlich.[15]

9   Für Kreditinstitute und Finanzdienstleistungsinstitute ist die Vorschrift des Abs. 2 ebenfalls anwendbar. Da bei Versicherungsunternehmen die Angaben nach § 285 S. 1 Nr. 4 durch die gesonderte Regelung in § 51 Abs. 4 RechVersV verdrängt werden, kommt auch die Erleichterung des Abs. 2 nicht zum Tragen. Eingetragene Genossenschaften und Unternehmen, die nach dem PublG zur Rechnungslegung verpflichtet sind, können die Aufgliederung der Umsatzerlöse unterlassen.

IV. Unterlassen der Angaben zum Anteilsbesitz (Abs. 3)

10   Gem. Abs. 3 können die nach § 285 S. 1 Nr. 11 und 11a geforderten Angaben (Name, Sitz, Höhe des Anteils am Kapital, Eigenkapital und Ergebnis des letzten Geschäftsjahres von Unternehmen, von denen die Kapitalgesellschaft bzw. die OHG/KG iSv. § 264a oder eine für deren Rechnung handelnde Person mindestens 20% der Anteile besitzt; Beteiligungen an großen Kapitalgesellschaften, von denen die börsennotierte Kapitalgesellschaft mehr als 5% der Stimmrechte besitzt, bzw. Name, Sitz und Rechtsform der Unternehmen, deren unbeschränkt haftender Gesellschafter die Gesellschaft ist) unterbleiben, wenn sie entweder
- für die Darstellung der Vermögens-, Finanz- und Ertragslage der Kapitalgesellschaft nach § 264 Abs. 2 von untergeordneter Bedeutung sind (Abs. 3 S. 1 Nr. 1) oder
- nach vernünftiger kaufmännischer Beurteilung geeignet sind, der Kapitalgesellschaft oder dem anderen Unternehmen einen erheblichen Nachteil zuzufügen (Abs. 3 S. 1 Nr. 2).

11   Von **untergeordneter Bedeutung** sind die Angaben immer dann, wenn die Jahresabschlussadressaten durch die Angaben in ihren Entscheidungen nicht beeinflusst werden; es ist jedoch zu beachten, dass bei Anteilsbesitz an mehreren Unternehmen von untergeordneter Bedeutung diese insgesamt durchaus von erheblicher Bedeutung für die Darstellung der Vermögens-, Finanz- und Ertragslage sein können und in diesem Fall eine Berichterstattung notwendig ist.[16] Zur Zufügung eines **erheblichen Nachteils** vgl. die Ausführungen zu Abs. 2. Hier verlangt Abs. 3 S. 4 jedoch im Gegensatz zu Abs. 2 explizit, die Anwendung der Ausnahmeregelung nach S. 1 Nr. 2 im Anhang anzugeben; eine Begründung für das Unterlassen der Angaben braucht nicht gegeben zu werden.[17]

12   Darüber hinaus kann nach Abs. 3 S. 2 die Angabe des Eigenkapitals und des Jahresergebnisses unterbleiben, wenn das andere Unternehmen seinen Jahresabschluss nicht **offen legen** muss und die berichtende Kapitalgesellschaft **weniger als die Hälfte der Anteile** besitzt. Dies gilt in erster Linie für Anteile an solchen **Personenhandelsgesellschaften**, die nicht zur Offenlegung verpflichtet sind, weil sie weder zu den OHG/KG iSv. § 264a zählen noch den Vorschriften des PublG unterliegen. Angaben über **kleine Kapitalgesellschaften** oder kleine OHG/KG iSv. § 264a fallen nicht unter die Ausnahmeregelung, da Erleichterungen bei der Offenlegung (zB § 326) nicht von der grundsätzlichen Offenlegungspflicht befreien.[18] Aus dem gleichen Grund können auch die Angaben über Gesellschaften, die die Erleichterungen in § 264 Abs. 3, 4, § 264b oder § 5 Abs. 6 PublG in Anspruch nehmen, nicht unterlassen werden.

13   Von der Ausnahme nach Abs. 3 S. 2 werden nur Unternehmen erfasst, von denen die Kapitalgesellschaft mindestens 20% und weniger als 50% der Anteile besitzt, da im ersten Fall ansonsten die Angabepflicht nach § 285 S. 1 Nr. 11 nicht besteht und im zweiten Fall die Ausnahmeregelung selbst nicht mehr anwendbar ist. Die durch das KonTraG ergänzte Angabepflicht für börsennotierte Kapitalgesellschaften fällt ebenfalls nicht unter die Ausnahmeregelung, da einerseits nur Beteiligungen an (zur Offenlegung verpflichteten) großen Kapitalgesellschaften angabepflichtig sind und andererseits nach § 285 S. 1 Nr. 11 letzter Hs. das Eigenkapital und Jahresergebnis ohnehin nicht anzugeben wären.

---

[13] *ADS* RdNr. 24; *Ellrott* BeBiKo RdNr. 5.
[14] *ADS* RdNr. 20.
[15] *ADS* RdNr. 20; Baumbach/Hopt/*Merkt* RdNr. 2.
[16] *Ellrott* BeBiKo RdNr. 8.
[17] *ADS* RdNr. 45.
[18] *ADS* RdNr. 48; Baumbach/Hopt/*Merkt* RdNr. 3; aA *Ellrott* BeBiKo RdNr. 10.

V. Unterlassen der Angaben über Gesamtbezüge von aktiven und ehemaligen Organmitgliedern sowie deren Hinterbliebenen für Gesellschaften, die keine börsennotierten Aktiengesellschaften sind (Abs. 4)

Die in § 285 Nr. 9 a) und b) vorgeschriebenen Angaben über die **Organbezüge** (Gesamtbezüge 14 der aktiven Organmitglieder, Gesamtbezüge der ehemaligen Organmitglieder und deren Hinterbliebener sowie die Beträge der für diese Personengruppe gebildeten und nicht gebildeten Pensionsrückstellungen) können gem. Abs. 4 unterbleiben, wenn sich anhand dieser Angaben die Bezüge eines Mitglieds dieser Organe feststellen lassen. Abs. 4 bezieht sich auf mittelgroße sowie große Kapitalgesellschaften und OHG/KG iSv. § 264 a; kleine Gesellschaften iSv. § 267 Abs. 1 sind nach § 288 S. 1 ohnehin von diesen Angaben befreit. Diese Schutzklausel gilt nicht für börsennotierte Aktiengesellschaften, wenn die Hauptversammlung nichts anderes beschlossen hat (Abs. 5).

Hintergrund dieser Vorschrift ist, dass die Bezüge eines einzelnen Organmitglieds aus **Daten-** 15 **schutzgründen** für die Öffentlichkeit nicht erkennbar sein sollen. Betroffen ist jedoch ausschließlich das Schutzinteresse gegenüber der **Öffentlichkeit;** wenn bei einem zweiköpfigen Organ das einzelne Organmitglied die Bezüge des jeweils anderen ermitteln kann, greift die Befreiungsmöglichkeit nicht.[19] Der Hauptanwendungsfall von Abs. 4 liegt vor, wenn ein Organ nur aus einer Person besteht (zB Alleingeschäftsführer) und auch kein Wechsel während des Geschäftsjahrs eingetreten ist.[20] Als **weitere Anwendungsfälle** kommen in Frage:
- Von mehreren Organmitgliedern wird nur ein einzelnes Organmitglied von der Gesellschaft vergütet, während die anderen von verbundenen Unternehmen entlohnt werden. Voraussetzung dabei ist, dass der Vergütungsmodus der Öffentlichkeit bekannt sein muss;
- Vergütungsregeln sind bspw. durch Satzungsbestimmungen oder Hauptversammlungsbeschluss hinsichtlich der Aufsichtsratsvergütung bekannt oder der Öffentlichkeit zugänglich;
- Angaben zu Ruhestandsbezügen, wenn bekannt ist, dass die Gesellschaft nur ein im Ruhestand befindliches Organmitglied hat.

Umstritten ist die Anwendung der Ausnahmeregelung, wenn lediglich die Ermittlung der durch- 16 schnittlichen Bezüge möglich ist. Nach dem Wortlaut des Abs. 4 wäre die Angabe in diesem Fall vorzunehmen.[21] Nach der Auffassung des BMJ kann die Angabe aber schon dann unterbleiben, wenn die Größenordnung der Bezüge eines Organmitglieds geschätzt werden kann, auch wenn so die Ausnahme des Abs. 4 zur Regel werden kann.[22] Ob aus der Durchschnittsrechnung die Größenordnung der Bezüge einzelner Organmitglieder tatsächlich zutreffend geschätzt werden kann, wäre allerdings nach dieser Auffassung im Einzelfall zu prüfen; eine verbindliche Auslegung bleibt letztlich der Rechtsprechung vorbehalten.[23] Nach Ansicht des OLG Düsseldorf ist das Unterlassen von Angaben nach Abs. 4 gerechtfertigt, wenn die Bezüge der Organmitglieder nicht bedeutend voneinander abweichen und somit in Unkenntnis der Vergütungsregeln durch einfache Division zu ermitteln wären.[24]

VI. Unterlassen der Angaben der individualisierten Vorstandsbezüge börsennotierter Aktiengesellschaften (Abs. 5)

Der Verzicht auf die Angabe der individualisierten Vorstandsbezüge gem. § 285 S. 1 Nr. 9 a) S. 5 17 bis 9 bei börsennotierten Aktiengesellschaften ist zulässig, wenn die Hauptversammlung dies mit einer Mehrheit von 75% des bei der Beschlussfassung vertretenen Grundkapitals beschlossen hat. Ein Aktionär, dessen Bezüge als Vorstandsmitglied von der Beschlussfassung betroffen sind, ist gem. Abs. 5 S. 3 von der Abstimmung ausgeschlossen.[25] Die Pflicht zur Offenlegung der Gesamtbezüge des Vorstands nach § 285 S. 1 Nr. 9 a) S. 1 bleibt weiterhin bestehen (Schutzklausel siehe RdNr. 14 bis 16). Der Befreiungsbeschluss darf für höchstens fünf Jahre gefasst werden und muss bis zum Ende der Aufstellungsphase des Abschlusses vorliegen.[26] Im Rahmen des Vergütungsberichts iSd. § 289 Abs. 2 Nr. 5 und in der Entsprechenserklärung zum Corporate Governance Kodex gem § 161 AktG ist auf den Befreiungsbeschluss hinzuweisen.

---

[19] *ADS* RdNr. 53; *WPH* F RdNr. 762; aA *Ellrott* BeBiKo RdNr. 17.
[20] *ADS* RdNr. 54.
[21] *ADS* RdNr. 54; *Pfitzer/Wirth* DB 1994, 938.
[22] BMJ-Schreiben v. 6. 3. 1995 S. 639.
[23] BMJ-Schreiben v. 6. 3. 1995 S. 639.
[24] OLG Düsseldorf Urt. v. 26. 6. 1997, DB 1997, 1609.
[25] *Ellrott* BeBiKo RdNr. 25.
[26] *WPH* F RdNr. 761.

§ 287 idF für Geschäftsjahre, die vor dem 1. 1. 2006 beginnen
§ 287 Aufstellung des Anteilsbesitzes

¹Die in § 285 Satz 1 Nr. 11 und 11a verlangten Angaben dürfen statt im Anhang auch in einer Aufstellung des Anteilsbesitzes gesondert gemacht werden. ²Die Aufstellung ist Bestandteil des Anhangs. ³Auf die besondere Aufstellung nach Satz 1 und den Ort ihrer Hinterlegung ist im Anhang hinzuweisen.

§ 287 idF des EHUG[1]
§ 287 Aufstellung des Anteilsbesitzes

¹Die in § 285 Satz 1 Nr. 11 und 11a verlangten Angaben dürfen statt im Anhang auch in einer Aufstellung des Anteilsbesitzes gesondert gemacht werden. ²Die Aufstellung ist Bestandteil des Anhangs. ³Auf die besondere Aufstellung nach Satz 1 ist im Anhang hinzuweisen.

I. Allgemeines

1 Gem. § 287 können alle Kapitalgesellschaften sowie OHG/KG iSv. § 264a, die Angaben über ihren Anteilsbesitz (§ 285 Nr. 11) und über Unternehmen, deren unbeschränkt haftende Gesellschafter sie sind (§ 285 Nr. 11a)), zu machen haben, diese Angaben statt im Anhang in einer gesonderten Aufstellung des Anteilsbesitzes („Anteilsliste") zusammenfassen. Für den Anhang eines freiwillig offengelegten IFRS-Einzelabschluss nach § 325 Abs. 2a gelten die Regelungen entsprechend. Für große Kapitalgesellschaften und große OHG/KG iSv. § 264a ergibt sich dadurch eine wesentliche Erleichterung bei der Offenlegung, da diese nach § 325 Abs. 2 S. 2 die Aufstellung des Anteilsbesitzes nicht wie Jahresabschluss, Lagebericht und andere Unterlagen im Bundesanzeiger bekannt machen müssen.[2] § 287 gilt auch für Kreditinstitute und Finanzdienstleistungsinstitute sowie Versicherungsunternehmen; ebenso ist eine sinngemäße Anwendung für dem PublG unterliegende Unternehmen vorgesehen. Von der mit § 287 eingeräumten Erleichterung kann von eingetragenen Genossenschaften entsprechend Gebrauch gemacht werden, indem die Anteilsliste nur zum Genossenschaftsregister eingereicht, nicht aber in den Genossenschaftsblättern publiziert werden muss.

II. Einzelheiten

2 Sinn dieser Vorschrift ist es, den Bundesanzeiger von der Veröffentlichung der Anteilslisten, die ggf. sehr umfangreich sein können, zu entlasten.[3] Demgegenüber ändert sich nichts an dem Umfang der Handelsregisterpublizität. Aus dem Wortlaut des Wahlrechts geht nicht hervor, ob der gesamte Anteilsbesitz entweder im Anhang oder in einer gesonderten Liste aufzuführen ist. Der Vermittlung eines den tatsächlichen Verhältnissen entsprechenden Bildes der Vermögens-, Finanz- und Ertragslage könnte es durchaus zuträglich sein, wenn etwa die wesentlichen in Frage kommenden Gesellschaften im Anhang und im Übrigen eine vollständige Aufstellung des Anteilsbesitzes in einer gesonderten Anteilsliste angeben würden; sowohl im Anhang als auch in der Anteilsliste wäre dann aber auf die Unvollständigkeit der jeweiligen Aufstellungen und die notwendige Ergänzung durch den anderen Angabenteil hinzuweisen.[4]

3 Da gem. S. 2 die Aufstellung des Anteilsbesitzes Teil des Anhangs ist, unterliegt sie auch allen für den Anhang geltenden Vorschriften, insbesondere ist sie auch Gegenstand der Abschlussprüfung.[5] Auf das Vorhandensein einer Anteilsliste sowie auf den Ort ihrer Hinterlegung ist nach S. 3 im Anhang hinzuweisen, um den Informationsinteressen der Abschlussadressaten Genüge zu tun.

III. Änderungen durch das EHUG

4 Durch die Neugestaltung der Offenlegungsvorschriften durch das EHUG wurde eine Folgeänderung in § 287 erforderlich. Nachdem die Offenlegung nicht mehr physisch durch Einreichung der erforderlichen Unterlagen zum Handelsregister des Sitzes erfolgt, entfällt die Angabe des Ortes der Hinterlegung.

---

[1] Satz 3 geändert durch das Gesetz über elektronische Handelsregister und Genossenschaftsregister sowie das Unternehmensregister (EHUG). Zur erstmaligen Anwendung s. Art. 61 Abs. 5 EGHGB.
[2] *ADS* RdNr. 3; *WPH* F RdNr. 789.
[3] *Biener/Berneke* BiRiLiG; Erl. zu § 273.
[4] *ADS* RdNr. 5.
[5] Baumbach/Hopt/*Merkt* RdNr. 1.

§ 288[1] Größenabhängige Erleichterungen

[1] Kleine Kapitalgesellschaften im Sinne des § 267 Abs. 1 brauchen die Angaben nach § 284 Abs. 2 Nr. 4, § 285 Satz 1 Nr. 2 bis 8 Buchstabe a, Nr. 9 Buchstabe a und b sowie Nr. 12, 17 und 18 nicht zu machen. [2] Mittelgroße Kapitalgesellschaften im Sinne des § 267 Abs. 2 brauchen die Angaben nach § 285 Satz 1 Nr. 4 nicht zu machen.

I. Allgemeines

§ 288 regelt, dass kleine und mittelgroße Kapitalgesellschaften von bestimmten Anhangangaben befreit sind. Für OHG/KG iSv. § 264 a, die die Größenmerkmale des § 267 Abs. 1 bzw. Abs. 2 aufweisen, gelten die Befreiungen ebenfalls. Zusätzlich werden Erleichterungen für den Anhang in den §§ 274 a und 276 sowie für die Offenlegung in den §§ 326 und 327 eingeräumt. Bei der Inanspruchnahme der Erleichterungen des § 288 ist jedoch zu beachten, dass jeder Aktionär einer AG nach § 131 Abs. 1 S. 3 AktG auf der Hauptversammlung die Vorlage eines Anhangs, wie er für große Kapitalgesellschaften vorgeschrieben ist, verlangen kann. Die Gesellschafter einer GmbH haben nach § 51 a Abs. 1 GmbHG mindestens die gleichen, wenn nicht sogar weitergehende Auskunftsrechte.[2] Für OHG/KG sind die Kontrollrechte der Gesellschafter in § 118 bzw. § 166 geregelt und dürften bezogen auf die Angabepflichten im Anhang ähnlich weit reichen wie bei einer Kapitalgesellschaft. Die eingeräumten Erleichterungen sollen vor vermuteten negativen Auswirkungen der Publizität schützen. Diese Schutzwirkung ist somit auf die Preisgabe bestimmter Informationen gegenüber der Öffentlichkeit, nicht jedoch gegenüber den Anteilseignern ausgerichtet.

Durch den Verweis in § 336 Abs. 2 S. 1 können auch kleine eingetragene Genossenschaften auf die in § 288 genannten Angaben verzichten. Gleiches gilt für nach dem PublG zur Rechnungslegung verpflichtete Unternehmen. Kreditinstituten und Finanzdienstleistungsinstituten (§ 340 a Abs. 2 S. 1) sowie Versicherungsunternehmen (§ 341 a Abs. 2 S. 1) ist die Inanspruchnahme der Erleichterungen hingegen verwehrt.

II. Erleichterungen für kleine Kapitalgesellschaften und kleine OHG/KG iSv. § 264 a (S. 1)

Gem. S. 1 brauchen kleine Kapitalgesellschaften und kleine OHG/KG iSv. § 264 a die in § 284 Abs. 2 Nr. 4 geforderte Angabe der Unterschiedsbeträge bei Anwendung einer Bewertungsmethode nach § 240 Abs. 4 (Gruppenbewertung) und § 256 S. 1 (Verbrauchsfolgeverfahren) nicht zu machen. Darüber hinaus werden kleine Kapitalgesellschaften durch diese Vorschrift von verschiedenen Angabepflichten des § 285 befreit:
– Aufgliederung des Gesamtbetrages der Verbindlichkeiten mit einer Restlaufzeit von mehr als fünf Jahren und der Verbindlichkeiten, die durch Pfandrechte oder ähnliche Rechte gesichert sind, für jeden Posten der Verbindlichkeiten nach dem vorgeschriebenen Gliederungsschema (§ 285 S. 1 Nr. 2);
– Gesamtbetrag der sonstigen finanziellen Verpflichtungen (§ 285 S. 1 Nr. 3);
– Aufgliederung der Umsatzerlöse nach Tätigkeitsbereichen sowie nach geographisch bestimmten Märkten (§ 285 S. 1 Nr. 4);
– Ausmaß der Beeinflussung des Jahresergebnisses und erheblicher künftiger Belastungen durch die Vornahme oder Beibehaltung auf Grund steuerrechtlicher Vorschriften durchgeführter Abschreibungen oder die Bildung von Sonderposten nach § 273 (§ 285 S. 1 Nr. 5);
– Umfang der Belastung des Ergebnisses der gewöhnlichen Geschäftstätigkeit und des außerordentlichen Ergebnisses durch Steuern vom Einkommen und vom Ertrag (§ 285 S. 1 Nr. 6);
– durchschnittliche Zahl der während des Geschäftsjahrs beschäftigten Arbeitnehmer getrennt nach Gruppen (§ 285 S. 1 Nr. 7);
– Materialaufwand des Geschäftsjahrs bei Anwendung des Umsatzkostenverfahrens nach § 275 Abs. 3 (§ 285 S. 1 Nr. 8 a);
– Gesamtbezüge für aktive Organmitglieder (§ 285 S. 1 Nr. 9 a);

---

[1] Neu gefasst durch das Gesetz zur Einführung internationaler Rechnungslegungsstandards und zur Sicherung der Qualität der Abschlussprüfung (Bilanzrechtsreformgesetz – BilReG) vom 4. Dezember 2004. Zur erstmaligen Anwendung s. Art. 58 EGHGB.
[2] *Ellrott* BeBiKo RdNr. 1.

- Gesamtbezüge sowie gebildete und nicht gebildete Pensionsrückstellungen für ehemalige Organmitglieder und deren Hinterbliebene (§ 285 S. 1 Nr. 9 b));
- Erläuterung von nicht gesondert ausgewiesenen sonstigen Rückstellungen (§ 285 S. 1 Nr. 12);
- Angaben über das Abschlussprüferhonorar für kapitalmarktorientierte Gesellschaften (§ 285 S. 1 Nr. 17); die Befreiungsvorschrift greift jedoch nicht, da kapitalmarktorientierte Gesellschaften grdsl. große Gesellschaften iSd. § 267 Abs. 3 sind;
- Angaben zu derivativen Finanzinstrumenten (§ 285 S. 1 Nr. 18).

III. Erleichterungen für mittelgroße Kapitalgesellschaften und mittelgroße OHG/KG iSv. § 264 a (S. 2)

4   Mittelgroße Kapitalgesellschaften und mittelgroße OHG/KG iSv. § 264 a sind gemäß S. 2 lediglich von der Verpflichtung, die Umsatzerlöse nach Tätigkeitsbereichen oder nach geographisch bestimmten Märkten aufzugliedern (§ 285 Nr. 4), befreit.

Sechster Titel. Lagebericht

§ 289[1, 2, 3]

(1) [1] Im Lagebericht sind der Geschäftsverlauf einschließlich des Geschäftsergebnisses und die Lage der Kapitalgesellschaft so darzustellen, dass ein den tatsächlichen Verhältnissen entsprechendes Bild vermittelt wird. [2] Er hat eine ausgewogene und umfassende, dem Umfang und der Komplexität der Geschäftstätigkeit entsprechende Analyse des Geschäftsverlaufs und der Lage der Gesellschaft zu enthalten. [3] In die Analyse sind die für die Geschäftstätigkeit bedeutsamsten finanziellen Leistungsindikatoren einzubeziehen und unter Bezugnahme auf die im Jahresabschluss ausgewiesenen Beträge und Angaben zu erläutern. [4] Ferner ist im Lagebericht die voraussichtliche Entwicklung mit ihren wesentlichen Chancen und Risiken zu beurteilen und zu erläutern; zugrunde liegende Annahmen sind anzugeben. [5] Die gesetzlichen Vertreter einer Kapitalgesellschaft im Sinne des § 264 Abs. 2 Satz 3 haben zu versichern, dass nach bestem Wissen im Lagebericht der Geschäftsverlauf einschließlich des Geschäftsergebnisses und die Lage der Kapitalgesellschaft so dargestellt sind, dass ein den tatsächlichen Verhältnissen entsprechendes Bild vermittelt wird, und dass die wesentlichen Chancen und Risiken im Sinne des Satzes 4 beschrieben sind.

(2) Der Lagebericht soll auch eingehen auf:
1. Vorgänge von besonderer Bedeutung, die nach dem Schluß des Geschäftsjahrs eingetreten sind;
2. a) die Risikomanagementziele und -methoden der Gesellschaft einschließlich ihrer Methoden zur Absicherung aller wichtigen Arten von Transaktionen, die im Rahmen der Bilanzierung von Sicherungsgeschäften erfasst werden, sowie
    b) die Preisänderungs-, Ausfall- und Liquiditätsrisiken sowie die Risiken aus Zahlungsstromschwankungen, denen die Gesellschaft ausgesetzt ist,

jeweils in Bezug auf die Verwendung von Finanzinstrumenten durch die Gesellschaft und sofern dies für die Beurteilung der Lage oder der voraussichtlichen Entwicklung von Belang ist;
3. den Bereich Forschung und Entwicklung;
4. bestehende Zweigniederlassungen der Gesellschaft;

---

[1] Abs. 1, Abs. 2 Nr. 2 neu gefasst, Abs. 3 angefügt durch das Gesetz zur Einführung internationaler Rechnungslegungsstandards und zur Sicherung der Qualität der Abschlussprüfung (Bilanzrechtsreformgesetz – BilReG) vom 4. Dezember 2004. Zur erstmaligen Anwendung s. Art. 58 EGHGB. Abs. 1 S. 5 ergänzt durch dieses Transparenzrichtlinie-Umsetzungsgesetz vom 5. Januar 2007. Zur erstmaligen Anwendung s. Anl. 62 EGHGB.
[2] Abs. 2 Nr. 5 angefügt durch das Gesetz über die Offenlegung der Vorstandsvergütungen (Vorstandsvergütungs-Offenlegungsgesetz – VorstOG) vom 3. August 2005. Zur erstmaligen Anwendung s. Art. 59 EGHGB.
[3] Abs. 4 angefügt durch das Gesetz zur Umsetzung der Richtlinie 2004/25/EG des Europäischen Parlaments und des Rates vom 21. April 2004 betreffend Übernahmeangebote (Übernahmerichtlinie-Umsetzungsgesetz) vom 8. Juli 2006. Zur erstmaligen Anwendung s. Art. 60 EGHGB.

5. die Grundzüge des Vergütungssystems der Gesellschaft für die in § 285 Satz 1 Nr. 9 genannten Gesamtbezüge, soweit es sich um eine börsennotierte Aktiengesellschaft handelt. Werden dabei auch Angaben entsprechend § 285 Satz 1 Nr. 9 Buchstabe a Satz 5 bis 9 gemacht, können diese im Anhang unterbleiben.

(3) Bei einer großen Kapitalgesellschaft (§ 267 Abs. 3) gilt Absatz 1 Satz 3 entsprechend für nichtfinanzielle Leistungsindikatoren, wie Informationen über Umwelt- und Arbeitnehmerbelange, soweit sie für das Verständnis des Geschäftsverlaufs oder der Lage von Bedeutung sind.

(4) Aktiengesellschaften und Kommanditgesellschaften auf Aktien, die einen organisierten Markt im Sinne des § 2 Abs. 7 des Wertpapiererwerbs- und Übernahmegesetzes durch von ihnen ausgegebene stimmberechtigte Aktien in Anspruch nehmen, haben im Lagebericht anzugeben:

1. die Zusammensetzung des gezeichneten Kapitals; bei verschiedenen Aktiengattungen sind für jede Gattung die damit verbundenen Rechte und Pflichten und der Anteil am Gesellschaftskapital anzugeben;
2. Beschränkungen, die Stimmrechte oder die Übertragung von Aktien betreffen, auch wenn sie sich aus Vereinbarungen zwischen Gesellschaftern ergeben können, soweit sie dem Vorstand der Gesellschaft bekannt sind;
3. direkte oder indirekte Beteiligungen am Kapital, die 10 vom Hundert der Stimmrechte überschreiten;
4. die Inhaber von Aktien mit Sonderrechten, die Kontrollbefugnisse verleihen; die Sonderrechte sind zu beschreiben;
5. die Art der Stimmrechtskontrolle, wenn Arbeitnehmer am Kapital beteiligt sind und ihre Kontrollrechte nicht unmittelbar ausüben;
6. die gesetzlichen Vorschriften und Bestimmungen der Satzung über die Ernennung und Abberufung der Mitglieder des Vorstands und über die Änderung der Satzung;
7. die Befugnisse des Vorstands insbesondere hinsichtlich der Möglichkeit, Aktien auszugeben oder zurückzukaufen;
8. wesentliche Vereinbarungen der Gesellschaft, die unter der Bedingung eines Kontrollwechsels infolge eines Übernahmeangebots stehen, und die hieraus folgenden Wirkungen; die Angabe kann unterbleiben, soweit sie geeignet ist, der Gesellschaft einen erheblichen Nachteil zuzufügen; die Angabepflicht nach anderen gesetzlichen Vorschriften bleibt unberührt;
9. Entschädigungsvereinbarungen der Gesellschaft, die für den Fall eines Übernahmeangebots mit den Mitgliedern des Vorstands oder Arbeitnehmern getroffen sind.

Schrifttum: *Baetge/Schulze,* Möglichkeiten der Objektivierung der Lageberichterstattung über Risiken der künftigen Entwicklung, DB 1998, 937; *Fey,* Die Angabe bestehender Zweigniederlassungen im Lagebericht nach § 289 Abs. 2 Nr. 4 HGB, DB 1994, 485; *Gelhausen,* Die Aktienrechtsreform 1997: Reform der externen Rechnungslegung und ihrer Prüfung durch den Wirtschaftsprüfer, AG, Sonderheft 1997, 73; *IDW* RH HFA 1005, Anhangangaben nach § 285 Satz 1 Nr. 18 und 19 HGB sowie Lageberichterstattung nach § 289 Abs. 2 Nr. 2 HGB in der Fassung des Bilanzrechtsreformgesetzes, WPg 2005, 531; *IDW* RH HFA 1007, Lageberichterstattung nach § 289 Abs. 1 und 3 HGB bzw. § 315 Abs. 1 HGB in der Fassung des Bilanzrechtsreformgesetzes, WPg 2005, 1234; *Küting/Hütten,* Die Lageberichterstattung über Risiken der künftigen Entwicklung, AG 1997, 250.

Übersicht

	RdNr.
I. Überblick	1–14
1. Allgemeines	1–8
2. Funktion und Aufgaben des Lageberichts	9
3. Grundsätze der Berichterstattung	10–14
II. Berichterstattung zum Geschäftsverlauf und der Lage der Gesellschaft sowie zur voraussichtlichen Entwicklung (Abs. 1)	15–24
1. Darstellung von Geschäftsverlauf, Geschäftsergebnis und Lage der Kapitalgesellschaft (Abs. 1 S. 1)	15–16 a
2. Analyse des Geschäftsverlaufs und der Lage der Kapitalgesellschaft unter Angabe und Erläuterung der wesentlichen finanziellen Leistungsindikatoren (Abs. 1 S. 2 und 3)	17–19
3. Beurteilung und Erläuterung der voraussichtlichen Entwicklung mit ihren wesentlichen Chancen und Risiken und Angabe der zugrunde liegenden Annahmen (Abs. 1 S. 4)	20–24
III. Weitere Angaben im Lagebericht (Abs. 2)	25–40
1. Vorgänge von besonderer Bedeutung nach dem Schluss des Geschäftsjahrs (Nr. 1)	25, 26

	RdNr.		RdNr.
2. Risikoberichterstattung über Finanzinstrumente (Nr. 2)	27–31	IV. Angabe und Erläuterung der nichtfinanziellen Leistungsindikatoren großer Kapitalgesellschaften (Abs. 3)	41
3. Bereich Forschung und Entwicklung (Nr. 3)	32–34	V. Zusätzliche Angabepflichten für AG und KGaA, die stimmberechtigte Aktien an einem organisierten Markt iSd. § 2 Abs. 7 WpÜG ausgegeben haben (Abs. 4)	42–44
4. Bestehende Zweigniederlassungen der Gesellschaft (Nr. 4)	35, 36		
5. Angaben zum Vergütungssystem von Organmitgliedern börsennotierter Aktiengesellschaften (Nr. 5)	37–40	VI. Rechtsformspezifische Angaben im Lagebericht	45
		VII. Folgen der Nichtbeachtung	46

I. Überblick

1 **1. Allgemeines.** Zur Aufstellung eines LBs sind gem. § 264 Abs. 1 S. 1 grundsätzlich alle Kapitalgesellschaften und über § 264a Abs. 1 auch alle OHG/KG iSv. § 264a verpflichtet. Ausgenommen sind **kleine** Kapitalgesellschaften und OHG/KG iSv. § 264a; nach § 264 Abs. 1 S. 3 1. Hs. brauchen sie keinen LB aufzustellen. Im Falle der Offenlegung eines IFRS-EA gem. § 325 Abs. 2a muss der LB in dem erforderlichen Umfang auf den IFRS-EA Bezug nehmen und insbesondere auf die Unterschiede zwischen HGB-EA und IFRS-EA eingehen.[4] Ebenfalls zur Aufstellung eines LBs verpflichtet sind Unternehmen, die nach dem PublG rechnungslegungspflichtig sind (§ 5 Abs. 2 PublG), Genossenschaften (§ 336), Kreditinstitute (§ 340a Abs. 1) und Versicherungsunternehmen (§ 341a Abs. 1). Obwohl der LB als wesentlicher Bestandteil der Rechenschaftslegung eines Unternehmens im Rahmen seiner externen Informationspflichten angesehen werden muss,[5] ist er nicht Bestandteil des Jahresabschlusses, was auch unmittelbar aus der Formulierung von § 264 Abs. 1 S. 1 folgt. Der LB stellt einen eigenständigen Teil der Rechenschaftslegung dar und soll den Jahresabschluss der Kapitalgesellschaft um zusätzliche Informationen allgemeiner Art ergänzen[6] sowie der Analyse und Kommentierung relevanter Kennzahlen und Sachverhalte dienen.[7]

2 Zur Erhöhung der Qualität und der Aussagekraft des LBs wurden die Vorschriften zum LB durch die folgenden Gesetze wesentlich geändert und erweitert:
– Gesetz zur Einführung internationaler Rechnungslegungsstandards und zur Sicherung der Qualität der Abschlussprüfung **(Bilanzrechtsreformgesetz – BilReG)** vom 4. Dezember 2004;
– Gesetz über die Offenlegung der Vorstandsvergütungen **(Vorstandsvergütungs-Offenlegungsgesetz – VorstOG)** vom 3. August 2005;
– Gesetz zur Umsetzung der Richtlinie 2004/25/EG des Europäischen Parlaments und des Rates vom 21. April 2004 betreffend Übernahmeangebote **(Übernahmerichtlinie-Umsetzungsgesetz)** vom 19. Mai 2006.

3 Die zusätzlichen Anforderungen an die Lageberichterstattung durch das BilReG, das VorstOG und das Übernahmerichtlinie-Umsetzungsgesetz lassen sich wie folgt zusammenfassen:
a) In der Darstellung des Geschäftsverlaufs ist das Geschäftsergebnis mit einzubeziehen;
b) Der LB hat eine ausgewogene und umfassende, dem Umfang und der Komplexität der Geschäftstätigkeit entsprechende Analyse des Geschäftsverlaufs und der Lage der Gesellschaft zu enthalten;
c) In die Analyse des Geschäftsverlaufs und der Lage der Gesellschaft sind die für die Geschäftstätigkeit bedeutsamsten finanziellen Leistungsindikatoren einzubeziehen und unter Bezugnahme auf die im JA ausgewiesenen Beträge und Angaben zu erläutern;
d) Beim LB einer großen Kapitalgesellschaft gilt dies auch für nichtfinanzielle Leistungsindikatoren;
e) Künftig sind nicht nur die wesentlichen Risiken, sondern auch die wesentlichen Chancen zur voraussichtlichen Entwicklung zu beurteilen und zu erläutern;
f) Es ist auch auf die Risikomanagementziele und -methoden und auf die einzelnen Risikokategorien jeweils in Bezug auf die Verwendung von Finanzinstrumenten einzugehen;
g) Der LB soll bei börsennotierten Aktiengesellschaften auch eingehen auf die Grundzüge des Vergütungssystems der Gesellschaft für die in § 285 Satz 1 Nr. 9 HGB genannten Gesamtbezüge;

---

[4] *WPH* F RdNr. 852 ff.
[5] *ADS* RdNr. 8.
[6] Begr. RegE, BT-Drucks. 10/317 S. 94.
[7] *Ellrott* BeBiKo RdNr. 4.

h) Zusätzliche Angabepflichten für AG und KGaA, die stimmberechtigte Aktien an einem organisierten Markt iSd. § 2 Abs. 7 WpÜG notiert haben, zur Information potenzieller Bieter über die mögliche Zielgesellschaft und ihre Strukturen sowie etwaige Übernahmehindernisse.

Die Angaben zu den Punkten a) bis e) sind erstmals auf JA für nach dem 31. Dezember 2004 beginnende Geschäftsjahre anzuwenden. Die Angaben zu Punkt f) waren erstmals auf JA für nach dem 31. Dezember 2003 beginnende Geschäftsjahre anzuwenden. Die Angaben zu den Punkten g) und h) sind erstmals auf JA für nach dem 31. Dezember 2005 beginnende Geschäftsjahre anzuwenden.

Die gesetzlichen Anforderungen an den Konzernlagebericht werden durch den **DRS 15** „Lageberichterstattung" sowie durch den **DRS 5** „Risikoberichterstattung" konkretisiert. Da es sich bei DRS 15 und DRS 5 um Auslegungen der allgemeinen gesetzlichen Grundsätze zur Lageberichterstattung handelt, haben diese gemäß IDW RH HFA 1007 Tz. 2 auch Bedeutung für den Lagebericht nach § 289 HGB. Der HFA hat daher den IDW RS HFA 1 „Aufstellung des Lageberichtes" im Juli 2005 aufgehoben und in den neu verabschiedeten IDW RH HFA 1005[8] sowie 1007[9] Einzelfragen zur Neufassung des § 289 HGB nur behandelt, soweit diese nicht in den Regelungen des DRSC aufgegriffen werden. Der DRS 15 ist anzuwenden auf alle nach dem 31. 12. 2004 beginnende Geschäftsjahre.

Im LB sind nach § 289 Abs. 1 **zumindest** der Geschäftsverlauf, das Geschäftsergebnis und die Lage der Kapitalgesellschaft so darzustellen, dass ein den tatsächlichen Verhältnissen entsprechendes Bild vermittelt wird. Zusätzlich sind der Geschäftsverlauf und die Lage der Gesellschaft unter Einbeziehung der bedeutsamsten finanziellen Leistungsindikatoren (für große Kapitalgesellschaften und OHG/KG iSv. § 264 a auch die nichtfinanziellen Leistungsindikatoren gem. Abs. 3) zu analysieren. Weiterhin ist im LB auch auf die wesentlichen Chancen und Risiken der künftigen Entwicklung unter Angabe der Annahmen einzugehen ist. Zusätzliche Angabepflichten bestehen für Gesellschaften der Rechtsform AG und KGaA, die stimmberechtigte Aktien an einem organisierten Markt iSd. § 2 Abs. 7 WpÜG ausgegeben haben, zur Information potenzieller Bieter über die mögliche Zielgesellschaft und ihre Strukturen sowie etwaige Übernahmehindernisse. Darüber hinaus **soll** der LB gem. § 289 Abs. 2 auch eingehen auf Vorgänge von besonderer Bedeutung, die nach dem Schluss des Geschäftsjahrs eingetreten sind, auf die Risikoberichterstattung zu Finanzinstrumenten, auf den Bereich Forschung und Entwicklung, auf bestehende Zweigniederlassungen der Gesellschaft sowie auf die Grundzüge des Vergütungssystems von börsennotierten AGs inform.

Mit § 289 wird jedoch nur der **Mindestumfang** der Lageberichterstattung festgelegt. Eine Erweiterung um zusätzliche **freiwillige Angaben** ist üblich und erwünscht.[10] Als freiwillige Angaben kommen Zusatzrechnungen wie Kapitalflussrechnungen, Eigenkapitalspiegel,[11] Segmentberichterstattung, Bewegungsbilanzen und Substanzerhaltungsrechnungen, aber auch Wertschöpfungsrechnungen oder Sozialbilanzen in Frage.[12] Die Ausgestaltung von Abs. 2 als **Soll-Vorschrift** bedeutet nicht, dass hinsichtlich der Berichterstattung für die Gesellschaft ein Wahlrecht besteht. Vielmehr ist Abs. 2 als Ergänzung zu Abs. 1 mit klarstellendem Charakter anzusehen; durch die Wortwahl soll berücksichtigt werden, dass eine Berichterstattung über einzelne in Abs. 2 genannte Sachverhalte uU keine weiteren Erkenntnisse zur Lagebeurteilung beitragen kann und in diesem Fall auch davon Abstand genommen werden darf.[13] Grundsätzlich ist jedoch von einer Berichterstattungspflicht auszugehen, soweit die Sachverhalte nicht von untergeordneter Bedeutung für das Unternehmen sind.

Der LB ist nach § 264 Abs. 1 S. 2 zusammen mit dem Jahresabschluss von den gesetzlichen Vertretern **in den ersten drei Monaten des Geschäftsjahrs** für das vergangene Geschäftsjahr aufzustellen.

Bei **freiwilliger** Aufstellung eines LBs ist es nicht erforderlich, diesen den nach § 289 für Kapitalgesellschaften geltenden Anforderungen zu unterwerfen; es sei denn, für den Jahresabschluss des Unternehmens soll der handelsrechtliche Bestätigungsvermerk nach § 322 einschließlich des sich auf den LB beziehenden Abs. 6 erteilt werden.[14]

---

[8] *IDW* RH HFA 1005, WPg 2005, 531.
[9] *IDW* RH HFA 1007, WPg 2005, 1234.
[10] Baumbach/Hopt/*Merkt* RdNr. 1.
[11] Zur Verpflichtung, eine Kapitalflussrechnung und einen Eigenkapitalspiegel in den Konzernabschluss aufzunehmen, vgl. Erl. zu § 297.
[12] *Ellrott* BeBiKo RdNr. 112.
[13] *ADS* RdNr. 94 f.
[14] *ADS* RdNr. 6.

9 **2. Funktion und Aufgaben des LBs.** Dem LB kommt sowohl eine **Rechenschafts-** als auch eine **Informationsfunktion** zu.[15] Der LB soll einerseits einen umfassenden Überblick über die wirtschaftliche Lage des Unternehmens geben; ergänzend zum Jahresabschluss soll Rechenschaft über das wirtschaftliche Gesamtgeschehen gelegt werden. Der LB soll die Jahresabschlussadressaten in die Lage versetzen, die tatsächliche Unternehmensentwicklung während des abgelaufenen Geschäftsjahrs sowie die voraussichtliche Entwicklung der Gesellschaft einzuschätzen.[16] Andererseits soll der LB den Jahresabschluss um wichtige Informationen ergänzen, die sich nicht aus Bilanz, Gewinn- und Verlustrechnung oder Anhang erkennen lassen. Da das Zahlenwerk des Jahresabschlusses für den Adressaten zur Beurteilung der wirtschaftlichen Lage nicht ausreicht, sind im LB gleichermaßen auch betriebswirtschaftliche, technische, rechtliche, sozialpolitische und volkswirtschaftliche Aspekte zu berücksichtigen.[17]

10 **3. Grundsätze der Berichterstattung.** Nach der Vorschrift des Abs. 1 sind im LB der Geschäftsverlauf und die Lage der Kapitalgesellschaft so darzustellen, dass ein **den tatsächlichen Verhältnissen entsprechendes Bild** vermittelt wird. Damit wird das für den Jahresabschluss gültige Prinzip des *true and fair view* auch auf den LB übertragen.[18] Dies gilt auch für freiwillige Lageberichtsdarstellungen.[19]

11 Vorschriften über die **Form** und die **Gliederung** des LBs im Einzelnen enthält das HGB nicht. Es besteht somit grundsätzlich Gestaltungsfreiheit hinsichtlich der äußeren Form des LBs, seines Aufbaus und Umfangs. Zu beachten sind allerdings die allgemeinen Grundsätze der Rechenschaftslegung wie **Vollständigkeit, Wahrheit, Klarheit, Übersichtlichkeit** und **Verständlichkeit.**[20] DRS 15 ergänzt diese Grundsätze um die Vermittlung der Sicht der Unternehmensleitung und die Konzentration auf die nachhaltige Wertschaffung.

12 In der Anlage zum DRS 15 wird folgende Mindestgliederung vorgeschlagen:[21]
1. Geschäft und Rahmenbedingungen;
2. Ertragslage;
3. Finanzlage;
4. Vermögenslage;
5. Nachtragsbericht;
6. Risikobericht;
7. Prognosebericht.

13 Der LB ist in **deutscher Sprache** abzufassen; Auswirkungen von Fremdwährungsumrechnungen auf die Lage der Gesellschaft sollten zum Ausdruck gebracht werden.[22] Zur Gewährleistung der Vergleichbarkeit mit dem Vorjahr gilt auch für den LB das **Stetigkeitsgebot** des § 265 Abs. 1, wonach die Form der Darstellung beizubehalten ist, wenn nicht in Ausnahmefällen wegen besonderer Umstände Abweichungen erforderlich sind. Die Angabe von Vorjahreszahlen im LB sowie Fehlanzeigen über regelmäßig vorgesehene, im Einzelfall aber nicht erscheinende Berichtsteile sind dagegen nicht erforderlich.[23]

14 Eine der **Schutzklausel** des § 286 für den Anhang vergleichbare Regelung für den LB enthält das HGB nicht. Trotzdem müssen Angaben, wenn durch sie das Wohl der Bundesrepublik Deutschland oder eines ihrer Länder gefährdet wäre, unterbleiben können.[24] Umstritten ist jedoch, ob eine Unterlassung von Angaben auch für den Fall der Zufügung eines erheblichen Nachteils für die Kapitalgesellschaft oder ein Unternehmen, an dem sie beteiligt ist, zulässig ist, idR. wird dies aber nicht erforderlich sein, da ein Gesamtbild der wirtschaftlichen Verhältnisse der Kapitalgesellschaft auch ohne die Veröffentlichung von vertraulichen Informationen vermittelt werden kann.[25] Insbesondere bei dem erforderlichen Risikobericht wird die Gefahr einer sich selbst erfüllenden Prophezeiung gesehen; die Informationsinteressen der Adressaten und der mögliche Nachteil für das berichtende Unternehmen sind daher sorgfältig gegeneinander abzuwägen.[26] Im Zweifel ist jedoch

---

[15] *ADS* RdNr. 19–23; *Ellrott* BeBiKo RdNr. 4; *Lück* HdR RdNr. 2.
[16] *ADS* RdNr. 19.
[17] *Ellrott* BeBiKo RdNr. 4.
[18] *Ellrott* BeBiKo RdNr. 4.
[19] *Baumbach/Hopt/Merkt* RdNr. 1.
[20] *ADS* RdNr. 30; *WPH* F RdNr. 858; *Lück* HdR RdNr. 15 ff.
[21] Detaillierter *WPH* F RdNr. 858.
[22] *ADS* RdNr. 31; *WPH* F RdNr. 860.
[23] *ADS* RdNr. 33 u. 35; *WPH* F RdNr. 859.
[24] *ADS* RdNr. 54; *Lück* HdR RdNr. 29.
[25] *Lück* HdR RdNr. 29.
[26] *Gelhausen* AG, Sonderheft 1997, 74; *Baetge/Schulze* DB 1998, 943.

die Schutzwürdigkeit der Adressaten höher zu bewerten als die des Unternehmens, da die Regelung nach dem Willen des Gesetzgebers den Charakter eines Frühwarnsystems haben sollte und dies nicht ad absurdum geführt werden darf.[27]

II. Berichterstattung zum Geschäftsverlauf und der Lage der Gesellschaft sowie zur voraussichtlichen Entwicklung (Abs. 1)

1. Darstellung von Geschäftsverlauf, Geschäftsergebnis und Lage der Kapitalgesellschaft (Abs. 1 S. 1): Die **Darstellung des Geschäftsverlaufs** soll einen Überblick über die Geschäftstätigkeit im abgelaufenen Geschäftsjahr geben. Sie stellt somit eine vergangenheitsorientierte, zeitraumbezogene Berichterstattung dar. Es soll gezeigt werden, wie sich das Unternehmen während der Berichtsperiode entwickelt hat und welche Umstände für diese Entwicklung ursächlich waren.[28] Im Einzelnen können dazu folgende Punkte ausgeführt werden: gesamtwirtschaftliche, rechtliche und branchenspezifische Rahmenbedingungen, Ergebnis, Absatzentwicklung, Wettbewerbsposition, Produktion, Beschaffung, wesentliche Investitionen, Finanzbereich, Beteiligungen, Personal- und Sozialbereich, Umweltschutz, Rechtsstreitigkeiten sowie andere besondere Ereignisse im Geschäftsjahr.[29] Die Darstellung soll nach DRS 15.44 auch erkennen lassen, ob die Geschäftsleitung die Entwicklung als günstig oder ungünstig beurteilt. Auch Abweichungen der Entwicklung von früher berichteten Erwartungen sind zu erläutern. Der Geschäftsverlaufs ist nunmehr ausdrücklich einschließlich des **Geschäftsergebnisses** (Jahresergebnis iSd. § 275 Abs. 2 Nr. 20 bzw. Abs. 3 Nr. 19) darzustellen.[30] Insbesondere ist auf die Ergebniskomponenten, -strukturen und -trends einzugehen (DRS 15.50 ff.). Andere Ergebniskennzahlen können ergänzend zum Geschäftsergebnis dargestellt werden.

Weiterer Berichtsgegenstand im LB ist nach Abs. 1 neben dem Geschäftsverlauf die **Lage** der Kapitalgesellschaft. Die Ausführungen über den Geschäftsverlauf und zur Lage der Gesellschaft sind jedoch inhaltlich idR. nur schwer voneinander zu trennen, so dass es zweckmäßig ist, im Rahmen einer gemeinsamen Berichterstattung aufbauend auf der Beschreibung des Geschäftsverlaufs die Lage der Gesellschaft zu verdeutlichen.[31] In **sachlicher Hinsicht** kann unter der Lage die **Gesamtheit** der Vermögens-, Finanz- und Ertragslage iSv. § 264 Abs. 2 S. 1 verstanden werden. Da ein Bild der Vermögens-, Finanz- und Ertragslage aber schon in Bilanz, Gewinn- und Verlustrechnung und Anhang vermittelt werden soll, kommt dem LB die Aufgabe zu, durch zusätzliche Informationen der Vermittlung eines den tatsächlichen Verhältnissen entsprechendes Bildes von der Lage der Gesellschaft insgesamt zu ermöglichen.[32] In **zeitlicher Hinsicht** ist die Lage der Gesellschaft sowohl stichtagsbezogen als auch zukunftsorientiert darzustellen, da die Lage eines Unternehmens zu einem bestimmten Stichtag nicht nur durch die Verhältnisse zu diesem Zeitpunkt, sondern insbesondere auch durch Entwicklungserwartungen charakterisiert wird.[33]

Durch das TUG wurde Abs. 1 um Satz 5 ergänzt. Danach haben die gesetzlichen Vertreter der Kapitalgesellschaft mit Wirkung für Geschäftsjahre, die nach dem 31. Dezember 2006 beginnen, eine Versicherung abzugeben, dass nach bestem Wissen im Lagebericht der Geschäftsverlauf einschließlich des Geschäftsergebnisses und die Lage der Kapitalgesellschaft so dargestellt sind, dass ein den tatsächlichen Verhältnissen entsprechendes Bild vermittelt wird und dass die wesentlichen Chancen und Risiken im Sinne des § 289 Abs. 1 S. 4 beschrieben sind.

2. Analyse des Geschäftsverlaufs und der Lage der Kapitalgesellschaft unter Angabe und Erläuterung der wesentlichen finanziellen Leistungsindikatoren (Abs. 1 S. 2 und 3): Nach DRS 15.8 ist eine Analyse eine Zerlegung des Berichtsgegenstands in seine **Bestandteile**, die anschließend geordnet und **systematisch ausgewertet** werden. Die Analyse hat ausgewogen und umfassend zu erfolgen und ist dem Umfang und der Komplexität der Geschäftstätigkeit anzupassen. Dementsprechend hat die Analyse unter Wesentlichkeitsaspekten alle Geschäfts- und Funktionsbereiche des Unternehmens abzudecken und sowohl positive als auch negative Aspekte mit der entsprechenden Gewichtung zu berücksichtigen.[34] Der Detaillierungsgrad ist an Art und Umfang der Geschäftstätigkeit anzupassen.[35] Für Unternehmen mit mehreren Geschäftsbereichen

---

[27] *Baetge/Schulze* DB 1998, 943.
[28] *Lück* HdR RdNr. 34.
[29] *ADS* RdNr. 66.
[30] IDW RH HFA 1007, WPg 2005, 1234.
[31] *ADS* RdNr. 80; *WPH* F RdNr. 863.
[32] *ADS* RdNr. 81; zur Darstellung der Vermögens-, Finanz- und Ertragslage im Lagebericht vgl. auch DRS 15.45ff.
[33] *Lück* HdR RdNr. 44 ff.
[34] *WPH* F RdNr. 865.
[35] *Ellrott* BeBiKo RdNr. 25.

sind demnach detailliertere Angaben erforderlich als für ein Unternehmen mit nur einem Geschäftsbereich.

18 Unter **Bestandteile** sind alle Faktoren zu verstehen, die sich auf den Geschäftsverlauf und die Lage der Gesellschaft ausgewirkt haben. Es kommen sowohl externe Faktoren (zB gesamtwirtschaftliche, rechtliche und branchenspezifische Rahmenbedingungen, Umwelt, Marktentwicklung, Wettbewerber) als auch interne Faktoren (zB Prozessoptimierungen, Vertrieb, Produkte, Produktion, Beschaffung) in Frage. Zusätzlich sind auch die Einflüsse von ungewöhnlichen oder außergewöhnlichen Ereignissen (Sondereffekte), Ansatz- und Bewertungsänderungen, Bilanzpolitik, Ausnutzung von Ermessensspielräumen und Sachverhaltsgestaltungen zu berücksichtigen.[36]

19 In die **systematische Auswertung** sind die wesentlichen finanziellen Leistungsindikatoren einzubeziehen. Unter finanziellen Leistungsindikatoren sind Kennzahlen zu verstehen, die auch für die Abschlussanalyse verwendet werden:[37]
– Ergebniskomponenten wie Zins-, Beteiligungs- oder Wechselkursergebnis
– Cashflow (zB nach DFVA/SG)
– Eigenkapitalrentabilität
– Return on Investment (ROI)
– Umsatzrentabilität
– Return on Capital Employed (ROCE)
– Liquiditäts-, Verschuldungsgrade
– Working Capital
– Eigenkapitalquote.

Die verwendeten Kennzahlen sind angemessen zu definieren und stetig beizubehalten. Eine Überleitung aus den Zahlen des JA ist ggf. darzustellen, insbesondere bei bereinigten Beträgen. Für den Adressaten dürften auch Kennzahlen entscheidungsrelevant sein, die für interne Steuerungszwecke des Unternehmens bedeutsam sind.[38] Zusätzlich kann auch eine Investitionsanalyse (zB Dauer der Vermögensbindung) oder eine Finanzierungsanalyse (zB Innenfinanzierungskraft, Verschuldungsfähigkeit) aufgenommen werden. Eine kennzahlenbasierte Analyse ist stets durch eine qualitative Analyse zu ergänzen.[39]

20 **3. Beurteilung und Erläuterung der voraussichtlichen Entwicklung mit ihren wesentlichen Chancen und Risiken und Angabe der zugrunde liegenden Annahmen (Abs. 1 S. 4):** Mit der Einführung des BilReG ist die gesetzestechnische Trennung der Berichtselemente „voraussichtliche Entwicklung" und „Risikoberichterstattung" aufgegeben worden und die Berichterstattung über die Chancen und die zugrunde liegenden Annahmen ergänzt worden. Im **Prognosebericht** des LB ist nach dem Gesetzeswortlaut eine zusammengefasste Berichterstattung über die voraussichtliche Entwicklung mit den wesentlichen Chancen und Risiken vorzunehmen. Die Berichterstattung hat nach DRS 15.91 aus Gründen der Klarheit getrennt in Risikobericht und Prognosebericht zu erfolgen, wobei über die Chancen in Letzterem zu berichten sein sollte.

21 Gem. Abs. 1 S. 4 soll im LB auch die **voraussichtliche Entwicklung** der Kapitalgesellschaft beurteilt und erläutert werden. Dabei handelt es sich um eine Berichterstattung mit Prognosecharakter, die auf bestimmten Annahmen beruhende Einschätzungen und Erwartungen der Geschäftsleitung über die zukünftige Entwicklung zum Gegenstand hat. Es wird sich dabei weniger um zahlenmäßige als vielmehr um qualitative Angaben handeln, die aber nicht so vage und allgemein formuliert sein dürfen, dass sie inhaltsleer werden.[40] Ist eine jedoch eine qualitative Berichterstattung nicht geeignet, hat eine quantitative Berichterstattung zu erfolgen.[41] Nach DRS 15 120 wird für den Prognosebericht eine Quantifizierung für das auf den Bilanzstichtag folgende Geschäftsjahr empfohlen. Nach DRS 15 sind die **Erwartungen** der Geschäftsleitung zu den einzelnen Bestandteilen der VFE-Lage (mindestens Trendaussage) und den wesentlichen externen Rahmenbedingungen (zB Branchenentwicklungen, Konjunktur) zu erläutern. Auch sind Aussagen über die Entwicklung der Gesellschaft (zB Änderung der Geschäftspolitik, Erschließung neuer Märkte, Verwendung neuer Verfahren, Erweiterung des Leistungsspektrums) und die daraus resultierenden finanzwirtschaftlichen Auswirkungen zu erläutern. Zusätzlich sind auch die zugrunde liegenden **Annahmen** anzugeben,

---

[36] *Ellrott* BeBiKo RdNr. 26.
[37] *IDW* RH HFA 1007, WPg 2005, 1234.
[38] *WPH* F RdNr. 866.
[39] *Ellrott* BeBiKo RdNr. 27.
[40] *Lück* HdR RdNr. 87.
[41] *WPH* F RdNr. 877.

um die wesentlichen Prämissen transparent zu machen, auf denen zukunftsbezogene Aussagen der Geschäftsleitung basieren, und um dem Adressaten Soll-Ist-Vergleiche zu ermöglichen (zB Annahmen zu Währungskurs- oder Zinsentwicklungen).[42] Über Geschäfts- und Betriebsgeheimnisse ist nicht zu berichten.

Die voraussichtliche Entwicklung der Gesellschaft sollte für einen **überschaubaren Zeitraum** 21a dargestellt werden, da Aussagen über Zukunftserwartungen einerseits mit zunehmendem Vorhersagezeitraum unsicherer werden, andererseits bei einem zu kurzen Zeitraum als Entscheidungshilfe nicht mehr brauchbar sind.[43] Die Länge des Prognosezeitraums kann dabei nicht generell festgelegt werden, sondern wird sich an den Eigenarten der jeweiligen Branche, der Größe des Unternehmens oder dem Gegenstand der Berichterstattung orientieren.[44]

Chancen und **Risiken** der künftigen Entwicklung sind solche Möglichkeiten, die sich günstig 22 oder ungünstig auf die wirtschaftliche Lage der Gesellschaft auswirken können und mit einer erheblichen, wenn auch nicht notwendigerweise überwiegenden Wahrscheinlichkeit erwartet werden.[45] Nach DRS 15.12 dürfen Chancen und Risiken nicht gegeneinander aufgerechnet werden. Die Berichterstattung über wesentliche Risiken kann grdsl. nicht vollständig unterbleiben, auch wenn die Risiken durch wirksame Maßnahmen (zB Versicherungsvertrag, Termingeschäft) kompensiert oder bereits im JA berücksichtigt sind (zB Rückstellung, Wertberichtigung).[46] Bestehen in Ausnahmefällen keine wesentlichen Chancen oder Risiken, so ist auch darauf im LB hinzuweisen (Negativerklärung).[47] Risiken sind gem. DRS 5.20 zu quantifizieren, wenn dies verlässlich möglich ist und die Angabe eine entscheidungsrelevante Information für den Adressaten ist.

Zu berichten ist über **wesentliche Risiken,** die die Entscheidungen der Adressaten des LB 23 beeinflussen können. Es ist eine über die reine Nennung der Risiken hinausgehende Beurteilung und Erläuterung erforderlich. Der Schwerpunkt der Berichterstattung richtet sich nach den spezifischen Gegebenheiten der Gesellschaft und den mit der Geschäftstätigkeit verbundenen Risiken. In Betracht kommen zB Umfeldrisiken, Branchenrisiken, unternehmensstrategische Risiken, leistungswirtschaftliche Risiken, Personalrisiken, informationstechnische Risiken oder finanzwirtschaftliche Risiken. Zu den wesentlichen Risiken gehören insbesondere auch bestandsgefährdende Risiken (vgl. IDW PS 270, zB Angaben über die voraussichtliche Entwicklung der Zahlungsfähigkeit, langfristig sich abzeichnende Vermögensverluste und nicht mehr gegebene Ertragsperspektiven, Wegfall von Absatzmärkten, gravierende Personalprobleme, Beschaffungsengpässe, anhängige Prozesse). Des Weiteren ist auch über konkretisierte Überlegungen zu einer offenen oder stillen Liquidation des Unternehmens (§§ 264 ff. AktG, §§ 60 ff. GmbHG), Angaben zu rechtlichen Bestandsgefährdungspotenzialen wie zB drohende oder eingetretene Zahlungsunfähigkeit (§§ 17 und 18 InsO), Überschuldung (§ 19 InsO; § 92 Abs. 2 AktG und § 64 Abs. 1 GmbHG) und Rücknahme von Bestands- oder Ertragsgarantien (Patronatserklärungen, Unternehmensverträge) zu berichten. Die Berichterstattungspflicht enthält keine Einschränkungen hinsichtlich der darzustellenden Risiken und beschränkt sich daher nicht nur auf solche Risiken, die sich aus den Aktivitäten oder Entscheidungen des berichtenden Unternehmens selbst ergeben haben.[48] Zusätzlich ist das Risikomanagement in angemessenem Umfang zu beschreiben (DRS 5.28).

Das BilReG stellt nunmehr die **Chancen** gleichwertig neben die Risiken, so dass eine ausgewogene und gleichgewichtige Berichterstattung gefordert ist. Damit wird sichergestellt, dass keine einseitige Berichterstattung erfolgt.[49] Die Berichterstattung kann in engem Zusammenhang mit der Einschätzung über die Entwicklung der finanziellen und nichtfinanziellen Leistungsindikatoren sowie der generellen Einschätzung der künftigen Lage erfolgen.[50] Chancenpotenziale können sich aus internen oder externen Faktoren ergeben (siehe auch RdNr. 18), zB Erlangung eines neuen Großauftrags/-kunden, Anmeldung eines Patents, Erlangung der Produktreife bestimmter Entwicklungen oder Eintritt in einen neuen Markt.[51]

---

[42] RegBegr. BilReG, BT-Drucks. 15/3419 v. 24. 6. 2004, S. 30.
[43] *Lück* HdR RdNr. 88.
[44] *ADS* RdNr. 111; häufig wird ein Zeitraum von zwei Jahren – gerechnet vom Zeitpunkt des Abschlussstichtages – als sinnvoll angesehen: *Ellrott* BeBiKo RdNr. 37; DRS 15.84.
[45] *WPH* F RdNr. 880.
[46] *ADS* RdNr. 20, *WPH* F RdNr. 885.
[47] *WPH* F RdNr. 885.
[48] *Küting/Hütten* AG 1997, 252.
[49] *Ellrott* BeBiKo RdNr. 44.
[50] *WPH* F RdNr. 884.
[51] *WPH* F RdNr. 884.

III. Weitere Angaben im Lagebericht (Abs. 2)

25 **1. Vorgänge von besonderer Bedeutung nach dem Schluss des Geschäftsjahrs (Nr. 1).** Nach Nr. 1 **soll** (vgl. auch RdNr. 6) der LB auch eingehen auf Vorgänge von besonderer Bedeutung, die nach dem Schluss des Geschäftsjahrs eingetreten sind. Hier ist über tatsächlich eingetretene Ereignisse und Entwicklungen **positiver** sowie **negativer** Art zu berichten. Dafür kommen beispielsweise der Erwerb oder Verkauf von Grundstücken oder Beteiligungen, Verträge von außergewöhnlicher Bedeutung, der Eintritt eines wesentlichen Verlustes, Kurzarbeit und Streiks, Störungen in der Rohstoffbelieferung oder Aus- bzw. Einfuhrsperren in Betracht.[52]

26 Die Berichterstattungspflicht ist auf Vorgänge **von besonderer Bedeutung** beschränkt, also solche, die einen erheblichen Einfluss auf die Beurteilung der Lage der Gesellschaft, wie sie durch Jahresabschluss und LB im Übrigen vermittelt wird, haben können.[53] Relevant sind darüber hinaus nur Vorgänge, die **nach dem Schluss des Geschäftsjahrs** eingetreten sind. Der Zeitraum, über den zu berichten ist, erstreckt sich vom Beginn des neuen Geschäftsjahrs bis zur Aufstellung von Jahresabschluss und LB, bei besonders wichtigen Vorgängen bis zur Feststellung des Jahresabschlusses.[54]

27 **2. Risikoberichterstattung über Finanzinstrumente (Nr. 2):** Nach Neufassung des Abs. 2 Nr. 2 durch das BilReG soll der LB nunmehr in Bezug auf die Verwendung von Finanzinstrumenten durch die Gesellschaft – sofern dies für die Beurteilung der Lage oder der künftigen Entwicklung von Belang ist – auch eingehen auf die

- Risikomanagementziele und -methoden einschließlich ihrer Methoden zur Absicherung aller wichtigen Arten von Transaktionen, die im Rahmen der Bilanzierung von Sicherungsgeschäften erfasst werden (Nr. 2 a), sowie
- die Preisänderungs-, Ausfall-, und Liquiditätsrisikosowie die Risiken aus Zahlungsstromschwankungen, denen die Gesellschaft ausgesetzt ist (Nr. 2 b).

Eine Form für die Berichterstattung ist nicht vorgeschrieben. Allerdings empfiehlt DRS 15.83 eine Einbeziehung in den **Risikobericht**. Die Berichterstattung unterliegt dem Grundsatz der **Wesentlichkeit** in Bezug auf die Beurteilung der Lage und der künftigen Entwicklung.

28 **Finanzinstrumente** iSd. Vorschrift sind Vermögensgegenstände oder Schulden, die auf vertraglicher Basis zu Geldzahlungen oder zum Zu- bzw. Abgang von anderen Finanzinstrumenten führen. Dazu gehören, soweit die vorgenannten Voraussetzungen erfüllt sind,[55]

- Instrumente in Anlehnung an die Begriffsbestimmungen in § 1 Abs. 11 KWG und § 2 Abs. 2 b WpHG (derivative Finanzinstrumente);
- Finanzanlagen iSd. § 266 Abs. 2 A. III.;
- Forderungen iSd. § 266 Abs. 2 B. II. Nr. 1–3;
- Verbindlichkeiten iSd. § 266 Abs. 3 C. Nr. 1, 2, 4–8.

29 Der **Umfang der Berichterstattung** richtet sich nach Art, Umfang und Struktur der Risiken, denen die Gesellschaft ausgesetzt ist. Über verbale Erläuterungen hinausgehende Angaben, zB die Quantifizierung einzelner Parameter, sind regelmäßig nicht erforderlich. Die Erläuterungspflicht umfasst nicht das gesamte Risikomanagementsystem iSv. § 91 Abs. 2 AktG, da nur über die Verwendung von Finanzinstrumente zu berichten ist.[56] Die Pflicht zur Berichterstattung besteht unabhängig davon, ob oder in welcher Weise die Finanzinstrumente bilanziell zu erfassen sind. Somit sind auch schwebende Geschäfte zu berücksichtigen.

30 Die Berichterstattung über die **Risikomanagementziele und -methoden** gem. § 289 Abs. 2 Nr. 2 a erfordert[57]

- Grdsl. Aussagen zur Risikobereitschaft des Unternehmens;
- die Darstellung der Sicherungsziele;
- die Beschreibung der gesicherten Grundgeschäfte;
- die Darstellung sonstiger wesentlicher Elemente (zB die Vorgabe von Kontrahentenlimiten);
- bei antizipativem Hedging (zB Absicherung von geplanten aber noch nicht kontrahierten Bestellungen) die Nennung der Tatsache als solche.

---

[52] *WPH* F RdNr. 888.
[53] *ADS* RdNr. 101; *Ellrott* BeBiKo RdNr. 63.
[54] *ADS* RdNr. 102; *WPH* F RdNr. 889.
[55] *IDW* RH HFA 1005, WPg 2005, 531.
[56] *IDW* RH HFA 1005, WPg 2005, 531.
[57] *IDW* RH HFA 1005, WPg 2005, 531.

Lagebericht   31–34   § 289

Methoden der Absicherung in Bezug auf die Verwendung von Finanzinstrumenten sind insbesondere die sog. Hedge-Geschäfte in ihren verschiedenen Ausprägungen. Über die beim Abschluss von Hedge-Geschäften verwendete Systematik und Art und Kategorien der verschiedenen Sicherungsgeschäfte ist daher an dieser Stelle zu berichten; die Berichterstattung erfasst auch alle wichtigen Arten geplanter Transaktionen, soweit sie im Rahmen der Bilanzierung von Sicherungsgeschäften verbucht werden.[58]

Die Berichterstattung über die **Risikokategorien** gem. § 289 Abs. 2 Nr. 2 b) lässt sich wie folgt 31
konkretisieren:[59]
- **Preisänderungsrisiken** bestehen durch Wertschwankungen eines Finanzinstruments auf Grund von Veränderungen des Marktpreises oder preisbeeinflussender Parameter, wie Wechselkurse, Volatilitäten oder Marktzinssätze;
- **Ausfallrisiken** ergeben sich aus der Gefahr, dass der Vertragspartner bei einem Geschäft über ein Finanzinstrument seinen Verpflichtungen nicht oder nicht fristgerecht nachkommen kann und dadurch beim bilanzierenden Unternehmen finanzielle Verluste verursacht werden:
- **Liquiditätsrisiken** bestehen darin, dass das Unternehmen möglicherweise nicht in der Lage ist, die Finanzmittel zu beschaffen, die zur Begleichung der im Zusammenhang mit Finanzinstrumenten eingegangenen Verpflichtungen notwendig sind. Liquiditätsrisiken können auch dadurch entstehen, dass ein Vermögensgegenstand nicht jederzeit innerhalb kurzer Frist zu seinem beizulegenden Zeitwert veräußert werden kann;
- **Risiken aus Zahlungsstromschwankungen** resultieren daraus, dass die zukünftigen, aus einem Finanzinstrument erwarteten Zahlungsströme Schwankungen unterworfen und damit betragsmäßig nicht festgelegt sind. Beispielsweise können sich im Fall von variabel verzinslichen Fremdkapitalinstrumenten solche Schwankungen auf Grund von Veränderungen der effektiven Verzinsung des Finanzinstruments ergeben, ohne dass damit nennenswerte korrespondierende Veränderungen des entsprechenden beizulegenden Zeitwerts eintreten.

Zu erläutern sind nur offene, nicht durch konkrete Sicherungsgeschäfte gedeckte Risiken.[60] In Betracht kommen zB Ausführungen zum Umfang von Währungsrisiken, zur Konzentration von Ausfallrisiken, etwa auf einzelne Großkunden (sog. „Klumpenrisiken"), oder zu mit der Refinanzierung zusammenhängenden Risiken, wenn diese für die Gesellschaft bedeutsam sind.

3. Bereich Forschung und Entwicklung (Nr. 3). Die in Nr. 3 geforderten Angaben über den 32
Bereich Forschung und Entwicklung sind naturgemäß nur bei solchen Unternehmen sinnvoll, die **selbst** Forschung und Entwicklung in nicht unerheblichem Ausmaß betreiben oder von Dritten Forschungs- und Entwicklungstätigkeiten **für sich** durchführen lassen,[61] was vornehmlich Gesellschaften aus den Wirtschaftszweigen Chemie, Luft- und Raumfahrt, Gentechnik, Elektronik, Automobilindustrie oder Anlagenbau sein dürften.[62] Eine Berichterstattungspflicht entsteht auch dann, wenn in Unternehmen vergleichbarer Branche und Größe Forschungs- und Entwicklungstätigkeiten üblich sind, solche Tätigkeiten im berichtenden Unternehmen aber nicht durchgeführt werden.[63]

Gegenstand der Berichterstattungspflicht ist der gesamte Bereich Forschung und Entwicklung. 33
Forschung umfasst sowohl Grundlagenforschung als auch angewandte Forschung, Entwicklung ist die Anwendung und Umsetzung von Forschungsergebnissen oder anderen Erkenntnissen in Plänen oder Mustern für die Erarbeitung von neuen oder wesentlich verbesserten Werkstoffen, Produkten, Verfahren, Systemen oder Dienstleistungen. Forschungs- und Entwicklungstätigkeiten **im Auftrag von Dritten** fallen nicht unter die Angabepflicht von Nr. 3.[64]

Für Art und Umfang der Darstellung der Forschungs- und Entwicklungstätigkeiten bestehen keine 34
eindeutigen Vorgaben. Die Berichterstattung hat auf den Forschungs- und Entwicklungsaufwand und seinen Umfang einzugehen, außerdem sind Angaben über Forschungs- und Entwicklungsinvestitionen, bestehende Forschungs- und Entwicklungseinrichtungen, die in diesem Bereich tätigen Mitarbeiter sowie über größere Zuwendungen von Dritten oder staatlichen Stellen erforderlich.[65] Über Geschäfts- und Betriebsgeheimnisse ist nicht zu berichten; eine Berichterstattung über konkrete Forschungsergebnisse oder Entwicklungsvorhaben darf aus Konkurrenzschutzgründen nicht

---

[58] RegBegr. BilReG, BT-Drucks. 15/3419 vom 24. 6. 2004, S. 31.
[59] *IDW* RH HFA 1005, WPg 2005, 531.
[60] *IDW* RH HFA 1005, WPg 2005, 531.
[61] *Ellrott* BeBiKo RdNr. 85.
[62] *WPH* F RdNr. 896.
[63] *ADS* RdNr. 112; *WPH* F RdNr. 896.
[64] *ADS* RdNr. 116.
[65] *Ellrott* BeBiKo RdNr. 87.

erwartet werden und hat zu unterbleiben, soweit es das Wohl der Bundesrepublik Deutschland oder eines ihrer Länder erfordert.[66]

35   **4. Bestehende Zweigniederlassungen der Gesellschaft (Nr. 4).** Hintergrund dieser Regelung ist, dass der wirtschaftliche Einfluss von Zweigniederlassungen mit dem von selbstständigen Tochterunternehmen vergleichbar sein kann; außerdem sollte das Unterlaufen nationaler Offenlegungsvorschriften durch ausländische Gesellschaften mittels der Errichtung von Zweigniederlassungen verhindert werden.[67] Zweigniederlassungen sind dadurch gekennzeichnet, dass es sich um dauerhafte Einrichtungen handelt, die räumlich von der Hauptniederlassung getrennt sind, gegenüber der Hauptniederlassung personelle und organisatorische Eigenständigkeit besitzen, ihre Geschäftstätigkeit im Rahmen des Unternehmensgegenstandes der Hauptniederlassung durchführen und die Möglichkeit zur selbstständigen Teilnahme am Geschäftsverkehr haben;[68] für Betriebsstätten oder Repräsentanzen ohne organisatorische Selbstständigkeit besteht keine Angabepflicht. Auf die Eintragung als Zweigniederlassung in das Handelsregister gem. §§ 13 ff. kommt es insoweit nicht an.

36   Die Berichterstattung über Zweigniederlassungen kann sich vom **Umfang** her auf die Sitz aller in- und ausländischen Zweigniederlassungen, abweichende Firmierungen, die eine Zugehörigkeit zur Firma des Gesamtunternehmens nicht mehr erkennen lassen, sowie auf wesentliche Veränderungen gegenüber dem Vorjahr hinsichtlich Errichtung, Aufhebung und Sitzverlegung von Zweigniederlassungen beschränken.[69] Zusätzlich erhöhen Angaben zu wirtschaftlichen Eckdaten (zB Umsatz, Mitarbeiter) den Informationsgehalt. Bei einer Vielzahl von Zweigniederlassungen empfiehlt sich eine tabellarische Darstellung.[70]

37   **5. Angaben zum Vergütungssystem von Organmitgliedern börsennotierter Aktiengesellschaften (Nr. 5):** Abs. 2 Nr. 5 ist durch das VorstOG eingeführt worden, um für die Aktionäre börsennotierter AGs mehr Transparenz in Bezug auf die Vergütungssysteme für die Organe der Gesellschaft zu schaffen (sog. **Vergütungsbericht**). Vergleichbare Empfehlungen sind auch im Corporate Governance Kodex Ziff 4.2.3 enthalten. Die Angaben dienen der Erläuterung und damit dem besseren Verständnis hinsichtlich der einzelnen Vergütungsparameter und der Zusammensetzung der Bezüge einschließlich bestehender Anreizpläne.[71] Die Angaben sind erstmals für das Geschäftsjahr zu machen, das nach dem 31. 12. 2005 beginnt.

38   Im Vergütungsbericht ist auf die **Vergütungssysteme** sämtlicher Organe der Gesellschaft einzugehen, dh. auch auf die Regelungen für aktive und frühere Organmitglieder sowie deren Hinterbliebene. Zu den Grundzügen eines Vergütungssystems gehören:[72]
– Überblick über die Vergütungspolitik;
– Allgemeine Konzepte für die Gestaltung von Organverträgen (Dauer, Kündigungsfristen, Regelungen und Leistungen bei vorzeitigem Ausscheiden);
– Erläuterungen zu Form (Geld-, Sachbezüge), Struktur (fix, variabel) und Höhe der Vergütung;
– Erläuterungen zu Komponenten mit langfristiger Anreizwirkung (Parameter, Bedingungen);
– Erläuterungen zur Behandlung der Bezüge von Dritten oder Tochterunternehmen im Rahmen der Gesamtbezüge;
– Erläuterungen zu den Regelungen der Versorgungs-, Vorruhestands- und Ruhestandsleistungen.
   Zusätzlich sind wesentliche Veränderungen im Vergütungssystem zum Vorjahr anzugeben.

39   Die Angaben zur Vergütungsstruktur können **unterbleiben,** soweit sie nach vernünftiger kaufmännischer Beurteilung geeignet sind, der Gesellschaft einen **erheblichen Nachteil** zuzufügen.[73] Dies betrifft in erster Linie Fälle, in denen Anreize an Ziele eines Unternehmens geknüpft sind, die nicht notwendigerweise für die Veröffentlichung bestimmt sind (zB Steigerung des Umsatzes in einem bestimmten Geschäftsfeld oder einem bestimmten regionalen Absatzmarkt). Diese für die Geschäftspolitik wichtigen, aber sensiblen Informationen brauchen nicht im Lagebericht veröffentlicht zu werden, da diese Informationen zu Wettbewerbsnachteilen führen können.

40   Die Regelung in S. 2 ermöglicht börsennotierten Aktiengesellschaften, die **Anhangangaben** gem. § 285 S. 1 Nr. 9 a) S. 5 bis 9 HGB zur individualisierten Offenlegung der Vorstandsbezüge **alternativ im LB** zu machen. Damit wird die Möglichkeit eröffnet, neben den „Soll-Angaben" zur

---
[66] *WPH* F RdNr. 898.
[67] *ADS* RdNr. 120; *Fey* DB 1994, 485.
[68] *ADS* RdNr. 121.
[69] *Fey* DB 1994, 486; *WPH* F RdNr. 899.
[70] *Ellrott* BeBiKo RdNr. 90.
[71] RegBegr. VorstOG, BT-Drucks. 15/5577 vom 31. Mai 2005, S. 8.
[72] *Ellrott* BeBiKo RdNr. 98.
[73] RegBegr. VorstOG, BT-Drucks. 15/5577 v. 31. 5. 2005, S. 8.

Vergütungsstruktur auch die individuellen Pflichtangaben zusammenhängend in einem eigenständigen Vergütungsbericht darzustellen. Die Individualangabe der Vorstandsvergütungen im Lagebericht ist nur dann zulässig, wenn zugleich auch die grundlegenden Angaben zur Vergütungsstruktur gemacht werden. Die Angaben gemäß § 285 S. 1 Nr. 9 a) S. 1 bis 4 können nach dem Wortlaut des Gesetzes nicht im LB gemacht werden, da Art. 43 Abs. 1 Nr. 12 der Richtlinie 78/660/EWG hinsichtlich der Gesamtbezüge zwingend die Angabepflicht für den Anhang vorschreibt.[74] Dessen ungeachtet erscheint aus Sicht der Adressaten eine geschlossene Darstellung an einer Stelle zielführender, was jedoch einen eindeutigen Verweis im Anhang bzw. im Lagebericht erfordert, wenn dort vorgeschriebene Angaben an anderer Stelle erfolgen.

IV. Angabe und Erläuterung der nichtfinanziellen Leistungsindikatoren großer Kapitalgesellschaften (Abs. 3)

Mit dem BilReG wurde Abs. 3 eingeführt. Nunmehr sind in die mit der Lageberichterstattung **41** verbundene Analyse auch die wichtigsten nichtfinanziellen Leistungsindikatoren einzubeziehen, sofern sie für die Geschäftstätigkeit des Unternehmens von Bedeutung und für das Verständnis seines Geschäftsverlaufs und seiner Lage erforderlich sind.[75] Eine weitergehende Berichterstattung kommt daher nicht in Betracht, wenn hierdurch die Klarheit und Übersichtlichkeit der Analyse und damit die Konzentration auf das Wesentliche beeinträchtigt würde.[76] Die besonders erwähnten Belange der
– Arbeitnehmer (zB Managementqualität, Humankapital, Fluktuation, Betriebszugehörigkeit, Vergütungsstrukturen, Sozialleistungen, Ausbildungsstrukturen, Fortbildungsmaßnahmen, interne Fördermaßnahmen, Arbeitsschutz)
– und des Umweltschutzes (zB Emissionswerte, Energieverbrauch, Durchführung eines Umwelt-Audits, Umweltschutzprogramme, Umweltbericht, Umweltschäden)
bilden keine abschließende Aufzählung und zwingen auch nicht zu einer entsprechenden Schwerpunktsetzung.[77] Zu den nichtfinanziellen Leistungsindikatoren werden regelmäßig die Entwicklung des Kundenstammes, die Kundenzufriedenheit, die Lieferantenbeziehungen, die Produktqualität und unter Umständen auch die – zB durch Sponsoring oder karitative Zuwendungen seitens des Unternehmens geförderte – gesellschaftliche Reputation der Gesellschaft zählen.[78] In DRS 15 115 ff. wird eine quantifizierte Berichterstattung (ggf in Form von Indikatoren) über immaterielle Werte der Gesellschaft empfohlen.

V. Zusätzliche Angabepflichten für AG und KGaA, die stimmberechtigte Aktien an einem organisierten Markt iSd. § 2 Abs. 7 WpÜG ausgegeben haben (Abs. 4)

Das Gesetz zur Umsetzung der Richtlinie 2004/25/EG des Europäischen Parlaments und des **42** Rates vom 21. April 2004 betreffend Übernahmeangebote (Übernahmerichtlinie-Umsetzungsgesetz) wurde am 19. 5. 2006 vom Bundestag verabschiedet. Ziel der Übernahmerichtlinie ist die Schaffung einer Rahmenregelung für Übernahmeverfahren. Sie dient dem Schutz der Interessen der Aktionäre bei Übernahmeangeboten und sonstigen Kontrollerwerben. Mit der Festlegung von Mindestvorgaben bei der Abwicklung von Übernahmeangeboten sollen gemeinschaftsweit Klarheit und Transparenz geschaffen werden.[79] Dem Art. 10 der Richtlinie 2004/25/EG entsprechend wird die Verpflichtung zur **Offenlegung von Übernahmehindernissen** im Lagebericht von Gesellschaften, die einen organisierten Markt iSd. § 2 Abs. 7 WpÜG durch von ihnen ausgegebene stimmberechtigte Aktien in Apsruch nehmen, umgesetzt. Damit wird dem Informationsbedürfnis möglicher Bieter sowie der Anleger Rechnung getragen. Potenzielle Bieter sollen in die Lage versetzt werden, sich vor Abgabe eines Angebots ein umfassendes Bild über die mögliche Zielgesellschaft und ihre Struktur sowie etwaige Übernahmehindernisse zu machen.[80] Diese Angaben sind unabhängig davon vorzunehmen, ob ein Übernahmeangebot vorliegt oder zu erwarten ist.[81] Die Regelungen sind erstmals für nach dem 31. 12. 2005 beginnende Geschäftsjahre anzuwenden.

Der **Geltungsbereich** wird auf Aktiengesellschaften und Kommanditgesellschaften auf Aktien, **43** die einen organisierten Markt iSd. § 2 Abs. 7 WpÜG durch von ihnen ausgegebene stimmberechtig-

---

[74] RegBegr. VorstOG, BT-Drucks. 15/5577 v. 31. 5. 2005, S. 8.
[75] RegBegr. BilReG, BT-Drucks. 15/3419 vom 24. 6. 2004, S. 31.
[76] *IDW* RH HFA 1007, WPg 2005, 1234.
[77] RegBegr. BilReG, BT-Drucks. 15/3419 vom 24. 6. 2004, 31; *IDW* RH HFA 1007, WPg 2005, S. 1234.
[78] RegBegr. BilReG, BT-Drucks. 15/3419 vom 24. 6. 2004, S. 31.
[79] RegBegr. Übernahmerichtlinien-Umsetzungsgesetz, BT-Drucks. 16/1003, S. 12.
[80] RegBegr. Übernahmerichtlinien-Umsetzungsgesetz, BT-Drucks. 16/1003, S. 15.
[81] RegBegr. Übernahmerichtlinien-Umsetzungsgesetz, BT-Drucks. 16/1003, S. 24.

te Aktien in Anspruch nehmen. Die neuen Offenlegungspflichten gelten daher nicht für Unternehmen, die lediglich mit Schuldverschreibungen, Genussscheine, Anleihen oder stimmrechtslose Vorzugsaktien notiert sind.

44 Nach Abs. 4 sind folgende Angaben im LB erforderlich:

1. die Zusammensetzung des gezeichneten Kapitals; bei verschiedenen Aktiengattungen sind für jede Gattung die damit verbundenen Rechte und Pflichten und der Anteil am Gesellschaftskapital anzugeben: Maßgeblich ist das gezeichnete Kapital gemäß § 272 Abs. 1 S. 1 HGB, das dem Grundkapital oder Stammkapital der Gesellschaft entspricht. Soweit sich das gezeichnete Kapital in verschiedene Aktiengattungen einteilen lässt, sind diese im Lagebericht einschließlich ihres Anteils am Gesellschaftskapital und der durch sie vermittelten Rechte und Pflichten zu bezeichnen. Dabei richtet sich die Bestimmung einer Aktiengattung nach § 11 AktG. Aktien mit gleichen Rechten, die hiernach eine Gattung bilden, sind zB Stammaktien, stimmrechtslose Vorzugsaktien, stimmberechtigte Vorzugsaktien und Aktien mit Nebenpflichten. Die Richtlinie 2004/25/EG verlangt ausdrücklich auch die Angabe von Wertpapieren, die nicht auf einem geregelten Markt eines Mitgliedstaates der EU gehandelt werden. Hierunter fallen Wertpapiere, die nicht oder in einem Drittstaat zum Handel zugelassen sind;

2. Beschränkungen, die Stimmrechte oder die Übertragung von Aktien betreffen, auch wenn sie sich aus Vereinbarungen zwischen Gesellschaftern ergeben können, soweit sie dem Vorstand der Gesellschaft bekannt sind: Für Beschränkungen der Übertragbarkeit von Wertpapieren kommen zB Beschränkungen des Wertpapierbesitzes oder das Erfordernis einer Genehmigung der Gesellschaft oder anderer Wertpapierinhaber in Frage. Im deutschen Aktienrecht gilt dies für vinkulierte Namensaktien gemäß § 68 Abs. 2 AktG. Darüber hinaus sind Angaben zu Vereinbarungen zwischen Gesellschaftern zur Einschränkung der Übertragung von Wertpapieren und/oder Stimmrechten zu machen. Diese sog. Stimmbindungsverträge sind jedoch nur offen zu legen, soweit sie dem Vorstand der angabepflichtigen Gesellschaft bekannt sind. Hierdurch wird weder ein Auskunftsrecht des Vorstands noch eine Verpflichtung der Aktionäre begründet, bestehende Stimmbindungsverträge anzuzeigen;[82]

3. direkte oder indirekte Beteiligungen am Kapital, die 10 vom Hundert der Stimmrechte überschreiten: Danach sind alle unmittelbar oder mittelbar gehaltenen Beteiligungen anzugeben, die den Schwellenwert von 10% der Stimmrechte überschreiten. Hierunter fallen auch Pyramidenstrukturen und wechselseitige Beteiligungen. Zur Ermittlung können die Regelungen des § 16 AktG sinngemäß herangezogen werden;

4. die Inhaber von Aktien mit Sonderrechten, die Kontrollbefugnisse verleihen; die Sonderrechte sind zu beschreiben: Die Inhaber von Aktien mit Sonderrechten, die Kontrollbefugnisse verleihen, sind namentlich zu bezeichnen. Daneben ist die Ausgestaltung dieser Sonderrechte zu beschreiben. Im deutschen Aktienrecht ist dies insbesondere für Entsendungsrechte in den Aufsichtsrat (§ 101 Abs. 2 AktG) von Bedeutung;

5. die Art der Stimmrechtskontrolle, wenn Arbeitnehmer am Kapital beteiligt sind und ihre Kontrollrechte nicht unmittelbar ausüben: Anzugeben ist die Art der Stimmrechtskontrolle, wenn im Rahmen von Mitarbeiterbeteiligungsprogrammen Arbeitnehmer am Kapital beteiligt sind und die Kontrollrechte von ihnen nicht unmittelbar ausgeübt werden. Im Regelfall dürfte diese Konstellation in deutschen Unternehmen so nicht anzutreffen sein;[83]

6. die gesetzlichen Vorschriften und Bestimmungen der Satzung über die Ernennung und Abberufung der Mitglieder des Vorstands und über die Änderung der Satzung: Die einschlägigen gesetzlichen Vorschriften für die Bestellung und Abberufung von Mitgliedern des Vorstands sind §§ 84, 85 AktG. Abweichende oder ergänzende Bestimmungen der Satzung sind ebenfalls darzulegen. Anzugeben sind schließlich die Vorschriften über die Änderung der Satzung (§ 179 AktG). Soweit es um gesetzliche Vorschriften geht, wird der Angabepflicht im Regelfall durch Bezugnahme auf die entsprechenden Vorschriften genügt. Hingegen wird der wesentliche Inhalt einer Satzungsbestimmung anzugeben sein, insbesondere wenn hierdurch gesetzliche Vorschriften ergänzt werden oder von dispositiven Vorschriften abgewichen wird;

7. die Befugnisse des Vorstands insbesondere hinsichtlich der Möglichkeit, Aktien auszugeben oder zurückzukaufen: Nach der Richtlinie sollen nicht die allgemeinen gesetzlichen Aufgaben und Befugnisse des Vorstands angegeben werden. Von Bedeutung sind vielmehr die kraft dispositiven Rechts vermittelten Befugnisse. Insoweit sind in erster Linie konkrete Ermächtigungen

---

[82] RegBegr. Übernahmerichtlinien-Umsetzungsgesetz, BT-Drucks. 16/1003, S. 25.
[83] RegBegr. Übernahmerichtlinien-Umsetzungsgesetz, BT-Drucks. 16/1003, S. 25.

zur Ausgabe und zum Rückerwerb von Aktien anzugeben (vgl. §§ 202 ff. AktG, § 71 Abs. 1 Nr. 6 bis 8 AktG);

8. **wesentliche Vereinbarungen der Gesellschaft, die unter der Bedingung eines Kontrollwechsels infolge eines Übernahmeangebots stehen, und die hieraus folgenden Wirkungen; die Angabe kann unterbleiben, soweit sie geeignet ist, der Gesellschaft einen erheblichen Nachteil zuzufügen; die Angabepflicht nach anderen gesetzlichen Vorschriften bleibt unberührt:** Danach sollen diejenigen Vereinbarungen erfasst werden, die mit der Gesellschaft in der Weise getroffen werden, dass sie im Falle eines Kontrollwechsels infolge eines Übernahmeangebots wirksam werden, sich ändern oder enden. Dies gilt insbesondere für „change of control"-Klauseln, die Sonderregelungen für den Fall eines Wechsels der Unternehmenskontrolle beinhalten. Es kann im Einzelfall genügen, den wesentlichen Inhalt der Vereinbarung im Rahmen einer zusammenfassenden Darstellung anzugeben;

9. **Entschädigungsvereinbarungen der Gesellschaft, die für den Fall eines Übernahmeangebots mit den Mitgliedern des Vorstands oder Arbeitnehmern getroffen sind:** Anzugeben sind Entschädigungsvereinbarungen, die die Gesellschaft mit Mitgliedern des Vorstands getroffen hat für den Fall, dass sie wegen eines Übernahmeangebots kündigen, ohne triftigen Grund entlassen werden oder ihr Arbeitsverhältnis endet. Dies gilt auch für entsprechende Vereinbarungen zwischen der Gesellschaft und bei ihr beschäftigten Arbeitnehmern. Auch hier kann es im Einzelfall genügen, wenn der wesentliche Inhalt der Vereinbarung im Rahmen einer zusammenfassenden Darstellung angegeben wird. Die Vorschrift ergänzt für den Lagebericht die mit dem Vorstandsvergütungs-Offenlegungsgesetz vom 3. 8. 2005 eingeführte Regelungen (siehe auch RdNr. 37 ff). Hierunter fallen ausdrücklich auch Leistungen, die dem Vorstandsmitglied für den Fall der Beendigung seiner Tätigkeit zugesagt worden sind (§ 285 S. 1 Nr. 9 a) S. 6, § 314 Abs. 1 Nr. 6 a) S. 6 HGB).

VI. Rechtsformspezifische Angaben im Lagebericht

Nach der rechtsformspezifischen Vorschrift des § 312 Abs. 3 S. 3 AktG müssen AG die sog. **Schlusserklärung** zum Abhängigkeitsbericht (Bericht über Beziehungen zu verbundenen Unternehmen) in den LB aufnehmen. Fehlt diese Schlusserklärung, obwohl ein Abhängigkeitsbericht nach den gesetzlichen Voraussetzungen aufzustellen war, so ist der LB unvollständig; mit der Folge, dass der Abschlussprüfer den Bestätigungsvermerk nach § 322 Abs. 3 S. 1 einzuschränken hätte.[84]

VII. Folgen der Nichtbeachtung

Kommt der Vorstand/die Geschäftsführung der Verpflichtung zur Aufstellung des LB nicht nach, so kann das Gericht auf Antrag von jedermann ein Zwangsgeld gegen die Mitglieder des Geschäftsführungsorgans festsetzen (§§ 335 S. 1 Nr. 1; 335 b HGB). Sind die Angaben zu Abs. 1 im LB unvollständig, so liegt eine Ordnungswidrigkeit vor, die mit einer Geldbuße gegen das vertretungsberechtigte Organ oder den Aufsichtsrat einer Kapitalgesellschaft geahndet werden kann (§ 334 HGB). Unrichtige Wiedergaben oder Verschleierungen der Verhältnisse der Gesellschaften im LB stellen dagegen einen Straftatbestand dar (§ 331 Nr. 1 HGB), welcher über eine Geldstrafe hinaus auch mit einer Freiheitsstrafe von bis zu drei Jahren geahndet werden kann.

---

[84] *ADS* RdNr. 128.

Zweiter Unterabschnitt. Konzernabschluß und Konzernlagebericht

Erster Titel. Anwendungsbereich

§ 290[1] Pflicht zur Aufstellung

Abs. 1 idF für Geschäftsjahre, die vor dem 1. 1. 2006 beginnen

(1) Stehen in einem Konzern die Unternehmen unter der einheitlichen Leitung einer Kapitalgesellschaft (Mutterunternehmen) mit Sitz im Inland und gehört dem Mutterunternehmen eine Beteiligung nach § 271 Abs. 1 an dem oder den anderen unter der einheitlichen Leitung stehenden Unternehmen (Tochterunternehmen), so haben die gesetzlichen Vertreter des Mutterunternehmens in den ersten fünf Monaten des Konzerngeschäftsjahrs für das vergangene Konzerngeschäftsjahr einen Konzernabschluß und einen Konzernlagebericht aufzustellen.

Abs. 1 idF des EHUG[2]

(1) [1] Stehen in einem Konzern die Unternehmen unter der einheitlichen Leitung einer Kapitalgesellschaft (Mutterunternehmen) mit Sitz im Inland und gehört dem Mutterunternehmen eine Beteiligung nach § 271 Abs. 1 an dem oder den anderen unter der einheitlichen Leitung stehenden Unternehmen (Tochterunternehmen), so haben die gesetzlichen Vertreter des Mutterunternehmens in den ersten fünf Monaten des Konzerngeschäftsjahrs für das vergangene Konzerngeschäftsjahr einen Konzernabschluß und einen Konzernlagebericht aufzustellen. [2] Ist das Mutterunternehmen eine Kapitalgesellschaft im Sinn des § 325 Abs. 4 Satz 1 und nicht zugleich im Sinn des § 327 a, sind der Konzernabschluss sowie der Konzernlagebericht in den ersten vier Monaten des Konzerngeschäftsjahrs für das vergangene Konzerngeschäftsjahr aufzustellen.

(2) Eine Kapitalgesellschaft mit Sitz im Inland ist stets zur Aufstellung eines Konzernabschlusses und eines Konzernlageberichts verpflichtet (Mutterunternehmen), wenn ihr bei einem Unternehmen (Tochterunternehmen)

1. die Mehrheit der Stimmrechte der Gesellschafter zusteht,
2. das Recht zusteht, die Mehrheit der Mitglieder des Verwaltungs-, Leitungs- oder Aufsichtsorgans zu bestellen oder abzuberufen, und sie gleichzeitig Gesellschafter ist oder
3. das Recht zusteht, einen beherrschenden Einfluß auf Grund eines mit diesem Unternehmen geschlossenen Beherrschungsvertrags oder auf Grund einer Satzungsbestimmung dieses Unternehmens auszuüben.

(3) [1] Als Rechte, die einem Mutterunternehmen nach Absatz 2 zustehen, gelten auch die einem Tochterunternehmen zustehenden Rechte und die den für Rechnung des Mutterunternehmens oder von Tochterunternehmen handelnden Personen zustehenden Rechte. [2] Den einem Mutterunternehmen an einem anderen Unternehmen zustehenden Rechten werden die Rechte hinzugerechnet, über die es oder ein Tochterunternehmen auf Grund einer Vereinbarung mit anderen Gesellschaftern dieses Unternehmens verfügen kann. [3] Abzuziehen sind Rechte, die

1. mit Anteilen verbunden sind, die von dem Mutterunternehmen oder von Tochterunternehmen für Rechnung einer anderen Person gehalten werden, oder
2. mit Anteilen verbunden sind, die als Sicherheit gehalten werden, sofern diese Rechte nach Weisung des Sicherungsgebers oder, wenn ein Kreditinstitut die Anteile als Sicherheit für ein Darlehen hält, im Interesse des Sicherungsgebers ausgeübt werden.

(4) [1] Welcher Teil der Stimmrechte einem Unternehmen zusteht, bestimmt sich für die Berechnung der Mehrheit nach Absatz 2 Nr. 1 nach dem Verhältnis der Zahl der Stimmrechte, die es aus den ihm gehörenden Anteilen ausüben kann, zur Gesamtzahl aller

---

[1] Siehe hierzu auch Art. 58 Abs. 5 EGHGB. Nr. 2 bis 4 geändert durch das Gesetz über elektronische Handelsregister und Genossenschaftsregister sowie das Unternehmensregister (EHUG) vom 10. November 2006. Zur erstmaligen Anwendung s. Art. 61 Abs. 5 EGHGB.

[2] Abs. 1 geändert durch das Gesetz über elektronische Handelsregister und Genossenschaftsregister sowie das Unternehmensregister (EHUG) vom 10. November 2006. Zur erstmaligen Anwendung s. Art. 61 Abs. 5 EGHGB.

Stimmrechte. ² Von der Gesamtzahl aller Stimmrechte sind die Stimmrechte aus eigenen Anteilen abzuziehen, die dem Tochterunternehmen selbst, einem seiner Tochterunternehmen oder einer anderen Person für Rechnung dieser Unternehmen gehören.

Schrifttum: (ohne die Einzelbeiträge in den verschiedenen Handbüchern der Rechnungslegung); *Eisolt*, Konzernrechnungslegungspflicht nach HGB und US-amerikanischen Vorschriften, WPg 1993, 344; *IDW*, HFA 1/1993: Zur Bilanzierung von Joint Ventures, WPg 1993, 441; *IDW*, Stellungnahme zum Entwurf des DRS 10, FN-IDW 2001, 417; *IDW*, St/SABI 1/1988: Zur Aufstellungspflicht für einen Konzernabschluß und zur Abgrenzung des Konsolidierungskreises, WPg 1988, 340; *Nordmeyer*, Die Einbeziehung von Joint Ventures in den Konzernabschluß, WPg 1994, 301; *Schruff/Rothenburger*, Zur Konsolidierung von Special Purpose Entities im Konzernabschluss nach US-GAAP, IAS und HGB, WPg 2002, 755.

Übersicht

	RdNr.		RdNr.
I. Allgemeine Grundsätze	1–9	3. Verhältnis von „einheitlicher Leitung" und „Control"-Konzept	33–38
1. Überblick	1–5	a) Vertragskonzerne und faktische Konzerne	33, 34
2. Voraussetzungen	6–9	b) Mehrfache Konzernzugehörigkeit	35–38
II. Pflicht zur Aufstellung eines Konzernabschlusses und eines Konzernlageberichts	10–56	4. Entwurf DRS Nr. 16	39–41
		5. Sonderfälle	42–55
1. Einheitliche Leitung	10–16	a) Gleichordnungskonzerne	42, 43
a) Regelung	10	b) Gemeinschaftsunternehmen	44–46
b) Der Konzernbegriff	11	c) Mutterunternehmen in Abwicklung	47, 48
c) Unternehmen	12–14	d) GmbH & Co. KG	49–52
d) Beteiligung	15, 16	e) Zweckgesellschaften	53–55
2. Control-Konzept	17–32	6. Aufstellungsfrist	56
a) Regelung	17		
b) Die Mehrheit der Stimmrechte	18–26	III. Folgen der Nichtbeachtung	57
c) Recht zur Besetzung der Mehrheit der Leitungsorgane	27–29	IV. Änderungen durch das EHUG	58
d) Beherrschender Einfluss auf Grund Beherrschungsvertrag oder Satzungsbestimmung	30–32		

I. Allgemeine Grundsätze

1. Überblick. In § 290 werden die Voraussetzungen für die **Pflicht zur Aufstellung** eines 1 Konzernabschlusses und eines Konzernlageberichts festgelegt. Von einer Definition des Konzerns hat der Gesetzgeber abgesehen. Weder die 7. EU-RL noch die 9. EU-RL (Recht der Unternehmensverbindungen und Recht des Konzerns) beinhalten eine Konzerndefinition.

Sie ist insofern überflüssig, als die Konzernrechnungslegung an bestimmte Kriterien, die in Abs. 1 2 und 2 genannt werden, anknüpft. Nur in Abs. 1 wird vorausgesetzt, dass die zur Konzernrechnungslegung verpflichtete Unternehmensgruppe ein Konzern iSd. deutschen Rechtsverständnisses ist.³

Die Konzernrechnungslegungspflicht trifft **alle Kapitalgesellschaften,** die die Voraussetzungen 3 des Abs. 1 oder 2 erfüllen. Dies gilt sowohl für nicht kapitalmarktorientierte als auch für kapitalmarktorientierte Kapitalgesellschaften iS d. § 315 a, da § 315 a Abs. 1 auch für kapitalmarktorientierte Kapitalgesellschaften, die ihren Konzernabschluss nach internationalen Rechnungslegungsvorschriften aufzustellen haben, die Konsolidierungspflicht von den §§ 290–293 abhängig macht. Daneben wurde das Anwendungsgebiet der 4. und 7. EU-RL durch die GmbH & Co. KG-Richtlinie (Richtlinie des Rates vom 8. November 1990 (90/604/EWG)) auf Personengesellschaften erweitert, wenn alle unbeschränkt haftenden Gesellschafter Kapitalgesellschaften sind. Die Umsetzung dieser Richtlinie durch das Kapitalgesellschaften & Co.-Richtlinie-Gesetz (KapCoRiLiG) führt über § 264 a Abs. 1 zur Konzernrechnungslegungspflicht für bestimmte **Kapitalgesellschaften & Co.** (vgl. Erl. zu § 264 a). Für Unternehmen, die nicht die Rechtsform einer AG, GmbH, KGaA oder Kapitalgesellschaft & Co. haben, kann sich die Konzernrechnungslegungspflicht aus den §§ 11 ff. PublG ergeben.

Seit der Umsetzung der 7. EU-RL gilt das **Weltabschlussprinzip,** so dass grundsätzlich neben den 4 inländischen alle ausländischen Konzernunternehmen in den Konzernabschluss einzubeziehen sind.

Das Gesetz sieht außerdem vor, dass in mehrstufigen Konzernen **Teilkonzernabschlüsse** und ein 5 Gesamtkonzernabschluss aufzustellen sind. Das Konzept der Erstellung von Teilkonzernabschlüssen

---

³ *Hoyos/Ritter-Thiele* BeBiKo RdNr. 12, 15.

Wiedmann

auf allen Stufen eines Konzerns wird in der deutschen Literatur als „Tannenbaumprinzip" bezeichnet.[4] Die Teilkonzernabschlüsse sollen der besseren Information von Minderheitsgesellschaftern, Gläubigern und Arbeitnehmern der Zwischenholdings dienen.[5] In der Literatur wird die beschränkte Aussagefähigkeit von Teilkonzernabschlüssen kritisiert, da der Teilkonzernabschluss grundsätzlich den gleichen Informationsmängeln wie ein Einzelabschluss eines Unternehmens in einem Konzernverbund unterliegt.[6]

6 **2. Voraussetzungen.** Die Pflicht zur Konzernrechnungslegung knüpft § 290 an die Existenz eines Mutter-Tochter-Verhältnisses zwischen zwei Unternehmen.

7 Zur **Definition des Mutter-Tochter-Verhältnisses** werden in den Abs. 1 und 2 das Konzept der einheitlichen Leitung und das Control-Konzept herangezogen. Das Konzept der einheitlichen Leitung knüpft an die Idee eines durch Planung integrierten Systems von Handlungen als Konzernbegriff an.[7] Aus dem angloamerikanischen Raum wurde das Control-Konzept übernommen, das juristische Kriterien formuliert, die den Vorteil haben, leichter nachprüfbar zu sein.[8]

8 Bei Vorliegen eines Mutter-Tochter-Verhältnisses kommt es für die Konzernrechnungslegung nicht auf die **Rechtsform der Tochtergesellschaft** an. Für die Aufstellungspflicht ist allein Voraussetzung, dass die Muttergesellschaft eine Kapitalgesellschaft oder eine Kapitalgesellschaft & Co. mit Sitz im Inland ist.[9]

9 Die Pflicht zur Konzernrechnungslegung baut auf dem **Stufenkonzept** des Konzerns auf. Das Konzept postuliert eine stufenweise vermögens- und erfolgsrechnische Integration von Unternehmen in den Konzernabschluss.[10] Der Gesetzgeber unterscheidet nach Tochterunternehmen, die nach der Methode der Vollkonsolidierung (§§ 300 ff.) in den Konzernabschluss aufgenommen werden, Gemeinschaftsunternehmen, auf die die Quotenkonsolidierung (§ 310) oder die Equity-Methode (§§ 311 f.) angewandt wird, und assoziierten Unternehmen, die im Konzernabschluss nach der Equity-Methode (§§ 311 f.) bewertet werden.

II. Pflicht zur Aufstellung eines Konzernabschlusses und eines Konzernlageberichts

10 **1. Einheitliche Leitung. a) Regelung.** Die Pflicht der gesetzlichen Vertreter einer Kapitalgesellschaft mit Sitz im Inland zur Aufstellung eines Konzernabschlusses knüpft Abs. 1 daran, dass
– in einem Konzern mindestens ein Unternehmen (Tochterunternehmen) unter der **einheitlichen Leitung** der Kapitalgesellschaft (Mutterunternehmen) steht und
– dem Mutterunternehmen eine **Beteiligung** iSd. § 271 Abs. 1 an dem oder den unter einheitlicher Leitung stehenden Unternehmen gehört.

11 **b) Der Konzernbegriff.** Das entscheidende Tatbestandsmerkmal des Konzerns ist die **einheitliche Leitung.** Dieser Begriff ist in Abs. 1 und in § 18 AktG enthalten. Da ein vom Aktienrecht abweichendes Verständnis des Begriffs im Handelsrecht nicht ersichtlich ist, ist von der Begriffsgleichheit auszugehen.[11] Daher ist die Vermutungskette der §§ 17 Abs. 2 und 18 Abs. 1 S. 3 AktG anwendbar.[12]

12 **c) Unternehmen.** Die Konzernrechnungslegungspflicht knüpft an die **Rechtsform** des Mutterunternehmens an. Da eine **Kapitalgesellschaft** Handelsgesellschaft kraft Gesetz ist (§ 3 AktG, § 13 Abs. 3 GmbHG) und nach § 6 alle Formkaufleute insbesondere zur kaufmännischen Rechnungslegung verpflichtet sind, besitzt eine Kapitalgesellschaft für Zwecke der (Konzern-)Rechnungslegung immer die Unternehmereigenschaft.[13] Durch die Einführung des § 264a werden **Personenhandelsgesellschaften,** bei denen nicht wenigstens eine natürliche Person persönlich haftender Gesellschafter ist, den Kapitalgesellschaften bezüglich der (Konzern-)Rechnungslegung gleichgestellt.

13 Bei den **Tochterunternehmen** kommt es auf die Rechtsform nicht an. Ein Tochterunternehmen liegt allerdings nur dann vor, wenn die **Unternehmenseigenschaft** gegeben ist. Das HGB definiert den Begriff „Unternehmen" nicht. Neben dem Merkmal der Eigenschaft des Vollkaufmanns sollten

---

[4] *Siebourg* HdRKo RdNr. 3.
[5] *Busse von Colbe/Ordelheide* S. 71.
[6] ADS RdNr. 67; *IDW,* DRS 10, FN-IDW 2001, 417.
[7] *Busse von Colbe/Ordelheide* S. 58.
[8] *Eisolt* WPg 1993, 344.
[9] *Hoyos/Ritter-Thiele* BeBiKo RdNr. 1 ff.; vgl. RdNr. 2.
[10] *Busse von Colbe/Ordelheide* S. 59.
[11] *WPH* M RdNr. 25.
[12] ADS RdNr. 15.
[13] ADS RdNr. 20 f.

auch Gesellschaften, die nicht Vollkaufleute sind, als Unternehmen angesehen werden, wenn sie Interessen kaufmännischer oder gewerblicher Art verfolgen.[14]

SABI 1/88, Abschnitt I Nr. 4 enthält hierzu folgende Ausführungen: 14
„– Bei Personenvereinigungen, die nicht in das Handelsregister eingetragen sind, kann eine Unternehmenseigenschaft gegeben sein, wenn sie mittels einer nach außen in Erscheinung tretenden Organisation Interessen kaufmännischer und gewerblicher Art verfolgen. Danach können beispielsweise Arbeitsgemeinschaften Unternehmenseigenschaft haben, wenn sie über eine selbständige, eigenverantwortliche Geschäftsführung verfügen.

– Die **bestimmungsgemäße** Ausübung der Tätigkeit einer rechtlich selbständigen **Unterstützungskasse** begründet keine Unternehmenseigenschaft im Sinne des § 290."

d) Beteiligung. Auch wenn alle anderen Bedingungen erfüllt sind, ergibt sich eine Konzern- 15 rechnungslegungspflicht nur, wenn das Mutterunternehmen eine Beteiligung (iSd. § 271 Abs. 1) am Tochterunternehmen besitzt. Die Beteiligungsvermutung, wenn ein Anteilsbesitz von mehr als 20% des Nennkapitals einer Kapitalgesellschaft vorliegt, kommt allerdings bei einheitlicher Leitung kaum zur Wirkung. Es muss vielmehr davon ausgegangen werden, dass auch bei einem Anteilsbesitz von weniger als 20% des Nennkapitals, wenn das Unternehmen unter einheitlicher Leitung steht, ein Tochterunternehmen vorliegt.[15]

Personengesellschaften, die unter einheitlicher Leitung stehen, sind nach herrschender Mei- 16 nung stets in die Konzernrechnungslegung einzubeziehen.

2. Control-Konzept. a) Regelung. Eine Kapitalgesellschaft ist nach Abs. 2 verpflichtet, einen 17 Konzernabschluss aufzustellen, wenn sie eine der drei folgenden alternativen Voraussetzungen erfüllt:
– Ihr steht bei einem Unternehmen (Tochterunternehmen) die **Mehrheit der Stimmrechte** zu.
– Ihr steht das Recht zu, die **Mehrheit der Mitglieder des Verwaltungs-, Leitungs- oder Aufsichtsorgans** zu bestellen oder abzuberufen, wenn sie gleichzeitig Gesellschafterin ist, oder
– ihr steht das Recht zu, einen beherrschenden Einfluss auszuüben
– auf Grund eines Beherrschungsvertrages oder
– auf Grund einer Satzungsbestimmung des Unternehmens.

b) Die Mehrheit der Stimmrechte. Das Vorliegen der Stimmrechtsmehrheit führt unwiderleg- 18 bar zu einem Mutter-Tochter-Verhältnis.

Im Gegensatz zu Abs. 1 ist für die Konzernrechnungslegungspflicht nach Abs. 2 nicht zu prüfen, ob die Rechte faktisch ausgeübt werden. Nur bei **erheblicher faktischer Beschränkung** der Rechte kommt § 296 Abs. 1 Nr. 1 zum Tragen.[16] Allerdings steht einem Unternehmen die Mehrheit der Stimmrechte nicht zu, wenn eine Beschränkung der Ausübung der Stimmrechtsmehrheit durch Gesetz oder Satzung auferlegt ist. In der Stellungnahme **SABI 1/88** Abschnitt I. 3. A wird festgestellt: „Steht einem Mutterunternehmen nach dem Gesellschaftsvertrag (Satzung, Statut) zwar die Mehrheit der Stimmrechte der Gesellschafter zu, hat es sich dieser Mehrheit jedoch durch Vertrag rechtlich wirksam begeben (sog. Entherrschungsvertrag), wird davon ausgegangen werden können, dass eine Stimmrechtsmehrheit im Sinne von Nr. 1 nicht vorliegt oder eine Einbeziehung nach § 296 Abs. 1 Nr. 1 unterbleiben kann."

Auf die **Mehrheit der Kapitalbeteiligung** kommt es nicht an. Nach dem Control-Konzept wird 19 vom Vorhandensein von Kontrollrechten auf die einheitliche Leitung geschlossen. Kontrollrechte entstehen durch die **Stimmrechtsmehrheit** in der Gesellschafterversammlung. Allerdings muss eine rechtlich abgesicherte Mehrheit bestehen. Eine auch **andauernde Präsenzmehrheit** in der Hauptversammlung reicht nicht.

Die Konzernrechnungslegungspflicht nach Abs. 1 kann auch durch Unternehmen entstehen, an 20 denen zwei oder mehr Unternehmen **paritätisch** am Kapital beteiligt sind **(Joint Venture)**, wenn eines der Gesellschafterunternehmen trotz der paritätischen Kapitalbeteiligung tatsächlich ein Übergewicht in der Führung hat. Dann würde die einheitliche Leitung dieses Unternehmens vorliegen.[17]

Es ist dabei nicht notwendig, dass das Mutterunternehmen die Mehrheit der Stimmrechte für alle 21 Entscheidungsbereiche innehat. Für das Vorliegen der Voraussetzungen reicht es, dass dies für **wesentliche Entscheidungsbereiche** der Fall ist. Die vertragliche Beschränkung der Ausübung der

---

[14] *Siebourg* HdRKo RdNr. 14.
[15] *Hoyos/Ritter-Thiele* BeBiKo RdNr. 15.
[16] *Busse von Colbe/Ordelheide* S. 63.
[17] *Nordmeyer* WPg 1994, 302 ff.

Stimmrechtsmehrheit zB über Stimmrechtsbindungs-, Stimmrechtsausschluss-, Entherrschungs- und Überlassungsverträge steht dem Vorliegen eines Mutter-Tochter-Verhältnisses nicht entgegen.[18]

22 Näheres zur **Berechnung des Teils der Stimmrechte**, der einem Unternehmen zusteht, regelt Abs. 3 S. 1. Danach gehören zu den Rechten, die einem Mutterunternehmen zustehen, auch die Rechte, die einem Tochterunternehmen zustehen, die Rechte, die einer für Rechnung des Mutterunternehmens handelnden Person zustehen, oder die Rechte, die für Rechnung des Tochterunternehmens handelnden Personen zustehen. Das Gesetz bezieht mit dieser Vorschrift alle **mittelbaren Rechte,** die irgendeinem Tochterunternehmen gleichgültig auf welcher Konzernstufe zustehen, direkt auf das Mutterunternehmen, auch wenn das Mutterunternehmen nicht über unmittelbare Rechte verfügt. Durch S. 2, der für Rechnung des Mutter- oder eines Tochterunternehmens handelnde Dritte betrifft, wird die Zurechnung der Rechte zum Mutterunternehmen geregelt. Dadurch werden zum Beispiel uneigennützige Verwaltungs-Treuhandschaften, Sicherungstreuhandschaften und echte Pensionsgeschäfte erfasst.

23 Um sicherzustellen, dass die Rechte dem **wirtschaftlichen Eigentümer,** nicht dem rechtlichen, zugerechnet werden, bestimmt Abs. 3 S. 3, dass folgende Rechte von den Rechten, die einem Mutterunternehmen mittel- oder unmittelbar zustehen, **abzuziehen** sind:
Rechte, die mit Anteilen verbunden sind, die
– von dem Mutterunternehmen für Rechnung einer anderen Person gehalten werden (Nr. 1, 1. Alternative),
– von Tochterunternehmen für Rechnung einer anderen Person gehalten werden (Nr. 1, 2. Alternative),
– als Sicherheit gehalten werden, sofern diese Rechte nach Weisung des Sicherungsgebers oder, wenn ein Kreditinstitut die Anteile als Sicherheit für ein Darlehen hält, im Interesse des Sicherungsgebers ausgeübt werden (Nr. 2).

24 Abs. 4 schreibt die **Berechnung der Mehrheit der Stimmrechte** vor. Die Regelung war nicht in der 7. EU-RL vorgesehen und entstammt dem deutschen Aktienrecht. Sie ist nicht mit Abs. 2 Nr. 1 systemkonform. Abs. 4 stellt auf die Stimmrechte ab, die einem Unternehmen aus Anteilen gehören. Danach würden die Stimmrechte, die ein Unternehmen auf Grund eines Stimmrechtsübertragungsvertrages ausüben kann, bei der Berechnung der Mehrheit unberücksichtigt bleiben, während Abs. 3 S. 2 gerade die Hinzurechnung derartiger Stimmrechtsvereinbarungen fordert.

25 Abs. 4 S. 2 schreibt vor, dass von der Gesamtheit der Stimmrechte die **Stimmrechte aus eigenen Anteilen** abzuziehen sind, die:
– dem Tochterunternehmen selbst,
– einem seiner Tochterunternehmen (Rückbeteiligung),
– einem Dritten für Rechnung des Tochterunternehmens oder einem seiner Tochterunternehmen gehören.

26 Diese Regelung entspricht im Wesentlichen der Regelung in § 16 Abs. 3 iVm. Abs. 2 S. 3 AktG. Unterschiede ergeben sich daraus, dass das Aktiengesetz auf die im Mehrheitsbesitz stehenden bzw. abhängigen Unternehmen abstellt. Das Aktiengesetz kennt außerdem die Vorschrift nicht, dass von der Gesamtzahl der Stimmrechte auch die Stimmrechte aus Anteilen, die „einem seiner Tochterunternehmen bzw. einer anderen Person für Rechnung dieser Unternehmen gehören" abzuziehen sind.[19]

27 **c) Recht zur Besetzung der Mehrheit der Leitungsorgane.** Die Konzernrechnungslegungspflicht ergibt sich auch für Gesellschafter, denen das Recht zusteht, die Mehrheit der Mitglieder des Verwaltungs-, Leitungs- oder Aufsichtsorgans zu bestellen oder abzuberufen.

28 Es ist einerseits unerlässlich, dass das verpflichtete Unternehmen **Gesellschafter** ist. Die Entsendungsrechte Dritter (zB Kreditinstitute) lösen nicht die Konzernrechnungslegungspflicht aus. Eine kapitalmäßige Beteiligung ist andererseits nicht notwendig. Auch eine **indirekte Gesellschafterstellung** ist daher relevant.[20]

29 Die Möglichkeit, die Mehrheit eines Aufsichtsorgans zu besetzen, muss **rechtlich abgesichert** sein. Die faktische Möglichkeit, zB auf Grund der Präsenzmehrheit in der Hauptversammlung, reicht nicht aus.[21]

---

[18] Hoyos/Ritter-Thiele BeBiKo RdNr. 46.
[19] WPH M RdNr. 46.
[20] ADS RdNr. 49.
[21] WPH M RdNr. 48.

d) Beherrschender Einfluss auf Grund Beherrschungsvertrag oder Satzungsbestimmung. Die dritte Alternative in Abs. 2 legt die Konzernrechnungslegung allen Kapitalgesellschaften mit Sitz im Inland auf, die einen beherrschenden Einfluss auf Grund eines Beherrschungsvertrages oder einer Satzungsbestimmung des beherrschten Unternehmens innehaben. Eine Gesellschafterstellung oder eine Kapitalbeteiligung ist in Abs. 2 Nr. 3 nicht vorausgesetzt. 30

Für die **AG und die KGaA** sind die §§ 291 Abs. 1 und 293 AktG der Beurteilung, ob ein wirksamer Beherrschungsvertrag vorliegt, zugrunde zu legen. Außerhalb der gesellschaftsrechtlichen Zuständigkeiten (zB Stimmenmehrheit in der Hauptversammlung) kann ein beherrschender Einfluss in einer AG oder KGaA nur durch einen wirksamen Beherrschungsvertrag begründet werden. Sollte ein beherrschender Einfluss nicht gegeben sein, ist auch die Konzernrechnungslegungspflicht zu verneinen.[22] 31

Für die **GmbH** existiert keine gesetzliche Bestimmung über Beherrschungsverträge. Solche Verträge werden jedoch von GmbHs häufig abgeschlossen, um eine steuerliche Organschaft zu begründen. Soweit ein solcher Vertrag inhaltlich den Anforderungen des Aktienrechts entspricht, wird unwiderlegbar ein Konzernverhältnis vermutet. 32

3. Verhältnis von „einheitlicher Leitung" und „Control"-Konzept. a) Vertragskonzerne und faktische Konzerne. Für **Vertragskonzerne** haben die unterschiedlichen Konzeptionen von Abs. 1 und 2 grundsätzlich keine praktische Bedeutung. Wenn ein Beherrschungsvertrag abgeschlossen wurde und eine Beteiligung gehalten wird, greift Abs. 2 Nr. 3, gleichzeitig liegt die einheitliche Leitung vor. 33

Ein **faktischer Konzern** ist begründet, wenn ohne Unternehmensvertrag die Voraussetzungen der §§ 16 ff. AktG erfüllt sind. Das Aktiengesetz knüpft die Konzerneigenschaft an die Existenz einer Mehrheitsbeteiligung. Diese kann sowohl durch die Mehrheit der Stimmrechte als auch durch die Kapitalmehrheit gegeben sein. Wenn die Mehrheitsbeteiligung auf einem mehrheitlichen Anteilsbesitz beruht, ohne Mehrheit der Stimmrechte, besteht keine Pflicht zur Konzernrechnungslegung, falls die Vermutungskette der §§ 17 Abs. 2 und 18 Abs. 1 AktG widerlegt wird, da Abs. 1 nicht greift.[23] Bei einer Mehrheit der Stimmrechte entsteht jedoch nach Abs. 2 jedenfalls eine Konzernrechnungslegungspflicht. 34

b) Mehrfache Konzernzugehörigkeit. Die mehrfache Konzernzugehörigkeit kann in zweifacher Hinsicht betrachtet werden. Es ist auf Grund des Verhältnisses von Abs. 1 und 2 möglich, dass ein Tochterunternehmen zu **zwei unterschiedlichen Konzernkreisen** gehört. Mehrfache Konzernzugehörigkeit liegt auch vor, wenn ein Konzern in mehrere **Teilkonzerne** aufgespalten wird und nach dem „Tannenbaumprinzip" Teilkonzernabschlüsse aufgestellt werden müssen. 35

Es kann auf Grund der konkurrierenden Konzepte der Abs. 1 und 2 die Situation eintreten, dass ein Tochterunternehmen in die Abschlüsse zweier Konzernspitzen einzubeziehen wäre, zB weil ein Unternehmen die Stimmrechtsmehrheit besitzt, während das andere die einheitliche Leitung ausübt. Da es keine Hierarchie der beiden Konzepte gibt, kann nicht entschieden werden, welchem Kriterium der Vorzug zu geben ist. Wenn nicht die Bestimmung über die Einbeziehungswahlrechte (§ 296) einschlägig ist, ist eine zweifache Einbeziehung unumgänglich. 36

Mit der Umsetzung der 7. EU-RL wurde das „Tannenbaumprinzip" in die deutsche Konzernrechnungslegung eingeführt. Danach ist ein Konzernabschluss aufzustellen, sobald die in § 290 kodifizierten Kriterien zutreffen. Dabei ist es grundsätzlich unerheblich, ob ein Teilkonzern vorliegt, der in einen übergeordneten Konzernabschluss einzubeziehen ist. 37

Das Tannenbaumprinzip stammt wie das Control-Konzept aus der internationalen Rechnungslegung. Es steht im Widerspruch zum Konzept der einheitlichen Leitung, da die einheitliche Leitung nur für den Gesamtkonzern betrachtet werden kann und sich von der Gesamtkonzernspitze bis in die unterste Ebene der Tochterunternehmen erstreckt. Im praktisch unbedeutenden Fall, dass die Konzernrechnungslegungspflicht sich allein auf Abs. 1 begründet, entfällt die Teilkonzernrechnungslegungspflicht.[24] 38

4. Entwurf DRS Nr. 16.[25] Der Deutsche Standardisierungsrat hat am 12. 12. 2001 den Entwurf eines Deutschen Rechnungslegungsstandards Nr. 16 veröffentlicht, der nach RdNr. 1 die **Aufstel-** 39

---

[22] *ADS* RdNr. 55.
[23] *ADS* RdNr. 15.
[24] *ADS* RdNr. 73 ff.
[25] E-DRS 16 liegt lediglich als Entwurf vor. Derzeit hat das DRSC dieses Projekt eingestellt. Ob der Entwurf in einem Standard münden wird, ist offen.

lung des Konzernabschlusses und den **Konsolidierungskreis** für Unternehmen regelt, die zur Konzernrechnungslegung verpflichtet sind.

40   Der DSR knüpft die Konzernrechnungslegungspflicht an den Begriff der **Beherrschung**. Ein Unternehmen ist demzufolge zur Aufstellung eines Konzernabschlusses verpflichtet, wenn es die Beherrschung über ein anderes Unternehmen erlangt (E-DRS 16.3). Beherrschung liegt nach E-DRS 16 vor, wenn eines der in RdNr. 2 genannten Kriterien erfüllt wird:
– Ein Unternehmen verfügt über die Mehrheit der Stimmrechte an einem anderen Unternehmen.
– Ein Unternehmen verfügt auf Grund einer Vereinbarung mit anderen Anteilseignern über die Mehrheit der Stimmrechte an einem anderen Unternehmen.
– Ein Unternehmen kann auf Grund einer Vereinbarung oder einer Bestimmung im Gesellschaftsvertrag die Geschäftspolitik eines anderen Unternehmens bestimmen.
– Ein Unternehmen verfügt im Leitungsgremium eines anderen Unternehmens über die Mehrheit der Stimmrechte.
– Ein Unternehmen kann die Mehrheit der Mitglieder des Leitungsgremiums eines anderen Unternehmens ernennen oder abberufen.
– Ein Unternehmen übt die tatsächliche einheitliche Leitung über ein anderes Unternehmen aus.

41   Übt ein Unternehmen die tatsächliche einheitliche Leitung über ein anderes Unternehmen aus, so besteht nur dann die Verpflichtung zur Aufstellung eines Konzernabschlusses, wenn eine Beteiligung nach § 271 Abs. 1 HGB vorliegt. Für die Qualifizierung der Anteile als Beteiligung kommt es nicht auf die Höhe des Anteilsbesitzes an.

42   **5. Sonderfälle. a) Gleichordnungskonzerne.** § 18 Abs. 2 AktG definiert den Gleichordnungskonzern als einen Unternehmensverbund, in dem rechtlich selbstständige Unternehmen unter einheitlicher Leitung stehen, ohne dass gleichzeitig zwischen ihnen ein Abhängigkeitsverhältnis besteht. Die einheitliche Leitung wird nicht auf Grund der Herrschaftsmacht eines Unternehmens erzwungen, sondern wird freiwillig akzeptiert. Die Glieder des Gleichordnungskonzerns haben im Idealfall an der einheitlichen Leitung teil. In diesem Fall entsteht keine Konzernrechnungslegungspflicht, da kein Konzernunternehmen vollständig unter der einheitlichen Leitung eines anderen Unternehmens steht.

43   Falls jedoch einem Unternehmen die einheitliche Leitung anvertraut wird, ist es zur Konzernrechnungslegung verpflichtet, wenn die Voraussetzungen des Abs. 1 erfüllt sind. Das bedeutet, dass neben der einheitlichen Leitung ein Beteiligungsverhältnis vorliegen muss.[26]

44   **b) Gemeinschaftsunternehmen.** Als Gemeinschaftsunternehmen ist ein Unternehmen anzusehen, an dem mindestens zwei andere Unternehmen beteiligt sind (Gesellschafterunternehmen), die das Gemeinschaftsunternehmen **gemeinsam leiten oder führen**. Mit einem Gemeinschaftsunternehmen werden Zwecke von gemeinsamem Interesse verfolgt. Eine speziell für die Quotenkonsolidierung zugrunde zu legende Beschreibung von Gemeinschaftsunternehmen enthält § 310.

45   Häufig handelt es sich bei Gemeinschaftsunternehmen um einen Unternehmensverbund, bei dem zwei Gesellschafterunternehmen zu je 50% an einem dritten Unternehmen beteiligt sind (Joint Venture). Ob die Konzernabschlusspflicht nach Abs. 1 entsteht, ist danach zu unterscheiden, ob eines der Gesellschafterunternehmen trotz der paritätischen Kapitalbeteiligung tatsächlich ein Übergewicht in der Führung hat. Dann würde die einheitliche Leitung dieses Unternehmens vorliegen.[27]

46   Bei tatsächlich gleichgewichtiger Führung kommt die Einbeziehung in einen Konzernabschluss gem. § 310 in Betracht.[28] Allerdings muss die Pflicht zur Erstellung eines Konzernabschlusses, in den das Joint Venture nach § 310 bzw. §§ 311, 312 einzubeziehen wäre, dann bereits auf Grund anderer Sachverhalte begründet sein.[29]

47   **c) Mutterunternehmen in Abwicklung.** Obwohl dies nicht explizit im Gesetz geregelt ist, besteht auch für Mutterunternehmen in Abwicklung die Pflicht zur Aufstellung eines Konzernabschlusses. Weder aus den Vorschriften zur Abwicklung noch aus deren Zweck ließe sich ein anderer Schluss ziehen.[30]

48   Bei der Aufstellung des Konzernabschlusses sind die Besonderheiten, die sich aus dem Abwicklungsstatus der Muttergesellschaft ergeben, bei Ansatz und Bewertung zu beachten. Der Grundsatz

---

[26] *ADS* RdNr. 87 ff.
[27] *IDW*, St/SABI 1/1988, WPg 1988, 340 Abschn. I Nr. 5; *Nordmeyer* WPg 1994, 301 ff.
[28] *IDW*, HFA 1/1993, WPg 1993, 441 Abschn. 5.
[29] *Siebourg* HdRKo RdNr. 38 ff.
[30] *ADS* RdNr. 126.

der konzerneinheitlichen Bilanzierungs- und Bewertungsmethoden (§§ 300, 308) ist insofern nicht anwendbar, als dass für Tochterunternehmen, die sich nicht in der Abwicklung befinden, liquidationsspezifische Bilanzierungs- und Bewertungsmethoden nicht anzuwenden sind.

d) GmbH & Co. KG. Vor Umsetzung der GmbH & Co.-Richtlinie waren Personenhandelsgesellschaften grundsätzlich nicht zur Konzernrechnungslegung nach § 290 verpflichtet. Mit der Einführung des § 264a wurden Personenhandelsgesellschaften, bei denen nicht wenigstens eine natürliche Person persönlich haftender Gesellschafter ist, bezüglich der Konzernrechnungslegung den Kapitalgesellschaften gleichgestellt. Eine GmbH & Co. KG, auf die diese Voraussetzung zutrifft, ist damit zur Aufstellung eines Konzernabschlusses verpflichtet, wenn sie die einheitliche Leitung über Beteiligungsunternehmen ausübt oder ihr Kontrollrechte gem. Abs. 2 zustehen.[31] Die Konzernrechnungslegungspflicht entfällt nach § 291, wenn die GmbH & Co. KG in den übergeordneten Konzernabschluss der Komplementär-GmbH einbezogen wird.

Die Frage, ob eine Komplementär-GmbH konzernrechnungslegungspflichtig nach § 290 ist, wird in der Literatur unterschiedlich beantwortet.[32] Dabei wurde die praktische Bedeutung der Konzernrechnungslegungspflicht bisher als gering angesehen, da sie erst entsteht, wenn zusätzlich die Größenmerkmale des § 293 überschritten werden.[33] Mit der Umsetzung der GmbH & Co.-Richtlinie wurden diese Merkmale erheblich herabgesetzt.

Die Konzernrechnungslegungspflicht kann auf dem Konzept der einheitlichen Leitung nach Abs. 1 begründet sein. Voraussetzung hierfür ist, dass die GmbH als Mutterunternehmen eine Beteiligung an der KG hält. Nach herrschender Auffassung liegt eine Beteiligung an einer Personengesellschaft auch dann vor, wenn die Komplementär-GmbH keine Kapitaleinlage erbracht hat.[34] Bei einer typischen GmbH & Co. KG ist die Komplementär-GmbH die alleinige Geschäftsführerin und Vertreterin. Für das Kriterium der einheitlichen Leitung ist jedoch die tatsächliche Ausübung der Geschäftsführung entscheidend.[35] Bei einer Beschränkung der Geschäftsführungsbefugnisse der GmbH im Innenverhältnis liegt die einheitliche Leitung daher nicht vor.

Die Konzernrechnungslegungspflicht kann sich weiterhin aus dem Control-Konzept des Abs. 2 ergeben. In der Literatur wird insbesondere die Konzernrechnungslegungspflicht nach Abs. 2 Nr. 2 diskutiert, wonach eine Kapitalgesellschaft zur Konzernrechnungslegung verpflichtet ist, wenn ihr bei einem Unternehmen das Recht zusteht, die Mitglieder des Verwaltungs-, Leitungs- oder Aufsichtsorgans zu bestellen oder abzuberufen. Bei der typischen GmbH & Co. KG ist die Komplementär-GmbH selbst Leitungsorgan iSd. Abs. 2 Nr. 2. Formal betrachtet ist die Voraussetzung daher nicht erfüllt, in der Literatur wird jedoch die Meinung vertreten, dass der Komplementär-GmbH damit ein stärkeres Recht als das Organbestellungsrecht zusteht.[36]

e) Zweckgesellschaften. Unter den Begriff „Zweckgesellschaften (special purpose entities, SPE)" werden Unternehmen gefasst, die eine bestimmte Geschäftsaktivität des Mutterunternehmens oder eines seiner Tochterunternehmen durchführen.[37] In der Praxis kommen Zweckgesellschaften in den verschiedensten Ausprägungen vor. Häufig anzutreffen sind sie in der Form von Leasing-Objektgesellschaften, die einen Gegenstand an das Mutterunternehmen verleasen oder in Form von Spezialfonds mit dem Zweck Wertpapiere für das Mutterunternehmen zu verwalten.[38] In jedem Einzelfall ist der Frage nachzugehen, ob die Zweckgesellschaft als Tochterunternehmen gem. § 290 zu qualifizieren und folglich in den Konzernabschluss einzubeziehen ist.

Bei **Leasing-Objektgesellschaften** wird die Frage, ob eine einheitliche Leitung und damit eine Konsolidierungspflicht gem. § 290 Abs. 1 vorliegt, in der Literatur unterschiedlich beantwortet. Ein Teil der Literatur bejaht eine einheitliche Leitung, wenn die Leasing-Objektgesellschaft nur als „Autopilot" funktioniert, dh. wenn alle wesentlichen Grundlagen der Geschäftstätigkeit und -politik vorab in einem, durch die Muttergesellschaft beeinflussten Vertrag zwischen Mutterunternehmen, Zweckgesellschaft und finanzierendem Kreditinstitut geregelt und dem Entscheidungsbereich des Gesellschafters mit Stimmrechtsmehrheit entzogen sind.[39] Demgegenüber verneint die wohl hM die einheitliche Leitung iSd. § 290 Abs. 1 auch im Fall eines „Autopiloten" mit der Begründung, dass die

---

[31] MünchKommHGB/*Busse von Colbe* RdNr. 75.
[32] Vgl. statt aller *ADS* RdNr. 112 ff.
[33] MünchKommHGB/*Busse von Colbe* RdNr. 74.
[34] *ADS* RdNr. 122.
[35] *ADS* RdNr. 119.
[36] *ADS* RdNr. 123.
[37] *Hoyos/Ritter-Thiele* BeBiKo RdNr. 31, *WPH* M RdNr. 74.
[38] *Hoyos/Ritter-Thiele* BeBiKo RdNr. 31 mwN.
[39] *Hoyos/Ritter-Thiele* BeBiKo RdNr. 32 gestützt auf den Gedanken aus SIC-12.9.

55 Bei **Spezialfonds,** bei denen das Mutterunternehmen typischerweise 100% der Kapitalanteile hält, werden die Anlageentscheidungen in der Regel vom Fondsmanagement in Übereinstimmung mit der vom Mutterunternehmen vorgegebenen Anlagestrategie getroffen. Neue Stimmen in der Literatur bejahen eine Konsolidierungspflicht für derartige Spezialfonds. Dies wird zum Teil auf § 290 Abs. 1 gestützt, in dem argumentiert wird, der Spezialfonds-Anleger sei regelmäßig wirtschaftlicher Eigentümer und damit sei eine einheitliche Leitung grundsätzlich gegeben. Andere Teile der Literatur stützen die Konsolidierungspflicht auf § 290 Abs. 2 und konstruieren gem. § 290 Abs. 3 S. 1 eine Hinzurechnung der Stimmrechte, die in der Regel bei einem Dritten zB einem Finanzinstitut liegen, zum Mutterunternehmen. Dies wird damit begründet, dass die wirtschaftliche Interesse allein beim Mutterunternehmen liegen würde, da es die Mehrheit der Chancen und Risiken habe.[41] Die bisher herrschende Meinung in der Literatur verneint eine Konsolidierungspflicht sowohl nach § 290 Abs. 1 als auch nach § 290 Abs. 2. Eine Pflicht gem. § 290 Abs. 1 scheitert in der Regel am Vorliegen einer Beteiligung iS d. § 271 Abs. 1. Auch eine Zurechnung der Stimmrechte wird mit dem Argument abgelehnt, dass das wirtschaftliche Interesse an der Zweckgesellschaft nicht allein beim Spezialfonds-Anleger liegt, wenn ein Dritter zB ein Finanzinstitut mit mind. 5% an den Ergebnissen der Zweckgesellschaft beteiligt ist.[42] Dieser Ansicht folgt – soweit ersichtlich – bisher auch die Praxis.

56 **6. Aufstellungsfrist.** In Abs. 1 wird bestimmt, dass der Konzernabschluss **innerhalb von fünf Monaten** nach dem Stichtag des Konzernabschlusses aufzustellen ist. Um die Richtigkeit des Konzernabschlusses sicherzustellen, muss gewährleistet werden, dass die Einzelabschlüsse nach ihrer Einbeziehung in den Konzernabschluss nicht mehr wesentlich geändert werden.[43]

III. Folgen der Nichtbeachtung

57 Kommt ein Mutterunternehmen der Verpflichtung des § 290 nicht nach, so kann das Registergericht auf Antrag gem. § 335 S. 1 Nr. 2 ein Zwangsgeld verhängen. Das einzelne Zwangsgeld darf gem. § 335 S. 3 den Betrag von 5 000 € nicht übersteigen. Mit Änderung des § 335 durch das EHUG wurde die Möglichkeit zur Verhängung von Zwangsgeld gestrichen (vgl. Erl. zu § 335).

IV. Änderungen durch das EHUG

58 Da durch das EHUG die Offenlegungsfrist für bestimmte kapitalmarktorientierte Unternehmen von zwölf auf vier Monate verkürzt wird (vgl. § 325 Abs. 4) wurde eine Anpassung der Aufstellungsfrist für den Konzernabschluss derartiger Mutterunternehmen erforderlich. In diesen Fällen beträgt die Aufstellungsfrist nun grundsätzlich ebenfalls vier Monate. Zum Kreis der kapitalmarktorientierten Unternehmen, die von der Verkürzung ausgenommen sind, vgl. § 327 a.

§ 291[1] Befreiende Wirkung von EU/EWR-Konzernabschlüssen

(1) [1]**Ein Mutterunternehmen, das zugleich Tochterunternehmen eines Mutterunternehmens mit Sitz in einem Mitgliedstaat der Europäischen Union oder in einem anderen Vertragsstaat des Abkommens über den Europäischen Wirtschaftsraum ist, braucht einen Konzernabschluß und einen Konzernlagebericht nicht aufzustellen, wenn ein den Anforderungen des Absatzes 2 entsprechender Konzernabschluß und Konzernlagebericht seines Mutterunternehmens einschließlich des Bestätigungsvermerks oder des Vermerks über dessen Versagung nach der für den entfallenden Konzernabschluß und Konzernlagebericht maßgeblichen Vorschriften in deutscher Sprache offengelegt wird.** [2]**Ein befreiender Konzernabschluß und ein befreiender Konzernlagebericht können von jedem Unternehmen unabhängig von seiner Rechtsform und Größe aufgestellt werden, wenn das**

---

[40] *WPH* M RdNr. 75 mwN.
[41] *WPH* M RdNr. 76 unter Bezugnahme auf *Hoyos/Ritter-Thiele* BeBiKo RdNr. 31; ebenso *Schruff/Rothenburger* WPg 2002, 764.
[42] So zB *Gelhausen/Weiblen*, HdR, I/5 RdNr. 198.
[43] *ADS* RdNr. 158.
[1] Abs. 2 geändert und Abs 3 Nr. 1 neu gefasst durch das Gesetz zur Einführung internationaler Rechnungslegungsstandards und zur Sicherung der Qualität der Abschlussprüfung (Bilanzrechtsreformgesetz – BilReG) vom 4. Dezember 2004. Zur erstmaligen Anwendung s. Art 58 EGHGB.

Unternehmen als Kapitalgesellschaft mit Sitz in einem Mitgliedstaat der Europäischen Union oder in einem anderen Vertragsstaat des Abkommens über den Europäischen Wirtschaftsraum zur Aufstellung eines Konzernabschlusses unter Einbeziehung des zu befreienden Mutterunternehmens und seiner Tochterunternehmen verpflichtet wäre.

(2) ¹Der Konzernabschluß und Konzernlagebericht eines Mutterunternehmens mit Sitz in einem Mitgliedstaat der Europäischen Union oder in einem anderen Vertragsstaat des Abkommens über den Europäischen Wirtschaftsraum haben befreiende Wirkung, wenn

1. das zu befreiende Mutterunternehmen und seine Tochterunternehmen in den befreienden Konzernabschluß unbeschadet des § 296 einbezogen worden sind,
2. der befreiende Konzernabschluß und der befreiende Konzernlagebericht im Einklang mit der Richtlinie 83/349/EWG des Rates vom 13. Juni 1983 über den konsolidierten Abschluß (ABl. EG Nr. L 193 S. 1) und der Richtlinie 84/253/EWG des Rates vom 10. April 1984 über die Zulassung der mit der Pflichtprüfung der Rechnungslegungsunterlagen beauftragten Personen (ABl. EG Nr. L 126 S. 20) in ihren jeweils geltenden Fassungen nach dem für das aufstellende Mutterunternehmen maßgeblichen Recht aufgestellt und von einem zugelassenen Abschlußprüfer geprüft worden sind,
3. der Anhang des Jahresabschlusses des zu befreienden Unternehmens folgende Angaben enthält:
    a) Name und Sitz des Mutterunternehmens, das den befreienden Konzernabschluß und Konzernlagebericht aufstellt,
    b) einen Hinweis auf die Befreiung von der Verpflichtung, einen Konzernabschluß und einen Konzernlagebericht aufzustellen,
    c) eine Erläuterung der im befreienden Konzernabschluß vom deutschen Recht abweichend angewandten Bilanzierungs-, Bewertungs- und Konsolidierungsmethoden.

²Satz 1 gilt für Kreditinstitute und Versicherungsunternehmen entsprechend; unbeschadet der übrigen Voraussetzungen in Satz 1 hat die Aufstellung des befreienden Konzernabschlusses und des befreienden Konzernlageberichts bei Kreditinstituten im Einklang mit der Richtlinie 86/635/EWG des Rates vom 8. Dezember 1986 über den Jahresabschluß und den konsolidierten Abschluß von Banken und anderen Finanzinstituten (ABl. EG Nr. L 372 S. 1) und bei Versicherungsunternehmen im Einklang mit der Richtlinie 91/674/EWG des Rates vom 19. Dezember 1991 über den Jahresabschluß und den konsolidierten Jahresabschluß von Versicherungsunternehmen (ABl. EG Nr. L 374 S. 7) in ihren jeweils geltenden Fassungen zu erfolgen.

(3) Die Befreiung nach Absatz 1 kann trotz Vorliegens der Voraussetzungen nach Absatz 2 von einem Mutterunternehmen nicht in Anspruch genommen werden, wenn

1. von dem zu befreienden Mutterunternehmen ausgegebene Wertpapiere am Abschlussstichtag in einem Mitgliedstaat der Europäischen Union oder in einem anderen Vertragsstaat des Abkommens über den Europäischen Wirtschaftsraum zum Handel an einem geregelten Markt im Sinne des Artikels 1 Nr. 13 der Richtlinie 93/22/EWG des Rates vom 10. Mai 1993 über Wertpapierdienstleistungen (ABl. EG Nr. L 141 S. 27), die zuletzt durch Richtlinie 2002/87/EG des Europäischen Parlaments und des Rates vom 16. Dezember 2002 (ABl. EG 2003 Nr. L 35 S. 1) geändert worden ist, in ihrer jeweiligen Fassung zugelassen sind, oder
2. Gesellschafter, denen bei Aktiengesellschaften und Kommanditgesellschaften auf Aktien mindestens 10 vom Hundert und bei Gesellschaften mit beschränkter Haftung mindestens 20 vom Hundert der Anteile an dem zu befreienden Mutterunternehmen gehören, spätestens sechs Monate vor dem Ablauf des Konzerngeschäftsjahrs die Aufstellung eines Konzernabschlusses und eines Konzernlageberichts beantragt haben. Gehören dem Mutterunternehmen mindestens 90 vom Hundert der Anteile an dem zu befreienden Mutterunternehmen, so kann Absatz 1 nur angewendet werden, wenn die anderen Gesellschafter der Befreiung zugestimmt haben.

Schrifttum: (ohne die Einzelbeiträge in verschiedenen Handbüchern der Rechnungslegung); *IDW,* St/SABI 1/1988: Zur Aufstellungspflicht für einen Konzernabschluß und zur Abgrenzung des Konsolidierungskreises, WPg 1988, 340; *v. Wysocki/Wohlgemuth* Konzernrechnungslegung, 4. Aufl. 1996.

Übersicht

	RdNr.		RdNr.
I. Allgemeine Grundsätze	1–4	2. Anforderungen an den befreienden Konzernabschluss und Konzernlagebericht	9–15
1. Überblick	1–3	a) Konsolidierungskreis	9–11
2. Voraussetzungen	4	b) Anzuwendendes Recht	12, 13
II. Befreiende Konzernabschlüsse und Konzernlageberichte	5–27	c) Prüfung des befreienden Konzernabschlusses und Konzernlageberichts	14, 15
1. Anforderungen an das den befreienden Konzernabschluss und Konzernlagebericht aufstellende Mutterunternehmen	5–8	3. Offenlegungspflichten	16–19
		4. Minderheitenrechte	20–27
		III. Folgen der Nichtbeachtung	28

I. Allgemeine Grundsätze

1. Überblick. § 290 Abs. 2 verpflichtet grundsätzlich alle Mutterunternehmen, einen Konzernabschluss aufzustellen, auch wenn sie selbst Tochterunternehmen eines Mutterunternehmens sind (Tannenbaumprinzip). Die §§ 291 und 292 befreien ein Mutterunternehmen, das selbst Tochterunternehmen ist, unter den dort genannten Voraussetzungen von der Aufstellungspflicht. § 291 beinhaltet die Regeln für **befreiende Konzernabschlüsse** von Mutterunternehmen mit Sitz in der Europäischen Union oder in einem Vertragsstaat des Abkommens über den Europäischen Wirtschaftsraum (EWR), § 292 die für sonstige ausländische Mutterunternehmen. Das den befreienden Konzernabschluss und Konzernlagebericht aufstellende Unternehmen muss nicht an der Konzernspitze stehen.[2]

Die Befreiungsvorschriften mildern die Pflicht zur Aufstellung von (Teil-)Konzernabschlüssen, die sich aus dem angelsächsischen Control-Konzept ergibt. Die **Aufstellung von (Teil-)Konzernabschlüssen und (Teil-)Konzernlageberichten** verursacht erhebliche Mehrarbeit und Mehrkosten, ohne dass für Minderheitsaktionäre, Gläubiger und andere Interessengruppen der Teilkonzerne dementsprechende Informationsverbesserungen erzielt werden. Das Tannenbaumprinzip widerspricht außerdem der Einheitstheorie.[3] Die vollständige Ausnutzung der durch die 7. EU-RL eingeräumten Staatenwahlrechte zugunsten eines Gesamtkonzernabschlusses führt in Deutschland dazu, dass ein (Teil-)Konzernabschluss nur in dem Ausnahmefall zu erstellen ist, dass weder die §§ 291, 292 noch die Vorschriften über kleine Konzerne (§ 293) einschlägig sind.

Im Rahmen des Transparenz- und Publizitätsgesetzes (TransPuG) wurde durch Abs. 3 Nr. 1 aF die Befreiung von der Aufstellung eines (Teil-)Konzernabschlusses für alle Mutterunternehmen ausgeschlossen, die börsennotiert waren.[4] Das BilReG hat die Vorschrift dahingehend modifiziert, dass der Wegfall der Befreiungsmöglichkeit auf alle kapitalmarktorientierten Mutterunternehmen ausgedehnt wurde.

2. Voraussetzungen. Die nachfolgenden Voraussetzungen müssen **kumulativ** erfüllt sein, um ein Mutterunternehmen von der Aufstellung eines (Teil-)Konzernabschlusses und eines (Teil-)Konzernlageberichts nach § 291 zu befreien:
– Das zu befreiende Mutterunternehmen ist Tochterunternehmen eines weiteren Mutterunternehmens mit Sitz in der EU oder im EWR.
– Der befreiende Konzernabschluss und der Konzernlagebericht werden einschließlich des Bestätigungsvermerks oder des Vermerks über seine Versagung in deutscher Sprache offen gelegt.
– Das zu befreiende Mutterunternehmen und seine Tochterunternehmen werden unter Beachtung der Vorschriften über die Einbeziehungswahlrechte (§ 296) in den befreienden Konzernabschluss einbezogen.
– Der befreiende Konzernabschluss und der befreiende Konzernlagebericht müssen dem für das übergeordnete Mutterunternehmen geltenden Recht und der 7. EU-RL in ihrer jeweils geltenden Fassung entsprechen.
– Der befreiende Konzernabschluss und der befreiende Konzernlagebericht sind von einem in Übereinstimmung mit der 8. EU-RL in ihrer jeweils geltenden Fassung zugelassenen Abschlussprüfer geprüft worden.

---

[2] *ADS* RdNr. 1.
[3] *v. Wysocki/Wohlgemuth* S. 71 f.
[4] Vgl. Gesetz zur weiteren Reform des Aktien- und Bilanzrechts, zu Transparenz und Publizität (Transparenz- und Publizitätsgesetz vom 19. Juli 2002, BGBl. I S. 2683).

- Der Anhang des Jahresabschlusses des zu befreienden Unternehmens beinhaltet folgende Angaben:
  1. Name und Sitz des Mutterunternehmens, das den befreienden Konzernabschluss und den befreienden Konzernlagebericht aufstellt,
  2. Hinweis auf die Befreiung von der Verpflichtung einen Konzernabschluss und einen Konzernlagebericht aufzustellen.
  3. Erläuterung der im befreienden Konzernabschluss vom deutschen Recht abweichend angewandten Bilanzierungs-, Bewertungs- und Konsolidierungsmethoden.
- Das zu befreiende Mutterunternehmen hat am Abschlussstichtag keine Wertpapiere ausgegeben, die in einem Mitgliedstaat der Europäischen Union oder in einem anderen Vertragsstaat des Abkommens über den Europäischen Wirtschaftsraum zum Handel an einem geregelten Markt im Sinne der Richtlinie 2004/39/EG[5] zugelassen sind (Abs. 3 Nr. 1).
- Die Minderheiten fordern nicht auf Grundlage der ihnen nach Abs. 3 Nr. 2 zustehenden Rechte die Aufstellung eines (Teil-)Konzernabschlusses und eines (Teil-) Konzernlageberichts.

II. Befreiende Konzernabschlüsse und Konzernlageberichte

1. Anforderungen an das den befreienden Konzernabschluss und Konzernlagebericht aufstellende Mutterunternehmen. An das **übergeordnete Mutterunternehmen** sind die Anforderungen zu stellen, dass es
- Unternehmenseigenschaft besitzt,
- sein Sitz innerhalb der EU oder des EWR ist und
- dass es mit dem zu befreienden Unternehmen in einem Mutter-Tochter-Verhältnis steht.

Anders als in § 290 verlangt der Gesetzgeber in § 291 Abs. 1 S. 2 explizit, dass ein befreiender Konzernabschluss von einem Mutterunternehmen aufzustellen ist, das **Unternehmereigenschaft** besitzt. Auf die Rechtsform des Mutterunternehmens kommt es nicht an. Privatpersonen, Bund, Länder und Gemeinden können keinen befreienden Konzernabschluss und Konzernlagebericht aufstellen. Es ist allerdings möglich, dass freiwillig oder wegen PublG (zB von nicht den Bestimmungen des § 264 a unterliegenden Personenhandelsgesellschaften) aufgestellte Konzernabschlüsse und Konzernlageberichte, sofern den übrigen Anforderungen der §§ 291, 292 genügt wird, befreiende Wirkung haben. Dies gilt auch für juristische Personen des öffentlichen Rechts, sofern sie Unternehmenseigenschaft besitzen.[6]

Die befreiende Wirkung des Einbezugs eines (Teil-)Konzernabschlusses tritt allerdings nur ein, wenn zwischen dem Mutterunternehmen des Teilkonzerns und dem höherrangigen Mutterunternehmen eine **unmittelbare oder mittelbare Mutter-Tochter-Beziehung** besteht. Wird ein Teilkonzern freiwillig in einen Konzernabschluss einbezogen, ohne dass ein Mutter-Tochter-Verhältnis vorliegt, entfaltet dieser nicht den gesetzlichen Vorschriften entsprechende Abschluss keine befreiende Wirkung.

Ob ein Mutter-Tochter-Verhältnis vorliegt, richtet sich nach dem Recht, das für den befreienden Konzernabschluss gilt. Sofern das **Mutterunternehmen seinen Sitz nicht im Inland** hat, müssen die unterschiedlichen nationalen Umsetzungen der Staatenwahlrechte beachtet werden. Es ist durchaus möglich, dass nach § 290 das Verhältnis zwischen dem vom (Teil-)Konzernabschluss zu befreienden und dem übergeordneten Unternehmen nicht als Mutter-Tochter-Verhältnis zu qualifizieren ist, während aus Sicht der ausländischen Mutter zum Beispiel wegen andauernder Hauptversammlungspräsenzmehrheit ein solches vorliegt. Dann ist eine befreiende Wirkung möglich.[7]

2. Anforderungen an den befreienden Konzernabschluss und Konzernlagebericht. a) Konsolidierungskreis. Der Konzernabschluss und Konzernlagebericht eines Mutterunternehmens haben befreiende Wirkung, wenn das zu befreiende Unternehmen und seine Tochterunternehmen in den befreienden Konzernabschluss unbeschadet des § 296 einbezogen worden sind.

Die **Abgrenzung des Konsolidierungskreises** ist aus der Sicht des den befreienden Konzernabschluss und Konzernlagebericht aufstellenden Mutterunternehmens zu beurteilen. Der Kreis der Unternehmen, die in den Teilkonzernabschluss einzubeziehen wären, kann sich daher vom Konsolidierungskreis des Teilkonzerns, der in den befreienden Konzernabschluss einbezogen wird, unterscheiden,[8] ohne dass die befreiende Wirkung verloren geht.

---

[5] Die Richtlinie 93/22/EWG wurde per 30. 4. 2006 durch die Richtlinie 2004/39/EG abgelöst.
[6] ADS RdNr. 7 f.
[7] *Hoyos/Ritter-Thiele* BeBiKo RdNr. 15.
[8] ADS RdNr. 34.

11 Fraglich ist, ob auch ein übergeordneter IFRS-Konzernabschluss befreiende Wirkung entfalten kann, wenn zwischen dem übergeordneten Unternehmen und dem Unternehmen, das die befreiende Wirkung gem. § 291 in Anspruch nehmen möchte, zwar gem. der IFRS-Regeln ein Mutter-Tochter-Verhältnis besteht, allerdings kein Mutter-Tochter-Verhältnis nach § 290 vorliegt. Ausgehend vom Wortlaut des § 291 Abs. 1 S. 1 müsste in diesem Fall die befreiende Wirkung versagt werden, da ein Mutter-Tochter-Verhältnis iS d. § 290 verlangt wird. Ausgehend vom Sinn und Zweck des Gesetzes bejaht der HFA des IDW eine Befreiungswirkung, da auf Grund der Einbeziehung in den IFRS-Konzernabschluss kein Informationsverlust zu befürchten ist.[9]

12 **b) Anzuwendendes Recht.** Maßgeblich für den Inhalt des befreienden Konzernabschlusses ist das **Recht des Landes, in dem das Mutterunternehmen, das den befreienden Konzernabschluss und Konzernlagebericht aufstellt, seinen Sitz hat.** Die befreiende Wirkung des Abschlusses ist daran gebunden, dass das anzuwendende Recht an die 7. EU-RL angepasst ist.[10] Die tatsächlichen Unterschiede im Rechnungslegungsrecht der EG-Mitgliedstaaten, die sich aus der Umsetzung der Staatenwahlrechte und der Usancen in der Praxis ergeben, sind unerheblich. Sollten in einem Sitzland eines Mutterunternehmens keine kodifizierten Konzernrechnungslegungsvorschriften bestehen, ist die als ordentliche Bilanzierungspraxis anerkannte Konzernrechnungslegung heranzuziehen.[11]

13 Falls der befreiende Konzernabschluss nach PublG aufgestellt wird, muss er freiwillig an die Anforderungen der 7. EU-RL angepasst werden.[12]

14 **c) Prüfung des befreienden Konzernabschlusses und Konzernlageberichts.** Für die Prüfung deutscher befreiender Konzernabschlüsse sind die §§ 316 ff. anzuwenden. **Ausländische Mutterunternehmen** müssen von einem in Übereinstimmung mit den Vorschriften der 8. Richtlinie zugelassenen Abschlussprüfer geprüft sein.

15 Wenn die Prüfung des befreienden Konzernabschlusses mit der **Einschränkung oder Versagung des Testats** des Abschlussprüfers endet, kommt trotzdem grundsätzlich die Befreiung zur Wirkung, außer wenn gegen die Voraussetzungen des § 291 verstoßen wird.[13]

16 **3. Offenlegungspflichten.** Der Gesetzgeber knüpft bei der Regelung der Offenlegungspflichten an das für den **(befreiten) (Teil-)Konzernabschluss geltende Recht** an. Damit ermöglicht er, dass den Interessenten des unterlassenen (Teil-)Konzernabschlusses eine Informationsquelle zur Verfügung gestellt wird. Der befreiende Konzernabschluss und Konzernlagebericht sind daher einschließlich des Bestätigungsvermerks oder des Vermerks über seine Einschränkung oder Versagung nach den maßgeblichen Vorschriften der befreiten (Teil-)Konzernmutter offen zu legen.

17 Dabei kann es besonders zu Schwierigkeiten führen, dass **die für den Teilkonzern maßgeblichen Termine** einzuhalten sind.[14]

18 Der Abschluss ist in die **Sprache des Sitzlandes der Mutter des Teilkonzerns** zu übersetzen. Die Umrechnung der Währungseinheiten in Euro ist nicht vorgesehen. Der deutsche Gesetzgeber hat auf die Option verzichtet, dass eine beglaubigte Übersetzung des ausländischen befreienden Abschlusses vorzulegen ist.[15]

19 Der **Jahresabschluss des von der (Teil-)Konzernabschlusspflicht befreiten Mutterunternehmens** hat zu enthalten:
- Name und Sitz des Mutterunternehmens, das den befreienden Konzernabschluss und Konzernlagebericht aufstellt,
- einen Hinweis auf die Befreiung von der Verpflichtung, einen Konzernabschluss und einen Konzernlagebericht aufzustellen,
- Erläuterung der im befreienden Konzernabschluss vom deutschen Recht abweichend angewandten Bilanzierungs-, Bewertungs- und Konsolidierungsmethoden.

20 **4. Minderheitenrechte.** Wenn dem Mutterunternehmen, das den befreienden Konzernabschluss und Konzernlagebericht aufstellt, **mindestens neunzig vom Hundert der Anteile** an dem zu befreienden Mutterunternehmen gehören, müssen die anderen Gesellschafter der Befreiung zustimmen.

---

[9] *HFA* FN IDW 2005, 583 f.; dieser Meinung folgend *Hoyos/Ritter-Thiele* BeBiKo RdNr. 18.
[10] *IDW,* St/SABI 1/1988, WPg 1988, 340 Abschn. II Nr. 3.
[11] *IDW,* St/SABI 1/1988, WPg 1988, 340 Abschn. II Nr. 3.
[12] *ADS* RdNr. 39.
[13] *Siebourg* HdRKo RdNr. 30 f.
[14] *Siebourg* HdRKo RdNr. 28 f.
[15] *Hoyos/Ritter-Thiele* BeBiKo RdNr. 10.

Falls die Mitgesellschafter nicht namentlich bekannt sind, muss das Mutterunternehmen eine **Aufforderung zur Geltendmachung der Minderheitenrechte** veröffentlichen. SABl. 1/88, Abschnitt II Nr. 4 führt dazu aus: „Die Zustimmung wird unterstellt werden können, wenn das Unternehmen die ihm zumutbaren Maßnahmen ergriffen hat (zB öffentliche Aufforderung). Ob ein Sonderbeschluss der anderen Gesellschafter nach § 138 AktG ausreicht, erscheint zweifelhaft." Es wird davon ausgegangen, dass wenn sich die Minderheitsgesellschafter nicht melden, ein (Teil-)Konzernabschluss und ein (Teil-)Konzernlagebericht nicht aufgestellt werden müssen. Auch eine verspätete Meldung kann nicht dazu führen, dass nachträglich ein (Teil-)Konzernabschluss aufzustellen ist. 21

Fristen sind im Gesetz nicht genannt. Da die Regelung jedoch als Spezialfall des ersten Satzes anzusehen ist, ist die 6-Monatsfrist einschlägig. Die Aufforderung zur Wahrnehmung der Minderheitenrechte sollte in angemessener Zeit vor Ablauf der Frist veröffentlicht werden. 22

Das Gesetz regelt nicht explizit, ob alle **Minderheitengesellschafter** auf das Recht auf Offenlegung eines Teilkonzernabschlusses verzichten müssen oder ob die Mehrheit genügt. Aus Gründen der Angemessenheit und Wirtschaftlichkeit ist wohl davon auszugehen, dass die Mehrheit genügt. Die Zustimmung ist allerdings jährlich erneut einzuholen, da sich der Kreis der Minderheitenaktionäre jährlich unterschiedlich zusammensetzen kann.[16] 23

Wenn dem übergeordneten Mutterunternehmen **weniger als 90% der Anteile** an dem Mutterunternehmen des Teilkonzern gehören, können die Gesellschafter, denen bei einer **AG oder einer KGaA** mindestens 10%, bei einer **GmbH** mindestens 20% der Anteile an dem zu befreienden Mutterunternehmen gehören, die Aufstellung eines (Teil-)Konzernabschlusses und eines (Teil-)Konzernlageberichts verlangen. 24

Ein bestimmtes **Verfahren für die Antragstellung** ist nicht vorgesehen. Die Minderheitsanteilseigner müssen lediglich in geeigneter Weise ihren Willen der Gesellschaft zur Kenntnis bringen. Die 10%- bzw. 20%-Grenze muss nicht in einem einzelnen Antrag überschritten werden, sondern die Anteilseigner können ihren Willen getrennt zur Kenntnis geben. Die Addition der Anträge ist entscheidend. Der Antrag ist jährlich zu stellen. Dadurch soll vermieden werden, dass Teilkonzernabschlüsse auf Grund zurückliegender Anträge von Minderheitsanteilseignern aufgestellt werden, obwohl kein Interesse mehr an ihnen besteht. 25

Ob einem übergeordneten Mutterunternehmen **mehr als 90% der Anteile** gehören und damit der S. 2 zur Anwendung kommt, entscheidet sich nach den Verhältnissen am Ende der Antragsfrist, die 6 Monate vor Schluss des Konzerngeschäftsjahres des fraglichen Teilkonzerns liegt.[17] 26

Fraglich ist, wie zu verfahren ist, wenn einem Mutterunternehmen **genau 90% der Stimmrechte** zustehen.[18] 27

III. Folgen der Nichtbeachtung

Liegen die Voraussetzungen für eine Befreiung gem. § 291 nicht vor, so greift weiterhin die Aufstellungspflicht des § 290.[19] Eine Verletzung des § 291 stellt damit gleichzeitig eine Verletzung des § 290 dar (zu den Rechtsfolgen vgl. § 290 RdNr. 57). 28

§ 292 Rechtsverordnungsermächtigung für befreiende Konzernabschlüsse und Konzernlageberichte

(1) ¹Das Bundesministerium der Justiz wird ermächtigt, im Einvernehmen mit dem Bundesministerium der Finanzen und dem Bundesministerium für Wirtschaft und Technologie durch Rechtsverordnung, die nicht der Zustimmung des Bundesrates bedarf, zu bestimmen, daß § 291 auf Konzernabschlüsse und Konzernlageberichte von Mutterunternehmen mit Sitz in einem Staat, der nicht Mitglied der Europäischen Union und auch nicht Vertragsstaat des Abkommens über den Europäischen Wirtschaftsraum ist, mit der Maßgabe angewendet werden darf, daß der befreiende Konzernabschluß und der befreiende Konzernlagebericht nach dem mit den Anforderungen der Richtlinie 83/349/EWG übereinstimmenden Recht eines Mitgliedstaates der Europäischen Union oder eines anderen Vertragsstaates des Abkommens über den Europäischen Wirtschaftsraum aufgestellt

---

[16] *Busse von Colbe/Ordelheide* S. 79 f.
[17] *ADS* RdNr. 50 ff.
[18] Vgl. *v. Wysocki/Wohlgemuth* S. 64.
[19] *Hoyos/Ritter-Thiele* BeBiKo RdNr. 60.

worden oder einem nach diesem Recht eines Mitgliedstaates der Europäischen Union oder eines anderen Vertragsstaates des Abkommens über den Europäischen Wirtschaftsraum aufgestellten Konzernabschluß und Konzernlagebericht gleichwertig sein müssen. ² Das Recht eines anderen Mitgliedstaates der Europäischen Union oder Vertragsstaates des Abkommens über den Europäischen Wirtschaftsraum kann einem befreienden Konzernabschluß und einem befreienden Konzernlagebericht jedoch nur zugrunde gelegt oder für die Herstellung der Gleichwertigkeit herangezogen werden, wenn diese Unterlagen in dem anderen Mitgliedstaat oder Vertragsstaat anstelle eines sonst nach dem Recht dieses Mitgliedstaates oder Vertragsstaates vorgeschriebenen Konzernabschlusses und Konzernlageberichts offengelegt werden. ³ Die Anwendung dieser Vorschrift kann in der Rechtsverordnung nach Satz 1 davon abhängig gemacht werden, daß die nach diesem Unterabschnitt aufgestellten Konzernabschlüsse und Konzernlageberichte in dem Staat, in dem das Mutterunternehmen seinen Sitz hat, als gleichwertig mit den dort für Unternehmen mit entsprechender Rechtsform und entsprechendem Geschäftszweig vorgeschriebenen Konzernabschlüssen und Konzernlageberichten angesehen werden.

(2) Ist ein nach Absatz 1 zugelassener Konzernabschluß nicht von einem in Übereinstimmung mit den Vorschriften der Richtlinie 84/253/EWG zugelassenen Abschlußprüfer geprüft worden, so kommt ihm befreiende Wirkung nur zu, wenn der Abschlußprüfer eine den Anforderungen dieser Richtlinie gleichwertige Befähigung hat und der Konzernabschluß in einer den Anforderungen des Dritten Unterabschnitts entsprechenden Weise geprüft worden ist.

(3) ¹ In einer Rechtsverordnung nach Absatz 1 kann außerdem bestimmt werden, welche Voraussetzungen Konzernabschlüsse und Konzernlageberichte von Mutterunternehmen mit Sitz in einem Staat, der nicht Mitglied der Europäischen Union und auch nicht Vertragsstaat des Abkommens über den Europäischen Wirtschaftsraum ist, im einzelnen erfüllen müssen, um nach Absatz 1 gleichwertig zu sein, und wie die Befähigung von Abschlußprüfern beschaffen sein muß, um nach Absatz 2 gleichwertig zu sein. ² In der Rechtsverordnung können zusätzliche Angaben und Erläuterungen zum Konzernabschluß vorgeschrieben werden, soweit diese erforderlich sind, um die Gleichwertigkeit dieser Konzernabschlüsse und Konzernlageberichte mit solchen nach diesem Unterabschnitt oder dem Recht eines anderen Mitgliedstaates der Europäischen Union oder Vertragsstaates des Abkommens über den Europäischen Wirtschaftsraum herzustellen.

(4) ¹ Die Rechtsverordnung ist vor Verkündung dem Bundestag zuzuleiten. ² Sie kann durch Beschluß des Bundestages geändert oder abgelehnt werden. ³ Der Beschluß des Bundestages wird dem Bundesministerium der Justiz zugeleitet. ⁴ Das Bundesministerium der Justiz ist bei der Verkündung der Rechtsverordnung an den Beschluß gebunden. ⁵ Hat sich der Bundestag nach Ablauf von drei Sitzungswochen seit Eingang einer Rechtsverordnung nicht mit ihr befaßt, so wird die unveränderte Rechtsverordnung dem Bundesministerium der Justiz zur Verkündung zugeleitet. ⁶ Der Bundestag befaßt sich mit der Rechtsverordnung auf Antrag von so vielen Mitgliedern des Bundestages, wie zur Bildung einer Fraktion erforderlich sind.

Schrifttum: (ohne die Einzelbeiträge in den verschiedenen Handbüchern der Rechnungslegung, vgl. im Übrigen die Angaben zu § 291 HGB); *Eisolt,* Aktuelle Überlegungen zu befreienden Konzernabschlüssen nach § 292 HGB, BB 1995, 1127; *Kommission der Europäischen Gemeinschaft,* Stellungnahme zur Gleichwertigkeit von Abschlüssen von Unternehmen aus Drittländern, Brüssel, 15. 3. 1991, XV/109/90 – DE.

Übersicht

	RdNr.		RdNr.
I. Allgemeine Grundsätze	1–6	2. Bestandteile der befreienden Konzernrechnungslegung	11
1. Überblick	1, 2	3. Anzuwendendes Recht	12, 13
2. Voraussetzungen	3–6	4. Prüfung	14–16
II. Rechtsverordnungsermächtigung für befreiende Konzernabschlüsse und Konzernlageberichte	7–20	5. Offenlegung	17, 18
		6. Minderheitenschutz	19
1. Konsolidierungskreis	7–10	7. Angaben im Anhang des zu befreienden Mutterunternehmens	20

Rechtsverordnungsermächtigung für befr. Konzernabschlüsse 1–7 § 292

I. Allgemeine Grundsätze

1. Überblick. § 292, der den insgesamt als Staatenwahlrecht ausgestalteten Art. 11 der 7. EU-RL umsetzt, ermöglicht den Erlass einer Rechtsverordnung, die es **Mutterunternehmen, die ihren Sitz außerhalb der EU** oder des EWR haben, gestattet, befreiende Konzernabschlüsse nach § 291 vorlegen zu können. Insofern wird die Gleichbehandlung der deutschen Teilkonzerne mit übergeordneten Müttern im europäischen und außereuropäischen Ausland angestrebt. 1

Die Verordnungsermächtigung des § 292 wurde durch Erlass der **Konzernabschlussbefreiungsverordnung** vom 15. November 1991 (BGBl. I S. 2122) mit Geltung ab 30. November 1991 wahrgenommen. Die KonBefrV wurde zuletzt am 23. April 1998 (BGBl. I S. 707) geändert. Die ursprüngliche Verordnung in der Fassung vom 9. Juni 1993 galt nur für Konzernabschlüsse und Konzernlageberichte für die Geschäftsjahre bis zum 31. 12. 1995. Mit der Zweiten Verordnung zur Änderung der Konzernabschlussbefreiungsverordnung vom 28. 10. 1996 (BGBl. I S. 1862) wurde die zeitliche Befristung aufgehoben. 2

2. Voraussetzungen. Die Befreiungsverordnung gilt für **deutsche Teilkonzerne** unabhängig davon, ob sie nach HGB oder nach PublG (§ 13 Abs. 4 PublG) zur Aufstellung von (Teil-)Konzernabschlüssen und (Teil-)Konzernlageberichten verpflichtet wären. 3

Mit dem Ziel der Gleichbehandlung sind die Voraussetzungen für die Befreiung in der KonBefrV im Prinzip denen des § 291 gleich.

Die **Voraussetzungen** im Einzelnen: 4
– Ein Mutterunternehmen existiert (§ 1 KonBefrV).
– Das zu befreiende Mutterunternehmen und seine Tochterunternehmen werden unbeschadet der §§ 295, 296 in den befreienden Konzernabschluss einbezogen (§ 2 Abs. 1 S. 1 Nr. 1 KonBefrV).
– Das für den befreienden Abschluss maßgebliche Recht gilt (§ 2 Abs. 1 Nr. 2 und § 3 KonBefrV).
– Der Einzelabschluss des befreiten Mutterunternehmens des Teilkonzerns weist die in § 291 Abs. 2 Nr. 3 geforderten Angaben auf (§ 2 Abs. 1 Nr. 4 KonBefrV).
– Die Offenlegung des befreienden Abschlusses muss den Offenlegungspflichten des (Teil-)Konzernabschlusses und des (Teil-)Konzernlageberichts vergleichbar sein (§ 1 S. 1 KonBefrV).
– Die Minderheitsgesellschafter verzichten auf die ihnen zustehenden Rechte (§ 2 Abs. 2 KonBefrV iVm. § 291).

Wegen der im Wesentlichen gleichen Regelungen der KonBefrV und des § 291 wird im Folgenden nur auf Besonderheiten für Mutterunternehmen mit Sitz außerhalb der EU hingewiesen, ansonsten ist die entsprechende Kommentierung des § 291 anzuwenden. 5

In Abs. 1 S. 3 ist eingeräumt, dass die Anerkennung befreiender Konzernabschlüsse davon abhängig gemacht werden kann, dass die nach HGB aufgestellten Konzernabschlüsse im Sitzland der außereuropäischen höherrangigen Mutter als **gleichwertig** anerkannt werden. Die Gegenseitigkeit wurde in die KonBefrV nicht aufgenommen, da mit den wichtigsten Ländern außerhalb der EU noch keine Einigkeit über die gegenseitige Anerkennung der Konzernabschlüsse erzielt werden konnte. Die amerikanische Börsenaufsichtsbehörde (SEC) erkennt die Abschlüsse, die nach EU-Recht aufgestellt werden, nicht als gleichwertig an. Es ist angestrebt, dass die Zusammenarbeit des **IASB** und der **IOSCO** dazu führen wird, dass die **SEC** nach **IAS** aufgestellte Konzernabschlüsse grundsätzlich für die Notierung an der NYSE anerkennt. Es ist dann zu erwarten, dass die IAS-Abschlüsse generell als gleichwertig anerkannt werden.[1] 6

II. Rechtsverordnungsermächtigung für befreiende Konzernabschlüsse und Konzernlageberichte

1. Konsolidierungskreis. Der Konzernabschluss und Konzernlagebericht eines **Mutterunternehmens mit Sitz außerhalb der EU** kann nur dann befreiende Wirkung erlangen, wenn zwischen dem höherrangigen Mutterunternehmen und dem Mutterunternehmen des Teilkonzerns ein **Mutter-Tochter-Verhältnis** besteht. Zur Beurteilung ist das europäische Recht (7. EU-RL) maßgeblich. Eines der folgenden in Art. 1 der 7. EU-RL genannten Kriterien muss zutreffen: 7
– Mehrheit der Stimmrechte,
– Recht zur Bestellung/Abberufung der Mehrheit der Mitglieder des Verwaltungs-, Leitungs- oder Aufsichtsorgans,

---

[1] *Eisolt* BB 1995, 1131.

– beherrschender Einfluss auf Grund eines mit diesem Unternehmen geschlossenen Vertrages oder auf Grund einer Satzungsbestimmung,
– Hauptversammlungspräsenzmehrheit,
– Stimmrechtsmehrheit auf Grund Stimmrechtsbindungsvertrags,
– tatsächlicher herrschender Einfluss, wenn das (Mutter-)Unternehmen beteiligt ist,
– einheitliche Leitung, wenn das (Mutter-)Unternehmen beteiligt ist.

8 Der **Konsolidierungskreis** wird aus **Sicht des den befreienden Konzernabschluss** und Konzernlagebericht aufstellenden Mutterunternehmens abgegrenzt. Die Abgrenzung des Konsolidierungskreises richtet sich nach der 7. EU-RL oder dem Recht des Staates, in dem das befreiende Mutterunternehmen seinen Sitz hat, sofern dieses Recht der 7. EU-RL gleichwertig ist.[2] Darüber, welches Recht als gleichwertig anzusehen ist, macht die KonBefrV keine Aussage. Gemäß einer Stellungnahme der EU-Kommission[3] sind „diejenigen Vorschriften des Gemeinschaftsrechts zugrundezulegen, denen alle innerhalb der EU erstellten Abschlüsse genügen müssen, und zwar unabhängig von der Ausübung der den Mitgliedstaaten eingeräumten Wahlrechte". Alle verpflichtenden oder als Unternehmenswahlrechte formulierten Bestimmungen der 7. EU-RL gelten demnach auch für den höherrangigen Konzernabschluss und Konzernlagebericht. Abweichungen davon müssen angepasst werden. Es besteht daher wenig Anreiz, die Teilkonzernabschlüsse durch aussagefähigere Gesamtkonzernabschlüsse in der Sprache des Sitzlandes der Teilkonzernmutter zu ersetzen. Die Regelung hat jedoch den Vorteil, vergleichsweise klar zu sein.[4] In den höherrangigen Konzernabschluss sind zumindest alle Tochterunternehmen einzubeziehen, die nach den für alle Mitgliedstaaten zwingenden Regeln einbezogen werden müssen.[5]

9 Die von der außereuropäischen Mutter angewandten Konzernrechnungslegungsregeln können von den Regelungen der 7. EU-RL abweichen. Die Konzernrechnungslegung hat trotzdem befreiende Wirkung, wenn die **angewandten Regeln gleichwertig** sind. Darüber muss im Einzelfall entschieden werden. Bei der Prüfung der Gleichwertigkeit ist insbesondere festzustellen, ob wesentliche Elemente von den Regelungen der 7. EU-RL abweichen. Gleichwertigkeit ist möglicherweise auch durch geeignete Angaben im Anhang herzustellen. Die IASC-Regeln können nicht ohne Einzelprüfung als gleichwertig angesehen werden.

10 Wenn die Abweichungen im konkreten Konzernabschluss von untergeordneter Bedeutung sind, kann Gleichwertigkeit gegeben sein.[6]

11 **2. Bestandteile der befreienden Konzernrechnungslegung.** Die Konzernrechnungslegung einer außereuropäischen höherrangigen Mutter kann nur dann befreiende Wirkung haben, wenn sie zumindest aus einem Konzernabschluss und einem Konzernlagebericht besteht.

12 **3. Anzuwendendes Recht.** Das **übergeordnete außereuropäische Mutterunternehmen** muss sich für die Rechnungslegungsregeln eines Mitgliedstaates der EU entscheiden, die unmittelbar angewandt werden oder an denen die Gleichwertigkeit gemessen wird. Es kann jedes Recht eines Mitgliedstaates gewählt werden, sofern der in diesem Recht vorgelegte Konzernabschluss und Konzernlagebericht dazu führt, dass auch in diesem Mitgliedstaat ein Teilkonzern von der Rechnungslegungspflicht tatsächlich befreit wird (§ 3 KonBefrV). Daraus ergibt sich, dass nur Mitgliedstaatenrechte, in denen Art. 11 der 7. EU-RL umgesetzt ist, gewählt werden können. Wenn nach dem Recht eines Mitgliedstaates die Teilkonzernbefreiung nicht zulässig ist, kann die von einer nichteuropäischen Mutter vorgelegte Konzernrechnungslegung nicht zu einer Befreiung von der Teilkonzernabschlusspflicht führen. Dasselbe gilt, wenn in einem Mitgliedstaat ein Teilkonzernabschluss trotz Befreiungsmöglichkeit aufgestellt wird, weil dies von den berechtigten Minderheiten verlangt wird.[7]

13 Die befreiende Wirkung eines nach einem anderen Recht als dem HGB erstellten Konzernabschlusses entsteht nur, wenn der **Abschluss von einem ausländischen Mutterunternehmen** vorgelegt wird.

14 **4. Prüfung.** Der befreiende Konzernabschluss und Konzernlagebericht unterliegen nach § 2 Abs. 1 Nr. 3 KonBefrV der **Prüfungspflicht,** auch wenn der Konzernlagebericht dort nicht namentlich erwähnt wird.[8] Der Abschlussprüfer muss in Übereinstimmung mit der 8. EU-RL zugelas-

---

[2] *ADS* RdNr. 19 f.
[3] Kommission der EG: v. 15. 3. 1991 XV/109/90 DE 2. Rev.
[4] *Busse von Colbe/Ordelheide* S. 60 f.
[5] *ADS* RdNr. 20.
[6] *Schnicke/Kilgert* BeBiKo RdNr. 25.
[7] *Schnicke/Kilgert* BeBiKo RdNr. 10.
[8] *Heymann* RdNr. 8.

Größenabhängige Befreiungen § 293

sen sein. Andernfalls tritt die befreiende Wirkung nur ein, wenn der Abschlussprüfer eine gleichwertige Befähigung aufweist und der Abschluss in einer den Anforderungen des HGB entsprechenden Weise geprüft worden ist. Abschlussprüfer, die Mitglied einer Berufsorganisation sind, deren Prüfungsgrundsätze oder nationale Vorschriften den Richtlinien der IFAC genügen, können im Allgemeinen als gleichwertig angesehen werden.

Die Prüfung muss den **Anforderungen des HGB** (insbesondere §§ 316, 317, 319, 320, 322) 15 genügen. Nicht einbezogen in die Anforderungen, die § 2 Abs. 1 Nr. 3 KonBefrV stellt, ist § 321 über den Prüfungsbericht, da es sich dabei um eine Vorschrift handelt, die nicht zum harmonisierten EU-Recht zählt.[9]

Die Einschränkung oder Versagung des Testats verhindert nicht zwangsläufig, dass die befreiende 16 Wirkung eintritt (vgl. dazu § 291 RdNr. 15).

5. Offenlegung. Der befreiende Konzernabschluss und Konzernlagebericht muss nach den Vor- 17 schriften, die für das befreite Tochterunternehmen gelten, in **deutscher Sprache** offen gelegt werden. Eine beglaubigte Übersetzung und die Umrechnung in Euro sind nicht vorgeschrieben (vgl. § 291 RdNr. 18).

Der befreiende Konzernabschluss und Konzernlagebericht muss vor Ablauf des **9. Monats ab** 18 **Bilanzstichtag** des zu befreienden deutschen Mutterunternehmens im Bundesanzeiger bekannt gemacht werden.

6. Minderheitenschutz. Der Schutz der Minderheiten ergibt sich gem. § 2 Abs. 2 KonBefrV aus 19 § 291 Abs. 3 (vgl. § 291).

7. Angaben im Anhang des zu befreienden Mutterunternehmens. Gem. § 2 Abs. 1 Nr. 4 20 KonBefrV tritt die befreiende Wirkung der Konzernrechnungslegung des außereuropäischen Mutterunternehmens nur ein, wenn im **Anhang des Jahresabschlusses der befreiten deutschen Tochter** folgende Angaben gemacht werden:
a) Name und Sitz des Mutterunternehmens, das den befreienden Konzernabschluss aufstellt, und
b) ein Hinweis auf die Befreiung von der Verpflichtung einen Konzernabschluss und einen Konzernlagebericht aufzustellen.

§ 292 a[1] *(aufgehoben)*

§ 293[2] Größenabhängige Befreiungen

(1) [1]Ein Mutterunternehmen ist von der Pflicht, einen Konzernabschluß und einen Konzernlagebericht aufzustellen, befreit, wenn
1. am Abschlußstichtag seines Jahresabschlusses und am vorhergehenden Abschlußstichtag mindestens zwei der drei nachstehenden Merkmale zutreffen:
    a) Die Bilanzsummen in den Bilanzen des Mutterunternehmens und der Tochterunternehmen, die in den Konzernabschluß einzubeziehen wären, übersteigen insgesamt nach Abzug von in den Bilanzen auf der Aktivseite ausgewiesenen Fehlbeträgen nicht 19 272 000 Euro.
    b) Die Umsatzerlöse des Mutterunternehmens und der Tochterunternehmen, die in den Konzernabschluß einzubeziehen wären, übersteigen in den zwölf Monaten vor dem Abschlußstichtag insgesamt nicht 38 544 000 Euro.
    c) Das Mutterunternehmen und die Tochterunternehmen, die in den Konzernabschluß einzubeziehen wären, haben in den zwölf Monaten vor dem Abschlußstichtag im Jahresdurchschnitt nicht mehr als 250 Arbeitnehmer beschäftigt;

oder

---

[9] *ADS* RdNr. 64.
[1] Aufgehoben durch das Gesetz zur Einführung internationaler Rechnungslegungsstandards und zur Sicherung der Qualität der Abschlussprüfung (Bilanzrechtsreformgesetz – BilReG) vom 4. Dezember 2004. Zur letztmaligen Anwendung s. Art. 58 EGHGB.
[2] Abs. 1 Satz 1 Nrn. 1 und 2 geändert durch das Gesetz zur Einführung internationaler Rechnungslegungsstandards und zur Sicherung der Qualität der Abschlussprüfung (Bilanzrechtsreformgesetz – BilReG) vom 4. Dezember 2004. Zur erstmaligen Anwendung s. Art. 58 EGHGB.

2. am Abschlußstichtag eines von ihm aufzustellenden Konzernabschlusses und am vorhergehenden Abschlußstichtag mindestens zwei der drei nachstehenden Merkmale zutreffen:
   a) Die Bilanzsumme übersteigt nach Abzug eines auf der Aktivseite ausgewiesenen Fehlbetrags nicht 16 060 000 Euro.
   b) Die Umsatzerlöse in den zwölf Monaten vor dem Abschlußstichtag übersteigen nicht 32 120 000 Euro.
   c) Das Mutterunternehmen und die in den Konzernabschluß einbezogenen Tochterunternehmen haben in den zwölf Monaten vor dem Abschlußstichtag im Jahresdurchschnitt nicht mehr als 250 Arbeitnehmer beschäftigt.

²Auf die Ermittlung der durchschnittlichen Zahl der Arbeitnehmer ist § 267 Abs. 5 anzuwenden.

(2), (3) *aufgehoben*

(4) Außer in den Fällen des Absatzes 1 ist ein Mutterunternehmen von der Pflicht zur Aufstellung des Konzernabschlusses und des Konzernlageberichts befreit, wenn die Voraussetzungen des Absatzes 1 nur am Abschlußstichtag oder nur am vorhergehenden Abschlußstichtag erfüllt sind und das Mutterunternehmen am vorhergehenden Abschlußstichtag von der Pflicht zur Aufstellung des Konzernabschlusses und des Konzernlageberichts befreit war.

(5) Die Absätze 1 und 4 sind nicht anzuwenden, wenn das Mutterunternehmen oder ein in den Konzernabschluß des Mutterunternehmens einbezogenes Tochterunternehmen am Abschlußstichtag einen organisierten Markt im Sinne des § 2 Abs. 5 des Wertpapierhandelsgesetzes durch von ihm ausgegebene Wertpapiere im Sinne des § 2 Abs. 1 Satz 1 des Wertpapierhandelsgesetzes in Anspruch nimmt oder die Zulassung zum Handel an einem organisierten Markt beantragt worden ist.

Schrifttum: (ohne die Einzelbeiträge in den verschiedenen Handbüchern der Rechnungslegung); *Biener*, Die Konzernrechnungslegung nach der Siebenten Richtlinie des Rates der Europäischen Gemeinschaften über den Konzernabschluß, DB 1983, Beilage 19.

I. Allgemeine Grundsätze

1 **1. Überblick.** Anknüpfend an Größenmerkmale (Umsatz, durchschnittliche Zahl der Arbeitnehmer, Bilanzsumme) befreit der Gesetzgeber „kleine" Konzerne, die nicht börsennotiert sind, von der Konzernrechnungslegungspflicht. Diese aus dem Art. 6 der 7. EU-RL folgende Vorschrift ist auf deutsches Betreiben aufgenommen worden. Es sollte damit eine **übermäßige Belastung kleiner Unternehmensgruppen durch Konzernrechnungslegung** vermieden werden.³ Dahinter verbirgt sich die Vermutung, dass bei diesen Konzernen kein durch einen Konzernabschluss zu befriedigender Informationsbedarf besteht.

2 Durch das KapCoRiLiG sind die Vorschriften zur Konzernrechnungslegung in vollem Umfang auch auf Konzerne anzuwenden, deren Mutterunternehmen eine Kapitalgesellschaft & Co. iSd. des § 264 a ist.

3 Die größenabhängige Befreiung ist nicht für Versicherungskonzerne und Kreditinstitute übernommen worden, obwohl die branchenspezifischen Regelungen der §§ 340 ff. sich weitgehend an die allgemeinen Konzernrechnungslegungsregeln der §§ 290 ff. anlehnen.

4 Es ist in der 7. EU-RL vorgesehen, dass der Rat auf Vorschlag der Kommission die Größenkriterien alle 5 Jahre anpassen kann.⁴ Die letzte Anpassung durch den deutschen Gesetzgeber erfolgt durch BilReG und ist gem. Art. 58 Abs. 1 EGHGB erstmals auf Konzernabschlüsse anzuwenden, deren Geschäftsjahr nach dem 31. 12. 2003 beginnt.

5 **2. Voraussetzungen. Kleine Konzerne** sind von der Pflicht, Konzernabschlüsse aufzustellen (Teil- oder Gesamtkonzern) nach § 293 befreit. Die **Definition** kleiner Konzerne besteht aus einer **Größenkomponente** und einer **Zeitkomponente**.

6 Für kleine Konzerne gelten die folgenden Größenkriterien:
– Die Bilanzsumme übersteigt 19,272 Mio. Euro nicht.
– Die Umsatzerlöse übersteigen nicht 38,544 Mio. Euro.
– Die durchschnittliche Anzahl der Arbeitnehmer ist nicht größer als 250.

---

³ *ADS* RdNr. 1.
⁴ *Biener* DB 1983, Beilage 19, 14.

Größenabhängige Befreiungen

Das Gesetz gibt jeweils zwei Werte für die Beurteilung der Grenze an, weil es dem Bilanzierenden 7 freistellt, die **Brutto- oder die Nettomethode** zur Qualifizierung des „kleinen" Konzerns heranzuziehen. Bei der Bruttomethode wird von den addierten Größen der Einzelabschlüsse der einzubeziehenden Unternehmen, also den Summenbilanzen und Summenumsatzerlösen ausgegangen. Die Nettokriterien, die oben in Klammern angegeben sind, beziehen sich dagegen auf konsolidierte Zahlen.

Die Konzernabschlusspflicht ist aufgehoben, wenn am Stichtag und am vorangehenden Stichtag 8 zwei der drei genannten Kriterien nach der Netto- oder nach der Bruttomethode eingehalten werden. Es müssen nicht an beiden Stichtagen dieselben Kriterien sein. Die Netto- und die Bruttomethode gelten allerdings **alternativ**. Es darf nicht ein Wert nach der einen und der andere Wert nach der anderen Methode beurteilt werden. Das Wahlrecht der Methode kann von Jahr zu Jahr unterschiedlich ausgeübt werden.[5]

II. Größenabhängige Befreiungen

1. Stichtag und Konsolidierungskreis. Der Stichtag für die Berechnung der Größenmerkmale 9 richtet sich nach der Wahl der Methode. Bei der **Bruttomethode** ist es der Abschlussstichtag des Mutterunternehmens, bei der **Nettomethode** der Konzernabschlussstichtag.

Bei der Anwendung der Bruttomethode werden Zwischenabschlüsse nicht verlangt. Wenn Zwi- 10 schenabschlüsse aufgestellt werden, dürfen entweder konzerneinheitliche oder landesrechtliche Vorschriften angewandt werden.[6]

Die Bruttomethode ermöglicht es, ohne übermäßigen Aufwand zu entscheiden, ob der Befrei- 11 ungstatbestand gegeben ist. Kommt die Befreiung nach der Bruttomethode nicht in Betracht, ist es trotzdem möglich, dass sie nach der Nettomethode gegeben ist.[7]

Die Abgrenzung des (potenziellen) **Konsolidierungskreises** ist für die Bemessung der Größen- 12 kriterien von unmittelbarer Bedeutung. Der § 293 beinhaltet keine klaren Vorschriften dazu. Es ist davon auszugehen, dass die Abgrenzung der in die Beurteilung einzubeziehenden Unternehmen den § 294 bzw. § 296 genügen muss. Tochterunternehmen, für die ein Konsolidierungsverbot besteht, sind nicht einzubeziehen. Tochterunternehmen, für die ein Konsolidierungswahlrecht gilt, dürfen einbezogen werden.[8]

Bei **Veränderungen des Konsolidierungskreises** ist darauf zu achten, dass die zeitraumbezoge- 13 nen Kriterien Umsatzerlöse und Arbeitnehmer erst ab dem Zeitpunkt des Erwerbs relevant sind.[9]

2. Bilanzsumme. Die Ermittlung des Größenkriteriums Bilanzsumme geschieht bei der **Brutto-** 14 **methode** durch Addition der Bilanzsummen der Mutter- und Tochterunternehmen.

Für die **Nettomethode** ist ein (Probe-)Konzernabschluss aufzustellen. Alle erforderlichen Maß- 15 nahmen der Kapital- und Schuldenkonsolidierung sind durchzuführen. Ansatz- und Bewertungswahlrechte können frei ausgeübt werden.[10]

Es ist empfehlenswert, bei der Anwendung der Nettomethode zunächst zu prüfen, ob sich die 16 Befreiung bereits aus den Größenkriterien Umsatzerlöse und Arbeitnehmerzahl ergibt. Dann ist die Aufstellung einer Konzernbilanz im Befreiungsfall nicht notwendig.[11]

3. Umsatzerlöse. Bei Anwendung der **Bruttomethode** werden Innen- und Außenumsatzerlöse 17 von Mutter und Töchtern der Letzten 12 Monate vor dem Abschlussstichtag addiert.

Wenn nach der **Nettomethode** vorgegangen wird, müssen die Innenumsätze festgestellt werden. Alle Umsatzerlöse, die auf innerkonzernlichen Lieferungen und Leistungen beruhen, sind von der Summe der Umsatzerlöse abzuziehen.[12]

4. Zahl der Arbeitnehmer. Die Zahl der durchschnittlich **in den letzten 12 Monaten vor** 18 **dem Abschlussstichtag** beschäftigten Arbeitnehmer errechnet sich nach der im § 267 Abs. 5 kodifizierten Methode. Der Durchschnitt ergibt sich als vierter Teil der Summe der jeweils zu den Quartalsenden beschäftigten Arbeitnehmer. Naturgemäß unterscheiden sich die Brutto- und die Nettomethode nicht in der Ermittlung der Zahl der Arbeitnehmer.

---

[5] *Hoyos/Ritter-Thiele* BeBiKo RdNr. 12; *WPH* M RdNr. 117.
[6] *ADS* RdNr. 14.
[7] *Heymann* RdNr. 5.
[8] *WPH* M RdNr. 123 f.
[9] *ADS* RdNr. 21.
[10] *ADS* RdNr. 23.
[11] *Busse von Colbe/Ordelheide* S. 73.
[12] *WPH* M RdNr. 131.

19 Auch wenn ein Konzernrumpfgeschäftsjahr vorliegt, sind die zeitraumbezogenen Größenkriterien Umsatzerlöse und Zahl der Arbeitnehmer auf Grundlage der Letzten 12 Monate zu bemessen.

20 **5. Erleichterungen.** Um zu vermeiden, dass bei einmaligem Überschreiten der Größenkriterien ein Konzernabschluss aufgestellt werden muss, führt Abs. 4 ein zeitliches Kriterium für den Verlust des Befreiungsprivilegs ein. Wenn nur am Abschlussstichtag oder nur am vorherigen Abschlussstichtag die Größenkriterien erfüllt sind und das Mutterunternehmen am vorherigen Abschlussstichtag von der Aufstellung befreit war, ist es am Abschlussstichtag trotz Überschreitens der Größenkriterien befreit. Dies gilt auch bei erstmaliger Konzernbildung.[13]

21 **6. Kapitalmarktorientierte Unternehmen.** Wenn das Mutterunternehmen oder ein in den Konzernabschluss einzubeziehendes Unternehmen am Abschlussstichtag einen organisierten Markt iSd. § 2 Abs. 5 des WpHG durch von ihm ausgegebene Wertpapiere iSd. § 2 Abs. 1 S. 1 des WpHG in Anspruch nimmt oder die Zulassung an einem organisierten Markt beantragt worden ist, ist § 293 nicht einschlägig. Ein Konzernabschluss ist unabhängig von der Größe des Konzerns aufzustellen.

III. Folgen der Nichtbeachtung

22 Soweit § 293 Wahlrechte beinhaltet, kann eine Verletzung der Norm nicht vorliegen. Soweit § 293 Befreiungstatbestände beinhaltet, wird ein Verstoß nicht explizit sanktioniert. Wird die Befreiung gem. § 293 allerdings fälschlicherweise in Anspruch genommen, liegt darin eine Verletzung der Pflicht zur Aufstellung eines Konzernabschlusses gem. § 290. Die Verletzung des § 290 kann gem. § 335 S. 1 Nr. 2 ein Zwangsgeld zur Folge haben. Mit Änderung des § 335 durch das EHUG werde die Möglichkeit zur Verhängung von Zwangsgeld gestrichen (vgl. Erl. zu § 335).

Zweiter Titel. Konsolidierungskreis

§ 294 Einzubeziehende Unternehmen. Vorlage- und Auskunftspflichten[1]

(1) In den Konzernabschluß sind das Mutterunternehmen und alle Tochterunternehmen ohne Rücksicht auf den Sitz der Tochterunternehmen einzubeziehen, sofern die Einbeziehung nicht nach § 296 unterbleibt.

(2) [1] Hat sich die Zusammensetzung der in den Konzernabschluß einbezogenen Unternehmen im Laufe des Geschäftsjahrs wesentlich geändert, so sind in den Konzernabschluß Angaben aufzunehmen, die es ermöglichen, die aufeinanderfolgenden Konzernabschlüsse sinnvoll zu vergleichen. [2] Dieser Verpflichtung kann auch dadurch entsprochen werden, daß die entsprechenden Beträge des vorhergehenden Konzernabschlusses an die Änderung angepaßt werden.

(3) [1] Die Tochterunternehmen haben dem Mutterunternehmen ihre Jahresabschlüsse, Einzelabschlüsse nach § 325 Abs. 2a, Lageberichte, Konzernabschlüsse, Konzernlageberichte und, wenn eine Abschlussprüfung stattgefunden hat, die Prüfungsberichte sowie, wenn ein Zwischenabschluß aufzustellen ist, einen auf den Stichtag des Konzernabschlusses aufgestellten Abschluß unverzüglich einzureichen. [2] Das Mutterunternehmen kann von jedem Tochterunternehmen alle Aufklärungen und Nachweise verlangen, welche die Aufstellung des Konzernabschlusses und des Konzernlageberichts erfordert.

Schrifttum: (ohne die Einzelbeiträge in den verschiedenen Handbüchern der Rechnungslegung) *IDW,* St/HFA 3/1995: Konzernrechnungslegung bei Änderung des Konsolidierungskreises, WPg 1995, 697; *IDW,* St/SABl. 1/1988: Zur Aufstellungspflicht für einen Konzernabschluß und zur Abgrenzung des Konsolidierungskreises, WPg 1988, 340.

I. Allgemeine Grundsätze

1 In den §§ 294, 296 regelt der Gesetzgeber, welche Unternehmen zum Konsolidierungskreis zu rechnen sind. Diese Unternehmen sind mit der Methode der Vollkonsolidierung in den Konzernabschluss aufzunehmen. Zwar erweitern die §§ 310 und 311 den Kreis der Unternehmen, die sich im

---

[13] *Hoyos/Ritter-Thiele* BeBiKo RdNr. 28.
[1] Abs. 1 und 3 geändert durch das Gesetz zur Einführung internationaler Rechnungslegungsstandards und zur Sicherung der Qualität der Abschlussprüfung (Bilanzrechtsreformgesetz – BilReG) vom 4. Dezember 2004. Zur erstmaligen Anwendung s. Art. 58 EGHGB.

Konzernabschluss wiederfinden, jedoch ist die **Existenz eines mittelbaren oder unmittelbaren Mutter-Tochter-Verhältnisses** die conditio sine qua non für die **Pflicht zur Aufstellung eines Konzernabschlusses** (§ 290). Ob ein Konzernabschluss auch aufzustellen ist, wenn zwar ein Mutter-Tochter-Verhältnis existiert, die Vollkonsolidierung nach § 296 jedoch unterbleibt, ist nicht eindeutig geregelt. Die §§ 310 Abs. 1 und 311 Abs. 1 als lex specialis gegenüber § 290 setzen jedoch die Existenz eines Konzernabschlusses und somit zumindest ein voll zu konsolidierendes Tochterunternehmen voraus.[2]

Grundsätzlich gilt das **Vollständigkeitsgebot.** Alle Tochterunternehmen sind nach § 294 in den Konzernabschluss einzubeziehen.[3] 2

§ 296 vervollständigt die Vorschriften über den Konsolidierungskreis, da er **Einbeziehungswahlrechte** beinhaltet. Obwohl Einbeziehungswahlrechte systematisch nur zum Control-Konzept passen, da sich bei Feststellung der einheitlichen Leitung wahlweise Ausnahmen von der Vollkonsolidierungspflicht nicht begründen lassen, beziehen sich die §§ 294, 296 sowohl auf das Konzept der einheitlichen Leitung wie auf das Control-Konzept.[4] 3

II. Einzubeziehende Unternehmen

1. Vollständigkeitsgrundsatz. Aus dem Vollständigkeitsgrundsatz des § 294 folgt einerseits das **Weltabschlussprinzip,** andererseits das **Verbot einer freiwilligen Vollkonsolidierung** von Nicht-Tochterunternehmen. 4

Zur Beurteilung, ob ein Tochterunternehmen vorliegt, ist auf den § 290 zurückzugreifen. Die Vollkonsolidierung darf unterlassen werden, wenn § 296 einschlägig ist.[5] 5

2. Weltabschlussprinzip. Mit dem Vollständigkeitsgrundsatz des § 294 wird im Gegensatz zu früheren deutschen Regelungen das Weltabschlussprinzip kodifiziert. Damit wird die Aussagefähigkeit der Konzernabschlüsse, wenn **weltweite Unternehmensverflechtungen** vorliegen, wesentlich verbessert. Die Beschränkung der Einbeziehungspflicht auf deutsche Tochterunternehmen würde es ermöglichen, die wirtschaftliche Lage des Konzerns durch entsprechende Transaktionen zwischen einbeziehungspflichtigen und anderen Konzernunternehmen zu verschleiern. Konzernabschlüsse gäben selbst ohne solche Transaktionen ein unvollständiges Bild des Konzerns wieder, insbesondere wenn der Anteil des Auslandsvermögens relativ hoch ist. Den Vorteilen des Weltabschlussprinzips steht ein hoher Aufwand für die notwendigen Maßnahmen, wie die Erstellung einer Handelsbilanz II für die Anpassung der Bilanzierungs- und Bewertungsmethoden der ausländischen Töchter an das Recht der inländischen Mutter und die Währungsumrechnung, gegenüber.[6] 6

III. Vorlage- und Auskunftspflichten

1. Wesentliche Veränderung des Konsolidierungskreises. Der Konzernabschluss dient in erster Linie der Informationsfunktion. Dem wird mit der Vorschrift des § 294 Rechnung getragen. Die **Vergleichbarkeit mit dem Vorjahreskonzernabschluss** muss trotz wesentlicher Änderung des Konsolidierungskreises ermöglicht werden, entweder durch zusätzliche Angaben im Anhang oder durch die Anpassung der Vorjahreszahlen. 7

Die Vergleichbarkeit geht damit über die Vorschriften für den Einzelabschluss zur **formellen und materiellen Stetigkeit** hinaus. In einem Einzelunternehmen sind bei Vorgängen wie dem Kauf/Verkauf einer Beteiligung, der Stilllegung von Betriebsteilen uÄ entsprechend angepasste Vorjahreszahlen nicht anzugeben.[7]

Die Stellungnahme **HFA 3/1995** Abschnitt I Nr. 2 führt zu wesentlichen Änderungen des Konsolidierungskreises Folgendes aus: „Änderungen des Konsolidierungskreises liegen dann vor, wenn sich die Zusammensetzung der in den Konzernabschluss einbezogenen Tochter- und/oder Gemeinschaftsunternehmen durch Zu- oder Abgänge gegenüber dem Vorjahresabschluss geändert hat. Dazu zählt auch der gebotene oder zulässige Wechsel von Quoten- zur Vollkonsolidierung oder von diesen zur Equity-Bilanzierung. Dagegen stellen Zu- oder Abgänge im Bereich der assoziierten Unternehmen für sich allein keine Änderung des Konsolidierungskreises dar. Die vorstehenden Änderungen sind wesentlich, wenn sie die Vergleichbarkeit der aufeinander folgenden Konzern- 8

---

[2] *IDW,* St/SABI 1/1988, WPg 1988, Abschn. IV Nr. 5; *Busse von Colbe/Ordelheide* S. 85.
[3] *ADS* RdNr. 1 ff.; *Sahner/Sauermann* HdRKo RdNr. 3 ff.
[4] *WPH* M RdNr. 172 f.
[5] *Förschle/Deubert* BeBiKo RdNr. 1.
[6] *ADS* RdNr. 13.
[7] *Heymann* RdNr. 8.

abschlüsse in Bezug auf die Vermögens-, Finanz- oder Ertragslage stören. Dies ist dann der Fall, wenn die Entwicklung, die ohne die Änderungen des Konsolidierungskreises zu verzeichnen war, nicht erkennbar ist." Die Stellungnahme beinhaltet **Vorschläge für die Herstellung der Vergleichbarkeit** bei wesentlichen Änderungen des Konsolidierungskreises:
- Angaben über die Auswirkungen auf wichtige Postengruppen der Konzernbilanz und der Konzern-GuV,
- vollständige Darstellung des Vorjahres unter Zugrundelegung des neuen Konsolidierungskreises,
- vollständige Anpassung der aktuellen Beträge an den vorjährigen Konsolidierungskreis.

9 Bei der vollständigen Anpassung aller Zahlen, wie in Alternative zwei und drei dargestellt, müssen die tatsächlichen Vorjahreszahlen nicht angegeben werden. Empfohlen wird jedoch eine Drei-Spalten-Darstellung. Falls die Alternative eins gewählt wird, werden die zusätzlichen Angaben in den Anhang aufgenommen. Verbale Ausführungen reichen in der Regel nicht aus, wesentliche Punkte sind zu quantifizieren.[8] Bei der unterjährigen Änderung des Konsolidierungskreises, soweit kein Zwischenabschluss aufgestellt wurde, kann zum Zweck der Abgrenzung der Beträge (zB Umsätze) eine Schätzung vorgenommen werden. Für die Schätzung der auf den Konzern entfallenden Aufwendungen und Erträge kann von einem gleichmäßigen Geschäftsverlauf ausgegangen werden, sofern dies dem tatsächlichen Geschäftsverlauf nicht völlig widerspricht. Wird die Erstkonsolidierung nicht zu dem Zeitpunkt, an dem die Konzernzugehörigkeit entstanden ist, sondern zum späteren Konzernabschlussstichtag vorgenommen, so ist das gesamte Jahresergebnis im Rahmen der Kapitalkonsolidierung zu berücksichtigen und kann daher nicht Bestandteil des Konzernergebnisses sein.[9]

10 **2. Vorlagepflichten der Tochterunternehmen gegenüber dem Mutterunternehmen.** Alle Tochterunternehmen sind nach Abs. 3 verpflichtet, bestimmte Unterlagen dem Mutterunternehmen vorzulegen. Diese vom Mutterunternehmen **einklagbare Pflicht** ist allen Tochterunternehmen auferlegt, auch wenn sie tatsächlich nicht in den Konzernabschluss einbezogen werden.

11 Der Umfang der Vorlagepflichten ist im Gesetz festgelegt auf:
- Jahresabschlüsse, Einzelabschlüsse nach § 325 Abs. 2a und Lageberichte,
- ggf. Konzernabschlüsse und Konzernlageberichte,
- ggf. Prüfungsberichte,
- ggf. Zwischenabschlüsse.

12 Die **Tochterunternehmen** sind vorrangig zur Vorlage derjenigen **Unterlagen** verpflichtet, zu deren Aufstellung sie **gesetzlich verpflichtet** sind. Das Mutterunternehmen kann jedoch **weitere Unterlagen** verlangen, wenn diese für die Erstellung des Konzernabschlusses erforderlich sind. Dazu gehören auch die Informationen, die erforderlich sind, um eine Handelsbilanz II aufzustellen.

13 Die Vorlage von Konzernabschlüssen und -lageberichten, Prüfungsberichten und Zwischenabschlüssen ist für diejenigen Tochterunternehmen vorgeschrieben, die entsprechende Unterlagen auf Grund gesetzlicher Vorschriften erstellen müssen. Das Mutterunternehmen kann jedoch auch von Tochterunternehmen, die gesetzlich nicht zur Aufstellung eines Lageberichts verpflichtet sind, alle erforderlichen Informationen für den Konzernlagebericht nach Abs. 3 S. 2 verlangen.[10]

14 Die Tochterunternehmen sind zur **unverzüglichen Vorlage der Unterlagen** verpflichtet. Da der Konzernabschluss in den ersten fünf Monaten des folgenden Geschäftsjahres aufgestellt werden muss, ist eine genaue Terminplanung und -absprache zwischen Mutter- und Tochterunternehmen notwendig, damit die von den Tochterunternehmen einzureichenden Unterlagen rechtzeitig beim Mutterunternehmen vorliegen.[11]

15 Falls ein Tochterunternehmen **nach dem Stichtag aus dem Konzern ausscheidet,** kann die Durchsetzung der Vorlagepflichten für das Mutterunternehmen problematisch werden. Unzweifelhaft besteht eine Konsolidierungspflicht, wenn das Tochterunternehmen zum Stichtag zum Konzernverbund gehörte. Falls die für die Vollkonsolidierung notwendigen Informationen wegen des Ausscheidens des Tochterunternehmens nicht erhältlich sind, kommen § 296 Abs. 1 Nr. 1 bzw. 2 zur Anwendung.[12]

16 **3. Auskunftsrechte des Mutterunternehmens gegenüber den Tochterunternehmen.** Über die in Abs. 3 S. 1 kodifizierten Vorlagepflichten hat ein Mutterunternehmen nach Abs. 3 S. 2 **Auskunftsrechte** bezüglich aller für den Konzernabschluss und den Konzernlagebericht notwendi-

---
[8] S. auch *IDW,* St/SABI 1/1988, WPg 1988, Abschn. IV Nr. 4.
[9] *IDW,* St/HFA 3/1995, WPg 1995, Abschn. II Nr. 2.
[10] *ADS* RdNr. 29.
[11] *Heymann* RdNr. 15 ff.
[12] *ADS* RdNr. 37.

gen Informationen. Das Auskunftsrecht erstreckt sich tatsächlich auf alle direkt oder indirekt notwendigen Informationen. Es ist allerdings auch durch die Notwendigkeit für den Konzernabschluss begrenzt. Nicht notwendige Informationen können nicht verlangt werden.

In Ausnahmefällen kann die **Durchsetzung dieses Anspruchs gegenüber ausländischen Tochterunternehmen** problematisch werden, da eine in Deutschland zu erwirkende Verurteilung eines ausländischen Unternehmens zur Auskunftserteilung im Ausland nicht gültig ist.[13] Die Auskunftspflichten stehen möglicherweise im Widerspruch zu für das Tochterunternehmen geltenden landesrechtlichen Vorschriften.[14]

IV. Folgen der Nichtbeachtung

Zur Durchsetzung der Vorlage- und Auskunftspflichten ist ein **Zwangsgeldverfahren** nach § 335 nicht möglich, die Verletzung von § 294 Abs. 2 und 3 kann nicht mit einem Bußgeld geahndet werden. Eine Freiheitsstrafe bis zu 5 Jahren oder eine Geldstrafe ist dagegen vorgesehen, wenn die Mitglieder des vertretungsberechtigten Organs der Gesellschaft vorsätzlich eine falsche Darstellung der Verhältnisse des Konzerns geben oder ein Mutter- oder Tochterunternehmen falsche Aufklärungen oder Nachweise liefert (vgl. § 331).

§ 295[1] *(aufgehoben)*

§ 296 Verzicht auf die Einbeziehung

(1) Ein Tochterunternehmen braucht in den Konzernabschluß nicht einbezogen zu werden, wenn

1. erhebliche und andauernde Beschränkungen die Ausübung der Rechte des Mutterunternehmens in bezug auf das Vermögen oder die Geschäftsführung dieses Unternehmens nachhaltig beeinträchtigen,
2. die für die Aufstellung des Konzernabschlusses erforderlichen Angaben nicht ohne unverhältnismäßig hohe Kosten oder Verzögerungen zu erhalten sind oder
3. die Anteile des Tochterunternehmens ausschließlich zum Zwecke ihrer Weiterveräußerung gehalten werden.

(2) ¹Ein Tochterunternehmen braucht in den Konzernabschluß nicht einbezogen zu werden, wenn es für die Verpflichtung, ein den tatsächlichen Verhältnissen entsprechendes Bild der Vermögens-, Finanz- und Ertragslage des Konzerns zu vermitteln, von untergeordneter Bedeutung ist. ²Entsprechen mehrere Tochterunternehmen der Voraussetzung des Satzes 1, so sind diese Unternehmen in den Konzernabschluß einzubeziehen, wenn sie zusammen nicht von untergeordneter Bedeutung sind.

(3) Die Anwendung der Absätze 1 und 2 ist im Konzernanhang zu begründen.

Schrifttum: (ohne die Einzelbeiträge in den verschiedenen Handbüchern der Rechnungslegung; vgl. im Übrigen die Angaben zu § 294 HGB); *Heydemann/Koenen*, Die Abgrenzung des Konsolidierungskreises bei Kapitalgesellschaften in Theorie und Praxis, DB 1992, 2253; *Cairns*, A guide to applying international accounting standards, 1995; *IDW,* St/SABI 1/1998: Zur Aufstellungspflicht für einen Konzernabschluß und zur Abgrenzung des Konsolidierungskreises, WPg 1988, 340; *Krawitz*, Die Abgrenzung des Konsolidierungskreises – Gesetzliche Regelungen, empirische Befunde und theoretische Schlußfolgerungen, WPg 1996, 342; *Möhlmann/Diethard*, Zur Operationalisierung der „untergeordneten Bedeutung" in der Konzernrechnungslegung, BB 1996, 205.

Übersicht

	RdNr.		RdNr.
I. Allgemeine Grundsätze	1–6	2. Unverhältnismäßig hohe Kosten oder Verzögerungen	15–18
II. Einbeziehungswahlrechte	7–27	3. Weiterveräußerungsabsicht	19–23
1. Beeinträchtigung der Ausübung der Rechte des Mutterunternehmens	7–14	4. Untergeordnete Bedeutung	24–27

---

[13] *Sahner/Sauermann* HdRKo RdNr. 22.
[14] *ADS* RdNr. 43.
[1] Aufgehoben durch das Gesetz zur Einführung internationaler Rechnungslegungsstandards und zur Sicherung der Qualität der Abschlussprüfung (Bilanzrechtsreformgesetz – BilReG) vom 4. Dezember 2004. Zur letztmaligen Anwendung s. Art. 58 EGHGB.

	RdNr.		RdNr.
III. Begründungspflicht im Anhang	28	V. Folgen der Nichtbeachtung	31
IV. Bewertung nach der Equity-Methode	29, 30		

I. Allgemeine Grundsätze

1 Das **Vollständigkeitsgebot** in Bezug auf die Einbeziehung der Tochterunternehmen in den Konzernabschluss wird durch einen Katalog von Einbeziehungswahlrechten im § 296 durchbrochen. Es soll den Unternehmen ermöglicht werden, diejenigen Konzernunternehmen, deren Einbeziehung zu einer **falschen Beurteilung der Lage des Konzerns** führt, aus dem Konsolidierungskreis auszuschließen.

2 Die Einbeziehungswahlrechte ermöglichen außerdem die Berücksichtigung von Grundsätzen des Konzernabschlusses, die in Einzelfällen dem Vollständigkeitsgebot entgegenstehen können. Dies ist zum einen die Möglichkeit, dass trotz der Existenz eines Mutter-Tochter-Verhältnisses auf Grund tatsächlicher Gegebenheiten **die Tochter außerhalb der Einheit Konzern** steht.

3 Außerdem wird den Grundsätzen der **Wesentlichkeit und der Wirtschaftlichkeit** der Rechnungslegung Bedeutung beigemessen.

4 Die Voraussetzungen für das Vorliegen eines Konsolidierungswahlrechtes sind **eng auszulegen**.[1] Die Nichteinbeziehung auf Grund § 296 ist im Konzernanhang zu begründen.

5 Die Voraussetzungen für die Anwendung der Konsolidierungswahlrechte sind zu jedem Stichtag **neu zu überprüfen**.[2] Das Stetigkeitsgebot ist zu beachten, da die Generalklausel des § 297 Abs. 3 S. 2 keine willkürliche Ausübung der Konsolidierungswahlrechte zulässt.[3]

6 Der DSR nimmt zu den Einbeziehungswahlrechten des § 296 in dem am 12. 12. 2001 veröffentlichten Entwurf des DRS 16 „Aufstellung des Konzernabschlusses und Konsolidierungskreis" Stellung. Dabei sind die vom DSR getroffenen Regelungen so gestaltet, dass eine Einschränkung der Wahlrechte in Übereinstimmung mit internationalen Standards erfolgt.

II. Einbeziehungswahlrechte

7 **1. Beeinträchtigung der Ausübung der Rechte des Mutterunternehmens.** Gem. Abs. 1 Nr. 1 braucht ein Tochterunternehmen nicht in den Konzernabschluss einbezogen zu werden, wenn die **Ausübung der Rechte des Mutterunternehmens** in Bezug auf das Vermögen oder die Geschäftsführung dieses Unternehmens durch erhebliche und andauernde Beschränkungen nachhaltig beeinträchtigt ist.

8 Nach E-DRS 16.11 sollen derartige Beschränkungen dazu führen, dass ein Tochterunternehmen nicht in den Konzernabschluss einbezogen werden darf. Der DSR hebt damit das Wahlrecht zugunsten eines Einbeziehungsverbots auf.

9 Das **Einbeziehungswahlrecht** des Abs. 1. Nr. 1 ist nur für Mutter-Tochter-Verhältnisse relevant, die sich aus § 290 Abs. 2 ergeben. Denn wenn die Kontrollrechte des § 290 Abs. 2 nicht bestehen und die Rechte wie in § 296 Abs. 1 Nr. 1 beschrieben beschränkt sind, kommt eine Einbeziehung nach § 290 Abs. 1 nicht in Frage, da in der Regel die einheitliche Leitung dann nicht gegeben ist.[4] Das Einbeziehungswahlrecht nach Abs. 1 Nr. 1 schränkt die durch das Control-Konzept erreichte Rechtssicherheit wieder ein.[5] Auch daraus wird ersichtlich, dass der Gesetzgeber ursprünglich nur eine sehr restriktive Auslegung der Voraussetzungen für die Nichteinbeziehung von Tochterunternehmen gewollt haben kann.

10 Die **Beschränkungen der Rechte des Mutterunternehmens** können sich auf das Vermögen oder auf die Geschäftsführung beziehen. Vermögensrechtliche Beschränkungen müssen zumindest den wesentlichen Teil des Vermögens umfassen. Dies ist zB der Fall bei gemeinnützigen Sozialeinrichtungen[6] oder Verfügungsbeschränkungen im Rahmen eines Konkursverfahrens oder einer Liquidation. **Beschränkungen bezüglich einzelner Vermögensteile** begründen das Konsolidierungswahlrecht nicht.[7]

---

[1] *IDW,* St/SABI 1/1988, WPg 1988, Abschn. IV Nr. 1.
[2] *IDW,* St/SABI 1/1988, WPg 1988, Abschn. IV Nr. 4.
[3] *Sahner/Sauermann* HdRVO RdNr. 4.
[4] *Busse von Colbe/Ordelheide* S. 116 f.
[5] *Heymann* RdNr. 2.
[6] *WPH* M RdNr. 182.
[7] *Förschle/Deubert* BeBiKo RdNr. 8.

Das Mutterunternehmen ist Beschränkungen hinsichtlich der Geschäftsführung unterworfen, 11
wenn seine **Maßnahmen nachhaltig verhindert** werden. Beschränkungen, die sich aus gesetzlichen Bestimmungen oder anderen Zwängen ergeben, die eine ganze Branche oder Region betreffen, genügen nicht (zB Umweltschutzauflagen, kartellrechtliche Bestimmungen).[8]

Die Beschränkung der Rechte des Mutterunternehmens kann **rechtliche oder tatsächliche** 12
Gründe haben. Bei jeder Art von vertraglichen oder gesetzlichen Beschränkungen muss nachgewiesen werden, dass auch tatsächlich eine Einschränkung der Rechte vorliegt.[9] Bei vertraglichen Einschränkungen der Rechte kommt Abs. 1 Nr. 1 nur zum Tragen, wenn die Vollkonsolidierung nicht bereits nach § 290 Abs. 2 und 3 untersagt ist, weil eine Mutter-Tochter-Beziehung nicht vorliegt. Das Einbeziehungswahlrecht wird damit auch zum Auffangtatbestand, wenn die Anwendung von § 290 Abs. 2 und 3 wegen der Unbestimmtheit des Begriffs „wesentliche Beschränkungen" zweifelhaft ist.[10]

Grund für die Einschränkung der Rechte des Mutterunternehmens können **staatliche Maßnahmen** 13
wie Produktionsbeschränkungen und Preisfestsetzungen sein, die insbesondere bei ausländischen Tochterunternehmen vorkommen.[11] Solche Einschränkungen führen jedoch nur dann zum Wahlrecht gem. § 296, wenn sich dadurch tatsächlich eine Beschränkung der Geschäftsführung ergibt.[12] Sofern die Konzernleitung die mögliche Geschäftspolitik des ausländischen Unternehmens trotz vorliegender Beschränkungen sinnvoll in das Konzernkonzept einfügen kann, kommt § 296 nicht zur Anwendung.[13] Beispielsweise kann das Verbot der Besetzung von Organen mit Repräsentanten des Mutterunternehmens zwar die personelle Verflechtung behindern, die Ausübung der Rechte in Bezug auf das Vermögen und die Geschäftsführung wird dadurch jedoch nicht unmöglich.[14]

Für die Beurteilung der vom Gesetz geforderten **Nachhaltigkeit** wird eine zukunftsorientierte 14
Sichtweise herangezogen. Es reicht nicht aus, dass im abgelaufenen Geschäftsjahr die Rechte beschränkt waren, sondern unter Würdigung aller Umstände darf in absehbarer Zeit (mindestens bis zum nächsten Bilanzstichtag) nicht damit gerechnet werden, dass die Beschränkung wegfällt.[15]

2. Unverhältnismäßig hohe Kosten oder Verzögerungen. Wenn die für die Aufstellung des 15
Konzernabschlusses erforderlichen Angaben nicht ohne unverhältnismäßig hohe Kosten oder Verzögerungen zu erhalten sind, kann von der Einbeziehung in den Konzernabschluss abgesehen werden (Abs. 1 Nr. 2).

Die Vorschrift bringt den **Grundsatz der Wirtschaftlichkeit der Rechnungslegung** zur 16
Geltung.[16] Dieser fordert, dass zwischen den Kosten einer Informationsrechnung und dem Nutzen der durch sie vermittelten Informationen ein angemessenes Verhältnis bestehen soll.[17] Da die Konkretisierung des Begriffs „unverhältnismäßig" praktisch nicht möglich ist, muss auch für die in Nr. 2 formulierte Ausnahme vom Vollständigkeitsgebot eine **sehr restriktive Inanspruchnahme** gefordert werden.[18] Eine Anwendung ist zB denkbar, wenn der Zusammenbruch der Datenverarbeitung, ein Streik, Brand oder Verlust der Unterlagen unvorhersehbar die Konsolidierung verzögert. Der praktisch häufigste Anwendungsfall dürfte jedoch die **Einbeziehung von Tochterunternehmen sein, die gerade zum Konzernkreis hinzugekommen sind.**[19] Trotz gründlicher Vorbereitung ist davon auszugehen, dass die organisatorische Eingliederung des Rechnungswesens einer „neuen" Tochter in den Konzern ca. ein Jahr dauert. Eine schnellere Einbeziehung wäre nur mit unverhältnismäßigen Kosten möglich. Für die Einbeziehung im ersten Jahr wird man daher, wenn die Voraussetzungen erfüllt sind, ein Einbeziehungswahlrecht annehmen können. Spätestens am darauf folgenden Konzernstichtag sollte das Tochterunternehmen jedoch einbezogen werden.[20]

Eine **unverhältnismäßige Verzögerung** liegt dann nicht vor, wenn der Termin der Haupt- 17
versammlung, auf der der Konzernabschluss vorgelegt werden muss, innerhalb des gesetzlich zulässigen Zeitraums nach hinten verschoben werden muss.[21]

---

[8] *WPH* M RdNr. 180.
[9] *ADS* RdNr. 9 f.
[10] *Busse von Colbe/Ordelheide* S. 117.
[11] *ADS* RdNr. 12.
[12] *Förschle/Deubert* BeBiKo RdNr. 11.
[13] *v. Wysocki/Wohlgemuth* S. 53.
[14] *Sahner/Sauermann* HdRKo RdNr. 10.
[15] *ADS* RdNr. 13.
[16] *WPH* M RdNr. 188.
[17] *Busse von Colbe/Ordelheide* S. 54.
[18] *IDW* St/SABI 1/1988, WPg 1988, Abschn. IV Nr. 1.
[19] *Heydemann/Koenen* DB 1992, 2253 ff.
[20] *Busse von Colbe/Ordelheide* S. 118 f.
[21] *ADS* RdNr. 18.

18 Der DSR lehnt im Entwurf des DRS 16 die Nichteinbeziehung des Tochterunternehmens ab. Unverhältnismäßig hohe Kosten oder Verzögerungen bei der Datenbeschaffung begründen nach E-DRS 16.8 keine Ausnahme von der Einbeziehungspflicht.

19 **3. Weiterveräußerungsabsicht.** Ein Tochterunternehmen braucht dann nicht konsolidiert zu werden, wenn die Anteile ausschließlich zum **Zwecke der Weiterveräußerung gehalten** werden (Abs. 1 Nr. 3).

20 Auch der Befreiungstatbestand in Nr. 3 findet ausschließlich Anwendung auf **Mutter-Tochter-Verhältnisse nach dem Control-Konzept,** da einheitliche Leitung in diesem Fall nicht vorliegen kann. Die beabsichtigte Veräußerung darf nicht innerhalb des Konzerns geschehen, da ansonsten eine Veräußerung aus Konzernsicht nicht vorliegt.[22]

21 Insbesondere bei **Finanzbeteiligungen,** die nicht durch Lieferungs-, Leistungs- oder andere Beziehungen in den Konzern integriert sind, die jedoch nicht mit Veräußerungsabsicht gehalten werden, muss das Wahlrecht **sehr restriktiv ausgelegt** werden. Es besteht ansonsten die Gefahr, dass gerade verlustbringende Finanzbeteiligungen nicht konsolidiert werden und der *true and fair view* dadurch eingeschränkt wird. Während also grundsätzlich nur gefordert wird, dass eine Weiterveräußerungsabsicht vorliegt, ohne dass bereits Vorverträge oder Ähnliches vorweisbar sein müssen, sollten bei Finanzbeteiligungen konkretere Nachweise vorgelegt werden können.[23]

22 Obwohl das Gesetz nicht fordert, dass die Beteiligung **zum Zweck der Weiterveräußerung erworben** wurde, wird man davon ausgehen können, dass Beteiligungen, die bereits in den Konzern integriert sind, zu keinem Zeitpunkt ausschließlich zur Weiterveräußerung gehalten werden. Für sie kommt daher die Nichteinbeziehung in den Konzern normalerweise nicht in Frage. Das Wahlrecht ist daher insbesondere von Bedeutung, um die Stetigkeit des Konsolidierungskreises aufrechtzuerhalten, wenn **Beteiligungen nur vorübergehend im Konzern** gehalten werden. Es trägt dann zur Verbesserung der Darstellung der Vermögens-, Finanz- und Ertragslage des Konzerns bei.[24]

23 Nach E-DRS 16.11 darf ein Tochterunternehmen, dessen Anteile ausschließlich zum Zweck der Weiterveräußerung erworben wurden, nicht in den Konzernabschluss einbezogen werden. Auch hier wird das Konsolidierungswahlrecht zugunsten eines Einbeziehungsverbots aufgehoben. Für einen Erwerb zum Zweck der Weiterveräußerung muss nach E-DRS 10.12 die Entscheidung vorliegen, die Anteile innerhalb eines Jahres zu verkaufen. Wenn die Verkaufsabsicht öffentlich bekannt gemacht oder der Verkauf endgültig eingeleitet wurde, kann auch ein längerer Zeitraum zulässig sein.

24 **4. Untergeordnete Bedeutung.** Wenn es für die Verpflichtung, ein den tatsächlichen Verhältnissen entsprechendes Bild der Vermögens-, Finanz und Ertragslage des Konzerns zu vermitteln, von untergeordneter Bedeutung ist, kann von der Einbeziehung grundsätzlich konsolidierungspflichtiger Tochterunternehmen abgesehen werden (Abs. 2 S. 1). Das Konsolidierungswahlrecht des Abs. 2 S. 1 wird vom DRS in E-DRS 10.7 übernommen.

25 Die Frage, ob ein Unternehmen von untergeordneter Bedeutung ist, kann **weder durch eine starre Verhältniszahl noch durch die Ausrichtung an einer bestimmten Größe (zB Umsatz) beantwortet werden.**[25] Sobald die Konsolidierung des Tochterunternehmens **für die Darstellung eines der drei Aspekte** – Vermögen, Finanzen, Ertrag – notwendig ist, kann es nicht auf Grund Abs. 2 S. 1 von der Vollkonsolidierung ausgeschlossen werden.[26] In die Analyse sind sowohl qualitative als auch quantitative Faktoren einzubeziehen. Wenn zweifelhaft ist, ob ein Untenehmen wesentlich ist, muss von der Einbeziehungspflicht ausgegangen werden.

26 Die Geringfügigkeit der Bedeutung ist nicht für jede Tochter einzeln zu beurteilen; wenn die Nichteinbeziehung mehrerer Töchter nach Abs. 2 S. 1 in Frage kommt, müssen **sie in der Gesamtheit unbedeutend** sein.[27]

27 Von den in § 296 zugelassenen Wahlrechten wird die Konsolidierung am häufigsten wegen der untergeordneten Bedeutung der Tochterunternehmen unterlassen.[28]

---

[22] *Busse von Colbe/Ordelheide* S. 120.
[23] *Busse von Colbe/Ordelheide* S. 121.
[24] *ADS* RdNr. 28.
[25] *WPH* M RdNr. 192; *Möhlmann/Diethard* BB 1996, 206 ff.
[26] *ADS* RdNr. 30.
[27] *ADS* RdNr. 32.
[28] *Krawitz* WPg 1996, 349.

III. Begründungspflicht im Anhang

Für jedes der in § 296 aufgeführten **Einbeziehungswahlrechte** ist die Inanspruchnahme **im Konzernanhang zu begründen** (Abs. 3). Die entsprechenden **Einzelabschlüsse sind auch nicht offenlegungspflichtig,** wenn sie nicht nach anderen Vorschriften offen zu legen sind.[29] Die bloße Bezugnahme auf die gesetzliche Vorschrift reicht nicht aus. Es ist anzugeben, welche konkreten Gründe die Inanspruchnahme des Wahlrechts rechtfertigen. Falls mehrere Tochterunternehmen vom gleichen Grund betroffen sind, können sie zusammengefasst werden. Auch wenn die Begründung zu Nachteilen für das Tochterunternehmen führen könnte, ist die Begründungspflicht nicht ausgeschlossen. Die Schutzklausel des § 313 Abs. 3 S. 1 gilt nicht.[30]

28

IV. Bewertung nach der Equity-Methode

Obwohl dies im Gesetz nicht ausdrücklich festgestellt ist, kommt grundsätzlich die **Equity-Methode für die Bewertung von nicht konsolidierten Tochtergesellschaften** in Frage.[31]

29

Es ist in jedem Fall zu prüfen, ob die Voraussetzungen des § 311 vorliegen. Die Nichtkonsolidierung begründet also weder eine Pflicht zur Equity-Bewertung noch schließt sie diese aus.

30

V. Folgen der Nichtbeachtung

Eine Verletzung des § 296 wird im Gesetz nicht explizit sanktioniert. Wird ein Tochterunternehmen – gestützt auf § 296 – fälschlicherweise nicht einbezogen, so ist darin ein Verstoß gegen § 294 Abs. 1 zu sehen (vgl. dazu die Erläuterungen unter § 294 RdNr. 18). Daneben kommt im Einzelfall eine Verletzung des § 297 Abs. 2 in Betracht (vgl. dazu die Erläuterungen unter § 297 RdNr. 61 ff.).

31

Dritter Titel. Inhalt und Form des Konzernabschlusses

§ 297[1] Inhalt

(1) [1] Der Konzernabschluß besteht aus der Konzernbilanz, der Konzern-Gewinn- und Verlustrechnung, dem Konzernanhang, der Kapitalflussrechnung und dem Eigenkapitalspiegel. [2] Er kann um eine Segmentberichterstattung erweitert werden.

(2) [1] Der Konzernabschluß ist klar und übersichtlich aufzustellen. [2] Er hat unter Beachtung der Grundsätze ordnungsmäßiger Buchführung ein den tatsächlichen Verhältnissen entsprechendes Bild der Vermögens-, Finanz- und Ertragslage des Konzerns zu vermitteln. [3] Führen besondere Umstände dazu, daß der Konzernabschluß ein den tatsächlichen Verhältnissen entsprechendes Bild im Sinne des Satzes 2 nicht vermittelt, so sind im Konzernanhang zusätzliche Angaben zu machen. [4] Die gesetzlichen Vertreter eines Mutterunternehmens, das Inlandsemittent im Sinne des § 2 Abs. 7 des Wertpapierhandelsgesetzes und keine Kapitalanlagegesellschaft im Sinne des § 327 a ist, haben bei der Unterzeichnung schriftlich zu versichern, dass nach bestem Wissen der Konzernabschluss ein den tatsächlichen Verhältnissen entsprechendes Bild im Sinne des Satzes 2 vermittelt oder der Konzernanhang Angaben nach Satz 3 enthält.

(3) [1] Im Konzernabschluß ist die Vermögens-, Finanz- und Ertragslage der einbezogenen Unternehmen so darzustellen, als ob diese Unternehmen insgesamt ein einziges Unternehmen wären. [2] Die auf den vorhergehenden Konzernabschluß angewandten Konsolidierungsmethoden sollen beibehalten werden. [3] Abweichungen von Satz 2 sind in Ausnahmefällen zulässig. [4] Sie sind im Konzernanhang anzugeben und zu begründen. [5] Ihr Einfluß auf die Vermögens-, Finanz- und Ertragslage des Konzerns ist anzugeben.

---

[29] *WPH* M RdNr. 196.
[30] *Förschle/Deubert* BeBiKo RdNr. 42 f.
[31] *WPH* M RdNr. 197.
[1] Abs. 1 neu gefasst durch das Gesetz zur Einführung internationaler Rechnungslegungsstandards und zur Sicherung der Qualität der Abschlussprüfung (Bilanzrechtsreformgesetz – BilReG) vom 4. Dezember 2004. Zur erstmaligen Anwendung s. Art. 58 EGHBG. Abs. 2 S. 4 ergänzt durch das Transparenzrichtlinie-Umsetzungsgesetz vom 5. Januar 2007. Zur erstmaligen Anwendung s. Art. 62 EGHGB.

Schrifttum: (ohne die Einzelbeiträge in den verschiedenen Handbüchern der Rechnungslegung); *Böcking/Benecke*, Der Entwurf des DRSC zur Segmentberichterstattung „E-DRS 3", WPg 1999, 839; *Busse von Colbe*, Eigenkapitalveränderungsrechnung nach dem E-DRS 7, BB 2000, 2405; *Dusemond*, Ausprägungen und Reichweite des Stetigkeitsgrundsatzes im Konzern, WPg 1994, 721; *IDW*, St/HFA 1/1995, Die Kapitalflußrechnung als Ergänzung des Jahres- und Konzernabschlusses, WPg 1995, 210; *v. Wysocki*, DRS 2: Neue Regeln des Deutschen Rechnungslegungs Standards Committee zur Aufstellung von Kapitalflußrechnungen, DB 1999, 2373.

Übersicht

	RdNr.		RdNr.
I. Allgemeine Grundsätze	1–4	V. Darstellung und Entwicklung des Konzerneigenkapitals	44–48
II. Bestandteile des Konzernabschlusses	5–9	1. Grundlagen und Aufgabe	44
III. Konsolidierungsgrundsätze	10–33	2. Inhalt des Konzerneigenkapitalspiegels	45–48
1. Klarheit und Übersichtlichkeit	10–16	VI. Segmentberichterstattung	49–55
2. Generalnorm	17–20a	1. Grundlagen	49
3. Fiktion der rechtlichen Einheit	21–23	2. Aufgabe	50
4. Stetigkeit der Konsolidierungsmethoden	24–33	3. Segmentierungsgrundsätze	51, 52
a) Stetigkeitsgebot und Ausnahmen	24–30	4. Angabepflichten	53, 54
b) Angabepflichten im Anhang	31–33	5. Ermittlung der Segmentdaten	55
IV. Kapitalflussrechnung	34–43	VII. Angaben zu nahe stehenden Personen	56–60
1. Grundlagen	34	1. Grundlagen und Aufgabe	56, 57
2. Aufgaben und Grundsätze	35, 36	2. Kreis der nahe stehenden Personen	58
3. Abgrenzung des Finanzmittelfonds	37	3. Angabepflichten	59, 60
4. Aufstellungstechniken der Kapitalflussrechnung	38–40	VIII. Folgen der Nichtbeachtung	61–63
5. Währungsumrechnung	41		
6. Veränderungen des Konsolidierungskreises	42		
7. Ergänzende Angaben	43		

I. Allgemeine Grundsätze

1 Der Konzernabschluss besteht aus den Teilen **Konzernbilanz, Konzern-Gewinn- und Verlustrechnung, Konzernanhang, Kapitalflussrechnung und dem Eigenkapitalspiegel** (Abs. 1 S. 1). Ferner kann der Konzernabschluss gem. Abs. 1 S. 2 um eine Segmentberichterstattung erweitert werden. Da sie laut Gesetz eine Einheit bilden, gelten alle Aufstellungs-, Prüfungs- und Offenlegungspflichten für die Bestandteile zugleich.

2 Obwohl das Gesetz in Abs. 3 verlangt, dass der Konzernabschluss ein den tatsächlichen Verhältnissen entsprechendes Bild der Vermögens-, Finanz- und Ertragslage *(true and fair view)* wiedergibt, wurde ein **gesondertes Instrument** für die Darstellung der **Finanzlage** entgegen internationalen erst durch das BilReG für alle Mutterunternehmen verpflichtend eingeführt. Erst im Rahmen des BilReG wurden die Kapitalflussrechnung und darüber hinaus der Eigenkapitalspiegel für alle Mutterunternehmen zu Pflichtbestandteilen erklärt und sind für alle nach dem 31. 12. 2004 beginnenden Geschäftsjahre in den Konzernabschluss aufzunehmen (Art. 58 Abs. 3 EGHGB).

Die Kapitalflussrechnung ist nach DRS 2, der Eigenkapitalspiegel nach DRS 7 aufzustellen.

3 Der Jahresabschluss eines wirtschaftlich selbstständigen Unternehmens, das nicht unter der einheitlichen Leitung eines Mutterunternehmens steht, hat sowohl Zahlungsbemessungsfunktion (Anteilseigner, Fiskus) als auch Informationsfunktion. Der Konzernabschluss hat dagegen ausschließlich Informationsfunktion.[2] Insofern sind die Grundsätze der **Klarheit und Übersichtlichkeit** (Abs. 2) und das Gebot der **Stetigkeit** bei der Anwendung von Konsolidierungsmethoden (Abs. 3 S. 2) von besonderer Bedeutung.[3]

4 Die Rechnungslegung für Konzerne ist vorgeschrieben für rechtlich selbstständige, jedoch wirtschaftlich zusammengeschlossene Unternehmen. Daraus ergibt sich, dass eine Rechnungslegung für das Gesamtgebilde entweder mit der Fiktion der wirtschaftlichen Selbstständigkeit der Konzernunternehmen arbeiten kann (zB Abhängigkeitsbericht im faktischen Konzern nach § 311 AktG) oder mit der Fiktion der rechtlichen Einheit. Diese Fiktion liegt der Konzernrechnungslegung nach HGB zugrunde (Abs. 3 S. 1).[4]

---

[2] *v. Wysocki/Wohlgemuth* S. 4.
[3] *Heymann* RdNr. 13 und 24.
[4] *Busse von Colbe/Ordelheide* S. 24 f.; aA *ADS* RdNr. 40.

II. Bestandteile des Konzernabschlusses

Gem. Abs. 1 besteht der Konzernabschluss aus den fünf Pflichtbestandteilen Konzernbilanz, Konzern-Gewinn- und Verlustrechnung, Konzernanhang, Kapitalflussrechnung und Eigenkapitalspiegel, die gemeinsam **eine Einheit** bilden. Der **Konzernanhang** ist durch die 7. EU-RL ein **gleichrangiges Informationsinstrument** geworden. In bestimmten Fällen ist es freigestellt, eine Information entweder in der Konzernbilanz bzw. in der Konzern-Gewinn- und Verlustrechnung oder im Anhang zu geben. Die Generalnorm wird so verstanden, dass der **Konzernabschluss insgesamt ein den tatsächlichen Verhältnissen entsprechendes Bild der Vermögens-, Finanz- und Ertragslage** herzustellen hat.[5]

Im Rahmen des BilReG wurde § 297 dahingehend modifiziert, dass eine Kapitalflussrechnung und ein Eigenkapitalspiegel zu eigenständigen Pflichtbestandteilen für alle Mutterunternehmen erklärt wurden. Daneben steht es dem jeweiligen Unternehmen frei den Konzernabschluss um eine Segmentberichterstattung zu erweitern.

Sowohl das Instrument der Segmentberichterstattung als auch die Kapitalflussrechnung sind **Informationsinstrumente,** die der Gesetzgeber in Anlehnung an angelsächsische und internationale Grundsätze der Berichterstattung übernommen hat. Da der Gesetzgeber **keinerlei Vorgaben zur Ausgestaltung** der Kapitalflussrechnung und der Segmentberichterstattung gemacht hat, wird diese Aufgabe von dem durch § 342 geschaffenen privaten Rechnungslegungsgremium DRSC wahrgenommen. Der DRSC hat dazu den Deutschen Rechnungslegungsstandard (DRS) Nr. 2 „Kapitalflussrechnung" verabschiedet, der Mutterunternehmen, die einen Konzernabschluss gem. § 290 HGB bzw. § 11 PublG aufstellen, verpflichtet, bei der Erstellung der Kapitalflussrechnung die Regelungen des DRS 2 anzuwenden. Unternehmen, die freiwillig eine Kapitalflussrechnung aufstellen, wird die Anwendung des DRS 2 empfohlen (DRS 2.3).

Der Standardisierungsrat des DRSC hat weiterhin den Deutschen Rechnungslegungsstandard Nr. 3 (DRS 3) verabschiedet, der die inhaltliche Ausgestaltung der Segmentberichterstattung regelt. Dieser Standard ist für Konzernabschlüsse von Mutterunternehmen, die einen Konzernabschluss nach § 290 aufstellen, verpflichtend anzuwenden.

Im Zuge des BilReG hat der Gesetzgeber die Pflicht zur Erstellung eines Eigenkapitalspiegels auf alle Mutterunternehmen ausgedehnt. Gem. Art. 58 Abs. 3 S. 1 EGHGB greift diese Verpflichtung für alle nach dem 31. 12. 2004 beginnenden Geschäftsjahre. Zur Konkretisierung dieser Norm hat der Standardisierungsrat des DRSC den Deutschen Rechnungslegungsstandard Nr. 7 (DRS 7) „Konzerneigenkapital und Konzerngesamtergebnis" verabschiedet, der nach DRS 7.1 b für alle Mutterunternehmen gilt, die nach § 290 HGB zur Aufstellung eines Konzernabschlusses verpflichtet sind. Unternehmen, die für den Konzernabschluss nach § 11 PublG freiwillig einen Eigenkapitalspiegel erstellen, sollen gem. DRS 11.1 c ebenfalls diesen Standard befolgen. Er regelt die systematische Darstellung der Entwicklung des Konzerneigenkapitals und des Konzernergebnisses in einem in den Konzernanhang aufzunehmenden Konzerneigenkapitalspiegel.

Darüber hinaus hat der DSR am 18. 1. 2002 den Deutschen Rechnungslegungsstandard Nr. 11 „Berichterstattung über Beziehungen zu nahe stehenden Personen" veröffentlicht.[6] In Anlehnung an die international übliche Vorgehensweise, Geschäftsvorfälle mit „Related Parties" offen zu legen, empfiehlt der DRS 11 nicht-kapitalmarktorientierten Mutterunternehmen und kapitalmarktorientierten Unternehmen, die lediglich einen Jahresabschluss aufstellen, im Anhang **Angaben zu nahe stehenden Personen** zu machen.

III. Konsolidierungsgrundsätze

1. Klarheit und Übersichtlichkeit. Der in Abs. 2 S. 1 formulierte Grundsatz der Klarheit und Übersichtlichkeit entspricht dem Grundsatz für den Jahresabschluss, der in § 243 Abs. 2 kodifiziert ist. Er konkretisiert sich zudem in einer Reihe von Einzelvorschriften (§§ 266 und 275, 244 bis 247 Abs. 2, 248 bis 253, 255, 256), die nach § 298 Abs. 1 auch für den Konzernabschluss gelten.

Klarheit- und Übersichtlichkeit der Konzernbilanz und der Konzern-Gewinn- und Verlustrechnung ergeben sich aus der zwingenden Vorschrift, dass die **Gliederungsschemata für große Kapitalgesellschaften** anzuwenden sind. Es ist sicherzustellen, dass diese bei allen Konzernunternehmen angewandt werden und dass gleiche Geschäftsvorfälle ihren Niederschlag in gleichen Positio-

---

[5] ADS RdNr. 7; Erl. § 264 RdNr. 26 ff.
[6] DRS 11 geändert durch DRÄS 1 (verabschiedet am 7. 11. 2003) und DRÄS 3 (verabschiedet am 15. 7. 2005).

nen der Bilanz und der Gewinn- und Verlustrechnung finden. Dies wird insbesondere durch konzerneinheitliche Kontenpläne bzw. Überleitungsvorschriften verwirklicht.[7]

12 Falls Unternehmen zum Konzern gehören, die einer **branchenspezifischen Gliederung** zu folgen haben, ist die Konzerngliederung ggf. um zusätzliche Positionen zu erweitern. Möglicherweise kann es genügen, branchenspezifische Sachverhalte in „sonstigen" Positionen auszuweisen, zB sonstige betriebliche Erträge. Wesentliche Positionen sind im Anhang zu erläutern und aufzugliedern.

13 Der Gesetzgeber hat keine Regelung vorgesehen für **konsolidierungsspezifische Sonderposten** (zB Ausgleichsposten für Anteile anderer Gesellschafter § 307). Diese Posten sind daher sachgerecht und eindeutig zu bezeichnen und an geeigneter Stelle in das Gliederungsschema einzufügen. Aus der Postenbezeichnung muss der Inhalt unmittelbar deutlich werden.[8]

14 Der **Grundsatz der Klarheit** gilt auch für den Konzernanhang als Teil des Konzernabschlusses. Die optische Gestaltung muss die Klarheit der Darstellung unterstützen. Wenn Angaben aus der Konzernbilanz oder aus der Konzern-Gewinn- und Verlustrechnung in den Anhang verlagert werden, müssen sie eindeutig identifizierbar und den entsprechenden Positionen zuzuordnen sein.[9]

15 Die **Rundung von Beträgen,** die zB eine Darstellung in vollen Tausend oder vollen Millionen Euro ermöglicht, wird vom Klarheitsgrundsatz gedeckt, sofern keine wesentlichen Informationen verloren gehen.

16 Auch ein Übermaß an **freiwilligen Angaben** ist zu vermeiden. Es widerspricht zum einem dem Grundsatz der Wesentlichkeit und birgt außerdem die Gefahr, die Sicht auf relevante Informationen zu verstellen.

17 **2. Generalnorm.** Die Generalklausel des Abs. 2 S. 2 lautet, dass der Konzernabschluss unter Beachtung der Grundsätze ordnungsmäßiger Buchführung ein den tatsächlichen Verhältnissen entsprechendes Bild der Vermögens-, Finanz- und Ertragslage vermitteln muss.

18 Dies entspricht dem § 264 Abs. 2 für den Jahresabschluss. Wegen des **Fehlens des Einflusses rein steuerlich bedingter Bilanzierung und Bewertung** besteht im Konzernabschluss eher die Möglichkeit, den *true and fair view* zu verwirklichen.[10]

19 In Art. 16 Abs. 2 der 7. EU-RL war darüber hinaus vorgesehen und nicht in deutsches Recht übernommen worden, dass von gesetzlichen Vorschriften abgewichen werden muss, wenn dies notwendig ist, um einen *true and fair view* herzustellen. Darin verdeutlicht sich die **Bedeutung der Generalklausel** als aus der angelsächsischen Rechtstradition stammendes *overriding principle*. Die **Generalklausel** wird in Deutschland so interpretiert, dass sie als Auslegungsmaßstab für Einzelregelungen und bei der Schließung von Gesetzeslücken heranzuziehen ist.[11] Gem. Abs. 2 S. 3 sind zusätzliche **Angaben im Anhang** notwendig, wenn den Informationsanforderungen nicht genügt wird. Diese Angaben sollen dazu führen, dass der **Konzernabschluss insgesamt der Generalklausel entspricht.**[12]

20 Die Generalklausel verweist auf die Grundsätze ordnungsmäßiger Buchführung. Es muss davon ausgegangen werden, dass neben den GoB für die Jahresabschlüsse spezielle **Grundsätze ordnungsmäßiger Konsolidierung** formuliert werden müssen.[13]

20a Durch das TUG wurde Abs. 2 um Satz 4 ergänzt. Danach haben die gesetzlichen Vertreter des Mutterunternehmens mit Wirkung für Geschäftsjahre, die nach dem 31. Dezember 2006 beginnen, bei Unterzeichnung eine Versicherung abzugeben, dass der Konzernabschluss nach bestem Wissen ein den tatsächlichen Verhältnissen entsprechendes Bild im Sinne von § 297 Abs. 2 Satz 2 vermittelt oder dass entsprechende Angaben nach § 297 Abs. 2 S. 3 enthalten sind, falls dies nicht der Fall ist.

21 **3. Fiktion der rechtlichen Einheit.** Im Konzernabschluss ist die Vermögens-, Finanz- und Ertragslage so darzustellen, als ob diese Unternehmen insgesamt ein einziges Unternehmen wären (Abs. 3 S. 1).

22 Die **Einheitstheorie** („als ob diese Unternehmen ein einziges Unternehmen wären") konkretisiert die Generalnorm (Darstellung der Vermögens-, Finanz- und Ertragslage) und ist daher in allen Zweifelsfällen zur Klärung heranzuziehen.[14]

---

[7] *Busse von Colbe/Ordelheide* S. 43.
[8] *Baetge/Kirsch* HdRKo RdNr. 16 ff.
[9] ADS RdNr. 13.
[10] *Heymann* RdNr. 16.
[11] *Busse von Colbe/Ordelheide* S. 35 f.
[12] *Baetge/Kirsch* HdRKo RdNr. 23.
[13] ADS RdNr. 31 f.; *Busse von Colbe/Ordelheide* S. 55 f.
[14] *Budde/Lust* BeBiKo RdNr. 190 ff.

Die **Grundsätze ordnungsmäßiger Konsolidierung** müssen in Zweifelsfragen, die das Gesetz 23 offen lässt, gewährleisten, dass die Vermögens-, Finanz- und Ertragslage des Konzerns so dargestellt wird, als ob er ein einzelnes rechtlich und wirtschaftlich selbstständiges Unternehmen wäre, das einen (Einzel-)Jahresabschluss vorlegt. Daraus folgt, dass die Methode der Vollkonsolidierung anzuwenden ist. Durch diese werden die Anteilseigner des Mutterunternehmens und andere Anteilseigner (außerhalb des Konzerns stehende Minderheitsgesellschafter) insofern gleich behandelt, als dass sie als Eigenkapitalgeber des Konzerns angesehen werden. Dadurch entsteht die Notwendigkeit, einen Ausgleichsposten für die **Anteile anderer Gesellschafter innerhalb des Konzerneigenkapitals** auszuweisen (§ 307 Abs. 1).[15]

4. Stetigkeit der Konsolidierungsmethoden. a) Stetigkeitsgebot und Ausnahmen. Gem. 24 Abs. 3 S. 2 sollen die **auf den vorhergehenden Konzernabschluss angewandten Konsolidierungsmethoden** beibehalten werden. Die Formulierung als Sollvorschrift ist dahingehend zu interpretieren, dass Methodenstetigkeit grundsätzlich vorgeschrieben ist, in Ausnahmefällen (Abs. 3 S. 3) allerdings davon abgewichen werden kann.[16]

Zu den Konsolidierungsmethoden zählen im Einzelnen: 25
– Kapitalkonsolidierung (§§ 301, 302, 307, 309) mit Minderheitenausweis,
– Schuldenkonsolidierung (§ 303),
– Aufwands- und Ertragskonsolidierung (§ 305),
– Zwischenergebniseliminierung (§ 304).

Da der Begriff „**Konsolidierungsmethoden**" nicht gesetzlich definiert ist und sich in 26 Literatur und Praxis keine einheitliche Definition entwickelt hat, ist es im Sinne der Informationsfunktion des Konzernabschlusses zweckmäßig, eine weite Interpretation zu wählen. Das Stetigkeitsprinzip gilt **umfassend** für die angewandten **Konzernbewertungs- und Umrechnungsmethoden**[17] und für die Darstellung.[18] Auszudehnen ist es außerdem auf die **Equity-Methode** ebenso wie auf die Entscheidung, ob ein **Gemeinschaftsunternehmen** nach der Equity-Methode oder durch die Quotenkonsolidierung in den Konzernabschluss einbezogen wird.[19] Durch das Gesetz lässt sich diese weite Auslegung allerdings kaum begründen.[20] Die strikte Anwendung des Stetigkeitsprinzips ist im Interesse der Informationsfunktion. Sie verbessert die **intertemporale Vergleichbarkeit** der Konzernabschlüsse, da Wahlrechte im Zeitablauf gleich bleibend (zeitliche Stetigkeit) und für alle zu einem Zeitpunkt einbezogene Unternehmen einheitlich (sachliche Stetigkeit) ausgeübt werden.[21]

Vom **Stetigkeitsgebot kann in Ausnahmefällen abgewichen werden** (Abs. 3 S. 3). Wenn 27 dieses Recht in Anspruch genommen wird, ist dies im Anhang zu begründen und es ist darzustellen, welchen Einfluss die Abweichung auf die Vermögens-, Finanz- und Ertragslage hat (Abs. 3 S. 4 u. 5).

Ausnahmen sind zulässig, wenn sie durch den Zweck des Konzernabschlusses gerechtfertigt 28 werden.[22]

Zur Beurteilung, ob ein die Abweichung begründender Ausnahmefall vorliegt, ist zunächst danach 29 zu unterscheiden, ob die Änderung zu einer Verbesserung oder einer Verschlechterung der Darstellung führt. Eine Verbesserung ist jedoch nicht grundsätzlich eine ausreichende Begründung für die Durchbrechung des Stetigkeitsprinzips. Wird dagegen von einer bisher in Anspruch genommenen Vereinfachung der Konsolidierung Abstand genommen, so kann davon ausgegangen werden, dass die Verschlechterung der Information durch die Durchbrechung der Stetigkeit dadurch ausgeglichen wird, dass genauere Information gegeben wird. Für solche Fälle ist die Durchbrechung des Stetigkeitsprinzips zulässig.[23] Nicht zu einer Durchbrechung des Stetigkeitsprinzips zählt eine Methodenänderung, die wegen einer **Änderung des zugrunde liegenden Sachverhalts** notwendig wird.

Auch DRS 13.8 betont, dass eine Durchbrechung des Stetigkeitsgrundsatzes nur in begründeten 30 **Ausnahmefällen** in Betracht kommt. Als solche sind insbesondere anzusehen:
– Änderung der rechtlichen Gegebenheiten (Gesetze, Richtlinien, Rechtsprechung)
– Anpassung an geänderte oder neue DRS

---

[15] *ADS* RdNr. 43.
[16] *Dusemond* WPg 1994, 721 ff.
[17] *Heymann* RdNr. 24 ff.
[18] *Dusemond* WPg 1994, 721 ff.
[19] *ADS* RdNr. 48.
[20] *Busse von Colbe/Ordelheide* S. 52.
[21] *Busse von Colbe/Ordelheide* S. 51.
[22] *Busse von Colbe/Ordelheide* S. 51.
[23] *Fröschle/Lust* BeBiKo RdNr. 202.

− Verbesserung der Darstellung der Vermögens-, Finanz- und Ertragslage bei strukturellen Veränderungen im Konzern
− Anpassung an konzerneinheitliche Bilanzierungsgrundsätze bei der erstmaligen Einbeziehung in den Konzernabschluss.

Daneben sind gem. DRS 13.25 **Fehler aus Vorperioden** zu berichten. Die Auswirkungen aus der Korrektur von Fehlern sind grundsätzlich im Ergebnis der Berichtsperiode zu berücksichtigen. Fehler einer früheren Periode, welche die Darstellung der Vermögens-, Finanz- und Ertragslage beeinträchtigen, erfordern die Änderung der betreffenden Abschlüsse aller Vorperioden, soweit sie nach Feststellung des Fehlers zu veröffentlichen sind oder freiwillig veröffentlicht werden.

31 **b) Angabepflichten im Anhang.** Durch die Erläuterung im Anhang soll der Leser des Konzernabschlusses in die Lage versetzt werden, sich ein Bild davon zu machen, welche Auswirkung die Durchbrechung des Stetigkeitsprinzips auf den Konzernabschluss hat. Dazu reichen verbale Angaben idR nicht aus. Die Unterschiedsbeträge sind zu nennen und die Auswirkung muss quantifiziert werden. Häufig genügen zB Prozentsätze und Näherungsverfahren den Anforderungen. Der Grundsatz der Wesentlichkeit ist zu beachten.

32 Folgende Angaben müssen in den Anhang aufgenommen werden:
− Auf die Abweichung ist hinzuweisen.
− Die bisherige Methode ist zu nennen.
− Die im Berichtsjahr angewandte Methode ist zu nennen und
− der Anwendungsbereich der geänderten Methode ist anzugeben.

33 Für den Leser muss anhand der Begründung ersichtlich sein, dass der Methodenwechsel nicht willkürlich vorgenommen wurde.[24]

DRS 13.28–32 konkretisiert bzw. erweitert dies dahingehend, dass die Bilanzierungsgrundsätze einzeln zu erläutern sind. Ferner sind die Gründe für eine Änderung anzugeben und die Auswirkungen aus der Anwendung eines anderen Bilanzierungsgrundsatzes betragsmäßig einzeln für die betreffenden Bilanzposten darzustellen. Für die maßgeblichen Posten der Vorjahresabschlüsse sind Proforma-Angaben (Abschlusszahlen der Vorperioden, die an geänderte Bilanzierungsgrundsätze angepasst wurden) zu machen und zu erläutern, soweit die Angaben nicht bereits im Abschluss selbst gemacht wurden. Bei Änderungen von Schätzungen, die sich auf die Vermögens-, Finanz- und Ertragslage auswirken, sind deren Auswirkungen für die Berichtsperiode betragsmäßig anzugeben und zu erläutern. Auf Auswirkungen in Folgeperioden ist hinzuweisen.

IV. Kapitalflussrechnung

34 **1. Grundlagen.** Die durch BilReG in Abs. 1 S. 1 eingefügte Verpflichtung, den Konzernabschluss um eine Kapitalflussrechnung (KFR) zu erweitern, dient dem Ziel, den nach den Vorschriften des HGB aufgestellten Konzernabschluss an den international üblichen Umfang der Berichterstattung in Konzernabschlüssen anzupassen.[25] Der **DRS 2,** der die Ausgestaltung der Kapitalflussrechnung regelt, lehnt sich stark an **internationale Standards** an. Hierbei handelt es sich um die seit 1988 geltenden US-amerikanischen SFAS 95 „Statement of Cash Flows" sowie den im Jahre 1992 vom IASC überarbeiteten IAS 7 „Cash Flow Statements". Durch diese Überarbeitung haben sich die beiden Standards in starkem Maße angenähert. IAS 7 (rev. 1992) ist daher durch die SEC ausdrücklich anerkannt worden. Da sich die beiden Standards jedoch in einigen Details unterscheiden, versucht der DRS 2 eine vermittelnde Position einzunehmen, um die Kompatibilität mit beiden Standards zu gewährleisten.[26] Dabei wird das **Kompatibilitätsproblem** bezüglich der Abgrenzung des Finanzmittelfonds und des Bereichs der laufenden Geschäftstätigkeit durch die Einräumung von Wahlrechten bezüglich des Umfangs und des Inhalts der zusätzlichen Angaben durch ein „Meistregelungsprinzip" gelöst.[27]

35 **2. Aufgaben und Grundsätze.** Nach DRS 2.1 ist es Aufgabe der KFR, ergänzende Informationen über die Fähigkeiten des Unternehmens, künftige finanzielle Überschüsse zu erwirtschaften, jederzeit seinen fälligen Zahlungsverpflichtungen nachkommen zu können und Gewinne an die Anteilseigner auszuschütten, zu geben. Dazu soll die KFR Zahlungsströme der Berichtsperiode

---

[24] *ADS* RdNr. 60.
[25] *WPH* M RdNr. 724.
[26] *WPH* M RdNr. 727.
[27] *v. Wysocki* DB 1999, 2374.

darstellen und darlegen, wie das Unternehmen Finanzmittel erwirtschaftet hat und welche Investitions- und Finanzierungsmaßnahmen vorgenommen wurden.[28]

Zur Realisierung dieser Zielsetzung sind folgende Grundsätze bei der Erstellung der Kapitalflussrechnung zu beachten:

– Mindestgliederung: Die Zahlungsströme der KFR sind mindestens den betrieblichen Bereichen laufende Geschäftstätigkeit, Investitionstätigkeit und Finanzierungstätigkeit zuzuordnen (DRS 2.7).
– Grundsatz der Nachprüfbarkeit: Die KFR ist aus dem Rechnungswesen und der daraus nach national oder international anerkannten Grundsätzen erstellten Bilanz und Gewinn- und Verlustrechnung abzuleiten (DRS 2.11).
– Grundsatz der Stetigkeit: Die Abgrenzung des Finanzmittelfonds und die Abgrenzung zwischen den Bereichen laufende Geschäftstätigkeit, Investition und Finanzierung ist beizubehalten und die Vergleichszahlen der Vorperiode sind beizufügen (DRS 2.10).
– Grundsatz der Wesentlichkeit: Vorgänge von wesentlicher Bedeutung sind innerhalb der Bereiche stets gesondert auszuweisen (DRS 2.25, 2.32, 2.35).
– Staffelform: Die KFR ist in Staffelform darzustellen (DRS 2.10).
– Bruttoprinzip: Einzahlungen und Auszahlungen sind unsaldiert auszuweisen, ausnahmsweise ist eine Saldierung bei hoher Umschlagshäufigkeit, großen Beträgen und kurzen Laufzeiten möglich (DRS 2.15).

3. Abgrenzung des Finanzmittelfonds. Die KFR soll nach DRS 2.7 die Veränderung des Finanzmittelfonds als Summe der Zahlungsströme aus den drei Tätigkeitsbereichen nach gesonderter Berücksichtigung von nicht zahlungswirksamen wechselkursbedingten und sonstigen Wertänderungen darstellen. In den Finanzmittelfonds ist der Bestand an Zahlungsmitteln und **Zahlungsmitteläquivalenten** (als Liquiditätsreserve gehaltene kurzfristige, äußerst liquide Finanzmittel, die jederzeit in Zahlungsmittel umgewandelt werden können und nur unwesentlichen Wertschwankungen unterliegen) einzubeziehen. DRS 2.19 gewährt das Wahlrecht, den Finanzmittelfonds mit jederzeit fälligen Bankverbindlichkeiten, soweit sie zur Disposition der liquiden Mittel gehören, zu saldieren.

4. Aufstellungstechniken der Kapitalflussrechnung. Die Ermittlung der Zahlungsströme kann gemäß DRS 2.12 entweder **derivativ** als Ableitung aus den Posten der Bilanz und Gewinn- und Verlustrechnung oder **originär** durch unmittelbare Erfassung der Einzelnen zahlungswirksamen Geschäftsvorfälle erfolgen. In der Praxis wird zumindest für den Cash Flow aus laufender Geschäftstätigkeit die derivative Ermittlung vorgezogen.[29]

Die **Darstellung der Zahlungsströme** kann **direkt** durch unsaldierten Ausweis der Ein- und Auszahlung oder indirekt erfolgen. Ein Wahlrecht zur indirekten Darstellung gewährt der DRS 2 in RdNr. 24 nur für den Zahlungsstrom aus laufender Geschäftstätigkeit. Bei der indirekten Darstellung wird der Zahlungsstrom retrograd ermittelt, indem das Periodenergebnis um zahlungsunwirksame Aufwendungen und Erträge, Bestandsveränderungen bei Posten des Nettoumlaufvermögens und Posten, die der Investitions- und Finanzierungstätigkeit zuzuordnen sind, korrigiert wird.

Die **Konzern-KFR** kann darüber hinaus nach DRS 2.13 statt aus der Konzernbilanz und Konzern-Gewinn- und Verlustrechnung auch durch Konsolidierung der KFR der einbezogenen Tochterunternehmen ermittelt werden. Dabei ist zunächst eine KFR für jedes der einbezogenen Tochterunternehmen zu erstellen. Die Konsolidierung kann dann entweder auf der Ebene der Tochterunternehmen oder zentral in einer durch Zusammenfassung der Rechnungen der einbezogenen Unternehmen ermittelten Summenkapitalflussrechnung erfolgen.[30]

5. Währungsumrechnung. Nach DRS 2.22 sind Zahlungen der einbezogenen Unternehmen in Fremdwährung grundsätzlich mit den zum Zahlungszeitpunkt gültigen Wechselkursen in die Berichtswährung des Konzerns umzurechnen. Vereinfachend lässt DRS 2.22 jedoch zu, die Umrechnung mit Durchschnittskursen vorzunehmen, wenn diese näherungsweise den tatsächlichen Transaktionskursen zum Zahlungszeitpunkt entsprechen.

6. Veränderungen des Konsolidierungskreises. Veränderungen des Konsolidierungskreises durch Erwerb oder Verkauf von Anteilen wirken sich sowohl über den Abfluss bzw. Zufluss liquider Mittel in Höhe des Kaufpreises als auch über die übernommenen bzw. abgegebenen Finanzmittel des zu konsolidierenden bzw. bisher konsolidierten Unternehmens auf die Finanzlage des Konzerns aus.

---

[28] Vgl. *WPH* M RdNr. 728.
[29] MünchKommHGB/*Busse von Colbe* RdNr. 24.
[30] *WPH* M RdNr. 749.

DRS 2.44 legt fest, dass Zahlungsströme aus Anteilserwerben oder -verkäufen in der KFR als Saldo der genannten Größen im Bereich der Investitionstätigkeit auszuweisen sind.

43 **7. Ergänzende Angaben.** Neben den genannten Angaben sind im DRS 2 eine Reihe von gesonderten und ergänzenden Angaben zur KFR vorgesehen. Das Kompatibilitätsproblem mit den internationalen Standards hat der DSR hier dadurch gelöst, dass er nicht nur die Pflichtangaben, die in SFAS 95 und IAS 7 enthalten sind, sondern darüber hinaus Zusatzangaben, die nur in einem der beiden Standards geregelt sind, übernommen hat.[31] So sind zB nach DRS 2.52 e) zum Erwerb und zum Verkauf von Unternehmen und sonstigen Geschäftseinheiten Angaben zum Gesamtbetrag aller Kauf- und Verkaufspreise, aller Kaufpreis- und Verkaufspreisanteile, die Zahlungsmittel oder Zahlungsmitteläquivalent sind, und aller mit dem Unternehmen erworbenen und verkauften Bestände an Zahlungsmitteln und Zahlungsmitteläquivalenten sowie nach Hauptposten gegliederten Vermögensgegenstände und Schulden zu machen. Darüber hinaus enthält der DRS 2 Angabepflichten, die in keinem der beiden Referenzstandards enthalten sind,[32] wie zB die gesonderte Angabe von Einzahlungen aus Eigenkapitalzuführungen von und Auszahlungen an Minderheitsgesellschafter nach DRS 2.51, sowie die Aufgliederung der Investitionszahlungssysteme nach immateriellen Vermögenswerten, Sachanlagen und Finanzanlagen.

V. Darstellung und Entwicklung des Konzerneigenkapitals

44 **1. Grundlagen und Aufgabe.** Seit Inkrafttreten des BilReG besteht der Konzernabschluss neben den weiteren Bestandteilen verpflichtend auch aus einem Eigenkapitalspiegel. Konkretisiert wird diese gesetzliche Verpflichtung durch den am 3. 4. 2001 vom DRSC verabschiedeten DRS 7 „Konzerneigenkapital und Konzerngesamtergebnis", der durch DRÄS 1 bzw. 3 jeweils an die veränderten gesetzlichen Bestimmungen angepasst wurde. Inhalt des DRS 7, der nach DRS 7.1 b für alle Mutterunternehmen gilt, die nach § 290 HGB oder § 11 PublG zur Aufstellung eines Konzernabschlusses verpflichtet sind, ist die Verpflichtung zur systematischen Darstellung der Entwicklung des Konzerneigenkapitals und des Konzerngesamtergebnisses in einem **Konzerneigenkapitalspiegel** (KEK). Da die Veränderung des Konzerneigenkapitals für den Abschlussadressaten aus der Konzernbilanz und Konzern-Gewinn- und Verlustrechnung nicht in vollem Umfang nachvollziehbar ist, wird nach den internationalen Rechnungslegungsstandards üblicherweise die Veröffentlichung einer Eigenkapitalveränderungsrechnung vorgenommen.[33] Der DRS 7 geht jedoch noch über die Vorschriften nach IAS und US-GAAP hinaus, indem er mit dem KEK ein bestimmtes Format für die Darstellung der Veränderung des Konzerneigenkapitals vorschreibt.[34]

45 **2. Inhalt des Konzerneigenkapitalspiegels.** Im KEK sind die **Entwicklung des Eigenkapitals** und die **Überleitung des** in der Konzern-Gewinn- und Verlustrechnung ermittelten **Konzernergebnisses** auf ein Konzerngesamtergebnis für das Mutterunternehmen und die Minderheitsgesellschafter getrennt darzustellen. Dabei ist nach DRS 7.7 für das Eigenkapital des Mutterunternehmens die Veränderung folgender Posten aufzuzeigen:

+ gezeichnetes Kapital
+ Kapitalrücklage
− nicht eingeforderte ausstehende Einlagen
+ erwirtschaftetes Konzerneigenkapital (gemäß DRS 7.5 Gewinnrücklagen, Ergebnisvortrag und Jahresüberschuss/-fehlbetrag des Mutterunternehmens sowie auf das Mutterunternehmen entfallende kumulierte einbehaltene Jahresergebnisse der Tochterunternehmen und kumulierte Beträge aus ergebniswirksamen Konsolidierungsvorgängen)
− eigene Anteile, die zur Einziehung bestimmt sind
+ kumuliertes übriges Konzernergebnis, soweit es auf das Mutterunternehmen entfällt (gemäß DRS 7.5 Eigenkapitalveränderungen des Geschäftsjahres, die nicht in der Gewinn- und Verlustrechnung zu erfassen sind und nicht auf Ein- und Auszahlungen auf der Ebene der Gesellschafter beruhen)
− eigene Anteile, die nicht zur Einziehung bestimmt sind
= Eigenkapital des Mutterunternehmens

---
[31] *v. Wysocki* DB 1999, 2376.
[32] *v. Wysocki* DB 1999, 2376.
[33] *Busse von Colbe* BB 2000, 2405.
[34] *Busse von Colbe* BB 2000, 2405.

Dem so ermittelten Eigenkapital des Mutterunternehmens ist das **Eigenkapital der Minder-** 46
heitsgesellschafter, unterteilt nach Minderheitenkapital und kumuliertem übrigem Konzernergebnis, soweit es auf die Minderheitsgesellschafter entfällt, hinzuzufügen.

Für die Darstellung im KEK sind nach DRS 7 die **eigenen Anteile** generell offen vom Eigen- 47
kapital abzusetzen. Damit entspricht das Eigenkapital des Mutterunternehmens internationalen Rechnungslegungsgrundsätzen, weicht jedoch von der Konzernbilanz ab, da nach den gesetzlichen Vorschriften eine offene Absetzung der eigenen Anteile nur in den in § 71 Abs. 1 Nr. 6 und 8 AktG, § 272 Abs. 1 S. 4 HGB genannten Sonderfällen möglich ist.

Nach DRS 7.3 ist der KEK für das Berichtsjahr und das Vorjahr aufzustellen, das Gliederungs- 48
schema ist nach DRS 7.8 bis 7.10 gegebenenfalls rechtsform- und branchenspezifischen Besonderheiten anzupassen.

VI. Segmentberichterstattung

1. Grundlagen. Bis zur Einführung des KonTraG war die Segmentberichterstattung (SegBE) im 49
Konzernanhang der nach den handelsrechtlichen Grundsätzen erstellten Konzernabschlüsse nach § 314 Abs. 1 Nr. 3 auf „die Aufgliederung der Umsatzerlöse nach Tätigkeitsbereichen sowie nach geographisch bestimmten Märkten" beschränkt.[35] Um den Anforderungen an eine kapitalmarktorientierte Rechnungslegung zu genügen und eine Anpassung an den international üblichen Umfang der Berichterstattung zu erreichen, hatte der Gesetzgeber im Rahmen des KonTraG für börsennotierte Mutterunternehmen die Verpflichtung eingefügt, den Konzernanhang um eine SegBE zu erweitern. Im Zuge des TransPuG wurde eine SegBE verpflichtend für alle Mutterunternehmen, die einen organisierten Markt iSd. § 2 Abs. 5 WpHG durch die Ausgabe von Wertpapieren in Anspruch nahmen oder die Zulassung solcher Wertpapiere zum Handel an einem organisierten Markt beantragt hatten. Durch das BilReG wurde diese Bestimmung unter Berücksichtigung des Anwendungsbereichs des § 315a dahingehend modifiziert, dass eine Verpflichtung zur SegBE für Mutterunternehmen im Rahmen des § 297 nicht mehr vorgeschrieben wird. Optional kann der Konzernabschluss allerdings um eine SegBE erweitert werden.

Die Regelung der Ausgestaltung der SegBE hat der Gesetzgeber dem Deutschen Standardisierungsrat überlassen, der am 20. 12. 1999 den **DRS 3 „Segmentberichterstattung"** verabschiedet hat.[36] Der DRS 3 lehnt sich stark an internationale Standards an, weist jedoch Abweichungen von dem 1997 vom IASC überarbeiteten IAS 14 „Financial Reporting for Segments of a Business Enterprise" und dem ebenfalls im Jahre 1997 überarbeiteten US-amerikanischen SFAS 131 „Disclosures about Segments of an Enterprise and Related Information" auf.

2. Aufgabe. Die SegBE trägt der zunehmenden Bedeutung der **Informationsfunktion** Rech- 50
nung. Gegenüber den im Konzernabschluss aggregierten Informationen soll die SegBE durch Disaggregation einzelner Posten Informationen über die wesentlichen Geschäftsfelder eines Unternehmens bereitstellen und den Adressaten einen verbesserten Einblick in die Vermögens-, Finanz- und Ertragslage sowie in die Risikosituation der einzelnen Unternehmensbereiche ermöglichen.[37]

3. Segmentierungsgrundsätze. DRS 3.9 legt fest, dass die Segmentierung primär anhand der 51
operativen Segmente des Unternehmens zu erfolgen hat. Aufbauend auf dem sog. *management approach,* der auch dem SFAS 131 zugrunde liegt, erfolgt die Segmentierung anhand der internen Organisations- und Berichtsstruktur.[38] Die Segmente sind dadurch charakterisiert, dass ihre Geschäftstätigkeit potenziell oder tatsächlich zu externen oder intersegmentären Umsatzerlösen führt und dass sie regelmäßig von der Unternehmensleitung überwacht werden. Nach DRS 3.8 kann die Abgrenzung der Segmente **produktorientiert oder geographisch** erfolgen. Bestehen in der internen Organisations- und Berichtsstruktur mehrere Segmentierungen nebeneinander, so hat sich nach DRS 3.11 die Unternehmensleitung an der Chancen- und Risikostruktur zu orientieren und in Übereinstimmung mit dem sog. *risk and reward approach* für eine Segmentierung zu entscheiden.[39]

Über ein operatives Segment ist gemäß DRS 3.15 zu berichten, wenn seine Segmentumsatzerlöse, 52
sein Segmentergebnis oder sein Segmentvermögen mindestens 10% der Summe aller operativen Segmente ausmachen. Segmente, die keines dieser Größenmerkmale überschreiten, dürfen nach

---

[35] *WPHM* RdNr. 775.
[36] Änderungen des DRS 3 erfolgten durch DRÄS 1 (verabschiedet am 7. 11. 2003) bzw. DRÄS 3 (verabschiedet am 15. 7. 2005).
[37] MünchKommHGB/*Busse von Colbe* RdNr. 29; DRS 3.10.
[38] *Böcking/Benecke* WPg 1999, 842; DRS 3.10.
[39] *WPH* S. 1132 RdNr. 828; *Böcking/Benecke* WPg 1999, 842.

DRS 3.16 in die Berichterstattung einbezogen werden, wenn dadurch die Klarheit und Übersichtlichkeit der SegBE nicht beeinträchtigt wird. Eine Zusammenfassung operativer Segmente ist nach DRS 3.13 möglich, wenn diese im Verhältnis zueinander homogene Chancen und Risiken aufweisen. Insgesamt müssen die den anzugebenden Segmenten zugeordneten Umsatzerlöse mindestens 75% der konsolidierten Umsatzerlöse des Unternehmens ausmachen.

53 4. Angabepflichten. Neben der Beschreibung der anzugebenden Segmente anhand von zuordenbaren Produkten, Tätigkeiten oder geographischer Zusammensetzung fordern DRS 3.25 und 3.26 die Erläuterung der Abgrenzung und der Zusammenfassung von operativen Segmenten. Ferner sind nach DRS 3.31 folgende Beträge für jedes anzugebende Segment zu nennen:
- Segmentumsatzerlöse, getrennt nach externen und intersegmentären Erlösen,
- Segmentergebnis,
- in den Segmentergebnissen enthaltene Abschreibungen, andere wesentlich nicht zahlungswirksame Posten, Ergebnisse aus Beteiligungen an assoziierten Unternehmen und Erträgen aus sonstigen Beteiligungen,
- Segmentvermögen einschließlich der Beteiligungen,
- Segmentinvestitionen in das langfristige Vermögen,
- Segmentschulden.

54 Weitere Angabepflichten ergeben sich zB aus DRS 3.42, der die Angabe von Umsätzen mit Großkunden fordert, und aus DRS 3.36, der die Angabe des Cash Flow aus laufender Geschäftstätigkeit je Segment empfiehlt. Den anzugebenden Größen sind nach DRS 3.43 die entsprechenden Beträge für das Vorjahr gegenüberzustellen. Bei einer im Ausnahmefall zulässigen Durchbrechung des Stetigkeitsgrundsatzes nach DRS 3.46, der sich sowohl auf die Segmentierung als auch auf die Darstellung des Segmentberichts bezieht,[40] sind nach DRS 3.47 die Vorjahreszahlen anzupassen.

55 5. Ermittlung der Segmentdaten. Anders als der SFAS 131, aber in Übereinstimmung mit IAS 14 (rev. 1997) weicht der DRSC bei der Ermittlung der Segmentdaten vom *management approach* ab.[41] Die SegBE als Teil des Konzernabschlusses hat nach DRS 3.19 und 3.20 nicht anhand der Daten des internen Berichtswesens, sondern in Übereinstimmung mit den Bilanzansatz- und Bewertungsmethoden des zugrunde liegenden Abschlusses zu erfolgen. DRS 3.37 verlangt eine Überleitung der anzugebenden Beträge auf die entsprechenden Posten des Konzernabschlusses.

VII. Angaben zu nahe stehenden Personen

56 1. Grundlagen und Aufgabe. Der am 10. April 2002 vom BMJ bekannt gemachte DRS 11 „Berichterstattung über Beziehungen zu nahe stehenden Personen" lehnt sich an die internationalen Standards IAS 24 (ref. 1994) und SFAS 57 „Related Party Disclosures" an. Im Rahmen der Anpassung des DRS 11 an die gesetzlichen Änderungen durch das BilReG hat das DRSC im Hinblick auf § 315a den Geltungsbereich des DRS 11 auf nicht kapitalmarktorientierte Mutterunternehmen sowie kapitalmarktorientierte Unternehmen, die lediglich einen Einzelabschluss aufstellen, beschränkt.[42] Diesen wird die Anwendung des Standards in DRS 11.4 empfohlen.

57 Zweck der Angabepflichten ist es nach DRS 11.2, durch die **Offenlegung** des Kreises der nahe stehenden Personen und der mit ihnen getätigten Geschäftsvorfälle, die möglicherweise zu Bedingungen abgeschlossen wurden, die Dritten nicht eingeräumt werden, einen verbesserten Einblick in die Vermögens-, Finanz- und Ertragslage zu gewähren.

58 2. Kreis der nahe stehenden Personen. DRS 11.6 definiert nahe stehende Personen als natürliche oder juristische Personen und Unternehmen, die auf Grund ihrer gesellschaftsrechtlichen Verbindung oder Organmitgliedschaft auf das berichtende Unternehmen oder seine Tochterunternehmen wesentlich einwirken können. Als nahe stehende Personen gelten nach DRS 11.16
- Unternehmen, die
- das berichtende Unternehmen oder ein Tochterunternehmen unmittelbar oder mittelbar beherrschen oder von ihnen beherrscht werden,
- von derselben dritten Person beherrscht werden wie das berichtende Unternehmen,
- nahe stehende Personen beherrschen oder auf diese wesentlich einwirken,
- nahe Angehörige von nahe stehenden Personen, soweit angenommen werden kann, dass sie auf diese Person in Bezug auf Geschäftsvorfälle Einfluss ausüben oder von ihr beeinflusst werden,

---

[40] *WPH* S. 1135 RdNr. 835.
[41] *Böcking/Benecke* WPg 1999, 844.
[42] DRS 11 geändert durch DRÄS 1 (verabschiedet am 7. 11. 2003) und DRÄS 3 (verabschiedet am 15. 7. 2005).

Anzuwendende Vorschriften. Erleichterungen § 298

- Eigentümer oder Gesellschafter des berichtenden Unternehmens sowie die Mitglieder der Konzernleitung (Vorstand, Aufsichtsrat und direkt an den Vorstand berichtende verantwortliche Führungskräfte),
- Behörden und öffentliche Institutionen, soweit sie mit dem berichtenden Unternehmen eine gesellschaftsrechtliche Verbindung haben und nicht im Rahmen ihrer gewöhnlichen Geschäftsbeziehung tätig sind.

3. Angabepflichten. Unabhängig davon, ob Geschäftsvorfälle stattgefunden haben, sind nach DRS 11.7 die nahe stehenden **Personen** und die **Art ihrer Beziehung** anzugeben. Im Konzernanhang bereits aufgeführte Mitglieder des Vorstands und des Aufsichtsrats brauchen nicht gesondert genannt zu werden. Zu den **wesentlichen Geschäftsvorfällen** sind nach DRS 11.11 folgende Angaben zu machen: 59
- Art der Beziehung,
- Beschreibung des Geschäftsvorfalls und seines Umfangs, entweder als Betrag oder als prozentualer Wert,
- Forderungen und Verbindlichkeiten gegenüber nahe stehenden Personen,
- die Preisgestaltung und
- entsprechende Vorjahresbeträge.

Geschäftsvorfälle, die im Rahmen der Konsolidierung eliminiert werden, brauchen wie auch die in Anstellungsverträgen und ähnlichen Vereinbarungen getroffenen Regelungen nicht angegeben zu werden. Gleichartige Geschäftsvorfälle dürfen nach DRS 11.15 in einem Posten zusammengefasst werden, wenn eine gesonderte Angabe für das sachgerechte Verständnis der Auswirkungen nicht erforderlich ist. 60

VIII. Folgen der Nichtbeachtung

Die strafrechtlichen Rechtsfolgen eines Verstoßes gegen § 297 sind in den §§ 331 Nr. 2 bzw. 3 geregelt. Danach können gem. § 331 Nr. 2 die Mitglieder des vertretungsberechtigten Organs oder des Aufsichtsrates bei einer vorsätzlichen unrichtigen Wiedergabe bzw. Verschleierung der Verhältnisse des Konzerns im Konzernabschluss, im Konzernlagebericht bzw. im Konzernzwischenabschluss nach § 340 i Abs. 4 mit einer Freiheitsstrafe bis zu drei Jahren oder einer Geldstrafe bestraft werden. 61

Ferner handelt ein Mitglied des vertretungsberechtigten Organs oder des Aufsichtsrats einer Kapitalgesellschaft gem. § 334 Abs. 1 Nr. 2 b ordnungswidrig, wenn bei der Aufstellung des Konzernabschusses § 297 Abs. 2 bzw. 3 verletzt werden. Im Hinblick auf Kreditinstitute bzw. Versicherungsunternehmen sind die Spezialvorschriften der §§ 340 n und 341 n zu beachten. 62

Im Hinblick auf die Adressaten eines Konzernabschlusses können sich daneben schuldhaft handelnde Organmitglieder gem. § 823 Abs. 2 BGB schadensersatzpflichtig machen, da die genannten Normen als Schutzgesetz zu qualifizieren sind.[43] 63

§ 298[1] Anzuwendende Vorschriften. Erleichterungen

(1) Auf den Konzernabschluß sind, soweit seine Eigenart keine Abweichung bedingt oder in den folgenden Vorschriften nichts anderes bestimmt ist, die §§ 244 bis 247 Abs. 1 und 2, §§ 248 bis 253, 255, 256, 265, 266, 268 bis 272, 274, 275, 277 bis 279 Abs. 1, § 280 Abs. 1, §§ 282 und 283 über den Jahresabschluß und die für die Rechtsform und den Geschäftszweig der in den Konzernabschluß einbezogenen Unternehmen mit Sitz im Geltungsbereich dieses Gesetzes geltenden Vorschriften, soweit sie für große Kapitalgesellschaften gelten, entsprechend anzuwenden.

(2) In der Gliederung der Konzernbilanz dürfen die Vorräte in einem Posten zusammengefaßt werden, wenn deren Aufgliederung wegen besonderer Umstände mit einem unverhältnismäßigen Aufwand verbunden wäre.

(3) [1] Der Konzernanhang und der Anhang des Jahresabschlusses des Mutterunternehmens dürfen zusammengefaßt werden. [2] In diesem Falle müssen der Konzernabschluß und

---

[43] *Förschle/Lust* BeBiKo RdNr. 216
[1] Abs. 3 Satz 3 neu gefasst durch das Gesetz zur Einführung internationaler Rechnungslegungsstandards und zur Sicherung der Qualität der Abschlussprüfung (Bilanzrechtsreformgesetz – BilReG) vom 4. Dezember 2004. Zur erstmaligen Anwendung s. Art. 58 EGHGB.

der Jahresabschluß des Mutterunternehmens gemeinsam offengelegt werden. ³ Aus dem zusammengefassten Anhang muss hervorgehen, welche Angaben sich auf den Konzern und welche Angaben sich nur auf das Mutterunternehmen beziehen.

Schrifttum: (ohne die Einzelbeiträge in den verschiedenen Handbüchern der Rechnungslegung) *Beine,* Ergebnisausweis im Konzernabschluß, DB 1996, 945.

Übersicht

	RdNr.		RdNr.
I. Allgemeine Grundsätze	1–7	b) Ausweis bei Anwendung der Equity-Methode	32–36
II. Anzuwendende Vorschriften	8–39	c) Berücksichtigung von ausländischen Tochtergesellschaften	37–39
1. Rechtsform- und branchenspezifische Besonderheiten	8–17		
a) Rechtsformspezifische Besonderheiten	8–16	III. Erleichterungen	40–42
b) Branchenspezifische Besonderheiten	17	1. Ausweis der Vorräte	40
2. Der Konzernanlagenspiegel	18–39	2. Anhang und Bestätigungsvermerk	41, 42
a) Ausweis bei voll konsolidierten Tochterunternehmen	18–31	IV. Folgen der Nichtbeachtung	43

I. Allgemeine Grundsätze

1 Der aus der Umsetzung des Art. 17 der 7. EU-RL entstandene § 298 verweist auf die **Ansatz-, Bewertungs- und Gliederungsvorschriften für den Jahresabschluss,** da die 7. EU-RL diesbezüglich keine eigenen detaillierten Vorschriften enthält.² Anzuwenden sind daher folgende Bestimmungen des HGB:
– Vorschriften über Sprache, Währung und Unterzeichnung (§§ 244, 245),
– Ansatzvorschriften einschließlich Haftungsverhältnisse (§§ 246 bis 247 Abs. 2; 248 bis 251),
– Bewertungsvorschriften (§§ 252, 253, 255, 256),
– allgemeine Gliederungsgrundsätze (§ 265),
– Vorschriften über die Bilanzgliederung und den Inhalt bestimmter Posten (§§ 266, 268 bis 272, 274),
– Vorschriften über die GuV und den Inhalt bestimmter Posten (§§ 275, 277, 278),
– Bewertungsvorschriften (§§ 279 Abs. 1, 280 Abs. 1, 282, 283).

2 Maßgebend sind die für große Kapitalgesellschaften geltenden Vorschriften. **Größenabhängige Erleichterungen** gibt es nicht. Für Konzerngesellschaften, die in ihren Jahresabschlüssen solche Erleichterungen in Anspruch nehmen, ist für den Konzernabschluss eine entsprechende Anpassung vorzunehmen. Ein für alle Konzernunternehmen einheitlicher Kontenplan ist ein für die Erstellung des Konzernabschlusses nützliches, in vielen Fällen auch notwendiges Instrument. Die in den §§ 300 und 308 geforderte Anwendung der für das Mutterunternehmen zulässigen Bilanzierungsgrundsätze und die konzerneinheitliche Bewertung lassen diesbezügliche Konzernrichtlinien unerlässlich erscheinen.³

3 Die Anwendung der für den Jahresabschluss geltenden Vorschriften findet ihre Grenzen in den Besonderheiten der Rechnungslegung für eine Unternehmensgruppe. Die Zusammenfassung der Jahresabschlüsse verschiedener Unternehmen kann es erfordern, dass im Konzernabschluss **Besonderheiten der Rechtsform oder des Geschäftszweiges** bestimmter Tochterunternehmen zu berücksichtigen sind.

4 Die Vorschriften zum Jahresabschluss sind zum Teil für die Anwendung im Konzernabschluss zu modifizieren (systembedingte Abweichungen). Der **Anlagenspiegel für den Konzern** weist Besonderheiten auf, zB um die Änderung des Konsolidierungskreises zu berücksichtigen.

5 Die Frage, wie Jahresabschlüsse von Tochterunternehmen außerhalb der Euro-Zone für den Konzernabschluss **in Euro umgerechnet** werden, ist zu klären. Eine gesetzliche Vorschrift dafür gibt es nur für die Berichterstattungspflicht nach § 313 Abs. 1 Nr. 2 (zu Einzelheiten der Währungsumrechnung vgl. § 308 RdNr. 21 ff.).

6 Der Gesetzgeber regelt in den §§ 299 ff. die gesetzlich bestimmten Abweichungen von den Vorschriften zum Jahresabschluss, die die besonderen **konsolidierungstechnischen Sonderposten** betreffen.⁴

---
² *Berndt* HdRKo RdNr. 1.
³ *Winkeljohann/Lust* BeBiKo RdNr. 3.
⁴ *ADS* RdNr. 9.

Abs. 2 und 3 beinhalten Erleichterungen, die für den Konzernabschluss in Anspruch genommen 7
werden können. Diese betreffen den Ausweis der Vorräte (Abs. 2) und die Erlaubnis, den **Anhang des Mutterunternehmens mit dem Konzernanhang zusammenzufassen** (Abs. 3 S. 1). Aus dem zusammengefassten Anhang muss hervorgehen, welche Angaben sich auf den Konzern und welche Angaben sich nur auf das Mutterunternehmen beziehen (Abs. 3 S. 3).

II. Anzuwendende Vorschriften

1. Rechtsform- und branchenspezifische Besonderheiten. a) Rechtsformspezifische 8
Besonderheiten. Wenn die Konzernspitze die Rechtsform einer AG oder einer KGaA hat, sind die §§ 150, 152, 158, 160, 161, 232, 240 und 261 AktG zu beachten, soweit die Eigenart des Konzernabschlusses keine Abweichung von diesen Vorschriften bedingt (Abs. 1).

§ 158 Abs. 1 AktG schreibt die Ergänzung der GuV um eine **Gewinnverwendungsrechnung** 9
vor. Der Ausweis einer Gewinnverwendungsrechnung im Konzernabschluss entspricht jedoch nicht den tatsächlichen Verhältnissen, da das Konzernergebnis nicht Grundlage der Gewinnverwendung ist.[5] Im Schrifttum wird daher überwiegend die Auffassung vertreten, dass die Eigenart des Konzernabschlusses eine Abweichung von der Vorschrift des § 158 Abs. 1 AktG bedingt.[6] Ein freiwilliger Ausweis einer Ergebnisverwendungsrechnung wird unter Hinweis auf die damit verbundenen praktischen Probleme für zulässig gehalten.[7]

In der Praxis wird häufig im Konzernabschluss als **Bilanzgewinn** der Bilanzgewinn des Mutter- 10
unternehmens ausgewiesen. Dies bringt, insbesondere wenn zunehmend nur die Konzernabschlüsse dem Publikum zur Verfügung gestellt werden, einen Informationsgewinn mit sich.[8] Wenn diese Vorgehensweise gewählt wird, müssen die Unterschiede im Jahresüberschuss/-fehlbetrag, die zwischen dem Jahresabschluss des Mutterunternehmens und dem Konzernabschluss normalerweise auftreten, durch eine Zuführung oder Entnahme aus den Rücklagen ausgeglichen werden. Zuführungen oder Entnahmen aus den Rücklagen sind dann in der Gewinnverwendungsrechnung im Jahresabschluss und im Konzernabschluss unterschiedlich.[9]

§ 158 Abs. 2 AktG schreibt vor, dass von einem Ertrag aus einem Gewinnabführungsvertrag oder 11
einem Teilgewinnabführungsvertrag ein vertraglich zu leistender Ausgleich an außenstehende Gesellschafter abzusetzen ist. Diese Vorschrift ist im Konzern anzuwenden auf Unternehmen, die Gewinne an den Konsolidierungskreis abführen, die jedoch **nicht in den Konsolidierungskreis** einbezogen werden. Für die in den Konsolidierungskreis einbezogenen Unternehmen werden die Ausgleichszahlungen als anderen Gesellschaftern zustehende Gewinne ausgewiesen.

Der nach § 291 AktG vorgesehene Ausweis eines Ertrages auf Grund höherer Bewertung hat für 12
die Konzernbilanz **keine Bedeutung,** da regelmäßig ausschließlich der Einzelabschluss eines Konzernunternehmens betroffen ist.

Aus dem **GmbHG** könnte für einen Konzern, der von einer GmbH als Muttergesellschaft geführt 13
wird, § 42 Abs. 2 und 3 für den Konzernabschluss relevant sein. Darin wird vorgeschrieben, dass Ausleihungen, Forderungen und Verbindlichkeiten gegenüber Gesellschaftern der GmbH gesondert auszuweisen sind.

Die sich für den Konzernabschluss daraus ergebenden Fragen lauten: 14
– Sind Ausleihungen, Forderungen und Verbindlichkeiten von Tochterunternehmen gegenüber Minderheitsgesellschaftern in den Konzernabschluss zu übernehmen?
– Sind Ausleihungen, Forderungen und Verbindlichkeiten von Tochterunternehmen gegenüber den Gesellschaftern der Mutter-GmbH in der Konzernbilanz gesondert auszuweisen?

Eine Pflicht des Ausweises der Ausleihungen, Forderungen und Verbindlichkeiten von Tochter- 15
unternehmen gegenüber **Minderheitsgesellschaftern** kann höchstens für diejenigen Tochterunternehmen gefordert werden, die die Rechtsform einer GmbH haben. Der dann auszuweisende Betrag ist jedoch wenig aussagefähig, weil er sich nur auf einen Teil der Minderheitsgesellschafter des Konzerns bezieht.

Die zweite Frage ist dagegen positiv zu beantworten. Aus der Sicht der Einheitstheorie ist es 16
sachgerecht, von der **Rechnungslegung eines GmbH-Konzerns** die gleichen Informationen zu fordern wie vom Jahresabschluss einer GmbH als Einzelunternehmen. Die Ausleihungen, Forderun-

---

[5] *ADS* RdNr. 196.
[6] Vgl. *ADS* RdNr. 196; *Winkeljohann/Lust* BeBiKo RdNr. 43 f.
[7] *ADS* RdNr. 195 ff.
[8] AA *Beine* DB 1996, 946 f.
[9] *Busse von Colbe/Ordelheide* S. 476 f.

gen und Verbindlichkeiten aller Tochterunternehmen gegenüber den Gesellschaftern der GmbH-Mutter sind anzugeben.[10]

17 b) **Branchenspezifische Besonderheiten.** Die **Gliederung des Konzernabschlusses** ist an der Branche auszurichten, die im Konzern die größte Bedeutung hat. Wesentliche Posten aus Gliederungen abweichender Branchen müssen zusätzlich ausgewiesen werden. Bei Mutterunternehmen, die sich bei der Gliederung der Bilanz und GuV an Formblätter halten müssen (Versicherungen, Kreditinstitute), sind diese Formblätter auch im Konzernabschluss anzuwenden, ggf. zu erweitern. Häufig wird es zweckmäßig sein, die Vermögensgegenstände und Schulden, Aufwendungen und Erträge branchenfremder Tochterunternehmen als sonstige Positionen auszuweisen und im Anhang zahlenmäßig aufzugliedern und zu erläutern.

18 **2. Der Konzernanlagenspiegel. a) Ausweis bei voll konsolidierten Tochterunternehmen.** Zu den auch für den Konzernabschluss relevanten Regelungen des Einzelabschlusses gehört § 268 Abs. 2 über den **Anlagenspiegel.** Danach ist für den Konzernabschluss die Entwicklung der Posten des Anlagevermögens und des Postens „Aufwendungen für die Ingangsetzung und Erweiterung des Geschäftsbetriebs" darzustellen. Die Darstellung muss beinhalten:
1. Anfangsbestand zu Anschaffungs-/Herstellungskosten,
2. Zugänge zu Anschaffungs-/Herstellungskosten,
3. Abgänge zu Anschaffungs-/Herstellungskosten,
4. Umbuchungen zwischen den einzelnen Posten des Anlagevermögens zu Anschaffungs-/Herstellungskosten,
5. Zuschreibungen des Geschäftsjahres,
6. kumulierte Abschreibungen.

19 Ausgehend von den summierten Anlagenspiegeln der Tochtergesellschaften und des Mutterunternehmens sind für den **Konzernanlagenspiegel Korrekturen** vorzunehmen, damit dieser der Fiktion der rechtlichen Einheit des Konzerns entspricht.[11]

20 Die Anschaffungs-/Herstellungskosten sind, wenn die Vermögensgegenstände im Laufe der Konzernzugehörigkeit angeschafft werden, durch § 255 iVm. §§ 298 Abs. 1 und 308 zu bestimmen. Ggf. ist § 304 zu beachten.

21 Für **Vermögensgegenstände, die bereits im Zeitpunkt der Erstkonsolidierung** vorhanden sind, ist die Fiktion des Einzelerwerbs anzuwenden. Sie sind daher mit ihrem Anschaffungswert aus Konzernsicht zu bewerten. Falls bei der **Erstkonsolidierung stille Rücklagen oder stille Lasten** aufgelöst werden, unterscheidet sich dieser von den Werten in den Einzelabschlüssen. Der Wert in der Konzernbilanz kann in solchen Fällen abhängig von der Anwendung der Buchwert- oder der Neubewertungsmethode unterschiedlich sein.[12]

22 Falls die so **ermittelten Konzernanschaffungs-/-herstellungskosten** wesentlich unter den Buchwerten in den Einzelabschlüssen liegen, wird es für zulässig gehalten, die höheren Jahresabschlusswerte im Konzernanlagenspiegel und die Wertunterschiede im Konzernabschluss als Abschreibungen auszuweisen. Diese nicht unumstrittene Vorgehensweise soll den besseren Einblick in die Altersstruktur des Vermögens geben.[13] Wenn dieser Ausweis gewählt wird, dürfen die so ausgewiesenen Vermögensgegenstände bei der Erstkonsolidierung nicht in der Spalte Zugänge ausgewiesen werden.[14]

23 Wird ein Konzern neu gebildet, können die ursprünglichen Anschaffungs-/Herstellungskosten im **erstmaligen Konzernanlagenspiegel** entweder in der Spalte „Anschaffungs-/Herstellungskosten" ausgewiesen werden oder in der Spalte „Zugänge".[15]

24 Beim Ausweis der **Zugänge** ist im Konzernanlagenspiegel zu beachten, dass konzerninterne Vorgänge (Veräußerung innerhalb des Konsolidierungskreises) rückgängig zu machen sind. Aus Konzernsicht hat, wenn ein Vermögensgegenstand aus dem Anlagevermögen eines Konzernunternehmens in das Anlagevermögen eines anderen verkauft wird, keine Änderung stattgefunden, da es unbeachtlich ist, bei welcher Konzerngesellschaft der Vermögensgegenstand im Einzelabschluss zu finden ist. Beim Wertansatz müssen eventuell angefallene Zwischengewinne/-verluste eliminiert werden.[16] Falls auf die

---
[10] *ADS* RdNr. 202.
[11] *Busse von Colbe/Ordelheide* S. 460.
[12] *ADS* RdNr. 119.
[13] *ADS* RdNr. 119; aA *Busse von Colbe/Ordelheide* S. 461.
[14] *ADS* RdNr. 119.
[15] *ADS* RdNr. 120.
[16] *Berndt* HdRKo RdNr. 35.

Zwischengewinn-/-verlusteliminierung zulässigerweise verzichtet wird, muss die Werterhöhung als Zuschreibung oder Abschreibung ausgewiesen werden, da es sich um eine rein wertmäßige Änderung handelt.[17]

Sowohl nach der Buchwertmethode wie nach der Neubewertungsmethode sind bei der Erstkonsolidierung eines Tochterunternehmens die übernommenen Vermögensgegenstände mit ihren Konzernanschaffungs-/Herstellungskosten als Zugang auszuweisen. Bei einer **wesentlichen Erweiterung des Konzerns** sind die entsprechenden Zugänge gesondert auszuweisen.[18] 25

Zu den auszuweisenden Zugängen gehört ebenfalls ein eventuell entstandener **Geschäfts- oder Firmenwert**. Dieser ist, wenn die Zugänge die Bruttoinvestitionen des Konzerns wiedergeben sollen, auch dann auszuweisen, wenn der Geschäfts- oder Firmenwert im Jahr des Zugangs erfolgsneutral mit den Konzernrücklagen verrechnet wird.[19] In diesem Fall ist er im gleichen Jahr als Abgang zu zeigen. Es wird aber auch für zulässig gehalten, die mit den Konzernrücklagen verrechneten Geschäfts- oder Firmenwerte nicht im Konzernanlagenspiegel als Zugang auszuweisen.[20] 26

Bezüglich der **Abgänge von einzelnen Vermögensgegenständen** bei Tochterunternehmen ist im Konzernanlagenspiegel zu beachten, dass aus Konzernsicht bei der Erstkonsolidierung vom Einzelabschluss abweichende Werte angesetzt wurden. Im Konzernanlagenspiegel wären entsprechend andere Anschaffungs-/Herstellungskosten und kumulierte Abschreibungen als Abgang zu berücksichtigen. 27

Bei der Erstkonsolidierung ist, falls die **Beteiligung im gleichen Jahr erworben** wurde, der Zugang der Beteiligung beim Mutterunternehmen im Konzernanlagenspiegel zu eliminieren, da stattdessen die Vermögensgegenstände des Anlagevermögens der erworbenen Tochter als Zugänge gezeigt werden. Wurde die Beteiligung allerdings schon in der Vorjahresbilanz gezeigt, so dass zum Stichtag der Zugang nicht eliminiert werden kann, muss für die konsolidierte Beteiligung in Höhe des Beteiligungsbuchwertes im Konzernanlagenspiegel ein Abgang gezeigt werden.[21] Beim Ausscheiden eines Tochterunternehmens sind als Folge der Entkonsolidierung die aus dem Konsolidierungskreis ausscheidenden Vermögensgegenstände einzeln als Abgänge zu zeigen (Anschaffungs-/Herstellungskosten; kumulierte Abschreibungen). Dies gilt auch für einen eventuell noch nicht voll abgeschriebenen Geschäfts- oder Firmenwert.[22] 28

Im Konzernanlagenspiegel können über die Zusammenfassung der einzelnen Anlagenspiegel hinausgehende **Umbuchungen** notwendig werden, wenn aus Konzernsicht ein Vermögensgegenstand, der **konzernintern** den Eigentümer gewechselt hat, beim neuen Besitzer in eine andere Vermögenskategorie gehört als beim Vorbesitzer, zB eine Maschine, die beim Empfänger zu Anlagen im Bau gehört.[23] 29

Da die Spalte Zuschreibung ausschließlich rein wertmäßige Korrekturen enthält, dürfen die **Unterschiedsbeträge aus der Erstkonsolidierung** nicht als Zuschreibungen ausgewiesen werden. Sie stehen in unmittelbarem Zusammenhang mit dem körperlichen Zugang von Vermögensgegenständen, daher sind sie als Zugang einzuordnen.[24] 30

Die **kumulierten Abschreibungen** setzen sich aus planmäßigen und außerplanmäßigen Abschreibungen zusammen. Die Summe kann im Konzernanlagenspiegel von der Addition der kumulierten Abschreibungen der einbezogenen Konzernunternehmen abweichen, wenn konzernspezifische Umbewertungen (Erstkonsolidierung) vorgenommen wurden.[25] 31

b) Ausweis bei Anwendung der Equity-Methode. Die **Beteiligungen an assoziierten Unternehmen** sind nach § 311 Abs. 1 S. 1 **gesondert** auszuweisen. Da sie zum Anlagevermögen gehören, sind für sie ebenfalls die oben genannten Werte und Veränderungen im Anlagespiegel darzustellen. 32

Nach dem Wortlaut des Gesetzes sind alle assoziierten Unternehmen in einer Position zusammenzufassen, unabhängig davon, ob sie nach der Equity-Methode bewertet werden. Da die Zusammenfassung von Vermögensgegenständen, die mit sehr unterschiedlichen Methoden bewertet werden, den Aussagegehalt des Konzernabschlusses mindert, wird es für zulässig erachtet, die nach der **Equity-Methode** bewerteten assoziierten Unternehmen **getrennt** darzustellen.[26] Im **Erwerbsjahr** 33

---

[17] *Winkeljohann/Lust* BeBiKo RdNr. 31.
[18] ADS RdNr. 124.
[19] *Busse von Colbe/Ordelheide* S. 256.
[20] ADS RdNr. 126.
[21] *Busse von Colbe/Ordelheide* S. 460 f.
[22] ADS RdNr. 131.
[23] ADS RdNr. 132.
[24] ADS RdNr. 134.
[25] ADS RdNr. 135 f.
[26] *Busse von Colbe/Ordelheide* S. 466 f.

der **Beteiligung** ist im Konzernanhang der **Zugang** statt unter Beteiligungen unter dieser Position („Anteile an assoziierten Unternehmen") als Zugang zu zeigen. Wenn nach der Buchwertmethode vorgegangen wird, entspricht der ausgewiesene Wert im Konzernanlagenspiegel den Anschaffungskosten für die Beteiligung. Bei der Kapitalanteilsmethode wird der Zugang aufgeteilt auf Anteile an assoziierten Unternehmen und einem Geschäfts- oder Firmenwert.

34 **Abgänge** sind in Höhe des Wertes zu zeigen, mit dem das assoziierte Unternehmen im letzten vor dem Verkauf der Beteiligung aufgestellten Konzernabschluss ausgewiesen war.[27]

35 Problematisch ist der Ausweis der **Fortschreibungen des Equitywertes** um die Abschreibungen anteiliger erworbener stiller Rücklagen und der Geschäfts- oder Firmenwerte sowie um anteilige Jahresüberschüsse und möglicherweise um anteilige Zwischengewinneliminierung. Die Beträge sind weder eindeutig als Abschreibungen/Zuschreibungen noch als Abgänge/Zugänge zu qualifizieren.

36 Für die **Erhöhung des Equitywertes** auf Grund der Übernahme des anteiligen Jahresüberschusses, für die Verminderung des Equitywertes um anteilige Jahresfehlbeträge oder Gewinnausschüttungen ist daher der Ausweis sowohl als Zuschreibung als auch als Zugang bzw. sowohl als Abschreibung als auch als Abgang zulässig. Beim Ausweis als Zuschreibung ist es notwendig klarzustellen, dass die Zuschreibungen über den Wert der Anschaffungskosten hinausgehen, da dies bei der sonst üblichen Bewertung mit dem Anschaffungswertprinzip nicht möglich ist.[28] Die Verminderung des Equitywertes um die Abschreibung anteiliger erworbener stiller Reserven und des Geschäfts- oder Firmenwerts ist als Abschreibung auszuweisen.

37 **c) Berücksichtigung von ausländischen Tochtergesellschaften.** Werden Tochterunternehmen, die ihren Sitz **außerhalb der Euro-Zone** haben, in den Konzernabschluss einbezogen, müssen die in Landeswährungseinheiten aufgestellten (Einzel-)Jahresabschlüsse in Euro umgerechnet werden. Die auf die Vermögensgegenstände entfallenden, im Anlagenspiegel ausgewiesenen Veränderungen sind mit dem **gleichen Wechselkurs** umzurechnen wie die Bestandswerte.

38 Bei Anwendung der **Stichtagskursmethode** auf die Bestände und die Veränderungen im ausländischen Anlagenspiegel lässt sich der Euro-Endbestandswert des Vorjahres nicht mehr aus den Euro-Bruttoanschaffungskosten und den kumulierten Euro-Abschreibungen herleiten. Um der Vorschrift des § 298 Abs. 1 iVm. § 252 Abs. 1 Ziff. 1 zu entsprechen, müssen bei der Anwendung der Stichtagsmethode weitere Angaben gemacht werden.

39 Mit dem Ziel, dass die zeilenweise Queraddition zum Buchwert des Geschäftsjahres führt, wird folgende Vorgehensweise vorgeschlagen: Die Bruttoanschaffungskosten und ggf. auch die kumulierten Abschreibungen werden zum historischen Kurs umgerechnet. Die Differenz zur Umrechnung der Positionen zum Stichtagskurs kann in einer gesonderten Spalte ausgewiesen werden. Es ist zu beachten, dass **Umrechnungsdifferenzen** nicht in die Positionen Zugänge/Abgänge einbezogen werden dürfen. Der Ausweis von negativen Umrechnungsdifferenzen als Abschreibungen ist unzweckmäßig, da er bei erheblichen Wechselkursänderungen zu einer Verzerrung der Position führt. Ein Ausweis des Anteils der Umrechnungsdifferenz an den Abschreibungen ist notwendig. Da es trotzdem nicht möglich ist, direkt den Anfangswert des Jahres zu ermitteln (= Endwert des Vorjahres), muss der Endwert des Vorjahres getrennt angegeben werden.[29]

III. Erleichterungen

40 **1. Ausweis der Vorräte.** Die **Zusammenfassung der Vorräte** in eine Position statt der in § 266 Abs. 2 vorgesehenen Aufspaltung ist in der Konzernbilanz unter bestimmten Voraussetzungen zulässig (§ 298 Abs. 2). In Ausnahmefällen dürfen die Vorräte zusammengefasst werden, wenn durch die Aufgliederung ein in zeitlicher und finanzieller Hinsicht **unverhältnismäßig hoher Aufwand** entstehen würde. Dies wird regelmäßig nur in vertikal gegliederten Konzernen der Fall sein, in denen die aufgegliederten Vorratspositionen aus den Einzelabschlüssen nicht summiert werden können und Lieferungsverflechtungen zwischen den Konzernunternehmen bestehen.[30]

41 **2. Anhang und Bestätigungsvermerk.** Unter der Voraussetzung, dass der Konzernabschluss und der Jahresabschluss des Mutterunternehmens **gemeinsam offen gelegt** werden, erlaubt Abs. 3 S. 1 bzw. S. 2, dass der Konzernanhang und der Anhang des Jahresabschlusses des Mutterunternehmens zusammengefasst werden. Für die Zusammenfassung ist keine bestimmte Form vorgeschrieben. Sowohl die Anforderungen der §§ 284 f. als auch der §§ 313 f. müssen erfüllt sein.

---

[27] *Busse von Colbe/Ordelheide* S. 467.
[28] *ADS* RdNr. 141.
[29] *Busse von Colbe/Ordelheide* S. 469 f.
[30] *ADS* RdNr. 226 ff.

Die Erleichterung, die sich im Hinblick auf die Zusammenfassung der Bestätigungsvermerke und Prüfungsberichte aus § 298 Abs. 3 S. 3 aF ergab, wurde im Rahmen des BilReG gestrichen. Eine Zusammenfassung der Bestätigungsvermerke bzw. Prüfungsberichte ist allerdings unter den Voraussetzungen des § 325 Abs. 3 a S. 2 weiterhin zulässig (vgl. dazu Kommentierung zu § 325 Abs. 3 a). 42

IV. Folgen der Nichtbeachtung

Eine Verletzung des § 298 Abs. 1 wird von der Bußgeldvorschrift des § 334 Abs. 1 Nr. 1 a erfasst. Nach § 334 Abs. 1 Nr. 1 a wird ein Verstoß gegen die §§ 244 bis 249 Abs. 1 S. 1, 249 Abs. 3, 250 Abs. 1 S. 1 bzw. Abs. 2, 251 und 264 Abs. 2 wird als Ordnungswidrigkeit sanktioniert. 43

§ 299 Stichtag für die Aufstellung

(1) Der Konzernabschluss ist auf den Stichtag des Jahresabschlusses des Mutterunternehmens aufzustellen.

(2) ¹Die Jahresabschlüsse der in den Konzernabschluß einbezogenen Unternehmen sollen auf den Stichtag des Konzernabschlusses aufgestellt werden. ²Liegt der Abschlußstichtag eines Unternehmens um mehr als drei Monate vor dem Stichtag des Konzernabschlusses, so ist dieses Unternehmen auf Grund eines auf den Stichtag und den Zeitraum des Konzernabschlusses aufgestellten Zwischenabschlusses in den Konzernabschluß einzubeziehen.

(3) Wird bei abweichenden Abschlußstichtagen ein Unternehmen nicht auf der Grundlage eines auf den Stichtag und den Zeitraum des Konzernabschlusses aufgestellten Zwischenabschlusses in den Konzernabschluß einbezogen, so sind Vorgänge von besonderer Bedeutung für die Vermögens-, Finanz- und Ertragslage eines in den Konzernabschluß einbezogenen Unternehmens, die zwischen dem Abschlußstichtag dieses Unternehmens und dem Abschlußstichtag des Konzernabschlusses eingetreten sind, in der Konzernbilanz und der Konzern-Gewinn- und Verlustrechnung zu berücksichtigen oder im Konzernanhang anzugeben.

Schrifttum: (ohne die Einzelbeiträge in den verschiedenen Handbüchern der Rechnungslegung) *IDW,* St/HFA 4/1988, Konzernrechnungslegung bei unterschiedlichen Stichtagen, WPg 1988, 682.

Übersicht

	RdNr.		RdNr.
I. Allgemeine Grundsätze	1	IV. Vorgänge von besonderer Bedeutung bei abweichendem Stichtag	19–23
II. Stichtag für die Aufstellung des Konzernabschlusses	2, 3	1. Abgrenzung	19
III. Stichtag für die einbezogenen Jahresabschlüsse	4–18	2. Berücksichtigung in der Bilanz und in der Gewinn- und Verlustrechnung	20, 21
1. Grundsatz	4, 5	3. Berücksichtigung im Konzernanhang	22, 23
2. Abweichende Stichtage	6, 7	V. Folgen der Nichtbeachtung	24
3. Besonderheiten bei der Erstellung von Zwischenabschlüssen	8–18		

I. Allgemeine Grundsätze

Der handelsrechtliche Konzernabschluss ist, wie der Jahresabschluss, zu einem bestimmten Stichtag aufzustellen. Aus der Fiktion der rechtlichen Einheit des Konzerns folgt, dass **alle einbezogenen Jahresabschlüsse** (Vollkonsolidierung und Quotenkonsolidierung) **zum gleichen Stichtag** aufgestellt sein müssen. Dieser Grundsatz der Einheitlichkeit der Stichtage ist durch die 7. EU-RL aufgeweicht worden, die die Einbeziehung von Jahresabschlüssen mit vom Konzernjahresabschluss abweichendem Stichtag zulässt. Unter bestimmten Voraussetzungen sind in diesen Fällen jedoch **Zwischenabschlüsse** aufzustellen oder zusätzlich Geschäftsvorfälle in die Konzernbilanz oder Konzerngewinn- und Verlustrechnung aufzunehmen bzw. entsprechende Angaben im Konzernanhang zu machen. Da nach dem AktG 65 abweichende Stichtage von einbezogenen Jahresabschlüssen nicht zulässig waren, die **Ausnahmeregelung** allgemein kritisiert wird, die Aufstellung von Zwischenabschlüssen mit Kosten verbunden ist und abweichende Stichtage bei der Konsolidierung (auf Grund von Zwischenabschlüssen) erhebliche Schwierigkeiten bereiten, ist die Ausnahmeregelung praktisch 1 kaum relevant. In Konzernen sind die Geschäftsjahre der Konzernunternehmen weitgehend vereinheitlicht. Allerdings kann beispielsweise bei Erwerb eines Unternehmens der Fall eines abweichenden Stichtages ausnahmsweise auch praktisch relevant sein.[1]

II. Stichtag für die Aufstellung des Konzernabschlusses

2   Der Konzernabschluss ist gem. Abs. 1 auf den **Stichtag** des Jahresabschlusses des Mutterunternehmens aufzustellen. Diese Vorschrift ist gem. Art. 54 EGHGB für alle nach dem 31. 12. 2002 beginnenden Konzerngeschäftsjahre anzuwenden.

3   Der **Wechsel des Konzerngeschäftsjahres** ist möglich, wenn hierfür eine sachliche Begründung vorliegt. Diese kann zB in der wesentlichen Änderung des Konsolidierungskreises liegen. Durch die Änderung des Konzernabschlussstichtages muss gewährleistet sein, dass in Zukunft durch diese Maßnahme eine bessere Darstellung der Vermögens-, Finanz- und Ertragslage möglich ist. Bei Wechsel des Geschäftsjahres muss ggf. ein Rumpfgeschäftsjahr gebildet werden, um zu verhindern, dass ein Geschäftsjahr länger als 12 Monate dauert.[2]

III. Stichtag für die einbezogenen Jahresabschlüsse

4   **1. Grundsatz.** Gemäß dem Grundsatz der **Einheitlichkeit der Stichtage** sollten die in den Konzernabschluss einbezogenen Jahresabschlüsse einheitlich zum Konzernstichtag aufgestellt sein. Abs. 2 beinhaltet jedoch nur eine Sollvorschrift und ermöglicht damit, dass Jahresabschlüsse in den Konzernabschluss einbezogen werden, die einen **abweichenden Stichtag** haben.[3] Um zu verhindern, dass dadurch die Darstellung eines den tatsächlichen Verhältnissen entsprechenden Bildes der Vermögens-, Finanz- und Ertragslage gefährdet wird, sind unter bestimmten Bedingungen Zwischenabschlüsse aufzustellen. In Österreich, wo die EU-RL ebenfalls umgesetzt wurde, ist die Aufstellung von Zwischenabschlüssen in jedem Fall Pflicht.[4] Dadurch wird dem Äquivalenzprinzip in höherem Maße entsprochen.

5   Auch der DSR fordert im E-DRS 16, dass Unternehmen, die einen vom Stichtag des Konzerns abweichenden Abschluss-Stichtag haben, auf Grund eines auf den Stichtag und den Zeitraum des Konzernabschlusses aufgestellten Zwischenabschlusses in den Konzernabschluss einzubeziehen sind (E-DRS 16.16).

6   **2. Abweichende Stichtage.** Liegt der **Stichtag des Jahresabschlusses eines einbezogenen Unternehmens** um mehr als **drei Monate** vor dem Konzernbilanzstichtag oder liegt er nach diesem Stichtag, muss ein **Zwischenabschluss** aufgestellt werden (Abs. 2). Bei abweichenden Stichtagen kann also auf die Aufstellung eines Zwischenabschlusses nur verzichtet werden, wenn der Stichtag des einbezogenen Einzelabschlusses max. 3 Monate vor dem Konzernabschluss liegt. Dann sind aber, wenn sich nach dem Stichtag des Jahresabschlusses wesentliche Änderungen ergeben haben, diese im Konzernabschluss darzustellen (Abs. 3).

7   Die Vorschriften des § 299 sind auch auf quotal konsolidierte Unternehmen anzuwenden.[5]

8   **3. Besonderheiten bei der Erstellung von Zwischenabschlüssen.** Der Zwischenabschluss ermöglicht es, die **abweichende Rechnungsperiode eines Konzernunternehmens** aufrechtzuerhalten, ohne dass der Aussagewert des Konzernabschlusses durch die Einbeziehung eines auf der Grundlage einer abweichenden Rechnungsperiode aufgestellten Jahresabschlusses beeinträchtigt wird. Durch ihn wird ein Abrechnungszeitraum für das Konzernunternehmen geschaffen, der dem des Konzerns gleicht. Deshalb kann auch nur ein Abschluss, der auf Stichtag und Zeitraum des Konzernabschlusses aufgestellt ist, als Zwischenabschluss gelten.[6]

9   Dabei sind, ohne dass dies ausdrücklich gesetzlich geregelt ist, die Vorschriften der Rechnungslegung für die in den Konzernabschluss einzubeziehenden Unternehmen anzuwenden. Die Stellungnahme HFA 4/1988 „Konzernrechnungslegung bei unterschiedlichen Stichtagen" Ziff. 3 enthält folgende Aussage dazu: „Der gemäß § 299 Abs. 2 Satz 2 aufzustellende Zwischenabschluss hat die Funktion, eine Grundlage für die Einbeziehung des betreffenden Unternehmens in den Konzernabschluss zu schaffen. Bei der Aufstellung des Zwischenabschlusses sind, wie sich aus § 317 Abs. 2 Satz 1 ergibt, die Grundsätze ordnungsmäßiger Buchführung sowie die für die Übernahme in den

---

[1] *Busse von Colbe/Ordelheide* S. 40 f.; *Heymann* RdNr. 1 ff.
[2] *Winkeljohann/Lust* BeBiKo RdNr. 3 f.
[3] *Heymann* RdNr. 10.
[4] *Busse von Colbe/Ordelheide* S. 41.
[5] ADS RdNr. 1.
[6] ADS RdNr. 33.

Konzernabschluss maßgeblichen Vorschriften zu beachten. Mithin gelten für den Zwischenabschluss dieselben Rechnungslegungsvorschriften wie für einen in die Konsolidierung einzubeziehenden Jahresabschluss, ggf. angepasst an die Ansatz- und Bewertungsvorschriften der §§ 300 und 308."

Der Zwischenabschluss muss **ordnungsgemäß aus den Büchern abgeleitet** werden. Ein gesonderter Abschluss der Bücher ist jedoch nicht notwendig. Die Unterlagen über die Herleitung des Zwischenabschlusses sind ein Teil der Bücher und wie diese aufzubewahren.[7] 10

Der Zwischenabschluss ist nach § 317 Abs. 2 S. 1 grundsätzlich durch den **Konzernabschlussprüfer** zu prüfen. 11

Der Zwischenabschluss, der ausschließlich Bedeutung für die Erstellung des Konzernabschlusses hat, muss **nicht dem Aufsichtsrat zur Billigung** vorgelegt werden. 12

Aufgrund der geringeren rechtlichen Bedeutung und der ggf. großen Nähe zu einem geprüften Jahresabschluss ergeben sich bei der Erstellung und Prüfung eines Zwischenabschlusses **Erleichterungen** gegenüber der Vorgehensweise beim Jahresabschluss.[8] 13

Hinsichtlich der Vermögensgegenstände und Schulden können die **Anforderungen an die Bestandsnachweise** geringer angesetzt werden, wenn der Zwischenabschluss von untergeordneter Bedeutung für den Konzernabschluss ist oder wenn seit dem Stichtag des Jahresabschlusses nur verhältnismäßig wenig Zeit verstrichen ist. 14

Eine **Gewinnverwendungsrechnung** muss im Zwischenabschluss nicht aufgestellt werden. Sind bereits Teile des für den Zwischenabschluss berechneten Jahresüberschusses ausgeschüttet worden, weil sie sich auf die Periode vor dem Jahresabschlussstichtag beziehen, dann sind sie im Konzernabschluss als Vorabausschüttungen zu behandeln.[9] 15

Falls im Konzernabschluss eine Gewinnverwendungsrechnung **freiwillig** erstellt wird, muss der Bilanzgewinn/-verlust im Zwischenabschluss fiktiv bestimmt werden. Es ist daher besser, auf eine Ergebnisverwendungsrechnung im Konzernabschluss zu verzichten.[10] 16

Wenn zwischen dem Tochterunternehmen und der Konzernobergesellschaft ein **Gewinnabführungsvertrag** besteht, ist im Zwischenabschluss im Prinzip nur der auf das Konzerngeschäftsjahr entfallende Teil als Aufwand in der Zwischen-GuV zu berücksichtigen. Einfacher ist es jedoch, den gesamten abgeführten Gewinn als Aufwand zu verbuchen. Dadurch entsteht in der Zwischen-GuV im Gegensatz zum Jahresabschluss ein Jahresüberschuss/-fehlbetrag. Im Konzernabschluss bewirkt dieser Jahresüberschuss/-fehlbetrag zusammengenommen mit dem Jahresüberschuss des Mutterunternehmens (abgeführter Gewinn), dass genau das auf das Konzerngeschäftsjahr entfallende Ergebnis des Tochterunternehmens ausgewiesen wird. Das Ergebnis setzt sich, bezogen auf die Rechnungsperioden des Einzelabschlusses, aus je einem Anteil aus zwei aufeinander folgenden Jahresabschlüssen zusammen.[11] 17

Bezüglich der **ertragsabhängigen Steuern** sind für die Zwischenabschlüsse Annahmen zu treffen, die es sinnvoll ermöglichen, fiktive Ertragsteuern zu berücksichtigen.[12] 18

IV. Vorgänge von besonderer Bedeutung bei abweichendem Stichtag

1. Abgrenzung. Falls auf die Aufstellung von Zwischenabschlüssen verzichtet wird, weil der Stichtag des Jahresabschlusses weniger als drei Monate vor dem Abschlussstichtag des Konzernabschlusses liegt, besteht die Verpflichtung, **Vorgänge von besonderer Bedeutung** für die Vermögens-, Finanz- und Ertragslage im Konzernabschluss darzustellen. Die Stellungnahme HFA 4/1988 „Konzernrechnungslegung bei unterschiedlichen Stichtagen" enthält in Ziff. 5 folgende Aussage dazu: „Die Bedeutung der zwischen den Stichtagen eingetretenen Vorgänge wird nicht an ihrer Auswirkung auf den Konzernabschluss gemessen, sondern an der Auswirkung auf die Darstellung der Vermögens-, Finanz- und Ertragslage irgendeines der in die Konsolidierung einbezogenen Unternehmen. Dabei sind diese Vorgänge in ihrer Gesamtheit zu beurteilen, also nicht nur einzeln zu sehen." 19

2. Berücksichtigung in der Bilanz und in der Gewinn- und Verlustrechnung. Wenn ein Unternehmen **nicht** auf Grund eines zum Konzernabschlussstichtag aufgestellten **(Zwischen-)Abschlusses** konsolidiert wird, können bei der Kapitalkonsolidierung, bei der Schuldenkonsolidierung, 20

---
[7] *ADS* RdNr. 34.
[8] *ADS* RdNr. 28 ff.
[9] *ADS* RdNr. 41.
[10] *ADS* RdNr. 42.
[11] Zahlenbeispiel bei *ADS* RdNr. 43.
[12] *Busse von Colbe/Ordelheide* S. 41 f.

§ 300

bei der Aufwands- und Ertragskonsolidierung und bei der Zwischenergebniseliminierung erhebliche **konsolidierungstechnische Schwierigkeiten** entstehen. Beispielsweise kann bei der Schuldenkonsolidierung die Situation auftreten, dass ein Kredit, der zwischen den beiden Stichtagen zwischen zwei Konzernunternehmen vergeben wurde, zwar bei einem Unternehmen verbucht ist, in dem anderen, mit dem früheren Stichtag, jedoch nicht.[13] Die bei der **Schuldenkonsolidierung entstehenden Schwierigkeiten** können dadurch beseitigt werden, dass man

1. die betreffenden Positionen nicht in die Schuldenkonsolidierung einbezieht, sie also behandelt, als ob ein Geschäft mit Dritten zugrunde läge, oder
2. fiktive Korrekturbuchungen vornimmt, die eine Anpassung an den früheren (abweichenden) Stichtag erwirken, oder
3. fiktive Korrekturbuchungen vornimmt, die eine Anpassung an den Konzernabschlussstichtag erwirken.[14]

21   Die dritte Alternative führt dazu, dass im partiellen, nur die bedeutenden Vorgänge berücksichtigender Zwischenabschluss aufgestellt wird. Dies scheint den Anforderungen des Abs. 3 iSd. Berücksichtigung solcher Vorgänge in der Konzernbilanz oder in der Konzern-Gewinn- und Verlustrechnung zu genügen. In der Stellungnahme HFA 4/1988 „Konzernrechnungslegung bei unterschiedlichen Stichtagen" findet sich in Ziff. 6 folgende Aussage dazu: „Die Berücksichtigung besonders bedeutsamer Vorgänge in der Form einer Nebenrechnung unterscheidet sich von einer Konsolidierung auf der Grundlage eines Zwischenabschlusses gemäß § 299 Abs. 2 S. 2 dadurch, dass die nicht von solchen Vorgängen betroffenen Posten des Jahresabschlusses des Tochterunternehmens ohne Anpassung an die Verhältnisse am Konzernabschlussstichtag in die Konsolidierung einbezogen werden."

22   **3. Berücksichtigung im Konzernanhang.** Wenn von dem Wahlrecht Gebrauch gemacht wird, über Vorgänge von besonderer Bedeutung statt in der Konzernbilanz und in der Konzern-Gewinn- und Verlustrechnung im Anhang zu berichten, müssen die **Angaben im Anhang gleichwertige Informationen** liefern. „Dazu wird in der Regel auf durch entsprechende Nebenrechnung begründete Zahlenangaben und Erläuterungen, die die Auswirkungen der angabepflichtigen Vorgänge erkennbar machen, nicht verzichtet werden können."[15] Es kann notwendig sein, zusätzliche Erläuterungen zu den Zahlenangaben hinzuzufügen. Wenn mehrere Unternehmen mit abweichenden Stichtagen einbezogen werden, können gleiche Sachverhalte zusammengefasst werden. Die Angabe der Unternehmen mit abweichenden Stichtagen und die Nennung der Stichtage ist sinnvoll.

23   Gemäß Ziff. 8 der Stellungnahme HFA 4/1988 „Konzernrechnungslegung bei unterschiedlichen Stichtagen" ist zu beachten: „Wird ein Zwischenabschluss nicht aufgestellt, so hat sich die Prüfung darauf zu erstrecken, ob die zwischen dem Jahresabschlussstichtag und dem Konzernabschlussstichtag eingetretenen Vorgänge von besonderer Bedeutung für die Vermögens-, Finanz- und Ertragslage eines der in den Konzernabschluss einbezogenen Unternehmen ordnungsgemäß in der Konzernbilanz und in der Konzern-Gewinn- und Verlustrechnung berücksichtigt oder im Konzernanhang angegeben worden sind."

V. Folgen der Nichtbeachtung

24   Eine Verletzung des § 299 wird vom Gesetz nicht explizit sanktioniert. Soweit eine Verletzung dieser Vorschrift allerdings zur Folge hat, dass die Verhältnisse des Konzerns im Konzernabschluss, im Konzernlagebericht etc. unrichtig wiedergegeben oder verschleiert werden, kommt eine strafrechtliche Verfolgung der Mitglieder des vertretungsberechtigten Organs oder des Aufsichtsrats einer Kapitalgesellschaft gem. § 331 Nr. 2 in Betracht.

Vierter Titel. Vollkonsolidierung

§ 300 Konsolidierungsgrundsätze. Vollständigkeitsgebot

(1) ¹In dem Konzernabschluß ist der Jahresabschluß des Mutterunternehmens mit den Jahresabschlüssen der Tochterunternehmen zusammenzufassen. ²An die Stelle der dem Mutterunternehmen gehörenden Anteile an den einbezogenen Tochterunternehmen treten die Vermögensgegenstände, Schulden, Rechnungsabgrenzungsposten, Bilanzierungs-

---

[13] *ADS* RdNr. 83, 88.
[14] *Trützschler* HdRKo RdNr. 25.
[15] *IDW*, St/HFA 4/1988, WPg 1988; Ziff. 7.

hilfen und Sonderposten der Tochterunternehmen, soweit sie nach dem Recht des Mutterunternehmens bilanzierungsfähig sind und die Eigenart des Konzernabschlusses keine Abweichungen bedingt oder in den folgenden Vorschriften nichts anderes bestimmt ist.

(2) ¹ Die Vermögensgegenstände, Schulden und Rechnungsabgrenzungsposten sowie die Erträge und Aufwendungen der in den Konzernabschluß einbezogenen Unternehmen sind unabhängig von ihrer Berücksichtigung in den Jahresabschlüssen dieser Unternehmen vollständig aufzunehmen, soweit nach dem Recht des Mutterunternehmens nicht ein Bilanzierungsverbot oder ein Bilanzierungswahlrecht besteht. ² Nach dem Recht des Mutterunternehmens zulässige Bilanzierungswahlrechte dürfen im Konzernabschluß unabhängig von ihrer Ausübung in den Jahresabschlüssen der in den Konzernabschluß einbezogenen Unternehmen ausgeübt werden. ³ Ansätze, die auf der Anwendung von für Kreditinstitute oder Versicherungsunternehmen wegen der Besonderheiten des Geschäftszweigs geltenden Vorschriften beruhen, dürfen beibehalten werden; auf die Anwendung dieser Ausnahme ist im Konzernanhang hinzuweisen.

Schrifttum: (ohne die Einzelbeiträge in den verschiedenen Handbüchern der Rechnungslegung) *v. Wysocki/Wohlgemuth*, Konzernrechnungslegung, 3. Aufl. 1986.

I. Allgemeine Grundsätze

Das Grundprinzip der Erstellung eines Konzernabschlusses ist die Zusammenfassung der für diesen Zweck vorbereiteten Jahresabschlüsse der Konzernunternehmen und die Korrektur des summierten Abschlusses um konzerninterne Vorgänge.[1] 1

Die **Zielsetzung** des Konzernabschlusses bedingt es, dass nicht mehr die Beteiligungen des Mutterunternehmens an den Tochterunternehmen ausgewiesen werden, sondern an deren Stelle die Vermögensgegenstände, Schulden, Rechnungsabgrenzungsposten, Bilanzierungshilfen und Sonderposten der Tochterunternehmen (Abs. 1 S. 2). Maßgeblich für die Bilanzierung ist das **Recht des Mutterunternehmens**, wenn nicht die Eigenart des Konzernabschlusses eine Abweichung bedingt oder in den nachfolgenden Vorschriften etwas anderes bestimmt wird. 2

Die postenweise Addition der Jahresabschlüsse der Konzernunternehmen begründet die **Methode der Vollkonsolidierung.** Es werden nämlich unabhängig von der Beteiligungsquote die Posten des Einzelabschlusses eines Tochterunternehmens in voller Höhe übernommen.[2] 3

Die Darstellung der wirtschaftlichen Einheit Konzern wird durch den in Abs. 2 S. 2 kodifizierten Grundsatz der Anwendung der Bilanzierungspflichten, Bilanzierungsverbote und Bilanzierungswahlrechte, die für das Mutterunternehmen gelten, besser verwirklicht als durch den vor der Umsetzung der 7. EU-RL geltenden Grundsatz der **Maßgeblichkeit der Einzelabschlüsse für den Konzernabschluss.** Für die Ansatz- und Bewertungsmethoden ist jetzt grundsätzlich und originär das Recht des Mutterunternehmens maßgeblich. Die Ausübung in den Jahresabschlüssen der Konzernunternehmen ist davon unabhängig. Diese Regelung ermöglicht es, für den Konzernabschluss eine eigene Bilanzpolitik zu betreiben, zB steuerliche Einflüsse zu eliminieren.[3] Die Anpassung an das Bilanzierungsrecht des Mutterunternehmens ist insbesondere in Bezug auf ausländische Tochterunternehmen von Bedeutung. 4

Das **Recht des Mutterunternehmens** liegt dem Vollständigkeitsgebot des Abs. 2 S. 1 zugrunde. Es ist nicht zu verwechseln mit dem Gebot der Vollständigkeit des Konsolidierungskreises (§ 294 Abs. 2). Die Vermögensgegenstände, Schulden, Rechnungsabgrenzungsposten, Bilanzierungshilfen und Sonderposten, Aufwendungen und Erträge der Konzernunternehmen sind nach dem Recht des Mutterunternehmens vollständig in die Konzernbilanz aufzunehmen.[4] Das kann dazu führen, dass Sachverhalte, die bei einem **Tochterunternehmen** nicht bilanzierungspflichtig oder -fähig sind, im Konzernabschluss aufgenommen werden müssen, wenn sie nach dem Recht des Mutterunternehmens bilanzierungspflichtig sind. 5

Schließlich beinhaltet Abs. 2 S. 3 besondere Bestimmungen für Versicherungen und Kreditinstitute. 6

---

[1] *Busse von Colbe/Ordelheide* S. 197.
[2] *ADS* RdNr. 6.
[3] *Busse von Colbe/Ordelheide* S. 127 f.
[4] *Heymann* RdNr. 12.

Wiedmann

II. Zusammenfassung der Jahresabschlüsse der Konzernunternehmen

7   Für Zwecke der Konzernrechnungslegung tritt der Konzernabschluss als Abschluss der größeren wirtschaftlichen Einheit an die Stelle der Jahresabschlüsse der Einzelnen rechtlich selbstständigen Unternehmen.[5] Dabei wird der Konzernabschluss „grundsätzlich nicht als originärer Abschluss aus einer eigens für diese Zwecke eingerichteten Konzernbuchführung",[6] sondern durch Zusammenfassung der vorbereiteten Jahresabschlüsse der Tochterunternehmen und Korrektur um konzerninterne Vorgänge entwickelt. Eine **besondere Konzernbuchführung** ist dennoch notwendig, um die Überleitung der Handelsbilanzen II aus den Jahresabschlüssen sowie die Konsolidierungsbuchungen und die mit ihnen verbundenen Nebenrechnungen zu erfassen und zu dokumentieren. Der Konzernabschluss wird am Ende eines jeden Konzerngeschäftsjahres aus den vorliegenden Einzelabschlüssen entwickelt, dabei werden zahlreiche Fortschreibungen von Konsolidierungsbuchungen der Vorjahre erforderlich.[7] Die **ordnungsgemäße Dokumentation und Aufbewahrung** der Bewertungsanpassungen, Konsolidierungsbuchungen und Nebenrechnungen ist daher wesentliche Grundlage für die Erstellung des Konzernabschlusses.

8   Der erste Schritt zur Erstellung eines Konzernabschlusses ist die **Addition der Jahresabschlüsse** der in den Konzernabschluss einzubeziehenden Konzernunternehmen (bei quotal konsolidierten Gemeinschaftsunternehmen nur der dem Konzern zuzurechnende Teil). Dazu wird ein so genannter Summenabschluss erstellt. Die dort ausgewiesenen Positionen entsprechen jeweils der Summe der in den Einzelabschlüssen ausgewiesenen Beträge. Bei den Handelsbilanzen II muss sichergestellt sein, dass sie formal (Gliederung) mit dem Konzernabschluss übereinstimmen. Insbesondere müssen gleiche Geschäftsvorfälle bei den Konzernunternehmen ihren Niederschlag in der gleichen Position finden. Dazu sind entsprechende **Konzernbuchungs- und -bilanzierungsrichtlinien** meist notwendig. Es ist daher unerlässlich, dass vor der Zusammenfassung **konsolidierungsfähige Einzelabschlüsse** vorliegen. Obwohl meist auch Anpassungen in der GuV notwendig sind, werden die konsolidierungsfähigen Einzelabschlüsse **Handelsbilanz II** genannt.[8]

9   Bei der **Überleitung der Jahresabschlüsse** der Konzernunternehmen auf die konsolidierungsfähigen Jahresabschlüsse sind folgende Schritte ggf. durchzuführen:[9]
   1. Anpassung an das Recht des Mutterunternehmens (abweichende Bilanzierungsge- und -verbote, Abs. 1 S. 2, Abs. 2 S. 1),
   2. Anpassung an die konzerneinheitliche Ausübung von Bewertungswahlrechten (§ 308),
   3. Umrechnung ausländischer Abschlüsse in Euro,
   4. Steuerabgrenzung.

10   Der nächste Schritt ist die **Eliminierung der Anteile des Mutterunternehmens an den Tochterunternehmen,** da insofern in der Summenbilanz eine Doppelerfassung vorliegt. Eine Doppelerfassung findet sich ebenfalls im **Eigenkapital der Summenbilanz.** Diese Mehrfacherfassungen werden durch die Kapitalkonsolidierung beseitigt. Die dazu anzuwendenden Methoden sind in § 301 festgelegt.[10]

11   Das Gesetz erlaubt, **vom Recht des Mutterunternehmens abzuweichen,** wenn dies durch die Eigenart des Konzernabschlusses bedingt ist oder es in den §§ 301 bis 310 geregelt ist.

III. Vollständigkeitsgebot und Ausübung von Ansatzwahlrechten im Konzernabschluss

12   Das in Abs. 2 S. 1 kodifizierte Vollständigkeitsgebot besagt, dass unter **Anwendung des Rechts des Mutterunternehmens** Vermögensgegenstände, Schulden, Rechnungsabgrenzungsposten, Bilanzierungshilfen und Sonderposten, Aufwendungen und Erträge, wenn für sie ein Bilanzierungsgebot besteht, auch dann in den Konzernabschluss (bzw. zunächst in die HB II) aufzunehmen sind, wenn sie im Einzelabschluss nicht bilanziert werden (dürfen). Ebenso ist den Bilanzierungsverboten auch entgegen den Verhältnissen in den Einzelabschlüssen zu folgen.[11]

---

[5] *WPH* M RdNr. 1 f.
[6] *ADS* RdNr. 3.
[7] *ADS* Vorbem. zu §§ 290–315 RdNr. 62.
[8] *Busse von Colbe/Ordelheide* S. 129.
[9] *Baetge* S. 71.
[10] *v. Wysocki/Wohlgemuth* S. 79.
[11] *ADS* RdNr. 10.

Der Grundsatz der **Unabhängigkeit der Konzernbilanzierung,** der in Abs. 2 S. 2 zum Ausdruck kommt, bedeutet, dass für den Konzernabschluss die nach dem Recht des Mutterunternehmens zulässigen Bilanzierungswahlrechte für den Konzernabschluss neu ausgeübt werden können. Das gilt für das Mutterunternehmen und alle Tochterunternehmen. Nach überwiegender Auffassung brauchen Ansatzwahlrechte im Gegensatz zu Bewertungswahlrechten nicht einheitlich ausgeübt zu werden, sondern können beim Mutterunternehmen und bei einzelnen Tochterunternehmen unterschiedlich gehandhabt werden.[12] Der **Stetigkeitsgrundsatz** findet für die Ausübung von Ansatzwahlrechten nach überwiegender Meinung keine Anwendung. Das Willkürgebot ist allerdings zu beachten.[13]

Schließlich räumt Abs. 2 S. 3 das Recht ein, dass Ansätze, die auf der Anwendung von für **Kreditinstitute und Versicherungsunternehmen** wegen der Besonderheiten des Geschäftszweigs geltenden Vorschriften beruhen, beibehalten werden dürfen. Auf die Anwendung dieser Ausnahme ist im Konzernanhang hinzuweisen. Dies gilt auch, wenn das Mutterunternehmen selbst nicht unter die Sondervorschriften fällt. In diesem Zusammenhang ist die Vorschrift des § 341j Abs. 1 zu berücksichtigen, der für Versicherungsunternehmen die Beibehaltung der für ausländische Tochterunternehmen geltenden Vorschriften gestattet.

IV. Folgen der Nichtbeachtung

Ein Verstoß gegen § 300 Abs. 1 wird von § 334 Abs. 1 Nr. 2c erfasst und als Ordnungswidrigkeit qualifiziert. Die §§ 340n Abs. 1 Nr. 2c bzw. 341n Abs. 1 Nr. 2c beinhalten insoweit Spezialvorschriften für Kreditinstitute bzw. Versicherungsunternehmen. Soweit § 300 Wahlrechte beinhaltet, kann eine Verletzung nicht in Betracht gezogen werden.

§ 301 Kapitalkonsolidierung

(1) ¹Der Wertansatz der dem Mutterunternehmen gehörenden Anteile an einem in den Konzernabschluß einbezogenen Tochterunternehmen wird mit dem auf diese Anteile entfallenden Betrag des Eigenkapitals des Tochterunternehmens verrechnet. ²Das Eigenkapital ist anzusetzen

1. entweder mit dem Betrag, der dem Buchwert der in den Konzernabschluß aufzunehmenden Vermögensgegenstände, Schulden, Rechnungsabgrenzungsposten, Bilanzierungshilfen und Sonderposten, gegebenenfalls nach Anpassung der Wertansätze nach § 308 Abs. 2, entspricht, oder
2. mit dem Betrag, der dem Wert der in den Konzernabschluß aufzunehmenden Vermögensgegenstände, Schulden, Rechnungsabgrenzungsposten, Bilanzierungshilfen und Sonderposten entspricht, der diesen an dem für die Verrechnung nach Absatz 2 gewählten Zeitpunkt beizulegen ist.

³Bei Ansatz mit dem Buchwert nach Satz 2 Nr. 1 ist ein sich ergebender Unterschiedsbetrag den Wertansätzen von in der Konzernbilanz anzusetzenden Vermögensgegenständen und Schulden des jeweiligen Tochterunternehmens insoweit zuzuschreiben oder mit diesen zu verrechnen, als deren Wert höher oder niedriger ist als der bisherige Wertansatz. ⁴Die angewandte Methode ist im Konzernanhang anzugeben.

(2) ¹Die Verrechnung nach Absatz 1 wird auf der Grundlage der Wertansätze zum Zeitpunkt des Erwerbs der Anteile oder der erstmaligen Einbeziehung des Tochterunternehmens in den Konzernabschluß oder, beim Erwerb der Anteile zu verschiedenen Zeitpunkten, zu dem Zeitpunkt, zu dem das Unternehmen Tochterunternehmen geworden ist, durchgeführt. ²Der gewählte Zeitpunkt ist im Konzernanhang anzugeben.

(3) ¹Ein bei der Verrechnung nach Absatz 1 Satz 2 Nr. 2 entstehender oder ein nach Zuschreibung oder Verrechnung nach Absatz 1 Satz 3 verbleibender Unterschiedsbetrag ist in der Konzernbilanz, wenn er auf der Aktivseite entsteht, als Geschäfts- oder Firmenwert und, wenn er auf der Passivseite entsteht, als Unterschiedsbetrag aus der Kapitalkonsolidierung auszuweisen. ²Der Posten und wesentliche Änderungen gegenüber dem Vorjahr sind im Anhang zu erläutern. ³Werden Unterschiedsbeträge der Aktivseite mit

---
[12] *ADS* RdNr. 19.
[13] *Förschle* BeBiKo RdNr. 51.

solchen der Passivseite verrechnet, so sind die verrechneten Beträge im Anhang anzugeben.

(4) ¹ Absatz 1 ist nicht auf Anteile an dem Mutterunternehmen anzuwenden, die dem Mutterunternehmen oder einem in den Konzernabschluß einbezogenen Tochterunternehmen gehören. ² Solche Anteile sind in der Konzernbilanz als eigene Anteile im Umlaufvermögen gesondert auszuweisen.

Schrifttum: (ohne die Einzelbeiträge in den verschiedenen Handbüchern der Rechnungslegung) *IDW, St/HFA* 1/1994, Zur Behandlung von Genußrechten im Jahresabschluß von Kapitalgesellschaften, WPg 1994, 419; *Oser,* Erfolgsneutral verrechnete Geschäfts- oder Firmenwerte aus der Kapitalkonsolidierung: Zugleich ein Plädoyer für die Aufgabe des Verrechnungswahlrechts nach § 309 Abs. 1 Satz 3 HGB, WPg 1995, 266–275; *Schmidbauer,* Der Deutsche Rechnungslegungsstandard Nr. 4. Zur Bilanzierung von Unternehmenserwerben im Konzernabschluß, DStR 2001, 365; *Schurbohm/Streckenbach,* Modernisierung der Konzernrechnungslegung durch das Transparenz- und Publizitätsgesetz, WPg 2002, 845.

Übersicht

	RdNr.		RdNr.
I. Allgemeine Grundsätze	1–5	X. Kapitalkonsolidierung im mehrstufigen Konzern	77–83
II. Konsolidierungspflichtige Anteile	6–18	1. Kettenkonsolidierung	77–82
1. Abgrenzung der Anteile	6–12	2. Simultankonsolidierung	83
2. Dem Mutterunternehmen gehörende Anteile	13–15	XI. Veränderungen im Buchwert konsolidierungspflichtiger Anteile	84–90
3. Bewertung der Anteile	16–18	1. Erhöhung des Buchwerts der Anteile	84–86
III. Konsolidierungspflichtiges Eigenkapital	19–30	2. Reduzierung des Buchwerts der Anteile	87–90
IV. Die Erstkonsolidierung nach der Buchwertmethode	31–37	XII. Veränderung der Beteiligungsquote durch Kapitalerhöhung	91
1. 100%-Tochtergesellschaften	31–35	XIII. Folgekonsolidierung	92–96
2. Tochtergesellschaften mit Minderheitenbeteiligung	36, 37	1. Verrechnung der Bilanzansatz- und Bewertungskorrekturen	92–94
V. Die Erstkonsolidierung nach der Neubewertungsmethode	38–43	2. Folgekonsolidierung der „Anteile anderer Gesellschafter"	95, 96
1. 100%-Tochtergesellschaften	38–42	XIV. Entkonsolidierung und Übergangskonsolidierung	97–105
2. Tochtergesellschaften mit Minderheitenbeteiligung	43	1. Entkonsolidierung	97–102
VI. Die Erstkonsolidierung nach DRS 4	44–46	2. Übergangskonsolidierung	103–105
VII. Der Unterschiedsbetrag zwischen anteiligem Eigenkapital und Beteiligungsbuchwert	47–68	a) Übergang auf die Equity-Methode	103
		b) Übergang auf die Quotenkonsolidierung	104
1. Entstehungsgründe	47–55	c) Übergang auf die Anschaffungskostenmethode	105
2. Methoden der Verteilung eines aktiven Unterschiedsbetrags	56–59	XV. Ausweis im Anlagenspiegel	106–110
		1. Erstkonsolidierung	106, 107
3. Ausweis	60–65	2. Folgekonsolidierung	108, 109
4. Anhangangaben	66–68	3. Entkonsolidierung	110
VIII. Stichtag der Erstkonsolidierung	69–74	XVI. Folgen der Nichtbeachtung	111
IX. Währungsumrechnung bei der Erstkonsolidierung ausländischer Tochtergesellschaften	75, 76		

I. Allgemeine Grundsätze

1 Durch die im Gesetz vorgesehene **Zusammenfassung der Jahresabschlüsse** der Tochterunternehmen (Summenabschluss) ist es notwendig, für den Konzernabschluss die wegen der Kapitalverflechtungen im Summenabschluss vorkommenden **Mehrfacherfassungen** zu beseitigen.¹ Der im Jahresabschluss des Mutterunternehmens ausgewiesenen **Beteiligung** entsprechen im Wesentlichen die Vermögenswerte beim Tochterunternehmen. Die Doppelerfassung erstreckt sich auch auf den der Beteiligung entsprechenden Eigenkapitalanteil der Untergesellschaft.² Ein **Tochterunternehmen** ist in der Summenbilanz umso häufiger vertreten, je weiter unten in der Konzernhierarchie es

---

¹ *Busse von Colbe/Ordelheide* S. 197.
² *v. Wysocki/Wohlgemuth* S. 78 f.

Kapitalkonsolidierung 2–6 § 301

angesiedelt ist und je mehr Stufen ein Konzern hat. Die Doppelerfassung ist so zu eliminieren, dass der Abschluss der wirtschaftlichen Einheit Konzern dem Abschluss eines rechtlich einheitlichen Unternehmens entspricht.[3]

Es ist grundsätzlich zu entscheiden, ob das Tochterunternehmen mit den **Anschaffungskosten** **der Beteiligung** (Marktwert zum Zeitpunkt des Erwerbs) oder mit dem **Reinvermögen** (Buchwerte der Vermögensgegenstände abzüglich Schulden) in den Konzernabschluss eingehen soll.[4] Wenn das Tochterunternehmen in Höhe der Anschaffungskosten der Beteiligung in den Konzernabschluss eingeht, wird das Kapital nach der **Erwerbsmethode** (§ 301) konsolidiert. Bei der **Pooling-of-interest-Methode** (§ 302) liegt dem Konzernabschluss dagegen das Reinvermögen zugrunde. Das Mutterunternehmen wird in beiden Alternativen mit den bisherigen Buchwerten im Konzernabschluss weitergeführt. 2

Die Konkretisierung der **Methode der Kapitalkonsolidierung** verlangt die Festlegung der folgenden Parameter:[5] 3
1. Wertansatz für die zu verrechnenden Anteile:
   Anschaffungskosten im Erwerbszeitpunkt oder Buchwert der Anteile in der betrachteten Periode;
2. Betrag des auf die Anteile entfallenden Eigenkapitals (Abs. 1 S. 2):
   Eigenkapital, das sich aus dem Jahresabschluss der Tochtergesellschaft ergibt oder zum Zwecke der Konsolidierung neu bewertetes Eigenkapital (Abs. 2 S. 1);
3. Komponenten des anteiligen Eigenkapitals der Tochtergesellschaft, die in die Verrechnung einzubeziehen sind;
4. Quote, nach der bei einer Beteiligung von weniger als 100% das mit den Anteilen zu verrechnende anteilige Eigenkapital bestimmt wird;
5. Stichtag, zu dem die Anteile mit dem auf sie entfallenden Eigenkapital verrechnet werden (Abs. 2 S. 1);
6. Behandlung der Differenz zwischen dem anteiligen Eigenkapital der Tochtergesellschaft und dem Wert der Beteiligung der Muttergesellschaft (Abs. 1 S. 3, Abs. 3 S. 1);
7. Ausweis und Ansatz der Anteile am Eigenkapital der Tochtergesellschaft, die nicht in die Konsolidierung einbezogen werden, weil sie nicht zum Konzernkreis gehören (Minderheiten) (§ 307).

Dem § 301 liegt die Erwerbsmethode mit der **Fiktion des Einzelerwerbs** zugrunde. Für die Bilanzierung wird unterstellt, dass der Konzern nicht Anteile an einem Tochterunternehmen erwirbt, sondern einzelne Vermögensgegenstände und Schulden.[6] Deshalb werden diese grundsätzlich mit ihren Tageswerten im Zeitpunkt des Erwerbs der Beteiligung angesetzt.[7] 4

International ist die Erwerbsmethode als *purchase method* das vorherrschende Verfahren der Kapitalkonsolidierung.[8] Der DRSC hat am 29. 8. 2000 den **Deutschen Rechnungslegungsstandard Nr. 4** „Unternehmenserwerbe im Konzernabschluss" verabschiedet, der nach DRS 4.1 für alle Unternehmen gilt, die nach § 290 bzw. § 11 PublG zur Aufstellung eines Konzernabschlusses verpflichtet sind. Wesentlicher Inhalt des DRS 4 ist die konkrete **Ausgestaltung der Erwerbsmethode** bei der Bilanzierung von Unternehmenserwerben. Die Pooling-of-interest-Methode bleibt dabei nach DRS 4.4 unberührt.[9] Der DRS 4 lehnt sich weitgehend an die Regelungen des 1998 überarbeiteten IAS 22 an. 5

II. Konsolidierungspflichtige Anteile

1. Abgrenzung der Anteile. Gegenstand der Kapitalkonsolidierung sind die **gesellschaftsrechtlichen Anteile** des Mutterunternehmens am Eigenkapital der Tochter. Nicht Gegenstand der Kapitalkonsolidierung sind dagegen schuldrechtliche Beziehungen, auch wenn Kapitalbeträge Eigenkapital bei der Tochter ersetzen oder eigenkapitalgeberähnlichen Risiken unterliegen (zB Genussrechte, partiarische Darlehen).[10] In die Kapitalkonsolidierung sind alle Anteile, auch diejenigen, die nur vorübergehend gehalten werden, einzubeziehen.[11] 6

---

[3] *Busse von Colbe/Ordelheide* S. 197 f.
[4] *Busse von Colbe/Ordelheide* S. 198 f.
[5] *Dusemond/Weber/Zündorf* HdRKo RdNr. 6.
[6] *Dusemond/Weber/Zündorf* HdRKo RdNr. 3.
[7] *Förschle/Deubert* BeBiKo RdNr. 3.
[8] MünchKommHGB/*Busse von Colbe* RdNr. 4.
[9] *Schmidbauer* DStR 2001, 365.
[10] *ADS* RdNr. 11.
[11] *ADS* RdNr. 13.

7 Bei der Beteiligung an einer **AG** sind „Aktien" in die Kapitalkonsolidierung einzubeziehen. Um welche Gattung von Aktien es sich handelt sowie deren Ausstattung mit Stimmrechten spielt keine Rolle. Neben Aktien kommen noch Zwischenscheine (§ 10 Abs. 3 AktG) für die Kapitalkonsolidierung in Frage, alle anderen Formen der Kapitalausstattung des Tochterunternehmens durch die Mutter dagegen nicht.

8 Für einen Kommanditaktionär einer **KGaA** gelten dieselben Regelungen wie für die Beteiligung an einer AG. Für die Bestimmung der Anteile des persönlich haftenden Gesellschafters gilt der Betrag, der für den Erwerb der Gesellschafterstellung für die sich im Kapitalanteil der persönlich haftenden Gesellschafter niederschlagenden Mitgliedschaftsrechte aufgewendet wurde.

9 Bei der **GmbH** beschränkt sich die Kapitalkonsolidierung auf den Ansatz der „Geschäftsanteile" (§ 14 GmbHG). Die Stellung der Mutter als Gesellschafter ergibt sich aus dem Gesellschaftsvertrag. Bei der GmbH und der AG kommt möglicherweise der Einbezug in die Kapitalkonsolidierung schon während der Gründungsphase in Betracht, wenn die in Gründung befindliche Kapitalgesellschaft bereits unternehmerisch tätig wird.[12]

10 Abgrenzungsschwierigkeiten treten bei der Zuordnung von **Zwischenformen der Finanzierung**, insbesondere bei stillen Beteiligungen, partiarischen Darlehen, Kapital ersetzenden Darlehen und Genussrechten[13] auf. Wenn diese Papiere eine **Gläubigerstellung** verbriefen, sind sie in die Schuldenkonsolidierung einzubeziehen. Je nach Ausgestaltung der Bedingungen können jedoch auch Mitgliedschaftsrechte begründet sein. In diesem Fall sind die Kapitalbeträge in die Kapitalkonsolidierung einzubeziehen. Kriterien für die Begründung von Mitgliedschaftsrechten sind insbesondere neben Nachrangigkeit, Erfolgsabhängigkeit der Vergütung, Teilnahme am Verlust bis zur vollen Höhe, Längerfristigkeit der Kapitalüberlassung auch die Gewährung von besonderen Kontroll- und Mitspracherechten. Der Ausweis als Anteile an verbundenen Unternehmen ist nicht allein entscheidend.[14]

11 Für die Beurteilung der Beteiligung an einer **Personenhandelsgesellschaft** kommt es auf die mitgliedschaftliche Stellung (Einfluss/Überwachung der Geschäftsführung) und die Beteiligung am Eigenkapital (Gewinn/Verlust, Liquidation) an.

12 Bei einer Beteiligung an einem **ausländischen Tochterunternehmen** ist in Zweifelsfällen bei der Frage, was zu den konsolidierungspflichtigen Anteilen zu rechnen ist, darauf abzustellen, ob mit der Zurverfügungstellung des Kapitals die typischen Eigenkapitalgeberrechte verbunden sind. Insbesondere ist darauf zu achten, ob Einfluss- und Kontrollmöglichkeiten auf die Geschäftsführung und die Teilnahme an Gewinn/Verlust mit den Anteilen verbunden sind.

13 **2. Dem Mutterunternehmen gehörende Anteile.** Die „dem Mutterunternehmen gehörenden Anteile" sind im Sinne des **wirtschaftlichen Eigentums** abzugrenzen. Dazu gehören sowohl unmittelbar wie auch mittelbar gehaltene Anteile. Sämtliche vom Mutterunternehmen oder von einem anderen in den Konzernabschluss einbezogenen Unternehmen gehaltene Anteile an einem Tochterunternehmen sind in der Kapitalkonsolidierung aufzurechnen.[15]

14 Grundsätzlich kommen als dem Mutterunternehmen zuzurechnende Anteile nur Anteile in Betracht, die von ebenfalls **voll konsolidierten Tochterunternehmen** gehalten werden.[16] Anteile an einbezogenen Tochterunternehmen, die von **assoziierten Unternehmen** gehalten werden, sind nicht in die Kapitalkonsolidierung einzubeziehen. Diskutiert wird in der Literatur die Frage, ob Anteile an einbezogenen Tochterunternehmen, die von quotal nach § 310 einbezogenen **Gemeinschaftsunternehmen** gehalten werden, in die Kapitalkonsolidierung einzubeziehen sind.[17] Da bei einem Nichteinbezug der Anteile neben den Vermögensgegenständen und Schulden des zu konsolidierenden Tochterunternehmens in der Konzernbilanz eine Beteiligung in Höhe der von dem Gemeinschaftsunternehmen gehaltenen Anteile und gleichzeitig ein Ausgleichsposten in Höhe des darauf entfallenden Eigenkapitals ausgewiesen würde, wird es für vertretbar gehalten, diese Anteile in die Kapitalkonsolidierung einzubeziehen.[18]

15 Anteile an Tochterunternehmen, die von auf Grund der Ausübung von Einbeziehungswahlrechten (§ 296) **nicht einbezogenen Tochterunternehmen** gehalten werden, können nicht in die Kapital-

---

[12] *Dusemond/Weber/Zündorf* HdRKo RdNr. 16 ff.
[13] *IDW,* St/HFA 1/1994, WPg 1994, Ziff. 2.1.
[14] *ADS* RdNr. 11 ff., § 271 RdNr. 6 ff.; *v. Wysocki/Wohlgemuth* S. 80; *IDW,* St/HFA 1/1994, WPg 1994, Ziff. 2.1.1.
[15] *ADS* RdNr. 14 f.
[16] *ADS* RdNr. 19.
[17] Vgl. *ADS* RdNr. 20.
[18] *Dusemond/Weber/Zündorf* HdRKo RdNr. 26; MünchKommHGB/*Busse von Colbe* RdNr. 24 f.; für eine Konsolidierungspflicht der Anteile *ADS* RdNr. 20.

konsolidierung einbezogen werden, da sie nicht in der Summenbilanz enthalten sind. Das ihnen anteilig zuzurechnende Eigenkapital ist daher unter dem Ausgleichsposten für Anteile anderer Gesellschafter zu erfassen. Dabei kann der Ausweis auch in einem gesonderten Posten „Ausgleichsposten für Anteile nicht konsolidierter Tochterunternehmen" erfolgen.[19] In der Literatur wird alternativ auch eine **mittelbare Konsolidierung** oder **Sprungkonsolidierung** vorgeschlagen.[20] Dabei wird die Beteiligung des Mutterunternehmens an dem nicht einbezogenen Tochterunternehmen in Höhe des Buchwerts der Anteile des nicht einbezogenen Tochterunternehmens am zu konsolidierenden Tochterunternehmen mit dem anteiligen Eigenkapital aufgerechnet. Eine Verpflichtung zur Sprungkonsolidierung wird jedoch dem Wortlaut des Abs. 1 S. 1 nicht entnommen.

3. Bewertung der Anteile. Die zu konsolidierenden Anteile sind mit ihren **Anschaffungskosten,** die sich gemäß DRS 4.12 nach der Gegenleistung des erwerbenden Unternehmens bemessen, zuzüglich Anschaffungsnebenkosten anzusetzen. Im Fall nachträglicher Kaufpreisänderungen sind nach DRS 4.15 die Anschaffungskosten für das erworbene Unternehmen anzupassen. Eine erfolgsneutrale Verrechnung von Kaufpreisänderungen mit den Rücklagen ist nach DRS 4.16 nicht zulässig. 16

Wurden die Anteile **konzernintern** von einem anderen einbezogenen Unternehmen erworben, sind die Konzernanschaffungskosten anzusetzen.[21] Eventuell entstandene Zwischenergebnisse sind zu eliminieren. 17

Erfolgt der Erwerb durch **Tausch** gegen Hingabe anderer Vermögensgegenstände, wird in der Literatur davon ausgegangen, dass die Anteile wahlweise mit dem Buchwert der hingegebenen Vermögensgegenstände, einem höheren beizulegenden Wert (Marktwert) oder einem Zwischenwert angesetzt werden können.[22] In Anlehnung an IAS 22 bestimmt DRS 4.13, dass die Anteile mit dem beizulegenden Wert der hingegebenen Vermögensgegenstände anzusetzen sind. 18

III. Konsolidierungspflichtiges Eigenkapital

Der Kapitalkonsolidierung ist das **bilanzielle Eigenkapital** des Tochterunternehmens, soweit es auf die konsolidierungspflichtigen Anteile entfällt, zu Grunde zu legen. Dazu gehören auch ein bei der Erstkonsolidierung vorhandener Ergebnisvortrag und das Jahresergebnis aus „vorkonzernlicher" Zeit, soweit es nicht den früheren Anteilseignern zusteht. 19

Für Tochtergesellschaften, die die Form einer **AG** haben, ergibt sich das zu konsolidierende Eigenkapital aus § 266 Abs. 3 A. I. bis V. iVm. § 268 Abs. 1 S. 2. 20

Folgende Besonderheiten sind bei anderen Rechtsformen zu beachten: 21
- **KGaA:** Die Vermögenseinlage des persönlich haftenden Gesellschafters gehört zum konsolidierungspflichtigen Kapital.
- **Personengesellschaft:** Konsolidierungspflichtiges Kapital sind die Einlagen, die die Beteiligung der Gesellschafter am Vermögen des Unternehmens zum Ausdruck bringen. Die Ergebniskonten werden in die Kapitalkonsolidierung einbezogen, während Gesellschafterdarlehen der Schuldenkonsolidierung unterliegen. Für **ausländische Tochtergesellschaften** ist eine entsprechende Abgrenzung des Eigenkapitals vorzunehmen.[23]

Auf der Aktivseite der Bilanz werden ggf. folgende **Korrekturposten zum Eigenkapital** ausgewiesen: 22
1. ausstehende Einlagen auf das gezeichnete Kapital,
2. eigene Anteile,
3. nicht durch Eigenkapital gedeckter Fehlbetrag.

Ausstehende Einlagen auf das gezeichnete Kapital korrigieren bilanziell das Eigenkapital, wirtschaftlich sind sie jedoch als Liquiditätsreserven zu interpretieren, wenn die Einlagen von einem solventen Anteilseigner eingefordert werden können. Aus Konzernsicht sind ausstehende Einlagen allerdings dann eine Liquiditätsreserve, wenn sie von außerhalb des Konzerns stehenden Dritten oder Minderheitsgesellschaftern eingefordert werden könnten. In diesem Fall sollten sie auch im Konzernabschluss als ausstehende Einlagen ausgewiesen werden. Falls die ausstehenden Einlagen nicht von einem außenstehenden Dritten oder Minderheitsgesellschafter eingefordert werden können, sind sie vom konsolidierungspflichtigen Eigenkapital abzuziehen.[24] 23

---

[19] *Dusemond/Weber/Zündorf* HdRKo RdNr. 29.
[20] Vgl. MünchKommHGB/*Busse von Colbe* RdNr. 20 ff.
[21] *ADS* RdNr. 28.
[22] MünchKommHGB/*Busse von Colbe* RdNr. 36.
[23] *ADS* RdNr. 47 ff.
[24] *ADS* RdNr. 248 f.

24 **Eingeforderte ausstehende Einlagen** haben Forderungscharakter. Wenn die Forderung gegenüber einem anderen Konzernunternehmen besteht, wird sie bei der Schuldenkonsolidierung mit der bei diesem Unternehmen ausgewiesenen Verbindlichkeit verrechnet.

25 Eingeforderte ausstehende Einlagen Dritter werden als Forderung behandelt. Eine Verrechnung mit den Anteilen anderer Gesellschafter ist wegen des Saldierungsverbots nicht zulässig.[25]

26 Der Rücklage für **eigene Anteile beim Mutterunternehmen** stehen auf der Aktivseite im Umlaufvermögen „Eigene Anteile" gegenüber. Eigene Anteile können abhängig von ihrem Verwendungszweck entweder als Korrekturposten zum Eigenkapital aufgefasst werden oder als kurzfristig realisierbare Vermögensgegenstände. Eigene Anteile des Mutterunternehmens sowie Anteile am Mutterunternehmen, die von in die Konsolidierung einbezogenen Tochterunternehmen gehalten werden (Rückbeteiligung), sind im Konzernabschluss im Umlaufvermögen auszuweisen. Die Verrechnung mit dem Eigenkapital ist untersagt (Abs. 4).[26] Da der DSR an die bestehende Rechtslage gebunden ist, folgt auch der DRS 4 dieser Regelung in RdNr. 22: „Anteile des erworbenen Unternehmens am Mutterunternehmen sind in der Konzernbilanz als eigene Anteile auf der Aktivseite auszuweisen." Zur Anpassung an die Regelungen nach IFRS und US-GAAP wird im Anhang des DRS 4 jedoch die Empfehlung de lege ferenda ausgesprochen, die eigenen Anteile offen vom Eigenkapital abzusetzen.

27 Für die **eigenen Anteile der übrigen einbezogenen Unternehmen** verzichtet der DRS 4 auf eine Differenzierung nach den Ursachen für das Halten von eigenen Anteilen und bestimmt in RdNr. 22, dass eigene Anteile des erworbenen Unternehmens mit dem Eigenkapital zu verrechnen sind. Bisher wurde im Schrifttum jedoch eine Differenzierung nach der Dauer, für die die eigenen Anteile gehalten werden sollen, vorgenommen. Eigene Anteile, die längerfristig gehalten werden, sind eher als Korrekturposten zum Eigenkapital anzusehen. Dann sind sie in die Kapitalkonsolidierung einzubeziehen. Eigene Anteile des Tochterunternehmens werden mit den Rücklagen verrechnet. Wenn an dem Tochterunternehmen auch Dritte beteiligt sind, muss der auf sie entfallende Anteil der eigenen Anteile berücksichtigt werden. Die Kürzung des Eigenkapitals trifft den Anteil anderer Gesellschafter in Höhe ihrer Beteiligungsquote.[27]

28 Wenn die **eigenen Anteile den Charakter von Vermögensgegenständen** haben, zB weil sie an Arbeitnehmer weitergegeben werden sollen und daher nur kurzfristig gehalten werden, wurde es bisher für zulässig erachtet, sie im Konzernabschluss als eigene Anteile auszuweisen und in die Rücklage zu übernehmen.[28] In diesem Fall sind die Rücklagen getrennt von den eigenen Anteilen des Mutterunternehmens auszuweisen. Falls Dritte an der Tochtergesellschaft beteiligt sind, ist ihr Anteil an den Rücklagen für eigene Anteile unter den Anteilen anderer Gesellschafter auszuweisen.

29 Sofern die Tochtergesellschaft einen **nicht durch Eigenkapital gedeckten Fehlbetrag** ausweist, ist dieser im Rahmen der Kapitalkonsolidierung dem Buchwert der Anteile hinzuzurechnen. Es ist dann entsprechend der Buchwert- oder Neubewertungsmethode weiterzuverfahren.[29]

30 **Sonderposten mit Rücklageanteil** gehören nicht zum konsolidierungspflichtigen Eigenkapital.[30]

IV. Die Erstkonsolidierung nach der Buchwertmethode

31 **1. 100%-Tochtergesellschaften.** Die in Abs. 1 S. 2 Nr. 1 genannte Buchwertmethode verwendet für den Parameter „Wert des Eigenkapitals des Tochterunternehmens" die Buchwerte, die sich aus der **Erstkonsolidierungsbilanz** ergeben. Diese Bilanz ist ggf. im Gegensatz zum Jahresabschluss des Tochterunternehmens auf den Konzernstichtag aufgestellt und an die konzerneinheitlichen Bilanzierungs- und Bewertungsrichtlinien angepasst.[31]

32 Im ersten Schritt der Kapitalkonsolidierung wird bei einer 100%-Beteiligung der **Buchwert der Beteiligung mit dem Eigenkapital des Tochterunternehmens** verrechnet.

33 Falls die beiden Werte gleich sind und keine stillen Lasten, zB bei dem erworbenen Unternehmen nicht passivierte Pensionsverpflichtungen, vorhanden sind, ist die Kapitalkonsolidierung durch die entsprechende Korrekturbuchung abgeschlossen.[32]

---

[25] *Dusemond/Weber/Zündorf* HdRKo RdNr. 52.
[26] *v. Wysocki/Wohlgemuth* S. 82.
[27] Mit Beispiel *ADS* RdNr. 218 f.
[28] *v. Wysocki/Wohlgemuth* S. 82 f.
[29] *ADS* RdNr. 53.
[30] *WPH* M RdNr. 341.
[31] *Heymann* RdNr. 24 ff.
[32] Zur Buchungstechnik: *Busse von Colbe/Ordelheide* S. 200 ff.; *v. Wysocki/Wohlgemuth* S. 98 ff.

Falls ein **positiver Unterschiedsbetrag** entsteht, der Anschaffungswert der Beteiligung also 34 größer ist als das Eigenkapital der Tochtergesellschaft, muss dieser Unterschiedsbetrag, soweit möglich, auf die vorhandenen Vermögensgegenstände verteilt werden. Sofern stille Lasten vorhanden sind, müssen diese zuvor aufgelöst werden. Dies erhöht den Unterschiedsbetrag. Dadurch werden diese Vermögensgegenstände im Rahmen der Erwerbsmethode an die Tagesbeschaffungswerte zum Zeitpunkt des Erwerbs angepasst. Die in den Buchwerten des Jahresabschlusses der Tochtergesellschaft enthaltenen stillen Reserven werden aufgedeckt. Fraglich ist, in welcher Höhe die stillen Reserven aufgedeckt werden. Bis zum Inkrafttreten des Transparenz- und Publizitätsgesetzes ging die hM davon aus, dass auf Grund der Anschaffungskostenrestriktion die stillen Reserven nur soweit aufgedeckt werden dürfen, als sie den aktiven Unterschiedsbetrag nicht übersteigen. Durch das Transparenz- und Publizitätsgesetz wurde die in § 301 Abs. 1 S. 4 aF kodifizierte Anschaffungskostenrestriktion bei der Neubewertungsmethode gestrichen. Unterschiedlich wird in der Literatur die Frage beantwortet, ob dadurch auch die Anschaffungskostenrestriktion bei der Buchwertmethode berührt ist. Zum Teil wird dies bejaht. Die Vertreter dieser Meinung halten es auf Grund der Aufhebung des § 314 Abs. 1 S. 4 aF für vertretbar, dass stille Reserven, auch soweit sie den aktiven Unterschiedsbetrag übersteigen, nach der Buchwertmethode anteilig aufgedeckt werden.[33] Demgegenüber halten andere Stimmen in der Literatur – gestützt auf den unveränderten Wortlaut des § 301 Abs. 3 S. 1 – weiterhin an der Begrenzung der Aufdeckung der stillen Reserven fest.[34] Unabhängig davon, welcher Meinung man sich anschließt, wird ein eventuell noch verbleibender Unterschiedsbetrag als **Geschäfts- oder Firmenwert** (*goodwill*) in der Konzernbilanz aktiviert (Abs. 3 S. 1). Seine weitere Behandlung ist in § 309 Abs. 1 geregelt.

Wenn der Buchwert der Beteiligung kleiner ist als das Eigenkapital, entsteht ein **negativer Unter-** 35 **schiedsbetrag.** Falls stille Lasten vorhanden sind, müssen sie aufgedeckt werden. Er ist auf der Passivseite als „Unterschiedsbetrag aus der Kapitalkonsolidierung" auszuweisen (Abs. 3 S. 1). Seine Auflösung regelt § 309 Abs. 2.

2. Tochtergesellschaften mit Minderheitenbeteiligung. Wenn das Mutterunternehmen we- 36 niger als 100% der Anteile des Tochterunternehmens besitzt, sind die Minderheitsanteile gesondert innerhalb des Eigenkapitals der Konzernbilanz auszuweisen. Der Buchwert der Beteiligung des Mutterunternehmens wird dann nur dem der Beteiligungsquote entsprechenden Eigenkapital gegenübergestellt. Der Rest des Eigenkapitals des Tochterunternehmens wird umgebucht in die nur im Konzernabschluss auszuweisende Position **„Anteile anderer Gesellschafter"** (§ 307).

Unterschiedsbeträge zwischen dem anteiligen Eigenkapital der Tochter und dem Beteiligungs- 37 buchwert der Mutter werden wie bei der Konsolidierung von 100%-Tochterunternehmen behandelt.

V. Die Erstkonsolidierung nach der Neubewertungsmethode

1. 100%-Tochtergesellschaften. Bei der Erstkonsolidierung nach der Neubewertungsmethode 38 wird das **Eigenkapital der Tochtergesellschaft (gemäß HB II) vor der Kapitalkonsolidierung neu bewertet.**

Bei der **Neubewertungsmethode,** die eine andere Variante der Erwerbsmethode ist, wird 39 unterstellt, dass die (fiktiv) einzeln erworbenen Vermögensgegenstände bereits vor der Konsolidierung mit ihren (Konzern-)Anschaffungswerten anzusetzen sind. Das bedeutet, dass die Umbewertung, die bei der Buchwertmethode erst bei der Verteilung des aktivischen Unterschiedsbetrages aus der Kapitalkonsolidierung vorgenommen wird, bereits in der Erstkonsolidierungsbilanz (auch **Neubewertungsbilanz** genannt) stattfindet.[35] Sie ist über die Handelsbilanz II (HB II), die die Bilanz des Tochterunternehmens an die Bilanzierungs- und Bewertungsgrundsätze des Konzerns anpasst, hinaus aufzustellen. Die Werterhöhungen schlagen sich im Eigenkapital der Tochter nieder.

Die **Obergrenze der Zuschreibung,** die bis Inkrafttreten des Transparenz- und Publizitäts- 40 gesetzes in Abs. 1 S. 4 aF enthalten war, wurde im Rahmen dieses Gesetzes für alle nach dem 31. 12. 2002 beginnende Konzerngeschäftsjahre gestrichen.

Bei der Kapitalkonsolidierung wird der Buchwert der Beteiligung mit dem Eigenkapital der 41 Tochter (100%) verrechnet. Falls ein **positiver (aktivischer) Unterschiedsbetrag** bleibt, ist dieser als Geschäfts- oder Firmenwert auszuweisen.

---

[33] *Förschle/Deubert* BeBiKo RdNr. 95 ff. mwN.
[34] *WPH* M RdNr. 348.
[35] *Heymann* RdNr. 32 ff.

42 Wenn der Beteiligungsbuchwert niedriger ist als das anteilige Eigenkapital auf Basis der Buchwerte, wird die Differenz als **„Negativer Unterschiedsbetrag aus der Kapitalkonsolidierung"** ausgewiesen (Abs. 3 S. 1) und entsprechend § 309 Abs. 2 aufgelöst.

43 **2. Tochtergesellschaften mit Minderheitenbeteiligung.** Wenn Minderheiten an der Tochtergesellschaft beteiligt sind, führt die Neubewertungsmethode zu einem anderen Vermögensausweis in der Konzernbilanz als die Buchwertmethode, weil der **Minderheitenanteil am neu bewerteten Eigenkapital** ausgewiesen wird. Der den Minderheiten zuzurechnende Teil der stillen Reserven wird aufgedeckt.

VI. Die Erstkonsolidierung nach DRS 4

44 Gemäß DRS 4.8 sind Unternehmenserwerbe im Konzernabschluss nach der **Erwerbsmethode** zu bilanzieren. Dabei sind die Vermögensgegenstände und Schulden des erworbenen Unternehmens mit den beizulegenden Zeitwerten anzusetzen (DRS 4.23). Die **Neubewertung** umfasst auch die auf die Minderheitsgesellschafter entfallenden Anteile der Vermögenswerte und Schulden. Sie wird gem. DRS 4.24 nicht begrenzt durch die Anschaffungskosten der Beteiligung. Die nach dem DRS 4 zulässige Regelung entspricht daher in vollem Umfang der Neubewertungsmethode gem. Abs. 1 S. 2 Nr. 2,[36] auf die Ausführungen in RdNr. 38 ff. wird verwiesen.

45 Bezüglich des **Ansatzes der erworbenen Vermögensgegenstände und Schulden** in der HB II regelt DRS 4.17, dass dieser unabhängig vom Ansatz in der Bilanz des erworbenen Unternehmens vollständig und einzeln aus Sicht des Erwerbers zu erfolgen hat. Insbesondere sind nach DRS 4.18 selbst erstellte immaterielle Vermögensgegenstände des erworbenen Unternehmens aus Sicht des Erwerbers entgeltlich erworben und damit in der Konzernbilanz anzusetzen. Aus der Einzelerwerbsfiktion resultiert auch die Forderung, in der HB II bereits geplante Ausgaben für Restrukturierungsmaßnahmen zu zeigen, die noch zu keinen Verbindlichkeiten in der Bilanz des erworbenen Unternehmens geführt haben.[37] Gemäß DRS 4.19 ist daher in der Konzernbilanz eine **Restrukturierungsrückstellung** anzusetzen, wenn folgende Voraussetzungen kumulativ erfüllt werden:
- Spätestens zum Erwerbszeitpunkt steht ein Plan zur Stilllegung oder Veräußerung des erworbenen Unternehmens oder von Teilen davon fest.
- Der Plan sieht Aufwendungen für die Abfindung von Arbeitnehmern, die Schließung von Unternehmenseinrichtungen, die Aufgabe von Produktlinien oder die vorzeitige Kündigung von Verträgen mit Dritten vor.
- Der Plan wird umgehend bekannt gegeben.
- In angemessener Frist, spätestens vor Ablauf von drei Monaten nach dem Zeitpunkt des Unternehmenserwerbs, liegt ein detaillierter Plan vor, der mindestens folgende Angaben enthält: betroffene (Teil-)Geschäftsbereiche, hauptsächlich betroffene Standorte, Funktionen und annähernde Zahl der betroffenen Mitarbeiter, für die Restrukturierung voraussichtlich anfallende Aufwendungen und Zeitpunkt der Ausführung des Restrukturierungsplans.

46 DRS 4 fordert darüber hinaus **weitgehende Anhangangaben,** deren Umfang nach RdNr. 52 von der Inanspruchnahme des Kapitalmarkts abhängig gemacht wird. Kapitalmarktorientierte Mutterunternehmen haben nach DRS 4.54 und 4.56 umfangreiche Angaben zur Beschreibung des erworbenen Unternehmens, zu ausgewählten Kennzahlen des Unternehmens, zum Erwerbsvorgang und zu den Anschaffungskosten zu machen. Für die übrigen Mutterunternehmen sind die Angaben auf Name und Beschreibung des erworbenen Unternehmens, dem Ansatz des Goodwill bzw. eines negativen Unterschiedsbetrages beschränkt.

VII. Der Unterschiedsbetrag zwischen anteiligem Eigenkapital und Beteiligungsbuchwert

47 **1. Entstehungsgründe.** Der Unterschiedsbetrag zwischen dem Beteiligungsbuchwert und dem anteiligen Eigenkapital der Tochtergesellschaft zu Buchwerten besteht aus den **beiden Komponenten:**[38]
- Unterschiede zwischen **Tagesbeschaffungswert und Buchwert** der Vermögensgegenstände und Schulden des Tochterunternehmens (stille Tageswertrücklagen/-lasten) und

---

[36] *Schmidbauer* DStR 2001, 368.
[37] MünchKommHGB/*Busse von Colbe* RdNr. 52.
[38] *Busse von Colbe/Ordelheide* S. 219.

- **Geschäftswert des Tochterunternehmens** (entspricht dem positiven Unterschiedsbetrag zwischen dem Beteiligungsbuchwert und dem anteiligen Eigenkapital des Tochterunternehmens zu Tageswerten).

Die Tagesbeschaffungswerte zum Erwerbszeitpunkt von Vermögensgegenständen der Tochtergesellschaft sind die Aufwendungen für deren fiktive Anschaffung (Fiktion des Einzelerwerbs), die Schulden entsprechen den Aufwendungen der fiktiven Abschaffung.

Stille Rücklagen können sich u. a. im Jahresabschluss des Tochterunternehmens befinden, wenn selbst erstellte immaterielle Vermögensgegenstände aus der Zeit vor der Erstkonsolidierung vorhanden sind. Da diese aus Konzernsicht erworben werden, sind sie im Konzernabschluss zu aktivieren.[39]

Stille Lasten entstehen u. a., wenn bei der Tochtergesellschaft aus Konzernsicht passivierungspflichtige oder freiwillig passivierte Schulden zu berücksichtigen sind (insbesondere Rückstellungen).

Wenn der Beteiligungsbuchwert den Buchwert des (anteiligen) Eigenkapitals überschreitet, entsteht bei der Erstkonsolidierung nach der Buchwertmethode nach ihrer Verrechnung eine **Zwischenposition „Aktiver Unterschiedsbetrag aus der Kapitalkonsolidierung"**.

Diese Position ist in der Konzernbilanz nicht zu finden, weil der Betrag aufzuteilen ist auf die Vermögensgegenstände, die stille Reserven enthalten. Falls stille Lasten vorhanden sind, müssen sie vollständig aufgedeckt werden und erhöhen den Unterschiedsbetrag.[40] Wenn nach der Verteilung des Unterschiedsbetrages auf stille Reserven noch ein positiver Betrag übrig bleibt, ist dieser als Geschäfts- oder Firmenwert auszuweisen.

Die **Auflösung von stillen Reserven hat Vorrang vor dem Ausweis eines Geschäfts- oder Firmenwertes,** auch wenn der über das anteilige Eigenkapital hinausgehende Kaufpreis besonders für die durch den Geschäfts- oder Firmenwert repräsentierten Vermögensteile wie zB Marken, Markteinführung, Mitarbeiter uÄ bezahlt wurde. Dies ergibt sich aus Abs. 3 S. 1.[41]

Nur wenn der **Buchwert der Anteile das anteilige Eigenkapital des Tochterunternehmens zu Buchwerten** unterschreitet, entsteht ein passivischer Unterschiedsbetrag. Seine Ursachen liegen in nicht vollständig bilanzierten Verpflichtungen (zB „Altzusagen" bei Pensionsverpflichtungen), aktivierten Bilanzierungshilfen, im Kaufpreis berücksichtigten Verlusterwartungen *(bad will)* oder in einem günstigen Kauf *(lucky buy).*[42] Stille Lasten sind aufzulösen. Falls sie höher sind als der negative Unterschiedsbetrag, ist mit dem dann positiven Unterschiedsbetrag in der beschriebenen Weise fortzufahren.

Verbleibt ein **negativer Unterschiedsbetrag,** so ist er gem. § 309 Abs. 2 zu behandeln. Eine „Auflösung" zB durch Wertminderungen auf der Aktivseite ist nicht zulässig.[43]

2. Methoden der Verteilung eines aktiven Unterschiedsbetrags. Die Verteilung eines aktiven Unterschiedsbetrags ist nicht ohne weiteres möglich, wenn er im Betrag kleiner ist als die gesamten stillen Reserven abzüglich der stillen Lasten. In diesem Fall ist ein **Verteilungsschlüssel** notwendig.

Aus der Fiktion des Einzelerwerbs ergibt sich, dass bei der Buchwertmethode, wenn Minderheiten am Tochterunternehmen beteiligt sind, nur der beteiligungsproportionale Teil des stillen Reserven aufgelöst werden darf. Bei einer Beteiligung von 80% dürfen somit auch nur 80% des Unterschieds zwischen Buchwert und Tagesbeschaffungswert der Vermögensgegenstände zugeschrieben werden.[44]

Zu **Zuordnungskriterien** eines unter dem Gesamtwert der stillen Reserven liegenden aktiven Unterschiedsbetrags enthält SABI 2/1988 Ziff. A. 4: „Behandlung des Unterschiedsbetrags aus der Kapitalkonsolidierung", folgende Hinweise:

„Die Aufteilung der Differenzen zwischen Zeitwert und Buchwert der Vermögensgegenstände und Schulden ist insoweit von materieller Bedeutung, als die zugeordneten Beträge in den Folgejahren das Schicksal jener Posten teilen, denen sie zugeordnet werden. (...) Die Wahl einer Aufteilungsmethode steht den Unternehmen daher grundsätzlich frei, eine willkürliche Zuordnung muss allerdings ausgeschlossen sein. Die Aufteilung proportional zu den feststellbaren stillen Reserven wird aber häufig als eine geeignete Methode anzusehen sein. In Betracht kommen kann auch eine Verteilung nach anderen nachprüfbaren Kriterien, zB eine selektive Auswahl insbesondere aus Vereinfachungsgründen entsprechend dem Grundsatz der Wesentlichkeit und der Wirtschaftlichkeit. Dabei ist der Sicherheitsgrad bei der Feststellung der stillen Reserven zu berücksichtigen. Eine Berichterstattung über die Aufteilung ist nicht vorgeschrieben."

---

[39] *Busse von Colbe/Ordelheide* S. 219; *ADS* RdNr. 60; *IDW,* St/SABI 2/1988 Behandlung des Unterschiedbetrags aus der Kapitalkonsolidierung, Ziff. A. 5; aA *Heymann* RdNr. 38.
[40] *Dusemond/Weber/Zündorf* HdRKo RdNr. 129.
[41] *Busse von Colbe/Ordelheide* S. 228.
[42] *ADS* RdNr. 60.
[43] *Busse von Colbe/Ordelheide* S. 240.
[44] *ADS* RdNr. 76.

60 **3. Ausweis.** Der nach der Zuordnung zu stillen Reserven verbleibende positive Restbetrag (Buchwertmethode) bzw. der Restbetrag nach der Verrechnung des Eigenkapitals mit dem Beteiligungsbuchwert und der Umbuchung auf Minderheitenanteile (Neubewertungsmethode) ist als **Geschäfts- oder Firmenwert** auszuweisen (Abs. 3 S. 1), wenn er nicht nach § 309 Abs. 1 S. 3 mit den Rücklagen verrechnet wird.

61 Nach DRS 4.27 ist der verbleibende positive Unterschiedsbetrag als Goodwill zu aktivieren. Die erfolgsneutrale Verrechnung des Unterschiedsbetrages mit dem Eigenkapital ist nach DRS 4.28 mit dem Standard nicht vereinbar, da sie dem Grundgedanken der Erwerbsmethode widerspricht.[45] Auch die ratierliche erfolgsneutrale Verrechnung sowie die teilweise erfolgsneutrale und teilweise erfolgswirksame Behandlung des Unterschiedsbetrags ist nach DRS 4.29 nicht zulässig.

62 Der Geschäfts- oder Firmenwert ist nach dem **Gliederungsschema** in § 266 unter der Position A. I. 2 der Aktiva aufzunehmen. Der gemeinsame Ausweis mit den Geschäfts- und Firmenwerten aus den Jahresabschlüssen ist zulässig.[46] Allerdings wird man bei erheblichen Geschäfts- und Firmenwerten aus den Einzelabschlüssen auf Grund der Generalnorm eine Angabe über die Geschäfts- und Firmenwerte aus der Konsolidierung erwarten.[47]

63 Ein **negativer Unterschiedsbetrag** ist unter der Bezeichnung „Unterschiedsbetrag aus der Kapitalkonsolidierung" auf der Passivseite zwischen dem Eigenkapital und den Schulden auszuweisen.[48] Wenn der negative Unterschiedsbetrag als *lucky buy* zu qualifizieren ist, hat er **Eigenkapitalcharakter.** Ein Ausweis als Position des Eigenkapitals ist dann möglich. Falls der Unterschiedsbetrag als *bad will* künftige Aufwendungen und Verluste vorwegnimmt, kann er jedoch nicht generell als Rückstellung qualifiziert werden,[49] es sei denn, die Voraussetzungen des § 249 sind erfüllt. SABI 2/1988 enthält außerdem in Ziff. C. I. folgenden Vorschlag: „Grundsätzlich dürfte es daher zulässig sein, den Posten ohne Rücksicht auf seine Ursachen zwischen den Rücklagen und den Rückstellungen (nach dem Sonderposten mit Rücklageanteil) auszuweisen. In diesem Fall müssen die Erläuterungen im Anhang gemäß Abs. 3 S. 2 HGB auch Angaben über den Charakter (Eigenkapital/ Fremdkapital) des Postens enthalten."

64 Geschäfts- und Firmenwerte und (passive) Unterschiedsbeträge aus der Kapitalkonsolidierung dürfen in der Konzernbilanz **saldiert** werden. Im Konzernanhang sind die saldierten Beträge getrennt auszuweisen.[50]

65 DRS 4 schließt einen saldierten Ausweis der Unterschiedsbeträge aus. Gemäß DRS 4.39 ist ein negativer Unterschiedsbetrag als gesonderter Posten in der Konzernbilanz auszuweisen. Soweit ein positiver Goodwill aus anderen Unternehmenserwerben vorhanden ist, ist der negative Unterschiedsbetrag offen von diesem abzusetzen.

66 **4. Anhangangaben.** Im Konzernanhang sind nach Abs. 3 S. 2 die Unterschiedsbeträge und ihre wesentlichen Änderungen gegenüber dem Vorjahr zu erläutern. Eine Erläuterung des Postens Geschäfts- oder Firmenwert ist nur dann erforderlich, wenn er neben aktivischen Unterschiedsbeträgen auch Geschäftswerte aus den Einzelabschlüssen einbezogener Unternehmen enthält.[51] Zu erläuternde Ursachen der **Veränderungen des aktiven Unterschiedsbetrags** können sowohl Abgänge oder Zugänge infolge von Veränderungen des Konsolidierungskreises als auch planmäßige oder außerplanmäßige Abschreibungen sein. Veränderungen des passivischen Unterschiedsbetrags können durch Veränderungen des Konsolidierungskreises oder durch eine nach § 309 Abs. 2 zulässige Auflösung begründet sein.[52]

67 Bei einem **saldierten Ausweis der Unterschiedsbeträge** sind nach Abs. 3 S. 3 im Anhang die verrechneten Beträge der aktivischen und passivischen Unterschiedsbeträge sowie ihre Veränderungen gegenüber dem Vorjahr anzugeben.

68 Im DRS 4 sind in Anlehnung an IAS 22 weitere Angabepflichten genannt. Nach DRS 4.57 und 4.58 sind getrennt für Goodwills und **negative Unterschiedsbeträge** die Behandlung der Unterschiedsbeträge sowie eine Überleitung vom Anfangs- bis zum Endbestand des Jahres mit allen Elementen der Änderung anzugeben.[53] Für den negativen Unterschiedsbetrag sind darüber hinaus

---

[45] DRS 4 Tz. 37; vgl. zur Verbindlichkeit der DRS: § 342 RdNr. 8.
[46] *Heymann* RdNr. 41.
[47] *Förschle/Deubert* BeBiKo RdNr. 160 halten dies für zweckmäßig.
[48] *Dusemond/Weber/Zündorf* HdRKo RdNr. 149.
[49] AA *ADS* RdNr. 130; *Förschle/Deubert* BeBiKo RdNr. 163.
[50] *ADS* RdNr. 142.
[51] *ADS* RdNr. 139.
[52] *ADS* RdNr. 141.
[53] MünchKommHGB/*Busse von Colbe* RdNr. 141.

Art, Höhe und zeitlicher Anfall der gegebenenfalls zugrunde liegenden erwarteten zukünftigen Aufwendungen und Verluste zu beschreiben.

VIII. Stichtag der Erstkonsolidierung

Der Erwerbsmethode entsprechend ist das Kapital aufzurechnen, das im Zeitpunkt des wirtschaft- 69 lichen Übergangs der Anteile des Tochterunternehmens auf das Mutterunternehmen besteht. Falls ein davon abweichender späterer **Zeitpunkt der Übernahme der Stimmrechte oder der einheitlichen Leitung** vereinbart wurde, ist dieser spätere Zeitpunkt maßgeblich.[54]

Bei zeitlicher Abweichung zwischen Erwerbszeitpunkt und Bilanzstichtag müsste auf den Erwerbs- 70 zeitpunkt eine Zwischenbilanz aufgestellt werden.

Das Gesetz erlaubt stattdessen, den Zeitpunkt der **erstmaligen Einbeziehung in den Konzern-** 71 **abschluss** als Stichtag für die Verrechnung des Eigenkapitals anzunehmen (Abs. 2). Die Erwerbsmethode wird auf diesen späteren Stichtag angewandt.[55] Die Aufwendungen und Erträge, die zwischen dem Erwerbszeitpunkt und dem Stichtag der erstmaligen Einbeziehung in den Konzernabschluss angefallen sind, werden dann nicht dem Konzernergebnis zugerechnet, sondern den Rücklagen des Tochterunternehmens.[56]

DRS 4 nennt als maßgebenden Zeitpunkt für die Erstkonsolidierung den **Erwerbszeitpunkt**. 72 Eine Erstkonsolidierung auf den späteren Konzernabschluss-Stichtag ist nach DRS 4.10 nicht zulässig. Bei einem vom Stichtag abweichenden Erwerbszeitpunkt wird daher für die Ermittlung der Unterschiedsbeträge eine Bilanz aufgestellt werden müssen, auch wenn nach der Regelung des DRS 4.11 die Aufstellung eines Zwischenabschlusses nicht vorgeschrieben ist.[57]

Bei **sukzessivem Erwerb** der Anteile ist die Erstkonsolidierung entweder auf den Zeitpunkt 73 durchzuführen, zu dem die Beteiligung zum ersten Mal als Tochterunternehmen zu qualifizieren ist (Abs. 2 S. 1), oder auf den Zeitpunkt der erstmaligen Einbeziehung in den Konzernabschluss. Eine Beschränkung auf den Zeitpunkt, zu dem das Unternehmen zum ersten Mal als Tochterunternehmen zu qualifizieren ist, besteht nach hM nicht.[58]

DRS 4 führt dazu aus, dass bei einem Erwerb weiterer Anteile nach Erlangung der Beherrschung 74 die Vermögenswerte und Schulden anteilig in Höhe des Zuerwerbs neu zu bewerten sind. Es ist daher davon auszugehen, dass anlehnend an die Regelung des IAS 22 eine jeweilige anteilige Erstkonsolidierung auf die entsprechenden Erwerbszeitpunkte vorgenommen werden soll.[59] Vereinfachend gestattet DRS 4.26 jedoch, bei einer Vielzahl von Erwerbsschritten eine Zusammenfassung zu wesentlichen Teilerwerbsschritten vorzunehmen.

IX. Währungsumrechnung bei der Erstkonsolidierung ausländischer Tochtergesellschaften

Der Abschluss ausländischer Tochterunternehmen muss **vor der Kapitalkonsolidierung in Euro** 75 **umgerechnet** werden, wenn die Beteiligung von einem deutschen Mutterunternehmen unmittelbar gehalten wird (zur Methodik der Währungsumrechnung vgl. Kommentierung zu § 308 RdNr. 18 ff.).

Es ist auch möglich, die **Kapitalaufrechnung vor der Währungsumrechnung** vorzunehmen, 76 wenn der Einzelabschluss des Tochterunternehmens in der gleichen Währung aufgestellt ist, in der die Beteiligung im Konzern gehalten wird. Die Zuordnung des Unterschiedsbetrages bzw. die Neubewertung wird in ausländischer Währung durchgeführt. Erst anschließend wird in Konzernwährung umgerechnet.[60]

X. Kapitalkonsolidierung im mehrstufigen Konzern

1. Kettenkonsolidierung. Die gesetzlich formulierten Konsolidierungsvorschriften beziehen 77 sich auf einen einstufigen Konzern. In der Realität sind Konzerne dagegen häufig **mehrstufig** aufgebaut. Die Regelungen für die **Erstkonsolidierung sind auch im mehrstufigen Konzern** anzuwenden. Die Tochterunternehmen können in Anlehnung an die Konzernstruktur in aufsteigender Reihenfolge **(Kettenkonsolidierung)** konsolidiert werden.

---

[54] *Busse von Colbe/Ordelheide* S. 326.
[55] Verlängerte Erwerbsmethode, *Busse von Colbe/Ordelheide* S. 326.
[56] *Förschle/Deubert* BeBiKo RdNr. 149 ff.
[57] *Schmidbauer* DStR 2001, 366.
[58] *ADS* RdNr. 122.
[59] *Schmidbauer* DStR 2001, 367.
[60] *ADS* RdNr. 294.

78 Die **stufenweise Erstkonsolidierung** kann so vorgenommen werden, dass auf jeder Stufe ein Unterschiedsbetrag entsteht, der in stille Reserven/Lasten und Geschäfts- oder Firmenwert aufgeteilt wird. Diese Vorgehensweise wird insbesondere gewählt, wenn auf jeder Stufe (freiwillig oder pflichtgemäß) Teilkonzernabschlüsse aufgestellt werden. Alternativ können die Unterschiedsbeträge erst auf der obersten Konzernebene zugeordnet werden. Dann ist darauf zu achten, inwiefern sie stille Reserven/Lasten oder Geschäfts- oder Firmenwerte enthalten.[61]

79 Bei der **Konsolidierung eines Teilkonzerns** ist die Behandlung der stillen Rücklagen und des Geschäfts- oder Firmenwerts im Gesamtkonzernabschluss umstritten. Wenn ausschließlich aktivische Unterschiedsbeträge entstehen, ist es gleichgültig, ob die Unterschiedsbeträge des Teilkonzernabschlusses mit dem Eigenkapital verrechnet werden oder ob sie unverändert in den Gesamtkonzernabschluss übernommen werden.[62] Wenn dagegen auf den unterschiedlichen Stufen aktive und passive Unterschiedsbeträge entstehen, ist es umstritten, ob sie miteinander verrechnet werden dürfen, indem der Unterschiedsbetrag des Teilkonzernabschlusses mit dem Eigenkapital verrechnet wird,[63] oder ob eine unveränderte Übernahme in den Konzernabschluss notwendig ist.[64]

80 Sind in einem mehrstufigen Konzern an einer Zwischenholding auch **Minderheiten** beteiligt, so ist darauf zu achten, dass für die darunter liegenden Konzernebenen der Minderheitenanteil richtig ausgewiesen ist **(indirekter Minderheitenanteil).**

81 **Beispiel:** Das Mutterunternehmen ist an einem Tochterunternehmen (T_1) mit 90% beteiligt. Dieses Tochterunternehmen hält wiederum einen Anteil von 80% an einem anderen Tochterunternehmen (T_2). Auf der Ebene der Konzernmutter reicht es nicht, beim unteren Tochterunternehmen einen Minderheitenanteil von 20% auszuweisen. Es muss außerdem berücksichtigt werden, dass den Minderheiten des übergeordneten Tochterunternehmens T_1 ein ihrer Beteiligungsquote gemäßer Anteil am Eigenkapital von T_2 zuzurechnen ist, da ihnen anteilig die Beteiligung an T_2 zusteht. Die „indirekten Minderheiten" sind bei der Berechnung des Minderheitenanteils im Teilkonzernabschluss T_1 zu berücksichtigen und ihr Anteil am Eigenkapital (bzw. am Eigenkapital und an den stillen Reserven) ist im „Anteil anderer Gesellschafter" auszuweisen[65] oder dies ist auf Ebene des obersten Konzernabschlusses zu beachten. Im zweiten Fall können die Minderheitenanteile nicht unverändert aus den Teilkonzernabschlüssen in den Konzernabschluss übernommen werden. Bei der Aufdeckung der stillen Reserven ist von den multipplikativ ermittelten Anteilen der obersten Muttergesellschaft auszugehen. Der auf die „indirekten Minderheitenanteile" entfallende Geschäfts- oder Firmenwert wird mit den Anteilen anderer Gesellschafter verrechnet.

82 Bei **Erwerb eines Teilkonzerns** ist bei der erstmaligen Einbeziehung in den Konzernabschluss der Erwerbszeitpunkt des Teilkonzerns aus Sicht des Gesamtkonzerns maßgeblich. In den Teil-Konzernabschluss werden die Tochterunternehmen dagegen mit den Erwerbszeitpunkten des neuen Mutterunternehmens oder mit dem Zeitpunkt der erstmaligen Einbeziehung durch das neue Mutterunternehmen oder mit dem Zeitpunkt, als das Teilkonzern-Mutterunternehmen Tochterunternehmen des neuen Mutterunternehmens geworden ist, einbezogen.[66] Die **Rücklagenveränderungen** im Teilkonzern auf Grund von Ergebnissen zwischen dem Erstkonsolidierungszeitpunkt im Teilkonzern und dem Erstkonsolidierungszeitpunkt für den Teil-Konzernabschluss gehören aus Gesamtkonzernsicht zum erworbenen Kapital und sind aufzurechnen, während sie im Teil-Konzernabschluss als Gewinnrücklagen auszuweisen sind. Falls ein Teil-Konzernabschluss aufgestellt werden muss, können die Abweichungen zwischen den Erstkonsolidierungszeitpunkten im Teil-Konzernabschluss und für den Teilkonzern im Gesamtkonzernabschluss dazu führen, dass zwei Ergänzungsrechnungen geführt werden müssen.[67]

83 **2. Simultankonsolidierung.** Statt der stufenweisen Konsolidierung ist es auch möglich, **alle Konzernunternehmen in einem Schritt zu konsolidieren.** Die Konsolidierung ist dann als Lösung eines linearen Gleichungssystems angelegt. Insbesondere bei gegenseitigen Beteiligungen ist diese Vorgehensweise notwendig. Die Methode verliert jedoch wegen des auf der 7. EU-RL basierenden Rechts an Bedeutung. Bei der Simultankonsolidierung werden aktivische und passivische Unterschiedsbeträge saldiert.[68] Dies wird jedoch wegen der Vorteile dieser Methode bei komplexen Konzernstrukturen für zulässig erachtet.[69]

---

[61] *ADS* RdNr. 220 ff.; aA *Dusemond/Weber/Zündorf* HdRKo RdNr. 249 ff.
[62] *Busse von Colbe/Ordelheide* S. 301.
[63] Für ein Wahlrecht zwischen den Methoden *ADS* RdNr. 226.
[64] *Dusemond/Weber/Zündorf* HdRKo RdNr. 253 f.
[65] Mit Beispiel *ADS* RdNr. 227 f.
[66] *Förschle/Hoffmann* BeBiKo RdNr. 274.
[67] *Busse von Colbe/Ordelheide* S. 307.
[68] *Busse von Colbe/Ordelheide* S. 308; mit Beispiel: *Dusemond/Weber/Zündorf* HdRKo RdNr. 239 ff.
[69] *v. Wysocki/Wohlgemuth* S. 130; aA *Förschle/Hoffmann* BeBiKo RdNr. 271.

XI. Veränderungen im Buchwert konsolidierungspflichtiger Anteile

1. Erhöhung des Buchwerts der Anteile. Der Buchwert der Anteile kann sich erhöhen durch eine **Kapitalerhöhung bei der Tochtergesellschaft**, ohne dass sich die Beteiligungsquote ändert. Wenn die Kapitalerhöhung gegen Bareinlage durchgeführt wird, kann ein Unterschiedsbetrag zwischen dem zusätzlichen Buchwert der Anteile und dem zusätzlichen zu konsolidierenden Eigenkapital in Höhe der aktivierungspflichtigen Anschaffungsnebenkosten entstehen. Dieser Unterschiedsbetrag sollte sofort als Aufwand im Konzernabschluss verrechnet werden. Die Aktivierung als Goodwill erscheint nicht sachgerecht, da es sich nicht um bezahlte Zukunftserwartungen handelt.[70]

Wenn die **Kapitalerhöhung gegen Sacheinlage** durchgeführt wird, kann ein Unterschiedsbetrag dadurch entstehen, dass die Sacheinlagen im Konzernabschluss niedriger bewertet werden als für die Berechnung des Buchwerts der Anteile (Zeitwert – Buchwert). Der aktive Unterschiedsbetrag repräsentiert die stillen Reserven und ist den Vermögensgegenständen zuzuordnen. Zu beachten ist, dass ggf. eine Zwischengewinneliminierung nach § 304 durchzuführen ist. Die Sacheinlage darf maximal mit den Konzernanschaffungs- oder -herstellungskosten in der Konzernbilanz bewertet sein.[71]

Der Buchwert der Anteile erhöht sich, wenn weitere **Anteile von Dritten erworben** werden. Obwohl aus Konzernsicht keine zusätzlichen Vermögensgegenstände und Schulden erworben werden, ist für die hinzuerworbenen Anteile eine Kapitalkonsolidierung vorzunehmen. Der Erwerbspreis ist als **nachträgliche Anschaffungsausgabe** für die bereits im Konzernabschluss aktivierten Vermögensgegenstände und den Goodwill zu interpretieren. Die auf die hinzuerworbenen Anteile entfallenden stillen Reserven, die im Erwerbszeitpunkt der zusätzlichen Anteile vorhanden sind, müssen aufgedeckt werden. Bei Anwendung der Neubewertungsmethode ist zu beachten, dass die stillen Reserven (zT) bereits bei der Erstkonsolidierung der vor dem Zuerwerb vorhandenen Anteile aufgedeckt und den Fremdanteilen zugeordnet wurden. Die auf die hinzuerworbenen Anteile entfallenden stillen Reserven sind von dem Ausgleichsposten für Anteile anderer Gesellschafter umzubuchen.[72]

2. Reduzierung des Buchwerts der Anteile. Der Buchwert der Anteile reduziert sich durch **Verkauf** eines Teils der Anteile oder durch **Abschreibungen**.

Abschreibungen auf den Buchwert der Anteile im Jahresabschluss des Mutterunternehmens sind im Konzernabschluss zurückzunehmen. Für den Konzernabschluss ist zu erwägen, ob die Vermögensgegenstände oder der Geschäfts- oder Firmenwert abzuschreiben sind. Bei einer dauerhaften Wertminderung der Beteiligung muss der Geschäfts- oder Firmenwert abgeschrieben werden.[73]

Bei **Verkauf eines Teils der Anteile** und gleichzeitigem Fortbestehen des Mutter-Tochter-Verhältnisses werden für die abgehenden Anteile Anpassungsbuchungen notwendig. Die Erstkonsolidierung der verbleibenden Anteile bleibt unverändert.[74]

Wenn die Erstkonsolidierung nach der Buchwertmethode durchgeführt wurde, sind die ggf. noch aktivierten, aufgedeckten stillen Reserven und der Geschäfts- oder Firmenwert, soweit sie auf die veräußerten Anteile entfallen, erfolgswirksam auszubuchen. Bei Anwendung der Neubewertungsmethode ist ausschließlich der anteilige Geschäfts- oder Firmenwert in dieser Weise zu behandeln.[75] Die Anteile anderer Gesellschafter sind jeweils anzupassen.

XII. Veränderung der Beteiligungsquote durch Kapitalerhöhung

Der **Anteil Dritter an einem Tochterunternehmen kann** sich dadurch erhöhen, dass das Mutterunternehmen an einer Kapitalerhöhung beim Tochterunternehmen nicht teilnimmt. Wenn das Tochterunternehmen weiterhin in den Konzernabschluss einbezogen wird, ist die Veränderung oder die Bildung des Ausgleichspostens für Anteile anderer Gesellschafter zu berücksichtigen. Der Ausgleichsposten wird in Höhe der Beteiligungsquote der anderen Gesellschafter am Nennkapital gebildet. Dadurch entfällt ein Teil des **Aufgeldes aus der Kapitalerhöhung** auf die Mehrheitsgesellschafter. Die Kapitalerhöhung muss erfolgsneutral im Konzernabschluss abgebildet werden, dh. es ist eine Erstkonsolidierung durchzuführen. Dabei entsteht, da dem zusätzlichen Kapital kein zusätzlicher Buchwert der Anteile gegenübersteht, ein passiver Unterschiedsbetrag. Da der auf die

---

[70] *ADS* RdNr. 184.
[71] *ADS* RdNr. 185.
[72] *ADS* RdNr. 177 f.
[73] *Busse von Colbe/Ordelheide* S. 247.
[74] *WPH* M RdNr. 395.
[75] *ADS* RdNr. 189 f.

Mehrheitsgesellschafter entfallende Anteil des Aufgeldes einem Entgelt für die stillen Reserven und dem Geschäfts- oder Firmenwert entspricht, ist dieser passive Unterschiedsbetrag mit den stillen Reserven und dem Geschäfts- oder Firmenwert zu verrechnen.[76]

XIII. Folgekonsolidierung

92 **1. Verrechnung der Bilanzansatz- und Bewertungskorrekturen.** Die Folgekonsolidierung dient der **Weiterverrechnung der Bilanzansatz- und Bewertungskorrekturen und der Geschäftswerte aus der Erstkonsolidierung.**

93 Entsprechend sind alle in der Erstkonsolidierung durchgeführten Korrekturen der Summenbilanz für die Folgekonsolidierung fortzuschreiben.[77] Das betrifft:

1. Vermögensgegenstände, denen stille Reserven zugeordnet wurden:
   Die aufgedeckten Reserven sind wie die Vermögensgegenstände erfolgswirksam abzuschreiben.
2. Außerplanmäßige Abschreibung auf aufgedeckte stille Reserven:
   Im Konzernabschluss sind ggf. höhere außerplanmäßige Abschreibungen auf Vermögensgegenstände, bei denen bei der Erstkonsolidierung stille Reserven aufgedeckt wurden, vorzunehmen.
3. Sonstige Korrekturen bei der Erstkonsolidierung:
   Anpassungen in nachfolgenden Perioden sind ebenfalls erforderlich. Nach Verkauf eines Grundstückes, dem stille Reserven bei der Erstkonsolidierung zugeordnet wurden, ist zB im Konzernabschluss der höhere Abgangswert und damit ein geringeres Veräußerungsergebnis zu beachten.
4. Rückstellungen:
   Soweit sie nur in der Konzernbilanz gebildet wurden, können Rückstellungen auch nur in der Konzernbilanz in Anspruch genommen oder aufgelöst werden.
5. Die weitere Behandlung der Geschäftswerte und Unterschiedsbeträge regelt § 309.
6. Anteile anderer Gesellschafter:
   Korrekturen müssen auch auf „andere Gesellschafter" zugeordnet werden, wenn nach der Neubewertungsmethode konsolidiert wird.

94 Wegen der Ergebnisunterschiede, die zwischen Konzernabschluss und Summe der Einzelabschlüsse entstehen, ist die Steuerabgrenzung zu beachten.

95 **2. Folgekonsolidierung der „Anteile anderer Gesellschafter".** Wenn die Erstkonsolidierung nach der **Neubewertungsmethode** durchgeführt wurde, sind dem Minderheitsgesellschafter Anteile an den stillen Reserven zugeordnet worden. Im Rahmen der Folgekonsolidierung sind diese aufgedeckten anteiligen stillen Reserven genauso zu behandeln wie die auf die Anteile des Mutterunternehmens entfallenden stillen Reserven/Lasten. Im Falle einer Abschreibung bzw. Auflösung weichen daher die Aufwendungen im Konzern bei Anwendung der Buchwertmethode oder der Neubewertungsmethode voneinander ab.

96 Die Abschreibungen führen zu einer **Veränderung des Ausgleichspostens für andere Gesellschafter,** da das auf sie entfallende Jahresergebnis entsprechend zu korrigieren ist.[78]

XIV. Entkonsolidierung und Übergangskonsolidierung

97 **1. Entkonsolidierung.** Die Veräußerung eines Tochterunternehmens schlägt sich im Jahresabschluss des Mutterunternehmens im **Abgang der Beteiligung** nieder. Der **Veräußerungserfolg** ergibt sich als Differenz aus dem Beteiligungsbuchwert und dem Veräußerungserlös. Aus Konzernsicht gehen dagegen die einzelnen Vermögensgegenstände und Schulden ab, so dass sich ein anderer Veräußerungserfolg ergeben kann, zB weil im Konzernabschluss Teile der Anschaffungskosten bereits erfolgswirksam geworden sein können. Im Konzernabschluss ist daher ein Entkonsolidierungserfolg zu ermitteln.[79]

98 Da die Entkonsolidierung in der Erwerbsmethode spiegelbildlich zur Erstkonsolidierung ist, muss sie **erfolgswirksam** sein. Die Notwendigkeit zur Entkonsolidierung ergibt sich auch aus dem

---
[76] *ADS* RdNr. 198 ff.
[77] *Busse von Colbe/Ordelheide* S. 242 ff.; *Dusemond/Weber/Zündorf* HdRKo RdNr. 161 ff.; *ADS* RdNr. 143 ff.
[78] *Busse von Colbe/Ordelheide* S. 264; *ADS* RdNr. 174 f.
[79] *Busse von Colbe/Ordelheide* S. 270 f.

Grundsatz der Bilanzidentität nach § 298 Abs. 1 iVm. § 252 Abs. 1 Nr. 1. In der fiktiven Konzerneröffnungsbilanz des Jahres, in dem eine Beteiligung veräußert wird, sind die Vermögensgegenstände und Schulden des veräußerten Tochterunternehmens vorhanden. Mit Hilfe einer konsistenten Buchungstechnik ist der Abgang im Laufe des Jahres in der Jahresschlussbilanz des Konzerns auszuweisen.[80]

Gemäß der Fiktion des Einzelabgangs gehen die Vermögensgegenstände und Schulden des Tochterunternehmens mit den im Konzernabschluss erfassten Werten ab.[81] **99**

Wenn der **Geschäftswert** erfolgsneutral mit den Rücklagen verrechnet wurde (§ 309 Abs. 1 S. 3), ist er bei der Entkonsolidierung aufwandswirksam zu berücksichtigen. Dasselbe gilt auch für noch nicht abgeschriebene Geschäfts- oder Firmenwerte.[82] Es wird in der Literatur auch die Ansicht vertreten, dass die Rücklagenverrechnung endgültig und daher in der Entkonsolidierung nicht rückgängig zu machen sei.[83] Aufgrund der Gesetzeslage kann diese Meinung nicht widerlegt werden. Die erfolgsneutrale Behandlung des Geschäftswertes auch in der Entkonsolidierung widerspricht jedoch dem Grundsatz der Vollständigkeit des Erfolgsausweises. Auch in Großbritannien, wo erfolgsneutrale Verrechnung mit den Rücklagen üblich war, ist eine erfolgsneutrale Behandlung in der Entkonsolidierung nicht mehr zulässig.[84] In der Praxis ist auch anzutreffen, dass der Teil des Geschäftswerts, der bei Aktivierung und planmäßiger bzw. außerplanmäßiger Abschreibung noch ausgewiesen wäre, erfolgswirksam bei der Entkonsolidierung erfasst wird. **100**

Ein **passiver Unterschiedsbetrag** ist bei der Entkonsolidierung ertragswirksam aufzulösen, weil der Gewinn als realisiert angesehen werden kann.[85] **101**

Entsprechende Regelungen zur erfolgswirksamen Entkonsolidierung hat auch der DSR in DRS 4 getroffen. Gemäß DRS 4.45 bemisst sich der Veräußerungserfolg aus dem Verkauf sämtlicher Anteile an einem Tochterunternehmen als Unterschied zwischen dem Veräußerungserlös und den im Konzernabschluss zum Veräußerungszeitpunkt erfassten Vermögenswerten und Schulden des Tochterunternehmens einschließlich des Goodwill. Noch nicht erfolgswirksam aufgelöste negative Unterschiedsbeträge sind erfolgswirksam zu vereinnahmen. **102**

Wenn an dem veräußerten Tochterunternehmen **Minderheitsgesellschafter** beteiligt sind, wird der Abgang der Vermögensgegenstände und Schulden nur in Höhe des Anteils des Mutterunternehmens berücksichtigt, der Rest wird erfolgsneutral gegen die Anteile anderer Gesellschafter ausgebucht (DRS 4.46). Eine vollständige Ausbuchung ist allerdings nur möglich, wenn die Abschreibung der stillen Reserven auf den Minderheitenanteil auch mit dem Gewinnanteil der Minderheiten verrechnet wurde.[86]

2. Übergangskonsolidierung. a) Übergang auf die Equity-Methode. Ein zuvor voll konsolidiertes Tochterunternehmen ist ggf. in einer späteren Periode *at equity* zu bilanzieren. In diesem Fall ist zunächst eine **Entkonsolidierung** notwendig und gleichzeitig ist ein **Zugang unter den Beteiligungen an assoziierten Unternehmen** auszuweisen. Nach DRS 4.49 gilt als Anschaffungskosten der Beteiligung das entsprechende Reinvermögen zu Konzernbilanzbuchwerten. Der Vorgang ist bezüglich der verbleibenden Anteile erfolgsneutral.[87] **103**

b) Übergang auf die Quotenkonsolidierung. Der Übergang von der Voll- auf die Quotenkonsolidierung geschieht, wenn er mit dem Verkauf von Anteilen verbunden ist, indem in **Höhe des Abgangs von Anteilen entkonsolidiert** wird. Die Minderheitenanteile konzernfremder Gesellschafter an den Vermögensgegenständen und Schulden sind nach DRS 4.50 ergebnisneutral gegen deren Eigenkapitalanteil zu verrechnen. Für die im Konzernabschluss verbleibenden anteiligen Vermögenswerte sind keine weiteren Unterschiede gegenüber der Vollkonsolidierung zu beachten. **104**

c) Übergang auf die Anschaffungskostenmethode. Der Übergang von der Vollkostenkonsolidierung auf die Anschaffungskostenmethode wird in DRS 4.49 und 4.51 wie der Übergang auf die Equity-Methode als ergebnisneutraler Vorgang behandelt. Als Anschaffungskosten der Beteiligung gilt nach DRS 4.49 das entsprechende Reinvermögen zu Konzernbilanzbuchwerten. **105**

---

[80] *Dusemond/Weber/Zündorf* HdRKo RdNr. 362.
[81] *ADS* RdNr. 260 f.
[82] *Busse von Colbe/Ordelheide* S. 272; *ADS* RdNr. 262.
[83] *Dusemond/Weber/Zündorf* HdRKo RdNr. 371; *Oser* WPg 1995, 266 ff.
[84] *ADS* RdNr. 262.
[85] *ADS* RdNr. 270.
[86] Vgl. *Busse von Colbe/Ordelheide* S. 275.
[87] *ADS* RdNr. 284 f. und DRS 4.51.

XV. Ausweis im Anlagenspiegel

106 **1. Erstkonsolidierung.** Aus der Erwerbsfiktion folgt, dass die Vermögensgegenstände des Anlagevermögens, die in die Erstkonsolidierung einbezogen werden, im Anlagenspiegel als **Zugänge** auszuweisen sind. Wenn es sich um wesentliche Zugänge handelt, kann der Erläuterungspflicht im Anhang Genüge getan werden, indem die Zugänge aus Erstkonsolidierung in eine **gesonderte Spalte** aufgenommen werden. Die Beträge ergeben sich aus der Erstkonsolidierung nach Aufdeckung der anteiligen stillen Reserven.

107 Falls die Beteiligung im vorhergehenden Abschluss als Finanzanlage ausgewiesen wurde, ist dort ein entsprechender Abgang auszuweisen.[88]

108 **2. Folgekonsolidierung.** Im Konzernanlagenspiegel sind die sich aus der Erstkonsolidierung ergebenden **Werte fortzuführen**.

109 Bei Abgängen sind für Gegenstände des Anlagevermögens, die bei der Erstkonsolidierung bereits vorhanden waren, die Beträge der Anschaffungs- oder Herstellungskosten des Konzernzugangs (Erstkonsolidierung) und die kumulierten Abschreibungen aus Konzernsicht als Abgang auszuweisen.[89]

110 **3. Entkonsolidierung.** Für die Darstellung der Entkonsolidierung im Konzernanlagenspiegel ist eine gesonderte Spalte „**Abgänge wegen Veränderung des Konsolidierungskreises**" sinnvoll. Die Verrechnung von Zugängen aus der Erstkonsolidierung und Abgängen wegen des Ausscheidens aus dem Konzern sollte unterlassen werden.[90]

XVI. Folgen der Nichtbeachtung

111 Eine Verletzung des § 301 ist als mittelbare Verletzung des § 300 Abs. 1 zu qualifizieren. Eine Nichtbeachtung des § 301 wird damit vom Tatbestand des § 334 Abs. 1 Nr. 2 c erfasst. Daneben kann im Einzelfall eine Ordnungswidrigkeit gem. § 334 Abs. 1 Nr. 2 b vorliegen.

§ 302 Kapitalkonsolidierung bei Interessenzusammenführung

(1) Ein Mutterunternehmen darf die in § 301 Abs. 1 vorgeschriebene Verrechnung der Anteile unter den folgenden Voraussetzungen auf das gezeichnete Kapital des Tochterunternehmens beschränken:
1. die zu verrechnenden Anteile betragen mindestens neunzig vom Hundert des Nennbetrags oder, falls ein Nennbetrag nicht vorhanden ist, des rechnerischen Wertes der Anteile des Tochterunternehmens, die nicht eigene Anteile sind,
2. die Anteile sind auf Grund einer Vereinbarung erworben worden, die die Ausgabe von Anteilen eines in den Konzernabschluß einbezogenen Unternehmens vorsieht, und
3. eine in der Vereinbarung vorgesehene Barzahlung übersteigt nicht zehn vom Hundert des Nennbetrags oder, falls ein Nennbetrag nicht vorhanden ist, des rechnerischen Wertes der ausgegebenen Anteile.

(2) Ein sich nach Absatz 1 ergebender Unterschiedsbetrag ist, wenn er auf der Aktivseite entsteht, mit den Rücklagen zu verrechnen oder, wenn er auf der Passivseite entsteht, den Rücklagen hinzuzurechnen.

(3) Die Anwendung der Methode nach Absatz 1 und die sich daraus ergebenden Veränderungen der Rücklagen sowie Name und Sitz des Unternehmens sind im Konzernanhang anzugeben.

Übersicht

	RdNr.		RdNr.
I. Allgemeine Grundsätze	1, 2	2. Behandlung des Unterschiedsbetrages	11–15
II. Anwendungsvoraussetzungen	3–8	3. Berücksichtigung der Abschreibung der Beteiligung in der Folgekonsolidierung	16
III. Erst- und Folgekonsolidierung nach der Methode der Interessenzusammenführung	9–16	IV. Ausweis im Anhang	17–19
1. Aufzurechnendes Eigenkapital	9, 10	V. Folgen der Nichtbeachtung	20

---
[88] *ADS* RdNr. 112 f.
[89] *ADS* RdNr. 161.
[90] *Busse von Colbe/Ordelheide* S. 464.

I. Allgemeine Grundsätze

Die **Methode der Interessenzusammenführung** *(pooling-of-interest)* ist aus der angelsächsischen Rechnungslegung über die 7. EU-RL in deutsches Recht aufgenommen worden. Sie ermöglicht bei bestimmten Unternehmensübernahmen statt nach der Fiktion des Einzelerwerbs (Erwerbsmethode) nach der **Fusionsfiktion** vorzugehen.[1] Die *Pooling-of-interest*-Methode ist eine **erfolgsneutrale** Vollkonsolidierungsmethode. Es wird unterstellt, dass bei Zustandekommen einer Unternehmensverbindung durch Aktientausch die Eigentumsrechte „ökonomisch" fortbestehen.[2] Wenn ein Unternehmen für den Konzernverbund erworben wird, indem Anteile des Mutterunternehmens oder Anteile eines zum Konzern gehörenden Tochterunternehmens hingegeben werden, bleiben die Anteilseigner des übernommenen Unternehmens indirekt an diesem beteiligt. Die Erwerbsfiktion ist dann nicht schlüssig. Die deutsche Regelung bezieht sich auf ein Mutter-Tochter-Verhältnis, dh. auf Über- bzw. Unterordnung. Die *Pooling-of-interest*-Methode soll **nur in Ausnahmefällen** angewandt werden. Ihre Anwendungsvoraussetzungen sind daher detailliert geregelt. Bei Vorliegen der Voraussetzungen räumt der deutsche Gesetzgeber ein **Wahlrecht** ein. Es darf alternativ nach § 301 konsolidiert werden.[3]

Die praktische Bedeutung der *Pooling-of-interest*-Methode ist eher gering. International (US GAAP und IFRS) ist ihre Anwendung nicht mehr zulässig.

II. Anwendungsvoraussetzungen

In Abs. 1 werden **drei Voraussetzungen** für die Methode der Interessenzusammenführung genannt, die die Anwendung auf Einzelfälle beschränken.

Die erste Voraussetzung ist, dass die **Anteile des Tochterunternehmens** fast vollständig in die Kapitalkonsolidierung einzubeziehen sind. Das Gesetz fordert, dass mindestens 90% der Anteile iSd. § 301 Abs. 1 Nr. 1 des Tochterunternehmens gegen Aktien des Konzernverbunds getauscht werden. Bezüglich der übernommenen Anteile wird nicht differenziert, ob sie mit Stimmrechten ausgestattet sind. Es ist daher möglich, dass zwar mindestens 90% der Anteile übernommen werden, dass die Stimmrechtsquote jedoch niedriger ist. Eigene Anteile sind von der Berechnungsgrundlage der Beteiligungsquote abzuziehen.[4]

Die Anwendung der *Pooling-of-interest*-Methode ist nur zulässig, wenn der oben genannte Anteil an einer Tochtergesellschaft per **Anteilstausch** erworben wird. Dem Tausch muss eine Vereinbarung zugrunde liegen, die vorsieht, dass für die Anteile des zu erwerbenden Unternehmens Anteile an einem in den Konzernabschluss einbezogenen Unternehmen ausgegeben werden (Abs. 1 Nr. 2). Durch diese Vorschrift wird gewährleistet, dass nur Unternehmenszusammenschlüsse, denen eine Vereinbarung des Aktientauschs in der geforderten Höhe zugrunde liegt, nach § 302 konsolidiert werden dürfen. Der Erwerb des Tochterunternehmens kann daher **nicht über die Börse** stattfinden. Vor der Vereinbarung dürfen dem Mutterunternehmen maximal 10% des Tochterunternehmens zustehen, die auf andere Weise erworben wurden. Wenn die Anteile nicht zu einem Zeitpunkt getauscht werden, muss ein Zeitplan über den sukzessiven Tausch Teil der Vereinbarung sein.[5]

Die Gattung der hingegebenen Anteile ist ebenfalls nicht näher bestimmt. Es ist daher nicht erforderlich, dass eingetauschte und hingegebene Aktien äquivalent sind. Der Tausch stimmrechtsloser Vorzugsaktien eines Konzernunternehmens für die Übernahme von Stammaktien hindert die Anwendung der Methode der Interessenzusammenführung nicht.[6]

Die hingegebenen Anteile eines Konzernunternehmens können sowohl Anteile am Mutterunternehmen wie auch Anteile an Tochterunternehmen sein. Die Anteile können von unterschiedlichen Konzernunternehmen stammen. Sie können im Wege der Kapitalerhöhung neu geschaffen worden oder als eigene Anteile vorhanden gewesen sein.[7]

Das Gesetz erlaubt, dass neben dem Aktientausch eine **Barzahlung** vereinbart wird. Dies ermöglicht zB den Spitzenausgleich oder die Abfindung von Minderheiten, die nicht an Konzernaktien interessiert sind. Die dritte gesetzliche Voraussetzung lautet, dass die Barabfindung **10%** des Nennbetrags der Aktien oder des rechnerischen Wertes anderer Anteile nicht überschreiten darf.[8]

---

[1] *Busse von Colbe/Ordelheide* S. 346 f.
[2] *ADS* RdNr. 7.
[3] Kritik daran: *Baetge* S. 266.
[4] *ADS* RdNr. 12 ff.
[5] *Eckes/Weber* HdRKo RdNr. 13 f.
[6] *ADS* RdNr. 28.
[7] *WPH* M RdNr. 437.
[8] *ADS* RdNr. 38 ff.

III. Erst- und Folgekonsolidierung nach der Methode der Interessenzusammenführung

9 **1. Aufzurechnendes Eigenkapital.** Abs. 1 schreibt vor, dass anders als bei der Kapitalkonsolidierung nach der Buchwertmethode nur das (anteilige) **gezeichnete Kapital** des Tochterunternehmens verrechnet wird. Der Unterschiedsbetrag ist dann um den nicht verrechneten Anteil am Eigenkapital größer. Ist das (anteilige) gezeichnete Kapital kleiner als der Buchwert der Anteile, entsteht ein aktiver Unterschiedsbetrag, der in der Konzernbilanz auszuweisen ist.[9] Die Unterschiedsbeträge beinhalten ggf. anteilige stille Reserven, die jedoch nicht aufgedeckt werden.

10 Abgesehen von diesem Unterschied bei der Kapitalkonsolidierung und der Behandlung des Unterschiedsbetrages weist die *Pooling-of-interest*-Methode keine weiteren Besonderheiten gegenüber der Erwerbsmethode auf. Insbesondere ist vor der Erstkonsolidierung eine HB II aufzustellen, die den Einzelabschluss des Tochterunternehmens an die konzerneinheitlichen Bewertungsmethoden anpasst.[10]

11 **2. Behandlung des Unterschiedsbetrages.** Anders als die Erwerbsmethode wirkt die *Pooling-of-interest*-Methode **erfolgsneutral**, weil die Unterschiedsbeträge aus der Erstkonsolidierung mit den Rücklagen verrechnet oder ihnen hinzugefügt werden.[11]

12 Es ist gesetzlich nicht festgelegt, mit **welchen Rücklagen** bzw. in welcher **Reihenfolge** zu verrechnen ist. Man wird daher von einem **Wahlrecht** ausgehen können, das allerdings nicht willkürlich ausgeübt werden darf.[12]

13 Die **erfolgsneutrale Verrechnung des Unterschiedsbetrages** wird bei der *Pooling-of-interest*-Methode damit begründet, dass es sich ökonomisch um eine Kapitalzuführung bzw. -rückzahlung handelt. Damit müssten die Unterschiedsbeträge mit den Kapitalrücklagen, zunächst des übernommenen Unternehmens und, wenn diese nicht reichen, des erwerbenden Unternehmens verrechnet werden. Nur wenn diese nicht ausreichen, sollten die Gewinnrücklagen zur Verrechnung herangezogen werden.[13]

14 In der Kommentierung wird auch vorgeschlagen, die verschiedenen Arten von Rücklagen, soweit der Unterschiedsbetrag auf die Rücklagen des Tochterunternehmens zurückführbar ist, **anteilig zu verrechnen**. Wenn der Unterschiedsbetrag durch die Existenz von stillen Rücklagen und Goodwill begründet ist, sollten die Gewinnrücklagen zur Verrechnung herangezogen werden.[14]

15 Sofern **andere Gesellschafter** am Tochterunternehmen beteiligt sind, ist in Höhe ihres Anteils am Eigenkapital der Tochter ein Ausgleichsposten zu bilden.[15]

16 **3. Berücksichtigung der Abschreibung der Beteiligung in der Folgekonsolidierung.** Bei den **Folgekonsolidierungen** wird die Verrechnung aus der Erstkonsolidierung jährlich wiederholt. Wenn im Einzelabschluss die Beteiligung wegen einer Wertminderung abgeschrieben wurde, muss im Konzernabschluss diese Abschreibung rückgängig gemacht werden. Damit bleibt die Erfolgsneutralität der Methode gewährleistet.[16]

IV. Ausweis im Anhang

17 Abs. 3 schreibt vor, dass im Anhang anzugeben sind:
1. die Anwendung der Methode,
2. die sich aus der Anwendung der *Pooling-of-interest*-Methode ergebenden Veränderungen in den Rücklagen,
3. Name und Sitz der nach der *Pooling-of-interest*-Methode einbezogenen Unternehmen.

18 Die Vermittlung des *true and fair view* (§ 297 Abs. 2) kann im Einzelfall weitere Angaben erforderlich machen.[17]

19 Da die *Pooling-of-interest*-Methode nicht der Erwerbsfiktion folgt, werden die Vermögensgegenstände und Schulden aus dem Anlagespiegel des erworbenen Unternehmens grundsätzlich direkt in

---

[9] *Busse von Colbe/Ordelheide* S. 349 f.
[10] *ADS* RdNr. 45 f.
[11] *Busse von Colbe/Ordelheide* S. 350.
[12] *Heymann* RdNr. 15.
[13] *Busse von Colbe/Ordelheide* S. 350; *Eckes/Weber* HdRKo RdNr. 34.
[14] *ADS* RdNr. 51.
[15] *ADS* RdNr. 65; ausführlich *Eckes/Weber* HdRKo RdNr. 36.
[16] *Busse von Colbe/Ordelheide* S. 350.
[17] *ADS* RdNr. 66.

den **Konzernanlagenspiegel** übernommen. Sie werden nicht in der Spalte Zugänge ausgewiesen. Daher ist die Vergleichbarkeit mit dem Vorjahr bei den Bruttowerten im Anlagespiegel in solchen Positionen, die von der *Pooling-of-interest*-Methode betroffen sind, nicht mehr gegeben. Die Auswirkungen müssen daher angegeben werden. Es scheint aber auch zulässig, wie bei der Erwerbsmethode die „Zugänge" in der entsprechenden Spalte auszuweisen.

V. Folgen der Nichtbeachtung

Eine Verletzung des § 302 wird vom Gesetz nicht explizit sanktioniert. Mittelbar stellt eine Verletzung des § 302 allerdings eine Verletzung des § 300 Abs. 1 dar. Auf die Erläuterung unter § 300 RdNr. 15 wird daher verwiesen. Daneben kann im Einzelfall eine Ordnungswidrigkeit gem. § 334 Abs. 1 Nr. 2 b vorliegen, wenn entgegen § 297 Abs. 2 der Konzernabschluss kein den tatsächlichen Verhältnissen entsprechendes Bild der Vermögens-, Finanz- und Ertragslage des Konzerns vermittelt. 20

§ 303 Schuldenkonsolidierung

(1) Ausleihungen und andere Forderungen, Rückstellungen und Verbindlichkeiten zwischen den in den Konzernabschluß einbezogenen Unternehmen sowie entsprechende Rechnungsabgrenzungsposten sind wegzulassen.

(2) Absatz 1 braucht nicht angewendet zu werden, wenn die wegzulassenden Beträge für die Vermittlung eines den tatsächlichen Verhältnissen entsprechenden Bildes der Vermögens-, Finanz- und Ertragslage des Konzerns nur von untergeordneter Bedeutung sind.

Übersicht

	RdNr.		RdNr.
I. Allgemeine Grundsätze	1–3	4. Rückstellungen	18, 19
II. Erfolgsneutrale Schuldenkonsolidierung	4	5. Konzerninterne Anleiheverpflichtungen	20
		6. Drittschuldverhältnisse	21
III. Erfolgswirksame Schuldenkonsolidierung	5–13	V. Besonderheiten bei der Schuldenkonsolidierung	22–27
1. Schuldenkonsolidierung bei Differenzen	5, 6	1. Erstmalige Schuldenkonsolidierung	22
2. Ursachen für Differenzen	7, 8	2. Abweichende Stichtage	23
3. Steuerabgrenzung	9	3. Währungsumrechnung	24–26
4. Technik der Schuldenkonsolidierung	10–13	4. Entkonsolidierung	27
IV. Besonderheiten bei der Konsolidierung bestimmter Verpflichtungen	14–21	VI. Eventualverbindlichkeiten und Haftungsverhältnisse	28, 29
1. Eingeforderte ausstehende Einlagen	14	VII. Wesentlichkeit	30, 31
2. Geleistete Anzahlungen	15	VIII. Folgen der Nichtbeachtung	32
3. Rechnungsabgrenzungsposten	16, 17		

I. Allgemeine Grundsätze

In der Schuldenkonsolidierung werden **konzerninterne Schuldverhältnisse** gemäß der Einheitstheorie für den Konzernabschluss aufbereitet. Da rechtlich unselbstständige Betriebsteile keine Ansprüche oder Verpflichtungen gegeneinander haben können, konkretisiert § 303 den Grundsatz aus § 297, indem er vorschreibt, dass Ausleihungen und andere Forderungen, Rückstellungen, Verbindlichkeiten und entsprechende Rechnungsabgrenzungsposten zwischen den in den Konzernabschluss einbezogenen Unternehmen wegzulassen sind. Die Aufzählung ist nicht abschließend, sondern iS einer vollständigen Berücksichtigung aller konzerninternen Ansprüche und Verpflichtungen in der Schuldenkonsolidierung zu verstehen.[1] 1

Bei der Schuldenkonsolidierung können jedoch, wenn entsprechende Forderungen und Verbindlichkeiten in den Einzelabschlüssen der Konzernunternehmen nicht in gleicher Höhe bilanziert wurden oder Verbindlichkeiten (insbesondere Rückstellungen) keine Forderungen gegenüberstehen, **Differenzen** entstehen, die zum Teil eine erfolgswirksame Schuldenkonsolidierung notwendig machen. 2

---

[1] *ADS* 303 RdNr. 5.

3 Auf den Totalerfolg des Konzerns hat die Verbuchung der konzerninternen Kreditgeschäfte keinen Einfluss. Bei der Schuldenkonsolidierung steht das Ziel im Vordergrund, die Auswirkungen der internen Schuldenverhältnisse in der jährlichen Rechnungslegung zu eliminieren.[2]

II. Erfolgsneutrale Schuldenkonsolidierung

4 Für eine Reihe von konzerninternen Schuldverhältnissen stehen die Forderungen eines Konzernunternehmens gegenüber einem anderen Konzernunternehmen **gleich hohen** Verbindlichkeiten im Einzelabschluss der beiden Unternehmen gegenüber. Werden diese Abschlüsse in der Summenbilanz zusammengefasst, so kann die der Einheitstheorie widersprechende Aufblähung der Konzernbilanz durch einfaches „Weglassen" (Abs. 1) beseitigt werden. In der Summen-GuV wären im Rahmen der Aufwands- und Ertragskonsolidierung sowohl die **Zinsaufwendungen als auch die Zinserträge** erfasst. Im Normalfall schlagen sie sich in gleicher Höhe nieder und haben keinen Einfluss auf das Konzernergebnis. Es entspricht der Einheitstheorie, wenn Zinsaufwendungen und -erträge aus den entsprechenden Posten herausgebucht werden.[3]

III. Erfolgswirksame Schuldenkonsolidierung

5 **1. Schuldenkonsolidierung bei Differenzen.** Forderungen und Verbindlichkeiten zwischen Konzernunternehmen sind gem. Abs. 1 wegzulassen. Bilanzierungs- und Bewertungsregeln, buchungstechnische Gegebenheiten sowie Kreditbeziehungen mit ausländischen Tochterunternehmen führen in einigen Fällen dazu, dass sich keine entsprechenden Forderungen und Verbindlichkeiten in der Summenbilanz gegenüberstehen oder dass sie in **unterschiedlicher Höhe** ausgewiesen sind. Solche Aufrechnungsdifferenzen können eingeteilt werden in „**echte**" und „**unechte**" **Differenzen**.

6 Die „**echten**" **Differenzen** werden bei der erstmaligen Konsolidierung einer konzerninternen Anspruchs-/Verpflichtungsbeziehung erfolgswirksam behandelt und erhöhen/mindern das Konzernjahresergebnis. In den darauf folgenden Perioden sind die Differenzen jeweils mit dem Ergebnisvortrag oder den Gewinnrücklagen zu verrechnen.[4] Die „**unechten**" Aufrechnungsdifferenzen sind bereits vor Durchführung der Schuldenkonsolidierung zu beseitigen. Die Unterscheidung in „unechte" und „echte" Differenzen ist daher für die richtige Durchführung der Schuldenkonsolidierung grundlegend.

7 **2. Ursachen für Differenzen.** „**Unechte**" **Differenzen** können darauf beruhen, dass Fehlbuchungen durchgeführt wurden oder dass das Schuldverhältnis beim Gläubiger und beim Schuldner nicht zeitgleich verbucht wird. Dies ist zB der Fall, wenn eine Forderung aus Lieferung und Leistung beim leistenden Unternehmen mit Ausgang der Lieferung verbucht wird, beim empfangenden Unternehmen allerdings erst bei Empfang, und wenn diese Ware zum Bilanzstichtag noch unterwegs ist. Diese Differenzen können durch die Abstimmung der gegenseitigen Forderungen und Verbindlichkeiten vor Erstellung der Einzelabschlüsse, ggf. bei der Erstellung der HB II, vermieden werden. Hilfreich sind vollständige Saldenbestätigungs-Aktionen innerhalb des Konzerns.[5] Treten unechte Differenzen dennoch auf, sollten die Abstimmungen im Rahmen des Konzernabschlusses vor der Schuldenkonsolidierung nachgeholt und entsprechende Buchungen durchgeführt werden.[6]

8 „**Echte**" **Aufrechnungsdifferenzen** beruhen auf zwingenden oder dispositiven Bilanzierungs- und Bewertungsunterschieden; sie können daher nicht durch eine Abstimmung vor der Konsolidierung ausgeglichen werden. Folgende Ursachen sind zu berücksichtigen:
1. Gewährung eines konzerninternen Darlehens mit Disagio
   Der Gläubiger bilanziert das Darlehen mit dem Ausgabebetrag und stockt es über die Laufzeit auf, der Schuldner behandelt das Disagio in der ersten Periode als Aufwand.[7]
2. Abschreibung von Forderungen gegenüber einbezogenen Unternehmen.[8]
3. Konzerninterne Rückstellungen

---

[2] *Busse von Colbe/Ordelheide* S. 353.
[3] *Busse von Colbe/Ordelheide* S. 360 f, ab S. 355 ff. mit Beispielen zur Buchungstechnik.
[4] *WPH* M RdNr. 526.
[5] *v. Wysocki/Wohlgemuth* S. 223.
[6] *Busse von Colbe/Ordelheide* S. 358.
[7] *WPH* M RdNr. 523.
[8] *WPH* M RdNr. 524.

Ein Konzernunternehmen bildet eine Rückstellung für eine ungewisse Verbindlichkeit, die gegenüber einem anderen Konzernunternehmen besteht. Im Normalfall steht dem keine Forderung gegenüber.

4. Aktivisch abgesetzter Zinsabschlag wegen Zinslosigkeit
Der Gläubiger eines zinsfrei oder niedrigverzinslich gewährten Darlehens aktiviert den Barwert, während der Schuldner den Rückzahlungsbetrag zu passivieren hat.[9]

5. Anwendung unterschiedlicher Kurse zur Umrechnung einer Forderung bzw. Verbindlichkeit in Fremdwährung.

6. Unterschiedliche Bewertung durch Anwendung des § 253 Abs. 3 S. 1 auf eine Forderung im Umlaufvermögen.[10]

3. Steuerabgrenzung. Für die bei der Schuldenkonsolidierung auftretenden Differenzen ist eine Steuerabgrenzung nach § 306 vorzunehmen, wenn die Schuldenkonsolidierung **erfolgswirksam** ist und die Differenzen zeitlich befristet sind.[11]

4. Technik der Schuldenkonsolidierung. Echte Aufrechnungsdifferenzen entstehen in der Regel durch Buchungen im Einzelabschluss, die Auswirkungen auf den Erfolg haben. Diese Erfolgswirksamkeit muss in der Schuldenkonsolidierung neutralisiert werden. Dies kann erreicht werden, indem alle die innerkonzernlichen Schuldenverhältnisse betreffenden Buchungen rückgängig gemacht werden.[12]

Stattdessen können **aktive und passive echte Aufrechnungsdifferenzen** miteinander verrechnet werden. Der daraus resultierende Saldo beeinflusst, je nachdem, ob es sich um eine erstmalige Verrechnung oder um eine wiederholte handelt, das Konzernjahresergebnis, den Ergebnisvortrag oder die Gewinnrücklagen.[13] Die echten Aufrechnungsdifferenzen aus der Schuldenkonsolidierung dürfen nur in dem Jahr den Konzernjahresüberschuss verändern, in dem sie auch in der Einzelbilanz erfolgswirksam waren. Aus Vorjahren stammende Aufrechnungsdifferenzen müssen ohne Berührung der GuV im Eigenkapital gebucht werden. Für die erfolgsneutrale Fortführung der Aufrechnungsdifferenzen ist es iSd. Aussagefähigkeit des Konzernabschlusses sinnvoll, sie getrennt in einen Sonderposten innerhalb des Eigenkapitals einzustellen. Falls ausnahmsweise aktive Aufrechnungsdifferenzen entstehen, sind sie mit dem Eigenkapital zu verrechnen.[14] Wenn die Aufrechnungsdifferenzen aus Vorjahren nicht in einem Sonderposten ausgewiesen werden, sind sie mit dem Ergebnisvortrag bzw. den Gewinnrücklagen zu verrechnen.[15]

Folgende Vorgehensweise ist sinnvoll: Im Jahr der **erstmaligen Schuldenkonsolidierung** wird der gesamte Saldo der Aufrechnungsdifferenzen erfolgswirksam (Konzern-GuV) behandelt, falls es sich um Differenzen handelt, die im laufenden Jahr entstanden sind. In gleicher Höhe sollte innerhalb des Eigenkapitals ein Sonderposten ausgewiesen werden.[16]

Im **Folgejahr** ist wiederum der Saldo der echten Aufrechnungsdifferenzen aus der Schuldenkonsolidierung festzustellen. Erfolgswirksam (Konzern-GuV) wird jedoch nur die Differenz zum Vorjahressaldo berücksichtigt. Da die Konzernbilanz jährlich aus der Summenbilanz abgeleitet wird, ist in einer Gewinnverwendungsrechnung (im Anschluss an die Ermittlung des Konzernjahresergebnisses) der Sonderposten aus dem Vorjahr erneut einzustellen. In der Konzernbilanz wird dann ggf. der Sonderposten ausgewiesen, dessen Höhe sich ergibt aus dem Saldo des Vorjahres minus der Differenz aus dem Saldo des Vorjahres und dem Saldo des laufenden Jahres (= Saldo des laufenden Jahres).[17]

IV. Besonderheiten bei der Konsolidierung bestimmter Verpflichtungen

1. Eingeforderte ausstehende Einlagen. Eingeforderte ausstehende Einlagen haben **Forderungscharakter.** Das Unternehmen, gegenüber dem die Einzahlungsforderung geltend gemacht wurde, muss eine Verbindlichkeit ausweisen. Im Rahmen der Schuldenkonsolidierung werden die Forderung und die Verbindlichkeit gegeneinander aufgerechnet. Soweit ausstehende Einlagen von

---

[9] *Busse von Colbe/Ordelheide* S. 356.
[10] *WPH* M RdNr. 524.
[11] *Busse von Colbe/Ordelheide* S. 361 f.
[12] *v. Wysocki/Wohlgemuth* S. 225.
[13] *ADS* RdNr. 42.
[14] *v. Wysocki/Wohlgemuth* S. 227.
[15] *ADS* RdNr. 43.
[16] *v. Wysocki/Wohlgemuth* S. 227 f. Zu Besonderheiten der erstmaligen Schuldenkonsolidierung im Jahr der Erstkonsolidierung vgl. RdNr. 22.
[17] Mit ausführlichen Beispielen: *ADS* RdNr. 42; *v. Wysocki/Wohlgemuth* S. 228.

Konzerndritten eingefordert wurden, wird die Forderung auch im Konzernabschluss ausgewiesen.[18]

15 **2. Geleistete Anzahlungen.** Geleistete und erhaltene Anzahlungen zwischen Konzernunternehmen unterliegen der **Schuldenkonsolidierung.** Anzahlungen, die auf Sachanlagen geleistet werden, werden mit den Anlagen im Bau gemeinsam ausgewiesen. Die Aufgliederung des zusammengefassten Betrages kann problematisch sein. In diesem Fall wird der Betrag, der als „erhaltene Anzahlung" gebucht wird, der Verrechnung zugrunde gelegt.[19]

16 **3. Rechnungsabgrenzungsposten.** Wenn Rechnungsabgrenzungsposten auf konzerninternen Schuldverhältnissen beruhen, unterliegen sie der **Schuldenkonsolidierung** und sind im Konzernabschluss wegzulassen.[20]

17 Da die Behandlung des **Disagios** beim Schuldner und beim Gläubiger nicht spiegelbildlich sein muss, können bei konzerninternen Schuldverhältnissen, die mit einem Disagio verbunden sind, Ergebnisdifferenzen aus der Schuldenkonsolidierung entstehen. Sie sind vorübergehender Art, da sie darauf beruhen, dass der implizite Zinsaufwand beim Schuldner früher berücksichtigt wird als beim Gläubiger.[21]

18 **4. Rückstellungen.** Soweit Rückstellungen aus ungewissen **Verbindlichkeiten, Gewährleistungen** oder für **drohende Verluste aus schwebenden Geschäften** aus konzerninterner Geschäftstätigkeit herrühren, sind sie wegzulassen. Die entsprechenden Aufwendungen müssen rückgängig gemacht werden. Dabei ist jedoch zu berücksichtigen, ob aus Konzernsicht ein Rückstellungsbedarf anderer Art wegen des gleichen Geschäftsvorfalls entstehen kann.[22] Eine Pflicht zur Übernahme in den Konzernabschluss kann sich zB für auf **konzerninterne Lieferungen entfallende Gewährleistungsrückstellungen** ergeben. In Höhe der Gewährleistung besteht aus Konzernsicht Reparaturbedarf. Der entsprechende Aufwand ist unabhängig von der Auszahlung in der Periode der Lieferung wirksam. Deshalb sind solche Rückstellungen zwar aus Konzernsicht aufzulösen, der Aufwand bleibt in Form von Wertminderungen des gelieferten Vermögens weiterhin zu berücksichtigen.[23] Eine **Rückstellung für unterlassene Reparatur** ist anzunehmen, soweit die Definition des § 249 Abs. 2 einschlägig ist. Soweit also Vermögensgegenstände des Umlaufvermögens wegen des Reparaturbedarfs wertgemindert werden können, muss die direkte Abschreibung bzw. eine entsprechende Umbuchung der Beträge für den Konzernabschluss vorgenommen werden.[24]

19 Das Wahlrecht gem. § 249 Abs. 2 lebt für den Konzernabschluss wieder auf und kann neu ausgeübt werden.[25]

20 **5. Konzerninterne Anleiheverpflichtungen.** Hat ein Konzernunternehmen **Teilschuldverschreibungen** eines anderen Konzernunternehmens direkt oder über Dritte erworben, so liegt ein konzerninternes Schuldverhältnis vor. Im Einzelabschluss darf ein Unternehmen, das Anteile einer von ihm emittierten Schuldverschreibung gekauft hat, diese solange nicht mit der Schuld verrechnen, wie es ihm möglich ist, die Teilschuldverschreibungen wieder zu veräußern. Daher ist auch im Konzernabschluss eine Verrechnung der Anteile, die ein anderes Konzernunternehmen hält, mit der Schuld des emittierenden Unternehmens untersagt.[26]

21 **6. Drittschuldverhältnisse.** Wenn **mehrere Konzernunternehmen Forderungen und Verbindlichkeiten** gegenüber einem **nicht in die Konsolidierung einbezogenen Unternehmen** haben, so sind diese gemäß der Einheitstheorie in der Schuldenkonsolidierung grundsätzlich aufzurechnen. Forderungen und Verbindlichkeiten gegenüber einem Schuldner werden im Einzelabschluss saldiert, sofern nicht gegen das Saldierungsverbot des § 246 Abs. 2 verstoßen wird und die Anforderungen der Gleichartigkeit, Gleichwertigkeit und Gleichfristigkeit erfüllt sind. Nach § 303 besteht jedoch keine Verpflichtung zur Aufrechnung.[27]

V. Besonderheiten bei der Schuldenkonsolidierung

22 **1. Erstmalige Schuldenkonsolidierung.** Nach dem Wortlaut des § 303 ist die Verrechnung von Forderungen und Verbindlichkeiten der in den Konzernabschluss einbezogenen Unternehmen

---

[18] *Harms* HdRKo RdNr. 17.
[19] *ADS* RdNr. 8 f.
[20] *Harms* HdRKo RdNr. 20.
[21] *Busse von Colbe/Ordelheide* S. 356 f.
[22] *Heymann* RdNr. 8.
[23] *Busse von Colbe/Ordelheide* S. 369 f.
[24] *ADS* RdNr. 14 f.
[25] *Busse von Colbe/Ordelheide* S. 369.
[26] *Busse von Colbe/Ordelheide* S. 368.
[27] *Harms* HdRKo RdNr. 25 f.

vorzunehmen, unabhängig davon, ob sie bereits vor der erstmaligen Einbeziehung eines Unternehmens in den Konsolidierungskreis entstanden sind. Die Differenzbeträge wären dann mit den Rücklagen des Konzerns zu verrechnen. Allerdings ist weder eine Verrechnung mit den Gewinnrücklagen noch mit den Kapitalrücklagen mit der Einheitstheorie vereinbar.[28] Die bei der Schuldenkonsolidierung eines erstmalig in den Konzernabschluss einbezogenen Unternehmens auftretende Differenz darf jedoch weder bei der erstmaligen Schuldenkonsolidierung noch in den folgenden Perioden das Konzernergebnis beeinflussen. Deshalb muss trotz des Widerspruchs zur Einheitstheorie mit den Gewinnrücklagen des Konzerns verrechnet werden.[29]

2. Abweichende Stichtage. Durch die Ausnahmeregelung des § 299 ist es möglich, dass die dem Konzernabschluss zugrunde liegenden Einzelabschlüsse zu Stichtagen aufgestellt werden, die bis zu 3 Monate voneinander abweichen. In dieser Periode können Schuldverhältnisse erloschen oder neu entstanden sein. Die daraus entstehenden Differenzen sind wie „unechte" Differenzen bei der Abstimmung der Einzelabschlüsse zu beseitigen oder spätestens bei der Vorbereitung des Konzernabschlusses zu korrigieren. Bei unwesentlichen Beträgen braucht die Korrektur nicht vorgenommen zu werden.[30]

3. Währungsumrechnung. Wenn in die Schuldenkonsolidierung Forderungen und Verbindlichkeiten einbezogen werden müssen, die in die Konzernwährung umzurechnen sind, können sich Differenzen ergeben, weil
1. Forderungen und Verbindlichkeiten mit Geld- bzw. Briefkurs umgerechnet werden,
2. unterschiedliche Wechselkurse an verschiedenen Börsen berücksichtigt wurden,
3. Veränderungen des Wechselkurses in den Perioden des Bestehens der Verbindlichkeit/Forderung zu einer Wertänderung in den Einzelabschlüssen geführt haben.

Die beiden ersten Fälle begründen **„unechte" Differenzen,** die sich durch geeignete **Abstimmungen im Rahmen der Konzernabschlusserstellung** beseitigen lassen, indem konzerninterne Forderungen und Verbindlichkeiten mit einheitlichen Kursen (Mittelkurs, konzerninterner Verrechnungskurs) umgerechnet werden.

Wenn die Wechselkursänderungen während des Bestehens der Forderung/Verbindlichkeit in den Einzelabschlüssen zur erfolgswirksamen Berücksichtigung (unrealisierter) Währungsverluste geführt haben, sind diese Aufwendungen für den Konzernabschluss rückgängig zu machen, weil aus Konzernsicht kein Verlust vorliegt. Forderungen und Verbindlichkeiten sind im Konzernabschluss mit dem **(einheitlichen) historischen Kurs** umzurechnen.[31]

4. Entkonsolidierung. Die Notwendigkeit der Entkonsolidierung kann nur bei der **erfolgswirksamen Schuldenkonsolidierung** auftreten. Bei Ausscheiden eines Unternehmens aus dem Konsolidierungskreis, das erfolgswirksam konsolidierte Schuldbeziehungen zu anderen Konzernunternehmen unterhält, ist die Erfolgswirkung nur für die Jahre der Konzernzugehörigkeit rückgängig zu machen, während nach Ausscheiden des Unternehmens Aufwendungen oder Erträge für den Konzern vorliegen. Sind also beispielsweise die Konzernrücklagen um das Disagio eines konzerninternen Darlehens erhöht, so darf diese Erhöhung nur für die Perioden der Konzernzugehörigkeit aufrecht erhalten werden.[32]

VI. Eventualverbindlichkeiten und Haftungsverhältnisse

Die gem. § 298 Abs. 1 iVm. § 268 Abs. 7 und § 251 anzugebenden Verpflichtungen, die nicht passiviert werden, sondern im Anhang anzugeben sind, **entfallen** im Konzernabschluss, **sofern sie gegenüber Konzernunternehmen bestehen.**[33]

Außerdem sind Eventualverbindlichkeiten im Konzernabschluss dann nicht auszuweisen, wenn „sie zwar gegenüber Dritten, dh. gegenüber nicht einbezogenen Unternehmen, bestehen, sich aber auf Verbindlichkeiten oder Verpflichtungen beziehen, die im Konzernabschluss bereits als Verbindlichkeiten des Konzerns ausgewiesen werden müssen".

---

[28] *Busse von Colbe/Ordelheide* S. 374.
[29] *ADS* RdNr. 45 f.
[30] *ADS* RdNr. 38 ff.
[31] *Busse von Colbe/Ordelheide* S. 376 f., zu abweichenden Meinungen vgl. *Winkeljohann/Beyerxdorff* BeBiKo RdNr. 16.
[32] *Busse von Colbe/Ordelheide* S. 379 f.
[33] *ADS* RdNr. 18.

VII. Wesentlichkeit

30 Abs. 2 erlaubt es, die Schuldenkonsolidierung zu unterlassen, wenn sie für die Vermittlung eines den tatsächlichen Verhältnissen entsprechenden Bildes der Vermögens-, Finanz- und Ertragslage **von untergeordneter Bedeutung** ist. Dies ist eine Konkretisierung des Wesentlichkeits- und Wirtschaftlichkeitsgrundsatzes für den Konzernabschluss.

31 Der Beurteilung der Wesentlichkeit ist eine **Gesamtbetrachtung** zugrunde zu legen. Allgemeine Maßstäbe können nicht angegeben werden. Als Beurteilungsmaßstab für die Wesentlichkeit kann der Einfluss, den das Unterlassen der Schuldenkonsolidierung auf Kennzahlen der Vermögens- und Finanzanalyse hat, dienen. Ebenso ist zu beachten, ob die Vergleichbarkeit mit dem Vorjahr noch gewährleistet ist. Einen Anhaltspunkt bietet auch das Verhältnis der in die Schuldenkonsolidierung einbezogenen zu den unverändert übernommenen Beträgen.[34]

VIII. Folgen der Nichtbeachtung

32 Eine Verletzung des § 303 wird vom Gesetz nicht explizit sanktioniert. Im Einzelfall kann allerdings ein Verstoß gegen § 297 Abs. 2 in Betracht kommen, wenn der Konzernabschluss kein den tatsächlichen Verhältnissen entsprechendes Bild der Vermögens-, Finanz- und Ertragslage vermittelt (vgl. dazu die Erläuterungen unter § 297 RdNr. 61).

§ 304 Behandlung der Zwischenergebnisse

(1) In den Konzernabschluß zu übernehmende Vermögensgegenstände, die ganz oder teilweise auf Lieferungen oder Leistungen zwischen in den Konzernabschluß einbezogenen Unternehmen beruhen, sind in der Konzernbilanz mit einem Betrag anzusetzen, zu dem sie in der auf den Stichtag des Konzernabschlusses aufgestellten Jahresbilanz dieses Unternehmens angesetzt werden könnten, wenn die in den Konzernabschluß einbezogenen Unternehmen auch rechtlich ein einziges Unternehmen bilden würden.

(2) Absatz 1 braucht nicht angewendet zu werden, wenn die Behandlung der Zwischenergebnisse nach Absatz 1 für die Vermittlung eines den tatsächlichen Verhältnissen entsprechenden Bildes der Vermögens-, Finanz- und Ertragslage des Konzerns nur von untergeordneter Bedeutung ist.

Schrifttum: (ohne die Einzelbeiträge in den verschiedenen Handbüchern der Rechnungslegung) *Biener/Schatzmann*, Konzern-Rechnungslegung, 1983.

Übersicht

	RdNr.		RdNr.
I. Allgemeine Grundsätze	1–3	1. Vorratsvermögen	18–25
II. Konzernanschaffungs- und Konzernherstellungskosten	4–13	a) Ermittlung der Konzernvorräte	18–23
1. Definition	4–8	b) Bewertung der Konzernvorräte zu Konzernanschaffungs- oder -herstellungskosten	24, 25
2. Besonderheiten	9–13	2. Sonstiges Umlaufvermögen	26
III. Abgrenzung der eliminierungspflichtigen Zwischenergebnisse	14–17	3. Anlagevermögen	27–29
1. Zwischengewinne und Zwischenverluste	14–16	4. Verrechnung eliminierter Zwischenergebnisse	30–34
2. Latente Steuern	17	V. Erleichterung	35, 36
IV. Technik der Zwischenergebniseliminierung	18–34	VI. Folgen der Nichtbeachtung	37

I. Allgemeine Grundsätze

1 Mit Abs. 1 wird das Realisationsprinzip für den Konzernabschluss konkretisiert. Demnach können Erträge im Konzernabschluss nur dann als realisiert gelten, wenn sie aus Umsätzen mit Konzernfremden (auch Tochterunternehmen, die nicht in den Konzernabschluss einbezogen sind) entstanden sind. Die aus **konzerninternen Umsätzen** resultierenden Erträge (und Verluste), die in der Summen-GuV enthalten sind, müssen daher eliminiert werden. Abs. 1 bezieht sich jedoch nur auf die Eliminierung von Zwischenergebnissen in Wertansätzen der in der Konzernbilanz enthaltenen

---
[34] *ADS* RdNr. 49.

Vermögensgegenstände. Wenn Vermögensgegenstände den Konzernkreis verlassen haben, sind auch die Zwischenergebnisse aus der konzerninternen Lieferung realisiert. Die sich aus mehrstufigen Konzerngeschäften ergebenden Doppelerfassungen in der Summen-GuV werden im Wege der Aufwands- und Ertragskonsolidierung (§ 305) eliminiert.[1] § 304 bezieht sich nicht auf konzerninterne Leistungen, die sich nur in der GuV niederschlagen, zB Zinszahlungen für konzerninterne Kredite. Solche konzerninternen Leistungen sind ebenfalls in der Aufwands- und Ertragskonsolidierung zu erfassen.

Der Vorgang der Zwischenergebniseliminierung bei Wertansätzen der konzernintern hergestellten Vermögensgegenstände wäre besser als Auf- oder Abwertung dieser Vermögensgegenstände zum Zweck der Bewertung mit den Konzernanschaffungs- oder -herstellungskosten zu bezeichnen.[2]

In konsequenter Anwendung der Einheitstheorie sind nach Abs. 1 Zwischenergebnisse vollständig zu eliminieren, auch wenn Minderheiten beteiligt sind. Die 7. EU-RL sieht die anteilige Eliminierung als Wahlrecht vor (Art. 26 Abs. 1 c S. 2).[3] Von dieser Möglichkeit hat der deutsche Gesetzgeber zumindest für die Vollkonsolidierung keinen Gebrauch gemacht.

II. Konzernanschaffungs- und Konzernherstellungskosten

1. Definition. Das Gesetz definiert weder den Begriff des Zwischenergebnisses, noch spricht es von Konzernanschaffungs- oder -herstellungskosten. Die Bewertung der in den Konzernabschluss zu übernehmenden Vermögensgegenstände, die ganz oder teilweise auf Lieferungen oder Leistungen zwischen in den Konzernabschluss einbezogenen Unternehmen beruhen, ist so vorzunehmen, als ob der Konzern auch rechtlich ein einziges Unternehmen wäre (Abs. 1).[4]

Die **Konzernanschaffungskosten** für Vermögensgegenstände, die von konzernfremden Unternehmen gekauft und ohne Be- oder Verarbeitung innerhalb des Konzerns weiterveräußert wurden (zB bei konzernzentraler Beschaffung) bestimmen sich daher nach § 253 Abs. 1 S. 1 und § 255 Abs. 1.

Als Konzernanschaffungskosten sind alle direkt zurechenbaren Aufwendungen von Konzernunternehmen anzusehen, die dazu dienen, den Vermögensgegenstand zu erwerben und in einen betriebsbereiten Zustand zu versetzen. Gemeinkosten gehören wie im Jahresabschluss nicht dazu (vgl. § 255 Abs. 1). Entsprechend sind nachträgliche Anschaffungskosten und Nebenkosten hinzuzurechnen, während Minderungen abzuziehen sind.[5] Wahlrechte für die Bemessung der Anschaffungskosten sieht das Gesetz nicht vor. Transaktionskosten bei konzerninternen Geschäften dürfen nicht aktiviert werden, da für den Konzern kein Anschaffungsgeschäft vorliegt. Dies gilt zum Beispiel für Aufwendungen im Rahmen von konzerninternen Grundstückskäufen (Notar, Grunderwerbsteuer).

Die **Konzernherstellungskosten** sind analog zu § 255 Abs. 2 u. 3 zu ermitteln. Daraus ergibt sich, dass auch aus Konzernsicht ein Mindest- und ein Höchstwert existieren. Die Wertuntergrenze ist die Summe der nach der Fiktion der rechtlichen Einheit des Konzerns aktivierungspflichtigen Kosten. Die aktivierungsfähigen Einzel- und Gemeinkosten (vgl. § 255 Abs. 2) des Konzerns beinhalten die bei den an der Herstellung direkt beteiligten Konzernunternehmen anfallenden Aufwendungen. Im Konzern sind außerdem diejenigen Aufwendungen zu beachten, die bei Konzernunternehmen (insb. beim Mutterunternehmen) anfallen, die nicht direkt an der Herstellung beteiligt sind, soweit diese Aufwendungen auf den Zeitraum der Herstellung entfallen. Dabei ist jedoch zu berücksichtigen, dass die Aufwendungen der Konzernverwaltung möglicherweise bereits im Wege der Konzernumlage Teil der Verwaltungsaufwendungen der Tochterunternehmen geworden sind. Sie dürfen nicht doppelt in die Konzernherstellungskosten eingerechnet werden.[6]

Maßgeblich für die Ausübung der Wahlrechte bei der Bemessung der Konzernherstellungskosten sind die **konzerneinheitlichen Bewertungsrichtlinien**.[7]

2. Besonderheiten. Gegenüber der Summe der in den Einzelabschlüssen aktivierten Herstellungskostenbestandteile ergeben sich ggf. aus Konzernsicht Herstellungskostenmehrungen oder -minderungen.[8]

---

[1] *Busse von Colbe/Ordelheide* S. 381 f.
[2] *WPH* M RdNr. 310 f.
[3] *Biener/Schatzmann* S. 43.
[4] *ADS* RdNr. 11.
[5] *ADS* RdNr. 16.
[6] *Busse von Colbe/Ordelheide* S. 384.
[7] *Weber* HdRKo RdNr. 37.
[8] *Weber* HdRKo RdNr. 41.

10 Gem. § 255 Abs. 2 S. 6 sind **Vertriebskosten** im Einzelabschluss nicht als Herstellungskosten aktivierungsfähig. Dies gilt auch für den Konzernabschluss. Allerdings sind möglicherweise Aufwendungen, die im Einzelabschluss als Vertriebskosten zu qualifizieren sind, aus Konzernsicht anders zu beurteilen. Die Aufwendungen für den Transport vom liefernden zum empfangenden Konzernunternehmen sind für den Konzernabschluss als Transportaufwendungen zwischen zwei unselbständigen Betriebsstätten anzusehen und damit nicht als Vertriebskosten. Andere Bestandteile der Vertriebskosten der Einzelunternehmen sind allerdings auch aus Konzernsicht als solche zu behandeln, zB werbewirksames Verpackungsmaterial, anteilige Werbeaufwendungen.[9]

11 Höhere **Abschreibungen im Konzern** wegen der Aufdeckung stiller Reserven bei der Kapitalkonsolidierung können/müssen die Herstellungskosten erhöhen. Es wird für vertretbar gehalten, diese Zwischengewinne aus Vereinfachungsgründen nicht aus den Herstellungskosten zu eliminieren.[10]

12 Herstellungskostenminderungen sind zu berücksichtigen, wenn die Herstellungskosten **Lizenzgebühren** enthalten, die an ein Konzernunternehmen gezahlt wurden.[11]

13 Ebenfalls nicht zu den Konzernherstellungskosten gehören ggf. aktivierte **Fremdkapitalzinsen**, die an andere Konzernunternehmen gezahlt wurden.[12]

III. Abgrenzung der eliminierungspflichtigen Zwischenergebnisse

14 **1. Zwischengewinne und Zwischenverluste.** Der **Zwischengewinn** ist die Differenz aus dem (höheren) Buchwert, wie er in der der Konsolidierung zugrunde liegenden Jahresbilanz (HB II) ausgewiesen ist, und dem Konzernanschaffungs- oder -herstellungswert. Wenn in der Jahresbilanz des Konzernunternehmens eine zwingende Abschreibung vorgenommen wurde, zB um Wertabschläge wegen Überalterung oder Schwund zu berücksichtigen, sind diese in den Konzernabschluss zu übernehmen, wenn aus Konzernsicht keine andere Beurteilung notwendig ist.[13]

15 Da die Konzernanschaffungs- oder -herstellungskosten sich zwischen der **Ober- und Untergrenze des § 255 Abs. 2** bewegen können, wird häufig von eliminierungspflichtigen und -fähigen Zwischengewinnen gesprochen.[14] Wegen § 308 Abs. 2 S. 1 sind Vermögensgegenstände im Konzernabschluss nach den für das Mutterunternehmen zulässigen Methoden einheitlich zu bewerten. Daraus ergibt sich, dass die Bemessung der Konzernanschaffungs- oder -herstellungskosten konzerneinheitlich festzulegen ist. Die Differenz zu dem so ermittelten Konzernwert muss dann als Zwischengewinn eliminiert werden.[15]

16 Ein **Zwischenverlust** ergibt sich dementsprechend, wenn der Buchwert eines aus Konzernlieferungen stammenden Gegenstandes unterhalb des Wertes liegt, den der Konzern mindestens ansetzen müsste, wenn die in den Konzernabschluss einbezogenen Unternehmen ein einziges Unternehmen wären (Konzernmindestwert).

17 **2. Latente Steuern.** Für die Ermittlung der Ertragsteuern werden die Konzernunternehmen nicht nur als rechtlich, sondern auch als wirtschaftlich selbständig angesehen. Gewinne, die aus Konzernsicht noch nicht entstanden sind, unterliegen bei den Konzernunternehmen der Besteuerung. Entsprechend weist der Steueraufwand der Konzern-GuV diese Beträge aus. Bei der Zwischenergebniseliminierung sind daher, wenn sie zu einer Differenz zwischen Ergebnis der Summen-GuV und Konzernergebnis führt und die Differenzen sich im Zeitablauf umkehren, latente Steuern nach § 306 zu bilden.[16]

IV. Technik der Zwischenergebniseliminierung

18 **1. Vorratsvermögen. a) Ermittlung der Konzernvorräte.** Für jedes der einbezogenen Unternehmen muss festgestellt werden, welcher Teil der Rohstoffbestände oder der übrigen Vorräte (teilweise) von anderen Konzernunternehmen bezogen wurde. Um diese Arbeit zu erleichtern, sollten bereits bei der Verwaltung der Vorräte die aus konzerninternen Lieferungen stammenden Gegenstände getrennt werden.

---

[9] *Busse von Colbe/Ordelheide* S. 390.
[10] *Busse von Colbe/Ordelheide* S. 292.
[11] ADS RdNr. 25.
[12] ADS RdNr. 26.
[13] *Busse von Colbe/Ordelheide* S. 384 ff.
[14] *Weber* HdRKo RdNr. 52; *WPH* M RdNr. 316.
[15] *Busse von Colbe/Ordelheide* S. 418.
[16] ADS RdNr. 104 ff.

In einem ersten Schritt wird von der **Bewertung der Einzelabschlüsse** ausgegangen, da die 19 empfangenden Konzernunternehmen die konzerninternen Vorräte feststellen müssen, jedoch die Konzernanschaffungs- oder -herstellungskosten oftmals nicht kennen, da auch innerhalb eines Konzerns die Gewinnspannen häufig nicht offen gelegt werden.

Für **Rohstoffe** und **bezogene Waren** können sich Probleme ergeben, wenn die Lieferungen der 20 Abrechnungsperiode nicht zu gleichen Preisen vom anderen Konzernunternehmen bezogen wurden oder wenn gemischte Bestände aus gleichen Gegenständen des Vorratsvermögens, die innerhalb des Konzerns gekauft wurden, und solchen, die von außerhalb bezogen wurden, bestehen.[17]

Für ausschließlich konzernintern bezogene Bestände mit unterschiedlichen Bezugspreisen können 21 die **Bewertungsvereinfachungsverfahren** des § 256 angewandt werden.

Auch bei gemischten Beständen kann mit **Verbrauchsfolgefiktionen** gearbeitet werden. Dabei 22 wird unterschieden:[18]
– Alle Vermögensgegenstände des Lagers werden mit der gleichen Wahrscheinlichkeit entnommen (gewichteter Durchschnitt).
– Die zuletzt/zuerst eingegangenen Vermögensgegenstände verlassen das Lager zuerst (Lifo/Fifo).
– Die konzernintern bezogenen Vermögensgegenstände verlassen das Lager zuerst/zuletzt (Kifo/Kilo).

Die Verbrauchsfolgefiktionen können auch auf Vorratsbestände angewandt werden, die zu **Grup-** 23 **pen zusammengefasst** sind. Dies ist im Vorratsvermögen zulässig (vgl. § 240; § 250) und sinnvoll, wenn die in Gruppen zusammengefassten Vermögensgegenstände gemeinsame repräsentative Mengeneigenschaften haben.[19]

b) Bewertung der Konzernvorräte zu Konzernanschaffungs- oder -herstellungskosten. 24 Die bei den empfangenden Unternehmen festgestellten Konzernvorräte sind mit den Konzernanschaffungs- oder -herstellungskosten zu bewerten. Die Bewertung wird in der Praxis überwiegend von den **Lieferunternehmen** nach Anweisung der Konsolidierungsstelle vorgenommen.[20] Dabei ist von der Konsolidierungsstelle zu beachten, dass unter der Fiktion der rechtlichen Einheit die Aktivierungsfähigkeit einiger Aufwandsbestandteile anders als für den Einzelabschluss zu beurteilen ist.

Statt den Zwischengewinn lieferungs- oder bestandsindividuell zu ermitteln, ist die Verwendung 25 von **Pauschsätzen** zulässig.[21] Dafür werden folgende Vorgehensweisen vorgeschlagen und handelsrechtlich für zulässig gehalten:[22]
– Für alle Lieferungen **eines** Lieferanten während der Abrechnungsperiode werden durchschnittliche Zwischenerfolgsspannen ermittelt.
– Die durchschnittliche Zwischenerfolgsspanne wird für Lieferungen in der Abrechnungsperiode **mehrerer** einbezogener Unternehmen ermittelt.
– Die durchschnittlichen Zwischenerfolge werden für Gruppen von Vorräten bestimmt.
– Die Zwischenerfolge werden auf Grund der Bruttogewinne des Lieferanten geschätzt.

2. Sonstiges Umlaufvermögen. Von der Pflicht zur Zwischenerfolgseliminierung können auch 26 andere Vermögensgegenstände des Umlaufvermögens betroffen sein, insbesondere konzerninterner Handel mit **Wertpapieren des Umlaufvermögens**.[23]

3. Anlagevermögen. Bei konzerninternen Lieferungen in das **abnutzbare Anlagevermögen** 27 eines Konzernunternehmens sind neben der Zwischenergebniseliminierung die Abschreibungen für den Konzernabschluss an die Konzernwerte anzupassen. Da am Ende der Nutzungsdauer des Vermögensgegenstandes der Wert in der Einzelbilanz und in der Konzernbilanz gleich ist, ist ersichtlich, dass sich das Zwischenergebnis über die Abschreibungsdauer realisiert. Die Differenz zwischen den Wertansätzen im Einzel- und Konzernabschluss lässt eine Konzernanlagenbuchführung nützlich, wenn nicht sogar unerlässlich erscheinen.[24]

Zum **nicht abnutzbaren Anlagevermögen** können Beteiligungen an voll oder quotal kon- 28 solidierten Tochterunternehmen gehören, die auf Grund konzerninternen Verkaufs Zwischengewin-

---

[17] *Busse von Colbe/Ordelheide* S. 393.
[18] Mit Beispielen: *Busse von Colbe/Ordelheide* S. 396 ff.
[19] *Busse von Colbe/Ordelheide* S. 400.
[20] *ADS* RdNr. 73.
[21] *ADS* RdNr. 74.
[22] *Busse von Colbe/Ordelheide* S. 401 ff.
[23] *Busse von Colbe/Ordelheide* S. 409.
[24] *ADS* RdNr. 84.

29 Konzernintern erworbene **immaterielle Vermögensgegenstände** sind aus Konzernsicht selbst erstellt und unterliegen daher dem Aktivierungsverbot des § 248 Abs. 2. Die **Umsatzerlöse** des veräußernden Unternehmens sind mit dem Aktivposten (und ggf. den Abschreibungen) in der Kaufperiode zu verrechnen. In späteren Perioden sind jeweils die Periodenabschreibungen erfolgswirksam rückgängig zu machen und der Aktivposten einschließlich der kumulierten Abschreibungen (= ursprüngliche Investition) vom Eigenkapital abzuziehen.

ne/-verluste enthalten. Obwohl die Beteiligung wegen der Kapitalkonsolidierung nicht in der Konzernbilanz erscheint, ist das Zwischenergebnis zu eliminieren. Ansonsten wäre bei der Kapitalkonsolidierung von einem neuen Wert auszugehen. Wegen der Fiktion der rechtlichen Einheit liegt jedoch aus Konzernsicht kein Neuzugang eines Tochterunternehmens und infolgedessen kein Fall der Erstkonsolidierung vor.[25]

30 **4. Verrechnung eliminierter Zwischenergebnisse.** Da die Zwischenergebniseliminierung an Vermögensgegenstände anknüpft, ist die Korrektur der Aktivseite der Konzernbilanz gegenüber der Summenbilanz notwendig. Die Korrektur wird im **Konzerneigenkapital** gegengebucht. Welche Posten des Eigenkapitals betroffen sind, hängt davon ab, ob das Zwischenergebnis in der Abrechnungsperiode erstmalig eliminiert wird oder ob es bereits aus Vorperioden übernommen wurde.[26]

31 Die **Zwischenergebnisse,** die auf Lieferungen und Leistungen der Abrechnungsperiode beruhen, sind **erfolgswirksam** zu eliminieren. Sie verändern das Konzernjahresergebnis. Falls der Vermögensgegenstand sich im Folgejahr noch im Konzernvermögen befindet, müssen die Zwischenergebnisse erfolgsneutral mit den Gewinnrücklagen (Ergebnisvortrag) verrechnet werden.[27]

32 Die **Zwischenergebnisse realisieren** sich, wenn der Vermögensgegenstand den Konzernkreis verlässt. Im Vorratsvermögen entsteht dann im Konzern ein um das Zwischenergebnis vom Einzelabschluss abweichender Erfolg. Das Zwischenergebnis im abnutzbaren Anlagevermögen realisiert sich durch die Differenz in den Abschreibungen.[28]

33 Da sowohl die zugehenden als auch die sich realisierenden Zwischenergebnisse erfolgswirksam zu behandeln sind, ist es technisch am einfachsten, die Korrektur des Jahresüberschusses aus den Zwischenerfolgen in den Beständen herzuleiten.[29]

34 Erfolgswirksam wird die Veränderung der im Bestand enthaltenen Zwischenergebnisse gebucht. Der aus dem Vorjahr übernommene Bestand an enthaltenen Zwischenergebnissen wird erfolgsneutral mit dem Eigenkapital verrechnet.[30]

V. Erleichterung

35 Der Grundsatz der Wesentlichkeit drückt sich in Abs. 2 aus. Dieser erlaubt, Zwischenergebnisse nicht zu eliminieren, wenn sie für die Darstellung eines den tatsächlichen Verhältnissen entsprechenden Bildes der Vermögens-, Finanz- und Ertragslage von **untergeordneter Bedeutung** sind. Eine Angabe im Anhang ist nicht vorgesehen.

36 Die Beurteilung der Wesentlichkeit hat sich an einer Gesamtbetrachtung zu orientieren. Es ist sowohl der Einfluss auf die Darstellung der Vermögenslage als auch der Ertragslage zu beachten.[31]

VI. Folgen der Nichtbeachtung

37 Eine Verletzung des § 304 wird vom Gesetz nicht explizit sanktioniert. Im Einzelfall kann allerdings ein Verstoß gegen § 297 Abs. 2 in Betracht kommen, wenn der Konzernabschluss kein den tatsächlichen Verhältnissen entsprechendes Bild der Vermögens-, Finanz- und Ertragslage vermittelt (vgl. dazu die Erläuterungen unter § 297 RdNr. 61 f.).

---

[25] *Busse von Colbe/Ordelheide* S. 413 f.
[26] *Heymann* RdNr. 31.
[27] *Weber* HdRKo RdNr. 68 f.
[28] *ADS* RdNr. 80.
[29] *Busse von Colbe/Ordelheide* S. 427.
[30] *Busse von Colbe/Ordelheide* S. 427 f, 471 f.
[31] *Weber* HdRKo RdNr. 32 ff.

§ 305 Aufwands- und Ertragskonsolidierung

(1) In der Konzern-Gewinn- und Verlustrechnung sind
1. bei den Umsatzerlösen die Erlöse aus Lieferungen und Leistungen zwischen den in den Konzernabschluß einbezogenen Unternehmen mit den auf sie entfallenden Aufwendungen zu verrechnen, soweit sie nicht als Erhöhung des Bestands an fertigen und unfertigen Erzeugnissen oder als andere aktivierte Eigenleistungen auszuweisen sind,
2. andere Erträge aus Lieferungen und Leistungen zwischen den in den Konzernabschluß einbezogenen Unternehmen mit den auf sie entfallenden Aufwendungen zu verrechnen, soweit sie nicht als andere aktivierte Eigenleistungen auszuweisen sind.

(2) Aufwendungen und Erträge brauchen nach Absatz 1 nicht weggelassen zu werden, wenn die wegzulassenden Beträge für die Vermittlung eines den tatsächlichen Verhältnissen entsprechenden Bildes der Vermögens-, Finanz- und Ertragslage des Konzerns nur von untergeordneter Bedeutung sind.

Schrifttum: (ohne die Einzelbeiträge in den verschiedenen Handbüchern der Rechnungslegung) *Haselmann/Schick*, Phasengleiche Aktivierung von Dividendenansprüchen: Das Verwirrspiel im EuGH-Verfahren ist noch nicht beendet, DB 1996, 1529; *v. Wysocki*, Die Konsolidierung der Innenumsatzerlöse nach § 305 Abs. 1 Nr. 1 HGB – Ein Vergleich der Konsolidierungsvorgänge in der Konzern-Gewinn- und Verlustrechnung nach dem Gesamtkostenverfahren und nach dem Umsatzkostenverfahren, in Bilanz- und Konzernrecht, FS Goerdeler, 1987, S. 723.

Übersicht

	RdNr.		RdNr.
I. Allgemeine Grundsätze	1–4	1. Mit Gewinnabführungsvertrag	27, 28
II. Aufwands- und Ertragskonsolidierung bei internen Lieferungs- und Leistungsverflechtungen	5–26	2. Ohne Gewinnabführungsvertrag	29–31
		IV. Aufwands- und Ertragskonsolidierung bei konzerninternen Kreditverhältnissen	32, 33
1. Lieferung von Gegenständen des Vorratsvermögens	5–23	V. Veränderungen des Konsolidierungskreises	34–36
a) Gesamtkostenverfahren	5–20		
b) Umsatzkostenverfahren	21–23	VI. Erleichterungen	37, 38
2. Sonstige Lieferungen und Leistungen	24–26	VII. Folgen der Nichtbeachtung	39
III. Aufwands- und Ertragskonsolidierung bei Beteiligungsverhältnissen	27–31		

I. Allgemeine Grundsätze

In der Summen-GuV sind Aufwendungen und Erträge enthalten, die bei den rechtlich selbständigen Konzernunternehmen auf Grund von Geschäften mit anderen Konzernunternehmen entstanden sind. Aus Sicht des Gesamtkonzerns sind diese Geschäfte so zu behandeln wie ein Lieferungs- oder Leistungsaustausch zwischen verschiedenen Betriebsteilen. Umsatzerlöse entstehen nur, wenn Umsätze mit Konzernexternen realisiert werden. Ziel der Aufwands- und Ertragskonsolidierung ist es, die Summen-GuV so zu modifizieren, dass sie als Konzern-GuV der GuV eines Einzelunternehmens für den Konzernverbund entspricht. Dafür ist es notwendig, dass Aufwendungen und Erträge ggf. **miteinander verrechnet** werden und dass ggf. **umgegliedert** wird (Abs. 1). In der Konzern-GuV stehen sich Außenumsatzerlöse und primäre Konzernaufwendungen gegenüber. 1

Beispiel: Ein Konzernunternehmen (U_1) liefert an ein anderes (U_2) Teile, die U_2 zu einem Erzeugnis weiterverarbeitet und dann verkauft. In den Einzelbilanzen würde U_1 einen Umsatzerlös und entsprechenden Aufwand für die Herstellung der Teile ausweisen. U_2 würde Aufwand für die bezogenen Teile und weiteren Herstellungs- und sonstigen Aufwand sowie den Außenumsatzerlös ausweisen. Aus Konzernsicht sind der Außenumsatzerlös sowie die darauf entfallenden primären Aufwendungen bei U_1 und U_2 entstanden. Der Innenumsatzerlös bei U_1 und der Aufwand für die bezogenen Teile bei U_2 sind also zu verrechnen. In der Konzern-GuV verbleiben dann noch die in der Summen-GuV enthaltenen Aufwendungen von U_1 für die Herstellung der Teile und die weiteren Herstellungs- und sonstigen Aufwendungen von U_2 für die Fertigstellung des Produkts sowie der Außenumsatzerlös. In diesem Beispiel kommt es bei der Verrechnung nicht auf die Existenz von Zwischengewinnen (§ 304) an, da am Ende der Periode keine Vermögensgegenstände aus dieser Lieferung im Konzern verbleiben. 2

Die Aufwands- und Ertragskonsolidierung wird notwendig für **konzerninterne Lieferungen und Leistungen, Zinsaufwendungen und -erträge und Beteiligungserträge**. Wenn auf die bilanzielle Bereinigung der konzerninternen Beziehungen zB wegen Unwesentlichkeit verzichtet wird, ist auch eine Berücksichtigung in der Aufwands- und Ertragskonsolidierung nicht zulässig.[1] 3

---
[1] *Busse von Colbe/Ordelheide* S. 434.

4 Die Aufwands- und Ertragskonsolidierung ist unabhängig davon, ob die Lieferung oder Leistung ein Zwischenergebnis enthält. Die Eliminierung von Zwischenergebnissen setzt bei Vermögensgegenständen an und bezieht sich daher auf die Bilanz. Von dort ergeben sich Auswirkungen auf die GuV. Die Aufwands- und Ertragskonsolidierung setzt dagegen bei der GuV an und soll den **Einheitsgrundsatz für die GuV** verwirklichen.

II. Aufwands- und Ertragskonsolidierung bei internen Lieferungs- und Leistungsverflechtungen

5 **1. Lieferung von Gegenständen des Vorratsvermögens. a) Gesamtkostenverfahren.** Für die Vorgehensweise bei der Aufwands- und Ertragskonsolidierung ist danach zu unterscheiden, ob:
- die gelieferten Gegenstände bereits an Unternehmensexterne weiterveräußert wurden

  oder
- beim empfangenden Unternehmen noch vorhanden sind

  und
- ob sie beim Lieferanten hergestellt wurden

  oder
- Handelsware sind.

6 Wenn die gelieferten Gegenstände **weiterveräußert** wurden, kommt es weder darauf an, ob die Gegenstände beim Lieferanten hergestellt wurden noch ob das empfangende Unternehmen die Gegenstände weiterverarbeitet oder unverarbeitet verkauft hat. Auch ein Zwischengewinn oder -verlust im konzerninternen Geschäft ist unerheblich. Der Aufwand des empfangenden Unternehmens für den Einsatz der konzernintern bezogenen Gegenstände wird mit den gleich hohen (Innen-)Umsatzerlösen des liefernden Unternehmens verrechnet.[2]

7 Wenn die Gegenstände dagegen noch beim empfangenden Unternehmen **vorhanden** sind, hängt die Konsolidierung der Innenumsatzerlöse davon ab, ob der Lieferant die Gegenstände hergestellt hat.

8 Lediglich umgegliedert wird, wenn die **gelieferten Gegenstände unverarbeitet** beim empfangenden Unternehmen liegen. Dann muss bei Gegenständen, die der Lieferant hergestellt hat, für die Konzern-GuV von Umsatzerlösen auf Bestandserhöhungen umgebucht werden und in der Konzernbilanz von Waren auf unfertige Erzeugnisse. Eventuell enthaltene Zwischengewinne sind erfolgswirksam aufzulösen (vgl. § 304).

9 **Beispiel:** Konzernunternehmen U_1 liefert an Konzernunternehmen U_2 Erzeugnisse im Wert von 100. U_2 hat diese Lieferung zum Bilanzstichtag noch im Lager. U_1 hat dafür Gesamtaufwendungen, die vereinfachend den Konzernherstellungskosten entsprechen, von 80 und realisiert daher in seiner Jahres-GuV einen Gewinn von 20. U_2 aktiviert die Lieferung unter Roh-, Hilfs- und Betriebsstoffen mit dem Wert von 100. Aus Konzernsicht ist ein Lager von unfertigen Erzeugnissen mit einem Wert von 80 entstanden. Die Aufwands- und Ertragskonsolidierung, verbunden mit der Zwischenerfolgseliminierung, umfasst folgende Schritte:
Der Zwischenerfolg ist zu eliminieren.
per Umsatzerlöse an Roh-, Hilfs- und Betriebsstoffe   20
Der restliche Umsatzerlös ist auf Bestandserhöhungen umzubuchen.
per Umsatzerlös an Bestandserhöhungen   80
Der Bestand ist von Roh-, Hilfs- und Betriebsstoffen auf unfertige Erzeugnisse umzubuchen.
per unfertige Erzeugnisse an Roh-, Hilfs- und Betriebsstoffen   80

10 In der Konzern-GuV bleiben dann die Aufwendungen, die U_1 in seiner EinzelGuV verbucht hatte. Diese werden neutralisiert durch eine gleich hohe Bestandserhöhung. In der Konzernbilanz werden unfertige Erzeugnisse in gleicher Höhe aktiviert.

11 Wenn das empfangende Unternehmen die Gegenstände dagegen bereits **weiterverarbeitet** hat, ist der Innenumsatzerlös mit Materialaufwand zu verrechnen. Eine Umgliederung ist nicht notwendig, da das empfangende Unternehmen wegen der Weiterverarbeitung den Aufwand bereits durch die Buchung einer Bestandserhöhung in der GuV und die Aktivierung unter unfertige Erzeugnisse berücksichtigt hat.

12 **Beispiel:** U_2 hat die von U_1 gelieferten Gegenstände weiterverarbeitet. In der Einzel-GuV hat es dafür Aufwand in Höhe von 100 für die bezogenen Gegenstände und Aufwand in Höhe von 150 für die weitere Verarbeitung verbucht. Die fertigen Erzeugnisse lagern zum Bilanzstichtag noch bei U_2. Aus Konzernsicht ist ein Lager an fertigen Erzeugnissen vorhanden, für dessen Aufbau bei U_1 und U_2 Aufwand entstanden ist. Die Aufwands- und Ertragskonsolidierung in Verbindung mit der Zwischenerfolgseliminierung umfasst folgende Schritte:
Der Zwischenerfolg ist zu eliminieren.
per Bestandserhöhungen an fertige Erzeugnisse   20
Der Innenumsatzerlös ist mit dem Materialaufwand zu verrechnen.
per Umsatzerlöse an Materialaufwand   100

---

[2] *v. Wysocki*, FS Goerdeler, S. 730.

Aufwands- und Ertragskonsolidierung 13–25 § 305

13 In der Konzern-GuV bleibt der bei U_1 verbuchte Aufwand in Höhe von 80 und der bei U_2 verbuchte Aufwand für die Weiterverarbeitung in Höhe von 150 stehen. Die Bestandserhöhung auf der Ertragsseite der Konzern-GuV hat noch eine Höhe von $250 - 20 = 230$ ($= 80 + 150$).

14 Bei der Technik der Verrechnung und Umgliederung im Rahmen der Aufwands- und Ertragskonsolidierung kommt es nicht darauf an, ob ein Zwischenergebnis angefallen ist. Die Zwischenergebniseliminierung (vgl. § 304) ist, wie die Beispiele oben zeigen, eine zusätzliche Maßnahme.

15 In der Periode, in der die **Gegenstände den Konzernkreis verlassen,** ist in der Konzern-GuV der Umsatzerlös aus der Einzel-GuV des veräußernden Unternehmens zu übernehmen. Als Konzernaufwand sind die primären Aufwendungen der an der Erstellung des Produkts beteiligten Unternehmen auszuweisen.

16 **Beispiel:** U_2 verkauft die in der Vorperiode eingelagerten Erzeugnisse zu 300 an Konzernexterne. Bei U_2 entsteht in der Verkaufsperiode ein Überschuss von 50 (Umsatzerlöse 300 abzüglich Bestandsverminderung 250). Aus Konzernsicht entsteht ebenfalls der Umsatzerlös von 300, allerdings beträgt die Bestandsverminderung nur 230 (siehe oben). Folgende Buchungsschritte sind notwendig:
Die Zwischengewinneliminierung der Vorperiode ist erfolgsneutral zu wiederholen.
per Gewinnrücklagen an fertige Erzeugnisse 20
Die Bestandsverringerung ist erfolgswirksam zu reduzieren.
per fertige Erzeugnisse an Bestandsverringerungen 20

17 Der Zwischengewinn von 20, der im Einzelabschluss von U_1 bereits in der Vorperiode realisiert wurde, wird jetzt durch den Außenumsatz auch im Konzernergebnis wirksam. Er ist von der Periode des konzerninternen in die Periode des konzernexternen Umsatzes verlagert worden.

18 Wenn es sich bei den gelieferten Gegenständen um **Handelsware des Lieferanten** handelt, wird ggf. nach vorheriger Zwischenergebniseliminierung der Wareneinsatz (Aufwand) des Lieferanten mit seinem Umsatzerlös verrechnet.

19 **Beispiel:** U_2 liefert von ihm bezogene Ware an U_1, Umsatz 100, Wareneinsatz 70, sonstiger aktivierungspflichtiger Aufwand 10. U_1 hat diese Waren am Bilanzstichtag unverarbeitet am Lager. Aufwands- und Ertragskonsolidierung einschließlich Zwischenerfolgseliminierung:
Der Zwischenerfolg ist erfolgswirksam zu eliminieren.
per Umsatzerlöse an Waren 20
Der restliche Umsatzerlös ist mit den Aufwendungen bei U_1 zu verrechnen.
per Umsatzerlöse an Waren 70
an sonstigen Aufwand 10

20 Im Konzernabschluss bleibt ein Warenlager mit dem Wert 80, der sich zusammensetzt aus dem Preis, den „der Konzern" an Externe für die Ware zahlen musste, und den aktivierungspflichtigen Aufwendungen.

21 **b) Umsatzkostenverfahren.** Die Aufwands- und Ertragskonsolidierung ist, wenn die Summen-GuV nach dem Umsatzkostenverfahren aufgestellt ist, einfacher, weil die Bestandsveränderungen nicht in der GuV zu berücksichtigen sind.

22 Wenn Gegenstände des Vorratsvermögens geliefert wurden, die beim Empfänger noch im Vorratsvermögen **vorhanden** sind, muss nach einer ggf. notwendigen Zwischenerfolgseliminierung lediglich der Innenumsatzerlös mit den auf ihn entfallenden Aufwendungen verrechnet werden.

23 Wenn die Lieferung den **Konzernkreis verlassen** hat, ist der Innenumsatzerlös mit den entsprechenden Herstellungskosten des empfangenden Konzernunternehmens zu verrechnen. Möglicherweise ist außerdem eine Umgliederung innerhalb der beim Hersteller ausgewiesenen sekundären Aufwandsarten notwendig. Zum Beispiel sind Vertriebsaufwendungen für den innerkonzernlichen Transport aus Konzernsicht Herstellungskosten zur Erzielung der Umsatzerlöse.[3]

24 **2. Sonstige Lieferungen und Leistungen.** Sofern Gegenstände des **sonstigen Umlaufvermögens oder des Anlagevermögens** konzernintern veräußert werden, sind in der Einzel-GuV der Ertrag und der Aufwand aus dem Abgang des Vermögensgegenstandes normalerweise saldiert als Aufwand oder Ertrag ausgewiesen. Dieser Betrag wird im Zuge der Zwischengewinneliminierung erfolgswirksam aus der Summen-GuV ausgebucht (vgl. § 304).

25 Im Gesamtkostenverfahren muss, wenn ein Gegenstand, der beim liefernden Konzernunternehmen hergestellt wurde, in das Anlagevermögen des empfangenden Unternehmens aufgenommen wird, auf aktivierte Eigenleistungen umgegliedert werden.

---

[3] v. *Wysocki*, FS Goerdeler, S. 730 ff.

26 Erträge aus Leistungen zwischen Konzernunternehmen, die nicht als Umsatzerlöse ausgewiesen werden, zB Mieten, Leasinggebühren u Ä, erscheinen in der Summen-GuV als Ertrag des Vermieters und als Aufwand des Mieters. Diese Beträge sind gegeneinander zu saldieren.[4]

III. Aufwands- und Ertragskonsolidierung bei Beteiligungsverhältnissen

27 **1. Mit Gewinnabführungsvertrag.** Wenn zwischen dem Mutter- und einem Tochterunternehmen ein Ergebnisabführungsvertrag geschlossen wurde, werden die Gewinne/Verluste **zeitgleich** von der Mutter gebucht. In der Summen-GuV wird dann der Beteiligungsertrag, der bei der Mutter gebucht ist, mit dem Aufwand aus Ergebnisabführung der Tochter verrechnet. Das hat keinen Einfluss auf die Höhe des Konzernergebnisses.

28 Wenn **Minderheiten** an dem Tochterunternehmen beteiligt sind, haben sie Anspruch auf eine Ausgleichszahlung oder Garantiedividende. Die Mutter kann dann zwar den vollen Jahresüberschuss des Tochterunternehmens als Forderung ausweisen, muss jedoch den Ertrag um die den Minderheiten zustehenden Ausschüttungen kürzen und eine entsprechende Verbindlichkeit einbuchen. Aus Konzernsicht (Einheitstheorie) ist dagegen der volle Jahresüberschuss als Ertrag anzusehen. Die den Minderheiten zustehende Dividende wird nach dem Jahresüberschuss ausgewiesen und in der Bilanz in den Ausgleichsposten für andere Gesellschafter eingebucht.[5]

29 **2. Ohne Gewinnabführungsvertrag.** Zur zeitkongruenten Vereinnahmung von Gewinnen, wenn das **Tochterunternehmen eine Personengesellschaft** ist, äußert sich der HFA in seiner Stellungnahme IDW RS HFA 18[6] „Bilanzierung von Anteilen an Personenhandelsgesellschaften" vom 18. 10. 2005 wie folgt: „Der einem Gesellschafter zukommende Anteil am Gewinn einer Personenhandelsgesellschaft ist insoweit realisiert (§ 252 Abs. 1 Nr. 4 HGB) und damit als Forderung bilanzierungspflichtig, als dem Gesellschafter hierauf ein Anspruch zusteht, über den er individuell und losgelöst von seinem Gesellschaftsanteil verfügen kann. Der Anspruch des Gesellschafters auf den Gewinnanteil entsteht rechtlich zwar erst mit der Feststellung des Jahresabschlusses der Personenhandelsgesellschaft, die als gesellschaftsrechtliches Grundlagengeschäft grundsätzlich allen Gesellschaftern obliegt. Im Rahmen der für die Bilanzierung gebotenen wirtschaftlichen Betrachtungsweise bedarf es indessen für die phasengleiche Vereinnahmung des Beteiligungsertrags durch den Gesellschafter keines bereits entstandenen Rechtsanspruchs auf den Gewinnanteil; es genügt, dass das Entstehen eines Rechtsanspruchs hinreichend sicher ist. (...) nach den gesetzlichen Bestimmungen (§§ 120–122, 161 Abs. 2, 167 und 169 HGB) (ist) bei Personenhandelsgesellschaften das Entstehen eines individuellen Anspruchs auf den Gewinnanteil regelmäßig bereits zum Abschlussstichtag der Personenhandelsgesellschaft dem Grunde nach tatsächlich gesichert. Anders als bei Kapitalgesellschaften steht der Gewinnanteil den Gesellschaftern einer Personenhandelsgesellschaft an deren Abschlussstichtag ohne weiteren Gesellschafterbeschluss unmittelbar zu. Damit der Gewinnanteil im bilanziellen Sinn als realisiert angesehen werden kann, muss das Geschäftsjahr der Personenhandelsgesellschaft spätestens mit dem des Gesellschafters enden. Ferner muss die auszuweisende Forderung innerhalb des für den Abschluss des Gesellschafters maßgeblichen Wertaufhellungszeitraums der Höhe nach durch das Festliegen aller wesentlichen Bilanzierungs- und Bewertungsentscheidungen hinreichend konkretisiert sein. Hierfür ist es erforderlich, dass bezüglich des Jahresabschlusses der Personenhandelsgesellschaft bereits sämtliche Bilanzierungs- und Bewertungsentscheidungen verbindlich festgelegt worden sind, die auf die Höhe des Gewinnanteils einen wesentlichen Einfluss haben können. Dies ist jedenfalls dann der Fall, wenn der Jahresabschluss der Personenhandelsgesellschaft innerhalb des für den Gesellschafter maßgeblichen Wertaufhellungszeitraums festgestellt worden ist. Steht die Feststellung noch aus, kann auch ein von den persönlich haftenden Gesellschaftern aufgestellter Jahresabschluss als hinreichende Konkretisierung angesehen werden, da diesen die Bilanzierung der Personenhandelsgesellschaft nach den handelsrechtlichen Vorschriften obliegt. (....) Unterliegt der Jahresabschluss der Personenhandelsgesellschaft der Prüfung durch einen Abschlussprüfer, steht die verbindliche Fassung des aufgestellten Jahresabschlusses erst nach Beendigung der Prüfungshandlungen fest." In der Aufwands- und Ertragskonsolidierung werden die gleich hohen Aufwendungen aus Gewinnabführung und Erträge aus Gewinnvereinnahmung miteinander verrechnet.

Dasselbe gilt, wenn **Tochtergesellschaften in der Form der Kapitalgesellschaften,** obwohl kein Gewinnabführungsvertrag vorliegt, Gewinne zeitkongruent ausschütten. Dies ist jedoch nur in

---

[4] Busse von Colbe/Ordelheide S. 449.
[5] Telkamp HdRKo RdNr. 41.
[6] IDW RS HFA 18 ersetzt die Stellungnahme HFA 1/1991 „Zur Bilanzierung von Anteilen an Personenhandelsgesellschaften"..

bestimmten Fällen möglich.[7] Der BGH vertritt die Auffassung, dass der Gewinnanspruch eines Unternehmens (Muttergesellschaft), das an einem anderen Unternehmen (Tochtergesellschaft) allein oder mit Mehrheit beteiligt sei, auch ohne Ausschüttungsbeschluss bereits zum Stichtag der Bilanz der Tochtergesellschaft so weitgehend konkretisiert sei, dass er als zu seinem Vermögen gehörig angesehen werden könne. Daraus folgt, dass diese Forderung „phasengleich" mit der Entstehung der entsprechenden Verpflichtung bei der Tochtergesellschaft in den Jahresabschluss der Muttergesellschaft aufgenommen werden müsse.[8] Der EuGH hat bestätigt, dass diese Auffassung mit der 4. EU-RL im Einklang steht.[9]

Ohne Gewinnabführungsvertrag oder sonstige **zeitkongruente Vereinnahmung** von Gewinnabführungen wird die Ausschüttung später ausgewiesen als der Jahresüberschuss des Tochterunternehmens. Der Beteiligungsertrag, der bei der Muttergesellschaft ausgewiesen wird, bezieht sich dann nicht auf den laufenden Jahresüberschuss des Tochterunternehmens. In den Konzernabschluss wird der Jahresüberschuss, den die Tochtergesellschaft in der Rechnungsperiode erzielt hat, einbezogen. Im Jahr der Gewinnausschüttung ist daher der Beteiligungsertrag, der über die Einzel-GuV der Mutter in der Summen-GuV enthalten ist, und damit der Jahresüberschuss zu kürzen.[10] Die Gegenbuchung erhöht den Ergebnisvortrag, die Gewinnrücklagen oder einen Ausgleichsposten.[11] 30

Die Korrektur der Beteiligungserträge ist auch notwendig, wenn quotal konsolidiert wird und bei Anwendung der Equity-Methode. 31

IV. Aufwands- und Ertragskonsolidierung bei konzerninternen Kreditverhältnissen

Die Aufwendungen des Kreditnehmers und die Erträge des Kreditgebers entsprechen sich im Normalfall. Bei konzerninternen Kreditgeschäften werden sie daher weggelassen. Der Vorgang ist erfolgsneutral. 32

Differenzen aus der Schuldenkonsolidierung können entstehen, wenn der Kredit mit Disagio ausgezahlt wurde (vgl. § 303). Soweit deshalb Aufwendungen und Erträge der Parteien des Kreditgeschäftes in unterschiedlicher Höhe in die Summen-GuV eingehen, verändert die Aufwands- und Ertragskonsolidierung den Konzernjahresüberschuss genau in Höhe der Veränderung des Differenzbetrages aus der Schuldenkonsolidierung (vgl. § 303).[12] 33

V. Veränderungen des Konsolidierungskreises

Wenn im Laufe des Geschäftsjahres ein Tochterunternehmen erworben wird, kann die Erstkonsolidierung auf den Zeitpunkt des Erwerbs oder der erstmaligen Einbeziehung durchgeführt werden (§ 301 Abs. 2; DRS 4 schränkt das Wahlrecht in RdNr. 9 und 10 zugunsten des Zeitpunkts des Erwerbs ein).[13] In der **Konzern-GuV des Erwerbsjahres** müssten jene Aufwendungen und Erträge konsolidiert werden, die nach dem Erwerb des Tochterunternehmens entstanden sind. Die Abgrenzung der entsprechenden Aufwendungen und Erträge kann mit Hilfe eines Zwischenabschlusses vorgenommen werden. 34

Falls ein **Zwischenabschluss** (auch für interne Zwecke) nicht aufgestellt wird, kann die Abgrenzung im Wege der sachgerechten Schätzung, zB durch zeitanteilige Verteilung der am Ende des Geschäftsjahres festgestellten Aufwendungen und Erträge, durchgeführt werden. Die **HFA** Stellungnahme 3/1995 lässt in Abschnitt II Ziffer 3 folgende Vereinfachungen zu: „Da der statistischen Aufteilung der Aufwendungen und Erträge Schätzungen zugrunde liegen und diese regelmäßig mit Unsicherheiten verbunden sind, kann in den Fällen, in denen die den Aufwendungen und Erträgen erstmals konsolidierter Unternehmen im Vergleich zu den Gesamtaufwendungen und -erträgen des Konzerns keine wesentliche Bedeutung zukommt, von einer Aufteilung und anteiligen Einbeziehung vereinfachend abgesehen werden. In diesen Fällen ist es als zulässig anzusehen, je nach dem Zeitraum der Konzernzugehörigkeit die Aufwendungen und Erträge für das gesamte Konzerngeschäftsjahr in die Konsolidierung einzubeziehen bzw. auf deren Einbeziehung ganz zu verzichten." 35

---

[7] *Busse von Colbe/Ordelheide* S. 437.
[8] BGH Urt. v. 12. 1. 1998 – II ZR 82/93, BB 1998, 635–637; vgl. auch *IDW* Verlautbarung des HFA: Zur phasengleichen Vereinnahmung von Erträgen aus Beteiligungen an Kapitalgesellschaften nach dem Urteil des BGH vom 12. Januar 1998, WPg 1998, 42 f.; vgl. auch Erl. zu § 275 RdNr. 28 ff.
[9] Europäischer Gerichtshof Urt. v. 27. 6. 1996 – Rs. C-234/94; BB 1996, 1492 ff.; *Haselmann/Schick* DB 1996, 1529 ff.
[10] *Busse von Colbe/Ordelheide* S. 437.
[11] *Telkamp* HdRKo RdNr. 43; *Busse von Colbe/Ordelheide* S. 478.
[12] *Busse von Colbe/Ordelheide* S. 438 f.
[13] Zur Bindungswirkung der DRS verweisen wir auf die Erl. zu § 342.

§ 306 1   3. Buch. 2. Abschnitt. Erg. Vorschr. für Kapitalgesellschaften

36 Wenn vom Wahlrecht der Erstkonsolidierung auf den **Zeitpunkt der erstmaligen Einbeziehung** Gebrauch gemacht wird, gehören die Ergebnisbestandteile, die auf den Zeitraum vor der Erstkonsolidierung entfallen, zum konsolidierungspflichtigen Kapital.[14] Die Gewinn- und Verlustrechnung des erworbenen Unternehmens wird nicht in die Summen-GuV einbezogen.

VI. Erleichterungen

37 Nach Abs. 2 darf nach dem Grundsatz der Wesentlichkeit auf die Aufwands- und Ertragskonsolidierung (teilweise) verzichtet werden. Die Voraussetzung dafür ist, dass die wegzulassenden Beträge für die Vermittlung eines den tatsächlichen Verhältnissen entsprechenden Bildes der Vermögens-, Finanz- und Ertragslage von untergeordneter Bedeutung sind.

38 Ebenso wie bei der Schuldenkonsolidierung (§ 303 Abs. 2) und der Zwischenergebniseliminierung (§ 304 Abs. 2) darf die Erleichterung nur in Anspruch genommen werden, wenn die untergeordnete Bedeutung auf die Gesamtsumme der nicht weggelassenen Beträge zutrifft. Sofern die Aufwands- und Ertragskonsolidierung (teilweise) unterbleibt, scheint ein Ausweis von „Davon"-Vermerken bei den jeweiligen Positionen der Konzern-GuV sachgerecht.[15]

VII. Folgen der Nichtbeachtung

39 Ein Verstoß gegen § 305 wird von § 334 Abs. 1 Nr. 2 b erfasst. § 305 ist zwar nicht explizit benannt; eine Verletzung des § 305 impliziert allerdings gleichzeitig eine Verletzung des § 297 Abs. 2.[16]

§ 306 Steuerabgrenzung

¹ Ist das im Konzernabschluß ausgewiesene Jahresergebnis auf Grund von Maßnahmen, die nach den Vorschriften dieses Titels durchgeführt worden sind, niedriger oder höher als die Summe der Einzelergebnisse der in den Konzernabschluß einbezogenen Unternehmen, so ist der sich für das Geschäftsjahr und frühere Geschäftsjahre ergebende Steueraufwand, wenn er im Verhältnis zum Jahresergebnis zu hoch ist, durch Bildung eines Abgrenzungspostens auf der Aktivseite oder, wenn er im Verhältnis zum Jahresergebnis zu niedrig ist, durch Bildung einer Rückstellung nach § 249 Abs. 1 Satz 1 anzupassen, soweit sich der zu hohe oder der zu niedrige Steueraufwand in späteren Geschäftsjahren voraussichtlich ausgleicht. ² Der Posten ist in der Konzernbilanz oder im Konzernanhang gesondert anzugeben. ³ Er darf mit den Posten nach § 274 zusammengefaßt werden.

Schrifttum: (ohne die Einzelbeiträge in den verschiedenen Handbüchern der Rechnungslegung) *Heurung*, Latente Steuerabgrenzung im Konzernabschluß im Vergleich zwischen HGB, IAS und US-GAAP, AG 2000, 538.

Übersicht

	RdNr.		RdNr.
I. Allgemeine Grundsätze	1–5	IV. Höhe der Steuerabgrenzung	19–22
II. Voraussetzungen für die Steuerabgrenzung	6–8	V. Ausweis im Konzernabschluss	23
		VI. Anhangangaben	24
III. Pflicht zur Steuerabgrenzung dem Grunde nach	9–18	VII. Folgen der Nichtbeachtung	25

I. Allgemeine Grundsätze

1 Die Abgrenzung latenter Steuern im Konzernabschluss ist notwendig, da der Konzern nicht als **steuerliche Einheit** behandelt wird.[1] Der in der Summen-GuV ausgewiesene Steueraufwand setzt sich primär zusammen aus der Steuerzahlpflicht auf Grund der steuerlichen Gewinnermittlung und den latenten Steuern in den Einzelabschlüssen.

---

[14] *ADS* RdNr. 92 ff.
[15] *ADS* RdNr. 101.
[16] *Winkeljohann/Beyersdorff* BeBiKo RdNr. 60.
[1] *Heymann* RdNr. 1 ff.

Steuerabgrenzung   2–9 § 306

Die im Konzernabschluss ausgewiesenen latenten Steuern können drei Ursachen haben: 2
- Ergebnisunterschiede zwischen Einzelabschluss und steuerlicher Gewinnermittlung,
- Bilanzierungs- und Bewertungsanpassungen in der HB II,
- erfolgswirksame Konsolidierungsmaßnahmen.

§ 306 beinhaltet nur die Regelung der Steuerabgrenzung wegen **erfolgswirksamer Konsolidie-**   3
rungsmaßnahmen. Für den Fall, dass das Konzernjahresergebnis vom Ergebnis der Summen-GuV abweicht, ist eine Steueranpassung vorzunehmen. Sowohl der Ansatz passiver wie auch aktiver latenter Steuern ist **Pflicht.**

Für Ergebnisunterschiede, die sich aus der Bewertungsanpassung ergeben, sind latente Steuern   4
nach den Vorschriften des § 274 iVm. § 298 Abs. 1 zu bilden. Der Ansatz aktiver latenter Steuern für HB I/HB II-Anpassungen ist daher ein Wahlrecht.[2]

Der Deutsche Standardisierungsrat hat den Deutschen Rechnungslegungsstandard Nr. 10 „Latente   5
Steuern im Konzernabschluss" herausgegeben, der sich weitgehend an IAS 12 (rev. 2000) „Income Taxes" anlehnt.

II. Voraussetzungen für die Steuerabgrenzung

Der Steuerabgrenzung nach HGB liegt das GuV-orientierte *„timing concept"* zugrunde, nach   6
dem nur diejenigen Unterschiede zwischen Handels- und Steuerbilanz aus Bilanzierungs-, Bewertungs- und Konsolidierungsmaßnahmen einbezogen werden, die sowohl bei ihrer Entstehung als auch bei ihrer Umkehr einen Niederschlag in der Gewinn- und Verlustrechnung finden.[3] Folgende Voraussetzungen müssen für die Bildung eines Steuerabgrenzungspostens nach § 306 erfüllt sein:[4]
- Der sich für das Geschäftsjahr oder frühere Geschäftsjahre ergebende Steueraufwand ist im Verhältnis zum Konzernergebnis zu hoch oder zu niedrig.
- Das Missverhältnis zwischen Steueraufwand und Konzernergebnis beruht auf Ergebnisunterschieden zwischen der Summen-GuV und der Konzern-GuV, die auf Grund der in den §§ 300 bis 307 vorgeschriebenen Maßnahmen entstehen.
- Die Ergebnisunterschiede sind jedoch nur dann zu berücksichtigen, wenn sie zu zeitlichen Ergebnisdifferenzen führen. Zeitliche Ergebnisdifferenzen liegen vor, wenn sich die Ergebnisunterschiede im Zeitablauf umkehren (§ 274).

Permanente Differenzen (Ergebnisunterschiede, die sich in späteren Geschäftsjahren nicht umkeh-   7
ren) und quasi-permanente Differenzen (Ergebnisunterschiede, deren Umkehrung in absehbarer Zeit nicht erwartet werden kann) sind nicht in die Steuerabgrenzung einzubeziehen.[5]

Der Deutsche Standardisierungsrat folgt ebenfalls dem GuV-orientierten *„timing concept"*. Im   8
Anhang des DRS 10 „Empfehlungen de lege ferenda" vertritt der DSR jedoch die Meinung, dass das international übliche bilanzorientierte *„temporary concept"* „... zu einer zutreffenderen Darstellung der Vermögenslage und des Eigenkapitals führt". Nach diesem Konzept werden grundsätzlich alle Bilanzierungs- und Bewertungsdifferenzen zwischen Handels- und Steuerbilanz in die Ermittlung latenter Steuern einbezogen, unabhängig davon, ob sie ergebniswirksam oder erfolgsneutral entstanden sind.[6] Abweichend von der bisher in der handelsrechtlichen Kommentierung vorherrschenden Auffassung regelt der DSR darüber hinaus in DRS 10.5, dass auch quasi-permanente Differenzen bei der Abgrenzung latenter Steuern zu berücksichtigen sind.

III. Pflicht zur Steuerabgrenzung dem Grunde nach

In § 300 ist die Anpassung der Jahresabschlüsse der Konzernunternehmen an das Recht des   9
Mutterunternehmens in Bezug auf den Bilanzansatz geregelt, § 308 schreibt die konzerneinheitliche Bewertung vor. Da es nicht sinnvoll scheint, dass die Anpassung an das Recht des Mutterunternehmens in Bezug auf die Bilanzierung dem Grunde nach latente Steuern nach § 306 auslöst (Aktivierungspflicht für aktive latente Steuern), die konzerneinheitliche Bewertung dagegen nicht, ist nach **h M** § 306 auf die Fälle des § 300 nicht anwendbar. Die **HB I/HB II-Unterschiede** werden einheitlich nach § 274 iVm. § 298 Abs. 1 behandelt.[7] Im DRS 10 wird dagegen in Anlehnung an

---

[2] *Busse von Colbe/Ordelheide* S. 149.
[3] *Heurung* AG 2000, 539.
[4] *Hoyos/Fischer* BeBiKo RdNr. 5.
[5] *v. Wysocki/Wohlgemuth* S. 250.; *ADS* § 274 RdNr. 16.
[6] *Hoyos/Fischer* BeBiKo § 274 RdNr. 7; *Heurung* AG 2000, 540.
[7] *ADS* RdNr. 22 f.; *Busse von Colbe/Ordelheide* S. 148 ff.; *Hoyos/Fischer* BeBiKo RdNr. 3.

internationale Grundsätze eine Aktivierungspflicht für latente Steuern auf zeitliche Differenzen, die im Rahmen der HB I und der Aufstellung der HB II entstehen, befürwortet.

10 Für die **Erstkonsolidierung** nach § 301 ist – unter Zugrundelegung des § 306 – eine Steuerabgrenzung nicht zu erwägen, da die Erstkonsolidierung immer erfolgsneutral ist (vgl. dagegen DRS 10.16). Die **Folgekonsolidierung** kann dagegen Ergebnisauswirkungen haben, zB wenn die Bilanzansätze von abnutzbaren Vermögensgegenständen sich in Einzel- und Konzernbilanz unterscheiden und entsprechend unterschiedliche Abschreibungen vorgenommen werden müssen.

11 Es wird auch die Meinung vertreten, dass bei der Bewertung der Vermögensgegenstände des Tochterunternehmens für den Konzernabschluss berücksichtigt werden muss, dass die stillen Reserven nicht steuerlich absetzbar sind. Bei der Bestimmung der Zeitwerte wären grundsätzlich steuerliche Auswirkungen zu beachten. Es handelt sich dabei nicht um latente Steuern, sondern um die zutreffende Bewertung der Vermögensgegenstände.[8] Die steuerlichen Auswirkungen werden entweder berücksichtigt, indem die stillen Reserven unter Abzug des Steuerabschlags (durchschnittlicher Konzernsteuersatz) aufgedeckt werden (**Net-of-Tax-Methode**) oder für den Steuerabschlag wird ein passiver Steuerabgrenzungsposten (Rückstellung) erfolgsneutral gebildet. In beiden Fällen steigt der Firmenwert entsprechend.[9] § 301 Abs. 1 S. 3 verlangt die Zuordnung des Unterschiedsbetrags bis zur Höhe der Zeitwerte. Nur die Bruttodarstellung ist demnach zulässig. Insofern bleibt nur die Alternative, eine Rückstellung für latente Steuern zu bilden.[10] Obwohl die Rückstellung nicht durch die Rückstellungsdefinition des § 249 Abs. 1 oder 2 gedeckt ist, wird sie für zulässig angesehen.[11]

12 Gemäß **DRS 10** sind auf die bei der Aufdeckung stiller Reserven und Lasten im Rahmen der Kapitalkonsolidierung entstehenden zeitlichen Differenzen latente Steuern anzusetzen (DRS 10.16). Auch der DSR führt zur Begründung an, dass die Steuerabgrenzung dem Ziel dient, die stillen Reserven und Lasten wirtschaftlich zutreffend zu bemessen (DRS 10 Anhang B.4). Die Erfolgsneutralität der Steuerabgrenzung soll jedoch in Anlehnung an IAS 12 nach DRS 10.17 erreicht werden, indem die Buchwerte der angesetzten aktiven und passiven latenten Steuern den Buchwert des Goodwill bzw. des negativen Unterschiedsbetrags mindern oder erhöhen. Auf den Unterschiedsbetrag selbst dürfen nach DRS 10.18 keine latenten Steuern angesetzt werden.

13 Die *Pooling-of-interest*-**Methode** ist insgesamt erfolgsneutral, da in der Erstkonsolidierung keine stillen Reserven aufgedeckt werden. Daher können Ergebnisunterschiede wegen Maßnahmen des § 302 nicht eintreten.

14 § 303 schreibt vor, konzerninterne Forderungen und Verbindlichkeiten wegzulassen. Da sich Forderungen und Verbindlichkeiten nicht immer in gleicher Höhe gegenüberstehen, kann die **Schuldenkonsolidierung** Erfolgswirkung besitzen. Da die Ergebnisunterschiede aus der Schuldenkonsolidierung sich regelmäßig wieder umkehren, sind aktive oder passive latente Steuern für die ergebniswirksame Schuldenkonsolidierung anzusetzen. Ist zB eine im Einzelabschluss gebildete Rückstellung aus Konzernsicht nicht passivierungsfähig, wäre der Konzernaufwand um die Zuführung zur Rückstellung geringer als der Aufwand in der Summen-GuV. Der Steueraufwand wäre dagegen zu gering. Eine Zuführung zur Rückstellung für latente Steuern gleicht das Verhältnis von Konzernergebnis und Steueraufwand aus.[12]

15 Die Eliminierung von **Zwischenergebnissen** gem. § 304 ist erfolgswirksam. Da sich die Ergebnisunterschiede bei Ausscheiden des das Zwischenergebnis enthaltenden Vermögensgegenstandes aus dem Konzernkreis umkehren, sind latente Steuern nach § 306 zu bilden.

16 Wenn die Zwischenergebnisse in Vermögensgegenständen des nicht abnutzbaren Anlagevermögens enthalten sind, werden latente Steuern erst notwendig, wenn das Ausscheiden aus dem Konzernkreis geplant ist. Vorher handelt es sich um quasi-permanente Differenzen.

17 Bei der Eliminierung von Zwischengewinnen entstehen aktive latente Steuern, bei Zwischenverlusten passive latente Steuern.[13]

18 Die Konsolidierung **konzerninterner Aufwendungen und Erträge** (§ 305) hat Auswirkungen auf das Konzernergebnis, wenn Zwischenergebnisse nach § 304 vorliegen, so dass die Bildung von latenten Steuern nur aus § 304, nicht jedoch aus § 305 ergeben kann. Einen Sonderfall stellt die **Ergebnisübernahme** dar. Die Eliminierung der Beteiligungserträge bei nichtzeitkongruenter Ergebnisvereinnahmung verringert das Konzernergebnis. Da diese Verringerung permanent ist, folgt

---

[8] *ADS* § 301 RdNr. 94.
[9] *Busse von Colbe/Ordelheide* S. 289.
[10] *ADS* § 301 RdNr. 95.
[11] *Schnicke/Fischer* BeBiKo RdNr. 11.
[12] *ADS* RdNr. 31.
[13] *Hoyos/Fischer* BeBiKo RdNr. 24.

keine latente Steuerabgrenzung. Zu beachten ist jedoch, dass eventuell eine Steuerabgrenzung notwendig ist, weil die Ausschüttung des Tochterunternehmens mit dem Ausschüttungssteuersatz belegt ist, während aus Konzernsicht der durchschnittliche Konzernsteuersatz oder der Einbehaltungssteuersatz anzusetzen wäre.[14]

IV. Höhe der Steuerabgrenzung

Bei der Wahl des Steuersatzes tritt das auch bei der Bemessung latenter Steuern im Einzelabschluss zu lösende Problem der Berücksichtigung zukünftiger Steuersätze auf. Zusätzlich ist zu erwägen, ob im **internationalen Konzern** ausländische Steuersätze heranzuziehen sind.

Da die nach § 306 anzusetzenden latenten Steuern durch eine Gesamtbetrachtung ermittelt werden und die Berechnung der Steuerabgrenzung den Grundsätzen der Wirtschaftlichkeit und Praktikabilität genügen soll, wird im Schrifttum die Verwendung eines **konzerneinheitlichen Steuersatzes,** der sich entweder an den durchschnittlichen Steuersätzen der einbezogenen Unternehmen oder am Steuersatz des Mutterunternehmens orientiert, vorgeschlagen.[15] Im DRS 10 wird dagegen die Verwendung eines unternehmensindividuellen Steuersatzes präferiert. Die Verwendung eines konzerneinheitlichen Steuersatzes soll nur in Ausnahmefällen unter Kosten-Nutzen-Abwägungen beim Ansatz latenter Steuern im Zusammenhang mit der Zwischenergebniseliminierung, der Schuldenkonsolidierung oder sonstigen erfolgswirksamen Konsolidierungsmaßnahmen zulässig sein (DRS 10.20 ff.).

Die Steuerabgrenzung nach § 306 ist einzuschränken, wenn eine **Verlustsituation** eintritt. Wenn einzelne Konzernunternehmen einen Verlust ausweisen und dies dazu führt, dass dem Konzernergebnis ein zu hoher Steueraufwand gegenübersteht, könnte die Differenz durch die Aktivierung einer latenten Steuer ausgeglichen werden. Dies ist jedoch wegen des Vorsichtsprinzips nicht zulässig.[16] Wenn der Konzern insgesamt mit einem Verlust abschließt, ist ein Verlustrücktrag im Konzern nicht möglich.[17] Die Aktivierung einer latenten Steuer auf den Verlustvortrag ist nach hM nicht möglich, da die potenzielle Steuerersparnis keinen Vermögensgegenstand begründet, sondern erst realisiert werden darf, wenn die vorgetragenen Verluste mit zukünftigen positiven Einkünften verrechnet werden können.[18] Auch fällt der Verlustvortrag nicht unter die Steuerabgrenzung der §§ 274, 306.[19] Nach Auffassung des DSR ist dagegen die Aktivierung latenter Steuern auf steuerliche Verlustvorträge mit dem Wortlaut des Gesetzes vereinbar (E-DRS 12 Anhang B.4). In Anlehnung an internationale Grundsätze sind daher nach DRS 10.11 aktive latente Steuern auf steuerliche Verlustvorträge anzusetzen, wenn der Steuervorteil aus dem Verlustvortrag mit hinreichender Wahrscheinlichkeit realisiert werden kann. Voraussetzungen, unter denen die Realisierung aktiver latenter Steuern hinreichend wahrscheinlich ist, nennt der Standard in RdNr. 12.

Die Ermittlung der latenten Steuern, die auf § 306 zurückgehen, kann mit Hilfe einer **Gesamtbetrachtung** vorgenommen werden. Da latente Steuern nur aus der Schuldenkonsolidierung und aus der Zwischenerfolgseliminierung resultieren können, ist zu ermitteln, inwiefern die Veränderung des Unterschiedsbetrages aus der Schuldenkonsolidierung oder des Gesamtbetrags der in den Vermögensgegenständen enthaltenen Zwischenergebnisse gegenüber dem Vorjahr (vgl. § 303, § 304) latente Steuern erforderlich macht. In der Konzern-GuV wird dann entsprechend entweder ein Steueraufwand oder ein Steuerertrag gebucht.[20]

V. Ausweis im Konzernabschluss

Da sich § 306 auf den Ergebnisunterschied insgesamt bezieht, wird entweder ein aktiver oder ein passiver Posten für latente Steuern ausgewiesen. Die **Zusammenfassung** mit dem Posten nach § 274 ist ebenfalls möglich (§ 306 S. 3). DRS 10 weicht dagegen von der Gesamtbetrachtung ab und schreibt in RdNr. 36 vor, die latenten Steuern in der Konzernbilanz grundsätzlich unsaldiert auszuweisen.

---

[14] *ADS* RdNr. 35; vgl. § 305.
[15] *WPH* M RdNr. 597; *ADS* RdNr. 40; *Hoyos/Fischer* BeBiKo RdNr. 32.
[16] *Baumann* HdRKo RdNr. 41.
[17] *Baumann* HdRKo RdNr. 42.
[18] *Baumann* HdRKo RdNr. 36, 42; *ADS* RdNr. 43; *Heurung* AG 2000, 546.
[19] *ADS* RdNr. 43.
[20] *ADS* RdNr. 36 ff.

VI. Anhangangaben

24 In der Konzernbilanz oder im Konzernanhang ist der Betrag nach § 306 gesondert auszuweisen. DRS 10 beinhaltet in RdNr. 39 bis 43 wesentlich weitergehende Anhangangaben, deren Umfang von der Inanspruchnahme des Kapitalmarktes durch das Mutterunternehmen abhängt. So sind zB die Beträge der latenten Steueraufwendungen und -erträge gesondert anzugeben, die auf Änderung von Gesetzen und Einführung neuer Steuerarten, auf bislang nicht berücksichtigte Verlustvorträge, Steuergutschriften oder abzugsfähige zeitliche Differenzen vergangener Geschäftsjahre und auf Änderung von Bilanzierungs- und Bewertungsmethoden zurückzuführen sind. Nach DRS 10.42 sollte in einer Überleitungsrechnung „entweder der Zusammenhang zwischen dem unter Anwendung des in Deutschland geltenden Steuersatzes erwarteten Steueraufwand/-ertrag und dem ausgewiesenen Steueraufwand/-ertrag oder der Zusammenhang zwischen dem erwarteten und dem ausgewiesenen Steuersatz dargestellt werden". Kapitalmarktorientierte Unternehmen haben darüber hinaus nach DRS 10.41 für jeden Bilanzposten den ihm zuzurechnenden Betrag der aktiven bzw. passiven latenten Steuern anzugeben.

VII. Folgen der Nichtbeachtung

25 Ein Verstoß gegen § 306 wird von § 334 Abs. 1 Nr. 2 c erfasst. § 306 ist zwar nicht explizit benannt; eine Verletzung des § 306 impliziert allerdings gleichzeitig eine Verletzung des § 300.[21]

§ 307 Anteile anderer Gesellschafter

(1) ¹In der Konzernbilanz ist für nicht dem Mutterunternehmen gehörende Anteile an in den Konzernabschluß einbezogenen Tochterunternehmen ein Ausgleichsposten für die Anteile der anderen Gesellschafter in Höhe ihres Anteils am Eigenkapital unter entsprechender Bezeichnung innerhalb des Eigenkapitals gesondert auszuweisen. ²In den Ausgleichsposten sind auch die Beträge einzubeziehen, die bei Anwendung der Kapitalkonsolidierungsmethode nach § 301 Abs. 1 Satz 2 Nr. 2 dem Anteil der anderen Gesellschafter am Eigenkapital entsprechen.

(2) In der Konzern-Gewinn- und Verlustrechnung ist der im Jahresergebnis enthaltene, anderen Gesellschaftern zustehende Gewinn und der auf sie entfallende Verlust nach dem Posten „Jahresüberschuß/Jahresfehlbetrag" unter entsprechender Bezeichnung gesondert auszuweisen.

I. Allgemeine Grundsätze

1 Wenn die Anteile an einem Tochterunternehmen nicht vollständig innerhalb des Konsolidierungskreises gehalten werden, ist der Ausweis der Anteile der Minderheiten notwendig (AktG: „konzernfremde Gesellschafter").[1]

2 Die Einheitstheorie und ihr folgend die Methoden der erfolgswirksamen Vollkonsolidierung sehen vor, dass die **Vermögensgegenstände und Schulden** des Tochterunternehmens, auch wenn Minderheiten beteiligt sind, **vollständig** in den Konzernabschluss aufzunehmen sind.[2] Die Existenz von Minderheiten wird durch einen **getrennten Ausweis ihres Anteils am Eigenkapital** der Tochter dargestellt (§ 307 Abs. 1, DRS 4.42).

II. Abgrenzung der Anteile anderer Gesellschafter

3 Die Abgrenzung der in den Ausgleichsposten für die Anteile anderer Gesellschafter einzubeziehenden Anteile richtet sich nach dem Kriterium, ob die Anteile einem in die Konsolidierung (voll oder quotal) einbezogenen Unternehmen gehören. Zu den Fremdanteilen zählen alle Anteile, die entweder nicht in den Konzernverbund eingeschlossenen Dritten oder Tochterunternehmen, die nicht einbezogen werden, assoziierten Unternehmen und sonstigen Beteiligungsunternehmen gehören. Falls bedeutende Anteile von einem Tochterunternehmen gehalten werden, das nicht in den Konzernabschluss einbezogen worden ist, erhöht es die Aussagefähigkeit des Konzernabschlusses,

---

[21] *Hoyos/Fischer* BeBiKo RdNr. 44.
[1] *Heymann* RdNr. 1.
[2] *Weber/Zündorf* HdRKo RdNr. 1.

dem Ausgleichsposten für andere Gesellschafter einen „Davon"-Vermerk für **Anteile nicht einbezogener Tochterunternehmen** hinzuzufügen.³

Die Zuordnung einer „Rücklage für eigene Anteile" hängt von der Interpretation des Aktivpostens „Eigene Anteile" als Vermögensgegenstand oder als Eigenkapitalkorrektur ab (vgl. § 301). 4

Im mehrstufigen Konzern ist zu beachten, dass den **Minderheiten einer Zwischenholding** „indirekte" Anteile eines Tochterunternehmens dieser Zwischenholding zustehen können (vgl. § 301). 5

III. Berücksichtigung bei der Kapitalkonsolidierung

1. Erstkonsolidierung. Die Anteile anderer Gesellschafter am Eigenkapital bemessen sich bei der **Buchwertmethode** nach dem in der HB II ausgewiesenen Eigenkapital (Gezeichnetes Kapital, Kapitalrücklagen, Gewinnrücklagen, Gewinn-/Verlustvortrag, Jahresüberschuss/-fehlbetrag). Bei der **Neubewertungsmethode** wird die absolute Höhe der Anteile an den Eigenkapitalpositionen auf Grund der HB III (Neubewertungsbilanz) ermittelt.⁴ 6

Bei der Erstkonsolidierung ergibt sich daher zwischen der Buchwertmethode und der Neubewertungsmethode ein Unterschied in der Konzernbilanzsumme, da der Anteil der Minderheiten an den stillen Reserven bei der Neubewertungsmethode aufgedeckt wird (vgl. § 301). Ein dem Geschäfts- oder Firmenwert entsprechender Betrag wird für die Minderheiten bei keiner der beiden Methoden ausgewiesen.⁵ 7

2. Folgekonsolidierung. Wenn die Erstkonsolidierung nach der **Neubewertungsmethode** durchgeführt wurde, sind in der Folgekonsolidierung die auf die Minderheiten entfallenden stillen Reserven ggf. abzuschreiben.⁶ 8

Die sonstigen **ergebniswirksamen Konsolidierungsmaßnahmen,** da sie auf das Eigenkapital des Konzerns einwirken, müssten folgerichtig ebenfalls in einen Anteil für die Gesellschafter des Mutterunternehmens und für die Minderheiten aufgeteilt werden. Da dies jedoch mit erheblichen praktischen Problemen verbunden sein kann, ist abzuwägen, ob die bei Aufteilung entstehenden Informationskosten angemessen sind.⁷ Wegen der Wirtschaftlichkeit der Konzernrechnungslegung wird nach überwiegender Meinung die Aufteilung der ergebniswirksamen Konsolidierungsdifferenzen abgelehnt.⁸ 9

3. Veränderung der Beteiligungsquote. Wenn das Mutterunternehmen weitere Anteile erwirbt, ergibt sich bei der **Buchwertmethode** der Ausgleichsposten für andere Gesellschafter durch die Anwendung der geminderten Quote auf das Eigenkapital in der HB II. Bei der **Neubewertungsmethode** sind die stillen Reserven, die auf den neu hinzuerworbenen Anteil entfallen, aufzudecken. Dazu ist eine Neubewertungsbilanz erforderlich. Allerdings werden von den dort aufgedeckten stillen Reserven nur die auf die hinzuerworbenen Anteile entfallenden aufgedeckt. 10

Beispiel: Das Mutterunternehmen hält zunächst 80% der Anteile am Tochterunternehmen. Später werden weitere 10% hinzuerworben. Zum Zeitpunkt des Erwerbs (oder der erstmaligen Einbeziehung) der zusätzlichen 10% der Anteile ist eine Neubewertungsbilanz erstellt worden, die stille Reserven aufdeckt. Der Geschäfts- oder Firmenwert für die zusätzlichen Anteile wird errechnet als Differenz aus anteiligem Eigenkapital (10%) und Anschaffungskosten. Der Summenabschluss setzt sich zu 10% aus dem Neubewertungsabschluss und zu 90% aus dem fortgeführten Neubewertungsabschluss, der bei der Erstkonsolidierung der 80% der Anteile erstellt wurde, zusammen. Die Minderheitenanteile werden entsprechend geringer ausgewiesen. 11

Es wird alternativ vorgeschlagen, die Minderheiten an der Aufdeckung von stillen Reserven bei einem zusätzlichen Erwerb von Anteilen von Dritten zu beteiligen. Dagegen spricht, dass es sich aus Konzernsicht um eine Rückzahlung von Eigenkapital an die Minderheiten handelt. Der Kaufpreis kann als Abfindung interpretiert werden und eine Abgeltung der stillen Reserven und eines Firmenwertes enthalten. Diese sind dann zu aktivieren. Für eine daraus resultierende Erhöhung des absoluten Anteils der verbliebenen Drittgesellschafter bleibt kein Raum.⁹ 12

Der **Verkauf von Anteilen eines konsolidierten Tochterunternehmens an Dritte,** ohne dass sich der Status als Tochterunternehmen ändert, entspricht der Emission neuer Anteile.¹⁰ Konsolidie- 13

---

³ *ADS* RdNr. 9 ff.
⁴ Vgl. § 301; *Busse von Colbe/Ordelheide* S. 489.
⁵ *Förschle/Hoffmann* BeBiKo RdNr. 26 ff.
⁶ *ADS* RdNr. 35 f.
⁷ *Busse von Colbe/Ordelheide* S. 491.
⁸ *ADS* RdNr. 38 ff.
⁹ *ADS* RdNr. 57.
¹⁰ *Förschle/Hoffmann* BeBiKo RdNr. 49.

rungstechnisch ist bei der Buchwertmethode zunächst so vorzugehen, als ob der Verkauf nicht stattgefunden hätte. Danach ist der entsprechend höhere Anteil der Minderheiten am Eigenkapital auf den Ausgleichsposten umzubuchen.[11] Dadurch fällt den Minderheiten ein Anteil an den in der Erstkonsolidierung zugeordneten stillen Reserven und dem Firmenwert zu.[12] Bei der Neubewertungsmethode ist diese Umbuchung nur bezüglich des Anteils der Minderheiten an Goodwill notwendig, da ohne weiteres ihr Anteil an den vollständig aufgedeckten stillen Reserven in der fortgeführten Neubewertungsbilanz berücksichtigt werden kann.

14 Ist der Kaufpreis für die Anteile höher oder niedriger als die anteiligen Buchwerte, stillen Reserven und Goodwill, wird der Gewinn/Verlust dem Konzern zugerechnet.[13]

IV. Berücksichtigung im Konzernergebnis

15 **1. Ohne Gewinnabführungsvertrag.** Abs. 2 sieht vor, dass der auf die Minderheiten entfallende Anteil am Jahresergebnis im Anschluss an den Posten Jahresüberschuss/Jahresfehlbetrag unter entsprechender Bezeichnung **gesondert auszuweisen** ist. Ein gesonderter Ausweis hat auch nach DRS 4.43 zu erfolgen. Der Betrag wird ermittelt, indem die Beteiligungsquote der Minderheiten mit dem in die Konsolidierung eingeflossenen Jahresergebnis des Tochterunternehmens multipliziert wird.

16 **2. Mit Gewinnabführungsvertrag.** Wenn zwischen Mutter- und Tochterunternehmen ein Gewinnabführungsvertrag besteht, haben die Minderheiten nach § 304 Anspruch auf eine wiederkehrende Ausgleichszahlung. Diese ist aufwandswirksam in der Konzern-GuV enthalten und wird mit den abgeführten Gewinnen/Verlusten des Tochterunternehmens saldiert, wenn die Mutter sie leistet. Dadurch entsteht im Rahmen der Aufwands- und Ertragskonsolidierung ein Unterschiedsbetrag, der in der Konzern-GuV in den Vermerk „anderen Gesellschaftern zustehender Gewinn" umzusetzen ist.

17 Leistet dagegen die Tochter die Ausgleichszahlung selbst, so wird der von der Tochter verbuchte Aufwand für die Ausgleichszahlung erfolgswirksam rückgängig gemacht. Dadurch steigt der Konzernjahresüberschuss. In gleicher Höhe wird die Position „anderen Gesellschaftern zustehender Gewinn" erhöht, so dass der Konzernbilanzgewinn unverändert bleibt.[14]

V. Ausweis

18 Die den anderen Gesellschaftern zustehenden Gewinne und Verluste sind getrennt auszuweisen. Sie dürfen saldiert ausgewiesen werden, wenn der Betrag im Anhang aufgegliedert wird. Die Bezeichnung des Postens ist nicht gesetzlich geregelt. Die Bezeichnung in der Konzern-GuV sollte mit der in der Konzernbilanz abgestimmt sein.

VI. Folgen der Nichtbeachtung

19 Ein Verstoß gegen § 306 wird von § 334 Abs. 1 Nr. 2 erfasst. § 307 ist zwar nicht explizit benannt; eine Verletzung des § 307 kann als eine mittelbare Verletzung des § 297 Abs. 2 oder des § 300 eingestuft werden. Je nachdem gelangt man zu einer Sanktionierung gem. § 334 Abs. 1 Nr. 2 b oder 2 c.[15]

Fünfter Titel. Bewertungsvorschriften

§ 308 Einheitliche Bewertung

(1) ¹Die in den Konzernabschluß nach § 300 Abs. 2 übernommenen Vermögensgegenstände und Schulden der in den Konzernabschluß einbezogenen Unternehmen sind nach den auf den Jahresabschluß des Mutterunternehmens anwendbaren Bewertungsmethoden einheitlich zu bewerten. ²Nach dem Recht des Mutterunternehmens zulässige Bewertungswahlrechte können im Konzernabschluß unabhängig von ihrer Ausübung in den Jahresabschlüssen der in den Konzernabschluß einbezogenen Unternehmen ausgeübt werden. ³Abweichungen von den auf den Jahresabschluß des Mutterunternehmens angewandten Bewertungsmethoden sind im Konzernanhang anzugeben und zu begründen.

---

[11] ADS RdNr. 59.
[12] Förschle/Hoffmann BeBiKo RdNr. 49.
[13] Förschle/Hoffmann BeBiKo RdNr. 49.
[14] ADS RdNr. 76 ff.
[15] Förschle/Hoffmann BeBiKo RdNr. 88.

(2) ¹ Sind in den Konzernabschluß aufzunehmende Vermögensgegenstände oder Schulden des Mutterunternehmens oder der Tochterunternehmen in den Jahresabschlüssen dieser Unternehmen nach Methoden bewertet worden, die sich von denen unterscheiden, die auf den Konzernabschluß anzuwenden sind oder die von den gesetzlichen Vertretern des Mutterunternehmens in Ausübung von Bewertungswahlrechten auf den Konzernabschluß angewendet werden, so sind die abweichend bewerteten Vermögensgegenstände oder Schulden nach den auf den Konzernabschluß angewandten Bewertungsmethoden neu zu bewerten und mit den neuen Wertansätzen in den Konzernabschluß zu übernehmen. ² Wertansätze, die auf der Anwendung von für Kreditinstitute oder Versicherungsunternehmen wegen der Besonderheiten des Geschäftszweigs geltenden Vorschriften beruhen, dürfen beibehalten werden; auf die Anwendung dieser Ausnahme ist im Konzernanhang hinzuweisen. ³ Eine einheitliche Bewertung nach Satz 1 braucht nicht vorgenommen zu werden, wenn ihre Auswirkungen für die Vermittlung eines den tatsächlichen Verhältnissen entsprechenden Bildes der Vermögens-, Finanz- und Ertragslage des Konzerns nur von untergeordneter Bedeutung sind. ⁴ Darüber hinaus sind Abweichungen in Ausnahmefällen zulässig; sie sind im Konzernanhang anzugeben und zu begründen.

Schrifttum: (ohne die Einzelbeiträge in den verschiedenen Handbüchern der Rechnungslegung) *IDW,* Entwurf St/HFA, Zur Währungsumrechnung im Jahres- und Konzernabschluß, WPg 1984, 585; *IDW,* geänderter Entwurf St/HFA, Zur Währungsumrechnung im Jahres- und Konzernabschluß, WPg 1986, 664; *IDW,* St/HFA 3/1988, Einheitliche Bewertung im Konzernabschluß, WPg 1988, 483.

Übersicht

	RdNr.		RdNr.
I. Allgemeine Grundsätze	1, 2	3. Sonstige begründete Ausnahmefälle	16, 17
II. Grundsatz der einheitlichen Bewertung	3–9	IV. Ausländische Tochterunternehmen	18–34
		1. Grundsätze	18–20
III. Ausnahmen vom Grundsatz der einheitlichen Bewertung	10–17	2. Methoden der Währungsumrechnung	21–29
1. Kreditinstitute und Versicherungsunternehmen	10–13	3. Währungsumrechnung nach DRS 14	30–34
		V. Folgen der Nichtbeachtung	35
2. Grundsatz der Wesentlichkeit	14, 15		

I. Allgemeine Grundsätze

Aus der **Fiktion der rechtlichen Einheit des Konzerns,** die in § 297 Abs. 3 kodifiziert ist, folgt unmittelbar auch, dass im Konzernabschluss einheitliche Bewertungsmethoden angewandt werden müssen (Abs. 1). Die anwendbaren Bewertungsmethoden beschränken sich auf die nach dem Recht des Mutterunternehmens zulässigen. Daraus folgt, dass die Jahresabschlüsse der Tochterunternehmen, die dem Recht des Mutterunternehmens nicht entsprechen, angepasst werden müssen. Außerdem dürfen die nach dem Recht des Mutterunternehmens existierenden Wahlrechte im Konzernabschluss originär ausgeübt werden. Auch die Ausübung der Bewertungswahlrechte im Einzelabschluss des Mutterunternehmens ist nicht maßgeblich für den Konzernabschluss. 1

Die Vorschriften über die einheitliche Bewertung im Konzernabschluss ermöglichen es, eine **eigenständige Konzernabschlusspolitik** zu betreiben. Im Konzernabschluss können stille Reserven, die durch die Maßgeblichkeit des handelsrechtlichen Jahresabschlusses für die steuerliche Gewinnermittlung und die umgekehrte Maßgeblichkeit bedingt sind, aufgedeckt und ein höheres Eigenkapital ausgewiesen werden. Dadurch wird die internationale Vergleichbarkeit zB der Eigenkapitalquote verbessert.¹ 2

II. Grundsatz der einheitlichen Bewertung

Für die (Bilanzierung und) Bewertung im Konzernabschluss ist ausschließlich das **für das Mutterunternehmen geltende Recht** (Abs. 1) anwendbar. Deshalb besteht insbesondere bei Tochterunternehmen, die keine Kapitalgesellschaften sind und bei ausländischen Tochtergesellschaften Anpassungsbedarf an die anwendbaren Vorschriften.² Die **Anpassung** wird in der HB II zusammen mit der Anpassung an die Bilanzierungsvorschriften durchgeführt. Sie ist im Rahmen der Erstkonsolidie- 3

---
¹ *ADS* RdNr. 67 ff.
² *ADS* RdNr. 32.

§ 308 4–9   3. Buch. 2. Abschnitt. Erg. Vorschr. für Kapitalgesellschaften

rung erfolgsneutral zu behandeln. Bilanzierungs- und Bewertungsunterschiede während der Konzernzugehörigkeit werden erfolgswirksam behandelt.[3] „Die Bewertungsanpassungen sind in den Folgejahren fortzuführen bzw. abzuschreiben oder aufzulösen. Die damit notwendigen Nebenrechnungen sind auch Gegenstand der Prüfung des Konzernabschlusses (§ 317 Abs. 2) und unterliegen den Aufbewahrungs- und Vorlagepflichten (§§ 257–261)."[4]

4   Innerhalb der anwendbaren Vorschriften der Bewertung gibt es eine Reihe von **Wahlrechten,** so dass sich die Frage stellt, inwieweit die Wahlrechte einheitlich ausgeübt werden müssen. Grundsätzlich lässt sich dies mit Hilfe der Einheitstheorie beantworten. Strengere Maßstäbe als im Einzelabschluss sind nicht anzulegen. Der Einzelbewertungsgrundsatz (§ 252), der Grundsatz der Bewertungsstetigkeit (§ 252) und der Grundsatz der Willkürfreiheit (§ 252) sind zu beachten. Gleiche Sachverhalte (art- und funktionsgleich) dürfen nicht bewusst nach unterschiedlichen Methoden und unter Anwendung unterschiedlicher Rechengrößen (zB Nutzungsdauer) bewertet werden. Gleiche Sachverhalte liegen vor, wenn art- und funktionsgleiche Vermögensgegenstände unter gleichen wertbestimmenden Bedingungen bewertet werden. Gleiche Sachverhalte sind zwar einzeln zu bewerten, jedoch unter Anwendung identischer Verfahren der Wertfindung. Dies ist auch zu beachten, wenn für die Wertfindung Schätzungen notwendig sind.[5]

5   Die Wahlrechte bei der Bemessung der **Herstellungskosten** sind daher für gleiche Produkte in den Tochterunternehmen gleich auszuüben, außer es bestehen bewertungsrelevante Unterschiede zwischen den Tochterunternehmen.[6]

6   An die Prüfung der **Gleichheit von Sachverhalten** sind strenge Maßstäbe anzulegen, da ansonsten der ebenso zu beachtende Grundsatz, dass verschiedene Sachverhalte auch unterschiedlich zu bewerten sind, verletzt werden könnte. Die **HFA** Stellungnahme 3/1988 „Einheitliche Bewertung im Konzernabschluss" (Abschnitt II Ziff. 2) geht folgendermaßen auf länderspezifische Unterschiede ein: „Länderspezifische Bedingungen sind insoweit gesondert zu berücksichtigen. Dies gilt auch für die Währungsumrechnung, so dass uU unterschiedliche Umrechnungsmethoden in einem Konzernabschluss angewandt werden können. Bei gleichen Vermögensgegenständen in unterschiedlichen Ländern kann die Anwendung verschiedener Methoden bzw. verschiedener Rechengrößen (zB Nutzungsdauer) zulässig oder auch geboten sein."

7   Abs. 1 S. 2 lässt zu, dass nach dem Recht des Mutterunternehmens zulässige **Bewertungswahlrechte** unabhängig von ihrer Ausübung in den Jahresabschlüssen der in den Konzernabschluss einbezogenen Unternehmen ausgeübt werden können. „Damit können auch bei dem Mutterunternehmen die Bewertungswahlrechte für den Konzernabschluss erneut ausgeübt werden. Das Gesetz geht allerdings davon aus, dass auf den Konzernabschluss grundsätzlich die Bewertungsmethoden angewendet werden, die das Mutterunternehmen in seinem Jahresabschluss tatsächlich anwendet."[7] Abs. 1 S. 3 fordert daher, dass Bewertungsmethoden im Konzernabschluss, die von denen im Jahresabschluss des Mutterunternehmens abweichen, im Konzernanhang angegeben und begründet werden müssen. Eine Berichterstattung über die Auswirkung auf das Konzernergebnis gehört nicht zu den Angabepflichten.[8]

8   Wenn die einzubeziehenden Jahresabschlüsse nicht den Anforderungen der einheitlichen Bewertung genügen, werden die notwendigen Anpassungen zweckmäßigerweise in einer Ergänzungsrechnung zum Zwecke der Konsolidierung (HB II) vorgenommen.[9]

9   Die Aufstellung der Ergänzungsrechnung (HB II) kann im Hinblick auf die **Organisation** entweder „vor Ort" durchgeführt werden oder in der Konzernzentrale. Bei dezentraler Erstellung ist es sinnvoll, dass die konzerneinheitlichen Bilanzierungs- und Bewertungsmethoden schriftlich festgelegt werden (zB in Form einer Konzernrichtlinie oder eines Accounting Manual). Dabei sind insbesondere in internationalen Konzernen mehrsprachige Ausgaben notwendig.[10] Diese Festlegung der Bilanzierungs- und Bewertungsmethoden wird häufig zu ergänzen sein durch Formblätter (oder auch einheitliche Software), in denen die für die Konsolidierung notwendigen Daten in konzerneinheitlicher Form erfasst und an die Konsolidierungsstelle geleitet werden.

---

[3] *Busse von Colbe/Ordelheide* S. 147.
[4] *IDW,* St/HFA 3/1988, WPg 1988, Abschn. II Ziff. 4.
[5] *ADS* RdNr. 12 f.
[6] *ADS* RdNr. 20 f.; aA *Heymann* RdNr. 12, der auch ohne zwingende Gründe eine unterschiedliche Bewertung zulassen.
[7] *IDW,* St/HFA 3/1988, WPg 1988, Abschn. II Ziff. 3.
[8] *Heymann* RdNr. 16.
[9] *IDW,* St/HFA 3/1988, WPg 1988, Abschn. II Ziff. 4.
[10] *v. Wysocki/Wohlgemuth* S. 9 f.

III. Ausnahmen vom Grundsatz der einheitlichen Bewertung

1. Kreditinstitute und Versicherungsunternehmen. Für Kreditinstitute und Versicherungsunternehmen sind wegen der Besonderheiten der Geschäftszweige in den §§ 340 e–g bzw. 341 b–g sowie in RechVersV spezielle Bewertungsvorschriften kodifiziert worden. Die entsprechenden Bewertungen dürfen beibehalten werden, auch wenn die Wertansätze nicht den Bewertungsmethoden entsprechen, die auf den Konzernabschluss angewendet werden.[11] Eine einheitliche Inanspruchnahme der Erleichterungsregel kann nicht gefordert werden.

Die speziellen Bewertungsvorschriften müssen beibehalten werden, wenn das Mutterunternehmen ebenfalls Kreditinstitut bzw. Versicherung ist, weil die Spezialvorschriften dann das Recht des Mutterunternehmens iSd. Abs. 1 S. 1 darstellen.

Auch Spezialvorschriften für Kreditinstitute und Versicherungsunternehmen, die ausländische Tochterunternehmen sind, können beibehalten werden.

Wenn Wertansätze der branchenfremden Tochterunternehmen unverändert in den Konzernabschluss übernommen werden, ist nach Abs. 2 S. 2 eine Angabe im Anhang erforderlich.[12]

2. Grundsatz der Wesentlichkeit. Der Grundsatz der Wesentlichkeit kommt auch bei der Pflicht zur Bewertungsanpassung (Abs. 2 S. 1) zur Anwendung. Von der konzerneinheitlichen Bewertung abweichende Wertansätze dürfen beibehalten werden, wenn sie insgesamt von untergeordneter Bedeutung für die Vermittlung eines den tatsächlichen Verhältnissen entsprechenden Bildes der Vermögens-, Finanz- und Ertragslage sind (Abs. 2 S. 3).

Ob die Bewertungsanpassung von untergeordneter Bedeutung ist, muss insgesamt und aus Konzernsicht beurteilt werden[13] und erfordert zumindest eine überschlägige Anpassung. Es ist an jedem Stichtag neu zu prüfen, ob die Bedingungen noch vorliegen.[14] Der Grundsatz der **Willkürfreiheit** ist zu beachten. Solange die Wesentlichkeit des Umbewertungsvorgangs verneint wird, kann das Wahlrecht beliebig ausgeübt werden. Der Stetigkeitsgrundsatz greift nicht, da die Ausübung des Wahlrechts ex definitione keine Auswirkung auf die Vermittlung des *true and fair view* hat.[15] Eine Pflicht zur Angabe im Anhang besteht nicht.

3. Sonstige begründete Ausnahmefälle. Abs. 2 S. 4 lässt Abweichungen von der Bewertungsanpassung „in Ausnahmefällen" zu. Ziel dieser Vorschrift ist es, die Praktikabilität der Konsolidierung zu gewährleisten. Da die fehlende Anpassung an die konzerneinheitliche Bewertung die Aussagekraft des Konzernabschlusses erheblich einschränken kann, ist eine restriktive Anwendung der Ausnahmeregel notwendig. Als Beispiele werden genannt:[16]
– neu erworbene Tochterunternehmen, wenn die Bewertungsanpassung im Jahr des Erwerbs wirtschaftlich unzumutbar ist oder zu erheblichen Verzögerungen führen würde,
– finanzielle (vor allem steuerliche oder devisenrechtliche) Nachteile im Tochterunternehmen durch die Bewertungsanpassung.

Im Konzernanhang ist auf den Verzicht der Bewertungsanpassung hinzuweisen und zu begründen, warum von der einheitlichen Bewertung abgewichen wurde. Es ist nicht vorgeschrieben, die Auswirkungen des Verzichts zu quantifizieren (Abs. 2 S. 4).

IV. Ausländische Tochterunternehmen

1. Grundsätze. Für Tochterunternehmen mit Sitz in einem Land außerhalb der Euro-Zone ist eine zweifache Anpassung an die Bewertung nach dem Recht des Mutterunternehmens notwendig, da sie einerseits in einem anderen **Rechtskreis** bilanzieren und andererseits in einer anderen **Währung.** Die Werte des Einzelabschlusses des Tochterunternehmens müssen also (in Fremdwährung) an die Bewertungsvorschriften des Konzerns angepasst und in Euro umgerechnet werden.

Die Methode der **Umrechnung eines Fremdwährungsabschlusses** für die Einbeziehung in den Konzernabschluss ist handelsrechtlich nicht vorgeschrieben. Es werden daher in der Literatur mehrere Methoden diskutiert, die von unterschiedlichen Grundvoraussetzungen ausgehen. Allein die Frage, ob die Währungsumrechnung eine reine Transformation der Werte von einer Währung in eine andere oder ein Vorgang der Bewertung ist, ist umstritten. Wenn es sich um einen **Bewertungs-**

---

[11] *IDW,* St/HFA 3/1988, WPg 1988, Abschn. III Ziff. 1.
[12] *Hoyos/Huber* BeBiKo RdNr. 24 ff.
[13] *IDW,* St/HFA 3/1988, WPg 1988, Abschn. III Ziff. 2.
[14] *ADS* RdNr. 46 ff.
[15] *Hoyos/Huber* BeBiKo RdNr. 29.
[16] *ADS* RdNr. 49 ff.; *Hoyos/Huber* BeBiKo RdNr. 31 f.

vorgang handelt, muss der Grundsatz der einheitlichen Bewertung auch auf die Währungsumrechnung angewandt werden. Ziel der Umrechnungsmethode ist es dann, dass die Vermögensgegenstände und Schulden der HB II des ausländischen Tochterunternehmens mit einem Wert in Euro ausgewiesen werden, als ob sie direkt in Euro bilanziert würden.[17]

20 Wenn die Währungsumrechnung dagegen als reine **Transformation** verstanden wird, werden einheitliche Kurse zur Umrechnung herangezogen. Die Währungsumrechnung hat dann den Vorteil, dass sie einfach durchzuführen ist und die Struktur des ausländischen Jahresabschlusses erhalten bleibt. Die Euro-Werte verstoßen jedoch möglicherweise gegen die Bewertungsprinzipien des HGB.[18]

21 **2. Methoden der Währungsumrechnung.** In Literatur sind unterschiedliche Verfahren der Währungsumrechnung entwickelt worden. Folgende **Methoden** werden diskutiert:[19]
– Fristigkeitsmethode *(current/non-current method)*,
– Nominal-Sachwert-Methode *(monetary/non monetary method)*,
– Zeitbezugsmethode *(temporal method)*,
– Konzept der funktionalen Währung,
– Stichtagskursmethode.

22 Die letztgenannte Methode führt zur reinen Transformation von Fremdwährung in Konzernwährung.

23 Wenn die Währungsumrechnung als Transformationsvorgang aufgefasst wird, kommt ein einheitlicher Kurs für alle Bilanz- und Gewinn- und Verlustrechnungspositionen zur Anwendung (Stichtagskursmethode *(closing rate method)*).[20]

24 Grundsätzlich gibt es drei **Kurse**, die bei der Währungsumrechnung zur Anwendung kommen:
– der Kurs am Stichtag des Konzernabschlusses (Stichtagskurs),
– der Kurs an dem Tag, an dem die umzurechnende Position im Konzern erfasst wurde (historischer Kurs), und
– Durchschnittskurse, zB Jahresdurchschnitt.

25 Bei der **Fristigkeitsmethode** werden die langfristigen Bilanzposten (einschließlich Eigenkapital) mit den historischen Kursen und die kurzfristigen Positionen mit dem Stichtagskurs umgerechnet.

26 Bei der **Nominal-Sachwert-Methode** werden die Nominalwerte mit dem Stichtagskurs und die Sachwerte und Sachwertverpflichtungen mit dem historischen Kurs umgerechnet. Zu den Nominalwerten gehören zB die Kasse, Forderungen und Verbindlichkeiten, zu den Sachwerten zB das Anlagevermögen und Vorräte. Das Eigenkapital wird mit dem historischen Kurs umgerechnet.

27 In der **Zeitbezugsmethode** kommen jeweils die Kurse zur Anwendung, die zeitlich zur Bewertung der Positionen passen. Anschaffungs- oder Herstellungskosten werden mit dem historischen Kurs, Tageswerte mit dem Stichtagskurs umgerechnet.[21] Wenn bei der Zeitbezugsmethode außerdem ein Niederswerttest durchgeführt wird, genügt die Währungsumrechnung dem Äquivalenzprinzip, dh. alle in Euro umgerechneten Werte sind so interpretierbar, als ob sie direkt in Euro bilanziert worden wären. Mit dem Niederswerttest wird festgestellt, ob die (fortgeführten) Anschaffungs- oder Herstellungskosten umgerechnet mit dem Stichtagskurs zu einem niedrigeren Wertansatz führen als bei der Umrechnung zu historischen Kursen. Wegen des Niederstwertprinzips ist der niedrigere Wert anzusetzen.[22]

28 Bei der **Stichtagskursmethode** werden alle Posten der Bilanz mit dem Stichtagskurs umgerechnet, Aufwendungen und Erträge werden mit dem Jahresdurchschnittskurs, das Jahresergebnis kann mit dem Stichtagskurs oder dem Durchschnittskurs umgerechnet werden.

29 Bei Anwendung des **Konzepts der funktionalen Währung** ist zunächst zu entscheiden, welches die funktionale Währung des Tochterunternehmens ist. Wenn das **Tochterunternehmen** relativ **selbstständig** operiert und in die Wirtschaft seines Sitzlandes stark integriert ist, gilt die Währung des Sitzlandes als funktionale Währung und die Stichtagskursmethode wird angewandt. Der Vorgang der Umrechnung des Jahresabschlusses ist eine reine Transformation, da in dieser Konstellation die Wechselkursschwankungen keine wesentlichen Auswirkungen auf die Ertragslage des Konzerns haben. Wenn die Tochtergesellschaft weitgehend **in den übrigen Konzern integriert** ist, wird nach der Zeitbezugsmethode umgerechnet.[23]

---

[17] *Busse von Colbe/Ordelheide* S. 146 und 159.
[18] *WPH* M RdNr. 272 und 279.
[19] *v. Wysocki/Wohlgemuth* S. 235 f.
[20] *Baetge* S. 184 f.
[21] *Baetge* S. 174 f.
[22] *Busse von Colbe/Ordelheide* S. 146 und 176 ff.
[23] *Busse von Colbe/Ordelheide* S. 188 mit Kritik.

3. Währungsumrechnung nach DRS 14. Das DRS hat am 25. 8. 2003 den Deutschen   30
Rechnungslegungsstandard Nr. 14 (DRS 14) „Währungsumrechnung" verabschiedet, der am 4. 6.
2004 durch das BMJ bekannt gemacht wurde. DRS 14 ist für alle nach dem 31. 12. 2003 beginnenden Geschäftsjahre anwendbar. Den Regelungen kommt im Bereich der Konzernrechnungslegung die Vermutung von GoB zu.

Das DRS hat sich in Anlehnung an internationale Vorschriften (IAS 21 und SFAS 52) dem   31
Konzept der funktionalen Währung angeschlossen. Nach DRS 14.25 ff ist der in einer funktionalen Währung aufgestellte Abschluss bei Einziehung in den Konzernabschluss in die gegebenenfalls abweichende Berichtswährung des Konzernabschlusses umzurechnen. Die Berichtswährung kann unter Beachtung der gesetzlichen Vorschriften grundsätzlich frei gewählt werden.

Die **Bilanzposten** – mit Ausnahme des Eigenkapitals – sind mit dem Stichtagskurs, die **Posten**   32
der GuV – mit Ausnahme der Zwischensummen und des Jahresüberschusses/-verlustes – mit dem
Kurs am Transaktionstag umzurechnen. Das gezeichnete Kapital sowie die in den Vorjahren dotierten
Rücklagen sind mit historischen Kursen umzurechnen. Die Zwischensummen der GuV und der
Jahresüberschuss bzw. -fehlbetrag sind keine eigenen Umrechnungsposten, sondern ergeben sich als
Saldo der umgerechneten GuV. Nach DRS 14.31 ist die Verwendung von Durchschnittskursen für
die Umrechnung der Posten der GuV gestattet, wenn das Gesamtbild der wirtschaftlichen Verhältnisse nicht beeinträchtigt wird.

DRS 14.32 ff regelt die **Behandlung von Umrechnungsdifferenzen.** Danach sind Differenzen,   33
die bei der Umrechnung des Abschlusses einer Unternehmenseinheit aus ihrer funktionalen Währung in die Berichtswährung entsteht, in einen Ausgleichsposten im Eigenkapital einzustellen.
Umrechnungsdifferenzen sind den Minderheitsgesellschaftern anteilig zuzurechnen. Wird eine Unternehmenseinheit teilweise oder vollständig veräußert, werden bisher erfolgsneutral ausgewiesene
Differenzen erfolgswirksam erfasst.

Nach DRS 14.35 sind die **Abschlüsse in einem Hochinflationsland** um Inflationseffekte zu   34
bereinigen, um die Werte der Abschlussposten in Kaufkrafteinheiten des Abschlussstichtags auszudrücken. Die Indikatoren, die auf ein Hochinflationsland hinweisen, sind in DRS 14.36 geregelt.

V. Folgen der Nichtbeachtung

Eine Verletzung des § 308 Abs. 1 S. 1 bzw. Abs. 2 stellt eine Ordnungswidrigkeit gem. § 334 Abs. 1   35
Nr. 2 d dar. Eine Nichtbeachtung des § 308 Abs. 1 S. 3 wird durch § 334 Abs. 1 Nr. 2 f sanktioniert.

§ 309 Behandlung des Unterschiedsbetrags

(1) ¹Ein nach § 301 Abs. 3 auszuweisender Geschäfts- oder Firmenwert ist in jedem folgenden Geschäftsjahr zu mindestens einem Viertel durch Abschreibungen zu tilgen. ²Die Abschreibung des Geschäfts- oder Firmenwerts kann aber auch planmäßig auf die Geschäftsjahre verteilt werden, in denen er voraussichtlich genutzt werden kann. ³Der Geschäfts- oder Firmenwert darf auch offen mit den Rücklagen verrechnet werden.

(2) Ein nach § 301 Abs. 3 auf der Passivseite auszuweisender Unterschiedsbetrag darf ergebniswirksam nur aufgelöst werden, soweit
1. eine zum Zeitpunkt des Erwerbs der Anteile oder der erstmaligen Konsolidierung erwartete ungünstige Entwicklung der künftigen Ertragslage des Unternehmens eingetreten ist oder zu diesem Zeitpunkt erwartete Aufwendungen zu berücksichtigen sind oder
2. am Abschlußstichtag feststeht, daß er einem realisierten Gewinn entspricht.

Schrifttum: (ohne die Einzelbeiträge in den verschiedenen Handbüchern der Rechnungslegung) *Biener/Schatzmann,* Konzern-Rechnungslegung, 1983; *IDW,* St/SABI 2/1988, Behandlung des Unterschiedsbetrages aus der Kapitalkonsolidierung, WPg 1988, 622; *Schmidbauer,* Der Deutsche Rechnungslegungsstandard Nr. 4 zur Bilanzierung von Unternehmenserwerben im Konzernabschluss, DStR 2001, 365.

Übersicht

	RdNr.		RdNr.
I. Allgemeine Grundsätze	1–4	1. Behandlung des Geschäfts- oder Firmenwertes	5–20
II. Geschäfts- oder Firmenwert	5–27	2. Ausweis	21–27

	RdNr.		RdNr.
III. Passiver Unterschiedsbetrag aus der Kapitalkonsolidierung	28–36	2. Ausweis	35, 36
1. Behandlung des Unterschiedsbetrages	28–34	IV. Folgen der Nichtbeachtung	37

I. Allgemeine Grundsätze

1 In der **Erstkonsolidierung** können Differenzbeträge zwischen dem Buchwert der Beteiligung sowie dem anteiligen Eigenkapital und den anteiligen aufgedeckten stillen Reserven entstehen. Wenn der Buchwert der Beteiligung das anteilige Eigenkapital und die anteiligen stillen Reserven übersteigt, ist er als Geschäfts- oder Firmenwert auf der Aktivseite der Konzernbilanz auszuweisen (§ 301 Abs. 3 S. 1). Das Aktivierungswahlrecht aus dem Jahresabschluss (§ 255 Abs. 4) gibt es im Konzernabschluss nicht. Ist der Buchwert dagegen geringer, ist der Differenzbetrag auf der Passivseite als „Unterschiedsbetrag aus der Kapitalkonsolidierung" auszuweisen (§ 301 Abs. 3 S. 1). Nach DRS 4.39 ist der negative Unterschiedsbetrag von einem ggf. ausgewiesenen Goodwill aus anderen Unternehmenserwerben offen abzusetzen.

2 § 309 schreibt vor, wie diese Differenzbeträge weiter behandelt werden. Der **Geschäfts- oder Firmenwert** ist entweder erfolgswirksam abzuschreiben oder erfolgsneutral mit den Konzernrücklagen zu verrechnen (Abs. 1 S. 2 u. 3). Die erfolgsneutrale Verrechnung mit den Konzernrücklagen ist aus der angelsächsischen Rechnungslegung in die 7. EU-RL eingeflossen. Sie soll es ermöglichen, die erworbenen Firmenwerte so darzustellen wie originäre Firmenwerte. Die erfolgsneutrale Verrechnung widerspricht den GoB und wird inzwischen in der internationalen Rechnungslegung nicht mehr angewandt. Der DSR schränkt das Wahlrecht des Abs. 1 dahingehend ein, dass die erfolgsneutrale Verrechnung in RdNr. 28 des DRS 4 für mit dem Standard nicht vereinbar erklärt.[1] Auch eine ratierliche erfolgsneutrale sowie eine zum Teil erfolgswirksame und zum Teil erfolgsneutrale Behandlung des Geschäfts- oder Firmenwerts ist nach DRS 4.29 unzulässig.

3 Der **(passive) Unterschiedsbetrag** aus der Kapitalkonsolidierung kann nach Abs. 2 nicht planmäßig aufgelöst werden, sondern nur, wenn entweder die negative Entwicklung des Tochterunternehmens, die als Abschlag auf den Kaufpreis der Beteiligung bereits vorweggenommen wurde, tatsächlich eintritt oder wenn am Abschlussstichtag feststeht, dass der Unterschiedsbetrag einem realisierten Gewinn entspricht.

4 Bei der Quotenkonsolidierung (§ 310) und der Equity-Methode (§ 312) sind die Unterschiedsbeträge unter Anwendung von § 309 zu behandeln.

II. Geschäfts- oder Firmenwert

5 **1. Behandlung des Geschäfts- oder Firmenwertes.** Aus **ökonomischer Sicht** enthält der Geschäfts- oder Firmenwert zukünftige Gewinne. Diese Gewinnerwartungen können auf Faktoren wie Produktqualität, Innovationen, Personalstamm, Markennamen, Standort uam. beruhen.[2]

6 Der **bilanzielle Charakter** des Geschäfts- oder Firmenwerts ist umstritten. Er wird einerseits als Bilanzierungshilfe qualifiziert. Dies wird unter anderem damit begründet, dass die Abschreibungsregelung des Abs. 1 S. 1 mit derjenigen der Aktivierungshilfe „Ingangsetzung und Erweiterung des Geschäftsbetriebes" übereinstimmt.[3] Es spricht auch einiges dafür, dass der Geschäfts- oder Firmenwert als immaterieller Vermögensgegenstand zu interpretieren ist.[4] Diese Auffassung wird durch die Abschreibungsregelung des Abs. 1 S. 2 gestützt, der die planmäßige Abschreibung über die Nutzungsdauer vorsieht. Der Gesetzgeber ist offensichtlich ebenfalls ambivalent gegenüber der bilanziellen Einordnung des Geschäfts- oder Firmenwerts.[5]

7 Die erste Alternative für die Behandlung des Geschäfts- oder Firmenwerts (pauschale Abschreibung) ist die **Abschreibung von mindestens einem Viertel** in jedem folgenden Geschäftsjahr. Eine gleichmäßige Verteilung über die Ersten vier Geschäftsjahre ist nicht vorgeschrieben. Eine kürzere Abschreibungsdauer einschließlich der sofortigen Abschreibung ist ebenso zulässig wie eine ungleichmäßige Verteilung über maximal 4 Jahre. Dabei darf jedoch der Abschreibungssatz von mindestens 25% nur bei der Abschreibung des Restbuchwertes unterschritten werden. Der Beginn der Abschreibung im Zugangsjahr ist zulässig.[6]

---

[1] Zur Bindungswirkung des DSR verweisen wir auf die Erl. zu § 342.
[2] *Förschle/Hoffmann* BeBiKo RdNr. 5.
[3] *Weber/Zündorf* HdRKo RdNr. 11.
[4] *ADS* RdNr. 9 f.
[5] *Busse von Colbe/Ordelheide* S. 245.
[6] *IDW*, St/SABI 2/1988, WPg 1988, Abschn. B Ziff. II.

Behandlung des Unterschiedsbetrags 8–15 § 309

Der Geschäfts- oder Firmenwert kann alternativ **planmäßig über seine voraussichtliche Nut‑** 8
zungsdauer abgeschrieben werden. Obwohl die Nutzungsdauer nicht nach objektiven Kriterien festgelegt werden kann, sind bei der Schätzung die Einflussfaktoren zu berücksichtigen, die die erhöhte Kaufpreiszahlung begründen. Die Nutzungsdauer darf nicht willkürlich festgelegt werden. In SABI 2/1988 wird ein Zeitraum von 40 Jahren als Maximum angegeben, aus Vereinfachungsgründen wird auch eine Anlehnung an die Regelung des Einzelabschlusses mit einer planmäßigen Abschreibung über 15 Jahre zugelassen.[7]

Die **Abschreibungsmethode** richtet sich nach dem voraussichtlichen Entwertungsverlauf. Wenn 9
darüber nicht explizit begründete Annahmen getroffen werden können, ist die lineare Abschreibung heranzuziehen.[8]

Bei unerwarteten Wertminderungen des Geschäfts- oder Firmenwerts (zB Führungskräfte schei‑ 10
den unerwartet aus) ist sowohl bei der pauschalen wie bei der planmäßigen Abschreibung **außer‑
planmäßig** abzuschreiben.[9]

Wenn der **Beteiligungsbuchwert im Einzelabschluss** des Mutterunternehmens wegen einer 11
voraussichtlich dauernden Wertminderung abgeschrieben wird, muss der Geschäfts- oder Firmenwert ebenfalls abgeschrieben werden, wenn er nicht bereits durch planmäßige Abschreibung aufgelöst wurde. Beruht dagegen die Abschreibung des Beteiligungsbuchwerts nur auf einer voraussichtlich vorübergehenden Wertminderung, wird der Geschäfts- oder Firmenwert nicht abgeschrieben.[10] Eine **Zuschreibung** des Geschäfts- oder Firmenwerts, weil der Grund für die außerplanmäßige Abschreibung entfallen ist, wird trotz des grundsätzlichen Zuschreibungsgebots (§ 280 Abs. 1 iVm. § 298 Abs. 1) im Schrifttum überwiegend abgelehnt.[11]

Der **DRS 4** lässt für die Behandlung des Geschäfts- oder Firmenwerts nur die **planmäßige** 12
Abschreibung über die voraussichtliche Nutzungsdauer zu (DRS 4.31). Dabei ist von einer linearen Abschreibung auszugehen, soweit nicht überzeugende Gründe dafür vorliegen, dass eine andere Methode den tatsächlichen Abnutzungsverlauf zutreffender widerspiegelt. Die voraussichtliche Nutzungsdauer darf nach DRS 4.31 in Anlehnung an die Regelung der IFRS einen Zeitraum von 20 Jahren nur in begründeten Ausnahmefällen überschreiten. Wenn das zu konsolidierende Unternehmen aus **mehreren Geschäftsfeldern** besteht, ist nach DRS 4.30 der Geschäfts- oder Firmenwert den betreffenden Geschäftsfeldern zuzuordnen. Die Nutzungsdauer ist dann nach DRS 4.32 für die einzelnen Teile des Goodwill gesondert zu ermitteln. Um eine gewisse Objektivierung des Abschreibungszeitraums zu erreichen, enthält DRS 4.33 eine nicht abschließende Aufzählung von Anhaltspunkten für die Schätzung der Nutzungsdauer,[12] wie zB Stabilität und voraussichtliche Bestandsdauer der Branche, Lebenszyklus der Produkte, Laufzeit wichtiger Absatz- und Beschaffungsverträge oder voraussichtliche Dauer der Tätigkeit von wichtigen Mitarbeitern des erworbenen Unternehmens. Die **Werthaltigkeit des Goodwill** ist im Hinblick auf die Notwendigkeit einer außerplanmäßigen Abschreibung oder einer Verkürzung der Restnutzungsdauer nach DRS 4.34 zu jedem Stichtag zu überprüfen. Bestehen die Gründe für eine vormals vorgenommene außerplanmäßige Abschreibung nicht mehr, besteht nach DRS 4.36 ein generelles Zuschreibungsgebot.[13]

Statt der erfolgswirksamen Abschreibung darf der Geschäfts- oder Firmenwert nach Abs. 1 S. 3 13
offen mit den Rücklagen verrechnet werden. Diese Vorgehensweise verstößt gegen das Periodisierungsprinzip. Die erfolgsneutral mit den Rücklagen verrechneten Beträge sollten spätestens bei der Entkonsolidierung erfolgswirksam berücksichtigt werden, da ansonsten gegen das Prinzip der Totalgewinnidentität verstoßen wird.[14] Eine explizite gesetzliche Pflicht zur erfolgswirksamen Entkonsolidierung besteht jedoch nicht (vgl. § 301).

Gesetzlich wird nicht näher bestimmt, welche **Rücklagen zur Verrechnung** herangezogen werden 14
dürfen. In Frage kommen deshalb sowohl Kapital- als auch Gewinnrücklagen, soweit sie nicht durch gesetzliche, gesellschaftsvertragliche oder satzungsmäßige Bestimmungen zweckgebunden sind.[15]

Umstritten ist, **wann** der Geschäfts- oder Firmenwert mit den Rücklagen zu verrechnen ist. Für 15
die sofortige Verrechnung im Jahr der Entstehung spricht die Entstehungsgeschichte und der englische Wortlaut *(immediately)* des Art. 30 Abs. 2 der 7. EU-RL. In der deutschen Fassung des Art. 30

---

[7] *IDW,* St/SABI 2/1988, WPg 1988, Abschn. B Ziff. II.
[8] *ADS* RdNr. 23.
[9] *ADS* RdNr. 24 f.
[10] *Förschle/Hoffmann* BeBiKo RdNr. 17.
[11] *ADS* RdNr. 27 f.; *Förschle/Hoffmann* BeBiKo RdNr. 19; *Weber/Zündorf* HdRKo RdNr. 32.
[12] *Schmidbauer* DStR 2001, 369.
[13] Vgl. zur Verbindlichkeit der DRS: § 342 RdNr. 8.
[14] *ADS* RdNr. 32 f.
[15] WPH M RdNr. 361 f.

Abs. 2 heißt es, dass der positive Konsolidierungsunterschied unmittelbar und offen von den Rücklagen abgezogen werden darf.[16] § 309 bleibt noch unklarer, da nur noch die offene Verrechnung vorgeschrieben wird, das Wort „unmittelbar" aber fehlt.

16 SABI 2/1988 nimmt wie folgt Stellung:[17] Neben der erfolgswirksamen Behandlung darf der Geschäfts- oder Firmenwert auch offen mit den Rücklagen verrechnet werden (Abs. 1 S. 3). Hierfür kommt grundsätzlich nur der Abschluss des Geschäftsjahres der Erstkonsolidierung oder der Folgeabschluss in Betracht. Die ratierliche erfolgsneutrale Verrechnung ist nicht zulässig.[18] Der Geschäfts- oder Firmenwert darf nicht unverändert als Aktivposten fortgeführt werden.[19]

17 Falls in dem Jahr, in dem der Geschäfts- oder Firmenwert verrechnet werden soll, die Rücklagen für eine vollständige Verrechnung nicht ausreichen, wird es für zulässig erachtet, den Geschäfts- oder Firmenwert in den Folgejahren erfolgsneutral gegen jede verfügbare Rücklage zu verrechnen.[20]

18 Von der erfolgswirksamen Abschreibung auf die Verrechnung mit den Rücklagen zu **wechseln,** ist möglich, obwohl darin ein Verstoß gegen das Stetigkeitsgebot gesehen werden muss. Die Maßnahme muss daher im Konzernanhang angegeben und begründet werden.[21]

19 Die **Reaktivierung** von bereits verrechneten Geschäfts- oder Firmenwerten, um von der erfolgsneutralen Verrechnung auf die Abschreibung zu wechseln, ist dagegen in jedem Fall verboten.[22] Wenn die in früheren Jahren zur Verrechnung der Geschäfts- oder Firmenwerte herangezogenen Rücklagen später nicht mehr ausreichen, muss der Differenzbetrag negativ in der Konzernbilanz ausgewiesen werden, zB mit der Bezeichnung „Mit Gewinnrücklagen verrechneter Geschäfts- oder Firmenwert". Eine Reaktivierung ist auch in diesem Fall nicht möglich, da sie die Darstellung der Vermögens-, Finanz- und Ertragslage beeinträchtigen würde.[23]

20 **Mehrere Geschäfts- oder Firmenwerte** müssen nach der gleichen Methode behandelt werden, wenn ihnen die gleichen (vergleichbaren) Sachverhalte (zB Art- oder Funktionsgleichheit, gleiche wertbestimmende Bedingungen) zugrunde liegen.[24] Eine Differenzierung nach dem Geschäfts- oder Firmenwert aus der Vollkonsolidierung, der Quotenkonsolidierung und der Equity-Methode scheint geboten. Auch die Aufteilung des Geschäfts- oder Firmenwerts zur erfolgsneutralen und erfolgswirksamen Verrechnung kann sachlich begründet sein.[25]

21 **2. Ausweis.** Der aktivierte Geschäfts- oder Firmenwert ist nach dem Gliederungsschema des § 266 Abs. 2 unter dem Posten A. I. 2. (Immaterielle Vermögensgegenstände, Geschäfts- oder Firmenwert) auszuweisen. Damit gehört er zum Anlagevermögen und muss in den **Anlagenspiegel** aufgenommen werden. Das gilt auch, wenn er im Jahr des Zugangs voll abgeschrieben wird. Die Zusammenfassung mit den Geschäfts- oder Firmenwerten aus den Einzelabschlüssen ist nicht untersagt. Bei wesentlichen Beträgen sollten die verschiedenen Geschäftswerte, gegliedert nach Einzelabschluss, Vollkonsolidierung, Quotenkonsolidierung und Equity-Methode, zumindest im Anhang getrennt ausgewiesen werden.[26]

22 Im Anlagenspiegel wird der Geschäfts- oder Firmenwert im **Jahr der Erstkonsolidierung** als Zugang ausgewiesen. In den Folgejahren sind Abschreibungen auszuweisen.

23 Bei **sofortiger Verrechnung** des Geschäfts- oder Firmenwerts im Jahr der Erstkonsolidierung wird er nicht in den Anlagenspiegel aufgenommen. Die Verrechnung wird im Rahmen der Darstellung der Entwicklung der Rücklagen gezeigt.

24 Wird dagegen erst im **Folgejahr** oder in den Folgejahren verrechnet, muss der Zugang des Geschäfts- oder Firmenwerts im Anlagenspiegel dargestellt werden. Im Jahr der Verrechnung wird ein Abgang ausgewiesen.

25 Die **offene Absetzung** von den Rücklagen muss nur in dem Jahr, in dem die Verrechnung erstmalig durchgeführt wird, in der Bilanz ausgewiesen werden. In den nachfolgenden Jahren werden die um den Unterschiedsbetrag gekürzten Rücklagen ausgewiesen.[27]

---

[16] *ADS* RdNr. 41; *Biener/Schatzmann* S. 48.
[17] *IDW*, St/SABI 2/1988, WPg 1988, Abschn. B Ziff. III.
[18] *ADS* RdNr. 45 f.; *Heymann* RdNr. 11 f.; *WPH* M RdNr. 380; *Weber/Zündorf* HdRKo RdNr. 35; aA *Busse von Colbe/Ordelheide* S. 252 f; *Förschle/Hoffmann* BeBiKo RdNr. 21.
[19] *IDW*, St/SABI 2/1988, WPg 1988, Abschn. B Ziff. III.
[20] *IDW*, St/SABI 2/1988, WPg 1988, Abschn. B Ziff. III.
[21] *ADS* RdNr. 44.
[22] *ADS* RdNr. 50 f.
[23] *ADS* RdNr. 87.
[24] *WPH* M RdNr. 363.
[25] *ADS* RdNr. 61 ff.
[26] *Weber/Zündorf* HdRKo RdNr. 62.
[27] *IDW*, St/SABI 2/1988, WPg 1988, Abschn. B Ziff. III.

Wenn die Geschäfts- oder Firmenwerte mit passiven Unterschiedsbeträgen **saldiert** werden (§ 301 Abs. 3 S. 3), sind jeweils die aktiven und passiven Beträge getrennt im Anhang anzugeben. Nach DRS 4 ist eine Saldierung nicht zulässig. **26**

In der GuV bei Anwendung des **Gesamtkostenverfahrens** sind die Abschreibungsbeträge bei den „Abschreibungen auf immaterielle Vermögensgegenstände des Anlagevermögens und Sachanlagen" auszuweisen. Im **Umsatzkostenverfahren** sind sie den „Sonstigen betrieblichen Aufwendungen" zuzuordnen.[28] **27**

III. Passiver Unterschiedsbetrag aus der Kapitalkonsolidierung

1. Behandlung des Unterschiedsbetrages. Die Entstehung eines negativen Differenzbetrages in der Erstkonsolidierung kann darauf beruhen, dass im Kaufpreis der Anteile erwartete Verluste des Tochterunternehmens vorweggenommen wurden, dass Wertminderungen vorhanden sind, die sich (noch) nicht im Eigenkapital der Tochter niedergeschlagen haben (zB unterlassene Aufwandsrückstellung), dass ein günstiger Kaufpreis *(lucky buy)* ausgehandelt wurde oder dass das Tochterunternehmen zwischen dem Erwerbszeitpunkt und dem Zeitpunkt der Erstkonsolidierung Gewinnrücklagen gebildet hat.[29] **28**

Die negative Differenz muss unter der Bezeichnung „**Unterschiedsbetrag aus der Kapitalkonsolidierung**" passiviert werden. **29**

In Abs. 2 Nr. 1 und Nr. 2 sind die Bedingungen genannt, unter denen ein Unterschiedsbetrag **erfolgserhöhend** aufgelöst werden darf. In den meisten Fällen entsteht der Unterschiedsbetrag aus den ersten beiden Gründen, ein *„lucky buy"* ist in der Praxis selten. Wenn die erwarteten negativen Entwicklungen eintreten oder die erwarteten Aufwendungen entstanden sind, muss der Unterschiedsbetrag ertragserhöhend aufgelöst werden. In der Konzernbilanz wird dadurch der Aufwand oder Verlust (teilweise) neutralisiert. Um eine willkürliche Anwendung der Auflösungsbedingung des Abs. 2 Nr. 1 zu unterbinden, wird die Vorschrift restriktiv verstanden und das „darf" als Gebot interpretiert. Daher ist es notwendig, die **Bestimmungsgründe** des Unterschiedsbetrages zu **dokumentieren**[30] und ihren Eintritt im Fall der Auflösung des Unterschiedsbetrags detailliert zu benennen. Die Höhe der Auflösung richtet sich nach den zusätzlichen Aufwendungen. **30**

Wenn eine erwartete ungünstige Ertragslage eintritt, ist es schwierig, die **Höhe der Auflösung** willkürfrei zu bestimmen. Zur Bestimmung der Höhe kann eine planmäßige Verteilung zB über die erwarteten Verlustjahre sachgerecht sein.[31] **31**

Wenn am Abschlussstichtag sicher ist, dass der Unterschiedsbetrag einem **realisierten Gewinn** entspricht, wird er erfolgserhöhend aufgelöst. Da nach dem Realisationsprinzip der Gewinn erst bei Weiterveräußerung des Tochterunternehmens zu einem entsprechenden Preis realisiert ist, ist eine Gewinnverwirklichung grundsätzlich erst zum Zeitpunkt der Veräußerung der Anteile möglich.[32] Es wird jedoch auch als zulässig angesehen, den Unterschiedsbetrag erfolgserhöhend aufzulösen, wenn nach vernünftiger kaufmännischer Beurteilung zB bei nachhaltiger positiver Entwicklung des Tochterunternehmens sicher erscheint, dass er realisiert ist. Spätestens bei der Entkonsolidierung ist der Unterschiedsbetrag erfolgserhöhend aufzulösen.[33] **32**

DRS 4 lehnt sich bezüglich der Regelungen zur Behandlung des negativen Unterschiedsbetrags an die Regelungen des IAS 22 (rev. 1998)[34] an. Soweit der negative Goodwill auf erwarteten künftigen Aufwendungen oder Verlusten beruht, ist er nach DRS 4.40 entsprechend der Regelung in Abs. 2 Nr. 1 bei Anfall dieser Aufwendungen oder Verluste ergebniswirksam aufzulösen. Soweit der negative Unterschiedsbetrag nicht auf erwarteten Aufwendungen und Verlusten beruht, dh. es sich um einen sog. *lucky buy* handelt,[35] ist nach DRS 4.41 der Anteil, der die beizulegenden Zeitwerte der erworbenen nichtmonetären Vermögensgegenstände nicht übersteigt, planmäßig über die gewichtete durchschnittliche Restnutzungsdauer der erworbenen abnutzbaren Vermögensgegenstände aufzulösen. Der verbleibende Anteil des negativen Goodwill, der die anteiligen beizulegenden Werte der **33**

---

[28] *ADS* RdNr. 88 f.
[29] *Förschle/Deubert* BeBiKo § 301 RdNr. 162.
[30] *IDW,* St/SABI 2/1988, WPg 1988, Abschn. C Ziff. II.
[31] *Förschle/Hoffmann* BeBiKo RdNr. 47.
[32] *IDW,* St/SABI 2/1988, WPg 1988, Abschn. C Ziff. II.
[33] *ADS* RdNr. 75 ff.
[34] IAS 22 wurde mittlerweile durch IFRS 3 ersetzt; anwendbar auf die Bilanzierung von Unternehmenszusammenschlüssen mit Datum des Vertragsabschlusses am 31. 3. 2004 oder danach.
[35] *Schmidbauer* DStR 2001, 370.

Sachgüter nicht überschreitet, ist zum Zeitpunkt der erstmaligen Einbeziehung als Ertrag zu vereinnahmen.

34 Die im DRS 4 getroffenen Regelungen zur Bilanzierung von Unternehmenserwerben führen insgesamt zu einer Reduzierung der Entstehung von negativen Unterschiedsbeträgen. DRS 4 schreibt für die Kapitalkonsolidierung die vollständige Neubewertung bis zur Höhe der Anschaffungskosten der Beteiligung vor. Ein negativer Unterschiedsbetrag, der auf noch nicht im Eigenkapital des Tochterunternehmens berücksichtigten Wertminderungen (zB unterlassene Aufwandsrückstellung) beruht, verliert damit an praktischer Bedeutung, da stille Lasten und Reserven vor der Aufrechnung aufgedeckt werden. Auch durch Zuführung zu den Gewinnrücklagen des Tochterunternehmens oder Abschreibungen auf die Beteiligung des Mutterunternehmens zwischen dem Erwerb der Anteile und der Erstkonsolidierung können nach DRS 4 keine negativen Unterschiedsbeträge entstehen, da DRS 4 die Erstkonsolidierung auf den Zeitpunkt des Erwerbs vorschreibt.

35 **2. Ausweis.** Der Unterschiedsbetrag kann, abhängig von seinen jeweiligen Entstehungsgründen, entweder als Eigenkapital oder als Rückstellung interpretiert werden. Es scheint jedoch nahe liegend, den **Posten zwischen den Rücklagen und den Rückstellungen** auszuweisen.[36] Nach DRS 4.39 ist der negative Unterschiedsbetrag als gesonderter Posten in die Konzernbilanz aufzunehmen und von einem gegebenenfalls ausgewiesenen Goodwill aus anderen Unternehmenserwerben offen abzusetzen.

36 In der **GuV** sollten die Auflösungsbeträge, wenn sie Aufwendungen betreffen, die aus der gewöhnlichen Geschäftstätigkeit resultieren, unter sonstigen betrieblichen Erträgen aufgeführt werden. Unter außerordentlichen Erträgen ist der Ausweis nur sachgerecht, wenn die erwarteten, realisierten Aufwendungen ebenfalls außerordentlich sind. Unbedenklich ist auch ein Ausweis als gesonderter Posten unter den sonstigen betrieblichen Erträgen oder als letzter Posten vor dem Jahresüberschuss/Jahresfehlbetrag.[37]

IV. Folgen der Nichtbeachtung

37 § 334 sanktioniert eine Verletzung des § 309 nicht explizit. Im Einzelfall kann eine Nichtbeachtung des § 309 allerdings unter den Tatbestand des § 331 Nr. 2 bzw. § 334 Abs. 1 Nr. 2b iVm. § 297 Abs. 2 fallen.

Sechster Titel. Anteilmäßige Konsolidierung

§ 310

(1) Führt ein in einen Konzernabschluß einbezogenes Mutter- oder Tochterunternehmen ein anderes Unternehmen gemeinsam mit einem oder mehreren nicht in den Konzernabschluß einbezogenen Unternehmen, so darf das andere Unternehmen in den Konzernabschluß entsprechend den Anteilen am Kapital einbezogen werden, die dem Mutterunternehmen gehören.

(2) Auf die anteilmäßige Konsolidierung sind die §§ 297 bis 301, §§ 303 bis 306, 308, 309 entsprechend anzuwenden.

I. Allgemeine Grundsätze

1 Das Recht der Konzernrechnungslegung der 7. EU-RL beinhaltet das Konzept des **stufenweisen Übergangs** vom Konzern zum konzernfremden Bereich, während das frühere deutsche Recht von einer strengen Dichotomie ausging. Die Stufen des Übergangs sind gekennzeichnet durch den Grad der Einflussnahme der Muttergesellschaft auf das Beteiligungsunternehmen. Konzernunternehmen sind nur diejenigen Unternehmen, die mit Hilfe der Vollkonsolidierung in den Konzernabschluss aufgenommen werden. Da ein Konzernabschluss voraussetzt, dass Mutter- und Tochterunternehmen vorhanden sind, kann die ausschließliche Existenz von Gemeinschaftsunternehmen die Pflicht zur Aufstellung eines Konzernabschlusses nicht auslösen.[1]

---

[36] *ADS* RdNr. 91.
[37] *Weber/Zündorf* HdRKo RdNr. 91 ff.; *ADS* RdNr. 94 ff.
[1] *Busse von Colbe/Ordelheide* S. 501; *Winkeljohann/Böcker* BeBiKo RdNr. 1 ff.

Behandlung des Unterschiedsbetrags 2–12 § 310

Die anteilmäßige Konsolidierung (Quotenkonsolidierung) ist keine Alternative zur Vollkonsolidierung, sondern kann nur wahlweise zur Equity-Methode angewandt werden, wenn die Voraussetzungen erfüllt sind.[2] 2

Der DSR hat am 13. 9. 2001 den Deutschen Rechnungslegungsstandards Nr. 9 verabschiedet (veröffentlicht durch das BMJ am 11. 12. 2001), der nach DRS 9.1 die Bilanzierung von Anteilen an Gemeinschaftsunternehmen im Konzernabschluss regelt. Nach DRS 9.4 sind Anteile an Gemeinschaftsunternehmen wahlweise quotal oder nach der Equity-Methode zu bilanzieren. 3

II. Abgrenzung des Anwendungsbereichs der Quotenkonsolidierung

1. Gemeinsame Führung. Abs. 1 enthält das Wahlrecht, die Quotenkonsolidierung auf Jahresabschlüsse von Unternehmen, die gemeinsam mit anderen, nicht in den Konzernabschluss einbezogenen Unternehmen geführt werden, anzuwenden. Wenn die Quotenkonsolidierung nicht angewandt wird, muss das Unternehmen nach der **Equity-Methode** bewertet werden.[3] 4

Die Gesellschafter dürfen an dem Gemeinschaftsunternehmen nicht nur kapitalmäßige Anteile haben, sondern müssen an der Leitung tatsächlich beteiligt sein. Dazu bedarf es einer Mitwirkung, die über die üblichen Gesellschafterrechte hinausgeht. Sie kann durch satzungsmäßige oder vertragliche Bestimmungen vereinbart sein, indem über wichtige Fragen der Geschäftspolitik nur gemeinsam und einstimmig beschlossen werden kann.[4] Die Mitwirkung an der täglichen Geschäftsführung ist dagegen nicht notwendig.[5] 5

Häufig ergibt sich die gemeinsame Führung durch die Zwecksetzung des Gemeinschaftsunternehmens, wenn es für die Verfolgung bestimmter gemeinsamer Ziele, zB Forschung, Markterschließung oder Prospektionsvorhaben, gegründet wurde *(joint venture)*. 6

In Ausnahmefällen kann ein Unternehmen die **Stimmrechtsmehrheit** haben, ohne dass einheitliche Leitung vorliegt, wenn die Stimmrechtsausübung vertraglich eingeschränkt ist.[6] Es ist nicht Voraussetzung für ein Gemeinschaftsunternehmen, dass von allen Beteiligten gleich viele Anteile gehalten werden.[7] 7

Die Definition Gemeinschaftsunternehmen setzt voraus, dass die gemeinsame Führung auf Dauer angelegt ist. Es muss daher von Fall zu Fall entschieden werden, ob eine selbstständig bilanzierende Arbeitsgemeinschaft als Gemeinschaftsunternehmen qualifiziert werden kann. Als Entscheidungshilfe sind die Grundsätze der Interpretation „dauernder Geschäftsbetrieb" aus dem Gewerbesteuerrecht zweckdienlich.[8] 8

Gem. DRS 9, RdNr. 3 muss für das Vorliegen eines Gemeinschaftsunternehmens die gemeinsame Führung tatsächlich ausgeübt werden. 9

2. Die einzubeziehenden Anteile. Bei der Quotenkonsolidierung werden nur diejenigen Anteile berücksichtigt, die dem Mutterunternehmen zustehen. Die Anteilsquote bestimmt sich nach den Kapitalanteilen. Grundsätzlich sind die **Zurechnungsvorschriften,** die im Rahmen der Kapitalkonsolidierung gelten, analog anzuwenden (§ 301). 10

Bei der Zuordnung von mittelbaren Anteilen des Mutterunternehmens sind einige Besonderheiten zu beachten. Grundsätzlich sind nur solche mittelbaren Anteile zu berücksichtigen, die Tochterunternehmen gehören. Kapitalanteile an einem (potenziellen) Gemeinschaftsunternehmen, die zB einem assoziierten Unternehmen gehören, werden dem Mutterunternehmen nicht zugerechnet.[9] 11

Nach überwiegender Meinung bleiben die Anteile an Gemeinschaftsunternehmen, die Tochterunternehmen gehören, die wegen § 296 nicht in den Konzernabschluss einbezogen wurden, bei der quotalen Konsolidierung unberücksichtigt. Da diese Auffassung jedoch nicht gesetzlich gestützt ist, wird vorgeschlagen, den Anteil, der einem nicht voll konsolidierten Tochterunternehmen zusteht, quotal zu konsolidieren und auf der Passivseite als „Anteile nicht einbezogener Tochterunternehmen am Kapital von quotal konsolidierten Gemeinschaftsunternehmen" auszuweisen.[10] 12

---

[2] *Winkeljohann/Böcker* BeBiKo RdNr. 2.
[3] *Winkeljohann/Böcker* BeBiKo RdNr. 8.
[4] *Winkeljohann/Böcker* BeBiKo RdNr. 15.
[5] *ADS* RdNr. 23.
[6] *ADS* RdNr. 22.
[7] *v. Wysocki/Wohlgemuth* S. 142.
[8] *ADS* RdNr. 26.
[9] *ADS* RdNr. 29 f.
[10] *ADS* RdNr. 30; *Busse von Colbe/Ordelheide* S. 505 f.

III. Das Quotenkonsolidierungsverfahren

14 Bei der Quotenkonsolidierung werden alle Posten der Bilanz und der GuV des Jahresabschlusses des Gemeinschaftsunternehmens mit dem Beteiligungsprozentsatz der Obergesellschaft in den **Summenabschluss** übernommen. Der Ausweis eines Minderheitenanteils entfällt, weil nur das quotale Eigenkapital des Tochterunternehmens in den Summenabschluss übernommen wird.[12]

15 Die Vorschriften über die Vollkonsolidierung mit Ausnahme von § 302 (Kapitalkonsolidierung bei Interessenzusammenführung) und § 307 (Ausweis der Anteile anderer Gesellschafter) sind entsprechend anzuwenden.

16 Problematisch kann die **Anpassung an die Bilanzierungs- und Bewertungsmethoden** des Mutterunternehmens sein, da das Tochterunternehmen ggf. für mehrere Konzernabschlüsse jeweils seinen Jahresabschluss anpassen bzw. die dafür notwendigen Informationen vorhalten muss. Ob die Ausnahmevorschrift des § 308 Abs. 2 S. 4 greift, scheint zweifelhaft. Zumindest die deutschen GoB müssen eingehalten werden. Bei bedeutenden Gemeinschaftsunternehmen, die quotal konsolidiert werden sollen, ist auf die Einhaltung der einheitlichen Bilanzierungs- und Bewertungsmethoden zu achten. Falls eine Anpassung nicht möglich ist, sollte die Equity-Methode gewählt werden, die die einheitliche Bilanzierung und Bewertung nicht voraussetzt.[13]

17 Für die **Kapitalkonsolidierung** ergeben sich gegenüber der Vollkonsolidierung keine Besonderheiten. Die beiden Varianten der Vollkonsolidierung (Buchwert- und Neubewertungsmethode) können angewandt werden. Sie führen wegen des fehlenden Minderheitenausweises nicht zu unterschiedlichen Ergebnissen.[14]

18 Bei der **Schuldenkonsolidierung** ist zu beachten, dass durch die quotale Einbeziehung des Tochterunternehmens Forderungen und Verbindlichkeiten jeweils quotal konsolidiert werden. Der Restbetrag der Forderung oder Verbindlichkeit wird als nicht konzernintern von der Konsolidierung ausgenommen und als Forderung/Verbindlichkeit gegenüber Dritten behandelt.

19 Die **Zwischenerfolgseliminierung** wird ebenfalls anteilig vorgenommen. Eine vollständige Eliminierung von Zwischenergebnissen, wie sie bei der Equity-Methode erlaubt ist, widerspricht der anteilmäßigen Konsolidierung.

20 Die **Aufwands- und Ertragskonsolidierung** wird anteilmäßig durchgeführt.[15] Bei untergeordneter Bedeutung kann entsprechend § 305 Abs. 2 auf die Aufwands- und Ertragskonsolidierung verzichtet werden.

IV. Folgen der Nichtbeachtung

21 § 310 beinhaltet ein Wahlrecht. Eine Verletzung des § 310 ist daher nicht möglich.[16]

Siebenter Titel. Assoziierte Unternehmen

§ 311 Definition. Befreiung

(1) ¹ Wird von einem in den Konzernabschluß einbezogenen Unternehmen ein maßgeblicher Einfluß auf die Geschäfts- und Finanzpolitik eines nicht einbezogenen Unternehmens, an dem das Unternehmen nach § 271 Abs. 1 beteiligt ist, ausgeübt (assoziiertes Unternehmen), so ist diese Beteiligung in der Konzernbilanz unter einem besonderen Posten mit entsprechender Bezeichnung auszuweisen. ² Ein maßgeblicher Einfluß wird vermutet, wenn ein Unternehmen bei einem anderen Unternehmen mindestens den fünften Teil der Stimmrechte der Gesellschafter innehat.

(2) Auf eine Beteiligung an einem assoziierten Unternehmen brauchen Absatz 1 und § 312 nicht angewendet zu werden, wenn die Beteiligung für die Vermittlung eines den

---

[11] *ADS* RdNr. 30.
[12] *Heymann* RdNr. 20.
[13] *Busse von Colbe/Ordelheide* S. 507 f.
[14] *Sigle* HdR Ko RdNr. 76.
[15] *Busse von Colbe/Ordelheide* S. 512.
[16] *Winkeljohann/Böcker* BeBiKo RdNr. 85.

Definition. Befreiung   1–6 § 311

tatsächlichen Verhältnissen entsprechenden Bildes der Vermögens-, Finanz- und Ertragslage des Konzerns von untergeordneter Bedeutung ist.

Schrifttum: (ohne die Einzelbeiträge in den verschiedenen Handbüchern der Rechnungslegung) *Schruff,* Bilanzierung von Anteilen an assoziierten Unternehmen im Konzernabschluss nach dem E-DRS 8, BB 2001, 87.

Übersicht

	RdNr.		RdNr.
I. Allgemeine Grundsätze	1–3	3. Sonstige Gründe für die Anwendung der Equity-Methode	13, 14
II. Abgrenzung assoziierter Unternehmen	4–14	**III. Ausweis**	15, 16
1. Beteiligung und maßgeblicher Einfluss	4–10	**IV. Befreiung**	17–19
2. Assoziierungsvermutung	11, 12	**V. Folgen der Nichtbeachtung**	20

I. Allgemeine Grundsätze

Der Siebente Titel des HGB (§§ 311, 312) über die assoziierten Unternehmen regelt die Behandlung derjenigen Unternehmen, die die dritte Stufe des Übergangs vom Konzern zur Umwelt darstellen. Das Mutterunternehmen übt auf die assoziierten Unternehmen im Vergleich zu den Tochterunternehmen (§ 290) und den Gemeinschaftsunternehmen (§ 310) den schwächsten Einfluss aus und verfügt im Grundsatz über weniger Anteile. Der Einfluss und der Anteilsbesitz sind jedoch so wesentlich, dass es für die Darstellung eines den tatsächlichen Verhältnissen entsprechenden Bildes der Vermögens-, Finanz- und Ertragslage für notwendig angesehen wird, die Beteiligung nach der Equity-Methode und nicht zu den Anschaffungskosten zu bewerten.[1] **1**

Die Bewertung von Beteiligungen nach der Equity-Methode wäre auch im Einzelabschluss (Art. 59 4. EU-RL) möglich. Da der Wert jedoch über die Anschaffungskosten hinausgehen kann und somit gegen das Anschaffungskostenprinzip verstößt, fand die Equity-Methode über die 7. EU-RL nur Eingang in Konzernabschlüsse.[2] **2**

Der DSR hat am 3. 4. 2001 den DRS 8 „Bilanzierung von Anteilen an assoziierten Unternehmen im Konzernabschluss" verabschiedet, der sich stark an IAS 28 (rev. 2000) „Accounting for Investments in Associates" anlehnt. **3**

II. Abgrenzung assoziierter Unternehmen

1. Beteiligung und maßgeblicher Einfluss. Assoziierte Unternehmen können nach Abs. 1 S. 1 grundsätzlich nur solche Unternehmen sein, **4**
– an denen ein Konzernunternehmen (Mutter- oder Tochterunternehmen) eine Beteiligung besitzt **und**
– die nicht Konzernunternehmen sind **und**
– auf die das Konzernunternehmen einen maßgeblichen Einfluss bezüglich der Geschäfts- und Finanzpolitik tatsächlich ausübt. Bei Anteilsbesitz von mindestens 20% wird widerlegbar vermutet, dass ein **maßgeblicher Einfluss** ausgeübt wird (Abs. 1 S. 2).[3]

Für die Definition der **Beteiligung** wird auf § 271 Abs. 1 verwiesen. Bei der Definition kommt **5**
es wesentlich darauf an, dass zwischen dem Unternehmen, das die Beteiligung hält, und den Beteiligungsunternehmen eine dauerhafte Beziehung hergestellt werden soll. Bei einem Anteilsbesitz von mehr als 20% wird widerlegbar vermutet, dass eine Beteiligung existiert (vgl. § 271).

DRS 8.3 definiert entsprechend der Regelung in Abs. 1 S. 1 ein assoziiertes Unternehmen als **6**
„Unternehmen, auf dessen Geschäfts- oder Finanzpolitik ein in den Konzernabschluss einbezogenes Unternehmen einen maßgeblichen Einfluss ausübt und das weder Tochterunternehmen noch Gemeinschaftsunternehmen ist". Die in Abs. 1 S. 1 genannte Voraussetzung des Vorliegens einer Beteiligung nach § 271 wird in die Definition des DRS 8 nicht einbezogen. Im Anhang schlägt der DSR in Anlehnung an internationale Grundsätze de lege ferenda vor, für die Definition eines assoziierten Unternehmens nicht die tatsächliche Ausübung des maßgeblichen Einflusses, sondern

---

[1] *Busse von Colbe/Ordelheide* S. 59 f.
[2] *ADS* RdNr. 3.
[3] *Heymann* RdNr. 1 f.

§ 311 7–12

bereits die Möglichkeit zur Mitwirkung an der Geschäfts- und Finanzpolitik eines Beteiligungsunternehmens zuzulassen.

7 Im Gesetz wird nicht definiert, unter welchen Umständen ein Unternehmen einen **maßgeblichen Einfluss** auf ein anderes ausübt. Da die Equity-Methode international schon länger gebräuchlich ist, sind Definitionskriterien bekannt und erprobt, die auch für die Auslegung des § 311 nützlich sein können. In Anlehnung an IAS 28 sind in DRS 8.3 beispielhaft folgende Anhaltspunkte für das Vorliegen eines maßgeblichen Einflusses aufgezählt:
– Zugehörigkeit eines Vertreters des beteiligten Unternehmens zum Verwaltungsorgan oder zu einem gleichartigen Leitungsgremium des Beteiligungsunternehmens,
– Mitwirkung an der Geschäftspolitik des Beteiligungsunternehmens,
– Austausch von Führungspersonal zwischen dem beteiligten Unternehmen und dem Beteiligungsunternehmen,
– wesentliche Geschäftsbeziehungen zwischen dem beteiligten Unternehmen und dem Beteiligungsunternehmen,
– Bereitstellung von wesentlichem technischem Know-how durch das beteiligte Unternehmen.

8 Die Aufzählung ist jedoch nicht vollständig. Die Beurteilung der Gesamtumstände des Einzelfalls ist notwendig. Der maßgebliche Einfluss äußert sich nicht unbedingt dadurch, dass tatsächliche Einflussnahme auf einzelne unternehmenspolitische Entscheidungen möglich ist. Der Einfluss auf die **Grundsatzentscheidungen** der Geschäfts- und Finanzpolitik genügt. Allerdings muss dieser Einfluss tatsächlich und andauernd ausgeübt werden und wesentlich über die Wahrnehmung der allgemeinen Gesellschafterrechte hinausgehen.[4] Die Forderung, dass der maßgebliche Einfluss tatsächlich ausgeübt wird, steht sowohl im Gegensatz zu internationalen Regelungen als auch im systematischen Gegensatz zu § 290 Abs. 2.[5]

9 Der maßgebliche Einfluss muss von einem in den **Konzernabschluss einbezogenen Unternehmen** ausgeübt werden, dh. vom Mutterunternehmen oder von einem (oder mehreren) im Wege der Vollkonsolidierung einbezogenen Tochterunternehmen.

10 Wenn ein Tochterunternehmen wegen der Ausnahmeregelungen in § 296 nicht voll konsolidiert wird und es einen maßgeblichen Einfluss auf ein Beteiligungsunternehmen ausübt, wird die Beteiligung nur nach der Equity-Methode bewertet, wenn das Tochterunternehmen unter einheitlicher Leitung des Mutterunternehmens steht.[6] Eine von einem Gemeinschaftsunternehmen gehaltene Beteiligung kann nicht assoziiertes Unternehmen sein. Die Qualifizierung als assoziiertes Unternehmen hinge ansonsten von der Ausübung des Wahlrechts zur Quotenkonsolidierung ab.[7]

11 **2. Assoziierungsvermutung.** Da die Beurteilung, ob tatsächlich ein maßgeblicher Einfluss vorliegt, intersubjektiv schwer überprüfbar ist, hat der Gesetzgeber eine objektivierte Vermutung formuliert. Es wird widerlegbar vermutet, dass maßgeblicher Einfluss ausgeübt wird, wenn die in den Konzernabschluss einbezogenen Unternehmen **über mindestens 20% der Stimmrechte** verfügen. Der DSR hat diese Assoziierungsvermutung in DRS 8.3 übernommen. Bei weniger als 20% der Stimmrechte ist die tatsächliche Ausübung eines maßgeblichen Einflusses nicht ausgeschlossen. Sie muss dann im Einzelnen nachgewiesen werden. Andererseits kann die Vermutung bei einem Stimmrechtsanteil von mindestens 20% widerlegt werden, wenn ein maßgeblicher Einfluss tatsächlich nicht ausgeübt wird. Die Vermutung kann zB dadurch widerlegt werden, dass die zwingend notwendigen Angaben nicht zu erhalten sind. Allerdings ist die Widerlegung der Assoziierungsvermutung wegen fehlender Information problematisch, da der vorhandene maßgebliche Einfluss auch dazu genutzt werden kann, die erforderlichen Informationen zurückzuhalten. Ein Informationsdefizit liegt nur dann vor, wenn die unverzichtbaren Informationen nicht erlangt werden können. Dies sind die erforderlichen Informationen zur Ermittlung des Unterschiedsbetrags und zur Neubewertung. Ein weiterer Widerlegungsgrund ist außerdem, dass der Anteilsbesitz weder aus Sicht des Einzelunternehmens noch aus Konzernsicht als Beteiligung anzusehen ist.[8]

12 Bei der **Berechnung der Stimmrechte,** die dem Konzern zuzurechnen sind, ist es unbeachtlich, ob ein Tochterunternehmen in den Konzernabschluss einbezogen wird. Mangelnde einheitliche Leitung kann allerdings für indirekte Beteiligung über Tochterunternehmen, die nicht voll konsolidiert werden, die Vermutung widerlegen. Die Zurechnungsvorschrift bezieht sich nur auf Kon-

---
[4] *Winkeljohann/Böcker* BeBiKo RdNr. 15.
[5] *WPH* M RdNr. 446.
[6] *ADS* RdNr. 34.
[7] *ADS* RdNr. 35.
[8] *ADS* RdNr. 45.

zernunternehmen. Stimmrechte, die Gemeinschaftsunternehmen oder assoziierten Unternehmen zustehen, werden daher nicht mitgerechnet.[9]

3. Sonstige Gründe für die Anwendung der Equity-Methode. Auch für Unternehmen, die nach § 296 nicht voll konsolidiert werden, greift im Prinzip die Assoziierungsvermutung, so dass auf die Beteiligungen die Equity-Methode angewandt werden muss, auch wenn dies im Gesetz nicht erwähnt ist. Bei der Beschränkung der Rechte des Mutterunternehmens ist zu prüfen, ob die Rechte derart eingeschränkt sind, dass auch ein maßgeblicher Einfluss nicht möglich ist. Wenn die Anteile nur zur Weiterveräußerung gehalten werden, ist zu prüfen, ob eine Beteiligung vorliegt. Ggf. ist nur ein Teil der Anteile nach §§ 311 f. zu handhaben.[10] Bei Unternehmen, die wegen untergeordneter Bedeutung nicht voll konsolidiert werden, wird im Allgemeinen Abs. 2 greifen.[11] Allerdings ist dies im Einzelfall zu prüfen, denn die Bedeutung als Tochterunternehmen kann sich von der Bedeutung als Beteiligung unterscheiden. 13

Für **Gemeinschaftsunternehmen** gilt ein Wahlrecht, sie entweder quotal zu konsolidieren oder nach §§ 311 f. in den Konzernabschluss einzubeziehen. 14

III. Ausweis

Der **gesonderte** Ausweis der Beteiligung an assoziierten Unternehmen wird in Abs. 1 S. 1 gefordert. Es handelt sich dabei um eine Position, die originär in der Konzernbilanz entsteht. Daher ist das Gliederungsschema des § 266 entsprechend zu erweitern. Da es sich bei assoziierten Unternehmen um Beteiligungen handelt, ist der Posten im **Finanzanlagevermögen** anzusiedeln. Die Bezeichnung „Beteiligungen an assoziierten Unternehmen" entspricht den Anforderungen. Der Posten sollte vor den Beteiligungen ausgewiesen werden.[12] 15

Alle Beteiligungen, auf die § 311 angewendet wird, können zusammen ausgewiesen werden. Wenn jedoch Tochterunternehmen darunter sind, ist ein Vermerk der **Mitzugehörigkeit** zum Posten „Anteile an verbundenen Unternehmen" notwendig. Beteiligungen, die wegen Unwesentlichkeit nicht *at equity* bewertet werden, sollten nicht in den gesonderten Posten einbezogen werden.[13] 16

IV. Befreiung

Für Beteiligungen von **untergeordneter Bedeutung** für die Vermittlung eines den tatsächlichen Verhältnissen entsprechenden Bildes der Vermögens-, Finanz- und Ertragslage erlaubt Abs. 2 den Verzicht auf die Anwendung der §§ 311 f. Die Beteiligung wird dann mit den Anschaffungskosten im Konzernabschluss bewertet und sollte nicht unter dem Posten „Beteiligungen an assoziierten Unternehmen" ausgewiesen werden. 17

Für die Beurteilung, ob eine Beteiligung von untergeordneter Bedeutung ist, sollten im Einzelfall folgende Grundsätze herangezogen werden: 18
– Es ist in einer Gesamtbetrachtung festzustellen, ob die Beteiligung für jeden Teilaspekt der Lage des Konzerns von untergeordneter Bedeutung ist.
– Der allgemeine Grundsatz der Wesentlichkeit gebietet, dass alle assoziierten Unternehmen, die nicht nach der Equity-Methode ausgewiesen werden, zusammen von untergeordneter Bedeutung sein müssen, obwohl dies in Abs. 2 nicht ausdrücklich festgestellt wird.[14]

Eine entsprechende Regelung enthält DRS 8.5, nach der das Kriterium der untergeordneten Bedeutung sowohl für jedes als unwesentlich anzusehende Unternehmen gesondert als auch für alle als unwesentlich anzusehende Unternehmen zusammen zu prüfen ist. Darüber hinaus schließt DRS 8.6 in Anlehnung an internationale Grundsätze bei einem **nur vorübergehenden maßgeblichen Einfluss** die Anwendung der Equity-Methode aus.[15] Beispielhaft wird in DRS 8.7 erläutert, dass ein maßgeblicher Einfluss dann nur vorübergehend besteht, wenn die Anteile ausschließlich zum Zweck der Weiterveräußerung in der nahen Zukunft erworben wurden. 19

---
[9] *ADS* RdNr. 40 ff.
[10] *ADS* RdNr. 61 ff.
[11] *Winkeljohann/Böcker* BeBiKo RdNr. 6.
[12] *Winkeljohann/Böcker* BeBiKo RdNr. 25.
[13] *ADS* RdNr. 72 ff.
[14] *ADS* RdNr. 76.
[15] *Schruff* BB 2001, 88.

§ 312

V. Folgen der Nichtbeachtung

20   Eine Verletzung des § 311 Abs. 1 S. 1 iVm. § 312 über die Behandlung assoziierter Unternehmen wird gem. § 334 Abs. 1 Nr. 2e als Ordnungswidrigkeit eingestuft.

§ 312 Wertansatz der Beteiligung und Behandlung des Unterschiedsbetrags

(1) ¹Eine Beteiligung an einem assoziierten Unternehmen ist in der Konzernbilanz
1. entweder mit dem Buchwert oder
2. mit dem Betrag, der dem anteiligen Eigenkapital des assoziierten Unternehmens entspricht,

anzusetzen. ²Bei Ansatz mit dem Buchwert nach Satz 1 Nr. 1 ist der Unterschiedsbetrag zwischen diesem Wert und dem anteiligen Eigenkapital des assoziierten Unternehmens bei erstmaliger Anwendung in der Konzernbilanz zu vermerken oder im Konzernanhang anzugeben. ³Bei Ansatz mit dem anteiligen Eigenkapital nach Satz 1 Nr. 2 ist das Eigenkapital mit dem Betrag anzusetzen, der sich ergibt, wenn die Vermögensgegenstände, Schulden, Rechnungsabgrenzungsposten, Bilanzierungshilfen und Sonderposten des assoziierten Unternehmens mit dem Wert angesetzt werden, der ihnen an dem nach Absatz 3 gewählten Zeitpunkt beizulegen ist, jedoch darf dieser Betrag die Anschaffungskosten für die Anteile an dem assoziierten Unternehmen nicht überschreiten; der Unterschiedsbetrag zwischen diesem Wertansatz und dem Buchwert der Beteiligung ist bei erstmaliger Anwendung in der Konzernbilanz gesondert auszuweisen oder im Konzernanhang anzugeben. ⁴Die angewandte Methode ist im Konzernanhang anzugeben.

(2) ¹Der Unterschiedsbetrag nach Absatz 1 Satz 2 ist den Wertansätzen von Vermögensgegenständen und Schulden des assoziierten Unternehmens insoweit zuzuordnen, als deren Wert höher oder niedriger ist als der bisherige Wertansatz. ²Der nach Satz 1 zugeordnete oder der sich nach Absatz 1 Satz 1 Nr. 2 ergebende Betrag ist entsprechend der Behandlung der Wertansätze dieser Vermögensgegenstände und Schulden im Jahresabschluß des assoziierten Unternehmens im Konzernabschluß fortzuführen, abzuschreiben oder aufzulösen. ³Auf einen nach Zuordnung nach Satz 1 verbleibenden Unterschiedsbetrag und einen Unterschiedsbetrag nach Absatz 1 Satz 3 zweiter Halbsatz ist § 309 entsprechend anzuwenden.

(3) ¹Der Wertansatz der Beteiligung und die Unterschiedsbeträge werden auf der Grundlage der Wertansätze zum Zeitpunkt des Erwerbs der Anteile oder der erstmaligen Einbeziehung des assoziierten Unternehmens in den Konzernabschluß oder beim Erwerb der Anteile zu verschiedenen Zeitpunkten zu dem Zeitpunkt, zu dem das Unternehmen assoziiertes Unternehmen geworden ist, ermittelt. ²Der gewählte Zeitpunkt ist im Konzernanhang anzugeben.

(4) ¹Der nach Absatz 1 ermittelte Wertansatz einer Beteiligung ist in den Folgejahren um den Betrag der Eigenkapitalveränderungen, die den dem Mutterunternehmen gehörenden Anteilen am Kapital des assoziierten Unternehmens entsprechen, zu erhöhen oder zu vermindern; auf die Beteiligung entfallende Gewinnausschüttungen sind abzusetzen. ²In der Konzern-Gewinn- und Verlustrechnung ist das auf assoziierte Beteiligungen entfallende Ergebnis unter einem gesonderten Posten auszuweisen.

(5) ¹Wendet das assoziierte Unternehmen in seinem Jahresabschluß vom Konzernabschluß abweichende Bewertungsmethoden an, so können abweichend bewertete Vermögensgegenstände oder Schulden für die Zwecke der Absätze 1 bis 4 nach den auf den Konzernabschluß angewandten Bewertungsmethoden bewertet werden. ²Wird die Bewertung nicht angepaßt, so ist dies im Konzernanhang anzugeben. ³§ 304 über die Behandlung der Zwischenergebnisse ist entsprechend anzuwenden, soweit die für die Beurteilung maßgeblichen Sachverhalte bekannt oder zugänglich sind. ⁴Die Zwischenergebnisse dürfen auch anteilig entsprechend den dem Mutterunternehmen gehörenden Anteilen am Kapital des assoziierten Unternehmens weggelassen werden.

(6) ¹Es ist jeweils der letzte Jahresabschluß des assoziierten Unternehmens zugrunde zu legen. ²Stellt das assoziierte Unternehmen einen Konzernabschluß auf, so ist von diesem und nicht vom Jahresabschluß des assoziierten Unternehmens auszugehen.

Schrifttum: (ohne die Einzelbeiträge in den verschiedenen Handbüchern der Rechnungslegung) *IDW,* St/HFA 4/1988, Konzernrechnungslegung bei unterschiedlichen Abschlußstichtagen, WPg 1988, 682; *Schmalenbach-Gesellschaft –* Deutsche Gesellschaft für Betriebswirtschaft e. V., AK „Weltabschlüsse", Aufstellung internationaler Konzernabschlüsse, ZfbF-Sonderheft 9/1979; *Schruff,* Bilanzierung von Anteilen an assoziierten Unternehmen im Konzernabschluss nach dem E-DRS 8, BB 2001, 87.

Übersicht

	RdNr.		RdNr.
I. Allgemeine Grundsätze	1–4	V. Eliminierung von Zwischenergebnissen	19–23
II. Abgrenzung des aufzurechnenden anteiligen Eigenkapitals	5, 6	VI. Stichtag der erstmaligen Anwendung der Equity-Methode und maßgeblicher Abschluss des assoziierten Unternehmens	24–28
III. Methoden der Equity-Bewertung	7–17	VII. Ausländische assoziierte Unternehmen	29–31
1. Erstmalige Anwendung	7, 8		
a) Buchwertmethode	7		
b) Kapitalanteilsmethode	8	VIII. Ausweis im Konzernanhang und -anlagenspiegel	32–36
2. Fortschreibung der Equitywerte	9–17		
a) Fortschreibung der stillen Reserven und des Geschäfts- oder Firmenwerts	9–12	IX. Veränderung der Beteiligungsquote ..	37–41
b) Anteil am Jahresüberschuss	13–17	X. Folgen der Nichtbeachtung	42
IV. Einheitliche Bilanzierungs- und Bewertungsmethoden	18		

I. Allgemeine Grundsätze

Beteiligungen an assoziierten Unternehmen, die in § 311 definiert werden, sind im Konzernabschluss grundsätzlich nach der in § 312 geregelten Equity-Methode zu bewerten. **1**

Die Equity-Methode ermöglicht es, die bei der Anschaffungskostenmethode zwangsläufig durch einbehaltene Gewinne entstehenden stillen Reserven zu vermeiden.[1] Bei der Equity-Methode wird die Beteiligung mit einem Bilanzansatz ausgewiesen, der von den Anschaffungskosten ausgeht und in den Folgejahren an die Entwicklung des anteiligen Eigenkapitals angepasst wird. Dies erfordert im Grundsatz zwei Schritte:[2] **2**

– Aufrechnung der Anschaffungskosten der Beteiligung mit dem anteiligen Eigenkapital im Erwerbszeitpunkt mit Aufdeckung von stillen Reserven und der Feststellung des Geschäfts- oder Firmenwerts und erfolgswirksame Auflösung der zugeordneten Beträge in den Folgejahren. Wie bei der Vollkonsolidierung lässt das HGB mit der Buchwertmethode und der Kapitalanteilsmethode für die Aufrechnung zwei Varianten zu, die sich in der Bewertung des anteiligen Eigenkapitals und der Behandlung des Unterschiedsbetrags unterscheiden.[3] DRS 8 schränkt das Wahlrecht dahingehend ein, dass nur die internationalem Standard entsprechende Buchwertmethode zulässig ist (DRS 8.18).
– In den Folgejahren werden die Jahresüberschüsse/Jahresfehlbeträge erfolgswirksam vereinnahmt, während die Gewinnausschüttungen erfolgsneutral mit dem Beteiligungsbuchwert verrechnet werden. Der Beteiligungsbuchwert erhöht sich so um die anteiligen thesaurierten Gewinne bzw. vermindert sich um die anteiligen Jahresfehlbeträge.

Auf längere Sicht wird damit eine **Übereinstimmung zwischen dem Buchwert der Beteiligung und dem anteiligen Eigenkapital** der Beteiligungsgesellschaft erzielt.[4] Die Durchbrechung des Anschaffungskostenprinzips wird in Kauf genommen.[5] Falls jedoch der Marktwert des Unternehmens voraussichtlich dauerhaft unter den Equitywert fällt, wird eine **außerordentliche Abschreibung** des Beteiligungswertes für notwendig gehalten.[6] **3**

Die **Jahresüberschüsse/Jahresfehlbeträge** der assoziierten Unternehmen werden grundsätzlich periodengleich in den Konzernabschluss übernommen. Dadurch wird eine zeitliche Kongruenz **4**

---
[1] *Küting/Zündorf* HdRKo RdNr. 2.
[2] *Busse von Colbe/Ordelheide* S. 521 f.
[3] *WPH* M RdNr. 440.
[4] *Winkeljohann/Böcker* BeBiKo RdNr. 1.
[5] *Baetge* S. 409 f.
[6] *ADS* RdNr. 197; *Küting/Zündorf* HdRKo RdNr. 82 ff.

zwischen Ergebnis des assoziierten Unternehmens und Niederschlag in der Konzernbilanz erreicht. Bei Anwendung des Anschaffungskostenprinzips ist es möglich, dass bei der Tochter bereits Verluste entstehen, während wegen der periodenverschobenen Gewinnausschüttung bei der Obergesellschaft (und damit im Konzernabschluss) noch Beteiligungserträge ausgewiesen werden.[7] Häufig liegen in der Praxis die Jahresabschlüsse der assoziierten Unternehmen nicht rechtzeitig vor, so dass der Equity-Bewertung jeweils der **vorjährige Abschluss** zugrunde gelegt wird. Gemäß DRS 8.12 f. darf der Stichtag des Abschlusses des assoziierten Unternehmens höchstens drei Monate vor dem Abschlussstichtag des Mutterunternehmens liegen.[8]

II. Abgrenzung des aufzurechnenden anteiligen Eigenkapitals

5 Das in die Aufrechnung einzubeziehende Eigenkapital ergibt sich aus den in §§ 266 Abs. 3 und 272 unter der Bezeichnung **Eigenkapital** auf der Passivseite auszuweisenden Posten. Davon sind die Korrekturposten zum Eigenkapital (ausstehende Einlagen, eigene Anteile, nicht durch Eigenkapital gedeckte Fehlbeträge) abzuziehen (vgl. § 301). Der **Sonderposten mit Rücklageanteil** könnte auf Eigen- und Fremdkapital aufgeteilt, unter Berücksichtigung des Steuereffekts dem Eigenkapital zugerechnet oder unter Heranziehung des Grundsatzes der Wesentlichkeit und Wirtschaftlichkeit der Rechnungslegung nicht zum Eigenkapital gerechnet werden. Regelmäßig wird die letzte Lösung gewählt und der Sonderposten mit Rücklageanteil nicht in die Equity-Bewertung einbezogen.[9]

6 Wenn das assoziierte Unternehmen Konzernobergesellschaft ist und einen **(Teil-)Konzernabschluss** aufstellt, ist das im (Teil-)Konzernabschluss ausgewiesene Eigenkapital für die Equity-Bewertung heranzuziehen (Abs. 6 S. 2). **Unterschiedsbeträge** aus der Schuldenkonsolidierung, der Zwischenerfolgseliminierung und der Währungsumrechnung sind im anteiligen Eigenkapital zu berücksichtigen. Ein passiver Unterschiedsbetrag aus der Kapitalkonsolidierung ist erst dann als Eigenkapital anzusehen, wenn er auch im (Teil-)Konzernabschluss als Eigenkapital ausgewiesen ist (vgl. § 309 Abs. 2). **Anteile anderer Gesellschafter** werden nicht in die Kapitalaufrechnung der Equity-Bewertung einbezogen (DRS 8.11). Das anteilige Eigenkapital kann sich nur auf den Teil des Nettovermögens beziehen, an dem durch die Beteiligung partizipiert wird. Die Anteile anderer Gesellschafter repräsentieren gerade den anderen Teil des Nettovermögens. Im Fall einer Liquidation des assoziierten Konzerns stünden diese Teile des Vermögens den außenstehenden Gesellschaftern der Tochtergesellschaften zu. Mit der Einheitstheorie kann die Berücksichtigung der Anteile anderer Gesellschafter im anteiligen Eigenkapital nicht begründet werden, weil assoziierte Unternehmen nicht zum Konzernverbund gehören und deshalb die Einheitstheorie auf die Equity-Bewertung nicht anwendbar ist.[10]

III. Methoden der Equity-Bewertung

7 **1. Erstmalige Anwendung. a) Buchwertmethode.** Die Beteiligung an einem assoziierten Unternehmen wird mit dem **Buchwert,** der bei der erstmaligen Anwendung in der Regel mit den Anschaffungskosten übereinstimmt, in den Konzernabschluss übernommen. Dazu ist lediglich eine **Umbuchung** in den gesonderten Posten „Beteiligungen an assoziierten Unternehmen" notwendig.[11] In einer Nebenrechnung ist der **Unterschiedsbetrag** zwischen dem Buchwert der Beteiligung und dem anteiligen Eigenkapital festzustellen und wie bei der Vollkonsolidierung auf anteilige stille Reserven und Geschäfts- oder Firmenwert aufzuteilen (Abs. 2 S. 1, DRS 8.19).[12] Falls der Unterschiedsbetrag nicht ausreicht, um alle anteiligen stillen Reserven aufzudecken, müssen sinnvolle Verfahren der teilweisen Aufdeckung der stillen Reserven gewählt werden.[13] Anteilige **stille Lasten** werden stets vollständig aufgedeckt (vgl. § 301). Der Unterschiedsbetrag, der auf den Geschäfts- oder Firmenwert entfällt, ist bei **erstmaliger Anwendung** der Equity-Methode als „Davon-Vermerk" oder im Konzernanhang anzugeben.[14] Ein negativer Unterschied ist genauso auszuweisen. Aktive und passive Unterschiedsbeträge dürfen in der Bilanz zusammengefasst werden, wenn sie zusätzlich im Anhang unsaldiert angegeben werden.[15]

---

[7] *Küting/Zündorf* HdRKo RdNr. 2.
[8] Vgl. zur Verbindlichkeit der DRS: § 342 RdNr. 8.
[9] *Busse von Colbe/Ordelheide* S. 541 f.
[10] *Busse von Colbe/Ordelheide* S. 543 f; *Winkeljohann/Böcker* BeBiKo RdNr. 120.
[11] *WPH* M RdNr. 455.
[12] *Busse von Colbe/Ordelheide* S. 545 mit Beispiel.
[13] *Heymann* RdNr. 10.
[14] *Heymann* RdNr. 10 f.
[15] *Busse von Colbe/Ordelheide* S. 545.

b) Kapitalanteilsmethode. Bei der Kapitalanteilsmethode wird zunächst in einer Nebenrechnung das Eigenkapital ermittelt, das sich bei dem Beteiligungsunternehmen ergeben würde, wenn die Vermögensgegenstände, Schulden, RAP, Bilanzierungshilfen und Sonderposten mit dem im Erwerbszeitpunkt der Anteile **beizulegenden Wert** bilanziert würden. Das so neu bewertete anteilige Eigenkapital darf den Beteiligungsbuchwert nicht überschreiten. Wenn die stillen Reserven nur anteilig aufgedeckt werden, ist eine sinnvolle Vorgehensweise zu wählen (willkürfrei) (vgl. § 301). Die Kapitalanteilsmethode entspricht der Neubewertungsmethode der Vollkonsolidierung. Allerdings führt sie nicht zu einem anderen Equitywert als die Buchwertmethode, da die Neubewertung auf den Beteiligungsbuchwert beschränkt ist.[16] Falls zwischen Beteiligungsbuchwert und anteiligem neu bewerteten Eigenkapital des assoziierten Unternehmens ein Unterschiedsbetrag bleibt, ist er bei der erstmaligen Anwendung der Methode als Geschäfts- oder Firmenwert gesondert in der Konzernbilanz auszuweisen.

2. Fortschreibung der Equitywerte. a) Fortschreibung der stillen Reserven und des Geschäfts- oder Firmenwerts. Die bei der erstmaligen Equity-Bewertung einer Beteiligung an einem assoziierten Unternehmen aufgedeckten stillen Reserven werden in den Folgeperioden in einer Nebenrechnung (oder in der Neubewertungsbilanz) fortgeführt und wie die entsprechenden Vermögensgegenstände abgeschrieben. Die Wertminderung schlägt sich im Wertansatz der Beteiligung nieder. Sie ist erfolgswirksam. Soweit aufgedeckte stille Reserven auf abnutzbare Vermögensgegenstände entfallen, lösen sich so während der Nutzungsdauer der Vermögensgegenstände die Unterschiedsbeträge (bzw. die Bewertungsunterschiede) auf. Spätestens beim Abgang sind sie erfolgswirksam auszubuchen. Stille Reserven auf nicht abnutzbare Vermögensgegenstände werden durch außerordentliche Abschreibungen oder beim Abgang des Vermögensgegenstandes erfolgswirksam.[17]

Der **Geschäfts- oder Firmenwert** wird nach den Regeln des § 309 behandelt. Er ist pauschal mit mindestens einem Viertel oder planmäßig über seine voraussichtliche Nutzungsdauer abzuschreiben. Er kann auch im Jahr der erstmaligen Equity-Bewertung oder im Folgejahr mit den Konzernrücklagen verrechnet werden.[18]

Ein negativer Unterschiedsbetrag ist gem. § 309 Abs. 2 zu behandeln (vgl. § 309).

Nach den Regelungen des DRS 8 ist die Verrechnung des positiven Geschäfts- oder Firmenwerts mit den Konzernrücklagen nicht zulässig. Die Behandlung der positiven und negativen Unterschiedsbeträge erfolgt entsprechend der im Rahmen der Vollkonsolidierung im DRS 4 getroffenen Regelungen. Der positive Unterschiedsbetrag ist daher planmäßig über seine voraussichtliche Nutzungsdauer abzuschreiben, die nur in Ausnahmefällen ein Maximum von 20 Jahren überschreiten darf.

b) Anteil am Jahresüberschuss. In den Folgejahren sind die **anteiligen Ergebnisse** der assoziierten Unternehmen erfolgswirksam im Jahr ihrer Entstehung in den Konzernabschluss zu übernehmen. Anteilige Gewinne erhöhen den Beteiligungsbuchwert, anteilige Verluste mindern ihn. Ausgeschüttete Ergebnisse werden als Aktivtausch erfolgsneutral berücksichtigt (Kasse/Forderungen an Beteiligung an assoziierten Unternehmen).[19] Die Erträge aus Beteiligungen aus dem Einzelabschluss des Mutterunternehmens sind zu eliminieren.[20]

Grundsätzlich sind die **Steueraufwendungen** in den Konzernabschluss zu übernehmen. Übertragen auf die Equity-Bewertung müssten demnach die Jahresüberschüsse nach Steuern übernommen werden. Wenn die Obergesellschaft und das assoziierte Unternehmen der Körperschaftsteuer unterliegen und anrechnungsberechtigt sind, sollte die Kapitalertragsteuer nicht vom Jahresüberschuss abgezogen werden, weil sie erst in der Periode der Gewinnausschüttung dem Grunde nach entsteht (Brutto-Bardividende). Die anrechenbare Körperschaftsteuer kann vom Jahresüberschuss abgesetzt werden. In diesem Fall ist im Jahr der Gewinnausschüttung der Equitywert um den Nettojahresüberschuss zu mindern. Wenn die Brutto-Bardividende den Equitywert im Jahr der Entstehung erhöht hat, ist in gleicher Höhe im Jahr der Gewinnausschüttung der Equitywert zu mindern.[21]

Durch die andauernde Übernahme von **anteiligen Jahresfehlbeträgen** kann der Beteiligungsbuchwert auf Null oder darunter absinken. Der DSR ist mit seinen Regelungen der internationalen Praxis gefolgt, die Nullgrenze nicht zu unterschreiten, sondern stattdessen die Equity-Bewertung auszusetzen. Der **negative Equitywert** ist nach DRS 8.27 statistisch in einer Nebenrechnung weiterzuführen. Werden danach wieder Jahresüberschüsse erzielt, muss zunächst der statistisch vor-

---

[16] *WPH* M RdNr. 468.
[17] *ADS* RdNr. 83 ff.
[18] *Winkeljohann/Böcker* BeBiKo RdNr. 13.
[19] *WPH* M RdNr. 474.
[20] *ADS* RdNr. 123.
[21] *ADS* RdNr. 124 ff.

getragene Verlust ausgeglichen werden. Sobald der statistisch fortgeführte negative Equitywert durch angefallene Gewinne oder Leistungen der Gesellschafter ausgeglichen wurde, ist nach DRS 8.27 die Aktivierung des Equitywerts geboten. § 312 enthält keine explizite Regelung, untersagt den Ausweis eines negativen Beteiligungsbuchwerts jedoch nicht. Im Schrifttum wurde daher auch vorgeschlagen, die Equity-Methode generell beizubehalten.[22] Wenn die Verluste des Beteiligungsunternehmens ausgeglichen werden müssen, weist die Obergesellschaft im Einzelabschluss eine entsprechende Verbindlichkeit oder Rückstellung aus, die im Konzernabschluss beibehalten wird, jedoch als negativer Equitywert auszuweisen wäre. Da bei Beteiligungsunternehmen, für die keine Verlustübernahmepflicht besteht, der Verlust der Obergesellschaft auf den Wert der Beteiligung beschränkt ist, und soweit die assoziierten Unternehmen nicht Tochterunternehmen sind, ist der Ausweis negativer Equitywerte nicht sinnvoll. Der Einheitsgrundsatz ist nicht anzuwenden. Da über den Beteiligungsbuchwert hinausgehende Verluste den Konzern nicht treffen können, würde die Vermögens-, Finanz- und Ertragslage durch negative Equitywerte fehlerhaft dargestellt.[23]

16   Ob auf den Equitywert § 253 Abs. 2 S. 3 anzuwenden ist und eine im Einzelabschluss vorgenommene **Abschreibung auf die Beteiligung** in den Konzernabschluss übernommen werden kann, wird in der Literatur kontrovers diskutiert. Nach hM ist, wenn der beizulegende Wert unter dem Equitywert liegt, bei voraussichtlich dauerhafter Wertminderung außerplanmäßig abzuschreiben, bei voraussichtlich vorübergehender Wertminderung besteht ein Wahlrecht. Bei Wegfall des Grundes der Abschreibung besteht ein Wertaufholungsgebot.[24] Ist die außerplanmäßige Abschreibung auf erwarteten negativen Erfolgsbeiträgen des Equity-Unternehmens begründet, ist jedoch zur Vermeidung einer Doppelerfassung dieser Erfolgsbeiträge im Konzern darauf zu achten, dass die in Folgejahren tatsächlich eintretenden Fehlbeträge nur noch in der Höhe, in der sie die Abschreibungen überschreiten, als Minderung des Beteiligungsbuchwerts erfasst werden.[25]

17   Der DSR fordert in Anlehnung an internationale Standards, den Equitywert an jedem Konzernabschluss-Stichtag auf seine Werthaltigkeit zu überprüfen. Übersteigt der Equitywert den beizulegenden Zeitwert, ist nach DRS 8.28 eine außerplanmäßige Abschreibung vorzunehmen. Gemäß DRS 8.29 vermindert die außerplanmäßige Abschreibung in der Nebenrechnung zunächst den Goodwill, nach dessen vollständiger Abschreibung wird der verbleibende Equitywert verringert. Bei Wegfall des Grundes der Abschreibung ist die außerplanmäßige Abschreibung auf den Goodwill wieder rückgängig zu machen. Eine Wertaufholung kommt jedoch nur bis zu dem Wert in Betracht, der bei planmäßiger Abschreibung des Geschäfts- oder Firmenwerts anzusetzen wäre.[26] Der nicht auf dem Goodwill basierende Equitywert ist nach DRS 8.29 höchstens bis zum anteiligen bilanziellen Eigenkapital im Bewertungszeitpunkt abzüglich bzw. zuzüglich der fortgeführten stillen Reserven und Lasten zuzuschreiben.

IV. Einheitliche Bilanzierungs- und Bewertungsmethoden

18   Die Anpassung der Bilanzierung und Bewertung des assoziierten Unternehmens an die konzerneinheitliche Bilanzierung und Bewertung ist in Abs. 5 S. 1 und 2 als **Wahlrecht** zugelassen. Der Verzicht auf die Anpassung ist nach Abs. 5 S. 2 im Konzernanhang anzugeben. DRS 8 fordert in Tz. 8, dass die Bilanzierungs-, Bewertungs- und Konsolidierungsmethoden den Vorschriften des HGB sowie den Regelungen der DRS entsprechen müssen. Nicht geregelt ist jedoch die Vorgehensweise, wenn eine Anpassung an deutsches Recht nicht durchführbar ist.[27] Da der Einfluss auf ein assoziiertes Unternehmen geringer ist als auf ein Konzernunternehmen, kann die Aufstellung einer HB II mit erheblichen Problemen verbunden sein. Auf eine Anwendung der Equity-Methode zu verzichten, da der Einfluss nicht ausreicht, die für die Anpassung erforderlichen Daten des assoziierten Unternehmens zu erlangen, erscheint jedoch nicht sachgerecht.[28]

V. Eliminierung von Zwischenergebnissen

19   Soweit die für die Beurteilung der Zwischenergebnisse maßgeblichen Sachverhalte bekannt und zugänglich sind, ist § 304 über die Behandlung von Zwischengewinnen auch bei der Equity-Bewer-

---

[22] *ADS* RdNr. 111 ff.
[23] *Busse von Colbe/Ordelheide* S. 562 f.
[24] *ADS* RdNr. 195 ff.
[25] *ADS* RdNr. 198; *Küting/Zündorf* HdRKo RdNr. 83.
[26] *Schruff* BB 2001, 89.
[27] *Schruff* BB 2001, 88.
[28] *ADS* RdNr. 129 ff.; *Schruff* BB 2001, 88; aA *Schmalenbach-Gesellschaft* ZfbF-Sonderheft 9/1979, 134 ff.

tung anzuwenden (Abs. 5 S. 3). Die Zwischenergebnisse dürfen auch **anteilig eliminiert** werden (Abs. 5 S. 4).

Ob sich die Verpflichtung zur Zwischenergebniseliminierung sowohl auf sog. Up-stream-Lieferungen vom assoziierten Unternehmen an die Muttergesellschaft als auch auf sog. Down-stream-Lieferungen des Konzerns an das assoziierte Unternehmen bezieht, wurde in der Literatur kontrovers diskutiert.[29] § 304 knüpft die Zwischenergebniseliminierung an die aus konzerninternen Lieferungen stammenden Bestände, die in der Konzernbilanz ausgewiesen sind. Bestände assoziierter Unternehmen werden jedoch nicht in die Konzernbilanz übernommen. Maßgebliche Stimmen in der Literatur folgerten daraus, dass eine Verpflichtung zur Zwischenergebniseliminierung nur für Up-stream-Lieferungen besteht.[30] In Anlehnung an internationale Grundsätze hat der DSR in DRS 8.30 und 8.31 die Zwischenergebniseliminierung sowohl für Up-stream- als auch für Down-stream-Lieferungen vorgeschrieben.

Für die Zwischenergebniseliminierung bei Up-stream-Lieferungen müssen die Kalkulationsgrundlagen der assoziierten Unternehmen bekannt sein. Die Informationsbeschaffung kann mit Problemen behaftet sein, da eine gesetzliche Grundlage wie das dem Mutterunternehmen gegenüber Tochterunternehmen nach § 294 Abs. 3 zustehende Auskunftsrecht fehlt. Der Gesetzgeber hat die Pflicht zur Zwischenergebniseliminierung daher auf die Fälle beschränkt, in denen die maßgeblichen Sachverhalte bekannt oder zugänglich sind.[31] Nach DRS 8 besteht jedoch eine generelle Verpflichtung zur Zwischenergebniseliminierung.

Gemäß DRS 8.30 ist die Zwischenergebniseliminierung entsprechend der bestehenden Beteiligungsquote vorzunehmen. Das Wahlrecht des Abs. 5 S. 4 zwischen vollständiger und quotaler Zwischenergebniseliminierung wird damit zugunsten der quotalen Eliminierung eingeschränkt.[32] Soweit es sich um assoziierte Unternehmen und nicht um Tochter- oder Gemeinschaftsunternehmen handelt, die ausnahmsweise mit dem Equitywert in der Konzernbilanz ausgewiesen werden, wurde in der Literatur bisher bereits die beteiligungsproportionale Eliminierung für sachgerecht gehalten.[33]

Die Verrechnung der zu eliminierenden Zwischenergebnisse hat nach DRS 8.32 mit dem Equitywert zu erfolgen. Eine Verrechnung mit den Bilanzposten, die Bestände aus Lieferungen von assoziierten Unternehmen enthalten, ist nach dem Standard nicht zulässig.

VI. Stichtag der erstmaligen Anwendung der Equity-Methode und maßgeblicher Abschluss des assoziierten Unternehmens

Grundsätzlich ist die Berechnung des Equitywertes auf den Zeitpunkt des **Erwerbs der Beteiligung** an einem assoziierten oder auf den Zeitpunkt, zu dem ein Beteiligungsunternehmen **erstmalig als assoziiertes Unternehmen zu qualifizieren** ist, vorzunehmen. Zur Vereinfachung lässt Abs. 3 auch zu, den Zeitpunkt der **erstmaligen Einbeziehung** des assoziierten Unternehmens in den Konzernabschluss zu wählen. Dieses Wahlrecht wird durch den DSR aufgehoben, nach DRS 8.14 sind für die Kapitalaufrechnung die Wertverhältnisse zum Zeitpunkt des Erwerbs zugrunde zu legen. Auch bei einem sukzessiven Anteilserwerb sind nach DRS 8.15 die Wertverhältnisse zu den einzelnen Zeitpunkten des Erwerbs der Anteile zugrunde zu legen. Die Kapitalaufrechnung hat danach für jede Beteiligungstranche getrennt zu erfolgen. Eine Ermittlung des Equitywertes auf den Zeitpunkt der erstmaligen Einbeziehung des assoziierten Unternehmens in den Konzernabschluss oder den Zeitpunkt der erstmaligen Ausübung des maßgeblichen Einflusses ist nach DRS 8.16 mit dem Standard nicht vereinbar.

Um den eingeschränkten Einflussmöglichkeiten der beteiligten Unternehmen Rechnung zu tragen, ist im HGB weiterhin zur Vereinfachung vorgeschrieben, dass für die Berechnung des Equitywertes jeweils der letzte Jahresabschluss zugrunde zu legen ist (Abs. 6 S. 1).[34] Der Gesetzgeber verzichtet damit auf die Aufstellung von Zwischenabschlüssen bei abweichenden Stichtagen der assoziierten Unternehmen.

Als „**letzter Jahresabschluss**" des assoziierten Unternehmens gilt der Letzte aufgestellte Jahresabschluss; eine Feststellung im Rechtssinn ist entsprechend dem Gesetzeswortlaut nicht erforderlich. Über die Prüfung dieses Abschlusses im Rahmen der Anwendung der Equity-Methode enthält das

---

[29] *Schruff* BB 1001, 90.
[30] Vgl. statt aller *ADS* RdNr. 156 ff.
[31] *ADS* RdNr. 165 ff.
[32] Zur Bindungswirkung des DSR verweisen wir auf unsere Erl. zu § 342.
[33] *WPH* M RdNr. 479 ff.
[34] *ADS* RdNr. 181.

Gesetz ebenfalls keine Aussage; die Anwendung der Equity-Methode unterliegt aber der Prüfung durch den Konzern-Abschlussprüfer nach § 317 Abs. 2.[35]

27 DRS 8 hebt die Vereinfachungsregel des Abs. 6 S. 1 auf und regelt in RdNr. 12, dass zur Ermittlung des anteiligen Eigenkapitals ein auf den Konzernabschlussstichtag aufgestellter Abschluss des assoziierten Unternehmens zugrunde zu legen ist. Weichen die Stichtage des Konzerns und des assoziierten Unternehmens voneinander ab, ist grundsätzlich ein Zwischenabschluss aufzustellen. Ein Verzicht auf die Aufstellung eines Zwischenabschlusses ist nach DRS 8.13 nur möglich, wenn das Geschäftsjahr des assoziierten Unternehmens höchstens drei Monate vor dem Konzernabschlussstichtag endet. Vorgänge von besonderer Bedeutung zwischen den beiden Stichtagen sind bei einem Verzicht auf die Aufstellung eines Zwischenabschlusses in der Konzernbilanz und der Konzern-Gewinn- und Verlustrechnung zu berücksichtigen.

28 Wenn das assoziierte Unternehmen selbst **Obergesellschaft eines Konzerns** ist, muss der letzte Konzernabschluss der Equity-Bewertung zugrunde gelegt werden (Abs. 6 S. 2). Diese Vorschrift ist zwingend. Sie führt jedoch nicht dazu, dass ausschließlich zum Zweck der Equity-Bewertung ein Konzernabschluss aufgestellt werden muss.[36]

VII. Ausländische assoziierte Unternehmen

29 Zur Ermittlung der **Unterschiedsbeträge** bei der erstmaligen Equity-Bewertung ist es notwendig, dass der Fremdwährungsabschluss eines assoziierten Unternehmens außerhalb der Eurozone in Euro umgerechnet wird. Nach DRS 14.25 ff. sind die Bilanzposten – mit Ausnahme des Eigenkapitals – mit dem Stichtagskurs umzurechnen. Das gezeichnete Kapital sowie die in den Vorjahren dotierten Rücklagen sind mit historischen Kursen umzurechnen (vgl. auch § 308 RdNr. 30 ff.).

30 Der **Wert der Beteiligung**, sofern sie in fremder Währung erworben wurde, muss ebenfalls in Euro **umgerechnet** werden. Dies geschieht bereits für den Einzelabschluss des Mutterunternehmens, so dass der Wert von dort übernommen werden kann.

31 In den Folgeperioden ist zu entscheiden, ob das in Euro umgerechnete Eigenkapital die Residualgröße ist, wenn einzelne Bilanzpositionen in Euro umgerechnet werden, oder ob der gesamte Jahresabschluss umgerechnet wird. Entsprechend DRS 14.25 ff ist zur Umrechnung das Konzept der funktionalen Währung zugrunde zu legen (vgl. dazu § 308 RdNr. 30 ff.).

VIII. Ausweis im Konzernanhang und -anlagenspiegel

32 Da bei der **erstmaligen Anwendung** der Equity-Methode mehrere Wahlrechte zur Verfügung stehen, sind erläuternde Angaben im Anhang notwendig, um die Vergleichbarkeit von Konzernabschlüssen sicherzustellen.

Im Konzernanhang anzugeben sind:

33 – Wahl der Buchwert- oder der Kapitalanteilsmethode,
– Höhe der aktiven/passiven Unterschiedsbeträge, soweit sie nicht in der Konzernbilanz ausgewiesen sind. Die Angabe ist nur im ersten Jahr der Equity-Bewertung notwendig,
– Höhe der Unterschiedsbeträge, wenn weitere Anteile hinzugekauft werden,
– Angaben über Tochterunternehmen, die *at equity* bewertet werden statt mit der Methode der Vollkonsolidierung in den Konzernabschluss einbezogen zu werden,
– Wahl des Zeitpunktes für die erstmalige Anwendung der Equity-Methode,
– Abweichung von den Bilanzierungs- und Bewertungsmethoden des Konzerns.

34 DRS 8 fordert darüber hinausgehende Anhangangaben. Bei der erstmaligen Einbeziehung sind nach DRS 8.47 für jedes assoziierte Unternehmen Name und Sitz, Anteile an Kapital und Stimmrechten, der Stichtag der erstmaligen Einbeziehung, die Höhe der Anschaffungskosten, der Unterschiedsbetrag zwischen Anschaffungskosten und anteiligem Eigenkapital des assoziierten Unternehmens, der Betrag des Goodwill oder der negative Unterschiedsbetrag sowie die Abschreibungsdauer und -methode für den Goodwill anzugeben. Weiterhin sind zu jedem Abschlussstichtag nach DRS 8.49 umfangreiche Angaben wie zB die vom assoziierten Unternehmen angewandten Bilanzierungs- und Bewertungsmethoden zu machen, die über die Anforderungen des § 313 hinausgehen.

35 Da für die Beteiligungen an assoziierten Unternehmen ein **gesonderter Ausweis** in der **Bilanz** erforderlich ist (§ 311 Abs. 1 S. 1), muss die Position entsprechend auch gesondert im **Konzernanlagenspiegel** ausgewiesen werden. Bei Kauf oder Verkauf von Beteiligungen an assoziierten

---
[35] *IDW*, St/HFA 4/1988, WPg 1988, 682 RdNr. 9.
[36] *ADS* RdNr. 188 ff.

Unternehmen ist die Veränderung als Zugang oder Abgang auszuweisen. Wenn die Beteiligung sukzessiv erworben wurde, kann eine Umbuchung von „Sonstigen Beteiligungen" notwendig sein. Informativer ist es, eine Zusatzspalte für die Veränderungen des Konsolidierungskreises einzuführen.[37]

Für die **Veränderungen des Beteiligungswertes** wegen der Abschreibungen der Unterschiedsbeträge aus der erstmaligen Anwendung und der Behandlung von Jahresüberschüssen und Gewinnausschüttungen sind entweder die Spalten Zu- und Abschreibungen zu verwenden. Alternativ können neue Spalten für den Ausweis der assoziierten Unternehmen geschaffen werden, um die Aussagefähigkeit des Anlagenspiegels zu verbessern.[38] 36

IX. Veränderung der Beteiligungsquote

Bei **vollständigem Verkauf** der Beteiligung ist eine „Entkonsolidierung" durchzuführen. Ziel ist es, den Veräußerungsgewinn/-verlust des Konzerns im Konzernabschluss auszuweisen. Dieser wird sich im Allgemeinen vom Veräußerungsergebnis im Einzelabschluss unterscheiden. Der Konzernerfolg aus der Veräußerung ergibt sich aus der Differenz zwischen dem Veräußerungserlös und dem Equitywert der Beteiligung. Eine entsprechende Regelung hat auch der DSR in DRS 8.36 getroffen: „. . . so bestimmt sich der Veräußerungserfolg durch Gegenüberstellung des Veräußerungserlöses und des Equitywertes im Veräußerungszeitpunkt". Falls Geschäfts- oder Firmenwerte bei der erstmaligen Anwendung der Equity-Methode erfolgsneutral mit den Konzernrücklagen verrechnet wurden, sind sie bei Abgang der Beteiligung erfolgswirksam zu behandeln.[39] 37

Falls die Beteiligung unterjährig verkauft wird, muss der Equitywert bis zu diesem Zeitpunkt fortgeschrieben werden. Dabei ist neben der üblichen Fortschreibung, die jeweils jahresanteilig durchgeführt wird, darauf zu achten, ob und in welcher Höhe dem Erwerber die Gewinnausschüttung auf das Ergebnis des Vorjahres zusteht. Diese ist im Equitywert enthalten und muss entsprechend eliminiert werden.[40] 38

Der **Verkauf eines Teils der Beteiligung** oder ein sonstiger Umstand kann dazu führen, dass der Status als assoziiertes Unternehmen nicht mehr gegeben ist. Im Fall eines Teilverkaufs der Beteiligung ist für diesen Teil der Veräußerungserfolg des Konzerns analog zur Ermittlung beim vollständigen Verkauf festzustellen. Für die übrigen Anteile wird in der handelsrechtlichen Kommentierung die Auffassung vertreten, dass sie in der Konzernbilanz wie im Einzelabschluss mit den Anschaffungskosten zu bewerten und auf die Position „Sonstige Anteile" umzubuchen sind (auch im Anlagenspiegel). Differenzen zum übrigen Equitywert werden erfolgsneutral mit den Rücklagen des Konzerns verrechnet.[41] In Anlehnung an internationale Grundsätze regelt DRS 8.37, dass als Anschaffungskosten der anteilig verbleibende Equitywert im Veräußerungszeitpunkt gilt. Der Übergang auf die Anschaffungskostenmethode ist damit hinsichtlich der nicht veräußerten Anteile erfolgsneutral (DRS 8.38). Diese Vorgehensweise kann einen Verstoß gegen das Anschaffungswertprinzip des § 253 Abs. 1 bedeuten, wenn der Equitywert über den Anschaffungskosten liegt. Um die beabsichtigte Angleichung der Konzernrechnungslegung an internationale Grundsätze zu erreichen, kann ein solcher Verstoß jedoch hingenommen werden.[42] 39

Bei **weiterem Erwerb von Anteilen** sind die zugehenden Anteile erstmalig nach der Equity-Methode zu bewerten ohne methodischen Unterschied zu einer Neubeteiligung. Der neu entstehende Geschäfts- oder Firmenwert ist ggf. auszuweisen. DRS 8.35 weist ergänzend darauf hin, dass die Kapitalaufrechnung für die neu erworbenen Anteile auf den Stichtag des Erwerbs vorzunehmen ist. 40

Der Status des assoziierten Unternehmens kann sich auch dahingehend ändern, dass eine quotale oder eine Vollkonsolidierung notwendig wird. Nach DRS 8.33 und 8.34 stellt in diesen Fällen der Equitywert im Zeitpunkt des Übergangs auf die Voll- bzw. Quotenkonsolidierung die Anschaffungskosten der entsprechenden Beteiligung dar. 41

X. Folgen der Nichtbeachtung

Eine Verletzung des § 312 iVm. § 311 Abs. 1 S. 1 über die Behandlung assoziierter Unternehmen wird gem. § 334 Abs. 1 Nr. 2 e als Ordnungswidrigkeit eingestuft. 42

---

[37] *Winkeljohann/Böcker* BeBiKo RdNr. 72 f.
[38] *Winkeljohann/Böcker* BeBiKo RdNr. 73; *Busse von Colbe/Ordelheide* S. 578.
[39] *Küting/Zündorf* HdRKo RdNr. 122.
[40] *Busse von Colbe/Ordelheide* S. 565 f.
[41] *Winkeljohann/Böcker* BeBiKo RdNr. 58.
[42] *Schruff* BB 2001, 90.

Achter Titel. Konzernanhang

§ 313[1] Erläuterung der Konzernbilanz und der Konzern-Gewinn- und Verlustrechnung. Angaben zum Beteiligungsbesitz

(1) [1]In den Konzernanhang sind diejenigen Angaben aufzunehmen, die zu einzelnen Posten der Konzernbilanz oder der Konzern-Gewinn- und Verlustrechnung vorgeschrieben oder die im Konzernanhang zu machen sind, weil sie in Ausübung eines Wahlrechts nicht in die Konzernbilanz oder in die Konzern-Gewinn- und Verlustrechnung aufgenommen wurden. [2]Im Konzernanhang müssen

1. die auf die Posten der Konzernbilanz und der Konzern-Gewinn- und Verlustrechnung angewandten Bilanzierungs- und Bewertungsmethoden angegeben werden;
2. die Grundlagen für die Umrechnung in Euro angegeben werden, sofern der Konzernabschluß Posten enthält, denen Beträge zugrunde liegen, die auf fremde Währung lauten oder ursprünglich auf fremde Währung lauteten;
3. Abweichungen von Bilanzierungs-, Bewertungs- und Konsolidierungsmethoden angegeben und begründet werden; deren Einfluß auf die Vermögens-, Finanz- und Ertragslage des Konzerns ist gesondert darzustellen.

(2) [1]Im Konzernanhang sind außerdem anzugeben:

1. Name und Sitz der in den Konzernabschluß einbezogenen Unternehmen, der Anteil am Kapital der Tochterunternehmen, der dem Mutterunternehmen und den in den Konzernabschluß einbezogenen Tochterunternehmen gehört oder von einer für Rechnung dieser Unternehmen handelnden Person gehalten wird, sowie der zur Einbeziehung in den Konzernabschluß verpflichtende Sachverhalt, sofern die Einbeziehung nicht auf einer der Kapitalbeteiligung entsprechenden Mehrheit der Stimmrechte beruht. Diese Angaben sind auch für Tochterunternehmen zu machen, die nach § 296 nicht einbezogen worden sind;
2. Name und Sitz der assoziierten Unternehmen, der Anteil am Kapital der assoziierten Unternehmen, der dem Mutterunternehmen und den in den Konzernabschluß einbezogenen Tochterunternehmen gehört oder von einer für Rechnung dieser Unternehmen handelnden Person gehalten wird. Die Anwendung des § 311 Abs. 2 ist jeweils anzugeben und zu begründen;
3. Name und Sitz der Unternehmen, die nach § 310 nur anteilmäßig in den Konzernabschluß einbezogen worden sind, der Tatbestand, aus dem sich die Anwendung dieser Vorschrift ergibt, sowie der Anteil am Kapital dieser Unternehmen, der dem Mutterunternehmen und den in den Konzernabschluß einbezogenen Tochterunternehmen gehört oder von einer für Rechnung dieser Unternehmen handelnden Person gehalten wird;
4. Name und Sitz anderer als der unter den Nummern 1 bis 3 bezeichneten Unternehmen, bei denen das Mutterunternehmen, ein Tochterunternehmen oder eine für Rechnung eines dieser Unternehmen handelnde Person mindestens den fünften Teil der Anteile besitzt, unter Angabe des Anteils am Kapital sowie der Höhe des Eigenkapitals und des Ergebnisses des letzten Geschäftsjahrs, für das ein Abschluß aufgestellt worden ist. Ferner sind anzugeben alle Beteiligungen an großen Kapitalgesellschaften, die andere als die in Nummer 1 bis 3 bezeichneten Unternehmen sind, wenn sie von einem börsennotierten Mutterunternehmen, einem börsennotierten Tochterunternehmen oder einer für Rechnung eines dieser Unternehmen handelnden Person gehalten werden und fünf vom Hundert der Stimmrechte überschreiten. Diese Angaben brauchen nicht gemacht zu werden, wenn sie für die Vermittlung eines den tatsächlichen Verhältnissen entsprechenden Bildes der Vermögens-, Finanz- und Ertragslage des Konzerns von untergeordneter Bedeutung sind. Das Eigenkapital und das Ergebnis brauchen

---

[1] Abs. 2 Nr. 1 Satz 2 geändert durch das Gesetz zur Einführung internationaler Rechnungslegungsstandards und zur Sicherung der Qualität der Abschlussprüfung (Bilanzrechtsreformgesetz – BilReG) vom 4. Dezember 2004. Zur erstmaligen Anwendung s. Art. 58 EGHBG. Abs. 4 Satz 3 geändert durch das Gesetz über elektronische Handelsregister und Genossenschaftsregister sowie das Unternehmensregister (EHUG) vom 10. November 2006; zur erstmaligen Anwendung s. Art. 61 Abs. 5 EGHGB.

Sonstige Pflichtangaben § 314

nicht angegeben zu werden, wenn das in Anteilsbesitz stehende Unternehmen seinen Jahresabschluß nicht offenzulegen hat und das Mutterunternehmen, das Tochterunternehmen oder die Person weniger als die Hälfte der Anteile an diesem Unternehmen besitzt.

(3) ¹ Die in Absatz 2 verlangten Angaben brauchen insoweit nicht gemacht zu werden, als nach vernünftiger kaufmännischer Beurteilung damit gerechnet werden muß, daß durch die Angaben dem Mutterunternehmen, einem Tochterunternehmen oder einem anderen in Absatz 2 bezeichneten Unternehmen erhebliche Nachteile entstehen können. ² Die Anwendung der Ausnahmeregelung ist im Konzernanhang anzugeben. ³ Satz 1 gilt nicht, wenn ein Mutterunternehmen einen organisierten Markt im Sinne des § 2 Abs. 5 des Wertpapierhandelsgesetzes durch von ihm oder einem seiner Tochterunternehmen ausgegebene Wertpapiere im Sinne des § 2 Abs. 1 Satz 1 des Wertpapierhandelsgesetzes in Anspruch nimmt oder wenn die Zulassung solcher Wertpapiere zum Handel an einem organisierten Markt beantragt worden ist.

Abs. 4 idF für Geschäftsjahre, die vor dem 1. 1. 2006 beginnen

(4) ¹ Die in Absatz 2 verlangten Angaben dürfen statt im Anhang auch in einer Aufstellung des Anteilsbesitzes gesondert gemacht werden. ² Die Aufstellung ist Bestandteil des Anhangs. ³ Auf die besondere Aufstellung des Anteilsbesitzes und den Ort ihrer Hinterlegung ist im Anhang hinzuweisen.

Abs. 4 idF des EHUG

(4) ¹ Die in Absatz 2 verlangten Angaben dürfen statt im Anhang auch in einer Aufstellung des Anteilsbesitzes gesondert gemacht werden. ² Die Aufstellung ist Bestandteil des Anhangs. ³ Auf die besondere Aufstellung des Anteilsbesitzes ist im Anhang hinzuweisen.

§ 314[1,2] Sonstige Pflichtangaben

(1) Im Konzernanhang sind ferner anzugeben:
1. der Gesamtbetrag der in der Konzernbilanz ausgewiesenen Verbindlichkeiten mit einer Restlaufzeit von mehr als fünf Jahren sowie der Gesamtbetrag der in der Konzernbilanz ausgewiesenen Verbindlichkeiten, die von in den Konzernabschluß einbezogenen Unternehmen durch Pfandrechte oder ähnliche Rechte gesichert sind, unter Angabe von Art und Form der Sicherheiten;
2. der Gesamtbetrag der sonstigen finanziellen Verpflichtungen, die nicht in der Konzernbilanz erscheinen oder nicht nach § 298 Abs. 1 in Verbindung mit § 251 anzugeben sind, sofern diese Angabe für die Beurteilung der Finanzlage des Konzerns von Bedeutung ist; davon und von den Haftungsverhältnissen nach § 251 sind Verpflichtungen gegenüber Tochterunternehmen, die nicht in den Konzernabschluß einbezogen werden, jeweils gesondert anzugeben;
3. die Aufgliederung der Umsatzerlöse nach Tätigkeitsbereichen sowie nach geographisch bestimmten Märkten, soweit sich, unter Berücksichtigung der Organisation des Verkaufs von für die gewöhnliche Geschäftstätigkeit des Konzerns typischen Erzeugnissen und der für die gewöhnliche Geschäftstätigkeit des Konzerns typischen Dienstleistungen, die Tätigkeitsbereiche und geographisch bestimmten Märkte untereinander erheblich unterscheiden;
4. die durchschnittliche Zahl der Arbeitnehmer der in den Konzernabschluß einbezogenen Unternehmen während des Geschäftsjahrs, getrennt nach Gruppen, sowie der in dem Geschäftsjahr verursachte Personalaufwand, sofern er nicht gesondert in der Konzern-Gewinn- und Verlustrechnung ausgewiesen ist; die durchschnittliche Zahl der Arbeitnehmer von nach § 310 nur anteilmäßig einbezogenen Unternehmen ist gesondert anzugeben;
5. *(aufgehoben)*

---

[1] Abs. 1 Nrn. 9 bis 11 angefügt und Abs. 2 neu gefasst durch das Gesetz zur Einführung internationaler Rechnungslegungsstandards und zur Sicherung der Qualität der Abschlussprüfung (Bilanzrechtsreformgesetz – BilReG) vom 4. Dezember 2004. Zur erstmaligen Anwendung s. Art. 58 EGHGB.
[2] Abs. 1 Nr. 6 Buchstabe a, Abs. 2 Satz 2 geändert durch das Gesetz über die Offenlegung der Vorstandsvergütungen (Vorstandsvergütungs-Offenlegungsgesetz – VorstOG) vom 3. August 2005. Zur erstmaligen Anwendung s. Art 59 EGHGB.

6. für die Mitglieder des Geschäftsführungsorgans, eines Aufsichtsrats, eines Beirats oder einer ähnlichen Einrichtung des Mutterunternehmens, jeweils für jede Personengruppe:
   a) die für die Wahrnehmung ihrer Aufgaben im Mutterunternehmen und den Tochterunternehmen im Geschäftsjahr gewährten Gesamtbezüge (Gehälter, Gewinnbeteiligungen, Bezugsrechte und sonstige aktienbasierte Vergütungen, Aufwandsentschädigungen, Versicherungsentgelte, Provisionen und Nebenleistungen jeder Art). In die Gesamtbezüge sind auch Bezüge einzurechnen, die nicht ausgezahlt, sondern in Ansprüche anderer Art umgewandelt oder zur Erhöhung anderer Ansprüche verwendet werden. Außer den Bezügen für das Geschäftsjahr sind die weiteren Bezüge anzugeben, die im Geschäftsjahr gewährt, bisher aber in keinem Konzernabschluss angegeben worden sind. Bezugsrechte und sonstige aktienbasierte Vergütungen sind mit ihrer Anzahl und dem beizulegenden Zeitwert zum Zeitpunkt ihrer Gewährung anzugeben; spätere Wertveränderungen, die auf einer Änderung der Ausübungsbedingungen beruhen, sind zu berücksichtigen. Ist das Mutterunternehmen eine börsennotierte Aktiengesellschaft, sind zusätzlich unter Namensnennung die Bezüge jedes einzelnen Vorstandsmitglieds, aufgeteilt nach erfolgsunabhängigen und erfolgsbezogenen Komponenten sowie Komponenten mit langfristiger Anreizwirkung, gesondert anzugeben. Dies gilt auch für Leistungen, die dem Vorstandsmitglied für den Fall der Beendigung seiner Tätigkeit zugesagt worden sind. Hierbei ist der wesentliche Inhalt der Zusagen darzustellen, wenn sie in ihrer rechtlichen Ausgestaltung von den den Arbeitnehmern erteilten Zusagen nicht unerheblich abweichen. Leistungen, die dem einzelnen Vorstandsmitglied von einem Dritten im Hinblick auf seine Tätigkeit als Vorstandsmitglied zugesagt oder im Geschäftsjahr gewährt worden sind, sind ebenfalls anzugeben. Enthält der Konzernabschluss weitergehende Angaben zu bestimmten Bezügen, sind auch diese zusätzlich einzeln anzugeben;
   b) die für die Wahrnehmung ihrer Aufgaben im Mutterunternehmen und den Tochterunternehmen gewährten Gesamtbezüge (Abfindungen, Ruhegehälter, Hinterbliebenenbezüge und Leistungen verwandter Art) der früheren Mitglieder der bezeichneten Organe und ihrer Hinterbliebenen; Buchstabe a Satz 2 und 3 ist entsprechend anzuwenden. Ferner ist der Betrag der für diese Personengruppe gebildeten Rückstellungen für laufende Pensionen und Anwartschaften auf Pensionen und der Betrag der für diese Verpflichtungen nicht gebildeten Rückstellungen anzugeben;
   c) die vom Mutterunternehmen und den Tochterunternehmen gewährten Vorschüsse und Kredite unter Angabe der Zinssätze, der wesentlichen Bedingungen und der gegebenenfalls im Geschäftsjahr zurückgezahlten Beträge sowie die zugunsten dieser Personengruppen eingegangenen Haftungsverhältnisse;
7. der Bestand an Anteilen an dem Mutterunternehmen, die das Mutterunternehmen oder ein Tochterunternehmen oder ein anderer für Rechnung eines in den Konzernabschluß einbezogenen Unternehmens erworben oder als Pfand genommen hat; dabei sind die Zahl und der Nennbetrag oder rechnerische Wert dieser Anteile sowie deren Anteil am Kapital anzugeben;
8. für jedes in den Konzernabschluss einbezogene börsennotierte Unternehmen, dass die nach § 161 des Aktiengesetzes vorgeschriebene Erklärung abgegeben und den Aktionären zugänglich gemacht worden ist;
9. soweit es sich um ein Mutterunternehmen handelt, das einen organisierten Markt im Sinne des § 2 Abs. 5 des Wertpapierhandelsgesetzes in Anspruch nimmt, für den Abschlussprüfer des Konzernabschlusses im Sinne des § 319 Abs. 1 Satz 1, 2 das im Geschäftsjahr als Aufwand erfasste Honorar für
   a) die Abschlussprüfungen,
   b) sonstige Bestätigungs- oder Bewertungsleistungen,
   c) Steuerberatungsleistungen,
   d) sonstige Leistungen, die für das Mutterunternehmen oder Tochterunternehmen erbracht worden sind;
10. für jede Kategorie derivativer Finanzinstrumente, wobei § 285 Satz 2 anzuwenden ist:
    a) *Art und Umfang der Finanzinstrumente,*

Sonstige Pflichtangaben 1–4 §§ 313, 314

  b) der beizulegende Zeitwert der betreffenden Finanzinstrumente, soweit sich dieser gemäß § 285 Satz 3 bis 6 verlässlich ermitteln lässt, unter Angabe der angewandten Bewertungsmethode sowie eines gegebenenfalls vorhandenen Buchwerts und des Bilanzpostens, in welchem der Buchwert erfasst ist;
11. für zu den Finanzanlagen (§ 266 Abs. 2 A. III.) gehörende Finanzinstrumente, die gemäß § 285 Satz 1 Nr. 19 über ihrem beizulegenden Zeitwert ausgewiesen werden, da insoweit eine außerplanmäßige Abschreibung gemäß § 253 Abs. 2 Satz 3 unterblieben ist, wobei § 285 Satz 2 bis 6 entsprechend anzuwenden ist:
  a) der Buchwert und der beizulegende Zeitwert der einzelnen Vermögensgegenstände oder angemessener Gruppierungen sowie
  b) die Gründe für das Unterlassen einer Abschreibung gemäß § 253 Abs. 2 Satz 3 einschließlich der Anhaltspunkte, die darauf hindeuten, dass die Wertminderung voraussichtlich nicht von Dauer ist.

(2) ¹ Mutterunternehmen, die den Konzernabschluss um eine Segmentberichterstattung erweitern (§ 297 Abs. 1 Satz 2), sind von der Angabepflicht gemäß Absatz 1 Nr. 3 befreit. ² Für die Angabepflicht gemäß Absatz 1 Nr. 6 Buchstabe a Satz 5 bis 9 gilt § 286 Abs. 5 entsprechend.

Übersicht

	RdNr.		RdNr.
I. Allgemeine Grundsätze	1–6	1. Einbezogene Unternehmen	23, 24
II. Angaben zu einzelnen Posten der Konzernbilanz und der Konzern-Gewinn- und Verlustrechnung	7, 8	2. Assoziierte Unternehmen	25, 26
		3. Quotenkonsolidierte Unternehmen	27, 28
		4. Sonstige Unternehmensanteile	29, 30
III. Angaben zu den Bilanzierungs- und Bewertungsmethoden (§ 313 Abs. 1 S. 2 Nr. 1)	9–12	VII. Aufstellung über den Anteilsbesitz	31
IV. Angaben zu den Grundlagen der Währungsumrechnung (§ 313 Abs. 1 S. 2 Nr. 2)	13–19	VIII. Schutzklausel bei Nachteilszufügung	32–34
		IX. Sonstige Pflichtangaben (§ 314)	35
V. Angabe der Abweichungen von Bilanzierungs-, Bewertungs- und Konsolidierungsmethoden (§ 313 Abs. 1 S. 2 Nr. 3)	20–22	X. Erläuterung zu den sonstigen Angabepflichten	36–40
		XI. Folgen der Nichtbeachtung	41
VI. Angaben zu den einbezogenen Unternehmen und zu Beteiligungen (§ 313 Abs. 2)	23–30	XII. Änderungen durch das EHUG	42

I. Allgemeine Grundsätze

Der Konzernanhang ist integraler Pflichtbestandteil des Konzernabschlusses. Er bildet mit der Konzernbilanz und der Konzern-GuV eine Einheit. Daher ist es möglich, dass der Gesetzgeber die Option einräumt, Detailinformationen statt in der Bilanz oder in der GuV im Anhang anzugeben. Der Entlastungseffekt wird durch die Vorschrift des § 298 Abs. 3 S. 1, die die Zusammenfassung mit dem Anhang des Mutterunternehmens zulässt, noch verstärkt.³ Größenabhängige Erleichterungen wie für den Anhang im Jahresabschluss gibt es für den Konzernanhang nicht. Der Konzernanhang muss dazu beitragen, dass der Konzernabschluss ein den tatsächlichen Verhältnissen entsprechendes Bild der Vermögens-, Finanz- und Ertragslage wiedergibt. **1**

Die Einheitstheorie ist auch auf den Konzernanhang anzuwenden. Daraus ergibt sich, dass die Angaben nicht durch die Addition der Anhänge der Jahresabschlüsse der Tochterunternehmen entstehen, sondern aus Konzernsicht neu zu erstellen sind. Konzerninterne Beziehungen sind ggf. wegzulassen (zB sonstige finanzielle Verpflichtungen).⁴ **2**

Ein **ausländischer Konzernabschluss** entfaltet befreiende Wirkung für einen deutschen Teilkonzern nur, wenn in ihm ein Konzernanhang enthalten ist. **3**

Die Vorschriften über den **Inhalt des Konzernanhangs** sind Mindestvorschriften. Freiwillige Angaben sind zulässig. Vorjahreszahlen werden nur für die Bilanz und die GuV verlangt. Für Angaben, die originär im Anhang auszuweisen sind, werden sie jedoch häufig freiwillig angegeben. **4**

---

³ *Busse von Colbe/Ordelheide* S. 617.
⁴ *Ellrott* BeBiKo § 313 RdNr. 12.

Dies ist insbesondere für die Vermittlung eines den tatsächlichen Verhältnissen entsprechenden Bildes der Vermögens-, Finanz- und Ertragslage, wenn sich der Konsolidierungskreis geändert hat, wichtig und üblich.[5] Die Grenze der Zulässigkeit zusätzlicher Angaben im Anhang liegt bei der Verletzung der Grundsätze der Klarheit, Übersichtlichkeit und Wesentlichkeit.[6] Über den Wortlaut des Gesetzes hinaus verlangen die DRS die Angabe von Vorjahreszahlen auch im Anhang.[7]

5 Der Konzernanhang hat den allgemeinen Anforderungen an die inhaltliche Gestaltung von Jahresabschlüssen zu genügen. Er ist in deutscher Sprache und in Euro (letztmals für Geschäftsjahre, die spätestens am 31. 12. 2001 enden, ist Deutsche Mark zulässig) aufzustellen. Insbesondere folgende **Grundsätze** sind zu beachten:[8]
– Klarheit und Übersichtlichkeit,
– Vollständigkeit,
– Wahrheit,
– Wesentlichkeit.

6 Die Vorschriften für den Anhang sind nicht ausschließlich in den §§ 313, 314 geregelt. In **anderen Vorschriften** werden zusätzlich Angaben im Anhang gefordert. Handelsrechtlich sind insgesamt drei Gruppen von Angabepflichten im Konzernanhang zu unterscheiden:[9]
– Angabepflichten, die sich unmittelbar aus den Vorschriften der §§ 290 ff. ergeben,
– Angabepflichten aus den §§ 313, 314,
– bestimmte Vorschriften des Anhangs zum Jahresabschluss sind über § 298 Abs. 1 auch für den Konzernanhang relevant.

Darüber hinaus ergeben sich umfangreiche Angabepflichten aus den Rechnungslegungsstandards des DSR. Zur Erläuterung der Angabepflichten verweisen wir auf die Kommentierungen zu den jeweiligen Vorschriften.

II. Angaben zu einzelnen Posten der Konzernbilanz und der Konzern-Gewinn- und Verlustrechnung

7 Aus den §§ 290 ff. ergeben sich direkte Angabepflichten, die die folgende Liste zusammenfasst. Die Angabepflichten sind bereits im Zusammenhang mit den jeweiligen Vorschriften kommentiert worden.

8 Pflichtangaben im Anhang gemäß der §§ 290 bis 312

§ 296 Abs. 3	Verzicht auf die Einbeziehung	Begründung
§ 297 Abs. 2 S. 3	Beeinträchtigung der Vermittlung eines den tatsächlichen Verhältnissen entsprechenden Bildes der Vermögens-, Finanz- und Ertragslage	Angaben
§ 297 Abs. 3 S. 4	Abweichung von der Konsolidierungsmethode des Vorjahres	Angaben und Begründung
§ 297 Abs. 3 S. 5	Einfluss von Abweichungen auf die Vermögens-, Finanz- und Ertragslage	Angaben
§ 298 Abs. 1	Entsprechende Anwendung der Vorschriften über den Anhang zum Jahresabschluss	
§ 299 Abs. 3	Vorgänge von besonderer Bedeutung für die Vermögens-, Finanz- und Ertragslage bei Abweichung der Abschlussstichtage und Verzicht auf Aufstellung eines Zwischenabschlusses bei fehlender Berücksichtigung in der Konzernbilanz und der Konzern-GuV	Angaben
§ 300 Abs. 2 S. 3	Beibehaltung der besonderen Ansatzvorschriften für Versicherungen und Kreditinstitute	Hinweis
§ 301 Abs. 1 S. 4	Wahl der Konsolidierungsmethode	Angabe
§ 301 Abs. 2 S. 2	Zeitpunkt der Erstkonsolidierung	Angabe

---
[5] Ellrott BeBiKo § 313 RdNr. 15.
[6] ADS § 313 RdNr. 45.
[7] Ellrott BeBiKo § 313 RdNr. 15.
[8] ADS § 313 RdNr. 25 ff.
[9] WPH M RdNr. 636.

§ 301 Abs. 3 S. 2	Geschäfts- und Firmenwert bzw. passivischer Unterschiedsbetrag und wesentliche Veränderungen gegenüber dem Vorjahr	Angabe und Erläuterung
§ 301 Abs. 3 S. 3	Verrechnung aktiver und passiver Unterschiedsbeträge aus der Kapitalkonsolidierung	Angabe der verrechneten Beträge
§ 302 Abs. 3	Wahl der Methode der Kapitalkonsolidierung bei Interessenzusammenführung, Veränderungen der Rücklagen, Name und Sitz des Unternehmens	Angabe
§ 308 Abs. 1 S. 3	Abweichungen von den auf den Jahresabschluss des Mutterunternehmens angewandten Bewertungsmethoden	Angabe und Begründung
§ 308 Abs. 2 S. 2	Beibehaltung der besonderen Bewertungsvorschriften für Versicherungen und Kreditinstitute	Hinweis
§ 308 Abs. 2 S. 4	Unterlassen der einheitlichen Bewertung	Angabe und Begründung
§ 310 Abs. 2	Anteilmäßige Konsolidierung	Angaben und ggf. Begründung
§ 312 Abs. 1 S. 4	Methode der Equity-Bewertung	Angabe
§ 312 Abs. 3 S. 2	Zeitpunkt der erstmaligen Anwendung der Equity-Methode	Angabe
§ 312 Abs. 5 S. 2	Unterlassung der Bewertungsanpassungen bei assoziierten Unternehmen	Angabe

III. Angaben zu den Bilanzierungs- und Bewertungsmethoden (§ 313 Abs. 1 S. 2 Nr. 1)

Die Bilanzierungs- und Bewertungsmethoden für die Posten der Konzernbilanz und der Konzern-GuV sind gem. § 313 Abs. 1 S. 2 Nr. 1 im Konzernanhang anzugeben.

Die Angabe der Bilanzierungs- und Bewertungsmethoden beinhaltet nicht eine Erläuterung einzelner Posten der Bilanz und der GuV. Sie dient vielmehr in erster Linie dazu, über die **Ausübung der Wahlrechte** zu informieren. Über die gesetzlichen Vorschriften hinaus verlangen DRS 4.52 ff. (Unternehmenserwerbe im Konzernabschluss), DRS 8.47 ff. (Bilanzierung von Anteilen an assoziierten Unternehmen im Konzernabschluss), DRS 9.20 ff. (Bilanzierung von Anteilen an Gemeinschaftsunternehmen im Konzernabschluss) und DRS 10.39 ff. (Latente Steuern im Konzernabschluss) zusätzliche Angaben und/oder Erläuterungen.

Für den Konzernanhang werden weitgehend dieselben Angaben verlangt wie für den Anhang des Jahresabschlusses (vgl. §§ 284 ff.). Soweit die Bilanzierungs- und Bewertungsmethoden des Konzernabschlusses mit dem Jahresabschluss des Mutterunternehmens übereinstimmen, können die Angaben übernommen werden, wenn nicht ohnehin die Anhangangaben zusammengefasst werden (§ 298 Abs. 3 S. 1).

Neben der Darstellung der Methoden der Bilanzierung und Bewertung sind Angaben darüber erforderlich, ob und inwieweit die **konzerneinheitliche Bilanzierung und Bewertung** (§ 308 Abs. 1 S. 1) verwirklicht ist, ob von den im Jahresabschluss des Mutterunternehmens angewandten Bewertungsmethoden abgewichen wurde (§ 308 Abs. 1 S. 3) und ob die Jahresabschlüsse von einbezogenen Unternehmen abweichende Stichtage haben bzw. ob Zwischenabschlüsse aufgestellt wurden.[10]

IV. Angaben zu den Grundlagen der Währungsumrechnung (§ 313 Abs. 1 S. 2 Nr. 2)

Im Anhang sind die Grundlagen der Währungsumrechnung anzugeben, sofern der Konzernabschluss Posten enthält, die ursprünglich nicht auf Euro lauteten.

Im Konzernabschluss kann sich die Notwendigkeit zur Umrechnung von Fremdwährungsbeträgen aus zwei unterschiedlichen Gegebenheiten ergeben:
1. In den zu konsolidierenden Jahresabschlüssen sind Positionen enthalten, die ursprünglich nicht auf die Währung des Jahresabschlusses lauten.
2. Jahresabschlüsse ausländischer Tochterunternehmen müssen von der Landeswährung des Tochterunternehmens in Euro umgerechnet werden.

---

[10] ADS § 313 RdNr. 58.

15 Die bezüglich der Umrechnung von Fremdwährungspositionen für die Jahresabschlüsse notwendigen Erläuterungen wurden bereits bei der Kommentierung des § 284 mitbehandelt (§ 284). Falls in den Tochterunternehmen **unterschiedliche Methoden** verwandt werden, sind alle wesentlichen Methoden im Anhang des Konzernabschlusses zu erläutern.

16 Die Methode der Umrechnung von Jahresabschlüssen ausländischer Tochterunternehmen zum Zwecke der Einbeziehung in einen deutschen Konzernabschluss ist nicht gesetzlich geregelt. Daher herrscht grundsätzlich Methodenfreiheit, soweit die gewählte Methode mit den GoB vereinbar ist (vgl. § 308).

17 Für die Angabe der Grundlagen der Währungsumrechnung reicht es nicht, nur die Methode zu benennen. Für jede Bilanzposition muss angegeben werden, mit welchem **Kurs** umgerechnet wurde (zB Stichtagskurs, historischer Kurs). Falls mehrere Bilanzpositionen mit dem gleichen Kurs umgerechnet werden, kann die Angabe für sie zusammengefasst werden. Die Umrechnungsgrundsätze sind ebenfalls anzugeben (zB Niederstwertprinzip).[11]

18 Die Behandlung der **Umrechnungsdifferenzen** muss angegeben werden, da dafür mehrere Methoden zur Verfügung stehen.

19 Über wesentliche Auswirkungen erheblicher Wechselkursschwankungen und Besonderheiten, zB bei Töchtern in **Hochinflationsländern,** muss informiert werden.[12] DRS 14.39 g verlangt daneben die Darstellung der Methode nach der Abschlüsse aus Hochinflationsländern umgerechnet werden.

V. Angabe der Abweichungen von Bilanzierungs-, Bewertungs- und Konsolidierungsmethoden (§ 313 Abs. 1 S. 2 Nr. 3)

20 Neben den bereits oben erwähnten Angaben über die Abweichungen von den Bewertungsmethoden, die im Jahresabschluss des Mutterunternehmens angewandt wurden (§ 308 Abs. 1 S. 3), und der Beibehaltung von Bewertungsbesonderheiten bei Kreditinstituten und Versicherungen sind weitere Angaben notwendig, wenn das Stetigkeitsgebot durchbrochen oder sonst von den üblichen Bewertungsmethoden abgewichen wurde.

21 Für Konsolidierungsmaßnahmen sind weiter gehende Angaben notwendig, wenn die Konsolidierungs- oder Bewertungsmethode gewechselt wurde. Dies gilt für alle Teile der Konsolidierung (Kapital, Schulden, Aufwand und Ertrag, Zwischengewinne).

22 Die Abweichungen von den Konsolidierungsmethoden sind zu begründen. Ihre Auswirkung auf die Darstellung der Vermögens-, Finanz- und Ertragslage ist zu erläutern.[13]

DRS 13.29 konkretisiert diese Angabepflichten dahingehend, dass die Auswirkungen aus der Anwendung eines anderen Bilanzierungsgrundsatzes betragsmäßig einzeln für die betreffenden Bilanzposten darzustellen sind. Für die maßgeblichen Posten der Vorjahresabschlüsse sind Proforma-Angaben zu machen und zu erläutern, soweit die Angaben nicht bereits im Abschluss selbst gemacht wurden.

VI. Angaben zu den einbezogenen Unternehmen und zu Beteiligungen (§ 313 Abs. 2)

23 **1. Einbezogene Unternehmen.** Der Anhang des Konzernabschlusses hat eine vollständige Liste der in den Konzernabschluss einbezogenen Tochterunternehmen zu enthalten. Für jedes Tochterunternehmen sind aufzuführen:
– Name,
– Sitz,
– Anteil am Kapital,
– der zur Einbeziehung verpflichtende Sachverhalt, wenn die Einbeziehungspflicht nicht auf der Mehrheit der Stimmrechte beruht.

24 Sofern es Tochterunternehmen gibt, die nach § 296 nicht einbezogen werden, sind die genannten Angaben auch für diese Unternehmen zu machen.

25 **2. Assoziierte Unternehmen.** Für assoziierte Unternehmen, die nach der Equity-Methode bewertet werden, ist im Konzernanhang ebenfalls anzugeben:

---

[11] *Ellrott* BeBiKo § 313 RdNr. 94.
[12] *ADS* § 313 RdNr. 75.
[13] *ADS* § 313 RdNr. 89 f.

– Name,
– Sitz,
– Anteil am Kapital.

Wenn § 311 Abs. 2, der die Nichtanwendung der Equity-Methode auf assoziierte Unternehmen von untergeordneter Bedeutung zulässt, in Anspruch genommen wurde, muss dies angegeben und begründet werden.

3. Quotenkonsolidierte Unternehmen. Unternehmen, die nach § 310 anteilsmäßig in den Konzernabschluss einbezogen sind, sind im Anhang mit folgenden Angaben anzuführen:
– Name,
– Sitz,
– Anteil am Kapital,
– Tatbestand, aus dem sich die Anwendung des § 310 ergibt.

Bezüglich der Tatbestände, aus denen sich die Anwendung des § 310 ergibt, sind die sachlichen und rechtlichen Grundlagen darzulegen. Insbesondere, wenn das Gemeinschaftsunternehmen von mehr als zwei Unternehmen geführt wird, ist die gemeinschaftliche Führung darzulegen.

4. Sonstige Unternehmensanteile. Für alle Unternehmen, an denen der Konzern mindestens 20% der Anteile besitzt, die nicht mit Hilfe der oben genannten Methoden in den Konzernabschluss einbezogen werden, ist eine Liste zu erstellen, die für jedes dieser Unternehmen folgende Angaben enthält:
– Name,
– Sitz,
– Anteil am Kapital,
– Höhe des Eigenkapitals,
– Höhe des Ergebnisses des letzten Geschäftsjahres, für das ein Abschluss aufgestellt worden ist.

Die Angaben sind nicht erforderlich, wenn sie für die Darstellung eines den tatsächlichen Verhältnissen entsprechenden Bildes der Vermögens-, Finanz- und Ertragslage von untergeordneter Bedeutung sind. Das Eigenkapital und das Ergebnis müssen nicht offen gelegt werden, wenn das im Anteilsbesitz stehende Unternehmen seinen Jahresabschluss nicht offen zu legen hat. Diese Erleichterung gilt nur, wenn das Mutterunternehmen weniger als 50% der Anteile innehat.

VII. Aufstellung über den Anteilsbesitz

Statt die in § 313 Abs. 2 geforderten Angaben direkt in den Anhang aufzunehmen, lässt § 313 Abs. 4 eine gesonderte Aufstellung des Anteilsbesitzes zu, die Bestandteil des Anhangs ist und somit denselben Vorschriften unterliegt wie der Anhang. Falls von der Möglichkeit einer Aufstellung über den Anteilsbesitz Gebrauch gemacht wird, muss dies im Anhang vermerkt werden.

VIII. Schutzklausel bei Nachteilszufügung

Gem. § 313 Abs. 3 gestattet das Gesetz für die in § 313 Abs. 2 geforderten Angaben, dass sie unterlassen werden, wenn dem Mutterunternehmen oder einem betroffenen Unternehmen nach vernünftiger kaufmännischer Beurteilung erhebliche Nachteile entstehen können.

Die Schutzklausel bezieht sich ausschließlich auf den Abs. 2, andere für den Anhang geforderte Angaben sind dadurch nicht betroffen. Die Anwendung der Schutzklausel ist im Anhang anzugeben.

Die im Abs. 2 geforderten Angaben dürfen nur insoweit unterlassen werden, als sie speziell einen erheblichen Nachteil erwarten lassen. Die Begründung für die Anwendung der Schutzklausel muss auf jede unterlassene Angabe im Einzelnen zutreffen. Für Geschäftsjahre, die nach dem 31. Dezember 2002 beginnen, ist die Schutzklausel des § 313 Abs. 3 für Mutterunternehmen, die einen organisierten Kapitalmarkt iSv. § 2 Abs. 5 WpHG in Anspruch nehmen oder die Zulassung von Wertpapieren zum Handel an einem derartigen Markt beantragt wurde, nicht mehr anwendbar.

IX. Sonstige Pflichtangaben (§ 314)

35

Abs. 1 Nr. 1	Gesamtbetrag der in der Konzernbilanz ausgewiesenen Verbindlichkeiten mit einer Restlaufzeit von mehr als fünf Jahren, Gesamtbetrag der in der Konzernbilanz ausgewiesenen Verbindlichkeiten, die durch Pfandrechte oder ähnliche Rechte gesichert sind, Angabe von Art und Form der Sicherung
Abs. 1 Nr. 2	Gesamtbetrag der wesentlichen sonstigen finanziellen Verpflichtungen, die nicht in der Konzernbilanz erscheinen und nicht nach § 298 Abs. 1 iVm. § 251 anzugeben sind. Von diesen Beträgen und von den Haftungsverhältnissen nach § 251 sind diejenigen gegenüber nicht in den Konzernabschluss einbezogenen Tochterunternehmen gesondert auszuweisen.
Abs. 1 Nr. 3	Aufgliederung der Umsatzerlöse nach Tätigkeitsbereichen sowie nach geographisch bestimmten Märkten
Abs. 1 Nr. 4	durchschnittliche Zahl der Arbeitnehmer der in den Konzernabschluss nach den Grundsätzen der Vollkonsolidierung einbezogenen Unternehmen, getrennt nach Gruppen, im Geschäftsjahr verursachter Personalaufwand (nur bei Umsatzkostenverfahren), getrennt davon die durchschnittliche Zahl der Arbeitnehmer von quotal konsolidierten Unternehmen
Abs. 1 Nr. 5	aufgehoben
Abs. 1 Nr. 6	jeweils für die Mitglieder des Geschäftsführungsorgans, des Aufsichtsrats, eines Beirats oder einer ähnlichen Einrichtung des Mutterunternehmens: – (a) gewährte Gesamtbezüge einschließlich erworbener Ansprüche, Bezugsrechte mit Anzahl und beizulegendem Zeitwert; für börsennotierte Aktiengesellschaften gelten gem. § 314 Abs. 1, Nr. 6 a S. 5–9 zusätzliche Angabepflichten – (b) gewährte Gesamtbezüge der früheren Mitglieder der genannten Organe und ihrer Hinterbliebenen – (c) gewährte Vorschüsse und Kredite
Abs. 1 Nr. 7	für Anteile an dem Mutterunternehmen, die – das Mutterunternehmen, – ein Tochterunternehmen oder – ein Dritter für Rechnung eines dieser Unternehmen erworben oder als Pfand genommen hat, ist anzugeben: – Zahl, – Nennbetrag und – Anteil am Kapital
Abs. 1 Nr. 8	für in den Konzernabschluss einbezogene börsennotierte Unternehmen: – die Abgabe und Zugänglichmachung der nach § 161 AktG vorgeschriebenen Erklärung
Abs. 1 Nr. 9	für Mutterunternehmen, die einen organisierten Markt in Anspruch nehmen: – das Honorar des Abschlussprüfers für die Abschlussprüfung, sonstige Bestätigungs- oder Bewertungsleistungen etc.
Abs. 1 Nr. 10	für jede Kategorie derivativer Finanzinstrumente: – Art und Umfang der Finanzinstrumente – beizulegender Zeitwert inkl. angewandter Bewertungsmethoden und ggf. Buchwert und Bilanzposten, in dem der Buchwert erfasst ist
Abs. 1 Nr. 11	für zu den Finanzanlagen gehörende Finanzinstrumente, die über ihrem beizulegenden Zeitwert ausgewiesen werden: – Buchwert und beizulegender Zeitwert der einzelnen Vermögensgegenstände oder angemessener Gruppierungen – Gründe für das Unterlassen der Abschreibung
Abs. 2	Mutterunternehmen, die den Konzernabschluss um eine Segmentberichterstattung erweitern, sind von den Angabepflichten gem. Abs. 1 Nr. 3 befreit. Bei börsennotierten Aktiengesellschaften können die Angaben gem. Abs. 1 Nr. 6 a S. 5–9 unterbleiben, wenn dies von der Hauptversammlung beschlossen wird

X. Erläuterung zu den sonstigen Angabepflichten

36 Die Angabepflichten nach § 314 sind zum Teil wörtlich aus § 285 übernommen worden (vgl. § 285).

37 Folgende Erläuterungspflichten aus § 285 sind jedoch in § 314 nicht enthalten, da sie zum Teil für den Konzernabschluss nicht relevant sind:
– Aufgliederung des Gesamtbetrages der Verbindlichkeiten mit einer Restlaufzeit von mehr als 5 Jahren sowie der gesicherten Verbindlichkeiten,
– Belastung der gewöhnlichen Geschäftstätigkeit und des außerordentlichen Ergebnisses mit Ertragsteuern,
– Materialaufwand bei Anwendung des Umsatzkostenverfahrens,

- Mitglieder des Geschäftsführungsorgans und des Aufsichtsrats,
- nicht gesondert ausgewiesene sonstige Rückstellungen,
- Begründung der planmäßigen Abschreibung des Geschäfts- und Firmenwertes,
- Name und Sitz des Mutterunternehmens.

Der Betrag der Verbindlichkeiten mit einer Restlaufzeit von bis zu einem Jahr ist gemäß § 298 **38** Abs. 1 iVm. § 268 Abs. 5 bei den jeweiligen Positionen in der Bilanz anzugeben. Stattdessen kann ein **Konzernverbindlichkeitenspiegel** im Konzernanhang ausgewiesen werden. Die Aufspaltung der Verbindlichkeiten mit einer Restlaufzeit von mehr als fünf Jahren kann freiwillig vorgenommen werden. Maßstab für die Beurteilung der Bedeutung der **sonstigen finanziellen Verpflichtungen** ist der Konzern als wirtschaftliche Einheit. Angaben, die im Anhang eines Tochterunternehmens ausgewiesen sind, können aus Sicht des Konzerns von untergeordneter Bedeutung sein. Allerdings ist zu prüfen, ob der Gesamtbetrag der wegen ihrer untergeordneten Bedeutung in den Jahresabschlüssen der einbezogenen Unternehmen nicht ausgewiesenen Verpflichtungen für den Konzern wesentlich ist.

Die Aufgliederung der **Umsatzerlöse nach Tätigkeitsbereichen** und **geographisch getrennten** **39** Märkten bezieht sich auf die Konzernaußenumsatzerlöse. Die Aufgliederung der Umsatzerlöse setzt voraus, dass Tätigkeitsbereiche und geographische Märkte abgegrenzt werden können, die sich wesentlich voneinander unterscheiden. Die geographische Aufgliederung richtet sich nach den Absatzmärkten. Optional kann der Konzernabschluss gem. § 297 Abs. 1 S. 2 um eine Segmentberichterstattung erweitert werden.

Unter den **Organbezügen** (Abs. 1 Nr. 6) sind die Bezüge, die aktive oder ehemalige Organ- **40** mitglieder für die Wahrnehmung von Aufgaben im Mutterunternehmen und Tochterunternehmen erhalten, auszuweisen. In die Angabe einzubeziehen sind ausschließlich solche Bezüge, die Mitglieder der Organe der Muttergesellschaft beziehen. Nicht relevant sind Bezüge, die Mitglieder für ehemalige Tätigkeiten bei den Tochtergesellschaften erhalten (zB Ruhegehaltsbezüge). Ebenso werden nicht einbezogen Bezüge, die ehemalige Mitglieder der Organe der Muttergesellschaft für eine Tätigkeit bei einer Tochtergesellschaft erhalten.[14] § 314 Abs. 1 Nr. 6a, S. 4 bis 9 sind durch das Vorstandsvergütungs-Offenlegungsgesetz vom 3. 8. 2005 ins Gesetz aufgenommen worden und stimmen vom Wortlaut her mit § 285 S. 1 Nr. 9a S. 4–9 überein. Insoweit wird daher auf die Erläuterungen unter § 285 RdNr. 11 f. verwiesen.

XI. Folgen der Nichtbeachtung

Soweit eine Verletzung der §§ 313, 314 zur Folge hat, dass die Verhältnisse des Konzerns im **41** Konzernlagebericht unrichtig wiedergegeben oder verschleiert werden, wird dies durch § 331 Nr. 2 sanktioniert. Daneben qualifiziert § 334 Abs. 1 Nr. 2f einen Verstoß gegen §§ 313 bzw. 314 als Ordnungswidrigkeit.

XII. Änderungen durch das EHUG

Durch die Neugestaltung der Offenlegungsvorschriften durch das EHUG wurde eine Folgeänderung **42** in § 313 Abs. 4 S. 3 erforderlich. Nachdem die Offenlegung nicht mehr physisch durch Einreichung der erforderlichen Unterlagen zum Handelsregister des Sitzes erfolgt, entfällt die Angabe des Ortes der Hinterlegung.

Neunter Titel. Konzernlagebericht

§ 315[1, 2, 3]

(1) ¹ Im Konzernlagebericht sind der Geschäftsverlauf einschließlich des Geschäftsergebnisses und die Lage des Konzerns so darzustellen, daß ein den tatsächlichen Verhältnissen

---

[14] *Ellrott* BeBiKo RdNr. 64 f.

[1] Abs. 1, Abs. 2 Nr. 2 neu gefasst durch das Gesetz zur Einführung internationaler Rechnungslegungsstandards und zur Sicherung der Qualität der Abschlussprüfung (Bilanzrechtsreformgesetz – BilReG) vom 4. Dezember 2004. Zur erstmaligen Anwendung s. Art. 58 EGHBG. Abs. 1 S. 6 angefügt durch das Transparenzrichtlinie-Umsetzungsgesetz vom 5. Januar 2007. Zur erstmaligen Anwendung s. Art. 62 EGHGB.

[2] Abs. 2 Nr. 4 angefügt druch das Gesetz über die Offenlegung der Vorstandsvergütungen (Vorstandsvergütungs-Offenlegungsgesetz – VorstOG) vom 3. August 2005. Zur erstmaligen Anwendung s. Art 59 EGHGB.

[3] Abs. 4 angefügt durch das Gesetz zur Umsetzung der Richtlinie 2004/25/EG des Europäischen Parlaments und des Rates vom 21. April 2004 betreffend Übernahmeangebote (Übernahmerichtlinie-Umsetzungsgesetz) vom 8. Juli 2006.

§ 315

entsprechendes Bild vermittelt wird. ²Er hat eine ausgewogene und umfassende, dem Umfang und der Komplexität der Geschäftstätigkeit entsprechende Analyse des Geschäftsverlaufs und der Lage des Konzerns zu enthalten. ³In die Analyse sind die für die Geschäftstätigkeit bedeutsamsten finanziellen Leistungsindikatoren einzubeziehen und unter Bezugnahme auf die im Konzernabschluss ausgewiesenen Beträge und Angaben zu erläutern. ⁴Satz 3 gilt entsprechend für nichtfinanzielle Leistungsindikatoren, wie Informationen über Umwelt- und Arbeitnehmerbelange, soweit sie für das Verständnis des Geschäftsverlaufs oder der Lage von Bedeutung sind. ⁵Ferner ist im Konzernlagebericht die voraussichtliche Entwicklung mit ihren wesentlichen Chancen und Risiken zu beurteilen und zu erläutern; zugrunde liegende Annahmen sind anzugeben. ⁶Die gesetzlichen Vertreter eines Mutterunternehmens im Sinne des § 297 Abs. 2 Satz 4 haben zu versichern, dass nach bestem Wissen im Konzernlagebericht der Geschäftsverlauf einschließlich des Geschäftsergebnisses und die Lage des Konzerns so dargestellt sind, dass ein den tatsächlichen Verhältnissen entsprechendes Bild vermittelt wird, und dass die wesentlichen Chancen und Risiken im Sinne des Satzes 5 beschrieben sind.

(2) Der Konzernlagebericht soll auch eingehen auf:
1. Vorgänge von besonderer Bedeutung, die nach dem Schluß des Konzerngeschäftsjahrs eingetreten sind;
2. a) die Risikomanagementziele und -methoden des Konzerns einschließlich seiner Methoden zur Absicherung aller wichtigen Arten von Transaktionen, die im Rahmen der Bilanzierung von Sicherungsgeschäften erfasst werden, sowie
   b) die Preisänderungs-, Ausfall- und Liquiditätsrisiken sowie die Risiken aus Zahlungsstromschwankungen, denen der Konzern ausgesetzt ist,

jeweils in Bezug auf die Verwendung von Finanzinstrumenten durch den Konzern und sofern dies für die Beurteilung der Lage oder der voraussichtlichen Entwicklung von Belang ist;

3. den Bereich Forschung und Entwicklung des Konzerns;
4. die Grundzüge des Vergütungssystems für die in § 314 Abs. 1 Nr. 6 genannten Gesamtbezüge, soweit das Mutterunternehmen eine börsennotierte Aktiengesellschaft ist. ²Werden dabei auch Angaben entsprechend § 314 Abs. 1 Nr. 6 Buchstabe a Satz 5 bis 9 gemacht, können diese im Konzernanhang unterbleiben.

(3) § 298 Abs. 3 über die Zusammenfassung von Konzernanhang und Anhang ist entsprechend anzuwenden.

(4) Mutterunternehmen, die einen organisierten Markt im Sinne des § 2 Abs. 7 des Wertpapiererwerbs- und Übernahmegesetzes durch von ihnen ausgegebene stimmberechtigte Aktien in Anspruch nehmen, haben im Konzernlagebericht anzugeben:
1. die Zusammensetzung des gezeichneten Kapitals; bei verschiedenen Aktiengattungen sind für jede Gattung die damit verbundenen Rechte und Pflichten und der Anteil am Gesellschaftskapital anzugeben;
2. Beschränkungen, die Stimmrechte oder die Übertragung von Aktien betreffen, auch wenn sie sich aus Vereinbarungen zwischen Gesellschaftern ergeben können, soweit sie dem Vorstand des Mutterunternehmens bekannt sind;
3. direkte oder indirekte Beteiligungen am Kapital, die 10 vom Hundert der Stimmrechte überschreiten;
4. die Inhaber von Aktien mit Sonderrechten, die Kontrollbefugnisse verleihen; die Sonderrechte sind zu beschreiben;
5. die Art der Stimmrechtskontrolle, wenn Arbeitnehmer am Kapital beteiligt sind und ihre Kontrollrechte nicht unmittelbar ausüben;
6. die gesetzlichen Vorschriften und Bestimmungen der Satzung über die Ernennung und Abberufung der Mitglieder des Vorstands und über die Änderung der Satzung;
7. die Befugnisse des Vorstands insbesondere hinsichtlich der Möglichkeit, Aktien auszugeben oder zurückzukaufen;
8. wesentliche Vereinbarungen des Mutterunternehmens, die unter der Bedingung eines Kontrollwechsels infolge eines Übernahmeangebots stehen; die Angabe kann unterbleiben, soweit sie geeignet ist, dem Mutterunternehmen einen erheblichen Nachteil zuzufügen; *die Angabepflicht nach anderen gesetzlichen Vorschriften bleibt unberührt;*

9. **Entschädigungsvereinbarungen des Mutterunternehmens, die für den Fall eines Übernahmeangebots mit den Mitgliedern des Vorstands oder Arbeitnehmern getroffen sind.**

Schrifttum: *Kajüter*, Der Entwurf des DRS 5 zur Risikoberichterstattung, WPg 2001, 205; *Weber*, Risikoberichterstattung nach dem E-DRS 5, BB 2001, 140.

Übersicht

	RdNr.		RdNr.
I. Allgemeine Grundsätze	1–7	V. Beurteilung und Erläuterung der voraussichtlichen Entwicklung mit ihren Chancen und Risiken unter Angabe der zugrunde liegenden Annahmen (Abs. 1 S. 5)	11, 11a
II. Angaben zum Geschäftsverlauf einschließlich des Geschäftsergebnisses und zur Lage des Konzerns (Abs. 1 S. 1)	8		
III. Analyse des Geschäftsverlaufs und der Lage des Konzerns unter Angabe und Erläuterung der wesentlichen finanziellen Leistungsindikatoren (Abs. 1 S. 2 und 3)..	9	VI. Weitere Angaben	12, 13
		VII. Zusammenfassung des Konzernlageberichts mit dem Lagebericht des Mutterunternehmens	14
IV. Angaben der nicht finanziellen Leistungsindikatoren, soweit sie für das Verständnis des Geschäftsverlaufs oder der Lage von Bedeutung sind (Abs. 1 S. 4)	10	VIII. Folgen der Nichtbeachtung	15

I. Allgemeine Grundsätze

Neben der Pflicht zur Aufstellung eines Konzernabschlusses beinhaltet der § 290 die **Pflicht** zur Erstellung eines Konzernlageberichts. Damit ist der Konzernlagebericht zwar verpflichtend, jedoch nicht Bestandteil des Konzernabschlusses. 1

Der Inhalt des Konzernlageberichts ist in § 315 geregelt. Um eine Erhöhung der Qualität und der Aussagekraft des Lageberichts zu gewährleisten, hat der Gesetzgeber in den letzten Jahren § 315 mehrfach geändert. Änderungen wurden vorgenommen im Rahmen des Bilanzrechtsreformgesetzes vom 4. 12. 2004, dem Vorstandsvergütungs-Offenlegungsgesetz vom 3. 8. 2005 und dem Übernahmerichtlinie-Umsetzungsgesetz vom 19. 5. 2006.[4] Eine weitere Änderung ist im Rahmen des am 28. 6. 2006 als Regierungsentwurf verabschiedeten Transparenzrichtlinie-Umsetzungsgesetz (TUG) geplant. Im Zuge dieses Gesetzes soll ein sog. Bilanzeid eingeführt werden. Die gesetzlichen Vertreter haben dann zusätzlich zu versichern, dass der Konzernlagebericht zusammen mit dem Konzernjahresabschluss ein den tatsächlichen Verhältnissen entsprechendes Bild von der Lage der Gesellschaft vermittelt. Die Regelungen sollen für Konzerngeschäftsjahre, die nach dem 31. 12. 2006 beginnen, anzuwenden sein. 2

Der DSR hat am 3. 4. 2001 den DRS 5 „Risikoberichterstattung" verabschiedet, der die Berichterstattung über die Risiken der künftigen Entwicklung des Konzerns im Konzernlagebericht regelt. Darüber hinaus wurde im Rahmen des DRS 15 „Lageberichterstattung" (verabschiedet am 7. 12. 2004) eine Konkretisierung der Anforderungen des § 315 vorgenommen. 3

Inhaltlich verlangt § 315, dass der Konzernlagebericht eine Darstellung des Geschäftsverlaufs einschließlich des Geschäftsergebnisses und der Lage des Konzerns unter Beachtung eines den tatsächlichen Verhältnissen entsprechenden Bildes der Vermögens-, Finanz- und Ertragslage beinhaltet. Dabei soll eine ausgewogene und umfassende, dem Umfang und der Komplexität der Geschäftstätigkeit entsprechende Analyse des Geschäftsverlaufs und der Lage des Konzerns vorgenommen werden. Diese Analyse hat auch die für die Geschäftstätigkeit bedeutsamsten finanziellen Leistungsindikatoren einzubeziehen und zu erläutern. Darüber hinaus ist auf nichtfinanzielle Leistungsindikatoren (Informationen über Umwelt- und Arbeitnehmerbelange etc.) einzugehen, soweit sie für das Verständnis des Geschäftsverlaufs oder der Lage von Bedeutung sind. Schließlich ist im Konzernlagebericht die voraussichtliche Entwicklung mit ihren wesentlichen Chancen und Risiken zu beurteilen und zu erläutern. Abs. 2 und 4 listen darüber hinaus weitere Angaben, wobei die Anforderungen gem. Abs. 4 nur für Mutterunternehmen verpflichtend sind, die einen organisierten Markt iSd. § 2 Abs. 7 WpÜG durch von ihnen ausgegebene stimmberechtigte Aktion in Anspruch nehmen. 4

Die gesetzlichen Bestimmungen des § 315 beziehen sich auf den **Konzern als Gesamtheit**. Der Geschäftsverlauf kann daher erheblich von dem des Mutterunternehmens abweichen, wenn das Mutterunternehmen in großem Umfang eigene Geschäftstätigkeit hat. Die Darstellung des Konzerns 5

---

[4] Bzgl. den Einzelheiten vgl. die Erläuterungen unter § 289 RdNr. 3.

als Gesamtheit erfordert auch die Berücksichtigung von nicht in den Konzernabschluss einbezogenen Unternehmen.

6 Der Inhalt des Lageberichts wird durch die Vorschriften des § 315 nur in seinem **minimalen Umfang** definiert. Weitere Informationen dürfen hinzugefügt werden. Allerdings müssen die Grundsätze der Vollständigkeit, Wahrheit und Übersichtlichkeit gewahrt bleiben. Die freiwilligen Angaben, soweit sie Teil des Lageberichts sind, unterliegen der Prüfungspflicht nach § 316.

7 Der Lagebericht wird häufig als Teil des Geschäftsberichts in gedruckter Form von den Unternehmen veröffentlicht. In dieser gedruckten Fassung dürfen weder im Konzernabschluss noch im Lagebericht Angaben gemacht werden, die nicht der Prüfung unterlegen haben.[5]

II. Angaben zum Geschäftsverlauf einschließlich des Geschäftsergebnisses und zur Lage des Konzerns (Abs. 1 S. 1)

8 Analog zum Lagebericht der Kapitalgesellschaft (vgl. § 289) verlangt § 315 Abs. 1 die Berichterstattung über den **Geschäftsverlauf einschließlich des Geschäftsergebnisses und die Lage** des Konzerns. Zur Information über die Geschäftsentwicklung im Konzerngeschäftsjahr gehören zum Beispiel:
- Entwicklung der Erlöse und Aufwendungen,
- Entwicklung der Beschaffungsbereiche,
- Fortschritte bei Rationalisierungsvorhaben,
- Auslastungsgrad, Beschäftigungsniveau.

Bzgl. weiterer Einzelheiten wird auf die Erläuterungen zum Lagebericht unter § 289 RdNr. 15 f. verwiesen.

III. Analyse des Geschäftsverlaufs und der Lage des Konzerns unter Angabe und Erläuterung der wesentlichen finanziellen Leistungsindikatoren (Abs. 1 S. 2 und 3)

9 Vom Wortlaut her stimmt § 315 Abs. 2 und 3 mit § 289 Abs. 2 und 3 überein. Es wird daher auf die Erläuterungen unter § 289 RdNr. 17 ff. verwiesen, die entsprechend gelten.

IV. Angaben der nicht finanziellen Leistungsindikatoren, soweit sie für das Verständnis des Geschäftsverlaufs oder der Lage von Bedeutung sind (Abs. 1 S. 4)

10 § 315 Abs. 1 S. 4 verlangt zusätzlich zur Berücksichtigung von finanziellen Leistungsindikatoren, die Angabe und Erläuterung von nicht finanziellen Leistungsindikatoren, soweit sie für das Verständnis des Geschäftsverlauf oder der Lage des Konzerns von Bedeutung sind. Als nicht finanzielle Leistungsindikatoren nennt das Gesetz beispielhaft Informationen zu Umwelt- und Arbeitnehmerbelangen. Vom Wortlaut her stimmt Abs. 1 S. 4 überein mit § 289 Abs. 3, der allerdings nur für große Kapitalgesellschaften gilt. Bzgl. weiterer Erläuterungen wird daher auf § 289 RdNr. 41 verwiesen.

V. Beurteilung und Erläuterung der voraussichtlichen Entwicklung mit ihren Chancen und Risiken unter Angabe der zugrunde liegenden Annahmen (Abs. 1 S. 5)

11 Im Rahmen des KonTraG wurden die gesetzlichen Regelungen zum Konzernlagebericht um die Vorschrift erweitert, dass bei der Darstellung des Geschäftsverlaufs und der Lage des Konzerns „auch auf die **Risiken der künftigen Entwicklung** einzugehen" ist. Zur Konkretisierung dieser Vorschrift hat der DSR den DRS 5 „Risikoberichterstattung" veröffentlicht, der nach DRS 5.3 für alle Mutterunternehmen gilt, die gem. Abs. 1 S. 5 zu berichten haben. Mit der Einführung des BilReG ist die gesetzestechnische Trennung der Berichtselemente „voraussichtliche Entwicklung" und „Risikoberichterstattung" aufgegeben worden und die Berichterstattung über die Chancen und die zugrunde liegenden Annahmen ergänzt worden. Vom Wortlaut her stimmt Abs. 1 S. 5 überein mit § 289 Abs. 1 S. 4. Die dortigen Erläuterungen gelten für den Konzernlagebericht entsprechend (vgl. § 289 RdNr. 20 ff.).

11a Durch das TUG wurde Abs. 1 um Satz 6 ergänzt. Danach haben die gesetzlichen Vertreter des Mutterunternehmens mit Wirkung für Geschäftsjahre, die nach dem 31. Dezember 2006 beginnen, eine Versicherung abzugeben, dass im Konzernlagebericht nach bestem Wissen der Geschäftsverlauf einschließlich des Geschäftsergebnisses und die Lage des Konzerns so dargestellt sind, dass ein den

---

[5] Busse von Colbe/Ordelheide S. 637.

tatsächlichen Verhältnissen entsprechendes Bild vermittelt wird und dass die wesentlichen Chancen und Risiken im Sinne von § 315 Abs. 1 Satz 5 beschrieben sind.

VI. Weitere Angaben

Obwohl Abs. 2 als Sollvorschrift formuliert ist, sind die dort geforderten folgenden Informationen **Pflichtangaben:**
- Vorgänge von besonderer Bedeutung, die nach dem Schluss des Konzerngeschäftsjahres eingetreten sind,
- Risikomanagementziele und -methoden des Konzerns einschließlich seiner Methoden zur Absicherung aller wichtigen Arten von Transaktionen, die im Rahmen der Bilanzierung von Sicherungsgeschäften erfasst werden, sowie Preisänderungs-, Ausfall- und Liquiditätsrisiken sowie die Risiken aus Zahlungsstromschrankungen, denen der Konzern ausgesetzt ist, jeweils in Bezug auf die Verwendung von Finanzinstrumenten durch den Konzern und sofern dies für die Beurteilung der Lage oder der voraussichtlichen Entwicklung von Belang ist,
- Ausführungen zum Bereich Forschung und Entwicklung des Konzerns,
- Grundzüge des Vergütungssystems für die in § 314 Abs. 1 Nr. 6 genannten Gesamtbezüge, soweit das Mutterunternehmen eine börsennotierte Aktiengesellschaft ist.

Bei der Abwägung, was und in welchem Umfang berichtet werden soll, ist zu beachten, dass der Konzern als Gesamtheit Gegenstand der Information ist und dass die Wesentlichkeit aus Konzernsicht zu beurteilen ist.

Darüber hinaus haben Mutterunternehmen gem. Abs. 4, die durch von ihnen ausgegebene stimmberechtigte Aktien einen organisierten Markt iS d. § 2 Abs. 7 WpÜG in Anspruch nehmen, folgende **zusätzliche Pflichtangaben** zu machen:
- Zusammensetzung des gezeichneten Kapitals,
- Beschränkungen, die Stimmrechte oder die Übertragung von Aktien betreffen, auch wenn sie sich aus Vereinbarungen zwischen Gesellschaftern ergeben können, soweit sie dem Vorstand des Mutterunternehmens bekannt sind,
- direkte oder indirekte Beteiligungen am Kapital, die 10 von Hundert der Stimmrechte überschreiten,
- Inhaber von Aktien mit Sonderrechten, die Kontrollbefugnisse verleihen; die Sonderrechte sind zu beschreiben,
- gesetzliche Vorschriften und Bestimmungen der Satzung über die Ernennung und Abberufung der Mitglieder des Vorstands und über die Änderung der Satzung,
- Befugnisse des Vorstands insbesondere hinsichtlich der Möglichkeit, Aktien auszugeben oder zurückzukaufen,
- wesentliche Vereinbarungen des Mutterunternehmens, die unter der Bedingung eines Kontrollwechsels infolge eines Übernahmeangebots stehen; die Angaben können unterbleiben, soweit sie geeignet ist, dem Mutterunternehmen eine erheblichen Nachteil zuzufügen,
- Entschädigungsvereinbarungen des Mutterunternehmens, die für den Fall eines Übernahmeangebots mit den Mitgliedern des Vorstands oder Arbeitnehmern getroffen sind.

VII. Zusammenfassung des Konzernlageberichts mit dem Lagebericht des Mutterunternehmens

Der Konzernlagebericht und der Lagebericht des Mutterunternehmens dürfen **zusammengefasst** werden. Dies setzt voraus, dass der Jahresabschluss des Mutterunternehmens und der Konzernabschluss **gemeinsam offen gelegt** werden. Wiederholungen, Doppelangaben und Überschneidungen werden damit vermieden. Auf die jeweiligen Besonderheiten für das Mutterunternehmen und den Konzern ist einzugehen.

VIII. Folgen der Nichtbeachtung

Eine Verletzung des § 315 kann den Tatbestand der §§ 331 Nr. 2, 334 Abs. 1, Nr. 4, 335 S. 1 Nr. 2 bzw. 335 a S. 1 Nr. 1 verwirklichen. Abhängig von der Zwecksetzung der einzelnen Norm sind daran unterschiedliche Rechtsfolgen geknüpft (Strafe, Bußgeld, Zwangsgeld, Ordnungsgeld).[6]

---

[6] *Ellrott* BeBiKo RdNr. 38.

Zehnter Titel. Konzernabschluss nach internationalen Rechnungslegungsstandards

§ 315 a[1, 2]

(1) Ist ein Mutterunternehmen, das nach den Vorschriften des Ersten Titels einen Konzernabschluss aufzustellen hat, nach Artikel 4 der Verordnung (EG) Nr. 1606/2002 des Europäischen Parlaments und des Rates vom 19. Juli 2002 betreffend die Anwendung internationaler Rechnungslegungsstandards (ABl. EG Nr. L 243 S. 1) in der jeweils geltenden Fassung verpflichtet, die nach den Artikeln 2, 3 und 6 der genannten Verordnung übernommenen internationalen Rechnungslegungsstandards anzuwenden, so sind von den Vorschriften des Zweiten bis Achten Titels nur § 294 Abs. 3, § 297 Abs. 2 Satz 4, § 298 Abs. 1, dieser jedoch nur in Verbindung mit den §§ 244 und 245, ferner § 313 Abs. 2 bis 4, § 314 Abs. 1 Nr. 4, 6, 8 und 9, Abs. 2 Satz 2 sowie die Bestimmungen des Neunten Titels und die Vorschriften außerhalb dieses Unterabschnitts, die den Konzernabschluss oder den Konzernlagebericht betreffen, anzuwenden.

(2) Mutterunternehmen, die nicht unter Absatz 1 fallen, haben ihren Konzernabschluss nach den dort genannten internationalen Rechnungslegungsstandards und Vorschriften aufzustellen, wenn für sie bis zum jeweiligen Bilanzstichtag die Zulassung eines Wertpapiers im Sinne des § 2 Abs. 1 Satz 1 des Wertpapierhandelsgesetzes zum Handel an einem organisierten Markt im Sinne des § 2 Abs. 5 des Wertpapierhandelsgesetzes im Inland beantragt worden ist.

(3) [1] Mutterunternehmen, die nicht unter Absatz 1 oder 2 fallen, dürfen ihren Konzernabschluss nach den in Absatz 1 genannten internationalen Rechnungslegungsstandards und Vorschriften aufstellen. [2] Ein Unternehmen, das von diesem Wahlrecht Gebrauch macht, hat die in Absatz 1 genannten Standards und Vorschriften vollständig zu befolgen.

Schrifttum: *Engelmann/Zülch*, Pflicht zur Aufstellung eines IFRS-Konzernabschlusses trotz nach HGB unwesentlicher Tochterunternehmen?, DB 2006, 293; *Knorr/Buchheim/Schmidt*, Konzernrechnungslegungspflicht und Konsolidierungskreis – Wechselwirkung und Folgen für die Verpflichtung zur Anwendung der IFRS, BB 2005, 2399; *Küting/Gattung/Kessler*, Zweifelsfragen zur Konzernrechnungslegungspflicht in Deutschland, DStR 2006, 529 bzw. 579.

Übersicht

	RdNr.		RdNr.
I. Allgemeine Grundsätze	1–7	3. Geregelter Markt	11, 12
1. Überblick	1–3	4. Wertpapier	13, 14
2. Voraussetzungen	4–7	5. Anzuwendende Vorschriften	15, 16
II. Konzernabschluss nach internationalen Rechnungslegungsstandards	8–16	III. Übergangsbestimmungen und befristete Weitergeltung des § 292 a	17, 18
1. Kapitalmarktorientiertes Mutterunternehmen	8	IV. Folgen der Nichtbeachtung	19
2. Aufstellungspflicht	9, 10		

I. Allgemeine Grundsätze

1 **1. Überblick.** § 315 a löst den **zeitlich befristeten § 292 a** ab. Letztmalig ist § 292 a auf das Geschäftsjahr anzuwenden, das spätestens am 31. 12. 2004 endet.[3] Der Gesetzgeber ging davon aus, dass bis zu diesem Zeitpunkt die Aufgabe der Anpassung der deutschen Konzernrechnungslegung an internationale Standards, die vom dafür eingerichteten privaten, nationalen Standardsetter DRSC wahrgenommen wird, weitgehend erfüllt ist. Im Zusammenhang mit den Bestrebungen, eine

---

[1] Eingefügt durch das Gesetz zur Einführung internationaler Rechnungslegungsstandards und zur Sicherung der Qualität der Abschlussprüfung (Bilanzrechtsreformgesetz – BilReG) vom 4. Dezember 2004. Zur erstmaligen Anwendung s. Art. 58 EGHGB.
[2] Abs. 1 geändert durch das Erste Gesetz über die Bereinigung von Bundesrecht im Zuständigkeitsbereich des Bundesministeriums der Justiz vom 19. April 2006 sowie durch das Transparenzrichtlinie-Umsetzungsgesetz vom 5. Januar 2007. Zur erstmaligen Anwendung s. Art. 62 EGHGB.
[3] Zu den Übergangsbestimmungen vgl. RdNr. 17 f.

Harmonisierung der internationalen Konzernrechnungslegung zu erreichen, haben das Europäische Parlament und der Rat per 19. 7. 2002 eine Verordnung beschlossen[4] (sog. EU-IAS-VO), die alle Unternehmen mit Sitz in der EU unmittelbar verpflichtet, **Konzernabschlüsse ab 2005 unter Anwendung der IFRS** aufzustellen, wenn diese Unternehmen den öffentlichen Kapitalmarkt durch Ausgabe von Anteilen oder Anleihen in Anspruch nehmen. Der deutsche Gesetzgeber hat dieser Verordnung im Rahmen des Bilanzrechtsreformgesetzes (BilReG) Rechnung getragen und § 315 a ins HGB aufgenommen. Diese Bestimmung regelt explizit, dass kapitalmarktorientierte Mutterunternehmen, die dem Recht eines Mitgliedstaates unterliegen, für Geschäftsjahr, die am oder nach dem 1. 1. 2005 beginnen, ihren Konzernabschluss nach internationalen Rechnungslegungsstandards zu erstellen haben.

Daneben konkretisiert die Vorschrift die EU-IAS-VO im Hinblick auf die eingeräumten **Wahlrechte,** die den Mitgliedstaaten durch Art. 5 der Verordnung eingeräumt wurden. Im Einzelnen eröffnet Art. 5 nachfolgende Wahlrechte:
– Ausdehnung der IFRS-Pflicht bei kapitalmarktorientierten Unternehmen auch auf den Einzelabschluss (keine Umsetzung ins HGB)
– Ausdehnung der IFRS-Pflicht bei nicht-kapitalmarktorientierten Unternehmen auch auf den Einzelabschluss und/oder Konzernabschluss (im Rahmen des § 315 a Abs. 2 und Abs. 3 teilweise umgesetzt)

Weitere Wahlrechte ergeben sich aus Art. 9 der EU-IAS-VO im Hinblick auf mögliche Übergangsbestimmungen.

Im Rahmen des BilReG wurde auch § 11 Abs. 6 S. 1 Nr. 2 **PublG** geändert. Diese Vorschrift bestimmt, dass § 315 a im Anwendungsbereich des PublG sinngemäß gilt. Daraus folgt, dass alle kapitalmarktorientierten Mutterunternehmen, die keine Kapitalgesellschaft sind, aber einen Konzernabschluss nach PublG erstellen müssen und vom Rechtsformbegriff der EU-IAS-VO erfasst werden, einen Konzernabschluss nach internationalen Rechnungslegungsvorschriften aufzustellen haben. Nicht vom Rechtsformbegriff der EU-IAS-VO erfasst, sind Mutterunternehmen in der Rechtsform eines Einzelkaufmanns bzw. einer Stiftung.[5]

2. Voraussetzungen. § 315 a Abs. 1 begründet die **Verpflichtung für kapitalmarktorientierte Mutterunternehmen,** einen Konzernabschluss nach IFRS aufzustellen, wenn das Mutterunternehmen nach den Vorschriften des Ersten Titels (§§ 290–293) einen Konzernabschluss aufzustellen hat. Darüber hinaus stellt § 315 a Abs. 1 klar, welche Vorschriften zur Erstellung eines Konzernabschlusses heranzuziehen sind. Dies sind zum einen die in das EU-Recht transformierten IFRS und zum anderen eine Reihe von explizit benannten HGB-Vorschriften, die unter anderem ergänzend zu den IFRS eine Pflicht zur Erstellung eines Konzernlageberichts statuieren.

Durch § 315 a Abs. 2 hat der deutsche Gesetzgeber sein in Art. 5 lit. B der EU-IAS-VO eingeräumtes Mitgliedstaatenwahlrecht ausgeübt und **über den Kreis der Pflichtanwender hinaus** die verbindliche Anwendung der IFRS auf Mutterunternehmen ausgeweitet, die bis zum jeweiligen Bilanzstichtag die Zulassung eines Wertpapiers zum Handel an einem inländischen, organisierten Markt gem. § 2 Abs. 5 WpHG beantragt haben.

Daneben räumt § 315 a Abs. 3 S. 1 Mutterunternehmen, die nicht von Abs. 1 bzw. 2 erfasst werden, ein **Wahlrecht** ein, die in Abs. 1 genannten internationalen Rechnungslegungsstandards im Hinblick auf die Erstellung eines Konzernabschlusses freiwillig anzuwenden. Macht ein Mutterunternehmen allerdings von diesem Wahlrecht Gebrauch, hat es nach S. 2 sämtliche Vorschriften und ins EU-Recht transformierte Standards zu beachten.

Mutterunternehmen, die nach § 315 a Abs. 1 bzw. 2 zur Aufstellung eines Konzernabschlusses nach IFRS verpflichtet sind, bzw. gem. § 315 a Abs. 3 freiwillig einen Konzernabschluss entsprechend internationaler Vorschriften aufstellen, sind von der **Aufstellungspflicht nach HGB befreit.**[6]

II. Konzernabschluss nach internationalen Rechnungslegungsstandards

1. Kapitalmarktorientiertes Mutterunternehmen. Die Pflicht zur Aufstellung eines Konzernabschlusses entsprechend den IFRS knüpft das Gesetz an die Kapitalmarktorientierung des Mutterunternehmens an. Bzgl. der Definition des Begriffs nimmt der deutsche Gesetzgeber unmittelbar

---

[4] Verordnung Nr. 1606/2002 des Europäischen Parlaments und des Rates vom 19. 7. 2002 betreffend die Anwendung internationaler Rechnungslegungsstandards, ABl. EG Nr. L 243 S. 1.
[5] *Hoyos/Ritter-Thiele* BeBiKo RdNr. 20.
[6] *Küting/Gattung/Kessler* DStR 2006, 579.

Bezug auf die zugrunde liegende Richtlinie (anders als zB in den §§ 293 Abs. 5, 313 Abs. 3 S. 3, § 315 Abs. 4 bei denen die Definition der Kapitalmarktorientierung durch einen Verweis auf § 2 Abs. 5 WpHG bzw. § 2 Abs. 7 WpÜG geregelt wurde). **Kapitalmarktorientiert** iSd. EU-IAS-VO ist ein Mutterunternehmen, wenn es Wertpapiere ausgegeben hat, die am Abschlussstichtag zum Handel an einem geregelten Markt in einem Mitgliedstaat zugelassen sind.[7] Im Gegensatz zum früheren § 292a ist im Rahmen des § 315a ein Mutterunternehmen nicht zur Aufstellung eines Konzernabschlusses entsprechend IFRS verpflichtet, wenn ausschließlich ein Tochterunternehmen Wertpapiere emittiert hat.[8]

9   **2. Aufstellungspflicht.** Die Frage, ob ein Unternehmen zur Aufstellung eines Konzernabschlusses verpflichtet ist, überlässt die EU-IAS-VO den jeweiligen nationalen Gesetzgebern. In § 315a Abs. 1 hat dies der deutsche Gesetzgeber dahingehend geregelt, dass sich die **Pflicht zur Aufstellung eines Konzernabschlusses nach den §§ 290–293** bestimmt. § 290 knüpft die Pflicht zur Konzernrechnungslegung an die Existenz eines Mutter-Tochter-Verhältnisses zwischen zwei Unternehmen an, was durch § 290 Abs. 1 bzw. 2 über das Konzept der einheitlichen Leitung bzw. der Control-Konzept konkretisiert wird. Inhaltlich ist dies allerdings nicht deckungsgleich mit den Regelungen, die sich in IAS 27 bzw. SIC 12 wieder finden,[9] so dass es in Einzelfällen wie zB bei der Konsolidierung von Zweckgesellschaften zu Abweichung kommen kann.[10] Aufgrund der Tatsache, dass es allein dem nationalen Gesetzgeber überlassen wurde, zu bestimmen unter welchen Voraussetzungen eine Pflicht zur Konzernrechnungslegung besteht, gehen in einem derartigen Fall die §§ 290–293 dem IAS 27 bzw. SIC 12 vor.

10 Die Pflicht zur Aufstellung eines IFRS-Konzernabschlusses hat der Gesetzgeber lediglich durch einen Verweis auf die §§ 290–293 regelt. Es wird **kein Bezug auf die §§ 294, 296** genommen. Vor diesem Hintergrund stellt sich die Frage, ob ein kapitalmarktorientiertes Unternehmen, das nur über Tochtergesellschaften von untergeordneter Bedeutung gem. § 296 Abs. 2 verfügt, zur Erstellung eines IFRS-Konzernabschlusses verpflichtet ist. Die herrschende Meinung verneint dies und verlangt nur die Aufstellung eines HGB-Einzelabschlusses mangels konsolidierungspflichtiger Tochterunternehmen.[11]

11 **3. Geregelter Markt.**[12] Art. 4 der Richtlinie 2004/39/EG definiert einen **„geregelten Markt"** als „ein von einem Marktbetreiber betriebenes und/oder verwaltetes multilaterales System, das die Interessen einer Vielzahl Dritter am Kauf und Verkauf von Finanzinstrumenten innerhalb des Systems und nach seinen nichtdiskretionären Regeln in einer Weise zusammenführt oder das Zusammenführen fördert, die zu einem Vertrag in Bezug auf Finanzinstrumente führt, die gemäß den Regeln und/oder den Systemen des Marktes zum Handel zugelassen wurden, sowie eine Zulassung erhalten hat und gemäß den Bestimmungen des Titels III funktioniert".[13] Im Amtsblatt der Europäischen Union wird einmal jährlich eine Liste mit denjenigen Märkten veröffentlicht, die seitens des jeweiligen Mitgliedstaates entsprechend der Definition als „geregelter Markt" einstuft wurden. In Deutschland fallen unter den Begriff des „geregelten Marktes" neben dem amtlichen Handel und dem geregelten Markt der jeweiligen deutschen Börsen auch die Terminbörse Eurex Deutschland und der Start Up Market der Hamburger Börse, nicht jedoch der Freiverkehr gem. § 57 BörsG.[14]

12 Im Gegensatz zur EU-IAS-VO, die den Begriff des „geregelten Marktes" verwendet, nimmt § 315a Abs. 2 auf den **„organisierten Markt iSd. § 2 Abs. 5 WpHG"** Bezug. Aus dieser terminologischen Unterscheidung ergibt sich allerdings keine inhaltliche Unterscheidung.[15]

13 **4. Wertpapier.** Die EU-IAS-VO definiert den Begriff des Wertpapiers nicht. Mittelbar ist der Verordnung allerdings zu entnehmen, dass unter **Wertpapieren iSd. EU-IAS-VO** nachfolgende Papiere zu verstehen sind:[16]
— Aktien und andere, Aktien oder Anteile an Gesellschaften, Personengesellschaften oder anderen Rechtspersönlichkeiten gleichzustellende Wertpapiere sowie Aktienzertifikate;

---

[7] *WPH* N RdNr. 2.
[8] *Hoyos/Ritter-Thiele* BeBiKo RdNr. 11; *WPH* N RdNr. 7.
[9] *Küting/Gattung/Kessler* DStR 2006, 581.
[10] *Hoyos/Ritter-Thiele* BeBiKo RdNr. 5.
[11] Zur Argumentation vgl. *Engelmann/Zülch* DB 2006, 293 ff., siehe auch *Küting/Gattung/Kessler* DStR 2006, 529 ff. bzw. 579 ff.; aA *Knorr/Buchheim/Schmidt* BB 2005, 2399 ff.
[12] Betreffend die Definition des Begriffs verweist die EU-IAS-VO auf die Richtlinie 93/22/EWG, die per 30. 4. 2006 durch die Richtlinie 2004/39/EG abgelöst wurde.
[13] Richtlinie 2004/39/EG des Europäischen Parlaments und des Rates vom 21. 4. 2004 über Märkte für Finanzinstrumente.
[14] *Hoyos/Ritter-Thiele* BeBiKo RdNr. 5; *WPH* N RdNr. 4.
[15] *WPH* N RdNr. 4; siehe auch *Hoyos/Ritter-Thiele* BeBiKo § 291 RdNr. 37.
[16] *WPH* N RdNr. 5 unter Bezugnahme auf Art. 4 Nr. 18 der Richtlinie 2004/39/EG.

Konzernabschluss nach IFRS 14–18 § 315 a

– Schuldverschreibungen oder andere verbriefte Schuldtitel, einschließlich Zertifikate (Hinterlegungsscheinen) für solche Wertpapiere;
– alle sonstigen Wertpapiere, die zum Kauf oder Verkauf solcher Wertpapiere berechtigen oder zu einer Barzahlung führen, die anhand von übertragbaren Wertpapieren, Währungen, Zinssätzen oder -erträgen, Waren oder anderen Indizes oder Messgrößen bestimmt wird.

§ 315 a Abs. 2 nimmt zur Definition des Begriffs „Wertpapier" Bezug auf das WpHG. **Wertpapiere gem. § 2 Abs. 1 S. 1 WpHG** sind, auch wenn für sie keine Urkunden ausgestellt sind, 14
– Aktien, Zertifikate, die Aktien vertreten, Schuldverschreibungen, Genussscheine, Optionsscheine und
– andere Wertpapiere, die mit Aktien oder Schuldverschreibungen vergleichbar sind,
wenn sie an einem Markt gehandelt werden können. Wertpapiere sind auch Anteile an Investmentvermögen, die von einer Kapitalanlagegesellschaft oder einer ausländischen Investmentgesellschaft ausgegeben werden.

5. Anzuwendende Vorschriften. Gem. § 315 a Abs. 1 hat ein Unternehmen, das zur Aufstellung des Konzernabschlusses nach **internationalen Rechnungslegungsvorschriften** verpflichtet ist, die nach den Art. 2, 3 und 6 der EU-IAS-VO übernommenen internationalen Rechnungslegungsstandards anzuwenden. Für die Erstellung bzw. Fortentwicklung der IFRS ist das International Accounting Standards Board (IASB) verantwortlich. Gesetzeswirkung im Bereich der Mitgliedstaaten erlangen die IFRS allerdings erst nachdem sie im Rahmen eines sog. Komitologieverfahrens ins EU-Recht übernommen wurden. Per Stand 31. 7. 2006 steht derzeit nur die Übernahme nachfolgender Interpretationen ins EU-Recht aus: 15
– IFRIC 10
– IFRIC 9
– IFRIC 8
Mit einer baldigen Übernahme dieser IFRIC ist zu rechnen.

Ergänzend zur Anwendung der IFRS hat ein Mutterunternehmen bei der Aufstellung eines IFRS-Konzernabschlusses auch die in § 315 a Abs. 1 abschließend aufgezählten **HGB-Vorschriften** zu befolgen. Im Einzelnen sind dies: 16
– § 294 Abs. 3: Vorlage- und Auskunftspflichten der Tochterunternehmen gegenüber dem Mutterunternehmen
– § 297 Abs. 2 S. 4: Bilanzeid
– § 298 Abs. 1 iVm. §§ 244, 245: Aufstellung des Konzernabschlusses in deutscher Sprache und Euro und Pflicht zur Unterzeichnung
– § 313 Abs. 2–4: Angaben zum Konzern
– § 314 Abs. 1 Nr. 4, 6, 8 und 9: Mitarbeiterzahlen, Organbezüge etc., Abgabeerklärung gem. § 161 AktG; Angaben zum Honorar des Abschlussprüfers
– § 314 Abs. 2 S. 2:[17] Unterlassen von Angaben bei börsennotierter AG
– § 315: Aufstellung eines Konzernlagebericht
– sämtliche Vorschriften außerhalb des Zweiten Unterabschnitts, die den Konzernabschluss oder den Konzernlagebericht betreffen.

III. Übergangsbestimmungen und befristete Weitergeltung des § 292 a

Gem. Art. 58 Abs. 3 S. 1 EGHGB finden **§ 315 a Abs. 1 und 3** in der Fassung des BilReG erstmals auf nach dem 31. 12. 2004 beginnende Geschäftsjahre Anwendung. **§ 315 a Abs. 2** ist gem. Art. 58 Abs. 3 S. 2 erstmals bei Geschäftsjahren zu berücksichtigen, die nach dem 31. 12. 2006 beginnen. 17

Gem. Art. 58 Abs. 3 S. 4 ist **§ 292 a** letztmals auf das vor dem 1. 1. 2005 beginnende Geschäftsjahr anwendbar. Darüber hinaus dehnt Art. 58 Abs. 3 S. 5 die Anwendbarkeit des § 292 a auch auf Mutterunternehmen aus, die keinen organisierten Markt gem. § 2 Abs. 5 WpHG in Anspruch nehmen. Diese können § 292 a für Geschäftsjahre anwenden, die nach dem 31. 12. 2002 und vor dem 1. 1. 2005 beginnen. Ausnahmsweise können gem. Art. 58 Abs. 5 S. 2 EGHGB Mutterunternehmen § 292 a noch auf Geschäftsjahre anwenden, die vor dem 1. 1. 2007 beginnen, wenn alternativ nachfolgende Voraussetzungen erfüllt sind: 18

---

[17] Verweis auf § 314 Abs. 2 S. 2 eingefügt durch Erstes Gesetz über die Bereinigung von Bundesrecht im Zuständigkeitsbereich des Bundesministeriums der Justiz; gem. Art. 59 S. 2 EGHGB erstmals auf Konzernabschlüsse anzuwenden für das nach dem 31. 12. 2005 beginnende Geschäftsjahr.

Wiedmann

— das Mutterunternehmen hat lediglich Schuldtitel zum Handel in einem geregelten Markt eines Mitgliedstaats der Europäischen Union oder eines anderen Vertragsstaats des Abkommens über den Europäischen Wirtschaftsraum zugelassen, oder
— Wertpapiere in einem Drittstaat zugelassen und zu diesem Zweck seit dem Geschäftsjahr, das vor dem 11. 9. 2002 begann, international anerkannte Rechnungslegungsstandards angewendet (zB ein an der SEC gelistetes Mutterunternehmen, das nach US-GAAP bilanziert).[18]

IV. Folgen der Nichtbeachtung

19 Die Rechtsfolgen bzw. Sanktionen für einen Verstoß gegen § 315a sind nicht in der zugrunde liegenden EU-IAS-VO geregelt. Vielmehr ergeben sich diese unmittelbar aus den handelsrechtlichen Vorschriften.[19] Gem. § 315a Abs. 1 iVm. § 335 S. 1 Nr. 2 kann daher gegen die Mitglieder des vertretungsberechtigten Organs einer Kapitalgesellschaft bei Verstoß gegen § 315a ein Zwangsgeld festgesetzt werden (bzgl. der Einzelheiten vgl. Kommentierung zu § 335).

---

[18] *Hoyos/Ritter-Thiele* BeBiKo RdNr. 19.
[19] *Hoyos/Ritter-Thiele* BeBiKo RdNr. 22.

Dritter Unterabschnitt. Prüfung

§ 316 Pflicht zur Prüfung

(1) ¹ Der Jahresabschluß und der Lagebericht von Kapitalgesellschaften, die nicht kleine im Sinne des § 267 Abs. 1 sind, sind durch einen Abschlußprüfer zu prüfen. ² Hat keine Prüfung stattgefunden, so kann der Jahresabschluß nicht festgestellt werden.

(2) ¹ Der Konzernabschluß und der Konzernlagebericht von Kapitalgesellschaften sind durch einen Abschlußprüfer zu prüfen. ² Hat keine Prüfung stattgefunden, so kann der Konzernabschluss nicht gebilligt werden.

(3) ¹ Werden der Jahresabschluß, der Konzernabschluß, der Lagebericht oder der Konzernlagebericht nach Vorlage des Prüfungsberichts geändert, so hat der Abschlußprüfer diese Unterlagen erneut zu prüfen, soweit es die Änderung erfordert. ² Über das Ergebnis der Prüfung ist zu berichten; der Bestätigungsvermerk ist entsprechend zu ergänzen.

Schrifttum: *Biener,* Die Erwartungslücke – eine endlose Geschichte, in: Internationale Wirtschaftsprüfung, FS Havermann, 1995, S. 37; *Böcking/Orth,* Kann das „Gesetz zur Kontrolle und Transparenz im Unternehmensbereich (KonTraG)" einen Beitrag zur Verringerung der Erwartungslücke leisten? – Eine Würdigung auf Basis von Rechnungslegung und Kapitalmarkt, WPg 8/1998, 351; *IDW* PS 200, Ziele und allgemeine Grundsätze der Durchführung von Abschlussprüfungen, WPg 2000, 706; *IDW* PS 400, Grundsätze für die ordnungsmäßige Erteilung von Bestätigungsvermerken bei Abschlussprüfungen, WPg 2005, 1382; *Mertin/Schmidt,* Internationale Harmonisierung der Anforderungen an die Abschlussprüfung auf der Grundlage der Verlautbarungen der IFAC, WPg 2001, 317; *Schruff,* Die Rolle des Hauptfachausschusses (HFA) des IDW, WPg 1–2/2006, 1; *Lanfermann,* Modernisierte EU-Richtlinie zur gesetzlichen Abschlussprüfung, DB 2005, 2645.

Übersicht

	RdNr.		RdNr.
I. Allgemeines	1–3	1. Prüfung des Jahresabschlusses (Abs. 1)	9–12
II. Aufgaben und Zielsetzung der handelsrechtlichen Jahresabschlussprüfung	4–8	2. Prüfung des Konzernabschlusses (Abs. 2)	13–15
III. Gesetzlich vorgeschriebene Prüfungen	9–18	3. Nachtragsprüfung (Abs. 3)	16–18
		IV. Freiwillige Prüfungen	19, 20

I. Allgemeines

Eine gesetzlich vorgeschriebene jährliche Prüfung des Jahresabschlusses von Kapitalgesellschaften gibt es in Deutschland erst seit 1931. Die erste Notverordnung des Reichspräsidenten vom 19. 9. 1931 verpflichtete **AG** und **KGaA** zur jährlichen Prüfung ihres Jahresabschlusses durch einen oder mehrere sachverständige Prüfer. Parallel hierzu verlief die Entstehung des Berufsstandes der Wirtschaftsprüfer: In der ersten Durchführungsverordnung vom 15. 12. 1931 zur Durchführung der aktienrechtlichen Vorschriften wurde geregelt, dass die Abschlussprüfung von **Wirtschaftsprüfern** oder **Wirtschaftsprüfungsgesellschaften** durchgeführt werden sollte.[1] **1**

Eine entscheidende Veränderung erfuhren die gesetzlichen Regelungen zur Jahresabschlussprüfung im Rahmen der **Harmonisierung der Rechnungslegungsvorschriften in der EG;** insbesondere durch die Transformation der 4., 7. und 8. EG-Richtlinie in deutsches Recht. Die Vorschriften zur Jahresabschlussprüfung von Kapitalgesellschaften sind nunmehr einheitlich in den §§ 316 bis 324a des HGB zusammengefasst, außerdem wurde der Kreis der prüfungspflichtigen Gesellschaften um die Rechtsform der **GmbH** erweitert. Darüber hinaus sind über das Kapitalgesellschaften- und Co-Richtlinie-Gesetz vom 24. 2. 2000 (BGBl. I S. 154) nunmehr auch die Jahresabschlüsse und die Lageberichte der OHG und der KG iSv. § 264a Abs. 1 prüfungspflichtig. **2**

Die Vorschrift des § 316 enthält die Prüfungspflicht für den Jahresabschluss (Abs. 1) und den Konzernabschluss (Abs. 2). Außerdem ist an dieser Stelle die sog. Nachtragsprüfung (Abs. 3) geregelt. **3**

II. Aufgaben und Zielsetzung der handelsrechtlichen Jahresabschlussprüfung

Die Prüfung des Jahresabschlusses dient dem Schutz der Gesellschafter, der Gläubiger und der Öffentlichkeit.[2] Sie erfüllt im Wesentlichen drei Funktionen: die Kontroll-, die Informations- und **4**

---

[1] *ADS* RdNr. 5 und 10 ff.
[2] *ADS* RdNr. 16.

die Beglaubigungsfunktion.³ Im Rahmen der **Kontrollfunktion** wird geprüft, ob die für den Jahresabschluss relevanten gesetzlichen Vorschriften und sie ergänzende Bestimmungen des Gesellschaftsvertrags oder der Satzung beachtet sind (§ 317 Abs. 1 S. 2).⁴ Die Jahresabschlussprüfung bestätigt die Verlässlichkeit der in Jahresabschluss und Lagebericht enthaltenen Informationen und führt zu einer Erhöhung ihrer Glaubwürdigkeit. Die Verlässlichkeit dieser Informationen schließt auch deren **Ordnungsmäßigkeit** ein.⁵

5 Die **Informationsfunktion** der Jahresabschlussprüfung gegenüber den gesetzlichen Vertretern der Gesellschaft, einem ggf. bestehenden Aufsichtsrat sowie den Gesellschaftern wird vor allem durch den **Prüfungsbericht** (vgl. Erl. zu § 321) erfüllt.

6 Die Jahresabschlussprüfung hat schließlich auch eine **Beglaubigungsfunktion** gegenüber den Adressaten des Jahresabschlusses, indem nach dem abschließenden Ergebnis der Prüfung entweder ein uneingeschränkter **Bestätigungsvermerk** erteilt oder dieser eingeschränkt bzw. versagt wird (vgl. hierzu die Erl. zu § 322).

7 In den letzten Jahren ist das Interesse der Öffentlichkeit an der Jahresabschlussprüfung und ihren Ergebnissen erheblich angestiegen. Die vom Gesetzgeber vorgesehenen Aufgaben und die Zielsetzung der Jahresabschlussprüfung decken sich jedoch nicht mit den entsprechenden Erwartungen der Öffentlichkeit.⁶ Die Erteilung eines uneingeschränkten Bestätigungsvermerks, der lediglich die Übereinstimmung der handelsrechtlichen Rechnungslegung mit den für sie geltenden Normen bescheinigt, wird in der Praxis regelmäßig auch als Bestätigung für gesunde wirtschaftliche Verhältnisse eines Unternehmens interpretiert. Die Abgabe eines Urteils über die wirtschaftlichen Verhältnisse oder auch über die Ordnungsmäßigkeit der Geschäftsführung (soweit sich nicht eine Verpflichtung hierzu auf Grund von Sondervorschriften wie zB § 53 Abs. 1 GenG, § 53 HGrG ergibt) ist jedoch **nicht** Ziel der Jahresabschlussprüfung.⁷ Um dieser „Erwartungslücke" entgegenzuwirken, ist der Bestätigungsvermerk im Zuge des „Gesetzes zur Kontrolle und Transparenz im Unternehmensbereich (KonTraG)" zu einem Bestätigungsbericht ausgeweitet worden, in dem der Abschlussprüfer u. a. eine Beschreibung von Art und Umfang der Prüfung zu geben hat. Ziel war die Dokumentation der Prüfungshandlungen, um hierdurch weiter gehenden oder unzutreffenden Erwartungen der Adressaten im Hinblick auf die Tragweite der Prüfung zu begegnen.⁸ Ferner hat der Abschlussprüfer im Bestätigungsvermerk auf Risiken, die den Fortbestand des Unternehmens gefährden (bestandsgefährdende Risiken), gesondert einzugehen (§ 322 Abs. 2 S. 3) (vgl. Erl. zu § 322).

8 Diese durch das KonTraG eingeführten Änderungen haben zwar zu einer Verringerung der Erwartungslücke geführt; ihr völliger Abbau erscheint jedoch selbst dem Gesetzgeber als unrealistisch.⁹

III. Gesetzlich vorgeschriebene Prüfungen

9 **1. Prüfung des Jahresabschlusses (Abs. 1).** Gem. Abs. 1 S. 1 sind Jahresabschluss und Lagebericht¹⁰ von großen und mittelgroßen Kapitalgesellschaften (§ 267 Abs. 2 und 3) durch einen **Abschlussprüfer** (vgl. Erl. zu § 319) zu prüfen. Dabei ist auch die Vorschrift des § 267 Abs. 3 S. 2 zu beachten, wonach Kapitalgesellschaften stets als große gelten, wenn sie in der dort bezeichneten Weise den Kapitalmarkt in Anspruch nehmen.¹¹ Gem. § 264a Abs. 1 gilt § 316 nunmehr auch für OHG und KG, bei denen ausschließlich Kapitalgesellschaften persönlich haftende Gesellschafter sind.

10 Neben den Kapitalgesellschaften (AG, GmbH, KGaA) und den OHG/KG iSv. § 264a sind eine Reihe weiterer Unternehmen auf Grund ihrer **Rechtsform,** ihrer **Größe** oder ihrer Zugehörigkeit zu bestimmten **Wirtschaftszweigen** zur Abschlussprüfung verpflichtet, da in den jeweils anzuwendenden Vorschriften auf §§ 316 ff. verwiesen wird. Dazu zählen u. a.:¹²
– Kredit- und Finanzdienstleistungsinstitute (§ 340k),
– Versicherungsunternehmen (§ 341k),

---

³ *ADS* RdNr. 16; MünchKommHGB/*Ebke* RdNr. 22 ff.
⁴ *ADS* RdNr. 18.
⁵ *IDW* PS 200, WPg 2000, 706 ff. RdNr. 8.
⁶ Sog. „*Erwartungslücke*"; vgl. *ADS* RdNr. 23; *Biener,* FS Havermann, S. 39 ff.
⁷ *WPH* R RdNr. 4.
⁸ *Böcking/Orth* WPg 1998, 353.
⁹ *ADS* RdNr. 23.
¹⁰ Zum Prüfungsgegenstand vgl. Erl. zu § 317.
¹¹ *ADS* RdNr. 24.
¹² *ADS* RdNr. 35; *Förschle/Küster* BeBiKo RdNr. 12 ff.

- Genossenschaften (§§ 53 ff. GenG),
- publizitätspflichtige Unternehmen (§ 6 iVm. § 1 PublG),
- Unternehmensbeteiligungsgesellschaften (§ 8 des Gesetzes über Unternehmensbeteiligungsgesellschaften idF v. 21. 7. 2002),
- Elektrizitätsversorgungsunternehmen (§ 9 EnWG idF des Gesetzes zur Neuregelung des Energiewirtschaftsrechts v. 7. 7. 2005).

Auch im **Liquidationszeitraum** besteht für AG, KGaA und GmbH die Prüfungspflicht weiter; **11** das Registergericht kann jedoch von der Prüfung befreien, wenn die Verhältnisse der Gesellschaft so überschaubar sind, dass eine Prüfung im Interesse der Gläubiger und Aktionäre bzw. Gesellschafter nicht geboten erscheint (§ 270 Abs. 3 S. 1 AktG, § 71 Abs. 3 S. 1 GmbHG).

Eine Abschlussprüfung hat erst dann stattgefunden, wenn der Abschlussprüfer alle die von ihm als **12** notwendig erachteten Prüfungshandlungen durchgeführt hat und ein Prüfungsbericht, in den auch der Bestätigungs- bzw. der Versagungsvermerk aufgenommen wurde (§ 322 Abs. 7 S. 2), den gesetzlichen Vertretern bzw. dem auftraggebenden Aufsichtsrat vorliegt (vgl. Erl. zu § 321). Die Abschlussprüfung ist nach Abs. 1 S. 2 unabdingbare Voraussetzung für die rechtsgültige **Feststellung** des Jahresabschlusses, allerdings nur, soweit auch eine gesetzliche Prüfungspflicht besteht. Wird der Jahresabschluss trotz fehlender Pflichtprüfung festgestellt, ist er nichtig (§ 256 Abs. 1 Nr. 2 AktG, der nach BGH-Rspr. auch für GmbH gilt).[13] Bei einem Verstoß gegen § 256 Abs. 1 Nr. 2 AktG entfällt auch die Möglichkeit der Heilung der Nichtigkeit gem. § 256 Abs. 6 AktG.

2. Prüfung des Konzernabschlusses (Abs. 2). Sind Kapitalgesellschaften (AG, GmbH, **13** KGaA) zur Aufstellung von Konzernabschluss und Konzernlagebericht verpflichtet (vgl. Erl. zu §§ 290 ff.), so sind gem. Abs. 2 S. 1 der Konzernabschluss und der Konzernlagebericht durch einen Abschlussprüfer (vgl. Erl. zu § 319) zu prüfen. Soweit von OHG und KG iSv. § 264a ein Konzernabschluss aufgestellt werden muss, so ist auch dieser nach § 316 prüfungspflichtig. Darüber hinaus besteht eine Prüfungspflicht für nach gesetzlichen Vorschriften aufzustellende Konzernabschlüsse auch bei
- Kreditinstituten und Versicherungsunternehmen sowie deren Holdings, unabhängig von Rechtsform und Größe (§§ 340k, 340i Abs. 3, 341k, 341i Abs. 2) und
- publizitätspflichtigen Unternehmen (§ 14 PublG), wozu noch Genossenschaften (soweit keine Kreditinstitute, § 14 Abs. 2 PublG), Konzernholdings als Einzelkaufleute oder Personengesellschaften (§ 11 Abs. 5 S. 2 PublG) sowie inländische Teilkonzerne ausländischer Mutterunternehmen (§ 11 Abs. 3 PublG) gehören.[14]

Der Konzernabschluss muss im Gegensatz zum Jahresabschluss nicht festgestellt werden, so dass **14** sich ein Verweis auf Abs. 1 S. 2 erübrigt.[15] Ein ungeprüfter Konzernabschluss ist daher auch nicht unwirksam; er hat allerdings keine befreiende Wirkung iSd. §§ 291, 292 und § 11 Abs. 6 PublG. Auch ein freiwillig erstellter Konzernabschluss und Konzernlagebericht haben keine befreiende Wirkung, wenn sie nicht (freiwillig) geprüft wurden.

Eine Prüfung des Konzernabschlusses/Konzernlageberichtes ist jedoch Voraussetzung für die **15** Billigung des Konzernabschlusses (§ 316 Abs. 2 S. 2). Rechtsfolgen sind mit einer fehlenden Billigung des Konzernabschlusses nicht verknüpft, da dieser weder rechtsbegründende noch -begrenzende Wirkungen hat (vgl. Begr. RegE zum TransPuG). Das Fehlen der Billigung durch den Aufsichtsrat ist allerdings in dessen Bericht über die Prüfung zu vermerken (§ 171 Abs. 2 AktG), der nach § 325 Absatz 3 S. 1 offenzulegen ist.

3. Nachtragsprüfung (Abs. 3). Bei einer Änderung des Jahresabschlusses, Konzernabschlusses, **16** Lageberichts oder Konzernlageberichts nach Vorlage des Prüfungsberichts schreibt Abs. 3 S. 1 eine erneute Prüfung dieser Unterlagen durch den Abschlussprüfer vor (sog. Nachtragsprüfung), soweit es die Änderung erfordert. Eine Änderung ist immer dann gegeben, wenn der Inhalt oder die Form eines Jahresabschlusses bzw. Konzernabschlusses oder eines Lageberichts bzw. Konzernlageberichts geändert werden, zB die Änderung der Bewertung von Aktiv- oder Passivposten, die Änderung der Postenbezeichnungen, der Aufgliederung oder Zusammenfassung von Bilanzposten oder geänderte Formulierungen bei verbalen Erläuterungen im Anhang oder im Lagebericht. Nicht unter den Begriff der „Änderung" fallen Berichtigungen von Schreib- oder Druckfehlern, die Korrektur unglücklich formulierter Sätze oder sprachlicher Verdeutlichungen.[16] Dabei ist die Frage, ob eine

---

[13] Vgl. *Förschle/Küster* BeBiKo RdNr. 25; Baumbach/Hueck/*Schulze-Osterloh* GmbHG § 42a RdNr. 25.
[14] *Förschle/Küster* BeBiKo RdNr. 33.
[15] *ADS* RdNr. 57.
[16] *ADS* RdNr. 65.

Änderung eine Nachtragsprüfung notwendig macht, durch den Abschlussprüfer und nicht durch die zu prüfende Gesellschaft zu beurteilen.[17] Unter dem Zeitpunkt der Vorlage ist dabei die Auslieferung der unterzeichneten Fassung des Prüfungsberichts an die gesetzlich vorgesehenen Empfänger zu verstehen.

17 Die Nachtragsprüfung ist nur durchzuführen, „soweit es die Änderung erfordert". Der Abschlussprüfer muss allen unmittelbaren und mittelbaren Auswirkungen der Änderung nachgehen, insbesondere hat er die Änderungen auf ihre Vereinbarkeit mit den gesetzlichen Vorschriften und den sie ggf. ergänzenden Vorschriften des Gesellschaftsvertrags oder der Satzung zu prüfen; Teile des Jahresabschlusses, Konzernabschlusses, Lageberichts und Konzernlageberichts, die offensichtlich nicht von der Änderung betroffen sind, brauchen jedoch nicht erneut geprüft zu werden.[18]

18 Nach Abs. 3 S. 2 ist über das Ergebnis der Nachtragsprüfung zu berichten, außerdem ist der Bestätigungsvermerk entsprechend zu ergänzen (vgl. Erl. zu § 322 RdNr. 15). Die Berichterstattung sollte grundsätzlich schriftlich erfolgen, um die Vollständigkeit der Berichterstattung und die Aktualität der in § 321 Abs. 1 S. 2 und 3 notwendigen Feststellungen und Erläuterungen zu gewährleisten; dies kann entweder durch einen formellen Ergänzungsbericht oder, bei nur geringfügigen Änderungen, auch in Form eines Briefes geschehen.[19] Bei umfangreicheren Änderungen kann es sinnvoll sein, den bereits ausgelieferten Prüfungsbericht einzuziehen und nach Einarbeitung der Änderungen erneut vorzulegen.[20] Inwieweit der Bestätigungsvermerk zu ergänzen ist, hängt vom Gegenstand, Ergebnis und Zeitpunkt der Nachtragsprüfung ab.[21] Kann der ursprünglich erteilte uneingeschränkte Bestätigungsvermerk inhaltlich aufrechterhalten werden, so ist durch die Ergänzung deutlich zu machen, dass sich der Bestätigungsvermerk auf den geänderten Jahresabschluss/ Konzernabschluss und Lagebericht/Konzernlagebericht bezieht.[22] Eine Ergänzung des Bestätigungsvermerks ist nicht erforderlich, wenn der Abschluss der ursprünglichen Abschlussprüfung und der Nachtragsprüfung zeitlich dicht beieinander lagen und die Änderungen bis zur Feststellung des Jahresabschlusses durchgeführt wurden.[23] Die vorgenommenen Änderungen können auch zu einer Neuformulierung des Prüfungsurteils führen, zB wenn durch die Änderungen Mängel des Abschlusses beseitigt oder neue Mängel begründet werden.[24] Wird eine Nachtragsprüfung nicht durchgeführt, so kann bei entsprechender Anwendung von Abs. 1 S. 2 der Jahresabschluss nicht festgestellt werden.[25] Ein festgestellter geänderter Jahresabschluss ist analog zu § 256 Abs. 1 Nr. 2 AktG ohne Nachtragsprüfung nichtig.[26]

IV. Freiwillige Prüfungen

19 Liegt keine gesetzliche Verpflichtung zur Prüfung des Jahresabschlusses vor, kann das Unternehmen eine **freiwillige Abschlussprüfung** durchführen lassen. Häufig sehen auch Satzung oder Gesellschaftsvertrag eine Prüfung vor (sog. **statutarische** Abschlussprüfung). Anlass einer freiwilligen Abschlussprüfung ist idR die Absicht, zB gegenüber Gesellschaftern oder Kreditgebern die Ordnungsmäßigkeit des Jahresabschlusses zu belegen.[27]

20 Grundsätzlich können bei freiwilligen Abschlussprüfungen Gegenstand und Umfang der Prüfung zwischen Unternehmensleitung und Abschlussprüfer frei vereinbart werden.[28] Soll jedoch ein **Bestätigungsvermerk** iSv. § 322 HGB erteilt werden, so muss die Prüfung nach Art und Umfang einer Pflichtprüfung gem. §§ 316 ff. durchgeführt werden;[29] bei statutarischen Abschlussprüfungen ist dies idR bereits in der Satzung bzw. im Gesellschaftsvertrag bestimmt.[30] Wird die Abschlussprüfung nicht nach Art und Umfang der Pflichtprüfung durchgeführt, kann nur eine sog. **Bescheinigung** erteilt werden.[31]

---

[17] *ADS* RdNr. 65.
[18] *ADS* RdNr. 67; *Baetge/Fischer/Sickmann* HdR RdNr. 20; MünchKommHGB/*Ebke* RdNr. 16 f.
[19] *ADS* RdNr. 69.
[20] *ADS* RdNr. 69.
[21] Vgl. hierzu *IDW* PS 400, WPg 2005, 1382 ff. RdNr. 107 f.
[22] *IDW* PS 400, WPg 2005, 1382 ff. RdNr. 108.
[23] *IDW* PS 400, WPg 2005, 1382 ff. RdNr. 108.
[24] *IDW* PS 400, WPg 2005, 1382 ff. RdNr. 109.
[25] *ADS* RdNr. 75 f.
[26] Baumbach/Hueck/*Schulze-Osterloh* GmbHG § 42 a RdNr. 25.
[27] *ADS* RdNr. 36.
[28] WPH R RdNr. 15.
[29] *IDW* PS 400, WPg 2005, 1382 ff. RdNr. 5.
[30] *ADS* RdNr. 36.
[31] *IDW* PS 400, WPg 2005, 1382 ff. RdNr. 5.

§ 317 Gegenstand und Umfang der Prüfung

(1) ¹In die Prüfung des Jahresabschlusses ist die Buchführung einzubeziehen. ²Die Prüfung des Jahresabschlusses und des Konzernabschlusses hat sich darauf zu erstrecken, ob die gesetzlichen Vorschriften und sie ergänzende Bestimmungen des Gesellschaftsvertrags oder der Satzung beachtet worden sind. ³Die Prüfung ist so anzulegen, daß Unrichtigkeiten und Verstöße gegen die in Satz 2 aufgeführten Bestimmungen, die sich auf die Darstellung des sich nach § 264 Abs. 2 ergebenden Bildes der Vermögens-, Finanz- und Ertragslage des Unternehmens wesentlich auswirken, bei gewissenhafter Berufsausübung erkannt werden.

(2) ¹Der Lagebericht und der Konzernlagebericht sind darauf zu prüfen, ob der Lagebericht mit dem Jahresabschluß, gegebenenfalls auch mit dem Einzelabschluss nach § 325 Abs. 2a, und der Konzernlagebericht mit dem Konzernabschluß sowie mit den bei der Prüfung gewonnenen Erkenntnissen des Abschlußprüfers in Einklang stehen und ob der Lagebericht insgesamt eine zutreffende Vorstellung von der Lage des Unternehmens und der Konzernlagebericht insgesamt eine zutreffende Vorstellung von der Lage des Konzerns vermittelt. ²Dabei ist auch zu prüfen, ob die Chancen und Risiken der künftigen Entwicklung zutreffend dargestellt sind.

(3) ¹Der Abschlußprüfer des Konzernabschlusses hat auch die im Konzernabschluß zusammengefaßten Jahresabschlüsse, insbesondere die konsolidierungsbedingten Anpassungen, in entsprechender Anwendung des Absatzes 1 zu prüfen. ²Dies gilt nicht für Jahresabschlüsse, die aufgrund gesetzlicher Vorschriften nach diesem Unterabschnitt oder die ohne gesetzliche Verpflichtungen nach den Grundsätzen dieses Unterabschnitts geprüft worden sind. ³Satz 2 ist entsprechend auf die Jahresabschlüsse von in den Konzernabschluß einbezogenen Tochterunternehmen mit Sitz im Ausland anzuwenden; sind diese Jahresabschlüsse nicht von einem in Übereinstimmung mit den Vorschriften der Richtlinie 84/253/EWG zugelassenen Abschlußprüfer geprüft worden, so gilt dies jedoch nur, wenn der Abschlußprüfer eine den Anforderungen dieser Richtlinie gleichwertige Befähigung hat und der Jahresabschluß in einer den Anforderungen dieses Unterabschnitts entsprechenden Weise geprüft worden ist.

(4) Bei einer börsennotierten Aktiengesellschaft ist außerdem im Rahmen der Prüfung zu beurteilen, ob der Vorstand die ihm nach § 91 Abs. 2 des Aktiengesetzes obliegenden Maßnahmen in einer geeigneten Form getroffen hat und ob das danach einzurichtende Überwachungssystem seine Aufgaben erfüllen kann.

Schrifttum: *Biener,* Wäre die Übernahme der IFAC oder anderer Berufsorganisationen geeignet, die Qualität der Abschlußprüfung in Deutschland zu verbessern?, FS Baetge, 1997, S. 639; *Böcking/Orth,* Kann das „Gesetz zur Kontrolle und Transparenz im Unternehmensbereich (KonTraG)" einen Beitrag zur Verringerung der Erwartungslücke leisten? – Eine Würdigung auf Basis von Rechnungslegung und Kapitalmarkt, WPg 1998, 351; *Dörner,* Von der Wirtschaftsprüfung zur Unternehmensberatung, WPg 1998, 302; *Forster,* Abschlußprüfung nach dem Regierungsentwurf des KonTraG, WPg 1998, 41; *IDW,* Verlautbarung des HFA: Die EDV-Anpassung zum Jahrtausendwechsel und zur Umstellung auf den Euro, WPg 1998, 69; *IDW,* Neue rechtliche Vorschriften mit Auswirkungen auf die Arbeit des Wirtschaftsprüfers (KonTraG, KapAEG), in: IDW-FN 1998, 229; *IDW* PS 201: Rechnungslegungs- und Prüfungsgrundsätze für die Abschlussprüfung, WPg 2006, 850; *IDW* PS 260: Das interne Kontrollsystem im Rahmen der Abschlussprüfung, WPg 2001, 824; *IDW* PS 340: Die Prüfung des Risikofrüherkennungssystems nach § 317 Abs. 4 HGB, WPg 1999, 568; *IDW* EPS 350 nF Die Prüfung des Lageberichts, WPg 2005, 1224; *IDW,* St/HFA 1/1997: Bilanzierung und Bewertung von Pensionsverpflichtungen gegenüber Beamten und deren Hinterbliebenen, WPg 1997, 233; *IDW,* St/HFA 4/1997: Projektbegleitende Prüfung EDV-gestützter Systeme, WPg 1997, 680; *Lück,* Elemente eines Risikomanagementsystems, DB 1998, 9; *Schindler/Rabenhorst,* Auswirkungen des KonTraG auf die Abschlußprüfung, Teil I und II, BB 1998, 1886; *Schindler/Gärtner,* Verantwortung des Abschlussprüfers zur Berücksichtigung von Verstößen (fraud) im Rahmen der Abschlussprüfung, WPg 2004, 1233; *Schruff,* Zur Aufdeckung von Top-Management-Fraud durch den Wirtschaftsprüfer im Rahmen der Jahresabschlussprüfung, WPg 2003, 901; *Kaiser,* Jahresabschlussprüfung und prüfungsnahe Beratung bei zukunftsorientierter Lageberichterstattung gemäß dem Bilanzrechtsreformgesetz, DB 2005, 2309.

Übersicht

	RdNr.		RdNr.
I. Allgemeines	1–4	3. Umfang der Lageberichtsprüfung	20–26
II. Prüfung von Jahres- und Konzernabschluss (Abs. 1, Abs. 2)	5–26	III. Prüfung der im Konzernabschluss zusammengefassten Jahresabschlüsse (Abs. 3)	27, 28
1. Gegenstand der Prüfung	5–11	IV. Prüfung des Überwachungssystems (Abs. 4)	29–31
2. Umfang der Prüfung von Jahres- und Konzernabschluss	12–19		

Wiedmann

I. Allgemeines

1 Die Vorschrift des § 317 regelt neben § 316 den **Gegenstand der Prüfung** der Rechnungslegung der Kapitalgesellschaft sowie der Konzernrechnungslegung und bestimmt den **Prüfungsumfang**, indem bei der Prüfung der einzelnen Prüfungsgegenstände heranzuziehende Kriterien genannt werden.[1]

2 Der Anwendungsbereich von § 317 betrifft zunächst alle nach § 316 durchzuführenden Pflichtprüfungen, also die von Jahresabschlüssen von **mittelgroßen** und **großen Kapitalgesellschaften** sowie von **Konzernabschlüssen**.

3 Dies gilt auch für Konzernabschlüsse, die nach internationalen Rechnungslegungsstandards aufgestellt worden sind (§ 315a). Nach der Ausdehnung der Prüfungspflicht durch das Kapitalgesellschaften- und Co-Richtlinie-Gesetz (KapCoRiLiG) fallen auch Prüfungen der Jahres- und Konzernabschlüsse von mittelgroßen und großen Personenhandelsgesellschaften iSv. § 264a unter diese Vorschrift. Über § 324a iVm. § 325 Abs. 2a gilt § 317 auch für die Prüfung eines nach internationalen Rechnungslegungsstandards aufgestellten Einzelabschlusses. Daneben verweisen die ergänzenden Vorschriften für **Kreditinstitute** (§ 340k) und für **Versicherungsunternehmen** (§ 341k) auf § 317. Ähnliches gilt für die Vorschriften des **PublG**, das in § 6 Abs. 1 (Jahresabschluss und Lagebericht) auf § 317 Abs. 1 und in § 14 Abs. 1 (Konzernabschluss und -lagebericht) auf § 317 verweist. Für publizitätspflichtige Unternehmen gelten allerdings verschiedene Besonderheiten, da zB Personengesellschaften und Einzelkaufleute gem. § 5 Abs. 2 PublG keinen Anhang und keinen Lagebericht aufstellen müssen, so dass diese auch nicht Gegenstand der Prüfung sind.[2]

4 Bei **freiwilligen** Abschlussprüfungen richtet sich die Anwendbarkeit von § 317 nach der Ausgestaltung des Prüfungsauftrags. Soll ein Bestätigungsvermerk iSv. § 322 erteilt werden, muss die Prüfung nach Art und Umfang der Pflichtprüfung den Vorschriften des HGB entsprechen. Dabei können sich uU Änderungen hinsichtlich Gegenstand und Umfang der Prüfung ergeben. So müssen zB kleine Kapitalgesellschaften nach § 264 Abs. 1 S. 3 keinen Lagebericht aufstellen; bei freiwilligen Prüfungen von Nicht-Kapitalgesellschaften richten sich Gegenstand und Umfang der Prüfung danach, inwieweit die Kernfassung des Bestätigungsvermerks vollständig oder nur teilweise übernommen werden soll.[3]

II. Prüfung von Jahres- und Konzernabschluss (Abs. 1, Abs. 2)

5 **1. Gegenstand der Prüfung.** In die Prüfung der Rechnungslegung einer Kapitalgesellschaft ist neben dem **Jahresabschluss,** bestehend aus Bilanz, Gewinn- und Verlustrechnung sowie Anhang, und dem **Lagebericht** (§ 316 Abs. 1) nach Abs. 1 auch die **Buchführung** einzubeziehen. Zur Buchführung zählen die Finanzbuchhaltung, die Anlagenbuchhaltung, die Lohn- und Gehaltsbuchhaltung und die Lagerbuchhaltung, aber auch das **Inventar**.[4]

6 Obwohl die **Kostenrechnung** nicht unmittelbar Gegenstand der Abschlussprüfung ist, muss sie insoweit in die Prüfung einbezogen werden, als sie Grundlage für Ansatz und Bewertung einzelner Bilanzposten ist; für die Prüfung einer nach dem Umsatzkostenverfahren aufgestellten Gewinn- und Verlustrechnung ist die Kostenstellen- und die Kostenträgerrechnung heranzuziehen.[5]

7 **Außerbuchhalterische Bereiche** (im Wesentlichen Rechtsgrundlagen und Rechtsbeziehungen des Unternehmens) sind insoweit in die Abschlussprüfung einzubeziehen, als von ihnen Wirkungen ausgehen können, die sich in der Buchhaltung niederschlagen; zB bei den Bilanzposten Kapital und Rücklagen.[6] Der **Versicherungsschutz** gehört **nicht** zum Gegenstand der Abschlussprüfung.[7]

8 Unabdingbar ist die Prüfung des **internen Kontrollsystems,** da sie Voraussetzung für die Einschätzung des Kontrollrisikos ist und dementsprechend Art, zeitliche Abfolge und Umfang der Prüfungshandlungen durch den Abschlussprüfer festgelegt werden.[8]

9 Bei börsennotierten Aktiengesellschaften hat der Abschlussprüfer nach Abs. 4 auch zu beurteilen, ob der Vorstand seiner nach § 91 Abs. 2 AktG bestehenden Verpflichtung zur Einrichtung eines

---

[1] *ADS* RdNr. 1 u. 3.
[2] Zu weiteren Besonderheiten vgl. *ADS* RdNr. 10 f.
[3] *ADS* RdNr. 12.
[4] *Baumbach/Hueck/Schulze-Osterloh* GmbHG § 41 RdNr. 77; *Förschle/Küster* BeBiKo RdNr. 5.
[5] *Förschle/Küster* BeBiKo RdNr. 5.
[6] *WPH* R RdNr. 7.
[7] *Förschle/Küster* BeBiKo RdNr. 3.
[8] *WPH* R RdNr. 212; *IDW* PS 260, WPg 2001, 824 ff. RdNr. 21.

Risikofrüherkennungssystems nachgekommen ist und ob dieses Risikofrüherkennungssystem seine Aufgaben erfüllen kann.

Der Gegenstand der **Prüfung der Konzernrechnungslegung** (vgl. auch § 264 RdNr. 34) wird anders als der Prüfungsgegenstand des Jahresabschlusses nicht um die Buchführung erweitert, da der Konzern keiner selbstständigen Buchführungspflicht unterliegt.[9] 10

Die Konzernabschlussprüfung wird um die Prüfung der **Kapitalflussrechnung** und des **Eigen-** 11 **kapitalspiegels** erweitert, die nach § 297 Abs. 1 HGB bei börsennotierten Mutterunternehmen Pflichtbestandteile des Konzernanhangs sind und damit der Prüfungspflicht unterliegen.[10] Soweit freiwillig eine **Segmentberichterstattung** für den Konzernabschluss erstellt wird (§ 297 Abs. 1 Satz 2), unterliegt auch diese der Prüfungspflicht.[11]

2. Umfang der Prüfung von Jahres- und Konzernabschluss. Abs. 1 S. 2 bestimmt, dass sich 12 die Prüfung von Jahres- und Konzernabschluss darauf zu erstrecken hat, ob die gesetzlichen Vorschriften und sie ergänzende Bestimmungen des Gesellschaftsvertrages oder der Satzung beachtet sind. Bereits aus S. 1 ergibt sich, dass auch die Buchführung in diesen Prüfungsumfang einzubeziehen ist. Die Jahresabschlussprüfung kann somit als eine **Gesetz-, Satzungs- und Ordnungsmäßigkeitsprüfung** charakterisiert werden.[12]

Nach Abs. 1 S. 3 ist die Prüfung so anzulegen, dass Unrichtigkeiten und Verstöße gegen die 13 gesetzlichen Vorschriften und sie ergänzende Vorschriften des Gesellschaftsvertrags oder der Satzung, die sich auf die Darstellung eines den tatsächlichen Verhältnissen entsprechenden Bildes der Vermögens-, Finanz- und Ertragslage des Unternehmens wesentlich auswirken, bei gewissenhafter Berufsausübung erkannt werden. Diese Anforderung wird durch den IDW PS 210 nF konkretisiert, der Grundsätze hinsichtlich der Ausrichtung der Abschlussprüfung, der Aufdeckung von Unrichtigkeiten und Verstößen sowie den zu ergreifenden Maßnahmen für den Berufsstand der Wirtschaftsprüfer enthält.[13] Im Hinblick auf die Zielsetzung einer Abschlussprüfung ist diese Vorschrift jedoch mit verschiedenen Einschränkungen zu versehen. Zum einen geht es nur um solche Unrichtigkeiten und Verstöße, die **wesentliche** Auswirkungen auf die Vermögens-, Finanz- und Ertragslage des Unternehmens haben. Zum anderen müssen die Vorgänge im Rahmen der **gewissenhaften Berufsausübung** erkannt werden. Damit wird verdeutlicht, dass Prüfungshandlungen zur Aufdeckung von Unregelmäßigkeiten und Verstößen auch in Zukunft nicht den Umfang einer Sonderprüfung (zB einer Unterschlagungsprüfung) annehmen können.[14] Ferner ergibt sich aus der gesetzlichen Aufgabenstellung, dass der in Abs. 1 umrissene Prüfungsumfang weder vom Abschlussprüfer noch durch vertragliche Vereinbarungen zwischen Abschlussprüfer und Gesellschaft **eingeschränkt** werden kann. Auftragserweiterungen hingegen sind möglich und in der Regel auch Bestandteile der Jahresabschlussprüfung.[15]

Zu der Frage, ob die Jahresabschlussprüfung auch die Prüfung der wirtschaftlichen Verhältnisse der 14 Gesellschaft einschließt, vgl. Erläuterungen zu § 316 RdNr. 7.

Bei der Prüfung auf Einhaltung der gesetzlichen Vorschriften über die Aufstellung des Jahres- 15 abschlusses und des Konzernabschlusses sind insbesondere die handelsrechtlichen Vorschriften der §§ 238 bis 288 bzw. der §§ 290 bis 314, die Übergangsvorschriften der Art. 24, 28, 48 EGHGB, die rechtsformspezifischen Vorschriften für AG und KGaA (zB §§ 58, 150, 152, 158, 160, 286, 288 AktG), für GmbH (zB § 42 GmbHG), für Genossenschaften (zB §§ 336 bis 338) sowie die besonderen Vorschriften für Kreditinstitute und Versicherungsunternehmen (§§ 340 a bis 340 j bzw. 341 a bis 341 j) zu berücksichtigen. Außerdem ist neben den gesetzlich festgelegten GoB auch auf die nicht kodifizierten GoB zu achten, was bedingt, dass der Abschlussprüfer sich über die fachliche Entwicklung in diesem Bereich auf dem Laufenden halten und bei Zweifelsfragen alles Geeignete tun muss, um sich Klarheit zu verschaffen.[16] Hinsichtlich der Rechnungslegungsstandards des Deutschen Rechnungslegungsstandards Committee (DRSC) gilt nach § 342 Abs. 2 die gesetzliche Vermutung, dass es sich dabei um die Konzernrechnungslegung betreffende GoB handelt, soweit die Standards vom Bundesministerium der Justiz (BMJ) bekannt gemacht worden sind.

Bei der Jahresabschlussprüfung sind darüber hinaus zahlreiche weitere gesetzliche Vorschriften zu 16 berücksichtigen. Der Abschlussprüfer muss zwar nicht feststellen, ob bspw. alle Vorschriften des

---

[9] Vgl. hierzu *ADS* Vor §§ 290–315 RdNr. 44.
[10] Zur Kapitalflussrechnung und Segmentberichterstattung vgl. Erl. zu § 264 RdNr. 8 bzw. § 297 RdNr. 6 ff.
[11] *Förschle/Küster* BeBiKo RdNr. 30.
[12] *Baetge/Fischer/Siefke* HdR RdNr. 9.
[13] *IDW* EPS 210 nF, WPg 2006, 218 ff.
[14] *Schindler/Gärtner* WPg 2004, 1237.
[15] *ADS* RdNr. 22 f.
[16] *ADS* RdNr. 26; *WPH* R RdNr. 11; *IDW* PS 201, WPg 2006, 850 ff. RdNr. 7.

Steuerrechts, des Sozialversicherungs- und Arbeitsrechts, des Gesetzes gegen Wettbewerbsbeschränkungen, des Außenwirtschaftsrechts oder ggf. Verbraucher- oder Umweltschutzbestimmungen eingehalten worden sind. Es können sich jedoch aus diesen und anderen Gesetzen im Jahresabschluss zu berücksichtigende Auswirkungen ergeben; außerdem ist zu untersuchen, ob sich aus der Nichtbeachtung solcher Gesetze erfahrungsgemäß Risiken ergeben, denen im Lagebericht Rechnung getragen werden muss.[17]

17   Da die von den Fachausschüssen des Instituts der Wirtschaftsprüfer abgegebenen **IDW Stellungnahmen zur Rechungslegung** die Berufsauffassung zu Rechnungslegungsfragen darlegen, hat der Abschlussprüfer sorgfältig zu prüfen, ob diese in der von ihm durchzuführenden Prüfung zu beachten sind. Eine Nichtbeachtung durch den Abschlussprüfer ohne Vorliegen gewichtiger Gründe kann zB in Regressfällen zu seinem Nachteil ausgelegt werden.[18] Die **IDW Rechnungslegungshinweise** sowie Entwürfe von **IDW Stellungnahmen zur Rechnungslegung** besitzen einen weniger hohen Grad der Verbindlichkeit; gleichwohl wird ihre Anwendung empfohlen.[19]

18   Bei den die gesetzlichen Vorschriften ergänzenden Bestimmungen des **Gesellschaftsvertrages** oder der **Satzung** ist die Einhaltung von allen Bestimmungen zu prüfen, die einen Einfluss auf den Jahresabschluss haben können. Dazu zählen zB Bestimmungen über die Höhe von Grund- oder Stammkapital und Regelungen über die Gewinnverwendung oder die Inanspruchnahme zweckgebundener Rücklagen.[20] Satzungsbestimmungen, die sich nicht auf die Rechnungslegung beziehen, sind nicht Gegenstand der Jahresabschlussprüfung nach § 317.[21]

19   Ggf. kann durch die Abschlussprüfung auch die Einhaltung **international anerkannter** oder **anderer nationaler Rechnungslegungsgrundsätze** festzustellen sein (zB auf Grund von § 315 a oder besonderer Beauftragung). EU-Richtlinien zur Rechnungslegung sind von den Mitgliedstaaten in nationales Recht zu transformieren. Darüber hinaus haben international anerkannte oder andere nationale Rechnungslegungsgrundsätze keine Bedeutung für einen nach deutschen Rechnungslegungsgrundsätzen zu beurteilenden Jahresabschluss und dessen Prüfung.[22]

20   **3. Umfang der Lageberichtsprüfung.** Nach Abs. 2 S. 1 ist der Lagebericht darauf zu prüfen, ob er mit dem Jahresabschluss **sowie** mit den bei der Prüfung gewonnenen Erkenntnissen des Abschlussprüfers in Einklang steht und ob er insgesamt eine zutreffende Vorstellung von der Lage des Unternehmens vermittelt. Im Falle eines Einzelabschlusses nach § 325 Abs. 2 a ist auch zu prüfen, ob der Lagebericht mit diesem Einzelabschluss in Einklang steht.

21   Auf ihren Einklang mit dem Jahresabschluss können nur die Informationen des Lageberichts geprüft werden, die sich auch im Jahresabschluss niederschlagen. Darunter fallen vor allem die Angaben zum Geschäftsverlauf und zur Lage der Gesellschaft, aber auch einzelne Angaben nach § 289 Abs. 2; zB können sich Erwartungen über die voraussichtliche Entwicklung sowie erwähnte Risiken der Kapitalgesellschaft auch in den Rückstellungen oder den Wertberichtigungen auf Forderungen widerspiegeln, und Angaben zum Bereich Forschung und Entwicklung können teilweise aus dem Jahresabschluss abgeleitet werden.[23] Die **sonstigen Angaben,** also diejenigen, die sich nicht im Jahresabschluss niederschlagen, sind darauf zu prüfen, ob sie nicht eine falsche Vorstellung von der Lage des Unternehmens vermitteln, womit gemeint ist, ob die im Lagebericht vorgenommenen Wertungen aus der Sicht des Abschlussprüfers nachvollziehbar sind, was insbesondere für die zukunftsorientierten Angaben gilt.[24]

22   Neben dem Einklang des Lageberichts mit dem Jahresabschluss ist auch der Einklang des Lageberichts mit den bei der Prüfung gewonnenen Erkenntnissen des Abschlussprüfers zu prüfen. Dabei sind bspw. in den Fällen, in denen der Abschlussprüfer hinsichtlich Aussagen im Lagebericht zur Vermögens-, Finanz- und Ertragslage zwar einen Einklang mit dem Jahresabschluss, nicht aber mit den bei der Prüfung gewonnenen Erkenntnissen feststellt, Einwendungen gegen den Lagebericht und Jahresabschluss zu erheben. Ansonsten bezieht sich die Prüfung des Einklangs mit den bei der Prüfung gewonnenen Erkenntnissen vorrangig auf solche Aussagen im Lagebericht, die sich nicht im Jahresabschluss niederschlagen, also zB die Darstellung der zukünftigen Entwicklung.[25]

---

[17] *IDW* PS 201, WPg 2006, 850 ff. RdNr. 9.
[18] *IDW* PS 201, WPg 2006, 850 ff. RdNr. 13.
[19] *IDW* PS 201, WPg 2006, 850 ff. RdNr. 14, 15.
[20] *WPH* R RdNr. 11.
[21] *Förschle/Küster* BeBiKo RdNr. 12.
[22] *IDW* PS 201, WPg 2006, 850 ff. RdNr. 17–19.
[23] *ADS* RdNr. 165; *Baumbach/Hueck/Schulze-Osterloh* GmbHG § 41 RdNr. 80.
[24] *Baumbach/Hueck/Schulze-Osterloh* GmbHG § 41 RdNr. 80.
[25] *ADS* RdNr. 165.

Besondere Anforderungen an den Abschlussprüfer stellt die Prüfung der zutreffenden Darstellung 23
der Chancen und Risiken der künftigen Entwicklung dar.[26] Obwohl sich diese Prüfungspflicht bereits
daraus ergibt, dass § 289 die Berichterstattung über die Chancen und Risiken der künftigen Entwicklung fordert und diese somit verpflichtend zum Inhalt des Lageberichts und somit zum
Prüfungsgegenstand gehört, wird sie in § 317 noch einmal explizit aufgeführt, was den hohen
Stellenwert, den der Gesetzgeber diesem Aspekt beimisst, unterstreicht.[27] Dies wird zusätzlich noch
durch die in § 321 Abs. 1 Satz 2 geregelte Vorwegberichterstattung des Abschlussprüfers über seine
Beurteilung der Lageberichtsdarstellung sowie zu den wesentlichen Chancen und Risiken im Prüfungsbericht. Die Darstellung der Risiken der künftigen Entwicklung sollte sich im Interesse der
Klarheit des Lageberichts auf solche Risiken beschränken, die entweder bestandsgefährdend sind oder
einen wesentlichen Einfluss auf die Vermögens-, Finanz- und Ertragslage haben können. Dabei
dürfen Chancen und Risiken nicht saldiert werden. Der Prognosezeitraum sollte mindestens zwei
Jahre betragen.[28]

Der Abschlussprüfer muss sich hinreichend Gewissheit darüber verschaffen, ob für alle Chancen 24
und Risiken die verfügbaren Informationen verwendet wurden, die grundlegenden Annahmen für
die Berichterstattung des Vorstands realistisch und in sich widerspruchsfrei sind und ob Prognoseverfahren richtig gehandhabt wurden. Eigene Prognosen und Risikoeinschätzungen des Abschlussprüfers können dabei jedoch nicht verlangt werden; die Prüfung ist als Vollständigkeits- und
Plausibilitätsprüfung anzusehen.[29] Dabei verlangt insbesondere die Einschätzung der Vollständigkeit
eine intensive Prüfung, die profunde Kenntnisse des Unternehmens und der Branche voraussetzt.[30]
Der detaillierten Berichterstattung im Lagebericht steht jedoch gerade in wirtschaftlich schwierigen Situationen die Gefahr der *self fulfilling prophecy* gegenüber. Im Einzelfall ist daher eine
Abwägung zwischen dem Interesse der Geschäftsleitung, den Unternehmensfortbestand nicht
durch zu detaillierte Angaben zu gefährden, und der gesetzlichen Berichterstattungspflicht erforderlich, wobei dem Informationsinteresse der Jahresabschlussadressaten tendenziell Vorrang einzuräumen ist.[31]

Muss eine abhängige Gesellschaft nach § 312 Abs. 1 AktG einen **Abhängigkeitsbericht** erstel- 25
len, so ist die nach § 312 Abs. 3 S. 3 AktG in den Lagebericht aufzunehmende Erklärung des
Vorstandes (sog. Schlusserklärung) ebenfalls Prüfungsgegenstand. Der Abhängigkeitsbericht selbst ist
nach § 313 AktG im Falle einer für den Jahresabschluss bestehenden Prüfungspflicht (also zB nicht
bei kleinen Kapitalgesellschaften) auch durch den Abschlussprüfer zu prüfen. Die Prüfung erstreckt
sich darauf, ob
– die tatsächlichen Angaben des Berichts richtig sind,
– bei den im Bericht aufgeführten Rechtsgeschäften nach den Umständen, die im Zeitpunkt ihrer
  Vornahme bekannt waren, die Leistung der Gesellschaft nicht unangemessen hoch war; soweit sie
  dies war, ob die Nachteile ausgeglichen worden sind,
– bei den im Bericht aufgeführten Maßnahmen keine Umstände für eine wesentlich andere Beurteilung als die durch den Vorstand sprechen.

Die Anforderungen betreffend die Prüfung des Lageberichts gelten für die Prüfung des **Kon-** 26
zernlageberichts entsprechend.

III. Prüfung der im Konzernabschluss zusammengefassten Jahresabschlüsse (Abs. 3)

Abs. 3 S. 1 bestimmt, dass in die Prüfung der Konzernrechnungslegung neben dem Konzernab- 27
schluss und dem Konzernlagebericht (§ 316 Abs. 2) auch die **im Konzernabschluss zusammengefassten Jahresabschlüsse** einzubeziehen sind. Aufgrund der Verweisung auf Abs. 1 hat sich die
Prüfung der einbezogenen Jahresabschlüsse darauf zu erstrecken, ob die gesetzlichen Vorschriften und
sie ergänzende Bestimmungen des Gesellschaftsvertrags oder der Satzung beachtet worden sind. Der
Konzernabschlussprüfer hat sich dabei vor allem ein Urteil darüber zu bilden, dass sich auf die Gesetz-
und Ordnungsmäßigkeit des Konzernabschlusses auswirkende Vorschriften und Bestimmungen beachtet worden sind.[32] Die konsolidierungsbedingten Anpassungen sind auf ihre Ordnungsmäßigkeit

---
[26] *Dörner* WPg 1998, 304; *Forster* WPg 1998, 46.
[27] *Schindler/Rabenhorst* BB 1998, 1890; *Förschle/Küster* BeBiKo RdNr. 65 ff.; *DRS* 15.
[28] *DRS* 5.26.
[29] *IDW* EPS 350 nF, WPg 2005, 1224 RdNr. 8, 20.
[30] *Förschle/Küster* BeBiKo RdNr. 60.
[31] *Schindler/Rabenhorst* BB 1998, 1891.
[32] *ADS* RdNr. 205.

zu prüfen.³³ Unter konsolidierungsbedingten Anpassungen sind dabei sowohl Konsolidierungsmaßnahmen als auch Änderungen in der Handelsbilanz II zur Vereinheitlichung von Bilanzansatz und Bewertung im Konzernabschluss zu verstehen.³⁴

28   Diese Prüfung kann nach Abs. 3 S. 2 für Jahresabschlüsse, die auf Grund gesetzlicher Vorschriften nach den §§ 316 bis 324a oder die ohne gesetzliche Verpflichtung nach diesen geprüft worden sind, **unterbleiben.** Entsprechendes gilt nach Abs. 3 S. 3 für Jahresabschlüsse von in den Konzernabschluss einbezogenen Tochterunternehmen mit Sitz im Ausland, die von einem in Übereinstimmung mit der 8. EG-Richtlinie zugelassenen Abschlussprüfer entsprechend den §§ 316 bis 324a oder von einem Abschlussprüfer, der eine den Anforderungen der 8. EG-Richtlinie gleichwertige Befähigung hat, in einer den Anforderungen der §§ 316 bis 324a entsprechenden Weise geprüft worden sind.

IV. Prüfung des Überwachungssystems (Abs. 4)

29   Bei börsennotierten Aktiengesellschaften ist der Vorstand nach § 91 Abs. 2 AktG verpflichtet, ein Überwachungssystem einzurichten, damit Entwicklungen, die den Fortbestand der Gesellschaft gefährden, früh erkannt werden können. Nach der Begründung des Gesetzgebers umfasst ein solches System ein angemessenes Risikomanagement sowie eine angemessene interne Revision.³⁵ Die neue Regelung des Abs. 4 verlangt vom Abschlussprüfer bei börsennotierten Aktiengesellschaften eine Beurteilung, ob der Vorstand ein entsprechendes Überwachungssystem eingerichtet hat und ob dieses seine Aufgaben erfüllen kann. Diese erweiterte Prüfungspflicht ist nicht identisch mit der Prüfung des primär auf das Rechnungswesen ausgerichteten Internen Kontrollsystems, sondern geht darüber hinaus und betrifft jeden Bereich des unternehmerischen Prozesses.³⁶ Gegenstand der Prüfung nach Abs. 4 ist das nach § 91 Abs. 2 AktG einzuführende **Risikofrüherkennungssystem** das jedoch nur einen Teilaspekt des gesamten Risikomanagementsystems der Gesellschaft darstellt. Das Risikobewältigungssystem, also die Reaktionen des Vorstands auf die erfassten und kommunizierten Risiken, ist nicht Gegenstand der Maßnahmen nach § 91 Abs. 2 AktG und somit auch nicht Prüfungsgegenstand.³⁷ Ein solches Überwachungssystem ist auch auf Konzernebene zu etablieren und zu prüfen, sofern von Tochterunternehmen den Fortbestand des Mutterunternehmens gefährdende Entwicklungen ausgehen können.³⁸

30   Am Beginn der Prüfung des Risikofrüherkennungssystems steht die Aufnahme der getroffenen Maßnahmen, die sich auf eine vom Unternehmen erstellte Dokumentation stützen sollte. Liegt keine ausreichende Dokumentation vor, so hat der Abschlussprüfer die getroffenen Maßnahmen – idR im Rahmen einer Vor- oder Zwischenprüfung – selbst aufzunehmen.³⁹ Zur Beurteilung der Eignung der getroffenen Maßnahmen, die gesetzlichen Anforderungen zu erfüllen, ist zu prüfen, ob durch das Risikofrüherkennungssystem eine zutreffende und frühzeitige Erfassung, Bewertung und Kommunikation aller wesentlichen Risiken gewährleistet ist. Der Abschlussprüfer muss auf der Grundlage seiner im Verlauf der Abschlussprüfung gewonnenen Kenntnisse über die Risikosituation des Unternehmens beurteilen, ob die durch das System identifizierten Risiken alle wesentlichen Risikofelder abdecken.⁴⁰ Schließlich ist auch eine Beurteilung der im Rahmen der Risikoerfassung und Risikokommunikation eingerichteten organisatorischen Maßnahmen sowie die Prüfung, ob die Funktionsfähigkeit des Systems durch das eingerichtete Überwachungssystem (zB die interne Revision) gewährleistet wird, erforderlich.⁴¹

31   Zum Abschluss ist im Rahmen einer Funktionsprüfung in Stichproben zu untersuchen, ob die Handlungsvorgaben eingehalten werden, wobei sich Gespräche mit Mitarbeitern und die Durchsicht von Unterlagen, in denen die Umsetzung der vorgesehenen Maßnahmen dokumentiert ist, anbieten. Unter Umständen (zB bei der Beurteilung technischer Risiken) ist die Hinzuziehung von Spezialisten oder sachverständigen Dritten erforderlich.⁴²

---

³³ *ADS* RdNr. 205.
³⁴ Begr. RegE, BR-Drucks. 872/97 S. 72.
³⁵ Begr. RegE, BT-Drucks. 13/9712 S. 15.
³⁶ *Böcking/Orth* WPg 1998, 359; *Dörner* WPg 1998, 304; *Lück* DB 1998, 9.
³⁷ *IDW* PS 340, WPg 1999, 658 ff. RdNr. 6; *ADS* RdNr. 224.
³⁸ Begr. RegE, BT-Drucks. 13/9712 S. 15.
³⁹ *IDW* PS 340, WPg 1999, 658 ff. RdNr. 24 f.
⁴⁰ *IDW* PS 340, WPg 1999, 658 ff. RdNr. 27.
⁴¹ *IDW* PS 340, WPg 1999, 658 ff. RdNr. 29 f.
⁴² *Schindler/Rabenhorst* BB 1998, 1892.

§ 318 Bestellung und Abberufung des Abschlußprüfers

(1) ¹Der Abschlußprüfer des Jahresabschlusses wird von den Gesellschaftern gewählt; den Abschlußprüfer des Konzernabschlusses wählen die Gesellschafter des Mutterunternehmens. ²Bei Gesellschaften mit beschränkter Haftung und bei offenen Handelsgesellschaften und Kommanditgesellschaften im Sinne des § 264a Abs. 1 kann der Gesellschaftsvertrag etwas anderes bestimmen. ³Der Abschlußprüfer soll jeweils vor Ablauf des Geschäftsjahrs gewählt werden, auf das sich seine Prüfungstätigkeit erstreckt. ⁴Die gesetzlichen Vertreter, bei Zuständigkeit des Aufsichtsrats dieser, haben unverzüglich nach der Wahl den Prüfungsauftrag zu erteilen. ⁵Der Prüfungsauftrag kann nur widerrufen werden, wenn nach Absatz 3 ein anderer Prüfer bestellt worden ist.

(2) ¹Als Abschlußprüfer des Konzernabschlusses gilt, wenn kein anderer Prüfer bestellt wird, der Prüfer als bestellt, der für die Prüfung des in den Konzernabschluß einbezogenen Jahresabschlusses des Mutterunternehmens bestellt worden ist. ²Erfolgt die Einbeziehung auf Grund eines Zwischenabschlusses, so gilt, wenn kein anderer Prüfer bestellt wird, der Prüfer als bestellt, der für die Prüfung des letzten vor dem Konzernabschlußstichtag aufgestellten Jahresabschlusses des Mutterunternehmens bestellt worden ist.

(3) ¹Auf Antrag der gesetzlichen Vertreter, des Aufsichtsrats oder von Gesellschaftern, bei Aktiengesellschaften und Kommanditgesellschaften auf Aktien jedoch nur, wenn die Anteile dieser Gesellschafter bei Antragstellung zusammen den zwanzigsten Teil des Grundkapitals oder einen Börsenwert von 500 000 Euro erreichen, hat das Gericht nach Anhörung der Beteiligten und des gewählten Prüfers einen anderen Abschlussprüfer zu bestellen, wenn dies aus einem in der Person des gewählten Prüfers liegenden Grund geboten erscheint, insbesondere wenn ein Ausschlussgrund nach § 319 Abs. 2 bis 5, § 319a besteht. ²Der Antrag ist binnen zwei Wochen nach dem Tag der Wahl des Abschlussprüfers zu stellen; Aktionäre können den Antrag nur stellen, wenn sie gegen die Wahl des Abschlussprüfers bei der Beschlussfassung Widerspruch erklärt haben. ³Wird ein Befangenheitsgrund erst nach der Wahl bekannt oder tritt ein Befangenheitsgrund erst nach der Wahl ein, ist der Antrag binnen zwei Wochen nach dem Tag zu stellen, an dem der Antragsberechtigte Kenntnis von den befangenheitsbegründenden Umständen erlangt hat oder ohne grobe Fahrlässigkeit hätte erlangen müssen. ⁴Stellen Aktionäre den Antrag, so haben sie glaubhaft zu machen, dass sie seit mindestens drei Monaten vor dem Tag der Wahl des Abschlussprüfers Inhaber der Aktien sind. ⁵Zur Glaubhaftmachung genügt eine eidesstattliche Versicherung vor einem Notar. ⁶Unterliegt die Gesellschaft einer staatlichen Aufsicht, so kann auch die Aufsichtsbehörde den Antrag stellen. ⁷Der Antrag kann nach Erteilung des Bestätigungsvermerks, im Fall einer Nachtragsprüfung nach § 316 Abs. 3 nach Ergänzung des Bestätigungsvermerks nicht mehr gestellt werden. ⁸Gegen die Entscheidung ist die sofortige Beschwerde zulässig.

(4) ¹Ist der Abschlußprüfer bis zum Ablauf des Geschäftsjahrs nicht gewählt worden, so hat das Gericht auf Antrag der gesetzlichen Vertreter, des Aufsichtsrats oder eines Gesellschafters den Abschlußprüfer zu bestellen. ²Gleiches gilt, wenn ein gewählter Abschlußprüfer die Annahme des Prüfungsauftrags abgelehnt hat, weggefallen ist oder am rechtzeitigen Abschluß der Prüfung verhindert ist und ein anderer Abschlußprüfer nicht gewählt worden ist. ³Die gesetzlichen Vertreter sind verpflichtet, den Antrag zu stellen. ⁴Gegen die Entscheidung des Gerichts findet die sofortige Beschwerde statt; die Bestellung des Abschlußprüfers ist unanfechtbar.

(5) ¹Der vom Gericht bestellte Abschlußprüfer hat Anspruch auf Ersatz angemessener barer Auslagen und auf Vergütung für seine Tätigkeit. ²Die Auslagen und die Vergütung setzt das Gericht fest. ³Gegen die Entscheidung ist die sofortige Beschwerde zulässig. ⁴Die weitere Beschwerde ist ausgeschlossen. ⁵Aus der rechtskräftigen Entscheidung findet die Zwangsvollstreckung nach der Zivilprozeßordnung statt.

(6) ¹Ein von dem Abschlußprüfer angenommener Prüfungsauftrag kann von dem Abschlußprüfer nur aus wichtigem Grund gekündigt werden. ²Als wichtiger Grund ist es nicht anzusehen, wenn Meinungsverschiedenheiten über den Inhalt des Bestätigungsvermerks, seine Einschränkung oder Versagung bestehen. ³Die Kündigung ist schriftlich zu begründen. ⁴Der Abschlußprüfer hat über das Ergebnis seiner bisherigen Prüfung zu berichten; § 321 ist entsprechend anzuwenden.

(7) ¹Kündigt der Abschlußprüfer den Prüfungsauftrag nach Absatz 6, so haben die gesetzlichen Vertreter die Kündigung dem Aufsichtsrat, der nächsten Hauptversammlung oder bei Gesellschaften mit beschränkter Haftung den Gesellschaftern mitzuteilen. ²Den Bericht des bisherigen Abschlußprüfers haben die gesetzlichen Vertreter unverzüglich dem Aufsichtsrat vorzulegen. ³Jedes Aufsichtratsmitglied hat das Recht, von dem Bericht Kenntnis zu nehmen. ⁴Der Bericht ist auch jedem Aufsichtsratsmitglied oder, soweit der Aufsichtsrat dies beschlossen hat, den Mitgliedern eines Ausschusses auszuhändigen. ⁵Ist der Prüfungsauftrag vom Aufsichtsrat erteilt worden, obliegen die Pflichten der gesetzlichen Vertreter dem Aufsichtsrat einschließlich der Unterrichtung der gesetzlichen Vertreter.

Schrifttum: *Gelhausen,* Reform der externen Rechnungslegung und ihrer Prüfung durch den Wirtschaftsprüfer, AG 1997, 73; *IDW* SABI 1/1986: Zur erstmaligen Anwendung der Vorschriften über die Pflichtprüfung nach dem Bilanzrichtlinien-Gesetz und zum Wortlaut des Bestätigungsvermerks bei freiwilligen Abschlußprüfungen, WPg 1986, 166; *IDW* PS 220: Beauftragung des Abschlussprüfers, WPg 2001, 895; *IDW* PS 240: Grundsätze der Planung von Abschlussprüfungen, WPg 2000, 846, 1024; *Pfitzer/Oser/Orth,* Offene Fragen und Systemwidrigkeiten des Bilanzrechtsreformgesetzes (BilReG), DB 2004, 2593.

Übersicht

	RdNr.		RdNr.
I. Allgemeines	1–3	IV. Gerichtliche Ersetzung des Abschlussprüfers (Abs. 3)	17–21
II. Bestellung des Abschlussprüfers des Jahresabschlusses (Abs. 1)	4–14	V. Gerichtliche Bestellung des Prüfers (Abs. 4)	22–25
1. Wahl des Abschlussprüfers	4–9	1. Verfahren der gerichtlichen Bestellung	22–24
2. Erteilung des Prüfungsauftrags	10–13	2. Vergütung des gerichtlich bestellten Abschlussprüfers (Abs. 5)	25
3. Widerruf des Prüfungsauftrags	14		
III. Bestellung des Konzernabschlussprüfers (Abs. 2)	15, 16	VI. Kündigung des Prüfungsauftrages (Abs. 6 u. 7)	26–28

I. Allgemeines

1 Grundlage für das Tätigwerden des Abschlussprüfers ist seine **Bestellung**. In § 318 werden die Zuständigkeit und die Form für Bestellung und Abberufung des Abschlussprüfers sowie dessen Kündigungsrecht bei der Prüfung des Einzel- und des Konzernabschlusses geregelt. Die Bestellung des Abschlussprüfers erfolgt idR in den drei Verfahrensschritten: **Wahl** des Abschlussprüfers durch die Gesellschafter (Abs. 1 S. 1) bzw. das sonst zuständige Organ (Abs. 1 S. 2), **Auftragserteilung** durch die gesetzlichen Vertreter bzw. den Aufsichtsrat und **Annahme** des Prüfungsauftrags durch den Abschlussprüfer.¹ Alle drei Schritte müssen zur Begründung der Stellung als gesetzlicher Abschlussprüfer vollzogen sein.²

2 Um den Eindruck einer zu großen Nähe des Prüfers zum Vorstand zu vermeiden, bestimmt § 111 AktG, dass für die Erteilung des Prüfungsauftrags beim Jahres- und Konzernabschluss (einer AG) der Aufsichtsrat verantwortlich ist (§ 111 Abs. 2 S. 3 AktG).³ Die Verantwortlichkeit des Aufsichtsrats zur Erteilung des Prüfungsauftrages gilt auf Grund der expliziten Verweisung in § 52 Abs. 1 GmbHG auch für GmbH, die nach dem Gesellschaftsvertrag einen Aufsichtsrat zu bestellen haben; bei einem obligatorischen Aufsichtsrat nach § 25 Abs. 1 S. 1 Nr. 2 MitbestG 1976 oder § 1 Abs. 1 S. 1 Nr. 3 DrittelBG (Nachfolgeregelung zu § 77 Abs. 1 S. 2 BetrVG 1952) ist ebenfalls die Vorschrift des § 111 AktG anzuwenden.⁴ Durch die Kompetenz des Aufsichtsrats zur Auftragserteilung soll die Unterstützungsfunktion des Abschlussprüfers für den Aufsichtsrat bei der Bewältigung seiner Kontrolltätigkeit sowie die Unabhängigkeit des Abschlussprüfers vom Management unterstrichen werden.⁵ In diesem Zusammenhang hat der Aufsichtsrat auch die Vergütung des Abschlussprüfers zu vereinbaren; ferner hat er die Möglichkeit, eigene Prüfungsschwerpunkte festzulegen. Die stärkere Betonung der Funktion des Aufsichtsrates wird jedoch zumindest nach dem Gesetzeswortlaut dadurch relativiert, dass der Aufsichtsrat der Hauptversammlung lediglich einen Vorschlag zur Wahl

---

[1] *Winkeljohann/Hellwege* BeBiKo RdNr. 1.
[2] *ADS* RdNr. 47.
[3] Vgl. Begr. RegE, BT-Drucks. 13/9712 S. 16.
[4] Vgl. *Lutter/Hommelhoff* GmbHG § 52 RdNr. 10.
[5] Begr. RegE, BT-Drucks. 13/9712 S. 16.

des Prüfers unterbreiten kann, ihm also nach wie vor nicht die Auswahl des Prüfers obliegt (§ 318 Abs. 1 S. 1, § 119 Abs. 1 Nr. 4 AktG, § 124 Abs. 3 S. 1 AktG).[6]

Die Vorschrift des § 318 gilt unmittelbar für alle nach § 316 Abs. 1 S. 1 und Abs. 2 prüfungspflichtigen Kapitalgesellschaften, außerdem für die den Kapitalgesellschaften gleichgestellten Personenhandelsgesellschaften iSd. § 264 a Abs. 1. Hinsichtlich der Prüfung von Kreditinstituten verweist § 340 k Abs. 1 S. 1 auf die entsprechende Anwendung der §§ 316 ff. Ähnliches gilt für Versicherungsunternehmen, allerdings mit einer Einschränkung hinsichtlich der Wahl des Abschlussprüfers (§ 341 k Abs. 1 u. 2). Darüber hinaus verweist noch eine Reihe von Spezialgesetzen auf die Vorschrift des § 318, so zB §§ 6, 14 PublG, § 28 KWG oder § 58 VAG.[7]

II. Bestellung des Abschlussprüfers des Jahresabschlusses (Abs. 1)

1. Wahl des Abschlussprüfers. Nach Abs. 1 S. 1 1. Hs. wird der Abschlussprüfer des Jahresabschlusses von den **Gesellschaftern** gewählt.

Bei der **AG** erfolgt die Wahl des Abschlussprüfers somit durch die Hauptversammlung, was auch in § 119 Abs. 1 Nr. 4 AktG zwingend vorgeschrieben ist.[8] Damit soll eine von den übrigen Organen der AG unabhängige Prüfung der Rechnungslegung erreicht werden. Der Aufsichtsrat hat gem. § 124 Abs. 3 AktG der Hauptversammlung einen Abschlussprüfer zur Wahl vorzuschlagen; diese ist jedoch an den Vorschlag nicht gebunden.[9] In der Praxis wird dem Vorschlag allerdings idR zugestimmt werden.[10]

Wie bei der AG erfolgt die Wahl des Abschlussprüfers auch bei der **KGaA** durch die Hauptversammlung (§ 285 Abs. 1 AktG), wobei die persönlich haftenden Gesellschafter nach § 285 Abs. 1 S. 2 Nr. 6 AktG bei dieser Wahl kein Stimmrecht haben und dieses auch nicht auf einen anderen übertragen dürfen. Dadurch soll ein Einfluss der den Jahresabschluss aufstellenden Komplementäre auf die Wahl des Abschlussprüfers verhindert werden.[11] Die Zustimmung der persönlich haftenden Gesellschafter zur Wahl des Abschlussprüfers durch die Hauptversammlung ist folgerichtig ebenfalls nicht erforderlich (§ 285 Abs. 2 S. 2 AktG).

Auch bei der **GmbH** wird der Abschlussprüfer grundsätzlich von den Gesellschaftern gewählt (Abs. 1 S. 1 iVm. § 48 Abs. 1 GmbHG). Hier besteht allerdings die Besonderheit, dass nach Abs. 1 S. 2 diese Kompetenz auch auf **andere Gremien** übertragen werden kann. Dafür kommt zB ein fakultativer Aufsichtsrat, ein Beirat oder ein Gesellschafterausschuss in Frage.[12] Eine Übertragung der Wahlkompetenz auf einen Geschäftsführer oder Geschäftsführer-Ausschuss wird mittlerweile in der Literatur auf Grund möglicherweise entstehender Interessenkonflikte abgelehnt.[13] Der Gesellschafter-Geschäftsführer kann nach hM bei der Wahl des Abschlussprüfers mitstimmen; ein Stimmverbot gem. § 47 Abs. 4 GmbHG greift nicht, da die Abschlussprüfung keine Geschäftsführungsprüfung ist.[14] Diese Dispositionsmöglichkeiten entsprechen den dem GmbH-Recht besonderen weitgehenden Gestaltungsmöglichkeiten.[15] Bei der **Kapitalgesellschaft & Co.** sind sowohl deren Komplementäre als auch die Kommanditisten wahlberechtigt.[16] Auch hier kann durch den Gesellschaftsvertrag etwas anderes bestimmt werden, zB kann die Kompetenz zur Wahl auf den Beirat einer Kapitalgesellschaft & Co. verlagert werden.

Nach Abs. 1 S. 3 soll der Abschlussprüfer jeweils **vor Ablauf** des Geschäftsjahrs gewählt werden, auf das sich seine Prüfungstätigkeit erstreckt. Eine frühzeitige Wahl des Abschlussprüfers soll gewährleisten, dass ausreichend Zeit für die Planung, Vorbereitung und Durchführung der Abschlussprüfung zur Verfügung steht;[17] insbesondere soll die Teilnahme an der am Abschlussstichtag stattfindenden Inventur möglich sein.[18] Abs. 1 S. 3 ist zwar als **Soll-Vorschrift** ausgestaltet, bedeutet aber de facto eine „Muss"-Vorschrift. Andernfalls wird den Gesellschaftern (bzw. dem berechtigten Personenkreis) das Wahlrecht aberkannt. Sofern keine Wahl erfolgte, sind die gesetzlichen Vertreter nach Abs. 4

---

[6] So auch *Gelhausen* AG 1997, 77.
[7] Vgl. hierzu *ADS* RdNr. 7 ff.; *Winkeljohann/Hellwege* BeBiKo RdNr. 37 ff.
[8] *ADS* RdNr. 104.
[9] *Baetge/Thiele* HdR RdNr. 5 ff.
[10] *ADS* RdNr. 107.
[11] *ADS* RdNr. 112.
[12] *Winkeljohann/Hellwege* BeBiKo RdNr. 7; Baumbach/Hueck/*Schulze-Osterloh* GmbHG § 41 RdNr. 84.
[13] Rowedder/Schmidt-Leithoff/*Tiedchen* GmbHG § 42 a RdNr. 30; *Baetge/Thiele* HdR RdNr. 27; Baumbach/Hueck/*Schulze-Osterloh* GmbHG § 41 RdNr. 84; Baumbach/Hopt/*Merkt* RdNr. 1; noch aA *ADS* RdNr. 126.
[14] Vgl. im Einzelnen *ADS* RdNr. 118; aA *Winkeljohann/Hellwege* BeBiKo RdNr. 8.
[15] *ADS* RdNr. 115.
[16] BGH Urt. v. 24. 3. 1980, BB 1980, 695.
[17] *Winkeljohann/Hellwege* BeBiKo RdNr. 11.
[18] *ADS* RdNr. 134.

verpflichtet, unmittelbar nach Ablauf des Geschäftsjahres beim Gericht einen Antrag auf Bestellung eines Prüfers zu stellen.[19] Die Wahl des Prüfers ist aber – trotz der damit verbundenen Probleme für die Prüfungsdurchführung – grundsätzlich noch zulässig, wenn sie **nach Ablauf** des Geschäftsjahrs erfolgt; allerdings nur solange keine gerichtliche Bestellung erfolgt ist.[20]

9 Zu dem für die Wahl als Abschlussprüfer in Frage kommenden **Personenkreis** vgl. die Erläuterungen zu § 319 und § 319 a.

10 **2. Erteilung des Prüfungsauftrags.** Unverzüglich (dh. ohne schuldhaftes Zögern, § 121 Abs. 1 BGB) nach der Wahl des Abschlussprüfers hat das nach Gesetz oder Gesellschaftsvertrag zuständige Organ den Prüfungsauftrag zu erteilen (Abs. 1 S. 4). Die unverzügliche Auftragserteilung liegt im Interesse der Gesellschaft, da der Prüfer in der Lage sein muss, rechtzeitig mit der Prüfungsplanung[21] sowie mit der eigentlichen Prüfungsdurchführung zu beginnen und Zwischenprüfungen vorzunehmen. Die unverzügliche Erteilung des Prüfungsauftrages dient aber zugleich dem öffentlichen Interesse, eine zügige Durchführung des Prüfungs-, Feststellungs- und Offenlegungsverfahrens zu gewährleisten.[22] Wird der Prüfungsauftrag durch den Vorstand bzw. die Geschäftsführung erteilt, sind sämtliche Vorstandsmitglieder bzw. Geschäftsführer für die Auftragserteilung verantwortlich; die Mitwirkung der zur Vertretung der Gesellschaft erforderlichen Anzahl von Vorständen bzw. Geschäftsführern reicht jedoch aus. Erteilt der Aufsichtsrat den Prüfungsauftrag, so ist davon auszugehen, dass dies auch allein durch den Aufsichtsratsvorsitzenden, der gewissermaßen der „geborene Erklärungsvertreter" des Aufsichtsrats ist,[23] vorgenommen werden kann. Bei der Kapitalgesellschaft & Co. erteilen die gesetzlichen Vertreter der Kapitalgesellschaft den Prüfungsauftrag, sofern im Gesellschaftsvertrag nichts anderes festgelegt ist.[24] Ein ggf. bei der Kapitalgesellschaft & Co. installierter Beirat oder ein anders bezeichnetes Gremium erfüllen nicht die Kriterien eines Aufsichtsrates für Kapitalgesellschaften, so dass die Regelungen bezüglich der Auftragserteilung nicht analog angewendet werden dürfen. Erfolgt die Auftragserteilung nicht unverzüglich, kann ein Zwangsgeld nach § 335 S. 1 Nr. 3 drohen.

11 Der Abschlussprüfer sollte die Erklärung über die Annahme des Auftrags vor Beginn der Prüfungshandlungen aus Nachweisgründen schriftlich abgeben.[25] Die Annahme des Prüfungsauftrags durch den Abschlussprüfer führt zu einem schuldrechtlichen **Prüfungsvertrag,** der einen Geschäftsbesorgungsvertrag gem. § 675 BGB darstellt, auf den ein Teil der Vorschriften über den Auftrag entsprechende Anwendung findet.[26] Der Prüfungsauftrag enthält Elemente des **Werk-** und des **Dienstvertrags,**[27] wobei der Werkvertragscharakter überwiegt.[28] Dem Prüfungsauftrag werden idR die Allgemeinen Auftragsbedingungen für Wirtschaftsprüfer und Wirtschaftsprüfungsgesellschaften zugrunde gelegt; außerdem wird eine Vereinbarung über die Höhe der Prüfungsgebühr getroffen.[29]

12 Der Abschlussprüfer hat zu prüfen, ob die Bestellung ordnungsgemäß erfolgt ist, und bis zur Beendigung der Prüfung weiter darauf zu achten, ob zwischenzeitlich Umstände eingetreten sind, die eine Pflicht zur Kündigung begründen.[30]

13 Lehnt der Abschlussprüfer den Prüfungsauftrag ab, hat er nach § 51 WPO die Ablehnung gegenüber dem Auftraggeber unverzüglich zu erklären. Der Abschlussprüfer hat in jedem Fall vor Auftragsannahme zu prüfen, ob nach den Berufspflichten ein Prüfungsauftrag angenommen werden darf und ob die besonderen Kenntnisse und Erfahrungen vorliegen, um die Prüfung sachgerecht durchführen zu können.[31] Bei Vorliegen eines der Ausschlusstatbestände des § 319 bzw. § 319 a (vgl. Erl. zu § 319 bzw. § 319 a) oder bei Besorgnis der Befangenheit **muss** der Abschlussprüfer die Annahme des Prüfungsauftrags ablehnen. Wird der Prüfungsauftrag abgelehnt, kann das zuständige Organ einen anderen Prüfer wählen; ebenfalls zulässig ist ein Antrag auf Bestellung eines Abschlussprüfers durch das Gericht nach Abs. 4.[32]

---

[19] *Winkeljohann/Hellwege* BeBiKo RdNr. 11.
[20] *ADS* RdNr. 405; *Winkeljohann/Hellwege* BeBiKo RdNr. 11.
[21] Vgl. hierzu im Einzelnen *IDW* PS 240, WPg 2006, 218 ff.
[22] *ADS* RdNr. 140.
[23] Vgl. hierzu auch Kölner KommAktG/*Mertens* § 107 AktG RdNr. 46.
[24] *ADS* RdNr. 154.
[25] *IDW* PS 220, WPg 2001, 895 ff. RdNr. 6.
[26] *ADS* RdNr. 191.
[27] Baumbach/Hueck/*Schulze-Osterloh* GmbHG § 41 RdNr. 85.
[28] *ADS* RdNr. 192.
[29] *ADS* RdNr. 199.
[30] *IDW* PS 220, WPg 2001, 895 ff. RdNr. 12.
[31] *IDW* PS 220, WPg 2001, 895 ff. RdNr. 11.
[32] *ADS* RdNr. 198.

3. Widerruf des Prüfungsauftrags. Der Widerruf des Prüfungsauftrags ist nach Abs. 1 S. 5 nur 14 zulässig, wenn das Gericht gem. Abs. 3 aus einem in der Person des gewählten Abschlussprüfers liegenden Grund einen anderen Prüfer bestellt hat. Somit entfällt für die Vertragsparteien grundsätzlich die Möglichkeit, den Prüfungsvertrag ordentlich zu kündigen oder einvernehmlich aufzuheben; ausgenommen ist lediglich die Kündigung aus wichtigem Grund nach Abs. 6.[33] Da gegen die Entscheidung des Gerichts die sofortige Beschwerde und darauf die sofortige weitere Beschwerde zulässig sind, muss vor dem Widerruf die formelle Rechtskraft der gerichtlichen Entscheidung abgewartet werden.[34] Der Widerruf wird durch die gesetzlichen Vertreter der Gesellschaft oder durch sonstige Vertreter erklärt; bei Auftragserteilung durch den Aufsichtsrat erklärt dieser den Widerruf. Er muss dem betroffenen Abschlussprüfer zugehen.[35]

III. Bestellung des Konzernabschlussprüfers (Abs. 2)

Wird kein anderer Abschlussprüfer bestellt, so gilt nach Abs. 2 S. 1 als Abschlussprüfer des Konzernabschlusses der Abschlussprüfer des Mutterunternehmens als bestellt. Dafür spricht, dass dieser die Verhältnisse des Mutterunternehmens und häufig auch die Verhältnisse der wichtigsten Konzernunternehmen kennt.[36] Diese **Fiktion** der Identität von Einzel- und Konzernabschlussprüfer ist jedoch nicht zwingend. Es kann auch ein besonderer Konzernabschlussprüfer gewählt werden, zB wenn die Kapazität des Abschlussprüfers des Mutterunternehmens für die Konzernabschlussprüfung nicht ausreicht.[37] Die Fiktion gilt nicht nur bei der Bestellung des Abschlussprüfers durch die Gesellschaft, sondern auch bei der Bestellung durch das Gericht nach Abs. 4.[38]

Wird das Mutterunternehmen auf Grund eines **Zwischenabschlusses** (§ 299 Abs. 2 S. 2) in den 16 Konzernabschluss einbezogen, so gilt nach Abs. 2 S. 2 die Fiktion für den Prüfer des letzten vor dem Konzernabschlussstichtag aufgestellten Jahresabschlusses des Mutterunternehmens.

IV. Gerichtliche Ersetzung des Abschlussprüfers (Abs. 3)

Gem. Abs. 3 S. 1 hat das Gericht auf Antrag einen anderen Abschlussprüfer zu bestellen, wenn 17 dies aus einem in der Person des gewählten Prüfers liegenden Grund geboten erscheint, insbesondere wenn ein Ausschlussgrund nach § 319 Abs. 2 bis 5, § 319 a besteht. Dadurch wird die Möglichkeit eröffnet, Bedenken gegen einen Prüfer in einem schnellen und einfachen Verfahren der freiwilligen Gerichtsbarkeit geltend zu machen und so die Prüfung durch einen geeigneten Prüfer sicherzustellen.[39] Dabei ist durch das Gericht rechtliches Gehör zu gewähren, das allen Verfahrensbeteiligten – Antragsteller, betroffener Gesellschaft und dem gewählten Prüfer – zusteht. Die Ersetzung erfolgt in den Schritten **Abberufung** des gewählten und **Bestellung** eines anderen Prüfers durch das Gericht; bei der Bestellung kann das Gericht den Vorschlägen der Antragsteller und der Beteiligten folgen.[40] Ist der Abschlussprüfer nach § 319 Abs. 2 u. 3 ausgeschlossen, kommt das Ersetzungsverfahren nicht in Betracht, da in diesem Fall der gesamte Bestellungsakt **nichtig** ist; Voraussetzung für die Anwendung von Abs. 3 ist, dass der möglicherweise befangene Prüfer zunächst wirksam Abschlussprüfer geworden ist.[41]

Die gerichtliche Ersetzung kann nur durch Gründe, die in der Person des Abschlussprüfers liegen, 18 gerechtfertigt werden. Dazu gehört insbesondere die Besorgnis der Befangenheit. Diese liegt vor allem dann vor, wenn nahe Beziehungen des Abschlussprüfers zu einem Beteiligten oder zum Gegenstand der Beurteilung bestehen, die geeignet sein können, die Urteilsbildung zu beeinflussen.[42] Als weitere Ersetzungsgründe können mangelnde persönliche Zuverlässigkeit, mangelnde personelle und sachliche Ausstattung des Prüfers oder – in Ausnahmefällen – auch mangelnde fachliche Qualifikation in Frage kommen.[43]

Antragsberechtigt sind nach Abs. 3 S. 1 die gesetzlichen Vertreter, der Aufsichtsrat und die Gesell- 19 schafter, bei AG und KGaA jedoch nur, wenn die Anteile dieser Gesellschafter bei Antragstellung zusammen 20% des Grundkapitals oder den Börsenwert von 500 000,– Euro erreichen. Aktionäre

---

[33] *ADS* RdNr. 260 f.; *Winkeljohann/Hellwege* BeBiKo RdNr. 16; *Baumbach/Hopt/Merkt* RdNr. 13.
[34] *ADS* RdNr. 265 u. 382.
[35] *ADS* RdNr. 265 f.
[36] *ADS* RdNr. 285.
[37] *ADS* RdNr. 285.
[38] *ADS* RdNr. 286 u. 291.
[39] *ADS* RdNr. 315.
[40] *Winkeljohann/Hellwege* BeBiKo RdNr. 21.
[41] *ADS* RdNr. 320; *Winkeljohann/Hellwege* BeBiKo RdNr. 30.
[42] *ADS* RdNr. 352 ff.; vgl. hierzu auch Berufssatzung der WPK § 21.
[43] Vgl. im Einzelnen *ADS* RdNr. 371 ff.; *Baetge/Thiele* HdR RdNr. 100 ff.

sind nur dann zur Antragstellung berechtigt, wenn sie gegen die Wahl des Prüfers bei der Beschlussfassung Widerspruch erklärt haben und seit mindestens drei Monaten vor dem Tag der Wahl des Abschlussprüfers Inhaber der Aktien sind (Abs. 3 S. 2 2. Hs. u. S. 4). Zur Glaubhaftmachung des dreimonatigen Aktienbesitzes genügt nach Abs. 3 S. 5 eine eidesstattliche Versicherung vor einem Notar. Bei Unternehmen, die einer staatlichen Aufsicht unterliegen, ist gem. Abs. 3 S. 6 auch die **Aufsichtsbehörde** zur Antragstellung berechtigt. Nach Erteilung des Bestätigungsvermerks oder im Falle der Nachtragsprüfung (§ 316 Abs. 3 HGB) nach Ergänzung des Bestätigungsvermerks kann gem. Abs. 3 S. 7 kein Antrag mehr gestellt werden.

20 Der Antrag ist binnen **zwei Wochen** nach dem Tag der Wahl des Abschlussprüfers zu stellen (Abs. 3 S. 2 1. Hs.). Es handelt sich um eine zwingende Ausschlussfrist. Wird der Antrag nicht rechtzeitig gestellt, ist die Antragstellung nicht möglich;[44] wird der Abschlussprüfer nicht von einer Haupt- oder Gesellschafterversammlung gewählt, beginnt die Antragsfrist dann, wenn der Wahlbeschluss oder die Entscheidung zustande kommt.[45] Treten die in der Person des Abschlussprüfers liegenden Gründe erst später ein oder werden sie erst später erkennbar, kann der Antrag auch nach Ablauf der Antragsfrist gestellt werden.[46]

Sofern der Befangenheitsgrund erst nach der Wahl des Abschlussprüfers eintritt oder wenn ein bereits zum Zeitpunkt der Wahl des Abschlussprüfers bestehender Befangenheitsgrund erst nach der Wahl des Abschlussprüfers bekannt wird, ist der Antrag binnen **zwei Wochen** nach dem Tag zu stellen, an dem der Antragsberechtigte Kenntnis von den befangenheitsbegründenden Umständen erhält oder ohne grobe Fahrlässigkeit hätte erlangen müssen (Abs. 3 S. 3).

21 Gegen die Entscheidung des Gerichts ist nach Abs. 3 S. 8 die sofortige Beschwerde zulässig. Beschwerdebefugt ist auch der gewählte Abschlussprüfer.[47] Das Verfahren der gerichtlichen Ersetzung gilt nicht für durch Satzung vorgeschriebene oder sonstige freiwillige Prüfungen, sondern nur für die gesetzliche Pflichtprüfung.[48]

V. Gerichtliche Bestellung des Abschlussprüfers (Abs. 4)

22 **1. Verfahren der gerichtlichen Bestellung.** Im Unterschied zu Abs. 3 zielt das Verfahren nach Abs. 4 nicht darauf ab, die Bestellung des Prüfers durch die Gesellschaft zu überprüfen und ggf. zu korrigieren. Vielmehr hat auf Antrag der gesetzlichen Vertreter, des Aufsichtsrats oder eines Gesellschafters das Amtsgericht am Sitz der zu prüfenden Gesellschaft bzw. das registerführende Gericht den Abschlussprüfer zu bestellen, wenn dieser bis zum Ablauf des Geschäftsjahrs nicht gewählt worden ist (Abs. 4 S. 1) bzw. wenn ein gewählter Abschlussprüfer die Annahme des Prüfungsauftrags abgelehnt hat, weggefallen ist oder am rechtzeitigen Abschluss der Prüfung verhindert ist und ein anderer Abschlussprüfer nicht gewählt worden ist (Abs. 4 S. 2). Dadurch soll die rechtzeitige Durchführung der Abschlussprüfung gesichert werden, falls die Wahl des Prüfers nicht zum Erfolg geführt hat.[49] Zu einem **nachträglichen Wegfall** des gewählten Prüfers kommt es bei Tod des Abschlussprüfers, eintretender Geschäftsunfähigkeit oder Verlust der Bestellung als Wirtschaftsprüfer sowie bei Kündigung gem. Abs. 6.[50] Auch die Nichtigkeit der Bestellung aus Gründen des § 319 Abs. 2 u. 3 HGB sowie § 319a Abs. 1 oder die erfolgreiche Anfechtung der Wahl führen zum nachträglichen Wegfall.[51] Eine **nicht rechtzeitige Beendigung der Prüfung** kann aus Krankheit oder dem Ausfall von Mitarbeitern resultieren.[52]

23 Der Antrag bei **fehlender Wahl** des Abschlussprüfers (Abs. 4 S. 1) kann nach dem Gesetzeswortlaut erst nach Ablauf des Geschäftsjahrs gestellt werden, auch wenn abzusehen ist, dass der Wahlbeschluss vor Ablauf des Geschäftsjahrs nicht zustande kommen wird.[53] Dies gilt auf Grund des Verweises in S. 2 auch für die weiteren Antragsgründe.

24 Nach Abs. 4 S. 4 kann gegen die Entscheidung des Gerichts sofortige Beschwerde eingelegt werden. Gegen die Beschwerdeentscheidung ist die sofortige weitere Beschwerde zulässig, über die das Oberlandesgericht entscheidet und mit der nur die Verletzung des Gesetzes gerügt werden kann

---

[44] *ADS* RdNr. 340.
[45] *ADS* RdNr. 340.
[46] *ADS* RdNr. 343; Baumbach/Hopt/*Merkt* RdNr. 9.
[47] Baumbach/Hueck/*Schulze-Osterloh* GmbHG § 41 RdNr. 89.
[48] *ADS* RdNr. 316 f.
[49] *ADS* RdNr. 386.
[50] *ADS* RdNr. 409; Winkeljohann/*Hellwege* BeBiKo RdNr. 30.
[51] Winkeljohann/*Hellwege* BeBiKo RdNr. 30; Baumbach/Hopt/*Merkt*, RdNr. 6.
[52] *Baetge/Thiele* HdR RdNr. 130.
[53] *ADS* RdNr. 401; *Baetge/Thiele* HdR RdNr. 124.

(§§ 27 ff. FGG). Die gerichtliche Bestellung des Abschlussprüfers kann aber nicht mehr angefochten werden (Abs. 4 S. 4 2. Hs.).

2. Vergütung des gerichtlich bestellten Abschlussprüfers (Abs. 5). Der gerichtlich bestellte 25 Abschlussprüfer hat gem. Abs. 5 S. 1 Anspruch auf Ersatz angemessener barer Auslagen und auf Vergütung seiner Tätigkeit. Hinsichtlich der Festsetzung der Auslagen und der Vergütung können der gerichtlich bestellte Abschlussprüfer und die Gesellschaft Vereinbarungen treffen. Eine Festsetzung durch das Gericht ist **nicht zwingend erforderlich** – obwohl dies aus dem Wortlaut von Abs. 5 S. 2 geschlossen werden könnte – und erfolgt nur auf Antrag.[54] Das Rechtsmittel gegen die Entscheidung des Gerichts ist die Beschwerde innerhalb von zwei Wochen ab Bekanntmachung des Beschlusses (§ 22 Abs. 1 FGG); die weitere Beschwerde ist ausgeschlossen (Abs. 5 S. 3 u. 4). Dem Abschlussprüfer steht gem. Abs. 5 S. 5 auf Grund der rechtskräftigen Entscheidung ein Zwangsvollstreckungstitel nach der Zivilprozessordnung zu.

VI. Kündigung des Prüfungsauftrages (Abs. 6 u. 7)

Der vom Abschlussprüfer angenommene Prüfungsauftrag kann von der Gesellschaft überhaupt 26 nicht und vom Abschlussprüfer gem. Abs. 6 S. 1 nur aus **wichtigem Grund** gekündigt werden.[55] Zweck dieser Bestimmung ist es, zum einen die Unabhängigkeit des Abschlussprüfers gegenüber der zu prüfenden Gesellschaft zu stärken und zum anderen der öffentlich-rechtlichen Funktion der Prüfung Rechnung zu tragen.[56] Das Vorliegen eines wichtigen Grundes ist daher nach einem strengen Maßstab zu beurteilen.[57] Als wichtiger Grund kommt bspw. das nachträgliche Eintreten von Ausschlussgründen nach § 319 Abs. 2 bis 4 HGB oder § 319 a in Betracht.[58] Meinungsverschiedenheiten über den Inhalt des Bestätigungsvermerks, seine Einschränkung oder Versagung sind nach Abs. 6 S. 2 **nicht** als wichtiger Grund anzusehen. Dies gilt auch für die Verweigerung der von der Gesellschaft nach § 320 Abs. 2 zu erbringenden Aufklärungen und Nachweise.[59]

Der Abschlussprüfer muss die Kündigung gegenüber der Gesellschaft **erklären,** was grundsätzlich 27 formlos möglich ist.[60] Die Kündigung ist nach Abs. 6 S. 3 **schriftlich zu begründen.** Dies dient der Offenlegung und damit der Nachprüfbarkeit der Kündigungsgründe.[61] Durch die Kündigung endet nicht nur der schuldrechtliche Prüfungsvertrag, sondern auch gleichzeitig die Stellung des Prüfers als gesetzlicher Abschlussprüfer.[62] Nach Abs. 6 S. 4 hat der Abschlussprüfer über das Ergebnis seiner bisherigen Prüfung zu berichten, wobei für den Bericht § 321 entsprechend anzuwenden ist. Der Bericht muss somit schriftlich erstattet, vom Prüfer unterzeichnet und den gesetzlichen Vertretern vorgelegt werden.[63]

Hat der Abschlussprüfer die Kündigung erklärt, so haben nach Abs. 7 S. 1 die gesetzlichen 28 Vertreter der Gesellschaft diese Kündigung dem Aufsichtsrat, der nächsten Hauptversammlung oder – bei GmbH – den Gesellschaftern mitzuteilen. Bei Auftragserteilung durch den Aufsichtsrat obliegen diesem die Pflichten der gesetzlichen Vertreter; dazu zählt auch die Unterrichtung der gesetzlichen Vertreter (S. 5). Der Bericht des bisherigen Abschlussprüfers ist von den gesetzlichen Vertretern unverzüglich dem Aufsichtsrat vorzulegen; dabei hat jedes Aufsichtsratsmitglied das Recht zur **Kenntnisnahme** und kann auch, sofern der Aufsichtsrat nichts anderes beschlossen hat, die **Aushändigung** des Berichts verlangen (Abs. 7 S. 2 bis 4). Dabei ist auch die Aushändigung an die Mitglieder eines aus dem Aufsichtsrat gebildeten Bilanzausschusses möglich, sofern der Aufsichtsrat dies beschlossen hat. Obwohl das Gesetz keine entsprechende Regelung enthält, haben auch die Gesellschafter einer **GmbH** in analoger Anwendung von § 42 a Abs. 1 S. 2 GmbHG das Recht auf Kenntnisnahme und Aushändigung des Berichts.[64]

---

[54] *ADS* RdNr. 430; *Winkeljohann/Hellwege* BeBiKo RdNr. 32.
[55] *ADS* RdNr. 432.
[56] *ADS* RdNr. 433; *Winkeljohann/Hellwege* BeBiKo RdNr. 34; Rowedder/Schmidt-Leithoff/*Tiedchen* GmbHG § 42 a RdNr. 32.
[57] *ADS* RdNr. 435.
[58] Baumbach/Hopt/*Merkt* RdNr. 13; zu den Kündigungsgründen im Einzelnen vgl. *ADS* RdNr. 435.
[59] *IDW,* SABI 1/1986, WPg 1986, 168 f.
[60] *ADS* RdNr. 444.
[61] *ADS* RdNr. 445.
[62] *ADS* RdNr. 446.
[63] *ADS* RdNr. 451.
[64] *ADS* RdNr. 459 ff.; *Winkeljohann/Hellwege* BeBiKo RdNr. 37; Baumbach/Hueck/*Schulze-Osterloh* GmbHG § 41 RdNr. 87.

§ 319 Auswahl der Abschlussprüfer und Ausschlussgründe

(1) ¹Abschlussprüfer können Wirtschaftsprüfer und Wirtschaftsprüfungsgesellschaften sein. ²Abschlussprüfer von Jahresabschlüssen und Lageberichten mittelgroßer Gesellschaften mit beschränkter Haftung (§ 267 Abs. 2) oder von mittelgroßen Personenhandelsgesellschaften im Sinne des § 264a Abs. 1 können auch vereidigte Buchprüfer und Buchprüfungsgesellschaften sein. ³Die Abschlussprüfer nach den Sätzen 1 und 2 müssen über eine wirksame Bescheinigung über die Teilnahme an der Qualitätskontrolle nach § 57a der Wirtschaftsprüferordnung verfügen, es sei denn, die Wirtschaftsprüferkammer hat eine Ausnahmegenehmigung erteilt.

(2) Ein Wirtschaftsprüfer oder vereidigter Buchprüfer ist als Abschlussprüfer ausgeschlossen, wenn Gründe, insbesondere Beziehungen geschäftlicher, finanzieller oder persönlicher Art, vorliegen, nach denen die Besorgnis der Befangenheit besteht.

(3) Ein Wirtschaftsprüfer oder vereidigter Buchprüfer ist insbesondere von der Abschlussprüfung ausgeschlossen, wenn er oder eine Person, mit der er seinen Beruf gemeinsam ausübt,

1. Anteile oder andere nicht nur unwesentliche finanzielle Interessen an der zu prüfenden Kapitalgesellschaft oder eine Beteiligung an einem Unternehmen besitzt, das mit der zu prüfenden Kapitalgesellschaft verbunden ist oder von dieser mehr als zwanzig vom Hundert der Anteile besitzt;
2. gesetzlicher Vertreter, Mitglied des Aufsichtsrats oder Arbeitnehmer der zu prüfenden Kapitalgesellschaft oder eines Unternehmens ist, das mit der zu prüfenden Kapitalgesellschaft verbunden ist oder von dieser mehr als zwanzig vom Hundert der Anteile besitzt;
3. über die Prüfungstätigkeit hinaus bei der zu prüfenden oder für die zu prüfende Kapitalgesellschaft in dem zu prüfenden Geschäftsjahr oder bis zur Erteilung des Bestätigungsvermerks
    a) bei der Führung der Bücher oder der Aufstellung des zu prüfenden Jahresabschlusses mitgewirkt hat,
    b) bei der Durchführung der internen Revision in verantwortlicher Position mitgewirkt hat,
    c) Unternehmensleitungs- oder Finanzdienstleistungen erbracht hat oder
    d) eigenständige versicherungsmathematische oder Bewertungsleistungen erbracht hat, die sich auf den zu prüfenden Jahresabschluss nicht unwesentlich auswirken,
   sofern diese Tätigkeiten nicht von untergeordneter Bedeutung sind; dies gilt auch, wenn eine dieser Tätigkeiten von einem Unternehmen für die zu prüfende Kapitalgesellschaft ausgeübt wird, bei dem der Wirtschaftsprüfer oder vereidigte Buchprüfer gesetzlicher Vertreter, Arbeitnehmer, Mitglied des Aufsichtsrats oder Gesellschafter, der mehr als zwanzig vom Hundert der den Gesellschaftern zustehenden Stimmrechte besitzt, ist;
4. bei der Prüfung eine Person beschäftigt, die nach den Nummern 1 bis 3 nicht Abschlussprüfer sein darf;
5. in den letzten fünf Jahren jeweils mehr als dreißig vom Hundert der Gesamteinnahmen aus seiner beruflichen Tätigkeit von der zu prüfenden Kapitalgesellschaft und von Unternehmen, an denen die zu prüfende Kapitalgesellschaft mehr als zwanzig vom Hundert der Anteile besitzt, bezogen hat und dies auch im laufenden Geschäftsjahr zu erwarten ist; zur Vermeidung von Härtefällen kann die Wirtschaftsprüferkammer befristete Ausnahmegenehmigungen erteilen.

²Dies gilt auch, wenn der Ehegatte oder der Lebenspartner einen Ausschlussgrund nach Satz 1 Nr. 1, 2 oder 3 erfüllt.

(4) ¹Wirtschaftsprüfungsgesellschaften und Buchprüfungsgesellschaften sind von der Abschlussprüfung ausgeschlossen, wenn sie selbst, einer ihrer gesetzlichen Vertreter, ein Gesellschafter, der mehr als zwanzig vom Hundert der den Gesellschaftern zustehenden Stimmrechte besitzt, ein verbundenes Unternehmen, ein bei der Prüfung in verantwortlicher Position beschäftigter Gesellschafter oder eine andere von ihr beschäftigte Person, die das Ergebnis der Prüfung beeinflussen kann, nach Absatz 2 oder Absatz 3 ausgeschlossen sind. ²Satz 1 gilt auch, wenn ein Mitglied des Aufsichtsrats nach Absatz 3 Satz 1 Nr. 2

ausgeschlossen ist oder wenn mehrere Gesellschafter, die zusammen mehr als zwanzig vom Hundert der den Gesellschaftern zustehenden Stimmrechte besitzen, jeweils einzeln oder zusammen nach Absatz 2 oder Absatz 3 ausgeschlossen sind.

(5) Absatz 1 Satz 3 sowie die Absätze 2 bis 4 sind auf den Abschlussprüfer des Konzernabschlusses entsprechend anzuwenden.

Schrifttum: *Mai*, Rechtsverhältnis zwischen Abschlußprüfer und prüfungspflichtiger Kapitalgesellschaft, 1993; *Sahner/Schulte-Groß/Clauß*, Das System der Qualitätskontrolle im Berufsstand der Wirtschaftsprüfer und vereidigten Buchprüfer, WPK-Mitteilungen, Sonderheft 2001, 9; *WPK*, Berufssatzung der Wirtschaftsprüferkammer, 1996; *WPK*, Verlautbarung des Vorstandes der Wirtschaftsprüferkammer zur Abgrenzung von Prüfung und Erstellung (§ 319 Abs. 2 Nr. 5 HGB), DB 1996, 1434; *v. Wysocki*, Zum Prüfungsverbot nach § 319 Abs. 2 Nr. 5 HGB. Zugleich Anmerkungen zum Urteil des OLG Karlsruhe vom 23. 11. 1995, FS Ludewig, 1996, S. 1129; *Pfitzer/Oser/Orth*, Offene Fragen und Systemwidrigkeiten des Bilanzrechtsreformgesetzes (BilReG), DB 2004, 2593; *Gelhausen/Heinz*, Der befangene Abschlussprüfer, seine Ersetzung und sein Honoraranspruch, WPg 2005, 693; *Veltins*, Verschärfte Unabhängigkeitsanforderungen an Abschlussprüfer, DB 2004, 445; *Polt/Winter*, Der Honoraranspruch des Abschlussprüfers, WPg 2004, 1127; *Ring*, Gesetzliche Neuregelungen der Unabhängigkeit des Abschlussprüfers, WPg 2005, 197; *Hülsmann*, Stärkung der Abschlussprüfung durch das Bilanzrechtsreformgesetz – Neue Bestimmungen zur Trennung von Prüfung und Beratung, DStR 2005, 166; *Pfitzer/Oser/Hettich*, Stärkung der Unabhängigkeitdes Abschlussprüfers? – Kritische Würdigung des Referentenentwurfs zum Bilanzrechtsreformgesetz, DStR 2004, 328.

Übersicht

	RdNr.		RdNr.
I. Allgemeines	1–3	bb) Mitwirkung bei der Durchführung der internen Revision (S 1 Nr. 3 b)	19
II. Qualifikation des Abschlussprüfers (Abs. 1)	4–7	cc) Erbringung von Unternehmensleitungs- oder Finanzdienstleistungen (S. 1 Nr. 3 c)	20
III. Allgemeiner Grundsatz – Besorgnis der Befangenheit (Abs. 2)	8, 9	dd) Erbringung eigenständiger versicherungsmathematischer oder Bewertungsleistungen (S. 1 Nr. 3 d)	21
IV. Ausschluss von der Tätigkeit als Abschlussprüfer	10–25	e) Beschäftigung einer befangenen Person (S. 1 Nr. 4)	22
1. Ausschlusstatbestände für natürliche Personen (Abs. 3)	10–23	f) Umsatzabhängigkeit (S. 1 Nr. 5)	23
a) Gemeinsame Berufsausübung	10–12	2. Ausschlusstatbestände für Prüfungsgesellschaften (Abs. 4)	24
b) Anteilsbesitz oder andere finanzielle Interessen an der zu prüfenden Kapitalgesellschaft (S. 1 Nr. 1)	13	3. Ausschlusstatbestände bei der Prüfung des Konzernabschlusses (Abs. 5)	25
c) Personelle Verflechtung (S. 1 Nr. 2)	14–16	V. Rechtsfolgen bei Verstoß gegen § 319	26
d) Ausübung bestimmter Tätigkeiten	17–21		
aa) Mitwirkung bei der Buchführung oder der Aufstellung des Jahresabschlusses (S. 1 Nr. 3 a)	18		

I. Allgemeines

Die Vorschrift des § 319 legt fest, welcher **Personenkreis** bei der nach § 316 vorgeschriebenen Jahresabschlussprüfung Abschlussprüfer sein kann bzw. darf. Grundsätzlich können nach Abs. 1 nur Wirtschaftsprüfer, Wirtschaftsprüfungsgesellschaften, vereidigte Buchprüfer und Buchprüfungsgesellschaften Abschlussprüfer sein. Abs. 2 enthält mit der Besorgnis der Befangenheit den zentralen Grundsatz zur Unabhängigkeit des Abschlussprüfers. Abs. 3 und 4 enthalten einen detaillierten Katalog von **Ausschlusstatbeständen,** bei deren Vorliegen die genannten Personen nicht Abschlussprüfer sein dürfen. **Übergangsvorschriften** zu den Neuregelungen zur Auswahl der Abschlussprüfer enthält Art. 58 EGHGB. 1

Die Folgen des § 319 sind durch die Rechtsprechung verschärft worden; die Urteile des BGH vom 30. 4. 1992[1] sowie vom 3. 6. 2004[2] klassifizieren § 319 als Verbotsgesetz iSv. § 134 BGB, was bei Verstoß gegen Abs. 2 bis 4 die Nichtigkeit des Bestellungsaktes nach sich zieht. Durch das letztgenannte Urteil wurde durch den BGH auch klargestellt, dass § 49 WPO als Verhaltensregel nur an den Wirtschaftsprüfer bzw. die Wirtschaftsprüfungsgesellschaft gerichtet ist und keine unmittelbare Auswirkung auf den Abschluss des Prüfungsvertrages hat. 2

§ 319 stellt **zwingendes Recht** hinsichtlich der Auswahl und des Ausschlusses von Abschlussprüfern dar. Hinsichtlich der Auswahl des Abschlussprüfers bei Unternehmen von öffentlichem Interesse ist zusätzlich § 319a zu beachten (vgl. Erläuterungen zu § 319a). Darüber hinausgehende 3

---

[1] BGH Urt. v. 30. 4. 1992 – III ZR 151/91, DStR 1992, 1140.
[2] BGH Urt. v. 3. 6. 2004 – X ZR 104/03, DB 2004, 1605; *Förschle/Schmidt* BeBiKo RdNr. 2.

Einschränkungen bei der Auswahl des Abschlussprüfers (zB in der Satzung) sind möglich, wenn dadurch das Wahlrecht nicht wesentlich eingeengt wird.[3]

II. Qualifikation des Abschlussprüfers (Abs. 1)

4 Nach Abs. 1 kommen als Abschlussprüfer lediglich **Wirtschaftsprüfer** und **Wirtschaftsprüfungsgesellschaften** in Frage; bei der Prüfung von Jahresabschlüssen und Lageberichten mittelgroßer GmbH (§ 267 Abs. 2) sowie mittelgroßer Kapitalgesellschaften & Co. dürfen nach S. 2 auch **vereidigte Buchprüfer** und **Buchprüfungsgesellschaften** Abschlussprüfer sein.

5 Wirtschaftsprüfer werden öffentlich bestellt (§§ 15 ff. WPO), wobei die Bestellung an bestimmte vom Bewerber zu erfüllende Voraussetzungen gebunden ist.[4] Wirtschaftsprüfungsgesellschaften können nach § 27 WPO in der Rechtsform der AG, KGaA, GmbH, OHG, KG oder als Partnerschaftsgesellschaft anerkannt werden. Die Voraussetzungen für ihre Anerkennung regelt § 28 WPO.[5] Vereidigte Buchprüfer und Buchprüfungsgesellschaften (§ 128 WPO) konntennach einer Neuöffnung des Berufes im Jahr 1986 kurzzeitig wieder bestellt bzw. anerkannt werden. Mittlerweile ist der Zugang zum Berufsstand allerdings wieder geschlossen.[6]

6 Die Bestellung zum Wirtschaftsprüfer, die Anerkennung als Wirtschaftsprüfungsgesellschaft, die Bestellung zum vereidigten Buchprüfer oder die Anerkennung als Buchprüfungsgesellschaft muss nicht nur zum Zeitpunkt der Wahl, sondern bis zur Erteilung des Bestätigungsvermerks bzw. Auslieferung des Prüfungsberichts gegeben sein.[7]

7 Sofern ein Abschlussprüfer gesetzlich vorgeschriebene Abschlussprüfungen durchführt, ist er verpflichtet, sich mindestens alle drei Jahre einer Qualitätskontrolle nach § 57 a Abs. 1 WPO zu unterziehen. Die Teilnahme an der Qualitätskontrolle wird durch eine entsprechende Bescheinigung nach § 57 a WPO dokumentiert, die spätestens zum Zeitpunkt der Wahl des Abschlussprüfers vorliegen muss. In begründeten Einzelfällen kann durch die WPK eine Ausnahmegenehmigung von der Pflicht zur Teilnahme an der Qualitätskontrolle erteilt werden. Die Teilnahme am Verfahren der Qualitätskontrolle stellt sicher, dass das in der Praxis des Abschlussprüfers eingeführte Qualitätssicherungssystem im Einklang mit den gesetzlichen Vorschriften sowie mit der Berufssatzung steht. Hiermit soll gewährleistet werden, dass bei Prüfungsaufträgen, bei denen das Berufssiegel geführt wird, eine ordnungsgemäße Abwicklung der Prüfungsaufträge gewährleistet ist.[8]

III. Allgemeiner Grundsatz – Besorgnis der Befangenheit (Abs. 2)

8 Abs. 2 definiert als allgemeinen Grundsatz die Besorgnis der Befangenheit. Ein Wirtschaftsprüfer bzw. vereidigter Buchprüfer ist als Abschlussprüfer ausgeschlossen, sofern Gründe, insbesondere Beziehungen geschäftlicher, finanzieller oder persönlicher Art vorliegen, nach denen die Besorgnis der Befangenheit besteht.

9 Die Begründung des RegE zum BilReG führt bei § 319 Abs. 2 folgende Faktoren als Beurteilungskriterien auf:
– Wirtschaftliche oder sonstige Eigeninteressen des Abschlussprüfers,
– Mitwirkung an der Erstellung des Abschlusses (Selbstprüfung),
– Interessenvertretung für das zu prüfende Unternehmen
– Übermäßige Vertrautheit zwischen Abschlussprüfer und dem zu prüfenden Unternehmen,
– besondere Einflussnahme durch das zu prüfende Unternehmen.

Diese Faktoren liegen auch den Katalogtatbeständen in Abs. 3 und § 319 a zugrunde. Abs. 2 stellt einen Auffangtatbestand dar, wenn die in Abs. 3 und 4 sowie in § 319 a genannten Ausschlussgründe nicht greifen. Entscheidend für die Beurteilung der Besorgnis der Befangenheit ist nicht die tatsächliche Befangenheit des Abschlussprüfers, sondern das Vorliegen objektiver, die Besorgnis der Befangenheit begründender Tatbestände aus Sicht eines Dritten.[9]

---

[3] *ADS* RdNr. 9; *Förschle/Schmidt* BeBiKo RdNr. 5.
[4] Zu den Berufszugangsvoraussetzungen vgl. im Einzelnen *WPH* A RdNr. 57.
[5] Zu Einzelheiten vgl. *WPH* A RdNr. 128.
[6] *Baetge/Thiele* HdR RdNr. 14 ff.; zum Berufsbild des vereidigten Buchprüfers vgl. auch *WPH* C RdNr. 1 ff.
[7] *Förschle/Schmidt* BeBiKo RdNr. 3.
[8] Vgl. zum System der Qualitätskontrolle *Förschle/Schmidt* BeBiKo RdNr. 15 ff.
[9] *Förschle/Schmidt* BeBiKo Vor §§ 319, 319 a RdNr. 4.

IV. Ausschluss von der Tätigkeit als Abschlussprüfer

1. Ausschlusstatbestände für natürliche Personen (Abs. 3). a) Gemeinsame Berufsaus- 10
übung. Die Ausschlussgründe des Abs. 3 liegen nach dem Gesetzeswortlaut nicht nur dann vor, wenn der Abschlussprüfer selbst die Tatbestandsvoraussetzungen erfüllt, sondern auch, wenn dies für eine Person gilt, mit der er seinen Beruf gemeinsam ausübt. Die sog. Sozietätsklausel geht von der Gleichrichtung der Interessen aus, die zwischen den in derselben Praxis freiberuflich oder im Angestelltenverhältnis tätigen Wirtschaftsprüfern und den bei den Prüfungen beschäftigten Personen für den Regelfall anzunehmen ist.[10] Sie ist nicht nur auf Wirtschaftsprüfer und vereidigte Buchprüfer, sondern auch auf Rechtsanwälte, Steuerberater oder andere Angehörige freier Berufe, mit denen der Wirtschaftsprüfer-Beruf gemeinsam ausgeübt wird, anzuwenden.[11] Es kann sich dabei auch um eine juristische Person oder eine Personengesellschaft handeln.[12]

Unter Berücksichtigung des Normzwecks ist unter der gemeinsamen Berufsausübung jede Zusam- 11
menarbeit zu verstehen, die durch eine Gleichrichtung der wirtschaftlichen Interessen durch ganze oder teilweise Vergemeinschaftung von Einnahmen und Ausgaben gekennzeichnet ist.[13] Die gemeinsame Berufsausübung ist auch in einem internationalen Verbund möglich.

Nach Abs. 3 S. 2 gelten die Ausschlussgründe nach S. 1 Nr. 1–3 auch dann, wenn der Ehegatte 12
oder Lebenspartner des Abschlussprüfers die entsprechenden Kriterien erfüllt.

b) Anteilsbesitz oder andere finanzielle Interessen an der zu prüfenden Kapitalgesell- 13
schaft (S. 1 Nr. 1). Nach S. 1 Nr. 1 darf nicht Abschlussprüfer sein, wer Anteile oder andere nicht unwesentliche finanzielle Interessen an der zu prüfenden Kapitalgesellschaft besitzt. Als Anteilsbesitz gelten alle Beteiligungen am gezeichneten Kapital der zu prüfenden Kapitalgesellschaft, also Aktien, GmbH-Anteile sowie bei einer KGaA der Kapitalanteil des Komplementärs. Dies gilt auch, sofern der Abschlussprüfer eine Beteiligung an einem Unternehmen hält, das mit der zu prüfenden Gesellschaft verbunden ist oder von dieser mehr als 20 vH der Anteile besitzt. Die Abgrenzung des „verbundenen Unternehmens" richtet sich nach § 271 Abs. 2.[14]

Anteile an Publikumsfonds und grundsätzlich auch stille Beteiligungen erfüllen nicht den Ausschlusstatbestand des S. 1 Nr. 1.[15] Hat der stille Gesellschafter jedoch Vermögens- und Verwaltungsrechte, die denen eines Gesellschafters einer Kapitalgesellschaft entsprechen, kann die stille Beteiligung als Anteil an einer Kapitalgesellschaft iSd. Nr. 1 angesehen werden.[16]

Unter anderen finanziellen Interessen sind z. B. Schuldverschreibungen, Schuldscheine, Optionen oder sonstige Wertpapiere zu verstehen.[17] Diese führen jedoch nur im Falle eines nicht unwesentlichen Interesses zu einer unwiderlegbaren Vermutung der Befangenheit. Andere finanzielle Bindungen (z. B. Darlehen) führen in der Regel nicht zu einer Befangenheit, insbesondere wenn diese nicht wesentlich sind und zu marktüblichen Konditionen abgeschlossen wurden.

c) Personelle Verflechtung (S. 1 Nr. 2). Als Abschlussprüfer ausgeschlossen nach S. 1 Nr. 2 14
sind solche Wirtschaftsprüfer oder vereidigte Buchprüfer, die gesetzlicher Vertreter, Mitglied des Aufsichtsrats oder Arbeitnehmer der zu prüfenden Kapitalgesellschaft sind.

Gesetzliche Vertreter sind bei der AG jedes Vorstandsmitglied, bei der GmbH jeder Geschäftsführer und bei der KGaA die Komplementäre (§ 282 AktG). Dem Aufsichtsrat gleichgestellt sind andere Gremien mit Überwachungsfunktion, wie zB Beiräte oder Verwaltungsräte.[18] Arbeitnehmer sind solche Personen, die auf Grund eines Anstellungsvertrags in einem Arbeitsverhältnis mit dem zu prüfenden Unternehmen stehen;[19] Praktikanten- oder freiberufliche Tätigkeiten zählen nicht hierzu.[20]

Wirtschaftsprüfer oder vereidigte Buchprüfer, die gesetzlicher Vertreter, Mitglied des Aufsichtsrats 15
oder Arbeitnehmer eines Unternehmens sind, das mit der zu prüfenden Kapitalgesellschaft verbunden

---

[10] Förschle/Schmidt BeBiKo RdNr. 32.
[11] ADS RdNr. 57 ff.; Förschle/Schmidt BeBiKo RdNr. 32.
[12] Biener/Berneke BiRiLiG S. 415.
[13] ADS RdNr. 58; Baetge/Thiele HdR RdNr. 29 ff.
[14] ADS RdNr. 97; Baumbach/Hopt/Merkt RdNr. 16; aA Baumbach/Hueck/Schulze-Osterloh GmbHG § 41 RdNr. 100 f.
[15] ADS RdNr. 72 ff.; teilweise aA Baumbach/Hopt/Merkt RdNr. 16; Baetge/Thiele HdR RdNr. 47, 52. Die Vorschrift erfasst **jeden** Anteilsbesitz, also auch Kleinstbeträge.
[16] ADS RdNr. 75.
[17] Förschle/Schmidt BeBiKo RdNr. 36.
[18] ADS RdNr. 89; Baumbach/Hueck/Schulze-Osterloh GmbHG § 41 RdNr. 102.
[19] Baetge/Thiele HdR RdNr. 60.
[20] Förschle/Schmidt BeBiKo RdNr. 41.

ist oder von dieser mehr als 20 vH der Anteile besitzt, dürfen ebenfalls nicht nach S. 1 Nr. 2 Abschlussprüfer sein.

16 Die Vorschrift zielt in erster Linie auf Anstellungsverhältnisse bei einer der zu prüfenden Kapitalgesellschaft nahe stehenden **Wirtschaftsprüfungs- oder Buchprüfungsgesellschaft**, da nach § 43 a Abs. 3 WPO Anstellungsverhältnisse außerhalb von Berufsgesellschaften untersagt sind. Außerdem wird die Anstellung bei einer natürlichen Person erfasst, wobei es sich ebenfalls nur um einen Wirtschaftsprüfer bzw. vereidigten Buchprüfer handeln kann.[21] Hinsichtlich des Begriffs „verbundene Unternehmen" vgl. die Erläuterungen zu S. 1 Nr. 1.

17 **d) Ausübung bestimmter Tätigkeiten.** Sofern die nachfolgend aufgezählten Tätigkeiten nicht von untergeordneter Bedeutung sind (S. 1 Nr. 3 HS 2), kann nicht Abschlussprüfer sein, wer als Wirtschaftsprüfer bzw. vereidigter Buchprüfer eine dieser Tätigkeiten ausübt oder ausgeübt hat. Dies gilt auch, wenn die Tätigkeiten von einem Unternehmen für den Wirtschaftsprüfer ausgeübt werden, bei dem der Wirtschaftsprüfer oder vereidigte Buchprüfer gesetzlicher Vertreter, Arbeitnehmer, Mitglied des Aufsichtsrates oder Gesellschafter, der mehr als 20 vH der den Gesellschaftern zustehenden Stimmrechte besitzt, ist.

18 **aa) Mitwirkung bei der Buchführung oder der Aufstellung des Jahresabschlusses (S. 1 Nr. 3 a).** Nach S. 1 Nr. 3 a darf nicht Abschlussprüfer sein, wer bei der Führung der Bücher oder der Aufstellung des zu prüfenden Jahresabschlusses mitgewirkt hat. Ziel dieser Vorschrift ist die Gewährleistung einer zuverlässigen und unabhängigen Jahresabschlussprüfung insbesondere im Hinblick auf den Grundsatz des Gläubigerschutzes. Der Ausschluss als Abschlussprüfer wird durch jede Mitwirkungshandlung bedingt, unabhängig davon, ob sie vor oder nach der Bestellung zum Abschlussprüfer begangen wird. Aus der zeitlich vorrangigen Mitwirkung folgt die Nichtigkeit des Wahlbeschlusses der Hauptversammlung (§ 241 AktG) und des schuldrechtlichen Vertrages (§ 134 BGB); die zeitlich nachrangige Mitwirkung bedingt nach den BGH-Urteilen v. 30. 4. 1992[22] und 3. 6. 2004 (vgl. Fußnote 2) nicht die Nichtigkeit des Wahlbeschlusses, sondern nur die Nichtigkeit des schuldrechtlichen Vertrages (vgl. auch RdNr. 26).

Die zum Ausschluss führende **Mitwirkung** ist jedoch zu unterscheiden von der durch S. 1 Nr. 3 a nicht erfassten **Beratungstätigkeit**. Es gilt der Grundsatz, dass die Beratung oder Vertretung eines Auftraggebers in steuerlichen und wirtschaftlichen Angelegenheiten mit der gleichzeitigen Abschlussprüfung vereinbar ist, soweit sie nicht über eine fachliche oder wissenschaftliche Sachklärung oder eine gutachterliche Darstellung von Alternativen, also eine Entscheidungshilfe, hinausgeht.[23] Entscheidend ist letztendlich, dass die funktionelle Entscheidungskompetenz beim Beratenen verbleibt; das Unterbreiten von Entscheidungsalternativen (im Einzelfall auch von konkreten Entscheidungsvorschlägen), das Hinwirken auf eine korrekte Bilanzierung im Vorgriff auf die Prüfung oder die prüfungsbegleitende Beratung im Hinblick auf eine Verbesserung der Aussagefähigkeit der Rechnungslegung und der Organisation des Rechnungswesens werden daher nicht von S. 1 Nr. 3 a erfasst.[24] In die gleiche Richtung geht auch die Rechtsprechung des BGH.[25] Danach sind Abschlussprüfung und Beratung vereinbar, wenn sich die Beratung auf das Aufzeigen von Handlungsmöglichkeiten und Konsequenzen beschränkt, dem Unternehmer aber die endgültige Entscheidung bei der Aufstellung des Jahresabschlusses verbleibt. Erst wenn die Mitwirkung des Abschlussprüfers so weit geht, dass er anstelle des Mandanten unternehmerische Entscheidungen trifft, greift S. 1 Nr. 3 a ein.

19 **bb) Mitwirkung bei der Durchführung der internen Revision (S. 1 Nr. 3 b).** Sofern der Wirtschaftsprüfer bzw. vereidigte Buchprüfer an der Durchführung der internen Revision in verantwortlicher Position mitgewirkt hat, kann er nicht Abschlussprüfer der Kapitalgesellschaft sein. Insbesondere die vollständige Übernahme der internen Revision durch einen Abschlussprüfer soll mit dieser Regelung verhindert werden. Zulässig ist jedoch weiterhin die Übernahme einzelner Prüfungsaufträge für abgegrenzte Bereiche im Auftrag der internen Revision.[26]

20 **cc) Erbringung von Unternehmensleitungs- oder Finanzdienstleistungen (S. 1 Nr. 3 c).** Die Erbringung von Unternehmensleitungs- oder Finanzdienstleistungen ist nicht mit der Stellung als Abschlussprüfer vereinbar, da es in diesen Fällen oftmals zu einer besonders engen Beziehung zum

---

[21] *ADS* RdNr. 107.
[22] NJW 1992, 438.
[23] Berufssatzung der WPK, Begründung zu § 22.
[24] So auch *WPK* DB 1996, 1435; *ADS* RdNr. 118 ff.; grundsätzlich zum Prüfungsverbot nach Abs. 2 Nr. 5, auch mit Hinweis auf internationale Entwicklung vgl. *v. Wysocki*, FS Ludewig, S. 1131 ff.
[25] BGH Urt. v. 21. 4. 1997 – II ZR 317/95, NJW 1997, 574.
[26] *Förschle/Schmidt* BeBiKo RdNr. 58.

zu prüfenden Unternehmen kommt sowie möglicherweise gleichgerichtete Interessen vorliegen.[27] Dieser Ausschlussgrund wurde im Rahmen des BilReG vor allem vor dem Hintergrund der entsprechenden Regelungen des Sarbanes-Oxley-Act in den USA als gesondertes Kriterium eingefügt, wobei insbesondere die Unternehmensleitungsdienstleistungen teilweise bereits durch S. 1 Nr. 2 abgedeckt sind. S. 1 Nr. 3 c geht jedoch weiter.

Auch für den Bereich der schädlichen Finanzdienstleistungen ist auf die SEC-Regelungen zurückzugreifen, wonach bspw. Entscheidungen über den Erwerb von Finanzanlagen, die Abwicklung von Geschäften oder Werbung für Anlagen des zu prüfenden Unternehmens nicht mit der Stellung als Abschlussprüfer vereinbar sind.[28]

dd) Erbringung eigenständiger versicherungsmathematischer oder Bewertungsleistungen (S. 1 Nr. 3 d). Die Erbringung eigenständiger Versicherungsmathematischer Berechnungen oder andere Bewertungsleistungen sind für einen Abschlussprüfer unzulässig, sofern sie nicht nur eine unwesentliche Auswirkung auf den Jahresabschluss haben. Beispielsweise sind die Berechnung von Pensionsrückstellungen oder ähnliche versicherungs- oder finanzmathematische Berechnungen schädlich, da deren Werte idR unverändert in den zu prüfenden Abschluss übernommen werden. Sofern jedoch in Einzelfällen Bewertungsleistungen erbracht werden, die nur indirekt für die Bilanzierung relevant sind, z. B. zu Vergleichszwecken, kann die Bewertungsleistung nach den Umständen des Einzelfalles unschädlich sein.[29] 21

e) Beschäftigung einer befangenen Person (S. 1 Nr. 4). Der Wirtschaftsprüfer bzw. vereidigte Buchprüfer darf nach S. 1 Nr. 4 bei der Prüfung keine Person beschäftigen, die nach S. 1 Nr. 1 bis 3 als Abschlussprüfer ausgeschlossen ist. Dadurch wird dem Umstand Rechnung getragen, dass auch bei der Prüfung eingesetzte Mitarbeiter einen nicht unerheblichen Einfluss auf das Prüfungsergebnis haben können. Hierfür kommen nur Mitarbeiter (auch freie Mitarbeiter) in Betracht, die **fachlich** bei der Prüfungsdurchführung einschließlich der Berichterstattung mitwirken, also kein Verwaltungspersonal wie zB Schreibkräfte.[30] 22

f) Umsatzabhängigkeit (S. 1 Nr. 5). Nach S. 1 Nr. 5 ist als Abschlussprüfer ausgeschlossen, wer in den letzten fünf Jahren mehr als 30 vH der Gesamteinnahmen aus seiner beruflichen Tätigkeit von der zu prüfenden Kapitalgesellschaft und von Unternehmen, an denen die zu prüfende Kapitalgesellschaft mehr als 20 vH der Anteile besitzt, bezogen hat und bei dem dies auch im laufenden Geschäftsjahr zu erwarten ist. Im Vergleich zu der vor dem KonTraG geltenden kritischen Honorargrenze von 50 vH entspricht die Honorargrenze von 30 vH auch internationalen Maßstäben.[31] Bei der Prüfung von Unternehmen von öffentlichem Interesse nach § 319 a Abs. 1 S. 1 Nr. 1 gilt eine verringerte Honorargrenze von 15 vH (vgl. Erläuterungen zu § 319 a). Die Festlegung einer kritischen Honorargrenze resultiert aus der überwachenden Funktion von Abschlussprüfungen, die zu Meinungsverschiedenheiten über die Richtigkeit des Jahresabschlusses zwischen Prüfer und Unternehmensleitung führen kann. In diesem Fall wird es dem Abschlussprüfer umso schwerer fallen, seine Auffassung durchzusetzen, je höher die finanzielle Einbuße im Falle der Beendigung des Auftragsverhältnisses durch das zu prüfende Unternehmen ist.[32] Als **Gesamteinnahmen** gelten alle Einnahmen, die der Abschlussprüfer aus seiner beruflichen Tätigkeit bei einem Mandanten erzielt, unabhängig davon, aus welcher Tätigkeit er diese Einnahmen bei dem Mandanten erzielt.[33] Maßgebend sind die fünf Geschäftsjahre des Wirtschaftsprüfers oder vereidigten Buchprüfers, die vor der Bestellung zum Abschlussprüfer abgelaufen waren.[34] Nach S. 1 Nr. 5 letzter Hs. kann die Wirtschaftsprüferkammer zur Vermeidung von Härtefällen befristete **Ausnahmegenehmigungen** erteilen. Die Gewährung liegt im Ermessen der Wirtschaftsprüferkammer; entsprechende Härtefälle können insbesondere bei der Eröffnung oder Verlegung einer Praxis vorliegen.[35] 23

2. Ausschlusstatbestände für Prüfungsgesellschaften (Abs. 4). Für die Frage, ob eine Prüfungsgesellschaft als Abschlussprüfer ausgeschlossen ist, greift Abs. 4 auf die Kriterien der Abs. 2 und 3 zurück. Die in diesen Absätzen definierten Kriterien werden nicht für Zwecke der Prüfungsgesellschaften spezifiziert. Dabei ist entscheidend, ob sie selbst oder einer der nachfolgenden Beteiligten die Kriterien der Abs. 2 oder 3 erfüllen: 24

---

[27] *Förschle/Schmidt* BeBiKo RdNr. 60 f.; Baumbach/Hopt/*Merkt* RdNr. 18.
[28] *Förschle/Schmidt* BeBiKo RdNr. 60.
[29] *Förschle/Schmidt* BeBiKo RdNr. 62 ff.; Baumbach/Hopt/*Merkt* RdNr. 19 ff.
[30] *ADS* RdNr. 142 ff.; *Förschle/Schmidt* BeBiKo RdNr. 67 f.
[31] Begr. RegE, BT-Drucks. 13/9712 S. 27.
[32] Begr. RegE, BT-Drucks. 10/317 S. 97 zu § 277 HGB-E.
[33] *ADS* RdNr. 153; Baumbach/Hopt/*Merkt* RdNr. 24.
[34] *ADS* RdNr. 156.
[35] *Baetge/Thiele* HdR RdNr. 111.

- ein gesetzlicher Vertreter der Prüfungsgesellschaft,
- ein Gesellschafter der Prüfungsgesellschaft, der mehr als 20 vH der den Gesellschaftern zustehenden Stimmrechte besitzt,
- ein verbundenes Unternehmen der Prüfungsgesellschaft,
- ein bei der Prüfung in verantwortlicher Position beschäftigter Gesellschafter der Prüfungsgesellschaft, oder
- eine andere von der Prüfungsgesellschaft beschäftigte Person, die das Ergebnis der Prüfung beeinflussen kann.

Dies gilt auch, wenn ein Mitglied des Aufsichtsrats der Prüfungsgesellschaft nach Abs. 3 S. 1 Nr. 2 ausgeschlossen ist oder wenn mehrere Gesellschafter, die zusammen mehr als 20 vH der den Gesellschaftern zustehenden Stimmrechte besitzen, allein oder zusammen nach Abs. 2 oder 3 ausgeschlossen sind.

25   **3. Ausschlusstatbestände bei der Prüfung des Konzernabschlusses (Abs. 5).** Die Pflicht zur Teilnahme am Verfahren der Qualitätskontrolle nach Abs. 1 S. 3 sowie die Ausschlusstatbestände der Abs. 2 bis 4 gelten auf Grund des Verweises in Abs. 5 für den Abschlussprüfer des Konzernabschlusses entsprechend. Somit ist für jeden der dort enthaltenen Ausschlussgründe zu ermitteln, ob und inwieweit sie Bedeutung für die Konzernabschlussprüfung haben.[36]

V. Rechtsfolgen bei Verstoß gegen § 319

26   Wird eine natürliche oder juristische Person zum Abschlussprüfer bestellt, die nach § 319 Abs. 1 nicht Abschlussprüfer sein kann, so ist der Bestellungsakt nichtig. Ein von dieser Person geprüfter Jahresabschluss ist nach § 256 Abs. 1 Nr. 3 AktG ebenfalls nichtig.[37] Diese Vorschriften finden nach hM auch auf die prüfungspflichtige GmbH Anwendung.[38] Demgegenüber führt ein Verstoß gegen Abs. 2 bis 4 nicht zur Nichtigkeit des Jahresabschlusses, da ein solcher Verstoß nicht von § 256 Abs. 1 Nr. 3 AktG erfasst wird;[39] stattdessen ist der Verstoß für den Abschlussprüfer als Ordnungswidrigkeit mit Bußgeld bedroht (§ 334 Abs. 2). Dies wird damit begründet, dass das Vorliegen der zahlreichen Ausschlussgründe der Abs. 2 und 3 der Einflusssphäre der zu prüfenden Gesellschaft weitgehend entzogen wird, zumal diese für sie nur schwer erkennbar sind und die Nichtigkeitsfolge damit unverhältnismäßig und daher unangemessen wäre. Als Folge dieser Regelung bleibt daher auch bei Bestellung eines befangenen Abschlussprüfers der von ihm geprüfte Jahresabschluss grundsätzlich rechtsbeständig.[40]

§ 319 a Besondere Ausschlussgründe bei Unternehmen von öffentlichem Interesse

(1) ¹Ein Wirtschaftsprüfer ist über die in § 319 Abs. 2 und 3 genannten Gründe hinaus auch dann von der Abschlussprüfung eines Unternehmens, das einen organisierten Markt im Sinne des § 2 Abs. 5 des Wertpapierhandelsgesetzes in Anspruch nimmt, ausgeschlossen, wenn er

1. in den letzten fünf Jahren jeweils mehr als fünfzehn vom Hundert der Gesamteinnahmen aus seiner beruflichen Tätigkeit von der zu prüfenden Kapitalgesellschaft oder von Unternehmen, an denen die zu prüfende Kapitalgesellschaft mehr als zwanzig vom Hundert der Anteile besitzt, bezogen hat und dies auch im laufenden Geschäftsjahr zu erwarten ist,
2. in dem zu prüfenden Geschäftsjahr über die Prüfungstätigkeit hinaus Rechts- oder Steuerberatungsleistungen erbracht hat, die über das Aufzeigen von Gestaltungsalternativen hinausgehen und die sich auf die Darstellung der Vermögens-, Finanz- und Ertragslage in dem zu prüfenden Jahresabschluss unmittelbar und nicht nur unwesentlich auswirken,
3. über die Prüfungstätigkeit hinaus in dem zu prüfenden Geschäftsjahr an der Entwicklung, Einrichtung und Einführung von Rechnungslegungsinformationssystemen mitgewirkt hat, sofern diese Tätigkeit nicht von untergeordneter Bedeutung ist, oder

---

[36] Zu Besonderheiten vgl. die Ausführungen bei *Förschle/Schmidt* BeBiKo RdNr. 87 ff.
[37] *ADS* RdNr. 243 u. 248 mit Hinweis auf mögliche Heilung der Nichtigkeit des Jahresabschlusses.
[38] *ADS* RdNr. 243 u. 248; *Förschle/Schmidt* BeBiKo RdNr. 52.
[39] *Förschle/Schmidt* BeBiKo RdNr. 92; Baumbach/Hopt/*Merkt* RdNr. 29.
[40] Vgl. *ADS* RdNr. 250 mwN; *Ring* WPg 2005, 200; Baumbach/Hopt/*Merkt* RdNr. 29.

4. einen Bestätigungsvermerk nach § 322 über die Prüfung des Jahresabschlusses des Unternehmens bereits in sieben oder mehr Fällen gezeichnet hat; dies gilt nicht, wenn seit seiner letzten Beteiligung an der Prüfung des Jahresabschlusses drei oder mehr Jahre vergangen sind.

²§ 319 Abs. 3 Satz 1 Nr. 3 letzter Teilsatz, Satz 2 und Abs. 4 gilt für die in Satz 1 genannten Ausschlussgründe entsprechend. ³Satz 1 Nr. 1 bis 3 gilt auch, wenn Personen, mit denen der Wirtschaftsprüfer seinen Beruf gemeinsam ausübt, die dort genannten Ausschlussgründe erfüllen. ⁴Satz 1 Nr. 4 findet auf eine Wirtschaftsprüfungsgesellschaft mit der Maßgabe Anwendung, dass sie nicht Abschlussprüfer sein darf, wenn sie bei der Abschlussprüfung des Unternehmens einen Wirtschaftsprüfer beschäftigt, der nach Satz 1 Nr. 4 nicht Abschlussprüfer sein darf.

(2) Absatz 1 ist auf den Abschlussprüfer des Konzernabschlusses entsprechend anzuwenden.

Schrifttum: Siehe Schrifttum zu § 319.

I. Allgemeines

Die Vorschrift des § 319a wurde im Rahmen der Neustrukturierung der Unabhängigkeitsvorschriften durch das BilReG eingeführt, um engere Unabhängigkeitsanforderungen für Unternehmen von öffentlichem Interesse einzuführen und damit zu einer Verbesserung der Qualität von Kapitalmarktinformationen bzw. einem höheren Schutz der Kapitalmarktteilnehmer beizutragen. Unternehmen von öffentlichem Interesse iSd § 319a sind Unternehmen, die einen organisierten Kapitalmarkt iSd. § 2 Abs. 5 WpHG in Anspruch nehmen. 1

Unternehmen von öffentlichem Interesse haben neben § 319a auch die Vorschriften des § 319 zu beachten.[1] Demzufolge handelt es sich bei § 319a nicht um eine eigenständige Vorschrift für kapitalmarktorientierte Unternehmen, sondern nur um eine Ergänzung der allgemeinen Vorschriften zur Unabhängigkeit. 2

II. Bestimmte Ausschlussgründe

1. Umsatzabhängigkeit (Abs. 1 S. 1 Nr. 1). Die Umsatzabhängigkeit stellt bereits ein Ausschlusskriterium nach § 319 dar (vgl. Erläuterungen zu § 319). Da bei Unternehmen von öffentlichem Interesse ein höherer Maßstab an die Unabhängigkeit gestellt werden soll, wird über Abs. 1 S. 1 Nr. 1 die Umsatzgrenze von 30 vH auf 15 vH vermindert. Auch hier bezieht sich die kritische Honorargrenze auf die Gesamteinnahmen aus der beruflichen Tätigkeit bei der zu prüfenden Kapitalgesellschaft und bei Unternehmen, an denen die zu prüfende Kapitalgesellschaft mehr als 20 vH der Anteile besitzt. 3

2. Rechts- und Steuerberatungsleistungen (Abs. 1 S. 1 Nr. 2). Eine Besorgnis der Befangenheit wird ebenfalls angenommen, wenn der Wirtschaftsprüfer Rechts- und Steuerberatungsleistungen für die zu prüfende Kapitalgesellschaft erbringt. Auch hier ist die Begründung im Selbstprüfungsverbot zu suchen, da die Abschlussprüfung auch die bilanzrelevanten Gestaltungen steuerlicher oder rechtlicher Natur zum Gegenstand hätte. 4

Diese Vorschrift führt jedoch nicht zu einer strikten Trennung von Prüfung und Beratung in jeglicher Hinsicht. Vielmehr sind nur solche Beratungsleistungen schädlich, die über das reine Aufzeigen von Gestaltungsalternativen hinausgehen und die sich auf die Darstellung der Vermögens-, Finanz- und Ertragslage in dem zu prüfenden Jahresabschluss unmittelbar und nicht nur unwesentlich auswirken.[2] Aus diesem Grund fallen zB steuerliche Hinweise auf Risikobereiche oder Verbesserungspotenziale, die im Rahmen der Abschlussprüfung identifiziert wurden, nicht unter das Verbot der Erbringung steuerlicher Leistungen, sondern es muss sich um rechtliche bzw. steuerrechtliche Beratung über die Prüfungstätigkeit hinaus handeln. 5

Folgende Arten der steuerrechtlichen Beratung werden als nicht zur Besorgnis der Befangenheit führend angesehen:[3] 6
– Erstellung von Steuererklärungen,

---
[1] *Förschle/Schmidt* BeBiKo RdNr. 5.
[2] *Baumbach/Hopt/Merkt* RdNr. 3.
[3] *Förschle/Schmidt* BeBiKo RdNr. 16 mit weiteren Beispielen.

- Beratung zu bereits verwirklichten Sachverhalten,
- Beratung in steuerrechtlichen Fragen, soweit der Inhalt der Beratung sich auf steuerrechtliche Auskünfte in Bezug auf zukünftig geplante Maßnahmen bezieht,
- Stellungnahmen zu Steuermodellen, die von anderen Beratern entwickelt wurden,
- Umsatzsteuerberatung mit dem Schwerpunkt auf der Erfüllung und Optimierung von steuerrechtlichen Verpflichtungen,
- Steuerrechtliche Due-Diligence-Aufträge im Zusammenhang mit Unternehmenskäufen und -verkäufen,
- Vertretung des Manadanten bei Betriebsprüfungen, und
- Vertretung in außergerichtlichen und gerichtlichen Rechtsbehelfsverfahren.

Die Durchführung einer rechts- oder steuerberatenden Leistung kann ebenfalls schädlich sein, wenn sie durch ein Unternehmen durchgeführt wird, bei dem der Wirtschaftsprüfer gesetzlicher Vertreter, Mitglied des Aufsichtsrates oder Gesellschafter, der mehr als 20 vH der den Gesellschaftern zustehenden Stimmrechte besitzt, ist.[4]

7 **3. Entwicklung, Einrichtung und Einführung von Rechnungslegungsinformationssystemen (Abs. 1 S. 1 Nr. 3).** Die Unterstützung des Wirtschaftsprüfers bei der Entwicklung, Einrichtung und Einführung von Rechnungslegungsinformationssystemen, soweit sie nicht von untergeordneter Bedeutung ist, stellt einen Ausschlusstatbestand dar, da die Rechnungslegungsinformationssysteme zentraler Beurteilungsgegenstand der Abschlussprüfung sind.[5] Sowohl das Buchführungs- als auch das Managementinformationssystem sowie ggf. weitere Informationssysteme liefern wesentliche in den Jahresabschluss einfließende Informationen, auf deren Zustandekommen oder Berechnung der Wirtschaftsprüfer im Wege der Beteiligung an der Entwicklung, Einrichtung oder Einführung Einfluss nehmen kann. Insofern wird über das Verbot der Selbstprüfung die Besorgnis der Befangenheit begründet.

8 Nicht ausgeschlossen sind Prüfungen der rechnungslegungsbezogenen Systeme der zu prüfenden Gesellschaft im Vorfeld oder während der Abschlussprüfung (sog. projektbegleitende Prüfungen), da es sich hierbei bspw. um eine Beurteilung der Gesetzeskonformität oder der Wirksamkeit implementierter Kontrollen handelt, auch wenn als Ergebnis dieser Beurteilung möglicherweise konkrete Verbesserungsvorschläge an die zu prüfende Gesellschaft gegeben werden.[6] In Abgrenzung dazu wird jedoch jegliche konzeptionelle, anpassende oder gestaltende Tätigkeit als schädlich betrachtet. Die Durchführung einer solchen Leistung kann ebenfalls schädlich sein, wenn sie durch ein Unternehmen durchgeführt wird, bei dem der Wirtschaftsprüfer gesetzlicher Vertreter, Mitglied des Aufsichtsrates oder Gesellschafter, der mehr als 20 vH der den Gesellschaftern zustehenden Stimmrechte besitzt, ist.[7]

9 **4. Interne Rotation (Abs. 1 S. 1 Nr. 4).** Von der Abschlussprüfung ausgeschlossen ist ein Wirtschaftsprüfer, wenn er bereits in sieben oder mehr Fällen den Bestätigungsvermerk nach § 322 über die Prüfung des Jahresabschlusses unterzeichnet hat. Unter diese Regelung fallen nur die unterzeichnenden Wirtschaftsprüfer, nicht jedoch andere an der Prüfung beteiligte Wirtschaftsprüfer oder sonstige an der Prüfung beteiligte Personen.[8]

10 Eine Ausnahme von diesem Ausschlusstatbestand besteht jedoch für den Fall, wenn drei oder mehr Jahre seit der letztmaligen Beteiligung des Wirtschaftsprüfers vergangen sind. Da der Gesetzeswortlaut von einer Beteiligung des Wirtschaftsprüfers an der Abschlussprüfung spricht, ist zu beachten, dass während dieser drei Jahre der Wirtschaftsprüfer nicht weiterhin als Mitglied des Prüfungsteams oder in anderer Aufgabe an der Prüfung in der Weise mitwirken darf, dass er das Ergebnis der Prüfung beeinflussen kann. Unschädlich sind jedoch die gelegentliche Auskunftserteilung an das Prüfungsteam sowie Leistungen für den Mandanten, die unabhängig von der Abschlussprüfung durchgeführt werden.[9]

III. Ausschlussgründe bei Prüfungsgesellschaften

11 Für Prüfungsgesellschaften gelten grundsätzlich die unter II. beschriebenen Regelungen analog. Dabei ist in Bezug auf die interne Rotation zu beachten, dass für den Fall, dass der unterzeichnende

---

[4] *Förschle/Schmidt* BeBiKo RdNr. 30.
[5] *WPH* A RdNr. 308.
[6] *Förschle/Schmidt* BeBiKo RdNr. 24.
[7] *Förschle/Schmidt* BeBiKo RdNr. 30.
[8] *Baumbach/Hopt/Merkt* RdNr. 7.
[9] *Förschle/Schmidt* BeBiKo RdNr. 34 f.

Vorlagepflicht. Auskunftsrecht § 320

Wirtschaftsprüfer auf Grund von Abs. 1 S. 1 Nr. 4 von der Prüfung ausgeschlossen ist, dies jedoch nicht für die Prüfungsgesellschaft gilt. Die Prüfung durch die gleiche Prüfungsgesellschaft ist vielmehr zulässig, wenn die Prüfung und Unterzeichnung durch einen anderen Wirtschaftsprüfer dieser Prüfungsgesellschaft durchgeführt wird, der den Ausschlusstatbestand des Abs. 1 S. 1 Nr. 4 nicht erfüllt.

IV. Ausschlussgründe bei Prüfung von Konzernabschlüssen (Abs. 2)

Die besonderen Ausschlusstatbestände des Abs. 1 gelten für die Prüfung des Konzernabschlusses entsprechend. 12

V. Rechtsfolgen bei Verstoß gegen § 319a

Die Rechtsfolgen bei einem Verstoß gegen § 319a entsprechen denen bei einem Verstoß gegen § 319 Abs. 2 bis 4. Der geprüfte Abschluss ist nicht nichtig, allerdings führt der Verstoß zu einer Nichtigkeit des Prüfungsauftrages und ggf. zu Schadensersatzansprüchen gegen den Abschlussprüfer.[10] 13

§ 320 Vorlagepflicht. Auskunftsrecht

(1) ¹Die gesetzlichen Vertreter der Kapitalgesellschaft haben dem Abschlußprüfer den Jahresabschluß und den Lagebericht unverzüglich nach der Aufstellung vorzulegen. ²Sie haben ihm zu gestatten, die Bücher und Schriften der Kapitalgesellschaft sowie die Vermögensgegenstände und Schulden, namentlich die Kasse und die Bestände an Wertpapieren und Waren, zu prüfen.

(2) ¹Der Abschlußprüfer kann von den gesetzlichen Vertretern alle Aufklärungen und Nachweise verlangen, die für eine sorgfältige Prüfung notwendig sind. ²Soweit es die Vorbereitung der Abschlußprüfung erfordert, hat der Abschlußprüfer die Rechte nach Absatz 1 Satz 2 und nach Satz 1 auch schon vor Aufstellung des Jahresabschlusses. ³Soweit es für eine sorgfältige Prüfung notwendig ist, hat der Abschlußprüfer die Rechte nach den Sätzen 1 und 2 auch gegenüber Mutter- und Tochterunternehmen.

(3) ¹Die gesetzlichen Vertreter einer Kapitalgesellschaft, die einen Konzernabschluß aufzustellen hat, haben dem Abschlußprüfer des Konzernabschlusses den Konzernabschluß, den Konzernlagebericht, die Jahresabschlüsse, Lageberichte und, wenn eine Prüfung stattgefunden hat, die Prüfungsberichte des Mutterunternehmens und der Tochterunternehmen vorzulegen. ²Der Abschlußprüfer hat die Rechte nach Absatz 1 Satz 2 und nach Absatz 2 bei dem Mutterunternehmen und den Tochterunternehmen, die Rechte nach Absatz 2 auch gegenüber den Abschlußprüfern des Mutterunternehmens und der Tochterunternehmen.

Schrifttum: *Elkart/Naumann,* Zur Fortentwicklung der Grundsätze für die Erteilung von Bestätigungsvermerken bei Abschlußprüfungen nach § 322 HGB (Teil I und II), WPg 1995, 357, 402; *IDW,* PS 300, Prüfungsnachweise im Rahmen der Abschlussprüfung, WPg 2006, 228; *IDW,* PS 303, Erklärungen der gesetzlichen Vertreter gegenüber dem Abschlussprüfer, WPg 2002, 680; *IDW,* PS 400 Grundsätze für die ordnungsmäßige Erteilung von Bestätigungsvermerken bei Abschlussprüfungen, WPg 2005, 1382; *Kaminski/Marks,* Die Qualität der Abschlußprüfung in der internationalen Diskussion, FS Havermann, 1995, S. 247.

Übersicht

	RdNr.		RdNr.
I. Allgemeines	1–4	1. Vorlagepflicht	11, 12
II. Jahresabschlussprüfung (Abs. 1 und 2)	5–10	2. Einsichts- und Auskunftsrechte	13
1. Vorlagepflicht	5	IV. Grenzen der Rechte aus § 320	14
2. Einsichts- und Auskunftsrechte	6–10	V. Durchsetzung der Rechte aus § 320	15
III. Konzernabschlussprüfung (Abs. 3)	11–13		

---

[10] Baumbach/Hopt/*Merkt* RdNr. 12; siehe auch Erläuterungen zu § 319.

I. Allgemeines

1 Die Vorschrift des § 320 verpflichtet die gesetzlichen Vertreter einer prüfungspflichtigen Gesellschaft, dem Abschlussprüfer bzw. Konzernabschlussprüfer alle notwendigen Unterlagen vorzulegen und Informationen zu geben, die er für eine **ordnungsmäßige Durchführung der Abschlussprüfung** benötigt. Die Verpflichtungen gegenüber dem Abschlussprüfer aus § 320 können nicht durch Vertrag mit diesem, Satzung oder Gesellschaftsvertrag aufgehoben werden und sind insofern **zwingend.**[1] § 320 gilt unmittelbar für die Prüfung des Jahresabschlusses und des Konzernabschlusses von Kapitalgesellschaften (§ 316 Abs. 1 und 2), für Einzelabschlüsse nach § 325 Abs. 2a (§ 324a Abs. 1 S. 1), für die Nachtragsprüfung nach § 316 Abs. 3 sowie – auf Grund der dort enthaltenen Verweisung – für die Abschlussprüfung von Personengesellschaften iSd. § 264a Abs. 1; außerdem durch Verweis für Abschlussprüfungen nach §§ 340k Abs. 1 (Kreditinstitute) und 341k Abs. 1 (Versicherungsunternehmen).

2 § 320 gilt in Teilen ferner sinngemäß für Prüfungen nach §§ 6 Abs. 1 und 14 Abs. 1 S. 2 PublG, nach § 313 Abs. 1 S. 3 AktG (Abhängigkeitsbericht), nach § 209 Abs. 4 S. 2 AktG und § 57f Abs. 3 S. 2 GmbHG (Kapitalerhöhung aus Gesellschaftsmitteln) sowie nach § 11 Abs. 1 S. 1 UmwG (Verschmelzung/Spaltung).

3 Die Vorlagepflichten und Auskunftsrechte können sich bei freiwilligen Jahres- und Konzernabschlussprüfungen nach der Gesetzessystematik nicht aus § 320 ergeben. Insofern sind dann entsprechende Auskunftsrechte im Prüfungsauftrag zu vereinbaren.[2]

4 Auskunftsrechte beziehen sich dabei nicht nur auf die Nachweise für Vermögensgegenstände, Schulden, Aufwendungen und Erträge. Vielmehr hat sich durch die in den vergangenen Jahren erhöhten Anforderungen an die Abschlussprüfung, zB in Bezug auf interne Kontrollsysteme sowie Unregelmäßigkeiten, auch der Gegenstand der notwendigen Auskunftsrechte erweitert.

II. Jahresabschlussprüfung (Abs. 1 und 2)

5 **1. Vorlagepflicht.** Der Jahresabschluss und der Lagebericht sind dem Abschlussprüfer nach Abs. 1 S. 1 von den gesetzlichen Vertretern der Kapitalgesellschaft unverzüglich nach der Aufstellung vorzulegen. Da diese Unterlagen bei prüfungspflichtigen Gesellschaften innerhalb der Ersten drei Monate des Geschäftsjahrs für das vergangene Geschäftsjahr aufzustellen sind, müssen sie auch spätestens nach dieser Frist dem Abschlussprüfer vorliegen. Damit für die Abschlussprüfung ein angemessener Zeitraum verbleibt, ist es angebracht, dem Abschlussprüfer prüfungsfähige Teile des Rechenwerks bereits **vorab** zugänglich zu machen;[3] dazu sieht Abs. 2 S. 2 vor, dass der Abschlussprüfer Auskunftsansprüche und Einsichtsrechte zur Vorbereitung der Prüfung bereits vor Aufstellung des Jahresabschlusses hat. Dies entspricht der gängigen Praxis, denn auf Grund der immer größer werdenden Komplexität von Jahres- und Konzernabschlüssen sowie der immer knapper werdenden, aus der Zeitplanung der geprüften Unternehmen folgenden Termine finden die Aufstellung iS einer hinreichenden Konkretisierung der Posten des Jahresabschlusses und die Prüfung zeitlich parallel statt.[4]

6 **2. Einsichts- und Auskunftsrechte.** Über die Vorlage der wesentlichen Prüfungsgegenstände Jahresabschluss und Lagebericht hinaus haben die gesetzlichen Vertreter dem Abschlussprüfer nach Abs. 1 S. 2 zu gestatten, die Bücher und Schriften der Kapitalgesellschaft einzusehen und zu prüfen. **Bücher** sind alle Handelsbücher gem. §§ 238 ff.; dem Abschlussprüfer ist auf sein Verlangen die gesamte Buchführung einschließlich Nebenbuchhaltungen vorzulegen, wozu auch auf Datenträgern gespeicherte Daten zählen.[5] Als **Schriften** sind in erster Linie Belege und Geschäftspapiere, zB Rechnungen, Quittungen, Buchungsanweisungen und Frachtbriefe, aber auch sonstige Unterlagen wie Verträge, Prüfungsberichte der Internen Revision, Protokolle von Aufsichtsrats-, Vorstands- und Beiratssitzungen, ggf. Personalunterlagen, Unterlagen über das Überwachungssystem zur Risikofrüherkennung, sowie in die Zukunft gerichtete Aufzeichnungen wie Planungs- und Investitionsrechnungen, anzusehen.[6] Obwohl nach dem Wortlaut des Gesetzes das Einsichts- und Prüfungsrecht unbeschränkt ist, lässt es sich vom Zweck der Prüfung her nur für solche Bücher und Schriften rechtfertigen, die, wenn auch nur mittelbar, für die Abschlussprüfung Relevanz haben.[7]

---

[1] *ADS* RdNr. 3; MünchKommHGB/*Ebke* RdNr. 3.
[2] *IDW* PS 303, WPg 2002, 680 ff. RdNr. 9.
[3] *ADS* RdNr. 13.
[4] *ADS* RdNr. 13; MünchKommHGB/*Ebke* RdNr. 5.
[5] *ADS* RdNr. 17.
[6] *ADS* RdNr. 18 und RdNr. 20.
[7] *ADS* RdNr. 19.

Vorlagepflicht. Auskunftsrecht 7–13 § 320

Das Prüfungsrecht nach Abs. 1 S. 2 erstreckt sich darüber hinaus auch auf die **Vermögensgegen-** 7
stände und **Schulden** der Kapitalgesellschaft, beispielhaft werden die Kasse und die Bestände an
Wertpapieren und Waren aufgeführt. Die Begriffe „Vermögensgegenstände" und „Schulden" stehen
dabei aber für alle Posten der Aktiv- bzw. Passivseite einschließlich ihrer Erläuterungen und der
Ergänzungen im Anhang.[8] Im Rahmen der Bestandsprüfung ist zB regelmäßig die Anwesenheit des
Abschlussprüfers bei der Vorratsinventur erforderlich.[9]

Nach Abs. 2 S. 1 kann der Abschlussprüfer von den gesetzlichen Vertretern alle Aufklärungen und 8
Nachweise verlangen, die für eine sorgfältige Prüfung notwendig sind.[10] **Aufklärungen** sind Auskünfte, Erklärungen und Begründungen, die idR mündlich erteilt werden können, während **Nachweise** schriftliche Unterlagen darstellen, die zur Belegung der verlangten Aufklärungen erheblich
sind.[11] Nachweise sind zB Bürgschaftserklärungen, Patente und Steuerakten. Der Abschlussprüfer hat
von dem geprüften Unternehmen eine sog. **Vollständigkeitserklärung** einzuholen, in der die
Vollständigkeit der erteilten Aufklärungen und Nachweise – üblicherweise durch die gesetzlichen
Vertreter – versichert wird.[12] Muster für Vollständigkeitserklärungen sind vom IDW ausgearbeitet
worden.[13]

Dem Abschlussprüfer stehen nach Abs. 2 S. 2 die Einsichts- und Auskunftsrechte nach Abs. 1 S. 2 9
und nach Abs. 2 S. 1 auch schon **vor** der Aufstellung des Jahresabschlusses zu, soweit es die
Vorbereitung der Abschlussprüfung erfordert. Dadurch bietet sich die Möglichkeit, **Vor- oder
Zwischenprüfungen** durchzuführen.

Die Auskunftsrechte des Abs. 2 S. 1 u. 2 hat der Abschlussprüfer nach Abs. 2 S. 3 auch gegenüber 10
Mutter- und Tochterunternehmen, soweit es für eine sorgfältige Prüfung notwendig ist. Die
Begriffe „Mutterunternehmen" und „Tochterunternehmen" sind mit denen des § 290 identisch.[14]

III. Konzernabschlussprüfung (Abs. 3)

1. Vorlagepflicht. Die gesetzlichen Vertreter einer Kapitalgesellschaft, die einen Konzernab- 11
schluss aufzustellen hat, haben nach Abs. 3 S. 1 dem Abschlussprüfer des Konzernabschlusses den
Konzernabschluss, den Konzernlagebericht, die Jahresabschlüsse, Lageberichte und, wenn eine Prüfung stattgefunden hat, die Prüfungsberichte des Mutterunternehmens und der Tochterunternehmens
vorzulegen. Neben den genannten Unterlagen umfasst die Vorlagepflicht auch die Zwischenabschlüsse sowie die Konsolidierungsunterlagen.[15] Obwohl es nicht explizit erwähnt wird, ist davon auszugehen, dass die gesetzlichen Vertreter des Mutterunternehmens die Unterlagen wie bei der Jahresabschlussprüfung **unverzüglich** nach der Aufstellung des Konzernabschlusses, die nach § 290 Abs. 1
in den ersten fünf Monaten des Konzerngeschäftsjahrs erfolgen muss, vorzulegen haben.[16]

Abs. 3 S. 1 ist auch bei der Aufstellung eines Konzernabschlusses mit befreiender Wirkung (zB 12
nach § 291) zu beachten.[17]

2. Einsichts- und Auskunftsrechte. Der Konzernabschlussprüfer hat nach Abs. 3 S. 2 die 13
Rechte nach Abs. 1 S. 2 und nach Abs. 2 bei dem Mutterunternehmen und den in den Konzernabschluss einbezogenen und nicht einbezogenen Tochterunternehmen, die Rechte nach Abs. 2 auch
gegenüber den Abschlussprüfern des Mutterunternehmens und der Tochterunternehmen. Die gesetzlichen Vertreter des Mutterunternehmens sowie der Tochterunternehmen haben somit dem
Abschlussprüfer zu gestatten, die Bücher und Schriften der Unternehmen sowie die Vermögensgegenstände und Schulden zu prüfen; außerdem kann er alle Aufklärungen und Nachweise verlangen, die für eine sorgfältige Prüfung notwendig sind. Diese Rechte stehen ihm auch schon im
Rahmen von Vor- und Zwischenprüfungen zu. Diese Rechte sind insbesondere dann von Bedeutung, wenn ein einbezogenes Tochterunternehmen nicht befreiend geprüft wurde und der Konzernabschlussprüfer selbst zur Prüfung des Jahresabschlusses verpflichtet ist.[18] Die in Abs. 3 S. 2 2. Hs.
gewährten Rechte gegenüber den Abschlussprüfern der Jahresabschlüsse bestehen auch, wenn der

---

[8] *ADS* RdNr. 24; *Baetge/Göbel* HdR RdNr. 13 f.; *Baumbach/Hueck/Schulze-Osterloh* GmbHG § 41 RdNr. 121.
[9] *Winkeljohann/Hellwege* BeBiKo RdNr. 7; *IDW* PS 300, WPg 2006, 228 ff. RdNr. 31; *IDW* PS 303, WPg 2002, 680 ff. RdNr. 7.
[10] Die Verpflichtung zur Einholung legt auch *IDW* PS 303, WPg 2002, 680 ff. RdNr. 7 ff. fest.
[11] *ADS* RdNr. 28; *Winkeljohann/Hellwege* BeBiKo RdNr. 12.
[12] *IDW* PS 303, WPg 2002, 680 ff. RdNr. 20.
[13] *IDW* PS 303, WPg 2002, 680 ff. RdNr. 22.
[14] *ADS* RdNr. 38; *Winkeljohann/Hellwege* BeBiKo RdNr. 16.
[15] *ADS* RdNr. 59 ff.; *Winkeljohann/Hellwege* BeBiKo RdNr. 21.
[16] *ADS* RdNr. 61.
[17] *ADS* RdNr. 56, *Winkeljohann/Hellwege* BeBiKo RdNr. 20.
[18] *ADS* RdNr. 62.

§ 321

Jahresabschluss eines Tochterunternehmens freiwillig geprüft wird.[19] Der Konzernabschlussprüfer muss die für den Konzernabschluss erforderlichen Folgerungen ziehen können. In diesem Umfang stehen ihm die Auskunftsrechte zu; dies gilt insbesondere, wenn die Einzel-Abschlussprüfer ihre Testate eingeschränkt oder versagt haben.[20]

IV. Grenzen der Rechte aus § 320

14 Die Grenzen der Rechte aus § 320 ergeben sich aus dem Zweck der Abschlussprüfung. Die Ausübung der Rechte muss sich im Rahmen der in den §§ 316, 317 HGB beschriebenen Aufgaben des Abschlussprüfers halten. Diese Begrenzung der Rechte wird durch die Formulierung des Abs. 2 S. 1 und 3 „soweit für eine sorgfältige Prüfung notwendig" verdeutlicht. Dabei ist auch ein nur mittelbarer Zusammenhang ausreichend, um das Auskunftsverlangen zu rechtfertigen. Die Vorlage bspw. von Vorstands- und Aufsichtsratsprotokollen kann nur verlangt werden, wenn die darin behandelten Fragen für die Abschlussprüfung von Bedeutung sind.[21] Weitere Grenzen des § 320 resultieren aus den bei jeder Rechtsausübung zu beachtenden Grundsätzen von Treu und Glauben, insbesondere dem Schikaneverbot des § 226 BGB.[22] Die Vorlage von Schriften oder Aufklärungen und Nachweise können von den gesetzlichen Vertretern nicht aus **Geheimhaltungsgründen** verweigert werden, da die Gesellschaft durch die strengen Verschwiegenheitspflichten des Abschlussprüfers und seiner Gehilfen (§§ 323, 333) gesichert ist.[23]

V. Durchsetzung der Rechte aus § 320

15 Werden dem Abschlussprüfer die Rechte aus § 320 verweigert, so kann er diese nach hM nicht im Wege der Klage oder einstweiligen Verfügung durchsetzen.[24] Der Abschlussprüfer wird sich – sofern vorhanden – an den Aufsichtsrat der zu prüfenden Gesellschaft wenden, da die Vertreter des Aufsichtsrats ein unmittelbares Auskunftsrecht gegenüber den gesetzlichen Vertretern haben (§ 90 AktG) und da sie auch selbst Prüfungsrechte haben (§ 111 Abs. 2 AktG). Der Aufsichtsrat ist zwar nicht verpflichtet, dem Abschlussprüfer Auskunft zu geben,[25] es gehört jedoch auch zu seinen Pflichten, auf die gesetzlichen Vertreter einzuwirken, damit sie ihrer gesetzlichen Verpflichtung aus § 320 nachkommen. Die gesetzlichen Vertreter sind für den Schaden der Gesellschaft, der sich aus der Verweigerung zur Erteilung von Auskünften und Nachweisen ergibt, regresspflichtig.[26] In diesem Fall hat der Abschlussprüfer zunächst im Prüfungsbericht (§ 321 Abs. 2 S. 6) darzustellen, dass Auskünfte und Nachweise nicht erbracht wurden. Betreffen die verweigerten Auskünfte und Nachweise Tatbestände, die für die Urteilsbildung des Abschlussprüfers wesentlich sind, so ist der Bestätigungsvermerk einzuschränken oder zu versagen.[27]

§ 321 Prüfungsbericht

(1) ¹**Der Abschlußprüfer hat über Art und Umfang sowie über das Ergebnis der Prüfung schriftlich und mit der gebotenen Klarheit zu berichten.** ²**In dem Bericht ist vorweg zu der Beurteilung der Lage des Unternehmens und des Konzerns durch die gesetzlichen Vertreter Stellung zu nehmen, wobei insbesondere auf die Beurteilung des Fortbestandes und der künftigen Entwicklung des Unternehmens unter Berücksichtigung des Lageberichts und bei der Prüfung des Konzernabschlusses von Mutterunternehmen auch des Konzerns unter Berücksichtigung des Konzernlageberichts einzugehen ist, soweit die geprüften Unterlagen und der Lagebericht oder der Konzernlagebericht eine solche Beurteilung erlauben.** ³**Außerdem hat der Abschlußprüfer über bei Durchführung der Prüfung festgestellte Unrichtigkeiten oder Verstöße gegen gesetzliche Vorschriften sowie Tatsachen zu berichten, die den Bestand des geprüften Unternehmens oder des Konzerns gefährden**

---

[19] *ADS* RdNr. 66; *Winkeljohann/Hellwege* BeBiKo RdNr. 25.
[20] *Winkeljohann/Hellwege* BeBiKo RdNr. 25.
[21] *ADS* RdNr. 76 f.; *Winkeljohann/Hellwege* BeBiKo RdNr. 30.
[22] *ADS* RdNr. 80; *Winkeljohann/Hellwege* BeBiKo RdNr. 31; MünchKommHGB/*Ebke* RdNr. 19.
[23] *ADS* RdNr. 81; MünchKommHGB/*Ebke* RdNr. 22.
[24] *ADS* RdNr. 82; *Winkeljohann/Hellwege* BeBiKo RdNr. 35; *Baetge/Göbel* HdR RdNr. 50.
[25] *ADS* RdNr. 83.
[26] *ADS* RdNr. 89.
[27] *ADS* RdNr. 85; *Winkeljohann/Hellwege* BeBiKo RdNr. 35; *IDW*, PS 400 WPg 2005, 1382 ff. RdNr. 56 u. 68 a; aA jedoch *Elkart/Naumann* WPg 1995, 360, die in diesen Fällen uU eine Verweigerung jedweden Prüfungsvermerks fordern.

oder seine Entwicklung wesentlich beeinträchtigen können oder die schwerwiegende Verstöße der gesetzlichen Vertreter oder von Arbeitnehmern gegen Gesetz, Gesellschaftsvertrag oder die Satzung erkennen lassen.

(2) ¹Im Hauptteil des Prüfungsberichts ist festzustellen, ob die Buchführung und die weiteren geprüften Unterlagen, der Jahresabschluss, der Lagebericht, der Konzernabschluss und der Konzernlagebericht den gesetzlichen Vorschriften und den ergänzenden Bestimmungen des Gesellschaftsvertrags oder der Satzung entsprechen. ²In diesem Rahmen ist auch über Beanstandungen zu berichten, die nicht zur Einschränkung oder Versagung des Bestätigungsvermerks geführt haben, soweit dies für die Überwachung der Geschäftsführung und des geprüften Unternehmens von Bedeutung ist. ³Es ist auch darauf einzugehen, ob der Abschluss insgesamt unter Beachtung der Grundsätze ordnungsmäßiger Buchführung oder sonstiger maßgeblicher Rechnungslegungsgrundsätze ein den tatsächlichen Verhältnissen entsprechendes Bild der Vermögens-, Finanz- und Ertragslage der Kapitalgesellschaft oder des Konzerns vermittelt. ⁴Dazu ist auch auf wesentliche Bewertungsgrundlagen sowie darauf einzugehen, welchen Einfluss Änderungen in den Bewertungsgrundlagen einschließlich der Ausübung von Bilanzierungs- und Bewertungswahlrechten und der Ausnutzung von Ermessensspielräumen sowie sachverhaltsgestaltende Maßnahmen insgesamt auf die Darstellung der Vermögens-, Finanz- und Ertragslage haben. ⁵Hierzu sind die Posten des Jahres- und des Konzernabschlusses aufzugliedern und ausreichend zu erläutern, soweit diese Angaben nicht im Anhang enthalten sind. ⁶Es ist darzustellen, ob die gesetzlichen Vertreter die verlangten Aufklärungen und Nachweise erbracht haben.

(3) ¹In einem besonderen Abschnitt des Prüfungsberichts sind Gegenstand, Art und Umfang der Prüfung zu erläutern. ²Dabei ist auch auf die angewandten Rechnungslegungs- und Prüfungsgrundsätze einzugehen.

(4) ¹Ist im Rahmen der Prüfung eine Beurteilung nach § 317 Abs. 4 abgegeben worden, so ist deren Ergebnis in einem besonderen Teil des Prüfungsberichts darzustellen. ²Es ist darauf einzugehen, ob Maßnahmen erforderlich sind, um das interne Überwachungssystem zu verbessern.

(5) ¹Der Abschlußprüfer hat den Bericht zu unterzeichnen und den gesetzlichen Vertretern vorzulegen. ²Hat der Aufsichtsrat den Auftrag erteilt, so ist der Bericht ihm vorzulegen; dem Vorstand ist vor Zuleitung Gelegenheit zur Stellungnahme zu geben.

Schrifttum: *Böcking/Orth,* Kann das „Gesetz zur Kontrolle und Transparenz im Unternehmensbereich (KonTraG)" einen Beitrag zur Verringerung der Erwartungslücke leisten? – Eine Würdigung auf Basis von Rechnungslegung und Kapitalmarkt, WPg 1998, 351; *Dörner,* Von der Wirtschaftsprüfung zur Unternehmensberatung, WPg 1998, 302; *Dörner/Schwegler,* Anstehende Änderungen der externen Rechnungslegung sowie deren Prüfung durch den Wirtschaftsprüfer, DB 1997, 285; *Forster,* Abschlußprüfung nach dem Regierungsentwurf des KonTraG, WPg 1998, 41; *ders.,* Zur Lagebeurteilung im Prüfungsbericht nach dem Referentenentwurf zum KonTraG, FS Baetge, 1997, S. 935; *Gelhausen,* Reform der externen Rechnungslegung und ihrer Prüfung durch den Wirtschaftsprüfer, AG, Sonderheft 1997, 73; *IDW* PS 450, Grundsätze ordnungsmäßiger Berichterstattung des Abschlussprüfers, WPg 2006, 113; *Ludewig,* Gedanken zur Berichterstattung des Abschlußprüfers nach der Neufassung des § 321 HGB, WPg 1998, 597; *Schindler/Rabenhorst,* Auswirkungen des KonTraG auf die Abschlußprüfung, Teil I und II, BB 1998, 1886; *Wolz,* Die Erwartungslücke vor und nach Verabschiedung des KonTraG, WPK-Mitteilungen 2/1998, 122; *Gross/Möller,* Auf dem Weg zu einem problemorientierten Prüfungsbericht, WPg 2004, 317; *Rabenhorst,* Neue Anforderungen an die Berichterstattung des Abschlussprüfers durch das TransPuG, DStR 2003, 436.

Übersicht

	RdNr.		RdNr.
I. Überblick	1–5	3. Berichterstattung nach Abs. 2 S. 1 bis 4	22, 23
II. Grundsätze der Berichterstattung	6–10	4. Aufgliederung und Erläuterung der Posten des Jahresabschlusses (Abs. 2 S. 5)	24
III. Form und Inhalt des Prüfungsberichts	11–27	5. Gegenstand, Art und Umfang der Prüfung (Abs. 3)	25–26 a
1. Bericht über das Ergebnis der Prüfung in Schriftform und mit der gebotenen Klarheit (Abs. 1 S. 1)	11, 12	6. Beurteilung des Überwachungssystems (Abs. 4)	27
2. Vorwegberichterstattung zur Lagebeurteilung der gesetzlichen Vertreter und über Unrichtigkeiten oder Verstöße gegen gesetzliche Vorschriften sowie über unternehmensgefährdende Tatsachen (Abs. 1 S. 2 und 3)	13–21	IV. Bericht über die Konzernabschlussprüfung	28, 29
		V. Unterzeichnung des Prüfungsberichts und Vorlage (Abs. 5)	30–32

I. Überblick

1 Die Vorschrift des § 321 fordert vom Abschlussprüfer, über das Ergebnis der handelsrechtlichen Pflichtprüfung schriftlich zu berichten und den Bericht dem den Prüfungsauftrag erteilenden Organ vorzulegen. Die Prüfung ist nachweislich erst dann beendet, wenn der Prüfungsbericht den gesetzlichen Vertretern bzw. dem Aufsichtsrat der Kapitalgesellschaft vorliegt.[1] Die wesentliche **Aufgabe** des Prüfungsberichts besteht in der Unterrichtung der **Kontrollorgane** über Art und Umfang sowie das Ergebnis der Prüfung. Er unterstützt damit auch den Aufsichtsrat bei der Wahrnehmung seines allgemeinen Überwachungsauftrages gem. § 111 Abs. 1 AktG.[2]

2 Ferner dient der Prüfungsbericht als Nachweis für die **gesetzlichen Vertreter,** dass sie ihrer Pflicht zur ordnungsgemäßen Führung der Bücher und zur Beachtung der gesetzlichen Vorschriften bei der Rechnungslegung nachgekommen sind.[3]

3 Die besondere Bedeutung des Prüfungsberichts **für den Abschlussprüfer** liegt in dem Nachweis darüber, dass er seine Pflichten erfüllt hat; dies gilt insbesondere im Regressfall.[4] Der Prüfungsbericht ist vertraulich und nicht für die Öffentlichkeit bestimmt.[5]

4 § 321 gilt für alle prüfungspflichtigen Kapitalgesellschaften und OHG/KG iSv. § 264 a. Kleine Kapitalgesellschaften und Unternehmen anderer Rechtsform fallen nur insoweit darunter, als sie auf Grund anderer Vorschriften (zB §§ 340 k, 341 k; §§ 6, 14 PublG, §§ 53 GenG) prüfungspflichtig sind.[6] § 321 gilt ferner für Konzernabschlussprüfungen und freiwillige Prüfungen, sofern diese nach Art und Umfang einer Pflichtprüfung nach § 316 entsprechen. Erweiterte Berichterstattungspflichten im Prüfungsbericht ergeben sich für Kreditinstitute und Versicherungsunternehmen sowie bei der Prüfung von Unternehmen im Mehrheitsbesitz von Gebietskörperschaften.[7]

5 Eine **Verletzung** der Berichtpflicht nach § 321 kann für den Abschlussprüfer zivilrechtlich eine Schadenersatzpflicht nach § 323, berufsrechtlich eine Maßnahme nach §§ 67, 68 WPO und strafrechtlich Freiheits- oder Geldstrafen nach § 332 und nach § 403 AktG nach sich ziehen.

II. Grundsätze der Berichterstattung

6 Der Prüfungsbericht hat über die Vorschrift des § 321 hinaus eine Reihe von Grundanforderungen zu erfüllen, die sich insbesondere aus den allgemeinen Berufpflichten des Wirtschaftsprüfers ergeben. Nach dem vom IDW herausgegebenen Prüfungsstandard PS 450 „Grundsätze ordnungsmäßiger Berichterstattung bei Abschlussprüfungen" hat der Abschlussprüfer im Prüfungsbericht über das Prüfungsergebnis unparteiisch, vollständig, wahrheitsgetreu und mit der gebotenen Klarheit schriftlich zu berichten.[8]

7 Der Grundsatz der **Unparteilichkeit** verlangt eine sachgerechte Wertung der Sachverhalte unter Berücksichtigung aller verfügbaren Informationen; auf abweichende Auffassungen der gesetzlichen Vertreter des geprüften Unternehmens ist ggf. hinzuweisen.[9] Der Abschlussprüfer ist somit zu einer objektiven Berichterstattung verpflichtet.[10] Der Grundsatz der Unparteilichkeit ist auch in § 323 Abs. 1 und in § 43 Abs. 1 WPO explizit enthalten.

8 Nach dem Grundsatz der **Vollständigkeit** hat der Abschlussprüfer im Prüfungsbericht alle in den jeweiligen gesetzlichen Vorschriften oder vertraglichen Vereinbarungen geforderten Feststellungen zu treffen und darüber zu berichten, welche **wesentlichen** Tatsachen die Prüfung erbracht hat.[11] Wesentlich sind dabei solche Tatsachen, die für eine ausreichende Information der Berichtsempfänger und für die Vermittlung eines klaren Bildes über das Prüfungsergebnis von Bedeutung sind.[12] Der Grundsatz ergibt sich auch aus § 332 und aus § 403 AktG, wonach das Verschweigen erheblicher Umstände im Prüfungsbericht unter Strafe gestellt wird. Der Abschlussprüfer muss nach eigenem pflichtgemäßem Ermessen entscheiden, wie weit die Berichterstattung im Einzelfall zu

---

[1] *ADS* RdNr. 30; *WPH Q* RdNr. 11.
[2] *WPH Q* RdNr. 29.
[3] *ADS* RdNr. 32 ff.; *Kuhner/Päßler* HdR (5) RdNr. 7; zu den Adressaten des Prüfungsberichts vgl. im Einzelnen *WPH Q* RdNr. 13.
[4] *ADS* RdNr. 35.
[5] *Baumbach/Hueck/Schulze-Osterloh* GmbHG § 41 RdNr. 128.
[6] *Winkeljohann/Poullie* BeBiKo RdNr. 7.
[7] Vgl. dazu *Winkeljohann/Poullie* BeBiKo RdNr. 30.
[8] *IDW* PS 450, WPg 2006, 113 ff. RdNr. 8 ff.
[9] *IDW* PS 450, WPg 2006, 113 ff. RdNr. 11.
[10] *WPH Q* RdNr. 58.
[11] *IDW* PS 450, WPg 2006, 113 ff. RdNr. 10.
[12] *IDW* PS 450, WPg 2006, 113 ff. RdNr. 10.

gehen hat.[13] Der Grundsatz der Vollständigkeit umfasst auch den Grundsatz der **Einheitlichkeit,** wonach die Berichterstattung als einheitliches Ganzes anzusehen ist, auch wenn mehrere Berichte (zB Hauptbericht, Bericht über Zwischenprüfungen oder Sonderberichte) vorliegen.[14] Nach IDW PS 450 sind solche Teilberichte insoweit zulässig, als ihre Erstellung zeitlich oder sachlich geboten ist.[15] Im Hauptbericht ist auf die Teilberichte und deren Gegenstand hinzuweisen und es sind deren (zusammengefasste) Ergebnisse aufzunehmen.[16]

Der Grundsatz der **Wahrheit** erfordert, dass der Inhalt des Prüfungsberichts nach der Überzeugung des Abschlussprüfers den tatsächlichen Gegebenheiten entspricht.[17] Der Prüfungsbericht darf nicht den Eindruck erwecken, dass Sachverhalte geprüft wurden, obwohl eine Prüfung oder abschließende Beurteilung (noch) nicht möglich war; nicht geprüfte Gebiete müssen klar erkennbar sein.[18] Außerdem muss der Bericht erkennen lassen, ob Feststellungen auf eigenen Prüfungen oder auf Prüfungen, Gutachten oder Auskünften Dritter beruhen.[19] Bei Bestellung **mehrerer Abschlussprüfer** nebeneinander sind Meinungsverschiedenheiten zwischen diesen über die Würdigung eines Sachverhalts im Prüfungsbericht zum Ausdruck zu bringen.[20]

Der Grundsatz der **Klarheit** erfordert eine verständliche, eindeutige und problemorientierte Darlegung im Prüfungsbericht.[21] Diese Forderung bezieht sich sowohl auf den **formalen Aufbau** als auch auf den **materiellen Inhalt** des Prüfungsberichts. Dazu gehören eine übersichtliche Gliederung, ein einfacher und sachlicher Stil und die Beschränkung auf das Wesentliche.[22] Hinsichtlich des formalen Aufbaus gibt der Gesetzeswortlaut nunmehr explizit vor, welche Abschnitte der Prüfungsbericht zu enthalten hat; IDW PS 450 empfiehlt eine Gliederung des Prüfungsberichts, die den gesetzlichen Vorgaben Rechnung trägt.[23] Darüber hinaus wird in Abs. 1 S. 1 ausdrücklich auf die „gebotene Klarheit" der Berichterstattung hingewiesen. In materieller Hinsicht sind die Formulierungen im Prüfungsbericht so zu wählen, dass Fehlinterpretationen vermieden werden. So dürfen Aussagen insbesondere nicht verschlüsselt, versteckt oder beschönigend sein.[24] Nach der Begründung des Gesetzgebers muss der Abschlussprüfer den Prüfungsbericht so formulieren, dass er auch von nicht sachverständigen Aufsichtsratsmitgliedern verstanden wird.[25] Die in Abs. 1 S. 1 geforderte „gebotene Klarheit" im Hinblick auf diese Begründung zu interpretieren, dürfte jedoch zu weit gehen, da ein gewisses Grundverständnis für Fragen der Rechnungslegung bei Aufsichtsratsmitgliedern zur Wahrnehmung ihrer Aufgabe vorausgesetzt werden sollte.[26] Insoweit kann dieser Anforderung lediglich klarstellender Charakter zukommen, da es sich um einen **allgemeinen Berichtsgrundsatz** handelt.[27]

III. Form und Inhalt des Prüfungsberichts

1. Bericht über das Ergebnis der Prüfung in Schriftform und mit der gebotenen Klarheit (Abs. 1 S. 1). Nach Abs. 1 S. 1 hat der Abschlussprüfer über **Art und Umfang** (vgl. hierzu RdNr. 25 f.) sowie über das **Ergebnis** der Prüfung **schriftlich** und mit der gebotenen **Klarheit** (vgl. RdNr. 10) zu berichten.

Abs. 1 S. 1 kann als Grundnorm bezeichnet werden, die durch die in Abs. 1 S. 2 und 3 und Abs. 2 bis 4 aufgeführten Berichtspflichten konkretisiert wird. Die dort festgelegten Berichtspflichten können durch weitere Feststellungen ergänzt werden, die mit der Abschlussprüfung in einem sachlichen Zusammenhang stehen, zB Ausführungen zum Prüfungsauftrag, Darstellung der Entwicklung der rechtlichen und wirtschaftlichen Grundlagen.[28] Im Prüfungsbericht ist auch über das Ergebnis von Prüfungen auf Grund von Erweiterungen des Prüfungsauftrages (zB Prüfung der Ordnungsmäßigkeit der Geschäftsführung oder der Zweckzuwendungen) zu berich-

---

[13] Vgl. hierzu *ADS* RdNr. 42 f.; *WPH* Q RdNr. 45.
[14] *ADS* RdNr. 45.
[15] *IDW* PS 450, WPg 2006, 113 ff. RdNr. 17.
[16] *IDW* PS 450, WPg 2006, 113 ff. RdNr. 17.
[17] *IDW* PS 450, WPg 2006, 113 ff. RdNr. 9.
[18] *ADS* RdNr. 48.
[19] *Kuhner/Päßler* HdR (5) RdNr. 7.
[20] *ADS* RdNr. 49; *WPH* Q RdNr. 45.
[21] *IDW* PS 450, WPg 2006, 113 ff. RdNr. 12.
[22] *WPH* Q RdNr. 60; so auch *ADS* RdNr. 40 f.
[23] *IDW* PS 450, WPg 2006, 113 ff. RdNr. 12.
[24] *ADS* RdNr. 40.
[25] Begr. RegE, BT-Drucks. 13/9712 S. 28.
[26] *ADS* § 171 AktG RdNr. 29; *Forster* WPg 1998, 50.
[27] *Dörner/Schwegler* DB 1997, 287.
[28] *ADS* RdNr. 53.

ten.²⁹ Ziel des Prüfungsberichts ist es, dem Berichtsleser ein eigenes Urteil über die Angemessenheit des vom Abschlussprüfers erteilten oder versagten Bestätigungsvermerks zu ermöglichen.³⁰

13 **2. Vorwegberichterstattung zur Lagebeurteilung der gesetzlichen Vertreter und über Unrichtigkeiten oder Verstöße gegen gesetzliche Vorschriften sowie über unternehmensgefährdende Tatsachen (Abs. 1 S. 2 und 3).** Im Prüfungsbericht ist gem. Abs. 1 S. 2 vorweg zu der Beurteilung der Lage des Unternehmens durch die gesetzlichen Vertreter Stellung zu nehmen. Dabei ist insbesondere auf die Beurteilung des Fortbestandes und der künftigen Entwicklung des Unternehmens unter Berücksichtigung des Lageberichts einzugehen, allerdings nur, soweit die geprüften Unterlagen und der Lagebericht eine solche Beurteilung erlauben (Abs. 1 S. 2).

14 Diese „Vorweg"-Berichterstattung ist – der gesetzlichen Forderung entsprechend – in einer in sich geschlossenen Darstellung unmittelbar an den Beginn des Prüfungsberichts zu stellen. Die im IDW PS 450 dargelegte berufsrechtliche Auffassung beginnt mit den Ausführungen zum Prüfungsauftrag. Die Vorwegberichterstattung erfolgt dann anschließend unter dem Gliederungspunkt „Grundsätzliche Feststellungen". Die Gliederung des Prüfungsberichts gem. IDW PS 450 dürfte der gesetzlichen Forderung entsprechen, da zum einen die Vorwegberichterstattung auch hierbei an besonderer Stelle erfolgt und zum anderen der Abschnitt zum Prüfungsauftrag auch entfallen kann, sofern die entsprechenden Angaben auf dem Deckblatt des Prüfungsberichts gemacht werden.³¹

15 Die Stellungnahme des Abschlussprüfers zur Beurteilung durch die gesetzlichen Vertreter gem. Abs. 1 S. 2 wird nur insoweit gefordert, als es die **geprüften Unterlagen** und der Lagebericht erlauben. Bei den geprüften Unterlagen handelt es sich gem. § 317 Abs. 1 um die Buchführung und den Jahresabschluss. Diese Einschränkung unterstreicht die Verantwortlichkeit der gesetzlichen Vertreter, indem eine Stellungnahme des Abschlussprüfers nur verlangt wird, wenn die von der Geschäftsleitung erstellten Unterlagen hinreichend aussagekräftig sind.³² In der Vorwegberichterstattung sollen die für die Berichtsadressaten wesentlichen Aussagen im Jahresabschluss und Lagebericht der gesetzlichen Vertreter, zu denen der Abschlussprüfer gem. Abs. 1 S. 2 Stellung zu nehmen hat, hervorgehoben, erläutert und beurteilt werden.³³ Dies soll den Berichtsadressaten als Grundlage für die eigene Beurteilung dienen, so dass sie ihrer Überwachungsfunktion nachkommen können. Die Stellungnahme des Abschlussprüfers ist im Sinne einer gewissenhaften Berufsausübung auf eine eigene betriebswirtschaftliche Analyse der Lage zu gründen. Hierbei sollen wichtige Veränderungen und Entwicklungstendenzen aufgezeigt werden, die die Lage des Unternehmens im abgelaufenen Geschäftsjahr beeinflusst haben und vermutlich auch in der Zukunft weiter beeinflussen werden.³⁴ Vertiefende Erläuterungen und die Angabe von Ursachen zu den einzelnen Entwicklungen können dazugehören.³⁵ Die Vorwegberichterstattung kann in Form einer verbalen Würdigung verbunden mit betriebswirtschaftlichen Kennzahlen erfolgen, wobei neben den schon bisher in Prüfungsberichten anzutreffenden Darstellungen auch segmentbezogene Erläuterungen in Betracht kommen.³⁶

16 Es ist jedoch nicht die Aufgabe des Abschlussprüfers, eigene Prognoseentscheidungen zu treffen; er soll lediglich die Beurteilung des Vorstands bewerten und hinterfragen, wenn Veranlassung dazu besteht.³⁷ Durch die Vorwegbeurteilung soll der Abschlussprüfer auch dazu angehalten werden, seine möglicherweise kritischen Anmerkungen an exponierter Stelle im Prüfungsbericht zum Ausdruck zu bringen.³⁸

17 Im Rahmen der Vorwegberichterstattung ist weiterhin nach Abs. 1 S. 3 über **bei Durchführung der Prüfung** festgestellte
– Unrichtigkeiten oder Verstöße gegen gesetzliche Vorschriften sowie
– Tatsachen,
   die den Bestand des geprüften Unternehmens gefährden oder seine Entwicklung wesentlich beeinträchtigen können oder
   die schwerwiegende Verstöße der gesetzlichen Vertreter oder von Arbeitnehmern gegen Gesetz, Gesellschaftsvertrag oder Satzung erkennen lassen,
zu berichten.

---

[29] *IDW* PS 450, WPg 2006, 113 ff. RdNr. 19.
[30] *ADS* RdNr. 54.
[31] *IDW* PS 450, WPg 2006, 113 ff. RdNr. 12.
[32] Begr. RegE, BT-Drucks. 13/9712 S. 28; *Dörner* WPg 1998, 304 f.
[33] *ADS* RdNr. 57; *Winkeljohann/Poullie* BeBiKo RdNr. 17 f.
[34] *ADS* RdNr. 57.
[35] *IDW* PS 450, WPg 2006, 113 ff. RdNr. 29.
[36] *Schindler/Rabenhorst* BB 1998, 1940.
[37] Begr. RegE, BT-Drucks. 13/9712 S. 28.
[38] *Forster*, FS Baetge, S. 940; *Wolz* WPK-Mitteilungen 1998, 131.

Mit der Formulierung **„bei Durchführung der Prüfung"** soll einerseits die Problemorientie- 18
rung der Abschlussprüfung deutlich gemacht, andererseits aber auch zum Ausdruck gebracht werden,
dass nur solche Erkenntnisse zu verwerten sind, die sich im Rahmen der gesetzlich vorgeschriebenen
Prüfung ergeben.[39] An dieser Stelle ist über alle Sachverhalte – auch solche, die erst nach dem
Bilanzstichtag begründet werden – zu berichten, die für die Adressaten des Prüfungsberichts von
Interesse sind, wobei es nicht darauf ankommt, ob diese Tatsachen bereits auf anderem Wege bekannt
geworden oder in früheren Prüfungsberichten erwähnt worden sind.[40]

Unrichtigkeiten resultieren aus unbewussten Fehlern in der Buchführung, Jahresabschluss und 19
Lagebericht. Sie entstehen durch Irrtümer, Unkenntnis sowie unbeabsichtigte falsche Anwendung
von Rechnungslegungsvorschriften.[41] **Verstöße** sind bewusste Abweichungen von Gesetzen oder
sonstigen Vorschriften. Über Unrichtigkeiten und Verstöße gegen „gesetzliche Vorschriften" gem.
Abs. 1 S. 3 erster Teilsatz ist stets zu berichten, wenn es sich um Verstöße gegen gesetzlichen
Vorschriften iSd. § 317 Abs. 1 S. 2, dh. die für die Aufstellung des Jahresabschlusses und des Lageberichts geltenden Rechnungslegungsvorschriften sowie gegen die Grundsätze ordnungsmäßiger Buchführung und ggf. einschlägiger Normen der Satzung und des Gesellschaftsvertrages handelt.[42] Über
Verstöße und Unrichtigkeiten im Jahresabschluss und Lagebericht, die im Laufe der Prüfung behoben
wurden, ist grundsätzlich nicht zu berichten, es sei denn, diese sind für die Wahrnehmung der
Überwachungsfunktion der Aufsichtsgremien wesentlich.[43]

Entwicklungsbeeinträchtigende oder bestandsgefährdende Tatsachen sind bereits dann zu 20
nennen, wenn sie eine Entwicklungsbeeinträchtigung oder eine Gefährdung des Unternehmensfort-
bestands ernsthaft zur Folge haben können, und nicht erst dann, wenn die Entwicklung des geprüften
Unternehmens bereits wesentlich beeinträchtigt oder sein Bestand konkret gefährdet ist (zB drohender Abzug von Fremdkapital ohne Ersatzaussichten, ständige Zuschüsse der Anteilseigner oder der
Ausfall großer Forderungen durch Insolvenz wichtiger Kunden).[44] Berichtspflichtig sind allerdings
nur solche Sachverhalte, die eine **wesentliche** Auswirkung auf die Vermittlung eines den tatsächlichen Verhältnissen entsprechenden Bildes der Vermögens-, Finanz- und Ertragslage des Unternehmens haben; gibt es keine berichtswürdigen Sachverhalte, so ist im Rahmen der in Abs. 1 S. 3
vorgesehenen Berichterstattung eine Fehlanzeige nicht erforderlich.[45]

Berichtspflichtig sind weiterhin erkennbare schwerwiegende Verstöße der gesetzlichen Vertreter 21
oder Arbeitnehmer gegen Gesetz, Gesellschaftsvertrag oder Satzung, soweit sich diese nicht auf die
Rechnungslegung beziehen.[46] Diese Verstöße müssen Gesetze betreffen, die das Unternehmen oder
ihre Organe als solche verpflichten. Verstöße der gesetzlichen Vertreter oder Arbeitnehmer im
privaten Bereich werden von dieser Vorschrift nicht erfasst.[47] Zu den gesetzlichen Vorschriften zählen
zB das AktG, HGB sowie das PublG. Ferner hat der Abschlussprüfer auch über wesentliche Verletzungen von Aufstellungs- und Publizitätspflichten im Zusammenhang mit Konzern- bzw. Vorjahres-
abschlüssen zu berichten.[48] Verstöße gegen Gesellschaftsvertrag oder Satzung sind insbesondere
Überschreitungen des Unternehmensgegenstandes oder die Vornahme von Geschäften ohne die
erforderliche Genehmigung des Aufsichtsrates.[49] Kriterien für schwerwiegende Verstöße sind vor
allem das für die Gesellschaft damit verbundene Risiko, die Bedeutung der verletzten Rechtsnorm
sowie der Grad des Vertrauensbruchs, dessen Kenntnis Bedenken gegen die Eignung der gesetzlichen Vertreter oder der Arbeitnehmer begründen könnte.[50]

3. Berichterstattung nach Abs. 2 S. 1 bis 4. Gem. Abs. 2 S. 1 ist im **Hauptteil** des Prüfungs- 22
berichts festzustellen, ob die Buchführung und die weiteren geprüften Unterlagen (zB Kostenrechnung, Unterlagen zum internen Kontrollsystem),[51] der Jahresabschluss und der Lagebericht den
gesetzlichen Vorschriften und den ergänzenden Bestimmungen des Gesellschaftsvertrags oder der
Satzung entsprechen. Sofern dies der Fall ist, beschränkt sich der Abschlussprüfer in der Regel auf

---

[39] Begr. RegE, BT-Drucks. 13/9712 S. 28; *IDW* PS 450, WPg 2006, 113 ff. RdNr. 37.
[40] *IDW* PS 450, WPg 2006, 113 ff. RdNr. 38; *Schindler/Rabenhorst* BB 1998, 1940.
[41] *IDW* PS 450, WPg 2006, 113 ff. RdNr. 46. Zu den besonderen Prüfungspflichten hinsichtlich Unrichtigkeiten und Verstößen vgl. auch *IDW* EPS 210 nF, WPg 2006, 218 ff.
[42] *IDW* PS 450, WPg 2006, 113 ff. RdNr. 45.
[43] *IDW* PS 450, WPg 2006, 113 ff. RdNr. 47.
[44] *IDW* PS 450, WPg 2006, 113 ff. RdNr. 36.
[45] *IDW* PS 450, WPg 2006, 113 ff. RdNr. 39; *Winkeljohann/Poullie* BeBiKo RdNr. 46.
[46] Vgl. Anmerkungen zu RdNr. 19.
[47] *ADS* RdNr. 84.
[48] *IDW* PS 450, WPg 2006, 113 ff. RdNr. 50.
[49] *ADS* RdNr. 85.
[50] *IDW* PS 450, WPg 2006, 113 ff. RdNr. 49.
[51] Vgl. auch § 317 RdNr. 5 ff.

eine kurze diesbezügliche Feststellung im Prüfungsbericht.[52] Andernfalls sind Mängel in der Buchführung oder den weiteren geprüften Unterlagen sowie Einwendungen gegen den Jahresabschluss oder den Lagebericht darzulegen, wobei auf ggf. bestehende Auswirkungen auf die Rechnungslegung, das Prüfungsergebnis und den Bestätigungsvermerk einzugehen ist.[53] Hierbei sind auch wesentliche zwischenzeitlich behobene Mängel in der Buchführung oder festgestellte wesentliche Mängel in den nicht auf den Jahresabschluss oder Lagebericht bezogenen Bereichen des internen Kontrollsystems zu nennen, sofern deren Kenntnis nach Einschätzung des Abschlussprüfers für die Berichtsadressaten von Bedeutung ist. Es ist auch über Beanstandungen zu berichten, die zwar nicht zur Einschränkung oder Versagung des Bestätigungsvermerks geführt haben, aber für die Überwachung der Geschäftsführung und des Unternehmens von Bedeutung sind (Abs. 2 S. 2).[54] Wurden alle verlangten Aufklärungen und Nachweise durch das Unternehmen erbracht, ist eine kurze positive Feststellung im Prüfungsbericht zu treffen. Auf die Einholung einer Vollständigkeitserklärung sollte hingewiesen werden.[55] Haben die gesetzlichen Vertreter die verlangten Aufklärungen und Nachweise, die für die Prüfung von wesentlicher Bedeutung sind, nicht erbracht, hat der Abschlussprüfer hierauf nach Abs. 2 S. 6 ausführlicher einzugehen und die Auswirkungen dieser Unterlassungen auf die Prüfungsdurchführung und das Prüfungsergebnis darzustellen.[56]

23 Abs. 2 S. 3 verlangt vom Abschlussprüfer eine explizite Feststellung, ob der Abschluss insgesamt unter Beachtung der Grundsätze ordnungsmäßiger Buchführung oder sonstiger maßgeblicher Rechnungslegungsgrundsätze ein den tatsächlichen Verhältnissen entsprechendes Bild der Vermögens-, Finanz- und Ertragslage des Unternehmens vermittelt. Mit dem Zusatz „insgesamt" wird verdeutlicht, dass Bilanz, Gewinn- und Verlustrechnung und Anhang als Einheit zu beurteilen sind und somit eine insgesamt zutreffende Vorstellung von der Lage des Unternehmens auch dann vermittelt wird, wenn beispielsweise Defizite hinsichtlich der Einblicksforderung in der Bilanz durch die Darstellung im Anhang ausgeglichen werden.[57] Die durch das BilReG eingeführte Bezugnahme auf sonstige maßgebliche Rechnungslegungsgrundsätze bezieht sich auf die Prüfung von Abschlüssen nach §§ 315 a, 325 Abs. 2 a.[58] Nach Abs. 2 S. 4 ist hierzu auf wesentliche Bewertungsgrundlagen sowie darauf einzugehen, welchen Einfluss Änderungen in den Bewertungsgrundlagen einschließlich der Ausübung von Bilanzierungs- und Bewertungswahlrechten und der Ausnutzung von Ermessensspielräumen sowie sachverhaltsgestaltende Maßnahmen insgesamt auf die Darstellung der Vermögens-, Finanz- und Ertragslage haben.

24 **4. Aufgliederung und Erläuterung der Posten des Jahresabschlusses (Abs. 2 S. 5).** Die Posten des Jahresabschlusses sind nach Abs. 2 S. 5 **nur dann** aufzugliedern und ausreichend zu erläutern, wenn diese Angaben nicht im Anhang enthalten sind. Nach dieser Einschränkung werden zusätzliche Erläuterungen zu einzelnen Posten des Jahresabschlusses regelmäßig nicht mehr erforderlich sein. Erscheinen im Einzelfall zusätzliche Erläuterungen über die im Anhang enthaltenen Angaben (zB Besonderheiten beim Ausweis, Ausübung von Ansatzwahlrechten, angewandte Bewertungsmethoden, wesentliche Veränderungen gegenüber dem Vorjahr) hinaus oder Zusatzinformationen zu einzelnen Posten (zB Rückstellungsspiegel) erforderlich, dann können diese Informationen auch an einer anderen Stelle im Prüfungsbericht angebracht werden, so dass ein gesonderter Erläuterungsteil entbehrlich ist.[59]

25 **5. Gegenstand, Art und Umfang der Prüfung (Abs. 3).** Abs. 3 verlangt, Gegenstand, Art und Umfang der Prüfung in einem besonderen Abschnitt des Prüfungsberichts zu erläutern. Hierdurch soll eine bessere Beurteilung der Tätigkeit des Abschlussprüfers möglich werden.[60] Die Ausführungen dienen allerdings nicht als Nachweis der durchgeführten Prüfungshandlungen, da dieser grundsätzlich durch die Arbeitspapiere zu erbringen ist.[61]

26 Bei der Erläuterung des Prüfungsgegenstands sind Buchführung, Jahresabschluss, Lagebericht sowie ggf. das nach § 91 Abs. 2 AktG einzurichtende Überwachungssystem zu nennen.[62] Ist der Gegenstand der Prüfung gegenüber § 317 erweitert worden, ist hierauf im Prüfungsbericht einzuge-

---

[52] *ADS* RdNr. 91.
[53] Vgl. auch *IDW* PS 450, WPg 2006, 113 ff. RdNr. 65.
[54] *IDW* PS 450, WPg 2006, 113 ff. RdNr. 62.
[55] *IDW* PS 450, WPg 2006, 113 ff. RdNr. 59.
[56] *IDW* PS 450, WPg 2006, 113 ff. RdNr. 59.
[57] *Schindler/Rabenhorst* BB 1998, 1940; vgl. hierzu auch die Ausführungen zu § 264 RdNr. 22 f.
[58] *Winkeljohann/Poullie* BeBiKo RdNr. 60.
[59] *Schindler/Rabenhorst* BB 1998, 1941.
[60] Begr. RegE, BT-Drucks. 13/9712 S. 29.
[61] *IDW* PS 450, WPg 2006, 113 ff. RdNr. 51.
[62] *IDW* PS 450, WPg 2006, 113 ff. RdNr. 52.

hen.⁶³ Im Rahmen der Erläuterung von Art und Umfang der Prüfung sind zunächst die Grundsätze anzugeben, nach denen die Prüfung durchgeführt wurde. Hierzu ist auf §§ 316 ff. und auf die vom IDW festgestellten deutschen Grundsätze ordnungsmäßiger Abschlussprüfung Bezug zu nehmen.⁶⁴ Weicht der Abschlussprüfer in sachlich begründeten Fällen von den Grundsätzen ordnungsmäßiger Abschlussprüfung ab, ist dies im Prüfungsbericht zu erläutern.⁶⁵ Ferner gehören zu den berichtspflichtigen Angaben insbesondere die zugrunde gelegte Prüfungsstrategie, die Prüfungsschwerpunkte, die Auswirkungen der Prüfung des rechnungslegungsbezogenen internen Kontrollsystem auf den Umfang der Einzelprüfungen sowie die Zielsetzung und Verwendung stichprobengestützter Prüfungsverfahren.⁶⁶ Zur Verdeutlichung, in welchem Zeitraum der Abschlussprüfer seine Prüfung durchgeführt hat, ist der Prüfungszeitraum kalendermäßig anzugeben.⁶⁷ Zur Sicherstellung, dass den Berichtsadressaten sämtliche für sie bestimmte Informationen zur Kenntnis gelangen, hat der Abschlussprüfer in diesem Abschnitt des Prüfungsberichts eine geschlossene Darstellung über alle von ihm erstatteten Teilberichte und deren Gegenstand zu geben.⁶⁸

Im Rahmen des BilReG wurde Abs. 3 um S. 2 erweitert. Danach ist im Rahmen der Erläuterung von Art und Umfang der Prüfung auch auf die angewandten Rechnungslegungs- und Prüfungsgrundsätze einzugehen. Da diese Angaben jedoch bereits bisher gängige Praxis darstellen, ergeben sich durch diese Erweiterung keine wesentlichen Änderungen.⁶⁹

6. Beurteilung des Überwachungssystems (Abs. 4). Ist im Rahmen der Prüfung eine Beurteilung des Überwachungssystems bei amtlich notierten Aktiengesellschaften nach § 317 Abs. 4 abgegeben worden, so ist gem. Abs. 4 S. 1 das Ergebnis dieser Beurteilung in einem besonderen Teil des Prüfungsberichts darzustellen. Darüber hinaus ist nach Abs. 4 S. 2 darauf einzugehen, **ob** Maßnahmen zur Verbesserung des Überwachungssystems erforderlich sind. Somit sind im Prüfungsbericht lediglich die Bereiche zu nennen, in denen das Überwachungssystem seine Aufgaben nicht vollständig erfüllt; es ist **nicht** auszuführen, welche konkreten Verbesserungsmaßnahmen erforderlich sind.⁷⁰

IV. Bericht über die Konzernabschlussprüfung

Über die Konzernabschlussprüfung ist grundsätzlich unabhängig von der Berichterstattung über die Prüfung des Jahresabschlusses des Mutterunternehmens selbstständig zu berichten.⁷¹ Gem. §§ 298 Abs. 3 S. 3 und 315 Abs. 3 ist es bei Zusammenfassung des Konzernanhangs und Anhangs bzw. Konzernlageberichts und Lageberichts des Mutterunternehmens möglich, den Prüfungsbericht zum Jahres- bzw. Einzelabschluss nach § 325 Abs. 2a des Mutterunternehmens und den Prüfungsbericht zum Konzernabschluss **zusammenzufassen** (§ 325 Abs. 3a). Die Aufgaben des Konzernprüfungsberichts entsprechen weitgehend denen des Prüfungsberichts über die Jahresabschlussprüfung; er dient der unabhängigen und sachverständigen Unterrichtung des Aufsichtsrats und der GmbH-Gesellschafter über die Konzernrechnungslegung.⁷² Grundsätzlich gelten alle Vorschriften des § 321 auch für den Konzernprüfungsbericht, bei den einzelnen Regelungen wird jeweils explizit auf den Konzernabschluss verwiesen.⁷³

Gem. § 322 Abs. 7 S. 2 ist der Bestätigungsvermerk bzw. der Vermerk über die Versagung im Prüfungsbericht wiederzugeben.

V. Unterzeichnung des Prüfungsberichts und Vorlage (Abs. 5)

Der Prüfungsbericht ist von dem beauftragten Abschlussprüfer nach Abs. 5 S. 1 eigenhändig zu unterzeichnen und zu siegeln (§ 48 Abs. 1 S. 1 WPO).⁷⁴ Die Unterzeichnung des Prüfungsberichts hat – analog zu der Unterzeichnung des Bestätigungsvermerks nach § 322 Abs. 7 S. 1 – unter Angabe von Ort und Datum zu erfolgen. Diese Angaben müssen grundsätzlich mit denen unter dem

---

63 *IDW* PS 450, WPg 2006, 113 ff. RdNr. 54.
64 *IDW* PS 450, WPg 2006, 113 ff. RdNr. 55.
65 *IDW* PS 450, WPg 2006, 113 ff. RdNr. 55.
66 Vgl. im Einzelnen *IDW* PS 450, WPg 2006, 113 ff. RdNr. 57.
67 *ADS* RdNr. 135.
68 *IDW* PS 450, WPg 2006, 113 ff. RdNr. 56.
69 *Winkeljohann/Poullie* BeBiKo RdNr. 68.
70 *Dörner* WPg 1998, 305. Einzelheiten zur Prüfung des Risikofrüherkennungssystems nach § 317 Abs. 4 s. *IDW* PS 340, WPg 1999, 658 ff.
71 *IDW* PS 450, WPg 2006, 113 ff. RdNr. 118.
72 *ADS* RdNr. 182.
73 Zu Besonderheiten vgl. *ADS* RdNr. 176 ff.
74 *IDW* PS 450, WPg 2006, 113 ff. RdNr. 115.

Bestätigungsvermerk übereinstimmen.[75] In der Regel wird der Prüfungsbericht von denselben Personen unterzeichnet, die auch den Bestätigungsvermerk unterschrieben haben.[76] Der Prüfungsbericht ist nach S. 1 den gesetzlichen Vertretern vorzulegen. Hat jedoch der Aufsichtsrat den Prüfungsauftrag erteilt, so ist nach S. 2 1. Hs. ihm auch der Prüfungsbericht vorzulegen; dies gilt grundsätzlich auch bei GmbH und Unternehmen, die unter das PublG fallen.[77] Die Vorlage des Prüfungsberichts erfolgt in diesem Fall an den Aufsichtsratsvorsitzenden,[78] der ihn dann an sämtliche Aufsichtsratsmitglieder weiterzuleiten hat. Wurde durch Beschluss des Aufsichtsrats ein Bilanzausschuss gebildet, so ist der Prüfungsbericht an diesen weiterzuleiten.

31 Nach S. 2 2. Hs. ist dem Vorstand vor Zuleitung des Prüfungsberichts an den Aufsichtsrat Gelegenheit zur Stellungnahme zu geben. Der Gesetzgeber hat allerdings offen gelassen, ob es sich dabei um die **Endfassung** des Prüfungsberichts oder um ein unverbindliches **Vorabexemplar** handeln soll; es wird allerdings unumgänglich sein, zur Sicherstellung der Richtigkeit der Fakten im Prüfungsbericht dem Vorstand ein Entwurfsexemplar vorzulegen.[79]

32 Auch die endgültige Fassung des Prüfungsberichts kann den gesetzlichen Vertretern nicht vorenthalten werden, da Gegenstand der Prüfung der von den gesetzlichen Vertretern aufgestellte Jahresabschluss ist und diese folglich in der Lage sein müssen, Konsequenzen aus den Prüfungsfeststellungen zu ziehen.[80]

§ 321 a Offenlegung des Prüfungsberichts in besonderen Fällen

(1) ¹ Wird über das Vermögen der Gesellschaft ein Insolvenzverfahren eröffnet oder wird der Antrag auf Eröffnung des Insolvenzverfahrens mangels Masse abgewiesen, so hat ein Gläubiger oder Gesellschafter die Wahl, selbst oder durch einen von ihm zu bestimmenden Wirtschaftsprüfer oder im Falle des § 319 Abs. 1 Satz 2 durch einen vereidigten Buchprüfer Einsicht in die Prüfungsberichte des Abschlussprüfers über die aufgrund gesetzlicher Vorschriften durchzuführende Prüfung des Jahresabschlusses der letzten drei Geschäftsjahre zu nehmen, soweit sich diese auf die nach § 321 geforderte Berichterstattung beziehen. ² Der Anspruch richtet sich gegen denjenigen, der die Prüfungsberichte in seinem Besitz hat.

(2) ¹ Bei einer Aktiengesellschaft oder einer Kommanditgesellschaft auf Aktien stehen den Gesellschaftern die Rechte nach Absatz 1 Satz 1 nur zu, wenn ihre Anteile bei Geltendmachung des Anspruchs zusammen den einhundertsten Teil des Grundkapitals oder einen Börsenwert von 100 000 Euro erreichen. ² Dem Abschlussprüfer ist die Erläuterung des Prüfungsberichts gegenüber den in Absatz 1 Satz 1 aufgeführten Personen gestattet.

(3) ¹ Der Insolvenzverwalter oder ein gesetzlicher Vertreter des Schuldners kann einer Offenlegung von Geheimnissen, namentlich Betriebs- oder Geschäftsgeheimnissen, widersprechen, wenn die Offenlegung geeignet ist, der Gesellschaft einen erheblichen Nachteil zuzufügen. ² § 323 Abs. 1 und 3 bleibt im Übrigen unberührt. ³ Unbeschadet des Satzes 1 sind die Berechtigten nach Absatz 1 Satz 1 zur Verschwiegenheit über den Inhalt der von ihnen eingesehenen Unterlagen nach Absatz 1 Satz 1 verpflichtet.

(4) Die Absätze 1 bis 3 gelten entsprechend, wenn der Schuldner zur Aufstellung eines Konzernabschlusses und Konzernlageberichts verpflichtet ist.

Schrifttum: *Pfitzer/Oser/Orth*, Offene Fragen und Systemwidrigkeiten des Bilanzrechtsreformgesetzes, DB 2004, 2593.

I. Einsichtnahme im Insolvenzfall (Abs. 1)

1 § 321 a wurde durch das BilReG neu in das HGB eingefügt. Hintergrund war der notwendige verbesserte Schutz von Anlegern und Gesellschaftern im Fall einer Unternehmenskrise. Das Recht

---

[75] *IDW* PS 450, WPg 2006, 113 ff. RdNr. 116.
[76] *IDW* PS 450, WPg 2006, 113 ff. RdNr. 115.
[77] Vgl. hierzu *Schindler/Rabenhorst* BB 1998, 1887, 1888.
[78] *IDW* PS 450, WPg 2006, 113 ff. RdNr. 117; *Dörner/Schwegler* DB 1997, 289; *Gelhausen* AG-Sonderheft August 1997, 78; *Schindler/Rabenhorst* BB 1998, 1888.
[79] *Schindler/Rabenhorst* BB 1998, 1888; ebenfalls für ein Vorabexemplar *Böcking/Orth* WPg 1998, 360 Fn. 89; *Gelhausen* AG-Sonderheft August 1997, 78.
[80] *ADS* RdNr. 172.

Offenlegung des Prüfungsberichts in besonderen Fällen 2–9 § 321a

zur Einsichtnahme bezieht sich auf den Prüfungsbericht sowie nach Ansicht der Literatur auch auf den Jahresabschluss bzw. Lagebericht.[1] Ein Rechtsanspruch auf Einsichtnahme besteht im Falle der Eröffnung des Insolvenzverfahrens (§ 11 InsO) oder der Ablehnung eines Insolvenzverfahrens mangels Masse (§ 26 InsO) für alle Gläubiger oder Gesellschafter, denen eine berechtigtes Interesse an den Ursachen für die Eröffnung des Insolvenzverfahrens zuzubilligen ist.[2] Das Recht auf Einsichtnahme kann ohne Begründung auf einen Wirtschaftsprüfer, vereidigten Buchprüfer, eine Wirtschaftsprüfungsgesellschaft oder eine Buchprüfungsgesellschaft übertragen werden.

Allerdings ist das Recht auf Einsichtnahme durch Abs. 1 S. 1 nur auf die nach § 321 geforderte Berichterstattung, also die Pflichtbestandteile des Prüfungsberichtes, für die letzten drei Geschäftsjahre begrenzt. Andere branchen- oder rechtsformspezifischen Bestandteile des Prüfungsberichtes (zB nach KWG) fallen nicht unter das Recht zur Einsichtnahme.[3] 2

Das Recht auf Einsichtnahme richtet sich gegen denjenigen, der den oder die Prüfungsberichte in seinem Besitz hat. Dies wird im Falle der Insolvenz neben den gesetzlichen Vertretern oftmals der Insolvenzverwalter sein. 3

Gegen andere Parteien, die Prüfungsberichte in ihrem Besitz haben, zB Banken oder der Abschlussprüfer der Gesellschaft, dürfte sich der Anspruch auf Einsichtnahme nach herrschender Meinung nicht richten, da diesen Personen kein Widerspruchsrecht nach Abs. 3 zusteht.[4] 4

II. Grenzen des Rechts auf Einsichtnahme (Abs. 2)

Für Aktiengesellschaften und Kommanditgesellschaften auf Aktien hat der Gesetzgeber das Recht auf Einsichtnahme mit Schwellenwerten in Bezug auf den Anteilsbesitz verbunden, um den Aufwand für die insolvente Gesellschaft in Grenzen zu halten. Einsichtsberechtigt ist nur, wer zum Zeitpunkt der Antragstellung mindestens 1 vH des Grundkapitals oder einen Börsenwert von mindestens 100 000 Euro hält. Mehrere Anteilseigner können sich zusammenschließen, um die Schwellenwerte zu erreichen.[5] Aufgrund der im Allgemeinen deutlich geringeren Anzahl von Anteilseignern sind für die GmbH und Personengesellschaften iSd. § 264 a keine Schwellenwerte vorgesehen. 5

Der Abschlussprüfer kann den Prüfungsbericht gegenüber den in Abs. 1 S. 1 genannten Personen erläutern (Abs. 2 S. 2). Das Auskunftsrecht des Abschlussprüfers ist nicht von den oben genannten Schwellenwerten abhängig.[6] Das Auskunftsrecht soll nicht über direkte Erläuterungen zu den Inhalten des Prüfungsberichtes hinausgehen. Eine Orientierungshilfe zu möglichen Erläuterungen des Abschlussprüfers bietet IDW PS 470 Grundsätze für die mündliche Berichterstattung des Abschlussprüfers an den Aufsichtsrat.[7] 6

III. Verweigerung der Einsichtnahme (Abs. 3)

Über das dem Insolvenzverwalter bzw. den gesetzlichen Vertretern zustehende Widerspruchsrecht gegen einen Einsichtnahme können diese der Verschwiegenheitsverpflichtung nachkommen. Danach ist immer dann keine Einsichtnahme zu gewähren, wenn dies der Gesellschaft einen erheblichen Nachteil zufügen würde.[8] 7

Diese Schutzklausel besteht auch hinsichtlich der Erläuterungen des Abschlussprüfers der Gesellschaft nach Abs. 2 S. 2. Nach Absprache mit dem Insolvenzverwalter bzw. den gesetzlichen Vertretern kann der Abschlussprüfer die Erläuterung des Prüfungsberichtes verweigern. Anderenfalls würde das Widerspruchsrecht des Insolvenzverwalters bzw. der gesetzlichen Vertreter ins Leere laufen.[9] 8

Die Einsichtsberechtigten sind nach Abs. 3 S. 3 ebenfalls zur Verschwiegenheit über die Inhalte der von Ihnen eingesehenen Unterlagen verpflichtet. 9

---

[1] *Winkeljohann/Poullie* BeBiKo RdNr. 2 f.
[2] *Winkeljohann/Poullie* BeBiKo RdNr. 4.
[3] *Baumbach/Hopt/Merkt* RdNr. 1.
[4] *Winkeljohann/Poullie* BeBiKo RdNr. 12.
[5] *Winkeljohann/Poullie* BeBiKo RdNr. 13.
[6] *Baumbach/Hopt/Merkt* RdNr. 2.
[7] *IDW* PS 470, WPg 2003, 608 ff.
[8] *Baumbach/Hopt/Merkt* RdNr. 3.
[9] *Winkeljohann/Poullie* BeBiKo RdNr. 17 f.

IV. Einsichtnahme in den Konzernabschluss (Abs. 4)

10   Die Regelungen der Abs. 1 bis 3 gelten entsprechend, wenn der Schuldner zur Aufstellung eines Konzernabschlusses und Konzernlageberichtes verpflichtet ist. Das Einsichtnahmerecht bezieht sich jedoch nicht auf die Prüfungsberichte der einbezogenen Tochterunternehmen, weil diese nicht unmittelbar von der Insolvenz des Mutterunternehmens betroffen sind.[10]

§ 322 Bestätigungsvermerk

(1) ¹Der Abschlussprüfer hat das Ergebnis der Prüfung in einem Bestätigungsvermerk zum Jahresabschluss oder zum Konzernabschluss zusammenzufassen. ²Der Bestätigungsvermerk hat Gegenstand, Art und Umfang der Prüfung zu beschreiben und dabei die angewandten Rechnungslegungs- und Prüfungsgrundsätze anzugeben; er hat ferner eine Beurteilung des Prüfungsergebnisses zu enthalten.

(2) ¹Die Beurteilung des Prüfungsergebnisses muss zweifelsfrei ergeben, ob
1. ein uneingeschränkter Bestätigungsvermerk erteilt,
2. ein eingeschränkter Bestätigungsvermerk erteilt,
3. der Bestätigungsvermerk aufgrund von Einwendungen versagt oder
4. der Bestätigungsvermerk deshalb versagt wird, weil der Abschlussprüfer nicht in der Lage ist, ein Prüfungsurteil abzugeben.

²Die Beurteilung des Prüfungsergebnisses soll allgemein verständlich und problemorientiert unter Berücksichtigung des Umstandes erfolgen, dass die gesetzlichen Vertreter den Abschluss zu verantworten haben. ³Auf Risiken, die den Fortbestand des Unternehmens oder eines Konzernunternehmens gefährden, ist gesondert einzugehen. ⁴Auf Risiken, die den Fortbestand eines Tochterunternehmens gefährden, braucht im Bestätigungsvermerk zum Konzernabschluss des Mutterunternehmens nicht eingegangen zu werden, wenn das Tochterunternehmen für die Vermittlung eines den tatsächlichen Verhältnissen entsprechenden Bildes der Vermögens-, Finanz- und Ertragslage des Konzerns nur von untergeordneter Bedeutung ist.

(3) ¹In einem uneingeschränkten Bestätigungsvermerk (Absatz 2 Satz 1 Nr. 1) hat der Abschlussprüfer zu erklären, dass die von ihm nach § 317 durchgeführte Prüfung zu keinen Einwendungen geführt hat und dass der von den gesetzlichen Vertretern der Gesellschaft aufgestellte Jahres- oder Konzernabschluss aufgrund der bei der Prüfung gewonnenen Erkenntnisse des Abschlussprüfers nach seiner Beurteilung den gesetzlichen Vorschriften entspricht und unter Beachtung der Grundsätze ordnungsmäßiger Buchführung oder sonstiger maßgeblicher Rechnungslegungsgrundsätze ein den tatsächlichen Verhältnissen entsprechendes Bild der Vermögens-, Finanz- und Ertragslage des Unternehmens oder des Konzerns vermittelt. ²Der Abschlussprüfer kann zusätzlich einen Hinweis auf Umstände aufnehmen, auf die er in besonderer Weise aufmerksam macht, ohne den Bestätigungsvermerk einzuschränken.

(4) ¹Sind Einwendungen zu erheben, so hat der Abschlussprüfer seine Erklärung nach Absatz 3 Satz 1 einzuschränken (Absatz 2 Satz 1 Nr. 2) oder zu versagen (Absatz 2 Satz 1 Nr. 3). ²Die Versagung ist in den Vermerk, der nicht mehr als Bestätigungsvermerk zu bezeichnen ist, aufzunehmen. ³Die Einschränkung oder Versagung ist zu begründen. ⁴Ein eingeschränkter Bestätigungsvermerk darf nur erteilt werden, wenn der geprüfte Abschluss unter Beachtung der vom Abschlussprüfer vorgenommenen, in ihrer Tragweite erkennbaren Einschränkung ein den tatsächlichen Verhältnissen im Wesentlichen entsprechendes Bild der Vermögens-, Finanz- und Ertragslage vermittelt.

(5) ¹Der Bestätigungsvermerk ist auch dann zu versagen, wenn der Abschlussprüfer nach Ausschöpfung aller angemessenen Möglichkeiten zur Klärung des Sachverhalts nicht in der Lage ist, ein Prüfungsurteil abzugeben (Absatz 2 Satz 1 Nr. 4). ²Absatz 4 Satz 2 und 3 gilt entsprechend.

(6) ¹Die Beurteilung des Prüfungsergebnisses hat sich auch darauf zu erstrecken, ob der Lagebericht oder der Konzernlagebericht nach dem Urteil des Abschlussprüfers mit dem

---

[10] *Pfitzer/Oser/Orth* DB 2004, 2593.

Jahresabschluss und gegebenenfalls mit dem Einzelabschluss nach § 325 Abs. 2 a oder mit dem Konzernabschluss in Einklang steht und insgesamt ein zutreffendes Bild von der Lage des Unternehmens oder des Konzerns vermittelt. ² Dabei ist auch darauf einzugehen, ob die Chancen und Risiken der zukünftigen Entwicklung zutreffend dargestellt sind.

(7) ¹ Der Abschlussprüfer hat den Bestätigungsvermerk oder den Vermerk über seine Versagung unter Angabe von Ort und Tag zu unterzeichnen. ² Der Bestätigungsvermerk oder der Vermerk über seine Versagung ist auch in den Prüfungsbericht aufzunehmen.

Schrifttum: *Böcking/Orth/Brinkmann*, Die Anwendung der International Standards on Auditing (ISA im Rahmen der handelsrechtlichen Konzernabschlussprüfung und deren Berücksichtigung im Bestätigungsvermerk, WPg 2000, 216; *Böcking/Orth*, Kann das „Gesetz zur Kontrolle und Transparenz im Unternehmensbereich (KonTraG)" einen Beitrag zur Verringerung der Erwartungslücke leisten? – Eine Würdigung auf Basis von Rechnungslegung und Kapitalmarkt, WPg 1998, 351; *Elkart/Naumann*, Zur Fortentwicklung der Grundsätze für die Erteilung von Bestätigungsvermerken bei Abschlußprüfungen nach § 322 HGB (Teil I und II), WPg 1995, 357, 402; *IDW* PS 400, Grundsätze für die ordnungsmäßige Erteilung von Bestätigungsvermerken bei Abschlussprüfungen, WPg 2005, 1382; *IDW* PS 201, Rechnungslegungs- und Prüfungsgrundsätze für die Abschlussprüfung, WPg 2006, 850; *IDW* PS 450, Grundsätze ordnungsmäßiger Berichterstattung bei Abschlussprüfungen, WPg 2006, 113; *IDW* PH 9450.2, Zur Wiedergabe des Vermerks über die Abschlussprüfung im Prüfungsbericht, WPg 2004, 433; *IDW*, Verlautbarung des HFA: Zur phasengleichen Vereinnahmung von Erträgen aus Beteiligungen an Kapitalgesellschaften nach dem Urteil des BGH vom 12. Januar 1998, WPg 1998, 427; *Kirsch*, Erwartungslücke und Bestätigungsvermerk, FS Baetge, 1997, S. 955; *Lehwald*, Die Erteilung des Bestätigungsvermerk bei Abschlussprüfungen, DStR 2000, 259; *Mai*, Rechtsverhältnis zwischen Abschlußprüfer und prüfungspflichtiger Kapitalgesellschaft, 1993; *Schindler/Rabenhorst*, Auswirkungen des KonTraG auf die Abschlußprüfung, Teil I und II, BB 1998, 1886; *Wolz*, Die Erwartungslücke vor und nach Verabschiedung des KonTraG, WPK-Mitteilungen 2/1998, 122; *Pfitzer/Oser/Orth*, Offene Fragen und Systemwidrigkeiten des Bilanzrechtsreformgesetzes (BilReG), DB 2004, 2593.

Übersicht

	RdNr.		RdNr.
I. Allgemeines	1–4	6. Widerruf des Bestätigungsvermerks	31–34
II. Bedeutung des Bestätigungsvermerks	5–8	7. Bedingte Erteilung des Bestätigungsvermerks	35
III. Bestätigungsvermerk zum Jahresabschluss von Kapitalgesellschaften	9–35	IV. Unterzeichnung des Bestätigungsvermerks	36–38
1. Allgemeines	9, 10	V. Bestätigungsvermerk zum Konzernabschluss	39–45
2. Überschrift und einleitender Abschnitt	11–14	VI. Vermerk zum Einzelabschluss nach § 325 Abs. 2 a	46
3. Beschreibender Abschnitt	15–17		
4. Urteil des Abschlussprüfers	18–26		
5. Hinweis bei Bestandsgefährdungen	27–30 a		

I. Allgemeines

§ 322 regelt die Grundlagen des Bestätigungsvermerks für den Einzel- und den Konzernabschluss.[1] Diese haben sich im Zuge des KonTraG sowie des BilReG grundlegend geändert. **1**

Inhaltlich handelt es sich bei dem Bestätigungsvermerk eher um einen **Bestätigungsbericht**, denn bis auf einen Kernsatz wird vom Gesetz keine Formulierung vorgeschrieben.[2] Der Bestätigungsvermerk entspricht weitgehend dem nach internationalen Prüfungsgrundsätzen (ISA 700) verwendeten „Auditor's Report", der bestimmte **Standardformulierungen** enthält. Mit dem IDW-Prüfungsstandard „**Grundsätze für die ordnungsmäßige Erteilung von Bestätigungsvermerken bei Abschlussprüfungen (IDW PS 400)**" werden die geänderten Vorschriften sowie die deutsche Berufsübung berücksichtigt und gleichzeitig der internationale Prüfungsgrundsatz ISA 700 unter Berücksichtigung nationaler Besonderheiten transformiert.[3] **2**

Die Vorschrift des § 322 gilt für die Pflichtprüfung des **Jahresabschlusses von Kapitalgesellschaften, von Personenhandelsgesellschaften iSv. § 264 a Abs. 1** (§ 264 a iVm. § 316), des Einzelabschlusses nach § 325 Abs. 2 a und von **Konzernabschlüssen** nach § 316; außerdem für die Prüfung von **Kreditinstituten** (§ 340 k) und **Versicherungsunternehmen** (§ 341 k). Für Unternehmen, die nach dem **PublG** rechnungslegungspflichtig sind, gilt § 322 nach §§ 6, 14 Abs. 1 PublG sinngemäß; die Kernfassung des Bestätigungsvermerks ist jedoch ggf. anzupassen, da von diesen Unternehmen nicht sämtliche ergänzenden Vorschriften des HGB zum Jahresabschluss von **3**

---

[1] *ADS* RdNr. 13.
[2] Vgl. dazu *Schindler/Rabenhorst* BB 1998, 1941.
[3] *IDW* PS 400, WPg 2005, 1382 ff. RdNr. 4.

Kapitalgesellschaften anzuwenden sind.⁴ Bei der Prüfung von **Genossenschaften** ist § 322 nur dann entsprechend anzuwenden, wenn die Genossenschaft die Größenmerkmale von § 267 Abs. 3 erfüllt (§ 58 Abs. 2 GenG).

4 Wird bei nicht prüfungspflichtigen Unternehmen auf **freiwilliger Basis** eine Abschlussprüfung nach den für die Pflichtprüfung geltenden Grundsätzen durchgeführt, kann ebenfalls ein Bestätigungsvermerk erteilt werden.⁵ Wird auftragsgemäß nur in eingeschränktem Umfang geprüft, kann nur eine **Bescheinigung** erteilt werden.⁶

II. Bedeutung des Bestätigungsvermerks

5 Der Bestätigungsvermerk enthält das auf der Grundlage einer pflichtgemäßen und nach geltenden Berufsgrundsätzen durchgeführten Prüfung gebildete Gesamturteil des Abschlussprüfers. Er richtet sich nicht nur an den Auftraggeber, sondern vor allem auch an Kapitaleigner, potenzielle Aktienerwerber, Gesellschafter, Gläubiger, andere Marktpartner, Arbeitnehmer und die interessierte Öffentlichkeit.⁷ Daher ist der Bestätigungsvermerk gem. § 325 Abs. 1 S. 1 auch Gegenstand der Offenlegungspflicht. Mit dem Bestätigungs- oder dem Versagungsvermerk wird der **Öffentlichkeit** gegenüber verdeutlicht, dass die Prüfungspflicht nach § 316 Abs. 1 oder 2 erfüllt wurde. Vor diesem Hintergrund ist auch die gesetzliche Vorschrift des Abs. 2 S. 2 zu sehen, derzufolge die Beurteilung des Prüfungsergebnisses allgemein verständlich und problemorientiert erfolgen soll. Die Allgemeinverständlichkeit stellt ab auf das Verständnis der Adressaten des Bestätigungsvermerks, wobei ein Grundwissen für die Rechnungslegung vorausgesetzt wird. Die Forderung nach der problemorientierten Darstellung wird insbesondere durch die Erläuterung der bestandsgefährdenden Risiken erfüllt.⁸ Ein **uneingeschränkter** Bestätigungsvermerk ist zu erteilen, wenn die Abschlussprüfung zu keinen Einwendungen geführt hat (vgl. dazu RdNr. 18 f.). Ggf. kann dieser mit einem Hinweis auf Umstände versehen werden, die nach Ansicht des Abschlussprüfers Aufmerksamkeit verdienen. Eine **Einschränkung** ist möglich, wenn in Teilbereichen Einwendungen zu erheben sind, das Gesamturteil insgesamt aber noch positiv ausfällt; ist ein Positivbefund nicht mehr möglich, so ist ein **Vermerk über die Versagung** des Bestätigungsvermerks zu erteilen.⁹ Der Bestätigungsvermerk stellt **keine** Beurteilung der wirtschaftlichen Lage und der Geschäftsführung dar (kein „Gesundheitstestat").¹⁰

5a Im Zuge des BilReG ist § 322 nach den umfangreichen Neuerungen des KonTraG erneut angepasst worden. Klarer als bisher wird im Gesetzestext die Form des Prüfungsergebnisses hervorgehoben. Danach muss die Beurteilung des Prüfungsergebnisses zweifelsfrei ergeben, ob
– ein uneingeschränkter Bestätigungsvermerk erteilt,
– ein eingeschränkter Bestätigungsvermerk erteilt,
– der Bestätigungsvermerk auf Grund von Einwendungen versagt, oder
– der Bestätigungsvermerk deshalb versagt wird, weil der Abschlussprüfer nicht in der Lage ist, ein Prüfungsurteil abzugeben.

Diese Hervorhebung beinhaltet keine materielle Änderung für den Bestätigungsvermerk, betont jedoch noch stärker als in der bisherigen Fassung des § 322 die Form des Prüfungsergebnisses und dessen Darstellung für den Adressaten des Bestätigungsvermerks.

6 Die **rechtliche Bedeutung** des Bestätigungsvermerks liegt vor allem darin, dass das Vorliegen des Prüfungsberichts (§ 321) mit dem erteilten Bestätigungsvermerk bzw. Versagungsvermerk grundsätzlich Voraussetzung für die Feststellung des Jahresabschlusses ist.¹¹ Eine Einschränkung des Bestätigungsvermerks oder ein Versagungsvermerk kann sich insbesondere bei der Entlastung der Gesellschaftsorgane nachteilig auswirken.¹²

7 Die Gesellschaft hat nach hM einen **Rechtsanspruch** auf die Erteilung des Bestätigungsvermerks, wenn die Voraussetzungen dafür erfüllt sind.¹³ Gleiches gilt für den Vermerk über die Versagung, da

---

⁴ *Förschle/Küster* BeBiKo RdNr. 30; MünchKommHGB/*Ebke* RdNr. 8.
⁵ *IDW* PS 400, WPg 2005, 1382 ff. RdNr. 5.
⁶ Vgl. dazu *IDW* PS 400, WPg 2005, 1382 ff. RdNr. 5.
⁷ MünchKommHGB/*Ebke* RdNr. 2; *Lehwald* DStR 2000, 259; *WPH* Q RdNr. 396; *Lück* HdR (5) RdNr. 12.
⁸ *ADS* RdNr. 94.
⁹ *ADS* RdNr. 16; *WPH* Q RdNr. 398; *IDW* PS 400, WPg 2005, 1382 ff. RdNr. 42–69.
¹⁰ *IDW* PS 400, WPg 2005, 1382 ff. RdNr. 8; zur sog. Erwartungslücke vgl. auch die Erl. zu § 316.
¹¹ *ADS* RdNr. 34 und 37; *Förschle/Küster* BeBiKo RdNr. 11 ff.; *Lück* HdR (5) RdNr. 8.
¹² MünchKommHGB/*Ebke* RdNr. 2.
¹³ *ADS* RdNr. 355 ff.; *Förschle/Küster* BeBiKo RdNr. 15; Rowedder/*Schmidt-Leithoff* GmbHG § 42 a RdNr. 48; *Baumbach/Hueck/Schulze-Osterloh* GmbHG § 41 RdNr. 163.

sonst die Beendigung der Abschlussprüfung als Voraussetzung für die Feststellung des Jahresabschlusses nicht dokumentiert werden kann.[14] Der Anspruch kann in Form einer Leistungsklage durchgesetzt werden.[15]

Die Erteilung eines inhaltlich unrichtigen Bestätigungs- oder Versagungsvermerks fällt unter die Strafvorschrift des § 332 (vgl. auch Erl. zu § 332). 8

III. Bestätigungsvermerk zum Jahresabschluss von Kapitalgesellschaften

1. Allgemeines. Der Bestätigungsvermerk enthält die folgenden **Grundbestandteile:**[16] 9
– Überschrift,
– einleitender Abschnitt,
– beschreibender Abschnitt,
– Urteil des Abschlussprüfers,
– ggf. Hinweis zur Beurteilung des Prüfungsergebnisses und
– ggf. Hinweis auf Bestandsgefährdungen.

Bis auf einen **Kernsatz** (vgl. RdNr. 20) schreibt das Gesetz keine Formulierung vor. Eine völlig freie Formulierung des Bestätigungsvermerks erscheint jedoch nicht sachgerecht, da einerseits die Qualität des Bestätigungsvermerks von der Formulierungskunst des Abschlussprüfers abhängig gemacht und andererseits die Wahrscheinlichkeit, dass die Unternehmensleitung Einfluss auf den materiellen Inhalt des Bestätigungsvermerks nimmt, steigen würde.[17] Der Prüfungsstandard IDW PS 400 enthält daher **Standardformulierungen** für die verschiedenen Bestandteile des Bestätigungsvermerks.[18] 10

2. Überschrift und einleitender Abschnitt. Vermerke mit positiver Gesamtaussage sind als „Bestätigungsvermerk" zu bezeichnen. Nach Abs. 4 S. 2 darf bei einer Versagung der Vermerk nicht als Bestätigungsvermerk bezeichnet werden. In diesem Fall ist für die **Überschrift** die Bezeichnung „Versagungsvermerk" zu verwenden.[19] Darüber hinaus sollte in der Überschrift auf den Abschlussprüfer Bezug genommen werden („Bestätigungsvermerk des Abschlussprüfers"), um zu verdeutlichen, dass der Bestätigungsvermerk durch einen unabhängigen, seinem Berufseid verpflichteten Prüfer erteilt wurde, und um Verwechslungen mit anderen Vermerken auszuschließen.[20] Die gleichen Überschriften sind auch für Vermerke über freiwillige Jahresabschlussprüfungen zu verwenden. 11

Der **einleitende Abschnitt** beginnt mit einer Beschreibung des **Gegenstands** der Prüfung (Abs. 1 S. 2). Um den Bestätigungsvermerk nicht unnötig aufzublähen, sollte dabei eine Beschränkung auf die notwendigsten Angaben erfolgen.[21] Als Gegenstand der Prüfung sind der Jahresabschluss unter Einbeziehung der Buchführung, der Lagebericht sowie ggf. das nach § 91 Abs. 2 AktG einzurichtende Risikofrüherkennungssystem zu nennen; außerdem sind das geprüfte Unternehmen, der Abschlussstichtag und das dem Jahresabschluss zugrunde liegende Geschäftsjahr zu bezeichnen.[22] Ferner sollte hier zum Ausdruck gebracht werden, dass die Aufstellung des Jahresabschlusses und des Lageberichts in der Verantwortung der Geschäftsleitung liegt, während es die Aufgabe des Abschlussprüfers ist, mit dem Bestätigungsvermerk ein zusammenfassendes Urteil über die Rechnungslegung des geprüften Unternehmens als Ergebnis seiner Prüfung abzugeben.[23] Dies entspricht sowohl internationalen Prüfungsgrundsätzen[24] als auch der Absicht des Gesetzgebers.[25] Schließlich ist im einleitenden Abschnitt anzugeben werden, nach welchen **Rechnungslegungsvorschriften** ein Jahresabschluss erstellt wurde,[26] da die Möglichkeit besteht, auch internationale Rechnungslegungsstandards anzuwenden (zB Prüfungen von befreienden Konzernabschlüssen nach § 315 a oder freiwillige Prüfungen von freiwillig aufgestellten Jahresabschlüssen unter Anwendung von internationalen Rechnungslegungsvorschriften). 12

---

[14] Baumbach/Hueck/*Schulze-Osterloh* GmbHG § 41 RdNr. 163; *Elkart/Naumann* WPg 1995, 359.
[15] *ADS* RdNr. 355.
[16] *IDW* PS 400, WPg 2005, 1382 ff. RdNr. 17.
[17] *Schindler/Rabenhorst* BB 1998, 1941; *Böcking/Orth* WPg 1998, 352 mwN.
[18] *IDW* PS 400, WPg 2005, 1382 ff. Anh. 1 ff.
[19] *IDW* PS 400, WPg 2005, 1382 ff. RdNr. 19.
[20] *IDW* PS 400, WPg 2005, 1382 ff. RdNr. 20.
[21] *Schindler/Rabenhorst* BB 1998, 1942.
[22] *IDW* PS 400, WPg 2005, 1382 ff. RdNr. 24.
[23] *IDW* PS 400, WPg 2005, 1382 ff. RdNr. 25.
[24] Vgl. ISA 700.9.
[25] Begr. RegE, BT-Drucks. 13/9712 S. 29.
[26] *IDW* PS 400, WPg 2005, 1382 ff. RdNr. 26.

13 Das IDW schlägt, sofern keine besonderen Umstände vorliegen, folgende Formulierung für den einleitenden Abschnitt vor:[27]

„Ich habe/Wir haben den Jahresabschluss – bestehend aus Bilanz, Gewinn- und Verlustrechnung sowie Anhang – unter Einbeziehung der Buchführung und den Lagebericht der ... Gesellschaft für das Geschäftsjahr vom ... bis ... geprüft. Die Buchführung und die Aufstellung von Jahresabschluss und Lagebericht nach den deutschen handelsrechtlichen Vorschriften (und den ergänzenden Regelungen im Gesellschaftsvertrag/in der Satzung) liegen in der Verantwortung der gesetzlichen Vertreter der Gesellschaft. Meine/Unsere Aufgabe ist es, auf der Grundlage der von mir/uns durchgeführten Prüfung eine Beurteilung über den Jahresabschluss unter Einbeziehung der Buchführung und über den Lagebericht abzugeben."

14 Besondere Umstände können bei der Erweiterung oder Beschränkung des Prüfungsumfangs auf Grund gesetzlicher Vorschriften vorliegen. Dies gilt zB bei Erweiterungen nach landesrechtlichen Vorschriften für Krankenhäuser (§§ 34 KHG NRW und 37 SKHG). Eine Einschränkung des Prüfungsumfangs kann sich zB aus § 5 Abs. 1 und 2 PublG bzgl. des Anhangs und des Lageberichts von Personengesellschaften ergeben. In diesen Fällen weicht die Formulierung des Bestätigungsvermerks von der o. g. Musterformulierung ab („Ich/Wir habe(n) den Jahresabschluss, bestehend aus Bilanz und Gewinn- und Verlustrechnung ... geprüft.").

15 **3. Beschreibender Abschnitt.** Der Bestätigungsvermerk hat nach Abs. 1 S. 2 weiterhin eine Beschreibung von **Art und Umfang** der Prüfung zu enthalten. Ziel dieser Vorschrift ist es, das Prüfungsvorgehen zu dokumentieren, um hierdurch weiter gehenden der unzutreffenden Erwartungen der Adressaten im Hinblick auf die Tragweite der Prüfung zu begegnen.[28] Zur Beschreibung der Art der Prüfung hat der Abschlussprüfer darauf hinzuweisen, dass es sich um eine Jahresabschlussprüfung handelt und diese unter Berücksichtigung des § 317 durchgeführt wurde. Eine Bezugnahme auf die angewandten Prüfungsgrundsätze wird nach § 322 idF BilReG erstmals explizit gefordert. Dies stellte jedoch auch vor der gesetzlichen Neuregelung gängige Praxis dar.[29] Zur Beschreibung des Umfangs muss der Abschlussprüfer darauf eingehen, dass die Prüfung so geplant und durchgeführt wurde, dass mit hinreichender Sicherheit beurteilt werden kann, ob die Rechnungslegung frei von wesentlichen Mängeln ist.[30] Zusätzlich sind folgende Hinweise erforderlich:[31]

– Berücksichtigung der Kenntnisse über die Geschäftstätigkeit und das wirtschaftliche und rechtliche Umfeld der Gesellschaft sowie Erwartungen von möglichen Fehlern bei Festlegung der Prüfungshandlungen,
– Beurteilung der Wirksamkeit des rechnungslegungsbezogenen internen Kontrollsystems sowie der Nachweise für die Angaben in der Rechnungslegung auf der Basis von Stichproben,
– Beurteilung der angewandten Rechnungslegungsgrundsätze,
– Beurteilung der wesentlichen in die Rechnungslegung eingeflossenen Einschätzungen der Geschäftsführung,
– Würdigung der Gesamtdarstellung des Jahresabschlusses, wie sie sich aus dem Zusammenwirken von Bilanz, Gewinn- und Verlustrechnung und Anhang unter Beachtung der Grundsätze ordnungsmäßiger Buchführung ergibt, und des Lageberichts.

16 Eine Beurteilung weiterer Prüfungsgegenstände ist nur dann im Bestätigungsvermerk zulässig, wenn die gesetzliche Regelung eine Aussage im Bestätigungsvermerk vorsieht, zB bei §§ 34 KHG NRW und 37 SKHG.[32] Im beschreibenden Teil sind bspw. im Einzelfall **zusätzliche Ausführungen** erforderlich, wenn die Prüfbarkeit von Angaben und Einschätzungen in der Rechnungslegung eingeschränkt ist und der Beurteilung durch den Abschlussprüfer nur Erklärungen der Geschäftsführung zu Grunde liegen, deren Plausibilität zu beurteilen ist.[33] Zu Art und Umfang der Prüfung ist abschließend vom Abschlussprüfer zu erklären, dass diese seiner Meinung nach eine hinreichend sichere Grundlage für sein Prüfungsurteil bildet.[34]

17 Liegen keine besonderen Umstände vor, schlägt das IDW folgende Formulierung für den beschreibenden Abschnitt vor:[35]

---

[27] *IDW* PS 400, WPg 2005, 1382 ff. RdNr. 27.
[28] *ADS* RdNr. 118.
[29] *IDW* PS 400, WPg 2005, 1382 ff. RdNr. 30.
[30] *IDW* PS 400, WPg 2005, 1382 ff. RdNr. 30.
[31] *IDW* PS 400, WPg 2005, 1382 ff. RdNr. 31.
[32] *IDW* PS 400, WPg 2005, 1382 ff. RdNr. 11.
[33] *IDW* PS 400, WPg 2005, 1382 ff. RdNr. 33.
[34] *IDW* PS 400, WPg 2005, 1382 ff. RdNr. 35.
[35] *IDW* PS 400, WPg 2005, 1382 ff. RdNr. 36.

„Ich habe meine/Wir haben unsere Jahresabschlussprüfung nach § 317 HGB unter Beachtung der vom Institut der Wirtschaftsprüfer (IDW) festgestellten deutschen Grundsätze ordnungsmäßiger Abschlussprüfung vorgenommen. Danach ist die Prüfung so zu planen und durchzuführen, dass Unrichtigkeiten und Verstöße, die sich auf die Darstellung des durch den Jahresabschluss unter Beachtung der Grundsätze ordnungsmäßiger Buchführung und durch den Lagebericht vermittelten Bildes der Vermögens-, Finanz- und Ertragslage wesentlich auswirken, mit hinreichender Sicherheit erkannt werden. Bei der Festlegung der Prüfungshandlungen werden die Kenntnisse über die Geschäftstätigkeit und über das wirtschaftliche und rechtliche Umfeld der Gesellschaft sowie die Erwartungen über mögliche Fehler berücksichtigt. Im Rahmen der Prüfung werden die Wirksamkeit des rechnungslegungsbezogenen internen Kontrollsystems sowie Nachweise für die Angaben in Buchführung, Jahresabschluss und Lagebericht überwiegend auf der Basis von Stichproben beurteilt. Die Prüfung umfasst die Beurteilung der angewandten Bilanzierungsgrundsätze und der wesentlichen Einschätzungen der gesetzlichen Vertreter sowie die Würdigung der Gesamtdarstellung des Jahresabschlusses und des Lageberichts. Ich bin/Wir sind der Auffassung, dass meine/unsere Prüfung eine hinreichend sichere Grundlage für meine/unsere Beurteilung bildet."

4. Urteil des Abschlussprüfers. Der Abschlussprüfer beurteilt in seinem **Prüfungsurteil** auf Grund pflichtgemäßer Prüfung die Beachtung der maßgeblichen Normen durch das Unternehmen.[36] Abhängig vom jeweiligen Sachverhalt ist das Prüfungsurteil in einer der folgenden Formen abzugeben:[37]
- uneingeschränkt positive Gesamtaussage (uneingeschränkter Bestätigungsvermerk),
- eingeschränkt positive Gesamtaussage (eingeschränkter Bestätigungsvermerk),
- Versagungsvermerk
- auf Grund von Einwendungen
- auf Grund von gravierenden Prüfungshemmnissen.

Eine **uneingeschränkt positive Gesamtaussage** ist im Rahmen eines uneingeschränkten Bestätigungsvermerks zu treffen, wenn der Abschlussprüfer keine wesentlichen Einwendungen gegen die Buchführung, den Jahresabschluss und den Lagebericht zu erheben hat und keine wesentlichen Prüfungshemmnisse vorgelegen haben.[38] Der Abschlussprüfer stellt weiterhin fest, dass der Jahresabschluss unter Beachtung der Grundsätze ordnungsmäßiger Buchführung ein den tatsächlichen Verhältnissen entsprechendes Bild der Vermögens-, Finanz- und Ertragslage der Gesellschaft vermittelt und dass auch der Lagebericht insgesamt eine zutreffende Vorstellung von der Lage der Gesellschaft vermittelt sowie die Risiken der künftigen Entwicklung zutreffend darstellt.[39] Ist der Wortlaut des Prüfungsurteils in bestimmten Fällen nicht angemessen, ist er entsprechend anzupassen. So entfällt beispielsweise die auf den Lagebericht bezogene Aussage, wenn dieser zulässigerweise nicht erstellt wurde (bei kleinen Kapitalgesellschaften nach § 264 Abs. 1 S. 3); eine solche Kürzung stellt keine Einschränkung der Bestätigung dar.[40] Die Beurteilung der Vermittlung eines den tatsächlichen Verhältnissen entsprechenden Bildes von der Lage des Unternehmens durch den Lagebericht bzw. Konzernlagebericht in Einklang mit dem Jahresabschluss, dem Konzernabschluss sowie ggf. mit dem Einzelabschluss nach § 325 Abs. 2a wurde durch den Gesetzgeber durch den neuen Abs. 6 herausgestellt. Dabei ist auch darauf einzugehen, ob die Chancen und Risiken der zukünftigen Entwicklung zutreffend im Lagebericht bzw. Konzernlagebericht dargestellt sind.

Das Prüfungsurteil, das mit einem kurzen **Kernsatz** beginnt, sollte bei uneingeschränkt positiver Gesamtaussage wie folgt formuliert werden:[41]
„Meine/Unsere Prüfung hat zu keinen Einwendungen geführt.
Nach meiner/unserer Beurteilung auf Grund der bei der Prüfung gewonnenen Erkenntnisse entspricht der Jahresabschluss den gesetzlichen Vorschriften (und den ergänzenden Bestimmungen des Gesellschaftsvertrags/der Satzung) und vermittelt unter Beachtung der Grundsätze ordnungsmäßiger Buchführung ein den tatsächlichen Verhältnissen entsprechendes Bild der Vermögens-, Finanz- und Ertragslage der Gesellschaft. Der Lagebericht steht in Einklang mit dem Jahresabschluss, vermittelt insgesamt ein zutreffendes Bild von der Lage der Gesellschaft und stellt die Chancen und Risiken der zukünftigen Entwicklung zutreffend dar."

---

[36] *IDW* PS 400, WPg 2005, 1382 ff. RdNr. 38.
[37] *IDW* PS 400, WPg 2005, 1382 ff. RdNr. 41.
[38] *IDW* PS 400, WPg 2005, 1382 ff. RdNr. 42.
[39] *IDW* PS 400, WPg 2005, 1382 ff. RdNr. 42.
[40] *IDW* PS 400, WPg 2005, 1382 ff. RdNr. 43.
[41] *IDW* PS 400, WPg 2005, 1382 ff. RdNr. 46.

Ohne den Bestätigungsvermerk einzuschränken kann der Abschlussprüfer nach Abs. 3 S. 2 einen Hinweis auf Umstände aufnehmen, auf die er in besonderer Weise aufmerksam macht.

21 Wird der Abschluss um eine Kapitalflussrechnung ergänzt, zB bei einem Konzernabschluss gem. § 297 Abs. 1, kann die Formulierung erweitert werden um:
„... Ertragslage sowie der Zahlungsströme der Gesellschaft ..."

22 Sind **Einwendungen** (wesentliche Beanstandungen) gegen abgrenzbare Teile des Jahresabschlusses oder Lageberichts zu erheben oder können abgrenzbare Teile des Prüfungsgegenstands auf Grund von Prüfungshemmnissen nicht als zutreffend beurteilt werden und ist zu den wesentlichen Teilen der Rechnungslegung trotzdem noch ein Positivbefund möglich, so ist im Rahmen eines eingeschränkten Bestätigungsvermerks eine **eingeschränkt positive Gesamtaussage** zu treffen.[42]

23 Beanstandungen sind als wesentlich zu bezeichnen, wenn damit zu rechnen ist, dass festgestellte Mängel oder die nicht hinreichend sichere Beurteilbarkeit abgrenzbarer Teile der Rechnungslegung wegen ihrer relativen Bedeutung zu einer unzutreffenden Beurteilung der Rechnungslegung führen können.[43] Zur Beurteilung der relativen Bedeutung eines Mangels hat der Abschlussprüfer diesen in Beziehung zu entsprechenden Größen (zB Betrag der betroffenen Jahresabschlussposition) zu setzen und in seiner Auswirkung auf die Beurteilung der Vermögens-, Finanz- und Ertragslage des Unternehmens zu würdigen. Mehrere, isoliert betrachtet, unwesentliche Beanstandungen können in ihrer Gesamtheit wesentlich sein. Um eine Einschränkung zu rechtfertigen, müssen diese wesentlichen Beanstandungen zum Zeitpunkt des Abschlusses der Prüfung noch vorliegen.[44]

24 Einschränkungen sind zu begründen (Abs. 4 S. 3) und so darzustellen, dass ihre Tragweite erkennbar wird (Abs. 4 S. 4). Soweit der Jahresabschluss trotz der erkennbaren Tragweite der Einschränkung nicht mehr ein den tatsächlichen Verhältnissen entsprechendes Bild der Vermögens-, Finanz- und Ertragslage der Gesellschaft vermittelt, darf ein eingeschränkter Bestätigungsvermerk nicht mehr erteilt werden.

25 Die Einschränkung des Bestätigungsvermerks hat das Wort „Einschränkung" zu enthalten. Das IDW empfiehlt folgende Formulierung:[45]
„Meine/Unsere Prüfung hat mit Ausnahme der folgenden Einschränkung zu keinen Einwendungen geführt."
Daran anschließend ist der Einschränkungsgrund anzugeben.[46]

26 Einwendungen, die sich auf den Jahresabschluss als ganzen auswirken und so wesentlich oder zahlreich sind, dass eine Einschränkung des Bestätigungsvermerks nach dem Urteil des Abschlussprüfers zur Verdeutlichung der missverständlichen oder unvollständigen Darstellung im Jahresabschluss nicht mehr angemessen ist, müssen im Rahmen eines Versagungsvermerks zu einer **negativen Gesamtaussage** des Abschlussprüfers führen.[47] Auch wenn die Auswirkungen von Prüfungshemmnissen so wesentlich sind, dass der Abschlussprüfer nicht mehr zu einem Prüfungsurteil mit positiver bzw. eingeschränkt positiver Gesamtaussage gelangen kann (zB nicht behebbare Mängel der Buchführung oder Verletzung von wesentlichen Vorlage- und Auskunftspflichten nach § 320, soweit nicht alternative Prüfungshandlungen eine positive Gesamtaussage ermöglichen), ist ein Versagungsvermerk zu erteilen.[48] Nach Abs. 4 S. 3 sind im Versagungsvermerk alle wesentlichen Gründe für die Versagung zu beschreiben und zu erläutern.[49]

27 **5. Hinweis bei Bestandsgefährdungen.** Abs. 2 S. 3 schreibt vor, **auf Risiken, die den Fortbestand des Unternehmens** gefährden, gesondert einzugehen. Dabei dürfte ein entsprechender Hinweis auf die Art des bestehenden Risikos und dessen Darstellung im Lagebericht im Anschluss an das Prüfungsurteil ausreichen.[50] Auf diese Weise werden bestandsgefährdende Risiken hervorgehoben, ohne den Bestätigungsvermerk einzuschränken oder zu versagen. Das IDW empfiehlt für den Hinweis auf bestandsgefährdende Risiken folgende Formulierung:[51]

---

[42] *IDW* PS 400, WPg 2005, 1382 ff. RdNr. 50.
[43] *IDW* PS 400, WPg 2005, 1382 ff. RdNr. 51.
[44] *IDW* PS 400, WPg 2005, 1382 ff. RdNr. 52.
[45] *IDW* PS 400, WPg 2005, 1382 ff. RdNr. 59.
[46] Vgl. Musterformulierungen bei Vorliegen weiterer Gründe für die Einschränkung: *IDW* PS 400, WPg 2005, 1382 ff. RdNr. 60 ff.
[47] *IDW* PS 400, WPg 2005, 1382 ff. RdNr. 65.
[48] *IDW* PS 400, WPg 2005, 1382 ff. RdNr. 68 a.
[49] *IDW* PS 400, WPg 2005, 1382 ff. RdNr. 67. Vgl. Musterformulierungen bei einem Versagungsvermerk *IDW* PS 400, WPg 2005, 1382 ff. RdNr. 68 ff.
[50] *IDW* PS 400, WPg 2005, 1382 ff. RdNr. 77.
[51] *IDW* PS 400, WPg 2005, 1382 ff. RdNr. 77.

„Ohne diese Beurteilung einzuschränken, weise ich/weisen wir auf die Ausführungen im Lagebericht hin. Dort ist in Abschnitt ... ausgeführt, dass der Fortbestand der Gesellschaft auf Grund angespannter Liquidität bedroht ist."

Fehlt eine angemessene Darstellung im Lagebericht, wird der Abschlussprüfer die bestehenden Risiken und deren Auswirkungen im Bestätigungsvermerk angeben sowie eine Einschränkung oder Versagung des Testats vornehmen müssen.[52] **28**

Nach der Begründung des Gesetzgebers soll es u. a. an dieser Stelle dem Abschlussprüfer ermöglicht werden, durch eine „vorbildliche Formulierung" die sog. **Erwartungslücke** zu schließen.[53] Durch die Aufnahme in den Bestätigungsvermerk werden diese Hinweise einem größeren Adressatenkreis zugänglich gemacht.[54] **29**

Stellt das zu prüfende Unternehmen zulässigerweise keinen Lagebericht auf, ist der Abschlussprüfer nicht verpflichtet, im Bestätigungsvermerk auf bestehende bestandsgefährdende Risiken hinzuweisen.[55] Unter Umständen besteht dann aber eine Berichterstattungspflicht im Prüfungsbericht.[56] **30**

§ 322 Abs. 2 ist durch das BilReG um einen neuen S. 4 ergänzt worden, wonach auf Risiken, die den Fortbestand von Tochterunternehmen gefährden, im Bestätigungsvermerk zum Konzernabschluss nicht gesondert eingegangen werden muss, wenn das Tochterunternehmen für die Vermittlung eines den tatsächlichen Verhältnissen entsprechenden Bildes der Vermögens-, Finanz- und Ertragslage des Konzerns von untergeordneter Bedeutung ist. **30 a**

6. Widerruf des Bestätigungsvermerks. Kommt der Abschlussprüfer nach Erteilung des Bestätigungsvermerks auf Grund von nachträglichen neuen Erkenntnissen zu dem Ergebnis, dass die Voraussetzungen für die Erteilung des Bestätigungsvermerks nicht vorgelegen haben, und ist die Gesellschaft nicht bereit, die notwendigen Schritte zu einer Änderung des geprüften Abschlusses und zur Information derjenigen zu unternehmen, die von dem geprüften Abschluss Kenntnis erlangt haben, hat der Abschlussprüfer grundsätzlich den Bestätigungsvermerk zu widerrufen.[57] Wenn die Vermeidung eines falschen Eindrucks über das Ergebnis der Abschlussprüfung auf Grund von Informationen der Adressaten des Bestätigungsvermerks sichergestellt ist (zB wenn ein geänderter Jahres- bzw. Konzernabschluss die Adressaten nicht wesentlich später erreicht als ein möglicher Widerruf), ist ein **Widerruf nicht nötig.**[58] Der Widerruf als Maßnahme zur Beseitigung der Irreführung der Öffentlichkeit muss in jedem Fall verhältnismäßig sein.[59] Eine Verpflichtung zum Widerruf ist idR dann anzunehmen, wenn es sich um einen wesentlichen Fehler in der Rechnungslegung handelt und auch noch die Nichtigkeit des Jahresabschlusses im Hinblick auf § 256 Abs. 6 AktG geltend gemacht werden könnte.[60] **31**

Der Widerruf ist **schriftlich** an den Auftraggeber, dh. grdsl. an den Aufsichtsrat, zu richten und zu **begründen;** uU ist auch im Interesse des Abschlussprüfers eine Unterrichtung von Aufsichtsgremien, Registergericht und anderen Personen, die vom Bestätigungsvermerk Kenntnis haben dürften, geboten.[61] Die Gesellschaft darf den widerrufenen Bestätigungsvermerk nicht mehr verwenden.[62] Ist der erteilte Bestätigungsvermerk bereits nach §§ 325 ff. offen gelegt worden, hat der Abschlussprüfer von der Gesellschaft die Bekanntgabe des Widerrufs im Bundesanzeiger sowie die Einreichung in das Handelsregister zu verlangen.[63] **32**

Von dem Widerruf wird die Rechtsgültigkeit des bereits festgestellten Jahresabschlusses nicht berührt, es sei denn, der materielle Grund, der zu dem Widerruf geführt hat, begründet gleichzeitig die Nichtigkeit des Jahresabschlusses. Ist der Bestätigungsvermerk hingegen vor der Feststellung des Jahresabschlusses bzw. des Konzernabschlusses widerrufen und ist daher die Prüfung mangels Erteilung eines wirksamen Bestätigungsvermerks noch nicht beendet worden, kann der Jahresabschluss gem. § 316 Abs. 1 S. 2 nicht festgestellt werden.[64] **33**

---

[52] *IDW* PS 400, WPg 2005, 1382 ff. RdNr. 78.
[53] Begr. RegE, BT-Drucks. 13/9712 S. 29.
[54] *Wolz* WPK-Mitteilungen 1998, 131; *Kirsch*, FS Baetge, S. 969 u. 972.
[55] *IDW* PS 400, WPg 2005, 1382 ff. RdNr. 79.
[56] *IDW* PS 450, WPg 2006, 113 ff. RdNr. 40.
[57] *IDW* PS 400, WPg 2005, 1382 ff. RdNr. 111.
[58] *IDW* PS 400, WPg 2005, 1382 ff. RdNr. 112.
[59] *ADS* RdNr. 364.
[60] *ADS* RdNr. 365; *Förschle/Küster* BeBiKo RdNr. 170 f.
[61] *IDW* PS 400, WPg 2005, 1382 ff. RdNr. 115.
[62] *ADS* RdNr. 372; zu weiteren Folgen vgl. *WPH* Q RdNr. 694.
[63] *ADS* RdNr. 370.
[64] *ADS* RdNr. 373 f.

34 Nach einem Widerruf ist – sofern die Voraussetzungen vorliegen – ein neuer Bestätigungsvermerk zu erteilen.[65]

35 **7. Bedingte Erteilung des Bestätigungsvermerks.** Die Erteilung des Bestätigungsvermerks unter Vorbehalt, dh. unter aufschiebender Bedingung, kann in Betracht kommen, wenn in einem geprüften Jahresabschluss bereits Sachverhalte berücksichtigt sind, die zwar inhaltlich bereits festgelegt sind, zu ihrer rechtlichen Wirksamkeit noch zusätzlicher, von der Feststellung des geprüften Jahresabschlusses unabhängiger Beschlüsse des Aufsichtsrats, der Gesellschafterversammlung oder noch der Eintragung in das Handelsregister bedürfen.[66] Die Erteilung unter einer aufschiebenden Bedingung ist dabei nur zulässig, wenn der noch nicht wirksame Sachverhalt nach Eintritt der Bedingung auf den geprüften Abschluss zurückwirkt. Der Bestätigungsvermerk unter Vorbehalt ist noch nicht erteilt, der entsprechende Jahresabschluss noch nicht geprüft.[67] Der Bestätigungsvermerk wird erst mit Eintritt der Bedingung wirksam. Die aufschiebende Bedingung ist unmittelbar vor dem Text des Bestätigungsvermerks aufzuführen.[68]

IV. Unterzeichnung des Bestätigungsvermerks

36 Nach Abs. 7 S. 1 hat der Abschlussprüfer den Bestätigungsvermerk oder den Vermerk über seine Versagung unter Angabe von Ort und Tag eigenhändig zu unterzeichnen.[69] Neben der Unterschrift haben die Abschlussprüfer gem. § 18 WPO die Bezeichnung „Wirtschaftsprüfer" anzugeben. Für Wirtschaftsprüfer, Wirtschaftsprüfungsgesellschaften, vereidigte Buchprüfer und Buchprüfungsgesellschaften besteht nach § 48 Abs. 1 WPO bzw. § 130 iVm. § 48 Abs. 1 WPO die berufsrechtliche Verpflichtung, bei der Erteilung von Bestätigungs- oder Versagungsvermerken ein **Berufssiegel** anzubringen.

37 Für die Angabe des Tages der Unterzeichnung ist von Bedeutung, dass der Bestätigungsvermerk bzw. der Versagungsvermerk dann erteilt werden soll, wenn die Jahresabschlussprüfung materiell abgeschlossen (zB Tag der Schlussbesprechung) und eine zeitnahe Vollständigkeitserklärung eingeholt worden ist.[70] Sofern zwischen dem Datum des Bestätigungsvermerks und seiner Auslieferung ein nicht unbeachtlicher Zeitraum liegt (dabei sollte grundsätzlich von einem Zeitraum von mehr als 4 Wochen ausgegangen werden) oder auch bei einem kürzeren Zeitraum das Eintreten wesentlicher Ereignisse zu erwarten ist, hat der Abschlussprüfer vor der Auslieferung mit den gesetzlichen Vertretern zu klären, ob zwischenzeitliche Ereignisse und Entwicklungen die Aussage des Bestätigungsvermerks berühren.[71] Mit der Angabe des Orts ist üblicherweise der Ort der beruflichen Niederlassung des Abschlussprüfers bzw. der Sitz der Niederlassung der Wirtschaftsprüfungsgesellschaft, die die Verantwortung für den Prüfungsauftrag hat, gemeint.[72] Der Bestätigungsvermerk ist auf mindestens einem Exemplar des Jahresabschlusses anzubringen oder mit diesem und – sofern erstellt – dem Lagebericht fest zu verbinden. Üblicherweise leisten auch die gesetzlichen Vertreter gem. § 245 ihre Unterschrift auf diesem Exemplar, welches dann als „Testatsexemplar" im Original zum Handelsregister eingereicht und in einer weiteren Ausfertigung zu den Akten des Unternehmens genommen wird, um der Aufbewahrungspflicht gem. § 257 zu genügen.[73] Der Bestätigungs- bzw. Versagungsvermerk darf nur in Verbindung mit dem entsprechenden Jahresabschluss verwendet werden.

38 Der Bestätigungs- bzw. Versagungsvermerk ist ferner gem. Abs. 7 S. 2 unter Angabe von Ort, Datum und Namen des bzw. der unterzeichnenden Wirtschaftsprüfer in den Prüfungsbericht aufzunehmen.[74] Dieser Bestätigungs- bzw. Versagungsvermerk muss im Allgemeinen neben der Unterzeichnung des Prüfungsberichts nicht noch einmal separat unterzeichnet werden.[75]

---

[65] *IDW* PS 400, WPg 2005, 1382 ff. RdNr. 113.
[66] *IDW* PS 400, WPg 2005, 1382 ff. RdNr. 99.
[67] *IDW* PS 400, WPg 2005, 1382 ff. RdNr. 100.
[68] *IDW* PS 400, WPg 2005, 1382 ff. RdNr. 101.
[69] Zur Unterzeichnung bei Bestellung von Wirtschaftsprüfungsgesellschaften, Wirtschaftsprüfer-Sozietäten, vereidigten Buchprüfern und Buchprüfungsgesellschaften zu Abschlussprüfern sowie bei gemeinsamer Bestellung mehrerer Abschlussprüfer vgl. *WPH* Q RdNr. 625; *IDW* PS 400, WPg 2005, 1382 ff. RdNr. 84.
[70] *IDW* PS 400, WPg 2005, 1382 ff. RdNr. 81.
[71] *IDW* PS 400, WPg 2005, 1382 ff. RdNr. 82; vgl. auch *IDW,* PS 203, WPg 2001, 891 ff. RdNr. 18.
[72] *IDW* PS 400, WPg 2005, 1382 ff. RdNr. 83.
[73] *ADS* RdNr. 334.
[74] *IDW* PS 450, WPg 2006, 113 ff. RdNr. 109, *IDW* PH 9450.2 WPg 2004, S. 433 f.
[75] *ADS* RdNr. 348; *WPH* Q RdNr. 630.

V. Bestätigungsvermerk zum Konzernabschluss

Inhaltlich deckt der Bestätigungsvermerk zum Konzernabschluss die Ordnungsmäßigkeit des Konzernabschlusses, die ordnungsmäßige Konsolidierung sowie den Konzernlagebericht ab.[76] 39

Hinsichtlich der Fragen zur Erteilung des uneingeschränkten Bestätigungsvermerks, zu Ergänzungen, Einschränkungen, Versagung, Anspruch auf Erteilung und Widerruf gelten grundsätzlich die Ausführungen zum Bestätigungsvermerk beim Jahresabschluss entsprechend.[77] 40

Das IDW empfiehlt, in dem beschreibenden Abschnitt die Einzelangaben zum Prüfungsumfang um den Hinweis auf die Prüfung der Abgrenzung des Konsolidierungskreises, der angewandten Konsolidierungsgrundsätze und der in den Konzernabschluss einbezogenen Jahresabschlüsse zu ergänzen.[78] 41

Werden der Konzernanhang und der Anhang des Jahresabschlusses des Mutterunternehmens in Anwendung des § 298 Abs. 3 S. 1 bzw. der Konzernlagebericht und der Lagebericht des Mutterunternehmens nach § 315 Abs. 3 iVm. § 298 Abs. 3 **zusammengefasst,** so dürfen gem. § 298 Abs. 3 S. 3 auch die Prüfungsberichte und die Bestätigungsvermerke jeweils zusammengefasst werden.[79] Voraussetzung hierfür ist, dass der Jahres- und der Konzernabschluss von demselben Abschlussprüfer geprüft werden. Andernfalls liegt eine gemeinsame Abschlussprüfung nicht vor.[80] Wenn der Bestätigungsvermerk zum Jahresabschluss und/oder zum Konzernabschluss eingeschränkt wurde, ist ebenfalls eine Zusammenfassung der Bestätigungsvermerke möglich.[81] Auch eine Zusammenfassung der Versagung der Bestätigungsvermerke zum Einzel- und Konzernabschluss ist nach dem Gesetz nicht ausgeschlossen.[82] 42

Einwendungen gegen die in den Konzernabschluss einbezogenen Jahresabschlüsse führen – auch wenn deren Prüfung zu einer Einschränkung oder Versagung des Bestätigungsvermerks geführt hat – nur dann zu Einwendungen gegen den Konzernabschluss, wenn die festgestellten Mängel der Einzelabschlüsse nicht im Rahmen der Konsolidierung behoben wurden und für den Konzernabschluss von wesentlicher Bedeutung sind.[83] 43

Werden Konzernabschlüsse sowohl nach den Vorschriften des HGB als auch unter Berücksichtigung der Bilanzierungsstandards des International Accounting Standards Board (IASB) erstellt, kann die Übereinstimmung des handelsrechtlichen Konzernabschlusses mit den IFRS in Form einer neben den Bestätigungsvermerk tretenden gesonderten Bestätigung erklärt werden. Diese Bestätigung kann nur zusammen mit dem Bestätigungsvermerk zum handelsrechtlichen Konzernabschluss verwendet werden und ist gesondert zu unterzeichnen.[84] 44

Nach § 315a besteht für börsennotierte Mutterunternehmen die Verpflichtung zur Aufstellung eines **befreienden Konzernabschlusses** nach international anerkannten Rechnungslegungsgrundsätzen (vgl. auch Erl. zu § 315a). Bei der Formulierung des Bestätigungsvermerks zu einem solchen befreienden Konzernabschluss sind im einleitenden Abschnitt die im konkreten Fall angewandten Rechnungslegungsregeln zu bezeichnen. Darüber hinaus ist darzulegen, aus welchen Bestandteilen die Konzernrechnungslegung besteht.[85] Im beschreibenden Abschnitt ist zwingend festzuhalten, dass die Durchführung der Abschlussprüfung nach **deutschen Prüfungsgrundsätzen** erfolgt,[86] obwohl der Abschluss nicht nach deutschen Rechnungslegungsgrundsätzen erstellt wurde. 45

VI. Vermerk zum Einzelabschluss nach § 325 Abs. 2a

Nach § 325 Abs. 2a haben große Kapitalgesellschaften iSd § 267 Abs. 3 die Möglichkeit, einen nach § 315a aufgestellten Einzelabschluss offenzulegen. Die Befreiungswirkung eines solchen Einzelabschlusses tritt nur dann ein, wenn statt dem Bestätigungsvermerk zum Jahresabschluss oder einem Vermerk über dessen Versagung ein entsprechender Vermerk zum Einzelabschluss erteilt wird. Dabei 46

---

[76] *ADS* RdNr. 380.
[77] Vgl. RdNr. 10–21; zu Besonderheiten vgl. *WPH* Q RdNr. 632 ff.
[78] *IDW* PS 400, WPg 2005, 1382 ff. RdNr. 91.
[79] Einen Vorschlag für den Wortlaut des zusammengefassten Bestätigungsvermerks enthält *IDW* PS 400, WPg 2005, 1382 ff. Anh. 3.
[80] *WPH* Q RdNr. 650.
[81] *ADS* RdNr. 405; *WPH* Q RdNr. 652.
[82] *ADS* RdNr. 405; aA *Förschle/Küster* BeBiKo RdNr. 102.
[83] *IDW* PS 400, WPg 2005, 1382 ff. RdNr. 95.
[84] *IDW* PS 400, WPg 2005, 1382 ff. RdNr. 97.
[85] *IDW* PS 400, WPg 2005, 1382 ff. RdNr. 90; zur Formulierung vgl. auch *IDW* PS 400, WPg 2005, 1382 ff. Anh. 4.
[86] *IDW* PS 201, WPg 2006, 850 ff.

ist ergänzend zu den allgemeinen Vorschriften auch insbesondere auf die verwendeten Rechnungslegungsgrundsätze einzugehen.[87]

§ 323 Verantwortlichkeit des Abschlußprüfers

(1) [1] Der Abschlußprüfer, seine Gehilfen und die bei der Prüfung mitwirkenden gesetzlichen Vertreter einer Prüfungsgesellschaft sind zur gewissenhaften und unparteiischen Prüfung und zur Verschwiegenheit verpflichtet; § 57 b der Wirtschaftsprüferordnung bleibt unberührt. [2] Sie dürfen nicht unbefugt Geschäfts- und Betriebsgeheimnisse verwerten, die sie bei ihrer Tätigkeit erfahren haben. [3] Wer vorsätzlich oder fahrlässig seine Pflichten verletzt, ist der Kapitalgesellschaft und, wenn ein verbundenes Unternehmen geschädigt worden ist, auch diesem zum Ersatz des daraus entstehenden Schadens verpflichtet. [4] Mehrere Personen haften als Gesamtschuldner.

(2) [1] Die Ersatzpflicht von Personen, die fahrlässig gehandelt haben, beschränkt sich auf eine Million Euro für eine Prüfung. [2] Bei Prüfung einer Aktiengesellschaft, deren Aktien zum Handel im regulierten Markt zugelassen sind, beschränkt sich die Ersatzpflicht von Personen, die fahrlässig gehandelt haben, abweichend von Satz 1 auf vier Millionen Euro für eine Prüfung. [3] Dies gilt auch, wenn an der Prüfung mehrere Personen beteiligt gewesen oder mehrere zum Ersatz verpflichtende Handlungen begangen worden sind, und ohne Rücksicht darauf, ob andere Beteiligte vorsätzlich gehandelt haben.

(3) Die Verpflichtung zur Verschwiegenheit besteht, wenn eine Prüfungsgesellschaft Abschlußprüfer ist, auch gegenüber dem Aufsichtsrat und den Mitgliedern des Aufsichtsrats der Prüfungsgesellschaft.

(4) Die Ersatzpflicht nach diesen Vorschriften kann durch Vertrag weder ausgeschlossen noch beschränkt werden.

Schrifttum: *Böcking/Orth,* Kann das „Gesetz zur Kontrolle und Transparenz im Unternehmensbereich (KonTraG)" einen Beitrag zur Verringerung der Erwartungslücke leisten? – Eine Würdigung auf Basis von Rechnungslegung und Kapitalmarkt, WPg 1998, 351; *IDW* PS 400, Grundsätze für die ordnungsmäßige Erteilung von Bestätigungsvermerken bei Abschlussprüfungen, WPg 2005, 1382; *IDW* PS 450, Grundsätze ordnungsmäßiger Berichterstattung bei Abschlussprüfungen, WPg 2006, 113; *Marks/Schmidt,* Externe Qualitätskontrollen nach dem Regierungsentwurf eines Wirtschaftsprüferordnungs-Änderungsgesetzes (WPOÄG), WPg 2000, 409; *Peemöller/Finsterer/Weller,* Vergleich von handelsrechtlichem und genossenschaftlichem Prüfungswesen, WPg 1999, 345; *Pohl,* Risikoeinschätzung und Haftung des Wirtschaftsprüfers und vereidigten Buchprüfers – national –, WPK-Mitteilungen, Sonderheft 1996.

Übersicht

	RdNr.		RdNr.
I. Überblick – Regelungsrahmen	1–3	1. Voraussetzungen	15
II. Pflichten des Abschlussprüfers	4–14	2. Haftungsausmaß	16–18
1. Allgemeiner Pflichteninhalt	4–7	3. Haftungsminderndes Mitverschulden	19, 20
2. Verschwiegenheitspflicht	8–11	4. Verjährung	21
3. Verwertungsverbot	12–14	IV. Haftung des Abschlussprüfers gegenüber Dritten	22–31
III. Haftung des Abschlussprüfers	15–21		

I. Überblick – Regelungsrahmen

1 § 323 normiert die Verhaltenspflichten, die der Abschlussprüfer, seine Gehilfen und die bei der Prüfung mitwirkenden gesetzlichen Vertreter der Prüfungsgesellschaft bei einer **gesetzlich vorgeschriebenen Prüfung** zu beachten haben, sowie die Verpflichtung zum Schadensersatz bei einem Verstoß gegen diese Pflichten. Mit dem Begriff „Gehilfen" des Abschlussprüfers sind insbesondere Prüfungsleiter, Prüfungsassistenten und Mitarbeiter aus der Berichtskritik gemeint sowie Sachverständige, die der Abschlussprüfer im Rahmen der Prüfung heranzieht (zB Juristen für die Klärung von Rechtsfragen bei der Prüfung).[1] Die Verhaltenspflichten erstrecken sich auf sämtliche Tätigkeiten im Rahmen der Prüfung, neben den eigentlichen Prüfungshandlungen sind von § 323 auch die Einholung von Auskünften, die Berichterstattung sowie insbesondere auch die Erteilung oder Versagung des Bestätigungsvermerks erfasst. Zur Einhaltung der Pflichten im Sinne des Abs. 1 ist der

---

[87] Für ein Formulierungsbeispiel vgl. *Förschle/Küster* BeBiKo RdNr. 78.
[1] *MünchKommHGB/Ebke* RdNr. 15.

WP/vBP bereits nach § 43 Abs. 1 WPO verpflichtet; Verstöße gegen die Pflichtenbindung werden daher im Rahmen der §§ 67 ff. WPO berufsrechtlich geahndet. Die Aufnahme dieser Pflichten auch in das HGB war die Voraussetzung dafür, als Sanktion für die Verletzung dieser Pflichten eine spezifische, von den allgemeinen Bestimmungen des BGB abweichende zivilrechtliche und nicht nur eine berufsrechtliche Haftung anzuordnen.[2]

Gesetzlich vorgeschriebene Prüfungen sind insbesondere die Jahresabschlussprüfung (§ 316), die Gründungsprüfung (§ 49 AktG), Sonderprüfungen (§ 258 Abs. 5 S. 1 AktG) und die Verschmelzungsprüfung (§ 11 UmwG). § 323 gilt ferner auch zB für die Prüfung von Kapitalerhöhungen aus Gesellschaftsmitteln (§ 209 Abs. 4 S. 2 AktG, § 57 f Abs. 3 S. 2 GmbHG), für die Nachgründungsprüfung (§ 52 f AktG) und für die Prüfung von Unternehmensverträgen (§ 293 d Abs. 2 AktG). Grundsätzlich ist § 323 bei allen gesetzlich vorgeschriebenen Prüfungen anzuwenden, auch wenn keine ausdrückliche Verweisung erfolgt.[3]

§ 323 gilt idR nicht bei freiwilligen Abschlussprüfungen. Eine Ausnahme hiervon bildet u. a. die Prüfung eines freiwillig erstellten Konzernabschlusses und Konzernlageberichts, der befreiende Wirkung haben soll.[4]

II. Pflichten des Abschlussprüfers

1. Allgemeiner Pflichteninhalt. Abs. 1 S. 1 verpflichtet zunächst zur **gewissenhaften** und **unparteiischen** Prüfung. Diese Pflicht erstreckt sich auf alle Tätigkeiten, die in den §§ 316 bis 324 a zusammengefasst sind.

Eine Prüfung erfolgt gewissenhaft, wenn sie nach bestem Wissen und Gewissen so durchgeführt wird, dass ihr Ziel, die Abgabe eines Prüfungsurteils, erreicht wird.[5] Hierbei geben gesetzliche Bestimmungen zum Teil (zB § 317) vor, was zu einer gewissenhaften Prüfung gehört. Zur weiteren Konkretisierung ist der sog. objektivierte Sorgfaltsmaßstab des Bürgerlichen Rechts zu beachten,[6] dh. der Maßstab, der nach der allgemeinen Auffassung von Berufsangehörigen üblich und notwendig ist. Hierbei erlangen die von dem IDW verabschiedeten Prüfungsstandards und Stellungnahmen zur Rechnungslegung sowie ergänzend auch die Prüfungs- und Rechnungslegungshinweise eine herausragende Bedeutung.[7] Die Beachtung dieser Prüfungsstandards und Stellungnahmen stellt für den Prüfer einen verlässlichen Anhaltspunkt dar, da sie das Maß an Umsicht und Sorgfalt besonnener und gewissenhafter Berufsangehöriger widerspiegeln.[8] Darüber hinaus sind auch die konkretisierenden Bestimmungen der Berufssatzung (insbesondere §§ 4 bis 8 HGB) der Wirtschaftsprüferkammer zu beachten. Fachliche Verlautbarungen internationaler Berufsorganisationen (zB IFAC) können Anhaltspunkte zur Konkretisierung bieten, allerdings nur soweit die dargelegten Grundsätze nicht den nationalen Gegebenheiten entgegenstehen.[9]

Ausfluss der Gewissenhaftigkeit ist auch die Einhaltung der nach § 57 a WPO vorgeschriebenen externen Qualitätskontrolle (vgl. dazu die Kommentierung von § 319) sowie einer angemessenen internen Qualitätssicherung.[10]

Da die Prüfung nicht im Interesse einer einzelnen Gruppe, sondern im Interesse des Unternehmens, der Gläubiger und der Allgemeinheit zu erfolgen hat, muss der Abschlussprüfer die Prüfung unparteiisch, das heißt unabhängig von bestimmten Vorstellungen einzelner Personen, Personengruppen oder Gesellschaftsorgane durchführen.[11] Der Abschlussprüfer darf nur seinem eigenen Urteil folgen und ausschließlich sachliche Argumente gelten lassen.[12] Dies setzt seine Unabhängigkeit und seine Unbefangenheit voraus (vgl. hierzu § 319).

2. Verschwiegenheitspflicht. Abs. 1 S. 1, Abs. 3 verpflichtet – ganz allgemein und ohne Einschränkungen – zur **Verschwiegenheit** gegenüber Unternehmensfremden, aber auch gegenüber Mitarbeitern der Prüfungsgesellschaft, die mit der Prüfung nicht betraut sind.[13] Diese Pflicht bezieht

---

[2] *Winkeljohann/Hellwege* BeBiKo RdNr. 2.
[3] *Winkeljohann/Hellwege* BeBiKo RdNr. 4 mwN.
[4] Zu weiteren Einzelheiten vgl. *ADS* RdNr. 9.
[5] *ADS* RdNr. 21.
[6] *Winkeljohann/Hellwege* BeBiKo RdNr. 11 f.
[7] Vgl. zu deren rechtlicher Bedeutung MünchKommHGB/*Ebke* RdNr. 26 ff.
[8] *ADS* RdNr. 22.
[9] *ADS* RdNr. 22 a.
[10] Vgl. auch Gemeinsame Stellungnahme der WPK und des IDW, VO 1/2006: Anforderungen an die Qualitätssicherung in der Wirtschaftsprüferpraxis, Wpg 2006, 629 ff.
[11] S. auch § 43 Abs. 1 S. 2 WPO und §§ 20 ff. der Berufssatzung der WPK.
[12] *ADS* RdNr. 29.
[13] *Winkeljohann/Hellwege* BeBiKo RdNr. 31 und 34; Begr. zu § 9 der Berufssatzung der WPK.

sich inhaltlich grundsätzlich auf alles, was der Abschlussprüfer im Zusammenhang mit der Durchführung der Prüfung erfahren hat; sie gilt über das Vertragsverhältnis hinaus.[14] Keine Verschwiegenheitspflicht besteht gegenüber dem gesetzlichen Vertretungsorgan der zu prüfenden Gesellschaft sowie dem auftraggebenden Aufsichtsrat bzw. dessen Bilanzausschuss, da diese Personen zur Wahrnehmung ihrer Aufgaben über sämtliche Verhältnisse der zu prüfenden Unternehmung informiert werden müssen. Ist die Prüfungsgesellschaft Abschlussprüfer, besteht die Verschwiegenheitspflicht auch gegenüber dem eigenen Überwachungsorgan (Aufsichtsrat/Beirat) und auch gegenüber dessen Vorsitzenden; insofern ist die Berichterstattungspflicht des Vertretungsorgans der Prüfungsgesellschaft eingeschränkt.[15]

9   Eine Ausnahme von der Verschwiegenheitspflicht kann aus der sog. Redepflicht bzw. dem Rederecht resultieren. Ein Rederecht kann sich sowohl ergeben, wenn der Abschlussprüfer von seiner Verschwiegenheit entbunden wird,[16] als auch aus der Wahrnehmung berechtigter Interessen gem. §§ 34, 193 StGB, zB bei Regressprozessen. Hierbei ist der Abschlussprüfer allerdings weiterhin verpflichtet, die Interessen des geprüften Unternehmens an der Geheimhaltung zu berücksichtigen. Er hat daher seine Angaben auf das zur Erreichung seiner prozessualen Ziele notwendige Maß zu beschränken.[17] Eine Redepflicht kann sich bspw. dort ergeben, wo für den Abschlussprüfer eine gesetzliche Verpflichtung besteht, über den Gegenstand der Verschwiegenheitspflicht zu sprechen, zB im Rahmen des Auskunftsrechts des Konzernabschlussprüfers nach § 320 Abs. 3 S. 2. Eine Redepflicht auf Grund der Zeugenstellung in einem staatlichen Gerichts- und/oder Ermittlungsverfahren besteht – sofern dies im Widerspruch zur Verschwiegenheitspflicht stehen würde – nicht, da das Gesetz[18] in diesen Fällen dem Abschlussprüfer sowie den sonst grundsätzlich der Verschwiegenheitspflicht unterliegenden Personen ein Zeugnisverweigerungsrecht einräumt und dieses Recht zB durch Abs. 1 S. 2 zu einer **Pflicht** zur Zeugnisverweigerung wird.[19] Das prozessuale Zeugnisverweigerungsrecht entfällt jedoch dann, wenn der Abschlussprüfer von der Verschwiegenheitspflicht entbunden wird.

10 Die Verschwiegenheitspflicht wird gem. § 57 b WPO für die Teilnahme an der externen Qualitätskontrolle (§ 57 a WPO) eingeschränkt.[20] Diese Einschränkung ist einerseits für die wirksame Durchführung von Auftragsprüfungen, andererseits aber auch für die Beurteilung der auftragsunabhängigen Qualitätssicherung erforderlich. So kann zB zur Beurteilung der auftragsunabhängigen Qualitätssicherung die Vorlage von Mandantenunterlagen notwendig sein, um die organisatorischen Maßnahmen zur Einhaltung des Grundsatzes der Unabhängigkeit zu beurteilen. Die Geheimhaltung der Mandanteninformationen wird dadurch sichergestellt, dass auch die Prüfer für Qualitätskontrolle gem. § 57 b Abs. 1 WPO zur Verschwiegenheit verpflichtet sind. Ferner besteht durch den Verweis in § 57 b Abs. 4 WPO auf die Bestimmungen des § 323 für die Prüfer der externen Qualitätskontrolle die Verpflichtung zur gewissenhaften und unparteiischen Prüfung. Bei vorsätzlicher oder fahrlässiger Verletzung dieser Pflichten sind die Prüfer nach den Bestimmungen des § 323 zum Ersatz des daraus entstandenen Schadens verpflichtet.[21]

11 Bei Verletzung der Verschwiegenheitspflicht drohen Sanktionen nach § 333.

12 **3. Verwertungsverbot.** Nach Abs. 1 S. 2 ist es dem Abschlussprüfer untersagt, **Geschäfts- und Betriebsgeheimnisse,** die er im Rahmen seiner Prüfertätigkeit erfahren hat, für sich oder Dritte unbefugt zu verwerten. Soweit es sich um Insidertatsachen im Sinne des Wertpapierhandelsgesetzes (WpHG) handelt, überschneidet sich § 323 mit dem insiderrechtlichen Verwertungsverbot nach § 14 Abs. 1 WpHG; der Abschlussprüfer wird insoweit nach § 13 Abs. 1 Nr. 3 WpHG als klassischer Insider qualifiziert.[22]

13 Eine unbefugte Verwertung iSd. Abs. 1 S. 2 liegt vor, wenn der Abschlussprüfer für sich oder einen anderen Betriebs- oder Geschäftsgeheimnisse gegen den Willen oder ohne Wissen der gesetzlichen Vertreter dazu benutzt, sich oder einem anderen einen Vermögensvorteil zu verschaffen.

14 § 10 der Berufssatzung der WPK geht zur Sicherung der Pflicht zu berufswürdigem Verhalten über die Vorgaben des § 323 hinaus, indem sich das berufsrechtliche Verwertungsverbot nicht nur auf

---

[14] *Winkeljohann/Hellwege* BeBiKo RdNr. 31; *WPH* A RdNr. 340.
[15] *ADS* RdNr. 42.
[16] *Winkeljohann/Hellwege* BeBiKo RdNr. 46 f.
[17] *Winkeljohann/Hellwege* BeBiKo RdNr. 47.
[18] §§ 383 Abs. 1 Nr. 6 ZPO, 53 Abs. 1 Nr. 3, 161 a Abs. 1 S. 2 StPO, 102 Abs. 1 Nr. 3 b AO iVm. § 84 FGO – dazu im Einzelnen auch *Winkeljohann/Hellwege* BeBiKo RdNr. 40 ff.
[19] Die Pflicht zur Zeugnisverweigerung kann sich ferner aus § 43 WPO, § 203 StGB und § 38 WpHG ergeben.
[20] *Winkeljohann/Hellwege* BeBiKo RdNr. 39.
[21] *Marks/Schmidt* WPg 2000, 414.
[22] *Winkeljohann/Hellwege* BeBiKo RdNr. 54.

Geheimnisse erstreckt, die mit dem Geschäft oder dem Betrieb der geprüften Gesellschaft sowie deren verbundenen Unternehmen zusammenhängen, sondern auch Betriebs- und Geschäftsgeheimnisse Dritter umfasst, die dem Abschlussprüfer bei seiner Prüfung zur Kenntnis gelangen. Die unbefugte Verwertung von Betriebs- und Geschäftsgeheimnissen Dritter stellt insofern zwar einen Verstoß gegen § 10 der Berufssatzung der WPK dar, ist aber weder zivilrechtlich nach § 323 noch strafrechtlich nach § 333 Abs. 2 S. 2 sanktioniert.[23]

III. Haftung des Abschlussprüfers

1. Voraussetzungen. Wird vorsätzlich oder fahrlässig gegen die in Abs. 1 S. 1 und 2 genannten Pflichten verstoßen, so ist der Abschlussprüfer der Gesellschaft oder den verbundenen Unternehmen gegenüber zum Ersatz des aus dem Verstoß resultierenden Schadens verpflichtet. So kann zB eine unberechtigte Versagung oder Einschränkung des Bestätigungsvermerks wegen Kreditschädigung der Gesellschaft eine Haftung zur Folge haben. Für die Haftung ist, neben einer Pflichtverletzung, das Verschulden sowie ein kausaler Schaden erforderlich. Im Regressprozess hat der Anspruchsteller die Darlegungs- und Beweislast für die Pflichtverletzung, dh. dass der Anspruchsteller – in der Regel ist dies die geprüfte Gesellschaft – darlegen und ggf. beweisen muss, dass zB bei Vornahme der nach den Umständen erforderlichen und der Berufsauffassung entsprechenden Prüfungshandlungen ein bestimmter Sachverhalt aufgedeckt worden wäre.[24] Aufgrund der nur sehr allgemeinen gesetzlichen Regelungen in § 317 ist bei dieser Darlegung die Berufsauffassung unter Berücksichtigung von Sinn und Zweck der Prüfung zu beachten.[25]

2. Haftungsausmaß. Die allgemeine Haftungshöchstgrenze von € 1 000 000,– (§ 323 Abs. 2 S. 1) gilt grundsätzlich für alle gesetzlich vorgeschriebenen Abschlussprüfungen und zwar sowohl für die gesetzlich vorgesehene Prüfungsaufgabe als auch für Erweiterungen von Gegenstand und Umfang der Prüfung durch Sonderregeln (zB § 317 Abs. 4 HGB, § 53 HGrG). Bei der Prüfung von Aktiengesellschaften, die Aktien mit amtlicher Notierung ausgegeben haben, beträgt die Haftungshöchstgrenze € 4 000 000,– (§ 323 Abs. 2 S. 2). „Aktien mit amtlicher Notierung" sind Papiere, die im „amtlichen Handel" zugelassen bzw. gehandelt werden. Prüfungen von Unternehmen, deren Papiere am geregelten Markt, am neuen Markt oder im Freiverkehr gehandelt bzw. zugelassen sind, haben demzufolge eine Haftungshöchstgrenze von 1 Million Euro. In gleichem Maße wie die Haftungshöchstgrenze hat sich der Abschlussprüfer gem. § 54 Abs. 1 S. 2 WPO mindestens zu versichern. Die Haftungshöchstgrenzen gelten für jede einzelne Abschlussprüfung, nicht für einen Fehler oder eine Person.[26] Wird ein Fehler mehrere Jahre hintereinander in den Jahresabschlüssen fortgeführt und wird dieser jeweils für die Entstehung eines neuen Schadens ursächlich, so gilt für jede einzelne Prüfung die Haftungshöchstgrenze. Für Schadensersatzansprüche aus parallel anzuwendenden Haftungsnormen, insbesondere für die allgemeine Delikthaftung nach § 823 Abs. 1, Abs. 2 BGB gelten die Haftungshöchstgrenzen nicht. § 323 ist in diesem Zusammenhang kein Schutzgesetz iSd. § 823 Abs. 2 BGB.

Die Haftungshöchstgrenzen gelten im Falle der „Fahrlässigkeit", sie gelten nicht bei Vorsatz. Bei der groben oder leichten Fahrlässigkeit kann der Abschlussprüfer zwar die Pflichtwidrigkeit seines Handelns, zB das Unterlassen weiterer Prüfungshandlungen, nicht gänzlich ausschließen, vertraut aber dennoch (fahrlässig) darauf, dass dies keine negativen Folgen haben wird: nämlich keinen unrichtigen Bestätigungsvermerk und/oder keinen unrichtigen Prüfungsbericht. Hat der Abschlussprüfer mit der Pflichtwidrigkeit seines Handelns gerechnet, aber trotzdem nicht anders oder weiter geprüft, liegt es nahe, dass er seinen Verstoß billigend in Kauf genommen und insofern vorsätzlich gehandelt hat.[27] Bei Vorsatz haften der Prüfer oder seine Gehilfen unbeschränkt.[28]

Die Haftungshöchstgrenze ist gem. Abs. 4 zwingend und steht nicht zur Disposition der Parteien; eine vertragliche Haftungseinschränkung ist nach § 134 BGB nichtig. Demgegenüber ist eine vertragliche Haftungserweiterung über den Rahmen des § 323 hinaus zivilrechtlich zulässig und wirksam. Sie verstößt jedoch bei einer gesetzlichen Haftungsbeschränkung wegen unerlaubter Konkurrenz gegen die Berufsauffassung.[29]

---

[23] *ADS* RdNr. 69.
[24] *Winkeljohann/Hellwege* BeBiKo RdNr. 103.
[25] *ADS* RdNr. 78.
[26] *Winkeljohann/Hellwege* BeBiKo RdNr. 133.
[27] *Winkeljohann/Hellwege* BeBiKo RdNr. 131; *Peemöller/Finsterer/Weller* WPg 1999, 352.
[28] *ADS* RdNr. 130; *Winkeljohann/Hellwege* BeBiKo RdNr. 132.
[29] *ADS* RdNr. 141 mwN; zur Haftungsbegrenzung bei gesetzlich nicht vorgeschriebenen Abschlussprüfungen vgl. § 54a Abs. 1 WPO und *Pohl* WPK-Mitteilungen, Sonderheft 1996, 15.

19 **3. Haftungsminderndes Mitverschulden.** Die Haftung des Abschlussprüfers kann nach § 254 BGB gegenüber der geprüften Kapitalgesellschaft teilweise oder vollständig entfallen, soweit der Geschädigte für den Schaden mitverantwortlich ist. Für die Gewichtung der einzelnen Verursachungs- und Verschuldensbeiträge gelten die allgemeinen Maßstäbe.[30] Im Hinblick auf Sinn und Zweck der Abschlussprüferhaftung nach § 323 sind einige Besonderheiten zu beachten.

20 Werden der Jahresabschluss und/oder die diesem zugrunde liegenden Unterlagen von Personen, die der geprüften Kapitalgesellschaft zuzurechnen sind, vorsätzlich verfälscht und wird dies vom Abschlussprüfer fahrlässig nicht erkannt, greift die Regelung des § 254 BGB ein. Dabei wird die Ersatzpflicht des Abschlussprüfers fast immer ausgeschlossen sein. Nur in Ausnahmefällen – etwa bei grobem Verschulden – wird es zu einer, wenn auch erheblich geminderten, Ersatzpflicht des Abschlussprüfers kommen.[31] Handeln sowohl die der geprüften Kapitalgesellschaft zuzurechnenden Personen als auch der Abschlussprüfer selbst vorsätzlich, kommt eine Schadensteilung in Betracht. Handeln beide Personengruppen fahrlässig, kommt nach der Ratio der Abschlussprüferhaftung nur dann eine Schadensteilung in Betracht, wenn die der geprüften Kapitalgesellschaft zuzurechnenden Personen grob fahrlässig gehandelt haben. Handeln alle Personen nur einfach fahrlässig, bleibt es bei der ausschließlichen Haftung des Abschlussprüfers. Dieser Sichtweise hat sich die Rechtsprechung hinsichtlich der Haftung des Gründungsprüfers im Rahmen des § 49 AktG angeschlossen.[32]

21 **4. Verjährung.** Haftungsansprüche nach § 323 unterlagen bisher einer 5-jährigen Verjährungsfrist. Durch das Wirtschaftsprüferexamens-Reformgesetz (BGBl. I S. 2446) vom 1. Dezember 2003 wurde der bisherige Abs. 5 aufgeoben.

IV. Haftung des Abschlussprüfers gegenüber Dritten

22 § 323 schließt nicht jegliche Haftung des Abschlussprüfers gegenüber Personen aus, die nicht zum Kreis der nach Abs. 1 S. 2 Anspruchsberechtigten gehören. Neben der allgemeinen Deliktshaftung nach §§ 823 ff. BGB[33] ist vorrangig die vertragliche oder quasivertragliche Haftung des Abschlussprüfers zu untersuchen.

23 Zunächst ist darauf hinzuweisen, dass die Haftung nach § 323 bewusst auf die geprüfte Kapitalgesellschaft sowie auf die mit ihr verbundenen Unternehmen beschränkt sein sollte. Die Ausdehnung und Einbeziehung der verbundenen Unternehmen in den Haftungsverbund beruht auf der Auskunftspflicht des verbundenen Unternehmens gegenüber dem Abschlussprüfer der geprüften Kapitalgesellschaft.[34] Eine Haftung des Abschlussprüfers nach § 323 gegenüber den Aktionären sowie gegenüber Gesellschaftsgläubigern ist jedoch grundsätzlich ausgeschlossen. § 323 entfaltet keine Drittwirkung.[35]

24 Vorbehaltlich besonderer Absprachen sind vertragliche Ansprüche Dritter ausgeschlossen, soweit es um den Bereich der **Pflichtprüfung** geht. § 323 will für den Bereich fahrlässiger Pflichtverletzungen verhindern, dass das geprüfte Unternehmen die Haftungsmasse, die es beim Abschlussprüfer als Schadensersatz erhält, möglicherweise teilen muss. Der dadurch gezogene Haftungsrahmen darf nicht ohne weiteres durch eine extensive Anerkennung vertraglicher oder quasivertraglicher Ansprüche Dritter durchbrochen werden.[36] Vertragliche oder quasivertragliche Ansprüche Dritter sind daher – vorbehaltlich anderweitiger Absprachen – nur bei **freiwilligen Prüfungen** denkbar.[37]

25 Auch im Rahmen freiwilliger Prüfungen billigt die Rechtsprechung Personen, die nicht selbst Vertragspartei sind, eigene Ersatzansprüche zu, soweit die Voraussetzungen des **Vertrages mit Schutzwirkung zugunsten Dritter** gegeben sind. Die verschuldete Verletzung (sekundärer) Sorgfaltspflichten führt zur Einstandspflicht des Abschlussprüfers, soweit die Voraussetzungen eines Vertrages mit Schutzwirkungen zugunsten Dritter vorliegen.[38]

---

[30] *ADS* RdNr. 134 ff.; *Winkeljohann/Hellwege* BeBiKo RdNr. 121 mwN.
[31] *Winkeljohann/Hellwege* BeBiKo RdNr. 122.
[32] BGHZ 64, 52; ferner *Winkeljohann/Hellwege* BeBiKo RdNr. 123.
[33] *Winkeljohann/Hellwege* BeBiKo RdNr. 172 ff.
[34] *Winkeljohann/Hellwege* BeBiKo RdNr. 119, 171.
[35] *ADS* RdNr. 184; *Winkeljohann/Hellwege* BeBiKo RdNr. 171 mwN.
[36] Zutreffend *Winkeljohann/Hellwege* BeBiKo RdNr. 191.
[37] Anders insoweit der BGH in WPg 1998, 647 ff. die Haftung des Abschlussprüfers gegenüber Dritten auch im Rahmen der Pflichtprüfung einer Kapitalgesellschaft für möglich hält. Dies ist der Fall, wenn die Vertragsparteien bei der Auftragserteilung oder auch zu einem späteren Zeitpunkt übereinstimmend davon ausgehen, dass die Prüfung auch im Interesse eines bestimmten Dritten durchgeführt wurde und das Ergebnis diesem Dritten als Entscheidungsgrundlage dienen sollte, BGH WPg 1998, 647, 649. Diese Tendenz hat der BGH auch in späteren Urteilen nicht aufgegeben (*Winkeljohann/Hellwege* BeBiKo RdNr. 190–193).
[38] *Nonnenmacher* in Marsch-Barner/Schäfer (Hrsg.), Handbuch börsennotierte AG, 2005, § 55 RdNr. 277.

Ein Vertrag mit Schutzwirkung zugunsten des Dritten ist anzunehmen, wenn (1.) der Dritte **26** vereinbarungsgemäß mit der Leistung des Schuldners an den Gläubiger in Kontakt kommt **(Leistungsnähe des Dritten)**, (2.) der Schuldner auch gegenüber dem Dritten zu Schutz und Fürsorge verpflichtet ist oder die Leistung dem Dritten nach dem Parteiwillen – der ggf. anhand der objektiven Interessenlage zu ermitteln ist – zumindest auch zugute kommen soll **(Schutzpflicht des Gläubigers)** und (3.) die Einbeziehung des Dritten in die Schutz- und Obhutspflicht des Schuldners und damit in den zu schützenden Personenkreis überschaubar ist **(Erkennbarkeit der Einbeziehung des Dritten)**.

Die Leistungen des Abschlussprüfers, mit der Dritte nicht nur zufällig in Berührung kommen, sind **27** dessen Prüfungsbericht sowie dessen Bestätigungsvermerk. Als Dritte, die dadurch einen Schaden erleiden können, kommen insbesondere Banken, sonstige Kreditgeber der betreffenden Gesellschaft sowie die Gesellschafter selbst in Betracht.

Die Rechtsprechung hat die Anforderungen an das Merkmal der Schutzpflicht des Gläubigers im **28** Laufe der Zeit immer weiter gelockert. Gegenwärtig wird angenommen, dass unabhängig von den Fürsorgepflichten und der Interessenlage ausschließlich ausschlaggebend ist, ob die Vertragsparteien den Dritten in den Schutzbereich einbeziehen wollten. Diese Rechtsprechung wurde ursprünglich in Bezug auf Gutachten von gerichtlich bestellten und vereidigten Grundstückssachverständigen entwickelt[39] und ist seit 1986 auf die Haftung von StB/WP erstreckt worden.[40] Der Einwand gegenteiliger Interessenlage in Bezug auf Prüfungsmandate und die Beziehungen zu den Dritten greift danach nicht mehr durch.[41]

Ein Parteiwille, den Dritten in den Schutzbereich des Vertrages einzubeziehen, ist im Übrigen nur **29** dann gegeben, wenn durch Einschaltung des Wirtschaftsprüfers das hervorgehobene Vertrauen, das einem Wirtschaftsprüfer typischerweise entgegengebracht wird, konkret in Anspruch genommen worden ist.[42] Dies ist der Fall, wenn der Auftraggeber ein besonderes Interesse an der Einbeziehung des Wirtschaftsprüfers besitzt. Dann ist davon auszugehen, dass die erbetene Stellungnahme des Wirtschaftsprüfers auch im Interesse Dritter eingeholt wird und dass der Wirtschaftsprüfer für seine Stellungnahme nach bestem Wissen und Gewissen auch gegenüber Dritten einzustehen hat.[43] Hinsichtlich des Kreises der in den Schutzbereich einbezogenen Dritten müssen diese dem Wirtschaftsprüfer zwar nicht bekannt, aber doch derart erkennbar sein, dass er sein Haftungsrisiko abschätzen kann. Ist der Vertrag mit dem Wirtschaftsprüfer von vornherein so angelegt, dass eine Abgrenzbarkeit des betroffenen Personenkreises unmöglich ist, besteht kein Vertrag mit Schutzwirkung zugunsten Dritter.[44]

Darüber hinaus wird bisweilen erörtert, ob zwischen dem Wirtschaftsprüfer und dem Dritten ein **30** eigenständiger **Auskunftsvertrag** zustande kommt oder ob der Wirtschaftsprüfer gegenüber dem Dritten zumindest unter dem Gesichtspunkt der **culpa in contrahendo** haftbar ist. Diese Überlegungen spielen insbesondere eine Rolle, wenn individual-vertragliche Haftungsbeschränkungen zwischen dem Wirtschaftsprüfer und dem (primären) Vertragspartner einer weiter gehenden Haftbarmachung entgegenstehen. Nach der neueren Rechtsprechung wird ein eigenständiger Auskunftsvertrag zwischen dem Wirtschaftsprüfer und dem Dritten nur angenommen, wenn der Dritte die Auskunft des Wirtschaftsprüfers für diesen erkennbar zur Grundlage eigener wirtschaftlicher Entscheidungen machen will. Mittelbare Geschäftskontakte genügen daher von vornherein nicht. Bei unmittelbaren Geschäftskontakten, insbesondere im Umfeld der Einschätzung der Bonität und Kreditwürdigkeit einer Person, sind die Gesamtumstände unter Berücksichtigung der Verkehrsauffassung zu würdigen.[45]

Auch aus dem Berufsbild des Wirtschaftsprüfers lässt sich ohne weiteres kein derartiges persön- **31** liches Vertrauen begründen, das eine gesonderte Haftung aus culpa in contrahendo rechtfertigen könnte. Eine eigenständige Sachwalterhaftung als Wirtschaftsprüfer ist daher nicht anzuerkennen.[46]

---

[39] BGH WM 1982, 762; 1983, 177; 1984, 34; 1985, 450.
[40] BGH WM 1986, 711; vgl. ferner *Winkeljohann/Hellwege* BeBiKo RdNr. 193.
[41] BGH WM 1991, 1554.
[42] BGH WM 1987, 257 f.; *Winkeljohann/Hellwege* BeBiKo RdNr. 194.
[43] BGH DB 1995, 209.
[44] OLG Düsseldorf WPK-Mitteilungen 1991, 65.
[45] BGH WM 1985, 1531; WM 1986, 711; NJW 1986, 180; DB 1988, 2398; DB 1990, 2516; WM 1990, 966.
[46] Ebenso *Böcking/Orth* WPg 1998, 357; *Winkeljohann/Hellwege* BeBiKo RdNr. 215 f. mwN.

§ 324 Meinungsverschiedenheiten zwischen Kapitalgesellschaft und Abschlußprüfer

(1) Bei Meinungsverschiedenheiten zwischen dem Abschlußprüfer und der Kapitalgesellschaft über die Auslegung und Anwendung der gesetzlichen Vorschriften sowie von Bestimmungen des Gesellschaftsvertrags oder der Satzung über den Jahresabschluß, Lagebericht, Konzernabschluß oder Konzernlagebericht entscheidet auf Antrag des Abschlußprüfers oder der gesetzlichen Vertreter der Kapitalgesellschaft ausschließlich das Landgericht.

(2) ¹ Auf das Verfahren ist das Gesetz über die Angelegenheiten der freiwilligen Gerichtsbarkeit anzuwenden. ² Das Landgericht entscheidet durch einen mit Gründen versehenen Beschluß. ³ Die Entscheidung wird erst mit der Rechtskraft wirksam. ⁴ Gegen die Entscheidung findet die sofortige Beschwerde statt, wenn das Landgericht sie in der Entscheidung zugelassen hat. ⁵ Es soll sie nur zulassen, wenn dadurch die Klärung einer Rechtsfrage von grundsätzlicher Bedeutung zu erwarten ist. ⁶ Die Beschwerde kann nur durch Einreichung einer von einem Rechtsanwalt unterzeichneten Beschwerdeschrift eingelegt werden. ⁷ Über sie entscheidet das Oberlandesgericht; § 28 Abs. 2 und 3 des Gesetzes über die Angelegenheiten der freiwilligen Gerichtsbarkeit ist entsprechend anzuwenden. ⁸ Die weitere Beschwerde ist ausgeschlossen. ⁹ Die Landesregierung kann durch Rechtsverordnung die Entscheidung über die Beschwerde für die Bezirke mehrerer Oberlandesgerichte einem der Oberlandesgerichte oder dem Obersten Landesgericht übertragen, wenn dies der Sicherung einer einheitlichen Rechtsprechung dient. ¹⁰ Die Landesregierung kann die Ermächtigung durch Rechtsverordnung auf die Landesjustizverwaltung übertragen.

(3) ¹ Für die Kosten des Verfahrens gilt die Kostenordnung. ² Für das Verfahren des ersten Rechtszugs wird das Doppelte der vollen Gebühr erhoben. ³ Für den zweiten Rechtszug wird die gleiche Gebühr erhoben; dies gilt auch dann, wenn die Beschwerde Erfolg hat. ⁴ Wird der Antrag oder die Beschwerde zurückgenommen, bevor es zu einer Entscheidung kommt, so ermäßigt sich die Gebühr auf die Hälfte. ⁵ Der Geschäftswert ist von Amts wegen festzusetzen. ⁶ Er bestimmt sich nach § 30 Abs. 2 der Kostenordnung. ⁷ Der Abschlußprüfer ist zur Leistung eines Kostenvorschusses nicht verpflichtet. ⁸ Schuldner der Kosten ist die Kapitalgesellschaft. ⁹ Die Kosten können jedoch ganz oder zum Teil dem Abschlußprüfer auferlegt werden, wenn dies der Billigkeit entspricht.

I. Allgemeines

1 § 324 normiert ein gesondertes Verfahren zur Beseitigung von Meinungsverschiedenheiten zwischen der geprüften Kapitalgesellschaft und dem Abschlussprüfer. Es hat den Zweck, zur schnellstmöglichen Beendigung der Abschlussprüfung eine Entscheidung über Streitfragen herbeizuführen. Die praktische Bedeutung dieser Vorschrift ist äußerst gering.[1]

II. Gegenstand der Meinungsverschiedenheiten

2 Nach Abs. 1 kann ein Gericht angerufen werden, soweit die Auslegung oder Anwendung gesetzlicher oder statutarischer Bestimmungen in Bezug auf den Jahresabschluss, den Lagebericht, den Konzernabschluss oder den Konzernlagebericht zwischen Abschlussprüfer und Kapitalgesellschaft strittig sind. Meinungsverschiedenheiten über die Feststellung des Jahresabschlusses werden vom Regelungsbereich des § 324 nicht erfasst.[2]

3 Meinungsverschiedenheiten iSd. § 324 können auftreten hinsichtlich
– der Gliederungsvorschriften des Jahresabschlusses allgemeiner Art, der Bilanz und der Gewinn- und Verlustrechnung,[3] nicht jedoch von Zwischenbilanzen,[4]
– der Auslegung von Bewertungsvorschriften,[5]
– der Anhangangaben, zB Haftungsverhältnisse (§ 285 Nr. 3), Erheblichkeit von Vorgängen, Aufgliederung der Umsatzerlöse (§ 285 Nr. 4 iVm. § 286 Abs. 2), angewandte Bilanzierungs- und Abschreibungsmethoden (§ 284 Abs. 2) u. a.,

---
[1] Zum einzigen Verfahren bislang OLG Celle WPg 1965, 298 und BGHZ 44, 35, WPg 1965, 429.
[2] Vgl. *Winkeljohann/Hellwege* BeBiKo RdNr. 12.
[3] *Kuhner* HdR (5) RdNr. 5.
[4] *ADS* RdNr. 8; *Winkeljohann/Hellwege* BeBiKo RdNr. 14.
[5] *Kuhner* HdR (5) RdNr. 5; *ADS* RdNr. 23.

- des Lageberichts, wenn dieser nach Meinung des Abschlussprüfers eine falsche Vorstellung von der Lage der Kapitalgesellschaft erweckt,
- der Anfertigung und Vorlage eines Abhängigkeitsberichts gem. § 312 AktG, nicht jedoch des Inhalts des Abhängigkeitsberichts.[6]

III. Voraussetzungen der Anwendung (Abs. 1)

Das Verfahren des § 324 ist an verschiedene wichtige Voraussetzungen gebunden. Die wichtigsten sind:
1. das Bestehen von **Meinungsverschiedenheiten** zwischen Kapitalgesellschaft einerseits und Abschlussprüfer andererseits über
2. **Auslegung und Anwendung** der gesetzlichen Vorschriften oder der Bestimmungen des Gesellschaftsvertrages oder der Satzung, die sich
3. auf den **Jahresabschluss**, den **Lagebericht**, den **Konzernabschluss** oder den **Konzernlagebericht** beziehen, sofern
4. die Meinungsverschiedenheit für das Ergebnis der Abschlussprüfung **von Bedeutung** sein können und
5. einer der Beteiligten einen entsprechenden **Antrag** an das zuständige Gericht stellt.[7]

IV. Durchführung des gerichtlichen Verfahrens (Abs. 2)

Abs. 2 regelt detailliert den Ablauf des durchzuführenden Verfahrens. Das Verfahren wird durch einen Antrag eingeleitet. Antragsberechtigt sind auf der einen Seite der Abschlussprüfer und auf der anderen Seite die gesetzlichen Vertreter der Kapitalgesellschaft.[8] Die Form der Anrufung ist nicht vorgeschrieben. An der gerichtlichen Entscheidung muss ein rechtliches Interesse (Rechtsschutzbedürfnis) bestehen. Die Entscheidung des Gerichts kann nur eine Feststellung sein, jedoch nicht die Erteilung des Bestätigungsvermerkes anordnen. Sie führt ebenfalls nicht zur Nichtigkeit des Jahresabschlusses, es gelten weiterhin die Vorschriften des § 256 AktG. Die Entscheidung ist jedoch nicht für folgende Jahresabschlüsse und für Gerichte und Verwaltungsbehörden bindend, vielmehr kann die Auslegungsfrage an anderer Stelle abweichend entschieden werden.

V. Kosten des Verfahrens (Abs. 3)

Für die Höhe der Kosten ist das Gesetz über die Kosten in Angelegenheiten der freiwilligen Gerichtsbarkeit (KostO) maßgeblich. Unabhängig vom Ausgang trägt die Kosten des Verfahrens grundsätzlich die Kapitalgesellschaft; hat der Abschlussprüfer das Verfahren mit einer kaum vertretbaren Rechtsauffassung ausgelöst, können auch ihm die Kosten ganz oder teilweise auferlegt werden.[9]

§ 324 a Anwendung auf den Einzelabschluss nach § 325 Abs. 2 a

(1) [1]Die Bestimmungen dieses Unterabschnitts, die sich auf den Jahresabschluss beziehen, sind auf einen Einzelabschluss nach § 325 Abs. 2 a entsprechend anzuwenden. [2]An Stelle des § 316 Abs. 1 Satz 2 gilt § 316 Abs. 2 Satz 2 entsprechend.

(2) [1]Als Abschlussprüfer des Einzelabschlusses nach § 325 Abs. 2 a gilt der für die Prüfung des Jahresabschlusses bestellte Prüfer als bestellt. [2]Der Prüfungsbericht zum Einzelabschluss nach § 325 Abs. 2 a kann mit dem Prüfungsbericht zum Jahresabschluss zusammengefasst werden.

I. Überblick

§ 324 a stellt die Grundlage für die Aufstellung eines Einzelabschlusses nach § 325 Abs. 2 a dar. Für die Aufstellung eines solchen Einzelabschlusses sind die Vorschriften des dritten Unterabschnittes (§§ 316–324 a) des zweiten Abschnittes des dritten Buches des HGB anzuwenden, soweit sie den

---
[6] *Winkeljohann/Hellwege* BeBiKo RdNr. 14.
[7] *ADS* RdNr. 13.
[8] *Kuhner* HdR (5) RdNr. 9.
[9] *Kuhner* HdR (5) RdNr. 15; *Winkeljohann/Hellwege* BeBiKo RdNr. 51.

Jahresabschluss betreffen. Einziger Unterschied zum Jahresabschluss ist die Tatsache, dass dieser Einzelabschluss nicht wie der Jahresabschluss festgestellt, sondern nach § 316 Abs. 2 gebilligt wird (§ 324 a Abs. 1 S. 2).

Zweck der Vorschrift ist es, zu gewährleisten, dass auch ein freiwillig aufgestellter, veröffentlichter IFRS-Einzelabschluss nach § 325 Abs. 2 a das Vertrauen der Adressaten in seine Aussagekraft wie der gesetzlich vorgeschriebene Jahresabschluss genießen kann.[1]

2 § 324 a ist anzuwenden für Geschäftsjahre, die nach dem 31. Dezember 2004 beginnen. (Art. 58 Abs. 3 S. 1 EGHGB).

II. Abschlussprüfer und Prüfungsbericht

3 Der für die Prüfung des Jahresabschlusses bestellte Abschlussprüfer gilt auch als für die Prüfung des Einzelabschlusses nach § 325 Abs. 2 a bestellt. Im Gegensatz zu der Regelung des § 318 Abs. 2 S. 1 besteht allerdings keine Alternative zur Bestellung dieses Abschlussprüfers.[2] Eine gesonderte Bestellung ist insoweit nicht erforderlich. Dies wird insbesondere auch für die Prüfung des gemeinsamen Lageberichts nach § 325 Abs. 2 a S. 4 als sachgerecht angesehen.

4 Die Regelung des Abs. 2 S. 2 ermöglicht es dem Abschlussprüfer, den Prüfungsbericht über den Jahresabschluss mit dem Prüfungsbericht zum Einzelabschluss zusammenzufassen. Dies erscheint ebenfalls auch des gemeinsamen Lageberichts nach § 325 Abs. 2 a S. 4 als sachgerecht. Im Falle der zusammengefassten Berichterstattung ist insbesondere auf die Klarheit und Übersichtlichkeit der Darstellung zu achten und die Grundsätze des § 321 für die Berichterstattung sind sowohl für den Jahresabschluss nach HGB als auch für den Einzelabschluss nach IFRS anzuwenden. Sofern der Prüfungsbericht über den Einzelabschluss mit dem Prüfungsbericht über den Konzernabschluss zusammengefasst wurde, kann auch eine Zusammenfassung der Bestätigungsvermerke erfolgen.[3]

III. Rechtsfolgen der Verletzung des § 324 a

5 Da es sich bei § 324 a um die Ausübung von Wahlrechten handelt, enthalten die §§ 331 ff. keine Straf- und Bußgeldvorschriften für den Fall einer Verletzung des § 324 a.

Sofern jedoch ein Verstoß gegen die Prüfungspflicht nach § 324 a iVm § 316 Abs. 1 erfolgt, kann der Einzelabschluss nicht gebilligt werden. Ein solcher ungeprüfter und ungebilligter Einzelabschluss kann jedoch keine befreiende Wirkung im Rahmen der Offenlegung nach § 325 Abs. 2 a entfalten.

---

[1] *Ellrott* BeBiKo RdNr. 1.
[2] *Ellrott* BeBiKo RdNr. 5.
[3] *Ellrott* BeBiKo RdNr. 8.

Vierter Unterabschnitt. Offenlegung. Prüfung durch den Betreiber des elektronischen Bundesanzeigers

§ 325 idF für Geschäftsjahre, die vor dem 1. 1. 2006 beginnen

§ 325 Offenlegung

(1) ¹Die gesetzlichen Vertreter von Kapitalgesellschaften haben den Jahresabschluß unverzüglich nach seiner Vorlage an die Gesellschafter, jedoch spätestens vor Ablauf des zwölften Monats des dem Abschlußstichtag nachfolgenden Geschäftsjahrs, mit dem Bestätigungsvermerk oder dem Vermerk über dessen Versagung zum Handelsregister des Sitzes der Kapitalgesellschaft einzureichen; gleichzeitig sind der Lagebericht, der Bericht des Aufsichtsrats und, soweit sich der Vorschlag für die Verwendung des Ergebnisses und der Beschluß über seine Verwendung aus dem eingereichten Jahresabschluß nicht ergeben, der Vorschlag für die Verwendung des Ergebnisses und der Beschluß über seine Verwendung unter Angabe des Jahresüberschusses oder Jahresfehlbetrags sowie die nach § 161 des Aktiengesetzes vorgeschriebene Erklärung einzureichen; Angaben über die Ergebnisverwendung brauchen von Gesellschaften mit beschränkter Haftung nicht gemacht zu werden, wenn sich anhand dieser Angaben die Gewinnanteile von natürlichen Personen feststellen lassen, die Gesellschafter sind. ²Die gesetzlichen Vertreter haben unverzüglich nach der Einreichung der in Satz 1 bezeichneten Unterlagen im Bundesanzeiger bekanntzumachen, bei welchem Handelsregister und unter welcher Nummer diese Unterlagen eingereicht worden sind. ³Werden zur Wahrung der Frist nach Satz 1 der Jahresabschluß und der Lagebericht ohne die anderen Unterlagen eingereicht, so sind der Bericht und der Vorschlag nach ihrem Vorliegen, die Beschlüsse nach der Beschlußfassung und der Vermerk nach der Erteilung unverzüglich einzureichen; wird der Jahresabschluß bei nachträglicher Prüfung oder Feststellung geändert, so ist auch die Änderung nach Satz 1 einzureichen.

(2) ¹Absatz 1 ist auf große Kapitalgesellschaften (§ 267 Abs. 3) mit der Maßgabe anzuwenden, daß die in Absatz 1 bezeichneten Unterlagen zunächst im Bundesanzeiger bekanntzumachen sind und die Bekanntmachung unter Beifügung der bezeichneten Unterlagen zum Handelsregister des Sitzes der Kapitalgesellschaft einzureichen ist; die Bekanntmachung nach Absatz 1 Satz 2 entfällt. ²Die Aufstellung des Anteilsbesitzes (§ 287) braucht nicht im Bundesanzeiger bekannt gemacht zu werden.

(2 a) ¹Bei der Offenlegung nach Absatz 2 kann an die Stelle des Jahresabschlusses ein Einzelabschluss treten, der nach den in § 315 a Abs. 1 bezeichneten internationalen Rechnungslegungsstandards aufgestellt worden ist. ²Ein Unternehmen, das von diesem Wahlrecht Gebrauch macht, hat die dort genannten Standards vollständig zu befolgen. ³Auf einen solchen Abschluss finden § 243 Abs. 2, §§ 244, 245, 257, 264 Abs. 2 Satz 3, § 285 Satz 1 Nr. 7, 8 Buchstabe b, Nr. 9 bis 11a, 14 bis 17, § 286 Abs. 1, 3 und 5 sowie § 287 Anwendung. ⁴Der Lagebericht nach § 289 muss in dem erforderlichen Umfang auch auf den Abschluss nach Satz 1 Bezug nehmen. ⁵Die übrigen Vorschriften des Zweiten Unterabschnitts des Ersten Abschnitts und des Ersten Unterabschnitts des Zweiten Abschnitts des Dritten Buchs gelten insoweit nicht. ⁶Kann wegen der Anwendung des § 286 Abs. 1 auf den Anhang die in Satz 2 genannte Voraussetzung nicht eingehalten werden, so entfällt das Wahlrecht nach Satz 1.

(2 b) Die befreiende Wirkung der Offenlegung des Einzelabschlusses nach Absatz 2 a tritt ein, wenn

1. statt des vom Abschlussprüfer zum Jahresabschluss erteilten Bestätigungsvermerks oder des Vermerks über dessen Versagung der entsprechende Vermerk zum Abschluss nach Absatz 2 a in die Offenlegung nach Absatz 2 einbezogen wird,
2. der Vorschlag für die Verwendung des Ergebnisses und gegebenenfalls der Beschluss über seine Verwendung unter Angabe des Jahresüberschusses oder Jahresfehlbetrags in die Offenlegung nach Absatz 2 einbezogen werden und
3. der Jahresabschluss mit dem Bestätigungsvermerk oder dem Vermerk über dessen Versagung nach Absatz 1 Satz 1 und 2 offen gelegt wird.

§ 325　　　　　3. Buch. 2. Abschnitt. Ergänzende Vorschr. für Kapitalgesellschaften

(3) ¹Die gesetzlichen Vertreter einer Kapitalgesellschaft, die einen Konzernabschluß aufzustellen hat, haben den Konzernabschluß unverzüglich nach seiner Vorlage an die Gesellschafter, jedoch spätestens vor Ablauf des zwölften Monats des dem Konzernabschlußstichtag nachfolgenden Geschäftsjahrs, mit dem Bestätigungsvermerk oder dem Vermerk über dessen Versagung und den Konzernlagebericht sowie den Bericht des Aufsichtsrats im Bundesanzeiger bekanntzumachen und die Bekanntmachung unter Beifügung der bezeichneten Unterlagen zum Handelsregister des Sitzes der Kapitalgesellschaft einzureichen. ²Die Aufstellung des Anteilsbesitzes (§ 313 Abs. 4) braucht nicht im Bundesanzeiger bekannt gemacht zu werden. ³Absatz 1 Satz 3 ist entsprechend anzuwenden.

(3 a) ¹Ist die Berichterstattung des Aufsichtsrats über Konzernabschluss und Konzernlagebericht in einem nach Absatz 2 Satz 1 erster Halbsatz in Verbindung mit Absatz 1 Satz 2 zweiter Teilsatz offen gelegten Bericht des Aufsichtsrats enthalten, so kann die Bekanntmachung des Berichts nach Absatz 3 Satz 1 durch einen Hinweis auf die frühere oder gleichzeitige Bekanntmachung nach Absatz 2 Satz 1 erster Halbsatz ersetzt werden. ²Wird der Konzernabschluss zusammen mit dem Jahresabschluss des Mutterunternehmens oder mit einem von diesem aufgestellten Einzelabschluss nach Absatz 2 a bekannt gemacht, so können die Vermerke des Abschlussprüfers nach § 322 zu beiden Abschlüssen zusammengefasst werden; in diesem Fall können auch die jeweiligen Prüfungsberichte zusammengefasst werden.

(4) Bei Anwendung der Absätze 2 und 3 ist für die Wahrung der Fristen nach Absatz 1 Satz 1 und Absatz 3 Satz 1 der Zeitpunkt der Einreichung der Unterlagen beim Bundesanzeiger maßgebend.

(5) Auf Gesetz, Gesellschaftsvertrag oder Satzung beruhende Pflichten der Gesellschaft, den Jahresabschluß, den Einzelabschluss nach Absatz 2 a, den Lagebericht, Konzernabschluß oder Konzernlagebericht in anderer Weise bekanntzumachen, einzureichen oder Personen zugänglich zu machen, bleiben unberührt.

*§ 325 in der Fassung des EHUG/TUG*¹

§ 325 Offenlegung

(1) ¹Die gesetzlichen Vertreter von Kapitalgesellschaften haben für diese den Jahresabschluss beim Betreiber des elektronischen Bundesanzeigers elektronisch einzureichen. ²Er ist unverzüglich nach seiner Vorlage an die Gesellschafter, jedoch spätestens vor Ablauf des zwölften Monats des dem Abschlussstichtag nachfolgenden Geschäftsjahrs, mit dem Bestätigungsvermerk oder dem Vermerk über dessen Versagung einzureichen. ³Gleichzeitig sind der Lagebericht, der Bericht des Aufsichtsrats, die nach § 161 des Aktiengesetzes vorgeschriebene Erklärung, und, soweit dies aus dem eingereichten Jahresabschluss nicht ergibt, der Vorschlag für die Verwendung des Ergebnisses und der Beschluss über seine Verwendung unter Angabe des Jahresüberschusses oder Jahresfehlbetrags elektronisch einzureichen. ⁴Angaben über die Ergebnisverwendung brauchen von Gesellschaften mit beschränkter Haftung nicht gemacht zu werden, wenn sich anhand dieser Angaben die Gewinnanteile von natürlichen Personen feststellen lassen, die Gesellschafter sind. ⁵Werden zur Wahrung der Frist nach Satz 2 oder Absatz 4 Satz 1 der Jahresabschluss und der Lagebericht ohne die anderen Unterlagen eingereicht, sind der Bericht und der Vorschlag nach ihrem Vorliegen, die Beschlüsse nach der Beschlussfassung und der Vermerk nach der Erteilung unverzüglich einzureichen. ⁶Wird der Jahresabschluss bei nachträglicher Prüfung oder Feststellung geändert, ist auch die Änderung nach Satz 1 einzureichen. ⁷Die Rechnungslegungsunterlagen sind in einer Form einzureichen, die ihre Bekanntmachung nach Absatz 2 ermöglicht.

(2) Die gesetzlichen Vertreter der Kapitalgesellschaft haben für diese die in Absatz 1 bezeichneten Unterlagen jeweils unverzüglich nach der Einreichung im elektronischen Bundesanzeiger bekannt machen zu lassen.

(2 a) ¹Bei der Offenlegung nach Absatz 2 kann an die Stelle des Jahresabschlusses ein Einzelabschluss treten, der nach den in § 315 a Abs. 1 bezeichneten internationalen Rechnungslegungsstandards aufgestellt worden ist. ²Ein Unternehmen, das von diesem Wahl-

---

¹ § 325 neu gefasst durch das Gesetz über elektronische Handelsregister und Genossenschaftsregister sowie das Unternehmensregister (EHUG) vom 10. November 2006; zuletzt geändert durch das Transparenzrichtlinie-Umsetzungsgesetz vom 5. Januar 2007. Zur erstmaligen Anwendung s. Art. 61 Abs. 5 sowie Art. 62 EGHGB.

recht Gebrauch macht, hat die dort genannten Standards vollständig zu befolgen. ³ Auf einen solchen Abschluss sind § 243 Abs. 2, die §§ 244, 245, 257, 264 Abs. 2 Satz 3, 285 Satz 1 Nr. 7, 8 Buchstabe b, Nr. 9 bis 11a, 14 bis 17, § 286 Abs. 1, 3 und 5 sowie § 287 anzuwenden. ⁴ Der Lagebericht nach § 289 muss in dem erforderlichen Umfang auch auf den Abschluss nach Satz 1 Bezug nehmen. ⁵ Die übrigen Vorschriften des Zweiten Unterabschnitts des Ersten Abschnitts und des Ersten Unterabschnitts des Zweiten Abschnitts gelten insoweit nicht. ⁶ Kann wegen der Anwendung des § 286 Abs. 1 auf den Anhang die in Satz 2 genannte Voraussetzung nicht eingehalten werden, entfällt das Wahlrecht nach Satz 1.

(2 b) Die befreiende Wirkung der Offenlegung des Einzelabschlusses nach Absatz 2 a tritt ein, wenn

1. statt des vom Abschlussprüfer zum Jahresabschluss erteilten Bestätigungsvermerks oder des Vermerks über dessen Versagung der entsprechende Vermerk zum Abschluss nach Absatz 2 a in die Offenlegung nach Absatz 2 einbezogen wird,
2. der Vorschlag für die Verwendung des Ergebnisses und gegebenenfalls der Beschluss über seine Verwendung unter Angabe des Jahresüberschusses oder Jahresfehlbetrags in die Offenlegung nach Absatz 2 einbezogen werden und
3. der Jahresabschluss mit dem Bestätigungsvermerk oder dem Vermerk über dessen Versagung nach Absatz 1 Satz 1 bis 4 offen gelegt wird.

(3) Die Absätze 1, 2 und 4 Satz 1 gelten entsprechend für die gesetzlichen Vertreter einer Kapitalgesellschaft, die einen Konzernabschluss und einen Konzernlagebericht aufzustellen haben.

(3 a) Wird der Konzernabschluss zusammen mit dem Jahresabschluss des Mutterunternehmens oder mit einem von diesem aufgestellten Einzelabschluss nach Absatz 2 a bekannt gemacht, können die Vermerke des Abschlussprüfers nach § 322 zu beiden Abschlüssen zusammengefasst werden; in diesem Fall können auch die jeweiligen Prüfungsberichte zusammengefasst werden.

(4) ¹ Bei einer Kapitalgesellschaft, die einen organisierten Markt im Sinn des § 2 Abs. 5 des Wertpapierhandelsgesetzes durch von ihr ausgegebene Wertpapiere im Sinn des § 2 Abs. 1 Satz 1 des Wertpapierhandelsgesetzes in einem Mitgliedstaat der Europäischen Union oder einem Vertragsstaat des Abkommens über den Europäischen Wirtschaftsraum in Anspruch nimmt und die keine Kapitalgesellschaft im Sinn des § 327a ist, beträgt die Frist nach Absatz 1 Satz 2 längstens vier Monate. ² Für die Wahrung der Fristen nach Satz 1 und Absatz 1 Satz 2 ist der Zeitpunkt der Einreichung der Unterlagen maßgebend.

(5) Auf Gesetz, Gesellschaftsvertrag oder Satzung beruhende Pflichten der Gesellschaft, den Jahresabschluss, den Einzelabschluss nach Absatz 2 a, den Lagebericht, den Konzernabschluss oder den Konzernlagebericht in anderer Weise bekannt zu machen, einzureichen oder Personen zugänglich zu machen, bleiben unberührt.

(6) Die §§ 11 und 12 Abs. 2 gelten für die beim Betreiber des elektronischen Bundesanzeigers einzureichenden Unterlagen entsprechend; § 325a Abs. 1 Satz 3 und § 340l Abs. 2 Satz 4 bleiben unberührt.

Übersicht

	RdNr.		RdNr.
I. Überblick	1	2. Umfang der Offenlegung	9, 10
II. Einreichung und Bekanntmachung (Abs. 1 und 2)	2–6	IV. Befreiende Offenlegung eines IFRS-Einzelabschlusses (Abs. 2 a und 2 b)	11–17
1. Offenlegungspflicht und Frist	2–4	V. Berichterstattung des Aufsichtsrates (Abs. 3 a)	18, 19
2. Umfang der Offenlegung	5, 6	VI. Anderweitige Bekanntmachungspflichten	20
III. Offenlegungsvorschriften für zur Konzernrechnung verpflichtete Kapitalgesellschaften	7–10	VII. Änderungen durch das EHUG	21–23
1. Offenlegungspflicht und Frist	7, 8		

I. Überblick

1   Der Gesetzgeber hat im Vierten Unterabschnitt (§§ 325 bis 329) die Offenlegungs- und Veröffentlichungsvorschriften aufgenommen. Die Offenlegung wird in der Überschrift als Einreichung zu einem Register und als Bekanntmachung im Bundesanzeiger definiert. Der Anwendungsbereich der Offenlegungsvorschriften ist mit dem Inkrafttreten des KapCoRiLiG auf Personenhandelsgesellschaften iSd. § 264a erweitert worden.

II. Einreichung und Bekanntmachung (Abs. 1 und 2)

2   **1. Offenlegungspflicht und Frist.** Die Offenlegungspflicht ist durch die gesetzlichen Vertreter von Kapitalgesellschaften zu erfüllen. Dies sind bei der AG der Vorstand (§ 78 Abs. 1 AktG), bei der KGaA (§ 278 Abs. 2 AktG iVm. § 161 iVm. § 125 Abs. 1) die persönlich haftenden Gesellschafter und bei der GmbH die Geschäftsführer (§ 35 Abs. 1 GmbHG). Bei OHG und KG, bei denen keine natürliche Person unmittelbar oder mittelbar persönlich haftender Gesellschafter ist, obliegt diese Verpflichtung den Mitgliedern des vertretungsberechtigten Organs der vertretungsberechtigten Gesellschaft.

3   Bei **kleinen und mittelgroßen Kapitalgesellschaften** müssen die Unterlagen gem. Abs. 1 S. 1 unverzüglich nach der Vorlage des Jahresabschlusses an die Gesellschafter, spätestens jedoch vor Ablauf des zwölften Monats nach dem Abschlussstichtag zum Handelsregister des Sitzes der Gesellschaft eingereicht werden. Zur Wahrung der Frist genügt es nach Abs. 1 S. 3 wenn zunächst der ungeprüfte und/oder nicht festgestellte Jahresabschluss und der Lagebericht eingereicht werden und die restlichen Unterlagen unverzüglich nach ihrem Vorliegen nachgereicht werden. Nach Einreichung der in Abs. 1 S. 1 bezeichneten Unterlagen haben die gesetzlichen Vertreter unverzüglich im Bundesanzeiger einen Hinterlegungsnachweis bekannt zu machen (Abs. 1 S. 1). Dieser hält fest, bei welchem Handelsregister und unter welcher Nummer die Unterlagen eingesehen werden können.

4   Für **große Kapitalgesellschaften** gem. § 267 Abs. 3 gelten einerseits verschärfte Offenlegungsanforderungen und andererseits gestaltet sich die Reihenfolge des Offenlegungsverfahrens umgekehrt. Demnach müssen die Unterlagen zunächst im Bundesanzeiger bekannt gemacht werden, danach ist diese Bekanntmachung unter Beifügung der bezeichneten Unterlagen zum Handelsregister des Sitzes der Gesellschaft einzureichen. Die verschärfte Offenlegungspflicht drückt sich darin aus, dass alle offen zu legenden Unterlagen, mit Ausnahme der Aufstellung des Anteilsbesitzes (vgl. Abs. 2 S. 2) im Bundesanzeiger selbst abzudrucken sind. Maßgebend zur Wahrung der Offenlegungspflicht ist der Zeitpunkt der Einreichung der Unterlagen beim Bundesanzeiger (vgl. Abs. 4).

5   **2. Umfang der Offenlegung.** Folgende Unterlagen unterliegen gem. Abs. 1 S. 1 und 3 der Offenlegungspflicht: der Jahresabschluss, der Bestätigungsvermerk oder der Vermerk über dessen Versagung, der Lagebericht, der Bericht des Aufsichtsrates, der Vorschlag für die Verwendung des Ergebnisses sowie der Beschluss über die Verwendung des Ergebnisses unter Angabe des Jahresüberschusses oder Jahresfehlbetrages.[2] Zusätzlich zu den o. g. Unterlagen muss der Vorstand einer Aktiengesellschaft gem. § 130 Abs. 5 AktG unmittelbar nach der Hauptversammlung die Niederschrift über die Hauptversammlung zum Handelsregister einreichen.

6   Eine vollständige Offenlegungspflicht der Unterlagen besteht nur für große Kapitalgesellschaften. Mittelgroßen Kapitalgesellschaften hingegen wird nach § 327 die Offenlegung einer verkürzten Bilanz und eines verkürzten Lageberichtes erlaubt. Kleine Kapitalgesellschaften brauchen gem. § 326 nur die Bilanz und den Anhang offen zu legen, wobei letzterer keine Angaben zur Gewinn- und Verlustrechnung enthalten muss.

III. Offenlegungsvorschriften für zur Konzernrechnungslegung verpflichtete Kapitalgesellschaften

7   **1. Offenlegungspflicht und Frist.** Die Offenlegungspflichten für den Konzernabschluss orientieren sich an den Vorschriften für große Kapitalgesellschaften und sind in Abs. 3 dargestellt. Zur Offenlegung verpflichtet sind die gesetzlichen Vertreter der Kapitalgesellschaft, die den Konzernabschluss nach den §§ 290–293 aufzustellen hat.[3]

---

[2] Bei einer GmbH kann auf die Angaben zur Ergebnisverwendung verzichtet werden, falls sich anhand dieser Angaben die Gewinnanteile von natürlichen Personen, die Gesellschafter sind, feststellen lassen (Abs. 1 S. 1 dritter Teilsatz).
[3] Zu den Pflichten der gesetzlichen Vertreter im Falle eines befreienden Konzernabschlusses nach §§ 291, 292 sowie bei Inanspruchnahme von Erleichterungen nach § 264 Abs. 3 vgl. *Ellrott/Aicher* BeBiKo RdNr. 98.

Nach Abs. 3 S. 1 sind die offen zu legenden Unterlagen zunächst im Bundesanzeiger bekannt zu 8 machen. Nach der Bekanntgabe sind die Unterlagen zusammen mit einem Belegexemplar zum Handelsregister des Sitzes der Muttergesellschaft einzureichen. Abs. 3 S. 1 schreibt vor, dass die Offenlegung der Unterlagen unverzüglich nach Vorlage des Konzernabschlusses an die Gesellschafter, spätestens jedoch vor Ablauf des zwölften Monats des dem Konzernabschlussstichtag nachfolgenden Geschäftsjahres zu erfolgen hat. Die Offenlegungsfrist ist gewahrt, wenn zunächst der Konzernabschluss und der Konzernlagebericht offen gelegt werden (Voraboffenlegung) und die fehlenden Unterlagen entsprechend nachgereicht werden (Abs. 3 S. 3 iVm. Abs. 1 S. 3). Maßgebend zur Wahrung der Frist ist der Zeitpunkt der Einreichung der Unterlagen beim Bundesanzeiger (Abs. 4).

Im Gegensatz zu § 325 fordert der Deutsche Corporate Governance Kodex in Abschnitt 7 eine deutlich kürzere Frist zur Veröffentlichung von Konzernabschlüsse (90 Tage nach Geschäftsjahresende). Diese hat jedoch keinen Einfluss auf die in § 325 vorgegebenen Zeiträume.

2. Umfang der Offenlegung. Die offenlegungspflichtigen Unterlagen umfassen den Konzern- 9 abschluss und Konzernlagebericht, den Bericht des Aufsichtsrates sowie den Bestätigungsvermerk oder den Vermerk über dessen Versagung.

Auch hier besteht die Ausnahme, wie bei großen Kapitalgesellschaften, dass eine Aufstellung des 10 Anteilsbesitzes gem. § 313 Abs. 4 nicht im Bundesanzeiger bekannt gemacht werden muss, sondern das Einreichen zum Handelsregister als ausreichend angesehen wird.

IV. Befreiende Offenlegung eines IFRS-Einzelabschlusses (Abs. 2 a und 2 b)

Absatz 2a resultiert aus der Umsetzung der IAS-VO Nr. 1606/2002 des Europäischen Parlaments 11 und des Rates vom 19. Juli 2002, wonach die Mitgliedstaaten ermächtigt werden, den Unternehmen in ihrem Regelungsbereich die Anwendung der IFRS auch für den Einzelabschluss zu gestatten.[4]

Gemäß § 325 Abs. 2a kann bei großen Kapitalgesellschaften bei der Offenlegung des Abschlusses 12 nach § 325 Abs. 2 an die Stelle des Jahresabschlusses nach HGB ein Einzelabschluss nach IFRS treten, der nach den in § 315a Abs. 1 HGB bezeichneten internationalen Rechnungslegungsstandards aufgestellt worden ist. Die von der EU übernommenen IFRS müssen in einem solchen Einzelabschluss vollständig angewendet werden, wobei die folgenden §§ des HGB ebenfalls zu beachten sind:
– Sprache, Währungseinheit (§ 244)
– Unterzeichnung (§ 245)
– Aufbewahrung von Unterlagen, Aufbewahrungsfristen (§ 257).

Danach bestimmen sich die Bestandteile des Einzelabschlusses nach den Vorschriften der IFRS. 13 § 264 Abs. 2 S. 3 (Bilanzeid) ist anzuwenden. Der Einzelabschluss-Anhang hat neben den Anhangangaben nach IFRS auch die in § 325 Abs. 2a Satz 3 genannten Vorschriften des HGB hinsichtlich des Anhangs (§ 285 S. 1 Nr. 7, 8 Buchstabe b, Nr. 9 bis 11a, 14 bis 17, § 286 Abs. 1, 3 und 5, § 287) zu berücksichtigen. Gegebenenfalls sind die Anhangangaben so zu gestalten, dass diese sowohl den Anforderungen der IFRS als auch den in § 325 Abs. 2a genannten Anforderungen entsprechen. § 268 Abs. 1 kann grds. in Anspruch genommen werden (vgl. auch RdNr. 16).

Im Lagebericht nach § 289 ist auf diesen Einzelabschluss in dem erforderlichen Umfang Bezug zu 14 nehmen (Abs. 2a Satz 4).

Der Einzelabschluss muss vor seiner Offenlegung durch den Aufsichtsrat gebilligt werden (§ 171 15 Abs. 4 AktG). Der Bericht des Aufsichtsrates ist offen zu legen.

Für den Fall, dass durch die Anwendung des § 268 Abs. 1 eine vollständige Übereinstimmung mit 16 den IFRS nicht mehr gewährleistet werden kann, ist eine befreiende Wirkung nicht gegeben. Zusätzlich legt Abs. 2b hinsichtlich der Befreiungswirkung fest, dass diese nur dann gegeben ist, wenn folgende drei Kriterien kumulativ erfüllt sind:
(a) der Bestätigungsvermerk des Abschlussprüfers zum IFRS-Einzelabschluss ist der Offenlegung beizufügen,
(b) der Vorschlag für die Verwendung des Ergebnisses und gegebenenfalls der Beschluss über seine Verwendung unter Angabe des Jahresüberschusses oder Jahresfehlbetrages sind in die Offenlegung nach Abs. 2 einbezogen, und
(c) der Jahresabschluss mit dem Bestätigungsvermerk oder dem Vermerk über dessen Versagung wird nach Abs. 1 Satz 1 und 2 offengelegt.

---

[4] Vgl. im Detail *Ellrott/Aicher* BeBiKo RdNr. 56.

§ 325 a   3. Buch. 2. Abschnitt. Ergänzende Vorschr. für Kapitalgesellschaften

Insbesondere aus der Anforderung unter (c) ist erkennbar, dass der IFRS-Einzelabschluss hinsichtlich der Aufstellung und Offenlegung voraussichtlich keine wesentliche Erleichterung bringt.

17 Durch Einführung des § 325 Abs. 2 a wird im HGB entgegen der bisherigen nicht eindeutigen Verwendung der Begriffe „Jahresabschluss" und „Einzelabschluss" wie folgt unterschieden: Der Jahresabschluss stellt den nach den deutschen handelsrechtlichen Vorschriften aufgestellten Jahresabschluss dar. Der Einzelabschluss bzw. Einzelabschluss nach § 325 Abs. 2 a bezeichnet einen nach internationalen Rechnungslegungsgrundsätzen (IFRS) aufgestellten Einzelabschluss.

V. Berichterstattung des Aufsichtsrates (Abs. 3 a)

18 Abs. 3 a regelt Erleichterungen in der Berichterstattung des Aufsichtsrates im Falle zusammengefasster Berichterstattung über Jahresabschluss und Konzernabschluss. In diesem Fall kann hinsichtlich der Offenlegung der Berichterstattung über den Konzernabschluss lediglich auf die Offenlegung zum Jahresabschluss verwiesen werden.

19 Sofern der Konzernabschluss zusammen mit dem Jahresabschluss oder dem Einzelabschluss nach § 325 Abs. 2 a bekannt gemacht wird, können die Vermerke des Abschlussprüfers sowie die Prüfungsberichte zusammengefasst werden (vgl. Erläuterungen zu § 324 a).

VI. Anderweitige Bekanntmachungspflichten

20 Solche gesetzlich festgelegten Informationspflichten ergeben sich bspw. aus § 131 Abs. 1 S. 3 AktG, § 26 Abs. 1 S. 1, Abs. 3 S. 1 KWG oder § 55 Abs. 2 und 3 VAG. Auf Gesetz, Gesellschaftsvertrag oder Satzung beruhende Pflichten, den Jahresabschluss, den Einzelabschluss nach § 325 Abs. 2 a, den Lagebericht, Konzernabschluss oder Konzernlagebericht in anderer Weise bekannt zu machen, einzureichen oder Personen zugänglich zu machen, bleiben nach Abs. 5 unberührt.

VII. Änderungen durch das EHUG

21 Durch das EHUG wird das Verfahren der Offenlegung von Jahres- und Konzernabschlüssen sowie der übrigen offenlegungspflichtigen Unterlagen vollständig neu geregelt. Während die Einreichung der Unterlagen in der Vergangenheit in Papierform zum Handelsregister des Sitzes der Gesellschaft erfolgte, ist nunmehr die Einreichung in elektronischer Form beim Betreiber des elektronischen Handelsregisters vorgeschrieben. Art. 61 Abs. 2 EGHGB räumt dem BMJ die Möglichkeit ein, durch Rechtsverordnung für eine Übergangszeit bis zum 31. Dezember 2009 weiterhin die Einreichung in Papierform zuzulassen. Von dieser Verordnungsermächtigung hat das BMJ zwischenzeitlich Gebrauch gemacht (BGBl. 2006 I S. 3202).

22 Mit dem Inkrafttreten des EHUG entfällt die bisherige Differenzierung zwischen einer „Handelsregisterpublizität" für kleine und mittelgroße Gesellschaften einerseits und einer „Bundesanzeigerpublizität" für große Gesellschaften andererseits. Durch die Bekanntmachung im elektronischen Bundesanzeiger wird die Form der Offenlegung angeglichen, wobei die Erleichterungen hinsichtlich des Umfangs der offenzulegenden Informationen für kleine und mittelgroße Gesellschaften unangetastet bleiben.

23 Grundsätzlich beläuft sich die Offenlegungsfrist weiterhin auf zwölf Monate, wobei sich die Frist für kapitalmarktorientierte Gesellschaften (Inanspruchnahme eines organisierten Marktes iSd. § 2 Abs. 5 WpHG durch ausgegebene Wertpapiere iSd. § 2 Abs. 1 S. 1 WpHG in der EU oder im EWR), die keine Kapitalgesellschaft iSd. § 327 a sind, auf vier Monate verkürzt. Dabei sind die Offenlegungsfristen für den Jahresabschluss und den Konzernabschluss identisch. Durch die verkürzte Frist kann es bei AG, die ihre Hauptversammlung nicht innerhalb der ersten vier Monate nach dem Abschlussstichtag durchführen, erforderlich werden, den Jahres-/Konzernabschluss bereits vor der Vorlage an die Aktionäre in der Hauptversammlung beim Betreiber des elektronischen Bundesanzeigers einzureichen, um die Frist zu wahren. Wird der Jahresabschluss bei der Feststellung geändert, ist die Änderung ebenfalls einzureichen.

§ 325 a idF für Geschäftsjahre, die vor dem 1. 1. 2006 beginnen

§ 325 a Zweigniederlassungen von Kapitalgesellschaften mit Sitz im Ausland

(1) ¹Bei inländischen Zweigniederlassungen von Kapitalgesellschaften mit Sitz in einem *anderen Mitgliedstaat der Europäischen Union oder Vertragsstaat des Abkommens über*

den Europäischen Wirtschaftsraum haben die in § 13e Abs. 2 Satz 4 Nr. 3 genannten Personen oder wenn solche nicht angemeldet sind, die gesetzlichen Vertreter der Gesellschaft die Unterlagen der Rechnungslegung der Hauptniederlassung, die nach dem für die Hauptniederlassung maßgeblichen Recht erstellt, geprüft und offengelegt worden sind, nach den §§ 325, 328, 329 Abs. 1 offenzulegen. ²Die Unterlagen sind zu dem Handelsregister am Sitz der Zweigniederlassung einzureichen; bestehen mehrere inländische Zweigniederlassungen derselben Gesellschaft, brauchen die Unterlagen nur zu demjenigen Handelsregister eingereicht zu werden, zu dem gemäß § 13e Abs. 5 die Satzung oder der Gesellschaftsvertrag eingereicht wurde. ³Die Unterlagen sind in deutscher Sprache einzureichen. ⁴Soweit dies nicht die Amtssprache am Sitz der Hauptniederlassung ist, können die Unterlagen auch in englischer Sprache oder in einer von dem Register der Hauptniederlassung beglaubigten Abschrift eingereicht werden; von der Beglaubigung des Registers ist eine beglaubigte Übersetzung in deutscher Sprache einzureichen. ⁵ § 325 Abs. 2 ist nur anzuwenden, wenn die Merkmale für große Kapitalgesellschaften (§ 267 Abs. 3) von der Zweigniederlassung überschritten werden.

(2) Diese Vorschrift gilt nicht für Zweigniederlassungen, die von Kreditinstituten im Sinne des § 340 oder von Versicherungsunternehmen im Sinne des § 341 errichtet werden.

§ 325 a in der Fassung des EHUG[1]

§ 325 a Zweigniederlassungen von Kapitalgesellschaften mit Sitz im Ausland

(1) ¹Bei inländischen Zweigniederlassungen von Kapitalgesellschaften mit Sitz in einem anderen Mitgliedstaat der Europäischen Wirtschaftsgemeinschaft oder Vertragsstaat des Abkommens über den Europäischen Wirtschaftsraum haben die in § 13e Abs. 2 Satz 4 Nr. 3 genannten Personen oder, wenn solche nicht angemeldet sind, die gesetzlichen Vertreter der Gesellschaft für diese die Unterlagen der Rechnungslegung der Hauptniederlassung, die nach dem für die Hauptniederlassung maßgeblichen Recht erstellt, geprüft und offengelegt worden sind, nach den §§ 325, 328, 329 Abs. 1 offenzulegen. ²Die Unterlagen sind in deutscher Sprache einzureichen. ³Soweit dies nicht die Amtssprache am Sitz der Hauptniederlassung ist, können die Unterlagen der Hauptniederlassung auch

1. in englischer Sprache oder
2. in einer von dem Register der Hauptniederlassung beglaubigten Abschrift oder,
3. wenn eine dem Register vergleichbare Einrichtung nicht vorhanden oder diese nicht zur Beglaubigung befugt ist, in einer von einem Wirtschaftsprüfer bescheinigten Abschrift, verbunden mit der Erklärung, dass entweder eine dem Register vergleichbare Einrichtung nicht vorhanden oder diese nicht zur Beglaubigung befugt ist,

eingereicht werden; von der Beglaubigung des Registers ist eine beglaubigte Übersetzung in deutscher Sprache einzureichen.

(2) Diese Vorschrift gilt nicht für Zweigniederlassungen, die von Kreditinstituten im Sinne des § 340 oder von Versicherungsunternehmen im Sinne des § 341 errichtet werden.

I. Überblick

§ 325 a regelt die Offenlegungspflichten für inländische Zweigniederlassungen von Kapitalgesellschaften mit Sitz in einem Mitgliedstaat der EU oder des EWR. Zweigniederlassungen von Kreditinstituten iSd. § 340 oder Versicherungsunternehmen iSd. § 341 werden von § 325 a Abs. 1 nicht erfasst (vgl. § 325 a Abs. 2). **1**

II. Einreichung und Offenlegung

1. Offenlegungspflicht. Die Pflicht zur Offenlegung für die Zweigniederlassung besteht immer dann, wenn während der Tätigkeit der Zweigniederlassung im Inland, dh. in Deutschland, die *Hauptniederlassung* ihre Rechnungslegung offen zu legen hat. Zur Offenlegung verpflichtet sind die ständigen Vertreter für die Tätigkeit der Zweigniederlassung (vgl. § 13e Abs. 2 S. 4 Nr. 3) oder die gesetzlichen Vertreter der Gesellschaft, sofern keine ständigen Vertreter angemeldet sind.[2] **2**

---

[1] Abs. 1 geändert durch das Gesetz über elektronische Handelsregister und Genossenschaftsregister sowie das Unternehmensregister (EHUG) vom 10. November 2006. Zur erstmaligen Anwendung s. Art. 61 Abs. 5 EGHGB.

[2] *Ellrott/Aicher* BeBiKo RdNr. 20.

§ 326　　　　3. Buch. 2. Abschnitt. Ergänzende Vorschr. für Kapitalgesellschaften

3　**2. Offenlegungsfrist.** Nach dem Wortlaut des Gesetzes wird die Offenlegung in Deutschland zeitlich nach der Erstellung, Prüfung und Offenlegung der Unterlagen im Ursprungsland gefordert. Außerdem muss die Offenlegung gem. § 325 a unmittelbar an die Offenlegung am Sitz der Hauptniederlassung anschließen.[3]

4　**3. Umfang der Offenlegung.** Die Offenlegungspflicht umfasst die Unterlagen der Rechnungslegung, die nach dem für die Hauptniederlassung maßgeblichen Recht erstellt, geprüft und offen gelegt worden sind. Der Umfang nach § 325 a richtet sich also nach dem Umfang der ausländischen Rechnungslegungspflicht. Die offen zu legenden Unterlagen können sich im Zusammenhang mit dem Jahresabschluss bspw. folgendermaßen zusammensetzen: der gebilligte Jahresabschluss, der Lagebericht, der Bericht der mit der Abschlussprüfung beauftragten Person, der Bestätigungsvermerk bzw. im Falle der Einschränkung oder Verweigerung des Bestätigungsvermerks die Gründe dafür, der Vorschlag zur Verwendung des Ergebnisses und die Verwendung des Ergebnisses.[4]

5　**4. Verfahren der Offenlegung.** Das Verfahren der Offenlegung richtet sich nach den §§ 325, 328 und 329 Abs. 1. Daraus resultiert für große Kapitalgesellschaften sowie den Konzernabschluss betreffende Unterlagen die Bundesanzeigerpublizität und für kleine und mittelgroße Kapitalgesellschaften die Registerpublizität. Die offen zu legenden Unterlagen sind in jedem Fall zum Handelsregister am Sitz der Zweigniederlassung einzureichen. Hat eine Gesellschaft mehrere inländische Zweigniederlassungen, so brauchen die Unterlagen nur zu demjenigen Handelsregister eingereicht werden, zu dem nach § 13 e Abs. 5 die Satzung oder der Gesellschaftsvertrag eingereicht wurde (Abs. 1 S. 2 2. Hs.). Die Unterlagen sind grundsätzlich in deutscher Sprache einzureichen, können aber – soweit Deutsch nicht die Amtssprache am Sitz der Hauptniederlassung ist – auch in englischer Sprache oder in einer vom Register der Hauptniederlassung beglaubigten Abschrift eingereicht werden. Im letzteren Falle ist von der Beglaubigung eine beglaubigte Übersetzung in deutscher Sprache einzureichen. Die Vorschrift des § 325 Abs. 2 aF ist nur anzuwenden, wenn die Zweigniederlassung die Merkmale für große Kapitalgesellschaften (§ 267 Abs. 3) überschreitet.

6　**5. Verstoß gegen die Offenlegungspflicht.** Der Verstoß gegen die Offenlegungspflichten kann nach § 335 a S. 1 Nr. 2 zur Festsetzung eines Ordnungsgeldes gegen die gesetzlichen Vertreter der Kapitalgesellschaft führen. Sind ständige Vertreter für die Tätigkeit der Zweigniederlassung angemeldet, ist das Zwangsgeld gegen sie zu richten; die Anmeldung ständiger Vertreter kann ihrerseits durch Zwangsgeld erzwungen werden (§ 14).

III. Änderungen durch das EHUG

7　Durch das EHUG wurde der bisherige § 325 a im Wesentlichen in zwei Punkten geändert. Zum einen entfällt die Notwendigkeit einer Regelung zur Frage des zuständigen Handelsregisters bei mehreren inländischen Zweigniederlassungen derselben Gesellschaft. Da die Offenlegung nicht mehr durch Einreichung zum zuständigen Handelsregister, sondern beim Betreiber des elektronischen Handelsregisters erfolgt, konnte der bisherige S. 2 aufgehoben werden. Zum anderen trägt der neue S. 3 der praktischen Erfahrung Rechnung, dass sich die Hauptniederlassung des Unternehmens, dessen deutsche Zweigniederlassung die Rechnungslegungsunterlagen der Hauptniederlassung einreichen muss, in einem Land befindet, in dem eine dem deutschen Handelsregister bzw. Unternehmensregister vergleichbare Einrichtung nicht vorhanden ist oder nicht mit Beglaubigungsbefugnissen ausgestattet ist. In diesem Fall genügt die Einreichung einer von einem Wirtschaftsprüfer bescheinigten Abschrift und einer Erklärung hinsichtlich des Fehlens einer dem deutschen Handels- bzw. Unternehmensregister vergleichbaren Einrichtung.

§ 326 Größenabhängige Erleichterungen für kleine Kapitalgesellschaften bei der Offenlegung

[1] Auf kleine Kapitalgesellschaften (§ 267 Abs. 1) ist § 325 Abs. 1 mit der Maßgabe anzuwenden, daß die gesetzlichen Vertreter nur die Bilanz und den Anhang[1] einzureichen haben. [2] Der Anhang braucht die die Gewinn- und Verlustrechnung betreffenden Angaben nicht zu enthalten.

---

[3] *ADS* RdNr. 35; *Ellrott/Aicher* BeBiKo RdNr. 44.
[4] *ADS* RdNr. 23.
[1] Zur erstmaligen Anwendung von § 326 in der Fassung des Kapitalgesellschaften- und Co-Richtlinie-Gesetzes s. Art. 48 EGHGB (abgedruckt unter Nr. 1 a).

I. Anwendungsbereich

Durch § 326 werden kleinen Kapitalgesellschaften iSd. § 267 Abs. 1 sowie diesen gleichgestellten Personenhandelsgesellschaften iSd. § 264a gewisse Erleichterungen in Bezug auf die Offenlegung gewährt. Die Anwendung von § 326 stellt ein Wahlrecht nur für kleine Gesellschaften dar. Diese Erleichterungen gelten nicht für den Konzernabschluss und auch nicht für Kreditinstitute sowie Versicherungsunternehmen. **1**

II. Erleichterungen für die Offenlegung

1. Offenlegung des Jahresabschlusses. § 326 schränkt § 325 Abs. 1 dementsprechend ein, dass nur die Bilanz und der wahlweise um die die Gewinn- und Verlustrechnung betreffenden Angaben verkürzte Anhang offen gelegt werden müssen. Auf das Einreichen folgender Unterlagen kann demnach verzichtet werden: Gewinn- und Verlustrechnung und diese betreffende Angaben im Anhang, Lagebericht, Bericht des Aufsichtsrates sowie etwaige Angaben (dh. Vorschlag und Beschluss) zur Ergebnisverwendung. Diese Vereinfachungen stellen kleine Kapitalgesellschaften jedoch nicht von der Aufstellung der genannten Unterlagen frei. **2**

Kleine Kapitalgesellschaften dürfen eine verkürzte Bilanz (§ 266 Abs. 1 S. 3) und einen verkürzten Anhang (§ 288 S. 1) aufstellen.[2] **3**

2. Gespaltene Publizität. Es ist zu beachten, dass die für die Offenlegung geltenden Vereinfachungen des § 326 nicht gegenüber den Gesellschaftern einer Kapitalgesellschaft in Anspruch genommen werden dürfen. So sind zB den Aktionären einer AG (vgl. § 175 Abs. 2 AktG) bzw. den Gesellschaftern einer GmbH (vgl. § 42a Abs. 1 S. 1 GmbHG) ggf. Unterlagen vorzulegen, für die auf Grund der Erleichterungsvorschriften des § 326 keine Offenlegungspflicht besteht. **4**

Hieraus resultiert, dass bei der Aufstellung, ebenso wie bei der Offenlegung, drei Formen des Jahresabschlusses in Betracht kommen: 1) der nach den gesetzlichen Vorschriften unter Berücksichtigung von Erleichterungen (§§ 266 Abs. 1 S. 3, 274a, 276, 288 S. 1) aufzustellende Jahresabschluss, 2) der unter Inanspruchnahme von Erleichterungen gem. § 326 offen zu legende Jahresabschluss und 3) der auf Antrag eines Aktionärs (gem. § 131 Abs. 1 S. 3 AktG) in der Hauptversammlung vorzulegende Jahresabschluss, der ohne größenabhängige Erleichterungen aufgestellt wurde.[3] Bei der Feststellung sowie der Prüfung muss deshalb klar definiert werden, auf welchen Jahresabschluss sie sich beziehen. **5**

§ 325 idF für Geschäftsjahre, die vor dem 1. 1. 2006 beginnen

§ 327 Größenabhängige Erleichterungen für mittelgroße Kapitalgesellschaften bei der Offenlegung

Auf mittelgroße Kapitalgesellschaften (§ 267 Abs. 2) ist § 325 Abs. 1 mit der Maßgabe anzuwenden, daß die gesetzlichen Vertreter

1. die Bilanz nur in der für kleine Kapitalgesellschaften nach § 266 Abs. 1 Satz 3 vorgeschriebenen Form zum Handelsregister einreichen müssen. In der Bilanz oder im Anhang sind jedoch die folgenden Posten des § 266 Abs. 2 und 3 zusätzlich gesondert anzugeben:

Auf der Aktivseite
A I 2   Geschäfts- oder Firmenwert;
A II 1   Grundstücke, grundstücksgleiche Rechte und Bauten einschließlich der Bauten auf fremden Grundstücken;
A II 2   technische Anlagen und Maschinen;
A II 3   andere Anlagen, Betriebs- und Geschäftsausstattung;
A II 4   geleistete Anzahlungen und Anlagen im Bau;
A III 1 Anteile an verbundenen Unternehmen;

---

[2] Hieraus resultiert die Frage, ob die bei der Aufstellung des Jahresabschlusses von kleinen Kapitalgesellschaften in Anspruch genommenen Erleichterungsvorschriften bei der Offenlegung nachgeholt werden müssen. Vgl. hierzu zB *ADS* RdNr. 15–31, insbes. RdNr. 20–22; *Ellrott/Aicher* BeBiKo RdNr. 15.
[3] *ADS* RdNr. 34.

A III 2	Ausleihungen an verbundene Unternehmen;
A III 3	Beteiligungen;
A III 4	Ausleihungen an Unternehmen, mit denen ein Beteiligungsverhältnis besteht;
B II 2	Forderungen gegen verbundene Unternehmen;
B II 3	Forderungen gegen Unternehmen, mit denen ein Beteiligungsverhältnis besteht;
B III 1	Anteile an verbundenen Unternehmen;
B III 2	eigene Anteile.

Auf der Passivseite

C 1	Anleihen, davon konvertibel;
C 2	Verbindlichkeiten gegenüber Kreditinstituten;
C 6	Verbindlichkeiten gegenüber verbundenen Unternehmen;
C 7	Verbindlichkeiten gegenüber Unternehmen, mit denen ein Beteiligungsverhältnis besteht;

2. den Anhang ohne die Angaben nach § 285 Satz 1 Nr. 2, 5 und 8 Buchstabe a, Nr. 12 zum Handelsregister einreichen dürfen.

§ 327 in der Fassung des EHUG[1]

§ 327 Größenabhängige Erleichterungen für mittelgroße Kapitalgesellschaften bei der Offenlegung

Auf mittelgroße Kapitalgesellschaften (§ 267 Abs. 2) ist § 325 Abs. 1 mit der Maßgabe anzuwenden, daß die gesetzlichen Vertreter

1. die Bilanz nur in der für kleine Kapitalgesellschaften nach § 266 Abs. 1 Satz 3 vorgeschriebenen Form beim Betreiber des elektronischen Bundesanzeigers einreichen müssen. In der Bilanz oder im Anhang sind jedoch die folgenden Posten des § 266 Abs. 2 und 3 zusätzlich gesondert anzugeben:

Auf der Aktivseite

A I 2	Geschäfts- oder Firmenwert;
A II 1	Grundstücke, grundstücksgleiche Rechte und Bauten einschließlich der Bauten auf fremden Grundstücken;
A II 2	technische Anlagen und Maschinen;
A II 3	andere Anlagen, Betriebs- und Geschäftsausstattung;
A II 4	geleistete Anzahlungen und Anlagen im Bau;
A III 1	Anteile an verbundenen Unternehmen;
A III 2	Ausleihungen an verbundene Unternehmen;
A III 3	Beteiligungen;
A III 4	Ausleihungen an Unternehmen, mit denen ein Beteiligungsverhältnis besteht;
B II 2	Forderungen gegen verbundene Unternehmen;
B II 3	Forderungen gegen Unternehmen, mit denen ein Beteiligungsverhältnis besteht;
B III 1	Anteile an verbundenen Unternehmen;
B III 2	eigene Anteile.

Auf der Passivseite

C 1	Anleihen, davon konvertibel;
C 2	Verbindlichkeiten gegenüber Kreditinstituten;
C 6	Verbindlichkeiten gegenüber verbundenen Unternehmen;
C 7	Verbindlichkeiten gegenüber Unternehmen, mit denen ein Beteiligungsverhältnis besteht;

2. den Anhang ohne die Angaben nach § 285 Satz 1 Nr. 2, 5 und 8 Buchstabe a, Nr. 12 beim Betreiber des elektronischen Bundesanzeigers einreichen dürfen.

---

[1] Geändert durch das Gesetz über elektronische Handelsregister und Genossenschaftsregister sowie das Unternehmensregister (EHUG) vom 10. November 2006. Zur erstmaligen Anwendung s. Art. 61 Abs. 5 EGHGB.

I. Überblick

§ 327 gewährt mittelgroßen Kapitalgesellschaften (§ 267 Abs. 2) sowie diesen gleichgestellten Personenhandelsgesellschaften iSd. § 264a Erleichterungen bei der Offenlegung ihres Jahresabschlusses. Die Offenlegungserleichterungen gelten für alle mittelgroßen Gesellschaften und können auch von Unternehmen der öffentlichen Hand in Anspruch genommen werden. Sie gelten nicht für Kreditinstitute und Versicherungsunternehmen (vgl. §§ 340a Abs. 1, 341a Abs. 1). 1

II. Offenlegungserleichterungen

1. Gewinn- und Verlustrechnung sowie Anhang. Die in § 276 S. 1 und § 288 S. 2 HGB enthaltenen Aufstellungserleichterungen für mittelgroße Kapitalgesellschaften können bei der Offenlegung uneingeschränkt nachgeholt werden.[2] Dies bringt mit sich, dass die Gewinn- und Verlustrechnung sowie der Anhang zum Zwecke der Offenlegung verkürzt dargestellt werden können. 2

2. Bilanz. Die Bilanz von mittelgroßen Kapitalgesellschaften kann gem. § 327 S. 1, abweichend von den Normen des § 266 Abs. 2 und Abs. 3, in der für kleine Kapitalgesellschaften gem. § 266 Abs. 1 S. 3 vorgeschriebenen Form eingereicht werden. Die in § 327 S. 2 angegebenen Posten müssen jedoch in der Bilanz oder im Anhang zusätzlich gesondert angegeben werden. Im Übrigen richtet sich die Offenlegung nach § 325. 3

3. Gespaltene Publizität. Die Ausführungen zur gespaltenen Publizität bei kleinen Kapitalgesellschaften (vgl. § 326 RdNr. 4, 5) gelten entsprechend auch für mittelgroße Kapitalgesellschaften. 4

III. Änderungen durch das EHUG

Durch die Neugestaltung der Offenlegungsvorschriften durch das EHUG wurde eine Folgeänderung in § 327 erforderlich. Die Offenlegung erfolgt zukünftig nicht mehr physisch durch Einreichung der erforderlichen Unterlagen zum Handelsregister des Sitzes, sondern durch die Einreichung beim Betreiber des elektronischen Handelsregisters. 5

§ 327a[1] Erleichterung für bestimmte kapitalmarktorientierte Kapitalgesellschaften

§ 325 Abs. 4 Satz 1 ist auf eine Kapitalgesellschaft nicht anzuwenden, wenn sie ausschließlich zum Handel an einem organisierten Markt zugelassene Schuldtitel im Sinn des § 2 Abs. 1 Satz 1 Nr. 3 des Wertpapierhandelsgesetzes mit einer Mindeststückelung von 50 000 Euro oder dem am Ausgabetag entsprechenden Gegenwert einer anderen Währung begibt.

Grundsätzlich wird die Offenlegungsfrist für kapitalmarktorientierte Gesellschaften (Inanspruchnahme eines organisierten Marktes iSd. § 2 Abs. 5 WpHG durch ausgegebene Wertpapiere iSd. § 2 Abs. 1 S. 1 WpHG in der EU oder im EWR) durch § 325 Abs. 4 S. 1 von zwölf auf vier Monate verkürzt. Durch den durch das EHUG neu eingefügten § 327a werden hiervon bestimmte Kapitalgesellschaften ausgenommen, für die dann wiederum die allgemeine Offenlegungsfrist von zwölf Monaten gilt. Voraussetzung dafür ist, dass die Kapitalgesellschaft lediglich Schuldtitel emittiert hat, die an einem organisierten Markt zugelassen sind und eine Mindeststückelung von 50 000 Euro aufweisen.

§ 328 idF für Geschäftsjahre, die vor dem 1. 1. 2006 beginnen

§ 328 Form und Inhalt der Unterlagen bei der Offenlegung, Veröffentlichung und Vervielfältigung

(1) Bei der vollständigen oder teilweisen Offenlegung des Jahresabschlusses, des Einzelabschlusses nach § 325 Abs. 2a oder des Konzernabschlusses und bei der Veröffentlichung oder Vervielfältigung in anderer Form auf Grund des Gesellschaftsvertrags oder der Satzung sind die folgenden Vorschriften einzuhalten:

---

[2] *ADS* RdNr. 11.
[1] § 327a eingefügt durch das Gesetz über elektronische Handelsregister und Genossenschaftsregister sowie das Unternehmensregister (EHUG) vom 10. November 2006; zuletzt geändert durch das Transparenzrichtlinie-Umsetzungsgesetz (TUG) vom 5. Januar 2007 zur erstmaligen Anwendung s. Art. 61 Abs. 5 sowie Art. 62 EGHGB.

§ 328

1. ¹Abschlüsse sind so wiederzugeben, daß sie den für ihre Aufstellung maßgeblichen Vorschriften entsprechen, soweit nicht Erleichterungen nach §§ 326, 327 in Anspruch genommen werden; sie haben in diesem Rahmen vollständig und richtig zu sein. ²Ist der Abschluss festgestellt oder gebilligt worden, so ist das Datum der Feststellung oder Billigung anzugeben. ³Wurde der Abschluss auf Grund gesetzlicher Vorschriften durch einen Abschlußprüfer geprüft, so ist jeweils der vollständige Wortlaut des Bestätigungsvermerks oder des Vermerks über dessen Versagung wiederzugeben; wird der Jahresabschluß wegen der Inanspruchnahme von Erleichterungen nur teilweise offengelegt und bezieht sich der Bestätigungsvermerk auf den vollständigen Jahresabschluß, so ist hierauf hinzuweisen.
2. Werden der Jahresabschluß oder der Konzernabschluß zur Wahrung der gesetzlich vorgeschriebenen Fristen über die Offenlegung vor der Prüfung oder Feststellung, sofern diese gesetzlich vorgeschrieben sind, oder nicht gleichzeitig mit beizufügenden Unterlagen offengelegt, so ist hierauf bei der Offenlegung hinzuweisen.

(2) ¹Werden Abschlüsse in Veröffentlichungen und Vervielfältigungen, die nicht durch Gesetz, Gesellschaftsvertrag oder Satzung vorgeschrieben sind, nicht in der nach Absatz 1 vorgeschriebenen Form wiedergegeben, so ist jeweils in einer Überschrift darauf hinzuweisen, daß es sich nicht um eine der gesetzlichen Form entsprechende Veröffentlichung handelt. ²Ein Bestätigungsvermerk darf nicht beigefügt werden. ³Ist jedoch auf Grund gesetzlicher Vorschriften eine Prüfung durch einen Abschlußprüfer erfolgt, so ist anzugeben, zu welcher der in § 322 Abs. 2 Satz 1 genannten zusammenfassenden Beurteilungen des Prüfungsergebnisses der Abschlussprüfer in Bezug auf den in gesetzlicher Form erstellten Abschluss gelangt ist und ob der Bestätigungsvermerk einen Hinweis nach § 322 Abs. 3 Satz 2 enthält. ⁴Ferner ist anzugeben, bei welchem Handelsregister und in welcher Nummer des Bundesanzeigers die Offenlegung erfolgt ist oder daß die Offenlegung noch nicht erfolgt ist.

(3) ¹Absatz 1 Nr. 1 ist auf den Lagebericht, den Konzernlagebericht, den Vorschlag für die Verwendung des Ergebnisses und den Beschluß über seine Verwendung sowie auf die Aufstellung des Anteilsbesitzes entsprechend anzuwenden. ²Werden die in Satz 1 bezeichneten Unterlagen nicht gleichzeitig mit dem Jahresabschluß oder dem Konzernabschluß offengelegt, so ist bei ihrer nachträglichen Offenlegung jeweils anzugeben, auf welchen Abschluß sie sich beziehen und wo dieser offengelegt worden ist; dies gilt auch für die nachträgliche Offenlegung des Bestätigungsvermerks oder des Vermerks über seine Versagung.

(4) *(aufgehoben)*

§ 328 idF des EHUG¹

§ 328 Form und Inhalt der Unterlagen bei der Offenlegung, Veröffentlichung und Vervielfältigung

(1) Bei der vollständigen oder teilweisen Offenlegung des Jahresabschlusses, des Einzelabschlusses nach § 325 Abs. 2a oder des Konzernabschlusses und bei der Veröffentlichung oder Vervielfältigung in anderer Form auf Grund des Gesellschaftsvertrags oder der Satzung sind die folgenden Vorschriften einzuhalten:

1. Abschlüsse sind so wiederzugeben, daß sie den für ihre Aufstellung maßgeblichen Vorschriften entsprechen, soweit nicht Erleichterungen nach §§ 326, 327 in Anspruch genommen werden oder eine Rechtsverordnung des Bundesministeriums der Justiz nach Absatz 4 hiervon Abweichungen ermöglicht; sie haben in diesem Rahmen vollständig und richtig zu sein. Ist der Abschluss festgestellt oder gebilligt worden, so ist das Datum der Feststellung oder Billigung anzugeben. Wurde der Abschluss auf Grund gesetzlicher Vorschriften durch einen Abschlußprüfer geprüft, so ist jeweils der vollständige Wortlaut des Bestätigungsvermerks oder des Vermerks über dessen Versagung wiederzugeben; wird der Jahresabschluß wegen der Inanspruchnahme von Erleichterungen nur teilweise offengelegt und bezieht sich der Bestätigungsvermerk auf den vollständigen Jahresabschluß, so ist hierauf hinzuweisen.

---

[1] Geändert durch das Gesetz über elektronische Handelsregister und Genossenschaftsregister sowie das Unternehmensregister (*EHUG*) vom 10. November 2006. Zur erstmaligen Anwendung s. Art. 61 Abs. 5 EGHGB.

2. Werden der Jahresabschluß oder der Konzernabschluß zur Wahrung der gesetzlich vorgeschriebenen Fristen über die Offenlegung vor der Prüfung oder Feststellung, sofern diese gesetzlich vorgeschrieben sind, oder nicht gleichzeitig mit beizufügenden Unterlagen offengelegt, so ist hierauf bei der Offenlegung hinzuweisen.

(2) ¹ Werden Abschlüsse in Veröffentlichungen und Vervielfältigungen, die nicht durch Gesetz, Gesellschaftsvertrag oder Satzung vorgeschrieben sind, nicht in der nach Absatz 1 vorgeschriebenen Form wiedergegeben, so ist jeweils in einer Überschrift darauf hinzuweisen, daß es sich nicht um eine der gesetzlichen Form entsprechende Veröffentlichung handelt. ² Ein Bestätigungsvermerk darf nicht beigefügt werden. ³ Ist jedoch auf Grund gesetzlicher Vorschriften eine Prüfung durch einen Abschlußprüfer erfolgt, so ist anzugeben, zu welcher der in § 322 Abs. 2 Satz 1 genannten zusammenfassenden Beurteilungen des Prüfungsergebnisses der Abschlussprüfer in Bezug auf den in gesetzlicher Form erstellten Abschluss gelangt ist und ob der Bestätigungsvermerk einen Hinweis nach § 322 Abs. 3 Satz 2 enthält. ⁴ Ferner ist anzugeben, ob die Unterlagen bei dem Betreiber des elektronischen Bundesanzeigers eingereicht worden sind.

(3) ¹ Absatz 1 Nr. 1 ist auf den Lagebericht, den Konzernlagebericht, den Vorschlag für die Verwendung des Ergebnisses und den Beschluß über seine Verwendung sowie auf die Aufstellung des Anteilsbesitzes entsprechend anzuwenden. ² Werden die in Satz 1 bezeichneten Unterlagen nicht gleichzeitig mit dem Jahresabschluß oder dem Konzernabschluß offengelegt, so ist bei ihrer nachträglichen Offenlegung jeweils anzugeben, auf welchen Abschluß sie sich beziehen und wo dieser offengelegt worden ist; dies gilt auch für die nachträgliche Offenlegung des Bestätigungsvermerks oder des Vermerks über seine Versagung.

(4) Die Rechtsverordnung nach § 330 Abs. 1 Satz 1, 4 und 5 kann dem Betreiber des elektronischen Bundesanzeigers Abweichungen von der Kontoform nach § 266 Abs. 1 Satz 1 gestatten.

Schrifttum: *IDW,* PS 400, Grundsätze für die ordnungsmäßige Erteilung von Bestätigungsvermerken bei Abschlußprüfungen, WPg 2005, 1382.

I. Allgemeine Grundsätze

§ 328 regelt, in welcher Form und mit welchem Inhalt die nach § 325 offenlegungspflichtigen Unterlagen beim Handelsregister einzureichen oder im Bundesanzeiger bekannt zu machen sind. Darüber hinaus gilt die Vorschrift auch für sonstige Veröffentlichungen und Vervielfältigungen dieser Unterlagen.² 1

Abs. 1 betrifft die **Pflichtpublizität** für den Jahresabschluss, den Einzelabschluss nach § 325 Abs. 2a und den Konzernabschluss. Ergänzt wird diese Regelung durch Abs. 3, der sich auf die Offenlegung sonstiger Unterlagen bezieht. In Abs. 2 werden die bei **freiwilliger Publizität** notwendigen Hinweise in den Veröffentlichungen und Vervielfältigungen normiert, soweit diese in Form und Inhalt von Abs. 1 abweichen. 2

§ 328 ist **zwingendes Recht** und eine Änderung durch Gesellschaftsvertrag oder Satzung ist nicht möglich.³ Im Falle der satzungsgemäßen Publizität kann jedoch mit satzungsändernder Mehrheit die Publizitätspflicht aufgehoben und dementsprechend die Anwendung von Abs. 1 umgangen werden.⁴ 3

II. Pflichtpublizität (Abs. 1)

Abs. 1 betrifft **Form** und **Inhalt** bei vollständiger oder teilweiser Offenlegung des Abschlusses sowie bei Veröffentlichung oder Vervielfältigung in anderer Form auf Grund des Gesellschaftsvertrags oder der Satzung. 4

1. Vollständigkeit und Richtigkeit (Nr. 1 S. 1). Bei der **Pflichtpublizität** gilt für die Form und den Inhalt der Wiedergabe der Abschlüsse das **Gebot der Vollständigkeit und Richtigkeit**. Die Kongruenz zwischen der Vorlage in der Form des aufgestellten Abschlusses und der Wiedergabe muss gewährleistet sein. Dies bedeutet, dass bei Kapitalgesellschaften, soweit sie nicht die Erleichterungen nach §§ 326, 327 in Anspruch nehmen können, der offen gelegte Abschluss „den für ihre Aufstellung maßgeblichen Vorschriften" in Inhalt und Form entsprechen muss. Bei **Änderung der** 5

---

² Zu den Begriffen „Offenlegung", „Veröffentlichung" und „Vervielfältigung" vgl. *Ellrott/Aicher* BeBiKo RdNr. 2.
³ Vgl. *ADS* RdNr. 12.
⁴ Vgl. *ADS* RdNr. 13.

Firma nach dem Bilanzstichtag ist unter der neuen Firma aufzustellen, festzustellen und zu publizieren.[5] Aus dem **Grundsatz der Vollständigkeit** folgt, dass keine Kürzungen des Abschlusses vorgenommen werden dürfen.[6]

6   **2. Datum der Feststellung oder Billigung (Nr. 1 S. 2).** Sofern der Abschluss festgestellt worden ist, ist nach Abs. 1 Nr. 1 S. 2 das Datum der Feststellung bzw. Billigung anzugeben. Diese Datumsangabe wird im Interesse der **Rechtssicherheit** gefordert, denn der Adressat soll feststellen können, ob das zuständige Organ der publizierten Fassung bereits zugestimmt hat oder ob evtl. noch Änderungen anstehen. Wird der Abschluss – zB aus Fristgründen – vor seiner Feststellung bzw. Billigung veröffentlicht, muss hierauf hingewiesen werden. Die Datumsangabe braucht dann später jedoch nicht nachgereicht zu werden.[7]

7   **3. Wiedergabe des Bestätigungsvermerks (Nr. 1 S. 3).** Bei Abschlüssen, die auf Grund gesetzlicher Vorschriften durch einen Abschlussprüfer geprüft werden, ist der vollständige Wortlaut des Bestätigungs- oder Versagungsvermerks wiederzugeben.[8] Bezieht sich bei teilweiser Offenlegung – wegen Inanspruchnahme von Erleichterungen – der Bestätigungsvermerk auf den vollständigen Abschluss, ist hierauf bei der Wiedergabe des Bestätigungsvermerks hinzuweisen.[9]

8   **4. Besonderheiten bei Voraboffenlegung (Nr. 2).** Werden der Jahres- oder der Konzernabschluss zur Fristwahrung vor Beendigung einer Pflichtprüfung, vor Feststellung oder nicht gleichzeitig mit den beizufügenden Unterlagen offen gelegt, so ist bei der Einreichung zum Handelsregister und ggf. bei der Bekanntmachung im Bundesanzeiger darauf hinzuweisen.[10] Die Hinweispflicht gem. Abs. 1 Nr. 2 besteht dem Wortlaut nach nur bei gesetzlicher Offenlegung.[11]

III. Freiwillige Publizität (Abs. 2)

9   Abs. 2 regelt die Handhabung der nicht durch Gesetz, Satzung oder Gesellschaftsvertrag vorgeschriebenen Wiedergabe der Abschlüsse in Veröffentlichungen und Vervielfältigungen, bei denen nicht die in Abs. 1 vorgeschriebene Form verwendet wurde. In diesen Fällen ist in einer Überschrift, zB mit dem Hinweis „Kurzfassung", anzumerken, dass es sich nicht um eine der gesetzlichen Form entsprechende Veröffentlichung handelt.[12] Gem. Abs. 2 S. 2 darf ein **Bestätigungsvermerk** nicht aufgenommen werden. Bei gesetzlicher Prüfungspflicht ist jedoch anzugeben, zu welcher der in § 322 Abs. 2 S. 1 genannten zusammenfassenden Beurteilung des Prüfungsergebnisses der Abschlussprüfer in Bezug auf den in gesetzlicher Form erstellten Abschluss gelangt ist und ob der Bestätigungsvermerk einen Hinweis nach § 322 Abs. 3 S. 2 enthält.[13] Damit ergibt sich durch diese Erweiterung eine detailliertere Darstellung als vor dem BilReG.

IV. Offenlegung sonstiger Unterlagen (Abs. 3)

10   Abs. 3 stellt eine Ergänzung zu Abs. 1 dar. Es wird bestimmt, dass Abs. 1 auf den Lagebericht, den Konzernlagebericht, den Vorschlag über die Verwendung des Ergebnisses und den Beschluss über seine Verwendung entsprechend anzuwenden ist. Gleiches gilt für die Aufstellung des Anteilsbesitzes.[14]

11   Abs. 3 S. 2 erfasst nur die gesetzliche Offenlegung, nicht jedoch die Veröffentlichung und Vervielfältigung. In S. 2 wird – in Ergänzung zu Abs. 1 Nr. 2 – bestimmt, dass in den Fällen der nachträglichen Offenlegung der „sonstigen Unterlagen" bei ihrer **Einreichung zum Handelsregister,** oder der gegebenenfalls zusätzlichen **Bekanntmachung im Bundesanzeiger,** anzugeben ist, auf welchen Jahres- oder Konzernabschluss sie sich beziehen und wo diese offen gelegt sind. Abs. 3 S. 2 ist – abweichend von S. 1 – nur auf die Offenlegung, nicht hingegen auf Veröffentlichungen oder Vervielfältigungen nach **Gesellschaftsvertrag** oder **Satzung** anzuwenden.[15]

---

[5] Vgl. dazu *ADS* RdNr. 44.
[6] Zu den Erleichterungen nach §§ 326, 327 im Zusammenhang mit Pflichtveröffentlichungen und -vervielfältigungen s. *ADS* RdNr. 31 ff.
[7] Vgl. *Ellrott/Aicher* BeBiKo RdNr. 10.
[8] Ausführlich dazu *ADS* RdNr. 51 ff.
[9] Vgl. *IDW* PS 400, WPg 2005, 1382 ff. RdNr. 15.
[10] Zu Formulierungsmöglichkeiten vgl. *ADS* RdNr. 71.
[11] Vgl. *Ellrott/Aicher* BeBiKo RdNr. 14.
[12] Zur Kürzung und Erweiterung vgl. *ADS* RdNr. 84 ff.
[13] Zur Handhabung bei Veröffentlichungen in Tageszeitungen oder Börsenzulassungsprospekten vgl. *Ellrott/Aicher* BeBiKo RdNr. 18.
[14] Zu weiteren Einzelheiten vgl. *Ellrott/Aicher* BeBiKo RdNr. 20. Zur Anwendbarkeit von Abs. 3 S. 1 bei freiwilliger Publizität vgl. *ADS* RdNr. 112 ff.
[15] Vgl. *Ellrott/Aicher* BeBiKo RdNr. 21. Zur Handhabung des Bestätigungs- oder Versagungsvermerks vgl. *ADS* RdNr. 119.

V. Verstöße gegen § 328

Der vorsätzliche Verstoß gegen § 328 wird in § 334 Abs. 1 Nr. 5 als **Ordnungswidrigkeit** 12 geahndet. Verantwortlich sind alle Mitglieder des vertretungsberechtigten Organs. Da jedoch die Einhaltung des § 328 vom Registergericht nicht zu prüfen ist, entfällt die Möglichkeit einer **Zwangsgeldfestsetzung** nach § 335.[16]

VI. Änderungen durch das EHUG

Die Verordnungsermächtigung in § 330 wurde durch das EHUG dahingehend ausgeweitet, dass 13 das Bundesministerium für Wirtschaft und Technologie für die Bilanz auch eine Abweichung von der Kontoform des § 266 Abs. 1 im Wege einer Rechtsverordnung zulassen kann. Diese Erleichterungsvorschrift kann auf Grund von Abs. 4 durch eine entsprechende Verordnung auf den Betreiber des elektronischen Bundesanzeigers ausgeweitet werden, da die Kontoform für die Darstellung im Internet problematisch wäre.

Durch die Neugestaltung der Offenlegungsvorschriften durch das EHUG wurde außerdem eine 14 weitere Folgeänderung in § 327 erforderlich. Die Offenlegung erfolgt zukünftig nicht mehr physisch durch Einreichung der erforderlichen Unterlagen zum Handelsregister des Sitzes, sondern durch die Einreichung beim Betreiber des elektronischen Handelsregisters. Somit entfällt die Angabepflicht nach Abs. 4 S. 4 hinsichtlich des Handelsregisters und der Nummer des Bundesanzeigers, in dem die Offenlegung erfolgt ist bzw. die Angabe zur bisher noch nicht erfolgten Offenlegung. Stattdessen ist nunmehr lediglich anzugeben, ob die Unterlagen beim Betreiber des elektronischen Handelsregisters erfolgt ist.

§ 329 idF für Geschäftsjahre, die vor dem 1. 1. 2006 beginnen

§ 329 Prüfungspflicht des Registergerichts

(1) Das Gericht prüft, ob die vollständig oder teilweise zum Handelsregister einzureichenden Unterlagen vollzählig sind und, sofern vorgeschrieben, bekannt gemacht worden sind.

(2) ¹Gibt die Prüfung nach Absatz 1 Anlaß zu der Annahme, daß von der Größe der Kapitalgesellschaft abhängige Erleichterungen nicht hätten in Anspruch genommen werden dürfen, so kann das Gericht zu seiner Unterrichtung von der Kapitalgesellschaft innerhalb einer angemessenen Frist die Mitteilung der Umsatzerlöse (§ 277 Abs. 1) und der durchschnittlichen Zahl der Arbeitnehmer (§ 267 Abs. 5), in den Fällen des § 325a Abs. 1 Satz 5 zusätzlich die Bilanzsumme der Zweigniederlassung und in den Fällen des § 3401 Abs. 2 in Verbindung mit Abs. 4 Satz 1 die Bilanzsumme der Zweigstelle des Kreditinstituts verlangen. ²Unterläßt die Kapitalgesellschaft die fristgemäße Mitteilung, so gelten die Erleichterungen als zu Unrecht in Anspruch genommen.

(3) In den Fällen des § 325a Abs. 1 Satz 4, § 3401 Abs. 2 Satz 4 kann das Gericht im Einzelfall die Vorlage einer Übersetzung in die deutsche Sprache verlangen.

§ 329 idF des EHUG[1]

§ 329 Prüfungs- und Unterrichtungspflicht des Betreibers des elektronischen Bundesanzeigers

(1) ¹Der Betreiber des elektronischen Bundesanzeigers prüft, ob die einzureichenden Unterlagen fristgemäß und vollzählig eingereicht worden sind. ²Der Betreiber des Unternehmensregisters stellt dem Betreiber des elektronischen Bundesanzeigers die nach § 8b Abs. 3 Satz 2 von den Landesjustizverwaltungen übermittelten Daten zur Verfügung, soweit dies für die Erfüllung der Aufgaben nach Satz 1 erforderlich ist. ³Die Daten dürfen

---

[16] Vgl. dazu *ADS* RdNr. 144 ff.; *Ellrott/Aicher* BeBiKo RdNr. 26.
[1] Neu gefasst durch das Gesetz über elektronische Handelsregister und Genossenschaftsregister sowie das Unternehmensregister (EHUG) vom 10. November 2006. Zur erstmaligen Anwendung s. Art. 61 Abs. 5 EGHGB.

vom Betreiber des elektronischen Bundesanzeigers nur für die in Satz 1 genannten Zwecke verwendet werden.

(2) ¹Gibt die Prüfung Anlass zu der Annahme, dass von der Größe der Kapitalgesellschaft abhängige Erleichterungen oder die Erleichterung nach § 327 a nicht hätten in Anspruch genommen werden dürfen, kann der Betreiber des elektronischen Bundesanzeigers von der Kapitalgesellschaft innerhalb einer angemessenen Frist die Mitteilung der Umsatzerlöse (§ 277 Abs. 1) und der durchschnittlichen Zahl der Arbeitnehmer (§ 267 Abs. 5) oder Angaben zur Eigenschaft als Kapitalgesellschaft im Sinn des § 327 a verlangen. ²Unterlässt die Kapitalgesellschaft die fristgemäße Mitteilung, gelten die Erleichterungen als zu Unrecht in Anspruch genommen.

(3) In den Fällen des § 325 a Abs. 1 Satz 3 und des § 340 l Abs. 2 Satz 4 kann im Einzelfall die Vorlage einer Übersetzung in die deutsche Sprache verlangt werden.

(4) Ergibt die Prüfung nach Absatz 1 Satz 1, dass die offen zu legenden Unterlagen nicht oder unvollständig eingereicht wurden, wird die jeweils für die Durchführung von Ordnungsgeldverfahren nach den §§ 335, 340 o und 341 o zuständige Verwaltungsbehörde unterrichtet.

I. Allgemeine Grundsätze

1   Der **Prüfungsumfang** des Registergerichts beschränkt sich gem. Abs. 1 auf die **Vollständigkeitskontrolle** der zum Handelsregister eingereichten Unterlagen. Bei großen Kapitalgesellschaften umfasst die Prüfungspflicht auch die Feststellung, ob die in § 325 Abs. 2 und Abs. 3 vorgeschriebenen Bekanntmachungen im Bundesanzeiger nachgewiesen worden sind. Zudem besteht nach Abs. 2 die zusätzliche Pflicht nachzuforschen, ob die **größenabhängigen Erleichterungen** nicht **unberechtigterweise in Anspruch genommen** worden sind.

2   Der **persönliche Anwendungsbereich** des § 329 bezieht sich vom Wortlaut her nur auf Kapitalgesellschaften. Durch die Ausweitung der für Kapitalgesellschaften geltenden Vorschriften in § 264 a Abs. 1 auf OHG und KG, bei denen keine natürliche Person unmittelbar oder mittelbar persönlich haftender Gesellschafter ist, erstreckt sich die Prüfungspflicht des Registergerichts auch auf die von diesen Gesellschaften eingereichten Unterlagen.

II. Umfang der Prüfung (Abs. 1)

3   Das Registergericht hat die **Vollzähligkeit** der eingereichten Unterlagen zu prüfen. Der Umfang der dem Handelsregister einzureichenden Unterlagen ergibt sich aus § 325 Abs. 1 bis 3. Bei großen Gesellschaften sowie bei Kreditinstituten und Versicherungsunternehmen umfasst die Prüfung auch die Feststellung, ob die in § 325 Abs. 2 und 3 vorgeschriebene **Bekanntmachung im Bundesanzeiger** nachgewiesen worden ist.

4   Die **Kontrollpflicht** des Registergerichts ist **rein formal.** Die Prüfung umfasst **nicht** den **materiellen Inhalt** der eingereichten Unterlagen.² Auch die Inanspruchnahme von Aufstellungserleichterungen (§§ 266, 276, 288) oder größenabhängigen Erleichterungen bei der Offenlegung von Unterlagen (§§ 326, 327) sind nicht Gegenstand der gerichtlichen Prüfung. Selbst eine **offenbare Unrichtigkeit,** wie zB eine fehlende Abschlussprüfung (§ 316) prüft das Gericht nicht. Allerdings sind beim Fehlen des Bestätigungsvermerks (§ 322) die eingereichten Unterlagen nicht vollständig.³ Unterbleibt eine vollständige oder teilweise Einreichung der Unterlagen, sieht § 329 keine nachteiligen Rechtsfolgen vor. Es handelt sich um einen **nicht sanktionierten Gesetzesverstoß** (zu Einzelheiten vgl. Erl. zu § 335 a). Allerdings kann die unterlassene oder unvollständige Offenlegung ein Ordnungsgeld nach sich ziehen (§ 335 a). Dazu bedarf es allerdings des Antrags eines Dritten; aus eigener Initiative kann das Registergericht nicht tätig werden.⁴

III. Informationsrecht des Gerichts (Abs. 2)

5   Während das Registergericht anhand der ihm zugänglichen Informationen feststellen und überprüfen kann, welche Unterlagen eingereicht werden müssen, fehlt eine solche Möglichkeit bei der Überprüfung, ob die größenabhängigen Erleichterungen zu Recht in Anspruch genommen wurden.

---

² Vgl. *Ellrott/Aicher* BeBiKo RdNr. 5.
³ Weitere Hinweise bei *ADS* RdNr. 7.
⁴ Vgl. *Ellrott/Aicher* BeBiKo RdNr. 6.

1. Umfang (Abs. 2 S. 1). Gelangt das Registergericht bei der Prüfung nach Abs. 1 zur Auffassung, dass größenabhängige Aufstellungs- oder Offenlegungserleichterungen nicht hätten in Anspruch genommen werden dürfen, kann es von der Kapitalgesellschaft die **Mitteilung der Umsatzerlöse** (§ 277 Abs. 1) und der **durchschnittlichen Arbeitnehmerzahl** (§ 267 Abs. 5) sowie bei Zweigniederlassungen oder Zweigstellen von Kreditinstituten in bestimmten Fällen die Mitteilung der **Bilanzsumme** verlangen.[5] Die Reichweite des Informationsrechts geht allerdings nur so weit, wie die Offenlegungserleichterungen bei der Vollzähligkeit der Unterlagen für den Prüfungsumfang nach Abs. 1 von Bedeutung sind. Ein Unterrichtungsrecht besteht daher nicht, wenn ein Unternehmen von den Erleichterungen keinen Gebrauch gemacht hat.[6]

Das in Abs. 2 normierte **Informationsrecht** setzt voraus, dass die Prüfung nach Abs. 1 einen **Anlass zur Annahme** gibt, dass größenabhängige Erleichterungen nicht hätten in Anspruch genommen werden dürfen. Anlass besteht nicht schon dann, wenn das Unternehmen seine Größenklasse nicht belegt hat. Die Zweifel wird das Gericht in der Regel aus der Bilanzsumme ableiten. Selbst wenn diese nicht überschritten sein sollte (vgl. § 267 Abs. 1 u. 2), können sich aus den Kriterien **Umsatzerlöse** oder **Arbeitnehmeranzahl** gegenteilige Erkenntnisse ergeben. Die **Richtigkeit** der vom Unternehmen im Rahmen von Abs. 2 S. 1 auf Anfrage gemachten Angaben wird vom Registergericht **nicht geprüft**.[7]

2. Rechtsfolgen bei Unterlassung (Abs. 2 S. 2). Für den Fall, dass das Unternehmen die vom Registergericht verlangten Angaben nicht oder nicht fristgerecht einreicht, gilt nach Abs. 2 S. 2 die **gesetzliche Fiktion,** dass die Erleichterungen zu Unrecht in Anspruch genommen wurden. Die zum Gericht eingereichten Unterlagen wären demgemäß nicht vollständig. Mangels Antragsberechtigung kann das Registergericht jedoch **kein Zwangsgeld nach § 335 a** festsetzen. Auch die Verhängung eines **Bußgeldes nach § 334 Abs. 1 Nr. 5** ist **nicht möglich,** da nur ein Verstoß gegen § 325, nicht aber gegen § 328 vorliegt.[8]

IV. Sanktionen

Bei vollständiger oder teilweiser **Verletzung der Offenlegungspflicht** sind das Zwangsgeldverfahren und die Amtslöschung vorgesehen. Im Falle der **Zwangsgeldfestsetzung** kann das Registergericht jedoch nur auf Antrag nach § 335 S. 2 tätig werden.[9]

V. Änderungen durch das EHUG

Durch das EHUG wurde das Verfahren der Prüfung der einzureichenden Unterlagen – und der Sanktionierung von Verstößen gegen die Offenlegungsvorschriften – grundlegend neu geregelt. Nach dem die Einreichung der offenlegungspflichtigen Unterlagen nicht mehr beim Handelsregister des Sitzes der Gesellschaft erfolgt, wird auch die Prüfungspflicht in Abs. 1 auf den Betreiber des elektronischen Bundesanzeigers als dem primären Empfänger der Unterlagen verlagert. Aufgrund der zukünftig von Amts wegen vorzunehmenden Sanktionierung von Verstößen gegen die Offenlegungsvorschriften (vgl. Erläuterungen zu den Änderungen durch das EHUG in § 335) erstreckt sich die Prüfungspflicht des Betreibers des elektronischen Bundesanzeigers auch auf Fristmäßigkeit der Einreichung. Damit der Betreiber des elektronischen Bundesanzeigers seiner Prüfungspflicht nachkommen kann, erhält er die für die Prüfung erforderlichen Daten vom Betreiber des Unternehmensregisters zur Verfügung gestellt.

Führt die Prüfung durch den Betreiber des elektronischen Bundesanzeigers zu Beanstandungen, hat er die für die Durchführung des Ordnungsgeldverfahrens zuständige Verwaltungsbehörde zu unterrichten. Die Zuständigkeit liegt außer im Fall von Kreditinstituten, für die die Bundesanstalt für Finanzdienstleistungsaufsicht zuständig ist, bei dem Bundesamt für Justiz.

---

[5] *ADS* RdNr. 21 f.
[6] Zu den größenabhängigen Aufstellungserleichterungen ausführlich *Ellrott/Aicher* BeBiKo RdNr. 7.
[7] *Ellrott/Aicher* BeBiKo RdNr. 8.
[8] *Ellrott/Aicher* BeBiKo RdNr. 11.
[9] Vgl. *ADS* RdNr. 30 ff.

Fünfter Unterabschnitt.
Verordnungsermächtigung für Formblätter und andere Vorschriften

§ 330[1]

Abs. 1 idF für Geschäftsjahre, die vor dem 1. 1. 2006 beginnen

(1) [1]Das Bundesministerium der Justiz wird ermächtigt, im Einvernehmen mit dem Bundesministerium der Finanzen und dem Bundesministerium für Wirtschaft und Technologie durch Rechtsverordnung, die nicht der Zustimmung des Bundesrates bedarf, für Kapitalgesellschaften Formblätter vorzuschreiben oder andere Vorschriften für die Gliederung des Jahresabschlusses oder des Konzernabschlusses oder den Inhalt des Anhangs, des Konzernanhangs, des Lageberichts oder des Konzernlageberichts zu erlassen, wenn der Geschäftszweig eine von den §§ 266, 275 abweichende Gliederung des Jahresabschlusses oder des Konzernabschlusses oder von den Vorschriften des Ersten Abschnitts und des Ersten und Zweiten Unterabschnitts des Zweiten Abschnitts abweichende Regelungen erfordert. [2]Die sich aus den abweichenden Vorschriften ergebenden Anforderungen an die in Satz 1 bezeichneten Unterlagen sollen den Anforderungen gleichwertig sein, die sich für große Kapitalgesellschaften (§ 267 Abs. 3) aus den Vorschriften des Ersten Abschnitts und des Ersten und Zweiten Unterabschnitts des Zweiten Abschnitts sowie den für den Geschäftszweig geltenden Vorschriften ergeben. [3]Über das geltende Recht hinausgehende Anforderungen dürfen nur gestellt werden, soweit sie auf Rechtsakten des Rates der Europäischen Union beruhen.

Abs. 1 idF des EHUG

(1) [1]Das Bundesministerium der Justiz wird ermächtigt, im Einvernehmen mit dem Bundesministerium der Finanzen und dem Bundesministerium für Wirtschaft und Technologie durch Rechtsverordnung, die nicht der Zustimmung des Bundesrates bedarf, für Kapitalgesellschaften Formblätter vorzuschreiben oder andere Vorschriften für die Gliederung des Jahresabschlusses oder des Konzernabschlusses oder den Inhalt des Anhangs, des Konzernanhangs, des Lageberichts oder des Konzernlageberichts zu erlassen, wenn der Geschäftszweig eine von den §§ 266, 275 abweichende Gliederung des Jahresabschlusses oder des Konzernabschlusses oder von den Vorschriften des Ersten Abschnitts und des Ersten und Zweiten Unterabschnitts des Zweiten Abschnitts abweichende Regelungen erfordert. [2]Die sich aus den abweichenden Vorschriften ergebenden Anforderungen an die in Satz 1 bezeichneten Unterlagen sollen den Anforderungen gleichwertig sein, die sich für große Kapitalgesellschaften (§ 267 Abs. 3) aus den Vorschriften des Ersten Abschnitts und des Ersten und Zweiten Unterabschnitts des Zweiten Abschnitts sowie den für den Geschäftszweig geltenden Vorschriften ergeben. [3]Über das geltende Recht hinausgehende Anforderungen dürfen nur gestellt werden, soweit sie auf Rechtsakten des Rates der Europäischen Union beruhen. [4]Die Rechtsverordnung nach Satz 1 kann auch Abweichungen von der Kontoform nach § 266 Abs. 1 Satz 1 gestatten. [5]Satz 4 gilt auch in den Fällen, in denen ein Geschäftszweig eine von den §§ 266 und 275 abweichende Gliederung nicht erfordert.

(2) [1]Absatz 1 ist auf Kreditinstitute im Sinne des § 1 Abs. 1 des Gesetzes über das Kreditwesen, soweit sie nach dessen § 2 Abs. 1, 4 oder 5 von der Anwendung nicht ausgenommen sind, und auf Finanzdienstleistungsinstitute im Sinne des § 1 Abs. 1a des Gesetzes über das Kreditwesen, soweit sie nach dessen § 2 Abs. 6 oder 10 von der Anwendung nicht ausgenommen sind, nach Maßgabe der Sätze 3 und 4 ungeachtet ihrer Rechtsform anzuwenden. [2]Satz 1 ist auch auf Zweigstellen von Unternehmen mit Sitz in einem Staat anzuwenden, der nicht Mitglied der Europäischen Gemeinschaft und auch nicht Vertragsstaat des Abkommens über den Europäischen Wirtschaftsraum ist, sofern die Zweigstelle nach § 53 Abs. 1 des Gesetzes über das Kreditwesen als Kreditinstitut oder als Finanzinstitut gilt. [3]Die Rechtsverordnung bedarf nicht der Zustimmung des Bundesrates; sie ist im Einvernehmen mit dem Bundesministerium der Finanzen und im Benehmen

---

[1] Geändert durch das Gesetz über elektronische Handelsregister und Genossenschaftsregister sowie das Unternehmensregister (EHUG) vom 10. November 2006. Zur erstmaligen Anwendung s. Art. 61 Abs. 5 EGHGB.

mit der Deutschen Bundesbank zu erlassen. ⁴ In die Rechtsverordnung nach Satz 1 können auch nähere Bestimmungen über die Aufstellung des Jahresabschlusses und des Konzernabschlusses im Rahmen der vorgeschriebenen Formblätter für die Gliederung des Jahresabschlusses und des Konzernabschlusses sowie des Zwischenabschlusses gemäß § 340 a Abs. 3 und des Konzernzwischenabschlusses gemäß § 340 i Abs. 4 aufgenommen werden, soweit dies zur Erfüllung der Aufgaben des Bundesaufsichtsamts für das Kreditwesen oder der Deutschen Bundesbank erforderlich ist, insbesondere um einheitliche Unterlagen zur Beurteilung der von den Kreditinstituten und Finanzdienstleistungsinstituten durchgeführten Bankgeschäfte und erbrachten Finanzdienstleistungen zu erhalten.

Abs. 3 idF für Geschäftsjahre, die vor dem 1. 1. 2006 beginnen

(3) ¹ Absatz 1 ist auf Versicherungsunternehmen nach Maßgabe der Sätze 3 und 4 ungeachtet ihrer Rechtsform anzuwenden. ² Satz 1 ist auch auf Niederlassungen im Geltungsbereich dieses Gesetzes von Versicherungsunternehmen mit Sitz in einem anderen Staat anzuwenden, wenn sie zum Betrieb des Direktversicherungsgeschäfts der Erlaubnis durch die deutsche Versicherungsaufsichtsbehörde bedürfen. ³ Die Rechtsverordnung bedarf der Zustimmung des Bundesrates und ist im Einvernehmen mit dem Bundesministerium der Finanzen zu erlassen. ⁴ In die Rechtsverordnung nach Satz 1 können auch nähere Bestimmungen über die Aufstellung des Jahresabschlusses und des Konzernabschlusses im Rahmen der vorgeschriebenen Formblätter für die Gliederung des Jahresabschlusses und des Konzernabschlusses sowie Vorschriften über den Ansatz und die Bewertung von versicherungstechnischen Rückstellungen, insbesondere die Näherungsverfahren, aufgenommen werden.

Abs. 3 idF des EHUG

(3) ¹ Absatz 1 ist auf Versicherungsunternehmen nach Maßgabe der Sätze 3 und 4 ungeachtet ihrer Rechtsform anzuwenden. ² Satz 1 ist auch auf Niederlassungen im Geltungsbereich dieses Gesetzes von Versicherungsunternehmen mit Sitz in einem anderen Staat anzuwenden, wenn sie zum Betrieb des Direktversicherungsgeschäfts der Erlaubnis durch die deutsche Versicherungsaufsichtsbehörde bedürfen. ³ Die Rechtsverordnung bedarf der Zustimmung des Bundesrates und ist im Einvernehmen mit dem Bundesministerium der Finanzen zu erlassen. ⁴ In die Rechtsverordnung nach Satz 1 können auch nähere Bestimmungen über die Aufstellung des Jahresabschlusses und des Konzernabschlusses im Rahmen der vorgeschriebenen Formblätter für die Gliederung des Jahresabschlusses und des Konzernabschlusses sowie Vorschriften über den Ansatz und die Bewertung von versicherungstechnischen Rückstellungen, insbesondere die Näherungsverfahren, aufgenommen werden. ⁵ Die Zustimmung des Bundesrates ist nicht erforderlich, soweit die Verordnung ausschließlich dem Zweck dient, Abweichungen nach Absatz 1 Satz 4 und 5 zu gestatten.

(4) ¹ In der Rechtsverordnung nach Absatz 1 in Verbindung mit Absatz 3 kann bestimmt werden, daß Versicherungsunternehmen, auf die die Richtlinie 91/674/EWG nach deren Artikel 2 in Verbindung mit Artikel 3 der Richtlinie 73/239/EWG oder in Verbindung mit Artikel 2 Nr. 2 oder 3 oder Artikel 3 der Richtlinie 79/267/EWG nicht anzuwenden ist, von den Regelungen des Zweiten Unterabschnitts des Vierten Abschnitts ganz oder teilweise befreit werden, soweit dies erforderlich ist, um eine im Verhältnis zur Größe der Versicherungsunternehmen unangemessene Belastung zu vermeiden; Absatz 1 Satz 2 ist insoweit nicht anzuwenden. ² In der Rechtsverordnung dürfen diesen Versicherungsunternehmen auch für die Gliederung des Jahresabschlusses und des Konzernabschlusses, für die Erstellung von Anhang und Lagebericht und Konzernanhang und Konzernlagebericht sowie für die Offenlegung ihrer Größe angemessene Vereinfachungen gewährt werden.

(5) Die Absätze 3 und 4 sind auf Pensionsfonds (§ 112 Abs. 1 des Versicherungsaufsichtsgesetzes) entsprechend anzuwenden.

I. Allgemeine Grundsätze

Da die Gliederungsvorschriften des Gesetzes für den Jahresabschluss von Kapitalgesellschaften, insbesondere § 266 und § 275, grundsätzlich auf Gegebenheiten abstellen, wie sie bei Industrie- und Handelsunternehmen zu finden sind, enthält das Gesetz in Abs. 1 S. 1 eine **Verordnungsermächtigung** zum Erlass von sog. **Formblättern** und von **anderen Vorschriften für die Gliederung** des

Jahres- und Konzernabschlusses sowie für den Inhalt des Anhangs/Konzernanhangs und des Lageberichts/Konzernlageberichts.

2 § 330 gilt für Kapitalgesellschaften, für eingetragene Vereine und für Unternehmen des PublG sowie für OHG und KG, bei denen keine natürliche Person unmittelbar oder mittelbar persönlich haftender Gesellschafter ist. Für Kreditinstitute finden sich in Abs. 2, für Versicherungsunternehmen in den Abs. 3 und 4 weitere Regelungen. Ergänzende Vorschriften für Kreditinstitute und Finanzdienstleistungsinstitute enthalten die §§ 340 ff. und für Versicherungsunternehmen die §§ 341 ff.

II. Inhalt und Erlassverfahren der Ermächtigungsvorschrift

3 Abs. 1 enthält eine **Ermächtigung** für das Bundesministerium der Justiz, im Einvernehmen mit dem Bundesministerium für Finanzen und dem Bundesministerium für Wirtschaft und Arbeit durch **Rechtsverordnung** Formblätter vorzuschreiben oder von den §§ 266, 275 abweichende Gliederungsvorschriften zu erlassen. Die Anforderungen an die Unterlagen sollen gegenüber den Anforderungen, die für große Kapitalgesellschaften gelten, gleichwertig sein. Sie dürfen über das geltende Recht nur hinausgehen, sofern sie auf Rechtsakten des Rates der Europäischen Union beruhen.

4 Abs. 1 S. 1 ermächtigt nur dann zum Erlass von Formblattvorschriften und anderen Vorschriften, wenn der **Geschäftszweig** abweichende Regelungen **erfordert.** Abs. 1 gestattet keine Abweichungen von den Ansatzvorschriften oder den Bewertungsvorschriften, von den Vorschriften über die Prüfung, über die Offenlegung und auch nicht von den Sanktionen.[2]

5 Für **Kreditinstitute** und **Finanzdienstleister** (Abs. 2 S. 1) sowie **Versicherungsunternehmen** (Abs. 3 S. 1) sind die Verordnungsermächtigungen des Abs. 1 jeweils auf alle anderen Rechtsformen erweitert, soweit diese nach dem KWG dem VAG zulässig sind. Rechtsverordnungen gelten derzeit für die Rechnungslegung der Kreditinstitute und Finanzdienstleistungsinstitute, (BGBl. 1998 I S. 3659) für die Rechnungslegung von Versicherungsunternehmen,[3] für die Gliederung des Jahresabschlusses von Verkehrsunternehmen,[4] für die Krankenhausbuchführung,[5] für die Rechnungslegung von Pensionsfonds[6] sowie die Pflegebuchführung[7] und für die Formblätter über die Gliederung des Jahresabschlusses für Wohnungsunternehmen.[8]

III. Rechtsfolgen bei der Verletzung von Formblattverordnungen

6 Beim Verstoß gegen eine auf Grund des Abs. 1 erlassene Rechtsverordnung handelt es sich, soweit die Rechtsverordnung für einen bestimmten Tatbestand auf die Bußgeldvorschrift des § 334 verweist, um eine Ordnungswidrigkeit, die mit einer Geldbuße bis zu Euro 50 000,– geahndet werden kann (§ 334 Abs. 1 Nr. 6, Abs. 3). Diese Regelung findet auf Kreditinstitute und Finanzdienstleistungsinstitute iSv. § 340 und auf Versicherungsunternehmen iSv. § 341 Abs. 1 keine Anwendung (§ 334 Abs. 4), da §§ 340 n, 341 n eigene Bußgeldvorschriften enthalten.

IV. Änderungen durch das EHUG

7 Neben der redaktionellen Änderung in Abs. 1 S. 1, die der neuen Bezeichnung des zuständigen Ministeriums Rechnung trägt, wird die Verordnungsermächtigung auf die Zulassung von Abweichungen von der Kontoform nach § 266 Abs. 1 S. 1 bei der Aufstellung der Bilanz ausgeweitet. Damit soll den besonderen Erfordernissen bei der elektronischen Darstellung der Bilanz Rechnung getragen werden. Durch die Ergänzung von Abs. 3 wird geregelt, dass eine Verordnung durch das Bundesministerium für Wirtschaft und Technologie mit diesem Zweck nicht der Zustimmung des Bundesrates bedarf.

---

[2] *Förschle/Lawall* BeBiKo RdNr. 11.
[3] BGBl. 1994 I S. 3378, zuletzt geändert durch Gesetz vom 27. Mai 2003, BGBl. 2003 I S. 736.
[4] BGBl. 1968 I S. 193, zuletzt geändert durch Verordnung vom 13. Juli 1988, BGBl. 1988 I S. 1057.
[5] BGBl. 1987 I S. 1045, zuletzt geändert durch Gesetz vom 17. Juli 2003, BGBl. 2003 I S. 1401.
[6] BGBl. 2003 I. S. 246.
[7] BGBl. 1995 I S. 1528, zuletzt geändert durch Gesetz vom 9. Juni 1998, BGBl. 1998 I S. 1242.
[8] BGBl. 1970 I S. 1334, zuletzt geändert durch Verordnung vom 6. März 1987, BGBl. 1987 I S. 770.

Sechster Unterabschnitt.
Straf- und Bußgeldvorschriften. Zwangsgelder

§ 331 Unrichtige Darstellung

Mit Freiheitsstrafe bis zu drei Jahren oder mit Geldstrafe wird bestraft, wer

1. als Mitglied des vertretungsberechtigten Organs oder des Aufsichtsrats einer Kapitalgesellschaft die Verhältnisse der Kapitalgesellschaft in der Eröffnungsbilanz, im Jahresabschluß, im Lagebericht oder im Zwischenabschluß nach § 340a Abs. 3 unrichtig wiedergibt oder verschleiert,
1a. als Mitglied des vertretungsberechtigten Organs einer Kapitalgesellschaft zum Zwecke der Befreiung nach § 325 Abs. 2a Satz 1, Abs. 2b einen Einzelabschluss nach den in § 315a Abs. 1 genannten internationalen Rechnungslegungsstandards, in dem die Verhältnisse der Kapitalgesellschaft unrichtig wiedergegeben oder verschleiert worden sind, vorsätzlich oder leichtfertig offen legt,
2. als Mitglied des vertretungsberechtigten Organs oder des Aufsichtsrats einer Kapitalgesellschaft die Verhältnisse des Konzerns im Konzernabschluß, im Konzernlagebericht oder im Konzernzwischenabschluß nach § 340i Abs. 4 unrichtig wiedergibt oder verschleiert,
3. als Mitglied des vertretungsberechtigten Organs einer Kapitalgesellschaft zum Zwecke der Befreiung nach § 291 Abs. 1 und 2 oder einer nach § 292 erlassenen Rechtsverordnung einen Konzernabschluß oder Konzernlagebericht, in dem die Verhältnisse des Konzerns unrichtig wiedergegeben oder verschleiert worden sind, vorsätzlich oder leichtfertig offenlegt,
3a. entgegen § 264 Abs. 2 Satz 3, § 289 Abs. 1 Satz 5, § 297 Abs. 2 Satz 4 oder § 315 Abs. 1 Satz 6 eine Versicherung nicht richtig abgibt,[1]
4. als Mitglied des vertretungsberechtigten Organs einer Kapitalgesellschaft oder als Mitglied des vertretungsberechtigten Organs oder als vertretungsberechtigter Gesellschafter eines ihrer Tochterunternehmen (§ 290 Abs. 1, 2) in Aufklärungen oder Nachweisen, die nach § 320 einem Abschlußprüfer der Kapitalgesellschaft, eines verbundenen Unternehmens oder des Konzerns zu geben sind, unrichtige Angaben macht oder die Verhältnisse der Kapitalgesellschaft, eines Tochterunternehmens oder des Konzerns unrichtig wiedergibt oder verschleiert.

I. Allgemeines

§ 331 sanktioniert die unrichtige Darstellung oder Verschleierung der Verhältnisse
- in der Eröffnungsbilanz, im Jahresabschluss, im Lagebericht oder im Zwischenabschluss nach § 340a Abs. 3 (Nr. 1),
- im befreienden Einzelabschluss nach § 325 Abs 2a (Nr. 1a)
- im Konzernabschluss, im Konzernlagebericht oder im Konzernzwischenabschluss (Nr. 2),
- im befreienden Konzernabschluss oder im Konzernlagebericht (Nr. 3),
- gegenüber dem Abschlussprüfer bzw. Konzern-Abschlussprüfer (Nr. 4).

§ 331 sanktioniert jedoch nicht die Unterlassung der Offenlegung.

II. Betroffener Personenkreis

Der Personenkreis, dem die Straftatbestände nach § 331 zur Last gelegt werden können, ist in Abhängigkeit der unterschiedlichen Tatbestände der Nr. 1 bis 4 abgegrenzt. Von **Nr. 1, 1a** und **2** sind jeweils **die Mitglieder des Vorstands, der Geschäftsführung oder des Aufsichtsrates** der Kapitalgesellschaft betroffen, während **Nr. 3** nur bei **Mitgliedern des vertretungsberechtigten Organs** einschlägig ist und **Nr. 4** sich darüber hinaus an **Mitglieder des Vorstands oder der Geschäftsführung oder vertretungsberechtigte Gesellschafter von Tochterunternehmen**

---

[1] § 331 Nr. 3a eingefügt durch das Transparenzrichtlinie-Umsetzungsgesetz vom 5. Januar 2007. Zur erstmaligen Anwendung s. Art. 62 EGHGB.

richtet. In jedem Fall haften die genannten Personen über § 278 BGB für Vergehen ihrer Erfüllungsgehilfen, während andere Personengruppen auf Grund der abschließenden Aufzählung nicht in Betracht kommen.[2] Die Strafvorschriften des § 331 gelten auch für OHG und KG, bei denen keine natürliche Person unmittelbar oder mittelbar persönlich haftender Gesellschafter ist (vgl. Erl. zu § 335 b). Bei diesen Gesellschaften richtet sich die Strafandrohung an die Mitglieder des vertretungsberechtigten Organs der vertretungsberechtigten Gesellschaften.

III. Straftatbestände

3   Die Delikte, die in § 331 aufgezählt sind, lassen sich danach unterscheiden, ob sie den Einzel- oder den Konzernabschluss betreffen. Die **Bilanzfälschung oder -verschleierung** nach Nr. 1 betrifft ausschließlich den **Jahresabschluss, Nr. 1 a den befreienden Einzelabschluss,** während Nr. 2 die identischen Delikte in Verbindung mit dem **Konzernabschluss** unter Strafe stellt. Nr. 3 ist in den Fällen einschlägig, in denen ein **zum Zweck der Befreiung offen gelegter Konzernabschluss** die **Verhältnisse des einbezogenen Teilkonzerns unrichtig wiedergibt oder verschleiert.** Die durch das TUG eingeführte Nr. 3 a bezieht bestimmte abgegebene Versicherungen als Straftatbestände ein.

4   Die Verhältnisse der Kapitalgesellschaft/des Konzerns werden dann unrichtig wiedergegeben, wenn die Darstellung ihrer Lage **mit der Wirklichkeit nicht übereinstimmt.**[3] Eine Verschleierung liegt vor, wenn **Tatsachen so undeutlich oder unkenntlich** wiedergegeben werden, dass sich der wirkliche Tatbestand nur schwer oder überhaupt nicht erkennen lässt.[4] Eine Abgrenzung zwischen Bilanzfälschung und Bilanzverschleierung erübrigt sich insoweit, als beide Vergehen in gleicher Weise unter Strafe gestellt werden.[5] Die unrichtige Darstellung oder Verschleierung muss sich auf die Verhältnisse der Kapitalgesellschaft beziehen. Typische Fälle für eine unrichtige Wiedergabe oder Verschleierung können die Einstellung fiktiver Posten in den Jahresabschluss, das Weglassen tatsächlicher Posten, das Unterlassen von Pflichtangaben im Anhang, eine falsche Gliederung oder die unzutreffende Bewertung von Aktiv- und Passivposten sein.[6]

5   Schließlich betrifft Nr. 4 die Sanktionierung von **unrichtigen Angaben bzw. der unrichtigen Wiedergabe oder der Verschleierung der Verhältnisse gegenüber dem Abschlussprüfer.** Voraussetzung dafür ist ein Widerspruch zwischen den gemachten Angaben und der Vollständigkeitserklärung; die bloße Verweigerung von Auskünften fällt nicht unter Nr. 4.[7]

IV. Strafbarkeitsvoraussetzungen

6   Mit Ausnahme von Nr. 1 a und Nr. 3, die auch bereits ein leichtfertiges Vergehen unter Strafe stellen, ist **Vorsatz** Voraussetzung für die Strafbarkeit, wobei bereits bedingter Vorsatz genügt. Dieser ist anzunehmen, wenn der Täter ernsthaft mit der Möglichkeit rechnet, die Darstellung könne unrichtig oder verschleiert sein, und diese Möglichkeit bewusst und billigend in Kauf nimmt.[8] Vorsätzliches Handeln ist jedenfalls dann nicht gegeben, wenn es dem Täter nicht bekannt war, dass er objektiv falsche Angaben gemacht hat. Nach dem Sinn und dem Wortlaut der Vorschrift ist es offensichtlich, dass nur **wesentliche Verstöße** der Bestrafung unterliegen.[9] Da jeweils auf die Verhältnisse der Kapitalgesellschaft, des Konzerns oder eines Tochterunternehmens abgestellt wird,[10] können geringfügige Verstöße keinen Einfluss auf die unrichtige Wiedergabe oder eine Verschleierung haben. In der Rechnungslegung wird dann von Wesentlichkeit gesprochen, wenn der Leser eines Jahresabschlusses auf Grund unrichtiger Darstellungen andere Schlussfolgerungen als bei gesetzeskonformer Darstellung ziehen muss, zB bei Investitionsentscheidungen, Krediteinräumungen, Eingehen eines Angestelltenverhältnisses usw.[11]

7   Schließlich kann eine unrichtige Darstellung nur dann strafbar sein, wenn die Darstellung nach dem einstimmigen Urteil von Fachleuten **eindeutig falsch** und keinesfalls mehr vertretbar ist.[12] So kann etwa eine (noch) zulässige Wahlrechtsausübung nicht die Rechtsfolgen dieser Vorschrift aus-

---

[2] *Hoyos/H. P. Huber* BeBiKo RdNr. 18.
[3] Geßler/Hefermehl/*Fuhrmann* AktG § 400 RdNr. 20; MünchKommAktG/*Schaal* § 400 RdNr. 34 ff.
[4] Geßler/Hefermehl/*Fuhrmann* AktG § 400 RdNr. 22; MünchKommAktG/*Schaal* § 400 RdNr. 40 ff.
[5] *Pfennig* HdR (5) RdNr. 12; *Maier* BoHR RdNr. 6.
[6] *Hoyos/H. P. Huber* BeBiKo RdNr. 12 ff.; *Maier* BoHR RdNr. 7 f.
[7] *Pfennig* HdR (5) RdNr. 29; *Maier* BoHR RdNr. 27.
[8] *Tröndle/Fischer* § 15 StGB RdNr. 9.
[9] *Pfennig* HdR (5) RdNr. 16; *Hoyos/H. P. Huber* BeBiKo RdNr. 20.
[10] Zur Problematik des unbestimmten Begriffs „Verhältnisse" vgl. *Hoyos/H. P. Huber* BeBiKo RdNr. 16 f.
[11] *Pfennig* HdR (5) RdNr. 16.
[12] *Hoyos/H. P. Huber* BeBiKo § 330 HGB RdNr. 11.

lösen. Unter Berücksichtigung dieser Einschränkungen ist die praktische Bedeutung von § 331 eher gering.

V. Rechtsfolgen

Jeder Verstoß gegen § 331 wird mit **Freiheitsstrafe** bis zu 3 Jahren oder mit **Geldstrafe** geahndet. Da § 331 ein Schutzgesetz iSd. § 823 Abs. 2 BGB darstellt, können Personen, die durch eine Straftat gem. § 331 einen Vermögensschaden erlitten haben, vom Täter Schadenersatz verlangen. 8

Der Jahresabschluss einer AG bzw. KGaA ist unter den Voraussetzungen des § 256 AktG nichtig. Für die GmbH kommt § 256 AktG analog zur Anwendung.[13] 9

Die Verjährungsfrist beträgt 5 Jahre (§ 78 Abs. 3 Nr. 4 StGB). Sie beginnt mit der Beendigung der Tat. 10

§ 332 Verletzung der Berichtspflicht

(1) Mit Freiheitsstrafe bis zu drei Jahren oder mit Geldstrafe wird bestraft, wer als Abschlußprüfer oder Gehilfe eines Abschlußprüfers über das Ergebnis der Prüfung eines Jahresabschlusses, eines Einzelabschlusses nach § 325 Abs. 2 a, eines Lageberichts, eines Konzernabschlusses, eines Konzernlageberichts einer Kapitalgesellschaft oder eines Zwischenabschlusses nach § 340 a Abs. 3 oder eines Konzernzwischenabschlusses gemäß § 340 i Abs. 4 unrichtig berichtet, im Prüfungsbericht (§ 321) erhebliche Umstände verschweigt oder einen inhaltlich unrichtigen Bestätigungsvermerk (§ 322) erteilt.

(2) Handelt der Täter gegen Entgelt oder in der Absicht, sich oder einen anderen zu bereichern oder einen anderen zu schädigen, so ist die Strafe Freiheitsstrafe bis zu fünf Jahren oder Geldstrafe.

I. Strafrechtliche Sanktionen bei Verletzung der Berichtspflicht

Verletzt der Abschlussprüfer oder ein Gehilfe seine Pflichten im Rahmen der Prüfung, regelt § 323 zunächst die zivilrechtliche Schadenersatzpflicht gegenüber dem betroffenen Unternehmen und ggf. ebenfalls geschädigten verbundenen Unternehmen. Darüber hinaus sind an bestimmte Vergehen auch **strafrechtliche Sanktionen** geknüpft. Dies betrifft im Einzelnen die Verletzung der Geheimhaltungspflicht (vgl. § 333) und die in § 332 angesprochene **Verletzung der Berichtspflicht.** Sonstiges Fehlverhalten des Abschlussprüfers ist zumindest nach den Vorschriften des HGB strafrechtlich nicht relevant, soweit es keine Auswirkungen auf den Prüfungsbericht und/oder den Bestätigungsvermerk hat. Davon unabhängig ist jedoch im Einzelfall eine Verwirklichung von Straftatbeständen des StGB denkbar. 1

II. Betroffener Personenkreis

§ 332 richtet sich gleichermaßen an den Abschlussprüfer wie an Gehilfen des Abschlussprüfers. Sofern eine **Wirtschaftsprüfungsgesellschaft** oder eine Buchprüfungsgesellschaft Abschlussprüfer ist, liegt die strafrechtliche **Verantwortlichkeit bei den gesetzlichen Vertretern,** insbesondere wenn diese an der Prüfung mitgewirkt und den Prüfungsbericht bzw. den Bestätigungsvermerk unterzeichnet haben.[1] **Prüfungsgehilfen** können sich strafbar machen, soweit sie dahingehend **Einfluss genommen** haben, dass einer der genannten Tatbestände erfüllt ist. Dabei kommt es nicht darauf an, ob der Abschlussprüfer die Unrichtigkeit des Prüfungsberichts oder des Bestätigungsvermerks kennt. Aus Sicht des Gehilfen liegt entweder **Mittäterschaft** oder **Beihilfe** vor (bei Kenntnis des Abschlussprüfers); andernfalls hat der Gehilfe die Tat als **mittelbarer Täter** begangen (bei Unkenntnis des Abschlussprüfers). 2

III. Straftatbestände im Einzelnen

Im Einzelnen stellt § 332 drei verschiedene Vergehen unter Strafe: die unrichtige Berichterstattung über das Prüfungsergebnis, das Verschweigen erheblicher Umstände im Prüfungsbericht und die Erteilung eines unrichtigen Bestätigungsvermerks. Voraussetzung für die Strafbarkeit ist ein vorsätzli- 3

---

[13] *Hoyos/H. P. Huber* BeBiKo RdNr. 40.
[1] Für eine abschließende Beschränkung auf gesetzliche Vertreter, die den Prüfungsbericht bzw. den Bestätigungsvermerk unterzeichnet haben: *Maier* BoHR RdNr. 4.

ches Handeln; der Abschlussprüfer muss wider besseren Wissens bestimmte Sachverhalte nicht im Prüfungsbericht angesprochen haben. Dabei genügt bedingter Vorsatz, dh. der Abschlussprüfer muss die Gefahr der unrichtigen Berichterstattung, des Verschweigens erheblicher Umstände bzw. der Erteilung eines inhaltlich unrichtigen Bestätigungsvermerks erkannt und billigend in Kauf genommen haben.[2]

4 **1. Unrichtige Berichterstattung.** Von unrichtiger Berichterstattung ist auszugehen, wenn der Prüfungsbericht des Abschlussprüfers gem. § 321 nicht mit den Feststellungen übereinstimmt, die der Abschlussprüfer im Rahmen seiner Prüfung gemacht hat. Dabei kommt es auf den **subjektiven Kenntnisstand** des Abschlussprüfers an: Ist er durch seine Prüfung zu objektiv falschen Ergebnissen (zB auf Grund einer fehlerhaften Vorgehensweise) gelangt, so liegt eine unrichtige Berichterstattung nicht vor, wenn diese seiner subjektiven Einschätzung entspricht. Strafrechtlich relevant kann dieses Handeln schon deshalb nicht sein, weil in dieser Konstellation nicht von Vorsatz auszugehen ist.

5 Zwar wird in Verbindung mit der unrichtigen Berichterstattung nicht die „Erheblichkeit" als Voraussetzung für die Strafbarkeit erwähnt; dennoch wird wie bei dem Tatbestand des Verschweigens von Umständen (vgl. RdNr. 8 ff.) gelten müssen, dass eine unrichtige Berichterstattung über völlig unwesentliche Sachverhalte ohne Folgen bleibt, solange davon nicht die Darstellung des Prüfungsergebnisses beeinträchtigt wird.

6 Die Beurteilung der unrichtigen Berichterstattung hat sich allein auf den **Inhalt des Prüfungsberichts** zu stützen. Weder kann sich der Abschlussprüfer dadurch exkulpieren, dass er unrichtige Angaben im Prüfungsbericht durch Aufklärung in anderer Form oder an anderer Stelle korrigiert hat, noch fallen falsche Aussagen außerhalb des Prüfungsberichts unter die Strafvorschrift des § 332.

7 Sofern die unrichtige Berichterstattung in einem vorsätzlich mit falschem Inhalt erteilten Bestätigungsvermerk zum Ausdruck kommt, ist dieser Fall der unrichtigen Berichterstattung als gesonderter Tatbestand genannt (vgl. RdNr. 10).

8 **2. Verschweigen erheblicher Umstände.** Das Verschweigen erheblicher Umstände im Prüfungsbericht kann als Unterfall der unrichtigen Berichterstattung über das Prüfungsergebnis angesehen werden, bei der die Unrichtigkeit in der **Nichterwähnung bestimmter berichtswesentlicher Tatbestände** liegt.

9 Ein Vergehen kann erst dann vorliegen, wenn ein Prüfungsbericht ausgeliefert wurde; bei (noch) nicht vorliegendem Prüfungsbericht kann die Vorschrift nicht eingreifen. Schließlich kommt eine Strafbarkeit nur bei Verschweigen **erheblicher** Umstände in Betracht. Die Erheblichkeit wird daran zu messen sein, ob ein Berichtsleser bei Kenntnis dieser Umstände zu einer anderen Beurteilung hinsichtlich der Gesellschaft gelangt wäre. Zudem wird die Nichteinhaltung von gesetzlich bzw. auf dem Verordnungswege besonders geregelten Berichtspflichten (zB § 321 Abs. 2 bis 4 oder PrüfBV für Kreditinstitute) regelmäßig einem Verschweigen gleichkommen.

10 **3. Erteilung eines unrichtigen Bestätigungsvermerks.** Der Tatbestand der Erteilung eines unrichtigen Bestätigungsvermerks ist erfüllt, wenn der **Bestätigungsvermerk nicht den nach dem Ergebnis der Prüfung erforderlichen Inhalt** hat. Dies kann bei einem uneingeschränkten Bestätigungsvermerk der Fall sein, wenn eine Ergänzung oder Einschränkung erforderlich gewesen wäre. Gleiches gilt jedoch auch im umgekehrten Fall.

IV. Qualifizierte Tatbestände (Abs. 2)

11 Abs. 2 stellt folgende zusätzliche Tatbestandsmerkmale dar, die die Tat besonders schwerwiegend erscheinen lassen und deshalb mit einer erhöhten Strafandrohung verbunden sind: Das strafbare Verhalten des Abschlussprüfers bzw. des Prüfungsgehilfen **erfolgt gegen Entgelt** oder mit der Absicht sich oder einen anderen **zu bereichern** oder einen anderen **zu schädigen.** Das Vorliegen einer Entgeltvereinbarung reicht bspw. zur Erfüllung des Tatbestandes aus.[3]

V. Rechtsfolgen

12 Die Tat wird mit Freiheits- oder Geldstrafe bestraft. Das in Abs. 1 vorgesehene Strafmaß (Freiheitsstrafe bis zu drei Jahren oder Geldstrafe) erhöht sich unter den Voraussetzungen des Abs. 2 auf eine Freiheitsstrafe von bis zu fünf Jahren oder Geldstrafe. Die Verjährungsfrist beträgt 5 Jahre nach Vollendung der Tat (§ 78 Abs. 3 Nr. 4 StGB).

---

[2] *Hoyos/H. P. Huber* BeBiKo RdNr. 41.
[3] *Pfennig* HdR (5) RdNr. 31.

§ 333 Verletzung der Geheimhaltungspflicht

(1) Mit Freiheitsstrafe bis zu einem Jahr oder mit Geldstrafe wird bestraft, wer ein Geheimnis der Kapitalgesellschaft, eines Tochterunternehmens (§ 290 Abs. 1, 2), eines gemeinsam geführten Unternehmens (§ 310) oder eines assoziierten Unternehmens (§ 311), namentlich ein Betriebs- oder Geschäftsgeheimnis, das ihm in seiner Eigenschaft als Abschlußprüfer oder Gehilfe eines Abschlußprüfers bei Prüfung des Jahresabschlusses, eines Einzelabschlusses nach § 325 Abs. 2a oder des Konzernabschlusses bekannt geworden ist, oder wer ein Geschäfts- oder Betriebsgeheimnis oder eine Erkenntnis über das Unternehmen, das ihm als Beschäftigter bei einer Prüfstelle im Sinne von § 342b Abs. 1 bei der Prüftätigkeit bekannt geworden ist, unbefugt offenbart.

(2) ¹Handelt der Täter gegen Entgelt oder in der Absicht, sich oder einen anderen zu bereichern oder einen anderen zu schädigen, so ist die Strafe Freiheitsstrafe bis zu zwei Jahren oder Geldstrafe. ²Ebenso wird bestraft, wer ein Geheimnis der in Absatz 1 bezeichneten Art, namentlich ein Betriebs- oder Geschäftsgeheimnis, das ihm unter den Voraussetzungen des Absatzes 1 bekannt geworden ist, unbefugt verwertet.

(3) Die Tat wird nur auf Antrag der Kapitalgesellschaft verfolgt.

I. Betroffener Personenkreis

Eine Verletzung der Geheimhaltungspflicht kann vom Abschlussprüfer und seinen Gehilfen begangen werden. Die Eingrenzung des Kreises der Prüfungsgehilfen geht hier weiter als in § 332, Täter können zB auch Schreibkräfte und die Hausdruckerei sein. 1

Darüber hinaus umfasst der betroffene Personenkreis auch die Beschäftigten einer Prüfstelle iSd. § 342b Abs. 2, also der Deutschen Prüfstelle für Rechnungslegung e. V.

II. Straftatbestand

§ 333 ist die bei der Verletzung von Betriebs- oder Geschäftsgeheimnissen durch den Abschlussprüfer einschlägige **Strafrechtsnorm.** Die Vorschrift korrespondiert insoweit mit **§ 323,** der die **zivilrechtlichen Folgen** einer derartigen Pflichtverletzung regelt, wobei die Verschwiegenheitspflicht nach § 323 weiter reicht.¹ Während bei Pflichtprüfungen § 333 als lex specialis den strafrechtlichen Bestimmungen in §§ 203 ff. StGB vorgeht, können bei vergleichbaren Vergehen bei freiwilligen Prüfungen, auf die § 333 nicht anwendbar ist, die StGB-Vorschriften zum Tragen kommen.² Um den Abschlussprüfer vor zwangsläufigen Verstößen gegen seine Verschwiegenheitspflicht zu bewahren, wird dem Wirtschaftsprüfer und seinem Gehilfen in § 53 StPO ein **Zeugnisverweigerungsrecht** in Ermittlungs- und Gerichtsverfahren eingeräumt.³ Dieses Recht findet jedoch seine Grenze im seltenen Fall des § 138 StGB (Kenntnis von der Planung von Straftaten) einerseits sowie im Fall der Entbindung von der Schweigepflicht durch den Mandanten andererseits.⁴ 2

Die Pflicht zur Geheimhaltung erstreckt sich auf die Offenbarung von Geheimnissen aller Art der in Abs. 1 genannten Unternehmen. Die Hervorhebung von **Betriebs- oder Geschäftsgeheimnissen** bedeutet keine Beschränkung der Strafbarkeit auf die Mitteilung derartiger Geheimnisse; unter den Begriff der Geheimnisse fallen vielmehr alle Kenntnisse in Bezug auf die betroffenen Unternehmen, die der Öffentlichkeit nicht bekannt und aus Unternehmenssicht auch nicht für diese bestimmt sind.⁵ Die unbefugte Offenbarung bzw. Verwertung muss vorsätzlich begangen worden sein. Auch hierbei genügt bereits bedingter Vorsatz, wenn zB der Täter geheime Unterlagen nicht sicher verwahrt und damit die Einsichtnahme durch Nichtberechtigte billigend in Kauf nimmt. 3

III. Qualifizierte Tatbestände (Abs. 2)

Abs. 2 stellt eine **Strafverschärfung** in Aussicht, sofern eine **Bereicherungsabsicht** oder die Absicht, einen anderen zu schädigen, hinzutritt. Ebenfalls mit einer höheren Strafandrohung ist die unbefugte Verwertung von Unternehmensgeheimnissen belegt. Darunter kann auch der An- oder Verkauf von Aktien auf Grund der im Rahmen der Jahresabschlussprüfung gewonnenen, nicht öffentlich zugänglichen Kenntnisse fallen.⁶ 4

---

¹ *Maier* BoHR RdNr. 3.
² *Hoyos/H. P. Huber* BeBiKo RdNr. 3.
³ *Pfennig* HdR (5) RdNr. 7.
⁴ *Hoyos/H. P. Huber* BeBiKo RdNr. 13.
⁵ *Pfennig* HdR (5) RdNr. 8 ff.; *Maier* BoHR RdNr. 4.
⁶ *Pfennig* HdR (5) RdNr. 35.

IV. Rechtsfolgen

5 Bei Vorliegen der Voraussetzungen des Abs. 1 wird die Tat mit einer Freiheitsstrafe bis zu einem Jahr oder mit Geldstrafe geahndet. Bei Vorliegen der Qualifikationen des Abs. 2 erhöht sich die Strafandrohung auf Freiheitsstrafe bis zu 2 Jahren oder Geldstrafe. Voraussetzung für eine Strafverfolgung ist der **Antrag der geschädigten Kapitalgesellschaft;** die Ermittlungsbehörden werden nicht von Amts wegen tätig. Dieses Verfahren wird von dem Gedanken bestimmt, dass dem Interesse der Kapitalgesellschaft als geschädigter Partei Vorrang vor einer Strafverfolgung aus öffentlichem Interesse zukommen soll. Der **Antrag** ist von den gesetzlichen Vertretern der Kapitalgesellschaft **innerhalb von drei Monaten** nach Kenntnis von der Tat und der Person des Täters zu stellen; die Verjährungsfrist beträgt drei Jahre im leichten Fall des Abs. 1, in den schweren Fällen des Abs. 2 fünf Jahre.[7] Anders als bspw. im Fall des Antrags auf Festsetzung eines Zwangsgeldes nach § 335 besteht bis zum Abschluss des Strafverfahrens die jederzeitige Möglichkeit zur **Antragsrücknahme.**[8] Da § 333 ein Schutzgesetz iSd. § 823 Abs. 2 BGB zu Gunsten der Kapitalgesellschaft darstellt, kann diese gegenüber dem Täter Schadenersatzansprüche geltend machen.

§ 334 Bußgeldvorschriften[1]

(1) Ordnungswidrig handelt, wer als Mitglied des vertretungsberechtigten Organs oder des Aufsichtsrats einer Kapitalgesellschaft
1. bei der Aufstellung oder Feststellung des Jahresabschlusses einer Vorschrift
    a) des § 243 Abs. 1 oder 2, der §§ 244, 245, 246, 247, 248, 249 Abs. 1 Satz 1 oder Abs. 3, des § 250 Abs. 1 Satz 1 oder Abs. 2, des § 251 oder des § 264 Abs. 2 über Form oder Inhalt,
    b) des § 253 Abs. 1 Satz 1 in Verbindung mit § 255 Abs. 1 oder 2 Satz 1, 2 oder 6, des § 253 Abs. 1 Satz 2 oder Abs. 2 Satz 1, 2 oder 3, dieser in Verbindung mit § 279 Abs. 1 Satz 2, des § 253 Abs. 3 Satz 1 oder 2, des § 280 Abs. 1, des § 282 oder des § 283 über die Bewertung,
    c) des § 265 Abs. 2, 3, 4 oder 6, der §§ 266, 268 Abs. 2, 3, 4, 5, 6 oder 7, der §§ 272, 273, 274 Abs. 1, des § 275 oder des § 277 über die Gliederung oder
    d) des § 280 Abs. 3, des § 281 Abs. 1 Satz 2 oder 3 oder Abs. 2 Satz 1, des § 284 oder des § 285 über die in der Bilanz oder im Anhang zu machenden Angaben,
2. bei der Aufstellung des Konzernabschlusses einer Vorschrift
    a) des § 294 Abs. 1 über den Konsolidierungskreis,
    b) des § 297 Abs. 2 oder 3 oder des § 298 Abs. 1 in Verbindung mit den §§ 244, 245, 246, 247, 248, 249 Abs. 1 Satz 1 oder Abs. 3, dem § 250 Abs. 1 Satz 1 oder Abs. 2 oder dem § 251 über Inhalt oder Form,
    c) des § 300 über die Konsolidierungsgrundsätze oder das Vollständigkeitsgebot,
    d) des § 308 Abs. 1 Satz 1 in Verbindung mit den in Nummer 1 Buchstabe b bezeichneten Vorschriften oder des § 308 Abs. 2 über die Bewertung,
    e) des § 311 Abs. 1 Satz 1 in Verbindung mit § 312 über die Behandlung assoziierter Unternehmen oder
    f) des § 308 Abs. 1 Satz 3, des § 313 oder des § 314 über die im Anhang zu machenden Angaben,
3. bei der Aufstellung des Lageberichts einer Vorschrift des § 289 Abs. 1 oder 4 über den Inhalt des Lageberichts,
4. bei der Aufstellung des Konzernlageberichts einer Vorschrift des § 315 Abs. 1 oder 4 über den Inhalt des Konzernlageberichts,
5. bei der Offenlegung, Veröffentlichung oder Vervielfältigung einer Vorschrift des § 328 über Form oder Inhalt oder
6. einer auf Grund des § 330 Abs. 1 Satz 1 erlassenen Rechtsverordnung, soweit sie für einen bestimmten Tatbestand auf diese Bußgeldvorschrift verweist,

zuwiderhandelt.

---

[7] *Hoyos/H. P. Huber* BeBiKo RdNr. 22.
[8] *Pfennig* HdR (5) RdNr. 38; *Hoyos/H. P. Huber* BeBiKo RdNr. 21.
[1] Geändert durch das Gesetz über elektronische Handelsregister und Genossenschaftsregister sowie das Unternehmensregister (EHUG) vom 10. November 2006. Zur erstmaligen Anwendung s. Art. 61 Abs. 5 EGHGB.

(2) Ordnungswidrig handelt, wer zu einem Jahresabschluss, zu einem Einzelabschluss nach § 325 Abs. 2 a oder zu einem Konzernabschluss, der aufgrund gesetzlicher Vorschriften zu prüfen ist, einen Vermerk nach § 322 Abs. 1 erteilt, obwohl nach § 319 Abs. 2, 3, 5, § 319 a Abs. 1 Satz 1, Abs. 2 er oder nach § 319 Abs. 4, auch in Verbindung mit § 319 a Abs. 1 Satz 2, oder § 319 a Abs. 1 Satz 4 die Wirtschaftsprüfungsgesellschaft oder die Buchprüfungsgesellschaft, für die er tätig wird, nicht Abschlussprüfer sein darf.

(3) Die Ordnungswidrigkeit kann mit einer Geldbuße bis zu fünfzigtausend Euro geahndet werden.

Abs. 4 idF für Geschäftsjahre, die vor dem 1. 1. 2006 beginnen

(4) Die Absätze 1 bis 3 sind auf Kreditinstitute im Sinne des § 340 und auf Versicherungsunternehmen im Sinne des § 341 Abs. 1 nicht anzuwenden.

Abs. 4 und 5 idF des EHUG

(4) Verwaltungsbehörde im Sinn des § 36 Abs. 1 Nr. 1 des Gesetzes über Ordnungswidrigkeiten ist in den Fällen der Absätze 1 und 2 das Bundesamt für Justiz.

(5) Die Absätze 1 bis 4 sind auf Kreditinstitute im Sinn des § 340 und auf Versicherungsunternehmen im Sinn des § 341 Abs. 1 nicht anzuwenden.

Übersicht

	RdNr.
I. Betroffener Personenkreis	1
II. Zu ahndende Ordnungswidrigkeiten	2–12
1. Zuwiderhandlungen bei der Aufstellung oder Feststellung des Jahresabschlusses	3–6
a) Zuwiderhandlungen gegen Vorschriften über Form und Inhalt des Jahresabschlusses	3
b) Zuwiderhandlungen gegen Vorschriften über die Bewertung	4
c) Zuwiderhandlungen gegen Vorschriften über die Gliederung	5
d) Zuwiderhandlungen gegen Vorschriften über in der Bilanz oder im Anhang zu machende Angaben	6
2. Zuwiderhandlungen bei der Aufstellung oder Billigung des Konzernabschlusses	7
3. Zuwiderhandlungen bei der Aufstellung des Lageberichts	8
4. Zuwiderhandlungen bei der Aufstellung des Konzernlageberichts	9
5. Zuwiderhandlungen bei der Offenlegung, Veröffentlichung oder Vervielfältigung	10
6. Zuwiderhandlungen gegen eine auf Grund des § 330 Abs. 1 S. 1 HGB erlassene Rechtsverordnung	11
7. Ordnungswidrige Erteilung eines Bestätigungsvermerks	12
III. Verfahren zur Verfolgung und Ahndung der Ordnungswidrigkeiten	13
IV. Rechtsfolgen	14, 15
V. Nichtanwendbarkeit auf Kreditinstitute und Versicherungsunternehmen	16
VI. Änderungen durch das EHUG	17

I. Betroffener Personenkreis

Für die durch **Abs. 1** mit Bußgeld bedrohten Ordnungswidrigkeiten kommen Mitglieder des vertretungsberechtigten Organs – in der Regel also **Vorstandsmitglieder** und **Geschäftsführer** – sowie **Aufsichtsratsmitglieder** als Täter in Betracht. Eine Ausweitung auf andere Personengruppen wie leitende Angestellte oder Mitglieder eines freiwilligen Beirats ist auf Grund des eindeutigen Gesetzeswortlauts ausgeschlossen. Die Zwangsgeldvorschriften des § 334 gelten auch für OHG und KG, bei denen keine natürliche Person unmittelbar oder mittelbar persönlich haftender Gesellschafter ist (vgl. Erl. zu § 335 b). Bei diesen Gesellschaften richtet sich die Bußgeldandrohung an die Mitglieder des vertretungsberechtigten Organs der vertretungsberechtigten Gesellschaften. Bei Ordnungswidrigkeiten gem. **Abs. 2** stellen **Wirtschaftsprüfer** oder **vereidigte Buchprüfer,** die Abschlussprüfer sind oder für eine Wirtschaftsprüfungsgesellschaft oder Buchprüfungsgesellschaft einen **Bestätigungsvermerk unterzeichnen,** den potenziellen Täterkreis dar.[2] Anders als bei § 332, 333 HGB handelt es sich bei den in Abs. 2 genannten Vergehen um Tatbestände, die naturgemäß nicht in der Person von Gehilfen eines Abschlussprüfers verwirklicht sein können, da diese keinen Bestätigungsvermerk erteilen. 1

II. Zu ahndende Ordnungswidrigkeiten

Als Ordnungswidrigkeit werden nach Abs. 1 und 2 Zuwiderhandlungen gegen folgende Vorschriften qualifiziert: 2

---

[2] *Hoyos/H. P. Huber* BeBiKo RdNr. 26.

§ 334 3–6

3 **1. Zuwiderhandlungen bei der Aufstellung oder Feststellung des Jahresabschlusses.**
a) Zuwiderhandlungen gegen Vorschriften über Form und Inhalt des Jahresabschlusses
– Aufstellung des Jahresabschlusses nach den Grundsätzen ordnungsmäßiger Buchführung (§ 243 Abs. 1 HGB)
– Klarheit und Übersichtlichkeit des Jahresabschlusses (§ 243 Abs. 2 HGB)
– Aufstellung in deutscher Sprache und in Euro (§ 244 HGB)
– Unterzeichnung durch den Kaufmann oder die persönlich haftenden Gesellschafter unter Angabe des Datums (§ 245 HGB)
– Vollständigkeit des Jahresabschlusses (§ 246 Abs. 1 HGB)
– Verrechnungsverbot (§ 246 Abs. 2 HGB)
– Inhalt der Bilanz (§ 247 HGB)
– Bilanzierungsverbote (§ 248 HGB)
– Rückstellungsbildung (§ 249 Abs. 1 S. 1 oder Abs. 3 HGB)
– Rechnungsabgrenzungsposten (§ 250 Abs. 1 S. 1 oder Abs. 2 HGB)
– Haftungsverhältnisse (§ 251 HGB)
– Vermittlung eines den tatsächlichen Verhältnissen entsprechenden Bildes der Vermögens-, Finanz- und Ertragslage (§ 264 Abs. 2 HGB)

4 **b) Zuwiderhandlungen gegen Vorschriften über die Bewertung**
– Wertansätze von Vermögensgegenständen (§ 253 Abs. 1 S. 1 iVm. § 255 Abs. 1 oder 2 S. 1, 2 oder 6 HGB)
– Wertansätze von Schulden (§ 253 Abs. 1 S. 2 HGB)
– Bewertung von Vermögensgegenständen des Anlagevermögens (§ 253 Abs. 2 S. 1, 2 oder 3 iVm. § 279 Abs. 1 S. 2 HGB)
– Bewertung von Vermögensgegenständen des Umlaufvermögens (§ 253 Abs. 3 S. 1 oder 2 HGB)
– Wertaufholungsgebot (§ 280 Abs. 1 HGB)
– Abschreibung der Aufwendungen für die Ingangsetzung und Erweiterung des Geschäftsbetriebes (§ 282 HGB)
– Wertansatz des Eigenkapitals (§ 283 HGB)

5 **c) Zuwiderhandlungen gegen Vorschriften über die Gliederung**
– Angabe von Vorjahresbeträgen (§ 265 Abs. 2 HGB)
– Mitzugehörigkeit zu anderen Posten der Bilanz und Ausweis eigener Anteile (§ 265 Abs. 3 HGB)
– Gliederung des Jahresabschlusses bei unterschiedlichen Geschäftszweigen (§ 265 Abs. 4 HGB)
– Pflicht zur abweichenden Gliederung und Bezeichnung der mit arabischen Zahlen versehenen Posten der Bilanz und der Gewinn- und Verlustrechnung zwecks Klarheit und Übersichtlichkeit (§ 265 Abs. 6 HGB)
– Gliederung der Bilanz (§ 266 HGB)
– Darstellung der Entwicklung der einzelnen Posten des Anlagevermögens und des Postens „Aufwendungen für die Ingangsetzung und Erweiterung des Geschäftsbetriebs" (§ 268 Abs. 2 HGB)
– Ausweis eines nicht durch Eigenkapital gedeckten Fehlbetrags (§ 268 Abs. 3 HGB)
– Zusätzliche Angaben bei Forderungen und sonstigen Vermögensgegenständen (§ 268 Abs. 4 HGB)
– Zusätzliche Angaben bei Verbindlichkeiten (§ 268 Abs. 5 HGB)
– Ausweis eines Unterschiedsbetrags nach § 250 Abs. 3 HGB (§ 268 Abs. 6 HGB)
– Gesonderte Angabe der in § 251 HGB bezeichneten Haftungsverhältnisse (§ 268 Abs. 7 HGB)
– Gliederung des Eigenkapitals (§ 272 HGB)
– Ausweis eines Sonderpostens mit Rücklageanteil (§ 273 HGB)
– Ausweis einer Rückstellung für latente Steuern (§ 274 Abs. 1 HGB)
– Gliederung der Gewinn- und Verlustrechnung (§ 275 HGB)
– Vorschriften zu einzelnen Posten der Gewinn- und Verlustrechnung (§ 277 HGB)

6 **d) Zuwiderhandlungen gegen Vorschriften über in der Bilanz oder im Anhang zu machende Angaben**
– Anhangangabe zu den aus steuerrechtlichen Gründen unterlassenen Zuschreibungen (§ 280 Abs. 3 HGB)

- Anhangangabe zu den steuerrechtlichen Abschreibungen durch Einbeziehung in den Sonderposten mit Rücklageanteil (§ 281 Abs. 1 S. 2 HGB)
- Pflicht zur Auflösung von Wertberichtigungen nach § 254 HGB unter bestimmten Voraussetzungen (§ 281 Abs. 1 S. 3 HGB)
- Gesonderter Ausweis oder Anhangangabe von Erträgen aus der Auflösung des Sonderpostens mit Rücklageanteil (§ 281 Abs. 2 S. 1 HGB)
- Erläuterung der Bilanz und der Gewinn- und Verlustrechnung im Anhang (§ 284 HGB)
- Sonstige Pflichtangaben im Anhang (§ 285 HGB)

2. Zuwiderhandlungen bei der Aufstellung oder Billigung des Konzernabschlusses
- Grundsätze für die Einbeziehung des Mutterunternehmens und der Tochterunternehmen (§ 294 Abs. 1 HGB)
- Form und Inhalt des Konzernabschlusses (§ 297 Abs. 2 oder 3 HGB)
- Entsprechende Anwendung von Vorschriften über den Jahresabschluss über Inhalt und Form auf den Konzernabschluss (§ 298 Abs. 1 HGB)
- Konsolidierungsgrundsätze und Vollständigkeitsgebot (§ 300 HGB)
- Einheitliche Bewertung (§ 308 Abs. 1 S. 1 iVm. einer der unter Nr. 1 Buchstabe b genannten Bewertungsvorschriften oder § 308 Abs. 2 HGB)
- Wertansatz der Beteiligung und Behandlung des Unterschiedsbetrags bei der Einbeziehung assoziierter Unternehmen (§ 311 Abs. 1 S. 1 iVm. § 312 HGB)
- Anhangangabe zu Abweichungen von den auf den Jahresabschluss des Mutterunternehmens angewendeten Bewertungsmethoden (§ 308 Abs. 1 S. 3 HGB)
- Sonstige Konzernanhangangaben (§§ 313 oder 314 HGB)

3. Zuwiderhandlungen bei der Aufstellung des Lageberichts. Inhalt des Lageberichts (§ 289 Abs. 1 oder 4 HGB)

4. Zuwiderhandlungen bei der Aufstellung des Konzernlageberichts. Inhalt des Konzernlageberichts (§ 315 Abs. 1 oder 4 HGB)

5. Zuwiderhandlungen bei der Offenlegung, Veröffentlichung oder Vervielfältigung. Form und Inhalt der Unterlagen bei der Offenlegung, Veröffentlichung oder Vervielfältigung (§ 328 HGB)

6. Zuwiderhandlungen gegen eine auf Grund des § 330 Abs. 1 S. 1 HGB erlassene Rechtsverordnung. Derartige Verordnungen existieren für die Rechnungslegung von Wohnungsunternehmen, Krankenhäusern und Verkehrsunternehmen.

7. Ordnungswidrige Erteilung eines Bestätigungsvermerks. Eine Ordnungswidrigkeit begehen auch Wirtschaftsprüfer bzw. Wirtschaftsprüfungsgesellschaften, sofern sie zu einem Jahresabschluss, zu einem Einzelabschluss nach § 325 Abs. 2a HGB oder einem Konzernabschluss einen **Bestätigungsvermerk** iSv. § 322 HGB erteilen, obwohl einer der in § 319 Abs. 2, 3, 5, § 319a Abs. 1 S. 1, Abs. 2, § 319 Abs. 4 auch iVm. § 319a Abs. 1 S. 2, oder § 319a Abs. 1 S. 4 HGB genannten Gründe vorliegt, nach denen der Wirtschaftsprüfer bzw. die Wirtschaftsprüfungsgesellschaft nicht Abschlussprüfer sein darf. Gegen den Tatbestand des Abs. 2 können nur Wirtschaftsprüfer oder gesetzliche Vertreter bzw. Prüfungsgehilfen von Wirtschaftsprüfungsgesellschaften verstoßen, die selbst den Bestätigungsvermerk unterzeichnen.

III. Verfahren zur Verfolgung und Ahndung der Ordnungswidrigkeiten

Voraussetzung für die Ahndung der beschriebenen Ordnungswidrigkeiten ist **vorsätzliches Handeln** der Täter.[3] Aufgrund der fehlenden Erwähnung in § 334 ist fahrlässiges Handeln nicht mit einer Geldbuße (Grundsatz von § 10 OWiG) bedroht. Grundsätzlich werden die Ordnungswidrigkeiten von den Wirtschaftsministerien derjenigen Bundesländern verfolgt, in denen die Kapitalgesellschaften ihren Sitz haben, sofern die Landesregierungen die Zuständigkeit nicht auf andere Stellen übertragen haben. Die Verfolgung der Ordnungswidrigkeiten erfolgt von Amts wegen; eines Antrags bedarf es insoweit nicht.[4]

---

[3] *Pfennig* HdR (5) RdNr. 22; *Maier* BoHR RdNr. 2.
[4] *Hoyos/H. P. Huber* BeBiKo RdNr. 29.

IV. Rechtsfolgen

14 Die Ordnungswidrigkeit kann mit einer Geldbuße geahndet werden, die grundsätzlich bis zu € 50 000,– betragen kann. Die Höhe ist abhängig von der Bedeutung der Ordnungswidrigkeit und der Schwere des Vorwurfs gegen den Täter.[5] Da mit der Geldbuße der wirtschaftliche Erfolg des Täters abgeschöpft werden soll, kann der Betrag auch über den gesetzlichen Rahmen hinausgehen, wenn nur so das mit der Strafe angestrebte Ziel erreicht werden kann (§ 17 Abs. 4 OWiG). Die Geldbuße kann sowohl gegen ein Organmitglied als auch gegen die Kapitalgesellschaft selbst verhängt werden.[6]

15 Verstöße des Wirtschaftsprüfers gegen § 334 Abs. 2 führen nicht zur Nichtigkeit des Jahresabschlusses.

V. Nichtanwendbarkeit auf Kreditinstitute und Versicherungsunternehmen

16 Abs. 4 stellt klar, dass die Bußgeldvorschrift in § 334 auf Kreditinstitute und Versicherungsunternehmen nicht angewendet werden kann. Stattdessen enthalten §§ 340 n, 341 n HGB eigenständige Bußgeldvorschriften, die in weiten Teilen mit § 334 übereinstimmen, gleichzeitig jedoch auch die Sanktionierung von Verstößen gegen geschäftszweigspezifische Regelungen zum Gegenstand haben.

VI. Änderungen durch das EHUG

17 Da die Einreichung von Jahres- und Konzernabschlüssen sowie weiterer offenlegungspflichtiger Unterlagen nicht mehr dezentral bei den Registergerichten erfolgt, wird die Durchsetzung der Offenlegungspflichten auf dem Wege von Ordnungsgeldverfahren zukünftig ebenfalls zentral erfolgen. Für zur Offenlegung verpflichtete Gesellschaften, die keine Kreditinstitute oder Versicherungsunternehmen sind, wird die Zuständigkeit durch Abs. 4 auf das Bundesamt für Justiz verlagert. Von größerer Bedeutung ist – im Vergleich zur geänderten organisatorischen Zuständigkeit – die künftige Durchführung des Verfahrens von Amts wegen. Der bisherige Abs. 4, der die Nichtanwendbarkeit der Vorschrift für Kreditinsitute und Versicherungsunternehmen zum Gegenstand hatte, wird unter zusätzlicher Bezugnahme auf den neuen Abs. 4 zu Abs. 5.

§ 335 idF für Geschäftsjahre, die vor dem 1. 1. 2006 beginnen

§ 335 Festsetzung von Zwangsgeld

[1] **Mitglieder des vertretungsberechtigten Organs einer Kapitalgesellschaft, die**

1. § 242 Abs. 1 und 2, § 264 Abs. 1 über die Pflicht zur Aufstellung eines Jahresabschlusses und eines Lageberichts,
2. § 290 Abs. 1 und 2 über die Pflicht zur Aufstellung eines Konzernabschlusses und eines Konzernlageberichts,
3. § 318 Abs. 1 Satz 4 über die Pflicht zur unverzüglichen Erteilung des Prüfungsauftrags,
4. § 318 Abs. 4 Satz 3 über die Pflicht, den Antrag auf gerichtliche Bestellung des Abschlußprüfers zu stellen oder
5. § 320 über die Pflichten gegenüber dem Abschlußprüfer

nicht befolgen, sind hierzu vom Registergericht durch Festsetzung von Zwangsgeld nach § 140 a Abs. 1 des Gesetzes über die Angelegenheiten der freiwilligen Gerichtsbarkeit anzuhalten. [2] Das Registergericht schreitet jedoch nur auf Antrag ein; § 14 ist insoweit nicht anzuwenden. [3] Das einzelne Zwangsgeld darf den Betrag von fünftausend Euro nicht übersteigen.

§ 335 idF des EHUG[1]

§ 335 Festsetzung von Ordnungsgeld

(1) [1] **Gegen die Mitglieder des vertretungsberechtigten Organs einer Kapitalgesellschaft, die**

---

[5] *Hoyos/H. P. Huber* BeBiKo RdNr. 40.
[6] *Hoyos/H. P. Huber* BeBiKo RdNr. 41 f.
[1] Neu gefasst durch das Gesetz über elektronische Handelsregister und Genossenschaftsregister sowie das Unternehmensregister (EHUG) vom 10. November 2006. Zur erstmaligen Anwendung s. Art. 61 Abs. 5 EGHGB.

§ 335

Festsetzung von Zwangsgeld

1. § 325 über die Pflicht zur Offenlegung des Jahresabschlusses, des Lageberichts, des Konzernabschlusses, des Konzernlageberichts und anderer Unterlagen der Rechnungslegung oder
2. § 325 a über die Pflicht zur Offenlegung der Rechnungslegungsunterlagen der Hauptniederlassung

nicht befolgen, ist wegen des pflichtwidrigen Unterlassens der rechtzeitigen Offenlegung vom Bundesamt für Justiz (Bundesamt) ein Ordnungsgeldverfahren nach den Absätzen 2 bis 6 durchzuführen; im Fall der Nummer 2 treten die in § 13 e Abs. 2 Satz 4 Nr. 3 genannten Personen, sobald sie angemeldet sind, an die Stelle der Mitglieder des vertretungsberechtigten Organs der Kapitalgesellschaft. ²Das Ordnungsgeldverfahren kann auch gegen die Kapitalgesellschaft durchgeführt werden, für die die Mitglieder des vertretungsberechtigten Organs die in Satz 1 Nr. 1 und 2 genannten Pflichten zu erfüllen haben. ³Dem Verfahren steht nicht entgegen, dass eine der Offenlegung vorausgehende Pflicht, insbesondere die Aufstellung des Jahres- oder Konzernabschlusses oder die unverzügliche Erteilung des Prüfauftrags, noch nicht erfüllt ist. ⁴Das Ordnungsgeld beträgt mindestens zweitausendfünfhundert und höchstens fünfundzwanzigtausend Euro. ⁵Eingenommene Ordnungsgelder fließen dem Bundesamt zu.

(2) ¹Auf das Verfahren sind die §§ 16, 17, 18, 132, 133 Abs. 2, § 134 Abs. 2, §§ 135 bis 137 des Gesetzes über die Angelegenheiten der freiwilligen Gerichtsbarkeit sowie im Übrigen § 11 Nr. 1 und 2, § 12 Abs. 1 Nr. 1 bis 3, Abs. 2 und 3, §§ 14, 15, 20 Abs. 1 und 3, § 21 Abs. 1, §§ 23 und 26 des Verwaltungsverfahrensgesetzes nach Maßgabe der nachfolgenden Absätze entsprechend anzuwenden. ²Das Ordnungsgeldverfahren ist ein Justizverwaltungsverfahren. ³Zur Vertretung der Beteiligten sind auch Wirtschaftsprüfer und vereidigte Buchprüfer, Steuerberater, Steuerbevollmächtigte, Personen und Vereinigungen im Sinn des § 3 Nr. 4 des Steuerberatungsgesetzes sowie Gesellschaften im Sinn des § 3 Nr. 2 und 3 des Steuerberatungsgesetzes, die durch Personen im Sinn des § 3 Nr. 1 des Steuerberatungsgesetzes handeln, befugt.

(3) ¹Den in Absatz 1 Satz 1 und 2 bezeichneten Beteiligten ist unter Androhung eines Ordnungsgeldes in bestimmter Höhe aufzugeben, innerhalb einer Frist von sechs Wochen zum Zugang der Androhung an ihrer gesetzlichen Verpflichtung nachzukommen oder die Unterlassung mittels Einspruchs gegen die Verfügung zu rechtfertigen. ²Mit der Androhung des Ordnungsgeldes sind den Beteiligten zugleich die Kosten des Verfahrens aufzuerlegen. ³Der Einspruch kann auf Einwendungen gegen die Entscheidung über die Kosten beschränkt werden. ⁴Wenn die Beteiligten nicht spätestens sechs Wochen nach dem Zugang der Androhung der gesetzlichen Pflicht entsprochen oder die Unterlassung mittels Einspruchs gerechtfertigt haben, ist das Ordnungsgeld festzusetzen und zugleich die frühere Verfügung unter Androhung eines erneuten Ordnungsgeldes zu wiederholen. ⁵Wenn die Sechswochenfrist nur geringfügig überschritten wird, kann das Bundesamt das Ordnungsgeld herabsetzen. ⁶Der Einspruch gegen die Androhung des Ordnungsgeldes und gegen die Entscheidung über die Kosten hat keine aufschiebende Wirkung. ⁷Führt der Einspruch zu einer Einstellung des Verfahrens, ist zugleich auch die Kostenentscheidung nach Satz 2 aufzuheben.

(4) Gegen die Entscheidung, durch die das Ordnungsgeld festgesetzt oder der Einspruch oder der Antrag auf Wiedereinsetzung in den vorigen Stand verworfen wird, sowie gegen die Entscheidung nach Absatz 3 Satz 7 findet die sofortige Beschwerde nach den Vorschriften des Gesetzes über die Angelegenheiten der freiwilligen Gerichtsbarkeit statt, soweit sich nicht aus Absatz 5 etwas anderes ergibt.

(5) ¹Über die sofortige Beschwerde entscheidet das für den Sitz des Bundesamtes zuständige Landgericht. ²Ist bei dem Landgericht eine Kammer für Handelssachen gebildet, so tritt diese Kammer an die Stelle der Zivilkammer. ³Entscheidet über die sofortige Beschwerde die Zivilkammer, so sind die §§ 348 und 348a der Zivilprozessordnung entsprechend anzuwenden; über eine bei der Kammer für Handelssachen anhängige sofortige Beschwerde entscheidet der Vorsitzende. ⁴Die weitere Beschwerde findet nicht statt. ⁵Das Landgericht kann nach billigem Ermessen bestimmen, dass die außergerichtlichen Kosten der Beteiligten, die zur zweckentsprechenden Rechtsverfolgung notwendig waren, ganz oder teilweise aus der Staatskasse zu erstatten sind. ⁶§ 91 Abs. 1 Satz 2 und die §§ 103 bis 107 der Zivilprozessordnung gelten entsprechend. ⁷Absatz 2 Satz 3 ist anzuwenden.

(6) ¹Liegen dem Bundesamt in einem Verfahren nach den Absätzen 1 bis 3 keine Anhaltspunkte über die Einstufung der Gesellschaft im Sinn des § 267 Abs. 1, 2 oder Abs. 3 vor, ist den in Absatz 1 Satz 1 und 2 bezeichneten Beteiligten zugleich mit der Androhung des Ordnungsgeldes aufzugeben, im Fall des Einspruchs die Bilanzsumme nach Abzug eines auf der Aktivseite ausgewiesenen Fehlbetrags (§ 268 Abs. 3), die Umsatzerlöse in den ersten zwölf Monaten vor dem Abschlussstichtag (§ 277 Abs. 1) und die durchschnittliche Zahl der Arbeitnehmer (§ 267 Abs. 5) für das betreffende Geschäftsjahr und für diejenigen vorausgehenden Geschäftsjahre, die für die Einstufung nach § 267 Abs. 1, 2 oder Abs. 3 erforderlich sind, anzugeben. ²Unterbleiben die Angaben nach Satz 1, so wird für das weitere Verfahren vermutet, dass die Erleichterungen der §§ 326 und 327 nicht in Anspruch genommen werden können. ³Die Sätze 1 und 2 gelten für den Konzernabschluss und den Konzernlagebericht entsprechend mit der Maßgabe, dass an die Stelle der §§ 267, 326 und 327 der § 293 tritt.

I. Betroffener Personenkreis

1   Zur Einhaltung der gesetzlichen Verpflichtungen in Verbindung mit dem Jahresabschluss und Lagebericht bzw. dem Konzernabschluss und Konzernlagebericht können die Mitglieder des vertretungsberechtigten Organs durch ein Zwangsgeld angehalten werden. Davon betroffen sind die **Vorstandsmitglieder** oder **Geschäftsführer** der Kapitalgesellschaft. Die Zwangsgeldvorschriften des § 335 gelten auch für OHG und KG, bei denen keine natürliche Person unmittelbar oder mittelbar persönlich haftender Gesellschafter ist (vgl. Erl. zu § 335 b). Bei OHG und KG, bei denen keine natürliche Person unmittelbar oder mittelbar persönlich haftender Gesellschafter ist, richtet sich daher die Zwangsgeldandrohung an die Mitglieder des vertretungsberechtigten Organs der vertretungsberechtigten Gesellschaften.

II. Zu ahndende Pflichtverletzungen

2   Mit Zwangsgeld bedroht sind die folgenden Pflichtverletzungen:
1. Verstöße gegen die Pflicht zur Aufstellung eines Jahresabschlusses und eines Lageberichts (§ 242 Abs. 1 und 2, § 264 Abs. 1). Ein Zwangsgeld kann nur dann festgesetzt werden, wenn Bilanz, Gewinn- und Verlustrechnung, Anhang und Lagebericht nicht erstellt werden, nicht aber, wenn diese Unterlagen nur unvollständig oder unrichtig sind.

3   **2. Verstöße gegen die Pflicht zur Aufstellung eines Konzernabschlusses und eines Konzernlageberichts (§ 290 Abs. 1 und 2).** RdNr. 2 gilt entsprechend.

4   **3. Verstöße gegen die Pflicht zur unverzüglichen Erteilung des Prüfungsauftrages (§ 318 Abs. 1 S. 4).** Mit dieser Vorschrift will man zu einer zügigen Durchführung der Abschlussprüfung beitragen, die Voraussetzung für die Feststellung des Jahresabschlusses ist. Vertretungsberechtigtes Organ bei der Aktiengesellschaft ist der Aufsichtsrat (§ 111 Abs. 2 S. 3 AktG). Diese Vorschrift gilt ggf. auch für die GmbH.

5   **4. Verstöße gegen die Pflicht, den Antrag auf gerichtliche Bestellung des Abschlussprüfers zu stellen (§ 318 Abs. 4 S. 3).** Diese Vorschrift dient ebenfalls einer baldmöglichen Durchführung der Abschlussprüfung.

6   **5. Verstöße gegen die Pflichten gegenüber dem Abschlussprüfer (§ 320).** Ein Zwangsgeldverfahren ist möglich, wenn jegliche in § 320 vorgesehene Hilfestellung verweigert oder über bestimmte prüfungsrelevante Bereiche oder Details keine Auskunft gegeben wird.

7   Die vormals ebenfalls in § 335 enthaltenen Sanktionen für den Fall von Verstößen gegen Offenlegungsvorschriften sind inzwischen in § 335 a selbstständig geregelt.

III. Voraussetzungen und Verfahren zur Festsetzung eines Zwangsgeldes

8   Die Besonderheit des in § 335 geregelten Zwangsgeldverfahrens besteht in der **Bindung des Registergerichts an einen vorherigen Antrag.** Abweichend von § 14 ist für die in § 335 enthaltenen Tatbestände ausdrücklich geregelt, dass das Registergericht bei Verstößen ohne vorherigen Antrag nicht von Amts wegen tätig wird.² Antragsberechtigt ist jedermann.

9   Wird ein Antrag gestellt, hat der Antragsteller eine Pflichtverletzung glaubhaft zu machen.³ Das Registergericht wird daraufhin eine Verfügung erlassen, in der ein **Zwangsgeld** für den Fall

---

² *Hoyos/H. P. Huber* BeBiKo RdNr. 32.
³ Zum Umfang der Beweispflicht des Antragstellers vgl. *Hoyos/H. P. Huber* BeBiKo RdNr. 33.

angedroht wird, dass die in § 335 genannten Personen ihren Verpflichtungen nicht nachkommen. Dagegen kann **Einspruch** erhoben werden; die endgültige Festsetzung des Zwangsgeldes kommt erst in Betracht, wenn auf den Einspruch verzichtet oder der Einspruch verworfen wurde und darüber hinaus die Verpflichtung nicht fristgerecht erfüllt wurde.[4]

Das Zwangsgeld kann vom Registergericht bis zur Obergrenze von jeweils Euro 5 000,– gegen jede der betroffenen Personen festgesetzt werden. Diese Grenze betrifft nur die einmalige Festsetzung und kann deshalb bei **erneuter Festsetzung** übertroffen werden.

IV. Änderungen durch das EHUG

Die Sanktionsmechanismen im Fall von Verstößen gegen die Offenlegungspflichten wurden durch das EHUG grundlegend verändert. Während bisher die Verfolgung von Verstößen nur auf Antrag erfolgte, wird nun das pflichtwidrige Unterlassen der rechtzeitigen Offenlegung vom Bundesamt für Justiz von Amts wegen verfolgt. Abs. 1 ist dem bisherigen § 335 a nachgebildet, wobei neben der Übertragung der Durchsetzung der Offenlegungspflicht vom Registergericht auf das Bundesamt für Justiz und der damit verbundenen Tätigwerdens von Amts wegen die Möglichkeit der Ordnungsgeldfestsetzung gegen die Gesellschaft die wesentliche Veränderung darstellt. Ebenso wie im bisherigen Recht kann weiterhin auch eine Verhängung von Ordnungsgeld gegen die gesetzlichen Vertreter erfolgen.

Sofern die Offenlegung nicht in dem dafür vorgesehenen Zeitraum erfolgt ist, wird den zur Offenlegung verpflichteten eine Frist von sechs Wochen gesetzt, um die Offenlegung vorzunehmen oder im Wege des Einspruchs Gründe für die unterlassene Offenlegung vorzubringen. Die Durchsetzung der gesetzlichen Verpflichtung wird durch die Androhung eines Ordnungsgeldes unterstützt, das im Fall der weiterhin unterbleibenden Offenlegung mehrmals festgesetzt werden kann. Zugleich werden den gesetzlichen Vertretern bzw. den Beteiligten die Kosten des Verfahrens auferlegt.

Sofern der Einspruch erfolglos bleibt, steht den Betroffenen die Beschwerde nach den Vorschriften des Gesetzes über die freiwillige Gerichtsbarkeit offen, über die das für den Sitz des Bundesamtes für Justiz zuständige Landgericht entscheidet.

§ 335 a Festsetzung von Ordnungsgeld[1]

¹ Gegen die Mitglieder des vertretungsberechtigten Organs einer Kapitalgesellschaft, die
1. *§ 325 über die Pflicht zur Offenlegung des Jahresabschlusses, des Lageberichts, des Konzernabschlusses, des Konzernlageberichts und anderer Unterlagen der Rechnungslegung oder*
2. *§ 325 a über die Pflicht zur Offenlegung der Rechnungslegungsunterlagen der Hauptniederlassung*

nicht befolgen, ist wegen des pflichtwidrigen Unterlassens der rechtzeitigen Offenlegung vom Registergericht ein Ordnungsgeld nach § 140 a Abs. 2 des Gesetzes über die Angelegenheiten der freiwilligen Gerichtsbarkeit festzusetzen; im Falle der Nummer 2 treten die in § 13 e Abs. 2 Satz 4 Nr. 3 genannten Personen, sobald sie angemeldet sind, an die Stelle der Mitglieder des vertretungsberechtigten Organs der Kapitalgesellschaft. ² Einem Verfahren nach Satz 1 steht nicht entgegen, dass eine in § 335 Satz 1 bezeichnete Pflicht noch nicht erfüllt ist. ³ Das Registergericht schreitet jedoch nur auf Antrag ein; § 14 ist insoweit nicht anzuwenden. ⁴ Das Ordnungsgeld beträgt mindestens zweitausendfünfhundert und höchstens fünfundzwanzigtausend Euro; § 140 a Abs. 2 Satz 4 des Gesetzes über die Angelegenheiten der freiwilligen Gerichtsbarkeit bleibt unberührt.

I. Allgemeine Grundsätze

Nachdem in der Vergangenheit die Sanktionen im Fall der unterlassenen Offenlegung so ausgestaltet waren, dass die überwiegende Mehrheit der Kapitalgesellschaften den gesetzlichen Publizitätsanforderungen nicht nachgekommen ist, wurde die Bundesrepublik durch den EuGH[2] dazu verurteilt, geeignete Sanktionen bei Unterlassung der Offenlegung zu kodifizieren. Die in § 335 aF enthaltenen Zwangsgeldvorschriften hatten sich insbesondere deshalb als wenig wirkungsvoll erwiesen, weil das Einschreiten des Registergerichts nur auf Antrag eines begrenzten Personenkreises erfolgte. Antragsberechtigt waren hinsichtlich der Offenlegung des Jahresabschlusses und des Lagebe-

---

[4] Hoyos/H. P. Huber BeBiKo RdNr. 36.
[1] Aufgehoben durch das Gesetz über elektronische Handelsregister und Genossenschaftsregister sowie das Unternehmensregister (EHUG) vom 10. November 2006. Zur letztmaligen Anwendung s. Art. 61 Abs. 5 S. 2 EGHGB.
[2] EuGH v. 29. 9. 1998 – Rs. C-191/95; EU-Kommission/Bundesrepublik Deutschland.

richts Gesellschafter, Gläubiger und der (Gesamt-)Betriebsrat. Für den Konzernabschluss und den Konzernlagebericht traten die Gesellschafter und Gläubiger eines Tochterunternehmens sowie der Konzernbetriebsrat hinzu. Mit der durch das KapCoRiLiG erfolgten Neufassung der Sanktionsmechanismen wurde einerseits das Antragsrecht auf jedermann ausgeweitet; andererseits sind die Ordnungsgeldvorschriften für die unterlassene Offenlegung nunmehr eigenständig in § 335 a geregelt.

II. Betroffener Personenkreis

2 Zur Einhaltung der gesetzlichen Verpflichtungen in Verbindung mit der Offenlegung des Jahresabschlusses und des Lageberichts bzw. des Konzernabschlusses und des Konzernlageberichts und anderer Unterlagen der Rechnungslegung können die Mitglieder des vertretungsberechtigten Organs durch ein Ordnungsgeld angehalten werden. Davon betroffen sind die **Vorstandsmitglieder** oder **Geschäftsführer** der Kapitalgesellschaft. Die Ordnungsgeldvorschriften des § 335 a gelten auch für OHG und KG, bei denen keine natürliche Person unmittelbar oder mittelbar persönlich haftender Gesellschafter ist (vgl. Erl. zu § 335 b). Bei diesen Gesellschaften richtet sich daher die Ordnungsgeldandrohung an die Mitglieder des vertretungsberechtigten Organs der vertretungsberechtigten Gesellschaften. Nr. 2 regelt den Fall von Zweigniederlassungen von Kapitalgesellschaften mit Sitz im Ausland, bei denen nach der Anmeldung der Eintragung in das Handelsregister nach § 13 Abs. 2 S. 4 Nr. 3 gegen die Personen, die befugt sind, als ständige Vertreter für die Tätigkeit der Zweigniederlassung die Gesellschaft gerichtlich und außergerichtlich zu vertreten, ein Ordnungsgeld verhängt werden kann, sofern sie gegen die entsprechenden Pflichten verstoßen haben.

III. Zu ahndende Pflichtverletzungen

3 In § 335 a sind Verstöße gegen die Offenlegungsvorschriften in §§ 325, 325 a geregelt. Mit Ordnungsgeld bedroht sind demnach:
1. Verstöße gegen die Pflicht zur Offenlegung des Jahresabschlusses, des Lageberichts, des Konzernabschlusses, des Konzernlageberichts und anderer Unterlagen der Rechnungslegung (§ 325);
2. Verstöße gegen die Pflicht zur Offenlegung der Unterlagen der Rechnungslegung der Hauptniederlassung (§ 325 a).

IV. Voraussetzungen und Verfahren zur Festsetzung eines Ordnungsgeldes

4 Die Besonderheit des in § 335 a geregelten Ordnungsgeldverfahrens besteht – ebenso wie bei dem Zwangsgeldverfahren nach § 335 – in der **Bindung des Registergerichts an einen vorherigen Antrag.** Abweichend von § 14 ist für die in § 335 a enthaltenen Tatbestände der unterlassenen Offenlegung ausdrücklich geregelt, dass das Registergericht bei Verstößen ohne vorherigen Antrag nicht von Amts wegen tätig wird. Antragsberechtigt ist jedermann.

5 Wird ein Antrag gestellt, hat der Antragsteller eine Pflichtverletzung glaubhaft zu machen. Das Registergericht wird daraufhin ein **Ordnungsgeld** für den Fall **androhen,** dass die in § 335 a genannten Personen ihren Verpflichtungen nicht nachkommen. Die zur Offenlegung Verpflichteten haben innerhalb von sechs Wochen die erforderlichen Unterlagen offen zu legen oder die Nichtoffenlegung in einem Einspruchverfahren zu rechtfertigen (§ 140 a Abs. 2 S. 2 FGG). Sofern die Mitglieder des vertretungsberechtigten Organs dem nicht nachkommen, ist das Ordnungsgeld unverzüglich festzusetzen und zugleich die ursprüngliche Verfügung unter Androhung eines erneuten Ordnungsgeldes zu wiederholen (§ 140 a Abs. 2 S. 3 FGG). Das Ordnungsgeld beträgt mindestens Euro 2 500,– und höchstens Euro 25 000,–. Das Ordnungsgeldverfahren kann auch dann eingeleitet werden, wenn zuvor kein Zwangsgeldverfahren nach § 335 stattgefunden hat. Anders als das in § 335 geregelte Zwangsgeld kann das Ordnungsgeld nach § 335 a nicht zurückgenommen werden, wenn die Adressaten ihrer Verpflichtung nachgekommen sind.

V. Aufhebung durch das EHUG

6 Das bisher in § 335 a geregelte Ordnungsgeldverfahren zur Durchsetzung der Publizitätspflichten wird zukünftig in modifizierter Form Gegenstand des § 335 sein. § 335 a wird aufgehoben und ist letztmals auf Jahres- und Konzernabschlüsse für vor dem 1. 1. 2006 beginnende Geschäftsjahre anzuwenden (Art. 61 Abs. 5 S. 2 EGHGB).

§ 335 b idF für Geschäftsjahre, die vor dem 1. 1. 2006 beginnen

§ 335 b Anwendung der Straf- und Bußgeldvorschriften sowie der Ordnungsgeldvorschriften auf bestimmte offene Handelsgesellschaften und Kommanditgesellschaften

Die Strafvorschriften der §§ 331 bis 333, die Bußgeldvorschriften des § 334 sowie die Ordnungsgeldvorschrift des § 335 gelten auch für offene Handelsgesellschaften und Kommanditgesellschaften im Sinne des § 264 a Abs. 1.

§ 335 b idF des EHUG[1]

§ 335 b Anwendung der Straf- und Bußgeld- sowie der Ordnungsgeldvorschriften auf bestimmte offene Handelsgesellschaften und Kommanditgesellschaften

Die Strafvorschriften der §§ 331 bis 333, die Bußgeldvorschrift des § 334 sowie die Ordnungsgeldvorschrift des § 335 gelten auch für offene Handelsgesellschaften und Kommanditgesellschaften im Sinn des § 264 a Abs. 1.

Durch das KapCoRiLiG werden solche OHG und KG, bei denen keine natürliche Person unmittelbar oder mittelbar persönlich haftender Gesellschafter ist, den Kapitalgesellschaften für Zwecke der Rechnungslegung und Prüfung durch die Einfügung von § 264 a HGB im Wesentlichen gleichgestellt. § 335 b stellt klar, dass Verstöße gegen die Rechnungslegungs- und Prüfungsvorschriften, die bei Kapitalgesellschaften den in §§ 331 bis 335 a HGB beschriebenen Sanktionen unterliegen, auch für die in § 264 a Abs. 1 HGB beschriebenen Personengesellschaften einschlägig sind. Soweit sich die Sanktionsandrohung bei Kapitalgesellschaften gegen die gesetzlichen Vertreter richtet, treten auf Grund von § 264 a Abs. 2 HGB die Mitglieder des vertretungsberechtigten Organs der persönlich haftenden Gesellschaft an deren Stelle. **1**

Durch das EHUG wurden die Sanktionsmechanismen im Fall der unterlassenen Offenlegung verändert, so dass eine Folgeänderung in § 335 b notwendig wurde. **2**

---

[1] Neu gefasst durch das Gesetz über elektronische Handelsregister und Genossenschaftsregister sowie das Unternehmensregister (EHUG) vom 10. November 2006. Zur erstmaligen Anwendung s. Art. 61 Abs. 5 EGHGB.

Dritter Abschnitt.
Ergänzende Vorschriften für eingetragene Genossenschaften

§ 336 Pflicht zur Aufstellung von Jahresabschluß und Lagebericht

(1) ¹Der Vorstand einer Genossenschaft hat den Jahresabschluß (§ 242) um einen Anhang zu erweitern, der mit der Bilanz und der Gewinn- und Verlustrechnung eine Einheit bildet, sowie einen Lagebericht aufzustellen. ²Der Jahresabschluß und der Lagebericht sind in den ersten fünf Monaten des Geschäftsjahres für das vergangene Geschäftsjahr aufzustellen.

(2) ¹Auf den Jahresabschluß und den Lagebericht sind, soweit in den folgenden Vorschriften nichts anderes bestimmt ist, § 264 Abs. 1 Satz 3 Halbsatz 1, Abs. 2, §§ 265 bis 289 über den Jahresabschluß und den Lagebericht entsprechend anzuwenden; § 277 Abs. 3 Satz 1, §§ 279, 280, 281 Abs. 2 Satz 1, § 285 Satz 1 Nr. 5, 6 und 17 brauchen jedoch nicht angewendet zu werden. ²Sonstige Vorschriften, die durch den Geschäftszweig bedingt sind, bleiben unberührt.

(3) § 330 Abs. 1 über den Erlaß von Rechtsverordnungen ist entsprechend anzuwenden.

Schrifttum: *Bergmann,* Das neue Bilanzrecht für Genossenschaften, ZfG 1986, 85; *Bültmann,* Rechnungslegung von Genossenschaften, Diss. Göttingen 2000; *Brixner,* Genossenschaften in anderen Rechtsformen, in: Genossenschaftslexikon, 1992, S. 250; *Düfler,* Begriff der Genossenschaft, in: Genossenschaftslexikon, 1992, S. 57; *Großfeld/Reemann,* Die neue Genossenschaftsbilanz, in: Bilanz- und Konzernrecht, FS Goerdeler, 1987, S. 149; *Hoppert,* Legaldefinition der Genossenschaft, in: Genossenschaftslexikon, 1992, S. 411; *IDW* PS 400: Grundsätze für die ordnungsmäßige Erteilung von Bestätigungsvermerken bei Abschlußprüfungen, WPg 2005, S. 1382; *Kühnberger/Keßler,* Stille Reserven und das True-and-fair-view-Gebot: Besonderheiten der Genossenschaftsbilanz und ihre Folgen, WPg 2000, 1007; *Müller,* Kommentar zum Gesetz betreffend die Erwerbs- und Wirtschaftsgenossenschaften, Zweiter Band (Anhang IV nach § 33 bis § 42), 1996; *Ohlmeyer/Bergmann,* Das neue genossenschaftliche Bilanzrecht, 1986, S. 14; *Schmidt,* Gesellschaftsrecht, 4. Aufl. 2002; *Zerche/Schmale/Blome-Drees,* Einführung in die Genossenschaftslehre, 1998.

Übersicht

	RdNr.		RdNr.
I. Rechtsformspezifische Regelungen für Genossenschaften	1–5	2. Bedeutung der Verweisung auf das Recht der Kapitalgesellschaften	12–14
II. Aufstellung von Jahresabschluss und Lagebericht (Abs. 1)	6–9	3. Anwendungswahlrechte	15, 16
1. Umfang	6, 7	4. Problematik der Bewertungswahlrechte	17–22
2. Aufstellungspflichtige	8	5. Größenabhängige Erleichterungen	23–25
3. Aufstellungsfrist	9	IV. Regelungen zum Anhang von eG	26–34
III. Anwendung von Vorschriften für Kapitalgesellschaften (Abs. 2)	10–29	V. Erlass von Rechtsverordnungen (Abs. 3)	35, 36
1. Überblick	10, 11		

I. Rechtsformspezifische Regelungen für Genossenschaften

1   Genossenschaften können dadurch charakterisiert werden, dass mehrere Haushalte oder Individualbetriebe sich organisatorisch zusammenschließen, um durch einen gemeinschaftlich getragenen Geschäftsbetrieb Leistungen zugunsten ihrer Mitgliederwirtschaften zu erbringen. Diese unstrittige Struktur des „genossenschaftlichen Gesamtkomplexes"[1] nimmt der Gesetzgeber in die rechtliche Definition einer Genossenschaft durch § 1 Abs. 1 GenG auf. Diese Definition legt indes nicht eine besondere Rechtsform fest. Daher können auch Gesellschaften anderer Rechtsformen, wie etwa eine AG oder eine OHG, Genossenschaften sein, wenn sie die rechtlichen Merkmale der nicht geschlossenen Mitgliederzahl, des Förderauftrages sowie des gemeinschaftlichen Geschäftsbetriebes in ihren Satzungen verankern.[2] Diese Genossenschaften werden als Genossenschaften im weiteren[3] oder im

---

[1] Gen.Lexikon/*Düfler* S. 57.
[2] Gen.Lexikon/*Brixner* S. 251.
[3] *Lang/Weidmüller/Metz/Schaffland* § 1 GenG RdNr. 2.

wirtschaftlichen[4] Sinn bezeichnet. Sie fallen nicht unter das GenG, sondern haben auf Grund ihrer Rechtsform – unabhängig von ihrem genossenschaftlichen Charakter – nur die für die jeweilige Rechtsform einschlägigen Rechtsvorschriften zu beachten. Ferner bestimmt die Rechtsform auch die anzuwendenden Rechnungslegungsvorschriften.

Die Vorschriften des Genossenschaftsgesetzes haben nur solche Genossenschaften zu beachten, die durch die Eintragung in das Genossenschaftsregister gem. § 10 GenG die Rechtsform der eingetragenen Genossenschaft (eG) angenommen haben.[5] Diese eG werden als Genossenschaften ieS[6] oder als Genossenschaften im rechtlichen Sinne[7] bezeichnet. Genossenschaftliche Funktion und genossenschaftliche Rechtsform fallen also nicht in allen Fällen zusammen.[8]

Die eG weist von ihrer Struktur her personalistische und kapitalistische Züge auf, weshalb sie als Zwitter zwischen Personen- und Kapitalgesellschaft angesehen wird.[9] Der personenrechtliche Charakter der eG zeigt sich vor allem in dem einzig zulässigen Unternehmenszweck, der Förderung des Erwerbs oder der Wirtschaften der Mitglieder gem. § 1 Abs. 1 GenG, daneben aber auch in der mitgliederorientierten Ausgestaltung der Gesellschaft (zB § 9 Abs. 2, §§ 43 ff. GenG) oder in dem Mehrstimmrecht von maximal drei Stimmen der Mitglieder gem. § 43 Abs. 3 GenG.

Parallelen zu Kapitalgesellschaften zeigen sich durch Merkmale wie das Bestehen der Organe gem. § 9 Abs. 1 GenG oder die Gewaltenteilung zwischen ihnen (§ 37 GenG). Im Zuge von Gesetzesänderungen hat der personenrechtliche Charakter der Genossenschaft an Bedeutung eingebüßt: Der Vorstand leitet die eG gem. § 27 Abs. 1 GenG nunmehr eigenverantwortlich, dh. frei von geschäftspolitischen Weisungen der Generalversammlung.[10] Auch die persönliche Haftung mit dem Privatvermögen seitens der Genossenschaftsmitglieder gem. § 2 GenG aF ist durch die Genossenschaftsrechts-Änderung aus dem Jahre 1933 abgeschafft worden.[11]

EG sind gem. § 17 Abs. 2 GenG Kaufleute iSd. Handelsgesetzbuches. Daher unterliegen eG zunächst den für alle Kaufleute geltenden Vorschriften der §§ 238 bis 263. Darüber hinaus haben eG die **ergänzenden Vorschriften für eingetragene Genossenschaften** (§§ 336 bis 339) zu beachten. Durch die Verweisung in Abs. 2 S. 1 haben eG ferner bestimmte Vorschriften für Kapitalgesellschaften „entsprechend" anzuwenden, sofern die §§ 336 bis 339 keine eigenständige Regelung vorsehen. Der Dritte Abschnitt des Dritten Buches des HGB (§§ 336 bis 339) enthält damit die zum Ersten Abschnitt (§§ 238 bis 263) ergänzenden und die vom Zweiten Abschnitt (§§ 264 bis 335) abweichenden Vorschriften.[12] Aus dem GenG ergeben sich der Grundsatz der Buchführungspflicht (§ 33 GenG) sowie ergänzende rechtsformspezifische Besonderheiten, wie zB die Vorschriften über die Prüfung und die Prüfungsverbände in §§ 53 ff. GenG.[13]

II. Aufstellung von Jahresabschluss und Lagebericht (Abs. 1)

1. Umfang. Der Jahresabschluss iSv. § 242 ist gem. § 336 Abs. 1 um einen Anhang zu erweitern, der mit der Bilanz und der GuV eine Einheit bildet. Der Vorstand einer eG hat ferner einen **Lagebericht** aufzustellen. Dies entspricht den für Kapitalgesellschaften geltenden Regelungen in § 264 Abs. 1 S. 1, so dass in dieser Hinsicht eG und Kapitalgesellschaften den gleichen Anforderungen unterliegen. Kleine eG brauchen ebenso wie kleine Kapitalgesellschaften den Lagebericht nicht aufzustellen (§ 336 Abs. 2 iVm. § 264 Abs. 1 S. 3 Hs. 1). Diese Ausnahme gilt nicht für Kreditgenossenschaften; Kreditinstitute sind unabhängig von ihrer Größe und ihrer Rechtsform zur Aufstellung eines Lageberichts verpflichtet (§ 340 a).

Der Jahresabschluss ist in seinen sämtlichen Bestandteilen zusammen mit dem Lagebericht unverzüglich zur Überprüfung und Stellungnahme dem Aufsichtsrat und mit dessen (schriftlichen) Bemerkungen der Generalversammlung vorzulegen (§ 33 Abs. 1 GenG).[14] Die Generalversammlung stellt

---

[4] *Schmidt* GesRecht S. 1265.
[5] Auch die eG, die noch nicht in das Genossenschaftsregister eingetragen sind, dies aber beabsichtigen, zählen zu den Genossenschaften im rechtlichen Sinn. Vgl. bzgl. der unterschiedlichen Auffassungen über die Rechtsstellung dieser „Genossenschaften i. G." *Schmidt* GesRecht S. 1268 f.
[6] *Lang/Weidmüller/Metz/Schaffland* § 1 GenG RdNr. 2.
[7] Gen.Lexikon/*Hoppert* S. 411.
[8] *Schmidt* GesRecht S. 1265.
[9] *Kühnberger/Keßler* WPg 2000, 1007.
[10] Bis zum Gesetz zur Änderung des Gesetzes betreffend die Erwerbs- und Wirtschaftsgenossenschaften v. 9. Oktober 1973 war die Mitgliederversammlung oberstes Willensbildungsorgan der Genossenschaft. Vgl. *Zerche/Schmale/Blome-Drees* S. 13.
[11] Gesetz zur Änderung des Genossenschaftsgesetzes v. 20. Dezember 1933 (RGBl. 1933 I S. 1089–1092).
[12] *Müller* Anhang § 33 RdNr. 122; *Bergmann* ZfG 1986, 89; *Ohlmeyer/Bergmann* S. 14.
[13] BR-Drucks. 10/317 S. 71.
[14] *Lang/Weidmüller/Metz/Schaffland* § 33 GenG RdNr. 26.

den Jahresabschluss gem. § 48 Abs. 1 GenG fest. Ihre Zuständigkeit kann weder auf ein anderes Organ übertragen noch durch die Satzung in irgendeiner Form eingeschränkt werden.[15]

8 **2. Aufstellungspflichtige.** Die Pflicht zur Aufstellung von Jahresabschluss und Lagebericht trifft den Vorstand in seiner Gesamtheit. Sofern der Vorstand bei der Aufstellung des Jahresabschlusses Dritte hinzuzieht oder die Aufgabe an einzelne Vorstandsmitglieder delegiert, ändert sich dadurch nichts an der **Verantwortlichkeit des Gesamtvorstands.**[16] Vorstandsmitglieder, die gegen den Jahresabschluss gestimmt haben, können sich der Unterzeichnung des Jahresabschlusses gem. § 245 nicht entziehen. Die Unterzeichnung auch des Lageberichts „ist die Regel", obwohl gesetzlich nicht gefordert.[17]

9 **3. Aufstellungsfrist.** Der Jahresabschluss und der Lagebericht von eG sind nach Abs. 1 S. 2 innerhalb der Ersten fünf Monate des folgenden Geschäftsjahrs aufzustellen. Dies bedeutet eine Verlängerung der Aufstellungsfrist im Vergleich zur dreimonatigen Frist für mittelgroße und große Kapitalgesellschaften. Kleine eG sind durch die Aufnahme des Verweises auf § 264 Abs. 1 S. 3 Hs. 1 in § 336 Abs. 2 S. 1 kleinen Kapitalgesellschaften gleichgestellt; ihnen ist die Aufstellung des Jahresabschlusses in den ersten sechs Monaten des Geschäftsjahres vorgeschrieben. Branchenspezifische **Sonderfristen** (zB drei Monate bei Kreditinstituten oder bei gemeinnützigen Wohnungsbaugenossenschaften mit Spareinrichtung) verdrängen ggf. die allgemeine Aufstellungsfrist. Kommt der Vorstand seiner Verpflichtung zur fristgerechten Aufstellung des Jahresabschlusses und des Anhangs nicht nach, wird das Registergericht auf Antrag durch Festsetzung eines Zwangsgelds tätig (§ 335 S. 2 iVm. § 160 Abs. 2 S. 2 GenG). **Antragsberechtigt** ist jedermann (vgl. Erl. zu § 335).

III. Anwendung von Vorschriften für Kapitalgesellschaften (Abs. 2)

10 **1. Überblick.** Durch den Verweis auf § 264 Abs. 2 unterliegen der Jahresabschluss und der Lagebericht der eG ebenso der Einblicksforderung des § 264 Abs. 2 HGB wie diejenigen einer Kapitalgesellschaft. Die weiteren Vorschriften der §§ 265 bis 289 sind grundsätzlich entsprechend, dh. unter Berücksichtigung der Mischformcharakteristik der Genossenschaft, die insofern zwischen Kapital- und Personengesellschaft angesiedelt ist,[18] anzuwenden. Allerdings wird in Abs. 2 S. 1 Hs. 2 für ausgewählte Vorschriften ein Wahlrecht eingeräumt.

11 Durch das zwingende Abstellen auf § 264 Abs. 2 wird gewährleistet, dass auch der Jahresabschluss der eG unter Beachtung der GoB in den tatsächlichen Verhältnissen entsprechendes Bild der **Vermögens-, Ertrags- und Finanzlage** vermittelt. Die **Nichtbeachtung** stellt allerdings im Gegensatz zu Kapitalgesellschaften keine **Ordnungswidrigkeit** dar; in § 160 Abs. 1 GenG fehlt die Nennung von § 336 Abs. 2.

12 **2. Bedeutung der Verweisung auf das Recht der Kapitalgesellschaften.** Die Verweisung des Abs. 2 besagt, dass eG die Rechnungslegungsvorschriften für Kapitalgesellschaften teilweise „entsprechend" anzuwenden haben. Dies bedeutet, dass die Rechnungslegungsvorschriften für Kapitalgesellschaften nicht unmittelbar oder automatisch – ohne jede Abweichung – von den eG zu adaptieren sind. Vielmehr wird den eG die Möglichkeit gegeben, ihre rechtsformspezifischen Besonderheiten für Zwecke der Rechnungslegung zu berücksichtigen. Die Rechnungslegungsvorschriften für Kapitalgesellschaften dienen der Rechnungslegung von eG somit als als Maßstab, der den genossenschaftsspezifischen Besonderheiten anzupassen ist.

13 Wollte man eine „entsprechende" Anwendung als weiten Gestaltungsspielraum auffassen, so könnte dies bedeuten, dass die eG von den gesetzlichen Regelungen der § 264 Abs. 2, §§ 265 bis 289 abweichen dürfen. Dies ist jedoch unzulässig. Im deutschen Recht gibt es hierfür keine Rechtsgrundlage. Die rechtsformspezifischen Besonderheiten können nur im Einzelfall, insbesondere bei der Ausübung von Ansatz- und Bewertungswahlrechten, die grundsätzlich auch für die Kapitalgesellschaften gelten, Eingang in die Rechnungslegung der eG finden. In den Fällen, in denen das Gesetz kein Wahlrecht vorsieht, ist hingegen mangels einer fehlenden Rechtsgrundlage eine Abweichung von der grundlegenden Rechnungslegungsvorschrift für Kapitalgesellschaften unstatthaft. Somit haben eG und Kapitalgesellschaften die §§ 264 ff. einheitlich auszulegen und anzuwenden, soweit eG keine gesetzlichen Anwendungswahlrechte eingeräumt werden.

14 EG haben die Pflicht, Vorschriften, durch die Bestimmungen der 4. EG-Richtlinie in das deutsche Recht umgesetzt wurden, richtlinienkonform auszulegen und anzuwenden.

---

[15] *Hettrich/Pöhlmann* § 48 GenG RdNr. 1.
[16] *Hettrich/Pöhlmann* § 33 GenG RdNr. 5.
[17] *Förschle* BeBiKo RdNr. 10; *Lang/Weidmüller/Metz/Schaffland* § 33 GenG RdNr. 26.
[18] *Förschle/Kofahl* BeBiKo RdNr. 16.

Die Pflicht zur richtlinienkonformen Auslegung gilt jedoch nicht uneingeschränkt. Der Gesetzgeber sieht in Abs. 2 S. 1 2. Hs. vor, dass bestimmte Vorschriften nicht angewandt zu werden „brauchen". Diese Regelung lässt den Willen des Gesetzgebers erkennen, dass die Beachtung dieser Vorschriften nicht nötig, aber möglich ist.[19] Das Wort „brauchen" eröffnet den eG insofern ein Wahlrecht: Entscheidet sich eine eG dafür, von dem Wahlrecht keinen Gebrauch zu machen und die eG-fakultativen Rechnungslegungsvorschriften zu beachten, sind die auf europäischem Recht basierenden Vorschriften des HGB richtlinienkonform auszulegen. Entscheidet sich die eG hingegen dafür, von dem Wahlrecht Gebrauch zu machen und eine für Kapitalgesellschaften zwingende Vorschrift nicht anzuwenden, so entzieht sie sich dem Geltungsbereich der 4. EG-Richtlinie. In diesem Fall sind nur die deutschen Auslegungsmethoden zu beachten.

3. Anwendungswahlrechte. Im Einzelnen brauchen eG die folgenden Vorschriften nicht anzuwenden:

- § 277 Abs. 3 S. 1: Gesonderter Ausweis bzw. Angabe im Anhang von außerplanmäßigen Abschreibungen nach § 253 Abs. 2 S. 3 und § 253 Abs. 3 S. 3
- § 279: Mindestbewertung gem. § 253 Abs. 2 S. 3 und § 253 Abs. 4, Beschränkung der steuerlich bedingten Abschreibungen auf die Fälle der umgekehrten Maßgeblichkeit
- § 280: Wertaufholungsgebot
- § 281 Abs. 2 S. 1: Angaben im Anhang zu steuerlich bedingten Abschreibungen
- § 285 Nr. 5: Angaben im Anhang über das Ausmaß steuerrechtlich bedingter Bewertungserleichterungen infolge von Abschreibungen nach §§ 254, 280 Abs. 2 und der Bildung von Sonderposten nach § 273
- § 285 Nr. 6: Auswirkungen der Einkommen- und Ertragsteuern auf das Ergebnis der gewöhnlichen Geschäftstätigkeit und auf das außerordentliche Ergebnis

Darüber hinaus bleibt es bei der entsprechenden Anwendung der §§ 264 bis 289, soweit dem nicht durch den Geschäftszweig bedingte Vorschriften entgegenstehen. Dies kommt etwa für Kreditinstitute in Betracht, für die der Umfang der Anwendbarkeit der für Kapitalgesellschaften geltenden Vorschriften in §§ 340 bis 340 o gesondert geregelt und teilweise durch eigenständige Vorschriften ergänzt ist.

4. Problematik der Bewertungswahlrechte. Das Konzept die Gleichwertigkeit der Rechnungslegung für eG mit der Rechnungslegung für Kapitalgesellschaften unter Wahrung der genossenschaftlichen Besonderheiten ist nur unvollständig umgesetzt worden.

Durch den Einfluss des angelsächsischen Prinzips des *true and fair view* auf die Generalnorm der 4. EG-Richtlinie (Art. 2), hat die Informationsfunktion im deutschen Bilanzrecht eine Aufwertung erfahren. Mit der Vermittlung eines den tatsächlichen Verhältnissen entsprechenden Bildes der Vermögens-, Finanz- und Ertragslage des Unternehmens ist die Bildung weiterer, von der Bilanzrichtlinie nicht abgedeckter, stiller Reserven nicht zu vereinbaren. Gem. Abs. 2 iVm. § 279 Abs. 1 S. 1 dürfen eG analog zu den Einzelkaufleuten und Personenhandelsgesellschaften mit einer natürlichen Person als Vollhafter „außerdem Abschreibungen im Rahmen vernünftiger kaufmännischer Beurteilung" gem. § 253 Abs. 4 vornehmen. Ziel dieser Vorschrift ist die Ermöglichung stiller Reserven, um die Gesellschaft vor überhöhten Entnahmen seitens der Gesellschafter zu schützen. Da die eG jedoch die gleichen strengen Ausschüttungsregelungen wie Kapitalgesellschaften (§ 57 Abs. 1 AktG, § 30 GmbHG, § 22 Abs. 4 GenG, § 150 Abs. 2 AktG, § 7 Nr. 2 GenG[20]) zu beachten haben, läuft der durch § 253 Abs. 4 bezweckte Schutz ins Leere.

Die Bildung stiller Reserven sollte ferner einen Schutz der Gesellschafter bewirken. Gesellschafter einer Personengesellschaft haften gem. § 105 Abs. 1 unbeschränkt mit ihrem Privatvermögen. Eine solche Haftung ist für Genossenschaftsmitglieder durch die Änderung des Genossenschaftsrechts bereits 1933 abgeschafft worden mit der Begründung, dass sie in der Regel nicht mehr erforderlich und auch nicht mehr zumutbar ist. Auch in dieser Hinsicht wird deutlich, dass die Bildung stiller Reserven nicht durch genossenschaftsspezifische Besonderheiten zu rechtfertigen ist.

Die Bildung stiller Reserven mindert den Gewinn. Die Gewinnerzielungsabsicht ist bei der Genossenschaft jedoch kein Selbstzweck. Vielmehr steht der Gewinn den Mitgliedern zu, entweder in Form einer Gewinnverteilung oder durch entsprechende Förderleistungen. Führt die Bildung

---

[19] So stellte der Rechtsausschuss fest, dass es keine Notwendigkeit gab, für eG aus Anlass der 4. EG-Richtlinie strengere Rechnungslegungsvorschriften zu erlassen; vgl. BR-Drucks. 10/317 S. 71.
[20] Vgl. im Einzelnen *Bültmann*, Diss. Göttingen 2000, S. 126 ff.

stiller Reserven dazu, dass diese gesetzlichen Anforderungen nicht mehr erfüllt werden, so liegt hierin ein Verstoß gegen § 1 Abs. 1 und § 19 Abs. 1 GenG. Die Beachtung der Treuepflicht durch den Vorstand bewirkt, dass die von dem Gesetzgeber durch Abs. 2 eingeräumten Wahlrechte eingeschränkt, unter Umständen sogar negiert werden können. Der Vorstand einer Genossenschaft hat insofern stets einen Ausgleich zu finden zwischen der langfristigen Absicherung des Geschäftsbetriebes und dem Förderauftrag.[21]

21 Die dargestellten Bedenken gegen die Zulässigkeit der Bildung zusätzlicher stiller Reserven lassen sich grundsätzlich auch auf die weiteren Wahlrechte (§ 279 Abs. 1 S. 2 iVm. § 253 Abs. 2 S. 3; § 280 Abs. 2) der eG übertragen, die die Bildung stiller Reserven gesetzlich zulassen.

22 Diese Sachverhalte belegen, dass der Hinweis auf genossenschaftsspezifische Besonderheiten gerade keine Rechtfertigung für die Unvereinbarkeit der Bildung stiller Reserven mit der Vermittlung eines den tatsächlichen Verhältnissen entsprechenden Bildes der Vermögens-, Finanz- und Ertragslage darstellt.

23 **5. Größenabhängige Erleichterungen.** Da auch § 267, der die Umschreibung der Größenklassen zum Inhalt hat, bei eG Anwendung findet, können die entsprechenden an die Größe gekoppelten Erleichterungen in Anspruch genommen werden. So können kleine eG nach Abs. 2 S. 1 iVm. § 266 Abs. 1 S. 3, § 267 Abs. 1 eine **verkürzte Bilanz** aufstellen.

24 Die **GuV** von kleinen und mittelgroßen eG kann vereinfacht aufgestellt werden, indem bestimmte Posten nach § 336 Abs. 2 iVm. § 276 unter der Bezeichnung „**Rohergebnis**" zusammengefasst werden. Außerdem dürfen kleine eG auf Anhangangaben zu den außerordentlichen Aufwendungen und Erträgen verzichten. Für die Darstellung der GuV ist nunmehr ebenso wie bei Kapitalgesellschaften die **Staffelform** vorgeschrieben.

25 Für mittelgroße eG sind nur Erleichterungen bei der Offenlegung vorgesehen (§ 339). Zu weiteren größenabhängigen Erleichterungen vgl. §§ 274 a, 276 S. 2, 288 S. 1.

IV. Regelungen zum Anhang von eG

26 § 338 enthält gegenüber §§ 284 ff. ergänzende Vorschriften für den Anhang, welche den Besonderheiten der eG Rechnung tragen sollen. Dies ergibt sich aus dem Wort „auch" in § 338 Abs. 1 S. 1. Für große eG sind daher zunächst sämtliche in §§ 284 Abs. 2 und 285 normierte **Pflichtangaben** zu beachten.

27 Allerdings „brauchen" eG gem. Abs. 2 S. 1 folgende Angaben nicht zu machen:
– steuerlich bedingte Minderungen des Jahresergebnisses und künftige Belastungen aus steuerlichen Wertansätzen oder aus Wertaufholungen (§ 285 S. 1 Nr. 5),
– gesonderte Zuordnung des Steueraufwands für das außerordentliche Ergebnis (§ 285 S. 1 Nr. 6).

28 **Mittelgroße eG** iSv. § 267 Abs. 2 „brauchen" nach § 336 iVm. § 288 S. 2 die Aufgliederung der Umsatzerlöse nach § 285 Nr. 4 nicht anzugeben.

29 **Kleine eG** iSv. § 267 Abs. 1 haben im Rahmen des § 285 die Zusatzangaben zu den in der Bilanz ausgewiesenen Verbindlichkeiten (Nr. 1), die Ausführungen über die Vorschüsse und Kredite an die Vorstandsorgane und Aufsichtsratsmitglieder in der Form von Nr. 9 c), die Namenslisten nach Nr. 10 sowie den 20% übersteigenden Anteilsbesitz (Nr. 11 iVm. § 287) und die Gründe für die planmäßige Abschreibung des Geschäfts- oder Firmenwerts nach Nr. 13 iVm. § 255 Abs. 4 S. 3 zwingend anzugeben.[22] Sie können nach § 336 Abs. 2 iVm. § 288 S. 1 die Angaben nach § 284 Abs. 2 Nr. 4, nach § 285 S. 1 Nr. 2 bis 8 a), Nr. 9 a) und b) und Nr. 12 machen.

30 Darüber hinaus haben eG – sofern die tatbestandlichen Voraussetzungen vorliegen – die aus den §§ 264 bis 283 sich ergebenden zusätzlichen Bestimmungen zu beachten, die zu Angaben im Anhang verpflichten oder wahlweise Angaben für die Bilanz, die GuV oder den Anhang vorschreiben. Allerdings müssen von den in §§ 275 bis 281 vorgeschriebenen Angaben die eG gem. § 336 Abs. 2 nur diejenigen über die wesentlichen **außerordentlichen** bzw. **periodenfremden Erträge/Aufwendungen** (§ 277 Abs. 4) und die steuerrechtlichen Vorschriften zu den in indirekter Form als Sonderposten mit Rücklageanteil vorgenommenen **Zusatzabschreibungen** (§ 281 Abs. 1 S. 2) in den Anhang aufnehmen. Die übrigen Anhangangaben brauchen eG nach Abs. 2 nicht zu machen. Kleinere eG brauchen gem. Abs. 2 keine Angaben zu außerordentlichen und periodenfremden Posten iSv. § 276 S. 2 zu machen.

---

[21] Vgl. zu verfassungsrechtlichen Bedenken hinsichtlich dieser Wahlrechte *Bültmann*, Diss. Göttingen 2000, S. 145 ff.
[22] *Förschle* BeBiKo § 338 RdNr. 1 ff.

Nach § 264 Abs. 2 S. 2 sind „im Anhang zusätzliche Angaben zu machen", wenn auf Grund 31
„besonderer Umstände" sonst ein den tatsächlichen Verhältnissen entsprechendes Bild iSd. S. 1 nicht vermittelt wird. Allerdings müssen „besondere Umstände" vorliegen. Dies wird dahin verstanden werden können, dass nur Sachverhalte von außergewöhnlicher Bedeutung und einmaliger Art, für die sonst keine Erläuterungspflicht besteht, zu zusätzlichen Angaben zwingen.[23] Dies bewirkt, dass nur bei Vorliegen besonderer Umstände, zB bei Vornahme von Abschreibungen nach § 253 Abs. 4 in einem besonders umfangreichen und/oder außergewöhnlichen Maße, Angaben über die Bildung und Auflösung zu machen sind. Grundsätzlich sind aber keine Angaben zu stillen Reserven erforderlich.

Ebenfalls keine Anhangangaben werden über Fehlbeträge bei **Pensionsrückstellungen** verlangt, 32
da Art. 28 EGHGB nur für Kapitalgesellschaften gilt.[24]

Die Regelung ist unter Hinweis auf den Grundsatz des gemeinschaftlichen Geschäftsbetriebes 33
nicht nachvollziehbar. Denn Ausdruck des „gemeinschaftlichen Geschäftsbetriebes" ist § 48 Abs. 1 GenG, demzufolge die Generalversammlung den Jahresabschluss festzustellen hat. Auf wichtige für die Entscheidung relevante Umstände „braucht" die Generalversammlung indes nicht hingewiesen zu werden. Dafür gibt es keinen rechtfertigenden Grund. Daraus folgt, dass die Berücksichtigung der genossenschaftsspezifischen Besonderheiten gerade keine Rechtfertigung dafür bietet, dass die Genossen, obwohl sie anders als Aktionäre den Jahresabschluss feststellen, hinsichtlich der Informationsfunktion schlechter gestellt sind.

Diese Vorbehalte sind auf die übrigen Erleichterungen im Ausweis übertragbar. Die genossen- 34
schaftlichen Prinzipien bewirken somit, dass im Anhang der Betrag der Abschreibungen anzugeben ist, der im Geschäftsjahr allein nach steuerrechtlichen Vorschriften vorgenommen wurde (§ 336 Abs. 2 iVm. § 281 Abs. 2 S. 1) sowie ferner das Ausmaß der künftigen Belastung (§ 336 Abs. 2 iVm. § 285 Nr. 5) und die Beeinflussung für das Ergebnis der gewöhnlichen Geschäftstätigkeit und das außerordentliche Ergebnis (§ 336 Abs. 2 iVm. § 285 Nr. 6).

V. Erlass von Rechtsverordnungen (Abs. 3)

Über Abs. 3 findet § 330 Abs. 1, der die **Verordnungsermächtigung** für Formblätter und 35
andere Vorschriften für die Gliederung des Jahresabschlusses, den Inhalt des Anhangs oder des Lageberichts beinhaltet, auch bei eG Anwendung. Von praktischer Bedeutung ist diese Öffnungsklausel etwa bei in der Rechtsform der eG verfassten Kreditinstituten, die damit auch der auf dem Verordnungswege erlassenen RechKredV unterworfen sind. Materielle Regelungen, wie Ansatz- und Bewertungsvorschriften, bleiben von der Ermächtigung ausgenommen.[25] Gegenstand einer nach § 330 Abs. 1 ergehenden Rechtsverordnung können hingegen sein:
– Formblätter für den Jahresabschluss/Konzernabschluss
– andere Vorschriften für
  • die Gliederung des Jahresabschlusses/Konzernabschlusses,
  • den Inhalt des Anhangs/Konzernanhangs,
  • den Lagebericht/Konzernlagebericht.

Hingegen bleiben Ansatz- und Bewertungsvorschriften von der Ermächtigungsvorschrift ausgenommen. 36

§ 337 Vorschriften zur Bilanz

(1) [1]An Stelle des gezeichneten Kapitals ist der Betrag der Geschäftsguthaben der Mitglieder auszuweisen. [2]Dabei ist der Betrag der Geschäftsguthaben der mit Ablauf des Geschäftsjahrs ausgeschiedenen Mitglieder gesondert anzugeben. [3]Werden rückständige fällige Einzahlungen auf Geschäftsanteile in der Bilanz als Geschäftsguthaben ausgewiesen, so ist der entsprechende Betrag auf der Aktivseite unter der Bezeichnung „Rückständige fällige Einzahlungen auf Geschäftsanteile" einzustellen. [4]Werden rückständige fällige Einzahlungen nicht als Geschäftsguthaben ausgewiesen, so ist der Betrag bei dem Posten „Geschäftsguthaben" zu vermerken. [5]In beiden Fällen ist der Betrag mit dem Nennwert anzusetzen. [6]Ein in der Satzung bestimmtes Mindestkapital ist gesondert anzugeben.

---

[23] *WPH* F RdNr. 775.
[24] *WPH* G RdNr. 17 mwN.
[25] Vgl. *ADS* § 330 RdNr. 5.

(2) An Stelle der Gewinnrücklagen sind die Ergebnisrücklagen auszuweisen und wie folgt aufzugliedern:
1. Gesetzliche Rücklage;
2. andere Ergebnisrücklagen; die Ergebnisrücklage nach § 73 Abs. 3 des Genossenschaftsgesetzes und die Beträge, die aus dieser Ergebnisrücklage an ausgeschiedene Mitglieder auszuzahlen sind, müssen vermerkt werden.

(3) Bei den Ergebnisrücklagen sind in der Bilanz oder im Anhang gesondert aufzuführen:
1. Die Beträge, welche die Generalversammlung aus dem Bilanzgewinn des Vorjahrs eingestellt hat;
2. die Beträge, die aus dem Jahresüberschuß des Geschäftsjahrs eingestellt werden;
3. die Beträge, die für das Geschäftsjahr entnommen werden.

Schrifttum: Siehe Schrifttum zu § 336.

I. Rechtsformspezifische Gliederungs- und Ausweisvorschriften

1   Grundsätzlich haben eG nach § 336 Abs. 2 die für Kapitalgesellschaften geltenden Gliederungsvorschriften für die Bilanz (§ 266) sowie die Vorschriften zum Eigenkapital (§§ 272, 283) entsprechend anzuwenden. Um den mit der Rechtsform der Genossenschaft verbundenen Besonderheiten hinsichtlich des Eigenkapitalausweises gerecht zu werden, enthält Abs. 1 Bestimmungen für die **Geschäftsguthaben** und ersetzt damit § 272 Abs. 1 und § 283. Abs. 2 legt eine auf die eG abgestellte **Gliederung** der Ergebnisrücklagen fest, die den Gewinnrücklagen gem. § 272 Abs. 3 entsprechen. Damit können die bei der eG üblichen Rücklagenbegriffe beibehalten werden. Da bei der eG der Erwerb eigener Anteile – wie bei den Personengesellschaften – nicht vorgesehen ist, entfällt für eG eine § 272 Abs. 4 entsprechende Vorschrift zur Behandlung eigener Anteile.[1]

II. Geschäftsguthaben und rückständige fällige Einzahlungen auf Geschäftsanteile (Abs. 1)

2   Abs. 1 S. 1 regelt, dass bei eG an Stelle des gezeichneten Kapitals (§§ 266 Abs. 3, 272 Abs. 1) der Betrag der Geschäftsguthaben der Genossen auszuweisen ist. Das Geschäftsguthaben ist der Betrag, mit dem das Mitglied tatsächlich finanziell an der eG beteiligt ist. Er wird gebildet aus den Einlagen der Mitglieder zuzüglich der Gewinnrücklagen abzüglich der Verlustabschreibungen.[2] Das Geschäftsguthaben verkörpert den Vermögenswert der Mitgliedschaft und ist insbesondere bedeutsam für die Gewinn- und Verlustverteilung (§ 19 GenG), die Verzinsung des Geschäftsguthabens (§ 21 a GenG), die Bilanzaufstellung (§§ 33 GenG, 243 HGB) und die Auseinandersetzung (§ 73 GenG). Obwohl die Genossenschaft vom Grundsatz her nicht kapitalistisch ausgestaltet ist, unterliegt das Geschäftsguthaben dem allgemeinen gesellschaftsrechtlichen Charakter der Kapitalerhaltung und darf daher den Mitgliedern während der Mitgliedschaft nicht ausgezahlt werden (§ 22 Abs. 4 S. 1 GenG).

3   Nach Abs. 1 S. 2 ist der Betrag der Geschäftsguthaben der mit Ablauf des Geschäftsjahres ausgeschiedenen Mitglieder gesondert anzugeben, entweder als „Davon"-Vermerk oder als untergliederter Posten.[3]

4   Von dem Begriff des Geschäftsguthabens ist der des Geschäftsanteils zu unterscheiden: Der Geschäftsanteil ist eine Rechengröße, die lediglich die höchstmögliche, nicht aber unbedingt die tatsächliche finanzielle Beteiligung der einzelnen Mitglieder wiedergibt. Der Erwerb mehrerer Geschäftsanteile ist möglich, soweit die Satzung dies vorsieht (§ 71 GenG). Der Geschäftsanteil ist nicht der Inbegriff aller Mitgliedschaftsrechte.[4] Im Gegensatz zum variablen Betrag des Geschäftsguthabens ist der Geschäftsanteil eine konstante Größe.

5   Das Statut muss im Interesse einer Mindestförderkapitalbasis und vor allem einer Mindestliquidität der eG für alle Geschäftsanteile die in § 7 Nr. 1 GenG bestimmte Pflichteinzahlungsquote fordern und muss diese Einzahlungspflicht mindestens bis zu einem Zehntel nach Betrag und Zeit (Frist oder Raten) genau festsetzen. Für rückständige Einzahlungen auf Geschäftsanteile bestehen nach Abs. 1 S. 3 und 4 zwei alternative Bilanzierungsmöglichkeiten:

---

[1] *Förschle* BeBiKo RdNr. 1.
[2] *Hettrich/Pöhlmann* § 7 GenG RdNr. 3.
[3] *Heyman* RdNr. 1; *WPH* G RdNr. 11.
[4] *Hettrich/Pöhlmann* § 7 RdNr. 1; *Lang/Weidmüller/Metz/Schaffland* § 7 GenG RdNr. 5 ff.

– Die rückständigen fälligen Einzahlungen können als Geschäftsguthaben ausgewiesen werden; in diesem Fall ist der entsprechende Betrag auf der Aktivseite unter der Bezeichnung „Rückständige fällige Einzahlungen auf Geschäftsanteile" mit dem Nennwert auszuweisen (Abs. 1 S. 3 und 5).
– Werden die rückständigen Einzahlungen nicht als Geschäftsguthaben ausgewiesen, so ist der Betrag bei dem Posten „Geschäftsguthaben" mit dem Nennwert zu vermerken (Abs. 1 S. 4 und 5).

Notwendige Abwertungen auf rückständige Einzahlungen (wegen Zahlungsunfähigkeit einzelner Mitglieder) können wie bei Kapitalgesellschaften nur durch zusätzliche offene Absetzungen bei dem entsprechenden Aktivposten abgebildet werden. In der Praxis werden solche Abwertungen selten sein, da der Geschäftsanteil herabgesetzt werden kann (§ 22 GenG) oder eine Übertragung des Geschäftsguthabens auf ein anderes Mitglied nach Austritt aus der Genossenschaft ohne Auseinandersetzung möglich ist (§§ 73, 76 GenG).[5]

III. Ergebnisrücklagen (Abs. 2, 3)

Im **Gliederungsschema** der Bilanz von eG ist der Posten A.III. der Passivseite nicht als Gewinnrücklage (§§ 266 Abs. 3, 272 Abs. 3), sondern als **Ergebnisrücklage** zu bezeichnen. Dabei erfolgt nach Abs. 2 die Aufgliederung in gesetzliche Rücklagen (Nr. 1) und andere Ergebnisrücklagen (Nr. 2).

Gem. § 7 Nr. 2 GenG muss die Satzung einer eG Bestimmungen über die Bildung einer gesetzlichen Rücklage enthalten. Diese Rücklage unterliegt einer Zweckbindung, indem sie nur zur Deckung von Bilanzverlusten verwendet werden darf. Allerdings enthält das GenG im Gegensatz zum AktG keine Regelungen hinsichtlich eines Mindestbetrags und der Höhe der jährlichen Einstellung in die gesetzliche Rücklage.[6]

Der Begriff **andere Ergebnisrücklagen** umfasst alle anderen aus dem laufenden Ergebnis gebildeten Rücklagen. Über ihre Verwendung können die Generalversammlung oder das sonst dafür zuständige Genossenschaftsorgan (etwa Vorstand und Aufsichtsrat) frei beschließen. Das Statut oder die Generalversammlung kann jedoch vorschreiben, dass andere Ergebnisrücklagen nur für bestimmte Zwecke, zB für bestimmte Investitionen, verwendet werden dürfen. In solchen Fällen dürfen aus solchen Rücklagen Beträge nur für die festgelegten Zwecke entnommen werden. Andernfalls ist zuvor eine Umwidmung durch dasjenige Organ vorzunehmen, welches die Zweckbindung festgelegt hat. Es gelten hierbei die allgemeinen Grundsätze des Gesellschaftsrechts.[7]

Ein Bestandteil der anderen Ergebnisrücklagen ist die Ergebnisrücklage nach § 73 Abs. 3 GenG. Diese ist zu bilden, wenn das Statut vorsieht, dass Mitglieder, die ihren Geschäftsanteil voll eingezahlt haben, für den Fall des Ausscheidens einen Anspruch auf Auszahlung eines Anteils an dieser Ergebnisrücklage haben. Das Statut kann den Anspruch von einer Mindestdauer der Mitgliedschaft der Mitglieder abhängig machen sowie weitere Erfordernisse aufstellen und Beschränkungen des Anspruchs vorsehen.

Die Ergebnisrücklage nach § 73 Abs. 3 GenG und die Beträge, die daraus an die **ausgeschiedenen Mitglieder** auszuzahlen sind, müssen vermerkt werden. In solchen Fällen müssen die nach ihrem Ausscheiden zum Bilanzstichtag noch nicht regulierten Beträge in der Bilanz entweder als Vorspaltenvermerk gezeigt oder als besonderer Unterposten ausgewiesen werden. Es handelt sich um solche Beträge, die aus dem bilanziellen Eigenkapital an ehemalige Mitglieder noch zu vergüten sind.[8] Nach einem Beschluss über derartige Ausschüttungen handelt es sich um Verbindlichkeiten.[9]

Allerdings erhebt § 73 Abs. 2 GenG die Buchwertabfindung in einer eG zum Regelfall.[10] Die ausscheidenden Mitglieder erhalten danach keinen Anteil an stillen und grundsätzlich auch nicht an den offenen Rücklagen. Sie haben regelmäßig nur Anspruch auf das Auseinandersetzungsguthaben. Ein Auseinandersetzungsguthaben der ausscheidenden Mitglieder entsteht, wenn die Bilanz im Zeitpunkt der Beendigung der Mitgliedschaft keine Überschuldung der Genossenschaft aufweist. Der Höhe nach ist das Auseinandersetzungsguthaben das Geschäftsguthaben am Ende des Geschäftsjahres unter Berücksichtigung der im Laufe des Geschäftsjahres erfolgten Einzahlungen sowie der Gewinnzuschreibungen oder Verlustabschreibungen.[11] Grundlage für die Berechnung des Auseinandersetz-

---

[5] *Förschle* BeBiKo RdNr. 4.
[6] *Lang/Weidmüller/Metz/Schaffland* § 7 GenG RdNr. 82 ff.
[7] *Förschle* BeBiKo RdNr. 9.
[8] Zu Einzelheiten vgl. *Lang/Weidmüller/Metz/Schaffland* § 73 GenG RdNr. 28 ff.
[9] *Förschle* BeBiKo RdNr. 8.
[10] *Großfeld/Reemann*, FS Goerdeler, S. 165.
[11] *Hettrich/Pöhlmann* § 73 GenG RdNr. 2; *Lang/Weidmüller/Metz/Schaffland* § 73 GenG RdNr. 19 ff.; *Müller* § 73 GenG RdNr. 2.

zungsguthabens und des Anteils an der Ergebnisrücklage ist der Jahresabschluss.[12] Das ausscheidende Mitglied hat weder einen Anspruch darauf, dass erwirtschaftete Gewinne ausgeschüttet werden, noch dass ein Verlust statt durch Abschreibung von dem Geschäftsguthaben zunächst aus den gesetzlichen oder sonstigen Rücklagen gedeckt wird. Die praktische Relevanz von § 73 Abs. 3 GenG ist insofern von untergeordneter Bedeutung.

13 Neben der gesetzlichen und anderen Ergebnisrücklagen ist, etwa durch „Eintrittsgelder", die Bildung einer Kapitalrücklage iSd. § 272 Abs. 2 möglich.[13]

14 In der Bilanz oder im Anhang sind nach Abs. 3 bei den Ergebnisrücklagen die von der **Generalversammlung** eingestellten Beträge aus dem Bilanzgewinn des Vorjahres (Nr. 1), die aus dem Jahresüberschuss des Geschäftsjahrs eingestellten Beträge (Nr. 2) und die Beträge, die für das Geschäftsjahr entnommen werden (Nr. 3), gesondert aufzuführen. Entnahmen aus Rücklagen kommen namentlich vor:
- zur Auffüllung der Geschäftsguthaben bis zur Höhe des Geschäftsanteils, sofern nicht das Statut eine Verzinsung zu Lasten der Aufwendungen vorsieht; dies entspricht im Ergebnis einer Kapitalerhöhung aus Gesellschaftsmitteln bei Kapitalgesellschaften;
- zur Einstellung in andere Ergebnisrücklagen (ggf. mit Zweckbindung);
- aus der gesetzlichen Rücklage oder aus anderen Ergebnisrücklagen zur Deckung eines Bilanzverlustes gemäß Statut.

15 Die Möglichkeit der Entwicklungsdarstellung für die einzelnen Ergebnisrücklagen im Anhang entspricht derjenigen bei Kapitalgesellschaften gegeben ist. Die Verlagerung der Darstellung der Rücklagenentwicklung in den Anhang kann so zu einer größeren Übersichtlichkeit der Bilanz führen.

§ 338 Vorschriften zum Anhang

(1) ¹Im Anhang sind auch Angaben zu machen über die Zahl der im Laufe des Geschäftsjahrs eingetretenen oder ausgeschiedenen sowie die Zahl der am Schluß des Geschäftsjahrs der Genossenschaft angehörenden Mitglieder. ²Ferner sind der Gesamtbetrag, um welchen in diesem Jahr die Geschäftsguthaben sowie die Haftsummen der Genossen sich vermehrt oder vermindert haben, und der Betrag der Haftsummen anzugeben, für welche am Jahresschluß alle Genossen zusammen aufzukommen haben.

(2) Im Anhang sind ferner anzugeben:
1. Name und Anschrift des zuständigen Prüfungsverbandes, dem die Genossenschaft angehört;
2. alle Mitglieder des Vorstands und des Aufsichtsrats, auch wenn sie im Geschäftsjahr oder später ausgeschieden sind, mit dem Familiennamen und mindestens einem ausgeschriebenen Vornamen; ein etwaiger Vorsitzender des Aufsichtsrats ist als solcher zu bezeichnen.

(3) ¹An Stelle der in § 285 Satz 1 Nr. 9 vorgeschriebenen Angaben über die an Mitglieder von Organen geleisteten Bezüge, Vorschüsse und Kredite sind lediglich die Forderungen anzugeben, die der Genossenschaft gegen Mitglieder des Vorstands oder Aufsichtsrats zustehen. ²Die Beträge dieser Forderungen können für jedes Organ in einer Summe zusammengefaßt werden.

Schrifttum: Siehe Schrifttum zu § 336.

I. Ergänzende Vorschriften zum Anhang

1 § 336 Abs. 2 regelt grundsätzlich, dass eG die für Kapitalgesellschaften geltenden Vorschriften anzuwenden haben. Ferner sind dort eine Reihe von Vorschriften, die u. a. auch den Anhang betreffen, genannt, deren Anwendung für eG fakultativ ist. Demgegenüber regelt § 338 diejenigen Sachverhalte, für die eG im Vergleich zu Kapitalgesellschaften zusätzliche Angaben in den Anhang

---

[12] *Hettrich/Pöhlmann* § 73 GenG RdNr. 4; *Lang/Weidmüller/Metz/Schaffland* § 73 GenG RdNr. 3; *Müller* § 73 GenG RdNr. 8 f.
[13] *Beuthien* § 7 GenG RdNr. 18.

aufzunehmen haben (Abs. 1 und 2) und für Kapitalgesellschaften vorgeschriebene Angabepflichten variiert werden (Abs. 3).

II. Zusatzangaben nach Abs. 1

Die Zusatzangaben nach Abs. 1 dienen der allgemeinen Unterrichtung der Genossenschaftsmitglieder und resultieren aus dem personenrechtlichen Charakter der eG. 2

1. Entwicklung der Mitgliederzahl. Abs. 1 S. 1 fordert im Anhang die getrennte Angabe über die Zahl der im laufenden Geschäftsjahr eingetretenen und ausgeschiedenen Mitglieder. Zudem ist die Anzahl der zum Schluss des Geschäftsjahrs der eG angehörigen Mitglieder anzugeben. Diejenigen Mitglieder, die zum Ende des Geschäftsjahrs ausscheiden, sind nicht mehr als angehörige Mitglieder anzusehen. Bei eG in **Liquidation** sind hingegen die Mitglieder mit anzugeben, die gem. § 75 GenG ausgeschieden sind.[1] Für die Angabe „Zahl der Mitglieder" ist von Bedeutung, dass ein Mitglieds der Genossenschaft erst angehört, wenn seine Mitgliedschaft durch Eintragung in die Mitgliederliste durch den Vorstand der Genossenschaft vollzogen ist (§ 15 Abs. 1 S. 2 GenG). 3

Die Mitgliedschaft kann durch ordentliche oder außerordentliche **Kündigung** bzw. durch **Ausschluss** enden. Das Ausscheiden des Mitglieds setzt nach § 69 GenG die Eintragung der Kündigung oder der Ausschließung in der Mitgliederliste voraus. Das Ausscheiden erfolgt, unabhängig vom Zeitpunkt der Eintragung, grundsätzlich zum Schluss des Geschäftsjahrs (§§ 65 Abs. 2 S. 1, 68 Abs. 1 S. 1 GenG). Durch Statut kann eine längere Kündigungsfrist von bis zu maximal fünf Jahren festgesetzt werden (§ 65 Abs. 2 S. 3 GenG). 4

2. Geschäftsguthaben und Haftsumme. Nach Abs. 1 S. 2 sind im Anhang ergänzende Ausführungen bezüglich des Gesamtbetrags, um den sich im letzten Geschäftsjahr die Geschäftsguthaben und die Haftsumme der Mitglieder vermehrt oder vermindert haben, anzugeben. Zudem ist der Betrag der Haftsumme darzustellen, für welche am Jahresschluss alle Mitglieder zusammen aufkommen müssen. Die Haftsumme ist der Höchstbetrag, bis zu dem die Mitglieder zur Leistung von Nachschüssen herangezogen werden können.[2] Der Gesamtbetrag der Haftsummen der Mitglieder darf nicht niedriger sein als derjenige der Geschäftsanteile.[3] Satzungsgemäß darf die Haftsumme aber höher als der Geschäftsanteil festgesetzt werden. Die zu nennenden Veränderungen bei den Geschäftsguthaben und deren Gesamtbetrag in der Bilanz sind am Jahresende infolgedessen regelmäßig niedriger als die Haftsumme. Dagegen braucht die Veränderung der Zahl der Geschäftsanteile nicht angegeben zu werden. 5

III. Zusatzangaben nach Abs. 2

Die Zusatzangaben nach Abs. 2 dienen der besseren Unterrichtung der Mitglieder über die Verwaltungs- und Kontrollorgane ihrer eG. 6

1. Prüfungsverband (Nr. 1). Abs. 2 Nr. 1 fordert als zusätzliche Anhangangabe den Namen und die Anschrift des zuständigen Prüfungsverbandes, dem die eG angehört. Gehört die eG zwei Prüfungsverbänden als Mitglied an, können beide Verbände angegeben werden. Hierbei soll jedoch derjenige, welcher die **gesetzliche Prüfung** durchführt, als solcher bezeichnet werden.[4] 7

2. Personalien der Organe (Nr. 2). Nach Abs. 2 Nr. 2 sind alle Mitglieder des **Vorstandes** und des **Aufsichtsrates** mit dem Familiennamen und mindestens einem ausgeschriebenen Vornamen anzugeben. Diese Angaben sind auch dann vorzunehmen, wenn die Mitglieder im Geschäftsjahr oder später ausgeschieden sind. Zusätzlich kann auch deren Anschrift angegeben werden.[5] Der **Aufsichtsratsvorsitzende** ist als solcher zu bezeichnen. Die Liste der Organe der Genossenschaft (Vorstand und Aufsichtsrat) tritt an die Stelle der Angabepflicht nach § 285 S. 1 Nr. 10. Die Formulierung ist ähnlich, es entfällt jedoch die Angabe eines Vorstandsvorsitzenden, weil dieser dem Recht der Genossenschaft fremd ist, sowie die Angabe von Stellvertretern des Aufsichtsratsvorsitzenden. Ebenfalls wurde die in § 285 S. 1 Nr. 10 aufgenommene Verpflichtung zur Angabe des ausgeübten Berufs der Organmitglieder nicht in Abs. 2 Nr. 2 übernommen. 8

---

[1] *Lang/Weidmüller/Metz/Schaffland* Anh. § 33 GenG RdNr. 1 ff.
[2] *Hettrich/Pöhlmann* § 119 GenG RdNr. 1.
[3] *Lang/Weidmüller/Metz/Schaffland* § 119 GenG RdNr. 1 ff.
[4] *Lang/Weidmüller/Metz/Schaffland* Anh. § 33 GenG RdNr. 5.
[5] *Lang/Weidmüller/Metz/Schaffland* Anh. § 33 GenG RdNr. 5.

IV. Anpassung von Angaben nach Abs. 3

9   Nach § 285 S. 1 Nr. 9 müssen Kapitalgesellschaften und OHG/KG iSv. § 264a die Bezüge, Vorschüsse und Kredite unter Angabe der Zinssätze, der wesentlichen Bedingungen, der im Geschäftsjahr zurückgezahlten Beträge sowie die zugunsten von Mitgliedern der Geschäftsführung, des Aufsichtsrates, eines Beirates oder einer ähnlichen Einrichtung eingegangenen Haftungsverhältnisse angeben.

10   Demgegenüber haben eG nach Abs. 3 S. 1 lediglich Angaben über diejenigen Forderungen zu machen, welche der eG gegen die Mitglieder des **Vorstands** oder des **Aufsichtsrats** zustehen. Angaben zu den Bezügen von Vorstand und Aufsichtsrat sind gesetzlich nicht gefordert. Damit wird die Angabepflicht nach § 285 S. 1 Nr. 9 erheblich eingeschränkt. Zudem können die Forderungsbeträge für jedes Organ (Vorstand und Aufsichtsrat) in einer Summe zusammengefasst werden (Abs. 3 S. 2).

§ 339 idF für Geschäftsjahre, die vor dem 1. 1. 2006 beginnen

§ 339 Offenlegung

(1) ¹Der Vorstand hat unverzüglich nach der Generalversammlung über den Jahresabschluß, jedoch spätestens vor Ablauf des zwölften Monats des dem Abschlussstichtag nachfolgenden Geschäftsjahrs, den festgestellten Jahresabschluß, den Lagebericht und den Bericht des Aufsichtsrats zum Genossenschaftsregister des Sitzes der Genossenschaft einzureichen. ²Ist die Erteilung eines Bestätigungsvermerks nach § 58 Abs. 2 des Genossenschaftsgesetzes vorgeschrieben, so ist dieser mit dem Jahresabschluß einzureichen; hat der Prüfungsverband die Bestätigung des Jahresabschlusses versagt, so muß dies auf dem eingereichten Jahresabschluß vermerkt und der Vermerk vom Prüfungsverband unterschrieben sein. ³Ist die Prüfung des Jahresabschlusses im Zeitpunkt der Einreichung der Unterlagen nach Satz 1 nicht abgeschlossen, so ist der Bestätigungsvermerk oder der Vermerk über seine Versagung unverzüglich nach Abschluß der Prüfung einzureichen. ⁴Wird der Jahresabschluß oder der Lagebericht nach der Einreichung geändert, so ist auch die geänderte Fassung einzureichen.

(2) ¹Der Vorstand einer Genossenschaft, die die Größenmerkmale des § 267 Abs. 3 erfüllt, hat ferner unverzüglich nach der Generalversammlung über den Jahresabschluß, jedoch spätestens vor Ablauf des zwölften Monats des dem Abschlussstichtag nachfolgenden Geschäftsjahrs, den festgestellten Jahresabschluß mit dem Bestätigungsvermerk in den für die Bekanntmachungen der Genossenschaft bestimmten Blättern bekanntzumachen und die Bekanntmachung zu dem Genossenschaftsregister des Sitzes der Genossenschaft einzureichen. ²Ist die Prüfung des Jahresabschlusses im Zeitpunkt der Generalversammlung nicht abgeschlossen, so hat die Bekanntmachung nach Satz 1 unverzüglich nach dem Abschluß der Prüfung, jedoch spätestens vor Ablauf des zwölften Monats des dem Abschlussstichtag nachfolgenden Geschäftsjahrs, zu erfolgen.

(3) Die Vorschriften des § 325 Abs. 2a über den Einzelabschluss nach internationalen Rechnungslegungsstandards sowie der §§ 326 bis 329 über die größenabhängigen Erleichterungen bei der Offenlegung, über Form und Inhalt der Unterlagen bei der Offenlegung, Veröffentlichung und Vervielfältigung sowie über die Prüfungspflicht des Registergerichts sind entsprechend anzuwenden.

§ 339 idF des EHUG[1]

§ 339 Offenlegung

(1) ¹Der Vorstand hat unverzüglich nach der Generalversammlung über den Jahresabschluß, jedoch spätestens vor Ablauf des zwölften Monats des dem Abschlussstichtag nachfolgenden Geschäftsjahrs, den festgestellten Jahresabschluß, den Lagebericht und den Bericht des Aufsichtsrats beim Betreiber des elektronischen Bundesanzeigers elektronisch

---

[1] Geändert durch das Gesetz über elektronische Handelsregister und Genossenschaftsregister sowie das Unternehmensregister (*EHUG*) vom 10. November 2006. Zur erstmaligen Anwendung s. Art. 61 Abs. 5 EGHGB.

einzureichen. ²Ist die Erteilung eines Bestätigungsvermerks nach § 58 Abs. 2 des Genossenschaftsgesetzes vorgeschrieben, so ist dieser mit dem Jahresabschluß einzureichen; hat der Prüfungsverband die Bestätigung des Jahresabschlusses versagt, so muß dies auf dem eingereichten Jahresabschluß vermerkt und der Vermerk vom Prüfungsverband unterschrieben sein. ³Ist die Prüfung des Jahresabschlusses im Zeitpunkt der Einreichung der Unterlagen nach Satz 1 nicht abgeschlossen, so ist der Bestätigungsvermerk oder der Vermerk über seine Versagung unverzüglich nach Abschluß der Prüfung einzureichen. ⁴Wird der Jahresabschluß oder der Lagebericht nach der Einreichung geändert, so ist auch die geänderte Fassung einzureichen.

(2) § 325 Abs. 1 Satz 7, Abs. 2, 2a und 6 sowie die §§ 326 bis 329 sind entsprechend anzuwenden.

Schrifttum: Siehe Schrifttum zu § 336.

Übersicht

	RdNr.		RdNr.
I. Besonderheiten der Genossenschaftspublizität	1	IV. Entsprechende Anwendung von §§ 326 bis 329 (Abs. 3)	13–18
II. Einreichung an das Genossenschaftsregister (Abs. 1)	2–8	V. Sanktionen	19
III. Bekanntmachungspflicht (Abs. 2)	9–12	VI. Änderungen durch das EHUG	20–22

I. Besonderheiten der Genossenschaftspublizität

Obwohl die Vorschriften zur Offenlegung des Jahresabschlusses, des Lageberichts und des Aufsichtsratsberichts der eG an die für Kapitalgesellschaften und OHG/KG iSv. § 264a geltenden Regelungen angelehnt sind, musste die **Genossenschaftspublizität** in § 339 gesondert geregelt werden, da die in § 325 für Kapitalgesellschaften getroffenen Bestimmungen auf eG nur eingeschränkt anwendbar sind. Von dem eher formalen Unterschied abgesehen, dass die Einreichung beim Genossenschaftsregister anstelle des Handelsregisters zu erfolgen hat, weichen die Bestimmungen für eG von denjenigen für Kapitalgesellschaften und OHG/KG iSv. § 264a insbesondere hinsichtlich des Zeitraums ab, in dem die Offenlegung zu erfolgen hat, sowie bei den Vorschriften zur Offenlegung vor Ende der Abschlussprüfung. Die in Abs. 2 für große eG vorgeschriebene öffentliche Bekanntmachung des festgestellten Jahresabschlusses und des Bestätigungsvermerks hat in den dafür vorgesehenen **Genossenschaftsblättern** – anstelle der den Kapitalgesellschaften und OHG/KG iSv. § 264a vorgeschriebenen Veröffentlichung im Bundesanzeiger – zu erfolgen. Soweit in §§ 326 bis 329 **größenabhängige Erleichterungen** eingeräumt werden, wird in Abs. 3 eine **entsprechende Anwendung** für zulässig erklärt. 1

II. Einreichung an das Genossenschaftsregister (Abs. 1)

Der **Vorstand** der eG ist nach Abs. 1 verpflichtet, unverzüglich nach der **Generalversammlung** über den Jahresabschluss (§ 48 GenG) den festgestellten **Jahresabschluss,** den **Lagebericht** und den **Aufsichtsratsbericht** an das zuständige Genossenschaftsregister einzureichen. Das Genossenschaftsregister wird bei dem Registergericht geführt, in dessen Bezirk die eG ihren Sitz hat (§ 10 GenG). Als Folgeänderung der generellen Verlängerung der Offenlegungsfrist in §§ 325, 326 wurde die allgemeine Frist von zwölf Monaten auch für eG festgeschrieben. 2

Sofern es sich um eine große eG handelt, ist auch der durch den Prüfungsverband erteilte **Bestätigungsvermerk** (§ 58 Abs. 2 GenG iVm. § 322 HGB) beizufügen. Dies gilt auch für mit einer **Ergänzung** oder einer **Einschränkung** versehene Bestätigungsvermerke. Im Falle einer Versagung muss dies auf dem eingereichten Jahresabschluss vermerkt und vom Prüfungsverband unterschrieben werden. § 328 Abs. 1 Nr. 1 S. 3 ist insoweit sinngemäß anzuwenden.[2] 3

Somit brauchen weder ein **Gewinnverwendungsvorschlag** noch der **Gewinnverwendungsbeschluss** eingereicht zu werden.[3] 4

---

[2] *Heymann* RdNr. 1.
[3] *Förschle* BeBiKo RdNr. 5.

5 War die Prüfung des Jahresabschlusses im Zeitpunkt der Einreichung der Unterlagen beim Registergericht noch nicht abgeschlossen, so ist der **Bestätigungs-** oder **Versagungsvermerk** unverzüglich nachzureichen (Abs. 1 S. 3).

6 Die Pflicht zur Einreichung des Bestätigungsvermerks an das Genossenschaftsregister beschränkt sich nach Abs. 1 S. 2 ausdrücklich auf große eG, für die nach § 58 Abs. 2 GenG die Vorschriften des § 322 über den Bestätigungsvermerk entsprechend anzuwenden sind. Mittelgroße und kleine eG dürfen einen auf Grund einer freiwilligen oder durch das Statut vorgeschriebenen Prüfung erteilten Bestätigungsvermerk dann zum Register einreichen, wenn Art und Umfang der Prüfung derjenigen nach §§ 53 ff. GenG ggf. iVm. §§ 316 ff. HGB entsprechen.[4]

7 Bei einer nachträglichen Änderung nach der Einreichung sind der Jahresabschluss und der Lagebericht in der nunmehr geänderten Fassung beim Registergericht nachzureichen (Abs. 1 S. 4). War die Prüfung nach § 53 GenG bereits abgeschlossen und wird der Jahresabschluss anlässlich seiner Feststellung durch die **Generalversammlung** geändert, bleibt der **Feststellungsbeschluss** zunächst schwebend unwirksam.[5] Die vor der erneuten Prüfung gefassten Beschlüsse über die Feststellung des Jahresabschlusses werden erst dann wirksam, wenn auf Grund einer erneuten Prüfung ein **uneingeschränkter Bestätigungsvermerk** erteilt worden ist (§ 48 Abs. 2 S. 2 GenG). Daher wird ein unverzügliches Handeln des Vorstands zu verlangen sein.[6]

8 Hinsichtlich der eingereichten Unterlagen hat der **Registerrichter** kein **materielles Prüfungsrecht**. Er kann nur überprüfen, ob diese den **formellen Anforderungen** des Gesetzes entsprechen.[7]

III. Bekanntmachungspflicht (Abs. 2)

9 Den Vorstand einer großen eG (§ 336 Abs. 2 iVm. § 267 Abs. 3) trifft hinsichtlich des festgestellten **Jahresabschlusses** und des **Bestätigungsvermerks** die Bekanntmachungspflicht in **Genossenschaftsblättern,** der er spätestens vor Ablauf des auf den Abschlussstichtag folgenden Geschäftsjahres nachzukommen hat. Anschließend hat der Vorstand die **Belegstücke** beim Genossenschaftsregister am Sitz der Genossenschaft einzureichen. Der **Lagebericht** kann, braucht aber nicht publiziert zu werden.[8] Die Bekanntmachungspflicht entsteht unverzüglich nach der Beschlussfassung der Generalversammlung über den Jahresabschluss.

10 War die Prüfung zum Zeitpunkt der **Generalversammlung** noch nicht abgeschlossen, haben die externen Bekanntmachungen unverzüglich nach Abschluss der Prüfung zu erfolgen. **Änderungen** sind entsprechend Abs. 1 S. 4 zu behandeln.

11 Im Unterschied zu den Kapitalgesellschaften und OHG/KG iSv. § 264 a müssen große eG ihren Jahresabschluss in den gemäß den Statuten bestimmten **Genossenschaftsblättern** (§ 6 Nr. 5 GenG) publizieren. Eine Veröffentlichung im **Bundesanzeiger** ist nicht vorgeschrieben. Für kleine und mittlere eG verbleibt es bei der **Registerpublizität**. Durch Statut kann aber eine weiter reichende Veröffentlichungspflicht gefordert sein.

12 Da im Gegensatz zu § 325 Abs. 2 in § 339 Abs. 2 auf die Formulierung „zunächst" verzichtet wurde, können **Bekanntmachung** und **Registervorlage** für eG gleichzeitig durchgeführt werden.[9] Eine zusätzliche Besonderheit gegenüber § 325 Abs. 2 besteht in der für jede eG geltenden uneingeschränkten Bekanntmachungspflicht einer etwaigen **Anteilsliste** gem. §§ 285 Nr. 11, 11 a iVm. § 287. Die Erleichterung des § 287 gilt zwar für eG jeder Größe, betrifft aber nur die Hinterlegung beim Genossenschaftsregister. In Abs. 2 hingegen fehlt die Kapitalgesellschaften und OHG/KG iSv. § 264 a in § 325 Abs. 2 S. 2 eingeräumte Erleichterungsmöglichkeit.[10]

IV. Entsprechende Anwendung von §§ 326 bis 329 (Abs. 3)

13 Über Abs. 3 werden die §§ 326 bis 329 auch für eG als entsprechend anwendbar erklärt. Dies beinhaltet für die eG Offenlegungserleichterungen, Anweisungen hinsichtlich Form und Inhalt bei der Offenlegung, Vorschriften zur Veröffentlichung und Vervielfältigung und Regelungen hinsichtlich der Prüfungspflicht des Registergerichts.

---

[4] *IDW* PS 400, WPg 2005, RdNr. 5.
[5] *Förschle* BeBiKo RdNr. 8.
[6] *Heymann* RdNr. 3.
[7] *Lang/Weidmüller/Metz/Schaffland* Anh. § 33 GenG RdNr. 4.
[8] *Förschle* BeBiKo RdNr. 11.
[9] *Förschle* BeBiKo RdNr. 10.
[10] *Förschle* BeBiKo RdNr. 10.

Über die entsprechende Anwendung von § 326 haben die gesetzlichen Vertreter von kleinen eG **14** nur die Bilanz und den Anhang zu veröffentlichen. Dies hat spätestens vor Ablauf des zwölften Monats des dem Bilanzstichtag nachfolgenden Geschäftsjahres zu erfolgen. Ferner können kleine eG bei dieser Art der Offenlegung ihre Bilanz auf die mit Großbuchstaben und römischen Ziffern bezeichneten **Gruppenzahlen** beschränken.[11] Der Anhang braucht in diesem Fall keine die GuV betreffenden Angaben zu enthalten.

Die Verweisung auf § 325 Abs. 1 ist nicht dahingehend zu verstehen, dass die eG bekannt zu **15** geben haben, bei welchem **Genossenschaftsregister** und unter welcher Nummer diese Unterlagen eingereicht worden sind.[12] Insoweit ist § 339 lex specialis gegenüber den für Kapitalgesellschaften und OHG/KG iSv. § 264a geltenden Vorschriften.

Mittelgroße eG müssen zwar den gesamten Jahresabschluss nebst Lagebericht einreichen (Abs. 1), **16** sie dürfen jedoch die Bilanz nach der den kleinen eG gestatteten Form, ergänzt um die in § 327 Nr. 1 aufgelisteten **Zusätze** einreichen. Für den **Anhang** ist § 327 Nr. 2 zu beachten, der eine fakultative Freistellung von den sonstigen Pflichtangaben nach § 285 Nr. 2, 5, 8 Buchstabe a und 12 bei der Registerpublizität vorsieht. Große eG müssen hingegen **Bilanz, GuV** sowie **Anhang** ungekürzt publizieren.

Durch die Verweisung auf § 328 bestimmen sich Form und Inhalt der Unterlagen bei Einreichung, **17** Veröffentlichung und Vervielfältigung durch die eG nach dieser Vorschrift. Dem unterfallen auch die im Statut festgelegten Veröffentlichungspflichten (§ 6 Nr. 5 GenG). Zu den Einzelheiten vgl. Erläuterungen zu § 328.

Mit der entsprechenden Anwendung des § 329 werden die formellen Voraussetzungen für die **18** Prüfungspflicht des zuständigen Amtsgerichts (§ 10 GenG) auch auf genossenschaftsrechtliche Belange ausgedehnt.

V. Sanktionen

Der Vorstand und die Liquidatoren können durch die Festsetzung von **Zwangsgeld** zur Erfüllung **19** der Einreichungspflicht angehalten werden (§ 160 Abs. 1 S. 2 GenG). Das Registergericht kann allerdings nicht von Amts wegen einschreiten, sondern nur **auf Antrag,** der nach den durch das KapCoRiLiG eingetretenen Änderungen jedoch von jedermann gestellt werden kann (§ 160 Abs. 2 GenG iVm. § 335a S. 3). Auch die Einhaltung der Form- und Inhaltsvorschriften der **Pflichtveröffentlichungen** und die notwendigen **Zusatzangaben** bei freiwilliger Publikation sind durch Zwangsgeld sanktioniert. Durch die uneingeschränkte Verweisung in § 160 GenG unterliegen damit sämtliche Verstöße gegen die Vorschriften des § 339 der **Zwangsgeldandrohung.**

VI. Änderungen durch das EHUG

Die Neugestaltung der Offenlegungsvorschriften durch das EHUG hat die Publizitätsvorschriften **20** für eG grundlegend verändert. Durch die Änderung von Abs. 1 wird geregelt, dass die Einreichung der erforderlichen Unterlagen zukünftig nicht mehr zum Genossenschaftsregister des Sitzes, sondern beim Betreiber des elektronischen Bundesanzeigers in elektronischer Form erfolgt.

Durch die Offenlegung in elektronischer Form entfällt auch die Notwendigkeit einer differenzier- **21** ten Publizität für (große) Genossenschaften iSd. § 267 Abs. 3 einerseits und den übrigen Genossenschaften andererseits. Der bisherige Abs. 2 wird aufgehoben und ist letztmals auf Jahresabschlüsse für das vor dem 1.1.2006 beginnende Geschäftsjahr anzuwenden. Große Genossenschaften sind demnach nicht mehr verpflichtet, den festgestellten Jahresabschluss mit dem Bestätigungsvermerk in den für die Bekanntmachung der Genossenschaft bestimmten Blättern bekanntzumachen und die Bekanntmachung zu dem Genossenschaftsregister des Sitzes der Genossenschaft zu melden.

Der bisherige Abs. 3 und jetzige Abs. 2 wird neu gefasst, um die Verweise auf die Offenlegungs- **22** vorschriften für Kapitalgesellschaften und OHG/KG iSv. § 264a zu aktualisieren. Im Einzelnen sind die folgenden Vorschriften entsprechend anzuwenden:

§ 325 Abs. 1 S. 7: Einreichung der Rechnungslegungsunterlagen in einer Form, die eine Bekanntmachung im elektronischen Bundesanzeiger ermöglicht

§ 325 Abs. 2: Verpflichtung der gesetzlichen Vertreter zur unverzüglichen Bekanntmachung der offenlegungspflichtigen Unterlagen im elektronischen Bundesanzeiger

---

[11] *Förschle* BeBiKo RdNr. 15.
[12] *Lang/Weidmüller/Metz/Schaffland* Anh. § 33 GenG RdNr. 6.

§ 325 Abs. 2 a:	Wahlrecht zur Erfüllung der Offenlegungspflichten durch Offenlegung eines Einzelabschlusses, der nach den in § 315 a Abs. 1 bezeichneten internationalen Rechnungslegungsstandards aufgestellt worden ist
§ 325 Abs. 6:	Anwendbarkeit von § 11 (zusätzliche Einreichung von Dokumenten beim Handelsregister in der Amtssprache eines Mitgliedstaats der Europäischen Union) und § 12 Abs. 2 (Verpflichtung zur Einreichung von Dokumenten in elektronischer Form)
§§ 326, 327:	Anwendbarkeit größenabhängiger Erleichterungen bei der Offenlegung für kleine und mittelgroße Genossenschaften
§ 328:	Form und Inhalt der Unterlagen bei der Offenlegung, Veröffentlichung und Vervielfältigung
§ 329:	Prüfungs- und Unterrichtungspflicht des Betreibers des elektronischen Bundesanzeigers

Vierter Abschnitt. Ergänzende Vorschriften für Unternehmen bestimmter Geschäftszweige

Erster Unterabschnitt. Ergänzende Vorschriften für Kreditinstitute und Finanzdienstleistungsinstitute

Erster Titel. Anwendungsbereich

§ 340[1]

(1) ¹Dieser Unterabschnitt ist auf Kreditinstitute im Sinne des § 1 Abs. 1 des Gesetzes über das Kreditwesen anzuwenden, soweit sie nach dessen § 2 Abs. 1, 4 oder 5 von der Anwendung nicht ausgenommen sind, sowie auf Zweigniederlassungen von Unternehmen mit Sitz in einem Staat, der nicht Mitglied der Europäischen Gemeinschaft und auch nicht Vertragsstaat des Abkommens über den Europäischen Wirtschaftsraum ist, sofern die Zweigniederlassung nach § 53 Abs. 1 des Gesetzes über das Kreditwesen als Kreditinstitut gilt. ²§ 340l Abs. 2 und 3 ist außerdem auf Zweigniederlassungen im Sinne des § 53b Abs. 1 Satz 1 und Abs. 7 des Gesetzes über das Kreditwesen, auch in Verbindung mit einer Rechtsverordnung nach § 53c Nr. 1 dieses Gesetzes, anzuwenden, sofern diese Zweigniederlassungen Bankgeschäfte im Sinne des § 1 Abs. 1 Satz 2 Nr. 1 bis 5 und 7 bis 12 dieses Gesetzes betreiben. ³Zusätzliche Anforderungen auf Grund von Vorschriften, die wegen der Rechtsform oder für Zweigniederlassungen bestehen, bleiben unberührt.

(2) Dieser Unterabschnitt ist auf Unternehmen der in § 2 Abs. 1 Nr. 4 und 5 des Gesetzes über das Kreditwesen bezeichneten Art insoweit ergänzend anzuwenden, als sie Bankgeschäfte betreiben, die nicht zu den ihnen eigentümlichen Geschäften gehören.

(3) Dieser Unterabschnitt ist auf Wohnungsunternehmen mit Spareinrichtung nicht anzuwenden.

(4) ¹Dieser Unterabschnitt ist auch auf Finanzdienstleistungsinstitute im Sinne des § 1 Abs. 1a des Gesetzes über das Kreditwesen anzuwenden, soweit sie nicht nach dessen § 2 Abs. 6 oder 10 von der Anwendung ausgenommen sind, sowie auf Zweigniederlassungen von Unternehmen mit Sitz in einem anderen Staat, der nicht Mitglied der Europäischen Gemeinschaft und auch nicht Vertragsstaat des Abkommens über den Europäischen Wirtschaftsraum ist, sofern die Zweigniederlassung nach § 53 Abs. 1 des Gesetzes über das Kreditwesen als Finanzdienstleistungsinstitut gilt. ²§ 340c Abs. 1 ist nicht anzuwenden auf Finanzdienstleistungsinstitute und Kreditinstitute, soweit letztere Skontoführer im Sinne des § 27 Abs. 1 des Börsengesetzes und nicht Einlagenkreditinstitute im Sinne des § 1 Abs. 3d Satz 1 des Gesetzes über das Kreditwesen sind. ³§ 340l ist nur auf Finanzdienstleistungsinstitute anzuwenden, die Kapitalgesellschaften sind. ⁴Zusätzliche Anforderungen auf Grund von Vorschriften, die wegen der Rechtsform oder für Zweigniederlassungen bestehen, bleiben unberührt.

Schrifttum: Kommentierungen und Gesamtdarstellungen zur Bankenrechnungslegung. *Ausschuß für Bilanzierung des Bundesverbandes deutscher Banken (BdB)*, Bankbilanzrichtlinie-Gesetz. Arbeitsmaterialien zur Anwendung von Bilanzrichtlinie-Gesetz und Rechnungslegungsverordnung, 1993; *Birck/Meyer*, Die Bankbilanz, 3. Aufl., 3., 4. und 5. Teillieferung, 1977, 1979 und 1989; *Göttgens/Schmelzeisen*, Bankbilanzrichtlinie-Gesetz, 2. Aufl. 1992; *KPMG* Deutsche Treuhand Gruppe (Hrsg.), Die neue Bankbilanz, 1992; *Krumnow/Sprissler/Bellavite-Hövermann/Kemmer/Steinbrücker*, Rechnungslegung der Kreditinstitute, 1994; *Meyer/Isenmann*, Bankbilanzrichtlinie-Gesetz, 1993; *Scharpf/Sohler*, Leitfaden zum Jahresabschluss nach dem Bankbilanzrichtlinie-Gesetz, hrsg. von Schitag, Ernst & Young, 1992; *Treuarbeit AG* (Hrsg.), Bankbilanzierung ab 1993 – Kommentierung der neuen Vorschriften für die Rechnungslegung der Kreditinstitute, 1992.

---

[1] § 340 geändert durch das Gesetz über elektronische Handelsregister und Genossenschaftsregister sowie das Unternehmensregister (EHUG) vom 10. November 2006. Zur erstmaligen Anwendung s. Art. 61 Abs. 5 EGHGB.

§ 340 1   3. Buch. 4. Abschnitt. Erg. Vorschr. für Untern. best. Geschäftszweige

Sonstige Literatur. *Albers,* Der Bank-Konzernabschluss, 1991; *Ausschuß für Bilanzierung des Bundesverbandes deutscher Banken (BdB),* Bankkonzernbilanzierung nach neuem Recht, WPg 1994, 11; *Bankenfachausschuß des IDW,* Stellungnahme 1/1977: Zu den Kriterien für das Vorliegen einer Beteiligung im Jahresabschluss von Kreditinstituten, WPg 1977, 298; *ders.,* Stellungnahme 3/1995: Währungsumrechnung bei Kreditinstituten, WPg 1995, 735; *Bauer,* Die EG-Bankbilanzrichtlinie und ihre Auswirkungen auf die Bilanzierungsvorschriften der deutschen Kreditinstitute, WM 1987, 861; *Biener,* Die Anpassung des deutschen Rechts an die Bankbilanzrichtlinie der EG, in Bilanzleiter-Tagung 1987, VÖB-Tagungsberichte, hrsg. vom Verband öffentlicher Banken e. V., 1987, Heft 1, 21; *ders.,* Die Konzernrechnungslegung nach der Siebenten Richtlinie des Rates der Europäischen Gemeinschaften über den Konzernabschluß, DB 1983, Beilage 19, 1; *Böcking/Ernsting/Fitzner/Wagener/Freiling,* Zur praktischen Umsetzung der Bankbilanzrichtlinie in den Jahresabschlüssen 1993 deutscher Kreditinstitute – Ausgewählte Ergebnisse einer empirischen Erhebung, WPg 1995, 461; *Burkhardt,* Grundsätze ordnungsmäßiger Bilanzierung von Fremdwährungsgeschäfte, 1998; *Claussen,* Das neue Rechnungslegungsrecht für Kreditinstitute, DB 1991, 1129; *Deutsche Bundesbank,* Das neue Bilanzierungsrecht für Kreditinstitute ab 1993 und seine Auswirkungen auf die monatliche Bilanzstatistik, in: Monatsberichte der Deutschen Bundesbank, 05/1992, 39; *Ehlig,* Die Bewertung nicht-monetärer Fremdwährungsposten im Jahresabschluss anläßlich der Einführung des Euro, DB 1999, 444; *Epperlein,* Auswirkungen der wesentlichen Änderungen durch das Bankbilanzrichtlinie-Gesetz, in: Rechnungslegung und Prüfung, hrsg. von Baetge, 1994; *Fülbier,* in: Boos/Fischer/Schulte-Mattler (Hrsg.), Kreditwesengesetz, Kommentar zu KWG und Ausführungsvorschriften, 2004, 153; *Hanenberg,* Die neuen Vorschriften zur Rechnungslegung der Finanzdienstleistungsinstitute, WPg 1999, 85; *Hartung,* Wertpapierleihe und Bankbilanz, BB 1993, 1175; *Hossfeld,* Die Kompensationsmöglichkeiten in der Gewinn- und Verlustrechnung von Kreditinstituten nach der Transformation der EG-Bankbilanzrichtlinie, WPg 1987, 339; *IDW,* Stellungnahme zum Referentenentwurf eines Bankbilanzrichtlinie-Gesetzes (BaBiRiLiG), WPg 1989, 377; *IDW,* Zur Transformation der EG-Richtlinie über den Jahresabschluß und den konsolidierten Abschluß von Banken und anderen Finanzinstituten, WPg 1987, 525; *Langenbucher,* Die Umrechnung von Fremdwährungsgeschäften, 1998; *Lemnitzer/Stein,* Euro in der Unternehmenspraxis, 2000; *Löw,* Antizipative Sicherungsgeschäfte und Fortentwicklung der deutschen Bilanzrechts, FS Krumnow, 2004, S. 241; *ders.,* Verlustfreie Bewertung antizipativer Sicherungsgeschäfte nach HGB – Anlehnung an internationale Rechnungslegungsvorschriften –, 2004; *Naumann,* Fremdwährungsumrechnung in Bankbilanzen nach neuem Recht, 1992; *Otte,* Aktuelle Hinweise zur erstmaligen Erstellung eines Euro-Jahresabschlusses, INF 2000, 33; *Otte/Heinrich,* Euro im Rechnungswesen, 1999; *Prahl,* Die neuen Vorschriften des Handelsgesetzbuches für Kreditinstitute, WPg 1991, 401; *Prahl/Naumann,* Bankkonzernrechnungslegung nach neuem Recht, WPg 1993, 235; *dies.,* Überlegungen für eine sachgerechte Bilanzierung der Wertpapierleihe, WM 1992, 1173; *Rixen,* EG-Bankbilanzrichtlinie transformiert, in: Die Bank 1990, S. 638; *Windmöller,* Nominalwert und Buchwert – Überlegungen zur bilanziellen Behandlung des Disagios, FS Moxter, 1992, S. 883.

Übersicht

	RdNr.		RdNr.
I. Umsetzung der EG-Richtlinien zur Rechnungslegung der Kreditinstitute in deutsches Recht	1–3	tümlichen Geschäften gehören (§ 2 Abs. 1 Nr. 4 und 5 KWG)	15
II. Systematik der handelsrechtlichen Rechnungslegungsvorschriften für Kreditinstitute	4–12	4. Anwendung von § 340l Abs. 2 bis 4 auf Zweigniederlassungen innerhalb der Europäischen Union iSv. § 53b Abs. 1 S. 1 KWG bzw. in einem Vertragsstaat des Europäischen Wirtschaftsraums iSv. § 53c KWG	16, 17
III. Betroffene Unternehmen	13–29	5. Ausgenommene Unternehmen	18–22
1. Kreditinstitute iSv. § 1 Abs. 1 KWG	13	a) Explizit ausgenommene Unternehmen	18–20
2. Als Kreditinstitut geltende Zweigniederlassungen von Unternehmen mit Sitz außerhalb der Europäischen Union, des Europäischen Wirtschaftsraums oder gleichgestellter Staaten (§ 53 Abs. 1 KWG)	14	b) Implizit nicht durch § 340 erfasste Unternehmen	21, 22
3. Versicherungsunternehmen und Unternehmen des Pfandleihgewerbes mit Bankgeschäften, die nicht zu den ihnen eigen-		6. Finanzdienstleistungsinstitute iSv. § 1 Abs. 1a KWG	23–30
		IV. Änderungen durch das EHUG	31

I. Umsetzung der EG-Richtlinien zur Rechnungslegung der Kreditinstitute in deutsches Recht

1   Im Rahmen der Umsetzung der 4. und der 7. EG-Richtlinie wurden Kreditinstitute von der Anwendung der durch das BiRiLiG in das HGB eingeführten Vorschriften weitgehend ausgenommen.[2] Aufgrund der zentralen **Bedeutung von Kreditinstituten** in der Europäischen Union hat der Rat der Europäischen Gemeinschaften eine (zusätzliche) **Koordinierung der Rechnungslegungsvorschriften** für erforderlich gehalten. Insbesondere auch wegen der grenzüberschreitenden Tätigkeit von Kreditinstituten wurde die Notwendigkeit gesehen, im Interesse der Gläubiger, Schuldner, Gesellschafter und der Öffentlichkeit eine bessere **Vergleichbarkeit der Jahresabschlüsse von Kreditinstituten** herzustellen (vgl. Präambel vor Art. 1 EG-BBRL). Eine solche Vergleichbarkeit ist ferner „Voraussetzung für eine funktionierende, die Kreditinstitute einzelner Mitgliedsländer nicht diskriminierende Beaufsichtigung von Kreditinstituten nach dem Herkunftslandprinzip".[3]

---

[2] *Scharpf/Sohler* S. 1.
[3] *Göttgens/Schmelzeisen* S. 8.

Anwendungsbereich 2–7 § 340

Die **EG-BBRL** stellt mit der 4. und 7. Richtlinie eine Einheit dar, indem sie (nur) **bankspezi-** 2
fische Besonderheiten regelt, während darüber hinaus die 4. und 7. Richtlinie branchenunabhängig auch für Kreditinstitute Gültigkeit haben.[4] Mit der Transformation der EG-BBRL in nationales Recht durch das BaBiRiLiG wurden die von Kreditinstituten anzuwendenden Rechtsvorschriften erstmals im HGB zusammengefasst.

Die Gleichbehandlung hinsichtlich der Offenlegungspflichten von Niederlassungen in anderen 3
EU-Mitgliedstaaten und diesen gleichgestellten Staaten war Gegenstand der **EG-Bankzweigniederlassungs-Richtlinie**. Die Umsetzung in deutsches Recht erfolgte ebenfalls durch das BaBiRiLiG. Zweigniederlassungen von Kreditinstituten mit Sitz in einem anderen Staat sind nicht länger zur Offenlegung eines auf ihre Tätigkeit bezogenen Jahresabschlusses verpflichtet; vielmehr reicht es aus, wenn die publizitätspflichtigen Unterlagen der (ausländischen) Hauptniederlassung offen gelegt werden. Voraussetzung dafür ist, dass die Hauptniederlassung ihren Sitz innerhalb der EU oder einem Vertragsstaat des Abkommens über den Europäischen Wirtschaftsraum hat oder die Unterlagen der Hauptniederlassung nach einem an die EG-BBRL angepassten Recht oder einem gleichwertigen Verfahren erstellt wurden und dass für die Kredit- und Finanzinstitute in dem betreffenden (Nicht-EU-/Nicht-EWR-)Staat das Erfordernis der Gegenseitigkeit erfüllt ist (vgl. Erl. zu § 340 l).

II. Systematik der handelsrechtlichen Rechnungslegungsvorschriften für Kreditinstitute

Die **Vorschriften zur Rechnungslegung der Kreditinstitute** sind **rechtsform- und größen-** 4
unabhängig gefasst. Weder sind Erleichterungen etwa für in der Rechtsform des Einzelunternehmens oder der Personengesellschaft betriebene Kreditinstitute vorgesehen noch hängt der Umfang der zu beachtenden Rechnungslegungsvorschriften von der Größe des Kreditinstituts ab Zur einzigen Ausnahme hinsichtlich der Offenlegung (vgl. Erl. zu § 340 l).

Die Einfügung eines Unterabschnitts mit ergänzenden Vorschriften für Kreditinstitute entspricht 5
der Konzeption des HGB, nach der auf die für alle Kaufleute geltenden Bestimmungen (§§ 238 bis 263) die ergänzenden Vorschriften für Kapitalgesellschaften sowie bestimmte Personenhandelsgesellschaften (§§ 264 bis 335) und für Genossenschaften (§§ 336 bis 339) **branchenspezifische Rechnungslegungsvorschriften für Kreditinstitute** (§§ 340 bis 340 o) und Versicherungsunternehmen (§§ 341 bis 341 o) folgen. Darin ist eine wesentliche Verbesserung der Gesetzessystematik zu sehen, die umfangreiche Verweisungen zwischen KWG, PublG und HGB überflüssig macht.[5]

Die ergänzenden Vorschriften für Kreditinstitute sind wie folgt gegliedert: 6
– Anwendungsbereich (§ 340),
– Jahresabschluss, Lagebericht, Zwischenabschluss (§§ 340 a bis 340 d),
– Bewertungsvorschriften (§§ 340 e bis 340 g),
– Währungsumrechnung (§ 340 h),
– Konzernabschluss, Konzernlagebericht, Konzernzwischenabschluss (§§ 340 i, 340 j),
– Prüfung (§ 340 k),
– Offenlegung (§ 340 l),
– Straf- und Bußgeldvorschriften, Zwangsgelder (§§ 340 m bis 340 o).

Über die im HGB kodifizierten Vorschriften hinaus wurde durch den in § 330 eingefügten Abs. 2 7
das Bundesministerium der Justiz im Einvernehmen mit dem Bundesministerium der Finanzen und im Benehmen mit der Deutschen Bundesbank ermächtigt, bestimmte Bereiche (insbesondere Vorschriften zu den zu verwendenden Formblättern, zu einzelnen Posten der Bilanz und der Gewinn- und Verlustrechnung sowie zum Anhang) auf dem Verordnungsweg zu regeln. Dies erfolgte durch die **Verordnung über die Rechnungslegung der Kreditinstitute und Finanzdienstleistungsinstitute (RechKredV)** vom 11. Dezember 1998 (BGBl. I S. 3654). Im Unterschied zu den Vorschriften im HGB sind in der RechKredV überwiegend diejenigen Bestandteile der Bankbilanzrichtlinie umgesetzt, in denen dem nationalen Gesetzgeber keine Wahlrechte eingeräumt wurden.[6] Insbesondere wird durch die RechKredV eine Reihe von – für sonstige Kapitalgesellschaften geltenden – Vorschriften des HGB ersetzt.[7]

---

[4] *Treuarbeit* S. 23.
[5] *Treuarbeit* S. 33; *Krumnow* Kapitel I RdNr. 15–21.
[6] *Rixen* S. 638; *Meyer/Isenmann* S. 22.
[7] Vgl. dazu im Einzelnen die Übersicht bei *KPMG* S. 163 f.

8 Die Bestimmungen der RechKredV haben den folgenden Inhalt:
- Anwendungsbereich (§ 1),
- Bilanz und Gewinn- und Verlustrechnung (§§ 2 bis 11),
- Vorschriften zu einzelnen Posten der Bilanz (Formblatt 1) (§§ 12 bis 27),
- Vorschriften zu einzelnen Posten der Gewinn- und Verlustrechnung (Formblätter 2 und 3) (§§ 28 bis 33),
- Anhang (§§ 34 bis 36),
- Konzernrechnungslegung (§ 37),
- Ordnungswidrigkeiten (§ 38),
- Schlussvorschriften (§§ 39, 40).

9 Mit den Vorschriften in §§ 340 bis 340 o sowie den Bestimmungen der RechKredV sind die von Kreditinstituten zu beachtenden Rechnungslegungsvorschriften **nicht abschließend** beschrieben. Neben den von allen Kaufleuten anzuwendenden Vorschriften (§§ 238 bis 263) treten die für (große) Kapitalgesellschaften sowie bestimmte Personenhandelsgesellschaften geltenden Regelungen (§§ 264 bis 335) hinzu, soweit die Anwendung nicht auf Grund von § 340 a Abs. 2 ausgeschlossen ist.[8] Als **lex specialis verdrängen** die Vorschriften in §§ 340 bis 340 o die **Vorschriften für alle Kaufleute und Kapitalgesellschaften,** soweit abweichende Regelungen bestehen.[9]

10 In Abhängigkeit von der **Rechtsform** des Kreditinstituts sind **ergänzend** die **Vorschriften des AktG** (für AG und KGaA), **des GmbHG** (für GmbH) sowie **des HGB und des GenG** (für Genossenschaften) zu beachten.[10] Rechtsformabhängige Erleichterungen im Unterschied zu den nicht branchenspezifischen Vorschriften der §§ 238 bis 263 und §§ 264 bis 335 nicht vorgesehen.[11]

11 Darüber hinaus sind bei von Unternehmen mit einem Sitz in einem anderen Staat unterhaltenen **Zweigniederlassungen,** die nach § 53 Abs. 1 KWG als Kreditinstitut gelten, die ergänzenden Vorschriften des § 53 Abs. 2 Nr. 2 und 3 KWG anzuwenden.

12 Bei der Rechnungslegung der Kreditinstitute sind demnach die folgenden Vorschriften zu beachten:
- §§ 340 bis 340 o,
- RechKredV auf Grundlage von § 330 Abs. 1 und 2,
- rechtsform- und zweigniederlassungsspezifische Anforderungen,
- ergänzende Vorschriften für (große) Kapitalgesellschaften und bestimmte Personenhandelsgesellschaften, soweit nicht durch Vorschriften nach §§ 340 bis 340 o oder Vorschriften der RechKredV verdrängt,
- Vorschriften für alle Kaufleute.

III. Betroffene Unternehmen

13 **1. Kreditinstitute iSv. § 1 Abs. 1 KWG.** Die ergänzenden Vorschriften für Kreditinstitute sind zunächst auf Kreditinstitute iSv. § 1 Abs. 1 KWG anzuwenden, sofern diese nicht in § 2 Abs. 1, 4 oder 5 KWG dergestalt ausgenommen sind (vgl. Erl. unter RdNr. 19 f), dass sie nicht als Kreditinstitute gelten.[12] § 1 Abs. 1 KWG knüpft an die **bankgeschäftliche Tätigkeit** an, soweit deren Umfang einen in **kaufmännischer Weise eingerichteten Geschäftsbetrieb** erfordert.[13] Bankgeschäfte in diesem Sinne sind:
1. die Annahme fremder Gelder als Einlagen oder anderer rückzahlbarer Gelder des Publikums, sofern der Rückzahlungsanspruch nicht in Inhaber- oder Orderschuldverschreibungen verbrieft wird, ohne Rücksicht darauf, ob Zinsen vergütet werden (Einlagengeschäft);
1 a. die in § 1 Abs. 1 S. 2 des Pfandbriefgesetzes bezeichneten Geschäfte (Pfandbriefgeschäft);
2. die Gewährung von Gelddarlehen und Akzeptkrediten (Kreditgeschäft);
3. der Ankauf von Wechseln und Schecks (Diskontgeschäft);
4. die Anschaffung und Veräußerung von Finanzinstrumenten im eigenen Namen für fremde Rechnung (Finanzkommissionsgeschäft);
5. die Verwahrung und Verwaltung von Wertpapieren für andere (Depotgeschäft);
6. die in § 7 Abs. 2 des Investmentgesetzes bezeichneten Geschäfte (Investmentgeschäft);

---
[8] *KPMG* S. 10 und S. 161 f.; *Epperlein* S. 121.
[9] *KPMG* S. 10; *Epperlein* S. 121.
[10] Vgl. zu den rechtsformspezifischen Regelungen im Einzelnen *Krumnow* Kapitel I RdNr. 37.
[11] *KPMG* S. 10.
[12] *Krumnow* RdNr. 2.
[13] *Fülbier* RdNr. 8.

Anwendungsbereich 14–17 § 340

7. die Eingehung der Verpflichtung, zuvor veräußerte Darlehensforderungen vor Fälligkeit zurückzuerwerben;
8. die Übernahme von Bürgschaften, Garantien und sonstigen Gewährleistungen für andere (Garantiegeschäft);
9. die Durchführung des bargeldlosen Zahlungsverkehrs und des Abrechnungsverkehrs (Girogeschäft);
10. die Übernahme von Finanzinstrumenten für eigenes Risiko zur Platzierung oder die Übernahme gleichwertiger Garantien (Emissionsgeschäft);
11. die Ausgabe und die Verwaltung von elektronischem Geld (E-Geld-Geschäft).

2. Als Kreditinstitut geltende Zweigniederlassungen von Unternehmen mit Sitz außerhalb der Europäischen Union, des Europäischen Wirtschaftsraums oder gleichgestellter Staaten (§ 53 Abs. 1 KWG). Sofern Zweigniederlassungen von Unternehmen mit Sitz außerhalb der Europäischen Union, des Europäischen Wirtschaftsraums oder gleichgestellter Staaten Bankgeschäfte in einem Umfang betreiben, der einen in kaufmännischer Weise eingerichteten Geschäftsbetrieb erfordert, gelten diese Zweigniederlassungen nach § 53 Abs. 1 KWG als Kreditinstitut und unterliegen in vollem Umfang den Vorschriften der §§ 340 bis 340 o.[14] Das bedeutet insbesondere, dass ein Jahresabschluss und ein Lagebericht nach deutschem Recht zu erstellen, zu prüfen und offen zu legen sind. Dieser Verpflichtung sind Unternehmen mit Sitz innerhalb der EU nicht unterworfen, da die EG-Bankzweigniederlassungs-Richtlinie die Verpflichtung von **Zweigniederlassungen** zu einer eigenständigen Rechnungslegung **von Kreditinstituten aus Mitgliedstaaten** ausschließt.[15] 14

3. Versicherungsunternehmen und Unternehmen des Pfandleihgewerbes mit Bankgeschäften, die nicht zu den ihnen eigentümlichen Geschäften gehören (§ 2 Abs. 1 Nr. 4 und 5 KWG). Hinsichtlich der Anwendung der ergänzenden Rechnungslegungsvorschriften für Kreditinstitute durch **Versicherungsunternehmen** und **Unternehmen des Pfandleihgewerbes** knüpft Abs. 2 an die Voraussetzungen des § 2 Abs. 3 KWG an. Während die angesprochenen Unternehmen **grundsätzlich nicht als Kreditinstitute gelten** und damit auch nicht den besonderen **Vorschriften** der §§ 340 bis 340 o unterliegen, sind diese Bestimmungen dennoch zu **beachten, soweit Bankgeschäfte betrieben werden, die nicht zu den eigentümlichen Geschäften gehören.** Während jedoch die Bestimmungen des KWG unter diesen Voraussetzungen auch von Unternehmensbeteiligungsgesellschaften zu beachten sind, ist die Anwendung der ergänzenden Rechnungslegungsvorschriften auf Versicherungsunternehmen und Unternehmen des Pfandleihgewerbes mit Bankgeschäften beschränkt.[16] Versicherungsunternehmen und Unternehmen des Pfandleihgewerbes mit Bankgeschäften, die nicht zu den ihnen eigentümlichen Geschäften gehören, haben die Vorschriften der RechKredV nicht anzuwenden; § 1 RechKredV nimmt nur Bezug auf Institute und Zweigniederlassungen.[17] 15

4. Anwendung von § 340 l Abs. 2 bis 4 auf Zweigniederlassungen innerhalb der Europäischen Union iSv. § 53 b Abs. 1 S. 1 KWG bzw. in einem Vertragsstaat des Europäischen Wirtschaftsraums iSv. § 53 c KWG. Unternehmen, deren **Hauptniederlassung sich in einem EU-Mitgliedstaat** befindet und die ferner als Kreditinstitute geltende **Zweigniederlassungen im Inland** unterhalten (§ 53 Abs. 1 KWG), haben die Offenlegungsvorschriften iSv. § 340 l zu beachten. Die **Offenlegung** beschränkt sich dabei auf den nach dem nationalen Recht aufgestellten Jahresabschluss, Lagebericht, Konzernabschluss und Konzernlagebericht der Hauptniederlassung. Die Aufstellung und Prüfung eines handelsrechtlichen Jahresabschlusses nach deutschem Recht ist insoweit entbehrlich. Davon unberührt bleibt jedoch die Verpflichtung, für ertragsteuerliche Zwecke einen Jahresabschluss nach deutschem Recht aufzustellen;[18] ebenso sind diese Zweigniederlassungen nach § 53 Abs. 2 Nr. 2 KWG gehalten, gegenüber der BaFin und der Deutschen Bundesbank Rechnung zu legen.[19] 16

Den Unternehmen mit Hauptniederlassung in EU-Mitgliedstaaten werden in § 340 l Abs. 2 für Zwecke der Offenlegung solche Unternehmen gleichgestellt, die im Inland Zweigniederlassungen unterhalten und deren Hauptniederlassung einen Jahresabschluss und einen Lagebericht nach einem angepassten oder vergleichbaren Recht aufstellt und prüfen lässt. Zu Einzelheiten vgl. Erläuterungen zu § 340 l. 17

---

[14] *Krumnow* RdNr. 20.
[15] *KPMG* S. 8.
[16] Zur Nichtberücksichtigung von Unternehmensbeteiligungsgesellschaften vgl. *Krumnow* RdNr. 34 f.
[17] *Meyer/Isenmann* S. 23.
[18] *Epperlein* S. 123.
[19] *Scharpf/Sohler* S. 288.

18 **5. Ausgenommene Unternehmen. a) Explizit ausgenommene Unternehmen.** Von der ergänzenden Anwendung der Vorschriften für Kreditinstitute sind nach Abs. 1 S. 1 iVm. § 2 Abs. 1 und 4 KWG diejenigen Unternehmen ausgenommen, die nach den Vorschriften des KWG nicht als Kreditinstitute gelten. Dies betrifft im Einzelnen:
- die Deutsche Bundesbank,
- die Kreditanstalt für Wiederaufbau,
- die Sozialversicherungsträger und die Bundesanstalt für Arbeit,
- die öffentliche Schuldenverwaltung des Bundes, eines seiner Sondervermögen, eines Landes oder eines anderen Staates des Europäischen Wirtschaftsraums und deren Zentralbanken, sofern diese nicht fremde Gelder als Einlagen oder andere rückzahlbare Gelder des Publikums annimmt oder Gelddarlehen oder Akzeptkredite gewährt;
- private und öffentlich-rechtliche Versicherungsunternehmen, soweit sie keine Bankgeschäfte betreiben, die nicht zu den ihnen eigentümlichen Geschäften gehören,
- Unternehmen des Pfandleihgewerbes, soweit sie dieses durch Hingabe von Darlehen gegen Faustpfand betreiben, wenn sie keine Bankgeschäfte betreiben, die nicht zu den ihnen eigentümlichen Geschäften gehören,
- Unternehmen, die auf Grund des Gesetzes über Unternehmensbeteiligungsgesellschaften als Unternehmensbeteiligungsgesellschaften anerkannt sind,
- Unternehmen, die Bankgeschäfte ausschließlich mit ihrem Mutterunternehmen oder ihren Tochter- oder Schwesterunternehmen betreiben, sowie
- Unternehmen, die das Finanzkommissionsgeschäft ausschließlich an einer Börse, an der ausschließlich Derivate gehandelt werden, für andere Mitglieder dieser Börse betreiben und deren Verbindlichkeiten durch ein System zur Sicherung der Erfüllung der Geschäfte an dieser Börse abgedeckt sind.

19 Zu beachten ist die Einschränkung für private und öffentlich-rechtliche Versicherungsträger sowie für Unternehmen des Pfandleihgewerbes, soweit diese Bankgeschäfte betreiben, die nicht zu den ihnen eigentümlichen Geschäften gehören. Es wird in der Literatur teilweise auf einen redaktionellen Fehler zurückgeführt, dass Gleiches nicht für Unternehmensbeteiligungsgesellschaften vorgesehen ist, da es keine ersichtlichen Gründe für diese Sonderstellung von Beteiligungsunternehmen im Vergleich zu Versicherungsunternehmen und Pfandleihern gibt.[20]

20 Schließlich ist der Unterabschnitt mit ergänzenden Vorschriften für Kreditinstitute nicht auf Wohnungsunternehmen mit Spareinrichtung anzuwenden. Daraus wird zwingend zu folgern sein, dass ein Wohnungsunternehmen ohne Spareinrichtung, die insoweit zwar Kreditinstitutseigenschaft besitzen können, aber vom Leitbild des Kreditinstituts weiter entfernt sind als Erstere, ebenfalls nicht den Vorschriften der §§ 340 bis 340 o unterliegen.[21]

21 **b) Implizit nicht durch § 340 erfasste Unternehmen.** Neben den ausdrücklich erwähnten Unternehmen, bei denen die ergänzenden Vorschriften nicht eingreifen, sind weitere Unternehmen von der Anwendung der Rechnungslegungsvorschriften für Kreditinstitute nicht betroffen, da sie nicht als Kreditinstitute iSv. § 1 Abs. 1 KWG bzw. Finanzdienstleistungsinstitute iSv. § 1 Abs. 1 a KWG gelten und folglich nicht unter § 340 zu subsumieren sind. Dies gilt insbesondere für die in § 1 Abs. 3 KWG aufgeführten Finanzunternehmen, die auch für Zwecke des KWG nicht als Kreditinstitute anzusehen sind und die folgenden Haupttätigkeiten ausführen:
- Beteiligungserwerb,
- entgeltlicher Forderungserwerb (Factoringgeschäft),
- Abschluss von Leasingverträgen,
- Handel mit Finanzinstrumenten für eigene Rechnung,
- Anlageberatung,
- Beratung von Unternehmen über die Kapitalstruktur, die industrielle Strategie und damit verbundene Fragen, sowie bei Zusammenschlüssen und Übernahmen von Unternehmen und die Erbringung damit verbundener Dienstleistungen,
- Geldmaklergeschäfte.

22 Ferner sind Finanzholding-Gesellschaften iSv. § 1 Abs. 3 a KWG, gemischte Unternehmen iSv. § 1 Abs. 3 b KWG sowie Unternehmen mit bankbezogenen Hilfsdiensten iSv. § 1 Abs. 3 c KWG keine Kreditinstitute iSd. KWG und fallen demnach auch nicht in den Anwendungsbereich von §§ 340 ff.

---

[20] *Krumnow* RdNr. 35.
[21] *Krumnow* RdNr. 30.

6. Finanzdienstleistungsinstitute iSv. § 1 Abs. 1 a KWG. Mit dem Inkrafttreten der 6. KWG-Novelle am 1. Januar 1998 wurden die ergänzenden Rechnungslegungsvorschriften für Kreditinstitute grundsätzlich auf Finanzdienstleistungsinstitute ausgedehnt. 23

Nach der Legaldefinition in § 1 Abs. 1 a KWG handelt es sich dabei um Unternehmen, die Finanzdienstleistungen für andere gewerbsmäßig oder in einem Umfang erbringen, der einen in kaufmännischer Weise eingerichteten Geschäftsbetrieb erfordert, und die keine Kreditinstitute sind.[22] 24

Im Einzelnen werden folgende Geschäfte zu den Finanzdienstleistungen gezählt: 25
– Anlagevermittlung,
– Abschlussvermittlung,
– Finanzportfolioverwaltung,
– Eigenhandel,
– Drittstaateneinlagenvermittlung,
– Finanztransfergeschäft,
– Sortengeschäft,
– Kreditkartengeschäft, es sei denn, der Kartenemittent ist auch der Erbinger der dem Zahlungsvorgang zugrunde liegenden Leistung.

Die Rechnungslegungsvorschriften für Kreditinstitute kommen jedoch dann nicht zum Tragen, wenn trotz des Betreibens derartiger Geschäfte eine der Negativabgrenzungen in § 2 Abs. 6 oder 10 KWG eingreift, da die dort genannten Institutionen nach der Definition des KWG nicht als Finanzdienstleistungsinstitut gelten. 26

Hinsichtlich der Anwendung auf Zweigniederlassungen von Unternehmen mit Sitz in einem anderen Staat vgl. RdNr. 14. 27

Finanzdienstleistungsunternehmen werden durch Abs. 4 den Kreditinstituten weitgehend gleichgestellt.[23] Lediglich die Offenlegung nach § 340l wird auf Finanzdienstleistungsinstitute beschränkt, die Kapitalgesellschaften sind. Außerdem kann die Abschlussprüfung bei Finanzdienstleistungsinstituten, deren Bilanzsumme 150 Millionen Euro nicht übersteigt, auch durch vereidigte Buchprüfer bzw. Buchprüfungsgesellschaften erfolgen. 28

Die in § 340c Abs. 1 vorgeschriebene Verrechnung von Erträgen und Aufwendungen kann von Finanzdienstleistungsinstituten nicht vorgenommen werden. Da diese Unternehmen einen wesentlichen Teil ihrer Erträge und Aufwendungen aus derartigen Geschäften erwirtschaften, hätte die Darstellung als Saldoposten eine wesentlich verringerte Aussagekraft der Gewinn- und Verlustrechnung zur Folge. 29

Dieses Verrechnungsverbot gilt im Übrigen auch für Kreditinstitute, soweit sie an der Börse als Skontroführer iSv. § 26 BörsG zugelassen sind und darüber hinaus nicht die Merkmale eines Einlagekreditinstituts iSv. § 1 Abs. 3 d KWG aufweisen. 30

IV. Änderungen durch das EHUG

Durch das EHUG wurde eine terminologische Klarstellung vorgenommen, indem der Begriff „Zweigstelle" durch den Begriff „Zweigniederlassung" ersetzt wurde. Ferner wurde in Abs. 1 S. 2 der Verweis auf § 340l Abs. 2 bis 4 dahingehend angepasst, dass lediglich noch auf § 340l Abs. 2 und 3 Bezug genommen wird, nachdem Abs. 4 aufgehoben und der bisherige Abs. 5 zu Abs. 4 wurde. 31

Zweiter Titel. Jahresabschluß, Lagebericht, Zwischenabschluß

§ 340 a[1] Anwendende Vorschriften

(1) Kreditinstitute, auch wenn sie nicht in der Rechtsform einer Kapitalgesellschaft betrieben werden, haben auf ihren Jahresabschluß die für große Kapitalgesellschaften geltenden Vorschriften des Ersten Unterabschnitts des Zweiten Abschnitts anzuwenden, soweit in den Vorschriften dieses Unterabschnitts nichts anderes bestimmt ist; Kredit-

---

[22] Fülbier RdNr. 117.
[23] Zu Besonderheiten der Rechnungslegung von Finanzdienstleistungsinstituten vgl. Hanenberg WPg 1999, 85.
[1] Abs. 3 geändert durch das Transparenzrichtlinie-Umsetzungsgesetz vom 5. Januar 2007. Zur erstmaligen Anwendung s. Art. 62 EGHGB.

§ 340 a

institute haben außerdem einen Lagebericht nach den für große Kapitalgesellschaften geltenden Bestimmungen des § 289 aufzustellen.

(2) [1] § 265 Abs. 6 und 7, §§ 267, 268 Abs. 4 Satz 1, Abs. 5 Satz 1 und 2, §§ 276, 277 Abs. 1, 2, 3 Satz 1, § 279 Abs. 1 Satz 2, § 284 Abs. 2 Nr. 4, § 285 Satz 1 Nr. 8 und 12, § 288 sind nicht anzuwenden. [2] An Stelle von § 247 Abs. 1, §§ 251, 266, 268 Abs. 2 und 7, §§ 275, 285 Satz 1 Nr. 1, 2, 4 und 9 Buchstabe c sind die durch Rechtsverordnung erlassenen Formblätter und anderen Vorschriften anzuwenden. [3] § 246 Abs. 2 ist nicht anzuwenden, soweit abweichende Vorschriften bestehen. [4] § 264 Abs. 3 und § 264 b sind mit der Maßgabe anzuwenden, daß das Kreditinstitut unter den genannten Voraussetzungen die Vorschriften des Vierten Unterabschnitts des Zweiten Abschnitts nicht anzuwenden braucht.

(3) [1] Sofern Kreditinstitute einer prüferischen Durchsicht zu unterziehende Zwischenabschlüsse zur Ermittlung von Zwischenergebnissen im Sinne des § 10 Abs. 3 des Kreditwesengesetzes aufstellen, sind auf diese die für den Jahresabschluss geltenden Rechnungslegungsgrundsätze anzuwenden. [2] Die Vorschriften über die Bestellung des Abschlussprüfers sind auf die prüferische Durchsicht entsprechend anzuwenden. [3] Die prüferische Durchsicht ist so anzulegen, dass bei gewissenhafter Berufsausübung ausgeschlossen werden kann, dass der Zwischenabschluss in wesentlichen Belangen den anzuwendenden Rechnungslegungsgrundsätzen widerspricht. [4] Der Abschlussprüfer hat das Ergebnis der prüferischen Durchsicht in einer Bescheinigung zusammenzufassen. [5] § 320 und § 323 gelten entsprechend.

(4) Zusätzlich haben Kreditinstitute im Anhang zum Jahresabschluß anzugeben:
1. alle Mandate in gesetzlich zu bildenden Aufsichtsgremien von großen Kapitalgesellschaften (§ 267 Abs. 3), die von gesetzlichen Vertretern oder anderen Mitarbeitern wahrgenommen werden;
2. alle Beteiligungen an großen Kapitalgesellschaften, die fünf vom Hundert der Stimmrechte überschreiten.

Schrifttum: Siehe Schrifttum zu § 340.

Übersicht

	RdNr.
I. Grundsatz der Orientierung am Leitbild der großen Kapitalgesellschaft	1–6
II. Von der Anwendung ausgenommene Vorschriften	7–18
1. Gliederungsvorschriften (§ 265 Abs. 6 und 7)	7, 8
a) Änderung von Gliederung und Postenbezeichnungen der Bilanz und der Gewinn- und Verlustrechnung (§ 265 Abs. 6)	7
b) Zusammenfassung von Posten der Bilanz und der Gewinn- und Verlustrechnung (§ 265 Abs. 7)	8
2. Größenklassen (§ 267) und größenabhängige Erleichterungen (§§ 276, 288)	9
3. Fristengliederung (§ 268 Abs. 4 S. 1, Abs. 5 S. 1) und gesonderter Ausweis von erhaltenen Anzahlungen auf Bestellungen (§ 268 Abs. 5 S. 2)	10, 11
4. Vorschriften zu einzelnen Posten der Gewinn- und Verlustrechnung (§ 277 Abs. 1, 2, 3 S. 1)	12–14
5. Beschränkung außerplanmäßiger Abschreibungen auf Finanzanlagen (§ 279 Abs. 1 S. 2)	15
6. Anhangangaben bei Anwendung der Gruppenbewertung und Verbrauchsfolgeverfahren (§ 284 Abs. 2 Nr. 4)	16
7. Anhangangaben bei Anwendung des Umsatzkostenverfahrens und Erläuterung des Postens „Sonstige Rückstellungen" (§ 285 Nr. 8 und 12)	17, 18
III. Durch Vorschriften außerhalb von §§ 340 bis 340 o ersetzte Regelungen	19–27
1. Gliederung der Bilanz (§ 247 Abs. 1, § 266)	19
2. Gliederung der Gewinn- und Verlustrechnung (§ 275)	20
3. Haftungsverhältnisse (§§ 251, 268 Abs. 7)	21, 22
4. Entwicklung des Anlagevermögens (§ 268 Abs. 2)	23
5. Aufgliederung der Verbindlichkeiten nach Restlaufzeiten und Art und Form gegebener Sicherheiten (§ 285 Nr. 1 und 2)	24, 25
6. Aufgliederung der Umsatzerlöse (§ 285 Nr. 4)	26
7. Angabe von gewährten Vorschüssen und Krediten an aktive Organmitglieder (§ 285 Nr. 9 c)	27
IV. Nichtanwendungsvoraussetzungen von § 246 Abs. 2	28–30
V. Zwischenabschlüsse	31
VI. Änderungen durch das KapAEG, das KonTraG, das KapCoRiLiG und das BilReG	32–36

I. Grundsatz der Orientierung am Leitbild der großen Kapitalgesellschaft

Die Vorschriften über den Jahresabschluss von Kreditinstituten knüpfen ausdrücklich nicht an die im Einzelfall vorliegende Rechtsform an. Vielmehr erfolgt eine grundsätzliche Orientierung am Leitbild der großen Kapitalgesellschaft, so dass nunmehr auch Kreditinstitute in der Rechtsform der Personenhandelsgesellschaft und des Einzelunternehmens identische Rechnungslegungspflichten zu erfüllen haben. Der deutsche Gesetzgeber hat damit von dem Mitgliedstaatenwahlrecht keinen Gebrauch gemacht, das eine Abweichung für in diesen Rechtsformen verfasste Unternehmen zulässt, soweit dies nicht nachteilige Auswirkungen auf den Informationsgehalt der Jahresabschlüsse hat. 1

Der **Jahresabschluss der Kreditinstitute** ist nicht nur **rechtsformunabhängig** einheitlich nach den von Kapitalgesellschaften zu beachtenden Vorschriften aufzustellen; es sind ferner auch **keine größenabhängigen Erleichterungen** vorgesehen, so dass immer die Maximalforderungen für große Kapitalgesellschaften zu erfüllen sind. 2

Die Orientierung an den für große Kapitalgesellschaften geltenden Rechnungslegungsvorschriften findet ihre Grenze, soweit in **§§ 340 bis 340 o** entgegenstehende Regelungen kodifiziert sind, die als **lex specialis für Kreditinstitute** Vorrang haben. Ein Verweis auf die für alle Kaufleute geltenden Bestimmungen (§§ 238 bis 263) in § 340 a erübrigt sich, da einerseits alle Kreditinstitute auf Grund ihrer Kaufmannseigenschaft diesen Vorschriften unterliegen[2] und andererseits schon § 264 an das für alle Kaufleute geltende Recht anknüpft. Die Weitergeltung von zusätzlichen Vorschriften, die wegen Rechtsform oder für Zweigniederlassungen bestehen, wird bereits durch § 340 Abs. 1 S. 3 sichergestellt. 3

Der Jahresabschluss von Kreditinstituten ist um einen **Lagebericht** zu ergänzen, der ebenfalls nach den Vorschriften für große Kapitalgesellschaften aufzustellen ist. Die gesetzlichen Anforderungen an den Lagebericht wurden mit dem **BilReG** erweitert. Zum Inhalt des Lageberichts vgl. Erläuterungen zu § 289. Im Folgenden wird nur auf branchenspezifische Besonderheiten eingegangen. 4

Von besonderer Relevanz für Bankgeschäfte ist die in § 289 Abs. 2 Nr. 2 auf Finanzinstrumente bezogene Forderung nach einer Darstellung der Risikomanagementziele und -methoden der Gesellschaft zur Absicherung aller wichtigen Arten von Transaktionen, die im Rahmen der Bilanzierung von Sicherungsgeschäften erfasst werden, sowie der Preisänderungs-, Ausfall- und Liquiditätsrisiken sowie die Risiken aus Zahlungsstromschwankungen, denen die Gesellschaft ausgesetzt ist, sofern dies für die Beurteilung der Lage oder der voraussichtlichen Entwicklung von Belang ist. 5

Des Weiteren ist davon auszugehen, dass Ausführungen nach § 289 Abs. 2 Nr. 3 über den Bereich Forschung und Entwicklung für Kreditinstitute kaum von praktischer Bedeutung sein werden.[3] 6

II. Von der Anwendung ausgenommene Vorschriften

1. Gliederungsvorschriften (§ 265 Abs. 6 und 7). a) Änderung von Gliederung und Postenbezeichnungen der Bilanz und der Gewinn- und Verlustrechnung (§ 265 Abs. 6). Da die für große Kapitalgesellschaften geltenden Gliederungsvorschriften nach § 266 für die Bilanz und § 275 für die Gewinn- und Verlustrechnung im Jahresabschluss der Kreditinstitute durch § 2 Abs. 1 RechKredV ersetzt werden, entfällt auch die den Kapitalgesellschaften eingeräumte Möglichkeit, die Gliederung und Bezeichnung der mit arabischen Zahlen versehenen Posten der Bilanz und der Gewinn- und Verlustrechnung zu ändern, um Besonderheiten der Kapitalgesellschaft zu berücksichtigen. Die in den von Kreditinstituten anzuwendenden **Formblättern** vorgeschriebene **Gliederung** ist durch weit reichende Unterschiede zur Gliederung bei Nichtbanken gekennzeichnet, da sie **auf die Besonderheiten des Bankgeschäfts zugeschnitten** ist. Zu beachten ist, dass die Möglichkeit einer weiteren Untergliederung iSv. § 265 Abs. 5 unberührt bleibt. Eine Anpassung von in den Formblättern vorgesehenen Postenbezeichnungen wird nur in eng begrenzten Ausnahmefällen zulässig sein.[4] 7

b) Zusammenfassung von Posten der Bilanz und der Gewinn- und Verlustrechnung (§ 265 Abs. 7). Die für große Kapitalgesellschaften geltende Vorschrift zur Zusammenfassung von Posten der Bilanz und der Gewinn- und Verlustrechnung wird ebenfalls durch eine explizite Regelung in § 2 Abs. 2 RechKredV ersetzt, die in der Sache der Vorschrift in § 265 Abs. 7 8

---

[2] *Scharpf/Sohler* S. 9.
[3] *Scharpf/Sohler* S. 284 f.; *Treuarbeit* S. 172; *Ausschuss für Bilanzierung des BdB* S. 114;; graduell aA *Göttgens/Schmelzeisen* S. 63, die in diesem Zusammenhang auf die Erschließung neuer geographischer Märkte sowie die Entwicklung und Anwendung neuer Finanzprodukte hinweisen.
[4] *Krumnow* § 2 RechKredV RdNr. 10.

entspricht.[5] Eine **Zusammenfassung der in den Formblättern mit kleinen Buchstaben versehenen Posten** ist demnach zulässig, sofern die Posten einen Betrag enthalten, der für die Vermittlung eines den tatsächlichen Verhältnissen entsprechenden Bildes iSd. § 264 Abs. 2 nicht erheblich ist, oder dadurch die Klarheit der Darstellung vergrößert wird. Eine solche Zusammenfassung von Einzelposten ist nach § 2 Abs. 2 S. 2 RechKredV in den bei der Deutschen Bundesbank und der BaFin einzureichenden Bilanzen und Gewinn- und Verlustrechnungen nicht zulässig.

9 **2. Größenklassen (§ 267) und größenabhängige Erleichterungen (§§ 276, 288).** Da sich die Rechnungslegung von Kreditinstituten generell an den für große Kapitalgesellschaften geltenden Vorschriften orientiert, findet die Umschreibung der Größenklassen auf Grundlage von Bilanzsumme, Umsatzerlösen und Arbeitnehmerzahl bei Kreditinstituten keine Anwendung. Die für kleine und mittelgroße Kapitalgesellschaften eingeräumten **Erleichterungen** bei der Aufgliederung der Gewinn- und Verlustrechnung sowie bei einzelnen Anhangangaben **können** von Kreditinstituten aus dem gleichen Grund **nicht in Anspruch genommen werden.** Der Hinweis auf die Nichtanwendbarkeit dieser Vorschriften hat insofern klarstellenden Charakter, als Kreditinstitute ihren Jahresabschluss bereits auf Grundlage von Abs. 1 unabhängig von den Größenmerkmalen des Einzelfalls nach den für große Kapitalgesellschaften geltenden Vorschriften aufzustellen haben.[6] Soweit § 274a kleinen Kapitalgesellschaften weitere Erleichterungen einräumt, kommen diese bei Kreditinstituten ebenfalls nicht zum Tragen, selbst wenn es an einer Erwähnung in Abs. 2 S. 1 fehlt.

10 **3. Fristengliederung (§ 268 Abs. 4 S. 1, Abs. 5 S. 1) und gesonderter Ausweis von erhaltenen Anzahlungen auf Bestellungen (§ 268 Abs. 5 S. 2).** Die Rechnungslegungsvorschriften für Kreditinstitute enthalten eigenständige Vorschriften zur vorzunehmenden **Fristengliederung** (vgl. § 340d sowie § 9 RechKredV), die über die für alle Kapitalgesellschaften geltenden Regelungen hinsichtlich Umfang und Detailliertheit der anzugebenden Restlaufzeiten hinausgehen.

11 Der gesonderte Ausweis von **erhaltenen Anzahlungen** auf Bestellungen innerhalb der Verbindlichkeiten, soweit diese Anzahlungen nicht offen von den Vorräten abgesetzt werden, ist eine auf Industrie- oder Handelsunternehmen zugeschnittene Vorschrift, für die im Bereich von Kreditinstituten keine sinnvolle analoge Anwendungsmöglichkeit erkennbar ist.

12 **4. Vorschriften zu einzelnen Posten der Gewinn- und Verlustrechnung (§ 277 Abs. 1, 2, 3 S. 1).** Die Definition der als **Umsatzerlöse** auszuweisenden Erfolgsbestandteile ist auf das Geschäft der Kreditinstitute nicht sinnvoll anwendbar. Die Regelung ist insoweit entbehrlich, als die Einzelnen für Kreditinstitute relevanten Ertragskomponenten in den zu verwendenden Formblättern abschließend aufgezählt sind.

13 Für **Bestandsveränderungen,** die denjenigen bei Industrieunternehmen vergleichbar sein könnten, fehlt es bei Kreditinstituten an einer Entsprechung, so dass die allgemeine Regelung keine Anwendung bei Kreditinstituten findet.

14 **Außerplanmäßige Abschreibungen** auf Vermögensgegenstände des Anlagevermögens iSv. § 253 Abs. 2 sowie fakultative Abschreibungen auf Vermögensgegenstände des Umlaufvermögens zur Vermeidung zukünftiger Änderungen des Wertansatzes iSv. § 253 Abs. 3 S. 3 sind von Kreditinstituten nicht gesondert auszuweisen oder im Anhang anzugeben. Dies ist sowohl durch die fehlende Trennung von Anlage- und Umlaufvermögen als auch durch die den Kreditinstituten eingeräumten Kompensationsmöglichkeiten begründet, die durch eine Angabepflicht konterkariert würden.[7]

15 **5. Beschränkung außerplanmäßiger Abschreibungen auf Finanzanlagen (§ 279 Abs. 1 S. 2).** Das in § 253 Abs. 2 S. 3 eingeräumte Wahlrecht zur Vornahme von **außerplanmäßigen Abschreibungen** auf Vermögensgegenstände des Anlagevermögens auch **bei nicht dauernden Wertminderungen** wird für Kapitalgesellschaften auf Gegenstände des Finanzanlagevermögens beschränkt. Diese Einschränkung wird in dieser Form für Kreditinstitute nicht übernommen, sondern durch die eigenständige, inhaltlich vergleichbar ausgestaltete Regelung in § 340e Abs. 1 S. 3 ersetzt (vgl. Erl. zu § 340e).

16 **6. Anhangangaben bei Anwendung der Gruppenbewertung und Verbrauchsfolgeverfahren (§ 284 Abs. 2 Nr. 4).** Sofern von **Bewertungsvereinfachungsverfahren** nach § 240 Abs. 4 (Gruppenbewertung) oder § 256 S. 1 (Verbrauchsfolgeverfahren) Gebrauch gemacht wird, sind von Kapitalgesellschaften gem. § 284 Abs. 2 Nr. 4 im Anhang die **Unterschiedsbeträge** anzugeben, die aus der **Abweichung des ausgewiesenen Wertansatzes** gegenüber dem letzten bekannten **Bör-**

---

[5] *Krumnow* § 2 RechKredV RdNr. 8.
[6] *KPMG* S. 8.
[7] *Krumnow* RdNr. 53.

sen- oder **Marktpreis** vor dem Abschlussstichtag resultieren, sofern es sich um einen erheblichen Betrag handelt. Diese Angabepflicht entfällt für Kreditinstitute. Die Nichtanwendung dieser Vorschrift ist insbesondere deshalb von Bedeutung, weil davon auszugehen ist, dass die Anwendung von Verbrauchsfolgeverfahren nicht auf Vermögensgegenstände des Vorratsvermögens beschränkt ist, sondern auch Wertpapiere des Umlaufvermögens sowie Edelmetall- und Devisenbestände betreffen kann.[8] Sofern Kreditinstitute in diesen Bereichen von Verbrauchsfolgeverfahren Gebrauch machen, besteht demnach keine Angabepflicht hinsichtlich des Unterschiedsbetrags;[9] die auf diesem Wege gebildeten stillen Reserven müssen im Anhang nicht aufgedeckt werden.

7. Anhangangaben bei Anwendung des Umsatzkostenverfahrens und Erläuterung des Postens „Sonstige Rückstellungen" (§ 285 Nr. 8 und 12). Die zusätzlichen Anhangangaben hinsichtlich des Material- und Personalaufwands bei Anwendung des **Umsatzkostenverfahrens** kommen für Kreditinstitute nicht in Frage, da die zu verwendenden Formblätter das Gesamtkostenverfahren zwingend vorschreiben.[10]

Auf eine **Erläuterungspflicht der sonstigen Rückstellungen** nach § 285 Nr. 12 ist für Kreditinstitute insbesondere deshalb verzichtet worden, da in § 340 c Abs. 1 S. 2 und § 340 f Abs. 3 weit gehende Verrechnungsmöglichkeiten eingeräumt werden, die auch die Zuführung und Auflösung von Rückstellungen für Eventualverbindlichkeiten und Kreditrisiken umfassen. Eine Erläuterung einzelner Rückstellungen unter den sonstigen Rückstellungen würde diesen Kompensationsmöglichkeiten zuwiderlaufen.

III. Durch Vorschriften außerhalb von §§ 340 bis 340 o ersetzte Regelungen

1. Gliederung der Bilanz (§ 247 Abs. 1, § 266). Die in § 247 Abs. 1 von allen Kaufleuten zwingend geforderte Aufgliederung der Bilanzpositionen und die in § 266 für Kapitalgesellschaften vorgegebene Bilanzgliederung wird durch § 2 Abs. 1 RechKredV ersetzt, die in weit stärkerem Maße auf die Besonderheiten des Bankgeschäfts abstellt. Im Unterschied zu der von Kapitalgesellschaften anderer Branchen zu verwendenden **Bilanzgliederung** ist die Bankbilanz auf der Aktivseite **nach abnehmender Liquidität**, auf der Passivseite **nach abnehmender Dringlichkeit der Rückzahlung** gegliedert.[11]

2. Gliederung der Gewinn- und Verlustrechnung (§ 275). Ebenso wie bei der Bilanzgliederung sind Kreditinstitute zur Verwendung der in § 2 Abs. 1 RechKredV vorgeschriebenen Formblätter verpflichtet, wobei alternativ die **Konto-** oder die **Staffelform** verwendet werden kann.[12]

3. Haftungsverhältnisse (§§ 251, 268 Abs. 7). Die von allen Kaufleuten vorzunehmende Angabe der Haftungsverhältnisse wird für Kreditinstitute durch § 26 RechKredV ersetzt. Entsprechendes gilt für die gesonderte Angabe im Anhang für Kapitalgesellschaften, die für Kreditinstitute durch § 35 Abs. 4 RechKredV geregelt ist. Im Unterschied zur Vorschrift des § 268 Abs. 7 ist eine gesonderte Angabe der gegenüber verbundenen Unternehmen bestehenden Verpflichtungen für Kreditinstitute nicht vorgesehen.

Neben diesen **Eventualverbindlichkeiten** sind von Kreditinstituten **weitere Verpflichtungen** anzugeben. Die Angabepflichten im Einzelnen resultieren aus §§ 26, 27 RechKredV; die folgende Aufgliederung ist durch das zu verwendende Formblatt festgelegt:
1. Eventualverbindlichkeiten
   a) Eventualverbindlichkeiten aus weitergegebenen abgerechneten Wechseln
   b) Verbindlichkeiten aus Bürgschaften und Gewährleistungsverträgen
   c) Haftung aus der Bestellung von Sicherheiten für fremde Verbindlichkeiten
2. Andere Verpflichtungen
   a) Rücknahmeverpflichtungen aus unechten Pensionsgeschäften
   b) Platzierungs- und Übernahmeverpflichtungen
   c) Unwiderrufliche Kreditzusagen

4. Entwicklung des Anlagevermögens (§ 268 Abs. 2). Soweit die für alle Kapitalgesellschaften geltende Unterscheidung zwischen Vermögensgegenständen des Anlage- und des Umlaufvermögens bei Kreditinstituten für Zwecke des Bilanzausweises nicht anwendbar ist (vgl. Erl. zu

---

[8] *Scharpf/Sohler* S. 300; aA offenbar *Krumnow* RdNr. 55.
[9] *ADS* § 284 RdNr. 150.
[10] *Krumnow* RdNr. 56.
[11] *WPH* J RdNr. 29.
[12] *WPH* J RdNr. 23.

§ 340 e), muss der Umfang der in den Anlagenspiegel aufzunehmenden Vermögensgegenstände neu gefasst werden. § 34 Abs. 3 S. 1 der RechKredV greift dabei auf § 340 e Abs. 1 zurück, in dem die dauernd dem Unternehmen dienenden Gegenstände aufgezählt sind. Im Unterschied zu Nichtbanken können Kreditinstitute bei der Darstellung der **Abschreibungen, Zuschreibungen und Wertberichtigungen auf das Finanzanlagevermögen** von einer **zusammengefassten Darstellung** Gebrauch machen, was eine Entsprechung der in § 340 c Abs. 2 enthaltenen Verrechnungsmöglichkeiten darstellt. Vgl. hierzu Erläuterungen zu § 340 c.

24   **5. Aufgliederung der Verbindlichkeiten nach Restlaufzeiten und Art und Form gegebener Sicherheiten (§ 285 Nr. 1 und 2).** Die gesonderte Angabe sämtlicher **Verbindlichkeiten** mit Restlaufzeiten von mehr als fünf Jahren wird für Kreditinstitute durch eine stärker **detaillierte Fristengliederung** ebenso wie bei den Restlaufzeiten der Forderungspositionen auf der Aktivseite ersetzt. An die Stelle von § 285 Nr. 1 tritt insoweit § 340 d iVm. § 9 RechKredV.

25   Die Angabe der zur Sicherung von Verbindlichkeiten übertragenen Vermögensgegenstände erfolgt bei Kreditinstituten auf Grundlage von § 35 Abs. 5 Rech-KredV.

26   **6. Aufgliederung der Umsatzerlöse (§ 285 Nr. 4).** Soweit Kapitalgesellschaften auf Grund von § 285 Nr. 4 eine **Aufgliederung der Umsatzerlöse** nach Tätigkeitsbereichen sowie nach geographisch bestimmten Märkten vorgeschrieben ist, tritt für Kreditinstitute § 34 Abs. 2 Nr. 1 RechKredV an diese Stelle. Eine sachliche Aufgliederung der in den einzelnen Tätigkeitsbereichen erzielten Erträge, die über die Gliederung des für die Gewinn- und Verlustrechnung vorgeschriebenen Formblattes hinausginge, ist als zusätzliche Anhangangabe nicht vorgeschrieben. Die Schutzvorschrift (§ 34 Abs. 2 S. 2 RechKredV), auf Grund derer eine solche Aufgliederung unterbleiben kann, entspricht derjenigen für Kapitalgesellschaften in § 286 Abs. 2.

27   **7. Angabe von gewährten Vorschüssen und Krediten an aktive Organmitglieder (§ 285 Nr. 9 c).** Im Anhang des Jahresabschlusses von Kapitalgesellschaften sind die Mitgliedern des Geschäftsführungsorgans, eines Aufsichtsrats, eines Beirats oder einer ähnlichen Einrichtung jeweils für jede Personengruppe gewährten Vorschüsse und Kredite unter Angabe der Zinssätze, der wesentlichen Bedingungen und der ggf. im Geschäftsjahr zurückgezahlten Beträge sowie die zugunsten dieser Personen eingegangenen Haftungsverhältnisse anzugeben. Für Kreditinstitute wird diese Vorschrift durch § 34 Abs. 2 Nr. 2 RechKredV ersetzt, wobei Kreditinstitute die Zinssätze, die wesentlichen Bedingungen und die im Geschäftsjahr zurückgezahlten Beträge nicht angeben müssen.[13]

IV. Nichtanwendungsvoraussetzungen von § 246 Abs. 2

28   Das Saldierungsverbot in § 246 Abs. 2 untersagt die Zusammenfassung von Aktiva und Passiva sowie von Erträgen und Aufwendungen, die dadurch im Jahresabschluss einzeln nicht mehr erkennbar sind.[14] Nur in eng begrenzten Ausnahmefällen kommt ein saldierter Ausweis von Aktiva und Passiva[15] bzw. von Erträgen und Aufwendungen[16] in Frage. Für Kreditinstitute ist nach Abs. 2 S. 3 von der Anwendung des § 246 Abs. 2 in weiteren Fällen abzusehen bzw. kann abgesehen werden, sofern abweichende Vorschriften bestehen.

29   Für Kreditinstitute sind hinsichtlich des **Saldierungsverbots von Erträgen und Aufwendungen** drei **Ausnahmen** zu beachten, die entweder ein **Wahlrecht** oder eine **Pflicht zur Saldierung** nach sich ziehen (vgl. im Einzelnen Erl. zu §§ 340 c, 340 f.):
– Erträge und Aufwendungen aus Geschäften mit Wertpapieren des Handelsbestands, Finanzinstrumenten, Devisen und Edelmetall sowie der Erträge aus Zuschreibungen und Aufwendungen aus Abschreibungen bei diesen Vermögensgegenständen, ferner Aufwendungen für die Bildung von Rückstellungen für drohende Verluste aus den genannten Geschäften und die Erträge aus der Auflösung dieser Rückstellungen (Verrechnungspflicht, vgl. § 340 c Abs. 1)
– Aufwendungen aus Abschreibungen auf Beteiligungen, Anteile an verbundenen Unternehmen und wie Anlagevermögen behandelte Wertpapiere sowie Erträge aus Zuschreibungen zu solchen Vermögensgegenständen, Aufwendungen und Erträge aus Geschäften mit solchen Vermögensgegenständen (Verrechnungswahlrecht, vgl. § 340 c Abs. 2)
– Aufwendungen und Erträge aus der Anwendung von § 340 f Abs. 1 (Vorsorge für allgemeine Bankrisiken) und aus Geschäften mit Wertpapieren der Liquiditätsreserve, Erträge aus der Zuschreibung zu diesen Wertpapieren, Aufwendungen und Abschreibungen auf Forderungen, Zu-

---
[13] *Bieg* BHdR RdNr. 355.
[14] *ADS* § 246 RdNr. 454.
[15] *ADS* § 246 RdNr. 465–468.
[16] *ADS* § 246 RdNr. 473–478.

führungen zu Rückstellungen für Eventualverbindlichkeiten und für Kreditrisiken sowie Erträge aus Zuschreibungen zu Forderungen oder aus deren Eingang nach teilweiser oder vollständiger Abschreibung und aus Auflösungen von Rückstellungen für Eventualverbindlichkeiten und für Kreditrisiken (Verrechnungswahlrecht, vgl. § 340 f Abs. 3).

Ergänzend zu den in das HGB eingefügten Vorschriften sind auch die in §§ 10, 16 Abs. 4 RechKredV für Bilanzposten vorgeschriebenen **Verrechnungsgebote** zu berücksichtigen. Schließlich werden in Einzelfällen weiterhin Verrechnungen auf Grund des wirtschaftlichen Zusammenhangs oder aus buchungstechnischen Gründen für möglich gehalten.[17]

V. Zwischenabschlüsse

Kreditinstituten wird in § 10 Abs. 3 KWG die Möglichkeit eingeräumt, **Zwischenabschlüsse** zu erstellen, um auf dieser Basis **Zwischengewinne** iSv. § 10 Abs. 3 S. 3 KWG bei der **Ermittlung des haftenden Eigenkapitals** berücksichtigen zu können. Voraussetzung für die Berücksichtigung ist, dass die Zwischengewinne nicht für voraussichtliche Gewinnausschüttungen oder Steueraufwendungen gebunden sind (vgl. § 10 Abs. 3 S. 1 KWG). Die Vorschrift in Abs. 3, nach der für diese Zwischenabschlüsse die gleichen Anforderungen wie für Jahresabschlüsse gelten, deckt sich mit der Vorschrift des KWG, wonach diese Zwischenabschlüsse den für den Jahresabschluss geltenden Grundsätzen entsprechen müssen und durch den Abschlussprüfer einer prüferischen Durchsicht zu unterziehen sind (vgl. § 10 Abs. 3 S. 1 und 6 KWG). Abs. 3 wurde durch das TUG an die Vorschriften des KWG angepasst; die Prüfung wurde durch die prüferische Durchsicht ersetzt. Eine identische Regelung hinsichtlich der an Zwischenabschlüsse zu stellenden Anforderungen gilt für Konzernzwischenabschlüsse (vgl. § 340 i Abs. 4).

VI. Änderungen durch das KapAEG, das KonTraG, das KapCoRiLiG und das BilReG

Soweit durch das KapAEG in § 264 Abs. 3 bzw. durch das KapCoRiLiG in § 264 b **Erleichterungen hinsichtlich der Jahresabschlüsse von Tochterunternehmen** eingeräumt werden, so ist diese Vorschrift für Kreditinstitute nicht uneingeschränkt anwendbar. Kreditinstitute, die die Voraussetzungen des § 264 Abs. 3 erfüllen,[18] werden nur von der Anwendung der Vorschriften zur Offenlegung (§§ 325 bis 329) befreit, nicht jedoch von der Anwendung der §§ 264 bis 289 sowie §§ 316 bis 324.

Durch das **KonTraG** wurde § 340 a um einen Abs. 4 ergänzt, der **zusätzliche Angabepflichten im Anhang** für alle Kreditinstitute unabhängig von der Rechtsform regelt. Danach haben Kreditinstitute zukünftig alle **Mandate in gesetzlich zu bildenden Aufsichtsgremien von großen Kapitalgesellschaften** iSd. § 267 Abs. 3 anzugeben, die von gesetzlichen Vertretern oder anderen Mitarbeitern wahrgenommen werden.

Außerdem sollen auch alle **Beteiligungen an großen Kapitalgesellschaften, die fünf vom Hundert der Stimmrechte überschreiten,** im Anhang offen gelegt werden. Auf diesem Weg sollen die bestehenden Bankenbeteiligungen „durchsichtiger"[19] gemacht werden. Diese Angabepflicht, die über die Anforderungen des WpHG hinausgeht, erstreckt sich auch auf Beteiligungen an nicht börsennotierten Unternehmen, sofern sie die Größenmerkmale des § 267 Abs. 3 erreichen. Da jedoch die Vorschrift nur die „Angabe" entsprechender Beteiligungen verlangt, erscheint es zulässig, wenn die Angabe auf die Namensnennung beschränkt bleibt. Die zusätzlich zu gewährende Information hat damit nicht die Qualität der nach § 285 Nr. 11 erforderlichen Anhangangabe hinsichtlich des Anteilsbesitzes an Unternehmen, an denen mindestens der fünfte Teil der Anteile gehalten wird.

Durch das **BilReG** wurden die Anhangangaben hinsichtlich der vom Unternehmen gehaltenen Finanzinstrumente um zwei Angaben erweitert, einerseits um die Angabe der beizulegenden Zeitwerte der derivativen Finanzinstrumente (§ 285 S. 1 Nr. 18) und andererseits um die Angabe des beizulegenden Zeitwerts von Finanzanlagevermögen, sofern durch das Wahlrecht nach § 253 Abs. 2 S. 3 der Buchwert über dem beizulegenden Wert liegt (§ 285 S. 1 Nr. 19). Der Lagebericht wurde u. a. in § 289 Abs. 2 Nr. 2 um den Aspekt der mit den Finanzinstrumenten verbundenen Risiken erweitert. Zu Einzelheiten vgl. Erläuterungen zu §§ 285, 289.

---

[17] Ausschuss für Bilanzierung des BdB S. 71, mit zahlreichen Beispielen; Krumnow RdNr. 69.
[18] Zu den Voraussetzungen im Einzelnen vgl. Erl. zu § 264.
[19] Begr. RegE, BT-Drucks. 13/9712 S. 30.

36 Bezogen auf Kreditinstitute ergeben sich hierbei folgende Besonderheiten: Die Erleichterung nach § 288 S. 1 für kleine Kapitalgesellschaften iSd. § 267 Abs. 1, die demnach keine Angaben zum Zeitwert der derivativen Finanzinstrumente offenzulegen brauchen, gilt nicht für Kreditinstitute. Für sie werden rechtsformunabhängig die Vorschriften für große Kapitalgesellschaften angewandt. Des Weiteren ist bezüglich der Anhangangaben nach § 285 S. 1 Nr. 19 zu beachten, dass das Wahlrecht nach § 253 Abs. 2 S. 3 für Kreditinstitute durch § 340 e Abs. 1 S. 3 gesondert geregelt ist. Im Ergebnis ergeben sich daraus allerdings keine nennenswerten Unterschiede. Vgl. hierzu Erläuterungen zu § 340 e.

§ 340 b Pensionsgeschäfte

(1) Pensionsgeschäfte sind Verträge, durch die ein Kreditinstitut oder der Kunde eines Kreditinstituts (Pensionsgeber) ihm gehörende Vermögensgegenstände einem anderen Kreditinstitut oder einem seiner Kunden (Pensionsnehmer) gegen Zahlung eines Betrags überträgt und in denen gleichzeitig vereinbart wird, daß die Vermögensgegenstände später gegen Entrichtung des empfangenen oder eines im voraus vereinbarten anderen Betrags an den Pensionsgeber zurückübertragen werden müssen oder können.

(2) Übernimmt der Pensionsnehmer die Verpflichtung, die Vermögensgegenstände zu einem bestimmten oder vom Pensionsgeber zu bestimmenden Zeitpunkt zurückzuübertragen, so handelt es sich um ein echtes Pensionsgeschäft.

(3) Ist der Pensionsnehmer lediglich berechtigt, die Vermögensgegenstände zu einem vorher bestimmten oder von ihm noch zu bestimmenden Zeitpunkt zurückzuübertragen, so handelt es sich um ein unechtes Pensionsgeschäft.

(4) [1] Im Falle von echten Pensionsgeschäften sind die übertragenen Vermögensgegenstände in der Bilanz des Pensionsgebers weiterhin auszuweisen. [2] Der Pensionsgeber hat in Höhe des für die Übertragung erhaltenen Betrags eine Verbindlichkeit gegenüber dem Pensionsnehmer auszuweisen. [3] Ist für die Rückübertragung ein höherer oder ein niedrigerer Betrag vereinbart, so ist der Unterschiedsbetrag über die Laufzeit des Pensionsgeschäfts zu verteilen. [4] Außerdem hat der Pensionsgeber den Buchwert der in Pension gegebenen Vermögensgegenstände im Anhang anzugeben. [5] Der Pensionsnehmer darf die ihm in Pension gegebenen Vermögensgegenstände nicht in seiner Bilanz ausweisen; er hat in Höhe des für die Übertragung gezahlten Betrags eine Forderung an den Pensionsgeber in seiner Bilanz auszuweisen. [6] Ist für die Rückübertragung ein höherer oder ein niedrigerer Betrag vereinbart, so ist der Unterschiedsbetrag über die Laufzeit des Pensionsgeschäfts zu verteilen.

(5) [1] Im Falle von unechten Pensionsgeschäften sind die Vermögensgegenstände nicht in der Bilanz des Pensionsgebers, sondern in der Bilanz des Pensionsnehmers auszuweisen. [2] Der Pensionsgeber hat unter der Bilanz den für den Fall der Rückübertragung vereinbarten Betrag anzugeben.

(6) Devisentermingeschäfte, Finanztermingeschäfte und ähnliche Geschäfte sowie die Ausgabe eigener Schuldverschreibungen auf abgekürzte Zeit gelten nicht als Pensionsgeschäfte im Sinne dieser Vorschrift.

Schrifttum: Siehe Schrifttum zu § 340.

Übersicht

	RdNr.		RdNr.
I. Legaldefinition der Pensionsgeschäfte in § 340 b	1–6	1. Bilanzierung und Bewertung beim Pensionsgeber	14–18
II. Bilanzierung und Bewertung von echten Pensionsgeschäften	7–13	2. Bilanzierung und Bewertung beim Pensionsnehmer	19–21
1. Bilanzierung und Bewertung beim Pensionsgeber	7–11	IV. Nicht als Pensionsgeschäfte geltende Geschäfte	22–24
2. Bilanzierung und Bewertung beim Pensionsnehmer	12, 13	V. Anwendbarkeit von § 340 b auf Unternehmen anderer Branchen	25, 26
III. Bilanzierung und Bewertung von unechten Pensionsgeschäften	14–21	VI. Anhangangaben und Angabepflichten unter der Bilanz	27, 28

I. Legaldefinition der Pensionsgeschäfte in § 340 b

Der Gesetzgeber hat den Vorschriften zur Rechnungslegung von Pensionsgeschäften eine verbindliche **Definition der Pensionsgeschäfte** vorangestellt. Eine solche Legaldefinition erscheint insbesondere deshalb bedeutsam, weil in der Praxis eine Vielzahl von unterschiedlichen Geschäften unter dieser Bezeichnung abgeschlossen wird.[1] Nach der eindeutigen gesetzlichen Begriffsbestimmung ist für Zwecke der Bilanzierung zwischen zwei Ausprägungen von Pensionsgeschäften zu unterscheiden.

Gemeinsames Merkmal aller Pensionsgeschäfte ist ein gegenseitiger Vertrag, der die entgeltliche Übertragung von Vermögensgegenständen zum Gegenstand hat und in dem gleichzeitig bestimmt wird, dass eine Rückübertragung zu einem späteren Zeitpunkt zum gleichen oder zu einem abweichenden Betrag möglich bzw. verpflichtend ist. Bei einer bereits **verbindlich vereinbarten Rückübertragung** liegt ein **echtes Pensionsgeschäft** vor (Abs. 2). Das Eigentum an dem Pensionsgegenstand geht also nur vorübergehend auf den Pensionsnehmer über; „es handelt sich um den gleichzeitigen Verkauf von Vermögensgegenständen per Kasse und den Rückkauf per Termin."[2] Ist hingegen nur ein **Wahlrecht des Pensionsnehmers** vorgesehen, die **Vermögensgegenstände zurückzuübertragen,** handelt es sich um ein **unechtes Pensionsgeschäft** (Abs. 3). Dieser Fall lässt sich als Verkauf des Pensionsgegenstands per Kasse bei gleichzeitiger Einräumung eines Optionsrechts zur Rückübertragung interpretieren. In jedem Fall ist jedoch der **Pensionsgeber zur Rücknahme verpflichtet.**[3]

Bei der vereinbarten Rückübertragung muss es ausreichen, wenn bei vertretbaren Gegenständen die Rückgabe gleichartiger Gegenstände erfolgt, während die Vereinbarung über die Rückübertragung (nur) gleichwertiger Gegenstände die Qualifikation als Pensionsgeschäft ausschließt.[4]

Nach der gesetzlichen Regelung ist **für Zwecke der Bilanzierung** die Kategorie der so genannten **unechten echten Pensionsgeschäfte** unerheblich.[5] Darunter wurden in der Vergangenheit echte Pensionsgeschäfte verstanden, bei denen der zur Rückübertragung verpflichtete Pensionsnehmer dennoch den Pensionsgegenstand bilanzierte.[6] Die Bilanzierung richtete sich insofern weitgehend nach dem zivilrechtlichen Eigentum, das beim Pensionsnehmer liegt. Nach Abs. 4 ist nunmehr klargestellt, dass die Zuordnung des Pensionsgegenstands nach wirtschaftlichen Gesichtspunkten erfolgt,[7] für die das Vorliegen einer Verpflichtung oder einer bloßen Berechtigung zur Rückübertragung die ausschlaggebenden Indizien sind.

Gegenstand eines Pensionsgeschäfts können nach dem Gesetzeswortlaut
- Wertpapiere,
- Darlehensforderungen,
- Wechsel,
- Schatzwechsel und
- andere Vermögensgegenstände

sein, nicht jedoch Schulden, Rechnungsabgrenzungsposten und Bilanzierungshilfen.[8]

Pensionsgeschäfte sind nach den Mindestanforderungen an das Risikomanagement wie alle Wertpapierhandelsgeschäfte grundsätzlich zu marktgerechten Bedingungen auszugestalten.[9] Mit dem Abschluss von Pensionsgeschäften können **unterschiedliche Zwecke** verfolgt werden, wie etwa **Kreditsicherung, Liquiditätssteuerung, Verbesserung der Kapitalstruktur, Bilanzpolitik oder auch steuerliche Zwecke.**[10] Dies entspricht der Zielsetzung bei verwandten Geschäften wie Repo-Geschäften oder Wertpapierleihgeschäften, die jedoch zumindest teilweise für Zwecke der Rechnungslegung abweichend zu behandeln sind (vgl. Erl. unter RdNr. 22–24).

---

[1] *Krumnow* RdNr. 4.
[2] *Ausschuss für Bilanzierung des BdB* S. 107; ferner *Bieg* BHdR RdNr. 40.
[3] *Scharpf/Sohler* S. 26; *Bieg* BHdR RdNr. 41; *Krumnow* RdNr. 12.
[4] *Scharpf/Sohler* S. 25 f.; *Krumnow* RdNr. 9.
[5] KPMG S. 14; *Scharpf/Sohler* S. 24; *Treuarbeit* S. 50; *Ausschuss für Bilanzierung des BdB* S. 107; *Meyer/Isenmann* S. 42; *Krumnow* RdNr. 28.
[6] Zu Einzelheiten *Krumnow* RdNr. 27–29.
[7] *Treuarbeit* S. 50; *Bieg* BHdR RdNr. 42.
[8] *Scharpf/Sohler* S. 24; *Meyer/Isenmann* S. 41.
[9] BaFin-Rundschreiben 18/2005 vom 20. 12. 2005.
[10] *Ausschuss für Bilanzierung des BdB* S. 107.

II. Bilanzierung und Bewertung von echten Pensionsgeschäften

7 **1. Bilanzierung und Bewertung beim Pensionsgeber.** Liegt ein **echtes Pensionsgeschäft** vor, hat der **Ausweis** der verpensionierten Vermögensgegenstände unverändert **beim Pensionsgeber** zu erfolgen.[11] Dem für die Übertragung erhaltenen Kaufpreis ist ein Passivposten in gleicher Höhe gegenüberzustellen,[12] der je nach Vertragspartner entweder eine Verbindlichkeit gegenüber Kunden oder Kreditinstituten darstellt.[13] Die bilanzielle Abbildung eines echten Pensionsgeschäfts entspricht einer Kreditaufnahme gegen Sicherungsübereignung des Vermögensgegenstands.[14]

8 Weicht der vom Pensionsgeber zu leistende Rückübertragungsbetrag vom Kaufpreis bei der ursprünglichen Hingabe des Pensionsgegenstands ab, so muss der **Unterschiedsbetrag** über die Laufzeit des Pensionsgeschäfts verteilt werden. Dies erscheint gerechtfertigt, da diese Differenz als Zinsanteil zu interpretieren ist. Die Art und Weise der Abgrenzung ist im Gesetz nicht abschließend geregelt.

9 Bei einem **höheren Rückkaufpreis** besteht die Möglichkeit, den Passivposten in Höhe des für die Rückübertragung vereinbarten Betrags sowie korrespondierend einen aktiven Rechnungsabgrenzungsposten, der über die Laufzeit des Geschäfts aufzulösen ist, zu bilanzieren (**Brutto-Methode**). Alternativ dazu ist auf Grundlage des Wortlauts von Abs. 4 S. 2 auch der Ansatz einer Verbindlichkeit in Höhe des für die Übertragung erhaltenen Betrags denkbar, die pro rata temporis bis zum Rückzahlungsbetrag aufzustocken ist (**Netto-Methode**). Da insofern ein Konflikt zwischen § 253 Abs. 1 S. 2 (Ansatz von Verbindlichkeiten zum Rückzahlungsbetrag) und Abs. 4 S. 2 besteht, wird keine der beiden Methoden auszuschließen sein.[15] Im Hinblick auf eine Gleichbehandlung mit dem umgekehrten Fall (niedriger Rückkaufbetrag) und auf den höheren Informationsgehalt der Brutto-Methode ist jedoch die **Verteilung durch einen Rechnungsabgrenzungsposten** in Anlehnung an § 250 Abs. 3 **eindeutig zu bevorzugen.**[16] Entsprechend der Vorgehensweise bei der Nominalwertbilanzierung nach § 340 e Abs. 2 (vgl. Erl. zu § 340 e) erscheint es auch bei der Auflösung des aktiven Rechnungsabgrenzungspostens bei Pensionsgeschäften angebracht, einen höheren Rückkaufbetrag auf eine Überverzinslichkeit während der Laufzeit zurückzuführen. Insofern ist die **Vereinnahmung** in der Gewinn- und Verlustrechnung nicht als Zinsaufwand, sondern als **Korrektur des Zinsertrags** auszuweisen.[17]

10 Liegt der **Rückkaufpreis unter dem Ankaufpreis,** stellt sich das Problem der Abgrenzung unter umgekehrtem Vorzeichen. Da hier jedoch eindeutig eine Einnahme vor dem Abschlussstichtag vorliegt, die einen Ertrag für eine bestimmte Zeit nach diesem Tag darstellt, sind die Voraussetzungen für einen **passiven Rechnungsabgrenzungsposten** nach § 250 Abs. 2 erfüllt, so dass eine zeitanteilige Abstockung des Ankaufspreises ausscheidet.[18] Die jährliche Auflösung ist in der Gewinn- und Verlustrechnung im Zinsergebnis zu zeigen.

11 Die Bewertung der weiterhin beim Pensionsgeber bilanzierten Pensionsgegenstände folgt den allgemeinen Bewertungsvorschriften;[19] insbesondere ergeben sich durch einen abweichenden Rückkaufpreis keine neuen Anschaffungskosten.[20] Die während der Laufzeit des Pensionsgeschäfts aus dem Pensionsgegenstand resultierenden **laufenden Erträge** sind weiterhin **vom Pensionsgeber zu vereinnahmen,**[21] selbst wenn sie zunächst dem Pensionsnehmer als zivilrechtlichem Eigentümer zufließen.[22] Sofern eine Vereinbarung getroffen wurde, dass diese Erträge dem Pensionsnehmer zustehen sollen, ist eine Verrechnung beim Pensionsgeber gleichwohl ausgeschlossen; ein Brutto-Ausweis in der Gewinn- und Verlustrechnung ist zwingend.[23]

---

[11] *Scharpf/Sohler* S. 27; *Treuarbeit* S. 48; *WPH* E RdNr. 40; *Ausschuss für Bilanzierung des BdB* S. 107; *Meyer/Isenmann* S. 42.
[12] *Scharpf/Sohler* S. 27; *Treuarbeit* S. 49; *WPH* E RdNr. 40; *Ausschuss für Bilanzierung des BdB* S. 107; *Meyer/Isenmann* S. 42 f.
[13] *Bieg* BHdR RdNr. 43.
[14] *Bieg* BHdR RdNr. 43.
[15] *Scharpf/Sohler* S. 28; *Treuarbeit* S. 49.
[16] So wohl auch *Meyer/Isenmann* S. 43, die nur den Ansatz eines aktiven Rechnungsabgrenzungspostens in Erwägung ziehen.
[17] *Scharpf/Sohler* S. 28.
[18] *Scharpf/Sohler* S. 28; *Meyer/Isenmann* S. 43.
[19] *Scharpf/Sohler* S. 27; *Treuarbeit* S. 48; *Meyer/Isenmann* S. 43.
[20] *Scharpf/Sohler* S. 27; *Treuarbeit* S. 51; *Bieg* BHdR RdNr. 42.
[21] *Treuarbeit* S. 49; *Bieg* BHdR RdNr. 46.
[22] *Scharpf/Sohler* S. 28.
[23] *Scharpf/Sohler* S. 28; *Treuarbeit* S. 49.

2. Bilanzierung und Bewertung beim Pensionsnehmer. Da im Falle des echten Pensionsgeschäfts der Pensionsgegenstand weiter vom Pensionsgeber zu bilanzieren ist, hat der **Pensionsnehmer** lediglich eine **Forderung zur Neutralisierung des abgeflossenen Kaufpreises** einzubuchen.[24] Ob es sich um eine Forderung an Kreditinstitute oder an Kunden handelt, hängt wiederum vom Vertragspartner ab.[25] Die Bewertung der Forderung richtet sich nach den allgemeinen Bewertungsvorschriften; Besonderheiten durch das abgeschlossene Pensionsgeschäft ergeben sich insoweit nicht.

Bei einem **abweichenden Rückkaufbetrag** ist der Unterschiedsbetrag ebenfalls über die Laufzeit zu verteilen. Analog der Bilanzierung beim Pensionsgeber kommen hierfür grundsätzlich die Brutto- oder die Netto-Methode in Frage,[26] wobei ein **Brutto-Ausweis** wiederum **vorzuziehen** ist.[27]

III. Bilanzierung und Bewertung von unechten Pensionsgeschäften

1. Bilanzierung und Bewertung beim Pensionsgeber. Für Zwecke der Bilanzierung sind **unechte Pensionsgeschäfte** – sofern der für die Rückübertragung vereinbarte Betrag nicht vom Buchwert des Vermögensgegenstands abweicht – **so zu behandeln, als ob keine Rückkaufmöglichkeit vorgesehen wäre.** Bis zu einer eventuellen Rückübertragung unterscheidet sich die Bilanzierung nicht von einem herkömmlichen Verkaufsgeschäft zum Buchwert.[28] Aus Sicht des Pensionsgebers liegt ein **reiner Aktivtausch** vor; der Zufluss liquider Mittel entspricht dem Buchwert des abgegangenen Vermögensgegenstands.

Anders stellt sich die Situation dar, wenn der **Rückkaufbetrag höher** als der Buchwert des hingegebenen Pensionsgegenstands ist. Das Pensionsgeschäft ist nicht dazu geeignet, stille Reserven aufzulösen; eine **Gewinnrealisierung** ist **grundsätzlich nicht zulässig.**[29] Möglich ist allenfalls eine **partielle Gewinnrealisierung in Höhe der Differenz zwischen dem Buchwert des Pensionsgegenstands und den ursprünglichen Anschaffungskosten.**[30] Dies entspricht einer – auch ohne Abschluss eines Pensionsgeschäfts möglichen – Wertaufholung, sofern die Gründe für eine zuvor vorgenommene Abschreibung nicht mehr bestehen. Der Anspruch auf Zahlung eines über dem Buchwert (oder – bei partieller Gewinnrealisierung – über den Anschaffungskosten) liegenden Betrags im Zuge der Rückübertragung ist durch eine Rückstellung zu neutralisieren.[31] Bei der Rückstellung kann es sich nur um eine (in diesem Fall gewinnneutralisierende) **Verbindlichkeitsrückstellung,** nicht jedoch um eine Drohverlustrückstellung handeln: Ein Gewinn wird maximal in Höhe der Differenz zwischen Buchwert und ursprünglichen Anschaffungskosten realisiert, so dass aus der Rücknahme des Pensionsgegenstands kein Verlust drohen kann.[32]

Darüber hinaus muss die Wertentwicklung des Pensionsgegenstands ebenso weiterverfolgt werden, als würde sich der Gegenstand noch im Bestand befinden. Insbesondere ist am Abschlussstichtag eine **Wertminderung** zu berücksichtigen, da der Pensionsgeber das Risiko einer Rückübertragung trägt. Mangels eines abschreibungsfähigen Aktivums wird dieser Sachverhalt durch eine **Rückstellung für drohende Verluste aus schwebenden Geschäften** zu berücksichtigen sein,[33] die strikt von der gewinnneutralisierenden Verbindlichkeitsrückstellung zu unterscheiden ist.

Kommt es zur **Rückübertragung des Pensionsgegenstands,** ist er beim Pensionsgeber wieder mit dem **ursprünglichen Buchwert** anzusetzen. Eine Rückstellung wegen eines am Abschlussstichtag niedrigeren Buchwertes ist erfolgswirksam aufzulösen. Für Folgebewertungsmaßnahmen in Form einer unterjährigen Abschreibung auf den Pensionsgegenstand ist ebenso kein Raum[34] wie für einen Verbrauch der „Rückstellung für schwebende Rücknahmeverpflichtungen" zur Herabsetzung des Rückkaufpreises auf den Niederstwert.[35] Allenfalls am folgenden Abschlussstichtag kann eine Abschreibung in Abhängigkeit von den dann gültigen Marktverhältnissen erforderlich werden. Nutzt

---

[24] *Treuarbeit* S. 49; *WPH* E RdNr. 47; *Scharpf/Sohler* S. 29.
[25] *Bieg* BHdR RdNr. 43.
[26] *Scharpf/Sohler* S. 29; *Meyer/Isenmann* S. 43.
[27] AA *Treuarbeit* S. 50, die eine Anpassung des aktivierten Betrags präferieren.
[28] *Ausschuss für Bilanzierung des BdB* S. 108.
[29] *BFA des IDW* 2/1982, WPg 1982, 548 ff.; *Treuarbeit* S. 50; *Meyer/Isenmann* S. 44; *Göttgens/Schmelzeisen* S. 23; *Bieg* BHdR RdNr. 50; *Krumnow* RdNr. 37.
[30] *BFA des IDW* 2/1982, WPg 1982, 548 ff.; *Bieg* BHdR RdNr. 50; aA *Birck/Meyer* S. V 464.
[31] *Krumnow* RdNr. 37; ebenso *Birck/Meyer* S. V 464 f.; *Scharpf/Sohler* S. 31; *Treuarbeit* S. 50; *Meyer/Isenmann* S. 44; *Bieg* BHdR RdNr. 50.
[32] AA *Birck/Meyer* S. V 464 f.; *Scharpf/Sohler* S. 31; *Treuarbeit* S. 50; *Meyer/Isenmann* S. 44; *Bieg* BHdR RdNr. 50, die jeweils missverständlich von einer „Rückstellung für schwebende Rücknahmeverpflichtungen" sprechen.
[33] *Göttgens/Schmelzeisen* S. 23; *Scharpf/Sohler* S. 31 f.; *Treuarbeit* S. 50 f.; *Krumnow* RdNr. 37.
[34] AA *Krumnow* RdNr. 38.
[35] So aber *Birck/Meyer* S. V 465; *Scharpf/Sohler* S. 32; *Meyer/Isenmann* S. 44; *Bieg* BHdR RdNr. 50.

der Pensionsnehmer das Recht zur Rückübertragung nicht, so hat der Pensionsgeber die für den Unterschiedsbetrag zwischen Buchwert und Rückkaufpreis gebildete Rückstellung aufzulösen und als Veräußerungsgewinn zu vereinnahmen.[36]

18 Wenn der Pensionsgegenstand zu einem unter dem Buchwert liegenden Preis an den Pensionsnehmer übertragen wird, ist dies beim Pensionsgeber unmittelbar als Veräußerungsverlust unabhängig vom vereinbarten späteren Rückübertragungsbetrag zu erfassen.[37] Tritt der Fall der Rückübertragung ein, kann der Pensionsgeber im Rahmen einer wahlweisen Wertaufholung jeden Wert zwischen dem für die Übertragung erhaltenen Preis und den ursprünglichen Anschaffungskosten ansetzen.[38]

19 **2. Bilanzierung und Bewertung beim Pensionsnehmer.** Beim Pensionsnehmer ist der Pensionsgegenstand mit den **Anschaffungskosten in Höhe des für die Übertragung gezahlten Betrags** zu aktivieren.[39] Für die **Folgebewertung** stellt der vereinbarte **Rückübertragungspreis** grundsätzlich die **Untergrenze** dar; im Falle eines darunter liegenden Wertes wird der Pensionsnehmer von seinem Recht zur Rückübertragung Gebrauch machen, so dass ihm kein weiter reichender Verlust droht.[40] Eine Widerlegung dieser Vermutung wird nur in Ausnahmefällen gelingen, etwa wenn der Pensionsnehmer den Nachweis führen kann, dass er trotz dieser ungünstigen Preisverhältnisse von seinem Rückübertragungsrecht keinen Gebrauch machen wird.

20 Ein Unterschiedsbetrag, der sich aus einem im Vergleich zu den Anschaffungskosten höheren Rückkaufpreis ergibt, ist erst bei einer tatsächlich erfolgten Rückübertragung als realisiert anzusehen. Ein niedrigerer Rückübertragungsbetrag bleibt hingegen unerheblich, da der Pensionsnehmer nicht zur Rückübertragung an den Pensionsgeber verpflichtet ist.

21 Die Vereinnahmung von aus dem Vermögensgegenstand fließenden laufenden Erträgen erfolgt entsprechend der wirtschaftlichen Zuordnung des Pensionsgegenstands ebenfalls beim Pensionsnehmer.

IV. Nicht als Pensionsgeschäfte geltende Geschäfte

22 Die Legaldefinition schließt Geschäfte, die **ähnliche Merkmale wie Pensionsgeschäfte** aufweisen, ohne in vollem Umfang von der Definition erfasst zu sein, ausdrücklich aus. Die **Zuordnung** muss in diesen Fällen nicht in analoger Anwendung der für Pensionsgeschäfte geltenden Vorschriften, sondern **nach den allgemeinen Grundsätzen** erfolgen. Hingegen werden Geschäfte auch dann nach den Vorschriften des § 340 b zu bilanzieren sein, wenn sie zwar unter anderer Bezeichnung abgeschlossen werden, inhaltlich aber voll identisch wie Pensionsgeschäfte ausgestattet sind. Dies gilt insbesondere für Repo-Geschäfte *(repurchase agreements and reverse repurchase agreements)*, die ebenso wie Pensionsgeschäfte zu bilanzieren sind.[41]

23 Als explizit nicht nach den Vorschriften für Pensionsgeschäfte zu behandelnde Geschäfte werden beispielhaft **Devisentermingeschäfte** und **Börsentermingeschäfte** genannt. Unter die anderen „Ähnlichen Geschäfte" fallen ferner **Swap-Geschäfte** sowie **Transaktionen, bei denen mehr als zwei Parteien beteiligt sind.** Aufgrund der Erwähnung in Abs. 6 ist auch die Ausgabe eigener Schuldverschreibungen auf abgekürzte Zeit nicht unter die Pensionsgeschäfte zu subsumieren.

24 Die Bilanzierung von **Wertpapierleihgeschäften** ist gesetzlich nicht geregelt. Wertpapierleihgeschäfte weisen eine starke Ähnlichkeit zu echten Pensionsgeschäften auf. Bei beiden Geschäftstypen wird ein vertretbarer Vermögensgegenstand auf begrenzte Zeit und gegen Leistung eines Entgelts verliehen. Nach Ablauf der Leihfrist genügt die Rückgabe von Wertpapieren gleicher Art, dh. die zurückgegebenen Wertpapiere haben hinsichtlich ihres Emissionsdatums, Nennbetrags, Laufzeit und Verzinsung mit dem anfangs hingegebenen Wertpapier übereinzustimmen. Nach Meinung der BAFin[42] sind Wertpapierleihgeschäfte nicht nach den Vorschriften für echte Pensionsgeschäfte zu bilanzieren.[43] Diese Auffassung stützt sich auf den Wortlaut des § 340 b HGB, wonach für das Vorliegen eines echten Pensionsgeschäfts die Zahlung eines Betrags bei der Übertragung und der Rückübertragung vorausgesetzt wird. Dieses Abgrenzungskriterium erweist sich als nicht besonders trennscharf, „weil in der Praxis vielfach Mischformen und Sondervereinbarungen zu beobachten

---

[36] *Birck/Meyer* S. V 465; *Meyer/Isenmann* S. 44; *Krumnow* RdNr. 38.
[37] *Scharpf/Sohler* S. 32; *Treuarbeit* S. 51; *Meyer/Isenmann* S. 44.
[38] *Scharpf/Sohler* S. 32; *Treuarbeit* S. 51; *Meyer/Isenmann* S. 44.
[39] *Scharpf/Sohler* S. 34; *Treuarbeit* S. 51; *Meyer/Isenmann* S. 45; *Bieg* BHdR RdNr. 49.
[40] *Scharpf/Sohler* S. 34; *Treuarbeit* S. 51.
[41] *Ausschuss für Bilanzierung des BdB* S. 107.
[42] BAKred vom 25. August 1987, in *Consbruch* Nr. 17.18; BAKred vom 8. Mai 1995, in *Consbruch* Nr. 3.76.
[43] Zur Wertpapierleihe *Bieg* BHdR RdNr. 54–57; ausführlich *Krumnow* RdNr. 61–99; zur Kritik an einer formalen Abgrenzung zu Wertpapierpensionsgeschäften *Bieg* BHdR RdNr. 57; *Krumnow* RdNr. 59.

sind".⁴⁴ Zielführender erscheint eine Abgrenzung nach dem wirtschaftlichen Eigentum. Wie bei echten Pensionsgeschäften verbleiben die wesentlichen Chancen und Risiken des Vermögensgegenstands beim Verleiher, der somit auch wirtschaftlicher Eigentümer bleibt.⁴⁵ Demzufolge ist eine Ausbuchung des Vermögensgegenstands beim Verleiher nicht gerechtfertigt. Sachgerechter wäre eine Orientierung an der Bilanzierung echter Pensionsgeschäfte.

V. Anwendbarkeit von § 340 b auf Unternehmen anderer Branchen

Die ebenfalls durch das BaBiRiLiG in das HGB aufgenommenen Bestimmungen zum Eigentumsvorbehalt und zur Sicherungsübereignung wurden in den für alle Kaufleute geltenden Teil des HGB eingefügt (vgl. § 246 Abs. 1 S. 2 und 3). Demgegenüber wurden die Vorschriften zur Rechnungslegung von Pensionsgeschäften unter die ergänzenden Vorschriften für Kreditinstitute eingeordnet. Aufgrund dieser Stellung unter den branchenspezifischen Vorschriften ist die Anwendung der Vorschrift formal zunächst auf Kreditinstitute begrenzt. Für Nichtbanken fehlt es hingegen an einer expliziten Regelung zur Bilanzierung von Pensionsgeschäften; die Zurechnungsfrage und der Erfolgsausweis müssten sich somit nach den allgemeinen Grundsätzen richten. 25

Dennoch ist davon auszugehen, dass in der **Regelung für Kreditinstitute** ein **allgemeiner GoB** zu sehen ist, der die Vermögenszuordnung nach dem wirtschaftlichen Eigentum regelt.⁴⁶ Dies erscheint insoweit sachgerecht, als weder wirtschaftliche noch rechtliche Gründe erkennbar sind, die in diesem Zusammenhang eine Ungleichbehandlung von Kreditinstituten und Nichtbanken erforderlich erscheinen ließen.⁴⁷ Die Abgrenzung zwischen echtem und unechtem Pensionsgeschäft hat wie bei Kreditinstituten allein anhand des Rückübertragungswahlrechts bzw. der Rückübertragungspflicht des Pensionsnehmers zu erfolgen; eine Überprüfung der weiteren Ausgestaltung erübrigt sich, sofern es sich tatsächlich um ein Pensionsgeschäft iSv. § 340 b Abs. 1 bis 3 handelt. Daraus folgt unmittelbar, dass es auch für Nichtbanken keine unechten echten Pensionsgeschäfte mehr geben kann. Ebenso ist ein eventueller Unterschiedsbetrag zwischen dem für die Übertragung erhaltenen Betrag und dem Rückübertragungsbetrag wie bei Kreditinstituten über die Laufzeit abzugrenzen. 26

VI. Anhangangaben und Angabepflichten unter der Bilanz

Der Pensionsgeber hat bei **echten Pensionsgeschäften** den **Buchwert der in Pension gegebenen Vermögensgegenstände** nach Abs. 4 S. 4 im **Anhang** anzugeben. Dabei muss es sich um eine gesonderte Angabe handeln; der Betrag darf nicht im Gesamtbetrag der als Sicherheit übertragenen Vermögensgegenstände nach § 35 Abs. 5 RechKredV aufgehen.⁴⁸ Auf Seiten des Pensionsnehmers ist eine vergleichbare Angabe hinsichtlich der Ansprüche aus dem Pensionsgeschäft nicht verpflichtend, so dass an dieser Stelle allenfalls eine freiwillige Angabe in Frage kommt.⁴⁹ 27

Bei **unechten Pensionsgeschäften** hat der Pensionsgeber **unter der Bilanz** den vereinbarten **Rückübertragungsbetrag** im Rahmen der „Anderen Verpflichtungen" unter Rücknahmeverpflichtungen aus unechten Pensionsgeschäften gem. Abs. 5 S. 2 anzugeben.⁵⁰ Sofern die unter den „Anderen Verpflichtungen" angegebenen Verbindlichkeiten für die Gesamttätigkeit des Kreditinstituts von wesentlicher Bedeutung sind, ist ferner eine Anhangangabe nach § 35 Abs. 6 RechKredV erforderlich, aus der Art und Höhe der einzelnen Geschäfte zu entnehmen ist.⁵¹ 28

§ 340 c Vorschriften zur Gewinn- und Verlustrechnung und zum Anhang

(1) ¹Als Ertrag oder Aufwand aus Finanzgeschäften ist der Unterschiedsbetrag der Erträge und Aufwendungen aus Geschäften mit Wertpapieren des Handelsbestands, Finanzinstrumenten, Devisen und Edelmetallen sowie der Erträge aus Zuschreibungen und der Aufwendungen aus Abschreibungen bei diesen Vermögensgegenständen auszuweisen. ²In die Verrechnung sind außerdem die Aufwendungen für die Bildung von Rückstel-

---

[44] *Krumnow* RdNr. 66.
[45] *Prahl/Naumann* WM 1992, S. 1176 ff.; *Hartung* BB 1993, 1173 ff.
[46] *ADS* § 246 RdNr. 336; *WPH* E RdNr. 48 mwN; *Scharpf/Sohler* S. 27; *Krumnow* RdNr. 2 f. mwN; *Schmidt* § 5 EStG Tz. 270 „Pensionsgeschäfte".
[47] Ebenso *Krumnow* RdNr. 2, zumindest für die Ausweisfrage.
[48] *KPMG* S. 15; *Krumnow* RdNr. 25.
[49] *Bieg* BHdR RdNr. 45.
[50] *Meyer/Isenmann* S. 44; *Krumnow* RdNr. 31.
[51] *Meyer/Isenmann* S. 44; *Bieg* BHdR RdNr. 53; *Krumnow* RdNr. 31; § 27 RechKredV RdNr. 28 f.

lungen für drohende Verluste aus den in Satz 1 bezeichneten Geschäften und die Erträge aus der Auflösung dieser Rückstellungen einzubeziehen.

(2) ¹Die Aufwendungen aus Abschreibungen auf Beteiligungen, Anteile an verbundenen Unternehmen und wie Anlagevermögen behandelte Wertpapiere dürfen mit den Erträgen aus Zuschreibungen zu solchen Vermögensgegenständen verrechnet und in einem Aufwand- oder Ertragsposten ausgewiesen werden. ²In die Verrechnung nach Satz 1 dürfen auch die Aufwendungen und Erträge aus Geschäften mit solchen Vermögensgegenständen einbezogen werden.

(3) Kreditinstitute, die dem haftenden Eigenkapital nicht realisierte Reserven nach § 10 Abs. 2 b Satz 1 Nr. 6 oder 7 des Gesetzes über das Kreditwesen zurechnen, haben den Betrag, mit dem diese Reserven dem haftenden Eigenkapital zugerechnet werden, im Anhang zur Bilanz und zur Gewinn- und Verlustrechnung anzugeben.

Schrifttum: Siehe Schrifttum zu § 340.

Übersicht

	RdNr.		RdNr.
I. Grundsätzliche Verrechnungskonzeptionen im Jahresabschluss der Kreditinstitute	1, 2	a) Besonderheiten bei von Kreditinstituten gehaltenen Anteilen	23–26
II. Abgrenzung der unterschiedlichen Wertpapierkategorien	3–13	b) Besonderheiten bei wie Anlagevermögen behandelten Wertpapieren	27, 28
III. Ertrag oder Aufwand aus Finanzgeschäften (Abs. 1)	14–20	2. Einzubeziehende Ergebniskomponenten	29–37
1. Umfang der betroffenen Finanzgeschäfte	14, 15	3. Fakultative Saldierung	38, 39
2. Einzubeziehende Ergebniskomponenten	16, 17	V. Zusammenfassende Übersicht der Verrechnungsmöglichkeiten nach Abs. 1 und 2	40
3. Zwingende Saldierung	18–20	VI. Erforderliche Anhangangaben in Verbindung mit Abs. 1 und 2	41–43
IV. Fakultative Verrechnung von Erträgen und Aufwendungen aus Abschreibungen und Zuschreibungen auf Beteiligungen, Anteilen an verbundenen Unternehmen und wie Anlagevermögen behandelten Wertpapieren sowie von Geschäften mit solchen Vermögensgegenständen (Abs. 2)	21–39	VII. Anhangangabe zu dem haftenden Eigenkapital zugerechneten nicht realisierten Reserven nach § 10 Abs. 2 b S. 1 Nr. 6 und 7 KWG	44–46
1. Umfang der betroffenen Vermögensgegenstände	21–28	1. Eigenkapitalausstattung nach § 10 KWG	44, 45
		2. Anhangangabe der hinzugerechneten nicht realisierten Reserven	46

I. Grundsätzliche Verrechnungskonzeptionen im Jahresabschluss der Kreditinstitute

1 Kreditinstituten werden im Vergleich zu anderen Unternehmen sehr viel **weiter reichende Verrechnungsmöglichkeiten** eingeräumt; von der Anwendung des § 246 Abs. 2 ist gem. § 340 a Abs. 2 S. 3 insoweit abzusehen, als die Rechnungslegungsvorschriften für Kreditinstitute abweichende Regelungen enthalten. Neben einer **Kompensation artgleicher Aufwendungen und Erträge** (zB Gewinne und Verluste aus dem Devisenhandel) ist unter bestimmten Voraussetzungen auch eine Verrechnung von Aufwendungen und Erträgen aus verschiedenen Geschäftsbereichen möglich.

2 Hinsichtlich der Verrechnung von Erträgen und Aufwendungen finden sich entsprechende Vorschriften in § 340 c Abs. 1 und 2 sowie in § 340 f Abs. 3. Dabei betrifft § 340 c die Handelsaktivitäten und die Wertänderungen von Finanzanlagen, während in § 340 f für die Vorsorge für allgemeine Bankrisiken im Rahmen einer „**Überkreuzkompensation**" eine Verrechnung von Erträgen und Aufwendungen mit anderen Aufwands- und Ertragskomponenten (zB Zuführung zu Rückstellungen für Kreditrisiken mit Erträgen aus Zuschreibungen zu Wertpapieren der Liquiditätsreserve) für zulässig erklärt wird.

II. Abgrenzung der unterschiedlichen Wertpapierkategorien

3 Neben der für alle Vermögensgegenstände erforderlichen Qualifikation als wie Anlage- bzw. wie Umlaufvermögen zu bewertende Vermögensgegenstände (vgl. dazu Erl. zu § 340 e) ist für Wertpapiere eine zusätzliche Aufteilung erforderlich. Der Begriff der **Wertpapiere** ist für Zwecke der Rechnungslegung in § 7 Abs. 1 RechKredV definiert worden. Die Abgrenzung erfolgt anhand des **rechtlichen Charakters** der betroffenen Papiere einerseits und der **Börsenfähigkeit** bzw. der

Börsennotierung andererseits,[1] wobei es nicht darauf ankommt, ob es sich um Mitgliedschafts- oder um Gläubigerrechte handelt.[2]

Demnach gelten als Wertpapiere ohne Rücksicht auf Börsennotierung oder -fähigkeit: 4
- Aktien,
- Zwischenscheine,
- Investmentanteile,
- Optionsscheine,
- Zins- und Gewinnanteilsscheine.

Bei folgenden Papieren ist die **Börsenfähigkeit** Voraussetzung für die Qualifikation als Wertpapier: 5
- Inhaber- und Ordergenussscheine,
- Inhaberschuldverschreibungen, auch wenn sie vinkuliert sind, unabhängig davon, ob sie in Wertpapierurkunden verbrieft oder als Wertrechte ausgestaltet sind,
- börsenfähige Orderschuldverschreibungen, soweit sie Teile einer Gesamtemission sind,
- andere festverzinsliche Inhaberpapiere.

Schließlich muss eine **tatsächliche Börsennotierung** bei den folgenden Papieren gegeben sein, damit sie als Wertpapiere gelten: 6
- alle übrigen nicht festverzinslichen Wertpapiere, hierzu rechnen auch
- ausländische Geldmarktpapiere, die zwar auf den Namen lauten, aber wie Inhaberpapiere gehandelt werden.

Die so definierten Wertpapiere sind danach zu unterscheiden, ob es sich um wie Anlagevermögen behandelte Wertpapiere, um Wertpapiere des Handelsbestands oder um sonstige Wertpapiere (Liquiditätsreserve) handelt. Die Zuordnung zu einer dieser Kategorien ist zwingend. 7

Die Besonderheit des Bankgeschäfts bringt es mit sich, dass die zunächst vorzunehmende **Differenzierung in wie Anlage- bzw. wie Umlaufvermögen behandelte Wertpapiere** nicht auf Grundlage objektiver Kriterien erfolgen kann, wie dies bei Nichtbanken der Fall ist (vgl. Erl. zu § 247 sowie zu § 340 e). Sowohl die Dauerbesitzabsicht als auch die Bezeichnung eines Wertpapierbestands sind lediglich erste Indizien für die Zuordnung zu den nach den Vorschriften für das Anlagevermögen zu bewertenden Vermögensgegenständen.[3] Ausschlaggebend ist deshalb eine aktenkundige **Entscheidung der zuständigen Organe des Kreditinstituts** oder ggf. nachgeordneter Instanzen für eine Behandlung wie Anlagevermögen und eine dem folgende **separate Führung des Bestands im Rechnungswesen**.[4] Dieser Maßstab geht auf eine Anweisung der BAFin zurück,[5] auf die in der Begründung RegE zu § 340 e ausdrücklich verwiesen wird. 8

Fehlt es an der eindeutigen Entscheidung des Kreditinstituts, sind die Vermögensgegenstände nach den strengeren, für das Umlaufvermögen geltenden Vorschriften zu bewerten. Das objektive Moment wird jedoch insoweit nicht völlig verdrängt, als ein ständiger Umschlag von Wertpapieren, die als zum Anlagevermögen gehörend deklariert wurden, eine solche Zuordnung ausschließt.[6] Ebenso wenig ist es möglich, Vermögensgegenstände wie Anlagevermögen zu bewerten, die aus rechtlichen oder tatsächlichen Gründen nicht dauerhaft dem Geschäftsbetrieb dienen können.[7] 9

Ferner sind die grundsätzlich wie Umlaufvermögen zu bewertenden Wertpapiere weiter in den Handelsbestand und die Liquiditätsreserve zu unterteilen. Allgemein werden zu den Wertpapieren des **Handelsbestands** diejenigen Wertpapiere zu zählen sein, die mit der **Absicht einer kurzfristigen Weiterveräußerung unter der Erzielung von Kursgewinnen** erworben werden.[8] Da jedoch keine gesetzliche Definition vorliegt (und abschließend wohl auch gar nicht möglich ist), verbleibt den Kreditinstituten auch an dieser Stelle ein gewisser Spielraum bei der Abgrenzung.[9] Ergänzend kann es sich anbieten, auf die Organisationsregelungen der Kreditinstitute abzustellen. Demnach wären Wertpapiere dann dem Handelsbestand zuzurechnen, wenn sie auf Geschäfte zurückgehen, die von Handelseinheiten kontrahiert wurden. Desweiteren ergeben sich aus den 10

---
[1] Göttgens/Schmelzeisen S. 26.
[2] Krumnow RdNr. 196.
[3] Treuarbeit S. 41; Bieg BHdR RdNr. 128.
[4] Göttgens/Schmelzeisen S. 69; Treuarbeit S. 41; Bieg BHdR RdNr. 120, 228; Krumnow § 340 e RdNr. 31; WPH J RdNr. 52.
[5] BT-Drucks. 11/6275 S. 22.
[6] Krumnow § 340 e RdNr. 32.
[7] Bieg BHdR RdNr. 128.
[8] Göttgens/Schmelzeisen S. 27.
[9] Treuarbeit S. 42.

Mindestanforderungen an das Risikomanagement[10] spezifische Anforderungen an die institutsinternen Kriterien und damit auch indirekt an die Abgrenzung des handelsrechtlichen Handelsbestands. Die **Liquiditätsreserve** stellt schließlich die **Residualgröße** dar; hierzu sind alle Wertpapiere zu zählen, die weder zur dauerhaften Anlage vorgesehen noch dem Handelsbestand zuzurechnen sind. Die Zuordnung zu einer der Kategorien ist insofern nicht unwiderruflich, als eine Umwidmung möglich ist.[11] Selbst wenn eine solche Umwidmung dem Willkürverbot unterliegt, verbleiben **erhebliche Gestaltungsmöglichkeiten,** da bereits in der Änderung der „subjektiven Zweckbestimmung"[12] ein hinreichender Grund für eine geänderte Zuordnung gesehen wird. Ferner werden Kreditinstitute an einer Umwidmung weder durch den Grundsatz der Bewertungs- noch den Grundsatz der formellen Darstellungsstetigkeit gehindert.[13]

11   Ein gewisses Korrektiv gegen eine allzu willkürliche Zuordnung ist in den mit der Zuordnung verbundenen Konsequenzen zu sehen. Mit der Zuordnung zur Liquiditätsreserve erhöht sich die Bemessungsgrundlage für die Reservenbildung für allgemeine Bankrisiken; ferner können von der Liquiditätsreserve ausgehende Ergebniswirkungen nach § 340 f in die so genannte Überkreuzkompensation einfließen. Hingegen wird durch diese Zuordnung das Eigenhandelsergebnis geschmälert, so dass eine Abwägung vorzunehmen ist.

12   Die **Differenzierung** zwischen den Wertpapierkategorien ist zunächst für **Bewertungszwecke relevant;** darüber hinaus hängt davon die **Möglichkeit der Bildung stiller Reserven** nach § 340 f ab. Schließlich ist die Qualifikation als Wertpapier des Anlagevermögens, des Handelsbestands oder der Liquiditätsreserve ausschlaggebend dafür, in welchem Umfang Erträge und Aufwendungen aus diesen Wertpapieren mit anderen Erfolgskomponenten verrechnet werden dürfen oder müssen und unter welchem Posten das jeweilige Ergebnis in der Gewinn- und Verlustrechnung auszuweisen ist.[14] Zu Einzelheiten hinsichtlich des Saldierungsbereichs und des Ausweises in der Gewinn- und Verlustrechnung vgl. für Wertpapiere des Handelsbestands Erläuterungen unter RdNr. 14 ff., für Wertpapiere des Anlagebestands unter RdNr. 21 ff. sowie für Wertpapiere der Liquiditätsreserve Erläuterungen zu § 340 f.

13   Die Auswirkungen der Zuordnung zu einer der drei Wertpapierkategorien sind in der nachfolgenden Übersicht zusammengestellt:[15]

	Wertpapiere des Handelsbestands	Wertpapiere der Liquiditätsreserve	Wertpapiere des Anlagevermögens
Bewertung	§ 340 e Abs. 1 S. 2 HGB Bewertung wie Umlaufvermögen nach dem strengen Niederstwertprinzip	§ 340 e Abs. 1 S. 2 HGB Bewertung wie Umlaufvermögen nach dem strengen Niederstwertprinzip	§ 340 e Abs. 1 S. 1 HGB Bewertung wie Anlagevermögen nach dem gemilderten Niederstwertprinzip
Bildung stiller Reserven	nicht möglich nach § 340 f, da keine Einbeziehung in die Erfolgskompensation gestattet	§ 340 f Abs. 1 HGB Bewertung mit niedrigerem Wertansatz als § 253 Abs. 1 S. 1, Abs. 3 HGB möglich bis maximal zur Höhe von 4% der Forderungen an Kreditinstitute und Kunden, Schuldverschreibungen und anderen nicht festverzinslichen Wertpapieren	nicht möglich nach § 340 f, da keine Einbeziehung in die Erfolgskompensation gestattet
Posten der GuV	Nettoaufwand bzw. Nettoertrag aus Finanzgeschäften	Abschreibungen und Wertberichtigungen auf Forderungen und bestimmte Wertpapiere sowie Zuführungen zu Rückstellungen im Kreditgeschäft bzw. Erträge aus Zuschreibungen zu Forderungen und bestimmten Wertpapieren sowie aus der Auflösung von Rückstellungen im Kreditgeschäft	Abschreibungen und Wertberichtigungen auf Beteiligungen, Anteile an verbundenen Unternehmen und wie Anlagevermögen zu behandelnde Wertpapiere bzw. Erträge aus Zuschreibungen zu Beteiligungen, Anteilen an verbundenen Unternehmen und wie Anlagevermögen behandelten Wertpapieren
Verrechnung	Pflicht zur Verrechnung nach § 340 c Abs. 1 HGB	Wahlrecht zur Verrechnung nach § 340 f Abs. 3 HGB und § 32 RechKredV	Wahlrecht zur Verrechnung nach § 340 c Abs. 3 HGB iVm. § 33 RechKredV

---

[10] BaFin-Rundschreiben 18/2005 vom 20. 12. 2005.
[11] *Krumnow* RdNr. 54.
[12] *Krumnow* § 340 e RdNr. 33.
[13] *Krumnow* § 340 e RdNr. 37 f.
[14] *Treuarbeit* S. 41.
[15] In Anlehnung an *Meyer/Isenmann* S. 54.

III. Ertrag oder Aufwand aus Finanzgeschäften (Abs. 1)

1. Umfang der betroffenen Finanzgeschäfte. Die Aufzählung der Finanzgeschäfte in Abs. 1, 14
bei denen die daraus resultierenden Erträge und Aufwendungen saldiert zu zeigen sind, umfasst
Geschäfte mit
- Wertpapieren des Handelsbestands,
- Finanzinstrumenten,
- Devisen und
- Edelmetallen.

Die **Aufzählung** ist **abschließend** und deckt **alle Eigenhandelsaktivitäten** der Kreditinstitute 15
ab. Dies ist einerseits auf die weite Definition des Wertpapierbegriffs in § 7 Abs. 1 RechKredV (vgl.
Erl. unter RdNr. 3 ff.) zurückzuführen. Andererseits stellen die nicht näher definierten Finanzinstrumente eine Auffangposition für weitere denkbare Gegenstände des Eigenhandels dar. Andere Papiere
(etwa sonstige Namenspapiere, Schuldscheindarlehen und sonstige handelbare Forderungen), die
nicht von der Definition in § 7 RechKredV erfasst werden, können demnach unter die Finanzinstrumente subsumiert werden. Unter die Geschäfte mit Finanzinstrumenten fallen ferner etwa der
(spekulative) Handel mit Optionen, Futures, FRAs, Swaps oder Caps[16] sowie aus diesen und aus
weiteren Instrumenten zusammengesetzte so genannte Compound Instruments.

2. Einzubeziehende Ergebniskomponenten. Die in die Verrechnung einzubeziehenden Ergebniskomponenten sind im Einzelnen: 16
- Erträge und Aufwendungen aus Geschäften mit Wertpapieren des Handelsbestands, Finanzinstrumenten, Devisen und Edelmetallen (hauptsächlich Veräußerungsgewinne und -verluste),
- Erträge aus Zuschreibungen,
- Aufwendungen aus Abschreibungen,
- Aufwendungen für die Bildung von Rückstellungen für drohende Verluste aus schwebenden Geschäften,
- Erträge aus der Auflösung dieser Rückstellungen.

Dabei ist insbesondere der **Umfang der „Erträge und Aufwendungen aus Geschäften"** mit 17
den genannten Bestandteilen klärungsbedürftig. Zweifelsfrei und in erster Linie gehören zu diesen
Erträgen und Aufwendungen die Kursgewinne (Veräußerungsgewinne) und Kursverluste (Veräußerungsverluste), die aus Eigenhandelsgeschäften resultieren. Die Einrechnung von Transaktionskosten
wird nur insoweit zu vertreten sein, wie es sich um Einzelkosten handelt. In jedem Fall auszuschließen sind an dieser Stelle Personal- und Sachkosten etwa der Handelsabteilung. Gleiches gilt für jede
Form von Zinserträgen und Zinsaufwendungen sowie anderen laufenden Erträgen aus den gehandelten Wertpapieren und Finanzinstrumenten.[17] Eine Abweichung von diesem Grundsatz im Fall von
bilanzunwirksamen Zinsinstrumenten ist in Hinblick auf eine klare Trennung von Zins- und
Handelsergebnis nicht angebracht.

3. Zwingende Saldierung. Abs. 1 bestimmt, dass die Erfolgswirkungen aus dem Eigenhandel 18
zwingend als **saldierte Restgröße** unter der Bezeichnung **Nettoertrag** oder **Nettoaufwand aus
Finanzgeschäften** zu zeigen sind. Dahinter verbirgt sich (gedanklich) eine **zweifache Verrechnung.** Zunächst sind die positiven und negativen Ergebnisse aus den vier Sparten (Geschäfte mit
Wertpapieren des Handelsbestands, Finanzinstrumenten, Devisen und Edelmetallen) innerhalb der
jeweiligen Geschäftsart miteinander zu verrechnen, so dass nur noch eine Aufwands- oder Ertragsgröße verbleibt. Auf einer zweiten Ebene sind diese vier Ergebnisse zu saldieren.

Abgesehen von den technischen Schwierigkeiten einer exakten Trennung der Gewinne und 19
Verluste aus den Handelsaktivitäten dürfte ein detaillierter Ausweis in der Gewinn- und Verlustrechnung regelmäßig nicht im Interesse der Kreditinstitute liegen, weil damit ein weiter gehender
Einblick in die Geschäftsstruktur verbunden wäre. Andernfalls steht die Möglichkeit einer Untergliederung und von erläuternden Anhangangaben auf freiwilliger Basis offen. Hingegen kommt eine
Abänderung der Postenbezeichnung Ertrag oder Aufwand aus Finanzgeschäften auch dann nicht in
Frage, wenn das Ergebnis nur aus einem Aufwand oder Ertrag einer Kategorie besteht.

Eine gesetzliche Auskunftspflicht gegenüber den Aktionären in Hinblick auf die Zusammensetzung des Eigenhandelsergebnisses besteht nicht.[18] 20

---

[16] *Ausschuss für Bilanzierung des BdB* S. 72; *Krumnow* RdNr. 73.
[17] Begr. RegE zu § 340 c; *Göttgens/Schmelzeisen* S. 48; *Treubert* S. 108; *Meyer/Isenmann* S. 55; *WPH* J RdNr. 225.
[18] Dazu ausführlich *Krumnow* RdNr. 16.

IV. Fakultative Verrechnung von Erträgen und Aufwendungen aus Abschreibungen und Zuschreibungen auf Beteiligungen, Anteilen an verbundenen Unternehmen und wie Anlagevermögen behandelten Wertpapieren sowie von Geschäften mit solchen Vermögensgegenständen (Abs. 2)

21 **1. Umfang der betroffenen Vermögensgegenstände.** Zur Verrechnung können Erträge und Aufwendungen herangezogen werden, die in Verbindung mit den folgenden Vermögensgegenständen stehen:
– Beteiligungen,
– Anteile an verbundenen Unternehmen,
– wie Anlagevermögen behandelte Wertpapiere.

22 Die Legaldefinition der Beteiligungen und der Anteile an verbundenen Unternehmen in § 271 ist auch für die Bestimmung der relevanten Vermögensgegenstände in § 340 c anzuwenden.[19] Vgl. insoweit die Erläuterungen zu § 271.
Im Folgenden wird daher nur auf branchenspezifische Besonderheiten eingegangen.

23 **a) Besonderheiten bei von Kreditinstituten gehaltenen Anteilen.** Die Widerlegung der Beteiligungsvermutung bei einem 20% der Anteile übersteigenden Anteilsbesitz gewinnt für Kreditinstitute in Verbindung mit dem Pakethandel und Stützungsaktionen für bedrohte Unternehmen besondere Bedeutung. Bei im Rahmen des Pakethandels am Abschlussstichtag gehaltenen Anteilen ist die alsbaldige Veräußerungsabsicht offensichtlich. Obwohl der subjektiven Widmung für die Unterscheidung von wie Anlagevermögen bzw. wie Umlaufvermögen zu bewertenden Vermögensgegenständen bei Kreditinstituten eine zentrale Bedeutung zukommt, werden **im Rahmen des Pakethandels übernommene Anteile** unabhängig von der tatsächlichen Anteilshöhe nicht zu den Beteiligungen zu rechnen sein. Im Gegensatz dazu kann bei **Anteilen an Unternehmen,** die **zum Zweck der Rettung von Kreditforderungen** erworben wurden, in der Regel von einer faktischen Daueranlage ausgegangen werden, da eine Veräußerung unwahrscheinlich ist.

24 Die Qualifikation von Anteilen als Beteiligung kann sich im Zeitablauf ändern. Eine vollständige oder teilweise Veräußerung der betroffenen Anteile stellt jedoch allenfalls ein Indiz für eine vorherige Umwidmung in wie Umlaufvermögen zu bewertende Wertpapiere dar, andernfalls bliebe für die Einbeziehung von Erträgen und Aufwendungen aus (Veräußerungs-)Geschäften mit den in S. 1 genannten Vermögensgegenständen in die Verrechnung keine Anwendungsmöglichkeit.[20] Ein **veränderter Ausweis** unter den Wertpapieren des Handelsbestands oder den Wertpapieren der Liquiditätsreserve wird demnach nur **auf Grundlage eines dokumentierten Beschlusses** vorgenommen werden können, der etwa die Absicht zur Veräußerung kleinerer Anteilsbündel über die Börse zum Inhalt hat.[21] Bei einer Umqualifikation in umgekehrter Richtung sind vergleichbare Anforderungen zu stellen.

25 Schließlich kann insbesondere bei Kreditinstituten der Fall auftreten, dass **Anteile** an ein und demselben Unternehmen **zu unterschiedlichen Zwecken gehalten** werden. Dies ist grundsätzlich auch bei der Zuordnung zu den Bilanzposten Beteiligungen und wie Anlagevermögen bzw. wie Umlaufvermögen behandelte Wertpapiere zu respektieren. Ohne Zweifel gilt dies für Anteile, die eine Beteiligung darstellen, während gleichzeitig weitere Anteile im Handelsbestand oder unter den Wertpapieren der Liquiditätsreserve gehalten werden.[22] Hingegen ist eine plausible Widerlegung der Beteiligungsvermutung dann kaum denkbar, wenn neben einer Beteiligung weitere Anteile als Anlagewertpapiere gehalten werden. Zwar reicht die Dauerbesitzabsicht allein noch nicht aus, um Anteile als Beteiligung zu qualifizieren, jedoch wird eine anderweitige Zweckbestimmung für einzelne Anteile bei einer bereits bestehenden Beteiligung schwer zu begründen sein.[23]

26 Die **Mitgliedschaft in einer eingetragenen Genossenschaft** gilt nach § 271 Abs. 1 S. 5 nicht als Beteiligung. Die Vorschrift gilt auch für Kreditinstitute, soweit es sich nicht um Kreditgenossenschaften und genossenschaftliche Zentralbanken handelt. Diese haben Geschäftsguthaben bei Genossenschaften nach § 18 RechKredV unter den Beteiligungen auszuweisen. Damit wird der Tatsache Rechnung getragen, dass zwischen den genossenschaftlichen Kreditinstituten erhebliche Verflechtungen bestehen, die durch einen Ausweis von Genossenschaftsanteilen unter den sonstigen Vermögensgegenständen nicht angemessen zum Ausdruck kämen.[24]

---

[19] *Krumnow* RdNr. 164.
[20] *Krumnow* RdNr. 179.
[21] *Krumnow* RdNr. 179.
[22] BFA des IDW 1/1977, WPg 1977, 299; *Krumnow* RdNr. 182.
[23] AA *Krumnow* RdNr. 182.
[24] *Krumnow* RdNr. 178.

b) Besonderheiten bei wie Anlagevermögen behandelten Wertpapieren. Der Begriff der 27
„Wie Anlagevermögen behandelten Wertpapiere" ist auf die fehlende Abgrenzung von Anlage- und Umlaufvermögen für Ausweiszwecke im Jahresabschluss der Kreditinstitute zurückzuführen (vgl. Erl. zu § 340 e). Zwar ist die Unterscheidung der Kategorien für Zwecke der Bewertung durchaus bedeutsam; sie führt aber nicht zu einem getrennten Bilanzausweis von Vermögensgegenständen des Anlage- und des Umlaufvermögens.[25] Die **wie Anlagevermögen behandelten Wertpapiere** stellen die **Restgröße des Finanzanlagevermögens** neben den Beteiligungen und den Anteilen an verbundenen Unternehmen dar. Sofern eine Daueranlageabsicht besteht und es sich nicht um Beteiligungen oder Anteile an verbundenen Unternehmen handelt, liegen wie Anlagevermögen zu behandelnde Wertpapiere vor.

Zur Bewertung von Wertpapieren des Anlagevermögens vgl. *Bieg* BHdR, RdNr. 263–270. 28

2. Einzubeziehende Ergebniskomponenten. Wird eine Verrechnung auf Grundlage von 29
Abs. 2 vorgenommen, sind die folgenden Ergebniskomponenten einzubeziehen:
– Aufwendungen aus Abschreibungen auf Beteiligungen, Anteile an verbundenen Unternehmen und wie Anlagevermögen behandelte Wertpapiere,
– Erträge aus Zuschreibungen zu solchen Vermögensgegenständen,
– Aufwendungen und Erträge aus Geschäften mit solchen Vermögensgegenständen (ganz überwiegend Veräußerungsverluste und -gewinne).

Die **Aufwendungen aus Abschreibungen** können nur aus außerplanmäßigen Abschreibungen 30
resultieren, da die hier betroffenen Vermögensgegenstände sich dadurch auszeichnen, dass ihre Nutzung nicht zeitlich begrenzt im Sinne von § 253 Abs. 2 S. 1 ist.[26] Dabei umfasst der Begriff Abschreibungen sämtliche laufenden Aufwendungen, die aus den Vermögensgegenständen resultieren. Es kommt nicht darauf an, ob es sich um die aufwandswirksame Berücksichtigung nur vorübergehender Wertminderungen oder um dauerhafte Wertminderungen handelt. Dabei sind auch Abschreibungen, die nur auf einer Wahlrechtsausübung beruhen, in die Verrechnung einzubeziehen. Die betroffenen Abschreibungen können auf Grundlage von § 340 e Abs. 1 S. 1 iVm. § 253 Abs. 2 S. 3 1. Hs. (Wahlrechtsabschreibung bei einer nur vorübergehenden Wertminderung) bzw. 2. Hs. (Pflichtabschreibung bei einer voraussichtlich dauernden Wertminderung) vorgenommen werden. Dabei kommen beide Ausprägungen der Abschreibung für Finanzanlagen in Frage; von der Beschränkung auf nur voraussichtlich dauernde Wertminderungen nach § 340 e Abs. 1 S. 3 werden die Finanzanlagen nicht erfasst (vgl. hierzu Erl. zu § 340 e). Weitere Abschreibungen auf Grund von § 254 iVm. § 279 Abs. 2, § 340 e Abs. 2 oder § 340 f sind für Finanzanlagen ohne Bedeutung bzw. nicht anwendbar.[27]

Zu den niedrigeren beizulegenden Werten vgl. Erläuterungen zu § 253. 31

Eine exakte **Abgrenzung von Abschreibungen und Verlusten aus dem Abgang von Fi-** 32
nanzanlagen erübrigt sich, soweit diese Verluste in die Verrechnung einbezogen werden.

Da es sich ausschließlich um nicht abnutzbare Vermögensgegenstände handelt, ist der maßgebliche 33
Vergleichswert der Buchwert am zurückliegenden Abschlussstichtag. Dies ist insbesondere dann von Bedeutung, wenn auf eine Saldierung verzichtet wird. In diesem Fall können Verluste aus dem Abgang von wie Anlagevermögen bewerteten, nicht abnutzbaren Vermögensgegenständen nicht dadurch vermieden werden, dass vor dem Abgang eine außerplanmäßige Abschreibung in Höhe der Differenz zwischen Restbuchwert und zu erzielendem Veräußerungserlös vorgenommen wird.[28] Aufwendungen, die aus abweichenden Buchbeständen resultieren, werden im Bereich der Finanzanlagen nur eine untergeordnete Rolle spielen und zählen zu den Aufwendungen aus Geschäften mit den wie Anlagevermögen bewerteten Vermögensgegenständen.[29]

Erträge aus Zuschreibungen können nur aus nach § 280 erfolgten Wertaufholungen resultie- 34
ren, die durch die Aufhebung des steuerlichen Beibehaltungswahlrechts an Bedeutung gewonnen haben. Die in der Vergangenheit in nahezu allen Fällen geltende Einschränkung des Wertaufholungsgebots nach § 280 Abs. 1 durch § 280 Abs. 2 zur Vermeidung steuerlicher Nachteile greift nicht mehr ein, soweit steuerlich die Wertaufholung verpflichtend ist.

Hinsichtlich der Abgrenzung von Erträgen aus Zuschreibungen und Gewinnen aus dem Abgang 35
von Vermögensgegenständen des Finanzanlagevermögens gelten die Ausführungen zu den Aufwendungen aus Abschreibungen und Veräußerungsverlusten entsprechend.

---

[25] *WPH* J RdNr. 271.
[26] *Krumnow* RdNr. 222.
[27] *Krumnow* RdNr. 221 Abb. 21.
[28] Weniger eindeutig *Krumnow* RdNr. 231, 258.
[29] *Krumnow* RdNr. 256.

36 Die **Aufwendungen und Erträge aus Geschäften mit den Vermögensgegenständen**, die ebenfalls in die Verrechnung einbezogen werden können, sind im Gesetz nicht näher definiert. Offensichtlich ist damit mehr als nur die bloße Erfassung von Gewinnen und Verlusten aus Ankauf- und Verkaufsgeschäften gemeint, wenngleich diese die mit Abstand größte praktische Bedeutung haben werden. Darüber hinaus können eine gegebenenfalls erforderliche Angleichung der Inventurbestände und die Bildung bzw. Auflösung von Verlustrückstellungen aus schwebenden Finanzanlagegeschäften in Frage kommen.[30]

37 Hingegen fehlt bei Personal- und Sachaufwendungen eine hinreichend enge Verbindung mit einzelnen Geschäften. Laufende Erträge und Aufwendungen wie etwa Zinsen sind ebenfalls unter den jeweiligen Aufwands- oder Ertragspositionen zu erfassen und zählen nicht zu den Aufwendungen und Erträgen aus Geschäften mit Finanzanlagegegenständen.[31]

38 **3. Fakultative Saldierung.** Während Abs. 1 den Fall der Verrechnung von Erfolgsbeiträgen regelt, die aus dem Eigenhandel stammen, betrifft Abs. 2 den **Ausweis von Aufwendungen und Erträgen aus Finanzanlagen.** Im Unterschied zum Handelsbestand ist die Zusammenfassung der aus den Finanzanlagen resultierenden Aufwendungen und Erträge zu einem Nettobetrag fakultativ. In diesem Zusammenhang ist es vom Gesetzeswortlaut her unklar, ob dieses Wahlrecht nur ganzheitlich über alle Erfolgsbeiträge hinweg einschließlich der in Abs. 2 S. 2 genannten Veräußerungsgewinne und -verluste ausgeübt werden kann. Die Formulierung „dürfen auch einbezogen werden" legt zunächst den Schluss nahe, dass die Berücksichtigung der Aufwendungen und Erträge aus Geschäften mit den bezeichneten Vermögensgegenständen bei der Verrechnung eines Gegenstand eines zusätzlichen Wahlrechts ist.

39 Vor dem Hintergrund von § 33 RechKredV ist eine nur **teilweise Verrechnung** jedoch **als unzulässig abzulehnen.**[32] Ein zweistufiges Verrechnungswahlrecht, das einen Brutto-Ausweis von (in der Hauptsache) Veräußerungsgewinnen und -verlusten unter den sonstigen betrieblichen Aufwendungen bzw. Erträgen zulässt, erscheint im Rahmen der Verrechnungskonzeption für Kreditinstitute nicht gerechtfertigt. Die Saldierungsvorschriften in Abs. 1 für den Handelsbestand und § 340 f Abs. 3 iVm. § 32 RechKredV für die Wertpapiere der Liquiditätsreserve gehen jeweils von einer vollständigen Verrechnung einschließlich der Aufwendungen und Erträge aus Geschäften mit den betroffenen Vermögensgegenständen aus, so dass es folgerichtig ist, auch bei der Verrechnung von Erfolgsbeiträgen im Bereich der Finanzanlagen nur eine insoweit umfassende Saldierung zuzulassen. Dies hat den Vorteil, dass so ein **einheitlicher, isolierter Erfolgsausweis** für die drei Vermögenskategorien Finanzanlagevermögen, Liquiditätsreserve und Handelsbestand gewährleistet ist.

V. Zusammenfassende Übersicht der Verrechnungsmöglichkeiten nach Abs. 1 und 2

40 Die Verrechnungsmöglichkeiten nach Abs. 1 und 2 sind in der folgenden Übersicht zusammengestellt:[33]

Geschäftsfeld	Aufwands-/Ertragsarten	Kompensation
Finanzgeschäfte	– Abschreibungen/Zuschreibungen einschließlich Zuführungen/Auflösungen von Einzel- und Pauschalwertberichtigungen	Pflicht § 340 c Abs. 1
– Wertpapiere: Handelsbestand	– Zuführungen/Auflösungen von Rückstellungen für drohende Verluste	
– andere Finanzinstrumente	– Buchgewinne/-verluste	
– Devisengeschäft	– Abschreibungen/Zuschreibungen einschließlich Zuführungen/Auflösungen von Einzel- und Pauschalwertberichtigungen	
– Edelmetallgeschäft	– Buchgewinne/-verluste	
Finanzanlagen		Wahlrecht § 340 c Abs. 2
– Beteiligungen		
– Anteile an verbundenen Unternehmen		
– Wertpapiere: Anlagebestand		

---

[30] *Krumnow* RdNr. 253, 259.
[31] *Krumnow* RdNr. 254, 261 ff.
[32] AA *Göttgens/Schmelzeisen* S. 52; *Ausschuss für Bilanzierung des BdB* S. 41 und S. 72; *Krumnow* RdNr. 212 ff.
[33] *Göttgens/Schmelzeisen* S. 46.

VI. Erforderliche Anhangangaben in Verbindung mit Abs. 1 und 2

Die Verrechnungsmöglichkeiten für im Bereich der Finanzanlagen anfallende Aufwendungen und Erträge würden zumindest teilweise durch einen expliziten Ausweis im **Anlagenspiegel** konterkariert. Aus diesem Grund wird in § 34 Abs. 3 S. 2 RechKredV eine Zusammenfassung von Zuschreibungen, Abschreibungen und Wertberichtigungen auf Beteiligungen, Anteile an verbundenen Unternehmen sowie auf andere Wertpapiere, die wie Anlagevermögen behandelt werden, eingeräumt.[34] Dabei kann es sich nur um eine **Zusammenfassung innerhalb des Finanzanlagevermögens** handeln;[35] eine Verrechnung mit den immateriellen Anlagewerten und dem Sachanlagevermögen scheidet aus. Für die Zusammenfassung kommen nach Wortlaut der Vorschrift sowohl eine horizontale (Zusammenfassung unterschiedlicher Spalten eines Postens des Finanzanlagevermögens) als auch eine vertikale Zusammenfassung (zeilenweise Zusammenfassung unterschiedlicher Posten des Finanzanlagevermögens) in Frage, wobei nur eine **horizontale Zusammenfassung sinnvoll** erscheint.[36]

Wie vor diesem Hintergrund die Angabepflicht nach § 280 Abs. 3 wegen unterlassener Zuschreibungen zu beurteilen ist, gilt als strittig. Zwar unterliegen Vermögensgegenstände des Handelsbestands grundsätzlich dem Wertaufholungsgebot nach § 280 Abs. 1. Durch die hohe Umschlagshäufigkeit, die charakteristisch für den Handelsbestand ist, wird die Frage einer (unterlassenen) Wertaufholung jedoch von nur geringer praktischer Relevanz sein.[37] Aufgrund der erheblichen Probleme, die mit der Ermittlung des Betrags der unterlassenen Zuschreibungen – bei gleichzeitig nur geringfügigem Wertaufholungsvolumen wegen der zeitlichen Nähe von Anschaffung und Weiterveräußerung – verbunden sind, erscheint es vertretbar, wenn sich die **Anhangangabe wegen unterlassener Zuschreibungen** auf verbale Erläuterungen beschränkt, soweit Vermögensgegenstände des Handelsbestands betroffen sind.[38]

Schließlich ergibt sich eine Angabepflicht, sofern aus der Verrechnung der in das Finanzergebnis einfließenden Erträge und Aufwendungen iSv. Abs. 1 ein **Ertragssaldo** verbleibt. Dieser ist nach § 34 RechKredV gemeinsam mit weiteren Erträgen **nach geographischen Märkten aufzugliedern,** soweit sich diese Märkte vom Standpunkt der Organisation des Kreditinstituts wesentlich voneinander unterscheiden und dem Kreditinstitut oder einem Beteiligungsunternehmen durch die Aufgliederung kein erheblicher Nachteil entsteht.

VII. Anhangangabe zu dem haftenden Eigenkapital zugerechneten nicht realisierten Reserven nach § 10 Abs. 2 b S. 1 Nr. 6 oder 7 KWG

1. Eigenkapitalausstattung nach § 10 KWG. Für Kreditinstitute bestehen besondere Anforderungen hinsichtlich der Höhe des haftenden Eigenkapitals, die in § 10 Abs. 1 S. 1 KWG damit begründet werden, dass „Institute (...) im Interesse der Erfüllung ihrer Verpflichtungen gegenüber ihren Gläubigern, insbesondere zur Sicherheit der ihnen anvertrauten Vermögenswerte ein angemessenes haftendes Eigenkapital haben (müssen)". Über die Eigenkapitalpositionen ieS hinaus eröffnen die Regelungen in § 10 KWG u. a. auch die Zurechnung von Positionen, die im bilanziellen Sinne kein Eigenkapital darstellen, aber auf Grund der enthaltenen (stillen) Reserven teilweise Eigenkapitalcharakter besitzen. Neben weiteren Positionen können insbesondere auch die **Vorsorgereserven nach § 340 f** und der **Sonderposten für allgemeine Bankrisiken nach § 340 g dem Eigenkapital hinzugerechnet** werden.[39] Schließlich können auch in bestimmten Vermögensgegenständen enthaltene nicht realisierte Reserven als so genannte **stille Neubewertungsreserven** in begrenztem Umfang in die Eigenkapitalermittlung iSv. § 10 Abs. 4 a KWG einbezogen werden.

Um eine Doppelberücksichtigung von stillen Reserven zu vermeiden, sind die bei diesen Vermögenswerten gebildeten Vorsorgereserven dem Buchwert hinzuzurechnen. Der Umfang der hinzurechenbaren stillen Reserven ist weiterhin dahingehend beschränkt, dass eine Einbeziehung nur erfolgen kann, sofern das Kernkapital mindestens 4,4% der entsprechend dem Grundsatz I der BAFin gewichteten Aktiva des Kreditinstituts ausmacht und darüber hinaus die Hinzurechnung der nicht realisierten Reserven auf 1,4% dieser nach ihrem Risiko gewichteten Aktiva begrenzt bleibt. Schließlich ist für eine Hinzurechnung die Einbeziehung aller in Frage kommenden Aktiva zwingend; die Berechnung ist der BAFin und der Deutschen Bundesbank offen zu legen.

---

[34] *Ausschuss für Bilanzierung des BdB* S. 72, 79; *Krumnow* § 34 RechKredV RdNr. 50 f.
[35] *Ausschuss für Bilanzierung des BdB* S. 79; *Bieg* BHdR RdNr. 373; *Krumnow* § 34 RechKredV RdNr. 50.
[36] *Ausschuss für Bilanzierung des BdB* S. 79; so wohl auch *Bieg* BHdR RdNr. 373.
[37] *Ausschuss für Bilanzierung des BdB* S. 99.
[38] *Ausschuss für Bilanzierung des BdB* S. 99.
[39] Zu Einzelheiten und zum Umfang der Zurechnung vgl. Erl. zu §§ 340 f, 340 g.

46 2. **Anhangangabe der hinzugerechneten nicht realisierten Reserven.** Die **bankaufsichtsrechtliche Anerkennung** ist **von der Offenlegung der nicht realisierten Reserven im Anhang abhängig.**[40] Ferner ist die Angabe nur in Höhe der tatsächlich hinzugerechneten Reserven vorzunehmen, so dass nur der Unterschiedsbetrag nach Korrektur um den 65%igen bzw. 55%igen Abschlag angegeben werden muss. Allerdings ist in jedem Fall der maximal hinzurechenbare Betrag in Höhe von 1,4% der Risikoaktiva anzugeben. Dies gilt auch dann, wenn auf Grund der weiteren Restriktionen keine vollständige Anrechnung des Ergänzungskapitals erfolgen kann.[41] Wird von der (wahlweisen) Hinzurechnung der nicht realisierten Reserven kein Gebrauch gemacht, entfällt auch die Notwendigkeit einer diesbezüglichen Anhangangabe.

§ 340 d Fristengliederung

¹Die Forderungen und Verbindlichkeiten sind im Anhang nach der Fristigkeit zu gliedern. ²Für die Gliederung nach der Fristigkeit ist die Restlaufzeit am Bilanzstichtag maßgebend.

Schrifttum: Siehe Schrifttum zu § 340.

I. Fristengliederung nach Restlaufzeiten

1 Für Zwecke der Fristengliederung wird nach § 340 d auf die jeweiligen Restlaufzeiten abgestellt. In der Angabepflicht von Restlaufzeiten kommt eine Parallele zu den für alle Kapitalgesellschaften geltenden Vorschriften (§ 268 Abs. 4 und 5, § 285 Nr. 1) zum Ausdruck.[1] Die im Anhang vorzunehmende Gliederung von Forderungen und Verbindlichkeiten nach der Fristigkeit wird in § 340 d zunächst nur in allgemeiner Form geregelt; Einzelheiten zu Art und Umfang der erforderlichen Aufgliederung enthalten §§ 8, 9 RechKredV.[2]

2 Allgemein wird in der **Offenlegung von Restlaufzeiten** eine **verbesserte Einblicksmöglichkeit in die Liquiditätsstruktur** der Kreditinstitute gesehen.[3]

II. Betroffene Bilanzposten und maßgebliche Restlaufzeiten

3 Die Einzelnen von der Fristengliederung betroffenen Bilanzposten sind in § 9 Abs. 1 RechKredV abschließend[4] aufgezählt. Danach sind von der vorzunehmenden Fristengliederung betroffen:
– andere Forderungen an Kreditinstitute mit Ausnahme der darin enthaltenen Bausparguthaben aus abgeschlossenen Bausparverträgen,
– Forderungen an Kunden,
– Verbindlichkeiten gegenüber Kreditinstituten mit vereinbarter Laufzeit oder Kündigungsfrist,
– Spareinlagen mit vereinbarter Kündigungsfrist von mehr als drei Monaten,
– andere Verbindlichkeiten gegenüber Kunden mit vereinbarter Laufzeit oder Kündigungsfrist sowie
– andere verbriefte Verbindlichkeiten.

4 Anteilige Zinsen sind dem zugehörigen Posten der Aktiv- oder Passivseite zuzuordnen, sofern sie bei Kreditinstituten den Charakter von bankgeschäftlichen und bei Finanzdienstleistungsinstituten den Charakter von für diese Institute typischen Forderungen und Verbindlichkeiten haben, ohne dass eine Aufgliederung nach Restlaufzeiten für die Zinsen erforderlich wäre (vgl. § 11 RechKredV).

5 Für die Aufgliederung der genannten Posten sind die **relevanten Restlaufzeiten** in § 9 Abs. 2 RechKredV festgelegt. Danach sind die Positionen zu gliedern nach einer Restlaufzeit von
– bis zu drei Monaten,
– mehr als drei Monaten bis zu einem Jahr,
– mehr als einem Jahr bis zu fünf Jahren sowie
– mehr als fünf Jahren.

---

[40] *Krumnow* RdNr. 293.
[41] *Krumnow* RdNr. 296.
[1] *Meyer/Isenmann* S. 56.
[2] *KPMG* S. 15 f.
[3] *Bauer* WM 1987, 863; *Epperlein* S. 122; *Deutsche Bundesbank* 1992 S. 48, zugleich jedoch kritisch, weil es sich um eine „Momentaufnahme" handelt, die bei Offenlegung der Bilanz bereits überholt ist.
[4] *Epperlein* S. 122.

Weiterhin sind die in den **Forderungen an Kunden** enthaltenen Forderungen **mit unbestimmter Laufzeit gesondert anzugeben** (§ 9 Abs. 3 Nr. 1 RechKredV). Außerdem müssen im Anhang auch die Beträge genannt werden, die in den Schuldverschreibungen und anderen festverzinslichen Wertpapieren und in den begebenen Schuldverschreibungen enthalten sind und im auf den Abschlussstichtag folgenden Jahr fällig werden (§ 9 Abs. 3 Nr. 2 RechKredV). Hingegen sind Schuldverschreibungen und andere festverzinsliche Wertpapiere selbst nicht nach Restlaufzeiten zu untergliedern, da sie nicht unter die abschließend aufgezählten Posten fallen.[5] **6**

Besteht die Möglichkeit einer vorzeitigen Kündigung, so ist für die Fristengliederung die Kündigungsfrist zuzüglich einer eventuellen Kündigungssperrfrist maßgeblich; **vorzeitige Kündigungsmöglichkeiten bei Forderungen** sind nicht zu berücksichtigen (vgl. § 8 Abs. 1 RechKredV). Hingegen wirkt bei **Verbindlichkeiten** ein **vorzeitiges Kündigungsrecht** restlaufzeitverkürzend.[6] **7**

Bei Forderungen und Verbindlichkeiten mit Rückzahlungen in regelmäßigen Raten ist der Gesamtbetrag aufzuteilen und den unterschiedlichen Fristigkeitszeiträumen zuzuordnen (vgl. § 8 Abs. 2 RechKredV). **8**

Zu den relevanten Restlaufzeiten für bestimmte Geschäftsarten ausführlich *Grewe* BoHR RdNr. 52–61. **9**

III. Fristengliederung als Anhangangabe

In der Verlagerung der Fristengliederung in den Anhang ist eine Entlastung der Bilanz zu sehen.[7] Der Gesetzgeber hat insoweit von dem in der EG-BBRL eingeräumten Wahlrecht zur Aufnahme der Restlaufzeiten in die Bilanz keinen Gebrauch gemacht; die **Aufgliederung** hat nach dem eindeutigen Gesetzeswortlaut **ausschließlich im Anhang** zu erfolgen.[8] In der Bilanz sind nunmehr nur noch bei einigen Bilanzposten die täglich fälligen Beträge gesondert auszuweisen.[9] **10**

Dritter Titel. Bewertungsvorschriften

§ 340 e Bewertung von Vermögensgegenständen

(1) [1]Kreditinstitute haben Beteiligungen einschließlich der Anteile an verbundenen Unternehmen, Konzessionen, gewerbliche Schutzrechte und ähnliche Rechte und Werte sowie Lizenzen an solchen Rechten und Werten, Grundstücke, grundstücksgleiche Rechte und Bauten einschließlich der Bauten auf fremden Grundstücken, technische Anlagen und Maschinen, andere Anlagen, Betriebs- und Geschäftsausstattung sowie Anlagen im Bau nach den für das Anlagevermögen geltenden Vorschriften zu bewerten, es sei denn, daß sie nicht dazu bestimmt sind, dauernd dem Geschäftsbetrieb zu dienen; in diesem Falle sind sie nach Satz 2 zu bewerten. [2]Andere Vermögensgegenstände, insbesondere Forderungen und Wertpapiere, sind nach den für das Umlaufvermögen geltenden Vorschriften zu bewerten, es sei denn, daß sie dazu bestimmt werden, dauernd dem Geschäftsbetrieb zu dienen; in diesem Falle sind sie nach Satz 1 zu bewerten. [3]§ 253 Abs. 2 Satz 3 darf auf die in Satz 1 bezeichneten Vermögensgegenstände mit Ausnahme der Beteiligungen und der Anteile an verbundenen Unternehmen nur angewendet werden, wenn es sich um eine voraussichtlich dauernde Wertminderung handelt.

(2) [1]Abweichend von § 253 Abs. 1 Satz 1 dürfen Hypothekendarlehen und andere Forderungen mit ihrem Nennbetrag angesetzt werden, soweit der Unterschiedsbetrag zwischen dem Nennbetrag und dem Auszahlungsbetrag oder den Anschaffungskosten Zinscharakter hat. [2]Ist der Nennbetrag höher als der Auszahlungsbetrag oder die Anschaffungskosten, so ist der Unterschiedsbetrag in den Rechnungsabgrenzungsposten auf der Passivseite aufzunehmen; er ist planmäßig aufzulösen und in seiner jeweiligen Höhe in der Bilanz oder im Anhang gesondert anzugeben. [3]Ist der Nennbetrag niedriger als der Auszahlungsbetrag

---

[5] *Ausschuss für Bilanzierung des BdB* S. 113.
[6] *Scharpf/Sohler* S. 19; *Meyer/Isenmann* S. 58 f.; *Bieg* RdNr. 91 ff.
[7] *Krumnow* RdNr. 10; *IDW* WPg 1987, 530.
[8] *KPMG* S. 15; *Scharpf/Sohler* S. 15; *Meyer/Isenmann* S. 57; *Epperlein* S. 122.
[9] *Scharpf/Sohler* S. 15.

oder die Anschaffungskosten, so darf der Unterschiedsbetrag in den Rechnungsabgrenzungsposten auf der Aktivseite aufgenommen werden; er ist planmäßig aufzulösen und in seiner jeweiligen Höhe in der Bilanz oder im Anhang gesondert anzugeben.

Schrifttum: Siehe Schrifttum zu § 340.

Übersicht

	RdNr.		RdNr.
I. Abgrenzung der relevanten Vermögenskategorien	1–11	IV. Bewertung von Wertpapieren	16, 17
1. Bedeutung der Abgrenzung der Vermögenskategorien	1–3	V. Bewertung derivativer Sicherungsbeziehungen	18–24
		1. Ziele von Sicherungsgeschäften	18
2. Nach den für das Anlagevermögen geltenden Vorschriften zu bewertende Vermögensgegenstände	4–8	2. Bilanzielle Abbildung von Sicherungsbeziehungen	19–22
3. Nach den für das Umlaufvermögen geltenden Vorschriften zu bewertende Vermögensgegenstände	9, 10	3. Antizipative Sicherungsgeschäfte	23, 24
4. Im Rahmen der fakultativen Risikovorsorge nach § 340 f abweichend von den allgemeinen Vorschriften zu bewertende Vermögensgegenstände	11	VI. Behandlung von Unterschiedsbeträgen zwischen Nennbetrag und Auszahlungsbetrag von Hypothekendarlehen und Forderungen nach Abs. 2	25–35
		1. Partielle Durchbrechung des Anschaffungswertprinzips	25–27
II. Zum Verhältnis von bankspezifischen Bewertungsvorschriften und den für alle Kaufleute und Kapitalgesellschaften geltenden Vorschriften	12, 13	2. Wahlrecht zur Nominalwertbilanzierung	28–32
		3. Auflösung des Rechnungsabgrenzungspostens	33–35
III. Anwendung des gemilderten Niederstwertprinzips (§ 253 Abs. 2 S. 3)	14, 15	4. Angabe in der Bilanz oder im Anhang	36

I. Abgrenzung der relevanten Vermögenskategorien

1   **1. Bedeutung der Abgrenzung der Vermögenskategorien.** Im Jahresabschluss der Kreditinstitute wird die für alle Kaufleute in § 247 kodifizierte Trennung von Anlage- und Umlaufvermögen nicht übernommen (vgl. § 340 a Abs. 2 S. 2). Vielmehr erfolgt eine eigenständige, bankspezifische Abgrenzung, die zumindest qualitativ teilweise an die Bilanzgliederung nach § 266 anknüpft (vgl. dazu Erl. unter RdNr. 4 ff.). Die **Vermögensgegenstände** werden **nicht als Anlage- oder Umlaufvermögen ausgewiesen**, sondern sind **nur nach den für das Anlage- bzw. Umlaufvermögen geltenden Vorschriften zu bewerten.** Die fehlende Unterscheidung spiegelt sich auch in der Gliederung des Bilanz-Formblatts auf Grundlage der RechKredV wider. Daraus folgt insbesondere, dass in einzelnen Aktivposten sowohl wie Anlagevermögen als auch wie Umlaufvermögen bewertete Vermögensgegenstände enthalten sein können.[1]

2   Der Verzicht auf einen getrennten Ausweis von Anlage- und Umlaufvermögen ist in der spezifischen Geschäftstätigkeit der Kreditinstitute begründet, die sich grundlegend von derjenigen der Produktions- oder Handelsunternehmen unterscheidet. Insbesondere hat nur ein geringer Anteil der Vermögensgegenstände die Aufgabe, dauernd dem Geschäftsbetrieb zu dienen.[2] Es ist jedoch strikt zu unterscheiden zwischen der nicht vorgenommenen Trennung von Anlage- und Umlaufvermögen für Gliederungszwecke und den nach wie vor relevanten Unterschieden für Fragen der Bewertung.[3] Demnach ist das Kreditinstitut verpflichtet, für Bewertungszwecke eine **Zuordnung** zu den verschiedenen Vermögenskategorien vorzunehmen, die aber in der Bilanz nicht in Erscheinung tritt, sondern **nur im Anlagenspiegel** erkennbar wird.[4] Die zur Abgrenzung von Anlage- und Umlaufvermögen im Jahresabschluss von Nichtbanken entwickelten Kriterien (vgl. Erl. zu § 247) sind bei Kreditinstituten nur begrenzt geeignet; insbesondere bei der Qualifikation der Wertpapiere kommen bankspezifische Besonderheiten zum Tragen (vgl. Erl. zu § 340 c).

3   Neben der Anwendung der Bewertungsvorschriften des § 253 Abs. 2 (Anlagevermögen) bzw. § 253 Abs. 3 (Umlaufvermögen) ist die **Differenzierung** insbesondere in den folgenden Zusammenhängen **von Bedeutung:**[5]

---
[1] *Meyer/Isenmann* S. 64; *Bieg* BHdR RdNr. 221.
[2] Vgl. Begr. RegE zu § 340 e; ferner *Krumnow* RdNr. 1.
[3] *Krumnow* RdNr. 2.
[4] *Krumnow* RdNr. 8.
[5] *Krumnow* RdNr. 2 ff. und 22 ff.

- Aktivierungsverbot für selbst erstellte immaterielle Vermögensgegenstände des Anlagevermögens,
- (bankspezifische Bildung) stiller Reserven,
- steuerliche Fördermaßnahmen, die an das Anlagevermögen gekoppelt sind (Sonderabschreibungen und erhöhte Absetzungen sowie die Inanspruchnahme der Reinvestitionsregelung nach § 6 b EStG),
- Aufnahme von Positionen in den Anlagenspiegel,

sowie zusätzlich bei Wertpapieren:
- Ausweis von Erfolgswirkungen in der Gewinn- und Verlustrechnung,
- Bildung von Vorsorgereserven für allgemeine Bankrisiken,
- Überkreuzkompensation,
- Anhangangabe der nicht mit dem Niederstwert bewerteten Wertpapiere nach § 35 Abs. 1 Nr. 2 RechKredV.

2. Nach den für das Anlagevermögen geltenden Vorschriften zu bewertende Vermögensgegenstände. Die nach den für das Anlagevermögen geltenden Vorschriften zu bewertenden Vermögensgegenstände werden in Abs. 1 S. 1 zunächst in Form einer **nicht abschließenden Aufzählung** genannt, die an die Untergliederung des Anlagevermögens in § 266 Abs. 2 angelehnt ist. Demnach besteht für die folgenden Positionen eine „**Anlagevermutung**":[6]
- Beteiligungen einschließlich der Anteile an verbundenen Unternehmen,
- Konzessionen, gewerbliche Schutzrechte und ähnliche Rechte und Werte sowie Lizenzen an solchen Rechten und Werten,
- Grundstücke, grundstücksgleiche Rechte und Bauten einschließlich der Bauten auf fremden Grundstücken,
- technische Anlagen und Maschinen,
- andere Anlagen, Betriebs- und Geschäftsausstattung sowie
- Anlagen im Bau.

Gegenüber den in § 266 genannten Positionen fehlen der Geschäfts- oder Firmenwert, die geleisteten Anzahlungen, die Wertpapiere des Anlagevermögens sowie die Ausleihungen des Finanzanlagevermögens. Da die für den Geschäftswert geltenden Bewertungsvorschriften nach § 255 Abs. 4 S. 2 und 3 auch von Kreditinstituten anzuwenden sind, erübrigt sich eine Erwähnung an dieser Stelle. Geleistete Anzahlungen auf (künftige) Vermögensgegenstände des Anlagevermögens sind an dieser Stelle nicht genannt, weil sie unter den sonstigen Vermögensgegenständen auszuweisen und nach den für Forderungen geltenden Grundsätzen zu bewerten sind.[7]

Bei allen genannten Positionen mit Ausnahme der Beteiligungen gilt hinsichtlich der Bewertung als Anlagevermögen die **Einschränkung**, dass sie nur nach den für das Anlagevermögen geltenden Vorschriften zu bewerten sind, wenn sie dazu bestimmt sind, **dauernd dem Geschäftsbetrieb zu dienen**.[8] Diese Voraussetzung ist etwa beim „Rettungserwerb" von beliehenen Immobilien gegeben, da regelmäßig von einer faktischen Daueranlage ausgegangen werden kann.[9]

So ist auch aus der Nichterwähnung der **langfristigen Ausleihungen** und der **Wertpapiere des Anlagevermögens**[10] nicht zu schließen, dass diese generell wie Vermögensgegenstände des Umlaufvermögens zu behandeln sind. Vielmehr ist der Gesetzgeber bei diesen zum Kerngeschäft der Kreditinstitute gehörenden Positionen durch exemplarische Nennung in S. 2 von einer „**Umlaufvermutung**" ausgegangen, die ggf. durch eine anderweitige tatsächliche betriebliche Funktion widerlegt werden kann.[11] Dabei stellt die Laufzeit kein für Kreditinstitute ausschlaggebendes Indiz dar; vielmehr wird die **subjektive Zuordnung im Vordergrund** stehen.[12]

Für **Beteiligungen** gilt hingegen, dass es sich immer um eine wie Anlagevermögen zu bewertende Position handeln muss; in diesem Fall kann die **Anlagevermutung nicht widerlegt** werden, da der Legaldefinition in § 271 Abs. 1 die dauerhafte Nutzung immanent ist.[13] Andernfalls handelt es

---
[6] *Krumnow* RdNr. 17: „Anscheinsbeweis".
[7] *Hoyos/Schramm/M. Ring* BeBiKo § 253 RdNr. 385.
[8] *Bieg* BHdR RdNr. 223; *Krumnow* RdNr. 15 f., Letztere sprechen in diesem Zusammenhang von einem „gesetzlichen Bewertungsvorbehalt".
[9] *Krumnow* RdNr. 17.
[10] Vgl. zu den wie Anlagevermögen behandelten Wertpapieren Erl. zu § 340 c.
[11] *Krumnow* RdNr. 19 f.
[12] *Krumnow* RdNr. 19 f.
[13] *Krumnow* RdNr. 18.

sich um Anteile an anderen Unternehmen, die entsprechend ihrer Zweckbestimmung wie Anlage- oder Umlaufvermögen zu bewerten sind.

9 **3. Nach den für das Umlaufvermögen geltenden Vorschriften zu bewertende Vermögensgegenstände.** Die grundsätzlich nach den für das Umlaufvermögen geltenden Vorschriften zu bewertenden Vermögensgegenstände werden durch eine **Negativabgrenzung** bestimmt. Hierzu gehören demnach alle nicht in S. 1 aufgezählten Vermögensgegenstände, sofern sie nicht dazu bestimmt sind, dauernd dem Geschäftsbetrieb zu dienen. Dadurch ist klargestellt, dass alle Vermögensgegenstände entweder nach den für das **Anlage-** oder nach den für das **Umlaufvermögen** geltenden Vorschriften zu bewerten sind, es insoweit **keine dritte Kategorie** geben kann.[14] Die Erwähnung von Forderungen und Wertpapieren im Rahmen der wie Umlaufvermögen zu bewertenden Vermögensgegenstände hat nur exemplarischen Charakter und schließt andere Vermögensgegenstände in keiner Weise aus.

10 Wiederum gilt für die an dieser Stelle in Frage kommenden Vermögensgegenstände, dass die Zuordnung zum Umlaufvermögen durch eine nicht dauernde Nutzung im Geschäftsbetrieb manifestiert sein muss; andernfalls sind sie wie Anlagevermögen zu bewerten. Dabei werden Forderungen ohne Rücksicht auf die Laufzeit nahezu ohne Ausnahme zum Umlaufvermögen gehören, da die Kreditvergabe einen wesentlichen Bestandteil der gewöhnlichen Geschäftstätigkeit der Kreditinstitute darstellt.[15]

11 **4. Im Rahmen der fakultativen Risikovorsorge nach § 340 f abweichend von den allgemeinen Vorschriften zu bewertende Vermögensgegenstände.** Für Forderungen an Kreditinstitute und Kunden, Schuldverschreibungen und andere festverzinsliche Wertpapiere sowie Aktien und andere nicht verzinsliche Wertpapiere, die weder wie Anlagevermögen behandelt werden noch Teil des Handelsbestands sind, sind besondere Bewertungsvorschriften zu berücksichtigen. Diese Vermögensgegenstände sind zwar grundsätzlich wie Umlaufvermögen zu bewerten;[16] es ergeben sich jedoch Besonderheiten, sofern eine Vorsorge für allgemeine Bankrisiken iSv. § 340 f. getroffen wird (zu Einzelheiten vgl. Erl. zu § 340 f.).

II. Zum Verhältnis von bankspezifischen Bewertungsvorschriften und den für alle Kaufleute und Kapitalgesellschaften geltenden Vorschriften

12 Die in § 252 Abs. 1 enthaltenen **allgemeinen Bewertungsgrundsätze** sind nach § 340 a Abs. 1 uneingeschränkt auch von Kreditinstituten anzuwenden, sofern kein Ausnahmefall nach § 252 Abs. 2 vorliegt. Dies bedeutet aber nicht, dass die Grundsätze nicht einer **branchenspezifischen Auslegung** zugänglich wären.[17] Zum Inhalt und zur Reichweite der allgemeinen Bewertungsgrundsätze vgl. die Erläuterungen zu § 252.

13 Kreditinstitute haben zunächst die allgemeinen, für alle Kaufleute geltenden Bewertungsvorschriften (§§ 252 ff.) und darüber hinaus auch die besonderen Vorschriften zur Bewertung für Kapitalgesellschaften (§§ 279 ff.) zu beachten. Dies gilt unabhängig von der tatsächlichen Rechtsform und Größe. Daraus folgt, dass Kreditinstitute in der Rechtsform des Einzelunternehmens oder der Personenhandelsgesellschaft die **in den Vorschriften für alle Kaufleute eingeräumten Wahlrechte nicht in Anspruch nehmen** können. So entfällt insbesondere die Risikovorsorge durch die Vornahme von Abschreibungen „im Rahmen vernünftiger kaufmännischer Beurteilung" nach § 253 Abs. 4. Die Risikovorsorge hat nunmehr für Kreditinstitute jeder Rechtsform auf Grund von §§ 340 f, 340 g zu erfolgen. Ebenso kommt das Beibehaltungswahlrecht nach § 253 Abs. 5 nicht zum Tragen, da das Wertaufholungsgebot nach § 280 Abs. 1 grundsätzlich auch von Kreditinstituten zu beachten ist. Soweit Abschreibungen vorgenommen wurden, die nicht durch § 340 f (Vorsorgereserven) gedeckt sind, besteht insoweit grundsätzlich auch für Kreditinstitute ein Wertaufholungsgebot.[18]

III. Anwendung des gemilderten Niederstwertprinzips (§ 253 Abs. 2 S. 3)

14 Das Einzelkaufleuten und Personengesellschaften gem. § 253 Abs. 2 S. 3 eingeräumte **Abschreibungswahlrecht auf Vermögensgegenstände des Anlagevermögens,** die nur einer vorüber-

---

[14] *Krumnow* RdNr. 13.
[15] *Bieg* BHdR RdNr. 230.
[16] *Krumnow* RdNr. 19.
[17] *Krumnow* RdNr. 68.
[18] Das von steuerrechtlichen Vorschriften abhängige Wahlrecht nach § 280 Abs. 2 ist mit der Einführung des steuerlichen Wertaufholungsgebots im Rahmen des Steuerentlastungsgesetzes vom 24. 3. 1999 faktisch unbedeutend geworden. Vgl. dazu *Bieg* BHdR RdNr. 256.

gehenden Wertminderung unterliegen, wird für Kreditinstitute in Abs. 1 S. 3 in vergleichbarer Form **eingeschränkt** wie für alle Kapitalgesellschaften in § 279 Abs. 1 S. 2.[19] Das bedeutet, dass eine außerplanmäßige Abschreibung iSv. § 253 Abs. 2 auf die folgenden Vermögensgegenstände nur vorzunehmen ist, soweit eine dauerhafte Wertminderung vorliegt und sie darüber hinaus dazu bestimmt sind, dauernd dem Geschäftsbetrieb zu dienen:
– Konzessionen, gewerbliche Schutzrechte und ähnliche Rechte und Werte sowie Lizenzen an solchen Rechten und Werten,
– Grundstücke, grundstücksgleiche Rechte und Bauten einschließlich der Bauten auf fremden Grundstücken,
– technische Anlagen und Maschinen,
– andere Anlagen, Betriebs- und Geschäftsausstattung sowie
– Anlagen im Bau.

Bei einer nur vorübergehenden Wertminderung kann bei den genannten Vermögensgegenständen keine Abschreibung vorgenommen werden.[20] Für alle anderen Vermögensgegenstände, die auf Grund ihrer Zweckbestimmung wie Anlagevermögen bewertet werden – so etwa die in Abs. 1 S. 1 ausdrücklich genannten Beteiligungen einschließlich der Anteile an verbundenen Unternehmen –, bleibt es bei dem Wahlrecht, eine außerplanmäßige Abschreibung auch bei einer voraussichtlich nur vorübergehenden Wertminderung vorzunehmen. Insbesondere ist zu beachten, dass das Abschreibungswahlrecht auch bei wie Anlagevermögen bewerteten Forderungen und Wertpapieren zum Tragen kommt, die in Abs. 1 S. 1 nicht erwähnt werden und deshalb auch nicht von der in S. 3 vorgenommenen Einschränkung erfasst werden.[21] Im Ergebnis kommt dies der **Beschränkung der Abschreibungsmöglichkeit bei nur vorübergehender Wertminderung auf Vermögensgegenstände des Finanzanlagevermögens** gleich.[22] Ein Verzicht auf die fakultative Abschreibung erfordert eine zusätzliche Anhangangabe nach § 35 Abs. 1 Nr. 2 RechKredV.[23]

IV. Bewertung von Wertpapieren

Maßstab für die **Erstbewertung** sind die **Anschaffungskosten zuzüglich der angefallenen Anschaffungsnebenkosten** (zB Gebühren, Provisionen etc). In der Praxis erfolgt unter Berufung auf Wesentlichkeitsgründe häufig eine sofortige aufwandswirksame Verbuchung dieser Aufwendungen,[24] ohne dass dies durch das Gesetz gedeckt wäre. Hingegen ist es unumstritten, dass Anschaffungspreisminderungen bei Wertpapieren im Rahmen der Erstbewertung zu berücksichtigen sind.[25]

Am Abschlussstichtag ist der sich aus einem Börsen- oder Marktpreis ergebende Wert anzusetzen, sofern dieser Wert unter dem bisherigen Buchwert liegt. In der Praxis wird zu diesem Vergleich häufig der unmodifizierte Börsen- oder Marktpreis herangezogen, obwohl zutreffenderweise die zukünftigen Verkaufsaufwendungen als Erlösminderungen abzusetzen wären.[26]

V. Bewertung derivativer Sicherungsbeziehungen

1. Ziele von Sicherungsgeschäften. Im modernen Risikomanagement werden derivative Finanzinstrumente (kurz: Derivate) zur **Absicherung gegen Marktrisiken und zunehmend auch zur Absicherung von Bonitätsrisiken** eingesetzt.[27] Sicherungsgeschäfte erlauben die Isolierung spezifischer Risiken und deren Weiterübertragung auf Dritte. Bei einem Zinsswap werden zB fixe gegen variable Zinssätze getauscht. Ein festverzinslicher Kredit kann auf diese Weise durch den Kauf eines Zinsswaps gegen Zinsänderungsrisiken abgesichert werden. Dabei handelt es sich bei dem gegen Zinsschwankungen zu sichernden Kredit um das sogenannte „underlying" und das Derivat in Form eines Zinsswaps ist das Sicherungsinstrument. Derartige Sicherungsgeschäfte sind durch die dynamische Entwicklung auf den Kapitalmärkten mittlerweile für fast alle makroökonomischen Risiken wie Währungs- und Zinsrisiken, aber auch für sonstige Risiken wie Ausfallrisiken möglich.

---

[19] *Krumnow* RdNr. 48; ferner Erl. zu § 279.
[20] *Treuarbeit* S. 129; *Bieg* BHdR RdNr. 226; aA offensichtlich ohne Begründung *Göttgens/Schmelzeisen* S. 69: „(...) auch bei nur vorübergehender Wertminderung sind außerplanmäßige Abschreibungen bei sämtlichen wie Anlagevermögen bewerteten Vermögensgegenständen zulässig".
[21] *Krumnow* RdNr. 42.
[22] *Treuarbeit* S. 129; *Krumnow* RdNr. 48.
[23] *Bieg* BHdR RdNr. 358.
[24] *Bieg* BHdR RdNr. 258.
[25] *Birck/Meyer* S. V 257 f., mit Anwendungsfällen.
[26] *Mellwig* BHdR RdNr. 132; aA *Bieg* BHdR RdNr. 259.
[27] *Löw* S. 243.

19 2. Bilanzielle Abbildung von Sicherungsbeziehungen. Derivate unterliegen handelsrechtlich den gleichen Rechnungslegungsvorschriften wie die übrigen Finanzinstrumente.[28] Im Folgenden wird ausschließlich auf die Problematik der bilanziellen Abbildung von Derivaten eingegangen, die im Rahmen von Sicherungsgeschäften eingesetzt werden.

20 Im HGB existieren keine expliziten Ansatz- und Bewertungsvorschriften für derivative Finanzinstrumente. Im Rahmen einer zweckäquivalenten Ableitung von Vorschriften aus den GoB sind hierbei insbesondere der Grundsatz der Einzelbewertung und das sich aus dem Vorsichtsprinzip ableitende Realisations- und das Imparitätsprinzip von Relevanz. Sie führen zu einer unterschiedlichen bilanziellen Behandlung von Derivaten im Vergleich zu den sonstigen (originären) Finanzinstrumenten. Derivate unterliegen als schwebende Geschäfte auf Grund des Realisationsprinzips einem Aktivierungsverbot.[29] Sofern davon auszugehen ist, dass sich aus dem Derivat eine Verpflichtung ergeben kann, erfordert das Imparitätsprinzip die Bildung einer Rückstellung für drohende Verluste aus schwebenden Geschäften.[30] Die Höhe der Rückstellung orientiert sich dabei am Marktwert des Derivats.

21 Unter der Voraussetzung, dass die Wertveränderung eines Grundgeschäfts auf das mit dem Derivat abzusichernde Risiko zurückzuführen ist, werden sich die Wertschwankungen des Grundgeschäfts und des Derivats weitestgehend kompensieren. In einem nach handelsrechtlichen Vorschriften erstellten Jahresabschluss wird dieser Sachverhalt nicht ersichtlich. Im Falle einer negativen Wertentwicklung des Grundgeschäfts wird eine Abschreibung bis zur Höhe des niedrigeren beizulegenden Werts vorgenommen.[31] Die Wertsteigerung des derivativen Sicherungsinstruments bleibt jedoch unberücksichtigt. Umgekehrt ist eine Wertsteigerung des Grundgeschäfts über die (fortgeführten) Anschaffungskosten hinaus gemäß dem Realisationsprinzip nicht aktivierbar, während für die aus dem Derivat entstehende Verpflichtung eine Drohverlustrückstellung gebildet wird.

22 Die enge Auslegung des Grundsatzes der Einzelbewertung verhindert die nach § 264 Abs. 2 iVm. § 340 a für Kreditinstitute aller Gesellschaftsformen geforderte Abbildung der tatsächlichen Vermögens-, Finanz- und Ertragslage. Das Risiko, gegen das sich vorausschauende Unternehmen absichern, wird, dessen ungeachtet, in der Bilanz mittels außerplanmäßiger Abschreibung oder Drohverlustrückstellung trotzdem abgebildet.[32] Dieses Ergebnis ist mit dem Zweck der Verlustantizipation des Imparitätsprinzips nicht vereinbar. Eine Alternative stellt die **Betrachtung des Grund- und Sicherungsgeschäfts als Bewertungseinheit** dar. Die auf diese Weise erzielbare „kompensatorische Bewertung" zur Abbildung von Sicherungseziehungen trägt den tatsächlichen wirtschaftlichen Verhältnissen des bilanzierenden Unternehmens Rechnung. Zur Wahrung des Imparitätsprinzips sollte innerhalb einer Bewertungseinheit die Vereinnahmung von Erträgen grundsätzlich darauf beschränkt sein, entstandene Aufwendungen auszugleichen. Für die Bildung von Bewertungseinheiten kommen drei Alternativen in Frage: Mikro-Hedges beschränken sich auf ein einzelnes Grundgeschäft. Die globale Absicherung eines klar abgegrenzten Bereichs (zB Zinsänderungsrisiko) wird als Makro-Hedge bezeichnet. Ein Makro-Hedge steuert die Preisrisiken von unterschiedlichen Finanzinstrumenten, die gleichartige Risikostrukturen aufweisen.[33] In der Literatur ist die Anwendung des Prinzips der Einzelbewertung unter Berücksichtigung der Bildung von Bewertungseinheiten bei Sicherungsbeziehungen in Form eines Mikro-Hedges unumstritten.[34] Bei der Frage der Zulässigkeit der Bildung von Bewertungseinheiten auf Portfoliobasis konzentriert sich die Diskussion auf die Eigenhandelsaktivitäten von Kreditinstituten. Zu den Bedingungen zur Bildung von Bewertungseinheiten auf Portfoliobasis zählen die Existenz eines funktionstüchtigen internen Risikomanagements und Risikocontrollings sowie strenge Dokumentations- und Efektivitätsvoraussetzungen.

23 3. Antizipative Sicherungsgeschäfte. Antizipative Sicherungsgeschäfte sichern zukünftige Zahlungen oder zukünftige Positionen ab, die aus noch nicht abgeschlossenen Geschäften erwartet werden.[35] Im Gegensatz zu den übrigen Sicherungsgeschäften wird die Bildung einer Bewertungseinheit durch die **fehlende Bilanzierung des Grundgeschäfts** erschwert. Eine Aktivierung des noch nicht rechtsverbindlich abgeschlossenen und daher nicht hinreichend konkretisierten Grundgeschäfts würde gegen das Prinzip der Nichtbilanzierung schwebender Geschäfte verstoßen.[36] Zudem

---

[28] Kreditinstitutsspezifische Ausnahmen enthalten die §§ 340 b und h; *Krumnow* RdNr. 328.
[29] *Löw* WPg 2004, 1122.
[30] *Krumnow* RdNr. 329.
[31] Hierbei ist das Wahlrecht nach § 340 e Abs. 1 Satz 3 iVm. § 253 Abs. 2 Satz 3 zu beachten. Vgl. hierzu auch Erl. unter RdNr. 15.
[32] *Löw* S. 247.
[33] *Krumnow* RdNr. 343.
[34] *Prahl/Naumann* HdJ RdNr. 201 ff.
[35] *Löw* WPg 2004, 1110.
[36] Ähnlich *BFA des IDW* 2/1993, WPg 1993, 517.

steht die frühzeitige Aktivierung nicht mit dem Stichtagsprinzip im Einklang. Das Grundgeschäft wird bis zur vertraglichen Konkretisierung nicht bilanziert und das derivative Sicherungsgeschäft unterliegt einer imparitätischen Einzelbewertung. Somit werden ausschließlich Verpflichtungen, die aus dem Derivat hervorgehen könnten, mittels der Bildung von Drohverlustrückstellungen berücksichtigt. In einer Einzelbetrachtung der beiden Geschäfte, ist die Vorgehensweise zweckgerecht, denn während beim Grundgeschäft noch keine vertragliche Verpflichtung eingegangen wurde, steht bei dem Derivat nur die genaue Höhe des Ertrags oder Aufwands noch nicht fest.

Aus der **wirtschaftlichen Betrachtungsweise,** die sich an der Anforderung an den Jahresabschluss von Kreditinstituten orientiert, die tatsächliche Vermögens-, Finanz- und Ertragslage abzubilden (§ 264 Abs. 2), kann die bilanzielle Behandlung antizipativer Sicherungsgeschäfte nicht überzeugen. Unternehmen, die künftige finanzielle Risiken mittels Sicherungsgeschäfte minimieren, werden teilweise zu einem bilanziellen Verlustausweis gezwungen.[37] Zweckgerechter wäre die Einräumung einer verlustfreien Bewertung der Sicherungsbeziehung, vorausgesetzt, dass Dokumentationsanforderungen eine missbräuchliche Verwendung solcher Regelungen vermeiden würden.[38]

VI. Behandlung von Unterschiedsbeträgen zwischen Nennbetrag und Auszahlungsbetrag von Hypothekendarlehen und Forderungen nach Abs. 2

1. Partielle Durchbrechung des Anschaffungswertprinzips. Der für alle Kaufleute in § 253 Abs. 1 S. 1 kodifizierte Grundsatz, dass Vermögensgegenstände ohne Ausnahme höchstens zu den Anschaffungs- oder Herstellungskosten anzusetzen sind, wird für die Rechnungslegung der Kreditinstitute durch § 340 e Abs. 2 in **eng begrenztem Umfang** durch eine **spezielle Regelung** ersetzt. Es ist zu betonen, dass jenseits der gesetzlich beschriebenen Sachverhalte eine **Bewertung mit über den Anschaffungskosten liegenden Wertansätzen** nicht in Frage kommt; es handelt sich ausdrücklich nicht um ein über den Einzelfall hinausreichendes Zugeständnis an eine Bilanzierung zu Marktwerten.

Von der Vorschrift des Abs. 2 sind diejenigen Fälle betroffen, in denen der **Rückzahlungsanspruch des Kreditinstituts aus einer Forderung vom Auszahlungsbetrag bzw. den Anschaffungskosten abweicht.** Die in diesem Zusammenhang genannten **Hypothekendarlehen** sind sicherlich ein **Hauptanwendungsfall;** die Ergänzung um „Andere Forderungen" macht aber zugleich deutlich, dass auch alle anderen Forderungen, bei denen Nennbetrag und Auszahlungsbetrag bzw. Anschaffungskosten auseinanderfallen, einschließlich der unter den Forderungen auszuweisenden Wertpapiere, einer Nominalbewertung zugänglich sind.[39] Eine Bewertung mit dem Nominalwert bei gleichzeitiger Bildung eines Rechnungsabgrenzungspostens führt zu einer **periodengerechten Darstellung der Erfolgswirksamkeit.** Dies setzt jedoch voraus, dass es sich tatsächlich um Forderungen handelt, bei denen der Unterschiedsbetrag zeitabhängig als Zinsbestandteil vereinnahmt wird. Dadurch sind Forderungen des Handelsbestands ausdrücklich ausgeschlossen, die nur kurzfristig auf spekulativer Basis gehalten werden.[40] Bei einer ausnahmsweise erfolgten Umwidmung, die etwa durch eine Haltedauer über mehr als einen Bilanzstichtag hinweg zum Ausdruck kommt, ist jedoch der Übergang zu einer Nominalwertbilanzierung möglich.[41]

Es kommt nicht darauf an, ob die Hypothekendarlehen und anderen Forderungen, die grundsätzlich einer Nominalbewertung zugänglich sind, durch das Kreditinstitut begründet wurden oder durch Sekundärerwerb zugegangen sind.[42] Der Gesetzeswortlaut, der auf Anschaffungskosten oder den Auszahlungsbetrag abstellt, lässt an dieser Stelle keinen anderen Schluss zu.

2. Wahlrecht zur Nominalwertbilanzierung. Der Ansatz zum Nennwert der betroffenen Positionen ist ausdrücklich als Wahlrecht ausgestaltet; eine Bewertung mit dem Auszahlungsbetrag oder den Anschaffungskosten ist ebenso möglich. Dabei ist jedoch zu berücksichtigen, dass durch eine handelsrechtliche Bewertung zum Auszahlungsbetrag oder den Anschaffungskosten eine Abweichung gegenüber der Steuerbilanz entsteht. Dies gilt insbesondere für den Regelfall eines unter dem Nennbetrag liegenden Auszahlungsbetrags bzw. unter dem Nennbetrag liegender Anschaffungskos-

---

[37] *Löw* S. 258.
[38] Bezüglich der Problematik einer verlustfreien Bewertung von antizipativen Sicherungsgeschäften im handelsrechtlichen Abschluss vgl. *Löw* WPg 2004, S. 1123; *Löw* S. 267 ff.
[39] *Ausschuss für Bilanzierung des BdB* S. 106; aA *Treuarbeit* S. 134; *Bieg* BHdR RdNr. 232, die jede Form von in Wertpapieren verbrieften Forderungen von der Nominalbewertung ausnehmen.
[40] *Treuarbeit* S. 134; *Ausschuss für Bilanzierung des BdB* S. 106 f.; *Bieg* BHdR RdNr. 233 f.
[41] *Ausschuss für Bilanzierung des BdB* S. 107.
[42] *KPMG* S. 23; *Treuarbeit* S. 134; *Windmöller,* FS Moxter, S. 696; *Ausschuss für Bilanzierung des BdB* S. 106; *WPH* J RdNr. 276.

ten. **Steuerlich** ist der **Ansatz eines aktiven Rechnungsabgrenzungspostens** in diesem Fall **zwingend**.[43] Selbst wenn im Hinblick auf den wirtschaftlichen Gehalt eine Nominalwertbilanzierung zu allein sinnvollen Ergebnissen führt, wird darin kein GoB sehen werden können, der das explizit eingeräumte gesetzliche Wahlrecht aushebelt.[44] Sofern die Bereitschaft besteht, eine **Abweichung von Handelsbilanz und Steuerbilanz** – u. a. mit der Folge hierdurch hervorgerufener latenter Steuern – in Kauf zu nehmen, kann gegen eine handelsrechtliche Bewertung zum Auszahlungsbetrag bzw. zu den Anschaffungskosten nichts eingewendet werden.

29 Inwieweit das Wahlrecht zur Nominalwertbilanzierung dem **Stetigkeitsgrundsatz** iSv. § 252 Abs. 1 Nr. 6 unterliegt, ist strittig. Der Ansatz des Unterschiedsbetrags als Rechnungsabgrenzungsposten fällt offensichtlich nicht in den Anwendungsbereich von § 252, da dieser ausdrücklich auf Vermögensgegenstände Bezug nimmt.[45] Jedoch kann im Hinblick auf die Bewertung der zugrunde liegenden Forderungen zum Rückzahlungsbetrag bzw. zu den Anschaffungskosten oder zum Nennwert ein Bewertungswahlrecht iSv. § 252 Abs. 1 Nr. 6 zu sehen sein. In jedem Fall wird davon auszugehen sein, dass eine uneinheitliche Bewertung der in Frage kommenden Vermögensgegenstände sowohl innerhalb eines Jahresabschlusses als auch im Zeitablauf schwer darstellbar sein wird.

30 Damit eröffnet das **Wahlrecht zur Nominalwertbilanzierung** – unter Berücksichtigung der vorstehend beschriebenen Restriktionen durch eine eventuelle Abweichung zwischen Handels- und Steuerbilanz sowie durch den Stetigkeitsgrundsatz – einen **bilanzpolitischen Spielraum**. Durch das Verschieben der Gewinnrealisation auf den Rückzahlungszeitpunkt bzw. durch das Vorziehen des Verlustes auf den Anschaffungszeitpunkt „verbleibt die Möglichkeit, Ertragsreserven zu bilden".[46]

31 Hat sich das Kreditinstitut für eine Nominalwertbilanzierung entschieden, so ist der Ansatz des Unterschiedsbetrags als **passiver Rechnungsabgrenzungsposten** zwingend, wenn der **Nennbetrag höher als der Auszahlungsbetrag oder die Anschaffungskosten** ist.[47] Nach dem Gesetzeswortlaut besteht kein Raum für eine Nettobilanzierung, bei der nur der Nennbetrag der Forderung aktiviert wird und eine Aktivierung der anteiligen Zinsen bei der Forderungsposition im Zeitablauf erfolgt.[48] Dies ist nicht nur damit zu begründen, dass der Ausweis eines Rechnungsabgrenzungspostens – bei identischer Erfolgswirkung – hinsichtlich der Darstellung der Vermögenslage zu bevorzugen ist; vielmehr ist nichts anders wie nicht die gesonderte Angabepflicht des Rechnungsabgrenzungspostens in der Bilanz oder im Anhang zu erklären. Hätte der Gesetzgeber auch eine Aufstockung des Forderungsbetrags als alternative Möglichkeit der zeitanteiligen Erfolgsrealisierung einräumen wollen, wäre die Kodifizierung einer vergleichbaren Angabepflicht zu erwarten gewesen.

32 Im Ausnahmefall eines **niedrigeren Rückzahlungsbetrags** besteht ein **Wahlrecht** zum Ansatz eines **aktiven Rechnungsabgrenzungspostens**.[49] Stattdessen ist es aber auch möglich, den Differenzbetrag in vollem Umfang sofort aufwandswirksam zu verbuchen, was mit einer Verzerrung des Periodenergebnisses verbunden ist.[50] Dabei ist zu berücksichtigen, dass steuerlich wiederum eine Verteilung des Unterschiedsbetrags unumgänglich sein wird.

33 **3. Auflösung des Rechnungsabgrenzungspostens.** Sowohl der aktive **Rechnungsabgrenzungsposten** auf Grund eines niedrigeren Nennbetrags als auch der passive Rechnungsabgrenzungsposten auf Grund eines höheren Nennbetrags sind **planmäßig aufzulösen**. Erfolgt die Tilgung durch **Einmalzahlung am Ende der Laufzeit**, ist die **Auflösung** des gebildeten Rechnungsabgrenzungspostens **linear** über die Laufzeit oder eine ggf. abweichende Zinsbindungsfrist vorzunehmen.[51] Bei **laufender Tilgung** ist ein Verfahren anzuwenden, das der im Zeitablauf abnehmenden Kapitalbindung gerecht wird. Dies kann durch eine **degressive Auflösung** erfolgen, die sich entweder am Betrag des noch nicht zurückgeführten Nominalkapitals oder am um das (anteilig) noch nicht zurückgezahlte Damnum/Disagio korrigierten Kapital orientiert.[52] Dabei wird die zweite Methode steuerlich zumindest bei der Auflösung des passiven Rechnungsabgrenzungspostens nicht anerkannt.[53]

---

[43] *Krumnow* RdNr. 55.
[44] So aber *Krumnow* RdNr. 55.
[45] *ADS* § 252 RdNr. 104.
[46] *Windmöller*, FS Moxter, S. 696.
[47] *Göttgens/Schmelzeisen* S. 70; *Treuarbeit* S. 134; *Ausschuss für Bilanzierung des BdB* S. 106.
[48] AA *Windmöller*, FS Moxter, S. 696; *Bieg* BHdR RdNr. 234; *WPH* J RdNr. 277.
[49] *Göttgens/Schmelzeisen* S. 70; *Treuarbeit* S. 134; *Ausschuss für Bilanzierung des BdB* S. 106; aA *Bieg* BHdR RdNr. 234; *WPH* J RdNr. 277, die alternativ auch hier eine zeitanteilige Anpassung der Forderungsposition zulassen wollen.
[50] *Bieg* BHdR RdNr. 234.
[51] *Bieg* BHdR RdNr. 235; *Krumnow* RdNr. 60.
[52] *Bieg* BHdR RdNr. 235; *Krumnow* RdNr. 60 mwN.
[53] *Bieg* BHdR RdNr. 235.

Da der Zinscharakter Voraussetzung für die Aufnahme des Unterschiedsbetrags in den Rechnungs- 34
abgrenzungsposten ist, muss sich die jährliche Auflösung im Zinsergebnis niederschlagen. Die **Auflösung des passiven Rechnungsabgrenzungspostens** führt zu einem **Zinsertrag**, kommt doch in dem niedrigeren Auszahlungsbetrag bzw. den niedrigeren Anschaffungskosten ein vorweggenommener Zinsanteil zum Ausdruck, der nun periodisiert als Ertrag zu vereinnahmen ist.

Hingegen ist in der **Auflösung des aktiven Rechnungsabgrenzungspostens kein Zinsaufwand**, 35
sondern vielmehr die **Korrektur des relativ zu hohen Nominalzinses** zu sehen. Die Konstellation eines unter dem Auszahlungsbetrag bzw. den Anschaffungskosten liegenden Rückzahlungsbetrags ist wirtschaftlich sinnvoll nur dahingehend zu interpretieren, dass das Agio eine Korrektur eines zu hohen Nominalzinssatzes bedeutet.[54] Dieser Sachverhalt würde durch eine „Brutto"-Darstellung von (zu hohem) Zinsertrag und gegenläufigem Zinsaufwand nicht angemessen dargestellt.

4. Angabe in der Bilanz oder im Anhang. Die in Verbindung mit der Nominalwertbilanzierung 36
als Rechnungsabgrenzungsposten angesetzten Unterschiedsbeträge sind entweder in der Bilanz oder im Anhang gesondert anzugeben. Bei gesondertem Ausweis in der Bilanz wird dieser Angabepflicht durch eine „Darunter"-Angabe zu genügen sein, indem der auf den Unterschiedsbetrag bedingte Teilbetrag des Rechnungsabgrenzungspostens in der Vorspalte angegeben wird. Sofern im Anhang keine weiteren Angaben zu den Rechnungsabgrenzungsposten gemacht werden, ist dort zumindest der auf Abs. 2 zurückzuführende Teilbetrag zu nennen.

§ 340 f Vorsorge für allgemeine Bankrisiken

(1) ¹Kreditinstitute dürfen Forderungen an Kreditinstitute und Kunden, Schuldverschreibungen und andere festverzinsliche Wertpapiere sowie Aktien und andere nicht festverzinsliche Wertpapiere, die weder wie Anlagevermögen behandelt werden noch Teil des Handelsbestands sind, mit einem niedrigeren als dem nach § 253 Abs. 1 Satz 1, Abs. 3 vorgeschriebenen oder zugelassenen Wert ansetzen, soweit dies nach vernünftiger kaufmännischer Beurteilung zur Sicherung gegen die besonderen Risiken des Geschäftszweigs der Kreditinstitute notwendig ist. ²Der Betrag der auf diese Weise gebildeten Vorsorgereserven darf vier vom Hundert des Gesamtbetrags der in Satz 1 bezeichneten Vermögensgegenstände, der sich bei deren Bewertung nach § 253 Abs. 1 Satz 1, Abs. 3 ergibt, nicht übersteigen.

(2) ¹Ein niedrigerer Wertansatz nach Absatz 1 darf beibehalten werden; § 280 ist auf die in Absatz 1 bezeichneten Vermögensgegenstände nicht anzuwenden. ²In der Bilanz oder im Anhang brauchen die in § 281 Abs. 1 Satz 2, Abs. 2 verlangten Angaben und Aufgliederungen nicht gemacht zu werden, soweit Satz 1 angewendet wird.

(3) Aufwendungen und Erträge aus der Anwendung von Absatz 1 und aus Geschäften mit in Absatz 1 bezeichneten Wertpapieren und Aufwendungen aus Abschreibungen sowie Erträge aus Zuschreibungen zu diesen Wertpapieren dürfen mit den Aufwendungen aus Abschreibungen auf Forderungen, Zuführungen zu Rückstellungen für Eventualverbindlichkeiten und für Kreditrisiken sowie mit den Erträgen aus Zuschreibungen zu Forderungen oder aus deren Eingang nach teilweiser oder vollständiger Abschreibung und aus Auflösungen von Rückstellungen für Eventualverbindlichkeiten und für Kreditrisiken verrechnet und in der Gewinn- und Verlustrechnung in einem Aufwand- oder Ertragsposten ausgewiesen werden.

(4) Angaben über die Bildung und Auflösung von Vorsorgereserven nach Absatz 1 sowie über vorgenommene Verrechnungen nach Absatz 3 brauchen im Jahresabschluß, Lagebericht, Konzernabschluß und Konzernlagebericht nicht gemacht zu werden.

Schrifttum: Siehe Schrifttum zu § 340.

Übersicht

	RdNr.		RdNr.
I. Begründung der zusätzlichen Risikovorsorge bei Kreditinstituten	1–4	III. Vorgehensweise bei der Reservenbildung in der Bilanz	11, 12
II. Ausmaß der zulässigen Reservenbildung	5–10	IV. Beibehaltungswahlrecht sowie Unterlassung von Angaben und Aufgliederungen iSv. § 281 Abs. 1 S. 2 und Abs. 2	13–21

---

[54] *Ausschuss für Bilanzierung des BdB* S. 71; *Krumnow* RdNr. 59.

§ 340 f 1–5   3. Buch. 4. Abschnitt. Erg. Vorschr. für Untern. best. Geschäftszweige

	RdNr.		RdNr.
1. Beibehaltungswahlrecht eines niedrigeren Wertansatzes nach Abs. 2 S. 1	13, 14	V. Kompensationsmöglichkeiten bei Aufwendungen und Erträgen in Verbindung mit der Reservenbildung	22–25
2. Nichtanwendung von § 280	15–18		
3. Verzicht auf Angaben und Aufgliederungen nach § 281 Abs. 1 S. 2, Abs. 2	19–21	VI. Verzicht auf Angaben in Jahresabschluss, Lagebericht, Konzernabschluss und Konzernlagebericht	26–28

I. Begründung der zusätzlichen Risikovorsorge bei Kreditinstituten

1   Die Kreditinstituten eingeräumten Möglichkeiten einer **zusätzlichen Bildung stiller Reserven** sind ohne Parallele im Bereich der Rechnungslegung von Kapitalgesellschaften anderer Branchen, die gerade von dem Grundsatz geprägt ist, stille Reserven im Vergleich zu Einzelunternehmen und Personengesellschaften zu beschränken. Dies kommt etwa in der Nichtanwendbarkeit von § 253 Abs. 4 und 5 im Jahresabschluss von Kapitalgesellschaften zum Ausdruck. Darüber hinaus ist dem Bilanzrecht eine nicht auf spezifische Einzelrisiken abstellende Vorsorge für allgemeine Unternehmensrisiken im Rahmen der Gewinnermittlung – etwas anderes kann nur für die Gewinnverwendung gelten – völlig fremd; § 340 f stellt insoweit die **(punktuelle) Aufgabe des Verrechnungsverbots** nach § 246 Abs. 2 dar.[1] Worin die besonderen Risiken des Geschäftszweigs der Kreditinstitute im Einzelnen bestehen, lässt der Gesetzeswortlaut offen. Die Begründung der Bildung stiller Reserven wird allgemein mit der extremen Vertrauensempfindlichkeit des Kreditgewerbes begründet, dem ein offener Ausweis negativer Geschäftsentwicklungen nicht in der für andere Kapitalgesellschaften unumgänglichen Deutlichkeit abverlangt werden soll.[2] Ergebnisschwankungen könnten möglicherweise zu einer objektiv unbegründeten Verunsicherung der Kunden des Kreditinstituts führen und den massiven Abfluss von Kundeneinlagen (**Bank Run**) nach sich ziehen (vgl. hierzu auch Erl. zu § 340 c). Das Liquiditätsproblem einer einzelnen Bank könnte sich auf andere Banken übertragen und ein allgemeines Misstrauen gegenüber dem Kreditgewerbe auslösen. Dieser **Dominoeffekt** könnte im äußersten Fall eine Systemkrise hervorrufen. Aus diesem Grund steht die Kreditwirtschaft einer Bildung offener Rücklagen nach wie vor kritisch gegenüber, da sie negative Marktreaktionen bei einer im Jahresabschluss erkennbaren Auflösung dieser Rücklagen befürchtet.

2   Die Begründung der **stillen Risikovorsorge** ist **nicht unumstritten;** insbesondere im Prozess der Harmonisierung der Bankenrechnungslegung stand diese nahezu ausschließlich auf Deutschland beschränkte Rechnungslegungsphilosophie unter erheblichem Druck. Mit der Legung stiller Reserven wird immer in gewissem Umfang auch eine **Fehlinformation der Anleger** in Kauf genommen, da das den Anteilseignern zur Verfügung stehende Jahresergebnis verkürzt wird. Darüber hinaus erschwert die ebenfalls stille Auflösung der Reserven eine rationale Anlageentscheidung.

3   Durch die Internationalisierung der Rechnungslegung wurde die praktische Relevanz des Wahlrechts zur Bildung stiller Reserven begrenzt, da nach den internationalen Rechnungslegungsvorschriften nur offene Reserven (im Rahmen der Gewinnverwendung) zugelassen sind. Für Unternehmen, die nach § 315 a einen Konzernabschluss oder nach § 325 Abs. 2 a einen ergänzenden Einzelabschluss nach IFRS aufstellen, führt die Bildung stiller Reserven zu einer Divergenz zwischen dem handelsrechtlichen und dem nach internationalen Rechnungslegungsvorschriften aufgestellten Abschluss.[3] Einige Kreditinstitute sind vor diesem Hintergrund auch im handelsrechtlichen Abschluss in den zurückliegenden Jahren auf eine offene Reservenbildung übergegangen.

4   Außer Frage steht, dass für Zwecke der **Besteuerung** die **Wertansätze** nach § 340 f **unerheblich** sind. Die erhöhten Abschreibungen finden keinen Niederschlag in der Steuerbilanz und mindern aus diesem Grund das zu versteuernde Einkommen nicht.[4]

II. Ausmaß der zulässigen Reservenbildung

5   Hinsichtlich der Höhe der zulässigen Reservenbildung hat es der Gesetzgeber auf Grund der eindeutigen Vorgabe in Art. 37 Abs. 2 EG-BBRL nicht bei dem unbestimmten Rechtsbegriff der „vernünftigen kaufmännischen Beurteilung" belassen können. Zwar sollte die Möglichkeit zur

---

[1] *Bieg* BHdR RdNr. 276.
[2] *Bauer* WM 1987, 864.
[3] *Krumnow* RdNr. 2.
[4] *Ausschuss für Bilanzierung des BdB* S. 96; *Bieg* BHdR RdNr. 276, der von „versteuerten Pauschalwertberichtigungen" spricht.

Bildung stiller Reserven gegeben sein, jedoch finden die Interessen etwa der Anteilseigner zumindest Berücksichtigung, indem einerseits die **Bemessungsgrundlage eingeschränkt** und andererseits eine **quantitativ bestimmte Obergrenze** gegeben ist.

Als Basis für die Bestimmung einer über das für Unternehmen anderer Branchen zulässige Maß hinausgehenden Abschreibung dienen
- Forderungen an Kreditinstitute und Kunden,
- Schuldverschreibungen und andere festverzinsliche Wertpapiere sowie
- Aktien und andere nicht festverzinsliche Wertpapiere.

Dabei sind Wertpapiere nur dann in die Bemessungsgrundlage einzubeziehen, wenn sie zur Liquiditätsreserve gehören;[5] die Abschreibung ist bei Wertpapieren ausgeschlossen, die wie Anlagevermögen behandelt werden oder die Teil des Handelsbestands sind (zur Abgrenzung der unterschiedlichen Kategorien vgl. Erl. zu § 340 c).

Neben der Einschränkung der Aktivpositionen, auf die zum Zwecke der Risikovorsorge zusätzliche Abschreibungen vorgenommen werden können, ist auch das Volumen beschränkt. Der **maximale Betrag** der so gebildeten stillen Reserve darf **4% des Wertes der in Frage kommenden Positionen vor Reservenbildung** nicht übersteigen; hier findet die vernünftige kaufmännische Beurteilung eine objektive Grenze.[6] Zu beachten ist ferner, dass die Reservenbildung nach § 340 f nur **eine** Möglichkeit zur Risikovorsorge darstellt, die bei Bedarf durch die Bildung eines – allerdings offen zu zeigenden – Sonderpostens nach § 340 g ergänzt werden kann.

Sofern sich die **Bemessungsgrundlage** in Folgejahren **verringert**, wird eine **betragsmäßige Anpassung** zwingend sein, da der sich andernfalls ergebende bilanzpolitische Spielraum dem Sinn und Zweck einer betragsmäßig festgelegten Obergrenze zuwiderlaufen würde.[7] Insbesondere ist es unzulässig, die Vorsorge selbst dann noch beizubehalten, wenn überhaupt keine Vermögensgegenstände mehr vorhanden sind, die ursprünglich als Bemessungsgrundlage für die Reservenbildung gedient haben.[8] Dem wird nicht nur wegen „gewisse(r) Argumentationsschwierigkeiten bzgl. der Bilanzposition, unter der die Vorsorge dann auszuweisen wäre",[9] nicht zu folgen sein. Ohne eine zwingende Begrenzung auf 4% der betroffenen Vermögensgegenstände, die an jedem Abschlussstichtag daraufhin zu überprüfen ist, dass die Risikovorsorge den Maximalbetrag nicht übersteigt, bliebe eine Obergrenze in Folgeabschlüssen wirkungslos.

Dies gilt umso mehr, als die **Zuordnung von Vermögensgegenständen zur Liquiditätsreserve** weitgehend dem **Ermessen der Geschäftsleitung** des bilanzierenden Kreditinstituts überlassen ist (vgl. Erl. zu § 340 c). Insofern wäre es möglich, durch eine Gestaltung der Bemessungsgrundlage an einem Abschlussstichtag eine hohe stille Reserve zu bilden, die nachfolgend keiner Anpassung mehr unterliegt. Dies würde die prozentuale Obergrenze ad absurdum führen. Soweit die Vorsorgebemessung in das vernünftige kaufmännische Ermessen gestellt wird, scheint es deshalb angebracht, den einzigen im Gesetz enthaltenen konkreten Maßstab zur Bestimmung der zutreffenden Höhe restriktiv anzuwenden.[10] Dabei ist die Wirksamkeit dieser Beschränkung nicht zu überschätzen, da durch die Zuordnung von Vermögensgegenständen zur Liquiditätsreserve ein erheblicher Spielraum verbleibt.

Die durch § 340 f eingeräumten Möglichkeiten zur stillen Bildung und Auflösung von Reserven bringen eine **Verschiebung der Jahresabschlusszwecke** im Vergleich zum Jahresabschluss von Nichtbanken mit sich. **Bankspezifische Gläubigerschutzerwägungen** gewinnen gegenüber den originären handelsrechtlichen Jahresabschlusszwecken Informations- und Einkommensbemessungsfunktion deutlich an Gewicht. Zwar ist die Anwendung der bankspezifischen Spezialregelung nicht unter Berufung auf die im deutschen Recht vergleichsweise schwach ausgestaltete Generalnorm (vgl. Erl. zu § 264) in § 264 Abs. 2 auszuschließen,[11] doch gerade die ökonomischen Implikationen der stillen Reserven werden in der Literatur zunehmend hinterfragt.[12]

---

[5] *Göttgens/Schmelzeisen* S. 71.
[6] Zur geringen praktischen Bedeutung der 4%-Grenze vgl. *Krumnow* RdNr. 14; ferner *Prahl* WPg 1991, 439; *Deutsche Bundesbank* S. 43; *Treuarbeit* S. 135.
[7] *Bieg* BHdR RdNr. 287; aA *Biener*, Bilanzleiter-Tagung, S. 35; *Göttgens/Schmelzeisen* S. 71; *Scharpf/Sohler* S. 91; abwägend *Krumnow* RdNr. 24.
[8] So aber *Epperlein* S. 128.
[9] *Epperlein* S. 128.
[10] *Ausschuss für Bilanzierung des BdB* S. 98; *Krumnow* RdNr. 24, jedoch zurückhaltend in Hinblick auf die praktische Bedeutung; aA *Biener*, Bilanzleiter-Tagung, S. 35, der bei Überschreiten der 4%-Grenze nur von einem Neubildungsverbot, jedoch unter Beibehaltung der bis dahin gebildeten Reserven ausgeht.
[11] Ebenso *Naumann* S. 17; *Ausschuss für Bilanzierung des BdB* S. 97 f.; *Krumnow* RdNr. 17 ff.
[12] *Krumnow* RdNr. 21.

III. Vorgehensweise bei der Reservenbildung in der Bilanz

11 Die **Bildung stiller Reserven** ist auf Grund des Gesetzeswortlauts **auf eine niedrigere Bewertung** der in Frage kommenden **aktiven Bilanzposten beschränkt**.[13] Weder kommt eine Höherbewertung von Passiva in Frage, noch kann eine Risikovorsorge nach § 340 f durch den Ansatz einer zusätzlichen Passivposition vorgenommen werden. Letzteres verhinderte gerade eine in diesem Zusammenhang gewünschte **stille** Reservenbildung.[14] Es können also nur die definierten Aktivposten im Umfang der für notwendig erachteten Risikovorsorge abgewertet werden.

12 Die **Abschreibung steht in keiner Verbindung mit einer tatsächlichen Wertminderung** der Vermögensgegenstände;[15] insoweit ist die Abschreibung nach § 340 f mit einer Abschreibung nach § 253 Abs. 4 vergleichbar. Welche Vermögensgegenstände im Einzelfall abgewertet werden, steht demzufolge im Ermessen der Geschäftsleitung des bilanzierenden Kreditinstituts; insbesondere wird keine anteilige Abwertung der betreffenden Vermögensgegenstände verlangt.[16] Um die Informationsmöglichkeiten der externen Bilanzadressaten nicht zusätzlich zu beeinträchtigen, wird eine **Umschichtung zwischen den abgewerteten Vermögensgegenständen auf ein Minimum** zu **begrenzen** sein. Eine solche Umschichtung ist insbesondere dann unumgänglich, wenn eine im Vorjahr abgewertete Position im gegenwärtigen Jahresabschluss nicht mehr enthalten ist. Darüber hinausgehende Neuverteilungen etwa auf Grund „neuer Risikoschwerpunkte"[17] sind kritisch zu beurteilen, zeichnen sich die hier zu beurteilenden Reserven doch gerade durch den fehlenden Bezug zu einzelnen Bilanzposten aus. In der **Gewinn- und Verlustrechnung** schlagen sich nur die **Netto-Veränderungen** der Vorsorgereserven nieder; Verschiebungen zwischen einzelnen Bilanzposten bleiben ohne Effekt in der Gewinn- und Verlustrechnung.[18]

IV. Beibehaltungswahlrecht sowie Unterlassung von Angaben und Aufgliederungen iSv. § 281 Abs. 1 S. 2 und Abs. 2

13 **1. Beibehaltungswahlrecht eines niedrigeren Wertansatzes nach Abs. 2 S. 1.** Als problematisch erweist sich das **Beibehaltungswahlrecht hinsichtlich des niedrigeren Wertansatzes** ohne Angabe eines konkreten Volumens. Es bleibt offen, ob die 4%-Grenze nur zum Zeitpunkt der erstmaligen Reservenbildung zu beachten ist oder eine Anpassung vorzunehmen ist, wenn sich die Bemessungsgrundlage hinsichtlich des mengenmäßigen Volumens verändert hat. Der Gesetzeswortlaut lässt beide Interpretationen zu. Dabei spricht jedoch einiges für eine **restriktive Auslegung,** dh. eine Einhaltung der Obergrenze an jedem Abschlussstichtag und nicht nur bei der erstmaligen Anwendung. Vgl. auch Erläuterungen unter RdNr. 7 ff.

14 Das eingeräumte Beibehaltungswahlrecht betrifft dann nur noch die Entscheidung über die Bildung bzw. Auflösung von stillen Reserven bis zur Grenze von 4% der Liquiditätsreserve an jedem Abschlussstichtag. Die Möglichkeit der Beibehaltung ermöglicht eine Fortführung bis zum maximal möglichen Volumen, auch wenn sich die Risikoeinschätzung der Geschäftsleitung geändert hat. Vor diesem Hintergrund bleibt es unerheblich, ob das in § 340 f eingeräumte Bewertungswahlrecht unter die nach § 252 Abs. 1 (stetig anzuwendenden) Bewertungsmethoden zu subsumieren ist.[19]

15 **2. Nichtanwendung von § 280.** Die Bezugnahme auf § 280 wird in der Literatur für „problematisch, wenn nicht gar verfehlt"[20] gehalten. Der Gesetzgeber wollte mit der ausdrücklichen Nichtanwendung von § 280 offensichtlich gewährleisten, dass der niedrigere Wertansatz auch dann beibehalten werden kann, wenn die ursprünglichen Gründe für die niedrigere Bewertung nicht mehr bestehen. Damit wird noch einmal unterstrichen, dass die Vorsorgeregelung nicht auf konkrete Risiken einzelner Bankgeschäftsbereiche beschränkt ist, die nach Wegfall dieser Risiken anzupassen wäre. Vielmehr soll der Geschäftsleitung auch über die konkrete Situation hinaus eine Manövriermasse verbleiben, die nur den unter RdNr. 7 f. erläuterten Beschränkungen unterliegt.[21]

---

[13] *Ausschuss für Bilanzierung des BdB* S. 100; *Bieg* BHdR RdNr. 276.
[14] Vgl. zur insoweit abweichenden Konzeption des Sonderpostens für allgemeine Bankrisiken § 340 g.
[15] *Bauer* WM 1987, 864.
[16] *Scharpf/Sohler* S. 90.
[17] *Ausschuss für Bilanzierung des BdB* S. 100; *Krumnow* RdNr. 38.
[18] *Ausschuss für Bilanzierung des BdB* S. 100; *Krumnow* RdNr. 39.
[19] *Scharpf/Sohler* S. 92; *Ausschuss für Bilanzierung des BdB* S. 99, die von der Nichtanwendbarkeit von § 252 Abs. 1 Nr. 6 auf Bewertungswahlrechte ausgehen.
[20] *Ausschuss für Bilanzierung des BdB* S. 98; *Krumnow* RdNr. 23.
[21] IdS wohl auch Begr. RegE zu § 340 f: „Die Vorsorgereserve darf beliebig lange beibehalten werden, so dass das Wertaufholungsgebot des § 280 nicht gilt"; eindeutig Art. 37 Abs. 2 b) EG-BBRL: „der (...) gebildete Wertansatz mit einem niedrigeren Wert so lange beibehalten werden darf, bis das Kreditinstitut beschließt, den Wertansatz anzupassen".

Dabei wurde aber offensichtlich übersehen, dass die **Anwendung von § 280 nicht** bei jedem 16 unter den Anschaffungs- oder Herstellungskosten bzw. unter den um planmäßige Abschreibungen geminderten Anschaffungs- oder Herstellungskosten liegenden Wertansatz **eingreift**. Vielmehr wird in § 280 Abs. 1 eine Abschreibung nach § 253 Abs. 2 S. 3 oder Abs. 3 oder § 254 Abs. 1 vorausgesetzt. Derartige Abschreibungen kommen aber bei der Risikovorsorge nach § 340 f nicht zum Tragen; es handelt sich um eine **eigenständige Bewertungsvorschrift**.[22]

Der Gesetzeswortlaut hat aber dennoch **weit reichende Konsequenzen**: Offensichtlich sollen 17 **sämtliche Vermögensgegenstände der Liquiditätsreserve**, die Basis für die Bildung einer Vorsorgereserve sein können, **generell von der Wertaufholung nach § 280 ausgenommen** werden.[23] Es wird nicht darauf Bezug genommen, ob tatsächlich bzw. in welcher Höhe eine Vorsorge erfolgt ist.[24] Stattdessen heißt es ausdrücklich: „die in S. 1 bezeichneten Vermögensgegenstände" ohne dahingehende Einschränkung, ob diese Vermögensgegenstände tatsächlich für Zwecke der Risikovorsorge abgewertet wurden.

Unter Berücksichtigung der Tatsache, dass die Forderungen gegenüber Kunden und Banken einen 18 erheblichen Teil der Bilanzsumme ausmachen,[25] kommt der **Nichtanwendung von § 280 erhebliche Bedeutung** zu. Dies betrifft sowohl die Wertaufholung als solche als auch den Verzicht auf eine Anhangangabe nach § 280 Abs. 3.[26] Zur Wertaufholung beim Handelsbestand und bei Vermögensgegenständen, die wie Anlagevermögen bewertet werden, vgl. Erläuterungen zu § 340 e.

3. Verzicht auf Angaben und Aufgliederungen nach § 281 Abs. 1 S. 2, Abs. 2. Der 19 Regelungsbereich von Abs. 2 S. 2 ist nicht eindeutig erkennbar. Nach dem Wortlaut brauchen in der Bilanz oder im Anhang entgegen § 281 Abs. 1 S. 2 keine Angaben über die Vorschriften gemacht werden, nach denen steuerrechtliche Abschreibungen vorgenommen oder Beträge in den Sonderposten mit Rücklageanteil eingestellt wurden. Ferner können die Angabe und die Begründung der allein nach steuerrechtlichen Vorschriften vorgenommenen Abschreibungen im Anhang unterbleiben; Erträge und Aufwendungen aus der Veränderung des Sonderpostens mit Rücklageanteil müssen nicht gesondert ausgewiesen oder im Anhang angegeben werden. Voraussetzung für diesen Verzicht auf Anhangangaben oder einen gesonderten Ausweis ist die Anwendung von Abs. 2 S. 1.

Offen bleibt, was mit der Bezugnahme auf S. 1 bezweckt wird. Eine **Verbindung zum Beibe-** 20 **haltungswahlrecht** nach Abs. 1 ist **nicht erkennbar**, da es sich dort um keinen niedrigeren Wertansatz handelt, der auf steuerlich motivierten Wertansätzen beruht. Überhaupt sind nur steuerrechtlich zulässige Abschreibungen für die Vermögensgegenstände der Liquiditätsreserve nahezu bedeutungslos.[27] Ob daraus jedoch ein genereller Verzicht auf Angaben nach § 281 Abs. 1 S. 2, Abs. 2 gefolgert werden kann, erscheint fraglich.[28] Die Konzeption der Legung von stillen Reserven für allgemeine Bankrisiken stellt nach dem Wortlaut von § 340 f bewusst auf einen genau umrissenen Bestand von Vermögensgegenständen ab.

Wenn darüber hinaus auf Grund von nur steuerrechtlich zulässigen Abschreibungen weitere **stille** 21 **Reserven ohne Bezug zu bankspezifischen Risiken** entstehen, ist nicht erkennbar, warum für Kreditinstitute hinsichtlich der Angabepflichten etwas anderes gelten soll als für sonstige Kapitalgesellschaften. Insgesamt wird es jedoch wohl dabei bleiben, dass für die Anwendung von Abs. 2 S. 2 nahezu kein Raum bleibt.[29]

V. Kompensationsmöglichkeiten bei Aufwendungen und Erträgen in Verbindung mit der Reservenbildung

Abs. 3 stellt einen derjenigen Sachverhalte dar, bei denen die **Anwendung von § 246 Abs. 2 auf** 22 Grundlage von § 340 a Abs. 2 S. 3 **durch eine abweichende Vorschrift verdrängt** wird.[30] Ein gesonderter Ausweis der Aufwendungen und Erträge in der Gewinn- und Verlustrechnung wäre mit dem Grundgedanken der Bildung stiller Reserven unvereinbar.[31] Zur insofern abweichenden Kon-

---

[22] *Ausschuss für Bilanzierung des BdB* S. 98; *Bieg* BHdR RdNr. 288; aA *Scharpf/Sohler* S. 91.
[23] *Ausschuss für Bilanzierung des BdB* S. 99.
[24] *Ausschuss für Bilanzierung des BdB* S. 99; aA *Göttgens/Schmelzeisen* S. 65, die nur von der Nichtanwendung von § 280 ausgehen, wenn es sich um stille Vorsorgereserven handelt.
[25] *Ausschuss für Bilanzierung des BdB* S. 97.
[26] *Ausschuss für Bilanzierung des BdB* S. 99.
[27] *Ausschuss für Bilanzierung des BdB* S. 99.
[28] *Scharpf/Sohler* S. 269; so aber *Ausschuss für Bilanzierung des BdB* S. 100.
[29] *Ausschuss für Bilanzierung des BdB* S. 100, der aus diesem Grund die oben beschriebene weite Interpretation für anwendbar hält.
[30] *Bieg* BHdR RdNr. 294.
[31] *Bieg* BHdR RdNr. 292.

zeption der Bildung offener Rücklagen nach § 340 g vgl. Erläuterungen zu § 340 g. Um die im Rahmen der allgemeinen Risikovorsorge angefallenen **Aufwendungen und Erträge in der Gewinn- und Verlustrechnung nicht erkennbar** werden zu lassen, wird den Kreditinstituten die Möglichkeit eingeräumt,
- Aufwendungen aus der Bildung/Erträge aus der Auflösung von stillen Reserven iSv. § 340 f Abs. 1,
- Abschreibungen und Zuschreibungen auf Wertpapiere der Liquiditätsreserve,
- Aufwendungen und Abschreibungen bzw. Erträge und Zuschreibungen in Verbindung mit Forderungen einschließlich Erträgen aus dem Eingang von teilweise oder vollständig abgeschriebenen Forderungen sowie
- Aufwendungen und Erträge in Verbindung mit der Bildung und Auflösung von Rückstellungen für Eventualverbindlichkeiten und für Kreditrisiken

saldiert in einem Gesamtbetrag zu zeigen. Der im Fall der Verrechnung verbleibende Saldo ist als Ertrag in der Position 7 **(Erträge aus Zuschreibungen zu Forderungen und bestimmten Wertpapieren sowie aus der Auflösung von Rückstellungen im Kreditgeschäft)** oder als Aufwandsposition 6 **(Abschreibungen und Wertberichtigungen auf Forderungen und bestimmte Wertpapiere sowie Zuführungen zu Rückstellungen im Kreditgeschäft)** im für die Gewinn- und Verlustrechnung zu verwendenden Formblatt auszuweisen.

23 Diese wahlweise „**Überkreuzkompensation**" kann nur in vollem Umfang erfolgen; eine **partielle Kompensation** ausgewählter Aufwands- und Ertragspositionen ist auf Grund von § 32 S. 3 RechKredV **unzulässig**. Ferner kann auch keine Separierung einzelner Teilbereiche (etwa nach Kredit- und Wertpapiergeschäft) erfolgen, für die dann isoliert von der Kompensationsmöglichkeit Gebrauch gemacht werden könnte.[32] Damit ist zumindest erkennbar, ob von der Kompensation überhaupt Gebrauch gemacht wurde; sofern entweder unter der Ertrags- oder unter der Aufwandsposition in der Gewinn- und Verlustrechnung **kein** Betrag ausgewiesen ist, liegt eine Überkreuzkompensation vor.[33] Hingegen bedeutet die Tatsache der Überkreuzkompensation nicht, dass im betreffenden Geschäftsjahr tatsächlich eine Veränderung der stillen Reserven erfolgte.[34]

24 Durch die eingeräumten Verrechnungsmöglichkeiten ist mit hinreichender Sicherheit gewährleistet, dass **für den externen Jahresabschlussadressaten** eine **stille Risikovorsorge** tatsächlich **nicht erkennbar** ist, was zugleich mit einem (vollständigen) Informationsverlust über die Zusammensetzung des erzielten Nettoerfolgs einhergeht.[35]

25 Die Verrechnungsmöglichkeiten nach Abs. 3 sind in der folgenden Übersicht zusammengestellt:[36]

Geschäftsfeld	Aufwands-/Ertragsarten	Kompensation
Kreditgeschäft, Wertpapiere der Liquiditätsreserve	– Abschreibungen/Zuschreibungen einschließlich Zuführungen/Auflösungen von Einzel- und Pauschalwertberichtigungen	Wahlrecht § 340 f Abs. 3
– Forderungen	– Eingänge auf abgeschriebene Forderungen	
– Wertpapiere: Liquiditätsreserve	– Zuführungen/Auflösungen von Rückstellungen im Kreditgeschäft	
	– Buchgewinne/-verluste bei Wertpapieren der Liquiditätsreserve	

VI. Verzicht auf Angaben in Jahresabschluss, Lagebericht, Konzernabschluss und Konzernlagebericht

26 Die Besonderheit der Vorsorgereserven nach Abs. 1 liegt offensichtlich darin, dass die Bildung und Auflösung dieser Reserven für den Bilanzadressaten nicht erkennbar ist.[37] Insofern ist es zwingend, dass Abs. 4 eine **umfassende Befreiung von Angabepflichten** vorsieht; eine Nennung der Vorsorgereserven, etwa im Rahmen des § 284 Abs. 2 Nr. 1 anzugebenden Bilanzierungs- und Bewertungsmethoden, ist in das freie Ermessen des Bilanzierenden gestellt.[38]

---

[32] *Ausschuss für Bilanzierung des BdB* S. 101; *Bieg* BHdR RdNr. 296; *Krumnow* RdNr. 41.
[33] *Ausschuss für Bilanzierung des BdB* S. 101; *Hossfeld* WPg 1987, 338; *Bieg* BHdR RdNr. 296; *Krumnow* RdNr. 41.
[34] *Hossfeld* WPg 1987, 338; *Bieg* BHdR RdNr. 296.
[35] *Ausschuss für Bilanzierung des BdB* S. 100 f.; *Hossfeld* WPg 1987, 339.
[36] *Göttgens/Schmelzeisen* S. 46.
[37] *Ausschuss für Bilanzierung des BdB* S. 101.
[38] *Krumnow* RdNr. 44.

Jedoch können Angabepflichten dann wieder aufleben, wenn der Einfluss der Bildung oder Auflösung von stillen Reserven auf das Jahresergebnis von wesentlicher Bedeutung ist, so etwa wenn auf diesem Wege aus einem Jahresfehlbetrag ein Jahresüberschuss wird.[39] **27**

Der Verzicht auf Angaben zu den angewandten Bilanzierungs- und Bewertungsmethoden nach § 284 Abs. 2 Nr. 1 reicht allerdings nur so weit, wie Bilanzposten betroffen sind, die tatsächlich stille Rücklagen iSv. § 340 f Abs. 1 beinhalten.[40] **28**

§ 340 g Sonderposten für allgemeine Bankrisiken

(1) Kreditinstitute dürfen auf der Passivseite ihrer Bilanz zur Sicherung gegen allgemeine Bankrisiken einen Sonderposten „Fonds für allgemeine Bankrisiken" bilden, soweit dies nach vernünftiger kaufmännischer Beurteilung wegen der besonderen Risiken des Geschäftszweigs der Kreditinstitute notwendig ist.

(2) Die Zuführungen zum Sonderposten oder die Erträge aus der Auflösung des Sonderpostens sind in der Gewinn- und Verlustrechnung gesondert auszuweisen.

Schrifttum: Siehe Schrifttum zu § 340.

I. Sonderposten „Fonds für allgemeine Bankrisiken" als Alternative zur Bildung stiller Reserven

Mit dem Fonds für allgemeine Bankrisiken wird Kreditinstituten eine (zusätzliche) **Alternative zur Risikovorsorge nach § 340 f** eingeräumt, die einer identischen Zielsetzung folgt.[1] Der Unterschied liegt einerseits in der **fehlenden strikten quantitativen Begrenzung** im Vergleich zur Risikovorsorge nach § 340 f,[2] zum anderen im **offenen Ausweis** des Sonderpostens (der Veränderung des Sonderpostens) in der Bilanz (der Gewinn- und Verlustrechnung) und der damit verbundenen Erkennbarkeit für externe Bilanzadressaten.[3] **1**

Damit einher geht die **Anerkennung des Sonderpostens als Kernkapital** nach § 10 Abs. 2 a Nr. 7 KWG (vgl. unter RdNr. 4), während die nach § 340 f gebildeten stillen Reserven nur Ergänzungskapital darstellen und zusammen mit den weiteren Ergänzungskapitalkomponenten gem. § 10 Abs. 2 b S. 2 KWG auf 100% des Kernkapitals begrenzt sind.[4] **2**

Insoweit wird bei der Entscheidung für die eine oder andere Form der Risikovorsorge eine Abwägung zwischen der Kapitalqualitätsminderung bei § 340 f und dem offenen Ausweis der gelegten Reserven bei § 340 g vorzunehmen sein.[5] Dabei ist eine **Kombination beider Vorsorgeformen möglich,** insbesondere auch dann, wenn die (volumenmäßig beschränkte) Vorsorge nach § 340 f als nicht ausreichend erachtet wird.[6] **3**

II. Eigen- oder Fremdkapitalposition

Aus dem Wortlaut der Vorschrift und der Bezeichnung des Sonderpostens geht nicht unmittelbar hervor, ob es sich um eine Rücklagen- oder Rückstellungsposition handelt. Dies gilt umso mehr, als es für Nichtkreditinstitute keine vergleichbare Vorschrift zur bilanziellen Berücksichtigung allgemeiner Unternehmensrisiken gibt und die Position in der deutschen Übersetzung der EG-BBRL als „Rückstellung für allgemeine Bankrisiken" bezeichnet wird. Dieser Begriff wurde dann richtigerweise nicht in das HGB übernommen, sondern durch den Begriff „Fonds für allgemeine Bankrisiken" ersetzt.[7] Sowohl die **enge Verwandtschaft zur Risikovorsorge** nach § 340 f als auch die **Einordnung des Sonderpostens** als eine **(unbegrenzt) dem haftenden Eigenkapital zuzu-** **4**

---

[39] *Ausschuss für Bilanzierung des BdB* S. 103; *Krumnow* RdNr. 43.
[40] *Bieg* BHdR RdNr. 299.
[1] *Bieg* BHdR RdNr. 305; *Ausschuss für Bilanzierung des BdB* S. 102; *Meyer/Isenmann* S. 78; *Krumnow* § 340 f RdNr. 1.
[2] Vgl. Erl. unter RdNr. 5 f. sowie Erl. zu § 340 f.; ferner *Ausschuss für Bilanzierung des BdB* S. 102; *Bieg* BHdR RdNr. 306.
[3] *Ausschuss für Bilanzierung des BdB* S. 102; *Bieg* BHdR RdNr. 307; *Böcking/Ernsting/Fitzner/Wagener/Freiling* WPg 1995, 464.
[4] *Deutsche Bundesbank* S. 43 f.; *Krumnow* RdNr. 7 und 11; *Böcking/Ernsting/Fitzner/Wagener/Freiling* WPg 1995, 464.
[5] *Krumnow* RdNr. 11.
[6] *Ausschuss für Bilanzierung des BdB* S. 102; *Krumnow* RdNr. 8; *Böcking/Ernsting/Fitzner/Wagener/Freiling* WPg 1995, 464.
[7] *Ausschuss für Bilanzierung des BdB* S. 102.

rechnende Position iSv. § 10 Abs. 2 a Nr. 7 KWG schließen eine Qualifikation als Rückstellung aus.[8] Gegen einen Ausweis als Rückstellung spricht ferner auch die Stellung im Formblatt als Passivposten Nr. 11 zwischen dem Genussrechts- und dem Eigenkapital.[9] Schließlich sind die Voraussetzungen, unter denen der Sonderposten gebildet werden kann, gänzlich andere als diejenigen, die bei der Bildung handelsrechtlich zulässiger bzw. gebotener Rückstellungen nach § 249 gelten.

III. Voraussetzung für die Bildung und Bemessung des Sonderpostens

5 Da der Sonderposten offensichtlich nicht zur Abdeckung bestimmter Risiken dienen kann und soll, stellt sich die Frage, unter welchen Voraussetzungen und in welchem Umfang der Sonderposten gebildet werden kann. Im Unterschied zur Risikovorsorge nach § 340 f (maximal 4% des Gesamtbetrags der in Frage kommenden Vermögensgegenstände, der sich bei einer Bewertung nach § 253 Abs. 1 S. 1, Abs. 3 ergibt) ist **keine eng umrissene Begrenzung hinsichtlich des Volumens** vorgesehen, da auch eine Anknüpfung an bestimmte Bilanzgrößen fehlt.[10]

6 Zur Beurteilung der Angemessenheit wird auf die gleichen Kriterien zurückzugreifen sein wie allgemein bei der (für Kreditinstitute nicht zulässigen) Abschreibung nach § 253 Abs. 4 oder auch bei der Risikovorsorge nach § 340 f Abs. 1, die ebenfalls auf die vernünftige kaufmännische Beurteilung abstellen und im Übrigen einer vergleichbaren Zielsetzung folgen.[11] Neben der **Willkürfreiheit** wird insbesondere die **gesellschaftsrechtliche Treuepflicht** gegenüber den Anteilseignern ein zu berücksichtigender Aspekt sein.[12] Dies gewinnt vor allem bei Kreditinstituten in der Rechtsform der Aktiengesellschaft an Bedeutung, da der Fonds für allgemeine Bankrisiken eine **zusätzliche Verkürzung des ausschüttungsfähigen Betrags** über § 58 AktG hinaus darstellt und somit nicht der Beschlussfassung über die Ergebnisverwendung unterliegt.[13] Regelmäßig wird sich eine Restriktion hinsichtlich des zur Risikovorsorge verwendeten Betrags eher wegen der „geschäftspolitischen Gegebenheiten als auf Grund der in dieser Hinsicht eher vagen gesetzlichen Vorschrift ergeben".[14] Bei der Ermittlung des zur Vorsorge für erforderlich gehaltenen Gesamtbetrags ist jedoch grundsätzlich die ggf. auf Grundlage von § 340 f gebildete (stille) Reserve einzubeziehen.

7 **Für steuerliche Zwecke** bleibt der Sonderposten **ohne Bedeutung**, da er nur die Funktion einer Ausschüttungssperre hat und – insoweit vergleichbar mit anderen Gewinnrücklagen – aus versteuerten Gewinnen gebildet wird.[15]

IV. Ausweis der Zuführungen und der Erträge aus der Auflösung des Sonderpostens in der Gewinn- und Verlustrechnung

8 Die **Veränderungen des Sonderpostens** sind **gesondert in der Gewinn- und Verlustrechnung auszuweisen;** eine Verrechnung mit anderen Aufwands- oder Ertragspositionen ist damit ausdrücklich ausgeschlossen. Daraus folgt unmittelbar, dass eine **Einfügung einer gesonderter Position in der Gewinn- und Verlustrechnung** erforderlich ist, da entsprechende Posten in Formblatt 2 der RechKredV nicht vorgesehen sind.[16] Da der Sonderposten nicht an einzelne Sachverhalte oder Bilanzpositionen, sondern an das allgemeine Risiko des Geschäftszweigs der Kreditinstitute anknüpft, wird in einem Geschäftsjahr entweder nur eine Zuführung oder eine Auflösung vorliegen können.[17] Eine Einfügung bietet sich in Anlehnung an den Gesetzeswortlaut in Abs. 2

---

[8] Für eine Qualifikation als Eigenkapital auch *Deutsche Bundesbank* S. 43; *Göttgens/Schmelzeisen* S. 72; *Ausschuss für Bilanzierung des BdB* S. 102; *Krumnow* RdNr. 6 f.; aA *Claussen* DB 1991, 1132: „Es sollte sich also insoweit um etwas ähnliches handeln wie eine Rückstellungsbildung, wissend, dass es Rückstellungen für allgemeine unternehmerische Wagnisse weder im Handelsrecht noch im Steuerrecht gibt".
[9] *Ausschuss für Bilanzierung des BdB* S. 102.
[10] *Göttgens/Schmelzeisen* S. 72; *Scharpf/Sohler* S. 95; *Ausschuss für Bilanzierung des BdB* S. 102; *Bieg* BHdR RdNr. 306; *Krumnow* RdNr. 4.
[11] ADS § 253 RdNr. 576 ff.
[12] ADS § 253 RdNr. 578, 580.
[13] Begr. RegE zu § 340 g; *Göttgens/Schmelzeisen* S. 53; KPMG S. 16; *Scharpf/Sohler* S. 95; *Treuarbeit* S. 137; *Ausschuss für Bilanzierung des BdB* S. 102; *Bieg* BHdR RdNr. 308; *Krumnow* RdNr. 10; WPH J RdNr. 292.
[14] *Bieg* BHdR RdNr. 306.
[15] *Ausschuss für Bilanzierung des BdB* S. 102; weniger eindeutig *Claussen* DB 1991, 1132; *Scharpf/Sohler* S. 94.
[16] Partiell aA *Göttgens/Schmelzeisen* S. 53; *Scharpf/Sohler* S. 95. *Treuarbeit* S. 138, schlagen einen „Darunter"-Vermerk bei der Position „Abschreibungen und Wertberichtigungen auf Forderungen und bestimmte Wertpapiere sowie Zuführungen zu Rückstellungen im Kreditgeschäft" bzw. „Erträge aus Zuschreibungen zu Forderungen und bestimmten Wertpapieren sowie aus der Auflösung von Rückstellungen im Kreditgeschäft" vor.
[17] Teilweise aA *Ausschuss für Bilanzierung des BdB* S. 103; *Krumnow* RdNr. 13, die aber im Ergebnis ebenfalls für einen Ausweis als saldierte Größe in der Gewinn- und Verlustrechnung plädieren.

Währungsumrechnung § 340 h

unter der Bezeichnung „Zuführungen zum Fonds für allgemeine Bankrisiken" nach der Aufwandsposition Nr. 7 (Abschreibungen und Wertberichtigungen auf Forderungen und bestimmte Wertpapiere sowie Zuführungen zu Rückstellungen im Kreditgeschäft), für Erträge unter der Bezeichnung „Erträge aus der Auflösung des Fonds für allgemeine Bankrisiken" nach der Ertragsposition Nr. 6 (Erträge aus Zuschreibungen zu Forderungen und bestimmten Wertpapieren sowie aus der Auflösung von Rückstellungen im Kreditgeschäft) an.[18]

Vierter Titel. Währungsumrechnung

§ 340 h

(1) ¹ Auf ausländische Währung lautende Vermögensgegenstände, die wie Anlagevermögen behandelt werden, sind, soweit sie weder durch Verbindlichkeiten noch durch Termingeschäfte in derselben Währung besonders gedeckt sind, mit ihrem Anschaffungskurs in Euro umzurechnen. ² Andere auf ausländische Währung lautende Vermögensgegenstände und Schulden sowie am Bilanzstichtag nicht abgewickelte Kassageschäfte sind mit dem Kassakurs am Bilanzstichtag in Euro umzurechnen. ³ Nicht abgewickelte Termingeschäfte sind zum Terminkurs am Bilanzstichtag umzurechnen.

(2) ¹ Aufwendungen, die sich aus der Währungsumrechnung ergeben, sind in der Gewinn- und Verlustrechnung zu berücksichtigen. ² Erträge, die sich aus der Währungsumrechnung ergeben, sind in der Gewinn- und Verlustrechnung zu berücksichtigen, soweit die Vermögensgegenstände, Schulden oder Termingeschäfte durch Vermögensgegenstände, Schulden oder andere Termingeschäfte in derselben Währung besonders gedeckt sind. ³ Liegt keine besondere Deckung vor, aber eine Deckung in derselben Währung, so dürfen Erträge nach Satz 2 berücksichtigt werden, soweit sie einen nur vorübergehend wirksamen Aufwand aus den zur Deckung dienenden Geschäften ausgleichen. ⁴ In allen anderen Fällen dürfen Erträge aus der Währungsumrechnung nicht berücksichtigt werden; sie dürfen auch mit Aufwendungen nach Satz 1 nicht verrechnet werden.

Schrifttum: Siehe Schrifttum zu § 340.

Übersicht

	RdNr.		RdNr.
I. Kodifizierung von Grundsätzen der Währungsumrechnung	1–7	4. Alle übrigen auf Auslandswährung lautenden Vermögensgegenstände und Schulden sowie am Bilanzstichtag nicht abgewickelte Kassageschäfte	28
II. Bestimmung des vorliegenden Deckungsgrades	8–18	5. Schwebende Termingeschäfte	29
1. Besondere Deckung (Mikro-Hedge)	8–16	IV. Anzuwendende Umrechnungskurse	30–32
2. Einfache Deckung (Makro-Hedge)	17	V. Erfassung von Aufwendungen und Erträgen aus der Währungsumrechnung in der Gewinn- und Verlustrechnung	33–38
3. Ohne Deckung	18		
III. Relevante Wertmaßstäbe bei der Währungsumrechnung nach § 340 h	19–29	VI. Erfassung von Umrechnungsdifferenzen in der Bilanz	39–45
1. Vermögensgegenstände, die wie Anlagevermögen behandelt werden und weder einer einfachen noch besonderen Deckung unterliegen	19–22	1. Erfolgswirksame Umrechnungsdifferenzen	39–41
		2. Erfolgsneutrale Umrechnungsdifferenzen	42–45
2. Vermögensgegenstände, die wie Anlagevermögen behandelt werden und für die eine einfache Deckung besteht	23, 24	VII. Erforderliche Anhangangaben	46
		VIII. Steuerliche Anerkennung des Erfolgsausweises aus Währungsumrechnung nach § 340 h	47
3. Vermögensgegenstände, die wie Anlagevermögen behandelt werden und für die eine besondere Deckung besteht	25–27	IX. Tabellarische Darstellung	48

---

[18] *Treuarbeit* S. 138; aA *Göttgens/Schmelzeisen* S. 53, die eine Einfügung unmittelbar vor der Position Jahresüberschuss/Jahresfehlbetrag vorschlagen.

Wiedmann

I. Kodifizierung von Grundsätzen der Währungsumrechnung

1 Mit der Regelung des § 340 h hat erstmals eine **explizite Vorschrift zur Währungsumrechnung** Eingang in das HGB gefunden. Dies erscheint umso bedeutsamer, da zuvor keine Einigkeit über GoB auf dem Gebiet der Währungsumrechnung bestand. Die Einfügung von Vorschriften zur Währungsumrechnung in den nur für Kreditinstitute geltenden Teil des HGB trägt einerseits der Tatsache Rechnung, dass das Fremdwährungsgeschäft der Banken von besonderer Bedeutung ist, andererseits ist deshalb § 340 h grundsätzlich nicht für Nichtkreditinstitute anwendbar.[1]

2 Aufgrund der Stellung im Gesetz unter einem eigenen Titel handelt es sich bei den Regelungen zur Währungsumrechnung nicht eindeutig um Bewertungsvorschriften, sondern eher um eine **Mischform aus Bewertungs- und reinem Transformationsvorgang**.[2] Zwar werden im Allgemeinen unter dem Begriff Schulden neben Verbindlichkeiten auch Rückstellungen subsumiert, in der Literatur wird jedoch häufig der Anwendungsbereich des § 340 h auf die **Verbindlichkeiten** beschränkt.[3]

3 Im Mittelpunkt der Fremdwährungsumrechnung steht eine **adäquate Anwendung des Einzelbewertungsgrundsatzes in Verbindung mit dem Imparitätsprinzip.** Negative Wechselkursveränderungen schlagen sich grundsätzlich bei Aktivpositionen (Passivpositionen) in Form einer Wertminderung (Werterhöhung) nieder, während gegenläufige Veränderungen als unrealisierte Gewinne keine Berücksichtigung finden. Bei betragsgleichen Fremdwährungsforderungen und -verbindlichkeiten, die zum gleichen Wechselkurs eingebucht wurden, führt dies zu dem (unbefriedigenden) Ergebnis, dass jede Veränderung des Wechselkurses bis zum Abschlussstichtag zu einem bilanziellen Verlust führt. Eine Aufwertung der Fremdwährung (gestiegener Wechselkurs) zieht eine Erhöhung der Verbindlichkeit nach sich, während aus einer Aufwertung des Euro (gesunkener Wechselkurs) eine Abschreibung der Forderungsposition resultiert. Hingegen hat sich die Vermögensposition bei einer Orientierung an Marktpreisen – von nicht wechselkursinduzierten Risiken abgesehen – nicht verändert: Dem Verlust an der einen Position steht jeweils ein identischer Gewinn aus der entgegengesetzten Position gegenüber. Mit § 340 h hat der Gesetzgeber den Versuch unternommen, zwischen **finanzwirtschaftlicher Erfolgswirkung** und **handelsrechtlicher Gewinnermittlungskonzeption** einen ausgewogenen **Kompromiss** zu formulieren.

4 Entscheidend für den anzuwendenden Umrechnungskurs ist einerseits die Qualifikation als ein wie Anlage- bzw. wie Umlaufvermögen behandelter Vermögensgegenstand; andererseits hängt die Vereinnahmung der Umrechnungserfolge davon ab, ob keine, eine einfache (auch „bloße" oder „allgemeine") oder eine besondere Deckung vorliegt (vgl. zu den Deckungsgraden Erl. unter RdNr. 8 ff).

5 Die **Berücksichtigung einer Deckung** ist auf Grund des eindeutigen Gesetzeswortlauts **nur** durch Vermögensgegenstände, Schulden oder Termingeschäfte möglich, die auf die **gleiche Währung** lauten. Überlegungen, inwieweit Währungen mit weitestgehend kongruenten Kursverläufen zur Deckung herangezogen werden können,[4] sind vor dem Hintergrund des geltenden Rechts obsolet.[5]

6 Die durch Abs. 1 vorgegebenen Umrechnungsmaßstäbe und die gleichzeitig in Abs. 2 festgelegte Behandlung der Umrechnungserfolge in der Gewinn- und Verlustrechnung machen eine Einfügung bilanzieller „Ausgleichsposten" erforderlich, um eine konsistente Abbildung in der Bilanz zu gewährleisten.[6]

7 Während die Umrechnung von Bilanzpositionen und Termingeschäften durch § 340 h im Grundsatz abschließend geregelt ist, enthalten die ergänzenden Vorschriften für Kreditinstitute keine explizite Regelung zur **Umrechnung von in Fremdwährung anfallenden Aufwendungen und Erträgen,** so dass hier auch in Zukunft im Rahmen der Grundsätze ordnungsmäßiger Buchführung unterschiedliche Vorgehensweisen zur Anwendung kommen werden.[7] Im Regelfall wird dies eine **Umrechnung mit dem Kurs zum Zeitpunkt des Geschäftsvorfalls** bedeuten.[8]

---

[1] *Scharpf/Sohler* S. 97 mwN; *BFA des IDW* 3/1995, WPg 1995, 735; zu einer „gewissen Ausstrahlung auf andere Branchen" *Krumnow* RdNr. 1.
[2] *IDW* WPg 1989, 377; *Naumann* S. 47 f.;; aA Begr. RegE zu § 340 h; *Scharpf/Sohler* S. 97.
[3] *Grewe* BoHR RdNr. 48; die EG Bankbilanz-Richtlinie, die Grundlage des Gesetzes ist, spricht ebenfalls von Verbindlichkeiten.
[4] *Bieg* BHdR RdNr. 341; *Epperlein* S. 132.
[5] *Krumnow* RdNr. 44; bei perfekt negativer Korrelation, unter wirtschaftlichen Gesichtspunkten befürwortend *Böcking/Benecke* RdNr. 9.
[6] *Göttgens/Schmelzeisen* S. 73; vgl. im Einzelnen Erl. unter RdNr. 42 ff.
[7] *Göttgens/Schmelzeisen* S. 73; *Scharpf/Sohler* S. 113.
[8] *Göttgens/Schmelzeisen* S. 73.

II. Bestimmung des vorliegenden Deckungsgrades

1. Besondere Deckung (Mikro-Hedge). Obwohl die Abgrenzung der besonderen und der einfachen Deckung für die Behandlung der Umrechnungserfolge von zentraler Bedeutung ist, wird der Inhalt dieser Begriffe vom Gesetzgeber nicht näher umschrieben. „Voraussetzung für eine besondere Deckung ist, dass ein **spezielles Deckungsgeschäft** für umzurechnende Vermögensgegenstände, Schulden oder Geschäfte **abgeschlossen** wird **oder** eine **besondere Beziehung** zwischen Vermögensgegenständen und Schulden **hergestellt** worden ist."[9] Neben der tatsächlichen Eignung als Instrument zur Kompensation von nachteiligen Wechselkursveränderungen muss ein Geschäft, das zur besonderen Deckung dienen soll, auch als solches dokumentiert werden.[10] Jedoch kann die mit dem Vorliegen einer besonderen Deckung verbundene verpflichtende Vereinnahmung von Erträgen aus der Währungsumrechnung dadurch umgangen werden, dass das Kreditinstitut auf die Dokumentation besonderer Deckungsverhältnisse verzichtet. Damit liegt nur noch der Fall einer einfachen Deckung vor, bei der keine in vollem Umfang ergebniswirksame Vereinnahmung von Umrechnungserträgen möglich ist.

Um eine besondere Deckung herbeizuführen, müssen neben der Dokumentation als Deckungsgeschäft weitere Voraussetzungen erfüllt sein. So scheidet eine Deckung durch eine dritte Währung in jedem Fall aus. Weiterhin muss der **Betrag** des zur Deckung herangezogenen Geschäfts zumindest **näherungsweise mit der gegenläufigen Position übereinstimmen,** wobei es ausreicht, wenn mehrere Geschäfte zur Deckung einer großen Position herangezogen werden.[11] Der verbleibende, ungedeckte Betrag ist dann als offene Position zu behandeln; die besondere Deckung liegt nur in Höhe des geringeren Betrags vor.[12]

Zudem wird verlangt, dass sich die betroffenen Positionen hinsichtlich der **Fristigkeit** entsprechen, was jedoch nicht bedeuten kann, dass unbefristete Positionen (etwa Beteiligungen) nicht besonders gesichert werden könnten.[13]

Allgemein muss es genügen, dass die **Sicherung in Zukunft fortgesetzt** werden kann,[14] zumal das Risiko, ein Anschlussgeschäft abschließen zu können, vom Währungsrisiko zu unterscheiden ist.[15] Im Übrigen kommt es auf die Beurteilung der Währungsposition am Abschlussstichtag an; eine zu einem späteren Zeitpunkt eventuell nicht mehr gegebene Deckung bleibt bei einer strikten Stichtagsbetrachtung unerheblich.[16]

Schließlich dürfen beide Positionen nicht mit unterschiedlichen **Ausfall- und Zahlungsverzögerungsrisiken** behaftet sein.

Die (zusätzliche) Forderung nach einer **Durchhalteabsicht** für Grund- und Deckungsgeschäft über die gesamte Laufzeit und die tatsächliche Möglichkeit, diese Durchhalteabsicht auch zu realisieren,[17] sind hingegen **entbehrlich**. Zum einen fehlt es diesem allein auf die Motivation des Bilanzierenden abstellenden Kriterium an einer hinreichenden Objektivierbarkeit und an der erforderlichen Praktikabilität. Zum anderen wird durch diese zusätzliche Anforderung die Orientierung an den Verhältnissen am Abschlussstichtag aufgegeben. Insoweit sprechen gegen das Erfordernis einer Durchhalteabsicht die gleichen Gründe wie gegen eine eng verstandene Fristenkongruenz.

Aufgrund der Vielzahl von Geschäftsvorfällen, bei denen Fremdwährungspositionen betroffen sind, wird in der bankbetrieblichen Praxis eine so definierte **besondere Deckung** wohl **nur ausnahmsweise** zum Tragen kommen, sofern ein Kreditinstitut nicht gezielt durch eine entsprechende Dokumentation davon Gebrauch macht.[18] Im Ergebnis wird der Unterschied zwischen einfacher und besonderer Deckung in der vorgenommenen Dokumentation zu sehen sein.[19] Das Risikomanagement wird eher auf die Absicherung einer gesamten Währungsposition, zumindest aber einer größeren Grundgesamtheit ausgerichtet sein, für die dann nur die Voraussetzung einer

---

[9] Begr. RegE zu § 340 h; ferner *Göttgens/Schmelzeisen* S. 74; *Naumann* S. 73; aA *Scharpf/Sohler* S. 109 f., die strengere Kriterien für erforderlich halten.
[10] Vgl. zu den allgemeinen Dokumentationserfordernissen BFA des IDW 3/1995, WPg 1995, 735.
[11] *Ausschuss für Bilanzierung des BdB* S. 103; *Bieg* BHdR RdNr. 342.
[12] *Grewe* BoHR RdNr. 17.
[13] *Treuarbeit* S. 140; *Ausschuss für Bilanzierung des BdB* S. 103.
[14] Zu Einzelheiten BFA des IDW 3/1995, WPg 1995, 736.
[15] *Göttgens/Schmelzeisen* S. 74; BFA des IDW 3/1995, WPg 1995, 736.
[16] AA *Burkhardt* S. 149; vermittelnd *Langenbucher* S. 287.
[17] So *Scharpf/Sohler* S. 110; aA *Böcking/Benecke* RdNr. 12.
[18] *Bieg* BHdR RdNr. 348.
[19] *Göttgens/Schmelzeisen* S. 74; *Naumann* S. 74 f.; *Treuarbeit* S. 140; *Bieg* BHdR RdNr. 348; ähnlich BFA des IDW 3/1995, WPg 1995, 736.

einfachen Deckung erfüllt ist.²⁰ Vor diesem Hintergrund hält es der *BFA des IDW* für zulässig,²¹ bereits dann eine besondere Deckung anzunehmen, wenn zB

– das Währungsrisiko über eine Währungsposition gesteuert wird und die einzelnen Währungsposten in die Währungsposition übernommen werden oder
– einzelne Geschäfte gesondert behandelt oder verschiedene Währungspositionen in verschiedenen Abteilungen/örtlichen Organisationseinheiten geführt werden oder
– in Einzelfällen (etwa bei geringfügigem Währungsgeschäft) Fristengleichheit als Kriterium gewählt wird.

15 Ist grundsätzlich eine besondere Deckung vorhanden, liegt es im Ermessen des Kreditinstituts, diesen Zusammenhang auch für Bilanzierungszwecke offen zu legen. Dabei kann die Entscheidung nicht nur an jedem Abschlussstichtag und für jede einzelne Währung neu getroffen werden, soweit die weiteren Voraussetzungen erfüllt sind, sondern auch für einzelne Geschäfte innerhalb einer Währung. In gleicher Weise bestehen Gestaltungsmöglichkeiten hinsichtlich der Abgrenzung einer überschießenden offenen Position und derjenigen Währungsposition, für die eine einfache Deckung besteht.²²

16 Eine Einschränkung durch das **Stetigkeitsprinzip** wird nur ausnahmsweise zum Tragen kommen, so etwa, wenn für eine identische Position an zwei aufeinander folgenden Abschlussstichtagen einmal von der besonderen Deckung Gebrauch gemacht wird und einmal darauf verzichtet werden soll.²³

17 **2. Einfache Deckung (Makro-Hedge).** Eine einfache Deckung wird in einer Währung immer dann gegeben sein, wenn – nach Ausschluss der Positionen, für die unter den oben genannten Voraussetzungen eine besondere Deckung besteht – für die verbleibenden Positionen in einer Fremdwährung gegenläufige Bilanzpositionen oder Termingeschäfte vorhanden sind.²⁴ Soweit die besondere Deckung den Voraussetzungen eines Mikro-Hedge entspricht,²⁵ folgt die einfache Deckung der **Konzeption eines Makro-Hedge** im Sinne einer für Kreditinstitute typischen, **auf globaler Ebene vorgenommenen Risikokompensation**.²⁶ Dabei reicht die einfache Deckung so weit, wie gegenläufige Bilanzpositionen oder Termingeschäfte vorhanden sind; ein verbleibender überschießender Betrag ist nach den Grundsätzen für Geschäfte ohne Deckung zu behandeln.²⁷

18 **3. Ohne Deckung.** Die verbleibenden Fremdwährungspositionen, für die weder eine besondere noch eine einfache Deckung vorliegt, denen also keine geeignete Position in der gleichen Währung gegenübersteht, sind nach dem **strengen Niederstwertprinzip** zu bewerten. Nur diese Fremdwährungspositionen sind weitestgehend einer Gestaltung entzogen. Als ohne Deckung sind somit auch all diejenigen Positionen anzusehen, für die nur eine zukünftige Kurssicherung vorgesehen ist. Zur Bilanzierung von Kurssicherungen von Geschäften, die zum Abschlussstichtag noch nicht bestehen, vgl. Erläuterungen zu § 340 e.

III. Relevante Wertmaßstäbe bei der Währungsumrechnung nach § 340 h

19 **1. Vermögensgegenstände, die wie Anlagevermögen behandelt werden und weder einer einfachen noch besonderen Deckung unterliegen.** Soweit **Vermögensgegenstände** betroffen sind, die **wie Anlagevermögen behandelt** werden (vgl. dazu im Einzelnen Erl. zu §§ 340 c, 340 e) und für die ferner **keine der beiden Arten von Deckung** durch Verbindlichkeiten oder Terminpositionen besteht, ist der **Anschaffungskurs** der relevante Wertmaßstab; „diese Bestände werden mit dem Währungskurs des Kaufdatums festgeschrieben."²⁸ Von der **Umrechnung mit historischen Anschaffungskursen** sind im Wesentlichen Grundstücke, Gebäude, die Betriebs- und Geschäftsausstattung, Auslandsbeteiligungen und wie Anlagevermögen behandelte Wertpapiere betroffen.²⁹

20 Dies erscheint zumindest für den Bereich der Sachwerte durchaus angemessen, besteht doch die Vermutung, dass durch den Wertzuwachs am ruhenden Vermögen Währungsverluste kompensiert

---

²⁰ AA *Treuarbeit* S. 140; *Ausschuss für Bilanzierung des BdB* S. 103, die zumindest für wie Anlagevermögen behandelte Vermögensgegenstände von einer besonderen Deckung auch auf globaler Ebene, etwa durch Einbeziehung in die Währungsbilanz, ausgehen.
²¹ *BFA des IDW* 3/1995, WPg 1995, 736.
²² *Bieg* BHdR RdNr. 349.
²³ In diesem Zusammenhang restriktiver *BFA des IDW* 3/1995, WPg 1995, 736.
²⁴ *Göttgens/Schmelzeisen* S. 74.
²⁵ *Göttgens/Schmelzeisen* S. 74.
²⁶ *Naumann* S. 77 f.; *Krumnow* RdNr. 36.
²⁷ *Scharpf/Sohler* S. 111.
²⁸ *Ausschuss für Bilanzierung des BdB* S. 103.
²⁹ AA *Ausschuss für Bilanzierung des BdB* S. 103, die aus der Formulierung „auf Fremdwährung lauten" folgern, dass hierunter keine Sachanlagen und immaterielle Vermögensgegenstände fallen.

werden.³⁰ Zudem gilt bei Vermögensgegenständen des Anlagevermögens, deren Nutzung zeitlich begrenzt ist, dass durch die Fixierung des Umrechnungskurses eine sonst erforderliche jährliche Anpassung des Abschreibungsbetrags³¹ unterbleiben kann. Der planmäßige Abschreibungsbetrag ergibt sich demnach aus der Umrechnung des Fremdwährungsabschreibungsbetrags zu jedem Abschlussstichtag mit historischen Kursen oder aus der Verteilung der in Euro umgerechneten Anschaffungs- oder Herstellungskosten über die voraussichtliche Nutzungsdauer, was in beiden Fällen zu identischen Ergebnissen führt.³²

Aus der **Umrechnung mit historischen Anschaffungskursen** folgt unmittelbar, dass **(spätere) Aufwendungen und Erträge aus der Währungsumrechnung nahezu ausgeschlossen** sind,³³ so dass sich die Frage der Erfassung von entsprechenden Erfolgsbeiträgen in der Gewinn- und Verlustrechnung nicht stellt.³⁴

Zum Abschlussstichtag **durch Wechselkursänderungen bedingte Wertminderungen** sind demzufolge für sich allein genommen noch **kein hinreichender Grund für eine außerplanmäßige Abschreibung.**³⁵ Eine Wertminderung ist somit daraufhin zu untersuchen, inwieweit ein Wertverlust auch in der Fremdwährung vorliegt und in welchem Umfang der Verlust nur auf der Umrechnung mit einem gesunkenen Wechselkurs beruht.³⁶ Zur Rechtfertigung einer außerplanmäßigen Abschreibung muss noch ein drohender Aufwandsüberschuss hinzutreten.³⁷ Insbesondere bei Auslandsbeteiligungen wird eine nominelle Verringerung des Beteiligungsbuchwertes auf Grund gesunkener Wechselkurse für sich allein genommen keine Abschreibung begründen können.³⁸

2. Vermögensgegenstände, die wie Anlagevermögen behandelt werden und für die eine einfache Deckung besteht. Vermögensgegenstände, die wie Anlagevermögen behandelt werden und für die eine Deckung in derselben Währung besteht, **ohne** dass es sich um eine **besondere Deckung** handelt, sind mangels einer anders lautenden Vorschrift ebenso wie bei völlig fehlender Deckung mit den **Anschaffungskursen** umzurechnen. Soweit davon Vermögensgegenstände betroffen sind, die nicht bei den Überlegungen zur Steuerung des Währungsrisikos berücksichtigt werden, ist diese Vorgehensweise vertretbar. Die Nichtberücksichtigung einer einfachen Deckung steht jedoch bei wie Anlagevermögen bewerteten Wertpapieren in einem gewissen Widerspruch zur bankbetrieblichen Praxis, da diese Wertpapiere oftmals in die Gesamtwährungsposition einbezogen werden.³⁹ Die vorgeschriebene Umrechnung mit dem Anschaffungskurs erscheint dann nicht konsequent, wenn berücksichtigt wird, dass die zur Deckung eingesetzten Verbindlichkeiten oder Termingeschäfte sehr wohl mit dem Stichtagskurs umgerechnet werden.⁴⁰

Diesen Effekt nimmt der Gesetzgeber offensichtlich in Kauf, um den Unterschied zwischen besonderer und einfacher Deckung bei Anlagegegenständen hervorzuheben. Die Kompensationswirkung durch eine einfache Deckung wird nicht als geeignet angesehen, um bei wie Anlagevermögen behandelten Vermögensgegenständen das Anschaffungswertprinzip aufzugeben. Eine Umrechnung zum Stichtagskurs bei einfacher Deckung steht im Widerspruch zum Gesetzeswortlaut und ist aus diesem Grund abzulehnen.⁴¹

3. Vermögensgegenstände, die wie Anlagevermögen behandelt werden und für die eine besondere Deckung besteht. Vermögensgegenstände, die wie Anlagevermögen behandelt werden und für die darüber hinaus eine **besondere Deckung** durch Verbindlichkeiten oder Termingeschäfte gegeben ist, sind **zum Kassakurs am Abschlussstichtag umzurechnen.** Mit diesem Umrechnungsverfahren ist eine Aufgabe des Anschaffungswertprinzips verbunden; eine Aufwertung der betreffenden Fremdwährung führt zu einem Überschreiten der Anschaffungskosten des Vermögensgegenstands. Durch die bei dem jeweiligen Deckungsgeschäft eintretenden gegenläufigen Erfolgswirkungen tritt tendenziell eine **Kompensation von Aufwendungen und Erträgen aus der Währungsumrechnung** ein. Die Umrechnung mit dem Kassakurs verhindert einen Umrechnungs-

---

³⁰ *Krumnow* RdNr. 60.
³¹ *Krumnow* RdNr. 60.
³² *Bieg* BHdR RdNr. 315.
³³ Für den Fall außerplanmäßiger Abschreibungen *Bieg* BHdR RdNr. 314 f.
³⁴ *Göttgens/Schmelzeisen* S. 77; *Meyer/Isenmann* S. 80.
³⁵ *Krumnow* RdNr. 21.
³⁶ *Treuarbeit* S. 141; aA BFA des IDW 3/1995, WPg 1995, 736, die einen niedrigeren beizulegenden Wert in Fremdwährung generell mit dem Kassakurs am Bilanzstichtag umrechnen wollen.
³⁷ *Krumnow* RdNr. 21.
³⁸ *Krumnow* RdNr. 22; WPH J RdNr. 305.
³⁹ *Krumnow* RdNr. 23.
⁴⁰ *Scharpf/Sohler* S. 101; *Krumnow* RdNr. 23; WPH J RdNr. 307.
⁴¹ AA *Naumann* S. 58; WPH J RdNr. 307; skeptisch gegenüber der Möglichkeit einer Umrechnung mit dem Stichtagskurs *Scharpf/Sohler* S. 101.

erfolg, der allein darauf beruht, dass Anlagegegenstände mit einem anderen Kurs als die zugehörigen Deckungsgeschäfte umgerechnet werden.[42]

26 Ggf. erforderliche Abschreibungen sind ebenso wie die besonders gedeckten wie Anlagevermögen behandelten Vermögensgegenstände auf Basis des am Stichtag geltenden Kurses umzurechnen.[43]

27 Nicht nur die Umrechnung, sondern auch der Bilanzausweis erfolgt zu Stichtagskursen.[44] Folglich wird auch ein ggf. überschießender Gewinn aus der zusammenfassenden Betrachtung beider Positionen erfolgswirksam.

28 **4. Alle übrigen auf Auslandswährung lautenden Vermögensgegenstände und Schulden sowie am Bilanzstichtag nicht abgewickelte Kassageschäfte.** Für alle übrigen Vermögensgegenstände und Schulden erfolgt die **Währungsumrechnung zum Kassakurs am Abschlussstichtag.** Gleiches gilt auch für am Bilanzstichtag noch nicht abgewickelte Kassageschäfte; eine theoretisch erforderliche Umrechnung mit dem Terminkurs ist weder im Gesetz vorgesehen noch auf Grund der Laufzeit von maximal zwei Tagen sinnvoll.[45] Aufgrund der Anwendung des Kassakurses auf die überwiegende Mehrzahl der Bilanzpositionen wird der Kassakurs auch als der „gesetzliche Regelmaßstab" für die Währungsumrechnung der Kreditinstitute bezeichnet.[46]

29 **5. Schwebende Termingeschäfte.** Schwebende Termingeschäfte sind nach Maßgabe von Abs. 1 S. 3 mit dem Terminkurs zum Bilanzstichtag umzurechnen. Zu Einzelheiten hinsichtlich des heranzuziehenden Terminkurses vgl. RdNr. 31 f.

IV. Anzuwendende Umrechnungskurse

30 Die Verwendung des Kassakurses zur Umrechnung der auf ausländische Währung lautenden Vermögensgegenstände und Schulden mit Ausnahme der nicht besonders gedeckten wie Anlagevermögen bewerteten Vermögensgegenstände ist in § 340 h unmittelbar vorgeschrieben. Mit der Einführung des Euro ist das amtliche Devisenkassakursfixing eingestellt worden. Ersatzweise können Kurse aus dem Referenzpreissystem der Europäischen Zentralbank, dem EuroFX-Referenzpreissystem der öffentlichen Kreditinstitute und des Genossenschaftssektors oder aus dem Bereich der privatrechtlich organisierten Kreditinstitute herangezogen werden. Grundsätzlich ist es den Instituten selbst überlassen, welchen Kurs sie für die Umrechnung heranziehen. Ausschlaggebend ist, dass die verwendeten Kurse auch realisierbar sind.[47]

31 Am Abschlussstichtag **nicht abgewickelte Termingeschäfte** sind mit dem dann geltenden **Terminkurs** umzurechnen. Der Gesetzgeber hat damit von einem in der EG-BBRL eingeräumten Wahlrecht Gebrauch gemacht; als Regelfall war in Art. 39 Abs. 2 der EG-BBRL der Kassakurs des Abschlussstichtags vorgesehen. Jedoch überlässt der Gesetzgeber den bilanzierenden Kreditinstituten ausdrücklich die Entscheidung über die Verwendung des gespaltenen oder ungespaltenen Terminkurses (Begr. RegE zu § 340 h).

32 Bei der Verwendung des **ungespaltenen Terminkurses** ist der am Abschlussstichtag für die Restlaufzeit des Geschäfts relevante unmodifizierte Terminkurs heranzuziehen.[48] Bei fehlenden Marktwerten ist der Terminkurs auf Grundlage der Zinsdifferenz der betroffenen Währungen rechnerisch zu ermitteln.[49] Neben diesem ungespaltenen Bilanzstichtagskurs wird in der Begründung RegE zu § 340 h ausdrücklich auch auf die **Möglichkeit** hingewiesen, **den Terminkurs in die Bestandteile Kassakurs und Swapsatz** zu zerlegen. Diese Vorgehensweise hat den Vorzug, dass in der Differenz zwischen Kassa- und Terminkurs gerade das Entgelt für die Verpflichtung, für einen bestimmten Zeitraum einen fixen Wechselkurs zu garantieren, zum Ausdruck kommt.[50] Da dieses Entgelt im Zeitablauf als Zinsertrag oder Zinsaufwand in der Gewinn- und Verlustrechnung zu vereinnahmen ist, kommt auf diesem Wege auch bei schwebenden Termingeschäften der Kassakurs des Abschlussstichtags der betreffenden Währung zur Anwendung.[51]

---

[42] *Bieg* BHdR RdNr. 318.
[43] *Treuarbeit* S. 141; *Ausschuss für Bilanzierung des BdB* S. 103.
[44] *Naumann* S. 50 f.; *Krumnow* RdNr. 17.
[45] *Ausschuss für Bilanzierung des BdB* S. 105.
[46] *Krumnow* RdNr. 14; ferner *Naumann* S. 56.
[47] *Lemnitzer/Stein* S. 111.
[48] *Naumann* S. 59; *Bieg* BHdR RdNr. 324; *Krumnow* RdNr. 19.
[49] *Krumnow* RdNr. 19; *BFA des IDW* 3/1995, WPg 1995, 737.
[50] *Krumnow* RdNr. 20; ähnlich auch *Göttgens/Schmelzeisen* S. 74; *BFA des IDW* 3/1995, WPg 1995, 736.
[51] *Naumann* S. 61 f.

V. Erfassung von Aufwendungen und Erträgen aus der Währungsumrechnung in der Gewinn- und Verlustrechnung

Führt die Währungsumrechnung von Vermögensgegenständen und Schulden sowie nicht abgewickelter Kassa- und Termingeschäfte **zu Aufwendungen,** haben sich also die Wechselkurse insoweit aus Sicht des Kreditinstituts nachteilig verändert, ist der resultierende Aufwand nach Abs. 2 S. 1 **unmittelbar in der Gewinn- und Verlustrechnung zu erfassen.** In dieser Vorgehensweise kommt uneingeschränkt das Imparitätsprinzip iSv. § 252 Abs. 1 Nr. 4 zum Tragen, indem bis zum Abschlussstichtag entstandene Verluste bereits zu berücksichtigen sind, auch wenn die Verlustrealisation noch aussteht.

Ergeben sich hingegen **Erträge aus der Währungsumrechnung,** so ist zu differenzieren: Liegt eine **besondere Deckung** (Mikro-Hedge) vor, sind die Umrechnungsdifferenzen **verpflichtend in vollem Umfang als Ertrag zu vereinnahmen.** Allerdings ist zu berücksichtigen, dass sich durch eine Sachverhaltsgestaltung und die damit einhergehende Dokumentation der Tatbestand der besonderen Deckung hin zu einer einfachen Deckung verändern lässt. Diese gesetzlich verordnete Gewinnrealisation reicht insbesondere auch über uU entstandene negative Bewertungsdifferenzen der Deckungspositionen hinaus.[52]

Bei **einfacher Deckung (Makro-Hedge)** besteht ein **Wahlrecht zur Aufrechnung der positiven Differenzen mit vorübergehenden Aufwendungen aus der Umrechnung der Deckungsposition.** Das bedeutet gleichzeitig, dass die Obergrenze der verrechenbaren Umrechnungserträge durch den aufgelaufenen, nur vorübergehend wirksamen Aufwand aus den zur Deckung dienenden Geschäften determiniert wird. Weiter gehende Währungsgewinne aus Positionen mit einfacher Deckung finden keinen Niederschlag in der Gewinn- und Verlustrechnung; die Obergrenze der wahlweise erfolgswirksam zu vereinnahmenden Erträge liegt also bei den zu kompensierenden Aufwendungen.[53]

Hinsichtlich der Voraussetzung des nur vorübergehend wirksamen Aufwands wird dem Kreditinstitut ein Ermessensspielraum dahingehend verbleiben, dass sich die Dauerhaftigkeit eines aus der Umrechnung resultierenden Aufwands nicht mit Sicherheit vorhersagen lässt.[54] Sofern der Gesetzeswortlaut darauf abstellt, dass Erträge aus einem Geschäft mit vorübergehenden Aufwendungen aus einem Grundgeschäft verrechnet werden können, legt dies den Schluss nahe, dass im umgekehrten Fall (Verluste aus dem Sicherungsgeschäft und Gewinne aus dem Grundgeschäft) eine Kompensation nicht zulässig ist. Jedoch wird in der bankbetrieblichen Praxis regelmäßig die Qualifikation eines Devisengeschäfts als Grund- oder als Sicherungsgeschäft mit Schwierigkeiten verbunden sein. Insoweit entspricht es dem Sinn und Zweck der Vorschrift, bei Vorliegen einer einfachen Deckung generell eine Verrechnung von Erträgen und vorübergehenden Aufwendungen aus der Währungsumrechnung bis zur Höhe der Aufwendungen vorzunehmen.[55]

Die **darüber hinaus entstehenden Erträge aus der Währungsumrechnung** dürfen ebenso wenig wie die aus der Umrechnung vollkommen ungedeckter Positionen resultierenden Erträge in der Gewinn- und Verlustrechnung ausgewiesen werden; sie bleiben **für Zwecke der Bilanzierung unerheblich.**[56]

Sämtliche **Aufwendungen und Erträge aus der Währungsumrechnung** gehen – sofern sie nach der gesetzlichen Konzeption vereinnahmt werden können – als saldierte Größe in den **Nettoaufwand bzw. Nettoertrag aus Finanzgeschäften** ein.[57]

VI. Erfassung von Umrechnungsdifferenzen in der Bilanz

1. Erfolgswirksame Umrechnungsdifferenzen. Bei der **Umrechnung von Bilanzpositionen** mit dem Kassakurs am Bilanzstichtag auf Grund von Abs. 1 S. 2 sind die **Wertansätze der betroffenen Posten** der Aktiv- und Passivseite **unmittelbar anzupassen.** Die Abbildung der Umrechnungsdifferenzen ist demnach unproblematisch.

---

[52] *KPMG* S. 34; *Krumnow* RdNr. 26; *Böcking/Benecke* RdNr. 35.
[53] Krit. zur gesetzlichen Regelung und stattdessen auch bei einfacher Deckung eine vollständige Vereinnahmung der Umrechnungserträge befürwortend *Treuarbeit* S. 144; *Ausschuss für Bilanzierung des BdB* S. 104.
[54] *Bieg* BHdR RdNr. 331; *WPH* J RdNr. 329.
[55] *Bieg* BHdR RdNr. 332.
[56] *KPMG* S. 34; *Bieg* BHdR RdNr. 333; *Krumnow* RdNr. 26.
[57] Vgl. Erl. zu § 340 c; ferner *KPMG* S. 34; *Scharpf/Sohler* S. 112; *Meyer/Isenmann* S. 83; *Bieg* BHdR RdNr. 334; aA *BFA des IDW* 3/1995, WPg 1995, 737, die eine Berücksichtigung der Umrechnungsergebnisse bei dem Posten vorschlagen, bei dem die sonstigen Bewertungsergebnisse des umgerechneten Bilanzpostens oder Geschäftes ausgewiesen werden.

40 Schwieriger zu beurteilen ist hingegen die sachgerechte Darstellung von positiven **Umrechnungsdifferenzen aus Termingeschäften**. Da die Termingeschäfte als schwebende Geschäfte selbst nicht zu bilanzieren sind, können sich die in der Bilanz zu zeigenden Erfolgsbeiträge aus der Währungsumrechnung nur in einem zusätzlichen Aktivum oder Passivum niederschlagen. Sofern sich aus der Umrechnung mit dem Terminkurs des Abschlussstichtags ein **Verlust** abzeichnet, ist dieser Aufwandsüberschuss durch eine **Rückstellung für drohende Verluste aus schwebenden Geschäften** iSv. § 249 Abs. 1 S. 1 zu berücksichtigen.[58] Dabei sind Gewinne in einzelnen Währungen nicht mit Verlusten in anderen Währungen zu saldieren; diese Form eines *cross currency hedge* ist auf Grund des eindeutigen Gesetzeswortlauts („in derselben Währung") ausgeschlossen.[59] In den Gesamtbetrag der unter den „Anderen Rückstellungen" auszuweisenden Verlustrückstellung geht also die Gesamtheit der pro Währung verbleibenden negativen Umrechnungsdifferenzen ohne eine Kompensation mit positiven Erfolgswirkungen in anderen Währungen ein.

41 **Positive Erfolgsbeiträge aus Termingeschäften** werden unter den **sonstigen Vermögensgegenständen** auszuweisen sein, ohne Rücksicht darauf, ob sie aus besonders gedeckten oder isoliert umzurechnenden Termingeschäften stammen.[60] Ein anderer Ausweis, etwa als „Forderungen an Kreditinstitute" oder „Forderungen an Kunden", scheitert einerseits am Zuordnungsproblem bei nicht besonders gedeckten Geschäften, bringt aber andererseits auch den besonderen Charakter dieser Aktivposition nicht hinreichend deutlich zum Ausdruck.

42 **2. Erfolgsneutrale Umrechnungsdifferenzen.** Während im Fall der besonderen Deckung die Vereinnahmung positiver wie negativer Umrechnungsdifferenzen in der Gewinn- und Verlustrechnung und in der Bilanz durch Anpassung der Buchwerte zwingend ist, können bzw. müssen andere Erfolge aus der Währungsumrechnung neutralisiert werden. Erträge aus der Umrechnung gänzlich ungedeckter Positionen sind dabei nach Abs. 2 S. 4 zwingend zu eliminieren; bei einfacher Deckung hingegen besteht ein Wahlrecht zur Berücksichtigung der positiven Umrechnungsdifferenz.

43 Die bilanzielle Abbildung der Erfolgsneutralität in diesen Fällen gestaltet sich jedoch aus zwei Gründen schwierig: Zum einen fehlt es an einer Zuordenbarkeit zu einzelnen auf Fremdwährung lautenden Aktiva oder Passiva, da eine besondere Deckung gerade nicht vorliegt; zum anderen könnte auf Grund des eindeutigen Gesetzeswortlauts ohnehin nicht auf eine Umrechnung der betroffenen Positionen mit dem Stichtagskurs verzichtet werden.[61]

44 Daraus folgt unmittelbar, dass die **Neutralisierung** nicht auf Basis einzelner Fremdwährungspositionen erfolgen kann, sondern umfassend **durch die Bildung eines zusätzlichen Passivums** zu erfolgen hat.[62] Da es an einer gesetzlichen Regelung hinsichtlich dieses Passivpostens fehlt, ist strittig, unter welcher Position der zur Neutralisierung erforderliche Betrag auszuweisen ist. Die **Einordnung unter eine der** durch das von Kreditinstituten zu verwendende Formblatt **vorgegebenen Positionen** ist wegen des eigenständigen Charakters des neutralisierenden Postens **nicht problemlos möglich**. Aus diesem Grund wird einerseits ein Ausweis als neuer Passivposten unter der Bezeichnung „Passiver Sonderposten aus der Währungsumrechnung" als sauberste Lösung angesehen,[63] während ein pragmatischer Ansatz einen Ausweis unter den „Anderen Rückstellungen" unter Beibehaltung des Formblattgliederungsschemas vorsieht.[64] Schließlich ist auch ein Ausweis unter den „Sonstigen Verbindlichkeiten" in Erwägung zu ziehen; auf Grund der fehlenden Regelung wird keine der in Frage kommenden Ausweismöglichkeiten auszuschließen sein.

45 Ein vergleichbares Problem stellt sich bei Termingeschäften nicht; da es weder zu einer ergebniswirksamen Vereinnahmung in der Gewinn- und Verlustrechnung noch zu einer Umrechnung von bestehenden Bilanzpositionen kommt, erübrigt sich auch eine Neutralisierung.[65]

VII. Erforderliche Anhangangaben

46 Im Anhang sind nach § 284 Abs. 2 Nr. 2, der auch von Kreditinstituten zu beachten ist, die **Grundlagen der Währungsumrechnung** anzugeben.[66] Hinzu tritt nach § 35 Abs. 1 Nr. 6 RechKredV die zusätzliche Verpflichtung, den **Gesamtbetrag der auf Fremdwährung lautenden**

---

[58] *Grewe* BoHR RdNr. 69.
[59] *Scharpf/Sohler* S. 108; *Krumnow* RdNr. 44.
[60] *Göttgens/Schmelzeisen* S. 77; *Scharpf/Sohler* S. 113; im Ergebnis gleicher Ansicht *Krumnow* RdNr. 70–72.
[61] *Naumann* S. 89; *Scharpf/Sohler* S. 113; *Krumnow* RdNr. 73.
[62] *Göttgens/Schmelzeisen* S. 77 f.; *Naumann* S. 91 ff.; *Krumnow* RdNr. 73.
[63] *Naumann* S. 93.
[64] *Krumnow* RdNr. 75.
[65] *Scharpf/Sohler* S. 113; *Krumnow* RdNr. 74.
[66] Zum Umfang der Angabepflicht im Einzelnen vgl. Erl. zu § 284, ferner *ADS* § 284 RdNr. 94 f.

Vermögensgegenstände und Schulden jeweils in Euro anzugeben. Dabei wird es sich um die aus fremder Währung umgerechneten Vermögensgegenstände und Schulden handeln müssen.[67] Es kommt nicht darauf an, ob die betreffenden Vermögensgegenstände tatsächlich einem Währungsrisiko unterliegen, so dass es sich anbieten kann, auf freiwilliger Basis die kursgesicherten Positionen gesondert anzugeben.[68] Ferner sind in der in den Anhang nach § 36 RechKredV aufzunehmenden Aufstellung über die am Bilanzstichtag noch nicht abgewickelten Termingeschäfte unter anderem auch **Termingeschäfte in fremden Währungen** zu berücksichtigen.[69]

VIII. Steuerliche Anerkennung des Erfolgsausweises aus Währungsumrechnung nach § 340 h

Mangels einer expliziten eigenständigen steuerlichen Vorschrift wird § 340 h als positiv-rechtliche Vorschrift im Zuge der Maßgeblichkeit auch für die steuerliche Gewinnermittlung beachtlich sein. Das Vorliegen einer **besonderen Deckung** wird demnach in jedem Fall eine **steuerliche Verlustantizipation ausschließen**. Die Bildung von Bewertungseinheiten zur kompensatorischen Bewertung von Fremdwährungsforderungen und -verbindlichkeiten ist steuerrechtlich nur zulässig, sofern eine exakte Fristenkongruenz gegeben ist. Die im Rahmen sogenannter Makro-Hedges abgesicherten Vermögenswerte und Schulden werden demnach der streng imparitätischen Einzelbewertung unterzogen.[70] Solche einfachen Deckungen werden in der Steuerbilanz einzeln bewertet und können in der Handelsbilanz teilweise als Bewertungseinheit abgebildet werden. In Folge dessen käme es in der Handelsbilanz zu einem höheren Ergebnisausweis als in der Steuerbilanz.[71]

IX. Tabellarische Darstellung

Die folgende Übersicht zeigt die unterschiedliche Behandlung der Umrechnungsdifferenzen in der Bilanz und der GuV in Abhängigkeit von der jeweiligen Deckung:

Bilanzposition	wie AV behandelte Vermögensgegenstände			nicht wie AV behandelte Vermögensgegenstände		
Deckungsgrad	keine	einfache	besondere	keine	einfache	besondere
Bilanzansatz zu	Anschaff.-kurs	Anschaff.-kurs	Stichtagskurs	Stichtagskurs	Stichtagskurs	Stichtagskurs
Berücksichtigung von Umrechnungsdifferenzen in der Bilanz	nein	nein	ja	ja, jedoch Neutralisation der Erträge durch Passivposten	ja, jedoch Neutralisation der Erträge, welche über die Kompensation hinausgehen	ja
Berücksichtigung von Umrechnungsdifferenzen in der GuV	nein	nein	Erträge: ja Verluste: ja	Imparitätsprinzip	Erträge = Wahlrecht bei Ausübung: nur Kompensation der Verluste Verluste: ja	Erträge: ja Verluste: ja

Bilanzposition	Schulden/„schwebende" Kassageschäfte			Termingeschäfte		
Deckungsgrad	keine	einfache	besondere	keine	einfache	besondere
Bilanzansatz zu	Stichtagskurs	Stichtagskurs	Stichtagskurs	Terminkurs	Terminkurs	Terminkurs

---

[67] Zur Begründung und zu weiteren Einzelheiten vgl. *Krumnow* § 35 RechKredV RdNr. 34 f.
[68] *Bieg* BHdR RdNr. 371.
[69] Zu Angabepflichten bei Termingeschäften im Einzelnen vgl. *Scharpf/Sohler* S. 282 f.; *Bieg* BHdR RdNr. 365.
[70] *Krumnow* RdNr. 40.
[71] *Krumnow* RdNr. 41.

Bilanzposition	Schulden/„schwebende" Kassageschäfte			Termingeschäfte		
Berücksichtigung von Umrechnungsdifferenzen in der Bilanz	ja, jedoch Neutralisation der Erträge durch Passivposten	ja, jedoch Neutralisation der Erträge, welche über die Kompensation hinausgehen	ja	ja, jedoch Neutralisation der Erträge durch Passivposten	ja, jedoch Neutralisation der Erträge, welche über die Kompensation hinausgehen	ja
Berücksichtigung von Umrechnungsdifferenzen in der GuV	Imparitätsprinzip	Erträge = Wahlrecht bei Ausübung: nur Kompensation der Verluste Verluste: ja	Erträge: ja Verluste: ja	Imparitätsprinzip	Erträge = Wahlrecht bei Ausübung: nur Kompensation der Verluste Verluste: ja	Erträge: ja Verluste: ja

Fünfter Titel. Konzernabschluß, Konzernlagebericht, Konzernzwischenabschluß

§ 340 i[1] Pflicht zur Aufstellung

(1) [1]Kreditinstitute, auch wenn sie nicht in der Rechtsform einer Kapitalgesellschaft betrieben werden, haben unabhängig von ihrer Größe einen Konzernabschluß und einen Konzernlagebericht nach den Vorschriften des Zweiten Unterabschnitts des Zweiten Abschnitts über den Konzernabschluß und Konzernlagebericht aufzustellen, soweit in den Vorschriften dieses Unterabschnitts nichts anderes bestimmt ist. [2]Zusätzliche Anforderungen auf Grund von Vorschriften, die wegen der Rechtsform bestehen, bleiben unberührt.

(2) [1]Auf den Konzernabschluß sind, soweit seine Eigenart keine Abweichung bedingt, die §§ 340 a bis 340 g über den Jahresabschluß und die für die Rechtsform und den Geschäftszweig der in den Konzernabschluß einbezogenen Unternehmen mit Sitz im Geltungsbereich dieses Gesetzes geltenden Vorschriften entsprechend anzuwenden, soweit sie für große Kapitalgesellschaften gelten. [2]Die §§ 293, 298 Abs. 1 und 2, § 314 Abs. 1 Nr. 1, 3, 6 Buchstabe c sind nicht anzuwenden. [3]In den Fällen des § 315 a Abs. 1 finden von den in Absatz 1 genannten Vorschriften nur die §§ 290 bis 292, 315 a Anwendung; die Sätze 1 und 2 dieses Absatzes sowie § 340 j sind nicht anzuwenden. [4]Soweit § 315 a Abs. 1 auf die Bestimmung des § 314 Abs. 1 Nr. 6 Buchstabe c verweist, tritt an deren Stelle die Vorschrift des § 34 Abs. 2 Nr. 2 in Verbindung mit § 37 der Kreditinstituts-Rechnungslegungsverordnung in der Fassung der Bekanntmachung vom 11. Dezember 1998 (BGBl. I S. 3658), die zuletzt durch Artikel 8 Abs. 11 Nr. 1 des Gesetzes vom 4. Dezember 2004 (BGBl. I S. 3166) geändert worden ist. [5]Im Übrigen findet die Kreditinstituts-Rechnungslegungsverordnung in den Fällen des § 315 a Abs. 1 keine Anwendung.

(3) Als Kreditinstitute im Sinne dieses Titels gelten auch Mutterunternehmen, deren einziger Zweck darin besteht, Beteiligungen an Tochterunternehmen zu erwerben sowie die Verwaltung und Verwertung dieser Beteiligungen wahrzunehmen, sofern diese Tochterunternehmen ausschließlich oder überwiegend Kreditinstitute sind.

(4) [1]Sofern Kreditinstitute einer prüferischen Durchsicht zu unterziehende Konzernzwischenabschlüsse zur Ermittlung von Konzernzwischenergebnissen im Sinne des § 10 a Abs. 10 des Kreditwesengesetzes aufstellen, sind auf diese die für den Konzernabschluss geltenden Rechnungslegungsgrundsätze anzuwenden. [2]Die Vorschriften über die Bestellung des Abschlussprüfers sind auf die prüferische Durchsicht entsprechend anzuwenden. [3]Die prüferische Durchsicht ist so anzulegen, dass bei gewissenhafter Berufsausübung ausgeschlossen werden kann, dass der Zwischenabschluss in wesentlichen Belangen den anzuwendenden Rechnungslegungsgrundsätzen widerspricht. [4]Der Abschlussprüfer hat das Ergebnis der prüferischen Durchsicht in einer Bescheinigung zusammenzufassen. [5]§ 320 und § 323 gelten entsprechend.

Schrifttum: Siehe Schrifttum zu § 340.

---

[1] Abs. 4 geändert durch das Transparenzrichtlinie-Umsetzungsgesetz vom 5. Januar 2007 zur erstmaligen Anwendung s. Anh. 62 EGHGB.

Übersicht

	RdNr.		RdNr.
I. Aufstellungspflicht und Aufstellungsfrist	1–4	**IV. Besonderheiten bei dem Bankkonzernabschluss**	14–33
II. Anzuwendende Vorschriften	5–7	1. Nichtbank als Mutterunternehmen iSv. § 290 Abs. 1	14–16
III. Von der Anwendung ausgeschlossene Vorschriften	8–13	2. Befreiende Konzernabschlüsse und Konzernlageberichte iSv. §§ 291 bis 292	17
1. Größenabhängige Befreiungen (§ 293)	8	3. Währungsumrechnung	18
2. Entsprechende Anwendung allgemeiner Jahresabschlussvorschriften auf den Konzernabschluss (§ 298 Abs. 1)	9	4. Verzicht auf Konsolidierungsmaßnahmen in besonderen Fällen	19–26
3. Zusammenfassung der Vorräte in einem Posten (§ 298 Abs. 2)	10	a) Verzicht auf Einbeziehung in die Kapitalkonsolidierung	20, 21
4. Anhangangaben zu Verbindlichkeiten mit einer Restlaufzeit von mehr als fünf Jahren und zu durch Pfandrechte oder ähnliche Rechte gesicherten Verbindlichkeiten (§ 314 Abs. 1 Nr. 1)	11	b) Besonderheiten im Rahmen der Zwischenergebniseliminierung	22
5. Aufgliederung der Umsatzerlöse nach Tätigkeitsbereichen und geographisch bestimmten Märkten (§ 314 Abs. 1 Nr. 3)	12	c) Verzicht auf Einbeziehung von Beteiligungen an Industrie- oder Handelsunternehmen als assoziierte Unternehmen	23–26
		5. Einheitliche Bewertung im Rahmen des Konzernabschlusses	27–31
6. Anhangangabe zu von Mutter- und Tochterunternehmen gewährten Vorschüssen und Krediten an Organmitglieder sowie zugunsten dieser eingegangener Haftungsverhältnisse (§ 314 Abs. 1 Nr. 6 c)	13	6. Konzernanhang	32, 33
		V. Konzernabschluss und Konzernlagebericht bei Holdinggesellschaften	34
		VI. Konzernzwischenabschlüsse	35

I. Aufstellungspflicht und Aufstellungsfrist

Die **Verpflichtung zur Aufstellung eines Konzernabschlusses** erstreckt sich auf **alle Kreditinstitute ohne Rücksicht auf die Größe und die Rechtsform**.[2] Damit wird eine **Gleichbehandlung aller Kreditinstitute** erreicht.[3] Insbesondere gelten für Kreditinstitute nicht die größenabhängigen Befreiungen des § 293, wie sie bei Kapitalgesellschaften anderer Branchen zum Tragen kommen.[4]   **1**

Kreditinstitute haben den Konzernabschluss nach § 290 Abs. 1 in dem für alle Kapitalgesellschaften geltenden Zeitraum von fünf Monaten nach dem Abschlussstichtag zu erstellen, da eine anderweitige Vorschrift für Kreditinstitute nicht existiert. Der in § 26 Abs. 1 S. 1 KWG vorgeschriebene Aufstellungszeitraum von drei Monaten betrifft nur den Einzelabschluss; für den Konzernabschluss fehlt in § 26 Abs. 3 S. 1 KWG eine entsprechende Zeitraumangabe.[5]   **2**

Handelt es sich um ein kapitalmarktorientiertes[6] Kreditinstitut, ist nach § 315 a Abs. 1 für Geschäftsjahre, die am oder nach dem 1. Januar 2005 beginnen, der Konzernabschluss nach internationalen Rechnungslegungsvorschriften (IFRS) aufzustellen.[7] Ein zweijähriger Aufschub wird Kreditinstituten gewährt, die ausschließlich Fremdkapitaltitel an einem geregelten Markt emittiert haben (zB Landesbanken, Sparkassen, genossenschaftliche Zentralbanken und Volks- und Raiffeisenbanken) oder die in einem Drittstaat zum öffentlichen Handel zugelassen sind und vor dem 11. September 2002 international anerkannte Rechnungslegungsstandards (meist US-GAAP) angewandt haben.[8] Das in § 315 a Abs. 3 eingeräumte Wahlrecht für alle übrigen nicht kapitalmarktorientierten Unternehmen, einen Konzernabschluss nach IFRS aufzustellen, erstreckt sich auf alle Kreditinstitute, unabhängig von ihrer Rechtsform.   **3**

Auch sogenannte Holding-Gesellschaften, die ausschließlich Beteiligungen an anderen Unternehmen erwerben, verwalten und verwerten, haben unabhängig von ihrer Rechtsform und Größe einen Konzernabschluss aufzustellen, wenn sie Mutterunternehmen eines Kreditinstituts sind.[9]   **4**

---

[2] *Göttgens/Schmelzeisen* S. 81; *Treuarbeit* S. 173; *Meyer/Isenmann* S. 84 f.; *Krumnow* §§ 340 i, j RdNr. 11.
[3] *KPMG* S. 38.
[4] *Treuarbeit* S. 175; *Krumnow* §§ 340 i, j RdNr. 11; *WPH* J RdNr. 368.
[5] *Krumnow* §§ 340 i, j RdNr. 41.
[6] Institute gelten als kapitalmarktorientiert, wenn sie einen organisierten Markt iSd. § 2 Abs. 5 WpHG in Anspruch nehmen.
[7] *WPH* J RdNr. 370.
[8] *WPH* J RdNr. 370.
[9] *WPH* J RdNr. 369.

II. Anzuwendende Vorschriften

5 Bei der Aufstellung des Konzernabschlusses und des Konzernlageberichts sind die für alle Kapitalgesellschaften geltenden Vorschriften in §§ 290 bis 315 zu beachten, soweit keine entgegenstehenden Bestimmungen in §§ 340 i, 340 j enthalten oder einzelne Vorschriften von der Anwendung ausgeschlossen sind.[10] Zu den für alle Kapitalgesellschaften geltenden Vorschriften vgl. im Einzelnen Erläuterungen zu §§ 290 bis 315. Ferner sind nach § 37 RechKredV auf den Bankkonzernabschluss die §§ 1 bis 36 RechKredV sowie § 39 Abs. 4 und 5 RechKredV entsprechend anzuwenden, soweit die Eigenart des Konzernabschlusses keine Abweichung bedingt. Das schließt insbesondere die Verwendung der in der RechKredV vorgesehenen Formblätter – unter Ergänzung konzernspezifischer Posten – mit ein.

6 Wird der handelsrechtliche Konzernabschluss entsprechend § 315 a durch einen nach internationalen Rechnungslegungsvorschriften aufgestellten Konzernabschluss ersetzt, finden bis auf die in Abs. 2 S. 3 bis 5 genannten Vorschriften die handelsrechtlichen Bestimmungen keine Anwendung auf den Konzernabschluss. Demnach ist u. a. § 315 a für den Konzernabschluss von Kreditinstituten relevant, der die Beachtung der Konzernabschlussaufstellungspflicht (§§ 290 bis 292 sowie 315 a Abs. 1), der Prüfungspflicht (§§ 316 bis 324 a) und der Offenlegungspflicht (§ 325) fordert. Des Weiteren verlangt § 315 a bei der Erstellung eines Konzernabschlusses nach IFRS die Anwendung von § 294 Abs. 3, der die Mitwirkungspflicht von Tochterunternehmen bei der Aufstellung eines Konzernabschlusses regelt, und von § 298 Abs. 1 bezüglich Sprache, Währung und Unterzeichnung des Konzernabschlusses. Außerdem sind einige Angabepflichten des Konzernanhangs (§ 313 Abs. 2 bis 4 und § 314 Abs. 1 Nr. 4, 6, 8 und 9) zu beachten. An Stelle der Angaben nach § 314 Abs. 1 Nr. 6 c zu den vom Mutterunternehmen und den Tochterunternehmen gewährten Vorschüssen und Krediten tritt die institutsspezifische Vorschrift des § 34 Abs. 2 Nr. 2 iVm. § 37 RechKredV.

7 Im Folgenden werden nur diejenigen Problemfelder bei der Aufstellung des handelsrechtlichen Bankkonzernabschlusses angesprochen, bei denen Besonderheiten im Vergleich zum Konzernabschluss von Kapitalgesellschaften anderer Branchen zu beachten sind.

III. Von der Anwendung ausgeschlossene Vorschriften

8 **1. Größenabhängige Befreiungen (§ 293).** Die für Kapitalgesellschaften, die keine Kreditinstitute sind, geltenden **größenabhängigen Befreiungen** nach § 293 finden bei Banken **keine Anwendung.** Ein Konzernabschluss ist damit in jedem Fall aufzustellen, soweit die Voraussetzungen des § 290 gegeben sind und darüber hinaus §§ 291 bis 292 a hinsichtlich eines befreienden Konzernabschlusses nicht eingreifen.

9 **2. Entsprechende Anwendung allgemeiner Jahresabschlussvorschriften auf den Konzernabschluss (§ 298 Abs. 1).** Die generelle **Verweisung auf die Einzelabschluss betreffende Vorschriften,** die für sonstige zur Erstellung eines Konzernabschlusses verpflichtete Unternehmen in § 298 Abs. 1 vorgenommen wird, ist für Kreditinstitute durch die Bezugnahme auf §§ 340 a bis 340 g ersetzt. Die Anwendung von für Nichtbanken geltenden Vorschriften findet somit durch die Einschränkungen in § 340 a Abs. 1 und 2 ihre Grenze.

10 **3. Zusammenfassung der Vorräte in einem Posten (§ 298 Abs. 2).** Die Möglichkeit der Zusammenfassung der Vorräte in einem Posten ist für Kreditinstitute auf Grund der Geschäftstätigkeit ohne Belang; ein gesonderter Ausweis von Vorräten ist schon im Einzelabschluss der Kreditinstitute nicht vorgesehen, so dass für eine Zusammenfassung im Rahmen der Konsolidierung keine Grundlage besteht.

11 **4. Anhangangaben zu Verbindlichkeiten mit einer Restlaufzeit von mehr als fünf Jahren und zu durch Pfandrechte oder ähnliche Rechte gesicherten Verbindlichkeiten (§ 314 Abs. 1 Nr. 1).** Im Konzernanhang der Kreditinstitute ist ebenso wie im Anhang des Einzelabschlusses (vgl. Erl. zu § 340 d) eine im Vergleich zu Nichtbanken weiter reichende Aufgliederung der Restlaufzeiten vorzunehmen. Die den Konzernanhang anderer Kapitalgesellschaften betreffenden Vorschriften werden durch die bankspezifischen Vorschriften in § 37 iVm. §§ 9 und 35 Abs. 5 RechKredV verdrängt.

12 **5. Aufgliederung der Umsatzerlöse nach Tätigkeitsbereichen und geographisch bestimmten Märkten (§ 314 Abs. 1 Nr. 3).** Wie im Einzelabschluss (vgl. Erl. zu § 340 a) wird die Anhangangabe zur Aufgliederung der Umsatzerlöse nach Tätigkeitsbereichen sowie nach geogra-

---

[10] Meyer/Isenmann S. 84.

phisch bestimmten Märkten für Kreditinstitute durch die Regelung in § 34 Abs. 2 Nr. 1 RechKredV ersetzt, die nach § 37 RechKredV auch auf den Konzernabschluss anzuwenden ist.

6. Anhangangabe zu von Mutter- und Tochterunternehmen gewährten Vorschüssen und Krediten an Organmitglieder sowie zugunsten dieser eingegangener Haftungsverhältnisse (§ 314 Abs. 1 Nr. 6 c). An die Stelle der bei sonstigen Kapitalgesellschaften erforderlichen Angaben zu gewährten Vorschüssen und Krediten sowie eingegangener Haftungsverhältnisse zugunsten von Organmitgliedern tritt im Bankabschluss eine eigenständige, in § 34 Abs. 2 Nr. 2 RechKredV geregelte Anhangangabe, die nach § 37 auch im Konzernabschluss vorzunehmen ist. Danach müssen Kreditinstitute die Zinssätze, die wesentlichen Bedingungen und im Geschäftsjahr zurückgezahlte Beträge nicht im Anhang angeben.[11]

IV. Besonderheiten bei dem Bankkonzernabschluss

1. Nichtbank als Mutterunternehmen iSv. § 290 Abs. 1. Grundsätzlich ist auch denkbar, dass ein **Kreditinstitut als Tochterunternehmen** in den Konzernabschluss eines **Mutterunternehmens** einbezogen wird, welches selbst **kein Kreditinstitut** ist. Dabei wird jedoch zu berücksichtigen sein, dass die engen Anforderungen des KWG hinsichtlich der Einflussnahme auf Kreditinstitute zu erfüllen sind.[12] Von praktischer Bedeutung ist dieser Fall unter anderem bei **Allfinanzkonzernen**, die neben Kreditinstituten und Finanzdienstleistungsinstituten iSv. § 1 Abs. 1a KWG bzw. Finanzunternehmen iSv. § 1 Abs. 3 KWG insbesondere auch Versicherungen umfassen können.

Wenn es sich bei dem den Konzernabschluss aufstellenden Mutterunternehmen nicht um ein Kreditinstitut handelt, besteht ein **Wahlrecht hinsichtlich der Beibehaltung von bankspezifischen Bilanzierungs- und Bewertungsvorschriften** im Konzernabschluss,[13] das für die Ansatzfrage in § 300 Abs. 2 S. 3, für die Bewertungsfrage in § 308 Abs. 2 S. 2 verankert ist (vgl. aber zur Bewertung RdNr. 26 ff.). In Verbindung mit der Ansatzfrage ist insbesondere ein nach § 340 g gebildeter Fonds für allgemeine Bankrisiken bedeutsam. Im Fall der Beibehaltung ist auf die Ausübung dieses Wahlrechts im Anhang hinzuweisen; hingegen ist die Auflösung des Sonderpostens nicht angabepflichtig.[14]

Hinsichtlich der **Gliederung des Konzernabschlusses** hat eine **Orientierung an der Bedeutung der in den Konzernabschluss einbezogenen Unternehmen** zu erfolgen. Überwiegen die Kreditinstitute, wird der Konzernabschluss unter Verwendung der von Kreditinstituten zu verwendenden Formblätter zu erstellen sein; dabei muss nicht der Geschäftszweig des Mutterunternehmens ausschlaggebend sein.[15] Ggf. sind die Formblätter über die konzernspezifischen Besonderheiten hinaus zu ergänzen bzw. zu modifizieren, so etwa, wenn Versicherungsunternehmen eine erhebliche Bedeutung innerhalb der einzubeziehenden Unternehmen haben.[16] Umgekehrt kann die bankspezifische Gliederung durch die allgemeinen Gliederungsvorschriften verdrängt werden, sofern die Kreditinstitute innerhalb des Konzerns nur von untergeordneter Bedeutung sind.

2. Befreiende Konzernabschlüsse und Konzernlageberichte iSv. §§ 291 bis 292. Hinsichtlich der Anerkennung befreiender Konzernabschlüsse gelten für Kreditinstitute die **gleichen Voraussetzungen wie für sonstige Kapitalgesellschaften.** Insbesondere muss es sich bei dem Mutterunternehmen nicht zwingend um ein Kreditinstitut handeln. Ferner ist keine Bürgschaftsübernahme des Mutterunternehmens für Verpflichtungen des Tochterunternehmens erforderlich. In beiden Fällen handelt es sich um in der EG-BBRL eingeräumte Mitgliedstaatenwahlrechte, von denen der Gesetzgeber keinen Gebrauch gemacht hat.[17]

3. Währungsumrechnung. Obwohl die Rechnungslegungsvorschriften für Kreditinstitute mit § 340 h eine explizite Regelung zur Währungsumrechnung von Vermögensgegenständen und Schulden enthalten, wird auf diese Vorschrift für Zwecke des Konzernabschlusses in Abs. 2 S. 1 kein Bezug genommen.[18] Jedoch spricht einiges dafür, dass es sich dabei um ein redaktionelles Versehen im Gesetzgebungsprozess handelt, so dass für die **Umrechnung einzelner Vermögensgegenstände und Schulden** dennoch auf diese Vorschrift zurückgegriffen werden kann.[19] Dabei ist jedoch die

---

[11] Vgl. auch zu den Gründen *Krumnow* § 34 RechKredV RdNr. 21.
[12] Zu Einzelheiten *Krumnow* §§ 340 i, j RdNr. 16.
[13] *ADS* § 298 RdNr. 212 sowie § 308 RdNr. 37 f.; *Krumnow* §§ 340 i, j RdNr. 80; *Winkeljohann/Lust* BeBiKo § 298 RdNr. 48.
[14] Vgl. hierzu und zu weiteren Zweifelsfragen *Förschle* BeBiKo § 300 RdNr. 52 f.
[15] *Krumnow* §§ 340 i, j RdNr. 100 f.; *Winkeljohann/Lust* BeBiKo § 298 RdNr. 47 ff.
[16] *Ausschuss für Bilanzierung des BdB* S. 11; *Krumnow* §§ 340 i, j RdNr. 100 f.; *WPH* J RdNr. 436.
[17] *Krumnow* §§ 340 i, j RdNr. 25.
[18] *Göttgens/Schmelzeisen* S. 85 und 87.
[19] *Prahl/Naumann* WPg 1993, 239; *Krumnow* §§ 340 i, j RdNr. 83; ebenso *Göttgens/Schmelzeisen* S. 87; *WPH* J RdNr. 439.

Restriktion durch § 308 zu beachten, wonach die Bewertung nach den für das Mutterunternehmen anwendbaren Bewertungsmethoden einheitlich erfolgen muss. Hingegen fehlt es an einer expliziten Vorschrift zur **Umrechnung ganzer auf ausländische Währung lautender Abschlüsse.** Insoweit besteht ein Wahlrecht hinsichtlich der in Frage kommenden Umrechnungsmethoden.[20]

19 **4. Verzicht auf Konsolidierungsmaßnahmen in besonderen Fällen.** Ein Verzicht auf bestimmte Konsolidierungsmaßnahmen kann auf unterschiedliche Ursachen zurückzuführen sein. Aus Wirtschaftlichkeitsüberlegungen werden Unternehmen bei der Aufstellung des Konzernabschlusses unter anderem dann Erleichterungen eingeräumt, wenn die zusätzliche Information in keinem Verhältnis zu dem zusätzlichen Aufwand steht.[21] Diese **Erleichterungen** kommen etwa **durch die Nichteinbeziehung bestimmter Konzernunternehmen** oder den Verzicht auf Konsolidierungsmaßnahmen zum Ausdruck.[22] Im Folgenden wird der Verzicht auf Konsolidierungsmaßnahmen behandelt, soweit er in Verbindung mit Besonderheiten des Bankgeschäfts steht.

20 **a) Verzicht auf Einbeziehung in die Kapitalkonsolidierung.** Bei Kreditinstituten kann sich in stärkerem Maße als bei Unternehmen anderer Branchen das besondere Problem stellen, dass Anteile an anderen Unternehmen sowohl zum Zweck einer dauerhaften Beteiligung als auch im Handelsbestand gehalten werden.[23] Nach dem Wortlaut von § 301 sind keine Ausnahmen hinsichtlich der zu konsolidierenden Anteile vorgesehen; in die Konsolidierung müssten demnach **grundsätzlich alle Anteile unabhängig vom Ausweis einbezogen** werden.[24] **Ausnahmen** hiervon sind **restriktiv zu handhaben;** so ist etwa eine pauschale Beschränkung auf wie Anlagevermögen bewertete Anteile in jedem Fall zu eng.[25] Allerdings spricht die fehlende Beteiligungsabsicht bei zum Zwecke der Weiterveräußerung gehaltenen Anteilen gegen eine Einbeziehung.[26] Im Ergebnis wird eine Einzelfallentscheidung unter Berücksichtigung der Tatsache zu treffen sein, dass der Gesetzgeber **keine Sonderregelung für Kreditinstitute** vorgesehen hat, eine Nichteinbeziehung also nur in eng begrenzten Fällen in Frage kommen wird.[27]

21 Bei **hybriden Finanzinstrumenten** (Wandelschuldverschreibungen, Optionsanleihen, Kapital ersetzende Darlehen) wird für Kreditinstitute im Vergleich zu anderen Unternehmen regelmäßig das **Gläubigerrecht** stärker **im Vordergrund** stehen, so dass eine Konsolidierung ausscheidet.[28] Dabei ist jedoch im Einzelfall zu prüfen, ob das Mitgliedschaftsrecht so stark dominiert, dass eine Einbeziehung im Rahmen der Kapitalkonsolidierung gerechtfertigt erscheint.

22 **b) Besonderheiten im Rahmen der Zwischenergebniseliminierung.** Die Vielzahl von Handelsgeschäften ließe eine unter wirtschaftlichen Gesichtspunkten vertretbare Eliminierung für alle Geschäfte nicht zu. Ein Verzicht auf die Eliminierung kommt nach § 304 Abs. 2 nur in Frage, wenn sie für die Vermittlung eines den tatsächlichen Verhältnissen entsprechenden Bildes der Vermögens-, Finanz- und Ertragslage von untergeordneter Bedeutung ist. Hierbei ist auf eine Gesamtbetrachtung abzustellen.[29]

23 **c) Verzicht auf Einbeziehung von Beteiligungen an Industrie- oder Handelsunternehmen als assoziierte Unternehmen.** Für Zwecke des Konzernabschlusses sind anteilmäßige Verbindungen zu anderen Unternehmen in unterschiedlicher Form zu berücksichtigen. Dabei nehmen **assoziierte Unternehmen** iSv. § 311 eine **Zwischenstellung** zwischen denjenigen Beteiligungsunternehmen ein, die in vollem Umfang konsolidiert werden, und solchen, die mit den bloßen Anschaffungskosten der Beteiligung in die Konzernbilanz eingehen. Assoziierte Unternehmen werden hingegen mit dem anteiligen Eigenkapital (Equity-Methode) in den Konzernabschluss aufgenommen, so dass der Wertansatz auch über den Anschaffungskosten der Beteiligung liegen kann (vgl. § 312). Voraussetzung für den Ausweis als assoziiertes Unternehmen ist die **Ausübung eines maßgeblichen Einflusses auf die Geschäfts- und Finanzpolitik** dieses Unternehmens durch ein Konzernunternehmen. Ebenso wie bei der Legaldefinition des Beteiligungsbegriffs in § 271 Abs. 1 besteht bei einer **20% übersteigenden Anteilshöhe** die **(widerlegbare) Vermutung,** dass maßgeblicher Einfluss und damit ein **assoziiertes Unternehmen** vorliegt (vgl. § 311 Abs. 1 S. 2). Trotz

---

[20] Zu möglichen Verfahren vgl. die Erl. zu § 308 sowie *Krumnow* §§ 340 i, j RdNr. 84 f.; *Hoyos/F. Huber* BeBiKo § 308 RdNr. 59–66.
[21] *Krumnow* §§ 340 i, j RdNr. 103 f.
[22] Vgl. die Übersicht bei *Krumnow* §§ 340 i, j RdNr. 104.
[23] *Krumnow* §§ 340 i, j RdNr. 112.
[24] *ADS* § 301 RdNr. 11 ff.; *Försche/Deubert* BeBiKo § 301 RdNr. 10, 12.
[25] *Krumnow* §§ 340 i, j RdNr. 112 mwN.
[26] *Krumnow* §§ 340 i, j RdNr. 112 mwN.
[27] Weniger einschränkend *Krumnow* §§ 340 i, j RdNr. 112.
[28] *Krumnow* §§ 340 i, j RdNr. 112.
[29] *Krumnow* §§ 340 i, j RdNr. 149.

des identischen Prozentsatzes ist daraus aber keine Gleichsetzung von Beteiligung und assoziiertem Unternehmen abzuleiten. Zu weiteren Einzelheiten vgl. Erläuterungen zu §§ 311 f.

Ähnlich wie der Ausweis von Anteilen an Industrie- oder Handelsunternehmen unter den Beteiligungen (vgl. Erläuterungen zu § 340 c) ist auch bei der Einbeziehung von derartigen Beteiligungsunternehmen in den Konzernabschluss ein starkes **Bestreben der Kreditinstitute** festzustellen, einen **Ausweis als assoziiertes Unternehmen zu vermeiden**.[30] Das ist zum einen darauf zurückzuführen, dass mit dem Ausweis als assoziiertes Unternehmen eine Vereinnahmung der anteiligen Gewinne und Verluste im Jahr der Entstehung verbunden ist.[31] Zum anderen wird der mit der Charakterisierung als assoziiertes Unternehmen verbundene **Einfluss auf Unternehmen anderer Branchen** als **nicht unproblematisch** angesehen.

Außer Frage steht, dass bei zahlreichen Beteiligungen an Industrie- und Handelsunternehmen der **Investmentcharakter im Vordergrund** steht und sich die Einflussnahme von Kreditinstituten auf eine **Überwachungsfunktion** beschränkt, die noch **kein hinreichendes Indiz** für das Vorliegen eines assoziierten Unternehmens darstellt.[32] Anders kann sich die Situation jedoch etwa dann darstellen, wenn Kreditinstitute ihren **Einfluss auf das Beteiligungsunternehmen ausdehnen**, weil dieses sich in wirtschaftlichen Schwierigkeiten befindet. Hierbei ist zu beachten, dass bei gleichzeitiger Bestellung einer Person in den Aufsichtsrat und einer entsprechenden Kapitalanteil ein maßgeblicher Einfluss kaum zu vermeiden sein wird. Gleiches gilt für den Fall, dass das Kreditinstitut in seiner Eigenschaft als Hausbank **Einfluss auf die Finanzpolitik nimmt**.[33]

Was schließlich die Konsequenzen für die Ertragslage betrifft, so ist es gerade der Zweck der Equity-Bewertung, ein im Vergleich zur Anschaffungswertmethode „zutreffenderes" Bild der Ertragslage zu vermitteln. Dieser Grundgedanke spricht insoweit – bei Vorliegen der weiteren Voraussetzungen – für eine Einbeziehung auch von Industrie- und Handelsunternehmen in den Bankkonzernabschluss als assoziierte Unternehmen.

5. Einheitliche Bewertung im Rahmen des Konzernabschlusses. Die in § 308 geregelte einheitliche Bewertung als Ausdruck der Einheitstheorie ist auch auf den Konzernabschluss von Kreditinstituten anzuwenden. Dabei sind verschiedene Besonderheiten zu beachten. Sofern **ausländische Kreditinstitute** in den Konzernabschluss einbezogen werden, ist zu berücksichtigen, dass insbesondere bei Wertpapierbeständen sich die im Ausland angewendeten Bewertungsmethoden grundlegend von den handelsrechtlich zulässigen unterscheiden können. Entsprechendes gilt für nach deutschem Recht für nicht bilanzwirksame Geschäfte mit derivativen Finanzinstrumenten,[34] auch wenn diese nicht unmittelbar unter den Wortlaut von § 308 Abs. 1 fallen. In diesen Fällen muss eine **Neubewertung der betreffenden Geschäfte für den Konzernabschluss** vorgenommen werden.[35]

Wenn **Versicherungsunternehmen** in einen Konzernabschluss einbezogen werden, den ein **Kreditinstitut als Mutterunternehmen** aufstellt, können auf Grund von § 308 Abs. 2 S. 2 die geschäftszweigspezifischen Wertansätze des Versicherungsunternehmens beibehalten werden.[36] Dies betrifft allerdings ausschließlich Wertansätze, für die es keine Entsprechung innerhalb der für alle Kaufleute bzw. für Kapitalgesellschaften anderer Branchen geltenden Vorschriften gibt. Soweit es sich hingegen um eine Wahlrechtsausübung handelt, die nicht auf die ergänzenden Vorschriften für Versicherungsunternehmen zurückzuführen ist, muss die Bewertung an diejenige des Mutterunternehmens angepasst werden.[37] Auf die **Beibehaltung branchenspezifischer Wertansätze** ist nach § 308 Abs. 2 S. 2 2. Hs. im Konzernanhang hinzuweisen; nähere Angaben über die abweichenden Bewertungsregeln oder gar betragsmäßige Angaben sind nicht erforderlich.[38]

Eine Anpassung in Richtung einheitlicher Bewertung ist ferner in jedem Fall erforderlich, wenn Kreditinstitute in einen Konzernabschluss einbezogen werden, den ein Kreditinstitut als Mutterunternehmen aufstellt.[39]

---

[30] *Krumnow* §§ 340 i, j RdNr. 194.
[31] *Ausschuss für Bilanzierung des BdB* S. 18; *Krumnow* §§ 340 i, j RdNr. 194, sehen darin eine „in vielen Fällen deutliche Verzerrung der Darstellung der Ertragslage, die das Beteiligungsergebnis im Verhältnis zu dem Ergebnis aus dem operativen Bankgeschäft aufwertet".
[32] *Krumnow* §§ 340 i, j RdNr. 194.
[33] *WPH* J RdNr. 432.
[34] *Göttgens/Schmelzeisen* S. 85; *Krumnow* §§ 340 i, j RdNr. 167; *WPH* J RdNr. 437.
[35] AA *Ausschuss für Bilanzierung des BdB* S. 16.
[36] *WPH* J RdNr. 436.
[37] *Krumnow* §§ 340 i, j RdNr. 168.
[38] *Krumnow* §§ 340 i, j RdNr. 170; *Hoyos/F. Huber* BeBiKo § 308 RdNr. 27.
[39] *Prahl/Naumann* WPg 1993, 240; *Krumnow* §§ 340 i, j RdNr. 170; *Hoyos/F. Huber* BeBiKo § 308 RdNr. 24.

30 In der Konzernbilanz können **Bewertungswahlrechte neu ausgeübt** werden, soweit dies konzerneinheitlich geschieht.[40] Damit verbunden ist die Möglichkeit einer **eigenständigen Konzernbilanzpolitik.** Anknüpfungspunkte im Konzernabschluss der Kreditinstitute stellen etwa die Länderrisikovorsorge, die Forderungsbewertung, die Zuordnung der Wertpapiere zu Anlagewertpapieren bzw. zur Liquiditätsreserve, die Ausübung oder Nichtausübung des Beibehaltungswahlrechts, die Vorsorge für allgemeine Bankrisiken nach § 340f sowie die Bildung von Aufwandsrückstellungen dar.[41] Dabei ist jedoch die Angabe- und Begründungspflicht im Konzernanhang zu beachten, sofern die Bewertungsmethoden von den auf den Jahresabschluss des Mutterunternehmens angewandten abweichen (vgl. § 308 Abs. 2 S. 3).

31 Zu den weiteren, nicht bankspezifischen Ausnahmen vom Grundsatz der einheitlichen Bewertung vgl. Erläuterungen zu § 308.

32 **6. Konzernanhang.** Für den Konzernanhang von Kreditinstituten gelten zunächst die allgemeinen Vorschriften zum Konzernanhang nach §§ 313, 314; ferner sind die zusätzlichen, in den Einzelvorschriften zur Konzernrechnungslegung (§§ 290 ff.) enthaltenen Angabepflichten zu beachten. Soweit diese nicht von der Anwendung durch Kreditinstitute ausgeschlossen sind (vgl. Erläuterungen unter RdNr. 8 ff.), sind sie auch für Kreditinstitute verpflichtender Bestandteil des Anhangs. Hinzu treten weitere **bankspezifische Konzernanhangangaben** auf Grund von § 340j Abs. 2 sowie §§ 35 bis 37 RechKredV. Aus Gründen der Übersichtlichkeit bietet es sich an, die besonderen Angaben von Kreditinstituten von den sonstigen Anhangangaben zu trennen.[42]

33 Wie bei Kapitalgesellschaften anderer Branchen kann der Konzernanhang mit dem Anhang des Mutterunternehmens zusammengefasst werden; dies setzt eine gemeinsame Offenlegung von Konzernabschluss und Jahresabschluss des Mutterunternehmens voraus (vgl. § 298 Abs. 3).

V. Konzernabschluss und Konzernlagebericht bei Holdinggesellschaften

34 Die Verpflichtung zur Erstellung eines Konzernabschlusses erstreckt sich auch auf Holdinggesellschaften, die selbst ausschließlich Beteiligungen an Tochterunternehmen halten, sofern diese Tochterunternehmen ausschließlich oder überwiegend Kreditinstitute sind. Diese Definition entspricht weitgehend der am 31. Dezember 1995 in Kraft getretenen Legaldefinition der Finanzholdinggesellschaft in § 1 Abs. 3a KWG. Für Zwecke der Konzernrechnungslegung gilt eine derartige **Holdinggesellschaft als Kreditinstitut.** Ohne diese Ausweitung des Kreditinstitutbegriffs wäre ein derartiges Mutterunternehmen nur zur Erstellung eines Konzernabschlusses auf Grundlage von §§ 290 ff. verpflichtet, ohne dass die besonderen Vorschriften für Kreditinstitute Anwendung fänden.

VI. Konzernzwischenabschlüsse

35 Ebenso wie bei der Aufstellung von Zwischenabschlüssen zur Ermittlung von Zwischenergebnissen iSv. § 10 Abs. 3 KWG (vgl. zur Funktion von Zwischenabschlüssen Erläuterungen zu § 340a) auf Ebene des Einzelunternehmens sind auch bei Konzernzwischenabschlüssen die Vorschriften über den Konzernabschluss und die Prüfung für die erforderliche prüferische Durchsicht zu beachten. Die Bestimmungen zur Ermittlung der bankaufsichtsrechtlichen Eigenmittel knüpfen also unmittelbar an die handelsrechtlichen Rechnungslegungsvorschriften an.[43] Ein (Konzern-)Lagebericht ist nicht Bestandteil des Zwischenabschlusses.

§ 340j Einzubeziehende Unternehmen

Bezieht ein Kreditinstitut ein Tochterunternehmen, das Kreditinstitut ist, nach § 296 Abs. 1 Nr. 3 in seinen Konzernabschluß nicht ein und ist der vorübergehende Besitz von Aktien oder Anteilen dieses Unternehmens auf eine finanzielle Stützungsaktion zur Sanierung oder Rettung des genannten Unternehmens zurückzuführen, so hat es den Jahresabschluß dieses Unternehmens seinem Konzernabschluß beizufügen und im Konzernanhang zusätzliche Angaben über die Art und die Bedingungen der finanziellen Stützungsaktion zu machen.

Schrifttum: Siehe Schrifttum zu § 340.

---

[40] *Göttgens/Schmelzeisen* S. 86.
[41] *Göttgens/Schmelzeisen* S. 86.
[42] *Krumnow* §§ 340i, j RdNr. 102.
[43] *Krumnow* §§ 340i, j RdNr. 10.

Tochterunternehmen auf Grund von finanziellen Stützungsaktionen. Sofern die Voraussetzungen für die Einbeziehung eines Tochterunternehmens in den Konzernabschluss auf Grund von § 290 grundsätzlich gegeben sind, kann eine Einbeziehung nach § 296 Abs. 1 Nr. 3 unter anderem dann unterbleiben, wenn die Anteile des Tochterunternehmens **ausschließlich zum Zwecke ihrer Weiterveräußerung gehalten** werden.

Für Kreditinstitute wird dieses Einbeziehungswahlrecht für diejenigen Fälle eigenständig geregelt, in denen einerseits die Einbeziehung unter Berufung auf § 296 Abs. 1 Nr. 3 unterbleibt und es sich andererseits um **Aktien oder Anteile eines Tochterunternehmens handelt, die im Rahmen einer finanziellen Stützungsaktion zur Sanierung oder Rettung des Tochterunternehmens erworben wurden.** Dabei greift die Vorschrift des Abs. 2 nur ein, wenn das **Tochterunternehmen Kreditinstitut** ist. Sind diese Voraussetzungen erfüllt, so ist zunächst der Jahresabschluss des nicht in den Konzernabschluss einbezogenen Kreditinstituts dem Konzernabschluss beizufügen, sofern keine Offenlegung des Jahresabschlusses erfolgt ist. Andernfalls reicht ein Hinweis auf den Ort der Offenlegung des Jahresabschlusses des Tochterunternehmens aus. Dabei kommt es nicht darauf an, aus welchem Grund die Offenlegung unterblieben ist, so dass es sich nicht nur um im Geltungsbereich des HGB nicht offen gelegte Jahresabschlüsse ausländischer Kreditinstitute handeln kann,[1] sondern zumindest theoretisch auch um Jahresabschlüsse inländischer Kreditinstitute, deren Offenlegung (gesetzeswidrig) unterblieben ist. Die Beifügungspflicht bezieht sich nur auf die Einreichung zum Handelsregister, nicht jedoch auf eine Veröffentlichung im Bundesanzeiger.[2]

Darüber hinaus sind die **Konditionen der finanziellen Stützungsaktion** im Konzernanhang anzugeben. Der potenzielle Konflikt zwischen den Informationsinteressen der Adressaten des Konzernabschlusses und dem Schutzbedürfnis des sanierungsbedürftigen Kreditinstituts wird tendenziell zugunsten des Kreditinstituts zu lösen sein.[3]

Wird von dem Konsolidierungswahlrecht nach § 296 Abs. 1 Nr. 3 dahingehend Gebrauch gemacht, dass die Konsolidierung unterbleibt, folgt daraus neben den Angabepflichten im Anhang ferner eine **Behandlung als assoziiertes Unternehmen** nach §§ 311, 312.[4]

Sechster Titel. Prüfung

§ 340 k

(1) ¹Kreditinstitute haben unabhängig von ihrer Größe ihren Jahresabschluß und Lagebericht sowie ihren Konzernabschluß und Konzernlagebericht unbeschadet der Vorschriften der §§ 28 und 29 des Gesetzes über das Kreditwesen nach den Vorschriften des Dritten Unterabschnitts des Zweiten Abschnitts über die Prüfung prüfen zu lassen; § 319 Abs. 1 Satz 2 ist nicht anzuwenden. ²Die Prüfung ist spätestens vor Ablauf des fünften Monats des dem Abschlußstichtag nachfolgenden Geschäftsjahrs vorzunehmen. ³Der Jahresabschluß ist nach der Prüfung unverzüglich festzustellen.

(2) ¹Ist das Kreditinstitut eine Genossenschaft oder ein rechtsfähiger wirtschaftlicher Verein, so ist die Prüfung abweichend von § 319 Abs. 1 Satz 1 von dem Prüfungsverband durchzuführen, dem das Kreditinstitut als Mitglied angehört, sofern mehr als die Hälfte der geschäftsführenden Mitglieder des Vorstands dieses Prüfungsverbands Wirtschaftsprüfer sind. ²Hat der Prüfungsverband nur zwei Vorstandsmitglieder, so muß einer von ihnen Wirtschaftsprüfer sein. ³§ 319 Abs. 2 und 3 sowie § 319 a Abs. 1 sind auf die gesetzlichen Vertreter des Prüfungsverbandes und auf alle vom Prüfungsverband beschäftigten Personen, die das Ergebnis der Prüfung beeinflussen können, entsprechend anzuwenden; § 319 Abs. 3 Satz 1 Nr. 2 ist auf Mitglieder des Aufsichtsorgans des Prüfungsverbandes nicht anzuwenden, sofern sichergestellt ist, dass der Abschlussprüfer die Prüfung unabhängig von den Weisungen durch das Aufsichtsorgan durchführen kann. ⁴Ist das Mutterunternehmen eine Genossenschaft, so ist der Prüfungsverband, dem die Genossenschaft angehört, unter den Voraussetzungen der Sätze 1 bis 3 auch Abschlußprüfer des Konzernabschlusses und des Konzernlageberichts.

---

[1] So aber *Krumnow* §§ 340 i, j RdNr. 68.
[2] *WPH* J RdNr. 431.
[3] *Krumnow* §§ 340 i, j RdNr. 68; *WPH* J RdNr. 431.
[4] *Sahner/Sanermann* HdRKo § 296 RdNr 33; *Göttgens/Schmelzeisen* S. 83; *Förschle/Deubert* BeBiKo § 296 RdNr. 46.

(3) ¹Ist das Kreditinstitut eine Sparkasse, so dürfen die nach Absatz 1 vorgeschriebenen Prüfungen abweichend von § 319 Abs. 1 Satz 1 von der Prüfungsstelle eines Sparkassen- und Giroverbands durchgeführt werden. ²Die Prüfung darf von der Prüfungsstelle jedoch nur durchgeführt werden, wenn der Leiter der Prüfungsstelle die Voraussetzungen des § 319 Abs. 1 Satz 1 und 2 erfüllt; § 319 Abs. 2, 3 und 5 sowie § 319a sind auf alle vom Sparkassen- und Giroverband beschäftigten Personen, die das Ergebnis der Prüfung beeinflussen können, entsprechend anzuwenden. ³Außerdem muß sichergestellt sein, daß der Abschlußprüfer die Prüfung unabhängig von den Weisungen der Organe des Sparkassen- und Giroverbands durchführen kann. ⁴Soweit das Landesrecht nichts anderes vorsieht, findet § 319 Abs. 1 Satz 3 mit der Maßgabe Anwendung, dass die Bescheinigung der Prüfungsstelle erteilt worden sein muss.

(4) Finanzdienstleistungsinstitute, deren Bilanzsumme am Stichtag 150 Millionen Euro nicht übersteigt, dürfen auch von den in § 319 Abs. 1 Satz 2 genannten Personen geprüft werden.

Schrifttum: Siehe Schrifttum zu § 340.

Übersicht

	RdNr.		RdNr.
I. Prüfungspflicht und Prüfungsfrist	1–3	IV. Prüfungs- und Berichtspflichten bei Einzel- und Konzernabschlüssen nach IFRS	20, 21
II. Besonderheiten bei der Prüfung von Kreditinstituten	4–13	V. Abschlussprüfer bei Genossenschaften und Sparkassen	22–26
1. Besonderheiten bei der Bestellung des Abschlussprüfers	5, 6	1. Abschlussprüfer bei Genossenschaften	22, 23
2. Gegenstand der Prüfung	7	2. Abschlussprüfer bei Sparkassen	24, 25
3. Ergänzende Prüfungspflichten bei Kreditinstituten	8–13	3. Abschlussprüfer bei Finanzdienstleistungsinstituten	26
III. Prüfungsbericht und Bestätigungsvermerk	14–19		

I. Prüfungspflicht und Prüfungsfrist

1 Die **Prüfungspflicht** besteht für Kreditinstitute **unabhängig von der Rechtsform** und der **Größe**.¹ Insofern unterscheiden sich die Vorschriften für Kreditinstitute von denjenigen der nach § 316 prüfungspflichtigen Kapitalgesellschaften sowie der nach § 6 PublG prüfungspflichtigen übrigen Unternehmen. Insbesondere ist durch die Nichtanwendbarkeit von § 267 und die ausdrückliche Einstufung aller Kreditinstitute als große Kapitalgesellschaft (vgl. § 340a) eine Befreiung kleiner Kapitalgesellschaften von der Prüfungspflicht ausgeschlossen. Somit können nach § 319 Abs. 1 **nur Wirtschaftsprüfer oder Wirtschaftsprüfungsgesellschaften Abschlussprüfer** sein; die Prüfung kann nicht durch vereidigte Buchprüfer oder Buchprüfungsgesellschaften vorgenommen werden.² Etwas anderes gilt nur für die Abschlussprüfung bei Finanzdienstleistungsinstituten, deren Bilanzsumme 150 Millionen Euro nicht übersteigt; die Abschlussprüfung kann in diesen Fällen auch durch vereidigte Buchprüfer oder Buchprüfungsgesellschaften durchgeführt werden.

2 Des Weiteren erstreckt sich die Prüfungspflicht auch auf als Kreditinstitute geltende Zweigniederlassungen von Unternehmen aus Drittstaaten iSv. § 53 Abs. 1 KWG.³ Hingegen besteht für Zweigniederlassungen aus EU-Staaten, aus Vertragsstaaten über den Europäischen Wirtschaftsraum und diesen gleichgestellten Staaten keine Prüfungspflicht; für diese Zweigniederlassungen beschränken sich die Verpflichtungen aus den Rechnungslegungsvorschriften für Kreditinstitute nach § 340 Abs. 1 S. 2 auf die Offenlegung der Rechnungslegungsunterlagen der Hauptniederlassung gem. § 340l Abs. 2.

3 Die **Prüfung** muss spätestens **vor Ablauf des fünften Monats des folgenden Geschäftsjahrs abgeschlossen** sein; die Feststellung des Jahresabschlusses hat unverzüglich daran anschließend zu erfolgen (vgl. Abs. 1 S. 2 und 3).

---

¹ *Treuarbeit* S. 185; *WPH J* RdNr. 456; *Göttgens/Schmelzeisen* S. 100; *KPMG* S. 40; *Meyer/Isenmann* S. 85.
² *KPMG* S. 40; *Meyer/Isenmann* S. 85.
³ *Krumnow* RdNr. 3.

II. Besonderheiten bei der Prüfung von Kreditinstituten

Für die Prüfung von Kreditinstituten sind die für alle (prüfungspflichtigen) Kapitalgesellschaften geltenden Vorschriften zu beachten, soweit dem keine anderweitigen Vorschriften entgegenstehen. Zu den allgemeinen Vorschriften vgl. Erläuterungen zu §§ 316 ff.

Im Folgenden werden nur bankspezifische Besonderheiten im Zusammenhang mit der Abschlussprüfung erläutert.

1. Besonderheiten bei der Bestellung des Abschlussprüfers. Die Bestellung des Abschlussprüfers ist über die allgemeinen Vorschriften in § 318 hinaus reglementiert. So ist der im Regelfall von den Gesellschaftern bzw. der Hauptversammlung gewählte **Abschlussprüfer** gem. § 28 KWG unmittelbar **nach der Bestellung der BAFin anzuzeigen**. Daran schließt sich eine einmonatige Einspruchsfrist an, in der die BAFin die Bestellung eines anderen Prüfers verlangen kann. Eine Bestellung durch das Registergericht am Sitz des Kreditinstituts erfolgt auf Antrag der BAFin, wenn der bestellte Prüfer nicht unverzüglich nach Ablauf des Geschäftsjahrs der BAFin angezeigt wurde, die Bestellung eines anderen Prüfers auf Verlangen der BAFin nicht unverzüglich erfolgte oder wenn es nicht zur Ausführung des Prüfungsauftrags durch den gewählten Prüfer kommt, ohne dass das Kreditinstitut einen anderen Prüfer gewählt hätte (vgl. § 28 Abs. 2 KWG).

Die besonderen Vorschriften des KWG zur Bestellung des Abschlussprüfers gelten nach § 28 Abs. 3 KWG nicht für Kreditinstitute, die einem genossenschaftlichen Prüfungsverband angeschlossen sind oder durch die Prüfungsstelle eines Sparkassen- und Giroverbandes geprüft werden. Vgl. dazu RdNr. 22 ff.

2. Gegenstand der Prüfung. Zunächst sind die Vorschriften über die Prüfung im Dritten Unterabschnitt des Zweiten Abschnitts (§§ 316 bis 324) zu beachten. Vgl. Erläuterungen zu §§ 316 bis 324; zum Gegenstand und Umfang der Prüfung insbesondere Erläuterungen zu § 317. Ferner wird in Abs. 1 S. 1 klargestellt, dass weiter gehende Prüfungspflichten, die aus § 29 KWG resultieren, durch die handelsrechtliche Verpflichtung zur Jahresabschlussprüfung unberührt bleiben.

3. Ergänzende Prüfungspflichten bei Kreditinstituten. Die Jahresabschlussprüfung bei Kreditinstituten ist durch eine **Erweiterung des Prüfungsumfangs und durch besondere Offenbarungsverpflichtungen der Bankenprüfer gegenüber der BAFin** geprägt.[4]

Nach § 26 KWG ist der Jahresabschluss in den ersten drei Monaten des neuen Geschäftsjahrs aufzustellen und zusammen mit dem Lagebericht und einer erläuternden Anlage der BAFin sowie der Deutschen Bundesbank einzureichen. Gleiches gilt für den festgestellten Jahresabschluss, der zusammen mit dem Bestätigungsvermerk bzw. einem Vermerk über die Versagung des Bestätigungsvermerks der BAFin und der Deutschen Bundesbank vorzulegen ist. Für Konzernabschlüsse und Konzernlageberichte gelten entsprechende Vorschriften.

Die **Prüfungspflicht des Abschlussprüfers**[5] erstreckt sich weiterhin auch auf die **wirtschaftlichen Verhältnisse** iSv. § 29 Abs. 1 S. 1 KWG sowie die Einhaltung der in § 29 Abs. 1 S. 2 KWG aufgeführten **Anzeigepflichten und Anforderungen.** Die Anforderungen bestehen insbesondere aus der Prüfung
– der Einhaltung der Vorschriften zur Eigenmittelausstattung des Instituts sowie von Institutsgruppen und Finanzholding-Gruppen (§§ 10, bis 10 b KWG), insbesondere die Einhaltung der Vorschriften über die Ermittlung der dem haftenden Eigenkapital zugerechneten nicht realisierten Reserven (§ 10 Abs. 4 a bis 4 c KWG),
– der Einhaltung der Anforderungen an die Liquidität (§ 11 KWG)
– der Einhaltung der Begrenzung der Anteile an qualifizierten Beteiligungen (§ 12 KWG),
– der Einhaltung der Vorschriften zur Eingehung und Begrenzung von Großkrediten, Risikokonzentrationen und gruppeninternen Transaktionen (§§ 13 bis 13 d KWG),
– der Einhaltung der Bestimmungen über die Offenlegung der wirtschaftlichen Verhältnisse der Kreditnehmer (§ 18 KWG),
– der Einhaltung der Bestimmungen über die besonderen organisatorischen Pflichten von Instituten iSv. § 25 a KWG sowie
– der Einhaltung der Bestimmungen der Rechtsverordnung für Großkredite und Millionenkredite nach § 22 KWG.

---
[4] *Bieg* BHdR RdNr. 376.
[5] *WPH* J RdNr. 462.

11 Über die Verpflichtungen des **Geldwäschegesetzes** ist seit der 6. KWG-Novelle gesondert zu berichten (§ 29 Abs. 2 S. 1 KWG). Schließlich hat der Abschlussprüfer nach § 29 Abs. 3 KWG eine **Anzeigepflicht gegenüber der BAFin und der Deutschen Bundesbank**,[6] sofern ihm während der Prüfung Tatsachen bekannt werden, welche
   – die Einschränkung oder Versagung des Bestätigungsvermerks rechtfertigen,
   – den Bestand des Kreditinstituts gefährden oder seine Entwicklung wesentlich beeinträchtigen können oder
   – schwerwiegende Verstöße der Geschäftsleiter gegen Gesetz, Satzung oder Gesellschaftsvertrag erkennen lassen.

12 Sofern das Kreditinstitut **Zwischenabschlüsse** zur Ermittlung von Zwischenergebnissen erstellt (vgl. Erläuterungen zu § 340 a), sind diese gem. § 340 a Abs. 3 iVm. § 10 Abs. 3 KWG durch den Abschlussprüfer zu prüfen. Es erfolgt keine neue Bestellung des Prüfers; der **Prüfer des letzten Jahresabschlusses** ist zugleich auch **Zwischenabschlussprüfer**.[7] Der Abschlussprüfer hat den Zwischenprüfungsbericht unverzüglich nach Beendigung der Prüfung der BAFin und der Deutschen Bundesbank einzureichen.

13 Bei Instituten, die das Depotgeschäft betreiben, ist auch die Depotprüfung Bestandteil der Abschlussprüfung (§ 29 Abs. 2 S. 2 KWG).[8] Zusätzlich hat ein Institut die Meldepflichten und Verhaltensregeln gem. § 36 Abs. 1 WpHG einmal jährlich durch einen geeigneten Prüfer prüfen zu lassen.[9] Schließlich stehen der BAFin besondere Prüfungsrechte nach §§ 44 bis 44 c KWG zu.

III. Prüfungsbericht und Bestätigungsvermerk

14 Die Verpflichtung des Abschlussprüfers zur Erstellung eines Prüfungsberichts ergibt sich aus dem auch für Kreditinstitute einschlägigen § 321. Vgl. zu Einzelheiten Erläuterungen zu § 321. Darüber hinaus ist der Inhalt des Prüfungsberichts bei Kreditinstituten und Finanzdienstleistungsinstituten auf Grundlage von § 29 Abs. 4 KWG – im Unterschied zum Prüfungsbericht bei anderen prüfungspflichtigen Kapitalgesellschaften – durch die Verordnung über die Prüfung der Jahresabschlüsse und Zwischenabschlüsse der Kreditinstitute und Finanzdienstleistungsinstitute und über die Prüfung nach § 12 Abs. 1 S. 3 des Gesetzes über Kapitalanlagegesellschaften sowie über die darüber zu erstellenden Berichte (**Prüfungsberichtsverordnung – PrüfbV**) vom 17. Dezember 1998 (BGBl. I S. 3690) weiter gehend geregelt. Durch diese **Standardisierung des Prüfungsberichts** soll sichergestellt werden, dass der BAFin „einheitliche Unterlagen zur Beurteilung der von den Instituten durchgeführten Bankgeschäfte" (§ 29 Abs. 4 S. 1 KWG) vorliegen. Die PrüfbV enthält die nachfolgenden Vorschriften zum Mindestinhalt von Prüfungsberichten:
- Allgemeine Vorschriften (§§ 1–4 PrüfbV)
- Allgemeiner Teil des Prüfungsberichts
  – Vorschriften für alle Institute (§§ 5–18 PrüfbV)
  – Ergänzende Vorschriften für Kreditinstitute und bestimmte Finanzdienstleistungsinstitute (§§ 19–44 PrüfbV)
- Besonderer Teil des Prüfungsberichts
  – Erläuterungen zu einzelnen Bilanzposten, Angaben unter dem Bilanzstrich und Posten der Gewinn- und Verlustrechnung (§§ 48–51 PrüfbV)
  – Besondere Angaben zum Kreditgeschäft (§§ 52–66 PrüfbV)
- Anlagen zum Prüfungsbericht (§§ 67, 68 PrüfbV)
- Konzernprüfungsbericht (§ 69 PrüfbV)
- Depotprüfung und Depotbankenprüfung (§§ 70–75 PrüfbV)
- Schlussvorschriften (§§ 76, 77 PrüfbV).

15 Zu Einzelheiten der im Prüfungsbericht anzusprechenden Sachverhalte vgl. *WPH* J RdNr. 468–505.

16 Ergänzt werden die Vorschriften der PrüfbV durch verschiedene Schreiben der BAFin, die sich mit Fragen des Prüfungsberichts befassen.[10]

---

[6] *Bieg* BHdR RdNr. 379, nennt diese Aufgabe des Abschlussprüfers zutreffend eine „Krisenwarnfunktion".
[7] *Krumnow* § 340 a RdNr. 71.
[8] Zu Einzelheiten der Depotprüfung vgl. *WPH* Q RdNr. 1097–1111.
[9] Zu Einzelheiten der Prüfung nach § 36 WpHG vgl. *WPH* Q RdNr. 1112–1129.
[10] *WPH* J RdNr. 468.

Die in der PrüfbV festgelegten Berichtsanforderungen haben somit auch Einfluss auf den Umfang und die Durchführung der Abschlussprüfung.[11] Ebenfalls in den Prüfungsbericht ist das Ergebnis der Prüfung nach § 29 Abs. 1 KWG aufzunehmen. **17**

Der Abschlussprüfer hat den **Prüfungsbericht** unverzüglich nach Beendigung der Prüfung der BAFin und der **Deutschen Bundesbank einzureichen** (vgl. § 26 Abs. 1 S. 3 KWG); Gleiches gilt für den Konzernprüfungsbericht (vgl. § 26 Abs. 3 S. 2 KWG). Sofern bei Genossenschaften oder bei Sparkassen die Prüfung durch einen genossenschaftlichen Prüfungsverband oder durch die Prüfungsstelle eines Sparkassen- und Giroverbandes durchgeführt wird, hat eine Einreichung nach § 26 Abs. 1 S. 4 KWG nur auf Anforderung zu erfolgen. Eine Einreichungspflicht durch den Prüfer besteht nach § 26 Abs. 2 KWG auch, wenn im Zusammenhang mit einer Sicherungseinrichtung eines Verbandes der Kreditinstitute eine zusätzliche Prüfung stattgefunden hat. **Auf Verlangen** der BAFin oder der Deutschen Bundesbank ist der Abschlussprüfer außerdem verpflichtet, den **Prüfungsbericht zu erläutern** und sonstige bei der Prüfung bekannt gewordene **Tatsachen mitzuteilen, die gegen eine ordnungsmäßige Durchführung der Geschäfte** des Kreditinstituts **sprechen** (vgl. § 29 Abs. 3 KWG). **18**

Hinsichtlich des Bestätigungsvermerks ergeben sich keine Besonderheiten gegenüber dem Bestätigungsvermerk zum Jahresabschluss von Kapitalgesellschaften nach § 322. Vgl. Erläuterungen zu § 322. **19**

IV. Prüfungs- und Berichtspflichten bei Einzel- und Konzernabschlüssen nach IFRS

Sofern ein Jahres- oder Konzernabschluss auf Grundlage handelsrechtlicher Vorschriften nach IFRS erstellt wird, ist ein solcher Abschluss gleichermaßen nach den handelsrechtlichen Vorschriften auch prüfungspflichtig. Hierbei kann es sich um den für kapitalmarktorientierte[12] Unternehmen zwingend und für die übrigen Kapitalgesellschaften wahlweise nach IFRS zu erstellenden Konzernabschluss (§ 315 a) oder einen für Offenlegungszwecke freiwillig nach IFRS erstellten Einzelabschluss handeln. Die Prüfungspflicht des Konzernabschlusses nach § 316 Abs. 2 ist auch auf die nach internationalen Rechnungslegungsvorschriften erstellten Konzernabschlüsse von Kreditinstituten anzuwenden; dies ergibt sich aus § 340 i Abs. 2 S. 3 iVm. § 315 a (vgl. dazu Erl. zu § 340 i). Gleiches gilt für einen nach IFRS aufgestellten Einzelabschluss (§ 325 Abs. 2 a), der nach § 324 a ebenfalls der Prüfungspflicht unterliegt. Zudem sind institutsspezifische Besonderheiten des Einzelabschlusses zu beachten; vgl. dazu Erläuterungen zu § 340 l. **20**

Analog hat auch der Prüfungsbericht die sich aus der ergebenden inhaltlichen Vorgaben einzuhalten. **21**

V. Abschlussprüfer bei Genossenschaften und Sparkassen

1. Abschlussprüfer bei Genossenschaften. Der in § 319 Abs. 1 S. 1 beschriebene Grundsatz, dass nur Wirtschaftsprüfer oder Wirtschaftsprüfungsgesellschaften Abschlussprüfer sein können, findet im Fall von **Genossenschaften** keine Anwendung. Da diese bereits gem. § 54 GenG verpflichtend einem **Prüfungsverband** angehören müssen und durch diesen auf Grund von § 55 GenG zu prüfen sind, wird für genossenschaftlich verfasste Kreditinstitute an diese Vorschrift angeknüpft.[13] Einer besonderen Bestellung des Abschlussprüfers bedarf es insoweit nicht.[14] Die Anerkennung der durchgeführten Prüfung ist jedoch nach Abs. 2 nur dann gegeben, wenn der Vorstand des zuständigen Prüfungsverbands zu mehr als der Hälfte aus Wirtschaftsprüfern (bei nur zwei Vorstandsmitgliedern mindestens ein Wirtschaftsprüfer) besteht.[15] **22**

Die Anforderungen an die **Unabhängigkeit des Abschlussprüfers** entsprechen denjenigen, die in § 319 Abs. 2 und 3 und § 319 a Abs. 1 an Wirtschaftsprüfer und Wirtschaftsprüfungsgesellschaften in Verbindung mit der Pflichtprüfung von Kapitalgesellschaften gestellt werden. Während ein Wirtschaftsprüfer nach § 319 Abs. 3 S. 1 Nr. 2 bei Kapitalgesellschaften unter anderem dann nicht Abschlussprüfer sein darf, wenn er oder eine Person, mit der er seinen Beruf gemeinsam ausführt, gesetzlicher Vertreter, Aufsichtsratsmitglied oder Arbeitnehmer der zu prüfenden Kapitalgesellschaft oder eines Unternehmens ist, das mit der zu prüfenden Kapitalgesellschaft verbunden ist oder von **23**

---

[11] *Göttgens/Schmelzeisen* S. 100.
[12] Institute gelten als kapitalmarktorientiert, wenn sie einen organisierten Markt iSd. § 2 Abs. 5 WpHG in Anspruch nehmen.
[13] *Krumnow* RdNr. 13.
[14] *WPH* J RdNr. 457.
[15] *Krumnow* RdNr. 13.

§ 3401

dieser mehr als 20% der Anteile besitzt, gilt dieser Ausschlussgrund für die Mitglieder des Aufsichtsorgans eines genossenschaftlichen Prüfungsverbandes dann nicht, wenn die Unabhängigkeit des Abschlussprüfers von den Weisungen des Aufsichtsorganssichergestellt ist. Sofern die zu prüfende Genossenschaft zugleich Konzernmutter ist, so ist der Prüfungsverband auch Abschlussprüfer des Konzernabschlusses und des Konzernlageberichts (vgl. Abs. 2 S. 4).

24 **2. Abschlussprüfer bei Sparkassen.** Für die **Abschlussprüfung von Sparkassen** kommen vergleichbare Besonderheiten wie bei Genossenschaften zum Tragen. Wiederum besteht die Möglichkeit, dass die Jahresabschlussprüfung nicht durch einen Wirtschaftsprüfer oder eine Wirtschaftsprüfungsgesellschaft iSv. § 319 Abs. 1 S. 1, sondern durch die **Prüfungsstelle eines Sparkassen- und Giroverbands** durchgeführt wird. Jedoch handelt es sich bei der Entscheidung für die Prüfung durch die Prüfungsstelle eines Sparkassen- und Giroverbands oder durch einen Wirtschaftsprüfer um ein echtes Wahlrecht.[16] Bei einer Prüfung durch die Prüfungsstelle muss der Leiter der Prüfungsstelle die Voraussetzungen des § 319 Abs. 1 S. 1 und 2 erfüllen, wonach es sich um einen Wirtschaftsprüfer handeln muss. Zudem haben alle vom Sparkassen- und Giroverband beschäftigten Personen, die das Ergebnis der Prüfung beeinflussen könnten, die Ausschlussgründe von § 319 Abs. 2, 3 und 5 sowie § 319a entsprechend einzuhalten. Schließlich ist die Unabhängigkeit des Abschlussprüfers dadurch sicherzustellen, dass er nicht den Weisungen des Sparkassen- und Giroverbands unterliegt (vgl. Abs. 3).

25 Die gesonderte Erwähnung des § 319 Abs. 1 S. 3, der von Wirtschaftsprüfern eine wirksame Bescheinigung über die Teilnahme an der Qualitätskontrolle nach § 57a WPO fordert, dient dem Zweck der Erweiterung der Ausnahmeregelungen um das Landesrecht. Sofern das jeweilige Landesrecht nichts anderes vorsieht bzw. die Wirtschaftsprüferkammer keine Ausnahmeregelung erteilt hat, muss der Prüfungsstelle eine Bescheinigung über die Teilnahme an der Qualitätskontrolle nach § 57a WPO vorliegen.

26 **3. Abschlussprüfer bei Finanzdienstleistungsinstituten.** Während bei Kreditinstituten die Anwendung von § 319 Abs. 1 S. 2 explizit ausgeschlossen ist und damit nur Wirtschaftsprüfer bzw. Wirtschaftsprüfungsgesellschaften Abschlussprüfer sein können, besteht für Finanzdienstleistungsinstitute mit einer Bilanzsumme bis zu 150 Millionen Euro die Möglichkeit einer Abschlussprüfung durch vereidigte Buchprüfer bzw. Buchprüfungsgesellschaften. In jedem Fall unterliegen Finanzdienstleistungsinstitute unabhängig von ihrer Größe und Rechtsform der Verpflichtung zur Abschlussprüfung.

Siebenter Titel. Offenlegung

§ 340 l idF für Geschäftsjahre, die vor dem 1. 1. 2006 beginnen

(1) ¹Kreditinstitute haben den Jahresabschluß und den Lagebericht sowie den Konzernabschluß und den Konzernlagebericht und die anderen in § 325 bezeichneten Unterlagen nach § 325 Abs. 2 bis 5, §§ 328, 329 Abs. 1 offenzulegen. ²Kreditinstitute, die nicht Zweigstellen sind, haben die in Satz 1 bezeichneten Unterlagen außerdem in jedem anderen Mitgliedstaat der Europäischen Gemeinschaft und in jedem anderen Vertragsstaat des Abkommens über den Europäischen Wirtschaftsraum offenzulegen, in dem sie eine Zweigstelle errichtet haben. ³Die Offenlegung (Einreichung zu einem Register, Bekanntmachung in einem Amtsblatt) richtet sich nach dem Recht des jeweiligen Mitgliedstaats oder Vertragsstaats.

(2) ¹Zweigstellen im Geltungsbereich dieses Gesetzes von Unternehmen mit Sitz in einem anderen Staat haben die in Absatz 1 Satz 1 bezeichneten Unterlagen ihrer Hauptniederlassung, soweit diese nach deren Recht aufgestellt und geprüft worden sind, nach § 325 Abs. 2 bis 5, §§ 328, 329 Abs. 1 offenzulegen. ²Zweigstellen im Geltungsbereich dieses Gesetzes von Unternehmen mit Sitz in einem Staat, der nicht Mitglied der Europäischen Gemeinschaft und auch nicht Vertragsstaat des Abkommens über den Europäischen Wirtschaftsraum ist, brauchen auf ihre eigene Geschäftstätigkeit bezogene gesonderte Rechnungslegungsunterlagen nach Absatz 1 Satz 1 nicht offenzulegen, sofern die nach Satz 1 offenzulegenden Unterlagen nach einem an die Richtlinie 86/635/EWG angepaßten Recht aufgestellt und geprüft worden oder den nach einem dieser Rechte aufgestellten Unterlagen gleichwertig sind. ³Die Unterlagen sind in deutscher Sprache einzureichen. ⁴Soweit

---

[16] *Meyer/Isenmann* S. 85.

Offenlegung § 3401

dies nicht die Amtssprache am Sitz der Hauptniederlassung ist, können die Unterlagen der Hauptniederlassung auch in englischer Sprache oder in einer von dem Register der Hauptniederlassung beglaubigten Abschrift eingereicht werden; von der Beglaubigung des Registers ist eine beglaubigte Übersetzung in deutscher Sprache einzureichen.

(3) ¹Ist das Kreditinstitut eine Genossenschaft, so tritt an die Stelle des Handelsregisters das Genossenschaftsregister. ² § 339 ist auf Kreditinstitute, die Genossenschaften sind, nicht anzuwenden.

(4) Kreditinstitute oder Zweigstellen im Sinne des Absatzes 2, deren Bilanzsumme am Bilanzstichtag 200 Millionen Euro nicht übersteigt, dürfen anstelle von § 325 Abs. 2 auf die Offenlegung § 325 Abs. 1 anwenden.

(5) Soweit Absatz 1 Satz 1 auf § 325 Abs. 2 a Satz 3 und 5 verweist, gelten die folgenden Maßgaben und ergänzenden Bestimmungen:
1. Die in § 325 Abs. 2a Satz 3 genannten Vorschriften des Ersten Unterabschnitts des Zweiten Abschnitts des Dritten Buchs sind auch auf Kreditinstitute anzuwenden, die nicht in der Rechtsform einer Kapitalgesellschaft betrieben werden.
2. ¹ § 285 Satz 1 Nr. 8 Buchstabe b findet keine Anwendung. ²Jedoch ist im Anhang zum Einzelabschluss nach § 325 Abs. 2 a der Personalaufwand des Geschäftsjahrs in der Gliederung nach Formblatt 3 Posten 10 Buchstabe a der Kreditinstituts-Rechnungslegungsverordnung in der Fassung der Bekanntmachung vom 11. Dezember 1998 (BGBl. I S. 3658), die zuletzt durch Artikel 8 Abs. 11 Nr. 1 des Gesetzes vom 4. Dezember 2004 (BGBl. I S. 3166) geändert worden ist, anzugeben, sofern diese Angaben nicht gesondert in der Gewinn- und Verlustrechnung erscheinen.
3. An Stelle des § 285 Satz 1 Nr. 9 Buchstabe c gilt § 34 Abs. 2 Nr. 2 der Kreditinstituts-Rechnungslegungsverordnung in der Fassung der Bekanntmachung vom 11. Dezember 1998 (BGBl. I S. 3658), die zuletzt durch Artikel 8 Abs. 11 Nr. 1 des Gesetzes vom 4. Dezember 2004 (BGBl. I S. 3166) geändert worden ist.
4. Für den Anhang gilt zusätzlich die Vorschrift des § 340 a Abs. 4.
5. Im Übrigen finden die Bestimmungen des Zweiten bis Vierten Titels dieses Unterabschnitts sowie der Kreditinstituts-Rechnungslegungsverordnung keine Anwendung.

§ 340 l idF des EHUG[1]

(1) ¹Kreditinstitute haben den Jahresabschluß und den Lagebericht sowie den Konzernabschluß und den Konzernlagebericht und die anderen in § 325 bezeichneten Unterlagen nach § 325 Abs. 2 bis 5, §§ 328, 329 Abs. 1 offenzulegen. ²Kreditinstitute, die nicht Zweigniederlassungen sind, haben die in Satz 1 bezeichneten Unterlagen außerdem in jedem anderen Mitgliedstaat der Europäischen Gemeinschaft und in jedem anderen Vertragsstaat des Abkommens über den Europäischen Wirtschaftsraum offenzulegen, in dem sie eine Zweigniederlassung errichtet haben. ³Die Offenlegung richtet sich nach dem Recht des jeweiligen Mitgliedstaats oder Vertragsstaats.

(2) ¹Zweigniederlassungen im Geltungsbereich dieses Gesetzes von Unternehmen mit Sitz in einem anderen Staat haben die in Absatz 1 Satz 1 bezeichneten Unterlagen ihrer Hauptniederlassung, die nach deren Recht aufgestellt und geprüft worden sind, nach § 325 Abs. 2 bis 5, §§ 328, 329 Abs. 1 offenzulegen. ²Zweigniederlassungen im Geltungsbereich dieses Gesetzes von Unternehmen mit Sitz in einem Staat, der nicht Mitglied der Europäischen Gemeinschaft und auch nicht Vertragsstaat des Abkommens über den Europäischen Wirtschaftsraum ist, brauchen auf ihre eigene Geschäftstätigkeit bezogene gesonderte Rechnungslegungsunterlagen nach Absatz 1 Satz 1 nicht offenzulegen, sofern die nach Satz 1 offenzulegenden Unterlagen nach einem an die Richtlinie 86/635/EWG angepaßten Recht aufgestellt und geprüft worden oder den nach einem dieser Rechte aufgestellten Unterlagen gleichwertig sind. ³Die Unterlagen sind in deutscher Sprache einzureichen. ⁴Soweit dies nicht die Amtssprache am Sitz der Hauptniederlassung ist, können die Unterlagen der Hauptniederlassung auch
1. in englischer Sprache oder
2. einer von dem Register der Hauptniederlassung beglaubigten Abschrift oder,

---

[1] § 340 l geändert durch das Gesetz über elektronische Handelsregister und Genossenschaftsregister sowie das Unternehmensregister (EHUG) vom 10. November 2006. Zur erstmaligen Anwendung s. Art. 61 Abs. 5 EGHGB.

3. wenn eine dem Register vergleichbare Einrichtung nicht vorhanden oder diese nicht zur Beglaubigung befugt ist, in einer von einem Wirtschaftsprüfer bescheinigten Abschrift, verbunden mit der Erklärung, dass entweder eine dem Register vergleichbare Einrichtung nicht vorhanden oder diese nicht zur Beglaubigung befugt ist,

eingereicht werden; von der Beglaubigung des Registers ist eine beglaubigte Übersetzung in deutscher Sprache einzureichen.

(3) § 339 ist auf Kreditinstitute, die Genossenschaften sind, nicht anzuwenden.

(4) Soweit Absatz 1 Satz 1 auf § 325 Abs. 2a Satz 3 und 5 verweist, gelten die folgenden Maßgaben und ergänzenden Bestimmungen:

1. Die in § 325 Abs. 2a Satz 3 genannten Vorschriften des Ersten Unterabschnitts des Zweiten Abschnitts des Dritten Buchs sind auch auf Kreditinstitute anzuwenden, die nicht in der Rechtsform einer Kapitalgesellschaft betrieben werden.
2. § 285 Satz 1 Nr. 8 Buchstabe b findet keine Anwendung. Jedoch ist im Anhang zum Einzelabschluss nach § 325 Abs. 2a der Personalaufwand des Geschäftsjahrs in der Gliederung nach Formblatt 3 Posten 10 Buchstabe a der Kreditinstituts-Rechnungslegungsverordnung in der Fassung der Bekanntmachung vom 11. Dezember 1998 (BGBl. I S. 3658), die zuletzt durch Artikel 8 Abs. 11 Nr. 1 des Gesetzes vom 4. Dezember 2004 (BGBl. I S. 3166) geändert worden ist, anzugeben, sofern diese Angaben nicht gesondert in der Gewinn- und Verlustrechnung erscheinen.
3. An Stelle des § 285 Satz 1 Nr. 9 Buchstabe c gilt § 34 Abs. 2 Nr. 2 der Kreditinstituts-Rechnungslegungsverordnung in der Fassung der Bekanntmachung vom 11. Dezember 1998 (BGBl. I S. 3658), die zuletzt durch Artikel 8 Abs. 11 Nr. 1 des Gesetzes vom 4. Dezember 2004 (BGBl. I S. 3166) geändert worden ist.
4. Für den Anhang gilt zusätzlich die Vorschrift des § 340a Abs. 4.
5. Im Übrigen finden die Bestimmungen des Zweiten bis Vierten Titels dieses Unterabschnitts sowie der Kreditinstituts-Rechnungslegungsverordnung keine Anwendung.

Schrifttum: Siehe Schrifttum zu § 340.

Übersicht

	RdNr.		RdNr.
I. Umfang der Offenlegung und Offenlegungsfrist	1–7	IV. Größenabhängige Erleichterungen	16–20
II. Offenlegung bei Zweigniederlassungen	8–14	V. Ergänzende Offenlegungspflichten außerhalb von § 340l	21–23
1. Zweigniederlassungen in anderen Mitgliedstaaten der Europäischen Union oder in Vertragsstaaten des Abkommens über den Europäischen Wirtschaftsraum	8, 9	VI. Zusammenfassende Übersicht der Offenlegungspflichten nach § 340l	24
2. Zweigniederlassungen von Unternehmen mit Sitz in einem anderen Staat	10–14	VII. Ergänzende Vorschriften zum IFRS-Einzelabschluss	25, 26
III. Offenlegung bei Genossenschaften	15	VIII. Änderungen durch das EHUG	27–30

I. Umfang der Offenlegung und Offenlegungsfrist

1 Die von Kreditinstituten zu beachtenden Offenlegungsvorschriften knüpfen weitgehend an die für (andere) Kapitalgesellschaften geltenden Regelungen in §§ 325 bis 329 an.[2] Jedoch finden die **Erleichterungen für kleine und mittelgroße Kapitalgesellschaften** nach §§ 326f. in dieser Form **keine Anwendung**.[3] Zu Erleichterungen bei Kreditinstituten vgl. RdNr. 16ff. Die Offenlegungsvorschriften gelten auch für Kreditinstitute, die keine Kapitalgesellschaften sind; eine eingeschränkte Publizität auf Grundlage des PublG ist nicht zulässig.[4]

2 Die Publizität auf Grundlage von § 340l umfasst
— den Jahresabschluss und Lagebericht,
— den Konzernabschluss und Konzernlagebericht,
— jeweils mit dem Bestätigungsvermerk oder dem Vermerk über dessen Versagung,

---

[2] *KPMG* S. 41; *Bieg* BHdR RdNr. 382; *Krumnow* RdNr. 2.
[3] *Krumnow* RdNr. 7.
[4] *KPMG* S. 42; *Scharpf/Sohler* S. 286.

– den Bericht des Aufsichtsrats, sofern ein solcher zu erstellen ist,
– den Vorschlag und den Beschluss über die Ergebnisverwendung unter Angabe des Jahresüberschusses oder Jahresfehlbetrags, sofern dem Jahresabschluss nicht der Vorschlag und der Beschluss über die Verwendung des Ergebnisses zu entnehmen sind, und
– die Erklärung zum Corporate Governance Kodex nach § 161 AktG.

Hinzu treten ggf. erforderliche Änderungen auf Grund von nachträglicher Prüfung oder Feststellung, die ebenfalls offen zu legen sind. 3

Die Offenlegung hat grundsätzlich nach dem in § 325 Abs. 2 für große Kapitalgesellschaften vorgesehenen Verfahren zu erfolgen. Die offen zu legenden Unterlagen sind demnach zunächst im Bundesanzeiger bekannt zu machen und die Bekanntmachung unter Beifügung der Unterlagen zum Handelsregister des Sitzes des Kreditinstituts einzureichen. 4

Die **Offenlegungsfrist** bestimmt sich auch für Kreditinstitute jeglicher Rechtsform nach § 325 Abs. 1, wonach die Offenlegung unverzüglich nach der Vorlage an die Gesellschafter, jedoch **spätestens vor Ablauf des zwölften Monats des neuen Geschäftsjahrs** zu erfolgen hat. Maßgebend ist nach § 325 Abs. 4 nicht der Zeitpunkt der tatsächlichen Veröffentlichung, sondern der Zeitpunkt der Einreichung beim Bundesanzeiger.[5] Zu Besonderheiten bei Genossenschaften vgl. RdNr. 15. Von diesen handelsrechtlichen Offenlegungsfristen bleibt die Verpflichtung zur Vorlage bei der Deutschen Bundesbank und der BaFin unberührt. 5

Hinsichtlich der weiteren bei der Offenlegung zu beachtenden Anforderungen vgl. Erläuterungen zu §§ 325, 328 und 329. 6

Falls **Zwischenabschlüsse** zur Ermittlung von Zwischenergebnissen iSv. § 10 Abs. 3 KWG erstellt werden (vgl. Erläuterungen zu § 340 a), sind diese **nicht** nach § 340l **offen zu legen**. Davon unabhängig besteht jedoch die Pflicht zur Einreichung zur BaFin und zur Deutschen Bundesbank nach § 10 Abs. 3 S. 5 KWG.[6] 7

II. Offenlegung bei Zweigniederlassungen

1. Zweigniederlassungen in anderen Mitgliedstaaten der Europäischen Union oder in Vertragsstaaten des Abkommens über den Europäischen Wirtschaftsraum. Kreditinstitute mit Sitz im Inland, die selbst keine Zweigniederlassungen sind, haben die **offenlegungspflichtigen Unterlagen** auch in **jedem Staat** der EU und in jedem anderen Vertragsstaat des Abkommens über den Europäischen Wirtschaftsraum zu **publizieren, in dem sie Zweigniederlassungen unterhalten.** Während der Umfang der Offenlegung insoweit vorgegeben ist, orientiert sich die Form der Publizität an den Vorschriften des jeweiligen Staates.[7] 8

Dabei kann in den betreffenden Staaten eine Übersetzung der offenlegungspflichtigen Unterlagen in die jeweilige Landessprache verlangt werden. Der Erleichterung, keinen Abschluss mehr nach dem jeweiligen Landesrecht erstellen zu müssen, steht somit die Verpflichtung zur Übersetzung und Einreichung in den Mitgliedstaaten gegenüber.[8] In der Vorschrift des § 340 Abs. 1 S. 2 und 3 kommt die wechselseitige Anerkennung der in Mitgliedstaaten der EU erstellten Jahresabschlüsse zum Ausdruck; zur Anerkennung von Jahresabschlüssen von Unternehmen mit Sitz in einem anderen Staat vgl. RdNr. 10–14. 9

2. Zweigniederlassungen von Unternehmen mit Sitz in einem anderen Staat. Als Kreditinstitute geltende Zweigniederlassungen von Unternehmen mit Sitz in einem anderen Staat haben zunächst in jedem Fall die **offenlegungspflichtigen Unterlagen der ausländischen Hauptniederlassung zu publizieren.**[9] Darüber hinaus ist zu unterscheiden, in welchem Staat sich die Hauptniederlassung befindet. 10

Sofern die Hauptniederlassung in einem **EU-Staat** gelegen ist, so sind die Publizitätspflichten mit der Offenlegung der Unterlagen der (ausländischen) Hauptniederlassung in dem in § 325 Abs. 2 bis 5, §§ 328, 329 Abs. 1 beschriebenen Umfang bereits erfüllt. Dabei reicht es aus, wenn diese Unterlagen nach lokalem Recht erstellt und geprüft wurden.[10] Diese Unterlagen sind in deutscher Sprache zu veröffentlichen. Sofern sie nicht in deutscher Sprache erstellt wurden, können sie seit Einführung des Euro-Bilanzgesetzes auch in englischer Sprache publiziert werden. Zweignieder- 11

---

[5] *Scharpf/Sohler* S. 287.
[6] *Krumnow* RdNr. 2.
[7] *KPMG* S. 41; *Meyer/Isenmann* S. 86; *Scharpf/Sohler* S. 287; *Krumnow* RdNr. 72.
[8] *Epperlein* S. 124.
[9] *Scharpf/Sohler* S. 288.
[10] *Krumnow* RdNr. 75.

lassungen von Unternehmen aus anderen Ländern können daneben auch eine von dem Register der Hauptniederlassung beglaubigte Abschrift in Originalsprache zusammen mit einer beglaubigten deutschen Übersetzung der Beglaubigung einreichen.

12 Ferner bestehen ebenfalls keine weiter reichenden Offenlegungspflichten für Zweigniederlassungen, deren Hauptniederlassung sich in einem nicht der EU und nicht dem Vertrag über den Europäischen Wirtschaftsraum angehörenden Staat befindet, sofern die offenlegungspflichtigen Unterlagen nach einem **an die EG-BBRL angepassten Recht** aufgestellt und geprüft worden oder den nach einem dieser Rechte aufgestellten Unterlagen gleichwertig sind (§ 3401 Abs. 2 S. 2). Neben der Gleichwertigkeit muss ferner die gegenseitige Anerkennung der Jahresabschlüsse gewährleistet sein. Ein an die EG-BBRL angepasstes Recht kann insbesondere bei Staaten vorliegen, die mit der EU durch ein **Assoziierungsabkommen** verbunden sind.[11] Als letzte Alternative kann eine Befreiung von der auf die eigene Geschäftstätigkeit der Niederlassung bezogenen Offenlegungspflicht erfolgen, sofern die Rechnungslegungsunterlagen der Hauptniederlassung als gleichwertig anzusehen sind und wiederum die Gegenseitigkeit gewährleistet ist.

13 Vgl. zu ergänzenden Offenlegungspflichten außerhalb von § 3401 RdNr. 21–23.

14 Handelt es sich schließlich um Zweigniederlassungen von Unternehmen mit Sitz außerhalb der EU oder des Europäischen Wirtschaftsraums, deren Abschluss weder auf Grundlage eines an die EG-BBRL angepassten Rechts erstellt wurde noch aus anderen Gründen als gleichwertig anzusehen ist, sind zusätzlich zu den Unterlagen der Hauptniederlassung die Rechnungslegungsunterlagen über die Geschäftstätigkeit der in Deutschland gelegenen Zweigniederlassunge offen zu legen.

III. Offenlegung bei Genossenschaften

15 Die Offenlegungsvorschriften für Genossenschaften, die keine Kreditinstitute sind (vgl. § 339 Abs. 2 und 3), greifen auf Grund der Nichtanwendungsvorschrift in § 3401 Abs. 3 S. 2 nicht ein; stattdessen sind die Offenlegungsvorschriften für Kreditinstitute anderer Rechtsform auch von Genossenschaften mit der Maßgabe anzuwenden, dass die **Einreichung zum Genossenschaftsregister** anstelle des Handelsregisters zu erfolgen hat.[12]

IV. Größenabhängige Erleichterungen

16 Während die Rechnungslegungs- und Prüfungsvorschriften für Kreditinstitute grundsätzlich größenunabhängig gefasst sind, wird im Zuge der Offenlegung Kreditinstituten mit einer **Bilanzsumme von weniger als 200 Mio. Euro** am Abschlussstichtag die Erleichterung eingeräumt, dass die offenlegungspflichtigen Unterlagen in Verbindung mit dem Einzelabschluss nicht im Bundesanzeiger bekannt zu machen sind, sondern eine Einreichung bei dem Handelsregister am Sitz des Unternehmens ausreicht **(Registerpublizität)**.[13] Wird von diesem Wahlrecht Gebrauch gemacht, ist nur die Tatsache der Hinterlegung beim Handelsregister im Bundesanzeiger zu veröffentlichen (Hinweisbekanntmachung).[14] Dies entspricht qualitativ der Regelung in § 325 Abs. 1 für kleine und mittelgroße Kapitalgesellschaften iSv. § 267. Weitere Erleichterungen, die kleinen und mittelgroßen Kapitalgesellschaften bei der Offenlegung in §§ 326 f. eingeräumt werden, finden im Rahmen der Publizitätsvorschriften der Kreditinstitute keine Entsprechung.[15] Zu Einzelheiten vgl. Erläuterungen zu §§ 325 ff.

17 Identische **Erleichterungen** hinsichtlich der **Offenlegung** gelten **für Zweigniederlassungen** von Unternehmen, die ihren Sitz in einem anderen Staat haben und zur Offenlegung von Jahresabschlussunterlagen der Hauptniederlassung nach Abs. 2 S. 1 verpflichtet sind. Maßgeblich ist hier die in Euro umgerechnete Bilanzsumme der Hauptniederlassung am Abschlussstichtag. Da Abs. 4 keinen bestimmten Umrechnungskurs vorschreibt, bietet sich eine Umrechnung mit dem Stichtagsmittelkurs an.[16]

18 Der Grenzwert von 200 Mio. Euro kommt ferner bei **Zweigniederlassungen** zum Tragen, deren **Hauptniederlassung in einem Drittstaat** (vgl. Erläuterungen unter RdNr. 10 ff.) liegt, und die aus diesem Grund auf ihre eigene Geschäftstätigkeit bezogene gesonderte Rechnungslegungsunterlagen nach Abs. 2 S. 2 offen zu legen haben.[17]

---

[11] *Krumnow* RdNr. 78.
[12] *KPMG* S. 42; *Meyer/Isenmann* S. 86; *Krumnow* RdNr. 20 und 79.
[13] *KPMG* S. 42; *Scharpf/Sohler* S. 287; *Krumnow* RdNr. 22.
[14] *Scharpf/Sohler* 287; *Meyer/Isenmann* S. 85 f.; *Krumnow* RdNr. 22.
[15] *Krumnow* RdNr. 80.
[16] So *Krumnow* RdNr. 80.
[17] *Krumnow* RdNr. 80.

Das **Überschreiten der Bilanzsumme** von 200 Mio. Euro führt bereits am betreffenden Abschlussstichtag zum **Wegfall der größenabhängigen Erleichterung.** Es kommt nicht auf ein Über- oder Unterschreiten der Grenze an mehreren aufeinander folgenden Stichtagen an; die Vorschrift ist insoweit anders als diejenige zur Umschreibung der Größenklassen der Kapitalgesellschaften in § 267 Abs. 4 ausgestaltet. 19

Die **Erleichterung** für Kreditinstitute mit einer Bilanzsumme bis 200 Mio. Euro gilt **nur für Einzelabschlüsse,** da Abs. 4 nicht auf § 325 Abs. 3 verweist, der die Offenlegung von Konzernabschlüssen regelt.[18] Demnach ist ein ggf. von Kreditinstituten zu erstellender Konzernabschluss nach § 325 Abs. 3 größenunabhängig im Bundesanzeiger bekannt zu machen. 20

V. Ergänzende Offenlegungspflichten außerhalb von § 340 l

Unabhängig von den handelsrechtlichen Offenlegungsvorschriften nach § 340 l bestehen für Kreditinstitute ergänzende Offenlegungspflichten. Zunächst haben alle Kreditinstitute die Vorschriften zur **Offenlegung gegenüber der BaFin und der Deutschen Bundesbank** nach § 26 KWG zu beachten. Danach ist der mit dem Bestätigungsvermerk oder einem Vermerk über die Versagung der Bestätigung versehene Jahresabschluss zusammen mit einer erläuternden Anlage sowie dem Lagebericht einzureichen. Sofern ein Konzernabschluss erstellt wird, ist dieser ebenfalls zusammen mit dem Konzernlagebericht gegenüber der BaFin und der Deutschen Bundesbank offen zu legen. Dies gilt insbesondere auch für diejenigen Zweigniederlassungen von ausländischen Unternehmen aus Mitgliedstaaten der EU, Vertragsstaaten des EWR oder gleichgestellten Staaten, die nach handelsrechtlichen Vorschriften nicht zur Erstellung eines auf die eigene Tätigkeit bezogenen Jahresabschlusses verpflichtet sind.[19] 21

Kreditinstitute, deren Wertpapiere an einer oder mehreren Börsen zur amtlichen Notierung zugelassen sind, haben nach § 65 BörsZulV Publizitätspflichten, soweit die nach § 340 l Abs. 1 vorgeschriebene Offenlegung unterlassen wurde. In diesem Fall hat der Emittent der Wertpapiere den Jahresabschluss und den Lagebericht dem Publikum bei den Zahlstellen – in der Regel sind dies Kreditinstitute – zur Verfügung zu stellen.[20] 22

Zu weiteren Offenlegungsvorschriften, die nicht unmittelbar Jahresabschlussunterlagen betreffen, vgl. *Ausschuss für Bilanzierung des BdB* S. 114 f.; *Krumnow* RdNr. 2. 23

VI. Zusammenfassende Übersicht der Offenlegungspflichten nach § 340 l

Die Offenlegungspflichten nach § 340 l sind in der folgenden Übersicht zusammengestellt:[21] 24

	Kreditinstitute	Zweigniederlassungen von Unternehmen aus EU-Staaten und gleichgestellten Staaten	Zweigniederlassungen von Unternehmen aus „Drittstaaten"
Offenlegungspflichtige Unterlagen	Jahresabschluss Lagebericht Konzernabschluss Konzernlagebericht Bericht des Aufsichtsrats Bestätigungsvermerk(e) Gewinnverwendungsvorschlag Gewinnverwendungsbeschluss	Offenlegung der entsprechenden Unterlagen der Hauptgesellschaft (in Deutsch oder Englisch bzw. in der Originalsprache mit übersetztem Beglaubigungsvermerk)	Offenlegung der entsprechenden Unterlagen der Hauptgesellschaft (in Deutsch oder Englisch bzw. in der Originalsprache mit übersetztem Beglaubigungsvermerk) zusätzlich (bezogen auf die Tätigkeit der Zweigniederlassunge): Jahresabschluss Lagebericht Konzernabschluss Konzernlagebericht Bericht des Aufsichtsrats Bestätigungsvermerk(e) Gewinnverwendungsvorschlag Gewinnverwendungsbeschluss
Offenlegungsfrist	spätestens nach 12 Monaten	spätestens nach 12 Monaten	spätestens nach 12 Monaten

---

[18] *Krumnow* RdNr. 80.
[19] *Scharpf/Sohler* S. 288.
[20] *Krumnow* RdNr. 2.
[21] *Göttgens/Schmelzeisen* S. 103; *Scharpf/Sohler* S. 290; ferner die Übersicht bei *Treuarbeit* S. 187.

	Kreditinstitute	Zweigniederlassungen von Unternehmen aus EU-Staaten und gleichgestellten Staaten	Zweigniederlassungen von Unternehmen aus „Drittstaaten"
Form der Offenlegung	(1) Bundesanzeiger und Handelsregister (Aufstellung des Anteilsbesitzes: nur Handelsregister) (2) bei Zweigniederlassungen in anderen EU-Staaten: Offenlegung der Unterlagen der Hauptgesellschaft nach nationalem Recht	Bundesanzeiger und Handelsregister (Aufstellung des Anteilsbesitzes: nur Handelsregister)	Bundesanzeiger und Handelsregister (Aufstellung des Anteilsbesitzes: nur Handelsregister)
Größenabhängige Erleichterungen	bis 200 Mio. Euro Bilanzsumme nur Einreichung zum Handelsregister	bis 200 Mio. Euro Bilanzsumme nur Einreichung zum Handelsregister	bis 200 Mio. Euro Bilanzsumme nur Einreichung zum Handelsregister

VII. Ergänzende Vorschriften zum IFRS-Einzelabschluss

25 Die durch § 325 Abs. 2a eingeräumte Möglichkeit, für Zwecke der Offenlegung einen nach internationalen Rechnungslegungsvorschriften erstellten Einzelabschluss zu verwenden, bedarf institutsspezifischer Anpassungen, die in Abs. 5 vorgenommen werden. Im Gegensatz zum Konzernabschluss darf ein nach IFRS aufgestellter Einzelabschluss lediglich ergänzend zum handelsrechtlichen Jahresabschluss aufgestellt werden und ist im Anwendungsbereich auf den Zweck der Offenlegung beschränkt. Für den Fall, dass ein ergänzender Einzelabschluss nach IFRS erstellt wird, klärt § 340l Abs. 5, welche handelsrechtlichen Vorschriften neben den Bestimmungen nach IFRS dabei zur Anwendung kommen.

26 Zudem bezieht Abs. 5 Nr. 1 auch solche Institute in den Anwendungsbereich des § 325 Abs. 2a S. 3 mit ein, die nicht die Rechtsform einer Kapitalgesellschaft haben. Dies steht im Einklang mit den übrigen institutsspezifischen Vorschriften, da nach § 340a für alle Kreditinstitute die handelsrechtlichen Vorschriften für große Kapitalgesellschaften gelten, unabhängig von ihrer jeweiligen Rechtsform. Dieser Grundsatz gilt nicht unmittelbar für den IFRS-Einzelabschluss und erfordert daher eine dementsprechende Regelung.[22] Gleichzeitig wird in Abs. 5 Nr. 5 klargestellt, dass bei Aufstellung eines Einzelabschlusses nach internationalen Rechnungslegungsvorschriften außer den §§ 325 Abs. 2a S. 3, 340l Abs. 1 S. 1 und Abs. 5 Nr. 1 bis 4 keine anderen Vorschriften des HGB und der RechKredV Anwendung finden.

VIII. Änderungen durch das EHUG

27 Neben der terminologischen Klarstellung durch die Ersetzung des Begriffs „Zweigstelle" durch den Begriff „Zweigniederlassung" werden die Änderungen, die sich aus der Umstellung der Offenlegungsvorschriften auf die Einreichung der offenlegungspflichtigen Unterlagen in elektronischer Form umgesetzt. In Abs. 1 S. 3 wird der erläuternde Klammerzusatz „Einreichung zu einem Register, Bekanntmachung in einem Amtsblatt" gestrichen, da die Offenlegung in elektronischer Form europaweit vorgesehen ist, so dass die Bezugnahme auf andere Offenlegungsformen obsolet wurde.

28 Hinsichtlich der Neufassung von Abs. 2 S. 4 wird auf die Erläuterungen zu der gleich lautenden Änderung von § 325a verwiesen.

29 Die Aufhebung des bisherigen Abs. 3 S. 1, der für Kreditinstitute in der Rechtsform der Genossenschaft auf die Offenlegung beim Genossenschaftsregister verwies, trägt dem zukünftigen Verfahren der Offenlegung, wonach die Einreichung der offenlegungspflichtigen Unterlagen unabhängig von der Rechtsform des Unternehmens beim Betreiber des elektronischen Bundesanzeigers erfolgt.

30 Schließlich entfallen die Offenlegungserleichterungen für Kreditinstitute, deren Bilanzsumme 200 Millionen Euro nicht übersteigt. Da zukünftig eine Unterscheidung zwischen einer „Handelsregisterpublizität" und einer „Bundesanzeigerpublizität" im Zuge der allgemeinen Publizität in elektronischer Form entfällt, besteht auch kein Anwendungsbereich mehr für eine Abstufung der Publizität in Abhängigkeit von Größenmerkmalen.

---

[22] Begr. RegE, BT-Drucks. 15/3419 S. 49.

Achter Titel. Straf- und Bußgeldvorschriften, Zwangsgelder

§ 340 m Strafvorschriften

¹Die Strafvorschriften der §§ 331 bis 333 sind auch auf nicht in der Rechtsform einer Kapitalgesellschaft betriebene Kreditinstitute sowie auf Finanzdienstleistungsinstitute im Sinne des § 340 Abs. 4 Satz 1 anzuwenden. ²§ 331 ist darüber hinaus auch anzuwenden auf die Verletzung von Pflichten durch den Geschäftsleiter (§ 1 Abs. 2 Satz 1 des Gesetzes über das Kreditwesen) eines nicht in der Rechtsform einer Kapitalgesellschaft betriebenen Kreditinstituts oder Finanzdienstleistungsinstituts im Sinne des § 340 Abs. 4 Satz 1, durch den Inhaber eines in der Rechtsform des Einzelkaufmanns betriebenen Kreditinstituts oder Finanzdienstleistungsinstituts im Sinne des § 340 Abs. 4 Satz 1 oder durch den Geschäftsleiter im Sinne des § 53 Abs. 2 Nr. 1 des Gesetzes über das Kreditwesen.

Schrifttum: Siehe Schrifttum zu § 340.

I. Anwendung von §§ 331 bis 333

1 Die rechtsformspezifisch für Kapitalgesellschaften formulierten Strafvorschriften werden nach S. 1 auf Institute (Kreditinstitute und Finanzdienstleistungsinstitute) jeglicher Rechtsform ausgedehnt.¹ Dies entspricht dem Grundsatz der Orientierung am Leitbild der großen Kapitalgesellschaft bei der Rechnungslegung der Kreditinstitute (vgl. Erläuterungen zu § 340 a). Darüber hinaus gelten die Strafvorschriften auch für Zweigniederlassungen von Unternehmen aller Rechtsformen mit Sitz in einem anderen Staat außerhalb des Europäischen Wirtschaftsraumes iSd. § 53 Abs. 1 KWG. Für die Zwecke des KWG gelten diese Zweigniederlassungen als Institute, sofern sie Bankgeschäfte betreiben oder Finanzdienstleistungen erbringen.

II. Von § 331 betroffener Personenkreis

2 Soweit Kreditinstitute als Kapitalgesellschaft betrieben werden, richten sich die Strafvorschriften an den in § 331 beschriebenen Personenkreis. Dies sind die **Mitglieder des vertretungsberechtigten Organs (Vorstand oder Geschäftsführung)**, die **Mitglieder des Aufsichtsrats** sowie im Falle des § 331 Nr. 4 die **vertretungsberechtigten Gesellschafter von Tochterunternehmen.** Die Erweiterung des Adressatenkreises in S. 2 ergibt sich daraus, dass die Rechnungslegungsvorschriften für Kreditinstitute und Finanzdienstleistungsinstitute rechtsformunabhängig gefasst sind und die Strafvorschrift insoweit auch die Verantwortlichen bei Personengesellschaften und Einzelunternehmen einschließen muss. S. 2 erweitert den Adressatenkreis daher bei Kreditinstituten, die keine Kapitalgesellschaften sind, auf deren **Geschäftsleiter** iSd. § 1 Abs. 2 S. 1 KWG sowie auf die **Inhaber eines in der Rechtsform des Einzelkaufmanns** betriebenen Kreditinstituts. Gleiches gilt für Geschäftsleiter von Finanzdienstleistungsinstituten, soweit diese nicht in der Rechtsform einer Kapitalgesellschaft betrieben werden, und für den Inhaber des als Einzelkaufmann betriebenen Finanzdienstleistungsinstituts. Ferner werden von der Vorschrift auch **die nach § 53 Abs. 2 Nr. 1 KWG als Geschäftsleiter geltenden Personen** erfasst, die zur Geschäftsführung und zur Vertretung von Zweigniederlassungen ausländischer Unternehmen außerhalb des Europäischen Wirtschaftsraumes iSv. § 53 Abs. 1 KWG befugt sind.

3 Der Begriff des Geschäftsleiters ist definiert in § 1 Abs. 2 S. 1 KWG und erfasst diejenigen natürlichen Personen, die nach Gesetz, Satzung oder Gesellschaftsvertrag zur Führung der Geschäfte und Vertretung eines Instituts in der Rechtsform einer juristischen Person oder einer Personenhandelsgesellschaft berufen sind. In Ausnahmefällen kann die BaFin nach § 1 Abs. 2 S. 2 KWG widerruflich auch andere Personen als Geschäftsleiter anerkennen, wenn diese entsprechende zivilrechtliche Befugnisse haben. Ferner kann die BaFin in Ausnahmefällen nach § 1 Abs. 2 S. 3 KWG im Falle eines als Einzelkaufmann betriebenen Instituts eine natürliche Person widerruflich als Geschäftsleiter anerkennen, die vom Inhaber mit der Führung der Geschäfte betraut ist. Geschäftsleiter, die nach § 1 Abs. 2 S. 2 und 3 KWG ihre Funktion nur widerruflich ausüben, fallen nicht in den Anwendungsbereich nach S. 2.²

---

¹ *Bieg* BHdR RdNr. 387; *Krumnow* RdNr. 1.
² MünchKommHGB/*Quedenfeld* RdNr. 5.

§ 340 n   3. Buch. 4. Abschnitt. Erg. Vorschr. für Untern. best. Geschäftszweige

III. Von §§ 332, 333 betroffener Personenkreis

4   Von den §§ 332, 333 werden der Abschlussprüfer und die Gehilfen des Abschlussprüfers erfasst. Bei genossenschaftlichen Kreditinstituten oder Kreditinstituten in Form eines wirtschaftlichen Vereins ist der Prüfungsverband iSd. § 340 k Abs. 2 maßgeblich, dem das Kreditinstitut als Mitglied angehört und von dem es geprüft wird. Bei Sparkassen, die durch die Prüfungsstelle eines Sparkassen- oder Giroverbandes geprüft werden, kommt nach § 340 k Abs. 3 der Prüfungsstelle die Eigenschaft des Abschlussprüfers zu. Vgl. zu Einzelheiten Erläuterungen zu §§ 332, 333, 340 k.

IV. Straftatbestände und Rechtsfolgen

5   Vgl. Erläuterungen zu §§ 331 bis 333.

§ 340 n Bußgeldvorschriften

(1) Ordnungswidrig handelt, wer als Geschäftsleiter im Sinne des § 1 Abs. 2 Satz 1 oder des § 53 Abs. 2 Nr. 1 des Kreditwesengesetzes oder als Inhaber eines in der Rechtsform des Einzelkaufmanns betriebenen Kreditinstituts oder Finanzdienstleistungsinstituts im Sinne des § 340 Abs. 4 Satz 1 oder als Mitglied des Aufsichtsrats

1. bei der Aufstellung oder Feststellung des Jahresabschlusses oder bei der Aufstellung des Zwischenabschlusses gemäß § 340 a Abs. 3 einer Vorschrift
   a) des § 243 Abs. 1 oder 2, der §§ 244, 245, 246 Abs. 1 oder 2, dieser in Verbindung mit § 340 a Abs. 2 Satz 3, des § 247 Abs. 2 oder 3, der §§ 248, 249 Abs. 1 Satz 1 oder Abs. 3, des § 250 Abs. 1 Satz 1 oder Abs. 2, des § 264 Abs. 2, des § 340 b Abs. 4 oder 5 oder des § 340 c Abs. 1 über Form oder Inhalt,
   b) des § 253 Abs. 1 Satz 1 in Verbindung mit § 255 Abs. 1 oder 2 Satz 1, 2 oder 6, des § 253 Abs. 1 Satz 2 oder Abs. 2 Satz 1, 2 oder 3, dieser in Verbindung mit § 340 e Abs. 1 Satz 3, des § 253 Abs. 3 Satz 1 oder 2, des § 280 Abs. 1 in Verbindung mit § 340 f Abs. 2, der §§ 282, 283, des § 340 e Abs. 1, des § 340 f Abs. 1 Satz 2 oder des § 340 g Abs. 2 über die Bewertung,
   c) des § 265 Abs. 2, 3 oder 4, des § 268 Abs. 3 oder 6, der §§ 272, 273, 274 Abs. 1 oder des § 277 Abs. 3 Satz 2 oder Abs. 4 über die Gliederung,
   d) des § 280 Abs. 3, des § 281 Abs. 1 Satz 2, dieser in Verbindung mit § 340 f Abs. 2 Satz 2, oder des § 281 Abs. 1 Satz 3 oder Abs. 2 Satz 1, dieser in Verbindung mit § 340 f Abs. 2 Satz 2, des § 284 Abs. 1, 2 Nr. 1, 3 oder 5 oder des § 285 Satz 1 Nr. 3, 5 bis 7, 9 Buchstabe a oder Buchstabe b, Nr. 10, 11, 13, 14, 17, 18 oder 19 über die in der Bilanz oder im Anhang zu machenden Angaben oder
2. bei der Aufstellung des Konzernabschlusses oder des Konzernzwischenabschlusses gemäß § 340 i Abs. 4 einer Vorschrift
   a) des § 294 Abs. 1 über den Konsolidierungskreis,
   b) des § 297 Abs. 2 oder 3 oder des § 340 i Abs. 2 Satz 1 in Verbindung mit einer der in Nummer 1 Buchstabe a bezeichneten Vorschriften über Form oder Inhalt,
   c) des § 300 über die Konsolidierungsgrundsätze oder das Vollständigkeitsgebot,
   d) des § 308 Abs. 1 Satz 1 in Verbindung mit den in Nummer 1 Buchstabe b bezeichneten Vorschriften oder des § 308 Abs. 2 über die Bewertung,
   e) des § 311 Abs. 1 Satz 1 in Verbindung mit § 312 über die Behandlung assoziierter Unternehmen oder
   f) des § 308 Abs. 1 Satz 3, des § 313 oder des § 314 über die im Anhang zu machenden Angaben,
3. bei der Aufstellung des Lageberichts einer Vorschrift des § 289 Abs. 1 oder 4 über den Inhalt des Lageberichts,
4. bei der Aufstellung des Konzernlageberichts einer Vorschrift des § 315 Abs. 1 oder 4 über den Inhalt des Konzernlageberichts,
5. bei der Offenlegung, Veröffentlichung oder Vervielfältigung einer Vorschrift des § 328 über Form oder Inhalt oder
6. einer auf Grund des § 330 Abs. 2 in Verbindung mit Abs. 1 Satz 1 erlassenen Rechtsverordnung, soweit sie für einen bestimmten Tatbestand auf diese Bußgeldvorschrift verweist,

zuwiderhandelt.

(2) Ordnungswidrig handelt, wer zu einem Jahresabschluss, zu einem Einzelabschluss nach § 325 Abs. 2a oder zu einem Konzernabschluss, der aufgrund gesetzlicher Vorschriften zu prüfen ist, einen Vermerk nach § 322 Abs. 1 erteilt, obwohl nach § 319 Abs. 2, 3, 5, § 319a Abs. 1 Satz 1, Abs. 2 er, nach § 319 Abs. 4, auch in Verbindung mit § 319a Abs. 1 Satz 2, oder § 319a Abs. 1 Satz 4 die Wirtschaftsprüfungsgesellschaft oder nach § 340k Abs. 2 oder Abs. 3 der Prüfungsverband oder die Prüfungsstelle, für die oder für den er tätig wird, nicht Abschlussprüfer sein darf.

(3) Die Ordnungswidrigkeit kann mit einer Geldbuße bis zu fünfzigtausend Euro geahndet werden.

(4) Verwaltungsbehörde im Sinn des § 36 Abs. 1 Nr. 1 des Gesetzes über Ordnungswidrigkeiten ist in den Fällen der Absätze 1 und 2 die Bundesanstalt für Finanzdienstleistungsaufsicht.

Schrifttum: Siehe Schrifttum zu § 340.

Übersicht

	RdNr.		RdNr.
I. Allgemeines	1	oder bei Aufstellung des Konzernzwischenabschlusses gem. § 340i Abs. 4	12
II. Von § 340n betroffener Personenkreis	2–4	3. Zuwiderhandlungen bei der Aufstellung des Lageberichts	13
III. Zu ahndende Ordnungswidrigkeiten	5–17	4. Zuwiderhandlungen bei der Aufstellung des Konzernlageberichts	14
1. Zuwiderhandlungen bei der Aufstellung oder Feststellung des Jahresabschlusses oder bei Aufstellung des Zwischenabschlusses gem. § 340a Abs. 3	8–11	5. Zuwiderhandlungen bei der Offenlegung, Veröffentlichung oder Vervielfältigung	15
a) Zuwiderhandlungen gegen Vorschriften über Form und Inhalt des Jahresabschlusses	8	6. Zuwiderhandlungen gegen eine auf Grund des § 330 Abs. 2 iVm. Abs. 1 S. 1 erlassene Rechtsverordnung	16
b) Zuwiderhandlungen gegen Vorschriften über die Bewertung	9	7. Ordnungswidrige Erteilung eines Bestätigungsvermerks	17
c) Zuwiderhandlungen gegen Vorschriften über die Gliederung	10	IV. Verfahren zur Verfolgung und Ahndung der Ordnungswidrigkeiten	18
d) Zuwiderhandlungen gegen Vorschriften über die Bilanz oder im Anhang zu machende Angaben	11	V. Rechtsfolgen	19
2. Zuwiderhandlungen bei der Aufstellung oder Feststellung des Konzernabschlusses		VI. Änderungen durch das EHUG	20

I. Allgemeines

Die für Kapitalgesellschaften geltenden Bußgeldvorschriften gem. § 334 finden nach dessen Abs. 4 **1** ausdrücklich keine Anwendung für Institute. Die Rechnungslegungsvorschriften für Institute enthalten in den §§ 340a bis 340l abweichende oder ergänzende Vorschriften, so dass die Bußgeldvorschriften des § 334 nicht unverändert Anwendung finden können. Auf bußgeldbewehrte Verstöße von Instituten gegen die Vorschriften der Rechnungslegung findet daher ausschließlich § 340n Anwendung, der Institute aller Rechtsformen einschließt.[1]

II. Von § 340n betroffener Personenkreis

Von den Bußgeldvorschriften werden zunächst alle **Geschäftsleiter** iSv. § 1 Abs. 2 S. 1 KWG, **2** § 53 Abs. 2 Nr. 1 KWG und die **Inhaber** von in der Rechtsform des **Einzelkaufmanns** betriebenen Kreditinstituten und Finanzdienstleistungsinstituten erfasst. Die Definition des Geschäftsleiters entspricht der des § 340m. Daneben finden die Bußgeldvorschriften auf die **Mitglieder eines gesetzlich vorgeschriebenen Aufsichtsrats** Anwendung.[2] Aus dem Fehlen eines in der Strafvorschrift des § 82 Abs. 2 Nr. 2 GmbHG genannten, dem Aufsichtsrat ähnlichen Organs wird der Schluss gezogen, dass die Mitglieder eines freiwilligen Aufsichtsrats nicht in den Anwendungsbereich dieser Vorschrift fallen.[3]

---

[1] Vgl. auch zu den Gründen *Krumnow* RdNr. 1.
[2] AA MünchKommHGB/*Quedenfeld* RdNr. 4, wonach die Vorschrift auch auf einen fakultativen Aufsichtsrat Anwendung findet, soweit ihm bußgeldbewehrte Pflichten in der Satzung übertragen wurden.
[3] GK-HGB/*Ensthaler/Schröer* RdNr. 3.

§ 340 n 3–9

3 Nach Abs. 2 kann ferner der **Abschlussprüfer** eines Kreditinstituts oder eines Finanzdienstleistungsinstituts im Falle der ordnungswidrigen Erteilung eines Vermerks nach § 322 mit einer Geldbuße belegt werden (vgl. Erläuterungen unter RdNr. 17).

4 Andere als die in Abs. 1 oder 2 genannten Personen, die sich an der Tat beteiligen, handeln nach § 14 OWiG in Verbindung mit dieser Vorschrift ordnungswidrig, wenn einer der anderen Tatbeteiligten die Qualifikation nach Abs. 1 oder 2 besitzt.[4]

III. Zu ahndende Ordnungswidrigkeiten

5 Der Umfang der Ordnungswidrigkeiten orientiert sich grundsätzlich an den Bußgeldvorschriften in § 334 Abs. 1 bis 3[5] unter Anpassung an die bankspezifischen Bilanzierungsvorschriften der §§ 340 a ff. Erfasst sind Verstöße gegen Vorschriften zum Einzel- und Konzernabschluss, zum Lagebericht und Konzernlagebericht, gegen Form und Inhalt bei Offenlegung, Veröffentlichung und Vervielfältigung, gegen bestimmte Vorschriften der RechKredV und gegen die unzulässige Erteilung eines Bestätigungsvermerks.

6 Auf Zwischenabschlüsse zur Ermittlung von Zwischenergebnissen nach § 340 a Abs. 3 iVm. § 10 Abs. 3 KWG (vgl. Erl. zu § 340 a) sind die Bußgeldvorschriften sinngemäß anzuwenden.[6]

7 Als Ordnungswidrigkeit werden nach Abs. 1 und 2 Zuwiderhandlungen gegen folgende Vorschriften qualifiziert:

8 1. **Zuwiderhandlungen bei der Aufstellung oder Feststellung des Jahresabschlusses oder bei Aufstellung des Zwischenabschlusses gem. § 340 a Abs. 3.**

a) **Zuwiderhandlungen gegen Vorschriften über Form und Inhalt des Jahresabschlusses**
– Aufstellung des Jahresabschlusses nach den Grundsätzen ordnungsmäßiger Buchführung (§ 243 Abs. 1)
– Klarheit und Übersichtlichkeit des Jahresabschlusses (§ 243 Abs. 2)
– Aufstellung in deutscher Sprache und in Euro (§ 244)
– Unterzeichnung durch den Kaufmann oder die persönlich haftenden Gesellschafter unter Angabe des Datums (§ 245)
– Vollständigkeit des Jahresabschlusses (§ 246 Abs. 1)
– Verrechnungsverbot (§ 246 Abs. 2 iVm. § 340 a Abs. 2 S. 3)
– Inhalt der Bilanz (§ 247 Abs. 2 und 3)
– Bilanzierungsverbote (§ 248)
– Rückstellungspflicht für ungewisse Verbindlichkeiten und für drohende Verluste aus schwebenden Geschäften (§ 249 Abs. 1 S. 1)
– Geschlossener Rückstellungskatalog und Auflösungsverbot (§ 249 Abs. 3)
– Pflicht zur Bildung aktiver Rechnungsabgrenzungsposten (§ 250 Abs. 1 S. 1)
– Pflicht zur Bildung passiver Rechnungsabgrenzungsposten (§ 250 Abs. 2)
– Vermittlung eines den tatsächlichen Verhältnissen entsprechenden Bildes der Vermögens-, Finanz- und Ertragslage, zusätzliche Angaben im Anhang (§ 264 Abs. 2)
– Ausweis von Pensionsgeschäften (§ 340 b Abs. 4 oder 5)
– Ausweis von Erträgen oder Aufwendungen aus Finanzgeschäften in der GuV (§ 340 c Abs. 1)

9 b) **Zuwiderhandlungen gegen Vorschriften über die Bewertung**
– Wertobergrenze von Vermögensgegenständen mit den Anschaffungs- oder Herstellungskosten (§ 253 Abs. 1 S. 1 iVm. § 255 Abs. 1 oder 2 S. 1, 2 oder 6)
– Wertansätze von Verbindlichkeiten, Rentenverpflichtungen und Rückstellungen (§ 253 Abs. 1 S. 2)
– Minderung der Anschaffungs- und Herstellungskosten um planmäßige Abschreibungen (§ 253 Abs. 2 S. 1, 2)
– Außerplanmäßige Abschreibungen von Anlagevermögen (§ 253 Abs. 2 S. 3 iVm. § 340 e Abs. 1 S. 3)
– Abschreibungen auf Vermögensgegenstände des Umlaufvermögens (§ 253 Abs. 3 S. 1 oder 2)
– Wertaufholungsgebot (§ 280 Abs. 1 iVm. § 340 f Abs. 2)

---
[4] *MünchKommHGB/Quedenfeld* RdNr. 7.
[5] *Bieg* BHdR RdNr. 387.
[6] *Krumnow* RdNr. 2.

Bußgeldvorschriften 10, 11 § 340 n

- Abschreibung der Aufwendungen für die Ingangsetzung und Erweiterung des Geschäftsbetriebes (§ 282)
- Wertansatz des Eigenkapitals (§ 283)
- Bewertung von Vermögensgegenständen (§ 340 e Abs. 1)
- Höchstbetrag der Vorsorge für allgemeine Bankrisiken (§ 340 f Abs. 1 S. 2)
- Ausweis von Zuführungen zum Sonderposten oder der Erträge aus der Auflösung des Sonderpostens „Fonds für allgemeine Bankrisiken" in der GuV (§ 340 g Abs. 2)

c) Zuwiderhandlungen gegen Vorschriften über die Gliederung 10
- Angabe von Vorjahresbeträgen (§ 265 Abs. 2)
- Mitzugehörigkeit zu anderen Posten der Bilanz und Ausweis eigener Anteile (§ 265 Abs. 3)
- Gliederung des Jahresabschlusses bei unterschiedlichen Geschäftszweigen (§ 265 Abs. 4)
- Ausweis eines nicht durch Eigenkapital gedeckten Fehlbetrags (§ 268 Abs. 3)
- Ausweis eines Unterschiedsbetrags nach § 250 Abs. 3 (§ 268 Abs. 6)
- Gliederung des Eigenkapitals (§ 272)
- Ausweis eines Sonderpostens mit Rücklageanteil (§ 273)
- Ausweis einer Rückstellung für latente Steuern (§ 274 Abs. 1)
- Ausweis von Erträgen und Aufwendungen aus Verlustübernahme und auf Grund einer Gewinngemeinschaft, eines Gewinnabführungs- oder eines Teilgewinnabführungsvertrags erhaltene oder abgeführte Gewinne in der GuV (§ 277 Abs. 3 S. 2)
- Ausweis von Erträgen und Aufwendungen, die außerhalb der gewöhnlichen Geschäftstätigkeit anfallen, in der GuV (§ 277 Abs. 4)

d) Zuwiderhandlungen gegen Vorschriften über in der Bilanz oder im Anhang zu 11
machende Angaben
- Anhangangabe zu den aus steuerrechtlichen Gründen unterlassenen Zuschreibungen (§ 280 Abs. 3)
- Angabe zu den steuerrechtlichen Abschreibungen durch Einbeziehung in den Sonderposten mit Rücklageanteil in der Bilanz oder im Anhang (§ 281 Abs. 1 S. 2 iVm. § 340 f Abs. 2 S. 2)
- Pflicht zur Auflösung von Wertberichtigungen nach § 254 unter bestimmten Voraussetzungen (§ 281 Abs. 1 S. 3)
- Anhangangabe zu steuerrechtlichen Abschreibungen (§ 281 Abs. 2 S. 1 iVm. § 340 f Abs. 2 S. 2)
- Angabepflicht im Anhang für in der Bilanz oder der Gewinn- und Verlustrechnung auf Grund eines Wahlrechts unterlassene Angaben (§ 284 Abs. 1)
- Anhangangabe der angewendeten Bilanzierungs- und Bewertungsmethoden (§ 284 Abs. 2 Nr. 1)
- Angabe und Erläuterung der Abweichungen von Bilanzierungs- und Bewertungsmethoden im Anhang sowie Darstellung des Einflusses auf die Vermögens-, Finanz- und Ertragslage (§ 284 Abs. 2 Nr. 3)
- Anhangangabe zur Einbeziehung von Zinsen für Fremdkapital in die Herstellungskosten (§ 284 Abs. 2 Nr. 5)
- Anhangangabe der sonstigen finanziellen Verpflichtungen (§ 285 S. 1 Nr. 3)
- Anhangangabe zur Beeinflussung des Jahresergebnisses durch steuerrechtlich bedingte Bewertungsmaßnahmen (§ 285 S. 1 Nr. 5)
- Anhangangabe zur Belastung des außerordentlichen Ergebnisses durch Steuern vom Einkommen und vom Ertrag (§ 285 S. 1 Nr. 6)
- Anhangangabe der durchschnittlichen Arbeitnehmerzahl (§ 285 S. 1 Nr. 7)
- Anhangangabe der Bezüge der gegenwärtigen und früheren Mitglieder des Geschäftsführungsorgans, eines Aufsichtsrats, eines Beirats oder einer ähnlichen Einrichtung (§ 285 S. 1 Nr. 9 Buchstabe a oder b)
- Anhangangabe der Mitglieder des Geschäftsführungsorgans und eines Aufsichtsrats (§ 285 S. 1 Nr. 10)
- Anhangangabe zu Unternehmen, an denen ein Anteilsbesitz von mehr als 20% besteht (§ 285 S. 1 Nr. 11)
- Anhangangabe der Gründe für die planmäßige Abschreibung des Geschäfts- oder Firmenwerts (§ 285 S. 1 Nr. 13)
- Anhangangabe zum Mutterunternehmen, das den Konzernabschluss aufstellt (§ 285 S. 1 Nr. 14)

§ 340 n 12–16   3. Buch. 4. Abschnitt. Erg. Vorschr. für Untern. best. Geschäftszweige

- Anhangangabe zu Honoraren des Abschlussprüfers für die Abschlussprüfung, sonstige Bestätigungs- oder Bewertungsleistungen, Steuerberatungsleistungen, sonstige Leistungen, sofern es sich um ein Unternehmen handelt, dass einen organisierten Markt iSd. § 2 Abs. 5 WpHG in Anspruch nimmt (§ 285 S. 1 Nr. 17)
- Anhangangabe zur Art und zum Umfang jeder Kategorie derivativer Finanzinstrumente und zu ihrem beizulegeden Zeitwert, sofern dieser gemäß § 285 Abs. 1 S. 3 bis 5 ermittelbar ist, unter Angabe der angewandten Bewertungsmethode sowie des ggf. vorhandenen Buchwerts und des Bilanzpostens, in welchem der Buchwert erfasst ist (§ 285 S. 1 Nr. 18)
- Anhangangabe zum beizulegenden Zeitwert einzelner Vermögensgegenstände und oder angemessener Gruppierungen, bei denen eine außerplanmäßige Abschreibung gemäß § 253 Abs. 2 S. 3 unterblieben ist, unter Angabe der Gründe für das Unterlassen der Abschreibung, einschließlich der Anhaltspunkte, die darauf hindeuten, dass die Werminderung voraussichtlich nicht von Dauer ist (§ 285 S. 1 Nr. 19)

12 **2. Zuwiderhandlungen bei der Aufstellung oder Feststellung des Konzernabschlusses oder bei Aufstellung des Konzernzwischenabschlusses gem. § 340 i Abs. 4**
- Einzubeziehende Unternehmen (§ 294 Abs. 1)
- Klarheit und Übersichtlichkeit des Konzernabschlusses (§ 297 Abs. 2)
- Darstellung der Vermögens-, Finanz- und Ertragslage, Angabe und Erläuterung der nicht beibehaltenen Konsolidierungsmethoden im Konzernanhang (§ 297 Abs. 3)
- Entsprechende Anwendung der §§ 340 a bis 340 g (§ 340 i Abs. 2 S. 1 iVm. einer in § 340 n Abs. 1 Nr. 1 Buchstabe a genannten Vorschrift über Form und Inhalt)
- Konsolidierungsgrundsätze oder Vollständigkeitsgebot (§ 300)
- Einheitliche Bewertung der Vermögensgegenstände und Schulden der Tochterunternehmen nach den für den Jahresabschluss des Mutterunternehmens anwendbaren Bewertungsmethoden (§ 308 Abs. 1 S. 1 iVm. einer der unter § 340 n Abs. 1 Nr. 1 Buchstabe b genannten Bewertungsvorschriften)
- Neubewertung von abweichenden Bilanzposten der Tochterunternehmen (§ 308 Abs. 2)
- Wertansatz der Beteiligung und Behandlung des Unterschiedsbetrags bei der Einbeziehung assoziierter Unternehmen (§ 311 Abs. 1 S. 1 iVm. § 312)
- Anhangangabe zu Abweichungen von den auf den Jahresabschluss des Mutterunternehmens angewendeten Bewertungsmethoden (§ 308 Abs. 1 S. 3)
- Sonstige Konzernanhangangaben (§ 313 oder § 314)

13 **3. Zuwiderhandlungen bei der Aufstellung des Lageberichts**
- Vermittlung eines den tatsächlichen Verhältnissen entsprechenden Bildes (§ 289 Abs. 1)
- besondere Informationspflichten von Aktiengesellschaften und Kommanditgesellschaften auf Aktie bei Inanspruchnahme eines organisierten Markts iSd. § 2 Abs. 7 WpÜG durch ausgegebene stimmberechtigte Aktien (§ 289 Abs. 4)

14 **4. Zuwiderhandlungen bei der Aufstellung des Konzernlageberichts**
- Vermittlung eines den tatsächlichen Verhältnissen entsprechenden Bildes (§ 315 Abs. 1)
- besondere Informationspflichten von Mutterunternehmen bei Inanspruchnahme eines organisierten Markts iSd. § 2 Abs. 7 WpÜG durch ausgegebene stimmberechtigte Aktien (§ 315 Abs. 4)

15 **5. Zuwiderhandlungen bei der Offenlegung, Veröffentlichung oder Vervielfältigung**
- Form und Inhalt der Unterlagen bei der Offenlegung, Veröffentlichung oder Vervielfältigung (§ 328)

16 **6. Zuwiderhandlungen gegen eine auf Grund des § 330 Abs. 2 iVm. Abs. 1 S. 1 erlassene Rechtsverordnung.** Die Verordnung über die Rechnungslegung der Kreditinstitute und Finanzdienstleistungsinstitute (RechKredV) ist eine nach § 330 Abs. 2 iVm. Abs. 1 S. 1 erlassene Rechtsverordnung. Die Vorschrift des § 38 RechKredV über Ordnungswidrigkeiten verweist in Abs. 1 insoweit auf § 340 n Abs. 1 Nr. 6 und listet die einschlägigen Tatbestände auf. Der betroffene Personenkreis ist identisch mit dem Personenkreis in § 340 n Abs. 1. Die genannten Bestimmungen gelten auch für den Konzernabschluss iSd. § 37 RechKredV. Ordnungswidrig handelt nach § 38 Abs. 1 RechKredV, wer bei der Aufstellung und Feststellung des Jahresabschlusses
- entgegen § 2 Abs. 1 S. 1 RechKredV nicht das vorgeschriebene Formblatt anwendet,
- entgegen §§ 3 bis 5, 6 Abs. 1 S. 1 oder 2, Abs. 2 oder 4 RechKredV die dort genannten Posten nicht, nicht in der vorgeschriebenen Weise oder nicht mit dem vorgeschriebenen Inhalt ausweist,

- entgegen § 6 Abs. 3 RechKredV dort genannte Vermögensgegenstände oder Schulden in seine Bilanz aufnimmt,
- einer Vorschrift der §§ 9 oder 39 Abs. 4 oder 5 RechKredV über die Fristengliederung zuwiderhandelt,
- entgegen § 10 Abs. 1 RechKredV dort genannte Verbindlichkeiten nicht verrechnet,
- entgegen § 10 Abs. 2 RechKredV Verbindlichkeiten verrechnet,
- einer der Vorschriften der §§ 12 bis 33 RechKredV über die einzelnen Posten der Bilanz oder der GuV aufzunehmenden Angaben zuwiderhandelt,
- einer Vorschrift der §§ 34 oder 35 RechKredV über zusätzliche Erläuterungen oder Pflichtangaben zuwiderhandelt,
- einer Vorschrift des § 36 RechKredV über Termingeschäfte zuwiderhandelt.

7. Ordnungswidrige Erteilung eines Bestätigungsvermerks. Eine Ordnungswidrigkeit begehen auch Wirtschaftsprüfer bzw. Wirtschaftsprüfungsgesellschaften, sofern sie zu einem Jahresabschluss, zu einem Einzelabschluss nach § 325 Abs. 2a oder zu einem Konzernabschluss, der auf Grund gesetzlicher Vorschriften zu prüfen ist, einen Bestätigungsvermerk iSv. § 322 Abs. 1 erteilen, obwohl die gesetzlichen Ausschlussgründe erfüllt sind. Die Ausschlussgründe für Wirtschaftsprüfer finden sich unter § 319 Abs. 2, 3, 5 und § 319a Abs. 1 S. 1 und Abs. 2. Wirtschaftsprüfungsgesellschaften haben zudem § 319 Abs. 4, auch iVm. § 319a Abs. 1 S. 2, und § 319a Abs. 1 S. 4 zu beachten. In Bezug auf Prüfungsverbände von genossenschaftlichen Instituten und Prüfungsstellen von Sparkassen- und Giroverbänden sind die Ausschlussgründe in § 340k Abs. 2 und Abs. 3 heranzuziehen. Erteilt eine Wirtschaftsprüfungsgesellschaft oder ein Prüfungsverband den Bestätigungsvermerk, kommt als Täter der unterzeichnende gesetzliche Vertreter oder Prüfungsgehilfe in Betracht. § 340n nimmt dabei explizit nur Bezug auf die Erteilung des Bestätigungsvermerks nach § 322 und klammert insofern den Bestätigungsvermerk (§ 321) vom Anwendungsbereich des § 340n aus. Die Erteilung eines Bestätigungsvermerks durch eine Person, die nicht Abschlussprüfer ist, fällt ebenfalls nicht in den Anwendungsbereich dieser Vorschrift. 17

IV. Verfahren zur Verfolgung und Ahndung der Ordnungswidrigkeiten

Als Ordnungswidrigkeit kann nur ein vorsätzliches Handeln des Täters geahndet werden, da § 340n fahrlässiges Handeln nicht ausdrücklich mit einer Geldbuße bedroht (§ 10 OWiG). Zu Einzelheiten vgl. Erläuterungen zu § 334. 18

V. Rechtsfolgen

Die Ordnungswidrigkeit kann mit einer Geldbuße geahndet werden, die bis zu 50 000 Euro betragen kann. Diese Höchststrafe für Verstöße gegen die normierten Angabepflichten wurde im Rahmen des **Vorstandsvergütungs-Offenlegungsgesetzes (VorstOG)** vom 3. 8. 2005 (BGBl. 2005 I S. 2268) verdoppelt. Die Höhe der Geldbuße richtet sich nach § 17 OWiG und orientiert sich an der Bedeutung der Ordnungswidrigkeit und dem Vorwurf, der den Täter trifft. Hierbei ist § 17 Abs. 4 OWiG zu beachten, wonach die Geldbuße den wirtschaftlichen Vorteil übersteigen soll, den der Täter aus der Ordnungswidrigkeit gezogen hat; sofern das gesetzliche Höchstmaß der Geldbuße nicht ausreicht, kann es daher überschritten werden. Zu Einzelheiten vgl. Erläuterungen zu § 334. 19

VI. Änderungen durch das EHUG

Der neue Abs. 4 wird regelt die Zuständigkeit der Bundesanstalt für Finanzdienstleistungsaufsicht für die Sanktionierung von Ordnungswidrigkeiten iSd. Abs. 1 und 2. 20

§ 340o idF für Geschäftsjahre, die vor dem 1. 1. 2006 beginnen

§ 340o Festsetzung von Zwangs- und Ordnungsgeld
Personen, die
1. als Geschäftsleiter im Sinn des § 1 Abs. 2 Satz 1 des Gesetzes über das Kreditwesen eines Kreditinstituts oder Finanzdienstleistungsinstituts im Sinn des § 340 Abs. 4 Satz 1, das nicht Kapitalgesellschaft ist, oder als Inhaber eines in der Rechtsform des Einzel-

§ 340 o 1–4   3. Buch. 4. Abschnitt. Erg. Vorschr. für Untern. best. Geschäftszweige

kaufmanns betriebenen Kreditinstituts oder Finanzdienstleistungsinstituts im Sinne des § 340 Abs. 4 Satz 1
   a) eine der in § 335 Satz 1 Nr. 1, 3 bis 5 bezeichneten Vorschriften,
   b) § 325 über die Pflicht zur Offenlegung des Jahresabschlusses, des Lageberichts, des Konzernabschlusses, des Konzernlageberichts und anderer Unterlagen der Rechnungslegung oder
   c) § 340 i Abs. 1 Satz 1 oder
2. als Geschäftsleiter von Zweigniederlassungen im Sinn des § 53 Abs. 1 des Gesetzes über das Kreditwesen § 340 l Abs. 1 oder Abs. 2 über die Offenlegung der Rechnungslegungsunterlagen

nicht befolgen, sind hierzu vom Registergericht in den Fällen der Nummer 1 Buchstabe a und c durch Festsetzung von Zwangsgeld nach § 335 und in den Fällen der Nummer 1 Buchstabe b und der Nummer 2 durch Festsetzung von Ordnungsgeld nach § 335 a anzuhalten.

§ 340 o idF des EHUG[1]

§ 340 o Festsetzung von Ordnungsgeld

[1] Personen, die
1. als Geschäftsleiter im Sinn des § 1 Abs. 2 Satz 1 des Kreditwesengesetzes eines Kreditinstituts oder Finanzdienstleistungsinstituts im Sinn des § 340 Abs. 4 Satz 1 oder als Inhaber eines in der Rechtsform des Einzelkaufmanns betriebenen Kreditinstituts oder Finanzdienstleistungsinstituts im Sinn des § 340 Abs. 4 Satz 1 den § 325 über die Pflicht zur Offenlegung des Jahresabschlusses, des Lageberichts, des Konzernabschlusses, des Konzernlageberichts und anderer Unterlagen der Rechnungslegung oder
2. als Geschäftsleiter von Zweigniederlassungen im Sinn des § 53 Abs. 1 des Kreditwesengesetzes § 340 l Abs. 1 oder Abs. 2 über die Offenlegung der Rechnungslegungsunterlagen

nicht befolgen, sind hierzu vom Bundesamt für Justiz durch Festsetzung von Ordnungsgeld nach § 335 anzuhalten. [2] § 335 Abs. 1 Satz 2 ist entsprechend anzuwenden.

Schrifttum: Siehe Schrifttum zu § 340.

I. Von § 340 o betroffener Personenkreis

1 Aufgrund der rechtsformunabhängigen Rechnungslegungsvorschriften für Kreditinstitute ist der betroffene Personenkreis, der den Zwangs- und Ordnungsgeldvorschriften unterliegt, gegenüber den übrigen Kapitalgesellschaften ausgeweitet. Während bei Kreditinstituten in der Rechtsform der Kapitalgesellschaft bereits nach §§ 335, 335 a die Mitglieder des vertretungsberechtigten Organs bei Pflichtverletzungen Sanktionen unterworfen sind, regelt § 340 o Nr. 1 den entsprechenden Sachverhalt bei Kreditinstituten, die keine Kapitalgesellschaften sind.[2] Der Gesetzgeber hat sich hier für eine andere Regelungssystematik entschieden als bei § 340 n, der die Bußgeldvorschriften enthält. Während § 340 n für alle Kreditinstitute einschlägig ist, richtet sich § 340 o Nr. 1 nur an solche Kreditinstitute, die keine Kapitalgesellschaften sind, und stellt insoweit eine **Ergänzung der für Kapitalgesellschaften geltenden Regelung** dar.

2 Mit einem Zwangsgeld oder einem Ordnungsgeld können demnach Geschäftsleiter iSd. § 1 Abs. 2 S. 1 KWG eines Kreditinstituts, das keine Kapitalgesellschaft ist, sowie der Inhaber bei in der Rechtsform des Einzelunternehmens betriebenen Kreditinstituten belegt werden.

3 Geschäftsleiter eines Finanzdienstleistungsinstituts, das nicht Kapitalgesellschaft ist, oder Inhaber eines als Einzelunternehmen betriebenen Finanzdienstleistungsinstituts sind dem entsprechenden Personenkreis bei Kreditinstituten gleichgestellt.

4 Darüber hinaus werden von § 340 o Nr. 2 Geschäftsleiter von Zweigniederlassungen ausländischer Unternehmen iSv. § 53 Abs. 1 KWG erfasst.

---
[1] Neu gefasst durch das Gesetz über elektronische Handelsregister und Genossenschaftsregister sowie das Unternehmensregister (EHUG) vom 10. November 2006. Zur erstmaligen Anwendung s. Art. 61 Abs. 5 EGHGB.
[2] *Krumnow* RdNr. 1.

II. Zu ahndende Pflichtverletzungen

Bei den mit Zwangsgeld oder Ordnungsgeld zu sanktionierenden Pflichtverletzungen wird Bezug genommen auf die für sonstige Kapitalgesellschaften geltenden Regelungen in § 335 S. 1 Nr. 1, 3 bis 5 und § 335a. § 335 S. 1 Nr. 2 (Pflicht zur Aufstellung eines Konzernabschlusses und eines Konzernlageberichts) ist an dieser Stelle ausgenommen; die entsprechende Verpflichtung ergibt sich für Institute aus § 340i Abs. 1.

Mit Zwangsgeld bedroht sind die folgenden Pflichtverletzungen:
- Verstöße gegen die Pflicht zur Aufstellung eines Jahresabschlusses und eines Lageberichts (§ 242 Abs. 1 und 2, § 264 Abs. 1),
- Verstöße gegen die Pflicht zur Aufstellung eines Konzernabschlusses und eines Konzernlageberichts (§ 340i Abs. 1),
- Verstöße gegen die Pflicht zur unverzüglichen Erteilung des Prüfungsauftrags (§ 318 Abs. 1 S. 4),
- Verstöße gegen die Pflicht, den Antrag auf gerichtliche Bestellung des Abschlussprüfers zu stellen (§ 318 Abs. 4 S. 3),
- Verstöße gegen die Pflichten gegenüber dem Abschlussprüfer (§ 320).

Mit Ordnungsgeld bedroht sind die folgenden Pflichtverletzungen:
- Verstöße gegen die Pflicht zur Offenlegung des Jahresabschlusses, des Lageberichts, des Konzernabschlusses, des Konzernlageberichts und anderer Unterlagen der Rechnungslegung (§ 325),
- Verstöße der Geschäftsleiter von Zweigniederlassungen iSd. § 53 Abs. 1 KWG gegen ihre Pflichten über die Offenlegung der Rechnungslegungsunterlagen (§ 340l Abs. 1 oder 2).

III. Voraussetzungen und Verfahren zur Festsetzung eines Zwangsgelds und eines Ordnungsgelds

Zwangsgeld und Ordnungsgeld unterscheiden sich dadurch, dass Ersteres auf die formelle Erfüllung bestimmter Pflichten gerichtet und bei deren Erfüllung aufzuheben ist, während das Ordnungsgeld auch nach Erfüllung der Verpflichtung erhoben werden kann und insoweit einen stärkeren Druck ausübt. Für die Festsetzung eines Zwangsgelds und eines Ordnungsgelds gelten für Kreditinstitute und Finanzdienstleistungsinstitute durch den Verweis auf die Anwendbarkeit von § 335 bzw. § 335a die gleichen Voraussetzungen wie bei Kapitalgesellschaften.[3] Die Höhe des einzelnen Zwangsgelds darf den Betrag von 5 000 Euro nicht übersteigen (§ 335 S. 3). Das Ordnungsgeld beträgt 2 500 bis höchstens 25 000 Euro (§ 335 S. 4).

Das Verfahren für die Festsetzung von Zwangsgeld und Ordnungsgeld richtet sich nach § 140a FGG. Für die Festsetzung ist ein Antrag beim Registergericht erforderlich. Mittlerweile ist das Antragsrecht nicht mehr auf Gesellschafter, Gläubiger und Betriebsrat beschränkt, sondern kann von jedermann ausgeübt werden, ohne dass es der Darlegung irgendeines Interesses bedarf. Die Gesetzesänderungen wurden durch das KapCoRiLiG eingefügt, nachdem der EuGH die Beschränkung des Antragsrechts gerügt hatte. Zu den Voraussetzungen und dem Verfahren im Einzelnen vgl. Erläuterungen zu §§ 335, 335a.

IV. Änderungen durch das EHUG

§ 340o wurde durch das EHUG neu gefasst; es handelt sich insoweit um Folgeänderungen auf Grund der Neufassung des § 335 und der Aufhebung des § 335a, so dass in § 340o nurmehr mit Ordnungsgeld zu ahndende Verstöße gegen Publizitätspflichten geregelt sind. Wie auch bei Kapitalgesellschaften, die keine Kreditinstitute sind, erfolgt die Festsetzung von Ordnungsgeld im Fall von Verstößen gegen die Publizitätspflichten zukünftig von Amts wegen durch das Bundesamt für Justiz. Das Verfahren folgt der Vorschrift des § 335; zu weiteren Einzelheiten vgl. insoweit die Erläuterungen zu § 335.

---

[3] Vgl. *Geib/Ellenbürger/Kölschbach* WPg 1992, 177 ff.

Zweiter Unterabschnitt. Ergänzende Vorschriften für Versicherungsunternehmen und Pensionsfonds

Erster Titel. Anwendungsbereich

§ 341

(1) [1] Dieser Unterabschnitt ist, soweit nichts anderes bestimmt ist, auf Unternehmen, die den Betrieb von Versicherungsgeschäften zum Gegenstand haben und nicht Träger der Sozialversicherung sind (Versicherungsunternehmen), anzuwenden. [2] Dies gilt nicht für solche Versicherungsunternehmen, die auf Grund von Gesetz, Tarifvertrag oder Satzung ausschließlich für ihre Mitglieder oder die durch Gesetz oder Satzung begünstigten Personen Leistungen erbringen oder als nicht rechtsfähige Einrichtungen ihre Aufwendungen im Umlageverfahren decken, es sei denn, sie sind Aktiengesellschaften, Versicherungsvereine auf Gegenseitigkeit oder rechtsfähige kommunale Schadenversicherungsunternehmen.

(2) Versicherungsunternehmen im Sinne des Absatzes 1 sind auch Niederlassungen im Geltungsbereich dieses Gesetzes von Versicherungsunternehmen mit Sitz in einem anderen Staat, wenn sie zum Betrieb des Direktversicherungsgeschäfts der Erlaubnis durch die deutsche Versicherungsaufsichtsbehörde bedürfen.

(3) Zusätzliche Anforderungen auf Grund von Vorschriften, die wegen der Rechtsform oder für Niederlassungen bestehen, bleiben unberührt.

(4) [1] Die Vorschriften des Ersten bis Siebenten Titels dieses Unterabschnitts sind mit Ausnahme von Absatz 1 Satz 2 auf Pensionsfonds (§ 112 Abs. 1 des Versicherungsaufsichtsgesetzes) entsprechend anzuwenden. [2] § 341 d ist mit der Maßgabe anzuwenden, dass Kapitalanlagen für Rechnung und Risiko von Arbeitnehmern und Arbeitgebern mit dem Zeitwert unter Berücksichtigung des Grundsatzes der Vorsicht zu bewerten sind; §§ 341 b, 341 c sind insoweit nicht anzuwenden.[1]

Schrifttum: *Rockel/Helten/Loy/Ott*, Versicherungsbilanzen, 2005; Beck'scher Versicherungsbilanz-Kommentar, hrsg. von Budde/Schnicke/Stöttler/Stuirbrink, 1998; *Biener/Berneke*, Bilanzrichtlinien-Gesetz (BiRiLiG), 1986; *Boetius*, Handbuch der versicherungstechnischen Rückstellungen, 1996; *Ellenbürger/Horbach/Kölschbach*, Ausgewählte Einzelfragen zur Rechnungslegung von Versicherungsunternehmen, WPg 1996, 41 und 113; *dies.*, Rechnungslegung von Versicherungsunternehmen, FS Richter, 2001, S. 43; *Faigle/Engeländer*, Die Zillmerung in der Lebensversicherung, VW 2001, 1570 f.; *Farny*, Versicherungsbetriebslehre, 2000; *ders.*, Buchführung und Periodenrechnung in Versicherungsunternehmen, 4. Aufl. 1992; *Geib*, Die Pflicht zur Offenlegung des Zeitwertes von Kapitalanlagen der Versicherungsunternehmen nach Umsetzung der Versicherungsbilanzrichtlinie, 1997; *ders.*, Wie misst man stille Reserven – Ausgewählte Fragen zur Offenlegung des Zeitwertes von Kapitalanlagen unter Berücksichtigung der Versicherungsbilanzrichtlinie, VW 1997, 1143–1148; *ders.*, Kapitalflußrechnungen von Versicherungsunternehmen, in: v. Wysocki (Hrsg.), Kapitalflußrechnung, 1998; *Geib/Ellenbürger/Kölschbach*, Ausgewählte Fragen zur EG-Versicherungsbilanzrichtlinie (VersBiRiLi), WPg 1992, 177–186 und 209–221; *Geib/Wiedmann*, Zur Abzinsung von Rückstellungen in der Handels- und Steuerbilanz, WPg 1994, 369; *Gerathewohl*, Rückversicherung – Grundlagen und Praxis, Bd. I 1976; *IDW*, Aufsatzsammlung, Rechnungslegung und Prüfung der Versicherungsunternehmen, 4. Aufl. 2001; *IDW*, HFA 1/1994: Zur Behandlung von Genußrechten im Jahresabschluß von Kapitalgesellschaften, WPg 1994, 419; *IDW* RS VFA 1, Bewertung und Ausweis von Wertpapieren und Namensschuldverschreibungen im Jahresabschluss der Versicherungsunternehmen, WPg 2000, 380; *IDW* RS VFA 2, Auslegung des § 341 b HGB (neu), WPg 2002, 475; *Kölschbach*, Grundlagen des Konzernjahresabschlusses von Allfinanzkonzernen, 1999; *ders.*, Offenlegung des Zeitwertes von Immobilien im Jahresabschluß von Versicherungsunternehmen, GuG 1999, 200; *ders.*, Versicherungsbilanzen: Zeitwerte auf dem Vormarsch – Zur Anpassung der International Accounting Standards an Versicherungsbilanzen, VW 2000, 432–436; *KPMG*, Rechnungslegung von VU, 1994; *KPMG* (Hrsg.), US-GAAP – an overview for European Insurers; *Kühnenberger*, Zur Bildung von Drohverlustrückstellungen bei Versicherungsunternehmen, VW 1990, 702; *Laaß*, Die Publizitätsvorschriften für inländische Versicherungsunternehmen (VU) nach Berücksichtigung der künftigen Richtlinie des Rates über den Jahresabschluß und den konsolidierten Abschluß von VU, WPg 1991, 582; *Luttermann*, Konzernrechnungslegung der Versicherungsunternehmen, BB 1995, 191; *Mayr*, Internationalisierung der Konzernrechnungslegung deutscher VU, 1999; *Oos*, Materialien zur Rechnungslegung der Versicherungsunternehmen, hrsg. von Welzel/Oos/Reuffurth, 1997; *Perlet*, Rückstellungen für noch nicht abgewickelte Versicherungsfälle in Handels- und Steuerbilanz, 1986; *ders.*, Zur Umsetzung der Versicherungsbilanzrichtlinie in deutsches Recht, FS Moxter, 1994, S. 833; *Perlet/Baumgärtel*, Zur Bedeutung der Pauschalbewertung bei Rückstellungen für ungewisse Verbindlichkeiten, FS Beisse, 1997, S. 393; *Prölss*, Versicherungsaufsichtsgesetz, hrsg. von Reimer Schmidt, 11. Aufl. 1997; *Schwebler/Knauth/Simmert*, Kapitalmärkte: Aktuelle Anlage- und Absicherungsmöglichkeiten für Versicherungsunternehmen, Bd. 5, 2001; *v. Treuberg/Angermayer*, Der Jahresabschluß

---

[1] Abs. 4 wurde durch das Altersvermögensgesetz (AVmG) v. 6. 11. 2001 eingefügt; vgl. dazu BT-Drucks. 14/5150 S. 53 f.

Anwendungsbereich 1–6 § 341

von Versicherungsunternehmen, hrsg. von Schitag Ernst & Young, Deutsche Allgemeine Treuhand AG, 1995; *Versicherungsfachausschuß des IDW*, Stellungnahme 1/1983 i. d. F. 1992: Zur Bewertung und zum Ausweis von Wertpapieren und Namensschuldverschreibungen im Jahresabschluß der Versicherungsunternehmen, WPg 1992, 699; *Wollmert*, Die Konzernrechnungslegung von Versicherungsunternehmen als Informationsinstrument, 1992.

Übersicht

	RdNr.		RdNr.
I. Regelungsgegenstand und -zweck	1	III. Anwendungsbereich	10–18
II. Grundlagen	2–9		

I. Regelungsgegenstand und -zweck

Die Norm regelt den Anwendungsbereich der ergänzenden Vorschriften für VU im Zweiten 1
Unterabschnitt des Vierten Abschnitts des Dritten Buches des HGB.

II. Grundlagen

Die zurzeit geltenden Rechnungslegungsvorschriften für VU beruhen auf der am 19. Dezember 2
1991 vom EG-Ministerrat verabschiedeten **EG-Versicherungsbilanzrichtlinie (VersBiRiLi)**.[2]
Diese wurde durch die Verabschiedung des **Versicherungsbilanzrichtlinie-Gesetzes (VersRiLiG)**
am 24. Juni 1994 in nationales Recht transformiert.

Den gesetzlichen Rahmen für die Rechnungslegung der VU bilden insbesondere das **HGB** – mit 3
den Vorschriften der **§§ 238 bis 335** und den für VU eingefügten **§§ 341 bis 341 p** – sowie einige
Vorschriften des **VAG** und des **AktG**. Die in das HGB eingefügten §§ 341 bis 341 o greifen die
meisten schon vorher in den aufsichtsrechtlichen Vorschriften geregelten Bestimmungen zur externen Rechnungslegung von VU auf. Das Publizitätsgesetz findet auf VU keine Anwendung.

Zu beachten ist ferner die auf Grund der Verordnungsermächtigung in § 330 HGB vom BMJ im 4
Einverständnis mit dem BMF und mit der Zustimmung des Bundesrates erlassene **Verordnung über die Rechnungslegung von Versicherungsunternehmen (RechVersV)** vom 8. November 1994,
zuletzt geändert durch Art. 1 der Verordnung vom 29. Mai 2006. Sie regelt in ihren 65 Paragraphen
Einzelheiten zum Jahresabschluss und Lagebericht sowie zum Konzernabschluss und Konzernlagebericht von VU.

Mit den **§§ 341 ff.** als lex specialis zu den allgemeinen Rechnungslegungsvorschriften wird den 5
besonderen Publizitätserfordernissen der Versicherungswirtschaft Rechnung getragen, indem für den
Einzel- bzw. Konzernabschluss festgelegt wird, welche Regelungen des HGB vollständig, eingeschränkt oder wahlweise für VU gelten.

Die folgende Übersicht zeigt die Paragraphen des Ersten Abschnitts sowie des Ersten Unter- 6
abschnitts des Zweiten Abschnitts des Dritten Buches des HGB, für die in den §§ 341 ff. und in der
RechVersV Sonderregelungen bestehen:

Fundstelle	Stichwort	Anmerkung
§ 240 Abs. 4	Gruppenbewertung	Keine Festwertbildung bei Grundbesitz vgl. § 341 b Abs. 3.
§ 243 Abs. 3	Aufstellungsfristen	Abweichende Fristenregelungen vgl. § 341 a Abs. 1 sowie Abs. 5.
§ 246 Abs. 2	Saldierungsverbot	Vgl. § 341 a Abs. 2 S. 3.
§ 247	Inhalt der Bilanz	Verweis auf Formblätter und andere Vorschriften der RechVersV in § 341 a Abs. 2 S. 2.
§ 249	Rückstellungen	Zusätzlich §§ 341 e bis 341 h sowie §§ 24 bis 32 RechVersV.
§ 251	Haftungsverhältnisse	An Stelle von § 268 Abs. 7 Angabe der in § 251 bezeichneten Haftungsverhältnisse im Anhang vgl. § 51 Abs. 3 S. 1 RechVersV.
§ 253 Abs. 1	Anschaffungskostenprinzip	Zur Bewertung von Kapitalanlagen vgl. §§ 341 b Abs. 2 und 341 c Abs. 1, zu Abweichungen vom Anschaffungskostenprinzip vgl. §§ 341 c und d.

---

[2] Vgl. *Farny* 2000 S. 21.

Wiedmann

Fundstelle	Stichwort	Anmerkung
§ 253 Abs. 2	Bewertung des Anlagevermögens	Vgl. § 341 b Abs. 1.
§ 253 Abs. 3	Bewertung des Umlaufvermögens	Vgl. § 341 b Abs. 2.
§ 253 Abs. 4	Abschreibungen nach vernünftiger kaufmännischer Beurteilung	Anwendungsverbot gem. § 341 a Abs. 1 1. Hs. iVm. § 279 Abs. 1 S. 1.
§ 253 Abs. 5	Beibehaltungswahlrecht	§ 280 Abs. 1 auf Grund von § 341 a Abs. 1 obligatorisch, Wertaufholungsgebot, da Anwendungsvoraussetzungen des § 280 Abs. 2 nach dem Steuerentlastungsgesetz 1999/2000/2002 grundsätzlich nicht mehr erfüllt sind.
§ 264 Abs. 1 S. 2	Aufstellungsfristen	§ 341 a Abs. 1 sowie Abs. 5 enthalten abweichende Fristenregelungen.
§ 264 Abs. 1 S. 3	Aufstellungsfristen	Gilt nicht für VU gem. § 341 a Abs. 1.
§ 264 Abs. 3	Befreiung von Aufstellung, Prüfung und Offenlegung in bestimmten Fällen	§ 341 a Abs. 2 S. 4 beschränkt Erleichterung auf Offenlegung.
§ 264 Abs. 4	Anwendung des Abs. 3 in bestimmten Fällen	Gilt nicht für VU gem. § 341 a Abs. 1.
§ 264 a	Vorschriften für bestimmte offene Handels- und Kommanditgesellschaften	Gilt nicht für VU gem. § 341 a Abs. 1.
§ 264 b	Voraussetzungen für die Befreiung von der Jahresabschlussaufstellungspflicht für Personenhandelsgesellschaften	Gilt nicht für VU gem. § 341 a Abs. 1.
§ 264 c	Besondere Bestimmungen für offene Handels- und Kommanditgesellschaften iSd. § 264 a	Gilt nicht für VU gem. § 341 a Abs. 1.
§ 265 Abs. 5	Weiter gehende Gliederung von Bilanz und GuV	Vgl. §§ 4 und 5 RechVersV.
§ 265 Abs. 6	Änderung der Bezeichnung von Bilanz- und GuV-Posten	Gilt nicht für VU gem. § 341 a Abs. 2 S. 1.
§ 265 Abs. 7	Zusammenfassung von Posten der Bilanz und der GuV	§ 3 RechVersV iVm. § 341 a Abs. 2 S. 2.
§ 265 Abs. 8	Verzicht des Ausweises von Leerposten in Bilanz und GuV	Vgl. auch § 5 Abs. 3 RechVersV.
§ 266	Gliederung der Bilanz	Gilt nicht für VU gem. § 341 a Abs. 2 S. 2, vgl. Formblatt 1 RechVersV.
§ 267	Umschreibung der Größenklassen	Gilt nicht für VU gem. § 341 a Abs. 2 S. 1, vgl. auch § 341 a Abs. 1 S. 1.
§ 268 Abs. 1	Aufstellung der Bilanz bei vollständiger/teilweiser Verwendung des Jahresergebnisses	Vgl. Formblatt 1 Fußnote 5 und 6 a RechVersV.
§ 268 Abs. 2	Anlagenspiegel nach dem Bruttoprinzip	Nettoprinzip gem. Muster 1 RechVersV iVm. § 341 a Abs. 2 S. 2.
§ 268 Abs. 4 S. 1	Gesonderter Ausweis von Forderungen mit einer Restlaufzeit über einem Jahr	Gilt nicht für VU gem. § 341 a Abs. 2 S. 1.
§ 268 Abs. 5 S. 1	Angabe der Verbindlichkeiten mit einer Restlaufzeit über einem Jahr	Gilt nicht für VU gem. § 341 a Abs. 2 S. 1.
§ 268 Abs. 5 S. 2	Gesonderter Ausweis von erhaltenen Anzahlungen auf Bestellungen	Gilt nicht für VU gem. § 341 a Abs. 2 S. 1.
§ 268 Abs. 7	Gesonderte Angabe der Haftungsverhältnisse nach § 251 HGB	§ 51 Abs. 3 S. 2 RechVersV iVm. § 341 a Abs. 2 S. 2.
§ 269	Aufwendungen für die Ingangsetzung und Erweiterung des Geschäftsbetriebs	Gesonderte Angabe im Posten „Immaterielle Vermögensgegenstände" gem. § 6 Abs. 1 Nr. 1 RechVersV.
§ 272 Abs. 1	Gezeichnetes Kapital, ausstehende Einlagen	Zum Ausweis vgl. Formblatt 1 Aktivposten A RechVersV.
§ 272 Abs. 3	Gewinnrücklagen	Zum Ausweis vgl. Fußnote 4 zu Formblatt 1 RechVersV.
§ 274 a	Größenabhängige Erleichterungen	Gilt nicht für VU gem. § 341 a Abs. 1 S. 1, vgl. §§ 61 und 62 RechVersV.
§ 275	Gliederung der GuV	Gilt nicht für VU gem. § 341 a Abs. 2 S. 2, vgl. Formblätter 2 bis 4 RechVersV.
§ 276	Größenabhängige Erleichterungen	Gilt nicht für VU gem. § 341 a Abs. 2 S. 1, vgl. jedoch §§ 61 und 62 RechVersV.

Fundstelle	Stichwort	Anmerkung
§ 277 Abs. 1	Umsatzerlöse	Gilt nicht für VU gem. § 341 a Abs. 2 S. 1.
§ 277 Abs. 2	Bestandsveränderungen	Gilt nicht für VU gem. § 341 a Abs. 2 S. 1.
§ 277 Abs. 3 S. 2	Erträge/Aufwendungen aus Verlustübernahme bzw. Gewinnabführungsvertrag	Gesonderter Ausweis in den Formblättern 2 bis 4 RechVersV.
§ 279 Abs. 1 S. 1	Nichtanwendung von § 253 Abs. 4	Vgl. § 341 b Abs. 2.
§ 279 Abs. 1 S. 2	Anwendungsvoraussetzung für § 253 Abs. 2 S. 3	Gilt nicht für VU gem. § 341 a Abs. 2 S. 1, siehe jedoch § 341 b Abs. 1 S. 3.
§ 279 Abs. 2	Vornahme steuerrechtlicher Abschreibungen	Vgl. § 341 b Abs. 2.
§ 280 Abs. 1	Wertaufholungsgebot	Wahlrecht für die von der KSt befreiten P/StK gem. § 341 b Abs. 2 S. 3.
§ 280 Abs. 2	Unterlassen der Wertaufholung aus steuerrechtlichen Gründen; durch das Steuerentlastungsgesetz 1999/2000/2002 Wertaufholungsgebot verpflichtend; Anwendungsvoraussetzungen des § 280 Abs. 2 grundsätzlich nicht mehr erfüllt	Entfällt für die von der KSt befreiten P/StK.
§ 281 Abs. 2	Ausweis der Einstellungen/Auflösungen des Sonderpostens mit Rücklageanteil im Anhang bzw. in der GuV	§ 341 a Abs. 2 S. 2 iVm. Formblättern 2 bis 4 RechVersV sowie §§ 47 Nr. 2, 48 Nr. 2 und 51 Abs. 6 RechVersV.
§§ 284 bis 289	Anhang³ und Lagebericht	Zum Anhang vgl. §§ 51 bis 56 RechVersV und DRS 2–20, DRS 3–20. Zum Lagebericht vgl. § 57 RechVersV und DRS 5–20.

III. Anwendungsbereich

Gem. Abs. 1 S. 1 ist der Zweite Unterabschnitt des Vierten Abschnitts im Dritten Buch des HGB für Unternehmen, die den **Betrieb von Versicherungsgeschäften** zum Gegenstand haben und nicht Träger der Sozialversicherung sind, anzuwenden. Der Anwendungsbereich entspricht damit grundsätzlich dem des VAG (§ 1 Abs. 1 VAG). Versicherungsgeschäfte sind in wirtschaftlicher Hinsicht die Deckung eines im Einzelnen ungewissen, insgesamt geschätzten Mittelbedarfs auf der Grundlage des Risikoausgleichs im Kollektiv und in der Zeit.[4] 7

Die ergänzenden Vorschriften des HGB für Versicherungsunternehmen gelten grundsätzlich rechtsform- und größenunabhängig. 8

Von der Anwendung ausgenommen sind gem. Abs. 1 S. 2 lediglich eine Reihe von **nicht unter die VersBiRiLi** fallenden VU, für die nach der Begründung „die Anwendung der allgemeinen Rechnungslegungsbestimmungen für Versicherungsunternehmen auch nicht erforderlich oder angemessen erscheint".[5] Dies sind berufsständische Versorgungswerke, Versorgungseinrichtungen des öffentlichen Dienstes und der Kirchen, kommunale Versorgungskassen und Zusatzversorgungskassen, betriebliche Unterstützungseinrichtungen, der Versorgungsverband Deutscher Wirtschaftsorganisationen sowie nicht rechtsfähige kommunale Schadenausgleiche.[6] Gem. § 1 Abs. 2 S. 2 VAG besteht jedoch die aufsichtsrechtliche Möglichkeit, die Anwendung handelsrechtlicher Regelungen über den Verweis des § 55 VAG wieder vorzuschreiben. 9

Von den Rechnungslegungsvorschriften der §§ 341 ff. und der RechVersV werden gem. Abs. 2 auch die inländischen Niederlassungen ausländischer VU erfasst, die nach den oben genannten Kriterien zum Betrieb des Direktversicherungsgeschäfts in der Bundesrepublik Deutschland der Erlaubnis der deutschen Aufsichtsbehörde bedürfen. Die Verpflichtung zur Rechnungslegung und Offenlegung von Niederlassungen dieser ausländischen VU erfolgt insbesondere für Zwecke der Aufsicht, da diese Niederlassungen weiterhin der Finanzaufsicht in Deutschland unterliegen.[7] Der Erlaubnis durch die Aufsichtsbehörde bedürfen solche VU, die ihren Sitz außerhalb der Mitgliedstaaten der EG oder eines anderen Vertragsstaates des Abkommens über den Europäischen Wirtschaftsraum haben und im Inland das Direktversicherungsgeschäft durch Mittelspersonen betreiben 10

---

[3] Zu den versicherungsspezifischen Anhangangaben vgl. *Stuirbrink/Schuster* BeVersBiKo §§ 51–56 RechVersV S. 531–566; *KPMG* S. 178–215 und insbes. die Synopse S. 358–361 sowie die Checkliste für die Anhangangaben S. 366–382; *WPH* RdNr. 567 ff. und 578 ff.
[4] Vgl. *Farny* 2000 S. 21.
[5] Vgl. Bericht des Rechtsausschusses, BT-Drucks. 12/7646 S. 3.
[6] Vgl. BT-Drucks. 12/7646 S. 3.
[7] Vgl. Bericht des Rechtsausschusses, BT-Drucks. 12/7646 S. 3; s. auch *Seitz* BeVersBiKo RdNr. 29; *Oos* S. 187.

§ 341a   3. Buch. 4. Abschn. Ergänzende Vorschr. f. Untern. best. Geschäftszweige

wollen (vgl. § 105 VAG). Voraussetzung für die Erteilung der Erlaubnis ist gem. § 105 Abs. 2 iVm. § 106 Abs. 2 VAG die Errichtung einer Niederlassung im Geltungsbereich des VAG.

11   Auch VU, die ihren Sitz in einem Mitgliedstaat der EG oder einem anderen Vertragsstaat des EWR-Abkommens haben und das Direktversicherungsgeschäft durch eine Niederlassung betreiben wollen, bedürfen der Erlaubnis, sofern sie nicht den Richtlinien des Rates der EG auf dem Gebiet des Versicherungswesens unterliegen (vgl. § 110 d Abs. 1 VAG).

12   Niederlassungen ausländischer VU, die zum Betrieb der Direktversicherung nicht der Erlaubnis durch die Bundesanstalt für Finanzdienstleistungsaufsicht (BAFin) bedürfen, fallen nicht unter den Regelungsbereich der §§ 341–341 o (Umkehrschluss aus Abs. 2). Welche Niederlassungen das sind, ergibt sich aus § 110 a Abs. 1 VAG.

13   In den Anwendungsbereich eingeschlossen sind gemäß dem neu eingefügten Abs. 4 S. 1 auch **Pensionsfonds.** Pensionsfonds sollen den VU entsprechend den §§ 112 ff. VAG im Wesentlichen gleichgestellt werden. Nach der Begründung ist davon auszugehen, „dass die Pensionsfonds in ihrer wirtschaftlichen Bedeutung und ihrer rechtlichen Ausgestaltung insbesondere zur Solvabilität mit Versicherungsunternehmen im Sinne des Zweiten Unterabschnitts des Vierten Abschnitts des Dritten Buches des Handelsgesetzbuches in vollem Umfang vergleichbar sein werden".[8] Dementsprechend haben auch Pensionsfonds einen Jahresabschluss nach den für VU geltenden Vorschriften aufzustellen, prüfen zu lassen und offen zu legen. Der Gesetzgeber bezweckt durch diese Maßnahmen im Interesse der einzelnen Arbeitgeber und Arbeitnehmer wie auch der Gesamtwirtschaft die Sicherheit der den Pensionsfonds anvertrauten Vermögenswerte und die ordnungsmäßige Durchführung ihrer Geschäfte zu gewährleisten. Aus der Anwendung der Vorschriften des Zweiten Unterabschnitts des Vierten Abschnitts des Dritten Buches resultiert für Pensionsfonds insbesondere, dass diese die ihnen zuzurechnenden Vermögenswerte im Allgemeinen nach den für das Anlagevermögen geltenden Vorschriften zu bewerten haben. Gem. Abs. 4 S. 2 ist für diejenigen Pensionsfonds allerdings ein Zeitwertansatz vorzunehmen, die in ihrer Ausgestaltung den fondsgebundenen Lebensversicherungen ähneln und bei denen die Kapitalanlage für Rechnung und Risiko der Arbeitnehmer erfolgt (siehe Erläuterungen zu § 341 d).

14   **Holdinggesellschaften,** die selbst kein (Rück-)Versicherungsgeschäft betreiben, fallen grundsätzlich nicht unter den Anwendungsbereich der §§ 341 ff. Eine Ausnahme gilt gem. § 341 i. Dort ist explizit geregelt, dass Versicherungsholdinggesellschaften einen Konzernabschluss und -lagebericht nach den für VU geltenden Vorschriften aufzustellen haben (vgl. Kommentierung dort).

15   Unternehmen, die den Betrieb von Versicherungsgeschäften beabsichtigen und bereits gegründet wurden, aber noch keine Zulassung von der BAFin erhalten haben, erfüllen ebenfalls nicht die Tatbestandsmerkmale der §§ 341 ff. Gleichwohl wenden sie in der Praxis im Vorgriff auf die zu erwartende Zulassung versicherungsspezifische statt allgemeiner Rechnungslegungsvorschriften an. Da die materiellen Unterschiede im Abschluss des Rumpfgeschäftsjahres auf Grund der enthaltenen vielen Leerposten gering sein werden und auf diese Weise eine zeitliche Vergleichbarkeit ermöglicht wird, werden gegen dieses Verfahren keine Einwendungen zu erheben sein.

Zweiter Titel. Jahresabschluß, Lagebericht

§ 341a Anzuwendende Vorschriften

Abs. 1 idF für Geschäftsjahre, die vor dem 1. 1. 2006 beginnen

(1) [1] Versicherungsunternehmen haben einen Jahresabschluß und einen Lagebericht nach den für große Kapitalgesellschaften geltenden Vorschriften des Ersten Unterabschnitts des Zweiten Abschnitts in den ersten vier Monaten des Geschäftsjahres für das vergangene Geschäftsjahr aufzustellen und dem Abschlußprüfer zur Durchführung der Prüfung vorzulegen; die Frist des § 264 Abs. 1 Satz 2 gilt nicht.

Abs. 1 idF des EHUG[1]

(1) [1] Versicherungsunternehmen haben einen Jahresabschluß und einen Lagebericht nach den für große Kapitalgesellschaften geltenden Vorschriften des Ersten Unterabschnitts des Zweiten Abschnitts in den ersten vier Monaten des Geschäftsjahres für das

---

[8] Vgl. BT-Drucks. 14/5150 S. 53 f.

[1] Abs. 1 und 5 geändert durch das Gesetz über elektronische Handelsregister und Genossenschaftsregister sowie das *Unternehmensregister (EHUG)* vom 10. November 2006. Zur erstmaligen Anwendung s. Art. 61 Abs. 5 EGHGB.

vergangene Geschäftsjahr aufzustellen und dem Abschlußprüfer zur Durchführung der Prüfung vorzulegen; die Frist des § 264 Abs. 1 Satz 2 gilt nicht. ²Ist das Versicherungsunternehmen eine Kapitalgesellschaft im Sinn des § 325 Abs. 4 Satz 1 und nicht zugleich im Sinn des § 327a, beträgt die Frist nach Satz 1 vier Monate.

(2) ¹§ 265 Abs. 6, §§ 267, 268 Abs. 4 Satz 1, Abs. 5 Satz 1 und 2, §§ 276, 277 Abs. 1 und 2, § 279 Abs. 1 Satz 2, § 285 Satz 1 Nr. 8 Buchstabe a und § 288 sind nicht anzuwenden. ²Anstelle von § 247 Abs. 1, §§ 251, 265 Abs. 7, §§ 266, 268 Abs. 2 und 7, §§ 275, 281 Abs. 2 Satz 2, § 285 Satz 1 Nr. 4 und 8 Buchstabe b sowie § 286 Abs. 2 sind die durch Rechtsverordnung erlassenen Formblätter und anderen Vorschriften anzuwenden. ³§ 246 Abs. 2 ist nicht anzuwenden, soweit abweichende Vorschriften bestehen. ⁴§ 264 Abs. 3 und § 264b sind mit der Maßgabe anzuwenden, daß das Versicherungsunternehmen unter den genannten Voraussetzungen die Vorschriften des Vierten Unterabschnitts des Zweiten Abschnitts nicht anzuwenden braucht. ⁵§ 285 Satz 1 Nr. 3 gilt mit der Maßgabe, daß die Angaben für solche finanzielle Verpflichtungen nicht zu machen sind, die im Rahmen des Versicherungsgeschäfts entstehen.

(3) Auf Krankenversicherungsunternehmen, die das Krankenversicherungsgeschäft ausschließlich oder überwiegend nach Art der Lebensversicherung betreiben, sind die für die Rechnungslegung der Lebensversicherungsunternehmen geltenden Vorschriften entsprechend anzuwenden.

(4) Auf Versicherungsunternehmen, die nicht Aktiengesellschaften, Kommanditgesellschaften auf Aktien oder kleinere Vereine sind, sind § 152 Abs. 2 und 3 sowie die §§ 170 bis 176 des Aktiengesetzes entsprechend anzuwenden; § 160 des Aktiengesetzes ist entsprechend anzuwenden, soweit er sich auf Genußrechte bezieht.

Abs. 5 idF für Geschäftsjahre, die vor dem 1. 1. 2006 beginnen

(5) Bei Versicherungsunternehmen, die ausschließlich die Rückversicherung betreiben oder deren Beiträge aus in Rückdeckung übernommenen Versicherungen die übrigen Beiträge übersteigen, verlängert sich die in Absatz 1 Satz 1 erster Halbsatz genannte Frist von vier Monaten auf zehn Monate, sofern das Geschäftsjahr mit dem Kalenderjahr übereinstimmt; die Hauptversammlung oder die Versammlung der obersten Vertretung, die den Jahresabschluß entgegennimmt oder festzustellen hat, muß abweichend von § 175 Abs. 1 Satz 2 des Aktiengesetzes spätestens 14 Monate nach dem Ende des vergangenen Geschäftsjahres stattfinden.

Abs. 5 idF des EHUG

(5) ¹Bei Versicherungsunternehmen, die ausschließlich die Rückversicherung betreiben oder deren Beiträge aus in Rückdeckung übernommenen Versicherungen die übrigen Beiträge übersteigen, verlängert sich die in Absatz 1 Satz 1 erster Halbsatz genannte Frist von vier Monaten auf zehn Monate, sofern das Geschäftsjahr mit dem Kalenderjahr übereinstimmt; die Hauptversammlung oder die Versammlung der obersten Vertretung, die den Jahresabschluß entgegennimmt oder festzustellen hat, muß abweichend von § 175 Abs. 1 Satz 2 des Aktiengesetzes spätestens 14 Monate nach dem Ende des vergangenen Geschäftsjahres stattfinden. ²Die Frist von vier Monaten nach Absatz 1 Satz 2 verlängert sich in den Fällen des Satzes 1 nicht.

Schrifttum: Siehe Schrifttum zu § 341.

Übersicht

	RdNr.		RdNr.
I. Regelungsgegenstand und -zweck	1	b) Ansatz- und Ausweisvorschriften	6–10
II. Grundsätzliche Anwendung handelsrechtlicher Vorschriften	2, 3	c) Gliederungsvorschriften	11
		d) Anhangvorschriften	12, 13
		e) Erleichterungen	14
III. Ausnahmen von der Anwendung handelsrechtlicher Vorschriften	4–15	3. Besonderheiten bei Krankenversicherungsunternehmen	15
1. Bestimmungen, die ersatzlos entfallen	4	IV. Anwendung aktienrechtlicher Vorschriften	16–18
2. Bestimmungen, die durch andere Vorschriften ersetzt werden	5–14		
a) Fristenregelungen	5	V. Änderungen durch das EHUG	19

I. Regelungsgegenstand und -zweck

1   Die Norm regelt, welche Vorschriften auf den Jahresabschluss und den Lagebericht von Versicherungsunternehmen anzuwenden sind und welche Frist bei deren Aufstellung einzuhalten ist. Abs. 1 setzt Art. 1 Abs. 1 der VersBiRiLi um. Abs. 2 S. 1 und 2 übernehmen die Vorschriften des § 55 Abs. 4 VAG aF. Durch Abs. 3 wird Art. 3 Abs. 1 der VersBiRiLi in deutsches Recht transformiert. Abs. 4 übernimmt die Vorschriften des § 55 Abs. 6 VAG aF. Durch Abs. 5 werden die Vorschriften des § 55 Abs. 2 VAG aF ersetzt.[2]

II. Grundsätzliche Anwendung handelsrechtlicher Vorschriften

2   Abs. 1 verpflichtet VU einen Jahresabschluss und einen Lagebericht nach den für große Kapitalgesellschaften geltenden Vorschriften aufzustellen. Somit haben alle VU, auf welche die Vorschriften des Zweiten Unterabschnitts des Vierten Abschnitts des HGB anzuwenden sind (vgl. die Erläuterungen zu § 341), grundsätzlich die §§ 264–289 zu beachten.

3   Eine ausdrückliche Verpflichtung zur Anwendung des Ersten Abschnitts des Dritten Buches des HGB (§§ 238–263) enthält § 341 a nicht. Eine Verpflichtung hierzu ergibt sich für VU, welche die Kaufmannseigenschaft gem. § 1 erfüllen, bereits auf Grund dieser Eigenschaft. Für VU, die kein Kaufmann sind, ergibt sich die Pflicht zur Anwendung der Vorschriften des Zweiten Unterabschnitts des Vierten Abschnitts (§§ 341–341 o) sowie des Ersten und Zweiten Abschnitts des Dritten Buches des HGB (§§ 238–335 b) aus § 55 VAG.[3]

III. Ausnahmen von der Anwendung handelsrechtlicher Vorschriften

4   **1. Bestimmungen, die ersatzlos entfallen.** Gem. Abs. 2 S. 1 sind die §§ 265 Abs. 6, 267, 268 Abs. 4 S. 1, 268 Abs. 5 S. 1 und 2, 276, 277 Abs. 1 und 2, 279 Abs. 1 S. 2, 285 Nr. 8 a und 288 von VU nicht anzuwenden. Die betreffenden Bestimmungen enthalten insbesondere Regelungen zu einzelnen Posten der Bilanz und GuV (§§ 265 Abs. 6, 277 Abs. 1 und 2, 279 Abs. 1 S. 2), Vorschriften im Zusammenhang mit Größeneinteilungen (§§ 267, 276, 288), Vorschriften über den gesonderten Ausweis bestimmter Forderungen (§ 268 Abs. 4 S. 1), Verbindlichkeiten (§ 268 Abs. 5 S. 1) und Anzahlungen (§ 268 Abs. 5 S. 2) sowie Vorschriften über bestimmte Angaben im Anhang (§ 285 Nr. 8 a).

5   **2. Bestimmungen, die durch andere Vorschriften ersetzt werden. a) Fristenregelungen.** Die Frist für Aufstellung und Vorlage von Jahresabschluss und Lagebericht nach § 264 Abs. 1 S. 2 gilt nicht für VU. Gem. Abs. 1 haben VU ihren Jahresabschluss und ihren Lagebericht in den ersten vier Monaten des Geschäftsjahres für das vergangene Geschäftsjahr aufzustellen und dem Abschlussprüfer zur Prüfung vorzulegen. Diese Frist verlängert sich gem. Abs. 5 bei VU, die ausschließlich die Rückversicherung betreiben oder bei denen die Beiträge aus dem in Rückdeckung übernommenen Versicherungsgeschäft die übrigen Beiträge übersteigen, von vier auf zehn Monate, sofern das Geschäftsjahr mit dem Kalenderjahr übereinstimmt.

6   **b) Ansatz- und Ausweisvorschriften.** Gem. Abs. 2 S. 3 ist das Saldierungsverbot des § 246 Abs. 2 auf VU nicht anzuwenden, soweit abweichende Vorschriften bestehen. Abweichende Vorschriften finden sich zB in § 26 Abs. 2 RechVersV und in § 41 Abs. 2 RechVersV.

7   An die Stelle des § 247 Abs. 1 und § 266 tritt § 2 iVm. Formblatt 1 RechVersV. Durch § 2 iVm. Formblatt 1 RechVersV wird Abschnitt 3 der VersBiRiLi in deutsches Recht transformiert. Dieser sieht keine Trennung von Anlage- und Umlaufvermögen vor.

8   An die Stelle des § 268 Abs. 7, der Regelungen über die Angabe bestimmter Haftungsverhältnisse enthält, tritt bei VU § 51 Abs. 3 RechVersV. Bezüglich der anzugebenden Haftungsverhältnisse verweist § 51 Abs. 3 RechVersV auf die Aufzählung in § 251.

9   Die Vorschrift des § 268 Abs. 2 zur Darstellung der Entwicklung der einzelnen Posten des Anlagevermögens und der Aufwendungen für die Ingangsetzung und Erweiterung des Geschäftsbetriebes wird für VU durch die Vorschrift des § 51 Abs. 2 iVm. Muster 1 RechVersV ersetzt.

10   § 281 Abs. 2 S. 2, der Ausweisfragen bezüglich der Dotierung bzw. Auflösung des Sonderpostens mit Rücklageanteil regelt, wird durch die §§ 47 Nr. 2, 48 Nr. 2, durch § 2 iVm. Formblatt 2 II.1.f) und II.2.e) RechVersV, Formblatt 3 I.3.f) und I.10.e) RechVersV sowie Formblatt 4 II.3.f) und II.10.e) RechVersV und durch § 51 Abs. 6 RechVersV ersetzt.

---

[2] BR-Drucks. 359/93 S. 67 ff.
[3] BR-Drucks. 359/93 S. 68.

c) Gliederungsvorschriften. An Stelle von § 265 Abs. 7, der die Zusammenfassung von Posten regelt, ist für VU § 3 RechVersV maßgeblich. § 2 RechVersV iVm. den Formblättern 1 bis 4 RechVersV ersetzt die Gliederungsvorschriften für Bilanz und GuV nach § 266 und § 275.

d) Anhangvorschriften. An Stelle der Aufgliederung der Umsatzerlöse nach § 285 Nr. 4 haben VU Angaben gem. § 51 Abs. 4 RechVersV zu machen. Statt § 285 Nr. 8 b), der die Angabe der Personalaufwendungen im Anhang regelt, müssen VU § 51 Abs. 5 iVm. Muster 2 RechVersV anwenden.

§ 285 Nr. 3 über die Angabe sonstiger finanzieller Verpflichtungen wird durch Abs. 2 S. 4 in der Form eingeschränkt, dass die Anhangangaben nicht für solche finanziellen Verpflichtungen zu machen sind, die im Rahmen des Versicherungsgeschäfts entstehen. Diese aus Art. 7 der VersBiRiLi übernommene Ausnahmeregelung vermeidet die Frage nach der Einordnung des Versicherungsschutzversprechens als sonstige finanzielle Verpflichtung und dessen Quantifizierbarkeit.[4]

e) Erleichterungen. Die Erleichterungen des § 264 Abs. 3 und § 246 b sind gem. Abs. 2 S. 4 bei Versicherungsunternehmen nur in Bezug auf die Offenlegung anzuwenden. Die Verpflichtung zur Aufstellung und Prüfung des Jahresabschlusses bleibt davon unberührt. Begründet ist diese Einschränkung im Aufsichtsrecht.[5] Siehe auch die Erläuterungen zu § 341 l.

3. Besonderheiten bei Krankenversicherungsunternehmen. Gem. Abs. 3 sind auf KVU, die das Krankenversicherungsgeschäft ausschließlich oder überwiegend nach Art der Lebensversicherung betreiben, die für Lebensversicherungen geltenden Rechnungslegungsvorschriften entsprechend anzuwenden. Welche Normen entsprechend anzuwenden sind, wird an dieser Stelle nicht ausdrücklich angegeben.

IV. Anwendung aktienrechtlicher Vorschriften

VU, die in der Rechtsform einer Aktiengesellschaft oder einer Kommanditgesellschaft auf Aktien betrieben werden, haben allein schon auf Grund dieser Eigenschaft die Bestimmungen des AktG zu beachten.

Für VU, die nicht bereits unmittelbar oder durch Verweisung die Vorschriften des AktG zu beachten haben und die keine kleineren VVaG iSd. § 53 VAG sind, bestimmt Abs. 4 die entsprechende Anwendung der §§ 152 Abs. 2 und 3, 170 bis 176 und 160 (soweit dieser sich auf Genussrechte bezieht) des AktG. § 152 Abs. 2 und 3 AktG enthält Vorschriften zur Bilanz, die §§ 170 und 171 AktG beinhalten Regelungen über die Prüfung des Jahresabschlusses, § 174 AktG trifft Regelungen zur Gewinnverwendung, die §§ 175 und 176 AktG enthalten Vorschriften über die ordentliche Hauptversammlung und § 160 AktG beinhaltet Vorschriften zum Anhang.[6]

Abweichend von § 175 Abs. 1 S. 2 AktG (Einberufung der Hauptversammlung) räumt Abs. 5 2. Hs. den VU, die ausschließlich Rückversicherung betreiben oder deren Rückversicherungsbeiträge überwiegen, eine Fristverlängerung ein: „... die Hauptversammlung oder die Versammlung der obersten Vertretung, die den Jahresabschluss entgegennimmt oder festzustellen hat, muss ... spätestens 14 Monate nach dem Ende des vergangenen Geschäftsjahres stattfinden".

V. Änderungen durch das EHUG

Bereits nach bisher geltendem Recht hatten Versicherungsunternehmen einen Jahresabschluss und einen Lagebericht innerhalb der Ersten vier Monate des Geschäftsjahres für das vergangene Geschäftsjahr aufzustellen. Insofern bedurfte es in Hinblick auf die verkürzte Offenlegungsfrist für kapitalmarktorientierte Unternehmen (Inanspruchnahme eines organisierten Marktes iSd. § 2 Abs. 5 WpHG durch ausgegebene Wertpapiere iSd. § 2 Abs. 1 S. 1 WpHG in der EU oder im EWR), die nicht die Erleichterung des § 327 a in Anspruch nehmen können, keiner Änderung von Abs. 1 S. 1. Durch die Anfügung eines S. 2 soll die Aufstellungsfrist für einen ggf. erforderlichen Konzernabschluss ebenfalls auf vier Monate verkürzt werden.

---

[4] Vgl. *Geib/Ellenbürger/Kölschbach* WPg 1992, 183.
[5] Vgl. BT-Drucks. 13/7141.
[6] Vgl. *Seitz* BeVersBiKo RdNr. 29.

Dritter Titel. Bewertungsvorschriften

§ 341 b Bewertung von Vermögensgegenständen

(1) ¹Versicherungsunternehmen haben immaterielle Vermögensgegenstände, soweit sie entgeltlich erworben wurden, Grundstücke, grundstücksgleiche Rechte und Bauten einschließlich der Bauten auf fremden Grundstücken, technische Anlagen und Maschinen, andere Anlagen, Betriebs- und Geschäftsausstattung, Anlagen im Bau und Vorräte nach den für das Anlagevermögen geltenden Vorschriften zu bewerten. ²Satz 1 ist vorbehaltlich Absatz 2 und § 341 c auch auf Kapitalanlagen anzuwenden, soweit es sich hierbei um Beteiligungen, Anteile an verbundenen Unternehmen, Ausleihungen an verbundene Unternehmen oder an Unternehmen, mit denen ein Beteiligungsverhältnis besteht, Namensschuldverschreibungen, Hypothekendarlehen und andere Forderungen und Rechte, sonstige Ausleihungen und Depotforderungen aus dem in Rückdeckung übernommenen Versicherungsgeschäft handelt. ³§ 253 Abs. 2 Satz 3 darf, wenn es sich nicht um eine voraussichtlich dauernde Wertminderung handelt, nur auf die in Satz 2 bezeichneten Vermögensgegenstände angewendet werden.

(2) ¹Auf Kapitalanlagen, soweit es sich hierbei um Aktien einschließlich der eigenen Anteile, Investmentanteile sowie sonstige festverzinsliche und nicht festverzinsliche Wertpapiere handelt, sind die für das Umlaufvermögen geltenden § 253 Abs. 1 Satz 1, Abs. 3, §§ 254, 256, 279 Abs. 1 Satz 1, Abs. 2, § 280 anzuwenden, es sei denn, dass sie dazu bestimmt werden, dauernd dem Geschäftsbetrieb zu dienen; in diesem Fall sind sie nach den für das Anlagevermögen geltenden Vorschriften zu bewerten. ²Pensions- und Sterbekassen, die nach § 5 Abs. 1 Nr. 3 des Körperschaftsteuergesetzes von der Körperschaftsteuer befreit sind, brauchen § 280 Abs. 1 Satz 1 nicht anzuwenden.

(3) § 256 Satz 2 in Verbindung mit § 240 Abs. 3 über die Bewertung zum Festwert ist auf Grundstücke, Bauten und im Bau befindliche Anlagen nicht anzuwenden.

Schrifttum: Siehe Schrifttum zu § 341.

Übersicht

	RdNr.
I. Regelungsgegenstand und -zweck	1–3
II. Vermögensgegenstände, die wie Anlagevermögen zu bewerten sind	4–81
1. Immaterielle Vermögensgegenstände, soweit entgeltlich erworben	4–16
a) Aufwendungen für die Ingangsetzung und Erweiterung des Geschäftsbetriebes nach § 269 Abs. 1 S. 1	5–9
b) Entgeltlich erworbener Geschäfts- oder Firmenwert	10–12
c) Sonstige immaterielle Vermögensgegenstände	13–16
2. Sachanlagen und Vorräte	17, 18
3. Kapitalanlagen	19–81
a) Vorbemerkung	19–32
aa) Postenzusammenfassung	20–24
bb) Ausgewählte Anhangangaben	25–31
cc) Bewertung	32
b) Grundstücke, grundstücksgleiche Rechte und Bauten einschließlich der Bauten auf fremden Grundstücken	33–35
c) Anteile an verbundenen Unternehmen	36–38
d) Beteiligungen	39–48
e) Ausleihungen an verbundene Unternehmen bzw. an Unternehmen, mit denen ein Beteiligungsverhältnis besteht	49–54
f) Hypotheken-, Grundschuld- und Rentenschuldforderungen	55–57
g) Sonstige Ausleihungen	58–70
aa) Namensschuldverschreibungen	59–63
bb) Schuldscheinforderungen und Darlehen	64–66
cc) Darlehen und Vorauszahlungen auf Versicherungsscheine	67, 68
dd) Übrige Ausleihungen	69, 70
h) Einlagen bei Kreditinstituten	71–74
i) Andere Kapitalanlagen	75–78
j) Depotforderungen aus dem in Rückdeckung übernommenen Versicherungsgeschäft	79–81
III. Vermögensgegenstände, die wie Umlaufvermögen zu bewerten sind	82–121
1. Aktien, Investmentanteile und andere nicht festverzinsliche Wertpapiere	82–110
2. Inhaberschuldverschreibungen und andere festverzinsliche Wertpapiere	111–121
IV. Festbewertung	122

I. Regelungsgegenstand und -zweck

Die in § 247 kodifizierte Trennung von Anlage- und Umlaufvermögen in der Bilanz wurde für 1 den Jahresabschluss der Versicherungsunternehmen nicht übernommen (vgl. auch § 341 a RdNr. 6).

Es erfolgte eine eigenständige Abgrenzung, die der spezifischen Geschäftstätigkeit der Versiche- 2 rungsunternehmen Rechnung trägt. Eine Unterscheidung der Vermögensgegenstände in Anlage- und Umlaufvermögen ist aber für die Bewertung der ausgewiesenen Vermögensgegenstände notwendig. In Umsetzung des Art. 51 der VersBiRiLi stellt § 341 b deshalb klar, welche Vermögensgegenstände wie Anlagevermögen und welche Vermögensgegenstände wie Umlaufvermögen zu bewerten sind.

Mit Abs. 1 wird Art. 51 S. 1 Buchstaben a und b der VersBiRiLi in nationales Recht transformiert 3 und geregelt, welche Vermögensgegenstände wie Anlagevermögen zu bewerten sind. Durch Abs. 2 wird Art. 51 S. 2 der VersBiRiLi umgesetzt und festgelegt, welche Vermögensgegenstände nach den für das Umlaufvermögen geltenden Vorschriften zu bewerten sind. Zudem wird den Versicherungsunternehmen im 2. Hs. die Möglichkeit eingeräumt, diejenigen Wertpapiere, die dazu bestimmt werden, dauernd dem Geschäftsbetrieb zu dienen, wie Anlagevermögen zu bewerten. Abs. 3 setzt Art. 52 der VersBiRiLi in deutsches Recht um und regelt die Anwendbarkeit der Bewertung zum Festwert.[1]

II. Vermögensgegenstände, die wie Anlagevermögen zu bewerten sind

1. Immaterielle Vermögensgegenstände, soweit entgeltlich erworben. Gem. Abs. 1 S. 1 4 sind immaterielle Vermögensgegenstände, soweit sie entgeltlich erworben wurden, nach den für das Anlagevermögen geltenden Vorschriften zu bewerten. Im Posten „Immaterielle Vermögensgegenstände" sind gem. § 6 Abs. 1 RechVersV **Aufwendungen für die Ingangsetzung und Erweiterung des Geschäftsbetriebes** nach § 269 Abs. 1 S. 1, ein **entgeltlich erworbener Geschäfts- oder Firmenwert** sowie **sonstige immaterielle Vermögensgegenstände** jeweils gesondert **auszuweisen.**

a) Aufwendungen für die Ingangsetzung und Erweiterung des Geschäftsbetriebes nach 5 **§ 269 Abs. 1 S. 1.** Bei diesem Posten handelt es sich um eine Bilanzierungshilfe. Es besteht ein Wahlrecht zur Aktivierung (vgl. Erl. zu § 269).

Aufwendungen für die Erweiterung sind die im Zuge einer räumlichen und/oder sachlichen 6 Erweiterung des Geschäftsbetriebs eines VU anfallenden Aufwendungen. Der Begriff der Erweiterung ist auszulegen.[2]

Eine sachliche Erweiterung wird idR nicht schon dadurch gegeben sein, dass man in einzelnen 7 Sparten neben dem direkten auch das indirekte Geschäft aufnimmt. Bei der Aufnahme einer neuen Sparte oder der Geschäftstätigkeit im Ausland kann es sich dagegen um eine Erweiterung iSd. § 269 handeln. Insbesondere dürfte im Zusammenhang mit räumlichen oder sachlichen Erweiterungen ein **Aktivierungswahlrecht** bestehen bezüglich:[3]
– Aufwendungen für Marktforschung,
– Aufwendungen für Gutachten,
– Aufwendungen für Anwerbung und Ausbildung von Personal,
– Aufwendungen zum Aufbau einer spezifischen Betriebsorganisation und
– Aufwendungen für Werbemaßnahmen (zB für eine neue Versicherungssparte).

Gem. § 269 S. 1 kommen aber nur solche Beträge für die Einbeziehung in die Bilanzierungshilfe 8 in Frage, die weder als Vermögensgegenstand noch als Rechnungsabgrenzungsposten bilanzierungsfähig sind. Gem. § 248 Abs. 3 dürfen **Aufwendungen für den Abschluss von Versicherungsverträgen** nicht aktiviert werden und können somit auch nicht Bestandteil von Erweiterungsaufwendungen sein. Ebenso wenig dürfen Aufwendungen für die Beschaffung von Eigenkapital zur Finanzierung der Erweiterung des Geschäftsbetriebes als Aktivposten in die Bilanz aufgenommen werden (§ 248 Abs. 1).

Durch die Aktivierung von Ingangsetzungs- und Erweiterungsaufwendungen als Bilanzierungs- 9 hilfe wird eine Verlagerung von Verwaltungsaufwendungen in die Zukunft bezweckt.[4] Ansonsten

---

[1] BT-Drucks. 12/5587 S. 25 f.
[2] Vgl. *Budde/Karig* BeBiKo § 269 RdNr. 5; *ADS* § 269 RdNr. 15.
[3] Vgl. IDW-Aufsatzsammlung/*Hölzl* C RdNr. 14. Es wird in diesem Zusammenhang auch hingewiesen auf das Schreiben des GDV zur Aktivierung von Aufwendungen zur Erweiterung des Geschäftsbetriebs von VU gem. § 269 GDV Tagebuch-Nr. 15/91.
[4] Vgl. *ADS* § 269 RdNr. 8.

§ 341 b   10–21   3. Buch. 4. Abschn. Ergänzende Vorschr. f. Untern. best. Geschäftszweige

wären die auf diese Weise verlagerten Aufwendungen im Geschäftsjahr des Anfalls über die Kostenverteilung den einzelnen Funktionsbereichen zugeordnet worden. Daher ist es sachgerecht, die Abschreibungen auf aktivierte Aufwendungen für Ingangsetzung und Erweiterung in die **Kostenverteilung** einzubeziehen und einzelnen Funktionsbereichen zuzuordnen.[5]

10 **b) Entgeltlich erworbener Geschäfts- oder Firmenwert.** Der Begriff des **Geschäfts- oder Firmenwerts** ergibt sich aus der Vorschrift des § 255 Abs. 4.

11 Bei VU ist ein **erworbener (Teil-)Versicherungsbestand** nicht als Geschäfts- oder Firmenwert auszuweisen, sondern den „Sonstigen immateriellen Vermögensgegenständen" zuzurechnen (vgl. § 6 Abs. 1 Nr. 3 RechVersV).

12 Bestandsübertragungen der Vergangenheit haben gezeigt, dass (Teil-)Versicherungsbestände gesondert bewertbare und verkehrsfähige Vermögenswerte sind. Für einen erworbenen Versicherungsbestand besteht daher Aktivierungspflicht.[6]

13 **c) Sonstige immaterielle Vermögensgegenstände.** Neben dem Kaufpreis für den Erwerb eines **Teil- oder Gesamt-Versicherungsbestands** sind unter den sonstigen immateriellen Vermögensgegenständen **EDV-Software** (sowohl Standard- als auch Individual-Software),[7] sofern entgeltlich erworben, und **Anzahlungen auf sonstige immaterielle Vermögensgegenstände**[8] zu aktivieren.

14 Für selbst erstellte immaterielle Vermögensgegenstände des Anlagevermögens besteht nach § 248 Abs. 2 ein **Aktivierungsverbot**. Es ist in jedem Einzelfall zu prüfen, ob die betreffenden Vermögensgegenstände Anlagevermögen-Charakter haben, dh. ob sie gem. § 247 Abs. 2 dazu bestimmt sind, dauernd dem Geschäftsbetrieb zu dienen.

15 Diese Frage wird bei den meisten von VU selbst erstellten immateriellen Vermögensgegenständen zu bejahen sein (zB Außenorganisation, Versicherungsbestand, Software), so dass hier das Aktivierungsverbot des § 248 Abs. 2 greift.[9]

16 **Abschreibungen** auf immaterielle Vermögensgegenstände wie Software sind im Rahmen der **Kostenverteilung** auf die Funktionsbereiche zu verteilen.[10]

17 **2. Sachanlagen und Vorräte.** Abs. 1 S. 1 schreibt vor, dass **technische Anlagen** und **Maschinen**, andere Anlagen, Betriebs- und Geschäftsausstattung sowie **Anlagen im Bau** nach den für das Anlagevermögen geltenden Vorschriften zu **bewerten** sind. Diese Vermögensgegenstände sind gem. § 18 Abs. 1 RechVersV **als Sachanlagen auszuweisen.**

18 Nach Abs. 1 S. 1 sind auch die **Vorräte** wie Anlagevermögen zu **bewerten.** Sie sind zusammen mit den Sachanlagen auszuweisen. Mit dieser Regelung weicht der Gesetzgeber von den allgemeinen Vorschriften des § 266 Abs. 2 für Vorräte ab. Unter den Vorräten sind insbesondere **Vorräte an Betriebsstoffen** und **Büromaterial** sowie hierauf geleistete **Anzahlungen** zu erfassen (vgl. § 18 Abs. 2 RechVersV).

19 **3. Kapitalanlagen. a) Vorbemerkung.** Bestimmte Regelungen bezüglich Ausweis und Bewertung betreffen mehrere Arten von Kapitalanlagen gleichzeitig, ohne Unterschied, ob nun eine Bewertung nach den für das Anlagevermögen oder nach den für das Umlaufvermögen geltenden Vorschriften zu erfolgen hat:

20 **aa) Postenzusammenfassung.** § 3 Nr. 1 a) und b) RechVersV eröffnet VU unter bestimmten Voraussetzungen die Möglichkeit, in der Bilanz Postenzusammenfassungen im Kapitalanlagebereich vorzunehmen. Wird bei Vorliegen der einschlägigen Voraussetzungen generell von der Möglichkeit zur Postenzusammenfassung Gebrauch gemacht, können unter „C. Kapitalanlagen" lediglich die mit römischen Ziffern bezeichneten Posten ausgewiesen werden.

21 Die **Voraussetzungen** zur Ausübung der Wahlrechte gem. § 3 RechVersV entsprechen denen des § 265 Abs. 7. Zu prüfen ist damit (§ 3 RechVersV Doppelbuchstaben aa und bb),
– ob der Betrag der zusammengefassten Posten für die Vermittlung eines den tatsächlichen Verhältnissen entsprechenden Bildes iSd. § 264 Abs. 2 nicht erheblich ist oder

---

[5] Besonderheiten ergeben sich bei Vorliegen eines Organisationsfonds; zum Verhältnis eines Organisationsfonds zu den aktivierten Ingangsetzungs- und Erweiterungsaufwendungen bzw. den aktivierten Errichtungs- und Einrichtungskosten vgl. KoRVU/*Richter/Geib* Bd. I A RdNr. 196.
[6] Zur Frage, ob der im Rahmen eines Unternehmenskaufs erworbene Außendienst einen selbstständig bewertbaren Vermögensgegenstand repräsentiert, s. IDW-Aufsatzsammlung/*Hölzl* C RdNr. 20.
[7] Vgl. IDW-Aufsatzsammlung/*Hölzl* C RdNr. 21.
[8] Vgl. IDW-Aufsatzsammlung/*Hölzl* C RdNr. 18, 19.
[9] Vgl. IDW-Aufsatzsammlung/*Hölzl* C RdNr. 9.
[10] Vgl. *KPMG* S. 169.

– ob durch die Zusammenfassung die Klarheit der Darstellung vergrößert wird; in diesem Fall müssen die zusammengefassten Posten jedoch im Anhang gesondert ausgewiesen werden.

Eine Zusammenfassung wegen **Unerheblichkeit** wird im Hinblick auf die Bedeutung der Kapitalanlagen für VU idR nicht in Betracht kommen. 22

Bei einer Zusammenfassung aus Gründen der **Klarheit der Darstellung** müssen die zusammengefassten Posten im Anhang gesondert ausgewiesen werden. Diese Voraussetzung wird wegen der nach § 51 Abs. 2 RechVersV erforderlichen Darstellung der Entwicklung der Kapitalanlagen im Anhang nach Muster 1 RechVersV grundsätzlich vorliegen. Um einen doppelten Ausweis in Bilanz und Anhang zu vermeiden, wird die Möglichkeit der Postenzusammenfassung gem. § 3 RechVersV im Kapitalanlagebereich grundsätzlich gegeben sein.[11] 23

Wird von der Möglichkeit der Postenzusammenfassung Gebrauch gemacht, ist nach § 265 Abs. 1 iVm. § 341 a Abs. 1 der Grundsatz der Darstellungsstetigkeit zu beachten.[12] 24

bb) Ausgewählte Anhangangaben. Gem. § 51 Abs. 2 RechVersV ist die **Entwicklung der** unter den Aktivposten C. I. bis C. III. auszuweisenden **Kapitalanlagen** im Anhang nach Muster 1 darzustellen. Die Darstellung der Entwicklung im Geschäftsjahr geht im Rahmen eines „**Netto-Prinzips**" von den Bilanzwerten des Vorjahres aus. 25

Das Muster 1 enthält keine Angaben, wo bei Buchhaltung in Originalwährung die aus der **Währungsumrechnung** entstehenden Kursdifferenzen auszuweisen sind. Es ist jedoch erforderlich, die Differenz in einer gesonderten Spalte auszuweisen bzw. sie als solche – insbesondere durch entsprechende Vermerke in der Spalte „Abschreibungen" bzw. „Zuschreibungen" – kenntlich zu machen. Eine Einbeziehung der Währungskursdifferenzen in die Zu- und Abgänge wird als nicht zulässig angesehen.[13] 26

Gem. § 54 Nr. 1 RechVersV ist im Anhang der **Zeitwert** der zum Anschaffungswert ausgewiesenen Kapitalanlagen auszuweisen. Für alle übrigen Kapitalanlagen, die zum Anschaffungswert ausgewiesen werden, ist die Angabe des Zeitwertes im Anhang bereits seit dem Geschäftsjahr 1997 vorgeschrieben.[14] Diese Angabepflicht wurde im Rahmen des Bilanzrechtsreformgesetzes nicht angepasst, obwohl durch die Einführung des § 285 S. 1 Nr. 19 HGB eine zusätzliche Angabepflicht des Zeitwertes für diejenigen Finanzanlagen eingeführt wurde, die über ihrem beizulegenden Zeitwert ausgewiesen werden. Die neue Regelung des § 285 S. 1 Nr. 19 HGB führt jedoch nicht zu einer Erweiterung der Angabepflicht, da die Bilanzierung zum Nominalwert nicht mit einer unterlassenen Abschreibung gleichzusetzen ist.[15] 27

§ 54 RechVersV verlangt die Angabe des Zeitwerts **in einer Summe.** Es ist allerdings auch zulässig, die Zeitwertangabe für einzelne Kapitalanlageposten – beispielsweise „Anteile an verbundenen Unternehmen" oder „Beteiligungen" – unter Angabe der Postenbezeichnung getrennt zu machen. Dies ist auch für eigengenutzte „Grundstücke, grundstücksgleiche Rechte und Bauten einschließlich der Bauten auf fremden Grundstücken" zulässig; die Angabe der entsprechenden Bilanzwerte erfolgt nach § 52 Nr. 1 a RechVersV im Anhang. Nach § 59 RechVersV besteht keine Verpflichtung, beim **Konzernabschluss** den Zeitwert der Kapitalanlagen im Anhang anzugeben. 28

Der **Zeitwert der Grundstücke,** der grundstücksgleichen Rechte und Bauten einschließlich der Bauten auf fremden Grundstücken ist gem. § 55 Abs. 1 RechVersV der Marktwert.[16] § 55 Abs. 3 RechVersV sieht vor, dass der Marktwert zumindest alle 5 Jahre für jedes einzelne Grundstück oder Gebäude nach einer allgemein anerkannten Methode zu bestimmen ist, wobei planmäßige Abschreibungen iSd. § 253 Abs. 2 S. 1 nicht berücksichtigt werden dürfen. Soweit sich der Marktwert eines Grundstücks oder Gebäudes seit der letzten Schätzung vermindert hat, ist eine entsprechende Wertberichtigung vorzunehmen (§ 55 Abs. 4 RechVersV). Sind Grundstücke oder Gebäude zum Zeitpunkt der Aufstellung des Jahresabschlusses verkauft worden oder sollen in nächster Zeit verkauft werden, so ist der Marktwert gem. § 55 Abs. 5 RechVersV um die angefallenen oder geschätzten Realisierungsaufwendungen zu vermindern. Ist die Bestimmung des Marktwerts eines Grundstücks oder Gebäudes nicht möglich, so ist von den Anschaffungs- oder Herstellungskosten auszugehen 29

---

[11] Vgl. *WPH* K RdNr. 104; *Emmerich* WPg 1986, 701; ihm folgend *ADS* § 265 RdNr. 92.
[12] Vgl. *ADS* § 265 RdNr. 6 ff. [24].
[13] Vgl. IDW-Aufsatzsammlung/*Hölzl* C RdNr. 27; IDW-Aufsatzsammlung/*v. Treuberg* D RdNr. 50; aA KoRVU/*König* Bd. I B RdNr. 222.
[14] Vgl. § 54 Nr. 2 RechVersV iVm. § 64 Abs. 3 RechVersV; vgl. grundsätzlich hierzu *Geib/Ellenbürger/Kölschbach* WPg 1992, 221 ff.; *Kölschbach* GuG 1999, 200 f.
[15] Ergebnisbericht-Online über die 157. Sitzung des Versicherungsfachausschuss des Instituts der Wirtschaftsprüfer veröffentlicht unter www.idw.de (download vom 10. 10. 05).
[16] Zum Zeitwert von Grundstücken und Gebäuden vgl. *Geib* S. 174–187; *Kölschbach* GuG 1999, 200–206.

(§ 55 Abs. 6 RechVersV). Im Anhang ist gem. § 55 Abs. 7 RechVersV anzugeben, welche Bewertungsmethode herangezogen wurde, sowie die Zuordnung der Grundstücke und Bauten nach dem Jahr, in dem ihre Bewertung erfolgte.

30 Der **Zeitwert der übrigen Kapitalanlagen** ist gem. § 56 Abs. 1 RechVersV der Freiverkehrswert. Dieser ist bei an einer Börse zugelassenen Kapitalanlagen grundsätzlich der Börsenkurswert am Abschlussstichtag. Bei anderen Kapitalanlagen gilt, sofern für diese ein Markt vorhanden ist, als Freiverkehrswert grundsätzlich der Durchschnittswert, zu dem sie am Abschlussstichtag gehandelt wurden (vgl. § 56 Abs. 2 u. 3 RechVersV). Entsprechend der Regelung bei den Grundstücken und Gebäuden sind bei Veräußerung oder Veräußerungsabsicht die angefallenen oder geschätzten Realisierungsaufwendungen zu berücksichtigen (vgl. § 56 Abs. 4 RechVersV). Bei der Bewertung ist höchstens vom voraussichtlich realisierbaren Wert unter Berücksichtigung des Grundsatzes der Vorsicht auszugehen; im Anhang sind zusätzlich die jeweils angewandte Bewertungsmethode sowie der Grund für ihre Anwendung anzugeben (§ 56 Abs. 5 u. 6 RechVersV).[17]

31 VU haben nunmehr verpflichtend nach § 285 Nr. 3 den **Gesamtbetrag der sonstigen finanziellen Verpflichtungen,** die nicht in der Bilanz erscheinen und auch nicht nach § 251 iVm. § 268 Abs. 7 zu vermerken sind, anzugeben, sofern diese Angabe für die Beurteilung der Finanzlage von Bedeutung ist. Gem. § 341a Abs. 2 S. 4 brauchen VU Angaben für solche finanziellen Verpflichtungen nicht zu machen, die im Rahmen des Versicherungsgeschäfts entstehen. Anzugeben sind damit die Abnahmeverpflichtungen beispielsweise für Wertpapiere auf Grund derivativer Finanzinstrumente.[18]

32 cc) Bewertung. Nach § 341a Abs. 1 iVm. § 280 haben VU zwingend das **Wertaufholungsgebot** zu beachten. Das Wertaufholungsgebot gilt bei Vorliegen der entsprechenden Voraussetzungen sowohl für die wie Anlagevermögen als auch für die wie Umlaufvermögen bewerteten Kapitalanlagen. Das durch § 280 Abs. 2 HGB bestehende Beibehaltungswahlrecht ist durch das Steuerentlastungsgesetz 1999/2000/2002 insofern grundsätzlich nicht mehr einschlägig, als die Voraussetzungen der Beibehaltung des niedrigeren Wertansatzes bei der steuerrechtlichen Gewinnermittlung zukünftig nicht mehr gegeben sind und folglich auch handelsrechtlich bei Wegfall der ursprünglichen Abschreibungsgründe eine Wertaufholung auf den beizulegenden Wert, maximal bis zur Höhe der fortgeführten Anschaffungs- oder Herstellungskosten zu erfolgen hat.[19]

33 b) **Grundstücke, grundstücksgleiche Rechte und Bauten einschließlich der Bauten auf fremden Grundstücken.** Unter diesem Posten werden bebaute und unbebaute Grundstücke, Anteile an Grundstücksgesellschaften bürgerlichen Rechts (vgl. hierzu auch RdNr. 41), grundstücksgleiche Rechte, Bauten auf eigenen und fremden Grundstücken sowie Vorauszahlungen auf Grundstücke, Anzahlungen auf Bauten sowie Planungskosten ausgewiesen.[20] Maßgeblich für den Zeitpunkt der erstmaligen Bilanzierung bzw. den Abgang eines Grundstücks oder grundstücksgleichen Rechts ist nach den allgemeinen Grundsätzen das Vorliegen des wirtschaftlichen, nicht des rechtlichen Eigentums.[21]

34 Gem. Abs. 1 S. 1 hat die **Bewertung** der Grundstücke, grundstücksgleichen Rechte und Bauten einschließlich der Bauten auf fremden Grundstücken nach den für das Anlagevermögen geltenden Vorschriften zu erfolgen.[22]

35 Von VU ist im **Anhang** der Bilanzwert der im Rahmen ihrer eigenen Tätigkeit genutzten Grundstücke und Bauten anzugeben (§ 52 Nr. 1a) RechVersV). Bei gemischt genutzten Grundstücken bzw. Bauten kann eine prozentuale Aufteilung entsprechend der Nutzfläche in Frage kommen. Da der Zweck dieser Anhangangabe offenbar die Offenlegung des nicht fungiblen, in Grundstücken und Gebäuden angelegten Vermögens ist, empfiehlt sich jedoch eine Angabe des gesamten Buchwerts der überwiegend eigengenutzten Grundstücke und Gebäude.[23]

36 c) **Anteile an verbundenen Unternehmen.** Der **Begriff des verbundenen Unternehmens** ist in § 271 Abs. 2 definiert. Liegen die Voraussetzungen des § 271 Abs. 2 vor, so hat, unabhängig

---
[17] Zur Zeitwertermittlung siehe im Einzelnen *Geib* VW 1997, 1143–1148.
[18] Vgl. Schwebler/Knauth/Simmert/*Husch*/*Brüggentisch* S. 365 f.
[19] Zum Steuerentlastungsgesetz vgl. u. a. *Dieterlen/Haun* BB 1999, 2020 ff.; *Feld* WPg 1999, 861 ff.; *Herzig/Rieck* WPg 1999, 305 ff.; *Schmitz* DB 2000, 1974 f.
[20] Die RechVersV enthält keine Bestimmungen zum Bilanzausweis des Postens Grundstücke, grundstücksgleiche Rechte und Bauten einschließlich der Bauten auf fremden Grundstücken. Allerdings kann davon ausgegangen werden, dass die bislang in den VUBR enthaltenen Regelungen im Grundsatz weiterhin Geltung haben. Zu möglichen Zweifelsfragen siehe IDW-Aufsatzsammlung/*Hölzl* C RdNr. 31 ff.
[21] Vgl. IDW-Aufsatzsammlung/*Hölzl* C RdNr. 38.
[22] Vgl. *Stöffler* BeVersBiKo RdNr. 18.
[23] Vgl. *WPH* K RdNr. 135.

von Höhe, Zielsetzung und Dauer des Erwerbs von Anteilen, ein Ausweis unter „Anteile an verbundenen Unternehmen" zu erfolgen.

Da Formblatt 1 RechVersV nicht in Anlage- und Umlaufvermögen unterscheidet, kann diese 37 fehlende Differenzierung im Einzelfall bei VU dazu führen, dass unter den Anteilen an verbundenen Unternehmen sowohl Anteile mit Anlagevermögen-Charakter als auch solche mit Umlaufvermögen-Charakter zu erfassen sind.[24] Folge ist die Anwendung unterschiedlicher Bewertungsprinzipien innerhalb eines Bilanzpostens.

Bezüglich der Bewertung nach den für das Anlagevermögen geltenden Vorschriften vgl. die 38 entsprechenden Ausführungen zu den Beteiligungen (RdNr. 47 ff.), bezüglich der wie Umlaufvermögen zu bewertenden Anteile an verbundenen Unternehmen vgl. insbesondere die Ausführungen zu Aktien, Investmentanteilen und anderen festverzinslichen Wertpapieren (RdNr. 95 ff.).

d) Beteiligungen. Hierunter sind Beteiligungen iSd. § 271 Abs. 1 **auszuweisen.**[25] Sofern 39 zugleich die Voraussetzungen des § 271 Abs. 2 (verbundene Unternehmen) vorliegen, geht der Ausweis unter „Anteile an verbundenen Unternehmen" vor.[26]

Als Beteiligungen sind **auszuweisen:** 40
- Anteile an Kapitalgesellschaften,
- Anteile an Personengesellschaften (zB Partenreedereien und Kommanditgesellschaften),
- stille Beteiligungen und
- **Anteile an Grundstücksgesellschaften bürgerlichen Rechts,** sofern sie als solche am Rechtsverkehr teilnehmen und ein gewisses eigenes wirtschaftliches Risiko tragen.

Anteile an Genossenschaften gelten nach § 271 Abs. 1 S. 5 nicht als Beteiligungen. 41

Der **Beteiligungsbegriff des § 271 Abs. 1** setzt voraus, dass die Anteile der „Herstellung einer 42 dauernden Verbindung" mit dem Unternehmen, an dem die Anteile gehalten werden, dienen müssen.[27] Merkmale, die auf eine Beteiligungsabsicht hindeuten, können bei VU insbesondere sein: Branchenverwandtschaft (VU, Grundstücks-, Vermögensverwaltungsgesellschaften uÄ), unternehmerische Verbindungen (Rückversicherungsbeziehungen, Kooperation im Vertrieb uÄ), personelle Verflechtungen im Vorstand oder Aufsichtsrat sowie Funktionsausgliederungsverträge.[28]

Ein Ausweis von kurzfristig oder lediglich mit Daueranlageabsicht gehaltenen Anteilen unter dem 43 Posten „Beteiligungen" kommt damit nicht in Betracht.

Werden Aktien eines anderen Unternehmens teilweise sowohl mit Beteiligungsabsicht als auch 44 zum Teil ohne Beteiligungsabsicht gehalten, muss ein differenzierter Ausweis unter „Beteiligungen" und dem Posten „C.III.1. Aktien, Investmentanteile und andere nicht festverzinsliche Wertpapiere" erfolgen. Dies entspricht wiederum auch den Ausweisvorschriften des § 266 Abs. 2, der, § 271 Abs. 1 folgend, keinen Ausweis von Anteilen an Unternehmen, mit denen ein Beteiligungsverhältnis besteht, im Bereich des Umlaufvermögens vorsieht.

Fraglich ist, ob ein Ausweis unter „Beteiligungen" bereits **vor der Eintragung der Gründung** 45 oder der Kapitalerhöhung ins Handelsregister statthaft ist. Da das beteiligte Unternehmen unabhängig davon, ob die rechtlichen Erfordernisse erfüllt sind, eine Investition in eine Beteiligung getätigt hat, ist diese Investition auch als Beteiligung auszuweisen.[29] Begründet wird diese Sichtweise damit, dass Vorleistungen, in Anlehnung an die Regelungen der VUBR,[30] unter dem Posten auszuweisen sind, unter der der Vermögensgegenstand später ausgewiesen wird.

Nach Abs. 1 sind Beteiligungen nach den für das Anlagevermögen geltenden Vorschriften 46 (§§ 253, 254, 279, 280) zu bewerten.

Grundsätzlich werden Beteiligungen mit dem Einzahlungsbetrag aktiviert. Noch nicht geleistete 47 Einzahlungen können sowohl nach der sog. **Brutto-Methode** – Aktivierung des vollen Zeichnungsbetrags und Passivierung der bestehenden Einzahlungsverpflichtung – als auch der sog. **Netto-Methode** – Bilanzierung der tatsächlich eingezahlten Beträge – bilanziert werden.[31]

---

[24] Vgl. *KPMG* S. 57 f.
[25] Vgl. zB *ADS* § 271 RdNr. 1 ff. mwN.
[26] Vgl. *WPH* K RdNr. 140.
[27] Vgl. *Stöffler* BeVersBiKo RdNr. 221.
[28] Vgl. IDW-Aufsatzsammlung/*Hölzl* C RdNr. 60.
[29] Vgl. *KoRVU/König* Bd. I B RdNr. 129.
[30] Vgl. Nr. I. A.3.1 S. 3; I. A.3.2 letzter S., I. A.4.1 Abs. 1 VUBR.
[31] S. in diesem Zusammenhang *ADS* § 285 RdNr. 58; aA IDW-Aufsatzsammlung/*Hölzl* C RdNr. 64; s. auch Anschaffungskosten junger GmbH-Anteile bei Einzahlung des Ausgabebetrags in Teilbeträgen – Bilanzierung der Einzahlungsverpflichtung, FM Niedersachsen, Erl. v. 30. 1. 1989, DB 1989, 355.

48 Der Organisationsfonds gem. § 5 Abs. 5 Nr. 3 VAG stellt eine bei der Bilanzierung von Beteiligungen bei Versicherungsunternehmen zu berücksichtigende Besonderheit dar. Handelsrechtlich werden Zahlungen für einen Organisationsfonds als zusätzliche Anschaffungskosten aktiviert.[32]

49 **e) Ausleihungen an verbundene Unternehmen bzw. an Unternehmen, mit denen ein Beteiligungsverhältnis besteht.** Unter den „Ausleihungen an verbundene Unternehmen" sind Ausleihungen zwischen verbundenen Unternehmen iSd. § 271 Abs. 2 zu erfassen. „Ausleihungen an Unternehmen, mit denen ein Beteiligungsverhältnis besteht", sind sowohl Ausleihungen an das Unternehmen, das am bilanzierenden Unternehmen eine Beteiligung hält (passives Beteiligungsverhältnis), als auch an das Unternehmen, an dem die Beteiligung gehalten wird (aktives Beteiligungsverhältnis). In Frage kommen also Ausleihungen an Unternehmen, mit denen ein aktives oder passives Beteiligungsverhältnis besteht.[33]

50 **Abgrenzungsfragen** können sich bei der Abgrenzung der unter den Ausleihungen zu erfassenden Vermögensgegenstände ergeben. Entsprechende Bestimmungen finden sich insbesondere in den §§ 8 und 10 RechVersV.

51 Unter „Inhaberschuldverschreibungen und andere festverzinsliche Wertpapiere" ist gem. § 8 Abs. 1 RechVersV ein Ausweis nur insoweit vorzunehmen, als nicht ein Ausweis unter „Ausleihungen an verbundene Unternehmen" bzw. „Ausleihungen an Unternehmen, mit denen ein Beteiligungsverhältnis besteht" vorgeht. Zu den „Sonstigen Ausleihungen" existiert in § 10 Abs. 1 S. 1 RechVersV eine entsprechende Regelung.

52 Wenn man unter Ausleihungen Forderungen versteht, die durch die Hingabe von Kapital erworben werden,[34] kommt auch bei den „Hypotheken-, Grundschuld- und Rentenschuldforderungen", „Einlagen bei Kreditinstituten", „Anderen Kapitalanlagen" sowie den „Depotforderungen aus dem in Rückdeckung übernommenen Versicherungsgeschäft" grundsätzlich eine **Umgliederung** in Betracht. Nach dem Text der RechVersV ist in den genannten Fällen eine Umgliederung nicht ausdrücklich erforderlich.

53 Wird eine freiwillige Umgliederung nicht vorgenommen, so ist nach § 265 Abs. 3 ein **Vermerk der Mitzugehörigkeit** nötig, wenn dies zur Aufstellung eines klaren und übersichtlichen Jahresabschlusses notwendig ist.[35] Für eine Offenlegung der Unternehmensverflechtungen in Form eines Vermerks spricht auch die hohe Bedeutung, die die handelsrechtliche Rechnungslegung der Darstellung der Beziehungen zu verbundenen Unternehmen sowie zu Unternehmen, mit denen ein Beteiligungsverhältnis vorliegt, beimisst.[36] Dies wird auch deutlich in der Regelung des § 4 Abs. 1 RechVersV, der eine Offenlegung dieser Beziehungen in Form eines „Davon"-Vermerks bei den „Forderungen aus dem selbst abgeschlossenen Versicherungsgeschäft", den „Abrechnungsforderungen aus dem Rückversicherungsgeschäft" und den „Sonstigen Forderungen" verlangt.

54 Wegen der **Bewertung** der und den **Anhangangaben** zu den unter Ausleihungen ausgewiesenen Kapitalanlagen wird auf die Erläuterungen zu den entsprechenden Kapitalanlageposten verwiesen.

55 **f) Hypotheken-, Grundschuld- und Rentenschuldforderungen.** Unter diesem Posten erfolgt der **Ausweis** von Forderungen, für die dem bilanzierenden VU dingliche Sicherungen an Grundstücken oder Schiffen gestellt worden sind und bei denen die Befriedigung allein durch Verwertung des belasteten Objekts gewährleistet ist. Soweit die Darlehen nur zusätzlich dinglich gesichert sind oder es sich um Tilgungsstreckungsdarlehen oder dingliche Sicherung handelt, hat der Ausweis unter „Schuldscheinforderungen und Darlehen" zu erfolgen. Aus der Begründung zu § 9 RechVersV ergibt sich außerdem, dass dinglich gesicherte Forderungen, die durch einen Versicherungsvertrag zusätzlich gesichert sind, hier auszuweisen sind. Hingegen sind Forderungen, bei denen der Versicherungsvertrag die Hauptsicherheit stellt, unter den „Sonstigen Ausleihungen" zu erfassen.[37]

56 Abweichend von § 253 Abs. 1 S. 1 lässt § 341 c Abs. 1 die **Bilanzierung** der Hypotheken-, Grundschuld- und Rentenschuldforderungen mit dem **Nennbetrag** zu.[38]

57 Abs. 1 stellt ausdrücklich klar, dass die unter diesem Posten ausgewiesenen Vermögensgegenstände nach den für das **Anlagevermögen** geltenden Vorschriften zu **bewerten** sind. Bei einer voraussicht-

---

[32] Vgl. *WPH* K RdNr. 146.
[33] Vgl. *ADS* § 266 RdNr. 82.
[34] ZB *Hoyos/Gutike* BeBiKo § 266 RdNr. 77.
[35] Vgl. *WPH* K RdNr. 156.
[36] Vgl. *ADS* § 266 RdNr. 11.
[37] Vgl. *WPH* K RdNr. 201.
[38] Vgl. hierzu die gesonderten Ausführungen unter § 341 c RdNr. 5 ff.; vgl. zum Wahlrecht der Bewertung zum Nennwert *Stöffler* BeVersBiKo RdNr. 40.

lich dauernden Wertminderung, zB wegen bestehender Ausfallrisiken, unzureichender Verzinslichkeit einzelner Forderungen oder des Konkursrisikos bei Fremdwährungsforderungen, besteht eine Pflicht, bei voraussichtlich vorübergehender Wertminderung ein Wahlrecht, die Forderung mit dem am Bilanzstichtag beizulegenden niedrigeren Wert anzusetzen (vgl. §§ 253 Abs. 2 S. 3, 279 Abs. 1 S. 2). Durch das Steuerentlastungsgesetz 1999/2000/2002 wird die Teilwertabschreibung für nach dem 31. 12. 1998 endende Wirtschaftsjahre steuerlich nur noch bei voraussichtlich dauernden Wertminderungen anerkannt. Insofern kommt der Unterscheidung zwischen „voraussichtlich dauernd" und „voraussichtlich vorübergehend" steuerrechtlich besondere Bedeutung zu.[39]

g) Sonstige Ausleihungen. Unter dem Posten „Sonstige Ausleihungen" sind gem. § 10 Abs. 1 RechVersV als Unterposten **Namensschuldverschreibungen, Schuldscheinforderungen und Darlehen, Darlehen und Vorauszahlungen auf Versicherungsscheine** sowie **übrige Ausleihungen auszuweisen.** 58

aa) Namensschuldverschreibungen. Unter diesem Posten sind sämtliche Forderungen **auszuweisen,** bei denen die Kreditwürdigkeit des Schuldners im Vordergrund steht. Gem. § 10 Abs. 1 Nr. 1 RechVersV werden zu den Namensschuldverschreibungen insbesondere die Namenspfandbriefe, Namenskommunalobligationen, Namens-Landesbodenbriefe sowie die Anleihen des Bundes, der Länder und der Gemeinden, die auf den Namen des bilanzierenden VU im Schuldbuch eingetragen sind, gezählt (vgl. § 341 c RdNr. 7). 59

Bei Vorliegen der einschlägigen Voraussetzungen (vgl. RdNr. 49) geht der Ausweis unter „Ausleihungen an verbundene Unternehmen" oder „Ausleihungen an Unternehmen, mit denen ein Beteiligungsverhältnis besteht" einem Ausweis unter „Sonstige Ausleihungen" vor (vgl. § 10 Abs. 1 RechVersV). 60

Abweichend von § 253 Abs. 1 S. 1 lässt § 341 c Abs. 1 die Bilanzierung der „Namensschuldverschreibungen" mit dem **Nennbetrag** zu (vgl. § 341 c RdNr. 5 ff.).[40] 61

Abs. 1 stellt ausdrücklich klar, dass die unter diesem Posten ausgewiesenen Vermögensgegenstände nach den für das Anlagevermögen geltenden Vorschriften zu bewerten sind. Insoweit wird auf die Ausführungen zu den „Hypotheken-, Grundschuld- und Rentenschuldforderungen" verwiesen (vgl. RdNr. 57). 62

Für die **Umwandlung von Inhaberschuldverschreibungen in Namensschuldverschreibungen** gelten die Grundsätze der VFA-Stellungnahme zur Rechnungslegung „Bewertung und Ausweis von Wertpapieren und Namensschuldverschreibungen im Jahresabschluss der Versicherungsunternehmen".[41] 63

bb) Schuldscheinforderungen und Darlehen. Dem **Ausweis** unter „Schuldscheinforderungen und Darlehen" geht ein Ausweis unter „Ausleihungen an verbundene Unternehmen" oder „Ausleihungen an Unternehmen, mit denen ein Beteiligungsverhältnis besteht" vor, sofern die entsprechenden Voraussetzungen (vgl. RdNr. 49) vorliegen (vgl. § 10 Abs. 1 RechVersV). 64

Abs. 1 stellt ausdrücklich klar, dass die unter diesem Posten ausgewiesenen Vermögensgegenstände nach den für das **Anlagevermögen** geltenden Vorschriften zu **bewerten** sind (vgl. hierzu RdNr. 58 ff.). 65

Abweichend von § 253 Abs. 1 S. 1 lässt § 341 c die Bilanzierung der hier ausgewiesenen „Schuldscheinforderungen und Darlehen" mit dem **Nennbetrag** zu.[42] 66

cc) Darlehen und Vorauszahlungen auf Versicherungsscheine. Unter diesem Posten sind Darlehen und Vorauszahlungen auf Versicherungsscheine **auszuweisen,** soweit sie den Versicherungsnehmern auf Grund der Allgemeinen Versicherungsbedingungen gewährt werden. Bedeutung haben Darlehen und Vorauszahlungen auf Versicherungsscheine bei LVU, P/StK sowie in geringem Umfang bei SchVU im Bereich der Unfallversicherung mit Beitragsrückgewähr. Sobald der Versicherungsvertrag rückkaufsfähig ist, kann dem Versicherungsnehmer ein verzinsliches, grundsätzlich zurückzahlbares Darlehen – auch als „Policendarlehen" bezeichnet – gewährt werden. Vorauszahlungen sind die nicht zurückzahlbaren Leistungen der Versicherungssumme vor Eintritt des Versicherungsfalls.[43] 67

Policendarlehen und Vorauszahlungen sind mit dem **Nominalbetrag anzusetzen.** Tilgungen sind abzusetzen. Abschreibungen bzw. Einzelwertberichtigungen kommen wegen der Sicherheit in Form des Rückkaufswerts bzw. der Rückgewährsumme grundsätzlich nicht in Betracht.[44] 68

---

[39] Vgl. *Groh* DB 1999, 981 ff.
[40] Vgl. *Stöffler* BeVersBiKo RdNr. 39.
[41] Vgl. *IDW* RS VFA 1, WPg 2000, 380–383.
[42] Vgl. § 341 c RdNr. 5 ff.; s. auch *Stöffler* BeVersBiKo RdNr. 39.
[43] Vgl. *Stöffler* BeVersBiKo RdNr. 37.
[44] Vgl. WPH K RdNr. 227.

69 **dd) Übrige Ausleihungen.** Hierunter sind insbesondere **Tilgungsstreckungsdarlehen** sowie **Darlehen und Gehaltsvorschüsse an Mitarbeiter** (Arbeitnehmer, selbstständige Versicherungsvermittler) in Höhe von mehr als sechs Monatsbezügen **auszuweisen** (vgl. § 10 Abs. 1 Nr. 4 RechVersV). Dinglich gesicherte Darlehen und Gehaltsvorschüsse an Mitarbeiter sind unter „Hypotheken-, Grundschuld- und Rentenschuldforderungen" zu bilanzieren. Unter dem Posten sind außerdem Genussrechte auszuweisen, die nicht verbrieft oder verbrieft und nicht börsenfähig sind.[45] Bei Vorliegen der einschlägigen Voraussetzungen geht ein Ausweis unter „Ausleihungen an verbundene Unternehmen" oder „Ausleihungen an Unternehmen, mit denen ein Beteiligungsverhältnis besteht" dem Ausweis unter „Übrige Ausleihungen" vor.

70 Gem. Abs. 1 S. 2 sind die übrigen Ausleihungen nach den für das **Anlagevermögen** geltenden Vorschriften zu **bewerten**.

71 **h) Einlagen bei Kreditinstituten.** In diesem Posten sind gem. § 11 RechVersV die **Guthaben und Spargutthaben bei Kreditinstituten auszuweisen,** über die erst nach Ablauf einer Kündigungsfrist verfügt werden kann. Die entsprechenden **Postbankguthaben** sind auch hier zu bilanzieren. Ebenfalls sind hier die zugunsten ausländischer Regierungen als **Kaution** hinterlegten Geldbestände zu erfassen.

72 Es erscheint außerdem sachgerecht, an dieser Stelle **Tagesgelder** auszuweisen.[46]

73 Soweit über Einlagen bei Kreditinstituten und Postbankguthaben trotz Verzinsung jederzeit verfügt werden kann, sind sie unter dem Posten „Laufende Guthaben bei Kreditinstituten, Schecks und Kassenbestand" auszuweisen (vgl. § 11 S. 3 RechVersV).

74 Zu einem eventuell in Frage kommenden Ausweis der Einlagen bei Kreditinstituten unter den Ausleihungen an verbundene bzw. an Unternehmen, mit denen ein Beteiligungsverhältnis besteht, siehe RdNr. 52. Die Einlagen bei Kreditinstituten sind mit ihren Anschaffungskosten respektive **Nennwert** zu **bewerten**.

75 **i) Andere Kapitalanlagen.** Der Postenbezeichnung gemäß handelt es sich um einen **Sammelposten für** solche **Kapitalanlagen,** die keinem anderen Kapitalanlageposten zugeordnet werden können. Es liegt nahe, hier an Stelle der in § 12 Abs. 1 RechVersV noch genannten, aus der Umstellungsrechnung resultierenden normalen Ausgleichsforderungen auch **Rentenausgleichsforderungen, Ausgleichsforderungen und Sonderausgleichsforderungen** gemäß den Gesetzen vom 5. August 1955, 24. Dezember 1956 und 19. März 1963 zu erfassen.[47] Auch der Ausweis von **Genossenschaftsanteilen** sowie von **GmbH-Anteilen,** die nicht unter Beteiligungen oder verbundenen Unternehmen zu erfassen sind, kommt hier in Frage.

76 Es ist jedoch in jedem Fall zu prüfen, ob nicht die Voraussetzungen für eine Umgliederung in „Ausleihungen an verbundene Unternehmen" bzw. „Unternehmen, mit denen ein Beteiligungsverhältnis besteht" vorliegen.

77 Die **Bewertung** der unter diesem Posten auszuweisenden Kapitalanlagen bestimmt sich nach Abs. 1 S. 2 und erfolgt somit grundsätzlich nach den für das Anlagevermögen geltenden Bewertungsvorschriften.

78 Gem. § 12 S. 2 RechVersV sind die „Anderen Kapitalanlagen" im **Anhang** zu erläutern, wenn sie einen größeren Umfang haben.

79 **j) Depotforderungen aus dem in Rückdeckung übernommenen Versicherungsgeschäft.** Auszuweisen sind hier von VU, welche die Rückversicherung betreiben, die **Forderungen an Vorversicherer** in Höhe der von diesen einbehaltenen Sicherheiten oder der bei einem Dritten gestellten Sicherheiten. Bei den in Frage kommenden Forderungen handelt es sich um die sog. **Bardepots.**[48] Verbleiben bei der Stellung sog. **Wertpapierdepots** die beim Vorversicherer oder bei Dritten hinterlegten Wertpapiere im Eigentum des rückversichernden Unternehmens, so sind sie bei diesen als Wertpapiere unter den jeweiligen Kapitalanlageposten auszuweisen (vgl. § 13 Abs. 3 RechVersV).

80 Nach § 13 Abs. 2 RechVersV dürfen die Depotforderungen weder mit anderen Forderungen an den Vorversicherer zusammengefasst noch mit Verbindlichkeiten gegenüber dem Vorversicherer aufgerechnet werden.
Zur Frage der **freiwilligen Umgliederung** in „Ausleihungen an verbundene Unternehmen" oder „Ausleihungen an Unternehmen, mit denen ein Beteiligungsverhältnis besteht" bzw. zur Notwendigkeit eines **Mitzugehörigkeitsvermerks** vgl. die Erläuterungen unter RdNr. 52 f.

---

[45] Vgl. *WPH* K RdNr. 231.
[46] Vgl. *WPH* K RdNr. 233; *v. Treuberg/Angermayer* S. 212; *KPMG* S. 87.
[47] Vgl. *WPH* K RdNr. 239.
[48] Vgl. *Prölss* VAG § 67 RdNr. 3.

Gem. Abs. 2 sind Depotforderungen vorbehaltlich § 341 c nach den für das **Anlagevermögen** 81 geltenden Vorschriften zu **bewerten**.

III. Vermögensgegenstände, die grundsätzlich wie Umlaufvermögen zu bewerten sind

1. Aktien, Investmentanteile und andere nicht festverzinsliche Wertpapiere. Durch den 82 getrennten **Ausweis** der Aktien, Investmentanteile und anderen nicht festverzinslichen Wertpapiere (vgl. Formblatt 1 Aktiva C.III.1. RechVersV) einerseits sowie der Inhaberschuldverschreibungen und anderen festverzinslichen Wertpapiere (vgl. Formblatt 1 Aktiva C.III.2. RechVersV) andererseits, wird eine **Einteilung der Wertpapiere nach Titeln mit variabler Verzinsung und Papieren mit fester Verzinsung** vorgenommen.[49] Die Trennung soll dem Umstand Rechnung tragen, dass nicht festverzinsliche Wertpapiere mit einem höheren Risiko als festverzinsliche Wertpapiere behaftet sein können.[50]

Gem. § 7 RechVersV sind unter diesem Posten insbesondere 83
– **Aktien**, soweit sie nicht den Posten „Anteile an verbundenen Unternehmen" oder „Beteiligungen" zuzuordnen sind,
– **Zwischenscheine**,
– **Investmentanteile**,
– **Optionsscheine**,
– **Gewinnanteilscheine**,
– als Inhaber- oder Orderpapiere ausgestaltete **börsenfähige Genussscheine**,
– andere **nicht festverzinsliche Wertpapiere**, soweit sie börsennotiert sind, und
– vor Fälligkeit hereingenommene **Gewinnanteilscheine**
auszuweisen.

Eigene Aktien oder Anteile sind nicht hier, sondern unter dem Posten „F.III. Eigene Anteile" 84 auszuweisen (vgl. Formblatt 1 RechVersV).

Aktien, Zwischenscheine, Investmentanteile, Optionsscheine und Gewinnanteilscheine 85 sind unabhängig davon, ob sie börsenfähig oder börsennotiert sind, hier auszuweisen.

Als Inhaber- oder Orderpapiere ausgestellte Genussscheine sind hier nur zu erfassen, wenn 86 sie börsenfähig sind. **Andere nicht festverzinsliche Wertpapiere** – wie Bezugsrechte auf Aktien, Liquidationsanteilscheine oder Partizipationsscheine – sind hier nur auszuweisen, sofern sie börsennotiert sind. § 7 Abs. 2 und 3 RechKredV enthält eine Beschreibung der Begriffe „börsenfähig" und „börsennotiert". Da § 7 RechVersV dem § 17 RechKredV nachgebildet ist,[51] scheint es zulässig, die bei der RechKredV gegebenen Definitionen im Grundsatz auch für das Verständnis der in vergleichbarem Zusammenhang verwendeten Begriffe der RechVersV heranzuziehen.[52]

Wertpapiere, welche die Voraussetzungen einer Börsenzulassung erfüllen, gelten gem. § 7 Abs. 2 87 1. Hs. RechKredV als **„börsenfähig"**. Die Bedingungen für die amtliche Notierung an einer deutschen Wertpapierbörse bzw. für die Zulassung zum geregelten Markt sind im Einzelnen im Börsengesetz, in der Börsenzulassungs-Verordnung sowie in der jeweiligen Börsenordnung geregelt.[53]

§ 7 Abs. 3 RechKredV bestimmt, dass als **„börsennotiert"** Wertpapiere gelten, „die an einer 88 deutschen Börse zum amtlichen Handel oder zum geregelten Markt zugelassen sind; außerdem Wertpapiere, die an ausländischen Börsen zugelassen sind oder gehandelt werden". Ausgeschlossen sind damit beispielsweise Titel, die lediglich im Telefonverkehr gehandelt werden.

Zu den **Investmentanteilen** sind Anteile an Grundstücks-, Wertpapier- und Beteiligungs-Son- 89 dervermögen zu zählen.

Fraglich ist, unter welchem Posten **Genussrechte** auszuweisen sind, die nicht verbrieft oder 90 verbrieft und nicht börsenfähig sind. Denkbar ist in den genannten Fällen in Anlehnung an die Stellungnahme des HFA 1/1994 ein Ausweis unter „4. Sonstige Ausleihungen ... d) Übrige Ausleihungen".[54]

---
[49] Vgl. Art. 6 C.III.1. und 2. VersBiRiLi; Begr. zu § 7 RechVersV, BR-Drucks. 823/94 S. 114.
[50] Vgl. Begr. zu § 7 RechVersV, BR-Drucks. 823/94 S. 114.
[51] Vgl. Begr. zu § 7 RechVersV, BR-Drucks. 823/94 S. 114.
[52] Vgl. *WPH* K RdNr. 160.
[53] Vgl. zB den Überblick bei *Krumnow/Sprißler* § 7 RechKredV RdNr. 5 ff.
[54] S. *IDW*, HFA 1/1994, WPg 1994, 419 ff.

Wiedmann

91 In diesem Zusammenhang sei darauf hingewiesen, dass ein Ausweis von Genussscheinen unter Beteiligungen oder Anteilen an verbundenen Unternehmen nicht in Betracht kommt. Genussscheine stellen verbriefte Genussrechte dar. Genussrechte können generell als Gläubigerrechte schuldrechtlicher Art umschrieben werden,[55] die keine Mitgliedschaftsrechte gewähren. Ein Ausweis des Genussrechtskapitals beim Genussrechtsinhaber als „Anteile an verbundenen Unternehmen" oder „Beteiligung" wird daher als nicht zulässig erachtet.[56] Dies gilt unabhängig davon, ob die Genussrechte beim Emittenten Eigen- oder Fremdkapitalcharakter haben.[57] Abweichungen hiervon werden nur dann als möglich erachtet, wenn die Kapitalüberlassung im Einzelfall mit entsprechenden Mitgliedschaftsrechten verbunden ist; davon ist jedoch nur in Ausnahmefällen auszugehen.

92 Genussscheine, die von Beteiligungsunternehmen bzw. verbundenen Unternehmen begeben wurden, sind unter „C.II.2. Ausleihungen an verbundene Unternehmen" bzw. „C.II.4. Ausleihungen an Unternehmen, mit denen ein Beteiligungsverhältnis besteht", auszuweisen.

93 **GmbH-Geschäftsanteile** stellen grundsätzlich Beteiligungen oder Anteile an verbundenen Unternehmen dar. Da die GmbH-Geschäftsanteile grundsätzlich nicht verbrieft sind, kommt auch dann, wenn diese Anteile ausnahmsweise keine Beteiligung oder keinen Anteil an einem verbundenen Unternehmen darstellen, ein Ausweis unter „Aktien, Investmentanteile und andere nicht festverzinsliche Wertpapiere" nicht in Frage.[58] Weil ein Ausweis unter Ausleihungen, ebenso wie bei Genossenschaftsanteilen, nicht möglich ist, wird auch bei diesen Anteilen lediglich ein Ausweis unter „Andere Kapitalanlagen" in Betracht kommen. Es wird empfohlen, bei größerer Bedeutung dieser Anteile einen zusätzlichen Unterposten (vgl. § 265 Abs. 5) einzufügen oder eine entsprechende Anhangangabe zu machen.

94 Bleiben bei einer Depotstellung im Rahmen eines Rückversicherungsvertrages die beim Vorversicherer hinterlegten Aktien, Investmentanteile und andere nicht festverzinsliche Wertpapiere im Eigentum des rückversichernden Unternehmens, so sind diese nach § 13 Abs. 3 RechVersV bei diesem RVU unter dem jeweiligen Kapitalanlageposten auszuweisen.

95 Gem. Abs. 2 S. 1 sind bei der **Bewertung** von „Aktien, Investmentanteilen und anderen nicht festverzinslichen Wertpapieren" grundsätzlich die für das **Umlaufvermögen** geltenden § 253 Abs. 1 S. 1, Abs. 3, §§ 254, 256, 279 Abs. 1 S. 1, Abs. 2 und § 280 zu beachten. Sind die Wertpapiere von dem Versicherungsunternehmen dazu bestimmt, dauernd dem Geschäftsbetrieb zu dienen. In diesem Fall sind sie nach den für das Anlagevermögen geltenden Vorschriften zu bewerten. In S. 2 werden Pensions- und Sterbekassen, die nach § 5 Abs. 1 Nr. 3 KStG von der Körperschaftsteuer befreit sind, von der Verpflichtung zur Anwendung des § 280 Abs. 1 S. 1 befreit.

96 Nach § 253 Abs. 1 S. 1 bilden die Anschaffungs- oder Herstellungskosten die Wertobergrenze für den Ansatz von Vermögensgegenständen. Dh., die unter „Aktien, Investmentanteilen und anderen nicht festverzinslichen Wertpapieren" bilanzierten Vermögensgegenstände sind höchstens mit ihrem Anschaffungswert anzusetzen.

Die Anschaffungskosten sind gem. § 253 Abs. 1 S. 1 um die Abschreibungen gem. § 253 Abs. 3 zu mindern. Damit haben VU bei der Bewertung von Aktien, Investmentanteilen und anderen nicht festverzinslichen Wertpapieren prinzipiell das strenge Niederstwertprinzip zu beachten. Investmentanteile sind mit ihrem Rücknahmepreis zu bewerten (vgl. IDW RS VFA 1). Nach § 254 können Abschreibungen vorgenommen werden, um die Vermögensgegenstände mit dem niedrigeren Wert anzusetzen, der auf einer nur steuerrechtlich zulässigen Abschreibung beruht.

97 Abs. 2 S. 1 wurde durch das Versicherungskapitalanlagen-Bewertungsgesetz (VersKapAG) vom 26. 3. 2002 um den Halbsatz ergänzt, der für die von VU gehaltenen Wertpapiere neben der Bewertung nach dem strengen Niederstwertprinzip unter bestimmten Vorraussetzungen die Regelungen zur Bewertung der Kapitalanlagen des Anlagevermögens zulässt.

98 Versicherungsunternehmen sind grundsätzlich in der Lage, einen großen Teil ihrer Wertpapiere langfristig zu halten. Dies schließt nicht aus, dass sie diese Papiere halten, um bestehende oder erwartete Unterschiede zwischen dem Erwerbspreis und dem Veräußerungspreis kurzfristig zu nutzen (vgl. § 23 Abs. 2 WpHG).

99 Eine Qualifizierung von Wertpapieren als Anlagevermögen setzt voraus, dass das Versicherungsunternehmen dazu in der Lage ist, die Wertpapiere so zu verwenden, dass sie dauernd dem Geschäftsbetrieb dienen. Das Versicherungsunternehmen hat dies anhand einer **Liquiditätsrechnung** darzulegen.[59] Neben der **Fähigkeit** zur Daueranlage muss diese beabsichtigt sein. Ausschlaggebend

---

[55] Vgl. *Prölss* § 53 c VAG RdNr. 35.
[56] Vgl. *IDW*, HFA 1/1994, WPg 1994, 419 ff. RdNr. 1 und 3.1.
[57] Vgl. ebd. RdNr. 3.2.
[58] Vgl. *WPH* K RdNr. 167.
[59] Vgl. *IDW* RS VFA 2, WPg 9/2002, RdNr. 6.

hierfür ist die **subjektive Entscheidung** des bilanzierenden Versicherungsunternehmens (vgl. auch Kommentierung zu § 340 e). Die Entscheidung über die Zweckbestimmung ist aktenkundig zu machen; hierzu ist ein **Vorstandsbeschluss** erforderlich;[60] dies kann in Form eines Rahmenbeschlusses mit regelmäßiger Information des Gesamtvorstandes geschehen.

Bei **dauernden Wertminderungen** bleibt es bei einer Abschreibungspflicht. **Indizien** hierfür 100 sind u. a. der Umfang der Wertminderung sowie die bisherige Dauer einer bereits eingetretenen Wertminderung.[61]

Anteile an **Investmentfonds** sind eigenständige Kapitalanlagen und als solche Bilanzierungs- 101 objekt. Die Beurteilung der voraussichtlichen Dauerhaftigkeit einer Wertminderung richtet sich nach den im Fonds gehaltenen Vermögensgegenständen. Zu berücksichtigen sind Art der Wertpapiere, Branchen, regionale Herkunft sowie mögliche Substanzminderung auf Grund von Ausschüttungen, aber auch mögliche Ausgleichseffekte.[62]

Anhangangaben zum Umfang bzw. zur Auswirkung der Anwendung des gemilderten Niederst- 102 wertprinzips auf Wertpapiere des Anlagevermögens sind im VersKapAG nicht vorgesehen. In Analogie zu § 35 Abs. 1 Nr. 2 RechKredV ist im Anhang gesondert für „Aktien, Investmentanteile und andere nicht festverzinsliche Wertpapiere" sowie „Inhaberschuldverschreibungen und andere festverzinsliche Wertpapiere" jeweils der Buchwert der nicht mit dem Niederstwertprinzip bewerteten Wertpapiere anzugeben.[63]

IDW RS VFA 2 RdNr. 28 empfiehlt darüber hinausgehend eine Offenlegung der korrespondie- 103 renden Zeitwerte. In RdNr. 29 wird Versicherungsunternehmen, die Wertpapiere nicht mit dem Niederstwert bewerten, zudem eine besondere Würdigung des Zinsgarantie- sowie des Liquiditätsrisikos im Rahmen der Darstellung der Risiken der zukünftigen Entwicklung nahe gelegt. Durch die Einführung des § 285 Satz 1 Nr. 19 HGB wurde eine Anhangangabepflicht für Bestandteile der Empfehlung des VFA eingeführt. Hiernach müssen Buchwerte und Zeitwerte der einzelnen Vermögensgegenstände oder angemessener Gruppierungen im Anhang angegeben werden, sofern diese über ihrem beizulegenden Zeitwert ausgewiesen werden. Ebenfalls sind die Gründe für das Unterlassen einer Abschreibung (einschließlich der Anhaltspunkte, dass die Wertminderung voraussichtlich nicht von Dauer ist) anzugeben (im Einzelnen hierzu Kommentierung zu § 285 HGB).

Abs. 2 S. 1 enthält die Verpflichtung, das **Wertaufholungsgebot gem. § 280** zu beachten. Zwar 104 kann gem. § 280 Abs. 2 von einer Wertaufholung abgesehen werden, wenn der niedrigere Wertansatz bei der steuerlichen Gewinnermittlung beibehalten werden kann und Voraussetzung für die Beibehaltung ist, dass der niedrigere Wertansatz auch in der Handelsbilanz beibehalten wird. Aufgrund der Änderung des § 6 Abs. 1 Nr. 1 S. 4 und Nr. 2 S. 3 EStG durch das Steuerentlastungsgesetz 1999/2000/2002 ist diese Vorschrift jedoch nunmehr faktisch ohne Bedeutung. Es besteht sowohl steuer- als auch handelsrechtlich ein Wertaufholungsgebot bis zum beizulegenden Wert, maximal bis zur Höhe der fortgeführten Anschaffungs- und Herstellungskosten, wenn die Gründe für in der Vergangenheit vorgenommene Abschreibungen entfallen sind.[64]

Pensions- und Sterbekassen, die nach § 5 Abs. 1 Nr. 3 KStG von der Körperschaftsteuer befreit 105 sind, brauchen gem. Abs. 2 S. 3 das Wertaufholungsgebot des § 280 Abs. 1 S. 1 nicht zu befolgen. Mit dieser Vorschrift sollten steuerbefreite mit den steuerpflichtigen Versicherungsunternehmen gleichgestellt werden. Durch das Steuerentlastungsgesetz 1999/2000/2002 führt diese Bestimmung wieder zu einer abweichenden Behandlung.

Gem. § 280 Abs. 3 ist im **Anhang** der **Betrag der im Geschäftsjahr aus steuerrechtlichen** 106 **Gründen unterlassenen Zuschreibungen** anzugeben und hinreichend zu begründen.

Durch die Umsetzung des Steuerentlastungsgesetzes 1999/2000/2002 hat auch diese Vorschrift an 107 Bedeutung verloren, da die steuerrechtlichen Gründe für eine Beibehaltung des niedrigeren Wertes weggefallen sind.

Aufgrund von **Art. 33 Abs. 2 EGHGB** konnten bestehende Wahlrechte in für Wertpapiere 108 geltenden Vorschriften des § 56 Abs. 2 VAG aF iVm. § 353 Abs. 3 HGB nach dem Inkrafttreten des VersRiLiG handelsrechtlich beibehalten werden. Für eine Beibehaltung müssen damit die Voraussetzungen des § 280 Abs. 2 nicht vorliegen. Eine Angabepflicht nach § 280 Abs. 3 bzw. § 285 Nr. 5 entfällt in diesem Fall, da für die Beibehaltung keine steuerlichen Gründe im Sinne dieser Vorschrift

---

[60] Vgl. *IDW* (Fn. 59) RdNr. 8 f.
[61] Zu weiteren Indizien s. *IDW* (Fn. 59) RdNr. 19.
[62] Vgl. *IDW* (Fn. 59) RdNr. 24.
[63] Vgl. *IDW* (Fn. 59) RdNr. 28.
[64] Vgl. *Groh* DB 1999, 978–984; Schreiben des BMF v. 25. 2. 2000, BStBl. I S. 372.

§ 341 b   109–116   3. Buch. 4. Abschn. Ergänzende Vorschr. f. Untern. best. Geschäftszweige

maßgebend waren.[65] Soweit bei diesen Gegenständen ab dem Zeitpunkt der Anwendung des neuen Rechts Abschreibungen iSd. § 280 Abs. 1 vorgenommen werden und später die Gründe hierfür entfallen, ist § 280 voll anzuwenden.

109   Gem. Abs. 2 S. 1 ist für Aktien, Investmentanteile sowie sonstige festverzinsliche und nicht festverzinsliche Wertpapiere eine **Gruppenbewertung** nach § 240 Abs. 4, § 256 S. 2 zulässig.

Fraglich ist, ob die **bei VU** angewandten Methoden der **Durchschnittsbewertung** – zB bei Papieren in Girosammelverwahrung – der Angabepflicht nach § 284 Abs. 2 Nr. 4 unterliegen. Diese Angabepflicht greift bei der Bewertung nach § 240 Abs. 4 iVm. § 256 S. 1, bei der gleichartige oder annähernd gleichwertige Vermögensgegenstände zu einer Gruppe zusammengefasst werden.

110   Werden bei VU die gleichen, dh. **identischen** Vermögensgegenstände (zB Stammaktien einer bestimmten Aktiengesellschaft) zum Zwecke der Bewertung zusammengefasst, liegt kein Anwendungsfall der Gruppenbewertung vor. Vielmehr handelt es sich um eine Durchschnittsbewertung, die nicht in den Anwendungsbereich des § 284 Abs. 2 Nr. 4 fällt. Diese Auffassung ist auch insoweit begründet, als bei den Methoden zur Ermittlung der Anschaffungskosten u. a. zwischen Einzelfeststellung, Durchschnittsbewertung und Gruppenbewertung unterschieden wird.[66]

111   **2. Inhaberschuldverschreibungen und andere festverzinsliche Wertpapiere.** Gem. § 8 Abs. 1 RechVersV sind als Inhaberschuldverschreibungen und andere festverzinsliche Wertpapiere insbesondere folgende Rechte **auszuweisen**:
   – festverzinsliche Inhaberschuldverschreibungen,
   – andere festverzinsliche Inhaberpapiere, unabhängig davon, ob sie in Wertpapierurkunden verbrieft oder als Wertrechte ausgestaltet sind,
   – Orderschuldverschreibungen, die Teile einer Gesamtemission sind,
   – Schatzwechsel,
   – Schatzanweisungen,
   – andere Geldmarktpapiere (*commercial papers, Euro-notes, certificates of deposit, bons de caisse* und ähnliche verbriefte Rechte),
   – Kassenobligationen und
   – vor Fälligkeit hereingenommene Zinsscheine.

112   **Voraussetzung** für den Ausweis o. g. Titel unter diesem Posten ist jedoch, dass sie börsenfähig sind und nicht in den Posten „Ausleihungen an Unternehmen, mit denen ein Beteiligungsverhältnis besteht", im Posten „Ausleihungen an verbundene Unternehmen" oder im Posten „Sonstige Ausleihungen" auszuweisen sind (zur Börsenfähigkeit siehe die Ausführungen unter RdNr. 87 f.).

113   Nach § 8 Abs. 2 RechVersV **gelten dabei als festverzinslich** auch Wertpapiere, die mit einem veränderlichen Zinssatz ausgestattet sind, sofern dieser an eine bestimmte Referenzgröße, beispielsweise einen Interbankzinssatz oder einen Euro-Geldmarktsatz, gebunden ist, sowie Null-Kupon-Anleihen und Schuldverschreibungen, die einen anteiligen Anspruch auf Erlöse aus einem gepoolten Forderungsvermögen verbriefen.

114   Festverzinsliche Inhaberpapiere sind an dieser Stelle auch dann zu erfassen, wenn sie als **Wertrechte** ausgestaltet sind. Bei diesen Wertrechten handelt es sich um Anleihen, für die keine effektiven Stücke ausgedruckt werden und die einem Sammelverwahrer iSd. Depotrechts anvertraut sind. Die als Gläubiger ins Schuldbuch eingetragenen Wertpapier-Sammelbanken üben für ihre Kontoinhaber das Gläubigerrecht treuhänderisch aus. Ist die Anleihe nicht auf die Wertpapier-Sammelbank, sondern auf den Namen des bilanzierenden VU im Schuldbuch eingetragen, erfolgt der Ausweis innerhalb der „Sonstigen Ausleihungen" unter den Namensschuldverschreibungen (vgl. § 10 Abs. 1 Nr. 1 RechVersV).

115   § 8 Abs. 1 RechVersV enthält die Regelung, **Geldmarktpapiere** unter „Inhaberschuldverschreibungen und andere festverzinsliche Wertpapiere" auszuweisen.

116   Im Hinblick auf die Bilanzierung von **Sparbriefen, Sparobligationen, Sparschuldverschreibungen** und ähnlichen Konstruktionen kommt es letztlich auf deren rechtliche Ausgestaltung an.[67] In der Mehrzahl der Fälle handelt es sich um Namensschuldverschreibungen, die unter den „Sonstigen Ausleihungen" zu bilanzieren sind. Dies gilt im Zweifel auch für Namenspapiere mit Inhaberklausel gem. § 808 BGB („hinkende Inhaberpapiere"). Liegt jedoch ein Sparbrief oÄ vor, der als reines Inhaberpapier ausgestaltet ist, erfolgt ein Ausweis unter den Inhaberschuldverschreibungen.

---

[65] Vgl. *ADS* § 280 RdNr. 68.
[66] Vgl. *ADS* Vor §§ 252 bis 256 RdNr. 18.
[67] Vgl. *Krumnow/Sprißler* § 16 RechKredV RdNr. 7.

Allerdings muss dann gem. § 8 Abs. 1 1. Hs. RechVersV ebenfalls das Kriterium der Börsenfähigkeit im oben beschriebenen Sinne erfüllt sein.

In § 8 Abs. 2 RechVersV wird klargestellt, dass unter festverzinslichen Wertpapieren nicht nur solche mit einem nominell fest ausgewiesenen Zinssatz zu verstehen sind. Genannt werden in diesem Zusammenhang auch **Null-Kupon-Anleihen,** deren Zinsertrag regelmäßig in Gestalt eines Disagios bei der Emission geleistet wird.

Festverzinslichkeit wird grundsätzlich dann gegeben sein, wenn in den Emissionsbedingungen ein bestimmter Zinssatz sowie die periodische Zahlung der Zinsen versprochen wird.[68] Diese Voraussetzung wird bei **Wandelschuldverschreibungen** regelmäßig vorliegen, während Gewinnschuldverschreibungen und Genussrechte als nicht festverzinsliche Wertpapiere anzusehen sind (vgl. § 7 S. 1 RechVersV).

Als festverzinslich gelten nach § 8 Abs. 2 RechVersV auch Schuldverschreibungen, die einen anteiligen Anspruch auf Erlöse aus einem gepoolten Forderungsvermögen verbriefen. Dabei handelt es sich oft um sog. *asset-backed securities,* dh. um Wertpapiere, die durch einen Pool von Finanzaktiva, insbesondere Hypotheken, gedeckt und besichert sind.[69]

Bleiben bei einer Depotstellung im Rahmen eines Rückversicherungsvertrags die beim Vorversicherer hinterlegten Inhaberschuldverschreibungen und anderen festverzinslichen Wertpapiere im Eigentum des rückversichernden Unternehmens, sind diese gem. § 13 Abs. 3 RechVersV bei diesem RVU unter dem jeweiligen Kapitalanlageposten auszuweisen.

Die **Bewertung** der unter „Inhaberschuldverschreibungen und andere festverzinsliche Wertpapiere" ausgewiesenen Vermögensgegenstände richtet sich nach Abs. 2. Es wird daher auf die entsprechenden Ausführungen zu den „Aktien, Investmentanteilen und anderen nicht festverzinslichen Wertpapieren" im vorherigen Abschnitt sowie auf die Ausführungen unter Gliederungspunkt V. verwiesen. Dies gilt insbesondere auch für die verpflichtend anzuwendenden Bestimmungen des § 280. Bei geschlossenen Reihen und nicht börsennotierten festverzinslichen Wertpapieren ist der beizulegende Wert aus der Effektivverzinsung oder aus dem Renditekurs, bei Inhaberschuldverschreibungen mit Sonderausstattung aus dem Renditekurs abzuleiten (vgl. IDW RS VFA 1).

IV. Festbewertung

Abs. 3 legt ausdrücklich fest, dass eine Bewertung der Grundstücke, Bauten und im Bau befindlichen Anlagen zum Festwert nicht zulässig ist. Die Vorschrift besitzt nur klarstellenden Charakter, da es bei Grundstücken, Bauten und im Bau befindlichen Anlagen regelmäßig an der Voraussetzung der Gleichartigkeit mangelt und somit eine Bewertung zum Festwert nicht möglich ist.

§ 341 c Namensschuldverschreibungen, Hypothekendarlehen und andere Forderungen

(1) Abweichend von § 253 Abs. 1 Satz 1 dürfen Namensschuldverschreibungen, Hypothekendarlehen und andere Forderungen mit ihrem Nennbetrag angesetzt werden.

(2) [1] Ist der Nennbetrag höher als die Anschaffungskosten, so ist der Unterschiedsbetrag in den Rechnungsabgrenzungsposten auf der Passivseite aufzunehmen, planmäßig aufzulösen und in seiner jeweiligen Höhe in der Bilanz oder im Anhang gesondert anzugeben. [2] Ist der Nennbetrag niedriger als die Anschaffungskosten, darf der Unterschiedsbetrag in den Rechnungsabgrenzungsposten auf der Aktivseite aufgenommen werden; er ist planmäßig aufzulösen und in seiner jeweiligen Höhe in der Bilanz oder im Anhang gesondert anzugeben.

Schrifttum: Siehe Schrifttum zu § 341.

I. Regelungsgegenstand und -zweck

In Abs. 1 gewährt die Norm das Wahlrecht, Namensschuldverschreibungen, Hypothekendarlehen und andere Forderungen abweichend von § 253 Abs. 1 S. 1 mit ihrem Nennbetrag anzusetzen.

---

[68] Vgl. *Birck/Meyer* II S. 194.
[69] Vgl. *Früh* BB 1995, 105.

2   Abs. 2 enthält Regelungen über die Behandlung eines möglichen Unterschiedsbetrags zwischen Nennbetrag und Anschaffungskosten.

3   Hinsichtlich der Namensschuldverschreibungen setzt die Norm Art. 55 Abs. 1 Buchstabe a der VersBiRiLi in deutsches Recht um. Soweit es die Hypothekendarlehen und andere Forderungen betrifft, enthält die Richtlinie keine besonderen Vorschriften. Materiell-rechtlich entspricht die Vorschrift der für Kreditinstitute geltenden Regelung des § 340 e Abs. 2. Durch die zusätzliche Erwähnung der Namensschuldverschreibungen trägt die Norm branchenspezifischen Gesichtspunkten Rechnung und berücksichtigt, dass bei VU der Erwerb von Namensschuldverschreibungen eine größere Rolle spielt.[1]

4   Der Gesetzgeber trägt mit dem § 341 c der bereits bis dato angewandten Bilanzierungspraxis der VU Rechnung (siehe aber auch RdNr. 9).

II. Bewertung

5   § 253 Abs. 1 S. 1 sieht vor, dass Vermögensgegenstände höchstens mit den **Anschaffungs- oder Herstellungskosten** anzusetzen sind. **Abweichend** davon lässt Abs. 1 zu, dass Namensschuldverschreibungen, Hypothekendarlehen und andere Forderungen mit ihrem **Nennbetrag** angesetzt werden dürfen.[2]

6   Dieses Wahlrecht betrifft damit die unter „C. Kapitalanlagen, III. Sonstige Kapitalanlagen" ausgewiesenen „Hypotheken-, Grundschuld- und Rentenschuldforderungen", „Namensschuldverschreibungen" und „Schuldscheinforderungen und Darlehen".

7   **Voraussetzung**[3] für eine Bewertung zum Nennwert ist, dass die Differenz zwischen Anschaffungskosten und Nennbetrag Zinscharakter hat. Abweichend von der in § 340 e Abs. 2 getroffenen Regelung für die Kreditinstitute ist jedoch davon abgesehen worden, diese Voraussetzung ausdrücklich in den Gesetzestext des § 341 c aufzunehmen; im Unterschied zu den Kreditinstituten – so führt die Begründung aus – halten Versicherungsunternehmen Wertpapiere als Kapitalanlagen, so dass der Zinscharakter des Differenzbetrags regelmäßig gegeben ist.

8   Im Fall der Neuausleihung sind Forderungen, die durch Pfandrechte an Grundstücken gesichert sind, sowie Namensschuldverschreibungen, Schuldscheinforderungen und Darlehen nicht in der Höhe der Valutierung des Darlehens, sondern mit dem vereinbarten Rückzahlungsbetrag anzusetzen.[4]

9   Davon abweichend wurde beim derivativen Erwerb eines Darlehens im Wege der Forderungsabtretung im Anschluss auch an die steuerliche Rechtsprechung die Auffassung vertreten, dass der gezahlte bzw. geschuldete Betrag einschließlich der Nebenkosten die Anschaffungskosten darstellt. Die Differenzierung führte zu einer Ungleichbehandlung wirtschaftlich durchaus vergleichbarer Sachverhalte, da es oft eine Frage der Abwicklungstechnik oder der Marktmacht ist, ob ein Darlehen originär oder derivativ erworben wird.[5] Es war daher nur konsequent, mit Umsetzung der VersBiRiLi und mit Blick auf § 340 e Abs. 2 sowie der entsprechenden Gesetzesmaterialien auch für derivativ erworbene Forderungen eine Nominalwertbilanzierung für zulässig zu erachten.[6] Die Möglichkeit zur Ausübung des Wahlrechtes in Abs. 1, Namensschuldverschreibungen, Hypothekendarlehen und andere Forderungen abweichend von § 253 Abs. 1 S. 1 mit ihrem Nennwert anzusetzen, ist auf die erstmalige Bilanzierung von Namensschuldverschreibungen beschränkt. Im Falle einer Umwandlung von Inhaberschuldverschreibungen in Namensschuldverschreibungen ist nur eine Bilanzierung nach dem Anschaffungskostenprinzip (§ 253 Abs. 1 S. 1) zulässig.[7]

10 Die Möglichkeit zur Ausnutzung des Wahlrechts betreffend die Nominalwertbilanzierung gem. Abs. 1 unterliegt als Wertansatzwahlrecht dem **Stetigkeitsgebot** des § 252 Abs. 1 Nr. 6.[8] Das bedeutet, dass gleichartige Sachverhalte in aufeinander folgenden Abschlüssen sowie im gleichen Abschluss im Hinblick auf die Ausnutzung des Wahlrechts zur Nominalwertbilanzierung nicht unterschiedlich gehandhabt werden können. Jeder Fall einer Unterbrechung der Bewertungsstetigkeit führt zur Angabepflicht im Anhang gem. § 284 Abs. 2 Nr. 3.[9]

---

[1] Vgl. BT-Drucks. 12/5587 S. 26.
[2] Vgl. *Stöffler* BeVersBiKo § 341 b RdNr. 39 f.
[3] Vgl. Begr. RegE, BT-Drucks. 12/5587 S. 26.
[4] Vgl. VFA 1/1983 idF v. 1992 Abschn. I.
[5] Vgl. *KoRVU/König* Bd. I B RdNr. 42–44 u. 60 ff.
[6] Vgl. VFA 1/83 idF v. 1992 RdNr. 1; s. hierzu auch *Krumnow/Sprißler* § 340 e RdNr. 47 ff.
[7] Vgl. *IDW* RS VFA 1, WPg 2000, 382.
[8] Vgl. *Budde/Geißler* BeBiKo § 252 RdNr. 56.
[9] Ergebnisbericht-Online über die 157. Sitzung des Versicherungsfachausschuss des Instituts der Wirtschaftsprüfer veröffentlicht unter www.idw.de (download vom 10. 10. 06).

Das Wahlrecht zur Nominalwertbilanzierung gem. Abs. 1 hat auch im Hinblick auf die 11 Anhangangabe nach § 54 RechVersV Bedeutung. § 54 RechVersV verlangt für zum **Anschaffungswert** ausgewiesene Kapitalanlagen im Anhang die **Angabe des Zeitwerts** in einer Summe. Nach der Begründung zu § 54 RechVersV[10] gilt dies nicht für Namensschuldverschreibungen, Hypothekendarlehen und andere Forderungen, die nach Abs. 1 mit dem Nennbetrag ausgewiesen werden.

Durch die Einführung des § 285 S. 1 Nr. 19 HGB wurde eine zusätzliche Angabepflicht des 12 Zeitwertes für diejenigen Finanzanlagen eingeführt, die über ihrem beizulegenden Zeitwert ausgewiesen werden. Diese Regelung ist jedoch nicht auf zum Nominalwert bilanzierte Kapitalanlagen anzuwenden, da bei einer Bilanzierung zum Nennwert Abschreibungen auf Grund einer vorübergehenden Wertminderung gem. § 253 Abs. 2 S. 3 HGB nicht in Betracht kommen.[11]

III. Behandlung eines Unterschiedsbetrages

Wird die Forderung mit dem Nennbetrag bilanziert, ist nach § 341 c ein **passiver** (Ansatzpflicht) 13 bzw. darf ein **aktiver Unterschiedsbetrag** (Ansatzwahlrecht) bilanziert werden. In diesen Fällen ist der Unterschiedsbetrag im passiven bzw. aktiven Rechnungsabgrenzungsposten aufzunehmen, planmäßig aufzulösen und in seiner jeweiligen Höhe in der Bilanz oder im Anhang gesondert anzugeben. Für die Bilanzierung und Auflösung dieser Unterschiedsbeträge kann auf die bereits entwickelten Grundsätze verwiesen werden.[12]

§ 341 d Anlagestock der fondsgebundenen Lebensversicherung[1]

Kapitalanlagen für Rechnung und Risiko von Inhabern von Lebensversicherungen, für die ein Anlagestock nach § 54 b des Versicherungsaufsichtsgesetzes zu bilden ist, sind mit dem Zeitwert unter Berücksichtigung des Grundsatzes der Vorsicht zu bewerten; die §§ 341 b, 341 c sind nicht anzuwenden.

Schrifttum: Siehe Schrifttum zu § 341.

I. Regelungsgegenstand und -zweck

Die Norm durchbricht die Bewertungsvorschriften der §§ 341 b und 341 c, indem sie für 1 bestimmte Kapitalanlagen eine Bewertung mit dem Zeitwert vorschreibt, wobei der Grundsatz der Vorsicht zu berücksichtigen ist. Durch diese Norm wird Art. 46 Abs. 2 der VersBiRiLi umgesetzt.

II. Bewertungsobjekte

Gem. Art. 46 Abs. 2 der VersBiRiLi sind die in der Bilanz unter Aktivposten D. aufgeführten 2 Kapitalanlagen für Rechnung und Risiko von Inhabern von Lebensversicherungspolicen zum Zeitwert auszuweisen. Nach Art. 15 der Richtlinie sind dies die **Kapitalanlagen, nach deren Wert sich der Wert oder die Überschüsse bei fondsgebundenen Verträgen bestimmen, Kapitalanlagen zur Deckung von Verbindlichkeiten aus Verträgen, bei denen die Leistung indexgebunden ist** und **Kapitalanlagen, die für Mitglieder eines Tontinenunternehmens gehalten werden und zur Verteilung an diese bestimmt sind.**

Art. 15 der Richtlinie wurde durch § 14 Abs. 1 RechVersV umgesetzt; die Formulierung der Richtlinie wurde wörtlich übernommen.

III. Bewertung

Die Norm schließt die Anwendung der §§ 341 b und 341 c ausdrücklich aus und fordert für die 3 o. g. Kapitalanlagen eine **Bewertung zum Zeitwert,** ohne dabei näher auf dessen Ermittlung einzugehen.

---

[10] Zu Ausnahmen vom Stetigkeitsgebot vgl. HFA 3/1997 Abschn. 3.
[11] Vgl. BR-Drucks. 823/94 S. 148.
[12] Vgl. *IDW* RS VFA 1, WPg 2000, 380 ff.
[1] Zum Begriff der fondsgebundenen Lebensversicherung s. *Gabler* Versicherungsenzyklopädie, 1991, S. 42 ff.

4 Eine Konkretisierung des Zeitwertes erfolgt in § 55 bzw. § 56 RechVersV. Vgl. dazu auch die Erläuterungen zu § 341 b RdNr. 29 f.

5 Die nicht realisierten Gewinne oder Verluste aus den Kapitalanlagen für Rechnung und Risiko von Inhabern von Lebensversicherungspolicen sind in den Posten „Nicht realisierte Gewinne aus Kapitalanlagen" bzw. „Nicht realisierte Verluste aus Kapitalanlagen" auszuweisen (vgl. § 39 RechVersV). In diesen Aufwendungen und Erträgen spiegelt sich die Wertentwicklung o. g. Kapitalanlagen wider. Deren Einfluss auf das handelsrechtliche Ergebnis wird durch die korrespondierende Gegenbewegung bei der auf die entsprechenden Lebensversicherungsverträge entfallenden Deckungsrückstellung (vgl. Formblatt 1 RechVersV Posten F. I) neutralisiert.[2]

Vierter Titel. Versicherungstechnische Rückstellungen

§ 341 e Allgemeine Bilanzierungsgrundsätze

(1) [1]Versicherungsunternehmen haben versicherungstechnische Rückstellungen auch insoweit zu bilden, wie dies nach vernünftiger kaufmännischer Beurteilung notwendig ist, um die dauernde Erfüllbarkeit der Verpflichtungen aus den Versicherungsverträgen sicherzustellen. [2]Dabei sind die im Interesse der Versicherten erlassenen aufsichtsrechtlichen Vorschriften über die bei der Berechnung der Rückstellungen zu verwendenden Rechnungsgrundlagen einschließlich des dafür anzusetzenden Rechnungszinsfußes und über die Zuweisung bestimmter Kapitalerträge zu den Rückstellungen zu berücksichtigen.

(2) Versicherungstechnische Rückstellungen sind außer in den Fällen der §§ 341 f bis 341 h insbesondere zu bilden

1. für den Teil der Beiträge, der den Ertrag für eine bestimmte Zeit nach dem Abschlußstichtag darstellt (Beitragsüberträge);
2. für erfolgsabhängige und erfolgsunabhängige Beitragsrückerstattungen, soweit die ausschließliche Verwendung der Rückstellung zu diesem Zweck durch Gesetz, Satzung, geschäftsplanmäßige Erklärung oder vertragliche Vereinbarung gesichert ist (Rückstellung für Beitragsrückerstattung);
3. für Verluste, mit denen nach dem Abschlußstichtag aus bis zum Ende des Geschäftsjahres geschlossenen Verträgen zu rechnen ist (Rückstellung für drohende Verluste aus dem Versicherungsgeschäft).

(3) Soweit eine Bewertung nach § 252 Abs. 1 Nr. 3 oder § 240 Abs. 4 nicht möglich ist oder der damit verbundene Aufwand unverhältnismäßig wäre, können die Rückstellungen auf Grund von Näherungsverfahren geschätzt werden, wenn anzunehmen ist, daß diese zu annähernd gleichen Ergebnissen wie Einzelberechnungen führen.

Schrifttum: Siehe Schrifttum zu § 341.

Übersicht

	RdNr.		RdNr.
I. Bilanzierung und Ausweis von versicherungstechnischen Rückstellungen....	1–17	3. Rückstellung für drohende Verluste	56–59
1. Vorbemerkungen	1, 2	III. Exkurs: In § 341 e nicht ausdrücklich erwähnte versicherungstechnische Rückstellungen	60–74
2. Bilanzierung	3–7		
3. Ausweis	8, 9	1. Sonstige versicherungstechnische Rückstellungen	60–67
4. Anteile für das in Rückdeckung gegebene Versicherungsgeschäft	10–17	2. Versicherungstechnische Rückstellungen im Bereich der Lebensversicherung, soweit das Anlagerisiko von Versicherungsnehmern getragen wird	68–74
II. Versicherungstechnische Rückstellungen im Einzelnen	18–59		
1. Beitragsüberträge.........................	18–35	IV. Näherungs- und Vereinfachungsverfahren.............................	75–86
2. Rückstellung für erfolgsabhängige und erfolgsunabhängige Beitragsrückerstattung....	36–55		

[2] Vgl. *KPMG* S. 93.

I. Bilanzierung und Ausweis von versicherungstechnischen Rückstellungen

1. Vorbemerkungen. Versicherungstechnische Rückstellungen stellen regelmäßig die bedeutendsten und größten Posten auf der Passivseite bei VU dar. Im Gegensatz zu anderen Wirtschaftszweigen kommt bei VU der Passivseite traditionell eine höhere Bedeutung zu als der Aktivseite. VU sind typische Nachleistungsbetriebe, dh. die Gewährung von Versicherungsschutz folgt den Beitragseinnahmen nach, so dass sich im Verhältnis zu den VN regelmäßig Verpflichtungen und in relativ geringem Umfang Forderungen ergeben. Die vom VU zu gewährenden Leistungen hängen von dem unsicheren Eintritt genau definierter Ereignisse ab und bilden als künftige Schadenersatzleistungen den größten Anteil an den Produktionskosten im Versicherungsbetrieb.[1]

Die **Vermögens-, Finanz- und Ertragslage** des VU wird von den versicherungstechnischen Rückstellungen entscheidend beeinflusst.[2] Die Bedeutung des Wortes „versicherungstechnisch" besteht darin, „dass diese Passiva unmittelbar mit dem Versicherungsgeschäft verbunden und ihm eigentümlich sind".[3] Der Begriff Rückstellung ist streng genommen zu eng gefasst; unter den versicherungstechnischen Rückstellungen finden sich auch Posten, die Rechnungsabgrenzungsposten oder Verbindlichkeiten sind.[4]

2. Bilanzierung. Soweit die besonderen Vorschriften für VU der §§ 341 ff. nichts anderes vorschreiben, gelten für die Bilanzierung von versicherungstechnischen Rückstellungen die allgemeinen Vorschriften des Ersten Abschnitts des Dritten Buches im HGB.[5] Insbesondere gilt dies für § 249 Abs. 1 über den Ansatz und für § 253 Abs. 1 S. 2 über die Bewertung von Rückstellungen.

Abs. 1 stellt eine Erweiterung der allgemeinen Rückstellungsvorschriften sowohl dem Grunde als auch der Höhe nach dar.[6]

Gem. Abs. 1 S. 1 **haben** VU „versicherungstechnische Rückstellungen auch insoweit zu **bilden**, wie dies nach vernünftiger kaufmännischer Beurteilung notwendig ist, um die dauernde Erfüllbarkeit der Verpflichtungen aus den Versicherungsverträgen sicherzustellen". Mit der Formulierung wird klargestellt, dass es sich hierbei nicht um ein Wahlrecht, sondern um eine Passivierungspflicht handelt.[7]

Die Vorschrift ist durch die Positionierung in den handelsrechtlichen Vorschriften über den Grundsatz der Maßgeblichkeit bei der steuerlichen Gewinnermittlung zu berücksichtigen (§ 5 Abs. 1 EStG).

Im Interesse der Versicherten erlassene aufsichtsrechtliche Vorschriften zur Berechnung der Rückstellungen und zur Zuweisung bestimmter Kapitalerträge zu den Rückstellungen sind bei der handelsrechtlichen Bewertung zu berücksichtigen und damit auch für die Steuerbilanz grundsätzlich maßgeblich.[8] Hierbei handelt es sich um die §§ 12a, 12c und 81d Abs. 3 VAG bezüglich der Alterungsrückstellung und der Ermittlung und Verteilung des Überschusses sowie der Zuführung zur Rückstellung für Beitragsrückerstattung in der Krankenversicherung, § 56a VAG bezüglich der Zuführungen zur Rückstellung für Beitragsrückerstattung generell, § 65 VAG bezüglich der Berechnung der Deckungsrückstellung, § 81c Abs. 3 VAG bezüglich der Zuführungen zur Rückstellung für Beitragsrückerstattung in der Lebensversicherung. Zu berücksichtigen sind auch die auf Grund dieser Vorschriften erlassenen Rechtsverordnungen: Die Ermittlung der Mindestzuführung zur Rückstellung für Beitragsrückerstattung für den Neubestand ist in der ZRQuotenV geregelt.[9] Die Deckungsrückstellungsverordnung (DeckRV) schreibt die anzuwendenden Berechnungsgrundlagen für die Bildung der Deckungsrückstellungen vor.[10] Die Aktuarverordnung (AktuarV) regelt Einzelheiten zur Bestätigung des Verantwortlichen Aktuars und zum an den Vorstand vorzulegenden Erläuterungsbericht.[11] Die bei der Prämienkalkulation anzuwendenden Rechnungsgrundlagen und Methoden zur Ermittlung der Alterungsrückstellung sind in der Kalkulationsverordnung (KalV) geregelt.[12] Die

---

[1] Vgl. *Boetius* RdNr. 91.
[2] Vgl. IDW-Aufsatzsammlung/*Müller* A RdNr. 53.
[3] Vgl. *Farny* 1992 S. 129.
[4] Vgl. IDW-Aufsatzsammlung/*Müller* A RdNr. 53.
[5] Begr. RegE, BT-Drucks. 12/5587 S. 26.
[6] Begr. RegE, BT-Drucks. 12/5587 S. 27.
[7] Vgl. Begr. RegE, BT-Drucks. 12/5587 S. 27.
[8] Abs. 1 S. 3 sowie Bericht des Rechtsausschusses, BT-Drucks. 12/7646 S. 4.
[9] Vgl. Verordnung über die Mindestbeitragsrückerstattung in der Lebensversicherung, BGBl. 1996 I S. 1190.
[10] Vgl. Verordnung über die Rechnungsgrundlagen für die Deckungsrückstellungen, BGBl. 1996 I S. 670.
[11] Vgl. Verordnung über die versicherungsmathematische Bestätigung und den Erläuterungsbericht des Verantwortlichen Aktuars, BGBl. 1996 I S. 1681.
[12] Vgl. Verordnung über die versicherungsmathematischen Methoden zur Prämienkalkulation und zur Berechnung der Alterungsrückstellung in der privaten Krankenversicherung, BGBl. 1996 I S. 1783.

Überschussverordnung (ÜbschV) schreibt Methoden der Ermittlung und Verteilung von Überzins und Überschuss in der Krankenversicherung vor.[13]

8 **3. Ausweis.** In der **Bilanz** sind die versicherungstechnischen Rückstellungen mit Unterposten gesondert auszuweisen.[14] Eine Zusammenfassung der Unterposten oder ein Unterlassen der Aufteilung in die Bruttobeträge und die Beträge des in Rückdeckung gegebenen Geschäfts sind gem. § 3 RechVersV nicht erlaubt.

9 Nicht notwendig ist ein gesonderter Ausweis der Beitragsüberträge, Deckungsrückstellung und Rückstellung für noch nicht abgewickelte Versicherungsfälle für das selbst abgeschlossene Versicherungsgeschäft und das in Rückdeckung übernommene Versicherungsgeschäft. Im Rahmen der versicherungszweigspezifischen Anhangangaben sind Beträge für das in Rückdeckung übernommene Versicherungsgeschäft lediglich für die gesamten versicherungstechnischen Brutto-Rückstellungen, die Brutto-Rückstellung für noch nicht abgewickelte Versicherungsfälle sowie die Schwankungsrückstellung und ähnliche Rückstellungen anzugeben (§ 51 Abs. 4 Nr. 1 Buchstabe h RechVersV).

10 **4. Anteile für das in Rückdeckung gegebene Versicherungsgeschäft.** Die Anteile für das in Rückdeckung gegebene Versicherungsgeschäft an den versicherungstechnischen Rückstellungen sind in der Vorspalte beim jeweiligen Rückstellungsposten vom Brutto-Betrag offen abzusetzen. Der entsprechende Netto-Betrag wird in der Hauptspalte ausgewiesen (Passivposten E I–IV, VI und F).

11 Der Netto-Ausweis mit Angabe der Brutto-Beträge und der Anteile der Rückversicherer in der Vorspalte für die Deckungsrückstellung in der Lebenserstversicherung ist im Rahmen des VersRiLiG eingeführt wurden. Vor Umsetzung des VersRiLiG waren diese brutto auszuweisen, und die Anteile für das in Rückdeckung gegebene Versicherungsgeschäft waren mit den Depotverbindlichkeiten zu saldieren.

12 Die Schwankungsrückstellung und ähnliche Rückstellungen werden auf der Basis versicherungstechnischer Netto-Zahlen ermittelt. Infolgedessen erfolgt auch der Ausweis netto bzw. für eigene Rechnung.

13 Wenn das Versicherungsgeschäft nicht in Rückdeckung gegeben wird, können die Vorspaltenangaben sowie die in Formblatt 1 RechVersV vorgesehenen entsprechenden Unterposten entfallen (§ 5 Abs. 3 S. 1 RechVersV).

14 Die vom Brutto-Betrag der versicherungstechnischen Rückstellung offen abzusetzenden Anteile der Rückversicherer sind auf Grund der vertraglichen Abmachungen mit den Rückversicherern zu ermitteln (§ 23 S. 1 RechVersV). Etwas anderes gilt nur für die Rückversichereranteile an den Beitragsüberträgen. Diese sind grundsätzlich entsprechend den Methoden für die Brutto-Beträge zu berechnen (§ 23 S. 2 2. Hs. RechVersV). Damit soll den Besonderheiten bei Versicherungszweigen mit fehlender Proportionalität zwischen Risikoverlauf und Beitrag Rechnung getragen werden.[15] Ebenso wie die Brutto-Beitragseinnahmen sollen die Rückversicherungsbeiträge entsprechend dem Risikoverlauf bzw. zeitanteilig erfolgsmäßig abgegrenzt werden.

15 Im Falle einer Kündigung des Rückversicherungsvertrages wäre eine derartige Abgrenzung der Rückversicherungsbeiträge nicht sachgerecht. Der Rückversichereranteil an den Beitragsüberträgen ist dann zum vertraglich vereinbarten Portefeuille-Stornosatz zu ermitteln. Dem trägt § 23 S. 2 2. Hs. RechVersV Rechnung, der im Falle einer Kündigung die Ermittlung des Rückversichereranteils auf Grund der vertraglichen Abmachung mit dem Rückversicherer fordert.

16 Darüber hinaus ist es aus Vorsichtsgründen geboten, den Portefeuille-Stornosatz auch dann anzusetzen, wenn eine Kündigung des Rückversicherungsvertrags zu erwarten ist und der aus dem Portefeuille-Stornosatz resultierende Betrag kleiner ist als ein zeitanteilig oder risikoverlauforientierter Wert.[16]

17 Die Methoden der Ermittlung der Anteile für das in Rückdeckung gegebene Versicherungsgeschäft an den einzelnen versicherungstechnischen Rückstellungen sind im Anhang anzugeben und wesentliche Änderungen der Methoden gegenüber dem vorausgegangenen Geschäftsjahr zu erläutern (§ 52 Nr. 1 c RechVersV).

---

[13] Vgl. Verordnung zur Ermittlung und Verteilung von Überzins und Überschuss in der Krankenversicherung, BGBl. 1996 I S. 1687.
[14] Vgl. Formblatt 1 Passivseite E. Versicherungstechnische Rückstellungen RechVersV.
[15] Vgl. Begr. zu § 23 RechVersV, BR-Drucks. 823/94 S. 121 f.
[16] Vgl. *IDW-Aufsatzsammlung/Geib/Telgenbüscher* B 4 RdNr. 28.

II. Versicherungstechnische Rückstellungen im Einzelnen

1. Beitragsüberträge. Die im Geschäftsjahr gebuchten Beiträge oder Beitragsraten für den über 18 den Bilanzstichtag hinausgehenden Versicherungszeitraum sind in der Rechnungsperiode nicht erfolgswirksam und somit Ertrag der Folgeperiode. Sie sind ein **transitorischer passiver Rechnungsabgrenzungsposten** und unter den Beitragsüberträgen auszuweisen.[17] Bei den in der Bilanz von den Brutto-Beitragsüberträgen in der Vorspalte abzusetzenden Rückversicherungsanteilen handelt es sich um die im Geschäftsjahr gebuchten Rückversicherungsbeiträge, soweit sie für den über den Abschlussstichtag hinausgehenden Versicherungszeitraum bestimmt sind. In Abs. 2 Nr. 1 heißt es ausdrücklich, dass unter den versicherungstechnischen Rückstellungen im Posten „I. Beitragsüberträge" der Teil der Beiträge anzusetzen ist, der den Ertrag für eine bestimmte Zeit nach dem Abschlussstichtag darstellt.[18]

Somit gelten die allgemeinen Begriffsbestimmungen des § 250 Abs. 2 für die Brutto-Beitragsüber- 19 träge, wonach als passive RAP nur auszuweisen sind „Einnahmen vor dem Abschlussstichtag ...", soweit sie Ertrag für eine bestimmte Zeit nach diesem Tag darstellen".

Die RV-Anteile an den Brutto-Beitragsüberträgen bilden einen – passivisch abgesetzten – aktiven 20 RAP für „Ausgaben vor dem Abschlussstichtag ...", soweit sie Aufwand für eine bestimmte Zeit nach diesem Tag darstellen" (§ 250 Abs. 1 S. 1).[19]

Im Rückversicherungsgeschäft kommen Beitragsüberträge nur für die proportionale Rück- 21 versicherung in Betracht, dh. für Quoten- und Summenexzedentenrückversicherung oder für Kombinationen aus diesen Vertragssparten. Bei nicht-proportionalen Rückversicherungen (Schadenexzedenten- und Stopp-loss-Verträge) entfallen Beitragsüberträge, da das Versicherungsentgelt regelmäßig auf das betreffende Geschäftsjahr bezogen ist.

Für die **Ermittlung der Beitragsüberträge** ist die zeitbezogene Gewährung von Versicherungs- 22 schutz, dh. die Verteilung des Versicherungsschutzes auf das Geschäftsjahr und nachfolgende Rechnungslegungszeiträume der Maßstab. Die Zurechnung der Beiträge hat grundsätzlich einzeln (§ 252 Abs. 1 Nr. 3) und zeitanteilig (pro rata temporis) zu erfolgen. Im Regelfall kann dabei von einem gleich bleibenden Risikoverlauf während eines Versicherungszeitraums, also von einer im Zeitablauf gegebenen Proportionalität zwischen Gewährung von Versicherungsschutz und Beitrag, ausgegangen werden.

In Versicherungszweigen und -arten, in denen es an einer zeitlichen Proportionalität zwischen 23 dem Beitrag und dem Risikoverlauf fehlt, ist bei der Berechnung der Beitragsüberträge der im Zeitablauf unterschiedlichen Entwicklung des Risikos Rechnung zu tragen (§ 24 S. 2 RechVersV). Beispielsweise in der Bauleistungsversicherung steigt das Risiko mit den zunehmend durchgeführten Baumaßnahmen.

Bei der Einzelberechnung (Pro-rata-temporis-Methode) wird für jeden einzelnen Versicherungs- 24 vertrag der auf das Folgejahr bzw. die Folgejahre zu übertragende (noch nicht verdiente) Beitragsteil nach dem 1/360-System bzw. 1/720-System auf Grund der Zeitverhältnisse taggenau berechnet. In der Lebensversicherung werden Beitragsüberträge idR durch EDV nach der Pro-rata-temporis-Methode berechnet. Beitragsüberträge bei KVU sind nur in bestimmten Sonderfällen – zB kurzfristige Versicherungen gegen Einmalprämie – zu bilden, da die Beiträge in der Krankenversicherung entweder echte Monatsbeiträge sind oder es sich um Jahresbeiträge, die in gleichen Monatsraten fällig werden, handelt.[20]

Eine Abweichung vom Einzelbewertungsgrundsatz durch die Verwendung von Näherungsverfah- 25 ren ist nach dem Wortlaut von Abs. 3 nur unter der Voraussetzung erlaubt, dass eine Einzelbewertung oder Gruppenbewertung nicht möglich ist oder der damit verbundene Aufwand unverhältnismäßig hoch wäre und dass diese zu annähernd gleichen Ergebnissen wie Einzelberechnungen führen. Kein Näherungsverfahren iSd. Abs. 3 stellt die Bruchteils- und Pauschalmethode dar. Sie fällt nach der Regierungsbegründung zu § 240 Abs. 4 unter die Gruppenbewertung.[21] Für ihre Anwendung ist Voraussetzung, dass es sich um gleichartige oder annähernd gleichwertige Schulden handelt. Diese statistische Methode sollte nur angewendet werden, wenn anzunehmen ist, dass sie zu annähernd gleichen Ergebnissen führt wie die Einzelberechnungen, auch wenn dies nicht ausdrücklich im Gesetz erwähnt wird, da § 240 Abs. 4 den Art. 57 Abs. 1 VersBiRiLi umsetzt, der eben dies als Voraussetzung anführt.

---

[17] Vgl. HdV/*Welzel* S. 686.
[18] Vgl. *Freiling* BeVersBiKo RdNr. 39–43.
[19] Vgl. IDW-Aufsatzsammlung/*Geib/Telgenbüscher* B 4 RdNr. 5.
[20] Vgl. IDW-Aufsatzsammlung/*Schlüter* B 3 RdNr. 75.
[21] Vgl. Begr. RegE, BT-Drucks. 12/5587 S. 18.

26 Die Beitragseinnahmen werden bei der Bruchteilmethode je nach Fälligkeit auf bestimmte gleich große Zeitabschnitte (Monate oder Quartale) eines Geschäftsjahres aufgeteilt und die Beitragsüberträge in Bruchteilen dieser Beträge ermittelt, wobei die Höhe dieser Bruchteile von der Größe der Zeitabschnitte abhängt.[22]

27 Unter bestimmten Voraussetzungen ist darüber hinaus in Versicherungszweigen oder -arten, in denen nach Zeichnungsjahren abgerechnet wird, eine mit der Schadenrückstellung zusammengefasste Ermittlung nach der Nullstellungsmethode oder dem Standardsystem zulässig.

28 Gesondert als Näherungs- und Vereinfachungsverfahren wird in § 27 Abs. 2 RechVersV das Standardsystem erwähnt, welches in den Versicherungszweigen und -arten, in denen die Dauer der Versicherungsverträge überwiegend kurzfristig ist, angewendet wird, zB in der Transportversicherung. Bei dieser Methode werden die gesamten Beitragseinnahmen eines Geschäftsjahres mit einem bestimmten Prozentsatz, dem sog. Beitragsübertragssatz, multipliziert.[23]

29 Die **Brutto-Beitragsüberträge für das in Rückdeckung übernommene Geschäft** werden grundsätzlich nach den Aufgaben der Vorversicherer ermittelt. Wenn am Bilanzstichtag die Kündigung des Rückversicherungsvertrags bereits vereinbart oder mit Wahrscheinlichkeit zu erwarten ist, ist in der proportional obligatorischen Rückversicherung statt eines niedrigeren Beitragsübertrags der vertraglich vereinbarte Portefeuille-Stornosatz zu passivieren.[24] In dem Fall, dass keine oder nur unvollständige Aufgaben der Vorversicherer vorliegen, sind die Brutto-Beitragsüberträge unter Berücksichtigung der Beitragszahlungsperioden, der unterjährigen Zahlungsweisen und Verträge nach einer Bruchteilmethode oder näherungsweise nach der Pauschalmethode zu berechnen.

30 Unter Berücksichtigung der abgeschlossenen Rückversicherungsverträge ergeben sich die **Anteile der Rückversicherer** an den Brutto-Beitragsüberträgen grundsätzlich nach dem Verfahren, welches für die Berechnung der Brutto-Beitragsüberträge angewendet wird.[25]

31 Die Notwendigkeit der Bildung von Beitragsüberträgen ist dem Grunde nach nicht strittig. Hinsichtlich der **Bemessung der übertragsfähigen Beitragsteile** sind zahlreiche Zweifelsfragen durch die Finanzverwaltung in einem koordinierten Ländererlass der Grundsätze zur Bemessung der Beitragsüberträge festgelegt.[26] Dem Erlass nach sind die Beitragseinnahmen um „nicht übertragsfähige" Beitragsteile zu kürzen. Die VU wenden in der Praxis auch für die Handelsbilanz den für die Steuerbilanz maßgeblichen Ländererlass an.

32 In Abs. 2 Nr. 1 und § 24 RechVersV ist zwar die Notwendigkeit oder die Möglichkeit von Kürzungen nicht übertragsfähiger Beitragsanteile nicht ausdrücklich angesprochen, jedoch steht die Formulierung der Regelungen einer Berechnung entsprechend der bisherigen Regelung nicht entgegen.[27] Bei der Kürzung der Beitragsüberträge liegt nach der Regierungsbegründung kein Verstoß gegen das Aktivierungsverbot für Abschlussaufwendungen in § 248 Abs. 3 vor; es handelt sich vielmehr um eine pauschale Erfassung von solchen Teilen der Beiträge, die einem späteren Geschäftsjahr nicht zuzurechnen sind.[28]

33 Bei der Ermittlung der nicht übertragsfähigen Beitragsteile ist im selbst abgeschlossenen Geschäft vom Tarifbeitrag – dh. dem Beitrag, der keinen Ratenzuschlag enthält – bzw. von dem ihm entsprechenden Versicherungsentgelt auszugehen. Hiervon sind 85% der Provisionen und sonstigen Bezüge der Vertreter als nicht übertragsfähige Einnahmeteile zu kürzen. Der Beitragsübertrag ist zeitanteilig aus der sich danach ergebenden maßgeblichen Bemessungsgrundlage zu ermitteln.[29] Der von den Brutto-Beitragsüberträgen für das selbst abgeschlossene Geschäft abzusetzende Anteil der Rückversicherer ist nach dem Erlass entsprechend der für das in Rückdeckung übernommene Geschäft getroffenen Regelung zu ermitteln. Hier ergibt sich die Bemessungsgrundlage für den Beitragsübertrag durch Abzug von 92,5% der Rückversicherungsprovision vom Rückversicherungsbeitrag. Bei der Ermittlung des Anteils für das in Rückdeckung gegebene Geschäft hat der Erstversicherer also von den im Geschäftsjahr verrechneten Rückversicherungsbeiträgen ebenfalls 92,5% der erhaltenen Rückversicherungsprovision als nicht übertragsfähige Teile zu kürzen.[30]

---

[22] Vgl. IDW-Aufsatzsammlung/*Geib*/*Telgenbüscher* B 4 RdNr. 25; *Baur* S. 78 ff.
[23] Vgl. IDW-Aufsatzsammlung/*Geib*/*Telgenbüscher* B 4 RdNr. 24.
[24] Vgl. *Boetius* RdNr. 571.
[25] Vgl. IDW-Aufsatzsammlung/*Geib*/*Telgenbüscher* B 4 RdNr. 34.
[26] Vgl. Bemessung der Beitragsüberträge bei Versicherungsunternehmen, BdF v. 30. 4. 1974 in VerBAV 1974, 118.
[27] Vgl. Begr. zu § 24 RechVersV mit Hinweis zur Steuerneutralität, BR-Drucks. 823/94 S. 122, sowie Empfehlung der Ausschüsse, BR-Drucks. 823/1/94 S. 1.
[28] Vgl. Begr. RegE, BT-Drucks. 12/5587 S. 27.
[29] Ausführlich bei IDW-Aufsatzsammlung/*Geib*/*Telgenbüscher* B 4 RdNr. 47.
[30] Vgl. hierzu IDW-Aufsatzsammlung/*Geib*/*Telgenbüscher* B 4 RdNr. 51 f.; *Freiling* BeVersBiKo RdNr. 52.

In der Gewinn- und Verlustrechnung ist die Veränderung der Beitragsüberträge in zwei Unter- 34
posten zu den „Verdienten Beiträgen für eigene Rechnung" brutto und als Anteil der Rückversicherer gesondert auszuweisen (Posten I.1.c und d, Formblätter 2, 3 und 4 RechVersV). Hiervon abweichend ist für den Konzernabschluss in der versicherungstechnischen Rechnung für das Lebens- und Krankenversicherungsgeschäft der gesonderte Ausweis jedoch netto vorgeschrieben (Posten II.1.c Formblatt 4 RechVersV).

Im Anhang sind gem. § 52 Nr. 1c RechVersV Angaben zu den Methoden der Ermittlung der 35
Einzelnen versicherungstechnischen Rückstellungen zu machen und Hinweise zu wesentlichen Änderungen der Methoden zu geben.

2. Rückstellung für erfolgsabhängige und erfolgsunabhängige Beitragsrückerstattung. 36
Rückstellungen für erfolgsabhängige und erfolgsunabhängige Beitragsrückerstattungen sind von VU zu bilden und unter dem Passivposten E.IV. auszuweisen (§ 28 RechVersV iVm. § 341 e Abs. 2 Nr. 2).[31] § 28 Abs. 2 und 3 RechVersV regeln, was unter erfolgsabhängiger bzw. erfolgsunabhängiger Beitragsrückerstattung zu verstehen ist.

„Die **erfolgsabhängige Beitragsrückerstattung** umfasst die Beträge, die vom Gesamtergebnis, 37
vom versicherungstechnischen Gewinn des gesamten Versicherungsgeschäfts, vom Ergebnis eines Versicherungszweiges oder einer Versicherungsart abhängig sind." (§ 28 Abs. 2 RechVersV)

„Die **erfolgsunabhängige Beitragsrückerstattung** umfasst die Beträge, die vom Schadenverlauf 38
oder vom Gewinn eines oder mehrerer Versicherungsverträge abhängig oder die vertraglich vereinbart oder gesetzlich geregelt sind" (§ 28 Abs. 3 RechVersV).

Auf die Fälle, in denen ein Versicherungsnehmer bei einem VU mehrere Versicherungsverträge 39
(zB Kranken- und Pflegeversicherung) abgeschlossen hat und der Schadenverlauf sämtlicher Verträge für die Beitragsrückerstattung maßgeblich sein soll, dürfte wohl die Erweiterung um „**mehrere Versicherungsverträge**" abstellen.

Die Aufnahme der gesetzlichen Regelung über die Verwendung des Überzinses bei der Kranken- 40
versicherung ins VAG ist Hintergrund für den Einbezug der Beitragsrückerstattungen, die **vertraglich vereinbart oder gesetzlich geregelt** sind.[32] VU haben gem. § 12 a Abs. 1 VAG in der nach Art der Lebensversicherung betriebenen Krankheitskosten- und freiwilligen Pflegekrankenversicherung der Alterungsrückstellung einen bestimmten Prozentsatz der über die rechnungsmäßige Verzinsung hinausgehenden Kapitalerträge gutzuschreiben. Gem. § 12 a Abs. 3 VAG können diese Beträge teilweise auch festgelegt und innerhalb von drei Jahren zur Prämienermäßigung oder zur Vermeidung bzw. Begrenzung von Prämienerhöhungen verwendet werden. Die Thesaurierung dieser Mittel fällt demnach unter die erfolgsunabhängige Beitragsrückerstattung.[33]

In der Rückstellung für erfolgsabhängige und erfolgsunabhängige Beitragsrückerstattung sind auch 41
die Beträge zurückzustellen, „die zur Verrechnung mit künftigen Beiträgen bestimmt sind, soweit sie nicht im Wege der Direktgutschrift gewährt werden" (§ 28 Abs. 1 S. 2 RechVersV).

Sofern den Versicherungsnehmern Beitragsrückerstattungen am Bilanzstichtag noch nicht gut- 42
geschrieben worden sind, sind sie unter der Rückstellung für Beitragsrückerstattung als Verpflichtungen auszuweisen. Verzinslich angesammelte, den Versicherungsnehmern gutgeschriebene Überschussanteile sowie fällige, jedoch noch nicht ausbezahlte Überschussanteile sind nicht unter der RfB, sondern im Posten „I.I.1. Verbindlichkeiten aus dem selbst abgeschlossenen Versicherungsgeschäft gegenüber Versicherungsnehmern" auszuweisen (§ 28 Abs. 4 RechVersV).

Unter den „Sonstigen versicherungstechnischen Rückstellungen" und nicht unter der Rückstel- 43
lung für Beitragsrückerstattung ist die Rückstellung für die erfolgsunabhängige Beitragsrückerstattung von SchVU auszuweisen, soweit sie vorsorglich bei einem mehrjährigen Beobachtungszeitraum vor Ablauf dieses Zeitraums gebildet wird (§ 31 Abs. 2 Nr. 3 RechVersV).

Gem. Abs. 2 Nr. 2 ist für die Rückstellungsbildung Voraussetzung, dass die ausschließliche 44
Verwendung der Rückstellungsbeträge zur Beitragsrückerstattung durch Gesetz, Satzung, geschäftsplanmäßige Erklärung oder vertragliche Vereinbarung gesichert ist. Die entsprechende körperschaftsteuerliche Regelung des § 21 Abs. 2 S. 1 KStG führt lediglich die Satzung und die geschäftsplanmäßige Erklärung an.

Die der Rückstellung für Beitragsrückerstattung zugewiesenen Beträge dürfen grundsätzlich auch 45
nur für die Überschussbeteiligung der Versicherten verwendet werden (§ 56 a S. 4 VAG). Mit Zustimmung der Aufsichtsbehörde ist das VU jedoch berechtigt, in Ausnahmefällen die Rückstellung

---

[31] Vgl. dazu grundsätzlich HdV/*Welzel* S. 686; *Prölss* VAG § 56 a RdNr. 1–14.
[32] Vgl. Begr. zu § 28 RechVersV, BR-Drucks. 823/94 S. 128 ff.
[33] Für weitere Ausführungen zum § 12 a Abs. 1 und 3 s. *Prölss* VAG § 12 a RdNr. 3 ff.

für Beitragsrückerstattung, soweit sie nicht auf bereits festgelegte Überschussanteile entfällt, im Interesse der Versicherten zur Abwendung eines Notstandes heranzuziehen (§ 56 a S. 5 VAG).[34]

46 In der Lebensversicherung und der nach Art der Lebensversicherung betriebenen Schaden- und Unfallversicherung ist innerhalb der Rückstellung für Beitragsrückerstattung eine Teilrückstellung für Schlussüberschussanteile und Schlusszahlungen nach Maßgabe der letzten Erklärung zu bilden (§ 28 Abs. 6 S. 1 und Abs. 9 RechVersV). Hierzu zählt auch die interne Rückstellung zur Finanzierung dieser Beträge. Der Schlussüberschussanteilfonds darf grundsätzlich nur für diese Zwecke verwendet werden (§ 28 Abs. 6 S. 2 RechVersV). Nur im Ausnahmefall darf er mit Zustimmung der Aufsichtsbehörde zur Abwendung eines Notstandes herangezogen werden (vgl. § 28 Abs. 3 RechVersV iVm. § 56 a S. 5 VAG).

47 Die auf die abgelaufene Versicherungsdauer entfallenden Schlussgewinnanteile sind mittels versicherungsmathematischer Berechnung zu ermitteln. Hierbei ist, entsprechend dem früheren Mustergeschäftsplan für die Überschussbeteiligung, von einer ab Versicherungsbeginn linear ansteigenden Anwartschaft auszugehen.[35] § 28 Abs. 7 RechVersV enthält Einzelheiten zur Berechnung. Die dort angeführte „Kapitalmarktstatistik" zur Ermittlung des Zinssatzes wird jeweils in den gleichnamigen Statistischen Beiheften zum Monatsbericht der Deutschen Bundesbank veröffentlicht. Die (voraussichtlich) verbleibende Versicherungsdauer der einzelnen Verträge sollte grundsätzlich möglichst den für die Ermittlung der Umlaufrenditen herangezogenen Restlaufzeiten der Anleihen entsprechen. Zulässig erscheint auch aus Vereinfachungsgründen eine Orientierung an der durchschnittlich verbleibenden Versicherungsdauer des betrachteten (Teil-)Bestandes.

48 Bestimmungen über die Mindestzuführungen zu den Rückstellungen für Beitragsrückerstattungen der Lebens- und Krankenversicherer sind in den Vorschriften der §§ 81 c und 81 d VAG aufgenommen worden. Hier sind u. a. auch Ermächtigungen zum Erlass von Verordnungen über die Zuführungen – insbesondere die Mindestzuführungen – zu den Rückstellungen für Beitragsrückerstattung enthalten (im Detail §§ 81 c Abs. 3 und 81 d Abs. 3 VAG). Auf dieser Basis ist vom BAV (heute BaFin) die Verordnung über die Mindestbeitragsrückerstattung in der Lebensversicherung (ZRQuotenV) erssen worden.[36]

49 In den Jahren, in denen eine versicherungsmathematische Berechnung der Deckungsrückstellung nicht erfolgt, haben P/StK die Rückstellung für Beitragsrückerstattung um die Zuführungen in die Deckungsrückstellung zu vermindern. Die Beträge sind unter der Deckungsrückstellung gesondert auszuweisen (§ 28 Abs. 5 RechVersV).

50 Im Posten E. IV. Formblatt 1 RechVersV ist eine Untergliederung der Rückstellung nach erfolgsabhängiger und erfolgsunabhängiger Beitragsrückerstattung grundsätzlich nicht vorgesehen. Lediglich für die Krankenversicherung wird ein gesonderter Ausweis weiterhin vorgeschrieben (Fn. 7 zu Formblatt 1 RechVersV). Der zusammengefasste Ausweis entspricht dem Gliederungsschema der VersBiRiLi (Art. 6 VersBiRiLi).

51 Eine ausdrückliche Vorschrift zur **Auflösung der Rückstellung für Beitragsrückerstattung** existiert nicht. Die Rückstellung für erfolgsabhängige und erfolgsunabhängige Beitragsrückerstattungen ist in allen Versicherungszweigen allerdings insoweit aufzulösen, soweit sie einen **Höchstbetrag** überschreitet.[37]

52 Die Aufwendungen für Beitragsrückerstattungen sind für das Lebens- und das nach Art der Lebensversicherung betriebene Krankenversicherungsgeschäft für eigene Rechnung auszuweisen (Posten I.8. Formblatt 3 RechVersV und II.8. Formblatt 4 RechVersV).

53 In der Gewinn- und Verlustrechnung der SchVU sind die Aufwendungen für erfolgsunabhängige und erfolgsabhängige Beitragsrückerstattungen in einem Posten auszuweisen (Posten I.6. Formblätter 2 und 4 RechVersV). Für KVU ist eine Untergliederung nach erfolgsabhängiger und erfolgsunabhängiger Beitragsrückerstattung vorgeschrieben (Fn. 1 zu Formblatt 3 RechVersV). SchVU haben jedoch die jeweiligen Beträge im Anhang getrennt anzugeben, wenn sie einen größeren Umfang erreichen (§ 42 Abs. 3 RechVersV).

54 LVU sowie P/StK haben über die allgemeine Angabe zu den Methoden der Bilanzierung und Bewertung der einzelnen Bilanzposten hinausgehend die zur Berechnung der RfB bzw. der Überschussanteile verwendeten versicherungsmathematischen Methoden und Berechnungsgrundlagen anzugeben (§ 52 Nr. 2 Buchstabe a RechVersV). Letztere Angaben sind nur zur Berechnung des Schlussüberschussanteilfonds zu machen. Dies ergibt sich aus § 28 Abs. 8 Nr. 4 RechVersV, die als

---

[34] Vgl. *Fahr/Kaulbach* VAG § 56 a RdNr. 8.
[35] Vgl. VerBAV 1988, 432.
[36] Vgl. BGBl. 1996 I S. 1190 ff.; BR-Drucks. 445/96.
[37] Vgl. *Boetius* RdNr. 511.

Spezialvorschrift für die Rückstellung für erfolgsabhängige und erfolgsunabhängige Beitragsrückerstattungen anzusehen ist.

§ 28 Abs. 8 RechVersV schreibt für LVU, P/StK sowie für die nach Art der Lebensversicherung betriebene Schaden- und Unfallversicherung für das selbst abgeschlossene Versicherungsgeschäft weitere Anhangangaben zur Rückstellung für Beitragsrückerstattung vor. Die Bestandsentwicklung, die auf einzelne Überschussanteilsarten entfallenden Teile der Rückstellung für erfolgsabhängige und erfolgsunabhängige Beitragsrückerstattungen und die Angabe der festgesetzten Überschussanteile und gegebenenfalls des verwendeten Ansammlungszinssatzes unter Angabe des Zuteilungsjahres sind darzustellen.

3. Rückstellung für drohende Verluste. Abs. 2 Nr. 3 regelt über § 249 Abs. 1 S. 1 hinaus die Verpflichtung zur Bildung einer **Rückstellung für drohende Verluste aus dem Versicherungsgeschäft.** Demnach ist eine versicherungstechnische Rückstellung für Verluste, mit denen nach dem Abschlussstichtag aus bis zum Ende des Geschäftsjahres geschlossenen Verträgen zu rechnen ist, für die einzelnen Versicherungszweige oder Versicherungsarten des selbst abgeschlossenen und des in Rückdeckung übernommenen Versicherungsgeschäfts zu bilden (§ 31 Abs. 1 Nr. 2 RechVersV).

Für die rückstellungsrelevanten Merkmale (drohender Verlust etc.) tritt anstelle des einzelnen Versicherungsvertrages die Gefahrengemeinschaft.[38] Diese Besonderheit wird damit erklärt, dass das Versicherungsverhältnis während seiner gesamten Laufzeit „eine durch die Gefahrengemeinschaft zusammengehaltene unteilbare Einheit mit einem über den Bilanzstichtag hinaus andauernden Schwebezustand darstellt".[39] Die Vorschriften oder Gesetzesmaterialen geben keine Hinweise darauf, was unter Versicherungszweig oder -art für Zwecke der Bildung der Drohverlustrückstellung zu verstehen ist. Die Zweiggliederung des § 51 Abs. 4 RechVersV kommt hierfür in Betracht. Dies kann allerdings zu praktischen Problemen bei der Aufschlüsselung für die detaillierte Gliederung in der Berichterstattung gegenüber der BAFin führen. Eine Ermittlung der Rückstellung für drohende Verluste auf Basis der Kollektive, wie sie auch der Schwankungsrückstellung zugrunde liegen, ist denkbar; also in Anlehnung an die Versicherungszweige gemäß der internen Rechnungslegung gegenüber der BAFin (Anlage zu § 29 RechVersV, Abschnitt II, RdNr. 1). Durch das Gesetz zur Fortsetzung der Unternehmenssteuerreform vom 5. 9. 1997 wurde § 5 Abs. 4a in das EStG eingefügt, der Rückstellungen für drohende Verluste für Geschäftsjahre, die nach dem 31. 12. 1996 enden, steuerlich nicht mehr anerkannt. Diese steuerlichen Sonderregelungen haben für die Handelsbilanz allerdings nur insoweit Bedeutung, als dadurch der Grundsatz der Maßgeblichkeit der handelsrechtlichen GoB für die Steuerbilanz (§ 5 Abs. 1 S. 1 EStG) bezüglich des Ansatzes von Drohverlustrückstellungen aufgehoben wird.

Weder die RechVersV noch die VersBiRiLi enthalten eine ausdrückliche Regelung zur Frage des Einbezugs von **Kapitalanlageerträgen** bei der Ermittlung des drohenden Verlustes. Hinsichtlich dieser Frage sind demnach allgemeine Vorschriften heranzuziehen. Gegen die Berücksichtigung von Kapitalanlageerträgen vorgebrachte Argumente[40] sind durch den Beschluss des Großen Senats vom 23. 6. 1997 (GrS 2/93)[41] – so genannter Apothekerfall – soweit entkräftet worden, dass von einer Einbeziehungspflicht von Kapitalanlageerträgen ausgegangen werden kann.[42] Nach Auffassung des Großen Senats ist der Saldierungsbereich bei der Drohverlustrückstellung, der wirtschaftlichen Betrachtung entsprechend, weit zu ziehen. Eine Berücksichtigung von Kapitalerträgen bei der Bemessung der Rückstellung für drohende Verluste aus dem Versicherungsgeschäft muss daher insoweit erfolgen, wie Mittel aus dem betrachteten Versicherungsgeschäft zufließen und diese zinsbringend angelegt werden können. Die Berücksichtigung weiterer Kapitalerträge widerspräche jedoch dem Imparitätsprinzip.[43]

Erreicht die Rückstellung für drohende Verluste einen größeren Umfang, ist sie in der Bilanz – als Unterposten oder als „Davon"-Vermerk – oder im Anhang getrennt auszuweisen (§ 31 Abs. 1 Nr. 2 RechVersV). Bei der Beurteilung des Umfangs und beim Ausweis ist nach dem Wortlaut die Rückstellung insgesamt und nicht je Versicherungszweig oder -art zugrunde zu legen. Für die Beurteilung, ob es sich um einen größeren Umfang handelt, sollte das Verhältnis zum Betrag des gesamten Postens entscheidend sein.

---

[38] Im Zusammenhang mit Gefahrengemeinschaft spricht man auch von Risikokollektiven vgl. HdV/*Welzel* S. 686.
[39] *Boetius* RdNr. 655 f.
[40] ZB *Boetius* RdNr. 676; *Kühnenberger* VW 12/1990, 702.
[41] Vgl. DB 1997, 1897–1900.
[42] Vgl. zB zur Abzinsung *Herzig/Rieck* DB 1997, 1885; IDW RS HFA 4 RdNr. 26 u. 41.
[43] S. dazu *Geib/Wiedmann* WPg 1994, 375 ff.

III. Exkurs: In § 341 e nicht ausdrücklich erwähnte versicherungstechnische Rückstellungen

60 **1. Sonstige versicherungstechnische Rückstellungen.** In dem Posten „E.VI. Sonstige versicherungstechnische Rückstellungen" sind die versicherungstechnischen Rückstellungen aufzunehmen, deren Ausweis nicht bei einem anderen Posten vorgesehen ist. Gem. § 31 RechVersV gehören dazu insbesondere die im Folgenden aufgeführten Rückstellungen:

61 **Stornorückstellungen** zu den Beitragsforderungen an die VN und zu den bereits kassierten Beiträgen sind wegen Fortfalls oder Verminderung des technischen Risikos zu bilden.[44] Sie sind damit klar von den aktivisch abgesetzten Pauschalwertberichtigungen zu den Beitragsforderungen an VN abzugrenzen. Während die Pauschalwertberichtigung dem allgemeinen Zahlungsausfallrisiko beim VN Rechnung trägt, berücksichtigt die Stornorückstellung den Fortfall oder die Verminderung des versicherungstechnischen Risikos zB auf Grund der Kündigung des VN wegen Risiko- oder Wagniswegfall (unaufklärbares Abhandenkommen einer versicherten Sache, Zerstörung einer versicherten Sache, Verkauf einer versicherten Sache, Geschäftsaufgabe, Haushaltsauflösung usw.), auf Grund des Todes des VN oder auf Grund der Kündigung noch während eines Versicherungsfall.[45]

62 Rückstellungen sind auf Grund der Verpflichtungen aus der Mitgliedschaft zur **Verkehrsopferhilfe e. V.** zu bilden. Dem Verein „Verkehrsopferhilfe e. V." ist nach § 1 der „Verordnung über den Entschädigungsfonds für Schäden aus Kraftfahrzeugunfällen" vom 14. 12. 1965[46] die Stellung des Entschädigungsfonds für Schäden aus Kraftfahrzeugunfällen nach den §§ 12 und 13 Abs. 4 des Pflichtversicherungsgesetzes „Gesetz über die Pflichtversicherung für Kraftfahrzeughalter"[47] zugewiesen worden. Nach dem Pflichtversicherungsgesetz kann derjenige, dem Ersatzansprüche aus Personen- und Sachschäden gegen den Halter, den Eigentümer oder den Fahrer eines Kraftfahrzeuges zustehen, diese Ersatzansprüche unter bestimmten Voraussetzungen auch gegen den Entschädigungsfonds und damit gegen den Verein „Verkehrsopferhilfe e. V." geltend machen.

63 § 31 Abs. 2 Ziffer 1 führt die Verpflichtungen aus der Mitgliedschaft zur Solidarhilfe e. V. auf. Die Aufgaben des Vereins „Solidarhilfe e. V.", der als Gemeinschaftsaufgabe im Falle des Konkurses eines seiner Mitglieder die Verpflichtungen aus noch nicht abgewickelten Kraftfahrzeug-Haftpflichtschäden übernimmt, wurde auf den Entschädigungsfonds übertragen.[48]

64 Des Weiteren sind Rückstellungen für **unverbrauchte Beiträge aus ruhenden Kraftfahrtversicherungen** und Fahrzeug-Rechtsschutzversicherungen, für die **erfolgsunabhängige Beitragsrückerstattung,** soweit sie vorsorglich bei einem **mehrjährigen Beobachtungszeitraum** vor Ablauf dieses Zeitraums gebildet wird, und für **Beitragsnachverrechnungen,** wie sie bis zum Wegfall der Bedingungskontrolle in den Bedingungen zur Betriebsunterbrechungsversicherung geregelt waren, zu bilden.[49]

65 Es bestehen keine besonderen Vorschriften zur Bewertung der anderen „Sonstigen versicherungstechnischen Rückstellungen". Daher kann auf die einschlägige Kommentierung verwiesen werden.[50]

66 In der Gewinn- und Verlustrechnung ist die Veränderung der „Sonstigen versicherungstechnischen Rückstellungen" als Saldogröße aus der Erhöhung und der Verminderung für eigene Rechnung auszuweisen (Posten I. 5. b Formblatt 2 RechVersV, I. 7. b Formblatt 3 RechVersV, I. 5. b und II.7. b Formblatt 4 RechVersV). Zulässig ist eine Zusammenfassung mit der „Veränderung der Netto-Deckungsrückstellung" im Schaden- und Unfallversicherungsgeschäft, wenn die Beträge nicht erheblich sind oder dies zur Vergrößerung der Klarheit führt. Im letztgenannten Fall sind die Posten im Anhang gesondert auszuweisen (§ 3 RechVersV).

67 Die Methoden der Ermittlung der sonstigen versicherungstechnischen Rückstellungen sind im Anhang anzugeben und eventuelle Änderungen der angewandten Methoden zu erläutern (§ 52 Nr. 1 Buchstabe c RechVersV).

68 **2. Versicherungstechnische Rückstellungen im Bereich der Lebensversicherung, soweit das Anlagerisiko von Versicherungsnehmern getragen wird.** Unter diesem Posten sind gem. § 32 RechVersV „die versicherungstechnischen Rückstellungen für Verpflichtungen des VU aus

---

[44] Vgl. IDW-Aufsatzsammlung/ *Geib/Telgenbüscher* B 4 RdNr. 428.
[45] S. hierzu *Prölss/Martin* § 68 VVG RdNr. 1 ff.
[46] BGBl. I S. 2093, zuletzt geändert durch Erste Änderungsverordnung v. 17. 12. 1994 (BGBl. I S. 3845).
[47] Gesetz v. 7. November 1939 (RGBl. I S. 2223) idF des Gesetzes v. 5. April 1965 (BGBl. I S. 213), zuletzt geändert durch das Dritte Durchführungsgesetz/EWG zum VAG v. 21. 7. 1994 (BGBl. I S. 1630, 1663).
[48] Vgl. Begr. RegE, BT-Drucks. 12/6959 S. 111.
[49] Vgl. IDW-Aufsatzsammlung/ *Geib/Telgenbüscher* B 4 RdNr. 455.
[50] Siehe etwa KoRVU/ *Geib/Horbach* Bd. I J RdNr. 261 ff.

Lebensversicherungsverträgen ..., deren Wert oder Ertrag sich nach Kapitalanlagen bestimmt, für die der Versicherungsnehmer das Risiko trägt oder bei denen die Leistung indexgebunden ist", auszuweisen.

Neben den fondsgebundenen Lebensversicherungen sind mit der Umsetzung der VersBiRiLi auch die Verpflichtungen aus sog. indexgebundenen Lebensversicherungen hier zu erfassen. Damit wird solchen Formen der Lebensversicherung Rechnung getragen, bei denen die Versicherungsnehmer das Anlagerisiko tragen, etwa durch Bindung der Leistung an die Entwicklung von Aktien- oder Währungsindizes, ohne dass hierzu gesonderte Fonds gebildet werden. 69

Ebenso sind die versicherungstechnischen Rückstellungen gegenüber den Mitgliedern einer Tontine unter diesem Posten auszuweisen (§ 32 Abs. 3 RechVersV). 70

Unter dem Passivposten „E.II. Deckungsrückstellung" auszuweisen sind darüber hinausgehende versicherungstechnische Rückstellungen, die im Hinblick auf Sterblichkeit, Aufwendungen für den Versicherungsbetrieb oder andere Risiken, wie im Fall von zugesicherten Mindestleistungen oder Rückkaufswerten, gebildet werden, da deren Wert eben nicht von bestimmten Kapitalanlagen abhängig ist und (§ 32 Abs. 2 RechVersV). 71

Die „versicherungstechnischen Rückstellungen sind ..., soweit das Anlagerisiko von den Versicherungsnehmern getragen wird", in „Deckungsrückstellung" und „Übrige versicherungstechnische Rückstellungen" zu gliedern. Die RechVersV enthält keine Umschreibung der jeweiligen Posteninhalte. Unter den „Übrigen versicherungstechnischen Rückstellungen" werden beispielsweise die Schadenrückstellungen für Naturalleistungen in Form von Fondsanteilen oder verzinsliche Ansammlungen, die in Fondsanteile umgewandelt werden, ausgewiesen.[51] 72

Die Unterposten sind jeweils mit ihrem Netto-Betrag, unter Angabe des Brutto-Betrages und der Rückversichereranteile in den Vorspalten, auszuweisen. Da Rückversicherungen im Bereich der Lebensversicherung regelmäßig auf Risikobasis vereinbart werden, sind Fragen im Zusammenhang mit den Rückversichereranteilen sowie der Bewertung von Depotverbindlichkeiten aus diesen Geschäften eher theoretischer Natur. Der Wert des Passivpostens „F. Versicherungstechnische Rückstellungen ..., soweit das Anlagerisiko von den Versicherungsnehmern getragen wird", korrespondiert daher grundsätzlich mit dem Wert des Aktivpostens „D. Kapitalanlagen für Rechnung und Risiko von Inhabern von Lebensversicherungspolicen". 73

Die Methoden der Ermittlung der „Deckungsrückstellung" und der „Übrigen versicherungstechnischen Rückstellungen" sind im Anhang anzugeben sowie wesentliche Änderungen der Methoden zu erläutern (§ 52 Nr. 1 Buchstabe c RechVersV). Zusätzlich sind die zur Berechnung verwendeten versicherungsmathematischen Methoden und Berechnungsgrundlagen anzugeben (§ 52 Nr. 2 Buchstabe a RechVersV). 74

IV. Näherungs- und Vereinfachungsverfahren

Von dem Grundsatz der Einzelbewertung[52] darf bei der Bewertung von versicherungstechnischen Rückstellungen abgewichen werden, sofern eine Einzelbewertung oder eine Gruppenbewertung nicht möglich ist oder der damit verbundene Aufwand unverhältnismäßig hoch wäre (Abs. 3). In diesem Fall können Näherungsverfahren angewendet werden, von denen anzunehmen ist, dass sie zu annähernd gleichen Ergebnissen wie die Einzelbewertung führen. 75

Die in einigen Versicherungszweigen oder -arten üblichen Verfahren der Nullstellungsmethode, des Standardsystems und der zeitversetzten Bilanzierung sowie die Voraussetzungen für ihre Anwendung werden in § 27 RechVersV geregelt. Letztere ist für die gesamte versicherungstechnische Rechnung von Bedeutung und beschränkt sich nicht, wie man aus dem Wortlaut der Verordnungsermächtigung in § 330 Abs. 3 S. 4 vermuten könnte, auf den Ansatz und die Bewertung von versicherungstechnischen Rückstellungen, sondern ist für die gesamte versicherungstechnische Rechnung von Bedeutung.[53] 76

Die Anwendung der in § 27 RechVersV geregelten Näherungs- und Vereinfachungsverfahren ist davon abhängig, dass zum Zeitpunkt der Bilanzaufstellung die das Geschäftsjahr betreffenden Informationen über die fälligen Beiträge oder die eingetretenen Versicherungsfälle auf Grund der Besonderheiten des Versicherungsgeschäfts nicht zu einer ordnungsgemäßen Schätzung ausreichen (§ 27 Abs. 1 S. 1 RechVersV). Diese Voraussetzung kann insbesondere in der Transportversicherung, der Kreditversicherung und in dem in Rückdeckung übernommenen Geschäft gegeben sein. 77

---

[51] Vgl. *WPH* K RdNr. 498.
[52] Vgl. Begr. RegE, BT-Drucks. 15/5587 S. 27.
[53] Begr. zu § 27 RechVersV, BR-Drucks. 823/94 S. 127 f.

§ 341 f

78 Rechtsgrundlage für die **Nullstellungsmethode** ist § 27 Abs. 2 RechVersV. Anwendungsbereiche sind solche Versicherungszweige, in denen nach Zeichnungsjahren abgerechnet wird, wie es zB in der Transportversicherung üblich ist. Beim Zeichnungsjahrsystem werden in einem Geschäftsjahr die in diesem eingenommenen Beiträge aus Versicherungsverträgen erfasst, die im Geschäftsjahr oder in Vorjahren (Nachverrechnungsbeiträge) begonnen haben. Der Überschuss dieser Beiträge über die Zahlungen für Versicherungsfälle und die Aufwendungen für den Versicherungsbetrieb ist als versicherungstechnische Rückstellung zu passivieren.

79 Es erscheint angebracht, die so ermittelte Rückstellung unter der Rückstellung für noch nicht abgewickelte Versicherungsfälle auszuweisen, wenngleich diese Rückstellung vom Charakter her gleichermaßen die Beitragsüberträge und die Schadenrückstellung verkörpert. Dies schreibt auch Art. 61 VersBiRiLi vor und entspricht der systematischen Einordnung der Verordnungsvorschrift im Anschluss an § 26 RechVersV zur Rückstellung für noch nicht abgewickelte Versicherungsfälle.

80 Die so gebildete Rückstellung ist durch eine einzeln zu ermittelnde Rückstellung für noch nicht abgewickelte Versicherungsfälle zu ersetzen, sobald ausreichende Informationen zur individuellen Ermittlung vorliegen, spätestens am Ende des dritten auf das Zeichnungsjahr folgenden Jahres (§ 27 Abs. 2 S. 3 RechVersV; Art. 61 Methode 1 VersBiRiLi). Eine individuelle Ermittlung vom zweiten Jahr ab hat seinerzeit der BFH gefordert.[54] Durch die ausdrückliche Kodifizierung einer 3-Jahres-Frist in der Verordnung ergibt sich auf Grund der Maßgeblichkeit der Werte der Handelsbilanz für die Steuerbilanz auch die steuerliche Anerkennung der sich bei Anwendung der 3-Jahres-Frist ergebenden Bilanzwerte.[55] Der zur Erfüllung derzeitiger und künftiger Verpflichtungen notwendige Betrag ist zurückzustellen, sobald es Anzeichen dafür gibt, dass das Ergebnis der betrachteten Zeichnungsjahre schlechter als Null ist (§ 27 Abs. 1 S. 2 RechVersV).

81 Die versicherungstechnische Rückstellung kann, soweit möglich, zB bei konstanten Schadenverläufen, in Höhe eines bestimmten Prozentsatzes der Beitragseinnahmen gebildet werden (**Standardsystem**, siehe hierzu § 27 Abs. 2 S. 2 RechVersV).

82 Beim Verfahren der **zeitversetzten Bilanzierung** können in der versicherungstechnischen Rechnung die Zahlen des Jahres eingesetzt werden, das dem Geschäftsjahr ganz oder teilweise vorausgeht. Jedoch darf die Zeitversetzung ein Jahr nicht übersteigen (§ 27 Abs. 3 RechVersV).

83 Die auf Grundlage des Verfahrens der zeitversetzten Bilanzierung gebildeten versicherungstechnischen Rückstellungen sind ggf. soweit aufzustocken, dass sie zur Erfüllung derzeitiger und künftiger Verpflichtungen ausreichen. Praktiziert wird die zeitversetzte Bilanzierung insbesondere im in Rückdeckung übernommenen Versicherungsgeschäft.

84 Die Anwendung eines der in § 27 RechVersV geregelten Näherungs- und Vereinfachungsverfahren ist im Anhang anzugeben und zu begründen. Bei einer Änderung des angewandten Verfahrens ist deren Einfluss auf die Vermögens-, Finanz- und Ertragslage darzulegen (§ 27 Abs. 4 S. 1 RechVersV).

85 Bei Anwendung der Nullstellungsmethode bzw. des Standardsystems ist der Zeitraum bis zur Bildung einer nach allgemeinen Grundsätzen ermittelten Rückstellung für noch nicht abgewickelte Versicherungsfälle anzugeben (§ 27 Abs. 4 S. 2 RechVersV).

86 Bei Anwendung der zeitversetzten Bilanzierung ist der Zeitraum anzugeben, um den das Jahr, dessen Zahlen ausgewiesen werden, dem Geschäftsjahr (des Jahresabschlusses) vorausgeht, sowie der Umfang, den die betreffenden Geschäfte haben (§ 27 Abs. 4 S. 3 RechVersV).

§ 341 f Deckungsrückstellung

(1) ¹**Deckungsrückstellungen sind für die Verpflichtungen aus dem Lebensversicherungs- und dem nach Art der Lebensversicherung betriebenen Versicherungsgeschäft in Höhe ihres versicherungsmathematisch errechneten Wertes einschließlich bereits zugeteilter Überschußanteile mit Ausnahme der verzinslich angesammelten Überschußanteile und nach Abzug des versicherungsmathematisch ermittelten Barwerts der künftigen Beiträge zu bilden (prospektive Methode).** ²**Ist eine Ermittlung des Wertes der künftigen Verpflichtungen und der künftigen Beiträge nicht möglich, hat die Berechnung auf Grund der aufgezinsten Einnahmen und Ausgaben der vorangegangenen Geschäftsjahre zu erfolgen (retrospektive Methode).**

---

[54] Vgl. BFH-Urt. v. 30. 7. 1970 – I 124/65, BStBl. II S. 66–68.
[55] Vgl. *WPH* K RdNr. 3404.

(2) Bei der Bildung der Deckungsrückstellung sind auch gegenüber den Versicherten eingegangene Zinssatzverpflichtungen zu berücksichtigen, sofern die derzeitigen oder zu erwartenden Erträge der Vermögenswerte des Unternehmens für die Deckung dieser Verpflichtungen nicht ausreichen.

(3) [1] In der Krankenversicherung, die nach Art der Lebensversicherung betrieben wird, ist als Deckungsrückstellung eine Alterungsrückstellung zu bilden; hierunter fallen auch der Rückstellung bereits zugeführte Beträge aus der Rückstellung für Beitragsrückerstattung sowie Zuschreibungen, die dem Aufbau einer Anwartschaft auf Beitragsermäßigung im Alter dienen. [2] Bei der Berechnung sind die für die Berechnung der Prämien geltenden aufsichtsrechtlichen Bestimmungen zu berücksichtigen.

Schrifttum: Siehe Schrifttum zu § 341.

Übersicht

	RdNr.		RdNr.
I. Vorbemerkung	1–5	1. Alterungsrückstellung	22–27
1. Allgemeines	1	2. Bestätigung des Verantwortlichen Aktuars	28
2. Generelle gesetzliche Regelungen	2, 3	IV. Schaden-/Unfallversicherung	29–32
3. Spezielle Regelung des § 341 e	4, 5	1. Grundsatz	29, 30
II. Lebensversicherung	6–21	2. Ausweis	31
1. Grundsatz	6–9	3. Bestätigung des Verantwortlichen Aktuars	32
2. Ermittlung und Bewertung	10–17	V. Übernommenes und abgegebenes Versicherungsgeschäft	33, 34
3. Ausweis	18, 19		
4. Bestätigung des Verantwortlichen Aktuars	20, 21	VI. Gewinn- und Verlustrechnung sowie Anhang	35–37
III. Krankenversicherung	22–28		

I. Vorbemerkung

1. Allgemeines. Deckungsrückstellungen sind in den Versicherungszweigen Lebens- (einschließ- 1 lich Pensionsfonds), Kranken-, Unfall-, Haftpflicht-, Kraftfahrzeug-Haftpflicht und Kraftfahrt-Unfallversicherung anzutreffen. Ziel ist es, wirtschaftlich zurückzustellende Beträge zur Deckung eines Rechtsanspruchs auf eine künftige Geldleistung versicherungsmathematisch berechnet als prospektiven Barwert auszuweisen. Renten-Deckungsrückstellungen lassen sich vom Entstehungstatbestand her in durch Beiträge erworbene und Schaden ersetzende Renten unterscheiden. Bei der Anwartschafts-Deckungsrückstellung ist die versicherungsmathematisch mit Anwachsen der Anwartschaft berechnete Kapitalansammlung oberstes Ziel des Ausweises. Die Renten-Deckungsrückstellung im Rahmen eines Schadenersatzes spiegelt den Eintritt eines Versicherungsfalles wider, da der konkrete Schaden die Verpflichtung zur Zahlung einer Rente anstelle einer Kapitalleistung auslöst. Solche Deckungsrückstellungen werden daher unter die Schadenrückstellung subsumiert.[1]

2. Generelle gesetzliche Regelungen. Erhebliche Auswirkungen auf den Bilanzposten De- 2 ckungsrückstellung hat die Umsetzung der Dritten Richtlinien-Generation zur Lebensversicherung und Schadenversicherung. Dies betrifft im Wesentlichen die Lebensversicherung, die Krankenversicherung, aber auch einige Zweige der Schaden-/Unfallversicherung. Mit der Transformation der EU-Richtlinien ist der Wegfall der Genehmigungspflicht für die technischen Geschäftspläne in weiten Bereichen verbunden.

Die durch den Wegfall der Genehmigungspflicht unter dem Aspekt einer ausreichend vorsichtigen 3 Bewertung der versicherungstechnischen Rückstellungen notwendig werdenden Regelungen sind in die neue Gesetzgebung aufgenommen worden. Allerdings ist in einigen Bereichen das Versicherungsgeschäft weiterhin an die Vorlage und Genehmigung von fachlichen Geschäftsunterlagen gebunden bzw. haben die bereits genehmigten Geschäftspläne für die danach abgeschlossenen Verträge weiterhin Geltung.

3. Spezielle Regelung des § 341 e. Die im Interesse der Versicherten erlassenen aufsichtsrecht- 4 lichen Vorschriften über die bei der Berechnung der Rückstellungen zu verwendenden Rechnungsgrundlagen einschließlich des dabei anzusetzenden Diskontierungszinses sind gem. § 341 e zu beachten. Daher müssen neben den in den §§ 341 e, f und g und den §§ 15, 25 und 32 RechVersV für Versicherungsunternehmen formulierten handelsrechtlichen Vorschriften für eine systematische Dar-

---

[1] Vgl. *Boetius* RdNr. 591 ff.

stellung der Bewertungsvorschriften im Bereich der Deckungsrückstellung auch die Vorschriften des Aufsichtsrechts zur Bestimmung der Rechnungsgrundlagen herangezogen werden. Konkret sind das für die Lebensversicherung § 65 VAG und die zu § 65 erlassene Verordnung über die Rechnungsgrundlagen für die Deckungsrückstellungen (DeckungsrückstellungVO-DeckRV) vom 6. 5. 1996 (vgl. BGBl. I S. 670 ff.). Im Rahmen einer Überarbeitung der Deckungsrückstellungsverordnung ist der Höchstzinssatz auf 2,75 vH (ab 1. 1. 2007 auf 2,25 vH) gesenkt worden (vgl. BGBl. 2003 I S. 2259). Die aufsichtsrechtlichen Vorschriften für die Krankenversicherung finden sich in den §§ 12, 12 a, 12 c VAG sowie in der zu § 12 c VAG erlassenen Verordnung zur Ermittlung und Verteilung von Überzins und Überschuss in der Krankenversicherung (Überschussverordnung – ÜbschV) vom 8. 11. 1996 (vgl. BGBl. I S. 1687 f.).

5 Die Berechnung der Deckungsrückstellung wird weiterhin unter Zugrundelegung der geschäftsplanmäßig festgelegten Formeln und Rechnungsgrundlagen durchgeführt, soweit das Versicherungsgeschäft auf der Basis zu genehmigender Geschäftspläne erfolgt (§§ 11 c, d VAG).

II. Lebensversicherung

6 **1. Grundsatz.** Für die Verpflichtungen aus dem Lebensversicherungsgeschäft (einschließlich Pensionsfonds) sind gem. Abs. 1 Deckungsrückstellungen zu bilden, die nach versicherungsmathematischen Grundsätzen zu berechnen sind. Die im Einzelnen zu berücksichtigenden Verpflichtungen betreffen dabei neben den vertraglich garantierten Versicherungsleistungen auch die bereits zugeteilten Überschussanteile. Davon ausgenommen sind die verzinslich angesammelten Überschussanteile, die wie bisher unter den Verbindlichkeiten gegenüber Versicherungsnehmern auszuweisen sind.

7 Aufgrund von Art. 18 der Dritten Lebensversicherungsrichtlinie gehören zu den Verpflichtungen aus dem Lebensversicherungsgeschäft, obwohl nicht ausdrücklich im HGB erwähnt, auch die Optionen, die dem Versicherungsnehmer nach den Bedingungen des Vertrages zur Verfügung stehen, sowie die Aufwendungen für den Versicherungsbetrieb einschließlich der Provisionen.

8 Für die in Deutschland üblichen Optionen (zB Wahl zwischen Kapitalabfindung und Rentenzahlung) sind im Allgemeinen keine zusätzlichen Rückstellungen zu bilden. In Zukunft ist es auf Grund weiterer Optionsarten denkbar, dass versicherungsmathematisch berechnete Deckungsrückstellungen erforderlich sein werden.

9 Sofern den Versicherten gegenüber Zinsverpflichtungen eingegangen worden sind, sind diese bei der Bildung der Deckungsrückstellung zu berücksichtigen; hierbei sind allerdings die derzeitigen und zukünftigen Erträge der Vermögenswerte gegen diese Verpflichtungen zu verrechnen (Abs. 2).

10 **2. Ermittlung und Bewertung.** Gem. Abs. 1 sind die Deckungsrückstellungen nach der **prospektiven Methode** zu ermitteln. Demnach errechnen sie sich als versicherungsmathematischer Barwert aller zukünftigen Verpflichtungen aus den Versicherungsverträgen – einschließlich bereits zugeteilter Überschussanteile mit Ausnahme der verzinslich angesammelten Überschussanteile – nach Abzug des versicherungsmathematischen Barwertes der künftigen Beiträge.

11 Die Berechnung der Rückstellungen hat nach der **retrospektiven Methode** zu erfolgen, wenn eine prospektive Ermittlung nicht möglich ist. Aufgrund der aufgezinsten Einnahmen und Ausgaben der vorangegangenen Geschäftsjahre ergeben sich dann die Rückstellungen.[2]

12 Die Festsetzung eines Zinsfußes und Annahmen über die Wahrscheinlichkeit des Eintritts von Leistungsfällen (Sterblichkeits-, Berufsunfähigkeits-, Pflegefall- und Heiratswahrscheinlichkeiten) sind Bestandteil der Rechnungsgrundlagen.

13 Nach der Dritten Lebensversicherungsrichtlinie sind die zukünftig fälligen Beiträge für die Berechnung der Deckungsrückstellungen zu berücksichtigen. In der Lebensversicherung können dabei die Rechnungsgrundlagen zur Bestimmung der Deckungsrückstellung grundsätzlich abweichend von der Festlegung der Beiträge vom Unternehmen verwendeter Annahmen bestimmt werden. Bei dem Ansatz von Beiträgen, die über den nach den Rechnungsgrundlagen bestimmten Bedarfsbetrag hinausgehen, ist allerdings § 252 Nr. 4 HGB zu berücksichtigen.[3]

14 Gem. § 25 Abs. 1 RechVersV dürfen einmalige Abschlusskosten nach einem angemessenen versicherungsmathematischen Verfahren, insbesondere dem Zillmerungsverfahren, berücksichtigt werden. Das Zillmerungsverfahren stellt einen gegenüber dem im HGB vorgeschriebenen Verfahren vereinfachten Formelansatz dar, der bei herkömmlichen Verträgen zu dem gleichen Ergebnis führt. Daher kann das Zillmerungsverfahren oder ein entsprechendes Verfahren statt des gesetzlichen

---
[2] Vgl. *Stuirbrink/Johannleweling/Faigle/Reich* BeVersBiKo RdNr. 3; *v. Treuberg/Angermayer* S. 287 f.
[3] Vgl. *WPH* K RdNr. 358–360.

Verfahrens verwendet werden.[4] (Gem. BAV R 1/2002 ist die Notwendigkeit einer vertraglichen Vereinbarung über das Zillmerungsverfahren beim Rückkaufwert unklar. Die Aufsichtsbehörde überträgt zivilrechtliche Vorschriften für den Rückkaufwert auf die handelsrechtliche Deckungsrückstellung ohne Rücksicht darauf, dass das gesetzliche Verfahren bereits zu dem entsprechenden Ergebnis führt.) Bis zur Höhe der von dem VU bei Vertragsabschluss aufgewendeten Abschlusskosten, höchstens in Höhe des Höchstzillmersatzes, stellen für vertragliche Leistungen nicht benötigte Teile zukünftiger Beiträge eine Forderung an den VN dar, soweit eine entsprechende vertragliche Begründung vorliegt. Die Forderung wird mit den gesamten ersten Beiträgen abzüglich der für Risiko und Verwaltungskosten bestimmten Teile getilgt.[5]

Gem. § 25 Abs. 2 RechVersV muss die Deckungsrückstellung mindestens in Höhe des vertraglich oder gesetzlich garantierten Rückkaufswertes angesetzt werden. Das gilt sinngemäß auch für eine garantierte beitragsfreie Versicherungssumme. **15**

Die Deckungsrückstellungen sind gem. § 252 Abs. 1 Nr. 3 für jeden Vertrag einzeln zu berechnen. Dem allgemeinen bilanzrechtlichen Vorsichtsprinzip wird in dem für Versicherungsunternehmen erforderlichen Maße durch die Berücksichtigung der Risiken aus dem Versicherungsvertrag in Form angemessener Sicherheitszuschläge Rechnung getragen (§ 25 Abs. 1 S. 1 RechVersV). Die Berücksichtigung von Änderungsrisiken erfolgt damit ausschließlich bei der einzelvertraglichen Berechnung der Deckungsrückstellungen durch die Verwendung entsprechend vorsichtiger Rechnungsgrundlagen. **16**

Näherungsverfahren sind gem. § 341 e Abs. 3 bei der Bewertung versicherungstechnischer Rückstellungen dann zulässig, wenn eine Einzel- oder Gruppenbewertung gem. § 252 Abs. 1 Nr. 3 bzw. § 240 Abs. 4 nicht möglich oder mit unverhältnismäßig hohem Aufwand verbunden wäre und wenn anzunehmen ist, dass das Näherungsverfahren zu annähernd gleichen Ergebnissen wie die Einzelberechnung führt. Auch die Näherungsverfahren zur Berechnung der Deckungsrückstellungen gehören zu der Gruppenbewertung iSd. § 240 Abs. 4, wenn man dem Willen des Gesetzgebers folgt.[6] Näherungsverfahren sind danach dann zulässig, wenn anzunehmen ist, dass diese zu annähernd gleichen Ergebnissen führen wie die Einzelberechnungen. Für die Berechnung der Deckungsrückstellungen in der Lebensversicherung werden dennoch Näherungsverfahren nur in Ausnahmefällen zur Anwendung kommen, da die vertragsbezogene Einzelberechnung der Deckungsrückstellungen in der Branche seit langem üblich ist. **17**

3. Ausweis. Der Ausweis der Deckungsrückstellung im selbst abgeschlossenen Lebensversicherungsgeschäft erfolgt netto mit Angabe des Brutto-Betrages und des Anteils der Rückversicherer in der Vorspalte. Depotforderungen aus dem in Rückdeckung gegebenen Versicherungsgeschäft bei Stellung eines Wertpapierdepots sind vom Rückversichereranteil an der Deckungsrückstellung passivisch abzusetzen. Die Bilanzierung beim Erstversicherer entspricht damit jener beim Rückversicherer, der keine Depotforderung aus dem Wertpapierdepot aktiviert, sondern die verpfändeten Wertpapiere unter seinen Wertpapieren ausweist.[7] **18**

LVU und P/StK sowie Pensionsfonds, die die Deckungsrückstellung zillmern, haben gem. § 15 Abs. 1 RechVersV die noch nicht fälligen Ansprüche der VU auf Beiträge der VN sowie der Mitglieds- und Trägerunternehmen als Forderungen aus dem selbst abgeschlossenen Versicherungsgeschäft im Unterposten „Noch nicht fällige Ansprüche" auszuweisen, soweit diese geleistete rechnungsmäßige Abschlusskosten betreffen. **19**

4. Bestätigung des Verantwortlichen Aktuars. Der vom Unternehmen bestellte Verantwortliche Aktuar hat gem. § 11a Abs. 3 Nr. 2 VAG – soweit es sich nicht um einen kleineren Verein iSd. § 53 Abs. 1 S. 1 VAG handelt – unter der Bilanz zu bestätigen, dass die Deckungsrückstellung nach § 341 f sowie der auf Grund des § 65 Abs. 1 VAG erlassenen Rechtsverordnungen gebildet ist (sog. versicherungsmathematische Bestätigung). **20**

In einem Bericht an den Vorstand des VU hat er zu erläutern, welche Kalkulationsansätze und weiteren Annahmen der Bestätigung zugrunde liegen.[8] Einzelheiten zur Bestätigung des Verantwortlichen Aktuars und des auszufertigenden Erläuterungsberichtes sind in der Aktuarverordnung geregelt (vgl. BGBl. 1996 I S. 1681). **21**

---

[4] Vgl. *Faigle/Engeländer* VW 2001, 1570 f.
[5] Zum Zillmerungsverfahren siehe *Faigle/Engeländer* VW 2001, 1570 f.; *Stuirbrink/Johannleweling/Faigle/Reich* BeVersBiKo RdNr. 31; *Prölss* VAG § 65 RdNr. 15.
[6] Vgl. Begr. RegE, BT-Drucks. 12/5587 S. 18. Hier wird u. a. ausdrücklich auf die Umsetzung von Art. 59 Abs. 1 der Versicherungsbilanzrichtlinie hingewiesen.
[7] Vgl. *Prölss* VAG § 67 RdNr. 3.
[8] Vgl. zu den weiteren Aufgaben des Verantwortlichen Aktuars die Vorschriften in §§ 11a und 11c VAG. Zu Ausnahmen für bestimmte VU vgl. § 156a Abs. 3 VAG.

III. Krankenversicherung

22 **1. Alterungsrückstellung.** In der Krankenversicherung, die nach Art der Lebensversicherung betrieben wird, ist gem. Abs. 3 als Deckungsrückstellung eine Alterungsrückstellung zu bilden. Hierzu gehörig sind die Beträge, die der Rückstellung für Beitragsrückerstattung entnommen und in einer Weise verwendet wurden, die zu einer Erhöhung der Alterungsrückstellungen führt, sowie Zuschreibungen, die dem Aufbau einer Anwartschaft auf Beitragsermäßigung im Alter dienen. Letzteres kann als handelsrechtliche Ergänzung zur aufsichtsrechtlichen Vorschrift des § 12a VAG gesehen werden.

23 Aufgabe der Alterungsrückstellung ist es, einen Ausgleich zwischen dem während der Versicherungsdauer mit zunehmendem Lebensalter prinzipiell steigenden Krankheitskostenrisiko und den gleich bleibenden Beiträgen herzustellen, da bedingungsgemäß eine Erhöhung der Beiträge wegen des Älterwerdens der versicherten Person während der Dauer des Versicherungsvertrages ausgeschlossen ist. In der Regel liegen die Beiträge in den ersten Jahren über, in späteren Jahren unter dem tatsächlichen Leistungsbedarf.

24 Gem. Abs. 3 S. 2 erfolgt die Berechnung der Alterungsrückstellungen unter Berücksichtigung der für die Berechnung der Prämien geltenden aufsichtsrechtlichen Vorschriften, dh. bei der Berechnung der Alterungsrückstellungen sind grundsätzlich die Rechnungsgrundlagen der Prämienberechnungen zu verwenden.

25 Gem. § 12 Abs. 1 Nr. 1 VAG iVm. § 12 Abs. 5 VAG beträgt der zu verwendende Rechnungszins für die gesamte nach Art der Lebensversicherung betriebene Krankenversicherung höchstens 3,5%.

26 Für die nach Art der Lebensversicherung betriebene Krankenversicherung hat die BaFin entsprechend den Regelungen in § 12c VAG die Kalkulationsverordnung erlassen (vgl. BGBl. 1996 I S. 1783).

27 Es darf eine Saldierung negativer und positiver Bilanzalterungsrückstellungen vorgenommen werden, soweit insgesamt die Aufrechnung nicht zu einer negativen Bilanzrückstellung führt (§ 25 Abs. 5 RechVersV).

28 **2. Bestätigung des Verantwortlichen Aktuars.** Der von dem Unternehmen bestellte Verantwortliche Aktuar hat gem. § 12 Abs. 3 Nr. 2 VAG unter der Bilanz zu bestätigen, dass bei der Berechnung der Alterungsrückstellungen die Vorschriften des § 12 Abs. 1 Nr. 1 und 2 VAG und die Regelungen der nach § 12c VAG erlassenen Aktuarverordnung beachtet wurden (vgl. BGBl. 1996 I S. 1681). Die versicherungsmathematische Bestätigung ist nicht erforderlich für kleinere Vereine iSd. § 53 Abs. 1 S. 1 VAG.

IV. Schaden-/Unfallversicherung

29 **1. Grundsatz.** Gem. § 11d VAG gelten die die Lebensversicherung betreffenden Vorschriften der §§ 11 bis 11c VAG für die Unfallversicherung mit Prämienrückgewähr entsprechend.

30 Rückstellungen für Versicherungsleistungen auf Grund rechtskräftigen Urteils, Vergleichs oder Anerkenntnisses in Form einer Rente sind gem. § 341g Abs. 5 nach anerkannten versicherungsmathematischen Methoden zu berechnen. Die Vorschriften des § 11a VAG für die Berechnung der Rentendeckungsrückstellungen in den Sparten Kraftfahrzeug-Haftpflicht, Kraftfahrt-Unfall, Allgemeine Haftpflicht und Allgemeine Unfall gelten gem. § 11e VAG entsprechend, dh. auch hier sind die für die Berechnung der Deckungsrückstellung in der Lebensversicherung getroffenen Regelungen maßgebend.

31 **2. Ausweis.** Die Beitragsdeckungsrückstellung in der Unfallversicherung mit Beitragsrückgewähr ist gem. § 25 Abs. 6 RechVersV unter dem Passivposten E.II. auszuweisen, während die Rentendeckungsrückstellungen im Posten E.III. „Rückstellungen für noch nicht abgewickelte Versicherungsfälle" erfasst werden.

32 **3. Bestätigung des Verantwortlichen Aktuars.** Ein von dem Unternehmen zu bestellender Verantwortlicher Aktuar hat wie in der Lebensversicherung sicherzustellen, dass bei der Berechnung der Deckungsrückstellungen die Grundsätze der §§ 341f und 341g und der zu § 65 Abs. 1 VAG erlassenen Aktuarverordnung eingehalten werden (vgl. BGBl. 1996 I S. 1681).

V. Übernommenes und abgegebenes Versicherungsgeschäft

33 Die Deckungsrückstellung umfasst im indirekten Geschäft der Erstversicherer sowie bei RVU die *Beitragsdeckungsrückstellung* für das übernommene Schaden- und Unfall-Versicherungsgeschäft

nach Art der Lebensversicherung und zum anderen die Deckungsrückstellung für in Rückdeckung übernommenes Lebens- und Krankenversicherungsgeschäft. Für das in Rückdeckung übernommene Geschäft sind die Deckungsrückstellungen nach den Rechnungsgrundlagen, die sich aus den Rückversicherungsverträgen ergeben, zu berechnen. Dies gilt auch dann, wenn die Brutto-Deckungsrückstellungen auf Grund von vertraglichen Abmachungen oder gesetzlichen Bestimmungen bei den Vorversicherern verbleiben.

Die Rückversicherungsverträge stellen die Grundlage für die Errechnung der Anteile der Rückversicherer bzw. Retrozessionäre an den Brutto-Deckungsrückstellungen im abgegebenen Versicherungsgeschäft dar. 34

VI. Gewinn- und Verlustrechnung sowie Anhang

In den **Gewinn- und Verlustrechnungen** werden Änderungen der Deckungsrückstellung im Unterposten „Veränderung der übrigen versicherungstechnischen Netto-Rückstellungen" erfasst. Dabei sind für das Lebens- und Krankenversicherungsgeschäft in der Vorspalte der Brutto-Betrag und der Anteil der Rückversicherer anzugeben, in der Zwischenspalte der Netto-Betrag auszuweisen (Posten I.7.a Formblatt 3 RechVersV und II.7.a Formblatt 4 RechVersV). 35

LVU haben über die allgemeine Angabepflicht im **Anhang** zu den Methoden der Ermittlung der Deckungsrückstellung und zu den Änderungen der Methoden hinaus (§ 52 Nr. 1c RechVersV) zusätzlich die zur Berechnung der Deckungsrückstellung, einschließlich der darin enthaltenen Überschussanteile, verwendeten versicherungsmathematischen Methoden und Berechnungsgrundlagen im Anhang anzugeben (§ 52 Nr. 2a RechVersV). 36

In den Gewinn- und Verlustrechnungen des Schaden- und Unfallversicherungsgeschäftes erfolgt ein Netto-Ausweis (Posten I.5.a Formblätter 2 und 4 RechVersV). Es ist im Schaden- und Unfallversicherungsgeschäft zulässig, die Veränderung der Netto-Deckungsrückstellung mit der „Veränderung der sonstigen versicherungstechnischen Netto-Rückstellungen" zusammenzufassen, wenn die Beträge nicht erheblich sind oder dies zur Vergrößerung der Klarheit beiträgt. Im letztgenannten Fall sind die Posten im Anhang gesondert auszuweisen (§ 3 RechVersV). 37

§ 341 g Rückstellung für noch nicht abgewickelte Versicherungsfälle

(1) ¹Rückstellungen für noch nicht abgewickelte Versicherungsfälle sind für die Verpflichtungen aus den bis zum Ende des Geschäftsjahres eingetretenen, aber noch nicht abgewickelten Versicherungsfällen zu bilden. ²Hierbei sind die gesamten Schadenregulierungsaufwendungen zu berücksichtigen.

(2) ¹Für bis zum Abschlußstichtag eingetretene, aber bis zur inventurmäßigen Erfassung noch nicht gemeldete Versicherungsfälle ist die Rückstellung pauschal zu bewerten. ²Dabei sind die bisherigen Erfahrungen in bezug auf die Anzahl der nach dem Abschlußstichtag gemeldeten Versicherungsfälle und die Höhe der damit verbundenen Aufwendungen zu berücksichtigen.

(3) ¹Bei Krankenversicherungsunternehmen ist die Rückstellung anhand eines statistischen Näherungsverfahrens zu ermitteln. ²Dabei ist von den in den ersten Monaten des nach dem Abschlußstichtag folgenden Geschäftsjahres erfolgten Zahlungen für die bis zum Abschlußstichtag eingetretenen Versicherungsfälle auszugehen.

(4) Bei Mitversicherungen muß die Rückstellung der Höhe nach anteilig zumindest derjenigen entsprechen, die der führende Versicherer nach den Vorschriften oder der Übung in dem Land bilden muß, von dem aus er tätig wird.

(5) Sind die Versicherungsleistungen auf Grund rechtskräftigen Urteils, Vergleichs oder Anerkenntnisses in Form einer Rente zu erbringen, so müssen die Rückstellungsbeträge nach anerkannten versicherungsmathematischen Methoden berechnet werden.

Schrifttum: Siehe Schrifttum zu § 341.

Übersicht

	RdNr.		RdNr.
I. Allgemeines	1–24	2. Teil-Schadenrückstellungen	4–7
1. Vorbemerkungen	1–3	3. Ausweis	8–20

	RdNr.		RdNr.
4. Übernommenes und abgegebenes Versicherungsgeschäft	21–24	VI. Besonderheiten der Rückstellung für noch nicht abgewickelte Versicherungsfälle bei Lebensversicherungsunternehmen	43–46
II. Teil-Schadenrückstellung für bekannte Versicherungsfälle	25–34		
III. Teil-Schadenrückstellung für Renten-Versicherungsfälle	35	VII. Besonderheiten der Rückstellung für noch nicht abgewickelte Versicherungsfälle bei Krankenversicherungsunternehmen	47
IV. Teil-Schadenrückstellung für Spätschäden	36–40		
V. Teil-Schadenrückstellung für Schadenregulierungsaufwendungen	41, 42	VIII. Mitversicherungsgeschäft	48

I. Allgemeines

1 **1. Vorbemerkungen.** Die latente Leistungsbereitschaft des VU geht mit dem Eintritt des versicherten Ereignisses (auch als Schaden bezeichnet) in eine konkrete Leistungspflicht über. Im Versicherungsvertragsrecht wird der Eintritt des versicherten Ereignisses als Versicherungsfall bezeichnet.[1] Die dem Versicherungsfall zugrunde liegenden Ereignisse durchlaufen mehrere Phasen, die zeitlich weit (in der Haftpflichtversicherung mehrere Jahrzehnte) voneinander entfernt sein können. Folgende Stadien sind voneinander zu trennen: Verursachung des Schadenereignisses, Eintritt des Schadenereignisses, Entstehung des Schadens, Feststellung des Schadens und Meldung des Schadens. Aus den Allgemeinen Versicherungsbedingungen ergibt sich iVm. dem einzelnen Versicherungsvertrag, welches Stadium als schadenauslösendes Ereignis zu qualifizieren ist und somit für die Rechnungslegung eine bilanzielle Behandlung auslöst.[2]

2 Für Verpflichtungen aus bis zum Ende des Geschäftsjahres eingetretenen, aber noch nicht abgewickelten Versicherungsfällen ist gem. Abs. 1 S. 1 eine „Rückstellung für noch nicht abgewickelte Versicherungsfälle" (kurz: Schadenrückstellung) zu bilden (Abs. 1 S. 1).

3 Schadenrückstellungen stellen daher **Rückstellungen für ungewisse Verbindlichkeiten iSd. § 249 Abs. 1 S. 1** dar. Sie haben die Aufgabe, die dem Grunde und/oder der Höhe nach ungewissen Verbindlichkeiten gegenüber VN bzw. gegenüber geschädigten Dritten aus realisierten wirtschaftlichen Risiken (wirtschaftliche Schäden), die in Versicherungsverträgen von VU übernommen worden sind, abzubilden.

4 **2. Teil-Schadenrückstellungen.** Beim SchVU lässt sich die am Bilanzstichtag bilanzierte Schadenrückstellung des sG nach den folgenden **Teil-Schadenrückstellungen** klassifizieren:
– Teil-Schadenrückstellung für bekannte Versicherungsfälle (ohne Renten-Versicherungsfälle und bekannte Spätschäden),
– Teil-Schadenrückstellung für Renten-Versicherungsfälle (Renten-Deckungsrückstellung),
– Teil-Schadenrückstellung für Spätschäden,
– Teil-Schadenrückstellung für Schadenregulierungsaufwendungen.

5 In Abweichung vom Saldierungsverbot sind von der Schadenrückstellung die Forderungen aus Regressen, Provenues und Teilungsabkommen aus **bereits abgewickelten** Versicherungsfällen abzusetzen (§ 26 Abs. 2 S. RechVersV).[3] Forderungen aus Regressen, Provenues und Teilungsabkommen aus **noch nicht abgewickelten** Versicherungsfällen sind dagegen bereits im Rahmen der Bewertung der einzelnen Teil-Schadenrückstellungen als rückstellungsbegrenzende Merkmale zu berücksichtigen.[4]

6 Nach § 26 Abs. 2 S. 2 RechVersV gehören in der Rechtsschutzversicherung zu den Forderungen auch bestehende Forderungen an den Prozessgegner auf Erstattung der Kosten. Haben die abgesetzten Forderungen einen größeren Umfang, so sind sie im Anhang anzugeben (§ 26 Abs. 2 S. 3 RechVersV). Die Anhangangabe betrifft nicht die Forderungen aus Regressen, Provenues und Teilungsabkommen aus noch nicht abgewickelten Versicherungsfällen, da diese nicht von der Schadenrückstellung abgesetzt, sondern im Rahmen der Bewertung der **einzelnen Versicherungsfälle** berücksichtigt werden. Durch eine Angabe von Forderungen aus Regressen, Provenues und Teilungsabkommen von bereits abgewickelten Versicherungsfällen wird der Umfang der vom Gesetz-

---

[1] Vgl. *Prölss/Martin* VVG § 1 RdNr. 3.
[2] Vgl. *Boetius* RdNr. 931 f.
[3] Vgl. hierzu *Perlet* S. 64 ff.
[4] Zur Rechtsprechung des BFH in ähnlich gelagerten Fällen s. auch BFH-Urteil v. 17. 2. 1993, XR 60/89, DB 1993, 1396 ff. sowie § 6 Abs. 1 Nr. 3 a lit. c EStG.

geber bewusst vorgeschriebenen Saldierung von getrennt aktivierungsfähigen Forderungen bei den Rückstellungen ersichtlich. Dies steht im Einklang mit der Nachweisung (NW) 242 BerVersV, wonach nur die RPT-Forderungen aus abgewickelten Versicherungsfällen getrennt zu zeigen sind (Zeile 08 auf Seite 2 von NW 242 der BerVersV).

Des Weiteren sind Forderungen aus Regressen, Provenues und Teilungsabkommen nur insoweit zu berücksichtigen, als sie „zweifelsfrei" zu erwarten sind. 7

3. Ausweis. Die Rückstellung für noch nicht abgewickelte Versicherungsfälle ist in der **Bilanz** unter dem Passivposten E.III. auszuweisen. Der Ausweis erfolgt netto unter Angabe des Brutto-Betrages und des Rückversicherungsanteils in der Vorspalte. 8

Nicht erforderlich ist der gesonderte Ausweis der Rückstellung für noch nicht abgewickelte **Rückkäufe, Rückgewährbeträge und Austrittsvergütungen.** Diese Beträge sind innerhalb des Postens „Rückstellung für noch nicht abgewickelte Versicherungsfälle" zu erfassen. In der internen Rechnungslegung ist ein gesonderter Ausweis (Formblatt 100 Seite 4 Zeile 08 BerVersV) erforderlich. 9

Rückkäufe, Rückgewährbeträge und Austrittsvergütungen stellen solche Beträge dar, die dem VN aus den bis zum Bilanzstichtag vorzeitig gekündigten Verträgen (Rückkauf) oder abgelaufenen Verträgen (Rückgewähr) geschäftsplanmäßig zu vergüten, aber zum Bilanzstichtag noch nicht ausgezahlt sind. Austrittsvergütungen kommen nur bei P/StK vor. 10

Die „Veränderung der Rückstellung für noch nicht abgewickelte Versicherungsfälle" ist in der **GuV** in einem Unterposten zu den „Aufwendungen für Versicherungsfälle für eigene Rechnung" auszuweisen (Posten I. 4. Formblätter 2 und 4 RechVersV; Posten I. 6. Formblatt 3 RechVersV). Der Ausweis erfolgt netto unter Angabe des Brutto-Betrages und des Anteils der Rückversicherer in der Vorspalte. 11

SchVU haben gem. § 51 Abs. 4 S. 1 Nr. 1 Buchstabe h Doppelbuchstabe aa RechVersV im **Anhang** den Betrag der Brutto-Rückstellung für noch nicht abgewickelte Versicherungsfälle, jeweils für das gesamte selbst abgeschlossene, das gesamte in Rückdeckung übernommene und das gesamte Versicherungsgeschäft, anzugeben. Sofern bestimmte Schwellenwerte überschritten werden, mindestens jedoch für die drei wichtigsten Versicherungszweiggruppen, -zweige oder -arten, ist der Betrag für das selbst abgeschlossene Versicherungsgeschäft nach den vorgeschriebenen Zweiggruppen, Zweigen und Arten zu untergliedern. LVU, die auch das selbst abgeschlossene Unfallversicherungsgeschäft betreiben, haben diese Angaben auch hierfür zu machen (§ 53 S. 1 RechVersV). 12

Daneben gilt auch die allgemeine Angabepflicht zu den Methoden der Ermittlung der Einzelnen versicherungstechnischen Rückstellungen und zu wesentlichen Änderungen der Methoden (§ 52 Nr. 1 c RechVersV). 13

Weiterhin haben VU die Verpflichtung zur **Erläuterung des Abwicklungsergebnisses** aus der Rückstellung für noch nicht abgewickelte Versicherungsfälle, **sofern dieses erheblich ist,** nach Art und Umfang im Anhang.[5] 14

Unklar ist bei der Formulierung des § 41 Abs. 5 RechVersV „nach Art und Höhe", ob die Abwicklungsergebnisse getrennt für die jeweiligen Versicherungszweige darzustellen sind und was unter der Angabe der „Höhe" zu verstehen ist. Die RechVersV lässt auch offen, wann von erheblichen Abwicklungsergebnissen gesprochen werden kann. 15

Für die Absicht von Richtlinien- und Verordnungsgeber, die Abwicklungsergebnisse für das Gesamtgeschäft anzugeben, spricht die Konzeption der RechVersV als auch der VersBiRiLi, alle **zweigbezogenen** Angaben in den gesonderten Anhangvorschriften zu regeln. Nicht zwingend erforderlich ist die Information über die Abwicklungsergebnisse je getrennt ausgewiesenem Versicherungszweig des selbst abgeschlossenen Versicherungsgeschäftes. Die Abwicklungsergebnisse aus dem in Rückdeckung übernommenen Versicherungsgeschäft sind in die Angabe einzubeziehen. 16

Die Erläuterung aperiodischer Erfolgsbestandteile, wie sie § 41 Abs. 5 RechVersV vorsieht, wird ähnlich auch von § 277 Abs. 4 S. 3 gefordert. Entsprechende Anwendung können daher hier die Kommentierungen zu § 277 Abs. 4 S. 3 finden. Die Tatsache, dass Abwicklungsergebnisse bei den Schadenrückstellungen wegen des Ungewissheitscharakters bei VU einen gewöhnlichen Sachverhalt darstellen, ist dabei jedoch zu beachten. Zu Abwicklungsgewinnen wird idR insbesondere das Vorsichtsprinzip des § 341 e Abs. 1 S. 1 bei der Bemessung der versicherungstechnischen Rückstellungen führen. 17

Nicht vorgeben lässt sich eine allgemein verbindliche Größenordnung für eine Berichterstattungspflicht. Hierfür könnte die Eingangsschadenrückstellung ein denkbarer Maßstab für die Beurteilung 18

---

[5] Vgl. § 41 Abs. 5 RechVersV und Art. 38 Abs. 2 VersBiRiLi; s. dazu *Geib/Ellenbürger/Kölschbach* WPg 1992, 185.

der Erheblichkeit sein. In Betracht kommt als Bezugsgröße des Weiteren das Gesamtergebnis.[6] Die „Aufwendungen für Versicherungsfälle f. e. R." erscheinen hier als Maßstab jedoch eher geeignet, da die Erläuterungspflicht in Abhängigkeit vom Gesamtergebnis auch vom Einfluss anderer Erfolgsquellen – zB des Kapitalanlageergebnisses – abhängig wäre. Zu berücksichtigen ist auch, dass ein im Zeitablauf konstantes Abwicklungsergebnis per se nicht zu einer Verzerrung des Periodenergebnisses bzw. zur Einschränkung der zeitlichen Vergleichbarkeit führt.

19 Die Kriterien zur Beurteilung der Erheblichkeit bei den Abwicklungsverlusten sind wegen des Vorsichtsprinzips enger anzusetzen als bei den Abwicklungsgewinnen.[7]

20 Eine verbale Beschreibung der Relation des aperiodischen Anteils am Gesamtposten erscheint hinsichtlich des Umfangs der Erläuterungspflicht ausreichend.[8]

21 **4. Übernommenes und abgegebenes Versicherungsgeschäft.** Die **Anteile der Rückversicherer** bzw. Retrozessionäre an der Brutto-Schadenrückstellung werden nach den Rückversicherungsverträgen bestimmt. Die Ermittlung des Anteils der Rückversicherer erfolgt für das selbst abgeschlossene Geschäft auf Grundlage der eigenen Ermittlung der Brutto-Wertansätze.

22 Im **übernommenen Versicherungsgeschäft** erfolgt die Berechnung auf Grundlage der Aufgaben der Vorversicherer bzw. eigener Ermittlung der Brutto-Wertansätze.[9]

23 Der Grundsatz der Einzelbewertung gilt auch dann, wenn der Rückversicherer bzw. Schaden- und Unfallversicherer, der indirektes Geschäft betreibt, in vielen Fällen keine oder kaum Informationen über einzelne Versicherungsfälle des direkten Versicherungsgeschäfts hat. Der Grundsatz der Einzelbewertung gilt insoweit, als er für die Bewertung seiner Anteile an den Verpflichtungen des Erstversicherers zunächst dessen Aufgaben zugrunde legt.[10]

24 Die Aufgaben der Vorversicherer dürfen von Rückversicherern jedoch nicht ungeprüft übernommen werden. Sie müssen vielmehr eigene Erkenntnisse über die Angemessenheit der Aufgaben der Vorversicherer in die Bewertung der Schadenrückstellung einfließen lassen. Für den Rückversicherer ist die sorgfältige Analyse der Abwicklungsergebnisse der Vergangenheit eine bedeutende Grundlage für die angemessene Bewertung der Schadenrückstellung. Die Bewertung der Schadenrückstellung für einen Rückversicherer ist insbesondere dann problematisch, wenn er keine oder nur unvollständige Aufgaben der Vorversicherer vorliegen hat. In diesen Fällen hat er die Brutto-Schadenrückstellung selbst zu berechnen bzw. gewissenhaft zu schätzen. Seine eigenen Kenntnisse des Marktes und des Versicherungszweiges sowie seine statistischen Erfahrungen der Vergangenheit für den betreffenden Rückversicherungsvertrag stellen hierfür die Basis dar. Der Rückversicherer hat daher grundsätzlich die ihm vom Vorversicherer aufgegebenen Rückstellungen um seiner Erkenntnis nach angemessene Zuschläge zu erhöhen, wenn sich aus eigenen Erfahrungen hinsichtlich eines Rückversicherungsvertrages ergeben sollte, dass die von den Vorversicherern aufgegebenen Rückstellungen aller Voraussicht nach nicht ausreichen werden.

II. Teil-Schadenrückstellung für bekannte Versicherungsfälle

25 Die **Teil-Schadenrückstellung für bekannte Versicherungsfälle** ist für die bis zum Bilanzstichtag gemeldeten, jedoch bis zu diesem Zeitpunkt noch nicht abgewickelten Versicherungsfälle zu bilden. Diese Teil-Schadenrückstellung umfasst nicht die offenen Renten-Versicherungsfälle zum Bilanzstichtag und grundsätzlich auch nicht die zum Bilanzstichtag bekannten Spätschäden.

26 Aus dem Charakter der Schadenrückstellung folgt, dass Schadenrückstellungen Schulden iSd. § 252 Abs. 1 Nr. 3 sind: Das VU hat gegenüber dem VN oder einem geschädigten Dritten eine Verbindlichkeit, die aus dem Versicherungsvertrag resultiert und für die, soweit Grund und/oder Höhe der Verpflichtung noch ungewiss sind, eine Rückstellung zu bilden ist. Gem. § 253 Abs. 1 S. 2 ist die Schadenrückstellung wie alle Rückstellungen für ungewisse Verbindlichkeiten „nur in Höhe des Betrages anzusetzen, der nach vernünftiger kaufmännischer Beurteilung notwendig ist."

27 Nach § 341 e Abs. 1 sind versicherungstechnische Rückstellungen auch insoweit zu bilden, wie dies nach vernünftiger kaufmännischer Beurteilung notwendig ist, um die dauernde Erfüllbarkeit der Verpflichtungen aus den Versicherungsverträgen sicherzustellen. Die Besonderheiten des Versicherungsgeschäftes werden gegenüber den Geschäften der anderen gewerblichen Wirtschaft durch diese

---

[6] S. *ADS* § 277 RdNr. 88.
[7] Vgl. *Geib/Ellenbürger/Kölschbach* WPg 1992, 185.
[8] Vgl. *Förschle* BeBiKo § 275 RdNr. 226.
[9] Zur Bilanzierung im übernommenen Geschäft IDW-Aufsatzsammlung/*Geib/Telgenbüscher* B 4 RdNr. 206 f.; *Gerathewohl* S. 687 ff.
[10] Vgl. *Gerathewohl* S. 689.

Vorschrift betont. Das Versicherungsgeschäft ist geprägt durch den Transfer von Risiken vom Versicherungsnehmer auf den Versicherer und die Notwendigkeit der Schätzung des künftigen Mittelbedarfs durch den Versicherer. Diese Schätzungsnotwendigkeit gilt sowohl bei der Kalkulation der Risikoprämie als auch bei der Überlegung, wie hoch Verpflichtungen gegenüber Versicherungsnehmern oder Dritten beispielsweise aus eingetretenen Schäden sind. Anders als bei Nicht-VU sind bei VU dabei nicht die Notwendigkeit der Schätzung von Rückstellungen an sich, sondern die Häufigkeit der Schätzungen und – bedingt durch die Eigenart des Versicherungsgeschäftes – die Verfahrensweisen der Schätzung von Bedeutung. Das Prinzip der „vernünftigen kaufmännischen Beurteilung" gilt wie bei anderen Unternehmen auch.

Dem allgemeinen Vorsichtsprinzip kommt aber auf Grund des Umfangs der erforderlichen Schätzungen eine besondere Bedeutung zu.[11] **28**

Nur durch ihre Ungewissheit unterscheiden sich Schadenrückstellungen von Schulden. Sie sind daher wie gewisse Verbindlichkeiten mit ihrem (geschätzten) Erfüllungsbetrag oder dem höheren beizulegenden Wert am Bilanzstichtag zu bewerten.[12] Von Natur aus haften jeder Schätzung gewisse Unsicherheitsmomente an. Von daher darf die Schätzung nicht risikoneutral im Sinne einer Gleichgewichtung von Chancen und Risiken durchgeführt werden, sondern hat vielmehr unter Beachtung des bilanzrechtlichen Vorsichtsprinzips zu erfolgen. Das Risiko, dass als Folge von (zu niedrigen) Schätzungen ein zu hoher Gewinn ausgewiesen wird, der auf Grund von Ausschüttungen, Steuerzahlungen und anderen erfolgsabhängigen Ausgaben letztlich zu einer ungerechtfertigten Verminderung der Haftungssubstanz führen würde, soll durch vorsichtige Bewertung vermindert werden. Bei der Schätzung ist daher auch zu berücksichtigen, dass mit hinreichender Wahrscheinlichkeit für den einzelnen Versicherungsfall die späteren Ausgaben die geschätzte Schadenrückstellung nicht überschreiten.[13] **29**

Für die Schadenrückstellung ergibt sich der **Grundsatz der Einzelbewertung** aus § 252 Abs. 1 Nr. 3. Mit dem Steuerentlastungsgesetz 1999/2000/2002 sind Vorschriften zur so genannten **„realitätsnäheren Bewertung"** von Schadenrückstellungen eingeführt worden. Nach § 6 Abs. 1 Nr. 3a lit. a EStG ist steuerlich bei der Bewertung gleichartiger Verpflichtungen die Wahrscheinlichkeit der Inanspruchnahme auf Basis von Vergangenheitserfahrungen zu berücksichtigen. Nach § 20 Abs. 2 KStG sind die Vergangenheitserfahrungen bei der Bewertung von Schadenrückstellungen für jeden Versicherungszweig getrennt zu ermitteln und die Summe der einzeln bewerteten Schäden um einen bestimmten „Minderungsbetrag" zu kürzen.[14] In der Handelsbilanz werden wegen des Einzelbewertungsgrundsatzes pauschale Bewertungsabschläge als regelmäßig nicht zulässig angesehen.[15] Eine Korrektur der einzelbewerteten Schäden um einen „Minderungsbetrag" erscheint aber vor dem Hintergrund des EuGH-Urteils vom 14. 9. 1999[16] in gewissem Maße als vertretbar.[17] Danach gilt der Einzelbewertungsgrundsatz nicht absolut. Ein Ausnahmefall iSd. § 252 Abs. 2, dh. eine zulässige Abweichung vom Einzelbewertungsgrundsatz liegt dann vor, wenn anderenfalls kein den tatsächlichen Verhältnissen entsprechendes Bild der Vermögens-, Finanz- und Ertragslage vermittelt wird. **30**

Auch eine **Abzinsung** der Schadenrückstellung ist handelsrechtlich ausgeschlossen. Die Bewertung der Schadenrückstellung hat mit dem geschätzten Gesamtbetrag der noch zu leistenden Schadenzahlungen zu erfolgen, da die Versicherungsleistungen, die auf Grund des Versicherungsvertrags mit dem Versicherungsnehmer vom VU erbracht werden, in der Regel keinen – auch keinen versteckten – Zinsanteil enthalten (§ 253 Abs. 1 S. 2 2. Hs.). Die in § 6 Abs. 1 Nr. 3 Buchstabe e EStG durch das Steuerentlastungsgesetz 1999/2000/2002 aufgenommene Verpflichtung, Rückstellungen abzuzinsen, findet hier grundsätzlich keine handelsrechtliche Entsprechung. Eine Ausnahme stellen zB im Zusammenhang mit Prozessen gesetzlich verzinsliche oder auf Grund vertraglicher Vereinbarung verzinsliche Verbindlichkeiten dar. **31**

Unter bestimmten Voraussetzungen ist neben der Einzelbewertung auch eine **Gruppenbewertung** bei der Schadenrückstellung möglich.[18] Gleichartige und annähernd gleichwertige Schulden können entsprechend § 240 Abs. 4 jeweils zu einer Gruppe zusammengefasst und mit dem gewogenen Durchschnittswert angesetzt werden. Gem. § 256 S. 2 ist die auf das Inventar bezogene Vorschrift auch auf den Jahresabschluss anwendbar. **32**

---

[11] Vgl. auch *Perlet*, FS Moxter, S. 844 ff.
[12] Vgl. *Groh* BB 1988, 1920; *Perlet* S. 70.
[13] Vgl. IDW-Aufsatzsammlung/*Geib*/*Telgenbüscher* B 4 RdNr. 117.
[14] S. hierzu auch das BMF-Schreiben v. 5. 5. 2000, BStBl. I S. 487.
[15] Vgl. *Perlet*/*Baumgärtel*, FS Beisse, S. 393 ff.; *Perlet* S. 55 ff.
[16] Vgl. BB 1999, 2291 ff.
[17] Vgl. IDW-Aufsatzsammlung/*Geib*/*Telgenbüscher* B 4 RdNr. 103.
[18] S. dazu IDW-Aufsatzsammlung/*Geib*/*Telgenbüscher* B 4 RdNr. 109 ff.

33 Bei den Schadenrückstellungen ohne praktische Bedeutung ist die mit der Gruppenbewertung verbundene Angabe von Unterschiedsbeträgen, wenn sich bei Anwendung dieser Methode im Vergleich zu einer Bewertung zu einem aktuellen Börsenkurs oder Marktpreis ein erheblicher Unterschied ergibt, fraglich (vgl. § 284 Abs. 2 Nr. 4). Die Angabepflicht entfällt, da Schadenrückstellungen weder an der Börse gehandelt werden noch für sie ein „Marktpreis" feststellbar ist.[19] Da ein regelmäßiger Umsatz nicht stattfindet, führen auch Portefeuille-Ein- und -Austritte nicht zu Marktpreisen iSd. § 284 Abs. 2 Nr. 4.[20]

34 Bei der Teil-Schadenrückstellung für bekannte Versicherungsfälle kann neben Einzel- und Gruppenbewertung auch ein **Pauschalverfahren** zum Zuge kommen. Pauschalverfahren finden dann Anwendung, wenn die Eigenarten des Versicherungsgeschäftes (zB in der Transportversicherung) einer Einzelbewertung entgegenstehen.[21]

III. Teil-Schadenrückstellung für Renten-Versicherungsfälle

35 Die **Teil-Schadenrückstellung für Renten-Versicherungsfälle** wird auch als **Renten-Deckungsrückstellung** bezeichnet. Diese umfasst die Versicherungsleistungen, die auf Grund eines rechtskräftigen Urteils, eines Vergleichs oder einer Anerkenntnis in Form einer Rente zu erbringen sind. Die Rückstellungsbeträge sind mit dem nach anerkannten versicherungsmathematischen Methoden berechneten Barwert anzusetzen (§ 341 g Abs. 5 iVm. § 253 Abs. 1 S. 2). Dabei sind die in der Verordnung zur Berechnung der Deckungsrückstellung gem. § 65 VAG vorgegebenen Parameter – zB bezüglich des Höchstzinssatzes – entsprechend zu berücksichtigen (§§ 11 e iVm. 11 a VAG und 341 e Abs. 1 S. 2).[22] Entsprechend den LVU hat das VU auch einen Verantwortlichen Aktuar zu bestellen, der u. a. für die gesetzlich vorgeschriebene Bemessung der Renten-Deckungsrückstellung Sorge zu tragen hat (§§ 11 e iVm. 11 a VAG).[23] Für Rentenleistungen aus den in § 11 e VAG genannten Versicherungen gelten die §§ 65 bis 67, 77 und 78 VAG nunmehr entsprechend. Das bedeutet, dass für die dort genannten Haftpflichtversicherungen spätestens für das Geschäftsjahr 2001 ein Sicherungsvermögen zu bilden und ein Verzeichnis des Sicherungsvermögens zu führen ist. In § 341 g ist eine Berechnung nach versicherungsmathematischen Methoden für solche Rückstellungen nicht vorgeschrieben, die hinsichtlich der Entschädigungen gebildet werden, die nur wahrscheinlich in Form einer Rente zu erbringen sind. Es erscheint allerdings sinnvoll, wenn sich die Höhe der Rückstellungen an den Barwert der zu erwartenden Rentenverpflichtungen anlehnt.[24]

IV. Teil-Schadenrückstellung für Spätschäden

36 Die **Teil-Schadenrückstellung für Spätschäden** wird unterteilt in die Rückstellung für bekannte Spätschäden und die Rückstellung für unbekannte Spätschäden. **Spätschäden** sind solche Versicherungsfälle, bei denen das Meldejahr (das Jahr, in dem der Versicherungsfall dem VU bekannt wurde) später als das Anfalljahr (das Jahr, in dem der Versicherungsfall eingetreten oder verursacht worden ist) liegt. Von **bekannten** Spätschäden des Geschäftsjahres spricht man, soweit es sich um Versicherungsfälle des Geschäftsjahres handelt, die dem VU zwischen dem Bilanzstichtag und dem Zeitpunkt der inventurmäßigen Feststellung der einzelnen Versicherungsfälle (Schließung des Schadenregisters) bekannt geworden sind.

37 Die sog. **unbekannten** Spätschäden sind Schäden, die bis zum Bilanzstichtag – entweder im Geschäftsjahr oder in Vorjahren – angefallen oder verursacht worden sind, aber dem VU bis zur Schließung des Schadenregisters noch nicht gemeldet wurden.

38 Einzeln zu bewerten sind grundsätzlich die Rückstellungsbeträge für bekannte Spätschäden des Geschäftsjahres oder der Vorjahre. Zulässig sind aber auch für diese Rückstellungen eine Gruppenbewertung oder eine Anwendung des Pauschalverfahrens (siehe auch RdNr. 32–34).

39 Abs. 2 S. 1 schreibt eine sog. pauschale Bewertung für die unbekannten Spätschäden vor. Diese Rückstellungen entziehen sich naturgemäß einer Einzelbewertung. Das Imparitätsprinzip verbietet eine Ignorierung von ungewissen Verpflichtungen bei der Bilanzierung, nur weil eine Einzelbewertung von Versicherungsfällen nicht möglich ist.[25] Die Erfahrungen über die Anzahl von nach dem Abschlussstichtag gemeldeten Versicherungsfällen und die Höhe der damit verbundenen Aufwendun-

---

[19] Vgl. *ADS* § 284 RdNr. 154.
[20] S. *ADS* § 253 RdNr. 508.
[21] S. hierzu die Erl. zu § 341 e RdNr. 81 sowie IDW-Aufsatzsammlung/*Geib/Telgenbüscher* B 4 RdNr. 115.
[22] Zur Deckungsrückstellungsverordnung vgl. BGBl. 1996 I S. 670.
[23] Zur Aktuarverordnung vgl. BGBl. 1996 I S. 1681.
[24] Vgl. IDW-Aufsatzsammlung/*Geib/Telgenbüscher* B 4 RdNr. 126.
[25] IdS auch Begr. RegE, BT-Drucks. 12/5587 S. 28.

gen sind bei der pauschalen Bewertung dieser Rückstellung für unbekannte Spätschäden zu berücksichtigen (Abs. 2 S. 2). Die vor Umsetzung der VersBiRiLi vom BAV entwickelte Schätzmethode[26] kann weiterhin angewendet werden.[27]

Die jeweils getrennte jahrgangsweise Abwicklung sowohl der Rückstellung für die bekannten als auch die für die unbekannten Spätschäden ist zu empfehlen. Auch wenn inzwischen aus dem unbekannten ein bekannter Versicherungsfall geworden ist, sind die einmal in der Spätschadenrückstellung berücksichtigten Versicherungsfälle in den Folgejahren in dieser Rückstellung zu belassen. Es werden keine Umbuchungen zur Teil-Schadenrückstellung für bekannte Versicherungsfälle vorgenommen. Lediglich Umbuchungen zur Teil-Schadenrückstellung für Rentenversicherungsfälle sind erforderlich.[28] 40

V. Teil-Schadenrückstellung für Schadenregulierungsaufwendungen

Für alle nach dem Bilanzstichtag voraussichtlich anfallenden Schadenregulierungszahlungen ist eine **Teil-Schadenrückstellung für Schadenregulierungsaufwendungen** zu bilden. Unter die Schadenregulierungsaufwendungen zu subsumieren sind sowohl die einzelnen Versicherungsfällen direkt zurechenbaren als auch die diesen nur indirekt zurechenbaren Aufwendungen,[29] unabhängig davon, ob diese Aufwendungen außerhalb oder innerhalb des bilanzierenden VU entstehen.[30] 41

Gem. Abs. 1 S. 2 sind bei der Bewertung dieser Teilschadenrückstellung grundsätzlich die gesamten Schadenregulierungsaufwendungen zu berücksichtigen. Der Gesetzgeber bezweckt aber eine Begrenzung des Umfangs der Schadenregulierungsaufwendungen durch Ausschluss von Verwaltungskosten künftiger Geschäftsjahre, welche in Anlehnung an die vor Umsetzung der VersBiRiLi geltenden Vorschriften ausgeschlossen werden sollen. Vor dem Hintergrund der steuerneutralen Umsetzung der EG-Richtlinie dürfte dieser Hinweis auf die im BMF-Schreiben v. 2. 2. 1973[31] vorgesehene Außerachtlassung von Schadenbearbeitungskosten bei den Schadenregulierungsaufwendungen abstellen.[32] Nach *Boetius* sind dagegen auch die Aufwendungen zur Schadenbearbeitung bilanziell rückstellungspflichtig: „Schadenbearbeitung und Schadenermittlung sind wirtschaftlich notwendige Leistungen zur Erbringung der Schadenhauptleistung, so dass die Schadenregulierung insgesamt als wirtschaftliche Schuld anzusehen ist."[33] Dem ist entgegenzuhalten, dass es sich hierbei um Kosten für die Aufrechterhaltung des Betriebes handelt, die auch in anderen Branchen nicht rückstellungsfähig sind. 42

VI. Besonderheiten der Rückstellung für noch nicht abgewickelte Versicherungsfälle bei Lebensversicherungsunternehmen

Für die **Lebensversicherung** sind in § 341 g keine zusätzlichen Regelungen aufgeführt. Maßgebend bezüglich der Höhe der Schadenrückstellung sind die gegenüber dem Begünstigten bestehenden Verpflichtungen. § 26 Abs. 1 S. 1 2. Hs. RechVersV stellt klar, dass zu den gegenüber den Begünstigten bestehenden Verpflichtungen auch die noch nicht abgewickelten Rückkäufe, Rückgewährbeträge und Austrittsvergütungen zählen und demzufolge in die Rückstellung für noch nicht abgewickelte Versicherungsfälle einzubeziehen sind. 43

In der Lebensversicherung müssen für das selbst abgeschlossene Versicherungsgeschäft brutto die bis zum Abschlussstichtag eingetretenen und zum Zeitpunkt der Bestandserfassung gemeldeten, aber noch nicht regulierten Versicherungsfälle einzeln bewertet werden. Ebenso sind die Versicherungsfälle, die zwar bis zum Abschlussstichtag eingetreten sind, aber erst nach dem Zeitpunkt der Bestandserfassung bis zur Bilanzaufstellung gemeldet werden, einzeln zu bewerten. 44

Zu passivieren sind die bis zum Zeitpunkt der Bestandserfassung gemeldeten Versicherungsfälle in Höhe der Versicherungssumme, abzüglich eventueller Abschlagszahlungen. Bei den nach dem Zeitpunkt der Bestandserfassung gemeldeten Versicherungsfällen ist der Unterschiedsbetrag zwischen der zu erbringenden Versicherungsleistung und der Deckungsrückstellung zum Bilanzstichtag in die Bilanz als Spätschadenrückstellung einzustellen. 45

---

[26] Vgl. GB BAV 1977, 43.
[27] Vgl. IDW-Aufsatzsammlung/*Geib/Telgenbüscher* B 4 RdNr. 127 ff.
[28] S. in diesem Zusammenhang zB Anmerkung 8 zu NW 242 BerVersV.
[29] Vgl. IDW-Aufsatzsammlung/*Geib/Telgenbüscher* B 4 RdNr. 155 f.
[30] Vgl. *Koch/Krause* BeVersBiKo RdNr. 27 ff.
[31] Vgl. DStZ Ausg. B 1973, 74 f.
[32] S. dazu IDW-Aufsatzsammlung/*Geib/Telgenbüscher* B 4 RdNr. 145; *Perlet* S. 77 f.
[33] *Boetius* RdNr. 1016.

46 Zu passivieren ist im Falle eines Rückkaufes der Betrag, der dem VN im Falle einer vorzeitigen Kündigung eines rückkauffähigen Lebensversicherungsvertrages zusteht. In der Regel ergibt sich dieser aus dem Deckungskapital abzüglich eines vertraglich vereinbarten Rückkaufabzugs.

VII. Besonderheiten der Rückstellung für noch nicht abgewickelte Versicherungsfälle bei Krankenversicherungsunternehmen

47 Die Rückstellung für noch nicht abgewickelte Versicherungsfälle in der **Krankenversicherung** ist anhand eines statistischen Näherungsverfahrens zu ermitteln, wobei von den in den ersten Monaten des nach dem Abschlussstichtag folgenden Geschäftsjahres erfolgten Zahlungen für die bis zum Abschlussstichtag eingetretenen Versicherungsfälle auszugehen ist (Abs. 3). Die Rückstellung umfasst die bis zum Bilanzstichtag eingetretenen Versicherungsfälle jedoch nur insoweit, als die Inanspruchnahme zB des Arztes, der Apotheke und des Krankenhauses vor dem Bilanzstichtag liegt oder Tagegeld für Tage vor dem Bilanzstichtag gewährt wird (§ 26 Abs. 1 S. 3 RechVersV). In der Regel ergibt sich die Rückstellung aus einer Durchschnittsbetrachtung der Letzten drei Geschäftsjahre hinsichtlich des Verhältnisses von Zahlungen für Versicherungsfälle des Geschäftsjahres in den ersten – zwei bis drei – Monaten des Folgejahres zu den gesamten Aufwendungen für Versicherungsfälle des Geschäftsjahres. Trotz der Formulierung in Abs. 3, dass bei der Berechnung die Zahlungen in den „**ersten**" Monaten zugrunde zu legen sind, ist uE bei hinreichender Schätzgenauigkeit auch ein kürzerer Zeitraum zulässig.

VIII. Mitversicherungsgeschäft

48 Abs. 4 regelt die Bewertung von Schadenrückstellungen im **Mitversicherungsgeschäft**. Die Schadenrückstellung muss demnach bei der Mitversicherung der Höhe nach anteilig mindestens derjenigen entsprechen, die der führende Versicherer nach den Vorschriften oder der Übung in dem Land bilden muss, von dem aus er tätig ist.

§ 341 h Schwankungsrückstellung und ähnliche Rückstellungen

(1) Schwankungsrückstellungen sind zum Ausgleich der Schwankungen im Schadenverlauf künftiger Jahre zu bilden, wenn insbesondere
1. nach den Erfahrungen in dem betreffenden Versicherungszweig mit erheblichen Schwankungen der jährlichen Aufwendungen für Versicherungsfälle zu rechnen ist,
2. die Schwankungen nicht jeweils durch Beiträge ausgeglichen werden und
3. die Schwankungen nicht durch Rückversicherungen gedeckt sind.

(2) Für Risiken gleicher Art, bei denen der Ausgleich von Leistung und Gegenleistung wegen des hohen Schadenrisikos im Einzelfall nach versicherungsmathematischen Grundsätzen nicht im Geschäftsjahr, sondern nur in einem am Abschlußstichtag nicht bestimmbaren Zeitraum gefunden werden kann, ist eine Rückstellung zu bilden und in der Bilanz als „ähnliche Rückstellung" unter den Schwankungsrückstellungen auszuweisen.

Schrifttum: Siehe Schrifttum zu § 341.

I. Schwankungsrückstellung

1 Bei SchVU sowie RVU sind zum Ausgleich der Schwankungen im Schadenverlauf künftiger Jahre Schwankungsrückstellungen zu bilden. Sie haben die Aufgabe, einen Risikoausgleich in der Zeit darzustellen, indem sie durch die Verrechnung von Unter- und Überschäden der einzelnen Perioden stärkere Ausschläge der Erfolge einzelner Jahre auf Grund schwankender Schadenbelastung verringern.[1] In Jahren mit geringer Schadenbelastung werden der Schwankungsrückstellung Beträge zugeführt (Unterschaden), die in Jahren mit hoher Schadenbelastung entnommen werden (Überschaden).

2 Abs. 1 regelt die Verpflichtung zur Bildung einer Rückstellung zum Ausgleich der Schwankungen im Schadenverlauf künftiger Jahre.

3 Zur Bildung werden als Voraussetzungen „insbesondere" angeführt:

---
[1] Vgl. *Farny* 1992 S. 133; HdV/*Welzel* S. 686; HdV/*Karten* S. 763.

1. Nach den Erfahrungen in dem betreffenden Versicherungszweig ist mit erheblichen Schwankungen der jährlichen Aufwendungen für Versicherungsfälle zu rechnen.
2. Die Schwankungen werden nicht durch Beiträge ausgeglichen.
3. Die Schwankungen dürfen nicht durch Rückversicherungen gedeckt sein.

Die steuerlichen Erfordernisse in § 20 Abs. 2 KStG stimmen mit diesen Voraussetzungen überein. **5** Auf die diesbezügliche Kommentierung kann daher verwiesen werden.[2]

§ 29 RechVersV und die Anlage zu § 29 RechVersV enthalten die einzelnen Bestimmungen zur Bildung der Schwankungsrückstellung. Die Anlage übernimmt inhaltlich die Grundsätze der vor Erlass der RechVersV anzuwendenden Anordnung des BAV über die Schwankungsrückstellung.[3] Die Kommentierung zur Anordnung kann somit weiterhin bei Zweifelsfragen herangezogen werden.[4]

Grundsätzlich ist eine Schwankungsrückstellung für alle Versicherungszweige der Schaden- und **6** Unfallversicherung zu bilden. Auf das in Rückdeckung übernommene Lebens- und Krankenversicherungsgeschäft und das von LVU betriebene Unfallversicherungsgeschäft ist die Anordnung nicht anzuwenden.

Auch von RVU sind die Vorschriften zur Bildung der Schwankungsrückstellung anzuwenden.[5] **7**

Was für Zwecke der Schwankungsrückstellung als „Versicherungszweig" anzusehen ist, richtet sich **8** nach bestimmten Vorschriften der jeweils geltenden Fassung der Verordnung über die Rechnungslegung von VU gegenüber dem Bundesaufsichtsamt[6] und nicht nach der Untergliederung der zweigbezogenen Angaben im Anhang gem. § 51 Abs. 4 RechVersV (Anlage zu § 29 RechVersV, Abschnitt II, RdNr. 1 Abs. 1).

Nach Abschnitt I RdNr. 1 der Anlage zu § 29 RechVersV haben SchVU in den Versicherungs- **9** zweigen eine Schwankungsrückstellung zu bilden, in denen
– die verdienten Beiträge im Durchschnitt der Letzten drei Geschäftsjahre (inkl. Bilanzjahr) 125 000 Euro[7] übersteigen,
– die Standardabweichung der Schadenquoten des Beobachtungszeitraumes von der durchschnittlichen Schadenquote mindestens 5 Prozentpunkte beträgt und
– die Summe aus Schaden- und Kostenquote mindestens einmal im Beobachtungszeitraum 100% überschreitet.[8]

Aufgrund eines stark ausgeprägten aleatorischen Charakters ist die Hagelversicherung und die **10** Kredit-, Kautions- und Vertrauensschadenversicherung auf eine funktionsgerechte Schwankungsrückstellung angewiesen. Daher sind in der RechVersV-Anlage und in der BAV-Anordnung 1991 Sonderregelungen enthalten, die im Interesse der dauernden Erfüllbarkeit der Verpflichtungen aus Versicherungsverträgen erforderlich sind und daher auch steuerlich anerkannt werden.[9]

In § 29 S. 2 RechVersV ist kodifiziert, dass eine Änderungs- und Widerrufklausel es der Aufsichts- **11** behörde ermöglicht, im Einzelfall Abweichungen zuzulassen.

Die Schwankungsrückstellung darf nur in Höhe des Wertes angesetzt werden, der sich auf Grund **12** der Anlage zu § 29 RechVersV ergibt. Beispielsweise ist die Bildung versteuerter Schwankungsrückstellungen nicht möglich. Die offenbar von *Boetius* vertretene Auffassung, dass durch § 341 e Abs. 1 S. 1 zusätzlich, über die nach Abs. 1 iVm. § 29 RechVersV zurückgestellten Beträge hinausgehend, die Bildung von Schwankungsrückstellungen möglich sei,[10] berücksichtigt nicht hinreichend die restriktive Regelung der EG-Versicherungsbilanzrichtlinie. Auch die Übergangsvorschriften in Art. 33 EGHGB regeln nicht die Möglichkeit, Rückstellungen mit einem höheren Wert anzusetzen, als er sich nach der Anlage zu § 29 RechVersV ergibt.

Die Beträge der Schwankungsrückstellung sind im Rahmen der versicherungszweigbezogenen **13** Angaben zusammen mit den der Schwankungsrückstellung ähnlichen Rückstellungen anzugeben

---

[2] S. *HHR* § 320 KStG RdNr. 14–17.
[3] Vgl. BAV-Rundschreiben 7/91, in VerBAV 1991, 420 ff. und Begr. zu § 29 RechVersV, BR-Drucks. 823/94 S. 130 f.
[4] S. insbesondere IDW-Aufsatzsammlung/*Geib/Telgenbüscher* B 4 RdNr. 320.
[5] Vgl. Begr. zu § 29 RechVersV, BR-Drucks. 823/94 S. 130 f.
[6] Vgl. Verordnung über die Berichterstattung von Versicherungsunternehmen gegenüber dem Bundesaufsichtsamt für das Versicherungswesen v. 14. Juni 1995 in BGBl. 1995 I S. 858, zuletzt geändert durch die Verordnung v. 16. April 1999 in BGBl. 1999 I S. 725.
[7] Die Anlage zu § 29 RechVersV wurde in Abschn. I Nr. 1 und Abschn. II Nr. 3 Abs. 1 S. 2 durch das Gesetz zur Anpassung bilanzrechtlicher Bestimmungen an die Einführung des Euro (Euro-Bilanzgesetz) v. 15. 11. 2001 wie folgt geändert: Die Angabe 250 000 DM wird durch die Angabe 125 000 Euro ersetzt.
[8] Vgl. die Erl. zu den Voraussetzungen bei IDW-Aufsatzsammlung/*Geib/Telgenbüscher* RdNr. 326 ff.
[9] Näheres dazu *Boetius* RdNr. 1144 f.
[10] Vgl. *Boetius* RdNr. 1092.

§ 341 i

(§ 51 Abs. 4 Nr. 1 Buchstabe h Doppelbuchstabe bb RechVersV). Eine Entsprechung mit den der Berechnung zugrunde liegenden Kollektiven ist wegen der abweichenden Zweigbestimmungen nicht gegeben.

14   Im Anhang sind aber zusätzlich die Methoden zur Ermittlung der Rückstellung anzugeben sowie wesentliche Änderungen zu erläutern (§ 52 Nr. 1 Buchstabe c RechVersV).

15   Formblatt 1 RechVersV sieht – anders als bei den übrigen versicherungstechnischen Rückstellungen – keine Vorspalte für den Rückstellungsbetrag brutto und den Anteil für das in Rückdeckung gegebene Versicherungsgeschäft vor, da die Ermittlung der Schwankungsrückstellung nur **für den Selbstbehalt** erfolgt.

II. Der Schwankungsrückstellung ähnliche Rückstellungen

16   Die Bildung einer Rückstellung „für Risiken gleicher Art, bei denen der Ausgleich von Leistung und Gegenleistung wegen des hohen Schadenrisikos im Einzelfall nach versicherungsmathematischen Grundsätzen nicht im Geschäftsjahr, sondern nur in einem am Abschlussstichtag nicht bestimmbaren Zeitraum gefunden werden kann", wird von Abs. 2 vorgeschrieben. Die Verpflichtung zur Bildung von sog. Großrisikenrückstellungen wird damit kodifiziert.[11]

17   Großrisiken sind „Risiken, deren mögliche Höchstschäden infolge einer Konzentration hoher Werte oder des Kumuls verschiedener Gefahren des gleichen Risikoobjekts mit großem Schadenmaximum (mpl = maximum possible loss) außergewöhnlich groß sind, während ihre Zahl der Risiken gering ist und vielfach die Schadenursache aus technologischen Gründen neuartig und/oder unbekannt ist".[12] Eine statische absolute Begriffsdefinition ist auf Grund des Charakters der Großrisiken und auf Grund der technischen Entwicklung nicht möglich.

18   Die Großrisikenrückstellungen sind in der Bilanz zusammen mit der Schwankungsrückstellung im Posten „E. V. Schwankungsrückstellung und ähnliche Rückstellungen" auszuweisen.

19   Die BAV-Rundschreiben 1/81 über die Rückstellung für die Versicherung von Atomanlagen[13] und 8/91 über die Großrisikenrückstellung für die Produkthaftpflichtversicherung von Pharma-Risiken[14] wurden inhaltlich im Wesentlichen in § 30 RechVersV übernommen. Bei Zweifelsfragen ist zu berücksichtigen, dass es Intention des Verordnungsgebers war, der bisherigen Praxis zu entsprechen.[15]

20   An die Stelle einer Schwankungsrückstellung in den betreffenden Versicherungszweigen treten die Pharmarückstellung und die Atomanlagenrückstellung. Die Großrisikenrückstellung ist in die Schwankungsrückstellung zu überführen, wenn in einem Geschäftsjahr die Voraussetzungen nach Abs. 2 zur Bildung einer Großrisikenrückstellung nicht mehr gegeben sind (§ 30 Abs. 3 S. 2 RechVersV).

21   Eine abschließende Aufzählung möglicher Großrisikenrückstellungen stellen die Bestimmungen der RechVersV zur Atomanlagenrückstellung und zur Pharmarückstellung nicht dar. Die in Abs. 2 genannten Voraussetzungen decken die Bildung weiterer Rückstellungen, etwa für Risiken aus Erdbeben oder anderen Naturkatastrophen, ab.[16]

22   Die Veränderung der Schwankungsrückstellung und der ähnlichen Rückstellungen ist entsprechend dem bilanziellen Ausweis der Rückstellung in der GuV in einem Posten auszuweisen (Posten I.10. Formblatt 2 und 4 RechVersV).

23   Die „Schwankungsrückstellung und ähnliche Rückstellungen" sind nach Maßgabe der versicherungszweigbezogenen Angaben gem. § 51 Abs. 4 Nr. 1 Buchstabe h Doppelbuchstabe bb RechVersV im Anhang zu untergliedern. Die Methoden zur Ermittlung der Großrisikenrückstellungen sind anzugeben und eventuelle Änderungen zu erläutern (§ 52 Nr. 1 Buchstabe c RechVersV).

Fünfter Titel. Konzernabschluß, Konzernlagebericht

§ 341 i Aufstellung, Fristen

(1) ¹**Versicherungsunternehmen, auch wenn sie nicht in der Rechtsform einer Kapitalgesellschaft betrieben werden, haben unabhängig von ihrer Größe einen Konzernabschluß**

---

[11] Vgl. *v. Treuberg/Angermayer* S. 328 ff.
[12] Vgl. *Boetius* RdNr. 711 ff.
[13] Vgl. VerBAV 1981, 122.
[14] Vgl. VerBAV 1992, 37 f.
[15] Vgl. Begr. zu § 30 RechVersV, BR-Drucks. 823/94 S. 131.
[16] Zu den Besonderheiten der Bildung von Kumulrisikenrückstellungen vgl. *Boetius* RdNr. 821 ff.

und einen Konzernlagebericht aufzustellen. ² Zusätzliche Anforderungen auf Grund von Vorschriften, die wegen der Rechtsform bestehen, bleiben unberührt.

(2) Als Versicherungsunternehmen im Sinne dieses Titels gelten auch Mutterunternehmen, deren einziger oder hauptsächlicher Zweck darin besteht, Beteiligungen an Tochterunternehmen zu erwerben, diese Beteiligungen zu verwalten und rentabel zu machen, sofern diese Tochterunternehmen ausschließlich oder überwiegend Versicherungsunternehmen sind.

Abs. 3 idF für Geschäftsjahre, die vor dem 1. 1. 2006 beginnen

(3) ¹ Die gesetzlichen Vertreter eines Mutterunternehmens haben den Konzernabschluß und den Konzernlagebericht abweichend von § 290 Abs. 1 innerhalb von zwei Monaten nach Ablauf der Aufstellungsfrist für den zuletzt aufzustellenden und in den Konzernabschluß einzubeziehenden Abschluß, spätestens jedoch innerhalb von zwölf Monaten nach dem Stichtag des Konzernabschlusses, für das vergangene Konzerngeschäftsjahr aufzustellen und dem Abschlußprüfer des Konzernabschlusses vorzulegen. ² § 299 Abs. 2 Satz 2 ist mit der Maßgabe anzuwenden, daß der Stichtag des Jahresabschlusses eines Unternehmens nicht länger als sechs Monate vor dem Stichtag des Konzernabschlusses liegen darf.

Abs. 3 idF des EHUG[1]

(3) ¹ Die gesetzlichen Vertreter eines Mutterunternehmens haben den Konzernabschluß und den Konzernlagebericht abweichend von § 290 Abs. 1 innerhalb von zwei Monaten nach Ablauf der Aufstellungsfrist für den zuletzt aufzustellenden und in den Konzernabschluß einzubeziehenden Abschluß, spätestens jedoch innerhalb von zwölf Monaten nach dem Stichtag des Konzernabschlusses, für das vergangene Konzerngeschäftsjahr aufzustellen und dem Abschlußprüfer des Konzernabschlusses vorzulegen; ist das Mutterunternehmen eine Kapitalgesellschaft im Sinn des § 325 Abs. 4 Satz 1 und nicht zugleich im Sinn des § 327 a, tritt an die Stelle der Frist von längstens zwölf eine Frist von längstens vier Monaten. ² § 299 Abs. 2 Satz 2 ist mit der Maßgabe anzuwenden, daß der Stichtag des Jahresabschlusses eines Unternehmens nicht länger als sechs Monate vor dem Stichtag des Konzernabschlusses liegen darf.

(4) Der Konzernabschluß und der Konzernlagebericht sind abweichend von § 175 Abs. 1 Satz 1 des Aktiengesetzes spätestens der nächsten nach Ablauf der Aufstellungsfrist für den Konzernabschluß und Konzernlagebericht einzuberufenden Hauptversammlung, die einen Jahresabschluß des Mutterunternehmens entgegennimmt oder festzustellen hat, vorzulegen.

Schrifttum: Siehe Schrifttum zu § 341.

Übersicht

	RdNr.		RdNr.
I. Aufstellungspflicht	1–3	IV. Aufstellungsfrist	7–11
II. Versicherungsholdinggesellschaften	4, 5	V. Änderungen durch das EHUG	12
III. Konsolidierungskreis	6		

I. Aufstellungspflicht

Die ergänzenden Vorschriften des HGB für VU iSd. § 341 sind ebenso wie auf den Einzelabschluss auch auf den Konzernabschluss **rechtsform- und größenunabhängig** anzuwenden (Abs. 1 S. 1). Die Verpflichtung zur rechtsform- und größenunabhängigen Konzernrechnungslegung stammt aus der VersBiRiLi. Begründet wird sie damit, dass in den Mitgliedstaaten Konzerne unterschiedlicher Rechtsformen und Größen miteinander im Wettbewerb stehen (vgl. Erwägungsgründe zur VersBiRiLi). 1

Von den Vorschriften des **PublG** zur Konzernrechnungslegung werden VU ausgenommen (§ 11 Abs. 5 S. 1 PublG). Folgerichtig ist auch § 293 über die größenabhängige Befreiung von der Konzernrechnungslegungspflicht von VU nicht anzuwenden (§ 341 j Abs. 1 S. 2). 2

---

[1] Abs. 3 geändert durch das Gesetz über elektronische Handelsregister und Genossenschaftsregister sowie das Unternehmensregister (EHUG) vom 10. November 2006. Zur erstmaligen Anwendung s. Art. 61 Abs. 5 EGHGB.

3 **Bestimmte kleinere VU,** die nicht unter den Anwendungsbereich der VersBiRiLi fallen, werden von der Anwendung der Vorschriften über den Konzernabschluss befreit. Dies geschieht, um unangemessene Belastungen im Verhältnis zu ihrer Größe zu vermeiden. Für die in § 61 RechVersV angeführten VU sind daher die Vorschriften über den Konzernabschluss nicht anzuwenden (vgl. § 61 Abs. 1 S. 1 RechVersV).

II. Versicherungsholdinggesellschaften

4 Der Anwendungsbereich der ergänzenden Vorschriften für VU zum Konzernabschluss schließt über VU hinaus auch sog. **Versicherungsholdinggesellschaften** ein.[2] Das sind solche Unternehmen, deren einziger oder hauptsächlicher Zweck darin besteht, Beteiligungen an Tochterunternehmen zu erwerben, diese zu verwalten und rentabel zu machen, sofern es sich bei diesen Tochterunternehmen ausschließlich oder hauptsächlich um VU handelt (vgl. Abs. 2). Tochterunternehmen, die keine VU sind und in wesentlichem Maße Tätigkeiten im Rahmen von **Funktionsausgliederungs- oder Dienstleistungsbeziehungen** mit anderen Konzernunternehmen wahrnehmen, sind dem Versicherungsgeschäft zuzurechnen. Sie stellen – lediglich rechtlich – ausgegliederte Einheiten des Versicherungsbetriebes dar.[3]

5 Auf eine rein zahlenmäßige Mehrheit kommt es somit nicht an.[4]

III. Konsolidierungskreis

6 **Mutter-/Tochterverhältnis.** Das maßgebliche Kriterium für die rechtsformunabhängige Konzernrechnungslegungspflicht liegt in dem Bestehen eines **Mutter-/Tochterverhältnisses iSd.** § 290 Abs. 1 und 2.

IV. Aufstellungsfrist

7 Nach § 290 Abs. 1 sind der Konzernabschluss und Konzernlagebericht grundsätzlich für das vergangene Konzerngeschäftsjahr innerhalb der Ersten fünf Monate des laufenden Konzerngeschäftsjahres aufzustellen. Aufgrund der Besonderheiten des Versicherungsgeschäfts wird VU demgegenüber eine **Fristverlängerung** zur **Aufstellung** des Konzernabschlusses eingeräumt. Nach Abs. 3 S. 1 sind der Konzernabschluss und der Konzernlagebericht eines VU abweichend von § 290 Abs. 1 innerhalb von zwei Monaten nach Ablauf der Aufstellungsfrist für den zuletzt aufzustellenden und in den Konzernabschluss einzubeziehenden Abschluss aufzustellen und dem Konzernabschlussprüfer vorzulegen. Diese Frist wird jedoch auf höchstens zwölf Monate nach dem Stichtag des Konzernabschlusses beschränkt.

8 Gleichfalls wird die **Toleranzfrist** für die Verpflichtung zur Aufstellung von **Zwischenabschlüssen** (§ 299 Abs. 2 S. 2) von drei auf sechs Monate verlängert (Abs. 3 S. 2).

9 VU, die einen Konzernabschluss oder Konzernlagebericht aufstellen, haben diese Unterlagen der Aufsichtsbehörde **unverzüglich** einzureichen (§ 55 Abs. 2 S. 2 VAG). Diese aufsichtsrechtliche Regelung gilt gem. ihrem Wortlaut nicht für **Holdinggesellschaften** da der Anwendungsbereich des VAG auf diese nicht ausgeweitet ist.

10 Der Vorstand des Mutterunternehmens hat **unverzüglich nach Aufstellung des Konzernabschlusses** diesen zusammen mit dem Konzernabschluss und dem -lagebericht dem **Aufsichtsrat** des Mutterunternehmens vorzulegen. Die diesbezügliche Vorschrift des § 170 Abs. 1 AktG gilt für VU, die Aktiengesellschaften oder KGaA sind, unmittelbar. Für die übrigen Rechtsformen (VVaG bzw. öffentlich-rechtliches VU) findet sie gem. § 341 j Abs. 3 entsprechend Anwendung. Auf kleine Vereine ist sie nicht anzuwenden (§ 341 j Abs. 3).

11 Abweichend von § 175 Abs. 1 Satz 1 AktG sind der Konzernabschluss und der Konzernlagebericht gem. Abs. 4 spätestens der nächsten nach Ablauf der Aufstellungsfrist für den Konzernabschluss und -lagebericht einzuberufenden **Hauptversammlung,** die einen Jahresabschluss des Mutterunternehmens entgegennimmt oder festzustellen hat, vorzulegen.

V. Änderungen durch das EHUG

12 Da durch das EHUG die Offenlegungsfrist für bestimmte kapitalmarktorientierte Unternehmen von zwölf auf vier Monate verkürzt wird (vgl. § 325 Abs. 4) wurde eine Anpassung der Aufstellungs-

---

[2] Vgl. *Seitz* BeVersBiKo RdNr. 8–20.
[3] Vgl. *Geib/Ellenbürger/Kölschbach* WPg 1992, 228 f.
[4] Vgl. *Luttermann* BB 1995, 193.

Anzuwendende Vorschriften **§ 341j**

frist für den Konzernabschluss derartiger Mutterunternehmen erforderlich. In diesen Fällen beträgt die Aufstellungsfrist nun grundsätzlich ebenfalls vier Monate. Zum Kreis der kapitalmarktorientierten Unternehmen, die von der Verkürzung ausgenommen sind, vgl. § 327 a.

§ 341j Anzuwendende Vorschriften

(1) ¹ Auf den Konzernabschluß und den Konzernlagebericht sind die Vorschriften des Zweiten Unterabschnitts des Zweiten Abschnitts über den Konzernabschluß und den Konzernlagebericht und, soweit die Eigenart des Konzernabschlusses keine Abweichungen bedingt, die §§ 341a bis 341h über den Jahresabschluß sowie die für die Rechtsform und den Geschäftszweig der in den Konzernabschluß einbezogenen Unternehmen mit Sitz im Geltungsbereich dieses Gesetzes geltenden Vorschriften entsprechend anzuwenden, soweit sie für große Kapitalgesellschaften gelten. ² Die §§ 293, 298 Abs. 1 und 2 sowie § 314 Abs. 1 Nr. 3 sind nicht anzuwenden. ³ § 314 Abs. 1 Nr. 2 gilt mit der Maßgabe, daß die Angaben für solche finanzielle Verpflichtungen nicht zu machen sind, die im Rahmen des Versicherungsgeschäfts entstehen. ⁴ In den Fällen des § 315a Abs. 1 finden abweichend von Satz 1 nur die §§ 290 bis 292, 315a Anwendung; die Sätze 2 und 3 dieses Absatzes und Absatz 2, § 341i Abs. 3 Satz 2 sowie die Bestimmungen der Versicherungsunternehmens-Rechnungslegungsverordnung vom 8. November 1994 (BGBl. I S. 3378) und der Pensionsfonds-Rechnungslegungsverordnung vom 25. Februar 2003 (BGBl. I S. 246) in ihren jeweils geltenden Fassungen sind nicht anzuwenden.

(2) § 304 Abs. 1 braucht nicht angewendet zu werden, wenn die Lieferungen oder Leistungen zu üblichen Marktbedingungen vorgenommen worden sind und Rechtsansprüche der Versicherungsnehmer begründet haben.

(3) Auf Versicherungsunternehmen, die nicht Aktiengesellschaften, Kommanditgesellschaften auf Aktien oder kleinere Vereine sind, ist § 170 Abs. 1 und 3 des Aktiengesetzes entsprechend anzuwenden.

Schrifttum: Siehe Schrifttum zu § 341.

Übersicht

	RdNr.		RdNr.
I. Auf den Konzernabschluss und Konzernlagebericht anzuwendende Regelungen	1–27	5. Konzernlagebericht	25–27
1. Überblick	1, 2	II. Von der Anwendung ausgeschlossene Vorschriften	28
2. Konzernbilanz	3–8	III. In der Anwendung modifizierte Vorschriften	29
3. Konzern-Gewinn- und Verlustrechnung	9–17		
4. Konzernanhang	18–24		

I. Auf den Konzernabschluss und Konzernlagebericht anzuwendende Regelungen

1. Überblick. Wie für die Einzelrechnungslegung werden die für die Konzernrechnungslegung 1 von VU anzuwendenden Vorschriften im **HGB** (§§ 341 i, j) und in der **RechVersV** (§§ 58 bis 60) gem. § 330 Abs. 3 S. 4 **gebündelt:**
– § 341 i: Rechtsform- und größenunabhängige Konzernrechnungslegungspflicht und Regelungen zu den Aufstellungs-, Zwischenabschluss- und Vorlagefristen (vgl. Erl. zu § 341 i);
– § 341j Abs. 1 S. 1: Grundsätzliche Anwendung der allgemeinen Vorschriften zur Konzernrechnungslegung von **Kapitalgesellschaften;** §§ 290 bis 315;¹
– § 58 Abs. 1 bis 3 RechVersV: für den Konzernabschluss von VU und Versicherungsholdinggesellschaften anzuwendende **Formblätter** für die **Bilanz** und die **GuV;**
– § 58 Abs. 4 RechVersV: §§ 3 bis 50 RechVersV (außer den §§ 21 und 35 RechVersV über den Ausweis des Ausgleichsbetrages bei Niederlassungen) für den Einzelabschluss sind auch auf den Konzernabschluss anzuwenden, sofern dessen Eigenart keine Abweichung bedingt;
– §§ 59 und 60 RechVersV: die HGB-Vorschriften ergänzende Regelungen zum **Konzernanhang** und zum **Konzernlagebericht.**

---

¹ Bezüglich der allgemeinen, nichtversicherungsspezifischen Regelungen s. die Erl. zu diesen Vorschriften.

Wiedmann

2 **Versicherungsholdinggesellschaften** fallen dem Wortlaut des § 1 RechVersV zufolge nicht unmittelbar unter den Anwendungsbereich der §§ 58 bis 60 RechVersV. Dennoch erscheint die Anwendung dieser Vorschriften auch für sie sachgerecht und entspricht der Konzeption der VersBiRiLi, die grundsätzlich die Anwendung sämtlicher, den konsolidierten Abschluss von VU betreffenden Vorschriften für Versicherungsholdinggesellschaften vorsieht (Art. 65 Abs. 2 VersBiRiLi).

3 **2. Konzernbilanz.** Für die Aufstellung der Konzernbilanz von VU und Versicherungsholdinggesellschaften ist das Bilanzschema des Einzelabschlusses **(Formblatt 1 RechVersV)** anzuwenden (§ 58 Abs. 1 S. 1 RechVersV).

4 Der Betrieb mehrerer Geschäftszweige im Konzern, zB Allfinanzkonzerne, kann dazu führen, dass die für VU geltende Gliederung um Posten der nach für die anderen Geschäftszweige geltenden Gliederung zu ergänzen ist (vgl. §§ 341j Abs. 1 iVm. 341a Abs. 1 und 265 Abs. 4).

5 Wird ein Konzern, mit einem VU an der Spitze, von den Aktivitäten eines anderen Geschäftszweigs dominiert, kann zur Vermittlung eines den tatsächlichen Verhältnissen entsprechenden Bildes des Konzerns in Abweichung von § 58 Abs. 1 S. 1 RechVersV die Anwendung einer auf diesen Geschäftszweig zugeschnittenen Gliederung geboten sein.[2]

6 Für die Zwecke der Konzernbilanz sind auch die **Fußnoten zu Formblatt 1 RechVersV** zu berücksichtigen. Das bedeutet, dass bei der Konsolidierung eines KVU die **Rückstellung für Beitragsrückerstattung** in „1. erfolgsabhängige" und „2. erfolgsunabhängige" zu untergliedern ist (§ 58 Abs. 1 S. 1 RechVersV iVm. Fn. 7 zu Formblatt 1 RechVersV). Die bei den übrigen VU bilanzierten Rückstellungen für Beitragsrückerstattung sind entsprechend aufzuteilen. Auch darüber hinaus kann die Aufteilung der Rückstellung für Beitragsrückerstattung, unabhängig vom Einbezug eines KVU in den Konzernabschluss, **aus Gründen der Klarheit** geboten sein.[3]

7 Die Aufstellung der Konzernbilanz unter Berücksichtigung **einer teilweisen Verwendung des Konzernjahresergebnisses** ist möglich (vgl. § 58 Abs. 4 RechVersV iVm. Fn. 7 zu Formblatt 1 RechVersV und Fn. 8 zu Formblatt 4 RechVersV), erscheint aber wegen der fehlenden Ausschüttungsbemessungsfunktion des Konzernabschlusses nur wenig sinnvoll.[4]

8 Auf die Konzernbilanz sind die **§§ 3 bis 20 und 22 bis 34 RechVersV** entsprechend anzuwenden, soweit die Eigenart des Konzernabschlusses keine Abweichungen bedingt (vgl. § 58 Abs. 4 RechVersV).

9 **3. Konzern-Gewinn- und Verlustrechnung.** § 58 Abs. 1 S. 1 RechVersV schreibt für die Konzern-Gewinn- und Verlustrechnung grundsätzlich die Anwendung des **Formblattes 4 RechVersV** vor, soweit die Besonderheiten des Konzerns keine Abweichung bedingen. Die Ausführungen zur Konzernbilanz beim Betrieb abweichender Geschäftszweige gelten für die Gewinn- und Verlustrechnung entsprechend.

10 Die Konzern-Gewinn- und Verlustrechnung setzt sich aus drei **Teilrechnungen** zusammen:
– versicherungstechnische Rechnung für das Schaden- und Unfallversicherungsgeschäft (vgl. Fn. 1 zu Formblatt 4 RechVersV),
– versicherungstechnische Rechnung für das Lebensversicherungsgeschäft/Lebens- und Krankenversicherungsgeschäft (§ 58 Abs. 2 RechVersV),
– nichtversicherungstechnische Rechnung.

11 Die **Überschriften** der Teilrechnungen bzw. einzelner Posten sind entsprechend den im Konzern betriebenen Versicherungsgeschäften anzupassen (SchVU: Fußnoten 1 und 3 zu Formblatt 4 RechVersV; KVU: § 58 Abs. 2 RechVersV; International tätige RVU: Fußnote 2 zu Formblatt 2 RechVersV (§ 58 Abs. 1 S. 2 RechVersV); PStK: Fußnoten 2, 3 und 4 RdNr. a zu Formblatt 3 RechVersV (§ 58 Abs. 1 S. 2 RechVersV)).

12 Außerdem ist bei Konzernabschlüssen von VVaG sowie öffentlich-rechtlichen VU die Fußnote 3 Buchstabe a und b zum Formblatt 2 RechVersV zu beachten (vgl. § 58 Abs. 1 S. 2 RechVersV). Voraussetzung dafür ist, dass die Konzern-Gewinn- und Verlustrechnung unter Berücksichtigung einer teilweisen **Verwendung des Konzernjahresergebnisses** aufgestellt wird, was jedoch wegen der fehlenden Ausschüttungsbemessungsfunktion des Konzernabschlusses, unabhängig von der Rechtsform, wenig sinnvoll erscheint.[5]

---

[2] Beispielsweise das für Kreditinstitute geltende Gliederungsschema: vgl. *Krumnow* §§ 340i, j RdNr. 92.
[3] Vgl. *WPH* K RdNr. 649.
[4] S. *WPH* M RdNr. 569 mwN.
[5] Vgl. *WPH* M RdNr. 556 mwN.

Abhängig von der Herkunft der **Kapitalanlageerträge und -aufwendungen** sieht die Rech- 13
VersV im Formblatt 4 RechVersV deren getrennten Ausweis in der versicherungstechnischen Rechnung für das Lebens- und Krankenversicherungsgeschäft einerseits und in der nichtversicherungstechnischen Rechnung andererseits vor. Davon abweichend dürfen die gesamten Erträge aus und Aufwendungen für Kapitalanlagen in der Konzern-Gewinn- und Verlustrechnung zusammen, und zwar in der nichtversicherungstechnischen Rechnung ausgewiesen werden (§ 58 Abs. 3 S. 1 RechVersV). Die Erträge aus und Aufwendungen für Kapitalanlagen der konsolidierten LVU und KVU sind in diesem Fall als **Saldo** in die versicherungstechnische Rechnung für das Lebens- und Krankenversicherungsgeschäft zu transferieren (§ 58 Abs. 3 S. 2 RechVersV). Zu den entsprechenden Änderungen im Gliederungsschema vgl. § 58 Abs. 3 S. 3 RechVersV sowie die Fußnoten 6 bis 8 zum Formblatt 4 RechVersV.

Fraglich erscheint die Einordnung des von einbezogenen SchVU sowie RVU in Rückdeckung 14
übernommenen Lebens- und Krankenversicherungsgeschäfts. Da aus Gründen der Klarheit und Vergleichbarkeit gleiche Sachverhalte im Konzernabschluss gleich behandelt werden sollen, ist derartiges Geschäft uE grundsätzlich zusammen mit dem von einbezogenen LVU und KVU betriebenen Versicherungsgeschäft in der versicherungstechnischen Rechnung für das Lebens- und Krankenversicherungsgeschäft auszuweisen (vgl. auch die entsprechenden Bezeichnungen in Formblatt 4 RechVersV).

Ein Zinstransfer für das von einbezogenen SchVU sowie RVU übernommene Lebens- und 15
Krankenversicherungsgeschäft ist indessen in § 58 Abs. 3 RechVersV explizit nicht vorgesehen. Um Verzerrungen im Ausweis des versicherungstechnischen Ergebnisses im Lebens- und Krankenversicherungsgeschäft zu vermeiden, sollte in analoger Anwendung des § 58 Abs. 3 RechVersV die Möglichkeit des Transfers weiterer Kapitalanlageerträge zulässig sein.[6]

Bei Konzernen, die im Wesentlichen von Rückversicherungsaktivitäten geprägt sind, kann auch 16
ein Ausweis des gesamten übernommenen Lebensversicherungsgeschäftes in der versicherungstechnischen Rechnung für das Schaden- und Unfallversicherungsgeschäft als sachgerecht angesehen werden. Dieses Vorgehen entspricht dem bei Rückversicherungsunternehmen (§ 2 Abs. 1 S. 1 Nr. 1 RechVersV). Eine Orientierung ausschließlich an den Versicherungszweigen der in den Konzernabschluss einbezogenen rechtlichen Einheiten entspricht indessen nicht dem Einheitsgedanken des Konzernabschlusses.

Soweit die Eigenart des Konzernabschlusses keine Abweichungen bedingt, sind auf die einzelnen 17
Posten der Konzern-Gewinn- und Verlustrechnung die **§§ 36 bis 50 RechVersV** entsprechend anzuwenden (§ 58 Abs. 4 RechVersV).

4. Konzernanhang. Abgesehen von zwei **Ausnahmen** sind die in den §§ 313 und 314 für den 18
Konzernanhang geforderten Angaben auch in den Konzernanhang von VU bzw. Versicherungsholdinggesellschaften aufzunehmen (Abs. 1 S. 1):
– Statt der Aufgliederung der Umsatzerlöse nach § 314 Abs. 1 Nr. 3 sind die **gebuchten Brutto-Beiträge** nach den in § 59 Abs. 3 RechVersV vorgegebenen Kriterien zu untergliedern (§ 59 Abs. 1 RechVersV).
– Der Gesamtbetrag der **sonstigen finanziellen Verpflichtungen** nach § 314 Abs. 1 Nr. 2 ist nur für solche Verpflichtungen anzugeben, die nicht im Rahmen des Versicherungsgeschäfts entstehen (Abs. 1 S. 3).

Aufgrund der entsprechenden Anwendung der Vorschriften zu der Einzelbilanz und Einzel-Ge- 19
winn- und Verlustrechnung (§ 58 Abs. 4 RechVersV) sind darüber hinaus die in diesen Vorschriften geforderten Anhangangaben auch im Konzernanhang zu machen, soweit die Eigenart des Konzernabschlusses keine Abweichung bedingt (§ 313 Abs. 1 S. 1). So sind zB **erhebliche Abwicklungsergebnisse** aus den Schadenrückstellungen zu erläutern, wobei für die Frage nach der Erheblichkeit selbstverständlich auf die Verhältnisse im Konzern abzustellen ist.[7]

Mangels Verweis in den §§ 58 und 59 RechVersV finden demgegenüber die Vorschriften des 20
Abschnitts 5 RechVersV zum Einzelanhang (§§ 51–56) keine Anwendung auf den Konzernanhang. Das bedeutet, dass für die **Kapitalanlagen** des Konzerns die **Zeitwertangabe des § 54 ff. RechVersV** im Konzernanhang **nicht** vorgeschrieben ist. Auch die detaillierten Angaben zu Versicherungszweiggruppen, -zweigen und -arten gem. § 51 Abs. 4 RechVersV sind nicht zu machen.

Gesondert vorgeschrieben ist für den Konzernanhang der **Anlagenspiegel** gem. Muster 1. Die 21
Darstellung **beschränkt** sich allerdings, in Übereinstimmung mit der VersBiRiLi (Art. 8 VersBiRiLi)

---

[6] Vgl. *WPH* K RdNr. 659.
[7] Vgl. *Ellenbürger/Horbach/Kölschbach* WPg 1996, 117 f.

auf die Posten „Immaterielle Vermögensgegenstände", „Grundstücke, grundstücksgleiche Rechte und Bauten" und „Kapitalanlagen in verbundenen Unternehmen und Beteiligungen" (§ 59 Abs. 2 RechVersV).

22 Zum Konzernbilanzposten „Grundstücke, grundstücksgleiche Rechte und Bauten" sind entsprechend § 52 Nr. 1 Buchstabe a RechVersV die **eigengenutzten Grundstücke und Bauten** anzugeben (§ 59 Abs. 4 RechVersV). Das Kriterium der Eigennutzung bezieht sich auf die Tätigkeit im Rahmen des Konzerns, also fallen auch an nicht konsolidierte Unternehmen zur Nutzung überlassene Grundstücke und Bauten unter die Angabepflicht.

23 Versicherungsunternehmen haben im Konzernanhang auch die in § 251 bezeichneten Haftungsverhältnisse anzugeben. Dies ergibt sich aus der Gesetzessystematik. Andernfalls käme es zu einer nicht gerechtfertigten Minderanforderung für Versicherungsunternehmen gegenüber den Unternehmen anderer Branchen.[8]

24 Mit Umsetzung des KonTraG ist der Konzernanhang von börsennotierten Mutterunternehmen um eine **Segmentberichterstattung** und eine **Kapitalflussrechnung** zu erweitern (§ 297 Abs. 1 S. 2). Bezüglich der Ausgestaltung wird in der Gesetzesbegründung auf international anerkannte Rechnungslegungsgrundsätze und das private Rechnungslegungsgremium (DRSC) bzw. den Rechnungslegungsbeirat (§§ 342 und 342 a HGB) verwiesen.[9] Das DRSC hat im Dezember 1999 – in Anlehnung an die allgemeinen internationalen Standards zur Kapitalflussrechnung und Segmentberichterstattung – zwei Standards verabschiedet (DRS 2–20: Zur Kapitalflussrechnung von VU; DRS 3–20: Zur Segmentberichterstattung von VU). Sie ergänzen die allgemeinen Standards des DRSC (DRS 2: Kapitalflussrechnung; DRS 3: Segmentberichterstattung), um versicherungsspezifischen Besonderheiten Rechnung zu tragen.

25 **5. Konzernlagebericht.** Über § 315 Abs. 1 und 2 hinausgehend fordert § 60 RechVersV für den Konzernlagebericht die Angabe der **betriebenen Versicherungszweige** des sG und des in Rückdeckung übernommenen Geschäfts und einen Bericht über den **Geschäftsverlauf** im selbst abgeschlossenen Lebens-, Kranken- und Schaden- und Unfallversicherungsgeschäft sowie im in Rückdeckung übernommenen Geschäft.

26 Das in § 315 Abs. 1 2. Hs. niedergelegte Erfordernis, im Konzernlagebericht über die Risiken der künftigen Entwicklung zu berichten, wird im DRS 5–20 branchenspezifisch konkretisiert.[10]

27 Die von der RechVersV für den Einzellagebericht zusätzlich geforderten Angaben (§ 57 Abs. 3 bis 5 RechVersV) sind im Konzernlagebericht nicht zu machen.

II. Von der Anwendung ausgeschlossene Vorschriften

28 Von der Anwendung **ausgenommen** werden in **Abs. 1 S. 2** folgende Vorschriften des Zweiten Unterabschnitts des Dritten Buchs des HGB:
– § 293: Größenabhängige Befreiung von der Konzernrechnungslegungspflicht (§ 341 i);
– § 298 Abs. 1: Verweis auf die anzuwendenden allgemeinen Vorschriften zum Einzelabschluss. An dessen Stelle verweist Abs. 1 S. 1 auf die Anwendung der ergänzenden Vorschriften für den Einzelabschluss von VU (§§ 341 a bis 341 h) sowie entsprechend die für die Rechtsform und Geschäftszweige der einbezogenen Unternehmen geltenden Vorschriften für große Kapitalgesellschaften, soweit die Eigenart des Konzernabschlusses keine Abweichung bedingt (vgl. auch die Erläuterungen oben zur RechVersV);
– § 298 Abs. 2: Möglichkeit der Zusammenfassung von Vorräten in einem Bilanzposten;
– § 314 Abs. 1 Nr. 3: Aufgliederung der Umsatzerlöse im Anhang. (An deren Stelle tritt die in § 59 Abs. 3 RechVersV geforderte Untergliederung der gebuchten Brutto-Beiträge.)

III. In der Anwendung modifizierte Vorschriften

29 Auf den Konzernabschluss sind die folgenden Vorschriften in **modifizierter** Form anzuwenden:
– § 314 Abs. 1 Nr. 2: Die Angabe der **sonstigen finanziellen Verpflichtungen** braucht nicht für solche zu erfolgen, die im Rahmen des Versicherungsgeschäfts entstehen (Abs. 1 S. 3).
– § 304 Abs. 1: Von der **Eliminierung von Zwischenergebnissen** kann über § 304 Abs. 2 S. 1 hinausgehend auch dann abgesehen werden, wenn die zugrunde liegenden Lieferungen und

---

[8] Vgl. im Einzelnen *Ellenbürger/Horbach/Kölschbach* WPg 1996, 118.
[9] Vgl. Begr. zu § 297 HGB in *Ernst/Seibert/Stuckert* S. 93.
[10] Vgl. *Geib/Kölschbach*, FS Minz, S. 81 ff.

Leistungen zu marktüblichen Konditionen vorgenommen wurden und sie Rechtsansprüche von Versicherungsnehmern begründet haben; also unabhängig davon, ob die Zwischenergebniseliminierung einen unverhältnismäßig hohen Aufwand erfordern würde.

Sechster Titel. Prüfung

§ 341 k

(1) ¹ Versicherungsunternehmen haben unabhängig von ihrer Größe ihren Jahresabschluß und Lagebericht sowie ihren Konzernabschluß und Konzernlagebericht nach den Vorschriften des Dritten Unterabschnitts des Zweiten Abschnitts prüfen zu lassen. ² § 319 Abs. 1 Satz 2 ist nicht anzuwenden. ³ Hat keine Prüfung stattgefunden, so kann der Jahresabschluß nicht festgestellt werden.

(2) ¹ § 318 Abs. 1 Satz 1 ist mit der Maßgabe anzuwenden, daß der Abschlußprüfer des Jahrsabschlusses und des Konzernabschlusses vom Aufsichtsrat bestimmt wird. ² § 318 Abs. 1 Satz 3 und 4 gilt entsprechend.

(3) In den Fällen des § 321 Abs. 1 Satz 3 hat der Abschlußprüfer die Aufsichtsbehörde unverzüglich zu unterrichten.

Schrifttum: Siehe Schrifttum zu § 341.

Übersicht

	RdNr.		RdNr.
I. Prüfungspflicht und Prüfungsfrist	1–4	3. Prüfung der Deckungsrückstellung	24
II. Befreiungen	5–8	4. Bundesanstalt für Finanzdienstleistungsaufsicht	25–28
III. Besonderheiten bei der Prüfung von Versicherungsunternehmen	9–28	IV. Prüfungsbericht und Bestätigungsvermerk	29–39
1. Bestellung des Abschlussprüfers	11–17		
2. Ergänzende Prüfungspflichten bei Versicherungsunternehmen	18–23		

I. Prüfungspflicht und Prüfungsfrist

Die Prüfungspflicht für Versicherungsunternehmen besteht grundsätzlich unabhängig von ihrer Rechtsform und Größe. Damit geht der Anwendungsbereich dieser Vorschrift über den des § 316 hinaus, der kleine Kapitalgesellschaften von der Prüfungspflicht ausnimmt. Hintergrund hierfür ist, dass gem. § 341 a Abs. 1 alle Versicherungsunternehmen den großen Kapitalgesellschaften gleichgestellt werden (vgl. Erläuterungen zu § 341 a). Die Größenklassen für Kapitalgesellschaften nach § 267 finden daher gem. § 341 a Abs. 2 für Versicherungsunternehmen keine Anwendung. Durch die generelle Gleichstellung zu den großen Kapitalgesellschaften können gem. § 319 Abs. 1 nur Wirtschaftsprüfer oder Wirtschaftsprüfungsgesellschaften Abschlussprüfer sein. Eine Abschlussprüfung durch Vereidigte Buchprüfer oder Buchprüfungsgesellschaften ist nicht zulässig. 1

Für Niederlassungen ausländischer Versicherungsunternehmen, die gem. § 341 Abs. 2 unter den Anwendungsbereich der ergänzenden Vorschriften für Versicherungsunternehmen und Pensionsfonds fallen, besteht ebenfalls grundsätzlich Prüfungspflicht. Dies sind Versicherungsunternehmen mit Sitz in einem anderen Staat, die zum Betrieb des Direktversicherungsgeschäftes die Erlaubnis der deutschen Versicherungsaufsichtsbehörde benötigen (vgl. Erläuterungen zu § 341). Die Verpflichtung zur Rechnungslegung und Prüfung erfolgt für Zwecke der Aufsicht, da diese Niederlassungen der Finanzaufsicht in Deutschland unterliegen.¹ 2

Der Prüfungszeitraum für den Jahresabschluss von Kapitalgesellschaften richtet sich zum einen nach den gesetzlich vorgeschriebenen Aufstellungsfristen (vgl. Erläuterungen zu § 341 a sowie bzgl. des Konzernabschlusses § 341 i) und zum anderen nach dem Einberufungszeitpunkt der ordentlichen Hauptversammlung bzw. der Versammlung der obersten Vertretung. Diese haben grundsätzlich in den ersten acht Monaten des Geschäftsjahres stattzufinden (vgl. § 175 Abs. 1 AktG; bei Versiche- 3

---

¹ Vgl. Bericht des Rechtsausschusses, BT-Drucks. 12/7646 S. 3.

rungsaktiengesellschaften unmittelbar; bei Versicherungsvereinen, die nicht kleinere Vereine sind sowie öffentlich-rechtliche Versicherungsunternehmen iVm. § 341 a Abs. 4). Bei „professionellen" und überwiegenden Rückversicherern beträgt die Frist 14 Monate (vgl. § 341 a Abs. 5 2. Hs.). Der Konzernabschluss ist spätestens der nächsten nach Ablauf der Aufstellungsfrist einzuberufenen Hauptversammlung vorzulegen (vgl. § 341 i Abs. 4). Vor der Hauptversammlung muss dem Aufsichtsrat der Prüfungsbericht zugeleitet werden; dieser hat längstens zwei Monate Zeit die eingereichten Unterlagen zu überprüfen und dazu Stellung zu nehmen (vgl. § 171 Abs. 3 AktG, ggf. iVm. § 341 a Abs. 4). Unverzüglich nach Eingang des Berichts des Aufsichtsrats hat der Vorstand die Hauptversammlung zur Entgegennahme des festgestellten Jahresabschlusses und des Lageberichts sowie zur Beschlussfassung über die Verwendung eines Bilanzgewinns einzuberufen (vgl. § 175 AktG). Die Hauptversammlung ist mindestens einen Monat vor dem Tage der Versammlung einzuberufen (vgl. § 123 Abs. 1 AktG), so dass der Prüfungsbericht in der Regel zwei bis drei Monate vor der Hauptversammlung bzw. Versammlung der obersten Vertretung vorzuliegen hat.

4 Ist die gesetzlich vorgeschriebene Abschlussprüfung nicht erfolgt, kann der Jahresabschluss nicht festgestellt werden (vgl. § 316 Abs. 1 S. 2 iVm. § 341 k Abs. 1 S. 1).

II. Befreiungen

5 Die uneingeschränkte Prüfungspflicht des § 341 k wird durchbrochen durch eine Spezialvorschrift in der RechVersV.

6 Gem. § 61 RechVersV sind bestimmte, in dieser Vorschrift beschriebene Versicherungsunternehmen von der Prüfungspflicht nach § 341 k iVm. den §§ 316 bis 324 ausgenommen. Daneben sind kleinere Versicherungsvereine von den Anforderungen der Prüfung, Offenlegung und von der Verpflichtung zum Konzernabschluss befreit, um eine im Verhältnis zur Größe der Versicherungsunternehmen unangemessene Belastung zu vermeiden.[2] Zu den einzelnen Befreiungskriterien vgl. § 61 RechVersV.

7 Bestimmte kleinere Vereine iSd. § 53 VAG sind jedoch verpflichtet den Geschäftsbetrieb und die Vermögenslage gem. § 9 bkVReV durch einen Sachverständigen prüfen zu lassen.

8 Von der Anwendung des § 341 k bereits gesetzlich ausgenommen sind die Versicherungsunternehmen, die nach § 341 Abs. 1 S. 2 nicht unter die Versicherungsbilanzrichtlinie fallen (zB berufständische Versorgungswerke, Versorgungseinrichtungen des öffentlichen Dienstes und der Kirchen oder betriebliche Unterstützungseinrichtungen, vgl. Erläuterung zu § 341). Weitere eventuelle Prüfungspflichten für diese Versicherungsunternehmen bleiben von der Bestimmung in § 341 Abs. 1 S. 2 unberührt.

III. Besonderheiten bei der Prüfung von Versicherungsunternehmen

9 Für die Prüfung von Versicherungsunternehmen sind die für alle (prüfungspflichtigen) Kapitalgesellschaften geltenden Vorschriften der §§ 316 bis 324 zu beachten, soweit dem keine speziellen Vorschriften entgegenstehen. Zu den allgemeinen Vorschriften vgl. die Erläuterungen zu §§ 316 bis 324.

10 Im Folgenden werden nur versicherungsspezifische Besonderheiten im Zusammenhang mit der Abschlussprüfung erläutert.

11 **1. Bestellung des Abschlussprüfers.** Abweichend von den Bestimmungen des § 318 Abs. 1 S. 1 wird bei Versicherungsunternehmen der Abschlussprüfer des Jahresabschlusses und Lageberichts sowie des Konzernabschlusses und Konzernlageberichts vom Aufsichtsrat bestimmt (Abs. 2 S. 1).

12 Im Falle der Ablehnung des Prüfers durch die Aufsichtsbehörde ist damit ein ständiges, nicht nur gelegentlich zusammentreffendes Organ vorhanden, um einen neuen Abschlussprüfer bestimmen zu können.[3] Die Bestimmung des Abschlussprüfers kann auch durch einen Ausschuss des Aufsichtsrates erfolgen.[4]

13 Die Bestimmung, dass auch der Konzernabschlussprüfer vom Aufsichtsrat bestimmt wird, ist im Hinblick auf die Regelung des § 318 Abs. 2 S. 1 sinnvoll, um der üblichen Praxis zu entsprechen, derzufolge der Prüfer des Jahresabschlusses in der Regel auch Prüfer des Konzernabschlusses ist.[5]

---

[2] Vgl. Begr. zu § 61 RechVersV, BR-Drucks. 823/94 S. 152.
[3] Vgl. *Goldberg/Müller* VAG § 58 RdNr. 1.
[4] *Vgl.* § 107 Abs. 3 AktG ggf. iVm. § 35 Abs. 3 S. 1 VAG; aA *Goldberg/Müller* VAG § 58 RdNr. 2.
[5] Vgl. Begr. RegE, BT-Drucks. 12/5587 S. 30.

14 Bei Pensions- und Sterbekassen, die keinen Aufsichtsrat haben, hat nach Auskunft der BaFin die Mitgliedervertreterversammlung den Abschlussprüfer zu bestimmen.[6]

15 Bei Versicherungsholdinggesellschaften (siehe Erläuterungen zu § 341 i RdNr. 18), die selbst kein Versicherungsgeschäft betreiben, sind nach Wortlaut und Systematik der §§ 341 ff. die allgemeinen Bestimmungen (§ 318 Abs. 1) maßgeblich.[7] Die Gleichstellung von Versicherungsholdinggesellschaften und Versicherungsunternehmen in § 341 i Abs. 2 beschränkt sich explizit auf die Bestimmungen der §§ 341 i und j zum Konzernabschluss.

16 Die Bestimmung soll jeweils vor Ablauf des Geschäftsjahres erfolgen, auf das sich die Prüfung erstreckt; die gesetzlichen Vertreter, bei dessen Zuständigkeit der Aufsichtsrat (§ 35 VAG sowie § 111 AktG), haben dem bestimmten Abschlussprüfer unverzüglich den Prüfungsauftrag zu erteilen (siehe die entsprechende Erläuterung zu § 318 Abs. 1 S. 3 und 4). Der Aufsichtsrat ist zuständig bei Versicherungsunternehmen in der Rechtsform der Aktiengesellschaft (§ 111 AktG) und bei größeren Versicherungsvereinen auf Gegenseitigkeit (§ 35 VAG; zu kleineren VVaG vgl. § 53 Abs. 3 VAG).

17 Der Vorstand hat des Weiteren der Aufsichtsbehörde den vom Aufsichtsrat bestimmten Abschlussprüfer unverzüglich anzuzeigen (§ 58 Abs. 2 S. 1 VAG). Wenn diese gegen den Abschlussprüfer Bedenken hat, kann die Aufsichtsbehörde verlangen, dass innerhalb einer bestimmten Frist ein anderer Abschlussprüfer bestimmt wird (§ 58 Abs. 2 S. 2 VAG). Dies braucht nicht vor Ablauf des Geschäftsjahres zu erfolgen.[8] Unterbleibt die erneute Bestimmung des Abschlussprüfers oder hat die Aufsichtsbehörde auch gegen den neuen Abschlussprüfer Bedenken, so bestimmt diese den Prüfer selbst (§ 58 Abs. 2 S. 3 VAG). Auch in diesem Fall haben die gesetzlichen Vertreter den Prüfungsauftrag unverzüglich dem von der Aufsichtsbehörde bestimmten Prüfer zu erteilen (§ 58 Abs. 2 S. 4 VAG). Unberührt bleiben die gesellschaftsrechtlichen Möglichkeiten der Ablehnung des Abschlussprüfers nach § 318 Abs. 3.[9]

18 **2. Ergänzende Prüfungspflichten bei Versicherungsunternehmen.** Ergänzende Prüfungspflichten für den Abschlussprüfer ergeben sich aus § 57 Abs. 1 VAG. Danach hat der Abschlussprüfer auch die Erfüllung der in das VAG aufgenommenen Anzeigepflichten und Verpflichtungen nach dem GWG sowie die der Erfüllung bestimmter Anforderungen, die sich aus den Vorschriften zur zusätzlichen Beaufsichtigung von VU-Gruppen und VU, die Finanzkonglomeraten angehören (Gruppensolvabilität) zu überprüfen. Weiterhin wurde die Verpflichtung zur Prüfung des Risikofrüherkennungssystems gemäß § 317 Abs. 4 HGB bei allen VU eingeführt, auf die § 91 Abs. 2 AktG anzuwenden ist. Die Prüfungspflicht gilt für alle VU in der Rechtsform der AG, durch Verweis in § 156 Abs. 2 VAG für alle öffentlich-rechtlichen VU und durch Verweis in § 34 VAG für VVaG. Durch § 53 Abs. 1 VAG gilt eine mit Ausnahme für kleine VVaG.

19 Bei den in § 57 Abs. 1 S. 1 VAG angeführten **Anzeigepflichten** handelt es sich um solche, die mit
– der Errichtung einer Niederlassung durch Versicherungsunternehmen (§ 13 b VAG),
– der Aufnahme des Dienstleistungsverkehrs (§ 13 c VAG),
– der Bestellung eines Geschäftsleiters (§ 13 d Nr. 1 VAG),
– dem Ausscheiden eines Geschäftsleiters (§ 13 d Nr. 2 VAG),
– Satzungsänderungen, die eine Kapitalerhöhung zum Gegenstand haben (§ 13 d Nr. 3 VAG),
– dem Erreichen, Über- und Unterschreiten von bestimmten Beteiligungsschwellen (§ 13 d Nr. 4 VAG),
– der Qualifizierung des Versicherungsunternehmens als Tochterunternehmen eines anderen Unternehmens (§ 13 d Nr. 4 VAG),
– dem Bestehen, der Änderung oder der Aufgabe einer sonstigen engen Verbindung nach § 8 Abs. 1 S. 4 VAG (§ 13 d Nr. 4 a VAG) sowie
– Halten einer bedeutenden Beteiligung (mittel- oder unmittelbar mehr als 10% des Nennkapitals oder der Stimmrechte) am Versicherungsunternehmen (§ 13 d Nr. 5 VAG)

verbunden sind.[10]

20 Im Einzelnen wird auf den jeweiligen Gesetzeswortlaut verwiesen.
Erweiterungen der Prüfungspflicht ergeben sich durch die Umsetzung der Finanzkonglomeraterichtlinie. Es ist zu prüfen, ob folgende Anforderungen erfüllt wurden

---

[6] Vgl. *Kölschbach,* Sonderdruck zu: Die Sterbekasse Nr. 67, 10.
[7] AA *Seitz* BeVersBiKo RdNr. 4.
[8] Vgl. *Prölss/Mayer* VAG § 58 RdNr. 4.
[9] Vgl. *Fahr/Kaulbach* VAG § 58 RdNr. 2.
[10] Vgl. WPH K RdNr. 731.

§ 341 k 21–28   3. Buch. 4. Abschn. Ergänzende Vorschr. f. Untern. best. Geschäftszweige

- Kontrollverfahren für die Vorlage von Informationen und auskünften zur zusätzlichen Beaufsichtigung von VU, die einer Versicherungsgruppe angehören (§ 104 d VAG)
- Berechnung der bereinigten Solvabilität (§ 104 g VAG)
- Angemessenheit der Eigenmittel eines Finanzkonglomerates (§ 104 q VAG)
- Anzeige von Risikokonzentration auf Konglomeratsebene und bedeutender gruppeninterner Transaktionen (§ 104 r VAG)

Im Einzelnen wird auf den jeweiligen Gesetzeswortlaut verwiesen.

21   Daneben betreffen die in § 57 Abs. 1 S. 1 VAG angeführten **Verpflichtungen nach dem Geldwäschegesetz** (Gesetz über das Aufspüren von Gewinnen aus schweren Straftaten)[11] die nach § 14 GWG auch von Versicherungsunternehmen geforderten Vorkehrungen. Durch § 57 VAG sollen nach dem Vorbild des § 29 KWG besondere Pflichten des Prüfers anlässlich der Abschlussprüfung niedergelegt werden.[12]

Vorkehrungen iSd. § 14 Abs. 2 GWG sind:
- die Bestimmung einer leitenden Person, die Ansprechpartner für die Strafverfolgungsbehörden bei der Verfolgung der Geldwäsche nach § 261 StGB ist,
- die Entwicklung interner Grundsätze, Verfahren und Kontrollen zur Verhinderung der Geldwäsche,
- die Sicherstellung, dass die Beschäftigten, die befugt sind, bare und unbare Finanztransaktionen durchzuführen, zuverlässig sind, und
- die regelmäßige Unterrichtung dieser Beschäftigten über die Methoden der Geldwäsche.

22   Dem Wortlaut nach gilt § 14 GWG nur für Lebensversicherer und Schadenversicherer, die die Unfallversicherung mit Beitragsrückgewähr betreiben.[13]

23   Das Ergebnis der Prüfung der Erfüllung der Verpflichtungen gem. § 57 Abs. 1 S. 2 VAG ist in den Prüfungsbericht aufzunehmen.

24   **3. Prüfung der Deckungsrückstellung.** Es ist darauf hinzuweisen, dass die versicherungsmathematische Bestätigung des Verantwortlichen Aktuars hinsichtlich der ordnungsgemäßen Bildung der Deckungsrückstellungen die Vorschriften zur Prüfung durch den Wirtschaftsprüfer in § 341 k nicht berührt und damit eine Prüfung durch den Wirtschaftsprüfer auch nicht überflüssig macht.[14]

25   **4. Bundesanstalt für Finanzdienstleistungsaufsicht.** Auch nach Inkrafttreten des VersRiLiG und des 3. Durchführungsgesetzes/EWG zum VAG sind bestimmte Rechte der Aufsichtsbehörde (BAFin) sowie Verpflichtungen der Versicherungsunternehmen und des Abschlussprüfers gegenüber der BaFin zu beachten.

26   Eine Anzeigeverpflichtung des Abschlussprüfers gegenüber der BaFin besteht bei Feststellung von Tatsachen gem. § 321 Abs. 1 S. 3. Stellt danach der Abschlussprüfer bei Wahrnehmung seiner Aufgaben Unrichtigkeiten oder Verstöße gegen gesetzliche Vorschriften sowie Tatsachen fest,
- die den Bestand des Unternehmens gefährden können,
- die die Entwicklung des Unternehmens wesentlich beeinträchtigen können oder
- die schwerwiegende Verstöße der gesetzlichen Vertreter gegen Gesetz, Gesellschaftsvertrag oder Satzung darstellen,

so hat er darüber nicht nur im Rahmen seiner Berichterstattung zu informieren, sondern darüber hinaus auch unverzüglich die BaFin zu unterrichten.

27   Erweiterte Berichtspflichten gegenüber der Aufsichtsbehörde ergeben sich aus § 57 Abs. 1 S. 4 VAG, wenn der Abschlussprüfer neben dem (Erst-)Versicherungsunternehmen ein Unternehmen prüft, das mit dem Versicherungsunternehmen eine enge Verbindung nach § 8 Abs. 1 S. 4 Nr. 2 VAG auf Grund eines Kontrollverhältnisses unterhält. Die Berichtpflicht des Abschlussprüfers bezieht sich auf Feststellungen gem. § 321 Abs. 1 S. 3 bei dem verbundenen Unternehmen, wenn die Feststellungen zu wesentlichen Beeinträchtigungen des (Erst-)Versicherungsunternehmens führen können.

28   Auf Verlangen der Aufsichtsbehörde hat der Prüfer gem. § 57 Abs. 1 S. 4 VAG auch sonstige bei der Prüfung bekannt gewordene Tatsachen mitzuteilen, die gegen eine ordnungsgemäße Durchführung der Geschäfte des Versicherungsunternehmens sprechen. Die Berichtpflicht beschränkt sich auf Erstversicherungsunternehmen; dh. sie erstreckt sich nicht auf Rückversicherer.

---

[11] Vgl. Art. 1 des Gesetzes v. 15. 10. 1993, BGBl. I S. 1770 ff. mit verschiedenen späteren Änderungen. Eine bereinigte Fassung (Stand 9. 5. 1998) ist abgedruckt in VerBAV 1998, 197 ff.
[12] Vgl. Begr. RegE, BT-Drucks. 12/7646 S. 8.
[13] Zu Einzelheiten s. FN-IDW 11/1994, 510–513.
[14] Vgl. § 11 a Abs. 3 Nr. 2 S. 1 2. Hs. VAG, VFA, in: FN-IDW 1994, 396.

IV. Prüfungsbericht und Bestätigungsvermerk

Die Verpflichtung des Abschlussprüfers zur Erstellung eines Prüfungsberichts ergibt sich aus dem auch für Versicherungsunternehmen anzuwendenden § 321. Zu Einzelheiten vgl. die Erläuterungen zu § 321. **29**

Darüber hinaus ist das Bundesministerium der Finanzen[15] ermächtigt durch eine Verordnung gem. § 55a Abs. 1 S. 1 Nr. 3 VAG Vorschriften über den Inhalt der Prüfungsberichte – über den Jahresabschluss und den Konzernabschluss – zu erlassen, soweit dies für aufsichtsrechtliche Zwecke erforderlich ist.[16] Dies betrifft nur Versicherungsunternehmen, die nicht der Landesaufsicht unterliegen. Die Verordnungsermächtigung wurde gem. § 55a Abs. 1 S. 2 VAG am 10. Juli 1986 auf die BaFin übertragen. Die BaFin hat von der Ermächtigung hinsichtlich des Inhalts von Prüfungsberichten mit der PrüfV vom 3. 6. 1998 (vgl. BGBl. I S. 1209 ff.) Gebrauch gemacht. Diese Verordnung löst das Rundschreiben R 3/82 vom 25. 6. 1982[17] zur Durchführung der Prüfung und zum Inhalt von Prüfungsberichten ab. **30**

Weiterhin wird das Bundesministerium der Finanzen gem. § 55a Abs. 1 Nr. 4 ermächtigt, Vorschriften über die Prüfung des Jahresabschlusses und Lageberichtes von Versicherungsunternehmen, auf die § 341k nicht anwendbar ist, durch einen unabhängigen Sachverständigen sowie über den Inhalt und die Frist für die Einreichung eines Sachverständigenberichts, soweit dies für aufsichtsrechtliche Zwecke erforderlich ist, zu erlassen.[18] **31**

Der Abschlussprüfer hat unbeschadet der allgemeinen gesetzlichen Vorschriften sowie der berufsüblichen Prüfungs- und Berichtspflichten die PrüfV zu beachten. **32**

Weiteren Einfluss auf den Inhalt des Prüfungsberichtes kann das Bundesministerium der Finanzen gem. § 57 Abs. 2 VAG hinsichtlich der Prüfung nach § 57 Abs. 1 S. 2 VAG (s. RdNr. 19) nehmen. Durch Rechtsverordnung kann es Vorschriften erlassen, soweit dies zur Erfüllung der Aufgaben der Aufsichtsbehörde erforderlich ist, insbesondere um einheitliche Unterlagen zur Beurteilung der von Versicherungsunternehmen durchgeführten Versicherungsgeschäfte zu erhalten. Die Verordnungsermächtigung ist gem. § 57 Abs. 2 S. 2 VAG durch die Verordnung vom 7. September 1994 (BGBl. I S. 2398) auf die BaFin übertragen worden. Die BaFin hat von der Ermächtigung bislang noch keinen Gebrauch gemacht. **33**

Für Versicherungsunternehmen, die der Aufsicht durch die Aufsichtsbehörden der Länder unterliegen, können die Landesregierungen gem. § 55a Abs. 3 VAG im Benehmen mit der BAFin durch Rechtsverordnung Vorschriften auch nach § 55a Abs. 1 Nr. 3 VAG erlassen. Die Landesregierungen können diese Befugnis auf die Aufsichtsbehörde des Landes übertragen. **34**

Der Vorstand hat den Prüfungsbericht mit seinen Bemerkungen und denen des Aufsichtsrats der Aufsichtsbehörde gem. § 59 VAG unverzüglich nach der Feststellung vorzulegen. Die Aufsichtsbehörde kann den Bericht mit dem Abschlussprüfer erörtern und ggf. Ergänzungen der Prüfung und des Berichts auf Kosten des Versicherungsunternehmens veranlassen. **35**

Gem. § 60 VAG gelten § 59 VAG und § 58 VAG (Anzeigepflicht des Abschlussprüfers bei der Aufsichtsbehörde) nicht für die der Landesaufsicht unterliegenden öffentlich-rechtlichen Versicherungsunternehmen. Für Versicherungsunternehmen dieser Rechtsform bestehen für die Prüfung ihrer Jahresabschlüsse nach § 341k zusätzliche landesrechtliche Vorschriften. **36**

Für den Bestätigungsvermerk zum Jahresabschluss ist § 322 und IDW PS 400 entsprechend anzuwenden.[19] **37**

Eine Besonderheit bezüglich des Bestätigungsvermerks von Lebensversicherungsunternehmen, Schaden- und Unfallversicherungsunternehmen, welche die Unfallversicherung mit Beitragsrückgewähr betreiben, kann sich im Rahmen der **Verwendung der Überschussbeteiligung** ergeben. Gem. § 56a VAG hat der Aufsichtsrat bei Aktiengesellschaften der Entscheidung des Vorstands, welche Beträge für die Überschussbeteiligung der Versicherten zurückzustellen sind, zuzustimmen. Damit ist der Beschluss bis zur Genehmigung des Aufsichtsrats schwebend unwirksam. **38**

Hat der Aufsichtsrat im Zeitpunkt des Testates noch nicht zugestimmt, ist der Bestätigungsvermerk unter der Bedingung abzugeben, dass der Aufsichtsrat dem Beschluss des Vorstandes über die Über- **39**

---

[15] Diese Vorschrift wurde durch das Gesetz zur Änderung des VAG, insbes. zur Durchführung der EG-Richtlinie 98/78/EG v. 27. Oktober 1998 über die zusätzliche Beaufsichtigung der einer Versicherungsgruppe angehörenden Versicherungsunternehmen sowie zur Umstellung auf den Euro (VAG-Novelle), BGBl. 2000 I S. 1857 ff., geändert.
[16] Vgl. *KPMG* 1994, S. 237 f.
[17] Vgl. VerBAV 1982, 409.
[18] Diese Vorschrift wurde durch die VAG-Novelle, BGBl. 2000 I S. 1857 ff. neu eingefügt.
[19] Vgl. Erl. zu § 322.

§ 341 l 3. Buch. 4. Abschn. Ergänzende Vorschr. f. Untern. best. Geschäftszweige

schussbeteiligung der Versicherten zustimmt.[20] Die Bedingung ist dem Bestätigungsvermerk unmittelbar voranzustellen und deutlich sichtbar zu machen. Im Rechtssinne handelt es sich um eine Erteilung des Testats unter einer aufschiebenden Bedingung (§ 158 BGB). Mit Eintritt der genannten Bedingung wird das Testat voll wirksam.

Siebenter Titel. Offenlegung

§ 341 l idF für Geschäftsjahre, die vor dem 1. 1. 2006 beginnen

§ 341 l

(1) ¹ Versicherungsunternehmen haben den Jahresabschluß und den Lagebericht sowie den Konzernabschluß und den Konzernlagebericht und die anderen in § 325 bezeichneten Unterlagen nach § 325 Abs. 2 bis 5, §§ 328, 329 Abs. 1 offenzulegen. ² Von den in § 341a Abs. 5 genannten Versicherungsunternehmen ist § 325 Abs. 2 Satz 1 mit der Maßgabe anzuwenden, daß die Frist für die Einreichung der Unterlagen beim Bundesanzeiger 15 Monate beträgt.

(2) Ist das Versicherungsunternehmen nicht in das Handelsregister eingetragen, so sind die Unterlagen bei dem für den Sitz des Unternehmens zuständigen Registergericht einzureichen.

(3) Die gesetzlichen Vertreter eines Mutterunternehmens haben abweichend von § 325 Abs. 3 unverzüglich nach der Hauptversammlung oder der dieser entsprechenden Versammlung der obersten Vertretung, welcher der Konzernabschluß und der Konzernlagebericht vorzulegen sind, jedoch spätestens vor Ablauf des dieser Versammlung folgenden Monats den Konzernabschluß mit dem Bestätigungsvermerk oder dem Vermerk über dessen Versagung und den Konzernlagebericht mit Ausnahme der Aufstellung des Anteilsbesitzes im Bundesanzeiger bekanntzumachen und die Bekanntmachung unter Beifügung der bezeichneten Unterlagen zum Handelsregister des Sitzes des Mutterunternehmens einzureichen.

(4) Soweit Absatz 1 Satz 1 auf § 325 Abs. 2a Satz 3 und 5 verweist, gelten die folgenden Maßgaben und ergänzenden Bestimmungen:

1. Die in § 325 Abs. 2a Satz 3 genannten Vorschriften des Ersten Unterabschnitts des Zweiten Abschnitts des Dritten Buchs sind auch auf Versicherungsunternehmen anzuwenden, die nicht in der Rechtsform einer Kapitalgesellschaft betrieben werden.
2. An Stelle des § 285 Satz 1 Nr. 8 Buchstabe b gilt die Vorschrift des § 51 Abs. 5 in Verbindung mit Muster 2 der Versicherungsunternehmens-Rechnungslegungsverordnung vom 8. November 1994 (BGBl. I S. 3378), die zuletzt durch Artikel 8 Abs. 11 Nr. 2 des Gesetzes vom 4. Dezember 2004 (BGBl. I S. 3166) geändert worden ist.
3. § 341a Abs. 4 ist anzuwenden, soweit er auf die Bestimmungen der §§ 170, 171 und 175 des Aktiengesetzes über den Einzelabschluss nach § 325 Abs. 2a dieses Gesetzes verweist.
4. Im Übrigen finden die Bestimmungen des Zweiten bis Vierten Titels dieses Unterabschnitts sowie der Versicherungsunternehmens-Rechnungslegungsverordnung keine Anwendung.

§ 341 l idF des EHUG[1]

§ 341 l

(1) ¹ Versicherungsunternehmen haben den Jahresabschluß und den Lagebericht sowie den Konzernabschluß und den Konzernlagebericht und die anderen in § 325 bezeichneten Unterlagen nach § 325 Abs. 2 bis 5, §§ 328, 329 Abs. 1 offenzulegen. ² Von den in § 341a Abs. 5 genannten Versicherungsunternehmen ist § 325 Abs. 1 mit der Maßgabe anzuwen-

---

[20] Vgl. FN-IDW 1994, 396 f.
[1] Geändert durch das Gesetz über elektronische Handelsregister und Genossenschaftsregister sowie das Unternehmensregister (EHUG) vom 10. November 2006. Zur erstmaligen Anwendung s. Art. 61 Abs. 5 EGHGB.

den, daß die Frist für die Einreichung der Unterlagen beim Betreiber des elektronischen Bundesanzeigers 15 Monate, im Fall des § 325 Abs. 4 Satz 1 vier Monate beträgt; § 327 a ist anzuwenden.

(2) Die gesetzlichen Vertreter eines Mutterunternehmens haben abweichend von § 325 Abs. 3 unverzüglich nach der Hauptversammlung oder der dieser entsprechenden Versammlung der obersten Vertretung, welcher der Konzernabschluß und der Konzernlagebericht vorzulegen sind, jedoch spätestens vor Ablauf des dieser Versammlung folgenden Monats den Konzernabschluß mit dem Bestätigungsvermerk oder dem Vermerk über dessen Versagung und den Konzernlagebericht mit Ausnahme der Aufstellung des Anteilsbesitzes beim Betreiber des elektronischen Bundesanzeigers elektronisch einzureichen.

(3) Soweit Absatz 1 Satz 1 auf § 325 Abs. 2 a Satz 3 und 5 verweist, gelten die folgenden Maßgaben und ergänzenden Bestimmungen:
1. Die in § 325 Abs. 2 a Satz 3 genannten Vorschriften des Ersten Unterabschnitts des Zweiten Abschnitts des Dritten Buchs sind auch auf Versicherungsunternehmen anzuwenden, die nicht in der Rechtsform einer Kapitalgesellschaft betrieben werden.
2. An Stelle des § 285 Satz 1 Nr. 8 Buchstabe b gilt die Vorschrift des § 51 Abs. 5 in Verbindung mit Muster 2 der Versicherungsunternehmens-Rechnungslegungsverordnung vom 8. November 1994 (BGBl. I S. 3378), die zuletzt durch Artikel 8 Abs. 11 Nr. 2 des Gesetzes vom 4. Dezember 2004 (BGBl. I S. 3166) geändert worden ist.
3. § 341 a Abs. 4 ist anzuwenden, soweit er auf die Bestimmungen der §§ 170, 171 und 175 des Aktiengesetzes über den Einzelabschluss nach § 325 Abs. 2 a dieses Gesetzes verweist.
4. Im Übrigen finden die Bestimmungen des Zweiten bis Vierten Titels dieses Unterabschnitts sowie der Versicherungsunternehmens-Rechnungslegungsverordnung keine Anwendung.

Schrifttum: Siehe Schrifttum zu § 341.

Übersicht

	RdNr.		RdNr.
I. Umfang der Offenlegung und Offenlegungsfrist	1–11	IV. Konzernabschluss	19–21
II. Befreiungen	12–14	V. Änderungen durch das EHUG	22–24
III. Besonderheiten zur Offenlegung	15–18		

I. Umfang der Offenlegung und Offenlegungsfrist

Die von Versicherungsunternehmen unabhängig von ihrer Größe und Rechtsform zu beachtenden Offenlegungsvorschriften knüpfen weitgehend an die für (andere) Kapitalgesellschaften geltenden Regelungen in §§ 325 bis 329 an (vgl. Erläuterungen zu §§ 325 bis 329). **1**

Nicht zur Anwendung kommen die größenabhängigen Erleichterungen der §§ 326 und 327, da Versicherungsunternehmen gem. § 341 a Abs. 1 generell den großen Kapitalgesellschaften gleichgestellt werden. **2**

Durch die Rechtsformunabhängigkeit gelten die Offenlegungsvorschriften grundsätzlich auch für Versicherungsunternehmen, die keine Kapitalgesellschaft sind, zB für kleine Versicherungsvereine. Das PublG findet keine Anwendung. **3**

Für Niederlassungen ausländischer Versicherungsunternehmen, die gem. § 341 Abs. 2 unter den Anwendungsbereich der ergänzenden Vorschriften für Versicherungsunternehmen und Pensionsfonds fallen (§§ 105, 110 d VAG), besteht grundsätzlich Offenlegungspflicht. Es handelt sich hierbei im Wesentlichen um Versicherungsunternehmen mit Sitz in einem anderen Staat, die zum Betrieb des Direktversicherungsgeschäfts die Erlaubnis der deutschen Versicherungsaufsichtsbehörde benötigen (vgl. Erläuterung zu § 341). Die Verpflichtung zur Offenlegung erfolgt insbesondere für Zwecke der Aufsicht, da diese Niederlassungen weiterhin der Finanzaufsicht in Deutschland unterliegen.[2] **4**

Für Niederlassungen von VU aus anderen EU-Mitgliedstaaten, die nicht zur Erstellung eines gesonderten Jahresabschlusses verpflichtet sind, wird von jeglichen Offenlegungspflichten abgesehen.[3] **5**

---

[2] Vgl. Bericht des Rechtsausschusses, BT-Drucks. 12/7646 S. 3.
[3] Vgl. Bericht des Rechtsausschusses, BT-Drucks. 12/7646 S. 5.

6 Mit dieser Regelung wird zugleich von einem in der 11. Gesellschaftsrechtlichen EG-Richtlinie (89/666/EWG) eingeräumten Wahlrecht Gebrauch gemacht. Gem. Art. 14 dieser Richtlinie können die Mitgliedstaaten bis zu einer EU-weiten abschließenden Koordinierung für die Offenlegungspflicht von Zweigniederlassungen von VU abweichende Regelungen treffen.[4]

7 Für Versicherungsunternehmen ergeben sich für den Einzelabschluss folgende Offenlegungspflichten:[5]
– im Bundesanzeiger sind bekannt zu machen:
    a) Jahresabschluss und Lagebericht einschließlich Anhang (die Aufstellung des Anteilsbesitzes iSd. § 287, die Bestandteil des Anhangs ist, braucht gem. § 325 Abs. 2 S. 2 nicht im Bundesanzeiger bekannt gemacht zu werden)
    b) Bericht des Aufsichtsrats
    c) Bestätigungsvermerk oder Vermerk über dessen Versagung und, soweit nicht aus dem Jahresabschluss ersichtlich:
    d) Angabe des Jahresergebnisses
    e) Vorschlag für die Verwendung des Jahresergebnisses.
– beim Handelsregister sind einzureichen:
    a) die Unterlagen, die beim Bundesanzeiger bekannt zu machen sind (einschließlich der Aufstellung des Anteilsbesitzes iSd. § 287)
    b) die Bekanntmachung im Bundesanzeiger.

8 Versicherungsunternehmen, die nicht in das Handelsregister eingetragen sind, haben gem. Abs. 2 dieser Vorschrift die Unterlagen bei dem für den Sitz des Unternehmens zuständigen Registergericht einzureichen.

9 Für die Offenlegungsfrist ist grundsätzlich § 325 Abs. 1 S. 1 maßgebend. Danach ist der Jahresabschluss unverzüglich nach seiner Vorlage an die Gesellschafter, jedoch spätestens vor Ablauf des zwölften Monats des dem Abschlussstichtag nachfolgenden Geschäftsjahres offen zu legen (§ 325 Abs. 1 S. 1 iVm. § 341 l Abs. 1 S. 1).

10 Für Rückversicherungsunternehmen und Versicherungsunternehmen, deren Beiträge aus dem in Rückdeckung übernommenen Versicherungsgeschäft die übrigen Beiträge übersteigen (vgl. § 341 a Abs. 5), ist die Frist von zwölf auf fünfzehn Monate verlängert (Abs. 1 S. 2).

11 Für die Wahrung der Frist ist der Zeitpunkt der Einreichung der Unterlagen beim Bundesanzeiger maßgebend, vgl. hierzu § 325 Abs. 4.

II. Befreiungen

12 Unter den in § 264 Abs. 3 und § 264 b aufgeführten Voraussetzungen können Versicherungsunternehmen gem. § 341 a Abs. 2 S. 4 von einer Offenlegung des Jahresabschlusses absehen. Wegen aufsichtsrechtlicher Gründe sind die in § 264 Abs. 3 und § 264 b vorgesehenen Befreiungsmöglichkeiten auf die Offenlegung beschränkt.[6] Von der Erleichterung sind Tochterunternehmen von Versicherungsunternehmen unabhängig von deren Rechtsform erfasst.[7] Die handelsrechtliche Offenlegungspflicht wird durch eine Spezialvorschrift in der RechVersV durchbrochen. Gem. § 61 RechVersV sind bestimmte, in dieser Vorschrift beschriebene Versicherungsunternehmen von der Offenlegungspflicht und damit von der Anwendung des § 341 l sowie der §§ 325 bis 329 ausgenommen.

13 Sinngemäß sind kleine Versicherungsvereine, soweit es die Versicherungsbilanzrichtlinie zulässt, von den Anforderungen der Prüfung, Offenlegung und von der Verpflichtung zum Konzernabschluss befreit, um eine im Verhältnis zur Größe der Versicherungsunternehmen unangemessene Belastung zu vermeiden.[8] Zu den einzelnen Befreiungskriterien vgl. § 61 RechVersV.

14 Von der Anwendung des § 341 l bereits gesetzlich ausgenommen sind die Versicherungsunternehmen, die nach § 341 Abs. 1 S. 2 nicht unter die Versicherungsbilanzrichtlinie fallen (zB berufsständische Versorgungswerke, Versorgungseinrichtungen des öffentlichen Dienstes und der Kirchen oder betriebliche Unterstützungseinrichtungen, vgl. Erläuterungen zu § 341). Begründet wird dies damit, dass für diese Versicherungsunternehmen die Anwendung der allgemeinen Rechnungslegungsbestimmungen nicht erforderlich oder angemessen erscheint.

---

[4] Vgl. Prölss VAG §§ 55–64 RdNr. 60.
[5] Vgl. Seitz BeVersBiKo RdNr. 5 f.
[6] Vgl. BT-Drucks. 13/7141.
[7] Vgl. Dörner/Wirth DB 1998, 1526.
[8] Vgl. Begr. zu § 61 RechVersV in BR-Drucks. 823/94 S. 152.

III. Besonderheiten zur Offenlegung

Neben den handelsrechtlichen Vorschriften sind auch einige aufsichtsrechtliche Bestimmungen zur Offenlegung zu beachten. **15**

Die gesetzlichen Vorschriften über die Einreichung des Jahresabschlusses und des Lageberichts an die Aufsichtsbehörde regelt § 55 Abs. 2 VAG. Danach sind der Aufsichtsbehörde sowohl der aufgestellte als auch der festgestellte Jahresabschluss jeweils unverzüglich einzureichen. Der Aufsichtsbehörde soll mit der Einreichung des aufgestellten Jahresabschlusses eine möglichst zeitige Analyse zur Früherkennung von Negativentwicklungen ermöglicht werden.[9] **16**

Gem. § 55 Abs. 3 VAG haben Versicherungsunternehmen über die allgemeinen Offenlegungspflichten hinaus jedem Versicherten auf Verlangen den Jahresabschluss und den Lagebericht zu übersenden. Davon sind auch die „kleineren Vereine" iSd. § 53 VAG nicht befreit. **17**

Gem. § 106 Abs. 2 S. 4 Nr. 1 VAG sind auch Niederlassungen ausländischer Versicherungsunternehmen verpflichtet, auf Verlangen jedem Versicherten den Jahresabschluss und den Lagebericht in deutscher Sprache zu übersenden. **18**

IV. Konzernabschluss

Versicherungsunternehmen, die Mutterunternehmen sind, haben, abweichend von § 325 Abs. 3, unverzüglich nach der Hauptversammlung oder der entsprechenden Versammlung der obersten Vertretung, welcher der Konzernabschluss und -lagebericht vorzulegen sind, jedoch spätestens vor Ablauf des dieser Versammlung folgenden Monats beim Bundesanzeiger bekannt zu machen Abs. 3): **19**
a) Konzernabschluss und -lagebericht (die Aufstellung des Anteilsbesitzes, die Bestandteil des Anhangs ist, braucht nicht im Bundesanzeiger bekannt gemacht zu werden) sowie
b) Bestätigungsvermerk oder Vermerk über dessen Versagung.

Beim Handelsregister ist darüber hinaus die Bekanntmachung im Bundesanzeiger einzureichen. **20**

Auch für den Konzernabschluss ist die Regelung des § 55 Abs. 2 VAG zu beachten. Gem. § 55 Abs. 2 S. 2 VAG sind der aufgestellte Konzernabschluss und Konzernlagebericht der Aufsichtsbehörde unverzüglich einzureichen. **21**

V. Änderungen durch das EHUG

Versicherungsunternehmen, die ausschließlich die Rückversicherung betreiben oder deren Beiträge aus in Rückdeckung übernommenen Versicherungen die übrigen Beiträge übersteigen, haben die offenlegungspflichtigen Unterlagen innerhalb von 15 Monaten beim Betreiber des elektronischen Bundesanzeigers einzureichen. Dies entspricht der diesen Unternehmen auch bisher eingeräumten Frist zur Einreichung der Unterlagen zum Bundesanzeiger. Allerdings verkürzt sich die Frist im Fall der Kapitalmarktorientierung iSv. § 325 Abs. 4 S. 1 auf vier Monate, sofern nicht die Erleichterung des § 327 a eingreift. **22**

Der bisherige Abs. 2, der den Ort der Einreichung von nicht im Handelsregister eingetragenen Versicherungsunternehmen regelte, wurde aufgehoben, da durch die Einreichungspflicht beim Betreiber des elektronischen Handelsregisters die Einreichung beim Registergericht obsolet geworden ist. **23**

Die Änderung des bisherigen Abs. 3, der zukünftig Abs. 2 wird, trägt dem Umstand Rechnung, dass die Publizität zukünftig ausschließlich elektronisch erfolgen wird. Die Einreichung der Bekanntmachung unter Beifügung der bezeichneten Unterlagen zum Handelsregister des Sitzes des Mutterunternehmens entfällt. **24**

Achter Titel. Straf- und Bußgeldvorschriften, Zwangsgelder

§ 341 m Strafvorschriften

¹ Die Strafvorschriften der §§ 331 bis 333 sind auch auf nicht in der Rechtsform einer Kapitalgesellschaft betriebene Versicherungsunternehmen und Pensionsfonds anzuwenden. ² § 331 ist darüber hinaus auch anzuwenden auf die Verletzung von Pflichten durch den Hauptbevollmächtigten (§ 106 Abs. 3 des Versicherungsaufsichtsgesetzes).

Schrifttum: Siehe Schrifttum zu § 341.

---

[9] Vgl. Begr. RegE, BT-Drucks. 12/5587 S. 32.

§ 341 n

I. Anwendung von §§ 331 bis 333

1   Die rechtsformspezifisch für Kapitalgesellschaften formulierten Strafvorschriften werden auf Versicherungsunternehmen jeglicher Rechtsform ausgedehnt. Die Strafvorschriften der §§ 331 bis 333 sind somit für alle Versicherungsunternehmen anzuwenden.[1] Außerdem ist der Anwendungsbereich durch das Altersvermögensgesetz (AVmG) vom 6. 11. 2001 insoweit ausgeweitet worden, dass nunmehr auch Pensionsfonds unter die für Kapitalgesellschaften formulierten Strafvorschriften fallen.[2]

II. Von § 331 betroffener Personenkreis

2   Soweit Versicherungsunternehmen als Kapitalgesellschaften betrieben werden, richten sich die Strafvorschriften am in § 331 beschriebenen Personenkreis aus. Dies sind die Mitglieder des vertretungsberechtigten Organs (Vorstands) sowie Mitglieder des Aufsichtsrats. § 331 ist darüber hinaus auch anzuwenden auf die Verletzung von Pflichten durch den Hauptbevollmächtigten (§ 106 Abs. 3 des VAG). Somit findet § 331 auch Anwendung auf Versicherungsunternehmen mit Sitz außerhalb der Mitgliedstaaten der Europäischen Wirtschaftsgemeinschaft oder eines anderen Vertragsstaates des Abkommens über den Europäischen Wirtschaftsraum, die für ihre Niederlassungen einen Hauptbevollmächtigten zu bestellen haben (§ 106 Abs. 3 S. 1). Darüber hinaus sind von § 331 auch die vertretungsberechtigten Organe der Nicht-Kapitalgesellschaften erfasst (S. 1). Durch die Ausweitung der Straf- und Bußgeldvorschriften sowie der Vorschriften über die Festsetzung von Zwangs- und Ordnungsgeld in § 341 m auf Pensionsfonds sind diese Vorschriften nunmehr auch auf Mitglieder des vertretungsberechtigten Organs oder des Aufsichtsrats eines Pensionsfonds anzuwenden.

III. Von §§ 332, 333 betroffener Personenkreis

3   Von §§ 332, 333 werden der Abschlussprüfer und die Gehilfen des Abschlussprüfers erfasst. Vgl. zu Einzelheiten Erläuterungen zu §§ 332, 333.

IV. Straftatbestände und Rechtsfolgen

4   Vgl. Erläuterungen zu §§ 331 bis 333.

§ 341 n Bußgeldvorschriften

Abs. 1 idF für Geschäftsjahre, die vor dem 1. 1. 2006 beginnen

(1) Ordnungswidrig handelt, wer als Mitglied des vertretungsberechtigten Organs oder des Aufsichtsrats eines Versicherungsunternehmens oder eines Pensionsfonds oder als Hauptbevollmächtigter (§ 106 Abs. 3 des Versicherungsaufsichtsgesetzes)
1. bei der Aufstellung oder Feststellung des Jahresabschlusses einer Vorschrift
   a) des § 243 Abs. 1 oder 2, der §§ 244, 245, 246 Abs. 1 oder 2, dieser in Verbindung mit § 341a Abs. 2 Satz 3, des § 247 Abs. 3, der §§ 248, 249 Abs. 1 Satz 1 oder Abs. 3, des § 250 Abs. 1 Satz 1 oder Abs. 2, des § 264 Abs. 2, des § 341 e Abs. 1 oder 2 oder der §§ 341 f, 341 g oder 341 h über Form oder Inhalt,
   b) des § 253 Abs. 1 Satz 1 in Verbindung mit § 255 Abs. 1 oder 2 Satz 1, 2 oder 6, des § 253 Abs. 1 Satz 2 oder Abs. 2 Satz 1, 2 oder 3, dieser in Verbindung mit § 341 b Abs. 1 Satz 3, des § 253 Abs. 3 Satz 1 oder 2, des § 280 Abs. 1, der §§ 282, 283, des § 341 b Abs. 1 Satz 1 oder des § 341 d über die Bewertung,
   c) des § 265 Abs. 2, 3 oder 4, des § 268 Abs. 3 oder 6, der §§ 272, 273, 274 Abs. 1 oder des § 277 Abs. 3 Satz 2 oder Abs. 4 über die Gliederung,
   d) des § 280 Abs. 3, des § 281 Abs. 1 Satz 2 oder 3 oder Abs. 2 Satz 1, des § 284 oder des § 285 Satz 1 Nr. 1, 2 oder 3 in Verbindung mit § 341 a Abs. 2 Satz 5, § 285 Satz 1 Nr. 5 bis 7, 9 bis 14, 17, 18 oder Nr. 19 über die in der Bilanz oder im Anhang zu machenden Angaben oder
2. bei der Aufstellung des Konzernabschlusses einer Vorschrift
   a) des § 294 Abs. 1 über den Konsolidierungskreis,

---

[1] Vgl. *Koller/Roth/Morck* RdNr. 1; *Prölss* VAG RdNr. 4.
[2] Vgl. BT-Drucks. 14/5150 S. 54.

Bußgeldvorschriften 4 § 341n

    b) des § 297 Abs. 2 oder 3 oder des § 341j Abs. 1 Satz 1 in Verbindung mit einer der in Nummer 1 Buchstabe a bezeichneten Vorschriften über Form oder Inhalt,
    c) des § 300 über die Konsolidierungsgrundsätze oder das Vollständigkeitsgebot,
    d) des § 308 Abs. 1 Satz 1 in Verbindung mit den in Nummer 1 Buchstabe b bezeichneten Vorschriften oder des § 308 Abs. 2 über die Bewertung,
    e) des § 311 Abs. 1 Satz 1 in Verbindung mit § 312 über die Behandlung assoziierter Unternehmen oder
    f) des § 308 Abs. 1 Satz 3, des § 313 oder des § 314 in Verbindung mit § 341j Abs. 1 Satz 2 oder 3 über die im Anhang zu machenden Angaben,
3. bei der Aufstellung des Lageberichts einer Vorschrift des § 289 Abs. 1 oder 4 über den Inhalt des Lageberichts,
4. bei der Aufstellung des Konzernlageberichts einer Vorschrift des § 315 Abs. 1 oder 4 über den Inhalt des Konzernlageberichts,
5. bei der Offenlegung, Veröffentlichung oder Vervielfältigung einer Vorschrift des § 328 über Form oder Inhalt oder
6. einer auf Grund des § 330 Abs. 3 und 4 in Verbindung mit Abs. 1 Satz 1 erlassenen Rechtsverordnung, soweit sie für einen bestimmten Tatbestand auf diese Bußgeldvorschrift verweist,
zuwiderhandelt.

Abs. 1 idF des EHUG

(1) Ordnungswidrig handelt, wer als Mitglied des vertretungsberechtigten Organs oder des Aufsichtsrats eines Versicherungsunternehmens oder eines Pensionsfonds oder als Hauptbevollmächtigter (§ 106 Abs. 3 des Versicherungsaufsichtsgesetzes)
1. bei der Aufstellung oder Feststellung des Jahresabschlusses einer Vorschrift
    a) des § 243 Abs. 1 oder 2, der §§ 244, 245, 246 Abs. 1 oder 2, dieser in Verbindung mit § 341a Abs. 2 Satz 3, des § 247 Abs. 3, der §§ 248, 249 Abs. 1 Satz 1 oder Abs. 3, des § 250 Abs. 1 Satz 1 oder Abs. 2, des § 264 Abs. 2, des § 341e Abs. 1 oder 2 oder der §§ 341f, 341g oder 341h über Form oder Inhalt,
    b) des § 253 Abs. 1 Satz 1 in Verbindung mit § 255 Abs. 1 oder 2 Satz 1, 2 oder 6, des § 253 Abs. 1 Satz 2 oder Abs. 2 Satz 1, 2 oder 3, dieser in Verbindung mit § 341b Abs. 1 Satz 3, des § 253 Abs. 3 Satz 1 oder 2, des § 280 Abs. 1, der §§ 282, 283, des § 341b Abs. 1 Satz 1 oder des § 341d über die Bewertung,
    c) des § 265 Abs. 2, 3 oder 4, des § 268 Abs. 3 oder 6, der §§ 272, 273, 274 Abs. 1 oder des § 277 Abs. 3 Satz 2 oder Abs. 4 über die Gliederung,
    d) des § 280 Abs. 3, des § 281 Abs. 1 Satz 2 oder 3 oder Abs. 2 Satz 1, des § 284 oder des § 285 Satz 1 Nr. 1, 2 oder 3 in Verbindung mit § 341a Abs. 2 Satz 5, § 285 Satz 1 Nr. 5 bis 7, 9 bis 14, 17, 18 oder Nr. 19 über die in der Bilanz oder im Anhang zu machenden Angaben oder
2. bei der Aufstellung des Konzernabschlusses einer Vorschrift
    a) des § 294 Abs. 1 über den Konsolidierungskreis,
    b) des § 297 Abs. 2 oder 3 oder des § 341j Abs. 1 Satz 1 in Verbindung mit einer der in Nummer 1 Buchstabe a bezeichneten Vorschriften über Form oder Inhalt,
    c) des § 300 über die Konsolidierungsgrundsätze oder das Vollständigkeitsgebot,
    d) des § 308 Abs. 1 Satz 1 in Verbindung mit den in Nummer 1 Buchstabe b bezeichneten Vorschriften oder des § 308 Abs. 2 über die Bewertung,
    e) des § 311 Abs. 1 Satz 1 in Verbindung mit § 312 über die Behandlung assoziierter Unternehmen oder
    f) des § 308 Abs. 1 Satz 3, des § 313 oder des § 314 in Verbindung mit § 341j Abs. 1 Satz 2 oder 3 über die im Anhang zu machenden Angaben,
3. bei der Aufstellung des Lageberichts einer Vorschrift des § 289 Abs. 1 oder 4 über den Inhalt des Lageberichts,
4. bei der Aufstellung des Konzernlageberichts einer Vorschrift des § 315 Abs. 1 oder 4 über den Inhalt des Konzernlageberichts,
5. bei der Offenlegung, Veröffentlichung oder Vervielfältigung einer Vorschrift des § 328 über Form oder Inhalt oder

§ 341 n 3. Buch. 4. Abschn. Ergänzende Vorschr. f. Untern. best. Geschäftszweige

6. einer auf Grund des § 330 Abs. 3 und 4 in Verbindung mit Abs. 1 Satz 1 erlassenen Rechtsverordnung, soweit sie für einen bestimmten Tatbestand auf diese Bußgeldvorschrift verweist,

zuwiderhandelt.

(2) Ordnungswidrig handelt, wer zu einem Jahresabschluss, zu einem Einzelabschluss nach § 325 Abs. 2 a oder zu einem Konzernabschluss, der aufgrund gesetzlicher Vorschriften zu prüfen ist, einen Vermerk nach § 322 Abs. 1 erteilt, obwohl nach § 319 Abs. 2, 3, 5, § 319 a Abs. 1 Satz 1, Abs. 2 er oder nach § 319 Abs. 4, auch in Verbindung mit § 319 a Abs. 1 Satz 2, oder § 319 a Abs. 1 Satz 4 die Wirtschaftsprüfungsgesellschaft, für die er tätig wird, nicht Abschlussprüfer sein darf.

(3) Die Ordnungswidrigkeit kann mit einer Geldbuße bis zu fünfzigtausend Euro geahndet werden.

Abs. 4 idF für Geschäftsjahre, die vor dem 1. 1. 2006 beginnen

(4) [1] Verwaltungsbehörde im Sinne des § 36 Abs. 1 Nr. 1 des Gesetzes über Ordnungswidrigkeiten ist bei Ordnungswidrigkeiten nach den Absätzen 1 und 2 die Bundesanstalt für Finanzdienstleistungsaufsicht für die seiner Aufsicht unterliegenden Versicherungsunternehmen und Pensionsfonds. [2] Unterliegt ein Versicherungsunternehmen und Pensionsfonds der Aufsicht einer Landesbehörde, so ist diese zuständig.

Abs. 4 idF des EHUG

(4) [1] Verwaltungsbehörde im Sinne des § 36 Abs. 1 Nr. 1 des Gesetzes über Ordnungswidrigkeiten ist in den Fällen der Absätze 1 und 2 die Bundesanstalt für Finanzdienstleistungsaufsicht für die ihrer Aufsicht unterliegenden Versicherungsunternehmen und Pensionsfonds. [2] Unterliegt ein Versicherungsunternehmen und Pensionsfonds der Aufsicht einer Landesbehörde, so ist diese zuständig.

Schrifttum: Siehe Schrifttum zu § 341.

Übersicht

	RdNr.		RdNr.
I. Von § 341 n betroffener Personenkreis	1, 2	4. Zuwiderhandlungen bei der Aufstellung des Konzernlageberichts	11
II. Zu ahndende Ordnungswidrigkeiten	3–14	5. Zuwiderhandlungen bei der Offenlegung, Veröffentlichung oder Vervielfältigung	12
1. Zuwiderhandlungen bei der Aufstellung oder Feststellung des Jahresabschlusses	5–8	6. Zuwiderhandlungen gegen eine auf Grund von § 330 Abs. 3 und 4 iVm. Abs. 1 S. 1 erlassene Rechtsverordnung	13
a) Zuwiderhandlungen gegen Vorschriften über Form oder Inhalt des Jahresabschlusses	5	7. Ordnungswidrige Erteilung eines Bestätigungsvermerks	14
b) Zuwiderhandlungen gegen Vorschriften über die Bewertung	6	III. Verfahren zur Verfolgung und Ahndung der Ordnungswidrigkeiten	15
c) Zuwiderhandlungen gegen Vorschriften über die Gliederung	7	IV. Rechtsfolgen	16
d) Zuwiderhandlungen gegen Vorschriften über in der Bilanz oder im Anhang zu machende Angaben	8	V. Zuständigkeit der Verwaltungsbehörden	17, 18
2. Zuwiderhandlungen bei der Aufstellung des Konzernabschlusses	9	VI. Änderungen durch das EHUG	19
3. Zuwiderhandlungen bei der Aufstellung des Lageberichts	10		

I. Von § 341 n betroffener Personenkreis

1 Von den Bußgeldvorschriften werden zunächst alle Mitglieder des vertretungsberechtigten Organs oder des Aufsichtsrats eines Versicherungsunternehmens bzw. eines Pensionsfonds sowie die Hauptbevollmächtigten iSv. § 106 Abs. 3 des VAG erfasst. Das bedeutet insbesondere, dass durch Abs. 1 als Spezialvorschrift die für alle Kapitalgesellschaften geltenden Bußgeldvorschriften in § 334 verdrängt werden. Abs. 1 gilt insoweit auch für Organmitglieder von Kapitalgesellschaften und hat somit anders als § 341 o nicht nur ergänzenden Charakter.

Nach Abs. 2 kann ferner der Abschlussprüfer eines Versicherungsunternehmens im Falle einer ordnungswidrigen Erteilung eines Vermerks nach § 322 mit einer Geldbuße belegt werden (vgl. Erläuterungen unter RdNr. 14).

II. Zu ahndende Ordnungswidrigkeiten

Der Umfang der Vorschriften orientiert sich grundsätzlich an den Bußgeldvorschriften in § 334 Abs. 1 bis 3. Wegen der branchenspezifischen Besonderheiten ist jedoch in § 334 Abs. 4 die Anwendung der für alle Kapitalgesellschaften geltenden Bußgeldvorschriften auf Versicherungsunternehmen und Pensionsfonds (sowie Kreditinstitute) ausgeschlossen, so dass es einer eigenständigen Regelung im Rahmen der ergänzenden Vorschriften für Versicherungsunternehmen und Pensionsfonds bedarf.

Als Ordnungswidrigkeit werden nach Abs. 1 und 2 Zuwiderhandlungen gegen folgende Vorschriften qualifiziert:

1. Zuwiderhandlungen bei der Aufstellung oder Feststellung des Jahresabschlusses.
a) Zuwiderhandlungen gegen Vorschriften über Form oder Inhalt des Jahresabschlusses
– Aufstellung des Jahresabschlusses nach den Grundsätzen ordnungsmäßiger Buchführung (§ 243 Abs. 1)
– Klarheit und Übersichtlichkeit des Jahresabschlusses (§ 243 Abs. 2)
– Aufstellung in deutscher Sprache und in Euro (§ 244)
– Unterzeichnung durch den Kaufmann oder die persönlich haftenden Gesellschafter unter Angabe des Datums (§ 245)
– Vollständigkeit des Jahresabschlusses (§ 246 Abs. 1)
– Verrechnungsverbot (§ 246 Abs. 2 iVm. § 341 Abs. 2 S. 3)
– Inhalt der Bilanz (§ 247 Abs. 3)
– Bilanzierungsverbote (§ 248)
– Rückstellungsbildung (§ 249 Abs. 1 S. 1 oder Abs. 3)
– Rechnungsabgrenzungsposten (§ 250 Abs. 1 S. 1 oder Abs. 2)
– Vermittlung eines den tatsächlichen Verhältnissen entsprechenden Bildes der Vermögens-, Finanz- und Ertragslage (§ 264 Abs. 2)
– Allgemeine Bilanzierungsgrundsätze zur Bildung von versicherungstechnischen Rückstellungen (§ 341 e Abs. 1 oder 2)
– Grundsätze zur Bildung der Deckungsrückstellung (§ 341 f)
– Grundsätze zur Bildung der Rückstellung für noch nicht abgewickelte Versicherungsfälle (§ 341 g)
– Grundsätze zur Bildung der Schwankungsrückstellung und ähnlicher Rückstellungen (§ 341 h).

b) Zuwiderhandlungen gegen Vorschriften über die Bewertung
– Wertansätze von Vermögensgegenständen (§ 253 Abs. 1 S. 1 iVm. § 255 Abs. 1 oder 2 S. 1, 2 oder 6)
– Wertansätze von Schulden (§ 253 Abs. 1 S. 2)
– Bewertung von Vermögensgegenständen des Anlagevermögens (§ 253 Abs. 2 S. 1, 2 oder 3 iVm. § 341 b Abs. 1 S. 3)
– Bewertung von Vermögensgegenständen des Umlaufvermögens (§ 253 Abs. 3 S. 1 oder 2)
– Wertaufholungsgebot (§ 280 Abs. 1)
– Abschreibung der Aufwendungen für die Ingangsetzung und Erweiterung des Geschäftsbetriebs (§ 282)
– Wertansatz des Eigenkapitals (§ 283)
– Bewertung von Vermögensgegenständen (§ 341 b Abs. 1 S. 1)
– Bewertung des Anlagestocks der fondsgebundenen Lebensversicherung (§ 341 d)

c) Zuwiderhandlungen gegen Vorschriften über die Gliederung
– Angabe von Vorjahresbeträgen (§ 265 Abs. 2)
– Mitzugehörigkeit zu anderen Posten der Bilanz und Ausweis eigener Anteile (§ 265 Abs. 3)
– Gliederung des Jahresabschlusses bei unterschiedlichen Geschäftszweigen (§ 265 Abs. 4)
– Ausweis eines nicht durch Eigenkapital gedeckten Fehlbetrags (§ 268 Abs. 3)
– Ausweis eines Unterschiedsbetrags nach § 250 Abs. 3 (§ 268 Abs. 6)

§ 341 n 8

- Gliederung des Eigenkapitals (§ 272)
- Ausweis eines Sonderpostens mit Rücklageanteil (§ 273)
- Ausweis einer Rückstellung für latente Steuern (§ 274 Abs. 1)
- Ausweis von Erträgen und Aufwendungen aus Verlustübernahme und auf Grund einer Gewinngemeinschaft, eines Gewinnabführungs- oder eines Teilgewinnabführungsvertrags erhaltene oder abgeführte Gewinne (§ 277 Abs. 3 S. 2)
- Ausweis von Erträgen und Aufwendungen, die außerhalb der gewöhnlichen Geschäftstätigkeit anfallen (§ 277 Abs. 4)

8 d) Zuwiderhandlungen gegen Vorschriften über in der Bilanz oder im Anhang zu machende Angaben

- Anhangangabe zu den aus steuerrechtlichen Gründen unterlassenen Zuschreibungen (§ 280 Abs. 3)
- Anhangangabe zu den steuerrechtlichen Abschreibungen durch Einbeziehung in den Sonderposten mit Rücklageanteil (§ 281 Abs. 1 S. 2)
- Pflicht zur Auflösung von Wertberichtigungen nach § 254 unter bestimmten Voraussetzungen (§ 281 Abs. 1 S. 3)
- Gesonderter Ausweis oder Anhangangabe von Erträgen aus der Auflösung des Sonderpostens mit Rücklageanteil (§ 281 Abs. 2 S. 1)
- Angabepflicht im Anhang für in der Bilanz oder der Gewinn- und Verlustrechnung auf Grund eines Wahlrechts unterlassene Angaben (§ 284 Abs. 1)
- Anhangangabe der angewendeten Bilanzierungs- und Bewertungsmethoden (§ 284 Abs. 2 Nr. 1)
- Anhangangabe über die Grundlagen für die Währungsumrechnung (§ 284 Abs. 2 Nr. 2)
- Angabe und Erläuterung der Abweichungen von Bilanzierungs- und Bewertungsmethoden im Anhang sowie Darstellung des Einflusses auf die Vermögens-, Finanz- und Ertragslage (§ 284 Abs. 2 Nr. 3)
- Angabe von pauschalen Unterschiedsbeträgen bei Anwendung bestimmter Bewertungsmethoden (§ 284 Abs. 2 Nr. 4)
- Anhangangabe zur Einbeziehung von Zinsen für Fremdkapital in die Herstellungskosten (§ 284 Abs. 2 Nr. 5)
- Angabe der Gesamtbeträge zu den in der Bilanz ausgewiesenen Verbindlichkeiten mit einer Restlaufzeit von mehr als fünf Jahren und die durch Pfandrechte oder ähnliche Rechte gesichert sind (§ 285 Nr. 1)
- Aufgliederung der in § 285 Nr. 1 verlangten Angaben (§ 285 Nr. 2)
- Anhangangabe der sonstigen finanziellen Verpflichtungen, falls nicht im Rahmen des Versicherungsgeschäfts entstanden (§ 285 Nr. 3 iVm. § 341 a Abs. 2 S. 4)
- Anhangangabe zur Beeinflussung des Jahresergebnisses durch steuerrechtlich bedingte Bewertungsmaßnahmen (§ 285 Nr. 5)
- Anhangangabe zur Belastung des außerordentlichen Ergebnisses durch Steuern vom Einkommen und vom Ertrag (§ 285 Nr. 6)
- Anhangangabe der durchschnittlichen Arbeitnehmerzahl (§ 285 Abs. 7)
- Anhangangabe der Bezüge der gegenwärtigen und früheren Mitglieder des Geschäftsführungsorgans, eines Aufsichtsrats, eines Beirats oder einer ähnlichen Einrichtung (§ 285 Nr. 9 Buchstabe a oder b)
- Anhangangabe über die gewährten Vorschüsse und Kredite sowie die eingegangenen Haftungsverhältnisse für die gegenwärtigen Mitglieder der unter § 285 Nr. 9 genannten Organe oder ähnlichen Einrichtungen (§ 285 Nr. 9 Buchstabe c)
- Anhangangaben über die Mitglieder des Geschäftsführungsorgans und eines Aufsichtsrats (§ 285 Nr. 10)
- Anhangangabe zu Unternehmen, an denen ein Anteilsbesitz von mehr als 20% besteht (§ 285 Nr. 11)
- Anhangangabe von unter dem Posten „Sonstige Rückstellungen" nicht gesondert ausgewiesenen Rückstellungen, sofern Umfang erheblich (§ 285 Nr. 12)
- Anhangangabe der Gründe für die planmäßige Abschreibung des Geschäfts- oder Firmenwerts (§ 285 Nr. 13)
- Anhangangabe zum Mutterunternehmen, das den Konzernabschluss aufstellt (§ 285 Nr. 14)

Bußgeldvorschriften 9–19 § 341 n

2. Zuwiderhandlungen bei der Aufstellung des Konzernabschlusses 9
– Einzubeziehende Unternehmen (§ 294 Abs. 1)
– Form und Inhalt des Konzernabschlusses (§ 297 Abs. 2 oder 3 oder § 341 j Abs. 1 S. 1 iVm. einer der unter RdNr. 5 genannten Vorschriften über Form oder Inhalt)
– Konsolidierungsgrundsätze oder Vollständigkeitsgebot (§ 300)
– Einheitliche Bewertung (§ 308 Abs. 1 S. 1 iVm. einer der unter RdNr. 6 genannten Bewertungsvorschriften oder § 308 Abs. 2)
– Wertansatz der Beteiligung und Behandlung des Unterschiedsbetrags bei der Einbeziehung assoziierter Unternehmen (§ 311 Abs. 1 S. 1 iVm. § 312)
– Anhangangabe zu Abweichungen von den auf den Jahresabschluss des Mutterunternehmens angewendeten Bewertungsmethoden (§ 308 Abs. 1 S. 3)
– Angabepflicht im Anhang für in der Konzernbilanz oder der Konzern-Gewinn- und Verlustrechnung auf Grund eines Wahlrechts unterlassene Angaben (§ 313)
– Sonstige Pflichtangaben für den Konzernanhang (§ 314 iVm. § 341 j Abs. 1 S. 2 oder 3).

3. Zuwiderhandlungen bei der Aufstellung des Lageberichts 10
– Inhalt des Lageberichts (§ 289 Abs. 1).

4. Zuwiderhandlungen bei der Aufstellung des Konzernlageberichts 11
– Inhalt des Konzernlageberichts (§ 315 Abs. 1).

5. Zuwiderhandlungen bei der Offenlegung, Veröffentlichung oder Vervielfältigung 12
– Form oder Inhalt der Unterlagen bei der Offenlegung, Veröffentlichung oder Vervielfältigung (§ 328).

6. Zuwiderhandlungen gegen eine auf Grund von § 330 Abs. 3 und 4 iVm. Abs. 1 S. 1 erlassene Rechtsverordnung 13
– Ordnungswidrigkeiten iSv. § 63 RechVersV. Vgl. zu den einzelnen Zuwiderhandlungen § 63 RechVersV.

7. Ordnungswidrige Erteilung eines Bestätigungsvermerks 14
– Eine Ordnungswidrigkeit begehen auch Wirtschaftsprüfer bzw. Wirtschaftsprüfungsgesellschaften, sofern sie zu einem Jahresabschluss oder einem Konzernabschluss einen Bestätigungsvermerk iSv. § 322 erteilen, obwohl einer der in § 319 Abs. 2 oder 3 genannten Gründe vorliegt, nach denen der Wirtschaftsprüfer bzw. die Wirtschaftsprüfungsgesellschaft nicht Abschlussprüfer sein darf. Zu Einzelheiten vgl. Erläuterungen zu §§ 319, 334 Abs. 2.

III. Verfahren zur Verfolgung und Ahndung der Ordnungswidrigkeiten

Vgl. Erläuterungen zu § 334. 15

IV. Rechtsfolgen

Die Ordnungswidrigkeit kann mit einer Geldbuße geahndet werden, die grundsätzlich bis zu 16
50 000 Euro betragen kann. Zu Einzelheiten vgl. Erläuterungen zu § 334.

V. Zuständigkeit der Verwaltungsbehörden

Mit Abs. 4 wird für die Verfolgung und Ahndung von Ordnungswidrigkeiten die jeweilige 17
Versicherungsaufsichtsbehörde als zuständige Ordnungswidrigkeitsbehörde bestimmt.[1]
Zuständige Verwaltungsbehörde iSv. § 36 Abs. 1 Nr. 1 OWiG für die Verfolgung von Ordnungs- 18
widrigkeiten ist das Bundesaufsichtsamt für das Versicherungswesen oder, sofern das Versicherungsunternehmen bzw. der Pensionsfonds der Aufsicht einer Landesbehörde unterliegt, diese.[2]

VI. Änderungen durch das EHUG

Durch das EHUG wurden redaktionelle Anpassungen vorgenommen bzw. Redaktionsversehen 19
beseitigt.

---

[1] Vgl. Bericht des Rechtsausschusses, BT-Drucks. 12/7646 S. 5.
[2] Vgl. *Koller/Roth/Morck* RdNr. 1.

§ 341 o idF für Geschäftsjahre, die vor dem 1. 1. 2006 beginnen

§ 341 o Festsetzung von Zwangs- und Ordnungsgeld

¹ Personen, die

1. als Mitglieder des vertretungsberechtigten Organs eines Versicherungsunternehmens oder eines Pensionsfonds, die nicht Kapitalgesellschaften sind,
   a) eine der in § 335 Satz 1 Nr. 1, 3 bis 5 bezeichneten Vorschriften,
   b) § 325 über die Pflicht zur Offenlegung des Jahresabschlusses, des Lageberichts, des Konzernabschlusses, des Konzernlageberichts und anderer Unterlagen der Rechnungslegung oder
   c) § 341 i Abs. 1 Satz 1 oder
2. als Hauptbevollmächtigter (§ 106 Abs. 3 des Versicherungsaufsichtsgesetzes) § 341 l Abs. 1 über die Offenlegung der Rechnungslegungsunterlagen

nicht befolgen, sind hierzu vom Registergericht in den Fällen der Nummer 1 Buchstabe a und c durch Festsetzung von Zwangsgeld nach § 335 und in den Fällen der Nummer 1 Buchstabe b und der Nummer 2 durch Festsetzung von Ordnungsgeld nach § 335 a anzuhalten.

§ 341 o idF des EHUG[1]

§ 341 o Festsetzung von Ordnungsgeld

¹ Personen, die

1. als Mitglieder des vertretungsberechtigten Organs eines Versicherungsunternehmens oder eines Pensionsfonds § 325 über die Pflicht zur Offenlegung des Jahresabschlusses, des Lageberichts, des Konzernabschlusses, des Konzernlageberichts und anderer Unterlagen der Rechnungslegung oder
2. als Hauptbevollmächtigter (§ 106 Abs. 3 des Versicherungsaufsichtsgesetzes) § 341 l Abs. 1 über die Offenlegung der Rechnungslegungsunterlagen

nicht befolgen, sind hierzu vom Bundesamt für Justiz durch Festsetzung von Ordnungsgeld nach § 335 anzuhalten. ² § 335 Abs. 1 Satz 2 ist entsprechend anzuwenden.

Schrifttum: Siehe Schrifttum zu § 341.

I. Von § 341 o betroffener Personenkreis

1 Aufgrund der rechtsformunabhängigen Rechnungslegungsvorschriften für Versicherungsunternehmen und Pensionsfonds ist der betroffene Personenkreis, der den Zwangs- und Ordnungsgeldvorschriften unterliegt, gegenüber den übrigen Kapitalgesellschaften ausgeweitet. Während bei Versicherungsunternehmen in der Rechtsform der Kapitalgesellschaft bereits nach § 335 die Mitglieder des vertretungsberechtigten Organs im Fall von Pflichtverletzungen Sanktionen unterworfen sind, regelt Nr. 1 den entsprechenden Sachverhalt bei Versicherungsunternehmen und Pensionsfonds, die keine Kapitalgesellschaften sind. Der Gesetzgeber hat sich hier für eine andere Regelungssystematik entschieden als bei § 341 n, der die Bußgeldvorschriften enthält. Während § 341 n für alle Versicherungsunternehmen und Pensionsfonds einschlägig ist, richtet sich Nr. 1 nur an solche Versicherungsunternehmen und Pensionsfonds, die keine Kapitalgesellschaften sind. Insoweit stellt der § 341 o eine Ergänzung der für Kapitalgesellschaften geltenden Regelung dar.

2 Mit einem Zwangs- oder einem Ordnungsgeld können demnach Mitglieder des vertretungsberechtigten Organs eines Versicherungsunternehmens oder Pensionsfonds, die keine Kapitalgesellschaften sind, belegt werden.

3 Darüber hinaus werden von Nr. 2 Hauptbevollmächtigte iSv. § 106 Abs. 3 VAG erfasst. Zu den in diesem Zusammenhang in Frage kommenden Pflichtverletzungen vgl. RdNr. 6.

---

[1] § 341 o neu gefasst durch das Gesetz über elektronische Handelsregister und Genossenschaftsregister sowie das Unternehmensregister (EHUG) vom 10. November 2006. Zur erstmaligen Anwendung s. Art. 61 Abs. 5 EGHGB.

II. Zu ahndende Pflichtverletzungen

Bei den mit Zwangsgeld zu sanktionierenden Pflichtverletzungen wird Bezug genommen auf die für sonstige Kapitalgesellschaften geltenden Regelungen in § 335 S. 1 Nr. 1, 3 bis 5. § 335 S. 1 Nr. 2 (Pflicht zur Aufstellung eines Konzernabschlusses und eines Konzernlageberichts) ist an dieser Stelle ausgenommen; die entsprechende Verpflichtung ergibt sich für Versicherungsunternehmen aus § 341 i Abs. 1. Mit Zwangsgeld bedroht sind demnach die folgenden Pflichtverletzungen:

– Verstöße gegen die Pflicht zur Aufstellung eines Jahresabschlusses und eines Lageberichts (§ 242 Abs. 1 und 2, § 264 Abs. 1),
– Verstöße gegen die Pflicht zur Aufstellung eines Konzernabschlusses und eines Konzernlageberichts (§ 341 i Abs. 1),
– Verstöße gegen die Pflicht zur unverzüglichen Erteilung des Prüfungsauftrags (§ 318 Abs. 1 S. 4),
– Verstöße gegen die Pflicht, den Antrag auf gerichtliche Bestellung des Abschlussprüfers zu stellen (§ 318 Abs. 4 S. 3).

Darüber hinaus sind Verstöße gegen die Pflicht zur Offenlegung des Jahresabschlusses, des Lageberichts, des Konzernabschlusses, des Konzernlageberichts und anderer Unterlagen der Rechnungslegung (§ 325) mit einem Ordnungsgeld zu belegen wie Hauptbevollmächtigte iSd. § 106 Abs. 3 VAG, die den Offenlegungspflichten nach § 340 l Abs. 1 nicht nachkommen. Zum Umfang der in diesem Zusammenhang offenlegungspflichtigen Unterlagen vgl. Erläuterungen zu § 341 l.

Zu Einzelheiten hinsichtlich der Pflichtverletzungen vgl. Erläuterungen zu § 335.

III. Voraussetzungen und Verfahren zur Festsetzung eines Zwangsgelds

Für die Festsetzung eines Zwangsgelds gelten für den Bereich der Versicherungsunternehmen und Pensionsfonds durch den Verweis auf die Anwendbarkeit von § 335 bzw. § 335 a die gleichen Voraussetzungen wie bei Kapitalgesellschaften. Zu den Voraussetzungen und dem Verfahren im Einzelnen vgl. Erläuterungen zu § 335.

IV. Änderungen durch das EHUG

§ 341 o wurde durch das EHUG neu gefasst; es handelt sich insoweit um Folgeänderungen auf Grund der Neufassung des § 335 und der Aufhebung des § 335 a, so dass in § 341 o nurmehr mit Ordnungsgeld zu ahndende Verstöße gegen Publizitätspflichten geregelt sind. Wie auch bei Kapitalgesellschaften, die keine Versicherungsunternehmen sind, erfolgt die Festsetzung von Ordnungsgeld im Fall von Verstößen gegen die Publizitätspflichten zukünftig von Amts wegen durch das Bundesamt für Justiz. Das Verfahren folgt der Vorschrift des § 335; zu weiteren Einzelheiten vgl. insoweit die Erläuterungen zu § 335.

§ 341 p idF für Geschäftsjahre, die vor dem 1. 1. 2006 beginnen

§ 341 p Anwendung der Straf- und Bußgeld- sowie der Zwangs- und Ordnungsgeldvorschriften auf Pensionsfonds

Die Strafvorschriften des § 341 m, die Bußgeldvorschriften des § 341 n sowie die Ordnungsgeldvorschrift des § 341 o gelten auch für Pensionsfonds im Sinne des § 341 Abs. 4 Satz 1.

§ 341 p idF des EHUG[1]

§ 341 p Anwendung der Straf- und Bußgeld- sowie der Ordnungsgeldvorschriften auf Pensionsfonds

Die Strafvorschriften des § 341 m, die Bußgeldvorschrift des § 341 n sowie die Ordnungsgeldvorschrift des § 341 o gelten auch für Pensionsfonds im Sinn des § 341 Abs. 4 Satz 1.

Schrifttum: Siehe Schrifttum zu § 341.

---

[1] § 341 p geändert durch das Gesetz über elektronische Handelsregister und Genossenschaftsregister sowie das Unternehmensregister (EHUG). Zur erstmaligen Anwendung s. Art. 61 Abs. 5 EGHGB.

I. Von § 341 p betroffener Personenkreis

1 § 341 p stellt klar, dass die Straf- und Bußgeldvorschriften sowie die Zwangs- und Ordnungsgeldvorschriften auch auf Pensionsfonds Anwendung finden. Mit dieser Vorschrift wird dem Umstand Rechnung getragen, dass im Nebenstrafrecht der Adressat einer straf- oder bußgeldbewährten Norm genau bezeichnet werden muss. Demzufolge würde eine allgemeine Bezugnahme in § 341 Abs. 4 HGB nicht ausreichen.[2]

II. Erstmalige Anwendung

2 § 341 p wurde durch das AVmG in die Vorschriften der §§ 341 ff. aufgenommen. § 341 p ist erstmals auf Jahres- und Konzernabschlüsse für das nach dem 31. Dezember 2001 beginnende Geschäftsjahr anzuwenden.

III. Änderungen durch das EHUG

3 Durch das EHUG wurden die Sanktionsmechanismen im Fall der unterlassenen Offenlegung verändert, so dass eine Folgeänderung in § 341 p notwendig wurde.

Fünfter Abschnitt. Privates Rechnungslegungsgremium; Rechnungslegungsbeirat

§ 342 Privates Rechnungslegungsgremium

(1) ¹Das Bundesministerium der Justiz kann eine privatrechtlich organisierte Einrichtung durch Vertrag anerkennen und ihr folgende Aufgaben übertragen:
1. Entwicklung von Empfehlungen zur Anwendung der Grundsätze über die Konzernrechnungslegung,
2. Beratung des Bundesministeriums der Justiz bei Gesetzgebungsvorhaben zu Rechnungslegungsvorschriften und
3. Vertretung der Bundesrepublik Deutschland in internationalen Standardisierungsgremien.

² Es darf jedoch nur eine solche Einrichtung anerkannt werden, die aufgrund ihrer Satzung gewährleistet, daß die Empfehlungen unabhängig und ausschließlich von Rechnungslegern in einem Verfahren entwickelt und beschlossen werden, das die fachlich interessierte Öffentlichkeit einbezieht. ³ Soweit Unternehmen oder Organisationen von Rechnungslegern Mitglied einer solchen Einrichtung sind, dürfen die Mitgliedschaftsrechte nur von Rechnungslegern ausgeübt werden.

(2) Die Beachtung der die Konzernrechnungslegung betreffenden Grundsätze ordnungsgemäßer Buchführung wird vermutet, soweit vom Bundesministerium der Justiz bekannt gemachte Empfehlungen einer nach Absatz 1 Satz 1 anerkannten Einrichtung beachtet worden sind.

Schrifttum: *Haller/Eierle,* Ideenfindung und -verarbeitung zur Entwicklung von Rechnungslegungsstandards beim „Finanzial Accounting Standards Board", DB 1998, 733; *IDW,* Prüfungsstandard (IDW PS 450): Grundsätze ordnungsmäßiger Berichterstattung bei Abschlussprüfungen, WPg 1999, 601 ff.

1 **Deutscher Standardisierungsrat (DSR).** Ende März 1998, unmittelbar nach Verkündung des Gesetzes zur Kontrolle und Transparenz im Unternehmensbereich (KonTraG) hat sich in München das **„Deutsche Rechnungslegungs Standards Committee"** (DRSC) konstituiert. International tritt das DRSC unter dem Namen „German Accounting Standards Committee" (GASC) auf.

2 Das DRSC ist als eingetragener Verein organisiert und hat seinen Sitz in Berlin genommen. Das Bundesministerium der Justiz hat dem DRSC die **Anerkennung** iSd. Abs. 1 durch Vertrag vom 3. September 1998 ausgesprochen. Das DRSC weist Parallelen mit dem FASB und dem IASB auf und ist unter anderen rechtlichen Voraussetzungen in vergleichbarer Weise aktiv.

---

[2] Vgl. BT-Drucks. 14/5150 S. 54.

Privates Rechnungslegungsgremium 3–10 § 342

Das DRSC wird durch die **Organe** Vorstand, Verwaltungsrat und Mitgliederversammlung reprä- 3
sentiert. Der Vorstand vertritt das DRSC und besteht aus mindestens 7 und maximal 16 Mitgliedern
(Vertreter aus Industrie, Wirtschaftsprüfungsgesellschaften sowie der Wissenschaft). Der Vorsitzende,
der Stellvertreter, der Schatzmeister sowie ein weiteres Vorstandsmitglied bilden den Vorstandsausschuss, dessen Mitglieder das DRSC nach außen vertreten.[1] Derzeit zählt das DRSC 137 Mitglieder,
davon 58 Unternehmen, 71 natürliche Personen sowie 8 assoziierte Mitglieder (i. w. Berufsverbände).

Neben dem Vorstand wurde im DRSC der **Deutsche Standardisierungsrat** (DSR) mit sieben 4
Mitgliedern etabliert. International wird der DSR als German Accounting Standards Board (GASB)
geführt. Dieser Standardisierungsrat ist Kernstück des DRSC und nimmt die eigentlichen in Abs. 1
Nr. 1 bis 3 genannten Aufgaben des Vereins wahr. So sollen dort insbesondere deutsche Standards der
Rechnungslegung ermittelt, fest- und ausgelegt werden. Als wesentlich wird auch angesehen, die
deutsche Position im Rahmen der internationalen Rechnungslegungsaktivitäten zu verstärken und
damit der deutschen Stimme ein stärkeres Gewicht zu verleihen. Der Standardisierungsrat kann
ständige und Ad-hoc-Arbeitskreise bilden und diese mit weiteren Fachleuten besetzen. Des Weiteren
existiert ein Konsultationsrat, dessen Mitglieder dem DSR ihre Meinung zu grundsätzlichen Entscheidungen vortragen. Die Mitglieder des Standardisierungsrats sind unabhängige Rechnungsleger,
die ihre Entscheidungen in öffentlichen Sitzungen mit einfacher Mehrheit treffen. Die Verabschiedung neuer Standards setzt eine Zwei-Drittel-Mehrheit im Gremium voraus. Ein verabschiedeter
Standardentwurf wird mit einer Frist zur Stellungnahme von mindestens sechs Wochen herausgegeben. Nach Abschluss der Anhörungen wird der Standard nochmals im DSR beraten und
verabschiedet bzw. bei wesentlichen Änderungen erneut mit einer Mindestfrist von vier Wochen zur
Stellungnahme veröffentlicht. Das Ergebnis ist dann ein Deutscher Rechnungslegungsstandard
(DRS), der nach seiner Bekanntmachung durch das BMJ verbindlich ist. Die laufenden Geschäfte des
DRSC werden vom Generalsekretär geführt.[2]

Die Finanzierung des DRSC soll durch Mitgliedschaftsbeiträge, Spenden, Lizenzen und Veröffent- 5
lichungen sichergestellt werden.

Das DRSC hat seine Arbeit in spezifische Arbeitsgruppen mit eingegrenzten Themenfeldern 6
eingeteilt. Die Mitglieder der Arbeitsgruppen werden vom DSR berufen.

In seiner bisherigen Arbeit hat das DRSC bereits diverse Standards zur Konzernrechnungslegung 7
publiziert. Weitere Entwürfe, Positions- und Diskussionspapiere werden laufend veröffentlicht.[3]

Obwohl einige Standards durch das BMJ bekannt gemacht wurden, besteht Unsicherheit über die 8
Verbindlichkeit ihrer Anwendung. Die Regelungen der Standards lassen sich im Wesentlichen in drei
Gruppen einteilen: Regelungen, die eine Gesetzeslücke ausfüllen oder eine gesetzliche Vorschrift
inhaltlich füllen (zB Kapitalflussrechnung, Segmentberichterstattung, Risikoberichterstattung), Regelungen, die gesetzliche Wahlrechte einschränken (zB Wahlrechte im Rahmen der Konsolidierung),
und Regelungen, die über das Gesetz hinausgehen (zB Zwischenberichterstattung). Soweit ein
Standard oder einzelne Regelungen eines Standards die erste Gruppe betreffen, sind sie anzuwenden.

Soweit ein Deutscher Rechnungslegungsstandard gesetzliche Wahlrechte einschränkt, ist seine 9
Anwendung diesbezüglich nicht verbindlich. Das DRSC hat nicht die Kompetenz, gesetzliche
Regelungen außer Kraft zu setzen. IDW Prüfungsstandard 450 führt dazu aus: „Sofern im Konzernabschluss ein gesetzliches Wahlrecht abweichend von einer durch das Bundesministerium der Justiz
(BMJ) bekannt gemachten Empfehlung des Deutschen Rechnungslegungs Standards Committee
(DRSC) zur Anwendung der Grundsätze über die Konzernrechnungslegung ausgeübt wird, begründet dies keine Einwendung des Konzernabschlussprüfers gegen die Ordnungsmäßigkeit der Konzernrechnungslegung. Der Konzernabschlussprüfer hat jedoch im Prüfungsbericht auf eine solche Abweichung hinzuweisen."[4] Die Verankerung der DRS im Gesetz wird durch eine Reform der §§ 290 ff.
HGB angestrebt.

Offen bleibt die Verbindlichkeit der Anwendung des DRS 6 zur Zwischenberichterstattung, der 10
u. a. die Veröffentlichung von drei Zwischenberichten (DRS 6.11) vorschreibt. Da es dafür keine
gesetzliche Grundlage gibt, gewinnt der Standard nur insoweit Bedeutung, als Unternehmen durch
andere als gesetzliche Gründe zur Aufstellung von Zwischenberichten verpflichtet sind. Dabei ist

---

[1] Vgl. *Deutsches Rechnungslegungs Standards Committee*, Satzung (Stand 24. Juli 2006, § 7 (verfügbar unter www.drsc.de).
[2] Vgl. *Deutsches Rechnungslegungs Standards Committee*, Satzung (Stand 24. Juli 2006, § 8 (verfügbar unter www.drsc.de).
[3] Vgl. Aktueller Stand unter www.drsc.de.
[4] *IDW* PS 450, WPg 2006, 113 ff. Tz. 134.

insbesondere an Vereinbarungen mit der Deutschen Börse bezüglich der Teilnahmebedingungen in bestimmten Märkten bzw. Aktienindizes (zB DAX, SMAX) zu denken. Die Börse hat jedoch weitgehend eigene Häufigkeitsbestimmungen zur Zwischenberichterstattung. Gesetzlich verankert wurde im Vierten Finanzmarktförderungsgesetz nur eine Verpflichtung zur halbjährigen Berichterstattung.

11 Die Anwendung von Grundsätzen aus den DRS für die Abbildung von Sachverhalten im Jahresabschluss ist nur zulässig, wenn die Grundsätze dem Gesetz, der Rechtsprechung oder der herrschenden Meinung folgen. Nach dem Gesetzeswortlaut hat der DSR Empfehlungen zur Anwendung der Grundsätze über die Konzernrechnungslegung zu entwickeln, die über § 297 Abs. 2 auch die allgemeinen GoB einschliessen. Eine strikte Trennung der GoB für Jahres- und Konzernabschlüsse ist über die Grundsatzvorschriften des § 297 Abs. 2 nicht möglich.[5] Die DRS können somit auch eine Ausstrahlungswirkung auf die GoB für den Jahresabschluss haben. Das Institut der Wirtschaftsprüfer (IDW) hat am 29. Juli 2005 die Entscheidung des Hauptfachausschusses (HFA) des IDW vom 7. Juli 2005 bekannt gegeben, die IDW Stellungnahme zur Rechnungslegung: Aufstellung des Lageberichts (IDW RS HFA 1) aufzuheben.[6] Grund für die Aufhebung ist vor allem die in 2005 erfolgte Bekanntmachung des DRS 15 Lageberichterstattung. DRS 15 deckt zusammen mit DRS 5 Risikoberichterstattung den Regelungsbereich des IDW RS HFA 1 ab. Darin spiegelt sich ebenfalls eine gewisse Ausstrahlungswirkung der DRS auf die allgemeinen GoB wieder.

12 Darüber hinaus hat der Vorstand des DRSC ein Rechnungslegungs Interpretations Committee (RIC) eingesetzt. Dieses hat die Aufgabe, in enger Zusammenarbeit mit dem International Financial Reporting Interpretations Committee (IFRIC) des IASB sowie entsprechenden anderen nationalen Gremien eine internationale Konvergenz von Interpretationen wesentlicher Rechnungslegungsfragen herbeizuführen. Das RIC besteht aus einem Vorsitzenden und sechs Mitgliedern, die jeweils für vier Jahre gewählt sind.[7]

§ 342 a Rechnungslegungsbeirat

(1) Beim Bundesministerium der Justiz wird vorbehaltlich Absatz 9 ein Rechnungslegungsbeirat mit den Aufgaben nach § 342 Abs. 1 Satz 1 gebildet.

(2) Der Rechnungslegungsbeirat setzt sich zusammen aus
1. einem Vertreter des Bundesministeriums der Justiz als Vorsitzendem sowie je einem Vertreter des Bundesministeriums der Finanzen und des Bundesministeriums für Wirtschaft und Technologie,
2. vier Vertretern von Unternehmen,
3. vier Vertretern der wirtschaftsprüfenden Berufe,
4. zwei Vertretern der Hochschulen.

(3) ¹Die Mitglieder des Rechnungslegungsbeirats werden durch das Bundesministerium der Justiz berufen. ²Als Mitglieder sollen nur Rechnungsleger berufen werden.

(4) ¹Die Mitglieder des Rechnungslegungsbeirats sind unabhängig und nicht weisungsgebunden. ²Ihre Tätigkeit im Beirat ist ehrenamtlich.

(5) Das Bundesministerium der Justiz kann eine Geschäftsordnung für den Beirat erlassen.

(6) Der Beirat kann für bestimmte Sachgebiete Fachausschüsse und Arbeitskreise einsetzen.

(7) ¹Der Beirat, seine Fachausschüsse und Arbeitskreise sind beschlußfähig, wenn mindestens zwei Drittel der Mitglieder anwesend sind. ²Bei Abstimmungen entscheidet die Stimmenmehrheit, bei Stimmengleichheit die Stimme des Vorsitzenden.

(8) Für die Empfehlungen des Rechnungslegungsbeirats gilt § 342 Abs. 2 entsprechend.

(9) Die Bildung eines Rechnungslegungsbeirats nach Absatz 1 unterbleibt, soweit das Bundesministerium der Justiz eine Einrichtung nach § 342 Abs. 1 anerkennt.

1 Das „Deutsche Rechnungslegungs Standards Committee" (DRSC) hat sich unmittelbar nach Verkündung des Gesetzes zur Kontrolle und Transparenz im Unternehmensbereich konstituiert. Am

---

[5] *Förschle* BeBiKo RdNr. 4.
[6] Vgl. IDW Fachnachrichten 8/2005, S. 530.
[7] Vgl. *Deutsches Rechnungslegungs Standards Committee*, Satzung (Stand 24. Juli 2006, § 9 (verfügbar unter www.drsc.de).

3. September 1998 erfolgte die Anerkennung des DRSC als Einrichtung nach § 342 Abs. 1 durch das Bundesministerium der Justiz. Damit unterbleibt gem. § 342a Abs. 9 die Bildung eines Rechnungslegungsbeirats nach § 342a Abs. 1. Auf eine Kommentierung von § 342a wird entsprechend verzichtet.

Sechster Abschnitt. Prüfstelle für Rechnungslegung[1]

§ 342b[2] Prüfstelle für Rechnungslegung

(1) [1] Das Bundesministerium der Justiz kann im Einvernehmen mit dem Bundesministerium der Finanzen eine privatrechtlich organisierte Einrichtung zur Prüfung von Verstößen gegen Rechnungslegungsvorschriften durch Vertrag anerkennen (Prüfstelle) und ihr die in den folgenden Absätzen festgelegten Aufgaben übertragen. [2] Es darf nur eine solche Einrichtung anerkannt werden, die aufgrund ihrer Satzung, ihrer personellen Zusammensetzung und der von ihr vorgelegten Verfahrensordnung gewährleistet, dass die Prüfung unabhängig, sachverständig, vertraulich und unter Einhaltung eines festgelegten Verfahrensablaufs erfolgt. [3] Änderungen der Satzung und der Verfahrensordnung sind vom Bundesministerium der Justiz im Einvernehmen mit dem Bundesministerium der Finanzen zu genehmigen. [4] Die Prüfstelle kann sich bei der Durchführung ihrer Aufgaben anderer Personen bedienen. [5] Das Bundesministerium der Justiz macht die Anerkennung einer Prüfstelle sowie eine Beendigung der Anerkennung im amtlichen Teil des elektronischen Bundesanzeigers bekannt.

(2) [1] Die Prüfstelle prüft, ob der zuletzt festgestellte Jahresabschluss und der zugehörige Lagebericht oder der zuletzt gebilligte Konzernabschluss und der zugehörige Konzernlagebericht sowie der zuletzt veröffentlichte verkürzte Abschluss und der zugehörige Zwischenlagebericht eines Unternehmens im Sinne des Satzes 2 den gesetzlichen Vorschriften einschließlich der Grundsätze ordnungsmäßiger Buchführung oder den sonstigen durch Gesetz zugelassenen Rechnungslegungsstandards entspricht. [2] Geprüft werden die Abschlüsse und Berichte von Unternehmen, deren Wertpapiere im Sinne des § 2 Abs. 1 Satz 1 des Wertpapierhandelsgesetzes an einer inländischen Börse zum Handel im regulierten oder geregelten Markt zugelassen sind. [3] Die Prüfstelle prüft,

1. soweit konkrete Anhaltspunkte für einen Verstoß gegen Rechnungslegungsvorschriften vorliegen,
2. auf Verlangen der Bundesanstalt für Finanzdienstleistungsaufsicht oder
3. ohne besonderen Anlass (stichprobenartige Prüfung).

[4] Im Fall des Satzes 3 Nr. 1 unterbleibt die Prüfung, wenn offensichtlich kein öffentliches Interesse an der Prüfung besteht; Satz 3 Nr. 3 ist auf die Prüfung des verkürzten Abschlusses und des zugehörigen Zwischenlageberichts nicht anzuwenden. [5] Die stichprobenartige Prüfung erfolgt nach den von der Prüfstelle im Einvernehmen mit dem Bundesministerium der Justiz und dem Bundesministerium der Finanzen festgelegten Grundsätzen. [6] Das Bundesministerium der Finanzen kann die Ermächtigung zur Erteilung seines Einvernehmens auf die Bundesanstalt für Finanzdienstleistungsaufsicht übertragen.

(3) [1] Eine Prüfung des Jahresabschlusses und des zugehörigen Lageberichts durch die Prüfstelle findet nicht statt, solange eine Klage auf Nichtigkeit gemäß § 256 Abs. 7 des Aktiengesetzes anhängig ist. [2] Wenn nach § 142 Abs. 1 oder Abs. 2 oder § 258 Abs. 1 des Aktiengesetzes ein Sonderprüfer bestellt worden ist, findet eine Prüfung ebenfalls nicht statt, soweit der Gegenstand der Sonderprüfung, der Prüfungsbericht oder eine gerichtliche Entscheidung über die abschließenden Feststellungen der Sonderprüfer nach § 260 des Aktiengesetzes reichen.

(4) [1] Wenn das Unternehmen bei einer Prüfung durch die Prüfstelle mitwirkt, sind die gesetzlichen Vertreter des Unternehmens und die sonstigen Personen, derer sich die

---

[1] Sechster Abschnitt angefügt durch das Bilanzkontrollgesetz vom 15. Dezember 2004; zur Erstmaligen Anwendung s. Art. 56 EGHGB.
[2] § 342b Abs. 2 geändert durch das Transparenzrichtlinie-Umsetzungsgesetz vom 5. Januar 2007. Zur erstmaligen Anwendung s. Art. 62 EGHGB.

gesetzlichen Vertreter bei der Mitwirkung bedienen, verpflichtet, richtige und vollständige Auskünfte zu erteilen und richtige und vollständige Unterlagen vorzulegen. ²Die Auskunft und die Vorlage von Unterlagen kann verweigert werden, soweit diese den Verpflichteten oder einen seiner in § 52 Abs. 1 der Strafprozessordnung bezeichneten Angehörigen der Gefahr strafgerichtlicher Verfolgung oder eines Verfahrens nach dem Gesetz über Ordnungswidrigkeiten aussetzen würde. ³Der Verpflichtete ist über sein Recht zur Verweigerung zu belehren.

(5) ¹Die Prüfstelle teilt dem Unternehmen das Ergebnis der Prüfung mit. ²Ergibt die Prüfung, dass die Rechnungslegung fehlerhaft ist, so hat sie ihre Entscheidung zu begründen und dem Unternehmen unter Bestimmung einer angemessenen Frist Gelegenheit zur Äußerung zu geben, ob es mit dem Ergebnis der Prüfstelle einverstanden ist.

(6) ¹Die Prüfstelle berichtet der Bundesanstalt für Finanzdienstleistungsaufsicht über:
1. die Absicht, eine Prüfung einzuleiten,
2. die Weigerung des betroffenen Unternehmens, an einer Prüfung mitzuwirken,
3. das Ergebnis der Prüfung und gegebenenfalls darüber, ob sich das Unternehmen mit dem Prüfungsergebnis einverstanden erklärt hat.

²Ein Rechtsbehelf dagegen ist nicht statthaft.

(7) Die Prüfstelle und ihre Beschäftigten sind zur gewissenhaften und unparteiischen Prüfung verpflichtet; sie haften für durch die Prüfungstätigkeit verursachte Schäden nur bei Vorsatz.

(8) ¹Die Prüfstelle zeigt Tatsachen, die den Verdacht einer Straftat im Zusammenhang mit der Rechnungslegung eines Unternehmens begründen, der für die Verfolgung zuständigen Behörde an. ²Tatsachen, die auf das Vorliegen einer Berufspflichtverletzung durch den Abschlussprüfer schließen lassen, übermittelt sie der Wirtschaftsprüferkammer.

Schrifttum: *Gelhausen/Hönsch* Das neue Enforcement-Verfahren für Jahres- und Konzernabschlüsse, AG 2005, 511; *Bräutigam/Heyer* Das Prüfverfahren durch die Deutsche Prüfstelle für Rechnungslegung, AG 2006, 188; *Gahlen/Schäfer* Bekanntmachung von fehlerhaften Rechnungslegungen im Rahmen des Enforcementverfahrens: Ritterschlag oder Pranger?, BB 2006, 1619.

Übersicht

	RdNr.		RdNr.
I. Organisation der Prüfstelle	1–4	3. Mitwirkung des zu prüfenden Unternehmens	11–13
II. Prüfungsdurchführung	5		
1. Anlass der Prüfung	5–8	4. Prüfungsergebnis und Rechtsfolgen festgestellter Fehler in der Rechnungslegung	14–17
2. Gegenstand der Prüfung	9, 10		

I. Organisation der Prüfstelle

1 Das **Enforcement-Verfahren** in Deutschland ist zweistufig organisiert. Auf einer ersten Ebene wird die Deutsche Prüfstelle für Rechnungslegung DPR e. V. (im Folgenden „Prüfstelle") tätig. In bestimmten Fällen wird das Verfahren auf die zweite Ebene bei der BaFin übergeben.¹ Die Prüfstelle ist als eingetragener Verein am 10. 9. 2004 ins Vereinsregister am Standort Berlin eingetragen worden und hat Mitte 2005 ihre Tätigkeit aufgenommen. Die Anerkennung durch das Bundesministerium der Justiz gemäß Abs. 1 S. 1–2 erfolgte am 30. 3. 2005.

2 **Mitglieder** der Prüfstelle sind derzeit 17 Berufs- und Interessenvertretungen aus dem Bereich der Rechnungslegung; Unternehmen, Wirtschaftsprüfer und natürliche Personen sind von der Mitgliedschaft ausgeschlossen, um der Prüfstelle ihre Unabhängigkeit zu sichern.² Die **Organe** des Vereins sind der Vorstand, der Nominierungsausschuss, die Prüfstelle und die Mitgliederversammlung. Der **Vorstand** besteht aus mindestens drei und höchstens fünf Mitgliedern und wird für 3 Jahre gewählt. Jeweils zwei Vorstandsmitglieder können die Prüfstelle nach außen vertreten. Die Vorstandsmitglieder sind ehrenamtlich tätig, aber haben einen Anspruch auf Erstattung ihrer Auslagen. Der Vorstand ist nicht berechtigt, der Prüfstelle und deren Mitgliedern Weisungen zu erteilen. Der **Nominierungsausschuss** ist die entscheidende Instanz, in der über die Wahl der Mitglieder der Prüfstelle entschieden wird. Die **Prüfstelle** selbst besteht aus dem Präsidenten, dem Vize-Präsidenten und derzeit

---
¹ Vgl. Tz 15.
² *Deutsche Prüfstelle für Rechnungslegung DPR e. V.*, Satzung Stand 29. 4. 2006, § 4.

13 weiteren Mitgliedern, die die eigentlichen Aufgaben iSd. § 342 b wahrnehmen.³ Aufgrund der geringen Personalausstattung der Prüfstelle kann nach Abs. 1 S. 4 bei Bedarf auf besonders qualifizierte Mitarbeiter externer Wirtschaftsprüfungsgesellschaften Rückgriff genommen werden, die für die Erstellung von Gutachten zu einzelnen Sachverhalten beauftragt werden.⁴

Nach Abs. 7 sind die Prüfstelle und ihre Beschäftigten zur gewissenhaften und unparteiischen Prüfung verpflichtet. Eine Haftung ergibt sich nur bei Vorsatz. **3**

Die Prüfstelle hat nach Abs. 8 eine Anzeigepflicht bei Verdacht auf strafbare Handlungen gegenüber den zuständigen Behörden. Relevant dürfte insbesondere die Meldung von Verdachtsmomenten gegen den Abschlussprüfer wegen der Verletzung von Berufspflichten bei der WPK sein. **4**

II. Prüfungsdurchführung

1. Anlass der Prüfung. Die Prüfstelle wird im Rahmen von Anlass- und Stichprobenprüfungen sowie in Einzelfällen auf Verlangen der BaFin tätig. Eine **Anlassprüfung** erfolgt, wenn konkrete Anhaltspunkte für einen Verstoß gegen Rechnungslegungsvorschriften vorliegen oder die BaFin eine Prüfung verlangt. Die Anhaltspunkte für eine solche Anlassprüfung können dabei aus einer intensiven Analyse der Unternehmens- und Presseberichterstattung durch den Ausschuss für Medienanalyse oder auch durch konkrete Hinweise von Aktionären, Gläubigern oder Arbeitnehmern zur Aufnahme eines Prüfungsverfahrens führen. Dabei ist immer zu berücksichtigen, dass gerade die Hinweise ausreichend substantiiert sein müssen und dass nur solche Prüfungen durchgeführt werden sollen, die Sachverhalte von öffentlichem Interesse betreffen (Abs. 2 S. 4).⁵ Fraglich ist in der Praxis, inwieweit eine solche Beurteilung ohne weitergehende Prüfungshandlungen möglich ist.⁶ **5**

Über die Anlassprüfungen hinaus wird die Prüfstelle nach Abs. 2 S. 3 Nr. 3 auch in einem Stichprobenverfahren tätig. Die Prüfstelle hat gemäß Abs. 2 S. 5 Leitlinien in „Grundsätze für die stichprobenartige Prüfung"⁷ transferiert, die detaillierte Vorgaben zur Ausübung des Stichprobenverfahrens machen. Dabei wird zwischen einer risikoorientierten Auswahl und einem geschichteten Stichprobenverfahren mit risikoorientiertem Element unterschieden. **6**

Die risikoorientierte Auswahl stellt eine bewusste Auswahl von Unternehmen dar, bei denen – ohne Hinweise auf fehlerhafte Rechnungslegung zu haben – risikobehaftete Umstände vorliegen, wie zB Börsengang, große Unternehmenstransaktionen etc. oder deren wirtschaftliche Lage ein erhöhtes Risikopotenzial aufweist. Aus diesem Bereich werden ca. 15–20% der Stichprobenprüfungen gezogen. Die übrigen 80–85% der Stichprobenprüfungen werden nach einem geschichteten Stichprobenverfahren ausgewählt, wobei die Schichtungen auf Grund der Zugehörigkeit zu bestimmten Börsensegmenten (DAX, MDAX etc.) vorgenommen werden. Auf diesem Wege soll erreicht werden, dass alle Unternehmen je nach Schicht alle vier bis zehn Jahre Teil der Stichprobe sind. Die Stichproben- und die Anlassprüfung schließen sich nicht gegenseitig aus, so dass es im Einzelfall zu jährlichen Prüfungen durch die Prüfstelle kommen kann. **7**

Nach Abs. 3 kann eine Verfahrenseröffnung durch die Prüfstelle nicht erfolgen, sofern eine Klage auf Nichtigkeit des Jahresabschlusses gemäß § 256 Abs. 7 AktG anhängig ist. Sofern eine aktienrechtliche Sonderprüfung nach § 142 Abs. 1 oder Abs. 2 oder § 258 Abs. 1 AktG eingeleitet wurde, kann die Prüfstelle ebenfalls nicht tätig werden, soweit der Gegenstand der Sonderprüfung, der Prüfungsbericht oder eine gerichtliche Entscheidung über die abschließenden Feststellungen der Sonderprüfer nach § 260 AktG reichen. **8**

2. Gegenstand der Prüfung. Gegenstand einer Prüfung durch die Prüfstelle ist grundsätzlich die Rechnungslegung von Unternehmen, die Wertpapiere iSd. § 2 Abs. 1 S. 1 WpHG an einer inländischen Börse zum Handel im amtlichen oder geregelten Markt zugelassen haben. Darunter fallen vor allem Aktien und Schuldverschreibungen. Der Sitz des Unternehmens ist dabei unerheblich.⁸ Einer Prüfung unterliegt grundsätzlich nur der zuletzt vor Beginn des Prüfverfahrens festgestellte Jahres- oder Konzernabschluss, wobei in der Praxis nahezu ausschließlich die Konzernabschlüsse geprüft werden, ggf. unter Hinzuziehung der entsprechenden Jahresabschlüsse. Geprüft werden Abschlüsse, die nach HGB, IFRS oder US-GAAP aufgestellt wurden. Für Geschäftsjahre, die nach dem **9**

---

³ Vgl. *Deutsche Prüfstelle für Rechnungslegung DPR e. V.*, Satzung Stand 29. 4. 2006, §§ 6–12, sowie *Deutsche Prüfstelle für Rechnungslegung DPR e. V.*, Verfahrensordnung der Prüfstelle, Stand 16. 8. 2006.
⁴ *Ellrott/Aicher* BeBiKo RdNr. 6.
⁵ Vgl. zur Problematik des „Whistleblowing" *Bräutigam/Heyer* AG 2006, 190.
⁶ *Ellrott/Aicher* BeBiKo RdNr. 17 f.
⁷ *Deutsche Prüfstelle für Rechnungslegung DPR e. V.*, Grundsätze für die stichprobenartige Prüfung gemäß § 342 b Abs. 2 S. 3 Nr. 3, Stand 29. 4. 2006, § 4.
⁸ *Gelhausen/Hönsch* AG 2005, 512.

31. Dezember 2006 beginnen, können auch verkürzte Abschlüsse sowie der zugehörige Zwischenlagebericht Gegenstand der Prüfung sein.

10 Der zur Prüfung ausgewählte Abschluss kann von der Prüfstelle ohne Beschränkungen im Hinblick auf Ausweis, Ansatz, Bewertung und sonst geforderte Angaben geprüft werden. Aufgrund der geringeren Kapazitäten und der Beschränkung der Prüfung auf wesentliche und relevante Bereiche der Rechnungslegung werden nach der Anforderung allgemeiner Unterlagen idR schnell Prüfungsschwerpunkte festgelegt bzw. einzelne Transaktionen auf ihre sachgerechte Darstellung in der Rechnungslegung geprüft. Aus den bisherigen Veröffentlichungen der Prüfstelle zeigt sich, dass zB die folgenden Bereiche Gegenstand einer intensiven Prüfung sind: Aktive Latente Steuern, Unternehmenszusammenschlüsse, Anteilsbasierte Vergütungen oder die Lageberichterstattung. Hierbei zeigt sich, dass aus den genannten Gründen der Umfang einer Prüfung durch die Prüfstelle einen wesentlich geringeren Umfang einnimmt als eine Abschlussprüfung nach § 316. Dies ergibt sich auch insbesondere durch die Tatsache, dass die Buchführung und das Risikomanagementsystem nicht Gegenstand der Prüfung sind.[9]

11 **3. Mitwirkung des zu prüfenden Unternehmens.** Unmittelbar nach Einleitung des Prüfverfahrens erfolgt eine Mitteilung an das zu prüfende Unternehmen, in der die Tatsache der Einleitung des Prüfverfahrens unter Angabe, ob es sich um eine Anlass- oder eine Stichprobenprüfung handelt, mitgeteilt wird. In diesem Schreiben wird das Unternehmen auch gebeten, seine Mitwirkung bei der Prüfung zu erklären. Gleichzeitig erfolgt nach Abs. 6 Nr. 1 eine Mitteilung an die BaFin.

12 Bevor weitere Prüfungsschritte unternommen werden können, muss das Unternehmen seine Mitwirkung bei der Prüfung mitteilen. Das Unternehmen ist in dieser Entscheidung grundsätzlich frei. Allerdings hat eine Ablehnung der Mitwirkung insoweit Konsequenzen, als dass die Prüfung von der Prüfstelle an die BaFin übergeben wird, die ihrerseits eine Prüfung durchführen kann und idR. auch durchführen wird. Zudem erfolgt die Prüfung nun nicht mehr für das Unternehmen kostenfrei. Vielmehr wird der Aufwand für die Prüfung durch die BaFin dem zu prüfenden Unternehmen belastet. Die BaFin kann sich bei der Prüfung der Prüfstelle bedienen, die über diesen Weg der Prüfung letztendlich doch durchführt, nun aber mit hoheitlichen Mitteln ausgestattet ist. Aus diesem Grund erfolgt in fast allen Fällen eine Mitwirkung durch die zu prüfenden Unternehmen.[10] Sofern eine Mitwirkung erklärt wird, sind die gesetzlichen Vertreter und die sonstigen Personen, derer sich die gesetzlichen Vertreter bei der Mitwirkung bedienen, verpflichtet, richtige und vollständige Auskünfte zu erteilen und richtige und vollständige Unterlagen vorzulegen. Es gelten die Sanktionswirkungen des § 342 e Abs. 1.

13 Im Rahmen der Mitwirkungsverpflichtung ist regelmäßig auch die Einbeziehung des Abschlussprüfers des Unternehmens ratsam, ggf. von der Prüfstelle auch gefordert. Gegenüber der BaFin hat der Abschlussprüfer über § 37 o Abs. 4 WpHG eine Auskunftsverpflichtung, gegenüber der Prüfstelle besteht jedoch keine solche Verpflichtung. Sofern die Prüfstelle das Unternehmen auch um eine Stellungnahme des Abschlussprüfers zu bestimmten Bilanzierungsmethoden und/oder Ausweisfragen anfordert, ist der Abschlussprüfer von dem Unternehmen von der Schweigepflicht zu entbinden. Auch in den Fällen, in denen keine Stellungnahme des Abschlussprüfers von der Prüfstelle angefordert wird, ist jedoch eine frühzeitige Einbeziehung des Abschlussprüfers zu empfehlen, um eine sachgerechte und zügige Aufklärung sicherzustellen.[11] Eine Vorlagepflicht von Arbeitspapieren des Abschlussprüfers gegenüber der Prüfstelle wird kritisch diskutiert, ist jedoch in Übereinstimmung mit Stellungnahmen des IDW und der WPK abzulehnen.[12]

14 **4. Prüfungsergebnis und Rechtsfolgen festgestellter Fehler in der Rechnungslegung.** Zum Abschluss der Prüfung teilt die Prüfstelle dem geprüften Unternehmen das Ergebnis der Prüfung mit.[13] Bei festgestellter fehlerhafter Rechnungslegung ist diese von der Prüfstelle zu begründen und das Unternehmen wird um Stellungnahme gebeten, ob es mit den Prüfungsfeststellungen übereinstimmt. Nach Abschluss der Prüfung informiert die Prüfstelle die BaFin über das Prüfungsergebnis und, sofern eine fehlerhafte Rechnungslegung festgestellt wurde, auch darüber, ob sich das Unternehmen mit dem Prüfungsergebnis einverstanden erklärt. Es steht im Ermessen der BaFin, sich bei Zweifeln am Prüfungsergebnis ein eigenes Bild über die Prüfungsdurchführung sowie das Prüfungsergebnis zu machen; dieses dürfte jedoch der Ausnahmefall sein. Ebenfalls zu einer eigen-

---

[9] *Gelhausen/Hönsch* AG 2005, 513.
[10] *Gelhausen/Hönsch* AG 2005, 518.
[11] Vgl. *Bräutigam/Heyer* AG 2006, 192.
[12] Vgl. *IDW*, Stellungnahme zum Entwurf des BilKoG vom 19. 1. 2004, S. 10; *WPK*, Stellungnahme zum Entwurf eines BilKoG vom 19. 1. 2004, S. 2; aA *Bräutigam/Heyer* AG 2006, 193.
[13] *Gelhausen/Hönsch* AG 2005, 523.

ständigen Prüfung durch die BaFin kann die Verweigerung der Mitwirkung durch das zu prüfende Unternehmen gegenüber der Prüfstelle führen.[14]

Sofern das Unternehmen mit dem Prüfungsergebnis einverstanden ist, ordnet die BaFin an, dass das Unternehmen die fehlerhafte Rechnungslegung bekannt machen muss.[15] Sofern das Unternehmen das Prüfungsergebnis nicht akzeptiert, wird die BaFin sich ein eigenes Bild von dem Prüfungsergebnis machen und ggf. eigene Prüfungshandlungen vornehmen.[16] Hierzu stehen ihr die Unterlagen der Prüfstelle zur Verfügung. Von der Anordnung der Bekanntmachung durch das geprüfte Unternehmen kann die BaFin nur dann eine Ausnahme zulassen, wenn kein öffentliches Interesse an der Veröffentlichung besteht oder wenn die Veröffentlichung dazu geeignet ist, den berechtigten Interessen des Unternehmens zu schaden.[17]

Die Verpflichtung zur Veröffentlichung festgestellter Fehler ist das zentrale Sanktionsinstrument des Enforcement-Prozesses. Ein Unternehmen, bei dem die Prüfstelle eine fehlerhafte Rechnungslegung festgestellt hat, ist zur Veröffentlichung dieses Fehlers nach § 37 q WpHG verpflichtet. Da es sich idR um eine wesentliche Kapitalmarktinformation handeln wird, ist diese als Ad-hoc-Mitteilung zu veröffentlichen. Weitere Sanktionsmechanismen für die Prüfstelle oder die BaFin sind nicht vorgesehen, vielmehr werden Interpretationen und mögliche weitere Sanktionsmaßnahmen den Kapitalmarktteilnehmern überlassen. Gleichzeitig soll von dieser Publizitätsverpflichtung auch eine präventive Wirkung ausgehen, die die Unternehmen zu einer korrekten Rechnungslegung veranlasst.

Sofern Fehler in der Rechnungslegung festgestellt wurden, die einen Nichtigkeitsgrund iSd. § 256 AktG darstellen, muss der Jahresabschluss neu aufgestellt und geprüft werden; eine Korrektur in laufender Rechnung reicht in diesen Fällen nicht aus.[18]

§ 342 c Verschwiegenheitspflicht

(1) ¹Die bei der Prüfstelle Beschäftigten sind verpflichtet, über die Geschäfts- und Betriebsgeheimnisse des Unternehmens und die bei ihrer Prüftätigkeit bekannt gewordenen Erkenntnisse über das Unternehmen Verschwiegenheit zu bewahren. ²Dies gilt nicht im Fall von gesetzlich begründeten Mitteilungspflichten. ³Die bei der Prüfstelle Beschäftigten dürfen nicht unbefugt Geschäfts- und Betriebsgeheimnisse verwerten, die sie bei ihrer Tätigkeit erfahren haben. ⁴Wer vorsätzlich oder fahrlässig diese Pflichten verletzt, ist dem geprüften Unternehmen und, wenn ein verbundenes Unternehmen geschädigt worden ist, auch diesem zum Ersatz des daraus entstehenden Schadens verpflichtet. ⁵Mehrere Personen haften als Gesamtschuldner.

(2) ¹Die Ersatzpflicht von Personen, die fahrlässig gehandelt haben, beschränkt sich für eine Prüfung und die damit im Zusammenhang stehenden Pflichtverletzungen auf den in § 323 Abs. 2 Satz 2 genannten Betrag. ²Dies gilt auch, wenn an der Prüfung mehrere Personen beteiligt gewesen oder mehrere zum Ersatz verpflichtende Handlungen begangen worden sind, und ohne Rücksicht darauf, ob andere Beteiligte vorsätzlich gehandelt haben. ³Sind im Fall des Satzes 1 durch eine zum Schadensersatz verpflichtende Handlung mehrere Unternehmen geschädigt worden, beschränkt sich die Ersatzpflicht insgesamt auf das Zweifache der Höchstgrenze des Satzes 1. ⁴Übersteigen in diesem Fall mehrere nach Absatz 1 Satz 4 zu leistende Entschädigungen das Zweifache der Höchstgrenze des Satzes 1, so verringern sich die einzelnen Entschädigungen in dem Verhältnis, in dem ihr Gesamtbetrag zum Zweifachen der Höchstgrenze des Satzes 1 steht.

(3) ¹Die §§ 93 und 97 der Abgabenordnung gelten nicht für die in Absatz 1 Satz 1 bezeichneten Personen, soweit sie zur Durchführung des § 342 b tätig werden. ²Sie finden Anwendung, soweit die Finanzbehörden die Kenntnisse für die Durchführung eines Verfahrens wegen einer Steuerstraftat sowie eines damit zusammenhängenden Besteuerungsverfahrens benötigen, an deren Verfolgung ein zwingendes öffentliches Interesse besteht, und nicht Tatsachen betroffen sind, die von einer ausländischen Stelle mitgeteilt worden sind, die mit der Prüfung von Rechnungslegungsverstößen betraut ist.

Schrifttum: Siehe Schrifttum zu § 342 b

---

[14] *Gelhausen/Hönsch* AG 2005, 524; *Gahlen/Schäfer* BB 2006, 1620.
[15] Vgl. *Gelhausen/Hönsch* AG 2005, 525.
[16] Baumbach/Hopt/*Merkt* RdNr. 6.
[17] Vgl. *Gahlen/Schäfer* BB 2006, 1621.
[18] *Ellrott/Aicher* BeBiKo RdNr. 44.

I. Umfang und Adressaten der Verschwiegenheitspflicht

1 Die Regelungen zur Verschwiegenheit sind grundsätzlich an § 323 angelehnt. Dabei bezieht sich die Pflicht zur Verschwiegenheit auf alle bei der Prüfungstätigkeit bekannt gewordenen Erkenntnisse über das Unternehmen, allerdings nicht über die Tatsache, dass eine Prüfung durchgeführt wird.[1] Daneben kann für das Unternehmen ggf. eine „Ad-hoc"-Mitteilungspflicht dieser Insiderinformation iSd. § 13 WpHG bestehen.

2 Der Verschwiegenheitspflicht des § 342c unterliegen alle bei der Prüfstelle beschäftigten Personen. Unter diese Regelung fallen auch Personen, derer sich die Prüfstelle bei der Durchführung ihrer Aufgaben bedient, zB externe Wirtschaftsprüfer, die als Gutachter auftreten.[2] Die Verschwiegenheitspflicht endet nicht mit der Tätigkeit für die Prüfstelle, sondern gilt über die Beendigung der Beschäftigung hinaus.

3 Grundsätzlich gilt die Verschwiegenheitspflicht der Personen, die bei der Prüfstelle beschäftigt sind, auch gegenüber den Finanzbehörden. Durch Abs. 3 wird den Finanzbehörden die Möglichkeit eröffnet, die nach Abs. 1 zur Durchführung eines Strafverfahrens mitgeteilten Daten auch für ein damit zusammenhängendes Besteuerungsverfahren zu verwenden.[3]

II. Rechtsfolgen bei Verstoß gegen § 342c

4 Hinsichtlich der Haftungshöchstgrenze für Schadenersatzverpflichtungen verweist § 342c Abs. 2 S. 1 auf § 323 Abs. 2 S. 2. Danach ist eine Ersatzpflicht auf € 4 Mio., bei Schädigung mehrer Unternehmen nach Abs. 2 Satz 3 auf € 8 Mio. beschränkt. Ggf. erfolgt nach Abs. 2 S. 4 eine anteilige Kürzung bei mehreren zu leistenden Entschädigungen, die oberhalb der Höchstgrenze liegen.

5 Hinsichtlich der strafrechtlichen Sanktionen bei vorsätzlicher oder fahrlässiger Verletzung der Verschwiegenheitspflichten ist auf § 333 Abs. 1 zu verweisen.[4]

§ 342d Finanzierung der Prüfstelle

¹Die Prüfstelle hat über die zur Finanzierung der Erfüllung ihrer Aufgaben erforderlichen Mittel einen Wirtschaftsplan für das Folgejahr im Einvernehmen mit der Bundesanstalt für Finanzdienstleistungsaufsicht aufzustellen. ²Der Wirtschaftsplan ist dem Bundesministerium der Justiz und dem Bundesministerium der Finanzen zur Genehmigung vorzulegen. ³Die Bundesanstalt für Finanzdienstleistungsaufsicht schießt der Prüfstelle die dieser nach dem Wirtschaftsplan voraussichtlich entstehenden Kosten aus der gemäß § 17d Abs. 1 Satz 3 des Finanzdienstleistungsaufsichtsgesetzes eingezogenen Umlagevorauszahlung vor, wobei etwaige Fehlbeträge und nicht eingegangene Beträge nach dem Verhältnis von Wirtschaftsplan zu dem betreffenden Teil des Haushaltsplanes der Bundesanstalt für Finanzdienstleistungsaufsicht anteilig zu berücksichtigen sind. ⁴Nach Ende des Haushaltsjahres hat die Prüfstelle ihren Jahresabschluss aufzustellen. ⁵Die Entlastung erteilt das zuständige Organ der Prüfstelle mit Zustimmung des Bundesministeriums der Justiz und des Bundesministeriums der Finanzen.

Schrifttum: Siehe Schrifttum zu § 342b

1 Der Prüfstelle stehen grundsätzlich zwei Wege der Finanzierung zur Verfügung. Zum einen werden Mitgliedsbeiträge von den derzeit 17 Mitgliedern erhoben;[1*] dieser Beitrag zur Gesamtfinanzierung ist jedoch eher gering. Daneben wird über die BaFin von allen kapitalmarktorientierten Unternehmen nach § 17a–d des Finanzdienstleistungsaufsichtsgesetzes (FinDAG) eine Abgabe erhoben, die an die Prüfstelle weitergeleitet wird. Die Höhe dieser Abgabe wird auf Grund von Budgets der Prüfstelle in Abstimmung mit der BaFin jährlich in der Bilanzkontrollkosten-Umlageverordnung (BilKoUmV) festgelegt. Aktuell werden Abgaben zwischen € 250 und € 15 000 erhoben.

---

[1] *Ellrott/Aicher* BeBiKo RdNr. 2f.
[2] *Ellrott/Aicher* BeBiKo RdNr. 6.
[3] Vgl. Baumbach/Hopt/*Merkt* RdNr. 1.
[4] *Ellrott/Aicher* BeBiKo RdNr. 7.
[1*] *Deutsche Prüfstelle für Rechnungslegung DPR e. V.*, Satzung Stand 6. 4. 2005, § 5.

§ 342 e Bußgeldvorschriften

(1) Ordnungswidrig handelt, wer vorsätzlich oder fahrlässig entgegen § 342 b Abs. 4 Satz 1 der Prüfstelle eine Auskunft nicht richtig oder nicht vollständig erteilt oder eine Unterlage nicht richtig oder nicht vollständig vorlegt.

(2) Die Ordnungswidrigkeit kann mit einer Geldbuße bis zu fünfzigtausend Euro geahndet werden.

(3) Verwaltungsbehörde im Sinne des § 36 Abs. 1 Nr. 1 des Gesetzes über Ordnungswidrigkeiten ist bei Ordnungswidrigkeiten nach Absatz 1 die Bundesanstalt für Finanzdienstleistungsaufsicht.

§ 342 e greift nur dann ein, wenn das zu prüfende Unternehmen gegenüber der Prüfstelle seine Mitwirkung erklärt hat, da diese Mitwirkungserklärung Voraussetzung des § 342 b Abs. 4 ist.[1]

Sofern dies der Fall ist, dient die Vorschrift der Durchsetzung der Pflicht des zu prüfenden Unternehmens zur richtigen und vollständigen Information der Prüfstelle.[2] Bei der Durchführung des Ordnungswidrigkeitsverfahrens dient die BaFin als zuständige Verwaltungsbehörde.

---

[1] *Förschle/Hoffmann* BeBiKo RdNr. 1.
[2] Baumbach/Hopt/*Merkt* RdNr. 1.

Sachverzeichnis

bearbeitet von *Assessorin Sylvia Vogt*

fett = Paragraph/mager = Randnummer/unterstrichen = Hauptfundstelle

Abschlussprüfer s. a. Prüfung des Jahresabschlusses; Prüfungsbericht
Abberufung **318** 17
Anteilsbesitz an zu prüfender Gesellschaft **319** 13
Antrag auf gerichtliche Bestellung **335** 5
Auftragserteilung **318** 1, 10 ff
Ausschlusstatbestände für Konzernabschluss **319** 25; **319 a** 12
Befangenheit **319** 8 f, 22; **320** 6
Bestellung **318** 1, 4 ff
Betriebsgeheimnis **323** 12
Bewertungsleistungen **319** 21
culpa in contrahendo **323** 30
Finanzdienstleistung für Gesellschaft **319** 20
finanzielle Interessen **319** 13
gemeinsame Berufsausübung als Ausschlussgrund **319** 10 ff
gerichtliche Bestellung **318** 22 ff
gerichtliche Ersetzung **318** 17 ff
Haftung gegenüber Dritten **323** 22 ff
Haftung gegenüber Gesellschaft **321** 3, 5; **323** 15 ff, 22 ff
interne Rotation **319 a** 9 f
– von Kreditinstituten **340 k** 5
Kündigung **318** 26 ff
Meinungsverschiedenheiten mit Gesellschaft **324** 2 ff
Mitverschulden **323** 19
Mitwirkung bei Buchführung **319** 18
Mitwirkung bei interner Revision **319** 19
Mitwirkung bei Jahresabschluss **319** 18
Ordnungswidrigkeiten **334** 1 ff, 12
personelle Verflechtung **319** 14 f
Qualifikation **319** 4 ff
Rechnungslegungsinformationssystem **319 a** 7 f
Rechtsberatungsleistungen **319 a** 4 ff
Steuerberatungsleistungen **319 a** 4 ff
Umsatzabhängigkeit **319** 23; **329 a** 3
Unparteilichkeit **321** 7; **323** 4
unrichtige Darstellung, Verschleierung gegenüber dem – **331** 1
unrichtiger Bestätigungsvermerk **332** 10; **334** 12
Unternehmensleitung **319** 20

Vergütung bei gerichtlich bestelltem – **318** 25
Verletzung der Berichtspflicht **332** 4 ff
Verletzung der Geheimhaltungspflicht **332** 1
Verschwiegenheitspflicht **323** 8
Vorlage von Unterlagen **320** 1
Wahl **318** 1
Zeugnisverweigerung **323** 9; **332** 2
Zwangsgeld **335** 4
Abwerbeverbot
– zwischen Arbeitgebern **75 f** 9
Abwicklung von Personenhandelsgesellschaften
– außerhalb des Liquidations- und Insolvenzverfahrens **145** 15 ff
Abwicklungseröffnungsbilanz
Pflicht zur Erstellung einer – **242** 11
Adressbuchverlage
Rechtsstellung des Werbers **84** 31
Agent von Künstlern
Rechtsstellung **84** 31
Agentursystem 84 105
Akademie
Firmenbezeichnung **18** 50
Akademische Grade
– in Firmenbezeichnung **18** 61 ff
Aktiengesellschaft
Beweislast für Haftungsbeschränkung **105** 30
Firmenfortführung bei Gesellschafterwechsel **24** 3 ff
Firmenfortführung bei Übernahme **22** 3, 10, 34, 38, 77, 80; **23** 2
Sitzverlegung **13 h** 11, 45, 50, 53 f
Vertretung vor dem Handelsregister **12** 131
Alleinvertreter s. Handelsvertreter
Alleinvertriebsverträge
Bekanntmachung der Kommission **Vor 84** 11
Allgemeines Gleichbehandlungsgesetz
Anwendung auf Einfirmenvertreter **84** 77
Anfechtung
Einlagenrückgewähr zugunsten stillen Gesellschafters im Insolvenzfall s. Stille Gesellschaft
Angestellter Reisender
anwendbare Vorschriften **84**; **86**
Anhang zum Jahresabschluss von Kapitalgesellschaften und OHG/KG
Abschlussprüferhonorar **285** 22 ff
Allgemeinwohl **286** 2 ff

Sachverzeichnis

fett = Paragraph

Anteilsbesitz **285** 15; **287** 1 ff
Arbeitnehmerzahl **285** 9
Aufsichtsrat **285** 14
Aufteilung Einkommen- und Ertragsteuerbelastung **285** 8
Bewertungsmethoden **284** 14 ff, 21
Corporate Governance Kodex **285** 21
derivative Finanzinstrumente **285** 25
Ergebnisbeeinflussung durch steuerliche Vergünstigungsvorschriften **285** 7
Formblätter **330** 1
freiwillige Angaben **284** 13
Fremdkapitalzinsen **284** 23
Funktionen **284** 1
Geschäftsführungsorgan **285** 14
Geschäftswert **285** 18
Inhalt **284** 2, 4 ff
Mutterunternehmen **285** 19
Organmitglieder **285** 11
persönlich haftende Gesellschafter **285** 20
sonstige Rückstellungen **285** 17
Termingeschäfte **285** 26
Umsatzerlöse **285** 6
Umsatzkostenverfahren **285** 10
Verbindlichkeiten **285** 3 f
Vorstandsbezüge **286** 17
Wahlpflichtangaben **284** 8 ff
Währungsumrechnung **284** 20
Wertbeibehaltungsgebot **280** 12 f
zusätzliche Information zu steuerlichen Bewertungsmaßnahmen **281** 14 ff

Anhang zum Konzernabschlusses
Angabepflichten **296** 28; **297** 31 ff

Anlageberater s. a. Anlagevermittler
gewerberechtliche Erlaubnispflicht **93** 74
Rechtsstellung **84** 31

Anlagevermittler
Anwendung von Handelsvertreterrecht **84** 93
Aufklärungspflichten **98** 35 f, 39
Auskunftserteilung **84** 93
Begriff **84** 93
Beratungspflichten **98** 40 f
Beratungsvertrag **84** 93
Termingeschäfte **98** 38

Anzeigenwerber
Rechtsstellung **84** 31

Apostille
Begriff **12 Anh.** 57

Apotheke
Prokuraerteilung **48** 6
stille Beteiligung **230** 36

Arbeitnehmerähnliche Personen
Abgrenzung vom Handlungsgehilfen **59** 13

Arbeitnehmerüberlassung
Sperrabrede **75 f** 6, 15

Arbeitnehmervertretung
Auskunftsrechte über Jahresabschluss **267** 20

Arbeitsschutzrecht
Behörde **62** 39
Betriebsrat **62** 38
Kündigung **62** 50
Leistungsverweigerungsrecht **62** 40 ff
neue Bundesländer **62** 12
nichtkaufmännische Arbeitnehmer **62** 9
Schadensersatzanspruch **62** 46 ff
Schmerzensgeld **62** 49
Unabdingbarkeit **62** 51 f

Arbeitsvermittlung
– durch Handelsvertreter **84** 30

ARGE
Rechtsnatur **105** 15

Arthandlungsvollmacht
Beschränkung **54** 25
Gutglaubensschutz **54** 24
Umfang **54** 12, 16 f

Atypische Gesellschaft bürgerlichen Rechts
Insolvenzantragspflicht **130 a** 6, 10, 12 ff, 36 ff; **130 b** 6

Atypische KG
Begriff **130 a** 1
Gesellschafterhaftung bei Verletzung der Insolvenzantragspflicht **130 a** 31
Insolvenzantragspflicht **130 a** 5, 10, 12 ff, 36 ff; **130 b** 6
Masseerhaltungspflicht **130 a** 20 ff, 36 ff

Atypische OHG
Begriff **129 a** 2
Eigenkapitalersatz **129 a** 5
Gesellschafterhaftung bei Verletzung der Insolvenzantragspflicht **130 a** 31
Insolvenzantragspflicht **130 a** 4, 10, 12 ff, 36 ff; **130 b** 6
Masseerhaltungspflicht **130 a** 20 ff, 36 ff

Aufbewahrung von Unterlagen
Abschlussprüfer **257** 43 ff
Arbeitsanweisungen **254** 14
Arten **257** 19 ff
Belegprinzip **257** 16
Dauer **257** 32 ff; **258** 4
Handelsbriefe **257** 15
Handelsbücher **257** 9 ff
Lageberichte **254** 12
Organisationsunterlagen **257** 14
persönlicher Anwendungsbereich **257** 3 ff
Protokolle **254** 12
steuerliche Pflicht **257** 2
Verletzung der Pflicht zur – **257** 40 f

Ausgleichsanspruch des Handelsvertreters
Abänderung des Handelsvertretervertrages **89 b** 41
Abfindung **89 b** 3, 4
abgelehnter Folgevertrag **89 b**; **101**
Ablösungsvereinbarung **89 b** 144
Abtretung **89 b** 16, 21
Abwälzung auf Dritten (Nachfolger) **89 b** 13, 65 ff

mager = Randnummer

Sachverzeichnis

Alter des Handelsvertreters **89 b**; 103
Anmeldefrist **89 b** 71
Anrechnung Leistungen Dritter **89 b** 3
Anrechnung nachvertraglicher Provisionszahlungen **89 b** 143
arglistiges Verhalten des Handelsvertreters bei Vertragsabschluss **89 b** 109
Aufbau einer Vertriebsorganisation **89 b** 83
Aufrechnung bei Insolvenz des Unternehmers **89 b** 19
Aufwendungen der Vertragsparteien **89 b** 111
Aufwendungsersatzleistungen **89 b** 135
Auskunft **87 c** 12
Ausschlussfrist **89 b** 69
Beendigung aus Alters- oder Krankheitsgründen **57**; **58**; **89 b** 5, 53
Beendigung des Vertragsverhältnis in der Probezeit **89 b** 34
Berechnung **87** 60; **89 b** 25 ff, 128 ff
Berechnungsbeispiel **89 b** 129
Berechnungszeitraum **89 b** 133
besonders hohe Provisionszahlungen **89 b** 117
Betriebseinstellung durch Unternehmer **89 b** 87
Betriebsveräußerung des Unternehmens **89 b** 11, 39
Beweisführung **89 b** 178, 180 ff
Beweisführungsvereinbarungen **89 b** 139
Beweislast für Prognosegrundlage **89 b** 31 ff
Beweislast für Rechtfertigung der Vertragsbeendigung **52**; **89 b**
Bezirksvertreter **89 b** 92
Bilanzierung **89 b**; **176**
Billigkeit **89 b**; **96 ff**; **184**
Datenschutz **89 b** 7
Eigenkündigung des Handelsvertreter **89 b** 5,
Einstandszahlung **89 b** 14, 144
europarechtliche Vorgaben **89 b** 4, 186 ff
Fälligkeit **89 b** 15
Geschäft mit Familienangehörigen **89 b** 79
Gründe der Vertragsbeendigung **89 b**; **97**; **115**
Höchstbetrag **89 b** 132
Hoffmann'sche Methode **89 b** 131
Insolvenzfall **89 b** 19, 38, 174
intensivierter Altkunde **89 b** 78, 181
Karenzentschädigung **89 b** 23
Kettenvertragsverhältnis **89 b** 35
Konzernunternehmen **89 b** 11
Kundenabwanderung **89 b** 80, 102, 122
Laufkunden **89 b** 79
Leistungs- und Erfüllungsort **89 b** 17
Mehrfirmenvertreter **89 b** 59, 116
Minderung aus Billigkeitsgründen **89 b** 99
Mischvergütung **89 b** 92
Monopolstellung des Unternehmers **89 b** 75

Münchner Formel **89 b** 128
Nachfolgevereinbarung **89 b** 66
Nachschieben von Beendigungsgründen **89 b** 55, 63
nachteilige Vereinbarungen **89 b** 136 ff
nachvertragliche Vertragsverletzung **89 b** 28
nachvertraglicher Wettbewerb **89 b** 22, 114
nebenberuflicher Handelsvertreter **89 b** 8
Nebengeschäfte **89 b** 79
Neukunde **89 b** 76
Pfändbarkeit **89 b** 16, 21
Produkteinstellung durch Unternehmer **89 b** 41
Propagandisten **89 b** 74
Provisionsverluste **89 b** 91 ff
prozessuale Durchsetzung **89 b** 177 ff
reaktivierter Altkunde **89 b** 77, 181; s. a. intensivierter Altkunde
Rechtsnatur vor Beendigung des Vertragsverhältnisses **89 b** 16
Rotationssystem **89 b** 32, 87, 181
Schmiergeldzahlungen **89 b** 119
Sogwirkung einer Marke **89 b** 75, 120
Stammkunde **89 b** 79, 83, 84, 92, 181
Steuerrecht **89 b** 175
Sukzessivlieferungsvertrag **89 b** 79, 92
Teilbeendigung des Handelsvertretervertrages **89 b** 41
Tod des Handelsvertreters **89 b** 8, 36, 47, 105, 121
Überhangprovisionen **89 b** 94
Übernahme durch Dritte **89 b** 12, 39, 65
Umsatzsteuer **89 b** 17
Umwandlung in Handelsvertretergesellschaft **89 b** 76
unternehmerveranlasste Beendigung des Vertragsverhältnisses **89 b** 48, 60 ff
Unternehmervorteile **89 b** 73 ff, 83, 181
Untervertreter **89 b** 42, 72, 75, 89, 95, 123
unzulässige Rechtsausübung **89 b** 69
Veräußerung des Kundenstamms durch Unternehmer **89 b** 86
Vergleich **89 b** 145
Verjährung **89 b** 20
verschuldete Vertragsbeendigung **89 b** 47, 60 ff, 64
Versorgungsleistungen des Unternehmers **89 b** 104 f, 140
Vertragsumwandlung **89 b** 35
Vertragsverletzungen des Handelsvertreters **89 b** 125
Verwirkung **89 b** 20, 50
Verzinsung **89 b** 17
Vorauserfüllung **89 b** 142
Vorteil bei Drittunternehmen **89 b** 88
Vorteil bei konzernrechtlich verbundenem Unternehmen **89 b** 88
Wegfall der Geschäftsgrundlage **89 b** 28
Werbekosten **89 b** 111

Sachverzeichnis

fett = Paragraph

Werbung des Kunden **89 b** 76 ff
Wiederholungsgeschäft **89 b** 79
Zeitvertrag **89 b** 35
Zinsen **89 b** 131
Zubehör **89 b** 79, 92
Zugewinnausgleich **89 b** 16

Ausgleichsklausel
Auswirkung auf nachvertragliches Wettbewerbsverbot **90 a** 31

Auskunftsanspruch
– bei Wettbewerbshandlungen des Handlungsgehilfen **61** 25 ff

Ausländische Firma
Beteiligung an Inlandsgesellschaften **17 Anh.** 18 ff
geographischer Zusatz **17 Anh.** 22, 25
Haftungsbeschränkung **17 Anh.** 26
inländische Zweigniederlassung **17 Anh.** 27 ff
Investment **18** 22
Niederlassungsrecht **17 Anh.** 17
ordre public **17 Anh.** 9
Rechtsformzusatz bei Inlandsbeteiligung **17 Anh.** 24

ausländische Urkunden
Belgien **12 Anh.** 58
Dänemark **12 Anh.** 59
Frankreich **12 Anh.** 60
fremdsprachige **12 Anh.** 74 ff
Griechenland **12 Anh.** 61
Großbritannien **12 Anh.** 67
Israel **12 Anh.** 62
Italien **12 Anh.** 63
Nordirland **12 Anh.** 67
Österreich **12 Anh.** 64
Schweiz **12 Anh.** 65
Spanien **12 Anh.** 66
tabellarische Länderübersicht **12 Anh.** 73

Ausschüttungssperre
– bei Ingang- und Erweiterungsaufwendungen **269** 8 f

Auszubildende
Wettbewerbsverbot **74** 10

Bank
Firmenbezeichnung **18** 19

Bankangestellter
Provision vom Kunden **93** 73

Bankrepräsentant
Rechtsstellung **84** 31

Bankrott
strafrechtliche Verantwortung **Vor 1** 71 ff; **5** 48

Bausparkasse
Firmenbezeichnung **18** 19

Bausparkassenvertreter s. a. Versicherungsvertreter
Anwendung von Handelsvertreterrecht **92** 1
Ausgleichsanspruch **89 b** 146 ff, 155, 185
Beratungspflichten **92** 5

Bestandspflegeprovision **89 b** 152
Folgeprovision **92** 7
Informationsrechte **87 c** 58
Inkassoprovision **89 b** 152
nachvertragliches Wettbewerbsverbot **90 a** 44
Provisionsanspruch **87 a** 59; **92** 6
Schadensregulierungsprovision **89 b** 152
Stornoabwehrprovision **89 b** 152
Superprovisionen und Ausgleichsanspruch **89 b** 151
unselbständiger Vermittler **92** 3
Vertragserweiterung **92** 8
Verwaltungsprovisionen und Ausgleichsanspruch **89 b** 152

Bausparmakler
Schlussnote **104** 6
Tagebuchpflicht **104** 6

Berater
Abgrenzung vom Handelsmakler **93** 69

Beratungspflichten
– des Handelsvertreter **84** 82, 83
– des Versicherungsvermittlers **84** 82

Bergrechtliche Gewerkschaft
Zweigniederlassung ausländischer Gesellschaft **13 e** 1

Berufsbezeichnungen
akademische Titel **18** 61 ff
Arzt **18** 65
ausländische akademische Grade **18** 63
Führen von – **18** 23, 65
Steuerberater **18** 23, 65
Wirtschaftsprüfer **18** 23, 65

Berufsständische Organe
Auskunft an Handelsregister **8** 30

Beschäftigungsverbote
– zwischen Unternehmern **90 a** 45

Besitzgesellschaften
Rechtsform **105** 22

Bestätigungsvermerk
Bedeutung **322** 5 ff
Bestandsgefährdungen **322** 27
Bestandteile **322** 9
Rechtsanspruch **322** 7
unrichtiger – **332** 10
Unterzeichnung **322** 36 ff
Urteil des Abschlussprüfers **322** 18
Widerruf **322** 31

Beteiligung
Begriff **271** 2 f
Bilanzierung **271** 1

Betriebs- und Geschäftsgeheimnis
Wahrung durch Arbeitnehmer **74** 24

Betriebsführungsvertrag
– mit OHG **125** 9

Betriebsrat
Arbeitsschutzrecht **62** 38
Gehaltszahlung **64** 19 f
Provisionszahlung **65** 19

mager = Randnummer

Sachverzeichnis

Betriebsrente
  Einfluss auf nachvertragliches Wettbewerbsverbot **74** 28
Betriebsübergang
  Haftung bei Firmenfortführung **25** 66
  Haftung des früheren Inhabers für Altverbindlichkeiten **26** 7
Bezirksvertreter s. a. Handelsvertreter
  Buchauszug **87 c** 71
Bezugsbindung
  kartellrechtliche Bewertung **84** 78
BGB-Gesellschaft
  Auflösungsklage **133** 4
  Ausschluss aus wichtigem Grund **140** 1, 3
  Fortsetzungsklausel bei Ausscheiden eines Gesellschafters **140** 3
  Grundbuchfähigkeit **161** 2
  Haftung des eintretenden Gesellschafters **130** 2
  Liquidation **145** 5
  persönliche Haftung der Gesellschafter **128** 5
  Scheckfähigkeit **161** 2
  Umwandlung des Gesellschaftsanteils in Kommanditanteil auf Wunsch des Erben **139** 98
  Umwandlung in Kommanditgesellschaft **174** 3
  Umwandlungsfähigkeit **161** 2
  Verjährung der Gesellschafterhaftung für Gesellschaftsverbindlichkeiten **159** 3
  Volljährigkeitseintritt als Kündigungsgrund **133** 21
Bilanz s. a. Anfangsbilanz; Schlussbilanz; Sonderbilanz; Steuerbilanz; Jahresabschluss
  Abbruch **255** 35
  Abfallbeseitigungsverpflichtungen **249** 46
  Abfindungen **249** 51 a
  Abräumarbeiten **249** 81 ff
  Absatzgeschäfte **249** 61 ff
  Abschreibung immaterieller Güter **254** 16
  Abschreibung von Gebäuden **254** 17 ff
  Adressaten **247** 2
  AfA-Abschreibung **254** 17 ff
  Agio **272** 15 ff
  allgemeine Verwaltungskosten **255** 49
  Altersteilzeit **249** 49
  Anlagevermögen **247** 5, 14
  Anschaffungskosten **255** 4 ff
  Anschaffungskosten immaterieller Güter **255** 24 a
  Ansparabschreibung **247** 20
  Aufsichtsratsvergütung **249** 51 a
  Aufwand **250** 8
  ausstehende Einlagen **272** 8 ff
  betriebliche Altersversorgung **255** 49
  Bilanzierungsverbote **248** 1 ff, 13
  Bilanzklarheit **248** 1
  Bürgschaften **249** 51 a; **251** 5
  Bußgelder **249** 51 a
  Dauerrechtsverhältnisse **249** 64, 68 ff

  Dienstjubiläumszuwendungen **248** 13
  drohende Verluste **248** 13
  eigene Aktien **272** 12, 37
  Eigenkapital **247** 7; **272** 1
  Eigenkapitalbeschaffung **248** 3
  Einlage von Wirtschaftgütern **255** 31
  Emissionsrechte **248** 10 f
  Entschlammung **249** 51 a
  Ertrag **250** 8
  Fertigungseinzelkosten **255** 45
  Fertigungsgemeinkosten **255** 48
  Fifo-Verfahren **256** 7
  freiwillige soziale Leistungen **255** 49
  Fremdwährung bei Anschaffungskosten **255** 14
  Fremkapitalbeschaffung **248** 3
  Generalüberholung **249** 99
  geringwertige Wirtschaftsgüter **254** 25
  Geschäftswert **255** 67 ff
  Gewährleistungen **249** 51 a, 84 f; **251** 8 f
  Gewinnrücklagen **272** 25 ff
  Gliederung **247** 2
  Großreparaturen **249** 99
  Haftungsverhältnisse **251** 1 ff
  handelsrechtliche Abschreibung **254** 7 ff
  Herstellungskosten **255** 38 ff
  immaterielle Vermögensgegenstände **248** 6 ff
  Immobilien **255** 36 ff
  Index-Verfahren **256** 11
  Ingangsetzungsaufwendungen **248** 2
  Instandhaltungsrückstellungen **249** 74 ff, 86 ff
  Kapitalerhöhung **272** 6
  Kapitalherabsetzung **272** 7
  Kapitalrücklage **272** 14
  Kilo-Verfahren **256** 12
  Lifo-Verfahren **256** 8
  Lofo-Verfahren **256** 12
  Materialeinzelkosten **255** 45
  nachgeholte Rückstellung **249** 74 ff, 81 ff, 86 ff
  nachzuholende Rückstellung **249** 12 ff
  Passivierungswahlrecht für Rückstellungen **249** 6
  Patentverletzungen **249** 51 a
  Pensionsrückstellung **249** 29
  Produkthaftung **249** 51 a
  Prozesskosten **249** 51 a
  Rabatte **249** 51 a
  radioaktive Reststoffe **248** 13
  Rechnungsabgrenzungsposten **247** 9; **250** 1 ff
  – bei Reduzierung der Geschäftstätigkeit **242** 10
  Rekultivierungsverpflichtungen **249** 47
  Rücklage für eigene Anteile **272** 33 ff
  Rücklagen **247** 20; **249** 9
  Rücklagen wegen Steuern **274** 1 ff
  Rücknahmeverpflichtungen **249** 51 a
  Rückstellung für Steuern **247** 18

Sachverzeichnis

fett = Paragraph

Rückstellungsarten **249** 5
Schulden **247** 8
schwebende Geschäfte **249** 52 ff
Sicherheiten für fremde Verbindlichkeiten **251** 10
Sicherheitsinspektion **249** 99
Sonderposten mit Rücklageanteil **247** 18 ff; **273** 1 ff
Sozialplan **249** 51 a
Steuerabgrenzung **274** 2 ff
steuerliche Verlustvorträge **274** 13
steuerrechtliche Abschreibung **254** 7 ff
Steuerstundung auf stille Reserven **254** 12 f
Subvention **255** 19, 27
Tausch **255** 24, 30
Überführung von Wirtschaftsgütern in anderes Betriebsvermögen **255** 32
Übertragung stiller Reserven **254** 14
Uferschutz **249** 51 a
Umlaufvermögen **247** 6, 10 f
Umsatzsteuer auf Anzahlungen **250** 19
Umweltschutzrückstellungen **249** 42 ff
unentgeltlicher Erwerb von Gütern **255** 21, 29
ungewisse Verbindlichkeiten **248** 13; **249** 15 ff, 51 a
Unternehmensverkauf **252** 7, 16
Unterschiede zur Handelsbilanz **274** 8 ff
Verbrauchsfolgeverfahren **256** 1, 3 ff
Verbrauchssteuern **250** 15 ff
Verdienstsicherung **249** 69
Vereinfachungen für kleine Handelsgesellschaften **274 a** 4 ff
Verknüpfung von Steuer- und Handelsbilanz **254** 3
Verletzung fremder Schutzrechte **248** 13
Verschmelzung **252** 8
Versicherungen **248** 11
Vorgänge nach UmwStG **255** 33
Vorräte **249** 62
Vorsichtsprinzip **248** 2, 7
Wechselverbindlichkeiten **251** 4
Wegfall der Abschreibungsgründe **254** 26
Wertgrenzen für Herstellungskosten **255** 43, 52
Wertgrenzen von Anschaffungskosten **255** 2, 11
Zero-Bonds **250** 21
Zölle **250** 15 f

Bilanz von Kapitalgesellschaften und OHG/KG s. a. Jahresabschluss
Anhang **265** 2; s. a. Anhang zum Jahresabschluss
Gliederung bei mehreren Geschäftszweigen **265** 18 f
Gliederungsänderung **265** 23 ff
Gliederungserweiterung **265** 20 ff
Gliederungsgrundsätze **265** 1; **266** 1 ff

Hinzufügung neuer Posten **265** 22
Kontinuität **265** 4
Lagebericht **265** 2
Mitzugehörigkeitsvermerk **265** 15 ff
Postenzusammenfassung **265** 28 ff
unerhebliche Beträge **265** 30
Vorjahresbeträge **265** 8 ff, 33

Bilanzanhang
Gliederungsgrundsätze **265** 2

Bild- und Datenträger
Vorlegung im Prozess **261** 1 ff

Börsenmakler
Maklerbuch **94** 6
Rechtsverhältnis zum Kunden **98** 18
Schlussnote **94** 6

Börsentermingeschäfte
Bilanzierung **340 b** 23

Buchauszug s. Provision des Handelsvertreters
Bucheinsicht s. Provision des Handelsvertreters

Buchführungspflicht s. a. Handelsbücher
Aktiengesellschaft **238** 7, 11
Arten **238** 22 ff
Belegprinzip **238** 2, 21
Betreuer **238** 12
Beweissicherungsfunktion **238** 33
doppelte Buchführung **238** 23
einfache Buchführung **238** 22, 24
Ende **238** 18
EWIV **238** 8, 11
Form **238** 26
Freiberufler **238** 7
GmbH **238** 7, 11
Grundbücher **238** 14, 24
Grundsätze ordnungsgemäßer Buchführung, GoB **238** 28 f
Handelsbriefe **238** 34 f
Hauptbuch **238** 15, 24
Idealverein **238** 9
Inhalt **238** 21
Insolvenzverwalter **238** 12
kameralistische Buchführung **238** 25
Kann-Kaufmann **238** 6
Kassenbuch **238** 14
KGaA **238** 7, 11
Kopien von Handelsbriefen **238** 4
Minderjährige **238** 10
Nachlassverwalter **238** 12
Nebenbücher **238** 16
politische Parteien **238** 9
nicht rechtsfähiger Verein **238** 9
Registerlöschung **238** 20
sachverständiger Dritter **238** 30 f
Scheinkaufmann **238** 6
steuerliche – **238** 27
Testamentsvollstrecker **238** 12
Verletzung **238** 36 f
Vorgesellschaft **238** 17
Warenausgangsbuch **238** 14

mager = Randnummer

Wirtschaftsbetriebe öffentlicher Hand **238** 9
Zweigniederlassung ausl. Kaufleute **238** 10

Centros-Entscheidung
Handelsregisteranmeldung mit Auslandsbezug **12 Anh.** 28
Churning
Haftung des Handelsvertreters **84** 83
Conceptual frameworks
Rechnungslegung **243** 3

Darlehensvermittler
Vergütung **99** 1, 8
DDR-Unternehmen
DM-Eröffnungsbilanz **Vor 1** 56
Unternehmensrückgabe **Vor 1** 57
DDR-Zwangsvertreter
Provisionsansprüche **84** 114
Delkredereprovision
Beweislast **86 b** 32
– des Bezirksvertreters **86 b** 10
Einrede der Vorausklage **86 b** 19
europarechtliche Vorgaben **86 b** 33
Fälligkeit **86 b** 21
Forderungsübergang auf Handelsvertreter **86 b** 19
Form **86 b** 11 ff
Franchisenehmer **86 b** 31
generelle – **86 b** 9
Geschäfte mit Auslandsbezug **86 b** 26 ff
– des Handelsvertreters für anderen Handelsvertreter **86 b** 31
Höhe **86 b** 15, 23
Insolvenz des Handelsvertreters **86 b** 19
Insolvenz des Unternehmers **86 b** 25
Kommissionsagent **86 b** 31
konkrete – **86 b** 8
Rechtsform **86 b** 2
Untervertreter **86 b** 31
Vertragsabwicklung mit Kunde **86 b** 17 f
Vertragshändler **86 b** 31
Verzicht **86 b** 22
Vollabwicklung des Geschäfts durch Handelsvertreter **86 b** 29
Depotgeschäft
Begriff **340** 13
Deutsche Bundesbank
Gewerbebegriff **1** 30
Deutsche Rechnungslegungs Standards Committee
Organe **342** 3
Organisation **342** 4 ff
Sitz **342** 2
Deutscher Rechnungslegungsstandard
Inhalt **301** 5
Deutscher Standardisierungsrat
Aufgaben **342** 4

Sachverzeichnis

Devisentermingeschäfte
Bilanzierung **340 b** 23
DM-Eröffnungsbilanz
verpflichtete Unternehmen in der DDR **Vor 1** 56
Doppelsitz
Anmeldung **13** 46
Zulässigkeit **13 h** 36 f

EG-Versicherungsbilanzrichtlinie
Transformierung **341** 2
Ehegatten
Miteigentum einer Immobilie als GbR **1** 37
Eigenhändler
Begriff **84; 98**
Kleingewerbe **2** 42
Provision **84; 98**
Eigenkapital
Bilanzierung **272** 1 ff
Eigenkapitalersatz s. a. Atypische OHG
Anwendung der -regeln bei mehrstufiger OHG **129 a** 3
Einbringung eines Handelsgeschäfts in Kapitalgesellschaft
Haftung für Altschulden **28** 26
Einbringung eines Handelsgeschäfts in Personenhandelsgesellschaft
Betriebsübergang **28** 40
Haftung für Altschulden **28** 24
Einfirmenvertreter
Unterstellung unter die Arbeitsgerichtsbarkeit **Vor 84** 5
Einkaufsmittler
Geltung von Handelsvertreterrecht **84** 7, 31
Einstandszahlung
Auswirkung auf Ausgleichsanspruch des Handelsvertreters **89 b** 14
Eintritt in Geschäft eines Einzelkaufmanns
Haftung für Altschulden **28** 13 ff, 29 ff
Haftungsbegrenzung **28** 36 ff, 42
Steuerschulden **28** 41
Eintritt in Personenhandelsgesellschaft
Haftung für Altschulden **28** 18
Einzelabschluss
Abschlussprüfer **324 a** 3
Bestätigungsvermerk **322** 46
geltende Vorschriften **324 a** 1 ff
Prüfungsbericht **324 a** 4
unrichtige Darstellung, Verschleierung **331** 1
Einzelabschluss nach IFRS
befreiende Offenlegung **325** 11 ff
Einzelkaufmann s. a. Kaufmann
Geschäftsbrief **19** 3
mehrere Erben **105** 3
Rechtsformbezeichnung **19** 4, 6 ff
Elektrizitätsversorgungsunternehmen
Prüfung des Jahresabschlusses **316** 10

Sachverzeichnis

fett = Paragraph

Emissionsrechte
  Bilanzierung **248** 10 f
Energielieferung
  Anwendbarkeit von Handelsmaklerrecht **93** 29
Erfüllungsortvereinbarungen
  Voraussetzungen **Vor 1** 62 ff
Ermächtigung
  Begriff **Vor 48** 3
Eröffnungsbilanz
  Abgrenzung privater von betrieblicher Sphäre **242** 4
  Bewertungsvorschriften **242** 9
  Gründungsprüfung bei AG **242** 7
  Identität der Wertansätze in – und Schlussbilanz **252** 4 ff
  Offenlegung **242** 9
  Prüfungsfrist **242** 9
  Sprache **244** 1
  unrichtige Darstellung, Verschleierung **242** 17; **331** 1
  Währung **244** 3 f
EURO
  Firmenbezeichnung **18** 60
Europäische wirtschaftliche Interessensvereinigung
  Anwendung von OHG-Recht **105** 2
  Anwendungsbeispiele **EWIV** 9
  Auflösung **EWIV** 45
  Aufsichtsrat **EWIV** 33
  Auseinandersetzung **EWIV** 29
  Ausschluss aus wichtigem Grund **140** 3
  Bedeutung **EWIV** 1
  Beirat **EWIV** 33
  Beschlussfassung **EWIV** 27
  Buchführung **EWIV** 39
  Entnahmerecht **EWIV** 34
  Entstehung **EWIV** 2
  EWIV-Ausführungsgesetz (Text) **EWIV-Ausführungsgesetz**
  Firmenfortführung bei Gesellschafterwechsel **24** 8
  Firmierung **EWIV** 20
  Fortsetzung nach Insolvenz **144** 2
  Geschäftsführung **EWIV** 31, 37
  Gewerbesteuer **EWIV** 52
  Größenverbot **EWIV** 19
  Gründung **EWIV** 11 ff
  Gründungskapital **EWIV** 7, 24
  Haftung **128** 4; **159** 3; **EWIV** 8, 41
  Haftung des ausgeschiedenen Mitglieds **EWIV** 42
  Hilfstätigkeit **EWIV** 8
  Holdingverbot **EWIV** 8, 19
  Informationsbeschaffung **EWIV** 10
  Kartellrecht **EWIV** 55 f
  Kaufmannseigenschaft **1** 71; **6** 18
  Konzernverbot **EWIV** 8, 19
  Kreditverbot **EWIV** 19
  Liquidation **145** 5; **EWIV** 47
  Mitglieder **EWIV** 14, 26, 27 ff
  Muster für Gründungsverträge **EWIV** 13
  Nachschusspflicht **EWIV** 34
  Pfändung eines Gesellschaftsanteils **135** 3
  Rechtsfähigkeit **EWIV** 35
  Registereintragung **EWIV** 25
  Registerpflichten bei Ausscheiden und Auflösung **143** 2
  Sitz **EWIV** 15, 21 ff
  Sitzverlegung **13 h** 9, 13, 17, 34, 44, 50, 53 f
  Steuerrecht **EWIV** 48 ff
  Vererbung von Mitgliedschaftsrechten **EWIV** 29
  Verjährung der Gesellschafterhaftung für Gesellschaftsverbindlichkeiten **159** 3
  Verordnung Nr. 2137/85 des Rates über die Schaffung einer – (Text) **EWIV Anh.**
  Verschachtelungsverbot **EWIV** 19
  Vertretung vor dem Handelsregister **12** 130, 151; **12 Anh.** 83
  Vor- und Nachteile **EWIV** 7 f
  Vorschriften **EWIV** 4
  Wettbewerbsrecht **EWIV** 54 ff
  Wettbewerbsverbot **EWIV** 32
  Zweck **EWIV** 18
Europäisches Handelsmaklerrecht
  anwendbare Richtlinien **93** 75
Europäisches Handelsvertreterrecht
  Alleinvertriebsverträge **Vor 84** 7, 11
  Ausgleichsanspruch **89 b** 186 ff
  EG-Richtlinie von 1986 **Vor 84** 6
  Gruppenfreistellungsverordnung **Vor 84** 7
  Handelsvertreter-Richtlinie s. dort
  Informationspflichten **86 a** 48
  Informationsrechte des Handelsvertreters **87 c** 91
  Interessenswahrnehmungspflicht des Handelsvertreters **86** 57
  Kündigungsrecht **89** 38
  Provisionsanspruch **87** 64 ff; **87 a** 61; **87 b** 37 f
  unechter Handelsvertreter **Vor 84** 8; **84** 53
  Unterlagen **86 a** 48

Fachgeschäft
  Firmenbezeichnung **18** 48
Fachhändler
  Begriff **84** 106
Fair-value-Richtlinie
  Angaben im Anhang des Jahresabschlusses über derivative Finanzinstrumente **285** 25
Familienheim
  Ehegatten als Grundstücks-GbR **105** 23
Fehlerhafte Gesellschaft
  Abgrenzung von der Scheingesellschaft **105** 176
  Auflösungsklage **133** 5, 19
  Geschäftsbetrieb **105** 178
  Handlungen im Innenverhältnis **105** 180

mager = Randnummer

Sachverzeichnis

minderjähriger Gesellschafter **105** 183
Rechtsfolgen **105** 185, 190 ff
Registereintragung **105** 179
stille Gesellschaft **105** 189
Fernbuchführung
  Zulässigkeit **239** 4
Festwertverfahren
  Begriff und Zulässigkeit **240** 23 ff
Fiktivkaufmann
  Kaufmannseigenschaft **Vor 1** 3
Finanzdienstleistungsinstitute
  Abschlussprüfer **340 k** 26
  besondere Rechnungslegungsvorschriften **340** 23; **340 a** 1 ff
Finanzmakler
  Anwendbarkeit von Handelsmaklerrecht **93** 27
Finanztermingeschäft
  Spiel- und Wetteinwand **Vor 1** 49
Finanztermingeschäfte
  Börsentermingeschäftsfähigkeit **Vor 1** 48
Firma
  Akademie **18** 50
  akademische Grade **18** 61 ff, 72
  Alter des Unternehmens **18** 66, 72
  Amtslöschung **31** 18
  anderer Gebrauch als eingetragen **37** 7
  Anmeldung s. Firmenanmeldung
  Aufgabe des kaufmännischen Gewerbebetriebs **17** 15 f
  Aufspaltung **23** 9
  ausländische – s. dort und Niederlassungsfreiheit und IPR
  Auslandsberührung **17** 24; **17 Anh.** 4 ff
  Autohaus **18** 49
  Bank, Bankier **18** 19
  Bausparkasse **18** 19
  Begriff **17** 1 ff
  Benutzungsrecht **23** 5
  Bezeichnung bei Gesellschaftsbeteiligungen **18** 32 f
  Erlöschen **31** 3, 9 ff
  europäische – **18** 59
  Fachgeschäft **18** 48
  Familienname **18** 6 f
  Firmenbeständigkeit **17** 7; **22** 2
  Firmenbildung **17** 3
  Firmeneinheit **17** 7
  Firmenfähigkeit **17** 8
  Firmenfortführung **17** 3; **19** 4
  Firmenöffentlichkeit **17** 7
  Firmenverdopplung **23** 9, 11
  Firmenwahrheit **17** 7
  Firmenwahrheit, Ausnahme **22** 2
  Formwechsel **21** 16 ff
  fremder Familienname **18** 11 f
  GbR **21** 18
  Gebietsreform und Unterscheidbarkeit **30** 6
  gemeinnützig **18** 68

geographische Angaben **18** 53 ff
Geschäftsbezeichnung **17** 9
Geschäftszuordnung bei Einzelkaufmann **17** 21
Gleichnamigkeit von Kaufleuten **30** 24 ff
Größenangaben **18** 45 ff
Haftung bei Fortführung **17** 3
Herabsinken des Geschäftsbetriebs **21** 9
IHK-Gutachten **18** 42
Industrie **18** 47
Insolvenz **17** 11
Institut **18** 50
Internationalität **18** 59
Investment **18** 21
Irreführungsverbot **18** 1, 5, 35 ff, 69 ff
Kapitalanlagegesellschaft **18** 21
Klageerhebung **17** 22, 24
Lizenzerwerb **23** 6
Markenschutz **18** 4, 30
mehrere Unternehmen **17** 7
Misch- **18** 31
Möbelhaus **18** 49
Namensabwandlung **18** 10
Namensänderung durch Eheschließung **21** 1, 4
Namensänderung einer Handelsgesellschaft **21** 5
Namensrecht des Veräußerers **23** 5
Niederlassungsfreiheit **17 Anh.** 12; **18** 39
öffentliche Einrichtung **18** 67
ordre public **17 Anh.** 9
personenbezogene Firmierung **21** 3
Phantasiename **18** 13, 27 ff
Rechtsformzusätze **18** 33; **19** 1 ff, 15
Rechtsformzusätze bei Formwechsel **21** 17
Rechtsnatur **17** 11
Registereintragung **17** 14
Registereintragung bei Namensänderung **21** 10
Registerpflichten **17** 3
Registerprüfung **18** 40 ff, 69 ff
Sach- **18** 15
Schloss **18** 72
Sparkasse **18** 19
Steuerberatungsgesellschaft **18** 23
Transparenz **17** 6
Übernahme eines Handelsgeschäfts s. Firmenfortführung
Unterscheidbarkeit **17** 7; **18** 1, 3, 30; **30** 3 ff
unzulässiger Firmengebrauch **37** 1 ff
Vereinsregister **30** 7
Verwechslungsgefahr **30** 16
Volksbank **18** 19
Vorgesellschaft **21** 11 ff
Vorname **18** 8; **30** 20
Werk **18** 47
Wettbewerbsrecht **18** 37 f
Zentrale **18** 46
Zwangsvollstreckung **17** 23

Sachverzeichnis

fett = Paragraph

Firmenänderung
 anmeldepflichtige Personen **31** 5
 Anmeldeverfahren **31** 16 ff
 Aufnahme eines Gesellschafters **31** 2
 Ausscheiden eines Gesellschafters **31** 2
 Bestandteile **31** 3
 Erlöschen **31** 3, 9 f
 – durch Firmenfortführung **31** 3
 Inhaberwechsel **31** 6 f
 Niederlassungsverlegung **31** 8
 Veräußerung **31** 12

Firmenanmeldung
 – der AG **29** 5; **33** 1
 – des Einzelkaufmanns **29** 4
 erstmalige – **29** 4
 – des EWIV **29** 5
 – der Genossenschaft **29** 5; **33** 1
 – der GmbH **29** 5; **33** 1
 – des Idealvereins **33** 1
 Inhalt **29** 7
 juristischer Personen öffentlichen Rechts **33** 1
 – der KG **29** 5
 – der KGaA **29** 5; **33** 1
 – der Kommanditgesellschaft **29** 5
 – der OHG **29** 5
 Registerprüfung **29** 12 ff
 – des Versicherungsvereins auf Gegenseitigkeit **29** 5; **33** 1
 – des wirtschaftlichen Vereins **33** 1
 Zeichnung der Unterschrift **29** 8
 – der Zweigniederlassung **33** 12

Firmenausschließlichkeit
 Bezirksbildung durch Verordnung **30** 26
 Gebietsreform **30** 6
 Namensgleichheit von Kaufleuten **30** 24 ff
 Registerverfahren **30** 27
 Vereinsregister **30** 7
 Verwechslungsgefahr **30** 16

Firmenfortführung
 akademische Titel **22** 63, 67
 allmähliche Änderung des Geschäftszweiges **22** 73
 Änderungen **22** 55 ff
 Änderungspflicht **22** 63, 66 f
 Anmeldepflichten einer Erbengemeinschaft **22** 20
 aufgelöstes Handelsgeschäft **22** 7
 Ausscheiden des Namensgebers **24** 5
 Ausscheiden eines Gesellschafters **24** 19 f
 Bekanntmachung **25** 90 ff
 Einwilligung bei Gesellschafterwechsel **24** 23 ff, 28 ff
 Einwilligung des bisherigen Inhabers **22** 26 ff
 Einwilligungswiderruf **22** 30
 nicht entstandenen Handelsgeschäfts **22** 7
 Erlöschen des Rechts auf – **22** 73
 – ohne Erwerb des Handelsgeschäfts **23** 1 ff
 Erwerb lediglich einzelner Bestandteile **22** 12 f
 Erwerb von Todes wegen **22** 18 f, 49, 61

Firmenvervielfältigung **22** 87; **23** 9
Forderungseinziehungsbefugnis des Veräußerers **25** 71
Forderungsübergang auf Erwerber **25** 69 ff
 – bei formwechselnder Umwandlung **22** 5
Gesellschafterwechsel **24** 21
Haftung s. Haftung bei Firmenfortführung
Haftung des Erwerbers s. Haftung bei Firmenfortführung
Handelsregistereintragung **22** 23 ff
 – bei Insolvenz **22** 9, 42; s. a. Insolvenzgeld
Insolvenzgeld **26 Anh.** 5
Leerübertragung **23** 1
 – bei Liquidation **22** 9, 15, 37; s. a. Firmenverwertung
Mantelkauf **22** 10; **23** 18
Nachfolgezusatz bei Gesellschaftereintritt **24** 15
Nießbrauch, Pacht **22** 51
Pflicht zur – **22** 71 f
rechtmäßige bisherige – **22** 21 f
Rechtsformzusatz bei Gesellschaftereintritt **24** 16
Rechtsformzusätze **22** 59, 74 f
Scheinhandelsgeschäft **22** 7; **23** 16
Scheinübertragung **23** 17
Spaltung **22** 5, 86 f
Täuschung des Rechtsverkehrs **22** 66
unzulässige – **22** 40
Verschmelzung **22** 5, 82 ff; **26** 6
Verwandtschaftsverhältnisse **24** 16, 26
Vorgesellschaft **24** 9
Vormals-Zusatz **24** 32
vorübergehend eingestelltes Handelsgeschäft **22** 8
weitere Firmierung des bisherigen Inhabers **22** 78 ff
zeitlicher Zusammenhang zwischen Einwilligung und – **22** 29
zeitweise Übernahme des Handelsgeschäfts **22** 51 ff
zufällige Namensübereinstimmung **24** 26
Zusatzbeifügungen **22** 58 ff
Zweigniederlassung **22** 14, 69

Firmenmissbrauch
 Schadensersatzanspruch **37** 31
 Unterlassungsanspruch **37** 18 ff
 Verletzung ideeller Interessen **37** 28

Firmenmissbrauchsverfahren
 Amtslöschung **37** 17
 Ermessen **37** 11
 Ordnungsgeld **37** 16

Firmenschild
 Anbringungspflicht **Vor 1** 54; **17** 19

Firmenverwertung
 – durch Insolvenzverwalter **22** 42 ff
 – durch Testamentsvollstrecker **22** 49

mager = Randnummer

Sachverzeichnis

Formkaufmann
Arten **17** 2
Aufgabe des Gewerbebetriebs **17** 17
Forst- und Landwirtschaft
Bildung einer Personenhandelsgesellschaft **123** 6
Frachtführer
Kleingewerbe **2** 41
Franchising
arbeitsrechtliche Bestimmungen **84** 110
Aufwandsersatz **87 d** 15
Ausgleichsanspruch **89 b** 8 f; **168 ff**
Delkredereprovision **86 b** 31
fehlgeschlagenes Konzept **84** 108
Formen **84** 109 ff
Geheimhaltungspflicht **90** 12
Informationsrechte des Franchisenehmers **87 c** 55
Koalitionsfranchising **84**; **112**
Koordinationsfranchising **84**; **112**
Kündigung **89** 36
Loyalitätspflicht des Franchisegebers **86 a** 45
nachvertragliches Wettbewerbsverbot **90 a** 44
nebenberufliches – **92 b** 2
Nebenpflichten **86** 54
Partnerschaftsfranchising **84** 109; **112 ff**
Provisionsanspruch **87** 62; **87 a** 59; **87 b** 35
Rechtsbeziehungen **84** 107
Schulung **84** 108
Subordinationsfranchising **84** 110 f
Tätigkeit außerhalb der EU und des EWR-Raumes **92 c** 10
Vollmacht **91** 12
Wettbewerbsbeschränkungen **84** 78
Zurückbehaltungsrecht **88 a** 16
Zweierbundfranchising **84**; **112**
Freiberufler
Prokuraerteilung **48** 6
Freie Berufe
Gewerbeeigenschaft **1** 38 ff
Kaufmannseigenschaft **Vor 1** 25
Scheinkaufmann **5** 84
Freier Mitarbeiter
Abgrenzung vom Handlungsgehilfen **59** 14
nachvertragliches Wettbewerbsverbot **90 a** 44
Freimakler
Anwendbarkeit von Handelsmaklerrecht **93** 27

Gärtnerei
Kaufmannseigenschaft **3** 8, 13 f
GbRmbH
Firmenbezeichnung **18** 68
Gebietskörperschaft
Gewerbebetrieb **1** 30
Geflügelfarm
Kaufmannseigenschaft **3** 8
Gelegenheitsagent
Begriff **84** 43

Gemeinde, Gemeindeverbände
Steuerpflicht von Unternehmen **262** 4
Unternehmen ohne eigene Rechtspersönlichkeit **262** 1 ff
gemeinnützig
Firmenzusatz **18** 68
Generalhandlungsvollmacht
Begriff **Vor 48** 5
Beschränkung **54** 25
Gutglaubensschutz **54** 24 ff
Umfang **54** 11, 16 f
Generalvollmacht
Begriff **Vor 48** 5 ff
Erteilung **Vor 48** 7
Handelsregistereintragung **Vor 48** 7
Umfang **Vor 48** 8
Genossenschaft
Abschreibungen auf Beträge zur Ingangsetzung und Erweiterung des Geschäftsbetriebes **282** 2
Anhang-Angaben **338** 1 ff
anwendbare Vorschriften **336** 5, 10 ff
Bestätigungsvermerk **339** 9
Bewertungswahlrechte **336** 17 ff
Bilanzierung der Mitgliedschaft **271** 5
Ergebnisrücklagen **337** 7 ff
Formblätter zum Jahresabschluss **336** 35
Genossenschaftsregister **339** 12, 15
Geschäftsbrief-Angaben **125 a** 2
Geschäftsguthaben **337** 2; **338** 5
Gewinn- und Verlustrechnung **275** 3; **339** 16
Gewinnverwendungsbeschluss **339** 4
Gliederungsvorschriften **337** 1
größenabhängige Erleichterungen **336** 23 ff, 28, 29
Grundsätze der Bilanzgliederung **266** 5
Haftsumme **338** 5
Jahresabschluss **336** 6
Lagebericht **336** 6; **339** 9
Mitgliederzahl **338** 3
Offenlegung des Jahresabschlusses **339** 1 ff
Offenlegung von Abschlüssen **340 l** 15
Pensionsrückstellungen **336** 32
Prüfung der Abschlüsse von Kreditinstituten **340 k** 22 ff
Prüfung des Jahresabschlusses **316** 10; **317** 15
Publizität **339** 1
Rechtsnatur **336** 3
rückständige Anteilseinzahlungen **337** 2
vereinfachte Gewinn- und Verlustrechnung **336** 24
Vertretung vor dem Handelsregister **12** 139
Wertaufholungsgebot **280** 2
zusätzliche Information zu steuerlichen Bewertungsmaßnahmen **281** 3
Zweigniederlassung **13** 3, 10
Gerichtsstandsvereinbarungen
Voraussetzungen **Vor 1** 65 ff

Sachverzeichnis

fett = Paragraph

Gervais-Entscheidung
Konzernrecht der Personenhandelsgesellschaften **105 Anh.** 53, 55

Gesamthandlungsvollmacht
anwendbare Vorschriften **54** 19
echte – **54** 20
gemischte – **54** 21
Gutglaubensschutz **54** 24

Gesamtprokura
echte – **48** 38 ff, 51 f
Erlöschen einer Prokura **52** 24
gemischte Gesamtvertretung **48** 41 ff; **52**
halbseitige – **48** 40

Geschäftsbetrieb
Begriff **1** 11
kaufmännischer **1** 42 ff, 46 ff

Geschäftsbezeichnung
Abgrenzung vom Firmenbegriff **17** 9
– durch Kaufleute **17** 10
– durch Nichtkaufleute **17** 9

Geschäftsbrief
Angaben der AG **125 a** 2, 9
Angaben der GmbH **125 a** 2, 9
Angaben der KG **125 a** 2
Angaben der OHG **125 a** 1 ff, 9
Begriff **125 a** 7
mehrstöckiger Gesellschaften **125 a** 6
Pflichtangaben **17** 6, 18
Rechtsformbezeichnung **19** 3
Sanktionen bei Verstößen gegen Angabepflichten **125 a** 10 ff

Geschäftschancenlehre
Anwendung bei Personengesellschaften **112** 11

Geschäftsgeheimnis
Begriff **90** 2

Gesellschaft bürgerlichen Rechts
Eintragung ins Handelsregister **12** 142 ff
Enthaftung des ausgeschiedenen Gesellschafters **26** 6
Firmenfähigkeit **17** 8; **21** 18
Innengesellschaft **105** 9
Organhaftung der fehlerhaft als OHG eingetragenen – **5** 38
– als Verwalter von Wohnungseigentum **15** 2

Gesellschaftsbeteiligung
Firmenbezeichnungen unter Berücksichtigung der Haftungsbeschränkung **19** 20 f

Gewerbebetrieb
Begriff **1** 9 f, 15
Bürgerliches Recht **1** 16
Dauerhaftigkeit **1** 23 f
Deutsche Bundesbank **1** 30
Einstellung **1** 41
Erlaubtheit **1** 31
freie Berufe **1** 38 ff
Gebietskörperschaften **1** 30
Geschäftsvolumen **1** 24
Gewinnerzielungsabsicht **1** 26

Handelsrecht **1** 20 ff
Kaufmann kraft Handelsregistereintragung **1** 4
Mischbetrieb **1** 94
öffentliche Unternehmen **1** 29
öffentlichrechtliche Voraussetzungen **7** 3 ff
Planmäßigkeit **1** 23
Selbständigkeit **1** 21
Sparkassen **1** 30
Steuerrecht **1** 19
Vermögensverwaltung **1** 16, 32 ff
Versorgungsunternehmen **1** 30
Verwaltungsrecht **1** 18
Vorbereitungsgeschäfte **1** 40
vorübergehende Stilllegung **1** 41

Gewinn- und Verlustrechnung
Aufwendungen **246** 11
Definition **242** 1
Erträge **246** 11
Gesamtkostenverfahren **242** 14
Gliederung **247** 10 ff
Gliederungsvorschriften **242** 14; **275** 2
Inhalt **242** 13
Sprache **244** 1
Umsatzkostenverfahren **242** 14; **269** 5
unrichtige Darstellung **242** 17
Währung **244** 3 f

Gewinn- und Verlustrechnung beim Konzernabschluss
anwendbare Vorschriften **298** 1
Beteiligungsverträge **305** 3, 27 ff
Gesamtkostenverfahren **305** 5
Gewinnabführung **305** 27 ff; **307** 15 ff
Gewinnverwendungsrechnung **298** 9
konzerninterne Kreditverhältnisse **305** 32 ff
konzerninterne Lieferungen **305** 3
Umsatzkostenverfahren **305** 21 ff
veränderter Konsolidierungskreis **305** 34 ff

Gewinn- und Verlustrechnung von Kapitalgesellschaften und OHG/KG
Abschreibungen auf Finanzanlagen und Wertpapiere **275** 35 f
allgemeine Verwaltungskosten **275** 52
Altersversorgung **275** 22 f
Änderung der Rücklagen **275** 56
außerordentliche Erträge und Aufwendungen **277** 2
außerordentliches Ergebnis **277** 1
außerplanmäßige Abschreibung **277** 4
Bestandsveränderungen **277** 3
Beteiligungserträge **275** 28
Betriebsergebnis **275** 38 ff
Bruttoumsatzergebnis **275** 50
Erträge aus Wertpapieren **275** 31
Finanzlagevermögen **275** 31
Form **275** 4 ff
Gesamtkostenverfahren **275** 5 f, 10 ff
Gliederung bei mehreren Geschäftszweigen **265** 18 f
Gliederungsänderung **265** 23 ff

mager = Randnummer

Gliederungserweiterung **265** 20 ff
Gliederungsgrundsätze **265** 1; **266** 1
Herstellungskosten **275** 48 ff
Hinzufügung neuer Posten **265** 22
Jahresfehlbetrag **275** 45
Jahresüberschuss **275** 45
Kontinuität **265** 4
Körperschaftssteuer **278** 1 ff
Materialaufwand **275** 15 ff
Mitzugehörigkeitsvermerk **265** 15 ff
periodenfremde Erträge und Aufwendungen **277** 7
Personalaufwand **275** 18 ff
Postenzusammenfassung **265** 28 ff
Rohergebnis **276** 1 ff
sonstige betriebliche Aufwendungen **275** 27, 54
sonstige betriebliche Erträge **275** 53
Steuern **275** 41 ff
Umsatzerlöse **275** 46; **277** 2
Umsatzkostenverfahren **275** 7, 46 ff
Vereinfachung für kleine Handelsgesellschaften **276** 3 ff
Verlustübernahmen **277** 5
Vertriebskosten **275** 51
Vorjahresbeträge **265** 8 ff
Wertberichtigung wegen steuerlicher Bewertungsmaßnahmen **281** 8, 12 f
Zinsaufwendungen **275** 37
Zinserträge **275** 33
Gewinn- und Verlustrechnung von Versicherungsunternehmen
Deckungsrückstellungen **341 f** 35
Gewinnbeteiligung
Abgrenzung von Provision **65** 7
Gewinnermittlung
steuerliche – **242** 2; **243** 22
Gläubigeranfechtung
Wegfall der Bereicherung **237** 27
Gleichbehandlung
– von Einzelunternehmern und Gesellschaftern **2** 7
GmbH
Befreiung des Gesellschafters vom Wettbewerbsverbot **105 Anh.** 21
Beweislast für Haftungsbeschränkung **105** 30
Firmenfortführung bei Gesellschafterwechsel **24** 3 ff
Firmenfortführung bei Übernahme **22** 3, 10, 34, 38, 77, 80; **23** 2
Sitzverlegung **13 h** 14, 17, 34, 45, 50, 53 f
Vertretung der Vor-GmbH vor dem Handelsregister **12** 134
Vertretung vor dem Handelsregister **12** 133
GmbH & Co. KG s. a. Atypische Kommanditgesellschaft
Angaben auf Geschäftsbriefen **177 a** 3
Auflösung **177** 2
Auflösung der Komplementärin **177** 2

Sachverzeichnis

Ausscheiden des Kommanditisten **172** 70
Begriff **161** 14; **Anh. Nach 177 a**
Dienstvertrag mit Kommanditisten **172** 31
eigenkapitalersetzende Leistungen **172 a** 3
Finanzierungsfolgenverantwortung **172 a** 4
Firmenbezeichnung **19** 18
Firmenfortführung bei Gesellschafterwechsel **24** 3
Geschäftsführerhaftung wegen Verstoß gegen Kapitalerhaltungsregel **172 a** 81
Gesellschafterhaftung vor Registereintragung **176** 22
Gesellschafteridentität **172** 68
Haftung bei Liquidation **172** 69
Haftung der Kommanditisten **172** 58 ff
Haftungsmaßstab **105** 132
Insolvenz der Gesellschaft **131** 22
Insolvenz der Komplementär-GmbH **131** 46
Insolvenzpflichten **177 a** 1, 4
Kapitalerhaltungsgrundsatz **172** 62, 64 ff
Kommanditistenhaftung **171** 119
Liquidationsvorschriften **156** 3
Neue Bundesländer **172 a** 7
persönliche Haftung der ehemaligen OHG-Gesellschafter nach Umwandlung **128** 8
Qualifizierung als Konzern **105 Anh.** 5, 14
Überschuldung der GmbH **172** 66
Vermögenslosigkeit der Komplementärin **177** 2
Wegfall der Komplementärin **133** 20
Größenklassen
– von Handelsgesellschaften **267** 11 ff
Grundsätze ordnungsgemäßer Buchführung
Aufstellungsfrist **243** 16 ff
Begriff **243** 1 ff
Bewertungsgrundsätze **252** 1
Klarheit und Übersichtlichkeit **243** 10 ff
kodifizierte Grundsätze **243** 5
Maßgeblichkeit **243** 22 ff
stille Reserven **243** 8
wirtschaftliche Betrachtungsweise **243** 7
Grundstücksgesellschaft
Form des Gesellschaftsvertrages **105** 46, 66 f
Grundstücksunternehmen
Gewerbebetrieb **1** 36
Gruppenbewertung
Begriff und Zulässigkeit **240** 33 ff
Niederswertprinzip **240** 37

Haftung bei Firmenfortführung
Altverbindlichkeiten **26** 9; **26 Anh.** 1
Anerkenntis des früheren Inhabers **26** 16
Anschein der – **25** 98 ff
Anwachsung von Gesellschaftsanteilen **25** 35
Arbeitsverhältnisse **25** 66; **26** 7
aufgelöstes Handelsgeschäft **25** 22
Ausschlagungsfrist des Erben **27** 26

Sachverzeichnis

fett = Paragraph

Beschränkungsmöglichkeiten des Erben **27** 23 ff, 36
Betriebsaufspaltung **25** 40
Betriebsübergang **26** 7
Dauerschuldverhältnisse **25** 64; **26 Anh.** 2
Enthaftung des früheren Inhabers **26** 8 ff
Erbengemeinschaft **27** 39 ff
Erbenhaftung **27** 1 ff
Erbfallschulden **27** 22
Erklärungstheorie **25** 8 ff
Erwerb mittels Einbringung als Sacheinlage **25** 37 f
Freiberufler **25** 23
Insolvenz **25** 41; **26 Anh.** 5
Kleingewerbetreibende **25** 23
land- und forstwirtschaftlicher Betrieb **25** 23
minderjähriger Erbe **27** 42 f
Nachfolgezusatz **25** 54
Nachhaftung des früheren Inhabers **26** 3 ff, 9
Nachlasserbenschulden **27** 21, 36
Nachlassverwalter **27** 11
Nachlassverwaltungsschulden **27** 20
Namensänderungen **25** 54 ff
Namensidentität zwischen Erbe und Erblasser **27** 14
Neuverbindlichkeiten **26** 9
Nießbrauch und Pacht **25** 26 ff
öffentlich-rechtliche Verbindlichkeiten **26** 15
Rechtsfolgen **25** 58 ff
Rechtsscheinhaftung **25** 98 ff
Rechtsscheintheorie **25** 8 ff
Tätigkeitsbezeichnung **25** 55 f
Testamentsvollstrecker **27** 12
Überlegungsfrist des Erben **27** 15, 23 ff
Übertragung auf andere personenidentische Gesellschaft **25** 39, 46
Umfang **25** 64 ff
Unterlassungsansprüche **25** 66
unwirksames Erwerbsgeschäft **25** 32
Veränderungen der Firma **25** 51 ff
Vermögensübernahme **25** 36, 96 f
Verpachtung durch Erben **27** 31
Verschmelzung **25** 36
Vollstreckungsmaßnahme gegen früheren Inhaber **26** 14
Weiterverpachtung **25** 81
Wettbewerbsverbot **25** 66
Zweigniederlassung **25** 31
zwischenzeitliche Einstellung **25** 44 f

Handelsagent
Vorschriften **Vor 84** 1

Handelsbilanz II
Begriff **300** 8

Handelsbriefe
Kopierpflicht **238** 34 f

Handelsbücher
Abkürzungen **239** 3
EDV **239** 13 f
Fernbuchführung **239** 4
materielle Richtigkeit **239** 5
offene-Posten-Buchführung **239** 12
Sprache **239** 2
Symbole **239** 3
Veränderungen **239** 8 f
Vollständigkeit **239** 4
Vorlagepflicht im Prozess **258** 1 ff; **259** 1 ff; **260** 1 ff
zeitgerechte Erfassung **239** 6

Handelsgesellschaft s. a. kleine Handelsgesellschaften; Personenhandelsgesellschaft
Arten **6** 2, 11
juristische Personen **6** 14, 15 ff

Handelsgewerbe
Begriff **Vor 1** 2; **59** 20
juristische Personen **1** 67 ff
Nebenzweckprivileg **1** 68

Handelsmakler s. a. Krämermakler; Provision des Handelsmaklers; Schiffsmakler
Abdingbarkeit der Neutralitätspflicht **93** 23, 37 f
Abgrenzung vom Handelsvertreter **93** 66 f
Abgrenzung vom Kommissionär **93** 68
Ablehnungsrecht des Auftraggebers **99** 4 ff
Abschlussbindungsklausel **99** 59 ff
Alleinauftrag **99** 62 ff
amtlich bestellter – **93** 1
anwendbares Recht **93** 70 ff
Aufbewahrung von Tagebüchern **100** 6; **103** 1
Aufklärungspflichten **98** 20 ff
Aufwandsentschädigungsklausel **99** 55
Aufwendungsersatz **99** 54 ff
Auszug aus Tagebuch **101** 2 ff
Begriff **93** 8 ff
Beratungspflichten **98** 24
Beweiskraft des Tagebuchs **100** 1; **102** 1
Buchführungspflicht **100** 10
culpa in contrahendo **98** 1, 7
Deliktsrecht **98** 1, 8
Dokumentationspflichten **100** 1 ff, 10 f
Doppelauftrag **93** 8, 37 ff
Doppelfunktion **98** 26 ff
Einsicht in Tagebuch **101** 5
Einwendungen des Vertragspartners gegen anonyme Schlussnote **95** 12 ff
Einzelauftrag **93** 65
– als Empfangsbote **93** 13
Entgegennahme von Zahlungen **Vor 48** 2
– als Erklärungsbote **95** 9
europarechtliche Vorgaben **93** 75
Finanzdienstleistungen s. Finanzmakler und Kreditvermittlung
Formfreiheit **93** 51, 54, 72
gemischte Geschäfte **93** 6
gewerbsmäßiges Handeln **93** 61 ff
Haftung **98** 1
Haftungsausschluss **98** 10 ff
Immobilien s. Immobilienmakler

mager = Randnummer

Sachverzeichnis

Inhalt des Tagebuchs **100** 3 ff
Inkassoermächtigung **97** 1 ff
Interessenskonflikte **93** 16 ff, 37 ff
Internationales Privatrecht s. dort
Kauf auf Probe **96** 1
Kauf nach Probe **96** 1
Kleingewerbe **2** 43
konkludenter Vertrag **93** 52
Kündigung des Alleinauftrags **99** 66
Loyalitätskonflikte **98** 26 ff
Maklerbuch des Börsenmaklers **94** 6
Maklerdienstvertrag **98** 18
Maklerwerkvertrag **98** 19 ff
Mitverschulden bei Täuschung **98** 4
Nachweis eines Geschäfts **93** 14
– im Nebenberuf **93** 62
Nebentätigkeitsgenehmigung **93** 74
Pflicht zum Tätigwerden **98** 14 ff
Probenaufbewahrung **96** 1 ff
Projektschutzabrede **99** 63
Rückgabe von Proben **96** 5
Sachwalterhaftung **98** 1
Schlussnote s. dort
Selbsteintritt des – **95** 17 ff
Selbsthilfeverkauf **93** 1
sittenwidriger Vertrag **93** 73
Standesrecht **93** 64
stillschweigender Vertrag **93** 52, 53
Tagebuchpflicht **100** 1 ff; **103** 1
Tagebuchvorlage im Prozess **102** 1
Tod des Auftraggebers **93** 59
Tod des Handelsmaklers **93** 59
unerlaubte Rechtsberatung **98** 25
Untermakler **99** 52
Unterscheidung von Handelsvertreter **84** 94
Vergütung s. Provision des Handelsmaklers
Verjährung von Schadensersatzansprüchen **98** 9
Vermittlung von Dienstleistungen **93** 31, 35
Vermittlungsbegriff **93** 11 ff
Verschuldensmaßstab **98** 4
Verschwiegenheit **98** 20
Vertretung der Vertragsparteien **93** 13
Widerruf des Vertrages **93** 56 f
Widerrufsrecht beim Alleinauftrag **99** 65
Zubringermakler **99** 52

Handelsrechtsreformgesetz
Änderungen **Vor 84** 1
neue Bundesländer **59** 5

Handelsregister s. a. Registergericht
Abteilungen **8** 36 ff
Altdokumente **9** 12
Amtslöschung **14** 18 f
Änderung des Gesellschaftsvertrages **12** 40
Änderung von Schreibversehen **8** 41
anfänglich unrichtige Eintragungen **15** 5
Anfechtung der Anmeldung **12** 34

Anmeldepflichten der Personenhandelsgesellschaften **12** 41
anmeldepflichtige Tatsachen **8** 66 ff
Anmeldung durch ausländische Person s. Handelsregisteranmeldung mit Auslandsbezug
Anmeldung durch Stellvertreter **12** 64 ff
Anmeldung, Rechtsnatur **12** 26 ff
Anmeldung von juristischen Personen **33** 1 ff
Art der Datenübermittlung **12** 1, 59 ff
Auflösung der Gesellschaft **34** 5
ausländische Gesellschafter **8** 157
ausländischer Geschäftsführer **8** 154 ff
ausländischer Komplementär **8** 117
Befreiung vom Selbstkontrahierungsverbot **8** 79, 82 ff, 92, 105 ff
Beglaubigungen **9** 15; **12** 47 ff
Beherrschungsvertrag **8** 107
Bekanntmachung **10** 7 ff, 21; **15** 7, 24
Berufsbezeichnungen **8** 80
Bestimmtheit der Anmeldung **12** 37
Betreuer **12** 123
Bezeichnung **8** 47
Dokumenteneinreichung **14** 9
Doppelsitz von Gesellschaften **8** 17
Einreichung, Rechtsnatur **12** 109
Einsichtsrecht **9** 3
Eintragungen von Amts wegen **12** 5 ff
eintragungsfähige Tatsachen **8** 58 ff, 67, 71, 75 ff
nicht eintragungsfähige Tatsachen **8** 79
Eintragungsverfahren **8** 125 ff
elektronisches – **8** 7
Entmündigung **8** 79
Entwicklung **8** 1 ff
Erbfolge **12** 157 ff
Erbringung der Stammeinlage **12** 11
Erlöschen **31** 9 ff
erstmalige Anmeldung **29** 1 ff
europäisches – und Zugriffsmöglichkeit **9** 11
fehlende Beteiligung eines Verantwortlichen bei Anmeldung **16** 1
Firmenänderung **31** 1 ff
Firmenänderungen bei juristischen Personen **34** 2 ff
Form der Anmeldung **12** 3, 44 ff
Formwechsel **12** 88
funktionelle Zuständigkeit **8** 19 ff
Geburtsdatum **8** 80
Genehmigungen **8** 136
gerichtlich bestellter Vorstand **12** 22
Geschäftsunfähigkeit des Vertretenen bei Anmeldung **12** 77
Gesellschafterliste **8** 171
Gesellschaftsgegenstand **8** 79
gesetzliche Grundlagen **8** 4 ff
gesetzlicher Vertreter **12** 121
Gewinnabführungsvertrag **8** 107 ff

Sachverzeichnis

fett = Paragraph

GmbH-Beschlüsse **8** 170 ff
Gesellschaft in Gründung **8** 116
güterrechtliche Beschränkung **8** 79
Handlungsvollmacht **12** 95
Hauptversammlungsbeschluss **8** 163
höchstpersönliche Anmeldung **12** 97 ff, 118
Identitätsprüfung durch Notar **12** 54
IHK **10** 29
Inhaberwechsel **31** 6 ff
Insolvenz **10** 13; **12** 8 f; **31** 19; **32** 1 ff; **34** 9
Insolvenzverwalter **12** 124
Internetzugriff **9** 9
Kapitalerhöhung **8** 158 ff
Kommanditanteilsabtretung **12** 104
Kontrollfunktion **8** 51
Korrektur von falschen Eintragungen **8** 41, 56
Kosten von Auszügen **9** 24 f
Liquidator **12** 22
Löschung der Amtslöschung **12** 24
Minderjährige **12** 122 f
Mitwirkungspflichten **8** 28 ff; **16** 9, 15
Muster **Anh. 8** Anlagen 4–7
Nacherbenvermerk **8** 79
Nachlassverwalter **12** 125
Nachweis der Rechtsnachfolge **12** 154 ff
Nachweis der Vertretungsmacht **12** 126, 149
Namensänderung **8** 114
Negativattest **9** 16
negative Publizität **15** 2, 4
Negativerklärungen **12** 43
nichtige Gesellschaften **12** 18 ff
nichtiges Grundgeschäft bei Anmeldung durch Stellvertreter **12** 76
Niederlassungsverlegung **31** 8
Notar **8** 32 f; **10** 24; **12** 54, 110, 119 ff
Notar, Vollmachtsüberschreitung **12** 120
ordnungsgemäße Errichtung der Gesellschaft **8** 145
organschaftliche Vertretung **12** 128 ff
postmortale Vollmacht **12** 66
Prokura **12** 95, 103
Prüfbericht **14** 16
Prüfung **8** 128 ff
Publizität **15** 2
Publizitätsfunktion **8** 48
Publizitätsrichtlinie **11** 2
Rechtsaufsicht **8** 55
Rechtsmittel gegen Amtslöschung **12** 23
Rechtsmitteleinlegung durch Bevollmächtigten **12** 119
Redlichkeit des Dritten **15** 10 ff, 20, 35
Registerakten **8** 46; **9** 14
Registerblätter **8** 39 ff
Registerordner **8** 44; **9** 13
Rosinentheorie **15** 15
Sacheinlage **8** 145, 159, 161
Satzungsänderungen **34** 4, 6
Satzungsmangel **12** 10
Schonfrist **15** 19

Schweigen des – **15** 4, 8
Selbstkontrahierungsverbot bei Anmeldung **12** 35
Spaltung **12** 86
Sprache **11** 4
Stellvertretung **8** 79
Steuerbehörden **8** 29; **10** 28
Testamentsvollstreckung **8** 118 ff; **12** 125
Titel **8** 115
Tod des Bevollmächtigten zur Anmeldung **12** 80
Treuhand **8** 79
Übergangszeit zwischen Papier- und elektronischem Register **10** 5
Übersetzungen **11** 4 ff
Umwandlung **8** 77
unrichtige Bekanntmachung **10** 21 ff
unrichtige Eintragungen **12** 13 ff
Unterschrift **8** 130
Unterschriftsprobe **12** 61 f
unvollständige Anmeldung **14** 13
unzulässiger Firmengebrauch **37** 7
Verfügungsbeschränkungen **8** 79
Verkehrsschutz **8** 50, 54
Vermögenslosigkeit **12** 12
Vermögensverwalterwechsel **12** 91
Verordnungsermächtigung der Länder **8 a** 3 f
Verschmelzung **12** 84
Vertrauensschutz bei gesetzlichen Schuldverhältnissen **15** 3
Vertrauensschutz bei rechtsgeschäftlichen Schuldverhältnissen **15** 3
Vertrauensschutz entgegen richtiger Eintragung **15** 22
Vertrauensschutz zulasten in Geschäftsfähigkeit Beschränkter **15** 34
vollmachtloser Vertreter bei Anmeldung **12** 105
Vollständigkeit **8** 48
Vor- und Nacherbfolge **12** 163 ff
vormundschaftsgerichtliche Genehmigung **12** 127
Vorratsgesellschaft **8** 151 ff
Widerruf der Anmeldung **12** 32
Wohnortwechsel **8** 115
Zurücknahme der Anmeldung durch Notar **12** 119
Zuständigkeit **8** 9 ff
Zwangsgeld **14** 1 ff, 7, 20 ff, 28 ff

Handelsregisteranmeldung mit Auslandsbezug
Apostille **12 Anh.** 57, 68 ff
ausländische Urkunde **12 Anh.** 45 ff, i. e.; siehe auch dort
belgische Gesellschaften **12 Anh.** 85 ff
Briefkastengesellschaft **12 Anh.** 4
britische Gesellschaften **12 Anh.** 79, 97 ff
dänische Gesellschaften **12 Anh.** 92 ff
Drittländer, sonstige **12 Anh.** 38

mager = Randnummer

Sachverzeichnis

Europäische wirtschaftliche Interessenvereinigung **12 Anh.** 83
finnische Gesellschaften **12 Anh.** 102 ff
Frankreich **12 Anh.** 79
französische Gesellschaften **12 Anh.** 106 ff
fremdsprachige Urkunden **12 Anh.** 74 ff
Gesellschaftsstatut **12 Anh.** 39
Gründungstheorie **12 Anh.** 5, 13 ff
Italien **12 Anh.** 79
italienische Gesellschaften **12 Anh.** 114 ff
Legalisation **12 Anh.** 54, 73
liechtensteinische Gesellschaften **12 Anh.** 123 ff
Missbrauch der Niederlassungsfreiheit **12 Anh.** 34
niederländische Gesellschaften **12 Anh.** 129 ff
Niederlassungsfreiheit **12 Anh.** 5, 26
österreichische Gesellschaften **12 Anh.** 135 ff
polnische Gesellschaften **12 Anh.** 141 ff
portugiesische Gesellschaften **12 Anh.** 149 ff
Rechtsfähigkeit der Gesellschaft **12 Anh.** 1
Scheinauslandsgesellschaft **12 Anh.** 4
schwedische Gesellschaften **12 Anh.** 155
schweizerische Gesellschaften **12 Anh.** 37, 65, 79, 159 ff
Selbstkontrahierungsverbot in ausländischen Rechtsordnungen **12 Anh.** 77 ff
Sitztheorie **12 Anh.** 5, 7 ff
slowakische Gesellschaften **12 Anh.** 173 ff
Societas Europeae **12 Anh.** 80 ff
spanische Gesellschaften **12 Anh.** 165 ff
Staatsverträge **12 Anh.** 2 ff
tschechische Gesellschaften **12 Anh.** 173 ff
türkische Gesellschaften **12 Anh.** 179 ff
ungarische Gesellschaften **12 Anh.** 185 ff
US-Amerikanische Gesellschaften **12 Anh.** 4, 37, 191 ff
Verfahren **12 Anh.** 42 ff
Vertretung ausländischer Gesellschaften **12 Anh.** 76 ff
Zuzugsfall **12 Anh.** 29
Zweigniederlassungsrichtlinie **12 Anh.** 5

Handelsregisterverordnung
Text **Anh.** 8

Handelsvertreter s. a. Europäisches Handelsvertreterrecht; Internationales Handelsvertreterrecht; Provisionsanspruch des Handelsvertreters; Wettbewerbsverbot des Handelsvertreters; Wettbewerbsverbot des Handelsvertreters, nachvertragliches
Abgrenzung vom Handelsmakler **93** 66 f
Abgrenzung vom Handlungsgehilfen **59** 15
Abgrenzung vom Maklervertrag **84** 81
Ablehnungsfreiheit des Unternehmers **86 a** 5
Abschlussvertreter **91** 2; **91 a** 6
Abschlussvollmacht **55** 6
Abschriften bei Bucheinsicht **87 c** 79
Abwälzung des Unternehmerrisikos auf – **84** 60

Abwälzung von Unternehmerrisiken **84** 16
AGB-Klausel zur einseitigen Vertragsänderung **84** 58
AGB-Vertrag **84** 62
Alleinvertreter **84** 52
Altersgrenze **89** 16
Änderung des Geschäftsumfangs durch – **92 b** 13 f
Änderung des Vertriebssytems **86 a** 4, 7
Änderungskündigung **84** 58; **89** 21
Anfechtung **84** 60; **89** 9
angestellter Reisender **84; 86**
anwendbare Vorschriften **84** 55 ff
Anwendung von Handelsmaklerrecht **93** 10
Anzeige des Unternehmers über Ausführung eines Geschäftes **86 a** 25
arbeitnehmerähnliche Rechtsstellung **84** 77, **92 a** 1
Arbeitsgerichtsbarkeit **Vor 84** 5
Arbeitsrecht **Vor 84** 5; **84** 2, 77; **92 a** 1
Arbeitsunfähigkeit **87** 7
Aufrechnungsverbot **88 a** 7
Aufwandspauschale **87 d** 13
Aufwendungsersatz **87 d** 3 ff
Ausgleichsanspruch s. dort
Ausgleichsanspruch des – im Nebenberuf **92 b** 11
Auskunft an Unternehmer **86** 16
Auskunftsanspruch des – **87 c** 2, 82
Auskunftspflicht des Insolvenzverwalters **87 c** 24
Auskunftspflicht des Unternehmers bei Vertragsanbahnung **86 a** 22
Auskunftspflicht gegenüber Kunde **84** 84
Auslegung des Vertrages bei Verstoß gegen unabdingbare Vorschriften **84** 55
Auslieferungslage **86** 47
Beauftragung zusätzlicher – **86 a** 4
befristetes Vertragsverhältnis **89** 5
Begriff **84** 2, 4
Belege und Unterlagen **87 c** 43 ff
Beratungsvertrag zum Kunden **84** 81
Berichtspflicht **86** 11 f, 42
Beschäftigungsanspruch **86 a** 2, 7
Betriebseinstellung **89** 6
Betriebsveränderung und -einstellung des Unternehmers **84** 28; **86 a** 28
Betriebsveräußerung **86 a** 28; **89** 6
Beweislast bei Herausgabeklage von Unterlagen **86 a** 47
Beweislast bei Kündigung **89** 37
Beweislast bei Schadensersatzanspruch wegen Nebenpflichtverletzung **86 a** 47
Beweislast bei Verstoß gegen Nebenpflichten **86** 55; **86 a** 47
Beweislast bei Zurückbehaltungsrecht **88 a** 17
Beweislast für vertragliche Ansprüche **84** 115
Beweissicherungsberechtigter **91** 4, 9
Beweissicherungsmaßnahmen **87 d** 9

Sachverzeichnis

fett = Paragraph

Bewirtung von Kunden **87 d** 8
Bezirksschutz **87** 41, 43 f
Bezirksverkleinerung **89** 20
Bezirksvertretung **84** 52
Bonitätsprüfung **86** 34
Buchauszug **86** 44; **87 c** 6, 66 ff
Bucheinsicht **87 c** 2, 5, 76 ff
dauerndes Leistungsunvermögen **89** 8
DDR **Vor 84** 3
Delkredereprovision s. dort
Dienstwagen **86** 43
Direktgeschäft des Unternehmers **86 a** 31
eidesstattliche Versicherung des Unternehmers über Richtigkeit der Informationserteilung **87 c** 83
Eigengeschäft des – **84** 50
Eigenkündigung des – und Ausgleichsanspruch **89 b** 5
Einfirmenvertreter **Vor 84** 5; **84** 51; **92 a** 2
Einkaufsmittler **84** 7
Einstandssumme **84** 55, 62
Empfangsvertreter **91** 8
Entschließungsfreiheit des Unternehmers **86 a** 3, 7
Entstehungsgeschichte und Vorschriften **Vor 84** 1 ff
Erfolgshaftung **86** 45
Erfüllungsort **84** 59
Erklärungsempfänger **91** 4
Ersatzteile **86 a** 13
europarechtliche Einschränkungen von Alleinvertriebsverträgen **Vor 84** 7
europarechtliche Vorgaben **89** 38; **92 b** 16; **92 c** 19
Fahrzeugkosten **87 d** 11
Fehlanzeige des Unternehmers **87 c** 32
fehlerhaftes Vertragsverhältnis **84** 33 ff; **89** 17
Fehlinvestition **86 a** 33
Fehlkalkulation **84** 61
Fixum **87 c** 11
Fortbildungskosten **87 d** 10
fortgesetztes Vertragsverhältnis **84** 37 f; **89** 18
freier Mitarbeiter **84** 95
Freistellung **89** 31
Fürsorgepflicht des Unternehmers **84** 77; **86 a** 2
Garantieübernahme durch – für Zahlung des Kunden **86 b** 30
Gebietswechsel **84** 59
Geheimhaltungspflicht **86 a** 32; **90** 3 ff
Gelegenheitsvermittler **92 b** 2
Gelegenheitsvertreter **87** 2, 12
Genehmigung eines schwebend unwirksamen Geschäfts **91 a** 11
Gerichtsstand **84** 59
geringere Geschäftstätigkeit des Unternehmers **86 a** 27
Geschäft mit verbundenem Drittunternehmen **87 c** 22

Geschäftsgeheimnis **90** 2
Gewährleistung **86** 6
Gewerbebetrieb **84** 10
Gleichbehandlung **84** 60, 73, 77
Haftung der finanzierenden Bank **84** 85
Haftung des – gegenüber Kunden **84** 83
Haftung des Unternehmers **84** 82
Handelsgesellschaft als – **92 b** 2
Handelsvertreter-Richtlinie **84** 116 ff; **86** 56 ff.; **86 a** 48 f
Haustürgeschäft **84** 63
Hemmung der Verjährung **84** 69
Herausgabepflichten **86** 40, 43
Hilfestellungen des Unternehmers **84** 17
Hilfspersonen **84** 87; **86** 48
Höhe der Ausgleichszahlung **90 a** 23
Informationspflichten des – **86** 3; **87 c** 1 ff
Informationspflichten des Unternehmers **84** 68; **86 a** 20, 34 ff
Informationsrechte trotz Konkurrenztätigkeit **87 c** 35
Inkasso **84** 4; **86** 6, 40; **87** 54 ff; **87 c** 57; **87 d** 8; **91** 4
Insolvenz des Handelsvertreters **87** 61
Insolvenz des Unternehmers **86 a** 43; **87** 61; **87 d** 6; **89** 7
Interessenwahrung zugunsten des Unternehmers **84** 41
internationales Privatrecht s. dort
Kartellrecht **84** 78
kaufmännisches Bestätigungsschreiben **91 a** 7
Kaufmannseigenschaft **1** 80
Kaution **86 a** 18
Kettenvertrag **89** 16
Kfz-Leasing **87 b** 33
Klage auf Bucheinsicht und -auszug **87 c** 7
kollusives Zusammenwirken mit Kunde **84** 82
konkludente Kündigung des Unternehmers **86 a** 38
Kontaktpflege zu Kunden **84** 45, 46
Konzern **84** 29
Kosten der Bucheinsicht und sonstiger Informationsvermittlung **87 c** 19, 45, 78
Kosten der Vertragsurkunde **85** 3
Kundenanschriften **90** 9
Kundenbeziehung **84** 81
Kundendaten, Kundenlisten **86** 43 f; **86 a** 16, 19; **90** 6
Kundendienstleistungen **87 d** 9
Kundenpflege **84** 95
Kundenschutz **84** 52; **87** 23 ff; **90** 7; **90 a** 11
Kündigung des Bezirksschutzes **87** 46
Kündigung des unwirksamen Vertragsverhältnisses **84** 34
Kündigung vor Vertragsbeginn **89** 23
Kündigungsandrohung **89** 26
Kündigungserklärung **89** 26

mager = Randnummer

Sachverzeichnis

Kündigungsfrist (ordentliche Kündigung) **89** 27
Kündigungsgrund **89** 26
Kündigungsrecht **89** 1, 19 ff
Kündigungsrücknahme **89** 29
Kündigungsvereinbarungen **89** 33 ff
Lagerkosten **87 d** 8
Leistungsort **84** 59
Loyalitätspflichten **86 a** 2, 14, 21 ff, 29
mangelhafter Einsatz **84** 42, 46
Mehrfachvertretung **84** 51; **86** 9; **92 b** 5
Mehrfachvertretungsverbot beim Bezirksvertreter **87** 41
Messekosten **87 d** 8
Minderkaufmann **84** 3, 62
Mindestumsatz **86** 49
Musterstück **86** 17, 43; **86 a** 16
Nachfolger **87** 34 f
nachvertragliches Wettbewerbsverbot s. Wettbewerbsverbot des Handelsvertreters, nachvertragliches
nebenberuflicher – **92 b** 3 ff
Nebenpflichten des – **86** 2 ff
Nebenpflichten des Unternehmers **86 a** 2 ff
Nebentätigkeit **86** 15
neue Bundesländer **Vor 84** 3
Nichtigkeitsfolgen **84** 60
objektive Warendarstellung **86** 7
Pauschalvergütung **87 c** 11
Probevertrag **89** 11, 15
Produktumfang **84** 49
Provisionsteilung mit Kunde **86** 8
Prozessführung gegen Kunde **91** 4
Rechenschaftslegung **86** 39
Rechtsformwechsel **84** 25, 28
Rechtswahl **92 c** 5
Rentner als – **92 b** 4
Rücklage zwecks Altersversorgung **87 a** 56
Rücksichtnahme des Unternehmers **86** 38; **86 a** 21 ff
Rücktritt **89** 9
saisonbedingte Unterbrechung **84** 45
Schädigung durch Dritte anlässlich der Berufsausübung **87 d** 3
Scheinselbständigkeit **84** 21 f
Schifffahrtsvertreter s. dort
Schmiergeld **86** 8
Schriftform **84** 39; **85** 1, 9
Schuldbeitritt/-übernahme hinsichtlich Zahlungspflicht des Kunden **86 b** 30
Schulung **86 a** 16
Schutzbedürftigkeit **84** 55
Selbständigkeit **84** 12 ff
sittenwidrige Kündigung **89** 24
Sorgfaltsmaßstab des – **86** 52
Sorgfaltsmaßstab des Unternehmers **86 a** 46
Sortimentsumstellung **84** 28, 49; **86 a** 4
Sozialversicherungspflicht **84** 6, 9, 16, 77
Steuerrecht **84** 2, 79

Stilllegung des Unternehmens **86 a** 28
Stornoreservekonto **87 c** 10
Strohmannvertreter **84** 26
Strukturvertrieb **84** 54
Studenten **92 b** 4
Stundung von Ansprüchen **84** 68
Tod des – **89** 6
Tod des Unternehmers **89** 6
Treuepflicht **86** 3
Umgehung von Schutzvorschriften **84** 55
Umwandlung **84** 28
unechter – **Vor 84** 8; **84** 53
Unterlagen **86** 17; **86 a** 15 ff, 18
Unternehmensgegenstand **84** 30
Unternehmer mit Zweigniederlassungen **87** 18, 22
Unternehmerwechsel, Umwandlung **87 c** 23
Unterrichtung bei Veränderungen **86 a** 23
Untervertreter **84** 14, 54, 87 ff; **86** 48, 54; **86 a** 45; **86 b** 31; **87** 62; **87 a** 58; **87 b** 35; **88 a** 16; **89** 36; **92 a** 6; s. a. Untervertreter
unzulässige Konkurrenz **86** 51
unzulässige Rechtsausübung im Verjährungsrecht **84** 71
unzureichende Tätigkeit **87** 7
Urlaub **84** 14
Verbraucherschutz **84** 63
Verfügung über Informationsrechte **87 c** 25
Vergütungsformen **87 c** 4 ff
Verjährung allgemein **84** 64 ff; **88**
Verjährung von Ansprüchen **84** 64 ff
Verjährung von Informationsrechten **87 c** 37 ff
Verjährungsvereinbarungen **84** 72 ff
Verlängerungsklausel **89** 13
Vermittlungsvertreter und Vollmacht **91** 7 ff; **91 a** 5
Verschuldung **86** 3
Verschwiegenheit **86** 18; **87 c** 46
Versicherung von Mustern **86** 17
Versicherungsvermittlung **84** 4
Vertrag auf Lebenszeit **89** 11
Vertragseintritt **84** 58
Vertragsschluss ohne Vertretungsmacht **91 a** 3
Vertragsstrafe **84** 62; **86** 50; **86 a** 42
Vertragsübernahme **84** 25
Vertretungsbefugnis **84** 47
Verwirkung von Ansprüchen **84** 71; **87 c** 34
Verzicht auf Informationsrechte **87 c** 50
Veschwiegenheitspflicht **86** 3
Vollmachten **91** 1 ff
Vorbereitung künftiger -verträge **86 a** 23
Vorratskündigung **89** 22
Vorratsware **86 a** 16
Vorschuss **87 d** 12
Vorschussanspruch des – im Nebenberuf **92 b** 12
Währungsumstellung **87 c** 19
Warenauslieferung **86** 6
Wegfall der Geschäftsgrundlage **84** 61; **89** 9

2743

Sachverzeichnis

fett = Paragraph

Wehrdienstteilnahme **87** 8
Weisungen des Unternehmers **86** 35 f
Werbematerial **86** 43
Werbung **86** 6; **86 a** 6; **87 d** 8
Wettbewerb durch Unternehmer **86 a** 30, 39
Wettbewerbsverbot **86** 19 ff, 27, 51; s. a. Wettbewerbsverbot des Handelsvertreters und Wettbewerbsverbot des Handelsvertreters, nachvertragliches
Widerruf der Vollmacht **89** 1; **91** 10
Wiederbeschäftigungsanspruch **89** 10
Willkür des Unternehmers **86 a** 10, 13
Wissenszurechnung **84** 82
Zivildienst **87** 8
Zurückbehaltung von Information **87 c** 36
Zurückbehaltung von Kundengeldern **88 a** 4
Zurückbehaltung von Unterlagen **88 a** 3, 14
zweifelhafte Konkurrenzlage **86** 22, 24

Handelsvertreter-Gesellschaft
anwendbare Vorschriften **84** 80
Auflösung **89** 6
Ausgleichsanspruch **56**; **89 b** 8, 37
Ausgleichsanspruch zugunsten herrschenden Gesellschafter **89 b** 139
Geltung von Handelsvertreterrecht **84** 20, 23
Gesellschafterwechsel **89** 6
Umwandlung **84** 25
Wettbewerbsverbot **86** 29

Handelsvertreter-Richtlinie
Auslegung **Vor 84** Anh. 9 f
Text **Vor 84** Anh. 11
unmittelbare Anwendung **Vor 84** Anh. 7
Verhältnis zu nationalem Recht **Vor 84** Anh. 6

Handlungsgehilfe s. a. Arbeitsschutzrecht; Betriebsrat; Prinzipal; Provision des Handlungsgehilfen; Wettbewerbsverbot des Handlungsgehilfen
Abgrenzung vom freien Mitarbeiter **59** 14
Abgrenzung vom Handelsvertreter **59** 15
Ablehnung eines Geschäftes durch Prinzipal **75 h** 10 ff
Abschlussvollmacht **55** 7
anwendbare Vorschriften **59** 2
arbeitnehmerähnliche Personen **59** 13
Arbeitsschutzrecht **62** 5 f
Arbeitsstoffe **62** 22
Arbeitszeit **62** 24
außerordentliche Kündigung **59** 3
Begriff **59** 8 ff
eingebrachte Sachen des – **62** 20
fehlerhaftes Arbeitsverhältnis **59** 17
Gehalt **64** 5
häusliche Gemeinschaft **62** 30 ff
Kaufmannseigenschaft des Arbeitgebers **59** 20 ff, 25

kleiner Gewerbebetrieb **59** 23
Krankheit **59** 3
Land- und Forstwirtschaft **59** 24
Leiharbeitsverhältnis **62** 8
Leistungsverweigerungsrecht **62** 40 ff
Mitbestimmungsrecht **62** 4
nachvertragliches Wettbewerbsverbot **59** 4
Nebentätigkeit **60** 2
neue Bundesländer **59** 5; **62** 12; **64** 2
Organe einer juristischen Person **59** 16
Schmerzensgeld **62** 49
Schutzkleidung **62** 22
Stundung **64** 14
Tätigkeit **59** 28 f
Unternehmerrisiko **59** 11
Vergütung **59** 33 ff; **61** 9
Vertretungsmacht **75 g** 10; **75 h** 2 ff
Wegeunfall **62** 11
Weisungsbefugnis **59** 10
Wettbewerbsverbot s. Wettbewerbsverbot des Handlungsgehilfen
Zahlungsort **64** 17 f
Zahlungszeit **64** 3 ff

Handlungsvollmacht
Abschlussvollmacht **55** 2 ff
Änderung des Handelsgewerbes **54** 32
Annahme von Zahlungen **55** 12
Arten **54** 10 ff
Arthandlungsvollmacht s. dort
Beendigung des Handelsgewerbes **54** 31
Beendigung des Innenverhältnisses **54** 29
Darlehensaufnahme **54** 16 f
Entgegennahme von Ware **55** 16
Erlöschensgründe **54** 28 ff
Erteilung **54** 6
Erteilungsberechtigte **54** 2 f
Gesamthandlungsvollmacht s. dort
Geschäftsunfähigkeit des Inhabers **54** 32
Geschäftsunfähigkeit/beschränkte Geschäftsfähigkeit des Bevollmächtigten **54** 33
Grundstücksgeschäfte **54** 16 f
Gutglaubensschutz **54** 23 ff
Inhaberwechsel **54** 32
Innenverhältnis **54** 5, 7 ff, 29
Insolvenz des Bevollmächtigten **54** 33
Ladenangestellte s. dort
Liquidation des Handelsgewerbes **54** 32
Mängelanzeige **55** 16
Niederlassungs- s. dort
Niederlegung **54** 33
Organe **54** 4
Prozessführung **54** 16 f
Rechtsformwechsel **54** 32
Scheck **54** 17
Spezialhandlungsvollmacht s. dort
Testamentsvollstreckung **54** 32
Tod des Bevollmächtigten **54** 33
Tod des Inhabers **54** 32

2744

mager = Randnummer **Sachverzeichnis**

Übertragbarkeit **58** 2 ff
Umfang **54** 7, 8 ff, 16 f
Untervollmacht **58** 4
Vertretungsberechtigte **54** 4
Warenlager s. dort
Wechselverbindlichkeiten **54** 16 f
Widerruf **54** 30
Zeichnung **57** 2 ff
Handwerksstand
Auskunft an Handelsregister **8** 30
Hauptniederlassung
Begriff **13** 20
Doppelsitz **13** 20, 45; **13 h** 36 ff
Rechnungslegung **336** 3
Sitzverlegung **13 h** 7 ff
Haus
Firmenbezeichnung **18** 49
Heumann-Ogilvy-Entscheidung
Konzernrecht der Personenhandelsgesellschaften **105 Anh.** 66
Holding
Rechtsform **105** 22
Holdinggesellschaften
Konzernabschluss bei Kreditinstituten **340 i** 34

Idealverein
Nebenzweckprivileg **1** 68
Registeranmeldung **33** 1
Imkerei
Kaufmannseigenschaft **3** 8
Immaterialgüterrechte
Unterlassungsanspruch bei Firmenmissbrauch **37** 24
Immobilienmakler
Anwendbarkeit von Handelsmaklerrecht **93** 32
Immobilienverwaltungsgesellschaft
Rechtsform **105** 22
Imparitätsprinzip
Fremdwährungsumrechnung bei Bilanzierung von Kreditinstituten **340 h** 3
Informationspflichten
Anlagevermittler **84** 93
Ingenieur s. Berufsbezeichnungen
Insider-Kenntnisse
Verwertung durch Kommanditisten **165** 8
Insolvenz
Eigentumsvorbehalt **172 a** 59
Einlageforderung gegen Kommanditisten **171** 74, 91 ff
Fortsetzung einer Kommanditgesellschaft nach – **144** 2
eines Gesellschafters einer Kommanditgesellschaft **131** 46
Gläubigerschutz bei – der Kommanditgesellschaft **172 a** 25 ff
Haftung des Kommanditisten **176** 13
Insolvenzverwalter der Kommanditgesellschaft **166** 31

Jahresabschluss **252** 16
Kommanditgesellschaft **171** 91 ff
Registereintragungen **32** 3; **34** 9
Stille Gesellschaft s. dort
Insolvenzantragspflicht
Gesellschafterhaftung bei Verletzung der – **130 a** 36 ff
Insolvenzverwalter
Kaufmannseigenschaft **1** 81
Inspire Art Ltd. – Entscheidung
Handelsregisteranmeldung mit Auslandsbezug **12 Anh.** 28
Institut
Firmenbezeichnung **18** 50
Inter
Firmenbezeichnung **18** 60
Internationales Kaufmannsrecht
Domizil **Vor 1** 95
gewöhnlicher Aufenthalt **Vor 1** 95
Gründungsstatut **Vor 1** 90 f
handelsrechtliche Vorschriften **Vor 1** 131
Kaufmannseigenschaft ausländischer Gebilde **Vor 1** 115 ff
Mehrfachanknüpfung **Vor 1** 100
Organisationsstatut **Vor 1** 90 f
Ort der Niederlassung **Vor 1** 83 ff
Staatsangehörigkeit **Vor 1** 92 f
Wirkungsstatut **Vor 1** 98, 106, 110, 114
Internationales Privatrecht
Bevollmächtigung **Vor 48** 9 f
Internationales Privatrecht betr. Firmenrecht
Firmenstatut **17 Anh.** 4
ordre public **17 Anh.** 9
Tochtergesellschaft **17 Anh.** 5
Zweigniederlassung **17 Anh.** 5 ff
Internationales Privatrecht betr. Handelsmakler **92 c Anh.** 1 ff, 13; **93** 76 ff
Internationales Privatrecht betr. Handelsvertreterverträge
Abgrenzung zu § 92 c **92 c Anh.** 18
anwendbare Vorschriften und Grundsätze **Vor 84** 10
Arbeitnehmerschutz **92 c Anh.** 16
Ausgleichsanspruch **92 c Anh.** 13
Bekanntmachung der Kommission zu Alleinvertriebsverträgen **Vor 84** 11
Erfüllungsort **92 c Anh.** 10
fehlende Rechtswahl **92 c Anh.** 21 ff
fehlender Geschäftssitz des Handelsvertreters **92 c Anh.** 24
Formularverträge **92 c Anh.** 6, 37, 42
Gerichtsstandsvereinbarung **92 c Anh.** 10, 27 ff
Inlandsgeschäfte **92 c Anh.** 11
kaufmännisches Bestätigungsschreiben **92 c Anh.** 7
Prorogation **92 c Anh.** 39

2745

Sachverzeichnis

fett = Paragraph

Rechtswahl durch Individualvereinbarung **92 c Anh.** 4
Schiedsgericht **92 c Anh.** 10
stillschweigende Rechtswahl **92 c Anh.** 10
Vertriebsnetzwerk **92 c Anh.** 26

Internationales Privatrecht betr. Vertragshändlerverträge
Abgrenzung zur Rechtswahl nach § 92 c **92 c Anh.** 51
Ausgleichsansprüche **92 c Anh.** 50
fehlende Rechtswahl **92 c Anh.** 52
fehlender eigener Geschäftssitz des Vertragshändlers **92 c Anh.** 53
Rahmenvertrag **92 c Anh.** 47
Rechtswahlklausel **92 c Anh.** 45
stillschweigende Rechtswahl **92 c Anh.** 46
Umgehung von Mindeststandards **92 c Anh.** 50

Internationales Recht der Personenhandelsgesellschaften
Gesellschaftsstatut **105** 212
Gründungstheorie **105** 212
Personalstatut **105** 212 ff
Sitztheorie **105** 212
Wegzug **105** 213
Zuzug **105** 213

Inventar
Anfangs – **240** 1
Buchinventur **240** 13 f
Festbewertung **256** 14
Festwert **240** 23 ff
Fristen **240** 20
Gruppenbewertung **240** 33 f; **256** 14
Kombination von Inventurverfahren **241** 24
körperliche Bestandsaufnahme **240** 12
Nachprüfbarkeit **240** 9
Richtigkeit **240** 7
Stichtagsinventur **240** 15 f
Unterzeichnung **245** 3
Verfahren **240** 10 ff
Vollständigkeit **240** 6
Wechsel der Inventurverfahren **241** 24

Inventur
Begriff **240** 4

Inventurvereinfachung
Einlagerungsinventur **241** 14
Monetary-Unit-Sampling **241** 5
permanente Inventur **241** 13
Stichprobeninventur **241** 2 ff
systemgestützte Werkstattinventur **241** 16
Toleranzgrenze **241** 11
vor- oder nachverlegte Stichtagsinventur **241** 17
warenwirtschaftsgestütztes Verfahren **241** 12

Investment
Führung in Firmenname **18** 21

Investmentgeschäft
Begriff **340** 13

Jahresabschluss s. a. Bilanz
Abgrenzungsposten **246** 10
Abschreibung von Anlagevermögen **253** 44 ff; s. a. außerplanmäßige Abschreibung von Anlagevermögen
Abschreibungen allg. **252** 39 f
Abschreibungen zur Risiokovorsorge **253** 119 ff
Abweichungen von Bewertungsgrundsätzen **252** 43 ff
Abwicklungsvergleich **252** 16
Abzinsung **253** 22
AfA-Tabelle **253** 71
Änderung **252** 9
Anhang **245** 4
Anlagevermögen **253** 3, 43 ff
Ansammlungsrückstellung **253** 24
Anschaffungskosten **253** 2
Aufstellungspflicht zur Erstellung **242** 15
Auskunftsrechte der Arbeitnehmervertretung **267** 20
außerplanmäßige Abschreibung von Anlagevermögen **253** 77 ff
Beibehaltungswahlrecht **253** 132
Bekanntmachungspflichten neben Offenlegung **325** 20
Berichterstattung des Aufsichtsrats **325** 18 f
Bestätigungsvermerk **316** 6, 20
Bewertung von Rückstellungen **253** 16 ff
Bewertungsstetigkeit **252** 37 ff
Bewertungsvereinfachung **252** 23
Bewertungsvorschriften **253** 1 ff
Bilanzierungshilfen **246** 3
Contractual Trust Arrangements **253** 42
Datumsangabe **245** 11
Dauerschuldverhältnisse **252** 30, 33
Definition **242** 1
deutsche Sprache **244** 1 ff
Drohverluste **253** 31
Eigenkapital **246** 5
Emissionsrechte **252** 30
Ersatzansprüche **253** 29
erweiterter – **242** 15
Eventualverbindlichkeiten **246** 4
Festbewertung **256** 14
Form der Offenlegung **328** 4 ff
Formblätter **330** 1
freiwillige Offenlegung **328** 9
freiwillige Prüfung **316** 19 f; **317** 4
Fremdwährungsforderungen **253** 106
Fremdwährungsverbindlichkeiten **253** 8, 10
Gewinnabführungsvertrag **252** 30
Gewinnbeteiligung **252** 30
Grundsätze ordnungsgemäßer Buchführung s. dort
Gruppenbewertung **256** 14

mager = Randnummer

immaterielle Schutzrechte **246** 3
Imparitätsprinzip **252** 33
Informationsrecht des Registergerichts **329** 5 f
Insolvenz **252** 16
Investmentfonds **252** 30
langfristige Aufträge **252** 31
Leasing **246** 7, 25 ff
liquide Mittel **253** 108
Materialaufwand **246** 40
Mehrkomponentengeschäft **252** 30
Nachtragsprüfung **316** 16 ff
Offenlegungspflicht bei kleinen Kapitalgesellschaften **326** 1 ff
Offenlegungspflicht bei mittelgroßen Kapitalgesellschaften **327** 1 ff
Offenlegungspflicht bei inländische Zweigniederlassung ausländischer Gesellschaft **325 a** 1 ff
Offenlegung in elektronischer Form **325** 21
Offenlegungspflicht bei kapitalmarktorientierten Unternehmen **327 a** 1 ff
Offenlegungsfrist **325** 2, 7
Offenlegungsumfang **325** 5, 9; **328** 4 ff
Ordnungsgeld wegen Verstoß gegen Offenlegungspflicht **336** 3
Ordnungswidrigkeiten betr. Bewertungen **334** 4
Ordnungswidrigkeiten betr. Form und Inhalt **334** 3
Ordnungswidrigkeiten betr. Gliederung **334** 5
Pensionsrückstellung **253** 34 ff
Periodenabgrenzungsprinzip **252** 34
Prüfung **317** 2; s. a. Prüfung des Jahresabschlusses
Prüfung durch Registergericht/Betreiber des elektronischen Bundesanzeigers **329** 1 ff
Prüfungspflicht allg. **316** 1 ff
Prüfungspflicht bei Liquidation **316** 11
prüfungspflichtige Unternehmen **316** 10
Rangfolge von Bewertungsgrundsätzen **252** 2
Rentenverpflichtungen **253** 4, 7 ff
Rückstellungen **246** 4
Sachwertverbindlichkeit **253** 11, 21
Sale-and-buy-back-Geschäft **252** 30
sale-and-lease-back **246** 27 a
Sammelrückstellung **253** 26
sehr hohe ungewisse Verbindlichkeit **253** 25
steuerrechtliche Abschreibungsmöglichkeiten **254** 1, 6 ff
Umlaufvermögen **253** 3, 91 ff
unrichtige Darstellung **242** 17; **331** 1
Unternehmensfortführung **252** 13 ff
Unterzeichnung **245** 1 ff
Verbindlichkeiten **253** 7 ff, 17
Verletzung der Offenlegungspflicht **329** 8, 9
Verrechnungsverbot **246** 39 f
Verschleierung **331** 1
Vollständigkeitsgebot **246** 2 ff
Vorlage von Unterlagen **320** 1

Sachverzeichnis

Vorräte **253** 32 a
Vorsichtsgrundsatz **252** 25
Währung **244** 3 f
Wegfall von Abschreibungsgründen **253** 133
Werkvertrag **252** 30
Wertaufholung **253** 135 f
Wertminderung von Umlaufvermögen **253** 109
Wertpapiere **253** 107
Wertschwankungen **253** 111 ff
wirtschaftliche Betrachtungsweise **246** 6
Zinsansprüche **252** 30
Zinserträge **246** 40
Zwangsgeld **335** 2

Jahresabschluss der OHG
Anfechtung der Feststellung **120** 38, 51
Anteilsberechnung **120** 56 ff
anwendbare Vorschriften **120** 1, 12
Aufbewahrung von Unterlagen **120** 12
Aufstellungsverpflichtete **120** 9 ff
Begriff **120** 3, 8
Berichtspflichten **120** 54
Differenzen zwischen geschäftsführendem Gesellschafter und übrigen Gesellschaftern **120** 18 ff
Differenzen zwischen geschäftsführenden Gesellschaftern **120** 15 ff
Eigenkapital **120** 21
Einlage **120** 22 ff
Feststellung **120** 33 ff
Inhalt **120** 20 ff
Prüfung **120** 32
rechtliche Wirkung der Feststellung **120** 44 ff
Rücklagen **120** 29 ff
Sprache **120** 12
stille Reserven **120** 27
Unterschrift **120** 13, 53
Widerruf der Feststellung **120** 38
Zustimmung zur Feststellung **120** 37 ff

Jahresabschluss von Kapitalgesellschaften und OHG/KG
Abgänge **268** 19
Abgrenzung von Gesellschafts- und Gesellschaftervermögen **264 c** 22 ff
Abschreibungen auf Beträge zur Ingangsetzung und Erweiterung des Geschäftsbetriebes **282** 1 ff
Abschreibungsspiegel **268** 23
Anlagenspiegel **268** 12 ff
Anleihen **266** 55
Anschaffungskosten **268** 17
Anteile an verbundenen Unternehmen **266** 39
antizipative Posten **268** 28, 32
Anzahlungen **266** 19, 32; **268** 31
außerplanmäßige Abschreibung **279** 8
Befreiung von Rechnungslegungsvorschriften **264** 32 ff; **264 b** 1 ff
besondere Umstände **264** 30

Sachverzeichnis

fett = Paragraph

Beteiligungen **271** 1
Betriebsstoffe **266** 29
Bewertungsvorschriften **279** 1 ff
Bilanzierungshilfen **264 c** 35 ff
Disagio **268** 33
eigene Anteile **266** 40
Eigenkapital **266** 45 ff; **283** 1 ff
Eigenkapitalausweis bei Personenhandelsgesellschaften **264 c** 9 ff
Einbeziehung von Tochtergesellschaften **264** 34; **264 b** 3 ff
Ergebnisverwendung **268** 1 ff
Erläuterungen im Anhang **264** 30
Ertragslage **264** 29
Erweiterung des Geschäftsbetriebs **269** 1, 4
faktischer Konzern **264** 31
Fehlbetrag (nicht durch Eigenkapital gedeckt) **268** 24 f
fiktiver Steueraufwand der Gesellschafter **264 c** 25 f
Finanzanlagen **266** 21 ff
Finanzlage **264** 28
Forderungen aus atypischer Unternehmenstätigkeit **266** 34
Forderungen gegen verbundene Unternehmen **266** 36
freiwillige Zusatzinformationen **264** 8
Fristen **264** 13 f
Geldwertänderungen **264** 31
Genussrechte **266** 48
Gesellschafterverbindlichkeiten und -ansprüche **264 c** 3 ff
Gewinn- und Verlustrechnung **264** 7
Gliederung der Aktivseite **266** 11 ff
Gliederung der Passivseite **266** 45 ff
Guthaben bei Kreditinstituten **266** 42
Hafteinlage bei Personenhandelsgesellschaften **264 c** 21
Haftungsverhältnisse **268** 34
Herstellungskosten **268** 17
immaterielle Vermögensgegenstände **266** 15
Inflation **264** 31
Ingangsetzung des Geschäftsbetriebs **269** 1, 3
Kapitalanteile bei Personenhandelsgesellschaften **264 c** 11 ff
Kapitalflussrechnung **264** 19
Kassenbestand **266** 42
kleine Gesellschaften **264** 13, 18; **266** 9; **267** 11, 14
Komplementärgesellschaftsanteile **264 c** 27 ff
Kontoform **266** 1
Kreditinstitute **264** 4, 14; **267** 3; **268** 26
kumulierte Abschreibungen **268** 22
Lagebericht **264** 7, 10
Liquidation **264** 16
mehrstöckige Gesellschaften **265** 10
Mietereinbauten **266** 20
Mittelstandsrichtlinie **264** 18
Offenlegung **264** 38; **264 b** 19

Postenauflösung **270** 1
Rechnungsabgrenzungsposten **266** 43, 62
Restlaufzeit von Forderungen **266** 26
Restlaufzeit von Verbindlichkeiten **268** 29
Rücklageanteile **266** 49
Rücklagen **264 c** 18 ff
Rückstellungen **266** 50 ff
Sachanlagen **266** 16 ff
sale-and-lease-back-Verfahren **264** 31
Schätzungsreserven **279** 5
Sicherheiten **268** 34
Sonderposten der Aktivseite **266** 44
Sonderposten der Passivseite **266** 63
sonstige Verbindlichkeiten **266** 61
steuerliche Pflichtabschreibung **279** 13
steuerliche Teilwertabschreibung **279** 8
stille Beteiligung **266** 47
stille Reserven **279** 2
teilweise Ergebnisverwendung **268** 8 ff
true and fair view **264** 22
Umbuchungen **268** 20
Umfang **264** 2
Umlaufvermögen **266** 27
Umsatzsteuer **266** 57
unfertige Erzeugnisse **266** 30
unrichtiger – **264** 40; **264 b** 20; **266** 64
Veränderung von Gewinnrücklagen **270** 2 ff
Verbindlichkeiten **266** 54 ff
Verbindlichkeiten gegenüber verbundenen Unternehmen **266** 60
Verbindlichkeitenspiegel **268** 29
Verletzung der Sorgfaltspflicht **264** 39; **264 b** 20
Vermögenslage **264** 27
verpflichtete Personen **264** 16
Versicherungsunternehmen **264** 4, 14; **267** 3; **268** 26; s. a. Jahresabschluss von Versicherungsunternehmen
Vorräte **266** 28
Wechselverbindlichkeiten **266** 59
Wertaufholungsgebot **280** 1
Wertbeibehaltungswahlrecht **280** 9 ff
Wertpapiere **266** 22, 36
Zugänge **268** 18
Zurechnung des Jahresergebnisses **264 c** 14 ff
zusätzliche Information zu steuerlichen Bewertungsmaßnahmen **281** 1 ff
Zuschreibungen **268** 21
Zwangsgeld **264** 39; **264 b** 20

Jahresabschluss von Versicherungsunternehmen
Aktien **341 b** 82
Anhangangaben **341 b** 25 ff, 35, 102, 106
Anhangvorschriften **341 a** 12
Anlagevermögen **341 b** 1, 4 ff
Ansatz- und Ausweisvorschriften **341 a** 6 ff
Anteile an verbundenen Unternehmen **341 b** 36 ff
Anwendung von Aktienrecht **341 a** 16 ff

mager = Randnummer

Ausleihungen **341 b** 49, 58, 69
Austrittsvergütung **341 g** 9
Befreiung von Offenlegungspflicht **341 l** 12 ff
Beitragsüberträge **341 e** 18 ff
Beteiligungen **341 b** 39 ff
Darlehen **341 b** 64
Deckungsrückstellungen **341 f** 1
Einlagen bei Kreditinstituten **341 b** 70
Erleichterungen **341 a** 14
Erweiterung des Geschäftsbetriebes **341 b** 6
Fristen **341 a** 5
Geldmarktpapiere **341 b** 115
Geschäftswert **341 b** 10
Gliederungsvorschriften **341 a** 11
GmbH-Anteile **341 b** 93
Grundstücke **341 b** 29, 33, 40
Hypotheken-, Grundschuld- und Rentenschuldforderungen **341 b** 55; **341 c** 6
immaterielle Vermögensgegenstände **341 b** 4, 13
Ingangsetzungsaufwendungen **341 b** 9
Inhaberschuldverschreibung **341 b** 63, 111
Investmentanteile **341 b** 82, 89, 101
Kapitalanlagen **341 b** 19 ff, 25, 27, 75
kleinere – **341 a** 17
Lagebericht, Offenlegung **341 l** 16
Lebensversicherungen **341 d** 1 ff, 68 ff; **341 f** 1, 6 f; **341 g** 43
Mitversicherungsgeschäft **341 g** 48
Mitzugehörigkeitsvermerk **341 b** 80
Namensschuldverschreibungen **341 b** 59; **341 c** 6
Null-Kupon-Anleihen **341 b** 117
Nullstellungsmethode **341 e** 78
Offenlegung **341 l** 1 ff
Offenlegungsfrist **341 l** 9
Rentenversicherungsfälle **341 g** 35
Rückstellung für Beitragsrückerstattung **341 e** 36 ff, 64
Rückstellung für drohende Verluste **341 e** 56 ff
Rückstellungen allg. **341 e** 2 ff
Rückstellungen bei Krankenversicherungen **341 g** 47
Rückstellungen für Großrisiken **341 h** 16 ff
Rückstellungen für noch nicht abgewickelte Fälle **341 g** 1 ff
Rückstellungen für Verkehrsopferhilfe e. V. **341 e** 62
Rückstellungen in der Krankenversicherung **341 f** 22
Rückstellungen in der Schaden- Unfallversicherung **341 f** 29 ff
Rückversichereranteile **341 f** 34
Rückversichererbeiträge **341 e** 30
Rückversichererforderungen **341 b** 79
Sachanlagen **341 b** 17
Schadensregulierungsaufwendungen **341 g** 41 ff
Schuldscheinforderungen **341 b** 64; **341 c** 6

Schwankungsrückstellung **341 h** 1 ff
Sparbriefe **341 b** 116
Sparobligationen **341 b** 116
Sparschuldverschreibungen **341 b** 116
Spätschäden **341 g** 36 ff
Stornorückstellungen **341 e** 60 ff
übernommenes und abgegebenes Versicherungsgeschäft **341 f** 33 f; **341 g** 21
Umlaufvermögen **341 b** 1, 82 ff
Vereinfachungsverfahren **341 e** 75 ff
Versicherungsbeiträge **341 b** 8
Vorauszahlung auf Versicherungsscheine **341 b** 67
Vorräte **341 b** 17
Währungsumrechnung **341 b** 26
Wandelschuldverschreibungen **341 b** 118
Wertaufholungsgebot **341 b** 32
Wertpapiere **341 b** 82 ff

Joint Venture
Konzernrechnungslegung **290** 20

Kabelanschlussvermittlung
Rechtsstellung **84** 31
Kammer für Handelssachen
Zuständigkeit **Vor 1** 58 ff
Kapitalanlagegesellschaft
Firmenbezeichnung **18** 21
Kapitalerhöhung
Bilanzierung **272** 6
Kapitalgesellschaft
Herabsinken des Geschäftsbetriebs **21** 9
personenbezogene Firmierung **21** 3
Kapitalherabsetzung
Bilanzierung **272** 7
Karenzentschädigung
Abfindung **74** 42
anderweitiger Erwerb **74 c** 1 ff
Anrechnung von Arbeitslosengeld **74 c** 11
Anrechnung von Nebeneinnahmen **74 c** 8
Anrechnung von Rente **74 c** 10, 17
Anrechnungsfreigrenze **74 c** 19 ff
Arbeitgeberkündigung wegen vertragswidrigen Verhaltens **75** 2, 18 ff
Ausgleichsklausel **75 a** 8 f
Ausgleichsquittung **75 a** 7
Auskunft des Arbeitnehmers über anderweitigen Erwerb **74 c** 1, 26 ff
Auslagen **74 b** 14
Ausschlussfrist **74 b** 5 ff
Berechnung **74 b** 10 ff
Einkommensteuerbescheid **74 c** 30
einstweiliger Rechtsschutz **74** 59
Fähigkeit des Arbeitnehmers zu Wettbewerbshandlungen **74** 44
Fälligkeit **74 b** 2 ff
fehlerhafte Zusage **74** 49 ff
fiktiver anderweitiger Erwerb **74 c** 16 ff
Freiheitsstrafe des Arbeitnehmers **74** 44; **74 c** 25

2749

Sachverzeichnis

fett = Paragraph

Höhe **74** 45 ff
Rückzahlung **74** 58
Umzug des Arbeitnehmers **74 c** 21
Verjährung **74** 48; **74 b** 9
Vertragsstrafe bei fehlender – **75 c** 18
Wahlrecht des Arbeitnehmers **74** 52 ff
Zeitpunkt der Zusage **74** 43

Kartellrecht
　Anwendung auf handelsvertreterähnliche Vertriebsverträge **84** 78

Kaufmann s. a. Einzelkaufmann, Internationales Kaufmannsrecht
　Abzahlungsgeschäft **Vor 1** 42
　AGB-Klausel zur Kaufmannseigenschaft **1** 96
　allgemeine Geschäftsbedingungen **Vor 1** 44 ff
　Anfechtung des Rechtsscheins **5** 79
　Auftreten als – **5** 49, 56
　ausländische Gebilde **Vor 1** 115 ff
　Begriff **Vor 1** 1 ff
　Berufsausbildung **1** 60
　beschränkt Geschäftsfähiger **1** 61 ff; s. a. Minderjähriger und Geschäftsunfähiger
　Betriebsgröße **1** 1, 9, 45 ff
　Beweislast **1** 43; **105** 16
　Dienstleistungsgewerbe **Vor 1** 18, 24
　Eigentum an Betriebsmitteln **1** 83
　– kraft Eintragung **Vor 1** 8; **5** 17 ff
　Erbengemeinschaft **1** 77
　Erfüllungsortvereinbarung **Vor 1** 62 ff
　Ertrag **1** 50
　Europäisch wirtschaftliche Interessenvereinigung **1** 71; s. a. dort
　falsches Führen der Bezeichnung „e.K." **5** 74
　Fiktivkaufmann s. dort
　Finanztermingeschäfte **Vor 1** 48
　Firmenführung **Vor 1** 31
　Firmenschild **Vor 1** 54
　Formkaufmann **Vor 1** 3, 6; **6** 1, 3 ff, 24 ff; **17** 2, 17
　freie Berufe **Vor 1** 25
　GbR **1** 73
　Gerichtsstandsvereinbarungen **Vor 1** 65 ff
　Gerichtsverfahren zwischen Kaufleuten **Vor 1** 58 ff
　Gesamthandsgemeinschaft **1** 69
　Geschäftsbetrieb **1** 11
　Geschäftsbriefangaben **Vor 1** 32 f; **5** 44
　Geschäftsunfähiger **1** 61 ff; **5** 86
　Gesellschafter **1** 86
　Gewerbebegriff **Vor 1** 7, 28
　Gewerbebetrieb **1** 10
　gewerberechtliche Zulässigkeit **7** 3
　großspuriges Auftreten einer Privatperson **5** 62
　Grundpflichten **Vor 1** 29 ff
　Gütergemeinschaft **1** 76
　Haftung **1** 98
　Handelsgewerbe **Vor 1** 2
　Handelsrechtsreform 1998 **Vor 1** 12 ff
　Handelsvertreter **1** 80
　Insolvenz **1** 60
　Insolvenzverwalter **1** 81
　IPR **Vor 74 ff**
　Istkaufmann **Vor 1** 8, 24; **1** 1 ff
　Kannkaufmann **Vor 1** 8, 16, 17; s. a. Kleingewerbe; Land- und Forstwirtschaft
　Kapitalhöhe **1** 50
　kaufmännischer Geschäftsbetrieb **1** 42 ff, 46 ff
　Kleingewerbetreibender s. Kleingewerbe
　Minderjähriger **1** 80; **5** 86
　Minderkaufmann **Vor 1** 14, 20; **4** 1
　Mischbetrieb **1** 51, 94
　Mitarbeiteranzahl **1** 50
　Musskaufmann **Vor 1** 14
　Neugründung **1** 54
　Niesbraucher **1** 83
　– im öffentlichen Recht **5** 46
　Organe einer juristischen Person **1** 85
　Pächter **1** 83
　Partenreederei **1** 75
　Partnerschaft **1** 72
　Personenhandelsgesellschaft **Vor 1** 4; **1** 5
　privatrechtliche Beschränkungen **7** 4
　Prüfungsreihenfolge **Vor 1** 10 f
　Rechnungslegung **Vor 1** 34 f; **5** 45
　nicht rechtsfähiger Verein **1** 74
　Rechtsformbezeichnung **25** 99
　firmenähnliche Bezeichnung **17** 9
　Registereintragung **1** 97
　Registergerichtliches Verfahren **5** 42
　Registerpflicht **Vor 1** 30
　saisonale Schwankungen **1** 54
　Scheinkaufmann **Vor 1** 11; **5** 49 ff
　Schein-Nichtkaufmann **5** 89
　Schiedsvereinbarungen **Vor 1** 68 ff
　sittenwidrige Rechtsgeschäfte **Vor 1** 39
　Sitzverlegung **13 h** 7 ff, 17, 34, 42, 50
　Sollkaufmann **Vor 1** 15, 17, 19
　Sonderprivatrecht **Vor 1** 36 ff
　Staatsangehörigkeit **1** 60
　Steuerrecht **5** 47
　stiller Gesellschafter **1** 82
　strafrechtliche Bestimmungen **Vor 1** 71 ff
　Testamentsvollstrecker **1** 88 ff
　Treuhänder **1** 80, 84, 90
　Umsatzhöhe **1** 52
　unerlaubte Handlung des Scheinkaufmanns **5** 38
　ungerechtfertigte Bereicherung des Scheinkaufmanns **5** 38
　Unternehmer **Vor 1** 27
　Verbraucherkreditgesetz **Vor 1** 42
　Verjährung **Vor 1** 40 f
　Vermögensverwaltung **1** 8, 32 ff; **5** 22
　Versicherungsverein auf Gegenseitigkeit **1** 68
　nicht (voll) geschäftsfähige Scheinkaufleute **5** 86
　Vollkaufmann **Vor 1** 14

mager = Randnummer

Vorgesellschaft **6** 17
Werbemaßnahmen **1** 50
Wertpapierrecht **Vor 1** 36, 50
Zurechnung **1** 78 ff
Kaufmännisches Bestätigungsschreiben
   Abschluss eines Handelsvertretervertrages **84** 58
   Genehmigung schwebend unwirksamen Handelsvertretergeschäfts **91 a** 7
   Schweigen auf – **91 a** 7
Kernbereichslehre
   Einstimmigkeitsprinzip der OHG **119** 48, 52
Kfz-Leasing
   Provisionsanspruch des vermittelnden Kfz-Händlers **87 b** 33
KGaA
   Nachhaftung des Gesellschafters nach Ausscheiden **160** 5
   Prüfung des Jahresabschlusses **317** 15
   Verjährung der Gesellschafterhaftung für Gesellschaftsverbindlichkeiten **159** 3
Kleine Handelsgesellschaften
   Angaben im Anhang des Jahresabschlusses über derivative Finanzinstrumente **285** 25
   Anlagenspiegel **274 a** 4
   Erläuterungspflichten **274 a** 6, 7, 9
   Erleichterung von Anhangangaben **287** 12; **288** 1
   Erleichterungen von Angaben im Lagebericht **289** 1
   Rechnungsabgrenzungsposten **274 a** 8
   Rohergebnis **276** 1 ff
Kleine Kapitalgesellschaften
   Offenlegung des Jahresabschlusses **326** 1 ff
Kleingewerbe
   Amtslöschung **2** 25 ff
   Aufstieg zum Handelsgewerbe **2** 29
   Begriff **2** 3
   Bildung einer Personenhandelsgesellschaft **123** 3, 6
   Eigenhändler **2** 42
   nicht eingetragene -treibende **2** 37 ff
   Frachtführer, Spediteur **2** 41
   Handelsmakler **2** 43
   Herabsinken zum – **1** 56 f; **2** 30
   Kaufmann kraft Eintragung **5** 11, 13, 16
   Kaufmannseigenschaft **Vor 1** 3, 9, 23, 25; **1** 2
   Kommissionär **2** 41
   Lagerhalter **2** 41
   Rechtsnachfolger **2** 5
   Registeranmeldung **2** 12 ff
   Registereintragung **1** 2
   Registerlöschung auf Antrag **2** 20 ff
   Rückwirkung der Eintragung/Löschung **2** 35
   Schutzvorschriften **2** 39
   Verbraucherinsolvenz **2** 36
   Vermögensverwaltung **2** 6
   Widerspruch gegen Löschung **2** 33

Sachverzeichnis

Kleintierzucht
   Kaufmannseigenschaft **3** 8
Kommanditgesellschaft s. a. Personenhandelsgesellschaft
   Abfindung des ausscheidenden Gesellschafters **163** 4 ff; **172** 35, 38
   Abfindung des Kommanditistenerben **162** 34
   Abgrenzung zur OHG **6** 6
   Abspaltungsverbot **163** 9 ff
   actio pro socio **163** 39; **164** 16
   Änderung der Gesellschafterstellung **174** 1, 40 ff
   Änderung der Gesellschafterstruktur **161** 20 ff; **162** 22, 23, 42
   Änderung des Gesellschaftsvertrags **105** 65 ff; **163** 36; **164** 10
   Anfechtung von Beschlüssen **163** 48
   Anfechtung von Leistungen an Gesellschafter **172 a** 20 ff
   Angehörige des Gesellschafters **172 a** 71
   Anmeldung von Veränderungen **162** 22 ff
   Anwendung von OHG-Recht **105** 2
   Auflösung **161** 24; **162** 43 ff; **177** 1
   Auflösungsklage **133** 4
   Aufnahme eines Kommanditisten **173** 1, 2
   Aufnahme neuer Gesellschafter **105** 152; **164** 10
   Auskunfts- und Erläuterungsansprüche **166** 20 ff, 28
   Auslegung des Gesellschaftsvertrags **105** 60 ff
   Ausscheiden des Kommanditisten **171** 18, 80 ff, 107 ff
   Ausscheiden des letzten Kommanditisten **161** 21
   Ausscheiden eines Gesellschafters **162** 22, 36 ff; **164** 10
   Ausschluss aus wichtigem Grund **140** 3
   Ausschluss des einzigen Komplementärs **140** 3; **162** 28 ff
   Ausschluss von Mitwirkungsrechten des Kommanditisten **164** 16 ff
   außergewöhnliche, zustimmungsbedürftige Geschäfte **164** 6 ff
   ausstehende Pflichteinlage des Kommanditisten **166** 6, 8
   Beerbung des Komplementärs durch Kommanditisten in Zweimann-KG **139** 102
   Begriff **161** 1
   Beirat **161** 9; **164** 18; s. a. Einlage des Kommanditisten; Einlageforderung
   Beitragserhöhung **164** 10
   Belastung des Gesellschaftsvermögens **164** 10
   Berücksichtigung geleisteter Dienste und Haftungsübernahme vor Gewinnverteilung **168** 8 ff; **169** 21 f
   Beschlussmängel **163** 46 ff
   Beschlussverfahren **163** 41 ff
   Beteiligung Dritter an Gesellschafterrechten **163** 3, 12

Sachverzeichnis

fett = Paragraph

Beteiligung Minderjähriger **168** 23 ff
Bevollmächtigung Dritter zur Ausübung von Gesellschafterrechten **163** 14
Beweislast für Haftungsbeschränkung **105** 30
Bilanzergebnis **168** 3
Darlehensgewährung an Kommanditisten **172** 26
Dienstvertrag mit Kommanditisten **164** 22 f; **168** 8 ff; **169** 21 f; **172** 28 ff
Durchgriffshaftung im Konzern **171** 32
Eigenhaftung **130 a** 36
Eigenkapitalersatzregeln bei Rechtsnachfolge **172 a** 72
eigenkapitalersetzende Gesellschafterleistungen **172 a** 17 ff, 27, 30
Eigentumsvorbehalt in der Insolvenz **172 a** 59
Einlage des Kommanditisten **171** 6, 42 f
Einlageforderung bei Formwechsel **171** 84, 103; **172** 35
Einlageforderung in der Insolvenz **171** 74, 91 ff
Einlagehaftung bei Anteilsübertragung **172** 41
Einlagehaftung des Treuhänders **171** 120; **172** 36
Einlagehaftung und Kommanditistenwechsel **174** 19 ff
Einlageleistung an Dritte **171** 72 ff
Einlageleistung des Kommanditisten an Scheingläubiger **171** 77
Einlageleistung durch Dritte **171** 66
Einlagenrückgewähr **172** 21, 32
Einlagesplitting **171** 62
Einlagesumme des Erben **139** 108
Enthaftung des Kommanditist gewordenen Inhabers **26** 6
Entlastung von Organen **164** 12
Entnahmebefugnis **163** 34
Entnahmerecht des Kommanditisten **166** 5; **169** 1 ff; s. a. Gewinnauszahlungsanspruch
Entstehen **123** 1, 4
Erbenhaftung nach Umwandlung in Kommanditanteil **139** 123 ff
Erhöhung der Haftsumme des Kommanditisten **172** 9
Erhöhung der Kommanditisteneinlage **175** 1 ff
Erhöhung des Kommanditanteils durch Testamentsvollstrecker **177** 20
Erlass der Einlageforderung **172** 18
Erstattungsanspruch des Kommanditisten **171** 36, 51
Erwerb eines Kommanditistenanteils durch Komplementär **161** 22
Erwerb eines nicht eingetragenen Kommanditistenanteils **176** 29
existenzgefährdender Eingriff **171** 32
fehlende Registereintragung des eintretenden Kommanditisten **176** 24 ff

fehlerhafte Handelsregistereintragung der Haftsumme **172** 3
Finanzierungsfolgenverantwortung **172** 4
Firmenänderung **176** 7
Firmenfortführung bei Gesellschafterwechsel **24** 3
Firmenfortführung bei Übernahme **22** 3, 10, 35 ff, 76
Formkaufmann **6** 2
Formwechsel **174** 39
Fortsetzung nach Insolvenz **144** 2
GbR als Kommanditistin **105** 97
GbR als Mitglied **161** 2
Geschäftsbeginn **176** 1, 9, 15, 17, 31
Geschäftsbrief-Angaben **125 a** 5
Geschäftsführungsbefugnis **164** 1 ff, 8
geschäftsführungsbefugte Kommanditisten **164** 19 ff, 26 ff; **170** 5
geschäftsunfähiger Gesellschafter **161** 2
Gesellschafterausschluss **163** 3
Gesellschafterfähigkeit **105** 88 ff
Gesellschafterwechsel **105** 159 ff; **161** 12
Gesellschaftszweck **161** 3, 6
Gewinnauszahlungsanspruch des Kommanditisten **169** 1 ff, 8 ff
Gewinnbeteiligung des Kommanditisten **166** 1 ff; **168** 1 ff
Gewinnentnahme des Kommanditisten **172** 43 ff
Gewinnverteilung unter Gesellschaftern **168** 7 ff, 13 ff; **169** 5
Gewinnverwendung **164** 12 ff
Gewinnverwendungsentscheidung **163** 34
Gläubigerschutz außerhalb der Insolvenz **172 a** 8 ff
Gläubigerschutz in der Insolvenz **172 a** 25 ff
Gleichbehandlung **119** 65; **163** 43
Grundlagengeschäfte **22** 36; **164** 10
Hafteinlage des Kommanditisten **166** 3
Haftsumme **171** 1, 5 ff, 41; **172** 1 ff; **174** 1; **175** 1
Haftsumme des Erben **139** 109
Haftung analog §§ 30, 31 GmbHG **171** 27
Haftung des ausgeschiedenen Gesellschafters **128** 43, 58
Haftung des eintretenden Kommanditisten **130** 2; **174** 1 ff
Haftung des Erben bei nicht voll geleisteter Einlage **177** 19
Haftung des Kommanditisten allg. **171** 2, 5 ff, 9 ff
Haftung des Kommanditisten bei Dauerschuldverhältnissen **176** 21
Haftung des Kommanditisten bei Umwandlung der – in OHG **130** 5
Haftung des Kommanditisten für Altverbindlichkeiten **174** 4

mager = Randnummer

Sachverzeichnis

Haftung des Kommanditisten in der Insolvenz **176** 13
Haftung des Kommanditisten vor Registereintragung **176** 1 ff
Haftung des Treuhandkommanditisten **172 a** 26
Haftungsbefreiung des Kommanditisten bei mehreren Gläubigern **171** 76
Haftungsbeschränkung des Kommanditisten vor Registereintragung **176** 33
Haftungsfreistellung des Komplementärs **171** 34
Haftungsstruktur **161** 10
Handelsregistereintragung **161** 19; **162** 1 ff, 5 ff; **164** 4
Herabsetzung der Kommanditisteneinlage **174** 1 ff
Informationsansprüche Dritter **166** 31
Informationsrechte bzgl. verbundener Unternehmen **166** 12 ff, 26
Informationsrechte des Kommanditisten **119** 65; **166** 1 ff, 17 ff, 40 ff
Informationsverweigerungsrechte **166** 34 f
Inhaltskontrolle des Gesellschaftsvertrags **105** 73 ff
– in der Insolvenz **171** 91 ff
Insolvenz eines Gesellschafters **131** 46
Insolvenzverwalter **166** 31
Jahresabschluss **164** 12 ff; **166** 5 ff
Jahresabschlussfeststellung **169** 3
Kapitalaufbringungsgrundsatz **171** 3, 39
kapitalersetzendes Darlehen **171** 53, 64
kapitalistische – **161** 16
Kapitalkonto des Kommanditisten **166** 6 ff
Kaufmannseigenschaft der Gesellschafter **1** 86; **105** 37
Kennzeichnung der Haftungsbeschränkung **19** 15 ff
Kernbereichslehre **163** 38
Kleingewerbe **105** 17 ff
Kommanditanteil als Vermächtnis **174** 36
Kommanditist mit Prokura **170** 12
Kommanditistendarlehen **169** 28
Kommanditistenwechsel **162** 36 ff; **174** 10 ff, 37
Kündigungsrecht des Kommanditistenerben **139** 111
Leistungsstörungen im Gesellschafterverhältnis **105** 77 ff
liquidationsloses Erlöschen **158** 2
Liquidationsvorschriften **145** 4; **156** 3
Löschung **105** 20
– mbH **19** 20
Mehrheitsentscheidung **163** 33 ff, 42 ff
Minderheitenschutz **163** 30 ff
minderjähriger Gesellschafter **19** 16; **105** 56 f, 68, 156, 162, 891; **163** 28

minderjähriger Miterbe **105** 56
Mitgliedschaftsvoraussetzungen **161** 2
Nachfolgeklausel **177** 7
Nachfolgevermerk **174** 11, 16, 18, 24, 33, 35, 38
Nachhaftung des Gesellschafters nach Ausscheiden **160** 5
Nachhaftungsbegrenzungsgesetz **128** 43
Nachlassverwaltung hinsichtlich Kommanditanteil **177** 14
nachwirkende Treuepflicht **165** 14
negatives Kapitalkonto des Kommanditisten **166** 11 ff; **168** 4 f
neue Bundesländer **172 a** 7
nichtige Beschlüsse **163** 47
Nutzungsüberlassung durch Gesellschafter mit Eigenkapitalfunktion **172 a** 65 ff
öffentlich rechtliche Genehmigungen **105** 59
personenbezogene Firmierung **21** 3
persönliche Haftung der Gesellschafter **128** 2
Pfändung der Einlageforderung gegen Kommanditisten **171** 7
Pfändung eines Gesellschaftsanteils **135** 3
Pflichteinlage des Kommanditisten **166** 3, 7 f
Publikums-KG s. Publikumsgesellschaft
qualifizierte Nachfolgeklausel **174** 32; **177** 7, 10
Quasi-Rechtsfähigkeit **161** 3, 5
Rangrücktrittserklärung **172 a** 40
Rechtsformbezeichnung **19** 13 ff
Rechtsformmissbrauch **171** 28 f
Rechtsnachfolge in Kommanditistenstellung **174** 1, 5, 40
Rechtsnachfolgevermerk **162** 31, 36, 41
Registeranmeldung **106** 1
Registereintragung des Kommanditistenwechsels **174** 23; **175** 25 ff
Registergerichtsverfahren **162** 15 ff
Registerpflichten bei Ausscheiden und Auflösung **143** 2, 17, 18
registerpflichtige Tatsachen **162** 1, 22; **164** 4
Rücklagen **164** 14 f; **169** 29 ff, 31
Sacheinlage des Kommanditisten **171** 54 ff
salvatorische Klausel **105** 76
Sanierungsprivileg **172 a** 49
Scheingewinn **169** 16 f; **172** 45, 49 ff
Schein-KG **176** 3 f, 17, 24
Schenkung von Kommanditanteilen an Kinder von Eltern **168** 23 ff
Schiedsvereinbarungen **105** 55
Selbstkontrahierung **161** 1
Selbstorganschaft **161** 7; **163** 11; **164** 1 ff
Sicherung von Drittforderungen durch Gesellschafter in der Krise **172 a** 73 ff
Sitzverlegung **13 h** 13, 17, 34, 43, 50, 53 f
Sonderrechtsnachfolge **162** 36 ff
Sozialansprüche **163** 39
Stehenlassen von Gesellschafterleistungen in der Krise **172 a** 50

2753

Sachverzeichnis

fett = Paragraph

Stehenlassen von Gewinnen **171** 44
Stellvertretung bei Registeranmeldung **162** 12
Steuerentnahmen **169** 25 f
stille Reserven **171** 70; **172** 23
Stimmbindungsvereinbarung **163** 13, 43
Straf-, Buß- und Ordnungsgeld wegen Rechnungslegungspflichten **335 b**
Stundung der Einlageforderung **172** 18
Täuschung über persönlich haftenden Gesellschafter **171** 33
Testamentsvollstreckung **139** 82 ff; **162** 1, 16; **163** 29; **166** 31; **177** 17
Tod des Kommanditisten **161** 12, 22; **162** 31 ff; **174** 25 ff; **177** 1 ff, 8 ff
Tod des Komplementärs **131** 39 ff; **161** 12, 22; **171** 45; **174** 26, 30, 42; **177** 6 f
Überbrückungskredit durch Gesellschafter **172 a** 46
Übernahme eines Kommanditanteils durch Komplementär **105** 32
Übertragung von Betriebsvermögen **164** 10
Umwandlung **161** 23
Umwandlung der Einlagenforderung in Darlehensforderung **172** 24
Umwandlung der Gesellschafterstellung **119** 62; **139** 98 f; **171** 45 f; **174** 37, 43; **175** 28
unechte Gesamtvertretung **170** 5
Unterbeteiligung und Eigenkapitalersatz **172 a** 72
Unterbilanz **172 a** 10
Unterbilanz durch Leistung an Gesellschafter **172 a** 8 ff
Unterkapitalisierung **171** 28, 30; **172 a** 1
Verbindlichkeiten der Gesellschaft **171** 1
verdeckte Gewinnausschüttung **172** 25
Verfahrensrecht bei Streitigkeiten über Einlage des Kommanditisten **171** 86 ff, 114 ff; **172** 55 ff
Vergleichsverfahren **172 a** 61
Verjährung der Gesellschafterhaftung für Gesellschaftsverbindlichkeiten **159** 3
Verkehrsgeschäfte zwischen – und Kommanditisten **172** 25
Verlust der Kaufmannseigenschaft **105** 20
Verlustbeteiligung des Kommanditisten **166** 4; **169** 9, 15
Verlustzurechnung **168** 12
Vermögensvermengung **171** 31
Verrechnung der Kommanditisteneinlage **171** 48, 79, 99, 104, 111 ff
Verrechnungskonto des Kommanditisten **166** 10
Verschlechterung der Vermögensverhältnisse der Gesellschaft **171** 20, 21
Verschmelzung des Komplementärs **177** 4
Versehen des Registergerichts **176** 8
Verteilung von Liquiditätsüberschüssen **169** 23 f

Vertretungsbefugnis **161** 7; **164** 4 f
Vertretungsklausel **163** 15 ff
Vertretungsrecht des Kommanditisten **170** 5
Vor- und Nacherbschaft **139** 57, 106; **174** 34; **177** 11
Vorgesellschaft als Gesellschafter **161** 2
vorzeitige Registeranmeldung zwecks Haftungsminderung **106** 3
Wegfall des letzten Komplementärs **131** 29 f
Wettbewerbsverbot s. Wettbewerbsverbote in der Kommanditgesellschaft
Zustimmung des Testamentsvollstreckers zu Umwandlung in AG **139** 86
Zustimmung zur Erhöhung der Kommanditeinlage **139** 87
Zustimmungserfordernis des Ehegatten **105** 58
Zwerganteilsprivileg **172 a** 48
Zwischeneintragung bei Rechtsnachfolge **107** 11

Kommanditgesellschaft auf Aktien
Firmenfortführung bei Gesellschafterwechsel **24** 7
Firmenfortführung bei Übernahme **22** 3, 35 ff, 76
Formkaufmann **6** 15, 25
Konzernabschlussvorschriften **301** 8
Sitzverlegung **13 h** 11, 45, 50, 53 f
Vertretung vor dem Handelsregister **12** 137

Kommissionär
Abgrenzung vom Handelsmakler **93** 68
Abgrenzung vom Handelsvertreter **84** 96
Anwendung von Handelsmaklerrecht **93** 10
Kleingewerbe **2** 41

Kommissionsagent
Abgrenzung vom Handelsvertreter **84** 97
Aufwandsersatz **87 d** 15
Ausgleichsanspruch **89 b** 8, 9; **168 ff**
Delkredereprovision **86 b** 31
– außerhalb der EU und des EWR-Raumes **92 c** 10
Geheimhaltungspflicht **90** 12
Informationsrechte **87 c** 55
Kündigung **89** 36
Loyalitätspflicht des Auftraggebers **86 a** 45
nachvertragliches Wettbewerbsverbot **90 a** 44
nebenberuflicher – **92 b** 2
Nebenpflichten **86** 54
Provisionsanspruch **87** 62; **87 a** 59; **87 b** 35
Vollmacht **91** 12
Wettbewerbsbeschränkungen **84** 78
Zurückbehaltungsrecht **88 a** 16

Konsortialkredit
Unterbeteiligung **230** 91

Konzern
Begriff **290** 1 f, 11

Konzernabschluss
Abhängigkeitsbericht **317** 25
Abschlussprüfer **299** 11

mager = Randnummer

Sachverzeichnis

Anhang **312** 32 ff
Anlagenspiegel **298** 4, 18 ff, 23; **301** 106 ff; **312** 35
Anlagevermögen **304** 27 ff
Ansatzwahlrechte **300** 12 ff
Anschaffungskosten **298** 22; **304** 4 ff
Anteilsbewertung **301** 16 ff
Anteilsverkauf **307** 13; **312** 37 ff
assoziiertes Unternehmen **311** 1 ff; **312** 1 ff
Aufzeichnungspflicht **238** 3
Auskunftsrechte des Mutterunternehmens **294** 16
ausländische assoziierte Unternehmen **312** 29 ff
ausländische Tochtergesellschaften **298** 37 ff; **301** 12, 75 f; **308** 18 ff
ausländischer – **314** 3
ausstehende Einlagen **303** 14
Bestandteile **297** 1, 5 ff
Bestätigungsvermerk **298** 42; **322** 39
Beteiligungsquote nach Kapitalerhöhung **301** 91
Bewertungsvorschriften **298** 1; **308** 1 ff
Bewertungswahlrechte **308** 7
Bilanzgewinn **298** 10
Drittschuldverhältnisse mehrerer Konzernunternehmen **303** 21
drohende Verluste **303** 18
Eigenkapital **301** 19 ff; **304** 30; **312** 5
Einbeziehungswahlrechte **296** 7 ff
einzubeziehende Unternehmen **294** 4 f
Entkonsolidierung **301** 97 ff
Equity-Methode **296** 29 f; **297** 26; **298** 32 ff; **310** 4; **311** 13; **312** 2, 7 ff
Erstkonsolidierung **298** 25, 28, 30; **301** 31 ff, 38 ff, 44 ff, 69 ff, 78; **302** 9 ff; **306** 10; **309** 1, 22
Erweiterung des Konzerns **298** 25
Finanzmittelfonds **297** 37
Firmenwert **309** 2, 5 ff
Folgekonsolidierung **301** 92 f; **302** 9 ff
Formblätter **330** 1
Fristigkeitsmethode **308** 25
Genussrechte **301** 10
Geschäftswert **301** 34, 53, 60
Gesellschaftsanteile außerhalb des Konsolidierungskreises **307** 1 ff
Gewährleistungsansprüche **303** 18
Gewinnabführungsvertrag **299** 17
Gewinnverwendungsrechnung **299** 15
Gliederungsgrundsätze **298** 1
GmbH-Konzern **298** 13 ff
good will s. Firmenwert
Haftungsverhältnisse **298** 1; **303** 28 ff
Herstellungskosten **298** 22; **304** 7; **308** 5
Hochinflationsland **308** 34
immaterielle Vermögensgegenstände **304** 29
internationale Rechnungslegungsstandards **315 a** 1 ff

interne Anzahlungen **303** 15
Jahresabschlüsse der Konzernunternehmen **300** 7 ff; **301** 1
Kapitalerhöhung gegen Sacheinlage **301** 85
kapitalersetzende Darlehen **301** 10
Kapitalflussrechnung **297** 34 ff
Kapitalkonsolidierung bei der GmbH **301** 9
Kapitalkonsolidierung bei der KGaA **301** 8
Kapitalkonsolidierung im mehrstufigen Konzern **301** 77 ff
Kapitalkonsolidierungsmethode **301** 3
Kapitalzinsen **304** 13
Konsolidierungsgrundsätze **297** 10 ff
Konzerneigenkapital **297** 44 ff
konzerninterne Anleihen **303** 19
konzerninterne Lieferungen **303** 18
konzerninterne Schuldverhältnisse **303** 1
konzerninterne Umsätze **304** 1
Kreditinstitute **340 i** 1 ff
kumulierte Abschreibungen **298** 31
latente Steuern **304** 17
Lizenzgebühren **304** 12
Nachtragsprüfung **316** 16 ff
nahe stehende Personen **297** 58
Net-of-Tax-Methode **306** 11
Nichteinbeziehung von Tochterunternehmen **271** 10
Nominal-Sachwert-Methode **308** 26
Ordnungsgeld wegen Verstoß gegen Offenlegungspflicht **336** 3
Ordnungswidrigkeiten **334** 7
partiarisches Darlehen **301** 10
Pooling-of-Interest-Methode **301** 2; **302** 1; **306** 13
Prüfung **317** 2
Prüfung von zusammengefassten Jahresabschlüssen **317** 25
Prüfungspflicht **316** 13 ff
Quotenkonsolidierungsverfahren **310** 14 ff
Rechnungslegung durch Tochterunternehmen **264** 32 ff
rechtliche Einheit **297** 21
Rückstellungen **303** 18
Schuldenkonsolidierung **303** 1 ff
Segmentsberichterstattung **297** 49 ff
Simultankonsolidierung **301** 83
Sprache **244** 1; **298** 1
Stetigkeit **294** 7
Steuerabgrenzung **306** 6 ff
Stichtag **299** 2 f
stille Beteiligung **301** 10
Teilkonzernerwerb **301** 82
true and fair value **297** 18
Übergangskonsolidierung **301** 103 ff
ungewisse Verbindlichkeiten **303** 18
unrichtige Darstellung, Verschleierung **331** 1
Unterzeichnung **245** 4; **298** 1
Vertriebskosten **304** 10
Vollkonsolidierung **300** 3

Sachverzeichnis

fett = Paragraph

Vorlage von Unterlagen **320** 1
Vorlagepflichten der Tochterunternehmen **294** 10 ff
Vorräte **298** 40; **304** 18 ff
Währung **298** 1, 37 ff; **301** 75 f; **303** 24; **308** 21 ff
Währungsumrechnung **297** 41
Weiterveräußerung von Tochterunternehmen **296** 19 ff
Wertpapierbegriff **315 a** 13
Wesentlichkeit **308** 14 f
Zeitbezugsmethode **308** 27
Zwangsgeld **335** 3
Zwischenabschluss **299** 8
Zwischengewinn **298** 24; **304** 14
Zwischenverlust **304** 16

Konzernabschluss von Versicherungsunternehmen
Anhang **341 j** 18 ff
anzuwendende Vorschriften **341 j** 1
Aufstellungsfrist **341 i** 7 ff
Formblätter **341 j** 1, 3
Gewinn- und Verlustrechnung **341 j** 9 ff
größenabhängige Befreiung **341 i** 2 f
Grundstücke **341 j** 22
Holding **341 i** 4, 9; **341 j** 2
Krankenversicherung **341 j** 14
Lebensversicherung **341 j** 14
Offenlegung **341 l** 19 ff
Zeitwert von Kapitalanlagen **341 b** 28

Konzernabschlussprüfer
Bestellung **318** 15 f

Konzernanhang
Angabepflichten -Übersicht **314** 6 ff, 35 ff
assoziierte Unternehmen **312** 32 ff; **314** 25 f
Befreiung von Rechnungslegungsvorschriften **264 b** 15 f
Beteiligungen **314** 23 ff
Bewertungsmethoden **314** 9 ff, 20 ff
Bilanzierungsmethoden **314** 9 ff, 20 ff
Firmenwert **301** 66
Formblätter **330** 1
geographische Aufgliederung **314** 39
Klarheit **314** 5
Konsolidierungsmethoden **314** 20 ff
Organbezüge **314** 40
Pooling-of-Interest-Methode **302** 17
Schutzklausel **314** 32 ff
Sprache **314** 5
Steuerabgrenzung **306** 24
Stichtag **299** 2
tätigkeitsbezogene Aufgliederung **314** 39
true and fair view **302** 18
Unternehmensbeschreibungen **301** 46
Verbindlichkeitenspiegel **314** 38
Vollständigkeit **314** 5
Wahrheit **314** 5
Währungsumrechnung **314** 13 ff
Wesentlichkeit **314** 5

Zusammenfassung mit Jahresabschlüssen der beteiligten Unternehmen **298** 41

Konzernlagebericht
anzuwendende Vorschriften **289** 4
Formblätter **330** 1
Geschäftsverlauf **315** 8
Inhalt **315** 2
Kreditinstitute **340 i** 1 ff
Ordnungsgeld wegen Verstoß gegen Offenlegungspflicht **336** 3
Ordnungswidrigkeiten **334** 9
Pflichtangaben **315** 12 ff
unrichtige Darstellung, Verschleierung **331** 1
Zusammenfassung mit Lagebericht des Mutterunternehmens **315** 14
Zwangsgeld **335**

Konzernrechnungslegung
Adressaten **290** 3
außereuropäisches Mutterunternehmen **292** 12
Befreiungsmöglichkeiten **291** 1 ff
Beherrschungsvertrag **290** 30 ff
deutscher Teilkonzern **292** 3
faktischer Konzern **290** 34
Fonds **290** 55
Fristen **290** 56; **291** 22
Gemeinschaftsunternehmen **290** 44 ff
Gleichordnungskonzern **290** 42
größenabhängige Befreiungen **293** 1 ff
kleine Konzerne **293** 5
Konzernabschlussbefreiungsverordnung **292** 2
Leasing-Objektgesellschaften **290** 54
mehrfache Konzernzugehörigkeit **290** 35 ff
Minderheitenschutz **292** 19
Mutterunternehmen in Abwicklung **290** 47
Mutterunternehmen mit Sitz in EU oder EWR **291** 5
Personenhandelsgesellschaften **290** 16, 49
Vollkonsolidierung **294** 4 f
Vollständigkeitsgebot **294** 2; **295** 1
Weltabschlussprinzip **290** 4; **294** 6
Zweckgesellschaften **290** 53

Konzernrecht der Personenhandelsgesellschaften
Abhängigkeitsbegriff **105 Anh.** 6 ff
Auskunftsrechte **105 Anh.** 78, 84
beherrschender Kommanditist **105 Anh.** 31
beherrschte Personenhandelsgesellschaft **105 Anh.** 15 ff
Beherrschungsvertrag **105 Anh.** 11, 42 ff
Bestandsschutz der abhängigen Personenhandelsgesellschaften **105 Anh.** 40, 50
einfache Konzernierungsklausel **105 Anh.** 35
einheitliche Konzernleitung **105 Anh.** 7
Einsichtsrechte **105 Anh.** 78, 81
Form der Beherrschungsverträge **105 Anh.** 48
Gervais-Entscheidung s. dort

mager = Randnummer

Sachverzeichnis

Gesellschaftsvertrag **105 Anh.** 42 ff
Gläubigerschutz **105 Anh.** 30 ff, 57
Gleichordnungskonzern **105 Anh.** 68 f
GmbH & Co. KG als Konzern **105 Anh.** 5, 14
Haftungsmilderung nach § 708 BGB **105 Anh.** 24, 38, 55
Information aller Geschäftsführer von Geschäftsabschlüssen **105 Anh.** 28
Informationsbeschaffungspflicht **105 Anh.** 82
Informationsrechte **105 Anh.** 27 ff, 80
Kontrollrechte **105 Anh.** 27 ff
Konzernbegriff **105 Anh.** 10
Kreditverträge **105 Anh.** 6
Lizenzverträge **105 Anh.** 6
Mehrheitsbesitz **105 Anh.** 6, 9
mehrstufiger Konzern **105 Anh.** 25, 66 ff
Minderheitenschutz **105 Anh.** 27 ff, 47, 56
Minderheitsbeteiligung **105 Anh.** 6
Personenhandelsgesellschaft als Obergesellschaft **105 Anh.** 70 ff
qualifiziert faktischer Konzern **105 Anh.** 58 ff
qualifizierte Konzernierungsklausel **105 Anh.** 36
Registereintragungen **105 Anh.** 48
Schädigungsverbot **105 Anh.** 23
Selbstorganschaft **105 Anh.** 32
Sicherheitsleistung durch herrschendes Unternehmen **105 Anh.** 57
Treuepflicht gegenüber dem Verband **105 Anh.** 40, 50
Verlustausgleich **105 Anh.** 39
Verlustübernahme durch herrschendes Unternehmen **105 Anh.** 51 ff, 57
Vertragskonzern **105 Anh.** 41
Veto-Recht des Minderheitsgesellschafters **105 Anh.** 56
Weisungsrecht **105 Anh.** 49 ff
Wettbewerbsverbote von Gesellschaftern **105 Anh.** 15, 19 ff
Zulässigkeit der Konzernierung **105 Anh.** 32
Konzernzwischenabschluss
– von Kreditinstituten **340 i** 35 ff
unrichtige Darstellung, Verschleierung **331** 1
Kraftfahrzeug-Vertragshändler 84 104
Krämermakler
Schlussnote **94** 27; **104** 1 ff
Tagebuchpflicht **104** 1 ff
Krankenversicherungsunternehmen
Besonderheiten bei Aufstellung des Jahresabschlusses **341 a** 15
Kreditinstitut s. a. Offenlegung von Abschlüssen von Kreditinstituten; Prüfung der Abschlüsse von Kreditinstituten
Abschreibungen auf Beträge zur Ingangsetzung und Erweiterung des Geschäftsbetriebes **282** 2

Abwicklungsanordnung durch Bafin **131** 28
allgemeine Bankrisiken **340 g** 1
Anhang betr. Fristengliederung **340 d** 10
Anhangangabe über Beteiligungen **340 a** 34
Anhangangaben betr. Währungsumrechnung **340 h** 46
Anlagenspiegel **340 c** 41; **340 e** 2
Anlagevermögen **340 a** 23; **340 e** 1, 4
außerplanmäßige Abschreibung **340 a** 14 f
Befreiung von Angabepflichten **340 f** 26 ff
besondere Rechnungslegungsvorschriften **340** 4 ff
Bestätigungsvermerk **322** 1
Bewertung von Beteiligungen **340 c** 21 ff
Bewertung von Finanzgeschäften **340 c** 14 ff
Bewertung von Hypothekendarlehen **340 e** 25 ff
Bewertung von Sicherungsbeziehungen **340 e** 18 ff
Bewertung von Wertpapieren **340 c** 3 ff, 27; **340 e** 7, 11, 16 f
Bewertungsvereinfachung **340 a** 16
Bewertungsvorschriften **279** 1; **340 e** 1 ff
Bewertungsvorschriften im Konzernabschluss **308** 10 ff
Bilanzgliederung **340 a** 19
Bilanzierung von Forderungen **340 d** 3 ff
Bilanzierung von Holdinggesellschaften **340 i** 34
Bußgeldvorschriften betr. den Jahresabschluss **334** 16
Eigenhandelsaktivitäten **340 c** 15
Eigenkapitalausstattung **340 c** 44; **340 g** 4
ergänzende Vorschriften zum Jahresabschluss **264** 4, 14; **267** 3; **268** 26
Formblätter für GuV **340 a** 8
Formblätter für Jahresabschluss **330** 5
Fremdkapital **340 g** 4
Fristengliederung **340 a** 10; **340 d** 1 ff
geographische Märkte **340 c** 43
Gewinn- und Verlustrechnung **340 a** 7 ff, 20; **340 g** 8
größenabhängige Erleichterungen **340 a** 9
Haftungsverhältnisse **340 a** 21
Imparitätsprinzip **340 h** 3
Jahresabschluss von Tochterunternehmen **340 a** 32
Konzernabschluss **298** 17; **340 i** 1 ff
Konzernabschlusseinbeziehung von Versicherungstochterunternehmen **340 i** 28
Konzernanhang **314** 20
Konzernzwischenabschluss **340 i** 35
Kredite und Vorschüsse an aktive Organmitglieder **340 a** 27
Lagebericht **289** 1; **340 a** 4
Niederstwertprinzip **340 e** 14 f
Nominalwertbilanzierung **340 e** 28 ff
Offenlegung von Abschlüssen **340 l** 1 ff

Sachverzeichnis

fett = Paragraph

Ordnungswidrigkeiten bei Abschlussauf- und -feststellung **340 n** 8
Ordnungswidrigkeiten betr. Bestätigungsvermerk **340 n** 17
Ordnungswidrigkeiten betr. Bewertung **340 n** 9
Ordnungswidrigkeiten betr. Bilanz- oder Anhangangaben **340 n** 11
Ordnungswidrigkeiten betr. Gliederung von Abschlüssen **340 n** 10
Ordnungswidrigkeiten betr. Konzernlagebericht **340 n** 14
Ordnungswidrigkeiten betr. Konzern(zwischen)abschluss **340 n** 12
Ordnungswidrigkeiten betr. Lagebericht **340 n** 13
Ordnungswidrigkeiten betr. RechKredV **340 n** 16
Pensionsgeschäfte **340 b** 1 ff; s. dort
Pfandrechte im Konzernanhang **340 i** 11
Prüfung des Jahresabschlusses **316** 10; **317** 2
Reserven **340 c** 45 f; **340 f** 5 ff
Saldierungsverbot **340 a** 28 f
Sanierung von Tochterunternehmen **340 j** 1 ff
sonstige Rückstellungen **340 a** 17 f
stille Reserven **340 c** 12; **340 f** 1
stille Risikovorsorge **340 f** 2
Strafvorschriften betr. Rechnungslegung **340 m** 1 ff
Tätigkeiten nach KWG **340** 13
Umlaufvermögen **340 e** 1, 9
Umrechnungskurse bei Bilanzierung **340 h** 30
Umsatzerlöse **340 a** 12, 26
Umsatzerlöse im Konzernanhang **340 i** 12
Umsatzkostenverfahren **340 a** 17
Verbindlichkeiten **340 a** 24; **340 d** 7
Verrechnung bei Bilanzierung **340 c** 1, 21 ff, 39 ff
Vorräte **340 i** 10
Vorstandsvergütung **340 n** 19
Wahlrechte bei Bewertung **340 e** 13
Währungsumrechnung bei Rechnungslegung **340 h** 1 ff
Währungsumrechnung im Konzernabschluss **340 i** 18
Währungsumrechnung in der Gewinn- und Verlustrechnung **340 h** 33 ff
Währungsumrechnungsdifferenzen in der Bilanz **340 h** 39 ff
Wertaufholungsgebot **280** 2
zusätzliche Information zu steuerlichen Bewertungsmaßnahmen **281** 3
Zwangsgeld betr. Rechnungslegung **340 o** 6
Zweigniederlassung **13** 18
Zweigniederlassung mit ausländischem Hauptsitz **340** 11, 14, 16
Zwischenabschluss **340 a** 31

Kreditvermittlung
Anwendbarkeit von Handelsmaklerrecht **93** 31
Formerfordernis **93** 54
Syndicated Loan Agreements s. dort
Kundenbetreuung
– ohne Geschäftsanbahnung **84** 95
Kursmakler
Anwendbarkeit von Handelsmaklerrecht **93** 27

Ladenangestellte
Bevollmächtigung **56** 2 ff
Gutglaubensschutz **56** 14 ff
Inzahlungnahme **56** 10
Ratenzahlung **56** 10
Umtausch **56** 10
Vertragsrückabwicklung **56** 10
Lagebericht
Formblätter **330** 1
Gliederungsgrundsätze **265** 2
Ordnungsgeld wegen Verstoß gegen Offenlegungspflicht **336** 3
Sprache **244** 1
unrichtige Darstellung, Verschleierung **331** 1
Unterzeichnung **245** 3
Zwangsgeld **335** 21
Lagebericht zum Jahresabschluss von Kapitalgesellschaften und OHG/KG
anzuwendende Vorschriften **289** 2 f
Arbeitnehmerbelange **289** 41
Finanzinstrumente **289** 28
Forschung und Entwicklung **289** 32
Funktion **289** 9
Grundsätze **289** 11
Inhalt **289** 15 ff
Risikobericht **289** 27
Schutzklausel aus Gemeinwohlgründen **289** 14
Sondervorschriften der AG **289** 45
Sprache **289** 13
Übernahme **289** 42 ff
Umweltbelange **289** 41
verbundene Unternehmen **289** 45
Vergütung von Organmitgliedern **289** 37 ff
Zweigniederlassung **289** 35
Lagerhalter
Kleingewerbe **2** 41
Land- und Forstwirtschaft
Begriff **3** 7 ff
Kannkaufmann **3** 1, 26 ff
Kaufmann kraft Eintragung **1** 3; **5** 1, 16
Kaufmannseigenschaft **Vor 1** 3, 8, 16, 23, 25
Kleinbetrieb **2** 4; **3** 33 ff
Nebenbetriebsprivileg **3** 16 ff
Rechtsform **105** 21, 27 f
Registereintragung **3** 28
Registerlöschung **3** 30, 37

mager = Randnummer

Leasing
Finanzierungs – **246** 27, 29 ff
Operating – **246** 26
Spezial – **246** 29, 34, 36
steuerliche Zurechnung beim Finanzierungs- **246** 30 ff
Legalisation
Begriff **12 Anh.** 54
Leiharbeitsverhältnis
Schutzpflichten **62** 8, 39
Liquidationsgesellschaft
Personenhandelsgesellschaft nach Auflösung **145** 11
Liquidationspflicht
– von Personenhandelsgesellschaften **145** 13
Lizenzen
Erwerb von Firmen- **23** 6
Lottoannahmestelle
Ausgleichsanspruch des Betreibers **89 b** 161 ff

Makro-Hedge
Fremdwährungsumrechnung bei Bilanzierung von Kreditinstituten **340 h** 17
Mandantenschutzklausel
Zulässigkeit **74** 13
Mandantenübernahmeklausel
Zulässigkeit **74** 13
Mantelkauf
Firmenfortführung **22** 10; **23** 18
Markenrecht
Unterlassungsanspruch bei Firmenmissbrauch **37** 26
Metagegeschäft
Begriff **230** 80
Mikro-Hedge
Fremdwährungsumrechnung bei Bilanzierung von Kreditinstituten **340 h** 8
Milchwirtschaft
Kaufmannseigenschaft **3** 8
Minderjährige
Beschränkungen des gesetzlichen Vertreters beim Betrieb eines Handelsgewerbes **1** 65
Erwerb eines Erwerbsgeschäfts **1** 64
fehlende gerichtliche Genehmigung **5** 22
Haftungsbeschränkung **1** 63
Kaufmannseigenschaft **1** 61 ff
Kaufmannseigenschaft des gesetzlichen Vertreters **1** 80
Scheinkaufmann **5** 86
Mitarbeiterabwerbung
Wettbewerbsverbot des Handlungsgehilfen **60** 22
Mittelgroße Handelsgesellschaften
Erleichterung von Anhangangaben **288** 4
Mittelgroße Kapitalgesellschaften
Offenlegung des Jahresabschlusses **327** 1 ff
Mobilfunkanschlussvermittlung
Rechtsstellung **84** 31

Sachverzeichnis

Molkereibetrieb
Kaufmannseigenschaft **3** 8
Monetary-Unit-Sampling
Inventurvereinfachung **241** 5

Nachhaftungsbegrenzungsgesetz
Übergangsvorschriften **26 Anh.**; **160 Anh.**
Verjährungsvorschriften **26** 3 ff
Nachlassschulden
Haftung bei Firmenfortführung **27** 20 ff
Nachtragsprüfung
Vorlage von Unterlegen **320** 1
Namensrecht
Unterlassungsanspruch bei Firmenmissbrauch **37** 24
Namensunterschrift
Hinterlegung beim Registergericht **29** 8; **35** 1 f
Nicht-kaufmännische Arbeitnehmer
Schutzvorschriften **62** 9
Niederlassung
Verlegung **31** 8
Niederlassungsfreiheit
Auslandsfälle mit Nicht-EU-Staaten **17 Anh.** 17
Auswirkungen auf Firmenrecht **17 Anh.** 12
Inlandsfälle **17 Anh.** 17
Niederlassungshandlungsvollmacht
Zulässigkeit **54** 22
Notar
Auskunft an Handelsregister **8** 32 f

Objektgesellschaft
Rechtsform **105** 22
Offene Handelsgesellschaft s. a. Personenhandelsgesellschaften
Abänderung der gesetzlichen Entnahmeregelungen **122** 50 ff
Abänderung der gesetzlichen Gewinn- und Verlustverteilungsregeln **121** 14 ff
Abberufung der Liquidatoren **147** 2 ff
Abfindung bei Ausscheiden eines Gesellschafters **131** 64 ff
Abfindung bei Ausschluss **140** 17, 36
Abfindungsanspruch bei insolventem Gesellschafter **131** 49
Abfindungsklauseln **131** 115 ff
Abfindungsausschluss **131** 123
Ablehnungspflicht **119** 26
Abschichtungsbilanz **131** 101 ff
Abschlussprüferwahl **119** 7
Abschöpfung von wettbewerbswidrig erlangten Vorteilen eines Gesellschafters **113** 20, 26
Abschriftenerteilung **118** 27
Abspaltung von Verwaltungsrechten **109** 8
Abspaltungsverbot **109** 8; **114** 16
Abstimmung per Telefax **119** 31
Abstimmung per Telegramm **119** 31

2759

Sachverzeichnis

fett = Paragraph

Abtretungsklausel **132** 27
Abwachsung **105** 154
Abwicklung außerhalb von Liquidations- und Insolvenzverfahren **145** 15 ff
actio pro socio **105** 129, 145 ff; **115** 8; **119** 63
Akzessorietätstheorie **105** 10
Ämter und Funktionen **124** 10
Amtslöschung **106** 21
Amtsniederlegung des Liquidators **147** 9
Änderung des Gesellschaftsvertrages **105** 65 ff; **119** 7; **126** 8
Andienungsklausel **132** 27
Andienungspflicht **105** 43
Anfechtungseinwand des Gesellschafters **129** 12
angemaßte Eigengeschäftsführung **113** 26
Anmeldepflicht **106** 3 ff; **107** 4; **108** 3 ff
Anmeldung der Liquidatoren **148** 1 ff
Anmeldungsinhalt **106** 8 ff
Anteilsberechnung **120** 56 ff
Anteilsgröße des auszuschließenden Gesellschafters **140** 19
Anteilsschenkung **105** 51
Anwachsung **105** 154, 165; **131** 55 f
Anwendung von GbR-Recht **105** 119 ff
Arbeitskraft der Gesellschafter **112** 2
Aufbewahrung von Büchern und Papieren nach Liquidation **157** 8 ff
Auflösung **145** 1 f, 7; **156** 4
Auflösung aus gesellschafterbezogenen Gründen **131** 1
Auflösung durch gerichtliche Entscheidung **131** 25
Auflösung im Wege einstweiliger Verfügung **133** 37
Auflösung während laufenden Prozesses **124** 25 f
Auflösung wegen fehlender Neuordnung **117** 33, 36
Auflösung wegen Zeitablaufs **131** 12
Auflösungsbegriff **131** 9
Auflösungsbeschluss **131** 14 ff
Auflösungsgründe **131** 12 ff
Auflösungsklage **131** 25, 35; **133** 4, 30 ff; **140** 27
Auflösungsrecht **131** 35
Auflösungsvereinbarungen **133** 42 ff
Aufnahme stiller Gesellschafter **126** 11
Aufnahme von Gesellschaftern **105** 152; **114** 7
Aufrechnung gegen Gewinnentnahmerecht **122** 38
Aufrechnung gegen Kapitalentnahmeanspruch **122** 33
Aufrechnungseinwand des Gesellschafters gegenüber Gesellschaftsgläubiger **129** 13
Aufwendungsbegriff **110** 9 ff
Aufwendungsersatz **110** 6 ff, 39; **128** 12
Aufwendungsersatzanspruch Dritter **110** 3, 17

Aufwendungsersatzanspruch Hinterbliebener **110** 17
Aufwendungsersatzanspruch wegen strafrechtlicher Sanktionen **110** 19 ff
Aufwendungsersatzanspruch im Liquidationsverfahren **110** 27, 30
Auseinandersetzung bei Ausscheiden eines Gesellschafters **131** 55 ff
ausgeschiedener Gesellschafter **131** 7
Ausgleichsansprüche weichender Erben **139** 23, 47, 53
Ausgleichsansprüche zwischen den Gesellschaftern bei Liquidation **155** 24
Auskunftpflicht bei Wettbewerbsverstößen **113** 21
Auskunftsrecht **118** 3, 13
Auslegung des Gesellschaftsvertrags **105** 60 ff
Ausscheiden aus wichtigem Grund **119** 63
Ausscheidensgründe **131** 53
Ausscheidenspflicht **131** 34
Ausscheidensvereinbarung **105** 156
Ausscheidungsrecht **109** 13
Ausschließung und Verhältnismäßigkeitsgrundsatz **140** 8 ff
Ausschließungsgrund bei Übernahme durch allein verbleibenden Gesellschafter **140** 7
Ausschließungsgründe **140** 5 ff
Ausschließungsklage **117** 36; **119** 4; **131** 54
Ausschließungsverfahren **140** 24 ff
Ausschluss aus aufgelöster Gesellschaft **140** 4
Ausschluss aus wichtigem Grund **131** 128; **140** 1 ff
Ausschluss eines Gesellschafters bei Zweimann-Gesellschaft **140** 39
Ausschluss von Geschäftsführung **114** 12 ff
Ausschluss von Gesellschaftern **114** 7
Ausschluss von Gesellschaftern von Vertretung **125** 43 ff
Austrittskündigung aus wichtigem Grund **133** 3, 11
bedingte Kündigung **132** 7
bedingter Gesellschaftsvertrag **105** 40
Befragen des Personals **118** 12
Befreiung vom Verbot des Selbstkontrahierens **106** 16
Befriedigung eigener persönlicher Ansprüche des Gesellschafters **111** 17
Begriff **105** 4 ff
Beirat **114** 21 ff
Beitragsgegenstand **105** 136
Beitragspflichterhöhung **119** 61
Beitragsverzug **105** 80
Bekanntmachung der Eintragung **106** 22
Beleidigungen gegenüber Gesellschaftern **133** 17
Beschlussmängel **119** 68 ff
beschränkt geschäftsfähige Gesellschafter s. Betreuung eines Gesellschafters und ge-

mager = Randnummer

schäftsunfähiger Gesellschafter, minderjähriger Gesellschafter
Besitz **124** 7
Bestimmtheitsgrundsatz **105** 65; **109** 14, 18
Beteiligung der nicht geschäftsführenden Gesellschafter an Entscheidungen **116** 1 ff
Beteiligungsumwandlung im Erbfall **139** 88
Betreten der Geschäftsräume durch Mitgesellschafter **118** 12
Betreuung eines Gesellschafters **140** 21; s. a. geschäftsunfähiger Gesellschafter und minderjähriger Gesellschafter
Betrieb eines Handelsgewerbes **105** 4 f, 14, 20
Beweislast für Handeln im Namen der Gesellschaft **125** 11
Bruchteilsgemeinschaft als Gesellschafterin **105** 99
Buchführungspflicht **120** 5
Buchung von Aufwendungsersatzansprüchen von Gesellschaftern **110** 32
Bürgschaftsübernahme durch Gesellschafter **110** 11
Darlehenskonto (Buchführung) **120** 92
Dauer der persönlichen Haftung der Gesellschafter **128** 8, 16
Deliktsschutz **124** 6
Dienstleistungspflicht von Gesellschaftern **109** 30
dingliche Rechte **124** 8
Discounted Cash Flow-Verfahren **131** 91
Drittgeschäfte mit Gesellschaftern **105** 127 f; **110** 7
Eigenhaftung **128** 13; **130 a** 36
Eigenkapitalersatzregeln bei mehrstufiger Gesellschaft **129 a** 3
eigenmächtige Geschäftsführung **133** 17; **140** 20
Einberufung der Gesellschafterversammlung **119** 36
Einbeziehung des Neugesellschafters in Haftungsprozess **130** 11
Einbringungsvertrag **105** 83
Einkommensteuer bei Gesellschafternachfolge **139** 31 ff, 50
Einmann-Gesellschaft **105** 31
Einsicht in Bücher und Papiere nach Vollbeendigung **157** 16 ff
Einsichtsrecht **115** 8; **118** 11 ff, 37, 42
Einstimmigkeitsprinzip **119** 1, 35, 44, 46
eintragungsfähige Tatsachen **106** 19
Eintragungsoption **106** 4
Eintragungsverfahren **106** 20 ff; **107** 4; **108** 7 f
Eintrittsklausel **139** 2, 3, 38 ff
Eintrittsklausel bei zweigliedriger Gesellschaft **139** 40
Eintrittsrecht bei wettbewerbswidrigen Geschäften des Gesellschafters **113** 1, 10 ff, 32

Sachverzeichnis

Einwendungen des Gesellschafters gegen Inanspruchnahme aus Gesellschaftsverbindlichkeiten **129** 3 ff, 9
Einzelansprüche bei Ausscheiden eines Gesellschafters **131** 100
Einzelgeschäftsführungsbefugnis **115** 1, 3 ff
Enthaftung des ausgeschiedenen Gesellschafters gegenüber Arbeitnehmer **160 Anh.** 5
Enthaftung für Altverbindlichkeiten **160** 8; **160 Anh.** 1
Enthaftungslösung **160** 3
Entlassung von Geschäftsführern **114** 7
Entlastung der Geschäftsführung **114** 44 ff
Entnahmebeschränkungen **120** 66
Entnahmen **119** 7
Entnahmepflicht **122** 24
Entnahmerecht **122** 1 ff
Entstehen der – **123** 4
Entstehung durch Aufnahme von weiteren Personen in Einzelhandelsgeschäft **105** 3
Entstehungszeitpunkt **105** 26
Entziehung bereits entstandener Leistungsansprüche von Gesellschaftern **122** 53
Entziehung der Geschäftsführungsbefugnis **119** 4
Entziehung der organschaftlichen Vertretungsmacht durch gerichtliche Entscheidung **127** 1 ff
Entziehung der Vertretungsmacht bei Einzelvertretung **127** 7
Entziehung der Vertretungsmacht von geschäftsführendem Mitgesellschafter **117** 6
Entziehungsgründe **127** 4, 18
Entziehungsklage **127** 12
Erbengemeinschaft als Gesellschafterin **105** 100
Erbenhaftung **139** 117, 119, 120 ff
Erbenhaftung nach Auflösung **139** 131 f
Erbenhaftung nach Ausscheiden **139** 129 f
Erbenhaftung nach Umwandlung in Kommanditanteil **139** 123 ff
– als Erbin **124** 9
Erbschaftsausschlagung **139** 118
Erbschaftsteuer **131** 162 ff; **139** 27 ff, 48, 56
Ergebnisanteil **121** 1
Erlass von Ansprüchen **114** 7
erlaubter Wettbewerb durch Gesellschafter **112** 24 ff
Ersatzerbe als Gesellschafternachfolger **139** 21
Ertragswert kleiner und mittlerer Unternehmen **131** 89, 96
Ertragswertmethode **131** 75, 79
Familiengesellschaft **140** 60
fehlerhafte Anteilsübertragung **130** 7
fehlerhafte Aufnahme **105** 154
fehlerhafte Gesellschaft **105** 174 ff; **133** 19; s. a. dort
fehlerhafte Protokollierung **119** 72
fehlerhafte Stimmauszählung **119** 72

Sachverzeichnis

fett = Paragraph

Fehlverhalten in Familiengesellschaft **140** 18
Fehlverhalten von in Gesellschaft verbleibenden Gesellschaftern bei Ausschluss **140** 16
finanzieller Zusammenbruch eines Gesellschafters **133** 14
Firmenänderung **126** 10
Firmenfortführung bei Übernahme **22** 3 f, 10, 35 ff
Förderpflicht **109** 20; **112** 1
Forderungseinzug durch Liquidator **149** 9 ff
Form der Anmeldung **107** 4
Form des Gesellschaftsvertrages **105** 44 ff
Formkaufmann **6** 2
Formwechsel **105** 84 ff; **123** 7 f
Fortsetzung der aufgelösten Gesellschaft **119** 62; **131** 32
Fortsetzung nach Insolvenz **144** 1 ff
Fortsetzungsbeschluss **106** 19; **147** 9; **156** 12
Fortsetzungsklauseln **139** 1, 19
Freistellungsanspruch des Gesellschafters bei Inanspruchnahme durch Dritte **128** 36 f
freiwilliges Vermögensopfer des Gesellschafters **110** 1
frühere Beteiligung an Konkurrenzgesellschaft **112** 30
GbR als Gesellschafterin **105** 97
Gefährdung der Zweckverfolgung **140** 12
Geheimhaltungspflicht **118** 15
Geltendmachung von Ansprüchen gegen Gesellschafter **114** 7, 42
geltungserhaltende Reduktion im Gesellschaftsvertrag **105** 76
Genehmigung des Gesamtvertreterhandelns **125** 24
Generalvollmacht **125** 9
gerichtliche Ernennung der Liquidatoren **146** 12 ff
gerichtliche Zuständigkeit **124** 21
gerichtliche Zustellungen **124** 20
Gerichtsstandsvereinbarungen **128** 61
Gesamtabrechnungsprinzip bei Ausscheiden eines Gesellschafters **131** 99
Gesamtgeschäftsführung **115** 24 ff
Gesamthand **105** 7
Gesamthandsgesellschaft als Gesellschafter **105** 96 ff
Gesamthandsvermögen **124** 2
Gesamtvertretung **105** 10; **125** 20 ff, 29 ff
Gesamtvertretung, gemischte **125** 38
Geschäfte mit ausgeschiedenem Gesellschafter **126** 18
Geschäftsanschrift **106** 17; **107** 12
Geschäftsbeginn **123** 14 ff
Geschäftsbrief-Angaben **125 a** 1 ff
Geschäftschancen **112** 11; **114** 33
geschäftsführender Gesellschafter **114** 28 ff
Geschäftsführer-Bestellung **114** 7
Geschäftsführung durch Dritte **117** 3
Geschäftsführung in Liquidation **156** 10, 11

Geschäftsführungsbefugnis **114** 5
Geschäftsführungsbefugnis von Gesellschaftern **116** 2 ff; **117** 1 ff
Geschäftsreise **110** 11, 18
geschäftsunfähiger Gesellschafter **105** 89; **125** 48; **145** 17; s. a. Betreuung eines Gesellschafters; minderjähriger Gesellschafter; nicht vollgeschäftsfähiger Gesellschafter
Geschäftsverbindlichkeiten **128** 9
Gesellschafterbeschluss **119** 28 ff
Gesellschafterbürgschaft **128** 54 ff
Gesellschafterfähigkeit **105** 88 ff
Gesellschafterhaftung bei Abgabe einer Willenserklärung **128** 28
Gesellschafterhaftung bei Insolvenz **128** 65, 68 ff, 72, 74
Gesellschafterhaftung bei Unterlassungs- und Duldungspflichten **128** 29
Gesellschafterhaftung bei unvertretbaren Handlungen **128** 27
Gesellschafterhaftung bei Wettbewerbsverboten zulasten der – **128** 29
Gesellschafterhaftung in Liquidation **156** 11
Gesellschafterhaftung nach Firmenänderung **130** 8
Gesellschafterhaftung nach Umwandlung in GmbH & Co. KG **128** 8
Gesellschafterhaftung nach Umwandlung in Kapitalgesellschaft **128** 44
Gesellschafterinsolvenz **128** 75; **146** 20
Gesellschafternachhaftung bei gesetzlichen Schuldverhältnissen **128** 53
Gesellschafternachhaftung bei Vertragsänderungen **128** 51
Gesellschafternachhaftung für Altersversorgungsansprüche von Arbeitnehmern **128** 49
Gesellschafternachhaftung für Kontokorrentverbindlichkeiten **128** 50
Gesellschafternachhaftung für Verbindlichkeiten aus Dauerschuldverhältnissen **128** 48 f
Gesellschafterprozess **105** 126; **124** 14 ff; **128** 59 f
Gesellschafterstreit **117** 20 ff
Gesellschaftervernehmung im Prozess **124** 23
Gesellschafterversammlung **119** 34 ff
Gesellschafterwechsel **105** 159 ff; **106** 19; **107** 7
Gesellschaftsanteil **120** 60
Gesellschaftsanteil ohne Kapitalanteil **120** 80; **121** 9, 13 a
Gesellschaftsprozess **105** 126; **128** 59 ff; **129** 5
Gesellschaftsvermögen **124** 2
Gesellschaftsvertrag **105** 6, 11 ff, 38 ff; **109** 2
Gesellschaftsvertrag bei Liquidation **156** 9
Gesellschaftsvertragsprüfung in der Revision **105** 64
Gewinnanspruch **121** 3 f
Gewinnentnahmerecht **122** 35 ff

mager = Randnummer

Gewinnermittlung **120** 63
Gewinnstammrecht **121** 7
Gewinnverteilung **121** 2 ff
Gewinnverwendung **120** 64
Gewinnverwendungsbeschluss **119** 64
gewöhnliche Geschäfte **116** 3
Gleichbehandlung der Gesellschafter bei Liquidation **149** 17
Gleichbehandlung der Gläubiger bei Liquidation **149** 29
Gleichbehandlungsgrundsatz **109** 5, 14, 27; **122** 40
GmbH-Anteil als Einlage **105** 52
Grundbuchfähigkeit **124** 8
Grundbuchfähigkeit der Gründungsgesellschaft **123** 7
Grundlagengeschäfte **22** 36; **114** 7; **119** 6; **126** 7 ff
Grundrechtsschutz **124** 12
Grundstück als Einlage **105** 45, 57
Gründung **105** 3
Gütergemeinschaft als Gesellschafterin **105** 100
Güterstandsklauseln **131** 16
Haftung der Gesellschafter **105** 30; s. a. Gesellschafterhaftung
Haftung der Liquidatoren **149** 3 f
Haftung des ausgeschiedenen Gesellschafters **128** 40 ff
Haftung des ausgeschiedenen Gesellschafters für Neuverbindlichkeiten **160** 8
Haftung des ausgeschiedenen Gesellschafters für öffentlich-rechtliche Verbindlichkeiten **160** 14
Haftung des ausgeschlossenen Gesellschafters **140** 35
Haftung des eintretenden Gesellschafters **130** 1 ff
Haftung des Gesellschafters auf Rechnungslegung **128** 27
Haftung des Gesellschaftervertreters **112** 6
Haftung des Neugesellschafters nach Umwandlung **130** 5
Haftung des Neugesellschafters wegen erbrechtlicher Nachfolgeklausel **130** 5
Haftung nach Anteilsübertragung **130** 7
Haftungsbeschränkung des minderjährigen Gesellschafters **105** 90
Haftungsbeschränkung eines Gesellschafters **161** 20
Haftungsfreistellung des ausscheidenden Gesellschafters **131** 62 f
Haftungsmaßstab **105** 131
Handelsregistereintragung **123** 11 ff
Hinauskündigung **140** 53 ff
Höchstdauervereinbarung **131** 13
Immaterialgüterschutz **124** 6
Gütergemeinschaft **105** 53
Informationsrecht bei Liquidation **118** 7

Sachverzeichnis

Informationsrecht des Erben **118** 6
Informationsrechte von Gesellschaftern **109** 7; **118** 1 ff, 37 ff
Inhaltskontrolle des Gesellschaftsvertrages **105** 73 ff; **109** 30 ff
Innengesellschaft als Gesellschafterin **105** 99
Insolvenz der Gesellschaft **124** 30; **131** 19 ff
Insolvenzantragspflicht bei mehrstufiger – **130 a** 9, 10, 12 ff
Insolvenzeröffnung über Vermögen eines Gesellschafters **131** 5, 45
Insolvenzfähigkeit **128** 66
Insolvenzkosten **128** 69
Insolvenzplan **128** 71
Insolvenzverfahren **145** 1, 9
Jahresabschluss s. Jahresabschluss der OHG
Jahresabschlussaufstellung **114** 7
juristische Person als Gesellschafter **105** 92 ff
Kapitalanteil **120** 57 ff, 71 ff; **121** 9; **122** 46
Kapitalentnahmerecht **122** 25 ff
Kapitalkonten **120** 70, 75 f, 84; **121** 10; **122** 46
Kapitalverlust **133** 20
kartellrechtliche Wettbewerbsverstöße durch Wettbewerbsverbote **112** 37
Kaufmannseigenschaft der Gesellschafter **1** 86; **105** 37
Kennzeichnung der Haftungsbeschränkung **19** 15 ff
Kernbereichslehre **109** 17; **119** 48, 52
Kernbereichslehre und Testamentsvollstreckung **139** 85 ff
Kleingewerbe **105** 17 ff
konkludenter Gesellschaftsvertrag **105** 41
konkurrierende Verfügungen und Pfändungen **135** 15
Konkurseröffnung über Vermögen eines Gesellschafters **131** 1, 3
Konsultationspflicht gegenüber Mitgeschäftsführern **115** 25
Kontrolle des Drittgeschäftsführers **114** 20
Kontrollrechte bei unredlicher Geschäftsführung **118** 35
Kontrollrechte des nicht geschäftsführenden Gesellschafters **118** 1 ff
Kontrollrechtsausübung durch Dritte **118** 17 ff
Kosten der Informationserteilung **110** 13; **118** 29
Kosten der Kontrollausübung **110** 13
Krankheit des geschäftsführenden Gesellschafters **114** 53
Krankheit eines Gesellschafters **133** 14; **140** 11, 21
Kreditverträge **117** 11
Kündigung aus wichtigem Grund **131** 50
Kündigung des Geschäftsführers **114** 56
Kündigung durch Gesellschaftsgläubiger **135** 5

Sachverzeichnis

fett = Paragraph

Kündigung durch Gläubiger eines Gesellschafters **131** 52
Kündigung durch in Gütergemeinschaft lebenden Gesellschafter **132** 12
Kündigung durch Insolvenzverwalter eines Gesellschafters **135** 7
Kündigung durch minderjährigen Gesellschafter **132** 10
Kündigung durch Nachlassverwalter **135** 7
Kündigung durch Privatgläubiger eines Gesellschafters **135** 1 ff
Kündigung zur Unzeit **132** 15
Kündigungsbeschränkungen **132** 25
Kündigungsfrist **132** 13 ff, 18 f, 25
Kündigungsrecht des Erben **139** 111
Land- und Forstwirtschaft **105** 21
– auf Lebenszeit **134** 3 ff
Leistungsstörungen bei Beitragsleistung **105** 80 ff, 133
Leistungsstörungen im Gesellschafterverhältnis **105** 77
Liquidation **124** 27; **125** 5
Liquidationsbeginn **131** 18
Liquidationsbegriff **131** 9
Liquidationseröffnungsbilanz **154** 3, 8, 14
Liquidationsgesellschaft **145** 11
Liquidationskündigung aus wichtigem Grund **133** 2
liquidationsloses Erlöschen **156** 5; **157** 2; **158** 1 ff
Liquidationsrechnung **154** 5, 13 ff
Liquidationsschlussbilanz **154** 4, 9, 17
Liquidationsvoraussetzungen **145** 6 ff
Liquidationsvorschriften **156** 6 ff
Liquidatoren **146** 2 ff; **150** 2 ff
Löschung **105** 20
Löschung wegen Vermögenslosigkeit **131** 24; **145** 10; **146** 19
Mängel der Stimmabgabe **119** 70 ff
mehrere Erben eines Gesellschafters **139** 10; **146** 5
Mehrheitsbeschluss **119** 45 ff
Minderheitenschutz **109** 17 f; **119** 55, 59
minderjährige Erben eines Gesellschafters **139** 14, 39, 72, 105, 115
minderjähriger Geschäftsführer **114** 10
minderjähriger Gesellschafter **19** 16; **105** 56 f, 68, 89 f, 156, 162; **125** 48; **145** 17
minderjähriger Gesellschafter bei Auflösung **131** 16
minderjähriger Gesellschafter bei Fortsetzung der aufgelösten – **131** 36
minderjähriger Miterbe **105** 56
Mindestdauer **132** 4, 25
Mindestdauervereinbarung **131** 12
Mindestinhalt des Gesellschaftsvertrags **105** 41, 42
Mindestkapital **105** 3
Mindestrendite **122** 51

Missachtung von Mitwirkungsrechten **117** 11
Missbrauch der Vertretungsmacht **126** 19 ff
Missbrauch des Kündigungsrechts **132** 17
Mitberechtigung am Gesellschaftsanteil **106** 11
Mitgliedschaftsrechte **105** 130
Mitteilungen an Aufsichtsbehörde **140** 20
Mittelwertmethode **131** 71
Mitverwaltungsrechte bei Anteilsübertragung **105** 164, 166
Mitwirkung am Prozess **117** 16
Mitwirkung bei Auflösungsklage **133** 10
Mitwirkungspflicht an Ausschließungsverfahren **140** 30
Mitwirkungspflichten **109** 21; **119** 9
Mitwirkungsrechte **119** 9
mündliche Abstimmung **119** 30
Nachfolgeklausel, einfache **139** 7, 27, 31, 96
Nachfolgeklausel, erbrechtliche **139** 5 ff
Nachfolgeklausel, kombinierte **139** 19, 138
Nachfolgeklausel, qualifizierte **139** 19 ff, 29, 33, 36, 96
Nachfolgeklausel, rechtsgeschäftliche **139** 3, 51 ff
Nachhaftung des Gesellschafters **160** 1 ff
nachhaltige Zerrüttung des Vertrauensverhältnisses **133** 6
Nachlässigkeit bei Buchführung **140** 20
Nachlassinsolvenz **131** 47; **135** 7; **139** 94
Nachlasskonkurs eines Gesellschafters **139** 13
Nachlassverwalterrechte bei Liquidation **139** 93
Nachlassverwaltung am Gesellschaftsanteil **139** 90 ff
Nachlassverwaltung auf Wunsch der Erben **139** 122
Nachlasszugehörigkeit des Gesellschaftsanteils **139** 11
Nachschussforderung durch Liquidator **149** 15
nachträgliche Änderung des Gesellschaftsvertrages **105** 43
nachträgliche Beitragserhöhung **105** 142
Nachtragsliquidation **146** 3; **155** 22; **157** 7
nachträgliches Wettbewerbsverbot **112** 19, 21 ff
Nebenabreden im Gesellschaftsvertrag **105** 43
neue Geschäfte durch Liquidator **149** 7 f
Nichteröffnung des Insolvenzverfahrens mangels Masse **131** 23
nichtrechtsfähiger Verein als Gesellschafter **105** 98
Niederlassungsvollmacht **126** 13
Niederlegung der Geschäftsführung durch Gesellschafter **117** 41 ff
Niederlegung der Vertretungsmacht **127** 10
Nießbrauch am Gesellschaftsanteil **105** 110 ff; **109** 12; **119** 18
Nießbrauch am Gewinnstammrecht **105** 117

mager = Randnummer

Noteinberufung einer Gesellschafterversammlung **110** 11
Notgeschäftsführung **110** 6; **114** 13; **116** 19
Notlage eines Gesellschafters **140** 23
Notvertretung **125** 6
öffentlich-rechtliche Genehmigungen **105** 59
ordentliche Kündigung durch Gesellschafter **131** 50 ff
Organhaftung der fehlerhaft als – eingetragenen GbR **5** 38
organschaftliche Vertretungsmacht bei Geschäften mit anderen Gesellschaftern **126** 14 ff
Pachtverträge **126** 10
Parteibezeichnung im Zivilprozess **124** 18
Parteifähigkeit **105** 8; **124** 16, 25, 26
Passivvertretung des Liquidators **150** 10
Passivvertretung von Gesellschaftern **125** 19, 37
personenbezogene Firmierung **21** 3
– ohne persönlich haftende Gesellschafter s. Atypische OHG
persönliche Betroffenheit eines Geschäftsführer-Gesellschafters **115** 13
persönliche Haftung der Gesellschafter **110** 10; **128** 2
persönliche Haftung für Verbindlichkeiten aus Drittansprüchen eines Gesellschafters **128** 10
persönliche Steuerschulden der Gesellschafter bei Abfindungsberechnung **131** 81
persönliche Zahlungsschwierigkeiten eines Gesellschafters **105** 70
Pfändung des Auseinandersetzungsguthabens **135** 12
Pfändung des Gesellschaftsanteils **105** 173; **135** 1; **140** 52
Pflichtteilsberechtigte bei Tod eines Gesellschafters **139** 9
Pflichtverletzung des Gesellschafter-Geschäftsführers **117** 10
Pflichtverstoß des Liquidators **146** 14
Portokosten **110** 11
Privatkonto **120** 81 ff
Privatleben eines Gesellschafters **133** 17; **140** 22
Prokuraentziehung **116** 27; **126** 5
Prokuraerteilung **116** 21 ff; **126** 5
Prokurist **125** 41
Provision für Geschäftsvermittlung durch Gesellschafter **113** 7
Prozessfähigkeit **124** 17
Prozesskosten **124** 24
Prozesskostenhilfe **124** 22
Ratenzahlungsvereinbarung betr. Abfindungsanspruch **131** 141
Realteilung **145** 24
Rechenschaftspflicht **118** 3

Sachverzeichnis

Rechtsfähigkeit **105** 8 f
Rechtsformbezeichnung **19** 8 ff
Rechtsnatur **124** 1
Rechtsnatur der Geschäftsführungstätigkeit **114** 53
Registeranmeldpflicht der Erben **108** 10
Registeranmeldpflicht des Testamentsvollstreckers **108** 11
Registeranmeldpflicht im Liquidationsstadium **106** 5; **107** 3
Registeranmeldung **106** 1 ff
Registeranmeldung der Personalien der Gesellschafter **106** 9; **107** 13
Registeranmeldung der Testamentsvollstreckung **106** 11
Registeranmeldung der Treuhand **106** 11
Registeranmeldung der Umwandlung **107** 8, 9
Registeranmeldung der Vertretungsmacht **106** 16; **107** 10
Registeranmeldung des Beginns der Gesellschaft **106** 15
Registeranmeldung des Firmensitzes **106** 13; **107** 6
Registeranmeldung des Nießbrauchers **106** 11
Registeranmeldung durch Bevollmächtigte **108** 12 f
Registereintragung des Erlöschens **157** 4 ff
Registereintragung von Vertretungsregeln **125** 52
Registerpflichten bei Anteilsübertragung **143** 7, 9
Registerpflichten bei Auflösung **143** 3 f
Registerpflichten bei Ausscheiden **143** 5 ff
Registerpflichten bei Fortsetzung nach Insolvenz **144** 10
Registerpflichten bei liquidationsloser Vollbeendigung **143** 4
Registerpflichten bei Tod eines Gesellschafters **143** 1, 8, 11, 16
Registerpflichten bei Vermögenslosigkeit **143** 3
Registerpflichten des Scheingesellschafters **143** 9
Ressortaufteilung zwischen Geschäftsführern **115** 4
rückdatierter Beitritt **105** 40
Rückerstattung von Einlagen bei Liquidation **155** 13
Rückforderung eines geschenkten Anteils **140** 62
Rückgabe von Gegenständen bei Ausscheiden **131** 59
Rückgriff des Gesellschafters bei Auflösung der – **128** 39
Rückgriff des Gesellschafters bei Inanspruchnahme aus Bürgschaft **128** 56

Sachverzeichnis

fett = Paragraph

Rückgriff des Gesellschafters bei Inanspruchnahme durch Dritte **128** 30, 32 ff
Rücklagenkonto **120** 89
Rücksichtnahmepflicht **109** 20
Rufschädigung **124** 6
Saldenausgleich **155** 23
salvatorische Klausel **105** 76
Schäden im Straßenverkehr **110** 18, 23
Schäden von Gesellschaftern anlässlich der Geschäftsführung **110** 21 ff
Schadensersatz wegen Auflösung **133** 41
Schadensersatzansprüche gegen ausgeschlossenen Gesellschafter **140** 37
schädigende Äußerungen gegenüber Hausbank **140** 20
Scheingesellschaft **105** 176, 207 ff
Schenkungs- und Erbschaftsteuern von Gesellschaftern **122** 56
Schenkungssteuer bei Übergang eines Gesellschaftsanteils **131** 162 ff
Schiedsklausel mit Dritten **128** 61
Schiedsklauseln zur Auflösung **133** 47
Schiedsvereinbarungen **105** 55, 165
Schiedsverfahren **117** 28
Schikane von Mitgesellschaftern **140** 20
Schlussverteilung bei Liquidation **155** 12 ff
Schlussverteilungsanspruch **155** 19
schriftliche Abstimmung **119** 30
Schuldentilgung durch Gesellschafter **110** 12
schwebende Geschäfte nach Ausscheiden eines Gesellschafters **131** 106 ff
Selbstkontrahieren **125** 35
Selbstkontrahierungsverbot **106** 16; **119** 20; **126** 16
Selbstkontrahierungsverbot der Liquidatoren **149** 26
Selbstorganschaft **105** 10; **109** 14 f; **114** 17; **125** 3
Sitzungsniederschrift **119** 31
Sitzverlegung **13 h** 13, 17, 34, 43, 50, 53 f
Sonderentnahmen **140** 20
Sonderopfer des Gesellschafters **110** 6, 16, 26
Sozialansprüche **105** 129, 145, 147; **128** 11
sozialrechtliche Beschlüsse **119** 13
Steuerentnahmerecht **122** 54
Steuern bei Ausscheiden eines Gesellschafters **131** 144 ff
Steuerschuldner **124** 13
stille Gesellschaft als Gesellschafterin **105** 99
stillschweigend fortgesetzte – **134** 8 f
Stimmbindungsvereinbarungen **119** 21 f
Stimmenthaltung **116** 13
Stimmpflicht **119** 23 ff
Stimmrecht **115** 8
Stimmrecht eines selbstbetroffenen Gesellschafters **113** 36
Stimmrechtsausschluss **119** 72
Stimmrechtsmissbrauch **119** 13
Stimmrechtsübertragung **109** 8 ff, 15

Stimmrechtsvollmacht **119** 17
Stimmverbot, gesetzliches **119** 10
– als Störer im öffentlichen Recht **124** 12
Strafanzeige gegen Mitgesellschafter **140** 20
Strafhaft als Ausschließungsgrund **140** 21
Strafhaft eines Gesellschafters **133** 14
strafrechtlicher Schutz **124** 11
Streitigkeiten aus dem Mitgliedschaftsverhältnis **105** 123 ff
Strukturänderungen **114** 7
Stundung der Abfindung des ausscheidenden Gesellschafters **131** 141
Stuttgarter Verfahren **131** 72
Tätlichkeiten gegenüber Gesellschaftern **133** 17
tatsächliche Verhinderung des Gesamtvertreters **125** 28
Teilübertragung eines Anteils **105** 166
Teilungsanordnung **139** 17
Testamentsvollstreckervermerk im Register **139** 89
Testamentsvollstreckung **109** 12; **119** 19; **139** 62 ff; **146** 8
Tod des Erben des Gesellschafters **139** 8
Tod des Liquidators **147** 10
Tod eines Gesellschafters **114** 11; **131** 1, 5, 8, 39 ff, 123; **139** 1 f
Treu und Glauben im Gesellschaftsvertrag **109** 31
Treuepflicht **105** 69, 133; **109** 20; **110** 28
Treuepflicht im Liquidationsstadium **109** 23
Treuhand **105** 101 ff; **109** 12
treuhänderischer Grundstückserwerb **105** 47
Treuhandvermerk **105** 103
Überlassung von Gegenständen durch Gesellschafter **110** 11
Übernahmeklauseln **140** 48
Überschreitung der Geschäftsführungsbefugnis **114** 36
Übertragbarkeit des Anteils **132** 28
Übertragbarkeit des Entnahmerechts **122** 12
Übertragbarkeit des Gewinnentnahmerechts **122** 36 ff
Übertragbarkeit des Kapitalentnahmerechts **122** 28 ff
Übertragung der Geschäftsführungsbefugnis **114** 16, 17
Umlaufverfahren **119** 39 ff
Umwandlung **145** 23
Umwandlung des Gesellschaftsanteils in Kommanditanteil auf Wunsch des Erben **139** 96 ff, 107 ff
Umwandlungsklausel **132** 27
Umwandlungsklausel, kombinierte, im Erbfall **139** 138
unberechtigte Entnahme **122** 19 ff; **133** 17
Unerfahrenheit eines Gesellschafters **140** 23
ungewöhnliche Geschäfte **116** 6 ff

mager = Randnummer

Sachverzeichnis

unmögliche Beitragsleistung **105** 81
Unparteilichkeit des Liquidators **146** 14
Unrentabilität **133** 19
untätiger Gesellschafter-Geschäftsführer **133** 17
Unterbeteiligung **105** 110, 118
Unterhaltssicherung von Angehörigen **139** 56
Unterlassung von Wettbewerbsverstößen **112** 41; **113** 5, 34
Unternehmensgegenstand **106** 17; **107** 14
Unternehmenskontinuität **133** 3, 8
Unternehmenswert bei Ausscheiden **131** 69
Unterschlagung **117** 11; **140** 20
Unterschrift des Liquidators **153** 1 ff
Untreue **117** 11; **133** 17; **140** 20
Urlaub des geschäftsführenden Gesellschafters **114** 53
Urteilswirkungen gegenüber ausgeschiedenem Gesellschafter **129** 8
Urteilswirkungen gegenüber Gesellschafter **129** 5
Verbandssouveränität **109** 14, 16
Vereinbarung von Auflösungsgründen **131** 26 ff
Vereinbarungen zum Ausschlussverfahren **140** 43 ff
Verfahren zur Entziehung der Geschäftsführungsbefugnis des Mitgesellschafters **117** 15 ff
Verfügung über Anteile am Gesellschaftsvermögen **105** 167
Verfügungsbeschränkungen des Vorerben **139** 60
Vergütung der Geschäftsführung **114** 7
Vergütung der Liquidatoren **146** 4
Vergütung des geschäftsführenden Gesellschafters **48 ff**; **114**
Verhältnis von Gesellschafter- zu Gesellschaftshaftung **128** 18 ff
Verhältnismäßigkeitsgrundsatz **109** 25; **133** 7, 10
Verhinderung der Geschäftsführung durch Dritte **114** 54
Verjährung des Entnahmerechts **122** 7
Verjährung von Wettbewerbsverstößen **113** 40 ff
Verjährungseinrede bei Gesellschafterhaftung **129** 4; **159** 1 ff, 5 ff, 12
Verkehrssicherungspflichten **124** 5
Verlust der Kaufmannseigenschaft **105** 20; **123** 8
Verlustausgleichspflicht des ausscheidenden Gesellschafters **131** 114
Verluste des Gesellschafters **110** 1
Verlustsonderkonto **120** 88
Verlustverteilung **121** 13 f
Vermächtnisnehmer eines Gesellschaftsanteils **139** 6, 16
Vermögensanlage **109** 30

Vermögensübertragung **114** 7; **145** 23
Vermögensverfall eines Gesellschafters **140** 21
Verpfändung des Gesellschaftsanteils **105** 168 ff
Verpflichtung zur Änderung des Gesellschaftsvertrags **105** 69
Verschulden des auszuschließenden Gesellschafters **140** 11
Verschuldenszurechnung **124** 5; **125** 17
Verstoß gegen Konkurrenzverbot **140** 20
Verteilungsmaßstab bei Liquidation **155** 8, 14
Vertragsänderung vor Auflösung **133** 12
Vertragsfreiheit **105** 72
Vertragsstrafe bei Wettbewerbsverstoß **113** 23 ff
Vertretung **125** 1 ff, 10 ff
Vertretung bei Grundstücksgeschäften **126** 4
Vertretung beim Abschluss des Gesellschaftsvertrags **105** 40
Vertretung in Gesellschafterversammlung **114** 27
Vertretungsmacht **114** 5
Vertretungsmacht der Liquidatoren **149** 22 ff; **151** 2 f
– im Verwaltungsverfahren **124** 12
Verwendungskonto **120** 81
Verwirkung des Auflösungsrechts **133** 28
Verwirkung des Ausschließungsrechts **140** 23
Verzicht auf Ausschließungsrecht **140** 23
Verzicht auf Entnahmerecht **122** 8
Verzicht auf Auflösungsrecht **133** 28
Verzinsung ausstehender Sacheinlage **111** 9
Verzinsung bei unbefugter Entnahme **111** 13 ff
Verzinsung bei verbotener Kapitalrückzahlung **111** 8
Verzinsung der ausstehenden Geldeinlage **111** 6
Verzinsung des Abfindungsanspruches **131** 68
Verzinsung verspätet abgelieferter, eingenommener Gelder **111** 10
Verzinsung von Aufwendungserstattungsansprüchen von Gesellschaftern **110** 35 ff
Vollausschüttungshypthese **131** 76
Vollbeendigung **131** 10; **147** 9; **155** 21
Volljährigkeitseintritt als Kündigungsgrund **133** 22 ff
Volljährigkeitseintritt des minderjährigen Erben **139** 14 f
Vorbereitungshandlungen **123** 17
Vordividende **121** 8, 17; **122** 25
Vorerbe eines Gesellschafters **139** 56 ff, 59, 106
Vorgesellschaft als Gesellschafter **105** 94
vorläufige Vermögensverteilung bei Liquidation **155** 6 ff
Vorschuss für Aufwendungserstattungsanspruch **110** 34
Vorschüsse auf Entnahme **122** 16
Wegfall von Liquidatoren **147** 10; **150** 4, 7
Weisungen an Treuhänder **105** 106

Sachverzeichnis

fett = Paragraph

Weisungsgebundenheit des Liquidators **152** 2 ff
Wettbewerb durch Kapitalbeteiligung **112** 12, 14, 30 ff, 39
Wettbewerb von Gesellschaftern im fremden Namen/auf fremde Rechnung **112** 13
Wettbewerbsbeschränkungen in der Insolvenz **113** 39
Wettbewerbsverbot **109** 22, 23; **112** 1 ff
Wettbewerbsverbot im Liquidationsfall **112** 18; **113** 39; **156** 9
Wettbewerbsverbote in Konzernsituation **112** 7
Wettbewerbsverbote von Gesellschaftern nahe stehenden Dritten **112** 5
Wettbewerbsverstöße und Deliktsrecht **113** 27
Wettbewerbsvorbereitungshandlungen **112** 20
wettbewerbswidrig handelnder Gesellschafter **105** 133; **112** 28; **113** 1, 5, 20, 33, 46; **133** 17
wettbewerbswidriges Handeln eines geschäftsführenden Gesellschafters **117** 11
wichtige Gründe für Auflösung **133** 45
Widerruf der Eintragung **108** 8
Widerruf der Stimmabgabe **119** 41 ff
widersprechende Erklärungen von Gesellschaftern gegenüber Dritten **125** 13
Widerspruchpflicht **115** 17
Widerspruchsrecht des Mitgeschäftsführers **115** 6 ff
Widerspruchsrecht nach Zustimmung **115** 15, 27
Widerspruchswirkung **115** 20 ff
Wissenszurechnung **124** 4; **125** 14 ff
zerstörte Gewinnchancen **110** 18
Zerwürfnis **117** 11
Zukunftserfolgswert **131** 76
Zurechnung von Verfehlungen **140** 13
Zurechnung von wettbewerbswidrigem Handeln **112** 6
zuständiges Registergericht **106** 7; **107** 4
Zustimmungsbeschluss zu ungewöhnlichen Geschäften **116** 9 ff
Zustimmungserfordernis des Ehegatten **105** 58; **131** 16; **132** 12; **133** 31
Zustimmungspflicht zu Einzelmaßnahme der Geschäftsführung **109** 21; **115** 28 ff; **116** 12 ff; **117** 11, 16 f; **119** 26
Zwangsvollstreckung **124** 29; **128** 64; **129** 15 f
Zwangsvollstreckung in treuhänderischen Gesellschaftsanteil **105** 107
Zweckänderung bei Liquidation **156** 2

Offene Handelsgesellschaft ohne natürliche haftende Person
Straf-, Buß- und Ordnungsgeld wegen Rechnungslegungspflichten **335 b**

Offenlegung von Abschlüssen von Kreditinstituten
– gegenüber Bafin **340l** 21
– gegenüber Deutscher Bundesbank **340l** 21
Frist **340l** 5
größenabhängige Erleichterungen **340l** 1, 16 ff
IFRS-Abschluss **340l** 25 f
Ordnungsgeld **340 o** 7
Ordnungswidrigkeiten **340 n** 15
Übersicht **340l** 24
Umfang **340l** 1 ff
Vorstandsvergütung **340 n** 19
Zweigniederlassung **340l** 8, 10
Zwischenabschlüsse **340l** 7

Pacht eines Handelsgeschäfts
Firmenfortführungsrecht **22** 51 ff
Packing s. Provision des Handelsmaklers
Partenreederei
Kaufmannseigenschaft **1** 75
Partiarische Rechtsverhältnisse
Begriff **230** 76
Darlehen **230** 77
Dienstvertrag **230** 78
Überlassungsvertrag **230** 79
Partner
Firmenbezeichnung **18** 68
Partnerschaftsgesellschaft
Anwendung von OHG-Recht **105** 2
Ausschluss aus wichtigem Grund **140** 3
Firmenfortführung bei Gesellschafterwechsel **24** 3
Firmenfortführung bei Übernahme **22** 3; **23** 2
Firmierung bei Formwechsel **21** 18
Fortsetzung nach Insolvenz **144** 2
Haftung des eintretenden Gesellschafters **130** 2
Jahresabschlussvorschriften **120** 2
Kaufmannseigenschaft **1** 72
Liquidation **145** 5
personenbezogene Firmierung **21** 3
persönliche Haftung der Gesellschafter **128** 3
Pfändung eines Gesellschaftsanteils **135** 3
Registerpflichten bei Ausscheiden und Auflösung **143** 2
Sitzverlegung **13 h** 10, 17, 53 f
Verjährung der Gesellschafterhaftung **159** 3
Vertretung vor dem Handelsregister **12** 140
Zweigniederlassung **13** 3, 18, 21
Patentrecht
Unterlassungsanspruch bei Firmenmissbrauch **37** 26
Pensionsfonds
Deckungsrückstellungen **341 f** 1
Ordnungswidrigkeiten betr. Rechnungslegung **341 n** 1 ff
Rechnungslegung **341** 13
Strafvorschriften betr. Rechnungslegung **341 m** 1 ff

mager = Randnummer

Sachverzeichnis

Pensionsgeschäfte
Anhangangaben **340 b** 27 f
Begriff **340 b** 1 ff
Bilanzierung **340 b** 7 ff
echte – **340 b** 2, 7 ff
unechte – **340 b** 2, 14 ff
Personengesellschaft
Definition **161** 1
Personenhandelsgesellschaft s. a. Handelsgesellschaft; Internationales Recht der Personenhandelsgesellschaften; Konzernrecht der Personenhandelsgesellschaften
Anfechtung des Gesellschaftsvertrages **105** 177
Arten **6** 3; **105** 1
Beitritt durch Vertreter ohne Vertretungsmacht **105** 187
Beteiligungserwerb **105 Anh.** 74
Beteiligungsfähigkeit untereinander **105** 96
Drohung **105** 184
einheitliche Mitgliedschaft **105** 32
Einwilligung zur Firmenfortführung bei Veräußerung **22** 35 ff
Enthaftung bei Umwandlung in Kapitalgesellschaft **26** 6
Enthaftung des ausgeschiedenen Gesellschafters **26** 6
Entstehung **6** 5
Erbengemeinschaft **1** 77
fehlerhafte Anteilsübertragung **105** 202 f
fehlerhafte Auflösung **105** 205
fehlerhafte Beitrittsvereinbarung **105** 195 ff
fehlerhafte Gesellschaft **105** 174 ff; s. a. dort
fehlerhafte Inhaltsänderung **105** 204
fehlerhaftes Ausscheiden **105** 198
Firmenfortführung bei Wechsel aller Mitglieder **22** 10
Formmangel **105** 177
Geschäftsbrief **19** 3
Haftung des Neugesellschafters für Altschulden **28** 18
Herabsinken des Geschäftsbetriebs **21** 9
Kaufmannseigenschaft **Vor 1** 4; **1** 5, 70
Kaufmannseigenschaft der Gesellschafter **1** 86
Kleingewerbe **1** 7; **6** 10
Konzernbildung **105 Anh.** 76
maßgeblicher Einfluss eines Gesellschafters **105 Anh.** 15
Mehrfachbeteiligung **105** 36
Mitgesellschafter als Erbe eines weiteren Anteils **105** 33
Mitgesellschafter als Vorerbe **105** 35
Nachfolgeklausel **105 Anh.** 22
Nachlassinsolvenz **105** 34
Nachlassverwaltung **105** 34
nichtiger Gesellschaftsvertrag **105** 177
personenbezogene Firmierung **21** 3
Provisionsherausgabe bei wettbewerbswidrig handelndem Gesellschafter **113** 7
Rechtsformbezeichnung **19** 4, 8 ff
Scheinerbe **105** 206
Scheingesellschaft **105** 176
Sittenverstoß im Gesellschaftsvertrag **105** 177, 184
Täuschung **105** 184
Testamentsvollstreckung **105** 33
Übertragung eines belasteten Anteils auf Mitgesellschafter **105** 36
unmöglicher Gesellschaftszweck **105** 177
Verlegung der Hauptniederlassung **13 h** 7 ff, 43, 50
Vermögensverwaltung **1** 8; **2** 6; **6** 10; **105** 17, 22
Wegfall der Geschäftsgrundlage **105** 188
Wettbewerbsverbot des Gesellschafters **105 Anh.** 15, 19 f
Zustimmung des Ehegatten zur Einlagenleistung **105** 186
Pfandleihgewerbe
besondere Rechnungslegungsvorschriften **340** 15, 18
Pharmapropagandist
Rechtsstellung **84** 31, 45
Pooling-of-Interest-Methode
Konzernabschluss **301** 2; **302** 1; **306** 13
Prinzipal
Fürsorgepflicht **62** 2
Haftung für Geschäftsräume **62** 21
Schutzpflichten **62** 1 ff
Wegeunfall **62** 11
Privates Rechnungslegungsgremium
Rechtsgrundlage **342** 2
Prokura
Abgrenzung von Generalvollmacht **Vor 48** 5
Änderung des Handelsgewerbes **52** 18
Anfechtung der Erteilung **48** 27
Anscheins- **48** 28
Anstellungsvertrag **48** 30 ff; **52** 3, 11, 15
Aufsichtsrat **48** 21
Bedingung **48** 27
Beendigung des Handelsgewerbes **52** 16, 19
Befristung **48** 27
beschränkt geschäftsfähiger/geschäftsunfähiger Inhaber **48** 6, 8; **52** 20
Betreuer **48** 8, 16
Bindung an Zustimmung eines anderen rechtsgeschäftlichen Vertreters **48** 49
Duldungs- **48** 28
Erlöschen **53** 8
Ernennung zum Geschäftsführer **52** 27
Erteilung bei juristischen Personen **48** 11, 17 ff
Erteilung bei Personengesellschaften **48** 10, 17 ff
Erteilung durch Eltern **48** 8, 16
Erteilung durch Insolvenzverwalter **48** 14
Erteilung durch Miterbengemeinschaft **48** 6
Erteilung durch Prokurist **48** 10, 12

Sachverzeichnis

fett = Paragraph

Erteilung durch Vertreter des Inhabers **48** 8
Erteilungserklärung **48** 23 ff
gerichtliche Rechtshandlungen **49** 5 ff
Gesamtprokura s. dort
geschäftsunfähiger Prokurist **52** 23
gesellschaftsrechtlicher Anspruch **48** 33; **52** 4, 15
Grundlagengeschäfte **49** 4, 10, 11 ff; **50** 3
Grundstücksgeschäfte **49** 15 ff
Handelsregisteranmeldungen **49** 8, 11
Handelsregistereintragung **53** 2 ff
Inhaberwechsel **52** 19
Innenverhältnis s. Anstellungsvertrag und gesellschaftsrechtlicher Anspruch
Insichgeschäfte **49** 19; **50** 3
Insolvenz des Prokuristen **52** 25
Insolvenz des Unternehmens **52** 17
Insolvenzantrag **49** 10, 11
Jahresabschlussunterzeichnung **49** 10
Liquidationsgesellschaft **48** 6
Missbrauch **50** 2, 3, 8
Nachlassverwalter **48** 9, 16
Niederlassungsprokura **50** 5 ff
Niederlegung **52** 26
Privatgeschäfte **49** 4, 9
Prokurafähigkeit **48** 4 ff
Rechtsformänderung **49** 13
rechtsgeschäftliche Beschränkung **49** 20 ff; **50** 2
Registereintragung **48** 25
steuerrechtliche Pflichten **48** 35
strafrechtliche Verantwortung **48** 35
Testamentsvollstrecker **48** 13, 16; **52** 19
Tod des Prokuristen **52** 12, 22
Übertragung **52** 12
Umdeutung **48** 27
Umfang **49** 3
Unternehmenserwerb durch Prokuristen **52** 27
Vormund **48** 8, 16
Widerruf **52** 1 ff; s. a. Anstellungsvertrag
Widerrufsbefugnis **52** 6
Zeichnung **51** 2 ff
Zeuge **48** 34
Zustimmungserfordernisse **48** 10 f
Zweigniederlassung **50** 6

Propagandist
Ausgleichsanspruch **89 b** 74
Rechtsstellung **84** 13, 45, 95

Prospekthaftung
– des Kommanditisten **171** 24

Provision s. a. Tantieme
Herausgabeanspruch der Gesellschaft bei wettbewerbswidrig handelndem Gesellschafter **113** 7

Provision des Handelsmaklers
Abschlussbindungsklausel **99** 59 ff
Abweichung zwischen beabsichtigtem und abgeschlossenem Vertrag **99** 26 ff

Anteilserwerb an Stelle von Aktivvermögen **99** 28
Aufwendungsersatz **99** 54 ff
einvernehmliche Vertragsaufhebung **93** 60
Erfolgsabhängigkeit **99** 57 ff
Erfolgsunabhängigkeit **99** 58
Erfüllung des Geschäftes **99** 7
Fälligkeit **99** 40 ff
Folgeverträge **99** 29
Höhe **99** 36, 43 ff
Informationsweitergabe **99** 71
Interessenskonflikt **99** 23 ff
Mängel des vermittelten Vertrages **99** 10 f
Mehrwertsteuer **99** 47
Mitwirkung weiterer Makler **99** 14, 48 ff
Nachweis eines Geschäftes **99** 20
Packing **98** 22
Parteienzusammenführung **99** 22
persönliche Verbundenheit zu Vertragspartner **93** 20
Rechtswirksamkeit des vermittelten Vertrages **99** 10 f
Selbsteintritt **95** 20
Sittenwidrigkeit **99** 39, 59
Übererlös **99** 46
Ursächlichkeit der Vermittlungstätigkeit **99** 13 ff
Verflechtung der Parteien **99** 23 ff
Verjährung **99** 53
Verlust wegen Interessenskonflikt **93** 16 ff
Verschwiegenheit **99** 70
Verwirkung **99** 37
Vorkenntnis des Auftraggebers **99** 16
Vorkenntnisklausel **99** 17 ff
Wechsel der Vertragsparteien **99** 39
Weitergabeklausel **99** 72
Wucher **99** 46

Provision des Handelsvertreters s. a. Delkredereprovision
Ablehnung des Geschäfts durch Unternehmer **86 a** 5
Abrechnungsanspruch **87 c** 2, 6, 28, 59 ff
Abwälzung auf Kunde **87** 9, 60
Änderung der Höhe **87 b** 9
Anerkenntnis bezüglich Abrechnung **87 c** 51, 53
Annahmeverweigerung durch Kunde **87 a** 12
Anrechnung auf Ausgleichsanspruch **89 b** 143
Anrechnung auf sonstige Vergütungen **87** 6
Anspruchsdurchsetzung gegenüber Kunden **87 a** 24, 35, 53
Anwartschaft **87** 2, 11 ff, 24, 47; **87 a** 54
Arbeitskampf im Unternehmen **87 a** 24
Arbeitsunfähigkeit **87** 7
Arten **87** 4 ff
aufgehobener Kundenvertrag **87** 14
auflösende Bedingung **87 a** 33
Auskunftspflicht des Handelsvertreters **84** 84

mager = Randnummer

Sachverzeichnis

Beendigung des Handelsvertretervertrages **87 a** 3
Belege und Unterlagen **87 c** 43 ff
Benachrichtigung **86 a** 26, 27
Berechnung **87 b** 15 ff
Beschwer **87 c** 90
Bestandspflege **87** 6, 7
Beteiligung mehrerer Handelsvertreter **87** 3, 34 ff
Beweislast **87** 63; **87 a** 60; **87 b** 36; **87 c** 86
Bezirks- **87** 39 ff
Bezirkswechsel **87** 53
Bezugsvertrag **87** 15, 32
bilanzrechtliche Behandlung **87** 10
Boykott **87 a** 24
Buchführungspflicht des Unternehmers **87 c** 18
Dauerschuldverhältnisse **87 a** 6; **87 b** 24 ff
Delkredereprovision s. dort
Devisen **87 b** 16
Direktgeschäft **87** 20, 47
Eigengeschäft des Unternehmers **87** 52
Eigentumsvorbehaltsgeschäft **87 a** 6
Einstellung in Kontokorrentkonto **87 a** 53
elastische Gestaltung **87 b** 5
europarechtliche Vorgaben **87** 64 ff; **87 a** 61; **87 b** 37 f; **87 c** 91
Fixum **87** 6
freibleibender Abschluss **87** 15
Geschäfte mit Niederlassungen des Kunden außerhalb des zugewiesenen Bezirks **87** 50
Geschäftsvereitelung **86** 10, 29
Geschäftsverlagerung auf Drittunternehmen **84** 29
Geschäftsvermittlung für verbundenes Drittunternehmen **48**; **87** 22
Geschäftsvermittlung mit Drittkunden **87** 22, 50
gesetzlich vorgeschriebene Sätze **87 b** 10
Hilfsrechte **87 c** 33
Höhe **87** 6; **87 b** 2 ff, 10 f
Hungerprovision **84** 60; **87 b** 6
Inkasso- **87** 4, 54 ff, 60
Insolvenz des Handelsvertreters **87** 61
Insolvenz des Unternehmers **87** 61; **87 a** 31
Kfz-Haftpflichtversicherung **87 b** 10
Klageantrag **87 c** 85
Konsignations- **87** 5
Kontinuitäts- **87** 4
Kontokorrentkonto **87 c** 51
Kulanzfälle **87 a** 26
Kundenschutz **87** 39 ff
Leistung durch Dritte **87 a** 8, 13
Leistungsstörung zwischen Unternehmer und Kunde **86 a** 13; **87 a** 4, 9, 11, 14, 16 ff
Lieferschwierigkeiten **87 a** 24
Messegeschäfte **87** 49
Mindest- **87** 6
Musterkauf **87** 20

Nachbestellung **87** 25, 27, 60
Nachlass des Unternehmers **87 b** 18 f
nachträgliche Änderung des Kundenvertrages **87 a** 26
nachvertragliche – **87 c** 14, 30
nachvertragliche Kundengeschäfte **87** 29 ff
Nebenkosten des Unternehmers **87 b** 20 ff, 33
Nebenleistungen des Unternehmers **87 b** 16
Neukunde **87** 24
Nichtausführung des Geschäfts wegen Änderung der Rechtslage **87 a** 24
nichtiger Kundenvertrag **87** 14
Online-Abrechnungssystem **87 c** 42
Pfändung **87** 9
Preisänderungen **87 b** 16
Provisionsschinderei **84** 83
Rahmenvertrag mit Kunde **87** 32
Rechtsverfolgungskosten **87 a** 53
Risikoverteilung **87 a** 2, 23 ff, 29
Rückzahlung **87 a** 32, 40, 44
Sachleistungen **87 b** 17
Schlussrechnung **52**; **87 c** 50
Sitzverlegung des Kunden **87** 51
steuerrechtliche Behandlung **87** 10
Stornoreservekonto **87 a** 55; **87 c** 10
Straftat **87 a** 30
Streitwert **87 c** 90
Strohmann **87** 10
Stufenklage **87 c** 84 ff
Sukzessivlieferungsvertrag **87** 15; **87 a** 6
Surrogate der Unternehmerleistung **87 a** 7
Teilleistung **87 a** 1, 8, 13, 20
Teillieferung an Kunde **87** 14
Teilurteil **87 c** 87
Topfabrede **87** 34
Überhang- **87 a** 3, 10
übliche – **87 b** 11 ff
Umsatzsteuer **87 b** 23, 33
Untervertreter **87** 62; **87 a** 58; **87 b** 35; s. a. Untervertreter
Vereinbarung zwischen Handelsvertreter und Kunde **84** 81
Verfügungsrecht **87 b** 34
Verjährung **87 a** 45
verlustreiches Kundengeschäft **87** 16; **87 a** 28, 53; **87 b** 6
Vermittlungsbegriff **87** 19
Vertragsfreiheit des Unternehmers **87 a** 53
– nicht vertragsgerechte Warenlieferung durch Unternehmer **86 a** 13
Verwirkung **87** 59
Vorschuss **86** 42; **87** 6; **87 a** 41 ff, 53, 60
Vorvertrag mit Kunde **87** 15, 32
widerspruchslose Hinnahme einer Abrechnung **87 c** 53
Zahlungsort **87** 9
zufällige Unmöglichkeit des Geschäfts **87 a** 2
Zwangsvollstreckung **87 c**; **89**

2771

Sachverzeichnis

fett = Paragraph

Provision des Handlungsgehilfen
  Abrechnung **65** 30
  anwendbare Vorschriften **65** 20 ff
  Arten **65** 2, 6 f
  Auskunft **65** 31
  Ausschlussfrist **65** 17
  Bestand des Arbeitsverhältnisses **65** 14
  Bezirksprovision **65** 6
  Buchauszug **65** 31
  Fälligkeit **65** 26
  Genehmigung eines vertragswidrig herbeigeführten Geschäfts **75 h** 18
  Höhe, Berechnung **65** 28
  Krankheitsfall **65** 18
  Kundenschutz **65** 12
  Nachbearbeitung durch Arbeitgeber **65** 25
  Provisionsbegrenzung **65** 13, 15
  Provisionsgarantie **65** 10
  provisionspflichtiges Geschäft, Voraussetzungen **65** 24
  Teilen mit Nachfolger **65** 22
  überhängende – **65** 23
  Umsatzprovision **65** 7
  Vermittlungsprovision **65** 6
Prüfstelle für Rechnungslegung
  Anlassprüfung **342 b** 5
  Fehler der Rechnungslegung **342 b** 14 f
  Finanzierung **342 d** 1 ff
  Mitwirkungspflicht des Unternehmens **342 b** 11 ff
  Ordnungswidrigkeiten **342 e** 1
  Organisation **342 b** 1 ff
  Prüfungsdurchführung **342 b** 5 ff
  Stichproben **342 b** 6
  Verschwiegenheitspflicht **342 c** 1 ff
Prüfung der Abschlüsse von Kreditinstituten
  Abschlussprüfer **340 k** 5
  Anzeigepflichten **340 k** 5, 10, 11
  Bestätigungsvermerk **340 k** 19
  ergänzende Prüfungspflichten **340 k** 8
  Frist **340 k** 3, 9
  IFRS **340 k** 20 ff
  Prüfungsbericht **340 k** 14
  Zweigniederlassungen von Unternehmen aus Drittstaaten **340 k** 2
  Zwischenabschlüsse **340 k** 12
Prüfung der Abschlüsse von Versicherungsunternehmen
  Abschlussprüferbestellung **341 k** 1, 11 ff
  Anzeigepflichten **341 k** 19
  Befreiungen **341 k** 5 f
  Bestätigungsvermerk **341 k** 37 ff
  Deckungsrückstellungen **341 k** 24
  Geldwäschegesetz **341 k** 21
  Größenklassen **341 k** 1
  Niederlassungen ausländischer Unternehmen **341 k** 2
  Prüfungsbericht **341 k** 29 ff
  Prüfungszeitraum **341 k** 3
  Überschussbeteiligungsverwendung **341 k** 38
  Verpflichtungen gegenüber Bafin **341 k** 25 ff, 31 ff
Prüfung des Jahresabschlusses s. a. Abschlussprüfer
  Bestätigungsvermerk s. dort
  DRSC **317** 15
  Eigenkapitalspiegel **317** 11
  Einsichts- und Auskunftsrechte **320** 5 ff
  freiwillige Prüfung **323** 24
  Gegenstand **317** 5 ff
  Gesellschaftsvertrag **317** 18
  IDW **317** 17
  internes Kontrollsystem **317** 8
  – im Konzernabschluss zusammengefasste Jahresabschlüsse **317** 27 ff
  Lagebericht **317** 20
  Überwachungssystem **317** 29 ff
  Umfang **317** 12 ff
  Unternehmen von öffentlichem Interesse **319 a** 1 ff
  Versicherungsschutz **317** 7
  Vorschriften **317** 15
  wirtschaftliche Verhältnisses **317** 14
Prüfung des Konzernabschlusses
  Bericht **321** 28 f
  Einsichtnahme in Prüfbericht bei Insolvenz **321 a** 1 ff, 10
  Einsichts- und Auskunftsrechte **320** 13
  Vorlagepflicht **320** 11
Prüfungsbericht
  Einsicht bei Insolvenz **321 a** 1 ff
  Form **321** 11
  Funktionen **321** 1 ff
  Inhalt **321** 12
  Klarheit **321** 10
  Lagebeurteilung **321** 13
  Umfang **321** 25
  Unterzeichnung **321** 30
  Vollständigkeit **321** 8
  Vorwegberichterstattung **321** 13 ff
  Wahrheit **321** 9
Prüfungsgesellschaft
  Ausschlusstatbestände **319** 24; **329 a** 11
Publikumsgesellschaft
  Aufnahme neuer Gesellschafter **105** 152
  Ausschluss eines Gesellschafters **140** 18, 47
  Austrittskündigung aus wichtigem Grund **133** 2
  Begriff **161** 15
  Entziehung der Vertretungsmacht des Gesellschafter-Geschäftsführers **127** 23
  Formularverträge **230** 41
  Gläubigerschutz **172 a** 79 f
  Haftung der Kommanditisten **172** 72
  Haftungsmaßstab **105** 132
  Mitwirkungsrechte **230** 86

2772

mager = Randnummer

Prospekt mit Beitrittsangebot **230** 85
Satzungsänderung **230** 88
Treuhandmodell **163** 21 ff

Publizitätspflichtige Unternehmen
Bestätigungsvermerk **322** 1
Prüfung des Jahresabschlusses **317** 2

Publizitätsrichtlinie
elektronisches Handelsregister **8** 7
Handelsregister **11** 2

Qualifiziert faktischer Konzern
Begriff **105 Anh.** 58
Haftung des herrschenden Unternehmens **105 Anh.** 64 ff
Verlustausgleich **105 Anh.** 64

Rechnungslegungsbeirat
Organisation **342 a** 1

Recht am eingerichteten und ausgeübten Gewerbebetrieb
Unterlassungsanspruch bei Firmenmissbrauch **37** 27

Rechtsberatung
stille Beteiligung **230** 36

Rechtsform
Bezeichnung in Firmenname **19** 1 ff

Regalpflegetätigkeit im Kaufhaus
Rechtsstellung **84** 31

Registergericht s. a. Handelsregister
Amtsermittlungsgrundsatz **1** 44
Auskünfte **9** 17 ff
Aussetzung der Eintragung **16** 6
Bindung an Prozessgerichtsentscheidungen **16** 3 ff, 11, 20 ff, 34
Ersetzung einer Willenserklärung **16** 1
gewerberechtliche Zulässigkeit **7** 9
Kaufmannsvermutung **1** 44
Rechtsbehelfe **8** 178 ff; **9** 21
vorbeugender Rechtsschutz **16** 2, 26 ff
Zwangsgeld **14** 1 ff, 7, 20 ff, 28 ff
Zweigniederlassung **13** 49 ff
Zwischenverfügung **8** 175

Reisebüro
Rechtsstellung **84** 31
umsatzsteuerliche Behandlung der Vermittlungsprovision **87** 10

sale-and-lease-back
Bilanzierung **246** 27 a

Sanierung
– durch Gründung einer Kommanditgesellschaft **171** 59 ff

Scheingesellschaft
Abgrenzung von der fehlerhaften Gesellschaft **105** 176

Schiedsvereinbarungen
Voraussetzungen **Vor 1** 68 ff

Schiedsvertrag
– zwischen Kommanditgesellschaft und Gläubiger **171** 90

Sachverzeichnis

Schifffahrtsvertreter
Begriff **92 c** 14
europarechtliche Vorgaben **92 c** 19
Rechtswahl **92 c** 14 ff

Schiffsmakler
Vergütung **99** 8

Schlussbilanz
Identität der Wertansätze in Eröffnungsbilanz und – **252** 4 ff
Pflicht zur Erstellung einer – **242** 10
Währung **244** 3 f

Schlussnote des Handelsmaklers
anonyme – **95** 1 ff
Bestätigungsvorbehalt **94** 22
Beweiskraft **94** 8 ff
Entbehrlichkeit **94** 25 ff
Form **94** 4
Frist **94** 3
Inhalt **94** 4
Schweigen auf – **94** 11 ff
Verweigerung der Annahme **94** 13
Vorbehalt der Aufgabe **95** 1, 7
Widerspruch **94** 14 ff

Schneeballsystem
Zulässigkeit gegenüber Kaufleuten **Vor 1** 52 f

Schriftformklausel
Abänderung durch Individualvereinbarung **84** 58

Schweigen
– auf einseitiges Vertragsangebot **84** 58
– als Genehmigung **75 h** 10

Skontroführer
öffentlich-rechtliche Funktion **93** 1
Schlussnotenunterzeichnung **94** 6

Societas Europeae
Formkaufmann **6** 2
Sitzverlegung **13 h** 11, 34

Software
Vertrieb von – **56** 10

Sonderbilanzen
Unterzeichnung **245** 3

Sparkasse
Abschlussprüfer **340 k** 24
Gewerbebetrieb **1** 30

Spediteur
Kleingewerbe **2** 41

Sperrabrede
Arbeitnehmerüberlassung **75 f** 6, 15
Beauftragung von Selbständigen **75 f** 8
Begriff, Rechtsnatur **75 f** 1, 10
für nicht kaufmännische Arbeitnehmer **75 f** 4
Rechtswirkungen **75 f** 10 ff
Verbandsabsprachen **75 f** 3

Spezialhandlungsvollmacht
Beschränkung **54** 25
Gutglaubensschutz **54** 24
Umfang **54** 10, 13, 16 f

standard setting process
Rechnungslegungsgrundsatz **243** 3

Sachverzeichnis

fett = Paragraph

Ständige Geschäftsbeziehung
  Vertrauensschutz entgegen Handelsregisterinhalt **15** 23
Steuerbehörden
  Auskunft an Handelsregister **8** 29
Steuerberater s. a. Berufsbezeichnungen
  Provision für Vermittlung einer Vermögensanlage **93** 73
Steuerberatungsgesellschaft
  Firmenbezeichnung **18** 23
Steuerbilanz
  Abgrenzung zwischen privatem und betrieblichem Vermögen **246** 19 ff
  Abweichung von Handelsbilanz **274** 2 ff, 8 ff
  Anschaffungskosten **255** 25
  Bewertungsvorschriften **253** 4 ff
  Bilanzänderung **252** 12
  Bilanzberichtigung **252** 11
  Drittaufwand **246** 17
  Drohverluste **249** 57
  Entnahme **246** 21, 23
  Erhaltungsaufwand bei Gebäuden **255** 64
  gemischte Nutzung **246** 14
  Gewinnermittlung **243** 22
  Herstellungsaufwand bei Leistungsstörung **255** 66
  Herstellungskosten **255** 59 ff
  immaterielle Gegenstände **246** 12
  Immobilien **246** 14
  Lifo-Verfahren **256** 13
  Mehrkontenmodelle **246** 24
  Nachholverbot bzgl. Pensionsrückstellungen **249** 34
  Nutzungsrechte **246** 16
  personelle Zuordnung **246** 18
  Rückstellungen **249** 7
  Unterschiede zur Handelsbilanz **243** 26
  Wertaufholungsgebot **253** 139
  Wirtschaftsgüter **246** 12
Steuersenkungsgesetz 2001
  Auswirkungen **278** 6
Steuervergünstigungsabbaugesetz 2003
  Auswirkungen **278** 7
Stille Beteiligung
  Abgrenzung vom partiarischem Vertrag **230** 76
  Abgrenzung von BGB-Gesellschaft **230** 74 f
  Abgrenzung von Unterbeteiligung **230** 80, 91 ff
  Abrechnung von Dienstleistungen **235** 17
  Abrechnung von Gebrauchsüberlassungen **235** 15, 17
  Abwicklung fehlerhafter Beteiligung **230** 38 ff
  Änderung des Gesellschaftsvertrages **230** 87
  Anfechtung **230** 37
  Anfechtungsfrist bei unzulässiger Einlagenrückgewähr **237** 10
  Anforderungen an stillen Gesellschafter **230** 12
  Anforderungen an zu beteiligender Gesellschaft **230** 5
  Anlagevermögen **232** 13; **236** 5
  atypische – **230** 64; **232** 27; **235** 21 ff
  Aufhebung **234** 8
  Aufklärungspflicht über weiche Kosten **230** 32
  Auflösung **234** 4 f
  Auflösung des Geschäftsinhabers (AG, GmbH) **234** 13, 29
  Aufnahme eines stillen Gesellschafters durch Aktiengesellschaft **230** 29
  Aufnahme eines stillen Gesellschafters durch GmbH **230** 30
  Aufnahme eines stillen Gesellschafters durch Personenhandelsgesellschaft **230** 28
  Auseinandersetzung bei Insolvenz des Inhabers **236** 3 ff
  Auseinandersetzung bei Insolvenz des stillen Gesellschafters **236** 19
  Auseinandersetzung der atypischen – **235** 21 ff
  Auseinandersetzung nach Auflösung **235** 1 ff
  Auseinandersetzung schwebender Geschäfte **235** 26 ff
  Auseinandersetzungsbilanz **235** 8 ff
  Ausgabeaufgeld **235** 4
  Auskunftsrechte **233** 12; **235** 34
  Auskunftsverpflichtete **233** 5
  – mit ausländischer Kapitalgesellschaft **230** 8, 10
  Ausschließung **234** 26
  außerordentliche Kontrollrechte **233** 14 ff, 20
  Bedingung **234** 8
  Begriff **230** 2
  Berichtspflicht **233** 13
  Beschlüsse **230** 87
  Besorgung fremder Rechtsangelegenheiten **230** 36
  Beteiligung Minderjähriger **230** 26 f, 35
  Beteiligung wie Kommanditist **230** 90
  Dienstleistung als Einlage **231** 6
  Einflussmöglichkeiten des stillen Gesellschafters **236** 15
  eingliedrige – **230** 13
  Einlage **230** 14 ff, 62, 69, 84; **232** 19
  Einlagekonto **232** 21 ff; **235** 4
  Einlagenrückgewähr bei Insolvenz des Geschäftsinhabers **237** 5
  Einlagenrückgewähr im Wege der Zwangsvollstreckung **237** 8
  Einlagenverwendung **230** 50; **234** 29
  Einlagenzahlung bei Insolvenz des Inhabers **236** 9
  Einsichtsrechte **233** 9; **235** 34
  Entnahmerecht **232** 17
  Erlass der Einlageforderung bei Insolvenz des Geschäftsinhabers **237** 18

mager = Randnummer

Sachverzeichnis

Erlass des Verlustanteils im Insolvenzfall **237** 5, 19
fehlerhafte Berechnung der Gewinnbeteiligung **232** 20
fehlerhafte Gesellschaft **105** 189; **230** 31 ff
fehlerhafte Gesellschaft im Insolvenzfall **237** 3, 7
Firmenfähigkeit **17** 8
Formfreiheit **230** 22
Formularverträge **230** 41
Fortsetzung nach Auflösung **234** 6
fristlose Kündigung **230** 38, 43; **234** 27 ff
Gebrauchsüberlassung als Einlage **231** 6
Geheimhaltungspflicht **230** 43
Geschäftsführung durch stillen Gesellschafter **230** 63, 66
Geschäftsführungsbefugnisse des Inhabers **230** 48 ff
Geschäftsführungspflicht des Inhabers **230** 47, 54
Gewinnausschluss **231** 9 ff
Gewinnbeteiligung **230** 19; **231** 3 ff; **232** 9 ff
Gläubigeranfechtung der Einlagenrückgewähr **237** 7
Gläubigeranfechtung der Gewinnauszahlung **237** 15
Gläubigeranfechtung – Verfahren **237** 23 ff
Good will **235** 6, 14
Inhaltskontrolle **230** 36, 40
Insolvenz des Geschäftsinhabers **237** 4
Insolvenz eines Gesellschafters **234** 16
Insolvenzplanverfahren **236** 4
Insolvenzvorrechte **236** 8
Jahresabschlussmitteilung **233** 7
– mit Kapitalgesellschaften **230** 8
Kaufmannseigenschaft des stillen Gesellschafters **1** 82
Kommanditgesellschaft **171** 65
Konfusion der Gesellschafterrechte **234** 19
– durch konkludentes Handeln **230** 20
Kontrollrechte **233** 1 ff
Kündigung **230** 38; **234** 22
Kündigung durch Gläubiger **234** 31
Kündigungsrecht des Geschäftsinhabers **230** 89
Leistungsstörungen **230** 21
Liquidation der – **234** 3
– mit Liquidationsgesellschaft **230** 5, 9
mehrgliedrige – **230** 21, 81 ff
– mit Minderkaufmann **230** 7
Mitwirkungsrechte **234** 29
Nachlassverwaltung **234** 18
Nießbrauch am Gesellschaftsanteil **230** 72
– mit Personenhandelsgesellschaften **230** 6
persönliche Haftung des stillen Gesellschafters **230** 59, 60
Pfändung eines Gesellschaftsanteils **135** 3
Privatkonto **232** 24
Publikumsgesellschaft s. dort

Rechnungslegung **232** 2 ff
Rechtsfähigkeit **230** 4
Rechtsnatur **230** 3 f
Rechtsverhältnis nach Auflösung **235** 30
Rückgabe von Gegenständen bei Insolvenz des Geschäftsinhabers **237** 18
Rücklagen **232** 14; **235** 12
Rückstellungen **232** 14
Schenkung einer stillen Beteiligung **230** 23 f
schwebende Geschäfte bei Insolvenz des Inhabers **236** 6
Sicherheitengestellung des Geschäftsinhabers **237** 14, 27
Sorgfaltsmaßstab **230** 46
Steueraufwand **232** 15
stille Beteiligung als Eigenkapital **236** 12 ff
stille Reserven **235** 13
– an stiller Gesellschafter **230** 11
Tätigkeitsvergütung **232** 15
Teilhabe der stillen Gesellschafters am Gesellschaftsvermögen **230** 65
Tod des Geschäftsinhabers **234** 10
Tod des stillen Gesellschafters **234** 35 f
Treuepflicht **230** 42
Übernahmerecht **234** 20
Übertragbarkeit von Gesellschafterrechten **230** 68 ff
Umlaufvermögen **232** 12; **236** 5
Umqualifizierung der Beteiligung in Eigenkapital **236** 17 ff
Umqualifizierung des Beitrages als Kapitalersatz **234** 29
Umwandlung der Einlage in Darlehen im Insolvenzfall **237** 17
Umwandlung des Geschäftsinhabers **234** 34
Unrentabilität **234** 7
unzulässige Beteiligungen **230** 36
Veräußerung des Unternehmens **234** 32
Verbuchung der Einlage **230** 17
verbundene Unternehmen **233** 10
Vergütung des Geschäftsführers **230** 58
Verletzung der Beitragspflicht **234** 29
Verlust der Geschäftsfähigkeit **234** 15
Verlustbeteiligung **231** 5; **232** 16 ff
Vermögensverfall des Geschäftsinhabers **234** 29
Verpfändung/Zwangsvollstreckung **230** 73
Verschmelzung der Inhabergesellschaft **234** 33
Vorenthalten des Gewinnanteils **234** 29
Wahrnehmung von Aufsichtsrechten durch Dritte **233** 3, 11
Wettbewerbsbeschränkung **230** 44 f
Zeitablauf **234** 8
Zweckerreichung **234** 9
Zweckvereitelung **234** 9
Stimmverbote
gesellschaftsinterne Konflikte **119** 10 ff
Strukturvertrieb

Sachverzeichnis

fett = Paragraph

Begriff **84** 54
Buchauszug **87 c** 72
Informationsrechte **87 c** 56
Swap-Geschäfte
 Bilanzierung **340 b** 23
Syndicated Loan Agreements
 Stellung des Managers **93** 22

Tankstellenbetreiber
 Ausgleichsanspruch **89 b** 161 ff
 Rechtsstellung **84** 31
Tantieme
 Abgrenzung von der Provision **65** 7
Termingeschäfte
 Haftung des Anlagevermittlers **98** 38
Termingeschäftsfähigkeit
 Voraussetzungen **Vor 1** 103
Transparenzrichtlinie
 elektronisches Handelsregister **8** 7
Treuhand
 Begriff **230** 104

Überseering-Entscheidung
 Handelsregisteranmeldung mit Auslandsbezug **12 Anh.** 28, 36
Übertragung eines Handelsgeschäfts
 – auf mitgliederidentische Personenhandelsgesellschaft **28** 25
Umsatzbeteiligung
 Auskunftsanspruch **87 c** 11
Unterbeteiligung
 Abgrenzung von Treuhand **230** 104
 Auflösung **234** 37
 Aufsichtsrechte **233** 22
 Auseinandersetzung bei Auflösung **235** 35
 Auseinandersetzung bei Insolvenz **236** 20
 Begriff **230** 91
 fehlerhafte – **230** 93
 Form **230** 93
 Geschäftsführung **230** 94
 Gewinn- und Verlustbeteiligung **231** 13; **232** 25
 Gewinnbeteiligung **230** 99; **232** 28
 Gläubigeranfechtung im Insolvenzfall **237** 29
 Haftung **230** 96
 Informationsrecht **230** 100
 Kündigung **230** 96; **234** 38
 Rechtsnatur **230** 92
 Schenkung **230** 93
 Stimmrechtsausübung **230** 95
 Treuepflicht **230** 94, 102
 Übertragbarkeit **230** 101
 Weisungen **230** 94
 Wettbewerbsverbot **230** 103
 Zustimmung der Hauptgesellschaft **230** 93
Unternehmen
 Begriff **1** 12 ff; **105 Anh.** 3 ff

Unternehmensbeteiligungsgesellschaften
 Prüfung des Jahresabschlusses **316** 10
Unternehmensfortführung
 – durch ungeteilte Erbengemeinschaft **17** 8
Unternehmensregister
 Beleihung zur Führung **9 a** 2
 Bußgeld wegen fehlerhafter Datenübermittlung **104 a** 1 ff
 Datenübermittlung durch Bafin **104 a** 1
 Datenübermittlung zwischen Behörden **9 a** 3
 Einsichtsrecht **9** 22 f
 Finanzierung **8 b** 6
 Führung **8 b** 5
 Indexdaten **8 b** 3, 14
 Internetzugang **8 b** 11
 Meldepflicht **8 b** 8 f
 Mindestinhalt **8 b** 12
 Rechnungslegungsunterlagen **8 b** 16
 Richtigkeitsgewähr **8 b** 4
 Sammelregisterfunktion **8 b** 2
 Unternehmensregisterverordnung **8 b** 7; **9 a** 4
 Zugang **8 b** 10 f
Unternehmensträger
 Gleichbehandlung **17** 5
Unternehmer
 Begriff **Vor 1** 27 f
Untervertreter
 Ausgleichsanspruch **89 b** 8, 11, 42, 72, 75, 89, 95, 123
 echter – **84** 88
 Geheimhaltungspflicht **90** 12
 Haftung für – **84** 91
 Kündigung **89** 36
 Nachbearbeitung bei Stornogefahr **92** 20
 nachvertragliches Wettbewerbsverbot **90 a** 44
 Provisionsanspruch **92** 30
 Superprovision **92** 30
 unechter – **84** 90
 Vollmacht **91** 12
Unzulässige Rechtsausübung
 – im Verjährungsrecht **84** 71

Verbraucherverband
 Klagebefugnis gegen AGB **Vor 1** 44
Verbundene Unternehmen
 Begriff **271** 8 ff
Verein
 Kaufmannseigenschaft des Idealvereins **1** 68
 Kaufmannseigenschaft des nicht rechtsfähigen – **1** 74
 Sitzverlegung **13 h** 11
 Vertretung vor dem Handelsregister **12** 141
Vereinsregister
 Bedeutung bei Firmenunterscheidbarkeit **30** 7
Verlagsvertreter
 Rechtsstellung **84** 31
Vermittlungsgehilfe
 Begriff **75 g** 2

mager = Randnummer

Sachverzeichnis

Gutglaubensschutz **55** 17
Vertretungsmacht **75 g** 6
Vollmacht und Gutglaubensschutz **Vor 48** 2
Vermögenslose Gesellschaften
Löschung **31** 19
Vermögensübernahme
Bedeutung bei Firmenfortführung **25** 96 ff
– durch Firmenübernahme **25** 96 f
Vermögensverwaltung
falsche Handelsregistereintragung **5** 22
Kaufmannseigenschaft **2** 7
Rechtsform **105** 17, 22 ff
Scheinkaufmann **5** 84
Versicherungsmakler
Anwendbarkeit von Handelsmaklerrecht **93** 28
Aufklärungspflichten **98** 32 f
Ausführung des vermittelten Geschäfts **99** 8
Beratungspflichten **98** 32
Bestandspflege **99** 74
Betreuungspflichten **98** 34
Dokumentationspflichten **98** 32
Provisionshöhe **93** 74
Rechtsverhältnis zum Kunden **98** 18
Schicksalteilungsgrundsatz **99** 74
Schlussnote **104** 6
Tagebuchpflicht **104** 6
Vergütungsanspruch **99** 73
Versicherungsunternehmen s. a. Prüfung der Abschlüsse von Versicherungsunternehmen; Jahresabschluss von Versicherungsunternehmen
Abschreibungen auf Beträge zur Ingangsetzung und Erweiterung des Geschäftsbetriebes **282** 2
anwendbare Vorschriften betr. Rechnungslegung **341 a** 1 ff
besondere Rechnungslegungsvorschriften **340** 15, 18
Bestätigungsvermerk **322** 1
Bewertungsvorschriften **279** 1
Bewertungsvorschriften im Konzernabschluss **308** 10 ff
Bußgeldvorschriften betr. den Jahresabschluss **334** 16
EG-Versicherungsbilanzrichtlinie **341** 2
ergänzende Vorschriften zum Jahresabschluss **264** 4, 14; **267** 3; **268** 26
Formblätter für Jahresabschluss **330** 5
Konzernabschluss **298** 17
Konzernanhang **314** 20
Lagebericht **289** 1
Ordnungswidrigkeiten betr. Rechnungslegung **341 n** 1 ff
Prüfung des Jahresabschlusses **316** 10; **317** 2
Rechnungslegung durch Holdinggesellschaften **341** 14
Rechnungslegungsvorschriften **341** 3 ff, 6

Strafvorschriften betr. Rechnungslegung **341 m** 1 ff
Wertaufholungsgebot **280** 2
zusätzliche Information zu steuerlichen Bewertungsmaßnahmen **281** 3
Zwangsgeld betr. Rechnungslegung **341 o** 1 ff
Zweigniederlassung **13** 18
Versicherungsunternehmen, ausländisches
Hauptbevollmächtigter der Inlandsniederlassung **Vor 48** 2
Versicherungsverein auf Gegenseitigkeit
Anwendung von Handelsrecht **6** 13
Aufgabe des Gewerbes **21** 8
Firmenfortführung bei Übernahme **22** 3, 10, 34, 38, 77; **23** 2
Firmenrecht **17** 8
Herabsinken des Geschäftsbetriebs **21** 9
Kaufmannseigenschaft **1** 68
personenbezogene Firmierung **21** 3
Satzungsänderung **34** 10
Sitzverlegung **13 h** 14
Versicherungsvermittler
Beratungs- und Informationspflichten **84** 82
Zulassungsvoraussetzungen **84** 4
Versicherungsvertreter
Abschlussvollmacht **91** 6
Anwendung von Handelsmaklerrecht **93** 10
Anwendung von Handelsvertreterrecht **84** 19; **92** 1
Ausgleichsanspruch **89 b** 1, 5, 138, 146 ff, 152, 185
aussichtslose Nachbearbeitung **92** 23
Begriff **92** 2
Beratungspflichten **92** 5
Bestandspflege **87** 6; **89 b** 152; **92** 10
Bezirksvertretung **92** 13
Darlegungslast des Ausgleichsanspruches **89 b** 160
Einfirmenvertreter **92 a** 3
Ergänzungsabschlüsse **89 b** 153
europarechtliche Vorgaben **92** 2, 6, 34
Folgeabschluss **89 b** 153
Folgeprovision **92** 7
Folgeverträge nach Beendigung des Vertreterverhältnisses **92** 12
gewerberechtliche Erlaubnis **92** 2
Gruppenversicherung **92** 8
Informationsrechte **87 c** 58
Inkassoprovision **89 b** 152
Jahresvergütung **89 b** 154
Klageverzichtsklausel **92** 26
Nachbearbeitung bei Stornogefahr **92** 19 ff
Nachbearbeitung durch Nachfolger **92** 21
Nachbearbeitung durch Unternehmer **92** 22
nachvertragliches Wettbewerbsverbot **90 a** 44; s. a. Wettbewerbsverbot des Handelsvertreters, nachvertragliches
nebenberuflicher – **92 b** 2

Sachverzeichnis

fett = Paragraph

Provision bei Kfz-Haftpflichtversicherungsverträgen **87 b** 10
Provisionsanspruch **87 a** 59; **92** 6
Provisionshöhe **92** 14
Provisionsklage **92** 31
Provisionsverzicht in AGB **92** 18
Provisionsweitergabe an Kunden **92** 29
Schadensregulierungsprovision **89 b** 152
Stornoabwehrprovision **89 b** 152
Stornogefahrmitteilung **92** 21 ff, 31
Stornoreserve **92** 28, 32
Superprovisionen und Ausgleichsanspruch **89 b** 151
Tätigkeit außerhalb der EU und des EWR-Raumes **92 c** 10
Teilkündigung **89** 20
Teilleistungen **92** 17, 27
unselbständiger Vermittler **92** 3
Untervertreter **89 b** 156; s. a. dort
Verfügung über Provision **87 b** 34
Vermittlerregister **92** 2
Versicherungsprämie **92** 16, 19, 27
Vertragserweiterung **92** 8
Verwaltungsprovision **89 b** 152; **92** 10
Vollmacht **Vor 48** 2
Vorschuss **92** 28, 32
wirtschaftlicher Zusammenhang zweier Verträge **92** 9
Zwischenabrechnung **92** 33

Versorgungsunternehmen
Gewerbebetrieb **1** 30

Vertragshändler s. a. Internationales Privatrecht betr. Vertragshändlerverträge; Kraftfahrzeug-Vertragshändler
anwendbare Vorschriften des Handelsvertreterrechts **84**; **103**
Aufwendungsersatz **87 d** 15
Ausgleichsanspruch **89 b** 8, 9; **168 ff**
Begriff **84** 99; **92 c Anh.** 44
Bezugsbindung **84** 78
Delkredereprovision **86 b** 31; s. a. dort
europarechtliche Vorgaben **Vor 84** 8; **84** 53
Geheimhaltungspflicht **90** 12
Gleichbehandlung **84**; **101**
Informationsrechte **87 c** 55
internationales Privatrecht s. dort
Kündigung **89** 36
Kündigungsfrist **84**; **103**
Loyalitätspflicht des Herstellers **86 a** 45
nachvertragliches Wettbewerbsverbot **90 a** 44
nebenberuflicher – **92 b** 2
Nebenpflichten **86** 54
Provisionsanspruch **87** 62; **87 a** 59; **87 b** 35
Tätigkeit außerhalb der EU und des EWR-Raumes **92 c** 10
vertragliche Beziehungen **84** 100 ff
Vollmacht **91** 12
Warenrücknahme nach Vertragsende **84** 102

Wettbewerbsbeschränkungen **84** 78
Zurückbehaltungsrecht **88 a** 16

Vertragsstrafe s. Wettbewerbsverbot des Handelsvertreters, nachvertragliches; s. Wettbewerbsverbot des Handlungsgehilfen, nachvertragliches

Vertretungsmacht
– des Abschlussgehilfen **75 h** 19
– des Handelsvertreters **75 g** 10
– des Handlungsgehilfen im Außendienst **75 h** 3
– des Vermittlungsgehilfen **75 g** 6

Volontär
nachvertragliches Wettbewerbsverbot **82 a** 1 ff
Wettbewerbsverbot **82 a** 1 ff

Vorgesellschaft
Betrieb eines Handelsgewerbes **1** 67
Firmenfähigkeit **17** 8
Firmenfortführung bei Gesellschafterwechsel **24** 9
Firmierung **21** 11 ff

Vorlegung von Bild- und Datenträgern
Kosten der Lesbarmachung **261** 5

Vorlegung von Urkunden im Prozess
Auszüge von Handelsbüchern **259** 1 ff
Einsichtnahme durch Gericht **259** 3
Pflicht zur Vorlage von Handelsbüchern **258** 1 ff
Vermögensauseinandersetzungen **260** 1 ff

Vorratsgesellschaft s. a. Mantelkauf
Begriff **8** 152
Prüfung durch Registergericht **8** 151 ff

Vorverkaufsstelle von Eintrittskarten
Rechtsstellung **84** 31

Warenlager
bevollmächtigte Angestellte **56** 2 ff
Gutglaubensschutz **56** 14 ff
Inzahlungnahme **56** 10
Ratenzahlung **56** 10
Umtausch **56** 10

Wegeunfall
Haftung des Prinzipals **62** 11

Wehrdienst
Einfluss auf Vergütungsanspruch des Handelsvertreters **87** 8

Werbung
– als unzulässiger Firmengebrauch **37** 4

Wertpapieranleihegeschäfte
Bilanzierung **340 b** 24

Wertpapierdienstleistungsunternehmen
Dokumentationspflichten **100** 11
Informationspflichten **98** 39
negative Beratungspflichten **98** 41

Wertpapierverwahrung
Form **Vor 1** 50

Wettbewerbsrecht
– bzgl. Firmennamen **18** 37 f

mager = Randnummer

Wettbewerbsverbot
– der Handelsvertretergesellschaft 86 29
Wettbewerbsverbot des Gesellschafters
nachvertragliches – 74 9; **112** 19, 21 ff
Wettbewerbsverbot des Handelsvertreters
Auskunft 86 51
– während laufenden Vertrages 86 19 ff
Schadensersatz 86 51
– des Untervertreters 86 32
zweifelhafte Konkurrenzlage 86 22, 24
Wettbewerbsverbot des Handelsvertreters, nachvertragliches
Absprachen zwischen Unternehmern 90 a 45
Abwerben von Kunden 90 a 43
Altersrente 90 a 23
Anrechnung von Einkommen auf Karenzentschädigung 90 a 23
Arbeitsunfähigkeit des Handelsvertreters 90 a
Aufhebung 90 a 2
Ausgleichsanspruch 89 b 22
Ausgleichsklausel 90 a 31
Aushändigung der Urkunde 90 a 15
Auskunftsstellen 90 a 45
Ausscheiden während Probezeit 74 11 a
Auszubildende 74 10; **75 f** 16
Bedingung 90 a 7
Berechnung der Karenzentschädigung 90 a 24
berechtigtes Interesse des Unternehmers 90 a 10
Beweislast 90 a 48
Bezirkswechsel 90 a 17
einstweilige Verfügung 90 a 43
europarechtliche Vorgaben 90 a 49 f
Formularvertrag 90 a 5, 14, 42
freier Mitarbeiter 74 8
geltungserhaltende Reduktion 90 a 39
Geschäftsaufgabe des Handelsvertreters 90 a 35
gesetzliches – 90 a 43
indirektes – 90 a 40
Insolvenz des Unternehmers 90 a 36
Interessenwegfall 90 a 28
Karenzentschädigung bei Verstoß 90 a 37
Karenzentschädigung -Rechtsnatur 90 a 20
Karenzentschädigungshöhe 90 a 12, 22
– nicht kaufmännische Arbeitnehmer 74 7 ff; **83** 1 ff
– im Konzern 90 a 1
Kürzung der Altersversorgung 90 a 40
Lossagung 90 a 32 ff
Mandantenschutzklausel 74 13
Minderjährigenschutz 90 a 2
Nachfolger des Handelsvertreters 90 a 35
nachvertragliche Vereinbarung 90 a 6
nichtiger Handelsvertretervertrag 90 a 12
Nichtvollzug des Handelsvertretervertrages 90 a 38
Organtätigkeit 90 a 8

Quasi-Berufsverbot 90 a 12
Ratenzahlung betr. Karenzentschädigung 90 a 25
Rechtsfolgen bei Verstoß 90 a 42
Rotationswechsel 90 a 17
Schadensersatz 90 a 42
Schriftform 90 a 14
selbständiges Handeln 90 a 8
steuerliche Behandlung der Karenzentschädigung 90 a 26
Teilverzicht 90 a 29
Tod des Handelsvertreters 90 a 35
Übernahme der Handelsvertretung durch Kapitalgesellschaft 90 a 47
Umgehung der Schutzvorschrift 90 a 40
Unterlassung 90 a 42
Verbotszeitraum 90 a 16
Vereinbarkeit mit GWB 90 a 12
Verfassungskonformität 90 a 4
Vertragsstrafe 90 a 5, 39, 42
Verzicht 90 a 29
Vorwegerfüllung der Karenzentschädigung 90 a 25
vorzeitige Vertragsaufhebung 90 a 2
Wahlrecht des Unternehmers 90 a 40
Wettbewerbsabrede 90 a 2, 5 ff
Wettbewerbsverbot des Handlungsgehilfen
Abmahnung 61 22
Arbeitskampf 60 12
Auskunftsanspruch 61 25 ff
außerordentliche Kündigung 61 22
Auszubildende 60 9
Beteiligung in fremder Gesellschaft 60 21; 61 17 f
Betriebsübergang 60 13
Beweislast 61 8, 20
einstweilige Verfügung 61 21
Eintrittsrecht 61 10 ff
Einwilligung 60 29 ff
Elternzeit 60 12
fehlerhaftes Arbeitsverhältnis 60 11
freie Mitarbeiter 60 9
Geschäfte machen 60 24 ff
Herausgabe des Ergebnisses 61 15 ff
Krankheitsfall 60 12
Kündigungsschutzverfahren 60 14
Leiharbeitsverhältnis 60 9
Mitarbeiterabwerbung 60 22
neue Bundesländer 60 15
nichtkaufmännische Arbeitnehmer 60 2, 7
ordentliche Kündigung 61 24
Organe von juristischen Personen 60 9
Ruhendes Arbeitsverhältnis 60 12
Schadensersatz 61 4 ff, 23
Strohmann 60 21
Teilzeitbeschäftigte Arbeitnehmer 60 8
Treuhänder 60 21
Umfang 60 18 ff
Unterlassungsanspruch 61 3, 20 ff

Sachverzeichnis

fett = Paragraph

Vergütungsanspruch **61** 9
Verjährung **61** 1, 28 ff
Verzichtserklärung des Arbeitgebers **75 a** 2 ff
Vorbereitende Handlungen **60** 22

Wettbewerbsverbot des Handlungsgehilfen, nachvertragliches
  Abwerbung von Mitarbeitern **74** 13
  Anrechnung der Vertragstrafe auf Schadensersatz **75 b** 14
  Arbeitgeberkündigung wegen vertragswidrigen Verhaltens des Arbeitnehmers **75** 2, 18 ff
  Arbeitnehmerkündigung wegen vertragswidrigem Verhalten des Arbeitgebers **75** 3 ff
  Arten der Beschränkung **74** 23
  Ausgleichsklausel **75 a** 8 f
  Ausgleichsquittung **75 a** 7
  Aushändigung der Urkunde **74** 20
  Auslegung **74** 25
  bedingtes – **75 a** 17
  befristetes Arbeitsverhältnis **75** 12
  Betriebs- und Geschäftsgeheimnis **74** 24
  Betriebsrentenzahlung **74** 28
  Betriebsübergang **74** 29 ff
  Dauer **74** 26; **74 a** 13 f
  Ehrenwort **74 a** 25 f
  Einflussnahme des Arbeitgebers auf künftigen Arbeitgeber **75 a** 13
  Entschädigungsverlust **59** 5
  Erbfolge **74** 33
  freier Mitarbeiter **74 a** 14
  Insolvenz des Arbeitgebers **74** 36 ff
  Interesse des Arbeitgebers **74 a** 5 ff, 10
  Karenzentschädigung **74** 41 ff; s. dort
  kollektivrechtliche Vereinbarung **74** 15; **75 d** 4
  Konzerninteresse **74 a** 9
  kurzzeitige Konkurrenztätigkeit **75 c** 16
  Lösungserklärung nach Verzicht **75 a** 16
  Lösungsrecht bei Aufhebungsvertrag **75** 6, 17
  Lösungsrecht des Arbeitgebers nach Eigenkündigung **75** 18 ff
  Lösungsrecht des Arbeitnehmers bei Arbeitgeberkündigung **75** 11 ff
  Lösungsrecht des Arbeitnehmers bei Eigenkündigung **75** 4 ff
  minderjähriger Arbeitnehmer **74 a** 22 ff
  mündliche Aufhebung **74** 19
  nicht kaufmännische Arbeitnehmer **59** 4
  Nichtaufnahme des Arbeitsverhältnisses **75 b** 11
  nichtiger Arbeitsvertrag **74** 16
  nichtiges – **74 a** 17 ff, 31 f
  örtliche Beschränkung **74** 23
  partiell unverbindliches – **74 a** 3 ff
  Rücktrittsrecht des Arbeitgebers **74** 58
  Rücktrittsrecht des Arbeitnehmers **74** 60
  Ruhestandseintritt **74** 28
  sachliche Beschränkung **74** 23
  Schriftform **74** 18 ff
  sittenwidriges – **74 a** 31
  Sperrabrede s. dort
  Umgehung von Schutzvorschriften **75 d** 6
  unbillige Erschwerung des Fortkommens des Arbeitnehmers **74 a** 11 f
  Unternehmensumwandlung **74** 34
  unverbindliches – **74 a** 3 ff, 15 ff; **75 d** 2 ff
  Vereinbarung bei Beendigung des Arbeitsverhältnisses **75 d** 3
  Verpflichtung eines Dritten **74 a** 27 f
  Verstoß **74** 55 ff
  Vertragsstrafe bei fehlender Karenzentschädigung **75 b** 18 ff; **75 c** 18
  Vertragsstrafe bei unverbindlichem – **75 b** 6
  Vertragsstrafenfestsetzung **75 c** 17
  Vertragsstrafeversprechen **75 b** 4 ff
  Verwirkung einer Vertragsstrafe **75 b** 13
    – unter Vorbehalt **75 a** 17
  zeitliche Beschränkung **74** 23

Wettbewerbsverbot, nachvertragliches
  Begriff **74** 4

Wettbewerbsverbot von Organmitgliedern
  nachvertragliches – **74** 8

Wettbewerbsverbote in der Kommanditgesellschaft
  beherrschender Kommanditist **165** 9
  Dauer **165** 11 f
  geschäftsführenden Kommanditisten **165** 7
  Insider-Kenntnisse **165** 8
  Kapitalbeteiligungen **165** 7
  Kartellverbot **165** 5
  Kommanditisten **165** 1 ff
  konkurrierende Umsatzgeschäfte **165** 2, 7
  nachvertragliche – **165** 13 ff
  vertragliche Gestaltung **165** 4

Wirtschaftlicher Verein
  Registeranmeldung **33** 1

Wirtschaftsprüfer s. Berufsbezeichnungen

Zeitschriftenwerber
  Rechtsstellung **84** 31

Zentrale
  Firmenbezeichnung **18** 46

Zivildienst
  Einfluss auf Vergütungsanspruch des Handelsvertreters **87** 8

Zuchtbetrieb
  Kaufmannseigenschaft **3** 8

Zweigniederlassung
  Aufhebung **13** 56 ff
  – im Ausland **13** 48; **13 d** 28
  ausländischer Unternehmen **13** 16; s. a. Zweigniederlassung ausländischer Unternehmen und Zweigniederlassung ausländischer Kapitalgesellschaften
  Begriff **13** 22
  Bekanntmachung der Eintragung **13** 62

mager = Randnummer

Sachverzeichnis

Eintragungsverfahren **13** 49 ff
Errichtung **13** 31
Firmenfortführung bei Erwerb einer – **22** 14; **23** 13
Firmenrecht **17** 12 ff
Firmenunterscheidbarkeit **30** 25
Firmierung **13** 27 ff
Gerichtsort **13** 64
Grundbuchfähigkeit **13** 65
Haftung des Leiters **13** 66
Handelsregistereintragung **13** 5, 42
Mahnverfahren gegen – **13** 64
Offenlegung des Jahresabschlusses der inländischen – einer ausländischer Kapitalgesellschaft **325 a** 1 ff
Parteifähigkeit **13** 64
Rechtsformhinweis **13** 27
Rechtsnatur **13** 63 ff
Registergericht **13** 49 f
Satzung **13** 28, 32
Umwandlung **13** 61
Unterscheidbarkeitsgrundsatz **13** 30; **30** 25
Verlegung **13** 60
Versicherungen **13** 18
Vertrauensschutz bzgl. Eintragungen **15** 39
Vertretung **13** 38, 42
Zustellungen **13** 64
– der Zweigniederlassung **13** 37
Zweigniederlassungsrichtlinie **17** Anh. 13
Zweigniederlassung ausländischer Kapitalgesellschaften
Amtshilfe gegenüber anderen Registergerichten **13 e** 40
Anmeldung von Änderungen **13 e** 33; **13 f** 20; **13 g** 1
Anschrift **13 e** 26
Anschrift der Gründer **13 f** 11
Aufhebung der Zweigniederlassung **13 f** 30; **13 g** 1, 26
Auflösung **13 f** 27; **13 g** 1, 23
ausländische Aktiengesellschaft **13 e** 8 f, 12; **13 f** 1 ff
ausländische GmbH **13 e** 8, 10, 14; **13 g** 1 ff
ausländisches Insolvenzverfahren **13 e** 1, 2, 35 f
Auslandssitz **13 e** 16
Bekanntmachung **13 f** 17; **13 g** 13 ff
Dauer der Gesellschaft **13 g** 12
deutsche Übersetzung **13 f** 7, 9, 22; **13 g** 7, 19
Eintragungsverfahren bei GmbH **13 g** 10 ff
Empfangsberechtigte **13 e** 3
Errichtung **13 e** 26
Erstanmeldung **13 e** 17 ff
Form der Bevollmächtigung **13 e** 19
Genehmigungen **13 e** 24
Geschäftsbriefangaben **13 g** 2
Geschäftsführerbestellung **13 g** 8

Grundkapital **13 f** 16
Gründungsaufwand **13 f** 11
Heimatrecht **13 e** 31 f; **13 g** 6, 12
Heimatregisterangaben **13 e** 28; **13 g** 6
inländische Geschäftsanschrift **13 e** 3
Kommanditgesellschaft auf Aktien **13 e** 1; **13 f** 32
mehrere Zweigniederlassungen **13 e** 1, 37
Nachweise **13 e** 22 ff
Rechtsform **13 e** 29; **13 g** 6, 12
Registergericht **13 g** 6
Sacheinlagen **13 f** 11; **13 g** 9
Satzung der Aktiengesellschaft **13 f** 7 ff
Satzung der GmbH **13 g** 9, 12, 16
Satzungsänderung **13 f** 20; **13 g** 1, 16
Sondervorteile **13 f** 11
Stammkapital **13 g** 12
Straffreiheitserklärung der Geschäftsführer **13 g** 8
Übergangsvorschriften **13 e** 6, 41
Vertretung **13 e** 17 ff, 30, 33; **13 f** 8, 16; **13 g** 6, 8, 12, 16, 22
Vorstandsänderungen **13 f** 26
Zwangsgeld **13 e** 42
Zweigniederlassungsbegriff **13 e** 7
Zweigniederlassung ausländischer Unternehmen s. a. Zweigniederlassung ausländischer Kapitalgesellschaften
Aktiengesellschaft **13 d** 19; s. a. Zweigniederlassung ausländischer Kapitalgesellschaften **13 e**
Begriff der Zweigniederlassung **13 d** 8
Bekanntmachung der Eintragung **13 d** 18
Betriebsverfassungsrecht **13 d** 21
Buchführung- und Rechnungslegung **13 d** 21
deutsche Gerichtssprache **13 d** 16
Drittausland **13 d** 1
EG-Ausland **13 d** 1
Eintragungsverfahren **13 d** 15 ff
Errichtung der Zweigniederlassung **13 d** 9
Genehmigung **13 d** 23
Gesellschafterhaftung **13 d** 27
GmbH **13 d** 19; s. a. Zweigniederlassung ausländischer Kapitalgesellschaften
Handelsgesellschaft **13 d** 12
– in der Insolvenz **13 d** 26
Kaufmannsbegriff **13 d** 10
Kommanditgesellschaft auf Aktien **13 d** 19
Niederlassungsfreiheit **13 d** 14
örtlich zuständiges Registergericht **13 d** 15
– im Prozess **13 d** 22
Rechtsfähigkeit **13 d** 21
Scheinauslandsgesellschaft **13 d** 24 ff
Sitztheorie **13 d** 14
Vertrauensschutz bzgl. Eintragungen **15** 39
Vertretung **13 d** 21
Zwischenhändler
Begriff **84** 98